LONGMAN

Słownik współczesny

DRUGIE WYDANIE

angielsko – polski • polsko – angielski

Jacek Fisiak
Arleta Adamska-Sałaciak
Mariusz Idzikowski
Ewelina Jagła
Michał Jankowski
Robert Lew

Pearson Education Limited
Edinburgh Gate
Harlow
Essex CM20 2JE, England, UK
and associated Companies throughout the world

Visit our website: http://www.pearsonlongman.com/dictionaries

First edition published 2004

Second edition 2011

IMP 10 9 8 7 6 5 4 3 2 1
20 19 18 17 16 15 14 13 12 11

ISBN Paper+CD pack 9781408284414
Cased+CD pack 9781408284407

Set in Whitney Pro by Letterpart, UK

Printed in China

Przedmowa do wydania drugiego
Foreword to the Second Edition

Drugie wydanie cieszącego się dużą popularnością *Słownika współczesnego angielsko-polskiego i polsko-angielskiego* wydawnictwa Pearson Longman stanowi kolejny krok na drodze do popularyzacji w naszym kraju słowników opartych na analizie autentycznego języka. Jest ona możliwa dzięki wykorzystaniu komputerowych korpusów tekstów oraz specjalistycznego oprogramowania służącego do ich przeszukiwania. Obecne wydanie słownika zostało uaktualnione i wzbogacone o nowe elementy, co z pewnością sprawi, że korzystanie z niego stanie się jeszcze bardziej przyjemne i efektywne.

Zawartość słownika została uzupełniona o setki nowych słów i znaczeń, które pojawiły się w języku angielskim i polskim od czasu ukazania się pierwszego wydania. Wbudowany w tekst w postaci przyjaznych ramek tezaurus (słownik wyrazów bliskoznacznych) przedstawia około 2000 synonimów, antonimów oraz innych powiązanych ze sobą słów. Do słownika dodano również ramki opisujące blisko 5000 typowych połączeń międzywyrazowych, czyli tzw. kolokacji. Wszystkie ramki są bogato ilustrowane przykładami wziętymi z autentycznych tekstów angielskich.

Materiał dodatkowy, uzupełniający zasadniczą część słownika, niewątpliwie ułatwi wykonywanie konkretnych zadań wymagających użycia języka angielskiego. W części *Writing Guide*, oprócz wielu cennych wskazówek dotyczących pisania w języku angielskim, umieszczono przykładowe listy, e-maile, wypracowania, wiadomości, ogłoszenia, opisy czy krótkie opowiadania. *Topic Activator* obejmuje 14 leksykalnych zestawów tematycznych przygotowanych z myślą o egzaminie maturalnym, gimnazjalnym i innych egzaminach zewnętrznych. Prezentują one wybrane słownictwo z takich dziedzin jak: kultura, sport, nauka i technika, przyroda i środowisko, państwo i społeczeństwo. W części *Essay Activator* użytkownik znajdzie bogato ilustrowane przykładami zestawienie zwrotów przydatnych przy pisaniu wypracowań, raportów lub artykułów. W słowniku znalazły się również dodatki znane z pierwszego wydania, takie jak przewodnik po kulturze krajów anglosaskich oraz sekcja poświęcona zwrotom przydatnym w różnych okolicznościach.

Dołączona do publikacji płyta CD-ROM z elektroniczną wersją słownika zawiera setki dodatkowych ramek z wyrazami bliskoznacznymi oraz kolokacjami. Zamieszczony na płycie *Longman Vocabulary Trainer* jest innowacyjnym narzędziem umożliwiającym samodzielne sprawdzenie znajomości słownictwa ogólnego i tematycznego. Odpowiadając na serię pytań dotyczących znaczenia, gramatyki, kolokacji, pisowni oraz wymowy danego wyrazu, użytkownik upewni się, że nie tylko ten wyraz pamięta i rozumie, lecz także potrafi go użyć w szerszym kontekście. Dodatkowo korzystający ze słownika otrzymują bezpłatny czasowy dostęp do bogatych zasobów *Longman Dictionaries Online*. Oprócz regularnie uaktualnianego słownika internetowego użytkownicy znajdą tam obszerny i ciągle powiększany zbiór dodatkowych materiałów dydaktycznych, takich jak interaktywne ćwiczenia, powtórki przed egzaminami czy też internetowy *Longman Vocabulary Trainer*.

Mamy nadzieję, że nowe wydanie niniejszego *Słownika współczesnego* w pełni zadowoli nawet najbardziej wymagających użytkowników i w znaczący sposób wzbogaci ich podręczny księgozbiór.

Autorzy słownika
2011

Podziękowania **Acknowledgments**

Autorzy i wydawcy słownika pragną wyrazić gorące podziękowania wszystkim osobom oraz instytucjom, dzięki którym powstał Korpus Języka Polskiego Wydawnictwa Longman wykorzystany do jego przygotowania. W szczególności dziękujemy wydawnictwom Prószyński i Spółka, Siedmioróg, W.A.B., Znak, oraz wydawcom „Angory", „Cogito", „Polityki" oraz „Trybuny", za szczególny wkład w powstanie korpusu. Dziękujemy również wszystkim osobom, które wzięły udział w nagrywaniu części mówionej korpusu.

Dyrektor wydawniczy • Editorial Director
Michael Mayor

Redakcja merytoryczna • Senior Development Editors
Angela Janes
Rafał Jastrzębski

Przygotowanie korpusu i koordynacja projektu • Corpus development and project management
Mariusz Idzikowski

Współpraca przy tworzeniu korpusu • Corpus researcher
Iwona Włodarczyk

Kierownik projektu • Project Manager
Alan Savill

Centralna redakcja bazy danych • Corpus and data support
Allan Ørsnes

Transkrypcja fonetyczna • Pronunciation editor
Dinah Jackson

Redakcja działu „Komunikacja" • Communication Guide
Arleta Adamska-Sałaciak
Chris Fox
Mariusz Idzikowski
Michał Jankowski
Elizabeth Manning
Richard Northcott
Clare Walsh

Redakcja działu „Kultura"• Cultural section
Arleta Adamska-Sałaciak
Irene Lakhani
Maria Maskell
Donata Wojtyńska

Kierownik redakcji • Editorial manager
Paola Rocchetti

Redakcja techniczna • Production Editor
Anna Bardong

Korekta • Proofreading
Graham Crawford
Pat Dunn
Isabel Griffiths
Joanna Grotkowska
Ewa Mazur
Alison Sadler
Pawel Sycz
Nicky Thompson

Projekt graficzny • Design
Matthew Dickin

Dział ilustracji • Picture Research
Sandra Hilsdon
Louise Edgeworth

Administracja • Project & Database Administrator
Denise McKeough

Kierownictwo produkcji • Production Manager
Keeley Everitt

Opracowanie multimedialne • CD-ROM Development
Allan Ørsnes

Konsultacja działu „Słownictwo - katalog tematów" • Topic Activator Consultants
Mariola Palcewicz
Beata Trapnell

Wydawnictwo dziękuje Pani Averil Coxhead, autorce utworzonej w 2000 r. listy słownictwa naukowego (*Academic Word List*) za zgodę na wykorzystanie w słowniku odniesień do tejże listy. Averil Coxhead jest wykładowcą języka angielskiego na Uniwersytecie Wellington w Nowej Zelandii. Więcej informacji na temat listy słownictwa naukowego znajduje się na stronie: http://www.victoria.ac.nz/lals/resources/academicwordlist

Spis treści **Contents**

Jak korzystać ze słownika **How to use this Dictionary**

Wymowa

Wymowa podana jest za pomocą międzynarodowego alfabetu fonetycznego (IPA).

W hasłach złożonych podano schemat akcentowania: akcent główny ('), akcent poboczny.

an·y·time /ˈenitaɪm/ *adv* **1** obojętnie kiedy: *Call me anytime.* **2** wkrótce, lada chwila: *They could arrive anytime. | Are you going to see him anytime soon?*

Znaczenia

Poszczególne znaczenia są ponumerowane i ułożone w kolejności od najczęstszych do najmniej częstych.

W części polsko-angielskiej, w celu ułatwienia tłumaczenia na język obcy, podano kwalifikatory znaczeniowe w języku polskim.

freeze[1] S3 W3 /friːz/ *v* (**froze**, **frozen**, **freezing**) **1** [I] zamarzać: *The water pipes may freeze if you don't leave your heating on.* **2** [T] s/powodować zamarznięcie: *The cold weather can even freeze petrol in car engines.* **3** [T] zamrażać: *I'm going to freeze some of this bread. | Our budget for next year has been frozen.* **4** [I] z/marznąć: *You'll freeze if you don't wear a coat.* **5** [I] zamierać (w bezruchu): *Hugh froze when he saw the snake.*

barwa *n* **1** *(kolor)* colour *BrE*, color *AmE* **2** **barwy** *(klubu, kraju)* colours *BrE*, colors *AmE*: *The national colours of Italy are green, white, and red.* **3** *(dźwięku, głosu)* timbre: *the timbre of his voice*

Frekwencja

Wyrazy umieszczone na liście 3 tys. słów najczęściej występujących w języku angielskim (tzw. *lista Longman Communication 3000*) stanowią podstawę leksykalną, którą warto opanować jak najwcześniej. W słowniku hasła te oznaczone są w specjalny sposób. Zapis S1 oznacza, że dane słowo znajduje się na liście pierwszego tysiąca słów angielskich najczęściej występujących w języku mówionym. S2 i S3 oznaczają odpowiednio pierwsze 2 tys. i 3 tys. słów angielskich najczęściej występujących w mowie. Podobnie skrótami W1, W2 i W3 oznaczono słowa angielskie najczęściej występujące w języku pisanym.

con·sid·er·a·ble S3 W1 AC /kənˈsɪdərəbəl/ *adj* znaczny: *a considerable amount of money* —**considerably** *adv* znacznie

an·gry S3 W3 /ˈæŋgri/ *adj* zły, rozgniewany: *She was angry with him because he had lied to her. | The roads were blocked by angry French farmers.* | **+about** *Don't you feel angry about the way you've been treated?* | **+that** *Local people are angry that they weren't consulted about plans to expand the airport.* —**angrily** *adv* ze złością

wind[1] S2 W2 /wɪnd/ *n* **1** [C,U] wiatr: *We walked home through the wind and the rain. | A strong wind was blowing.* **2 get wind of sth** zwietrzyć coś **3 get wind** dostać wzdęcia **4 get your wind (back)** odzyskać oddech

Academic Word List

Słowa oznaczone symbolem AC pochodzą z listy słownictwa naukowego. Więcej informacji na temat listy znajduje się na stronie internetowej: http://www.victoria.ac.nz/lals/resources/academicwordlist/

con·sid·er·a·ble S3 W1 AC /kənˈsɪdərəbəl/ *adj* znaczny: *a considerable amount of money* —**considerably** *adv* znacznie

fakt *n* **1** fact: *The book is full of interesting facts about the World Cup.* **2 po fakcie a)** *(później)* after the fact: *We found out* (=dowiedzieliśmy się) *years after the fact.* **b)** *(po namyśle)* with hindsight: *With hindsight it's easy to criticize her decision.* **3 fakt faktem** there's no denying: *There's no denying Bess likes country life, but I think she still misses New York.* **4 literatura faktu** nonfiction

Tłumaczenia
Dzięki wykorzystaniu korpusów angielskiego i polskiego, podane tłumaczenia są naturalne i precyzyjne.

raise[1] S1 W1 /reɪz/ *v* [T] **1** podnosić: *He raised the lid of the box.* | *Raise your hand if you know the answer.* | *a plan to raise taxes* | *an attempt to raise standards in primary schools* | *She didn't like to raise the subject of money* (=poruszać tematu pieniędzy) *again.* THESAURUS LIFT **2** wychowywać: *They've raised seven children.* **3** zbierać: *The concert raised* (=dzięki koncertowi zebrano) *over $500,000 for famine relief.* **4** hodować: *Most of their income is from raising pigs.* **5 raise your voice** podnosić głos THESAURUS SHOUT **6 raise hopes/fears/suspicions** wzbudzać nadzieje/obawy/podejrzenia **7 raise the alarm** podnosić alarm

Przykłady
Słownik zawiera tysiące naturalnych przykładów opartych na tekstach korpusów *Longman Corpus Network* i *Longman Web Corpus* oraz na materiałach internetowych.

ba·by·sit /ˈbeɪbisɪt/ *v* **1** [I] zająć się dzieckiem/dziećmi: *I'll ask Jane to babysit tonight.* **2** [T] za/opiekować się: *I babysit my little sister when my parents go out sometimes.* —**babysitting** *n* [U] opieka nad dziećmi: *I earn some extra money from babysitting.*

ef·fort S1 W1 /ˈefət/ *n* **1** [U] wysiłek, starania: *It takes a lot of time and effort to organize a concert.* | *I put a lot of effort into this project.* **2** [C,U] próba: *All my efforts at convincing him failed miserably.* | **make an effort (to do sth)** (=spróbować (coś zrobić)): *You could at least make an effort to be polite!*

re·start /riː ˈstɑːt/ *v* [I,T] **1 a)** z/restartować: *Insert the startup disk in the disk drive and then restart the computer.* **b)** ponownie uruchomić: *This caused a delay in restarting the reactor.* **2** wznowić: *attempts to restart the peace talks*

hint[2] *v* **1** [T] za/sugerować: **+ (that)** *Peg has been hinting that she wants a baby.* **2** [I] **hint at** z/robić aluzję do, napomykać o: *The minister hinted at an early election.*

Gramatyka
Na początku każdego hasła podana jest część mowy.

Rzeczowniki policzalne oznaczone są symbolem [C] (countable), niepoliczalne symbolem [U] (uncountable).

Czasowniki przechodnie oznaczone są symbolem [T] (transitive), nieprzechodnie symbolem [I] (intransitive).

Najczęstsze konstrukcje gramatyczne podane są przed przykładami.

Informacje na temat form nieregularnych podane są na początku hasła.

aktor *n* actor: **aktor pierwszoplanowy/drugoplanowy** leading/supporting actor | **aktor filmowy** movie actor | **aktor komediowy** comedy actor

Kolokacje
Kolokacje to grupy słów, które często pojawiają się razem. Są one w słowniku podawane przed przykładami lub w samych przykładach.

Ramki z kolokacjami
W specjalnych ramkach znajdujących pod niektórymi hasłami podano dodatkowe przykłady kolokacji dla danego hasła.

ap·pe·tite /ˈæpətaɪt/ *n* [C,U] **1** apetyt: *Don't eat now, you'll spoil your appetite.* **2 appetite for success/knowledge** żądza sukcesu/wiedzy

COLLOCATIONS: appetite

verbs

to have an appetite *She had no appetite, but she tried to eat.*
to lose your appetite *I was so excited I completely lost my appetite.*
to give sb an appetite *The walk has given us an appetite.*
to spoil/ruin your appetite *Don't eat that now – it will spoil your appetite for dinner.*

adjectives

a big/huge appetit… *…family have huge appetites*

Idiomy i wyrażenia
Idiomy i wyrażenia umieszczone są w słowniku razem z innymi znaczeniami wyrazu stanowiącego ich główny element (najczęściej jest to pierwsze znaczące słowo), w kolejności malejącej frekwencji.

wind[1] S2 W2 /wɪnd/ *n* **1** [C,U] wiatr: *We walked home through the wind and the rain.* | *A strong wind was blowing.* **2 get wind of sth** zwietrzyć coś **3 get wind** dostać wzdęcia **4 get your wind (back)** odzyskać oddech

Czasowniki złożone
Angielskie czasowniki złożone (phrasal verbs) podane są w kolejności alfabetycznej po czasowniku głównym.
Pozycja dopełnienia ukazana jest przy pomocy skrótów *sb* (= somebody) i *sth* (= something). Symbol ↔ oznacza, że dopełnienie może wystąpić przed lub po partykule.

tip[2] S3 *v* (**-pped**, **-pping**) **1** [I,T] przechylać (się): *He tipped his seat back and stared at the ceiling.* **2** [T] wylewać, wysypywać: *Edward tipped the last of the wine* (=rozlał resztkę wina) *into their glasses.* **3** [I,T] dawać napiwek **4 tipped to do sth** typowany do czegoś: *Tom Cruise is tipped to win an Oscar.*
tip sb ↔ off *phr v* [T] *informal* dać cynk: *The police must have been tipped off about the robbery.*
tip over *phr v* [I,T **tip** sth ↔ **over**] przewrócić (się): *A can of paint had tipped over in the back of the van.*

Warianty regionalne
W słowniku podano warianty brytyjskie i amerykańskie. Są one oznaczone jako *BrE* (British English) i *AmE* (American English).

diˌrect ˈdebit *BrE*, **diˌrect ˈbilling** *AmE n* polecenie zapłaty: *It's cheaper to pay by direct debit.* | *I've arranged a direct billing to pay the gas bill.*

Rejestr
Specjalne etykiety umieszczone przed tłumaczeniem wskazują, czy dane słowo jest używane w języku potocznym, urzędowym, literackim, specjalistycznym itp.

e·lec·tro·mag·net·ic /ɪˌlektrəʊmægˈnetɪk◂/ *adj technical* elektromagnetyczny: *electromagnetic waves*

chint·zy /ˈtʃɪntsi/ *adj AmE informal* **1** tandetny: *a chintzy chest of drawers* **2** skąpy: *Christina's Cafe tends to be a little chintzy with ingredients* (=oszczędza na składnikach).

Warianty ortograficzne
Warianty ortograficzne słów hasłowych podawane są na początku hasła.
Warianty amerykańskie są odsyłane do form brytyjskich.

colour[1] S1 W1 /ˈkʌlə/ *BrE*, **color** *AmE n* **1** [C,U] kolor, barwa: *"What colour is your new car?" "Blue."* | *the colors of the rainbow* | *houses painted in bright colours* | **in colour** *The meat should be pale pink in colour.* **2** [U] koloryt:

col·or /ˈkʌlə/ amerykańska pisownia wyrazu COLOUR

trip[1] S3 W2 /trɪp/ *n* [C] podróż, wycieczka: *We're taking a trip to Florida.* | *a business trip* THESAURUS JOURNEY

trip[2] *v* **(-pped, -pping) 1** [I] potykać się: **+ on/over** (=o): *I tripped over a chair.* **2** *także* **trip up** [T] podstawiać nogę

Homonimy
Wyrazy o tej samej pisowni lecz funkcjonujące jako różne części mowy traktowane są jako osobne hasła i opatrzone numeracją.

an·tique /ˌænˈtiːk◂/ *n* [C] antyk: *priceless antiques* | *an antique shop* (=sklep z antykami) —**antique** *adj* zabytkowy: *an antique table* THESAURUS OLD →porównaj ANCIENT

a·ble S1 W1 /ˈeɪbəl/ *adj* **1 be able to do sth** móc coś z/robić: *Will you be able to come tonight?* →antonim UNABLE **2** zdolny: *a very able student*

Synonimy, antonimy i inne odwołania
Synonimy (wyrazy o podobnym znaczeniu), antonimy (wyrazy o przeciwnym znaczeniu) oraz odwołania do innych haseł, podane są po tłumaczeniu.

an·gry S3 W3 /ˈæŋgri/ *adj* zły, rozgniewany: *She was angry with him because he had lied to her.* | *The roads were blocked by angry French farmers.* | **+ about** *Don't you feel angry about the way you've been treated?* | **+ that** *Local people are angry that they weren't consulted about plans to expand the airport.* —**angrily** *adv* ze złością

THESAURUS: angry

angry zły: *He gets angry* (=złości się) *if people are late.*
mad [not before noun] *informal* wściekły, wkurzony: *Dad was mad at me for damaging the car.*
cross [not before noun] *spoken* zły *(trochę)*: *Don't be cross* (=nie gniewaj się) *with me.*
annoyed [not before noun] poirytowany *(lekko)*: *I was annoyed that the class was cancelled again.* | *Kay was annoyed by his thoughtless remark.*
irritated poirytowany: *He was clearly irritated by their stupid questions.*
furious/livid wściekły: *He was furious when he found out what they'd done to his car.*
outraged oburzony: *There were hundreds of complaints from outraged viewers.*
bad-tempered wybuchowy, łatwo wpadający w złość: *a bad-tempered old man*
in a bad mood w złym humorze: *I woke up in a bad mood.* | *Why are you in such a bad mood?*

Ramki z synonimami
W celu ułatwienia pracy nad wzbogacaniem słownictwa, niektóre hasła uzupełniono specjalnymi ramkami, w których podano informacje o wyrazach o podobnym znaczeniu (synonimach).

an·thro·pol·o·gy /ˌænθrəˈpɒlədʒi/ *n* [U] antropologia —**anthropologist** *n* [C] antropolog —**anthropological** /ˌænθrəpəˈlɒdʒɪkəl◂/ *adj* antropologiczny

Wyrazy pochodne
Wyrazy pochodne, czyli utworzone z innych wyrazów, podawane są na końcu hasła wraz z tłumaczeniami.

an·y·one S1 W1 /ˈeniwʌn/ *także* **anybody** *pron* **1** ktoś: *Is there anyone at home?* **2** nikt: *She'd just moved and didn't know anyone.* **3** każdy: *Anyone can learn to swim.*

UWAGA: anyone

Czasowniki łączące się z **anyone** i **anybody** występują w liczbie pojedynczej: *Has anyone seen my keys?* Natomiast zaimki łączące się z **anyone** i **anybody** występują w liczbie mnogiej (**they**, **them** i **their**): *If anyone phones me, tell them I'll be back later.* W języku bardziej oficjalnym zamiast „they" i "them" można używać wyrażeń: „he or she", "him or her": *If anyone wishes to speak to the Principal, he or she should make an appointment.*

Uwagi
W tekście uwag podano dodatkowe informacje na temat niektórych haseł oraz wskazówki pomagające uniknąć najczęstszych błędów.

Lista ramek gramatycznych **List of Grammar Boxes**

Poniższa lista zamieszczonych w słowniku ramek z objaśnieniami gramatycznymi jest uporządkowana alfabetycznie według głównego słowa lub kategorii gramatycznej w języku angielskim. Więcej informacji na temat wybranych zagadnień gramatyki angielskiej znajdziesz w środkowej części słownika.

Część angielsko-polska

A, a /eɪ/ A, a *(litera)*

a S1 W1 /ə, eɪ/ *także* **an** *(przed samogłoską) determiner* **1** przed rzeczownikiem nieokreślonym: *Do you have a car? | Her boyfriend is an artist.* →porównaj THE **2** w znaczeniu „jeden": *a thousand pounds | a dozen eggs* **3** w określeniach ilości i częstotliwości: *a few weeks from now | a lot of people |* **twice a week/$100 a day etc** (=na): *He gets paid $100,000 a year.* **4** przed rzeczownikiem oznaczającym dowolnego przedstawiciela danej klasy: *A square has 4 sides.* **5** przed dwoma rzeczownikami często występującymi razem: *a knife and fork* **6** przed rzeczownikiem oznaczającym czynność: *Have a look at this.*

a- /ə/ *prefix* a-, nie- *(przedrostek oznaczający zaprzeczenie)*: *atypical | amoral*

a·back /əˈbæk/ *adv* **be taken aback** być zaskoczonym: *I was taken aback by Linda's rudeness.*

ab·a·cus /ˈæbəkəs/ *n* [C] liczydło

a·ban·don W3 Ac /əˈbændən/ *v* [T] **1** porzucać: *The baby had been abandoned outside a hospital in Liverpool.* **2** zarzucać: *The new policy had to be abandoned.* —**abandonment** *n* [U] porzucenie

a·ban·doned Ac /əˈbændənd/ *adj* porzucony, opuszczony: *an abandoned building*

a·bashed /əˈbæʃt/ *adj* speszony: *When he saw Ruth, he looked slightly abashed.*

a·bate /əˈbeɪt/ *v* [I] *formal* o/słabnąć, stracić na sile: *Our ship could not sail until the storm abated.*

ab·at·toir /ˈæbətwɑː/ *n* [C] *BrE* rzeźnia

ab·bess /ˈæbɪs/ *n* [C] ksieni, przełożona opactwa

ab·bey /ˈæbi/ *n* [C] opactwo

ab·bot /ˈæbət/ *n* [C] opat

ab·bre·vi·ate /əˈbriːvieɪt/ *v* [T] *formal* skracać

ab·bre·vi·a·tion /əˌbriːviˈeɪʃən/ *n* [C] skrót

ABC /ˌeɪ biː ˈsiː/ *n* [singular] *BrE*, **ABC's** *n* [plural] *AmE* ABC, abecadło

ab·di·cate /ˈæbdɪkeɪt/ *v* **1** [I] abdykować **2 abdicate responsibility** *formal* zrzec się odpowiedzialności —**abdication** /ˌæbdɪˈkeɪʃən/ *n* [C,U] abdykacja, zrzeczenie się

ab·do·men /ˈæbdəmən/ *n* [C] *technical* brzuch —**abdominal** /æbˈdɒmɪnəl/ *adj* brzuszny

ab·duct /əbˈdʌkt/ *v* [T] uprowadzać: *Police believe that*

GRAMATYKA: A (AN) Przedimek nieokreślony: **the indefinite article**

Forma

Przedimek nieokreślony występuje w dwóch postaciach:

1 jako **a** [ə] przed wyrazami rozpoczynającymi się w wymowie od spółgłoski:

a dog
a fast car
a university
a European

2 jako **an** [ən] przed wyrazami rozpoczynającymi się w wymowie od samogłoski:

an apple
an old lady
an hour
an MP

Użycie

Przedimka nieokreślonego używamy przed rzeczownikiem policzalnym w liczbie pojedynczej,

1 kiedy wspominamy o czymś po raz pierwszy (przy kolejnym wystąpieniu tego samego rzeczownika poprzedzamy go przedimkiem określonym **the**):

*I'm looking for **a** job. **The** job must be well paid.*

2 kiedy mówimy, czym ktoś lub coś jest:

*Susan is **an** actress.*
*This is **a** mango.*

3 kiedy jako podmiot zdania występuje rzeczownik odnoszący się do dowolnego przedstawiciela jakiejś klasy rzeczy, osób, zwierząt itp.:

***A** dog is a clever animal.* (=Dogs are clever animals.)
***A** nurse looks after patients.* (=Nurses look after patients.)

4 w znaczeniu **one** z określeniami ilości:

a quarter
a half
a dozen
a year ago
in a month
a fortnight
a kilo
a pound
a metre
an inch
a thousand and fifty dollars

Tłumaczenie

Przedimka nieokreślonego najczęściej nie tłumaczy się na język polski. Wyjątkiem są następujące sytuacje:

1 kiedy mówimy o kimś, kogo nie znamy osobiście, lub o kimś, kogo nie potrafimy czy też nie chcemy zidentyfikować:

*There's **a** Mr Brown on the phone.* (=Dzwoni ***jakiś/niejaki*** pan Brown.)
*Look! **A** girl is waving to us.* (=...***jakaś*** dziewczyna...)
*„Who was this?" „Oh, **a** friend of mine."* (=...znajomy)

2 kiedy podajemy cenę, szybkość, częstość występowania itp.:

30p a kilo (=(po) 30 pensów za kilo)
60 km an hour (=60 km na godzinę)
twice a week (=dwa razy na tydzień/w tygodniu)

→patrz też **the**

the woman has been abducted. —**abduction** /-ˈdʌkʃən/ *n* [C,U] uprowadzenie, porwanie

ab·er·ra·tion /ˌæbəˈreɪʃən/ *n* [C,U] aberracja, odchylenie: *a man of good character whose crime was regarded as just a temporary aberration*

A

a·bet /əˈbet/ *v* [T] →patrz **aid and abet** (AID²)

ab·hor /əbˈhɔː/ *v* [T] (**-rring**, **-rred**) *formal* czuć odrazę do: *He abhorred violence in any form.*

ab·hor·rent /əbˈhɒrənt/ *adj formal* odrażający —**abhorrence** *n* [U] odraza, wstręt

a·bide /əˈbaɪd/ *v* [T] **can't abide sb/sth** nie znosić kogoś/czegoś: *I can't abide his stupid jokes.*
abide by sth *phr v* [T] przestrzegać: *You have to abide by the rules of the game.*

a·bid·ing /əˈbaɪdɪŋ/ *adj* [only before noun] *literary* wierny, niezłomny: *her abiding love of the English countryside* →patrz też LAW-ABIDING

a·bil·i·ty S2 W1 /əˈbɪləti/ *n* [C,U] zdolność: *a young girl with great musical ability* | **ability to do sth** (=umiejętność robienia czegoś): *A manager must have the ability to communicate well.*

ab·ject /ˈæbdʒekt/ *adj* **1 abject poverty/misery** skrajna nędza/rozpacz **2 abject failure** sromotna porażka **3** pełen skruchy: *an abject apology*

a·blaze /əˈbleɪz/ *adj* [not before noun] **1** w płomieniach: *The old house was quickly ablaze.* | **set sth ablaze** *The ship was set ablaze by the explosion* (=eksplozja wywołała pożar na statku). **2** płonący: **+with** *a face ablaze with anger*

a·ble S1 W1 /ˈeɪbəl/ *adj* **1 be able to do sth** móc coś z/robić: *Will you be able to come tonight?* →antonim UNABLE **2** zdolny: *a very able student*

UWAGA: able i can

Zwrotu **be able to do** nie używamy z czasownikami odnoszącymi się do postrzegania zmysłowego (**see**, **hear**, **smell**) i do procesów myślenia (**understand**, **decide**, **remember**). Należy w tych przypadkach używać czasownika modalnego **can**: *I can't hear you* (=nie słyszę cię). | *I think I can smell something burning.* Zwrotu **be able to do** nie używamy w odniesieniu do reguł i nakazów. Należy w tych przypadkach używać czasownika modalnego **can** lub zwrotu **be allowed to**: *The goalkeeper can touch the ball, but nobody else can.* | *In some countries you are not allowed to drink until you are 21.*

UWAGA: able i capable

Zwrotu **be able to do** używamy wtedy, gdy ktoś może coś zrobić, bo posiada ku temu zdolności lub pozwala mu na to sytuacja: *The doctor said that after a few days I'd be able to get out of bed.* | *Will you be able to play on Sunday?* Zwrotu **be capable of (doing) something** używamy wtedy, gdy ktoś posiada zdolności lub wiedzę potrzebną do zrobienia czegoś, lecz na ogół tego nie robi: *I'm sure he's quite capable of getting here on time, but he can't be bothered* (=tylko mu się nie chce). | *The power station is capable of generating enough electricity for the whole region.*

UWAGA: be able to

Patrz **could** i **be able to**.

a·bly /ˈeɪbli/ *adv* umiejętnie: *The director was ably assisted by his team of experts.*

ab·norm·al AC /æbˈnɔːməl/ *adj* nienormalny, anormalny: *abnormal behaviour* | *abnormal levels of chlorine in the water* —**abnormally** *adv* nienormalnie —**abnormality** /ˌæbnɔːˈmæləti/ *n* [C,U] nienormalność, anomalia

a·board /əˈbɔːd/ *adv, prep* **1** na pokład: *I swam out to the yacht and climbed aboard.* **2** na pokładzie

a·bode /əˈbəʊd/ *n* [C] *formal* miejsce zamieszkania: **right of abode** (=prawo pobytu)

a·bol·ish /əˈbɒlɪʃ/ *v* [T] znosić: *unfair laws that should be abolished* —**abolition** /ˌæbəˈlɪʃən/ *n* [U] zniesienie: *the abolition of slavery*

a·bom·i·na·ble /əˈbɒmɪnəbəl/ *adj* wstrętny, obrzydliwy: *an abominable noise* —**abominably** *adv* wstrętnie, obrzydliwie

ab·o·rig·i·ne /ˌæbəˈrɪdʒɪni/ *n* [C] aborygen/ka

a·bort /əˈbɔːt/ *v* [T] przerywać *(np. ciążę, misję, wykonywanie programu komputerowego)*: *The space flight had to be aborted because of computer problems.*

a·bor·tion /əˈbɔːʃən/ *n* [C,U] aborcja, przerywanie ciąży: **have an abortion** (=przerywać ciążę): *She was told about the dangers of having an abortion.*

a·bor·tive /əˈbɔːtɪv/ *adj* nieudany

a·bound /əˈbaʊnd/ *v* [I] *literary*
abound in/with sth *phr v* obfitować w: *The park abounds with wildlife.*

a·bout¹ S1 W1 /əˈbaʊt/ *prep* **1** o: *a book about how the universe began* | **all about** *Tell me all about it.* **2** *BrE* po: *Clothes were scattered about the room.* **3 what about/how about** *spoken* **a)** (a) może być(my/cie): *How about coming to my house for a barbecue?* | *What about bringing a bottle of wine?* **b)** a co z: *What about Jack? We can't just leave him here.*

THESAURUS: about

about o: *We talked about a lot of things.* | *What's the film about?*

on o, na temat: *a book on French cooking* | *a programme on Islamic art*

concerning/regarding *formal* odnośnie: *If you have any further questions concerning your course, contact your tutor.* | *Thank you for your letter regarding my bank loan.*

with regard to sth *formal* w związku z czymś: *Dear Sir, I'm writing with regard to your advertisement in 'The Times'.*

re: dot., w sprawie *(w korespondencji służbowej)*: *Re: next week's meeting* | *Re your enquiry about costs*

about² S1 W1 *adv* **1** około: *I live about 10 miles from here.* **2 be about to do sth** właśnie mieć coś zrobić: *We were about to leave when Jerry arrived.* **3 just about** prawie: *Dinner's just about ready.* **4** *BrE* dookoła: *People were lying about on the floor.* **5** *BrE* gdzieś tu, w pobliżu: *Is Patrick about? There's a phone call for him.*

a·bove¹ /əˈbʌv/ *prep* **1** nad: *Raise your arm above your head.* | *There's a light above the entrance.* **2** powyżej: *Temperatures rose above zero today.* | *officers above the rank of lieutenant* **3** ponad: *He couldn't hear her voice above the noise.* **4 above all** *formal* przede wszystkim: *Above all, I would like to thank my parents.* **5 above suspicion/criticism** poza podejrzeniami/krytyką

above² S2 W1 *adv* **1** wyżej, powyżej: *The sound came from* *the room above.* | *Write to the address given above for more information.* **2** więcej: *children aged 7 and above*

a͵bove 'board *adj* całkowicie legalny: *Everything seems to be above board.*

a·bra·sive /əˈbreɪsɪv/ *adj* **1** szorstki, opryskliwy: *His abrasive manner offends some people.* **2** ścierny

a·breast /əˈbrest/ *adv* **1 keep abreast of sth** być na bieżąco z czymś: *I listen to the radio to keep abreast of the news.* **2 two/three abreast** dwójkami/trójkami jeden przy drugim: *The cyclists were riding three abreast, so no one could pass them.*

a·bridged /əˈbrɪdʒd/ *adj* skrócony: *the abridged version of the novel* —**abridge** *v* [T] skracać →porównaj UNABRIDGED

a·broad S2 W3 /əˈbrɔːd/ *adv* **1** za granicą: *Did you enjoy living abroad?* **2** za granicę: **go abroad** *He often has to go abroad on business.*

a·brupt /əˈbrʌpt/ *adj* **1** nagły: *an abrupt change in the attitudes of voters* **2** obcesowy, bezceremonialny: *She was abrupt on the phone the first time we talked.* —**abruptly** *adv* nagle, obcesowo —**abruptness** *n* [U] nagłość, obcesowość

abs /æbz/ *n plural informal* mięśnie brzucha

ABS /͵eɪ biː ˈes/ *n* **anti-lock braking system** ABS

ab·scess /ˈæbses/ *n* [C] ropień

ab·scond /əbˈskɒnd/ *v* [I] *formal* zbiec: *The firm's accountant had absconded with all the money.*

ab·sence S3 W2 /ˈæbsəns/ *n* **1** [C,U] nieobecność: *How do you explain your absence?* | **+from** *frequent absences from work* | **in sb's absence** (=pod czyjąś nieobecność): *The vice president will handle things in my absence.* **2** [U] brak: *the absence of evidence in the murder case*

ab·sent /ˈæbsənt/ *adj* nieobecny: *Most of the class was absent with flu today.* | *an absent smile on his face* | **+from** *absent from school*

ab·sen·tee /͵æbsənˈtiː◂/ *n* [C] **1** *formal* nieobecn-y/a **2 absentee landlord/owner** właściciel przebywający poza miejscem zamieszkania

ab·sen·tee·is·m /͵æbsənˈtiːɪzəm/ *n* [U] absencja

ab·sent·ly /ˈæbsəntli/ *adv* z roztargnieniem: *Rachel smiled absently and went on with her work.*

͵absent-'minded *adj* roztargniony —**absent-mindedness** *n* [U] roztargnienie —**absent-mindedly** *adv* przez roztargnienie, w roztargnieniu

ab·so·lute S2 W3 /ˈæbsəluːt/ *adj* **1** absolutny: *The show was an absolute disaster.* | *a ruler with absolute power* **2** definitywny: *I can't give you any absolute promises.*

ab·so·lute·ly S1 W3 /͵æbsəˈluːtli◂/ *adv* **1** absolutnie: *Are you absolutely sure?* | **absolutely no/nothing** *It was the school holiday and the children had absolutely nothing to do.* **2 Absolutely!** *spoken* Jak najbardziej!: *"Do you really think so?" "Absolutely."* **3 Absolutely not!** *spoken* W żadnym wypadku!

ab·solve /əbˈzɒlv/ *v* [T] *formal* rozgrzeszać

ab·sorb W3 /əbˈsɔːb/ *v* [T] **1** wchłaniać: *The towel absorbed most of the water.* | *the rate at which alcohol is absorbed into the blood* | *countries that had become absorbed into the Soviet Union* **2 be absorbed in sth** być czymś pochłoniętym/zaabsorbowanym: *I was completely absorbed in the book.* **3** przyswajać sobie: *She's a good student who absorbs information quickly.* —**absorption** *n* [U] wchłanianie, absorpcja

ab·sor·bent /əbˈsɔːbənt/ *adj* (dobrze) wchłaniający: *absorbent sponges*

ab·sorb·ing /əbˈsɔːbɪŋ/ *adj* absorbujący, wciągający: *an absorbing article about space travel* THESAURUS INTERESTING

ab·stain /əbˈsteɪn/ *v* [I] *formal* wstrzymywać się: **+from** *Patients were advised to abstain from alcohol.*

ab·sten·tion /-ˈstenʃən/ *n* [C,U] **1** głos wstrzymujący (się) **2** wstrzymanie się od głosu

ab·sti·nence /ˈæbstənəns/ *n* [U] abstynencja

ab·stract Ac /ˈæbstrækt/ *adj* abstrakcyjny: *Beauty is an abstract idea.* | *abstract arguments about justice* | *abstract art* —**abstraction** /æbˈstrækʃən/ *n* [C,U] abstrakcja

ab·surd /əbˈsɜːd/ *adj* absurdalny: *an absurd situation* THESAURUS STUPID —**absurdly** *adv* absurdalnie —**absurdity** *n* [C,U] absurd, absurdalność

a·bun·dance /əˈbʌndəns/ *n* [U singular] *formal* obfitość: *There is an abundance of creative talent.* | **in abundance** (=w dużych ilościach): *Wild flowers grew in abundance on the hillside.*

a·bun·dant /əˈbʌndənt/ *adj* obfity: *an abundant supply of fresh fruit*

a·bun·dant·ly /əˈbʌndəntli/ *adv* **1** całkowicie: *He made it abundantly clear that he was dissatisfied.* **2** obficie: *Poppies grew abundantly in the fields.*

a·buse¹ S2 W3 /əˈbjuːs/ *n* **1** [C,U] nadużycie: **+of** *The newspapers are calling the President's action an abuse of power.* | **alcohol abuse** (=nadużywanie alkoholu) | **drug abuse** (=narkomania) **2** [U] wykorzystywanie, maltretowanie: **child abuse** *a police investigation into reports of child abuse* | **sexual abuse** *victims of sexual abuse* **3** [U] obelgi

a·buse² /əˈbjuːz/ *v* [T] **1** znęcać się nad, maltretować: *Each year more than 700,000 children are abused or neglected.* **2** nadużywać: *Garton had abused his position as mayor by offering jobs to his friends.* **3** lżyć

a·bu·sive /əˈbjuːsɪv/ *adj* obelżywy: *an abusive letter*

a·bys·mal /əˈbɪzməl/ *adj* fatalny, beznadziejny: *your son's abysmal performance in the examinations* —**abysmally** *adv* fatalnie, beznadziejnie

a·byss /əˈbɪs/ *n* [C] **1** piekło: *the abyss of nuclear war* **2** *literary* otchłań

ac·a·dem·ic¹ W2 Ac /͵ækəˈdemɪk◂/ *adj* **1** naukowy: *students' academic achievements* | *a program to raise academic standards* **2** akademicki: *the question is purely academic* **3** zdolny: *teaching the more academic children*

academic² Ac *n* [C] **1** nauczyciel akademicki **2** naukowiec

a·cad·e·my /əˈkædəmi/ *n* [C] **1** akademia: *a military academy* **2** akademia nauk

ac·cel·e·rate /əkˈseləreɪt/ *v* [I,T] przyspieszać: *Melissa accelerated as she drove onto the highway.* | *a plan to accelerate economic growth* —**acceleration** /ək͵seləˈreɪʃən/ *n* [U] przyspieszenie

ac·cel·e·ra·tor /əkˈseləreɪtə/ *n* [C] pedał przyspieszenia/gazu

ac·cent /ˈæksənt/ *n* [C] **1** akcent: *a strong northern accent* | *The accent in the word 'important' is on the second*

A

syllable. **2 the accent** nacisk: **+on** *a training programme with the accent on safety*

ac·cen·tu·ate /əkˈsentʃueɪt/ *v* [T] za/akcentować

ac·cept S1 W1 /əkˈsept/ *v* **1** [I,T] przyjmować: *Please accept this small gift.* | *They offered me the job and I accepted.* | *The manager would not accept her resignation.* | *We don't accept credit cards.* | *I've been accepted at Harvard.* | **accept an invitation** *We would be happy to accept your invitation.* | **accept advice/suggestions** *I wish I'd accepted your advice and kept my money in the bank.* **2** [T] przyjmować do wiadomości: *The teacher would not accept any excuses.* | **+that** *I accept that* (=przyznaję, że) *we've made mistakes, but it's nothing we can't fix.* **3** [T] za/akceptować: *It was a long time before the other kids at school accepted him.* **4** [T] po/godzić się z: *Even when he was imprisoned, the Emperor would not accept defeat.* **5 accept responsibility/blame** *formal* brać na siebie odpowiedzialność/winę: *The company have accepted responsibility for the accident.*

ac·cept·a·ble S3 W3 /əkˈseptəbəl/ *adj* **1** do przyjęcia: *The essay was acceptable, but it wasn't her best work.* **2** akceptowany: *Smoking is no longer an acceptable habit.* **3** dopuszczalny: *They talk about acceptable levels of unemployment.* —**acceptably** *adv* dopuszczalnie —**acceptability** /əkˌseptəˈbɪləti/ *n* [U] dopuszczalność

ac·cept·ance /əkˈseptəns/ *n* [U] **1** przyjęcie: *I was surprised at her acceptance of my offer.* | **+into** *the immigrants' gradual acceptance into the community* **2** akceptacja: **+of** *After the revolution there was widespread acceptance of Marxist ideas.* **3** pogodzenie się z sytuacją: *The general mood was one of acceptance.* **4 gain/find acceptance** zostać zaakceptowanym

ac·cept·ed /əkˈseptɪd/ *adj* przyjęty

ac·cess[1] S2 W1 Ac /ˈækses/ *n* [U] **1** dostęp: **have access to** *Students need to have access to the computer system.* **2** dojście, dojazd: **+to** *The only access to the farm is along a muddy track.* | **gain access** *The thieves gained access* (=dostali się do środka) *through the upstairs window.*

access[2] Ac *v* [T] uzyskać dostęp do: *I couldn't access the file.*

ac·ces·si·ble Ac /əkˈsesəbəl/ *adj* **1** dostępny: *The national park is not accessible by road.* | *the wide range of information that is accessible on the Internet* **2** przystępny: **+to** *Buchan succeeds in making a difficult subject accessible to the ordinary reader.* —**accessibility** /əkˌsesəˈbɪləti/ *n* [U] dostępność, przystępność → antonim INACCESSIBLE

ac·ces·so·ry /əkˈsesəri/ *n* [C] **1** [usually plural] dodatek: *a dress with matching accessories* **2** dodatkowy element wyposażenia *(np. samochodu)* **3** *law* współsprawca przestępstwa

ac·ci·dent S2 W2 /ˈæksɪdənt/ *n* [C] **1** wypadek: *Her parents were killed in a car accident.* | *I'm afraid he's been involved in a serious accident.* | **it was an accident** *I didn't do it on purpose; it was an accident.* **2 by accident** przypadkiem: *I discovered by accident that he'd lied to me.*

COLLOCATIONS: accident

adjectives

a bad/serious/major accident *There was a bad accident right outside our house.* | *The road is closed following a serious accident.*

a terrible/nasty/horrific accident *It looked like a very nasty accident.*

a fatal accident *The number of fatal accidents has gone down.*

a minor accident *His car was involved in a minor accident.* ⚠ Nie mówi się 'a small accident'. Mówimy: **a minor accident**.

verbs

to have an accident *I've never had an accident before in my life.*

to be involved in an accident *formal: Her parents were involved in a car accident when she was six years old.*

to prevent an accident *Speed cameras can help prevent accidents.*

noun + accident

a car/road/traffic accident *The actor was killed in a tragic car accident.*

a rail/train accident *Most rail accidents are caused by human error.*

the scene of an accident *He died at the scene of the accident.*

ac·ci·den·tal /ˌæksəˈdentl◂/ *adj* przypadkowy: *accidental damage* —**accidentally** *adv* przypadkowo, przez przypadek: *I accidentally set off the alarm.*

ˈaccident-prone *adj* często ulegający wypadkom: *an accident-prone child*

ac·claim[1] /əˈkleɪm/ *v* [T] okrzyknąć: *His last play was acclaimed by the critics as a masterpiece.*

acclaim[2] *n* [U] uznanie: *His first novel received widespread acclaim.*

ac·claimed /əˈkleɪmd/ *adj* cieszący się uznaniem: **highly/widely acclaimed** *Spielberg's highly acclaimed movie, 'Schindler's List'*

ac·cli·ma·tize /əˈklaɪmətaɪz/ *także* **-ise** *BrE także* **ac·cli·mate** /əˈklaɪmət/ *AmE v* [I] za/aklimatyzować się: **get acclimatized** *It takes the astronauts a few days to get acclimatized to conditions in space.* —**acclimatization** /əˌklaɪmətaɪˈzeɪʃən/ *n* [U] aklimatyzacja

ac·co·lade /ˈækəleɪd/ *n* [C] wyróżnienie: *She received a 'Grammy Award', the highest accolade in the music business.*

ac·com·mo·date Ac /əˈkɒmədeɪt/ *v* [T] **1** pomieścić: *The hall can accommodate 300 people.* **2** zakwaterować: *A new hostel was built to accommodate the students.* **3** pójść na rękę: *If you need more time, we'll try to accommodate you.*

ac·com·mo·dat·ing /əˈkɒmədeɪtɪŋ/ *adj* uczynny

ac·com·mo·da·tion S2 W2 Ac /əˌkɒməˈdeɪʃən/ *n* [U] *także* **accommodations** [plural] *AmE* zakwaterowanie: *The college will provide accommodation for all new students.*

ac·com·pa·ni·ment Ac /əˈkʌmpənimənt/ *n* [C] **1** akompaniament: *a tune with a simple guitar accompaniment* **2** *formal* dodatek: *White wine is an excellent accompaniment to fish.*

ac·com·pa·ny W2 Ac /əˈkʌmpəni/ *v* [T] **1** *formal* towarzyszyć: *Children under 12 must be accompanied by an adult.* | *Any increase in costs is always accompanied by a rise in prices.* **2** akompaniować

ac·com·plice /əˈkʌmplɪs/ *n* [C] wspólni-k/czka

ac·com·plish /əˈkʌmplɪʃ/ *v* [T] osiągać: *The new government has accomplished a great deal.*

ac·com·plished /əˈkʌmplɪʃt/ *adj* znakomity: *an accomplished poet*

ac·com·plish·ment /əˈkʌmplɪʃmənt/ *n* **1** [C] *formal* umiejętność: *Playing the piano is one of her many accomplishments.* **2** [U] osiągnięcie, dokonanie

ac·cord[1] /əˈkɔːd/ *n* **1 of your own accord** z własnej woli: *No one forced him to go. He left of his own accord.* **2 in accord with sb/sth** *formal* zgodny z kimś/czymś: *The committee's report is completely in accord with our suggestions.* **3** [C] uzgodnienie

accord[2] *v* [T] *formal* **1** zgotować: *On his return Gagarin was accorded a hero's welcome.* **2 accord sth to** otaczać/darzyć czymś: *The Japanese accord a special reverence to trees and rivers.*

ac·cord·ance /əˈkɔːdəns/ *n* **in accordance with** *formal* zgodnie z: *Safety checks were made in accordance with the rules.*

ac·cord·ing·ly /əˈkɔːdɪŋli/ *adv* **1** odpowiednio: *If you work extra hours, you will be paid accordingly.* **2** *formal* w związku z tym: *We have noticed that the books are slightly damaged, and accordingly, we have reduced the price.*

acˈcording to S2 W1 *prep* **1** według: *According to our records she never paid her bill.* | *According to Angela, he's a great teacher.* | *You will be paid according to the amount of work you do.* **2** zgodnie z: *Everything went according to plan and we arrived on time.*

ac·cor·di·on /əˈkɔːdiən/ *n* [C] akordeon

ac·cost /əˈkɒst/ *v* [T] zaczepiać

ac·count[1] S1 W1 /əˈkaʊnt/ *n* [C] **1** relacja: **give an account of** (=zdać relację z): *Can you give us an account of what happened?* | **by/from all accounts** (=podobno): *By all accounts Frank was once a great player.* **2** konto, rachunek: *He couldn't remember his account number.* | *I'd like to withdraw £250 from my account.* | *Here are the books you ordered. Shall I charge them to your account?* | **settle your account** (=u/regulować rachunek): *Accounts must be settled within 30 days.* → patrz też BANK ACCOUNT, CHECKING ACCOUNT, CURRENT ACCOUNT, DEPOSIT ACCOUNT **3 take into account/take account of** brać/wziąć pod uwagę: *They should have taken into account the needs of foreign students.* **4 on account of** z powodu: *Several people are late on account of the train strike.* **5 (not) on my/his account** *spoken* (nie) ze względu na mnie/niego: *Don't stay up late on my account.* **6 on no account/not on any account** *formal* pod żadnym pozorem: *On no account should anyone go near this man - he's dangerous.* → patrz też ACCOUNTS

account[2] S3 W2 *v*
account for sth *phr v* [T] **1** stanowić: *Oil and gas account for 60% of the country's exports.* **2** wy/tłumaczyć: *How do you account for this sudden change of policy?* | *If he really is taking drugs, that would account for his behaviour.*

ac·count·a·ble /əˈkaʊntəbəl/ *adj* [not before noun] odpowiedzialny: **+for** *Managers must be accountable for their decisions.* | **hold sb accountable** (=obciążać kogoś odpowiedzialnością): *If students fail their exams, should their teachers be held accountable?* **—accountability** /əˌkaʊntəˈbɪləti/ *n* [U] odpowiedzialność

ac·coun·tan·cy /əˈkaʊntənsi/ *BrE*, **ac·coun·ting** /əˈkaʊntɪŋ/ *AmE n* [U] księgowość

ac·coun·tant /əˈkaʊntənt/ *n* [C] księgow-y/a

ac·counts /əˈkaʊnts/ *n* [plural] rozliczenie: *the company's accounts from last year* → patrz też ACCOUNT[1]

ac·cred·it·ed /əˈkredɪtɪd/ *adj* akredytowany

ac·cu·mu·late Ac /əˈkjuːmjəleɪt/ *v* **1** [I] na/gromadzić się: *The dirt and dust had accumulated in the corners of the room.* **2** [T] z/gromadzić: *By the time he died Methuen had accumulated a vast collection of paintings.* **—accumulation** /əˌkjuːmjəˈleɪʃən/ *n* [C,U] nagromadzenie, gromadzenie

ac·cu·ra·cy Ac /ˈækjərəsi/ *n* [U] dokładność, precyzja: *The bombs can be aimed with amazing accuracy.* → antonim INACCURACY

ac·cu·rate S2 W3 Ac /ˈækjərət/ *adj* dokładny: *an accurate report of what happened* → antonim INACCURATE **—accurately** *adv* dokładnie

ac·cu·sa·tion /ˌækjəˈzeɪʃən/ *n* [C] oskarżenie, zarzut: **make an accusation against sb** (=wysunąć zarzut pod czyimś adresem): *Serious accusations have been made against him.*

ac·cuse W3 /əˈkjuːz/ *v* [T] oskarżać: **accuse sb of doing sth** *Are you accusing me of stealing?* **—accuser** *n* [C] oskarżyciel/ka

ac·cused /əˈkjuːzd/ *n* **the accused** [singular or plural] oskarżon-y/a, oskarżeni

ac·cus·ing /əˈkjuːzɪŋ/ *adj* oskarżycielski: *She gave him an accusing look.* **—accusingly** *adv* oskarżycielsko

ac·cus·tom /əˈkʌstəm/ *v* [T] **accustom yourself to (doing) sth** przyzwyczajać się do (robienia) czegoś: *They'll have to accustom themselves to working long hours.*

ac·cus·tomed /əˈkʌstəmd/ *adj formal* **be accustomed to (doing) sth** być przyzwyczajonym do (robienia) czegoś: *She was accustomed to a life of luxury.* | **become/get/grow accustomed to sth** (=przywyknąć do): *Ed's eyes quickly grew accustomed to the dark room.*

ace[1] /eɪs/ *n* [C] **1** as: *the ace of spades* **2** as serwisowy *(w tenisie)*

ace[2] *adj informal* **ace pilot** as pilotażu **ace player/skier** znakomity gracz/narciarz **—ace** *n* [singular] as: *motorcycle ace Valentino Rossi*

ache[1] /eɪk/ *v* [I] **1** boleć: *My legs are aching.* **2 be aching to do sth** nie móc się doczekać zrobienia czegoś: *Jenny was aching to go home.*

ache[2] *n* [C] ból: **headache/backache/toothache etc** *I've got a bad headache.* **—achy** *adj* obolały: *My arm feels all achy.*

UWAGA: ache i pain

Rzeczownika **ache** używa się zwykle w złożeniach z nazwami części ciała, kiedy mówimy np. o bólu zęba **toothache**, bólu ucha **earache** itd.: *That radio of yours is giving me a headache.* Mowiąc o bólu w ogóle, używamy rzeczownika **pain**: *After the run, I had pains in my legs.*

a·chieve S2 W1 Ac /əˈtʃiːv/ *v* [T] osiągać: *He will never achieve anything if he doesn't work harder.* | *On the test drive Segrave achieved speeds of over 200 mph.* **—achiever** *n* [C]: *a high achiever* (=człowiek sukcesu) **—achievable** *adj* osiągalny

a·chieve·ment S3 W2 Ac /əˈtʃiːvmənt/ *n* **1** [C] osiągnięcie: *Winning the championship is quite an achievement.* **2** [U] realizacja, spełnienie: *the achievement of a lifetime's ambition*

ac·id[1] W3 /ˈæsɪd/ *n* **1** [C,U] kwas: *hydrochloric acid* **2 the acid test** próba ognia: *It looks good, but will it work? That's the acid test.* **—acidic** /əˈsɪdɪk/ *adj* kwasowy **—acidity** /əˈsɪdəti/ *n* [U] kwasowość, kwaśność

A

acid² *adj* **1** kwaśny **2 acid remark/comment** uszczypliwa uwaga

ˌacid ˈrain *n* [U] kwaśny deszcz

ac·knowl·edge S3 W3 Ac /əkˈnɒlɪdʒ/ *v* [T] **1** przyznawać: **+that** *Angie has acknowledged that she made a mistake.* | **acknowledge sth as** *These beaches are generally acknowledged as* (=powszechnie uchodzą za) *the best in Europe.* **2** uznawać, przyjmować do wiadomości: *They are refusing to acknowledge the court's decision.* **3** potwierdzać otrzymanie: *We must acknowledge her letter.* **4** zwracać uwagę na: *Tina walked straight past without acknowledging us.*

ac·knowl·edge·ment Ac, **acknowledgment** /əkˈnɒlɪdʒmənt/ *n* [C] **1** potwierdzenie otrzymania: *I haven't received an acknowledgement of my letter yet.* **2** przyznanie się: *an acknowledgement of defeat*

ac·ne /ˈækni/ *n* [U] trądzik

a·corn /ˈeɪkɔːn/ *n* [C] żołądź

a·cous·tic /əˈkuːstɪk/ *adj* **1** dźwiękowy **2** akustyczny: *an acoustic guitar*

acoustic

a·cous·tics /əˈkuːstɪks/ *n* **1** [plural] akustyka: *The acoustics of the theatre are very good.* **2** [U] akustyka: *Acoustics is the scientific study of sound.*

ac·quaint·ance /əˈkweɪntəns/ *n* **1** [C] znajom-y/a **2** [U] znajomość: **make sb's acquaintance** (=zawrzeć z kimś znajomość): *I've never made his acquaintance.*

ac·quaint·ed /əˈkweɪntɪd/ *adj formal* **1 be acquainted with sb** znać kogoś *(niezbyt dobrze)*: *Roger and I are already acquainted.* | **get/become acquainted** (=poznać się): *I'll leave you two to get acquainted.* **2 be acquainted with sth** być zaznajomionym z czymś: *My lawyer is already acquainted with the facts.*

ac·qui·esce /ˌækwiˈes/ *v* [I] *formal* przyzwalać —**acquiescence** *n* [U] przyzwolenie

ac·quire W2 Ac /əˈkwaɪə/ *v* [T] nabywać: *The Getty Museum acquired the painting for £6.8 million.* | *Think about the skills you have acquired, and how you can use them.* THESAURUS ▸ **BUY, GET**

ac·qui·si·tion Ac /ˌækwəˈzɪʃən/ *n* **1** [U] nabywanie: **+of** *the acquisition of wealth* **2** [C] nabytek: *a recent acquisition*

ac·quit /əˈkwɪt/ *v* [T] **(-tted, -tting)** uniewinniać: *Simons was acquitted of murder.*

ac·quit·tal /əˈkwɪtl/ *n* [C,U] uniewinnienie

a·cre /ˈeɪkə/ *n* [C] akr

a·cre·age /ˈeɪkərɪdʒ/ *n* [U] areał

ac·rid /ˈækrɪd/ *adj* gryzący: *a cloud of acrid smoke*

ac·ri·mo·ni·ous /ˌækrəˈməʊniəs◂/ *adj* pełen wrogości, gorzki: *an acrimonious divorce* —**acrimoniously** *adv* wrogi

ac·ri·mo·ny /ˈækrəməni/ *n* [U] *formal* wrogość

ac·ro·bat /ˈækrəbæt/ *n* [C] akrobat-a/ka —**acrobatic** /ˌækrəˈbætɪk◂/ *adj* akrobatyczny

ac·ro·bat·ics /ˌækrəˈbætɪks/ *n* [plural] akrobacje

ac·ro·nym /ˈækrənɪm/ *n* [C] akronim, skrótowiec: *NATO is an acronym for the North Atlantic Treaty Organization.*

a·cross¹ /əˈkrɒs/ *prep* **1** przez: *The farmer was walking across the field towards us.* | *the only bridge across the river* **2** na cały: *The rain will spread slowly across southern England.* **3** po drugiej stronie: *Andy lives across the road from us.* **4 across the board** dla wszystkich: *a pay increase of 8% across the board*

across² S1 W1 *adv* **1** w poprzek, wszerz: *At its widest point, the river is two miles across* (=ma dwie mile szerokości). **2** na drugą stronę: *We'll have to swim across.*

a·cryl·ic /əˈkrɪlɪk/ *adj* akrylowy

act¹ S2 W1 /ækt/ *v* **1** [I] za/działać: *Unless the government acts soon, more people will die.* | **+as** *Salt acts as a preservative.* | **act on advice/orders etc** *We're acting on* (=stosujemy się do) *the advice of our lawyer.* **2** [I] zachowywać się: *Nick's been acting very strangely recently.* **3** [I,T] grać: *Mike got an acting job on TV.* **4 act as** występować w roli: *My brother speaks French – he will act as interpreter.*
act sth ↔ out *phr v* [T] odegrać: *The children acted out the story of the birth of Jesus.*

act² S1 W1 *n* **1** [C] czyn, uczynek, postępek: *an act of kindness* | *a criminal act* **2** *także* **Act** [C] ustawa: *The Criminal Justice Act* **3** *także* **Act** [C] akt: *Hamlet kills the king in Act 5.* **4** [C] numer *(w programie rozrywkowym)*: *a comedy act* **5** [singular] poza, udawanie: *He doesn't care, Laura – it's just an act.* **6 get your act together** *informal* brać/wziąć się za siebie: *If Julie doesn't get her act together, she'll never graduate.* **7 get in on the act** *informal* przyjść na gotowe

act·ing¹ /ˈæktɪŋ/ *adj* **acting manager/director** osoba pełniąca obowiązki dyrektora

acting² *n* [U] aktorstwo

ac·tion S1 W1 /ˈækʃən/ *n* **1** [U] działanie: *We've talked enough. Now is the time for action.* | *cliffs worn away by the action of the waves* | **take action** *The government must take action* (=musi zacząć działać) *before it's too late.* | **course of action** (=wyjście): *The best course of action would be to tell her the whole story.* | **put sth into action** (=wprowadzić coś w życie): *When will you start putting your plan into action?* **2** [C] czyn: *You shouldn't be blamed for other people's actions.* **3 the action** akcja: *The action of 'Hamlet' takes places in Denmark.* **4** [C] czynność **5 be out of action** nie działać: *My car's out of action again.* | **put sb/sth out of action** (=wyłączyć kogoś/coś z gry): *The accident has put him out of action for two weeks.* **6 where (all) the action is** miejsce, gdzie (wiecznie) coś się dzieje: *New York's where the action is.* **7 in action** w akcji: *a chance to see top ski jumpers in action* **8** [C,U] bój, walka: **killed in action** *Ann's husband was killed in action* (=poległ w boju).

ˌaction-ˈpacked *adj* **action-packed film/story** film/opowiadanie z wartką akcją

ˌaction ˈreplay *n* [C] *BrE* powtórka *(w transmisji sportowej)*

ac·tiv·ate /ˈæktɪveɪt/ *v* [T] *formal* uruchamiać, aktywować: *This switch activates the alarm.* —**activation** /ˌæktəˈveɪʃən/ *n* [U] uruchomienie, aktywacja

ac·tive¹ S2 W2 /ˈæktɪv/ *adj* **1** aktywny: *Grandpa's very active for his age.* | *an active member of the Labour Party* **2** *technical* włączony: *The alarm is now active.* **3** czynny: *an active volcano* **4** w stronie czynnej: *In the sentence 'The boy kicked the ball', the verb 'kick' is active.* →porównaj PASSIVE

active² *n* **the active (voice)** strona czynna →porównaj PASSIVE

ac·tive·ly /ˈæktɪvli/ *adv* aktywnie, czynnie: *The government has actively encouraged immigration.*

ac·tiv·ist S3 /ˈæktɪvɪst/ *n* [C] działacz/ka

ac·tiv·i·ty S2 W1 /ækˈtɪvəti/ *n* **1** [C] zajęcie: *after-school activities* **2** [U] działalność: *an increase in terrorist activity* **3** [U] ruch: *There's been a lot of activity on the stock exchange.* →antonim INACTIVITY

ac·tor W3 /ˈæktə/ *n* [C] aktor/ka

UWAGA: actor i actress

Wyrazu **actor** można używać, mając na myśli zarówno aktorów, jak i aktorki.

ac·tress /ˈæktrɪs/ *n* [C] aktorka

ac·tu·al S1 W2 /ˈæktʃuəl/ *adj* rzeczywisty: *The actual cost is a lot higher than we'd thought.*

ac·tu·al·ly S1 W1 /ˈæktʃuəli/ *adv especially spoken* **1** rzeczywiście: *Did she actually say that in the letter?* **2** w rzeczywistości: *He may look young, but actually he's 45.* **3** właściwie: *"Great! I love French coffee!" "It's German actually."*

UWAGA: actually

Wyraz **actually** nie znaczy „aktualnie". Kiedy chcemy po angielsku powiedzieć, że coś dzieje się „aktualnie", tzn. „teraz", używamy **at present**, **at the moment** lub **currently**: *At present the company is short of staff.* | *At the moment I'm working part-time in a travel agency.* Odpowiednikiem wyrazu **actually** w języku polskim jest często wyrażenie „w rzeczywistości": *People think we've got lots of money, but actually we are quite poor.*

ac·u·men /ˈækjəmən/ *n* [U] zmysł, wyczucie: *business acumen*

ac·u·punc·ture /ˈækjəˌpʌŋktʃə/ *n* [U] akupunktura

a·cute /əˈkjuːt/ *adj* **1** ostry: *acute pain* | *acute tuberculosis* | *An acute angle is less than 90 degrees.* **2** dotkliwy: *an acute shortage of medical staff* THESAURUS SERIOUS **3** przenikliwy: *Simon's manner concealed an agile and acute mind.*

a·cute·ly /əˈkjuːtli/ *adv* dotkliwie: *She was acutely embarrassed when she realized her mistake.*

ad S3 W3 /æd/ *n* [C] *informal* ogłoszenie, anons

AD /ˌeɪ ˈdiː/ n.e.: *Attila died in 453 AD.* →porównaj BC

ad·age /ˈædɪdʒ/ *n* [C] porzekadło

ad·a·mant /ˈædəmənt/ *adj formal* nieugięty, niewzruszony: *Taylor is adamant that* (=stanowczo obstaje przy tym, że) *he is not going to quit.* —**adamantly** *adv* stanowczo, niezłomnie

Ad·am's ap·ple /ˌædəmz ˈæpəl/ *n* [C] jabłko Adama

a·dapt W3 /əˈdæpt/ *v* **1** [I] przystosowywać się: **+to** *Old people find it hard to adapt to life in a foreign country.* **2** [T] za/adaptować: *The car's engine had been adapted to take unleaded fuel.* | *The author is adapting his novel for television.* **3 be well adapted to sth** być dobrze przystosowanym do czegoś: *Alpine flowers are well adapted to the cold winters.*

a·dapt·a·ble Ac /əˈdæptəbəl/ *adj* dający się dostosować —**adaptability** /əˌdæptəˈbɪləti/ *n* [U] zdolności adaptacyjne

ad·ap·ta·tion Ac /ˌædæpˈteɪʃən/ *n* **1** [C] adaptacja: *a film adaptation of Zola's novel* **2** [U] przystosowanie (się): *adaptation to the environment*

a·dapt·er, **adaptor** /əˈdæptə/ *n* [C] *BrE* rozgałęziacz

add S1 W1 /æd/ *v* **1** [T] dodawać: *If you add 5 and 3 you get 8.* | **add sth to sth** *Do you want to add your name to the mailing list?* | *Add one egg to the mixture.* | **+that** *The judge added that this case was one of the worst she had ever seen.* **2** [I,T] **add to a)** powiększać: *Sales tax adds to the bill.* **b)** pogłębiać, nasilać: *Darkness just adds to the spooky atmosphere.*

add sth ↔ on *phr v* [T] dodawać: *They're going to add on another bedroom at the back.* | **+to** *VAT at 17.5% will be added on to your bill.*

add up *phr v* **1** [I,T **add** (sth) ↔ **up**] po/dodawać: *Add your scores up and we'll see who won.* **2 not add up** nie trzymać się kupy: *His story just doesn't add up.*

ad·der /ˈædə/ *n* [C] żmija

ad·dict /ˈædɪkt/ *n* [C] **1** nałogowiec, narkoman/ka: *a heroin addict* **2** *informal* entuzjast-a/ka: *game-show addicts*

ad·dic·ted /əˈdɪktɪd/ *adj* uzależniony: **+to** *Marvin soon became addicted to sleeping pills.* | *My children are completely addicted to computer games.*

ad·dic·tion /əˈdɪkʃən/ *n* [C,U] uzależnienie

ad·dic·tive /əˈdɪktɪv/ *adj* uzależniający: *a highly addictive drug*

ad·di·tion S3 W1 /əˈdɪʃən/ *n* **1 in addition** oprócz tego, poza tym: *The school has 12 classrooms. In addition there is a large office that could be used for meetings.* | **+to** *In addition to her teaching job* (=oprócz tego, ze pracuje jako nauczycielka), *she plays in a band.* **2** [U] dodawanie **3** [C] dodatek: *The tower is a later addition to the cathedral.*

ad·di·tion·al S3 W2 /əˈdɪʃənəl/ *adj* dodatkowy: *There's an additional charge for baggage over the weight limit.* THESAURUS MORE —**additionally** *adv* dodatkowo

ad·di·tive /ˈædətɪv/ *n* [C] dodatek *(konserwujący, barwiący itp.)*: *additive-free foods*

ad·dress¹ S2 W2 /əˈdres/ *n* [C] **1** adres: *I forgot to give Damien my new address.* | *I can't find her email adress.* **2** orędzie: *the Gettysburg Address* THESAURUS SPEECH

COLLOCATIONS: address

adjectives

sb's full address *Please write your full address, including your postcode.*

the same address/a different address *Do you know if they are still at the same address?* | *They're now at a different address.*

a false address *At the police station, she gave the police a false address.*

a forwarding address *He did not leave a forwarding address.*

sb's postal address *BrE*, **sb's mailing address** *AmE* *Please give your bank's full postal address.*

noun + address

sb's home address *His home address is 5, Orton Road, London N31 8HW.*

sb's work/business address *My business address is on my card. | I sent the letter to her work address.*

sb's email address *Can you let me have your email address?*

a change of address *You must let your bank know if there has been a change of address.*

verbs

to give sb your address *You should always be careful when giving people your address.*

to have/know sb's address *I think I have his address somewhere. | No one seems to know his address.*

sb's address has changed *The company's address had changed.*

address + noun

an address book *Look in my address book under M.*

address² S2 W2 *v* [T] **1** *formal* zwracać się do: *A guest speaker then addressed the audience.* **2** *formal* s/kierować: **address sth to sb** *You should address your question to the chairman.* **3** za/adresować: **address sth to sb** *There's a letter here addressed to you.* **4** *formal* zajmować się: *an education policy that fails to address the needs of disabled students* **5** tytułować: **address sb as** *The President should be addressed as 'Mr President'.*

ad'dress book *n* [C] książka adresowa

ad·ept /'ædept/ *adj* biegły: **+at** *He became adept at cooking her favourite Polish dishes.* —**adeptly** *adv* biegle, po mistrzowsku

ad·e·quate S3 W3 Ac /'ædɪkwət/ *adj* **1** wystarczający: *Her income is hardly adequate to pay the bills.* **2** zadowalający: *The critics described his performance as 'barely adequate'.* →antonim INADEQUATE —**adequacy** *n* [U] stosowność, adekwatność —**adequately** *adv* odpowiednio, adekwatnie

ad·here /əd'hɪə/ *v* [I] przylegać: **+to** *Make sure the paper adheres firmly to the wall.*
adhere to sth *phr v* [T] przestrzegać: *Not all the countries adhered to the treaty.*

ad·her·ence /əd'hɪərəns/ *n* [U] przestrzeganie *(zasad, przepisów)*

ad·her·ent /əd'hɪərənt/ *n* [C] zwolenni-k/czka, stronni-k/czka

ad·he·sion /əd'hiːʒən/ *n* [U] przyleganie

ad·he·sive /əd'hiːsɪv/ *n* [C] klej —**adhesive** *adj*: *adhesive tape* (=taśma klejąca)

ad hoc /ˌæd 'hɒk/ *adj* dorywczy, z doskoku: *I'd been working for him on an ad hoc basis.* —**ad hoc** *adv* ad hoc

ad·ja·cent Ac /ə'dʒeɪsənt/ *adj formal* przyległy: *a door leading to the adjacent room* | **+to** *buildings adjacent to* (=przylegające do) *the palace*

ad·jec·tive /'ædʒəktɪv/ *n* [C] przymiotnik → INFORMACJE GRAMATYCZNE —**adjectival** /ˌædʒək'taɪvəl◂/ *adj* przymiotnikowy: *an adjectival phrase*

ad·join·ing /ə'dʒɔɪnɪŋ/ *adj* sąsiedni: *an adjoining office* —**adjoin** *v* [T] przylegać do

ad·journ /ə'dʒɜːn/ *v* [I,T] z/robić przerwę (w) *(zebraniu, obradach)*: *The committee adjourned for an hour.* —**adjournment** *n* [C,U] przerwa w obradach

ad·ju·di·cate /ə'dʒuːdɪkeɪt/ *v* [I,T] *formal* rozstrzygać, rozsądzać: *The European Court was asked to adjudicate in the dispute.*

ad·just W3 Ac /ə'dʒʌst/ *v* **1** [T] wy/regulować: *Where's the lever for adjusting the car seat?* **2** [I] przystosowywać się: **+to** *We're gradually adjusting to the new way of working.* —**adjustable** *adj* regulowany: *an adjustable lamp*

ad·just·ment Ac /ə'dʒʌstmənt/ *n* [C,U] **1** poprawka, korekta: **make adjustments to sth** (=wprowadzić poprawki do czegoś): *I've made a few adjustments to our original calculations.* **2** zmiana *(w zachowaniu, sposobie myślenia)* **make adjustments** (=poczynić zmiany): *You have to make some adjustments when you live abroad.*

ad-lib /ˌæd 'lɪb/ *v* [I,T] improwizować: *She forgot her lines and had to ad-lib.* —**ad-lib** *n* [C] improwizacja —**ad-lib** *adj* improwizowany

ad·min·is·ter /əd'mɪnɪstə/ *v* [T] **1** zarządzać: *officials who administer the transport system* **2** przeprowadzać: *Who will administer the test?* **3** wymierzać: **to administer punishment** **4** *formal* podawać: *The medicine was administered in regular doses.*

ad·min·is·tra·tion S2 W2 Ac /ədˌmɪnə'streɪʃən/ *n* [U] **1** zarządzanie, administracja: *Have you any experience in administration?* **2 the Administration** administracja, rząd: *the Kennedy Administration*

ad·min·is·tra·tive W3 Ac /əd'mɪnəstrətɪv/ *adj* administracyjny: *The job is mainly administrative.*

adˌministrative as'sistant *n* sekreta-rz/rka

ad·min·is·tra·tor /əd'mɪnəstreɪtə/ *n* [C] administrator/ka

ad·mi·ra·ble /'ædmərəbəl/ *adj* godny podziwu: *an admirable achievement*

ad·mi·ral /'ædmərəl/ *n* [C] admirał

ad·mi·ra·tion /ˌædmə'reɪʃən/ *n* [U] podziw: **+for** *Dylan had a deep admiration for Picasso's later work.*

ad·mire S3 /əd'maɪə/ *v* [T] podziwiać: *We stopped halfway up the hill to admire the view.* | **admire sb for sth** *I always admired my mother for her courage and patience.* —**admirer** *n* [C] wielbiciel/ka: *My teacher was a great admirer of Shakespeare.*

ad·mis·si·ble /əd'mɪsəbəl/ *adj formal* dopuszczalny: *admissible evidence* →antonim INADMISSIBLE

ad·mis·sion W3 /əd'mɪʃən/ *n* **1** [C] przyznanie (się): **+of** *If he resigns, it will be an admission of guilt.* **2** [C,U] przyjęcie: **+to** *Tom has applied for admission to Oxford next year.* **3** [U] (opłata za) wstęp: *Admission $6.50*

ad·mit S2 W1 /əd'mɪt/ *v* (**-tted**, **-tting**) **1** [I,T] przyznawać (się): *He was wrong, but he won't admit it.* | **+(that)** *You may not like her, but you have to admit that Sheila is good at her job.* | **+to** *He'll never admit to the murder.* **2** [T] wpuszczać: *Only ticket holders will be admitted into the stadium.* | *He was admitted to hospital* (=został hospitalizowany) *suffering from burns.*

ad·mit·tance /əd'mɪtəns/ *n* [U] wstęp, prawo wstępu: *Journalists were refused admittance to the meeting.*

ad·mit·ted·ly /əd'mɪtɪdli/ *adv* co prawda: *Admittedly, it's not a very good photograph, but you can recognize who it is.*

ad·mon·ish /ədˈmɒnɪʃ/ *v* [T] *literary* upominać —**admonishment** *n* [C,U] upomnienie

a·do /əˈduː/ *n* **1 without more/further ado** bez dalszych wstępów **2 much ado about nothing** wiele hałasu o nic

ad·o·les·cence /ˌædəˈlesəns/ *n* [U] okres dojrzewania THESAURUS YOUNG

ad·o·les·cent /ˌædəˈlesənt◂/ *n* [C] nastolat-ek/ka THESAURUS CHILD —**adolescent** *adj* młodociany, nastoletni

a·dopt S3 W2 /əˈdɒpt/ *v* [T] **1** za/adoptować: *Melissa was adopted by the Simpsons when she was only two.* **2** obierać: *The police are adopting more forceful methods.* **3** przyjmować: *The committee voted to adopt our proposals.* —**adopted** *adj* adoptowany: *their adopted daughter*

a·dop·tion /əˈdɒpʃən/ *n* **1** [U] przyjęcie: *improvements that followed the adoption of new technology* **2** [C,U] adopcja: *Children of parents who had died were offered for adoption.*

a·dor·a·ble /əˈdɔːrəbəl/ *adj* uroczy: *an adorable little puppy*

ad·o·ra·tion /ˌædəˈreɪʃən/ *n* [U] uwielbienie

a·dore /əˈdɔː/ *v* [T] uwielbiać: *Tim absolutely adores his older brother.* | *I adore this place. It's so peaceful here.* THESAURUS LOVE

a·dorn /əˈdɔːn/ *v* [T] *formal* przyozdabiać: *The church walls were adorned with beautiful carvings.* —**adornment** *n* [C,U] ozdoba, ozdabianie

a·dren·a·lin /əˈdrenəlɪn/ *n* [U] adrenalina

a·drift /əˈdrɪft/ *adv* **1 be adrift** dryfować **2 come adrift** wymknąć/uwolnić się: *Her hair was for ever coming adrift from the pins and combs she used to keep it in place.*

a·droit /əˈdrɔɪt/ *adj* zręczny: *an adroit negotiator* —**adroitly** *adv* zręcznie

ad·u·la·tion /ˌædʒəˈleɪʃən/ *n* [U] pochlebstwa

ad·ult[1] S2 W2 Ac /ˈædʌlt/ *n* [C] osoba dorosła

UWAGA: adult

Nie mówi się „adult people". Mówi się po prostu **adults**.

adult[2] W3 Ac *adj* **1** dorosły: *an adult male frog* **2** dojrzały: *an adult view of the world* **3 adult films/magazines** filmy/pisma dla dorosłych

a·dul·ter·y /əˈdʌltəri/ *n* [U] cudzołóstwo

ad·ult·hood /ˈædʌlthʊd/ *n* [U] dorosłość

ad·vance[1] S2 W2 /ədˈvɑːns/ *n* **1 in advance a)** wcześniej, z wyprzedzeniem: *a delicious dish that can be prepared in advance* **b)** z góry: *Some cell phone companies require you to pay in advance.* | *Many thanks, in advance, for your help.* **2** [C,U] postęp: *effective drugs and other advances in medicine* **3** [C] posuwanie się naprzód: *Napoleon's advance towards Moscow* **4** [C usually singular] zaliczka: **+on** *Could I have a small advance on my salary?*

advance[2] W3 *v* **1** [I,T] czynić postępy (w): *Scientists have advanced their understanding of genetics.* **2** [I] posuwać się: **+on** *Viet Cong forces were advancing on Saigon.* **3** [T] wysuwać: *new proposals advanced by the Spanish delegation* —**advancement** *n* [C,U] postęp, rozwój: *the advancement of science*

advance[3] *adj* wcześniejszy, uprzedni: **advance warning/notice etc** *advance warning of a hurricane* | *You can make an advance booking with your credit card.* | **advance screening** (=pokaz przedpremierowy)

ad·vanced W3 /ədˈvɑːnst/ *adj* **1** nowoczesny: *the most advanced computer on the market* **2 advanced physics** fizyka dla zaawansowanych: *a course in Advanced Computer Studies*

ad·van·ces /ədˈvɑːnsɪz/ *n* [plural] zaloty: *He became violent when the girl rejected his advances.*

ad·van·tage S2 W1 /ədˈvɑːntɪdʒ/ *n* **1** [C,U] przewaga: **+over** *Her computer training gave her an advantage over the other students.* **2** [C] dobra strona, zaleta: *Good public transport is just one of the advantages of living in a big city.* **3** [C] pożytek, korzyść: **+of** *the advantages of a good education* **4 take advantage of sth/sb** wykorzystywać coś/kogoś: *We took advantage of the good weather by going for a picnic.* | *I don't mind helping, but I resent being taken advantage of.* **5 to your advantage** z korzyścią dla ciebie

ad·van·ta·geous /ˌædvənˈteɪdʒəs/ *adj* korzystny

ad·vent /ˈædvent/ *n* **the advent of sth** pojawienie się czegoś: *the advent of television* | *the advent of communism*

ad·ven·ture /ədˈventʃə/ *n* [C,U] przygoda: *a book about her adventures in South America*

ad·ven·tur·er /ədˈventʃərə/ *n* [C] poszukiwacz/ka przygód

ad·ven·tur·ous /ədˈventʃərəs/ *adj* **1** *także* **adventuresome** /-tʃəsəm/ *AmE* żądny przygód THESAURUS BRAVE **2** pełen przygód: *an adventurous expedition up the Amazon* —**adventurously** *adv* śmiało

ad·verb /ˈædvɜːb/ *n* [C] przysłówek → INFORMACJE GRAMATYCZNE —**adverbial** /ædˈvɜːbiəl/ *adj* przysłówkowy

ad·ver·sa·ry /ˈædvəsəri/ *n* [C] *formal* przeciwni-k/czka

ad·verse /ˈædvɜːs/ *adj formal* **1 adverse conditions/effects** niekorzystne warunki/skutki: *adverse weather conditions* **2 adverse comment/reaction** nieprzychylny komentarz/nieprzychylna reakcja **3 adverse publicity** antyreklama —**adversely** *adv* niekorzystnie

ad·ver·si·ty /ədˈvɜːsəti/ *n* [U] przeciwności (losu): *showing courage in times of adversity* (=w trudnych chwilach)

ad·vert S3 /ˈædvɜːt/ *n* [C] *BrE* **a)** reklama **b)** ogłoszenie, anons

ad·ver·tise S3 W3 /ˈædvətaɪz/ *v* **1** [T] reklamować: *a poster advertising sportswear* **2** [I] ogłaszać się, dawać ogłoszenie: **+for** *RCA is advertising for* (=poszukuje) *an accountant.*

ad·ver·tise·ment S3 /ədˈvɜːtəsmənt/ *n* [C] **1** reklama *(w gazecie)* **2** ogłoszenie: *Jo was reading the job advertisements* (=ogłoszenia o pracy) *in the newspaper.* → porównaj COMMERCIAL

UWAGA: advertisement

Patrz **announcement** i **advertisement**.

ad·ver·tis·ing W3 /ˈædvətaɪzɪŋ/ *n* [U] reklama *(działalność)*

ad·vice S2 W2 /ədˈvaɪs/ *n* [U] rady, porady: **+on/about** *a book that's full of advice on babycare* | **give (sb) advice** (=dać (komuś) radę): *Let me give you some advice. Don't talk so fast.* | **ask sb's advice** (=po/radzić się kogoś): *Beth decided to ask her doctor's advice.* | **take/follow sb's advice** (=s/korzystać z czyjejś rady): *Did you take your* *father's advice?* | **a piece of advice** (=rada): *He offered me one piece of advice that I've never forgotten.*

ad·vi·sab·le /ədˈvaɪzəbəl/ *adj* [not before noun] wskazany, celowy: *It is advisable to wear a safety belt at all times.* →antonim INADVISABLE —**advisability** /ədˌvaɪzəˈbɪləti/ *n* [U] celowość, słuszność

A

ad·vise S2 W2 /ədˈvaɪz/ *v* **1** [I,T] po/radzić: **advise sb to do sth** *The doctor advised me to take more exercise.* | **advise (sb) against doing sth** *His lawyers had advised against* (=odradzali) *making a statement to the press.* | **advise (sb) on sth** *Franklin advises us on financial matters* (=doradza nam w sprawach finansowych). **2** [T] *formal* powiadamiać: *You will be advised when the work is completed.*

ad·vis·er S3 W3 /ədˈvaɪzə/, **advisor** *AmE n* [C] doradca: **+on** *the President's adviser on foreign affairs*

ad·vi·so·ry /ədˈvaɪzəri/ *adj* doradczy: *an advisory committee*

ad·vo·cate¹ Ac /ˈædvəkeɪt/ *v* [T] popierać: *Buchanan advocates tougher trade policies.* —**advocacy** /ˈædvəkəsi/ *n* [U] poparcie

ad·vo·cate² Ac /ˈædvəkət/ *n* [C] **1** zwolenni-k/czka, rzeczni-k/czka: **+of** *an advocate of prison reform* **2** *law* adwokat

aer·i·al¹ /ˈeəriəl/ *adj* powietrzny, lotniczy: *aerial photographs* | *aerial attacks*

aerial² *n* [C] *BrE* antena

ae·ro·bic /eəˈrəʊbɪk/ *adj* **aerobic exercise** ćwiczenia aerobiczne

aer·o·bics /eəˈrəʊbɪks/ *n* [U] aerobik: *Are you going to aerobics tonight?*

aer·o·dy·nam·ics /ˌeərəʊdaɪˈnæmɪks/ *n* [U] aerodynamika —**aerodynamic** *adj* aerodynamiczny

aer·o·plane /ˈeərəpleɪn/ *BrE n* [C] samolot

aer·o·sol /ˈeərəsɒl/ *n* [C] aerozol: *an aerosol hairspray* (=lakier do włosów w aerozolu)

aer·o·space /ˈeərəʊspeɪs/ *n* [U] **the aerospace industry** przemysł aerokosmiczny

aes·thet·ic /iːsˈθetɪk/ *especially BrE także* **esthetic** *AmE adj* estetyczny: *the aesthetic qualities of literature* —**aesthetically** /-kli/ *adv* estetycznie: *aesthetically pleasing*

aes·thet·ics /iːsˈθetɪks/ *especially BrE także* **esthetics** *AmE n* [U] estetyka *(nauka)*

a·far /əˈfɑː/ *adv literary* **from afar** z oddali

af·fa·ble /ˈæfəbəl/ *adj* sympatyczny: *an affable guy* —**affably** *adv* sympatycznie

af·fair S2 W1 /əˈfeə/ *n* [C] **1** afera: *The Watergate affair brought down the Nixon administration.* **2** romans: **have an affair** *Ed's having an affair with his boss's wife.* **3 be sb's affair** być czyjąś sprawą: *What I do in my time is my affair and nobody else's.*

af·fairs /əˈfeəz/ *n* [plural] sprawy: *the company's financial affairs* | *affairs of state* (=sprawy państwowe)

af·fect S2 W1 Ac /əˈfekt/ *v* [T] **1** wpływać na, mieć wpływ na: *a disease that affects the heart and lungs* **2** dotykać: *Help is being sent to areas affected by the floods.* **3** poruszać: *She was deeply affected by the news of Paul's death.* →porównaj EFFECT

af·fec·ta·tion /ˌæfekˈteɪʃən/ *n* [C,U] afektacja

af·fect·ed /əˈfektɪd/ *adj* afektowany: *Olivia spoke in a high, affected voice.*

af·fec·tion /əˈfekʃən/ *n* [C,U] uczucie: **+for** *Barry felt a great affection for her.*

af·fec·tion·ate /əˈfekʃənət/ *adj* czuły: *an affectionate child* —**affectionately** *adv* czule

af·fil·i·ate /əˈfɪlieɪt/ *v* **be affiliated with/to** być stowarzyszonym z: *a TV station affiliated to CBS*

af·fin·i·ty /əˈfɪnəti/ *n* **1** [singular] sympatia: **+for/with/between** *She felt a natural affinity for these people.* **2** [C,U] podobieństwo

af·firm /əˈfɜːm/ *v* [T] *formal* potwierdzać: *The President affirmed his intention to reduce taxes.* —**affirmation** /ˌæfəˈmeɪʃən/ *n* [C,U] potwierdzenie

af·fir·ma·tive¹ /əˈfɜːmətɪv/ *adj formal* twierdzący: *an affirmative answer* —**affirmatively** *adv* twierdząco

affirmative² *n* **answer/reply in the affirmative** *formal* odpowiedzieć twierdząco: *She answered in the affirmative.*

af·fix /əˈfɪks/ *v* [T] *formal* dołączać: *A recent photograph should be affixed to your form.*

af·flict /əˈflɪkt/ *v* [T] *formal* dotykać: *Towards the end of his life he was afflicted with blindness.* | *a country afflicted by famine*

af·flic·tion /əˈflɪkʃən/ *n* [C,U] *formal* dolegliwość, przypadłość: *the afflictions of old age*

af·flu·ent /ˈæfluənt/ *adj* zamożny: *an affluent suburb of Paris* THESAURUS RICH —**affluence** *n* [U] dostatek

af·ford S1 W3 /əˈfɔːd/ *v* [T] **1 can afford** móc sobie pozwolić na: *I wish we could afford a new computer.* | *I can't afford to buy* (=nie stać mnie na) *a new car.* | *We can't afford to offend our regular customers.* **2** *formal* zapewniać, dostarczać: *The walls afforded some protection from the wind.*

af·ford·a·ble /əˈfɔːdəbəl/ *adj* w przystępnej/rozsądnej cenie, niedrogi: *a list of good, affordable hotels*

af·front /əˈfrʌnt/ *n* [singular] afront, zniewaga: **+to** *The accusation was an affront to his pride.*

Af·ghan·i·stan /æfˈgænəstɑːn/ *n* Afganistan —**Afghan** /ˈæfgæn/ *n* Afga-ńczyk/nka —**Afghan** *adj* afgański

a·field /əˈfiːld/ *adv* **further afield** dalej: *As he grew more confident, he started to wander further afield.*

a·float /əˈfləʊt/ *adj* **1 be afloat** unosić się na wodzie **2 keep/stay afloat** zachowywać płynność finansową: *She had to borrow more money just to keep the company afloat.*

a·fraid S1 W2 /əˈfreɪd/ *adj* [not before noun] **1 I'm afraid** *spoken* obawiam się: *I won't be able to come with you, I'm afraid.* | **+(that)** *I'm afraid this is a no smoking area.* | *"Are we late?" "I'm afraid so."* (=obawiam się, że tak) | *"Are there any tickets left?" "I'm afraid not."* (=obawiam się, że nie) **2 be afraid** bać się: *I could see by the look in his eyes that he was afraid.* | **+of** *Small children are often afraid of the dark.* | **+(that)** *I didn't say anything because I was afraid the other kids would laugh at me.* | **afraid of doing sth** *A lot of people are afraid of losing their jobs.* | **afraid for**

sb/sth *I thought you were in danger and I was afraid for you* (=i bałam się o ciebie). THESAURUS ▸ FRIGHTENED

UWAGA: afraid to do sth i afraid of doing sth

Kiedy wahamy się, czy coś zrobić, w obawie przed konsekwencjami, używamy zwrotu **be afraid to do sth**: *She was afraid to eat in case it was poisonous.* | *Don't be afraid to ask for help.* Kiedy boimy się, że coś się stanie, lub gdy coś nas przeraża, używamy zwrotu **be afraid of doing sth**: *Most criminals are afraid of being caught.* | *He says that he is afraid of losing his job.* | *He is afraid of going to bed at night.*

a·fresh /əˈfreʃ/ *adv* **start afresh** zaczynać od nowa: *We decided to move to Sydney and start afresh.*

Af·ri·ca /ˈæfrɪkə/ *n* Afryka —**African** /ˈæfrɪkən/ *n* Afrykan-in/ka —**African** *adj* afrykański

af·ter[1] S1 W1 /ˈɑːftə/ *prep* **1** po: *What are you doing after class?* | *after 10 minutes/3 hours* | *After a while, the woman returned.* | **after that** (=potem): *Then we went to the museum. After that, we had lunch.* | **an hour/2 weeks after sth** *We left an hour after daybreak.* | **day after day/year after year** (=dzień po dniu/rok po roku): *He's worked in that hell-hole* (=w tej norze) *week after week, year after year.* **2** za: *Whose name is after mine on the list?* **3** *AmE* po: *It's 10 after 5.* **4 one after the other** jeden po drugim: *We led the horses one after the other out of the barn.* **5 be after sb** ścigać kogoś: *The FBI is after him for fraud.* **6 be after sth** chcieć czegoś: *You're just after my money!* **7 after all a)** a jednak: *Rita didn't have my pictures after all. Jake did.* | *It didn't rain after all.* **b)** w końcu: *Don't shout at him - he's only a baby, after all.* **8 be called/named after sb** dostać imię po kimś: *She was named* (=dali jej na imie) *Sarah, after my grandmother.* → porównaj BEFORE, SINCE

UWAGA: after

Wyrazu **after** nie używa się jako samodzielnego przysłówka. **After** może pełnić funkcję przysłówka jedynie w wyrażeniach takich jak **soon after** i **not long after**: *I left college when I was 21, and got married soon after.* W znaczeniu 'potem' należy używać **then**, **after that** lub **afterwards**: *We had a game of tennis, and then/after that/afterwards we went for a cup of coffee.* W przeciwieństwie do **after**, wyrażenia **afterwards** i **after that** mogą wystepować na początku zdania: *Afterwards/After that we left.* Po **after** nie używa się też „will". Nie mówimy „after I will leave school, I am going to university", tylko **after I leave school ...** Patrz też **past** i **after**.

THESAURUS: after

after po: *After the concert, we went out for a meal.* | *She felt a lot better after a few days in bed.* | *They got married just after* (=tuż po) *Christmas.*

in five minutes/a month etc za pięć minut/miesiąc itp.: *I'll be ready in ten minutes.* | *In a couple of days the exams would be over.* | *They'll be arriving in about an hour.*

within a month/two weeks etc w ciągu miesiąca/dwóch tygodni itp.: *He was able to solve the problem within seconds.* | *He developed a headache at lunchtime, and within two hours he was dead.*

two days/six weeks etc from now za dwa dni/sześć tygodni itp. od teraz: *Ten days from now I'll be back in France.*

later później: *Let's talk about it later.* | *She came back five minutes later.*

after[2] *conjunction* po tym, jak: *Regan changed his name after he left Poland.* | **10 days/2 weeks after** *He discovered the jewel was fake a month after he bought it.*

after[3] *adv* później: *Gina came on Monday, and I got here the day after.*

ˈafter-efˌfect *n* [C usually plural] następstwo: **+of** *the after-effects of his illness*

af·ter·life /ˈɑːftəlaɪf/ *n* [singular] życie pozagrobowe

af·ter·math /ˈɑːftəmæθ/ *n* [singular] **in the aftermath of** w następstwie: *the refugee crisis in the aftermath of the civil war*

af·ter·noon S1 W2 /ˌɑːftəˈnuːn◂/ *n* [C,U] popołudnie: *We should get there at about three in the afternoon.* | *There are no afternoon classes today.* | **this afternoon** (=dziś po południu): *Can you go swimming this afternoon?*

af·ter·shave /ˈɑːftəʃeɪv/ *n* [C,U] płyn po goleniu

af·ter·taste /ˈɑːftəteɪst/ *n* [singular] posmak: *a drink with a sour aftertaste*

af·ter·thought /ˈɑːftəθɔːt/ *n* [C usually singular] **as an afterthought** (dopiero) po chwili: *He added as an afterthought, "Bring Melanie too."*

af·ter·wards S2 W3 /ˈɑːftəwədz/ *także* **afterward** *AmE adv* później, potem: **2 days/5 weeks etc afterwards** *We met at school but didn't get married until two years afterwards.*

a·gain S1 W1 /əˈgen/ *adv* **1** jeszcze raz: *Could you say that again? I can't hear.* | *I'm sorry, Mr Kay is busy. Could you call again later?* | **once again** *Once again* (=po raz kolejny) *the Americans are the Olympic champions.* **2** znowu: *I can't wait for Jamie to be well again.* | *Susan's home again, after studying in France.* **3 again and again** w kółko: *Say it again and again until you learn it.* THESAURUS ▸ OFTEN **4 all over again** jeszcze raz od początku: *The tape broke, so we had to record the programme all over again.* **5 then/there again** *spoken* z drugiej strony: *Carol's always had nice clothes - but then again she earns a lot.*

UWAGA: again

Again pojawia się zwykle na końcu zdania: *Can you say that again?* | *I'll never go there again.* | *Can you try again later?*

a·gainst S1 W1 /əˈgenst/ *prep* **1** przeciw(ko): *Most people are against fox-hunting.* **2** z: *Federer is playing against Nadal in the final.* | *the battle against inflation* **3 against the law/the rules** niezgodny z prawem/regułami: *It is against the law to sell alcohol to children.* **4 against sb's wishes/advice** wbrew czyimś życzeniom/radom: *She got married to him against her parents' wishes.* **5** w zetknięciu z: *The cat's fur felt soft against her face.* **6** o: *Sheldon leaned lazily back against the wall.* **7 have sth against sb/sth** mieć coś przeciw(ko) komuś/czemuś: *I have nothing against people making money, but they ought to pay taxes on it.* **8** przed: *a cream to protect against sunburn*

age[1] S1 W1 /eɪdʒ/ *n* **1** [C,U] wiek: *games for children of all ages* | *Patrick is about my age* (=mniej więcej w moim wieku). | **at the age of 12/50 etc** *Jamie won his first tournament at the age of 15* (=w wieku 15 lat). | **4/15 years of age** *formal* (=w wieku 4/15 lat) | **for his/her age** *Judy's very tall for her age* (=na swój wiek). **2 under age** niepełnoletni: *I can't buy you a drink, you're under age.*

3 [U] **with age** ze starości: *a letter that was brown with age* **4** [C] wiek: *the history of painting through the ages* **5** [usually singular] epoka: *the computer age* | *We are living in the age of technology.* **6 come of age** osiągnąć pełnoletniość → patrz też OLD AGE

> **UWAGA: age**
> Nie należy używać **in** przed **age**. Nie mówimy „children in my age", tylko **children of my age**. Nie mówimy „he died in the age of 25", ale **he died at the age of 25**. Patrz też **years**.

A

age² *v* [I,T] po/starzeć się: *He has aged a lot since his wife died.* —**ageing** *BrE*, **aging** *AmE adj* podstarzały: *an aging rock star*

aged¹ W3 /eɪdʒd/ *adj* **aged 5/50** w wieku 5/50 lat: *a class for children aged 12 and over*

a·ged² W3 /ˈeɪdʒɪd/ *adj* **1** wiekowy, sędziwy: *his aged parents* **2 the aged** osoby w podeszłym wieku

age·less /ˈeɪdʒləs/ *adj* **1** niestarzejący się: *ageless fashions* **2** wieczny: *ageless youth*

a·gen·cy S3 W1 /ˈeɪdʒənsi/ *n* [C] **1** agencja: *I got this job through an employment agency.* **2** urząd: *the UN agency responsible for helping refugees*

a·gen·da /əˈdʒendə/ *n* [C] **1** porządek dzienny: **on the agenda** *The next item on the agenda is finances.* **2 be on the agenda** być w planach/programie: **sth is high on the agenda** *Health care reform is high on the President's agenda* (=prezydent przywiązuje wielką wagę do reformy służby zdrowia).

a·gent S3 W2 /ˈeɪdʒənt/ *n* [C] agent/ka: *Our agent in Rome handles all our Italian contracts.* | *a secret agent*

ˌage-ˈold *adj* odwieczny: *age-old customs and traditions*

ages /ˈeɪdʒɪz/ *n* [plural] *informal* całe wieki: **for ages** *I haven't seen Lorna for ages.*

ag·gra·vate /ˈæɡrəveɪt/ *v* [T] **1** pogarszać: *The doctors say her condition is aggravated by stress.* **2** irytować: *Jerry really aggravates me sometimes.* —**aggravating** *adj* irytujący —**aggravation** /ˌæɡrəˈveɪʃən/ *n* [C,U] pogorszenie

ag·gre·gate Ac /ˈæɡrɪɡət/ *n* [C,U] suma: *Society is not just an aggregate of individuals.* —**aggregate** *adj* łączny: *aggregate income and investment*

ag·gres·sion /əˈɡreʃən/ *n* [U] agresja: *The bombing was an unprovoked act of aggression.*

ag·gres·sive S3 /əˈɡresɪv/ *adj* agresywny: *After a few drinks he became very aggressive.* | *aggressive sales techniques* —**aggressively** *adv* agresywnie —**aggressiveness** *n* [U] agresywność

ag·gres·sor /əˈɡresə/ *n* [C] agresor/ka

ag·grieved /əˈɡriːvd/ *adj* rozżalony

a·ghast /əˈɡɑːst/ *adj* [not before noun] osłupiały, zszokowany: *She stared at him aghast.*

a·gile /ˈædʒaɪl/ *adj* **1** zwinny: *as agile as a monkey* **2** sprawny: *old people who are still mentally agile* —**agility** /əˈdʒɪləti/ *n* [U] zwinność, sprawność

a·gi·tate /ˈædʒɪteɪt/ *v* [I] agitować: *workers agitating for higher pay* —**agitator** *n* [C] agitator/ka

a·gi·ta·ted /ˈædʒɪteɪtɪd/ *adj* poruszony, zdenerwowany: *You really shouldn't get so agitated* (=nie powinnaś się tak denerwować). —**agitation** /ˌædʒɪˈteɪʃən/ *n* [U] poruszenie, zdenerwowanie

ag·nos·tic /æɡˈnɒstɪk/ *n* [C] agnosty-k/czka —**agnosticism** /-tɪsɪzəm/ *n* agnostycyzm

a·go S1 W1 /əˈɡəʊ/ *adv* **10 years/a long time ago** 10 lat/dawno temu: *Jeff left for work an hour ago.* | *We went there a long time ago.* | *She left a moment ago.*

> **UWAGA: ago**
> Patrz **before** i **ago**.

ag·o·nize /ˈæɡənaɪz/ *także* **-ise** *BrE v* [I] zamartwiać się: **+about/over** *Jane had been agonizing all day about what to wear.*

ag·o·niz·ing /ˈæɡənaɪzɪŋ/ *także* **-sing** *BrE adj* **1** bolesny: *an agonizing decision* **2** rozdzierający: *agonizing pain* —**agonizingly** *adv* boleśnie

ag·o·ny /ˈæɡəni/ *n* [C,U] męczarnia: **in agony** *The poor man was in agony* (=cierpiał katusze).

a·gree S1 W1 /əˈɡriː/ *v* **1** [I,T] zgadzać się: **+with** *I agree with Karen. It's much too expensive.* | **+to** *The boss would never agree to such a plan.* | **+that** *Everyone agreed that the new rules were stupid.* | **+about/on** *My first husband and I never agreed about anything.* | **agree to do sth** *She agreed to stay at home with Charles.* → antonim DISAGREE **2** [I,T] uzgadniać: **+on** *We're still trying to agree on a date for the wedding.* | **+that** *It was agreed that Mr Rollins should sign the contract on May 1st.* **3** [I] zgadzać się: **+with** *Your story doesn't agree with what the police have said.*
agree with sb/sth *phr v* [T] **1 agree with sth** być zwolennikiem czegoś: *I don't agree with hitting children.* **2 not agree with sb** szkodzić komuś: *Some dairy products don't agree with me.*

a·gree·a·ble /əˈɡriːəbəl/ *adj* **1** przyjemny, miły: *very agreeable weather* **2 be agreeable to sth** *formal* być czemuś przychylnym: *Are you sure Johnson is agreeable to the idea?* —**agreeably** *adv* przyjemnie, miło: *I was agreeably surprised.*

a·greed /əˈɡriːd/ *adj* **1** uzgodniony **2 be agreed** zgadzać się: *Are we all agreed on the date for our next meeting?*

a·gree·ment S2 W1 /əˈɡriːmənt/ *n* **1** [C] porozumienie: *a trade/peace agreement* | *Lawyers on both sides finally reached an agreement today.* **2** [U] zgoda: **be in agreement** *Not all scientists are in agreement* (=zgadzają się) *with this theory.* → antonim DISAGREEMENT

ag·ri·cul·ture W2 /ˈæɡrɪˌkʌltʃə/ *n* [U] rolnictwo —**agricultural** /ˌæɡrɪˈkʌltʃərəl◂/ *adj* rolniczy

a·ground /əˈɡraʊnd/ *adv* **run aground** osiąść na mieliźnie

ah /ɑː/ *interjection* ach: *Ah, what a lovely baby!*

a·ha /ɑːˈhɑː/ *interjection* aha: *Aha! So that's where you've been hiding!*

a·head S1 W2 /əˈhed/ *adv* **1** naprzód, do przodu: *Joe ran ahead to see what was happening.* | **ahead of** (=przed): *Do you see that red car ahead of us?* | *There were four people ahead of me at the doctor's.* **2** z wyprzedzeniem: **plan ahead** *In this type of business it's important to plan ahead.* **3 go ahead** *spoken* proszę bardzo: *Go ahead – help yourself to a drink.* **4 be ahead of** wyprzedzać: *Jane is well ahead of the rest of her class.* **5 ahead of schedule/time** przed terminem/czasem: *The building was completed ahead of schedule.*

aid¹ S2 W2 Ac /eɪd/ *n* **1** [U] pomoc: *The UN is sending aid to the earthquake victims.* | *overseas aid* **2 with the aid of** za pomocą: *bacteria viewed with the aid of a microscope* **3 in aid of** na rzecz: *a concert in aid of the church repair* *fund* **4** [C] pomoc *(naukowa)*: *notebooks and study aids* **5 come/go to the aid of sb** przychodzić/iść komuś z pomocą: *She went to the aid of an injured man.*

aid² Ac *v* [T] **1** wspomagać THESAURUS HELP **2 aid and abet** *law* udzielać pomocy w popełnieniu przestępstwa

aide /eɪd/ *także* **aid** *AmE n* [C] doradca: *a White House aide to President Nixon*

AIDS /eɪdz/ *n* [U] AIDS

ai·ling /ˈeɪlɪŋ/ *adj* **1** niedomagający: *his ailing mother* **2** kulejący: *the country's ailing economy*

ail·ment /ˈeɪlmənt/ *n* [C] dolegliwość: *people suffering from minor ailments*

aim¹ S2 W2 /eɪm/ *v* **1** [I] dążyć: **+for/at** *We're aiming for* (=do zdobycia) *a gold medal in the Olympics.* | **aim to do sth** (=zamierzać coś z/robić): *If you're aiming to become a doctor, you'll have to study hard.* **2 aimed at sb** adresowany do kogoś: *a TV commercial aimed at teenagers* | *Was that criticism aimed at me?* **3** [I,T] wy/celować: **+at** *The gun was aimed at his head.* | *a program aimed at* (=mający na celu) *creating more jobs*

aim

taking aim

aim² S2 W2 *n* **1** [C] cel: *The main aim of the course is to improve your spoken English.* | *I flew to California with the aim of* (=z zamiarem) *finding a job.* **2 take aim** wy/celować: **+at** *He took aim at the pigeon and fired.* **3** [U] celność: *Mark's aim wasn't very good.*

THESAURUS: aim

aim cel: *His aim is to make as much money as possible.*
goal cel *(ważny, długoterminowy)*: *Their long-term goal is to set up a base on the Moon.*
ambition ambicja, życiowy cel: *Her ambition was to be a doctor.* | *Earlier this year, he achieved his ambition of competing in the Olympic Games.*
target cel *(wyrażony liczbowo)*: *Our target is to reduce greenhouse gases by 50% by 2020.*
objective cel *(w biznesie lub polityce)*: *We met to set the business objectives for the coming year.*

aim·less /ˈeɪmləs/ *adj* bezcelowy —**aimlessly** *adv* bez celu: *The boys had been wandering around aimlessly.*

ain't /eɪnt/ *spoken* forma ściągnięta od "am not", "is not", "are not", "has not" lub "have not", uważana powszechnie za niepoprawną: *Ain't that the truth!*

air¹ S1 W1 /eə/ *n* **1** [U] powietrze: *David threw the ball up into the air.* | *Let's go outside and get some fresh air.* **2 by air** samolotem: *Most people travel to the islands by air.* **3 air travel/disaster** podróż/katastrofa lotnicza: *the world's worst air disaster* **4** [singular] atmosfera: **+of** *There was an air of mystery about her.* **5 be on/off the air** być/nie być na antenie **6 it's up in the air** jeszcze nic nie wiadomo →patrz też **vanish/disappear into thin air** (THIN¹), AIRS

COLLOCATIONS: air

adjectives

fresh air *I felt better when I was outside in the fresh air.*
clean air *These plants only grow where the air is clean.*
polluted air *In the rush hour, the air is very polluted.*
warm/hot air *Warm air rises.*
cool/cold air *It was October, and the air was turning colder.*
clear air *After the rain, the air was amazingly clear.*
damp/humid air *Damp air causes condensation.*
stale air *The room was full of stale air and tobacco smoke.*

noun + air

sea/mountain/country air *I breathed in the cool mountain air.* | *the salty smell of the sea air*
the morning/evening/night air *We could smell flowers on the evening air.*

air + noun

air pollution *Forests are badly affected by air pollution.*
an air current *także* **a current of air** *The kite rose up on a current of air.*
a blast of air *As they opened the door, a blast of cold air hit them.*

air² *v* **1** [I,T] *także* **air out** *AmE* wietrzyć (się): *Hang your sweater up to air.* **2** *także* **air sth ↔ out** [T] prze/wietrzyć *(pomieszczenie)* **3** [T] wyrażać, przedstawiać: *Everyone will get a chance to air their views.* **4** [T] nadawać, wy/emitować: *Star Trek was first aired in 1966.* —**airing** *n* [singular] wietrzenie

air·bag /ˈeəbæg/ *n* [C] poduszka powietrzna

air·borne /ˈeəbɔːn/ *adj* unoszący się w powietrzu: *airborne particles*

air·brush¹ /ˈeəbrʌʃ/ *n* aerograf

airbrush² *v* [T] retuszować
airbrush sth out *phr v* wyretuszować

ˈair ˌconditioner *n* [C] urządzenie klimatyzacyjne

ˈair conˌditioning *n* [U] klimatyzacja —**air conditioned** *adj* klimatyzowany

air·craft S2 W2 /ˈeəkrɑːft/ *n* [C] (plural **aircraft**) samolot

ˈaircraft ˌcarrier *n* [C] lotniskowiec

air·fare /ˈeəfeə/ *n* [C] cena biletu lotniczego

air·field /ˈeəfiːld/ *n* [C] lądowisko

ˈair force *n* [C] siły powietrzne

air·head /ˈeəhed/ *n* [C] *informal* tuman

ˈair ˌhostess *n* [C] *BrE* stewardessa

air·i·ly /ˈeərəli/ *adv* beztrosko: *"Oh, just do whatever you want," she said airily.*

air·less /ˈeələs/ *adj* duszny, zatęchły

air·lift /ˈeəˌlɪft/ *n* [C] most powietrzny —**airlift** *v* [T] transportować drogą lotniczą

air·line S2 W3 /ˈeəlaɪn/ *n* [C] linia lotnicza

air·lin·er /ˈeəˌlaɪnə/ *n* [C] samolot pasażerski

air·mail /ˈeəmeɪl/ *n* [U] poczta lotnicza: *Did you send Grandma's present by airmail?*

air·man /ˈeəmən/ *n* [C] (plural **airmen** /-mən/) **1** szeregowiec lotnictwa **2** członek załogi samolotu

ˈair ˌmarshal *n* agent ochrony lotu

air·plane /ˈeəpleɪn/ *n* [C] *AmE* samolot

air·port S3 W3 /ˈeəpɔːt/ *n* [C] lotnisko, port lotniczy

A

'air raid *n* [C] nalot

airs /eəz/ *n* [plural] **put on airs** zadzierać nosa: *Monica has been putting on airs ever since she moved to Beverly Hills.*

air·ship /ˈeəˌʃɪp/ *n* [C] sterowiec

air·space /ˈeəspeɪs/ *n* [U] obszar powietrzny, przestrzeń powietrzna

'air strike *n* [C] nalot, atak powietrzny

air·strip /ˈeəˌstrɪp/ *n* [C] pas do lądowania, lądowisko

air·tight /ˈeətaɪt/ *adj* szczelny, hermetyczny: *airtight containers*

'air time *n* [U] czas antenowy

air·y /ˈeəri/ *adj* przestronny

ˌairy-'fairy *adj BrE informal* wydumany

aisle /aɪl/ *n* [C] **1** nawa główna **2** przejście *(w samolocie, teatrze itp.)*

a·jar /əˈdʒɑː/ *adj* uchylony, niedomknięty

a.k.a. /ˌeɪ keɪ ˈeɪ/ *adv* alias: *John Phillips, a.k.a. The Mississippi Mauler*

a·kin /əˈkɪn/ *adj formal* **akin to sth** podobny do czegoś: *His music is so much more akin to jazz than rock.*

à la carte /ˌælə ˈkɑːt/ *adj, adv French* z karty: *an à la carte menu*

a·lac·ri·ty /əˈlækrəti/ *n formal* **with alacrity** ochoczo: *They accepted our offer with alacrity.*

a·larm¹ S2 /əˈlɑːm/ *n* **1** [U] niepokój: *Calm down! There's no cause for alarm.* **2** [C] alarm: *a fire alarm | a car alarm | a false alarm* **3** [C] *informal* budzik **4 raise/sound the alarm** podnieść alarm: *They first sounded the alarm about the problem of nuclear waste in 1955.*

alarm² *v* [T] za/niepokoić —**alarmed** *adj* zaniepokojony: *There's no need to look so alarmed.*

a'larm clock *n* [C] budzik

a·larm·ing /əˈlɑːmɪŋ/ *adj* niepokojący: *an alarming increase in violent crime*

a·larm·ist /əˈlɑːmɪst/ *adj* alarmistyczny: *alarmist reports about communist spies* —**alarmist** *n* [C] panika-rz/ra

a·las /əˈlæs/ *interjection literary* niestety

Al·ba·ni·a /ælˈbeɪniə/ *n* Albania —**Albanian** /ælˈbeɪniən/ *n* Alba-ńczyk/nka —**Albanian** *adj* albański

al·ba·tross /ˈælbətrɒs/ *n* [C] albatros

al·be·it Ac /ɔːlˈbiːɪt/ *conjunction formal* aczkolwiek

al·bi·no /ælˈbiːnəʊ/ *n* [C] albinos

al·bum S3 W3 /ˈælbəm/ *n* [C] **1** album *(płyta)*: *Do you have the Clash's first album?* **2** album *(do zdjęć)*: *a wedding album*

al·co·hol W3 /ˈælkəhɒl/ *n* [U] alkohol: *We do not serve alcohol to people under 21.*

> **UWAGA: alcohol**
>
> Nie mówi się „I don't drink alcohol", tylko po prostu **I don't drink**.

al·co·hol·ic¹ /ˌælkəˈhɒlɪk◂/ *adj* **1** alkoholowy: *an alcoholic drink* →antonim NON-ALCOHOLIC **2** uzależniony od alkoholu: *She divorced her alcoholic husband.*

alcoholic² *n* [C] alkoholi-k/czka: *His father was an alcoholic.*

al·co·hol·is·m /ˈælkəhɒlɪzəm/ *n* [U] alkoholizm

al·cove /ˈælkəʊv/ *n* [C] wnęka

ale /eɪl/ *n* [U] rodzaj piwa

a·lert¹ /əˈlɜːt/ *adj* **1** czujny: **+to** *Cyclists must always be alert to the dangers of overtaking parked cars.* **2** przytomny: *I knew that I had to remain wide awake and alert.*

alert² *v* [T] za/alarmować: *As soon as we suspected it was a bomb, we alerted the police.*

alert³ *n* **1 be on the alert** być w pogotowiu: *Police are on the alert for trouble.* **2** [C] stan pogotowia: *a flood alert*

A lev·el /ˈeɪ ˌlevəl/ *n* [C] odpowiednik egzaminu maturalnego w Anglii i Walii: *She took A levels in physics, chemistry and mathematics.*

al·gae /ˈældʒiː/ *n* [U] glony

al·ge·bra /ˈældʒəbrə/ *n* [U] algebra —**algebraic** /ˌældʒəˈbreɪ-ɪk◂/ *adj* algebraiczny: *algebraic formulae*

Al·ge·ri·a /ælˈdʒɪriə/ *n* Algeria —**Algerian** /ælˈdʒɪəriən/ *n* Algier-czyk/ka —**Algerian** *adj* algierski

a·li·as¹ /ˈeɪliəs/ *prep* alias: *the spy Margaret Zelle, alias Mata Hari*

alias² *n* [C] pseudonim

al·i·bi /ˈæləbaɪ/ *n* [C] alibi

a·li·en¹ /ˈeɪliən/ *adj* **1** obcy: **+to** *Her way of life is totally alien to me.* **2** pozaziemski: *alien life-forms*

alien² *n* [C] **1** *formal* cudzoziem-iec/ka **2** istota pozaziemska, kosmit-a/ka: *a film about aliens from Mars*

a·li·en·ate /ˈeɪliəneɪt/ *v* [T] **1** zrażać (sobie) **2** wyobcowywać: *We don't want to alienate kids who already have problems at school.* —**alienation** /ˌeɪliəˈneɪʃən/ *n* [U] wyobcowanie, alienacja: *a feeling of alienation from society*

a·light¹ /əˈlaɪt/ *adj* [not before noun] **1 set alight** podpalić: *Several cars were set alight by rioters.* **2** rozpromieniony

alight² *v* [I] **1** przy/siadać, wy/lądować *(o ptakach, owadach)* **2** wysiadać: *She alighted from the train.*

a·lign /əˈlaɪn/ *v* **1** [T] **align yourself with sb** sprzymierzyć się z kimś: *Five Democrats have aligned themselves with the Republicans on this issue.* | **be aligned with sb** *a country politically aligned with the West* **2** [I,T] ustawiać równo: *to align the wheels of a car | Make sure the holes align.* —**alignment** *n* [C,U] ustawienie: *the correct alignment of spine and pelvis*

a·like¹ /əˈlaɪk/ *adj* [not before noun] podobny (do siebie): *The two brothers are very much alike.*

alike² *adv* **1** podobnie, jednakowo: *When we were younger we dressed alike.* **2** zarówno ... jak i: *The new rule was criticized by teachers and students alike.*

al·i·mo·ny /ˈæləməni/ *n* [singular] alimenty

a·live S2 W3 /əˈlaɪv/ *adj* [not before noun] **1** żywy: *They didn't expect to find anyone alive after the explosion.* **2 be alive** żyć: *Are your grandparents still alive?* | **keep sth alive** *ancient traditions that are kept alive* (=są podtrzymywane) *in country villages* **3 come alive** ożywać: *The streets come alive after ten o'clock.* **4 be alive and well** dobrze się miewać: *The British novel is still alive and well in the 1990s.*

all¹ /ɔːl/ *determiner, pron* **1** cały: *I've been waiting all day for him to call.* | **+of** *All of this land belongs to me.* | **all the**

time *Bill talks about work all the time.* **2** wszystkie, wszyscy, wszystko: *Have we spent all the money?* | *We all wanted to go home.* | *That's all I can remember.* | **+ of** *Listen, all of you, I have an important announcement.* **3 (not) at all** wcale (nie), w ogóle: *The place hasn't changed at all.* **4 for all ...** pomimo: *For all his faults, he was a good father.* **5 all told** w sumie: *There were seventeen of us, all told.* → patrz też **after all** (AFTER), **in all** (IN[1])

UWAGA: all

Patrz **any** i **each/every** i **all**.

all² S1 W1 *adv* **1** zupełnie: *Ruth was sitting all alone.* **2 all over** wszędzie: *We've been looking all over for you.* **3 be all over** być skończonym, skończyć się: *I'm just glad it's all over.* **4 5 all** pięć - pięć: *The score was 2 all at half-time.* **5 all but** prawie: *It was all but impossible to find anywhere to park.* **6 all along** cały czas: *I knew all along that I couldn't trust him.* **7 all in all** w sumie: *All in all, I think the festival was a big success.* **8 all the better/easier** dużo lepszy/łatwiejszy: *The job was made all the easier by having the right tools.* → patrz też ALL RIGHT

Al·lah /ˈælə/ *n* Allah

ˌall-aˈround *adj* [only before noun] *AmE* wszechstronny: *the best all-around player*

al·lay /əˈleɪ/ *v* [T] *formal* **allay sb's fears/suspicions etc** rozwiać czyjeś obawy/podejrzenia: *I did my best to allay her fears.*

ˌall ˈclear *n* **the all clear** pozwolenie, zgoda: *We have to wait for the all-clear from the safety committee before we can start.*

al·le·ga·tion /ˌælɪˈgeɪʃən/ *n* [C] zarzut *(nie poparty dowodami)*: *allegations that the police had tortured prisoners*

al·lege /əˈledʒ/ *v* [T] utrzymywać: *The police allege that the man was murdered.*

al·leged /əˈledʒd/ *adj* rzekomy: *the group's alleged connections with organized crime* —**allegedly** /-dʒɪdli/ *adv* rzekomo

al·le·giance /əˈliːdʒəns/ *n* [C] wierność *(idei, przywódcy itp.)*: *allegiance to the flag*

al·le·go·ry /ˈæləgəri/ *n* [C,U] alegoria —**allegorical** /ˌæləˈgɒrɪkəl◂/ *adj* alegoryczny

al·le·lu·ia /ˌælɪˈluːjə/ *interjection* alleluja

al·ler·gic /əˈlɜːdʒɪk/ *adj* **1** uczulony: **+ to** *Are you allergic to anything?* **2** alergiczny, uczuleniowy: *an allergic reaction to bee stings*

al·ler·gy /ˈælədʒi/ *n* [C] alergia, uczulenie: **+ to** *an allergy to peanuts*

al·le·vi·ate /əˈliːvieɪt/ *v* [T] *formal* z/łagodzić: *Aspirin should alleviate the pain.* | *The road was built to alleviate traffic problems.*

al·ley /ˈæli/ *także* **al·ley·way** /ˈæliweɪ/ *n* [C] uliczka

al·li·ance /əˈlaɪəns/ *n* [C] przymierze, sojusz: **+ between** *the alliance between students and factory workers in 1968* | **+ with** *Britain's alliance with its NATO partners*

al·lied /ˈælaɪd/ *adj* **1 Allied** aliancki: *attacks by Allied armies* **2 be allied to/with sth** być spokrewnionym z: *a science that is closely allied to sociology*

al·li·ga·tor /ˈæləgeɪtə/ *n* [C] aligator

al·lit·er·a·tion /əˌlɪtəˈreɪʃən/ *n* [U] aliteracja

all-ˈnighter *n informal* **1** całonocna impreza **2 to do an all-nighter** zarwać noc

al·lo·cate AC /ˈæləkeɪt/ *v* [T] przeznaczać, przydzielać: **allocate sth for sth** *The hospital has allocated $500,000 for AIDS research.*

al·lo·ca·tion AC /ˌæləˈkeɪʃən/ *n* **1** [C] przydział **2** [U] przydzielenie: *the allocation of state funds to the university*

al·lot /əˈlɒt/ *v* [T] (**-tted**, **-tting**) przydzielać: *Each person was allotted two tickets.*

al·lot·ment /əˈlɒtmənt/ *n* **1** [C,U] przydział: *the allotment of funds* **2** [C] działka, ogródek działkowy

ˌall ˈout *adv* **go all out** starać się z całych sił: *We'll be going all out to win.*

al·low S1 W1 /əˈlaʊ/ *v* [T] **1** pozwalać (na): **be allowed** *Smoking is not allowed in the library* (=palenie w bibliotece jest zabronione). | **you are (not) allowed to** (=(nie) wolno ci): *You're not allowed to be here.* | **allow sb sth** *We're allowed four weeks' holiday a year.* | **allow sb to do sth** *My parents would never allow me to stay out late.* | **allow sb in/out/up etc** *They are not allowed out* (=nie wolno im wychodzić) *on Sundays.* **2 allow sb/sth to do sth** *We mustn't allow* (=nie możemy pozwolić, żeby) *the situation to get any worse.* **3** do/liczyć: *Allow 14 days for delivery.* | **allow yourself** (=zarezerwować/dać sobie): *Allow yourself two hours to get to the airport.*
allow for sth *phr v* [T] uwzględniać: *Even allowing for delays, we should finish early.*

THESAURUS: allow

allow pozwalać: *They allowed him to stay in the country.*

let pozwalać *(używane częściej w mowie niż w piśmie; nie wystepuje w stronie biernej)*: *My dad won't let me go to the concert.* | *I'll borrow Dave's car, if he'll let me.*

permit *formal* zezwalać *(często używane w oficjalnych komunikatach)*: *The law permits foreign investors to own up to 25% of British companies.*

give sb permission dać komuś pozwolenie: *He was given permission* (=otrzymał pozwolenie) *to take some time off work.*

give your consent *formal* wyrazić zgodę: *Her parents refused to give their consent to the marriage.*

al·low·ance S2 W3 /əˈlaʊəns/ *n* **1** [C] kieszonkowe: *His father gives him a small monthly allowance.* **2 make allowances for** brać poprawkę na

al·loy /ˈælɔɪ/ *n* [C] stop: *Brass is an alloy of copper and zinc.*

all right¹ *adj, adv* [not before noun] *spoken* **1** w porządku: *"How's the food?" "It's all right, but I've had better."* **2 sb is all right** nic komuś nie jest: *Kate was looking very pale – I hope she's all right.* **3 that's all right a)** nie ma za co: *"Thanks for your help!" "That's all right."* **b)** nic nie szkodzi: *"Sorry I'm late!" "That's all right!"* **4** odpowiedni: *We need to fix a time for our meeting. Would Thursday afternoon be all right?* **5 is it all right if ...** czy mógłbym ...: *Is it all right if I close the window?* **6 be doing/going all right** iść świetnie: *"How's your new restaurant?" "Oh, it's doing all right, thanks."*

all right² *interjection* dobrze: *"Let's go now." "All right."*

all-ˈround *adj* [only before noun] *BrE* wszechstronny: *an all-round athlete* —**all-ˈrounder** *n* [C] osoba wszechstronna

A

A

al·lude /əˈluːd/ *v*
allude to sb/sth *phr v* [T] *formal* z/robić aluzję do

al·lure /əˈljʊə/ *n* [U] czar, powab: *the allure of travel* —**allure** *v* [T] nęcić, wabić

al·lur·ing /əˈljʊərɪŋ/ *adj* czarujący: *an alluring smile*

al·lu·sion /əˈluːʒən/ *n* [C,U] *formal* aluzja: *His poetry is full of historical allusions.*

al·ly[1] /ˈælaɪ/ *n* [C] **1** sojusznik: *the US and its European allies* **2** sprzymierzeniec

ally[2] *v* [T] **ally yourself to/with** sprzymierzyć się z

al·might·y /ɔːlˈmaɪti/ *adj* **1** wszechmogący: *Almighty God* | *the Almighty* (=Bóg (wszechmogący)) **2** potężny: *The box hit the ground with an almighty crash.*

al·mond /ˈɑːmənd/ *n* [C] migdał

al·most S1 W1 /ˈɔːlməʊst/ *adv* prawie: *Are we almost there?* | *Almost all children like to read.* | *I'm sorry, I almost forgot* (=o mało nie zapomniałem) *to call you.*

UWAGA: almost couldn't i could hardly

Przysłówka **almost** z przeczeniem używamy, gdy coś się stało, ale istniało niebezpieczeństwo, że mogło się nie stać; po polsku użylibyśmy wtedy wyrażenia „o mało co": *I was feeling so tired that I almost didn't come* (=o mało co nie zrezygnowałam z przyjścia). | *The traffic was so heavy that we almost didn't get there on time* (=o mało co się nie spóźniliśmy). Kiedy po polsku mówimy „prawie nie" lub „ledwie", w języku angielskim używamy przysłówka **hardly**: *We hardly know each other* (=prawie się nie znamy; ledwie się znamy). | *She was so tired that she could hardly keep her eyes open* (=ledwie udawało jej się nie zamknąć oczu). | *I can hardly hear myself think* (=prawie nie słyszę własnych myśli).

UWAGA: almost never, nearly never i hardly ever

Kiedy chcemy po angielsku powiedzieć „prawie nigdy", „prawie nikt" itp., nie używamy przysłówka **almost** (nie mówimy „almost never", „almost nobody") ani **nearly** (nie mówimy „nearly never", „nearly nobody"), tylko przysłówka **hardly** (mówimy **hardly ever**, **hardly anybody**): *It was so early that there was hardly any traffic.* | *I hardly ever go to the cinema nowadays.* | *Hardly anybody objected to the idea.*

THESAURUS: almost

almost prawie: *I've almost finished my essay.* | *She's almost 12.*

nearly *especially BrE* (już) prawie: *It's nearly 10 o'clock.* | *It's very nearly time to go home.*

practically/virtually prawie całkiem, niemalże: *The room was practically empty.* | *Virtually everyone had left.*

more or less *także* **just about/pretty much** *spoken* mniej więcej, z grubsza: *All the rooms are more or less the same size.* | *That's pretty much what I expected.*

not quite nie całkiem, niezupełnie: *I'm not quite ready yet.*

it's getting on for sth *BrE*, **it's getting on toward sth** *especially AmE informal* będzie już prawie: *It's getting on for 10 years since we saw each other.*

alms /ɑːmz/ *n* [plural] *old-fashioned* jałmużna

a·loft /əˈlɒft/ *adv literary* wysoko (w górze): *They held the banner aloft for everyone to see.*

a·lone S2 W1 /əˈləʊn/ *adj, adv* **1** sam: *Do you like living alone?* | **all alone** *I was all alone* (=zupełnie sam) *in a strange city.* | **alone together** (=sam na sam): *Suddenly they found themselves alone together in the same room.* | **alone with sb** (=sam na sam z kimś) **2 she/you alone** tylko ona/ty: *He alone can do the job.* **3 leave/let sb alone** dać komuś spokój **4 leave/let sth alone** zostawić coś w spokoju: *Leave that clock alone or you'll break it.*

UWAGA: alone i lonely

Wyraz **alone** znaczy „sam, bez towarzystwa": *I've thought about getting married, but I prefer living alone.* Wyraz **lonely** znaczy „samotny, cierpiący z powodu braku towarzystwa": *I didn't know anybody in Boston and I felt very lonely.* Kiedy chcemy powiedzieć, że ktoś robi coś sam (samodzielnie, bez niczyjej pomocy), używamy wyrażenia **on one's own**: *Children learn a lot by doing things on their own.* | *He built the car all on his own.*

a·long[1] S1 W1 /əˈlɒŋ/ *prep* **1** wzdłuż: *We took a walk along the river.* | *They've put up a fence along the road.* **2** przy: *The house is somewhere along this road.*

along[2] S1 W1 *adv* **1 come/be along a)** przyjść **b)** przyjechać: *The next bus should be along in a minute.* **2 go/come along** pójść/przyjść też: *We're going out – you're welcome to come along* (=możesz iść z nami)! **3 take/bring sb along** zabrać/przyprowadzić kogoś (ze sobą): *Do you mind if I bring a friend along?* **4 along with** wraz z: *Dunne was murdered along with three RUC men near Armagh.* **5 get along** radzić sobie: *How are you getting along in your new job?* → patrz też **all along** (ALL[2])

a·long·side W3 /əˌlɒŋˈsaɪd/ *adv, prep* obok: *We saw their car and pulled up alongside.*

a·loof /əˈluːf/ *adj* **1** wyniosły: *She seemed cold and aloof.* **2 hold yourself/keep/remain aloof** trzymać się z dala

a·loud /əˈlaʊd/ *adv* **1** na głos: *Will you please read the poem aloud?* **2 think aloud** głośno myśleć

al·pha·bet /ˈælfəbet/ *n* [C] alfabet: *the Greek alphabet*

al·pha·bet·i·cal /ˌælfəˈbetɪkəl◂/ *adj* alfabetyczny: *The names are listed in alphabetical order.* —**alphabetically** /-kli/ *adv* alfabetycznie

al·pine /ˈælpaɪn/ *adj* alpejski: *alpine flowers*

al·read·y S1 W1 /ɔːlˈredi/ *adv* już: *By the time he arrived, the room was already crowded.* | *"Would you like some lunch?" "No, thank you, I've already eaten."* | *I've forgotten the number already.* | *Is he leaving already?*

UWAGA: already

Already pojawia się zwykle po czasowniku głównym lub między czasownikiem posiłkowym lub modalnym (np. **be**, **have**, **can**) a czasownikiem głównym: *She already knows about it.* | Some cars can already run on this new petrol. **Already** można też użyć na końcu zdania dla podkreślenia, że coś stało się wcześniej, niż się spodziewaliśmy: *Is the taxi here already?*

al·right /ˌɔːlˈraɪt/ alternatywna pisownia ALL RIGHT, uznawana przez niektórych za niepoprawną

al·so S1 W1 /ˈɔːlsəʊ/ *adv* także, również: *We specialize in shoes, but we also sell handbags.*

al·tar /ˈɔːltə/ *n* [C] ołtarz

al·ter S3 W3 Ac /ˈɔːltə/ *v* [I,T] zmieniać (się): *When she went back to her hometown, she found it had hardly altered.* | *They had to alter their plans.*

al·ter·a·tion Ac /ˌɔːltəˈreɪʃən/ *n* [C,U] przeróbka: *Alterations to clothes can be expensive.*

al·ter·ca·tion /ˌɔːltəˈkeɪʃən/ *n* [C] *formal* głośna wymiana zdań

alter ego /ˌæltər ˈiːgəʊ, ˌɔːl-/ *n* alter ego

al·ter·nate¹ Ac /ɔːlˈtɜːnət/ *adj* **1** na przemian: *alternate rain and sunshine* **2 alternate days/weeks** co drugi dzień/tydzień: *My ex-husband has the children alternate weekends.* **3** *AmE* alternatywny **—alternately** *adv* na przemian

al·ter·nate² Ac /ˈɔːltəneɪt/ *v* **1** [I] występować na przemian: **+between** *Her moods alternated between* (=oscylowały pomiędzy) *joy and sadness.* **2** [T] przeplatać: **alternate sth with sth** *In some plays Shakespeare alternated prose with verse.* **—alternating** *adj* naprzemienny: *alternating layers of sand and stone*

ˌalternating ˈcurrent *n* [U] prąd zmienny

al·ter·na·tive¹ S2 W2 Ac /ɔːlˈtɜːnətɪv/ *adj* **1** inny: *The main road is blocked, so drivers should choose an alternative route.* **2** alternatywny: *an alternative lifestyle* | *alternative medicine* | *alternative energy sources*

alternative² S2 W3 Ac *n* [C] alternatywa: *Before you spend a lot of money on gas central heating, consider the alternatives.* | **+to** *Many farmers are now growing maize as an alternative to wheat.* | **have no alternative but to do sth** *I have no alternative but* (=nie mam innego wyjścia niż) *to report you to the police.*

al·ter·na·tive·ly /ɔːlˈtɜːnətɪvli/ *adv* ewentualnie: *I could come to your house, or alternatively we could meet in town.*

al·though S1 W1 /ɔːlˈðəʊ/ *conjunction* chociaż: *Although it was raining we decided to go for a walk.*

al·ti·tude /ˈæltɪtjuːd/ *n* [C,U] wysokość *(n.p.m.)* **high/low altitude** *Breathing becomes more difficult at high altitudes* (=na dużych wysokościach).

al·to /ˈæltəʊ/ *n* [C,U] alt

al·to·geth·er S2 W3 /ˌɔːltəˈgeðə◂/ *adv* **1** całkiem: *Bradley seems to have disappeared altogether.* | *I'm not altogether sure what this word means.* | *an altogether different type of problem* **2** w sumie: *There were five of us altogether.* | *It did rain a lot, but altogether I'd say it was a good trip.*

al·tru·is·tic /ˌæltruˈɪstɪk◂/ *adj* altruistyczny **—altruism** /ˈæltruɪzəm/ *n* [U] altruizm

al·u·min·i·um /ˌæljʊˈmɪniəm◂/ *BrE*, **a·lu·mi·num** /əˈluːmənəm/ *AmE n* [U] aluminium

al·ways S1 W1 /ˈɔːlwɪz/ *adv* **1** zawsze: *Always lock your car.* | *We're always ready to help you.* | *He said he'd always love her.* | *I've always wanted to go to China.* **2** stale, ciągle: *The stupid car is always breaking down!* **3 you could always ...** *spoken* zawsze możesz ...: *You could always try calling her.*

Alz·heim·er's Dis·ease /ˈæltshaɪməz dɪˌziːz/ *także* **Alzheimer's** *n* choroba Alzheimera, alzheimer

am /æm, əm/ pierwsza osoba liczby pojedynczej czasu teraźniejszego czasownika **BE**

a.m. /ˌeɪ ˈem/ przed południem: *I start work at 9:00 a.m.* (=o 9 rano).

a·mal·ga·mate /əˈmælgəmeɪt/ *v* [I,T] po/łączyć (się): *The two companies are amalgamating to form a huge multinational corporation that will dominate the market.* **—amalgamation** /əˌmælgəˈmeɪʃən/ *n* [C,U] fuzja

a·mass /əˈmæs/ *v* [T] z/gromadzić: *merchants who had been amassing wealth and property*

am·a·teur¹ /ˈæmətə/ *adj* amatorski: *an amateur boxer* | *amateur football*

amateur² *n* [C] amator/ka

am·a·teur·ish /ˈæmətərɪʃ/ *adj* amatorski: *his amateurish attempts at painting*

a·maze /əˈmeɪz/ *v* [T] zdumiewać: *Kay amazed her friends by saying she was getting married.*

a·mazed /əˈmeɪzd/ *adj* [not before noun] zdumiony: **+at** *We were amazed at how quickly the kids learned the song.* | **+(that)** *I'm amazed that you remember him.* THESAURUS **SURPRISED**

a·maze·ment /əˈmeɪzmənt/ *n* [U] zdumienie: **in amazement** *I stared at him in amazement.*

a·maz·ing S2 /əˈmeɪzɪŋ/ *adj* zdumiewający: *What an amazing story!* **—amazingly** *adv* zdumiewająco: *an amazingly generous offer*

am·bas·sa·dor /æmˈbæsədə/ *n* [C] ambasador: *the Mexican ambassador to Canada* **—ambassadorial** /æmˌbæsəˈdɔːriəl/ *adj* ambasadorski

am·ber /ˈæmbə/ *n* [U] **1** bursztyn: *an amber necklace* **2** żółty *(w sygnalizacji świetlnej)*: *The traffic lights turned to amber.* **—amber** *adj* bursztynowy, żółty

am·bi·dex·trous /ˌæmbɪˈdekstrəs◂/ *adj* oburęczny

am·bi·ence /ˈæmbiəns/ *także* **ambiance** *AmE n* [U] *literary* atmosfera: *the restaurant's friendly ambience*

am·bi·gu·i·ty Ac /ˌæmbəˈgjuːəti/ *n* [C,U] niejasność: *There were several ambiguities in the letter.*

am·big·u·ous Ac /æmˈbɪgjuəs/ *adj* niejednoznaczny: *an ambiguous reply*

am·bi·tion W3 /æmˈbɪʃən/ *n* [C,U] ambicja: *Her ambition is to climb Mount Everest.* | *Ambition drove Macbeth to kill the king and seize power.* THESAURUS **AIM**

COLLOCATIONS: ambition

verbs

to have an ambition *Have you always had an ambition to act?*

to achieve/fulfil an ambition *We never thought she would achieve this ambition.* | *He was prepared to go to any lengths to fulfil his ambition.*

to nurse/harbour/cherish an ambition *written He had nursed an ambition to become a writer for many years.*

adjectives

sb's main ambition *My main ambition has always been to have a family.*

sb's greatest/ultimate ambition *Her ultimate ambition is to win an Olympic gold medal.*

a lifelong ambition *He fulfilled a lifelong ambition by meeting his hero.*

a burning ambition *He had no burning ambitions to succeed at work.*

a secret ambition *Her secret ambition was to become a pilot.*

a personal ambition *He was motivated by his own personal ambitions.*

political ambitions *I knew she had political ambitions.*

A

am·bi·tious /æmˈbɪʃəs/ *adj* ambitny: *He is young and very ambitious.* | *the most ambitious engineering project of modern times*

am·biv·a·lent /æmˈbɪvələnt/ *adj* ambiwalentny: *an ambivalent attitude towards private enterprise* | *I think Carla is ambivalent about getting married* (=sama nie wie, czy chce wyjść za mąż). —**ambivalence** *n* [U] ambiwalentność

am·ble /ˈæmbəl/ *v* [I] iść spacerkiem: *He ambled down the street, smoking a cigarette.*

am·bu·lance S3 /ˈæmbjələns/ *n* [C] karetka

am·bush¹ /ˈæmbʊʃ/ *n* [C] zasadzka: *Two soldiers were killed in an ambush near the border.*

ambush² *v* [T] za/atakować z ukrycia

a·me·li·o·rate /əˈmiːliəreɪt/ *v* [T] *formal* poprawiać, polepszać: *measures to ameliorate working conditions*

a·men /ɑːˈmen/ *interjection* amen

a·me·na·ble /əˈmiːnəbəl/ *adj* podatny: **+to** *I'm sure they'll be amenable to your suggestions.*

a·mend Ac /əˈmend/ *v* [T] wnosić poprawki do: *The law has been amended several times.*

a·mend·ment Ac /əˈmendmənt/ *n* [C,U] poprawka *(np. do ustawy, konstytucji)*: *the Fifth Amendment* | **+to** *an amendment to the new Finance Bill*

a·mends /əˈmendz/ *n* **make amends** naprawić sytuację: *I tried to make amends by inviting him to lunch.*

a·me·ni·ty /əˈmiːnəti/ *n* [C usually plural] atrakcja: *The hotel's amenities include a pool and two bars.*

A·mer·i·ca /əˈmerəkə/ *n* Ameryka: *North America* | *South America*

A·mer·i·can¹ /əˈmerɪkən/ *adj* amerykański: *American cars* | *American foreign policy*

American² *n* [C] Amerykan-in/ka

A͵merican ˈfootball *n* [U] *BrE* futbol amerykański

A͵merican ˈIndian *n* [C] Indian-in/ka

A·mer·i·can·is·m /əˈmerəkənɪzəm/ *n* [C] amerykanizm

am·e·thyst /ˈæmɪθɪst/ *n* [C,U] ametyst

a·mi·a·ble /ˈeɪmiəbəl/ *adj* sympatyczny, uprzejmie: *an amiable child* —**amiably** *adv* sympatycznie, uprzejmie —**amiability** /͵eɪmiəˈbɪləti/ *n* [U] uprzejmość

am·i·ca·ble /ˈæmɪkəbəl/ *adj* polubowny, pokojowy: *an amicable divorce* —**amicably** *adv* polubownie

a·mid /əˈmɪd/ *także* **a·midst** /əˈmɪdst/ *prep formal* pośród: *surviving amid the horrors of war*

a·miss¹ /əˈmɪs/ *adj* **be amiss** być nie w porządku: *She sensed something was amiss.*

amiss² *adv* **take sth amiss** poczuć się czymś urażonym

am·mo·ni·a /əˈməʊniə/ *n* [U] amoniak

am·mu·ni·tion /͵æmjəˈnɪʃən/ *n* [U] amunicja

am·ne·si·a /æmˈniːziə/ *n* [U] amnezja

am·nes·ty /ˈæmnəsti/ *n* [C,U] amnestia

a·moe·ba /əˈmiːbə/ *n* [C] ameba

a·mok /əˈmɒk/ *adv* **run amok** dostać amoku: *Gunman runs amok in shopping mall.*

a·mong S2 W1 /əˈmʌŋ/ *także* **a·mongst** /əˈmʌŋst/ *prep* **1** wśród: *a decision that has caused a lot of anger among women* | *Swimming and diving are among the most popular Olympic events.* | **among friends** *Relax, you're among friends here.* **2** między, pomiędzy: *Rescue teams searched among the wreckage for survivors.* | *They argued among themselves* (=między sobą). **3 divide/distribute sth among** roz/dzielić coś (po)między: *His money will be divided among his three children.* | **among other things** (=między innymi): *We discussed, among other things, ways to raise money.*

> **UWAGA: among i between**
>
> Przyimka **between** używamy, gdy mowa o dwóch osobach, dwóch przedmiotach, dwóch terminach itp.: *They arrived between two-thirty and three.* Przyimka **among** używamy w odniesieniu do więcej niż dwóch osób, przedmiotów itp.: *They wandered among the crowds in the marketplace.*

a·mor·al /eɪˈmɒrəl/ *adj* amoralny

am·o·rous /ˈæmərəs/ *adj* miłosny

a·mor·phous /əˈmɔːfəs/ *adj* bezkształtny

a·mount¹ S1 W1 /əˈmaʊnt/ *n* [C] **1** ilość: **+of** *I was surprised at the amount of work I had to do.* **2** suma, kwota: *Please pay the full amount.*

> **UWAGA: amount i number**
>
> Wyrazu **amount** używamy zwykle z rzeczownikami niepoliczalnymi: *a huge amount of money* | *Try to reduce the amount of fat in your diet.* Wyrazu **number** należy używać z rzeczownikami policzalnymi: *the number of cars on the roads* | *the number of students in the class*

amount² *v*
amount to sth *phr v* [T] **1** być równoznacznym z: *What he said amounted to an apology.* **2** wynosić: *Jenny's debts amount to $1,000.*

amp /æmp/ *także* **am·pere** /ˈæmpeə/ *n* [C] amper

am·phet·a·mine /æmˈfetəmiːn/ *n* [C,U] amfetamina

am·phib·i·an /æmˈfɪbiən/ *n* [C] płaz

am·phib·i·ous /æmˈfɪbiəs/ *adj* wodno-lądowy: *an amphibious vehicle*

am·phi·thea·tre /ˈæmfə͵θɪətə/ *BrE*, **amphitheater** *AmE* *n* [C] amfiteatr

am·ple /ˈæmpəl/ *adj* **1** aż nadto: *There's ample room in here for everyone.* **2 ample belly/bosom** wydatny brzuch/biust —**amply** *adv* wystarczająco, w pełni: *Whoever finds the necklace will be amply rewarded* (=zostanie sowicie nagrodzony).

am·pli·fi·er /ˈæmpləfaɪə/ *n* [C] wzmacniacz

am·pli·fy /ˈæmplɪfaɪ/ *v* [T] wzmacniać —**amplification** /͵æmplɪfɪˈkeɪʃən/ *n* [U] wzmocnienie

am·pu·tate /ˈæmpjəteɪt/ *v* [I,T] amputować: *After the accident, the doctors had to amputate her right leg.* —**amputation** /͵æmpjəˈteɪʃən/ *n* [C,U] amputacja

am·pu·tee /͵æmpjəˈtiː/ *n* [C] osoba poddana amputacji

a·muse /əˈmjuːz/ *v* [T] **1** bawić, rozśmieszać: *Harry's jokes always amused me.* **2** zabawiać: *some games to amuse the children on long car journeys* | **amuse yourself** *The kids amused themselves playing hide-and-seek.*

a·mused /əˈmjuːzd/ *adj* **1** rozbawiony: *an amused grin* | **+at/by** *Rod was highly amused by my attempts at cooking.*

2 keep someone amused zabawiać kogoś: *It's hard work trying to keep the kids amused on rainy days.*

a·muse·ment /əˈmjuːzmənt/ *n* **1** [U] rozbawienie: **in/with amusement** *I listened in amusement as Bobby tried to explain.* **2** [C,U] rozrywka: **for amusement** *What do you do for amusement in this town?*

aˈmusement arˌcade *n* [C] *BrE* salon gier

aˈmusement ˌpark *n* [C] park rozrywki

a·mus·ing /əˈmjuːzɪŋ/ *adj* zabawny: *a highly amusing story* | **sb finds sth amusing** (=ktoś uważa, że coś jest zabawne): *I didn't find your comment amusing.* THESAURUS FUNNY

an S1 W1 /ən, æn/ *determiner* forma rodzajnika nieokreślonego używana przed wyrazem rozpoczynającym się od samogłoski: *an orange* | *an X-ray* | *an hour*

an·a·bol·ic ster·oid /ˌænəbɒlɪk ˈsterɔɪd/ *n* steryd anaboliczny, anabolik

a·nach·ro·nis·m /əˈnækrənɪzəm/ *n* [C] anachronizm, przeżytek: *The royal family seems something of an anachronism nowadays.* —**anachronistic** /əˌnækrəˈnɪstɪk◂/ *adj* anachroniczny

a·nae·mi·a /əˈniːmiə/ *BrE*, **anemia** *AmE n* [U] anemia —**anaemic** *BrE adj* anemiczny

an·aes·thet·ic /ˌænəsˈθetɪk◂/ *BrE*, **anesthetic** *AmE n* [C,U] środek znieczulający

a·naes·the·tist /əˈniːsθətɪst/ *BrE*, **anesthetist** *AmE n* [C] anestezjolog

a·naes·the·tize /əˈniːsθətaɪz/ *także* **-ise** *BrE*, **anesthetize** *AmE v* [T] znieczulać

an·a·gram /ˈænəgræm/ *n* [C] anagram: *'Silent' is an anagram of 'listen'.*

a·nal /ˈeɪnl/ *adj* analny

a·nal·o·gous Ac /əˈnæləgəs/ *adj formal* analogiczny: **+ to** *Operating the system is analogous to driving a car.*

a·nal·o·gy Ac /əˈnælədʒi/ *n* [C,U] analogia: **draw an analogy** (=przeprowadzić analogię): *We can draw an analogy between the brain and a computer.*

an·a·lyse W3 Ac /ˈænəlaɪz/ *BrE*, **analyze** *AmE v* [T] prze/analizować: *We're trying to analyse what went wrong.*

a·nal·y·sis S3 W1 Ac /əˈnælɪsɪs/ *n* (plural **analyses** /-siːz/) [C,U] analiza: *The team are carrying out a detailed analysis of the test results.* | *analysis of the rock samples*

an·a·lyst W2 Ac /ˈænəlɪst/ *n* [C] **1** anality-k/czka: *a financial analyst* **2** psychoanality-k/czka

an·a·lyt·i·cal Ac /ˌænəlˈɪtɪkəl◂/ *także* **an·a·lyt·ic** /-ˈɪtɪk◂/ *adj* analityczny: *an analytical mind*

an·a·lyze /ˈænəlaɪz/ amerykańska pisownia wyrazu ANALYSE

an·ar·chist /ˈænəkɪst/ *n* [C] anarchist-a/ka —**anarchism** *n* [U] anarchizm

an·ar·chy /ˈænəki/ *n* [U] anarchia: *efforts to prevent the country from sliding into anarchy* —**anarchic** /æˈnɑːkɪk/ *adj* anarchiczny

a·nath·e·ma /əˈnæθəmə/ *n* [U singular] *formal* sól w oku: **+ to** *Darwin's ideas were anathema to Church leaders.*

a·nat·o·my /əˈnætəmi/ *n* [U] anatomia —**anatomical** /ˌænəˈtɒmɪkəl/ *adj* anatomiczny —**anatomically** /-kli/ *adv* anatomicznie

an·ces·tor /ˈænsəstə/ *n* [C] przodek: *His ancestors came from Italy.* THESAURUS RELATIVE → porównaj DESCENDANT —**ancestral** /ænˈsestrəl/ *adj* rodowy: *the family's ancestral home*

an·ces·try /ˈænsəstri/ *n* [C,U] rodowód, pochodzenie: *people of Scottish ancestry*

an·chor¹ /ˈæŋkə/ *n* [C] **1** kotwica **2** *AmE* prezenter/ka wiadomości

anchor² *v* **1** [I,T] za/kotwiczyć: *Three tankers were anchored in the bay.* **2** [T] u/mocować: *We anchored the tent with strong ropes.*

an·cho·vy /ˈæntʃəvi/ *n* [C,U] anchois

an·cient W2 /ˈeɪnʃənt/ *adj* **1** starożytny: *ancient Rome* **2** *humorous* wiekowy: *I look absolutely ancient in that photograph!* THESAURUS OLD

and S1 W1 /ənd/ *conjunction* **1** i: *a knife and fork* | *They started shouting and screaming.* | *Grant knocked and went in.* | *three and a half* | *I missed lunch and I'm starving!* **2** a: *Martha was gardening, and Tom was watching TV.* **3** *especially spoken* **try and do sth** s/próbować coś zrobić: *Try and finish your homework before dinner.* **4 better and better/worse and worse** coraz lepiej/gorzej: *It came nearer and nearer.*

an·droid /ˈændrɔɪd/ *n* [C] android

an·ec·dot·al /ˌænɪkˈdəʊtl◂/ *adj* pełen anegdot: *Tom gave an anecdotal account of his recent trip to Morocco.*

an·ec·dote /ˈænɪkdəʊt/ *n* [C] anegdota

a·ne·mi·a /əˈniːmiə/ amerykańska pisownia wyrazu ANAEMIA —**anemic** *adj*

a·nem·o·ne /əˈneməni/ *n* [C] anemon, zawilec

an·es·thet·ic /ˌænəsˈθetɪk◂/ [C,U] amerykańska pisownia wyrazu ANAESTHETIC

a·nes·the·tist /əˈniːsθɪtɪst/ [C] amerykańska pisownia wyrazu ANAESTHETIST

a·nes·the·tize /əˈniːsθətaɪz/ [T] amerykańska pisownia wyrazu ANAESTHETIZE

a·new /əˈnjuː/ *adv literary* od nowa: *She started life anew in New York.*

an·gel /ˈeɪndʒəl/ *n* [C] anioł: *Oh, thanks! You're an angel!* —**angelic** /ænˈdʒelɪk/ *adj* anielski

an·ger¹ W3 /ˈæŋgə/ *n* [U] gniew, złość: *insults that aroused his anger* | **in anger** *You should never hit a child in anger.*

COLLOCATIONS: anger

verbs

to be seething with anger *When she left the meeting she was seething with anger.*

to shake/tremble with anger *He stood up to speak, trembling with anger.*

to express your anger *Demonstrators expressed their anger by burning American flags.*

to control your anger *I could not control my anger any longer.*

to cause/provoke anger *The referee's decision provoked anger among the fans.*

adjectives

deep/great anger *The announcement caused great anger.*

growing/rising anger *There is growing anger among drivers over the rise in fuel prices.*

widespread anger *The decision to build the airport has provoked widespread anger.*
fierce/bitter anger *There was bitter anger in his voice.*

noun + anger

a fit/outburst of anger *His occasional outbursts of anger shocked those around him.*
a feeling of anger *She was left with a feeling of anger and frustration.*

A

anger² *v* [T] roz/gniewać, roz/złościć: *The court's decision angered environmentalists.*

an·gle¹ S3 W3 /ˈæŋgəl/ *n* [C] **1** kąt: *an angle of 45°* → patrz też **RIGHT ANGLE** **2 at an angle** na ukos, pod kątem: *The plant was growing at an angle.* | **from a different angle** (=pod innym kątem): *Let's try to look at the problem from a different angle.* **3** strona: *From that angle we should be able to see a little better.*

angle² S3 W3 *v* [T] nachylać, ustawiać pod kątem: *a mirror angled to reflect light from a window*
angle for sth *phr v* [T] przymawiać się o: *I think she's angling for an invitation to the party.*

An·gli·can /ˈæŋglɪkən/ *adj* anglikański —**Anglican** *n* [C] anglikan-in/ka —**Anglicanism** *n* [U] anglikanizm

an·gli·cize /ˈæŋglɪsaɪz/ *także* **-ise** *BrE v* [T] z/anglicyzować, zangielszczyć

an·gling /ˈæŋglɪŋ/ *n* [U] wędkarstwo —**angler** *n* [C] wędkarz

an·gry S3 W3 /ˈæŋgri/ *adj* zły, rozgniewany: *She was angry with him because he had lied to her.* | *The roads were blocked by angry French farmers.* | **+ about** *Don't you feel angry about the way you've been treated?* | **+ that** *Local people are angry that they weren't consulted about plans to expand the airport.* —**angrily** *adv* ze złością

UWAGA: angry

Wyrażenia **angry with** używa się w stosunku do osób: *I was really angry with him.* Wyrażenia **angry about** używa się w stosunku do rzeczy: *I was really angry about it.*

THESAURUS: angry

angry zły: *He gets angry* (=złości się) *if people are late.*
mad [not before noun] *informal* wściekły, wkurzony: *Dad was mad at me for damaging the car.*
cross [not before noun] *spoken* zły *(trochę)*: *Don't be cross* (=nie gniewaj się) *with me.*
annoyed [not before noun] poirytowany *(lekko)*: *I was annoyed that the class was cancelled again.* | *Kay was annoyed by his thoughtless remark.*
irritated poirytowany: *He was clearly irritated by their stupid questions.*
furious/livid wściekły: *He was furious when he found out what they'd done to his car.*
outraged oburzony: *There were hundreds of complaints from outraged viewers.*
bad-tempered wybuchowy, łatwo wpadający w złość: *a bad-tempered old man*
in a bad mood w złym humorze: *I woke up in a bad mood.* | *Why are you in such a bad mood?*

an·guish /ˈæŋgwɪʃ/ *n* [U] udręka: *the anguish of not knowing the truth* —**anguished** *adj* pełen udręki, udręczony: *anguished cries for help*

an·gu·lar /ˈæŋgjələ/ *adj* **1** kanciasty **2** kościsty: *a tall, angular young man*

an·i·mal¹ S1 W1 /ˈænəməl/ *n* [C] **1** zwierzę: *farm animals* | *wild animals* | *Humans are highly intelligent animals.* **2** *informal* bydlę

animal² *adj* zwierzęcy: *animal fats* | *animal instincts*

an·i·mate /ˈænəmət/ *adj formal* ożywiony *(o przyrodzie)* → antonim **INANIMATE**

an·i·ma·ted /ˈænɪmeɪtɪd/ *adj* **1** ożywiony: *an animated debate* **2 animated cartoon/film** film animowany —**animatedly** *adv* żywo, z ożywieniem

an·i·ma·tion /ˌænəˈmeɪʃən/ *n* **1** [U] animacja **2** [C] film animowany **3** [U] ożywienie

an·i·mos·i·ty /ˌænəˈmɒsəti/ *n* [C,U] *formal* animozja: *There was a lot of animosity between the two leaders.*

an·i·seed /ˈænəsiːd/ *n* [U] anyż

an·kle /ˈæŋkəl/ *n* [C] kostka *(stopy)*

an·nals /ˈænlz/ *n* **in the annals of sth** *formal* w całej historii czegoś: *Never, in the annals of modern warfare, has there been such a famous victory.*

an·nex /əˈneks/ *v* [T] za/anektować —**annexation** /ˌænekˈseɪʃən/ *n* [C,U] aneksja

an·nexe /ˈæneks/ *BrE*, **annex** *AmE n* [C] przybudówka, aneks: *a hospital annexe*

an·ni·hi·late /əˈnaɪəleɪt/ *v* [T] unicestwiać, z/niszczyć: *The champion annihilated his opponent in the third round.* —**annihilation** /əˌnaɪəˈleɪʃən/ *n* [U] unicestwienie

an·ni·ver·sa·ry /ˌænəˈvɜːsəri/ *n* [C] rocznica: *our wedding anniversary* | *the 50th anniversary of India's independence*

An·no Dom·i·ni /ˌænəʊ ˈdɒmənaɪ/ *formal* → patrz **AD**

an·nounce S2 W1 /əˈnaʊns/ *v* [T] **1** ogłaszać: *The winner of the competition will be announced shortly.* | **+ (that)** *A police spokesman announced that a man had been arrested.* **2** oświadczać, oznajmiać: **+ (that)** *Liam suddenly announced that he was leaving the band.*

an·nounce·ment S3 W3 /əˈnaʊnsmənt/ *n* **1** [C] oświadczenie **2** [singular] ogłoszenie, komunikat: **+ of** *the announcement of the election results* | **make an announcement** (=ogłaszać coś): *Listen everyone, I have an important announcement to make.*

UWAGA: announcement i advertisement

Kiedy chcemy przekazać większej liczbie osób ważną informację, ogłaszamy coś (we make an **announcement**): *Following the announcement of their marriage, they were pursued by crowds of journalists.* Wyraz **advertisement** znaczy „reklama" lub „ogłoszenie" w prasie: *On almost every page there were advertisements for cigarettes and alcohol.* | *At this time of the year, the papers are full of holiday advertisements.*

an·nounc·er /əˈnaʊnsə/ *n* [C] spiker/ka

an·noy S3 /əˈnɔɪ/ *v* [T] z/irytować: *Jane wouldn't stop complaining and it was beginning to annoy me.*

an·noy·ance /əˈnɔɪəns/ *n* **1** [U] irytacja: *Mia's annoyance never showed.* **2** [C] utrapienie: *The dog next door is a constant annoyance.*

an·noyed /əˈnɔɪd/ *adj* poirytowany: **+ with** *Are you annoyed with me* (=zły na mnie) *just because I'm a bit late?* | **+ at/about** *She was really annoyed at the way he* *just ignored her.* | **+ that** *My sister's annoyed that we didn't call.* THESAURUS ANGRY

an·noy·ing /ə'nɔɪ-ɪŋ/ *adj* irytujący: *an annoying habit of interrupting people*

an·nu·al S2 W2 Ac /'ænjuəl/ *adj* **1** doroczny, coroczny: *the annual conference* **2** roczny: *He has an annual income of around $500,000.* —**annually** *adv* dorocznie, corocznie, rocznie

an·nul /ə'nʌl/ *v* [T] (**-lled**, **-lling**) *technical* anulować, unieważniać —**annulment** *n* [C,U] unieważnienie

a·nom·a·ly /ə'nɒməli/ *n* [C,U] *formal* anomalia, nieprawidłowość: *anomalies in the tax system*

a·non /ə'nɒn/ skrót od 'anonymous'

an·o·nym·i·ty /ˌænə'nɪməti/ *n* [U] anonimowość: *The author prefers anonymity.*

a·non·y·mous /ə'nɒnɪməs/ *adj* **1** anonimowy: *The person concerned wishes to remain anonymous.* **2 anonymous letter** anonim —**anonymously** *adv* anonimowo

an·o·rak /'ænəræk/ *n* [C] *BrE* skafander

an·o·rex·i·a /ˌænə'reksiə/ *n* [U] anoreksja

an·o·rex·ic /ˌænə'reksɪk◂/ *adj* anorektyczny —**anorexic** *n* [C] anorekty-k/czka

an·oth·er S1 W1 /ə'nʌðə/ *determiner, pron* **1** jeszcze jeden: *Do you want another beer?* | *Buy one CD and we'll give you another, completely free.* THESAURUS MORE **2** inny: *You'll just have to find another job.* | *She lives in another part of the country.*

UWAGA: another

Nie mówi się „also another", tylko po prostu **another**: *There's another way of doing this.*

UWAGA: another i the other

Another znaczy „jeszcze jeden" lub „inny": *I am going to have another beer.* | *If this doesn't work, you'll have to find another way of solving the problem.* **The other** natomiast znaczy „(ten) drugi": *One of the twins is called Youki and the other is called Azusa.* | *Here's one sock; where's the other one?*

an·swer[1] S1 W2 /'ɑːnsə/ *v* [I,T] **1** odpowiadać (na): *"I don't know," she answered.* | **answer a question** *I had to answer a lot of questions about my previous job.* | **answer sb** *Why don't you answer me?* | **+ that** *Clare answered that she was not interested in their offer.* **2 answer the telephone** odebrać telefon **3 answer the door** otworzyć drzwi: *I knocked at the door but no one answered.* **4 answer a letter/advertisement** odpowiedzieć na list/ogłoszenie

answer back *phr v* [I,T **answer** sb **back**] od/pyskować: *Don't answer me back, young man!*

answer for sth *phr v* [T] odpowiedzieć za: *One day you'll have to answer for this.*

THESAURUS: answer

answer odpowiedzieć (na): *He didn't answer my question.* | *I said „hello" to her but she didn't answer.*

reply odpowiedzieć (*używa się zwłaszcza w piśmie, relacjonując, co ktoś powiedział*): *He replied (=odparł) that he was busy until 12 o'clock.* | *„I'm so sorry," he replied.*

get back to sb dać komuś odpowiedź później (*zwłaszcza oddzwaniając*): *Can I get back to you later today?* | *He still hasn't got back to me about that.*

write back odpisać: *She never wrote back to me.*

respond zareagować: *He responded by raising his hands up in the air.* | *How do you respond to these allegations?*

answer[2] S1 W1 *n* [C,U] odpowiedź: *I told you before, the answer is no!* | **+ to** *Mark never got an answer to his letter.* | *What was the answer to question 7?* | *A bit more money would be the answer to all our problems.* | **in answer to** *In answer to your question, I think Paul's right.* | **give sb an answer** *Give me an answer as soon as possible.*

'answering maˌchine *także* **an·swer·phone** /'ɑːnsəfəun/ *BrE n* [C] automatyczna sekretarka

ant /ænt/ *n* [C] mrówka

ant·a·cid /ænt'æsɪd/ *n* [C] lek na nadkwasotę

an·tag·o·nis·m /æn'tægənɪzəm/ *n* [U] wrogość: **+ between** *There has always been a lot of antagonism between the two families.* | **+ towards** *There's a lot of antagonism towards city people who move into the area.*

an·tag·o·nis·tic /ænˌtægə'nɪstɪk◂/ *adj* wrogi: *an antagonistic attitude to foreigners*

an·tag·o·nize /æn'tægənaɪz/ *także* **-ise** *BrE v* [T] zrażać (sobie): *We really need his help, so don't antagonize him.*

An·tarc·tic /æn'tɑːktɪk/ *n* **the Antarctic** Antarktyka —**Antarctic** *adj* antarktyczny

an·te·lope /'æntələup/ *n* [C] antylopa

an·te·na·tal /ˌæntɪ'neɪtl◂/ *adj BrE* przedporodowy: *an antenatal clinic* → porównaj POSTNATAL

an·ten·na /æn'tenə/ *n* [C] **1** (plural **antennae** /-niː/) czułek **2** *AmE* antena

an·them /'ænθəm/ *n* [C] hymn → patrz też NATIONAL ANTHEM

ant·hill /'æntˌhɪl/ *n* [C] mrowisko

an·thol·o·gy /æn'θɒlədʒi/ *n* [C] antologia

an·thrax /'ænθræks/ *n* wąglik

an·thro·pol·o·gy /ˌænθrə'pɒlədʒi/ *n* [U] antropologia —**anthropologist** *n* [C] antropolog —**anthropological** /ˌænθrəpə'lɒdʒɪkəl◂/ *adj* antropologiczny

an·ti- /ænti/ *prefix* **1** anty-: *anti-American protests* **2** a-, nie-: *antisocial*

an·ti·bi·ot·ic /ˌæntɪbaɪ'ɒtɪk◂/ *n* [C usually plural] antybiotyk —**antibiotic** *adj* antybiotyczny, antybiotykowy

an·ti·bod·y /'æntɪˌbɒdi/ *n* [C] przeciwciało

an·tic·i·pate S3 Ac /æn'tɪsəpeɪt/ *v* [T] przewidywać: *The police are anticipating trouble when the factory closes.* | *Try to anticipate what kind of questions you'll be asked.* | **+ that** *It's anticipated that the campaign will raise over $100,000.*

an·tic·i·pa·tion Ac /ænˌtɪsə'peɪʃən/ *n* [U] **1** oczekiwanie: *I was full of excitement and anticipation as I started off on my journey.* **2 in anticipation of** na wypadek: *I had taken my umbrella in anticipation of rain.*

an·ti·cli·max /ˌæntɪ'klaɪmæks/ *n* [C,U] zawód, rozczarowanie: *Coming home after our trip was rather an anticlimax.*

an·ti·clock·wise /ˌæntɪ'klɒkwaɪz◂/ *adv BrE* przeciwnie do ruchu wskazówek zegara: *Turn the handle anticlockwise.* → antonim CLOCKWISE

an·tics /'æntɪks/ *n* [plural] błazeństwa: *The band are famous for their antics both on and off the stage.*

an·ti·dote /ˈæntɪdəʊt/ *n* [C] **1** antidotum: **+to** *Laughter is one of the best antidotes to stress.* **2** odtrutka: *The snake's bite is deadly, and there's no known antidote.*

an·ti·freeze /ˈæntɪfriːz/ *n* [U] płyn niezamarzający

an·ti·gen /ˈæntɪdʒən/ *n* [C] *technical* antygen

an·ti·ox·i·dant /ˌæntiˈɒksɪdənt/ *n* [C] przeciwutleniacz

A

an·tip·a·thy /ænˈtɪpəθi/ *n* [U] *formal* antypatia, niechęć: *growing antipathy towards American multinational companies*

an·ti·quat·ed /ˈæntɪkweɪtɪd/ *adj* przestarzały: *antiquated laws*

an·tique /ˌænˈtiːk◂/ *n* [C] antyk: *priceless antiques* | *an antique shop* (=sklep z antykami) —**antique** *adj* zabytkowy: *an antique table* THESAURUS OLD →porównaj ANCIENT

an·tiq·ui·ty /ænˈtɪkwəti/ *n* **1** [U] starożytność: *a tradition that stretches back into antiquity* **2** [C usually plural] starożytności: *Roman antiquities*

anti-Sem·i·tis·m /ˌænti ˈsemətɪzəm/ *n* [U] antysemityzm —**anti-Semitic** /ˌænti səˈmɪtɪk◂/ *adj* antysemicki —**anti-Semite** /ˌænti ˈsiːmaɪt/ *n* antysemit-a/ka

an·ti·sep·tic /ˌæntəˈseptɪk◂/ *n* [C,U] środek antyseptyczny —**antiseptic** *adj* antyseptyczny: *antiseptic cream*

an·ti·so·cial /ˌæntɪˈsəʊʃəl◂/ *adj* **1** aspołeczny: *Kids as young as eight are turning to vandalism, petty crime, and other forms of antisocial behaviour.* **2** nietowarzyski: *I hope you won't think I'm antisocial, but I can't come out tonight.*

an·tith·e·sis /ænˈtɪθɪsɪs/ *n* [C] *formal* dokładne przeciwieństwo: *His radical socialist opinions are the antithesis of his father's political beliefs.*

ˌanti-virus ˈsoftware *n* [U] oprogramowanie antywirusowe: *You need to update your anti-virus software regularly.*

ant·ler /ˈæntlə/ *n* [C] róg *(np. jelenia)*

an·to·nym /ˈæntənɪm/ *n* [C] *technical* antonim: *'War' is the antonym of 'peace'.* →porównaj SYNONYM

a·nus /ˈeɪnəs/ *n* [C] *technical* odbyt

an·vil /ˈænvəl/ *n* [C] kowadło

anx·i·e·ty S3 W3 /æŋˈzaɪəti/ *n* **1** [C,U] niepokój, lęk: **+about** *Her anxiety about the children grew as the hours passed.* **2 in his/their etc anxiety to do sth** pragnąc za wszelką cenę coś zrobić: *The soldiers had thrown away their guns and packs in their anxiety to get to the boats.*

anx·ious S3 W3 /ˈæŋkʃəs/ *adj* **1** zaniepokojony: *an anxious look* | **be anxious about doing sth** (=bać się coś zrobić): *June is anxious about going such a long way on her own.* | **anxious time/moment** *There were one or two anxious moments* (=było parę pełnych niepokoju chwil) *as the plane seemed to lose height.* **2 sb is anxious to do sth** ktoś chce za wszelką cenę coś zrobić: *Ralph is anxious to prove that he can do the job.* **3 sb is anxious that** komuś zależy na tym, żeby: *We're very anxious that no-one else finds out about this.* —**anxiously** *adv* z niepokojem: *"What's wrong?" he asked anxiously.*

an·y[1] /ˈeni/ *determiner, pron* **1** jakiś, jakikolwiek: *Is there any coffee left?* | *I don't think that will make any difference.* | **+of** *Are any of Nina's relatives coming for Christmas?* **2** każdy: *a question that any child could answer* | *Any help would be welcome.* →patrz też **in any case** (CASE), **at any rate** (RATE[2])

UWAGA: any

Patrz **some** i **any**.

UWAGA: any, each/every i all

W odniesieniu do wszystkich rzeczy lub osób w grupie używamy wyrazów **each/every** (nie **any**!) z rzeczownikiem policzalnym w liczbie pojedynczej lub **all** z rzeczownikiem policzalnym w liczbie mnogiej: *Each day was the same.* | *Every smoker must remember that the people around him are inhaling the smoke.* | *All students are required to register during the first week.*

any[2] S2 *adv* **1** ani trochę: *She couldn't walk any further without a rest.* **2** choć trochę: *Do you feel any better?*

an·y·bod·y S1 W3 /ˈeniˌbɒdi/ *pron* ANYONE

an·y·how S3 /ˈenihaʊ/ *adv informal* ANYWAY

an·y·more /ˌeniˈmɔː/ *adv* **not anymore** już nie: *Frank doesn't live here anymore.*

an·y·one S1 W1 /ˈeniwʌn/ *także* **anybody** *pron* **1** ktoś: *Is there anyone at home?* **2** nikt: *She'd just moved and didn't know anyone.* **3** każdy: *Anyone can learn to swim.*

UWAGA: anyone

Czasowniki łączące się z **anyone** i **anybody** występują w liczbie pojedynczej: *Has anyone seen my keys?* Natomiast zaimki łączące się z **anyone** i **anybody** występują w liczbie mnogiej (**they**, **them** i **their**): *If anyone phones me, tell them I'll be back later.* W języku bardziej oficjalnym zamiast „they" i „them" można używać wyrażeń: „he or she", „him or her": *If anyone wishes to speak to the principal, he or she should make an appointment.*

an·y·place /ˈenipleɪs/ *adv AmE* ANYWHERE

an·y·thing S1 W1 /ˈeniθɪŋ/ *pron* **1** coś: *Do you need anything from the store?* | **or anything** (=czy coś/cokolwiek innego) *spoken*: *Would you like a Coke or anything?* **2** nic: *Her father didn't know anything about it.* **3** cokolwiek, obojętnie/byle co: *That cat will eat anything.* | *I could have told him almost anything and he would have believed me.* **4 anything like** ani trochę (nie): *Carrie doesn't look anything like her sister.* **5 anything but** bynajmniej nie: *No, when I told him, he seemed anything but pleased.*

an·y·time /ˈenitaɪm/ *adv* **1** obojętnie kiedy: *Call me anytime.* **2** wkrótce, lada chwila: *They could arrive anytime.* | *Are you going to see him anytime soon?*

an·y·way S1 W2 /ˈeniweɪ/ *także* **anyhow** *informal adv* **1** i tak, mimo wszystko: *The bride's mother was ill, but they had the wedding anyway.* **2** tak czy inaczej: *Anyway, as I was saying* **3** a tak w ogóle: *Anyway, where do you want to go for lunch?* | *So, why were you there anyway?* **4** a poza tym: *He decided to sell his bike - he never used it anyway.*

an·y·where S1 W3 /ˈeniweə/ *także* **anyplace** *AmE adv* **1** gdziekolwiek: *Fly anywhere in Europe for £150.* **2** gdzieś: *Did you go anywhere last night?* **3** nigdzie: *I can't find my keys anywhere.* **4 not anywhere near** *spoken* bynajmniej: *We don't have anywhere near enough money to buy a new car.* **5 not get anywhere** nie zajść daleko: *I've been trying to get my dad to lend me the car, but I'm not getting anywhere.*

a·part S2 W1 /əˈpɑːt/ *adv* **1** (oddalone) od siebie: *Our birthdays are only two days apart.* **2** osobno, oddzielnie: *My husband and I are living apart at the moment.* | **+from** *She was standing a little apart from the others.* **3 take apart** rozebrać na części: *He had to take the camera apart to fix it.* | **come/fall apart** (=rozpaść się): *The old book just fell apart in my hands.* **4 apart from** *especially BrE* **a)** z wyjątkiem: *Apart from a couple of spelling mistakes, your essay is excellent.* **b)** oprócz: *Who was at the party? Apart from you and Jim, I mean.* **5 tell sb/sth apart** rozróżniać kogoś/coś: *I can't tell the two boys apart.*

a·part·heid /əˈpɑːtaɪt/ *n* [U] apartheid

a·part·ment S2 W3 /əˈpɑːtmənt/ *n* [C] mieszkanie THESAURUS HOUSE

aˈpartment ˌbuilding *także* **aˈpartment ˌhouse** *n* [C] *AmE* blok mieszkalny

ap·a·thet·ic /ˌæpəˈθetɪk◂/ *adj* apatyczny —**apathetically** /-kli/ *adv* apatycznie

ap·a·thy /ˈæpəθi/ *n* [U] apatia: *public apathy about the coming election*

ape /eɪp/ *n* [C] małpa człekokształtna

a·per·i·tif /əˌperəˈtiːf/ *n* [C] aperitif

ap·er·ture /ˈæpətʃə/ *n* [C] przysłona

a·pex /ˈeɪpeks/ *n* [C] **1** wierzchołek: *the apex of a pyramid* **2** szczyt: *the apex of his career*

aph·ro·dis·i·ac /ˌæfrəˈdɪziæk/ *n* [C] afrodyzjak

a·piece /əˈpiːs/ *adv* za sztukę: *Red roses cost £1 apiece.*

a·poc·a·lypse /əˈpɒkəlɪps/ *n* **the Apocalypse** apokalipsa

a·poc·a·lyp·tic /əˌpɒkəˈlɪptɪk◂/ *adj* apokaliptyczny

a·po·lit·i·cal /ˌeɪpəˈlɪtɪkəl◂/ *adj* apolityczny

a·pol·o·get·ic /əˌpɒləˈdʒetɪk◂/ *adj* **be apologetic** przepraszać: *He was really apologetic about forgetting my birthday.* —**apologetically** /-kli/ *adv* przepraszająco

a·pol·o·gize S2 /əˈpɒlədʒaɪz/ *także* **-ise** *BrE v* [I] przepraszać: **+for** *He apologized for being so late.* | **+to** *Apologize to your sister now!*

a·pol·o·gy S3 /əˈpɒlədʒi/ *n* [C] przeprosiny: *I hope you will accept my apology for any trouble I may have caused.*

COLLOCATIONS: apology

verbs

to make an apology *He made no apology for what had happened.*

to issue an apology *The company issued an apology for the delay.*

to get/receive an apology *We got no apology or explanation from the school.*

to offer an apology *We would like to offer our sincere apologies for the inconvenience.*

to accept sb's apology *Please accept our apologies for the mistake.*

to demand an apology *He wrote a letter to the BBC demanding an apology.*

to owe sb an apology *I was wrong. I owe you an apology.*

adjectives

a public apology *She won a public apology from her former boss.*

a full apology *He advised the newspaper to publish a full apology.*

a written apology *The family want a written apology.*

a formal apology *The government refused to make a formal apology for the war.*

an official apology *The company has made an official apology and is offering compensation.*

sincere apologies *Firstly, my sincere apologies for not having contacted you earlier.*

a·pos·tle /əˈpɒsəl/ *n* [C] apostoł —**apostolic** /ˌæpəˈstɒlɪk◂/ *adj* apostolski

a·pos·tro·phe /əˈpɒstrəfi/ *n* [C] apostrof

ap·pal /əˈpɔːl/ *BrE*, **appall** *AmE v* [T] **(-lled, -lling)** z/bulwersować: *The idea of killing animals for fur appals me.* —**appalled** *adj* zbulwersowany

ap·pal·ling /əˈpɔːlɪŋ/ *adj* **1** straszny: *children living in appalling conditions* **2** *informal* okropny: *an appalling movie*

ap·pa·ra·tus /ˌæpəˈreɪtəs/ *n* (plural **apparatus** or **apparatuses**) [C,U] aparat, aparatura: *firemen wearing breathing apparatus*

ap·par·ent W2 AC /əˈpærənt/ *adj* **1** oczywisty, widoczny: *It soon became apparent that we had one major problem - Edward.* | **for no apparent reason** (=bez widocznej przyczyny): *For no apparent reason he began to shout at her.* **2** pozorny: *We were reassured by his apparent lack of concern.*

ap·par·ent·ly S1 W2 /əˈpærəntli/ *adv* **1** podobno: *She apparently caught him in bed with another woman.* | *Apparently, Susan's living in Madrid now.* **2** najwidoczniej: *They were still chatting, apparently unaware that the train had left.*

ap·pa·ri·tion /ˌæpəˈrɪʃən/ *n* [C] zjawa

ap·peal¹ S3 W3 /əˈpiːl/ *v* **1** [I] za/apelować: **+to** *Police are appealing to the public for information.* | **+for** *Local authorities have appealed for volunteers.* **2 appeal to sb** podobać się komuś: *The new programme should appeal to our younger viewers.* **3** [I] wnosić apelację: *Atkins is certain to appeal against the conviction.*

appeal² S2 W1 *n* **1** [C] apel, wezwanie: **launch an appeal** (=wystąpić z apelem): *UNICEF is launching an appeal for the flood victims.* **2** [U] urok: *The traditional rural lifestyle has lost none of its appeal.* **3** [C,U] apelacja: **+to** *an appeal to the Supreme Court*

ap·peal·ing /əˈpiːlɪŋ/ *adj* atrakcyjny —**appealingly** *adv* atrakcyjnie

ap·pear S2 W1 /əˈpɪə/ *v* **1** [linking verb] wydawać się: *Sandra appeared relaxed and confident at the interview.* **2** [I] pojawiać się: *Suddenly a face appeared at the window.* | *John Thaw appeared regularly on television.* **3** [I] ukazywać się: *Irving's novel is soon to appear in paperback.*

ap·pear·ance W2 /əˈpɪərəns/ *n* **1** [C,U] wygląd: *The Christmas lights gave the house a festive appearance.* | *six ways to improve your personal appearance* **2** [singular] pojawienie się: *the sudden appearance of several reporters at the hospital* | *Viewing has increased since the appearance of cable TV.* **3** [C] występ: *his first appearance on stage in 1953* **4 put in an appearance** *informal* wpaść na chwilkę: *I wouldn't be surprised if Lewis put in an appearance tonight.*

ap·pease /əˈpiːz/ *v* [T] udobruchać, ugłaskać: *This is seen as a move to appease left-wingers in the party.* —**appeasement** *n* uspokojenie, uciszenie

ap·pend AC /əˈpend/ *v* [T] *formal* załączać (do dokumentu)

ap·pend·age /əˈpendɪdʒ/ *n* [C] załącznik

ap·pen·di·ci·tis /əˌpendɪˈsaɪtɪs/ *n* [U] zapalenie wyrostka robaczkowego

ap·pen·dix Ac /əˈpendɪks/ *n* [C] **1** wyrostek robaczkowy **2** (plural **appendixes** or **appendices** /-dəsiːz/) apendyks

ap·pe·tite /ˈæpətaɪt/ *n* [C,U] **1** apetyt: *Don't eat now, you'll spoil your appetite.* **2 appetite for success/knowledge** żądza sukcesu/wiedzy

COLLOCATIONS: appetite

verbs

to have an appetite *She had no appetite, but she tried to eat.*

to lose your appetite *I was so excited I completely lost my appetite.*

to give sb an appetite *The walk has given us an appetite.*

to spoil/ruin your appetite *Don't eat that now – it will spoil your appetite for dinner.*

adjectives

a big/huge appetite *All our family have huge appetites.*

a good/healthy appetite *He seems fine – he certainly has a good appetite.*

a small appetite *The reason she stays so slim is that she only has a small appetite.*

a poor appetite *A poor appetite may be a sign of illness.*

ap·pe·tiz·er /ˈæpətaɪzə/ *n* [C] przystawka

ap·pe·tiz·ing /ˈæpətaɪzɪŋ/ *adj* apetyczny

ap·plaud /əˈplɔːd/ *v* **1** [I] klaskać **2** [T] *formal* pochwalać

ap·plause /əˈplɔːz/ *n* [U] oklaski: *The thunderous applause continued for over a minute.*

ap·ple S2 W3 /ˈæpəl/ *n* [C] jabłko

ap·plet /ˈæplɪt/ *n* [C] *technical* aplet

ap·pli·ance /əˈplaɪəns/ *n* [C] urządzenie: **domestic/household appliances** (=sprzęt gospodarstwa domowego)

ap·plic·a·ble /əˈplɪkəbəl/ *adj* **be applicable to** stosować się do: *The tax laws are not applicable to foreign visitors.*

ap·pli·cant /ˈæplɪkənt/ *n* [C] kandydat/ka: *We had 250 applicants for the job.*

ap·pli·ca·tion S1 W1 /ˌæplɪˈkeɪʃən/ *n* **1** [C] podanie: **job application** (=podanie o pracę): *He's made twenty-three job applications and had five interviews.* **2** [C] aplikacja: *computer applications* **3** [C,U] zastosowanie: *an interesting application of psychology in the workplace*

ˌapplication ˈform *n* [C] formularz: *It took hours to fill in the application form.*

ap·plied /əˈplaɪd/ *adj* **applied maths/linguistics** matematyka/lingwistyka stosowana → porównaj PURE

ap·ply S1 W1 /əˈplaɪ/ *v* **1** [I] ubiegać się: **+for** *Kevin's applied for a management job in Atlanta.* **2** [I,T] stosować się: **+to** *The 20% discount only applies to club members.* **3** [T] za/stosować: *You can apply good teaching methods to any subject.* **4** [T] nakładać: *Apply an antiseptic cream to the affected area.* **5** [T] **apply yourself (to sth)** przykładać się (do czegoś): *I wish John would apply himself a little more!*

ap·point S2 W2 /əˈpɔɪnt/ *v* [T] **1** mianować: *They've appointed a new principal at the school.* **2** *formal* wyznaczać: *Judge Bailey appointed a day in July for the trial.*

ap·point·ed /əˈpɔɪntɪd/ *adj* **the appointed time/place** oznaczony czas/wyznaczone miejsce

ap·point·ment S2 W2 /əˈpɔɪntmənt/ *n* **1** [C] spotkanie (*z prawnikiem itp.*) wizyta (*u lekarza itp.*) **make an appointment (with/to see)** (=umówić/zarejestrować się (do)): *I'd like to make an appointment with Dr House.* THESAURUS MEETING **2** [C,U] mianowanie: *the appointment of a new Supreme Court Justice* **3 by appointment** po wcześniejszym umówieniu się: *Dr. Sutton will only see you by appointment.*

UWAGA: appointment

Appointment to umówione spotkanie z lekarzem, urzędnikiem itp., a nie ze znajomym czy krewnym: *I've got an appointment to see Dr Tanner on Tuesday.* | *You can't see the manager without an appointment.* | Mówiąc o spotkaniu ze znajomymi czy krewnymi, używamy zwrotu **to arrange to meet/see**: *We've arranged to meet Alan at the swimming pool.*

ap·por·tion /əˈpɔːʃən/ *v formal* [T] **1** rozdzielać: **+among/between** *apportioning available funds among the different schools in the district* **2 apportion blame** wskazać winnego: *It's not easy to apportion blame when a marriage breaks up.*

ap·prais·al /əˈpreɪzəl/ *n* [C,U] ocena: *an annual appraisal of an employee's work*

ap·praise /əˈpreɪz/ *v* [T] *formal* dokonywać oceny, oceniać: *We are still appraising the situation.*

ap·pre·cia·ble Ac /əˈpriːʃəbəl/ *adj formal* istotny, znaczący: *There's been no appreciable change in the patient's condition.* —**appreciably** *adv* w istotny sposób, znacząco

ap·pre·ci·ate S2 W3 Ac /əˈpriːʃieɪt/ *v* [T] **1** doceniać: *All the bad weather here makes me appreciate home.* **2** być wdzięcznym za: *Lyn greatly appreciated the flowers you sent.* **3 I would appreciate it if you ...** byłbym wdzięczny, gdybyś ...: *I'd really appreciate it if you could drive Kathy to school today.* **4** rozumieć: *You don't seem to appreciate how hard this is for us.*

ap·pre·ci·a·tion Ac /əˌpriːʃiˈeɪʃən/ *n* [U singular] **1** wdzięczność: **show your appreciation** (=okazywać wdzięczność): *a small gift to show our appreciation for all your hard work* **2** zrozumienie: *You just have no appreciation of* (=po prostu nie rozumiesz) *how serious this all is!* **3** uznanie: *As he grew older, his appreciation for his home town grew.*

ap·pre·cia·tive /əˈpriːʃətɪv/ *adj* wdzięczny

ap·pre·hen·sion /ˌæprɪˈhenʃən/ *n* [U] lęk: *News of the plane crash increased Tim's apprehension about flying.*

ap·pre·hen·sive /ˌæprɪˈhensɪv◂/ *adj* pełen lęku

ap·pren·tice /əˈprentɪs/ *n* [C] praktykant/ka

ap·pren·tice·ship /əˈprentəsʃɪp/ *n* [C,U] praktyka zawodowa

ap·proach[1] S2 W2 Ac /əˈprəʊtʃ/ *v* **1** [I,T] zbliżać się (do): *We watched as their car approached.* | *A man approached me, asking if I'd seen a little girl.* | *It's now approaching 7 o'clock* (=dochodzi siódma). **2** [T] zwracać się do: *She's been approached by two schools about a teaching job.* **3** [T] podchodzić do: *He approached the problem with great thought.*

approach[2] S2 W1 Ac *n* **1** [C] podejście: **+to** *a creative approach to teaching science* THESAURUS WAY **2** [U] nadejście: **the approach of** *The air got colder with the* *approach of winter.* **3** [C] dojście: *The easiest approach to the beach is down the cliff path.*

ap·proach·a·ble /əˈprəʊtʃəbəl/ *adj* przystępny, łatwy w kontaktach: *Dr. Grieg seems very approachable.* → antonim **UNAPPROACHABLE**

ap·pro·ba·tion /ˌæprəˈbeɪʃən/ *n* [U] *formal* **1** pochwała **2** aprobata

ap·pro·pri·ate S2 W1 Ac /əˈprəʊpri-ət/ *adj* odpowiedni: *That sort of language just isn't appropriate in an interview.* THESAURUS SUITABLE → antonim **INAPPROPRIATE** —**appropriately** *adv* odpowiednio

ap·prov·al S2 W3 /əˈpru:vəl/ *n* [U] **1** zgoda, pozwolenie: *We have to get approval from the Chief of Police.* **2** aprobata: *I was always trying to get my father's approval.*

ap·prove S3 W2 /əˈpru:v/ *v* **1** [T] zatwierdzać: *We are waiting for our proposals to be approved.* **2** [I] **approve of** pochwalać, aprobować: *I don't approve of taking drugs.*

ap·prov·ing /əˈpru:vɪŋ/ *adj* wyrażający aprobatę: *an approving nod* —**approvingly** *adv* z aprobatą

ap·prox /əˈprɒks/ *adv* skrót od **APPROXIMATELY**

ap·prox·i·mate¹ S3 W3 Ac /əˈprɒksəmət/ *adj* przybliżony: *They think its worth £10,000, but that's only an approximate figure.*

ap·prox·i·mate² Ac /əˈprɒksɪmeɪt/ *v* [I, linking verb] *formal* być zbliżonym do —**approximation** /əˌprɒksəˈmeɪʃən/ *n* [C,U] przybliżenie

ap·prox·i·mate·ly /əˈprɒksəmətli/ *adv* w przybliżeniu, około: *Approximately 35% of the students come from Japan.*

APR /ˌeɪ pi: ˈɑ:/ *n* **annual percentage rate** oprocentowanie roczne

a·pri·cot /ˈeɪprəkɒt/ *n* [C] morela

A·pril /ˈeɪprəl/ (*skrót pisany* **Apr.**) *n* [C,U] kwiecień

ˌApril ˈFool's Day *n* [singular] prima aprilis

a·pron /ˈeɪprən/ *n* [C] fartuch

apt /æpt/ *adj* **1 be apt to do sth** mieć tendencję do robienia czegoś: *They're good kids but apt to get into trouble.* **2** trafny: *an apt remark* —**aptly** *adv* trafnie

ap·ti·tude /ˈæptɪtju:d/ *n* [C,U] talent, uzdolnienia: *Ginny seems to have a real aptitude for painting.*

a·quar·i·um /əˈkweəriəm/ *n* [C] **1** akwarium **2** oceanarium

A·quar·i·us /əˈkweəriəs/ *n* [C,U] Wodnik

a·quat·ic /əˈkwætɪk/ *adj* wodny: *aquatic plants* | *aquatic sports*

aq·ue·duct /ˈækwədʌkt/ *n* [C] akwedukt

Ar·ab /ˈærəb/ *n* [C] Arab/ka

Ar·a·bic /ˈærəbɪk/ *n* [U] język arabski

ar·a·ble /ˈærəbəl/ *adj* **arable land** grunty uprawne

ar·bi·ter /ˈɑ:bɪtə/ *n* [C] **1** arbiter **2 arbiter of style/fashion/taste** arbiter elegancji/mody/dobrego smaku

ar·bi·tra·ry Ac /ˈɑ:bətrəri/ *adj* arbitralny: *I don't see why they have this arbitrary age-limit.* —**arbitrariness** *n* [U] arbitralność —**arbitrarily** *adv* arbitralnie

ar·bi·trate /ˈɑ:bətreɪt/ *v* [I,T] prowadzić mediacje —**arbitrator** *n* [C] mediator/ka

ar·bi·tra·tion /ˌɑ:bəˈtreɪʃən/ *n* [U] arbitraż

arc /ɑ:k/ *n* [C] łuk (*w geometrii*)

ar·cade /ɑ:ˈkeɪd/ *n* [C] **1** salon gier **2** pasaż **3** *także* **shopping arcade** *BrE* pasaż handlowy

arch¹ /ɑ:tʃ/ *n* [C] (plural **arches**) **1** łuk (*w architekturze*) **2** podbicie (*stopy*) —**arched** *adj* łukowaty: *an arched doorway*

arch² *v* [I,T] wyginać (się) w łuk: *The cat arched her back and hissed.*

A

ar·chae·ol·o·gy /ˌɑ:kiˈɒlədʒi/ *BrE*, **archeology** *AmE* *n* [U] archeologia —**archaeologist** *n* [C] archeolog —**archaeological** /ˌɑ:kiəˈlɒdʒɪkəl◂/ *adj* archeologiczny

ar·cha·ic /ɑ:ˈkeɪ-ɪk/ *adj* archaiczny: *the archaic language of the Bible*

arch·bish·op /ˌɑ:tʃˈbɪʃəp◂/ *n* [C] arcybiskup

ar·che·ol·o·gist /ˌɑ:kiˈɒlədʒɪst/ [C] amerykańska pisownia wyrazu **ARCHAEOLOGIST**

ar·che·ol·o·gy /ˌɑ:kiˈɒlədʒi/ amerykańska pisownia wyrazu **ARCHAEOLOGY**

ar·cher /ˈɑ:tʃə/ *n* [C] łuczni-k/czka

ar·cher·y /ˈɑ:tʃəri/ *n* [U] łucznictwo

ar·chi·tect W3 /ˈɑ:kətekt/ *n* [C] architekt

ar·chi·tec·ture S3 W3 /ˈɑ:kətektʃə/ *n* [U] architektura: *medieval architecture* —**architectural** /ˌɑ:kəˈtektʃərəl◂/ *adj* architektoniczny

ar·chive /ˈɑ:kaɪv/ *v* [T] z/archiwizować

ar·chives /ˈɑ:kaɪvz/ *n* [plural] archiwum, archiwa

arch·way /ˈɑ:tʃweɪ/ *n* [C] sklepione przejście

Arc·tic /ˈɑ:ktɪk/ *n* [singular] **the Arctic** Arktyka —**arctic** *adj* arktyczny

ar·dent /ˈɑ:dənt/ *adj* gorący, zagorzały: *an ardent football supporter* | *an ardent desire to win* —**ardently** *adv* gorąco, zagorzale

ar·dour /ˈɑ:də/ *BrE*, **ardor** *AmE* *n* [U] *formal* **1** zapał: *They sang with real ardour.* **2** żar (*uczuć*)

ar·du·ous /ˈɑ:djuəs/ *adj* żmudny, mozolny: *an arduous task* | *an arduous climb* THESAURUS DIFFICULT

are /ə, ɑ:/ liczba mnoga i druga osoba liczby pojedynczej czasu teraźniejszego czasownika **BE**

ar·e·a S1 W1 Ac /ˈeəriə/ *n* [C] **1** rejon, obszar: *Dad grew up in the Portland area.* **2** dziedzina: *I have experience in software marketing and related areas.* **3** powierzchnia: *Their apartment has a large kitchen area.*

COLLOCATIONS: area

adjectives

a big/wide/large area *The snow fell over a wide area.*

your local area *We don't have a supermarket in our local area.*

a rural area *There is a need for better public transport in rural areas.*

a remote area *They visited a remote area of northeast Afghanistan.*

an urban area *Most people live in urban areas.*

a built-up area *Speed limits are lower in built-up areas.*

a residential area *This is a quiet residential area of Bristol.*

an industrial area *There are plans to regenerate former industrial areas of the city.*

a middle-class/working-class etc area *a working-class area of London*

a deprived area *He grew up in one of the most deprived areas of Glasgow.*
a mountainous area *In mountainous areas of the country it can be difficult to get to a hospital.*
a wooded area *The plane crashed into trees in a heavily wooded area.*
a coastal area *The bird is found mainly in coastal areas.*

A

'area ˌcode *n* [C] *AmE* numer kierunkowy

a·re·na /əˈriːnə/ *n* [C] arena: *Wembley arena | Feminism has played a prominent role in the political arena since the 1960s.*

aren't /ɑːnt/ **a)** forma ściągnięta od "are not": *Things aren't the same since you left.* **b)** forma ściągnięta od "am not", używana w pytaniach: *I'm in big trouble, aren't I?*

Ar·gen·ti·na /ˌɑːdʒənˈtiːnə/ *n* Argentyna —**Argentinian** /ˌɑːdʒənˈtɪniən◂/ *n* Argenty-ńczyk/nka —**Argentinian** *adj* argentyński

ar·gu·a·ble /ˈɑːgjuəbəl/ *adj* **1 it is arguable that** można przypuszczać, że: *It's arguable that the new law will make things better.* **2** wątpliwy: *Whether we'll get our money back is arguable.*

ar·gu·a·bly /ˈɑːgjuəbli/ *adv* prawdopodobnie, niewykluczone, że: *San Francisco, arguably the most beautiful city in the USA*

ar·gue S2 W1 /ˈɑːgjuː/ *v* **1** [I,T] **argue (that)** twierdzić (, że): *Smith argued that most teachers are underpaid.* **2 argue for/against** opowiadać się za/przeciw: *They are arguing for a change in the law.* **3** [I] kłócić się: **+about/over** *Paul and Rachel always seem to be arguing about money.* | **+with** *They are always arguing with each other.*

UWAGA: argue
Patrz **quarrel** i **argue**.

ar·gu·ment S1 W1 /ˈɑːgjəmənt/ *n* [C] **1** kłótnia, sprzeczka, spór: **+about** *It was the usual argument about what to watch on television.* | **have an argument** (=po/kłócić się): *My parents had a big argument last night.* **2** argument: **+for/against** *She put forward several arguments for becoming a vegetarian.*

COLLOCATIONS: argument

verbs

to have an argument *My boyfriend and I had a big argument.*
to get into an argument *They were always getting into arguments with their neighbours.*
to start an argument *She seemed to want to start an argument.*
to cause an argument *Money often causes arguments.*
to win/lose an argument *Are you the sort of person who can't bear to lose an argument? | I think you won the argument.*
an argument breaks out *An argument broke out between two women waiting in line.*

adjectives

a big/huge/massive argument *There was a massive argument about who was right.*
a heated/furious argument *I could hear people having a heated argument. | As soon as she had gone a furious argument broke out.*
a bitter argument *There are bitter arguments about whether he was a hero or a war criminal.*
a violent argument *The singer was hurt in a violent argument with her husband.*

ar·gu·men·ta·tive /ˌɑːgjəˈmentətɪv◂/ *adj* kłótliwy

a·ri·a /ˈɑːriə/ *n* [C] aria

ar·id /ˈærɪd/ *adj technical* suchy: *arid land | an arid climate*

Ar·ies /ˈeəriːz/ *n* [C,U] Baran

a·rise S3 W2 /əˈraɪz/ *v* [I] (**arose**, **arisen** /əˈrɪzən/, **arising**) **1** powstawać, pojawiać się: *the problems that arise from rushing things too much* **2** *literary* wstawać *(z łóżka)*

ar·is·toc·ra·cy /ˌærəˈstɒkrəsi/ *n* [C] arystokracja

ar·is·to·crat /ˈærəstəkræt/ *n* [C] arystokrat-a/ka —**aristocratic** /ˌærɪstəˈkrætɪk◂/ *adj* arystokratyczny

a·rith·me·tic /əˈrɪθmətɪk/ *n* [U] arytmetyka —**arithmetic** /ˌærɪθˈmetɪk◂/ *adj* arytmetyczny

arm¹ S1 W1 /ɑːm/ *n* **1** [C] ramię: *He put his arm around my shoulders. | I was carrying a pile of books under my arm* (=pod pachą). | *The cutting wheel is on the end of a steel arm.* | **arms crossed/folded** (=skrzyżowawszy ramiona (na piersiach)) **2** rękaw **3 be up in arms** *informal* być oburzonym: *The whole town is up in arms about the closure of the hospital.* →patrz też **ARMS**

arm² *v* [T] u/zbroić

ar·ma·dil·lo /ˌɑːməˈdɪləʊ/ *n* [C] pancernik *(zwierzę)*

ar·ma·ments /ˈɑːməmənts/ *n* [plural] broń: *nuclear armaments*

arm·band /ˈɑːmbænd/ *n* [C] opaska na ramię

arm·chair /ˈɑːmtʃeə/ *n* [C] fotel

armed S3 W3 /ɑːmd/ *adj* uzbrojony: *an armed guard* | **+with** *The suspect is armed with a shotgun. | I went into the meeting armed with a copy of the report.* | **armed robbery** (=napad z bronią w ręku): *He got ten years in prison for armed robbery.*

ˌarmed 'forces *n* **the armed forces** siły zbrojne

ar·mi·stice /ˈɑːmɪstɪs/ *n* [C] zawieszenie broni

ar·mour /ˈɑːmə/ *BrE*, **armor** *AmE* *n* [U] **1** zbroja: *a suit of armour* **2** pancerz: *armour-clad tanks*

ar·moured /ˈɑːməd/ *BrE*, **armored** *AmE* *adj* opancerzony: *an armoured car*

ar·mour·y /ˈɑːməri/ *BrE*, **armory** *AmE* *n* [C] arsenał, zbrojownia

arm·pit /ˈɑːmˌpɪt/ *n* [C] pacha

arms /ɑːmz/ *n* [plural] broń: *supplying arms to the rebels | an international arms dealer*

'arms conˌtrol *n* [U] kontrola zbrojeń

'arms race *n* **the arms race** wyścig zbrojeń

ar·my S1 W1 /ˈɑːmi/ *n* [C] **1** armia: *a British army officer* | **the army** (=wojsko): *Our son is in the army.* **2** gromada: *an army of ants*

a·ro·ma /əˈrəʊmə/ *n* [C] aromat: *the aroma of fresh coffee* THESAURUS SMELL —**aromatic** /ˌærəˈmætɪk◂/ *adj* aromatyczny: *aromatic oils*

a·ro·ma·ther·a·py /əˌrəʊməˈθerəpi/ *n* [U] aromaterapia

a·rose /əˈrəʊz/ *v* czas przeszły od **ARISE**

a·round S1 W1 /əˈraʊnd/ *także* **round** *BrE* *adv, prep* **1** dookoła, wokół: *We put a fence around the yard.*

2 naokoło: *We had to go around to the back of the house.* **3 show sb around** oprowadzać kogoś (po): *Stan showed me around the office.* **4 all around the world** na/po całym świecie: *an international company with offices all around the world* **5 around here** w pobliżu: *Is there a bank around here?* **6 be around a)** być w pobliżu: *It was 11:30 at night, and nobody was around.* **b)** istnieć: *That joke's been around for years.* **7 turn/move/spin sth around** obrócić coś o 180 stopni: *I'll turn the car around and pick you up at the door.* **8 around 10/200** *także* **about** *especially BrE* około 10/200: *Dodger Stadium seats around 50,000 people.* **9 around and around** w kółko: *We drove around and around the town, looking for her house.* →patrz też ROUND

a·rous·al /əˈraʊzəl/ *n* [U] podniecenie

a·rouse /əˈraʊz/ *v* [T] **1** wzbudzać: *Her behaviour aroused the suspicions of the police.* **2** podniecać: *sexually aroused*

ar·range S2 W2 /əˈreɪndʒ/ *v* [T] **1** z/organizować: *I've arranged a meeting with Jim.* | **arrange (for sb) to do sth** (=umówić się (z kimś) na z/robienie czegoś): *Have you arranged to play football on Sunday?* **2** układać: *She arranged the flowers carefully in a vase.*

ar·range·ment S2 W2 /əˈreɪndʒmənt/ *n* **1** [C usually plural] przygotowania: *travel arrangements* | **make arrangements for** *Lee's still making arrangements for the wedding.* **2** [C,U] układ: *We have a special arrangement with the bank.* **3** [C] kompozycja: *a flower arrangement*

ar·ray¹ /əˈreɪ/ *n* [C usually singular] wachlarz, gama: *a dazzling array of acting talent*

array² *v* [T usually passive] *formal* u/stroić, przy/ozdabiać

ar·rears /əˈrɪəz/ *n* [plural] **1 be in arrears** zalegać: *We're six weeks in arrears with the rent money.* **2** zaległe należności

ar·rest¹ W3 /əˈrest/ *v* [T] **1** za/aresztować: **arrest sb for sth** *The police arrested Eric for shoplifting.* **2** za/hamować: *The drug is used to arrest the spread of the disease.*

arrest² *n* [C,U] aresztowanie: **make an arrest** (=dokonać aresztowania): *The police expect to make an arrest soon.* | **you are under arrest** (=jest Pan/i aresztowan-y/a): *Don't move, you're under arrest!*

ar·riv·al W3 /əˈraɪvəl/ *n* **1** [U] przybycie, przyjazd: *Shortly after our arrival in Florida, Lottie was robbed.* **2 the arrival of** pojawienie się: *The arrival of the personal computer changed the way we work.* **3** [C] przybysz/ka

ar·rive S2 W1 /əˈraɪv/ *v* [I] **1** nadchodzić, przybywać: *Your letter arrived yesterday.* | *The train finally arrived in New York at 8.30 pm.* **2** nastawać: *At last the big day arrived!* **3 arrive at a decision** podjąć decyzję **4** pojawiać się: *Our sales have doubled since computer games arrived.* | *It was just past midnight when the baby arrived* (=przyszło na świat).

UWAGA: arrive

Nie mówi się „arrive to", tylko **arrive at** (przybyć do mieszkania, pracy) lub **arrive in** (przybyć do miasta, kraju). Nie mówi się „arrive at home", tylko **arrive home**.

ar·ro·gant /ˈærəgənt/ *adj* arogancki: *an arrogant, selfish man* THESAURUS PROUD —**arrogantly** *adv* arogancko —**arrogance** *n* [U] arogancja

ar·row /ˈærəʊ/ *n* [C] **1** strzała **2** strzałka

arrow

arse /ɑːs/ *BrE*, **ass** *AmE n* [C] **1** dupa **2 shift/move your arse** *spoken* rusz dupę

ar·se·nal /ˈɑːsənəl/ *n* [C] arsenał

ar·se·nic /ˈɑːsənɪk/ *n* [U] arszenik

ar·son /ˈɑːsən/ *n* [U] podpalenie —**arsonist** *n* [C] podpalacz/ka

art S1 W1 /ɑːt/ *n* [U] sztuka: *Steve's studying art at college.* | *modern art* | *an art exhibition* | *the art of writing* | **work of art** (=dzieło sztuki): *Some important works of art were stolen.*

ar·te·fact /ˈɑːtəfækt/ *n* [C] →patrz ARTIFACT

ar·te·ry /ˈɑːtəri/ *n* [C] **1** tętnica **2** *formal* arteria (komunikacyjna) —**arterial** /ɑːˈtɪəriəl/ *adj* tętniczy

art·ful /ˈɑːtfəl/ *adj* przebiegły

ˈart ˌgallery *n* [C] galeria sztuki

ar·thri·tis /ɑːˈθraɪtɪs/ *n* [U] artretyzm, zapalenie stawów

ar·ti·choke /ˈɑːtətʃəʊk/ *n* [C] karczoch

ar·ti·cle S2 W1 /ˈɑːtɪkəl/ *n* [C] **1** artykuł: *Did you read that article on the space shuttle?* **2 article of clothing** część garderoby **3** *technical* przedimek

ar·tic·u·late¹ /ɑːˈtɪkjələt/ *adj* elokwentny: *a bright and articulate child*

ar·tic·u·late² /ɑːˈtɪkjəleɪt/ *v* [T] wyrażać: *Children's worries about divorce are not always clearly articulated.* —**articulation** /ɑːˌtɪkjəˈleɪʃən/ *n* [U] artykulacja

ar·tic·u·la·ted /ɑːˈtɪkjəleɪtɪd/ *adj especially BrE* przegubowy: *an articulated lorry*

ar·ti·fact /ˈɑːtəfækt/ *także* **artefact** *BrE n* [C] wytwór ludzkiej działalności, artefakt: *Egyptian artifacts*

ar·ti·fi·cial S3 /ˌɑːtɪˈfɪʃəl◂/ *adj* sztuczny: *artificial sweeteners* | *an artificial leg* | *an artificial smile* —**artificially** *adv* sztucznie

artiˌficial inseminˈation *n* [U] sztuczne zapłodnienie

ˌartificial inˈtelligence *n* [U] sztuczna inteligencja

ˌartificial respiˈration *n* [U] sztuczne oddychanie

ar·til·le·ry /ɑːˈtɪləri/ *n* [U] artyleria

ar·ti·san /ˌɑːtɪˈzæn/ *n* [C] *formal* rzemieślnik

art·ist S3 W2 /ˈɑːtɪst/ *n* [C] artyst-a/ka

ar·tis·tic /ɑːˈtɪstɪk/ *adj* **1** uzdolniony artystycznie: *I never knew you were so artistic.* **2** artystyczny: *artistic freedom* —**artistically** /-kli/ *adv* artystycznie

art·ist·ry /ˈɑːtəstri/ *n* [U] kunszt: *the magnificent artistry of the great tennis players*

A

arts /ɑːts/ *n* **1 the arts** kultura i sztuka: *government funding for the arts* **2** [plural] nauki humanistyczne: *an arts degree*

art·work /ˈɑːtwɜːk/ *n* **1** [U] oprawa plastyczna: *Some of the artwork is absolutely brilliant.* **2** [C,U] *especially AmE* dzieło: *His private collection includes artworks by Dufy and Miró.*

A

art·y /ˈɑːti/ *BrE*, **art·sy** /ˈɑːtsi/ *AmE adj* nawiedzony, pretensjonalny: *an arty film student*

as S1 W1 /əz, æz/ *adv, prep, conjunction* **1 as ... as** tak(i) ... jak: *These houses aren't as old as the ones near the river.* | *He was as surprised as anyone* (=był tak samo zdziwiony, jak inni) *when they offered him the job.* **2** jako: *In the past, women were mainly employed as secretaries or teachers.* | *John used an old blanket as a tent.* | *Settlers saw the wilderness as dangerous rather than beautiful.* | *The kids dressed up as* (=przebrały się za) *animals.* **3** jak: *As I said earlier, this research has only just started.* **4** kiedy: *The phone rang just as I was leaving.* **5 as if/as though** jak gdyby, jakby: *They all looked as if they were used to working outdoors.* **6 as to whether/who/which** odnośnie tego, czy/kto/który: *She offered no explanation as to why she'd left so suddenly.* **7 as of today/December 12th** (począwszy) od dziś/12 grudnia: *The pay rise will come into effect as of January 1st.* **8 as for sb/sth** jeśli chodzi o kogoś/coś: *As for racism, much progress has been made.* **9** bo, ponieważ: *James decided not to go out as he was still really tired.* →patrz też **as long as** (LONG), **as a matter of fact** (MATTER[1]), **so as to do sth** (SO[1]), **such as** (SUCH), **as well, as well as** (WELL[1]), **as yet** (YET[1])

UWAGA: as i like

Tłumacząc wyrażenie „taki (sam) jak" lub „tak (samo) jak", używamy zwykle wyrazu **like**: *James is very tall, just like his father.* | *Their car is like ours – old and full of rust.* | *His skin is not like that of a young man.* | *It looked very fragile so I handled it like china.* Wyrazu **as** używa się do porównywania w wyrażeniach: **(not) as ... as**, **not so ... as** i **the same (...) as**: *James is as tall as his father.* | *Their car is the same colour as ours.*

asap /ˌeɪ es eɪ ˈpiː/ *adv* skrót od "as soon as possible": *Please reply asap.*

as·bes·tos /æsˈbestəs/ *n* [U] azbest

as·cend /əˈsend/ *v* [I,T] *formal* wznosić się: *The plane ascended* (=wzbił się) *rapidly.* →antonim DESCEND

as·cen·dan·cy, **ascendency** /əˈsendənsi/ *n* [U] przewaga

as·cent /əˈsent/ *n* **1** [C usually singular] wspinaczka, wspinanie się na szczyt(y): *We rested in the valley before beginning the ascent.* | *the ascent of man to modern civilization* **2** droga pod górę: *a steep ascent up the mountain* →antonim DESCENT

as·cer·tain /ˌæsəˈteɪn/ *v* [T] *formal* ustalać: *School officials are trying to ascertain the facts.*

as·cet·ic /əˈsetɪk/ *adj* ascetyczny —**ascetic** *n* [C] ascet-a/ka —**asceticism** /-tɪsɪzəm/ *n* [U] asceza, ascetyzm

as·cribe /əˈskraɪb/ *v*
ascribe sth to sb/sth *phr v* [T] *formal* przypisywać: *Carter ascribed his problems to a lack of money.*

a·sex·u·al /eɪˈsekʃuəl/ *adj technical* bezpłciowy: *asexual reproduction in some plants* —**asexually** *adv* bezpłciowo

ash /æʃ/ *n* [C,U] **1** popiół: *cigarette ash* **2** jesion →patrz też ASHES

a·shamed S3 /əˈʃeɪmd/ *adj* **1 be/feel ashamed of sth** wstydzić się czegoś: *Mike felt ashamed of his old clothes.* | **ashamed of yourself** *You should be ashamed of yourself* (=powinieneś się wstydzić), *acting like that!* **2 be/feel ashamed of sb** wstydzić się za kogoś: *Helen felt ashamed of her parents.*

ash·en /ˈæʃən/ *adj* poszarzały (*ze strachu*): *Her face was ashen.*

ash·es /ˈæʃɪz/ *n* [plural] prochy: *We scattered my father's ashes over the lake.*

a·shore /əˈʃɔː/ *adv* **1** do brzegu: *Brian pulled the boat ashore.* **2** na brzegu

ash·tray /ˈæʃtreɪ/ *n* [C] popielniczka

A·sia /ˈeɪʃə/ *n* Azja —**Asian** /ˈeɪʃən/ *n* Azjat-a/ka —**Asian** *adj* azjatycki

a·side[1] S3 W3 /əˈsaɪd/ *adv* **1 move/step aside** odsunąć się na bok: *Bob stepped aside to let me pass.* **2 aside from** oprócz

aside[2] *n* [C] uwaga na stronie

ask S1 W1 /ɑːsk/ *v* [I,T] **1** za/pytać: *"What's your name?" she asked quietly.* | **ask (sb) whether/if/why/what etc** *He asked Cathy whether he could borrow the camera.* **2** po/prosić (o): *If you need anything, just ask.* | *Sarah wants to ask your advice.* | **ask (sb) for** *Some people don't like to ask for help.* | **ask sb to do sth** *Ask Paula to post the letters.* **3 ask sb out** umówić się z kimś (na randkę): *Mark would like to ask her out, but he's too shy.* **4 ask sb in** zaprosić/poprosić kogoś do środka **5** chcieć, żądać: *He's asking $2,000 for that old car!* **6 ask a question** zadać pytanie, zapytać: *Can I ask a question?* **7 if you ask me** według mnie: *If you ask me, he's crazy.* **8 ask yourself** zastanów się: *Ask yourself, who is going to benefit from the changes?* **9 Don't ask me!** *spoken* mnie pytasz?, sam(a) chciał(a)bym wiedzieć: *"When will Vicky get home?" "Don't ask me!"* **10 sth is asking for trouble** *informal* coś może się źle skończyć: *Leaving your car here is just asking for trouble.*

a·skew /əˈskjuː/ *adv* na bakier, krzywo: *His tie was askew and he smelt of brandy.*

a·sleep S2 /əˈsliːp/ *adj* **1 be asleep** spać: *Be quiet. The baby is asleep.* | **fast/sound asleep** *Look at Tom. He's fast asleep* (=śpi mocno). **2 fall asleep** zasnąć: *I always fall asleep watching TV.* THESAURUS SLEEP

as·par·a·gus /əˈspærəgəs/ *n* [U] szparagi

as·pect S2 W1 Ac /ˈæspekt/ *n* [C] aspekt: *The committee discussed several aspects of the traffic problem.*

as·phalt /ˈæsfælt/ *n* [U] asfalt

as·phyx·i·ate /æsˈfɪksieɪt/ *v* [T] *formal* u/dusić —**asphyxiation** /æsˌfɪksiˈeɪʃən/ *n* [U] uduszenie (się)

as·pi·ra·tion /ˌæspəˈreɪʃən/ *n* [C usually plural] aspiracja: *the aspirations of ordinary men and women*

as·pire /əˈspaɪə/ *v* [I] **aspire to** dążyć/aspirować do, marzyć o: *people who work hard and aspire to a better way of life*

as·pirin /ˈæsprɪn/ *n* [C,U] aspiryna

as·pir·ing /əˈspaɪərɪŋ/ *adj* **aspiring politician/writer** osoba marząca o karierze polityka/pisarza

ass /æs/ *n* [C] *AmE informal* **1** dupa: *Jamie fell right on his ass.* | *Don't be such an ass!* **2** osioł

as·sai·lant /ə'seɪlənt/ *n* [C] *formal* napastni-k/czka

as·sas·sin /ə'sæsɪn/ *n* [C] zamachowiec

as·sas·sin·ate /ə'sæsəneɪt/ *v* [T] dokonać zamachu na: *a plot to assassinate the President* —**assassination** /əˌsæsə'neɪʃən/ *n* [C,U] zamach: *an assassination attempt*

as·sault[1] /ə'sɔ:lt/ *n* [C,U] napaść: **+on** *an increase in the number of sexual assaults on women*

assault[2] *v* [T] napaść na: *McGillis claimed he had been assaulted by a gang of youths.*

as·sem·ble Ac /ə'sembəl/ *v* **1** [I,T] z/gromadzić (się): *A crowd had assembled in front of the White House.* **2** [T] składać, montować: *The bookcase is fairly easy to assemble.*

as·sem·bly Ac /ə'sembli/ *n* **1** [C,U] apel: *School assembly begins at 9 o'clock.* **2** [C] zgromadzenie: *the United Nations General Assembly*

as·sent /ə'sent/ *n* [U] zgoda, pozwolenie: *The directors have given their assent to the proposals.* —**assent** *v* [I] zgadzać się, wyrażać zgodę

as·sert /ə'sɜ:t/ *v* **1** [T] twierdzić: *men who assert that everything can be explained scientifically* **2 assert your rights/independence etc** upominać się o swoje prawa/o niezależność itp.: *Teenagers are always looking for ways to assert their independence.* **3 assert yourself** zaznaczać swój autorytet

as·ser·tion /ə'sɜ:ʃən/ *n* [C,U] twierdzenie: *Davis repeated his assertion that he was innocent.*

as·ser·tive /ə'sɜ:tɪv/ *adj* stanowczy, asertywny: *You must be more assertive if you want people to listen to you.* —**assertiveness** *n* [U] stanowczość, asertywność —**assertively** *adv* stanowczo, asertywnie

as·sess S2 W2 Ac /ə'ses/ *v* [T] oceniać: *First we must assess the cost of repairing the damage.* —**assessment** *n* [C,U] ocena: *I agree entirely with your assessment of the situation.*

as·set /'æset/ *n* **1** [C] **be an asset** przydawać się: *Her knowledge of computers was a real asset.* | **+to** *You're an asset to* (=jesteś cennym nabytkiem dla) *the company, George.* **2** [C usually plural] majątek

as·sid·u·ous /ə'sɪdjuəs/ *adj* pracowity, wytrwały —**assiduously** *adv* pracowicie, wytrwale

as·sign Ac /ə'saɪn/ *v* [T] przydzielać: *Each department is assigned a budget.* | **assign sth to sb** *Specific tasks will be assigned to each member of the team.* | **assign sb to** *doctors who were assigned to military hospitals*

as·sign·ment S2 Ac /ə'saɪnmənt/ *n* [C] zadanie: *a homework assignment* | *Nichol was sent on a dangerous and difficult assignment to Bosnia.*

as·sim·i·late /ə'sɪməleɪt/ *v* **1** [T] przyswajać sobie: *Children can usually assimilate new information more quickly than adults.* **2 be assimilated (into)** wtopić się (w), zasymilować się (z): *New immigrants from Asia were gradually assimilated into Canadian society.* —**assimilation** /əˌsɪmə'leɪʃən/ *n* [U] asymilacja

as·sist S3 W3 Ac /ə'sɪst/ *v* [I,T] pomagać, asystować: **assist sb in/with** *Two nurses assisted Dr Bernard in performing the operation.* THESAURUS HELP

as·sist·ance S3 W2 Ac /ə'sɪstəns/ *n* [U] *formal* pomoc, wsparcie: *Students receive very little financial assistance from the government.* | **be of assistance** *Can I be of any assistance, madam* (=czym mogę Pani służyć)*?* | **come to sb's assistance** (=przyjść komuś z pomocą): *One of her fellow passengers came to her assistance.*

as·sis·tant S3 /ə'sɪstənt/ *n* [C] **1** asystent/ka: *Meet Jane Lansdowne, my new assistant.* | **assistant manager/director etc** *Tom's assistant editor on the local newspaper.* **2** sprzedawc-a/czyni: *a shop assistant*

as·so·ci·ate[1] S3 W2 /ə'səʊʃieɪt/ *v* **1 be associated with sth** łączyć się z czymś: *the health problems that are associated with smoking* **2** [T] s/kojarzyć: **associate sth with sth** *Most people associate Florida with sunshine and long sandy beaches.*
associate with sb *phr v* [T] *formal* zadawać się z: *I don't like the kind of people she associates with.*

as·so·ci·ate[2] /ə'səʊʃiət/ *n* [C] wspólni-k/czka: *a business associate*

as·so·ci·a·tion S3 W1 /əˌsəʊsi'eɪʃən/ *n* **1** *także* **Association** [C] stowarzyszenie: *the Association of University Teachers* **2 in association with** wspólnie z: *concerts sponsored by the Arts Council in association with local businesses* **3** [C usually plural] skojarzenie: *Los Angeles has happy associations for me.*

as·sort·ed /ə'sɔ:tɪd/ *adj* mieszany: *a box of assorted cookies*

as·sort·ment /ə'sɔ:tmənt/ *n* [C] mieszanka: *an assortment of chocolates*

as·sume S2 W1 Ac /ə'sju:m/ *v* [T] **1** zakładać: **+(that)** *Your light wasn't on so I assumed you were out.* | **assuming (that)** *Assuming the picture is a Van Gogh, how much do you think it is worth?* **2 assume power/control/responsibilities** *formal* przejąć władzę/kontrolę/obowiązki: *The Chinese Communists assumed power in 1949.* **3 assume an air/expression/manner** *formal* przybrać minę/wyraz/postawę: *Andy assumed an air of innocence as the teacher walked by.*

as·sumed /ə'sju:md/ *adj* **under an assumed name** pod fałszywym nazwiskiem

as·sump·tion S2 W2 Ac /ə'sʌmpʃən/ *n* [C] **1** założenie: **+that** *the assumption that computers can solve all our problems* | **on the assumption that** (=przy założeniu, że): *We're working on the assumption that prices will continue to rise.* **2 assumption of sth** przejęcie czegoś: *On its assumption of power* (=po przejęciu władzy)*, the new government promised an end to the war.*

as·sur·ance Ac /ə'ʃʊərəns/ *n* **1** [C] zapewnienie: **+that** *He gave me a firm assurance that there would be no further delays.* **2** [U] przekonanie: *Cindy answered their questions with quiet assurance.*

as·sure S2 W3 Ac /ə'ʃʊə/ *v* [T] *spoken* zapewniać: *The document is genuine, I can assure you.* | **assure sb (that)** *The doctor assured me that I wouldn't feel any pain.*

as·sured /ə'ʃʊəd/ *adj* **1** pewny siebie: *Kurt seems older now and more assured.* **2 be/feel assured of sth** być pewnym czegoś: *People can no longer feel assured of regular employment.* —**assuredly** *adv* z całą pewnością, niewątpliwie

as·te·risk /'æstərɪsk/ *n* [C] gwiazdka *(znak w tekście)*

asth·ma /'æsmə/ *n* [U] astma —**asthmatic** /æs'mætɪk/ *adj* astmatyczny

as·ton·ish /əˈstɒnɪʃ/ *v* [T] zdumiewać: *Martina's speed and agility astonished her opponent.*

astonish

as·ton·ished /əˈstɒnɪʃt/ *adj* zdumiony: **+at/by** *We were quite astonished at her ignorance.* THESAURUS SURPRISED

as·ton·ish·ing /əˈstɒnɪʃɪŋ/ *adj* zdumiewający: *an astonishing £5 million profit* —**astonishingly** *adv* zdumiewająco

as·ton·ish·ment /əˈstɒnɪʃmənt/ *n* [U] zdumienie: **to sb's astonishment** *To our astonishment, Sue won the race.* | **in astonishment** *"What are you doing here?" she cried in astonishment.*

as·tound /əˈstaʊnd/ *v* [T] za/szokować, wprawiać w zdumienie: *Berger's fans were astounded by his decision to quit.*

as·tound·ing /əˈstaʊndɪŋ/ *adj* szokujący, niewiarygodny: *astounding news* —**astoundingly** *adv* szokująco, zdumiewająco

a·stray /əˈstreɪ/ *adv* **1 go astray** zaginąć: *One of the documents we sent them has gone astray.* **2 lead sb astray** *often humorous* sprowadzić kogoś na złą drogę: *Mom worried that I'd be led astray by the older girls.*

a·stride /əˈstraɪd/ *adv, prep* okrakiem (na): *She was sitting astride her bicycle.*

as·trol·o·gy /əˈstrɒlədʒi/ *n* [U] astrologia —**astrologer** *n* [C] astrolog —**astrological** /ˌæstrəˈlɒdʒɪkəl◂/ *adj* astrologiczny

as·tro·naut /ˈæstrənɔːt/ *n* [C] astronaut-a/ka

as·tro·nom·i·cal /ˌæstrəˈnɒmɪkəl◂/ *adj especially spoken* astronomiczny

as·tron·o·my /əˈstrɒnəmi/ *n* [U] astronomia —**astronomer** *n* [C] astronom

as·tute /əˈstjuːt/ *adj* sprytny, przebiegły —**astuteness** *n* [U] spryt, przebiegłość —**astutely** *adv* sprytnie, przebiegle

a·sy·lum /əˈsaɪləm/ *n* **1** [U] azyl **2** [C] *old-fashioned* szpital dla umysłowo chorych

at S1 W1 /ət, æt/ *prep* **1** w: *Meet me at my house.* **2** o: *The movie starts at 8:00.* **3** w czasie, podczas: *A lot of people get lonely at Christmas.* **4** do: *Jake shot at the deer but missed.* **5** na: *Stop shouting at me!* **6** z: *None of the kids laughed at his joke.* **7 good/bad at** dobry/słaby w: *Debbie's always been good at learning languages.* **8** po: *Gas is selling at about $1.25 a gallon.* →patrz też **(not) at all** (ALL[1]), **at first** (FIRST[1]), **at least** (LEAST)

ate /et/ *v* czas przeszły od EAT

a·the·ist /ˈeɪθiɪst/ *n* [C] ateist-a/ka —**atheism** *n* [U] ateizm

ath·lete /ˈæθliːt/ *n* [C] sportowiec

ath·let·ic /æθˈletɪk/ *adj* **1** wysportowany **2** sportowy: *He has plenty of athletic ability.*

ath·let·ics /æθˈletɪks/ *n* [U] *BrE* lekkoatletyka

At·lan·tic /ətˈlæntɪk/ *n* **the Atlantic** Atlantyk —**Atlantic** *adj* atlantycki

at·las /ˈætləs/ *n* [C] atlas

ATM /ˌeɪ tiː ˈem/ *n* [C] *especially AmE* bankomat

at·mo·sphere S3 W2 /ˈætməsfɪə/ *n* **1** [singular] atmosfera: *a hotel with a relaxed, friendly atmosphere* **2 the atmosphere** atmosfera ziemska

at·mo·spher·ic /ˌætməsˈferɪk◂/ *adj* **1** nastrojowy: *atmospheric music* **2** atmosferyczny: *atmospheric temperature*

at·om /ˈætəm/ *n* [C] atom

a·tom·ic /əˈtɒmɪk/ *adj* atomowy: *atomic structure* | *atomic weapons*

aˌtomic ˈbomb *także* **ˈatom ˌbomb** *n* [C] bomba atomowa

aˌtomic ˈenergy *n* [U] energia atomowa

a·tro·cious /əˈtrəʊʃəs/ *adj* okropny: *Your spelling is atrocious!* —**atrociously** *adv* okropnie

a·troc·i·ty /əˈtrɒsəti/ *n* [C,U] okrucieństwo: *the atrocities of war*

at·tach S2 W2 Ac /əˈtætʃ/ *v* **1** [T] dołączać: **attach sth to sth** *Please attach a photograph to your application form.* **2 attach importance/value to sth** przywiązywać wagę do czegoś: *Don't attach too much importance to what Nick says.* **3 be attached to** być (tymczasowo) oddelegowanym do: *He was attached to the foreign affairs department of a Japanese newspaper.*

at·tached /əˈtætʃt/ *adj* **attached to sth/sb** przywiązany do czegoś/kogoś: *We had become very attached to each other over the years.*

at·tach·ment Ac /əˈtætʃmənt/ *n* **1** [C,U] *formal* przywiązanie: **+to** *the boy's close emotional attachment to his sister* **2** [C] przystawka: *an electric drill with a screwdriver attachment* **3** [C] załącznik *(do e-maila)*

at·tack¹ S3 W2 /əˈtæk/ *v* [I,T] za/atakować: *Police are hunting a man who attacked a 15-year-old girl.* | *The town was attacked by the rebel army.* | *The AIDS virus attacks the body's immune system.* | **attack sb for doing sth** *Several newspapers attacked the President for not doing enough.* —**attacker** *n* [C] napastni-k/czka

attack² S2 W2 *n* [C,U] atak, napaść: *Coleman was the victim of a vicious attack.* | *a terrorist attack on a British army base* | *an attack on the government's welfare policy* | *a severe attack of fever* | **be/come uder attack** (=być atakowanym) →patrz też HEART ATTACK

at·tain Ac /əˈteɪn/ *v* [T] osiągać, zdobywać: *More women are attaining high positions in business.* —**attainment** *n* [C,U] zdobycie, osiągnięcie: *the attainment of our objectives* —**attainable** *adj* osiągalny

at·tempt¹ S2 W2 /əˈtempt/ *v* [T] s/próbować, usiłować: *Marsh was accused of attempting to import the drugs illegally.* THESAURUS TRY

attempt² S2 W1 *n* [C] próba: **+at** *It was an attempt at humour* (=próba żartu), *but nobody laughed.* | **attempt to do sth** *So far, all attempts to resolve the problem have failed.* | **make no attempt** (=(nawet) nie próbować): *He made no attempt to hide his anger.*

COLLOCATIONS: attempt

verbs

to make an attempt *She made no attempt to help him.*

to give up/abandon an attempt *They tried to reach him one more time before abandoning their attempt.*

to fail/succeed in your attempt *They completely failed in their attempt to convince the public.*

an attempt failed/succeeded *Her attempt to break the world record failed.*

adjectives

a successful/unsuccessful attempt *She made an unsuccessful attempt to get him to change his mind.*

a deliberate attempt *This was a deliberate attempt to disrupt the elections.*

the first/second etc attempt *That was amazingly good for a first attempt.*

a vain/futile attempt *He started singing in a vain attempt to cheer her up.* | *He made a futile attempt to get away.*

a desperate attempt *She made a desperate attempt to catch the glass before it fell.*

a final/last attempt *They made one final attempt to make their marriage work.*

noun + attempt

a rescue attempt *Two firefighters were hurt in the rescue attempt.*

an assassination attempt *De Gaulle survived an assassination attempt in 1961.*

a suicide attempt *He was admitted to hospital after a suicide attempt.*

at·tend S2 W2 /əˈtend/ *v* [I,T] *formal* **1** brać udział (w), być obecnym (na): *More than 2,000 people are expected to attend this year's conference.* **2** uczęszczać (na/do): *All students must attend classes regularly.*
attend to sb/sth *phr v* [T] *formal* zajmować się: *I have some urgent business to attend to.*

at·tend·ance /əˈtendəns/ *n* **1** [C,U] frekwencja: *Church attendances have fallen in recent years.* **2** [C,U] obecność: **+ at** *A child's attendance at school is required by law.*

at·tend·ant /əˈtendənt/ *n* [C] pracowni-k/ca obsługi: *a parking lot attendant*

at·ten·tion S2 W1 /əˈtenʃən/ *n* **1** [U] uwaga: *Can I have your attention, please* (=proszę o uwagę)? | **+ to** *Her work shows great attention to detail* (=charakteryzuje się wielką troską o szczegóły). | **pay attention (to sth)** (=uważać (na coś)): *I wish you'd pay attention when I'm giving instructions.* | **attract/get sb's attention** (=zwrócić czyjąś uwagę): *Phil was trying to attract the waiter's attention.* | **draw attention to sth** (=zwrócić uwagę na coś): *a report that drew attention to the problem of water pollution* → patrz też **undivided attention** (UNDIVIDED) **2** zainteresowanie: **attract attention** (=wywołać zainteresowanie): *Rohmer's latest movie has attracted considerable attention from the critics.* | **the centre of attention** *Johnny enjoyed being the centre of attention.* **3** opieka: *patients requiring urgent medical attention* **4 stand at/to attention** stanąć na baczność

at·ten·tive /əˈtentɪv/ *adj* **1** uważny: *an attentive audience* **2** troskliwy: *an attentive host* —**attentively** *adv* uważnie, troskliwie

at·tic /ˈætɪk/ *n* [C] strych

at·ti·tude S2 W1 Ac /ˈætɪtjuːd/ *n* **1** [C,U] postawa: *I don't understand your attitude. Why don't you trust her?* | **attitude to/towards** (=stosunek do): *He has a very old-fashioned attitude towards women.* **2** charakter(ek): *a band with attitude*

at·tor·ney S2 W3 /əˈtɜːni/ *n* [C] *AmE* prawni-k/czka, adwokat/ka

at·tract S2 W2 /əˈtrækt/ *v* [T] **1** przyciągać: *I was attracted by the idea of living on a desert island.* | **attract sb to sth** *What was it that attracted you to the job?* | **attract attention** (=wzbudzać zainteresowanie): *Diana's visit to Washington attracted massive media attention.* **2 you are attracted to sb** ktoś cię pociąga: *I've always been attracted to blondes.* **3** przyciągać: *Left-over food attracts flies.*

at·trac·tion W3 /əˈtrækʃən/ *n* **1** [C] atrakcja: *Elvis Presley's home has become a major tourist attraction.* | *One of the attractions of being single is that you can go out with whoever you like.* **2** [C,U] pociąg: *sexual attraction*

at·trac·tive S2 W2 /əˈtræktɪv/ *adj* atrakcyjny: *an attractive young woman* | *an attractive salary* THESAURUS BEAUTIFUL, GOOD —**attractively** *adv* atrakcyjnie

at·tri·bute¹ Ac /əˈtrɪbjuːt/ *v*
attribute sth to sb/sth *phr v* [T] przypisywać: *The increase in crime can be attributed to social changes.* | *a painting attributed to Rembrandt* —**attributable** *adj* dający się przypisać: *Death was attributable to* (=przyczyną śmierci mogły być) *gunshot wounds.*

at·tri·bute² Ac /ˈætrəbjuːt/ *n* [C] cecha, atrybut: *What attributes should a good manager possess?*

ATV /ˌeɪ tiː ˈviː/ *także* **all terrain vehicle** *n* [C] *także* **all terrain vehicle** quad

au·ber·gine /ˈəʊbəʒiːn/ *n* [C,U] *BrE* bakłażan, oberżyna

au·burn /ˈɔːbən/ *adj* kasztanowaty

auc·tion /ˈɔːkʃən/ *n* [C] aukcja, licytacja —**auction** *v* [T] z/licytować, sprzedać na aukcji

auc·tio·neer /ˌɔːkʃəˈnɪə/ *n* [C] licytator

au·dac·i·ty /ɔːˈdæsəti/ *n* [U] śmiałość, zuchwałość: **have the audacity to do sth** (=mieć czelność coś zrobić): *I can't believe he had the audacity to ask for more money.* —**audacious** /ɔːˈdeɪʃəs/ *adj* śmiały, zuchwały

au·di·ble /ˈɔːdəbəl/ *adj* słyszalny: *Her voice was barely audible.* → antonim INAUDIBLE

au·di·ence S2 W2 /ˈɔːdiəns/ *n* [C] **1** publiczność: *The audience began clapping and cheering.* **2** audiencja: *an audience with the Pope*

au·di·o /ˈɔːdiəʊ/ *adj* dźwiękowy: *audio tapes* | *a high-quality audio system* (=zestaw audio)

au·di·o·vis·u·al /ˌɔːdiəʊˈvɪʒuəl◂/ *adj* audiowizualny: *audiovisual equipment for language teaching*

au·dit /ˈɔːdɪt/ *n* [C] audyt, badanie sprawozdań finansowych —**audit** *v* [T] przeprowadzać badanie sprawozdań finansowych —**auditor** *n* [C] audytor, rewident

au·di·tion¹ /ɔːˈdɪʃən/ *n* [C] przesłuchanie *(do roli)*

audition² *v* **1** [I] mieć przesłuchanie *(do roli)* **2** [I] przesłuchiwać *(kandydatów)*

au·di·to·ri·um /ˌɔːdəˈtɔːriəm/ *n* [C] widownia

aug·ment /ɔːgˈment/ *v* [T] *formal* zwiększać, powiększać: *new taxes intended to augment government income*

au·gur /ˈɔːgə/ *v* **augur well/ill** *formal* dobrze/źle wróżyć

Au·gust /ˈɔːgəst/ *(skrót pisany* **Aug.**) *n* [C,U] sierpień

aunt S3 W3 /ɑːnt/ *także* **aun·tie** /ˈɑːnti/ *n* [C] ciotka, ciocia

au pair /əʊ ˈpeə/ *n* [C] dziewczyna mieszkająca za granicą u rodziny i opiekująca się dziećmi

au·ra /ˈɔːrə/ *n* [C] atmosfera, aura: *Inside the church there was an aura of complete tranquillity.*

au·ral /ˈɔːrəl/ *adj* słuchowy: *aural skills* → porównaj ORAL

aus·pic·es /ˈɔːspɪsɪz/ *n* [plural] **under the auspices of** *formal* pod auspicjami: *The research was done under the auspices of Harvard Medical School.*

aus·pi·cious /ɔːˈspɪʃəs/ *adj formal* pomyślny: *It was an auspicious moment for a meeting between the heads of state.* → antonim INAUSPICIOUS

A

aus·tere /ɔːˈstɪə/ *adj* ascetyczny, surowy: *an austere style of painting | a cold, austere woman | Life in the monastery was austere.*

aus·ter·i·ty /ɔːˈsterəti/ *n* [U] surowość: *the austerity of the post-war years*

Au·stra·li·a /ɒˈstreɪliə/ *n* Australia —**Australian** /ɒˈstreɪliən/ *n* Australij-czyk/ka —**Australian** *adj* australijski

Aus·tri·a /ˈɒstriə/ *n* Austria —**Austrian** /ˈɒstriən/ *n* Austria-k/czka —**Austrian** *adj* austriacki

au·then·tic /ɔːˈθentɪk/ *adj* autentyczny: *authentic Indian food | an authentic Picasso painting* THESAURUS GENUINE —**authentically** /-kli/ *adj* autentycznie —**authenticity** /ˌɔːθenˈtɪsəti/ *n* [U] autentyczność

au·thor W2 Ac /ˈɔːθə/ *n* [C] autor/ka: *Robert Louis Stevenson, the author of 'Treasure Island'*

au·thor·i·tar·i·an /ɔːˌθɒrəˈteəriən◂/ *adj* totalitarny, dyktatorski: *an authoritarian regime*

au·thor·i·ta·tive Ac /ɔːˈθɒrətətɪv/ *adj* **1** wiarygodny, miarodajny: *an authoritative textbook on European history* **2** autorytatywny, władczy: *The captain spoke in a calm and authoritative voice.* —**authoritatively** *adv* wiarygodnie

au·thor·i·ty W1 Ac /ɔːˈθɒrəti/ *n* **1** [U] prawo: **the authority to do sth** *Every manager has the authority to dismiss employees.* | **+ over** *Some parents appear to have no authority over* (=wydają się nie mieć władzy nad) *their children.* | **in authority** (=na stanowisku): *You should write and complain to someone in authority.* **2** [C] władze: *the local education authority* | **the authorities** *British police are co-operating with the Malaysian authorities.* **3** [C] autorytet: **+ on** *Dr Ballard is an authority on tropical diseases.*

au·thor·ize /ˈɔːθəraɪz/ *także* **-ise** *BrE v* [T] **1** wydawać zezwolenie (na): *Who authorized the payments into Maclean's account?* **2** upoważniać: *Only senior officers were authorized to handle secret documents.* —**authorization** /ˌɔːθəraɪˈzeɪʃən/ *n* [C,U] zezwolenie, upoważnienie

au·tis·tic /ɔːˈtɪstɪk/ *adj* autystyczny

au·to·bi·og·ra·phy /ˌɔːtəbaɪˈɒgrəfi/ *n* [C] autobiografia THESAURUS BOOK —**autobiographical** /ˌɔːtəbaɪəˈgræfɪkəl/ *adj* autobiograficzny

au·to·graph /ˈɔːtəgrɑːf/ *n* [C] autograf —**autograph** *v* [T] podpisywać (autografem): *an autographed picture*

au·to·ma·ted Ac /ˈɔːtəmeɪtɪd/ *adj* zautomatyzowany: *a fully automated telephone system*

au·to·mat·ic[1] S3 Ac /ˌɔːtəˈmætɪk◂/ *adj* **1** automatyczny: *an automatic camera | We get an automatic pay increase every year.* **2** odruchowy: *an automatic reaction* —**automatically** *adv* automatycznie: *You shouldn't automatically assume that your teacher is right.*

automatic[2] *n* [C] **1** samochód z automatyczną skrzynią biegów **2** automat *(karabin)*

au·to·ma·tion Ac /ˌɔːtəˈmeɪʃən/ *n* [U] automatyzacja

au·to·mo·bile /ˈɔːtəməbiːl/ *n* [C] *AmE* samochód

au·ton·o·mous /ɔːˈtɒnəməs/ *adj* niezależny, autonomiczny: *an autonomous state* —**autonomy** *n* [U] niezależność, autonomia: *political autonomy*

au·top·sy /ˈɔːtɒpsi/ *n* [C] sekcja zwłok

au·tumn W3 /ˈɔːtəm/ *n* [C,U] jesień —**autumnal** /ɔːˈtʌmnəl/ *adj* jesienny

aux·il·ia·ry /ɔːgˈzɪljəri/ *adj* pomocniczy: *auxiliary nurses* —**auxiliary** *n* [C] pomocni-k/ca

aux,iliary 'verb *n* [C] czasownik posiłkowy → INFORMACJE GRAMATYCZNE

a·vail[1] /əˈveɪl/ *n* **to no avail/of no avail** *formal* na próżno: *They had searched everywhere, but to no avail.*

avail[2] *v* **avail yourself of sth** *formal* s/korzystać z czegoś: *Students should avail themselves of every opportunity to improve their English.*

a·vail·a·ble S1 W1 Ac /əˈveɪləbəl/ *adj* **1** dostępny: *'The Lion King' is available now on video for only £12.99!* | **+ for** *land available for* (=przeznaczony do) *development* **2** wolny: *Dr Wright is not available at the moment.* —**availability** /əˌveɪləˈbɪləti/ *n* [U] dostępność, osiągalność

av·a·lanche /ˈævəlɑːnʃ/ *n* [C] **1** (w górach) lawina : *Two skiers were killed in the avalanche.* **2** (listów itp.) lawina **an avalanche of sth**: *An avalanche of letters came in from admiring fans.*

av·ant-garde /ˌævɔːŋ ˈgɑːd◂/ *adj* awangardowy: *an avant-garde film*

av·a·rice /ˈævərɪs/ *n* [U] *formal* chciwość —**avaricious** /ˌævəˈrɪʃəs/ *adj* chciwy

av·a·tar /ˈævətɑː/ *n* [C] awatar

a·venge /əˈvendʒ/ *v* [T] *literary* pomścić: *He wanted to avenge his brother's death.*

av·e·nue /ˈævənjuː/ *n* [C] **1** *także* **Avenue** aleja: *Fifth Avenue* **2** możliwość: *We need to explore every avenue if we want to find a solution.*

av·e·rage[1] S2 W2 /ˈævərɪdʒ/ *adj* **1** [only before noun] przeciętny, średni: *The average temperature in July is around 35° C.* **2** [only before noun] przeciętny, typowy: *What does the average worker in Britain earn a month?* **3** przeciętny: *I didn't think it was a great movie - just average really.*

UWAGA: average

Patrz **medium** i **average**.

average[2] S2 *n* **1** [C] średnia **2 by an average of** średnio o: *House prices have risen by an average of 2%.* **3 on average** przeciętnie: *We spend, on average, around £40 a week on food.* **4 above/below average** powyżej/poniżej przeciętnej: *students of above average ability*

average[3] *v* [T] wynosić średnio: *The train travelled at speeds averaging 125 mph.*
average out *phr v* [I] wynosić średnio: *Our weekly profits average out at about $750.*

a·verse /əˈvɜːs/ *adj* **not be averse to** *formal or humorous* nie mieć nic przeciwko: *Charles was not averse to the occasional cigar.*

a·ver·sion /əˈvɜːʃən/ *n* **have an aversion to sth** mieć awersję do czegoś: *She has an aversion to cats.*

a·vert /əˈvɜːt/ *v* [T] **1** uniknąć, zapobiec: *negotiations* *aimed at averting a crisis* **2 avert your eyes/gaze** odwrócić oczy/wzrok

a·vi·an flu /eɪviən ˈfluː/ *n* [U] ptasia grypa

a·vi·a·ry /ˈeɪviəri/ *n* [C] ptaszarnia

a·vi·a·tion /ˌeɪviˈeɪʃən/ *n* [U] lotnictwo

av·id /ˈævɪd/ *adj* gorliwy: *an avid reader of romantic novels*

av·o·ca·do /ˌævəˈkɑːdəʊ/ *n* [C,U] awokado

a·void S2 W1 /əˈvɔɪd/ *v* [T] unikać: *You can avoid a lot of problems by using traveller's cheques.* | *I have the impression John's trying to avoid us.* | *It's best to avoid going out in the strong midday sun.* —**avoidance** *n* [U] unikanie, uchylanie się —**avoidable** *adj* do uniknięcia

a·wait /əˈweɪt/ *v* [T] *formal* **1** oczekiwać: *Briggs is awaiting trial for murder.* **2** czekać: *A warm welcome awaits you.*

a·wake¹ S3 /əˈweɪk/ *adj* **be/lie/stay etc awake** nie spać: *I lay awake, worrying about my exams.* | **keep sb awake** (=nie pozwolić komuś spać/zasnąć): *The storm kept us awake all night.* | **wide awake** (=zupełnie rozbudzony)

UWAGA: awake i wake up

Wyraz **awake** używany jest głównie jako przymiotnik: *It's ten o'clock and the children are still awake* (=dzieci jeszcze nie śpią). Jako czasownika, wyrazu **awake** (bez **up**) używa się jedynie w stylu poetyckim: *I awoke to the sound of church bells.* W sensie „budzić" lub „budzić się" używamy zwykle czasownika **wake up**: *She told me that she keeps waking up in the middle of the night.* | *I was woken up by a loud whistling noise.*

awake² *v* [I,T] (**awoke**, **awoken**, **awaking**) *literary* o/budzić (się): *She awoke the following morning feeling refreshed.*

a·wak·en /əˈweɪkən/ *v formal* **1** [T] wzbudzać: *Several strange events had already occurred to awaken our suspicions.* **2** [I,T] o/budzić (się)

awaken to sth *phr v* [T] *formal* uświadomić sobie: *People were awakening to the fact that the communist system was failing.*

a·wak·en·ing /əˈweɪkənɪŋ/ *n* [U singular] przebudzenie: *the awakening of her mind to social realities*

a·ward¹ W3 /əˈwɔːd/ *v* [T] przyznawać *(nagrodę itp.)* **be awarded sth** *Einstein was awarded the Nobel Prize for his work in physics.*

award² S3 W2 *n* [C] **1** nagroda: *Susan Sarandon won the 'Best Actress' award.* **2** odszkodowanie: *Hemmings received an award of $300,000 in compensation.*

UWAGA: award, prize i reward

Wszystkie trzy wyrazy znaczą 'nagroda'. **Prize** to nagroda przyznana w konkursie lub współzawodnictwie sportowym: *The prize is a three-week holiday in the Bahamas.* | *She won second prize.* **Award** to nagroda za ważne osiągnięcia lub dobre wykonanie zadania: *The award for this year's best actor went to Harry Cohen.* **Reward** to nagroda za zrobienie czegoś pożytecznego: *As a reward for eating all her dinner, she was given an ice cream.* | *A reward of $5,000 has been offered for information leading to the recovery of the necklace.*

a·ware S1 W1 Ac /əˈweə/ *adj* świadomy: *This class isn't really politically aware.* | **+ of** *Most smokers are aware of the dangers of smoking.* | **+ that** *I suddenly became aware that* (=zdałam sobie sprawę, że) *someone was moving around downstairs.* →antonim UNAWARE —**awareness** *n* [U] świadomość

a·wash /əˈwɒʃ/ *adj* **1** zalany: *streets awash with flood water* **2 awash with sth** pełny czegoś: *Hollywood is awash with rumours.*

a·way¹ S1 W1 /əˈweɪ/ *adv* **1** odpowiada przedrostkowi „od-" **2 go away** odejść: *Go away* (=idź sobie)*!* THESAURUS DISAPPEAR **3 drive away** odjechać: *Diane drove away quickly.* **4 away from** z dala od: *Keep away from the fire!* **5** w odległości: *The sea is only five miles away* (=pięć mil stąd). **6** poza domem, na urlopie itp.: *Will you look after the house while I'm away?* **7 2 days/3 weeks away** za 2 dni/3 tygodnie: *Christmas is only a month away.* **8** odpowiada przedrostkowi "wy-": *All the water had boiled away* (=wygotowała się). **9** bez przerwy: *He's been working away on the patio all day.* →patrz też **right away** (RIGHT²)

away² *adj* **away game/match** mecz wyjazdowy →antonim HOME

awe /ɔː/ *n* [U] podziw: **in/with awe** *She gazed with awe at the breathtaking landscape.* | **be in awe of sb** (=czuć przed kimś respekt)

ˈawe-inˌspiring *adj* budzący respekt: *an awe-inspiring achievement*

awe·some /ˈɔːsəm/ *adj* przerażający: *an awesome responsibility*

aw·ful S1 /ˈɔːfəl/ *adj* **1** okropny: *What awful weather!* | *This soup tastes awful!* THESAURUS BAD **2 an awful lot (of)** *spoken* strasznie dużo: *It's going to cost an awful lot of money.*

aw·ful·ly /ˈɔːfəli/ *adv spoken* strasznie, okropnie: *I'm awfully sorry - I didn't mean to disturb you.*

awk·ward S3 /ˈɔːkwəd/ *adj* **1** niewygodny, niezręczny: *This camera's rather awkward to use.* | *Let's hope they don't ask too many awkward questions.* **2** skrępowany: *He stood in a corner, looking awkward and self-conscious.* **3** trudny: *I wish you'd stop being so awkward!* THESAURUS DIFFICULT —**awkwardly** *adv* niezręcznie —**awkwardness** *n* [U] niezręczność

a·woke /əˈwəʊk/ *v* czas przeszły od AWAKE

a·wok·en /əˈwəʊkən/ *v* imiesłów bierny od AWAKE

a·wry /əˈraɪ/ *adj, adv* **1 go awry** wziąć w łeb: *All their plans had gone awry.* **2** na bakier: *He was walking unsteadily, with his hat awry.*

axe¹ /æks/ *także* **ax** *AmE n* [C] siekiera

axe² *także* **ax** *AmE v* [T] *informal* z/likwidować: *The company has announced its decision to axe 700 jobs.*

ax·is /ˈæksɪs/ *n* [C] (plural **axes** /ˈæksiːz/) oś *(Ziemi, wykresu itp.)*

ax·le /ˈæksəl/ *n* [C] oś *(pojazdu)*

aye /aɪ/ *adv spoken informal* tak

az·ure /ˈæʒə/ *adj, n* [U] lazurowy

Bb

B, b /biː/ *n* [C] B, b *(litera)*

B&B /ˌbiː ənd ˈbiː/ *n* [C] skrót od **BED AND BREAKFAST**

BA /ˌbiː ˈeɪ/ *BrE*, **B.A.** *AmE n* [C] stopień naukowy odpowiadający licencjatowi z nauk humanistycznych →patrz też **BSC**

baa /bɑː/ *v* [I] beczeć —**baa** *n* [C] bee

bab·ble /ˈbæbəl/ *v* [I] bełkotać, paplać: *What are you babbling on about?*

babe /beɪb/ *n* [C] *literary* dziecię

ba·boon /bəˈbuːn/ *n* [C] pawian

ba·by S1 W1 /ˈbeɪbi/ *n* **1** [C] niemowlę: *A baby was crying upstairs.* | **have a baby** (=urodzić): *Has Sue had her baby yet?* **2** *AmE spoken* kochanie: *Bye, baby. I'll be back by six.* **3 baby elephant etc** słoniątko itp.

COLLOCATIONS: baby

verbs

a baby is born *Our baby was born in June.*

to have a baby *także* **to give birth to a baby** *formal Most UK women have their babies in hospital.*

to give birth to a baby *formal* (=urodzić dziecko) *Sue gave birth to a baby boy.*

to be expecting a baby *także* **be having a baby** (=być w ciąży) *His wife is expecting another baby.*

to deliver a baby (=przyjąć poród) *As a midwife, Sue has delivered hundreds of babies.*

to lose a baby (=stracić dziecko) *She was three months pregnant when she lost the baby.*

adjectives

a baby is due (=dziecko ma się urodzić) *When is her baby due?*

an unborn baby (=nienarodzone dziecko) *You can sing or talk to your unborn baby.*

a newborn baby *They had a newborn baby, and weren't getting much sleep.*

a premature baby (=wcześniak) *The baby was six weeks premature.*

baby + noun

a baby boy/girl *także* **a baby son/daughter** *We had a beautiful baby boy.*

a baby brother/sister *Joe now has a baby brother.*

baby clothes/food *Her mother had knitted some beautiful baby clothes.*

ˈbaby boom *n* baby boom

ˈbaby ˌcarriage *także* **baby buggy** *n* [C] *AmE* wózek spacerowy

ba·by·ish /ˈbeɪbi-ɪʃ/ *adj* dziecinny: *We were taught that it was babyish for a boy to cry.*

ba·by·sit /ˈbeɪbisɪt/ *v* **1** [I] zająć się dzieckiem/dziećmi: *I'll ask Jane to babysit tonight.* **2** [T] za/opiekować się: *I babysit my little sister when my parents go out sometimes.*

—**babysitting** *n* [U] opieka nad dziećmi: *I earn some extra money from babysitting.*

ba·by·sit·ter /ˈbeɪbiˌsɪtə/ *n* [C] opiekun/ka do dzieci

bach·e·lor /ˈbætʃələ/ *n* **1** [C] kawaler **2 Bachelor of Arts/Science/Education etc** tytuł zawodowy odpowiadający licencjatowi

ˈbachelor's deˌgree *n* [C] tytuł zawodowy odpowiadający licencjatowi

back[1] S1 W1 /bæk/ *n* **1** [C] **a)** plecy: *My back was really aching.* **b)** kręgosłup: *He broke his back in a motorcycle accident.* **2** [C usually singular] tył: **the back of** *We climbed into the back of the truck.* | *Joe's somewhere at the back of the hall.* | **in back of** *AmE* (=za): *The pool's in back of the house.* →antonim **FRONT**[1] **3** oparcie: **the back of** *He rested his arm on the back of the sofa.* **4 back to front** *BrE* tył(em) na przód: *You've got your sweater on back to front.* **5 behind sb's back** za plecami: *They're always talking about her behind her back.* **6 be at/in the back of sb's mind** nie opuszczać kogoś *(o uczuciu, myślach)*: *There was always a slight fear in the back of his mind.* **7 get off my back!** *spoken* daj mi spokój!: *I'll do it in a minute. Just get off my back!* **8 be on sb's back** *spoken* czepiać się kogoś: *The boss has been on my back about being late.* **9 have your back to/against the wall** *informal* być przypartym do muru →patrz też **turn your back on** (**TURN**[1])

back[2] S1 W1 *adv* **1** z powrotem: *Put the milk back in the refrigerator.* | *Roger said he'd be back in an hour.* | *I woke up at 5 a.m. and couldn't get back to sleep.* **2** do tyłu: *Harry looked back to see if he was still being followed.* | *Her hair was pulled back in a ponytail.* **3** w odpowiedzi: *Gina smiled, and the boy smiled back.* **4** wcześniej: *This all happened about three years back.* **5 back and forth** tam i z powrotem: *He walked back and forth across the floor.*

back[3] S2 W3 *v* **1** [T] popierać: *The bill is backed by several environmental groups.* **2** [I,T] cofać (się): *We slowly backed away from the snake.* | *Teresa backed the car down the driveway.* **3** [T] stawiać na: *Who did you back to win the Superbowl?*

back down *phr v* [I] wycofać się: *Rosen backed down when he saw how big the other guy was.*

back off *phr v* [I] **1** odsunąć się: *Back off a little, you're too close.* **2** *especially AmE spoken* **back off!** daj mi spokój!

back onto sth *phr v* [T] wychodzić na: *The houses back onto a busy road.*

back out *phr v* [I] wycofać się *(z obietnicy, umowy)*: *They backed out of the deal at the last minute.*

back up *phr v* **1** [T **back** sb/sth ↔ **up**] popierać: *He had evidence on video to back up his claim.* **2** [I,T **back** sth ↔ **up**] z/robić zapasową kopię *(pliku)* **3** [I,T **back** sth ↔ **up**] cofnąć *(samochód)*

back[4] S2 W3 *adj* **1** tylny: *the back door* | *in the back garden* **2 back street/road** boczna ulica/droga **3 back taxes/pay** zaległe podatki/pobory: *We owe £350 in back rent.*

back·ache /ˈbækeɪk/ *n* [C,U] bóle krzyża

back·board /ˈbækbɔːd/ *n* tablica *(w koszykówce)*

back·bone /ˈbækbəʊn/ *n* **1 the backbone of** podstawa: *The cocoa industry is the backbone of Ghana's economy.* **2** [C] kręgosłup **3** [U] odwaga, siła charakteru

back·break·ing /ˈbækˌbreɪkɪŋ/ *adj* katorżniczy

back·date /ˌbækˈdeɪt/ *v* [T] antydatować: *a pay increase backdated to January*

back·drop /ˈbækdrɒp/ *n* [C] **1** tło: *The Spanish Civil War was the backdrop for Orwell's novel.* **2** *także* **back·cloth**

/-klɒθ/ prospekt *(malowana zasłona w tle sceny teatralnej)*

back·er /ˈbækə/ *n* [C] sponsor: *We need backers for the festival.*

back·fire /ˌbækˈfaɪə/ *v* [I] odnosić odwrotny skutek

back·gam·mon /ˈbækgæmən/ *n* [U] tryktrak

back·ground S2 W2 /ˈbækgraʊnd/ *n* **1** [C] pochodzenie *(społeczne)*: *The kids here have very different backgrounds* (=pochodzą z bardzo różnych środowisk). **2** [C] wykształcenie: *He has a background in Computer Science.* **3** [U singular] tło **4 in the background a)** w tle: *In the background you can see the school.* | *the sound of traffic in the background* **b)** z boku: *A waiter stood quietly in the background.*

back·hand /ˈbækhænd/ *n* bekhend *(w tenisie)*

back·ing /ˈbækɪŋ/ *n* [U] wsparcie: *financial backing for the project*

back·lash /ˈbæklæʃ/ *n* [C] sprzeciw *(wobec popularnego wcześniej trendu itp.)* reakcja *(na jakiś trend, pogląd itp.)*: *the backlash against feminist ideas*

back·log /ˈbæklɒg/ *n* [C usually singular] zaległości: *a huge backlog of orders from customers*

back·pack /ˈbækpæk/ *n* [C] plecak

backpacking *n* [U] podróż z plecakiem **go backpacking** podróżować z plecakiem: *Last year, he went backpacking in the US.*

ˌback ˈseat *n* [C] **1** tylne siedzenie **2 take a back seat** usuwać się na dalszy plan

back·side /ˈbæksaɪd/ *n* [C] *informal* tyłek

back·slash /ˈbækslæʃ/ *n* ukośnik wsteczny/lewy

back·space /ˈbækspeɪs/ *n* [C usually singular] klawisz cofający

back·stage /ˌbækˈsteɪdʒ◂/ *adv* za kulisami: *There was great excitement backstage.*

back·stroke /ˈbækstrəʊk/ *n* [singular] styl grzbietowy

back-to-back *adj, adv* **1** jeden po drugim: *We played two concerts back-to-back.* **2** tyłem do siebie: *They stood back-to-back.* | *back-to-back houses*

back·track /ˈbæktræk/ *v* [I] wycofywać się: *The minister denied that he was backtracking.*

back·up /ˈbækʌp/ *n* **1** [C] kopia zapasowa: *Always make backup files at the end of the day.* **2** [C,U] wsparcie, posiłki: *Four more police cars provided backup.*

back·ward /ˈbækwəd/ *adj* **1 backward glance/step** spojrzenie/krok wstecz: *She left without a backward glance* (=nie oglądając się). **2** opóźniony w rozwoju: *a backward child*

back·wards S3 /ˈbækwədz/ także **backward** *AmE adv* **1** do tyłu, wstecz: *She took a step backwards in surprise.* → antonim FORWARDS *BrE* **2** od końca: *Can you say the alphabet backwards?* → antonim FORWARDS *BrE* **3** tył(em) na przód: *Your T-shirt is on backwards.* **4 backwards and forwards** tam i z powrotem

back·wa·ter /ˈbækwɔːtə/ *n* [C] zaścianek, pipidówka

back·woods /ˈbækwʊdz/ *n* [plural] leśne zacisze, ostępy

back·yard /ˌbækˈjɑːd◂/ *n* [C] **1** *BrE* podwórko *(za domem)* **2** *AmE* ogródek *(za domem)*

ba·con S3 /ˈbeɪkən/ *n* [U] bekon, boczek

bac·te·ri·a /bækˈtɪəriə/ *n* [plural] bakterie —**bacterial** *adj* bakteryjny

bad¹ S1 W1 /bæd/ *adj* (**worse, worst**) **1** zły: *I'm afraid I have some bad news for you.* | *He's not really a bad boy.* | *He was the worst teacher* (=był najgorszym nauczycielem) *I ever had.* **2** brzydki: *a bad smell* **3 be bad at** być słabym z: *Brian is really bad at sports.* **4 be bad for** szkodzić: *Too many sweets are bad for your teeth.* | *Smoking is bad for you.* **5** poważny: *a bad cold* | *The political situation is getting worse* (=pogarsza się). **6 not bad** *spoken* **a)** nie najgorzej: *"How are you?" "Oh, not bad."* **b)** nie najgorszy: *The film wasn't bad, actually.* **7 too bad** *spoken* **a)** *BrE* trudno: *"I'm late for work!" "Too bad, you should have got up earlier!"* **b)** szkoda: *It's too bad she missed all the fun.* **8 go bad** ze/psuć się *(o jedzeniu)*: *The meat has gone bad.* **9 feel bad** mieć wyrzuty sumienia: *I felt really bad about missing your birthday.* **10 a bad heart/back** chore serce/chory kręgosłup: *The fever left him with a bad heart.* **11 bad language** brzydkie słowa

THESAURUS: bad

bad zły: *a bad idea* | *The film was really bad.*

not very good niezbyt dobry: *Jo's exam results weren't very good.*

awful/terrible okropny: *Those colours look awful together.* | *It was a terrible mistake.*

horrible straszny: *a horrible accident* | *What a horrible thing to say!*

disgusting obrzydliwy: *The soup tasted disgusting.* | *His breath smelled disgusting.*

poor kiepski: *The animals were in very poor condition.* | *His performance at school has been poor.*

disappointing słaby: *The team has had a very disappointing season.*

lousy *informal* bardzo kiepski, okropny: *I've had a really lousy day.* | *He got up the next morning feeling lousy.*

bad² *adv spoken nonstandard* BADLY

ˌbad ˈdebt *n* [C] nieściągalna należność

bade /bæd/ czas przeszły i imiesłów bierny od BID

badge /bædʒ/ *n* [C] *BrE* odznaka, plakietka: *She was wearing a badge that said 'I am 4 today!'*

bad·ger /ˈbædʒə/ *n* [C] borsuk

bad·ly S3 W3 /ˈbædli/ *adv* (**worse, worst**) **1** źle: *a badly written book* | *badly paid jobs* → antonim WELL² **2** bardzo: *The refugees badly need clean water.* **3** poważnie: *badly injured*

bad·min·ton /ˈbædmɪntən/ *n* [U] badminton

badminton

bad·mouth /ˈbædmaʊθ/ *v* [T] *informal* obgadywać, obmawiać: *Emma's always badmouthing him behind his back.*

ˌbad-ˈtempered *adj* **1** w złym humorze: *George seems bad-tempered this morning.* THESAURUS ANGRY **2** wybuchowy: *Her husband was a disagreeable, bad-tempered man.*

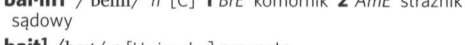

baf·fle /ˈbæfəl/ *v* [T] wprawiać w osłupienie, zbijać z tropu —**baffling** *adj* zdumiewający, zagadkowy

baf·fled /ˈbæfəld/ *adj* zbity z tropu: *Scientists are completely baffled by the results.*

bag[1] S1 W2 /bæg/ *n* [C] **1** torba: *a shopping bag | packing a bag for the weekend | two bags of rice per family* **2** *BrE* torebka →patrz też HANDBAG **3 bags of** *especially BrE spoken* masa: *We've got bags of time. There's no need to rush.* **4 bags under your eyes** worki pod oczami **5 old bag** babsztyl

COLLOCATIONS: bag

types of bag

a plastic/paper etc bag *Store the beans in a paper bag in the fridge.*

a shopping bag *She loaded her shopping bags into the back of the car.*

a carrier bag *BrE* (=reklamówka) *The supermarket no longer gives free carrier bags.*

a shoulder bag (=torba na ramię) *Big shoulder bags are fashionable this year.*

an evening bag (=torebka wieczorowa) *She put her lipstick in a black velvet evening bag.*

an overnight bag (=mała torba podróżna) *All you need to take is an overnight bag.*

a sponge/toilet bag (=kosmetyczka) *I left my sponge bag in the hotel bathroom.*

a bin bag *BrE* (=worek na śmieci) *Put your rubbish out in black bin bags to be collected.*

verbs

a bag contains sth *He was carrying a plastic bag containing two loaves of bread.*

to open a bag *She opened her bag and took out an envelope.*

to pack a bag *Mum packed a bag for a day at the beach.*

bag[2] *v* [T] **1** za/pakować do torby **2** *informal* upolować: *Try to bag a couple of seats at the front.*

ba·gel /ˈbeɪgəl/ *n* [C] obwarzanek

bag·ful /ˈbægfʊl/ *n* [C] torba *(czegoś)*

bag·gage /ˈbægɪdʒ/ *n* [U] bagaż: *emotional baggage*

ˈbaggage ˌreclaim *n* [U] odbiór bagażu

bag·gy /ˈbægi/ *adj* workowaty: *a baggy T-shirt*

ˈbag ˌlady *n* [C] *informal* dziadówka

bag·pipes /ˈbægpaɪps/ *n* [plural] dudy

bagpipes

ba·guette /bæˈget/ *n* [C] bagietka

bail[1] /beɪl/ *n* [U] kaucja: **release sb on bail/grant sb bail** (=zwolnić kogoś za kaucją): *Hamilton was released on bail of $50,000.*

bail[2] *także* **bail out** *AmE*, **bale out** *BrE v* [I] *informal* spadać, zmyć się: *The cops are coming! Let's bail!*

bail out *phr v* **1** [T **bail** sb ↔ **out**] wpłacić kaucję za **2** [T **bail** sb/sth **out**] po/ratować finansowo: *You can't expect your parents to bail you out every time you're in debt.* **3** [T **bail** sth ↔ **out**] wybierać wodę z *(łodzi itp.)*

bai·liff /ˈbeɪlɪf/ *n* [C] **1** *BrE* komornik **2** *AmE* strażnik sądowy

bait[1] /beɪt/ *n* [U singular] przynęta

bait[2] *v* [T] **1 bait a hook/trap** zakładać przynętę na haczyk/w pułapce **2** dręczyć

bake S3 /beɪk/ *v* [I,T] u/piec: *I'm baking a cake for Laurie.*

ˌbaked ˈbeans *n* [U] fasola w sosie pomidorowym *(z puszki)*

bak·er /ˈbeɪkə/ *n* [C] **1** piekarz **2 baker's** *BrE* piekarnia, sklep z pieczywem

bak·er·y /ˈbeɪkəri/ *n* [C] piekarnia

bal·ance[1] S2 W2 /ˈbæləns/ *n* **1** [U] równowaga: *the balance between the separate branches of government* | **lose your balance** (=s/tracić równowagę): *Billy lost his balance and fell.* | **be off balance** (=chwiać się): *I was still off balance when he hit me again.* | **strike a balance between** (=znajdować kompromis pomiędzy): *Parents have to strike a balance between protecting their children and allowing them to be independent.* **2 the balance** saldo: *What's the balance on my credit card?* **3 be/hang in the balance** ważyć się *(o losach, przyszłości)*: *The whole future of Bosnia hangs in the balance.* **4** [C] *technical* waga **5 on balance** wziąwszy wszystko pod uwagę: *I think on balance I prefer the new system.*

balance[2] S3 *v* **1** [T] po/godzić: *A working parent has to balance family life and career.* **2** [I,T] utrzymywać równowagę: *You have to learn to balance when you ride a bicycle.* **3** [I,T] **balance the books/budget** nie przekraczać budżetu: *Congress is attempting to balance the budget.* **4** [T] rozważać: **balance sth against** *Our rights have to be balanced against* (=należy rozważać w kontekście) *our responsibilities.*

bal·anced /ˈbælənst/ *adj* **1** wyważony: *a balanced picture of the issues* **2** pełnowartościowy: *a balanced diet*

ˌbalance of ˈpayments *także* **ˌbalance of ˈtrade** *n* [singular] *especially BrE* bilans płatniczy/handlowy

ˌbalance of ˈpower *n* **the balance of power** rozkład sił: *a shift in the balance of power*

ˈbalance sheet *n* [C] zestawienie bilansowe

bal·co·ny /ˈbælkəni/ *n* [C] balkon

bald /bɔːld/ *adj* łysy —**baldness** *n* [U] łysina

bald·ing /ˈbɔːldɪŋ/ *adj* łysiejący

bald·ly /ˈbɔːldli/ *adv* bez ogródek: *"I want you to leave," she said baldly.*

bale[1] /beɪl/ *n* [C] bela

bale[2] *v*

bale out *phr v* [I] wyskoczyć ze spadochronem

bale·ful /ˈbeɪlfəl/ *adj formal* złowrogi: *She gave me a baleful stare.* —**balefully** *adv* złowrogo

balk /bɔːk/ amerykańska pisownia wyrazu BAULK

ball S1 W2 /bɔːl/ *n* [C] **1** piłka: *yellow tennis balls* **2** kłębek: *a ball of wool* **3 be on the ball** *informal* być czujnym **4 have a ball** *informal* świetnie się bawić: *We had a ball last night!* **5 set/start the ball rolling** *informal* z/robić pierwszy krok **6** bal THESAURUS PARTY **7 the ball of the thumb/foot** kłąb kciuka/palucha

bal·lad /ˈbæləd/ *n* [C] ballada

bal·le·ri·na /ˌbæləˈriːnə/ *n* [C] baletnica

bal·let /ˈbæleɪ/ *n* [C,U] balet: *the ballet 'Swan Lake' | the Bolshoi ballet*

'ball game *n* [C] *informal* **a whole new ball game/a different ball game** inna para kaloszy: *I've used word processors before, but this is a whole new ball game!*

bal·lis·tic /bəˈlɪstɪk/ *adj* **go ballistic** *spoken* wkurzyć się

bal·loon¹ /bəˈluːn/ *n* [C] balon(ik)

balloon² *v* [I] **1** wydymać się, nadymać się: *skirts ballooning in the wind* **2** wzrastać: *The deficit ballooned to $350 billion.*

bal·lot¹ /ˈbælət/ *n* **1 ballot paper** *BrE* kartka do głosowania **2** [C,U] głosowanie tajne

ballot² *v* [T] *especially BrE* przeprowadzać głosowanie wśród: *All members will be balloted before any action is taken.*

'ballot box *n* **1 the ballot box** wybory: *The voters will give their opinion of the Governor at the ballot box.* **2** [C] urna wyborcza

ball·park /ˈbɔːlpɑːk/ *n* **1** [C] *AmE* stadion baseballowy **2 a ballpark figure** orientacyjna liczba: *a ballpark figure of, say, $2 million*

ball·point pen /ˌbɔːlpɔɪnt ˈpen/ *także* **ballpoint** *n* [C] długopis

ball·room /ˈbɔːlrʊm/ *n* [C] sala balowa

balls /bɔːlz/ *n* [plural] **1** *spoken informal* jaja *(jądra)* **2** *spoken informal* odwaga: *It took balls to be that tough with Mr Dozier.*

balm /bɑːm/ *n* [U] balsam

balm·y /ˈbɑːmi/ *adj* balsamiczny

ba·lo·ney /bəˈləʊni/ *n* [U] *informal* bzdury: *What a load of old baloney!*

Bal·tic /ˈbɔːltɪk/ *n* **the Baltic** Bałtyk —**Baltic** *adj* bałtycki

bal·us·trade /ˌbæləˈstreɪd/ *n* [C] balustrada

bam·boo /ˌbæmˈbuː◂/ *n* [U] bambus

ban¹ W3 /bæn/ *n* [C] zakaz: *a global ban on nuclear testing*

ban² *v* [T] (**-nned**, **-nning**) zakazywać: *Smoking inside the building is banned.* | **ban sb from doing sth** *Chappel was banned from contacting his ex-wife.* THESAURUS ▸ FORBID

ba·nal /bəˈnɑːl/ *adj* banalny —**banality** /bəˈnæləti/ *n* [C,U] banał, banalność

ba·na·na /bəˈnɑːnə/ *n* [C] banan

band¹ S2 W2 /bænd/ *n* [C] **1** zespół *(muzyczny)* **2** grupa: *a small band of terrorists* **3** pręga, pasek: *a fish with a black band along its back* **4** przedział *(np. podatkowy)*: *Above £20,000, you are in a higher tax band.* **5 rubber band** gumka

COLLOCATIONS: band

verbs

to be/play/sing in a band *She had always wanted to be in a band.*

to form a band *They formed the band while they were at school.* ⚠ Nie mówi się „make a band". Mówi się **form a band**.

to join a band *A new guitarist joined the band.*

a band plays/performs *His band played at the Glastonbury festival.*

a band records sth *The band have recorded three albums.*

a band releases sth *The band released their first single in 2008.*

a band splits (up) *The band split after making only one album.*

types of band

a live band *Do you ever go to see live bands?*

a rock/jazz etc band *He plays sax in a jazz band.*

a brass band *A brass band was playing in the park.*

band + noun

a band member *także* **a member of a band** *He was one of the original band members.*

band² *v*
band together *phr v* [I] skrzyknąć się: *150 families have banded together to fight the drug dealers.*

ban·dage¹ /ˈbændɪdʒ/ *n* [C] bandaż

bandage² *v* [T] za/bandażować

'Band-Aid *n* [C] *AmE trademark* plaster

ban·dan·na, **bandana** /bænˈdænə/ *n* [C] chusta

ban·dit /ˈbændɪt/ *n* [C] bandyta

band·stand /ˈbændstænd/ *n* [C] estrada *(w parku)*

band·wag·on /ˈbændˌwægən/ *n* **jump/climb on the bandwagon** przyłączyć się do większości, ulegać owczemu pędowi: *Many celebrities are jumping on the health bandwagon and producing exercise videos.*

band·width /ˈbændwɪdθ/ *n* przepustowość

ban·dy /ˈbændi/ *v* **be bandied about/around** przewijać się: *Several different figures have been bandied about - which is correct?*

bane /beɪn/ *n* **be the bane of sb's life/existence** *humorous* być czyjąś zmorą: *That car! It's the bane of my life!*

bang¹ S3 /bæŋ/ *v* **1** [I,T] walić, tłuc: *He started banging his dish on the table.* **2** [T] uderzyć się w: *I banged my knee on the corner of the bed.*

bang² S3 *n* **1** [C] huk: *There was a loud bang, followed by the sound of breaking glass.* **2** [C] uderzenie: *a nasty bang on the head* **3 go with a bang** *informal* wspaniale się udać: *The New Year's Party went with a bang.*

bang³ *adv informal* dokładnie: *They've built a parking lot bang in the middle* (=w samym środku) *of town.* | **bang on** (=strzał w dziesiątkę): *Yes, your answer's bang on!*

bang⁴ *interjection* **bang! bang!** pif-paf!: *"Bang! Bang! You're dead!" Tommy shouted.*

bang·er /ˈbæŋə/ *n* **1** [C] *BrE informal* kiełbaska **2 old banger** stary gruchot

ban·gle /ˈbæŋgəl/ *n* [C] bransoletka

bangs /bæŋz/ *n* [plural] *AmE* grzywka

ban·ish /ˈbænɪʃ/ *v* [T] **1** odpędzać od siebie: *I decided to banish all thoughts of ever marrying him.* **2** skazywać na wygnanie **3** zakazywać udziału: **+from** *He was banished from the Olympics after a failed drugs test.* —**banishment** *n* [U] wygnanie, banicja →porównaj EXILE²

ban·is·ter /ˈbænɪstə/ *n* [C] balustrada, poręcz

ban·jo /ˈbændʒəʊ/ *n* [C] banjo, bandżo

bank¹ S1 W1 /bæŋk/ *n* [C] **1** bank: *I went to the bank at lunchtime to pay in my salary.* | *a blood bank* **2** brzeg: *trees lining the river bank* **3** nasyp

bank² *v* **1** [T] składać w banku: *Did you bank that check?* **2** [I] mieć konto: **+with**: *Who do you bank with?* **3** [I,T] przechylać (się): *The plane banked and turned toward Honolulu.*
bank on sb/sth *phr v* [T] liczyć na: *We were banking on Jesse being here to help.*

ˈbank acˌcount *n* [C] konto bankowe, rachunek bankowy

ˈbank ˌbalance *n* [singular] stan konta

bank·er /ˈbæŋkə/ *n* [C] bankier

B

ˌbank ˈholiday *n* [C] *BrE* jeden z kilku dni w roku, kiedy nie pracuje większość instytucji

bank·ing /ˈbæŋkɪŋ/ *n* [U] bankowość

bank·note /ˈbæŋknəʊt/ *n* [C] *especially BrE* banknot

bank·rupt¹ /ˈbæŋkrʌpt/ *adj* niewypłacalny: **go bankrupt** (=z/bankrutować): *Many small businesses went bankrupt during the recession.*

bankrupt² *v* [T] zrujnować

bank·rupt·cy /ˈbæŋkrʌptsi/ *n* [C,U] bankructwo: *a sharp increase in bankruptcies last year*

ˈbank ˌstatement *n* [C] wyciąg (z konta)

ˈbank ˌteller *n* [C] kasjer/ka *(w banku)*

ban·ner /ˈbænə/ *n* [C] **1** transparent: *crowds waving banners that read 'Welcome Home'* **2** flaga **3** sztandar, hasło: **under the banner of** (=pod hasłem): *an election fought under the banner of 'social justice'*

ban·quet /ˈbæŋkwɪt/ *n* [C] bankiet

ban·ter /ˈbæntə/ *n* [U] przekomarzanie się —**banter** *v* [I] przekomarzać się

bap /bæp/ *n* [C] *BrE* miękka bułka

bap·tis·m /ˈbæptɪzəm/ *n* [C,U] chrzest

Bap·tist /ˈbæptɪst/ *n* [C] baptyst-a/ka

bap·tize /bæpˈtaɪz/ *także* **-ise** *BrE* *v* [T] o/chrzcić

bar¹ S1 W1 /bɑː/ *n* [C] **1** bar: *O'Keefe stood at the bar.* **2** tabliczka: *a bar of chocolate* THESAURUS PIECE **3** krata: *A lot of houses had bars across the windows.* **4** przeszkoda: *Lack of money should not be a bar to educational opportunity.* **5** takt: *She sang the first three bars of the song.* **6 behind bars** za kratkami **7 the bar** adwokatura →patrz też SNACK BAR

bar² *v* [T] (**-rred, -rring**) **1** zabraniać, zakazywać: **bar sb from** *We're barred from taking pictures inside the courtroom.* **2 bar sb's way** zagradzać komuś drogę: *He stood in the doorway, barring my way.* **3** za/ryglować

bar³ *prep* z wyjątkiem: *It was a great performance, bar one little mistake.*

bar·bar·i·an /bɑːˈbeəriən/ *n* [C] barbarzyńca —**barbarian** *adj* barbarzyński

bar·bar·ic /bɑːˈbærɪk/ *adj* barbarzyński: *a barbaric act of terrorism*

bar·bar·ous /ˈbɑːbərəs/ *adj* barbarzyński: *a barbarous regime* —**barbarously** *adv* po barbarzyńsku

bar·be·cue¹ /ˈbɑːbɪkjuː/ *n* [C] **1** przyjęcie z grillem: *Let's have a barbecue on the beach.* **2** grill

barbecue

barbecue² *v* [T] u/piec na grillu

ˌbarbed ˈwire *n* [U] drut kolczasty

bar·ber /ˈbɑːbə/ *n* [C] fryzjer męski

bar·bi·tu·rate /bɑːˈbɪtʃərət/ *n* [C] barbituran

ˈbar chart *także* **ˈbar graph** *n* [C] wykres słupkowy

ˈbar code *n* [C] kod paskowy

bard /bɑːd/ *n* [C] *literary* bard

bare¹ /beə/ *adj* **1** goły, nagi: *a bare hillside* | *a report giving just the bare facts* **2** bosy: *Her feet were bare and her dress was dirty.* **3** pusty: *The room looked very bare.* THESAURUS EMPTY **4 the bare necessities/essentials** absolutnie niezbędne rzeczy: *The refugees took only the bare essentials with them.* **5 with your bare hands** gołymi rękami: *Smith killed her with his bare hands.*

bare² *v* [T] obnażać, odsłaniać: *The dog bared its teeth and growled.*

ˈbare-bones *adj AmE informal* elementarny: *a bare-bones military operation*

bare·foot¹ /ˌbeəˈfʊt◂/ *adj* bosy

bare·foot² *adv* boso: *walking barefoot in the sand*

bare·ly /ˈbeəli/ *adv* **1** zaledwie: *She was barely 17 when she had her first child.* **2** ledwo, ledwie: *He'd barely sat down when she started asking questions.* | *I could barely stay awake.*

barf /bɑːf/ *v* [I] *AmE spoken informal* rzygać —**barf** *n* [U] rzygi

bar·gain¹ /ˈbɑːgɪn/ *n* [C] **1** okazja: *At £2,500 this car is a real bargain.* **2** umowa: **make/strike a bargain** (=dogadać się): *We've made a bargain that Paul does the shopping and I cook.* **3 into the bargain** *especially BrE* do tego wszystkiego, na dobitkę: *Myrtle has two jobs, three children, and looks after her sick mother into the bargain.*

bargain² *v* [I] negocjować: *bargaining for better pay*
bargain for sth *phr v* [T] spodziewać się: *I got more work than I bargained for in this job!*

barge¹ /bɑːdʒ/ *n* [C] barka

barge² *v* [I] *informal* przepychać się: **+through/past** *Ferguson barged past the guards at the door.*
barge into sth *phr v* [I] w/ładować się do: *What do you mean, barging into my house!*

bar·i·tone /ˈbærətəʊn/ *n* [C] baryton

bark¹ /bɑːk/ *v* **1** [I] za/szczekać **2 be barking up the wrong tree** *spoken* podążać złym tropem: *Colin didn't do it. You're barking up the wrong tree.*

bark² *n* **1** [C] szczekanie **2** [U] kora

bar·ley /ˈbɑːli/ *n* [U] jęczmień

bar·maid /ˈbɑːmeɪd/ *n* [C] *BrE* barmanka

bar·man /ˈbɑːmən/ *n* [C] *BrE* (plural **barmen** /-mən/) barman

barm·y /ˈbɑːmi/ *adj BrE spoken informal* stuknięty

barn /bɑːn/ *n* [C] stodoła

barn·yard /ˈbɑːnjɑːd/ *n* [C] podwórze *(w gospodarstwie wiejskim)*

ba·rom·e·ter /bəˈrɒmɪtə/ *n* [C] barometr: *Universities became a barometer of political currents.*

ba·roque /bəˈrɒk/ *adj* barokowy

bar·racks /ˈbærəks/ *n* [plural] koszary

bar·rage /ˈbærɑːʒ/ *n* **1** [singular] napór: **+of** *Despite a barrage of criticism, the trial went ahead.* **2** [C usually singular] ogień zaporowy

barred /bɑːd/ *adj* zakratowany: *stone walls with high barred windows*

bar·rel /ˈbærəl/ *n* [C] **1** beczka **2** lufa

bar·ren /ˈbærən/ *adj* **1** jałowy **2** *old-fashioned* bezpłodny

bar·ri·cade /ˈbærəkeɪd/ *n* [C] barykada —**barricade** *v* [T] za/barykadować

bar·ri·er W3 /ˈbæriə/ *n* [C] **1** bariera: *an attempt to reduce trade barriers | The Alps form a natural barrier across Europe.* **2** barierka: *barriers to hold back the crowds*

bar·ring /ˈbɑːrɪŋ/ *prep* o ile nie będzie: *Barring any last minute problems, we should finish on Friday.*

bar·ris·ter /ˈbærɪstə/ *n* [C] adwokat/ka

bar·tend·er /ˈbɑːˌtendə/ *n* [C] *AmE* barman/ka

bar·ter /ˈbɑːtə/ *v* **1** [I] prowadzić handel wymienny **2** [T] wymieniać —**barter** *n* [U] wymiana towarowa

base¹ S1 W1 /beɪs/ *v* [T] **be based in** mieć siedzibę w: *a law firm based in Denver*
base sth on/upon sth *phr v* [T] opierać na: *The play was loosely based on Amelia Earhart's life.*

base² S2 W2 *n* **1** [C] baza: *a military base | The village provides an excellent base from which to explore the surrounding countryside.* | Microsoft's base is in Redmond. | *Mandela had a broad base of political support.* **2** podstawa: *a black vase with a round base | the base of the skull* **3** podkład: *paints with a water base*

base³ *adj formal* niski, podły: *man's baser instincts*

base·ball S3 W2 /ˈbeɪsbɔːl/ *n* **1** [U] baseball **2** [C] piłka do baseballa

ˈbaseball cap *n* [C] bejsbolówka

base·ment /ˈbeɪsmənt/ *n* [C] suterena, piwnica

bas·es /ˈbeɪsiːz/ *n* liczba mnoga od BASIS

bash¹ /bæʃ/ *v* [T] **1** walnąć, wyrżnąć: *He bashed his toe on the coffee table.* **2 union-bashing/Democrat-bashing etc** *informal* nagonka na związki zawodowe/Demokratów itp.

bash² *n* [C] *informal* impreza: *They're having a big bash over at the club tonight.*

bash·ful /ˈbæʃfəl/ *adj* wstydliwy, nieśmiały: *a bashful smile* —**bashfully** *adv* wstydliwie, nieśmiało

ba·sic S2 W1 /ˈbeɪsɪk/ *adj* podstawowy: *the basic principles of mathematics | There are two basic problems here. | basic health care for children*

ba·sic·ally S1 /ˈbeɪsɪkli/ *adv spoken* w zasadzie, zasadniczo: *Well, basically the teacher said he'll need extra help with French. | Norwegian and Danish are basically the same.*

ba·sics /ˈbeɪsɪks/ *n* **the basics** podstawy: **+of** *a class that teaches you the basics of first aid*

bas·il /ˈbæzəl/ *n* [U] bazylia

ba·sin /ˈbeɪsən/ *n* [C] **1** *BrE* miska: *Pour the hot water into a basin.* **2** *BrE* umywalka **3** *technical* dorzecze: *the Amazon basin*

ba·sis S2 W1 /ˈbeɪsɪs/ *n* [C] (plural **bases** /-siːz/) **1 on the basis of** na podstawie: *Some planning decisions were taken on the basis of very poor evidence.* **2 on a part-time/freelance basis** na pół etatu/na zasadzie wolnego strzelca: *She works for us on a part-time basis.* **3** podstawa: **+for** *The video will provide a basis for class discussion.*

bask /bɑːsk/ *v* [I] **1** wygrzewać się: **+in** *a cat basking in the sun* **2** rozkoszować się: **+in** *basking in the glory of his early success*

bas·ket S3 /ˈbɑːskɪt/ *n* [C] **1** kosz(yk): *a basket full of fruit* **2** kosz *(gol w koszykówce)*

bas·ket·ball /ˈbɑːskətbɔːl/ *n* **1** [U] koszykówka **2** [C] piłka do koszykówki

bass¹ /beɪs/ *n* **1** [C,U] bas **2** [C] gitara basowa **3** [C] kontrabas —**bass** *adj* basowy: *a bass guitar*

bass² /bæs/ *n* [C,U] okoń

bas·soon /bəˈsuːn/ *n* [C] fagot

bas·tard /ˈbɑːstəd/ *n* [C] **1** *spoken* gnojek, gnój: *You lucky bastard!* **2** *old-fashioned* bękart

bas·ti·on /ˈbæstiən/ *n* [C] bastion: *the Académie Française, bastion of French culture*

bat¹ S3 /bæt/ *n* [C] **1** kij *(np. baseballowy)* **2** rakiet(k)a *(do tenisa stołowego)* **3** nietoperz

bat

pool cue

bat² *v* (**-tted**, **-tting**) **1** [I] wybijać piłkę *(w baseballu, krykiecie)* **2 not bat an eyelid/eye, not bat an eye** *AmE* nawet nie mrugnąć: *The boss didn't bat an eye when I said I was leaving.*

batch /bætʃ/ *n* [C] partia, porcja: *the latest batch of student essays*

bat·ed /ˈbeɪtɪd/ *adj* **with bated breath** z zapartym tchem: *I waited for her answer with bated breath.*

bath¹ S2 W3 /bɑːθ/ *n* [C] **1** kąpiel: *I love to sit and soak in a hot bath.* | **run a bath** (=puszczać wodę na kąpiel): *Sandy went upstairs to run a bath.* | **have a bath** *BrE* **take a bath** *AmE* (=brać/wziąć kąpiel): *I'll have a quick bath before we go out.* **2** *BrE* wanna

bath² *v* [T] *BrE* wy/kąpać: *I'm just going to bath the baby.*

bathe /beɪð/ *v* **1** [I] wy/kąpać się: *Water was scarce, and we only bathed once a week.* **2** [T] wy/kąpać: *Dad bathed Johnny and put him to bed.* **3** [T] przemywać: *Bathe the wound twice a day.*

bathing suit /ˈbeɪðɪŋ suːt/ *n* [C] kostium kąpielowy

bath·robe /ˈbɑːθrəʊb/ *n* [C] szlafrok kąpielowy

bath·room S2 W3 /ˈbɑːθrʊm/ *n* [C] **1** łazienka THESAURUS TOILET **2** *AmE* **go to the bathroom** s/korzystać z toalety

bath·tub /ˈbɑːθtʌb/ *n* [C] *especially AmE* wanna

bat·on /ˈbætɒn/ *n* [C] **1** batuta **2** pałka **3** pałeczka *(sztafetowa)*

bats·man /ˈbætsmən/ *n* [C] (plural **batsmen** /-mən/) wybijający piłkę *(w krykiecie)*

bat·tal·ion /bəˈtæljən/ *n* [C] batalion

bat·ter[1] /ˈbætə/ *n* **1** [C,U] panier *(z mąki)*: *fish in batter or breadcrumbs* **2** [C,U] *AmE* ciasto naleśnikowe **3** [C] wybijający piłkę *(w baseballu)*

batter[2] *v* [I,T] maltretować: **batter against** (=uderzać o): *Waves battered against the rocks.*

B

bat·tered /ˈbætəd/ *adj* **1** sponiewierany: *a battered old paperback book* **2 battered wives/women** maltretowane żony/kobiety

bat·ter·y S2 /ˈbætəri/ *n* **1** [C] bateria, akumulator: *I need some new batteries for my Walkman.* | **flat battery** *If you leave the car lights on, you'll get a flat battery* (=akumulator się rozładuje). **2** [C] bateria *(artyleryjska)* **3** [U] *law* pobicie

bat·tle[1] W2 /ˈbætl/ *n* **1** [C,U] bitwa: *the battle of Trafalgar* | *Thousands of soldiers were killed in battle.* **2** [C] walka: **+for** *a battle for power* | **+against** *the battle against AIDS*

COLLOCATIONS: battle (1)

verbs

to fight a battle *The police are fighting a tough battle against crime.*

to win a battle *It's essential to win the battle against inflation.*

to lose a battle (=przegrać walkę) *Their daughter lost her battle against cancer last year.*

adjectives

a long/lengthy battle *She fought a long battle with alcoholism.*

a tough/hard battle *He faces a tough battle to prove his innocence.*

a constant battle *As a student, life was a constant battle against debt.*

a losing battle (=z góry przegrana walka) *She was fighting a losing battle to stop herself from crying.*

an uphill battle (=trudne zmagania) *For most people losing weight is an uphill battle.*

battle[2] *v* [I,T] walczyć: *My mother battled bravely against breast cancer for years.*

bat·tle·field /ˈbætlfiːld/ *także* **bat·tle·ground** /-graʊnd/ *n* [C] pole bitwy

bat·tle·ments /ˈbætlmənts/ *n* [plural] blanki

bat·tle·ship /ˈbætlˌʃɪp/ *n* [C] pancernik

baulk /bɔːk/ *BrE*, **balk** *AmE* *v* [I] wzbraniać się: **+at** *They baulked at paying so much.*

bawl /bɔːl/ *v* [I,T] *informal* ryczeć, wrzeszczeć: *"Fares please!" bawled the bus conductor.*

bay /beɪ/ *n* **1** [C] zatoka: *a beautiful sandy bay* **2 keep/hold sb at bay** trzymać kogoś na dystans: *Use your hands or feet to keep your attacker at bay.* **3 loading bay** hala wsadowa **4 sick bay** izba chorych

ˈbay leaf *n* [C] liść laurowy/bobkowy

bay·o·net /ˈbeɪənɪt/ *n* [C] bagnet

ba·zaar /bəˈzɑː/ *n* [C] **1** bazar **2** kiermasz dobroczynny: *the annual church bazaar*

BBQ skrót od BARBECUE

BC /ˌbiː ˈsiː/ *adv* p.n.e.: *The Great Pyramid dates from around 2,600 B.C.* → porównaj AD

be[1] S1 W1 /biː/ *auxiliary verb* **1** w połączeniu z imiesłowem czynnym służy do tworzenia czasów ciągłych: *Jane was reading by the fire.* | *Don't disturb me while I'm working.* **2** w połączeniu z imiesłowem biernym służy do tworzenia strony biernej: *Smoking is not permitted on this flight.* **3** służy do mówienia o przyszłości: *I'll be leaving tomorrow.* → patrz też BEEN

be[2] S1 W1 *v* **1** [linking verb] być: *January is the first month of the year.* | *Julie wants to be a doctor.* | *Where is Sara?* | *You're very cheerful today!* | *I'm hungry.* **2 there is/there are/there were etc** jest/są/były itp.: *There's a hole in the knee of your jeans.* | *Last night there were only eight people at the cinema.*

beach S2 W2 /biːtʃ/ *n* [C] plaża

bea·con /ˈbiːkən/ *n* [C] światło nawigacyjne

bead /biːd/ *n* [C] **1** koralik **2** kropelka: *beads of sweat*

bead·y /ˈbiːdi/ *adj* **beady eyes** oczy jak paciorki

beak /biːk/ *n* [C] dziób

bea·ker /ˈbiːkə/ *n* [C] *BrE* kubek *(bez ucha)*

beam[1] /biːm/ *n* [C] **1 a)** snop (światła): *The beam of the flashlight flickered and went out.* **b)** wiązka *(promieni)* **2** belka **3** promienny uśmiech

beam[2] *v* **1** [I] uśmiechać się promiennie: **+at** *Uncle Willie beamed at us.* THESAURUS SMILE **2** [I,T] transmitować: *The signal is beamed up to a satellite.*

bean S2 /biːn/ *n* [C] **1** fasola **2** ziarno: *coffee beans*

bean curd /ˈbiːn kɜːd/ *n* [U] tofu

bean·sprout /ˈbiːnspraʊt/ *n* [C] kiełek (fasoli)

bear[1] S2 W2 /beə/ *v* [T] (**bore, borne, bearing**) **1 bear sth in mind** pamiętać o czymś: **bear in mind that** *Bear in mind that this method does not always work.* **2 can't bear** nie móc znieść: *I can't bear it when you cry.* | **can't bear to do sth** *It was so horrible I couldn't bear to watch.* **3** znosić: *The pain was almost more than she could bear.* **4 bear a resemblance/relation to** być podobnym do/mieć związek z: *The murder bears a remarkable resemblance to another case five years ago.* **5 bear the blame/cost/responsibility** ponosić winę/koszt/odpowiedzialność: *You must bear some of the blame yourself.* **6 bear fruit** przynieść owoce **7 bear witness to** *formal* potwierdzać, świadczyć o: *Campion's latest film bears witness to her skill as a director.* **8** podtrzymywać: *The weight of the building is borne by thick stone pillars.* **9 bear a grudge** żywić urazę **10 bear with me** *spoken* poczekaj: *If you'll bear with me for a minute, I'll just check if he's here.* **11 bear right/left** skręcić (lekko) w prawo/lewo: *Bear left at the lights.* **12** *formal* u/rodzić: *She'll never be able to bear children.* **13** *formal* nieść: *Jane arrived bearing trays of food.*

bear down on sb/sth pędzić (prosto) na: *People ran out of the way as the truck bore down on them.*

bear sth out *phr v* [T] potwierdzać: *Our fears about the radiation levels were borne out by the research.*

bear[2] *n* [C] niedźwiedź: *a brown bear* (=niedźwiedź brunatny)

bear·a·ble /ˈbeərəbəl/ *adj* znośny: *His letters made her loneliness bearable.*

beard S3 /bɪəd/ *n* [C] broda —**bearded** *adj* brodaty, z brodą

bear·er /ˈbeərə/ *n* [C] **1** doręczyciel/ka: *the bearer of bad*

GRAMATYKA: be

Jako zwykły czasownik **be** jest odpowiednikiem polskiego „być", np.:
*She **is** Polish.*
***Were** you frightened?*
*I want **to be** famous.*
Jako czasownik posiłkowy **be** służy do tworzenia
1 czasów „continuous", np.:
*I **am** studying.*
*They **weren't** listening.*
*He **will be** waiting.*
2 strony biernej, np.:
*She **was** murdered.*
*He **won't be** invited.*
*We **are being** followed.*
Konstrukcja **be** + bezokolicznik z **to** służy do wydawania lub przekazywania poleceń i instrukcji, np.:
*You **are to report** to the headmaster. („Masz się zgłosić do dyrektora.")*
*She **is** not **to leave** this room. („Ma nie opuszczać tego pokoju.")*

Odmiana

Czas teraźniejszy

Twierdzenia	**Przeczenia**
I am/I'm	*I am not/I'm not*
you are/you're	*you are not/you aren't/you're not*
he is/he's	*he is not/he isn't/he's not*
she is/she's	*she is not/she isn't/she's not*
it is/it's	*it is not/it isn't/it's not*
we are/we're	*we are not/we aren't/we're not*
they are/they're	*they are not/they aren't/they're not*

Pytania	**Pytania przeczące**
am I?, are you?, is he? itd.	*aren't I?, aren't you?, isn't he?* itd.

Czas przeszły

Twierdzenia	**Przeczenia**
I was	*I was not/I wasn't*
you were	*you were not/you weren't*
he was	*he was not/he wasn't*
she was	*she was not/she wasn't*
it was	*it was not/it wasn't*
we were	*we were not/we weren't*
they were	*they were not/they weren't*

Pytania	**Pytania przeczące**
was I?, were you?, was he? itd.	*wasn't I?, weren't you?, wasn't he?* itd.

news (=osoba przynosząca złe wieści) **2** posiadacz/ka, właściciel/ka: *the bearer of a Polish passport*

bear·ing /ˈbeərɪŋ/ *n* **1 have a bearing on sth** mieć wpływ na coś, mieć związek z czymś: *Leigh's comments have no bearing on the subject.* **2 lose your bearings** s/tracić orientację: *Apparently the boat lost its bearings in the fog.* **3 get your bearings** nabierać orientacji: *It takes time to get your bearings in a new job.*

beast /biːst/ *n* [C] *literary* bestia

beat[1] **S2** **W2** /biːt/ *v* (**beat**, **beaten**, **beating**) **1** [T] pobić, pokonać: *Spain beat Italy 3-1.* THESAURUS ▸ WIN **2** [T] z/bić: **beat sb to death/beat sb unconscious** (=pobić kogoś na śmierć/do nieprzytomności) **3** [I,T] uderzać: *The rain beat loudly on the tin roof.* **4** [T] ubijać: *Beat the eggs and add them to the sugar mixture.* **5** [I] bić: *My heart seemed to be beating much too fast.* **6 not beat about/around the bush** nie owijać w bawełnę: *I won't beat about the bush, Alex. I'm leaving you.* **7** [T] *spoken* być lepszym niż: **it beats working/studying etc** *It's not the greatest job, but it beats cleaning houses.* **8 you can't beat** *spoken* nie ma (to) jak: *You can't beat St Tropez for good weather.* **9 it beats me** *spoken* nie mam pojęcia: *"Where does this piece go?" "It beats me!"* → patrz też **off the beaten track/path** (BEATEN)
beat down *phr v* [I] **1** prażyć *(o słońcu)* **2** lać *(o deszczu)*
beat sb to sth *phr v* [T] uprzedzać *(kogoś w czymś)*: *I called to ask about buying the car, but someone had beaten me to it.*
beat sb ↔ up *także* **beat up on** sb *AmE phr v* [T] ciężko pobić: *Her husband went crazy and beat her up.*

beat[2] **S3** *n* **1** [C] uderzenie, bicie: *a heart beat | the slow beat of a drum* **2** [singular] rytm: *The song has a beat you can dance to.* **3** [singular] rewir *(patrolowany przez policjanta)* **on the beat** *We need more police on the beat.*

beat[3] *adj informal* wykończony: *You look dead beat!*

beat·en /ˈbiːtn/ *adj* **off the beaten track/path** na uboczu: *a little hotel off the beaten track*

beat·ing /ˈbiːtɪŋ/ *n informal* **take a beating** ponieść porażkę, ucierpieć: *Tourism has taken a beating since the bombings started.*

ˈbeat-up *adj informal* zdezelowany: *a beat-up old car*

beau·ti·cian /bjuːˈtɪʃən/ *n* [C] kosmetyczka

beau·ti·ful **S1** **W2** /ˈbjuːtəfəl/ *adj* piękny: *the most beautiful woman in the world | a beautiful pink dress | beautiful music | a beautiful view*

THESAURUS: beautiful

beautiful piękny: *She was still a very beautiful woman. | a beautiful baby girl | I thought she was beautiful.*
good-looking atrakcyjny: *He's a good-looking guy. | Do you think she's good-looking?*
attractive atrakcyjny *(zwłaszcza seksualnie)*: *All the boys found her attractive. | an attractive man*
pretty ładny: *She was very pretty and had blonde hair.*
handsome *especially written* przystojny: *He was tall, dark, and handsome.*
gorgeous/stunning oszałamiający, boski: *You look stunning in that dress! | He's absolutely gorgeous.*
lovely *especially BrE* śliczny *(zwłaszcza komplementując kobietę)*: *You look lovely tonight. | You have lovely eyes.*
cute *spoken* śliczny *(dziecko, zwierzątko)*: *a cute little puppy | She thinks you're cute!*

beau·ty S3 W2 /ˈbjuːti/ *n* **1** [U] uroda, piękno: *a woman of great beauty* | *the beauty of the Swiss Alps* **2** [C] *informal* cudo **3 the beauty of** urok, zaleta: *The beauty of this type of exercise is that you can do it anywhere.* **4** [C] *old-fashioned* piękność: *She's a great beauty.*

ˈbeauty ˌsalon *BrE*, **ˈbeauty ˌparlor** *AmE n* [C] salon piękności

ˈbeauty spot *n* [C] atrakcja krajobrazowa

bea·ver /ˈbiːvə/ *n* [C] bóbr

be·bop /ˈbiːbɒp/ *n* [U] bebop *(styl jazzowy)*

be·came /bɪˈkeɪm/ *v* czas przeszły od BECOME

be·cause S1 W1 /bɪˈkɒz/ *conjunction* **1** bo, ponieważ: *You can't go because you're too young.* **2 because of** z powodu: *We weren't able to have the picnic because of the rain.* **3 just because ...** *spoken* tylko dlatego, że ...: *Just because you're older it doesn't mean you can boss me around.*

beck /bek/ *n* **be at sb's beck and call** być na czyjeś zawołanie

beck·on /ˈbekən/ *v* [I,T] **1** skinąć (na): *He beckoned her to join him.* **2** nęcić, kusić: *The summer was here and the coast beckoned.*

be·come S1 W1 /bɪˈkʌm/ *v* (**became**, **become**, **becoming**) **1** stawać się: *The weather had become warmer.* | *It is becoming harder to find good staff.* **2** zostać: *Kennedy became the first Catholic president.* **3 what/whatever became of ...?** co się stało z ...?: *Whatever became of Nigel and Denise?*

bed S1 W1 /bed/ *n* **1** [C,U] łóżko: *a double bed* | **in bed** *I lay in bed reading.* | **go to bed** (=iść spać): *Jamie usually goes to bed at about 7 o'clock.* | **get out of bed** (=wstawać z łóżka:): *She looked like she had just got out of bed.* | **make the bed** (=słać łóżko) **2 go to bed with sb** iść z kimś do łóżka **3** [C] dno: *the sea bed* **4** [C] grządka: *flower beds* (=klomby) **5** [singular] warstwa: *prawns on a bed of lettuce* (=na sałacie)

COLLOCATIONS: bed

verbs

to go to bed *I usually go to bed about 11.*
to get into/out of bed *It's time to get out of bed.* | *I often read for a while after I get into bed.*
to lie in bed *Sam lay in bed thinking.*
to stay in bed *I felt awful, so I decided to stay in bed.*
to put sb to bed *I'll put the baby to bed.*
to make the bed *Can you make the bed?*

types of bed

a single bed *The only things in the room were a chair and a single bed.*
a double bed *Would you like a double bed or twin beds?*
twin beds (=dwa łóżka w jednym pokoju) *My brother and I shared a room with twin beds.*
a king-size bed (=bardzo duże podwójne łóżko)
bunk beds (=łóżko piętrowe) *The kids love sleeping in bunk beds.*
a camp bed *BrE* (=łóżko polowe)

ˌbed and ˈbreakfast *także* **B&B** *n* [C] **1** pensjonat THESAURUS HOTEL **2** pokój ze śniadaniem

bed·clothes /ˈbedkləʊðz/ *n* [plural] pościel

bed·ding /ˈbedɪŋ/ *n* [U] **1** pościel, posłanie **2** ściółka *(w legowisku)*

be·drag·gled /bɪˈdræɡəld/ *adj* przemoczony, uwalany

bed·rid·den /ˈbedˌrɪdn/ *adj* przykuty do łóżka

bed·room S1 W2 /ˈbedrʊm/ *n* [C] sypialnia

bed·side /ˈbedsaɪd/ *n* [C] **1 at sb's bedside** u czyjegoś łoża, przy czyimś łóżku: *His family has been at his bedside all night.* **2 bedside table/lamp** stolik nocny/lampka nocna

bed·sit /ˌbedˈsɪt/ *także* **bed·sit·ter** /-ˈsɪtə/, **ˌbed-ˈsitting room** *n* [C] *BrE* wynajmowany pokój, służący jednocześnie jako sypialnia i pokój dzienny

bed·spread /ˈbedspred/ *n* [C] narzuta

bed·time /ˈbedtaɪm/ *n* [C,U] pora, kiedy chodzi się spać: *It's way past your bedtime* (=już dawno powinieneś być w łóżku)*!*

bee /biː/ *n* [C] pszczoła

beech /biːtʃ/ *n* [C,U] buk

beef[1] S3 /biːf/ *n* **1** [U] wołowina **2** [C] *informal* skarga: *What's the beef about this time?*

beef[2] *v*

beef sth ↔ up *phr v* [T] *informal* **1** wzmocnić: *Security around the palace has been beefed up since the attack.* **2** uatrakcyjnić: *We need to beef the campaign up a bit.*

beef·bur·ger /ˈbiːfbɜːɡə/ *n* [C] *BrE* hamburger wołowy

beef·y /ˈbiːfi/ *adj* zwalisty, potężny: *a beefy man*

bee·hive /ˈbiːhaɪv/ *n* [C] ul

been /biːn/ *v* **1** imiesłów bierny od BE **2 have been to** być gdzieś (i wrócić): *Kate has just been to Japan.*

beep /biːp/ *v* **1** [I] za/pikać: *The computer beeps when you make a mistake.* **2** [I,T] za/trąbić *(o klaksonie)* —**beep** *n* [C] piknięcie

beep·er /ˈbiːpə/ *n* [C] brzęczyk, biper

beer S2 W3 /bɪə/ *n* [C,U] piwo: *a pint of beer* | *Do you fancy a beer?*

bees·wax /ˈbiːzwæks/ *n* [U] wosk pszczeli

beet /biːt/ *n* [C,U] **1** *także* **sugar beet** burak cukrowy **2** *AmE* burak (ćwikłowy)

bee·tle /ˈbiːtl/ *n* [C] żuk, chrząszcz

beet·root /ˈbiːtruːt/ *n BrE* [C,U] burak (ćwikłowy)

be·fall /bɪˈfɔːl/ *v* [I,T] *formal* przytrafiać się, spotykać: *She died of smallpox, a fate that befell many emigrants.*

be·fit /bɪˈfɪt/ *v* [T] *formal* **as befits/befitted sb/sth** jak przystało komuś/na coś —**befitting** *adj* stosowny: *a funeral befitting a hero* (=godny bohatera)

be·fore[1] S1 W1 /bɪˈfɔː/ *prep* przed: *I usually shower before having breakfast.* | *Denise got there before me.* | *The priest knelt before the altar.* | *His wife and children come before his job.* | *Turn right just before the station.*

UWAGA: before

Before jako przysłówek występuje najczęściej w wyrażeniach typu **a week before** czy **the day before**: *When we got there, we found out he had left the day before.* W znaczeniu „przedtem" używa się zwykle wyrażeń **before this** lub **before that**: *I had a job as a waiter, and before that I worked in a supermarket.* Po **before** nie należy używać „will". Nie mówi się „before I will leave England, I want to visit Cambridge". Mówimy **before I leave England**.

UWAGA: before i ago

Chcąc powiedzieć, że coś wydarzyło się przed tygodniem, użyjemy wyrazu **ago**, a nie **before**: *a week ago*. Inne przykłady: *Her plane landed ten minutes ago.* | *Forty years ago the journey took twice as long.*

THESAURUS: before

before przed: *I was very nervous before the interview.* | *Stella got married before me.*

by przed *(nie później niż)*: *I'll be home by 6 o'clock.* | *Hand your essays in by Friday.*

previously poprzednio, wcześniej: *He's been married twice previously.* | *The disease was previously unknown here.*

in advance/beforehand z wyprzedzeniem, wcześniej: *You should book your tickets well in advance.* | *Let me know beforehand when you will be arriving.*

formerly *formal* dawniej: *The country was formerly known as Rhodesia.*

before² S1 W1 *adv* przedtem, wcześniej: *They'd met before, at one of Sally's parties.*

before³ S1 W1 *conjunction* **1** zanim: *John wants to talk to you before you go.* | *You'd better lock your bike before it gets stolen.* **2 before you know it** *spoken* zanim się obejrzysz: *You'd better get going – it'll be dark before you know it.*

be·fore·hand S3 /bɪˈfɔːhænd/ *adv* przedtem: *When you give a speech, it's natural to feel nervous beforehand.*

be·friend /bɪˈfrend/ *v* [T] okazywać życzliwość, przychodzić z pomocą

be·fud·dled /bɪˈfʌdəld/ *adj* zdezorientowany: *Annie looked a little befuddled.*

beg /beg/ *v* (**-gged, -gging**) **1** [I,T] błagać (o): **beg sb to do sth** *I begged her to stay, but she wouldn't.* **2** [I] żebrać: *children begging in the streets* **3 I beg your pardon** *spoken* **a)** *formal* przepraszam: *Oh, I beg your pardon, did I step on your toe?* | *"New York's a terrible place." "I beg your pardon, that's my home town!"* **b)** słucham?: *"It's 7:00." "I beg your pardon?" "I said it's 7:00."*

beg·gar /ˈbegə/ *n* [C] żebra-k/czka

be·gin S1 W1 /bɪˈgɪn/ *v* (**began** /bɪˈgæn/, **begun, beginning**) **1** [I,T] zaczynać (się): *The meeting will begin at 10:00.* | **begin to do sth** *It's beginning to rain.* | **begin doing sth** *Nicola began learning English last year.* | **begin with** *Let's begin with exercise 5.* | **begin by doing sth** *May I begin by thanking you all for coming.* **2 to begin with a)** po pierwsze: *To begin with, you mustn't take the car without asking.* **b)** od początku: *I didn't break it! It was like that to begin with.* **c)** na początku: *The children helped me to begin with, but they soon got bored.* **3 begin with** rozpoczynać się od: *It begins with a description of the author's home.*

be·gin·ner /bɪˈgɪnə/ *n* [C] początkując-y/a

be·gin·ning S1 W2 /bɪˈgɪnɪŋ/ *n* [C usually singular] początek: *the beginning of the film*

UWAGA: beginning

Nie należy mylić wyrażeń **in the beginning** i **at the beginning**. **In the beginning** znaczy „na (samym) początku": *In the beginning, when the first settlers arrived, law and order didn't exist.* **At the beginning** znaczy „na początku (czegoś)" i najczęściej łączy się z przyimkiem **of** oraz rzeczownikiem: *At the beginning of the novel there is a long description of Daniel's farm.* | *At the beginning of each lesson there is usually a revision exercise.*

THESAURUS: beginning

beginning początek *(początkowa część)*: *I've only read the beginning of the story.* | *the beginning of the 20th century*

start początek *(czas, kiedy coś się zaczyna lub sposób, w jaki się zaczyna)*: *March is usually the start of spring.* | *I was late on my first day, which was a bad start.*

origin pochodzenie: *a new theory about the origin of life on our planet* | *a dictionary explaining the origins of words*

dawn *literary* zaranie: *the dawn of civilization*

be·grudge /bɪˈgrʌdʒ/ *v* [T] **begrudge sb sth a)** zazdrościć komuś czegoś: *Honestly, I don't begrudge him his success.* **b)** żałować komuś czegoś: *Surely you don't begrudge him the money for his education?*

be·guile /bɪˈgaɪl/ *v* [T] *formal* o/mamić

be·gun /bɪˈgʌn/ *v* imiesłów bierny od BEGIN

be·half S3 W3 Ac /bɪˈhɑːf/ *n* **on behalf of sb/on sb's behalf** w czyimś imieniu: *He agreed to speak on my behalf.*

be·have S3 W3 /bɪˈheɪv/ *v* **1** [I] zachowywać się, postępować: *You behaved bravely in a very difficult situation.* **2** [I,T] zachowywać się *(grzecznie)*: *Tom was quieter than his brother and knew how to behave.* | **behave yourself** *If you behave yourself you can have an ice cream.*

be·hav·iour S2 W1 /bɪˈheɪvjə/ *BrE*, **behavior** *AmE n* [U] zachowanie: *Can TV shows affect children's behaviour?* | *the behaviour of cancer cells*

be·head /bɪˈhed/ *v* [T] **behead sb** ściąć kogoś, ściąć komuś głowę

be·hind¹ S1 W1 /bɪˈhaɪnd/ *prep* **1** za: *I was driving behind a Rolls Royce.* | *We're three points behind the other team.* | **right behind** (=tuż za): *The car park is right behind the supermarket.* **2 be behind** stać za: *The police believe a local gang is behind the robberies.* **3** być po stronie: *Whatever you decide to do, I'll be right behind you.* **4 behind the times** zacofany

behind² *adv* **1** z tyłu, w tyle: *Several other runners were following close behind.* **2 leave behind** zostawiać: *When I got there I realized I'd left the tickets behind.* **3 be/get behind** spóźniać się, zalegać: *We are three months behind with the rent.*

behind³ *n* [C] *informal* pupa, tyłek

be·hold /bɪˈhəʊld/ *v* [T] (**beheld** /-ˈheld/, **beheld, beholding**) *literary* ujrzeć —**beholder** *n* [C] obserwator/ka, patrząc-y/a

beige /beɪʒ/ *n* [U] beż —**beige** *adj* beżowy

be·ing S2 W3 /ˈbiːɪŋ/ *n* **1** [C] istota: *strange beings from outer space* **2 come into being** powstawać: *Their political system came into being in the early 1900s.*

Bel·a·rus /ˌbeləˈruːs/ *n* Białoruś —**Belorussian** /ˌbeləʊˈrʌʃən/ *n* Białorusin/ka —**Belorussian** *adj* białoruski

be·lat·ed /bɪˈleɪtɪd/ *adj* spóźniony: *a belated birthday card* —**belatedly** *adv* zbyt późno

belch /beltʃ/ *v* **1** [I] **he belched** odbiło mu się **2** [T] buchać *(ogniem itp.)*: *factory chimneys belching black smoke*

B

be·lea·guered /bɪˈliːgəd/ *adj* z/nękany *(problemami)*: *the beleaguered president of the troubled computer company*

bel·fry /ˈbelfri/ *n* [C] dzwonnica

Bel·gium /ˈbeldʒəm/ *n* Belgia —**Belgian** /ˈbeldʒən/ *n* Belg/ijka —**Belgian** *adj* belgijski

be·lie /bɪˈlaɪ/ *v* [T] *formal* zadawać kłam, przeczyć: *He has an energy that belies his 85 years.*

B

be·lief S3 W2 /bəˈliːf/ *n* **1** [singular] wiara: **+that** *the belief that children learn best through playing* | **+in** *belief in magic* | *a strong belief in the importance of education* | **contrary to popular belief** (=wbrew powszechnej opinii): *Contrary to popular belief, drinking coffee does not make you less drunk.* **2 beyond belief** nie do wiary, niewiarygodn-y/ie: *Tired beyond belief, we kept on walking.* **3** [C usually plural] wierzenie, przekonanie: *religious beliefs*

be·liev·a·ble /bəˈliːvəbəl/ *adj* wiarygodny: *a believable story* →antonim UNBELIEVABLE

be·lieve S1 W1 /bəˈliːv/ *v* **1** [T] u/wierzyć: *He said Kevin started the fight, but no one believed him.* | **+(that)** *I can't believe he's only 25!* | **believe sb to be sth** *They believed Jones to be innocent* (=że Jones jest niewinny). **2** [T] uważać, sądzić: **+(that)** *I believe she'll be back on Monday.* **3 I can't/don't believe** nie mogę uwierzyć, że: *I can't believe you lied to me!* | *I could not believe my eyes* (=nie wierzyłam własnym oczom). **4 would you believe it!** kto by pomyślał!: *Would you believe it, he even remembered my birthday!* **5 believe it or not** *spoken* choć trudno w to uwierzyć: *Believe it or not, I don't actually dislike him.* **6** [I] wierzyć: *She says those who believe will go to heaven.*
believe in sth *phr v* [T] wierzyć w: *Do you believe in ghosts?* | *We believe in democracy.*

be·liev·er /bəˈliːvə/ *n* [C] **1** zwolenni-k/czka: **a firm/great believer in** *I'm a great believer in healthy eating.* **2** wierząc-y/a, wyznaw-ca/czyni

be·lit·tle /bɪˈlɪtl/ *v* [T] *formal* umniejszać: *Why do they always try to belittle our efforts!*

bell S2 W3 /bel/ *n* [C] dzwon(ek): *The bell rang for school to start.* →patrz też **ring a bell** (RING²)

bel·lig·er·ent /bəˈlɪdʒərənt/ *adj* wojowniczy: *a belligerent attitude* —**belligerence** *n* [U] wojowniczość

bel·low /ˈbeləʊ/ *v* [I,T] ryknąć, zagrzmieć

bell ˌpepper *n AmE* [C] papryka *(warzywo)*

bel·ly /ˈbeli/ *n* [C] *informal* brzuch

ˈbelly ˌbutton *n* [C] *informal* pępek

be·long S2 W2 /bɪˈlɒŋ/ *v* [I] **1 sth belongs in/on/here** miejsce czegoś jest w/na/tutaj: *Please put the chair back where it belongs.* **2** czuć się u siebie: *I'm going back to Scotland, where I belong.*
belong to sb/sth *phr v* [T] należeć do: *Mary and her husband belong to the yacht club.* | *Who does this umbrella belong to?*

be·long·ings /bɪˈlɒŋɪŋz/ *n* [plural] rzeczy, dobytek: *She lost all her belongings in the fire.* THESAURUS PROPERTY

be·lov·ed /bɪˈlʌvɪd/ *adj literary* ukochany: *my beloved wife, Fiona* —**beloved** *n* [singular] ukochan-y/a

be·low¹ S2 W2 /bɪˈləʊ/ *adv* poniżej, niżej: *Jake lives in the apartment below.* | *For more information, see below.*

below² S2 W2 *prep* **1** pod: *I could hear voices in the courtyard below my window.* | *an animal that lives below ground* **2** poniżej: *Anything below £500 would be a good price.* | *A corporal is below a captain in rank.*

belt¹ S2 W3 /belt/ *n* [C] **1** pas(ek): *The car's fan belt is loose.* **2** strefa, obszar: *America's farming belt* **3 have sth under your belt** mieć coś na swoim koncie: *They already have three hit records under their belts.* →patrz też SEAT BELT

belt² *v* [T] *informal* s/prać, z/lać
belt sth ↔ out *phr v* [T] wyśpiewywać

be·mused /bɪˈmjuːzd/ *adj* skonsternowany

bench S2 W3 /bentʃ/ *n* [C] ławka

bench·mark /ˈbentʃmɑːk/ *n* [C] **1** kryterium, punkt odniesienia: *The test results provide a benchmark for measuring student achievement.* **2** *technical* punkt niwelacyjny

bench

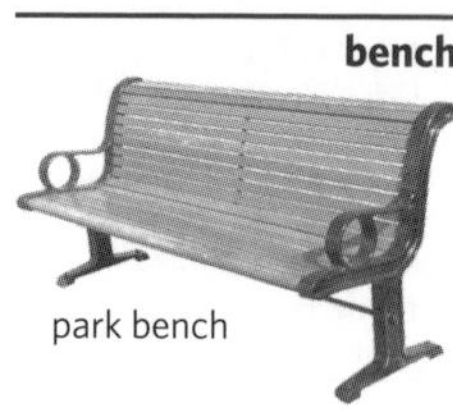

park bench

bend¹ S3 W3 /bend/ *v* [I,T] (**bent**, **bent**, **bending**) **1** zginać (się): *Bend your knees slightly.* | **bend down/over** (=pochylać się): *He bent down to tie his shoelace.* **2** wyginać (się): *You've bent the handle.* **3 bend over backwards** nie szczędzić wysiłków: *Our new neighbours bent over backwards to help us when we moved house.*

bend² *n* [C] zakręt: *The river goes around a bend by the farm.*

be·neath¹ /bɪˈniːθ/ *prep formal* **1** pod: *the warm sand beneath her feet* **2 be beneath sb** uwłaczać czyjejś godności: *She seemed to think that talking to us was beneath her.*

beneath² W2 *adv formal* poniżej, w dole: *He stood on the bridge, looking at the water beneath.*

ben·e·fac·tor /ˈbenəˌfæktə/ *n* [C] *formal* dobroczyńca

ben·e·fi·cial Ac /ˌbenɪˈfɪʃəl◂/ *adj* korzystny: **+to** *The agreement will be beneficial to both groups.*

ben·e·fi·cia·ry Ac /ˌbenəˈfɪʃəri/ *n* [C] *formal* beneficjent/ka: *Businesses were the main beneficiaries of the tax cuts.*

ben·e·fit¹ S2 W1 Ac /ˈbenəfɪt/ *n* **1** [C,U] korzyść, pożytek: *There are obvious benefits for computer users.* | **for sb's benefit** (=specjalnie dla kogoś): *Liu Han translated what he had said for my benefit.* **2** [C,U] zasiłek: *All his family are on benefits.* | *social security benefits* **3** [C] impreza na cele dobroczynne **4 give sb the benefit of the doubt** wierzyć komuś na słowo

benefit² S2 W3 Ac *v* (**-fited** or **-fitted**, **-fiting** or **-fitting**) **1** [I] skorzystać, odnieść korzyść: *Most of these children would benefit from an extra year at school.* **2** [T] przynosić korzyści, być korzystnym dla: *The new policy changes mainly benefit small companies.*

be·nev·o·lent /bəˈnevələnt/ *adj formal* życzliwy —**benevolence** *n* [U] życzliwość

be·nign /bɪˈnaɪn/ *adj* **1** łagodny, niezłośliwy: *a benign tumour* **2** *formal* dobroduszny →porównaj MALIGNANT

bent¹ /bent/ *v* czas przeszły i imiesłów bierny od BEND

bent² *adj* **1 be bent on** uparcie dążyć do: *Mendoza was bent on getting a better job.* **2** *BrE* nieuczciwy, skorumpowany: *a bent cop*

bent³ *n* [singular] zacięcie: *writers of a more philosophical bent*

be·queath /bɪˈkwiːð/ *v* [T] *formal* zostawiać w spadku

be·quest /bɪˈkwest/ *n* [C] *formal* zapis, spadek

be·reaved /bəˈriːvd/ *adj formal* pogrążony w żałobie

be·reft /bəˈreft/ *adj formal* **1 bereft of sth** pozbawiony czegoś, wyzuty z czegoś: *bereft of all hope* **2** osowiały, posępny

be·ret /ˈbereɪ/ *n* [C] beret

ber·ry /ˈberi/ *n* [C] jagoda

ber·serk /bɜːˈsɜːk/ *adj* **go berserk** *informal* dostawać szału: *The guy went berserk and started hitting Paul.*

berth /bɜːθ/ *n* [C] **1** miejsce sypialne **2** koja

be·set /bɪˈset/ *v* [T] (**beset**, **beset**, **besetting**) *formal* trapić, dręczyć: *The family was beset by financial difficulties.*

be·side S3 W2 /bɪˈsaɪd/ *prep* **1** obok, przy: *Gary sat down beside me.* | *a cabin beside the lake* | *This year's sales figures don't look very good beside last year's.* **2 be beside the point** nie mieć nic do rzeczy: *"I'm not hungry." "That's beside the point, you need to eat!"* **3 be beside yourself with anger/joy** nie posiadać się ze złości/z radości: *The boy was beside himself with fury.*

> **UWAGA: beside i besides**
>
> Nie należy mylić wyrazów **beside** i **besides**: *She walked over and sat beside me* (=obok mnie). | *Who did you invite besides Tom and Mary* (=oprócz Toma i Mary)?

be·sides¹ /bɪˈsaɪdz/ *adv* **1** *spoken* poza tym: *I wanted to help her out. Besides, I needed the money.* **2** oprócz tego, że: *Besides going to college, she works fifteen hours a week.*

besides² *prep* poza, oprócz: *Who's going to be there besides David and me?*

be·siege /bɪˈsiːdʒ/ *v* **1 be besieged by** być obleganym przez: *a rock star besieged by fans* **2 be besieged with letters/questions** być zasypywanym listami/pytaniami: *The radio station was besieged with letters of complaint.* **3** [T] oblegać

best¹ S1 W1 /best/ *adj* [superlative of **good**] najlepszy: *the best player on the team* | *What's the best way to get to El Paso?* | *my best friend*

best² S1 W2 *adv* [superlative of **well**] **1** najlepiej: *Helen knows him best.* | *It works best if you oil it thoroughly first.* **2 as best you can** najlepiej jak potrafisz: *She would have to manage as best she could.*

best³ *n* **1 the best** najlepszy: *Which stereo is the best?* **2 do/try your best** starać się, dawać z siebie wszystko: *I did my best, but I still didn't pass.* **3 at best** w najlepszym razie: *You should get 10 or, at best, 11 thousand dollars pension.* **4 at your/its etc best** w szczytowej formie: *The movie shows Hollywood at its best.* **5 make the best of sth/make the best of a bad job** zrobić z czegoś jak najlepszy użytek: *It's not going to be easy, but we'll just have to make the best of it.* **6 be (all) for the best** wyjść na dobre: *"She didn't get that job." "Well maybe it's for the best – she wouldn't have enjoyed it."*

ˌbest ˈman *n* [singular] drużba, świadek *(na ślubie)*

be·stow /bɪˈstəʊ/ *v* [T] *formal* **bestow sth on/upon sb** obdarzać kogoś czymś, nadawać komuś coś: *honours bestowed on him by the Queen*

best·sel·ler /ˌbestˈselə/ *n* [C] bestseller

bet¹ S1 /bet/ *v* (**bet**, **bet**, **betting**) **1 I/I'll bet** *spoken* **a)** założę się, że: *I'll bet that made her mad!* | *I bet it'll rain tomorrow.* **b)** nie dziwię się: *"I was furious." "I bet you were!"* **c)** akurat: *"I was really worried about you." "Yeah, I'll bet."* **2 you bet (your life)!** *spoken* no pewnie!: *"Are you coming along?" "You bet!"* **3** [T] stawiać: **bet sth on sth** *Brad bet fifty bucks on the Bears to win.* **4** [I] zakładać się: **bet sb $5 etc (that)** *Sue bet £5* (=założyła się o pięć funtów) *that I wouldn't pass my driving test.*

bet² S3 *n* [C] **1** zakład: *a $10 bet* | **have a bet on sth** *Higgins had a bet on the World Series.* **2 your best bet is/would be** *spoken* najlepsze, co możesz zrobić, to: *Your best bet would be to avoid the motorway.* →patrz też **hedge your bets** (HEDGE²)

be·tray /bɪˈtreɪ/ *v* [T] zdradzać: *We all feel that Charles has betrayed us.* | *Her face betrayed no hint of her nervousness.*

be·tray·al /bɪˈtreɪəl/ *n* [C,U] zdrada

bet·ter¹ S1 W1 /ˈbetə/ *adj* **1** [comparative of **good**] lepszy: *He's applying for a better job.* | **better than** *The weather is a lot better than it was last week.* | **much better** (=o wiele lepszy): *The Mexican place across the street has much better food.* | **feel better** (=czuć się lepiej): *I'd feel better if I could talk to someone about this.* | *David's feeling a little better since he started taking the penicillin.* **2 be better** czuć się lepiej: *Eve had the flu, but she's much better now.* | *I don't think you should go swimming until you're better.* | **get better** (=wy/zdrowieć): *I hope your sore throat gets better soon.* **3 get better** poprawiać się: *Her tennis is getting a lot better.* **4 the sooner the better** im wcześniej, tym lepiej: *She liked hot baths, the hotter the better.*

better² S1 W1 *adv* [comparative of **well**] **1** lepiej: *She swims better now.* | **better than** *Marilyn knows New York a lot better than I do.* | *Tina speaks French better than her sister.* **2 you had better (do sth)** *spoken* **a)** powinieneś (zrobić coś): *It's getting late, you'd better get changed.* **b)** lepiej (zrób coś): *You'd better not tell Dad about this.* →patrz też **BETTER OFF**

better³ *n* **1 get the better of sb a)** brać górę: *Finally, his curiosity got the better of him and he read Dee's letter.* **b)** wygrywać z kimś: *She always manages to get the better of me.* **2 for the better** na lepsze: **a change for the better** *Smaller classes are definitely a change for the better.*

better⁴ *v* [T] *formal* poprawiać: *No team has ever bettered our record.*

ˌbetter ˈoff *adj* **1** w lepszej sytuacji *(finansowej)*: *Most businesses in the area are better off than they were 10 years ago.* **2 you're better off (doing sth)** *spoken* lepiej ci będzie (jeżeli zrobisz coś): *Honestly, you're better off without him.*

be·tween¹ /bɪˈtwiːn/ *prep* **1** między, pomiędzy: *Judy was sitting between Kate and me.* | *Try not to eat between meals.* | *The project will cost between 10 and 12 million dollars.* | *What's the difference between the two computers?* | *a regular train service between London and Paris* **2 between us/them** razem: *We had about two loads of laundry between us.*

> **UWAGA: between**
>
> Patrz **among** i **between**.

between² S1 W1 *także* **in between** *adv* pomiędzy nimi, pośrodku: *two houses with a fence between* | *periods of frantic activity with brief pauses in between*

B

bev·er·age /ˈbevərɪdʒ/ *n* [C] *formal* napój: *alcoholic beverages*

be·ware /bɪˈweə/ *v* [I only in imperative and infinitive] uwaga!: *Beware of the dog!* | **beware of (doing) sth** (=wystrzegać się (robienia) czegoś): *Please beware of signing anything without reading it carefully.*

be·wil·dered /bɪˈwɪldəd/ *adj* skonsternowany, oszołomiony: *a bewildered old woman wandering in the street* —**bewilderment** *n* [U] konsternacja, oszołomienie

B

be·wil·der·ing /bɪˈwɪldərɪŋ/ *adj* wywołujący konsternację, oszałamiający: *a bewildering range of choices*

be·witched /bɪˈwɪtʃt/ *adj* oczarowany

be·yond¹ S2 W1 /bɪˈjɒnd/ *prep* **1** za, poza: *Beyond the river, cattle were grazing.* **2 beyond repair/control** nie do naprawy/opanowania: *It's no good. It's broken beyond repair.* | *Due to circumstances beyond our control* (=z przyczyn od nas niezależnych), *the performance is cancelled.* **3** powyżej: *The level of inflation has risen beyond 10%.* **4 it's beyond me why/what** *spoken* nie pojmuję, dlaczego/co: *It's beyond me why they ever got married at all.* **5** oprócz: *The island doesn't have much industry beyond tourism.*

beyond² *adv* **1** w oddali: *a view from the mountains to the plains beyond* **2** dalej: *planning for the year 2020 and beyond*

bi- /baɪ/ *prefix* dwu-, bi-: *bilingual* | *bilateral*

bi·as¹ Ac /ˈbaɪəs/ *n* [C,U] uprzedzenie, nastawienie: **+against/in favour of** *The judge's decision definitely shows a bias against women.*

bias² Ac *v* [T] **1** wpływać w nieuczciwy sposób na, czynić stronniczym **2 bias sb in favour of/against sb/sth** nastawiać kogoś przychylnie/nieprzychylnie do kogoś/czegoś

bi·ased Ac /ˈbaɪəst/ *adj* stronniczy: *Most newspaper reporting is very biased.* | **biased in favour of/against** (=nastawiony przychylnie/nieprzychylnie do): *He's pretty biased against anyone who didn't go to university.*

bib /bɪb/ *n* [C] śliniaczek

bi·ble¹ /ˈbaɪbəl/ *n* [C] **the Bible** Biblia

bible² *n* [C] **1** Biblia *(egzemplarz)* **2** biblia: *a textbook that is the medical student's bible*

bib·li·og·ra·phy /ˌbɪbliˈɒɡrəfi/ *n* [C] bibliografia

bi·cen·te·na·ry /ˌbaɪsenˈtiːnəri/ *BrE*, **bi·cen·ten·ni·al** /-ˈteniəl/ *AmE n* [C] dwóchsetlecie: *the bicentenary of Mozart's death*

bi·ceps /ˈbaɪseps/ *n* [C] (plural **biceps**) biceps

bick·er /ˈbɪkə/ *v* [I] sprzeczać się: **+about/over** *The kids were bickering about who would sleep in the top bunk.*

bi·cy·cle W3 /ˈbaɪsɪkəl/ *n* [C] rower

bicycle

bid¹ W3 /bɪd/ *n* [C] **1** próba *(zdobycia lub osiągnięcia czegoś)* **+for** *Clinton's successful bid for the presidency in 1992* | **bid to do sth** *$5,000 has been offered in a bid to catch the killer.* **2** oferta: *a bid of $50 for the plate* | **+for** *The company accepted the lowest bid for the contract.*

bid² *v* (**bid, bid, bidding**) **1** [T] za/oferować: **+for** *Freeman bid £50,000 for an antique table.* **2** [I] **a)** składać ofertę **b)** licytować

bid³ *v* [T] (**bade** or **bid**, **bid** or **bidden** /ˈbɪdn/, **bidding**) *literary* **bid sb good morning/goodbye** przywitać/pożegnać się z kimś

bid·ding /ˈbɪdɪŋ/ *n* [U] **1** licytacja **2 do sb's bidding** *literary* spełniać czyjeś rozkazy, stosować się do czyichś życzeń

bide /baɪd/ *v* **bide your time** czekać na właściwy moment

bi·en·ni·al /baɪˈeniəl/ *adj* odbywający się co dwa lata

big S1 W1 /bɪɡ/ *adj* (**-gger**, **-ggest**) **1** duży: *a big red balloon* | *There's a big age difference between them.* | *How big is their new house?* **2** wielki: *The big game is on Friday.* | *big names like IBM, Hewlett-Packard and Digital* **3** ważny, poważny: *a big decision* | *The company lost another big contract this year.* **4 big sister/big brother** *informal* starsza siostra/starszy brat: *This is my big sister.* **5 be big** *informal* liczyć się: *Microsoft is big in the software market.* **6 big deal!** wielka (mi) rzecz!: *His idea of a pay rise is to give me another £5 a month! Big deal!*

UWAGA: big i large

Przymiotników **big** i **large** używamy do opisywania wielkości z rzeczownikami policzalnymi. Oba mają podobne znaczenie, z tym że **large** jest nieco bardziej oficjalne: *She was wearing a really big hat.* | *a large company.* **Large** służy też do opisywania ilości: *a large amount of mail.* **Big** może również znaczyć „ważny": *a big problem* | *the biggest issue facing society today.*

THESAURUS: big

big duży: *a big country* | *a big man* | *a big mistake* | *Getting a car has made a big difference to my life.*

large duży, wielki: *a large painting* | *The museum attracts a large number of visitors.* | *Large areas of the forest have been destroyed.*

major poważny: *Pollution is a major problem.* | *a major earthquake* | *a major accident*

substantial pokaźny: *A new roof will cost a substantial amount of money.* | *a substantial increase in the number of homeless people*

very big

great wielki: *The show was a great success.* | *There have been great changes in society.* | *Luckily the damage wasn't very great.* | *a matter of great importance* | *a great achievement*

huge/massive/enormous ogromny: *Their house is huge.* | *There is an enormous amount of work to do.* | *a massive increase in oil prices* | *It's a massive problem.* | *The company is massive.* | *an enormous man*

vast rozległy: *a vast area of rainforest*

gigantic/colossal gigantyczny: *Gigantic waves crashed onto the beach.* | *a colossal statue* | *the gigantic bones of a dinosaur*

ˌBig ˈApple *n informal* **the Big Apple** Nowy Jork

ˌBig ˈBang *n* **the Big Bang** Wielki Wybuch

ˌBig 'Brother *n* [singular] Wielki Brat *(osoba lub organizacja kontrolująca życie innych)*

ˌbig 'business *n* [U] wielki biznes

big·head·ed /ˌbɪgˈhedɪd◂/ *adj* przemądrzały

ˌbig 'name *n* [C] sława: *big names like IBM, Hewlett-Packard and Digital* —**big-name** *adj* sławny: *big-name Broadway entertainers*

big·ot /ˈbɪgət/ *n* [C] **1** fanaty-k/czka *(zwłaszcza na tle politycznym lub rasowym)* **2** bigot/ka, dewot/ka

big·ot·ed /ˈbɪgətɪd/ *adj* **1** fanatyczny, nietolerancyjny **2** bigoteryjny

big·ot·ry /ˈbɪgətri/ *n* [U] **1** fanatyzm, nietolerancja **2** bigoteria, dewocja

'big shot *n* [C] *informal* gruba ryba

ˌbig-'ticket *adj AmE informal* kosztowny: *big-ticket items like washing machines and televisions*

'big time[1] *adv especially AmE informal* w samej rzeczy: *"So I'm in trouble, huh?" "Yeah, big time!"*

big time[2] *n* **hit the big time** *informal* zdobyć wielką sławę: *She first hit the big time in the musical 'Evita'.*

bike[1] S2 /baɪk/ *n* [C] *informal* **1** rower: *kids riding their bikes in the street* **2** *especially AmE* motor

bike[2] *v* [I] jeździć na rowerze

bik·er /ˈbaɪkə/ *n* [C] motocyklist-a/ka

bi·ki·ni /bəˈkiːni/ *n* [C] bikini

bi·lat·er·al /baɪˈlætərəl/ *adj* dwustronny: *a bilateral agreement/treaty | bilateral Middle East peace talks* —**bilaterally** *adv* dwustronnie

bile /baɪl/ *n* [U] **1** żółć **2** *literary* żółć *(nienawiść)*

bi·lin·gual /baɪˈlɪŋgwəl/ *adj* dwujęzyczny, bilingwalny: *a bilingual dictionary*

bill[1] S1 W1 /bɪl/ *n* [C] **1** rachunek: **pay a bill** *I have to remember to pay the phone bill this week.* **2** projekt ustawy: *a Senate tax bill* **3** banknot: *a ten-dollar bill* THESAURUS MONEY **4** dziób →patrz też **foot the bill** (FOOT[2])

bill[2] *v* [T] **1** przysyłać rachunek: *They've billed me for things I didn't buy.* **2 bill sth as** reklamować coś jako: *The boxing match was billed as 'the fight of the century'.*

bill·board /ˈbɪlbɔːd/ *n* [C] billboard

bil·let /ˈbɪlɪt/ *v* [T] za/kwaterować *(żołnierzy w domach prywatnych)* —**billet** *n* [C] kwatera

bill·fold /ˈbɪlfəʊld/ *n* [C] *AmE* portfel

bil·liards /ˈbɪljədz/ *n* [U] bilard

bil·lion /ˈbɪljən/ *number* (plural **billion** *or* **billions**) miliard —**billionth** *number* miliardowy

ˌbill of 'rights *n* [C] karta praw

bil·low /ˈbɪləʊ/ *v* [I] kłębić się: *Smoke came billowing out of the building.*

bil·ly goat /ˈbɪli gəʊt/ *n* [C] *informal* kozioł

bim·bo /ˈbɪmbəʊ/ *n* [C] *informal* **1** cizia **2** pinda, zdzira

bi·month·ly /baɪˈmʌnθli/ *adj, adv* **1** (ukazujący lub odbywający się) raz na dwa miesiące: *a bimonthly magazine | The magazine is published bimonthly.* **2** (ukazujący lub odbywający się) dwa razy w miesiącu

bin S2 /bɪn/ *n* [C] **1** pojemnik **2** kosz na śmieci

bi·na·ry /ˈbaɪnəri/ *adj technical* **1 the binary system** system binarny/dwójkowy **2** dwuczłonowy, dwuczęściowy

bind[1] /baɪnd/ *v* (**bound**, **bound**, **binding**) **1** [T] z/wiązać: *His legs were bound with rope.* **2** *także* **bind together** [T] *formal* związywać: *We are bound together by history and language.* **3** [T] zobowiązywać: *Each country is bound by the treaty.* **4** [T] oprawiać *(książki)* **5** [I] kleić się: *The flour mixture isn't wet enough to bind properly.*
bind sb over *phr v* [T] *BrE law* zobowiązywać kogoś pod rygorem: *bound over to keep the peace* (=do zachowania spokoju)

bind[2] *n* **a bind** *informal* kłopot, niewygoda: *It's such a bind having to walk everywhere.*

bind·ing[1] /ˈbaɪndɪŋ/ *adj* wiążący: *The contract isn't binding until you sign it.*

binding[2] *n* [C] oprawa *(książki)*

binge[1] /bɪndʒ/ *n* [C] *informal* **1** pijatyka: **go on a binge** *He's gone out on a binge with his mates.* **2** atak obżarstwa *(np. u chorych na bulimię)*

binge[2] *v* [I] obżerać się, objadać się

bin·go /ˈbɪŋgəʊ/ *n* [U] bingo

bi·noc·u·lars /bɪˈnɒkjələz/ *n* [plural] lornetka

bi·o·chem·is·try /ˌbaɪəʊˈkeməstri/ *n* [U] biochemia —**biochemist** *n* [C] biochemi-k/czka —**biochemical** *adj* biochemiczny

bi·o·de·gra·da·ble /ˌbaɪəʊdɪˈgreɪdəbəl◂/ *adj* ulegający biodegradacji: *Most plastic is not biodegradable.*

bi·o·die·sel /ˈbaɪəʊˌdiːzəl/ *n* biodiesel

bi·o·fu·el /ˈbaɪəʊˌfjuːəl/ *n* biopaliwo

bi·og·ra·pher /baɪˈɒgrəfə/ *n* [C] biograf/ka

bi·og·ra·phy /baɪˈɒgrəfi/ *n* [C,U] biografia THESAURUS BOOK —**biographical** /ˌbaɪəˈgræfɪkəl◂/ *adj* biograficzny

bi·o·lo·gi·cal /ˌbaɪəˈlɒdʒɪkəl/ *adj* biologiczny: *a biological process* —**biologically** /-kli/ *adv* biologicznie

bi·ol·o·gy /baɪˈɒlədʒi/ *n* [U] biologia —**biologist** *n* [C] biolog

bi·o·met·ric /ˌbaɪəʊˈmetrɪk◂/ *adj* biometryczny: *Biometric technology, including fingerprint and iris* (=tęczówka) *scanners, is being installed at all major airports.*

bi·op·sy /ˈbaɪɒpsi/ *n* [C] biopsja

bi·o·se·cu·ri·ty /ˌbaɪəʊsɪˈkjʊərəti/ *n* bezpieczeństwo biologiczne: *Veterinary experts are investigating biosecurity at the farm at the centre of the current avian flu* (=ptasia grypa) *outbreak.*

bi·o·sphere /ˈbaɪəʊˌsfɪə/ *n* [singular] *technical* biosfera

bi·o·tech·nol·o·gy /ˌbaɪəʊtekˈnɒlədʒi/ *n* [U] biotechnologia

bi·par·ti·san /ˌbaɪpɑːtɪˈzæn/ *adj* dwupartyjny: *a bipartisan committee*

bi·plane /ˈbaɪpleɪn/ *n* [C] dwupłatowiec

birch /bɜːtʃ/ *n* [C,U] brzoza

bird S2 W2 /bɜːd/ *n* [C] ptak →patrz też **kill two birds with one stone** (KILL[1])

bird·ie /ˈbɜːdi/ *n* [C] *AmE* lotka *(np. w badmintonie)*

ˌbird of 'prey *n* [C] ptak drapieżny

bird·seed /ˈbɜːdsiːd/ *n* [U] żer dla ptaków

bi·ro /ˈbaɪərəʊ/ *n* [C] *BrE trademark* długopis

B

birth S2 W2 /bɜːθ/ *n* **1 give birth (to)** u/rodzić: *Jo gave birth to a baby girl at 6:20 a.m.* **2** [C,U] narodziny: *the birth of the new democracy* | **at birth** *Joel weighed 7 pounds at birth.* **3 date/place of birth** data/miejsce urodzin **4** [U] **by birth** z pochodzenia: *Her grandfather was French by birth.*

'birth cer,tificate *n* [C] świadectwo urodzenia

'birth con,trol *n* [U] regulacja urodzin, antykoncepcja: *advice on birth control*

birth·day S1 W3 /ˈbɜːθdeɪ/ *n* [C] urodziny: *a birthday card* | *When is your birthday?* | *Happy Birthday!*

B

COLLOCATIONS: birthday

adjectives

sb's 18th/40th etc birthday *It's my sister's 16th birthday next week.*

a happy birthday *I just wanted to wish you a happy birthday.*

verbs

to have a good/nice birthday *I had a really nice birthday.*

to get sth for your birthday *Did you get anything special for your birthday?*

to remember/forget sb's birthday *People always remember my birthday because it's on January 1st.* | *I'm really sorry I forgot your birthday.*

birthday + noun

a birthday card/present/gift *Don't forget to send Grandma a birthday card.* | *Have you got Lou a birthday present yet?*

a birthday party *She invited me to her birthday party.*

a birthday cake *I'm making Joe a birthday cake.*

a birthday treat (=prezent urodzinowy polegający na robieniu czegoś przyjemnego) *What would you like to do for a birthday treat?*

the birthday girl/boy *informal* (=solenizant/ka) *Here comes the birthday girl!*

birth·mark /ˈbɜːθmɑːk/ *n* [C] znamię wrodzone

birth·place /ˈbɜːθpleɪs/ *n* [C] **1** miejsce urodzenia: *Stratford-upon-Avon was Shakespeare's birthplace.* **2** kolebka: *Dallas is the birthplace of the computer chip.*

birth·rate /ˈbɜːθreɪt/ *n* [C] wskaźnik urodzeń

bis·cuit S2 /ˈbɪskɪt/ *n* [C] *BrE* herbatnik: *chocolate biscuits*

bi·sex·u·al¹ /baɪˈsekʃuəl/ *adj* biseksualny —**bisexuality** /ˌbaɪsekʃuˈæləti/ *n* [U] biseksualizm

bisexual² *n* [C] biseksualist-a/ka

bish·op /ˈbɪʃəp/ *n* [C] biskup

bi·son /ˈbaɪsən/ *n* [C] **1** bizon **2** żubr

bit¹ S1 W1 /bɪt/ *n* **1 a (little) bit** trochę: *Can you turn the radio down a little bit?* | **a bit upset/stupid/cold etc** *I'm a little bit tired this morning.* | **not a bit** (=ani trochę): *He didn't seem a bit embarrassed.* **2 quite a bit** całkiem sporo: *He'd probably be willing to pay her quite a bit of money.* **3** [C] kawałek: **+of** *The floor was covered in tiny bits of glass.* | **to bits** *I tore the letter to bits* (=na kawałki) *and burned it.* THESAURUS PIECE **4** [C] bit **5** [singular] *informal* chwilka: **in a bit** (=za chwilkę): *We'll talk about the Civil War in just a bit.* | **bit by bit** (=po troszeczku): *I could see that she was learning, bit by bit.* **6 every bit as good/beautiful (as)** równie dobry/piękny (jak): *Ray was every bit as good-looking as his brother.* **7 a bit of a problem** *BrE spoken* drobny problem: *We've got a bit of a problem with the computer.* **8** [C] wiertło **9** [C] wędzidło

bit² *v* czas przeszły od BITE

bitch¹ /bɪtʃ/ *n* **1** [C] suka **2** [C] *informal* wiedźma, jędza: *She's such a bitch!* **3 sth is a bitch to wash/open etc** *spoken informal* coś się trudno pierze/otwiera itp.: *I love this sweater but it's a bitch to wash.*

bitch² *v* [I] *informal* **1** zrzędzić, psioczyć: *He's been bitching all day about the fact that Jimmy owes him money.* **2 bitch about sb** obgadywać kogoś **3 bitch at sb about sth** suszyć komuś głowę o coś

bitch·y /ˈbɪtʃi/ *adj informal* złośliwy, jędzowaty

bite¹ S2 /baɪt/ *v* (**bit**, **bitten**, **biting**) **1** [I,T] u/gryźć: *Be careful of the dog. Jerry said he bites.* | *Marta got bitten by a snake.* | **+into** *I had just bitten into* (=nadgryzłam) *the apple.* **2** [T] obgryzać: *She bites her fingernails.* **3 bite the dust** *informal* paść, trafić do kosza: *Government plans to increase VAT finally bit the dust yesterday.*

bite² S3 *n* **1** [C] kęs: *Can I have a bite of your pizza?* | **take a bite** (=ugryźć kawałek): *He took a bite of the cheese.* **2** [C] ugryzienie, ukąszenie: *I'm covered in mosquito bites!* **3 have a bite (to eat)** *informal* przekąsić coś: *Let's have a bite to eat before we go.*

'bite-size *także* **'bite-sized** *adj* wielkości kęsa: *bite-size pieces of chicken*

bit·ing /ˈbaɪtɪŋ/ *adj* kąśliwy

bit·ten /ˈbɪtn/ *v* imiesłów bierny od BITE

bit·ter¹ S3 W3 /ˈbɪtə/ *adj* **1** rozgoryczony: *She feels very bitter about the way the courts treated her.* **2** bolesny, przykry: *The judge's decision was a bitter blow to her.* **3** zawzięty: *bitter enemies* **4** gorzki THESAURUS TASTE **5 to/until the bitter end** do samego końca: *The UN stayed in the war zone until the bitter end.* —**bitterness** *n* [U] gorycz, rozgoryczenie

bitter² *n* [C,U] *BrE* rodzaj piwa: *A pint of bitter, please.*

bit·ter·ly /ˈbɪtəli/ *adv* **1** gorzko: *bitterly disappointed* **2** z goryczą: *"She doesn't care," he said bitterly.* **3 bitterly cold** przejmująco zimno **4** zawzięcie: *a bitterly fought battle*

bi·tu·men /ˈbɪtʃʊmɪn/ *n* [U] bitum, bitumin

bi·zarre /bəˈzɑː/ *adj* dziwaczny: *a bizarre coincidence* THESAURUS STRANGE

black¹ S1 W1 /blæk/ *adj* **1** czarny: *a black dress* | *The mountains looked black against the sky.* | *Things were looking very black for the British steel industry.* **2** czarnoskóry: *Over half the students here are black.* **3 black and blue** *informal* posiniaczony **4** gniewny: *black looks*

black² *n* **1** [U] czerń **2** [C] *także* **Black** Murzyn/ka **3 in black and white** czarno na białym: *The rules are there in black and white for everybody to see.* **4 be in the black** być wypłacalnym: *We're in the black for the first time in three years.* → antonim **be in the red** (RED²)

black³ *v*

black out *phr v* [I] s/tracić przytomność: *Sharon blacked out and fell to the floor.*

'black belt *n* [C] czarny pas

black·ber·ry /ˈblækbəri/ *n* [C] jeżyna

black·bird /ˈblækbɜːd/ *n* [C] kos

black·board /ˈblækbɔːd/ *n* [C] tablica

,black 'box *n* czarna skrzynka

black·cur·rant /ˌblækˈkʌrənt◂/ *n* [C] czarna porzeczka

black·en /ˈblækən/ *v* **1** [T] po/czernić: *Smoke had blackened the kitchen walls.* **2** [I] po/czernieć

ˌblack ˈeye *n* [C] podbite oko

ˌblack ˈhole *n* [C] czarna dziura

black·list /ˈblækˌlɪst/ *v* [T] wciągać na czarną listę: *Members of the Communist Party have been blacklisted and are unable to find work.*

ˌblack ˈmagic *n* [U] czarna magia

black·mail /ˈblækmeɪl/ *n* [U] szantaż —**blackmail** *v* [T] szantażować —**blackmailer** *n* [C] szantażyst-a/ka

ˌblack ˈmarket *n* [C] czarny rynek: **on the black market** *drugs that were only available on the black market*

black·out /ˈblækaʊt/ *n* [C] **1** zaciemnienie **2** utrata przytomności: *He's suffered from blackouts since the accident.*

ˌblack ˈsheep *n* [C] czarna owca

black·smith /ˈblækˌsmɪθ/ *n* [C] kowal

black·top /ˈblæktɒp/ *n* [U] *AmE* asfalt

blad·der /ˈblædə/ *n* [C] pęcherz *(moczowy)*

blade S3 /bleɪd/ *n* [C] **1** ostrze: *The blade needs to be kept sharp.* **2** źdźbło: *a blade of grass* **3** łopata (śmigła): *helicopter blades*

blame¹ S2 W3 /bleɪm/ *v* [T] **1** winić, obwiniać: *It's not fair to blame Charlie. He didn't know anything.* | **blame sb for sth** *Mothers often blame themselves for their children's problems.* | **blame sth on sb** *Don't try to blame this on me!* | **be to blame** (=ponosić winę): *Hospital staff were not in any way to blame for the baby's death.* **2 I don't blame you/them** *spoken* nie dziwię ci/im się: *"I lost my temper with Ann." "I don't blame you – she's very annoying."*

blame² *n* [U] wina: **get the blame (for sth)** (=być obwinianym): *I don't know why I always get the blame for other people's mistakes.* | **take the blame** (=brać/wziąć winę na siebie): *You shouldn't have to take the blame if you didn't do it.*

blame·less /ˈbleɪmləs/ *adj* bez winy: *a blameless life*

blanch /blɑːntʃ/ *v* [I] z/blednąć: **+at** *Jeff blanched at the news.*

bland /blænd/ *adj* **1** nijaki: *bland TV quiz shows* **2** bez smaku: *a bland white sauce* THESAURUS TASTE

blank¹ S3 /blæŋk/ *adj* **1** niezapisany, czysty THESAURUS EMPTY **2 sb's mind goes blank** ktoś czuje pustkę w głowie: *When she saw the exam questions, her mind went blank.* **3** bez wyrazu, obojętny

blank² *n* [C] puste miejsce, luka: *Fill in the blanks on the application form.*

blan·ket¹ /ˈblæŋkɪt/ *n* [C] **1** koc **2** *literary* pokrywa: *a blanket of snow on the mountains*

blanket² *adj* całkowity, całościowy: *a blanket ban on all types of hunting*

blanket³ *v* [T] spowijać: *The coast was blanketed in fog.*

blank·ly /ˈblæŋkli/ *adv* bez wyrazu, obojętnie: *He stared at me blankly.*

blare /bleə/ *także* **blare out** *v* [I,T] ryczeć: *blaring horns* | *a radio blaring out pop music*

blas·phe·my /ˈblæsfəmi/ *n* [C,U] bluźnierstwo —**blasphemous** *adj* bluźnierczy: *blasphemous talk* —**blaspheme** /blæsˈfiːm/ *v* [I] bluźnić

blast¹ /blɑːst/ *n* **1** [C] wybuch: *The blast knocked him forward.* **2** [C] podmuch: *a blast of icy air* **3 on/at full blast** na cały regulator: *When I got home, she had the TV on full blast.* **4** [singular] *AmE spoken* ubaw: *We had a blast at Mitch's party.*

blast² *v* **1** [T] wysadzać: *They blasted a tunnel through the side of the mountain.* **2** *także* **blast out** [I,T] ryczeć: *a radio blasting out pop music*

blast³ *interjection BrE spoken* o kurczę!: *Blast! I've lost my keys!*

ˈblast ˌfur·nace *n* [C] piec hutniczy

ˈblast-off *n* [singular] odpalenie rakiety: *10 seconds to blast-off!*

bla·tant /ˈbleɪtənt/ *adj* jawny, rażący: *a blatant lie* —**blatantly** *adv* rażąco, ewidentnie

blaze¹ /bleɪz/ *n* **1** [C] pożar: *Fire officials continue searching for the cause of the blaze.* **2 a blaze of light/colour** feeria światła/barw **3 in a blaze of glory/publicity** w blasku sławy: *In a blaze of publicity, Maxwell launched a new newspaper.*

blaze² *v* [I] płonąć: *a huge log fire blazing in the hearth*

blaz·er /ˈbleɪzə/ *n* [C] blezer: *a school blazer*

blaz·ing /ˈbleɪzɪŋ/ *adj* upalny: *a blazing summer day*

bleach¹ /bliːtʃ/ *n* [U] wybielacz

bleach² *v* [T] **1** wybielać **2** u/tlenić: *bleached hair*

bleach·ers /ˈbliːtʃəz/ *n* [plural] *AmE* trybuny

bleak /bliːk/ *adj* ponury, posępny: *Without a job, the future seemed bleak.* | *a bleak November day* | *the bleak landscape of the northern hills*

blear·y /ˈblɪəri/ *adj* zaczerwieniony, załzawiony *(o oczach)* **bleary-eyed** *Sam came down to breakfast looking bleary-eyed.* —**blearily** *adv* zaczerwienionymi oczami *(np. wpatrywać się)*

bleat /bliːt/ *v* [I] **1** za/beczeć **2** *BrE informal* biadolić: *Stop bleating!*

bled /bled/ *v* czas przeszły i imiesłów bierny od BLEED

bleed /bliːd/ *v* (**bled, bled, bleeding**) [I] krwawić: *The cut on his forehead was bleeding again.*

bleed·ing /ˈbliːdɪŋ/ *n* [U] krwawienie

bleep¹ /bliːp/ *n* [C] brzęczenie: *the shrill bleep of the alarm clock*

bleep² *v* [I] za/brzęczeć

bleep·er /ˈbliːpə/ *n* [C] *BrE* brzęczyk, pager

blem·ish /ˈblemɪʃ/ *n* [C] skaza: *a blemish on her cheek*

blend¹ /blend/ *v* **1** [T] z/miksować: *Blend the butter and sugar.* **2** [I,T] mieszać (się): *a story that blends fact and fiction*

blend in *phr v* [I] wtapiać się w tło: **+with** (=współgrać z): *We chose curtains that blended in with the wallpaper.*

blend² *n* [C] mieszanka: *a unique blend of Brazilian and Colombian coffee* | *the right blend of sunshine and soil for growing grapes*

blend·er /ˈblendə/ *n* [C] mikser

bless S3 /bles/ *v* (**blessed** or **blest** /blest/, **blessed** or **blest**, **blessing**) [T] **1** po/błogosławić: *Their mission had been blessed by the Pope.* | *The priest blessed the bread and wine.* **2 be blessed with sth** być obdarzonym czymś: *George was blessed with good looks.* **3 bless you** *spoken* na zdrowie! *(kiedy ktoś kichnie)*

bless·ed /ˈblesɪd/ *adj* **1** błogi: *a moment of blessed silence*

2 *BrE spoken* cholerny: *I've cleaned every blessed room in the house.* **3** *formal* błogosławiony: *the Blessed Virgin Mary*

bless·ing /ˈblesɪŋ/ *n* **1** [C] dobrodziejstwo: *The rain was a real blessing after all that heat.* **2** [U] błogosławieństwo: *They were determined to marry, with or without their parents' blessing.* **3 be a mixed blessing** mieć swoje dobre i złe strony: *Living close to the office turned out to be a mixed blessing.*

B

blew /bluː/ *v* czas przeszły od BLOW

blight¹ /blaɪt/ *n* [U singular] zaraza, klątwa: *the poverty that is a blight on our nation*

blight² *v* [T] wywierać zgubny wpływ na, z/niszczyć: *a disease which can blight the lives of its victims*

blind¹ S2 W3 /blaɪnd/ *adj* **1** ślepy, niewidomy: *She was born blind.* **2 the blind** niewidomi **3 blind faith/loyalty** ślepa wiara/lojalność: *blind faith in their military leaders* **4 blind to sth** ślepy na coś: *blind to their own weaknesses* **5 turn a blind eye to sth** przymykać oczy na coś —**blindness** *n* [U] ślepota

blind² *v* [T] **1** oślepiać: *The deer was blinded by our headlights.* **2** zaślepiać, powodować zaślepienie: **blind sb to sth** *Being in love blinded me to his faults.*

blind³ *n* [C] roleta →patrz też VENETIAN BLIND

blind·fold¹ /ˈblaɪndfəʊld/ *v* [T] zawiązywać oczy: *The hostages were blindfolded and led to the cellar.*

blind·fold² *n* [C] przepaska na oczy

blind·ing /ˈblaɪndɪŋ/ *adj* oślepiający: *a blinding light/flash*

blind·ly /ˈblaɪndli/ *adv* ślepo: *She sat staring blindly out of the window.* | *Don't blindly accept what they tell you.*

ˈblind spot *n* [C] **have a blind spot** być ignorantem: *I have a blind spot where computers are concerned* (=jeśli chodzi o komputery).

blink¹ /blɪŋk/ *v* **1** [I,T] za/mrugać: *He blinked as he stepped out into the sunlight.* **2** migać

blink² *n* **be on the blink** *BrE informal* nawalać: *The phone's been on the blink all week.*

blink·er /ˈblɪŋkə/ *n* [C] *AmE informal* migacz

blink·ered /ˈblɪŋkəd/ *adj* obskurancki: *a blinkered attitude to life*

blip /blɪp/ *n* [C] **1** *informal* wahnięcie: *This month's rise in prices could be just a blip.* **2** świetlany punkt *(na ekranie radaru)*

bliss /blɪs/ *n* [U] rozkosz: *Two weeks lazing on a Greek island – what perfect bliss!*

bliss·ful /ˈblɪsfəl/ *adj* błogi: *the first blissful weeks after we married* —**blissfully** *adv* błogo: *blissfully unaware of the problems ahead*

blis·ter¹ /ˈblɪstə/ *n* [C] pęcherz *(bąbel)*

blister² *v* [I,T] pokrywać (się) pęcherzykami —**blistered** *adj* (cały) w pęcherzach: *blistered hands*

blis·ter·ing /ˈblɪstərɪŋ/ *adj* **1** zajadły: *a blistering attack on the government* **2** palący, prażący: *blistering heat*

blithe·ly /ˈblaɪðli/ *adv* beztrosko: *They blithely ignored the danger.*

blitz /blɪts/ *n* **1 the Blitz** wojna błyskawiczna *(naloty na brytyjskie miasta w czasie II wojny światowej)* **2** [C] błyskawiczna akcja: *The campaign starts next month with a TV advertising blitz.* —**blitz** *v* [T] dokonywać nalotów na

bliz·zard /ˈblɪzəd/ *n* [C] zamieć, śnieżyca

bloat·ed /ˈbləʊtɪd/ *adj* wzdęty, napęczniały: *bloated corpses floating in the river*

blob /blɒb/ *n* [C] kropelka *(czegoś gęstego)*: *blobs of paint*

bloc /blɒk/ *n* [C] blok: *the former Soviet bloc*

block¹ S2 W2 /blɒk/ *n* [C] **1** blok, kloc: *a block of concrete* **2** klocek: *wooden blocks* **3** kwartał *(obszar miejski otoczony z czterech stron ulicami)*: *Let's walk around the block.* **4** *AmE* przecznica *(jako miara odległości)*: *We're just two blocks from the bus stop.* **5** *BrE* blok *(mieszkalny)*: *a block of flats* **6** zator: *a road block*

block² S3 *v* [T] **1** *także* **block up** za/blokować: *Whose car is blocking the driveway?* | *The council blocked the plan.* | *You're blocking my view.* **2** zapychać: *My nose is blocked up.*

block sth ↔ off *phr v* [T] zagradzać: *The freeway exit's blocked off.*

block sth ↔ out *phr v* [T] **1** zasłaniać: *Thick smoke had completely blocked out the light.* **2** wypierać, wymazywać z pamięci: *She had managed to block out memories of her unhappy childhood.*

block·ade /blɒˈkeɪd/ *n* [C] blokada: *a naval blockade* —**blockade** *v* [T] za/blokować

block·age /ˈblɒkɪdʒ/ *n* [C] zator: *a blockage in the drain*

block·bust·er /ˈblɒkˌbʌstə/ *n* [C] przebój *(książka lub film)*: *Spielberg's new blockbuster*

ˌblock ˈcapitals *także* **ˌblock ˈletters** *n* [plural] drukowane litery: *Complete the form in block capitals.*

blog /blɒg/ *n* blog

blog·ger /ˈblɒgə/ *n* bloger/ka

blog·o·sphere /ˈblɒgəˌsfɪə/ *n* blogosfera: *English and Japanese remain the two most popular languages in the blogosphere.*

bloke S2 /bləʊk/ *n* [C] *BrE informal* facet THESAURUS MAN

blonde¹ S3 **blond** /blɒnd/ *adj* blond

blonde² *n* [C] *informal* blondynka: *a good-looking blonde*

blood S2 W1 /blʌd/ *n* **1** [U] krew: *blood flowing from an open wound* | *a woman of royal blood* **2 new blood** nowa krew: *We need some new blood in the department.* **3 bad blood** wrogość: *There was a long history of bad blood between Jose and Arriola.* →patrz też **in cold blood** (COLD¹)

ˈblood bank *n* [C] bank krwi

blood·bath /ˈblʌdbɑːθ/ *n* [singular] masakra

blood·cur·dling /ˈblʌdˌkɜːdlɪŋ/ *adj* mrożący krew w żyłach: *bloodcurdling screams*

ˈblood ˌdonor *n* [C] dawca krwi, krwiodawca

ˈblood group *n* [C] *BrE* grupa krwi

blood·hound /ˈblʌdhaʊnd/ *n* [C] pies św. Huberta

blood·less /ˈblʌdləs/ *adj* bezkrwawy: *a bloodless revolution*

ˈblood ˌpressure *n* [U] ciśnienie (krwi): *a special diet for people with high blood pressure*

blood·shed /ˈblʌdʃed/ *n* [U] rozlew krwi

blood·shot /ˈblʌdʃɒt/ *adj* przekrwiony, nabiegły krwią

blood·sport /ˈblʌdˌspɔːt/ *n* [C] polowanie *(zwłaszcza na lisa)*

blood·stained /ˈblʌdsteɪnd/ *adj* splamiony krwią, zakrwawiony

blood·stream /ˈblʌdstriːm/ *n* [singular] krwiobieg: *drugs injected into the bloodstream*

blood·thirst·y /ˈblʌdˌθɜːsti/ *adj* żądny krwi: *bloodthirsty bandits*

ˈblood type *n* [C] *AmE* grupa krwi

ˈblood ˌvessel *n* [C] naczynie krwionośne

blood·y[1] /ˈblʌdi/ *adj* **1** zakrwawiony: *a bloody nose* **2** krwawy: *the bloody struggle for independence*

bloody[2] *adj BrE spoken* cholerny: *Don't be a bloody fool!*

bloody[3] *adv BrE spoken* cholernie: *It was a bloody stupid thing to do.*

bloom[1] /bluːm/ *n* [C] **1** kwiat: *lovely yellow blooms* **2 be in (full) bloom** kwitnąć: *The lilies are in bloom.*

bloom[2] *v* [I] kwitnąć, rozkwitać: *lilacs blooming in the spring | Anne has bloomed since she got her new job.*

blos·som[1] /ˈblɒsəm/ *n* **1** [U] kwiecie, kwiaty **2** [C] kwiat(ek): *peach blossoms*

blossom[2] *v* [I] **1** zakwitać *(o drzewach)* **2** *także* **blossom out** rozkwitać: *She has blossomed out into a beautiful young woman.*

blot[1] /blɒt/ *v* [T] (**-tted**, **-tting**) osuszać *(bibułą lub szmatką)*

blot sth ↔ out *phr v* [T] **1** wymazywać z pamięci: *He tried to blot out his memory of Marcia.* **2** zakrywać, przysłaniać: *clouds blotting out the sun*

blot[2] *n* [C] **1** kleks **2 be a blot on the landscape** psuć widok

blotch /blɒtʃ/ *n* [C] plama —**blotchy** *adj* plamisty: *blotchy skin*

ˈblotting ˌpaper *n* [U] bibuła

blouse /blaʊz/ *n* [C] bluzka: *a white satin blouse*

blow[1] S2 W3 /bləʊ/ *v* (**blew, blown, blowing**) **1** [I] wiać: *A cold wind blew from the east.* **2 a)** [T] rozwiewać: *The wind blew leaves across the path.* **b)** [I] powiewać: *curtains blowing in the breeze* **3** [I] dmuchać: *Renee blew on her soup.* **4 blow your nose** wydmuchać nos **5** [T] grać na *(instrumencie dętym)* **6** [I] za/gwizdać: *The referee's whistle blew.* **7** [T] *spoken* zmarnować: *I've blown my chances of getting into university.* **8** [T] *informal* przepuścić *(pieniądze)*: *He got a big insurance payment, but he blew it all on a new stereo.* **9** [I,T] przepalić (się): *The fuse blew. | The hairdryer's blown a fuse.*

blow sb away *phr v* [T] *spoken* rozkładać: *It just blows me away, the way everyone's so friendly round here.*

blow sth ↔ out *phr v* [T] zdmuchnąć: *Blow out all the candles.*

blow over *phr v* [I] minąć: *They've been quarrelling again, but it'll soon blow over.*

blow up *phr v* **1** [I] wybuchnąć: *The plane blew up in midair.* **2** [T] [**blow** sth **↔ up**] wysadzić (w powietrze): *The bridge was blown up by terrorists.* **3** [T **blow** sth **↔ up**] nadmuchać: *Come and help me blow up the balloons.*

blow[2] S3 W3 *n* [C] **1** cios: *a blow to the head | Her mother's death was a terrible blow.* **2 come to blows** brać się za łby

ˌblow-by-ˈblow *adj* **a blow-by-blow account** szczegółowe sprawozdanie

ˈblow dry *v* [T] suszyć suszarką

ˈblow ˌdryer *n* suszarka do włosów

blown /bləʊn/ *v* imiesłów bierny od BLOW

blow·out /ˈbləʊaʊt/ *n* [C] *informal* **1** guma *(pęknięcie opony)* **2** wyżerka

blow·pipe /ˈbləʊpaɪp/ *n* [C] dmuchawka

ˈblow-up *n* [C] powiększenie *(fotografii)*

BLT /ˌbiː el ˈtiː/ *n* kanapka z boczkiem, sałatą i pomidorem

blub·ber[1] /ˈblʌbə/ *także* **blub** /blʌb/ *BrE v* [I] *informal* beczeć, mazać się

blubber[2] *n* [U] tłuszcz wielorybi

blud·geon /ˈblʌdʒən/ *v* [T] bić pałką

blue[1] S1 W2 /bluː/ *adj* **1** niebieski: *the blue lake | a dark blue dress* **2** *informal* smutny: *I've been feeling kind of blue lately.* →patrz też **once in a blue moon** (ONCE[1]) —**bluish** *adj* niebieskawy

blue[2] *n* [U] **1** kolor niebieski, błękit: *The curtains were a beautiful dark blue.* **2 out of the blue** *informal* znienacka, ni stąd, ni zowąd: *Mandy's phone call came out of the blue.* →patrz też BLUES

blue·bell /ˈbluːbel/ *n* [C] dzwonek leśny

blue·ber·ry /ˈbluːbəri/ *n* [C] borówka amerykańska: *blueberry pie*

ˈblue-chip *adj* **1** pewny, bezpieczny *(o akcjach, inwestycjach)*: *a blue-chip investment* **2** renomowany *(o spółce giełdowej)*

ˌblue-ˈcollar *adj* **blue-collar worker** pracowni-k/ca fizyczn-y/a

blue·print /ˈbluːˌprɪnt/ *n* [C] **1** projekt, plan: *a blueprint for health care reform* **2** światłokopia

ˌblue ˈribbon *n* [C] *especially AmE* błękitna wstążeczka *(dla zwycięzcy konkursu)* —**blue-ribbon** *adj* zwycięski: *a blue-ribbon recipe*

blues /bluːz/ *n* [plural] **1** blues: *a blues singer* **2 have/get the blues** *informal* mieć chandrę

bluff[1] /blʌf/ *v* [I,T] blefować: *Don't believe her – she's bluffing!*

bluff[2] *n* [C,U] blef: *He even threatened to resign, but I'm sure it's all bluff.*

blun·der[1] /ˈblʌndə/ *n* [C] gafa: *a terrible political blunder*

blunder[2] *v* [I] popełnić gafę

blunt[1] /blʌnt/ *adj* **1** tępy: *blunt scissors | a blunt pencil* **2** bezceremonialny: *Visitors are often shocked by Maria's blunt manner.* —**bluntness** *n* [U] bezceremonialność

blunt[2] *v* [T] przytępiać: *Too much alcohol had blunted my reactions.*

blunt·ly /ˈblʌntli/ *adv* prosto z mostu, bez ogródek: *To put it bluntly, there's no way you're going to pass.*

blur[1] /blɜː/ *n* [singular] **1** niewyraźny zarys: *a blur of horses running past* **2** mgliste wspomnienie: *The crash is all a blur in my mind.*

blur[2] *v* [I,T] (**-rred, -rring**) **1** zacierać (się): *a type of movie that blurs the lines between reality and imagination* **2** zamazywać (się): *a mist blurring the outline of the distant hills*

blurb /blɜːb/ *n* [singular] notka reklamowa

blurred /blɜːd/ *także* **blur·ry** /ˈblɜːri/ *adj* zamazany, niewyraźny: *blurred vision | blurry photos*

blurt /blɜːt/ *także* **blurt out** *v* [T] wypaplać: *Peter blurted out the news before we could stop him.*

blush /blʌʃ/ *v* [I] za/rumienić się: *She's so shy she blushes whenever I speak to her.* | **+ with** *Toby blushed with pride.* —**blush** *n* [C] rumieniec: *remarks that brought a blush to my cheeks*

blus·ter /ˈblʌstə/ *v* [I] grzmieć, ryczeć —**bluster** *n* [U] ryk

blus·ter·y /ˈblʌstəri/ *adj* bardzo wietrzny: *a blustery winter day*

B

B-mo·vie /ˈbiː ˌmuːvi/ *n* film klasy B, film niskobudżetowy

BO /ˌbiː ˈəʊ/ *n* [U] *informal* nieprzyjemny zapach *(ciała)*

bo·a con·strict·or /ˈbəʊə kənˌstrɪktə/ *n* [C] boa dusiciel

boar /bɔː/ *n* [C] **1** knur **2** dzik

board[1] S1 W1 /bɔːd/ *n* **1** [C] deska: *a chopping board* **2** [C] plansza **3** [C] rada, zarząd: *the school's board of governors* **4** [C] tablica: *Can I put this notice on the board?* | *The teacher had written some examples up on the board.* →patrz też BLACKBOARD, BULLETIN BOARD, NOTICEBOARD **5** [C] **on board** na pokładzie: *all the passengers on board* **6 take sth on board** brać/wziąć coś pod rozwagę: *We'll try to take some of your suggestions on board.* **7 across the board** dla wszystkich: *increases in pay across the board*

> **UWAGA: on board**
>
> Wyrażenie **on board** występuje bez przyimka **of**: *How the child managed to get on board the plane remains a mystery.*

board

ironing board

white board

cheese board

chopping board

chess board

board[2] S1 W1 *n* [U] wyżywienie: **board and lodging** *BrE* **room and board** *AmE* (=wyżywienie i zakwaterowanie): *Board and lodging is £350 per month.*

board[3] *v* **1** [I,T] wsiadać (do), wchodzić na pokład: *Passengers in rows 25 to 15 may now board the plane.* **2** [I] przyjmować pasażerów: *Flight 503 for Lisbon is now boarding.*
board sth ↔ up *phr v* [T] zabijać deskami: *The house next door has been boarded up for months.*

board·er /ˈbɔːdə/ *n* [C] **1** mieszkan-iec/ka internatu **2** lokator/ka

ˈboard game *n* [C] gra planszowa

ˈboarding house *n* [C] pensjonat

ˈboarding pass *także* **ˈboarding card** *BrE n* [C] karta pokładowa

ˈboarding school *n* [C] szkoła z internatem

board·room /ˈbɔːdrʊm/ *n* [C] sala posiedzeń zarządu

board·walk /ˈbɔːdwɔːk/ *n* [C] *AmE* promenada

boast[1] /bəʊst/ *v* **1** [I] chwalić się, przechwalać się: *He enjoyed boasting about his wealth.* **2** [T] szczycić się: *The new health club boasts an olympic-sized swimming pool.*

boast[2] *n* [C] chluba

boast·ful /ˈbəʊstfəl/ *adj* chełpliwy: *When he was drunk, he became loud and boastful.*

boat S1 W2 /bəʊt/ *n* [C] **1** łódź: *fishing boats* | **by boat** *You can only get to the island by boat.* **2** statek **3 be in the same boat (as)** *informal* jechać na tym samym wózku (co): *We're all in the same boat, so stop complaining.*

bob[1] /bɒb/ *v* [I] (**-bbed**, **-bbing**) huśtać się *(na wodzie)*: *a small boat bobbing up and down*

bob[2] *n* [C] **1** (plural **bob**) *BrE informal* szyling **2** fryzura na pazia

bob·bin /ˈbɒbɪn/ *n* [C] szpulka

bob·by /ˈbɒbi/ *n* [C] *BrE informal* policjant

ˈbobby pin *n* [C] *AmE* spinka do włosów

bode /bəʊd/ *v* **bode well/ill** *literary* dobrze/źle wróżyć

bod·ice /ˈbɒdɪs/ *n* [C] stan *(sukni)*

bod·i·ly[1] /ˈbɒdəli/ *adj* fizyczny, cielesny: *bodily changes*

bodily[2] *adv* w całości: *I had to lift him bodily* (=całego) *onto the bed.*

bod·y S1 W1 /ˈbɒdi/ *n* **1** [C] **a)** organizm: *a strong healthy body* **b)** ciało: *Keep your arms close to your body.* | *Several bodies have been found near the crash site.* **2** [C] gremium: *the governing body of the university* **3** [singular] **a large/substantial/vast body of** duża ilość *(informacji, dowodów itp.)*: *A growing body of evidence suggests that exercise may reduce the risk of cancer.* **4** [C] główna część: *the body of the report* **5** [C] **a)** karoseria **b)** kadłub

ˈbody ˌbuilding *n* [U] kulturystyka —**body builder** *n* [C] kulturyst-a/ka

bod·y·guard /ˈbɒdigɑːd/ *n* [C] ochronia-rz/rka

ˈbody ˌlanguage *n* [U] mowa ciała

bod·y·work /ˈbɒdiwɜːk/ *n* [U] nadwozie: *The bodywork's beginning to rust.*

bog[1] /bɒg/ *n* [C,U] bagno

bog[2] *v* **get/be bogged down** u/grzęznąć: *Let's not get bogged down with minor details.*

bo·gey /ˈbəʊgi/ *n* [C] *BrE* smark

bo·gey·man /ˈbəʊgimæn/ *n* [C] (plural **bogeymen** /-mən/) straszydło, licho

bog·gle /ˈbɒgəl/ *v* **the mind boggles** *spoken* w głowie się nie mieści: *When you think how much they must spend on clothes, well, the mind boggles.*

bog·gy /ˈbɒgi/ *adj* grząski

bo·gus /ˈbəʊgəs/ *adj informal* fałszywy: *a bogus police officer*

bo·he·mi·an /bəʊˈhiːmiən/ *adj* typowy dla bohemy, artystyczny —**bohemian** *n* [C] człon-ek/kini bohemy

boil[1] S3 /bɔɪl/ *v* **1** [I,T] za/gotować się, wrzeć: *Drop the noodles into boiling salted water.* | *Ben, the kettle's boiling.* **2** *także* **boil up** [T] gotować: *Boil the eggs for five minutes.*

3 [I] kipieć *(ze złości)*: *I was boiling with rage.*
boil down to sth *phr v* **it (all) boils down to** to (wszystko) sprowadza się do: *It all boils down to how much money you have.*
boil over *phr v* [I] wy/kipieć

boil² *n* **1 bring to the boil** doprowadzać do wrzenia, zagotowywać: *Bring the soup to the boil and cook for another 5 minutes.* **2** [C] czyrak

boil·er S3 /ˈbɔɪlə/ *n* [C] **1** bojler **2** kocioł parowy

boil·ing S3 /ˈbɔɪlɪŋ/ *adj* **boiling hot** bardzo gorący

ˈboiling point *n* [singular] temperatura wrzenia

bois·ter·ous /ˈbɔɪstərəs/ *adj* żywy, hałaśliwy: *a group of boisterous children*

bold /bəʊld/ *adj* **1** śmiały: *Yamamoto's plan was bold and original.* THESAURUS BRAVE **2** jaskrawy, wyrazisty: *wallpaper with bold stripes* —**boldly** *adv* śmiało —**boldness** *n* [U] śmiałość

bol·lard /ˈbɒləd/ *n* [C] *BrE* słupek drogowy

bol·locks /ˈbɒləks/ *interjection BrE informal* gówno prawda!

bol·ster /ˈbəʊlstə/ *także* **bolster up** *v* [T] podbudowywać: *Roy's promotion seems to have bolstered his confidence.*

bolt¹ /bəʊlt/ *n* [C] **1** zasuwa, rygiel **2** śruba

bolt² *v* **1** [I] rzucać się do ucieczki: *He bolted across the street as soon as he saw them.* **2** [T] za/ryglować **3** *także* **bolt down** [T] połykać w pośpiechu: *Don't bolt your food.* **4** [T] przykręcać: *The shelves are bolted to a metal frame.*

bolt³ *adv* **sit/stand bolt upright** usiąść/stanąć prosto jak struna: *Suddenly Dennis sat bolt upright in bed.*

bomb¹ S3 W3 /bɒm/ *n* **1** [C] bomba: *bombs dropping on the city* **2 the bomb** broń jądrowa

COLLOCATIONS: bomb

verbs

a bomb goes off/explodes *A bomb exploded at the station.* | *Dozens were injured when the bomb went off.*
to set off a bomb *także* **to detonate a bomb** *formal* (=zdetonować) *The police safely detonated the bomb.*
to plant a bomb (=podłożyć) *Terrorists planted a bomb in a crowded shopping centre.*
to drop a bomb (=z samolotu) *Hundreds of bombs were dropped on the city.*
a bomb falls *Bombs fell all around them.*

types of bomb

a nuclear/atomic bomb *They had the technology to make a nuclear bomb.*
a car bomb *The judge was killed by a car bomb.*
a letter/parcel bomb (=w przesyłce, która eksploduje po otwarciu) *A second letter bomb was found among the unopened mail.*

bomb + noun

a bomb attack *No one claimed responsibility for the bomb attack.*
a bomb explosion *He was fatally injured in a bomb explosion.*
a bomb threat (=zawiadomienie o podłożeniu bomby) *The building was evacuated after a bomb threat.*
a bomb scare (=alarm bombowy) *Flights were delayed because of a bomb scare.*

bomb² *v* **1** [T] z/bombardować: *Terrorists have bombed the central railway station.* **2** [I] *informal* zrobić klapę: *His latest play bombed on Broadway.*

bomb³ *v* **bomb along/down etc** *BrE informal* zasuwać *(dokądś)*

bom·bard /bɒmˈbɑːd/ *v* [T] bombardować: *Sarajevo was bombarded from all sides.* | *Both leaders were bombarded with questions from the press.* —**bombardment** *n* [C,U] nalot bombowy, bombardowanie

ˈbomb disˌposal *n* [U] **1** usuwanie min **2 bomb disposal expert** saper

bomb·er /ˈbɒmə/ *n* [C] **1** bombowiec **2** zamachowiec, terrorysta

bomb·shell /ˈbɒmʃel/ *n* [C] *informal* sensacja: *Then she dropped a bombshell, "I'm pregnant."*

bo·na fi·de /ˌbəʊnə ˈfaɪdi/ *adj* prawdziwy, autentyczny: *The swimming pool is for bona fide members of the club only.*

bo·nan·za /bəˈnænzə/ *n* [C] dobra passa, bonanza: *the oil bonanza of the 80s*

bond¹ Ac /bɒnd/ *n* [C] **1** więź: **+between** *the natural bond between mother and child* **2** obligacja: *government bonds*

bond² Ac *v* **1** [I,T] wiązać (się) **2** [I] tworzyć więzi: **+with** *The players are finally bonding with each other as a team.*

bond·age /ˈbɒndɪdʒ/ *n* [U] **1** krępowanie *(praktyka seksualna)* **2** niewola

bond·ing /ˈbɒndɪŋ/ *n* [U] tworzenie się więzi uczuciowych

bone¹ S2 W2 /bəʊn/ *n* **1** [C,U] kość: *Sam broke a bone in his foot.* | *fragments of bone* **2** ość **3 have a bone to pick with sb** *spoken* mieć z kimś do pomówienia **4 make no bones about sth** nie kryć się z czymś: *She makes no bones about her ambitions.* **5 a bone of contention** kość niezgody

bone² *v* [T] oczyszczać z kości/ości

ˌbone ˈdry *adj* suchy jak pieprz

bon·fire /ˈbɒnfaɪə/ *n* [C] ognisko

bon·net /ˈbɒnɪt/ *n* [C] **1** *BrE* maska *(samochodu)* **2** czepek *(niemowlęcy lub damski w dawnych czasach)*

bo·nus S2 /ˈbəʊnəs/ *n* [C] **1** premia: *a Christmas bonus* | *Once a year, each worker gets a bonus.* **2** dodatkowa korzyść: *The fact that our house is so close to the school is a real bonus.*

bon·y /ˈbəʊni/ *adj* kościsty: *bony fingers*

boo /buː/ *v* **1** [I] gwizdać *(na znak dezaprobaty)* **2** [T] wygwizdać *(kogoś)*

boob /buːb/ *n* [C] **1** [usually plural] *informal* cyc(ek) **2** byk *(błąd)*

boo·by prize /ˈbuːbi praɪz/ *n* [C] nagroda pocieszenia

ˈbooby trap *n* [C] bomba-pułapka

book¹ S1 W1 /bʊk/ *n* [C] **1** książka: *a book by Charles Dickens* | *Have you read 'The Wasp Factory'? It's a fantastic book.* **2** książeczka: *a cheque book* **3** bloczek, karnet **4 by the book** ściśle według przepisów **5 be in sb's good/bad books** *informal* być u kogoś w łaskach/niełasce

B

B

THESAURUS: book

novel powieść: *a historical novel | Jane Eyre is the main character in the novel.*
fiction literatura piękna: *She reads a lot of romantic fiction.*
non-fiction literatura faktu: *I like non-fiction, especially travel books.*
literature literatura: *He's studying American literature at university.*
science fiction science fiction: *Arthur C. Clarke is famous for science fiction, for example '2001 A Space Odyssey'.*
reference books słowniki, encyklopedie, leksykony itp.: *You're not allowed to take reference books out of the library.*
textbook podręcznik: *a biology textbook*
coursebook *BrE* podręcznik
guidebook przewodnik: *a guidebook to Moscow*
hardback *BrE także* **hardcover** *especially AmE* książka w sztywnej oprawie: *The book is published in hardback at $29.95.*
paperback książka w miękkiej okładce: *The book is cheaper in paperback.*
biography biografia: *There have been several biographies of President Kennedy.*
autobiography autobiografia: *In his autobiography, Mandela writes about his time in jail.*
picture book książeczka z obrazkami

book[2] S2 *v* **1** [T] *BrE* za/rezerwować: **book a ticket/flight/seat**: *The train was very crowded and I wished I'd booked a seat.* | **booked up/fully booked** (=brak miejsc/biletów itp.): *I'm sorry, we're fully booked for the 14th February.* **2** [I] *BrE* z/robić rezerwację **3** [T] *AmE informal* za/aresztować **4** [T] *BrE* dać ostrzeżenie *(piłkarzowi)*
book in/into *phr v* **1** *BrE* [I] za/meldować się w *(hotelu)*: *I'll call you as soon as I've booked in.* **2** [T **book** sb ↔ **in/into**] z/robić komuś rezerwację w *(hotelu)*: *She's booked you into the Hilton.*

book·case /ˈbʊk-keɪs/ *n* [C] biblioteczka, regał

book·ie /ˈbʊki/ *n* [C] *informal* bukmacher

book·ing /ˈbʊkɪŋ/ *n* [C] rezerwacja: **make a booking** *Can I make a booking for tonight?*

ˈbooking ˌoffice *n* [C] *BrE* kasa biletowa *(kolejowa itp.)*

book·keep·ing /ˈbʊkˌkiːpɪŋ/ *n* [U] księgowość, rachunkowość —**bookkeeper** *n* [C] księgow-y/a

book·let /ˈbʊklɪt/ *n* [C] broszura: *a booklet that gives advice to patients with the disease*

book·mak·er /ˈbʊkˌmeɪkə/ *n* [C] *formal* bukmacher

book·mark /ˈbʊkmɑːk/ *n* [C] zakładka *(do książki lub w przeglądarce internetowej)* —**bookmark** *v* [T] dodać do ulubionych *stronę internetową*

books /bʊks/ *n* [plural] księgi rachunkowe

book·shelf /ˈbʊkʃelf/ *n* [C] (plural **bookshelves** /-ʃelvz/) półka na książki, regał

book·shop /ˈbʊkʃɒp/ *BrE*, **ˈbook store** *AmE n* [C] księgarnia

book·stall /ˈbʊkstɔːl/ *n* [C] *BrE* stoisko z prasą i książkami *(np. na dworcu)*

book·worm /ˈbʊkwɜːm/ *n* [C] mól książkowy

boom[1] S3 /buːm/ *n* [C,U] **1** boom: *the building boom in the 1980s* **2** dudnienie, huk: *There was a loud boom. The chemical works was on fire.*

boom[2] *v* [I] **1** dobrze prosperować **2** rosnąć, zwyżkować *(o cenach, gospodarce)* **3** huczeć, dudnić: *Hector's voice boomed above the others.*

boo·me·rang /ˈbuːməræŋ/ *n* [C] bumerang

boon /buːn/ *n* [C] dobrodziejstwo

boost[1] /buːst/ *n* [C usually singular] **give a boost to** podnosić na duchu: *The Pope's visit gave a big boost to patients.*

boost[2] *v* [T] zwiększać: *Christmas boosts sales by 30%. | Winning really boosts your confidence.*

boost·er /ˈbuːstə/ *n* **1 confidence/morale/ego booster** zastrzyk pewności siebie **2** [C] pomocniczy silnik rakietowy **3** [C] **booster vaccination** szczepionka przypominająca

boot[1] S2 W3 /buːt/ *n* [C] **1** trzewik, but z cholewą: *hiking boots* **2** kozaczek **3** *BrE* bagażnik **4 put the boot in** *BrE informal* kopać leżącego **5 be given the boot/get the boot** zostać wylanym z pracy: *"What happened to Sandra?" "Oh, she got the boot."* **6 the boot's on the other foot** *BrE spoken* role się odwróciły

boot[2] *v* [T] *informal* kopnąć mocno: *Joe booted the ball across the field.*

booth /buːð/ *n* [C] budka, kabina: *a telephone booth | a voting booth*

boot·leg /ˈbuːtleg/ *adj* nielegalny, piracki: *bootleg tapes* —**bootlegging** *n* [U] piractwo

boot·y /ˈbuːti/ *n* [U] *literary* łup: *Caesar's armies returned home loaded with booty.*

booze[1] /buːz/ *n* [U] *informal* alkohol, coś mocniejszego

booze[2] *v* [I] *informal* chlać

booz·er /ˈbuːzə/ *n* [C] **1** *BrE informal* pub, knajpa **2** pijus

ˈbooze-up *n* [C] *BrE informal* popijawa, pijatyka

bor·der[1] S3 W2 /ˈbɔːdə/ *n* [C] **1** granica: **+between** *the border between India and Pakistan* **2** brzeg, obwódka: *a skirt with a red border*

border[2] *v* [T] **1** stać/leżeć/rosnąć wzdłuż: *willow trees bordering the river* **2** graniczyć z: *the Arab States bordering Israel*
border on sth *phr v* [T] graniczyć z: *Her behaviour sometimes borders on insanity.*

bor·der·line[1] /ˈbɔːdəlaɪn/ *adj* graniczny: *In borderline cases we may ask candidates to come for a second interview.*

borderline[2] *n* [singular] granica: *the borderline between sleep and being awake*

bore[1] /bɔː/ *v* **1** [T] nudzić: *Am I boring you?* **2** [I,T] wy/wiercić

bore[2] *n* **1** [C] nudzia-rz/ra **2** [singular] nudna robota

bore[3] *v* czas przeszły od BEAR

bored S3 /bɔːd/ *adj* znudzony: *He looked bored and kept yawning loudly.* | **+with** *We got bored with lying on the beach and went off to explore the town.* | **bored stiff/bored to tears** (=śmiertelnie znudzony)

bore·dom /ˈbɔːdəm/ *n* [U] nuda

bor·ing S2 /ˈbɔːrɪŋ/ *adj* nudny: *This book's so boring – I don't think I'll ever get to the end of it. | She was forced to spend the evening with Helen and her boring new boyfriend.*

UWAGA: boring

Patrz **dull** i **boring**.

born[1] S1 W2 /bɔːn/ *v* **be born a)** urodzić się: *I was born in Tehran.* | *Our eldest son was born on Christmas Day.* | **be born into** *Grace was born into a wealthy family.* **b)** zrodzić się

born[2] *adj* **a born leader/teacher** urodzony przywódca/ nauczyciel

borne /bɔːn/ *v* imiesłów bierny od BEAR

bo·rough /ˈbʌrə/ *n* [C] dzielnica, gmina: *the New York borough of Queens*

bor·row S2 W3 /ˈbɒrəʊ/ *v* **1** [T] pożyczać *(od kogoś)*: *Could I borrow your dictionary for a moment?* **2** [I] brać/ wziąć pożyczkę: *The company has had to borrow heavily to stay in business.* →porównaj LEND **3** [T] zapożyczać: *English has borrowed many words from French.*

UWAGA: borrow i lend

Nie należy mylić wyrazów **borrow** i **lend**. **Borrow** znaczy „pożyczać od kogoś" i jest często używane z przyimkiem **from**, natomiast **lend** znaczy „pożyczać komuś" i często występuje z przyimkiem **to**: *Can I borrow one of your pencils?* | *I'm always borrowing books from the library and forgetting to return them.* | *Can you lend me $10?* | *Did you lend the book to Mike?*

Bos·ni·a /ˈbɒzniə/ *n* Bośnia —**Bosnian** *n* Bośnia-k/czka —**Bosnian** *adj* bośniacki

bos·om /ˈbʊzəm/ *n* **1** [singular] biust **2 the bosom of the family/the Church** łono rodziny/Kościoła **3** [C usually plural] pierś **4 bosom friend/buddy** *informal* przyjaci-el/ółka od serca

boss[1] S2 W3 /bɒs/ *n* [C] szef/owa: *She asked her boss if she could have some time off work.* | *Who's the boss around here?*

UWAGA: boss

Patrz **chef**, **chief**, **boss**.

THESAURUS: boss

boss szef/owa: *I didn't want to get into trouble with my boss.*

manager kierowni-k/czka *(sklepu itp.)*: *I'd like to speak to the hotel manager.* | *the sales manager*

head szef/owa *(organizacji, wydziału)*: *He's the head of the CIA.* | *the head of the French department at school*

president *especially AmE* prezes: *the president of Warner Bros* | *the president of publicity*

managing director *BrE* dyrektor naczelny: *He's the managing director of PC World.*

sb's line manager czyjś bezpośredni przełożony: *If you have any problems, talk to your line manager.*

boss[2] *także* **boss around** *v* [T] komenderować, dyrygować: *Stop bossing me around!*

boss·y /ˈbɒsi/ *adj* apodyktyczny: *Stop being so bossy!* —**bossiness** *n* [U] apodyktyczność

bot·a·ny /ˈbɒtəni/ *n* [U] botanika —**botanist** *n* [C] botani-k/czka —**botanical** /bəˈtænɪkəl/ *adj* botaniczny: *botanical gardens*

botch /bɒtʃ/ *także* **botch up** *v* [T] *informal* sknocić: *Louise really botched my haircut last time.*

both S1 W1 /bəʊθ/ *determiner, quantifier, pron* **1** oboje, obaj, obie, oba: *Anne and John are both scientists.* | *They both have good jobs.* | *Hold it in both hands.* | **both of** *Both of my grandfathers were farmers.* →porównaj NEITHER[1] **2 both ... and ...** zarówno ... , jak i ...: *Dave felt both excited and nervous before his speech.*

UWAGA: both

Both może występować zarówno przed rzeczownikiem, jak i po nim: *The cats are both black = Both the cats are black = Both cats are black.* Kiedy używamy **both** z zaimkiem, możemy powiedzieć albo **we both/they both** itd., albo **both of us/both of them** itd.: *We both like Kung Fu movies = Both of us like Kung Fu movies.*

both·er[1] S1 W3 /ˈbɒðə/ *v* **1** [T] przeszkadzać: *"Why didn't you ask me for help?" "I didn't want to bother you."* **2** [I,T] niepokoić (się): *Mandy hates walking home alone at night but it doesn't bother me.* **3** [I] zadawać sobie trud: *Tom failed mainly because he did not bother to complete his course work.* **4 I can't be bothered (to do sth)** *BrE* nie chce mi się (czegoś robić): *I ought to clean the car, but I can't be bothered.* **5 I'm not bothered** *especially BrE spoken* nie robi mi to różnicy: *"What time do you want to leave?" "I'm not bothered - you decide."*

bother[2] *n* [U] kłopot: **it's no bother** (=to żaden kłopot): *"Thanks for all your help." "That's okay; it's no bother at all."*

bother[3] *interjection BrE* kurczę!: *Oh bother! I've forgotten my wallet.*

Bo·tox /ˈbəʊtɒks/ *n trademark* botoks®

bot·tle[1] S1 W2 /ˈbɒtl/ *n* [C] **1** butelka: *a wine bottle* **2 hit the bottle** *informal* rozpić się

bottle[2] *v* [T] butelkować: *This wine is bottled in Burgundy.*
bottle sth ↔ up *phr v* [T] s/tłumić w sobie: *Don't bottle up your anger. Let it out.*

ˈbottle bank *n* [C] pojemnik na zużyte szkło

bot·tle·neck /ˈbɒtlnek/ *n* [C] wąskie gardło

bot·tom[1] S1 W3 /ˈbɒtəm/ *n* **1** [C usually singular] dół: **at the bottom of** *Print your name at the bottom of the letter.* | *Lewis started at the bottom and now he runs the company.* →antonim TOP[1] **2** [C usually singular] spód: **on the bottom of** *What's that on the bottom of your shoe?* **3** [C] *informal* pupa **4** [singular] dno: **+of** *The bottom of the river is very rocky.* **5 get to the bottom of sth** *informal* dotrzeć do sedna czegoś: *Dad swore that he would get to the bottom of all this.* **6 be at the bottom of sth** leżeć u podstaw czegoś →patrz też ROCK BOTTOM

bottom[2] S1 W3 *adj* najniższy: *The papers are in the bottom drawer.*

bottom[3] *v*
bottom out *phr v* odbić się od dna

bot·tom·less /ˈbɒtəmləs/ *adj* **1** bez dna: *There is no bottomless pit of money in any organization.* **2** bezdenny: *the bottomless depths of the ocean*

ˌbottom ˈline *n* [singular] **the bottom line** sedno sprawy: *The bottom line is that we have to finish the project on time.*

bough /baʊ/ *n* [C] konar

bought /bɔːt/ *v* czas przeszły i imiesłów bierny od BUY

boul·der /ˈbəʊldə/ *n* [C] głaz

boule·vard /ˈbuːlvɑːd/ *n* [C] bulwar

bounce[1] S3 /baʊns/ *v* **1** [I,T] odbijać (się): **+off** *The ball*

bounced off the garage into the road. **2** [I] skakać *(na miękkim podłożu)* **+on** *Don't bounce on the bed.* **3** [I] nie mieć pokrycia *(o czeku)* **4** [I] iść/biec w podskokach: **into/along etc** *The children came bouncing into the room.*
bounce back *phr v* [I] dojść do siebie: *The team bounced back after a series of defeats.*

bounce² *n* [C] odbicie: *Catch the ball on the first bounce.*

bounc·er /ˈbaʊnsə/ *n* [C] bramka-rz/rka *(w lokalu)*

bounc·ing /ˈbaʊnsɪŋ/ *adj* tryskający zdrowiem: *a bouncing baby boy*

B

bounc·y /ˈbaʊnsi/ *adj* **1** sprężysty: *a bouncy bed* **2** dziarski, żwawy

bound¹ /baʊnd/ *v* czas przeszły i imiesłów bierny od BIND

bound² S2 W3 *adj* [not before noun] **1 sb/sth is bound to do sth** ktoś/coś na pewno coś zrobi: *Madeleine's such a nice girl – she's bound to make friends.* | *Interest rates are bound to go up this year.* **2** zobowiązany: **+by** *The company is bound by law to provide us with safety equipment.* **3 be bound up with sth** być związanym z czymś: *His problems are mainly bound up with his mother's death.* **4 be bound for** zdążać do, zmierzać do: *a plane bound for Thailand*

bound³ *v* **1** [I] sadzić susy: *Grace came bounding down the stairs.* **2 be bounded by** być otoczonym przez: *a village bounded by trees*

bound⁴ *n* [C] sus

bound·a·ry /ˈbaʊndəri/ *n* [C] granica: **+between** *The Mississippi forms a natural boundary between Tennessee and Arkansas.* | **+of** *the boundaries of human knowledge* →porównaj BORDER¹

bound·less /ˈbaʊndləs/ *adj* nieograniczony, bezgraniczny: *boundless energy*

bounds /baʊndz/ *n* [plural] **out of bounds** objęty zakazem wstępu

boun·ti·ful /ˈbaʊntɪfəl/ *adj literary* **1** obfity: *a bountiful supply of fresh food* **2** szczodry

boun·ty /ˈbaʊnti/ *n* [C] nagroda *(za pomoc w ujęciu przestępcy)*

bou·quet /bəʊˈkeɪ/ *n* [C,U] bukiet

bourbon /ˈbʊəbən/ *n* [U] burbon

bour·geois /ˈbʊəʒwɑː/ *adj* mieszczański, burżuazyjny

bour·geoi·sie /ˌbʊəʒwɑːˈziː/ *n* **the bourgeoisie** burżuazja →porównaj MIDDLE CLASS

bout /baʊt/ *n* [C] napad, atak: **+of** *a bout of coughing*

bou·tique /buːˈtiːk/ *n* [C] butik

bo·vine /ˈbəʊvaɪn/ *adj technical* krowi, bydlęcy

bow¹ /baʊ/ *v* **1** [I] kłaniać się: *He bowed respectfully to the king.* | *The actors bowed and left the stage.* **2** [I] uginać się: *trees bowing in the wind*
bow to sb/sth *phr v* [T] ugiąć się pod naciskiem: *Once again, the government has had to bow to the wishes of the people.*

bow² /baʊ/ *n* [C] **1** ukłon **2** dziób *(statku)* →porównaj STERN²

bow³ /bəʊ/ *n* [C] **1** kokarda: *Jenny had a big red bow in her hair.* **2** łuk *(broń)* **3** smyczek

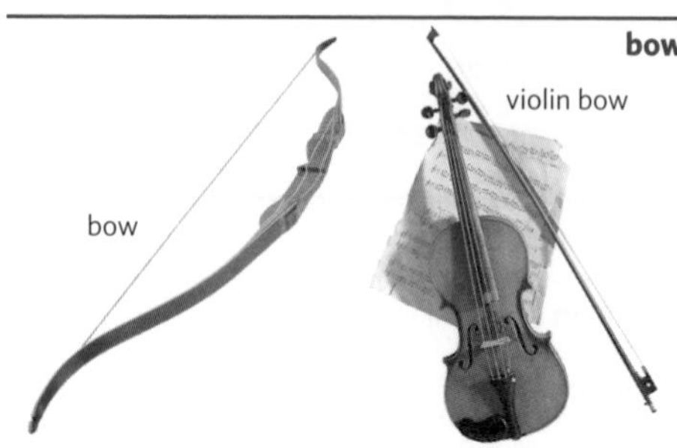

bow·el /ˈbaʊəl/ *n* [C usually plural] jelito

bowl¹ S2 W3 /bəʊl/ *n* [C] miska: **+of** *a bowl of rice* | *a bowl of soup*

bowl² *v* [I,T] **1** *BrE* grać w kule **2** za/serwować *(w krykiecie)* **3** *AmE* grać w kręgle

bow-leg·ged /ˌbəʊˈlegɪd◂/ *adj* o pałąkowatych nogach

bowl·er /ˈbəʊlə/ *n* [C] miotacz, zawodnik serwujący *(w krykiecie)*

bowler hat /ˌbəʊlə ˈhæt/ *especially BrE* melonik

bowl·ing /ˈbəʊlɪŋ/ *n* [U] gra w kręgle

bowls /bəʊlz/ *n* [U] *BrE* gra w kule

bow tie /ˌbəʊ ˈtaɪ/ *n* [C] muszka

box¹ S1 W1 /bɒks/ *n* [C] **1** pudełko: *a cardboard box* | **+of** *Mary ate a whole box of chocolates.* **2** loża: *the jury box* **3** skrytka pocztowa **4 the box** *BrE informal* telewizja: *What's on the box tonight?*

box² *v I,T* boksować

box·er /ˈbɒksə/ *n* [C] bokser: *a heavyweight boxer*

ˈboxer ˌshorts *n* [plural] bokserki

box·ing /ˈbɒksɪŋ/ *n* [U] boks

ˈBoxing Day *n* [C,U] *BrE* drugi dzień Świąt Bożego Narodzenia

ˈbox ˌoffice *n* [C] kasa biletowa *(w teatrze itp.)*

boy S1 W1 /bɔɪ/ *n* **1** [C] chłopiec: *a school for boys* **2** [C] syn: *How old is your little boy now?* **3 the boys** *informal* kumple: *Friday's his night out with the boys.* **4** *także* **oh boy** (o) kurczę!: *Boy, those were great times!*

boy·cott /ˈbɔɪkɒt/ *v* [T] z/bojkotować: *Our family boycotts all products tested on animals.* —**boycott** *n* [C] bojkot

boy·friend S3 /ˈbɔɪfrend/ *n* [C] chłopak

boy·hood /ˈbɔɪhʊd/ *n* [U] wiek chłopięcy, chłopięctwo

boy·ish /ˈbɔɪ-ɪʃ/ *adj* chłopięcy: *his slim, boyish figure*

ˌBoy ˈScout *n* **1 The Boy Scouts** skauting **2** skaut

bps, **BPS** /ˌbiː piː ˈes/ *także* **bits per second** przepustowość

bra /brɑː/ *n* [C] stanik, biustonosz

brace¹ /breɪs/ *v* [T] **brace yourself for** przygotowywać się na: *Sandra braced herself for an argument.*

brace² *n* [C] aparat ortopedyczny: *Jill had to wear a neck brace for six weeks.*

brace·let /ˈbreɪslɪt/ *n* [C] bransoletka

bra·ces /ˈbreɪsɪz/ *n* [plural] **1** *BrE* szelki **2** *także* **brace** *BrE* aparat ortodontyczny

brac·ing /ˈbreɪsɪŋ/ *adj* orzeźwiający: *a bracing sea breeze*

brack·et¹ /ˈbrækɪt/ *n* [C] **1 income/tax/age bracket** przedział płacowy/podatkowy/wiekowy: *Price's new job puts him in the highest tax bracket.* **2** nawias: **in brackets** *All grammar information is given in brackets.* **3** wspornik

bracket² *v* [T] **1** brać/wziąć w nawias **2** wsadzać do jednego worka: *Don't bracket us with those idiots.*

brag /bræg/ *v* [I] (**-gged**, **-gging**) przechwalać się: **brag about** *Ray likes to brag about his success with women.*

braid¹ /breɪd/ *n* [C] *AmE* warkocz

braid² *v* [T] *AmE* za/pleść

braille /breɪl/ *n* [U] brajl, alfabet Braille'a

brain¹ **S2** **W2** /breɪn/ *n* **1** [C] mózg: *Jorge suffered brain damage in the accident.* | *Some of the best brains in the country are here tonight.* **2 brains** inteligencja, rozum: *If you had any brains, you'd know what I mean.* →patrz też **pick sb's brain(s)** (PICK¹), **rack your brain(s)** (RACK²)

brain² *v* [T] *informal* rozwalić łeb: *I'll brain you if you don't be quiet!*

brain·child /ˈbreɪntʃaɪld/ *n* [singular] *informal* pomysł, wynalazek: **+of** *The personal computer was the brainchild of Steve Jobs.*

brain·pow·er /ˈbreɪnpaʊə/ *n* wysiłek umysłowy: *A lot of brainpower went into solving the problem.* | *The space industry relies on scientific brainpower* (=myśl naukowo-techniczna).

brain·storm /ˈbreɪnstɔːm/ *n* [singular] *AmE informal* olśnienie

brain·stor·ming /ˈbreɪnstɔːmɪŋ/ *n* [U] burza mózgów

brain·wash /ˈbreɪnwɒʃ/ *v* [T] z/robić pranie mózgu: *People are brainwashed into believing that being fat is some kind of crime.* —**brainwashing** *n* [U] pranie mózgu

brain·wave /ˈbreɪnweɪv/ *n* [C] *BrE* olśnienie

brain·y /ˈbreɪni/ *adj informal* bystry, rozgarnięty

brake¹ /breɪk/ *n* [C] hamulec

brake² *v* [I] za/hamować: *Jed had to brake to avoid hitting the car in front.*

bran /bræn/ *n* [U] otręby

branch¹ **S2** **W2** /brɑːntʃ/ *n* [C] **1** gałąź: *Which branch of science are you studying?* | *the New Zealand branch of the family* **2** oddział: *The bank has branches all over the country.* **3** odgałęzienie: *a branch of the River Nile*

branch² *także* **branch off** *v* [I] rozgałęziać się: *When you reach Germain Street, the road branches into two.*
branch out *phr v* [I] rozszerzać działalność: **+into** *Our local shop has decided to branch out into renting videos.*

brand¹ /brænd/ *n* [C] **1** marka: *different brands of washing powder* **2** gatunek, rodzaj: *Nat's special brand of humour* **3** znak (*wypalony na skórze zwierzęcia*) piętno

brand² *v* [T] **1** na/piętnować: **brand sb as sth** *All English football supporters get branded as hooligans.* **2** znakować (*zwierzęta*)

bran·dish /ˈbrændɪʃ/ *v* [T] wymachiwać: *Chisholm burst into the office brandishing a knife.*

ˈbrand ˌname *n* [C] nazwa firmowa

ˌbrand-ˈnew *adj* nowiut(eń)ki: *a brand-new car*

bran·dy /ˈbrændi/ *n* [C,U] brandy

brash /bræʃ/ *adj* obcesowy: *a brash young salesperson*

brass /brɑːs/ *n* **1** [U] mosiądz: *a pine chest with brass handles* **2 the brass (section)** instrumenty dęte (*blaszane*)

bras·si·ere /ˈbræziə/ *n* [C] *old-fashioned* biustonosz

brat /bræt/ *n* [C] *informal* bachor: *a spoiled brat*

bra·va·do /brəˈvɑːdəʊ/ *n* [U] brawura

brave¹ **S3** /breɪv/ *adj* dzielny: *brave soldiers* | *Marti's brave fight against cancer* —**bravely** *adv* dzielnie —**bravery** *n* [U] męstwo

THESAURUS: brave

brave dzielny, odważny (*np. na wojnie*): *the brave men who fought in the war* | *It was a brave thing to do.*
courageous odważny, dzielny (*w głoszeniu poglądów, w walce z chorobą*): *She is an extraordinary and courageous woman, who has struggled to bring democracy to her country.* | *his courageous fight against cancer*
heroic bohaterski: *He praised the soldiers for their heroic defence of the city.* | *a heroic wartime leader* | *her heroic efforts to save the lives of her children*
daring śmiały (*skłonny podjąć ryzyko*): *a daring escape from a prison camp* | *a daring artist*
bold śmiały (*nie bojący się dezaprobaty*): *Starting her own company was a bold decision.* | *No one felt bold enough to ask that question.*
adventurous żądny przygód: *If you are feeling adventurous, you can go diving in the Red Sea.*
fearless nieustraszony: *a completely fearless climber*

brave² *v* [T] stawiać czoło: *The crowd braved icy wind and rain to see the procession.*

bra·vo /ˈbrɑːvəʊ/ *interjection* brawo!

brawl /brɔːl/ *n* [C] bijatyka, burda: *a drunken brawl*

brawn /brɔːn/ *n* [U] tężyzna, krzepa —**brawny** *adj* krzepki, muskularny: *brawny arms*

bra·zen¹ /ˈbreɪzən/ *adj* bezwstydny: *a brazen lie* —**brazenly** *adv* bezwstydnie

brazen² *v*
brazen sth ↔ out *phr v* [T] nadrabiać tupetem

bra·zi·er /ˈbreɪziə/ *n* [C] koksownik

Bra·zil /brəˈzɪl/ *n* Brazylia —**Brazilian** *n* Brazylijczyk/ka —**Brazilian** *adj* brazylijski

breach /briːtʃ/ *n* [C,U] pogwałcenie, naruszenie: **in breach of** *You are in breach of your contract* (=naruszyliście warunki umowy). —**breach** *v* [T] pogwałcić, naruszyć

bread **S2** **W3** /bred/ *n* **1** [U] chleb: *a loaf of bread* | *granary bread* | *a slice of bread* **2** [U] *slang* forsa

bread·crumbs /ˈbredkrʌmz/ *n* [plural] bułka tarta

breadth /bredθ/ *n* **1** [C,U] szerokość **2** [U] rozległość: **+of** *No one could equal Dr Brenninger's breadth of knowledge.*

bread·win·ner /ˈbredˌwɪnə/ *n* [C] żywiciel/ka rodziny

B

break[1] S1 W1 /breɪk/ *v* (**broke**, **broken**, **breaking**) **1** [I,T] s/tłuc (się), rozbijać (się): *The kids broke a window while they were playing ball.* | *Careful, those glasses break easily.* **2** [I,T] ze/psuć (się): *Someone's broken the TV.* THESAURUS DAMAGE **3** [T] z/łamać: *Sharon broke her leg skiing.* | *He broke her heart.* | *He didn't realize that he was breaking the law.* | *politicians who break their election promises* **4 break for lunch/coffee** z/robić (sobie) przerwę na lunch/kawę: *We broke for lunch at about 12:30.* **5** [T] przerywać: *The silence was broken by the sound of gunfire.* | **break the habit** (=zerwać z nałogiem) **6 break your journey** przerwać podróż **7 break a record** po/bić rekord **8 break the news to sb** przekazać komuś złą wiadomość **9 break loose/free** uwolnić się: *He managed to break free and escape.* **10** [I] rozchodzić się *(o wiadomości)*: *The next morning, the news broke that Monroe was dead.* **11 break the ice** przełamywać lody **12** [I] zrywać się *(o burzy)*
break away *phr v* [I] wyrwać się: **+from** *I felt the need to break away from home.*
break down *phr v* **1** [I] ze/psuć się **2** [I] rozpaść się: *His marriage broke down and his wife left him.* **3** [T **break** sth ↔ **down**] wyłamać, wyważyć: *The police had to break down the door to get in.* **4** [I,T] rozkładać (się): *enzymes which break down food in the stomach*
break in *phr v* **1** [I] włamać się: *Thieves broke in during the night and took the hi-fi.* THESAURUS ENTER **2** [I] wtrącić się
break into sth *phr v* [T] włamać się do: *They broke into the room through the back window.*
break off *phr v* **1** [T] odłamać: *She broke off a piece of cheese.* **2** [T] zerwać: *The US has broken off diplomatic relations with Iran.*
break out *phr v* [I] wybuchnąć: *Nine months later, war broke out in Korea.*
break through *phr v* **1** [T **break through** sth] przedrzeć się przez: *Demonstrators tried to break through police lines.* **2** [I,T] przebijać się (przez): *At last the sun broke through (the clouds)* (=wyjrzało/wyszło (zza chmur)).
break up *phr v* **1** [T **break** sth ↔ **up**] rozbić: *One day his business empire will be broken up.* **2** [I,T **break** sth ↔ **up**] roz/kruszyć: *We used shovels to break up the soil.* **3** [I] zerwać (ze sobą): *Troy and I broke up last month.* **+with** *Has Sam really broken up with Lucy?.* **4** [T] s/tłumić *(zamieszki, bójkę)* załagodzić *(spór, kłótnię)* **5** [I] s/kończyć się *(o zebraniu, przyjęciu)*
break with sb/sth *phr v* [T] zerwać z: *He broke with the Conservative Party over Europe* (=z powodu różnicy zdań w sprawie Unii Europejskiej).

break[2] S2 W2 *n* **1** [C] przerwa: *a break in the conversation* | *Are you going anywhere over the Easter break?* | **take/have a break** (=z/robić sobie przerwę): *We're all getting tired. Let's take a break for ten minutes.* | **lunch/coffee/tea break** *What time is your lunch break?* **2** [C] szansa: *The band's big break came when they sang on a local TV show.* **3** [singular] zerwanie: **+with** *a break with the past* **4** [C] złamanie: *It's a nasty break – the bone has splintered.* **5 break of day** *literary* świt

break·age /ˈbreɪkɪdʒ/ *n* [C] szkoda: *All breakages must be paid for.*

break·a·way /ˈbreɪkəweɪ/ *adj* rozłamowy, dysydencki *(o frakcji)*

break·down /ˈbreɪkdaʊn/ *n* **1** [C,U] rozpad: *Gail blames me for the breakdown of our marriage.* **2** załamanie się: *a breakdown in the peace talks* **3** [C,U] awaria **4** [C] załamanie nerwowe

break·er /ˈbreɪkə/ *n* fala przybojowa

break·fast S2 W2 /ˈbrekfəst/ *n* [C,U] śniadanie: **have breakfast** (=z/jeść śniadanie): *Have you had breakfast yet?*

breakfast

full English breakfast — continental breakfast

ˈbreak-in *n* [C] włamanie: *There was a break-in at the college last night.*

ˈbreaking ˌpoint *n* [U] granica wytrzymałości: *Everybody's nerves were strained to breaking point.*

break·neck /ˈbreɪknek/ *adj* **at breakneck speed/pace** na złamanie karku, z szaleńczą prędkością: *She was driving at breakneck speed.*

break·through /ˈbreɪkθruː/ *n* [C] przełom: *a technological breakthrough*

break·up /ˈbreɪkʌp/ *n* [C] rozpad: *the breakup of the Soviet Union*

break·wa·ter /ˈbreɪkˌwɔːtə/ *n* [C] falochron

breast S3 /brest/ *n* [C,U] pierś: *turkey breast* →patrz też DOUBLE-BREASTED

ˈbreast-feed *v* [I,T] karmić piersią

breast·stroke /ˈbreststrəʊk/ *n* [U] styl klasyczny, żabka

breath S3 W2 /breθ/ *n* **1** [U] oddech: *I can smell alcohol on your breath.* | **bad breath** (=cuchnący oddech) **2 take a big/deep breath** brać/wziąć głęboki oddech: *Take a deep breath and tell me all about it.* **3 be out of breath** nie móc złapać tchu **4 hold your breath** wstrzymywać oddech: *Can you hold your breath under water?* | *We were all holding our breath, waiting for the winner to be announced.* **5 a breath of fresh air a)** łyk świeżego powietrza: *I think I'll just step outside for a breath of fresh air.* **b)** powiew świeżości: *an exciting young designer who has brought a breath of fresh air to the fashion world* **6 don't hold your breath** *spoken* nie ma się co podniecać **7 take your breath away** zapierać dech (w piersiach): *a view that will take your breath away* →patrz też BREATHTAKING **8 under your breath** półgłosem, pod nosem: *"I hate you," he muttered under his breath.*

breath·a·lys·er /ˈbreθəlaɪzə/ *BrE,* **breathalyzer** *AmE n* [C] *trademark* alkomat

breathe S3 W3 /briːð/ *v* **1** [I,T] oddychać: *Is he still breathing?* | **breathe in/out** (=wdychać/wydychać): *They stood on the cliff breathing in the fresh sea air.* | **breathe deeply** *Relax and breathe deeply.* **2 not breathe a word** nie puszczać pary z ust: *Promise not to breathe a word to anyone.* —**breathing** *n* [U] oddychanie

breath·er /ˈbriːðə/ *n* [C] *informal* krótka przerwa, chwila odpoczynku: *Let's take a breather.*

ˈbreathing ˌspace *n* [U singular] chwila wytchnienia

breath·less /ˈbreθləs/ *adj* bez tchu

breath·tak·ing /ˈbreθˌteɪkɪŋ/ *adj* zapierający dech: *a breathtaking view*

breed[1] /briːd/ *v* (**bred** /bred/, **bred**, **breeding**) **1** [I] rozmnażać się: *Rats can breed every six weeks.* **2** [T] hodować: *He breeds cattle.*

breed² *n* [C] **1** rasa **2 a new breed** nowa generacja: *the first of a new breed of home computers*

breed·er /ˈbriːdə/ *n* [C] hodowca: *a racehorse breeder*

breed·ing /ˈbriːdɪŋ/ *n* [U] **1** rozród: *the breeding season* **2** hodowla: *They usually just keep one bull for breeding.* **3** *old-fashioned* dobre wychowanie

ˈbreeding ˌground *n* [C] **1** wylęgarnia: *a potential breeding ground for crime* **2** lęgowisko

breeze¹ /briːz/ *n* [C] wietrzyk

breeze² *v* **breeze in/out/along etc** *informal* w/kroczyć: *She just breezed into my office and asked for a job.*

breez·y /ˈbriːzi/ *adj* **1** beztroski: *a breezy manner* **2** wietrzny: *a breezy but sunny day*

breth·ren /ˈbreðrən/ *n* [plural] *old-fashioned* bracia *(zakonni)*

brev·i·ty Ac /ˈbrevəti/ *n* [U] *formal* **1** zwięzłość: *He was commended for the sharpness and brevity of his speech.* **2** krótkotrwałość

brew¹ /bruː/ *v* **1 be brewing** wisieć w powietrzu: *There's a storm brewing.* **2** [T] warzyć **3** [I,T] parzyć (się), zaparzać (się)

brew² *n* [C] *informal* napar, odwar

brew·er /ˈbruːə/ *n* [C] **1** piwowar **2** browar

brew·er·y /ˈbruːəri/ *n* [C] browar

ˈbrew pub *n* bar lub pub serwujący lokalne gatunki piwa

bribe¹ /braɪb/ *n* [C] łapówka: *The judge admitted that he had accepted bribes.*

bribe² *v* [T] przekupywać: **bribe sb to do sth** *Sykes had bribed two police officers to give false evidence.*

brib·er·y /ˈbraɪbəri/ *n* [U] przekupstwo, łapownictwo

bric-a-brac /ˈbrɪk ə ˌbræk/ *n* [U] bibeloty

brick¹ S2 W3 /brɪk/ *n* [C,U] cegła: *a brick wall*

brick² *v*
brick sth ↔ up *phr v* [T] zamurować: *They've bricked up the windows in the old house.*

brick·lay·er /ˈbrɪkˌleɪə/ *n* [C] murarz

brid·al /ˈbraɪdl/ *adj* ślubny: *a bridal gown*

bride /braɪd/ *n* [C] panna młoda

bride·groom /ˈbraɪdgruːm/ *n* [C] pan młody

brides·maid /ˈbraɪdzmeɪd/ *n* [C] druhna

bridge¹ S2 W2 /brɪdʒ/ *n* **1** [C] most: *the bridge over the Mississippi* **2** [C] pomost: *The training programme is seen as a bridge between school and work.* **3 the bridge** mostek kapitański **4** [U] brydż

bridge² *v* [T] **1 bridge the gap (between)** zmniejszać różnicę (pomiędzy): *an attempt to bridge the gap between rich and poor* **2** po/łączyć mostem brzegi: *We used a log to bridge the stream.*

bri·dle¹ /ˈbraɪdl/ *n* [C] uzda

bridle² *v* [T] zakładać uzdę
bridle at sth *phr v* [T] obruszać się na

brief¹ S2 W2 Ac /briːf/ *adj* **1** krótki: *a brief visit* THESAURUS QUICK **2** zwięzły: *a brief letter* | **in brief** (=w skrócie): *Here is the sports news, in brief.* —**briefly** *adv* krótko, pokrótce →patrz też BREVITY

brief² Ac *n* [C] wytyczne, instrukcje: *My brief is to increase our sales.*

brief³ Ac *v* [T] po/instruować: **brief sb on sth** *Before the interview we had been briefed on what to say.*

brief·case /ˈbriːfkeɪs/ *n* [C] aktówka, teczka

brief·ing Ac /ˈbriːfɪŋ/ *n* [C,U] instruktaż, odprawa: *a press briefing*

briefs /briːfs/ *n* [plural] **1** figi **2** slipy

bri·gade /brɪˈgeɪd/ *n* [C] brygada →patrz też FIRE BRIGADE

brig·a·dier /ˌbrɪgəˈdɪə◂/ *n* [C] *BrE* brygadier *(stopień pomiędzy pułkownikiem a generałem brygady)*

bright S2 W2 /braɪt/ *adj* **1** jasny, jaskrawy: *bright lights* | *Her dress was bright red.* **2** bystry: *Vicky is a very bright child.* THESAURUS INTELLIGENT **3** pogodny: *a bright smile* | *a bright sunny day* **4** świetlany: *You have a bright future ahead of you!* —**brightly** *adv* jasno, jaskrawo: *brightly coloured balloons* —**brightness** *n* [U] jasność

bright·en /ˈbraɪtn/ *także* **brighten up** *v* **1** [I,T] rozjaśniać (się): *Flowers would brighten up this room.* **2** [I] po/weseleć: *She brightened up when she saw us coming.*

bril·liant S2 W3 /ˈbrɪljənt/ *adj* **1** olśniewający: *brilliant sunshine* **2** błyskotliwy: *a brilliant scientist* THESAURUS INTELLIGENT **3** *BrE spoken* fantastyczny: *"How was your holiday?" "It was brilliant!"* THESAURUS GOOD, NICE —**brilliance** *n* [U] błyskotliwość

brim¹ /brɪm/ *n* [C] **1** rondo *(kapelusza)* **2 filled/full to the brim** napełniony/pełen po brzegi: *The glass was full to the brim.*

brim² *v* [I] (**-mmed**, **-mming**) tryskać: **+with** *Clive was brimming with confidence at the start of the race.*

brine /braɪn/ *n* [U] zalewa solna

bring S1 W1 /brɪŋ/ *v* [T] (**brought**, **brought**, **bringing**) **1** przynosić, przywozić, przyprowadzać: *I brought these pictures to show you.* | **bring sb/sth with you** *She brought her children with her to the party.* | **bring sb sth** *Rob brought her a glass of water.* **2** wywoływać: *an enthusiastic welcome that brought a smile to her face* **3 can't bring yourself to do sth** nie móc się zdobyć na zrobienie czegoś: *I couldn't bring myself to kill the poor creature.* **4 bring sth to an end** kłaść/położyć czemuś kres: *We hope that the peace process will bring this violence to an end.* **5** sprowadzać: *The fair brings a lot of people to the town.*
bring sth ↔ about *phr v* [T] s/powodować: *The war brought about huge social and political changes.*
bring sb/sth round/around *phr v* [T] **1 bring the conversation round/around to** sprowadzić rozmowę na: *Helen tried to bring the conversation around to the subject of marriage.* **2** o/cucić
bring sth/sb ↔ back *phr v* [T] **1** przywrócić: *Many states have voted to bring back the death penalty.* **2** przywołać: *The smell of cut grass brought back memories of the summer.*
bring sb/sth down *phr v* [T] **1** strącić: *An enemy plane was brought down by rocket launchers.* **2** obniżyć: *Improved farming methods have brought down the price of food.* **3 bring down a government/president** obalić rząd/prezydenta
bring sth ↔ forward *phr v* [T] **1** przenieść na wcześniejszy termin **2** przedłożyć: *Mayor Daley brought forward a plan to fight urban crime.*
bring sth ↔ in *phr v* [T] **1** sprowadzić: *The police had to*

bring in the FBI to help with their search. **2** przynieść (zysk): *sales that will bring in more than £2 million* **3** wprowadzić: *The city council will bring in new regulations to restrict parking.*

bring sth ↔ off *phr v* [T] przeprowadzić: *She'll get a promotion if she brings off this deal.*

bring sth ↔ on *phr v* [T] wywołać: *a bad cold brought on by going out in the rain*

bring sth ↔ out *phr v* [T] **1** wypuścić na rynek: *The National Tourist Organization has just brought out a new guide book.* **2 bring out the best/worst in sb** wyzwalać w kimś to, co najlepsze/najgorsze: *Becoming a father has brought out the best in Dan.* **3** uwydatniać, podkreślać: *a new shampoo that really brings out the highlights in your hair*

bring sb/sth ↔ up *phr v* [T] **1** wychowywać: *Rachel had been brought up by her grandmother. | a well brought up child* **2** poruszyć (temat): *She wished she'd never brought up the subject of money.*

THESAURUS: bring

bring przynieść, wziąć ze sobą: *I've brought a book you might like to read. | Remember to bring your passport!*

take zabrać: *What clothes should I take? | He was taken to hospital.*

get *także* **fetch** *especially BrE* pojść po, przynieść/przyprowadzić: *I went upstairs to get my jacket. | Fetch Mum – quick!*

brink /brɪŋk/ *n* [C] **be on the brink of** być o krok od: *two nations on the brink of war*

brisk /brɪsk/ *adj* żwawy, energiczny: *a brisk walk* —**briskly** *adv* żwawo, energicznie

bris·tle¹ /ˈbrɪsəl/ *n* [C,U] szczecina, włosie: *a brush with short bristles*

bristle² *v* [I] **1** na/jeżyć się **2** żachnąć się: *She bristled with indignation.*

bristle with sth *phr v* [T] jeżyć się: *a battleship bristling with guns*

Brit /brɪt/ *n* [C] *informal* Brytyj-czyk/ka

Brit·ish¹ /ˈbrɪtɪʃ/ *adj* brytyjski

British² *n* [plural] **the British** Brytyjczycy

Brit·on /ˈbrɪtn/ *n* [C] Brytyj-czyk/ka

brit·tle /ˈbrɪtl/ *adj* kruchy, łamliwy: *The twigs were dry and brittle, and cracked beneath their feet.*

broach /brəʊtʃ/ *v* **broach the subject/question** poruszać (delikatny) temat/kwestię: *At last he broached the subject of her divorce.*

broad S2 W2 /brɔːd/ *adj* **1** szeroki: *broad shoulders | a broad range of interests* **2** ogólny: *a broad outline of the plan* **3 in broad daylight** w biały dzień: *He was attacked in the street in broad daylight.* **4 broad accent** silny akcent: *a broad Scottish accent*

broad·band /ˈbrɔːdbænd/ *n* szerokopasmowy dostęp do Internetu

broad·cast¹ /ˈbrɔːdkɑːst/ *n* [C] program, audycja: *a news broadcast*

broadcast² *v* (**broadcast**, **broadcast**, **broadcasting**) [I,T] nadawać, wy/emitować, transmitować: *Channel 5 will broadcast the game at 6 o'clock.* —**broadcasting** *n* [U] nadawanie, emitowanie, transmisja

broad·cast·er /ˈbrɔːdkɑːstə/ *n* [C] spiker/ka

broad·en /ˈbrɔːdn/ *v* [I,T] **1** poszerzać (się): *training designed to broaden your knowledge of practical medicine* **2** *także* **broaden out** rozszerzać (się): *The river broadens out here.*

broad·ly /ˈbrɔːdli/ *adv* **1** z grubsza: *I know broadly what to expect.* **2 smile/grin broadly** uśmiechać się szeroko

broad·mind·ed /ˌbrɔːdˈmaɪndɪd◂/ *adj* tolerancyjny

broad·side /ˈbrɔːdsaɪd/ *n* [C] atak: *an angry editorial broadside in today's paper*

bro·cade /brəˈkeɪd/ *n* [U] brokat —**brocaded** *adj* brokatowy

broc·co·li /ˈbrɒkəli/ *n* [U] brokuły

bro·chure /ˈbrəʊʃə/ *n* [C] broszura: *a travel brochure*

broil /brɔɪl/ *v* [T] *AmE* u/piec na ruszcie: *broiled chicken*

broil·er /ˈbrɔɪlə/ *n* [C] *AmE* ruszt

broke¹ /brəʊk/ *adj informal* **1** spłukany: *I can't pay you now – I'm broke.* **2 go broke** s/plajtować: *The company went broke last year.*

broke² *v* czas przeszły od BREAK

bro·ken¹ /ˈbrəʊkən/ *adj* **1** złamany: *a broken leg | a broken agreement* **2** stłuczony, rozbity: *a broken plate* **3** zepsuty: *a broken clock* **4** przerywany: *a broken white line* **5 broken marriage/home** rozbite małżeństwo/rozbita rodzina: *Are children from broken homes more likely to do badly at school?* **6 broken English/Polish** łamana angielszczyzna/polszczyzna

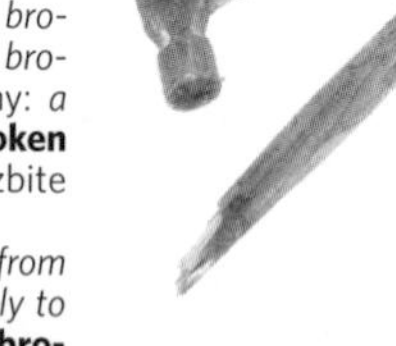

broken

THESAURUS: broken

not working

broken zepsuty (*urządzenie, narzędzie*): *The heater's broken. | a shed full of old broken tools*

there's something wrong with sth coś się stało z czymś: *There's something wrong with my car – it's making a funny noise.*

out of order nieczynny: *The toilet is out of order.*

be down nie działać (*komputer, system*): *I'm afraid we can't help you – our computer system is down at the moment.*

broken² *v* imiesłów bierny od BREAK

ˌbroken-ˈdown *adj* w rozsypce: *a broken-down old barn | a broken-down car*

ˌbroken-ˈhearted *adj* **be broken-hearted** mieć złamane serce

bro·ker¹ /ˈbrəʊkə/ *n* [C] makler, broker →patrz też STOCKBROKER

broker² *v* [T] uzgadniać szczegóły, wy/negocjować (*planu, umowy*): *an agreement brokered by the UN*

bron·chi·tis /brɒŋˈkaɪtɪs/ *n* [U] zapalenie oskrzeli

bronze /brɒnz/ *n* [U] brąz (*stop*) —**bronze** *adj* brązowy, z brązu: *a bronze statuette*

ˌbronze ˈmedal *n* [C] brązowy medal

brooch /brəʊtʃ/ *n* [C] broszka

brood¹ /bruːd/ *v* [I] rozmyślać: *You can't just sit there brooding over your problems.*

brood² *n* [C] wylęg, pisklęta

brook /brʊk/ *n* [C] strumyk

broom /bruːm/ *n* [C] miotła

broom·stick /ˈbruːmˌstɪk/ *n* [C] kij od szczotki

broth /brɒθ/ *n* [U] rosół

broth·el /ˈbrɒθəl/ *n* [C] dom publiczny

broth·er S1 W1 /ˈbrʌðə/ *n* [C] brat: **older/younger/big/little brother** *Isn't that your little* (=młodszy) *brother?* | *We must support our African brothers in their struggle.* | *Brother Justin*

broth·er·hood /ˈbrʌðəhʊd/ *n* **1** [U] braterstwo: *peace and human brotherhood* **2** [C] bractwo

ˈbrother-in-law *n* [C] szwagier

broth·er·ly /ˈbrʌðəli/ *adj* **brotherly love** miłość braterska

brought /brɔːt/ *v* czas przeszły i imiesłów bierny od BRING

brow /braʊ/ *n* [C] **1** czoło **2** brew

brow·beat /ˈbraʊbiːt/ *v* [T] **browbeat sb into doing sth** wymuszać na kimś zrobienie czegoś: *Don't let them browbeat you into doing all the work.*

brown¹ S2 W2 /braʊn/ *adj* brązowy: *brown shoes* —**brown** *n* [U] brąz *(kolor)*

brown² *v* [I,T] przyrumienić (się)

brownie *n* ciasto czekoladowe z orzechami

Brown·ie /ˈbraʊni/ *n* harcerka

browse /braʊz/ *v* [I] **1** oglądać *(towary w sklepie)* rozglądać się: *"Can I help you?" "No thanks. I'm just browsing."* **2 browse through** przeglądać: *I was browsing through the catalogue.*

brows·er /ˈbraʊzə/ *n* [C] przeglądarka

bruise /bruːz/ *n* [C] siniec, siniak: *That's a nasty bruise you've got.* —**bruise** *v* [T] po/siniaczyć —**bruising** *n* [U] sińce

bru·nette /bruːˈnet/ *n* [C] brunetka

brunt /brʌnt/ *n* **bear/take the brunt of** najbardziej odczuć: *I had to bear the brunt of his anger.*

brush¹ S3 /brʌʃ/ *n* **1** [C] szczotka → patrz też HAIRBRUSH, PAINTBRUSH, TOOTHBRUSH **2 a brush with** otarcie się o: *a brush with death*

brush² S3 *v* **1** [T] wy/szczotkować: *Go and brush your teeth.* | **brush sth off/away** (=strzepywać): *She brushed the crumbs off her lap.* **2** [I,T] muskać: **+ against** *Her hair brushed against my arm.*
brush sb/sth ↔ aside *phr v* [T] z/ignorować: *He brushed aside all criticisms.*
brush up (on) sth *phr v* [T] podszlifować, podszkolić się w: *I have to brush up on my French before I go to Paris.*

ˈbrush-off *n informal* **give sb the brush-off** spławić kogoś: *I wanted to ask her out to dinner, but she gave me the brush-off.*

brush·wood /ˈbrʌʃwʊd/ *n* [U] chrust

brusque /bruːsk/ *adj* szorstki, opryskliwy: *a brusque manner*

brus·sels sprout /ˌbrʌsəlz ˈspraʊt/ *n* [C] brukselka

bru·tal /ˈbruːtl/ *adj* brutalny: *a brutal attack* | *She needs to be told what she is doing wrong, but you don't need to be brutal about it.* —**brutally** *adv* brutalnie: *brutally honest remarks* —**brutality** /bruːˈtæləti/ *n* [U] brutalność

bru·tal·ize /bruːtəl-aɪz/ *także* **-ise** *BrE v* [T] **1** upodlać, demoralizować: *the brutalizing effects of war* **2** po/traktować brutalnie —**brutalization** /ˌbruːtəl-aɪˈzeɪʃən/ *n* [U] zezwierzęcenie

brute¹ /bruːt/ *n* [C] **1** brutal **2** bestia, bydlę: *a great brute of a dog*

brute² *adj* **by brute force/strength** na siłę, na chama: *not so much by skill as by brute force*

brut·ish /ˈbruːtɪʃ/ *adj* chamski, bydlęcy: *brutish behaviour*

BSc /ˌbiː es ˈsiː/ *BrE*, **BS** /ˌbiː ˈes/ *AmE n* [C] stopień naukowy odpowiadający licencjatowi z nauk ścisłych

BSE /ˌbiː es ˈiː/ *n* [U] choroba szalonych krów

bub·ble¹ /ˈbʌbəl/ *n* [C] bąbelek, bańka: *soap bubbles*

bubble² *v* [I] **1** za/bulgotać, musować **2 bubble (over) with joy/excitement** nie posiadać się z radości/podniecenia

ˈbubble gum *n* [U] guma balonowa

bub·bly /ˈbʌbli/ *adj* musujący

buck¹ S1 /bʌk/ *n* [C] **1** *AmE, AustrE spoken* dolar: *Could you lend me 20 bucks?* **2 pass the buck** stosować spychotechnikę: *You can't keep passing the buck!* **3** samiec *(np. sarny, królika)* **4 buck naked** *AmE spoken* na golasa: *Sean was standing outside, buck naked.*

buck² *v* [I] brykać *(o koniu)*

buck·et S2 /ˈbʌkɪt/ *n* [C] wiadro: **+ of** *a bucket of water*

buck·le¹ /ˈbʌkəl/ *także* **buckle up** *v* [I,T] zapinać (się) *(na sprzączkę)*: *The strap buckles at the side.*

buckle² *n* [C] sprzączka

bud¹ /bʌd/ *n* [C] **1** pąk, pączek **2** *AmE spoken* kumpel

bud² *v* [I] (**-dded**, **-dding**) wypuszczać pą(cz)ki

Bud·dhis·m /ˈbʊdɪzəm/ *n* [U] buddyzm —**Buddhist** *n* [C] buddyst-a/ka —**Buddhist** *adj* buddyjski

bud·ding /ˈbʌdɪŋ/ *adj* obiecujący, dobrze się zapowiadający: *a budding relationship*

bud·dy S3 /ˈbʌdi/ *n* [C] **1** *informal* kumpel: *We're good buddies.* **2** *AmE spoken* kolega, koleś: *Hey, buddy! Leave her alone!*

budge /bʌdʒ/ *v informal* **1** [I,T] ruszyć (się) *(z miejsca)* drgnąć: *The car won't budge.* | **+ from** *Mark hasn't budged from his room all day.* **2** [I] ustąpić: *Once Dad's made up his mind, he won't budge.*

bud·ge·ri·gar /ˈbʌdʒərɪɡɑː/ *n* [C] papużka

bud·get¹ S1 W2 /ˈbʌdʒɪt/ *n* [C] budżet: **+ of** *They have a budget of £1.5 million for the project.* | **cut/trim the budget** (=ograniczać wydatki) | **balance the budget** (=nie przekraczać budżetu)

budget² *v* [I] planować wydatki: **budget for** (=przewidywać): *We didn't budget for any travel costs.* —**budgetary** *adj* budżetowy: *budgetary restrictions*

budget³ *adj* tani: *a budget flight*

bud·get·a·ry /ˈbʌdʒətəri/ *adj* budżetowy: *budgetary limits*

bud·gie /ˈbʌdʒi/ *n* [C] *BrE* papużka

buff¹ /bʌf/ *n* [C] **wine/computer/opera etc buff** znawca win/komputerów/opery itp.

B

buff² *v* [T] wy/polerować

buff³ *adj* żółtobeżowy

buf·fa·lo /ˈbʌfələʊ/ *n* [C] **1** bawół **2** bizon

buff·er /ˈbʌfə/ *n* [C] **1** zabezpieczenie: **+against** *The trees act as a buffer against strong winds.* | *Support from friends can provide a buffer against stress.* **2** bufor —**buffer** *v* [T] buforować

buf·fet¹ /ˈbʊfeɪ/ *n* [C] bufet

buf·fet² /ˈbʌfɪt/ *v* [T] uderzać w/o *(o wietrze, deszczu, falach)*

B

ˈbuffet car *n* [C] *BrE* wagon restauracyjny

buf·foon /bəˈfuːn/ *n* [C] *old-fashioned* bufon

bug¹ S3 /bʌg/ *n* [C] **1** *informal* robak **2** *informal* wirus: *a flu bug* THESAURUS ILLNESS **3 get the bug/be bitten by the bug** *informal* złapać bakcyla: *They've all been bitten by the football bug.* **4** błąd *(w programie komputerowym)*: *There's a bug in the system.* **5** ukryty mikrofon, podsłuch

bug² *v* [T] (**-gged**, **-gging**) **1** zakładać podsłuch w: *Are you sure this room isn't bugged?* **2** *spoken* wkurzać: *Stop bugging me!*

bug·ger /ˈbʌgə/ *interjection BrE informal* niech to szlag!

bug·gy /ˈbʌgi/ *n* [C] wózek spacerowy

bu·gle /ˈbjuːgəl/ *n* [C] sygnałówka *(trąbka)* —**bugler** *n* [C] trębacz

build¹ S1 W1 /bɪld/ *v* [T] (**built**, **built**, **building**) z/budować, wy/budować: *More homes are being built near the lake.* | *We are working to build a more peaceful world.*
build sth ↔ into *phr v* [T] wbudowywać: *A physical training programme is built into the course.*
build up *phr v* **1** [I,T **build** sth ↔ **up**] wzmacniać, rozwijać: *You need to build your strength up after your illness.* | *They've built up the business over a number of years.* **2 build up sb's hopes** robić komuś nadzieję: *Don't build your hopes up.*

build² *n* [U singular] budowa *(ciała)*: *Maggie is tall with a slim build.*

build·er S3 /ˈbɪldə/ *n* [C] **1** *especially BrE* budowniczy **2** przedsiębiorstwo budowlane

build·ing S1 W1 /ˈbɪldɪŋ/ *n* **1** [C] budynek: *The old church was surrounded by tall buildings.* **2** [U] budowa

COLLOCATIONS: building

types of building

a tall building *We walked through a narrow alley between tall buildings.*

a brick/stone/wooden building *The town hall is a large brick building.*

an office/apartment/school etc building *They live in an apartment building near the park.*

a high-rise building (=wieżowiec) *His office is on the top floor of a high-rise building.*

a single-storey/two-storey etc building *Her house is a modern, single-storey building.*

a historic building *The city is full of historic buildings.*

a low-rise building (=niski budynek) *Because of the danger of earthquakes, the city consists mainly of low-rise buildings.*

verbs

to put up a building *także* **to erect a building** *formal They are not allowed to put up any new buildings here.*

to knock down/demolish a building *Many of the old buildings were knocked down after the war.*

ˈbuilding ˌblock *n* **1** [C usually plural] budulec, podstawowy składnik: *Reading and writing are the building blocks of our education.* **2** klocek

ˈbuilding ˌsite *n* [C] budowa, plac budowy

ˈbuilding soˌciety *n* [C] *BrE* kasa mieszkaniowa

ˈbuild-up *n* [C usually singular] nasilenie: *The build-up of traffic is causing major problems in cities.*

built /bɪlt/ czas przeszły i imiesłów bierny od BUILD

ˌbuilt-ˈin *adj* wbudowany: *built-in wardrobes*

bulb /bʌlb/ *n* [C] **1** żarówka: *We need a new bulb in the kitchen.* **2** cebulka: *tulip bulbs*

bul·bous /ˈbʌlbəs/ *adj* bulwiasty: *a bulbous nose*

Bul·ga·ri·a /bʌlˈgeəriə/ *n* Bułgaria —**Bulgarian** /bʌlˈgeəriən/ *n* Bułgar/ka —**Bulgarian** *adj* bułgarski

bulge¹ /bʌldʒ/ *n* [C] wybrzuszenie, nierówność: *What's that bulge in the carpet?*

bulge² *także* **bulge out** *v* [I] wystawać: *Jeffrey's stomach bulged over his trousers.*

bu·lim·i·a /bjuːˈlɪmiə/ *n* [U] bulimia —**bulimic** *adj* chory na bulimię

bulk AC /bʌlk/ *n* **1 the bulk of sth** większość czegoś: *The bulk of the work has already been done.* **2** [singular] masa: *His bulk made it difficult for him to move quickly enough.* **3 in bulk** hurtowo: *It's cheaper to buy things in bulk.*

bulk·y AC /ˈbʌlki/ *adj* nieporęczny: *a bulky package*

bull /bʊl/ *n* **1** [C] byk **2** [C] samiec *(słonia, wieloryba itp.)* **3** [U] *informal* BULLSHIT

bull·dog /ˈbʊldɒg/ *n* [C] buldog

bull·doze /ˈbʊldəʊz/ *v* [T] burzyć *(spychaczem)*

bull·doz·er /ˈbʊldəʊzə/ *n* [C] spychacz, buldożer

bul·let /ˈbʊlɪt/ *n* [C] kula: *a bullet wound*

bul·le·tin /ˈbʊlətɪn/ *n* [C] **1** skrót wiadomości: *Our next bulletin is at 6 o'clock.* **2** biuletyn

ˈbulletin ˌboard *n* [C] **1** *especially AmE* tablica ogłoszeń **2** forum: *a local computer bulletin board*

bull·fight /ˈbʊlfaɪt/ *n* [C] walka byków, corrida —**bullfighter** *n* [C] torreador —**bullfighting** *n* [U] walka byków, corrida

bull·horn /ˈbʊlhɔːn/ *n* [C] *AmE* megafon

bul·lion /ˈbʊljən/ *n* [U] złoto/srebro w sztabach

bul·lock /ˈbʊlək/ *n* [C] wół

ˈbull's-eye *n* [C] środek tarczy, dziesiątka: *to score a bull's-eye*

bull·shit¹ /ˈbʊlˌʃɪt/ *n* [U] *spoken* bzdury

bullshit² *v* [I,T] *informal* pieprzyć (bzdury) —**bullshitter** *n* [C] pierdoła

bul·ly¹ /ˈbʊli/ *v* [T] znęcać się nad *(młodszymi i słabszymi)*

bully² *n* [C] osoba znęcająca się nad młodszymi i słabszymi

bum¹ /bʌm/ *n* [C] *informal* **1** *BrE* tyłek **2** *especially AmE* obibok: *Get out of bed, you bum!* **3** *AmE* włóczęga

bum² *v* [T] (**-mmed**, **-mming**) *informal* wy/żebrać, wy/sępić: *Can I bum a cigarette?*
bum around *phr v* [I,T] *informal* włóczyć się: *I spent the summer bumming around Europe.*

bum·ble·bee /ˈbʌmbəlbiː/ *n* [C] trzmiel

bum·bling /ˈbʌmblɪŋ/ *adj* [only before noun] nieporadny

bum·mer /ˈbʌmə/ *n* [singular] *spoken informal* przykra sprawa: **a bummer** *You can't go? What a bummer* (=a to pech).

bump¹ S3 /bʌmp/ *v* **1** [I,T] uderzyć (się): *Mind you don't bump your head!* | **+into/against** *It was so dark I bumped into* (=wpadłem na) *a tree.* **2** [I] podskakiwać *(o samochodzie)* **+along** *The truck bumped along the rough track.*
bump into sb *phr v* [T] *informal* natknąć się na: *Guess who I bumped into this morning?*

bump² *n* [C] **1** guz: **+on** *Derek's got a nasty bump on the head.* **2** wybój: **+in** *a bump in the road*

bump·er¹ /ˈbʌmpə/ *n* [C] zderzak

bumper² *adj* [only before noun] rekordowy: *a bumper crop*

ˈbumper ˌsticker *n* [C] nalepka na tylny zderzak

bump·y /ˈbʌmpi/ *adj* wyboisty: *a bumpy road*

bun /bʌn/ *n* [C] **1** *BrE* słodka bułeczka: *a currant bun* **2** kok: *She wears her hair in a bun.*

bunch¹ S2 /bʌntʃ/ *n* [C] **1** bukiet: *a beautiful bunch of violets* **2** kiść: **+of** *a bunch of grapes* **3** [singular] *informal* **a)** paczka, banda: *My class are a really nice bunch.* | **+of** *a bunch of idiots* **b)** *AmE informal* masa: **+of** *The doctor asked me a bunch of questions.*

bunch² *także* **bunch together** *v* [I, T] z/gromadzić się: *The children were bunched together by the door.*

bun·dle¹ /ˈbʌndl/ *n* [C] **1** pakunek: **+of** *a bundle of clothes* **2** plik: *a bundle of newspapers* **3** wiązka: *a bundle of sticks* **4 be a bundle of nerves** *informal* być kłębkiem nerwów **5 a bundle of fun** *informal* kupa śmiechu

bundle² *v* **1** [I,T] w/pakować (się), w/ciskać (się): **+into/through** *The police bundled Jason into the back of the van.* **2** [I,T] wysypywać się: **+out of** *A dozen kids bundled out of the classroom.* **3** [T] fabrycznie wyposażać: **+with** *The computer comes bundled with word-processing software.*
bundle sth ↔ up *phr v* [T] zebrać *(w plik lub wiązkę)* związać: *Bundle up the newspapers and we'll take them to be recycled.*

bung¹ /bʌŋ/ *n* [C] *BrE* **1** szpunt, zatyczka **2** *informal* łapówka

bung² *v* [T] *BrE informal* wrzucać: **bung sth in/on etc** *Bung the butter in the fridge, will you?*
bung sth ↔ up *phr v* [T] *informal* **1** zatykać **2 be bunged up** mieć zapchany nos

bun·ga·low /ˈbʌŋgələʊ/ *n* [C] dom parterowy THESAURUS ▸ HOUSE

bungalow

bun·gee jump /ˈbʌndʒi dʒʌmp/ *n* skok na bungee

bun·gee jump·ing /ˈbʌndʒi ˌdʒʌmpɪŋ/ *n* bungee, skoki na linie

bun·gle /ˈbʌŋgəl/ *v* [T] s/partaczyć: *The builders bungled the job completely.*

bun·ion /ˈbʌnjən/ *n* [C] zapalenie torebki maziowej *(dużego palca u nogi)*

bunk /bʌŋk/ *n* [C] **1** koja **2** kuszetka **3 bunk beds** łóżko piętrowe

bun·ker /ˈbʌŋkə/ *n* [C] bunkier, schron

bun·ny /ˈbʌni/ *także* **ˈbunny ˌrabbit** *n* [C] króliczek

buoy¹ /bɔɪ/ *n* [C] boja

buoy² *także* **buoy up** *v* [T] podtrzymywać na duchu, podbudowywać: *Jill was buoyed up by success.*

buoy·ant /ˈbɔɪənt/ *adj* **1** pogodny, raźny: *Bob was in a buoyant mood.* **2** zwyżkujący **3** pławny, utrzymujący się na powierzchni wody —**buoyancy** *n* [U] pogoda ducha

bur·den¹ /ˈbɜːdn/ *n* [C] *formal* ciężar: **+on** *I don't want to be a burden on my children when I'm old.*

burden² *v* [T] obarczać: *We won't burden her with any more responsibility.*

bu·reau /ˈbjʊərəʊ/ *n* [C] **1** biuro: *an employment bureau* **2** *especially AmE* urząd: *the Federal Bureau of Investigation* **3** *BrE* sekretarzyk **4** *AmE* komoda

bu·reauc·ra·cy /bjʊəˈrɒkrəsi/ *n* [U] biurokracja

bu·reau·crat /ˈbjʊərəkræt/ *n* [C] biurokrat-a/ka

bu·reau·crat·ic /ˌbjʊərəˈkrætɪk◂/ *adj* biurokratyczny

burg·er /ˈbɜːgə/ *n* [C] hamburger

bur·glar /ˈbɜːglə/ *n* [C] włamywacz/ka

ˈburglar aˌlarm *n* [C] alarm antywłamaniowy

bur·glar·ize /ˈbɜːgləraɪz/ *v* [T] *AmE* włamać się do

bur·glar·y /ˈbɜːgləri/ *n* [C,U] włamanie

bur·gle /ˈbɜːgəl/ *BrE*, **burglarize** *AmE* *v* [T] włamywać się do

bur·i·al /ˈberiəl/ *n* [C,U] pogrzeb, pochówek

bur·ly /ˈbɜːli/ *adj* krzepki

burn¹ S2 W3 /bɜːn/ *v* (**burned** or **burnt**, **burned** or **burnt**, **burning**) **1** [I,T] s/palić (się): *Be careful with that cigarette, you don't want to burn* (=wypalić) *a hole in the carpet.* **2** [I,T] o/parzyć (się): *Dave burnt his hand on the iron.* **3** [I] palić się, płonąć: *Is the fire still burning?* **4** [I,T] spalać (się): *Cars burn petrol.* **5 get burned** *especially AmE spoken* **a)** sparzyć się *(na czymś)* **b)** pójść z torbami —**burned** *adj* spalony, przypalony, poparzony
burn sth ↔ down *phr v* [I,T] spalić (się): *The cinema burnt down last year.* | *The school was burnt down by vandals.*
burn sth ↔ off *phr v* [T] **burn off energy/calories** spalać energię/kalorie
burn out *phr v* [I,T **burn** sth **↔ out**] wypalić (się): *The fire burned (itself) out.*
burn up *phr v* **1** [I,T **burn** sth **↔ up**] spalić (się): *The rocket burnt up when it re-entered the earth's atmosphere.* **2** [T **burn** sb **up**] *AmE informal* wkurzać: *The way he treats her really burns me up.*

burn² S3 *n* [C] oparzenie: *Many of the victims suffered severe burns.*

ˌburned ˈout *także* **burnt out** *adj* **1** wykończony: *I was completely burned out after my exams.* **2** wypalony

burn·er /ˈbɜːnə/ *n* **1** [C] palnik **2 put sth on the back burner** *informal* odłożyć na potem

burn·ing /ˈbɜːnɪŋ/ *adj* [only before noun] **1** płonący: *a* *burning house* **2** rozpalony: *burning cheeks* **3 burning question/issue** paląca kwestia

bur·nished /ˈbɜːnɪʃt/ *adj* wypolerowany —**burnish** *v* [T] wy/polerować

burnt[1] /bɜːnt/ *v* czas przeszły i imiesłów bierny od **BURN**

burnt[2] *adj* **1** przypalony: *Sorry the toast is a little burnt.* **2** oparzony: *burnt skin*

burnt out → patrz też **BURNED OUT**

B

burp /bɜːp/ *v* [I] *informal* **I/she burped** odbiło mi/jej się —**burp** *n* [C] beknięcie

bur·row[1] /ˈbʌrəʊ/ *v* [I,T] wy/kopać *(norę)* **+under** *Rabbits had burrowed under the wall.*

burrow[2] *n* [C] nora

bur·sar /ˈbɜːsə/ *n* [C] kwestor

bur·sa·ry /ˈbɜːsəri/ *n* [C] stypendium

burst[1] W3 /bɜːst/ *v* (**burst**, **burst**, **bursting**) **1** [I] pękać: *That balloon will burst if you leave it in the sun.* **2** [T] przebijać: *The kids burst all the balloons with pins.* **3 be bursting** być przepełnionym: **+with** *Florence is always bursting with tourists.* | **be bursting at the seams** (=pękać w szwach): *Classrooms are bursting at the seams.* **4 burst open** otworzyć się gwałtownie: *The door burst open and 20 or 30 policemen rushed in.* **5 burst its banks** wystąpić z brzegów: *Last spring, the river burst its banks again.* **6 be bursting to do sth** nie móc się doczekać, żeby coś zrobić: *Becky's just bursting to tell you her news.*

burst into sth *phr v* [T] **1** wpaść do: *Jenna burst into the room.* **2 burst into tears** rozpłakać się: *The little girl burst into tears.* **3 burst into flames** stanąć w płomieniach: *The car hit a tree and burst into flames.*

burst out *phr v* **1 burst out laughing/crying** wybuchnąć śmiechem/płaczem **2** [I] wy/krzyknąć: *"I don't believe it!" Duncan burst out.*

burst[2] *n* [C] **1** przypływ: **+of** *In a sudden burst of energy Denise cleaned the whole house.* **2** wybuch: **+of** *a burst of laughter*

burst[3] *adj* pęknięty, rozerwany: *a burst pipe* | *burst blood vessels*

bur·y W3 /ˈberi/ *v* [T] **1** po/chować: *Auntie Betty was buried in Woodlawn Cemetery.* **2** zakopywać: *The dog was burying a bone.* | **+under** *Dad's glasses were buried under a pile of newspapers.* **3 bury the hatchet** zakopać topór wojenny **4 bury your face in** ukryć twarz w: *She turned away, burying her face in her hands.*

bus[1] S1 W2 /bʌs/ *n* [C] (plural **buses**) autobus: *There were only three people on the bus.* | **by bus** *I usually go to school by bus.*

COLLOCATIONS: bus

verbs

to get/catch a bus *You can get a bus to the airport from here.*

to ride a bus *AmE It was the first time Craig had ridden a bus downtown by himself.*

to go on/take the bus (=jeździć autobusem) *I usually go on the bus to work.*

to get on/off a bus *A woman with a baby got on the bus.* ⚠ Nie mówi się „get in a bus". Mówimy: **get on a bus**.

to wait for a bus *I was standing at the bus stop waiting for a bus.*

to miss a bus *If we don't leave now, we'll miss the bus.*

bus + noun

a bus ride/journey *He has a 30-minute bus ride to school.*

a bus stop *Get off at the next bus stop for the museum.*

a bus shelter (=wiata) *Some kids had vandalized the bus shelter.*

a bus station *Dad met me at the bus station.*

a bus service *It's a small village but there is a good bus service.*

a bus route *We live very near a bus route.*

bus fare (=opłata za przejazd) *She gave me 50p for my bus fare.*

a bus ticket *She lost her bus ticket.*

a bus pass (=sieciówka) *Most of the students have a bus pass.*

bus

bus[2] *v* [T] (**-ssed**, **-ssing**, **-sed**, **-sing**) do/wozić autobusem: *Many children are being bussed to schools in other areas.*

bush /bʊʃ/ *n* **1** [C] krzak: *a rose bush* **2 the bush** busz

bush·y /ˈbʊʃi/ *adj* bujny, puszysty: *a bushy tail*

bus·i·ly /ˈbɪzəli/ *adv* pracowicie: *The class were all busily writing.*

busi·ness S1 W1 /ˈbɪznəs/ *n* **1** [U] biznes, interesy: **do business with** *We do a lot of business with people in Rome.* THESAURUS ▸ **COMPANY** **2 go into business** zakładać firmę: *Pam's going into business with her sister.* **3 go out of business** z/likwidować interes: *Many small companies have recently gone out of business.* **4** [C] firma, przedsiębiorstwo: **run a business** (=prowadzić firmę): *Graham runs a printing business.* **5** [U] praca: **on business** (=służbowo): *Al's gone to Japan on business.* **6** [U] *spoken* sprawa: *"Are you going out with Ben tonight?" "That's my business."* | **none of your business** (=nie twoja sprawa): *It's none of your business how much I earn.* | **mind your own business** (=pilnuj swego nosa) **7 get down to business** zabierać się do rzeczy **8 mean business** *informal* nie żartować: *I could tell from the look on his face that he meant business.*

COLLOCATIONS: business (4)

verbs

to run a business *I always wanted to run my own business.*

to have/own a business *Nick owned a software business in Boston.*

to set up/start a business *When you're starting a business, you have to work long hours.*

a business succeeds/does well *Making a business succeed is not simple.*

a business fails także **a business goes bust** *informal* (=firma bankrutuje) *When he was 22, his father's business failed.*

adjectives

a small business *Many small businesses are going bust.*
a successful business *She heads a successful marketing business.*

noun + business

a family business *He was expected to join the family business.*
a software/catering/construction etc business *His girlfriend runs a catering business.*

business + noun

a business partner *Margie was his wife and also his business partner.*

'business class *n* [U] klasa biznes(owa)

busi·ness·like /ˈbɪznəs-laɪk/ *adj* rzeczowy: *a business-like manner*

busi·ness·man /ˈbɪznəsmən/ *n* [C] (plural **businessmen** /-mən/) **1** biznesmen **2 be a good businessman** być dobrym w interesach

'business plan *n* [C] biznesplan

busi·ness·wom·an /ˈbɪznəsˌwʊmən/ *n* [C] (plural **businesswomen** /-wɪmɪn/) bizneswoman, kobieta biznesu

busk /bʌsk/ *v* [I] *BrE* muzykować na ulicy —**busker** *n* [C] uliczny grajek

'bus pass *n* [C] sieciówka autobusowa *(na ulgowe lub bezpłatne przejazdy)*

'bus stop *n* [C] przystanek autobusowy

bust¹ /bʌst/ *v* [T] (**bust** *or* **busted**, **bust** *or* **busted**, **busting**) *informal* **1** rozwalić: *Someone bust his door down while he was away.* **2** przymknąć: *He got busted for possession of drugs.*

bust² *n* [C] **1** biust: *a 34-inch bust* **2** popiersie: **+ of** *a bust of Shakespeare*

bust³ *adj* **1** *informal* **go bust** s/plajtować: *More and more small businesses are going bust each year.* **2** zepsuty: *The TV's bust again.*

bus·tle¹ /ˈbʌsəl/ *n* [singular] zgiełk, gwar: **+ of** *the bustle of the big city* —**bustling** *adj* gwarny

bustle² *v* [I] krzątać się: **+ about/around** *Linda was bustling around in the kitchen.*

'bust-up *n* [C] *informal* awantura

bus·y¹ S1 W2 /ˈbɪzi/ *adj* **1** zajęty: *Alex is busy studying for his exams.* | **+ with** *I'm busy with a customer at the moment. Can I call you back?* **2** zatłoczony: *a busy airport* | *The roads were very busy this morning.* **3** *especially AmE* zajęty *(o linii)*: *I got a busy signal.* —**busily** *adv* pracowicie: *She bustled around busily.*

busy² *v* **busy yourself with sth** zajmować się czymś: *Josh busied himself with cleaning the house.*

bus·y·bod·y /ˈbɪziˌbɒdi/ *n* [C] ciekawsk-i/a

but¹ S1 W1 /bət, bʌt/ *conjunction* **1** ale, lecz: *Grandma didn't like the song, but we loved it.* | *Carla was supposed to come tonight, but her husband took the car.* **2** *spoken* ależ: *"I have to go tomorrow." "But you only just arrived!"*

but² S2 W3 *prep* oprócz, poza: *Joe can come any day but Monday.* | *Nobody but Liz knows the truth.* | **the last but one** (=przedostatni): *I was the last but one to arrive.* THESAURUS ▸ **EXCEPT**

butch /bʊtʃ/ *adj informal* męski *(o wyglądzie, stroju lub zachowaniu kobiety)*

butch·er¹ S3 /ˈbʊtʃə/ *n* [C] **1** rzeźnik **2 butcher's** sklep mięsny, rzeźnik

butcher² *v* [T] **1** zarzynać **2** wy/mordować, z/masakrować: *Thousands were butchered.*

but·ler /ˈbʌtlə/ *n* [C] kamerdyner

butt¹ /bʌt/ *n* [C] **1** *especially AmE informal* tyłek: *Get off your butt and do some work.* **2** niedopałek **3** kolba: *a rifle butt*

butt² *v* [I,T] u/bóść
butt in *phr v* [I] *informal* wtrącać się: *Sorry, I didn't mean to butt in.*

but·ter¹ S2 /ˈbʌtə/ *n* [U] **1** masło: *a slice of bread and butter* **2 butter wouldn't melt in sb's mouth** *spoken informal* ktoś sprawia wrażenie niewiniątka

butter² *v* [T] po/smarować masłem: *hot buttered toast*
butter sb ↔ up *phr v* [T] *informal* podlizywać się

but·ter·cup /ˈbʌtəkʌp/ *n* [C] jaskier

but·ter·fly /ˈbʌtəflaɪ/ *n* [C] **1** motyl **2 have butterflies (in your stomach)** *informal* denerwować się, mieć tremę

but·tock /ˈbʌtək/ *n* [C usually plural] pośladek

but·ton¹ S2 /ˈbʌtn/ *n* [C] **1** guzik: *Do your buttons up* (=zapnij guziki). **2** przycisk, guzik: **push/press a button** *Just press the 'on' button.* **3** *AmE* znaczek, odznaka

button² *także* **button up** *v* [I,T] zapinać (się): *Button up your coat.*

but·ton·hole /ˈbʌtnhəʊl/ *n* [C] dziurka *(na guzik)*

but·tress /ˈbʌtrəs/ *v* [T] *formal* podpierać *(tezę, rozumowanie itp.)*: *They tried to buttress their argument with quotations.*

bux·om /ˈbʌksəm/ *adj* hoży, dorodny *(o kobiecie)*

buy¹ S1 W1 /baɪ/ *v* (**bought**, **bought**, **buying**) **1** [I,T] kupować: *Have you bought Bobby a birthday present yet?* | **buy sth from sb** *I'm buying a car from a friend.* | **buy sth for** *She bought those shoes for £15.* **2** [T] *informal* u/wierzyć w: *I just don't buy that story.*
buy sb/sth ↔ out *phr v* [T] wykupić: *The old Corporation bought out the two private gas companies in 1869.*
buy sth ↔ up *phr v* [T] skupywać: *A road-building firm is buying up all the properties in the area.*

THESAURUS: buy

buy kupić: *I need to buy a new computer.*
get kupić *(używa sie zwłaszcza w mowie)*: *Can you get me some milk?* | *Where did you get that tie?* | *I got her a present.*
purchase *formal* nabyć, zakupić: *They purchased the house in 2006.* | *Tickets may be purchased from the box office.*
acquire *formal* nabyć *(zwłaszcza jako inwestycję)*: *The land was acquired by a group of investors.*
snap sth up *informal* rozchwytywać/wykupywać coś: *Shoppers are snapping up bargains.*
pick sth up *informal* kupić coś *(zwłaszcza niedrogiego, bez namysłu)*: *„Where did you get the vase?" „Oh, it's just something I picked up in Venice."* | *Can you pick up some milk for me on your way home?*

buy² *n* **a good buy** dobry zakup, okazja: *The Brazilian white wine is a good buy.*

buy·er S3 W3 /ˈbaɪə/ *n* [C] **1** nabywca, kupiec: *We've found a buyer for our house.* **2** zaopatrzeniowiec

buzz[1] /bʌz/ *v* [I] **1** brzęczeć: *Why's the TV buzzing like that?* **2** huczeć: **+with** *The whole building was buzzing with news of the fire.*

buzz[2] *n* [C] brzęczenie

buz·zard /ˈbʌzəd/ *n* [C] **1** *BrE* myszołów **2** *AmE* sęp

buzz·er /ˈbʌzə/ *n* [C] brzęczyk: *I pressed the buzzer.*

B

by[1] S1 W1 /baɪ/ *prep* **1** przez: *a film made by Steven Spielberg | Sylvie was hit by a car.* **2 a play by Shakespeare** sztuka Szekspira **3** przy, obok: *I'll meet you by the bank.* **4** za: *I grabbed the hammer by the handle.* **5** wyraża sposób wykonania czynności: **by car/plane etc** (=samochodem/samolotem): *We travelled across India by train.* | **by doing sth** (=robiąc coś): *Carol earns extra money by babysitting.* **6** do: *Your report has to be done by 5:00.* THESAURUS BEFORE **7 by mistake** przez pomyłkę: *Hugh locked the door by mistake.* **8 by accident/chance** przez przypadek, przypadkowo: *I bumped into her quite by chance in Oxford Street.* **9** według, zgodnie z: *By law, you must be over 16 to marry.* | *It's 9.30 by my watch.* **10** koło, obok: *Sophie ran by me on her way to the bus stop.* **11** przy określaniu miar i liczb: *The room is 14 feet by 12 feet* (=ma 14 na 12 stóp). | *What's 7 multiplied by* (=pomnożone przez) *8?* | *Anne gets paid by the hour* (=od godziny). | *You have to buy this material by the metre* (=na metry). **12 day by day** dzień za dniem **13 by day/by night** za dnia/nocą: *Bats sleep by day and hunt by night.* **14 by the way** *spoken* à propos, a tak przy okazji: *By the way, Cheryl called while you were out.* **15 (all) by yourself** zupełnie sam/a: *They left the boy by himself for two days!*

by[2] S1 W1 *adv* **1** obok: *Two cars went by, but nobody stopped.* **2 by and large** ogólnie rzecz biorąc: *By and large, I agree.*

bye S1 /baɪ/ *także* **bye-ˈbye** *interjection* do widzenia, cześć: *Bye, Sandy! See you later.*

ˈby-eˌlection *n* [C] *BrE* wybory uzupełniające

by·gone /ˈbaɪgɒn/ *adj* miniony: *bygone days/age/era*

by·gones /ˈbaɪgɒnz/ *n* **let bygones be bygones** co było, minęło

by·pass[1] /ˈbaɪpɑːs/ *n* [C] **1** obwodnica **2** bypass: *heart bypass | bypass surgery*

bypass[2] *v* [T] omijać: *The road bypasses the town. | I bypassed the paperwork by phoning the owner of the company.*

ˈby-ˌproduct *n* [C] **1** produkt uboczny: *Plutonium is a by-product of nuclear processing.* **2** skutek uboczny: *His lack of respect for authority was a by-product of his upbringing.*

by·stand·er /ˈbaɪˌstændə/ *n* [C] przypadkowy świadek: **innocent bystander** *Several innocent bystanders were killed by the explosion.*

byte /baɪt/ *n* [C] bajt

by·way /ˈbaɪweɪ/ *n* [C] boczna droga

by·word /ˈbaɪwɜːd/ *n* [C] **a byword for sth** synonim/symbol czegoś: *His name has become a byword for honesty.*

C c

C, c /siː/ C, c *(litera)*

C skrót od CELSIUS lub CENTIGRADE

cab /kæb/ *n* [C] **1** taksówka **2** kabina *(kierowcy)*

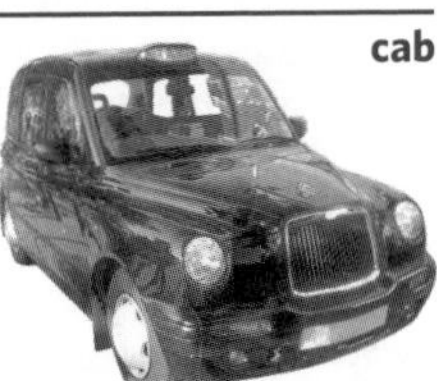

cab

black cab

cab·a·ret /ˈkæbəreɪ/ *n* [C,U] kabaret

cab·bage /ˈkæbɪdʒ/ *n* [C,U] kapusta

cab·bie /ˈkæbi/ *n* [C] *informal* taksiarz

cab·in /ˈkæbɪn/ *n* [C] **1** kabina **2** chata: *a log cabin*

ˈcabin crew *n* [U] personel pokładowy

cab·i·net S2 W2 /ˈkæbɪnɪt/ *n* **1** [C] szafka **2 drinks cabinet** barek **3 the Cabinet** gabinet *(rząd)*

ca·ble¹ W3 /ˈkeɪbəl/ *n* **1** [C,U] kabel: *an underground telephone cable* **2** [U] telewizja kablowa **3** [C,U] lina **4** [C] depesza

cable² *v* [I,T] nadawać depeszę (do)

ˈcable car *n* [C] wagon kolejki linowej

ˌcable ˈtelevision *także* **ˌcable TˈV** *n* [U] telewizja kablowa

cache /kæʃ/ *n* [C] **1** ukryte zapasy: **+of** *Police found a cache* (=tajny skład) *of weapons in the house.* **2** kryjówka, schowek

cack·le /ˈkækəl/ *v* [I] rechotać

cac·tus /ˈkæktəs/ *n* [C] (plural **cacti** /-taɪ/ or **cactuses**) kaktus

ca·dence /ˈkeɪdəns/ *n* [C] kadencja

ca·det /kəˈdet/ *n* [C] kadet

cadge /kædʒ/ *v* [I,T] *BrE informal* naciągać: **cadge sth from/off sb** *I managed to cadge ten quid off Dad* (=wyciągnąłem dziesięć funtów od taty).

cae·sar·e·an /səˈzeəriən/ *także* **ˌcaesarean ˈsection** *n* [C] cesarskie cięcie

cafe, **café** /ˈkæfeɪ/ *n* [C] kawiarnia

caf·e·te·ri·a /ˌkæfəˈtɪəriə/ *n* [C] bufet, stołówka: *the college cafeteria* THESAURUS RESTAURANT

caf·feine /ˈkæfiːn/ *n* [U] kofeina

cage /keɪdʒ/ *n* [C] klatka —**caged** *adj* zamknięty w klatce: *He walked up and down like a caged lion.*

cag·ey /ˈkeɪdʒi/ *adj informal* skryty: **+about** *He's being very cagey about what he's going to do with the money.*

ca·goule /kəˈguːl/ *n* [C] *BrE* wiatrówka, kurtka z kapturem

ca·hoots /kəˈhuːts/ *n informal* **be in cahoots (with sb)** być w zmowie (z kimś): *The soldiers were in cahoots with the drug smugglers.*

ca·jole /kəˈdʒəʊl/ *v* [T] nakłaniać *(pochlebstwami)*: *He tried to cajole her into having something to eat.*

cake S2 W3 /keɪk/ *n* **1** [C,U] ciasto, ciastko: *Would you like a piece of cake?* | *a birthday cake* (=tort) **2 fish cake** hamburger rybny **3 you can't have your cake and eat it** nie można mieć wszystkiego naraz

caked /keɪkt/ *adj* [not before noun] **caked in/with sth** oblepiony czymś: *Paul's boots were soon caked with mud.*

ca·lam·i·ty /kəˈlæməti/ *n* [C,U] klęska, katastrofa: *The government was determined to avoid yet another political calamity.* | *The area has been plagued by calamity.*

cal·ci·um /ˈkælsiəm/ *n* [U] wapń

cal·cu·late S2 W3 /ˈkælkjəleɪt/ *v* **1** [T] obliczać: *The price is calculated in US dollars.* **2** przewidywać: *It's difficult to calculate what effect these changes will have on the company.* **3 calculated to do sth** obliczony na zrobienie czegoś: *The ads are calculated to attract women voters.*

cal·cu·lat·ed /ˈkælkjəleɪtɪd/ *adj* rozmyślny: *It was a calculated attempt to deceive the public.*

cal·cu·lat·ing /ˈkælkjəleɪtɪŋ/ *adj* wyrachowany: *a cold and calculating man*

cal·cu·la·tion S2 /ˌkælkjəˈleɪʃən/ *n* [C,U] obliczenie, kalkulacja: *According to the Institute's calculations, nearly 80% of teenagers have tried drugs.*

cal·cu·la·tor S3 /ˈkælkjəleɪtə/ *n* [C] kalkulator

cal·en·dar S3 /ˈkæləndə/ *n* **1** [C] kalendarz: *The President's calendar is completely full at the moment.* | *the Jewish calendar* **2 calendar year/month** rok/miesiąc kalendarzowy

calf /kɑːf/ *n* [C] (plural **calves** /kɑːvz/) **1** łydka **2** cielę

cal·i·bre /ˈkæləbə/ *BrE*, **caliber** *AmE n* **1** [U] kaliber, format: *players of the highest calibre* **2** kaliber *(broni)*

call¹ S1 W1 /kɔːl/ *v* **1 be called** nazywać się: *The arrow on the screen is called a cursor.* **2** [T] dać na imię: *They finally decided to call the baby Joel.* **3** [T] nazywać: *News reports have called it the worst disaster of this century.* **4** [I,T] za/dzwonić (do): *I called about six o'clock but no one was home.* | *He said he'd call me tomorrow.* THESAURUS PHONE **5** [T] za/wołać, wzywać: *I can hear Mom calling me. I'd better go.* | *The headmaster called me into his office.* **6** [T] **call a meeting** zwołać zebranie: *A meeting was called for 3 pm Wednesday.* **7** [T] **call a strike** ogłosić strajk **8** *także* **call out** [I,T] za/wołać: *"I'm coming!" Paula called down the stairs.* | *A little voice called out my name.* **9** *także* **call by** [I] *BrE* wstąpić, wpaść: *Your friend Alex called earlier.* **10** [I] zatrzymywać się *(o pociągu)*: *This train calls at all stations.* **11 call it a day** *informal* s/kończyć *(pracę)*: *Come on, guys, let's call it a day* (=kończymy na dzisiaj).

call back *phr v* **1** [I,T **call** sb **back**] oddzwonić: *Okay, I'll call back around three.* **2** [I] *BrE* przyjść/przyjechać ponownie: *I'll call back tonight with my car to pick it up.*

call for *phr v* **1** [T **call for** sth] domagać się: *Congressmen are calling for an investigation into the scandal.* **2** [T **call for** sb] *BrE* przyjść po: *I'll call for you at about eight.*

call in *phr v* **1** [T **call** sb ↔ **in**] wezwać: *Police have been called in to help with the hunt for the missing child.* **2** [I] *BrE* wstąpić, zajść: *Nick often calls in on his way home from work.*

call sth ↔ off *phr v* [T] odwołać: *The game was called off due to bad weather.*

call on sb/sth *phr v* [T] **1** *także* **call upon** wzywać: *The UN has called on both sides to start peace talks.* **2** odwiedzać: *a salesman calling on customers*

call out *phr v* **1** [I,T **call** sth ↔ **out**] za/wołać: *"Hey!" she*

C

called out to him. **2** [T **call** sb/sth ↔ **out**] wzywać: *"Where's Dr. Cook?" "She's been called out to a patient* (=wezwano ją do pacjenta)."

call up *phr v* **1** [I,T **call** sb ↔ **up**] *especially AmE* za/dzwonić (do): *Why don't you call Suzie up and see if she wants to come over?* **2** [T **call** sth ↔ **up**] wywołać *(na ekran komputera)* **3** [T **call** sb ↔ **up**] *BrE* powołać *(do wojska)*

call² S1 W1 *n* **1** [C] telefon: *She's expecting a call from the office soon.* | **get a call** *I got a call from Teresa yesterday* (=wczoraj dzwoniła do mnie Teresa). | **give sb a call** (=za/dzwonić do kogoś): *Just give me a call from the airport when you arrive.* | **make a call** (=za/dzwonić): *Sorry, I have to make a telephone call.* | **return sb's call** *Ask him to return my call* (=poproś go, żeby oddzwonił) *when he comes home.* **2 be on call** mieć dyżur: *Heart surgeons are on call 24 hours a day.* **3** [C] wołanie: *a call for help* **4** [C] wizyta: **pay a call on sb** (=odwiedzić kogoś): *Should we pay a call on Nadia while we're in Paris?* **5** [C] **call for sth** żądanie czegoś: *the call for a new constitution for Britain* **6** [C] krzyk *(ptaka lub zwierzęcia)*: *the mating call of the bald eagle*

'call ˌcentre *BrE*, **call center** *AmE n* telefoniczne biuro obsługi klienta

call·er /ˈkɔːlə/ *n* [C] **1** telefonując-y/a: *Didn't the caller say who she was?* **2** *BrE* gość, odwiedzając-y/a: *Be very careful about letting unknown callers into your home.*

cal·lig·ra·phy /kəˈlɪɡrəfi/ *n* [U] kaligrafia

'call-in *n* [C] *AmE* program z udziałem telefonujących słuchaczy/widzów

call·ing /ˈkɔːlɪŋ/ *n* [C] powołanie: *a calling to the priesthood* (=powołanie kapłańskie)

cal·lous /ˈkæləs/ *adj* bezduszny —**callousness** *n* [U] bezduszność

calm¹ S3 W3 /kɑːm/ *adj* spokojny: *The water was much calmer in the bay.* | *a calm, clear day* | **keep calm** (=zachowywać spokój): *Please, everyone, try to keep calm!* —**calmly** *adv* spokojnie —**calmness** *n* [U] spokój

calm² *v* [T] uspokajać: *Matt was trying to calm the baby.*

calm down *phr v* [I,T] uspokoić (się): *Calm down and tell me what happened.* | *It took a while to calm the kids down.*

calm³ *n* [U singular] spokój: *The police appealed for calm following the shooting of a teenager.*

cal·o·rie /ˈkæləri/ *n* [C] kaloria: *An average potato has about 90 calories.* | *Nuts are high in calories.* | *a low-calorie snack*

calves /kɑːvz/ *n* liczba mnoga od CALF

cam·cor·der /ˈkæmˌkɔːdə/ *n* [C] kamera wideo

came /keɪm/ *v* czas przeszły od COME

cam·el /ˈkæməl/ *n* [C] wielbłąd

cam·e·o /ˈkæmi-əʊ/ *n* [C] **1** gościnny występ *(znanego aktora w epizodycznej roli)*: *Whoopi Goldberg makes a cameo appearance in the movie* (=w filmie występuje gościnnie Whoopi Goldberg). **2** kamea

cam·e·ra S2 W3 /ˈkæmərə/ *n* [C] **1** aparat (fotograficzny) **2** kamera

cam·e·ra·man /ˈkæmərəmən/ *n* [C] (plural **cameramen** /-mən/) operator (filmowy)

cam·ou·flage¹ /ˈkæməflɑːʒ/ *n* [C,U] kamuflaż: *The Arctic fox's white fur is an excellent winter camouflage.* | *a soldier in camouflage* (=w stroju maskującym)

camouflage² *v* [T] za/maskować: *Hunters camouflage the traps with leaves and branches.*

camp¹ S3 W3 /kæmp/ *n* [C,U] **1** obóz: *After hiking all morning, we returned to camp.* | *summer camp* **2 prison/labour camp** obóz jeniecki/pracy

camp² *v* [I] **1** *także* **camp out** biwakować, rozbijać obóz: *Where should we camp tonight?* **2 go camping** po/jechać na biwak

cam·paign¹ S2 W1 /kæmˈpeɪn/ *n* [C] kampania: *an election campaign* | **+for/against** (=na rzecz/przeciwko): *a campaign for equal rights for homosexuals*

campaign² *v* [I] prowadzić kampanię: **+for/against** (=na rzecz/przeciw(ko)): *We're campaigning for the right to smoke in public places.*

ˌcamp 'bed *n* [C] *BrE* łóżko polowe

camp·er /ˈkæmpə/ *n* [C] **1** obozowicz/ka **2** samochód kempingowy

camp·site /ˈkæmpsaɪt/ *BrE*, **camp·ground** /-graʊnd/ *AmE n* [C] pole namiotowe

cam·pus /ˈkæmpəs/ *n* [C,U] miasteczko uniwersyteckie: **on campus** *Most first-year students live on campus.*

can¹ S1 W1 /kən, kæn/ *modal verb* (**could**) **1** umieć, potrafić: *I can't swim!* | *Jess can speak French fluently.* **2** móc: *We couldn't afford a vacation last year.* | *You can go out when you've finished your homework.* **3** *spoken* wyraża prośbę: *Can I have a chocolate biscuit?* | *Can you help me take the clothes off the line?* **4** wyraża propozycję: *Can I help you with those bags?* **5** wyraża zdziwienie: *Can things really be that bad?* | *You can't be serious!* **6** wyraża prawdopodobieństwo: *We are confident that the missing climbers can be found.* **7** opisuje powtarzającą się sytuację: *It can get pretty cold here at night.* **8 can you see/hear/feel that?** widzisz/słyszysz/czujesz to?

UWAGA: can

Patrz **able** i **can**.

can² S2 /kæn/ *n* [C] puszka: **+of** *a can of tuna fish*

can³ *v* [T] (**-nned**, **-nning**) za/puszkować

Can·a·da /ˈkænədə/ *n* Kanada —**Canadian** /kəˈneɪdiən/ *n* Kanadyj-czyk/ka —**Canadian** *adj* kanadyjski

ca·nal /kəˈnæl/ *n* [C] kanał

ca·nar·y /kəˈneəri/ *n* [C] kanarek

can·cel S2 /ˈkænsəl/ *v* [T] (**-lled**, **-lling** *BrE*; **-led**, **-ling** *AmE*) **1** odwoływać: *I had to cancel my trip to Rome.* **2** anulować: *I'd like to cancel my subscription to Time magazine.*

can·cel·la·tion /ˌkænsəˈleɪʃən/ *n* [C,U] rezygnacja: *The plane is full right now, but sometimes there are cancellations.* | **+of** *the cancellation of our order*

cancer S2 W2 *n* [C,U] rak, nowotwór: *lung cancer* | *He died of cancer at the age of 63.*

Can·cer /ˈkænsə/ *n* [C,U] Rak

can·did /ˈkændɪd/ *adj* szczery: *a candid article about his drug addiction*

can·di·da·cy /ˈkændədəsi/ *n* [C,U] kandydatura: *She announced her candidacy at the convention.*

can·di·date W2 /ˈkændədət/ *n* [C] **1** kandydat/ka: *Which candidate are you voting for?* | **+for** *Sara seems to*

GRAMATYKA: Czasownik modalny **can**

Czasownika **can** (w przeczeniach: **cannot** lub **can't**) używamy najczęściej

1 mówiąc o tym, co ktoś umie lub potrafi:
She ***can*** *run very fast.*
Can *you speak Hungarian?*

2 mówiąc, że coś jest lub nie jest możliwe:
It ***can*** *be very cold in March.*
This ***cannot*** *be true!*

3 pytając o pozwolenie:
Can *I open the window?*

4 wyrażając pozwolenie lub zakaz:
You ***can*** *smoke if you like.*
You ***cannot*** *enter without a ticket.*

W sytuacjach opisanych w punkcie 3. i 4. używa się też czasownika modalnego **may**. Konstrukcja z **may** jest nieco bardziej oficjalna, **can** natomiast jest częstsze w języku potocznym.

W czasie przyszłym, w czasach dokonanych oraz w bezokoliczniku zamiast **can** używamy konstrukcji **be able to**:
Will *you* ***be able to*** *stay for dinner?*
I'm afraid the doctor ***won't be able to*** *see you tomorrow.*
We ***haven't been able to*** *contact her.*
It's nice ***to be able to*** *sleep so long.*

→patrz też **could**, **may**, **will**

C

be a likely candidate for the job. **2** *BrE* zdający-y/a *(egzamin)*

can·dle S3 /ˈkændl/ *n* [C] świeca, świeczka

candle

can·dle·light /ˈkændl-laɪt/ *n* [U] światło świec(y)

can·dle·stick /ˈkændlˌstɪk/ *n* [C] świecznik

can·dour /ˈkændə/ *BrE*, **candor** *AmE* *n* [U] szczerość

can·dy S3 /ˈkændi/ *n* [C,U] *especially AmE* cukierek

can·dy·floss /ˈkændiflɒs/ *n* [U] *BrE* wata cukrowa

cane¹ /keɪn/ *n* **1** [C,U] trzcina: *a cane chair | Support the tomato plants with garden canes.* **2** [C] laska **3** [C] rózga, trzcinka *(do bicia)* **4 the cane** kara chłosty: *Most European countries have abolished the cane.*

cane² *v* [T] wy/chłostać

ca·nine /ˈkeɪnaɪn/ *adj* psi

can·is·ter /ˈkænɪstə/ *n* [C] pojemnik *(metalowy)*: *a canister of tear gas*

can·na·bis /ˈkænəbɪs/ *n* [U] marihuana

canned /kænd/ *adj* puszkowany: *canned pineapple*

can·ni·bal /ˈkænəbəl/ *n* [C] kanibal —**cannibalism** *n* [U] kanibalizm

can·non /ˈkænən/ *n* [C] działo, armata

ˈcannon ball *n* [C] kula armatnia

can·not /ˈkænɒt/ *modal verb* forma przecząca od CAN: *I cannot accept your offer.*

can·ny /ˈkæni/ *adj* sprytny

ca·noe /kəˈnuː/ *n* [C] kajak

ca·noe·ing /kəˈnuːɪŋ/ *n* [U] kajakarstwo: **go canoeing** *We used to go canoeing every Saturday.*

can·on /ˈkænən/ *n* [C] kanonik

ˈcan ˌopener *n* [C] otwieracz do konserw

can·o·py /ˈkænəpi/ *n* [C] baldachim

can't /kɑːnt/ skrót od CANNOT: *I can't go with you today.*

can·tan·ker·ous /kænˈtæŋkərəs/ *adj* gderliwy, zrzędliwy: *a cantankerous old man*

can·teen /kænˈtiːn/ *n* [C] stołówka THESAURUS RESTAURANT

can·ter /ˈkæntə/ *v* [I,T] kłusować —**canter** *n* [singular] kłus

can·vas /ˈkænvəs/ *n* **1** [U] brezent **2** [C] płótno: *The painter showed me her canvases.*

canvas

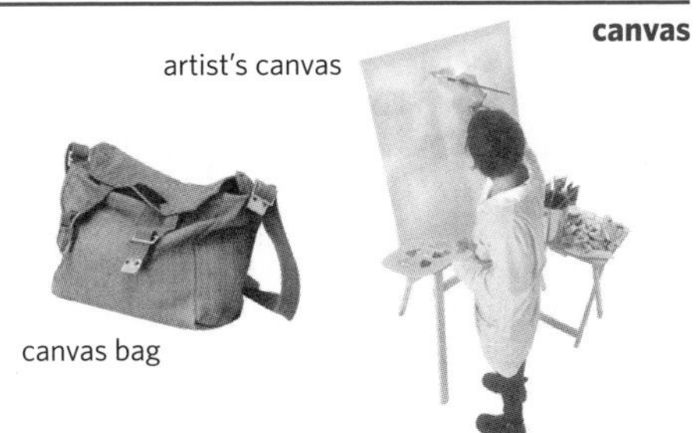

can·vass /ˈkænvəs/ *v* **1** [I,T] agitować: *Someone was here canvassing for the Green Party.* **2** [T] ankietować, z/badać opinię: *The company canvassed 600 people who used their product.*

can·yon /ˈkænjən/ *n* [C] kanion: *the Grand Canyon*

cap¹ S3 /kæp/ *n* [C] **1** czapka *(z daszkiem)*: *a baseball cap* **2** czepek: *a swimming cap | a nurse's cap* **3** kapsel, nakrętka: *a bottle cap* **4** nasadka: *Put the cap back on that pen!*

cap² *v* [T] (**-pped**, **-pping**) **1** uwieńczyć, ukoronować: *Lewis capped a brilliant season by beating the world record.* **2** ustalać górną granicę *(wydatków itp.)*

ca·pa·bil·i·ty Ac /ˌkeɪpəˈbɪləti/ *n* [C,U] możliwości: *What you can do depends on your computer's graphics capability.* | **+to** *The country has the capability to produce nuclear weapons.*

ca·pa·ble S2 W2 Ac /ˈkeɪpəbəl/ *adj* **1** zdolny: *Sue is an extremely capable lawyer.* **2 capable of (doing) sth** zdolny do (zrobienia) czegoś: *Do you think he's capable of murder?* →antonim INCAPABLE

UWAGA: capable

Patrz **able** i **capable**.

ca·pac·i·ty S3 W2 Ac /kəˈpæsəti/ *n* **1** [U singular] pojemność: **+ of** *The fuel tank has a capacity of 12 gallons.* | *The stadium was filled to capacity* (=wypełniony do ostatniego miejsca) *last night.* THESAURUS SIZE **2** [C,U] zdolności: **+ for** *Jan has a real capacity for hard work.* **3** [U singular] wydajność: *The factory is finally working to full capacity.*

cape /keɪp/ *n* [C] **1** peleryna **2** przylądek: *Cape Cod*

ca·pil·la·ry /kəˈpɪləri/ *n* [C] naczynie włosowate → porównaj ARTERY, VEIN

cap·i·tal[1] S3 W1 /ˈkæpətl/ *n* **1** [C] stolica: *What's the capital of Poland?* | *Hollywood is the capital of the movie industry.* THESAURUS CITY **2** [U] kapitał **3** [C] duża litera: *Write your name in capitals.*

C

capital[2] S2 W3 *adj* [only before noun] **1** kapitałowy: *We need a bigger capital investment to improve our schools.* **2 capital offence** przestępstwo, za które grozi kara śmierci

cap·i·tal·is·m /ˈkæpətlɪzəm/ *n* [U] kapitalizm —**capitalistic** /ˌkæpətlˈɪstɪk◂/ *adj* kapitalistyczny —**capitalist** /ˈkæpətlɪst/ *adj* kapitalist-a/ka

ˌcapital ˈpunishment *n* [U] kara śmierci, najwyższy wymiar kary THESAURUS PUNISHMENT

ca·pit·u·late /kəˈpɪtʃəleɪt/ *v* [I] s/kapitulować —**capitulation** /kəˌpɪtʃəˈleɪʃən/ *n* [C,U] kapitulacja

cap·puc·ci·no /ˌkæpəˈtʃiːnəʊ/ *n* [C,U] cappuccino

ca·price /kəˈpriːs/ *n* [C,U] *formal* kaprys

ca·pri·cious /kəˈprɪʃəs/ *adj* kapryśny: *Helen's just as capricious as her mother was.* | *capricious spring weather*

Cap·ri·corn /ˈkæprɪkɔːn/ *n* [C,U] Koziorożec

cap·size /kæpˈsaɪz/ *v* [I,T] wywracać (się) *(dnem do góry)*

cap·sule /ˈkæpsjuːl/ *n* [C] **1** kapsułka **2** kapsuła

cap·tain[1] W3 /ˈkæptɪn/ *n* [C] kapitan

captain[2] *v* [T] dowodzić *(drużyną)* przewodzić *(grupie)*

cap·tain·cy /ˈkæptənsi/ *n* [U] stanowisko/funkcja kapitana

cap·tion /ˈkæpʃən/ *n* [C] podpis *(pod ilustracją)*

cap·ti·vate /ˈkæptɪveɪt/ *v* [T] urzekać: *Alex was captivated by her beauty.* —**captivating** *adj* urzekający: *She had a captivating smile.*

cap·tive[1] /ˈkæptɪv/ *adj* **1** więziony: *captive animals* **2 captive audience** publiczność mimo woli **3 take sb captive** brać/wziąć kogoś do niewoli

captive[2] *n* [C] jeniec

cap·tiv·i·ty /kæpˈtɪvəti/ *n* [U] niewola: **in captivity** *Many animals won't breed in captivity.*

cap·tor /ˈkæptə/ *n* [C] *formal* porywacz/ka

cap·ture[1] W3 /ˈkæptʃə/ *v* [T] **1** schwytać, ująć: *He was captured at the airport.* **2** zajmować: *The town was captured by enemy troops after 10 days' fighting.* **3** przejmować: *They have captured a large share of the market.* **4 capture sb's imagination** zawładnąć czyjąś wyobraźnią **5 capture sb's attention** zafascynować kogoś

capture[2] *n* [U] **1** schwytanie, ujęcie: *Higgins avoided capture by hiding in the woods.* **2** zajęcie, zdobycie: *the capture of Rome*

car S1 W1 /kɑː/ *n* [C] **1** samochód: *Joe got into the car.* | *You can't park your car there!* | *the problem of pollution caused by car exhausts* | *Did you come by car?* **2** wagon: *a restaurant car*

COLLOCATIONS: car

verbs

to get in/into a car *She got into her car and drove off.*
⚠ Nie mówi się „get on a car" ani „go into a car". Mówi się **get in a car** or **get into a car**.

to get out of a car *Two men got out of the car.*

to drive a car *He never learned to drive a car.*

to take the car *Is it all right if I take the car this evening?*

to park a car *I can't remember where I parked the car.*

a car drives off/away *The police car drove off at top speed.*

a car pulls out in front of sb (=zajeżdża komuś drogę) *A car suddenly pulled out in front of me.*

a car pulls up (=zatrzymuje się) *Why's that police car pulling up here?*

a car pulls over (=zjeżdża na pobocze)

a car overtakes another car *A small black car overtook me on my left.*

a car breaks down *I'm so sorry I'm late – the car broke down.*

car + noun

a car crash/accident *także* **a car wreck** *AmE There was a car crash on the motorway.*

a car park *There's a car park at the back of the hotel.*

a car door/engine/key *She left the car engine running.*

types of car

a sports car *He was driving a red sports car.*

an estate car *BrE* (=kombi) *Once you have children, an estate car is very useful.*

a racing car *także* **a race car** *AmE He became a racing car driver.*

a police car *The vehicle was being chased by a police car.*

a hire car *BrE*, **a rental car** *AmE We picked up a hire car at the airport.*

a company car (=służbowy) *She was given a company car.*

a used/second-hand car (=używany) *The company sells used cars.*

ca·rafe /kəˈræf/ *n* [C] karafka

car·at /ˈkærət/ *także* **karat** *AmE n* [C] karat

car·a·van /ˈkærəvæn/ *n* [C] **1** *BrE* przyczepa kempingowa **2** *BrE* barakowóz: *a gypsy caravan* **3** karawana

car·bo·hy·drate /ˌkɑːbəʊˈhaɪdreɪt/ *n* [C,U] węglowodan

car·bon /ˈkɑːbən/ *n* [U] węgiel

car·bon·at·ed /ˈkɑːbəneɪtɪd/ *adj* gazowany

ˌcarbon ˈcopy *n* [C] **1** (wierna) kopia, kalka: *The robbery is a carbon copy of one that took place last year.* **2** kopia *(przez kalkę)*

ˌcarbon ˈcredit *n* kredyt węglowy *(limit emisji dwutlenku węgla)*

ˌcarbon diˈoxide *n* [U] dwutlenek węgla

ˌcarbon moˈnoxide *n* [U] tlenek węgla

ˌ**carbon 'offsetting** *n* kompensacja emisji dwutlenku węgla

'**carbon ˌpaper** *n* [C,U] kalka (maszynowa)

ˌ**car 'boot ˌsale** *n* [C] sprzedaż prowadzona z bagażnika samochodu

car·bu·ret·tor /ˌkɑːbjəˈretə/ *BrE,* **carburetor** *AmE n* [C] gaźnik

car·cass /ˈkɑːkəs/ *n* [C] tusza *(zwierzęca)*

car·cin·o·gen /kɑːˈsɪnədʒən/ *n* [C] substancja rakotwórcza

card S1 W2 /kɑːd/ *n* **1** [C] karta: *a credit card* | *an identity card* (=dowód tożsamości) | *Pick any card from the pack.* | **play cards** (=grać w karty): *Every Sunday afternoon they would play cards.* **2** [C] kartka: *a birthday card* **3** [C] *także* **business card** wizytówka **4** [C] widokówka, pocztówka **5** [U] *BrE* karton, tektura **6 put/lay your cards on the table** za/grać w otwarte karty **7 sth is on the cards** *BrE,* **sth is in the cards** *AmE* zanosi się na coś: *I've left Brenda. It's been on the cards for a long time.*

card·board /ˈkɑːdbɔːd/ *n* [U] karton, tektura

car·di·ac /ˈkɑːdi-æk/ *adj technical* **cardiac arrest** zatrzymanie akcji serca

car·di·gan /ˈkɑːdɪgən/ *n* [C] sweter rozpinany

car·di·nal[1] /ˈkɑːdənəl/ *n* [C] kardynał

cardinal[2] *adj* kardynalny: *a cardinal rule* (=główna/podstawowa zasada)

ˌ**cardinal 'number** *n* [C] liczebnik główny →porównaj ORDINAL NUMBER

care[1] S1 W2 /keə/ *v* **1** [I,T] troszczyć się, dbać: **+about** *He doesn't care about anybody but himself.* | **care what/who/how** (=dbać o to, co/kto/jak): *I don't care what you do.* **2 who cares?** *spoken* co za różnica? **3 I/he couldn't care less** *spoken* nic mnie/go to nie obchodzi **4 would you care for ...?** *formal* czy miał(a)by Pan/i ochotę na ...?: *Would you care for a drink?*
care for sb/sth *phr v* [T] opiekować się: *Angie gave up her job to care for her mother.* | *instructions on caring for your new car*

care[2] S1 W1 *n* **1** [U] opieka: *Your father will need constant medical care.* | *workers responsible for the care of young children* | *With proper care* (=jeśli będziesz się z nią właściwie obchodzić), *your washing machine should last for years.* **2 take care of sb/sth a)** za/opiekować się kimś/czymś: *Who's taking care of the baby?* | *Karl will take care of the house while we're on vacation.* **b)** zajmować się kimś/czymś: *I'll take care of making the reservations.* **3** [U] ostrożność: *Fragile! Handle with care.* **4** [C,U] troska: *Forget all your cares.* **5 take care a)** *spoken informal* trzymaj się **b)** uważaj: *It's very icy, so take care driving home.* **6 in care** *BrE* w domu dziecka: **take sb into care** *After their mother died, the children were taken into care* (=dzieci umieszczono w domu dziecka).

ca·reer[1] S2 W2 /kəˈrɪə/ *n* [C] **1** zawód: **career in sth** *She chose a career in law* (=wybrała zawód prawnika). | *a career change* (=zmiana zawodu) THESAURUS JOB **2** kariera, życie zawodowe: *Paul spent most of his career as a teacher.*

career[2] *v* [I] *BrE* pędzić, gnać: **+down/through/across etc** *A couple of boys on bikes careered down the hill.*

care·free /ˈkeəfriː/ *adj* beztroski: *a carefree childhood*

care·ful S1 W2 /ˈkeəfəl/ *adj* **1** ostrożny: *a careful driver* | *Anna was careful not to upset Steven.* **2** staranny, uważny: *careful analysis of the data* **3 (be) careful!** *spoken* uważaj!: *Be careful with that ladder!* —**carefully** *adv* ostrożnie

care·less /ˈkeələs/ *adj* nieostrożny, niedbały: *It was very careless of you to leave your keys in the car.* —**carelessly** *adv* nieostrożnie, niedbale —**carelessness** *n* [U] nieostrożność, niedbałość

car·er /ˈkeərə/ *n* [C] opiekun/ka

ca·ress /kəˈres/ *v* [T] pieścić —**caress** *n* [C] pieszczota

care·tak·er /ˈkeəˌteɪkə/ *n* [C] *BrE* dozor-ca/czyni

car·go /ˈkɑːgəʊ/ *n* [C,U] (plural **cargoes**) ładunek: *a cargo of oil*

car·i·ca·ture /ˈkærɪkətʃʊə/ *n* [C,U] karykatura

car·ing /ˈkeərɪŋ/ *adj* opiekuńczy: *a warm and caring person*

car-jack·ing /ˈkɑːˌdʒækɪŋ/ *n* [U] uprowadzenie samochodu

car·nage /ˈkɑːnɪdʒ/ *n* [U] *formal* rzeź

car·nal /ˈkɑːnl/ *adj formal* cielesny

car·na·tion /kɑːˈneɪʃən/ *n* [C] goździk

car·ni·val /ˈkɑːnəvəl/ *n* [C,U] karnawał: *carnival time in Rio*

car·ni·vore /ˈkɑːnəvɔː/ *n* [C] mięsożerca —**carnivorous** /kɑːˈnɪvərəs/ *adj* mięsożerny

car·ol /ˈkærəl/ *n* [C] kolęda

car·ou·sel /ˌkærəˈsel/ *n* [C] *especially AmE* karuzela

carp[1] /kɑːp/ *n* [C,U] karp

carp[2] *v* [I] utyskiwać, psioczyć: *I wish you'd stop carping about* (=biadać nad) *the way I dress.*

'**car park** *n* [C] *BrE* parking

car·pen·ter /ˈkɑːpəntə/ *n* [C] stolarz

car·pen·try /ˈkɑːpəntri/ *n* [U] stolarstwo

car·pet S2 W3 /ˈkɑːpɪt/ *n* [C,U] dywan →porównaj RUG

car·port /ˈkɑːpɔːt/ *n* [C] wiata na samochód *(przy domu)* →porównaj GARAGE

car·riage /ˈkærɪdʒ/ *n* [C] **1** powóz **2** *BrE* wagon: *a non-smoking carriage*

car·ri·er /ˈkæriə/ *n* [C] **1** przewoźnik **2** nosiciel/ka

'**carrier ˌbag** *n* [C] *BrE* reklamówka

car·rot S3 /ˈkærət/ *n* **1** [C,U] marchew **2** [C] marchewka: *carrot and stick approach* (=metoda kija i marchewki)

car·ry S1 W1 /ˈkæri/ *v* **1** [T] nieść: *Can you carry that suitcase for me?* | *Angela carried a child in her arms.* **2** [T] przenosić: *Many diseases are carried by insects.* **3** [T] przewozić: *There are more airplanes carrying more people than ever before.* **4** [T] zamieszczać: *All the newspapers carried articles about the plane crash.* **5** [I] nieść się: *The sound carried as far as the lake.* **6** [T] nieść/pociągać za sobą: *Murder carries a life sentence in this state.* **7 be/get carried away** s/tracić głowę, dać się ponieść (emocjom): *I got carried away and bought three pairs of shoes!* **8 carry weight** liczyć się: *My views don't seem to carry much weight around here.*
carry sth ↔ off *phr v* [T] **carry it off** dać radę, podołać: *It's a difficult thing to do, but I'm sure she'll be able to carry it off.*
carry on *phr v* **carry on doing sth** nadal coś robić: *You'll make yourself ill if you carry on working like that.*
carry sth ↔ out *phr v* [T] **1** prze/prowadzić: *Teenagers carried out a survey on attitudes to drugs.* **2** wykonywać:

Soldiers are trained to carry out orders without question.
carry through *phr v* **1** [T **carry** sth ↔ **through**] doprowadzić do końca **2** [T **carry** sb **through** (sth)] pozwolić/pomóc przetrwać: *Her sense of humour usually carries her through.*

car·ry·all /ˈkæri-ɔːl/ *n* [C] *AmE* torba podróżna

car·ry·cot /ˈkærikɒt/ *n* [C] *BrE* przenośne łóżeczko dla niemowlęcia

ˈcarry-out *n* [C] jedzenie/posiłek na wynos

car·sick /ˈkɑːˌsɪk/ *adj* [not before noun] **be carsick** cierpieć na chorobę lokomocyjną —**carsickness** *n* [U] choroba lokomocyjna

C

cart[1] /kɑːt/ *n* [C] **1** wóz: *a wooden cart drawn by a horse* **2** *AmE* wózek *(na zakupy)*

cart[2] *v* [T] *informal* wlec: *I'm sick of carting this suitcase around.*

carte blanche /ˌkɑːt ˈblɑːnʃ/ *n* [U] wolna ręka, pełna swoboda: **give sb carte blanche** *Her parents gave her carte blanche to organize the party.*

car·tel /kɑːˈtel/ *n* [C,U] kartel

car·ti·lage /ˈkɑːtəlɪdʒ/ *n* [C,U] chrząstka

car·tog·ra·phy /kɑːˈtɒgrəfi/ *n* [U] kartografia —**cartographer** *n* [C] kartograf

car·ton /ˈkɑːtn/ *n* [C] karton: *a milk carton* | *a carton of orange juice*

car·toon S3 /kɑːˈtuːn/ *n* [C] **1** film rysunkowy, kreskówka THESAURUS PROGRAMME **2** rysunek satyryczny —**cartoonist** *n* [C] karykaturzyst-a/ka

car·tridge /ˈkɑːtrɪdʒ/ *n* [C] **1** kaseta: *an ink cartridge* | *a game cartridge* **2** nabój

cart·wheel /ˈkɑːtwiːl/ *n* [C] gwiazda *(ćwiczenie gimnastyczne)*

carve /kɑːv/ *v* **1** [T] wy/rzeźbić: *All the figures are carved from a single tree.* **2** [I,T] po/kroić: *Dad always carves the turkey.* THESAURUS CUT
carve sth ↔ up *phr v* [T] roz/parcelować: *The government is carving up* (=dzieli) *the area into new electoral districts.*

carv·ing /ˈkɑːvɪŋ/ *n* **1** [C] rzeźba **2** [U] rzeźbiarstwo

cas·cade /kæˈskeɪd/ *n* [C] *literary* kaskada: **+ of** *Her hair was a cascade of soft curls.* —**cascade** *v* [I] spływać/opadać kaskadą: *Flowering plants cascaded over the balcony.*

case S1 W1 /keɪs/ *n* **1** [C] przypadek: *In some cases, it may be necessary to talk to the child's parents.* | *an extreme case of amnesia* | **+ of** *a case of mistaken identity* | **this is the case** *People working together can do great things, and this was certainly the case* (=i tak było z pewnością) *in Maria's neighbourhood.* | **in sb's case** (=w czyimś przypadku): *No one should be here after 6 o'clock, but in your case I'll make an exception.* **2** [C] sprawa, proces: *a court case dealing with cruelty to animals* | *a murder case* **3 in that case** w takim razie: *"I'll be home late tonight." "Well, in that case, I won't cook dinner."* **4 in any case** *spoken* i tak, tak czy owak: *Of course we'll take you home – we're going that way in any case.* **5 in case of** *formal* w razie, w przypadku: *In case of fire, break the glass.* **6 (just) in case a)** (tak) na wszelki wypadek: *Take your umbrella just in case.* **b)** na wypadek, gdyby: *I brought my key just in case you forgot yours.* **7** [C usually singular] argumenty: **+ for/against** *There is a good case for changing the rule* (=istnieją mocne argumenty za tym, żeby zmienić tę zasadę). **8** [C] kasetka: *a jewelry case* **9** [C] *BrE* walizka **10** [C,U] *technical* przypadek *(gramatyczny)* **11 be on sb's case** *informal* czepiać się kogoś: *Dad's always on my case about something or other.* → patrz też LOWER CASE, UPPER CASE

ˈcase ˌstudy *n* [C] studium, opracowanie naukowe *(określonego przypadku)*

cash[1] S2 W2 /kæʃ/ *n* [U] gotówka: *I'm short of cash at the moment.* | **pay cash** (=za/płacić gotówką): *"Are you paying by credit card?" "No, I'll pay cash."* | **in cash** *He had about £200 in cash in his wallet.* THESAURUS MONEY

cash[2] S3 *v* [T] z/realizować *(czek)*: *Do you cash traveller's cheques?*
cash in on sth *phr v* [T] wykorzystać (dla własnych celów): *The suggestion that they are cashing in on the tragedy is completely untrue.*

ˈcash card *n* [C] karta bankomatowa

ˈcash crop *n* [C] uprawa rynkowa

ca·shew /ˈkæʃuː/ *n* [C] **1** orzech nerkowca **2** nerkowiec, drzewo nerkowca

ˈcash flow *n* [U] przepływ gotówki: *cash flow problems*

cash·ier /kæˈʃɪə/ *n* [C] kasjer/ka

ˈcash maˌchine *n* bankomat

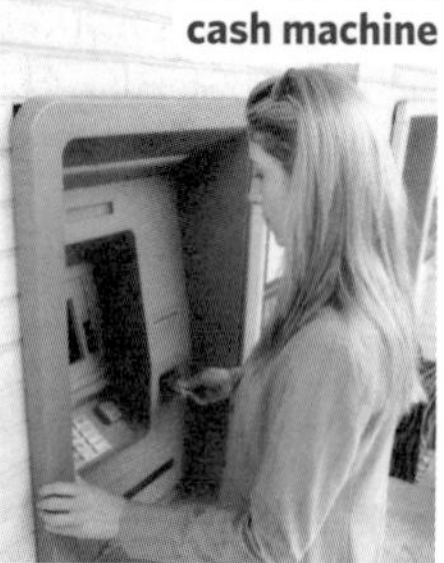
cash machine

cash·mere /ˈkæʃmɪə/ *n* [U] kaszmir: *an expensive cashmere sweater*

cash·point /ˈkæʃpɔɪnt/ *n* [C] *BrE* bankomat

ˈcash ˌregister *n* [C] kasa fiskalna

cas·ing /ˈkeɪsɪŋ/ *n* [C] obudowa

ca·si·no /kəˈsiːnəʊ/ *n* [C] (plural **casinos**) kasyno

cask /kɑːsk/ *n* [C] beczułka

cas·ket /ˈkɑːskɪt/ *n* [C] **1** szkatułka **2** *AmE* trumna

cas·se·role /ˈkæsərəʊl/ *n* [C,U] zapiekanka

cas·sette /kəˈset/ *n* [C] kaseta

casˈsette ˌplayer *n* [C] magnetofon kasetowy

cast[1] W3 /kɑːst/ *v* [T] (**cast**, **cast**, **casting**) **1** obsadzać: **cast sb as** (=obsadzić kogoś w roli): *Rickman was cast as the Sheriff of Nottingham.* **2 cast light on/onto sth** rzucać światło na coś: *Can you cast any light on the meaning of these figures?* **3 cast a shadow** *literary* rzucać cień: *trees casting a shadow across the lawn* | *The bad news cast a shadow over his visit.* **4 cast a spell on/over a)** oczarować: *Sinatra's voice soon cast its spell over the audience.* **b)** rzucić czar na **5 cast doubt on sth** podawać coś w wątpliwość: *I didn't mean to cast doubt on Bobby's version of the story.* **6 cast an eye over sth** rzucić na coś okiem: *Can you cast an eye over these figures and tell me what you think?* **7** odlewać: *a statue cast in bronze* **8 cast a vote** oddać głos
cast sb/sth ↔ aside *phr v* [T] pozbyć się: *When he became President, he cast aside all his former friends.*

cast[2] *n* [C] **1** obsada: *an all-star cast* **2 plaster cast** gips

cast·a·way /ˈkɑːstəweɪ/ *n* [C] rozbitek

caste /kɑːst/ *n* [C,U] kasta

cast·er, **castor** /ˈkɑːstə/ *n* [C] rolka *(u mebla)*

cast·i·gate /ˈkæstɪgeɪt/ *v* [T] *formal* **a)** surowo u/karać **b)** ostro z/ganić —**castigation** /ˌkæstəˈgeɪʃən/ *n* [U] surowa kara

cast·ing /ˈkɑːstɪŋ/ *n* **1** [U] casting **2** [C] odlew

ˈcasting ˌvote *n* [C] głos decydujący/rozstrzygający *(przysługujący osobie prowadzącej zebranie)*

ˌcast ˈiron *n* [U] żeliwo

ˌcast-ˈiron *adj* żeliwny: *a cast-iron pan*

cas·tle W3 /ˈkɑːsəl/ *n* [C] zamek

ˈcast-offs *n* [plural] używane ubrania/rzeczy: *As the youngest of five kids I was always dressed in other people's cast-offs* (=zawsze nosiłem rzeczy po kimś).

cast·or /ˈkɑːstə/ brytyjska pisownia wyrazu CASTER

cas·trate /kæˈstreɪt/ *v* [T] wy/kastrować —**castration** /kæˈstreɪʃən/ *n* [C,U] kastracja

cas·u·al /ˈkæʒuəl/ *adj* **1** swobodny: *His casual attitude toward work irritates me.* **2 casual clothes/wear** odzież codzienna **3** [only before noun] pobieżny: *a casual glance at the newspapers* **4 casual relationship** luźny związek: *She wanted something more than a casual relationship.* **5** dorywczy: *casual employment* —**casually** *adv* swobodnie

cas·u·al·ty /ˈkæʒuəlti/ *n* **1** [C] ofiara: *There were no casualties in today's accident on the M10.* | *heavy casualties* (=duże straty w ludziach) **2** [U] *BrE* izba przyjęć *(dla nagłych wypadków)*: *An ambulance rushed her to casualty.*

cat S1 W3 /kæt/ *n* [C] **1** kot *(także drapieżnik, np. lew, tygrys, ryś)* **2 let the cat out of the bag** *informal* wygadać się

cat·a·clys·m /ˈkætəklɪzəm/ *n* [C] *literary* kataklizm: *the cataclysm of the First World War* —**cataclysmic** /ˌkætəˈklɪzmɪk◂/ *adj* katastrofalny

cat·a·logue[1] W3 /ˈkætəlɒg/ *także* **catalog** *AmE n* [C] katalog

catalogue[2] *także* **catalog** *AmE v* [T] s/katalogować

cat·a·lyst /ˈkætl-ɪst/ *n* [C] katalizator: **+ for** *The women's movement became a catalyst for change in the workplace.*

cat·a·ma·ran /ˌkætəməˈræn/ *n* [C] katamaran

cat·a·pult[1] /ˈkætəpʌlt/ *v* **1** [T] wyrzucać: **+ across/through/into etc** *The force of the explosion catapulted him into the air.* **2 catapult sb to fame/stardom** błyskawicznie uczynić kogoś sławnym: *The character of 'Rocky' catapulted Stallone to stardom.*

catapult[2] *n* [C] *BrE* proca

cat·a·ract /ˈkætərækt/ *n* [C] zaćma

ca·tas·tro·phe /kəˈtæstrəfi/ *n* [C] katastrofa

cat·as·troph·ic /ˌkætəˈstrɒfɪk◂/ *adj* katastrofalny: *the catastrophic effects of the flooding*

catch[1] S1 W1 /kætʃ/ *v* (**caught**, **caught**, **catching**) **1** [T] z/łapać: *The police have caught the man suspected of the murder.* | *He was too fat and slow to catch the little boy.* | *Throw the ball to Tom and see if he can catch it.* | *If you hurry you might catch her before she leaves.* | *We were caught in the rain* (=złapał nas deszcz). **2** [I,T] zaczepić (się): *His shirt caught on the fence and tore.* **3** [T] przyłapać: **catch sb doing sth** *I caught him looking through my files* (=przyłapałem go, jak przeglądał moje pliki). | **catch sb red-handed** (=na gorącym uczynku): *He was caught red-handed.* **4** [T] trafić: *The punch caught him right on the chin.* **5 catch sight of** dostrzec: *I caught sight of Luisa in the crowd.* **6 catch sb's eye** zwrócić czyjąś uwagę: *bright colours that catch the eye* **7** [T] zarazić się, złapać: *Put your coat on! You don't want to catch a cold!* **8 catch a bus/train** po/jechać autobusem/pociągiem: *I catch the 7.30 train every morning.* **9 catch fire** zapalić się: *Two farmworkers died when a barn caught fire.* **10 not catch sth** nie dosłyszeć czegoś: *I'm sorry, I didn't catch your name.* **11 catch the sun** przypiec się *(opalić)*: *You've caught the sun on the back of your neck.*

catch on *phr v* [I] **1** chwytać *(rozumieć)*: *Explain the rules to Zoe - she catches on fast.* **2** przyjąć się: *The new fashion really caught on.*

catch sb ↔ out *phr v* [T] *BrE* zagiąć: *She tried to catch me out by asking me where I'd first met her husband.*

catch up *phr v* [I,T **catch** sb/sth **up**] **1 catch up with sb** dogonić kogoś: *I had to run to catch up with her.* **2** nadrobić, nadgonić: *At first he was bottom of the class, but he soon caught up.*

catch up on sth *phr v* [T] nadrobić zaległości w: *I need to catch up on some sleep this weekend.*

C

catch

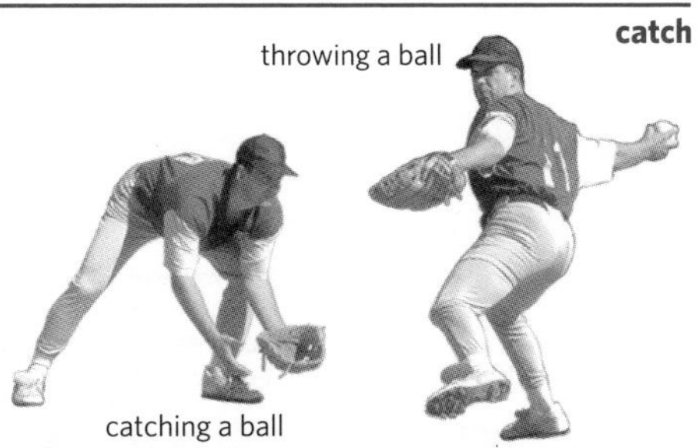

catch[2] *n* [C] **1** chwyt: *That was a great catch!* **2** *informal* kruczek: *The rent is so low there must be a catch.* THESAURUS DISADVANTAGE **3** połów: *a large catch of tuna fish* **4** zapadka

Catch-22 /ˌkætʃ twenti ˈtuː/ *n* [singular] błędne koło: *You can't get a job without experience, and you can't get experience without a job. It's a Catch-22.*

catch·ing /ˈkætʃɪŋ/ *adj* [not before noun] zaraźliwy

catch·ment ar·e·a /ˈkætʃmənt ˌeəriə/ *n* [C] rejon *(szkoły, szpitala)*

ˈcatch phrase *n* [C] slogan

catch·y /ˈkætʃi/ *adj* chwytliwy, wpadający w ucho

cat·e·chis·m /ˈkætəkɪzəm/ *n* [singular] katechizm

cat·e·gor·i·cal /ˌkætəˈgɒrɪkəl◂/ *adj* kategoryczny: *a categorical denial* —**categorically** /-kli/ *adv* kategorycznie

cat·e·go·rize /ˈkætəgəraɪz/ *także* **-ise** *BrE v* [T] kategoryzować, s/klasyfikować: *We've categorized the students by age.*

cat·e·go·ry S2 W2 Ac /ˈkætəgəri/ *n* [C] kategoria: **fall into a category** (=należeć do kategorii): *Voters fall into one of three categories.*

ca·ter /ˈkeɪtə/ *v* [I,T] *especially AmE* obsługiwać *(przyjęcia)*: *Who's catering your daughter's wedding?* —**catering** *n* [U] obsługa przyjęć

cater for sb *phr v* [T] *BrE* wychodzić naprzeciw potrzebom: *a holiday company catering for the elderly*

cater to sb/sth *phr v* [T] *BrE* zaspokajać, spełniać *(życzenia, zachcianki)*: *I was really spoilt - Mum used to cater to my every whim.*

cat·er·pil·lar /ˈkætəpɪlə/ *n* [C] gąsienica

ca·thar·tic /kəˈθɑːtɪk/ *adj* katarktyczny, oczyszczający: *It was actually a cathartic experience to write my autobiography.* —**catharsis** *n* [C,U] katharsis, oczyszczenie

ca·the·dral /kəˈθiːdrəl/ *n* [C] katedra

catholic *adj formal* wszechstronny: *Susan has catholic tastes in music.*

Cath·o·lic /ˈkæθəlɪk/ *adj* katolicki —**Catholic** *n* [C] katoli-k/czka —**Catholicism** /kəˈθɒlɪsɪzəm/ *n* [U] katolicyzm

ˈ**cat's eye** *n* [C] kocie oko, sygnalizator odblaskowy *(wzdłuż pasa ruchu)*

cat·sup /ˈkætsəp/ *n* [U] *AmE* KECZUP

cat·tle /ˈkætl/ *n* [plural] bydło

cat·ty /ˈkæti/ *adj informal* złośliwy —**cattiness** *n* [U] złośliwość —**cattily** *adv* złośliwie

cat·walk /ˈkætwɔːk/ *n* [C] wybieg: *models on the catwalk*

Cau·ca·si·an /kɔːˈkeɪziən/ *adj* rasy białej/europeidalnej

caught /kɔːt/ *v* czas przeszły i imiesłów bierny od CATCH

caul·dron, **caldron** /ˈkɔːldrən/ *n* [C] kocioł: *a witch's cauldron*

cau·li·flow·er /ˈkɒlɪˌflaʊə/ *n* [C,U] kalafior

cause[1] S2 W1 /kɔːz/ *n* **1** [C] przyczyna: **+of** *What was the cause of the accident?* **2** [U] powód: **+for** *She had no cause for complaint.* **3** [C] sprawa: **for a good cause** (=na szlachetny cel): *I don't mind giving money if it's for a good cause.*

UWAGA: cause i reason

Nie należy mylić wyrazów **cause** i **reason**. Ich znaczenia są podobne, tak jak znaczenia ich polskich odpowiedników „przyczyna" i „powód". Najlepiej zapamiętać wyrażenia, w jakich wyrazy te występują. **Reason** (w znaczeniu „powód"): *Why did you do it? I hope you had a good reason.* | *There was simply no reason for the attack.* | *the reason why she left him* | *The reason (that) I went was that I wanted to meet your friends.* | *We have reason to believe that ...* | *She left town without giving any reason.* **Cause** (w znaczeniu „powód"): *There's no cause to be upset.* | *The child's behaviour is giving us cause for concern.* **Cause** (w znaczeniu „powód" lub „przyczyna"): *people who leave their jobs without just cause.* **Cause** (w znaczeniu „przyczyna"): *Doctors cannot find a cure for the illness until they have identified the cause.* | *the cause of the present crisis*

cause[2] S1 W1 *v* [T] s/powodować: *Heavy traffic is causing long delays on the freeway.* | **cause sb sth** *Tom's behaviour is causing me a lot of problems* (=przysparza mi wielu problemów). | **cause sb/sth to do sth** *We still don't know what caused the computer to crash* (=co spowodowało, że komputer wysiadł).

THESAURUS: cause

cause spowodować *(coś złego)*: *The problem was caused by an electrical fault.* | *Smoking causes lung cancer.*

make sb do sth sprawić, że ktoś coś zrobi: *What made you give up your career?*

be responsible for sth odpowiadać za coś: *The group claimed that it was responsible for the attack.* | *Cars are responsible for much of the pollution in our cities.*

bring about sth spowodować/przynieść coś *(korzystnego)*: *The Internet has brought about enormous changes in society.*

lead to sth/result in sth doprowadzić do czegoś: *Problems in the US led to a downturn in the world economy.*

ˈ**cause** /kɒz/ *linking word spoken* bo

cause·way /ˈkɔːzweɪ/ *n* [C] szosa na grobli

caus·tic /ˈkɔːstɪk/ *adj* **1 caustic remark/comment** uszczypliwa uwaga **2** żrący: *caustic soda*

cau·tion /ˈkɔːʃən/ *n* **1** [U] ostrożność: **with caution** (=ostrożnie): *Sick animals should be handled with great caution.* **2 word/note of caution** ostrzeżenie, przestroga: *One note of caution: never try this trick at home.* **3** [C] *BrE* ostrzeżenie —**caution** *v* [T] ostrzegać, przestrzegać: *The children were cautioned against talking to strangers.*

cau·tion·ar·y /ˈkɔːʃənəri/ *adj* ostrzegawczy: **a cautionary tale** (=opowieść ku przestrodze)

cau·tious /ˈkɔːʃəs/ *adj* ostrożny: *a cautious driver* —**cautiously** *adv* ostrożnie: *He looked cautiously out from behind the door.*

cav·al·cade /ˌkævəlˈkeɪd/ *n* [C] kawalkada

cav·a·lier /ˌkævəˈlɪə◂/ *adj* nonszalancki: *a cavalier attitude towards safety*

cav·al·ry /ˈkævəlri/ *n* [U] kawaleria

cave[1] /keɪv/ *n* [C] jaskinia

cave[2] *v*

cave in *phr v* [I] **1** zapadać się: *The roof just caved in.* **2** ustępować: **+to** (=pod naciskiem): *He finally caved in to our demands.*

cave·man /ˈkeɪvmæn/ *n* [C] (plural **cavemen** /-mən/) jaskiniowiec

cav·ern /ˈkævən/ *n* [C] pieczara

cav·i·ar, **caviare** /ˈkæviɑː/ *n* [U] kawior

cav·i·ty /ˈkævəti/ *n* [C] **1** otwór **2** ubytek: *a cavity in a tooth*

ca·vort /kəˈvɔːt/ *v* [I] baraszkować: *pictures of the two of them cavorting on a beach*

cc 1 skrót od CARBON COPY **2** cm: *a 2,000 cc engine*

CCTV /ˌsiː siː tiː ˈviː/ *n* [U] *BrE* monitoring, kamery (monitoringu)

CD S3 W3 /ˌsiː ˈdiː◂/ *n* [C,U] płyta kompaktowa: *Have you heard their latest CD?*

CˈD ˌplayer *n* [C] odtwarzacz płyt kompaktowych

CD-ROM /ˌsiː diː ˈrɒm/ *n* [C,U] CD-ROM

cease W3 Ac /siːs/ *v formal* **1** [I] ustawać: *By noon the rain had ceased.* THESAURUS STOP **2** [T] **cease doing sth/cease to do sth** przestawać coś robić: *The company ceased trading on 31st October.* | *He never ceases to amaze me.*

cease·fire /ˈsiːsfaɪə/ *n* [C] zawieszenie broni

cease·less /ˈsiːsləs/ *adj formal* nieustanny: *his parents' ceaseless arguing* —**ceaselessly** *adv* nieustannie

ce·dar /ˈsiːdə/ *n* [C,U] cedr

cede /siːd/ *v* [T] *formal* s/cedować

cei·ling S3 W3 /ˈsiːlɪŋ/ *n* [C] **1** sufit **2** górny pułap

cel·e·brate W3 /ˈseləbreɪt/ *v* **1** [I] świętować: *You got the job? Let's celebrate!* **2** [T] u/czcić, obchodzić: *How do you want to celebrate your birthday?*

cel·e·brat·ed /ˈselɪbreɪtɪd/ *adj* sławny: *a celebrated musician* | **+for** *Florence is celebrated for its architecture.*

cel·e·bra·tion S3 /ˌseləˈbreɪʃən/ *n* **1** [C] uroczystość: *New Year's celebrations* THESAURUS PARTY **2** [U] **in celebration of** dla uczczenia: *a party in celebration of his promotion*

ce·leb·ri·ty /səˈlebrəti/ *n* [C] sława, znana osobistość: *interviewing celebrities on television*

cel·e·ry /ˈseləri/ *n* [U] seler naciowy

ce·les·ti·al /səˈlestiəl/ *adj literary* niebiański, niebieski

cel·i·bate /ˈseləbət/ *adj* żyjący w celibacie —**celibacy** /-bəsi/ *n* [U] celibat

cell S3 W2 /sel/ *n* [C] **1** cela **2** komórka: *red blood cells*

cel·lar /ˈselə/ *n* [C] piwnica: *a wine cellar*

cel·list /ˈtʃelɪst/ *n* [C] wiolonczelist-a/ka

cel·lo /ˈtʃeləʊ/ *n* [C] wiolonczela

cel·lo·phane /ˈseləfeɪn/ *n* [U] *trademark* celofan

cel·lu·lar /ˈseljələ/ *adj* komórkowy

ˌcellular ˈphone *także* **cell·phone** /ˈselfəʊn/ *n* [C] telefon komórkowy

cel·lu·lite /ˈseljəlaɪt/ *n* [U] cellulitis

cel·lu·loid /ˈseljəlɔɪd/ *n* [U] *trademark* celuloid: **on celluloid** (=na taśmie filmowej): *Chaplin's comic genius is preserved on celluloid.*

cel·lu·lose /ˈseljələʊs/ *n* [U] celuloza

Cel·si·us /ˈselsiəs/ *n* [U] skala Celsjusza

ce·ment¹ /sɪˈment/ *n* [U] cement

cement² *v* [T] **1** wy/cementować **2** umacniać: *The country has cemented its trade connections with the US.*

cem·e·tery /ˈsemətri/ *n* [C] cmentarz

cen·sor /ˈsensə/ *v* [T] o/cenzurować —**censor** *n* [C] cenzor/ka

cen·sor·ship /ˈsensəʃɪp/ *n* [U] cenzura

cen·sure /ˈsenʃə/ *v* [T] *formal* potępiać —**censure** *n* [U] potępienie

cen·sus /ˈsensəs/ *n* [C] spis ludności

cent S1 W1 /sent/ *n* [C] cent

cen·te·na·ry /senˈtiːnəri/ *także* **cen·ten·ni·al** /senˈteniəl/ *AmE n* [C] stulecie, setna rocznica

cen·ter /ˈsentə/ amerykańska pisownia wyrazu CENTRE

Cen·ti·grade /ˈsentəgreɪd/ *n* [U] skala Celsjusza

cen·ti·me·tre S3 W3 /ˈsentəˌmiːtə/ *BrE*, **centimeter** *AmE n* [C] centymetr

cen·tral S1 W1 /ˈsentrəl/ *adj* **1** [only before noun] środkowy: *Central Asia* | *The prison is built around a central courtyard.* **2** [only before noun] centralny: *central government* **3** główny: *Owen played a central role in the negotiations.* **4** położony w centrum —**centrally** *adv* centralnie

ˌcentral ˈair conˌditioning *n* klimatyzacja centralna

ˌcentral ˈheating *n* [U] centralne ogrzewanie

ˌCentral Inˈtelligence ˌAgency *n* [singular] Centralna Agencja Wywiadowcza

cen·tral·ize /ˈsentrəlaɪz/ *także* **-ise** *BrE v* [T] s/centralizować —**centralization** /ˌsentrəlaɪˈzeɪʃən/ *n* [U] centralizacja

cen·tre¹ S1 W1 /ˈsentə/ *BrE*, **center** *AmE n* [C] **1** środek: *The carpet had a flower pattern at the centre.* | **+of** *Draw a line through the centre of the circle.* **2** centrum: *a shopping centre* | *a major financial centre* | *Ginny always wants to be the centre of attention.* **3 the centre** centrum: *the parties of the centre*

centre² *BrE*, **center** *AmE v* [T] umieszczać w środku **centre on/around sth** *phr v* [T] s/koncentrować się na/wokół: *His whole life centres around his job.*

ˌcentre of ˈgravity *n* [singular] środek ciężkości

cen·tre·piece /ˈsentəpiːs/ *BrE*, **centerpiece** *AmE n* [C] **1** dekoracja *(na stół)* **2** ozdoba: **+of** *The glass staircase is the centrepiece of the new store.*

cen·tu·ry S2 W1 /ˈsentʃəri/ *n* [C] wiek, stulecie: *These trees have been here for several centuries.* | *a building dating from the 19th century*

COLLOCATIONS: century

adjectives

the 14th/20th etc century *The church was built in the 13th century.*

this century *This has been the hottest summer this century.*

the last/next century *He was writing at the beginning of the last century.*

the early 20th century (=1900 - 1910) *the major historical events of the early twentieth century*

the mid 20th century (=1940 - 1960)

the late 20th century (=1989 - 1999)

nouns + century

the beginning/end of the century *She was born at the end of the 19th century.*

the turn of the century (=przełom/początek wieku) *The book was written at the turn of the century.*

CEO /ˌsiː iː ˈəʊ/ *n* [C] dyrektor generalny: *some finance people, a CEO, and a lawyer*

ce·ram·ics /səˈræmɪks/ *n* [U plural] ceramika: *an exhibition of ceramics* —**ceramic** *adj* ceramiczny

ce·re·al S3 /ˈsɪəriəl/ *n* **1** [C,U] płatki zbożowe **2** [C] zboże

cer·e·bral /ˈserəbrəl/ *adj technical* mózgowy

ˌcerebral ˈpalsy *n* [C] porażenie mózgowe

cer·e·mo·ni·al /ˌserəˈməʊniəl◂/ *adj* uroczysty, obrzędowy —**ceremonially** *adv* uroczyście

cer·e·mo·ny /ˈserəməni/ *n* **1** [C] ceremonia: *the marriage ceremony* **2** [U] ceremoniał

COLLOCATIONS: ceremony

verbs

to hold a ceremony *Where will the wedding ceremony be held?*

to perform a ceremony *The ceremony was performed by a priest.*

to attend a ceremony *Her parents attended her graduation ceremony.*

a ceremony takes place *The funeral ceremony took place in the local church.*

types of ceremony

a wedding/marriage ceremony *They had a traditional wedding ceremony.*

a funeral ceremony *He was buried after a simple funeral ceremony.*

a religious ceremony *The event begins with a short religious ceremony.*

a graduation ceremony (=absolutorium) *A famous actor had been invited to speak at the graduation ceremony.*

an awards ceremony (=wręczenie nagród) *Many stars attended the BAFTA awards ceremony.*

the opening ceremony *Our guest of honour will perform the opening ceremony.*

the closing ceremony *the closing ceremony of the conference*

C

cer·tain[1] S1 W1 /ˈsɜːtn/ *adj* **1** pewny: **+(that)** *I'm certain he's telling the truth.* | *It now seems certain that the President will win the election.* | **+about** *Are you certain about that?* | **+what/how/whether etc** *It's not completely certain why this process happens.* THESAURUS SURE **2 know/say for certain** wiedzieć/powiedzieć na pewno: *We can't say for certain when the plane will arrive.* **3 make certain (that)** upewnić się, czy: *Employers must make certain that all employees are treated fairly.* →patrz też UNCERTAIN

certain[2] *determiner, pron* **1** *także* **certain of** *formal* pewien: *There are certain things I just can't talk about with her.* **2 a certain amount** pewna doza: *a certain amount of flexibility*

UWAGA: certain i some

Nie należy mylić wyrazów **certain** i **some**. **Certain** znaczy „pewien, pewna itd." i w zestawieniu z rzeczownikiem występuje wówczas, gdy w dalszej części zdania podajemy uzupełniające szczegóły: *There are certain advantages to living in the countryside, the most important being the fresh air.* | *I'm not allowed to eat certain types of seafood, especially squid and octopus.* Wyrazu **some** („jakiś, jakaś itd.") w zestawieniu z rzeczownikiem używamy wtedy, gdy nie możemy lub nie chcemy podawać szczegółów: *In the end, he sold it to some second-hand car dealer.* | *If the factory is shut down for some reason, what will happen to all the workers?*

cer·tain·ly S1 W1 /ˈsɜːtnli/ *adv* **1** z pewnością: *Chris certainly spends a lot of money on clothes.* **2** oczywiście: *"Can I have a look at your paper?" "Certainly!"* **3 certainly not!** *spoken* w żadnym wypadku: *"Can I borrow the car tonight?" "Certainly not!"*

cer·tain·ty /ˈsɜːtnti/ *n* **1** [U] pewność, przekonanie: **with certainty** *It is difficult to say with absolute certainty what time the crime took place.* **2** [C] pewnik: *It's a certainty that prices will continue to rise.*

cer·tif·i·cate S3 W3 /səˈtɪfɪkət/ *n* [C] świadectwo: **birth/marriage/death certificate** (=akt urodzenia/ślubu/zgonu)

cer·ti·fy /ˈsɜːtɪfaɪ/ *v* [T] **1** stwierdzać: *A doctor certified him dead at the scene* (=lekarz stwierdził zgon na miejscu). | **+(that)** *Doctors have certified that Pask is unfit to continue with his trial.* **2** przyznawać dyplom: *He has been certified as a mechanic.*

cer·ti·tude /ˈsɜːtɪtjuːd/ *n* [U] *formal* pewność, przeświadczenie

cer·vix /ˈsɜːvɪks/ *n* [C] szyjka macicy

ce·sar·e·an /səˈzeəriən/ alternatywna pisownia wyrazu CAESAREAN

ces·sa·tion /seˈseɪʃən/ *n* [C,U] *formal* zaprzestanie, przerwanie: *a cessation of hostilities* (=zaprzestanie działań wojennych)

cess·pool /ˈsespuːl/ *także* **cess·pit** /-pɪt/ *BrE n* [C] szambo

cf por.

CFC /ˌsiː ef ˈsiː/ *n* chlorofluorokarbon, freon

CGI /ˌsiː dʒiː ˈaɪ/ *n* **computer-generated imagery** efekty komputerowe *(w filmie itp.)*

chafe /tʃeɪf/ *v* [I,T] ocierać (się)

chag·rin /ˈʃægrɪn/ *n* [U] *formal* rozgoryczenie

chain[1] S3 W2 /tʃeɪn/ *n* **1** [C,U] łańcuch: *The chandelier was suspended by a heavy chain.* **2** [C,U] łańcuszek: *a delicate gold chain* **3** [C] sieć: *a hotel chain* **4** [C] łańcuch: *a mountain chain* **5 in chains** skuty łańcuchem →patrz też FOOD CHAIN

chain[2] *v* [T] przy/mocować łańcuchem: *John chained his bicycle to the fence.*

ˈchain ˌletter *n* [C] łańcuszek szczęścia

ˌchain reˈaction *n* [C] reakcja łańcuchowa

ˈchain-smoke *v* [I,T] palić nałogowo —**chain-smoker** *n* [C] nałogow-y/a palacz/ka

ˈchain store *n* [C] sklep należący do sieci

chair[1] S1 W2 /tʃeə/ *n* **1** [C] krzesło **2** [singular] przewodniczący/a **3** [singular] *BrE* katedra *(na uczelni)*

COLLOCATIONS: chair

verbs

to sit in/on a chair *She sat in her favourite chair.*

to get up from your chair *My father got up from his chair and walked to the window.*

to lean back in your chair *He leant back in his chair and took out his pipe.*

to take a chair (=zająć miejsce) *Brian took a chair beside his wife.*

to pull up a chair (=przysunąć sobie krzesło) *Pull up a chair and take a look at these pictures.*

chair[2] *v* [T] przewodniczyć

chair·per·son /ˈtʃeəˌpɜːsən/ *także* **chair·man** /-mən/, **chair·wo·man** /-ˌwʊmən/ *n* [C] **1** przewodniczący/a **2** prezes

chal·et /ˈʃæleɪ/ *n* [C] szałas (górski)

chalk[1] /tʃɔːk/ *n* **1** [C,U] kreda **2 like chalk and cheese** *BrE* jak niebo i ziemia

chalk[2] *v* [I,T] na/pisać kredą

chalk sth ↔ up *phr v* [T] *informal* zapisać na swoim koncie: *Yesterday they chalked up their third win of the season.*

chalk·board /ˈtʃɔːkbɔːd/ *n* [C] tablica

chalk·y /ˈtʃɔːki/ *adj* kredowy

chal·lenge[1] S2 W2 Ac /ˈtʃæləndʒ/ *n* **1** [C,U] wyzwanie: *the challenge of a new job* | **meet a challenge** (=sprostać wyzwaniu): *Let us work together to meet the challenge.* | **face a challenge** (=stanąć przed wyzwaniem): *He faces yet another challenge for his WBO super-middleweight* *crown.* **2** [C] zakwestionowanie: **+to** *a direct challenge to Hague's leadership*

challenge² S3 W3 Ac *v* [T] **1** za/kwestionować: *She is challenging the decision made by the court.* **2** rzucać wyzwanie: *We were challenged to a game of tennis.* —**challenger** *n* [C] pretendent/ka

chal·leng·ing Ac /ˈtʃæləndʒɪŋ/ *adj* wymagający, ambitny: *We try to provide a challenging program for our students.* | *Teaching young children is a challenging and rewarding job.* THESAURUS DIFFICULT

cham·ber /ˈtʃeɪmbə/ *n* [C] **1** sala: *We wanted to hear her speech but the council chamber was full.* **2** komora: *a gun with six chambers* **3** izba: *The Senate is the upper chamber of Congress.* **4** *old-fashioned* komnata

cham·ber·maid /ˈtʃeɪmbəˌmeɪd/ *n* [C] pokojówka

ˈchamber ˌmusic *n* [U] muzyka kameralna

cham·bers /ˈtʃeɪmbəz/ *n* [plural] kancelaria *(prawnicza)*

cha·me·le·on /kəˈmiːliən/ *n* [C] kameleon

champ /tʃæmp/ *n* [C] *informal* mistrz/yni

cham·pagne /ʃæmˈpeɪn/ *n* [U] szampan

cham·pi·on¹ W3 /ˈtʃæmpiən/ *n* [C] mistrz/yni

champion² *v* [T] bronić: *He had championed the cause of the poor for many years.*

cham·pi·on·ship W3 /ˈtʃæmpiənʃɪp/ *n* **1** [C] mistrzostwa: *the US basketball championships* **2** [singular] mistrzostwo: *Can she win the championship again?*

chance¹ S1 W1 /tʃɑːns/ *n* **1** [C] okazja: **have/get a chance** *Visitors will have a chance to look round the factory.* **2** [C,U] szansa: *I don't have a chance of passing the test tomorrow.* | *What are Deirdre's chances of getting the job?* | **give sb a chance** (=dać komuś szansę): *If you'll just give me a chance, I'll tell you what happened.* | **+of** *That's our only chance of escape!* | **there's a chance (that)** (=istnieje możliwość, że): *There's a chance that we won't go anyway.* | **chances are** (=wygląda na to, że): *Chances are they're stuck in traffic.* **3 by any chance** *spoken* przypadkiem: *Are you Ms. Hughes' daughter, by any chance?* **4** [C] ryzyko: **take a chance** (=za/ryzykować): *I'm moving – I'm not taking any chances when the next earthquake hits.* **5** [U] przypadek: **by chance** (=przypadkiem): *We met by chance at a friend's party.* **6 no chance!** *spoken especially BrE* nic z tego!, mowy nie ma!: *"Perhaps Dad will lend us the car." "No chance!"* →patrz też **stand a chance (of doing sth)** (STAND¹)

UWAGA: chance

Patrz **occasion**, **opportunity** i **chance**.

chance² *v* **1** [T] **chance it** *informal* za/ryzykować: *We can chance it and try to get tickets there.* **2** [I] **sb chanced to do sth/be somewhere** *literary* ktoś przypadkiem coś zrobił/(akurat) gdzieś był: *He chanced to find the key under the mat.*
chance on/upon sb/sth *phr v* [T] *literary* przypadkiem natknąć się na

chance³ *adj* przypadkowy: *a chance meeting*

chan·cel·lor /ˈtʃɑːnsələ/ *n* [C] **1** rektor: *the Chancellor of UCLA* **2** kanclerz **3 Chancellor of the Exchequer** minister skarbu

chanc·y /ˈtʃɑːnsi/ *adj informal* ryzykowny

chan·de·lier /ˌʃændəˈlɪə/ *n* [C] żyrandol

change¹ S1 W1 /tʃeɪndʒ/ *v* **1** [I,T] zmieniać (się): *Susan has changed a lot since I last saw her.* | *The club has recently changed its rules.* | **change from sth to sth** *The traffic lights changed from green to red.* | **+into** *Winter has finally changed into spring.* | **change your mind** (=zmienić zdanie): *If you change your mind, you know where to find me.* | **change the subject** (=zmienić temat): *I'm sick of politics - let's change the subject.* **2** [I,T] **change (from sth) to sth** przestawić się (z czegoś) na coś: *It will be hard at first when we change to the new system, but it will be worth it.* **3 change planes/trains etc** przesiadać się: *You'll have to change planes in Denver.* **4 a)** [I] przebierać się: **+into/out of** *She changed into her old shabby jeans.* | **get changed** (=przebrać się): *It won't take me a minute to get changed.* **b)** [T] zmieniać: *I'll just change my shoes then we can go.* **c)** [T] przewijać: *I must change the baby.* **d)** [T] **change the beds** zmieniać pościel **5** [T] **a)** wymieniać: *I want to change my dollars into pesos.* **b)** rozmieniać: *Can you change a £20 note?* **6 change hands** zmieniać właściciela: *The car has changed hands several times.*
change sth ↔ around *phr v* [T] po/przestawiać: *The room looks bigger since we changed the furniture around.*
change over *phr v* [I] przestawić się: *Will the US ever change over to the metric system?*

change² S1 W1 *n* **1** [C,U] zmiana: **+in** *a change in the weather* | **+of** *a change of government* | **a change of clothes** (=ubranie na zmianę): *Take a change of clothes with you.* **2** [C usually singular] odmiana: **for a change** (=dla odmiany): *Why don't we just stay home for a change?* | **make a change** (=stanowić odmianę): *I'm nervous about flying, but it will make a change.* **3** [U] **a)** reszta: *I got 50p change.* **b)** drobne: *in change* (=drobnymi) | **have change for** *Do you have change for* (=czy może mi Pan/i rozmienić) *£5?* THESAURUS MONEY

COLLOCATIONS: change

adjectives

a big/major/great change *There have been some big changes in my life recently.*

a slight/small/minor change *There has to be a slight change of plan.* | *The proposed changes were relatively minor.*

a gradual change *The change in his attitude was very gradual.*

a fundamental/radical change *There will have to be fundamental changes in the way we use energy.* | *The new way of working was a radical change for them both.*

a dramatic/drastic change *The Industrial Revolution was a period of dramatic change.*

social/political/economic etc change *a period of great economic change* | *Demands for political and social change are growing.*

verbs

to make a change *We've made some changes to the design.*

to bring about a change (=spowodować) *The war brought about many changes.*

to introduce a change *The government introduced a number of changes to education.*

to see a change *I've been here for 20 years and seen a lot of changes.*

to undergo a change (=przechodzić) *The body undergoes a number of changes during puberty.*

change·a·ble /ˈtʃeɪndʒəbəl/ *adj* zmienny: *changeable weather*

C

change·o·ver /ˈtʃeɪndʒˌəʊvə/ *n* [C] przestawienie się, przejście: *the changeover from manual to computerized records*

ˈchanging room *n* **1** szatnia **2** przebieralnia

chan·nel[1] S3 W2 Ac /ˈtʃænl/ *n* [C] **1** kanał: *What's on Channel 4?* | *an irrigation channel* **2** [usually plural] droga *(służbowa, urzędowa)*

channel[2] Ac *v* [T] (**-lled**, **-lling** *BrE*; **-led**, **-ling** *AmE*) **1** s/kierować: **+into** *Roger needs to channel his creativity into something useful.* **2** doprowadzać: *a device for channelling away* (=do odprowadzania) *the water*

ˈchannel-ˌhop *BrE*, **ˈchannel-surf** *AmE* *v* [I] skakać po kanałach

C

ˈchannel ˌhopping *także* **ˈchannel ˌsurfing** *n* [U] skakanie po kanałach *(telewizyjnych)*

chant[1] /tʃɑːnt/ *n* [C] **1** skandowanie: *a football chant* **2** chorał: *Gregorian chants*

chant[2] *v* [I,T] **1** skandować: *an angry crowd chanting slogans* **2** śpiewać *(monotonnie)*

Cha·nu·kah /ˈhɑːnəkə/ *n* [U] Chanuka, Święto Świec

cha·os /ˈkeɪ-ɒs/ *n* [U] chaos: **in chaos** *The game ended in chaos with fans invading the field.*

cha·ot·ic /keɪˈɒtɪk/ *adj* chaotyczny: *a chaotic person* | *The classroom was chaotic* (=w stanie chaosu), *with kids shouting and throwing things.*

chap S2 /tʃæp/ *n* [C] *BrE informal* facet, gość: *a decent sort of chap*

chap·el /ˈtʃæpəl/ *n* [C] kaplica

chap·e·rone[1] /ˈʃæpərəʊn/ *n* [C] przyzwoitka

chaperone[2] *v* [T] służyć za przyzwoitkę

chap·lain /ˈtʃæplɪn/ *n* [C] kapelan

chapped /tʃæpt/ *adj* spierzchnięty: *chapped lips*

chap·ter S3 W1 Ac /ˈtʃæptə/ *n* [C] **1** rozdział **2** okres: **+in/of** *a remarkable chapter in human history*

char·ac·ter S1 W1 /ˈkærəktə/ *n* **1** [C,U] charakter: *There's a very serious side to her character.* | *an old house with a lot of character* **2** [C] postać: *The book's main character is a young student.* **3** [C] typ: *Dan's a strange character.* **4** [C] oryginał: *Charlie's such a character!* **5** [C] znak: *Chinese characters*

COLLOCATIONS: character (2)

adjectives

the main/central character *The main character in the book is a lawyer.*

a minor character *I play a minor character in the film.*

a fictional character *Why do people care so much about fictional characters?*

a convincing character (=przekonujący) *I didn't think the hero was a very convincing character.*

noun + character

a television/film/movie character *He played many well-known television characters.*

a cartoon character *Minnie Mouse is a famous cartoon character.*

verbs

to play a character *The character of Harry Potter was played by Daniel Radcliffe.*

char·ac·ter·is·tic[1] S3 W2 /ˌkærəktəˈrɪstɪk◂/ *n* [C] cecha: *the characteristics of a good manager* | *Each wine has particular characteristics.*

characteristic[2] *adj* charakterystyczny, typowy: *Mark, with characteristic kindness* (=z typową dla niego życzliwością), *offered to help.* | **+of** *walls characteristic of the local architecture* —**characteristically** /-kli/ *adv* typowo

char·ac·ter·ize W3 /ˈkærəktəraɪz/ *także* **-ise** *BrE* *v* [T] **1** cechować: *What kind of behaviour characterizes the criminal mind?* **2** s/charakteryzować: **+as** *He has often been characterised as a born leader.* —**characterization** /ˌkærəktəraɪˈzeɪʃən/ *n* [C,U] opis, charakterystyka

cha·rade /ʃəˈrɑːd/ *n* [C] gra, udawanie: *Their marriage is just a charade.*

char·coal /ˈtʃɑːkəʊl/ *n* [U] węgiel drzewny

charge[1] S1 W1 /tʃɑːdʒ/ *n* **1** [C,U] opłata: *There is a minimum charge of £2 for the service.* | **free of charge** (=bezpłatny): *Delivery is free of charge.* THESAURUS COST **2** **be in charge** kierować: *Rodriguez is in charge of the LA office.* **3** [C] zarzut: **on charges of** (=pod zarzutem): *George was being held without bail on charges of second-degree murder.* | **bring/press charges** (=oddać sprawę do sądu): *Some women decide not to press charges because they do not want the pressure of a long court case.* **4** [C] natarcie, szarża **5** [C] ładunek *(elektryczny)*

charge[2] S1 W2 *v* **1** [T] obciążać kosztami: *The lawyer only charged us £50.* | **+for** *How much do you charge for a haircut* (=ile kosztuje u Państwa strzyżenie)? **2** [T] **charge sth** *AmE* za/płacić za coś kartą kredytową: *"Would you like to pay in cash?" "No, I'll charge it."* **3** [T] oskarżać: **+with** *Ron's been charged with assault.* **4** [T] na/ładować: *to charge batteries* **5** [I] nacierać: *When the soldiers charged, the protesters ran away.* **6** [I] po/pędzić: **+around/through/out etc** *The boys charged noisily into the water* (=rzucili się z krzykiem do wody): *He charged across* (=przeleciał przez) *the hall, scattering people in all directions.*

ˈcharge card *n* [C] **1** *BrE* karta płatnicza *(ważna w jednym sklepie lub sieci)* **2** karta kredytowa

charged /tʃɑːdʒd/ *adj* pełen emocji: *a highly charged press conference*

char·i·ot /ˈtʃæriət/ *n* [C] rydwan

cha·ris·ma /kəˈrɪzmə/ *n* [U] charyzma —**charismatic** /ˌkærɪzˈmætɪk◂/ *adj* charyzmatyczny

char·i·ta·ble /ˈtʃærətəbəl/ *adj* **1** charytatywny **2** wyrozumiały

char·i·ty S3 W3 /ˈtʃærəti/ *n* **1** [C,U] organizacja dobroczynna: *Several charities sent aid to the flood victims.* | *All profits from the book will go to charity* (=pójdą na cele dobroczynne). **2** [U] jałmużna: *Many homeless people depend on charity to survive.*

ˈcharity shop *n* [C] *BrE* sklep z rzeczami używanymi, przeznaczający dochody na cele dobroczynne

char·la·tan /ˈʃɑːlətən/ *n* [C] szarlatan/ka

charm[1] /tʃɑːm/ *n* **1** [C,U] urok, czar: *This town has a charm you couldn't find in a big city.* **2** [C] talizman: *a lucky charm* **3** **work like a charm** cudownie za/działać: *I don't know what you sprayed on the roses, but it worked like a charm.*

charm[2] *v* [T] zauroczyć, oczarować: *He was absolutely charmed by her dazzling smile.*

charmed /tʃɑːmd/ *adj* szczęśliwy: **a charmed life/existence** (=życie jak z bajki): *Why was she so unhappy when she had such a charmed life?*

charm·ing /ˈtʃɑːmɪŋ/ *adj* uroczy, czarujący: *What a charming house!* THESAURUS NICE

charred /tʃɑːd/ *adj* zwęglony: *Firemen had to drag the charred bodies out of the wreck.*

chart¹ S3 W3 Ac /tʃɑːt/ *n* [C] **1** wykres: *a weather chart* **2 the charts** lista przebojów: *That song has been at the top of the charts for over 6 weeks.* **3** mapa *(morska lub astronomiczna)*

chart² Ac *v* [T] **1** za/rejestrować: *Teachers are attempting to chart each student's progress through the year.* **2** sporządzać mapę: *to chart the sea area between France and Britain*

char·ter¹ /ˈtʃɑːtə/ *n* [C] statut, karta: *the charter of the United Nations*

charter² *v* [T] wynajmować: *We'll have to charter a bus for the trip.*

ˈcharter flight *n* [C] lot czarterowy, czarter

chase¹ S3 /tʃeɪs/ *v* **1** [I,T] gonić: *He chased after her to return her bag.* | *a cat chasing a mouse* | **+away** *I chased the dog away* (=odgoniłem psa) *from the rose bushes.* **2** [I] ganiać: **+in/around/up etc** *Those kids are always chasing in and out!* **3** [T] uganiać się za: *There are too many people chasing a limited number of jobs.*

chase² *n* [C] pogoń: *a car chase*

chas·m /ˈkæzəm/ *n* **1** [singular] przepaść: **+between** *the chasm between rich and poor people* **2** [C] rozpadlina

chas·sis /ˈʃæsi/ *n* [C] (plural **chassis** /-siz/) podwozie

chaste /tʃeɪst/ *adj old-fashioned* cnotliwy, czysty

chas·ten /ˈtʃeɪsən/ *v* [T] *formal* utemperować: *The experience had clearly chastened her.*

chas·tise /tʃæˈstaɪz/ *v* [T] *formal* surowo upominać/ganić

chas·ti·ty /ˈtʃæstəti/ *n* [U] cnota, czystość: *Catholic priests must take a vow of chastity.*

chat¹ /tʃæt/ *v* [I] (**-tted**, **-tting**) gadać
chat sb up *phr v* [T] *BrE informal* podrywać

chat² S2 *n* [C,U] pogawędka

chât·eau /ˈʃætəʊ/ *n* [C] (plural **châteaux** /-təʊz/ *or* **châteaus**) château *(zamek lub posiadłość we Francji)*

ˈchat room *n* czatrum, pokój

ˈchat show *n* [C] *BrE* talk show

chat·ter /ˈtʃætə/ *v* [I] **1** paplać: *Anna chattered on and on.* **2** szczękać: *chattering teeth* —**chatter** *n* [U] paplanina

chat·ty /ˈtʃæti/ *adj informal* rozmowny

chauf·feur /ˈʃəʊfə/ *n* [C] kierowca, szofer

chau·vin·ist /ˈʃəʊvɪnɪst/ *n* [C] **1** szowinist-a/ka **2** męski szowinista —**chauvinism** *n* [U] szowinizm —**chauvinistic** /ˌʃəʊvəˈnɪstɪk◂/ *adj* szowinistyczny

cheap¹ S1 W2 /tʃiːp/ *adj* **1** tani: *The fruit there is really cheap.* | *a car that's cheap to run* | *a cheap plastic handbag* **2** *AmE* skąpy: *He's so cheap we didn't even go out on my birthday.* —**cheaply** *adv* tanio

cheap² *adv informal* tanio: *I was lucky to get it so cheap.*

cheap·en /ˈtʃiːpən/ *v* **1** [T] **cheapen yourself by doing sth** zniżać się do (robienia) czegoś: *Don't cheapen yourself by answering his insults.* **2** [T] obniżać wartość: *The dollar's rise in value has cheapened imports.*

cheap·skate /ˈtʃiːpskeɪt/ *n* [C] *informal* dusigrosz

cheat¹ S3 /tʃiːt/ *v* **1** [I] oszukiwać: *He always cheats when we play cards.* **2** [I] ściągać: *Dana was caught cheating in her history test.* **3** [T] naciągać: **cheat sb out of sth** *Miller cheated the old woman out of all her money.* **4 feel cheated** czuć się oszukanym: *I feel cheated really. I was meant to go to France and now it's only Leeds.*
cheat on sb *phr v* [T] zdradzać: *I think Dan's cheating on Debbie again.*

cheat² *n* [C] oszust/ka: *You're a liar and a cheat!*

check¹ S1 W2 /tʃek/ *v* **1** [I,T] sprawdzać: *"Did Barry lock the back door?" "I don't know, I'll check."* | **+(that)** *Please check that* (=upewnijcie się, czy) *you have handed in your homework before you leave.* | **+for** *Check the eggs for cracks before you buy them.* | **+whether** *Can you check whether we have any milk?* | **double check** (=sprawdzić dwa razy) **2** [I] za/pytać: **+with** *I'll just check with Mom to see if I can come over to your house.* **3** [T] zahamować: *We hope the new drug will help check the spread of the disease.* **4** [T] *AmE* oddawać do szatni/przechowalni: *Any luggage over five kilos must be checked.*
check in *phr v* [I,T] **1** za/meldować się: *checking in at a hotel* **2** zgłosić się do odprawy: *Passengers should check in an hour before departure.*
check sth ↔ off *phr v* [T] odhaczyć: *Check their names off the list as they arrive.*
check on sb/sth *phr v* [T] *także* **check up on** sprawdzać: *Mom is always checking up on me.*
check out *phr v* **1** [T **check** sth ↔ **out**] *informal* sprawdzić: *You should check out his story before you print it.* **2** [I] wymeldować się: *We have to check out by 12 o'clock.* **3** [T **check** sth ↔ **out**] *especially AmE* wypożyczyć: *You can't check out this book.*

THESAURUS: check

check sprawdzić: *The inspector checked my ticket.*
make sure (that) upewnić się (że), sprawdzić (czy): *Can you make sure that the gas is turned off?* | *I wanted to make sure that you had got back safely.*
double-check sprawdzić powtórnie, upewnić się: *I double-checked that I had my ticket and my passport with me.*
verify *formal* zweryfikować: *The bank will need to verify your personal details.*

check² S1 W3 *n* **1** [C] kontrola: *a security check* | **do/run a check** (=przeprowadzić test/badanie): *I'll have them run a check on this blood sample.* **2** [C] amerykańska pisownia wyrazu CHEQUE **3** [C,U] **hold/keep sth in check** za/panować nad czymś: *I was barely able to hold my temper in check.* **4** [C] *AmE* rachunek **5** [C,U] krata, kratka: *a tablecloth with red and white checks* **6** [C] *AmE* ptaszek, haczyk **7** [U] szach

check·book /ˈtʃekbʊk/ [C] amerykańska pisownia wyrazu CHEQUEBOOK

checked /tʃekt/ *adj* kraciasty, w kratę: *a checked shirt*

check·ered /ˈtʃekəd/ *także* **chequered** *BrE adj* w szachownicę: *a checkered flag*

check·ers /ˈtʃekəz/ *n* [U] *AmE* warcaby

ˈcheck-in *n* **1** [U] odprawa: *Ask your travel agent about check-in times.* **2** *także* **ˈcheck-in desk** [singular] stanowisko odprawy: *Make sure you're at the check-in by 5:30.*

'checking ac,count *n* [C] *AmE* rachunek bieżący

check·list /'tʃek,lɪst/ *n* [C] spis kontrolny

check·mate /'tʃekmeɪt/ *n* [U] szach-mat

check·out /'tʃekaʊt/ *także* **'checkout ,counter** *AmE n* [C] kasa *(w supermarkecie)*: *the checkout assistant* (=kasjer/ka)

check·point /'tʃekpɔɪnt/ *n* [C] punkt kontrolny

check·up, **check-up** /'tʃekʌp/ *n* [C] badanie kontrolne, przegląd: *Dentists recommend regular check-ups to help prevent tooth decay.*

ched·dar /'tʃedə/ *n* [U] cheddar

C

cheek W3 /tʃi:k/ *n* **1** [C] policzek: *He kissed her lightly on the cheek.* **2** [U singular] **have the cheek to do sth** *BrE* mieć czelność coś zrobić: *He had the cheek to ask me for more money.*

cheek·bone /'tʃi:kbəʊn/ *n* [C] kość policzkowa

cheek·y /'tʃi:ki/ *adj BrE* bezczelny: *a chubby little boy with a cheeky grin* THESAURUS RUDE

cheer[1] /tʃɪə/ *v* [I,T] wiwatować: *The audience cheered as the band began to play.* THESAURUS SHOUT

cheer sb up *phr v* [T] pocieszyć: *She took him out to dinner to cheer him up.*

cheer sb/sth ↔ on *phr v* [T] dopingować: *Highbury Stadium was packed with fans cheering on the home team.*

cheer[2] *n* [C] wiwat

cheer·ful /'tʃɪəfəl/ *adj* **1** radosny: *Pat is keeping remarkably cheerful despite being in a lot of pain.* THESAURUS HAPPY **2** przyjemny: *a cheerful kitchen* —**cheerfully** *adv* radośnie, wesoło —**cheerfulness** *n* [U] wesołość

cheer·lead·er /'tʃɪə,li:də/ *n* [C] cheerleaderka

cheer·less /'tʃɪələs/ *adj* ponury, posępny: *a cheerless winter day*

cheers /tʃɪəz/ *interjection* **1** na zdrowie **2** *BrE spoken informal* dzięki

cheer·y /'tʃɪəri/ *adj* radosny, wesoły: *a little boy with a cheery smile* —**cheerily** *adv* radośnie, wesoło

cheese S2 W3 /tʃi:z/ *n* [C,U] ser

cheese·cake /'tʃi:zkeɪk/ *n* [C,U] sernik

chees·y /'tʃi:zi/ *adj AmE informal* marny, do bani: *a really cheesy movie*

chee·tah /'tʃi:tə/ *n* [C] gepard

chef /ʃef/ *n* [C] szef kuchni

UWAGA: chef, chief, boss

Chef = szef kuchni w restauracji: *The chef puts too much salt in the food.* **Chief** = wódz indiański: *an American Indian tribal chief*; szef dużej firmy lub organizacji: *Industry chiefs yesterday demanded tough measures against inflation.* **The chief** = szef: *The chief wants to see you.* **Boss** = szef: *I'll have to ask my boss for a day off.*

chem·i·cal[1] W3 Ac /'kemɪkəl/ *adj* chemiczny: *a chemical reaction* —**chemically** /-kli/ *adv* chemicznie

chemical[2] S3 W3 Ac *n* [C] substancja chemiczna

chem·ist S3 /'kemɪst/ *n* [C] **1** chemi-k/czka: *a research chemist* **2** *BrE* apteka-rz/rka → porównaj PHARMACIST

chem·is·try S2 /'kemɪstri/ *n* [U] **1** chemia **2** procesy chemiczne: *This drug causes a number of changes to the body's chemistry.*

chem·ist's /'keməsts/ *n* [C] *BrE* apteka, drogeria

che·mo·ther·a·py /,ki:məʊ'θerəpi/ *n* [U] chemioterapia: *He underwent chemotherapy and surgery to remove the tumour.*

cheque S2 /tʃek/ *n* [C] *BrE* czek: **+ for** *a cheque for £350* | **pay by cheque** (=za/płacić czekiem): *Can I pay by cheque?*

cheque·book /'tʃekbʊk/ *n* [C] *BrE* książeczka czekowa

chequ·ered /'tʃekəd/ brytyjska pisownia wyrazu CHECKERED

cher·ish /'tʃerɪʃ/ *v* [T] czule pielęgnować: *He cherished the memory of his dead wife.*

cher·ry S3 /'tʃeri/ *n* [C] **a)** czereśnia **b)** wiśnia

cher·ub /'tʃerəb/ *n* [C] cherubin(ek)

chess /tʃes/ *n* [U] szachy

chest S2 W3 /tʃest/ *n* **1** [C] klatka piersiowa **2** [C] skrzynia: *We keep our blankets in a cedar chest.* **3 get sth off your chest** wyrzucić coś z siebie *(zwierzając się komuś)*

chest·nut /'tʃesnʌt/ *n* [C,U] kasztan —**chestnut** *adj* kasztanowy, kasztanowaty

,chest of 'drawers *n* [C] komoda

chew /tʃu:/ *v* **1** [I,T] żuć: *The dentist said I wouldn't be able to chew anything for a while.* **2** [T] obgryzać: *Stop chewing on your pencil!*

chew sb out *phr v* [T] ochrzanić: *My boss chewed me out for being late.*

chew sth ↔ over *phr v* [T] przemyśleć

'chewing gum *także* **gum** *n* [U] guma do żucia

chew·y /'tʃu:i/ *adj* ciągliwy: *chewy toffee*

chic /ʃi:k/ *adj* szykowny

chick /tʃɪk/ *n* [C] pisklę

chick·a·dee /,tʃɪkə'di:/ *n* [C] sikora *(północnoamerykańska)*

chick·en[1] S2 /'tʃɪkɪn/ *n* [C,U] kurczak, kurczę: *roast chicken*

chicken[2] *adj informal* tchórzem podszyty: *Are you chicken* (=tchórz cię obleciał)? *Is that why you won't come with us?*

chicken[3] *v*

chicken out *phr v* [I] *informal* stchórzyć: *He wanted to try a parachute jump, but he chickened out at the last minute.*

chicken pox /'tʃɪkən ,pɒks/ *n* [U] ospa wietrzna

chic·o·ry /'tʃɪkəri/ *n* [C] cykoria

chide /tʃaɪd/ *v* [T] *literary* s/karcić, z/łajać

chief[1] S2 W2 /tʃi:f/ *adj* [only before noun] **1** główny: *Our chief concern is for the safety of the children.* **2** najwyższy rangą: *the chief political reporter for the 'Washington Post'*

chief[2] W3 *n* [C] szef, wódz: **+ of** *the chief of police*

UWAGA: chief

Patrz **chef**, **chief**, **boss**.

,chief ex'ecutive ,officer *n* [C] dyrektor generalny: *Robert L. Gable, 65, continues as* (=nadal pełni funkcję) *chairman and chief executive officer.*

chief·ly /'tʃi:fli/ *adv* głównie: *a book that is intended chiefly for students of art*

chief·tain /'tʃi:ftɪn/ *n* [C] wódz *(plemienia lub klanu)*

chif·fon /ˈʃɪfɒn/ *n* [U] szyfon

chil·blain /ˈtʃɪlbleɪn/ *n* [C] odmrożenie

child S1 W1 /tʃaɪld/ *n* [C] (plural **children** /ˈtʃɪldrən/) **1** dziecko: *There are over 30 children in each class.* | *a five-year-old child* | *Both our children are married now.* **2 child's play** łatwizna: *Learning French had been child's play compared with learning Arabic.*

COLLOCATIONS: child

adjectives

a four-year-old/ten-year-old etc child *Our neighbours have a six-year-old child.*

a young child *Young children usually enjoy singing.*

a small/little child *I went there when I was a small child.*

a good/bad child *Santa Claus brings presents for good children.*

a naughty child *There are a lot of naughty children in his class.*

a spoilt/spoiled child (=rozpieszczone) *You're behaving like a spoilt child.*

an unborn child *Smoking can damage your unborn child.*

verbs

to bring up a child *especially BrE*, **to raise a child** *especially AmE Bringing up a child is a tough job.*

a child is born *Their children were all born at home.*

a child grows up *This is a good place for children to grow up.*

THESAURUS: child

child dziecko: *Many children are scared of the dark.* | *He's just a child.*

kid *informal* dzieciak, dziecko: *He's a smart kid.* | *Kids all know how to use computers.* | *Kids today have much more money than we ever had.*

little boy/little girl (mały) chłopiec/(mała) dziewczynka: *I lived there when I was a little girl.* | *Little boys love dinosaurs.*

teenager nastolat-ek/ka: *The cafe was a popular meeting place for teenagers.*

adolescent nastolat-ek/ka *(zwłaszcza mówiąc o problemach tej grupy wiekowej)*: *Adolescents are often very self-conscious about the way they look.*

youth *especially disapproving* wyrostek: *He was attacked by a gang of youths.*

youngster młody człowiek: *You youngsters have got your whole life ahead of you.* | *He's a bright youngster with a good sense of humour.*

minor *law* nieletni/a: *It is illegal to sell alcohol to minors.*

ˈchild aˌbuse *n* [U] **1** maltretowanie dzieci: *Several cases of child abuse have been reported in recent weeks.* **2** wykorzystywanie seksualne dzieci

child·bear·ing /ˈtʃaɪldˌbeərɪŋ/ *n* [U] **1** rodzenie **2 child-bearing age** wiek rozrodczy

ˌchild ˈbenefit *n* [U] zasiłek rodzinny

child·birth /ˈtʃaɪldbɜːθ/ *n* [U] poród

child·care /ˈtʃaɪldkeə/ *n* [U] opieka nad dziećmi

child·hood W3 /ˈtʃaɪldhʊd/ *n* [C,U] dzieciństwo: *Sara had a very happy childhood.* THESAURUS YOUNG

child·ish /ˈtʃaɪldɪʃ/ *adj* **1** dziecinny: *Stop being so childish.* **2** dziecięcy: *a childish voice* —**childishly** *adv* dziecinnie —**childishness** *n* [U] dziecinność

child·less /ˈtʃaɪldləs/ *adj* bezdzietny: *childless couples*

child·like /ˈtʃaɪldlaɪk/ *adj* dziecięcy: *childlike innocence*

child·min·der /ˈtʃaɪldˌmaɪndə/ *n* [C] *BrE* opiekun/ka do dzieci —**childminding** *n* [U] opieka nad dzieckiem

child·proof /ˈtʃaɪldpruːf/ *adj* bezpieczny *(nie powodujący zagrożenia dla dzieci)*: *All medicine bottles should have childproof caps.*

chil·dren /ˈtʃɪldrən/ *n* liczba mnoga od CHILD

ˈchild supˌport *n* [U] alimenty

Chil·e /ˈtʃɪli/ *n* Chile —**Chilean** /ˈtʃɪliən/ *n* Chilijczyk/ka —**Chilean** *adj* chilijski

chill[1] /tʃɪl/ *v* [T] s/chłodzić: *Champagne should be chilled before serving.*

chill[2] *n* **1** [singular] chłód: *There was a chill in the early morning air.* **2** [C] dreszcz: *a threatening look in his eyes that sent a chill down my spine* **3** [C] przeziębienie

chil·li /ˈtʃɪli/ *BrE*, **chili** *AmE n* [C,U] chili: *chilli sauce*

chil·ling /ˈtʃɪlɪŋ/ *adj* przerażający: *a chilling report about the spread of a terrible new disease*

chill·y /ˈtʃɪli/ *adj* chłodny: *a chilly morning* | *the chilly waiting-room* | *She was polite but chilly and formal.* THESAURUS COLD

chime /tʃaɪm/ *v* **1** [I] bić, dzwonić: *The church bells were chiming.* **2** [T] wybijać: *The clock chimed six.* —**chime** *n* [C] bicie *(zegara, dzwonów itp.)*

chim·ney /ˈtʃɪmni/ *n* [C] komin: *factory chimneys*

ˈchimney sweep *n* [C] kominiarz

chim·pan·zee /ˌtʃɪmpænˈziː/ *także* **chimp** /tʃɪmp/ *informal n* [C] szympans

chin /tʃɪn/ *n* [C] **a)** broda **b)** podbródek

china *n* [U] porcelana: *the cupboard where we keep our best china*

Chi·na /ˈtʃaɪnə/ *n* Chiny —**Chinese** /ˌtʃaɪˈniːz◂/ *n* Chińczyk/nka —**Chinese** *adj* chiński

chink /tʃɪŋk/ *n* [C] **1** szczelina: *I could see light through a chink in the wall.* **2** brzęk: *the chink of glasses*

chin·os /ˈtʃiːnəʊz/ *n* [plural] luźne spodnie bawełniane

chintz /tʃɪnts/ *n* [U] kaliko *(rodzaj perkalu)*

chint·zy /ˈtʃɪntsi/ *adj AmE informal* **1** tandetny: *a chintzy chest of drawers* **2** skąpy: *Christina's Cafe tends to be a little chintzy with ingredients* (=oszczędza na składnikach).

chip[1] S2 W3 /tʃɪp/ *n* [C] **1** *BrE* frytka: *fish and chips* **2** *AmE* chips, chrupka: *barbecue flavor potato chips* **3** układ scalony **4** odłamek: *a path of limestone chips* **5** szczerba: *Look, this vase has a chip in it.* **6** żeton **7 a chip off the old block** *informal* wykapany ojciec/wykapana matka **8 when the chips are down** *informal* jak przyjdzie co do czego

chip[2] *v* [T] (**-pped**, **-pping**) wyszczerbić: *She chipped a tooth on an olive stone.* —**chipped** *adj* wyszczerbiony: *a chipped cup*
chip sth ↔ away *phr v* [T] odłupać: *Sandy chipped away the plaster covering the tiles.*
chip in *phr v* **1** [I] wtrącić się, dorzucić swoje trzy grosze: *The whole family chipped in with suggestions.* **2** [I,T **chip in** sth] dorzucić (się), dołożyć (się): *Clare's classmates have chipped in* (=zrzucili się) *to help her buy the wheelchair.*

chip·munk /ˈtʃɪpmʌŋk/ *n* [C] pręgowiec amerykański

C

chip·per /ˈtʃɪpə/ *adj especially AmE* rześki, tryskający energią

chi·rop·o·dist /kəˈrɒpədɪst/ *n* [C] *BrE* specjalist-a/ka chorób stóp

chirp /tʃɜːp/ *v* [I] za/ćwierkać: *sparrows chirping in the trees*

chirp·y /ˈtʃɜːpi/ *adj BrE informal* wesoły: *You seem very chirpy this morning.*

chis·el /ˈtʃɪzəl/ *n* [C] dłuto

chit /tʃɪt/ *n* [C] kwitek

ˈchit-chat *n* [U] *informal* pogaduszki

chiv·al·rous /ˈʃɪvəlrəs/ *adj formal* rycerski —**chivalry** *n* [U] rycerskość

C

chives /tʃaɪvz/ *n* [plural] szczypiorek

chlo·rine /ˈklɔːriːn/ *n* [U] chlor

chlo·ro·fluo·ro·car·bon /ˌklɔːrəʊˌflʊərəʊˈkɑːbən/ *n* [C] *technical* chlorofluorokarbon

chlor·o·form /ˈklɒrəfɔːm/ *n* [U] chloroform

chock-a-block /ˌtʃɒk ə ˈblɒk◂/ *adj* **chock-a-block (with sth)** nabity/napchany (czymś)

ˌchock-ˈfull *adj informal* pełen: **+ of** *a fruit drink that is chock-full of vitamins*

choco·late S2 /ˈtʃɒklət/ *n* **1** [U] czekolada: *a chocolate bar | chocolate ice cream* **2** [C] czekoladka: *a box of chocolates*

choice[1] S1 W1 /tʃɔɪs/ *n* **1** [C,U] wybór: *If you had a choice, where would you want to live? | The prizewinner was given a choice between* (=zwycięzcy dano do wyboru) *£10,000 and a cruise. | It was a difficult choice* (=wybór był trudny), *but we finally decided Hannah was the best.* | **+ of** *The supermarket offers a choice of different foods.* | **have no choice** *He had no choice but* (=nie miał innego wyjścia niż) *to move back into his parents' house.* | **have a choice of sth** *You will have a choice of* (=będziecie mogli wybierać spośród) *five questions in the test.* | **a wide choice** (=duży wybór): *There is a wide choice of hotels.* | **make a choice** (=dokonać wyboru): *I hope I've made the right choice.* **2 by choice** z wyboru: *Do you really believe that people are homeless by choice?*

choice[2] *adj* wyborowy: *choice plums*

choir /kwaɪə/ *n* [C] chór: *Susan sings in the school choir.*

choke[1] /tʃəʊk/ *v* **1** [I,T] dusić: *The fumes were choking me.* | **choke on sth** (=u/dławić się czymś): *Leila nearly choked on a fish bone.* **2** [T] zapychać: **be choked with** *The roads were choked with traffic.*
choke sth ↔ back *phr v* [T] powstrzymywać: *Anna choked back the tears as she tried to speak.*

choke[2] *n* [C] ssanie *(w silniku samochodu)*

chok·er /ˈtʃəʊkə/ *n* [C] obróżka *(ciasny naszyjnik itp.)*

chol·e·ra /ˈkɒlərə/ *n* [U] cholera

cho·les·te·rol /kəˈlestərɒl/ *n* [U] cholesterol

choose S1 W1 /tʃuːz/ *v* (**chose**, **chosen**, **choosing**) [I,T] **1** wybierać: *Will you help me choose a present for Dad?* | **+ what/which/whether etc** *We were free to choose whatever we wanted.* | **+ between/from** *The students had to choose between doing geography or studying another language.* | **choose sb to do sth** *They chose Roy to be the team captain.* **2 choose to do sth** zdecydować się coś zrobić: *Donna chose to stop working after she had the baby.* THESAURUS▸ DECIDE **3 there is little/nothing to choose between** nie ma większej różnicy między: *There was little to choose between the two candidates.*

THESAURUS: choose

choose wybrać: *Why did you choose that colour?*
pick wybrać *(szybko, bez zastanowienia)*: *Pick any number from one to ten.*
select wybrać *(po namyśle)*: *The committee will meet to select a new chairman.*
decide on sth zdecydować się na coś: *Have you decided on a name for the baby?*
opt for zdecydować się na coś *(wybrać jedną z opcji)*: *Many drivers opt for foreign cars.*
go for *especially spoken* wziąć *(używa się zwłaszcza do poinformowania kogoś, co wybraliśmy)*: *I think I'll go for the salad.*

choos·y /ˈtʃuːzi/ *adj* wybredny: *Jean's very choosy about what she eats.*

chop[1] S3 /tʃɒp/ *v* [T] (**-pped, -pping**) **1** *także* **chop** sth ↔ **up** po/siekać: *Shall I chop these onions up?* | **chop sth into** *Chop the tomatoes into fairly large pieces.* THESAURUS▸ CUT **2** [T] po/rąbać: *Greta was out chopping wood for the fire.* **3 chop and change** *BrE informal* ciągle zmieniać zdanie, być jak chorągiewka na wietrze
chop sth ↔ down *phr v* [T] zrąbać
chop sth ↔ off *phr v* [T] odrąbać: *Be careful you don't chop your fingers off.*

chop[2] *n* [C] **1** kotlet: *a pork chop* **2** cios: *a karate chop*

chop·per /ˈtʃɒpə/ *n* [C] **1** *informal* helikopter **2** tasak

chop·py /ˈtʃɒpi/ *adj* wzburzony *(o wodzie)*

chop·sticks /ˈtʃɒpstɪks/ *n* [plural] pałeczki

chopsticks

cho·ral /ˈkɔːrəl/ *adj* chóralny

chord /kɔːd/ *n* [C] akord

chore /tʃɔː/ *n* [C] obowiązek *(domowy)*: *Walking the dog is one of his chores.*

chor·e·og·ra·phy /ˌkɒriˈɒgrəfi/ *n* [U] choreografia —**choreographer** *n* [C] choreograf/ka —**choreograph** /ˈkɒriəˌgrɑːf/ *v* [I,T] choreografować

chor·tle /ˈtʃɔːtl/ *v* [I] za/chichotać —**chortle** *n* [C] chichot

cho·rus /ˈkɔːrəs/ *n* [C] **1** refren **2** chór *(utwór lub jego część)*: *the Hallelujah Chorus* **3 the chorus** statyści *(chórek lub balet w musicalu)* **4 a chorus of thanks/disapproval** chór podziękowań/niezadowolenia

chose /tʃəʊz/ *v* czas przeszły od CHOOSE

cho·sen /ˈtʃəʊzən/ *v* imiesłów bierny od CHOOSE

Christ[1] /kraɪst/ *n* Chrystus

Christ[2] *interjection informal* Jezu!: *Christ! Can't you leave me alone?*

chris·ten /ˈkrɪsən/ *v* [T] **be christened** zostać ochrzczonym: *She was christened* (=na chrzcie dano jej na imię) *Elizabeth Ann.*

chris·ten·ing /ˈkrɪsənɪŋ/ *n* [C] chrzciny

Chris·tian[1] /ˈkrɪstʃən/ *adj* chrześcijański: *Christian beliefs | the Christian Church*

Christian² *n* [C] chrześcija-nin/nka

Chris·ti·an·i·ty /ˌkrɪstiˈænəti/ *n* [U] chrześcijaństwo

ˈChristian name *n* [C] imię

Christ·mas /ˈkrɪsməs/ *n* [C,U] Boże Narodzenie: *What did you do over Christmas?*

Christmas

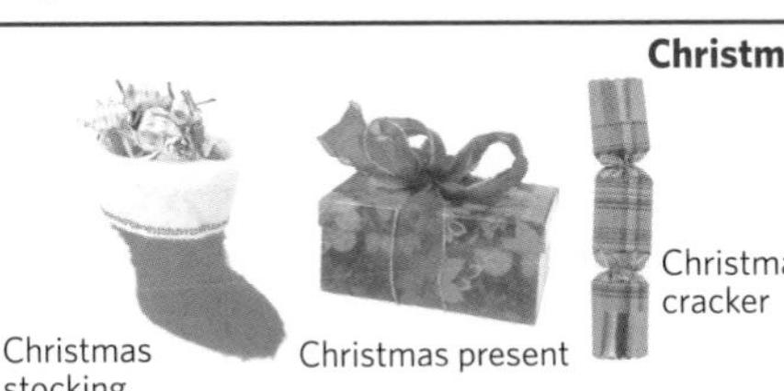

ˌChristmas ˈcarol *n* [C] kolęda

ˌChristmas ˈDay *n* [C,U] dzień Bożego Narodzenia

ˌChristmas ˈEve *n* [C,U] Wigilia (Bożego Narodzenia)

ˈChristmas tree *n* [C] choinka

chrome /krəʊm/ *także* **chro·mi·um** /ˈkrəʊmiəm/ *n* [U] chrom: *doors with chrome handles*

chro·mo·some /ˈkrəʊməsəʊm/ *n* [C] *technical* chromosom

chron·ic /ˈkrɒnɪk/ *adj* przewlekły, chroniczny: *chronic lung disease | a chronic shortage of teachers* —**chronically** *adv* przewlekle, chronicznie: *chronically sick patients*

chron·i·cle /ˈkrɒnɪkəl/ *n* [C] kronika

chron·o·log·i·cal /ˌkrɒnəˈlɒdʒɪkəl◂/ *adj* chronologiczny: **in chronological order** *a list of World Cup winners in chronological order* —**chronologically** /-kli/ *adv* chronologicznie

chrys·a·lis /ˈkrɪsəlɪs/ *n* [C] poczwarka →patrz też COCOON¹

chry·san·the·mum /krɪˈsænθəməm/ *n* [C] chryzantema

chub·by /ˈtʃʌbi/ *adj* pucołowaty

chuck S3 /tʃʌk/ *v* [T] *informal* rzucać: *Chuck that magazine over here, would you?*
chuck sth ↔ away/out *phr v* [T] *informal* wyrzucić, wywalić: *We had to chuck out a lot of stuff when we moved.*
chuck sb ↔ out *phr v* [T] *informal* wyrzucić, wyprosić: *There was a fight, and some guys got chucked out of the bar.*

chuck·le /ˈtʃʌkəl/ *v* [I] za/chichotać: *Terry chuckled to himself as he read his book.* THESAURUS LAUGH —**chuckle** *n* [C] chichot

chug /tʃʌg/ *v* [I] (**-gged**, **-gging**) dyszeć, sapać: *The little boat chugged slowly along the canal.*

chum /tʃʌm/ *n* [C] *old-fashioned* kumpel

chunk /tʃʌŋk/ *n* [C] **1** kawał: **+of** *a chunk of cheese* THESAURUS PIECE **2** część: *The hospital bills took a big chunk out of her savings.*

chunk·y /ˈtʃʌŋki/ *adj* **1** ciężki, masywny: *chunky jewellery* **2** przysadzisty

church S1 W1 /tʃɜːtʃ/ *n* **1** [C,U] kościół: *How often do you go to church?* **2** *także* **Church** [C] Kościół: *the Catholic Church*

church·go·er /ˈtʃɜːtʃˌgəʊə/ *n* [C] osoba regularnie chodząca do kościoła, praktykując-y/a

church·yard /ˈtʃɜːtʃjɑːd/ *n* [C] cmentarz

churl·ish /ˈtʃɜːlɪʃ/ *adj* grubiański: *It seemed churlish* (=wydawało się grubiaństwem) *to refuse her invitation.*

churn¹ /tʃɜːn/ *v* **1** *także* **churn up** [T] z/niszczyć powierzchnię: *The lawn had been churned up by the tractor.* **2** [I] **sb's stomach is churning** żołądek podchodzi komuś do gardła: *My stomach was churning on the day of the exam.* **3 churn milk/cream** ubijać masło
churn sth ↔ out *phr v* [T] *informal* trzaskać *(produkować masowo i szybko)*: *She churns out about three new books every year.*

churn² *n* [C] **1** maselnica **2** *BrE* bańka na mleko

chute /ʃuːt/ *n* [C] **1** rynna: *a water chute* **2** zsyp: *a rubbish chute* **3** *informal* spadochron

chut·ney /ˈtʃʌtni/ *n* [U] gęsty sos owocowy z dodatkiem octu i przypraw, podawany do mięs i serów

CIA /ˌsiː aɪ ˈeɪ/ *n* **the CIA** CIA, Centralna Agencja Wywiadowcza

CID /ˌsiː aɪ ˈdiː/ *n* [U] brytyjska policja kryminalna

ci·der /ˈsaɪdə/ *n* [C,U] **1** *BrE* cydr **2** *AmE* napój jabłkowy

ci·gar /sɪˈgɑː/ *n* [C] cygaro

cig·a·rette S2 W3 /ˌsɪgəˈret/ *n* [C] papieros

ci·lan·tro /səˈlæntrəʊ/ *n* [U] *AmE* kolendra

cinch /sɪntʃ/ *n* **a cinch** *informal* łatwizna, pestka: *The written test was a cinch.*

cin·der /ˈsɪndə/ *n* [C usually plural] **1** popiół **2** żużel

cin·e·ma S3 /ˈsɪnəmə/ *n* [C,U] *BrE* kino: *I haven't been to the cinema for ages. | the influence of Hollywood on Indian cinema*

cin·na·mon /ˈsɪnəmən/ *n* [U] cynamon

cir·ca /ˈsɜːkə/ *prep formal* około roku: *He was born circa 1100.*

cir·cle¹ S2 W2 /ˈsɜːkəl/ *n* **1** [C] koło, krąg: *The children were dancing in a circle. | a circle of chairs* **2** [C] okrąg: *Draw a circle 10 cm in diameter.* **3** [C] koło, kółko: *Myers' new book has been praised in literary circles.* | **+of** *her large circle* (=grono) *of friends* **4** [singular] *BrE* balkon *(w teatrze)* →patrz też VICIOUS CIRCLE

circle² *v* [T] **1** okrążać: *Our plane circled the airport several times.* **2** zakreślać (kółkiem): *Circle the correct answer.*

cir·cuit W3 /ˈsɜːkɪt/ *n* **1** [C] tor: *a racing circuit* **2** [C] obwód: *The lights went out because of a break in the circuit.*

cir·cu·i·tous /sɜːˈkjuːɪtəs/ *adj formal* okrężny: *We travelled by a circuitous route to avoid the town centre.*

cir·cuit·ry /ˈsɜːkətri/ *n* [U] zespół obwodów elektrycznych

cir·cu·lar¹ /ˈsɜːkjələ/ *adj* **1** okrągły: *a circular table* **2** okrężny: *a circular journey*

circular² *n* [C] okólnik: *a circular from the school to all parents*

cir·cu·late /ˈsɜːkjəleɪt/ *v* **1** [I] krążyć: *There's a rumour circulating about Mandy. | Blood circulates around the body.* **2** [T] rozpowszechniać, rozprowadzać: *I'll circulate the report at the meeting.*

C

cir·cu·la·tion /ˌsɜːkjəˈleɪʃən/ *n* **1** [U] krążenie: *Exercise can improve circulation.* **2** [singular] nakład: *a magazine with a circulation of 400,000* **3 in circulation** w obiegu: *The government has reduced the number of $100 bills in circulation.*

cir·cum·cise /ˈsɜːkəmsaɪz/ *v* [T] obrzezwyać —**circumcision** /ˌsɜːkəmˈsɪʒən/ *n* [C,U] obrzezanie

cir·cum·fer·ence /səˈkʌmfərəns/ *n* [C,U] obwód: *The earth's circumference is nearly 25,000 miles.*

cir·cum·spect /ˈsɜːkəmspekt/ *adj formal* rozważny, roztropny: *I advise you to be more circumspect about what you say in public.*

C

cir·cum·stance S2 W1 Ac /ˈsɜːkəmstæns/ *n* **1** [C usually plural, U] okoliczność: *Under normal circumstances she would never have left her child with a stranger.* **2 under/in the circumstances** w tej sytuacji: *I think we did the best we could in the circumstances.* **3 under/in no circumstances** w żadnym wypadku: *Under no circumstances should you leave this house!*

cir·cum·stan·tial /ˌsɜːkəmˈstænʃəl◂/ *adj* **circumstantial evidence** poszlaki

cir·cum·vent /ˌsɜːkəmˈvent/ *v* [T] *formal* obchodzić, omijać *(prawo, ustawę)*: *The company has opened an office abroad in order to circumvent the tax laws.* —**circumvention** /-ˈvenʃən/ *n* [U] obchodzenie/omijanie prawa

cir·cus /ˈsɜːkəs/ *n* [C] cyrk

cis·tern /ˈsɪstən/ *n* [C] zbiornik z wodą

cit·a·del /ˈsɪtədəl/ *n* [C] cytadela

ci·ta·tion Ac /saɪˈteɪʃən/ *n* [C] **1** pochwała: *a citation for bravery* **2** cytat

cite Ac /saɪt/ *v* [T] **1** przytaczać: *The mayor cited the latest crime figures as proof of the need for more police.* **2** *AmE law* stawiać przed sądem: *He was cited for speeding.*

cit·i·zen S2 W2 /ˈsɪtɪzən/ *n* [C] **1** mieszkaniec/ka: *the citizens of Moscow* **2** obywatel/ka: *a US citizen*

cit·i·zen·ship /ˈsɪtəzənʃɪp/ *n* [U] obywatelstwo: *She married him to get Swiss citizenship.*

cit·rus /ˈsɪtrəs/ *adj* cytrusowy

cit·y S1 W1 /ˈsɪti/ *n* [C] miasto: *New York City | The city has been living in fear since last week's earthquake.*

COLLOCATIONS: city

adjectives

a big/large/major city *Big cities like London need good public transport systems.*

a great city *He was born in the great city of Istanbul.*

a capital city *Copenhagen is the capital city of Denmark.*

sb's home/native city (=miasto rodzinne) *He never left his native city of Boston. | Her home city was Buenos Aires.*

an ancient city *the ancient city of Jerusalem*

a historic city *Vienna is a beautiful and historic city.*

city + noun

the city centre *BrE*, **the city center** *AmE I work in the city centre.*

the city limits *AmE* (=obrzeża/granice) *rural areas south of the city limits*

city life *the attractions of city life*

a city dweller (=mieszkan-iec/ka) *In the summer, city dwellers escape to the sea.*

THESAURUS: city

city miasto *(duże)*: *She wasn't used to life in the big city.*

town miasto *(mniejsze)*: *Southwold is a pretty seaside town.*

capital *także* **capital city** stolica: *Kyoto was the ancient capital of Japan.*

metropolis *literary* metropolia: *At that time, New York was the world's greatest metropolis.*

suburb przedmieście: *Ipanema is a fashionable suburb of Rio de Janeiro. | More and more people are moving to the suburbs.*

urban miejski: *Pollution is particularly bad in urban areas. | urban development*

ˌcity ˈhall *n* [C] ratusz

civ·ic /ˈsɪvɪk/ *adj* miejski: *civic pride* (=duma z własnego miasta) | *civic duties* (=obowiązki obywatelskie)

civ·ics /ˈsɪvɪks/ *n* [U] *AmE* wychowanie obywatelskie, wiedza o społeczeństwie *(przedmiot szkolny)*

civ·il S3 W2 Ac /ˈsɪvəl/ *adj* **1** cywilny: *the civil aircraft industry | We were married in a civil ceremony, not in church. | civil law and criminal law* **2** uprzejmy: *I know you don't like him, but just try to be civil.*

ˌcivil engiˈneering *n* [U] inżynieria wodno-lądowa

ci·vil·ian /səˈvɪljən/ *n* [C] cywil: *Many innocent civilians were killed.* —**civilian** *adj* cywilny: *civilian clothes*

civ·i·li·za·tion /ˌsɪvəlaɪˈzeɪʃən/ *także* **-isation** *BrE n* [C,U] cywilizacja: *contemporary European civilization | the ancient civilizations of Greece and Rome | all the benefits of modern civilization*

civ·i·lize /ˈsɪvəlaɪz/ *także* **-ise** *BrE v* [T] u/cywilizować: *The Romans hoped to civilize all the tribes of Europe.*

civ·i·lized /ˈsɪvəlaɪzd/ *także* **-ised** *BrE adj* **1** cywilizowany: *Care for the elderly is essential in a civilized society.* **2** kulturalny: *Let's sit around the table and discuss this in a civilized way.*

ˌcivil ˈliberty *n* (pl **-ties**) **civil liberties** swobody obywatelskie

ˌcivil ˈrights *n* [plural] prawa obywatelskie

ˌcivil ˈservant *n* [C] urzędni-k/czka administracji państwowej

ˌcivil ˈservice *n* **the civil service** administracja państwowa

ˌcivil ˈwar *n* [C,U] wojna domowa

clack /klæk/ *v* [I] stukać: *the sound of high-heeled shoes clacking along the corridor* —**clack** *n* [singular] stukot

clad /klæd/ *adj literary* odziany, przyobleczony: *a lady clad in silk and lace | snow-clad mountains* (=okryte śniegiem góry)

claim[1] S1 W1 /kleɪm/ *v* **1** [T] twierdzić: **+(that)** *Evans went to the police claiming that someone had tried to murder him.* | **claim to be sth** *Ask Louie, he claims to be* (=twierdzi, że jest) *an expert.* **2** [T] ubiegać się o: *Elderly people can claim £10 a week heating allowance.* **3** [T] zgłaszać się po: *This jacket was left behind after the party – but no one's been back to claim it.* **4 claim lives** pochłaniać ofiary *(o wojnie, kataklizmie)*

claim² S2 W1 *n* **1** [C] roszczenie: *insurance claims* | **+for** *She put in a claim for accommodation expenses.* **2** [C] twierdzenie: **+that** *Cardoza denied claims that he was involved in drug smuggling.* **3** [C] prawo: **+to** *Surely they have a rightful claim to their father's land?* **4 claim to fame** *humorous* powód do dumy: *The town's claim to fame is that it has the largest car park in the country.*

clair·voy·ant /kleəˈvɔɪənt/ *n* [C] jasnowidz —**clairvoyance** *n* [U] jasnowidztwo

clam¹ /klæm/ *n* [C,U] małż

clam² *v* (**-mmed**, **-mming**)

clam up *phr v* [I] *informal* zamykać się w sobie: *Tom always clams up if you ask him about his girlfriend.*

clam·ber /ˈklæmbə/ *v* [I] gramolić się: **+over/out/up etc** *He clambered over the rocks.*

clam·my /ˈklæmi/ *adj* lepki: *clammy hands*

clam·our¹ /ˈklæmə/ *BrE*, **clamor** *AmE n* [singular] gwar: *a clamour of voices in the next room*

clamour² *BrE*, **clamor** *AmE v* [I] domagać się: **+for** *All the kids were clamouring for attention.*

clamp¹ /klæmp/ *v* [T] **1** przyciskać: **clamp sth over/between/around etc** *He clamped his hand over her mouth* (=zatkał jej usta ręką). **2** *BrE* klamrować

clamp down *phr v* [I] **clamp down on** podjąć zdecydowane kroki wobec: *The police are clamping down on drunk drivers.*

clamp² *n* [C] **1** klamra **2** *BrE* blokada *(zakładana na koła samochodu)*

clamp·down /ˈklæmpdaʊn/ *n* [singular] akcja wymierzona przeciwko nielegalnej działalności: **+on** *a clampdown on illegal immigration*

clam·shell phone /ˈklæmʃel ˌfəʊn/ *n* składany telefon komórkowy

clan /klæn/ *n* [C] *informal* klan: *The whole clan will be coming over for Christmas.* | *the Campbell clan*

clan·des·tine /klænˈdestɪn/ *adj* tajny, potajemny

clang /klæŋ/ *v* [I,T] szczękać: *The prison gate clanged shut behind him.* —**clang** *n* [C] szczęk

clank /klæŋk/ *v* [I] szczękać: *clanking chains* —**clank** *n* [C] szczęk: *the clank of machinery*

clap¹ /klæp/ *v* (**-pped**, **-pping**) **1** [I,T] klaskać: *The audience was clapping and cheering.* | **clap your hands** *The coach clapped his hands* (=klasnął w dłonie) *and yelled, "OK, listen!"* **2 clap sb on the back/shoulder** poklepać kogoś po plecach/ramieniu **3 clap your hand over/to** zakryć/zasłonić dłonią *(usta, oczy)*: *She clapped her hand over her mouth, realizing she had said too much.* —**clapping** *n* [U] oklaski

clap² *n* [C] **clap of thunder** grzmot

clar·i·fy Ac /ˈklærɪfaɪ/ *v* [T] wyjaśniać: *The discussion helped us to clarify our aims and ideas.* —**clarification** /ˌklærɪfɪˈkeɪʃən/ *n* [C,U] wyjaśnienie

clar·i·net /ˌklærəˈnet/ *n* [C] klarnet

clar·i·ty Ac /ˈklærəti/ *n* [U] jasność: *the clarity of Irving's writing style*

clash¹ /klæʃ/ *v* **1** [I] ścierać się: **+with** *Demonstrators clashed with police on the streets of Paris.* **2** [I] gryźć się: **+with** *That red tie clashes with your jacket.* **3** [I] kolidować: **+with** *Unfortunately, the concert clashes with my evening class.*

clash² *n* [C] **1** starcie: **+between** *a clash between the President and Republicans in the Senate* **2** konflikt: *a clash of loyalties* **3** brzęk: *the clash of the cymbals*

clasp¹ /klɑːsp/ *n* **1** [C] zatrzask **2** [singular] uścisk: *the firm clasp of her hand*

clasp² *v* [T] ściskać: *She clasped the baby in her arms.*

class¹ S1 W1 /klɑːs/ *n* **1** [C,U] klasa: *We were in the same class at school.* | *Success in their country seems to be based on class rather than ability.* | *a working-class family* | *You get a nicer class of people living in this area.* | *The team showed real class in this afternoon's game.* | **not in the same class** (=o klasę gorszy): *As a tennis player, he's not in the same class as his brother.* **2** [C,U] lekcja, zajęcia: *When's your next class?* | *No talking in class* (=podczas lekcji). **3** [C] kurs: *a class in computer design* | *an evening class*

COLLOCATIONS: class

verbs

to go to a class *także* **to attend a class** *formal I go to a yoga class on Mondays.*

to take/do a class (=zapisać się na zajęcia) *I was thinking about taking acting classes.*

to teach a class *She teaches evening classes in computing.*

to miss a class (=opuścić) *He never missed a class all term.*

types of class

a French/art etc class *I have a science class this afternoon.*

an elementary/intermediate/advanced class *My sister is taking advanced classes in Spanish.*

a beginners' class *There's a beginners' class for people who can't swim at all.*

an evening class/a night class (=zajęcia wieczorowe) *She goes to an evening class on Tuesdays.*

class² *v* **class sb/sth as** zaliczać kogoś/coś do: *Heroin and cocaine are classed as hard drugs.*

clas·sic¹ W3 Ac /ˈklæsɪk/ *adj* klasyczny: *the classic film 'Casablanca'* | *a classic dark grey suit* | *Tiredness and loss of appetite are classic symptoms of depression.*

UWAGA: classic i classical

Nie należy mylić wyrazów **classic** i **classical**. „Klasyczny" w znaczeniu „typowy, uznawany za wzór" to **classic**: *a classic book/play* | *a classic example of 16th C. Venetian art* | *to make a classic mistake.* „Klasyczny" w wyrażeniach takich jak „muzyka klasyczna" lub w odniesieniu do klasycyzmu to **classical**: *classical music* | *classical physics* | *classical education*

classic² Ac *n* [C] klasyka, klasyczne dzieło: *'Moby Dick' is one of the classics of American literature* (=należy do klasyki literatury amerykańskiej).

clas·si·cal W3 Ac /ˈklæsɪkəl/ *adj* klasyczny: *classical Indian dance* | *classical architecture* | *classical music*

clas·sics /ˈklæsɪks/ *n* [U] filologia klasyczna

clas·si·fied /ˈklæsɪfaɪd/ *adj* poufny: *classified information*

ˌclassified ˈad *n* [C] ogłoszenie drobne

clas·si·fy /ˈklæsɪfaɪ/ *v* [T] s/klasyfikować: **classify sb/sth as sth** *Whales are classified as* (=wieloryby zalicza się do) *mammals, not fish.* —**classification** /ˌklæsɪfɪˈkeɪʃən/ *n* [C,U] klasyfikacja

C

class·less /ˈklɑːsləs/ *adj* bezklasowy: *a classless society*

class·mate /ˈklɑːsmeɪt/ *n* [C] kolega/koleżanka z klasy: *Discuss the question with your classmates.*

class·room S3 W3 /ˈklɑːsrʊm/ *n* [C] klasa, sala (lekcyjna)

class·work /ˈklɑːswɜːk/ *n* [U] praca w klasie →porównaj HOMEWORK

class·y /ˈklɑːsi/ *adj informal* szykowny: *a classy sports car*

clat·ter /ˈklætə/ *v* [I] stukotać, pobrzękiwać: *The pots clattered to the floor.* —**clatter** *n* [singular] stukot, brzęk: *the clatter of dishes*

C

clause AC /klɔːz/ *n* [C] **1** klauzula: *A clause in the contract states when payment must be made.* **2** zdanie *(nadrzędne, podrzędne itp.)*: *a relative clause*

claus·tro·pho·bi·a /ˌklɔːstrəˈfəʊbiə/ *n* [U] klaustrofobia —**claustrophobic** *adj* klaustrofobiczny: *I won't go in lifts – I'm claustrophobic* (=cierpię na klaustrofobię).

claw¹ /klɔː/ *n* [C] pazur, szpon

claw² *v* [I,T] wczepiać się pazurami (w): **+at** *The kitten was clawing at my leg.*
claw sth↔ back *phr v* [T] odzyskać z trudem: *Through aggressive advertising, the company managed to claw back its share of the market.*

clay /kleɪ/ *n* [U] glina

clean¹ S2 W2 /kliːn/ *adj* **1** czysty: *Are your hands clean? | All work surfaces must be kept spotlessly clean. | a clean driving licence* (=prawo jazdy bez punktów karnych) **2** przyzwoity: *good clean fun* **3** czysty, uczciwy: *a clean fight* **4 come clean** *informal* przyznać się, powiedzieć całą prawdę: *You should come clean and tell her who really did it.* **5 a clean slate** czyste konto: *Jed looked forward to starting life again with a clean slate.* →patrz też CLEANLINESS

clean² S1 W3 *v* [I,T] wy/czyścić: *It took me ages to clean the stove.* —**clean** *n* [singular] czyszczenie: *The car needs a good clean* (=przydałoby się porządnie umyć samochód). —**cleaning** *n* [U] sprzątanie
clean sth ↔ out *phr v* [T] **1** opróżnić: *We spent the whole of Sunday cleaning out the garage.* **2** [**clean** sb **out**] z/rujnować: *The Paris trip cleaned us out.*
clean up *phr v* **1** [T **clean** sb/sth ↔ **up**] doprowadzić do porządku: *A lot of money has been spent on cleaning up the region's beaches.* **2** [T **clean** sth ↔ **up**] oczyścić: *It's high time British soccer cleaned up its image.*

clean³ *adv* całkiem: *The bullet went clean* (=na wylot) *through his leg.*

ˌclean-ˈcut *adj* o miłej powierzchowności

clean·er S3 /ˈkliːnə/ *n* **1** [C] sprzątacz/ka **2 toilet/kitchen cleaner** środek czyszczący do toalet/kuchni **3 the cleaner's** pralnia chemiczna

clean·li·ness /ˈklenlinəs/ *n* [U] czystość: *poor standards of cleanliness*

clean·ly /ˈkliːnli/ *adv* gładko: *The knife cut cleanly through the cake.*

cleanse /klenz/ *v* [T] oczyszczać

cleans·er /ˈklenzə/ *n* [C,U] płyn do zmywania twarzy

ˌclean-ˈshaven *adj* gładko ogolony

clean-up, **clean·up** /ˈkliːnʌp/ *n* [singular] **1** oczyszczanie: *The clean-up of the oil spill took months.* **2** czystka

clear¹ S1 W1 /klɪə/ *adj* **1** jasny: *The instructions aren't clear at all. | She gave the police a clear description of her attacker.* **2** wyraźny: *a clear admission of guilt | Hugh made it quite clear* (=powiedział wyraźnie) *that he was not interested.* **3 be clear (about sth)** mieć jasność (co do czegoś): *Is everyone clearer now about what they're supposed to be doing?* **4** przezroczysty: *clear glass bottles* **5 clear of** wolny od: *All major roads are now clear of snow.* **6** pogodny: *On a clear day you can see for miles.* **7 clear conscience** czyste sumienie

clear² S1 W2 *v* **1** [T] sprzątać: *I'll just clear these papers off the desk.* | **clear the table** *After meals, I clear the table* (=sprzątam ze stołu) *and Dad does the dishes.* **2** [T] usuwać: *I was out at 6.30 clearing snow.* | **clear sb/sth from sth** *Trucks have just finished clearing the fallen trees from the road.* **3** [I] przejaśniać się: *The sky cleared.* **4 clear your throat** odchrząknąć **5** [T] **clear sb of (doing) sth** oczyścić kogoś z (zarzutu zrobienia) czegoś: *Johnson was cleared of murdering his wife.* **6** [T] wydać zgodę: *Has the plane been cleared to land* (=czy samolot otrzymał zgodę na lądowanie)? **7** [T] przeskoczyć przez: *The horse cleared the first fence easily.* **8** [I] zostać zrealizowanym: *The cheque cleared.* **9 clear the air** oczyścić atmosferę
clear sth ↔ away *phr v* [I,T] uprzątnąć: *Jamie, will you clear your toys away!*
clear off *phr v* [I] *BrE informal* spadać, zmiatać: *The landlord told them to clear off.*
clear out *phr v* [T **clear** sth ↔ **out**] opróżnić: *I need to clear out that dresser.*
clear up *phr v* **1** [I,T **clear** sth ↔ **up**] po/sprzątać: *We should clear up the basement before your parents visit.* **2** [T **clear** sth ↔ **up**] wyjaśnić: *There are one or two points I'd like to clear up before we begin.* **3** [I] przejaśnić się **4** [I] przejść, minąć: *The infection has cleared up.*

clear³ *adv* **clear of** z dala od: *Firemen pulled the driver clear of the wreckage.*

clear⁴ *n* **in the clear a)** woln-y/a od podejrzeń **b)** na prostej: *The debt is being paid off but we're not in the clear yet.*

clear·ance /ˈklɪərəns/ *n* [C,U] zezwolenie: *We're waiting for clearance to unload the ship.*

ˈclear-cut *adj* oczywisty: *There is no clear-cut solution.*

clear·ing /ˈklɪərɪŋ/ *n* [C] przecinka

clear·ly S1 W1 /ˈklɪəli/ *adv* **1** z pewnością: *Clearly, the situation is more serious than we first thought.* **2** wyraźnie: *Remember to speak slowly and clearly. | The footpaths were all clearly marked.* **3** jasno: *I couldn't think clearly.*

ˌclear-ˈsighted *adj* wnikliwy: *a clear-sighted analysis of the problem*

cleav·age /ˈkliːvɪdʒ/ *n* [C,U] dekolt *(kobiecy)*

cleav·er /ˈkliːvə/ *n* [C] tasak

clef /klef/ *n* [C] klucz *(muzyczny)*: *the bass clef*

clem·en·cy /ˈklemənsi/ *n* [U] *formal* łaska

clench /klentʃ/ *v* [T] zaciskać: *Hal began beating on the door with clenched fists.*

cler·gy /ˈklɜːdʒi/ *n* [plural] duchowieństwo, kler: *The clergy have much less power than they used to have.*

cler·gy·man /ˈklɜːdʒimən/ *n* (plural **clergymen** /-mən/) [C] duchowny

cler·ic /ˈklerɪk/ *n* [C] duchowny

cler·i·cal /ˈklerɪkəl/ *adj* **1** biurowy: *a clerical worker* **2** klerykalny

clerk S3 /klɑːk/ *n* [C] **1** urzędni-k/czka: *a bank clerk* **2** *AmE* recepcjonist-a/ka: *Please return your keys to the desk clerk.*

clev·er S2 /ˈklevə/ *adj* **1** *especially BrE* bystry: *I wasn't clever enough to go to university.* THESAURUS ▸ **INTELLIGENT** **2** sprytny: *a clever lawyer* **3** zmyślny: *What a clever little gadget!* —**cleverly** *adv* sprytnie —**cleverness** *n* [U] spryt

cli·ché /ˈkliːʃeɪ/ *n* [C] komunał, frazes, klisza: *all the usual political clichés*

click¹ S3 /klɪk/ *v* **1** [I,T] pstrykać: *He clicked his fingers.* **2** [I,T] stukać: *Her high heels clicked across the wooden floor.* **3** [I] **it clicked** *informal* oświeciło mnie, dotarło do mnie: *It suddenly clicked - the woman I had met the day before was Jim's wife.* **4** [I] *informal* przypaść sobie (nawzajem) do gustu: *Petra and I clicked straight away.* **5 click on sth** kliknąć coś: *Double click on the icon.*

click

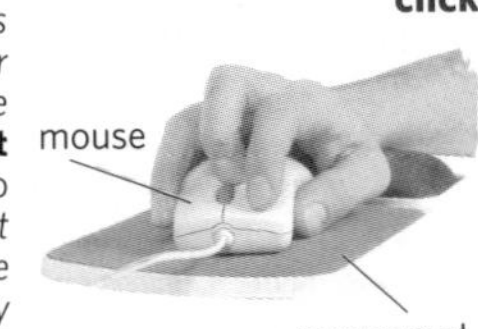

click² *n* [C,U] trzask: *The door shut with a click.*

cli·ent S2 W1 /ˈklaɪənt/ *n* [C] klient/ka: *I have a meeting with an important client.*

cli·en·tele /ˌkliːənˈtel/ *n* [singular] klientela: *Our clientele consists mainly of single people.*

cliff /klɪf/ *n* [C] klif: *She was standing near the edge of the cliff.*

cli·mac·tic /klaɪˈmæktɪk/ *adj* kulminacyjny

cli·mate W3 /ˈklaɪmət/ *n* [C] klimat: *a hot and humid climate* | **climate change** *The recent floods are said to be caused by climate change in the northern hemisphere.* | **political/intellectual etc climate** *Small businesses are finding life difficult in the present economic climate.* —**climatic** /klaɪˈmætɪk/ *adj* klimatyczny

cli·max /ˈklaɪmæks/ *n* [C] **1** punkt kulminacyjny: **+of** *Competing in the Olympic Games was the climax of his career.* | **reach a climax** *The revolution reached its climax in 1921.* **2** orgazm, szczytowanie

climb W2 /klaɪm/ *v* **1** [I,T] wspinać się (na): *Kids love climbing trees.* | *She slowly climbed up to the top of the hill.* **2** gramolić się: **+out of/into/over etc** *Bob climbed into the back of the truck.* **3** [I] uprawiać wspinaczkę: **go climbing** *We went climbing* (=wybraliśmy się na wspinaczkę) *in the Himalayas last year.* **4** [I] wznosić się: *Flight 104 climbed into the night sky.* **5** [I] wzrastać: *The temperature was climbing steadily.* —**climb** *n* [C] wspinaczka

climb down *phr v* [I] przyznać się do błędu: *Management have refused to climb down over the issue of wage increases* (=zarząd odmówił pójścia na ustępstwa w sprawie podwyżek płac).

climb·down /ˈklaɪmdaʊn/ *n* [C usually singular] ustępstwo: *The Prime Minister denied that the new policy was a climbdown.*

climb·er /ˈklaɪmə/ *n* [C] alpinist-a/ka

climb·ing /ˈklaɪmɪŋ/ *n* [U] wspinaczka: *climbing boots* | *Her hobbies include riding and mountain climbing.*

ˈclimbing ˌframe *n* [C] *BrE* drabinki *(na placu zabaw)*

clinch /klɪntʃ/ *v* [T] *informal* rozstrzygnąć *(zwłaszcza o wyniku, wygrywając zawody)*: *They clinched the championship* (=zapewnili sobie mistrzostwo) *after scoring in the final minute.*

cling /klɪŋ/ *v* [I] (**clung**, **clung**, **clinging**) **1** trzymać się kurczowo: **+to/on/together** *The little girl was clinging to her mother, crying.* **2** przywierać: *Sand clung to her arms and legs.* **3** nie wypuszczać z rąk: **+to/on/onto** *He is still clinging onto power.*

cling to sb/sth *phr v* [T] uporczywie trwać przy: *She still clung to the hope that he loved her.*

cling·film /ˈklɪŋfɪlm/ *n* [U] *BrE trademark* folia spożywcza

cling·ing /ˈklɪŋɪŋ/ *adj* obcisły: *a clinging pair of satin jeans*

cling·y /ˈklɪŋi/ *adj* niesamodzielny, trzymający się (matczynego) fartucha: *a clingy child*

clin·ic /ˈklɪnɪk/ *n* [C] klinika: *a dental clinic*

clin·i·cal /ˈklɪnɪkəl/ *adj* **1** kliniczny: *The drug has undergone a number of clinical trials.* **2** pozbawiony emocji: *Her attitude to our relationship was cold and clinical.* —**clinically** /-kli/ *adv* klinicznie

cli·ni·cian /klɪˈnɪʃən/ *n* [C] *technical* klinicyst-a/ka, lekarz kliniczny

clink /klɪŋk/ *v* [I,T] pobrzękiwać —**clink** *n* [C,U] brzęk

clip¹ /klɪp/ *n* **1** [C] spinacz **2** klamra, spinka **3** [C] urywek: *a clip from Robert De Niro's latest movie*

clip² *v* (**-pped**, **-pping**) **1** [I,T] zapinać (się), przypinać (się): **+to/onto** *The lamp clips onto the front of the bicycle.* **2** przycinać: *Walt stood in front of the mirror, clipping his moustache.*

clip·board /ˈklɪpbɔːd/ *n* [C] **1** podkładka z zaciskiem *(pod kartkę)* **2** schowek *(część pamięci komputera)*

clipped /klɪpt/ *adj* szorstki *(o głosie)*: *a clipped military accent*

clip·pers /ˈklɪpəz/ *n* [plural] cążki: *nail clippers*

clip·ping /ˈklɪpɪŋ/ *n* **1** [C] wycinek: *a newspaper clipping* **2** [C usually plural] ścinek: *a pile of grass clippings*

clique /kliːk/ *n* [C] klika

clit·o·ris /ˈklɪtərɪs/ *n* [C] łechtaczka

cloak /kləʊk/ *n* [C] peleryna

ˌcloak-and-ˈdagger *adj* potajemny, pokątny: *cloak-and-dagger methods of obtaining information*

cloak·room /ˈkləʊkrʊm/ *n* [C] **1** szatnia **2** *BrE* toalety *(w budynku publicznym)*

clob·ber /ˈklɒbə/ *v* [T] *spoken informal* **1** walnąć **2** rozgromić, roznieść

clock¹ S2 W3 /klɒk/ *n* **1** [C] zegar: *She glanced at the clock.* | *The room was silent except for the ticking of the clock.* **2 around the clock** dwadzieścia cztery godziny na dobę, na okrągło: *Volunteers had to work around the clock to get everything ready.* **3 against the clock** pod presją czasu **4 turn/put/set the clock back** cofnąć zegar historii: *Women's groups warned that the new law would turn the clock back fifty years.* **5** [C] licznik *(przebiegu)*

COLLOCATIONS: clock

verbs

to look at the clock *I was bored and kept looking at the clock.*

C

to set a clock *Mary set her alarm clock for 7 a.m.* | *Don't forget to set your clocks to summer time.*
the clock says eight/nine etc (=wskazuje/pokazuje) *The clock by my bed said nine thirty.* ⚠ Nie mówi się „the clock shows two o'clock". Mówimy: **the clock says two o'clock**.
a clock strikes eight/nine etc (=wybija) *Downstairs, the clock struck midnight.*
a clock ticks *The clock ticked on the mantelpiece.*
a clock is fast/slow (=śpieszy/spóźnia się) *There's no need to hurry - that clock's fast.*
a clock stops *My clock had stopped at 6 am so the alarm didn't work.*

nouns + clock

the hands of/on a clock (=wskazówki) *The hands on the clock said ten past two.*
the face of a clock/the clock face (=tarcza) *I couldn't see the clock face from where I was sitting.*

types of clock

the kitchen/sitting-room etc clock *Harry glanced at the kitchen clock and saw that he was late.*
an alarm clock (=budzik) *My alarm clock goes off at quarter past six.*
a grandfather clock (=stojący) *Where did you get that beautiful grandfather clock?*
a wall clock (=ścienny) *A loud ticking came from the wall clock.*
a digital clock (=cyfrowy) *A digital clock at the finish line shows runners their times.*

C

clock² *v* [T] z/mierzyć prędkość: *The police clocked him at 160 kilometres an hour.*
clock up sth *phr v* [T] zaliczyć: *We clocked up 125,000 miles on our old car.* | *The Dodgers have clocked up six wins in a row.*

clock·wise /ˈklɒkwaɪz/ *adv* zgodnie z ruchem wskazówek zegara: *Turn the dial clockwise.* →antonim **ANTI-CLOCKWISE** *BrE*; **COUNTERCLOCKWISE** *AmE*

clock·work /ˈklɒkwɜːk/ *n* **1 like clockwork** jak w zegarku: *Production at the factory has been going like clockwork.* **2** [U] mechanizm zegarowy: *clockwork toy soldiers*

clog¹ /klɒg/ *także* **clog up** *v* [I,T] (**-gged**, **-gging**) zapychać, zatykać: *potato peelings clogging the drain*

clog² *n* [C] drewniak, chodak

clois·ter /ˈklɔɪstə/ *n* [C] krużganek

clone¹ /kləʊn/ *n* [C] klon *(kopia)*

clone² *v* [T] s/klonować —**cloning** *n* [U] klonowanie

close¹ S1 W1 /kləʊz/ *v* [I,T] **1** zamykać (się): *Do you mind if I close the window?* | *Close your eyes and go to sleep.* | *The door closed quietly behind her.* | *What time does the library close* (=o której zamykają bibliotekę) *tonight?* **2** za/kończyć: *Professor Schmidt closed his speech with a quote from Tolstoy.* **3** *także* **close down a)** z/likwidować **b)** ulec likwidacji: *Hundreds of coal mines have closed since World War II.*
close sth ↔ off *phr v* [T] zamknąć *(dla ruchu)*: *The road into the docks was closed off.*

close² /kləʊs/ *adj, adv* **1** bliski, blisko: *The shops are quite close - only five minutes' walk.* | *We were close friends when we were at high school.* | *British companies should be trying to establish closer links with Europe.* | **+to** *They rented a villa close to the beach.* | *By the time we left it was close to midnight.* | *Are you close to your sister* (=czy ty i twoja siostra jesteście sobie bliscy)? THESAURUS ▸ **NEAR** **2 be close to** wynosić blisko: *Inflation is now close to 6%.* | **come close to (doing) sth** (=być bliskim (zrobienia) czegoś): *Their lead guitarist came close to leaving the band.* **3** wyrównany: *a close game* **4 close relation/relative** bliski krewny —**closely** *adv* dokładnie: *Watch closely!* —**closeness** *n* [U] bliskość

UWAGA: close
Patrz **near** i **close**.

close³ /kləʊz/ *n* [singular] koniec: *The summer was drawing to a close* (=lato dobiegało końca). | *It's time to bring the meeting to a close* (=czas zakończyć spotkanie).

closed S3 /kləʊzd/ *adj* zamknięty: *Most of the shops are closed on Sunday.* | *Keep your eyes closed.*

ˌclosed circuit ˈtelevision *także* **CCTV** *n* [U] monitoring: *closed circuit television cameras*

ˌclose-ˈknit *także* **ˌclosely-ˈknit** *adj* zżyty

close-set /ˌkləʊs ˈset◂/ *adj* blisko osadzony *(o oczach)*

clos·et¹ S3 /ˈklɒzɪt/ *n* [C] *especially AmE* szafa wnękowa

closet² *adj* **a closet liberal/Christian/Republican** ukryty liberał/chrześcijanin/republikanin: *He accused me of being a closet fascist.*

close-up /ˈkləʊs ʌp/ *n* [C] zbliżenie: *a close-up of an old woman's face*

clos·ing /ˈkləʊzɪŋ/ *adj* końcowy: *the closing paragraph of the article* THESAURUS ▸ **LAST**

clo·sure /ˈkləʊʒə/ *n* [C,U] likwidacja: *factory closures* | **+of** *the closure of the local hospital*

clot /klɒt/ *n* [C] skrzep: *a blood clot in his leg*

cloth S3 /klɒθ/ *n* **1** [U] tkanina: *a suit made of grey cloth* **2** [C] szmatka: *Rub the stain gently with a damp cloth.*

clothe /kləʊð/ *v* [T] ubierać: *She earns barely enough to feed and clothe her children.*

clothed /kləʊðd/ *adj* **be clothed in** *formal* być ubranym w: *He was clothed in a white robe.* | **fully/partly clothed** (=całkowicie/częściowo ubrany): *I found him in bed, fully clothed* (=zastałem go w łóżku, ubranego).

clothes S2 W2 /kləʊðz/ *n* [plural] ubranie, rzeczy: *Remember to bring some clean clothes.*

UWAGA: clothes, piece of clothing i garment
Clothes to rzeczownik w liczbie mnogiej, nie posiadający liczby pojedynczej. Używamy go, mówiąc ogólnie o ubraniu: *It might be cold, so bring some warm clothes.* | *I don't have any formal clothes.* Mówiąc o pojedynczej części garderoby, np. o koszuli czy sukience, używamy wyrażenia **a piece of clothing** lub - bardziej oficjalnie - **a garment**: *Customers may take two pieces of clothing/two garments into the fitting room.*

COLLOCATIONS: clothes

verbs

to wear clothes *He likes to wear fashionable clothes.*
to put your clothes on *Just let me put some clothes on.*
to take off your clothes *She took off her clothes and got into bed.*
to change your clothes (=przebrać się) *Don't you want to change your clothes for the party?*

types of clothes

warm clothes *Make sure you wear warm clothes.*
clean/dirty clothes *Mum, I don't have any clean clothes! | Put your dirty clothes in the washing basket.*
sb's best clothes *She dressed the children in their best clothes.*
casual clothes *Casual clothes are not suitable for an interview.*
formal clothes *It's best to wear formal clothes for an interview.*
smart clothes *BrE Do you have to wear smart clothes to work?*
work/school clothes *He changed into his work clothes.*
fashionable/trendy clothes *The club was full of people wearing trendy clothes.*
designer clothes (=od znanego projektanta) *She spends hundreds of pounds on designer clothes.*
scruffy clothes (=niechlujne) *She was poor and dressed in scruffy clothes.*

nouns + clothes

a change of clothes (=ubranie na zmianę) *Don't forget to bring a change of clothes.*

clothes·line /ˈkləʊðzlaɪn/ *n* [C] sznur do (suszenia) bielizny

ˈclothes peg *BrE*, **clothes·pin** /ˈkləʊðzpɪn/ *AmE n* [C] spinacz do bielizny, klamerka

cloth·ing /ˈkləʊðɪŋ/ *n* [U] *formal* odzież: *Supplies of food and clothing were taken to the refugee camps. | protective clothing*

cloud[1] S3 W3 /klaʊd/ *n* **1** [C,U] chmura: *Storm clouds moved closer overhead. | He drove out of the driveway in a cloud of dust.* **2 on cloud nine** *informal* w siódmym niebie

cloud[2] *v* **1** [T] przysłaniać: *Don't allow personal feelings to cloud your judgment.* **2** [T] zmącić: *Terrorist threats clouded the opening ceremony.*
cloud over *phr v* [I] za/chmurzyć się

cloud·less /ˈklaʊdləs/ *adj* bezchmurny

cloud·y /ˈklaʊdi/ *adj* **1** zachmurzony **2** mętny

clout /klaʊt/ *n informal* **1** [U] siła przebicia: *Trade unions now have less political clout than they used to.* **2** [singular] *BrE* cios: *You'll get a clout round the ear if you're not careful!*

clove /kləʊv/ *n* **1** [C] goździk *(przyprawa)* **2 a clove of garlic** ząbek czosnku

clo·ver /ˈkləʊvə/ *n* [C] koniczyna

clown[1] /klaʊn/ *n* [C] **1** klown **2** figlarz, kawalarz: *Len was always a real clown at school.*

clown[2] *także* **clown around/about** *v* [I] wygłupiać się: *Stop clowning around you two!*

club[1] S1 W1 /klʌb/ *n* [C] **1** klub: *She's a member of a local drama club.* **2** klub nocny **3** kij: *a set of golf clubs* **4** pałka **5** trefl: *the King of clubs*

club[2] *v* [T] (**-bbed**, **-bbing**) tłuc
club together *phr v* [I] składać się: *They clubbed together to buy her some flowers.*

club·bing /ˈklʌbɪŋ/ *n* [U] **go clubbing** chodzić do klubów, włóczyć się po klubach: *She always goes clubbing when she's in New York.*

club·house /ˈklʌbhaʊs/ *n* [C] siedziba klubu

cluck /klʌk/ *v* [I] gdakać

clue S2 /kluː/ *n* **1** [C] wskazówka, trop: **+to** *Police are searching for clues to the identity of the murderer.* | **give (sb) a clue** *The title of the book should give you a clue as to what it's about.* **2 not have a clue** *informal* nie mieć pojęcia: *"Do you know where Karen is?" "I haven't got a clue."*

ˌclued-ˈup *BrE*, **ˌclued-ˈin** *AmE adj* dobrze poinformowany/zorientowany: *You need to keep yourself clued-up about all the latest developments.*

clue·less /ˈkluːləs/ *adj* bezradny: *Jason is clueless when it comes to girls.* | **be clueless about sth** nie mieć o czymś pojęcia: *Many teachers are clueless about the needs of immigrant students.*

clump[1] /klʌmp/ *n* [C] kęp(k)a: **+of** *a clump of grass*

clump[2] *v* [I] ciężko stąpać: *I heard Grandpa clumping down the stairs in his heavy boots.*

clum·sy /ˈklʌmzi/ *adj* **1** niezdarny, niezgrabny: *At 13, she was clumsy and shy.* **2** nieporęczny: *a clumsy camera* **3** niezręczny: *a clumsy apology*

clung /klʌŋ/ *v* czas przeszły i imiesłów bierny od CLING

clunk /klʌŋk/ *v* [I,T] trzaskać: *The door clunked shut* (=zamknęły się z trzaskiem). —**clunk** *n* [C] trzask

clus·ter[1] /ˈklʌstə/ *n* [C] grup(k)a: **+of** *a cluster of small houses*

cluster[2] *v* [I,T] skupiać się: **+around/round/together** *A small group of students clustered around the noticeboard.*

clutch[1] /klʌtʃ/ *v* [T] trzymać się kurczowo, ściskać: *Amy had to clutch the railing to keep her balance.*

clutch[2] *n* **1** [C] sprzęgło **2 in sb's clutches** w czyichś szponach

clut·ter[1] /ˈklʌtə/ *także* **clutter up** *v* [T] zagracać: *Piles of books and papers were cluttering up his desk.*

clutter[2] *n* [U] **1** bałagan: *I can't stand all this clutter!* **2** rupiecie: *Could you get rid of that clutter in your bedroom?*

cm *n* skrót od CENTIMETRE

co- /kəʊ/ *prefix* przedrostek wskazujący, że dana czynność została wykonana wspólnie z kimś; odpowiada polskiemu 'współ-', 'wspól-': *We co-wrote* (=wspólnie napisaliśmy) *a book on India.*

Co. /kəʊ/ **1** skrót od COMPANY: *Hilton, Brooks & Co.* THESAURUS COMPANY **2** skrót pisany od COUNTY: *Co. Durham*

c/o skrót od CARE OF: *Send the letter c/o* (=na adres) *Anne Miller, 8 Brown St., Peoria, IL.*

coach[1] S3 W2 /kəʊtʃ/ *n* [C] **1** trener/ka: *a basketball coach* THESAURUS TEACHER **2** *BrE* autokar: *a coach tour of Europe* **3** powóz: *a coach and horses*

coach[2] *v* [I,T] **1** trenować: *Hal coaches the local football team.* **2** udzielać prywatnych lekcji

coal S2 W2 /kəʊl/ *n* **1** [U] węgiel: *a coal fire* **2 coals** [plural] węgle

co·a·li·tion /ˌkəʊəˈlɪʃən/ *n* [C,U] koalicja: *a coalition government* (=rząd koalicyjny)

coarse /kɔːs/ *adj* **1** szorstki: *a coarse woollen blanket* **2** grubiański

coast[1] S3 W2 /kəʊst/ *n* [C] wybrzeże: *the Pacific coast | They've rented a cottage on the South Coast.* —**coastal** *adj* przybrzeżny

UWAGA: coast
Patrz **shore** i **coast**.

coast² *v* [I] jechać rozpędem: *We coasted downhill.*

'coast guard *n* [C] straż przybrzeżna

coast·line /ˈkəʊstlaɪn/ *n* [C,U] linia brzegowa: *a rocky coastline*

coat¹ S2 W3 /kəʊt/ *n* [C] **1** płaszcz: *a heavy winter coat | a lab coat* (=fartuch laboratoryjny) **2** warstwa: **+of** *I'll give the walls a fresh coat of paint.* **3** sierść: *The dog had a thick, glossy coat.*

coat² *v* [T] pokrywać (warstwą): **coat sth with sth** *The books were thickly coated with dust.*

C

coat·ing /ˈkəʊtɪŋ/ *n* [C] warstewka, powłoka: *There was just a light coating of snow.*

ˌcoat of 'arms *n* [C] herb

coax /kəʊks/ *v* [T] nakłaniać *(pochlebstwami)* **coax sb into doing sth/coax sb to do sth** *We managed to coax him into eating a little supper.* THESAURUS PERSUADE

cob·ble /ˈkɒbəl/ *także* **cob·ble·stone** /ˈkɒbəlstəʊn/ *n* [C usually plural] kamień brukowy —**cobbled** *adj* brukowany: *cobbled streets*

cob·bler /ˈkɒblə/ *n* [C,U] *old-fashioned* szewc

co·bra /ˈkəʊbrə/ *n* [C] kobra

cob·web /ˈkɒbweb/ *n* [C] pajęczyna

Co·ca-Co·la /ˌkəʊkə ˈkəʊlə/ *także* **Coke** /kəʊk/ *n* [C,U] *trademark* Coca-Cola, cola

co·caine /kəʊˈkeɪn/ *n* [U] kokaina

cock¹ /kɒk/ *n* [C] **1** *BrE* kogut **2** *informal* kutas, fiut

cock² *v* [T] przekrzywiać *(głowę)*: *Jeremy cocked his head to one side, listening carefully.*
cock sth ↔ up *phr v* [T] *BrE spoken informal* sknocić: *These last-minute changes have really cocked up the schedule.*

cock·e·rel /ˈkɒkərəl/ *n* [C] kogucik

ˌcock-'eyed *adj informal* **1** idiotyczny: *I don't know how you get these cock-eyed ideas!* **2** przekrzywiony: *His hat was on at a cock-eyed angle.*

Cock·ney /ˈkɒkni/ *n* **1** [C] rodowit-y/a mieszkan-iec/ka wschodniego Londynu *(zwłaszcza pochodzący z klasy robotniczej)* **2** [U] gwara rodowitych mieszkańców wschodniego Londynu

cock·pit /ˈkɒkˌpɪt/ *n* [C] kabina (pilota)

cock·roach /ˈkɒkrəʊtʃ/ *n* [C] karaluch

cock·sure /ˌkɒkˈʃʊə◂/ *adj informal* zbyt pewny siebie

cock·tail /ˈkɒkteɪl/ *n* [C,U] koktajl

'cock-up *n* [C] *BrE informal* knot, fuszera: *I'm afraid there's been a cock-up* (=ktoś coś sknocił) *over the hotel reservations.*

cock·y /ˈkɒki/ *adj informal* przemądrzały: *He's very talented, but far too cocky.* —**cockiness** *n* [U] przemądrzalstwo

co·coa /ˈkəʊkəʊ/ *n* [U] kakao: *a cup of cocoa*

co·co·nut /ˈkəʊkənʌt/ *n* [C,U] kokos

co·coon¹ /kəˈkuːn/ *n* [C] kokon

cocoon² *v* **be cocooned** być otoczonym kokonem *(miłości, ciepła)*: *What a relief to be cocooned in the warmth of my bed.*

cod /kɒd/ *n* [C,U] dorsz

code S2 W2 /kəʊd/ *n* **1** [C] kodeks, regulamin: *The restaurant was fined for ignoring the Health and Safety Code.* | **code of conduct/ethics** *a code of medical ethics* (=kodeks etyki lekarskiej) **2** [U] szyfr: **in code** *messages written in code* **3** [C] *BrE* numer kierunkowy: *The code for Manchester is 0161.* →patrz też BAR CODE, POSTCODE, ZIP CODE

cod·ed Ac /ˈkəʊdɪd/ *adj* szyfrowany, kodowany

co-ed /ˌkəʊ ˈed◂/ *adj* koedukacyjny

co·erce /kəʊˈɜːs/ *v* [T] *formal* zmuszać: *He claimed that he had been coerced into confessing.* —**coercion** /kəʊˈɜːʃən/ *n* [U] przymus

co·ex·ist /ˌkəʊɪgˈzɪst/ *v* [I] współistnieć, koegzystować: *Can the two countries coexist after the war?* —**coexistence** *n* [U] współistnienie, koegzystencja

cof·fee S1 W2 /ˈkɒfi/ *n* [C,U] kawa: *Want a cup of coffee? | Two coffees, please.*

'coffee ˌtable *n* [C] ława

cof·fers /ˈkɒfəz/ *n* [plural] budżet, środki finansowe: *It will all be paid for out of the city's coffers.*

cof·fin /ˈkɒfɪn/ *n* [C] trumna

cog /kɒg/ *n* [C] koło zębate

co·gent /ˈkəʊdʒənt/ *adj formal* przekonujący: *There were cogent reasons for a nuclear test ban.* —**cogently** *adv* przekonująco

co·gnac /ˈkɒnjæk/ *n* [C,U] koniak

co·hab·it /ˌkəʊˈhæbɪt/ *v* [I] *formal* żyć w konkubinacie

co·her·ent Ac /kəʊˈhɪərənt/ *adj* spójny: *a coherent answer*

co·he·sion /kəʊˈhiːʒən/ *n* [U] jedność: *What the country needs is a sense of national cohesion.*

coil¹ /kɔɪl/ *także* **coil up** *v* [I,T] zwijać (się): *The snake coiled around the tree.*

coil² *n* [C] **1** zwój: *a coil of rope* **2** spirala *(antykoncepcyjna)*

coin¹ S3 /kɔɪn/ *n* **1** [C] moneta: *He collects foreign coins.* **2 toss/flip a coin** rzucać monetą: *Let's flip a coin to see who goes first.*

coin² *v* [T] ukuć: *I wonder who coined the word 'cyberpunk'.*

co·in·cide Ac /ˌkəʊənˈsaɪd/ *v* [I] **1** zbiegać się: **+with** *Their wedding anniversary coincides with my birthday.* **2** być zbieżnym: *Our interests coincided.*

co·in·ci·dence /kəʊˈɪnsɪdəns/ *n* [C,U] zbieg okoliczności: *What a coincidence! I hadn't expected to meet you here.* | **by coincidence** *By an odd coincidence* (=dziwnym zbiegiem okoliczności), *my husband and my father have the same first name.* —**coincidental** /kəʊˌɪnsəˈdentl◂/ *adj* przypadkowy

col·an·der /ˈkʌləndə/ *n* [C] cedzak, durszlak

cold¹ S1 W1 /kəʊld/ *adj* **1** zimny: *It's cold outside. | a polite but cold greeting | a lunch of cold chicken and salad | I'm cold* (=zimno mi) *- can you turn on the heater?* | **go/get cold** (=wy/stygnąć): *My coffee's gone cold.* | **ice-cold/freezing cold** (=lodowaty): *The water was freezing cold.* **2 get/have cold feet** *informal* dostać/mieć pietra: *She was getting cold feet about getting married.* **3 give sb the cold shoulder** po/traktować kogoś ozięble **4 in cold blood** z zimną krwią: *innocent civilians murdered* *in cold blood* —**coldness** *n* [U] chłód, oziębłość →patrz też COLDLY

THESAURUS: cold

cold zimny: *a cold winter day* | *This room gets very cold at night.* | *a cold drink*

cool chłodny *(przyjemnie)*: *a nice cool breeze* | *It's cooler in the shade.*

chilly chłodny *(nieprzyjemnie)*: *a chilly night* | *It's getting chilly - you may need a coat.*

freezing strasznie zimny: *It's freezing outside.* | *The freezing weather continued.*

icy lodowaty: *an icy wind* | *the icy waters of the lake*

draughty *BrE*, **drafty** *AmE* pełen przeciągów: *a draughty old house*

cold² *n* **1** [C] przeziębienie, katar: **have a cold** (=być przeziębionym): *You sound as if you have a cold.* | **catch a cold** (=przeziębić się): *Keep your feet dry so you don't catch a cold.* **2** [U] **the cold** zimno: *Come in out of the cold.* | *She was wrapped in a thick woollen shawl, to protect her from the cold.* **3 to be left out in the cold** *informal* zostać na lodzie: *Anyone who didn't join the gang was left out in the cold.*

cold³ *adv* raptownie: *In the middle of his speech, he stopped cold.*

ˌcold-ˈblooded *adj* **1** bezwzględny: *a cold-blooded killer* **2** zmiennocieplny: *Snakes are cold-blooded animals.*

ˌcold-ˈhearted *adj* nieczuły: *a cold-hearted man*

cold·ly /ˈkəʊldli/ *adv* chłodno, ozięble: *"I'm busy," said Sarah coldly.*

ˌcold ˈturkey *n* [U] **go cold turkey** z dnia na dzień rzucić nałóg

cole·slaw /ˈkəʊlslɔː/ *n* [U] surówka z białej kapusty przyprawiana majonezem

col·ic /ˈkɒlɪk/ *n* [U] kolka

col·lab·o·rate /kəˈlæbəreɪt/ *v* [I] **1** współpracować: **+on/with** *The two authors collaborated on the translation of the novel.* **2** kolaborować: *There are rumours that he collaborated with the secret police.* —**collaborator** *n* [C] współpracowni-k/czka, kolaborant/ka

col·lab·o·ra·tion /kəˌlæbəˈreɪʃən/ *n* [U] **1** współpraca: *The two companies worked in close collaboration on the project.* **2** kolaboracja

col·lage /ˈkɒlɑːʒ/ *n* [C,U] kolaż

col·la·gen /ˈkɒədʒən/ *n* [U] kolagen

col·lapse¹ S3 Ac /kəˈlæps/ *v* [I] **1** zawalić się: *Many buildings collapsed during the earthquake.* **2** zasłabnąć: *He collapsed with a dangerously high fever.* **3** upaść: *Thousands were made unemployed after the country's mining industry collapsed.*

collapse² Ac *n* [C,U] **1** załamanie się: *the stock market collapse of 1987* **2** zawalenie się: *Floods caused the collapse of the bridge.* **3** zapaść: *The prisoner was in a state of nervous collapse.*

col·lap·si·ble /kəˈlæpsəbəl/ *adj* składany: *a collapsible table*

col·lar¹ S3 /ˈkɒlə/ *n* [C] **1** kołnierz **2** obroża

collar² *v* [T] *informal* capnąć: *Two policemen collared him before he could get away.*

col·lar·bone /ˈkɒləbəʊn/ *n* [C] obojczyk

col·lat·e·ral /kəˈlætərəl/ *n* [U] *technical* zabezpieczenie *(pożyczki)*: *He offered his house as collateral for the loan.*

col·league S2 W2 Ac /ˈkɒliːg/ *n* [C] kolega/koleżanka *(z pracy)*: *my colleague at the university*

col·lect¹ S1 W2 /kəˈlekt/ *v* **1** [T] zbierać: *I'll collect everyone's papers at the end of the test.* | *I started collecting foreign coins when I was eight years old.* | *We're collecting money for the Red Cross.* **2** [I] zbierać się: *A crowd of people had collected at the scene of the accident.* **3** [T] *BrE* odbierać: **collect sb from** *Can you collect the kids from school?* **4 collect yourself/your thoughts** zebrać myśli

collect² *adj, adv AmE* **1 call sb collect** za/dzwonić do kogoś na jego koszt **2 collect call** telefon na koszt odbiorcy

col·lect·ed /kəˈlektɪd/ *adj* **1 collected poems/stories/works** wiersze/opowiadania/dzieła zebrane: *the collected works of Shakespeare* **2** opanowany: *She stayed cool and collected.*

col·lec·tion S2 W1 /kəˈlekʃən/ *n* **1** [C] kolekcja, zbiór: *your CD collection* | **+of** *a fine collection of modern paintings* **2** [U] zbieranie: **+of** *the collection of reliable information* **3** [C,U] zbiórka, kwesta: *We're planning to have a collection for UNICEF.* **4** [C,U] odbiór: *Garbage collections are made every Tuesday morning.* **5** [singular] *informal* zbieranina: *There was an odd collection of people at the party.*

col·lec·tive¹ /kəˈlektɪv/ *adj* [only before noun] **a)** zbiorowy: *collective effort* | *It's our collective responsibility to see that everything is done right.* **b)** wspólny: *collective decision* —**collectively** *adv* zbiorowo, wspólnie

collective² *n* [C] spółdzielnia

col·lec·tor /kəˈlektə/ *n* [C] **1 rent/tax collector** poborca czynszu/podatków **2 ticket collector** kontroler/ka biletów **3** kolekcjoner/ka: *a stamp collector*

col·lege S1 W2 /ˈkɒlɪdʒ/ *n* **1** [C,U] wyższa uczelnia: *an art college* **2** [C] kolegium, college: *King's College, Cambridge*

COLLOCATIONS: college

verbs

to go to college *także* **to attend college** *formal She'd like to go to teacher training college.* | *He was too ill to attend college.*

to finish college *When I finish college, I plan to travel.*

to leave college *He started his own business after he left college.*

types of college

an art/music/drama college *The Music College was founded in 1869.*

an agricultural/secretarial/technical college *I wanted a job in farm management so I went to agricultural college.*

a teacher training college (=kolegium nauczycielskie)

a college of further education *BrE* (=szkoła dla dorosłych, kształcąca na dowolnym poziomie powyżej obowiązkowej szkoły średniej)

a sixth form college *BrE* (=dwuletnia szkoła przygotowująca do egzaminów A levels)

col·lide /kəˈlaɪd/ *v* [I] zderzać się: *The two trains collided in a tunnel.* | **+with** *In the thick fog, her car collided with a lorry.*

col·lie·ry /ˈkɒljəri/ *n* [C] *BrE* kopalnia węgla

C

col·li·sion /kəˈlɪʒən/ *n* [C,U] zderzenie: **head-on collision** (=zderzenie czołowe): *a head-on collision between two trains*

col·lo·qui·al /kəˈləʊkwiəl/ *adj* potoczny: *colloquial expressions* —**colloquially** *adv* potocznie —**colloquialism** *n* [C] kolokwializm, wyrażenie potoczne

col·lu·sion /kəˈluːʒən/ *n* [U] *formal* zmowa: *collusion between politicians and Mafia leaders*

co·logne /kəˈləʊn/ *n* woda kolońska

co·lon /ˈkəʊlən/ *n* [C] dwukropek

colo·nel /ˈkɜːnl/ *n* [C] pułkownik

co·lo·ni·al /kəˈləʊniəl/ *adj* kolonialny: *Ghana became independent in 1986 after 85 years of colonial rule.*

C

co·lo·ni·al·is·m /kəˈləʊniəlɪzəm/ *n* [U] kolonializm

col·o·nize /ˈkɒlənaɪz/ *także* **-ise** *BrE* *v* [T] s/kolonizować: *Australia was colonized in the 18th century.* —**colonization** /ˌkɒlənaɪˈzeɪʃən/ *n* [U] kolonizacja

col·o·ny /ˈkɒləni/ *n* [C] kolonia: *Algeria was formerly a French colony.* | *an artists' colony* | *an ant colony*

col·or /ˈkʌlə/ amerykańska pisownia wyrazu COLOUR

ˈcolor-blind amerykańska pisownia wyrazu COLOUR-BLIND

col·or·ful /ˈkʌləfəl/ amerykańska pisownia wyrazu COLOURFUL

col·or·less /ˈkʌlələs/ amerykańska pisownia wyrazu COLOURLESS

co·los·sal /kəˈlɒsəl/ *adj* kolosalny: *They've run up colossal debts.* THESAURUS BIG

colour[1] S1 W1 /ˈkʌlə/ *BrE*, **color** *AmE* *n* **1** [C,U] kolor, barwa: *"What colour is your new car?" "Blue."* | *the colors of the rainbow* | *houses painted in bright colours* | **in colour** *The meat should be pale pink in colour.* **2** [U] koloryt: *flowers that will add colour to your garden* | *a story full of life, colour, and adventure* **3 colour photograph/television** fotografia/telewizja kolorowa **4** [C,U] kolor skóry: *people of all colors* → patrz też OFF COLOUR

UWAGA: colour

Wyraz **colour** zwykle nie występuje w złożeniach z nazwami kolorów (**red**, **green**, **blue** itp.): *I bought a blue shirt.* (nie: *I bought a blue colour shirt.* czy: *I bought a shirt of blue colour.*)

COLLOCATIONS: colour

adjectives

a red/green/blue etc colour *The leaves were a lovely red colour.*

a reddish/greenish/bluish etc colour (=czerwonawy itd.) *The glass used for bottles is often a greenish colour.*

a bright colour (=jaskrawy) *She likes to wear bright colours.*

a dark colour *Dark colours make a house seem smaller.*

a deep colour *The wine is a deep red colour.*

a rich colour (=soczysty) *I love the rich colours in this rug.*

a light/pale colour *All the bedrooms are painted in light colours.*

a pastel colour

a soft colour (=łagodny)

a warm colour *The old farmhouse is beautifully decorated with warm colours.*

a primary colour (=podstawowy) *Why are children's toys always in primary colours?*

a neutral colour (=biały, kremowy, szary, beżowy, brązowy)

colour[2] *BrE*, **color** *AmE* *v* **1** [T] u/farbować: *Do you colour your hair or is it natural?* **2** *także* **colour in** [T] po/kolorować: *Can you trace the picture and colour it in?* **3 colour sb's judgment/opinion** zabarwić czyjąś ocenę/opinię: *Personal feelings coloured his judgment.*

colour

colouring

ˈcolour-blind *BrE*, **ˈcolor-blind** *AmE* *adj* **be colour-blind** być daltonist-ą/ką —**colour-blindness** *n* [U] daltonizm

col·oured /ˈkʌləd/ *BrE*, **colored** *AmE* *adj* kolorowy: *coloured glass*

col·our·ful /ˈkʌləfəl/ *BrE*, **colorful** *AmE* *adj* **1** kolorowy: *a garden full of colourful flowers* **2** barwny: *You might say he's led a colourful life.*

col·our·ing /ˈkʌlərɪŋ/ *BrE*, **coloring** *AmE* *n* **1** [U] karnacja: *Mandy had her mother's dark coloring.* **2** [C,U] barwnik: *Use food colouring to tint the icing.*

col·our·less /ˈkʌlələs/ *BrE*, **colorless** *AmE* *adj* bezbarwny: *a colorless liquid* | *a colourless little man*

col·ours /ˈkʌləz/ *BrE*, **colors** *AmE* *n* [plural] barwy: *UCLA's colors are blue and gold.*

colt /kəʊlt/ *n* [C] źrebak

col·umn S3 W2 /ˈkɒləm/ *n* [C] **1** kolumna: *the marble columns of a Greek temple* | *Pick a number from the first column.* | **+ of** *a column of soldiers on the march* **2** rubryka: *an advice column* **3** słup: **+ of** *a column of smoke*

col·umn·ist /ˈkɒləmnɪst/ *n* [C] felietonist-a/ka

com /kɒm/ *skrót od* **commercial organization** com *(w adresach internetowych)*

co·ma /ˈkəʊmə/ *n* [C] śpiączka: **be in a coma** *Ben was in a coma for six days.*

comb[1] /kəʊm/ *n* [C] grzebień

comb[2] *v* [T] **1** u/czesać: *Run upstairs and comb your hair!* **2** przeczesywać: **comb sth for sth** (=w poszukiwaniu czegoś): *Police are combing the area for more bombs.*

com·bat[1] /ˈkɒmbæt/ *n* [C,U] walka: *men with little experience of armed combat* | **in combat** *Her husband was killed in combat* (=zginął na polu walki). | **combat sports** (=sporty walki)

combat[2] *v* [T] (**-ated**, **-ating** *także* **-tted**, **-tting** *BrE*) zwalczać: *The police are using new technology to combat crime.*

com·ba·tant /ˈkɒmbətənt/ *n* [C] żołnierz

com·ba·tive /ˈkɒmbətɪv/ *adj* wojowniczy: *Paul was in a combative mood.*

com·bi·na·tion S3 W2 /ˌkɒmbəˈneɪʃən/ *n* [C] **1** kombinacja, połączenie: **+ of** *a combination of bad management and inexperience* **2** szyfr *(zamka, sejfu itp.)*

ˌcombiˈnation lock *n* [C] zamek szyfrowy

com·bine¹ S3 W2 /kəmˈbaɪn/ *v* [I,T] po/łączyć (się): *The two chemicals combine to produce a powerful explosive.* | **combined with** (=w połączeniu z): *The heat combined with the loud music was beginning to make her feel ill.* | **combine sth with sth** *She manages to combine family life with a career.*

com·bine² /ˈkɒmbaɪn/ *n* [C] **1** *także* **combine harvester** kombajn **2** kartel

com·bine har·vest·er /ˌkɒmbaɪn ˈhɑːvɪstə/ *n* [C] kombajn

com·bus·ti·ble /kəmˈbʌstəbəl/ *adj technical* łatwopalny: *Gasoline is highly combustible.*

com·bus·tion /kəmˈbʌstʃən/ *n* [U] spalanie

come S1 W1 /kʌm/ *v* [I] (**came**, **come**, **coming**) **1 a)** przychodzić: *When Bert came home from work, he looked tired.* | *Come here* (=chodź tu), *right now!* | **come and do sth** *Come and have dinner with us.* | **here comes** *spoken* (=oto i): *Here comes Karen now.* **b)** przyjeżdżać: *Did you come by train?* | *Is Susan coming to the wedding?* | *She comes to see us every summer.* **c)** przybywać: *At last we came to a small village.* **2** nadchodzić: *Spring came early that year.* | *The time has come to make some changes.* **3 come after** następować po: *What letter comes after 'u'?* | **come first/last/next etc** *I came last* (=zająłem ostatnie miejsce) *in the cycle race.* **4** sięgać: **+to/up to/down to** *The water only came up to my knees.* **5** być dostępnym: **+in** *Do these shoes come in black?* | *The sweaters come in four sizes.* **6 come undone/open** rozwiązać/otworzyć się: *Your shoelace has come undone.* **7 come as a surprise/shock** być zaskoczeniem/szokiem: *Her death came as a shock to everyone.* **8 come to do sth** zacząć coś robić: *That's the kind of behaviour I've come to expect from him.* **9 come naturally/easily to sb** przychodzić komuś naturalnie/łatwo: *Acting came naturally to Rae.* **10 in the years/days to come** w przyszłości: *I think we shall regret this decision in the years to come.* **11 come to think of it** *spoken* skoro już o tym mowa: *Come to think of it, Cooper did mention it to me.* **12 come and go** przemijać, mieć krótki żywot: *Fashions come and go.* →patrz też **how come?** (HOW¹), **come/spring to mind** (MIND¹), **come to life** (LIFE), **come clean** (CLEAN¹), **come unstuck** (UNSTUCK)

come about *phr v* [I] **how did this come about?** jak do tego doszło?: *How did this extraordinary situation come about?*

come across *phr v* **1** [T **come across** sth] natknąć się/natrafić na: *I came across this photograph among some old newspapers.* **2** [I] **come across as** sprawiać wrażenie: *He comes across as a nice guy.*

come along *phr v* [I] **1** trafić się: *I'm ready to take any job that comes along.* **2** posuwać się do przodu: *Terry's work has really come along this year.* **3** pójść też *(z kimś)*: *Can I come along?*

come apart *phr v* [I] *especially BrE* rozpaść się: *The book just came apart in my hands.*

come around *phr v* [I] *AmE* COME ROUND

come at sb *phr v* [T] rzucić się na: *She came at him with a knife.*

come away *v* [I] *BrE* odpaść: **+from** *I pulled, and the handle came away from the door.*

come back *phr v* [I] **1** wracać: *When is your sister coming back from Europe?* | *Long skirts are coming back* (=wraca moda na długie spódnice). **2 come back to sb** nagle się komuś przypomnieć: *Then, everything William had said came back to me.* →patrz też COMEBACK

come between sb *phr v* [T] poróżnić: *I didn't want the question of money to come between us.*

come by *phr v* **1** [T **come by** sth] zdobyć: **sth is hard to come by** (=trudno o coś): *Jobs are very hard to come by in the summer months.* **2** [I,T] *AmE* wpaść (do): *Veronica came by to see me today.*

come down *phr v* [I] **1** obniżyć się, spaść: *Wait until prices come down before you buy.* **2** zostać zburzonym: *This old wall will have to come down.*

come down on sb/sth *phr v* [T] **1** u/karać srodze: *The school came down hard on any students who were caught drinking.* **2 come down on the side of sb** opowiedzieć się/stanąć po czyjejś stronie: *The court came down on the side of the boy's father.*

come down to sth *phr v* [T] sprowadzać się do: *It all comes down to money in the end.*

come down with sth *phr v* [T] zachorować na: *I think I'm coming down with flu* (=chyba bierze mnie grypa).

come forward *phr v* [I] zgłosić się *(na ochotnika)*: *Witnesses are asked to come forward with information about the robbery.*

come from *phr v* [T] pochodzić z/od: *His mother came from Texas.* | *The word 'video' comes from the Latin word meaning 'I see'.*

come in *phr v* [I] **1** wejść: *Come in and sit down.* THESAURUS ENTER **2** nadchodzić: *Reports are coming in of an earthquake in Japan.* | *The tide comes in* (=nadchodzi/jest przypływ). **3 come in first/second** zająć pierwsze/drugie miejsce **4** pojawić się: *I remember when miniskirts first came in.* **5 come in useful/handy** przydać się: *Bring some rope – it might come in handy.*

come in for sth *phr v* **come in for criticism/blame** być krytykowanym/obwinianym: *After the riots the police came in for a lot of criticism.*

come into sth *phr v* [T] **1** mieć coś wspólnego z: *How does her husband come into the story* (=co ma z tym wspólnego jej mąż)? **2** dostać w spadku, wejść w posiadanie: *I came into some money when my grandfather died.*

come of sth *phr v* [T] **1** wyjść/wyniknąć z: *We wanted to start a pop group, but nothing ever came of it.* **2 come of age** osiągnąć pełnoletność

come off *phr v* **1** [I,T **come off** sth] odpaść (od): *A button had come off his coat.* **2** [I] *informal* wyjść, wypalić: *It was a good idea but it didn't quite come off.* **3 come off it!** *spoken* daj spokój!: *Oh, come off it! Don't pretend you didn't know.*

come on *phr v* **1** [I] zapalić/włączyć się: *The lights suddenly came on in the cinema.* **2 come on!** *spoken* **a)** dalej!, no już!: *Come on, it's not that hard.* **b)** daj spokój!, przestań!: *Oh, come on, don't lie to me!*

come out *phr v* [I] **1** wyjść na jaw: *The truth will come out eventually.* **2** wyjść, ukazać się: *When does his new book come out?* **3** za/brzmieć: *I tried to explain, but it came out all wrong.* **4** zejść: *The stains didn't come out.* **5 not come out** nie wyjść: *Some of our wedding photos didn't come out.* **6** wyjrzeć, wyjść *(np. o słońcu)*

come out in sth *phr v* **come out in spots/a rash** *BrE* dostać wysypki

come out with sth *phr v* [T] wyrwać się z: *Tanya came out with some stupid remarks.*

come over *phr v* **1** [I] przyjść: *Can I come over to your place tonight?* **2** [T **come over** sb] najść: *A wave of sleepiness came over her.* | *I'm sorry I was so rude – I don't know what came over me!* **3** [I] **come over as** sprawiać wrażenie: *Mrs Robins comes over as a cold, strict woman.*

come round *BrE*, **come around** *especially AmE phr v* [I] **1** przyjść (w odwiedziny): *Paul is coming round to my house for tea.* THESAURUS VISIT **2 come round to sb's way of thinking** dać się komuś przekonać: *I'm sure he'll come round to our way of thinking.* **3** odzyskać przytomność: *He must have been drugged – we'll have to wait till he comes* round. **4** nadejść: *Christmas will soon be coming round again.*

come through *phr v* **1** [T **come through** sth] przetrwać: *We've come through all kinds of trouble together.* **2** [I] zostać sfinalizowanym: *His divorce should come through next month.*

come to *phr v* **1** [T **come to** sth] dojść do *(wniosku, porozumienia)*: *We came to the conclusion that there was no other way back to the camp.* **2** wynosić razem: *That comes to $24.67, ma'am.* **3** [T **come to** sb] przypomnieć się: *I can't remember her name just now, but it'll come to me.* **4** [I] odzyskać przytomność: *When I came to, I was lying on the grass.*

come under sth *phr v* [T] **1** podlegać: *These schools come under the control of the Department of Education.* **2 come under attack/fire/pressure** zostać poddanym atakom/krytyce/naciskom: *The students have come under pressure to report their friends.* **3** figurować pod (hasłem): *Skiing? That'll come under 'Sport'.*

come up *phr v* [I] **1** wypłynąć *(o temacie itp.)*: *The subject didn't come up at the meeting.* **2** pojawić się *(o okazji, problemie)*: *The same problems come up every time.* THESAURUS HAPPEN **3 be coming up** zbliżać się: *Isn't your birthday coming up?* **4** wyskoczyć: *Something's come up, so I won't be able to go with you.* **5** wzejść: *It was six o'clock, and the sun had just come up.*

come up against sb/sth *phr v* [T] spotkać się z: *when black politicians come up against racist attitudes*

come up to sth *phr v* [T] **come up to expectations** spełnić oczekiwania: *This work doesn't come up to your usual standards* (=nie jest tak dobra, jak zwykle).

come up with sth *phr v* [T] wymyślić: *They still haven't come up with a name for the baby.*

come·back /ˈkʌmbæk/ *n* **1 make a comeback** wrócić *(np. na scenę)*: *a fashion that made a brief comeback in the 1980s* **2** [C] riposta: *I can never think of a good comeback.*

co·me·di·an /kəˈmiːdiən/ *n* [C] komik

come·down /ˈkʌmdaʊn/ *n* [singular] *informal* degradacja: *From boxing champion to prison cook – what a comedown!*

com·e·dy /ˈkɒmədi/ *n* [C,U] komedia: *We saw the new Robin Williams comedy last night.*

com·et /ˈkɒmɪt/ *n* [C] kometa

come·up·pance /kʌmˈʌpəns/ *n* **get your comeuppance** *informal* dostać za swoje, ponieść zasłużoną karę: *He gets his comeuppance at the end of the play.*

com·fort¹ W3 /ˈkʌmfət/ *n* **1** [U] wygoda, komfort: *shoes designed for comfort | Now you can sit in comfort* (=możesz usiąść wygodnie) *and watch the show.* **2** [U] pociecha, otucha: *Your letter brought me great comfort after Henry died.* **3** [U] dostatek: **in comfort** *They had saved enough money to spend their old age in comfort.* **4** [C usually plural] wygody: *the comforts of modern civilization | home comforts* →antonim DISCOMFORT

comfort² *v* [T] pocieszać, dodawać otuchy: *Jean was terribly upset, and we all tried to comfort her.*

com·for·ta·ble S2 W3 /ˈkʌmftəbəl/ *adj* **1** wygodny: *The hotel room was small, clean and comfortable. | a comfortable chair* **2** spokojny: *I'm much more comfortable knowing you're around.* **3** dobrze sytuowany: *We're not rich, but we are comfortable.* **4 be/feel comfortable** czuć się swobodnie: *She never felt very comfortable with men.* —**comfortably** *adv* wygodnie →antonim UNCOMFORTABLE

THESAURUS: comfortable

comfortable wygodny: *The hotel was very comfortable. | Are you comfortable* (=wygodnie ci) *in that chair? | a more comfortable position*

comfy *informal* wygodny *(mebel, ubranie)*: *a big comfy sofa | a nice comfy sweater*

cosy *BrE*, **cozy** *AmE* przytulny: *a cosy little room with a real fire*

smooth komfortowy, spokojny *(podróż)*: *The flight was very smooth and we actually got there early.*

luxurious luksusowy: *a luxurious 5-star hotel | He owns a luxurious yacht in the Mediterranean.*

com·fort·er /ˈkʌmfətə/ *n* [C] *AmE* kołdra

com·fy /ˈkʌmfi/ *adj informal* wygodny THESAURUS COMFORTABLE

com·ic¹ /ˈkɒmɪk/ *adj* komiczny: *a comic character*

comic² *n* [C] **1** komik **2** *także* **comic book** komiks

com·i·cal /ˈkɒmɪkəl/ *adj* komiczny: *He looked comical, his hands waving in the air.* —**comically** /-kli/ *adv* komicznie

ˈcomic book *n* [C] *especially AmE* komiks

ˈcomic strip *n* [C] historyjka obrazkowa *(w gazecie)*

com·ing¹ /ˈkʌmɪŋ/ *n* **1 the coming of** nadejście: *With the coming of the railroad, the population grew quickly.* **2 comings and goings** *informal* każde wejście i wyjście: *She watches the comings and goings of all their visitors.*

coming² *adj* [only before noun] nadchodzący: *animals preparing for the coming winter* →patrz też UP-AND-COMING

com·ma /ˈkɒmə/ *n* [C] przecinek

com·mand¹ W3 /kəˈmɑːnd/ *n* **1** [C] rozkaz: *Don't shoot until your officer gives the command.* **2** [U] dowództwo: **be in command** (=dowodzić): *Who is in command here?* **3** [C] polecenie **4** [singular] znajomość: *She has a good command of English* (=dobrze zna angielski).

command² *v* **1** [I,T] rozkazywać: **command sb to do sth** *The king commanded his men to guard the palace.* **2** dowodzić: *Admiral Douglas commands a fleet of 200 ships in the Pacific.*

com·man·dant /ˌkɒmənˈdænt/ *n* [C] komendant

com·man·deer /ˌkɒmənˈdɪə/ *v* [T] za/rekwirować: *The hotel was commandeered for use as a hospital.*

com·mand·er /kəˈmɑːndə/ *n* [C] **1** dowódca **2** komandor porucznik

com·mand·ing /kəˈmɑːndɪŋ/ *adj* [only before noun] władczy: *He has a commanding manner and voice.*

com·mand·ment /kəˈmɑːndmənt/ *n* [C] przykazanie

com·man·do /kəˈmɑːndəʊ/ *n* [C] komandos

com·mem·o·rate /kəˈmeməreɪt/ *v* [T] upamiętniać: *a monument commemorating those who died in the war* —**commemorative** /-rətɪv/ *adj* pamiątkowy

com·mence Ac /kəˈmens/ *v* [I,T] *formal* rozpoczynać (się): *Work on the building will commence immediately.*

com·mence·ment Ac /kəˈmensmənt/ *n* [C,U] *formal* rozpoczęcie: *Fees must be paid prior to commencement of the course.*

com·mend /kəˈmend/ *v* [T] udzielać pochwały: *She was commended for her years of service to the community.*

—**commendable** *adj* godny pochwały: *a commendable effort* —**commendably** *adv* chwalebnie

com·men·su·rate /kəˈmenʃərət/ *adj formal* współmierny, proporcjonalny: **+with** *The salary will be commensurate with age and experience.*

com·ment¹ S1 W2 Ac /ˈkɒment/ *n* **1** [C,U] komentarz, uwaga: **make a comment** *He kept making rude comments about the other guests.* **2 no comment** *spoken* bez komentarza

comment² S3 W3 Ac *v* [I,T] s/komentować: **+on** *People were always commenting on my sister's looks.* | **comment that** (=wyrazić opinię, że): *Lee commented that the film was very violent.*

com·men·ta·ry Ac /ˈkɒməntəri/ *n* **1** [C,U] sprawozdanie: *live commentary* (=sprawozdanie na żywo) *on the race* **2** [C,U] publicystyka: *political commentary*

com·men·ta·tor Ac /ˈkɒmənteɪtə/ *n* [C] **1** sprawozdawca **2** komentator/ka, publicyst-a/ka: *political commentators*

com·merce /ˈkɒmɜːs/ *n* [U] handel

com·mer·cial¹ S3 W2 /kəˈmɜːʃəl/ *adj* **a)** handlowy **b)** komercyjny: *The film was a huge commercial success.*

commercial² *n* [C] reklama *(telewizyjna lub radiowa)*: *soft drinks commercials*

com·mer·cial·ized /kəˈmɜːʃəlaɪzd/ *także* **-ised** *BrE adj* skomercjalizowany: *Christmas is getting so commercialized.*

com·mis·e·rate /kəˈmɪzəreɪt/ *v* [I] składać wyrazy współczucia —**commiseration** /kəˌmɪzəˈreɪʃən/ *n* [C,U] wyrazy współczucia

com·mis·sion¹ S3 W2 /kəˈmɪʃən/ *n* **1** [C] komisja: *the Equal Opportunities Commission* **2** [C,U] prowizja: **+on** *He earns 30% commission on each car.* **3** [C,U] zlecenie

commission² Ac *v* [T] zlecać: *a report commissioned by the government* | **commission sb to do sth** *Renshaw has been commissioned to design a new bridge.*

com·mis·sion·er /kəˈmɪʃənə/ *n* [C] **1** komisarz: *United Nations High Commissioner for Refugees* (=do spraw uchodźców) **2** komendant: *a police commissioner*

com·mit S2 W2 /kəˈmɪt/ *v* (**-tted**, **-tting**) **1** [T] popełniać: *Brady committed a series of brutal murders.* | **commit a crime/suicide** (=popełnić zbrodnię/samobójstwo): *The crime was committed around 7.30 pm.* THESAURUS DO **2** [T] zobowiązywać: *The city has committed itself to cleaning up the environment.* | *Bill's contract commits him to working at weekends.* **3** [T] poświęcać: **commit sb/sth to sth** *Her whole life was committed to politics.* **4 commit sth to memory** nauczyć się czegoś na pamięć **5 not commit yourself** nie zajmować stanowiska, nie angażować się: *McCarthy wouldn't commit himself on his future plans* (=nie chciał zdradzić, jakie ma plany na przyszłość).

com·mit·ment S2 W2 /kəˈmɪtmənt/ *n* **1** [C,U] zobowiązanie: *Mr Williams will be unable to attend due to prior commitments.* | **commitment to (doing) sth** *We have a commitment to providing quality service.* **2** [U] zaangażowanie: *The team showed great commitment.* | **+to** *Her commitment to her job is beyond doubt.*

com·mit·ted /kəˈmɪtɪd/ *adj* oddany, zaangażowany: *a committed teacher*

com·mit·tee S3 W1 /kəˈmɪti/ *n* [C] komitet: *the Highways Committee* | *a committee meeting* | **be on a committee** *He's on the finance committee of a mental health charity.*

com·mod·i·ty /kəˈmɒdəti/ *n* [C] towar: *a valuable commodity*

com·mon¹ S1 W1 /ˈkɒmən/ *adj* **1** pospolity, powszechny: *Foxes are quite common in this country.* | *a common spelling mistake* | **+among** *a disease common among young children* | **it is common (for sb) to do sth** (=często się zdarza, że ktoś coś robi): *It's common for new fathers to feel jealous of their babies.* **2** wspólny: *a common goal* | *We both had a common interest.* | *We need to work together for the common good* (=dla wspólnego dobra). | *There was little common ground between the two sides* (=obie strony miały ze sobą niewiele wspólnego). | **+to** *problems that are common to all big cities* **3 it's common knowledge** powszechnie wiadomo: *It's common knowledge that Sam's an alcoholic.* **4** [only before noun] zwykły: *the common people* **5** *BrE* pospolity, prostacki: *She's so common!*

C

common² *n* **1 have sth in common** mieć coś wspólnego: *The two computers have several features in common.* | **+with** *I found I had a lot in common with Mary.* **2 in common with** podobnie jak: *In common with many other schools, we suffer from overcrowded classrooms.* **3** [C] błonia: *a walk on the common*

ˈcommon-law *adj* **common-law husband/wife** konkubent/ina

com·mon·ly /ˈkɒmənli/ *adv* powszechnie: *a bird commonly found in Malaysia*

com·mon·place /ˈkɒmənpleɪs/ *adj* powszedni: *Divorce has become increasingly commonplace.*

ˈcommon room *n* [C] *BrE* świetlica *(w akademiku, szpitalu, domu opieki)*

ˌcommon ˈsense *n* [U] zdrowy rozsądek: *Just use your common sense.*

com·mo·tion /kəˈməʊʃən/ *n* [U singular] zamieszanie: *What's all this commotion?*

com·mu·nal /kəˈmjuːnl/ *adj* wspólny: *a communal bathroom*

com·mune¹ /ˈkɒmjuːn/ *n* [C] komuna, wspólnota

com·mune² /kəˈmjuːn/ *v* [I] *literary* **commune with sb/sth** obcować z kimś/czymś: *communing with nature*

com·mu·ni·cate S3 W3 Ac /kəˈmjuːnɪkeɪt/ *v* **1** [I] porozumiewać się: *Anna has problems communicating in English.* | **+with** *They communicated with each other using sign language.* | *Teenagers often find it difficult to communicate with their parents.* **2** [T] przekazywać: **communicate sth to sb** *He doesn't communicate his ideas very clearly to the students.*

com·mu·ni·ca·tion S2 W1 /kəˌmjuːnɪˈkeɪʃən/ *n* **1** [U] porozumiewanie się, komunikacja: **+between** *There seems to be a lack of communication between the different departments.* | **be in communication with** (=być w łączności z): *The pilot stayed in constant communication with the control tower.* | **means of communication** (=środki łączności): *Radio and television are important means of communication.* **2** [C] *formal* wiadomość

com·mu·ni·ca·tions /kəˌmjuːnəˈkeɪʃənz/ *n* [plural] łączność: *The power failure disrupted communications.*

com·mu·ni·ca·tive Ac /kəˈmjuːnəkətɪv/ *adj* rozmowny, komunikatywny: *Customers complained that the sales clerks were not very communicative.*

com·mu·nion /kəˈmjuːnjən/ *n* [U] **1** *formal* łączność duchowa **2** Komunia

Com·mun·ism, **communism** /ˈkɒmjənɪzəm/ *n* [U] komunizm

Com·mu·nist, **communist** /ˈkɒmjənɪst/ *n* [C] komunist-a/ka —**Communist** *adj* komunistyczny: *the Communist Party*

com·mu·ni·ty S1 W1 /kəˈmjuːnəti/ *n* [C] społeczność: *a farming community* | *She does a lot of volunteer work in the local community.* | *a large Asian community* | *the international business community*

comˌmunity ˈservice *n* [U] praca społeczna

C

com·mute /kəˈmjuːt/ *v* [I] dojeżdżać *(do pracy)* **+to/from** *Jerry commutes from Scarsdale to New York.* THESAURUS TRAVEL

com·mut·er /kəˈmjuːtə/ *n* [C] dojeżdżając-y/a do pracy: *In the rush-hour the trains are full of commuters.*

com·pact¹ /kəmˈpækt, ˈkɒmpækt/ *adj* niewielkich rozmiarów: *the compact design of modern computers* THESAURUS SMALL

com·pact² /kəmˈpækt/ *v* [T] s/kondensować —**compacted** *adj* skondensowany, zwarty

ˌcompact ˈdisc *n* [C] płyta kompaktowa

com·pan·ion /kəmˈpænjən/ *n* [C] towarzysz/ka: *She became his close friend and constant companion.* | *a travelling companion*

com·pan·ion·ship /kəmˈpænjənʃɪp/ *n* [U] towarzystwo: *I missed the companionship of work.*

com·pa·ny S1 W1 /ˈkʌmpəni/ *n* **1** [C] przedsiębiorstwo, firma: *Ian works for a big insurance company.* | *the Ford Motor Company* **2** [U] towarzystwo: *They obviously enjoy each other's company.* | *All I have for company is the dog.* | **in the company of sb/in sb's company** *He never felt very relaxed in the company of women.* | **keep sb company** (=dotrzymywać komuś towarzystwa): *I'm going to keep Mum company till Dad gets back.* | **be good company** (=być dobrym kompanem): *Anna's a nice girl and very good company.* **3** [C] zespół: *the Royal Ballet Company*

THESAURUS: company

company przedsiębiorstwo, firma: *I work for a big American company.* | *an insurance company*

firm firma *(zwłaszcza oferująca usługi)*: *a law firm* | *a firm of accountants*

business firma *(zwłaszcza nieduża)*: *She started her own jewellery business.* | *a family business*

corporation korporacja: *the president of the Volvo Car Corporation* | *the British Broadcasting Corporation*

multinational/multinational company firma międzynarodowa: *The big multinational oil companies have made enormous profits.* | *Multinationals are able to tell farmers what they can and cannot grow.*

subsidiary filia: *The firm is a subsidiary of Hewlett-Packard.*

Co. Sp. *(spółka)*: *Jones & Co.*

Ltd. Sp. z o.o. *(spółka z ograniczoną odpowiedzialnością)*: *Jacksons Ltd.*

plc SA *(spółka akcyjna)*: *Marks and Spencer plc*

com·pa·ra·ble /ˈkɒmpərəbəl/ *adj* porównywalny: *The surveys showed comparable results.* | **+to/with** *Is the pay rate comparable to that of other companies?*

com·par·a·tive¹ /kəmˈpærətɪv/ *adj* **1** porównawczy: *a comparative study of European languages* **2** stosunkowy, względny: *Pierce beat her opponent with comparative ease* (=względnie łatwo).

comparative² *n* [C] stopień wyższy

com·par·a·tive·ly /kəmˈpærətɪvli/ *adv* stosunkowo, względnie: *The children were comparatively well-behaved today.*

com·pare S1 W1 /kəmˈpeə/ *v* **1** [I,T] porównywać: *Compare these wines and tell us what you think.* | **compare sth with/to sth** *The report compares pollution levels in London with those in other cities.* | **compare sb/sth to sb/sth** *He has been compared to John F. Kennedy.* **2 compared to/with** w porównaniu z: *You're slim compared to her!* | *The company has made a profit of £24m, compared with £12m last year.* **3** [I] dorównywać: **+with** *Nothing compares with the taste of good home cooking.* **4 compare notes** wymieniać/dzielić się wrażeniami: *I'll call you after the exams, and we can compare notes.*

com·pa·ri·son S3 W2 /kəmˈpærəsən/ *n* **1** [C,U] porównanie: **+of** *a comparison of crime figures in Chicago and Detroit* | **make/draw a comparison** (=porównywać): *Many people have drawn a comparison between her and her mother.* **2 in/by comparison with** w porównaniu z: *We were wealthy in comparison with a lot of families.* **3 there's no comparison** nie ma porównania: *There's just no comparison between home-made and shop-bought bread.*

com·part·ment /kəmˈpɑːtmənt/ *n* [C] **1** schowek: *a luggage compartment* **2** przedział: *a no-smoking compartment*

compass

com·pass /ˈkʌmpəs/ *n* [C] kompas

com·pas·ses /ˈkʌmpəsɪz/ *n* **a pair of compasses** cyrkiel

com·pas·sion /kəmˈpæʃən/ *n* [U] współczucie

com·pas·sion·ate /kəmˈpæʃənət/ *adj* współczujący: *a caring, compassionate man*

com·pat·i·ble Ac /kəmˈpætəbəl/ *adj* **1** zgodny, kompatybilny: **+with** *First make sure that the software is compatible with your machine.* | *Some people think that science is not compatible with religion.* **2** dobrany: *Compatible couples generally share the same values and have similar aspirations.* —**compatibility** /kəmˌpætəˈbɪləti/ *n* [U] kompatybilność →antonim INCOMPATIBLE

com·pat·ri·ot /kəmˈpætriət/ *n* [C] ziomek, roda-k/czka

com·pel /kəmˈpel/ *v* [T] (**-lled**, **-lling**) zmuszać: **compel sb to do sth** *She was compelled to resign because of bad health.* THESAURUS FORCE →patrz też COMPULSION

com·pel·ling /kəmˈpelɪŋ/ *adj* **1** wciągający: *a compelling TV drama* **2** przekonujący: *a compelling reason for getting rid of the death penalty*

com·pen·sate Ac /ˈkɒmpənseɪt/ *v* [I] z/rekompensować: **+for** *Her intelligence more than compensates for her lack of experience.* | **compensate sb for sth** (=wynagrodzić komuś coś): *You will be compensated for any loss of wages.*

com·pen·sa·tion Ac /ˌkɒmpənˈseɪʃən/ *n* **1** [U] odszkodowanie, zadośćuczynienie, rekompensata: **+for** *Farmers are demanding compensation for loss of income.* | **in compensation** (=w ramach odszkodowania): *Dr Hawkins received £15,000 in compensation.* **2** [C,U] dobra strona, plus: *One of the compensations* (=jednym z plusów) *of being ill was that I saw more of my family.*

com·père /ˈkɒmpeə/ *n* [C] *BrE* gospod-arz/yni programu, prezenter/ka

com·pete S3 W3 /kəmˈpiːt/ *v* [I] rywalizować, konkurować: *How many runners will compete?* | **+with/against** *We've had to cut our prices in order to compete with the big supermarkets.* | **+for** *She and her sister are always competing for attention.*

com·pe·tent /ˈkɒmpɪtənt/ *adj* kompetentny: *Olive's a very competent teacher.* →antonim INCOMPETENT —**competence** *n* [U] kompetencja

com·pe·ti·tion S2 W1 /ˌkɒmpəˈtɪʃən/ *n* **1** [U] konkurencja, rywalizacja: **+between/among** *Competition between travel companies has never been stronger.* | **+for** *There was fierce competition for the few jobs available.* | **be in competition with** (=rywalizować z): *Judy is in competition with four others for the role.* **2** [U singular] konkurencja: **the competition** *Our aim is simple - to be better than the competition.* **3** [C] konkurs, zawody: *At the age of only 13, he won an international piano competition.* | **enter a competition** (=przystąpić/stanąć do konkursu): *Teams from 10 different schools entered the competition.*

COLLOCATIONS: competition

verbs

to enter a competition *I entered a poetry competition.*

to take part in a competition *Anyone under 16 can take part in the competition.*

to win a competition *She won an international dance competition.*

to come first/second etc in a competition *We came second in a school science competition.*

to hold/run/have a competition *The village is holding a competition for the best garden.*

to judge a competition (=sędziować) *A panel of five will judge the competition.*

types of competition

a music/painting/cookery etc competition *He won first prize in a photography competition.*

a national/international competition *A national competition to find the best young musician.*

nouns + competition

the winner of a competition *The winner of the competition will receive $200.*

a round of a competition (=runda) *The team will go through to the next round of the competition.*

the rules of a competition *Make sure you understand the rules of the competition.*

com·pet·i·tive S3 W3 /kəmˈpetətɪv/ *adj* **1** oparty na rywalizacji: *Advertising is a highly competitive industry.* | *competitive sports* **2** konkurencyjny: *Our rates are very competitive.* **3** ambitny, skory do rywalizacji: *He's always so competitive.*

com·pet·i·tor /kəmˈpetɪtə/ *n* [C] konkurent/ka: *We sell twice as many computers as our competitors.*

com·pi·la·tion Ac /ˌkɒmpəˈleɪʃən/ *n* [C] zbiór, składanka: *a Beatles compilation album*

com·pile Ac /kəmˈpaɪl/ *v* [T] opracowywać: *It takes years of hard work to compile a good dictionary.* | *The programme was compiled by members of the medical research team.*

com·pla·cent /kəmˈpleɪsənt/ *adj* **be/get complacent** spocząć na laurach: *We've been playing well, but we mustn't get complacent.* —**complacency** *n* [U] samozadowolenie

com·plain S2 W3 /kəmˈpleɪn/ *v* [I] narzekać, skarżyć się: **+about** *The neighbours have been complaining about the noise.* | **+(that)** *Local kids complained that there was nowhere for them to play.* | **+to** *I'm going to complain* (=poskarżę się) *to the manager!*

complain of sth *phr v* [T] skarżyć się na: *Tom's been complaining of chest pains.*

com·plaint S3 W3 /kəmˈpleɪnt/ *n* **1** [C,U] skarga, zażalenie: **+about** *an increase in the number of complaints about rail services* | **+against** *complaints against police officers* | **make a complaint** (=złożyć skargę/reklamację): *You can make a formal complaint to the Health Authority.* **2** [C] zastrzeżenie: *My main complaint is the prices they charge.* **3** [C] dolegliwość: *a stomach complaint*

com·ple·ment[1] Ac /ˈkɒmpləment/ *v* [T] uzupełniać: *The pink curtains complement the carpet perfectly.* | *The bus and train services complement each other very well.*

com·ple·ment[2] Ac /ˈkɒmplәmәnt/ *n* [C] **1** uzupełnienie: **+to** *The wine was the perfect complement to the meal.* **2** dopełnienie →porównaj COMPLIMENT[1]

com·plete[1] S2 W1 /kəmˈpliːt/ *adj* **1** cały, kompletny: *the complete works of Shakespeare* | *a complete sentence* →antonim INCOMPLETE **2** [only before noun] *informal* kompletny: *Bart's a complete idiot!* | *The news came as a complete surprise.* **3 be complete** zakończyć się: *When will work on the new railway be complete?* **4 complete with** łącznie z: *a luxury villa complete with swimming pool*

complete[2] S2 W1 *v* [T] **1** ukończyć, zakończyć: *He never completed the course due to problems at home.* **2** uzupełnić: *I need one more stamp before my collection is completed.*

com·plete·ly S1 W2 /kəmˈpliːtli/ *adv* zupełnie, kompletnie: *I completely forgot about your birthday.* | *Geoff's a completely different person since he retired.*

com·ple·tion /kəmˈpliːʃən/ *n* [U] zakończenie, realizacja: *Repair work is scheduled for completion in April.* | **+of** *the completion of the $80 million project*

com·plex[1] S3 W2 Ac /ˈkɒmpleks/ *adj* złożony, skomplikowany: *the complex nature of the human mind* | *a highly complex issue* —**complexity** /kəmˈpleksəti/ *n* [C,U] złożoność

complex[2] Ac *n* [C] kompleks: *a new shopping complex* | *an inferiority complex*

com·plex·ion /kəmˈplekʃən/ *n* **1** [C,U] cera, karnacja: *a pale complexion* **2** [singular] charakter, zabarwienie: *This puts an entirely new complexion on things* (=to całkowicie zmienia postać rzeczy).

com·pli·ance /kəmˈplaɪəns/ *n* [U] *formal* podporządkowanie się: **+with** *compliance with company regulations*

com·pli·ant /kəmˈplaɪənt/ *adj* uległy: *You're too compliant.*

com·pli·cate /ˈkɒmplɪkeɪt/ *v* [T] s/komplikować: *Don't tell Michael about this. It'll only complicate matters.*

C

com·pli·cat·ed S2 /ˈkɒmplɪkeɪtɪd/ *adj* skomplikowany: *The instructions are much too complicated.* THESAURUS DIFFICULT → antonim SIMPLE

com·pli·ca·tion /ˌkɒmplɪˈkeɪʃən/ *n* **1** [C,U] komplikacja: *I hope there aren't any added complications.* **2** [C usually plural] powikłanie, komplikacja: *There were complications following surgery.*

com·plic·i·ty /kəmˈplɪsəti/ *n* [U] współudział: *Jennings denied complicity in the murder.*

com·pli·ment¹ /ˈkɒmpləmənt/ *n* **1** [C] komplement: **pay sb a compliment** (=powiedzieć komuś komplement): *He was always paying her compliments and telling her how pretty she looked.* | **take sth as a compliment** (=uznać coś za komplement) **2 with the compliments of sb/with sb's compliments** z wyrazami uszanowania od kogoś: *Please accept these tickets with our compliments.* → porównaj COMPLEMENT²

C

com·pli·ment² /ˈkɒmpləment/ *v* [T] **1 compliment sb** s/komplementować kogoś, prawić komuś komplementy: *The groom was so nervous he forgot to compliment the bridesmaids* **2 compliment sb on sth** po/gratulować komuś czegoś, po/chwalić kogoś za coś: *They complimented Jaime on his excellent English.*

com·pli·men·ta·ry /ˌkɒmpləˈmentəri◂/ *adj* **1** bezpłatny, darmowy: *We got two complimentary tickets for the game.* **2** pochlebny: *He wasn't very complimentary about the food.*

com·ply /kəmˈplaɪ/ *v* [I] *formal* **comply with** przestrzegać, za/stosować się do: *Anyone who fails to comply with the law will have to pay a £100 fine.*

com·po·nent W2 Ac /kəmˈpəʊnənt/ *n* [C] część: *car components*

com·pose /kəmˈpəʊz/ *v* **1 be composed of** składać się z: *The workforce is composed largely of women.* **2** [I,T] s/komponować: *Nyman composed the music for the film 'The Piano'.* **3 compose yourself** opanować/uspokoić się

com·posed /kəmˈpəʊzd/ *adj* opanowany: *She remained composed throughout the interview.* → patrz też COMPOSE

com·pos·er /kəmˈpəʊzə/ *n* [C] kompozytor/ka

com·po·site /ˈkɒmpəzət/ *adj* złożony: *a composite image* —**composite** *n* [C] połączenie, zbiór

com·po·si·tion /ˌkɒmpəˈzɪʃən/ *n* **1** [U] skład: **+of** *the chemical composition of soil* | *the composition of the jury in the O. J. Simpson case* **2 a)** [C] utwór, kompozycja: *one of Beethoven's early compositions* **b)** [U] komponowanie **3** [U] układ, kompozycja: *The composition of the painting is excellent.* **4** [C,U] wypracowanie: *We had to do a composition on the problem of crime.*

com·post /ˈkɒmpɒst/ *n* [U] kompost

com·po·sure /kəmˈpəʊʒə/ *n* [U singular] spokój, opanowanie: *We kept our composure even when we were losing 4–0.*

com·pound¹ Ac /ˈkɒmpaʊnd/ *n* [C] **1** związek (chemiczny) **2** teren (*zabudowany i ogrodzony*): *a prison compound* **3** *także* **compound noun/adjective/verb** wyraz złożony

com·pound² Ac /kəmˈpaʊnd/ *v* [T] potęgować, pogarszać: *Our problems were compounded* (=zostały spotęgowane) *by appalling weather conditions.*

com·pre·hend /ˌkɒmprɪˈhend/ *v* [I,T] *formal* z/rozumieć: *They don't seem to comprehend how serious this is.* THESAURUS UNDERSTAND

com·pre·hen·si·ble /ˌkɒmprɪˈhensəbəl/ *adj* zrozumiały: **+to** *language that is comprehensible to the average reader* → antonim INCOMPREHENSIBLE

com·pre·hen·sion /ˌkɒmprɪˈhenʃən/ *n* **1** [C,U] test/sprawdzian na rozumienie: *a listening comprehension* (=test na rozumienie ze słuchu) **2** [U] pojęcie, zrozumienie: *This is completely beyond my comprehension* (=zupełnie nie mogę tego pojąć).

com·pre·hen·sive W3 Ac /ˌkɒmprɪˈhensɪv◂/ *adj* wszechstronny, wyczerpujący: *a comprehensive account of the war*

ˌcompreˈhensive ˌschool *także* **comprehensive** *n* [C] *BrE* szkoła średnia przyjmująca uczniów o różnym poziomie zdolności

com·press /kəmˈpres/ *v* [T] **1** sprężać: *compressed air* **2** zgniatać, ugniatać: *The machine compresses old cars into blocks of scrap metal.* —**compression** /-ˈpreʃən/ *n* [U] sprężanie, kompresja

com·prise W3 Ac /kəmˈpraɪz/ *v formal* **1** [T] *także* **be comprised of** składać się z: *The committee is comprised of 8 members.* **2** [T] stanowić: *Women comprise over 75% of our staff.*

com·pro·mise¹ /ˈkɒmprəmaɪz/ *n* [C,U] kompromis: **make/reach a compromise** (=osiągnąć kompromis): *Talks will continue until a compromise is reached.*

compromise² *v* **1** [I] iść/pójść na kompromis: *President Chirac has said that he would be ready to compromise.* | *Neither side was willing to compromise.* **2 compromise your principles/beliefs** postąpić wbrew swoim zasadom/przekonaniom **3 compromise yourself** s/kompromitować się **4** [T] narażać na szwank: *fears that spending cuts could compromise passenger safety*

com·pro·mis·ing /ˈkɒmprəmaɪzɪŋ/ *adj* kompromitujący: *The photographs have put the Senator in a compromising position.*

com·pul·sion /kəmˈpʌlʃən/ *n* **1** [C usually singular] wewnętrzny przymus, pokusa: *I had a sudden compulsion to hit her.* **2** [U] przymus: *You don't have to go to the meeting. There's no compulsion.* → patrz też COMPEL

com·pul·sive /kəmˈpʌlsɪv/ *adj* nałogowy: *compulsive eating* | *a compulsive gambler/liar* —**compulsively** *adv* nałogowo

com·pul·so·ry /kəmˈpʌlsəri/ *adj* obowiązkowy, przymusowy: *compulsory military service*

com·punc·tion /kəmˈpʌŋkʃən/ *n* **have no compunction about doing sth** z/robić coś bez żadnych skrupułów: *They have no compunction about killing animals.*

com·put·er S1 W1 Ac /kəmˈpjuːtə/ *n* [C] komputer: *All our data is kept on computer.* | *sales of home computers* | **computer program/system** *The new computer system at work is always going down.*

COLLOCATIONS: computer

verbs

to use a computer *He mostly uses his computer for gaming.*

to log onto a computer (=zalogować się) *When I tried to log onto my computer, I got an error message.*

to start up/boot a computer *It takes a long time to start up the computer.*

to shut down a computer *Do you shut down your computer completely every night?*

to restart/reboot a computer (=zrestartować) *The problem sometimes disappears if I restart my computer.*
to program a computer (=zaprogramować)
a computer crashes (=(wy)siada) *The computer crashed when I tried to save.*
a computer is down (=nie działa) *All the office computers are down this morning.*

computer + noun

a computer system *The hospital is bringing in a new computer system.*
a computer network *A virus had infected the entire computer network.*
a computer error *The overpayment was caused by a computer error.*
a computer screen/keyboard *Make sure your computer screen is at the right height. | The computer keyboard is shaped to put less strain on your wrists.*
computer software *Microsoft Corp is the world's largest maker of personal computer software.*
a computer program/game *We're learning how to write simple computer programs. | Kids love playing computer games.*
computer technology *the rapid progress in computer technology*

com·put·er·ize /kəmˈpjuːtəraɪz/ *także* **-ise** *BrE* *v* [T] s/komputeryzować: *a computerized filing system* —**computerization** /kəmˌpjuːtəraɪˈzeɪʃən/ *n* [U] komputeryzacja

comˌputer ˈliterate *adj* **be computer literate** umieć obsługiwać komputer

comˈputer room *n* [C] pracownia komputerowa

ˌcomputer ˈscience *n* [U] informatyka: *a BSc in computer science*

com·put·ing Ac /kəmˈpjuːtɪŋ/ *n* [U] informatyka

com·rade /ˈkɒmrəd/ *n* [C] *literary* towarzysz/ka

con[1] /kɒn/ *v* [T] **(-nned, -nning)** *informal* nabrać, oszukać: **con sb into (doing) sth** *We were conned into signing the contract.* | **con sb out of sth** (=wyłudzić coś od kogoś): *She was conned out of her life savings.*

con[2] *n* [C usually singular] *informal* oszustwo: *The advertisement says they're offering free holidays, but it's all a big con.* → patrz też **the pros and cons** (PRO)

con·cave /ˌkɒnˈkeɪv◂/ *adj* wklęsły: *a concave mirror* → antonim CONVEX

con·ceal /kənˈsiːl/ *v* [T] ukrywać: *Cannabis was found concealed in the suitcase.* | **conceal sth from sb** *Sue tried hard to conceal her disappointment from the others.* —**concealment** *n* [U] ukrycie

con·cede /kənˈsiːd/ *v* [T] przyznawać: **+(that)** *She reluctantly conceded that I was right.* | **concede sth to sb** *Japan was forced to concede the islands to Russia.*

con·ceit /kənˈsiːt/ *n* [U] zarozumiałość

con·ceit·ed /kənˈsiːtɪd/ *adj* zarozumiały: *I don't want to seem conceited, but I know I'll win.* THESAURUS PROUD

con·cei·va·ble Ac /kənˈsiːvəbəl/ *adj* wyobrażalny: **+that** *It is conceivable that* (=niewykluczone, że) *the experts are wrong.* → antonim INCONCEIVABLE

con·ceive Ac /kənˈsiːv/ *v* **1** [I,T] wyobrażać sobie: **+of** *It is impossible to conceive of the size of the universe.* **2** [T] obmyślić: *The show was originally conceived by American film star Richard Gere.* **3** [I,T] zajść w ciążę, począć

con·cen·trate S2 W2 Ac /ˈkɒnsəntreɪt/ *v* **1** [I] skupiać się, s/koncentrować się: *With all this noise, it's hard to concentrate. | He will have to concentrate his mind on the job we're doing now.* **2 be concentrated on/in/around** być skupionym na/w/wokół: *Most of New Zealand's population is concentrated in the North Island.*
concentrate on sth *phr v* [T] s/koncentrować się na: *I want to concentrate on my career for a while before I have kids.*

con·cen·trat·ed /ˈkɒnsəntreɪtɪd/ *adj* skoncentrowany: *concentrated orange juice*

con·cen·tra·tion S3 W2 Ac /ˌkɒnsənˈtreɪʃən/ *n* **1** [U] koncentracja, skupienie: **lose concentration** (=z/dekoncentrować się): *The moment they lose concentration they forget everything I have told them to do.* **2** [C,U] stężenie

ˌconcenˈtration ˌcamp *n* [C] obóz koncentracyjny

con·cen·tric /kənˈsentrɪk/ *adj* koncentryczny, współśrodkowy

con·cept S3 W2 Ac /ˈkɒnsept/ *n* [C] pojęcie, koncept: **+of** *the concept of freedom for all* —**conceptual** /kənˈseptʃuəl/ *adj* pojęciowy, konceptualny

con·cep·tion Ac /kənˈsepʃən/ *n* **1** [C] koncepcja: **+of** *the Romantics' conception of the world* **2** [U] poczęcie

con·cern[1] S1 W1 /kənˈsɜːn/ *n* **1** [C,U] obawa, troska: **+about** *There is growing concern about the pollution in our cities. | Our main concern is for the children's safety.* **2 be of concern to sb** leżeć komuś na sercu: *The destruction of the rainforests is of concern to us all.* **3** [C] firma, spółka: *The restaurant is a family concern.*

concern[2] W3 *v* [T] **1** dotyczyć: *What we're planning doesn't concern you. | Many of Woody Allen's movies are concerned with life in New York.* **2** niepokoić: *The teenage drug problem concerns most parents.* **3 concern yourself with sth** troszczyć się o coś: *You don't need to concern yourself with this, Jan.*

con·cerned S1 W1 /kənˈsɜːnd/ *adj* **1** zaniepokojony, zatroskany: **+about** *I am concerned about his eyesight.* **2 as far as I'm concerned** jeśli o mnie chodzi: *As far as I'm concerned, the whole idea is crazy.* **3 (as far as) sth/sb is concerned** (jeśli) chodzi o coś/kogoś: *As far as money is concerned, the club is doing fairly well. | Divorce is always painful, especially when children are concerned* (=kiedy w grę wchodzą dzieci).

con·cern·ing W3 /kənˈsɜːnɪŋ/ *prep* odnośnie: *Police are asking for information concerning the incident.* THESAURUS ABOUT

con·cert S3 W3 /ˈkɒnsət/ *n* [C] koncert *(występ)*: *I've managed to get tickets for the Oasis concert.*

COLLOCATIONS: concert

verbs

to go to a concert *Do you ever go to rock concerts?*
to give/do a concert *The Rolling Stones were due to give a concert that night.*
to put on a concert (=dać koncert) *The school orchestra puts on a concert every summer.*

types of concert

a pop/rock/jazz/classical concert *The city has several good venues for classical concerts.*

a live concert *Radio 1 broadcasts live concerts as well as playing records.*
an open-air/outdoor concert *I saw him play at a huge outdoor concert in New York.*

concert + noun

a concert hall *The concert hall was packed.*
a concert ticket *Concert tickets are available from $17.50.*
a concert tour (=tournee) *This year we did a concert tour of the United States.*
a concert pianist *Her ambition was to become a concert pianist.*

C

con·cert·ed /kənˈsɜːtɪd/ *adj* wspólny: *We should all make a concerted effort to raise this money.*

ˈconcert hall *n* [C] sala koncertowa

con·cer·to /kənˈtʃɜːtəʊ/ *n* [C] koncert *(utwór)*: *Mozart's violin concertos*

con·ces·sion /kənˈseʃən/ *n* [C] **1** ustępstwo: **make concessions** *The government will never make concessions to terrorists.* **2** koncesja **3 tax concession** ulga podatkowa: *tax concessions for married people* **4** [C] *BrE* zniżka: *concessions for students*

conˈcession ˌstand *n AmE* punkt handlowy

con·cil·i·a·tion /kənˌsɪliˈeɪʃən/ *n* [U] *formal* pojednanie

con·cil·i·a·tory /kənˈsɪliətəri/ *adj formal* pojednawczy

con·cise /kənˈsaɪs/ *adj* zwięzły: *a concise answer* —**concisely** *adv* zwięźle —**conciseness** *n* [U] zwięzłość

con·clude S3 W2 Ac /kənˈkluːd/ *v* **1** [T] dochodzić do wniosku: **+that** *Doctors have concluded that sunburn can lead to skin cancer.* **2** [I,T] *formal* zakończyć (się): *The study was concluded last month.* —**concluding** *adj* końcowy: *concluding remarks*

con·clu·sion S3 W2 Ac /kənˈkluːʒən/ *n* [C] **1** wniosek, konkluzja: **+that** *I've come to the conclusion that she's lying.* **2** zakończenie: *Your essay's fine, but the conclusion needs more work.* **3 in conclusion** podsumowując, reasumując: *In conclusion, the results of this study suggest that this type of diet is perfectly safe.*

con·clu·sive Ac /kənˈkluːsɪv/ *adj* niezbity, jednoznaczny: **conclusive evidence** *There is no conclusive evidence connecting him with the crime.*

con·coct /kənˈkɒkt/ *v* [T] **1** zmyślać, wymyślać: *She concocted a story about her mother being sick.* **2** wykombinować: *Jean concocted a great meal from the leftovers.*

con·course /ˈkɒŋkɔːs/ *n* [C] hol *(lotniska, dworca)*

con·crete¹ /ˈkɒŋkriːt/ *n* [U] beton

concrete² *adj* **1** betonowy: *a concrete floor* **2** konkretny: **concrete information/evidence/facts etc** *We need concrete information about the man's identity.*

con·cur /kənˈkɜː/ *v* [I] *formal* zgadzać się: **+with** *Dr. Hastings concurs with our decision.* —**concurrence** /kənˈkʌrəns/ *n* [U] zgodność

con·cur·rent Ac /kənˈkʌrənt/ *adj* jednoczesny: *He is serving two concurrent prison sentences.* —**concurrently** *adv* jednocześnie

con·cus·sion /kənˈkʌʃən/ *n* [C,U] wstrząs mózgu

con·demn /kənˈdem/ *v* [T] **1** potępiać: *Politicians were quick to condemn the bombing.* **2** skazywać: *These orphans have been condemned to a life of poverty.* | **condemn sb to death** *The murderer was condemned to death.*

con·dem·na·tion /ˌkɒndəmˈneɪʃən/ *n* [C,U] potępienie: **+of** *Condemnation of the plans came from* (=plany te zostały ostro skrytykowane przez) *all political parties.*

con·den·sa·tion /ˌkɒndenˈseɪʃən/ *n* [U] para wodna

con·dense /kənˈdens/ *v* **1** [I] skraplać się **2** [T] s/kondensować: *This chapter could be condensed into a few paragraphs.* | *condensed soup*

con·de·scend /ˌkɒndɪˈsend/ *v* [I] **1** *often humorous* **condescend to do sth** raczyć/zechcieć coś zrobić: *Do you think you could condescend to help* (=czy mógłbyś łaskawie pomóc) *your sister?* **2 condescend to sb** traktować kogoś protekcjonalnie —**condescension** /-ˈsenʃən/ *n* [U] protekcjonalność

con·de·scend·ing /ˌkɒndɪˈsendɪŋ◂/ *adj* protekcjonalny: *He was laughing at her in that condescending way he had.*

con·di·tion¹ S2 W1 /kənˈdɪʃən/ *n* **1** [C,U] stan: *I'm not buying the car until I see what condition it's in.* | **be in good/bad/terrible condition** *The VCR is still in pretty good condition.* | **be in no condition to do sth** (=nie być w stanie czegoś z/robić): *Molly is in no condition to return to work.* **2** [plural] **conditions a)** warunki: **living/working conditions** (=warunki życia/pracy): *Poor working conditions were part of their daily lives.* **b)** warunki atmosferyczne: *Icy conditions on the roads are making it difficult to drive.* **3** [C] warunek: **+for** *a set of conditions for getting into college* | **on condition that** (=pod warunkiem, że) | **on one condition** (=pod jednym warunkiem) **4** [C] niedomaganie, choroba: *He has a heart condition* (=ma chore serce). THESAURUS ILLNESS

condition² *v* [T] **1** warunkować, wyrabiać odruch warunkowy u *(człowieka, zwierzęcia)* **condition sb/sth to do sth** *Pavlov conditioned the dogs to expect food when they heard a bell.* **2** nakładać odżywkę/balsam na *(włosy, ciało)* —**conditioning** *n* [U] warunkowanie, uwarunkowywanie

con·di·tion·al /kənˈdɪʃənəl/ *adj* warunkowy: *a conditional sentence* | **be conditonal on sth** (=zależeć od czegoś): *His college place is conditional on his exam results.* → INFORMACJE GRAMATYCZNE

con·di·tion·er /kənˈdɪʃənə/ *n* [C,U] odżywka (do włosów)

con·do /ˈkɒndəʊ/ *n* [C] (plural **condos**) *AmE informal* CONDOMINIUM THESAURUS HOUSE

con·do·lence /kənˈdəʊləns/ *n* [C usually plural, U] kondolencje: *Please offer my condolences to your mother.*

con·dom /ˈkɒndəm/ *n* [C] prezerwatywa

con·do·min·i·um /ˌkɒndəˈmɪniəm/ *n* [C] *AmE* **1** blok mieszkalny *(z mieszkaniami własnościowymi)* THESAURUS HOUSE **2** mieszkanie własnościowe *(w bloku)*

con·done /kənˈdəʊn/ *v* [T] za/akceptować, z/godzić się na: *I cannot condone the use of violence.*

con·du·cive /kənˈdjuːsɪv/ *adj formal* **be conducive to** sprzyjać: *The sunny climate is conducive to outdoor activities.*

con·duct¹ W2 Ac /kənˈdʌkt/ *v* **1** [T] prze/prowadzić: *The children are conducting an experiment with two magnets.* | *The group conducted a guerrilla campaign against the president in the 1970s.* **2** [I,T] dyrygować: *Lyons will be conducting the symphony orchestra.* **3** [T] przewodzić: *Rubber won't conduct electricity.* **4 conduct**

yourself zachowywać/prowadzić się: *Public figures have a duty to conduct themselves correctly.*

con·duct² W3 Ac /ˈkɒndʌkt/ *n* [U] **1** zachowanie, sprawowanie: *I'm glad to see your conduct at school has improved.* **2** prowadzenie: **+ of** *The mayor was not satisfied with the conduct of the meeting.*

con·duc·tor /kənˈdʌktə/ *n* [C] **1** dyrygent/ka **2** konduktor/ka **3** przewodnik: *Wood is a poor conductor of heat.*

cone /kəʊn/ *n* [C] **1** stożek **2 ice cream cone** rożek *(lód)* **3** szyszka

con·fec·tion·er's sug·ar /kənˌfekʃənəz ˈʃʊgə/ *n AmE* cukier puder

con·fec·tion·e·ry /kənˈfekʃənəri/ *n* [U] wyroby cukiernicze

con·fed·e·ra·tion /kənˌfedəˈreɪʃən/ *także* **con·fed·e·ra·cy** /kənˈfedərəsi/ *n* [C] konfederacja

con·fer Ac /kənˈfɜː/ *v* [I] **(-rred, -rring)** naradzać się: **+ with** *You may confer with the other team members.*

con·fe·rence S2 W1 Ac /ˈkɒnfərəns/ *n* [C] konferencja, zjazd: *a conference on environmental issues* THESAURUS MEETING

con·fess /kənˈfes/ *v* [I,T] **1** przyznać się (do): *It didn't take long for her to confess.* | **confess to (doing) sth** *James wouldn't confess to the robbery.* | **+ that** *Lyn confessed that she had fallen asleep in class.* **2** wy/spowiadać się

con·fes·sion /kənˈfeʃən/ *n* **1** [C] przyznanie się: **make a confession** (=przyznać się): *He's made a full confession to the police.* **2** [C,U] spowiedź

con·fet·ti /kənˈfeti/ *n* [U] konfetti

con·fide /kənˈfaɪd/ *v* [I,T] zwierzać się (z): **confide to sb that** *Joel confided to her that he was going to leave his wife.*
confide in sb *phr v* [T] zwierzać się: *I don't trust her enough to confide in her.*

con·fi·dence S2 W2 /ˈkɒnfɪdəns/ *n* **1** [U] pewność siebie, wiara w siebie: *Her problem is that she lacks confidence.* | **give sb confidence** (=dodać komuś pewności siebie): *Living in another country gave me more confidence.* **2** [U] ufność: *We're looking forward to Saturday's match with confidence.* **3** [U] zaufanie: **gain sb's confidence** (=zdobyć czyjeś zaufanie): *It took a long time to gain the little boy's confidence.* **4 in confidence** w zaufaniu/sekrecie **5** [C] sekret: *After a couple of days they were already exchanging confidences.*

con·fi·dent S3 W3 /ˈkɒnfɪdənt/ *adj* **1** pewny: **+ (that)** *I'm confident that he's the right man for the job.* | **confident of doing sth** *She seems very confident of winning* (=pewna, że zwycięży). THESAURUS SURE **2** pewny siebie: **+ about** *We won't continue until you feel confident about using the equipment* (=dopóki nie nabierzesz pewności siebie w posługiwaniu się tym sprzętem). → porównaj SELF-CONFIDENT

con·fi·den·tial /ˌkɒnfɪˈdenʃəl◂/ *adj* poufny: *confidential information*

con·fine W3 Ac /kənˈfaɪn/ *v* [T] ograniczać: **confine yourself to** (=ograniczać się do): *Try to confine yourself to spending $120 a week.*

con·fined Ac /kənˈfaɪnd/ *adj* ograniczony, zamknięty: *a confined space*

con·fine·ment /kənˈfaɪnmənt/ *n* [U] zamknięcie, odosobnienie: *They were held in confinement for three weeks.*

con·fines /ˈkɒnfaɪnz/ *n* [plural] granice: **within/beyond the confines of sth** (=w ramach czegoś/poza czymś): *Some of the work should be carried out beyond the confines of the school.*

con·firm S2 W2 Ac /kənˈfɜːm/ *v* [T] **1** potwierdzać: *Dr. Martin confirmed the diagnosis of cancer.* | *Please confirm your reservations 72 hours in advance.* | **+ that** *Can you confirm that the money has been paid?* **2 be confirmed** być bierzmowanym

con·fir·ma·tion Ac /ˌkɒnfəˈmeɪʃən/ *n* [C,U] **1** potwierdzenie: *We're waiting for confirmation of the report.* **2** bierzmowanie

con·firmed /kənˈfɜːmd/ *adj* zatwardziały, zaprzysięgły: *Charlie was a confirmed bachelor, until he met Helen.*

con·fis·cate /ˈkɒnfəskeɪt/ *v* [T] s/konfiskować: *The police confiscated his gun.* —**confiscation** /ˌkɒnfəˈskeɪʃən/ *n* [C,U] konfiskata

con·flict¹ S3 W2 Ac /ˈkɒnflɪkt/ *n* [C,U] konflikt: **+ between** *a conflict between neighbouring states* | *In a conflict between work and family, I would always choose family.* | **in conflict with** *As a teenager she was always in conflict with her father.*

con·flict² Ac /kənˈflɪkt/ *v* [I] **conflict with** być sprzecznym z: *Surely that conflicts with what you said before?*

con·form Ac /kənˈfɔːm/ *v* [I] **1** podporządkowywać się: *There's always pressure on kids to conform.* **2 conform to** spełniać: *This piece of equipment does not conform to the official safety standards.*

con·form·ist Ac /kənˈfɔːmɪst/ *n* [C] konformist-a/ka —**conformist** *adj* konformistyczny

con·found /kənˈfaʊnd/ *v* [T] wprawiać w zakłopotanie: *Her illness confounded the doctors.*

con·front /kənˈfrʌnt/ *v* [T] **1** s/konfrontować: **confront sb about sth** (=zwrócić komuś uwagę na coś): *I just can't confront her about her drinking.* | **confront sb with the evidence/proof** (=przedstawić komuś dowody): *Confronted with the video evidence, she had to admit she had been involved.* **2** stawiać czoło: *We want to help you to confront your problems.* **3 be confronted by sb** stanąć oko w oko z kimś: *Opening the door, I was confronted by two men demanding money.*

con·fron·ta·tion /ˌkɒnfrənˈteɪʃən/ *n* [C,U] konfrontacja: *Stan always avoids confrontations.*

con·fuse /kənˈfjuːz/ *v* [T] **1** z/dezorientować: *His directions really confused me.* **2** po/mylić: **confuse sb/sth with** *It's easy to confuse Sue with her sister. They look so much alike.*

con·fused S3 /kənˈfjuːzd/ *adj* **1** zdezorientowany: *I'm totally confused.* | **+ about** *If you're confused about anything, call me.* **2** zawiły, niejasny: *a confused answer*

con·fus·ing S3 /kənˈfjuːzɪŋ/ *adj* zawiły, mylący: *This map is really confusing.*

con·fu·sion S3 W3 /kənˈfjuːʒən/ *n* **1** [C,U] dezorientacja: **+ about/over** *There's a lot of confusion about the new rules.* **2** pomyłka: *To avoid confusion, the teams wore different colours.* **3** [U] zamieszanie: *After the explosion the airport was a scene of total confusion.*

con·geal /kənˈdʒiːl/ *v* [I] za/krzepnąć: *congealing blood*

con·ge·ni·al /kənˈdʒiːniəl/ *adj formal* sympatyczny: *a congenial host*

C

C

con·gen·i·tal /kənˈdʒenətl/ *adj* wrodzony: *a congenital heart problem*

con·ges·ted /kənˈdʒestɪd/ *adj* zatłoczony: *congested motorways* —**congestion** /-ˈdʒestʃən/ *n* [U] zator

con·glom·e·rate /kənˈglɒmərət/ *n* [C] konglomerat

con·glom·e·ra·tion /kənˌglɒməˈreɪʃən/ *n* [C] *formal* zbiór, zlepek

con·grat·u·late /kənˈgrætʃəleɪt/ *v* [T] po/gratulować: **congratulate sb on sth** *I want to congratulate you on your exam results.*

con·grat·u·la·tions /kənˌgrætʃəˈleɪʃənz/ *n* [plural] *spoken* gratulacje: *You won? Congratulations!* | **+on** *Congratulations on your engagement!*

con·gre·gate /ˈkɒŋgrɪgeɪt/ *v* [I] z/gromadzić się: *Birds congregate here in the autumn.*

con·gre·ga·tion /ˌkɒŋgrəˈgeɪʃən/ *n* [C] zgromadzenie wiernych, kongregacja

con·gress /ˈkɒŋgres/ *n* **1 Congress** Kongres *(USA)* **2** kongres, zjazd —**congressman, congresswoman** *n* [C] człon-ek/kini Kongresu

con·i·cal /ˈkɒnɪkəl/ *adj* stożkowy

co·ni·fer /ˈkəʊnəfə/ *n* [C] drzewo iglaste —**coniferous** /kəˈnɪfərəs/ *adj* iglasty

con·jec·ture /kənˈdʒektʃə/ *n* [C,U] *formal* domysł, przypuszczenie: *I'm afraid the report is pure conjecture* (=ten raport to czyste domysły). —**conjecture** *v* [I,T] snuć domysły/przypuszczenia

con·ju·gal /ˈkɒndʒəgəl/ *adj formal* małżeński: *conjugal bliss*

con·ju·gate /ˈkɒndʒəgeɪt/ *v* [T] *technical* koniugować, odmieniać *(czasownik)* —**conjugation** /ˌkɒndʒəˈgeɪʃən/ *n* [C,U] koniugacja

con·junc·tion /kənˈdʒʌŋkʃən/ *n* **1 in conjunction with** w połączeniu z: *The worksheets should be used in conjunction with the video.* **2** [C] spójnik

con·jure /ˈkʌndʒə/ *v*
conjure sth ↔ up *phr v* [T] wyczarować: *She lay back, trying to conjure up a vision of a tropical island.* | *Pete can conjure up a meal out of whatever's in the fridge.*

con·jur·er, **conjuror** /ˈkʌndʒərə/ *n* [C] iluzjonist-a/ka

con·jur·ing /ˈkʌndʒərɪŋ/ *n* [U] sztuczki magiczne

con·man /ˈkɒnmæn/ *n* [C] *informal* (plural **conmen** /-mən/) oszust, naciągacz, kanciarz

con·nect S2 W2 /kəˈnekt/ *v* **1** [I,T] po/łączyć (się): *The M11 connects London and Cambridge.* | *I can't see how these pipes connect.* → antonim DISCONNECT THESAURUS JOIN **2** [T] s/kojarzyć: **connect sb/sth with** *I never connected her with Sam.* **3** [T] podłączać: *The phone isn't connected yet.* → antonim DISCONNECT

con·nect·ed /kəˈnektɪd/ *adj* **1** związany: **+with** *Police think the killings may be connected with each other in some way.* | **closely connected** (=ściśle związany/spokrewniony): *The two ideas are closely connected.* **2** połączony, podłączony: **+to** *The computer is connected to a laser printer.*

con·nec·tion S3 W2 /kəˈnekʃən/ *n* **1** [C,U] związek: **+between** *the connection between smoking and lung cancer* | **+with** *Does this have any connection with our conversation yesterday?* **2** [C,U] podłą-czenie: *Connection to the Internet usually takes only seconds.* **3** [C] połączenie, przesiadka: *If we don't get there soon I'm going to miss my connection.* **4 in connection with** w związku z: *Police are questioning a man in connection with the crime.*

con·nec·tions /kəˈnekʃənz/ *n* [plural] znajomości: *Ramsey has connections; let's ask him.*

con·nive /kəˈnaɪv/ *v* [I] być w zmowie, współdziałać: **connive (with sb) to do sth** *She's conniving with Tony to get Grandma's money.* —**connivance** *n* [C,U] zmowa

con·nois·seur /ˌkɒnəˈsɜː/ *n* [C] znaw-ca/czyni, koneser/ka: **+of** *a true connoisseur of fine wines*

con·no·ta·tion /ˌkɒnəˈteɪʃən/ *n* [C] konotacja: *a word with negative connotations*

con·quer /ˈkɒŋkə/ *v* **1** [T] podbijać, zdobywać: *Egypt was conquered by the Ottoman Empire in 1517.* **2** [T] pokonywać: *I didn't think I'd ever conquer my fear of heights.* —**conqueror** *n* [C] zdobyw-ca/czyni

con·quest /ˈkɒŋkwest/ *n* [C,U] podbój: **+of** *the Spanish conquest of the Incas* | *man's conquest of space*

con·science /ˈkɒnʃəns/ *n* [C,U] sumienie: **a clear conscience** (=czyste sumienie): *I've finished all my work, so I can go out tonight with a clear conscience.*

con·sci·en·tious /ˌkɒnʃiˈenʃəs◂/ *adj* sumienny: *a conscientious worker*

ˌconscientious obˈjector *n* [C] osoba odmawiająca służby w wojsku ze względów światopoglądowych

con·scious S2 W3 /ˈkɒnʃəs/ *adj* **1 be conscious (of sth/that)** być świadomym (czegoś/że), zdawać sobie sprawę (z czegoś/że): *Jodie was very conscious of the fact that he was watching her.* **2** przytomny: *Owen was still conscious when they arrived.* **3 make a conscious effort/attempt to do sth** bardzo się wysilać/starać, żeby coś z/robić: *Her voice was so boring that I had to make a conscious effort to listen to her.* —**consciously** *adv* świadomie → antonim UNCONSCIOUS[1]

con·scious·ness W3 /ˈkɒnʃəsnəs/ *n* **1** [U] przytomność: **lose consciousness** (=s/tracić przytomność): *She lost consciousness at 6 o'clock and died two hours later.* **2** [U] świadomość **3** [singular] świadomość: *There's a growing consciousness amongst athletes about the dangers of steroids.*

cons·cript[1] /ˈkɒnskrɪpt/ *n* [U] rekrut, poborowy

con·script[2] /kənˈskrɪpt/ *v* [T] powoływać do wojska —**conscription** *n* [U] pobór

con·se·crate /ˈkɒnsəkreɪt/ *v* [T] konsekrować, po/święcić —**consecration** /ˌkɒnsəˈkreɪʃən/ *n* [U] konsekracja, poświęcenie

con·sec·u·tive /kənˈsekjətɪv/ *adj* kolejny: *It rained for three consecutive days* (=trzy dni z rzędu).

con·sen·sus AC /kənˈsensəs/ *n* [U singular] zgoda, jednomyślność: *The consensus of opinion is that* (=panuje zgoda co do tego, że) *Miller should resign.*

con·sent[1] W3 AC /kənˈsent/ *n* [U] zgoda: *He had taken the vehicle without the owner's consent.*

consent[2] AC *v* [I] zgadzać się: **+to** *Father consented to the marriage.*

con·se·quence S3 W2 AC /ˈkɒnsəkwəns/ *n* **1** [C] konsekwencja: *The safety procedure had been ignored, with tragic consequences.* **2 of little/no consequence** *formal* nieistotny

con·se·quent·ly AC /ˈkɒnsəkwəntli/ *adv* w rezultacie: *We talked all night and consequently overslept the next morning.*

con·ser·va·tion /ˌkɒnsəˈveɪʃən/ *n* [U] **1** ochrona przyrody: *I'm involved in wildlife conservation.* **2** oszczędzanie: *the conservation of our limited supplies of water* —**conservationist** *n* [C] ekolog

con·ser·va·tis·m /kənˈsɜːvətɪzəm/ *n* [U] konserwatyzm: *political conservatism*

con·ser·va·tive[1] /kənˈsɜːvətɪv/ *adj* konserwatywny: *a very conservative attitude to education | a Conservative MP*

conservative[2] *n* [C] **1 Conservative** człon-ek/kini Partii Konserwatywnej **2** konserwatyst-a/ka

con·ser·va·to·ry /kənˈsɜːvətəri/ *n* [C] oranżeria

con·serve /kənˈsɜːv/ *v* [T] oszczędzać: *We can offer advice on conserving electricity.*

con·sid·er S1 W1 /kənˈsɪdə/ *v* **1** [I,T] rozważać, rozpatrywać: *My client needs time to consider your offer.* | **consider doing sth** *Have you ever considered living abroad?* **2** [T] brać/wziąć pod uwagę: *You should consider the effect the move will have on your family.* | **+ how/what/who etc** *Have you considered how hard life is for these refugees?* **3** [T] **consider sb/sth (to be) sth** uważać kogoś/coś za coś: *Mrs. Gillan was considered to be an excellent teacher.* | *We consider your support absolutely essential.*

con·sid·er·a·ble S3 W1 Ac /kənˈsɪdərəbəl/ *adj* znaczny: *a considerable amount of money* —**considerably** *adv* znacznie

con·sid·er·ate /kənˈsɪdərət/ *adj* **considerate of sb** ładnie z czyjejś strony: *It was very considerate of you to let us know earlier.* → antonim INCONSIDERATE

con·sid·er·a·tion S2 W2 /kənˌsɪdəˈreɪʃən/ *n* **1** [C] wzgląd: *Financial considerations have to be taken into account.* **2** [U] namysł: *After further consideration, he decided not to take the job.* | **be under consideration** (=być rozważanym) **3 take into consideration** brać/wziąć pod uwagę, uwzględniać: *We'll take into consideration the fact that you were ill.*

con·sid·ered /kənˈsɪdəd/ *adj* **1 all things considered** wziąwszy wszystko pod uwagę: *All things considered, I think the day went well.* **2** przemyślany *(o działaniu, opinii)*

con·sid·er·ing /kənˈsɪdərɪŋ/ *prep, conjunction* **considering (that)** zważywszy, że: *Considering we missed the bus, we're actually not too late.*

con·sign /kənˈsaɪn/ *v* [T] oddawać *(żeby się pozbyć)* **consign sb/sth to** *I'm not ready to be consigned to an old folks' home yet!*

con·sign·ment /kənˈsaɪnmənt/ *n* [C] dostawa: **+ of** *a new consignment of toys*

con·sist W3 Ac /kənˈsɪst/ *v*
consist of sth *phr v* [T] składać się z: *The exhibition consists of over 30 paintings.*

con·sis·ten·cy Ac /kənˈsɪstənsi/ *n* **1** [U] konsekwencja: **+ in** *There's no consistency in the way they apply the rules.* → antonim INCONSISTENCY **2** [C,U] konsystencja: *a dessert with a nice, creamy consistency*

con·sis·tent S3 W3 Ac /kənˈsɪstənt/ *adj* **1** konsekwentny: *Joe's work has shown consistent improvement this term.* **2 be consistent with** zgadzać się z: *His story is not consistent with the facts.* → antonim INCONSISTENT

con·so·la·tion /ˌkɒnsəˈleɪʃən/ *n* [C,U] pocieszenie: *They were still together, and at least that was one consolation.*

con·sole /kənˈsəʊl/ *v* [T] pocieszać: *No one could console her when her first child died.*

con·sol·i·date /kənˈsɒlədeɪt/ *v* [I,T] **1** s/konsolidować: *In the 1950s several small school systems were consolidated into one large one.* **2** wzmacniać: *I felt that it was time to consolidate my position in the company.* —**consolidation** /kənˌsɒləˈdeɪʃən/ *n* [C,U] konsolidacja

con·so·nant /ˈkɒnsənənt/ *n* [C] *technical* spółgłoska → porównaj VOWEL

con·sort /kənˈsɔːt/ *v*
consort with sb *phr v* [T] zadawać się/przestawać z: *She was accused of consorting with the enemy.*

con·sor·ti·um /kənˈsɔːtiəm/ *n* [C] (plural **consortia** /-tiə/ *or* **consortiums**) konsorcjum: *a consortium of banks*

con·spic·u·ous /kənˈspɪkjuəs/ *adj* rzucający się w oczy: *Being so tall makes him very conspicuous.* → antonim INCONSPICUOUS

con·spi·ra·cy /kənˈspɪrəsi/ *n* [C,U] spisek: *a conspiracy to overthrow the king*

con·spi·ra·tor /kənˈspɪrətə/ *n* [C] spiskowiec —**conspiratorial** /kənˌspɪrəˈtɔːriəl/ *adj* konspiracyjny

con·spire /kənˈspaɪə/ *v* [I] **1** spiskować, działać w zmowie: *The four men had conspired to rob a bank.* **2** *formal* sprzysięgać się: **conspire to do sth** *Events conspired to make sure he lost the election.*

con·sta·ble /ˈkʌnstəbəl/ *n* [C] *BrE* posterunkowy

con·stant S3 W3 Ac /ˈkɒnstənt/ *adj* stały: *The children must be kept under constant supervision.* | *driving at a constant speed*

con·stant·ly S3 W3 Ac /ˈkɒnstəntli/ *adv* stale, ciągle: *Her teenage daughter is constantly on the phone.* THESAURUS OFTEN

con·stel·la·tion /ˌkɒnstəˈleɪʃən/ *n* [C] gwiazdozbiór, konstelacja

con·ster·na·tion /ˌkɒnstəˈneɪʃən/ *n* [U] konsternacja: *She stared at him in consternation.*

con·sti·pa·tion /ˌkɒnstəˈpeɪʃən/ *n* [U] zaparcie, zatwardzenie —**constipated** /ˈkɒnstəpeɪtəd/ *adj* cierpiący na zaparcie: *I'm constipated* (=mam zatwardzenie).

con·sti·tu·en·cy Ac /kənˈstɪtʃuənsi/ *n* [C] okręg wyborczy

con·sti·tu·ent Ac /kənˈstɪtʃuənt/ *n* [C] **1** wyborca *(z danego okręgu)* **2** składnik —**constituent** *adj* składowy

con·sti·tute W3 Ac /ˈkɒnstɪtjuːt/ *v* **1** tworzyć, składać się na: *the 50 states that constitute the USA* **2** stanowić: *According to Marx, money 'constitutes true power'.*

con·sti·tu·tion Ac /ˌkɒnstɪˈtjuːʃən/ *n* [C] **1** *także* **Constitution** konstytucja: *the Constitution of the United States* **2 a strong/weak constitution** silny/słaby organizm: *She'll get better - she's got a strong constitution.*

con·sti·tu·tion·al Ac /ˌkɒnstəˈtjuːʃənəl◂/ *adj* konstytucyjny: *constitutional limits on the Queen's power*

con·strain Ac /kənˈstreɪn/ *v* [T] ograniczać, krępować: *Our work has been constrained by a lack of money.*

con·strained Ac /kənˈstreɪnd/ *adj* **feel constrained to do sth** czuć się zmuszonym coś z/robić: *Ernie felt constrained to explain further.*

con·straint Ac /kənˈstreɪnt/ *n* [C,U] ograniczenie: *Financial constraints limited our choice of housing.*

con·strict /kənˈstrɪkt/ *v* **1** [I,T] ściskać (się), zwężać

C

(się) *(np. o naczyniach krwionośnych)*: *Her throat constricted* (=ścisnęło ją w gardle). **2** [T] ograniczać: *Poverty constricts people's choices.* —**constriction** /-ˈstrɪkʃən/ *n* [C,U] ograniczenie

con·struct W3 Ac /kənˈstrʌkt/ *v* [T] wy/budować: *The Empire State Building was constructed in 1931.*

con·struc·tion S3 W2 Ac /kənˈstrʌkʃən/ *n* **1** [U] budowa: **under construction** (=w budowie): *Several new offices are under construction.* **2** [C] konstrukcja: *a large wooden construction* | *complex grammatical constructions*

con·struc·tive Ac /kənˈstrʌktɪv/ *adj* konstruktywny: *constructive criticism* —**constructively** *adv* konstruktywnie

C

con·strue /kənˈstruː/ *v* [T] z/interpretować: **construe sth as** *Your behaviour might be construed as* (=może zostać odebrane jako) *aggression.*

con·sul /ˈkɒnsəl/ *n* [C] konsul —**consular** /ˈkɒnsjələ/ *adj* konsularny

con·su·late /ˈkɒnsjələt/ *n* [C] konsulat

con·sult S3 W3 Ac /kənˈsʌlt/ *v* **1** [T] po/radzić się, s/konsultować się z: *Consult your doctor if the headaches continue.* **2** [T] s/pytać o zdanie: *I can't believe you sold the car without consulting me!*

con·sul·tan·cy Ac /kənˈsʌltənsi/ *n* [C] firma zajmująca się doradztwem personalnym

con·sul·tant Ac /kənˈsʌltənt/ *n* [C] **1** dorad-ca/czyni, konsultant/ka: *a marketing consultant* **2** *BrE* lekarz specjalista pracujący w szpitalu

con·sul·ta·tion Ac /ˌkɒnsəlˈteɪʃən/ *n* [C,U] konsultacja: *It was all done completely without consultation.* | *The school counsellor is always available for consultation.*

con·sume Ac /kənˈsjuːm/ *v* [T] **1** zużywać, pochłaniać: *The country consumes far more than it produces.* **2** *formal* s/konsumować, spożywać **3** s/trawić: *The buildings were consumed by flames.*

con·sum·er S3 W2 Ac /kənˈsjuːmə/ *n* [C] konsument/ka: *laws to protect consumers*

con·sum·er·ism /kənˈsjuːmərɪzəm/ *n* [U] **1** konsumpcjonizm: *the growth of consumerism* **2** ochrona interesów konsumenta

conˌsumer soˈciety *n* [C] społeczeństwo konsumpcyjne

con·sum·ing /kənˈsjuːmɪŋ/ *adj* [only before noun] przemożny, nieprzeparty: *Her consuming ambition is to be an opera singer.*

con·sum·mate¹ /ˈkɒnsəmeɪt/ *v* [T] s/konsumować *(małżeństwo, związek)* —**consummation** /ˌkɒnsəˈmeɪʃən/ *n* [U] skonsumowanie

con·sum·mate² /kənˈsʌmət/ *adj formal* wielkiej miary, znakomity: *a consummate politician* | *a great performance from a consummate actress*

con·sump·tion W3 Ac /kənˈsʌmpʃən/ *n* [U] **1** zużycie: *a car with low fuel consumption* **2** *formal* konsumpcja

con·tact¹ S2 W2 Ac /ˈkɒntækt/ *n* [U] kontakt(y): **+with** *We don't have much contact with my husband's family.* | **keep/stay in contact with** *Have you kept in contact with any of your school friends?* | **come into contact (with)** (=stykać się (z)): *Kids come into contact with all kinds of germs at school.*

contact² S2 W2 Ac *v* [T] s/kontaktować się z: *Who can we contact in an emergency?*

ˈcontact ˌlenses *n* [plural] szkła/soczewki kontaktowe

con·ta·gious /kənˈteɪdʒəs/ *adj* **1** zakaźny **2** zaraźliwy: *contagious laughter*

con·tain S2 W1 /kənˈteɪn/ *v* [T] **1** zawierać: *We also found a wallet containing $45.* | *a report that contained some shocking information* **2** powstrzymywać, kontrolować: *Nina was trying hard to contain her amusement.* **3** opanowywać: *Doctors are making every effort to contain the disease.*

con·tain·er /kənˈteɪnə/ *n* [C] pojemnik

con·tam·i·nate /kənˈtæməneɪt/ *v* [T] zanieczyścić, skazić: *Chemical waste had contaminated the water supply.* —**contamination** /kənˌtæməˈneɪʃən/ *n* [U] zanieczyszczenie, skażenie

con·tem·plate /ˈkɒntəmpleɪt/ *v* [T] rozważać, brać pod uwagę: **contemplate doing sth** *Have you ever contemplated leaving him* (=czy kiedykolwiek myślałaś, żeby go zostawić)? —**contemplation** /ˌkɒntəmˈpleɪʃən/ *n* [U] rozmyślanie, kontemplacja

con·tem·po·ra·ry¹ W2 Ac /kənˈtempərəri/ *adj* **1** współczesny: *contemporary art* **2** ówczesny: *contemporary accounts of the war*

contemporary² Ac *n* [C] współczesn-y/a: *Mozart was greatly admired by his contemporaries.*

con·tempt /kənˈtempt/ *n* [U] **1** pogarda: *Stuart treated his wife with utter contempt.* | **+for** *Their contempt for foreigners was obvious.* **2 contempt of court** *law* **a)** obraza sądu **b)** niezastosowanie się do nakazu sądu

con·temp·ti·ble /kənˈtemptəbəl/ *adj* godny pogardy, niegodny: *a contemptible piece of legislation* | *contemptible behaviour* —**contemptibly** *adv* niegodnie

con·temp·tu·ous /kənˈtemptʃuəs/ *adj* pogardliwy: *the guard's contemptuous attitude towards his prisoners*

con·tend /kənˈtend/ *v* [I] rywalizować: **+for** *Twelve teams contended for the title.*
contend with sth *phr v* [T] borykać się z: *The builders had to contend with severe weather conditions.*

con·tend·er /kənˈtendə/ *n* [C] kandydat/ka: *a serious contender for the Democratic nomination*

con·tent¹ /kənˈtent/ *adj* [not before noun] zadowolony: **+with** *I'd say she's fairly content with her life at the moment.* | **be content to do sth** (=chętnie coś robić): *Gary seems content to sit at home and watch TV all day.* THESAURUS SATISFIED →patrz też **to your heart's content** (HEART)

con·tent² S3 W2 /ˈkɒntent/ *n* [singular] **1** zawartość: *Peanut butter has a high fat content.* **2** treść: **+of** *Is the content of such a magazine suitable for 13-year-olds?* →patrz też CONTENTS

con·tent³ /kənˈtent/ *v* **content yourself with sth** zadowalać się czymś: *Jack's driving, so he'll have to content himself with a soft drink.*

con·tent·ed /kənˈtentɪd/ *adj* zadowolony: *a contented cat curled up by the fire* THESAURUS HAPPY —**contentedly** *adv* z zadowoleniem →antonim DISCONTENTED

con·ten·tion /kənˈtenʃən/ *n* **1** [C] *formal* twierdzenie, opinia *(w sporze)* **2** [U] niezgoda, spór: **bone of contention** (=kość niezgody): *The children's education soon became a bone of contention between Ralph and his wife.*

con·ten·tious /kənˈtenʃəs/ *adj formal* **1** sporny, kontrowersyjny **2** kłótliwy

con·tents /ˈkɒntents/ *n* [plural] **1** zawartość: *the contents of his luggage* **2** treść: *The contents of the report are still unknown.* **3** spis treści

con·test¹ W3 /ˈkɒntest/ *n* [C] konkurs: *a beauty contest*

con·test² /kənˈtest/ *v* [T] za/kwestionować: *We intend to contest the judge's decision.*

con·tes·tant /kənˈtestənt/ *n* [C] zawodni-k/czka

con·text S2 W2 Ac /ˈkɒntekst/ *n* [C,U] kontekst: *You need to consider these events in their historical context.* | *Can you guess the meaning of this word from its context?*

con·ti·nent /ˈkɒntɪnənt/ *n* [C] **1** kontynent **2 the Continent** *BrE* Europa *(bez Wielkiej Brytanii)*

con·ti·nen·tal /ˌkɒntəˈnentl◂/ *adj* **1** kontynentalny: *flights across the continental US* **2 continental breakfast** śniadanie kontynentalne *(pieczywo, dżem i kawa)*

continental

continental breakfast

con·tin·gen·cy /kənˈtɪndʒənsi/ *n* [C] ewentualność: **contingency plans** (=plany awaryjne): *We have contingency plans to deal with any computer failures.*

con·tin·gent¹ /kənˈtɪndʒənt/ *adj formal* **contingent on** uzależniony/zależny od: *Further payment will be contingent on whether the work is completed on time.*

contingent² *n* [C] **1** reprezentacja, delegacja: *Has the Scottish contingent arrived?* **2** kontyngent

con·tin·u·al /kənˈtɪnjuəl/ *adj* ciągły: *I get fed up with their continual arguing.* | *continual pain* —**continually** *adv* ciągle

con·tin·u·a·tion /kənˌtɪnjuˈeɪʃən/ *n* [C,U] kontynuacja: *Bogarde's second book is a continuation of his autobiography.* | *the continuation of family traditions*

con·tin·ue S1 W1 /kənˈtɪnjuː/ *v* **1** [I] trwać: *The fighting continued for two days.* | **continue to do sth** *The city's population will continue to grow* (=będzie dalej rosnąć). **2** [I,T] kontynuować: *Can we continue this discussion later?* | *The story continues on page 27* (=ciąg dalszy na stronie 27). —**continued** *adj* ciągły: *We are grateful for your continued support.*

THESAURUS: continue

continue trwać (nadal), utrzymywać się: *The good weather seems likely to continue.*

last trwać *(używa się zwłaszcza podając długość trwania)*: *The trial lasted for six days.* | *How long do you think this rain will last?*

go on trwać *(używa się zwłaszcza w mowie)*: *The meeting went on till five o'clock.*

drag on ciągnąć się: *The film dragged on for another hour.*

con·ti·nu·i·ty /ˌkɒntəˈnjuːəti/ *n* [U] ciągłość: *Changing doctors is likely to affect the continuity of your treatment.*

con·tin·u·ous S3 W3 /kənˈtɪnjuəs/ *adj* **1** ciągły, stały: *These plants need a continuous supply of fresh water.* **2** ciągły *(o formie czasownika)* —**continuously** *adv* ciągle, stale

con·tort /kənˈtɔːt/ *v* [I,T] wykrzywiać (się): *Shelby's face was contorted with pain.* —**contortion** /-ˈtɔːʃən/ *n* [C,U] wykrzywienie, kontorsja

con·tour /ˈkɒntʊə/ *n* [C] **1** kontur: *the pale contours of his face* **2** *także* **contour line** poziomica *(na mapie)*

con·tra·band /ˈkɒntrəbænd/ *n* [U] kontrabanda, towary z przemytu

con·tra·cep·tion /ˌkɒntrəˈsepʃən/ *n* [U] antykoncepcja

con·tra·cep·tive /ˌkɒntrəˈseptɪv◂/ *n* [C] środek antykoncepcyjny —**contraceptive** *adj* antykoncepcyjny: *the contraceptive pill*

con·tract¹ S1 W1 Ac /ˈkɒntrækt/ *n* [C] umowa, kontrakt: *Stacy signed a three year contract with a small record company.*

con·tract² Ac /kənˈtrækt/ *v* [I] s/kurczyć się: *Metal contracts as it becomes cooler.* → antonim EXPAND

con·trac·tion /kənˈtrækʃən/ *n* **1** [C] *technical* skurcz **2** [C] *technical* forma ściągnięta: *'Don't' is a contraction of 'do not'.*

con·trac·tor Ac /kənˈtræktə/ *n* [C] **1** wykonawca: *a building contractor* **2** dostawca

con·tra·dict Ac /ˌkɒntrəˈdɪkt/ *v* **1** [T] przeczyć, pozostawać w sprzeczności z: *The witnesses' reports contradict each other.* **2** [I,T] zaprzeczać: *Susan thought I was a teacher and I didn't contradict her.*

con·tra·dic·tion Ac /ˌkɒntrəˈdɪkʃən/ *n* **1** [C] sprzeczność: **+between** *There's a contradiction between what the company claims to do and what it actually does.* **2** [U] sprzeciw: *He could say whatever he liked without fear of contradiction* (=nie obawiając się sprzeciwu). **3 a contradiction in terms** sprzeczność sama w sobie, oksymoron: *To call him an honest thief seems like a contradiction in terms.*

con·tra·dic·to·ry Ac /ˌkɒntrəˈdɪktəri◂/ *adj* sprzeczny

con·trap·tion /kənˈtræpʃən/ *n* [C] *informal* ustrojstwo

con·tra·ry¹ Ac /ˈkɒntrəri/ *n formal* **on the contrary** (wprost/wręcz) przeciwnie: *We didn't start the fire. On the contrary, we helped put it out.*

contrary² Ac *adj* **contrary to a)** wbrew: *Contrary to popular belief* (=wbrew powszechnemu przekonaniu), *gorillas are shy and gentle creatures.* **b)** sprzeczny z: *actions that are contrary to International Law*

con·trast¹ W2 Ac /ˈkɒntrɑːst/ *n* **1** [C,U] kontrast: **+between** *the contrast between life in the city and life on the farm* **2 in contrast/by contrast** dla porównania: *By contrast, the second exam was very difficult.* | **in contrast to/with** (=w odróżnieniu od): *In contrast to the hot days, the nights are bitterly cold.*

con·trast² Ac /kənˈtrɑːst/ *v* **1** [T] porównywać, zestawiać: **contrast sth with sth** (=przeciwstawiać coś czemuś): *In this programme Chinese music is contrasted with Western classical music.* **2** [I] **contrast (with)** różnić się diametralnie (od): *His views on religion contrast sharply with my own.* —**contrasting** *adj* kontrastowy, kontrastujący: *contrasting colours*

con·tra·vene /ˌkɒntrəˈviːn/ *v* [T] *formal* naruszać *(prawo, ustawę)*: *The sale of alcohol to children under 18 contravenes the licensing laws.* —**contravention** /-ˈvenʃən/ *n* [C,U] naruszenie

con·trib·ute S3 W2 Ac /kənˈtrɪbjuːt/ *v* [I,T] **1** składać się, dokładać się: **+towards** *We all contributed towards a present for Jack.* **2 contribute to** przyczyniać się do: *All this worry almost certainly contributed to his ill health.*

C

con·tri·bu·tion S2 W2 Ac /ˌkɒntrəˈbjuːʃən/ *n* [C] **1** wkład: **+to** *Einstein's enormous contribution to science | The UN has made an important contribution to world peace.* **2** datek: *Would you like to make a contribution to our funds?*

con·trib·u·to·ry /kənˈtrɪbjətəri/ *adj* **contributory cause/reason** jedna z przyczyn: *Smoking is a contributory cause of heart disease.*

con·trive /kənˈtraɪv/ *v* [T] **1** *formal* zdołać: **contrive to do sth** *Somehow she contrived to escape.* **2** ukartować: *It was Richard who had contrived the prince's murder.* **3** zmajstrować, sklecić: *The programs had been hastily contrived.*

con·trived /kənˈtraɪvd/ *adj* sztuczny, nienaturalny: *Lauren spoke with a contrived southern accent.*

C

con·trol¹ S1 W1 /kənˈtrəʊl/ *n* **1** [C,U] kontrola: *passport control* | **have control over** (=mieć kontrolę nad): *Peter and Rachel have no control over their son.* | **get/go out of control** (=wymknąć się spod kontroli): *The car went out of control and hit a tree.* | **take control of** (=przejąć kontrolę nad): *Rioters took control of the prison.* | **under control** (=pod kontrolą): *It's all right – the situation is now completely under control.* **2** [U] władza: **be in control of** (=panować nad): *The government is no longer in control of the country.* **3** [C,U] regulacja, ograniczenie: *the control of inflation | import controls* **4** [U] opanowanie: **lose control** (=s/tracić panowanie nad sobą): *I just lost control and punched him!* **5** [C] przełącznik, regulator: *the volume control on the television*

control² S2 W1 *v* [T] (**-lled**, **-lling**) **1** panować nad: *a teacher who can't control the kids | I find it very difficult to control my temper sometimes.* **2** kontrolować, sprawować kontrolę nad: *Rebels control all the roads into the capital.*

UWAGA: control i inspect

Nie należy mylić czasowników **control** i **inspect**. **Control** znaczy „mieć władzę nad czymś", „panować nad czymś" lub „regulować coś": *The teacher can't control the class. | This device controls the temperature in the building.* Kiedy natomiast chodzi o „kontrolowanie" np. bagażu czy przestrzegania przepisów przeciwpożarowych, używamy wyrazu **inspect**: *I was surprised that nobody wanted to inspect my luggage. | The building is regularly inspected by fire-safety officers.*

con·tro·ver·sial Ac /ˌkɒntrəˈvɜːʃəl◂/ *adj* kontrowersyjny: *the controversial subject of abortion*

con·tro·ver·sy Ac /ˈkɒntrəvɜːsi/ *n* [C,U] kontrowersja: **+over/about** *The controversy over the nuclear energy program is likely to continue.*

con·ur·ba·tion /ˌkɒnɜːˈbeɪʃən/ *n* [C] konurbacja

con·va·lesce /ˌkɒnvəˈles/ *v* [I] wracać do zdrowia —**convalescence** *n* [U] rekonwalescencja: *a long period of convalescence*

con·vec·tion /kənˈvekʃən/ *n* [U] konwekcja

con·vene Ac /kənˈviːn/ *v formal* **1** [T] zwoływać *(zebranie)* **2** [I] zbierać się *(o parlamencie, radzie)*

con·ve·ni·ence /kənˈviːniəns/ *n* [U] wygoda: *I like the convenience of living close to where I work.* → antonim INCONVENIENCE¹

con'venience ˌfood *n* gotowe produkty żywnościowe

con·ve·ni·ent S3 /kənˈviːniənt/ *adj* **1** dogodny: *Would 10:30 be a convenient time to meet?* | **+for** *It's more convenient for me to pay by credit card.* **2** wygodny: *a convenient place to shop* —**conveniently** *adv* dogodnie → antonim INCONVENIENT

con·vent /ˈkɒnvənt/ *n* [C] klasztor

con·ven·tion W2 Ac /kənˈvenʃən/ *n* **1** [C,U] konwenans: *She shocked her neighbours by ignoring every social convention.* **2** [C] zjazd: *a teachers' convention* **3** [C] konwencja: *the Geneva Convention on Human Rights*

con·ven·tion·al W3 Ac /kənˈvenʃənəl/ *adj* konwencjonalny, tradycyjny: *My parents have very conventional attitudes about sex. | The microwave is much faster than the conventional oven.* → antonim UNCONVENTIONAL —**conventionally** *adv* konwencjonalnie

con·verge /kənˈvɜːdʒ/ *v* [I] zbiegać się: *the place where two streams converge to form a river*

con·ver·sa·tion S1 W2 /ˌkɒnvəˈseɪʃən/ *n* [C,U] rozmowa, konwersacja: *a telephone conversation* | **have a conversation** (=rozmawiać): *Please don't interrupt. We're having a conversation.*

COLLOCATIONS: conversation

verbs

to have a conversation *We had a really interesting conversation.*

to carry on/hold a conversation *It's impossible to carry on a conversation with all this noise.*

to make conversation (=wymyślać kolejne tematy do rozmowy) *We sat there and tried to make conversation.*

to get into conversation with sb (=wdać się w rozmowę) *She got into conversation with one of the women in the queue.*

to engage sb in conversation *formal* (=nawiązać z kimś rozmowę) *I tried to engage him in conversation.*

adjectives

a long/short conversation *A customer was having a long conversation with the waitress.*

a private conversation *Go away! This is a private conversation.*

phrases

to be deep in conversation (=być pochłoniętym rozmową) *He was deep in conversation with a man I had never seen before.*

con·verse Ac /kənˈvɜːs/ *v* [I] *formal* prowadzić rozmowę, konwersować

con·ver·sion Ac /kənˈvɜːʃən/ *n* [C,U] **1** zamiana, konwersja: **+to/into** *Canada's conversion to* (=przejście na) *the metric system* **2** nawrócenie: **+to** *Tyson's conversion to Islam surprised the media.*

con·vert¹ W3 Ac /kənˈvɜːt/ *v* [I,T] **1** zamieniać (się): **+into** *a sofa that converts into a bed | We're going to convert the garage into a workshop.* **2** nawracać (się): **convert sb to sth** *John was converted to Buddhism by a Thai priest.*

con·vert² /ˈkɒnvɜːt/ *n* [C] nawrócon-y/a

con·vert·i·ble Ac /kənˈvɜːtəbəl/ *n* [C] kabriolet

con·vex /ˌkɒnˈveks◂/ *adj* wypukły → antonim CONCAVE

con·vey /kənˈveɪ/ *v* [T] *formal* przekazywać, wyrażać: *Mark's eyes clearly conveyed his disappointment.*

con'veyor belt *n* [C] przenośnik taśmowy

con·vict¹ /kənˈvɪkt/ *v* [T] skazywać: **be convicted of**

Both men were convicted of (=zostali skazani za) *murder.* →antonim ACQUIT

con·vict² /ˈkɒnvɪkt/ *n* [C] skazan-y/a

con·vic·tion W3 /kənˈvɪkʃən/ *n* **1** [C] wyrok *(skazujący)*: *Bradley had two previous convictions for drug offences.* →antonim ACQUITTAL **2** [C,U] przekonanie: *religious convictions*

con·vince S3 W3 Ac /kənˈvɪns/ *v* [T] przekonać: **convince sb that** *I managed to convince them that our story was true.* | **convince sb of sth** *Shaw had convinced the jury of his innocence.* THESAURUS PERSUADE →porównaj PERSUADE

UWAGA: convince i persuade

Nie należy mylić czasowników **convince** i **persuade** w znaczeniu „przekonywać". Kiedy chodzi o przekonanie kogoś, że coś jest prawdą, używamy wyrażenia **convince sb that** lub **persuade sb that**: *The party will have to convince the voters that it is capable of governing the country.* | *He persuaded the jury that his client was not guilty.* Gdy mowa o przekonaniu kogoś o czymś, używamy wyrażenia **convince sb of sth**: *She failed to convince the jury of her innocence.* W przypadku przekonywania kogoś, by coś zrobił, używamy wyrażenia **persuade sb to do sth**: *Her parents have persuaded her to stop seeing him.* | *Despite our efforts to persuade them, they still haven't signed the contract.*

con·vinced Ac /kənˈvɪnst/ *adj* **be convinced (that)** być przekonanym, że: *Madeleine's parents were convinced she was taking drugs.* THESAURUS SURE

con·vinc·ing Ac /kənˈvɪnsɪŋ/ *adj* przekonujący: *a convincing argument* —**convincingly** *adv* przekonująco

con·viv·i·al /kənˈvɪviəl/ *adj formal* serdeczny: *a convivial atmosphere*

con·vo·lut·ed /ˈkɒnvəluːtɪd/ *adj formal* zawiły: *convoluted legal language*

con·voy /ˈkɒnvɔɪ/ *n* [C] konwój

con·vulse /kənˈvʌls/ *v* [I,T] trząść (się), skręcać (się): *We were convulsed with laughter* (=skręcaliśmy się ze śmiechu).

con·vul·sion /kənˈvʌlʃən/ *n* [C] konwulsja

coo /kuː/ *v* [I] **1** za/gruchać **2** gruchać *(czule)*

cook¹ S1 W3 /kʊk/ *v* **1** [I,T] u/gotować: *Whose turn is it to cook supper tonight?* | *Grandma's cooking for the whole family this weekend.* **2** [I] gotować się: *While the potatoes are cooking, prepare a salad.*
cook sth ↔ up *phr v* [T] *informal* wymyślić, spreparować: *a plan cooked up by the two brothers to make more money*

cook² *n* [C] kucha-rz/rka

cook·book /ˈkʊkbʊk/ *także* ˈ**cookery** ˌ**book** *BrE n* [C] książka kucharska

cook·er S3 /ˈkʊkə/ *n* [C] *BrE* kuchenka

UWAGA: cooker i cook

Cooker = kuchenka: *I've never used a gas cooker before.*
Cook = kucharz, kucharka: *My sister is a superb cook.*

cook·e·ry /ˈkʊkəri/ *n* [U] *BrE* sztuka kulinarna

cook·ie S3 W3 /ˈkʊki/ *n* [C] **1** *especially AmE* herbatnik, ciasteczko: *chocolate chip cookies* **2** cookie: *By examining the cookie, websites can take note of what other sites you have visited.*

ˈ**cookie** ˌ**cutter¹** *n AmE* foremka do wykrawania ciastek

ˈ**cookie** ˌ**cutter²** *adj AmE* szablonowy: *cookie cutter houses*

ˈ**cookie sheet** *n* blacha *(do pieczenia)*

cook·ing /ˈkʊkɪŋ/ *n* [U] **1** gotowanie: *Cooking is fun.* | *Who does the cooking* (=kto gotuje)? **2** kuchnia: *Indian cooking* | *I prefer Mum's cooking.*

cool¹ S2 W3 /kuːl/ *adj* **1** chłodny: *a cool, refreshing drink* | *a cool breeze* THESAURUS COLD **2** spokojny, opanowany: *Now, stay cool - everything is OK.* **3** chłodny, oschły: *The boss didn't actually criticize me, but he was very cool towards me.* **4** *spoken informal* świetny: *Bart's a real cool guy.* —**coolness** *n* [U] chłód, spokój

cool² S2 *także* **cool down** *v* [I,T] ochładzać (się): *Allow the cake to cool before cutting it.*
cool down *phr v* **1** [I] o/stygnąć: *Let the engine cool down.* **2** [I,T **cool** sth ↔ **down**] o/studzić (się) **3** [I] ochłonąć: *The long walk home helped me cool down.*
cool off *phr v* [I] **1** ochłodzić się: *We went for a swim to cool off.* **2** ochłonąć

cool³ *n* **1 keep your cool** zachowywać spokój: *Rick was starting to annoy her, but she kept her cool.* **2 lose your cool** s/tracić panowanie nad sobą: *Nick lost his cool when Ryan yelled at him.* **3 the cool** chłód: *the cool of the evening*

cool·ly /ˈkuːl-li/ *adv* **1** chłodno, oschle **2** spokojnie: *Bond coolly told him to put down the gun.*

coop¹ /kuːp/ *n* [C] kojec *(dla drobiu)*

coop² *v* **be cooped up** gnieździć się, kisić się: *We were glad to be out in the fresh air after being cooped up all morning.*

co·op·e·rate Ac /kəʊˈɒpəreɪt/ *także* **co-operate** *BrE v* [I] współpracować: *We can deal with this problem, if you're willing to cooperate.* | **+ with** *Local police are cooperating with the army in the search for the missing teenager.* —**cooperation** /kəʊˌɒpəˈreɪʃən/ *n* [U] współpraca, kooperacja

co·op·e·ra·tive¹ Ac /kəʊˈɒpərətɪv/ *także* **co-operative** *BrE adj* **1** pomocny: *Ned has always been very cooperative in the past.* **2** wspólny: *The play was a cooperative effort between the two schools.*

cooperative², **co-operative** *n* [C] spółdzielnia

co·or·di·nate¹ Ac /kəʊˈɔːdəneɪt/ *także* **co-ordinate** *BrE v* [T] s/koordynować: *The project is being coordinated by Dr Ken Pease.* | *Small children often find it difficult to coordinate their movements.*

co·or·di·nate² Ac /kəʊˈɔːdənət/ *także* **co-ordinate** *BrE n* [C] *technical* współrzędna

co·or·di·na·tion Ac /kəʊˌɔːdəˈneɪʃən/ *także* **co-ordination** *BrE n* [U] koordynacja: *Computer games can help develop hand-to-eye coordination.* | **+ of** *the coordination of all military activities*

co·or·di·na·tor Ac /kəʊˈɔːdəneɪtə/ *także* **co-ordinator** *BrE n* [C] koordynator/ka

cop /kɒp/ *n* [C] *especially AmE informal* glina, gliniarz

cope S2 W3 /kəʊp/ *v* [I] radzić sobie: **+ with** *How do you cope with all this work?*

cop·i·er /ˈkɒpiə/ *n* [C] (foto)kopiarka

co·pi·ous /ˈkəʊpiəs/ *adj* **1** obfity **2** obszerny: *Adrian*

C

always takes copious notes at lectures. —**copiously** *adv* obficie

cop·per /ˈkɒpə/ *n* **1** [U] miedź **2** [C] *BrE informal* glina, gliniarz

copse /kɒps/ *n* [C] zagajnik

cop·u·late /ˈkɒpjəleɪt/ *v* [I] *formal* spółkować, kopulować —**copulation** /ˌkɒpjəˈleɪʃən/ *n* [U] spółkowanie, kopulacja

cop·y¹ S1 W2 /ˈkɒpi/ *n* **1** [C] kopia: **make a copy of** *Please would you make me a copy of this letter?* **2** [C] egzemplarz: *Have you seen my copy of 'The Times'?*

copy² S2 *v* **1** [T] s/kopiować, z/robić kopię: *Could you copy the report and send it out to everyone?* **2** [T] naśladować: *The system has been copied by other organizations, and has worked well.* **3** [I,T] odpisywać, ściągać
copy sth ↔ out *phr v* [T] przepisywać: *Copy out the poem into your exercise books.*

C

cop·y·right /ˈkɒpiraɪt/ *n* [C,U] prawo autorskie

cor·al /ˈkɒrəl/ *n* [U] koral

ˌ**coral ˈreef** *n* [C] rafa koralowa

cord /kɔːd/ *n* [C,U] **1** sznur **2** przewód

cor·di·al /ˈkɔːdiəl/ *adj formal* serdeczny: *We received a cordial welcome.* —**cordially** *adv* serdecznie

cord·less /ˈkɔːdləs/ *adj* bezprzewodowy

cor·don¹ /ˈkɔːdn/ *n* [C] kordon: *Several protesters tried to push through the police cordon.*

cordon² *v*
cordon sth ↔ off *phr v* [T] odgrodzić kordonem: *Police have cordoned off the building where the bomb was found.*

cords /kɔːdz/ *n* [plural] *informal* sztruksy

cor·du·roy /ˈkɔːdʒərɔɪ/ *n* [U] sztruks

core W3 Ac /kɔː/ *n* **1** [singular] jądro, rdzeń: **+of** *the core of the problem* (=sedno problemu) **2** [C] ogryzek **3 to the core** do żywego: *His words shocked me to the core.* →patrz też **HARDCORE**

co·ri·an·der /ˌkɒriˈændə/ *n* [U] *BrE* kolendra

cork /kɔːk/ *n* [C,U] korek: *cork floor tiles*

cork·screw /ˈkɔːkskruː/ *n* [C] korkociąg

corn S3 /kɔːn/ *n* **1** [U] *BrE* zboże **2** [U] *AmE* kukurydza **3** [C] odcisk

cor·ner¹ S1 W2 /ˈkɔːnə/ *n* [C] **1** kąt: **in the corner** *Two men were sitting in the corner of the room.* **2** róg: **in the corner** *Write your address in the top right-hand corner of the page.* | **on/at the corner** *children playing on street corners* | **round/around the corner** (=za rogiem): *There's a bus stop just around the corner from where I live.* **3** zakątek: *a remote corner of Scotland* **4 out of the corner of your eye** kątem oka **5** *także* **corner kick** rzut rożny →patrz też **cut corners** (CUT¹)

corner² *v* [T] przypierać do muru: *Gibbs cornered Cassetti in the hallway and asked for his decision.*

cor·ner·stone /ˈkɔːnəstəʊn/ *n* [C] kamień węgielny: **+of** *Trust and respect are the cornerstones* (=są podstawą) *of any relationship.*

cor·net /ˈkɔːnɪt/ *n* [C] **1** kornet **2** rożek *(wafel do lodów)*

corn·flakes /ˈkɔːnfleɪks/ *n* [plural] płatki kukurydziane

corn·flour /ˈkɔːnflaʊə/ *BrE*, **cornstarch** *AmE* *n* [U] mąka ziemniaczana

corn·starch /ˈkɔːnstɑːtʃ/ *n* [U] *AmE* mąka kukurydziana

ˈ**corn** ˌ**syrup** *n* syrop kukurydziany

corn·y /ˈkɔːni/ *adj informal* banalny, oklepany: *a corny joke* (=kawał z brodą)

cor·o·na·ry¹ /ˈkɒrənəri/ *n* [C] zawał serca

coronary² *adj* [only before noun] *technical* wieńcowy: *coronary disease*

cor·o·na·tion /ˌkɒrəˈneɪʃən◂/ *n* [C] koronacja

cor·o·ner /ˈkɒrənə/ *n* [C] koroner *(urzędnik ustalający przyczyny nagłych zgonów)*

cor·po·ral /ˈkɔːpərəl/ *n* [C] kapral

ˌ**corporal ˈpunishment** *n* [U] kary cielesne THESAURUS **PUNISHMENT**

cor·po·rate Ac /ˈkɔːpərət/ *adj* [only before noun] **1** korporacyjny, firmowy **2** zbiorowy: *corporate responsibilities*

cor·po·ra·tion Ac /ˌkɔːpəˈreɪʃən/ *n* [C] **1** korporacja: *a multinational corporation* THESAURUS **COMPANY** **2** *BrE* zarząd miasta

corps /kɔː/ *n* [singular] *technical* korpus: *the medical corps* | *the press corps*

corpse /kɔːps/ *n* [C] zwłoki

cor·pus /ˈkɔːpəs/ *n* [C] (plural **corpuses** *or* **corpora** /-pərə/) *technical* korpus *(tekstów)*: *a corpus of spoken English*

cor·pus·cle /ˈkɔːpəsəl/ *n* [C] ciałko, krwinka

cor·ral /kəˈrɑːl/ *n* [C] zagroda

cor·rect¹ S1 W2 /kəˈrekt/ *adj* poprawny, prawidłowy: *the correct answers* | *"Your name is Ives?" "Yes, that's correct."* | *correct behaviour* —**correctly** *adv* poprawnie, prawidłowo: *Have you spelled it correctly?* —**correctness** *n* [U] poprawność →antonim **INCORRECT**

correct² S3 *v* [T] **1** poprawiać: *Correct my pronunciation if it's wrong.* | *She spent all evening correcting exam papers.* **2** s/korygować: *Eyesight problems can usually be corrected with glasses.*

cor·rec·tion /kəˈrekʃən/ *n* [C,U] poprawka, korekta

cor·rec·tive /kəˈrektɪv/ *adj formal* korekcyjny: *corrective lenses for the eyes*

cor·re·la·tion /ˌkɒrəˈleɪʃən/ *n* [C,U] korelacja, zależność: **+between** *There is a correlation between unemployment and crime.*

cor·re·spond Ac /ˌkɒrəˈspɒnd/ *v* [I] **1** odpowiadać: **+with/to** *The French 'baccalaureate' roughly corresponds to British 'A-levels'.* **2** korespondować

cor·re·spon·dence Ac /ˌkɒrəˈspɒndəns/ *n* **1** [U] korespondencja: *I try to type all my correspondence.* | **+with** *His correspondence with Hemingway continued for years.* **2** [C] odpowiedniość, analogia: *the close correspondence between the French and German reports of these events*

cor·re·spon·dent /ˌkɒrəˈspɒndənt/ *n* [C] korespondent/ka: *the political correspondent for 'The Times'*

cor·re·spon·ding Ac /ˌkɒrəˈspɒndɪŋ◂/ *adj* [only before noun] odpowiedni, analogiczny: *Profits are higher than in the corresponding period last year.*

cor·ri·dor S2 W3 /ˈkɒrədɔː/ *n* [C] korytarz

cor·rob·o·rate /kəˈrɒbəreɪt/ *v* [T] *formal* potwierdzać: *Heywood's account of the attack was corroborated by a security video.* —**corroboration** /kəˌrɒbəˈreɪʃən/ *n* [U] potwierdzenie —**corroborative** /kəˈrɒbərətɪv/ *adj law* potwierdzający: *corroborative evidence*

cor·rode /kəˈrəʊd/ *v* [I,T] s/korodować: *Many of the electrical wires have corroded.*

cor·ro·sion /kəˈrəʊʒən/ *n* [U] korozja

cor·ru·gated /ˈkɒrəgeɪtɪd/ *adj* falisty: *a corrugated iron roof*

cor·rupt¹ /kəˈrʌpt/ *adj* skorumpowany: *a corrupt judge* | *a corrupt political system*

corrupt² *v* [T] s/korumpować: *Proctor has been corrupted by power.* | *films that corrupt our children's minds* —**corruptible** *adj* przekupny

cor·rup·tion /kəˈrʌpʃən/ *n* [U] **1** korupcja: *The police are being investigated for corruption.* **2** zepsucie, demoralizacja: *the corruption of today's youth by drugs*

cor·set /ˈkɔːsɪt/ *n* [C] gorset

cos /kəz/ *conjunction BrE spoken informal* bo →patrz BECAUSE

cos·met·ic¹ /kɒzˈmetɪk/ *adj* [only before noun] kosmetyczny: *cosmetic surgery* | *cosmetic changes to the law*

cosmetic² *n* [C usually plural] kosmetyk

cos·mic /ˈkɒzmɪk/ *adj* kosmiczny: *cosmic radiation*

cos·mo·pol·i·tan /ˌkɒzməˈpɒlətən◂/ *adj* kosmopolityczny: *a cosmopolitan city like New York* | *cosmopolitan tastes*

cos·mos /ˈkɒzmɒs/ *n* **the cosmos** kosmos

cost¹ S1 W1 /kɒst/ *n* **1** [C,U] koszt: *the high cost of educating children* | **cover the cost of** (=pokryć koszt): *Will £100 cover the cost of books?* | **the cost of living** (=koszty utrzymania): *a 4% increase in the cost of living* | **at the cost of** (=kosztem): *Bernard saved his family at the cost of his own life.* **2 at all costs/at any cost** za wszelką cenę: *They will try to win the next election at any cost.* **3 at cost price** *BrE*, **at cost** *AmE* po kosztach własnych **4 find/know/learn etc sth to your cost** przekonać się o czymś na własnej skórze: *Mountain climbing can be very dangerous, as Heidi discovered to her cost.*

THESAURUS: cost

cost koszt: *The cost of fuel keeps going up.* | *Companies are always looking at ways of cutting costs.*
price cena: *Their prices are much lower than other supermarkets.* | *Can you ask him to lower the price?* | *How much is the price of a plane ticket to New York?* | *They sell good-quality clothes at reasonable prices.*
value wartość: *The value of your shares can go down as well as up.* | *They estimated the value of the painting at between $15,000 and $20,000.*
charge opłata *(za usługę)*: *There is a small charge for using the Internet in your hotel room.* | *bank charges*
fee opłata *(za wstęp, członkowska)*: *The entrance fee is £5.* | *My gym membership fee is £30 a month.*
fare cena biletu: *How much is the train fare from London to Paris?* | *Plane fares are still surprisingly cheap.*

cost² S1 W2 *v* [T] (**cost**, **cost**, **costing**) kosztować: *This dress cost $75.* | *It costs more to travel by air.* | **cost sb sth** *How much did the repairs cost you?* | *a mistake that cost him his life*

cost³ S1 W2 *v* [T] (**costed**, **costed**, **costing**) s/kalkulować, z/robić kosztorys: *A building company costed the job at £2,000.*

co-star¹ /ˈkəʊ stɑː/ *n* [C] jedna z gwiazd występujących w filmie lub przedstawieniu

co-star² *v* [I] występować (w filmie) obok innych gwiazd: *Meryl Streep co-stars with* (=występuje u boku) *Clint Eastwood in The Bridges of Madison County.*

ˌcost efˈfective *adj* opłacalny: *the most cost-effective method of advertising*

cost·ly /ˈkɒstli/ *adj* kosztowny: *Replacing all the windows would be too costly.* | *a costly political scandal*

cos·tume /ˈkɒstjʊm/ *n* [C,U] **1** kostium: *He designed the costumes for 'Swan Lake'.* **2** strój: *the Maltese national costume*

co·sy /ˈkəʊzi/ *BrE*, **cozy** *AmE adj* przytulny: *a cosy room* THESAURUS COMFORTABLE

cot /kɒt/ *n* [C] **1** *BrE* łóżeczko dziecięce **2** *AmE* łóżko polowe

cot·tage S3 W3 /ˈkɒtɪdʒ/ *n* [C] domek, chata THESAURUS HOUSE

ˌcottage ˈcheese *n* [U] serek ziarnisty, twarożek

cot·ton¹ W3 /ˈkɒtn/ *n* [U] **1** bawełna: *a cotton shirt* | *a reel of black cotton* **2** *AmE* wata

cotton² *v*

cotton on *phr v* [I] *informal* załapać, skumać *(o co chodzi)*: *It was a long time before I cottoned on to what he was talking about.*

ˈcotton ˌcandy *n* [U] *AmE* wata cukrowa

ˌcotton ˈwool *n* [U] *BrE* wata

couch¹ /kaʊtʃ/ *n* [C] kanapa

couch² *v* formułować, wyrażać *(w określony sposób)*: *His refusal was couched in polite terms* (=jego odmowa została uprzejmie sformułowana).

ˈcouch poˌtato *n* [C] *informal* maniak telewizyjny, telemaniak

cough¹ /kɒf/ *v* [I] za/kaszleć: *He was awake coughing all night.*

cough² *n* [C] kaszel, kaszlnięcie: *I heard a loud cough behind me.* | **have a cough** *Amy has a bad cough.*

ˈcough ˌmedicine *także* **ˈcough ˌmixture**, **ˈcough ˌsyrup** *n* [U] syrop na kaszel

could S1 W1 /kʊd/ *modal verb* **1** czas przeszły od CAN: *She said she couldn't find it* (=nie mogła tego znaleźć). | *Could you understand* (=czy zrozumiałeś) *what he was saying?* **2** wyraża możliwość: *Most accidents in the home could easily be prevented* (=większości wypadków w domu można by łatwo zapobiec). | *You could be right, I suppose* (=może masz rację). | *If you could live* (=gdybyś mógł zamieszkać) *anywhere in the world, where would it be?* THESAURUS MAYBE **3 could have** mówi o czymś, co mogło się stać: *She could have been killed* (=mogła się zabić). **4 could you/could I etc** *spoken* wyraża prośbę: *Could I ask you* (=czy mogłabym ci zadać) *a couple of questions?* | *Could you open the window* (=czy mógłbyś otworzyć okno)? **5** wyraża sugestię: *You could try* (=mógłbyś spróbować) *calling his office.* | **could always** (=zawsze przecież można ...): *We could always stop and ask directions.*

UWAGA: could i be able to

Kiedy mówimy ogólnie o tym, co ktoś mógł (potrafił, był w stanie) zrobić, używamy zamiennie **could** i **be able to**: *By the time she was four, she could/was able to swim the whole length of the pool.* Kiedy mamy do

C

czynienia z pojedynczym przypadkiem, gdy komuś udało się coś zrobić, używamy tylko formy **be able to**: *Luckily, we were able to open the door because Peter had his own key.* | *Were you able to start the car?* (W obu zdaniach można też użyć **manage to**.) Zasada ta nie stosuje się do zdań przeczących ani do czasowników oznaczających postrzeganie zmysłowe, takich jak **see**, **hear** czy **smell**. Mimo że mamy do czynienia z pojedynczym przypadkiem, można wtedy użyć zarówno **be able to** jak i **could**: *We looked everywhere for the cassette, but we couldn't find it.* | *From where I was standing, I could hear everything they said.*

could·n't /ˈkʊdnt/ forma ściągnięta od **COULD NOT**

could've /ˈkʊdəv/ forma ściągnięta od **COULD HAVE**

coun·cil S2 W2 **Council** /ˈkaʊnsəl/ *n* [C] **1** rada: *Los Angeles City Council* | *the UN Security Council* **2 council flat** mieszkanie komunalne

coun·cil·lor /ˈkaʊnsələ/ *BrE*, **councilor** *AmE* *n* [C] radn-y/a

counsel[1] /ˈkaʊnsəl/ *v* [T] (**-lled**, **-lling** *BrE*; **-led**, **-ling** *AmE*) udzielać porad: *Dr Wengers counsels teenagers with drug problems.*

counsel[2] *n* [singular] prawnik, adwokat: *counsel for the prosecution* (=oskarżyciel)

coun·sel·ling /ˈkaʊnsəlɪŋ/ *BrE*, **counseling** *AmE* *n* [U] poradnictwo: *a counselling service for drug users*

coun·sel·lor /ˈkaʊnsələ/ *BrE*, **counselor** *AmE* *n* [C] pracowni-k/ca poradni: *a marriage counsellor*

count[1] S2 W3 /kaʊnt/ *v* **1** [T] *także* **count up** po/liczyć: *It took hours to count all the votes.* **2** [I] liczyć: *Can you count in Japanese?* **3** [T] **count sb/sth as** uważać kogoś/coś za: *I've always counted Rob as one of my best friends.* **4** [I] liczyć się: *First impressions count for a lot.* | *You cheated, so your score doesn't count.* **5** [T] wliczać: **counting** *There are five in our family, counting me.*

count against sb *phr v* [T] działać na niekorzyść: *Her age was likely to count against her.*

count sb in *phr v* **count me in** *spoken* jestem za: *"We're thinking of having a barbecue." "Count me in."*

count on sb/sth *phr v* [T] **1** liczyć na: *You can always count on Doug in a crisis.* **2 not count on** nie spodziewać się, że: *We hadn't counted on so many people coming.*

count sth ↔ out *phr v* [T] odliczać: *He counted out ten $50 bills.*

count[2] *n* **1** [C usually singular] rachunek, obliczenie: *The final count showed that Larson had won by 110 votes.* **2 lose count (of)** stracić rachubę: *"How many girlfriends have you had?" "Oh, I've lost count."* **3 on all counts** pod każdym względem: *We were proved wrong on all counts.* **4** [C] *także* **Count** hrabia

count·a·ble /ˈkaʊntəbəl/ *adj* policzalny →antonim **UNCOUNTABLE**

count·down /ˈkaʊntdaʊn/ *n* [C usually singular] odliczanie: *countdown to take-off* | *the countdown to the millennium*

coun·te·nance[1] /ˈkaʊntənəns/ *n* [C] *literary* oblicze

countenance[2] *v* [T] *formal* aprobować

coun·ter[1] S3 /ˈkaʊntə/ *n* **1** [C] lada, okienko: *There was a long queue and only two girls working behind the counter.* **2** [C] *AmE* blat **3** [C] pionek *(w grach planszowych)*

counter[2] *v* [T] **1** przeciwdziałać: *efforts to counter inflation* **2** za/oponować: *"That's not what the statistics show," she countered.*

counter[3] *adv* **run/be counter to sth** *formal* stać w sprzeczności z czymś: *ideas that run counter to the Church's traditional view of marriage*

counter- /kaʊntə/ *prefix* przedrostek służący do tworzenia wyrazów oznaczających reakcję na coś lub przeciwieństwo czegoś: *counter-productive* (=przeciwny do 'productive')

coun·ter·act /ˌkaʊntərˈækt/ *v* [T] przeciwdziałać: *new laws intended to counteract the effects of pollution*

coun·ter·at·tack /ˈkaʊntərəˌtæk/ *n* [C] kontratak —**counterattack** *v* [I,T] kontratakować

coun·ter·bal·ance /ˌkaʊntəˈbæləns/ *v* [T] z/równoważyć, s/kompensować: *Falling sales in Europe have been counterbalanced by rising sales in the US.* —**counterbalance** /ˈkaʊntəˌbæləns/ *n* [C] przeciwwaga

coun·ter·clock·wise /ˌkaʊntəˈklɒkwaɪz◂/ *adv AmE* przeciwnie do ruchu wskazówek zegara →antonim **CLOCKWISE**

coun·ter·feit /ˈkaʊntəfɪt/ *adj* fałszywy: *counterfeit money* THESAURUS **FALSE**

GRAMATYKA: Czasownik modalny **could**

Czasownik **could** (w przeczeniach: **could not** lub **couldn't**) jest formą przeszłą czasownika **can**, używamy go więc podobnie, tyle że w odniesieniu do przeszłości:

*Emma **could** run very fast.*

W podobnych sytuacjach używa się też formy **was/were able to**. Nie są to jednak konstrukcje wymienne: **could** odnosi się do istniejącej w przeszłości umiejętności, natomiast przy **was/were able to** chodzi o wykorzystanie danej umiejętności w konkretnym przypadku:

*He **could** swim when he was four.* („Umiał pływać już jako czterolatek.")

*He **was able to** swim the distance in less than an hour.* („Zdołał/Udało mu się przepłynąć tę odległość w niecałą godzinę.")

Jako forma przeszła czasownika **can**, **could** zastępuje go w mowie zależnej:

*„**Can** you speak Russian?"*

*She asked if I **could** speak Russian.*

Czasownik **could** występuje też w zdaniach warunkowych, gdzie używa się go wymiennie z **would be able to**:

***Could** you finish the job yourself if you had to?* (=Would you be able to finish the job yourself if you had to?)

Zdań pytających z **could** używa się też w charakterze uprzejmej prośby lub pytania:

***Could** you wait a moment?* („Czy mógłbyś chwileczkę zaczekać?")

Chcąc dać słuchaczowi do zrozumienia, że zależy nam na pozytywnej odpowiedzi, możemy użyć formy przeczącej **couldn't**:

*„We have to go." – „**Couldn't** you stay a little longer?"*

*„I want this report finished today." – „**Couldn't** it wait till tomorrow?"*

→patrz też **can**, **might**

coun·ter·part /ˈkaʊntəpɑːt/ *n* [C] odpowiedni-k/czka: *The Saudi Foreign Minister met his French counterpart for talks.*

coun·ter·pro·duc·tive /ˌkaʊntəprəˈdʌktɪv◂/ *adj* **be counterproductive** przynosić efekty odwrotne do zamierzonych: *Punishing children can be counterproductive.*

coun·ter·sign /ˈkaʊntəsaɪn/ *v* [T] kontrasygnować: *Your doctor should countersign the form.*

ˈcounter-ˌterrorist *adj* antyterrorystyczny —**counter-terrorism** *n* [U] antyterroryzm —**counter-terrorist** *n* [C] antyterroryst-a/ka

coun·tess /ˈkaʊntɪs/ *n* [C] hrabina

count·less /ˈkaʊntləs/ *adj* niezliczony: *a drug that has saved countless lives*

coun·try[1] S1 W1 /ˈkʌntri/ *n* **1** [C] państwo: *Bahrain became an independent country in 1971.* **2** [C] kraj: *Portugal is a smaller country than Spain.* **3** **the country** wieś: *I've always lived in the country.*

COLLOCATIONS: country

adjectives

a foreign country *He was in a foreign country, and he was lost.*

a European/African/Asian etc country *In many African countries, the radio is the most popular source of news.*

a rich/poor country *We live in one of the richest countries in the world.*

a developing country (=rozwijający się) *Bangladesh is a developing country in South East Asia.*

a developed/industrialized country (=rozwinięty) *This disease is now rare in developed countries.*

an independent country *Malaysia has been an independent country since 1963.*

a democratic/communist etc country *the former communist countries of Eastern Europe*

noun + country

your home country (=kraj rodzinny/ojczysty) *These people have been forced to leave their home country.*

verbs

to visit a country *She had always wanted to visit other countries.*

to leave the country *Many scientists have decided to leave the country.*

to run/govern a country *Is he the right person to run the country?*

to represent your country *Her ambition was to represent her country at swimming.*

country[2] *adj* wiejski: *country people | country roads*

ˌcountry ˈhouse *n* [C] *BrE* wiejska rezydencja THESAURUS HOUSE

coun·try·man /ˈkʌntrimən/ *n* [C] (plural **countrymen** /-mən/) rodak

ˈcountry ˌmusic *także* **ˌcountry and westˈern** *n* [U] muzyka country

coun·try·side S3 W3 /ˈkʌntrisaɪd/ *n* [U] krajobraz (wiejski), okolica wiejska: *the beauty of the English countryside*

coun·ty W2 /ˈkaʊnti/ *n* [C] hrabstwo

coup /kuː/ *także* **coup d'état** /ˌkuː deɪˈtɑː/ *n* [C] **1** zamach (stanu) **2** [usually singular] wyczyn: *Winning that contract was a real coup.*

cou·ple[1] S1 W1 AC /ˈkʌpəl/ *n* **1** **a couple (of)** *especially spoken* parę: *There were a couple of kids in the back of the car. | I'll be ready in a couple of minutes.* **2** [C] para: *Do you know the couple living next door? | a married couple* (=małżeństwo)

UWAGA: couple i pair

Wyrazu **couple** używamy, mówiąc o dwóch osobach lub rzeczach tego samego rodzaju: *There are a couple of guys waiting outside.* Wyraz **pair** stosowany jest w odniesieniu do rzeczy, które występują lub używane są razem: *a pair of shoes | a pair of scissors.*
W potocznej brytyjszczyźnie **couple** może również oznaczać niewielką liczbę rzeczy lub osób, niekoniecznie dwie: *I'll be ready in a couple of minutes.*

C

couple[2] AC *v formal* **1** [T] po/łączyć, sczepiać **2** **coupled with** w połączeniu z: *Low rainfall coupled with high temperatures destroyed the crops.*

cou·pon /ˈkuːpɒn/ *n* [C] kupon, talon: *a coupon for ten cents off a jar of coffee*

cour·age S3 /ˈkʌrɪdʒ/ *n* [U] odwaga: *She showed great courage throughout her long illness.* | **have the courage (to do sth)** *Martin wanted to ask her to marry him, but he didn't have the courage to do it.* →patrz też **pluck up the courage** (PLUCK[1])

cou·ra·geous /kəˈreɪdʒəs/ *adj* odważny: *a courageous decision* THESAURUS BRAVE —**courageously** *adv* odważnie

cour·gette /kʊəˈʒet/ *n* [C] *BrE* cukinia

cou·ri·er /ˈkʊriə/ *n* [C] **1** kurier **2** *BrE* pilot/ka, opiekun/ka *(wycieczki)*

course[1] S1 W1 /kɔːs/ *n* **1** **of course** *spoken* oczywiście: *"Can I borrow your notes?" "Of course you can." | "Are you going to invite Phil to the party?" "Of course I am." | The insurance has to be renewed every year, of course.* **2** **of course not** *spoken* oczywiście, że nie: *"Do you mind if I'm a bit late?" "Of course not."* **3** [C] kurs: *a three-day training course* | **+in/on** *a course in computing* **4** [C] danie: *a three-course meal | the main course* **5** **a course of tablets/injections/treatment** *especially BrE* seria tabletek/zastrzyków/zabiegów **6** [C] **race course** tor wyścigowy **7** [C] **golf course** pole golfowe **8** [C,U] kurs: *The plane changed course and headed for Rome.* | **go etc off course** (=zboczyć z kursu): *Larsen's ship had been blown off course.* **9** [singular] bieg: *events that changed the course of history* | **in the course of time** (=z biegiem czasu): *The situation will improve in the course of time.* | **run/take its course** (=po/toczyć się własnym biegiem): *You'll just have to let things take their course.* **10** [C] **course of action** wyjście, rozwiązanie: *The best course of action would be to speak to her privately.* **11** **in/during the course of** w trakcie: *During the course of our conversation, I found out that he had worked in France.* **12** **be on course for sth/to do sth** być na drodze do czegoś/do zrobienia czegoś: *Hodson is on course to break the world record.* →patrz też **in due course/time** (DUE[1]), **as a matter of course/routine** (MATTER[1])

COLLOCATIONS: course

verbs

to take a course *także* **to do a course** *BrE* *I'm doing a Spanish course.*

to go on a course *BrE* *You should go on a first aid course.*

to pass/fail a course *You need to attend 60% of classes to pass the course.*

to teach a course *także* **to give a course** *She is teaching a course in Art and Design.*

to enrol on a course *BrE* (=zapisać się) *How about enrolling on a sailing course?*

types of course

a language/art/computer etc course *His company sent him on a computer course.*

a training course *She decided to do a management training course.*

an elementary/intermediate/advanced course *an advanced course in art and design*

a college/university course *He dropped out of his college course.*

a degree course *BrE* (=studia licencjackie) *I'm doing a three-year degree course.*

a full-time/part-time course *You can do the diploma as a part-time course.*

a one-year/two-year etc course *She did a one-year teacher training course.*

a correspondence course (=kurs korespondencyjny)

C

course² *v* [I] *literary* płynąć, toczyć się: *Tears coursed down her cheeks.*

course·book /ˈkɔːsbʊk/ *n* [C] podręcznik THESAURUS BOOK

court¹ S1 W1 /kɔːt/ *n* **1** [C,U] sąd: *the European Court of Justice | Wilkins had to appear in court as a witness. | The court decided that West was guilty.* | **take sb to court** (=pozwać kogoś do sądu): *If they don't pay, we'll take them to court.* **2** [C,U] kort: *Federer and Nadal are playing on No 1 court.* **3** [C,U] dwór: *the court of Louis XIV*

court² *v* **1** [I,T] *old-fashioned* zalecać się (do) **2** [T] zabiegać o (względy): *politicians busy courting voters* **3 court disaster** igrać z ogniem

cour·te·ous /ˈkɜːtiəs/ *adj formal* uprzejmy: *a very courteous young man*

cour·te·sy /ˈkɜːtəsi/ *n* **1** [U] grzeczność: *She didn't even have the courtesy to apologize.* **2 courtesies** [plural] uprzejmości: *The President was exchanging courtesies with his guests.*

court·house /ˈkɔːthaʊs/ *n* [C] *especially AmE* gmach sądu

court·ier /ˈkɔːtɪə/ *n* [C] dworzanin

ˌcourt-ˈmartial *n* [C] sąd polowy/wojenny —**court-martial** *v* [T] oddawać pod sąd polowy/wojenny

court·room /ˈkɔːtrʊm/ *n* [C] sala sądowa

court·ship /ˈkɔːtʃɪp/ *n* [C,U] *old-fashioned* zaloty

court·yard /ˈkɔːtjɑːd/ *n* [C] podwórze, dziedziniec

cous·in S2 /ˈkʌzən/ *n* [C] kuzyn/ka

cove /kəʊv/ *n* [C] zatoczka

cov·e·nant /ˈkʌvənənt/ *n* [C] ugoda, umowa

cov·er¹ S1 W1 /ˈkʌvə/ *v* [T] **1** przykrywać: *Cover the pan and let the sauce simmer. | tables covered with clean white cloths* **2** pokrywać: *Snow covered the ground. | Will $100 cover the cost of textbooks?* | **be covered in/with** *Your boots are covered in mud!* **3** obejmować: *The course covers all aspects of business.* **4** przemierzać, pokonywać: *We had covered 20 kilometres by lunchtime.* **5** zajmować: *The city covers an area of 20 square kilometres.* **6** ubezpieczać: *This policy covers you against accident or injury.* **7** z/relacjonować: *She was sent to Harare to cover the crisis in Rwanda.* **8** osłaniać: *Police officers covered the back entrance.*

cover for sb *phr v* [T] zastępować: *I'll be covering for Sandra next week.*

cover sth ↔ up *phr v* [T] **1** przykryć, zakryć: *Cover the furniture up before you start painting.* **2** za/tuszować: *Nixon's officials tried to cover up the Watergate affair.*

cover² S1 W2 *n* **1** [C] pokrowiec: *a cushion cover* **2** [C] okładka: *His picture was on the front cover of 'Newsweek'.* **3** [U] ubezpieczenie: *The policy provided £100,000 of medical cover.* **4** [U] schronienie: *Everyone ran for cover when the shooting started.* | **take cover** (=s/chronić się): *We took cover behind a tree.* **5** przykrywka: *The company is just a cover for the Mafia.* →patrz też COVERS, UNDERCOVER

cov·er·age /ˈkʌvərɪdʒ/ *n* [U] nagłośnienie: *Her death attracted widespread media coverage.*

cov·er·alls /ˈkʌvərɔːlz/ *n* [plural] *AmE* kombinezon

cov·er·ing /ˈkʌvərɪŋ/ *n* [C] powłoka: *a light covering of snow*

ˌcovering ˈletter *BrE*, **ˈcover ˌletter** *AmE* *n* [C] list przewodni

cov·ers /ˈkʌvəz/ *n* [plural] pościel

cov·ert /ˈkəʊvɜːt/ *adj* tajny: *covert operations* —**covertly** *adv* skrycie, ukradkiem

ˈcover-up *n* [C] próba zatuszowania prawdy: *CIA officials denied there had been a cover-up.*

cov·et /ˈkʌvɪt/ *v* [T] *literary* pożądać: *He possessed rare and much coveted works of art.*

cow¹ S2 /kaʊ/ *n* **1** [C] krowa **2** [singular] *BrE spoken* krowa, krówsko *(o kobiecie)*

cow² *v* [T] **be cowed** być zastraszonym: *The children were cowed into obedience* (=groźbą zmuszono dzieci do posłuszeństwa).

cow·ard /ˈkaʊəd/ *n* [C] tchórz: *They kept calling me a coward because I didn't want to fight.* —**cowardly** *adj* tchórzliwy: *a cowardly thing to do*

cow·ard·ice /ˈkaʊədɪs/ *n* [U] tchórzostwo

cow·boy /ˈkaʊbɔɪ/ *n* [C] **1** kowboj **2** *BrE informal* partacz

cow·er /ˈkaʊə/ *v* [I] s/kulić się: *The hostages were cowering in a corner.*

coy /kɔɪ/ *adj* **1** wstydliwy, nieśmiały: *a coy smile* **2** skryty: *Tania was always coy about her age.* —**coyly** *adv* wstydliwie, nieśmiało

coy·o·te /kɔɪˈəʊti/ *n* [C] kojot

co·zy /ˈkəʊzi/ amerykańska pisownia wyrazu COSY THESAURUS COMFORTABLE

CPU /ˌsiː piː ˈjuː/ *n* [C] *technical* procesor

crab /kræb/ *n* [C,U] krab

crack¹ S3 /kræk/ *v* **1** [I] po/pękać: *The ice was starting to crack.* **2** [T] zrobić rysę w: *I dropped a plate and cracked it.* **3** [T] rozbić, rozłupać: *The fox cracked the egg and sucked out the yolk.* **4** [T] *informal* rozgryźć: *Yes! I've finally cracked it!* **5** [I] załamać się: *She was beginning to*

crack

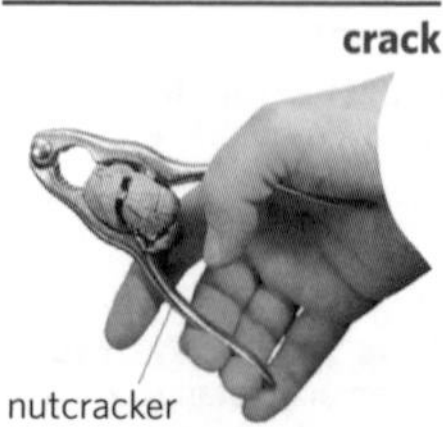

crack under the strain of trying to do two jobs. **6** [I,T] trzaskać: *He cracked his knuckles.*

crack down *phr v* [I] brać/wziąć się ostro za: **+on** *The government plans to crack down on child pornography on the Internet.*

crack up *phr v* [I] *informal* **1** s/fiksować, z/wariować: *I was beginning to think I was cracking up!* **2 not all it's cracked up to be** przereklamowany: *Life as a model* (=życie modelek) *isn't all it's cracked up to be.*

crack² *n* **1** [C] rysa, pęknięcie: *A huge crack had appeared in the ceiling.* **2** [C] szpara: *a crack in the curtains* **3** [C] trzask: *The firework exploded with a loud crack.* **4** [U] crack *(narkotyk)* **5 at the crack of dawn** skoro świt: *We had to get up at the crack of dawn.*

crack³ *adj* pierwszorzędny: *crack troops* (=elitarne jednostki) | **a crack shot** (=wyborowy strzelec)

crack·down /ˈkrækdaʊn/ *n* [singular] **a crackdown on sth** akcja przeciwko czemuś: *a crackdown on drunk driving*

cracked /krækt/ *adj* pęknięty, zarysowany: *a cracked mirror*

crack·er /ˈkrækə/ *n* [C] krakers

crack·ers /ˈkrækəz/ *adj BrE informal* stuknięty: *You're crackers!*

crack·le /ˈkrækəl/ *v* [I] trzeszczeć, trzaskać: *This radio's crackling.*

crack·pot /ˈkrækpɒt/ *adj* wariacki: *Whose crackpot idea was this?*

cra·dle¹ /ˈkreɪdl/ *n* **1** [C] kołyska **2 the cradle of sth** kolebka czegoś: *Athens, the cradle of western democracy*

cradle² *v* [T] tulić: *Tony cradled the baby in his arms.*

craft¹ W3 /krɑːft/ *n* [C] rzemiosło, rękodzieło

craft² W3 *n* [C] (plural **craft**) statek

crafts·man /ˈkrɑːftsmən/ *n* [C] (plural **craftsmen** /-mən/) rzemieślnik: *furniture made by the finest craftsmen*

crafts·man·ship /ˈkrɑːftsmənʃɪp/ *n* [U] rzemiosło: *high standards of craftsmanship*

craft·y /ˈkrɑːfti/ *adj* przebiegły: *You crafty devil!*

crag /kræg/ *n* [C] grań

crag·gy /ˈkrægi/ *adj* **1** urwisty **2** poorany *(o twarzy)*

cram /kræm/ *v* [T] (**-mmed**, **-mming**) **1** wciskać, wpychać: *She managed to cram all her clothes into one suitcase.* **2** [I] zakuwać: *Julia stayed up all night cramming for her final.*

cramp /kræmp/ *n* [C,U] skurcz: *I've got cramp in my leg!*

cramped /kræmpt/ *adj* ciasny THESAURUS SMALL

cran·ber·ry /ˈkrænbəri/ *n* [C] żurawina: *cranberry sauce*

crane¹ /kreɪn/ *n* [C] **1** dźwig **2** żuraw

crane² *v* [I,T] wyciągać (szyję): *He craned to get a better view of the stage.*

cra·ni·um /ˈkreɪniəm/ *n* [C] *technical* czaszka

crank /kræŋk/ *n* [C] **1** mania-k/czka: *a religious crank* **2** korba

cran·ny /ˈkræni/ *n* [C] dziurka → patrz też **every nook and cranny** (NOOK)

crap /kræp/ *n* [U] *informal* chłam: *There's so much crap on TV nowadays!*

craps /kræps/ *n* [U] amerykańska gra w kości

crash¹ /kræʃ/ *v* **1** [I,T] rozbić (się), zderzyć (się): **+into/through etc** *We crashed straight into the car in front.* **2** [I] trzaskać, roztrzaskiwać się: **+into/through/against etc** *the sound of waves crashing against the rocks* **3** [I] zepsuć się, siąść *(o komputerze)* **4** [I] załamać się *(o giełdzie)*

crash² S3 *n* [C] **1** wypadek: *Six vehicles were involved in the crash.* | **plane/train crash** (=katastrofa lotnicza/kolejowa): *All 265 passengers were killed in the plane crash.* **2** trzask, łomot: *We were woken by the sound of a loud crash downstairs.* | **with a crash** *The tray fell to the floor with a crash.* **3** awaria *(komputera)* **4** krach: *fears of another stock market crash*

ˈcrash ˌbarrier *n* [C] barierka ochronna

ˈcrash course *n* [C] błyskawiczny kurs: *a crash course in Spanish*

ˈcrash ˌhelmet *n* [C] kask

ˈcrash-land *v* [I,T] wy/lądować awaryjnie

crass /kræs/ *adj* ordynarny: *crass remarks*

crate /kreɪt/ *n* [C] skrzynka: *a crate of beer*

cra·ter /ˈkreɪtə/ *n* [C] krater

cra·vat /krəˈvæt/ *n* [C] apaszka → porównaj TIE², SCARF

crave /kreɪv/ *v* [T] być złaknionym: *He craved affection.*

crav·ing /ˈkreɪvɪŋ/ *n* [C] ochota, apetyt: *a craving for chocolate*

crawl¹ /krɔːl/ *v* [I] **1** czołgać się: **+through/into/along etc** *We crawled through a hole in the fence.* **2** pełzać, łazić: *Flies were crawling all over the food.* **3** wlec się: *We crawled all the way into town.* **4** [I] **crawl (to sb)** podlizywać się (komuś): *He's always crawling to the boss.* **5 be crawling with** roić się od: *The tent was crawling with ants!*

crawl² *n* **1** [singular] żółwie tempo: *cars moving along at a crawl* **2 the crawl** kraul

cray·fish /ˈkreɪˌfɪʃ/ *n* [C,U] rak

cray·on /ˈkreɪən/ *n* [C] kredka woskowa

craze /kreɪz/ *n* [C] szał, szaleństwo: *the latest craze to hit New York*

cra·zy S2 /ˈkreɪzi/ *adj* **1** szalony, zwariowany: *Our friends all think we're crazy.* | *a crazy old woman* THESAURUS STUPID **2** wściekły: **drive sb crazy** (=doprowadzać kogoś do szału): *Stop it, you're driving me crazy!* **3 be crazy about** mieć bzika na punkcie: *Lee's crazy about cats.* **4 go crazy a)** z/wariować: *Sometimes I feel as if I'm going crazy.* **b)** o/szaleć: *Gascoigne scored and the fans went crazy.* —**craziness** *n* [U] szaleństwo, wariactwo

creak /kriːk/ *v* [I] skrzypieć: *The door creaked shut behind him.* —**creaky** *adj* skrzypiący

cream¹ /kriːm/ *n* **1** [U] śmietana: *strawberries and cream* **2** [C,U] krem: *face cream* **3 the cream of** śmietanka: *the cream of Europe's footballers*

cream² *adj* kremowy

ˌcream ˈcheese *n* [U] serek śmietankowy

cream·y /ˈkriːmi/ *adj* o konsystencji kremu: *The sauce was smooth and creamy.*

crease¹ /kriːs/ *n* [C] **1** zagniecenie, zagięcie **2** kant *(w spodniach)*

crease² *v* [I,T] po/gnieść (się), wy/miąć (się): *Try not to crease your jacket.*

cre·ate S2 W1 Ac /kriˈeɪt/ *v* [T] s/tworzyć: *The new*

factory should create 450 jobs. | *the problems created by the increase in traffic* THESAURUS INVENT

cre·a·tion W2 Ac /kri'eɪʃən/ *n* **1** [U] utworzenie, stworzenie: *the creation of a United Europe* **2** [C] twór, wytwór: *the artist's latest creation* **3 Creation** stworzenie świata

cre·a·tive W3 /kri'eɪtɪv/ *adj* twórczy: *one of Japan's most talented and creative film directors* | *the creative part of my work* —**creatively** *adv* twórczo

cre·a·tiv·i·ty Ac /ˌkriːeɪ'tɪvəti/ *n* [U] kreatywność, inwencja

cre·a·tor Ac /kri'eɪtə/ *n* [C] **1** twór-ca/czyni: *Walt Disney, the creator of Mickey Mouse* **2 the Creator** [singular] Stwórca

C

crea·ture W3 /'kriːtʃə/ *n* [C] stworzenie: *We should respect all living creatures.* | *a mythical creature*

ˌcreature 'comforts *n* [plural] udogodnienia, wygody: *The hotel had all the creature comforts of his home in London.*

crèche /kreʃ/ *n* [C] *BrE* żłobek

cre·dence /'kriːdəns/ *n* [U] **1 give credence to sth** dawać wiarę czemuś **2 lend credence to sth** uwiarygodniać/potwierdzać coś: *Recent discoveries lend credence to the theory that the illness is caused by stress.*

cre·den·tials /krɪ'denʃəlz/ *n* [plural] **1** kompetencje, kwalifikacje: *She has excellent academic credentials.* **2** list uwierzytelniający, referencje

cred·i·bil·i·ty /ˌkredə'bɪləti/ *n* [U] wiarygodność: *The scandal has damaged the government's credibility.*

cred·i·ble /'kredəbəl/ *adj* wiarygodny: *a credible witness*

cred·it[1] S2 W2 Ac /'kredɪt/ *n* **1** [U] kredyt, odroczona płatność: **on credit** (=na kredyt): *The TV and the washing machine were bought on credit.* **2** [U] uznanie: *It's not fair – I do all the work and he gets all the credit!* | **give sb credit for sth** (=docenić kogoś za coś): *You've got to give him credit for trying.* **3** chluba, duma: *You're a credit to the school!* **4** [C] zaliczenie *(np. semestru)* punkt kredytowy **5 be in credit** być wypłacalnym →patrz też CREDITS

credit[2] Ac *v* [T]
credit sb/sth with sth, *także* **credit** sth **to** sb/sth *phr v* [T] przypisywać: *Daguerre was originally credited with the idea.*

cred·it·a·ble /'kredətəbəl/ *adj* zaszczytny: *The French team finished a creditable second.* —**creditably** *adv* zaszczytnie

'credit card S3 W3 *n* [C] karta kredytowa

'credit ˌlimit *n* [C] limit kredytowy

cred·i·tor Ac /'kredɪtə/ *n* [C] wierzyciel →porównaj DEBTOR

cred·its /'kredəts/ *n* **the credits** napisy *(czołowe lub końcowe)*

cre·do /'kriːdəʊ/ *n* [C] credo

creed /kriːd/ *n* [C] wyznanie: *there were people of every creed*

creek /kriːk/ *n* [C] **1** *BrE* zatoczka **2** *AmE* potok, rzeczka **3 be up the creek** *spoken* być w tarapatach: *I'll really be up the creek if I don't get my passport by Friday.*

creep[1] /kriːp/ *v* [I] (**crept**, **crept**, **creeping**) **1** skradać się: *She crept downstairs in the dark.* THESAURUS WALK **2** zakradać się: **+in/into/over** *A note of panic had crept into his voice.* **3** sunąć powoli: *A thick mist was creeping down the hillside.*
creep up *phr v* [I] wzrastać stopniowo: *The total number of people out of work crept up to 5 million.*
creep up on sb/sth *phr v* [T] **1** podkraść się do: *I wish you wouldn't creep up on me like that!* **2** zaskoczyć, dopaść znienacka: *Old age tends to creep up on you.*
creep up to sb *phr v* [T] płaszczyć się przed, podlizywać się

creep[2] *n* [C usually singular] lizus/ka: *Go away, you little creep!*

creep·er /'kriːpə/ *n* [C] pnącze

creeps /kriːps/ *n* **give sb the creeps** *informal* przyprawiać kogoś o ciarki: *That guy gives me the creeps!*

creep·y /'kriːpi/ *adj* budzący dreszcz grozy: *a creepy movie*

cre·mate /krə'meɪt/ *v* [T] poddawać kremacji —**cremation** /-'meɪʃən/ *n* [C,U] kremacja

crem·a·to·ri·um /ˌkremə'tɔːriəm/ *n* [C] krematorium

crepe, **crêpe** /kreɪp/ *n* **1** [U] krepa **2** [C] naleśnik

ˌcrepe 'paper *n* [U] bibułka krepowa, krepina

crept /krept/ *v* czas przeszły i imiesłów bierny od CREEP

cre·scen·do /krə'ʃendəʊ/ *n* [C] crescendo

cres·cent /'kresənt/ *adj* [C] **1** sierp, półksiężyc: *a crescent moon* **2 Crescent** ulica *(w nazwach)*: *Turn left into Woodford Crescent.*

crest /krest/ *n* [C] **1** grzbiet: *He climbed over the crest of the hill.* **2** grzebień: *the crest of a bird*

crest·fal·len /'krestˌfɔːlən/ *adj especially literary* strapiony, markotny

cre·vasse /krɪ'væs/ *n* [C] rozpadlina *(lodowa lub skalna)*

crev·ice /'krevɪs/ *n* [C] szczelina

crew S3 W3 /kruː/ *n* [C] **1** załoga **2** ekipa: *the movie's cast and crew*

crib /krɪb/ *n* [C] *AmE* łóżeczko dziecięce

crick /krɪk/ *n* [C] skurcz, strzyknięcie

crick·et /'krɪkɪt/ *n* **1** [U] krykiet **2** [C] świerszcz

crime S2 W2 /kraɪm/ *n* **1** [U] przestępczość: *There was very little crime when we moved here.* | **crime prevention** (=walka z przestępczością) | **petty crime** (=drobna przestępczość) **2** [C] przestępstwo: **commit a crime** (=popełnić przestępstwo): *He committed a number of crimes in the area.* **3 crime story/novel** kryminał: **crime writer** (=autor/ka kryminałów)

crim·i·nal[1] S3 W2 /'krɪmɪnəl/ *adj* **1** [only before noun] przestępczy: *criminal behaviour* | **have a criminal record** (=być karanym): *He doesn't have a criminal record.* **2** karygodny, skandaliczny: *It's criminal to charge so much for popcorn at the movies!*

criminal[2] *n* [C] przestęp-ca/czyni

crimp /krɪmp/ *v* [T] *AmE* s/tłamsić, podcinać skrzydła

crim·son /'krɪmzən/ *adj* karmazynowy

cringe /krɪndʒ/ *v* [I] **1** skręcać się *(z zakłopotania, obrzydzenia)* **cringe at sth** *I just cringe at the thought* (=skręca mnie na myśl) *of some of the things we used to wear.* **2** s/kulić się *(ze strachu)*

crin·kle /'krɪŋkəl/ *także* **crinkle up** *v* [I,T] z/miąć (się), z/marszczyć (się): *My clothes were all crinkled from being* *in the suitcase.* | *His face crinkled, and then he laughed out loud.*

crip·ple¹ /ˈkrɪpəl/ *n* [C] kaleka

cripple² *v* [T] **1** okaleczyć: *Many people are crippled* (=wielu ludzi zostaje kalekami) *by car accidents.* **2** paraliżować: *The country's economy has been crippled by drought.* —**crippling** *adj* wyniszczający: *a crippling disease*

cri·sis S3 W2 /ˈkraɪsɪs/ *n* (plural **crises** /-siːz/) [C,U] kryzys: *the Cuban missile crisis*

crisp¹ /krɪsp/ *adj* **1** chrupiący: *a nice crisp pastry* THESAURUS HARD **2** kruchy: *a nice crisp salad* —**crisply** *adv* oschle, cierpko

crisp² *n* [C] *BrE* chrupka, chips: *a packet of crisps*

crisp·y /ˈkrɪspi/ *adj* kruchy, chrupiący: *crispy bacon* THESAURUS HARD

criss·cross /ˈkrɪskrɒs/ *v* [I,T] przecinać (się) wzdłuż i wszerz: *flyovers crisscrossing the city* —**crisscross** *adj* kratkowany

cri·te·ri·on W2 Ac /kraɪˈtɪəriən/ *n* [C usually plural] (plural **criteria** /-riə/) kryterium: **+for** *What are the criteria for selecting the winner?*

crit·ic W3 /ˈkrɪtɪk/ *n* [C] **1** krytyk: *a literary critic for 'The Times'* **2** przeciwni-k/czka: *an outspoken critic of military spending*

crit·i·cal S3 W2 /ˈkrɪtɪkəl/ *adj* krytyczny: *a critical analysis of Macbeth* | **+of** *Degas was critical of* (=miał krytyczny stosunek do) *the plan.* | **+to** *This next phase is critical to* (=ma decydujące znaczenie dla) *the project's success.* | **critical condition** (=stan krytyczny): *The driver is still in a critical condition in hospital.*

crit·i·cis·m S3 W2 /ˈkrɪtɪsɪzəm/ *n* **1** [C] uwaga krytyczna: *She made several criticisms of my argument.* **2** [U] krytyka: *Kate doesn't take criticism very well.* | *literary criticism* | **constructive criticism** (=konstruktywna krytyka)

crit·i·cize W3 /ˈkrɪtɪsaɪz/ *także* **-ise** *BrE* *v* [I,T] s/krytykować: *She always criticizes my cooking.* | **criticize sb for (doing) sth** *The regime was criticized for its disregard of human rights.*

cri·tique /krɪˈtiːk/ *n* [C] analiza krytyczna, krytyka

crit·ter /ˈkrɪtə/ *n* [C] *AmE informal* stworzenie, stwór

croak /krəʊk/ *v* **1** [I] rechotać **2** [I] krakać **3** [I,T] za/chrypieć —**croak** *n* [C] rechot, chrypka

Cro·a·tia /krəʊˈeɪʃə/ *n* Chorwacja —**Croat** /ˈkrəʊæt/ *także* **Croatian** *n* Chorwat/ka —**Croatian** /krəʊˈeɪʃən/ *także* **Croat** *adj* chorwacki

cro·chet /ˈkrəʊʃeɪ/ *v* [I,T] szydełkować

crock /krɒk/ *n* **1** [C] *old-fashioned* naczynie gliniane **2** [singular] *AmE informal* bzdura

crockery

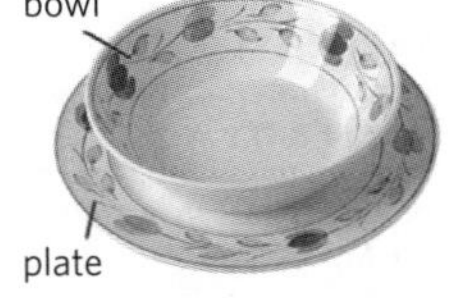

crock·e·ry /ˈkrɒkəri/ *n* [U] zastawa stołowa

croc·o·dile /ˈkrɒkədaɪl/ *n* [C] krokodyl

cro·cus /ˈkrəʊkəs/ *n* [C] krokus

crois·sant /ˈkwɑːsɒŋ/ *n* [C] rogalik

cro·ny /ˈkrəʊni/ *n* [C] *informal* koleś, kumpel

crook¹ /krʊk/ *n* **1** [C] *informal* oszust/ka: *They're a bunch of crooks.* **2 the crook of your arm** zgięcie łokcia

crook² *v* [T] zginać *(zwłaszcza palec lub ramię)*

crook·ed /ˈkrʊkɪd/ *adj* **1** krzywy, wykrzywiony: *a crooked mouth* **2** *informal* nieuczciwy, skorumpowany: *a crooked cop*

croon /kruːn/ *v* [I,T] za/nucić —**crooner** *n* [C] piosenka-rz/rka: *famous crooners like Bing Crosby*

crop¹ W3 /krɒp/ *n* [C] **1** roślina uprawna **2** zbiór, plon **3 a crop of** cała masa: *I've got a whole crop of essays to read.*

crop² *v* (**-pped**, **-pping**) **1** [T] podcinać, przycinać: *He cropped his hair short.* **2** [T] skubać **3** [I] rodzić owoce, dawać plony
crop up *phr v* [I] pojawiać się: *Let me know if any problems crop up.*

crop·per /ˈkrɒpə/ **come a cropper** *BrE informal* **a)** wyłożyć się jak długi **b)** dać plamę

cro·quet /ˈkrəʊkeɪ/ *n* [U] krokiet: *a game of croquet*

cross¹ S2 W2 /krɒs/ *v* **1** [I,T] przechodzić (przez), przeprawiać się (przez): *Look both ways before crossing the road.* THESAURUS TRAVEL **2** [T] przecinać się z: *The road crosses the railway at this point.* **3** [T] przekraczać: *The crowd roared as the first runner crossed the finish line.* **4** [T] s/krzyżować: *Jean crossed her legs* (=założyła nogę na nogę). **5 cross your mind** przychodzić komuś do głowy: *It never crossed my mind that she might be right.* **6** [T] s/krzyżować: **+with** *A mule is produced by crossing a horse with a donkey.* **7 cross yourself** przeżegnać się **8** [T] zdenerwować, zezłościć
cross sth ↔ off *phr v* [T] odkreślać: *Cross off their names as they arrive.*
cross sth ↔ out *phr v* [T] skreślać: *Just cross out the old number and write in the new one.*

cross² S3 W3 *n* [C] **1** krzyż: *Jesus died on the cross.* **2** krzyż, krzyżyk: *She wore a gold cross.* **3** krzyżówka, skrzyżowanie: **a cross between sth and sth** *It looks like a cross between a dog and a rat!*

cross³ S2 *adj BrE* **cross (with)** zły (na): *Are you cross with me?* THESAURUS ANGRY

cross·bar /ˈkrɒsbɑː/ *n* [C] **1** poprzeczka **2** rama *(roweru)*

cross·bow /ˈkrɒsbəʊ/ *n* [C] kusza

ˌcross-ˈcountry *adj* [only before noun] przełajowy: *cross-country running*

ˌcross-exˈamine *v* [T] brać/wziąć w krzyżowy ogień pytań —**ˌcross-examiˈnation** *n* [C,U] przesłuchanie *(zwłaszcza świadka strony przeciwnej)*

ˌcross-ˈeyed *adj* zezowaty

cross·fire, **cross-fire** /ˈkrɒsfaɪə/ *n* [U] **1 be caught in the crossfire** znaleźć się między młotem a kowadłem **2** ogień krzyżowy

cross·ing /ˈkrɒsɪŋ/ *n* [C] **1** przejście, przejazd **2** przeprawa, podróż *(morska)*

cross-leg·ged /ˌkrɒs ˈlegɪd◂/ *adv* **sit cross-legged** siedzieć po turecku: *Children sat cross-legged on the floor.*

ˌcross-ˈpurposes *n* [plural] **be at cross-purposes** nie móc się dogadać: *We are talking at cross-purposes* (=mówimy o zupełnie różnych rzeczach).

ˌcross-ˈreference *n* [C] odsyłacz

cross·roads /ˈkrɒsrəʊdz/ *n* (plural **crossroads**) [C] skrzyżowanie

C

'cross ˌsection, **cross-section** *n* [C] przekrój: *a cross section of the brain | a cross-section of the American public*

ˌcross-'training *n* trening ogólnorozwojowy

cross·walk /ˈkrɒswɔːk/ *n* [C] *AmE* przejście dla pieszych

cross·word /ˈkrɒswɜːd/ *także* **'crossword ˌpuzzle** *n* [C] krzyżówka

crotch /krɒtʃ/ *n* [C] krocze

crotch·et /ˈkrɒtʃɪt/ *n BrE* ćwierćnuta

crouch /krautʃ/ *także* **crouch down** *v* [I] przy/kucać: *We crouched behind the wall.*

C

crow¹ /krəʊ/ *n* [C] wrona

crow² *v* [I] piać

crow·bar /ˈkrəʊbɑː/ *n* [C] łom

crowd¹ S3 W2 /kraʊd/ *n* **1** [C] tłum: *A crowd gathered to watch the parade.* | **+of** *a crowd of fans* **2 the crowd** [singular] paczka *(przyjaciół)*

crowd² *v* **1** [I,T] s/tłoczyć (się): *Shoppers crowded the streets* (=tłoczyli się na ulicach). | **+around/into etc** *People crowded around the scene of the accident.* **2** [T] pchać/wpychać się na: *Move back – you're crowding me!*
crowd sb/sth ↔ out *phr v* [T] wypierać: *The big supermarkets have been crowding out small grocery stores for years.*

crowd·ed /ˈkraʊdɪd/ *adj* zatłoczony: *a crowded room*

crown¹ W3 /kraʊn/ *n* [C] **1** korona **2** wierzchołek: *a hat with a high crown* (=z wysokim denkiem) **3** koronka *(na zębie)*

crown² *v* [T] u/koronować: *She was crowned nearly fifty years ago.*

crown·ing /ˈkraʊnɪŋ/ *adj* czołowy, szczytowy *(o osiągnięciu)* **crowning glory** (=główny atut): *The hotel's crowning glory is a stunning rooftop garden.*

cru·cial W2 Ac /ˈkruːʃəl/ *adj* kluczowy: *crucial decisions involving millions of dollars*

cru·ci·fix /ˈkruːsəfɪks/ *n* [C] krucyfiks

cru·ci·fix·ion /ˌkruːsəˈfɪkʃən/ *n* **the Crucifixion** ukrzyżowanie

cru·ci·fy /ˈkruːsɪfaɪ/ *v* [T] ukrzyżować

crude /kruːd/ *adj* **1** ordynarny: *a crude joke* **2** w stanie surowym: *crude oil* (=ropa naftowa) **3** prymitywny, toporny: *a crude shelter* **—crudely** *adv* prymitywnie

cru·el S3 /ˈkruːəl/ *adj* okrutny: *Her husband's death was a cruel blow.* | **+to** *Children can be very cruel to each other.* **—cruelly** *adv* okrutnie

cru·el·ty /ˈkruːəlti/ *n* [U] okrucieństwo: *Would you like to sign a petition against cruelty to animals?*

cruise¹ /kruːz/ *v* [I] **1** żeglować: *boats cruising on Lake Michigan* **2** poruszać się ze stałą prędkością: *We cruised along at 55 miles per hour.*

cruise² *n* [C] rejs wycieczkowy

cruis·er /ˈkruːzə/ *n* [C] krążownik

'cruise ship *n* [C] statek wycieczkowy

crumb /krʌm/ *n* [C] okruch, okruszek: **+of** *I managed to pick up a few crumbs of information at the meeting.* THESAURUS ▸ PIECE

crum·ble /ˈkrʌmbəl/ *v* **1** [I,T] po/kruszyć (się): *an old stone wall, crumbling with age* **2** [I] rozpadać się: *The entire economy was crumbling.*

crum·my /ˈkrʌmi/ *adj spoken* marny: *What a crummy movie!*

crum·ple /ˈkrʌmpəl/ *v* [T] z/gnieść, z/miąć: *Crumpling the envelope in her hand, she tossed it into the fire.*

crunch¹ /krʌntʃ/ *v* **1** [I] chrzęścić: *The snow crunched as we walked.* **2** [I,T] chrupać: **+on** *The dog was crunching on a bone.*

crunch² *n* [singular] chrzęst: *I could hear the crunch of their footsteps on the gravel.*

crunch·y /ˈkrʌntʃi/ *adj* chrupiący: *crunchy carrots*

cru·sade /kruːˈseɪd/ *n* [C] krucjata, kampania: *a crusade against violence* **—crusader** *n* [C] krzyżowiec

crush¹ /krʌʃ/ *v* [T] **1** roz/gnieść, z/miażdżyć: *Wine is made by crushing grapes.* **2** s/tłumić, z/dławić: *The rebellion was crushed by the government.*

crush² *n* **1** [C] **have a crush on sb** podkochiwać się w kimś: *Ben has a crush on his teacher.* THESAURUS ▸ LOVE **2** [singular] tłok, ścisk: *We forced our way through the crush towards the stage.*

crust /krʌst/ *n* [C,U] **1** skórka: *bread crust* **2** skorupa: *the earth's crust*

crust·y /ˈkrʌsti/ *adj* **1** chrupiący: *crusty bread* **2** *informal* stetryczały, zrzędny: *a crusty old man*

crutch /krʌtʃ/ *n* [C] **1** [usually plural] kula *(dla niepełnosprawnego)*: *When she broke her leg she had to walk on crutches.* **2** *BrE* krocze

crux /krʌks/ *n* **the crux** sedno: **+of** *The crux of the matter is whether murder was his intention.*

cry¹ S2 W2 /kraɪ/ *v* (**cried, cried, crying**) **1** [I] płakać: *The baby was crying upstairs.* | *I always cry at sad movies.* **2** [I,T] wy/krzyknąć: *"Stop!" she cried.* **3 cry over spilt milk** *informal* płakać nad rozlanym mlekiem **4 cry on sb's shoulder** *informal* wypłakać się komuś (w mankiet)
cry out *phr v* **1** [I,T] krzyknąć: *He cried out in pain.* | *Marie cried out sharply, "Don't touch it!"* **2 be crying out for sth** pilnie potrzebować czegoś: *This country is crying out for science teachers.*

UWAGA: cry, scream i shout

To, którego z tych wyrazów należy użyć w konkretnej sytuacji, zależy od kontekstu. **Cry** = wykrzykiwać konkretne słowa: *„Help! Help!" she cried.* **Cry out** = krzyknąć z bólu, ze strachu itp.: *When they tried to move him, he cried out in pain.* **Scream** = krzyczeć ze strachu, podniecenia, bólu itp.: *One of the firemen thought he heard someone screaming inside the building.* | *The fans didn't stop screaming until the group had left the stage.* **Shout** = krzyczeć po to, by inni lepiej nas słyszeli lub ze zdenerwowania: *There's no need to shout. I'm not deaf, you know.* | *The demonstrators marched through the streets shouting „No more war! No more war!"*

cry² W3 *n* **1** [C] krzyk: *We heard a terrible cry in the next room.* | *the cry of the eagle* | **+of** *We woke to cries of "Fire!"* **2 have a cry** wypłakać się: *You'll feel better after you've had a good cry.* **3 be a far cry from** w niczym nie przypominać: *It was a far cry from the tiny office she was used to.*

cry·ing /ˈkraɪ-ɪŋ/ *adj* **1 a crying need** paląca potrzeba: *There is a crying need for better public transport.* **2 it's a**

crying shame *spoken* to woła o pomstę do nieba: *It's a crying shame the way she treats that child.*

crypt /krɪpt/ *n* [C] krypta

cryp·tic /ˈkrɪptɪk/ *adj* zagadkowy: *a cryptic message*

crys·tal /ˈkrɪstəl/ *n* [C,U] kryształ: *crystal wine glasses | crystals of ice | salt crystals*

ˌcrystal ˈball *n* [C] kryształowa kula

crys·tal·lize /ˈkrɪstəlaɪz/ *także* **-ise** *BrE v* [I,T] **1** s/krystalizować (się): *At what temperature does sugar crystallize?* **2** wy/krystalizować (się): *Writing things down helps to crystallize your thoughts.* —**crystallization** /ˌkrɪstəlaɪˈzeɪʃən/ *n* [U] krystalizacja

cub /kʌb/ *n* [C] młode: *lion/bear cubs*

Cu·ba /ˈkjuːbə/ *n* Kuba —**Cuban** /ˈkjuːbən/ *n* Kubańczyk/nka —**Cuban** *adj* kubański

cub·by hole /ˈkʌbi həʊl/ *n* [C] schowek

cube[1] /kjuːb/ *n* [C] **1** kostka: *a sugar cube | an ice cube* **2** sześcian: *The cube of 3 is 27.*

cube[2] *v* [T] **1** podnosić do trzeciej potęgi: *4 cubed is 64.* **2** po/kroić w kostkę

cu·bic /ˈkjuːbɪk/ *adj* sześcienny: *a cubic centimetre/metre*

cu·bi·cle /ˈkjuːbɪkəl/ *n* [C] kabina: *cubicles in the library for studying*

cuck·oo /ˈkʊkuː/ *n* [C] kukułka

cu·cum·ber /ˈkjuːkʌmbə/ *n* [C,U] ogórek

cud·dle /ˈkʌdl/ *v* [I,T] przytulać (się): *Danny cuddled the puppy.* | **+up to** *Rebecca cuddled up to Mum on the couch.* —**cuddle** *n* [C]: *Come and give me a cuddle* (=i przytul mnie).

cud·dly /ˈkʌdli/ *adj* milusi: *a cuddly baby*

cue /kjuː/ *n* [C] **1** sygnał: *Tony stood by the stage, waiting for his cue.* | **+for** *I think that was a cue for us to leave.* **2 (right) on cue** jak na zawołanie: *I was just asking where you were when you walked in, right on cue.* **3** kij bilardowy

cuff[1] /kʌf/ *n* [C] mankiet

cuff[2] *v* [T] **1** zakuwać w kajdanki: *Cuff him!* **2** *BrE* trzepnąć *(kogoś)*

ˈcuff link *n* [C] spinka do mankietu

cuffs /kʌfs/ *n* [plural] *informal* kajdanki

cui·sine /kwɪˈziːn/ *n* [U] kuchnia *(np. narodowa)*: *French cuisine*

cul-de-sac /ˈkʌl də ˌsæk/ *n* [C] ślepa uliczka

cul·i·na·ry /ˈkʌlənəri/ *adj* [only before noun] kulinarny: *culinary skills*

cull /kʌl/ *v* [T] *formal* **1** zaczerpnąć: **+from** *photographs culled from various sources* **2** odstrzeliwać *(najsłabsze zwierzęta)* —**cull** *n* [C] odstrzał

cul·mi·nate /ˈkʌlməneɪt/ *v* [I] *formal* **culminate in sth** za/kończyć się czymś: *a series of arguments that culminated in a divorce*

cul·mi·na·tion /ˌkʌlməˈneɪʃən/ *n* [singular] ukoronowanie, punkt kulminacyjny: *That discovery was the culmination of his life's work.*

cul·pa·ble /ˈkʌlpəbəl/ *adj formal* **1** naganny **2** winny —**culpability** /ˌkʌlpəˈbɪləti/ *n* [U] naganność

cul·prit /ˈkʌlprɪt/ *n* [C] spraw-ca/czyni, winowaj-ca/czyni

cult /kʌlt/ *n* [C] kult: *cult film director John Waters*

cul·ti·vate /ˈkʌltɪveɪt/ *v* [T] **1** uprawiać **2** pielęgnować, kultywować: *I've cultivated a knowledge of art.* —**cultivation** /ˌkʌltəˈveɪʃən/ *n* [U] uprawa

cul·ti·vat·ed /ˈkʌltɪveɪtɪd/ *adj* **1** światły, kulturalny: *a cultivated man* **2** uprawny: *cultivated land*

cul·tu·ral W2 Ac /ˈkʌltʃərəl/ *adj* **1** kulturowy: *England has a rich cultural heritage.* **2** kulturalny: *The city is trying to promote cultural activities.* —**culturally** *adv* kulturowo, pod względem kulturalnym: *culturally determined behaviour | Culturally, the city has a lot to offer.*

cul·ture S2 W1 Ac /ˈkʌltʃə/ *n* **1** [C,U] kultura: *youth culture | students learning about American culture | New York City is a good place for anyone who is interested in culture.* **2** [C,U] kultura bakterii

cul·tured /ˈkʌltʃəd/ *adj* światły, wykształcony: *a handsome, cultured man*

cum·ber·some /ˈkʌmbəsəm/ *adj* **1** uciążliwy: *Getting a passport can be a cumbersome process.* **2** nieporęczny: *cumbersome camping equipment*

cum·in /ˈkʌmɪn/ *n* [U] kmin *(przyprawa)*

cu·mu·la·tive /ˈkjuːmjələtɪv/ *adj* kumulujący się: *The effects of the drug are cumulative* (=kumulują się).

cun·ning /ˈkʌnɪŋ/ *adj* przebiegły: *a cunning criminal* THESAURUS INTELLIGENT —**cunning** *n* [U] przebiegłość —**cunningly** *adv* przebiegle

cup

cup[1] S1 W1 /kʌp/ *n* [C] **1** filiżanka: *a cup and saucer | a cup of coffee* **2** puchar **3 the (...) cup** zawody o puchar (...): *the 3rd round of the FA Cup* **4** *AmE* szklanka *(miara objętości)*: *Stir in a cup of flour.*

cup[2] *v* [T] **(-pped, -pping) cup one's hands around sth** objąć coś dłońmi: *She cupped her hands around the mug.*

cup·board S2 /ˈkʌbəd/ *n* [C] szafka, kredens

cu·ra·ble /ˈkjʊərəbəl/ *adj* uleczalny →antonim INCURABLE

cu·rate /ˈkjʊərət/ *n* [C] wikary

cu·ra·tor /kjʊˈreɪtə/ *n* [C] kustosz/ka

curb[1] /kɜːb/ *n* [C] **1** ograniczenie: **+on** *curbs on public spending* **2** *AmE* krawężnik

curb[2] *v* [T] trzymać na wodzy: *Max tried hard to curb his temper.*

cur·dle /ˈkɜːdl/ *v* [I] zwarzyć się, zsiąść się: *Add a little flour to stop the mixture from curdling.*

cure¹ /kjʊə/ *v* [T] **1** wy/leczyć: *Penicillin will cure most infections.* | *She's hoping this new doctor can cure her back pain.* →porównaj HEAL **2** zaradzić: *government action to cure unemployment* **3** za/konserwować: *cured ham*

cure² *n* [C] lekarstwo: **+for** *a cure for AIDS* | *There's no easy cure for poverty.*

cur·few /ˈkɜːfjuː/ *n* [C] godzina policyjna: *The government imposed a curfew from sunset to sunrise.*

cu·ri·o /ˈkjʊəriəʊ/ *n* [C] perełka kolekcjonerska, rarytas

cu·ri·os·i·ty /ˌkjʊəriˈɒsəti/ *n* [U singular] ciekawość: **+about** *Children have a natural curiosity about the world around them.* | **out of curiosity** (=z ciekawości): *Just out of curiosity, how old are you?*

C

cu·ri·ous S3 /ˈkjʊəriəs/ *adj* **1** ciekawy, ciekaw: **+about** *Aren't you curious about what happened to her?* **2** ciekawski: *The accident attracted a few curious looks.* **3** dziwny: *a curious noise* | **+that** *It's curious that she left without saying goodbye.* THESAURUS STRANGE —**curiously** *adv* dziwnie

UWAGA: curious

Należy pamiętać, w jakich zwrotach występuje wyraz **curious**. **To be curious about/as to**: *I'm very curious about the country and its inhabitants.* | *I'm curious as to how he knows our address.* **To be curious to see/know** itp.: *I was curious to know what she would look like.* | *We're all curious to see what his new girlfriend is like.*

curl¹ /kɜːl/ *n* [C] lok: *a little girl with blonde curls* —**curly** *adj* kręcony: *curly hair*

curl² *v* [I,T] kręcić (się): *Should I curl my hair?*
curl up *phr v* [I] **1** zwijać się w kłębek: *Phoebe curled up on the bed and fell asleep.* **2** zwijać się *(np. o stronach książki)*

curl·er /ˈkɜːlə/ *n* [C usually plural] wałek (do włosów)

cur·rant /ˈkʌrənt/ *n* [C] rodzynek

cur·ren·cy W2 AC /ˈkʌrənsi/ *n* [C,U] **1** waluta: *foreign currency* | *The local currency is francs.* THESAURUS MONEY **2** [U] popularność: *The idea enjoys wide currency* (=cieszy się dużą popularnością) *in academic circles.*

cur·rent¹ S2 W2 /ˈkʌrənt/ *adj* [only before noun] aktualny, obecny: *Denise's current boyfriend* —**currently** *adv* aktualnie, obecnie

current² W3 *n* [C,U] prąd: *There's a strong current in the river.* | *Turn off the current before you change the bulb.*

ˈcurrent acˌcount *n* [C] *BrE* rachunek bieżący

cur·ric·u·lum /kəˈrɪkjələm/ *n* (plural **curricula** /-lə/ or **curriculums**) [C] program nauczania

cur·ry /ˈkʌri/ *n* [C,U] curry *(potrawa)*

curse¹ /kɜːs/ *v* **1** [I] za/kląć: *Ralph cursed loudly.* **2** [T] przeklinać, kląć na: **curse sb/sth for (doing) sth** *I cursed myself for not buying the car insurance sooner.*

curse² *n* [C] **1** przekleństwo **2** klątwa: *a witch's curse*

cur·sor /ˈkɜːsə/ *n* [C] kursor

cur·so·ry /ˈkɜːsəri/ *adj* pobieżny: **cursory glance/examination etc** *After a cursory look at the menu, Grant ordered a burger.*

curt /kɜːt/ *adj* lakoniczny: *He gave a curt reply.* —**curtly** *adv* lakonicznie —**curtness** *n* [U] lakoniczność

cur·tail /kɜːˈteɪl/ *v* [T] *formal* ograniczać, z/redukować: *new laws to curtail immigration* —**curtailment** *n* [U] ograniczenie

cur·tain S3 W3 /ˈkɜːtn/ *n* [C] zasłona, kurtyna: **draw the curtains** (=zasłaniać/odsłaniać zasłony)

curt·sy, curtsey /ˈkɜːtsi/ *v* [I] dygać —**curtsy** *n* [C] dyg, dygnięcie

curve¹ S3 W3 /kɜːv/ *n* [C] **1** krzywa: *a curve on a graph* **2** zakręt: *a sharp curve in the road*

curve² *v* [T] wykrzywiać, wyginać —**curved** *adj* zakrzywiony: *a curved line*

cush·ion¹ S3 /ˈkʊʃən/ *n* [C] poduszka: *He lay on the floor with a cushion under his head.* | **+of** *The hovercraft rides on a cushion of air.*

UWAGA: cushion

Patrz **pillow** i **cushion**.

cushion² *v* [T] **1** osłabiać: *When his wife died nothing could cushion the blow.* **2** ochraniać: *A good running shoe will help to cushion your feet.*

cush·y /ˈkʊʃi/ *adj informal* wygodny, komfortowy *(o sytuacji)*: *a cushy job* (=ciepła posadka)

cuss /kʌs/ *v* [I] *AmE informal* rzucać mięsem *(kląć)*

cus·tard /ˈkʌstəd/ *n* [U] *BrE* gęsty, słodki sos do deserów

cus·to·di·an /kʌˈstəʊdiən/ *n* [C] kustosz

cus·to·dy /ˈkʌstədi/ *n* [U] **1** opieka nad dzieckiem *(przyznana sądownie)*: *My ex-wife has custody of the kids.* **2 in custody** w areszcie

cus·tom W3 /ˈkʌstəm/ *n* **1** [C,U] zwyczaj, obyczaj: *the custom of throwing rice at weddings* **2** [U] klientela, klienci: *We lost a lot of custom when the new supermarket opened.* →patrz też CUSTOMS

cus·tom·a·ry /ˈkʌstəməri/ *adj* przyjęty, zwyczajowy: *It is customary* (=jest w zwyczaju) *to cover your head in the temple.* —**customarily** *adv* zwyczajowo, zazwyczaj

ˌcustom-ˈbuilt *adj* wykonany na zamówienie

cus·tom·er S1 W1 /ˈkʌstəmə/ *n* [C] klient/ka: *IBM is one of our biggest customers.*

cus·tom·ize /ˈkʌstəmaɪz/ *także* **-ise** *BrE v* [T] dostosowywać do indywidualnych potrzeb klienta

cus·toms /ˈkʌstəmz/ *n* [plural] odprawa celna —**customs officer** *n* [C] celni-k/czka

cut¹ S1 W1 /kʌt/ *v* (**cut**, **cut**, **cutting**) **1** [I,T] prze/ciąć: *I cut the string around the package.* **2** [I,T] po/kroić: *Cut the cheese into cubes.* **3** [T] z/redukować: **cut costs** *The company has closed several factories to cut costs.* **4** [T] rozciąć, skaleczyć się w: *Sam fell and cut his head.* **5** [T] wycinać: *The sex scenes had been cut from the film.* **6 cut corners** *informal* iść/pójść na łatwiznę **7 cut class/school** *AmE* wagarować
cut across sth *phr v* [T] dotyczyć: *The drug problem cuts across all social classes.*
cut back *phr v* [I,T **cut** sth ↔ **back**] z/redukować: *Oil production is being cut back.*
cut down *phr v* **1** [I,T **cut** sth ↔ **down**] ograniczyć (się): *I'm trying to cut down on my drinking.* **2** [T **cut** sth ↔ **down**] ściąć: *All the beautiful old oaks had been cut down to build houses.*
cut in *phr v* [I] wtrącić się: *Mark cut in to ask if I'd seen his keys.*
cut off *phr v* **1** [T **cut** sth ↔ **off**] odciąć: *Cut the top off the pineapple.* | *They'll cut off your electricity if you don't pay the bill.* | *A heavy snowfall cut us off from the town.*

2 be/get cut off zostać rozłączonym *(podczas rozmowy telefonicznej)*
cut out *phr v* **1** [T **cut** sth ↔ **out**] wyciąć: *Cut a circle out of the piece of card.* **2 not be cut out for/not be cut out to be** nie być stworzonym do/na: *I wasn't really cut out to be a teacher.*
cut short *phr v* [T **cut** sth ↔ **short**] przerwać: *His career was cut short by a back injury.*
cut sth ↔ up *phr v* [T] pokroić: *Cut up two carrots.*

THESAURUS: cut

cut kroić: *He cut the apple into quarters.*
chop siekać: *Chop the onion into small pieces.*
slice kroić *(w plasterki)*: *Can you slice the bread for the sandwiches?*
carve kroić *(pieczeń)*: *He began carving the chicken.*
peel obierać: *Peel the potatoes and boil them for about ten minutes.*
saw piłować: *I sawed the wood in half.*
snip ciąć *(nożyczkami)*: *Lisa snipped the label off her new sweater.* | *Do you think I should snip a bit off my hair at the front?*
mow kosić: *Dad was mowing the lawn.*

cut² S2 W2 *n* [C] **1** skaleczenie: *Luckily, I only got a few cuts and bruises.* **2** cięcie: **+ in** *a huge cut in the education budget* **3** rozcięcie: *a small cut in the side of the tyre* **4** strzyżenie

ˌcut and ˈdried *adj* **1** nieodwołalny **2** gotowy

cut·back /ˈkʌtbæk/ *n* [C usually plural] redukcja, cięcie: **+ in** *cutbacks in funding*

cute S2 /kjuːt/ *adj* **1** śliczny: *What a cute baby!* THESAURUS ▸ BEAUTIFUL **2** *AmE* dowcipny: *Ignore him – he's just trying to be cute.*

cu·ti·cle /ˈkjuːtɪkəl/ *n* skórka *(przy paznokciu)*

cut·le·ry /ˈkʌtləri/ *n* [U] sztućce

cut·let /ˈkʌtlɪt/ *n* [C] kotlet: *lamb cutlets*

cut·off /ˈkʌtɒf/ *n* [C] granica, limit: *The cutoff date* (=ostateczny termin) *for applying was June 3rd.*

ˌcut-ˈprice *także* **ˌcut-ˈrate** *adj* przeceniony: *cut-price petrol*

cut·ter /ˈkʌtə/ *n* [C] obcinak: *wire cutters*

cut·throat /ˈkʌtθrəʊt/ *adj* bezwzględny: *the cutthroat competition between computer companies*

cut·ting¹ /ˈkʌtɪŋ/ *n* [C] **1** sadzonka **2** *BrE* wycinek *(prasowy)*

cutting² *adj* uszczypliwy: *a cutting remark*

ˌcutting ˈedge *n* **be at/on the cutting edge** wyznaczać kierunek rozwoju —**cutting-edge** *adj* nowatorski: *cutting-edge technology*

CV /ˌsiː ˈviː/ *n* [C] *BrE* życiorys

cwt *n* [C] skrót pisany od wyrazu HUNDREDWEIGHT

cy·a·nide /ˈsaɪənaɪd/ *n* [U] cyjanek

cy·ber- /saɪbə/ *prefix* przedrostek wskazujący na związek z rzeczywistością wirtualną: *cybersex* | *cybertechnology*

cy·ber·bul·ly /ˈsaɪbəˌbʊli/ *n* (pl **-llies**) chuligan internetowy

cy·ber·bul·ly·ing /ˈsaɪbəˌbʊliɪŋ/ *n* cyberprzemoc

cy·ber·ca·fé /ˈsaɪbəkæfeɪ/ *n* [C] kawiarenka internetowa

cy·ber·space /ˈsaɪbəspeɪs/ *n* [U] przestrzeń wirtualna, cyberprzestrzeń

cy·cle¹ S3 W3 Ac /ˈsaɪkəl/ *n* [C] **1** cykl: *the life cycle of the frog* **2** rower **3** motor

cycle² Ac *v* [I] *especially BrE* jeździć na rowerze: *John goes cycling every Sunday.* —**cyclist** *n* [C] rowerzys-t-a/ka

cy·clic Ac /ˈsaɪklɪk/ *także* **cyc·li·cal** /ˈsɪklɪkəl/ *adj* cykliczny

cy·clone /ˈsaɪkləʊn/ *n* [C] cyklon

cyg·net /ˈsɪgnɪt/ *n* [C] łabędziątko

cyl·in·der /ˈsɪləndə/ *n* [C] **1** walec *(bryła)* **2** cylinder: *a six-cylinder engine*

cy·lin·dri·cal /səˈlɪndrɪkəl/ *adj* cylindryczny

cym·bal /ˈsɪmbəl/ *n* [C] talerz, czynel

cyn·ic /ˈsɪnɪk/ *n* [C] cyni-k/czka: *Working in politics has made Sheila a cynic.* —**cynicism** *n* [U] cynizm

cyn·i·cal /ˈsɪnɪkəl/ *adj* cyniczny: *Since her divorce she's become very cynical about men.* —**cynically** /-kli/ *adv* cynicznie

cyst /sɪst/ *n* [C] torbiel, cysta

czar /zɑː/ *n* [C] car

Czech Re·pub·lic /ˌtʃek rɪˈpʌblɪk/ *n* Czechy —**Czech** /tʃek/ *n* Czech/Czeszka —**Czech** *adj* czeski

Dd

D, d /diː/ D, d *(litera)*

-'d /d/ **1** forma ściągnięta od WOULD: *Ask her if she'd* (=would) *like to go with us.* **2** forma ściągnięta od HAD: *If I'd* (=had) *only known!*

D.A. /ˌdiː ˈeɪ/ *n* [C] skrót od DISTRICT ATTORNEY

dab¹ /dæb/ *v* [I,T] (**-bbed**, **-bbing**) lekko przecierać: *Emily dabbed at her eyes with a handkerchief.* | **dab sth on/over etc** (=wklepywać w): *I'll just dab some suntan lotion on your shoulders.*

dab² *n* [C] odrobina: *a dab of paint*

dab·ble /ˈdæbəl/ *v* [I] parać się, bawić się: **+in** *As a teenager she had dabbled in drugs.*

dad S1 W3 /dæd/ *także* **dad·dy** /ˈdædi/ *n* [C] *informal* tata, tatuś: *Run and tell your daddy I'm home.*

daf·fo·dil /ˈdæfədɪl/ *n* [C] żonkil

daft S3 /dɑːft/ *adj BrE spoken informal* głupi: *What a daft thing to do!*

dag·ger /ˈdægə/ *n* [C] sztylet

dai·ly S3 W2 /ˈdeɪli/ *adj* **1** codzienny: *a daily newspaper* **2** dzienny: *a daily rate of pay* **3 daily life** życie codzienne, codzienność —**daily** *adv* codziennie, dziennie

dain·ty /ˈdeɪnti/ *adj* filigranowy: *a dainty little girl*

dai·ry /ˈdeəri/ *n* **1** [C] mleczarnia **2 dairy products** nabiał, produkty mleczne

dai·sy /ˈdeɪzi/ *n* [C] stokrotka

dale /deɪl/ *n* [C] *literary* dolina

dal·ma·tian /dælˈmeɪʃən/ *n* [C] dalmatyńczyk

dam¹ /dæm/ *n* [C] tama, zapora

dam² *v* [T] (**-mmed**, **-mming**) z/budować tamę na *(rzece, strumieniu)*

dam·age¹ S3 W2 /ˈdæmɪdʒ/ *n* [U] **1** szkody, zniszczenia: *We went up on the roof to have a look at the damage.* | **+to** *Was there any damage to your car?* | **do/cause damage** (=wyrządzać szkody): *Don't worry, the kids can't do any damage.* **2** szkoda, uszczerbek: **+to** *the damage to Simon's reputation*

COLLOCATIONS: damage

verbs

to do damage *The storm did a lot of damage.*
to cause damage *Did the leak cause any damage?*
to repair the damage *How much will it cost to repair the damage?*
to suffer damage *formal You could suffer damage to your liver* (=uszkodzić sobie wątrobę).

adjectives

serious/severe damage *Smoking causes serious damage to your health.*
extensive damage *formal* (=rozległe zniszczenia/szkody) *The bomb did extensive damage.*
⚠ Nie mówi się „big damage". Mówimy: **a lot of damage** lub: **extensive damage**.
permanent damage (=trwałe/nieodwracalne uszkodzenie) *He suffered permanent brain damage.*
minor damage *The water did only minor damage.*

noun + damage

fire/storm/flood etc damage (=szkody spowodowane przez pożar itp.) *Their house suffered serious flood damage.*
brain/liver/nerve etc damage (=uszkodzenie mózgu itp.)

damage² S3 W3 *v* [T] **1** uszkadzać: *The storm damaged the tobacco crop.* **2** za/szkodzić: *The latest shooting has damaged the chances of a ceasefire.* —**damaging** *adj* szkodliwy

THESAURUS: damage

damage uszkodzić: *The other car wasn't damaged.*
break zniszczyć: *I hope I haven't broken your camera.*
smash roztrzaskać: *He threw the plate against the wall and smashed it.*
harm zaszkodzić: *We need to develop new fuels that won't harm the environment.* | *The oil crisis could harm the economy.*
spoil zepsuć: *The view was spoiled by an ugly modern building.* | *We didn't let the rain spoil our holiday.*
vandalize zdewastować: *The classroom had been vandalized and paint sprayed all over the walls.*
sabotage celowo uszkodzić: *The power lines supplying the town's electricity had been sabotaged.*

dam·a·ges /ˈdæmɪdʒɪz/ *n* [plural] *law* odszkodowanie: *The court ordered her to pay £500 in damages.*

dame /deɪm/ *n* [C] tytuł nadawany w Wielkiej Brytanii kobietom nobilitowanym: *Dame Judi Dench*

dam·mit /ˈdæmɪt/ *interjection informal* do diaska!, do cholery!: *Hurry up, dammit!*

damn¹ /dæm/ *także* **damned** *adv spoken* cholernie: *We're damn lucky we got here before the storm.*

damn² *n spoken* **I don't give a damn** mam to gdzieś: *I don't give a damn what he thinks.*

damn³ *interjection* cholera: *Damn! I forgot to bring my wallet!* —**damn** *adj* cholerny: *Turn off that damn TV.*

damn⁴ *v* [T] **damn it/you/him** *spoken* niech to/cię/go szlag!: *Damn those kids* (=szlag by trafił te dzieciaki)*!*

damned /dæmd/ *adj* **1** *spoken* cholerny: *That damned fool, Hodges!* **2 I'll be damned** *spoken* niech mnie licho: *Well, I'll be damned! It's Tom!*

damn·ing /ˈdæmɪŋ/ *adj* **1** potępiający: *a damning indictment of US foreign policy* **2** obciążający *(np. dowód)*

damp /dæmp/ *adj* wilgotny: *The basement was cold and damp.* THESAURUS WET —**damp, dampness** *n* [U] wilgoć

UWAGA: damp, humid i moist

Nie należy mylić wyrazów **damp**, **humid** i **moist** w znaczeniu „wilgotny". **Damp** oznacza nieprzyjemną wilgoć połączoną z chłodem, np. w piwnicy, w nieogrzewanym pomieszczeniu lub na zewnątrz, np. w mglisty dzień: *Our hotel room was cold and the beds were damp.* | *In the rainy season everything gets damp, I'm afraid.* | *damp walls/clothes.* **Humid** oznacza wilgotność i wysoką temperaturę powietrza, szczególnie w rejonach podzwrotnikowych: *The air in* *tropical forests is extremely humid.* | *We dry our laundry upstairs, making it the most humid part of our house.* Wyrazu **moist** używamy w odniesieniu do wilgotności gleby lub upieczonego ciasta: *Make sure the soil is moist before planting the seeds.* | *a moist chocolate cake*

damp·en /ˈdæmpən/ *v* [T] zwilżać

damp·er /ˈdæmpə/ *n* **put a damper on sth** ostudzić coś *(np. emnuzjazm, radość)*: *His sad news put a real damper on* (=przygasiły) *the party.*

dam·sel /ˈdæmzəl/ *n* [C] **damsel in distress** *humorous* niewiasta w potrzebie *(której rycerski mężczyzna spieszy z pomocą)*

dance[1] S2 W3 /dɑːns/ *v* **1** [I] za/tańczyć: *Who's that dancing with Tom?* **2 dance the waltz/tango** tańczyć walca/tango —**dancing** *n* [U] taniec, tańce —**dancer** *n* [C] tance-rz/rka

dance[2] S2 W3 *n* **1** [C,U] taniec: *Let's have one more dance.* | *dance lessons* **2** [C] zabawa, tańce: *a school dance*

dan·de·li·on /ˈdændəlaɪən/ *n* [C] mlecz

dan·druff /ˈdændrəf/ *n* [U] łupież

dan·ger S2 W2 /ˈdeɪndʒə/ *n* **1** [C,U] niebezpieczeństwo: **+ of** *Is there any danger of infection?* | *the danger of nuclear attack* | **in danger** *I had a sudden feeling that Ben was in danger.* **2** [C] zagrożenie: *He's a danger to others.* | **+ of** *the dangers of smoking*

dan·ger·ous S2 W2 /ˈdeɪndʒərəs/ *adj* niebezpieczny: *a dangerous criminal* | *It's dangerous to walk alone at night around here.* —**dangerously** *adv* niebezpiecznie

THESAURUS: dangerous

dangerous niebezpieczny: *a dangerous place for swimming* | *a dangerous situation* | *The drug can be dangerous if it is taken in large quantities.*

risky ryzykowny: *a risky investment* | *The doctors decided that the operation was too risky.*

unsafe zagrażający bezpieczeństwu: *The road is unsafe for children.* | *unsafe working conditions*

hazardous *especially written* niebezpieczny *(substancja, zajęcie, podróż)*: *hazardous waste* (=odpady) | *Travelling in Afghanistan is extremely hazardous.* | *hazardous occupations*

toxic toksyczny, trujący: *toxic gases* | *toxic waste*

dan·gle /ˈdæŋɡəl/ *v* [I] zwisać, dyndać: **+ from** *The keys were dangling from his belt.*

dank /dæŋk/ *adj* zatęchły: *a cold, dank cellar*

dap·pled /ˈdæpəld/ *adj* cętkowany, nakrapiany: *a sky dappled with clouds*

dare[1] S3 W3 /deə/ *v* **1** [I] odważyć się: **dare (to) do sth** *Robbins wouldn't dare* (=nie miał odwagi) *argue with the boss.* **2 how dare you/he** *spoken* jak śmiesz/on śmie: *How dare you call me a liar!* **3 don't you dare** *spoken* nie waż się: *Don't you dare talk to me like that!*

dare[2] *n* [C] wyzwanie

dare·dev·il /ˈdeədevəl/ *n* [C] śmiałek

daren't /deənt/ forma ściągnięta od 'dare not': *I daren't tell him. He'd be furious!*

dar·ing[1] /ˈdeərɪŋ/ *adj* **1** odważny: *a daring rescue attempt* THESAURUS BRAVE **2** śmiały: *a daring evening dress* —**daringly** *adv* śmiało, odważnie

daring[2] *n* [U] śmiałość, odwaga

GRAMATYKA: dare

Dare występuje najczęściej w przeczeniach pytaniach, zachowując się jak czasownik modalny lub jak zwykły czasownik. Nawet tym ostatnim przypadku często opuszczamy **to** przeczeniach oraz po **will** i **would**:

*She **dare** not complain. (modalny; brak **-s** w 3 osobie)*

*He **dared** not speak. (modalny; łączy się z bezokolicznikiem bez **to**)*

***Did** anyone **dare** to interrupt him? (zwykły czasownik)*

*He **didn't dare** (to) speak. (zwykły czasownik)*

*We **wouldn't dare** (to) criticize her. (zwykły czasownik)*

dark[1] S2 W1 /dɑːk/ *adj* **1** ciemny: *Turn on the light; it's dark in here* (=ciemno tu). | *dark hair* | *dark green* (=ciemnozielony) →antonim LIGHT[2] **2** ciemny, mroczny: *a dark side to his character* **3** ponury: *the dark days of the war*

UWAGA: dark

Nie mówi się „it becomes dark" w znaczeniu „robi się ciemno". Mówi się **it gets dark**.

dark[2] *n* **1 the dark** ciemność: *My son is afraid of the dark.* **2 after/before dark** przed zmrokiem/po zmroku: *I don't like walking home after dark.*

dark·en /ˈdɑːkən/ *v* [I] po/ciemnieć, ściemniać się: *The sky darkened and rain began to fall.*

ˌdark ˈhorse *n* [C] czarny koń *(nieoczekiwany zwycięzca)*

dark·ly /ˈdɑːkli/ *adv* złowrogo: *The police warned darkly of 'further charges' against us.*

dark·ness W3 /ˈdɑːknəs/ *n* [U] ciemność, mrok: *the darkness of a winter morning* | **in darkness** *The whole room was in darkness.*

dark·room /ˈdɑːkruːm/ *n* [C] ciemnia

dar·ling[1] S2 /ˈdɑːlɪŋ/ *n* [C] kochanie: *Come here, darling.*

darling[2] *adj* [only before noun] ukochany: *my darling daughter*

darn[1] /dɑːn/ *v* [T] za/cerować: *darning socks*

darn[2] *także* **darned** /dɑːnd/ *adv AmE spoken* cholernie: *darned good*

dart[1] /dɑːt/ *n* [C] **1** strzałka, rzutka **2** zaszewka

dart[2] *v* [I] rzucić się, popędzić: *A little girl had darted out into the road* (=wybiegła na jezdnię).

darts /dɑːts/ *n* [U] gra w rzutki/strzałki

dash[1] /dæʃ/ *v* [I] po/pędzić: **+ into/across/out etc** *She dashed into* (=wpadła do) *the room.*

dash[2] *n* **1** [singular] odrobina: *a dash of lemon* **2** [C] myślnik, kreska

dash·board /ˈdæʃbɔːd/ *n* [C] tablica rozdzielcza

da·ta S1 W1 Ac /ˈdeɪtə/ *n* [U plural] dane: *He's collecting data for his report.*

da·ta·base S3 W3 /ˈdeɪtəˌbeɪs/ *n* [C] baza danych

ˌdata ˈprocessing *n* [U] przetwarzanie danych

date[1] S1 W1 /deɪt/ *n* [C] **1** data: *"What's today's date?" "It's August 11th."* | **date of birth** (=data urodzenia) | **set/fix a date** (=wyznaczyć datę): *Have you set a date for the wedding?* **2** randka: *Mike's got a date tonight.* THESAURUS MEETING **3** *AmE* osoba, z którą jest się umówionym na randkę: *My date's taking me out to dinner.*

D

4 termin: **make a date** (=umówić się): *Let's make a date to see that new play.* | **at a later date** (=w późniejszym terminie) **5 to date** do chwili obecnej: *This is the best research on the subject to date.* **6** daktyl →patrz też OUT-OF-DATE, UP-TO-DATE

date² S3 W3 *v* **1** [T] datować: *a letter dated May 1st, 1923* **2** [T] określać wiek: *Geologists can date the rocks by examining fossils in the same layer.* **3** [I,T] *AmE* chodzić z: *How long have you been dating Monica?*
date from *także* **date back to** *phr v* [T] pochodzić z: *The cathedral dates from the 13th century.*

dat·ed /ˈdeɪtɪd/ *adj* przestarzały, niemodny: *The big Cadillac now seemed a little dated.* THESAURUS OLD-FASHIONED

daub /dɔːb/ *v* [T] na/bazgrać, na/mazać: *Someone had daubed graffiti all over her door.*

daugh·ter S1 W1 /ˈdɔːtə/ *n* [C] córka

ˈdaughter-in-law *n* [C] (plural **daughters-in-law**) synowa

D

daunt·ed /ˈdɔːntɪd/ *adj* wystraszony, onieśmielony: *He was a bit daunted by the prospect of meeting her parents.*

daunt·ing /ˈdɔːntɪŋ/ *adj* **1** zniechęcający: *a daunting task* **2** onieśmielający

daw·dle /ˈdɔːdl/ *v* [I] grzebać się, guzdrać się: *Stop dawdling – we'll be late.*

dawn¹ /dɔːn/ *n* **1** [U] świt: *We talked until dawn.* **2 the dawn of civilization/time** zaranie cywilizacji/dziejów THESAURUS BEGINNING

dawn² *v* [I] za/świtać: *The morning dawned fresh and clear.*
dawn on sb *phr v* [T] zaświtać: **it/the truth dawns on sb**: *It suddenly dawned on me* (=zaświtało mi) *that he was lying.*

day S1 W1 /deɪ/ *n* **1** [C] dzień, doba: *I'll be back in ten days.* **2** [C,U] dzień: *The days begin to get longer in the spring.* | *Jean works an eight-hour day* (=ma ośmiogodzinny dzień pracy). | **all day** (=przez cały dzień): *It's rained all day.* **3 one day** pewnego dnia: *She just walked in here one day.* **4 these days** (=w dzisiejszych czasach): *Kids are much more relaxed with their parents these days.* | **in the old/olden days** (=za dawnych czasów): *In the old days we had to wash in freezing cold water.* **5 one day/some day** kiedyś: *We'll buy that dream house some day.* **6 in my/her day** za moich/jej czasów: **in Shakespeare's day** (=w czasach Szekspira) **7 sb's days** czyjeś życie: *He went home to Iowa to end his days* (=żeby dokonać żywota) *in peace.* **8 to this day** po dziś dzień: *To this day we don't know what really happened.* **9 the other day** *spoken* parę dni temu: *I saw Roy the other day.* THESAURUS RECENTLY **10 make someone's day** *informal* uradować kogoś: *That card really made my day.* **11 day after day/day in day out** dzień w dzień: *I'm sick of sitting at the same desk day after day.* **12 day by day** z dnia na dzień: *She was getting stronger day by day.* →patrz też DAILY

UWAGA: day

Patrz **-minute/day/month** itp.

COLLOCATIONS: day

adjectives

every day *She washes her hair every day.*
the next/the following day *The following day, a letter arrived.*
the previous day *It had rained the previous day.*
a big day (=wielki dzień) *The big day finally arrived.*
a historic day *This is a historic day for our country.*

noun + day

sb's wedding day *I was so happy on my wedding day.*
election/market etc day (=dzień wyborów/targowy itp.) *It's less than a week until election day.*
Christmas/Easter/Independence etc Day *We spent Christmas Day at home.*

day·break /ˈdeɪbreɪk/ *n* [U] świt: *We set off at daybreak.*

day·care /ˈdeɪkeə/ *n* [U] *AmE* żłobek: *Earning just $100 a week, she can't afford daycare.*

ˈdaycare ˌcenter *n* [C] *AmE* żłobek

ˈdaycare ˌcentre *n* [C] *BrE* dzienny ośrodek pomocy społecznej

day·dream¹ /ˈdeɪdriːm/ *v* [I] marzyć, śnić na jawie: *Jessica sat at her desk, daydreaming about Tom.* —**daydreamer** *n* [C] marzyciel/ka

daydream² *n* [C] marzenie, sen na jawie

day·light /ˈdeɪlaɪt/ *n* [U] światło dzienne: *The children could see daylight through a small window in the roof.* | **in broad daylight** (=w biały dzień): *The young girl was attacked on a main road in broad daylight.*

day·lights /ˈdeɪlaɪts/ *n* [plural] *informal* **1 scare/frighten the living daylights out of sb** *informal* przestraszyć kogoś na śmierć **2 beat the living daylights out of sb** z/bić kogoś na kwaśne jabłko, wygarbować komuś skórę

ˌday reˈturn *n* [C] *BrE* bilet powrotny jednodniowy: *a day return to Oxford*

day·time /ˈdeɪtaɪm/ *n* [U] **in the daytime** w dzień, za dnia: *I can't sleep in the daytime.*

ˌday-to-ˈday *adj* [only before noun] codzienny: *our day-to-day routine*

daze /deɪz/ *n* **in a daze** oszołomiony: *He wandered around in a daze.*

dazed /deɪzd/ *adj* oszołomiony: *The news left him feeling dazed.*

daz·zle /ˈdæzəl/ *v* [T] **1** oślepiać **2** olśniewać: *They were clearly dazzled by her talent and charm.*

daz·zling /ˈdæzəlɪŋ/ *adj* **1** oślepiający: *a dazzling light* **2** olśniewający: *a dazzling performance*

de- /diː/ *prefix* przedrostek oznaczający usunięcie bądź umniejszenie czegoś; odpowiada polskiemu bez-, z/de(z)-: *decaffeinated coffee* (=kawa bezkofeinowa) | *devalue* (=z/dewaluować)

dea·con /ˈdiːkən/ *n* [C] diakon

dea·con·ess /ˈdiːkənəs/ *n* [C] diakonisa

dead¹ S1 W1 /ded/ *adj* **1** nieżywy, zmarły: *Her mother's been dead for two years* (=nie żyje od dwóch lat). **2** martwy: *Latin is a dead language.* | *I think that plant's dead.* **3** zepsuty, głuchy: *The phone has been dead for two hours.* | **go dead** *The phones went dead* (=telefony zamilkły) *in the storm.* **4** wymarły: *The bar is usually dead until about 10 o'clock.* **5** ścierpnięty, zdrętwiały: **go dead** (=zdrętwieć): *I'd been sitting down for so long my leg went dead.* **6 over my dead body** *spoken* po moim trupie: *You'll marry him over my dead body!* **7** całkowity, zupełny: *We all stood waiting in dead silence.* **8** dokładny: *in the dead centre* (=w samym środku) *of the circle*

dead² S3 *adv informal* całkiem: **dead tired** (=skonany): *I've been dead tired all day.* | **stop dead** *She stopped dead* (=stanęła jak wryta) *when she saw us.*

dead³ *n* **1 the dead** zmarli, umarli **2 in the dead of night/winter** w samym środku nocy/zimy

dead·en /ˈdedn/ *v* [T] przy/tłumić, z/łagodzić: *drugs to deaden the pain*

ˌdead ˈend *n* [C] ślepa uliczka

ˌdead ˈheat *n* [C] nierozstrzygnięty bieg

dead·line /ˈdedlaɪn/ *n* [C] termin: *Friday's deadline is going to be very difficult to meet.*

dead·lock /ˈdedlɒk/ *n* [U singular] impas: **break the deadlock** (=przełamać impas): *The UN is trying to break the deadlock between the two countries.*

dead·ly¹ /ˈdedli/ *adj* śmiertelny, śmiercionośny: *a deadly disease* | *deadly weapons*

deadly² *adv* **1 deadly serious** śmiertelnie poważny: *I'm deadly serious. This isn't a game!* **2 deadly boring/dull** śmiertelnie nudny

dead·pan /ˈdedpæn/ *adj* śmiertelnie poważny, udający powagę

deaf W3 /def/ *adj* **1** głuchy: *I'm deaf in my right ear.* | **deaf to sth** *The guards were deaf to the prisoners' complaints* (=głusi na skargi więźniów). **2 the deaf** głusi, niesłyszący —**deafness** *n* [U] głuchota

deaf·en /ˈdefən/ *v* [T] ogłuszać: *We were deafened by the noise of the engines.* —**deafening** *adj* ogłuszający: *deafening music*

deal¹ S1 W1 /diːl/ *n* **1** [C] umowa, porozumienie: *They've just signed a new deal with their record company.* | **do/make a deal** (=zawrzeć umowę): *I'll make a deal with you: I won't tell anyone if you don't.* **2 a great/good deal** bardzo dużo: **+of** *She does a great deal of work for charity.* | **a great deal more/longer** (=dużo więcej/dłużej): *He knows a good deal more than I do about computers.* →patrz też **big deal** (BIG)

UWAGA: deal of i number of

Wyrażenie **a great/good deal of** występuje wyłącznie z rzeczownikami niepoliczalnymi: *a great deal of money/time/pleasure* | *There's been a good deal of change.* Z rzeczownikami policzalnymi w liczbie mnogiej występują wyrażenia: **a large number of** lub **a great/good many**: *a large number of tourists* | *This operation has already saved the lives of a great many people.*

deal² S1 W1 *v* [I,T] (**dealt** /delt/, **dealt**, **dealing**) **1** *także* **deal out** rozdawać *(karty)*: *Whose turn is it to deal?* **2** handlować narkotykami: *He had started to deal to pay for his own drug habit.* **3 deal a blow (to sb)** zadać (komuś) cios: *The party has been dealt another blow by the latest scandals.*
deal in sth *phr v* [T] handlować: *a business dealing in wedding arrangements*
deal with sb/sth *phr v* [T] **1** zajmować się: *Who's dealing with the new account?* **2** po/radzić sobie z: *It's OK, I'm dealing with it so far.* **3** robić interesy z: *We've been dealing with their company for ten years.* **4** dotyczyć: *a book dealing with the history of Ireland*

THESAURUS: deal

deal with sth zająć się czymś: *We asked the police to deal with the matter.*
handle poradzić sobie z: *I thought you handled the situation really well.*
tackle podjąć walkę z: *The government needs to do something to tackle unemployment.* | *What is the best way to tackle online crime?*
solve rozwiązać: *I finally solved the problem by getting a new keyboard for my computer.* | *Arguing about it won't solve the problem.*
take care of sth zająć się czymś *(zwłaszcza pomagając komuś)*: *Don't worry about locking the doors – I'll take care of that.* | *Can you take care of the travel arrangements for me?*

deal·er W3 /ˈdiːlə/ *n* [C] handlarz, dealer: *a car dealer*

deal·er·ship /ˈdiːləʃɪp/ *n* [C] przedstawicielstwo handlowe: *a Ford dealership*

deal·ings /ˈdiːlɪŋz/ *n* [plural] stosunki, interesy: **+with** *Have you had any dealings with Microsoft?*

dean /diːn/ *n* [C] dziekan: *Dean of Arts*

dean's list *n AmE* lista najlepszych studentów uczelni

dear¹ S1 /dɪə/ *interjection* **oh dear** ojej: *Oh dear! I forgot to phone Ben.*

dear² S2 *n* [C] *spoken* kochanie: *How was your day, dear?*

dear³ S2 W2 *adj* drogi: *Dear Dr. Ward, ...* | *I'd love to buy it but it's too dear.*

dear·ly /ˈdɪəli/ *adj* bardzo: *Jamie loved his sister dearly.* | *I'd dearly love to go to Hawaii.*

dearth /dɜːθ/ *n* [singular] *formal* brak, niedostatek: **+of** *a dearth of trained staff*

death S1 W1 /deθ/ *n* **1** [C,U] śmierć, zgon: *Marioni lived in Miami until his death.* | *The number of deaths from AIDS is increasing.* | **starve/bleed etc to death** *He choked to death* (=zadławił się na śmierć) *on a fish bone.* **2 scared/bored to death** *informal* śmiertelnie przestraszony/znudzony

death·bed /ˈdeθbed/ *n* **on his/her etc deathbed** na łożu śmierci

death·ly¹ /ˈdeθli/ *adj* śmiertelny: **deathly silence/hush/quiet** (=grobowa cisza): *A deathly silence fell on the room.*

deathly² *adv* śmiertelnie: **deathly pale** (=trupio blady) | **deathly cold** (=potwornie zimny)

ˈdeath ˌpenalty *n* [C] kara śmierci →porównaj CAPITAL PUNISHMENT

death row /ˌdeθ ˈrəʊ/ *n* [U] cela śmierci: *He's been on death row for three years.*

ˈdeath trap *n* [C] *informal* śmiertelna pułapka *(grożący zawaleniem budynek lub niesprawny samochód)*

de·ba·cle /deɪˈbɑːkəl/ *n* fiasko, porażka: *the debacle of the 1994 elections*

de·base /dɪˈbeɪs/ *v* [T] *formal* **1** z/deprecjonować, z/dewaluować **2** upodlić, poniżyć: *a society debased by corruption* —**debasement** *n* [C,U] deprecjacja, dewaluacja

de·ba·ta·ble Ac /dɪˈbeɪtəbəl/ *adj* dyskusyjny, sporny: *It is debatable whether nuclear weapons actually prevent war.*

D

de·bate¹ S2 W2 Ac /dɪˈbeɪt/ *n* **1** [C] debata: *a debate on crime and punishment* **2** [U] dyskusja: *After much debate, the committee decided to close the hospital.*

debate² Ac *v* **1** [I,T] dyskutować (nad), debatować (nad): *The plan has been thoroughly debated in Parliament.* **2** [T] **debate whether** zastanawiać się, czy: *While I was debating whether or not to call him, the phone rang.*

de·bauched /dɪˈbɔːtʃt/ *adj* rozpustny, rozwiązły —**debauchery** /-tʃəri/ *n* [U] rozpusta, rozwiązłość

de·bil·i·tat·ing /dɪˈbɪləteɪtɪŋ/ *adj formal* osłabiający, wycieńczający

deb·it¹ /ˈdebɪt/ *n* [C] wypłata *(z konta)* →antonim CREDIT¹

debit² *v* [T] wypłacać: *The sum of £50 has been debited from your account.* →antonim CREDIT²

ˈdebit ˌcard *n* karta debetowa

deb·o·nair /ˌdebəˈneə◂/ *adj* czarujący *(o mężczyźnie)*

D

de·brief /ˌdiːˈbriːf/ *v* [T] wysłuchać sprawozdania *(np. żołnierza lub dyplomaty z odbytej misji)* →antonim BRIEF³

deb·ris /ˈdebriː/ *n* [U] szczątki: *debris from the explosion*

debt S3 W2 /det/ *n* **1** [C] dług: *He finally has enough money to pay off his debts.* **2** [U] zadłużenie, długi: **in debt** (=zadłużony): *The company was heavily in debt.* **3** [singular] dług wdzięczności: **be in sb's debt** (=być czyimś dłużnikiem): *I'll be forever in your debt for the way you've supported me.*

debt·or /ˈdetə/ *n* [C] dłużni-k/czka

de·but /ˈdeɪbjuː/ *n* [C] debiut: *the band's debut album*

dec·ade W2 Ac /ˈdekeɪd/ *n* [C] dziesięciolecie, dekada

dec·a·dent /ˈdekədənt/ *adj* dekadencki —**decadence** *n* [U] dekadencja

de·caf /ˈdiːkæf/ *n* [C,U] kawa bezkofeinowa

de·caf·fein·a·ted /diːˈkæfɪneɪtɪd/ *adj* bezkofeinowy

decapitate /dɪˈkæpɪteɪt/ *v* [T] **to decapitate sb a)** ściąć kogoś **b)** uciąć komuś głowę

de·cay¹ /dɪˈkeɪ/ *n* [U] **1** rozkład, gnicie: *The house had stood empty for years and smelled of decay.* **2** próchnica: *Brushing your teeth regularly protects against decay.* **3** ruina: *The building has fallen into decay.*

decay² *v* [I] **1** rozkładać się, gnić: *the decaying remains of a dead sheep* **2** podupadać: *a feudal system which had decayed but not died* —**decayed** *adj* zgniły, zepsuty

de·ceased /dɪˈsiːst/ *n formal* **the deceased** zmarł-y/a, nieboszcz-yk/ka

de·ceit /dɪˈsiːt/ *n* [U] oszustwo: *The government had a history of deceit.* —**deceitful** *adj* kłamliwy, oszukańczy

de·ceive /dɪˈsiːv/ *v* [T] oszukiwać, okłamywać: *Holmes tried to deceive the police.* THESAURUS TRICK

De·cem·ber /dɪˈsembə/ *(skrót pisany* **Dec.***)* *n* [C,U] grudzień

de·cen·cy /ˈdiːsənsi/ *n* [U] **1** przyzwoitość: *old-fashioned notions of courtesy and decency* **2 have the decency to do sth** mieć na tyle przyzwoitości, żeby coś zrobić: *You could at least have had the decency to tell me that you would be late.*

de·cent S3 /ˈdiːsənt/ *adj* **1** przyzwoity: *a decent salary | Don't you have a decent pair of shoes?* **2** uczciwy, porządny: *Her parents are decent, hard-working people.* —**decently** *adv* przyzwoicie

de·cen·tral·ize /ˌdiːˈsentrəlaɪz/ *także* **-ise** *BrE* *v* [T] z/decentralizować —**decentralization** /ˌdiːsentrəlaɪˈzeɪʃən/ *n* [U] decentralizacja

de·cep·tion /dɪˈsepʃən/ *n* [C,U] podstęp, oszustwo: *They obtained the money by deception.*

de·cep·tive /dɪˈseptɪv/ *adj* złudny, zwodniczy: *She seems very calm, but appearances can be deceptive.* —**deceptively** *adj* złudnie, zwodniczo: *deceptively simple*

dec·i·bel /ˈdesəbel/ *n* [C] decybel

de·cide S1 W1 /dɪˈsaɪd/ *v* **1** [I,T] z/decydować (się), postanowić: **decide to do sth** *They decided to sell the house.* | **+that** *She decided that the dress was too expensive.* | **+what/how/when etc** *Have you decided when you're going to get married?* | **decide against sth** (=zrezygnować z czegoś): *Marlowe thought about using his gun, but decided against it.* **2** [T] za/decydować o wyniku: *One punch decided the fight.*

decide on sth *phr v* [T] z/decydować się na: *Have you decided on a name for the baby?*

THESAURUS: decide

decide postanowić: *We decided to celebrate by having a party.*

make up your mind *especially spoken* zdecydować (się): *I can't make up my mind what to wear.*

choose to do sth zdecydować się coś zrobić: *She chose to ignore my advice. | More young couples are choosing not to marry.*

make a decision podjąć decyzję: *Have you made a decision about where you want to go to university?*

come to/reach a decision podjąć decyzję *(zwłaszcza grupową)*: *The jury took several hours to reach a decision. | The committee was unable to come to a final decision.*

de·cid·ed·ly /dɪˈsaɪdɪdli/ *adv* zdecydowanie, stanowczo: *Her boss was decidedly unsympathetic.*

de·cid·u·ous /dɪˈsɪdʒuəs/ *adj* zrzucający liście *(o drzewach)* →porównaj EVERGREEN

dec·i·mal¹ /ˈdesəməl/ *adj* dziesiętny: *the decimal system*

decimal² *n* [C] ułamek dziesiętny

ˌdecimal ˈpoint *n* [C] przecinek *(w ułamku)*

dec·i·mate /ˈdesɪmeɪt/ *v* [T] *formal* z/dziesiątkować: *The population has been decimated by war.*

de·ci·pher /dɪˈsaɪfə/ *v* [T] **1** odcyfrować **2** rozszyfrować

de·ci·sion S1 W1 /dɪˈsɪʒən/ *n* [C] decyzja: **make/take/reach/come to a decision** (=podjąć decyzję): *I hope I've made the right decision. | The jury took three days to reach a decision.* | **decision to do sth** *Brett's sudden decision to join the army surprised everyone.*

COLLOCATIONS: decision

adjectives

an important/major decision *Don't make any important decisions without talking to me. | The government now has some major decisions to make.*

a big decision (=ważna) *It was a big decision and I needed time to think about it.*

a difficult/hard/tough decision *She was facing a difficult decision.*

a good/bad decision *I admit I've made some bad decisions in the past. | It was a good decision to wait.*

the right/wrong decision *I'm sure you've made the right decision.* | *I thought I'd made the wrong decision marrying Jeff.*
sb's final decision (=ostateczna) *Is that your final decision?*
a joint decision (=wspólna) *Jo and I made a joint decision that we should separate.*

de·ci·sive /dɪˈsaɪsɪv/ *adj* **1** decydujący: *a decisive moment in his career* **2** zdecydowany, stanowczy: *a strong, decisive leader* **3** zdecydowany: *The US team won a decisive victory.* —**decisively** *adv* zdecydowanie, stanowczo —**decisiveness** *n* [U] zdecydowanie, stanowczość

deck¹ /dek/ *n* [C] **1** pokład: *Let's go up on deck.* | *the lower deck* (=dolny pokład) **2** *AmE* talia *(kart)*

deck² *v*
deck sth/sb ↔ out *phr v* [T] przy/stroić, u/dekorować: *The street was decked out with flags.*

deck·chair /ˈdektʃeə/ *n* [C] leżak

dec·la·ra·tion /ˌdekləˈreɪʃən/ *n* [C,U] **1** deklaracja: *peace declarations* **2** wypowiedzenie: *a declaration of war*

de·clare W2 /dɪˈkleə/ *v* [T] **1** ogłaszać: *Jones was declared the winner.* **2** wypowiadać: *The US declared war on Britain* (=wypowiedziały wojnę Wielkiej Brytanii) *in 1812.* **3** oznajmiać: **+that** *Jack declared that he knew nothing about the robbery.* **4** za/deklarować: *Have you anything to declare* (=do oclenia)?

de·cline¹ W3 Ac /dɪˈklaɪn/ *v* **1** [I] podupadać: *As his health has declined, so has his influence.* **2** z/maleć: *Car sales have declined by a quarter.* **3** [I] *formal* odmówić: *She declined to make a statement.* **4** [I,T] *formal* nie przyjąć: *We asked them to come, but they declined our invitation.*
THESAURUS ▸ REFUSE

decline² W2 Ac *n* [C,U] spadek: *a decline in profits* | **be on the decline** (=wykazywać tendencję spadkową)

de·code /ˌdiːˈkəʊd/ *v* [T] rozszyfrowywać

de·com·pose /ˌdiːkəmˈpəʊz/ *v* [I] rozkładać się: *The body had already started to decompose.*

de·cor /ˈdeɪkɔː/ *n* [C,U] wystrój wnętrza: *The hotel has 1930s decor.*

dec·o·rate /ˈdekəreɪt/ *v* [T] **1** u/dekorować, ozdabiać: **decorate sth with sth** *The cake was decorated with icing.* **2** malować, odnawiać: *I spent the weekend decorating the bathroom.* **3** nadać odznaczenie, odznaczyć: *He was decorated for bravery in the war.*

decorate
decorating the Christmas tree

dec·o·ra·tion /ˌdekəˈreɪʃən/ *n* **1** [C] ozdoba: *Christmas decorations* **2** [U] dekoracja: *The berries are mainly used for decoration.* **3** [C] order, odznaczenie

dec·o·ra·tive /ˈdekərətɪv/ *adj* dekoracyjny: *a decorative pot* —**decoratively** *adv* dekoracyjnie

dec·o·ra·tor /ˈdekəreɪtə/ *n* [C] *BrE* malarz *(pokojowy)*

de·co·rum /dɪˈkɔːrəm/ *n* [U] *formal* dobre maniery

de·coy /ˈdiːkɔɪ/ *n* [C] wabik, przynęta: *They used the girl as a decoy.*

de·crease /dɪˈkriːs/ *v* [I,T] zmniejszać (się): *The number of people who smoke has continued to decrease.* → antonim INCREASE¹ —**decrease** /ˈdiːkriːs/ *n* [C,U] spadek: *a decrease in sales*

de·cree /dɪˈkriː/ *n* [C] rozporządzenie, dekret —**decree** *v* [T] zadekretować

de·crep·it /dɪˈkrepɪt/ *adj* walący się, zdezelowany: *a decrepit old car*

de·crim·in·a·lize /diːˈkrɪmənəlaɪz/ *także* **-ise** *BrE* *v* [T] zalegalizować —**decriminalization** /ˌdiːkrɪmənəlaɪˈzeɪʃən/ *n* [U] legalizacja

ded·i·cate /ˈdedɪkeɪt/ *v* [T] **1** za/dedykować: *The book is dedicated to his mother.* **2 dedicate yourself/your life to sth** poświęcać się/swoje życie czemuś: *She dedicated her life to helping the poor.*

ded·i·cat·ed /ˈdedɪkeɪtɪd/ *adj* **1** oddany: *The teachers are all very dedicated.* **2** [only before noun] dedykowany: *a dedicated graphics processor*

ded·i·ca·tion /ˌdedɪˈkeɪʃən/ *n* **1** [U] poświęcenie: *Getting to the top of any sport requires tremendous dedication.* **2** [C] dedykacja

de·duce Ac /dɪˈdjuːs/ *v* [T] *formal* wy/wnioskować, wydedukować: *... and from this I deduce that he was killed by his ex-wife.*

de·duct /dɪˈdʌkt/ *v* [T] potrącać: *Taxes are deducted from your pay.*

de·duc·tion Ac /dɪˈdʌkʃən/ *n* **1** [C] potrącenie: *My salary is about $2,000 a month, after deductions.* **2** [C,U] wnioskowanie, dedukcja: *his formidable powers of deduction*

deed /diːd/ *n* [C] **1** *literary* czyn, uczynek: *good deeds* **2** *law* akt notarialny

deem /diːm/ *v* [T] *formal* uznawać za: *The judge deemed several of the questions inappropriate.*

deep¹ S2 W1 /diːp/ *adj* **1** głęboki: *The water's not very deep.* | *Terry had a deep cut in his forehead.* | *a deep love of classical music* | *deep sleep* **2 be 10 metres deep** mieć 10 metrów głębokości: *The pool was 5 metres deep.* **3 take a deep breath** wziąć głęboki oddech: *I took a deep breath and walked into the director's office.* **4 deep in thought/conversation** pogrążony w rozmyślaniach/rozmowie → patrz też DEPTH

deep² W3 *adv* **1** głęboko: *Leopards live deep in the jungle.* **2 deep down** w głębi duszy: *Deep down, I knew she was right.*

deep·en /ˈdiːpən/ *v* [I,T] pogłębiać (się): *The crisis deepened.*

ˌdeep ˈfried *adj* smażony w głębokim tłuszczu

deep·ly W3 /ˈdiːpli/ *adv* głęboko: *She was deeply upset.*

ˌdeep-ˈseated *także* **ˌdeep-ˈrooted** *adj* głęboko zakorzeniony

deer /dɪə/ *n* [C] jeleń

de·face /dɪˈfeɪs/ *v* [T] oszpecić: *The gravestone had been defaced by vandals.*

de·fault¹ /dɪˈfɔːlt/ *v* [I] nie dotrzymać zobowiązania: **+ on** *He defaulted on* (=nie wywiązywał się z płacenia) *his loan payments.*

default² *n* **win by default** wygrać walkowerem: *The other team never arrived, so we won by default.*

default³ *adj* [only before noun] domyślny, standardowy: *The default page size is A4.*

de·feat¹ W3 /dɪˈfiːt/ *v* [T] **1** pokonać: *Michigan defeated USC in Saturday's game.* THESAURUS WIN **2** udaremnić, zniweczyć: *The plan was defeated by a lack of money.*

defeat² W3 *n* **1** [C,U] porażka: *Federer suffered a surprising defeat.* | *She'll never admit defeat.* **2** [singular] klęska: *the defeat of fascism*

D

de·feat·ist /dɪˈfiːtɪst/ *adj* defetystyczny: *defeatist attitudes* —**defeatism** *n* [U] defetyzm —**defeatist** *n* [C] defetyst-a/ka

de·fect¹ /dɪˈfekt/ *n* [C] defekt, wada, usterka: *There is a defect in the braking system.* —**defective** *adj* wadliwy, wybrakowany: *defective machinery*

defect² *v* [I] przejść na stronę wroga —**defector** *n* [C] zdraj-ca/czyni

de·fence S2 W1 /dɪˈfens/ *BrE*, **defense** *AmE* *n* **1** [U] obronność: *Each year the US spends billions of dollars on defense.* **2** [C,U] obrona: *the defence of Stalingrad in World War Two* | **come to sb's defence** (=stanąć w czyjejś obronie): *The famous writer Emile Zola came to Dreyfus's defence.* **3** [singular] obrona (*w sądzie, grze*): *Is the defence ready to call their first witness?* | *Barnaby cut through the heart of Arsenal's defence.*

de·fence·less /dɪˈfensləs/ *BrE*, **defenseless** *AmE* *adj* bezbronny: *a defenceless old woman*

de·fend S3 W3 /dɪˈfend/ *v* [T] **1** o/bronić: **defend sth against/from** *Missiles were brought in to defend the town from possible attack.* | **defend yourself** *He said he used the knife to defend himself* (=w obronie własnej). **2** stawać/występować w obronie: *How can you defend the use of animals for testing cosmetics?* **3** bronić tytułu: *Germany are defending World Cup champions.* **4** bronić (*oskarżonego w sądzie*) —**defender** *n* [C] obroń-ca/czyni

de·fen·dant /dɪˈfendənt/ *n* [C] *law* podsądn-y/a, pozwan-y/a

de·fense¹ /dɪˈfens/ amerykańska pisownia wyrazu DEFENCE

de·fense² /ˈdiːfens/ *n* [C,U] *AmE* obrońcy, obrona (*w sporcie*)

de·fense·less /dɪˈfensləs/ amerykańska pisownia wyrazu DEFENCELESS

de·fen·sive¹ /dɪˈfensɪv/ *adj* **1** obronny: *defensive weapons* **2** defensywny: *She got really defensive when I asked her why she hadn't finished.*

defensive² *n* **on the defensive** w defensywie: *The President's speech has put the Republicans on the defensive* (=zepchnęła Republikanów do defensywy).

de·fer /dɪˈfɜː/ *v* [T] (**-rred**, **-rring**) odraczać: *His military service was deferred until he finished college.*

def·er·ence /ˈdefərəns/ *n* [U] *formal* szacunek, poważanie —**deferential** /ˌdefəˈrenʃəl◂/ *adj* pełen szacunku

de·fi·ance /dɪˈfaɪəns/ *n* [U] bunt, nieposłuszeństwo

de·fi·ant /dɪˈfaɪənt/ *adj* buntowniczy, wyzywający —**defiantly** *adv* buntowniczo, wyzywająco

de·fi·cien·cy /dɪˈfɪʃənsi/ *n* [C,U] **1** brak, niedobór: *a vitamin deficiency* **2** niedoskonałość, niedostatek: *the deficiencies of the public transportation system*

de·fi·cient /dɪˈfɪʃənt/ *adj* **1** niedoskonały **2 deficient in sth** ubogi w coś: *a diet that is deficient in iron*

def·i·cit /ˈdefɪsɪt/ *n* [C] deficyt

de·file /dɪˈfaɪl/ *v* [T] *formal* z/bezcześcić: *graves defiled by racist graffiti* —**defilement** *n* [U] zbezczeszczenie

de·fine S2 W2 Ac /dɪˈfaɪn/ *v* [T] **1** określać, z/definiować: *It's hard to define what makes a good manager.* **2** ograniczać: *a clearly defined budget*

def·i·nite S3 Ac /ˈdefɪnət/ *adj* **1** ostateczny: *We don't have a definite arrangement yet.* **2** wyraźny: *She shows definite signs of improvement.*

ˌdefinite ˈarticle *n* [singular] przedimek określony → patrz ramka THE, → porównaj THE INDEFINITE ARTICLE

def·i·nite·ly S1 Ac /ˈdefɪnətli/ *adv* zdecydowanie: *That was definitely the best movie I've seen all year.*

def·i·ni·tion S2 W2 Ac /ˌdefəˈnɪʃən/ *n* [C] definicja

de·fin·i·tive Ac /dɪˈfɪnətɪv/ *adj* ostateczny: *There is no definitive answer to the problem.* —**definitively** *adv* ostatecznie

de·flate /ˌdiːˈfleɪt/ *v* **1** [T] przygasić: *I felt utterly deflated by her laughter.* **2** [T] wypuszczać powietrze z: *After the party they deflated the balloons.*

de·flect /dɪˈflekt/ *v* [I,T] odbijać (się): *The bullet deflected off the wall.*

de·for·es·ta·tion /diːˌfɒrəˈsteɪʃən/ *n* [U singular] wycinanie lasów

de·formed /dɪˈfɔːmd/ *adj* zniekształcony, zdeformowany: *Her left leg was deformed.* —**deform** *v* [I,T] zniekształcać (się), z/deformować (się)

de·for·mi·ty /dɪˈfɔːməti/ *n* [C,U] deformacja, kalectwo

de·fraud /dɪˈfrɔːd/ *v* [T] z/defraudować: *He attempted to defraud the bank of* (=okraść bank na) *thousands of dollars.*

de·frost /ˌdiːˈfrɒst/ *v* [I,T] rozmrażać (się)

deft /deft/ *adj* zręczny: *a deft catch*

de·funct /dɪˈfʌŋkt/ *adj* **1** martwy (*np. o przepisie*) **2** zlikwidowany, nieistniejący: *the now defunct Bureau of State Security*

de·fuse /ˌdiːˈfjuːz/ *v* [T] **1** rozbroić (*bombę*) **2** rozładować (*napięcie, sytuację*): *Tim tried to defuse the tension.*

de·fy /dɪˈfaɪ/ *v* **1** [T] przeciwstawiać się, postępować wbrew: *He defied his father's wishes and joined the army.* **2 defy description** być nie do opisania: *The place just defies description.*

de·gen·e·rate¹ /dɪˈdʒenəreɪt/ *v* [I] z/degenerować się, ulegać degeneracji: *The party soon degenerated into* (=przerodziło się w) *a drunken brawl.* —**degeneration** /dɪˌdʒenəˈreɪʃən/ *n* [U] degeneracja, zwyrodnienie

de·gen·e·rate² /dɪˈdʒenərət/ *adj* zdegenerowany, zwyrodniały —**degenerate** *n* [C] degenerat/ka

de·grade /dɪˈgreɪd/ *v* [T] upadlać, poniżać: *Pornography* *degrades women.* **—degradation** /ˌdegrəˈdeɪʃən/ *n* [U] upodlenie, degradacja

de·gree S2 W1 /dɪˈgriː/ *n* [C] **1** stopień: *an angle of 90 degrees (90°) | It's 84 degrees in the shade. | a temperature of 21 degrees Celsius | students with different degrees of ability | The operation involves a high degree of risk.* **2** stopień naukowy: *a law degree | a degree in history* **3 to a degree/to a certain degree/to some degree** do pewnego stopnia: *To a degree he's right.*

de·hy·drat·ed /ˌdiːhaɪˈdreɪtɪd/ *adj* odwodniony **—dehydration** /-ˈdreɪʃən/ *n* [U] odwodnienie **—dehydrate** *v* [I,T] odwadniać (się)

de·hy·dra·tion /ˌdiːhaɪˈdreɪʃən/ *n* [U] odwodnienie **—dehydrated** *adj* odwodniony

de·i·ty /ˈdiːəti/ *n* [C] bóstwo

dé·jà vu /ˌdeɪʒɑː ˈvjuː/ *n* [U] déjà vu

de·jec·ted /dɪˈdʒektɪd/ *adj* przygnębiony: *a dejected look* **—dejection** /-ˈdʒekʃən/ *n* [U] przygnębienie

de·lay[1] W3 /dɪˈleɪ/ *v* **1** [I,T] odwlekać, odkładać: *We've decided to delay the trip until next month.* **2** [T] opóźniać: *Our flight was delayed by bad weather.*

delay[2] W3 *n* [C,U] opóźnienie, zwłoka: *An accident is causing long delays on Route 95.*

de·lec·ta·ble /dɪˈlektəbəl/ *adj formal* przepyszny, przewyborny: *delectable handmade chocolates*

del·e·gate[1] /ˈdeləgət/ *n* [C] delegat/ka

del·e·gate[2] /ˈdelɪgeɪt/ *v* [I,T] zlecać, od/delegować: *You must learn to delegate more.*

del·e·ga·tion /ˌdeləˈgeɪʃən/ *n* **1** [C] delegacja: *A UN delegation was sent to the peace talks.* **2** [U] zlecanie, delegowanie: *the delegation of authority*

de·lete /dɪˈliːt/ *v* [T] **1** skreślać, usuwać: *Delete his name from the list.* **2** s/kasować, wymazywać: *You should back up this file before deleting it.* **—deletion** /-ˈliːʃən/ *n* [C,U] skreślenie, usunięcie

de·lib·e·rate[1] /dɪˈlɪbərət/ *adj* **1** celowy, zamierzony: *a deliberate attempt to deceive the public* **2** niespieszny, rozważny: *His steps were slow and deliberate.*

de·lib·e·rate[2] /dɪˈlɪbəreɪt/ *v* [I] deliberować: *We can't afford to deliberate any longer.*

de·lib·er·ate·ly S3 /dɪˈlɪbərətli/ *adv* celowo, umyślnie: *The police think the fire was started deliberately.* → antonim ACCIDENTALLY

THESAURUS: deliberately

deliberately celowo: *She deliberately waited until after they had left the room. | I think he's deliberately avoiding me.*

on purpose *especially spoken* naumyślnie: *I didn't push her on purpose – it was an accident.*

intentionally celowo, w zamierzony sposób: *The advertisement was intentionally misleading. | The police couldn't prove that she did it intentionally.*

de·lib·e·ra·tion /dɪˌlɪbəˈreɪʃən/ *n* [C,U] zastanowienie

del·i·ca·cy /ˈdelɪkəsi/ *n* **1** [U] delikatność: *the delicacy of the petals | a situation that needs to be handled with great delicacy* **2** [C] delikates, przysmak: *In France, snails are considered a delicacy.*

del·i·cate /ˈdelɪkət/ *adj* **1** delikatny: *a delicate piece of lace | The negotiations are at a very delicate stage. | long, delicate fingers* THESAURUS WEAK **2** wątły: *a delicate child* **3** subtelny: *a delicate shade of pink* **—delicately** *adv* delikatnie

del·i·ca·tes·sen /ˌdelɪkəˈtesən/ *n* [C] delikatesy

de·li·cious /dɪˈlɪʃəs/ *adj* pyszny, wyśmienity THESAURUS TASTE

de·light[1] /dɪˈlaɪt/ *n* **1** [U] radość: *Crystal laughed with delight.* **2** [C] rozkosz, uciecha: *the delights of owning your own home*

delight[2] *v* [T] zachwycać: *She delighted her fans with her performance.*
delight in sth *phr v* [T] uwielbiać, lubować się w: *She delights in shocking people.*

de·light·ed /dɪˈlaɪtɪd/ *adj* zachwycony: **be delighted to do sth** (=robić coś z wielką przyjemnością): *Thank you for your invitation. I'd be delighted to come.* | **+ with/by** *Helen was clearly delighted with her presents.* THESAURUS HAPPY

de·light·ful /dɪˈlaɪtfəl/ *adj* uroczy: *a delightful book for children* THESAURUS NICE

de·lin·quen·cy /dɪˈlɪŋkwənsi/ *n* [U] *formal* przestępczość *(zwłaszcza nieletnich)* → patrz też JUVENILE DELINQUENT

de·lir·i·ous /dɪˈlɪəriəs/ *adj* **be delirious** majaczyć, mieć majaki

de·liv·er S2 W2 /dɪˈlɪvə/ *v* **1** [I,T] doręczać, dostarczać: *I used to deliver newspapers when I was a kid. | I'm having some flowers delivered for her birthday.* **2** [T] wygłaszać: *The priest delivered a sermon about forgiveness.* **3** [I,T] wywiązywać się (z): **+ on** *Voters are angry that politicians haven't delivered on their promises.* | **deliver the goods** (=wypełnić zobowiązanie) **4 deliver a baby** przyjmować poród

deliver

delivering newspapers

de·liv·er·y S3 W3 /dɪˈlɪvəri/ *n* [C,U] **1** dostawa: *Pizza Mondo offers free delivery for any pizza over $10.* **2** poród

del·ta /ˈdeltə/ *n* [C] delta: *the Mississippi Delta*

de·lude /dɪˈluːd/ *v* [T] łudzić, oszukiwać: *He's deluding himself if he thinks he'll get the job.*

del·uge /ˈdeljuːdʒ/ *n* [C] **1** potop, powódź **2** lawina: *a deluge of questions/letters* **—deluge** *v* [T] zalewać, zasypywać: *We were deluged with mail* (=zostaliśmy zasypani lawiną listów).

de·lu·sion /dɪˈluːʒən/ *n* [C,U] złudzenie: *Kevin's still under the delusion that his wife loves him.*

de·luxe /dəˈlʌks/ *adj* luksusowy: *a deluxe queen-sized bed*

delve /delv/ *v* [I] **delve into/inside** sięgnąć do: *She delved inside her handbag.*
delve into sth *phr v* [T] zagłębiać się w, wnikać w: *Reporters are always delving into TV stars' private lives.*

de·mand[1] S2 W1 /dɪˈmɑːnd/ *n* **1** [U singular] popyt: **a big/huge demand for sth** *There's been a big demand for Oasis's new record.* **2** [C] żądanie: *Union members will be on strike until the company agrees to their demands.* **3 be in demand** cieszyć się powodzeniem: *She's been in great*

D

demand ever since her book was published. →patrz też DEMANDS

demand² W2 v [T] **1** żądać, domagać się: *The President demanded the release of all the hostages.* **2** za/pytać: *"What are you doing here?" she demanded.* **3** wymagać: *Learning a language demands a great deal of time and effort.*

de·mand·ing /dɪˈmɑːndɪŋ/ *adj* wymagający: *a very demanding job* THESAURUS DIFFICULT

de·mands /dɪˈmɑːndz/ *n* [plural] obciążenia: *Homework makes heavy demands on* (=jest dużym obciążeniem dla) *children nowadays.*

de·mean·ing /dɪˈmiːnɪŋ/ *adj* poniżający: *a demeaning job*

de·mea·nour /dɪˈmiːnə/ *BrE,* **demeanor** *AmE n* [U] *formal* zachowanie, postawa

D

de·men·ted /dɪˈmentɪd/ *adj* obłąkany

de·mise /dɪˈmaɪz/ *n* [U] **1** upadek: *the demise of the steel industry* **2** *formal* zgon

dem·o /ˈdeməʊ/ *n* [C] *informal* **1** demo, wersja demonstracyjna **2** *BrE* demonstracja, manifestacja: *an anti-war demo*

de·moc·ra·cy W2 /dɪˈmɒkrəsi/ *n* [C,U] demokracja: *the struggle for democracy | Britain is the world's oldest democracy.*

dem·o·crat /ˈdeməkræt/ *n* [C] demokrat-a/ka

dem·o·crat·ic W2 /ˌdeməˈkrætɪk◂/ *adj* demokratyczny: *democratic elections* —**democratically** /-kli/ *adv* demokratycznie

Demo'cratic ˌParty *n* [singular] Partia Demokratyczna *(w USA)*

de·mol·ish /dɪˈmɒlɪʃ/ *v* [T] **1** z/burzyć: *They're finally going to demolish that old building.* **2** obalać: *He demolished my argument in minutes.* —**demolition** /ˌdeməˈlɪʃən/ *n* [C,U] zburzenie, rozbiórka

de·mon /ˈdiːmən/ *n* [C] demon —**demonic** /dɪˈmɒnɪk/ *adj* demoniczny

dem·on·strate S3 W2 Ac /ˈdemənstreɪt/ *v* [T] **1** za/demonstrować, dowodzić: *The survey demonstrates that fewer college graduates are finding jobs.* **2** wykazywać: *She hasn't demonstrated much interest in her schoolwork.*

dem·on·stra·tion W3 Ac /ˌdemənˈstreɪʃən/ *n* **1** [C] demonstracja, manifestacja **2** [C,U] pokaz, prezentacja: *cookery demonstrations*

de·mon·stra·tive Ac /dɪˈmɒnstrətɪv/ *adj* wylewny

dem·on·stra·tor Ac /ˈdemənstreɪtə/ *n* [C] manifestant/ka

de·mor·a·lized /dɪˈmɒrəlaɪzd/ *także* **-ised** *BrE adj* zniechęcony: *I came out of the interview feeling totally demoralized.*

de·mor·a·liz·ing /dɪˈmɒrəlaɪzɪŋ/ *także* **-ising** *BrE adj* demobilizujący, zniechęcający: *a demoralising 7-0 defeat*

de·mote /dɪˈməʊt/ *v* [T] z/degradować →antonim PROMOTE —**demotion** /-ˈməʊʃən/ *n* [C,U] degradacja

de·mure /dɪˈmjʊə/ *adj* skromny, powściągliwy

den /den/ *n* [C] **1** melina: *opium dens* **2** nora, legowisko

de·ni·al Ac /dɪˈnaɪəl/ *n* **1** [C,U] zaprzeczenie: *Despite his denials, the jury found him guilty.* **2** [U] pozbawienie: *the denial of basic human rights* →patrz też DENY

den·i·grate /ˈdenəˈgreɪt/ *v* [T] *formal* **1** umniejszać, bagatelizować: *I'm not trying to denigrate his achievements.* **2** szkalować, oczerniać

den·im /ˈdenɪm/ *n* [U] dżins

Den·mark /ˈdenmɑːk/ *n* Dania —**Dane** /deɪn/ *n* Duńczyk/Dunka —**Danish** /ˈdeɪnɪʃ/ *adj* duński

de·nom·i·na·tion /dɪˌnɒməˈneɪʃən/ *n* [C,U] **1** wyznanie: *Christians of all denominations* **2** nominał: *bills in denominations of $1 and $5*

de·note Ac /dɪˈnəʊt/ *v* [T] oznaczać: *Each X on the map denotes 500 people.*

de·nounce /dɪˈnaʊns/ *v* [T] potępiać: *The bishop denounced the film as being immoral.*

dense /dens/ *adj* gęsty: *dense pine forests | dense smoke/clouds* —**densely** *adv* gęsto: *densely populated*

den·si·ty /ˈdensəti/ *n* [C,U] gęstość: *Taiwan has a high population density* (=gęstość zaludnienia). *| the density of a gas*

dent¹ /dent/ *n* [C] wgniecenie: *a big dent in the car*

dent² *v* [T] **1** naruszyć, zachwiać: *The experience had dented his confidence.* **2** wgnieść

den·tal /ˈdentl/ *adj* **1** dentystyczny, stomatologiczny: *dental treatment* (=leczenie stomatologiczne) **2** zębowy *(np. o spółgłoskach)*

ˌdental 'floss *n* [U] nić dentystyczna

den·tist S3 /ˈdentɪst/ *n* [C] dentyst-a/ka, stomatolog —**dentistry** *n* [U] stomatologia

den·tures /ˈdentʃəz/ *n* [plural] proteza zębowa, sztuczna szczęka

de·nun·ci·a·tion /dɪˌnʌnsiˈeɪʃən/ *n* [C,U] potępienie

de·ny S3 W2 Ac /dɪˈnaɪ/ *v* [T] **1** zaprzeczać: *In court they denied all the charges against them.* | **+(that)** *Charlie denied that he had lied about the money.* | **deny doing sth** *She denies cheating in the test.* **2** odmawiać: *Smokers are being denied medical treatment unless they stop smoking.* →patrz też DENIAL

de·o·do·rant /diːˈəʊdərənt/ *n* [C,U] dezodorant

de·part /dɪˈpɑːt/ *v* [I] *formal* **1** odjeżdżać: *The next train for Paris will depart from Platform 2.* **2** odlatywać

de·part·ment S2 W1 /dɪˈpɑːtmənt/ *n* [C] dział, wydział: *She works in the design department of a large company.*

de'partment ˌstore *n* [C] dom towarowy

de·par·ture W3 /dɪˈpɑːtʃə/ *n formal* **1** [C,U] odlot **2** [C,U] odlot: *Check in at the airport an hour before departure.* **3** [C] odstępstwo: *a departure from her normal routine*

de·pend S1 W2 /dɪˈpend/ *v* **it/that depends** *spoken* to zależy: *"Are you coming to my house later?" "It depends. I might have to work."*
depend on/upon *phr v* [T] **1** zależeć od, być uzależnionym od: *patients who depend on regular blood transfusions | Ticket prices may vary, depending on* (=w zależności od) *the time of day.* **2** polegać na: *You can always depend on me.*

de·pend·a·ble /dɪˈpendəbəl/ *adj* niezawodny: *a dependable employee*

de·pen·dant /dɪˈpendənt/ *BrE,* **dependent** *AmE n* [C] osoba będąca na czyimś utrzymaniu

de·pen·dent W3 /dɪˈpendənt/ *adj* **1** zależny: *Children of that age are still very dependent on their mothers.* **2 be**

dependent on/upon *formal* być uzależnionym od: *Starting salary is dependent on experience.* —**dependence** *n* [U] uzależnienie

de·pict /dɪˈpɪkt/ *v* [T] przedstawiać, odmalowywać: *Shakespeare depicts him as a ruthless tyrant.*

de·plete /dɪˈpliːt/ *v* [T] uszczuplać: *Many of our forests have been depleted by acid rain.* —**depletion** /-ˈpliːʃən/ *n* [U] uszczuplenie: *the depletion of the ozone layer*

de·plore /dɪˈplɔː/ *v* [T] *formal* potępiać: *a statement deploring the use of chemical weapons* —**deplorable** *adj* godny ubolewania

de·ploy /dɪˈplɔɪ/ *v* [T] rozmieszczać *(wojsko)*

de·port /dɪˈpɔːt/ *v* [T] deportować —**deportation** /ˌdiːpɔːˈteɪʃən/ *n* [C,U] deportacja

de·pose /dɪˈpəʊz/ *v* [T] odsuwać od władzy: *the deposed dictator*

de·pos·it¹ **S3** **W3** /dɪˈpɒzɪt/ *n* [C] **1** zaliczka, zadatek: *We put down a deposit on the house yesterday.* **2** wpłata: *I'd like to make a deposit please* (=chciałbym dokonać wpłaty). **3** pokład, złoże: *huge deposits of gold* **4** osad: *too much deposit in a bottle of wine*

deposit² *v* [T] wpłacać *(na konto)*: *How much would you like to deposit?*

de'posit acˌcount *n* [C] rachunek terminowy

dep·ot /ˈdepəʊ/ *n* [C] **1** magazyn **2** *AmE* stacja, dworzec

de·praved /dɪˈpreɪvd/ *adj* niemoralny, zdeprawowany: *They said his pictures were sexually depraved.*

de·pre·ci·ate /dɪˈpriːʃieɪt/ *v* [I] s/tracić na wartości, z/deprecjonować się: *A new car depreciates as soon as it is driven.* —**depreciation** /dɪˌpriːʃiˈeɪʃən/ *n* [U] obniżenie wartości, deprecjacja

de·press **Ac** /dɪˈpres/ *v* [T] **1** przygnębiać: *I can't watch the news any more - it depresses me too much.* **2** obniżać *(wartość, ilość, poziom)*: *The bad weather has depressed sales.*

de·pressed /dɪˈprest/ *adj* **1** przygnębiony, w depresji: *She felt lonely and depressed.* THESAURUS SAD **2** dotknięty kryzysem: *depressed areas of the country* —**depressing** *adj* przygnębiający: *a depressing TV programme*

de·pres·sion **W3** **Ac** /dɪˈpreʃən/ *n* [C,U] **1** przygnębienie, depresja: *The patient is suffering from depression.* **2** kryzys, depresja: *the Depression of the 1930s*

de·prive /dɪˈpraɪv/ *v*
deprive sb of sth *phr v* [T] pozbawiać: *Prisoners were deprived of sleep for up to three days.*

de·prived /dɪˈpraɪvd/ *adj* ubogi, cierpiący niedostatek: *a deprived childhood* THESAURUS POOR

depth **S3** **W3** /depθ/ *n* **1** [C,U] głębokość: *Plant the seeds at a depth of about 2 cm.* | *What is the depth of the shelves?* **2** [U] głębia: *I was surprised by the depth of his feelings.* | *the depth of the crisis* **3 in depth** dogłębnie: *We need to explore the problem in more depth.*

depths /depθs/ *n* **be in the depths of despair/depression** być pogrążonym w (otchłani) rozpaczy/smutku

dep·u·ty /ˈdepjəti/ *n* [C] zastęp-ca/czyni: *My deputy will be in charge while I'm away.* | **deputy director/head** zastępca dyrektora

de·ranged /dɪˈreɪndʒd/ *adj* obłąkany: *a deranged criminal*

der·e·lict /ˈderəlɪkt/ *adj* opuszczony: *a derelict house*

de·ride /dɪˈraɪd/ *v* [T] *formal* drwić z, szydzić z —**derision** /dɪˈrɪʒən/ *n* [U] drwina, szyderstwo —**derisive** /-ˈraɪsɪv/ *adj* szyderczy

de·ri·so·ry /dɪˈraɪsəri/ *adj* **1** śmieszny, śmiechu wart: *a derisory pay increase* **2** szyderczy: *derisory laughter*

der·i·va·tion **Ac** /ˌderəˈveɪʃən/ *n* [C,U] pochodzenie *(np. wyrazu)*

de·rive **W3** **Ac** /dɪˈraɪv/ *v* [T] **derive pleasure/satisfaction from sth** czerpać przyjemność/zadowolenie z czegoś

der·ma·ti·tis /ˌdɜːməˈtaɪtɪs/ *n* [U] zapalenie skóry

der·ma·tol·o·gist /ˌdɜːməˈtɒlədʒɪst/ *n* dermatolog

der·ma·tol·o·gy /ˌdɜːməˈtɒlədʒi/ *n* dermatologia

de·rog·a·to·ry /dɪˈrɒɡətəri/ *adj* uwłaczający: *He made some rather derogatory remarks about my work.*

de·scend /dɪˈsend/ *v* [I,T] *formal* schodzić: *He slowly descended the stairs.* → antonim ASCEND
descend from sb *phr v* [T] **be descended from** pochodzić od, wywodzić się z: *She is descended from a family of French aristocrats.*

de·scen·dant /dɪˈsendənt/ *n* [C] potomek: *a descendant of an African king* THESAURUS RELATIVE → porównaj ANCESTOR

de·scent /dɪˈsent/ *n* **1** [C,U] schodzenie, zejście: *The plane began its descent* (=zejście do lądowania). **2** [U] pochodzenie: **be of Russian/German etc descent** *Tara's family is of Irish descent* (=pochodzi z Irlandii).

de·scribe **S2** **W1** /dɪˈskraɪb/ *v* [T] opisywać: *Police asked the woman to describe her attacker.* | **+how/what/why etc** *It's hard to describe how I felt.*

de·scrip·tion **S2** **W2** /dɪˈskrɪpʃən/ *n* [C,U] opis: **+of** *a description of life in the Middle Ages* | **give a description** *Police have given a detailed description of the missing child.* —**descriptive** /-tɪv/ *adj* opisowy

des·e·crate /ˈdesɪkreɪt/ *v* [T] z/bezcześcić, s/profanować —**desecration** /ˌdesɪˈkreɪʃən/ *n* [U singular] profanacja

de·seg·re·ga·tion /ˌdiːseɡrɪˈɡeɪʃən/ *n* [U] desegregacja, eliminacja segregacji rasowej: *the desegregation of schools* —**desegregate** /diːˈseɡrɪɡeɪt/ *v* [T] eliminować segregację rasową w *(szkole, zakładzie pracy)*

des·ert¹ **W3** /ˈdezət/ *n* [C,U] pustynia: *the Sahara desert*

de·sert² /dɪˈzɜːt/ *v* **1** [T] opuszczać, porzucać: *Her boyfriend deserted her when she got pregnant.* | *People have deserted the villages and gone to work in the cities.* **2** [I] z/dezerterować —**desertion** /-ˈzɜːʃən/ *n* [C,U] porzucenie, dezercja

de·ser·ted /dɪˈzɜːtɪd/ *adj* opuszczony: *At night the streets are deserted.* THESAURUS EMPTY

de·sert·er /dɪˈzɜːtə/ *n* [C] dezerter/ka

ˌdesert 'island *n* [C] bezludna wyspa

de·serve **S3** **W3** /dɪˈzɜːv/ *v* [T] zasługiwać na: *After all that work you deserve a rest.* | **deserve to do sth** *To be honest, we didn't really deserve to win* (=to zwycięstwo nam się nie należało). —**deserved** *adj* zasłużony —**deservedly** /-ˈzɜːvɪdli/ *adv* zasłużenie

de·serv·ing /dɪˈzɜːvɪŋ/ *adj* **1** [only before noun] godny poparcia, chwalebny **2** zasłużony

de·sign¹ **S2** **W1** **Ac** /dɪˈzaɪn/ *n* **1** [U,C] projekt: *We've made one or two changes to the computer's original design.*

D

2 [C] wzór, deseń: *curtains with a floral design* **3** [U] projektowanie, wzornictwo

design² S3 W1 Ac v [I,T] za/projektować: *The palace was designed by an Italian architect.*

des·ig·nate /ˈdezɪgneɪt/ v [T] wyznaczać, desygnować: *The building was designated as a temporary hospital.*

de·sign·er¹ W3 /dɪˈzaɪnə/ n [C] projektant/ka: *a fashion designer*

designer² adj [only before noun] designerski, dizajnerski: **designer clothes/jeans** odzież/dżinsy od znanego projektanta **designer label** metka znanego projektanta

de·sir·a·ble /dɪˈzaɪərəbəl/ adj atrakcyjny, godny pożądania: *a desirable job with a big law firm*

de·sire¹ W2 /dɪˈzaɪə/ n **1** [C,U] pragnienie, chęć: **+for** *the desire for knowledge* | **desire to do sth** *She had no desire to marry.* **2** [U] *formal* pożądanie

D

desire² v **1** [T] *formal* pragnąć, życzyć sobie: *He desires only to be left alone.* **2 leave a lot to be desired** *especially spoken* pozostawiać wiele do życzenia: *The standard of teaching in many schools leaves a lot to be desired.*

de·sired /dɪˈzaɪəd/ adj **have the desired effect/result** odnieść pożądany skutek: *She wanted to make me look stupid, and her remarks had the desired effect.*

de·sist /dɪˈzɪst/ v [I] *formal* zaniechać, zaprzestać: **from** *You are ordered to desist from such behaviour.*

desk S2 W2 /desk/ n [C] biurko

des·o·late /ˈdesələt/ adj odludny: *a desolate landscape* —**desolation** /ˌdesəˈleɪʃən/ n [U] pustkowie

de·spair¹ /dɪˈspeə/ n [U] rozpacz: **in despair** *Anne buried her head in her hands in despair.*

despair² v [I] rozpaczać: *Don't despair – I think we can help you.* | **despair of (doing) sth** *They were beginning to despair of ever hearing from their son again* (=zaczynali tracić nadzieję, że kiedykolwiek otrzymają jakieś wiadomości od syna). —**despairing** adj rozpaczliwy, zrozpaczony

de·spatch /dɪˈspætʃ/ brytyjska pisownia wyrazu DISPATCH

des·per·ate S3 W3 /ˈdespərət/ adj **1** zdesperowany, desperacki: *Joe had been unemployed for over a year and was getting desperate.* | *a desperate attempt to escape* **2** rozpaczliwy: *a desperate shortage of food* —**desperately** adv rozpaczliwie —**desperation** /ˌdespəˈreɪʃən/ n [U] desperacja, rozpacz

de·spic·a·ble /dɪˈspɪkəbəl/ adj podły, nikczemny: *You're a despicable liar!*

de·spise /dɪˈspaɪz/ v [T] gardzić, pogardzać THESAURUS HATE

de·spite S3 W1 Ac /dɪˈspaɪt/ prep **1** mimo, pomimo: *She still loved him despite the way he had treated her.* **2 despite yourself** wbrew sobie: *He smiled at the little girl despite himself.*

de·spon·dent /dɪˈspɒndənt/ adj przybity, przygnębiony: *Sue came out of the boss's office looking very despondent.* —**despondency** n [U] przygnębienie —**despondently** adv w przygnębieniu

des·pot /ˈdespɒt/ n [C] despot-a/ka —**despotic** /dɪˈspɒtɪk/ adj despotyczny

des·sert /dɪˈzɜːt/ n [C,U] deser

de·sta·bil·ize /diːˈsteɪbəlaɪz/ *także* **-ise** BrE v [T] z/destabilizować

des·ti·na·tion /ˌdestəˈneɪʃən/ n [C] **1** cel podróży **2** miejsce przeznaczenia

des·tined /ˈdestɪnd/ adj przeznaczony: **destined to do sth** *She was destined* (=było jej pisane) *to become her country's first woman Prime Minister.*

des·ti·ny /ˈdestɪni/ n [C,U] los, przeznaczenie: *a nation fighting to control its own destiny*

des·ti·tute /ˈdestɪtjuːt/ adj bez środków do życia: *The floods left thousands of people destitute.*

de·stroy S2 W2 /dɪˈstrɔɪ/ v [T] z/niszczyć: *The building was completely destroyed by fire.*

UWAGA: destroy i spoil/ruin

Kiedy chcemy powiedzieć, że coś zepsuło nam przyjemność, używamy wyrazów **spoil** lub **ruin**, a nie **destroy**: *The trip was spoilt by bad weather.* | *I've spent weeks planning this surprise for Dad, and now you've ruined it by telling him.* Podobnie postępujemy, mówiąc o zepsuciu wyglądu lub zmniejszeniu skuteczności czegoś: *I didn't join them on their walk because I didn't want to spoil my new shoes.* | *If you open the camera, you'll ruin the film.*

de·struc·tion W3 /dɪˈstrʌkʃən/ n [U] zniszczenie: **+of** *the destruction of the ozone layer* —**destructive** /-tɪv/ adj niszczycielski, destruktywny

de·tach /dɪˈtætʃ/ v [T] odczepiać: *You can detach the hood from the jacket.* —**detachable** adj odczepiany

de·tached /dɪˈtætʃt/ adj **1** obojętny: *Smith remained cold and detached throughout his trial.* **2 detached house** BrE dom wolnostojący THESAURUS HOUSE —**detachment** n [C,U] obojętność, dystans

de·tail¹ S2 W1 /ˈdiːteɪl/ n [C,U] szczegół, detal: *The documentary included a lot of historical detail.* | **in detail** (=szczegółowo): *He describes the events in great detail.*

detail² v [T] wyszczególniać: *The list detailed everything we would need for our trip.*

de·tailed W2 /ˈdiːteɪld/ adj szczegółowy: *a detailed analysis of the text*

de·tain /dɪˈteɪn/ v [T] zatrzymywać: *The police have detained two men for questioning.* | *I mustn't detain you, I know you are very busy.*

de·tect W3 Ac /dɪˈtekt/ v [T] **1** wykrywać: *Small quantities of poison were detected in the dead man's stomach.* THESAURUS FIND **2** wyczuwać: *Paul detected a note of disappointment in his mother's voice.* —**detectable** adj wyczuwalny —**detection** /-ˈtekʃən/ n [U] wykrycie

de·tec·tive Ac /dɪˈtektɪv/ n [C] **1** detektyw, oficer śledczy **2 detective story** opowiadanie detektywistyczne

de·tec·tor Ac /dɪˈtektə/ n [C] wykrywacz: *a metal detector*

de·ten·tion /dɪˈtenʃən/ n **1** [U] areszt, zatrzymanie **2** [C,U] **be in detention** zostawać za karę po lekcjach

de·ter /dɪˈtɜː/ v [T] (**-rred**, **-rring**) odstraszać: *security measures aimed at deterring shoplifters*

de·ter·gent /dɪˈtɜːdʒənt/ n [C,U] detergent

de·te·ri·o·rate /dɪˈtɪəriəreɪt/ v [I] pogarszać się: *David's health deteriorated rapidly.* —**deterioration** /dɪˌtɪəriəˈreɪʃən/ n [U] pogorszenie

de·ter·mi·na·tion W3 /dɪˌtɜːməˈneɪʃən/ n [U] wytrwałość, determinacja

de·ter·mine W2 /dɪˈtɜːmɪn/ *v* [T] **1** *formal* ustalać: *Experts have been unable to determine the cause of the explosion.* **2** wyznaczać: *The date of the court case was yet to be determined.*

de·ter·mined W3 /dɪˈtɜːmɪnd/ *adj* zdeterminowany, zdecydowany: *He was determined to become an artist.* | **+(that)** *I'm determined that my children should have the best education possible.*

de·ter·min·er /dɪˈtɜːmənə/ *n* [C] określnik: *In the phrases 'the car' and 'some new cars', 'the' and 'some' are determiners.*

de·ter·rence /dɪˈterəns/ *n* odstraszanie: *nuclear deterrence* | *Does the punishment provide adequate deterrence* (=wystarczający efekt odstraszający)?

de·ter·rent /dɪˈterənt/ *n* [C] czynnik odstraszający: *an effective deterrent to car thieves*

de·test /dɪˈtest/ *v* [T] nienawidzić, nie cierpieć: *I was going out with a boy my mother detested.* THESAURUS HATE

det·o·nate /ˈdetəneɪt/ *v* **1** [I] wybuchać **2** [T] z/detonować: *Nuclear bombs were detonated in tests in the desert.* —**detonator** *n* [C] detonator —**detonation** /ˌdetəˈneɪʃən/ *n* [C,U] detonacja

de·tour /ˈdiːtʊə/ *n* [C] objazd

de·tox /ˈdiːtɒks/ *n* [U] *informal* odwyk, kuracja odwykowa

de·tract /dɪˈtrækt/ *v*
detract from *phr v* [T] umniejszać: *One small mistake isn't going to detract from your achievements.*

det·ri·ment /ˈdetrəmənt/ *n* **to the detriment of** ze szkodą dla: *He started working longer hours, to the detriment of his health.* —**detrimental** /ˌdetrəˈmentl◂/ *adj* szkodliwy, zgubny

de·val·ue /diːˈvæljuː/ *v* **1** [T] nie doceniać: *The skills of women were often devalued.* **2** [I,T] z/dewaluować (się) —**devaluation** /diːˌvæljuˈeɪʃən/ *n* [C,U] dewaluacja

dev·a·state /ˈdevəsteɪt/ *v* [T] z/niszczyć doszczętnie, s/pustoszyć: *Bombing raids devastated the city of Dresden.* —**devastation** /ˌdevəˈsteɪʃən/ *n* [U] zniszczenie, spustoszenie

dev·a·stat·ed /ˈdevəsteɪtɪd/ *adj* zdruzgotany: *Ellen was devastated when we told her what had happened.*

dev·a·stat·ing /ˈdevəsteɪtɪŋ/ *adj* **1** niszczycielski: *Chemical pollution has had a devastating effect on the environment.* **2** druzgocący: *Losing your job can be a devastating experience.*

de·vel·op S2 W1 /dɪˈveləp/ *v* **1** [I,T] rozwijać (się): *plans to develop the local economy* | **+into** *Wright is fast developing into one of this country's most talented players.* **2** [T] opracowywać: *scientists developing new drugs to fight AIDS* **3** [T] nabawić się: *Her baby developed a fever during the night.* **4** [I] narastać: *A crisis seems to be developing within the Conservative Party.* **5** [T] wywoływać: *I must get my holiday photos developed.* **6** [T] zagospodarowywać: *Much of the land in the south-east of the county has now been developed.* —**developed** *adj* rozwinięty: *developed countries*

de·vel·op·er /dɪˈveləpə/ *n* [C] inwestor budowlany

de·vel·op·ment S1 W1 /dɪˈveləpmənt/ *n* **1** [C,U] rozwój: *Vitamins are necessary for a child's growth and development.* | **+of** *the development of computer technology* **2** [C] wydarzenie: *Our reporter has news of the latest developments in Moscow.* **3** [C] teren zabudowany, osiedle: *a new housing development* (=osiedle mieszkaniowe) THESAURUS HOUSE

de·vi·ant /ˈdiːviənt/ *także* **de·vi·ate** /ˈdiːviət/ *AmE adj formal* odbiegający od normy: *deviant behaviour* —**deviant** *n* [C] dewiant

de·vi·ate Ac /ˈdiːvieɪt/ *v* [I] odbiegać, odstawać: **+from** *The results of the survey deviate from what we might have expected.* —**deviation** /ˌdiːviˈeɪʃən/ *n* [C,U] odchylenie, dewiacja

de·vice S3 W2 Ac /dɪˈvaɪs/ *n* [C] urządzenie: *labour-saving devices such as washing machines and dishwashers*

dev·il S3 /ˈdevəl/ *n* **1** [C] diabeł **2 the Devil** szatan **3 speak/talk of the devil** *spoken* o wilku mowa

dev·il·ish /ˈdevəlɪʃ/ *adj* diabelski: *a devilish smile* —**devilishly** *adv* diabelsko

ˌdevil's ˈadvocate *n* **play/be devil's advocate** być adwokatem diabła

de·vi·ous /ˈdiːviəs/ *adj* przebiegły, podstępny: *a devious scheme for making money*

de·vise /dɪˈvaɪz/ *v* [T] za/projektować: *software that allows you to devise your own computer games* THESAURUS INVENT

de·void /dɪˈvɔɪd/ *adj* **devoid of sth** pozbawiony czegoś: *The area is completely devoid of charm.*

de·vote Ac /dɪˈvəʊt/ *v* [T] **devote time/effort to sth** poświęcać czemuś czas/wysiłek: *She devoted most of her spare time to tennis.* | *A whole chapter is devoted to the question of the environment.*

de·vot·ed Ac /dɪˈvəʊtɪd/ *adj* oddany: *I'm one of your most devoted admirers!* | **+to** *She's devoted to her cats.*

de·vo·tion Ac /dɪˈvəʊʃən/ *n* [U] **1** oddanie: *Their devotion to each other grew stronger over the years.* **2** poświęcenie: *devotion to duty* **3** pobożność

de·vour /dɪˈvaʊə/ *v* [T] pożerać: *She devoured three burgers and a pile of fries.*

de·vout /dɪˈvaʊt/ *adj* pobożny: *a devout Catholic*

dew /djuː/ *n* [U] rosa

dex·ter·i·ty /dekˈsterəti/ *n* [U] zręczność

di·a·be·tes /ˌdaɪəˈbiːtiːz/ *n* [U] cukrzyca —**diabetic** /-ˈbetɪk◂/ *adj* chory na cukrzycę

di·a·bol·i·cal /ˌdaɪəˈbɒlɪkəl◂/ *adj* **1** okrutny, diaboliczny: *a diabolical killer* **2** *BrE spoken* ohydny: *The hotel we stayed in was diabolical.*

di·ag·nose /ˈdaɪəgnəʊz/ *v* [T] z/diagnozować: *He was diagnosed HIV positive* (=zdiagnozowano u niego wirusa HIV) *in 1982.*

di·ag·no·sis /ˌdaɪəgˈnəʊsɪs/ *n* [C,U] (plural **diagnoses** /-siːz/) diagnoza, rozpoznanie —**diagnostic** /-ˈnɒstɪk/ *adj* diagnostyczny: *diagnostic tests/methods*

di·ag·o·nal /daɪˈægənəl/ *adj* ukośny —**diagonal** *n* [C] przekątna —**diagonally** *adv* po przekątnej: *Tony was sitting diagonally opposite me.*

di·a·gram S3 /ˈdaɪəgræm/ *n* [C] diagram, schemat: **+of** *a diagram of a car engine*

dial[1] /daɪəl/ *v* [I,T] (**-lled**, **-lling** *BrE*; **-led**, **-ling** *AmE*) wybierać, wykręcać: *Sorry, I must have dialled the wrong number.*

dial[2] *n* [C] **1** wskaźnik: *She looked at the dial to check her speed.* **2** tarcza *(telefonu, zegara)* **3** pokrętło

D

di·a·lect /ˈdaɪəlekt/ *n* [C,U] dialekt, gwara: *a regional dialect*

ˈdialling code *n BrE* numer kierunkowy: *Please write your phone number, including the dialling code.*

di·a·logue /ˈdaɪəlɒg/ *także* **dialog** *AmE n* [C,U] dialog: *The dialogue in the movie didn't seem natural.* | **+between/with** *an opportunity for dialogue between the opposing sides*

ˈdialogue box *BrE*, **dialog box** *AmE n* [C] okienko dialogowe: *Click 'OK' in the dialogue box and your changes will be saved.*

di·am·e·ter /daɪˈæmɪtə/ *n* [C,U] średnica: *The wheel was about two feet in diameter.*

di·a·met·ri·cally /ˌdaɪəˈmetrɪkli/ *adv* **diametrically opposed** diametralnie różny

di·a·mond S3 /ˈdaɪəmənd/ *n* **1** [C,U] diament, brylant: *a diamond ring* **2** [C] romb **3 diamonds** karo **4** [C] boisko *(do baseballa)*

D

di·a·per /ˈdaɪəpə/ *n* [C] *AmE* pieluszka

di·a·phragm /ˈdaɪəfræm/ *n* [C] przepona

di·ar·rhoea /ˌdaɪəˈrɪə/ *BrE*, **diarrhea** *AmE n* [U] biegunka, rozwolnienie

di·a·ry S3 /ˈdaɪəri/ *n* [C] **1** pamiętnik **2** terminarz, kalendarz

dice¹ /daɪs/ *n* [C] (plural **dice**) [C] kostka do gry: **throw/roll the dice** *Throw the dice to start the game.*

dice² *v* [T] po/kroić w kostkę: *diced carrots*

dic·ey /ˈdaɪsi/ *adj informal* ryzykowny: *Making films with wild animals is always a dicey business.*

di·chot·o·my /daɪˈkɒtəmi/ *n* [C] *formal* dychotomia

dic·tate /dɪkˈteɪt/ *v* [I,T] po/dyktować: **dictate sth to sb** *She dictated the letter to her secretary.*

dic·ta·tion /dɪkˈteɪʃən/ *n* [C,U] dyktando: *French dictation*

dic·ta·tor /dɪkˈteɪtə/ *n* [C] dyktator/ka —**dictatorial** /ˌdɪktəˈtɔːriəl◂/ *adj* dyktatorski

dic·ta·tor·ship /dɪkˈteɪtəʃɪp/ *n* [C,U] dyktatura

dic·tion /ˈdɪkʃən/ *n* [U] *formal* dykcja

dic·tion·a·ry /ˈdɪkʃənəri/ *n* [C] słownik

did /dɪd/ *v* czas przeszły od DO

did·n't /ˈdɪdnt/ forma ściągnięta od 'did not'

die S1 W1 /daɪ/ *v* (**died**, **died**, **dying**) **1** [I,T] umierać: *He died a natural death* (=zmarł śmiercią naturalną). | **+of/from** *She died of breast cancer.* **2** zdychać: *Hector's upset because his dog's just died.* **3 be dying for sth/be dying to do sth** *spoken* marzyć o czymś/żeby coś zrobić: *I'm dying to meet her.* **4 old habits/old traditions/old customs die hard** trudno wykorzenić stare nawyki/tradycje/zwyczaje

die away *phr v* [I] zanikać, u/cichnąć: *The footsteps died away.*

die down *phr v* [I] o/słabnąć, u/cichnąć: *The wind finally died down this morning.*

die out *phr v* [I] wymrzeć: *The last wolves in this area died out 100 years ago.*

UWAGA: die

Po **die** używa się najczęściej przyimka **of**: *He died of a heart attack.* Można też użyć przyimka **from**, zwłaszcza jeśli śmierć nastąpiła wskutek odniesionych ran: *She was shot twice, and died later from her wounds.*

THESAURUS: die

die umrzeć: *Her father died last week.* | *the men who died in the war*

be killed zginąć: *Three people were killed when their car hit a tree.* | *Eight people were killed in the explosion.*

pass away *formal* odejść: *The doctor told us that she'd passed away in the night.*

lose your life stracić życie: *Hundreds of people lost their lives when the ship sank.*

die·hard /ˈdaɪhɑːd/ *n* [C] *informal* konserwatyst-a/ka: *a group of diehard Marxists*

die·sel /ˈdiːzəl/ *n* [U] olej napędowy, ropa

di·et¹ S3 W2 /ˈdaɪət/ *n* [C,U] dieta: *A healthy diet and exercise are important for good health.* | *a low-fat diet* | **be on a diet** (=być na diecie)

COLLOCATIONS: diet

verbs

to be on a diet *You're not eating much – are you on a diet?*

to go on a diet (=przejść na dietę) *I went on a diet and lost ten pounds.*

to follow a diet (=stosować dietę) *How long have you been following the diet?*

to stick to a diet (=przestrzegać diety) *It's hard to stick to a diet when you're on holiday.*

adjectives

a strict diet (=ścisła) *The doctor said I had to follow a very strict diet.*

a crash diet (=błyskawiczna) *Crash diets are not usually a good idea.*

a low-calorie/low-fat etc diet *A low-calorie diet should solve your weight problem.*

diet² *v* [I] być na diecie, odchudzać się

dif·fer W3 /ˈdɪfə/ *v* [I] **1** różnić się: **+from** *The new system differs from the old in several important ways.* **2** nie zgadzać się: *He differed with his brother on how to look after their parents.*

dif·fe·rence S1 W1 /ˈdɪfərəns/ *n* **1** [C] różnica: **+between** *There are many differences between public and private schools.* | *There's an age difference of 12 years between me and my wife.* | **difference in age/price/size etc** *The two jackets might look the same, but there's a huge difference in price.* **2 make a big difference/make all the difference (to)** zmieniać bardzo wiele (w): *Swimming twice a week can make a big difference to the way you feel.* **3 make no difference** nie robić różnicy: *It makes no difference to me what you do.* **4 difference of opinion** różnica poglądów

dif·fe·rent S1 W1 /ˈdɪfərənt/ *adj* **1** inny, różny: *Have you had a haircut? You look different* (=wyglądasz inaczej). | **+from** *New York and Chicago are very different from each other.* | **+to** *BrE*, **+than** *AmE*: *Life in Russia is totally different to life in Britain.* **2** [only before noun] różny: *I asked three different doctors, and they all said the same thing.* | *She visited his office on three different occasions.* —**differently** *adv* inaczej, różnie

dif·fe·ren·tial /ˌdɪfəˈrenʃəl◂/ *n* [C] **1** zróżnicowanie: *wage differentials* **2** *technical* różniczka

dif·fe·ren·ti·ate Ac /ˌdɪfəˈrenʃieɪt/ *v* [I,T] rozróżniać, różnicować: **+between** *Most people couldn't differentiate between the two drinks.* **—differentiation** /ˌdɪfərenʃiˈeɪʃən/ *n* [U] zróżnicowanie: *socio-economic differentiation*

dif·fi·cult S1 W1 /ˈdɪfɪkəlt/ *adj* trudny: *She finds English very difficult.* | *Simon was often moody and difficult.* | **it is difficult to do sth** *It was difficult to concentrate because of all the noise.*

THESAURUS: difficult

difficult trudny: *a difficult task* | *a difficult problem* | *It's difficult to talk about these things.*

hard trudny *(używa się zwłaszcza w mowie)*: *The test was really hard.* | *It's hard to say sorry.*

tough trudny, ciężki *(wymagający wysiłku i determinacji)*: *It was a tough race.* | *Managers sometimes have to make some tough decisions.*

complicated skomplikowany: *The rules of the game are very complicated.* | *a complicated system*

tricky trudny *(bo łatwo o błąd)*: *Finding your way out of the forest can be tricky, especially at night.* | *a tricky situation*

awkward niezręczny: *You've put me in a very awkward position.*

demanding wymagający: *It can be demanding bringing up young children.* | *The job is very demanding and can be quite stressful.*

challenging wymagający *(w pozytywnym sensie)*: *I wanted a job that was more challenging.*

arduous żmudny, mozolny: *an arduous journey* | *an arduous task*

dif·fi·cul·ty S2 W1 /ˈdɪfɪkəlti/ *n* **1** [U] trudność: **have difficulty (in) doing sth** (=mieć problemy z czymś): *David's having difficulty finding a job.* | **with difficulty** (=z trudem): *She got out of her chair with difficulty.* **2** [C,U] trudność, problem: *a country with economic difficulties* THESAURUS PROBLEM

dif·fi·dent /ˈdɪfɪdənt/ *adj* nieśmiały, wstydliwy **—diffidence** *n* [U] nieśmiałość

dif·fuse¹ /dɪˈfjuːz/ *v* [I,T] rozpowszechniać, szerzyć: *to diffuse knowledge*

dif·fuse² /dɪˈfjuːs/ *adj formal* rozproszony: *a large and diffuse organization*

dig¹ S2 /dɪg/ *v* [I,T] (**dug, dug, digging**) wy/kopać: *The kids had dug a huge hole in the sand.*

dig into *phr v* [I,T **dig** sth **into** sth] wbić (się): *The cat kept digging its claws into my leg.*

dig sth ↔ out *phr v* [T] odgrzebać, odkopać: *Remind me to dig out that book for you.*

dig sth ↔ up *phr v* [T] **1** wykopać: *Beth was in the garden digging up weeds.* **2** wydobyć na jaw

dig

digging the garden

dig² *n* [C] wykopalisko: *an archaeological dig*

di·gest /daɪˈdʒest/ *v* [T] **1** s/trawić: *Some babies can't digest cows' milk.* **2** przetrawić: *It took us a while to digest the news.* **—digestible** *adj* strawny

di·ges·tion /daɪˈdʒestʃən/ *n* [C,U] trawienie

di·git /ˈdɪdʒɪt/ *n* [C] **1** cyfra: *a seven-digit phone number* **2** *technical* palec

di·gi·tal /ˈdɪdʒətl/ *adj* cyfrowy: *a digital watch/clock* | *a digital recording*

ˌdigital ˈsignature *n* [C] podpis elektroniczny

dig·ni·fied /ˈdɪgnɪfaɪd/ *adj* dostojny, pełen godności: *a dignified leader*

dig·ni·ta·ry /ˈdɪgnətəri/ *n* [C] dygnitarz: *foreign dignitaries*

dig·ni·ty /ˈdɪgnəti/ *n* [U] godność, dostojeństwo: *a woman of compassion and dignity*

di·gress /daɪˈgres/ *v* [I] z/robić dygresję **—digression** /-ˈgreʃən/ *n* [C,U] dygresja

digs /dɪgz/ *n* [plural] *BrE informal* stancja, wynajęty pokój

dike /daɪk/ [C] alternatywna pisownia wyrazu DYKE

di·lap·i·dat·ed /dɪˈlæpɪdeɪtɪd/ *adj* rozpadający się, walący się: *a dilapidated building*

di·late /daɪˈleɪt/ *v* [I,T] rozszerzać (się) **—dilation** /-ˈleɪʃən/ *n* [U] rozszerzenie (się)

di·lem·ma /dəˈlemə/ *n* [C] dylemat: **be in a dilemma** (=być w rozterce): *He's in a dilemma about whether to accept the job or not.*

dil·i·gent /ˈdɪlədʒənt/ *adj* pilny: *a diligent student* **—diligently** *adv* pilnie **—diligence** *n* [U] pilność

di·lute /daɪˈluːt/ *v* [T] rozcieńczać: *diluted fruit juice* **—dilute** *adj* rozcieńczony

dim¹ /dɪm/ *adj* **1** przyćmiony, niewyraźny: *the dim light of a winter evening* **2 dim memory/awareness** mgliste wspomnienie/pojęcie

dim² *v* [I,T] (**-mmed, -mming**) przyciemniać: *Could you dim the lights a little?*

dime /daɪm/ *n* **1** [C] dziesięciocentówka **2 a dime a dozen** *informal* tuzinkowy, pospolity: *Jobs like his are a dime a dozen.*

di·men·sion W3 Ac /daɪˈmenʃən/ *n* **1** [C] wymiar: **new/different dimension** *The baby has added a whole new dimension to their life.* **2** [plural] rozmiary: *What are the dimensions of the room?*

ˈdime store *n* [C] *AmE* sklep z tanimi artykułami

di·min·ish Ac /dəˈmɪnɪʃ/ *v* [I,T] zmniejszać (się), maleć: *the country's diminishing political influence*

di·min·u·tive /dəˈmɪnjətɪv/ *adj formal* drobny

dim·ple /ˈdɪmpəl/ *n* [C] dołeczek *(w brodzie, policzku)*

din /dɪn/ *n* [singular] hałas

dine /daɪn/ *v* [I] *formal* jeść obiad

dine out *phr v* [I] *formal* jeść obiad poza domem/w restauracji

din·er /ˈdaɪnə/ *n* [C] **1** *especially AmE* tania restauracja THESAURUS RESTAURANT **2** gość *(w restauracji)*

din·ghy /ˈdɪŋgi/ *n* [C] łódka, szalupa

din·gy /ˈdɪndʒi/ *adj* obskurny: *a small dingy room*

ˈdining room *n* [C] jadalnia

D

din·ner S1 W2 /ˈdɪnə/ *n* [C,U] obiad: *What time's dinner?*

UWAGA: dinner
Patrz **supper** i **dinner**.

COLLOCATIONS: dinner

verbs

to have/eat dinner *What time do you usually have dinner?*
to make/cook dinner *It's time to start cooking dinner.*
to have sth for dinner *We're having pizza for dinner.*
to have sb over/round for dinner *We must have you over for dinner.*
to ask/invite sb to dinner *Perhaps I should ask him to dinner.*
to come for/to dinner *Mike and Linda are coming for dinner tonight.*
to go out for/to dinner (=wyjść do restauracji) *Let's go out for dinner.*
take sb out for/to dinner *He's taking me out for dinner.*
to serve dinner (=podawać obiad/kolację) *Dinner is served between 7 and 11 pm in the hotel restaurant.*

types of dinner

Sunday/Christmas/Thanksgiving dinner *After Christmas dinner, they opened their presents.*
a three-course/four-course etc dinner *The cost of the hotel includes a three-course dinner.*
a romantic dinner *He had planned a romantic dinner for his girlfriend.*
a candle-lit dinner (=kolacja przy świecach) *We went out for a romantic candle-lit dinner.*
school dinners *BrE* (=obiady szkolne) *Do you like your school dinners?*

dinner + noun

a dinner party *She's having a dinner party for eight people.*
dinner time *Wash your hands, it's dinner time!*
a dinner guest *The dinner guests began arriving at about seven o'clock.*

ˈdinner ˌjacket *n* [C] *BrE* smoking

di·no·saur /ˈdaɪnəsɔː/ *n* [C] dinozaur: *fossilized dinosaur bones*

di·ox·ide /daɪˈɒksaɪd/ *n* [C,U] dwutlenek: *When we breathe we take oxygen into the body and expel the waste gas, carbon dioxide, or CO2.*

dip¹ /dɪp/ *v* (**-pped, -pping**) **1** [T] maczać, zanurzać: **dip sth in/into sth** *Janet dipped her feet into the water.* **2** [I] *informal* spadać, obniżać się: *Temperatures dipped below freezing.*

dip² *n* **1** [C,U] sos *(do maczania)*: *a sour cream dip* **2** [C] zagłębienie (terenu): *a dip in the road* **3** [C] spadek: *a dip in prices* **4** [singular] *informal* kąpiel: *Is there time for a dip before lunch?* | **have/take a dip** (=popływać): *They've decided to take a dip in the lake before lunch.*

diph·ther·i·a /dɪfˈθɪəriə/ *n* [U] błonica, dyfteryt

di·plo·ma /dəˈpləʊmə/ *n* [C] dyplom

di·plo·ma·cy /dəˈpləʊməsi/ *n* [U] dyplomacja: *an expert at international diplomacy* | *He handled the problem with great diplomacy.*

dip·lo·mat /ˈdɪpləmæt/ *n* [C] dyplomat-a/ka

dip·lo·mat·ic /ˌdɪpləˈmætɪk◂/ *adj* dyplomatyczny: *Feingold plans to join the diplomatic service.* | *He won't give you a thing unless you're very diplomatic.* —**diplomatically** /-kli/ *adv* dyplomatycznie

dire /daɪə/ *adj* **1** zgubny: *the dire consequences of war* **2** skrajny *(o nędzy)*

di·rect¹ S2 W1 /dəˈrekt/ *adj* bezpośredni: *I'm not in direct contact with them.* | *Experienced users have direct access to the main data files.* **direct train/flight** bezpośrednie połączenie kolejowe/lotnicze —**directness** *n* [U] bezpośredniość → antonim INDIRECT

direct² S3 W2 *v* [T] **1** po/kierować: *Hanley was asked to direct the investigation.* **2** wy/reżyserować: *Barbra Streisand both starred in and directed the movie.* **3** s/kierować: *Can you direct me to the airport?* | *He directed the light towards the house.* | **+ at/towards/against etc** *My criticisms were directed at Ken, not at you.* | *an aid effort directed at Rwandan refugees*

direct³ *adv* bezpośrednio: *You can fly direct from London to Nashville.* | *You'll have to contact the manager direct.*

diˌrect ˈdebit *BrE*, **diˌrect ˈbilling** *AmE* *n* polecenie zapłaty: *It's cheaper to pay by direct debit.* | *I've arranged a direct billing to pay the gas bill.*

di·rec·tion S1 W1 /dəˈrekʃən/ *n* **1** [C] kierunek, strona: *Suddenly the conversation changed direction.* | **in the direction of sth/in sth's direction** *We walked off in the direction of the hotel.* | **in the opposite direction** (=w przeciwnym kierunku): *Jeff stepped forward, hailing a taxi that was going in the opposite direction.* **2** [U] kierownictwo: **under sb's direction** *The company has become very successful under Martini's direction.* **3 sense of direction** orientacja (w terenie): *Bill's always getting lost - he has no sense of direction.*

di·rec·tions /dəˈrekʃənz/ *n* [plural] instrukcje: *Could you give me directions* (=wskazać mi drogę) *to the bus station?*

di·rec·tive /dəˈrektɪv/ *n* [C] zarządzenie

di·rect·ly S2 W2 /dəˈrektli/ *adv* **1** bezpośrednio: *It's easier if you order the book directly from the publisher.* **2 directly opposite/in front** dokładnie naprzeciw/przed: *Lucas sat directly behind us.* **3 speak/ask/answer directly** mówić/zapytać/odpowiedzieć wprost

di·rec·tor S2 W1 /dəˈrektə/ *n* [C] **1** dyrektor/ka: *Her new job is marketing director.* **2** reżyser/ka: *film director Ken Russell*

di·rec·to·ry S3 /daɪˈrektəri/ *n* [C] **1** spis, katalog **2 telephone directory** książka telefoniczna

dirt S3 /dɜːt/ *n* [U] **1** brud: *The walls were black with age and dirt.* **2** *especially AmE* ziemia: *He dug another spadeful of dirt.* | **dirt road** (=droga gruntowa) **3** *informal* brudy: **dig up (the) dirt on sb** (=szukać na kogoś haka) **4 dirt cheap** tani jak barszcz: *We got the couch dirt cheap in a sale.*

dirt·y¹ S2 W3 /ˈdɜːti/ *adj* **1** brudny: *There's a stack of dirty dishes in the sink.* **2** sprośny, nieprzyzwoity: *dirty jokes* **3** nieuczciwy: *a dirty fighter* | *That was a dirty trick.*

dirty² *v* [T] po/brudzić: *Don't dirty your hands.*

dis- /dɪs/ *prefix* przedrostek oznaczający zaprzeczenie, przeciwieństwo, odłączenie lub uwolnienie: *disrespectful* | *dishonesty* | *disconnect a plug*

dis·a·bil·i·ty /ˌdɪsəˈbɪləti/ *n* [C,U] niepełnosprawność, kalectwo: *She's never let her disability hold back her career in politics.*

D

dis·a·bled S3 W3 /dɪsˈeɪbəld/ *adj* **1** niepełnosprawny: *a disabled worker* **2 the disabled** niepełnosprawni

dis·ad·van·tage /ˌdɪsədˈvɑːntɪdʒ/ *n* [C] wada, słaba strona: *Your main disadvantage is lack of experience.* | **be at a disadvantage** (=być w niekorzystnej sytuacji): *I was at a disadvantage because I didn't speak French.* —**disadvantaged** *adj* mający gorszy start: *disadvantaged kids from the ghetto* —**disadvantageous** /ˌdɪsædvənˈteɪdʒəs/ *adj* niekorzystny

THESAURUS: disadvantage

disadvantage wada: *The car uses a lot of fuel, which is a big disadvantage.* | *We had to discuss the advantages and disadvantages of nuclear energy.*

drawback minus: *It's a great camera. The only drawback is the price.*

catch *especially spoken* kruczek: *There is a catch - you can only make cheap calls after 10 pm.*

bad point słaby punkt: *Both designs have their good points and bad points.*

the downside słaba strona: *I love my job. The downside is that I don't get much free time.*

dis·af·fec·ted /ˌdɪsəˈfektɪd◂/ *adj* zrażony, zawiedziony: *disaffected Communists*

dis·a·gree S3 /ˌdɪsəˈgriː/ *v* [I] nie zgadzać się: *These reports disagree on many important points.* | **+with** *Roth doesn't like anybody who disagrees with him.* | **+about/on** *Those two disagree about everything.*

dis·a·gree·a·ble /ˌdɪsəˈgriːəbəl◂/ *adj* nieprzyjemny: *a disagreeable experience* —**disagreeably** *adv* nieprzyjemnie

dis·a·gree·ment /ˌdɪsəˈgriːmənt/ *n* **1** [C,U] niezgoda, różnica zdań: **+over/about etc** *She left the company after a disagreement over contracts.* **2** [U] niezgodność: **+between** *There is considerable disagreement between the statements of the two witnesses.*

dis·al·low /ˌdɪsəˈlaʊ/ *v* [T] *formal* nie przyjmować, odrzucać: *The referee disallowed the goal* (=sędzia nie uznał bramki).

dis·ap·pear S2 W2 /ˌdɪsəˈpɪə/ *v* [I] **1** znikać: *She turned around, but the man had disappeared.* **2** ginąć, zanikać: *Many species of plants and animals disappear every year.* —**disappearance** *n* [C,U] zniknięcie, zanik

THESAURUS: disappear

disappear zniknąć: *The cat disappeared over the wall.* | *Large parts of the forest have already disappeared.*

vanish ulotnić się, zniknąć *(nagle lub w tajemniczy sposób)*: *When she came back, her bag had vanished.* | *By now, all hope of finding him had vanished.*

go away zniknąć *(ból, problem)*: *I wish this headache would go away.* | *I'm afraid the problem won't go away immediately.*

fade away osłabnąć: *The sound of her steps faded away and there was silence.* | *His anger slowly faded away.*

become extinct wymrzeć: *The polar bear could become extinct if the ice keeps melting.* | *Dinosaurs became extinct millions of years ago.*

dis·ap·point W3 /ˌdɪsəˈpɔɪnt/ *v* [T] rozczarować, zawieść: *I'm sorry to disappoint you, but we won't be going on holiday this year.*

dis·ap·point·ed S3 W3 /ˌdɪsəˈpɔɪntɪd◂/ *adj* rozczarowany, zawiedziony: **+(that)** *He was really disappointed that Kerry couldn't come.*

dis·ap·point·ing /ˌdɪsəˈpɔɪntɪŋ◂/ *adj* niezadowalający, rozczarowujący: *The game ended with a disappointing score of 2-2.* THESAURUS BAD

dis·ap·point·ment /ˌdɪsəˈpɔɪntmənt/ *n* **1** [U] rozczarowanie, zawód: **+at** *Brian's disappointment at not being chosen was obvious.* **2** [C] **be a disappointment** przynosić rozczarowanie, nie spełniać oczekiwań: *What a disappointment that movie was!* | *Kate feels as if she's a disappointment to her family.*

dis·ap·prove /ˌdɪsəˈpruːv/ *v* [I] nie aprobować, nie pochwalać: **+of** *Her parents disapprove of her lifestyle.* —**disapproval** *n* [U] dezaprobata

dis·arm /dɪsˈɑːm/ *v* **1** [I,T] rozbrajać (się): *Both sides must disarm before the peace talks can begin.* | *Police managed to disarm the man.* **2** [T] rozbroić *(uśmiechem, wdziękiem)* udobruchać: *Susie's reply disarmed him.*

dis·ar·ma·ment /dɪsˈɑːməmənt/ *n* [U] rozbrojenie: *nuclear disarmament*

dis·arm·ing /dɪsˈɑːmɪŋ/ *adj* rozbrajający: *He gave her his most disarming smile.*

dis·ar·ray /ˌdɪsəˈreɪ/ *n* **be in disarray** być w rozsypce: *By 1985, the party was in complete disarray.*

di·sas·ter S3 W3 /dɪˈzɑːstə/ *n* [C,U] **1** katastrofa: *an air disaster in which 329 people died* **2** klęska: *As a career move, his latest job was a disaster.* **3 disaster film/movie** film katastroficzny

di·sas·trous /dɪˈzɑːstrəs/ *adj* fatalny, katastrofalny: *It was a disastrous trip from the beginning.*

dis·band /dɪsˈbænd/ *v* [I,T] *formal* rozwiązywać (się) *(o organizacji, stowarzyszeniu)*

dis·be·lief /ˌdɪsbəˈliːf/ *n* [U] niedowierzanie: **in disbelief** (=z niedowierzaniem): *I looked at him in disbelief.*

dis·be·lieve /ˌdɪsbəˈliːv/ *v* [T] nie wierzyć w: *I see no reason to disbelieve his story.* —**disbelieving** *adj* niedowierzający: *"Really?" said Simon in a disbelieving tone of voice.*

disc S2 W3 /dɪsk/ *także* **disk** *AmE n* [C] **1** dysk, krążek: *a revolving metal disc* **2** dysk *(kręgosłupa)* **3** płyta → patrz też COMPACT DISC

dis·card /dɪsˈkɑːd/ *v* [T] wyrzucać, pozbywać się: *River birds are often hurt by discarded fish hooks.*

di·scern /dɪˈsɜːn/ *v* [T] *formal* **1** dostrzegać, rozróżniać: *I could just discern the outline of the bridge in the fog.* **2** rozeznać się w, uchwycić —**discernible** *adj* dostrzegalny

di·scern·ing /dɪˈsɜːnɪŋ/ *adj* wyrobiony, znający się na rzeczy: *a superb hotel for the discerning traveller* —**discernment** *n* [U] rozeznanie

dis·charge[1] /dɪsˈtʃɑːdʒ/ *v* **1** [T] zwalniać, wypisywać: **+from** *Blanton was discharged from hospital last night.* **2** [I,T] wydzielać (się): *The wound discharged pus* (=z rany sączyła się ropa). **3** [T] *formal* wywiązywać się z *(obowiązku, obietnicy)*

dis·charge[2] /ˈdɪstʃɑːdʒ/ *n* **1** [U] zwolnienie: *He got married shortly after his discharge from the army.* **2** [C,U] emisja, wydzielanie: *a discharge of toxic waste*

di·sci·ple /dɪˈsaɪpəl/ *n* [C] uczeń/uczennica

dis·ci·pli·nar·i·an /ˌdɪsəpləˈneəriən/ *n* [C] służbist-a/ka: *Dad was always the disciplinarian in the family.*

D

dis·ci·pline¹ S3 W3 /ˈdɪsɪplɪn/ *n* [U] dyscyplina: *The school has very high standards of discipline.* | *It took him a lot of hard work and discipline to make the Olympic team.*

discipline² *v* [T] **1** narzucać dyscyplinę: *The Parkers are not very good at disciplining their children.* **2** u/karać (*dyscyplinarnie*): *Offenders will be severely disciplined.*

ˈdisc ˌjockey *n* [C] dyskdżokej

dis·claim /dɪsˈkleɪm/ *v* [T] *formal* wypierać się —**disclaimer** *n* [C] dementi

dis·close /dɪsˈkləʊz/ *v* [T] ujawniać: *The newspaper refused to disclose where their information came from.*

dis·clo·sure /dɪsˈkləʊʒə/ *n* [C,U] ujawnienie: *a disclosure of corruption in the mayor's office*

dis·co /ˈdɪskəʊ/ *n* [C] dyskoteka

D

dis·col·our /dɪsˈkʌlə/ *BrE*, **discolor** *AmE* *v* [I,T] odbarwiać (się): *Use lemon juice to stop sliced apples from discolouring.* —**discoloration** /dɪsˌkʌləˈreɪʃən/ *n* [C,U] odbarwienie, przebarwienie

dis·com·fort /dɪsˈkʌmfət/ *n* **1** [U] bolesność: *Your injury isn't serious, but it may cause some discomfort.* **2** [C] niewygoda: *the discomforts of long distance travel*

dis·con·cert·ing /ˌdɪskənˈsɜːtɪŋ◂/ *adj* **1** żenujący, wprawiający w zakłopotanie: *The old man was staring at her in a most disconcerting way.* **2** niepokojący —**disconcert** *v* [T] z/mieszać, wprawiać w zakłopotanie —**disconcerted** *adj* zmieszany, zażenowany

dis·con·nect /ˌdɪskəˈnekt/ *v* [T] odłączać, rozłączać: *Disconnect the cables before you try to move the computer.*

dis·con·nect·ed /ˌdɪskəˈnektɪd◂/ *adj* bezładny, bez związku (*o myślach, pomysłach*)

dis·con·tent·ed /ˌdɪskənˈtentɪd◂/ *adj* rozczarowany, niezadowolony: **+with** *After two years, I became discontented with my job.* —**discontent** *n* [U] niezadowolenie

dis·con·tin·ue /ˌdɪskənˈtɪnjuː/ *v* [T] wycofywać (*z obiegu, produkcji*): *My favourite lipstick has been discontinued!*

dis·cord /ˈdɪskɔːd/ *n* **1** [U] *formal* niezgoda, rozdźwięk: *marital discord* **2** [C,U] dysonans

dis·count¹ S3 /ˈdɪskaʊnt/ *n* [C] zniżka, rabat: *Sales start Monday, with discounts of up to 50%.*

dis·count² /dɪsˈkaʊnt/ *v* [T] **1** z/lekceważyć, po/traktować sceptycznie: *Larry tends to discount any suggestion I ever make.* **2** udzielać rabatu na, obniżać cenę

dis·cour·age /dɪsˈkʌrɪdʒ/ *v* [T] zniechęcać: *Don't be discouraged by your results.* | **discourage sb from doing sth** *They're trying to discourage staff from smoking at work.* → antonim ENCOURAGE

dis·cour·aged /dɪsˈkʌrɪdʒd/ *adj* zniechęcony: *Students may get discouraged* (=mogą się zniechęcić) *if they are criticized too often.* —**discouraging** *adj* zniechęcający

dis·cour·te·ous /dɪsˈkɜːtiəs/ *adj* *formal* niegrzeczny, nieuprzejmy —**discourteously** *adv* niegrzecznie, nieuprzejmie

dis·cov·er S2 W1 /dɪsˈkʌvə/ *v* [T] odkrywać: *Columbus discovered America in 1492.* | **+who/what/how etc** *Did you ever discover who sent you the flowers?* THESAURUS FIND, INVENT —**discoverer** *n* [C] odkryw-ca/czyni

dis·cov·e·ry W3 /dɪsˈkʌvəri/ *n* [C] odkrycie: *the discovery of oil in Texas* | **make a discovery** (=dokonać odkrycia): *Astronomers have made significant discoveries about our galaxy.*

dis·cred·it /dɪsˈkredɪt/ *v* [T] z/dyskredytować: *The defense lawyer will try to discredit our witnesses.* —**discredit** *n* [U] kompromitacja

di·screet /dɪˈskriːt/ *adj* dyskretny: *It wasn't very discreet of you to call me at the office.* —**discreetly** *adv* dyskretnie

di·screp·an·cy /dɪˈskrepənsi/ *n* [C,U] rozbieżność: **+between** *If there is any discrepancy between the two reports, make a note of it.*

di·scre·tion Ac /dɪˈskreʃən/ *n* [U] **1** uznanie: *Promotions are left to the discretion* (=są w gestii) *of the manager.* | **at sb's discretion** (=według czyjegoś uznania): *Tipping is entirely at the customer's discretion.* **2** dyskrecja: *This situation must be handled with discretion.*

di·scrim·i·nate Ac /dɪˈskrɪməneɪt/ *v* **1 discriminate against** dyskryminować: *She claims that she has been discriminated against on the grounds of sex.* **2** [I,T] odróżniać, rozróżniać: **+between** *The child must first learn to discriminate between letters of similar shape.*

di·scrim·i·nat·ing /dɪˈskrɪməneɪtɪŋ/ *adj* wyrobiony: *We have a large wine list for those of discriminating taste.*

di·scrim·i·na·tion /dɪˌskrɪməˈneɪʃən/ *n* [U] **1** dyskryminacja: *sex discrimination* | **+against** *discrimination against disabled people in employment* **2** rozeznanie, dobry gust

dis·cus /ˈdɪskəs/ *n* [C singular] **1** dysk **2** rzut dyskiem

di·scuss S2 W1 /dɪˈskʌs/ *v* [T] omawiać, prze/dyskutować: *We're meeting today to discuss our science project.* | **discuss sth with sb** *I'd like to discuss this with my father first.* THESAURUS TALK

di·scus·sion S2 W1 /dɪˈskʌʃən/ *n* [C,U] dyskusja: **have a discussion (about sth)** *In class that day they had a discussion about the political parties.* | **under discussion** (=omawiany)

dis·dain /dɪsˈdeɪn/ *n* [U] *formal* pogarda: **+for** *Mason could not conceal his disdain for uneducated people.* —**disdainful** *adj* pogardliwy

dis·ease S3 W1 /dɪˈziːz/ *n* [C,U] choroba: *heart disease* THESAURUS ILLNESS —**diseased** *adj* chory

dis·em·bark /ˌdɪsəmˈbɑːk/ *v* [I] **1** schodzić na ląd: *The troops disembarked on the beach at dawn.* **2** wysiadać z samolotu —**disembarkation** /ˌdɪsembɑːˈkeɪʃən/ *n* [U] wysiadanie

dis·em·bod·ied /ˌdɪsəmˈbɒdid◂/ *adj* **1** bezcielesny **2** znikąd (*o głosie, dźwięku*)

dis·en·chant·ed /ˌdɪsɪnˈtʃɑːntɪd/ *adj* rozczarowany, pozbawiony złudzeń: **+with** *Anne was becoming disenchanted with her marriage.* —**disenchantment** *n* [U] rozczarowanie

dis·en·gage /ˌdɪsənˈgeɪdʒ/ *v* [I,T] uwalniać, rozłączać: *Disengage* (=zwolnij) *the gears when you park the car.* —**disengagement** *n* [U] uwolnienie, rozłączenie

dis·en·tan·gle /ˌdɪsənˈtæŋgəl/ *v* **disentangle yourself (from)** wyplątać się (z)

dis·fig·ure /dɪsˈfɪgə/ *v* [T] zniekształcić, oszpecić: *His face was badly disfigured in the accident.*

dis·grace¹ /dɪsˈgreɪs/ *n* hańba, kompromitacja: *The food in that place is a disgrace.* | **+to sb/sth** *Doctors like you are a disgrace to the medical profession.*

disgrace² *v* [T] s/kompromitować: *How could you disgrace us all like that?*

dis·grace·ful /dɪsˈɡreɪsfəl/ *adj* skandaliczny: *Your manners are disgraceful!*

dis·grun·tled /dɪsˈɡrʌntld/ *adj* niezadowolony, skwaszony: *disgruntled employees*

dis·guise¹ /dɪsˈɡaɪz/ *v* [T] **1** przebierać, u/charakteryzować: **disguise yourself as sb/sth** *She disguised herself as a man* (=przebrała się za mężczyznę). **2** ukrywać: *Dan couldn't disguise his feelings for Katie.*

disguise² *n* [C,U] przebranie: *The glasses were part of his disguise.* | **in disguise** (=incognito): *He travelled around in disguise.*

dis·gust¹ /dɪsˈɡʌst/ *n* [U] wstręt, obrzydzenie: **with disgust** *Everybody looked at me with disgust.* | **in disgust** *We waited an hour before leaving in disgust* (=zanim odeszliśmy zdegustowani).

disgust² *v* [T] napawać wstrętem —**disgusted** *adj* zdegustowany: *We felt disgusted by the way we'd been treated.*

dis·gust·ing S2 /dɪsˈɡʌstɪŋ/ *adj* obrzydliwy, wstrętny: *What is that disgusting smell?* THESAURUS ▸ TASTE

dish¹ S2 W3 /dɪʃ/ *n* [C] **1** półmisek, naczynie: *a serving dish* **2** potrawa, danie: *a wonderful pasta dish*

dish² *v*

dish sth ↔ out *phr v* [T] *informal* rozdawać (na prawo i lewo): *He's always dishing out unwanted advice* (=udziela nieproszonych rad).

dis·heart·ened /dɪsˈhɑːtnd/ *adj* zrezygnowany, zniechęcony

dis·heart·en·ing /dɪsˈhɑːtn-ɪŋ/ *adj* przygnębiający: *It was disheartening to see how little had been done.*

dish·es /ˈdɪʃɪz/ *n* [plural] zastawa stołowa, naczynia: **do the dishes** (=zmywać naczynia)

di·shev·elled /dɪˈʃevəld/ *BrE*, **disheveled** *AmE adj* rozczochrany *(o włosach)* w nieładzie *(o ubraniu, fryzurze)*: *She looked tired and dishevelled* (=wyglądała na zmęczoną i zaniedbaną).

dis·hon·est /dɪsˈɒnɪst/ *adj* nieuczciwy: *a dishonest politician* —**dishonesty** *n* [U] nieuczciwość —**dishonestly** *adv* nieuczciwie

dis·hon·our¹ /dɪsˈɒnə/ *BrE*, **dishonor** *AmE n* [U] *formal* hańba, dyshonor: **bring dishonour on sb/sth** (=okryć kogoś/coś hańbą): *His behaviour brought dishonour on the family.*

dishonour² *BrE*, **dishonor** *AmE v* [T] *formal* **1** zhańbić, okryć hańbą **2** nie honorować *(czeku, karty płatniczej)*

dis·hon·our·a·ble /dɪsˈɒnərəbəl/ *BrE*, **dishonorable** *AmE adj* haniebny

dish·tow·el /ˈdɪʃˌtaʊəl/ *n* [C] *AmE* ścierka do naczyń: *If I can find a dish towel I'll dry the dishes for you.*

dish·wash·er /ˈdɪʃˌwɒʃə/ *n* [C] zmywarka (do naczyń)

ˈdishwashing ˌliquid *n AmE* płyn do mycia naczyń

dis·il·lu·sion /ˌdɪsəˈluːʒən/ *v* [T] pozbawiać złudzeń: *I hate to disillusion you, but she's never coming back.* —**disillusionment** *n* [U] rozczarowanie

dis·il·lu·sioned /ˌdɪsəˈluːʒənd◂/ *adj* rozczarowany, pozbawiony złudzeń

dis·in·fect /ˌdɪsənˈfekt/ *v* [T] odkażać, z/dezynfekować —**disinfection** /-ˈfekʃən/ *n* [U] dezynfekcja

dis·in·fec·tant /ˌdɪsənˈfektənt/ *n* [C,U] środek dezynfekujący/odkażający

dis·in·her·it /ˌdɪsɪnˈherɪt/ *v* [T] wydziedziczyć

dis·in·te·grate /dɪsˈɪntɪɡreɪt/ *v* [I] rozpadać się: *The whole plane just disintegrated in mid-air.* | *Pam kept the kids when the marriage disintegrated.* —**disintegration** /dɪsˌɪntɪˈɡreɪʃən/ *n* [U] rozpad, dezintegracja

dis·in·terest·ed /dɪsˈɪntrɪstɪd/ *adj* bezstronny: *As a disinterested observer, who do you think is right?*

dis·joint·ed /dɪsˈdʒɔɪntɪd/ *adj* chaotyczny, bezładny —**disjointedly** *adv* chaotycznie, bezładnie

disk S2 W3 /dɪsk/ *n* [C] **1** dysk, dyskietka **2** amerykańska pisownia wyrazu DISC → patrz też HARD DISK, FLOPPY DISK

ˈdisk drive *n* [C] stacja/napęd dysków

dis·kette /dɪsˈket/ *n* [C] dyskietka

ˈdisk ˌjockey *n* [C] *AmE* dyskdżokej

dis·like¹ /dɪsˈlaɪk/ *v* [T] nie lubić: *Why do you dislike her so much?*

THESAURUS: dislike

dislike/not like nie lubić: *I don't like getting up in the morning.* | *She disliked him from the moment they met.* | *Chemistry was the one subject he disliked at school.*

not be very keen on sth *informal także* **not be very fond of sth** *especially BrE* nie przepadać za czymś: *I'm not very keen on golf.* | *Dad's never been very fond of cats.*

not think much of sb/sth *informal* nie być kimś/czymś zachwyconym: *I didn't think much of the film, to be honest.*

go off sb/sth *BrE informal* przestać kogoś/coś lubić: *I used to like his music but I've gone off it now.*

put sb off sb/sth *BrE* zniechęcić kogoś do kogoś/czegoś: *He got terribly drunk and it really put me off him.* | *School sports put me off exercise for years.*

dislike² *n* [C,U] niechęć: **+ of/for** *She shared her mother's dislike of housework.* | **take a dislike to sb/sth** *They took an instant dislike to each other* (=nie przypadli sobie do gustu).

dis·lo·cate /ˈdɪsləkeɪt/ *v* [T] zwichnąć: *dislocated shoulder*

dis·lodge /dɪsˈlɒdʒ/ *v* [T] wyrwać, ruszyć z miejsca: *Lee dislodged a few stones as he climbed over the old wall.*

dis·loy·al /dɪsˈlɔɪəl/ *adj* nielojalny: *He was accused of being disloyal to his country.* —**disloyalty** *n* [U] nielojalność

dis·mal /ˈdɪzməl/ *adj* beznadziejny, fatalny: *dismal weather*

dis·man·tle /dɪsˈmæntl/ *v* [I,T] rozbierać, z/demontować: *Chris dismantled the bike in five minutes.*

dis·may /dɪsˈmeɪ/ *n* [U] konsternacja: *They were filled with dismay by the news.* | *To their dismay the door was locked.* —**dismay** *v* [T] konsternować, martwić: *I was dismayed to hear that you were leaving.*

dis·mem·ber /dɪsˈmembə/ *v* [T] *formal* rozczłonkować: *The driver was dismembered* (=rozerwany na kawałki) *in a horrible accident.*

dis·miss W3 /dɪsˈmɪs/ *v* [T] **1** odrzucać: **dismiss sth as** *He dismissed the idea as impossible.* **2** *formal* zwalniać z pracy: *If you're late again you'll be dismissed!* **3** puszczać do domu: *Classes will be dismissed early tomorrow.* —**dismissal** *n* [C,U] zwolnienie

dis·miss·ive /dɪsˈmɪsɪv/ *adj* lekceważący

dis·mount /dɪsˈmaʊnt/ *v* [I] zsiadać: *to dismount from a horse/bicycle/motorcycle*

dis·o·be·di·ent /ˌdɪsəˈbiːdiənt/ *adj* nieposłuszny: *a disobedient child* —**disobediently** *adv* nieposłusznie —**disobedience** *n* [U] nieposłuszeństwo

dis·o·bey /ˌdɪsəˈbeɪ/ *v* [I,T] nie słuchać: *She would never disobey her parents.*

dis·or·der /dɪsˈɔːdə/ *n* **1** [U] bałagan, nieporządek: *The house was in a state of complete disorder.* **2 civil/public disorder** niepokoje społeczne, rozruchy **3** [C] schorzenie, zaburzenie: *a rare liver disorder*

dis·or·der·ly /dɪsˈɔːdəli/ *adj* **1** bezładny, nieporządny: *clothes left in a disorderly heap* **2** chuligański: *Jerry was charged with being drunk and disorderly* (=został oskarżony o zakłócenie porządku publicznego pod wpływem alkoholu). —**disorderliness** *n* [U] zakłócanie porządku publicznego

D

dis·or·gan·ized /dɪsˈɔːɡənaɪzd/ *także* **-ised** *BrE adj* zdezorganizowany, chaotyczny: *The whole meeting was completely disorganized.* —**disorganization** /dɪsˌɔːɡənaɪˈzeɪʃən/ *n* [U] dezorganizacja

dis·or·ien·tat·ed /dɪsˈɔːrienteɪtɪd/ *BrE*, **dis·or·i·ent·ed** /dɪsˈɔːrientɪd/ *AmE adj* zdezorientowany: *I'm completely disorientated. Which direction are we heading in?* —**disorientation** /dɪsˌɔːriənˈteɪʃən/ *n* [U] dezorientacja —**disorienting, disorientating** *adj* dezorientujący

dis·own /dɪsˈəʊn/ *v* [T] wyrzec się, wyprzeć się: *His family disowned him when he decided to marry an actress.*

di·spar·a·ging /dɪˈspærədʒɪŋ/ *adj* lekceważący, pogardliwy

dis·pa·rate /ˈdɪspərət/ *adj formal* całkowicie różny, nieporównywalny: *She uses a range of disparate materials in her artwork.* —**disparately** *adv* nieporównywalnie

di·spar·i·ty /dɪˈspærəti/ *n* [C,U] *formal* nierówność: **+in/between** *the disparities between rich and poor*

dis·pas·sion·ate /dɪsˈpæʃənət/ *adj* trzeźwy, obiektywny: *a dispassionate opinion*

di·spatch[1] /dɪˈspætʃ/ *także* **despatch** *BrE v* [T] wysyłać, posyłać: *The packages were dispatched yesterday.*

dispatch[2] *także* **despatch** *BrE n* [C] depesza, doniesienie

di·spel /dɪˈspel/ *v* [T] (**-lled**, **-lling**) *formal* rozwiewać: *Mark's calm words dispelled our fears.*

di·spen·sa·ry /dɪˈspensəri/ *n* [C] apteka *(zwłaszcza w szpitalu)*

dis·pen·sa·tion /ˌdɪspənˈseɪʃən/ *n* [C,U] dyspensa

di·spense /dɪˈspens/ *v* [T] wydawać: *The machines in the hall dispense drinks.*
dispense with sth *phr v* [T] obywać się bez: *I think we can dispense with a translator.*

di·spens·er /dɪˈspensə/ *n* [C] automat, dozownik: *a drinks dispenser | a cash dispenser* (=bankomat)

di·sperse /dɪˈspɜːs/ *v* **1** [I] rozpraszać się, rozchodzić się: *Slowly, the crowds began to disperse.* **2** [T] rozpędzać: *The wind dispersed the smoke. | Police used tear gas to disperse the crowd.*

di·spir·it·ed /dɪˈspɪrɪtɪd/ *adj* zrezygnowany, zniechęcony

dis·place Ac /dɪsˈpleɪs/ *v* [T] **1** wypierać, zastępować: *Coal has been displaced by natural gas as a major source of energy.* **2** wysiedlać: *Over a million people had been displaced by the war.* —**displacement** *n* [U] wysiedlenie

di·splay[1] S3 W2 Ac /dɪˈspleɪ/ *n* **1** [C,U] wystawa: **be on display** *A collection of African masks will be on display till the end of the month.* **2** pokaz: *a military display | a firework display | an impressive display of skill*

display[2] W2 Ac *v* [T] **1** wystawiać, eksponować: *tables displaying pottery* **2** okazywać: *He displayed no emotion at Helen's funeral.*

dis·pleased /dɪsˈpliːzd/ *adj formal* niezadowolony: *His Majesty was very displeased.*

dis·pos·a·ble Ac /dɪˈspəʊzəbəl/ *adj* jednorazowy: *a disposable toothbrush*

disˌposable ˈincome *n* [U] dochód netto

dis·pos·al Ac /dɪˈspəʊzəl/ *n* **1** [U] usuwanie, likwidacja: **+of** *the safe disposal of radioactive waste* **2 be at sb's disposal** być do czyjejś dyspozycji: *My car and driver are at your disposal.*

dis·pose Ac /dɪˈspəʊz/ *v*
dispose of sth *phr v* [T] **1** pozbywać się: *How did the killer dispose of his victims' bodies?* **2** uporać się z, po/radzić sobie z: *The court quickly disposed of the case.*

dis·posed /dɪˈspəʊzd/ *adj formal* **1 be disposed to do sth** być skłonnym coś z/robić: *I don't feel disposed to interfere.* **2 well/favourably/kindly disposed (to)** dobrze/przychylnie/życzliwie nastawiony/usposobiony (do): *He had always been kindly disposed towards his stepdaughter.*

dis·po·si·tion /ˌdɪspəˈzɪʃən/ *n* [C] *formal* usposobienie: *a warm and friendly disposition*

dis·pro·por·tion·ate Ac /ˌdɪsprəˈpɔːʃənət◂/ *adj* niewspółmierny, nieproporcjonalny, nadmierny: *The movie has received a disproportionate amount of publicity.*

dis·prove /dɪsˈpruːv/ *v* [T] obalać, odpierać: *Lane was unable to disprove the accusation.*

di·spute[1] W2 /dɪˈspjuːt/ *n* [C,U] **1** spór: *a pay dispute* | **be in dispute (with sb)** (=spierać się (z kimś)): *Some of the players are in dispute with club owners.* **2 open to dispute** dyskusyjny: *The results of this research are still open to dispute.*

dispute[2] *v* [T] za/kwestionować: *The main facts of Morton's book have never been disputed.*

dis·qual·i·fy /dɪsˈkwɒlɪfaɪ/ *v* [T] z/dyskwalifikować: **+from** *Schumacher was disqualified from the race.* —**disqualification** /dɪsˌkwɒlɪfɪˈkeɪʃən/ *n* [C,U] dyskwalifikacja

dis·qui·et /dɪsˈkwaɪət/ *n* [U] *formal* zaniepokojenie: *public disquiet about animal testing*

dis·re·gard /ˌdɪsrɪˈɡɑːd/ *v* [T] z/ignorować, nie zważać na: *The judge ordered us to disregard the witness's last statement.* —**disregard** *n* [U] lekceważenie

dis·re·pair /ˌdɪsrɪˈpeə/ *n* [U] **fall into disrepair** popadać w ruinę: *The old house has been allowed to fall into disrepair.*

dis·rep·u·ta·ble /dɪsˈrepjətəbəl/ *adj* podejrzany, o złej reputacji: *a slightly disreputable establishment*

dis·re·pute /ˌdɪsrɪˈpjuːt/ *n* [U] *formal* **bring sb/sth into disrepute** ze/psuć komuś/czemuś reputację, okryć kogoś/coś złą sławą: *Beth had brought the family name into disrepute.*

dis·re·spect /ˌdɪsrɪˈspekt/ *n* [U] brak szacunku

dis·re·spect·ful /ˌdɪsrɪˈspektfəl/ *adj* lekceważący

dis·rupt /dɪsˈrʌpt/ *v* [T] zakłócać: *Traffic will be severely disrupted by road works.* —**disruptive** *adj* zakłócający spokój: *The child was disruptive in class.* —**disruption** /-ˈrʌpʃən/ *n* [C,U] zakłócenie

dis·sat·is·fied /dɪˈsætəsfaɪd/ *adj* niezadowolony: **+with** *If you are dissatisfied with this product, please return it for a full refund.* —**dissatisfaction** /dɪˌsætəsˈfækʃən/ *n* [U] niezadowolenie

dis·sect /dɪˈsekt/ *v* [T] przeprowadzać sekcję na

dis·sem·i·nate /dɪˈseməneɪt/ *v* [T] rozpowszechniać, szerzyć: *a system to disseminate information on the health care available* —**dissemination** /dɪˌseməˈneɪʃən/ *n* [U] rozpowszechnianie

dis·sent /dɪˈsent/ *n* [U] różnice zdań: *political dissent* —**dissenter** *n* [C] dysydent/ka

dis·ser·ta·tion /ˌdɪsəˈteɪʃən/ *n* [C] rozprawa, dysertacja

dis·ser·vice /dɪˈsɜːvɪs/ *n* [U singular] **do sb a disservice** za/szkodzić komuś, za/działać na czyjąś szkodę: *The new laws have done young people a great disservice.*

dis·si·dent /ˈdɪsɪdənt/ *n* [C] dysydent/ka, opozycjonist-a/ka

dis·sim·i·lar Ac /dɪˈsɪmələ/ *adj* odmienny, różny —**dissimilarity** /dɪˌsɪməˈlærəti/ *n* [C,U] odmienność

dis·si·pate /ˈdɪsəpeɪt/ *v* [I,T] *formal* rozpraszać (się): *The smoke gradually dissipated into the air.*

dis·so·ci·ate /dɪˈsəʊʃieɪt/ *także* **dis·as·so·ci·ate** /ˌdɪsəˈsəʊ-/ *v* [T] **dissociate yourself from** odcinać się od: *The company dissociated itself from the comments made by Mr Hoffman.*

dis·solve /dɪˈzɒlv/ *v* **1** [I,T] rozpuszczać (się): *Dissolve the tablets in warm water.* **2** [T] rozwiązywać: *All trade unions were dissolved.* **3** [I] rozwiewać się: *Our fears gradually dissolved.* **4 dissolve into tears/laughter etc** zanieść się płaczem/śmiechem

dis·suade /dɪˈsweɪd/ *v* [T] *formal* **dissuade sb from (doing) sth** odwieść kogoś od czegoś, wyperswadować komuś coś: *I wish I could have dissuaded Rob from his plan.*

dis·tance[1] S2 W2 /ˈdɪstəns/ *n* **1** [C,U] odległość: **short/long distance** *It's just a short distance* (=jest bardzo blisko) *from here to the restaurant.* | **in the distance** (=w oddali): *I glimpsed George's red shirt in the distance.* | **at/from a distance** *The detective followed him at a distance* (=w pewnej odległości). **2 within walking/driving distance** w pobliżu: *The lake is within walking distance of my house.* **3 keep your distance a)** zachowywać dystans: *Managers should keep their distance from employees.* **b)** trzymać się z daleka: *It's not a very friendly area. The neighbours keep their distance.*

distance[2] *v* **distance yourself** odcinać się, z/dystansować się: *The party is distancing itself from its violent past.*

dis·tant W3 /ˈdɪstənt/ *adj* **1** odległy: *the distant hills* | *in the distant past* THESAURUS FAR **2** daleki: *a distant cousin*

dis·taste /dɪsˈteɪst/ *n* [U singular] niechęć, niesmak: **+for** *a distaste for modern art*

dis·taste·ful /dɪsˈteɪstfəl/ *adj* przykry, niesmaczny: *I just want to forget the whole distasteful episode.*

dis·til /dɪˈstɪl/ *BrE*, **distill** *AmE* *v* [T] (**-lled**, **-lling**) destylować: *distilled water* —**distillation** /ˌdɪstəˈleɪʃən/ *n* [C,U] destylacja

dis·til·le·ry /dɪˈstɪləri/ *n* [C] gorzelnia

dis·tinct W3 Ac /dɪˈstɪŋkt/ *adj* **1** odrębny, oddzielny: *Two entirely distinct languages are spoken in the region.* **2** wyraźny: *A distinct smell of burning came from the kitchen.* **3 as distinct from** w odróżnieniu od: *childhood as distinct from adolescence* —**distinctly** *adv* wyraźnie

dis·tinc·tion W3 Ac /dɪˈstɪŋkʃən/ *n* **1** [C] różnica, rozróżnienie: **+between** *the distinction between fiction and reality* | **make/draw a distinction** (=rozróżniać): *The author draws a distinction between 'crime' and 'sin'.* **2** [C] wyróżnienie: *Sol had the distinction of leading the delegation.* **3 of distinction** wybitny: *an artist of great distinction*

dis·tinc·tive Ac /dɪˈstɪŋktɪv/ *adj* charakterystyczny: *Chris has a very distinctive laugh.*

dis·tin·guish S3 W3 /dɪˈstɪŋgwɪʃ/ *v* **1** [I,T] rozróżniać: **+between** *Young children often can't distinguish between TV programs and commercials.* **2** [T] rozpoznawać: *The light was too dim for me to distinguish anything clearly.* **3** [T] odróżniać: *Brightly coloured feathers distinguish the male peacock from the female.* **4 distinguish yourself** wyróżnić się: *He distinguished himself in his final examination.* —**distinguishable** *adj* dostrzegalny, zauważalny

dis·tin·guished /dɪˈstɪŋgwɪʃt/ *adj* wybitny, znakomity: *a distinguished medical career*

dis·tort Ac /dɪˈstɔːt/ *v* [T] zniekształcać, wypaczać: *Journalists distorted what he actually said.* | *Her thick glasses seemed to distort her eyes.* —**distortion** /dɪˈstɔːʃən/ *n* [C,U] zniekształcenie, wypaczenie

dis·tract /dɪˈstrækt/ *v* [T] rozpraszać: *Don't distract me while I'm driving!* | **distract sb from sth** (=odrywać czyjąś uwagę od czegoś): *Charles is easily distracted from his studies.* —**distracted** *adj* roztargniony: *She seemed nervous and distracted.*

dis·trac·tion /dɪˈstrækʃən/ *n* **1** [C,U] coś, co rozprasza: *I can't study at home - there are too many distractions* (=zbyt wiele rzeczy mnie rozprasza). **2** [C] rozrywka

dis·traught /dɪˈstrɔːt/ *adj* zrozpaczony: *A policewoman was trying to calm the boy's distraught mother.*

dis·tress[1] /dɪˈstres/ *n* [U] **1** udręka: *Children suffer emotional distress when their parents divorce.* **2 in distress a)** w niebezpieczeństwie **b)** w niedoli, w potrzebie: *charities that aid families in distress*

distress[2] *v* [T] dręczyć, trapić: *She had been badly distressed by his visit* (=jego wizyta wytrąciła ją z równowagi). —**distressed** *adj* roztrzęsiony

dis·tress·ing /dɪˈstresɪŋ/ *adj* przykry, bolesny: *a distressing experience*

dis·trib·ute W2 Ac /dɪˈstrɪbjuːt/ *v* [T] **1** rozdzielać, rozdawać: *Can you distribute copies of the report to everyone?* **2** rozprowadzać: *The tape costs $19.95 and is distributed by American Video.* —**distribution** /ˌdɪstrəˈbjuːʃən/ *n* [U] dystrybucja, rozdział

dis·trib·u·tor /dɪˈstrɪbjətə/ *n* [C] dystrybutor/ka

dis·trict S3 W2 /ˈdɪstrɪkt/ *n* [C] dzielnica, okręg: *a pleasant suburban district*

D

ˌdistrict at'torney *n* [C] *AmE* prokurator rejonowy

dis·trust¹ /dɪs'trʌst/ *n* [U] nieufność: **+of** *There's a certain distrust of technology among older people.* —**distrustful** *adj* nieufny, podejrzliwy

distrust² *v* [T] nie ufać, nie dowierzać: *Meg had always distrusted banks.*

dis·turb W3 /dɪ'stɜːb/ *v* [T] **1** przeszkadzać: *Josh told me not to disturb him before ten.* **2** za/niepokoić: *There were several things about the situation that disturbed him.*

dis·turb·ance /dɪ'stɜːbəns/ *n* **1** [C,U] zakłócenie: *People are complaining about the disturbance caused by the roadworks.* **2** [C] zakłócenie porządku: *The police arrested three men for creating a disturbance at the bar.*

dis·turbed /dɪ'stɜːbd/ *adj* niezrównoważony

dis·turb·ing /dɪ'stɜːbɪŋ/ *adj* niepokojący: *a disturbing increase in violent crime*

D

dis·use /dɪs'juːs/ *n* [U] **fall into disuse a)** wyjść z użycia **b)** przestać być używanym: *The building eventually fell into disuse.*

ditch¹ /dɪtʃ/ *n* [C] rów, kanał

ditch² *v* [T] *informal* pozbyć się: *The team ditched their latest coach.*

dith·er /'dɪðə/ *v* [I] nie móc się zdecydować: *She dithered over what to wear.*

dit·to¹ /'dɪtəʊ/ *adv* tak samo, także: *There's a meeting on March 2nd, ditto on April 6th.* | *"I love pizza!" "Ditto (=ja też)!"*

ditto² *n* [C] symbol (") stawiany na liście, wykazie itp. pod wyrazem, który chcemy powtórzyć

dit·ty /'dɪti/ *n* [C] *humorous* **1** śpiewka **2** wierszyk

di·va /'diːvə/ *n* diwa

di·van /dɪ'væn/ *n* [C] **1** otomana, sofa **2** otomanka

dive¹ /daɪv/ *v* [I] (**dived**, **diving**) **1** skakać do wody, za/nurkować: **+into** *Harry dived into the swimming pool.* THESAURUS JUMP **2** nurkować: *The first time you dive on a coral reef is an experience you will never forget.* **3** pikować: *The plane dived towards the sea.* —**diving** *n* [U] nurkowanie, skoki do wody

dive² *n* [C] **1** skok do wody **2** *informal* spelunka: *We ate at some dive out by the airport.*

div·er /'daɪvə/ *n* [C] nurek: *a scuba diver* (=płetwonurek)

di·verge /daɪ'vɜːdʒ/ *v* [I] rozchodzić się, być rozbieżnym: *At this point the two explanations diverge.* —**divergence** *n* [C,U] rozbieżność —**divergent** *adj* rozbieżny

di·verse Ac /daɪ'vɜːs/ *adj formal* rozmaity, różnorodny: *London is home to people of many diverse cultures.* —**diversity** *n* [U] rozmaitość, różnorodność

di·ver·si·fy Ac /daɪ'vɜːsɪfaɪ/ *v* **1** [I] rozszerzać działalność: **+into** *a computer company that is diversifying into the software market* **2** [T] poszerzać, urozmaicać (*ofertę, asortyment*) —**diversification** /daɪˌvɜːsɪfɪ'keɪʃən/ *n* [U] poszerzenie, urozmaicenie

di·ver·sion /daɪ'vɜːʃən/ *n* [C] *BrE* objazd

di·vert /daɪ'vɜːt/ *v* [T] **1** skierowywać: *Traffic is being diverted* (=jest kierowany objazdem) *to avoid the accident.* | *Huge salaries for managers divert money from patient care* (=powodują zmniejszenie nakładów na opiekę nad chorymi). **2 divert (sb's) attention from** odwracać (czyjąś) uwagę od: *Tax cuts diverted people's attention from the real economic problems.*

di·vest /daɪ'vest/ *v*
divest sb of sth *phr v* [T] *formal* pozbawiać: *a leader divested of power*

di·vide¹ S2 W2 /də'vaɪd/ *v* **1** [I,T] po/dzielić (się): *15 divided by 5 is 3.* | **divide sth into** *The teacher divided the class into groups.* | **divide sth between/among** *Divide the fruit mixture among four glasses.* | **be divided over** *Experts are bitterly divided* (=opinie ekspertów są głęboko podzielone) *over what to do.* **2** [T] oddzielać: **divide sth from** *A curtain divided his sleeping area from the rest of the room.* **3** *także* **divide up** [T] rozdzielać, dzielić: **divide sth between/among** *How do you divide your time between work and family?*

divide² *n* [C usually singular] **1** podział: *They're on opposite sides of the political divide.* **2** dział wodny

div·i·dend /'dɪvədənd/ *n* [C] **1** dywidenda **2 pay dividends** za/procentować

di·vine /də'vaɪn/ *adj* boski, boży: *praying for divine guidance*

div·ing /'daɪvɪŋ/ *n* [U] **1** nurkowanie **2** skoki do wody

'diving board *n* [C] trampolina

di·vin·i·ty /də'vɪnəti/ *n* [U] **1** teologia **2** boskość

di·vis·i·ble /də'vɪzəbəl/ *adj* podzielny: **+by** *15 is divisible by 3 and 5.*

di·vi·sion S3 W1 /də'vɪʒən/ *n* **1** [C,U] podział: *the division of Germany* | *deep divisions in the Socialist party* | **+between** *a division between public and private life* **2** [U] dzielenie → porównaj MULTIPLICATION **3** [C] dział, oddział, wydział: *the financial division of the company* **4** dywizja

di·vi·sive /də'vaɪsɪv/ *adj* sporny, kontrowersyjny: *This action would be extremely divisive.*

di·vorce¹ S3 /də'vɔːs/ *n* [C,U] rozwód: *In Britain, one in three marriages ends in divorce.*

divorce² *v* [I,T] **1** rozwodzić się (z): *She divorced Malcolm for cruelty.* | **get divorced** (=rozwieść się): *Ben's parents got divorced when he was nine.* **2** [T] *formal* odrywać, oddzielać: **divorce sth from** *His ideas are completely divorced from reality* (=zupełnie nie przystają do rzeczywistości). —**divorced** *adj* rozwiedziony: *Her parents are divorced.*

UWAGA: divorce

Kiedy chcemy powiedzieć, że ktoś „rozwodzi się", używamy czasownika **divorce** lub zwrotów **to get a divorce** i **to get divorced**: *Petra's parents divorced when she was about seven years old.* | *It took my sister almost a year to get a divorce.* | *I had just turned ten when my parents got divorced.* Kiedy chcemy powiedzieć, że ktoś „rozwodzi się z kimś", używamy zwrotu **to divorce sb** lub **to get a divorce from sb**: *She divorced her husband six months ago.* | *Steve says he will marry me if I can get a divorce from my husband.*

di·vor·cée /dəˌvɔː'siː/ *n* [C] **1** rozwodnik **2** rozwódka

di·vulge /daɪ'vʌldʒ/ *v* [T] wyjawiać: *Doctors should never divulge confidential information.*

DIY /ˌdiː aɪ 'waɪ/ *n* [U] *BrE* DO-IT-YOURSELF

diz·zy /'dɪzi/ *adj* **feel dizzy** mieć zawroty głowy: *She feels dizzy when she stands up.* —**dizziness** *n* [U] zawroty głowy

DJ /ˌdiː ˈdʒeɪ◂/ *n* [C] didżej, dyskdżokej, skrót od DISK JOCKEY

DNA /ˌdiː en ˈeɪ/ *n* [U] DNA

do¹ S1 W1 /duː/ *auxiliary verb* (**did, done, doing**)

do² S1 W1 *v* (**did, done, doing**) **1** [T] z/robić: *What are you doing? | Have you done your homework yet?* THESAURUS STUDY **2 do well/badly** dobrze/źle sobie radzić: *Neil has done much better at school this year.* **3 do sb good** dobrze komuś zrobić: *Let's go to the beach. Come on, it will do you good.* **4 do your hair** u/czesać się **5 do your nails** po/malować (sobie) paznokcie **6 what do you do?** *spoken* czym się zajmujesz? **7 will/would do** *especially spoken* może być: *The recipe says to use butter but vegetable oil will do.* **8** [T] jechać z prędkością: *That idiot must be doing at least 100 miles an hour!* **9 do drugs** brać *(narkotyki)* → patrz ramka DO

do away with *phr v* [T] *informal* **1** z/likwidować, pozbyć się: *The government are planning to do away with this tax altogether.* **2** sprzątnąć *(kogoś)*

do sb in *phr v* [T] *informal* załatwić *(kogoś)*

do sth over *phr v* [T] *AmE* zrobić jeszcze raz: *If you make too many mistakes, you'll have to do it over.*

do up *phr v* [I,T **do** sth ↔ **up**] **1** zapinać (się), za/wiązać (się): *The skirt does up at the back. | Robbie can't do his shoelaces up yet.* **2** odnowić, od/remontować: *They've done up the old house beautifully.* THESAURUS REPAIR

do with sth *phr v* **1 be/have to do with a)** dotyczyć, traktować o: *The lecture is to do with new theories in physics.* **b)** mieć związek z: *Jack's job is something to do with television.* **2 could do with** potrzebować: *I could do with a drink* (=muszę się napić).

do without *phr v* **1** [I,T **do without** sth] obyć się (bez): *We couldn't do without the car.* **2 could do without** *spoken* mieć dość: *I could do without all this hassle at work.*

THESAURUS: do

do Używa się przede wszystkim w następujących przypadkach: **do a job/task** (=wykonać pracę/zadanie) | **do your homework** (=odrobić lekcje) | **do the shopping/cooking/cleaning** (=robić zakupy/gotować/sprzątać) | **do a test/experiment/some research** (=przeprowadzić próbę/eksperyment/badania) | **do a course** (=pójść na kurs/zajęcia)**:** *Do you know which course you want to do at university?*

make Używa się przede wszystkim w następujących przypadkach: **make a speech** (=wygłosić przemówienie) | **make a comment/suggestion** (=zgłosić uwagę/sugestię) | **make a decision** (=podjąć decyzję): **make a mistake** (=zrobić/popełnić błąd)

give Używa się przede wszystkim w następujących przypadkach: **give a talk/speech** (=wygłosić wykład/przemówienie) | **give a performance/concert** (=dać występ/koncert)

carry out sth Używa się przede wszystkim w następujących przypadkach: **carry out work/a task** (=wykonać pracę/zadanie) | **carry out research/an experiment/an operation** (=przeprowadzić badania/eksperyment/operację): **carry out sb's orders** (=wykonywać czyjeś rozkazy)

perform *formal* wykonać, przeprowadzić: *The machine can perform several tasks at once. | A team of surgeons performed the operation.*

commit popełnić: *Women commit fewer crimes than men. | The boy later admitted committing the robbery.*

do³ *n* [C] *informal* impreza: *Jodie's having a big do for her birthday.*

GRAMATYKA: do

Jako zwykły czasownik **do** jest odpowiednikiem polskiego „robić":

*You must **do** it now.*

*What is she **doing**?*

*Who **did** that?*

Jako czasownika posiłkowego używamy **do** w czasach Present Simple i Past Simple

1 do tworzenia pytań i przeczeń:

***Do** you know this man?* — ***Did** they tell you about it?*

*He **doesn't** understand.* — *We **didn't** see her.*

2 dla podkreślenia twierdzenia:

*I **do** apologise. („Naprawdę bardzo przepraszam.")*

*He **did** seem tired. („Rzeczywiście wydawał się zmęczony.")*

3 dla wzmocnienia polecenia lub prośby:

***Do** be quiet! („Bądźże cicho!")*

***Do** stay a little longer, please! („Proszę, zostań jeszcze trochę.")*

4 w zastępstwie użytego wcześniej czasownika

a) w krótkich odpowiedziach: *„Did he phone?" „Yes, he **did**./No, he **didn't**". („Dzwonił?" - „Tak./Nie.")*

b) dla potwierdzenia lub zaprzeczenia wyrażonej przez kogoś opinii: *„She dances very well." „Yes, she **does**./No, she **doesn't**." („Ona bardzo dobrze tańczy." - „Owszem./Wcale nie.")*

c) w tzw. Question Tags: *You don't like him, **do** you? („Nie lubisz go, prawda?")*

d) w porównaniach dotyczących czynności: *We work harder than they **do**. („Pracujemy ciężej niż oni.")*

e) w uwagach na końcu zdania: *He didn't want to go, but I **did**. („On nie chciał iść, ale ja chciałam.")*

Odmiana

Czas teraźniejszy

Twierdzenia	**Przeczenia**
I do	*I do not/ I don't*
you do	*you do not/you don't*
he does	*he does not/he doesn't*
she does	*she does not/she doesn't*
it does	*it does not/it doesn't*
we do	*we do not/we don't*
they do	*they do not/they don't*

Pytania	**Pytania przeczące**
do I?, do you?, does he? itd.	*don't I?, don't you?, doesn't he?* itd.

Czas przeszły

Twierdzenia	**Przeczenia**
did (wszystkie osoby)	*did not/didn't (wszystkie osoby)*

Pytania	**Pytania przeczące**
did I?, did you?, did he? itd.	*didn't I?, didn't you?, didn't he?* itd.

do·cile /ˈdəʊsaɪl/ *adj* potulny: *a docile animal*

dock¹ /dɒk/ *n* **1** [C] nabrzeże **2 the dock** *BrE* ława oskarżonych

dock² *v* **1** [I] dobijać do brzegu, za/cumować **2 dock sb's pay** potrącić komuś z pensji: *If you come in late again, we'll have to dock your pay.*

ˈdock ˌworker *także* **dock·er** /ˈdɒkə/ *BrE n* [C] doker

doc·tor¹ S1 W1 /ˈdɒktə/ *n* [C] **1** leka-rz/rka: *You should see a doctor about that cough.* | **the doctor's** *informal*: *"Where's Sandy today?" "I think she's at the doctor's* (=u lekarza)*."* **2** doktor: *a Doctor of Philosophy*

COLLOCATIONS: doctor

verbs

to go to the doctor *If I don't feel better tomorrow, I'll go to the doctor.*

to see a doctor *He needs to see a doctor immediately.*

to ask a doctor *także* **to consult a doctor** *formal For further advice, consult your family doctor.*

to call/get a doctor (=wezwać) *I think we should call a doctor.* | *In the middle of the night we decided to get the doctor.*

a doctor examines sb *The doctor who examined him said he was perfectly healthy.*

a doctor prescribes sth (=przepisuje) *The doctor prescribed painkillers.*

a doctor diagnoses flu/depression etc *The doctor diagnosed cancer.*

types of doctor

a family doctor *We've had the same family doctor for fifteen years.*

a hospital doctor *BrE Junior hospital doctors have to work very long hours.*

doctor² *v* [T] s/fałszować, s/preparować: *Do you think the police doctored the evidence?*

doc·tor·ate /ˈdɒktərət/ *n* [C] doktorat

doc·trine /ˈdɒktrɪn/ *n* [C,U] doktryna

doc·u·ment¹ S2 W2 Ac /ˈdɒkjəmənt/ *n* [C] dokument: *legal documents*

doc·u·ment² Ac /ˈdɒkjəment/ *v* [T] ukazywać: *The programme documents the life of a teenage mother.*

doc·u·men·ta·ry /ˌdɒkjəˈmentəri◂/ *n* [C] film dokumentalny, dokument: *a documentary about homeless people* THESAURUS ▸ PROGRAMME

doc·u·men·ta·tion Ac /ˌdɒkjəmənˈteɪʃən/ *n* [U] dokumentacja

dod·dle /ˈdɒdl/ *n BrE informal* **a doddle** łatwizna, pryszcz: *The exam was a doddle.*

dodge¹ /dɒdʒ/ *v* **1** [I,T] uchylać się (przed): *He managed to dodge the other man's fists.* **2** [T] uchylać się przed, unikać: *The President was accused of deliberately dodging the issue.*

dodge² *n* [C] *informal* unik, wybieg: *a tax dodge* (=sposób na uniknięcie płacenia podatku)

dodg·y /ˈdɒdʒi/ *adj BrE informal* **1** niepewny, podejrzany: *Joe's a really dodgy character.* **2** śliski, lewy *(nielegalny)*: *a dodgy deal*

doe /dəʊ/ *n* [C] łania

does /dəz, dʌz/ *v* trzecia osoba liczby pojedynczej czasu teraźniejszego od DO

does·n't /ˈdʌzənt/ *v* forma ściągnięta od „does not"

dog¹ S1 W1 /dɒg/ *n* [C] pies: *a guard dog* | *I'm just off to walk the dog.*

dog² *v* [T] (**-gged**, **-gging**) prześladować, nie odstępować *(o wspomnieniu, pechu)*

ˈdog-eared *adj* zniszczony: *a dog-eared book*

dog·ged /ˈdɒgɪd/ *adj* [only before noun] zawzięty, uparty: *his dogged determination to learn English* —**doggedly** *adv* zawzięcie, z uporem

dog·house /ˈdɒghaʊs/ *n* **1 be in the doghouse** *informal* podpaść, narazić się: *I'm in the doghouse because I forgot Sam's birthday.* **2** [C] *AmE* psia buda

dog·ma /ˈdɒgmə/ *n* [C,U] dogmat: *religious dogma*

dog·mat·ic /dɒgˈmætɪk/ *adj* dogmatyczny —**dogmatically** *adv* dogmatycznie

ˌdo-ˈgooder *n* [C] *informal* uszczęśliwiacz/ka *(ktoś, kto pomaga na siłę)*

dogs·bod·y /ˈdɒgzˌbɒdi/ *n* [C] *BrE informal* posługacz/ka, popychadło: *I'm just the office dogsbody.*

do·ing¹ /ˈduːɪŋ/ *n* **1 be sb's (own) doing** być czyjąś (własną) winą: *His bad luck was all his own doing.* **2 take some doing** wymagać sporo wysiłku/zachodu: *Getting the place clean is going to take some doing.*

doing² imiesłów czynny od DO

ˌdo-it-yourˈself *n* [U] majsterkowanie, zrób to sam

dol·drums /ˈdɒldrəmz/ *n* **a) be in the doldrums** być w zastoju: *Sales have been in the doldrums for most of the year.* **b)** być w dołku

dole¹ /dəʊl/ *n* [U] *BrE* zasiłek (dla bezrobotnych): **be on the dole** *I've been on the dole for six months.*

dole² *v*
dole sth ↔ out *phr v* [T] wydzielać: *Dad began doling out porridge from the saucepan.*

dole·ful /ˈdəʊlfəl/ *adj written* żałosny: *Tim gave me a doleful look.* —**dolefully** *adv* żałośnie

doll /dɒl/ *n* [C] lalka

dol·lar S1 W2 /ˈdɒlə/ *n* [C] dolar: *The company has a $7 million debt.*

dol·lop /ˈdɒləp/ *n* [C] kapka: *Serve the pudding hot with a dollop of cream.*

dol·phin /ˈdɒlfɪn/ *n* [C] delfin

do·main Ac /dəˈmeɪn/ *n* [C] *formal* domena: *Politics has traditionally been a male domain.* | *The problem is outside the domain of medical science.*

doˈmain ˌname *n* domena internetowa

dome /dəʊm/ *n* [C] kopuła

do·mes·tic W2 Ac /dəˈmestɪk/ *adj* **1** wewnętrzny: *Canada's domestic affairs* **2** krajowy: *domestic flights* **3** domowy: *a domestic animal* | *domestic violence* (=przemoc w rodzinie)

do·mes·ti·cat·ed Ac /dəˈmestɪkeɪtɪd/ *adj* udomowiony, oswojony

do·mes·tic·i·ty /ˌdəʊmesˈtɪsəti/ *n* [U] **1** życie rodzinne **2** domatorstwo

dom·i·nant W3 Ac /ˈdɒmɪnənt/ *adj* **1** główny: *TV news is the dominant source of information in our society.* **2** dominujący: *a dominant personality*

D

dom·i·nate W3 Ac /ˈdɒməneɪt/ *v* [I,T] z/dominować: *For sixty years France had dominated Europe.* | *The murder trial has been dominating the news this week.* —**domination** /ˌdɒməˈneɪʃən/ *n* [U] zwierzchnictwo, dominacja

dom·i·neer·ing /ˌdɒməˈnɪərɪŋ◂/ *adj* apodyktyczny: *a domineering father*

do·min·ion /dəˈmɪnjən/ *n* [U] **1** *literary* zwierzchnictwo **2** [C] *formal* dominium: *the king's dominion*

dom·i·no /ˈdɒmənəʊ/ *n* (plural **dominoes**) **1** [C] kostka domino **2 dominoes** [U] domino

don[1] /dɒn/ *v* [T] (**-nned**, **-nning**) *formal* przywdziać

don[2] *n* [C] *BrE* nauczyciel akademicki w Oksfordzie lub Cambridge

do·nate /dəʊˈneɪt/ *v* [T] ofiarować: *Our school donated £500 to the Red Cross.*

do·na·tion /dəʊˈneɪʃən/ *n* [C,U] darowizna, datek: **make a donation** (=dokonać darowizny): *Please make a donation to UNICEF.*

done[1] /dʌn/ *v* imiesłów bierny od DO

done[2] *adj* **1** skończony: *The job's nearly done.* **2** gotowy: *I think the hamburgers are done.* **3 done!** *spoken* zgoda!: *"I'll give you £15 for it." "Done!"* **4 done for** *spoken informal* skończony, załatwiony: *If we get caught, we're done for* (=jak nas złapią, to po nas).

don·key /ˈdɒŋki/ *n* [C] osioł

ˈdonkey ˌwork *n BrE informal* **do the donkey work** odwalać czarną robotę

do·nor /ˈdəʊnə/ *n* [C] **1** ofiarodaw-ca/czyni: *The Museum received $10,000 from an anonymous donor.* **2** daw-ca/czyni: *a blood/kidney donor*

don't /dəʊnt/ forma ściągnięta od 'do not': *I don't know.*

do·nut /ˈdəʊnʌt/ *n* [C] *AmE* pączek

doo·dle /ˈduːdl/ *v* [I] rysować esy-floresy: *I spent most of the class doodling in my notebook.*

doom[1] /duːm/ *n* **1** [U] fatum: *a sense of impending doom* (=przeczucie zbliżającej się katastrofy) **2 doom and gloom** *humorous* złe przeczucia, czarne myśli: *Barry's always full of doom and gloom.*

doom[2] *v* [T] **be doomed to (do) sth** być skazanym na coś: *The plan was doomed to failure.* —**doomed** *adj*: *The mission was doomed from the start* (=od początku była skazana na niepowodzenie).

door S1 W1 /dɔː/ *n* **1** [C] drzwi: *Will you shut the door, please?* | *I'll lock the back door on my way out.* | *Lisa ran through the door into the garden.* **2 next door** obok, po sąsiedzku: *the people who live next door* THESAURUS NEAR **3 at the door** za/pod drzwiami: *There is someone at the front door; can you answer it, please?* **4 answer/get the door** otworzyć drzwi **5 door to door** od domu do domu, po domach: *a door-to-door salesman* (=domokrążca)

COLLOCATIONS: door

verbs

to open the door *Mum opened the door with a big smile on her face.*

to close/shut the door *Please close the door behind you.*

a door opens/closes/shuts *The car door opened and a woman got out.*

to slam the door (=trzasnąć drzwiami) *He went out, slamming the door behind him.*

to knock on/at the door (=za/pukać do drzwi) *Who's that knocking at the door?*

to answer the door (=otworzyć drzwi) *Will someone please answer the door?*

to lock/unlock a door *He never locks the bathroom door.*

a door leads somewhere (=drzwi prowadzą dokądś) *This door leads into the garden.*

types of door

the front/back/side door (=tylne wejście) *Reporters were waiting outside the front door.* | *Use the back door if your boots are muddy.*

the main door (=główne wejście) *The main door to the hotel is on Queen Street.*

the kitchen/bedroom/bathroom etc door *The kitchen door opened and Jake walked in.*

a car door *She heard a car door slamming.*

door + noun

a door handle (=klamka) *Ella reached for the door handle.*

a door knob (=gałka) *I turned the door knob and went into the room.*

a door key *She was looking in her bag for her door key.*

door·bell /ˈdɔːbel/ *n* [C] dzwonek *(u drzwi)*

ˈdoor ˌhandle *także* **doorknob** *n* [C] klamka

door·knob /ˈdɔːnɒb/ *n* [C] gałka *(u drzwi)*

door·man /ˈdɔːmæn/ *n* [C] (plural **doormen** /-mən/) odźwierny

door·mat /ˈdɔːmæt/ *n* [C] wycieraczka

door·step /ˈdɔːstep/ *n* **1** [C] próg **2 on your doorstep** tuż za progiem: *Wow! The beach is right on your doorstep!*

door·way /ˈdɔːweɪ/ *n* [C] wejście: *She stood in the doorway* (=w drzwiach), *unable to decide whether or not to go in.*

dope[1] /dəʊp/ *n* [U] *informal* narkotyk *(szczególnie marihuana)*

dope[2] *także* **dope up** *v* [T] *informal* odurzać: *They have to dope the lions before they can catch them.*

dork /dɔːk/ *n* [C] *especially AmE informal* szajbus/ka: *He's such a dork!* —**dorky** *adj* szajbnięty

dor·mant /ˈdɔːmənt/ *adj* uśpiony: *a dormant volcano* (=drzemiący wulkan)

dor·mi·to·ry /ˈdɔːmətəri/ *także* **dorm** /dɔːm/ *n* [C] *informal* **1** sala sypialna **2** *AmE* dom studencki, akademik

dor·sal /ˈdɔːsəl/ *adj* [only before noun] *technical* grzbietowy: *a whale's dorsal fin*

DOS /dɒs/ *n* [U] *trademark* DOS *(podstawowe oprogramowanie komputera)*

dos·age /ˈdəʊsɪdʒ/ *n* [C] dawka, dawkowanie: *Do not exceed the stated dosage.*

dose[1] /dəʊs/ *n* [C] dawka: *One dose of this should get rid of the problem.* | **in small doses** (=na krótko): *She's OK in small doses, but I wouldn't like to work with her.*

dose[2] *także* **dose up** *v* [T] za/aplikować: *Dose yourself up with vitamin C if you think you're getting a cold.*

doss /dɒs/ *także* **doss down** *v* [I] *BrE informal* sypiać *(zwłaszcza byle gdzie)*: *homeless people dossing in doorways*

D

dos·si·er /ˈdɒsieɪ/ *n* [C] akta, kartoteka: *The police keep dossiers on all suspected criminals.*

dot[1] S2 /dɒt/ *n* **1** [C] kropka, punkt: *The stars look like small dots of light in the sky.* **2 on the dot** *informal* co do minuty: *Penny arrived at nine o'clock on the dot.*

dot[2] *v* [T] (**-tted**, **-tting**) rozsiać: **+around** *The company now has over 20 stores dotted around the country.*

dot-com *także* **dot.com**, **dot com** /ˌdɒt ˈkɒm/ *adj informal* internetowy: *a dot-com company* —**dot-com** *n* firma internetowa

dote /dəʊt/ *v*
dote on sb/sth *phr v* [T] nie widzieć świata poza: *Steve dotes on his son.* —**doting** *adj* [only before noun] kochający: *He was spoiled by his doting mother.*

ˌdotted ˈline *n* **1** [C] linia kropkowana: *Cut along the dotted lines.* **2 sign on the dotted line** *informal* podpisać się *(wyrazić zgodę)*

dot·ty /ˈdɒti/ *adj informal especially BrE* stuknięty

doub·le[1] S1 W2 /ˈdʌbəl/ *adj* **1** podwójny: *I'll have a double whiskey, please.* | *double doors* | *a double garage* **2** dwuosobowy: *a double room* | *a double bed*

double[2] S3 *v* [I,T] podwajać: *They offered to double my salary if I stayed with the company.* | **+in** *Our puppy has doubled in size since we bought it.*
double as sb/sth *także* **double up as** sb/sth *phr v* [T] pełnić równocześnie funkcję: *The sofa doubles as a bed.* | *The bar owner doubles up as the town sheriff.*
double up *także* **double over** *phr v* [I,T **double** sb **up/over**] skręcać (się): *The whole audience was doubled up with laughter.*

double[3] *n* sobowtór: *I was sure it was Jane I saw in the pub last night, but perhaps it was her double.*

double[4] *determiner* **double the amount** dwa razy więcej (niż): *The necklace is worth double the amount we paid for it.*

ˌdouble-ˈbarrelled *BrE*, **double-barreled** *AmE adj* **1 double-barrelled gun** dubeltówka **2** *BrE* **double-barrelled family name** podwójne nazwisko

double bass /ˌdʌbəl ˈbeɪs/ *n* [C] kontrabas

double bass

ˌdouble-ˈbreasted *adj* dwurzędowy: *a double-breasted jacket*

ˌdouble-ˈcheck *v* [I,T] upewnić się: *I think I turned off the oven, but I'll double-check.* THESAURUS ▸ CHECK

ˌdouble-ˈcross *v* [T] wystawić do wiatru —**double cross** *n* [C] szachrajstwo

ˌdouble-ˈdecker *n* [C] autobus piętrowy

double-decker

ˌdouble ˈdigits *n plural* liczby dwucyfrowe

ˌdouble ˈglazing *n* [U] *especially BrE* podwójne szyby

ˌdouble ˈlife *n* [C] podwójne życie: *a double life as a spy*

doub·les /ˈdʌbəlz/ *n* [U] debel

ˌdouble ˈstandard *n* [C usually plural] podwójna miara *(inna dla różnych grup)*: *The black community are accusing the police of double standards.*

ˌdouble ˈtake *n* **1** spóźniona reakcja **2 do a double take** za/reagować z opóźnieniem

doub·ly /ˈdʌbli/ *adv* podwójnie: *doubly painful* | *Rita was doubly distrusted, as a woman and as a foreigner.*

doubt[1] S1 W1 /daʊt/ *n* **1** [C,U] wątpliwość: **+about** *Dad's always had serious doubts about my boyfriend.* | **there is/I have no doubt that** *There was no doubt that* (=nie było wątpliwości co do tego, że) *the witness was telling the truth.* **2 be in doubt** nie być pewnym: *Sonia was in doubt about what to do.* **3 no doubt** *especially spoken* z pewnością, na pewno: *No doubt he's married by now.* **4 no doubt about it** *spoken* co do tego nie ma wątpliwości: *Tommy's a great manager - no doubt about it.* **5 without doubt** *especially spoken* bez wątpienia: *He is, without doubt, the most annoying person I know!* **6 show/prove sth beyond doubt** wykazać/udowodnić coś ponad wszelką wątpliwość

doubt[2] S2 *v* [T] **1** wątpić w: *Do you doubt her story?* | **+(that)** *I doubt* (=wątpię, czy) *it will make any difference.* **2** *formal* nie dowierzać, mieć wątpliwości co do: *I sometimes doubt her motives for being so friendly.*

doubt·ful /ˈdaʊtfəl/ *adj* wątpliwy: **+that** *It's doubtful that we'll go abroad this year.* | *a doubtful claim* —**doubtfully** *adv* z powątpiewaniem

doubt·less /ˈdaʊtləs/ *adv* niewątpliwie: *There will doubtless be someone at the party that you know.*

dough /dəʊ/ *n* [U] ciasto *(surowe)*

dough·nut /ˈdəʊnʌt/ *także* **donut** *AmE n* [C] pączek

dour /dʊə/ *adj* srogi: *a dour expression*

douse, **dowse** /daʊs/ *v* [T] **1** u/gasić *(wodą)*: *Firefighters quickly doused the blaze.* **2** oblewać, polewać

dove[1] /dʌv/ *n* [C] gołąb(ek)

dove[2] /dəʊv/ *v AmE* czas przeszły od DIVE

dow·dy /ˈdaʊdi/ *adj* **1** zaniedbany **2** bez gustu, niemodny

down[1] /daʊn/ *adv, prep* **1** na dole, w/na dół: *James is down in the cellar.* | *Lorraine bent down* (=schyliła się) *to kiss the little boy.* | *We ran down the hill* (=zbiegliśmy ze wzgórza). **2** służy do wyrażenia obniżającego się poziomu, stopnia itp.: *Slow down* (=zwolnij)*! You're going too fast.* | *Exports are down* (=eksport spadł) *this year by 10%.* **3** na południe/u: *Gail's driving down to London to see her brother.* **4 write/note/take sth down** zapisać/zanotować coś: *Write down your answers on a separate sheet.* | *Can I take down the details please?* **5 down the road/line** *spoken* (dopiero) w przyszłości: *We'd like to have children, but that's still a long way down the road.* **6 be down to sb** zależeć od kogoś: *If you want to take risks, that's down to you.*

down[2] *adj* [not before noun] **1** przygnębiony: *I've never seen Brett looking so down.* THESAURUS ▸ SAD **2** zepsuty: *The computer is down again.*

down[3] *v* [T] wy/pić duszkiem: *Matt downed his coffee and left.*

down[4] *n* [U] puch, meszek

ˌdown-and-ˈout *n* [C] kloszard, bezdomny

down·cast /ˈdaʊnkɑːst/ *adj* przygnębiony, przybity: *The team were understandably downcast after their 4-0 defeat.*

down·er /ˈdaʊnə/ *n informal* **1** [singular] kanał (*okropne przeżycie*): *a movie that ends on a real downer* **2** [C] środek uspokajający

down·fall /ˈdaʊnfɔːl/ *n* [singular] upadek: *Greed will be his downfall* (=chciwość go zniszczy).

down·grade /ˈdaʊngreɪd/ *v* [T] z/degradować: *Scott may be downgraded to assistant manager.*

down·heart·ed /ˌdaʊnˈhɑːtɪd◂/ *adj* przygnębiony

down·hill /ˌdaʊnˈhɪl◂/ *adv, adj* **1** w dół (zbocza): *The truck's brakes failed and it rolled downhill.* | *downhill skiing* **2 go downhill** pogarszać się: *After Bob lost his job, things went downhill rapidly.* **3 all downhill/downhill all the way** z górki: *The worst is over. It's all downhill from here.* →antonim UPHILL

Dow·ning Street /ˈdaʊnɪŋ striːt/ *n* [U] rząd Wielkiej Brytanii: *talks between Dublin and Downing Street*

down·load¹ /ˌdaʊnˈləʊd/ *v* [T] ściągać, pobierać: *You must download another file to be able to run this program on your computer.* —**downloadable** *adj* do pobrania

down·load² /ˈdaʊnləʊd/ *n* [C] **1** plik do pobrania: *It's a popular download from bulletin boards and one of the best shareware products you can get.* **2** pobieranie pliku, proces pobierania: *Clicking on a file should start the download.*

ˌdown ˈpayment *n* [C] zaliczka, pierwsza rata: *We've made a down payment on a new car.*

down·play /ˌdaʊnˈpleɪ/ *v* [T] z/bagatelizować: *The police downplayed the seriousness of the situation.*

down·pour /ˈdaʊnpɔː/ *n* [C usually singular] ulewa

down·right /ˈdaʊnraɪt/ *adv* wręcz: *The plan wasn't just risky – it was downright dangerous!*

down·shift·ing /ˈdaʊnˌʃɪftɪŋ/ *n* [U] porzucenie dobrze płatnej pracy dla mniej dochodowej, lecz przynoszącej więcej satysfakcji

down·side /ˈdaʊnsaɪd/ *n* **the downside** zła/słaba strona: *The downside of the plan is the cost.* THESAURUS DISADVANTAGE

down·size /ˈdaʊnsaɪz/ *v* [I,T] z/redukować (zatrudnienie) (*w celu obniżenia kosztów produkcji*) —**downsizing** *n* [U] redukcja zatrudnienia

ˈDown's ˌSyndrome *także* **Downs** *n* [U] zespół Downa: *a Downs baby*

down·stairs S2 /ˌdaʊnˈsteəz◂/ *adv, adj* na dole, na dół: *the downstairs rooms* | *Run downstairs and answer the door.* →antonim UPSTAIRS

UWAGA: downstairs

Wyrazów **downstairs** i **upstairs** używamy bez przyimków (**to**, **in**, **at** itp.): *The bathroom is downstairs.* | *I ran upstairs to see what all the noise was about.*

down·stream /ˌdaʊnˈstriːm◂/ *adv* z prądem, w dół rzeki

ˌdown-to-ˈearth *adj* praktyczny: *He's a very down-to-earth person.*

down·town S3 W3 /ˌdaʊnˈtaʊn◂/ *adv, adj especially AmE* (do/w) centrum: *Do you work downtown?* | *downtown Los Angeles*

down·trod·den /ˈdaʊnˌtrɒdn/ *adj* poniewierany

down·turn /ˈdaʊntɜːn/ *n* [C usually singular] załamanie: **+in** *a downturn in the economy*

down·wards /ˈdaʊnwədz/ *także* **downward** *adv* w dół: *Tim fell downwards into the pit.* →antonim UPWARDS —**downward** *adj* [only before noun] zniżkowy: *the downward movement of prices* →antonim UPWARD

down·wind /ˌdaʊnˈwɪnd/ *adj, adv* z wiatrem

down·y /ˈdaʊni/ *adj* puszysty: *a downy chick*

dow·ry /ˈdaʊəri/ *n* [C] posag

dowse /daʊs/ alternatywna pisownia wyrazu DOUSE

doze /dəʊz/ *v* [I] drzemać, przysypiać: *Graham dozed for an hour.* THESAURUS SLEEP

doze off *phr v* [I] zdrzemnąć się, przysnąć: *I was just dozing off when they arrived.*

doz·en S2 W3 /ˈdʌzən/ *determiner, n* **1** tuzin: *two dozen eggs* **2 dozens (of)** *informal* dziesiątki: *We tried dozens of times.*

Dr skrót od DOCTOR

drab /dræb/ *adj* nieciekawy: *a drab grey coat*

draft¹ S2 W3 Ac /drɑːft/ *n* **1** [C] szkic: **first draft** (=brudnopis): *I've made a first draft of my speech for Friday.* **2** [C] polecenie przelewu **3 the draft** *AmE* pobór

draft² Ac *v* [T] **1** na/szkicować, sporządzać projekt: *The House plans to draft a bill on education.* **2** *AmE* powoływać: *Brad's been drafted into the army.*

draft³ Ac amerykańska pisownia wyrazu DRAUGHT

drafts·man /ˈdrɑːftsmən/ (plural **draftsmen** /-mən/) amerykańska pisownia wyrazu DRAUGHTSMAN

draft·y /ˈdrɑːfti/ amerykańska pisownia wyrazu DRAUGHTY THESAURUS COLD

drag¹ S3 W3 /dræg/ *v* (**-gged**, **-gging**) **1** [I,T] wlec (się): *History lessons always seemed to drag.* | *Your coat's dragging in the mud.* | **drag sth away/along/through etc** *Ben dragged his sledge through the snow.* THESAURUS PULL **2** [T] za/ciągnąć: *My mother used to drag me out to church every week.* **3** [T] przeciągać: *You can drag and drop text like this.* **4 drag yourself away (from)** oderwać się (od): *Can't you drag yourself away from the TV for five minutes?*

drag sb/sth into sth *phr v* [T] wciągnąć w: *I'm sorry to drag you into this mess.*

drag on *phr v* [I] ciągnąć się: *The meeting dragged on all afternoon.* THESAURUS CONTINUE

drag sth ↔ out *phr v* [T] przeciągać: *How much longer are you going to drag this argument out?*

drag sth out of sb *phr v* [T] wyciągnąć z: *The police finally dragged the truth out of her.*

drag² *n* **1 what a drag** *informal* co za nuda: *"I have to stay in tonight." "What a drag."* **2** [C] **take a drag on** zaciągnąć się: *Al took a drag on his cigarette.*

drag·on /ˈdrægən/ *n* [C] smok

drag·on·fly /ˈdrægənflaɪ/ *n* [C] ważka

drain¹ /dreɪn/ *v* **1** [T] odcedzać: *Drain the water from the peas.* **2** [T] osuszać, drenować: *They intend to drain the land to make their crops grow better.* **3** [I] obciekać: *Let the pasta drain.* **4** [I] spływać: *The bath water slowly drained away.*

drain² *n* **1** [C] odpływ, studzienka ściekowa **2 down the drain** *informal* zmarnowany, na marne: *He's failed his driving test again! All that money down the drain.*

drain·age /ˈdreɪnɪdʒ/ *n* [U] kanalizacja

D

drained /dreɪnd/ *adj* wyczerpany: *I felt completely drained after they had all gone home.*

drain·pipe /ˈdreɪnpaɪp/ *n* [C] *BrE* rura odpływowa

drake /dreɪk/ *n* [C] kaczor

dra·ma W3 Ac /ˈdrɑːmə/ *n* [C,U] dramat

dra·mat·ic W3 Ac /drəˈmætɪk/ *adj* **1** nagły: *a dramatic change in temperature* **2** efektowny, widowiskowy: *a dramatic speech* **3** dramatyczny: *Miller's dramatic works* | *Tristan threw up his hands in a dramatic gesture.* —**dramatically** /-kli/ *adv* dramatycznie

dra·mat·ics /drəˈmætɪks/ *n* **amateur dramatics** teatr amatorski

dram·a·tist Ac /ˈdræmətɪst/ *n* [C] dramaturg, dramatopisa-rz/rka

dram·a·tize Ac /ˈdræmətaɪz/ *także* **-ise** *BrE* **1** [T] za/adaptować: *a novel dramatized for TV* **2** [I,T] u/dramatyzować: *Do you always have to dramatize everything?* —**dramatization** /ˌdræmətaɪˈzeɪʃən/ *n* [C,U] adaptacja

D

drank /dræŋk/ *v* czas przeszły od DRINK

drape /dreɪp/ *v* [T] układać *(tkaninę)* drapować: *Mina's scarf was draped elegantly over her shoulders.* | *The coffin was draped in black* (=owinięta czarnym suknem).

drapes /dreɪps/ *n* [plural] *AmE* zasłony, kotary

dras·tic /ˈdræstɪk/ *adj* drastyczny: *The President promised drastic changes in health care.* —**drastically** /-kli/ *adv* drastycznie: *Prices have been drastically reduced.*

draught /drɑːft/ *BrE*, **draft** *AmE n* **1** [C] przeciąg **2 beer on draught** piwo z beczki

draughts /drɑːfts/ *n* [U] *BrE* warcaby

draughts·man /ˈdrɑːftsmən/ *BrE*, **draftsman** *AmE n* [C] (plural **draughtsmen** /-mən/) kreśla-rz/rka

draugh·ty /ˈdrɑːfti/ *BrE*, **drafty** *AmE adj* pełen przeciągów: *It's so draughty in here* (=ależ tu przeciąg)*! Is there a window open?* | *Sitting in a draughty room* (=siedzenie w pokoju, w którym jest przeciąg) *will lower your body temperature and make you feel cold and uncomfortable.* THESAURUS COLD

draw[1] S1 W1 /drɔː/ *v* (**drew**, **drawn**, **drawing**) **1** [I,T] na/rysować: *He's good at drawing animals.* | **draw sb sth** *Could you draw me a map?* | **draw in pencil/charcoal** (=ołówkiem/węglem) **2** [T] przysuwać, przyciągać: *I drew my chair closer to the TV set.* **3** [T] ciągnąć: *a cart drawn by a horse* **4** [I,T] *especially BrE* z/remisować: *Inter drew with Juventus last night.* **5 draw the curtains a)** zaciągać zasłony **b)** rozsuwać zasłony **6** [T] wy/losować: *The winning numbers are drawn on Saturday evening.* **7 draw lots** ciągnąć losy: *We drew lots to see who would go first.* **8** [T] wyciągać, wyjmować: *He drew a wallet from his pocket.* | *Suddenly she drew a knife out of her bag.* | *I'd just drawn £50 out of the bank.* **9 draw near** *literary* zbliżać się: *The summer holidays are drawing near.* **10 draw to an end/a close** s/kończyć się: *Another year was drawing to an end.* **11 draw (sb's) attention to sth** zwrócić (czyjąś) uwagę na coś: *I'd like to draw your attention to the last paragraph.* **12** [T] przyciągnąć, zainteresować: **draw sb to** *What first drew you to film-making?* **13 draw the line (at sth)** stanowczo odmawiać (zrobienia czegoś): *I don't mind helping you, but I draw the line at telling lies.* **14 draw a distinction** rozróżnić **15 draw a comparison/parallel** przeprowadzić porównanie **16 draw a blank** spełznąć na niczym: *All his investigations have drawn a blank so far.* **17 draw breath** brać oddech **18** [T] wzbudzać, wzniecać: *The new law drew* (=wywołało) *a storm of protest.*

draw in *phr v* [I] stawać się krótszym *(o dniu)*: *In October the nights start drawing in* (=noce zaczynają się wydłużać).

draw sb ↔ into sth *phr v* [T] wciągać w: *Keith refused to be drawn into our argument.*

draw on sth *phr v* [T] czerpać z, wykorzystywać: *A good writer draws on his own experience.*

draw up *phr v* **1** [T **draw** sth ↔ **up**] sporządzać: *We drew up a list of possible options.* **2** [I] zatrzymać się: *A silver Rolls Royce drew up outside the bank.*

draw[2] S3 *n* [C] **1** *especially BrE* remis **2** loteria

draw·back /ˈdrɔːbæk/ *n* [C] wada, minus: *The only drawback to a holiday in Scotland is the weather.* THESAURUS DISADVANTAGE

drawer S3 /drɔː/ *n* [C] szuflada: *the top drawer of the desk*

draw·ing S3 W3 /ˈdrɔːɪŋ/ *n* **1** [C] rysunek: *She showed us a drawing of the house.* **2** [U] rysowanie: *I've never been good at drawing.*

ˈdrawing board *n* **(go) back to the drawing board** zaczynać wszystko od początku: *Our proposal wasn't accepted, so it's back to the drawing board.*

ˈdrawing pin *n* [C] *BrE* pinezka

ˈdrawing room *n* [C] *old-fashioned* pokój gościnny, salon

drawl /drɔːl/ *v* [I] mówić przeciągając samogłoski —**drawl** *n* [singular] przeciąganie samogłosek: *a slow Texas drawl*

drawn[1] /drɔːn/ *v* imiesłów bierny od DRAW

drawn[2] *adj* zmizerniały, wymizerowany

ˌdrawn-ˈout *adj* długotrwały, przewlekły: **long drawn-out** *a long drawn-out process*

dread[1] /dred/ *v* **1** [T] bać się: *Phil's really dreading his interview tomorrow.* | **dread doing sth** *I always used to dread going to the dentist's.* **2 I dread to think** *spoken* strach pomyśleć: *I dread to think what might happen if she finds out.*

dread[2] *n* [U] strach: *dread of the unknown*

dread·ful /ˈdredfəl/ *adj* okropny: *What dreadful weather!* —**dreadfully** *adv* okropnie

dread·locks /ˈdredlɒks/ *n* [plural] dredy

dream[1] /driːm/ *n* [C] **1** sen: **have a dream** *I had a funny dream last night.* | **bad dream** (=zły sen) **2** marzenie: *It was his dream to play football for his country.* **3 beyond your wildest dreams** taki, że nawet ci się nie śniło **4 in a dream** zamyślony, pogrążony w myślach

dream[2] S3 W3 *v* (**dreamed** or **dreamt** /dremt/, **dreamed** or **dreamt**, **dreaming**) **1** [I,T] śnić: *I dreamt that I was back at school.* | *What did you dream about last night* (=co ci się dzisiaj śniło)? | **+ (that)** *I often dream that I'm falling.* **2** [I] marzyć: **+ of** *We dream of having our own home.* | **+ (that)** *Cath never dreamt she'd be offered the job.* **3 sb wouldn't dream of doing sth** *spoken* ktoś nigdy w życiu nie zrobiłby czegoś: *I wouldn't dream of letting my daughter go out on her own at night.*

dream sth ↔ up *phr v* [T] wymyślać: *Who dreams up these TV commercials?*

dream[3] *adj* **dream car/house** wymarzony samochód/dom: *a dream team to send to the Olympics*

dream·er /ˈdriːmə/ *n* [C] marzyciel/ka

dream·y /ˈdriːmi/ *adj* rozmarzony, marzycielski: *a bright but dreamy child | a dreamy look* —**dreamily** *adv* marzycielsko

drear·y /ˈdrɪəri/ *adj* ponury: *a dreary winter's day*

dredge /dredʒ/ *v* **1** [I,T] wy/bagrować **2** przeszukiwać: *Police are dredging the lake in their search for the missing teenager.*
dredge sth ↔ up *phr v* [T] *informal* odgrzebywać: *Why do the papers have to dredge up that old story?*

dregs /dregz/ *n* [plural] **1** fusy: *coffee dregs* **2 the dregs of society** męty społeczne

drench /drentʃ/ *v* [T] przemoczyć: *He went out in the storm and got drenched to the skin.* —**drenched** *adj* przemoczony: *Look at you, you're drenched!*

dress[1] S2 W2 /dres/ *v* **1** [I,T] ubierać (się): *Can you dress the kids for me? | Dress warmly - it's cold out.* | **get dressed** (=ubrać się): *Hurry up and get dressed!* **2 be dressed** być ubranym: *Are you dressed yet?* | **+ in** *She was dressed all in black.* **3 well-dressed/badly-dressed** dobrze/źle ubrany **4 dress a wound/cut** opatrzyć ranę/skaleczenie
dress up *phr v* **1** [I] wy/stroić się: *It's only a small party. You don't need to dress up.* **2** [I,T **dress** sb ↔ **up**] przebrać (się): **+ as** *She dressed up as a witch for Halloween.*

UWAGA: dress (oneself) i get dressed

Polski czasownik „ubierać się" tłumaczymy jako **get dressed**, a nie „dress" czy „dress oneself": *I had a shower, got dressed and went to the kitchen.* Zwrotu **dress oneself** używa się jedynie w odniesieniu do dzieci, które dopiero uczą się samodzielnie ubierać: *Sally isn't old enough to dress herself yet.* Mówiąc o ubieraniu kogoś przez inną osobę, można użyć czasownika **dress**: *The nurses have to wash and dress the patients before the doctor sees them.*

dress[2] S2 W2 *n* **1** [C] sukienka, suknia **2** [U] strój, ubiór: **casual/evening dress** (=strój codzienny/wieczorowy): *The audience wore evening dress.*

ˈdress ˌcircle *n BrE* pierwszy balkon

dress·er /ˈdresə/ *n* [C] **1** *BrE* kredens **2** *AmE* komoda

dress·ing /ˈdresɪŋ/ *n* **1** [C,U] sos: *salad dressing | French dressing* **2** [C] opatrunek: *The nurse will change your dressing.*

ˈdressing gown *n* [C] *BrE* szlafrok

ˈdressing room *n* [C] garderoba *(w teatrze)*

ˈdressing ˌtable *n* [C] *BrE* toaletka

dress·mak·er /ˈdresˌmeɪkə/ *n* [C] krawcowa

ˈdress reˌhearsal *n* [C] próba generalna/kostiumowa

dress·y /ˈdresi/ *adj* elegancki, strojny

drew /druː/ *v* czas przeszły od DRAW

drib·ble /ˈdrɪbəl/ *v* **1** [I] *BrE* ślinić się: *The baby's dribbling on your jacket.* **2** [I] kapać: *The water dribbled from the tap.* **3** [I,T] dryblować

dribs and drabs /ˌdrɪbz ən ˈdræbz/ *n* **in dribs and drabs** po trochu: *The guests arrived in dribs and drabs.*

dried /draɪd/ *v* czas przeszły i imiesłów bierny od DRY

dri·er /ˈdraɪə/ [C] alternatywna pisownia wyrazu DRYER

drift[1] /drɪft/ *v* [I] **1** dryfować, unosić się: *The boat drifted down the river.* | **+ out/towards/along etc** *We watched the boat drift slowly out to sea.* **2** u/tworzyć zaspy *(o śniegu lub piasku nawiewanym przez wiatr)*
drift apart *phr v* [I] stawać się sobie obcym, oddalać się od siebie

drift[2] *n* [C] **1** zaspa: *massive snow drifts* **2 catch/get sb's drift** z/rozumieć, o co komuś chodzi: *I don't speak Spanish very well but I think I got her drift.* **3** dryfowanie: *the drift of the continents away from each other*

drill[1] /drɪl/ *n* **1** [C] wiertarka, wiertło: *an electric drill | a dentist's drill* **2 fire/emergency drill** próbny alarm: *We had a fire drill at school yesterday.* **3** [U] musztra

drill[2] *v* **1** [I,T] wy/wiercić: *He was drilling holes for the shelves.* | **drill for oil/gas** *drilling for oil in Texas* **2** [T] uczyć za pomocą wielokrotnego powtarzania

dri·ly /ˈdraɪli/ alternatywna pisownia wyrazu DRYLY

drink[1] S1 W2 /drɪŋk/ *v* (**drank**, **drunk**, **drinking**) [I,T] wy/pić: *What would you like to drink? | I drink far too much coffee.* | *"Whisky?" "No, thanks, I don't drink."* —**drinking** *n* [U] picie
drink to sb/sth *phr v* [T] wy/pić za: *Let's drink to Patrick's success in his new job.*

UWAGA: drink i have a cup of tea

Kiedy mowa o wypiciu filiżanki herbaty czy kawy, zwykle nie używa się czasownika **drink**, tylko **have**: *After the class, we had a cup of coffee.* Czasownika **drink** używamy wtedy, gdy chcemy podkreślić samą czynność picia: *He was so thirsty that he drank the whole cup.*

drink[2] S1 W2 *n* **1** [C] napój: *Can I have a drink of water, please* (=czy mogę się napić wody)? **2** [U] picie: *food and drink* **3** [C] drink **4** [U] alkohol: *Have we got plenty of drink for the party?*

UWAGA: drink

Patrz **alcohol**.

COLLOCATIONS: drink

verbs

to have a drink (=wypić drinka) *We had a drink after work.*

to go for a drink (=pójść na drinka) *I'm going for a drink with my friends tonight.*

to buy/get sb a drink (=postawić komuś drinka) *He offered to buy me a drink.*

to pour sb a drink *Sylvia poured herself another drink.*

to make sb a drink (=zrobić komuś coś do picia) *Come in and I'll make us a drink.*

to sip your drink (=sączyć drinka) *Connie was sitting at the table, sipping her drink slowly.*

adjectives

a hot/cold etc drink *I usually have a hot drink before bed. | She was sipping a cool drink.*

a soft drink (=bezalkoholowy) *They sell snacks and soft drinks.*

an alcoholic drink *Beer, wine, and other alcoholic drinks will be available.*

a fizzy drink *BrE*, **a carbonated drink** *AmE* (=gazowany) *He brought some cans of fizzy drink.*

a stiff/strong drink (=mocny) *I need a stiff drink after that!*

drink + noun

a drink problem (=problem alkoholowy) *She has a serious drink problem.*

drink·er /ˈdrɪŋkə/ *n* [C] pijąc-y/a: **heavy drinker** (=nałogow-y/a pija-k/czka)

drip¹ /drɪp/ *v* [I] (**-pped**, **-pping**) kapać, ciec: *That tap's still dripping.* | **drip from/off/through etc** *Water was dripping through the ceiling.*

drip² *n* **1** [C] kropla: *She put a bucket on the floor to catch the drips.* **2** [singular] kapanie: *the steady drip of rain from the roof* **3** [C] *BrE* kroplówka: *She was put on a drip after the operation.* **4** [C] *informal* ciołek

drip·ping /ˈdrɪpɪŋ/ *także* ˌ**dripping** ˈ**wet** *adj* przemoczony: *Take off your coat – it's dripping wet.*

drive¹ S1 W1 /draɪv/ *v* (**drove**, **driven**, **driving**) **1** [I,T] kierować, prowadzić: *I can't drive.* **2** [I,T] jechać, jeździć: *Fiona drives a red Honda.* | **+up/down/over etc** *They're driving down to Rome next week.* THESAURUS TRAVEL **3** [T] zawieźć: **+to/back/home etc** *Can I drive you home?* | *Our neighbour's going to drive us to the airport.* **4** [T] przepędzić: *The recent crime wave has driven business away from the area.* **5** [T] napędzać: *The engines drive the ship.* **6** [T] **drive sb crazy/mad** doprowadzać kogoś do szału: *I wish they'd stop that noise! It's driving me crazy.* | **drive sb to sth** *Problems with her marriage drove her to attempt suicide* (=doprowadziły ją do próby samobójstwa). **7** [T] wbijać: *She drove the post into the ground.*

drive at sth *phr v* [T] zmierzać do: *Look, just what are you driving at?*

drive off *phr v* **1** [I] odjeżdżać: *He got into the car and drove off.* **2** [I,T **drive** sb ↔ **off**] przepędzić, przegonić: *A man with a gun drove them off the farm.*

drive² S2 W2 *n* **1** [C] jazda, podróż samochodem: *It's a three-day drive to Vienna* (=do Wiednia jedzie się trzy dni). THESAURUS JOURNEY **2** *także* **driveway** [C] podjazd, droga dojazdowa **3** [C] popęd: *the male sex drive* **4** [C] akcja, kampania: **economy drive** (=akcja oszczędzania) **5** [U] zapał, determinacja: *Mel's got tremendous drive.* **6** [C singular] stacja/napęd dysków

ˈ**drive-by** *adj* **drive-by shootings/killings** zabójstwa dokonane z jadącego samochodu

ˈ**drive-in** *adj* **drive-in restaurant/cinema** restauracja/kino dla zmotoryzowanych

driv·el /ˈdrɪvəl/ *n* [U] brednie: **talk drivel** *He talks such drivel sometimes!*

driv·en /ˈdrɪvən/ *v* imiesłów bierny od DRIVE

driv·er S1 W2 /ˈdraɪvə/ *n* [C] **1** kierowca: *a taxi/bus driver* **2** sterownik

ˈ**driver's** ˌ**license** *n* [C] *AmE* prawo jazdy

ˈ**drive-through** *adj* dla zmotoryzowanych *(o restauracji, banku itp.)*

drive·way /ˈdraɪvweɪ/ *także* **drive** *n* [C] podjazd, droga dojazdowa

driv·ing¹ /ˈdraɪvɪŋ/ *adj* **1 driving rain/snow** zacinający deszcz/śnieg **2 the driving force (behind sth)** siła napędowa (czegoś): *Masters has been the driving force behind the company's success.*

driving² *n* [U] kierowanie, prowadzenie: *His driving is terrible* (=on jest okropnym kierowcą).

ˈ**driving** ˌ**licence** *BrE*, **driver's license** *AmE* *n* [C] prawo jazdy

driz·zle¹ /ˈdrɪzəl/ *n* [U] mżawka

drizzle² *v* [I] mżyć: *Come on, it's only drizzling.*

drone /drəʊn/ *v* [I] buczeć, warczeć: *A plane droned overhead.* —**drone** *n* [singular] buczenie, warkot

drone on *phr v* [I] ględzić: **+about** *Joe kept droning on about his problems at work.*

drool /druːl/ *v* [I] ślinić się: *At the sight of food the dog began to drool.*

droop /druːp/ *v* [I] opadać, omdlewać: *Can you water the plants? They're starting to droop* (=zaczynają więdnąć).

drop¹ S1 W2 /drɒp/ *v* (**-pped**, **-pping**) **1** [T] upuszczać: *The dog ran up and dropped a stick at my feet.* **2** [I] spadać: *The temperature dropped to −15° overnight.* | **+from/off/onto etc** *The bottle rolled off the table and dropped onto the floor.* | *He dropped into his chair* (=opadł na krzesło) *with a sigh.* **3** *także* **drop off** [T] podwozić: *She drops the kids off at school on her way to work.* **4 drop in/by** wpaść *(z wizytą)*: *Imran dropped in on his way home from work.* THESAURUS VISIT **5** [T] porzucać, zarzucać: *We've dropped the idea of going by plane.* | **drop everything** *When the baby cries her mother drops everything* (=matka rzuca wszystko) *to go and attend to her.* **6** [T] **drop sb from sth** wykluczyć kogoś z czegoś: *Morris has been dropped from the team.* **7 drop it** *informal* daj spokój **8 drop sb a line** *informal* skrobnąć do kogoś parę słów **9 drop a hint** napomknąć, zrobić aluzję: *I've dropped a few hints about what I want for my birthday.*

drop off *phr v* **1** [I] *informal* zasypiać: *Just as I was dropping off, I heard a noise downstairs.* **2** [I] spadać, obniżać się: *The demand for leaded petrol dropped off in the 1970s.* **3** [T **drop** sb/sth ↔ **off**] podrzucać: *Can you drop me off in town?*

drop out *phr v* [I] wycofywać się: **+of** *Too many students drop out of college* (=rzuca studia) *in the first year.*

drop² S2 W3 *n* **1** [C] kropla: *a tear drop* (=łza) | **+of** *Add a few drops of lemon juice.* THESAURUS PIECE **2** [singular] spadek: **+in** *a sudden drop in temperature* **3 a drop in the ocean** *BrE*, **a drop in the bucket** *AmE* kropla w morzu *(np. potrzeb)*

ˈ**drop-down** ˌ**menu** *n* menu rozwijane

drop·out /ˈdrɒpaʊt/ *n* [C] **1** osoba, która nie ukończyła szkoły lub studiów **2** odszczepieniec

drop·pings /ˈdrɒpɪŋz/ *n* [plural] odchody

drought /draʊt/ *n* [C,U] susza

drove¹ /drəʊv/ *v* czas przeszły od DRIVE

drove² *n* [C] stado: *a drove of cattle* | **in droves** (=tłumnie): *Tourists come in droves to see the White House.*

drown /draʊn/ *v* **1** [I,T] u/topić (się), u/tonąć: *Over a hundred people were drowned when the ferry sank.* **2** [T] *także* **drown out** zagłuszać: *We put on some music to drown out their yelling.* —**drowning** *n* [C,U] utonięcie

UWAGA: drown

Patrz **sink** i **drown**.

drow·sy /ˈdraʊzi/ *adj* senny, śpiący: *The tablets might make you feel drowsy.* THESAURUS TIRED —**drowsiness** *n* [U] senność —**drowsily** *adv* sennie

drudg·e·ry /ˈdrʌdʒəri/ *n* [U] harówka, mordęga: *the drudgery of housework*

drug¹ S2 W1 /drʌg/ *n* [C] **1** [usually plural] narkotyk: **take/use drugs** (=brać/zażywać narkotyki): *Many people admit that they took drugs in their twenties.* | **be on drugs** *She looks as though she's on drugs.* | **drug test** *She was banned from the Olympics after failing a drug test (=po* oblaniu testu antydopingowego). **2** lek: *a drug to treat depression*

UWAGA: drugs

Patrz **narcotics** i **drugs**.

COLLOCATIONS: drug

verbs

to take/use drugs *Some people take drugs to escape their problems.*

to do drugs *informal* (=brać/ćpać) *All his friends were doing drugs.*

to be on drugs (=być pod wpływem narkotyków) *They were on drugs when they committed these robberies.*

to come off/get off drugs (=odstawić narkotyki) *Your doctor can help you to come off drugs.*

drug + noun

drug use/abuse (=narkomania) *She is being treated for drug abuse.*

a drug user *We need more treatment facilities for drug users.*

a drug addict (=narkoman/ka) *At 20 Steve was a drug addict.*

drug addiction (=narkomania) *He was homeless and struggling with drug addiction.*

a drug overdose (=przedawkowanie) *She died from a drug overdose.*

a drug dealer (=diler/ka) *The city's streets are full of drug dealers.*

adjectives

hard drugs (=twarde) *He was in prison for dealing hard drugs.*

soft drugs (=miękkie) *Soft drugs are legal in some countries.*

drug² *v* [T] (**-gged**, **-gging**) **1** uśpić: *They had to drug the lion before they transported it.* **2** wsypać narkotyk do: *The coffee was drugged.*

'drug ˌaddict *n* [C] narkoman/ka

'drug ˌdealer *n* [C] handlarz/diler narkotyków

drug·store /ˈdrʌgstɔː/ *n* [C] *AmE* drogeria *(sprzedająca też leki, napoje itp.)*

drum¹ /drʌm/ *n* [C] **1** bęben(ek) **2 the drums** perkusja: *Jason's learning to play the drums.* **3** beczka

drum

drum² *v* [I] (**-mmed**, **-mming**) bębnić: *The rain was drumming on the roof.*
drum sth into sb *phr v* [T] wbijać do głowy: *The dangers of tobacco were drummed into us at school.*

drum·mer /ˈdrʌmə/ *n* [C] perkusist-a/ka, dobosz

drum·stick /ˈdrʌmˌstɪk/ *n* [C] **1** pałka, udko: *chicken drumsticks* **2** pałeczka

drunk¹ /drʌŋk/ *v* imiesłów bierny od DRINK

drunk² S3 *adj* **1** pijany **2 get drunk** upijać się: *Bill got really drunk at Sue's party.*

UWAGA: drunk i drunken

Chcąc powiedzieć, że ktoś jest pijany, używamy wyrazu **drunk**: *The man is obviously drunk.* | *She was so drunk she could hardly walk.* Bezpośrednio przed rzeczownikiem nie używamy przymiotnika **drunk**, tylko **drunken**: *three drunken men in front of the bar.* Wyjątkiem od tej reguły jest *drunk driver.*

drunk³ *także* **drunk·ard** /ˈdrʌŋkəd/ *n* [C] pija-k/czka

drunk·en /ˈdrʌŋkən/ *adj* [only before noun] **1** pijany: *a drunken crowd* **2** pijacki: *drunken shouting* —**drunkenness** *n* [U] pijaństwo

dry¹ S2 W2 /draɪ/ *adj* suchy: *Can you check if the washing's dry yet?* | *The weather tomorrow will be cold and dry.* | *dry political debates* →antonim WET¹ —**dryness** *n* [U] suchość

dry² S2 W3 *v* [I,T] **1** wy/suszyć (się), wy/schnąć: *It'll only take me a few minutes to dry my hair.* **2** wycierać: *I need a towel to dry my hair.* | *Shall I dry the dishes?* —**dried** *adj* suszony: *dried fruit*
dry off *phr v* [I,T **dry** sth ↔ **off**] wy/suszyć (się): *The kids played in the pool and then dried off in the sun.*
dry out *phr v* **1** [I] wy/schnąć: *Put your coat on the radiator to dry out.* **2** [T **dry** sth ↔ **out**] wy/suszyć
dry up *phr v* **1** [I] wyschnąć **2** [I] wyczerpać się: *Our research project was cancelled when the money dried up.* **3** [I,T **dry** sth ↔ **up**] wytrzeć do sucha *(zwłaszcza naczynia)*

ˌdry-'clean *v* [T] wy/czyścić chemicznie

ˌdry 'cleaner's *n* [C] pralnia chemiczna

dry·er, **drier** /ˈdraɪə/ *n* [C] suszarka: *a hair dryer*

dry·ly, **drily** /ˈdraɪli/ *adv* **1** sucho, oschle **2** z poważną miną

dry wall *n* płyta gipsowo-kartonowa

du·al /ˈdjuːəl/ *adj* [only before noun] podwójny: *My wife has dual nationality.*

dub /dʌb/ *v* [T] (**-bbed**, **-bbing**) **1** z/dubbingować: **dub sth into sth** *an Italian film dubbed into English* **2** przezywać: *They immediately dubbed him 'Fatty'.*

du·bi·ous /ˈdjuːbiəs/ *adj* **1 be dubious** mieć wątpliwości: **+ about** *I'm very dubious about the quality of food in this café.* **2** podejrzany: *a dubious character*

duch·ess /ˈdʌtʃɪs/ *n* [C] księżna: *the Duchess of York*

duck¹ /dʌk/ *v* **1** [I,T] uchylić (się): *She had to duck her head to get through the doorway.* **2** [T] *informal* unikać: *His speech ducked all the real issues.* **3** [T] *BrE* podtapiać *(dla zabawy)*: *kids ducking each other in the pool*

duck² S3 *n* [C,U] kaczka: *roast duck*

duck·ling /ˈdʌklɪŋ/ *n* [C] kaczątko, kaczuszka

duct /dʌkt/ *n* [C] przewód, kanał: *the air duct* | *a tear duct*

dud /dʌd/ *adj informal* do luftu/bani **a dud cheque** czek bez pokrycia —**dud** *n* [C] bubel: *This battery's a dud.*

due¹ S1 W1 /djuː/ *adj* **1 be due** planowo przyjeżdżać: *The flight from Munich was due* (=miał przylecieć) *at 7:48 pm.* | **+ back/in/out etc** *My library books are due back* (=muszę zwrócić książki do biblioteki) *tomorrow.* **2 be due to do sth** mieć coś zrobić: *The film isn't due to start until 10.30* (=ma się zacząć dopiero o 10:30). **3 due to** z powodu: *Our bus was late due to heavy traffic.* **4 be due** być do zapłaty: *The first payment of £25 is now due.* **5** należny: **be due (to sb)** *He never got the recognition he was due* (=nie doczekał się należnego uznania). **6 in due course/time** we właściwym czasie: *Your complaints will be answered in due course.*

D

due² *adv* **due north/east** dokładnie/bezpośrednio na północ/wschód

due³ *n* **give sb his/her etc due** oddać komuś sprawiedliwość: *I don't like the man, but to give him his due, he is good at his job.*

du·el /ˈdjuːəl/ *n* [C] pojedynek

dues /djuːz/ *n* [plural] składki: *union dues*

du·et /djuˈet/ *n* [C] duet *(utwór)*

duffel bag, **duffle bag** /ˈdʌfəl bæg/ *n* [C] worek marynarski

duffel coat, **duffle coat** /ˈdʌfəl kəʊt/ *n* [C] *especially BrE* budrysówka

dug /dʌg/ *v* czas przeszły i imiesłów bierny od DIG

duke, **Duke** /djuːk/ *n* [C] książę

D

dull¹ S3 /dʌl/ *adj* **1** nudny: *What a dull party.* **2** pochmurny: *a dull grey sky* **3** głuchy: *I heard a dull thud.* **4** tępy: *a dull ache in my shoulder*

dull² *v* [T] z/łagodzić, przytępiać: *a drug to dull the pain*

du·ly /ˈdjuːli/ *adv formal* **1** punktualnie, zgodnie z planem: *The taxi she had ordered duly arrived.* **2** należycie

dumb¹ S3 /dʌm/ *adj* **1** *old-fashioned* niemy **2** *especially AmE informal* głupi: *What a dumb idea.* —**dumbly** *adv* głupio

dumb² *v*
dumb down *phr v* [T] upraszczać w ogłupiający sposób: *the dumbing down of TV news*

dumb·found·ed /dʌmˈfaʊndɪd/ *adj* oniemiały: *He stared at me, absolutely dumbfounded.*

dum·my /ˈdʌmi/ *n* [C] **1** manekin: *a dressmaker's dummy* **2** makieta, atrapa: *It wasn't a real gun, it was a dummy.* **3** *BrE* smoczek

dump¹ S3 /dʌmp/ *v* [T] **1** rzucać: **dump sth in/on/down etc** *They dumped their bags on the floor and left.* **2** wyrzucać: *Illegal chemicals had been dumped in the river.*

dump² *n* [C] **1** wysypisko **2** *informal* dziura, nora: *This town's a real dump.*

dump·ling /ˈdʌmplɪŋ/ *n* [C] kluska: *stew with herb dumplings*

dump·ster /ˈdʌmpstə/ *n* [C] *trademark AmE* kontener *(na śmieci)*

dump·y /ˈdʌmpi/ *adj informal* przysadzisty: *a dumpy little woman*

dune /djuːn/ *n* [C] wydma: *sand dunes*

dung /dʌŋ/ *n* [U] gnój, obornik

dun·ga·rees /ˌdʌŋgəˈriːz/ *n* [plural] *BrE* ogrodniczki

dun·geon /ˈdʌndʒən/ *n* [C] loch

dunk /dʌŋk/ *v* [T] **1** maczać: *Don't dunk your biscuit in your tea!* **2** *AmE* podtapiać *(dla zabawy)* —**dunk** *n* [C]

dun·no /ˈdʌnəʊ/ *spoken nonstandard* **I dunno** forma ściągnięta od „I do not know"

du·o /ˈdjuːəʊ/ *n* [C] duet *(zespół)*

dupe /djuːp/ *v* [T] naciągać: *He was duped into paying $300 to a man who said he was a lawyer.* —**dupe** *n* [C] naiwniak

duplex /ˈduːpleks/ *n* [C] *AmE* bliźniak *(dom)* THESAURUS HOUSE

du·pli·cate¹ /ˈdjuːplɪkət/ *adj* zapasowy: *a duplicate key* —**duplicate** *n* [C] duplikat, kopia

du·pli·cate² /ˈdjuːplɪkeɪt/ *v* [T] powielać, s/kopiować: *The information was duplicated.* | *I'll get these notes typed up and duplicated.*

dur·a·ble /ˈdjʊərəbəl/ *adj* trwały, wytrzymały: *durable clothing* —**durability** /ˌdjʊərəˈbɪləti/ *n* [U] trwałość, wytrzymałość

du·ra·tion Ac /djʊˈreɪʃən/ *n* [U] *formal* czas trwania: *Food was rationed for the duration of the war.*

du·ress /djʊˈres/ *n* [U] *formal* **under duress** pod przymusem: *Her confession was made under duress.*

dur·ing S1 W1 /ˈdjʊərɪŋ/ *prep* podczas, w czasie: *I try to swim every day during the summer.* | *Henry died during the night.*

UWAGA: during the last few years

Patrz **for the last few years** i **over/during/in the last few years**.

THESAURUS: during

during w czasie: *During the war people had very little to eat.*

all through *także* **throughout** przez cały: *They were together all through the summer.* | *Throughout her career she has worked hard.*

over przez, w ciągu: *It will be interesting to see what happens over the next few years.* | *Over the next ten days his condition became gradually worse.* | *I'm going to decorate my bedroom over the holidays.*

within w (prze)ciągu: *Within a week she was starting to feel better.* | *The debt must be paid within 30 days.*

dusk /dʌsk/ *n* [U] zmierzch, zmrok → porównaj DAWN¹

dust¹ S3 W3 /dʌst/ *n* [U] kurz: *The truck drove off in a cloud of dust.* | *The furniture was covered in dust.*

dust² *v* [I,T] po/ścierać kurze (z/w): *Did you dust the living room?*
dust sth ↔ off *phr v* [T] otrzepywać: *She dusted the snow off Billy's coat* (=otrzepała płaszcz Billego ze śniegu).

dust·bin /ˈdʌstbɪn/ *n* [C] *BrE* śmietnik

dustbin

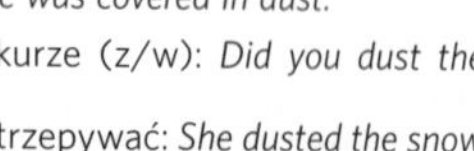

dust·er /ˈdʌstə/ *n* [C] ściereczka do kurzu

dust·man /ˈdʌstmən/ *n* [C] (plural **dustmen** /-mən/) *BrE* śmieciarz

dust·pan /ˈdʌstpæn/ *n* [C] szufelka, śmietniczka

dust·y /ˈdʌsti/ *adj* zakurzony: *a dusty room*

Dutch /dʌtʃ/ *adj* holenderski —**Dutchman** *n* Holender —**Dutchwoman** *n* Holenderka

du·ti·ful /ˈdjuːtɪfəl/ *adj* **1** posłuszny: *a dutiful daughter* **2** sumienny —**dutifully** *adv* posłusznie, sumiennie

du·ty S2 W1 /ˈdjuːti/ *n* **1** [C,U] obowiązek: *The government has a duty to provide education.* | *He was carrying out his official duties as ambassador.* **2 be on/off duty** być na/po służbie/dyżurze: *When I'm off duty I like to play tennis.* | *When does he come on duty* (=kiedy on rozpoczyna służbę)? **3** [C] cło: *Customs duties are paid on goods entering the country.*

ˌduty-ˈfree *adj* wolny od cła, bezcłowy: *duty-free cigarettes* **duty-free zone** strefa wolnocłowa

du·vet /ˈduːveɪ/ *n* [C] *especially BrE* kołdra

DVD S3 W3 /ˌdiː viː ˈdiː/ *n* [C] DVD

DVˈD ˌplayer *n* odtwarzacz DVD

DVD-ROM /ˌdiː viː diː ˈrɒm/ *n* płyta DVD

dwarf[1] /dwɔːf/ *n* [C] **1** krasnoludek: *Snow White and the Seven Dwarfs* **2** karzeł/karlica

dwarf[2] *v* [T] przytłaczać, pomniejszać *(przez kontrast)*: *The church is dwarfed by skyscrapers* (=ginie/niknie przy drapaczach chmur).

dwell /dwel/ *v* (**dwelt** /dwelt/ or **dwelled**, **dwelt** or **dwelled**, **dwelling**) [I] *literary* mieszkać, zamieszkiwać: *strange creatures that dwell in the forest*

dwell on/upon sth *phr v* [T] rozpamiętywać: *You shouldn't dwell on the past.*

dwel·ler /ˈdwelə/ *n* [C] **1 city/town dweller** mieszkaniec/ka miasta **2 cave dweller** jaskiniowiec

dwell·ing /ˈdwelɪŋ/ *n* [C] *formal* mieszkanie

dwin·dle /ˈdwɪndl/ *v* [I] z/maleć, s/topnieć: *Their stores of food had dwindled away to almost nothing.* | *a dwindling population*

dye[1] /daɪ/ *n* [C,U] barwnik, farba: *hair dye*

dye[2] *v* [T] (**dyed**, **dyed**, **dyeing**) za/farbować, za/barwić: *Sam's dyed his hair green.*

dy·ing /ˈdaɪ-ɪŋ/ *v* imiesłów czynny od **DIE**

dyke, **dike** /daɪk/ *n* [C] **1** grobla **2** *BrE* rów

dy·nam·ic AC /daɪˈnæmɪk/ *adj* dynamiczny: *a dynamic young businesswoman* | *dynamic energy* —**dynamically** /-kli/ *adv* dynamicznie

dy·nam·ics /daɪˈnæmɪks/ *n* [U plural] dynamika: *the dynamics of power in large businesses*

dy·na·mite /ˈdaɪnəmaɪt/ *n* [U] **1** dynamit **2** *informal* **be dynamite** być wystrzałowym: *That band is dynamite!*

dy·na·mo /ˈdaɪnəməʊ/ *n* [C] (plural **dynamos**) prądnica, dynamo

dyn·a·sty /ˈdɪnəsti/ *n* [C] dynastia: *the Habsburg dynasty* —**dynastic** /dɪˈnæstɪk/ *adj* dynastyczny

dys·en·te·ry /ˈdɪsəntəri/ *n* [U] czerwonka

dys·func·tion·al /dɪsˈfʌŋkʃənəl/ *adj* niefunkcjonujący, funkcjonujący niewłaściwie

dys·lex·i·a /dɪsˈleksiə/ *n* [U] dysleksja —**dyslexic** *adj* dyslektyczny

Ee

E, e /iː/ E, e *(litera)*

E¹ skrót od **EAST** lub **EASTERN**

E² /iː/ ekstaza *(narkotyk)*

each S1 W1 /iːtʃ/ *determiner, pron* każdy: *Each bedroom has its own shower.* | *I gave a toy to each of the children.* | **three/half/a piece etc each** *Mum says we can have two cookies each* (=że możemy wziąć po dwa ciastka).

UWAGA: each/every

Patrz **any** i **each/every** i **all**.

each 'other S1 W1 *pron* się, sobie (wzajemnie): *They kissed each other passionately.*

ea·ger /ˈiːgə/ *adj* **1** niecierpliwy, podniecony: *crowds of eager tourists* **2 be eager to do sth** nie móc się czegoś doczekać: *I was very eager to meet him.* —**eagerly** *adv* z niecierpliwością: *the eagerly awaited sequel to 'Star Wars'* —**eagerness** *n* [U] gorliwość, zapał

ea·gle /ˈiːgəl/ *n* [C] orzeł

ˌeagle-'eyed *adj* bystrooki, obdarzony sokolim wzrokiem: *An eagle-eyed customer spotted the mistake.*

ear S2 W2 /ɪə/ *n* **1** [C] ucho: *She turned and whispered something in his ear.* **2** słuch: *She has an ear for languages.* | *I've got no ear for music.* **3 be all ears** *informal* zamieniać się w słuch: *Go ahead, I'm all ears.* **4 play it by ear** improwizować: *We'll just play it by ear.* **5** [C] kłos: *an ear of corn*

ear·ache /ˈɪəreɪk/ *n* [C,U] ból ucha: *I've got (a) terrible earache* (=strasznie boli mnie ucho).

ear·drum /ˈɪədrʌm/ *n* [C] błona bębenkowa

earl, **Earl** /ɜːl/ *n* [C] hrabia

earlobe /ˈɪələʊb/ *n* [C] płatek małżowiny usznej

ear·ly¹ S1 W1 /ˈɜːli/ *adj* **1** wczesny: *We're going to the early evening performance.* | *the early part of the 20th century* **2** zbyt wczesny: *You're early* (=za wcześnie przyszłaś)! *It's only five o'clock!* **3** [only before noun] pierwszy: *early settlers in New England* **4 at the earliest** najwcześniej: *He'll arrive on Monday at the earliest.* **5 the early hours** wczesne godziny ranne **6 have an early night** iść wcześnie spać →antonim **LATE**

early² S1 W1 *adv* **1** przed czasem, wcześniej: *Try to arrive early if you want a good seat.* **2** wcześnie: *We'll have to leave early tomorrow morning.* | *a scene that takes place early in the film* | **early on** (=od początku): *I realized early on that this relationship wasn't going to work.* →antonim **LATE**

THESAURUS: early

early za wcześnie, przed czasem: *The bus arrived a few minutes early.*

on time punktualnie, na czas: *The train was on time.* | *I managed to finish my essay on time.*

in good time/in plenty of time *especially BrE* z dużym zapasem czasu: *Make sure that you are at the airport in good time.*

ahead of schedule przed terminem: *The work was finished ahead of schedule.*

first thing *especially spoken* z samego rana: *I'll speak to him first thing tomorrow.*

ear·mark /ˈɪəmɑːk/ *v* [T] przeznaczać: *The money was earmarked for a new school building.*

ear·muffs /ˈɪəmʌfs/ *n* [plural] nauszniki

earn S2 W2 /ɜːn/ *v* **1** [I,T] zarabiać: *She earns nearly £30,000 a year.* | *You won't earn much as a waitress!* **2** [T] zasłużyć (sobie) na: *I think we've earned a rest after all that work!* **3 earn a living** zarabiać na życie: *He earned his living as a writer.*

THESAURUS: earn

earn zarabiać: *Doctors can earn over £100,000 a year.* | *How much does he earn?*

get dostawać: *She gets $12 an hour.* | *I used to get £30 a week when I started work.*

make zarobić *(osoba, firma)*: *He made $9 million last year.* | *The shop wasn't making enough money.*

be on sth *BrE especially spoken* dostawać *(rocznie)*: *„How much are you on?" „About £25,000 a year."*

be/get paid zarabiać *(jako pracownik najemny)*: *The workers are paid very low wages.* | *He gets paid more than I do.* **SALARY**

ear·nest /ˈɜːnɪst/ *adj* **1** poważny, przejęty: *an earnest young man* **2 in earnest** na serio, na poważnie: *On Monday your training begins in earnest!* **3 be in earnest** mówić poważnie —**earnestly** *adv* z przejęciem

earn·ings /ˈɜːnɪŋz/ *n* [plural] zarobki: *Average earnings in Europe have risen by 3%.*

ear·phones /ˈɪəfəʊnz/ *n* [plural] słuchawki

ear·plug /ˈɪəplʌg/ *n* [C usually plural] zatyczka do uszu

ear·ring /ˈɪərɪŋ/ *n* [C usually plural] kolczyk

ear·shot /ˈɪəʃɒt/ *n* **within earshot/out of earshot** w zasięgu/poza zasięgiem słuchu: *Make sure the kids are out of earshot before you tell her.*

'ear-ˌsplitting *adj* przenikliwy, rozdzierający: *an ear-splitting scream*

earth S2 W2 /ɜːθ/ *n* **1** *także* **the Earth** [singular] ziemia, Ziemia: *The space shuttle will return to earth next week.* | *the planet Earth* | *the most beautiful place on earth* →porównaj **WORLD** **2** [U] ziemia, gleba: *footprints in the wet earth* THESAURUS **GROUND** **3 what/why on earth ...?** *spoken* co/dlaczego na litość boską ...?: *What on earth made you say such a stupid thing?* **4 come down to earth (with a bump)** zejść na ziemię *(wrócić do rzeczywistości)* **5** [C usually singular] *BrE* uziemienie

earth·en·ware /ˈɜːθənweə/ *adj* ceramiczny —**earthenware** *n* [U] ceramika

earth·ly /ˈɜːθli/ *adj* **no earthly reason/use/chance etc** żadnego powodu/pożytku/szansy: *There's no earthly reason* (=nie ma najmniejszego powodu) *for me to go.*

earth·quake /ˈɜːθkweɪk/ *n* [C] trzęsienie ziemi

'earth-ˌshattering *adj* sensacyjny: *earth-shattering news*

earth·worm /ˈɜːθwɜːm/ *n* [C] dżdżownica

earth·y /ˈɜːθi/ *adj* **1** rubaszny: *her earthy sense of humour*

2 ziemisty: *mushrooms with an earthy flavour* —**earthiness** *n* [U]

ear·wig /ˈɪəˌwɪg/ *n* [C] skorek

ease¹ /iːz/ *n* [U] **1 with ease** z łatwością: *It's the ease with which thieves can break in that worries me.* **2 be/feel at ease** czuć się swobodnie: *Nurses do try to make patients feel at ease.* | **ill at ease** (=skrępowany): *He looks so ill at ease in a suit.*

ease² W3 *v* [T] z/łagodzić: *The drugs will ease the pain.*
ease off *phr v* [I] zelżeć, osłabnąć: *I'll wait until the rain eases off before I go out.* | *The noise didn't ease off until well after midnight.*
ease up *phr v* [I] przyhamować: *You should ease up or you'll make yourself ill!*

ea·sel /ˈiːzəl/ *n* [C] sztaluga

eas·i·ly S2 W1 /ˈiːzəli/ *adv* **1** łatwo: *This recipe can be made quickly and easily.* | *Teenage parties can easily get out of control.* **2 easily the best/biggest** zdecydowanie najlepszy/największy: *She is easily the most intelligent girl in the class.*

east¹ S1 W2 /iːst/ *n* **1** [U singular] wschód: *The new road will pass to the east of the village.* | *Rain will spread to the east later today.* | *Which way is east* (=w którą stronę jest wschód)? **2 the East** Wschód: *more open trading between the East and the West* | **East-West relations/trade etc** *an improvement in East-West relations*

east² *adj* wschodni: *the east coast of the island* | *east wind*

east³ *adv* na wschód: *12 miles east of Portland* | *The garden faces east.*

east·bound /ˈiːstbaʊnd/ *adj* w kierunku wschodnim: *An accident on the eastbound side of the freeway is blocking traffic.*

Eas·ter /ˈiːstə/ *n* [C,U] Wielkanoc: *We went skiing in Vermont at Easter.*

ˈEaster egg *n* [C] **1** *BrE* czekoladowe jajko wielkanocne **2** *AmE* pisanka

eas·ter·ly /ˈiːstəli/ *adj* wschodni: *sailing in an easterly direction*

east·ern S2 W2 /ˈiːstən/ *adj* **1** wschodni: *the largest city in eastern Iowa* **2** *także* **Eastern** wschodni: *the countries of Eastern Europe* | *Eastern religions* (=religie Wschodu)

east·ern·most /ˈiːstənməʊst/ *adj* najbardziej wysunięty na wschód: *the easternmost part of the island*

east·ward /ˈiːstwəd/ *także* **eastwards** *adj, adv* **1** (skierowany) ku wschodowi: *on the eastward slope of the hillside* **2** (zmierzający) na wschód: *ships moving eastward*

east·wards /ˈiːstwədz/ *adv* na wschód: *We sailed eastwards.*

eas·y¹ S1 W1 /ˈiːzi/ *adj* **1** łatwy: *I can answer all these questions – they're easy!* | *Having a computer will make things a lot easier.* **2** spokojny: *If it'll make you feel easier, I'll phone when I get there.* | *He'll do anything for an easy life.*

THESAURUS: easy

easy łatwy: *The test was easy.* | *It's easy to see why she's unhappy.* | *It's an easy book to read.*
simple prosty *(do zrozumienia)*: *a simple way of dealing with the problem* | *The idea seems so simple.*
straightforward prosty *(do zrozumienia lub wykonania)*: *Installing the software should be a fairly straightforward job.* | *The instructions seemed perfectly straightforward.*
user-friendly łatwy w użyciu: *The camera is very user-friendly.* | *a user-friendly guide to buying your own home*
a piece of cake *informal* pestka, małe piwo: *Driving in Tokyo was a piece of cake compared to driving in London.*

easy² S2 *adv* **1 take it/things easy** nie przemęczać się, oszczędzać się: *The doctor says I must take things easy for a while.* **2 go easy on/with sth** *informal* nie przesadzać z czymś: *Go easy on the wine if you're driving.* **3 go easy on sb** *informal* zostawić kogoś w spokoju: *Go easy on Peter – he's having a hard time at school.* **4 easier said than done** *spoken* łatwo powiedzieć: *I should just tell her to leave me alone, but that's easier said than done* (=to nie takie łatwe).

ˈeasy chair *n* [C] fotel klubowy

ˌeasy-ˈgoing *adj* łatwy w obejściu: *He was very easy-going and a pleasure to work with.*

ˌeasy ˈlistening *n* [U] muzyka relaksacyjna

eat S1 W1 /iːt/ *v* (**ate**, **eaten**, **eating**) [I,T] z/jeść: *We usually eat at seven.* | *Eat your dinner!* | *You won't get better if you don't eat.* | **something to eat** *Would you like something to eat* (=czy chciałbyś coś zjeść)?
eat sth ↔ away, eat away at sth *phr v* [T] **a)** przeżerać: *Rust had eaten away at the metal frame.* **b)** pochłaniać *(np. oszczędności)*
eat into sth *phr v* [T] **1** stopniowo uszczuplać: *All these repairs are really eating into our savings.* **2** wyżerać *(np. o kwasie)*: *Acid eats into the metal, damaging the surface.*
eat out *phr v* [I] iść/pójść do restauracji: *I don't feel like cooking – let's eat out tonight.*
eat sth ↔ up *phr v* [I,T] *spoken* z/jeść do końca: *Come on, Kaylee, eat up!*

UWAGA: eat i have breakfast/lunch/dinner

W znaczeniu „jeść (śniadanie/obiad/kolację)" używa się czasownika **have**, a nie **eat**: *We had dinner in the hotel restaurant.* Jest tak również w wyrażeniu „jeść coś na (śniadanie/obiad/kolację)": *What did you have for lunch?* Czasownika **eat** w połączeniu z nazwą posiłku można użyć jedynie wtedy, gdy chcemy podkreślić samą czynność jedzenia: *James always takes a long time to eat his dinner.*

eat·er /ˈiːtə/ *n* [C] **1 big eater** obżartuch **2 light eater** niejadek **3 fussy eater** francuski piesek *(osoba wybredna)*

eatery /ˈiːtəri/ *n* (pl **-ries**) *AmE informal* knajpa

ˈeating disˌorder *n* [C] zaburzenia łaknienia → patrz też ANOREXIA, BULIMIA

eaves /iːvz/ *n* [plural] okap: *birds nesting under the eaves*

eaves·drop /ˈiːvzdrɒp/ *v* [I] (**-pped,-pping**) podsłuchiwać THESAURUS HEAR → porównaj OVERHEAR

ebb¹ /eb/ *n* **1** *także* **ebb tide** [singular] odpływ **2 be at a low ebb** przechodzić kryzys: *By March 1933, the economy was at its lowest ebb* (=przechodziła największy kryzys). **3 ebb and flow** narastanie i opadanie, fluktuacja: *the ebb and flow of consumer demand* → antonim FLOW¹

ebb² *v* [I] **1** *także* **ebb away** słabnąć: *His courage slowly ebbed away.* **2** opadać, cofać się *(o wodzie podczas odpływu)*

eb·o·ny /ˈebəni/ *n* [C,U] heban

E

e·bul·li·ent /ɪˈbʌliənt/ *adj formal* rozentuzjazmowany: *an ebullient mood* (=radosny nastrój) —**ebullience** *n* [U] rozentuzjazmowanie

e-business /ˈiː ˌbɪznɪs/ *n* przedsiębiorczość elektroniczna

EC /ˌiː ˈsiː◂/ *n* **the EC** Wspólnota Europejska

ec·cen·tric[1] /ɪkˈsentrɪk/ *adj* ekscentryczny: *an eccentric old woman | students dressed in eccentric clothing* THESAURUS STRANGE, UNUSUAL —**eccentrically** /-kli/ *adv* ekscentrycznie —**eccentricity** /ˌeksenˈtrɪsəti/ *n* [C,U] ekscentryczność

eccentric[2] *n* [C] ekscentry-k/czka

ec·cle·si·as·ti·cal /ɪˌkliːziˈæstɪkəl/ *także* **ec·cle·si·astic** /-ˈæstɪk◂/ *adj* kościelny: *ecclesiastical history* (=historia kościoła)

ech·o[1] /ˈekəʊ/ *n* [C] (plural **echoes**) **1** echo **2** zbieżność: *a murder which has echoes of* (=zbrodnia, w której można dopatrzyć się podobieństw do) *Kennedy's assassination*

echo[2] *v* (**echoed**, **echoed**, **echoing**) **1** [I] odbijać się echem: *voices echoing around the cave* **2** [I] rozbrzmiewać echem: *The theatre echoed with laughter and applause.* **3** [T] powtarzać: *This report echoes what I said two weeks ago.*

E

e·clipse[1] /ɪˈklɪps/ *n* [C] zaćmienie

eclipse[2] *v* [T] **1** przyćmiewać: *His achievement was eclipsed by his sister's success in the final.* **2** zaćmiewać: *The moon is partly eclipsed.*

e·co- /iːkəʊ/ *prefix* przedrostek wskazujący na związek z ekologią: *ecofriendly | ecosystem*

e·co·friend·ly /ˈiːkəʊˌfrendli/ *adj* ekologiczny: *eco-friendly products*

e·co·lo·gi·cal /ˌiːkəˈlɒdʒɪkəl◂/ *adj* ekologiczny: *ecological problems caused by the huge oil spill | an ecological study* —**ecologically** /-kli/ *adv* ekologicznie

e·col·o·gy /ɪˈkɒlədʒi/ *n* [U singular] ekologia —**ecologist** *n* [C] ekolog

e-commerce /ˈiː ˌkɒmɜːs/ *n* handel internetowy

ec·o·nom·ic S2 W1 Ac /ˌekəˈnɒmɪk◂/ *adj* ekonomiczny, gospodarczy: *criticism of the government's economic policy | economic links with South America* —**economically** /-kli/ *adv* gospodarczo: *an economically undeveloped area*

ec·o·nom·i·cal Ac /ˌekəˈnɒmɪkəl◂/ *adj* oszczędny, ekonomiczny: *an economical method of heating* —**economically** /-kli/ *adv* oszczędnie

ec·o·nom·ics W3 Ac /ˌekəˈnɒmɪks/ *n* [U] ekonomia

e·con·o·mist Ac /ɪˈkɒnəmɪst/ *n* [C] ekonomist-a/ka

e·con·o·mize /ɪˈkɒnəmaɪz/ *także* **-ise** *BrE v* [I] oszczędzać: *We're trying to economize on heating.*

e·con·o·my[1] S2 W1 Ac /ɪˈkɒnəmi/ *n* **1** [C] gospodarka: *a capitalist economy | the growing economies of southeast Asia | the global economy* (=gospodarka światowa) **2** [C,U] oszczędność: *If you can't afford the rent, you'll have to make some economies.*

UWAGA: economy i economics

Nie należy używać wyrazu **economy** w znaczeniu „ekonomia". Wyraz **economy** jako rzeczownik najczęściej znaczy „gospodarka", a „ekonomia" jako nauka lub przedmiot studiów to **economics**: *The government's management of the economy has been severely criticised. | He's now in his second year at Oxford, studying economics.*

economy[2] *adj* **economy class** klasa turystyczna: *an economy class air ticket*

e·co·sys·tem /ˈiːkəʊˌsɪstɪm/ *n* [C] ekosystem

ecotourism /ˌiːkəʊˈtʊərɪzəm/ *n* ekoturystyka

e·co-war·ri·or /ˈiːkəʊ ˌwɒriə/ *n* [C] ekolog *(protestujący w obronie środowiska)*

ecstasy *n* [C,U] ekstaza, uniesienie: *an expression of pure ecstasy*

Ec·sta·sy /ˈekstəsi/ *n* [U] ekstaza *(narkotyk)*

ec·stat·ic /ɪkˈstætɪk/ *adj* entuzjastyczny, rozentuzjazmowany: *an ecstatic welcome from thousands of people*

ECU, **ecu** /ˈekjuː/ *n* [C] dawna jednostka monetarna Unii Europejskiej

ec·ze·ma /ˈeksəmə/ *n* [U] egzema

ed·dy /ˈedi/ *n* [C] wir, zawirowanie

edge[1] S2 W2 /edʒ/ *n* [C] **1** krawędź, brzeg, skraj: *Just leave it on the edge of your plate. | She was standing at the water's edge, looking out to sea.* **2** ostrze: *Careful – that knife's got a very sharp edge!* **3 have the edge on/over** mieć przewagę nad: *This word processor certainly has the edge over the others we have reviewed.* **4 on edge** podenerwowany: *He's waiting for his exam results, so he's a bit on edge.*

edge[2] *v* **1** [I,T] przeciskać (się), przepychać (się): *The car edged forwards through the crowds.* **2** [T] obszywać: *sleeves edged with lace*

edge·ways /ˈedʒweɪz/ *także* **edge·wise** /-waɪz/ *AmE adv* **1 not get a word in edgeways** nie móc dojść do słowa: *When Ann's mother is here I can't get a word in edgeways.* **2** bokiem: *Slide the table in edgeways.*

edg·y /ˈedʒi/ *adj* podenerwowany: *You seem a little edgy – what's the matter?*

ed·i·ble /ˈedəbəl/ *adj* jadalny → antonim INEDIBLE

e·dict /ˈiːdɪkt/ *n* [C] *formal* edykt

ed·i·fice /ˈedɪfɪs/ *n* [C] *formal* gmach: *a photo of their Head Office, a grand Victorian edifice*

ed·it /ˈedɪt/ *v* [T] z/redagować

e·di·tion W3 Ac /ɪˈdɪʃən/ *n* [C] wydanie: *a new edition of a dictionary | in today's edition of 'The Times'*

ed·i·tor W2 Ac /ˈedɪtə/ *n* [C] redaktor/ka —**editorial** /ˌedəˈtɔːriəl◂/ *adj* redakcyjny

ed·i·to·ri·al Ac /ˌedəˈtɔːriəl/ *n* [C] artykuł redakcyjny/wstępny: *an editorial on gun control laws*

ed·u·cate /ˈedjʊkeɪt/ *v* [T] wy/kształcić: *The country should spend more money on educating our children.* | **+ about** *a campaign to educate teenagers about the dangers of smoking*

ed·u·cat·ed /ˈedjʊkeɪtɪd/ *adj* **1** wykształcony: *a well-educated young woman* **2 educated guess** przewidywanie na podstawie posiadanej wiedzy

ed·u·ca·tion S1 W1 /ˌedjʊˈkeɪʃən/ *n* [U singular] **1** nauczanie, edukacja: *This government believes in the importance of education.* **2** wykształcenie: *They had worked hard to give their son a good education.* → patrz też FURTHER EDUCATION, HIGHER EDUCATION

ed·u·ca·tion·al S3 W2 /ˌedjʊˈkeɪʃənəl◂/ *adj* **1** oświatowy, edukacyjny: *how to improve standards in our* *educational institutions* **2** pouczający: *an educational experience*

ed·u·tain·ment /ˌedjʊˈteɪnmənt/ *n* [U] programy i gry łączące walory edukacyjne z rozrywkowymi

EEC /ˌiː iː ˈsiː/ *n* **the EEC** Europejska Wspólnota Gospodarcza *(poprzednia nazwa Wspólnoty Europejskiej)*

eel /iːl/ *n* [C] węgorz

ee·rie /ˈɪəri/ *adj* niesamowity: *an eerie sound*

ef·fect¹ S1 W1 /ɪˈfekt/ *n* **1** [C,U] skutek, wpływ: *What effect would a new road have on the village?* **2** [C,U] efekt: *The paintings give an effect of light.* | *a word used just for effect* **3 put sth into effect** wprowadzać coś w życie: *Nothing had been done to put the changes into effect.* **4 come into effect/take effect** wchodzić w życie: *The new law comes into effect from January.* **5 in effect** w praktyce, faktycznie: *It's called a pay rise, but in effect wages will fall.* **6 sth to this/that effect** coś w tym sensie: *The report says he's no good at his job, or words to that effect.*

COLLOCATIONS: effect

adjectives

a big/great/huge effect *Her experience in Africa had a huge effect on her.* | *His work had a great effect on the work of other painters.*

a small effect *For most people, the effect of the changes will be quite small.*

little effect (=znikomy skutek/wpływ) *Changing his diet had little effect on his weight.*

a good effect *Going to college seems to have had a good effect on him.*

a bad/harmful effect *The harmful effects of alcohol are well known.*

the long-term/short-term effect *No one knows what the long-term effects of the changes will be.*

the desired effect (=pożądany) *My letter had the desired effect.*

a dramatic effect (=spektakularny) *The new law has had a dramatic effect on people's behaviour.*

a powerful/profound effect (=głęboki) *My father's death had a profound effect on me.*

a positive/beneficial effect *formal The publicity has had some positive effects.*

a negative/adverse effect *formal She had been taking the medication for years, with no adverse effects.*

an immediate effect *The changes had an immediate effect.*

effect² *v* [T] *formal* dokonywać: *I want to effect changes in the management structure of the company.*

ef·fec·tive S2 W1 /ɪˈfektɪv/ *adj* **1** skuteczny: *a very effective treatment for headaches* | *an effective advertising campaign* →antonim INEFFECTIVE **2 be/become effective** zacząć obowiązywać: *These prices are effective from April 1.* —**effectiveness** *n* [U] skuteczność

ef·fec·tive·ly S3 W2 /ɪˈfektɪvli/ *adv* **1** skutecznie: *He didn't deal with the problem very effectively.* **2** faktycznie, w praktyce: *By parking here you effectively prevented everyone from leaving.*

ef·fects /ɪˈfekts/ *n* [plural] *formal* dobytek →patrz też SOUND EFFECTS, SPECIAL EFFECTS

ef·fem·i·nate /ɪˈfemənət/ *adj* zniewieściały: *an effeminate man*

ef·fer·vesc·ent /ˌefəˈvesənt◂/ *adj* musujący

ef·fi·cient S3 W3 /ɪˈfɪʃənt/ *adj* sprawny, wydajny: *a very efficient secretary* | *an efficient heating system* →antonim INEFFICIENT —**efficiency** *n* [U] sprawność, wydajność —**efficiently** *adv* sprawnie, wydajnie

ef·fi·gy /ˈefɪdʒi/ *n* [C] kukła

ef·flu·ent /ˈefluənt/ *n* [C,U] *formal* ściek

ef·fort S1 W1 /ˈefət/ *n* **1** [U] wysiłek, starania: *It takes a lot of time and effort to organize a concert.* | *I put a lot of effort into this project.* **2** [C,U] próba: *All my efforts at convincing him failed miserably.* | **make an effort (to do sth)** (=spróbować (coś zrobić)): *You could at least make an effort to be polite!*

ef·fort·less /ˈefətləs/ *adj* swobodny: *She swam with smooth, effortless strokes.* —**effortlessly** *adv* bez wysiłku

ef·fu·sive /ɪˈfjuːsɪv/ *adj* wylewny: *effusive greetings* —**effusively** *adv* wylewnie

EFL /ˌiː ef ˈel/ *n* [U] EFL *(English as a Foreign Language)*

e.g. /ˌiː ˈdʒiː/ np.: *citrus fruit, e.g. oranges and grapefruit*

e·gal·i·tar·i·an /ɪˌgæləˈteəriən/ *adj* egalitarny, egalitarystyczny —**egalitarianism** *n* [U] egalitaryzm

egg¹ S1 W2 /eg/ *n* [C,U] jajko, jajo: *When do blackbirds lay their eggs?* | *bacon and eggs* (=jajka na bekonie) *for breakfast*

egg² *v*
egg sb ↔ on *phr v* [T] namawiać: *He was scared to jump, but his friends kept egging him on.*

egg·plant /ˈegplɑːnt/ *n* [C,U] *especially AmE* bakłażan, oberżyna

egg·shell /ˈegʃel/ *n* [C,U] skorupka *(jajka)*

e·go /ˈiːgəʊ/ *n* [C] poczucie własnej wartości: *That reward was a real boost for my ego.* | **have a big ego** (=mieć wygórowane mniemanie o sobie): *politicians with big egos*

e·go·cen·tric /ˌiːgəʊˈsentrɪk◂/ *adj* egocentryczny

e·go·tis·m /ˈiːgətɪzəm/ *także* **e·go·is·m** /ˈiːgəʊɪzəm/ *n* [U] egoizm —**egotist** *n* [C] egoist-a/ka —**egotistic** /ˌiːgəʊˈtɪstɪk◂/, **egotistical** *adj* egoistyczny, samolubny

E·gypt /ˈiːdʒɪpt/ *n* Egipt —**Egyptian** /ɪˈdʒɪpʃən/ *n* Egipcjan-in/ka —**Egyptian** *adj* egipski

eh /eɪ/ *interjection BrE spoken* hę?, co?: *"It'll cost £500." "Eh? How much?"*

E

ei·der·down /ˈaɪdədaʊn/ *n* [C] kołdra puchowa →porównaj QUILT, DUVET

eight /eɪt/ *number* **1** osiem **2** (godzina) ósma: *Dinner will be at eight.*

eigh·teen /ˌeɪˈtiːn◂/ *number* osiemnaście —**eighteenth** *number* osiemnasty

eighth /eɪtθ/ *number* **1** ósmy **2** jedna ósma

ˈeighth note *n AmE* ósemka *(nuta)*

eigh·ty /ˈeɪti/ *number* osiemdziesiąt —**eightieth** *number* osiemdziesiąty

ei·ther[1] S1 W1 /ˈaɪðə/ *conjunction* **either ... or** albo ... albo: *You can have either tea, coffee, or fruit juice.* | *Either say you're sorry, or get out!*

either[2] *determiner, pron* **1** albo jeden, albo drugi: *There's coffee or tea - you can have either.* | **either of you/them** (=któryś z was/nich dwóch): *Is either of the boys coming?* | *Can either of you lend me £5?* | **either way** (=tak czy owak): *You can get there by train or plane, but either way it's very expensive.* **2 not ... either** ani jeden, ani drugi: *I've lived in New York and Chicago, but I don't like either city very much.* **3 on either side** po obu stronach: *He sat in the back of the car with a policeman on either side.* →porównaj BOTH

E

either[3] *adv* też (nie): *"I can't swim." "I can't either."*

e·jac·u·late /ɪˈdʒækjəleɪt/ *v* [I,T] mieć wytrysk —**ejaculation** /ɪˌdʒækjəˈleɪʃən/ *n* [C,U] wytrysk, ejakulacja

e·ject /ɪˈdʒekt/ *v* **1** [T] *formal* wyrzucać, usuwać: *Any troublemakers will be ejected from the meeting.* **2** [I] katapultować się **3** [T] wysuwać: *How do I eject the CD?*

eke /iːk/ *v*

eke sth ↔ out *phr v* [T] **eke out a living/eke out an existence** wiązać koniec z końcem

e·lab·o·rate[1] /ɪˈlæbərət/ *adj* misterny, kunsztowny: *fabric with an elaborate design* | *an elaborate plan*

e·lab·o·rate[2] /ɪˈlæbəreɪt/ *v* [I,T] powiedzieć coś więcej (o): *You say you disagree - would you like to elaborate on that?*

e·lapse /ɪˈlæps/ *v* [I] *formal* upływać

e·las·tic /ɪˈlæstɪk/ *adj* elastyczny: *an elastic waistband* —**elastic** *n* [U] guma —**elasticity** /ˌiːlæˈstɪsəti/ *n* [U] elastyczność

eˌlastic ˈband *n* [C] *BrE* gumka

e·lat·ed /ɪˈleɪtɪd/ *adj* uradowany: *I was elated when Mary told me she was pregnant.*

el·bow[1] /ˈelbəʊ/ *n* [C] **1** łokieć **2 elbow-room** pole manewru: *Will you stand back and give me some elbow-room* (=żeby zrobić mi trochę miejsca), *please?*

elbow[2] *v* [T] **elbow one's way** przepychać się: *She elbowed her way through the crowd.*

el·der[1] /ˈeldə/ *adj* **1 elder brother/son** starszy brat/syn: *My elder sister is a nurse.* **2 the elder** starsz-y/a: *Sarah is the elder of the two sisters.*

elder[2] *n* [C usually plural] **1** osoba w podeszłym wieku: *Young people should have respect for their elders* (=dla starszych). **2** członek starszyzny: *a meeting of the village elders*

UWAGA: elder i older

Formy **elder** używa się w odniesieniu do starszego rodzeństwa: *Nick is my elder brother.* Formę **older** stosuje się przy porównywaniu wieku: *My sister is two years older than I am.*

el·der·ly S3 W2 /ˈeldəli/ *adj* **1** starszy: *an elderly woman with white hair* THESAURUS OLD **2 the elderly** ludzie w podeszłym wieku: *a home that provides care for the elderly* →porównaj OLD, ANCIENT

el·ders /ˈeldəz/ *n* [C plural] **1** starsi: *Young people should have respect for their elders.* **2** starszyzna: *a meeting of the village elders*

el·dest /ˈeldɪst/ *adj* **eldest son/brother** najstarszy syn/brat

e·lect S3 W3 /ɪˈlekt/ *v* [T] **1** wybierać: *Clinton was elected President in 1992.* **2 elect to do sth** *formal* z/decydować się coś z/robić: *Hanley elected to take early retirement.*

e·lec·tion S2 W1 /ɪˈlekʃən/ *n* [C] wybory: *The party must win the next election!* —**electoral** /ɪˈlektərəl/ *adj* wyborczy

COLLOCATIONS: election

verbs

to have/hold an election *An election will be held on March 22nd.*

to call an election (=ogłosić wybory) *The Prime Minister decided to call an election.*

to win/lose an election *Who do you think will win the election?* | *If the party loses the election, they may decide they need a new leader.*

to fight an election *BrE* (=wy/startować w wyborach) *Two of the candidates have never fought an election before.*

types of election

a general/national election (=wybory powszechne) *He may resign before the next general election.*

a local/regional/state election *They have had success in local elections.*

a presidential election *She was a candidate in last year's presidential election.*

a democratic election *These were the country's first ever democratic elections.*

election + noun

the election results *The election results will not be announced until tomorrow morning.*

an election campaign *He fought a very good election campaign.*

an election victory/defeat *It was his fourth election victory.*

election day *Nobody knows what will happen on election day.*

an election promise/pledge (=obietnica wyborcza) *The government has broken all its election promises.*

e·lec·to·rate /ɪˈlektərət/ *n* [singular] elektorat, wyborcy: *We have to convince the electorate that we will not raise taxes.*

e·lec·tric S2 W3 /ɪˈlektrɪk/ *adj* **1** elektryczny: *an electric oven* | *an electric guitar* **2** pełen podniecenia: *The atmosphere in the courtroom was electric.*

UWAGA: electric i electrical

Nie należy używać wyrazu **electric** w znaczeniu „elektryk". Wyraz **electric** jest przymiotnikiem, a „elektryk" lub „inżynier elektryk", to po angielsku *electrician* lub *electrical engineer*. Wyrazów **electric** i **electrical** nie można używać zamiennie. Wyraz **electric** oznacza „działający lub powstający pod wpływem elektryczności", „przenoszący lub magazynujący prąd": *an electric wire | an electric shock | an electric field | an electric toaster/heater/blanket/kettle/razor*. Wyraz **electrical** oznacza „związany z elektrycznością": *electrical systems | a course in electrical engineering | an electrical business/shop | an electrical fault*. Również mówiąc o całej grupie urządzeń zasilanych energią elektryczną, używamy wyrazu **electrical**: *electrical equipment | the latest electrical kitchen appliances.*

e·lec·tri·cal S3 /ɪˈlektrɪkəl/ *adj* elektryczny: *electrical goods*

e,lectric 'chair *n* **the electric chair** krzesło elektryczne

el·ec·tri·cian /ɪˌlekˈtrɪʃən/ *n* [C] elektryk

e·lec·tri·ci·ty S2 W3 /ɪˌlekˈtrɪsəti/ *n* [U] elektryczność, prąd: *The electricity will be cut off if you don't pay your bill.*

e,lectric 'shock *n* [C] porażenie prądem

e·lec·tri·fy /ɪˈlektrɪfaɪ/ *v* [T] **1** z/elektryfikować **2** elektryzować, ekscytować —**electrified** *adj* podekscytowany —**electrifying** *adj* elektryzujący: *Her words had an electrifying effect.*

e·lec·tro·cute /ɪˈlektrəkjuːt/ *v* [T] porazić prądem —**electrocution** /ɪˌlektrəˈkjuːʃən/ *n* [U] porażenie prądem

e·lec·trode /ɪˈlektrəʊd/ *n* [C] elektroda

e·lec·tro·mag·net·ic /ɪˌlektrəʊmægˈnetɪk◂/ *adj technical* electromagnetyczny: *electromagnetic waves*

e·lec·tron /ɪˈlektrɒn/ *n* [C] elektron

e·lec·tron·ic S3 W3 /ɪˌlekˈtrɒnɪk/ *adj* elektroniczny: *electronic music* —**electronically** /-kli/ *adv* elektronicznie

e·lec·tron·ics /ɪˌlekˈtrɒnɪks/ *n* [U] elektronika: *the electronics industry*

el·e·gant /ˈeləgənt/ *adj* elegancki: *a tall, elegant woman* —**elegance** *n* [U] elegancja —**elegantly** *adv* elegancko

el·e·ment S2 W1 Ac /ˈeləmənt/ *n* [C] **1** pierwiastek: *chemical elements* →porównaj COMPOUND[1] **2** element: *a movie with all the elements of a great love story | a small criminal element* (=element przestępczy) *within the club* **3 an element of truth/risk** odrobina prawdy/ryzyka: *There's an element of truth in what he says.* **4 be in your element** być w swoim żywiole →patrz też ELEMENTS

el·e·men·tal /ˌeləˈmentl◂/ *adj* elementarny, podstawowy *(o emocjach, potrzebach)*

el·e·men·ta·ry /ˌeləˈmentəri◂/ *adj* **1** elementarny: *an elementary mistake* **2** podstawowy: *a book of elementary chemistry*

ele'mentary ,school *także* **grade school** *n* [C] *AmE* szkoła podstawowa

el·e·ments /ˈeləmənts/ *n* **the elements** żywioły: *A cave provided shelter from the elements.*

el·e·phant /ˈeləfənt/ *n* [C] słoń

el·e·vate /ˈelɪveɪt/ *v* [T] *formal* wynosić *(na wyższe stanowisko)*: *In the 1920s he was elevated to Secretary of State.*

el·e·vat·ed /ˈelɪveɪtɪd/ *adj formal* podwyższony, wysoko położony

el·e·vat·ing /ˈeləveɪtɪŋ/ *adj* pouczający, budujący: *an elevating experience*

el·e·va·tion /ˌeləˈveɪʃən/ *n* **1** [C] wysokość *(nad poziomem morza)*: *The observatory is located at an elevation of 2,600 m.* **2** [U] *formal* awans: *the judge's elevation to the Supreme Court*

el·e·va·tor S3 W3 /ˈeləveɪtə/ *n* [C] *AmE* winda

e·lev·en /ɪˈlevən/ *number* jedenaście —**eleventh** *number* jedenasty

elf /elf/ *n* [C] (plural **elves**) /elvz/ elf

e·li·cit /ɪˈlɪsɪt/ *v* [T] *formal* wywoływać: *Short questions are more likely to elicit a response.*

el·i·gi·ble /ˈelədʒəbəl/ *adj* **1 be eligible for** mieć prawo do: *Students are eligible for financial support.* **2 eligible to do sth** uprawniony do (robienia) czegoś: *Are you eligible to vote?* **3 an eligible bachelor** dobra partia

e·lim·i·nate Ac /ɪˈlɪməneɪt/ *v* [T] **1** z/likwidować: *Electronic banking eliminates the need for cash or cheques.* **2 be eliminated** zostać wyeliminowanym, odpaść: *Our team was eliminated in the third round.*

e·lim·i·na·tion Ac /ɪˌlɪməˈneɪʃən/ *n* [U] **1** likwidacja: *the control and elimination of nuclear weapons* **2 by a process of elimination** przez eliminację

e·lite /eɪˈliːt/ *n* [singular] elita

e·lit·ist /eɪˈliːtɪst/ *adj* elitarny

el·lip·ti·cal /ɪˈlɪptɪkəl/ *także* **el·lip·tic** /-tɪk/ *adj* eliptyczny

elm /elm/ *n* [C,U] wiąz

el·o·cu·tion /ˌeləˈkjuːʃən/ *n* [U] elokwencja, wymowa

e·lon·gat·ed /ˈiːlɒŋgeɪtɪd/ *adj* wydłużony: *elongated shadows*

e·lope /ɪˈləʊp/ *v* [I] uciekać *(z kimś, żeby się pobrać)*

el·o·quent /ˈeləkwənt/ *adj* elokwentny: *an eloquent speaker* —**eloquently** *adv* elokwentnie —**eloquence** *n* [U] elokwencja

else S1 W1 /els/ *adv* **1** jeszcze: *Clayton needs someone else to help him. | What else can I get you?* **2** inny: *everyone else* (=wszyscy inni) *| Is there anything else to eat? | She was wearing someone else's coat.* **3 or else** bo inaczej: *She'd have to pay, or else she'd go to prison.*

else·where S3 W2 /elsˈweə/ *adv* gdzie indziej: *Snow is expected elsewhere in the region.*

ELT /ˌiː el ˈtiː/ *n* [U] *especially BrE* ELT *(English Language Teaching)*

e·lu·ci·date /ɪˈluːsədeɪt/ *v* [I,T] *formal* objaśniać

e·lude /ɪˈluːd/ *v* [T] wymykać się: *Jones eluded the police for six weeks. | Success has eluded him so far. | Her name eludes me* (=nie mogę sobie przypomnieć jej nazwiska) *at the moment.*

e·lu·sive /ɪˈluːsɪv/ *adj* nieuchwytny: *The fox was elusive and clever.*

elves /elvz/ *n* liczba mnoga od ELF

'em /əm/ *pron spoken nonstandard* skrót od THEM: *Tell the kids I'll pick 'em up after school.*

e·ma·ci·a·ted /ɪˈmeɪʃieɪtɪd/ *adj* wychudzony

e·mail[1], **email** /ˈiː meɪl/ *n* **1** [U] poczta elektroniczna, e-mail: *E-mail has revolutionized the way we all work and think. | The first thing I do every morning is check my e-mail.* **2** [C] e-mail, mail: *Send me an e-mail if you have any news.*

E

e-mail², **email** /ˈiː meɪl/ *v* [T] **1 e-mail sb** napisać/wysłać do kogoś maila: *Will you e-mail me about it?* **2** wysłać mailem: *Hackers might have found a way in by emailing a Trojan to the company's network.*

em·a·nate /ˈemәneɪt/ *v*
emanate from sth *phr v* [T] dochodzić z: *Wonderful smells emanated from the kitchen.*

e·man·ci·pate /ɪˈmænsәpeɪt/ *v* [T] *formal* dawać równe prawa, emancypować —**emancipated** *adj* wyemancypowany —**emancipation** /ɪˌmænsә-ˈpeɪʃәn/ *n* [U] emancypacja, równouprawnienie

em·balm /ɪmˈbɑːm/ *v* [T] za/balsamować

em·bank·ment /ɪmˈbæŋkmәnt/ *n* [C] nabrzeże

em·bar·go /ɪmˈbɑːgәʊ/ *n* [C] (plural **embargoes**) embargo: *The UN is considering lifting the oil embargo* (=rozważa zniesienie embarga na ropę).

em·bark /ɪmˈbɑːk/ *v* [I] wsiadać na statek —**embarkation** /ˌembɑːˈkeɪʃәn/ *n* [C,U] zaokrętowanie → antonim DISEMBARK
embark on/upon sth *phr v* [T] rozpoczynać *(coś nowego)*: *Hal is leaving the band to embark on a solo career.*

E

em·bar·rass /ɪmˈbærәs/ *v* [T] wprawiać w zakłopotanie: *I hope I didn't embarrass you.*

em·bar·rassed S3 /ɪmˈbærәst/ *adj* zakłopotany, zażenowany: *Everyone was staring at me and I felt really embarrassed.*

em·bar·ras·sing /ɪmˈbærәsɪŋ/ *adj* wprawiający w zakłopotanie: *embarrassing questions*

em·bar·rass·ment /ɪmˈbærәsmәnt/ *n* **1** [U] zakłopotanie, zażenowanie: *Billy looked down and tried to hide his embarrassment.* **2** [C] powód zażenowania: *His mother's boasting was a constant embarrassment to him.*

em·bas·sy /ˈembәsi/ *n* [C] ambasada

em·bed·ded /ɪmˈbedɪd/ *adj* wbity: **+in** *Small stones had become embedded in the ice.*

em·bel·lish /ɪmˈbelɪʃ/ *v* [T] upiększać

em·bers /ˈembәz/ *n* [plural] żar, żarzące się węgle

em·bez·zle /ɪmˈbezәl/ *v* [I,T] z/defraudować —**embezzlement** *n* [U] defraudacja

em·bit·tered /ɪmˈbɪtәd/ *adj* zgorzkniały

em·bla·zon /ɪmˈbleɪzәn/ *v* [T] ozdabiać *(np. napisem lub znakiem firmowym)*

em·blem /ˈemblәm/ *n* [C] emblemat, godło

em·bod·i·ment /ɪmˈbɒdɪmәnt/ *n* **the embodiment of** uosobienie, ucieleśnienie: *He is the embodiment of evil.*

em·bod·y /ɪmˈbɒdi/ *v* [T] być ucieleśnieniem: *Mrs. Miller embodies everything I admire in a teacher.*

em·boss /ɪmˈbɒs/ *v* [T] wytłaczać

em·brace /ɪmˈbreɪs/ *v* [T] *formal* **1** obejmować: *Rob reached out to embrace her.* **2** przyjmować *(z zapałem)*: *Many Romans had embraced the Christian religion.* —**embrace** *n* [C] uścisk

em·broi·der /ɪmˈbrɔɪdә/ *v* **1** [I,T] wy/haftować **2** [T] ubarwiać, koloryzować *(np. opowieść)*

em·broi·der·y /ɪmˈbrɔɪdәri/ *n* [U] haft

em·broil /ɪmˈbrɔɪl/ *v* **be embroiled in** u/wikłać się w: *I don't want to get embroiled* (=wdawać się) *in a long argument about money.*

em·bry·o /ˈembriәʊ/ *n* [C] zarodek, embrion → porównaj FOETUS

em·e·rald /ˈemәrәld/ *n* [C] szmaragd

e·merge W2 Ac /ɪˈmɜːdʒ/ *v* [I] **1** wyłaniać się: **+from** *He emerged from his hiding place.* **2** pojawiać się: *New evidence has emerged.* | **+that** *It later emerged* (=okazało się) *that she had been seeing him secretly.* **3** wychodzić: *They emerged triumphant* (=wyszli zwycięsko) *from the battle.* —**emergence** *n* [U] pojawienie się

e·mer·gen·cy S3 W3 /ɪˈmɜːdʒәnsi/ *n* [C] nagły wypadek: *Quick! Call an ambulance! This is an emergency!* —**emergency** *adj*: *emergency exit* (=wyjście awaryjne)

eˈmergency ˌbrake *n* [C] *AmE* hamulec ręczny

eˈmergency ˌroom *n* [C] *AmE* izba przyjęć *(dla nagłych wypadków)*

eˈmergency ˌservices *n* [plural] *BrE* służby ratownicze

e·mer·ging Ac /ɪˈmɜːdʒɪŋ/ *także* **e·mer·gent** /ɪˈmɜːdʒәnt/ *adj* nowo powstały: *the emerging nations of the world*

em·i·grant /ˈemɪgrәnt/ *n* [C] emigrant/ka → porównaj IMMIGRANT

em·i·grate /ˈemɪgreɪt/ *v* [I] wy/emigrować: *The Remingtons emigrated to Australia.* —**emigration** /ˌemɪˈgreɪʃәn/ *n* [U] emigracja

em·i·nent /ˈemɪnәnt/ *adj* wybitny: *a team of eminent scientists*

em·i·nent·ly /ˈemɪnәntli/ *adv formal* wybitnie: *He's eminently qualified* (=wybitnie się nadaje) *to do the job.*

e·mis·sion /ɪˈmɪʃәn/ *n* [C,U] emisja: *attempts to reduce emissions from cars*

e·mit /ɪˈmɪt/ *v* [T] (**-tted**, **-tting**) **1** wydawać: *The kettle emitted a shrill whistle.* **2** wydzielać: *The chimney emitted smoke.*

e·mo·tion W3 /ɪˈmәʊʃәn/ *n* [C,U] emocja, uczucie: *Her voice was trembling with emotion.* | *Women tend to express their emotions more easily than men.*

e·mo·tion·al S3 W3 /ɪˈmәʊʃәnәl/ *adj* **1** emocjonalny, uczuciowy: *emotional problems* **2 be/become emotional** wzruszać się: *He became emotional when I mentioned his first wife.* —**emotionally** *adv* emocjonalnie, uczuciowo

e·mo·tive /ɪˈmәʊtɪv/ *adj* wywołujący emocje: *Abortion is an emotive issue.*

em·pa·thy /ˈempәθi/ *n* [U] empatia

em·pe·ror /ˈempәrә/ *n* [C] cesarz, imperator

em·pha·sis S3 W2 Ac /ˈemfәsɪs/ *n* [C,U] (plural **emphases** /-siːz/) **1** nacisk: **place/put emphasis on** (=kłaść nacisk na): *Most schools do not place enough emphasis on health education.* **2** emfaza

em·pha·size S3 W2 Ac /ˈemfәsaɪz/ *także* **-ise** *BrE* *v* [T] podkreślać: *My teacher emphasized the importance of grammar.*

em·phat·ic Ac /ɪmˈfætɪk/ *adj* stanowczy, dobitny: *Dale's answer was an emphatic "No!"* —**emphatically** /-kli/ *adv* stanowczo, z naciskiem

em·pire W3 /ˈempaɪә/ *n* [C] cesarstwo, imperium

em·pir·i·cal Ac /ɪmˈpɪrɪkәl/ *adj* empiryczny: *Empirical evidence is needed to support their theory.*

em·ploy S3 W2 /ɪmˈplɔɪ/ *v* [T] **1** zatrudniać: *The factory employs over 2,000 people.* | **be employed as sth** *He was* *employed as a language teacher.* **2** za/stosować: *They employed new photographic techniques.*

em·ploy·ee S2 W2 /ɪm'plɔɪ-iː/ *n* [C] pracowni-k/ca, zatrudnion-y/a: *a government employee*

UWAGA: employee i employer

Wyrazów **employee** i **employer** używa się raczej w stylu oficjalnym. W codziennej rozmowie lepiej powiedzieć: **I work for IBM** zamiast „I'm an employee of IBM" i **the company I work for** zamiast "my employers".

em·ploy·er S2 W2 /ɪm'plɔɪə/ *n* [C] pracodaw-ca/czyni: *a reference from your employer*

em·ploy·ment S2 W1 /ɪm'plɔɪmənt/ *n* [U] zatrudnienie: *Students start looking for employment when they leave college.* | *a government report on training and employment* →patrz też UNEMPLOYMENT

em·pow·er /ɪm'paʊə/ *v* **1** [T] dawać kontrolę nad własnym życiem: *Information and education empower people.* **2 be empowered to do sth** *formal* mieć uprawnienia do robienia czegoś: *The college is empowered to grant degrees.*

em·press /'emprɪs/ *n* [C] cesarzowa

emp·ty¹ S2 W2 /'empti/ *adj* pusty: *an empty box* | *empty spaces* | *empty promises* —**emptiness** *n* [U] pustka

THESAURUS: empty

empty pusty: *an empty bottle* | *The house looked empty.* | *the empty streets*

bare pusty *(pokój, kredens)*: *The room was bare except for a small table.*

blank pusty *(kartka, ekran, płyta)*: *I kept staring at the blank sheet of paper.* | *The tape was blank.*

hollow wydrążony: *The insects live in hollow trees.* | *The wall was hollow.*

free wolny *(miejsce)*: *Is this seat free?* | *There are never any parking spaces free at this time of day.*

vacant wolny *(pokój, budynek)*: *a vacant apartment* | *The hotel said they didn't have any rooms vacant at the moment.*

deserted opuszczony: *The streets were deserted.* | *a deserted village*

uninhabited niezamieszkały: *an uninhabited island* | *The house remained uninhabited for many years.*

empty² *v* **1** *także* **empty out** [T] opróżniać: *I found your umbrella when I was emptying out the wardrobe.* **2** [I] opróżniać się, o/pustoszeć: *The room emptied very quickly.*

ˌempty-'handed *adj* z pustymi rękami: *The thieves fled the building empty-handed.*

em·u·late /'emjəleɪt/ *v* [T] *formal* naśladować: *Children naturally emulate their heroes.*

en·a·ble S3 W1 Ac /ɪ'neɪbəl/ *v* [T] **enable sb to do sth** umożliwiać komuś zrobienie czegoś: *The money from her aunt enabled Jan to buy the house.*

en·act /ɪ'nækt/ *v* [T] uchwalać: *Congress refused to enact the bill.*

e·nam·el /ɪ'næməl/ *n* [U] **1** emalia **2** szkliwo

en·am·oured /ɪ'næməd/ *BrE*, **enamored** *AmE adj formal* **be enamoured of/with** być zakochanym w: *You don't seem very enamoured* (=szczególnie zachwycona) *with your new job.*

en·case /ɪn'keɪs/ *v* **be encased in sth** być całkowicie pokrytym czymś: *Lisa's broken leg was encased in plaster.*

en·chant·ed /ɪn'tʃɑːntɪd/ *adj* **1** oczarowany: *You'll be enchanted by the beauty of the city.* **2** zaczarowany: *an enchanted forest*

en·chant·ing /ɪn'tʃɑːntɪŋ/ *adj* czarujący: *an enchanting smile*

en·cir·cle /ɪn'sɜːkəl/ *v* [T] otaczać: *an ancient city encircled by high walls*

en·clave /'enkleɪv/ *n* [C] enklawa: *a Spanish enclave on the Moroccan coast*

en·close /ɪn'kləʊz/ *v* [T] **1** załączać: *Please enclose a stamped addressed envelope.* **2** ogradzać: *A high wall enclosed the garden.* —**enclosed** *adj* załączony

en·clo·sure /ɪn'kləʊʒə/ *n* [C] ogrodzony teren: *The animals are kept in a large enclosure.*

en·com·pass /ɪn'kʌmpəs/ *v* [T] obejmować: *a national park encompassing 400 square miles*

en·core /'ɒŋkɔː/ *n* [C] bis

en·coun·ter¹ W3 Ac /ɪn'kaʊntə/ *v* [T] napotykać: *The engineers encountered more problems when the rainy season began.*

encounter² Ac *n* [C] spotkanie: *a chance encounter with the famous actor, Wilfred Lawson*

en·cour·age S2 W1 /ɪn'kʌrɪdʒ/ *v* [T] zachęcać: *Cheaper tickets might encourage people to use public transport.* THESAURUS PERSUADE →antonim DISCOURAGE —**encouragement** *n* [C,U] zachęta

en·cour·ag·ing S3 /ɪn'kʌrədʒɪŋ/ *adj* zachęcający: *This time, the news is more encouraging.*

en·croach /ɪn'krəʊtʃ/ *v*

encroach on/upon sth *phr v* [T] **1** zakłócać, naruszać: *I don't let my work encroach on my private life.* **2** wdzierać się na teren: *Long grass is starting to encroach onto the highway.*

en·crust·ed /ɪn'krʌstɪd/ *adj* inkrustowany: *a bracelet encrusted with diamonds*

en·cy·clo·pe·di·a /ɪnˌsaɪklə'piːdiə/ *także* **encyclopaedia** *BrE n* [C] encyklopedia

end¹ S1 W1 /end/ *n* [C] **1** koniec: *We walked to the end of the road.* | *the deep end of the pool* | **+of** *the end of the story* | **at the end** *Rob's moving to Maine at the end of September.* | **be at an end** (=skończyć się): *His political career was at an end.* | **come to an end** (=s/kończyć się): *Their relationship had come to an end.* | **put an end to** (=kłaść kres): *a peace agreement that will put an end to the fighting* **2 in the end** w końcu: *In the end, we decided to go to Florida.* THESAURUS FINALLY **3** cel: *She'll use any method to achieve her own ends.* **4 (for) days/hours on end** całymi dniami/godzinami: *It rained for days on end.* **5 make ends meet** wiązać koniec z końcem: *It's been hard to make ends meet since Ray lost his job.* →patrz też ODDS AND ENDS, **get (hold of) the wrong end of the stick** (WRONG¹), **at the end of your tether** (TETHER)

UWAGA: in the end i at the end

Nie należy mylić wyrażeń **in the end** i **at the end**. Pierwsze z nich znaczy „w końcu, po długim oczekiwaniu": *In the end, I decided not to go.* Drugie znaczy „przy końcu", „na końcu" lub „pod koniec" i zwykle występuje z przyimkiem **of** i rzeczownikiem: *Their house is at the end of the road.* | *Do you remember*

E

what happens at the end of the film? Patrz też **eventually** i **in the end**.

end² S1 W1 *v* [I,T] za/kończyć (się): *World War II ended in 1945.* | *Lucy decided to end her relationship with Jeff.*
end in sth *phr v* [T] za/kończyć się: *Their marriage ended in divorce.*
end up *phr v* [I] **1 end up somewhere** wylądować gdzieś, trafić gdzieś **2 you end up doing sth** kończy się na tym, że coś robisz: *I always end up paying the bill.*

THESAURUS: end

end kończyć się *(sytuacja, opowiadanie)*: *No one knows when the war will end.* | *How does the story end?*

finish kończyć się *(praca, czynność, impreza)*: *School finishes at 3:30.* | *The party didn't finish till 4 in the morning!*

be over skończyć się: *At last all the exams were over.* | *By the time I arrived, the meeting was already over.*

come to an end dobiec końca: *It was August and the holiday was coming to an end.* | *The fighting finally came to an end and a peace treaty was signed.*

E

en·dan·ger /ɪnˈdeɪndʒə/ *v* [T] zagrażać, być niebezpiecznym dla: *Smoking seriously endangers your health.*

en,dangered 'species *n* [C] gatunek zagrożony wymarciem

en·dear /ɪnˈdɪə/ *v*
endear sb to sb *phr v* [T] zjednywać sympatię: *His remarks did not endear him to the audience.* —**endearing** *adj* ujmujący: *an endearing smile*

en·dear·ment /ɪnˈdɪəmənt/ *n* [C] czułe słówko

en·deav·our¹ /ɪnˈdevə/ *BrE*, **endeavor** *AmE* *n* [C,U] *formal* przedsięwzięcie: *We wish you well in your future endeavours.*

endeavour² *BrE*, **endeavor** *AmE* *v* [I] *formal* usiłować

en·dem·ic /enˈdemɪk/ *adj* **be endemic** szerzyć się: *Violent crime is now endemic in the city.*

end·ing /ˈendɪŋ/ *n* [C] **1** zakończenie: *a happy ending* **2** końcówka: *Present participles have the ending '-ing'.*

en·dive /ˈendɪv/ *n* [C,U] *AmE* endywia

end·less /ˈendləs/ *adj* niekończący się: *I'm tired of his endless complaining.* —**endlessly** *adv* bez końca

en·dorse /ɪnˈdɔːs/ *v* [T] zatwierdzać, popierać *(oficjalnie)*: *The president refuses to endorse military action.* —**endorsement** *n* [C,U] oficjalne poparcie

en·dow /ɪnˈdaʊ/ *v* [T] **1** dokonywać zapisu na rzecz **2 be endowed with** *formal* być obdarzonym: *a woman endowed with both beauty and intelligence*

en·dow·ment /ɪnˈdaʊmənt/ *n* [C,U] donacja

'end-,product *n* [C] produkt końcowy

en·dur·ance /ɪnˈdjʊərəns/ *n* [U] wytrzymałość: *The marathon really tested his endurance.*

en·dure /ɪnˈdjʊə/ *v* [T] znosić, wytrzymywać: *The prisoners had to endure months of hunger.*

en·dur·ing /ɪnˈdjʊərɪŋ/ *adj* trwały: *an enduring friendship*

en·e·my W2 /ˈenəmi/ *n* **1** [C] wróg: *The judge was assassinated by his political enemies.* | **make enemies** *He'd made many enemies* (=narobił sobie wrogów) *during his career.* **2 the enemy** nieprzyjaciel: *territory controlled by the enemy*

en·er·get·ic Ac /ˌenəˈdʒetɪk◂/ *adj* energiczny: *America needs a young, strong, energetic leader.* —**energetically** /-kli/ *adv* energicznie

energize /ˈenədʒaɪz/ *także* **-ise** *BrE* *v* [T] pobudzać do wzmożonego wysiłku

en·er·gy S2 W1 Ac /ˈenədʒi/ *n* [C,U] energia: *atomic energy* | *She came back from her trip full of energy and enthusiasm.*

'energy-,saving *adj* energooszczędny: *energy-saving technologies*

en·force Ac /ɪnˈfɔːs/ *v* [T] **1** wy/egzekwować: *The police are determined to enforce the speed limit.* **2** wymuszać: *an enforced silence* —**enforcement** *n* [U] egzekwowanie

en·gage W3 /ɪnˈgeɪdʒ/ *v* [T] *formal* **1** zajmować: *a film that engages both mind and eye* **2** zatrudniać, za/angażować: *We'll have to engage a tutor for Eric.*
engage in *phr v* **1** zajmować się: *men who had often engaged in criminal activities* **2 engage sb in conversation** zajmować kogoś rozmową

en·gaged /ɪnˈgeɪdʒd/ *adj* **1** zaręczony: **+to** *Have you met the man she's engaged to?* | **get engaged** (=zaręczyć się): *Viv and Tony got engaged last month.* THESAURUS MARRIED **2** *BrE* zajęty: *Sorry! The number is engaged.*

en·gage·ment /ɪnˈgeɪdʒmənt/ *n* [C] **1** zaręczyny: *They announced their engagement at Christmas.* **2** umówione spotkanie: *Professor Blake has an engagement already on Tuesday.* **3** zaplanowane zajęcie: *I won't be able to come – I have a prior engagement.*

en·gag·ing /ɪnˈgeɪdʒɪŋ/ *adj* zajmujący: *an engaging personality*

en·gen·der /ɪnˈdʒendə/ *v* [T] *formal* rodzić, powodować: *Racial inequality will always engender conflict and violence.*

en·gine S2 W2 /ˈendʒɪn/ *n* [C] **1** silnik **2** lokomotywa

'engine ,driver *n* [C] *BrE* maszynista

en·gi·neer¹ S3 W3 /ˌendʒəˈnɪə/ *n* [C] **1** inżynier **2** *BrE* technik **3** mechanik *(na statku)* **4** *AmE* maszynista

engineer² *v* [T] doprowadzać do, za/aranżować: *He had powerful enemies who engineered his downfall.*

en·gi·neer·ing S3 W3 /ˌendʒəˈnɪərɪŋ/ *n* [U] inżynieria

England /ˈɪŋglənd/ *n* Anglia

En·glish¹ /ˈɪŋglɪʃ/ *n* **1** [U] język angielski **2 the English** [plural] Anglicy

English² *adj* angielski —**Englishman** *n* Anglik —**Englishwoman** Angielka

en·grave /ɪnˈgreɪv/ *v* [T] wy/grawerować, wy/ryć: *a gold pen engraved with his initials*

en·grav·ing /ɪnˈgreɪvɪŋ/ *n* [C] rycina

en·grossed /ɪnˈgrəʊst/ *adj* pochłonięty: **+in** *He was so engrossed in his work that he forgot about lunch.*

en·gulf /ɪnˈgʌlf/ *v* [T] ogarniać: *a war that engulfed the whole of Europe*

en·hance W3 Ac /ɪnˈhɑːns/ *v* [T] poprawiać, uwydatniać: *Adding lemon juice will enhance the flavour.*

e·nig·ma /ɪˈnɪgmə/ *n* [C] zagadka: *That man will always be an enigma to me.* —**enigmatic** /ˌenɪgˈmætɪk◂/ *adj* enigmatyczny, zagadkowy: *an enigmatic smile*

enigmatically /ˌenɪgˈmætɪkli/ *adv* enigmatycznie

en·joy S1 W1 /ɪnˈdʒɔɪ/ *v* [T] **1 you enjoy sth** coś ci się podoba: *Did you enjoy the movie?* | **enjoy doing sth** (=lubić coś robić): *My wife really enjoys playing golf.* **2 enjoy yourself** dobrze się bawić: *It was a wonderful party, and we all enjoyed ourselves enormously.* **3** cieszyć się: *The team enjoyed unexpected success this season.* —**enjoyment** *n* [U] przyjemność: *We hope the bad weather didn't spoil your enjoyment.*

en·joy·a·ble S3 /ɪnˈdʒɔɪəbəl/ *adj* przyjemny: *We all had an enjoyable afternoon.* THESAURUS NICE

en·large /ɪnˈlɑːdʒ/ *v* [T] powiększać: *I'm going to get some of these pictures enlarged.*
enlarge on sth *phr v* [T] powiedzieć więcej na temat: *Mrs Bye did not enlarge on what she meant by 'unsuitable'.*

en·large·ment /ɪnˈlɑːdʒmənt/ *n* [C] powiększenie

en·light·en /ɪnˈlaɪtn/ *v* [T] *formal* oświecać: *Would you kindly enlighten me as to what you are doing here?* —**enlightening** *adj* pouczający

en·light·ened /ɪnˈlaɪtənd/ *adj* oświecony: *a country with an enlightened approach to women's education*

enlightenment /ɪnˈlaɪtnmənt/ *n formal* oświecenie: *Joanna looked at Isobel, as if hoping for enlightenment* (=w nadziei, że ją oświeci).

en·list /ɪnˈlɪst/ *v* [I] zaciągać się *(do wojska)*: *My grandfather enlisted when he was 18.*

en·liv·en /ɪnˈlaɪvən/ *v* [T] ożywiać: *The teacher used songs and stories to enliven her lesson.*

en masse /ˌɒn ˈmæs/ *adv* w całości: *City councillors threatened to resign en masse* (=wszyscy razem).

en·mi·ty /ˈenməti/ *n* [U] *formal* wrogość: *the causes of enmity between the two nations*

ennui /ɒnˈwiː/ *n literary* znużenie

e·nor·mi·ty Ac /ɪˈnɔːməti/ *n* **the enormity of** ogrom: *He could not understand the enormity of his crime.*

e·nor·mous S2 W3 Ac /ɪˈnɔːməs/ *adj* ogromny: *You should see their house – it's enormous!* | *There's an enormous amount of work to finish.* THESAURUS BIG

e·nor·mous·ly Ac /ɪˈnɔːməsli/ *adv* ogromnie: *an enormously popular writer*

e·nough[1] S1 W1 /ɪˈnʌf/ *adv* **1** wystarczająco: *I've studied the subject enough to know the basic facts.* | **big/good enough** (=dosyć duży/dobry): *This bag isn't big enough to hold all my stuff.* **2 nice/happy enough** całkiem miły/szczęśliwy: *She's nice enough, but I don't think she likes me.* **3 it is bad/difficult/hard enough that ...** *spoken* nie dość, że ...: *It's bad enough that I have to work late – then you make jokes about it!* **4 strangely/oddly/funnily enough** dziwnym trafem: *Funnily enough, the same thing happened to me yesterday.* →patrz też **sure enough** (SURE[2])

enough[2] *quantifier* **1** dosyć, dość: *Do we have enough food for everybody?* | *I think we've done enough for one day.* | **enough to do sth** *He doesn't earn enough to pay the rent.* **2 have had enough (of)** *spoken* mieć dosyć: *I'd had enough of the neighbours' noise, so I called the police.*

en·quire /ɪnˈkwaɪə/ *BrE* alternatywna pisownia INQUIRE

en·qui·ry S2 W2 /ɪnˈkwaɪəri/ *n BrE* alternatywna pisownia INQUIRY

en·rage /ɪnˈreɪdʒ/ *v* [T] rozwścieczać: *a newspaper report that has enraged local residents* —**enraged** *adj* wściekły

en·rich /ɪnˈrɪtʃ/ *v* [T] wzbogacać: *Education can enrich your life.*

en·rol /ɪnˈrəʊl/ *BrE także* **enroll** *AmE v* (**-lled**, **-lling**) [I,T] zapisywać (się): *30 students have enrolled on the cookery course.* —**enrolment** *n* [C,U] zapisy

en route /ˌɒn ˈruːt/ *adv* po drodze, w drodze: **+to** *We passed through St Louis en route to Dallas.*

en·sconce /ɪnˈskɒns/ *v* **be ensconced** być usadowionym: *Martha was firmly ensconced in a large chair by the fire.*

en·sem·ble /ɒnˈsɒmbəl/ *n* [C] ensemble, zespół *(muzyczny, aktorski)*

en·shrine /ɪnˈʃraɪn/ *v* [T] *formal* chronić pieczołowicie: *civil rights enshrined* (=zagwarantowane) *in the Constitution*

en·sign /ˈensaɪn/ *n* [C] bandera

en·slave /ɪnˈsleɪv/ *v* [T] *formal* **1** podporządkowywać sobie **2** u/czynić niewolnikiem

en·sue /ɪnˈsjuː/ *v* [I] *formal* następować: *A long silence ensued.* —**ensuing** *adj* następny: *The ensuing battle was fierce* (=wywiązała się zaciekła bitwa).

en suite[1] /ˌɒn ˈswiːt◂/ *adj, adv BrE* **a) en suite (bedroom)** (pokój) z łazienką: *50 bedrooms, all en suite* **b) en suite (bathroom)** (łazienka) przy pokoju

en suite[2], ensuite *n* [C] *BrE* **a)** przyległa łazienka: *Each room has an ensuite and a balcony.* **b)** pokój z łazienką: *All the en suites have a private garden or terrace.*

en·sure S2 W1 Ac /ɪnˈʃʊə/ *v* [T] *especially BrE* dopilnować, upewnić się: **+that** *You must ensure that this door remains locked.*

en·tail /ɪnˈteɪl/ *v* [T] pociągać za sobą: *Does your new job entail much travelling?*

en·tan·gle /ɪnˈtæŋgəl/ *v* **entangled** zaplątany: *a fish entangled in the net* | **+with** *Jay became romantically entangled with* (=związał się z) *a work colleague.*

en·ter S2 W1 /ˈentə/ *v* **1** [I,T] wchodzić (do): *Everyone stopped talking when he entered.* | *The police tried to stop the marchers from entering the building.* **2** [T] **enter politics/the medical profession/the church etc** zostać politykiem/lekarzem/księdzem itp.: *She's hoping to enter the medical profession.* **3** [T] przystępować do: *America entered the war in 1917.* **4** [I,T] brać udział (w): *She entered the competition and won.* **5** [T] wprowadzać *(np. dane)*: *Enter your name on the form.*
enter into sth *phr v* [T] **1** nawiązywać: *Both sides must enter into negotiations.* **2** wpływać na: *Money didn't enter into my decision to leave.*

THESAURUS: enter

enter wejść: *The burglars entered the house through a back window.*
go in wejść *(używa się zwłaszcza w mowie)*: *I went in and looked around.*
come in wejść *(kiedy już się jest w danym miejscu)*: *Come in and sit down.*
get in dostać się (do środka): *I can't get in! The door's locked.*
break in włamać się: *If anyone tries to break in, the alarm will go off.*
burst in wpaść *(do pokoju, budynku)*: *The men burst in and started shouting.*

E

en·ter·prise W2 /ˈentəpraɪz/ *n* **1** [C] przedsiębiorstwo: *The farm is a family enterprise.* **2** [C] przedsięwzięcie: *The film festival is a huge enterprise.* **3** [U] przedsiębiorczość: *the spirit of enterprise and adventure that built America's new industries* → patrz też **FREE ENTERPRISE**

en·ter·pris·ing /ˈentəpraɪzɪŋ/ *adj* przedsiębiorczy: *One enterprising young man started his own radio station.*

en·ter·tain /ˌentəˈteɪn/ *v* **1** [T] zabawiać: *He spent the next hour entertaining us with jokes.* **2** [I,T] przyjmować (gości): *Mike is entertaining clients at that new restaurant.*

en·ter·tain·er /ˌentəˈteɪnə/ *n* [C] artyst-a/ka estradow-y/a

en·ter·tain·ing /ˌentəˈteɪnɪŋ◂/ *adj* zabawny: *an entertaining book*

en·ter·tain·ment S3 W3 /ˌentəˈteɪnmənt/ *n* **1** [U] rozrywka: *the entertainment industry* **2** [C] przedstawienie: *a musical entertainment*

en·thral /ɪnˈθrɔːl/ *BrE*, **enthrall** *AmE v* [T] (**-lled**, **-lling**) za/fascynować: *The kids were absolutely enthralled by the stories.* —**enthralling** *adj* fascynujący

en·thuse /ɪnˈθjuːz/ *v* [I] rozpływać się w zachwytach: **+about/over** *She spent the whole evening enthusing about her new job.*

en·thu·si·as·m W3 /ɪnˈθjuːziæzəm/ *n* [U] zapał, entuzjazm: **+for** *The boys all share an enthusiasm for sports.* —**enthusiast** *n* [C] entuzjast-a/ka

en·thu·si·as·tic S3 /ɪnˌθjuːziˈæstɪk◂/ *adj* entuzjastyczny, rozentuzjazmowany: *An enthusiastic crowd cheered the winners.* —**enthusiastically** /-kli/ *adv* entuzjastycznie

en·tice /ɪnˈtaɪs/ *v* [T] z/wabić, s/kusić: *Goods are attractively displayed to entice the customer.* —**enticing** *adj* kuszący: *an enticing menu*

en·tire S3 W2 /ɪnˈtaɪə/ *adj* cały: *I've spent the entire day cooking.*

en·tire·ly S2 W2 /ɪnˈtaɪəli/ *adv* zupełnie, całkiem: *She had entirely forgotten about Alexander.*

en·tir·e·ty /ɪnˈtaɪərəti/ *n* **in its/their entirety** *formal* w całości, holistycznie: *The judge must look at the case in its entirety.*

en·ti·tle S3 W3 /ɪnˈtaɪtl/ *v* [T] **1** uprawniać: **be entitled to sth** *Citizens of EU countries are entitled to* (=mają prawo do) *free medical treatment.* **2** za/tytułować: *a short poem entitled 'Pride of Youth'*

en·ti·ty Ac /ˈentəti/ *n* [C] *formal* jednostka: *East and West Germany became once more a single political entity.*

en·tou·rage /ˈɒntʊrɑːʒ/ *n* [C] świta: *The president's entourage followed in six limousines.*

en·trance S3 W3 /ˈentrəns/ *n* **1** [C] wejście: *Meet me at the front entrance to the building.* **2** [U] prawo wstępu: *There will be an entrance fee* (=opłata za wstęp) *of $30.* **3 make an/your entrance** zrobić wejście: *Sheila waited for the right moment to make her dramatic entrance.* → porównaj **ENTRY**

en·tranced /ɪnˈtrɑːnst/ *adj* oczarowany: *Li Yuan sat there, entranced by the beauty of the music.*

en·trant /ˈentrənt/ *n* [C] *formal* **1** uczestni-k/czka *(np. konkursu)* **2** osoba wstępująca *(np. na uniwersytet)*

en·treat /ɪnˈtriːt/ *v* [T] *formal* błagać: *She entreated me to forgive her.* —**entreaty** *n* [C,U] błaganie

entreé /ˈɑntreɪ/ *n AmE* danie główne

en·trenched /ɪnˈtrentʃt/ *adj* głęboko zakorzeniony: *entrenched attitudes*

en·tre·pre·neur /ˌɒntrəprəˈnɜː/ *n* [C] przedsiębiorca

en·trust /ɪnˈtrʌst/ *v* [T] powierzać: **entrust sb with sth** *I was entrusted with the task of looking after the money.*

en·try S3 W2 /ˈentri/ *n* **1** [U] wejście: *The thieves gained entry* (=dostali się do środka) *through an open window.* **2** [C] praca konkursowa: *The closing date for entries is January 6.* **3** [U] przystąpienie: **+into** *Britain's entry into the European Community* **4** [U] prawo wstępu: *When reporters arrived at the gate, they were refused entry.* **5** [C] hasło: *a dictionary entry* **6** [U] wprowadzanie: *data entry* (=wprowadzanie danych)

en·twine /ɪnˈtwaɪn/ *v* [T] **1** wplatać: *flowers entwined in her hair* **2 be entwined** być splecionym: *The two sisters' lives were deeply entwined.*

e·nu·me·rate /ɪˈnjuːməreɪt/ *v* [T] *formal* wyliczać

en·vel·op /ɪnˈveləp/ *v* [T] ogarniać, spowijać: *The building was soon enveloped in flames.*

en·ve·lope S3 /ˈenvələʊp/ *n* [C] koperta

en·vi·a·ble /ˈenviəbəl/ *adj* godny pozazdroszczenia: *He's in the enviable position of only having to work six months a year.*

en·vi·ous /ˈenviəs/ *adj* zazdrosny: **+of** *Tom was deeply envious of his brother's success.* —**enviously** *adv* zazdrośnie

en·vi·ron·ment S1 W1 Ac /ɪnˈvaɪərənmənt/ *n* **1 the environment** środowisko naturalne: *laws to protect the environment* **2** [C,U] środowisko, otoczenie: *Children need a happy home environment.* | *a pleasant working environment*

COLLOCATIONS: environment

verbs

to protect the environment *We have a duty to protect the environment.*

to harm/damage the environment *We use techniques that don't harm the environment.*

to pollute the environment (=zanieczyszczać) *They produce chemicals which pollute the environment.*

to destroy the environment *These greedy farmers are destroying the environment.*

to clean up the environment *Polluters will have to pay the cost of cleaning up the environment.*

adjectives

good for the environment *Cycling is better for the environment than driving.*

bad for/harmful to the environment *These activities are harmful to the environment.*

noun + environment

effect/impact on the environment *Some types of farming can have a very bad effect on the environment.*

the destruction of the environment *the destruction of the environment caused by oil exploration*

en·vi·ron·men·tal S2 W2 Ac /ɪnˌvaɪərənˈmentl◂/ *adj* **environmental damage/pollution** zniszczenie/zanieczyszczenie środowiska

en·vi·ron·men·tal·ist Ac /ɪnˌvaɪərənˈmentəlɪst/ *n* [C] ekolog *(obrońca środowiska)*

en,viron,mentally 'friendly *adj* ekologiczny *(przyjazny dla środowiska)*

en·vis·age /ɪnˈvɪzɪdʒ/ *także* **en·vi·sion** /-ˈvɪʒən/ *especially AmE v* [T] przewidywać: *I don't envisage any major problems.*

en·voy /ˈenvɔɪ/ *n* [C] wysłanni-k/czka

en·vy[1] /ˈenvi/ *v* [T] zazdrościć: *I envy Colin – he travels all over the world in his job!* | **envy sb (for) sth** *The other boys envied and admired him for his success with girls.*

envy[2] *n* **1** [U] zawiść, zazdrość: *He was looking with envy at Al's new car.* **2 be the envy of** budzić zazdrość: *Our facilities are the envy of most other schools.*

en·zyme /ˈenzaɪm/ *n* [C] enzym

eon /ˈiːɒn/ *n* wieczność

e·phem·e·ral /ɪˈfemərəl/ *adj formal* efemeryczny, przemijający: *the ephemeral nature of human existence*

ep·ic[1] /ˈepɪk/ *adj* epicki: *an epic novel about the French Revolution*

epic[2] *n* [C] epos, epopeja: *Homer's epic, 'The Odyssey'*

ep·i·dem·ic /ˌepəˈdemɪk◂/ *n* [C] epidemia: *a flu epidemic* | *a car crime epidemic*

ep·i·lep·sy /ˈepəlepsi/ *n* [U] padaczka, epilepsja —**epileptic** /ˌepəˈleptɪk◂/ *n* [C] epilepty-k/czka

ep·i·logue /ˈepəlɒg/ *n* [C] epilog

epiphany /ɪˈpɪfəni/ *n* **1** (*pl* **-nies**) objawienie **2 Epiphany** Objawienie Pańskie

ep·i·sode /ˈepəsəʊd/ *n* [C] **1** odcinek: *an episode of 'Star Trek'* **2** epizod: *one of the most exciting episodes in Nureyev's career*

ep·i·taph /ˈepətɑːf/ *n* [C] epitafium

e·pit·o·me /ɪˈpɪtəmi/ *n* **be the epitome of** być uosobieniem: *Lord Soames was the epitome of a true gentleman.*

e·pit·o·mize /ɪˈpɪtəmaɪz/ *także* **-ise** *BrE v* [T] uosabiać: *The recent crisis seems to epitomize* (=wydaje się być typowym przykładem) *the problems in British industry.*

e·poch /ˈiːpɒk/ *n* [C] epoka

e·qual[1] S1 W2 /ˈiːkwəl/ *adj* równy: *Divide the cake mixture into two equal parts.* | *Democracy is based on the idea that all people are equal.* | **be equal to** (=równać się): *One inch is equal to 2.54 centimetres.* | **equal rights/opportunities** (=równouprawnienie): *equal rights for women*

equal[2] S2 *v* [T] (**-lled**, **-lling** *BrE*; **-led**, **-ling** *AmE*) **1** równać się: *Four plus four equals eight.* **2** wyrównywać: *Johnson has equalled the Olympic record.*

equal[3] *n* [C] **1** równy (sobie): *Men and women should be treated as equals.* **2 without equal** nie mający sobie równych: *a medical service without equal in the whole of Europe*

e·qual·i·ty /ɪˈkwɒləti/ *n* [U] równość: *racial equality* → antonim INEQUALITY

e·qual·ize /ˈiːkwəlaɪz/ *także* **-ise** *BrE v* **1** [T] zrównywać: *equalizing pay rates in the steel industry* **2** [I] *BrE* wyrównywać *(wynik)*: *Spain equalized in the 75th minute.*

eq·ual·ly S3 W2 /ˈiːkwəli/ *adv* **1** równie: *Both teams are equally capable of winning.* **2** równo: *We'll divide the work equally.* **3** *spoken* (ale) równocześnie: *A teacher who tries to be popular will lose respect. Equally, it is unwise to be too strict.* **4** jednakowo: *We have to try to treat everyone equally.*

eq·ua·nim·i·ty /ˌiːkwəˈnɪməti/ *n* [U] *formal* spokój, opanowanie: *He received this terrible news with equanimity.*

e·quate Ac /ɪˈkweɪt/ *v* [T] *formal* zrównywać: *Don't equate criticism with blame.*

e·qua·tion Ac /ɪˈkweɪʒən/ *n* [C] równanie

e·qua·tor /ɪˈkweɪtə/ *n* **the equator** równik —**equatorial** /ˌekwəˈtɔːriəl◂/ *adj* równikowy

e·ques·tri·an /ɪˈkwestriən/ *adj* konny

e·qui·lib·ri·um /ˌiːkwəˈlɪbriəm/ *n* [U singular] równowaga: *The supply and demand for money must be kept in equilibrium.*

e·quip Ac /ɪˈkwɪp/ *v* [T] (**-pped**, **-pping**) **1** wyposażać, zaopatrywać: *The boys had equipped themselves with ropes and torches before entering the cave.* | **be equipped with sth** *All their soldiers were equipped with assault rifles.* **2** przygotowywać: **equip sb to do sth** *His training had not equipped him to deal with this kind of emergency.* —**equipped** *adj* wyposażony: *a well-equipped hospital*

e·quip·ment S2 W2 Ac /ɪˈkwɪpmənt/ *n* [U] wyposażenie, sprzęt: *camping equipment* | **piece of equipment** (=urządzenie): *an expensive piece of electronic equipment*

E

eq·ui·ta·ble /ˈekwətəbəl/ *adj formal* sprawiedliwy: *an equitable distribution of resources* —**equitably** *adv* sprawiedliwie

eq·ui·ty /ˈekwəti/ *n* [U] *formal* sprawiedliwość: *the principles of justice and equity*

e·quiv·a·lent[1] W3 Ac /ɪˈkwɪvələnt/ *adj* równoważny: **+to** *The workers received a bonus equivalent to two months' pay.*

equivalent[2] Ac *n* [C] odpowiednik: *Some French words have no equivalents in English.*

er /ɜː/ *interjection* eee *(wtrącenie, którego używa się, kiedy nie wiadomo, co powiedzieć)*: *Well, er, thanks for all your help.*

ER /ˌiː ˈɑː/ *n* EMERGENCY ROOM

e·ra W3 /ˈɪərə/ *n* [C] **1** epoka: *the Bush/Blair era* | **+of** *a new era of peace and international cooperation* **2** era

e·rad·i·cate /ɪˈrædɪkeɪt/ *v* [T] wytępić, wykorzenić: *attempts to eradicate prejudice* —**eradication** /ɪˌrædɪˈkeɪʃən/ *n* wytępienie, wykorzenienie

e·rase /ɪˈreɪz/ *v* [T] wymazywać, s/kasować: *All his records had been erased.*

e·ras·er /ɪˈreɪzə/ *n* [C] *especially AmE* gumka

e·rect[1] /ɪˈrekt/ *adj* podniesiony, wyprostowany: *The dog stopped and listened with its ears erect.*

erect[2] *v* [T] **1** *formal* wznosić: *This ancient church was erected in 1121.* **2** stawiać: *Security barriers were erected to hold the crowd back.*

e·rec·tion /ɪˈrekʃən/ *n* **1** [C,U] wzwód, erekcja **2** [U] wzniesienie: **+of** *the erection of a war memorial*

e·rode Ac /ɪˈrəʊd/ *v* **1** [I] erodować **2** [T] powodować erozję: *The coastline is being eroded by the sea.* **3** [T] podkopywać: *Her confidence has been eroded by recent criticism.* —**erosion** /ɪˈrəʊʒən/ *n* [U] erozja

e·rot·ic /ɪˈrɒtɪk/ *adj* erotyczny: *an erotic dream* —**erotically** /-kli/ *adv* erotycznie

err /ɜː/ *v* **1** [I] *formal* z/błądzić, popełnić błąd **2 err on the side of caution** woleć być ostrożnym

er·rand /ˈerənd/ *n* [C] **run an errand** załatwiać coś *(na mieście)*: *Could you run an errand for Grandma?*

er·rant /ˈerənt/ *adj humorous* niewierny: *an errant husband*

er·rat·ic /ɪˈrætɪk/ *adj* nierówny, nieprzewidywalny: *the England team's rather erratic performance in the World Cup*

er·ro·ne·ous Ac /ɪˈrəʊniəs/ *adj formal* błędny: *erroneous statements* —**erroneously** *adv* błędnie

er·ror S3 W2 Ac /ˈerə/ *n* [C,U] błąd: *a computer error* | *a serious error of judgement* (=błąd w ocenie sytuacji) | **make an error** (=popełnić błąd): *The police admitted that several errors had been made.*

COLLOCATIONS: error

verbs

to make an error *At first, I thought the bank had made an error.*

to have/contain an error *The book contains several errors.*

to find/spot/notice an error *I spotted an error in the article.*

to correct an error *Please read the document, and correct any errors.*

an error occurs *formal* (=występuje) *I am not sure how the error occurred.*

types of error

a common error *The book lists some of the most common errors made by students.*

a serious/bad error *także* **a grave error** *formal The police made a serious error, which resulted in a young man's death.*

a small/minor error *There are bound to be a few minor errors.*

a spelling/typing error *You lose marks if your paper contains spelling errors.*

a grammatical error *She used to point out grammatical errors in his letters.*

a factual error *The article contains many factual errors.*

a computer error *The letter was sent to the wrong person because of a computer error.*

human error (=błąd człowieka) *The disaster was the result of human error.*

error + noun

an error of judgment *He may lose everything because of a small error of judgment.*

an error message (=komunikat o błędzie) *I keep getting an error message when I try to save.*

e·rupt /ɪˈrʌpt/ *v* [I] wybuchać: *Fighting erupted after the demonstrations.* —**eruption** /ɪˈrʌpʃən/ *n* [C,U] wybuch: *a volcanic eruption*

es·ca·late /ˈeskəleɪt/ *v* **1** [I,T] nasilać (się): *Fighting has escalated in several areas.* **2** [I] wzrastać: *escalating interest rates* —**escalation** /ˌeskəˈleɪʃən/ *n* [C,U] eskalacja

es·ca·la·tor /ˈeskəleɪtə/ *n* [C] schody ruchome

es·ca·pade /ˈeskəpeɪd/ *n* [C] eskapada

es·cape¹ S3 W2 /ɪˈskeɪp/ *v* **1** [I] uciec: **+from/through etc** *Two men escaped from the prison.* | *Watching television was his way of escaping from reality.* **2 escape death/punishment** uniknąć śmierci/kary: *The driver and his two passengers only narrowly escaped death.* **3** [T] **sth escapes sb** ktoś nie może sobie czegoś przypomnieć: *His name escapes me at the moment.* **4** [T] **escape someone's attention** umykać czyjejś uwadze: *Nothing escapes Bill's attention.* **5** [I] ulatniać się *(o gazie)* —**escaped** *adj* zbiegły: *escaped prisoners*

escape² S3 *n* [C,U] ucieczka: *There's no chance of escape.* | *Reading poetry is one form of escape.* | *They had a narrow escape* (=ledwo uniknęli niebezpieczeństwa). →patrz też **FIRE ESCAPE**

es·cap·is·m /ɪˈskeɪpɪzəm/ *n* [U] eskapizm: *Those old Hollywood movies are pure escapism.* —**escapist** *adj* eskapistyczny

es·cort¹ /ɪˈskɔːt/ *v* [T] **1** eskortować: *Armed guards escorted the prisoners into the courthouse.* **2** odprowadzać: *David offered to escort us to the theatre.*

es·cort² /ˈeskɔːt/ *n* **1** [C,U] eskorta: *a police escort* | **under escort** *The prisoners will be transported under military escort.* **2** [C] osoba towarzysząca

Es·ki·mo /ˈeskəməʊ/ *n* [C] Eskimos/ka —**Eskimo** *adj* eskimoski

ESL /ˌiː es ˈel/ *n* [U] ESL *(English as a Second Language)*

es·o·ter·ic /ˌesəˈterɪk◂/ *adj* ezoteryczny: *esoteric teachings*

es·pe·cial·ly S1 W1 /ɪˈspeʃəli/ *adv* **1** zwłaszcza: *The kids really enjoyed the holiday, especially the trip to Disneyland.* **2** szczególnie: *These chairs are especially suitable for people with back problems.* **3** specjalnie: **+for** *I made this card especially for you.* →porównaj **SPECIALLY**

es·pi·o·nage /ˈespiənɑːʒ/ *n* [U] szpiegostwo

es·pouse /ɪˈspaʊz/ *v* [T] *formal* opowiadać się za *(czymś)*

es·pres·so /eˈspresəʊ/ *n* [C,U] espresso *(kawa)*

es·say S3 /ˈeseɪ/ *n* [C] esej, wypracowanie

COLLOCATIONS: essay

verbs

to write/do an essay *The students were asked to write an essay on their favourite poet.*

to give in/hand in an essay *I want you to hand in your essays on Friday.*

to mark an essay *BrE*, **to grade an essay** *AmE She had a pile of essays to mark.*

types of essay

an English/history/politics etc essay *He got a good grade for his English essay.*

a school essay *I used to make lots of spelling mistakes in my school essays.*

essay + noun

an essay topic *Choose an essay topic from this list.*

an essay question (=temat wypracowania egzaminacyjnego) *Here are some samples of essay questions.*

es·sence /ˈesəns/ *n* **1** [U singular] istota: **+of** *There is no leadership - that's the essence of the problem.* | **in essence** (=w gruncie rzeczy): *The choice is, in essence, quite simple.* **2** [U] esencja, olejek: *vanilla essence*

es·sen·tial S3 W2 /ɪˈsenʃəl/ *adj* **1** niezbędny: **+for/to** *A balanced diet is essential for good health.* | **it is essential to do sth** *It is essential* (=konieczne jest) *to check the oil level regularly.* **2** zasadniczy: *He failed to understand the essential difference between the two theories.*

E

es·sen·tial·ly S2 W3 /ɪˈsenʃəli/ *adv* w zasadzie: *Your analysis is essentially correct.*

es·sen·tials /ɪˈsenʃəlz/ *n* [plural] niezbędne rzeczy: *We only have enough money for essentials like food and clothing.*

es·tab·lish S2 W1 Ac /ɪˈstæblɪʃ/ *v* [T] **1** zakładać: *The school was established in 1922.* **2** ustalać: *We need to establish our main priorities.* | *We have been unable to establish the cause of the accident.* | **+that** *Doctors established that death was due to poisoning.* **3** wyrabiać (sobie): *She worked hard to establish her position within the party.* | **establish sb/sth as sth** *Guterson's novel established him as* (=wyrobiła mu pozycję) *one of America's most exciting writers.* **4 establish relations/contacts** nawiązywać stosunki/kontakty: *In recent months they have established contacts with companies abroad.* **—established** *adj* ustalony, przyjęty

es·tab·lish·ment W2 Ac /ɪˈstæblɪʃmənt/ *n* **1** [C] *formal* placówka: *an educational establishment* **2** [U] założenie: **+of** *the establishment of NATO in 1949* **3 the Establishment** establishment: *a political scandal that shocked the Establishment*

es·tate S2 W2 Ac /ɪˈsteɪt/ *n* [C] **1** posiadłość, majątek (ziemski) **2** *BrE* osiedle: *a housing estate* THESAURUS HOUSE **3** majątek: *She left her entire estate to me.*

esˈtate ˌagent *n* [C] *BrE* pośrednik w handlu nieruchomościami

esˈtate car *n* [C] *BrE* samochód kombi

es·teem¹ /ɪˈstiːm/ *n* [U] *formal* **hold sb in high esteem** darzyć kogoś wielkim szacunkiem: *She was held in high esteem by everyone she knew.* → patrz też SELF-ESTEEM

esteem² *v* [T] *formal* poważać, cenić: **highly esteemed** (=wysoko ceniony): *a highly esteemed artist*

es·thet·ic /iːsˈθetɪk/ amerykańska pisownia wyrazu AESTHETIC

es·ti·mate¹ S3 W2 Ac /ˈestɪmeɪt/ *v* [T] o/szacować: **+that** *We estimate that 75% of our customers are teenagers.* | **estimate sth at** (=wyceniać coś na): *The cost of repairs has been estimated at $1,500.* **—estimated** *adj*: *An estimated* (=szacuje się, że) *10,000 people took part in the demonstration.*

es·ti·mate² S3 W2 Ac /ˈestəmət/ *n* [C] **1** szacunek *(obliczenie)*: *According to some estimates, two thirds of the city was destroyed.* | **at a rough estimate** (=w przybliżeniu): *At a rough estimate, I'd say it's 300 years old.* **2** kosztorys: *I got three estimates so I could pick the cheapest.*

es·ti·ma·tion Ac /ˌestəˈmeɪʃən/ *n* [U] opinia: *Philip has really gone down in my estimation* (=naprawdę stracił w moich oczach).

Es·to·ni·a /eˈstəʊniə/ *n* Estonia **—Estonian** /eˈstəʊniən/ *n* Esto-ńczyk/nka **—Estonian** *adj* estoński

es·tranged /ɪˈstreɪndʒd/ *adj formal* **1** pozostający w separacji: *Jim is Sarah's estranged husband.* **2** skłócony **—estrangement** *n* [C,U] separacja

es·tro·gen /ˈiːstrədʒən/ amerykańska pisownia wyrazu OESTROGEN

es·tu·a·ry /ˈestʃuəri/ *n* [C] ujście *(rzeki)*

ETA /ˌiː tiː ˈeɪ/ *n* przewidywany czas przyjazdu/przylotu

e-tailer /ˈiː ˌteɪlə/ *n* firma internetowa

etc /et ˈsetərə/ *adv* itd., itp.: *cars, ships, planes etc*

et cetera /et ˈsetrə, -ˈsetərə/ *adv formal* i tak dalej, i tym podobne

etch /etʃ/ *v* [I,T] wy/ryć

e·ter·nal /ɪˈtɜːnəl/ *adj* wieczny: *eternal love* **—eternally** *adv* wiecznie

e·ter·ni·ty /ɪˈtɜːnəti/ *n* **1** [U] wieczność **2 an eternity** *informal* cała wieczność, całe wieki: *We waited for what seemed like an eternity.*

e·the·re·al /ɪˈθɪəriəl/ *adj* eteryczny: *ethereal beauty*

eth·ic Ac /ˈeθɪk/ *n* [singular] etyka: *the Christian ethic*

eth·i·cal Ac /ˈeθɪkəl/ *adj* etyczny: *Research on animals raises difficult ethical questions.* | *It would not be ethical for doctors to talk publicly about their patients.* **—ethically** /-kli/ *adv* etycznie

eth·ics /ˈeθɪks/ *n* [plural] etyka: *the ethics of scientific research*

eth·nic W3 Ac /ˈeθnɪk/ *adj* etniczny: *an ethnic minority*

ˌethnic ˈcleansing *n* czystki etniczne

ˌethnic ˈgroup *n* grupa etniczna

e·thos /ˈiːθɒs/ *n* [singular] etos: *The whole ethos of our society has changed.*

e-ticket /ˈiː ˌtɪkɪt/ *n* bilet elektroniczny, eBilet

et·i·quette /ˈetɪket/ *n* [U] etykieta: *The rules of etiquette are not so strict nowadays.*

et·y·mol·o·gy /ˌetəˈmɒlədʒi/ *n* [U] etymologia **—etymological** /ˌetəməˈlɒdʒɪkəl◂/ *adj* etymologiczny

EU /ˌiː ˈjuː/ *n* [singular] UE, Unia Europejska

eu·phe·mis·m /ˈjuːfəmɪzəm/ *n* [C,U] eufemizm **—euphemistic** /ˌjuːfəˈmɪstɪk◂/ *adj* eufemistyczny

eu·pho·ri·a /juːˈfɔːriə/ *n* [U] euforia

Eu·ro, euro /ˈjʊərəʊ/ *n* [C singular] euro: *The Euro is expected to replace the British pound within a few years.*

Eu·ro- /jʊərəʊ/ *prefix* euro-: *Euro-MPs* (=członkowie parlamentu europejskiego)

Eu·rope /ˈjʊərəp/ *n* Europa

Eu·ro·pe·an /ˌjʊərəˈpiːən◂/ *adj* europejski: *the European Parliament* **—European** *n* [C] Europej-czyk/ka

ˌEuropean ˈUnion *n* [singular] Unia Europejska

eu·tha·na·si·a /ˌjuːθəˈneɪziə/ *n* [U] eutanazja

e·vac·u·ate /ɪˈvækjueɪt/ *v* [T] ewakuować: *Children were evacuated from London to country areas.* **—evacuation** /ɪˌvækjuˈeɪʃən/ *n* [C,U] ewakuacja

e·vac·u·ee /ɪˌvækjuˈiː/ *n* [C] osoba ewakuowana

e·vade /ɪˈveɪd/ *v* [T] **1** uchylać się od: *If you try to evade paying your taxes, you risk going to prison.* **2** unikać: *He evaded capture by hiding in a cave.*

e·val·u·ate Ac /ɪˈvæljueɪt/ *v* [T] *formal* oceniać: *Teachers meet regularly to evaluate the progress of each student.* **—evaluation** /ɪˌvæljuˈeɪʃən/ *n* [C,U] ocena, ewaluacja

e·van·gel·i·cal /ˌiːvænˈdʒelɪkəl◂/ *adj* ewangelicki

e·vap·o·rate /ɪˈvæpəreɪt/ *v* **1** [I] wy/parować: *Boil the sauce until most of the liquid has evaporated.* **2** [T] odparowywać **3** [I] ulatniać się: *Support for the idea has evaporated.* **—evaporation** /ɪˌvæpəˈreɪʃən/ *n* [U] parowanie

e·va·sion /ɪˈveɪʒən/ *n* [C,U] uchylanie się: *tax evasion*

E

e·va·sive /ɪˈveɪsɪv/ *adj* **1** wymijający: *an evasive answer* **2 evasive action** unik —**evasively** *adv* wymijająco

eve /iːv/ *n* **1 Christmas Eve** Wigilia **2 New Year's Eve** sylwester **3 the eve of** przeddzień: *There were widespread demonstrations on the eve of the election.*

e·ven[1] S1 W1 /ˈiːvən/ *adv* **1** nawet: *Even the youngest children enjoyed the concert.* | *He hadn't even remembered it was my birthday!* **2 even more/better** jeszcze więcej/lepiej: *She knows even less about it than I do.* | *If you could finish it today, that would be even better.* **3 even if** nawet jeśli: *I'll never speak to her again, even if she apologizes.* **4 even though** chociaż, mimo że: *She wouldn't go onto the ski slope, even though Tom offered to help her.* **5 even so** mimo to: *They made lots of money that year, but even so the business failed.*

even[2] *adj* **1** równy: *You need an even surface to work on.* **2** stały: *an even body temperature* **3** parzysty →antonim ODD **4** wyrównany *(o szansach, zawodach)* **5 be even** *informal* być kwita: *If you give me $5 we'll be even.* **6 get even** *informal* wyrównać rachunki: **+ with** *I'll get even with you one day!*

E

even[3] *v*

even out *phr v* [I,T **even** sth ↔ **out**] wyrównywać (się): *The differences in class sizes will even out over a period of time.*

eve·ning S1 W1 /ˈiːvnɪŋ/ *n* **1** [C,U] wieczór: *I have a class on Thursday evenings.* | *We spent a very pleasant evening with Ray and his girlfriend.* **2 (good) evening** *spoken* dobry wieczór: *Evening, Rick.*

e·ven·ly /ˈiːvənli/ *adv* równo: *We divided the money evenly.* | *Spread the glue evenly over the surface.*

e·vent S1 W1 /ɪˈvent/ *n* [C] **1** wydarzenie: *the most important events of the 1990s* | **course of events** (=bieg rzeczy/wydarzeń): *Nothing you could have done would have changed the course of events.* **2** impreza: *a major sporting event* **3 in any event/at all events** w każdym razie: *In any event, it seems likely that prices will continue to rise.* **4 in the event of rain/fire** *formal* w razie deszczu/pożaru: *Britain agreed to support the US in the event of war.*

e·vent·ful /ɪˈventfəl/ *adj* urozmaicony, obfitujący w wydarzenia: *an eventful life*

e·ven·tu·al Ac /ɪˈventʃuəl/ *adj* [only before noun] ostateczny: *China's eventual control of Hong Kong*

e·ven·tu·al·i·ty Ac /ɪˌventʃuˈæləti/ *n* [C] *formal* ewentualność: *We must be prepared for any eventuality.*

e·ven·tu·al·ly S1 W2 Ac /ɪˈventʃuəli/ *adv* w końcu, koniec końców: *He worked so hard that eventually he made himself ill.* THESAURUS FINALLY

UWAGA: eventually i in the end

Nie należy używać wyrazu **eventually** w znaczeniu „ewentualnie". **Eventually** znaczy „w końcu, wreszcie, po długim oczekiwaniu": *Eventually the baby stopped crying and we managed to get some sleep.* Podobne znaczenie ma wyrażenie **in the end**: *At first I didn't want to go with them but in the end I agreed.* | *In the end it was Rita, the junior assistant, who solved the problem.* Chcąc powiedzieć „ewentualnie", należy użyć wyrazu **alternatively** lub wyrażenia **if need be**.

ev·er S1 W1 /ˈevə/ *adv* **1** kiedyś, kiedykolwiek: *If you're ever in Wilmington, give us a call.* | *Have you ever eaten snails?* | **the best/biggest etc ever** *That was the best meal I've ever had.* | **hotter/better than ever** (=niż kiedykolwiek przedtem): *I woke up the following morning feeling worse than ever.* | **hardly ever** (=prawie nigdy (nie)): *Jim's parents hardly ever watch TV.* | **as happy as ever** *I saw Liz the other day looking as cheerful as ever* (=tak samo radośnie, jak zwykle). **2** ciągle: **ever since** (=od tej pory): *He started teaching here when he was 20, and he's been here ever since.* | **ever-growing/ever-increasing etc** (=ciągle rosnący): *the ever-growing population problem* | **for ever** (=(na) zawsze): *His name will live for ever.* **3 ever so/ever such a** *BrE spoken* tak/taki: *It's ever so cold* (=tak strasznie zimno) *in here.* →patrz też FOREVER

ev·er·green /ˈevəgriːn/ *adj* zimozielony →porównaj DECIDUOUS

ev·er·last·ing /ˌevəˈlɑːstɪŋ◂/ *adj* wieczny: *everlasting peace*

ev·er·more /ˌevəˈmɔː/ *adv literary* po wsze czasy

ev·ery S1 W1 /ˈevri/ *determiner* **1** każdy: *Every student will take the test.* | *He comes round to see Jenny at every opportunity.* | **every single** (=wszystkie bez wyjątku): *He told Jan every single thing I said.* **2 every day/year** codziennie/co roku: *We get the newspaper every day.* | **every now and then/every so often** (=co jakiś czas): *I still see her every now and then.* **3 one in every hundred/two in every thousand** jeden na stu/dwóch na tysiąc: *a disease that will kill one in every thousand babies* **4 every which way** *informal* we wszystkie strony: *People were running every which way.*

ev·ery·bod·y S1 W3 /ˈevribɒdi/ *pron* EVERYONE

ev·ery·day /ˈevrideɪ/ *adj* [only before noun] codzienny: *Worries are just part of everyday life.*

UWAGA: everyday i every day

Nie należy mylić wyrażenia **every day** z przymiotnikiem **everyday**. Wyrażenie **every day** ma charakter przysłówkowy i znaczy „codziennie", a przymiotnik **everyday** znaczy „codzienny, zwykły": *Every day I try to learn ten new words.* | *A good photographer can make everyday objects look rare and special.*

ev·ery·one S1 W1 /ˈevriwʌn/ *także* **everybody** *pron* wszyscy, każdy: *Is everyone ready to go?* | *Everyone knows that!* | **everyone else** (=wszyscy inni): *I was still awake but everyone else had gone to bed.*

ev·ery·place /ˈevripleɪs/ *adv AmE spoken* wszędzie

ev·ery·thing S1 W1 /ˈevriθɪŋ/ *pron* wszystko: *She criticizes everything I do.* | *You look upset. Is everything all right?* | **everything else** (=wszystko inne): *Jim does the dishes, but I do everything else.* →porównaj NOTHING[1]

ev·ery·where S2 W3 /ˈevriweə/ *adv* wszędzie: *I've looked everywhere for my keys.* →porównaj NOWHERE

e·vict /ɪˈvɪkt/ *v* [T] wy/eksmitować: *Higson was evicted for non-payment of rent.* —**eviction** /ɪˈvɪkʃən/ *n* [C,U] eksmisja

ev·i·dence S2 W1 Ac /ˈevɪdəns/ *n* [U] **1** dowody: *What evidence do you have to support your theory?* | **+ of** *scientists looking for evidence of life on other planets* | **+ that** *There is evidence that the drug may be harmful to pregnant women.* **2 a piece of evidence** dowód: *A vital piece of evidence was missing.* | **give evidence** (=zeznawać): *Delaney had to give evidence at his brother's trial.*

ev·i·dent Ac /ˈevɪdənt/ *adj formal* oczywisty, ewidentny: **it is evident that** *It was evident that Bill and his wife weren't happy.*

ev·i·dent·ly Ac /ˈevədəntli/ *adv* **1** wyraźnie, ewidentnie: *The President was evidently unwell.* **2** najwyraźniej: *Evidently burglars had got into the office.*

e·vil¹ S3 W3 /ˈiːvəl/ *adj* zły: *an evil dictator* | *the evil effects of drug abuse*

evil² *n formal* [C,U] zło: *Taxation is a necessary evil.* | *the evils of racism*

e·voc·a·tive /ɪˈvɒkətɪv/ *adj* **be evocative of** przywodzić na myśl: *The smell of bread baking is evocative of my childhood.*

e·voke /ɪˈvəʊk/ *v* [T] wywoływać, przywodzić na myśl: *The film evoked memories of the time I lived in France.*

ev·o·lu·tion Ac /ˌiːvəˈluːʃən/ *n* [U] ewolucja: *Darwin's theory of evolution* | **+of** *the evolution of computer technology* —**evolutionary** *adj* ewolucyjny

e·volve Ac /ɪˈvɒlv/ *v* [I] ewoluować, wykształcić się: *a political system that has evolved over several centuries*

ewe /juː/ *n* [C] owca *(samica)*

ex- /eks/ *prefix* **ex-husband/ex-prime minister** były mąż/premier

ex·a·cer·bate /ɪgˈzæsəbeɪt/ *v* [T] pogarszać, zaostrzać: *The drugs they gave her only exacerbated the pain* (=wzmogły ból).

ex·act¹ S3 /ɪgˈzækt/ *adj* **1** dokładny: *an exact description* | *I can't remember the exact date.* | **to be exact** *spoken* (=ściśle mówiąc): *They're here for two weeks, well 13 days, to be exact.* **2 the exact opposite** dokładne przeciwieństwo: *Leonard's shy and quiet – the exact opposite of his brother.* —**exactness** *n* [U] dokładność

exact² *v* [T] *formal* wy/egzekwować, wymuszać: *The Mafia had exacted a high price for their protection.*

ex·act·ing /ɪgˈzæktɪŋ/ *adj* **1** pracochłonny: *an exacting task* **2** wymagający: *an exacting boss*

ex·act·ly S1 W2 /ɪgˈzæktli/ *adv* **1** dokładnie: *We got home at exactly six o'clock.* | *I don't know exactly where she lives.* | *They were wearing exactly the same dress!* | *"We should spend more on education." "Exactly!"* **2 not exactly** *spoken* **a)** wcale nie: *Why is Tim on a diet? I mean, he's not exactly fat!* **b)** niezupełnie: *"Sheila's ill, is she?" "Not exactly, she's just tired."*

ex·ag·ge·rate /ɪgˈzædʒəreɪt/ *v* **1** [I] przesadzać: *Charlie says that everyone in New York has a gun, but I'm sure he's exaggerating.* **2** [T] wyolbrzymiać: *The seriousness of the situation has been much exaggerated in the press.* —**exaggerated** *adj* przesadny, przesadzony —**exaggeration** /ɪgˌzædʒəˈreɪʃən/ *n* [C,U] przesada

ex·alt·ed /ɪgˈzɔːltɪd/ *adj formal* wysoko postawiony: *Jenkins was promoted to an exalted position* (=awansował na wysokie stanowisko) *within the company.*

ex·am S1 /ɪgˈzæm/ *n* [C] egzamin: *a chemistry exam* | **pass/fail an exam** (=zdać/nie zdać): *If he passes these exams he'll go to university.* | **take/sit an exam** (=zdawać): *When do you take your final exams?* THESAURUS TEST

UWAGA: exam

Zwroty „zdawać egzamin", „przystępować do egzaminu" tłumaczymy na angielski zwrotami **take/have/do an exam** (nie **make** lub **pass**): *I'd better go home. I've got to do an exam in the morning.* Zwrot „zdać egzamin" (=otrzymać pozytywną ocenę) tłumaczymy na angielski zwrotem **pass an exam**: *Only 25% of all the students who took the exam passed.* Zwroty „oblać egzamin", „nie zdać egzaminu" tłumaczymy na angielski zwrotem **fail an exam**: *I had my final exam in April, but failed.* Wszystkich podanych powyżej czasowników można również używać z wyrazami **examination**, **test**, **final** i **oral**.

ex·am·i·na·tion W2 /ɪgˌzæməˈneɪʃən/ *n* **1** [C,U] badanie: *Every astronaut is given a thorough medical examination.* | *On closer examination, the painting was found to be a forgery.* **2** [C] *formal* egzamin: *The examination results will be announced in September.* THESAURUS TEST

ex·am·ine S3 W2 /ɪgˈzæmɪn/ *v* [T] **1** z/badać: *The doctor examined her shoulder and sent her for an X-ray.* **2** prze/analizować: *The finance committee will examine your proposals.* **3** *formal* prze/ egzaminować: *You will be examined on American history.*

examine

ex·am·in·er /ɪgˈzæmənə/ *n* [C] egzaminator/ka

ex·am·ple S1 W1 /ɪgˈzɑːmpəl/ *n* **1** [C] przykład: **+of** *Amiens cathedral is a good example of Gothic architecture.* | **give sb an example of** *Can anyone give me an example of a transitive verb?* **2 for example** na przykład: *He's quite a nice guy really – for example, he's always ready to help you if you ask him.* **3** [C] wzór: **set an example** (=dawać (dobry) przykład): *A good captain should set an example for the rest of the team.*

UWAGA: example (give czy set?)

Znaczenie „dawać przykład, służyć za wzór" wyrażamy za pomocą zwrotu **set an example**. Zwrotu **give an example** używamy wtedy, gdy chodzi o podanie przykładu dla zilustrowania wypowiadanej tezy: *Senior officers should be setting an example to the men.* | *The school captain is expected to set a good example.* | *Instead of trying to explain the theory, he just gave us a few good examples.* | *To illustrate his point, he gave the example of the Amazonian tribe that had no contact with civilization.*

ex·as·pe·rat·ed /ɪgˈzɑːspəreɪtɪd/ *adj* rozdrażniony: *Bella gave an exasperated sigh and turned away.* —**exasperate** *v* [T] doprowadzać do rozpaczy

ex·as·pe·rat·ing /ɪgˈzɑːspəreɪtɪŋ/ *adj* doprowadzający do rozpaczy: *It's so exasperating when you're in a hurry and your computer breaks down.*

ex·ca·vate /ˈekskəveɪt/ *v* [I,T] prowadzić wykopaliska (w): *archeologists excavating an ancient city* —**excavation** /ˌekskəˈveɪʃən/ *n* [C,U] wykopaliska

ex·ceed Ac /ɪkˈsiːd/ *v* [T] przekraczać: *The cost must not exceed $150.* | *She was fined for exceeding the speed limit.*

ex·ceed·ing·ly /ɪkˈsiːdɪŋli/ *adv formal* niezmiernie: *an exceedingly difficult task*

ex·cel /ɪkˈsel/ *v* [I] (**-lled**, **-lling**) *formal* **1** osiągać doskonałe wyniki: **+at/in** *I never excelled at sport.* **2 excel yourself** przechodzić samego siebie

ex·cel·lent S1 W2 /ˈeksələnt/ *adj* doskonały, znakomity: *What an excellent idea!* THESAURUS GOOD

E

ex·cept S2 W2 /ɪk'sept/ *conjunction, prep* oprócz, z wyjątkiem: *We're open every day except Monday.* | **+for** *Everyone went to the show, except for Scott.* | **+what/when etc** *I don't know anything about it, except what I've read* (=z wyjątkiem tego, co przeczytałam) *in the newspaper.*

UWAGA: except

Na początku zdania zawsze mówi się **except for**, a nie **except**: *Except for a couple of old chairs, the room was empty.*

THESAURUS: except

except z wyjątkiem: *I got all the answers right except the last one.* | *You can use the card anywhere in the world except for the US.*

apart from sth z wyjątkiem czegoś: *Apart from the ending, it was a good film.* | *The weather was good, apart from a couple of cloudy days.*

excluding/not including nie licząc: *The bill came to $56, not including service.* | *Excluding students, the number of unemployed is 2.3 million.*

but oprócz *(zwłaszcza po „nothing", „no one" itp.)*: *There was nothing but desert, as far as the eye could see.* | *He had invited everyone but her.*

E

ex·cept·ed /ɪk'septɪd/ *adj formal* z wyjątkiem: *He doesn't have many interests, politics excepted.*

ex·cept·ing /ɪk'septɪŋ/ *prep* z wyjątkiem: *All the students, excepting three or four, spoke fluent English.*

ex·cep·tion S3 W2 /ɪk'sepʃən/ *n* **1** [C,U] wyjątek: *There's always an exception to every rule.* | **be no exception** *Bill was usually in a bad mood on Mondays and today was no exception.* | **with the exception of** *Everyone came to the party, with the exception of Mary, who wasn't feeling well.* | **without exception** *All Spielberg's films, without exception, have been tremendously successful.* **2 make an exception** z/robić wyjątek: *We don't normally accept credit cards, but we'll make an exception in your case.*

ex·cep·tion·al /ɪk'sepʃənəl/ *adj* **1** wyjątkowo dobry: *an exceptional student* **2** wyjątkowy: *The teachers were doing their best under exceptional circumstances.* THESAURUS UNUSUAL —**exceptionally** *adv* wyjątkowo

ex·cerpt /'eksɜːpt/ *n* [C] urywek, ustęp

ex·cess¹ /ɪk'ses/ *n* **1** [U singular] nadmiar: **an excess of** *Tests showed an excess of calcium in the blood.* **2 be in excess of** przekraczać: *Our profits were in excess of $5 million.*

ex·cess² /'ekses/ *adj* [only before noun] dodatkowy, nadmiarowy: *a charge of £75 for excess baggage*

ex·cess·es /ɪk'sesɪz/ *n* [plural] wybryki, ekscesy: *the worst excesses of the rockstar's lifestyle*

ex·ces·sive /ɪk'sesɪv/ *adj* nadmierny: *Don's wife left him because of his excessive drinking.* —**excessively** *adv* nadmiernie, zanadto

ex·change¹ S2 W1 /ɪks'tʃeɪndʒ/ *n* **1** [C,U] wymiana: **+of** *an exchange of information* | **in exchange for** (=w zamian za): *The Europeans traded weapons in exchange for gold.* **2** [C] wymiana zdań: *angry exchanges between our lawyer and the judge* | **exchange of views/ideas** (=wymiana poglądów/myśli) **3** [C] wymiana zagraniczna *(uczniów, studentów)*: *Sophie's gone on an exchange to Germany.* **4** [U] dewizy, waluta: *foreign exchange* →patrz też TELEPHONE EXCHANGE, STOCK EXCHANGE

exchange² *v* [T] wymieniać: *The two armies exchanged prisoners.* | *They exchanged greetings.* | **exchange sth for sth** *I'd like to exchange this shirt for a smaller one.*

ex'change rate *n* [C] kurs (dewizowy): *The exchange rate is 82 Euros to the US dollar.*

ex·cise /'eksaɪz/ *n* [C,U] akcyza

ex·ci·ta·ble /ɪk'saɪtəbəl/ *adj* pobudliwy: *She's a very excitable child.*

ex·cite /ɪk'saɪt/ *v* [T] podniecać: *Nadal is the kind of player who really excites the crowd.*

ex·cit·ed /ɪk'saɪtɪd/ *adj* podekscytowany, podniecony: *I'm so excited - Steve's coming home tomorrow.* | **+about** *The kids are getting really excited about our trip to California.* —**excitedly** *adv* z podnieceniem

ex·cite·ment S3 W3 /ɪk'saɪtmənt/ *n* [U] ekscytacja, podniecenie: *Gerry couldn't sleep after all the excitement of the day.*

ex·cit·ing S2 W3 /ɪk'saɪtɪŋ/ *adj* ekscytujący, podniecający: *Their trip to Australia sounded really exciting.*

ex·claim /ɪk'skleɪm/ *v* [I,T] zawołać, wykrzyknąć: *"Wow!" exclaimed Bobby. "Look at that car!"*

ex·cla·ma·tion /ˌekskləˈmeɪʃən/ *n* [C] okrzyk

ˌexcla'mation mark *especially BrE*, **ˌexcla'mation point** *AmE n* [C] wykrzyknik

ex·clude W3 Ac /ɪk'skluːd/ *v* [T] **1** nie dopuszczać: **exclude sb from (doing) sth** *Until 1994 the black population was excluded from voting.* **2** wyłączać: **exclude sth from sth** *Some of the data had been excluded from the report.* **3** wykluczać: *Police have excluded the possibility that Barkin killed herself.*

ex·clud·ing Ac /ɪk'skluːdɪŋ/ *prep* wyłączając: *The cost of hiring a car is £180 a week, excluding insurance.*

ex·clu·sion Ac /ɪk'skluːʒən/ *n* **1** [U] wykluczenie: *the exclusion of professional athletes from the Olympics* **2 do sth to the exclusion of** robić coś zupełnie zapominając o: *She's been studying hard to the exclusion of everything else* (=zapominając o Bożym świecie).

ex·clu·sive¹ Ac /ɪk'skluːsɪv/ *adj* **1** ekskluzywny: *an exclusive Manhattan hotel* **2** wyłączny: *This bathroom is for the President's exclusive use.* **3 exclusive of** nie licząc: *The price of the trip is $450, exclusive of meals.*

exclusive² *n* [C] reportaż/wywiad opublikowany wyłącznie w jednej gazecie

ex·clu·sive·ly Ac /ɪk'skluːsɪvli/ *adv* wyłącznie: *This offer is available exclusively to club members.*

ex·cre·ment /'ekskrəmənt/ *n* [U] *formal* ekskrementy

ex·crete /ɪk'skriːt/ *v* [I,T] *technical* wydalać kał —**excretion** /ɪk'skriːʃən/ *n* [C,U] wydalanie odchodów

ex·cru·ci·at·ing /ɪk'skruːʃieɪtɪŋ/ *adj* nie do zniesienia: *The pain in my knee was excruciating.*

ex·cur·sion /ɪk'skɜːʃən/ *n* [C] wycieczka: **+to** *an excursion to the island of Burano*

ex·cu·sa·ble /ɪk'skjuːzəbəl/ *adj* wybaczalny →porównaj INEXCUSABLE

ex·cuse¹ S1 /ɪk'skjuːz/ *v* [T] **1 excuse me** *spoken* przepraszam: *Excuse me, is this the right bus for the airport?* | *Oh, excuse me, I didn't mean to step on your foot.* | *Excuse me a moment, there's someone at the door.* **2** wybaczać: *Please excuse my bad handwriting.* **3** zwalniać: **excuse sb from (doing) sth** *You are excused* *from classes for the rest of the week.* **4** usprawiedliwiać: *Nothing can excuse lying to your parents.*

UWAGA: excuse me i I'm sorry

Zwrotu **excuse me** używamy w następujących przypadkach: (1) gdy komuś przerywamy; (2) gdy chcemy, żeby ktoś nas przepuścił; (3) zagadując kogoś, kogo nie znamy; (4) prosząc o powtórzenie, bo czegoś nie dosłyszeliśmy (tylko w amerykańskiej angielszczyźnie): *Excuse me but there's a long distance call for you.* | *Excuse me. Do you happen to know the way to the station?* | *Excuse me? What did you say?* Gdy chcemy kogoś przeprosić, mówimy **I'm sorry** lub **sorry**: *I'm terribly sorry. I forgot.* | *Sorry. I didn't mean to hurt you.* **I'm sorry** lub **sorry** mówimy też w brytyjskiej angielszczyźnie, prosząc o powtórzenie, kiedy czegoś nie dosłyszeliśmy: *Sorry? What was that again?*

ex·cuse² S3 /ɪk'skjuːs/ *n* [C] **1** usprawiedliwienie: **+for** *What's your excuse for being late?* **2** wymówka: *The party was so awful Karl was glad of an excuse to leave.*

ex·e·cute /'eksəkjuːt/ *v* [T] **1** stracić: *She was executed for murder.* **2** *formal* przeprowadzać: *a carefully executed plan* —**execution** /ˌeksə'kjuːʃən/ *n* [U] egzekucja

ex·e·cu·tion·er /ˌeksə'kjuːʃənə/ *n* [C] kat

ex·ec·u·tive¹ S3 W2 /ɪg'zekjətɪv/ *n* [C] **1** pracownik kierowniczego szczebla: *a sales executive* **2 the executive** władza wykonawcza

executive² W3 *adj* **1** wykonawczy: *an executive committee* **2** dla ludzi na wysokich stanowiskach: *executive homes*

ex·em·pla·ry /ɪg'zempləri/ *adj formal* przykładny: *He led an exemplary life.*

ex·em·pli·fy /ɪg'zemplɪfaɪ/ *v* [T] *formal* stanowić przykład: *Stuart exemplifies the kind of student we like at our school.*

ex·empt¹ /ɪg'zempt/ *adj* **exempt from** zwolniony z, wolny od: *Medical products are exempt from state taxes.*

exempt² *v* [T] **exempt sb from sth** zwalniać kogoś z czegoś: *Anyone who is mentally ill is exempted from military service.* —**exemption** /-'zempʃən/ *n* [C,U] zwolnienie, ulga

ex·er·cise¹ S2 W2 /'eksəsaɪz/ *n* **1** [C,U] ćwiczenia *(fizyczne)* **do exercises** *You can do special exercises to strengthen your back.* | **take exercise** (=zażywać ruchu): *The doctor said I need to take more exercise.* **2** [C] ćwiczenie *(pisemne)*: *For homework, do exercises 1 and 2.* **3** [C] ćwiczenia, manewry

COLLOCATIONS: exercise

verbs

to do exercise *także* **to take exercise** *BrE I feel like doing some exercise.* | *It's hard to find time to take enough exercise.*

to get exercise *Do you get much exercise?*

adjectives

good exercise *Walking is good exercise.*

regular exercise *Regular exercise will help keep your weight down.*

physical exercise *Most adults don't do enough physical exercise.*

hard/vigorous exercise (=intensywne ćwiczenia) *You must not do any hard exercise.*

gentle/light/moderate exercise (=łatwe ćwiczenia) *The patients are encouraged to do gentle exercise.*

exercise + noun

an exercise routine/programme *BrE*, **an exercise program** *AmE* (=program/plan ćwiczeń) *You may need to change your exercise programme.* | *I'm finding it quite hard to stick to my exercise routine.*

an exercise class *I usually go to my exercise class on Wednesdays.*

exercise² S3 W2 *v* **1** [I,T] ćwiczyć: *It is important to exercise regularly.* **2** *formal* **exercise your right/power** s/korzystać ze swego prawa/swych uprawnień: *She exercised her influence* (=użyła swoich wpływów) *to get Rigby the job.*

ex·ert /ɪg'zɜːt/ *v* [T] **1 exert pressure/influence** wywierać nacisk/wpływ: **+on** *The UN is exerting pressure on the two countries to stop the war.* **2 exert yourself** wysilać się

ex·er·tion /ɪg'zɜːʃən/ *n* [C,U] wysiłek: *Paul's face was red with exertion.*

ex·hale /eks'heɪl/ *v* **1** [T] wydychać **2** [I] wypuszczać powietrze, z/robić wydech: *Take a deep breath, then exhale slowly.* → antonim INHALE

ex·haust¹ /ɪg'zɔːst/ *v* [T] wyczerpywać: *Eventually, the world's oil supply will be exhausted.* | *The trip totally exhausted us.*

exhaust² *n* **1** *także* **exhaust pipe** [C] rura wydechowa **2** [U] spaliny: *exhaust fumes* | *Car exhaust is the main reason for pollution in the city.*

ex·haust·ed /ɪg'zɔːstɪd/ *adj* wyczerpany: *Jill lay in the grass, exhausted after her long run.* THESAURUS TIRED —**exhaustion** /-'zɔːstʃən/ *n* [U] wyczerpanie, przemęczenie

ex·haust·ing /ɪg'zɔːstɪŋ/ *adj* wyczerpujący *(męczący)*: *It was a long and exhausting journey.*

ex·haus·tive /ɪg'zɔːstɪv/ *adj* wyczerpujący *(pełen)*: *an exhaustive study of the problem* —**exhaustively** *adv* wyczerpująco

ex'haust pipe *n* [C] rura wydechowa

ex·hib·it¹ Ac /ɪg'zɪbɪt/ *v* **1** [I,T] wystawiać: *His paintings will be exhibited in the National Gallery.* **2** [T] *formal* wykazywać, przejawiać: *The prisoner exhibited no signs of remorse for what he had done.*

exhibit² Ac *n* [C] eksponat

ex·hi·bi·tion W2 Ac /ˌeksə'bɪʃən/ *n* [C,U] **1** wystawa: **+of** *an exhibition of historical photographs* **2** pokaz: *an impressive exhibition of athletic skill*

ex·hil·a·rate /ɪg'zɪləreɪt/ *v* [T] wprawiać w świetny nastrój, radować —**exhilaration** /ɪgˌzɪlə-'reɪʃən/ *n* [U] rozradowanie, radosne uniesienie

ex·hil·a·rat·ed /ɪg'zɪləreɪtɪd/ *adj* szczęśliwy, radosny: *When she was with Charles she felt young and exhilarated.*

ex·hil·a·rat·ing /ɪg'zɪləreɪtɪŋ/ *adj* ekscytujący, elektryzujący: *The balloon ride was exhilarating.*

ex·hort /ɪg'zɔːt/ *v* [T] *formal* nawoływać —**exhortation** /ˌeksɔː'teɪʃən/ *n* [C,U] nawoływanie

ex·ile¹ /'eksaɪl/ *n* **1** [U] wygnanie, zesłanie, przymusowa emigracja: **in exile** *a writer who lives in exile* **2** [C] wygnaniec, zesłaniec, emigrant/ka: *Cuban exiles living in the US*

E

exile² *v* [T] skazywać na wygnanie, zsyłać: *He was exiled from Russia in the 1930s.*

ex·ist S2 W1 /ɪgˈzɪst/ *v* [I] istnieć: *Do ghosts really exist?* | *a custom that still exists*

ex·ist·ence S3 W2 /ɪgˈzɪstəns/ *n* **1** [U] istnienie: **+of** *Do you believe in the existence of God?* | **be in existence** (=istnieć): *Mammals have been in existence for many millions of years.* **2** [C] egzystencja: *a terrible existence*

ex·ist·ing S2 W2 /ɪgˈzɪstɪŋ/ *adj* istniejący: *We need new computers to replace the existing ones.*

ex·it¹ S3 /ˈegzɪt/ *n* [C] **1** wyjście: *There are two exits at the back of the plane.* | **make an exit** (=wyjść): *The President made a quick exit after his speech.* **2** zjazd *(z autostrady)*: *Take exit 23 for the city.*

exit² *v* **1** [I,T] za/kończyć *(korzystanie z programu komputerowego)*: *Press F3 to exit.* **2** [I] *formal* wychodzić

ex·o·dus /ˈeksədəs/ *n* [singular] exodus: *the exodus of Russian scientists to America*

ex·on·e·rate /ɪgˈzɒnəreɪt/ *v* [T] *formal* oczyszczać z winy/zarzutów: *Ross was exonerated from all blame.* —**exoneration** /ɪgˌzɒnəˈreɪʃən/ *n* [U] oczyszczenie z winy, rehabilitacja

E

ex·or·bi·tant /ɪgˈzɔːbətənt/ *adj* astronomiczny, wyśrubowany: *exorbitant prices* —**exorbitantly** *adv* astronomicznie: *exorbitantly expensive*

ex·or·cize /ˈeksɔːsaɪz/ *v* [T] egzorcyzmować —**exorcist** *n* [C] egzorcysta

ex·ot·ic /ɪgˈzɒtɪk/ *adj* egzotyczny: *an exotic flower from Africa*

ex·pand S3 W3 AC /ɪkˈspænd/ *v* **1** [I] rozrastać się: *The population of Texas expanded rapidly in the '60s.* **2** [T] poszerzać, rozwijać: *We're planning to expand our recycling services.*

ex·panse /ɪkˈspæns/ *n* [C] obszar, przestrzeń: **+of** *the vast expanse of the Pacific Ocean*

ex·pan·sion W3 AC /ɪkˈspænʃən/ *n* [U] ekspansja: *a period of economic expansion*

ex·pan·sive AC /ɪkˈspænsɪv/ *adj* rozmowny: *After dinner, Mr. Woods relaxed and became more expansive.* —**expansively** *adv* wylewnie

ex·pat·ri·ate /eksˈpætriət/ *także* **ex-pat** /ˌeksˈpæt/ *n* [C] osoba przebywająca na emigracji —**expatriate** *adj* emigracyjny

ex·pect S1 W1 /ɪkˈspekt/ *v* **1** [T] spodziewać się: **expect (sb) to do sth** *Do you expect to travel a lot this year?* | *You surely don't expect me to drive you home?* | **+(that)** *We expect the meeting will finish about 5 o'clock.* **2** [T] oczekiwać: *The officer expects absolute obedience from his men.* | **expect sb to do sth** *We're expected to* (=oczekuje się, że będziemy) *work late sometimes.* **3 be expecting (a baby)** spodziewać się dziecka **4 I expect** *spoken especially BrE* pewnie: *You've had a busy day. I expect you're tired.* | **I expect so** (=myślę, że tak): *"Do you think Andreas will pass his exam?" "Yes, I expect so."*

ex·pec·tan·cy /ɪkˈspektənsi/ *n* [U] wyczekiwanie: *a look of expectancy* → patrz też LIFE EXPECTANCY

ex·pec·tant /ɪkˈspektənt/ *adj* **1** wyczekujący: *An expectant crowd gathered at the movie premiere.* **2 expectant mother** przyszła matka —**expectantly** *adv* wyczekująco

ex·pec·ta·tion S3 W2 /ˌekspekˈteɪʃən/ *n* **1** [C,U] nadzieja: **+of** *O'Leary entered the competition without much expectation of success.* | **+that** *Our decision was based on the expectation that prices would rise.* **2** [C usually plural] oczekiwania, nadzieje: **high expectations** *Many refugees arrive in the country with high expectations.*

ex·pe·di·ent¹ /ɪkˈspiːdiənt/ *adj* wskazany, celowy: *She thought it would be expedient to use a false name.* —**expediency** *także* **expedience** *n* [U] względy praktyczne, cele doraźne: *an act of political expediency*

expedient² *n* [C] środek doraźny

ex·pe·di·tion /ˌekspəˈdɪʃən/ *n* [C] wyprawa, ekspedycja: *an expedition to the North Pole* | *a shopping expedition* THESAURUS JOURNEY

ex·pel /ɪkˈspel/ *v* [T] (**-lled**, **-lling**) **1** wydalać, usuwać: **expel sb from** *Jake was expelled from school for smoking.* **2** *formal* wypuszczać *(wodę, gaz, powietrze)*

ex·pend /ɪkˈspend/ *v* [T] *formal* wydatkować: *A lot of effort has already been expended* (=wiele wysiłku włożono już) *on the education of their children.*

ex·pend·a·ble /ɪkˈspendəbəl/ *adj* zbędny, zbyteczny: *generals who regarded the lives of soldiers as expendable*

ex·pen·di·ture W2 /ɪkˈspendɪtʃə/ *n* [U] **1** wydatki: **+on** *The expenditure on medical care has doubled in the last 20 years.* **2** wydatkowanie: *the wasteful expenditure of time*

ex·pense S3 W2 /ɪkˈspens/ *n* **1** [C,U] koszt: **household/medical/living expenses** *a claim for travel expenses* **2 at the expense of** kosztem: *The asbestos industry continued to expand at the expense of public health.* **3 at sb's expense a)** na koszt kogoś: *Guy spent a year in Canada at his parents' expense.* **b)** czyimś kosztem: *Louis kept making jokes at his wife's expense.*

ex·pen·sive S1 W2 /ɪkˈspensɪv/ *adj* drogi, kosztowny: *an expensive suit* → antonim INEXPENSIVE

ex·pe·ri·ence¹ S1 W1 /ɪkˈspɪəriəns/ *n* **1** [U] doświadczenie: **have experience in** *Do you have any experience in marketing?* | **in my experience** (=wiem z doświadczenia, że): *In my experience, a credit card is always useful.* **2** [C] przeżycie: *Visiting Paris was a wonderful experience.* | **+of** *Write about your first experience of travelling abroad.*

experience² S2 W2 *v* [T] doświadczać, doznawać: *The company is experiencing problems with its computer system.* | *The patient is experiencing a lot of pain.*

ex·pe·ri·enced S3 /ɪkˈspɪəriənst/ *adj* doświadczony: *a very experienced pilot* → antonim INEXPERIENCED

ex·per·i·ment¹ S3 W2 /ɪkˈsperəmənt/ *n* [C] doświadczenie, eksperyment: *St. Mary's School is an experiment in bilingual education.* | **do/perform experiments (on)** *They did experiments on rats to test the drug.* —**experimental** /ɪkˌsperəˈmentl◂/ *adj* eksperymentalny —**experimentally** *adv* eksperymentalnie

UWAGA: experiment

Rzeczownika **experiment** używamy z czasownikami **perform**, **conduct**, **carry out**, **do** (nie **make**): *Joule carried out a series of experiments to test his theory.* | *Further experiments will have to be conducted before the drug can be tested on humans.*

COLLOCATIONS: experiment

verbs

to do/carry out an experiment *The scientists did a series of experiments on rats.* | *Several research teams have carried out similar experiments.*

to perform/conduct an experiment *formal* (=przeprowadzić) *The experiment was performed in a laboratory.*
an experiment shows/proves sth *His experiments showed that his theory worked.*

types of experiment

a scientific experiment *They did a scientific experiment to find out how different people react to stress.*
a laboratory experiment *In laboratory experiments, volunteers were given small quantities of the drug.*
animal experiments (=doświadczenia na zwierzętach) *Are animal experiments necessary in medical research?*

ex·per·i·ment² /ɪkˈsperəment/ *v* [I] **1** eksperymentować: **+with** *Many teenagers experiment with drugs.* **2** robić doświadczenia: **+on/with** *Do you think it's right to experiment on animals?* **—experimentation** /ɪkˌsperəmenˈteɪʃən/ *n* [U] eksperymenty, doświadczenia

ex·pert S3 W2 Ac /ˈekspɜːt/ *n* [C] ekspert, znaw-ca/czyni: *a bird expert* | **+on/in** *Dr Higgs is an expert on ancient Egyptian art.* **—expert** *adj* fachowy: *expert advice* **—expertly** *adv* fachowo

ex·per·tise Ac /ˌekspɜːˈtiːz/ *n* [U] wiedza *(fachowa)* umiejętności *(fachowe)*: *medical expertise* | *expertise in the management of hotels*

ex·pire /ɪkˈspaɪə/ *v* [I] s/tracić ważność, wygasać **—expiration** /ˌekspəˈreɪʃən/ *także* **expiry** *BrE n* [U] utrata ważności

ex·pir·y /ɪkˈspaɪəri/ *n* [U] *BrE* utrata ważności

ex·plain S1 W1 /ɪkˈspleɪn/ *v* [I,T] wyjaśniać, wy/tłumaczyć: *Can someone explain how this thing works?* | **explain (sth) to sb** *I explained the rules to Sara.* | **+why** *Brad never explained why he was late.* | **+that** *I explained that I'd missed the bus.*
explain sth ↔ away *phr v* [T] znajdować wytłumaczenie dla: *Claire tried to explain away the bruises on her arm.*

ex·pla·na·tion S3 W2 /ˌekspləˈneɪʃən/ *n* **1** [C] wyjaśnienie: **+of** *Dr Ewing gave a detailed explanation of how to use the program.* **2** [C,U] wytłumaczenie: **+for** *Is there any explanation for his behaviour?*

ex·plan·a·to·ry /ɪkˈsplænətəri/ *adj* wyjaśniający, objaśniający: *explanatory notes* (=objaśnienia) *at the end of the chapter* → patrz też SELF-EXPLANATORY

ex·ple·tive /ɪkˈspliːtɪv/ *n* [C] *formal* inwektywa, przekleństwo

ex·pli·ca·ble /ekˈsplɪkəbəl/ *adj* wytłumaczalny: *For no explicable reason, Judy always remembered his phone number.* → antonim INEXPLICABLE

ex·pli·cit Ac /ɪkˈsplɪsɪt/ *adj* wyraźny, jasny: *Could you be more explicit* (=czy mógłbyś wyrażać się jaśniej)? **—explicitly** *adv* wyraźnie

ex·plode /ɪkˈspləʊd/ *v* [I] wybuchać, eksplodować: *The car bomb exploded at 6:16.* | *Susie exploded when I told her I'd wrecked her car.* → patrz też EXPLOSION

ex·ploit¹ Ac /ɪkˈsplɔɪt/ *v* [T] **1** wyzyskiwać: *It's important that students doing work experience should not be exploited by employers.* **2** wykorzystywać, eksploatować: *We must exploit the country's mineral resources.* **—exploitation** /ˌeksplɔɪˈteɪʃən/ *n* [U] wyzysk, eksploatacja

ex·ploit² /ˈeksplɔɪt/ *n* [C usually plural] wyczyn: *a book about Annie Oakley's exploits*

ex·plor·a·to·ry /ɪkˈsplɒrətəri/ *adj* badawczy, rozpoznawczy: *exploratory surgery* (=eksploracja chirurgiczna)

ex·plore S3 W2 /ɪkˈsplɔː/ *v* [T] z/badać: *We spent a week exploring the Oregon coastline.* | *Explore all the possibilities before you make a decision.* **—exploration** /ˌekspləˈreɪʃən/ *n* [C,U] badanie, eksploracja: *a voyage of exploration*

ex·plo·rer /ɪkˈsplɔːrə/ *n* [C] badacz/ka, odkryw-ca/czyni

ex·plo·sion W3 /ɪkˈspləʊʒən/ *n* [C,U] wybuch, eksplozja: *The force of the explosion shook the building.* | *the population explosion*

ex·plo·sive¹ /ɪkˈspləʊsɪv/ *adj* **1** wybuchowy: *an explosive mixture of gases* **2** zapalny: *an explosive situation* | *Abortion is an explosive issue.*

explosive² *n* [C] materiał wybuchowy

ex·po·nent /ɪkˈspəʊnənt/ *n* [C] propagator/ka: *an exponent of socialism*

ex·port¹ W2 Ac /ˈekspɔːt/ *n* **1** [U] eksport: **+of** *the export of live animals* **2** [C] towar eksportowy: *Oil is now one of Malaysia's main exports.* → porównaj IMPORT¹

ex·port² Ac /ɪkˈspɔːt/ *v* [I,T] eksportować: *Japan exports electronic equipment to hundreds of countries.* → porównaj IMPORT² **—exporter** *n* [C] eksporter

ex·pose W3 Ac /ɪkˈspəʊz/ *v* [T] **1** odsłaniać: **expose sth to** (=wystawiać coś na): *When a wound is exposed to the air, it heals more quickly.* | **be exposed to** (=mieć kontakt z): *Children who have been exposed to different cultures are less likely to be prejudiced.* **2** narażać: **be exposed to** *Workers in the nuclear industry were exposed to high levels of radiation.* **3** z/demaskować: *His criminal activities were finally exposed in 'The Daily Mirror'.* **4** naświetlać *(kliszę)*

ex·posed Ac /ɪkˈspəʊzd/ *adj* nie osłonięty, odkryty: *an exposed hillside*

ex·po·sure Ac /ɪkˈspəʊʒə/ *n* **1** [C,U] wystawienie: **+to** (=na działanie): *Skin cancer is often caused by too much exposure to the sun.* **2** [C,U] zdemaskowanie: *the exposure of a high-ranking official as a Mafia boss* **3** [C] klatka *(kliszy fotograficznej)*: *This roll has 36 exposures.* **4** [U] **die of exposure** umrzeć z zimna: *Three climbers died of exposure.*

ex·press¹ S2 W1 /ɪkˈspres/ *v* [T] wyrażać: *A number of people expressed their concern.* | *The look on Paul's face expressed utter despair.* | **express yourself** (=wypowiadać się): *Children often have difficulty expressing themselves.*

express² *adj* **1** wyraźny: *It was her express wish that you should inherit her house.* **2** ekspresowy

express³ *także* **exˈpress train** *n* [C] ekspres: *We caught the 9.30 express to London.*

ex·pres·sion S2 W2 /ɪkˈspreʃən/ *n* **1** [C] wyrażenie, zwrot: *"Mustn't grumble," my father said. It was an expression he often used.* **2** [C] wyraz twarzy, mina: *He came back with a cheerful expression on his face.* **3** [C,U] wyraz: **+of** *I'm sending these flowers as an expression of my gratitude.*

ex·pres·sion·less /ɪkˈspreʃənləs/ *adj* bez wyrazu

ex·pres·sive /ɪkˈspresɪv/ *adj* pełen wyrazu: *expressive eyes*

E

ex·press·ly /ɪkˈspresli/ *adv formal* **1** wyraźnie, jednoznacznie: *Students had been expressly forbidden* (=studentom jednoznacznie zabroniono) *to enter that part of the building.* **2** celowo: *The building is expressly designed for disabled people.*

ex·press·way /ɪkˈspresweɪ/ *n* [C] *AmE* autostrada

ex·pul·sion /ɪkˈspʌlʃən/ *n* [C,U] wydalenie, usunięcie: *the expulsion of Communists from the government*

ex·qui·site /ɪkˈskwɪzət/ *adj* przepiękny: *an exquisite diamond ring*

ex·tend S3 W2 /ɪkˈstend/ *v* **1** [I] rozciągać się, ciągnąć się: **+for/through/into etc** *The forest extended for miles in all directions.* **2** [T] powiększać: *The club is being extended to make space for a new dance area.* **3** [T] przedłużać: *The authorities have extended her visa for another six months.* **4** [T] wyciągać: *Perry extended his arms in a welcoming gesture.*

ex·ten·sion S3 W3 /ɪkˈstenʃən/ *n* **1** [U singular] rozszerzenie się: **+of** *the extension of Soviet power in Eastern Europe* **2** [C] przybudówka: *We're building an extension at the back of the house.* **3** [C] numer wewnętrzny: *My extension number is 3821.* **4** [C] przedłużenie: *When his visa ran out, they granted him an extension.*

E

ex·ten·sive W3 /ɪkˈstensɪv/ *adj* rozległy: *Fire has done extensive damage to the island's forests.* | *Doctors have done extensive research* (=zakrojone na szeroką skalę badania) *into the effects of stress.*

ex·tent S2 W1 /ɪkˈstent/ *n* **1** [singular] rozmiary: *What's the extent of the damage?* | *Violence has increased to such an extent that people are afraid to leave their homes.* **2 to some extent/to a certain extent** do pewnego stopnia: *To some extent, it was my fault.*

ex·ten·u·a·ting cir·cum·stanc·es /ɪkˌstenjueɪ-tɪŋ ˈsɜːkəmˌstænsɪz/ *n* [plural] okoliczności łagodzące

ex·te·ri·or /ɪkˈstɪəriə/ *n* [C usually singular] zewnętrzna strona, powierzchowność: *repairs to the exterior of the building* —**exterior** *adj* zewnętrzny →antonim INTERIOR

ex·ter·mi·nate /ɪkˈstɜːməneɪt/ *v* [T] **1** dokonać zagłady/eksterminacji: *There was an attempt to exterminate ethnic groups in the north of the country.* **2** wy/tępić: *The poison is used to exterminate rats.* —**extermination** /ɪkˌstɜːməˈneɪʃən/ *n* [C,U] eksterminacja

ex·ter·nal W2 Ac /ɪkˈstɜːnl/ *adj* **1** zewnętrzny: *There are no external signs of injury.* **2** z zewnątrz: *external examiners* →antonim INTERNAL

ex·tinct /ɪkˈstɪŋkt/ *adj* **1** wymarły: *extinct species* | *Pandas could become extinct* (=wyginąć) *in the wild.* **2** wygasły: *an extinct volcano*

ex·tinc·tion /ɪkˈstɪŋkʃən/ *n* [U] wymarcie, wyginięcie: *Greenpeace believes that whales are in danger of extinction.*

ex·tin·guish /ɪkˈstɪŋgwɪʃ/ *v* [T] *formal* z/gasić, u/gasić: *Please extinguish all cigarettes.*

ex·tin·guish·er /ɪkˈstɪŋgwɪʃə/ *n* [C] gaśnica

ex·tol /ɪkˈstəʊl/ *v* [T] (**-lled**, **-lling**) wychwalać, wysławiać: *Jamie was extolling the virtues of the single life.*

ex·tort /ɪkˈstɔːt/ *v* [T] wymuszać: *He was accused of trying to extort money* (=wyłudzić pieniądze) *from business associates.* —**extortion** /-ˈstɔːʃən/ *n* [U] wymuszenie

ex·tor·tion·ate /ɪkˈstɔːʃənət/ *adj* wygórowany

ex·tra¹ S1 W2 /ˈekstrə/ *adj* dodatkowy: *a large mushroom pizza with extra cheese* THESAURUS MORE

extra² *adv* dodatkowo, ekstra

extra³ *n* [C] **1** dodatek: *The price of the car includes extras such as a sun roof and CD player.* **2** statyst-a/ka: *We need a thousand extras for the big crowd scene.*

extra- /ekstrə/ *prefix* poza-: *extramarital sex* (=seks pozamałżeński)

ex·tract¹ Ac /ɪkˈstrækt/ *v* [T] **1** wyciągać, wydobywać: *The police failed to extract any information from him.* **2** *formal* usuwać, wyrywać: *gaps in her mouth where teeth had been extracted*

ex·tract² Ac /ˈekstrækt/ *n* **1** [C] wyjątek, urywek: *an extract from 'A Midsummer Night's Dream'* **2** [C,U] wyciąg, ekstrakt: *vanilla extract*

ex·trac·tion Ac /ɪkˈstrækʃən/ *n* **1** [C,U] wydobycie: *the extraction of salt from sea water* **2** [C] usunięcie (zęba): *He had three extractions.* **3 of Polish/Irish extraction** polskiego/irlandzkiego pochodzenia

ex·tra·cur·ric·u·lar /ˌekstrəkəˈrɪkjələ◂/ *adj* nadobowiązkowy, ponadprogramowy

ex·tra·dite /ˈekstrədaɪt/ *v* [T] dokonywać ekstradycji —**extradition** /ˌekstrəˈdɪʃən/ *n* [C,U] ekstradycja

ex·tra·ne·ous /ɪkˈstreɪniəs/ *adj formal* poboczny: *His report contains too many extraneous details.*

ex·tra·or·di·na·ry S3 W3 /ɪkˈstrɔːdənəri/ *adj* nadzwyczajny, niezwykły: *Ellington had an extraordinary musical talent.* | *What an extraordinary idea!* —**extraordinarily** *adv* niezwykle

ex·trav·a·gant /ɪkˈstrævəgənt/ *adj* **1** rozrzutny: *You've been terribly extravagant, buying all these presents.* **2** ekstrawagancki: *wild, extravagant parties* **3** przesadzony, przesadny: *extravagant claims that the drug cures AIDS* —**extravagance** *n* [C,U] rozrzutność, ekstrawagancja

ex·trav·a·gan·za /ɪkˌstrævəˈgænzə/ *n* [C] feta, huczna impreza

ex·treme¹ S3 W3 /ɪkˈstriːm/ *adj* **1** niezmierny: *extreme heat* **2** ekstremalny, skrajny: *In one extreme case a child of ten was imprisoned.* **3** najdalszy: *in the extreme north of the country*

extreme² *n* **1** [C] ekstremum, skrajność: *folk who have learned to survive the extremes of their climate* **2 go to extremes/carry sth to extremes** posuwać się/coś do skrajności: *Caution is sensible, but not when it's carried to extremes.* **3 in the extreme** w najwyższym stopniu: *a man who was selfish in the extreme*

ex·treme·ly S2 W2 /ɪkˈstriːmli/ *adv* niezmiernie: *I'm extremely sorry.*

ex·trem·ist /ɪkˈstriːmɪst/ *n* [C] ekstremist-a/ka: *left-wing extremists* —**extremist** *adj* ekstremistyczny —**extremism** *n* [U] ekstremizm

ex·trem·i·ty /ɪkˈstreməti/ *n* [C] *formal* kraniec: *the city's northern extremity*

ex·tri·cate /ˈekstrɪkeɪt/ *v* **extricate yourself from sth** wyzwolić się z czegoś: *Perrault could not extricate himself from the relationship once it had started.*

ex·tro·vert, **extravert** /ˈekstrəvɜːt/ *n* [C] ekstrawertyk/czka —**extrovert** *także* **extroverted** *adj* ekstrawertyczny →porównaj INTROVERTED

ex·u·be·rant /ɪgˈzjuːbərənt/ *adj* entuzjastyczny: *Judith was in an exuberant mood.* —**exuberance** *n* [U] entuzjazm

ex·ude /ɪgˈzjuːd/ *v* **1** [T] tryskać, promieniować: *a young man who exuded charm* **2** [I,T] wydzielać (się)

eye[1] S1 W1 /aɪ/ *n* [C] **1** oko: *Gina has blue eyes.* | *Close your eyes.* **2 blue-eyed/one-eyed** niebieskooki/jednooki **3 keep an eye on** mieć oko na: *Can you keep an eye on the baby while I make a phone call?* **4 in the eyes of/in sb's eyes** w czyichś oczach: *Divorce is a sin in the eyes of the Church.* **5 have your eye on** mieć upatrzony, mieć na oku: *I've got my eye on a nice little sports car.* **6 cannot take your eyes off** nie móc oderwać oczu od: *He was so gorgeous, I couldn't take my eyes off him.* **7 have an eye for** mieć wyczucie: *Gail has a good eye for colour.* **8 set/lay eyes on** ujrzeć: *The first time I set eyes on him I knew I liked him.* **9 with your eyes open** w pełni świadomie: *I went into the business with my eyes open so it's no use complaining now.* **10 be up to your eyes in sth** *spoken* być zawalonym czymś: *I'm up to my eyes in paperwork.* **11** [C] ucho (*igły*) → patrz też **catch sb's eye** (CATCH[1]), **look sb in the eye** (LOOK[1]), **see eye to eye (with sb)** (SEE), **turn a blind eye to sth** (TURN[1]), **cast an eye over sth** (CAST[1]), **with/to the naked eye** (NAKED)

COLLOCATIONS: eye

adjectives

brown/blue/grey/green eyes *She has blonde hair and blue eyes.*
hazel eyes (=piwne) *He was fair, with hazel eyes.*
dark eyes *She looked into his dark eyes.*
red eyes (=zaczerwienione) *Her eyes were red from crying.*
big/small eyes *She looked at me with her big brown eyes.* | *The boy's small bright eyes were fixed on his mother.*
round/wide eyes (=okrągłe lub szeroko otwarte, zwłaszcza ze zdziwienia) *His eyes were wide with amazement.*
sb's eyes are open/closed/shut *His eyes were still shut.*

verbs

to open your eyes *He opened his eyes and looked around.*
to close/shut your eyes *Close your eyes and go back to sleep.*
to rub your eyes *„I'm so sleepy," he said, rubbing his eyes.*
sb's eyes sparkle/shine (=błyszczą) *Jenny's eyes sparkled with excitement.*
sb's eyes widen (=ktoś wybałusza oczy) *His eyes widened in horror.*

eye[2] *v* [T] (**eyed**, **eyed**, **eyeing** *or* **eying**) przypatrywać się: *The child eyed me with curiosity.*

eye·ball /ˈaɪbɔːl/ *n* [C] gałka oczna

eye·brow /ˈaɪbraʊ/ *n* [C] brew

ˈeye-ˌcatching *adj* przyciągający wzrok: *eye-catching advertisements*

eye·lash /ˈaɪlæʃ/ *n* [C] rzęsa

eye·lid /ˈaɪlɪd/ *n* [C] powieka

ˈeye-ˌopener *n* [singular] objawienie: *Visiting Russia was a real eye-opener for me.*

ˈeye-ˌshadow *n* [U] cień do powiek

eye·sight /ˈaɪsaɪt/ *n* [U] wzrok: *You need perfect eyesight to be a pilot.*

eye·sore /ˈaɪsɔː/ *n* [C] **be an eyesore** szpecić krajobraz: *The glass factory is a real eyesore.*

eye·wit·ness /ˈaɪˌwɪtnəs/ *n* [C] naoczny świadek: *According to eyewitnesses the robbery was carried out by four men.*

E

F, f /ef/ F, f *(litera)*

F skrót od FAHRENHEIT: *Water boils at 212° F.*

fa·ble /ˈfeɪbəl/ *n* [C] bajka

fab·ric /ˈfæbrɪk/ *n* **1** [C,U] tkanina: *heavy woollen fabric* **2** [singular] konstrukcja, szkielet *(budynku)* **3** [singular] struktura: *The family is the most important unit in the social fabric.*

fab·ri·cate /ˈfæbrɪkeɪt/ *v* [T] s/fabrykować: *The police were accused of fabricating evidence.* —**fabrication** /ˌfæbrɪˈkeɪʃən/ *n* [C,U] wymysł

fab·u·lous /ˈfæbjələs/ *adj* bajeczny, fantastyczny: *You look fabulous! | The painting was sold for a fabulous sum.* —**fabulously** *adv* bajecznie: *a fabulously rich woman*

fa·cade, **façade** /fəˈsɑːd/ *n* [C] fasada: *Behind that cheerful facade she's really quite a lonely person.*

F

face¹ S1 W1 /feɪs/ *n* **1** [C] twarz: *a girl with a round, pretty face | He had a surprised look on his face.* **2** [C] mina: **sb's face fell** (=mina komuś zrzedła): *Lynn's face fell when I said Sean already had a girlfriend.* | **make/pull a face** (=z/robić minę) | **keep a straight face** (=powstrzymywać się od śmiechu): *When I saw what he was wearing, I could hardly keep a straight face.* **3 face to face (with)** twarzą w twarz (z): *I'd rather talk to him face to face than on the phone. | It was the first time he had ever come face to face with death.* **4 in the face of** w obliczu: *Marie was very brave, even in the face of great suffering.* **5 new/familiar face** nowa/znajoma twarz: *In the middle of the crowd I recognized a familiar face.* **6** [C] tarcza: *a clock face* **7** [C] ściana: *the north face of Mount Rainier* **8 on the face of it** na pierwszy rzut oka: *On the face of it, this seems like a perfectly good idea.* **9 lose/save face** stracić/zachować twarz: *If I win, Lee will lose face and hate me even more.* **10 say sth to sb's face** powiedzieć coś komuś w twarz: *They'd never dare say that to his face.*

face² S1 W1 *v* [T] **1** stawiać czoło: *He faced a lot of problems in his short life. | You're going to have to face him sooner or later. | Nadal faces Federer in the men's final tomorrow.* | **face the fact that** (=przyjąć do wiadomości, że): *You're going to have to face the fact that John loves someone else.* | **let's face it** *spoken* (=spójrzmy prawdzie w oczy): *Let's face it – you're never going to be a star player.* **2** być zwróconym w kierunku: *Rita's house faces the sea.* **3 turn to face** zwracać się twarzą do: *Dean turned to face me.* **4 be faced with** stawać w obliczu: *She's going to be faced with some very tough choices.* **5 can't face doing sth** nie czuć się na siłach, żeby coś zrobić: *I can't face seeing Ben again.*

face up to sth *phr v* [T] stawiać czoło: *You'll have to face up to your responsibilities.*

Facebook /ˈfeɪsbʊk/ *n trademark* Facebook *(serwis społecznościowy)*

face·less /ˈfeɪsləs/ *adj* bezduszny: *faceless bureaucrats*

face·lift /ˈfeɪslɪft/ *n* **1** [C] lifting *(twarzy)* **2 give sth a facelift** odnowić coś: *We're going to give the reception area a facelift.*

ˈface-ˌsaving *adj* pozwalający zachować twarz: *a face-saving agreement*

fac·et /ˈfæsɪt/ *n* [C] aspekt: *Social life is an important facet of university education.*

fa·ce·tious /fəˈsiːʃəs/ *adj* żartobliwy: *facetious comments*

ˌface ˈvalue *n* **1 take sth at face value** brać/wziąć coś za dobrą monetę **2** [singular] wartość nominalna

fa·cial¹ /ˈfeɪʃəl/ *adj* **facial hair** zarost —**facially** *adv* z twarzy *(np. podobny)*

facial² *n* [C] oczyszczanie twarzy *(w gabinecie kosmetycznym)*: *I'm going to have a facial at that new beauty salon.*

fa·cil·i·tate AC /fəˈsɪlɪteɪt/ *v* [T] *formal* ułatwiać: *We've employed temporary staff to facilitate the enrolment of new students.* —**facilitation** /fəˌsɪlɪˈteɪʃən/ *n* [U] ułatwienie

fa·cil·i·ties /fəˈsɪlətiz/ *n* [plural] **1** zaplecze: *The hotel has excellent conference facilities.* **2** obiekty: *The college has excellent sports facilities.*

fa·cil·i·ty S2 W1 AC /fəˈsɪləti/ *n* [C] funkcja *(np. programu komputerowego)*: *The program has a search facility.*

fac·sim·i·le /fækˈsɪməli/ *n* [C] faksymile

fact S1 W1 /fækt/ *n* **1** [C] fakt: *We can't comment until we know all the facts.* | **the fact that** *She's just ignoring the fact that he's already married.* | **I know for a fact (that)** *spoken* (=wiem na pewno, że) **2 in fact/as a matter of fact/in actual fact a)** w rzeczywistości: *The government is claiming that inflation is coming down, but in actual fact it is higher than ever before.* **b)** co więcej: *I know her really well, in fact I had dinner with her last week.* **3** [U] fakty: *It is often difficult to separate fact from fiction.* **4 the fact (of the matter) is** *spoken* prawda jest taka, że

fac·tion /ˈfækʃən/ *n* [C] frakcja: *The President hopes to unite the warring factions within his party.*

fac·tor S3 W1 AC /ˈfæktə/ *n* [C] **1** czynnik: **+in** *The weather could be an important factor in tomorrow's game.* **2** *technical* dzielnik

fac·to·ry S2 W2 /ˈfæktəri/ *n* [C] fabryka: *a shoe factory*

fac·tu·al /ˈfæktʃuəl/ *adj* rzeczowy, oparty na faktach: *factual information*

fac·ul·ty /ˈfækəlti/ *n* **1** [C] *formal* władza umysłowa, zmysł: *At the age of 95 he was still in possession of all his faculties.* **2** [C] wydział: *the Faculty of Arts* **3 the faculty** *AmE* wykładowcy, grono pedagogiczne

fad /fæd/ *n* [C] przelotna moda: *His interest in photography was just a passing fad* (=kaprys).

fade /feɪd/ *v* **1** także **fade away** [I] o/słabnąć, z/gasnąć: *Hopes of a peace settlement are now fading.* **2** [I] wy/blaknąć: *faded blue jeans*

fae·ces /ˈfiːsiːz/ także **feces** *AmE n* [plural] *technical* odchody, kał

fag /fæg/ *n* [C] *BrE informal* fajka *(papieros)*

Fah·ren·heit /ˈfærənhaɪt/ *n* [U] skala Fahrenheita

fail¹ S2 W1 /feɪl/ *v* **1** [I,T] nie zdać, oblać: *I failed my biology test.* **2** [T] oblać: *The examiner told me he was going to fail me.* **3** nie powieść się: *Their plan failed.* **4** [I] **fail to do sth a)** nie zrobić czegoś: *Her invitation failed to arrive* (=jej zaproszenie nie doszło). **b)** nie zdołać czegoś zrobić: *Doctors failed to save the girl's life.* **5 I fail to see/understand** nie pojmuję: *I fail to see why you think it's so funny.* **6** [I] ze/psuć się: *The engine failed just after* *the plane took off.* **7 failing health/sight/memory** pogarszające się zdrowie/wzrok/pamięć

fail² *n* **without fail a)** niezawodnie: *Barry comes over every Friday without fail.* **b)** obowiązkowo: *I want that work finished by tomorrow, without fail!*

fail·ing¹ /ˈfeɪlɪŋ/ *n* [C] wada: *He loved her in spite of her failings.*

failing² *prep* **failing that** jeżeli to się nie uda: *You could try phoning, but failing that, a letter only takes a few days.*

fail·ure S3 W2 /ˈfeɪljə/ *n* **1** [C,U] niepowodzenie: **end in failure** *All his plans ended in failure* (=zakończyły się niepowodzeniem). **2** [C] nieudacznik: *I feel like such a failure.* **3** [C,U] awaria: *the failure of the computer system* | **heart/kidney failure** (=niewydolność serca/nerek) **4 failure to do sth** niezrobienie czegoś: *We were worried about his failure to contact us* (=martwiliśmy się, że się z nami nie skontaktował).

faint¹ /feɪnt/ *adj* **1** słaby, nikły: *a faint sound* | *There's still a faint hope that they might be alive.* THESAURUS QUIET **2 sb is faint** komuś jest słabo: **+ with** *He was faint with hunger.* **3 not have the faintest idea** nie mieć zielonego pojęcia: *I don't have the faintest idea what you are talking about.* —**faintly** *adv* słabo

faint² *v* [I] ze/mdleć —**faint** *n* [C] omdlenie

fair¹ S1 W2 /feə/ *adj* **1** uczciwy: *a fair wage for the job* | *It's not fair! You always agree with Sally!* **2 fair enough** *BrE spoken* niech będzie: *"I'll come if I can bring my sister with me." "Fair enough."* **3** sprawiedliwy: *a fair trial* **4** zadowalający: *Her written work is excellent but her spoken French is only fair.* **5 a fair size/amount** *BrE* spore rozmiary/spora ilość: *By lunchtime we had travelled a fair distance.* **6** jasny: *fair skin* **7** ładny: *fair weather* —**fairness** *n* [U] sprawiedliwość

fair² S2 W3 *adv* **play fair** grać fair

fair³ *n* [C] **1** wesołe miasteczko **2** targi: *a trade fair*

fair·ground /ˈfeəgraʊnd/ *n* [C] teren wesołego miasteczka, jarmarku itp.

fair·ly S1 W2 /ˈfeəli/ *adv* **1** dosyć, dość: *She speaks English fairly well.* | *a fairly large garden* THESAURUS RATHER **2** sprawiedliwie: *I felt that I hadn't been treated fairly.*

fai·ry /ˈfeəri/ *n* [C] duszek, wróżka

ˈfairy tale *n* [C] baśń

faith S3 W2 /feɪθ/ *n* **1** [U] wiara: **+ in** *a strong faith in God* | *I have great faith in her ability.* **2 in good faith** w dobrej wierze **3** [C] religia, wyznanie: *the Jewish faith* | *Most of the island's population belong to the Islamic faith.*

faith·ful /ˈfeɪθfəl/ *adj* wierny: *a faithful friend* | *a faithful account of what happened* —**faithfulness** *n* [U] wierność

faith·ful·ly /ˈfeɪθfəli/ *adv* **1** wiernie: *Bessie had served the family faithfully for 30 years.* **2 Yours faithfully** *especially BrE* Z poważaniem

faith·less /ˈfeɪθləs/ *adj formal* niewierny, wiarołomny: *a faithless friend*

fake¹ /feɪk/ *n* [C] falsyfikat, podróbka: *We thought it was a Picasso, but it was a fake.*

fake² *adj* podrabiany: *fake fur* THESAURUS FALSE

fake³ *v* **1** [I,T] udawać: **fake it** *I thought he was really hurt but he was just faking it.* **2** [T] s/fałszować, podrabiać: *He faked his uncle's signature on the note.*

fal·con /ˈfɔːlkən/ *n* [C] sokół

fall¹ S1 W1 /fɔːl/ *v* (**fell, fallen, falling**) [I] **1** padać: *Snow began to fall as we left the building.* | **+ over/from/out** *Our big apple tree fell over* (=przewróciło się) *in the storm.* **2** upadać: *Don't worry, I'll catch you if you fall.* | *The government fell after only six months.* | **+ down/into/onto etc** *I slipped and fell down the stairs* (=i spadłem ze schodów). **3** spadać: *Temperatures may fall below zero tonight.* | **fall sharply** *The number of robberies fell sharply* (=spadła gwałtownie) *last year.* **4 fall asleep/silent** zasnąć/zamilknąć: *I was so tired I fell asleep in my chair.* | *Everyone fell silent as Beth walked in.* **5 fall in love (with)** zakochać się (w): *I fell in love with her the moment I saw her.* **6 fall into a group/category** należeć do grupy/kategorii: *Both of these novels fall into the category of literary fiction.* **7 night/darkness falls** *literary* zapada noc/zmierzch **8 be falling to pieces/bits** rozpadać się **9** opadać: *Maria's hair fell in loose curls.* **10** *literary* polec: *a monument to the soldiers who fell in the war* **11 fall on** przypadać w: *Christmas falls on a Friday this year.*

fall apart *phr v* [I] **1** rozpaść się, rozlecieć się: *The old book just fell apart in my hands.* **2 be falling apart** niszczeć: *The country's economy was falling apart.*

fall back on sb/sth *phr v* [T] zwrócić się do/ku: *She has no relatives to fall back on.* | *Theatres are falling back on old favourites* (=ratują się starymi szlagierami) *rather than risking money on new plays.*

fall for sb/sth *phr v* [T] **1** [**fall for** sth] dać się nabrać na: *We told him we were Italian and he fell for it!* **2** [**fall for** sb] zakochać się w: *Samantha fell for a man half her age.*

fall off *phr v* [I] spaść: *Demand for records has fallen off recently.*

fall out *phr v* [I] po/kłócić się: **+ with** *Nina's fallen out with her brother.*

fall through *phr v* [I] nie dojść do skutku: *Our holiday plans fell through at the last minute.*

fall² S2 W2 *n* **1** [C] upadek: *He had a bad fall from a horse.* | *the fall of Rome* **2** [C] opady: *a heavy fall of snow* **3** [C] spadek: **+ in** *a sudden fall in temperature* → antonim RISE¹ **4** [singular] *AmE* jesień: **the fall** *Brad's going to Georgia Tech in the fall.* → patrz też FALLS

fal·la·cy /ˈfæləsi/ *n* [C] mit: *the fallacy that money brings happiness*

fall·en /ˈfɔːlən/ *v* imiesłów bierny od FALL

ˈfall guy *n* [C] *especially AmE informal* kozioł ofiarny, chłopiec do bicia

fal·li·ble /ˈfæləbəl/ *adj* omylny: *We're all fallible, you know.* → antonim INFALLIBLE

fall·out /ˈfɔːlaʊt/ *adj* opad radioaktywny

fal·low /ˈfæləʊ/ *adj* **1** leżący odłogiem *(o ziemi)* **2 fallow land** ugór

falls /fɔːlz/ *n* [plural] wodospad

false W3 /fɔːls/ *adj* **1** fałszywy: *He gave the police false information.* | *Her welcoming smile seemed false.* THESAURUS WRONG **2** sztuczny: *false eyelashes* | *false teeth* **3 false alarm** fałszywy alarm: *We thought there was a fire, but it was a false alarm.* —**falsely** *adv* fałszywie

THESAURUS: false

false fałszywy *(nazwisko, adres itp.)*: *The man used a false name.*

fake fałszywy *(bardziej potocznie)*: *a fake £20 note* | *a fake ID*

forged podrobiony *(dokument, banknot)*: *a forged passport* | *a forged £50 note*

counterfeit fałszywy, podrobiony *(pieniądze)*: *He was arrested for trying to exchange counterfeit money.*

imitation sztuczny *(biżuteria, futro itp.)*: *They're only imitation diamonds.* | *an imitation leather jacket*
phoney, phony *disapproving informal* lipny, udawany: *She spoke with a phoney New York accent.*

false·hood /ˈfɔːlshʊd/ *n* [C] *formal* kłamstwo

fal·set·to /fɔːlˈsetəʊ/ *n* [C] falset —**falsetto** *adj* falsetowy —**falsetto** *adv* falsetem

fal·si·fy /ˈfɔːlsɪfaɪ/ *v* [T] s/fałszować: *He was accused of falsifying the company's accounts.*

fal·ter /ˈfɔːltə/ *v* [I] **1** za/chwiać się: *His determination to succeed never faltered.* **2** za/wahać się: *She faltered for a moment.*

fame /feɪm/ *n* [U] sława, rozgłos: **rise to fame** (=zdobyć sławę): *Schiffer rose to fame as a model when she was only 17.*

famed /feɪmd/ *adj* sławny: **+for** *mountains famed for their beauty*

fa·mil·i·ar S3 W2 /fəˈmɪliə/ *adj* **1** znajomy: *a familiar face* | **look/sound familiar** (=wyglądać/brzmieć znajomo): *The voice on the phone sounded very familiar.* **2 be familiar with sth** znać się na czymś: *Are you familiar with this type of computer?* **3** poufały: *I didn't like the familiar way he was talking to me.*

fa·mil·i·ar·i·ty /fəˌmɪliˈærəti/ *n* [U] znajomość: **+with** *a familiarity with Russian poetry*

fa·mil·i·ar·ize /fəˈmɪliəraɪz/ *także* **-ise** *BrE v* **familiarize yourself/sb with sth** zaznajamiać się/kogoś z czymś: *Familiarize yourself with the office routine.*

fam·i·ly S1 W1 /ˈfæməli/ *n* **1** [C] rodzina: *Do you know the family next door?* | *tigers and other members of the cat family* | **run in the family** *Heart disease runs in our family* (=jest u nas cechą rodzinną). **2** [C] **start a family** mieć dzieci: *We won't start a family until we've been married a few years.* | **bring up/raise a family** (=wychowywać dzieci): *the problems of bringing up a family of five*

UWAGA: family

W brytyjskiej angielszczyźnie rzeczownik **family** może łączyć się z czasownikiem w liczbie pojedynczej lub mnogiej: *The family now lives/live in London.* W amerykańskiej angielszczyźnie rzeczownik **family** zawsze łączy się z czasownikiem w liczbie pojedynczej: *The family now lives in California.*

COLLOCATIONS: family

adjectives

a large/big/small family *She came from a large family.*
a close family (=zżyta rodzina) *His family are not very close.*
the whole family/all the family *The whole family is invited.* | *All the family were there.*
a one-parent/single-parent family *There are more and more one-parent families.*
sb's immediate family *formal* (=najbliższa rodzina) *He told only his immediate family.*
sb's extended family *formal* (=bliższa i dalsza rodzina) *I have a large extended family to help me.*
the nuclear family (=rodzina nuklearna) *People are always warning about the end of the nuclear family.*

noun + family

a member of sb's family *Will other members of your family need to use the computer?*

family + noun

family life *They have a happy family life.*
the family home *He felt it was time to leave the family home.*
a family business *The restaurant is a family business.*
a family holiday *BrE*, **a family vacation** *AmE* *We haven't had a family holiday for years.*

ˌfamily ˈplanning *n* [U] planowanie rodziny

ˌfamily ˈtree *n* [C] drzewo genealogiczne

fam·ine /ˈfæmɪn/ *n* [C,U] głód, klęska głodu

fa·mous S2 W2 /ˈfeɪməs/ *adj* sławny: *a famous actor* | **+for** *France is famous for its wine.*

THESAURUS: famous

famous sławny: *He's one of the most famous artists in the world.*
well-known (dobrze) znany: *In Egypt, she is very well-known.* | *a well-known restaurant*
renowned słynny: *The area is renowned for its beauty.* | *an internationally renowned chef*
legendary legendarny: *the legendary Frank Sinatra*
notorious/infamous osławiony, niesławny: *a notorious legal case*

fa·mous·ly /ˈfeɪməsli/ *adv* **get on/along famously** świetnie się dogadywać

fan[1] S3 W2 /fæn/ *n* [C] **1** fan/ka: *a football fan* | *He was a big fan of Elvis Presley.* **2** wachlarz **3** wentylator

fan

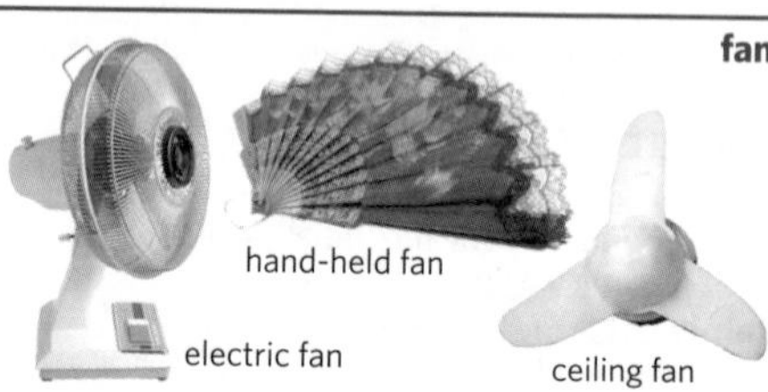

fan[2] *v* [T] (**-nned**, **-nning**) wachlować: *She sat back, fanning herself with a newspaper.*

fa·nat·ic /fəˈnætɪk/ *n* [C] fanaty-k/czka: *religious fanatics* | *a golf fanatic* —**fanatical** *adj* fanatyczny —**fanatically** /-kli/ *adv* fanatycznie —**fanaticism** /-tɪsɪzəm/ *n* [U] fanatyzm

fan·cy[1] S3 /ˈfænsi/ *adj* **1** wymyślny, fantazyjny: *His furnishings are too fancy for my liking.* **2** luksusowy: *We can't afford such a fancy hotel.*

fancy[2] S2 *v* [T] **1** *especially BrE* mieć ochotę na: *Do you fancy a drink, Les?* **2 you fancy sb** *BrE informal* ktoś ci się podoba: *I really fancy that guy.* **3 sb fancies (that)** *literary* komuś wydaje się, że: *Henry fancied he'd met her before somewhere.* **4 fancy/fancy that!** *BrE spoken* a to dopiero!, coś takiego!: *Fancy meeting you here* (=kto by pomyślał, że cię tu spotkam)*!*

fancy[3] *n* **1** [singular] upodobanie, chętka: **take a fancy to** *I think he's taken a fancy to you* (=chyba wpadłaś mu w oko)*!* **2 take sb's fancy** *especially BrE* przypadać komuś do gustu: *None of the cakes took my fancy.*

ˌfancy ˈdress *n* [U] *BrE* przebranie: *We've got to go in fancy dress, so I'm making a frog costume.*

fan·fare /ˈfænfeə/ *n* [C] fanfara

fang /fæŋ/ *n* [C] kieł

fan·ny /ˈfæni/ *n* [C] *AmE informal* pupa, tyłek

fan·ta·size /ˈfæntəsaɪz/ *także* **-ise** *BrE v* [I,T] snuć marzenia: **+about** *We all fantasize about winning the lottery.*

fan·tas·tic S3 /fænˈtæstɪk/ *adj* **1** *informal* fantastyczny: *You look fantastic! | We had a fantastic holiday in New Orleans.* THESAURUS GOOD **2** *informal* niesamowity: *She spends a fantastic amount on clothes.* **3** niezwykły: *fantastic tales of knights and dragons* —**fantastically** /-kli/ *adv* fantastycznie

fan·ta·sy /ˈfæntəsi/ *n* [C,U] fantazja, marzenie: *I had fantasies about becoming a racing driver.*

FAQ /fæk, ˌef eɪ ˈkjuː/ *n* [C] FAQ *(lista odpowiedzi na najczęściej zadawane pytania na danej stronie internetowej)*

far¹ S1 W1 /fɑː/ *adv* (**farther**, **farthest** or **further**, **furthest**) **1** daleko: *I don't want to drive very far. | Let's see who can swim the farthest.* | **how far** *How far is it to the station?* | **far away** *I don't see my brother very often - he lives too far away.* **2** o wiele: **far better/far more intelligent etc** *Our new car is far better than the old one.* | **far too much/fat/early etc** *You can't carry that box - it's far too heavy* (=jest o wiele za ciężkie). | **by far** (=zdecydowanie): *The girls' exam results were better by far than the boys'.* **3** długo: *We worked far into the night.* **4 as far as I know** *spoken* o ile mi wiadomo: *As far as I know, Fran intends to come to the party.* **5 far from a)** zamiast: **far from doing sth** *Far from helping the situation, you've made it worse.* **b)** bynajmniej nie: **far from happy/pleased etc** *Peter looked far from happy.* | **far from it** (=bynajmniej): *"Did you enjoy the film?" "Far from it - I went to sleep!"* **6 so far** jak dotąd, dotychczas: *We haven't had any problems so far.* **7 how far** do jakiego stopnia, na ile: *How far is violent crime caused by violence on TV?* **8 so far so good** *spoken* jak dotąd, w porządku: *"How's your new job?" "So far so good."* **9 sb will/should go far** ktoś daleko zajdzie: *She's a good dancer and should go far.* **10 as far as possible** w miarę możliwości: *We try to buy from local businesses as far as possible.* **11 go so far as to do sth** posunąć się do zrobienia czegoś: *He even went so far as to call her a liar.* **12 go too far** posunąć się za daleko: *He's always been rude, but this time he went too far.* →patrz też **as far as I'm concerned** (CONCERNED)

UWAGA: far i a long way away

Wyrazu **far** używamy głównie w zdaniach przeczących i w pytaniach: *How far is it to the station? | Oxford isn't far from London. | It's not far.* W zdaniach twierdzących używamy wyrażenia **a long way away**: *Their house is a long way away from the town centre.* Wyraz **far** pojawia się w zdaniach twierdzących w wyrażeniach **too far**, **quite far** i **far away**: *I suggest you take the bus - it's too far to walk. | My parents don't live far away.*

THESAURUS: far

far daleko: *It's not far to the hotel. | Is it too far to walk? | People had come from as far away as Israel and Brazil.*

a long way daleko: *It's a long way to the sea from here.*

miles *informal* kawał drogi: *We had to walk for miles. | The nearest school is miles away.*

distant *written* odległy, daleki: *I could hear the distant sound of thunder. | the light from a distant star*

remote odległy, położony na odludziu: *a remote area of Alaska | It's a tiny island and very remote.*

far² S1 W1 *adj* (**farther**, **farthest** or **further**, **furthest**) **1** daleki: *They live in the far south of the country.* **2** [only before noun] drugi: *the far side of the room* **3 the far left/right** skrajna lewica/prawica **4 be a far cry from** być dalekim od, być zupełnie innym niż: *Europe was a far cry from what Tom had expected.*

far·a·way /ˈfɑːrəweɪ/ *adj* **1** [only before noun] *literary* daleki, odległy: *faraway places* **2 faraway look** nieobecny wyraz twarzy

farce /fɑːs/ *n* [singular] farsa: *I'm telling you, the trial was a total farce.*

fare¹ /feə/ *n* [C] cena biletu, opłata za przejazd: *Train fares are going up again.* THESAURUS COST

fare² *v* [I] *formal* **sb fares well/badly** komuś dobrze/źle się wiedzie: *Women are now faring better in politics.*

fare·well /feəˈwel/ *n* [C] *formal* pożegnanie: *We made our farewells* (=pożegnaliśmy się) *and left. | a farewell party*

ˌfar-ˈfetched *adj* naciągany: *I thought her story was pretty far-fetched.*

farm¹ S2 W2 /fɑːm/ *n* [C] gospodarstwo rolne, farma

farm² *v* **1** [I] gospodarować: *Our family has farmed here for years.* **2** [T] uprawiać: *to farm the land*

farm·er S2 W2 /ˈfɑːmə/ *n* [C] rolni-k/czka, farmer/ka

ˈfarmers' ˌmarket *n* [C] targ owocowo-warzywny

farm·hand /ˈfɑːmhænd/ *n* [C] robotni-k/ca roln-y/a

farm·house /ˈfɑːmhaʊs/ *także* **farm** *n* [C] dom mieszkalny w gospodarstwie rolnym

farm·ing /ˈfɑːmɪŋ/ *n* [U] gospodarka rolna

farm·yard /ˈfɑːmjɑːd/ *n* [C] podwórze *(w gospodarstwie)*

ˌfar-ˈoff *adj literary* daleki, odległy: *a far-off land*

ˌfar-ˈreaching *adj* dalekosiężny: *far-reaching tax reforms*

ˌfar-ˈsighted *adj* **1** dalekowzroczny: *a farsighted economic plan* **2** *AmE* dalekowzroczny, nadwzroczny

fart /fɑːt/ *v* [I] *informal* pierdzieć —**fart** *n* [C] pierdnięcie

far·ther /ˈfɑːðə/ *adj, adv* dalszy, dalej →porównaj FURTHER¹

far·thest /ˈfɑːðɪst/ *adv, adj* najdalszy, najdalej

fas·ci·nate /ˈfæsəneɪt/ *v* [T] fascynować: *Mechanical things have always fascinated me.*

fas·ci·nat·ing S3 /ˈfæsəneɪtɪŋ/ *adj* fascynujący: *a fascinating subject* THESAURUS INTERESTING

fas·ci·na·tion /ˌfæsəˈneɪʃən/ *n* [U singular] fascynacja: **+with** *a fascination with the supernatural*

fas·cis·m /ˈfæʃɪzəm/ *n* [U] faszyzm —**fascist** *n* [C] faszyst-a/ka —**fascist** *adj* faszystowski

fash·ion¹ S3 W2 /ˈfæʃən/ *n* **1** [C,U] moda: **be in fashion** *Hats are in fashion again.* | **go out of fashion** *Shoes like that went out of fashion years ago.* | **the latest fashion** *Gabi always buys all the latest fashions.* **fashion accessories** modne dodatki **2 in a strange/orderly fashion** *formal* w dziwny/zdyscyplinowany sposób: *Leave the building in an orderly fashion.*

fashion² *v* [T] *formal* wy/modelować: *He fashioned a turban out of a torn piece of cloth.*

fash·ion·a·ble /ˈfæʃənəbəl/ *adj* modny: *Long skirts are fashionable now. | a fashionable restaurant* →antonim

UNFASHIONABLE, OLD-FASHIONED —**fashionably** *adv* modnie

fast¹ S2 W2 /fɑːst/ *adj* **1** szybki: *a fast runner | a fast car | The metro is the fastest way to get around.* **2 be fast** śpieszyć się: *Is it really 5 o'clock, or is your watch fast?* **3 make sth fast** przy/mocować coś

THESAURUS: fast

fast szybki *(szybko coś robiący)*: *a fast car | the fastest animal in the world | a fast worker*

quick szybki *(krótko trwający)*: *I'll just have a quick wash. | „I'm back!" „That was quick!"*

rapid *especially written* gwałtowny: *a rapid increase in the population*

high-speed szybki *(pociąg, internet)*: *a high-speed train | high-speed Internet access*

swift *written* szybki, błyskawiczny: *With a sudden swift movement, he seized the gun. | She received a swift response to her letter.*

fast² S2 W3 *adv* **1** szybko: *Stop driving so fast! | You're learning fast.* **2 be fast asleep** spać głęboko **3** mocno: *Hold fast to that branch!* | **be stuck fast** (=ugrzęznąć): *The boat's stuck fast in the mud.*

UWAGA: fast i quickly

Zarówno **fast**, jak i **quickly**, znaczą „szybko", ale gdy mowa o krótkich odległościach i pośpiechu, używamy wyrazu **quickly**.

fast³ *v* [I] pościć: *Many Christians fast during Lent.* —**fast** *n* [C] post

fas·ten /ˈfɑːsən/ *v* **1** [I,T] zapinać (się): *Fasten your seat belts. | Can you fasten my necklace for me? | I'm too fat. My skirt won't fasten.* **2** [T] przy/mocować: **fasten sth to/onto sth** *Fasten those ladders onto the roof before you climb up there.* **3** [T] zamykać *(zamek, okno, furtkę)*

fas·ten·er /ˈfɑːsənə/ *n* [C] *BrE* zapięcie

fas·ten·ing /ˈfɑːsənɪŋ/ *n* [C] zapięcie

ˈfast food *n* [U] szybkie dania, fast food —**fast food** *adj* [only before noun] fastfoodowy: *a fast food bar/restaurant*

fast food

chips

hot dog

burger

pizza

ˌfast-ˈforward *v* [I,T] przewijać (się): *fast-forwarding the tape* —**fast forward** *n* [U] przewijanie do przodu

fas·tid·i·ous /fæˈstɪdiəs/ *adj* drobiazgowy, skrupulatny: *He was extremely fastidious about all aspects of his work.*

fat¹ S2 W3 /fæt/ *adj* (**-tter**, **-ttest**) **1** gruby, tłusty: *Chris is worried about getting fat* (=martwi się, że przytyje). | *a big fat cigar* **2 fat chance** *spoken* akurat!: *What, Max get a job? Fat chance!* **3 be a fat lot of good/use/help** *BrE spoken* nie na wiele się przydać: *Well, you've been a fat lot of help.*

UWAGA: fat i overweight

Wyraz **fat** ma zabarwienie negatywne i lepiej zastępować go łagodniejszymi określeniami. Zamiast *he's a little bit too fat* (=jest odrobinę za gruby), lepiej powiedzieć *he's slightly overweight*, a zamiast *she's got very fat* (=bardzo utyła), lepiej powiedzieć *she's put on a lot of weight*. Dla uniknięcia słowa **fat** używa się też często wyrazów **large** i **big** oraz zwrotu **(to have) a weight problem**: *Large people sometimes have difficulty finding fashionable clothes to fit them. | He's worried about his weight problem.*

fat² *n* [C,U] tłuszcz: *Fry the potatoes in oil or vegetable fat.*

fa·tal /ˈfeɪtl/ *adj* **1** śmiertelny: *Meningitis can often be fatal.* | **fatal accident/injury/illness etc** *a fatal heart attack* **2** fatalny, zgubny w skutkach: **fatal mistake** *Her fatal mistake was to marry the wrong man.* —**fatally** *adv* śmiertelnie: *fatally injured/wounded*

fa·tal·i·ty /fəˈtæləti/ *n* [C] ofiara śmiertelna

fate /feɪt/ *n* **1** [C singular] los: *No one knows what the fate of the refugees will be.* **2** [U] przeznaczenie: *Fate brought us together.* | **by a twist of fate** (=zrządzeniem losu): *By a strange twist of fate, we were on the same plane.*

fat·ed /ˈfeɪtɪd/ *adj* **sb was fated to do sth** coś było komuś sądzone: *We were fated to meet.*

fate·ful /ˈfeɪtfəl/ *adj* brzemienny w skutki: *a fateful decision*

ˌfat-ˈfree *adj* beztłuszczowy: *a fat-free diet*

fa·ther¹ S1 W1 /ˈfɑːðə/ *n* [C] ojciec: *their adoptive father | Father Vernon*

father² *v* [T] zostać ojcem: *his desire to father a child*

ˌFather ˈChristmas *n* [singular] *BrE* Święty Mikołaj

ˈfather ˌfigure *n* [C] substytut ojca

fa·ther·hood /ˈfɑːðəhʊd/ *n* [U] ojcostwo

ˈfather-in-law *n* [C] (plural **fathers-in-law**) teść

fa·ther·ly /ˈfɑːðəli/ *adj* ojcowski: *He put a fatherly arm around her shoulders.*

fath·om¹ /ˈfæðəm/ także **fathom out** *v* [T] pojmować: *I just couldn't fathom out what she meant.*

fathom² *n* [C] sążeń *(miara głębokości równa 1,83m)*

fa·tigue /fəˈtiːg/ *n* [U] zmęczenie: *They were cold, and weak with fatigue.*

fat·ten /ˈfætn/ *v* [T] u/tuczyć
fatten sb/sth up *phr v* [T] podtuczyć: *Grandma always thinks I need fattening up.*

fat·ten·ing /ˈfætn-ɪŋ/ *adj* tuczący

fat·ty /ˈfæti/ *adj* tłusty: *fatty food*

fat·u·ous /ˈfætʃuəs/ *adj* bzdurny: *a fatuous remark*

fau·cet /ˈfɔːsɪt/ *n* [C] *AmE* kran

fault¹ S2 W3 /fɔːlt/ *n* **1** wina: *It's not my fault we missed the bus.* | **it's sb's own fault** *It was her own fault she failed the exam* (=sama była sobie winna, że oblała). *She didn't do any work.* | **be at fault** (=ponosić winę): *It was the other driver who was at fault.* **2** [C] usterka: *an electrical fault* **3 find fault with** czepiać się: *Why do you always*

F

have to find fault with my work? **4** [C] wada: *His only fault is that he has no sense of humour.* **5** [C] uskok: *the San Andreas fault*

fault² *v* [T] **sth cannot be faulted** czemuś nie można nic zarzucić: *Her performance couldn't be faulted.*

fault·less /ˈfɔːltləs/ *adj* bezbłędny, nienaganny: *Yasmin spoke faultless French.*

fault·y /ˈfɔːlti/ *adj* **1** wadliwy: *faulty wiring* **2** błędny: *faulty reasoning*

fau·na /ˈfɔːnə/ *n* [C,U] *technical* fauna

faux pas /ˌfəʊ ˈpɑː/ *n* [C] faux pas, gafa

fa·vour¹ S2 W3 /ˈfeɪvə/ *BrE*, **favor** *AmE n* **1** [C] przysługa: **do sb a favour** (=wyświadczyć komuś przysługę): *Could you do me a favour and look after the kids for an hour?* | **ask sb a favour/ask a favour of sb** (=po/prosić kogoś o przysługę) **2 be in favour of** być zwolennikiem: *Are you in favour of the death penalty?* **3** [U] **be in favour/out of favour** być w łaskach/w niełasce: *Traditional teaching methods are back in favour in some schools.* **4 be in sb's/sth's favour** być korzystnym dla kogoś/czegoś: *The conditions are in our favour.* **5 in sb's favour** na czyjąś korzyść: *The vote was 60–40 in his favour.* | *The Supreme Court decided in his favor.* **6 in favour of sth** na korzyść czegoś: *Plans for a tunnel were rejected in favour of the bridge.*

favour² W3 *BrE*, **favor** *AmE v* [T] **1** być zwolennikiem, popierać: *Congress favors financial help to universities.* **2** faworyzować: *tax cuts that favour the rich*

fa·vou·ra·ble /ˈfeɪvərəbəl/ *BrE*, **favorable** *AmE adj* **1** przychylny: *I've heard favourable reports about your work.* **2** sprzyjający, korzystny: *a favourable economic climate* —**favourably** *adv* przychylnie, korzystnie → antonim UNFAVOURABLE

fa·vou·rite¹ S3 W3 /ˈfeɪvərət/ *BrE*, **favorite** *AmE adj* [only before noun] ulubiony: *Who's your favourite actor?*

favourite² *BrE*, **favorite** *AmE n* [C] **1** ulubiona rzecz: *This book is one of my favourites* (=to jedna z moich ulubionych książek). **2** ulubieni-ec/ca: *Teachers shouldn't have favourites.* **3** faworyt/ka: *The Yankees are favorites to win the World Series.*

fa·vou·ri·tis·m /ˈfeɪvərətɪzəm/ *BrE*, **favoritism** *AmE n* [U] protekcja

fawn¹ /fɔːn/ *v*
fawn on/over sb *phr v* [T] nadskakiwać

fawn² /fɔːn/ *n* **1** [C] jelonek **2** [U] kolor płowy

fax /fæks/ *n* **1** [C,U] faks: *Did you get my fax?* | *a letter sent by fax* **2** także **fax machine** [C] faks —**fax** *v* [T] prze/faksować

FBI /ˌef biː ˈaɪ/ *n* **the FBI** FBI, Federalnę Biuro Śledcze

fear¹ S3 W1 /fɪə/ *n* **1** [C,U] lęk, obawa, strach: **+ of** *a fear of flying* | **live in fear of** *The citizens of the town live in fear of enemy attack.* | **+ that** *fears that the rapist might strike again* | **+ for** *fears for our children's safety* **2 for fear of/for fear that** z obawy przed/w obawie, żeby nie: *She kept quiet, for fear of saying the wrong thing.* **3 No fear!** *spoken* Bez obawy!

fear² W2 *v* **1** [T] obawiać się: *Fearing a snowstorm, many people stayed home.* | **+ (that)** *Experts fear there may be more cases of the disease.* **2** [T] bać się: *a dictator feared by his country* **3 fear for** lękać się o: *We left the country because we feared for our lives.*

fear·ful /ˈfɪəfəl/ *adj formal* **1 fearful of doing sth** bojąc się coś zrobić: *He said no more, fearful of upsetting her.* **2** *BrE* straszliwy, przeraźliwy: *The small kitchen was in a fearful mess.* —**fearfully** *adv* straszliwie, przeraźliwie

fear·less /ˈfɪələs/ *adj* nieustraszony: *a fearless soldier* THESAURUS BRAVE

fear·some /ˈfɪəsəm/ *adj* przerażający: *a fearsome sight*

fea·si·ble /ˈfiːzəbəl/ *adj* wykonalny: *Your plan sounds quite feasible.*

feast¹ /fiːst/ *n* [C] **1** uczta: *a wedding feast* | *That was a real feast!* **2** święto: *Easter is an important feast for Christians.*

feast² *v* **1** [I] ucztować **2 feast your eyes on sth** sycić wzrok czymś

feat /fiːt/ *n* [C] wyczyn, dokonanie: *an amazing feat of engineering* | **be no mean feat** (=być nie lada wyczynem): *Getting a doctorate is no mean feat!*

fea·ther¹ /ˈfeðə/ *n* [C] pióro

feather² *v* [T] **feather your nest** napychać sobie kabzę

feath·er·y /ˈfeðəri/ *adj* miękki, puszysty: *a fern with delicate feathery leaves*

fea·ture¹ S2 W1 Ac /ˈfiːtʃə/ *n* [C] **1** cecha: *a report that compares the safety features of new cars* **2** [usually plural] rysy: *a portrait showing her fine, delicate features* **3** artykuł lub program na określony temat: *Have you read the feature on Johnny Depp in today's paper?*

F

feature² W3 Ac *v* **1** [T] **the film features** główną rolę w filmie gra: *a new movie featuring Uma Thurman* **2** [I] **feature in** odgrywać ważną rolę w: *Violence seems to feature heavily in all his stories.*

ˈfeature ˌfilm *n* [C] film fabularny

Feb·ru·a·ry /ˈfebruəri/ (*skrót pisany* **Feb.**) *n* [C,U] luty

fe·ces /ˈfiːsiːz/ amerykańska pisownia wyrazu FAECES

fed /fed/ *v* czas przeszły i imiesłów bierny od FEED

fed·e·ral W1 Ac /ˈfedərəl/ *adj* federalny: *the Federal Republic of Germany* | *federal laws*

ˌFederal ˌBureau of Investiˈgation *n* [singular] Federalne Biuro Śledcze, FBI

fed·e·ra·tion Ac /ˌfedəˈreɪʃən/ *n* [C] federacja: *the International Boxing Federation*

ˌfed ˈup *adj* [not before noun] *informal* **be fed up with** mieć dość: *She was fed up with being treated like a servant.*

fee S3 W3 Ac /fiː/ *n* [C] **1** opłata: *an entrance fee* (=opłata za wstęp) | *college fees* (=czesne) THESAURUS COST **2** honorarium: *medical/legal fees*

fee·ble /ˈfiːbəl/ *adj* **1** słabiutki: *His voice sounded feeble.* THESAURUS WEAK **2** kiepski: *a feeble joke/excuse*

feed¹ S1 W2 /fiːd/ *v* (**fed, fed, feeding**) **1** [T] na/karmić: *Have you fed the cats?* **2** [I] żywić się: **+ on** *Hippos feed mainly on grass.* **3** [T] wyżywić: *How can you feed a family on $50 a week?* **4** [T] wprowadzać: *The information is fed into the computer.* **5** [T] wciskać: *People get fed* (=ludziom wciska się) *all kinds of lies by the media.*

feed

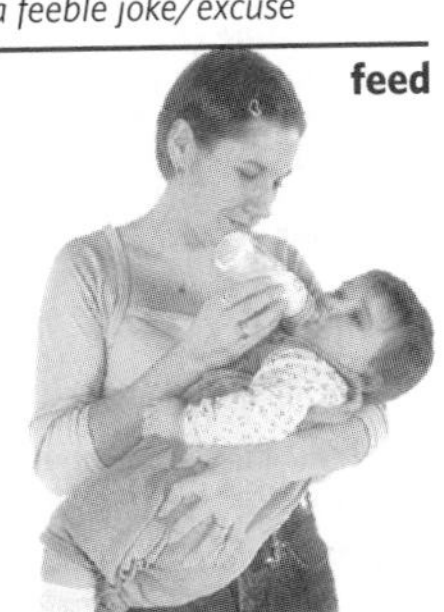

feed² *n* **1** [U] pasza: *cattle feed* **2** [C] *BrE* karmienie *(niemowlęcia)*: *Has he had his feed yet?*

feed·back S3 /ˈfiːdbæk/ *n* [U] opinia, rady: *The teacher's been giving us helpful feedback.*

feel¹ S1 W1 /fiːl/ *v* (**felt, felt, feeling**) **1** [I, linking verb] po/czuć się: *We were feeling tired after the long journey.* | *I feel hot* (=jest mi gorąco) *– can someone open the window?* | *He felt sad* (=było mu smutno) *when she'd gone.* | **+ as if/as though** *I felt as though I'd won* (=czułam się tak, jakbym wygrała) *a million dollars.* **2 it feels like** wydaje się, jakby: *I was only there for a couple of hours, but it felt like a week.* | **it feels** *It feels great* (=to wspaniałe uczucie) *to be back home.* | *How does it feel* (=jakie to uczucie) *to be married?* | **sth feels** *Her skin felt cold* (=była zimna w dotyku). **3** [I,T] sądzić: **+ (that)** *I feel that I should do more to help.* | **+ about** *What does Michael feel about the idea?* | **feel sure/certain** (=być pewnym): *We felt certain that something terrible would happen.* | **sb feels strongly about sth** (=coś leży komuś na sercu): *A lot of people feel very strongly about the issue of abortion.* **4** [T] dotykać: *Feel my forehead. Does it seem hot?* **5 feel around/inside etc (for sth)** szukać (czegoś) po omacku: *He felt around in his pocket for his keys.* **6** [T] po/czuć: *She felt something crawling up her leg.* **7 feel like sth** mieć ochotę na coś: *Do you feel like anything more to eat?* THESAURUS ▸ WANT **8** odczuwać: *Companies are starting to feel the effects of the strike.* **9 feel your way a)** poruszać się po omacku: *He felt his way along the dark passage.* **b)** postępować ostrożnie

feel for sb/sth *phr v* [T] współczuć: *I really feel for you, Joel, but I don't know what to suggest.* → patrz też **be/feel sorry for sb** (SORRY)

> **UWAGA: feel**
>
> Mówiąc jak ktoś się czuje, po wyrazie **feel** nie używamy przysłówka (jak w języku polskim), tylko przymiotnika: *The next morning I felt terrible.* | *We all felt disappointed.* Reguła ta dotyczy też czasowników **look**, **smell**, **sound** i **taste**: *You look awful.* | *That piano sounds terrible.*

feel² *n* [singular] **1** dotyk: *the feel of the sand under our feet* **2 have a feel for** *informal* mieć talent do: *Pete has a real feel for languages.* **3 get the feel of sth** *informal* otrzaskać się z czymś: *a car that's easy to drive, once you get the feel of it*

feel·ers /ˈfiːləz/ *n* [plural] czułki

feel·ing S1 W1 /ˈfiːlɪŋ/ *n* **1** [C,U] uczucie: *feelings of shame and guilt* | *a sudden feeling of tiredness* | *It was a wonderful feeling to be home again.* | *Don't try to hide your feelings.* | *She plays the violin with great feeling.* **2** [C] odczucie: *My own feeling is that* (=w moim odczuciu) *we should wait.* | **+ about** *Have you asked Carol what her feelings are about* (=co sądzi o) *having children?* **3 have/get a feeling (that)** mieć wrażenie, że: *I had a feeling that he'd refuse.* | *Do you ever get the feeling that you are being watched?* **4** [U] czucie: *He lost all feeling in his legs.* **5 bad/ill feeling** animozje: *The divorce caused a lot of bad feeling between them.* → patrz też **gut feeling** (GUT¹), **hurt sb's feelings** (HURT¹)

feet /fiːt/ *n* liczba mnoga od FOOT

feign /feɪn/ *v* [T] *literary* udawać: *Feigning a headache* (=symulując ból głowy), *I went upstairs to my room.*

feist·y /ˈfaɪsti/ *adj* energiczny, przebojowy: *a big feisty woman with short red hair*

fe·line /ˈfiːlaɪn/ *adj* koci

fell¹ /fel/ *v* czas przeszły od FALL

fell² *v* [T] **1** ścinać *(drzewo)* **2** powalić

fel·low¹ /ˈfeləʊ/ *n* [C] **1** *old-fashioned* facet, gość: *What a strange fellow he is!* **2** *BrE* członek: *a Fellow of the Royal College of Surgeons*

fellow² W3 *adj* **1 fellow workers/students** koledzy z pracy/ze studiów **2 fellow passengers** towarzysze podróży

fel·low·ship /ˈfeləʊʃɪp/ *n* **1** [C] towarzystwo: *a Christian youth fellowship* **2** [C] członkostwo kolegium uniwersytetu

fel·on /ˈfelən/ *n* [C] *law* zbrodnia-rz/rka: *a convicted felon*

fel·o·ny /ˈfeləni/ *n* [C,U] *law* ciężkie przestępstwo

felt¹ /felt/ *v* czas przeszły i imiesłów bierny od FEEL

felt² *n* [U] filc

ˌfelt tip ˈpen także **ˈfelt tip** *BrE n* [C] pisak

fe·male¹ S3 W2 /ˈfiːmeɪl/ *adj* **1** płci żeńskiej, żeński: *a female monkey* | *female workers* (=robotnice) | *the female sex* (=płeć żeńska) **2** kobiecy: *female roles/qualities*

female² W3 *n* [C] **1** kobieta **2** samica

fem·i·nine /ˈfemɪnɪn/ *adj* **1** kobiecy: *Caroline likes wearing feminine clothes* **2** rodzaju żeńskiego: *feminine nouns* → porównaj MASCULINE

fem·i·nin·i·ty /ˌfeməˈnɪnəti/ *n* [U] kobiecość

fem·i·nis·m /ˈfemənɪzəm/ *n* [U] feminizm —**feminist** *adj* feministyczny: *a feminist writer* —**feminist** *n* feministka: *militant feminists*

fe·mur /ˈfiːmə/ *n* [C] *technical* kość udowa

fence¹ S3 /fens/ *n* [C] płot, ogrodzenie: *the garden fence*

fence² *v* [I] uprawiać szermierkę

fence sth ↔ in *phr v* [T] ogradzać

fence sb/sth ↔ off *phr v* [T] odgradzać: *We fenced off part of the field.*

fenc·ing /ˈfensɪŋ/ *n* [U] szermierka, fechtunek —**fencer** *n* [C] szermie-rz/rka

fend /fend/ *v* **fend for yourself** radzić sobie samemu: *Now that the kids are old enough to fend for themselves, we're free to travel more.*

fend sb/sth ↔ off *phr v* [T] **1** o/bronić się przed: *She managed to fend off her attacker.* **2** odpierać: *Henry did his best to fend off questions about his private life.*

fend·er /ˈfendə/ *n* [C] **1** *AmE* błotnik **2** *BrE* osłona kominka

fer·ment¹ /fəˈment/ *v* [I,T] fermentować —**fermentation** /ˌfɜːmenˈteɪʃən/ *n* [U] fermentacja

fer·ment² /ˈfɜːment/ *n* [U] ferment, wrzenie: *Russia was in a state of political ferment.*

fern /fɜːn/ *n* [C] paproć

fe·ro·cious /fəˈrəʊʃəs/ *adj* **1** groźny: *a ferocious-looking dog* **2** zawzięty: *a ferocious battle*

fe·ro·ci·ty /fəˈrɒsəti/ *n* [U] zawziętość: *Felipe was shocked by the ferocity of her anger.*

fer·ret¹ /ˈferɪt/ *v*

ferret sth ↔ out *phr v* [T] *informal* wyszperać, wywęszyć: *She finally managed to ferret out the details of the affair.*

ferret² *n* [C] fretka

fer·rous /ˈferəs/ *adj technical* zawierający żelazo: *ferrous metals*

fer·ry¹ /ˈferi/ *n* [C] prom

ferry² *v* [T] przewozić: *a bus that ferries tourists from the hotel to the beach*

fer·tile /ˈfɜːtaɪl/ *adj* **1** urodzajny, żyzny **2** płodny → antonim INFERTILE **3 fertile imagination** *often humorous* bujna wyobraźnia —**fertility** /fɜːˈtɪləti/ *n* [U] żyzność, płodność

fer·ti·lize /ˈfɜːtəlaɪz/ *także* **-ise** *BrE v* [T] **1** *technical* zapładniać: *a fertilized embryo* **2** nawozić —**fertilization** /ˌfɜːtəlaɪˈzeɪʃən/ *n* [U] zapłodnienie

fer·ti·liz·er /ˈfɜːtəlaɪzə/ *także* **-iser** *BrE n* [C,U] nawóz

fer·vent /ˈfɜːvənt/ *adj* żarliwy: *a fervent anti-communist*

fer·vour /ˈfɜːvə/ *BrE*, **fervor** *AmE n* [U] zapał, żarliwość: *religious fervour*

fest /fest/ *n AmE* festyn, impreza: *beer/song/food fest*

fes·ter /ˈfestə/ *v* [I] **1** zaogniać się: *Don't let these feelings of resentment fester.* **2** jątrzyć się, ropieć: *a festering wound*

fes·ti·val S3 W3 /ˈfestəvəl/ *n* [C] **1** święto: *The main Christian festivals are Christmas and Easter.* **2** festiwal: *the Cannes film festival*

fes·tive /ˈfestɪv/ *adj* świąteczny: *Christmas is often called 'the festive season'.*

fes·tiv·i·ty /feˈstɪvəti/ *n* **1 festivities** [plural] uroczystości: *wedding festivities* **2** [U] świętowanie: *The town enjoyed five days of festivities.*

fes·toon /feˈstuːn/ *v* [T] przystrajać, dekorować: *The streets were festooned with flags.*

fe·tal /ˈfiːtl/ amerykańska pisownia wyrazu FOETAL

fetch S3 /fetʃ/ *v* [T] **1** przynieść: *Quick, fetch the ladder.* | *The painting is expected to fetch over $1 million.* THESAURUS BRING **2** sprowadzić: *Can you go and fetch the doctor?*

fetch·ing /ˈfetʃɪŋ/ *adj* atrakcyjny: *She looks very fetching in that dress.*

fete /feɪt/ *n* kiermasz (dobroczynny)

fête¹ /feɪt/ *n* [C] **1** *BrE* festyn **2** *AmE* feta

fête² *v* [T] fetować: *The champions were fêted from coast to coast.*

fet·ish /ˈfetɪʃ/ *n* [C] **1** fetysz: *a leather fetish* **2** mania: *Suzie had a real fetish about* (=miała prawdziwego bzika na punkcie) *exercise.*

fe·tus /ˈfiːtəs/ amerykańska pisownia wyrazu FOETUS

feud /fjuːd/ *n* [C] waśń, spór: *a bitter feud between the two neighbours*

feud·al /ˈfjuːdl/ *adj* feudalny —**feudalism** *n* [U] feudalizm

fe·ver /ˈfiːvə/ *n* [C,U] gorączka: *Drink a lot of fluids, it'll help your fever go down.* | *election fever in Brazil* → patrz też HAY FEVER

UWAGA: fever i temperature

Kiedy ktoś ma podwyższoną temperaturę, mówimy *he has a temperature.* **Fever** to chorobowy stan charakteryzujący się bardzo wysoką gorączką: *He's in bed with a fever.*

fe·ver·ish /ˈfiːvərɪʃ/ *adj* **1** gorączkujący: *She looked hot and feverish.* **2** gorączkowy: *They worked at a feverish pace.* **3** rozgorączkowany

few S1 W1 /fjuː/ *quantifier* **1** niewiel-e/u, mało: *In the 1950s few people had televisions.* | **+of** *The people were friendly, but few of them spoke English.* | **very few** *Very few companies have women directors.* | **a few** (=kilka): *Let's wait a few minutes.* | *There are a few more things I'd like to talk about.* | **+of** *Why not invite a few of your friends?* | **the next few/the last few** *The next few days are going to be very busy.* **2 quite a few/a good few** całkiem sporo: *Quite a few people came to the meeting.* **3 be few and far between** rzadko się trafiać: *Good jobs are few and far between these days.*

UWAGA: few, a few, little i a little

Wyrazu **few** używa się z rzeczownikami policzalnymi w liczbie mnogiej w znaczeniu „mało, niewiele": *few things* | *Few people said they'd help.* Wyrażenie **a few** występuje z rzeczownikami policzalnymi w liczbie mnogiej w znaczeniu „kilka": *a few things* | A few people arrived late. Wyrazu **little** używa się z rzeczownikami niepoliczalnymi w znaczeniu „mało": *little water* | *There's usually little traffic early in the morning.* Wyrażenie **a little** występuje z rzeczownikami niepoliczalnymi w znaczeniu „trochę": *a little water* | *There was only a little ice cream left.*

UWAGA: fewer

Patrz **less** i **fewer**.

fi·an·cé /fiˈɒnseɪ/ *n* [C] narzeczony

fi·an·cée /fiˈɒnseɪ/ *n* [C] narzeczona

fi·as·co /fiˈæskəʊ/ *n* [C] (plural **fiascoes** or **fiascos**) fiasko: *The evening was a total fiasco from start to finish.*

fib /fɪb/ *n* [C] *informal* bujda: *You shouldn't tell fibs* (=bujać). *It's not nice.* —**fib** *v* [I] (**-bbed**, **-bbing**) bujać, zmyślać: *He's always fibbing.*

fi·bre /ˈfaɪbə/ *BrE*, **fiber** *AmE n* **1** włókno: *man-made fibre* **2** [U] błonnik: *The doctor said I need more fibre in my diet.*

fi·bre·glass /ˈfaɪbəglɑːs/ *BrE*, **fiberglass** *AmE n* [U] włókno szklane

ˌfibre ˈoptics *BrE*, **fiber optics** *AmE n* [U] technika światłowodowa, światłowody —**fibre optic** *adj* światłowodowy

fick·le /ˈfɪkəl/ *adj* zmienny, niestały: *Every politician knows that voters are fickle.* | *fickle weather*

fic·tion /ˈfɪkʃən/ *n* **1** [U] literatura, beletrystyka: *A. A. Milne was a popular writer of children's fiction.* → porównaj NONFICTION THESAURUS BOOK **2** [U singular] fikcja: *The story turned out to be a complete fiction.*

fic·tion·al /ˈfɪkʃənəl/ *adj* fikcyjny, książkowy: *fictional heroes*

fic·ti·tious /fɪkˈtɪʃəs/ *adj* fikcyjny, zmyślony: *He uses a fictitious name.*

fid·dle¹ /ˈfɪdl/ *v*
fiddle with sth *także* **fiddle around/about with sth** *phr v* [T] **1** bawić się czymś: *I wish he'd stop fiddling with his keys.* **2** majstrować przy czymś: *I spent hours fiddling with the radio trying to get the BBC.*

fiddle² *n* [C] skrzypce

fid·dler /ˈfɪdlə/ *n* [C] skrzyp-ek/aczka

fid·dly /ˈfɪdli/ *adj* fikuśny: *a fiddly little switch*

F

fi·del·i·ty /fɪˈdeləti/ *n* [U] *formal* wierność →antonim INFIDELITY

fid·get /ˈfɪdʒɪt/ *v* [I] wiercić się: *The children were fidgeting in their seats.* —**fidgety** *adj* niespokojny

field[1] S1 W1 /fiːld/ *n* [C] **1** pole: *fields of wheat* **2** boisko: *playing fields* **3** [C] dziedzina: *Professor Kramer is an expert in the field of radioastronomy.* **4 oil/coal field** zagłębie naftowe/węglowe **5 the field** stawka: **lead the field** (=przewodzić stawce): *They now lead the field* (=przodują) *in computer graphics.* **6 field of view/vision** pole widzenia **7 magnetic/gravitational field** pole magnetyczne/grawitacyjne **8 have a field day** używać sobie: *Any time there's a scandal in politics, the media have a field day with it.*

field[2] *v* [T] **1** łapać *(piłkę w baseballu i krykiecie)* **2 field a question** za/ripostować pytanie: *The Mayor fielded a lot of tricky questions from the reporters.*

field·er /ˈfiːldə/ *n* [C] łapacz *(w baseballu i krykiecie)*

ˈfield ˌhockey *n* [U] *AmE* hokej na trawie

ˈfield ˌmarshal *n* [C] feldmarszałek

ˈfield test *n* [C] próba w warunkach rzeczywistych *(nie w laboratorium)* —**field-test** *v* [T] testować w warunkach rzeczywistych

ˈfield trip *n* [C] wyprawa w teren: *a geography field trip*

field·work /ˈfiːldwɜːk/ *n* [U] badania terenowe: *I'll be doing archaeological fieldwork over the summer.*

fiend /fiːnd/ *n* [C] **1** potwór: *Sex fiend strikes again!* **2** pasjonat/ka: *a crossword fiend*

fiend·ish /ˈfiːndɪʃ/ *adj* **1** szatański: *a fiendish plot* **2** piekielnie trudny: *a fiendish puzzle*

fierce /fɪəs/ *adj* ostry: *fierce dogs* | *Competition for jobs is very fierce.* —**fiercely** *adv* ostro, zawzięcie

fi·er·y /ˈfaɪəri/ *adj* ognisty: *a fiery speech* | *She has a fiery temper.* | *a fiery sunset*

fi·es·ta /fiˈestə/ *n* [C] fiesta

fif·teen /ˌfɪfˈtiːn◂/ *number* piętnaście —**fifteenth** *number* piętnasty

fifth[1] /fɪfθ/ *number* piąty

fifth[2] *n* [C] jedna piąta

fif·ty /ˈfɪfti/ *number* **1** pięćdziesiąt **2 the fifties** lata pięćdziesiąte —**fiftieth** *number* pięćdziesiąty

ˌfifty-ˈfifty *adj, adv spoken* **1** po połowie: *I think we should divide the profits fifty-fifty.* **2 a fifty-fifty chance** pięćdziesiąt procent szans: *The operation has a fifty-fifty chance of success.*

fig /fɪg/ *n* [C] figa

fig. skrót pisany od FIGURE

fight[1] S1 W1 /faɪt/ *v* (**fought**, **fought**, **fighting**) **1** [I,T] bić się (z): *Two boys were fighting in the school playground.* **2** [I,T] walczyć (z): *My dad fought in Vietnam.* | *Bruno fought Tyson for the World Heavyweight Championship.* | **+for** (=po stronie): *He fought for the Russians.* | **fight a war/battle** (=toczyć wojnę/bitwę): *They were fighting a war of independence against a powerful enemy.* **3** [I,T] walczyć: **fight to do sth** *Local people have been fighting to save the school* (=walczą o uratowanie szkoły). | **fight for sth** *Women fought for the right to vote.* | **fight sth/fight against sth** (=walczyć z czymś): *He fought against racism all his life.* **4** [I] kłócić się: *They're always fighting – I don't know why they stay together.* | **+over/about** *Let's try not to fight over money.*

fight sb/sth ↔ off *phr v* [T] **1** odeprzeć: *They managed to fight off their attackers.* **2** zwalczyć: *I can't seem to fight off this cold.*

fight[2] S2 W3 *n* **1** [singular] walka: *Tyson lost the fight.* | **fight to do sth** *the fight to save* (=o uratowanie) *the rainforests* | **+for** *Mandela's fight for freedom* | **+against** *She lost her fight against cancer.* **2** [C] bójka: *He's always getting into fights at school.* **3** [C] bój: *the fight for Bunker Hill* **4** [C] kłótnia: **have a fight with sb** (=pokłócić się z kimś): *They've had a fight with the neighbours.*

fight·er /ˈfaɪtə/ *n* [C] **1** *także* **fighter plane** myśliwiec **2** bojowni-k/czka: *Serb fighters* →patrz też FIREFIGHTER

fight·ing /ˈfaɪtɪŋ/ *n* [U] walki: *There has been renewed fighting on the streets of the capital.*

fig·ment /ˈfɪgmənt/ *n* **a figment of sb's imagination** wytwór czyjejś wyobraźni: *All this nonsense about ghosts is just a figment of your imagination.*

fig·u·ra·tive /ˈfɪgjərətɪv/ *adj* przenośny: *'A mountain of debt' is a figurative phrase meaning a very large amount of debt.* —**figuratively** *adv* w przenośni →porównaj LITERAL

fig·ure[1] S1 W1 /ˈfɪgə/ *n* [C] **1** liczba: *I haven't got a head for figures.* **2** cyfra: *Write the amount in words and figures.* | **double figures** (=liczby dwucyfrowe): *Temperatures reached double figures - over 14°C.* **3** suma: *an estimated figure of $200 million* **4** figura: *She has a great figure.* **5** postać: *an important political figure* | *a sad, lonely figure* **6** sylwetka: *I could see a dark figure on the horizon.* **7** rycina, ilustracja **8** figura (geometryczna): *a six-sided figure*

figure[2] S1 W3 *v* **1** [I] figurować: *Marriage didn't really figure in their plans.* **2** [T] *AmE spoken* **figure that** dojść do wniosku, że: *I figured that it was time to leave.* **3 that figures/it figures** *spoken* to było do przewidzenia: *"I forgot to bring my checkbook again." "That figures."*
figure sth/sb ↔ out *phr v* [T] zrozumieć: *Detectives are still trying to figure out what happened.*

fig·ure·head /ˈfɪgəhed/ *n* [C] marionetkowy przywódca

ˌfigure of ˈspeech *n* [C] figura retoryczna: *When I said they'll be 'in the firing line', it was just a figure of speech - I meant they'll get blamed.*

ˈfigure ˌskating *n* [U] łyżwiarstwo figurowe

fil·a·ment /ˈfɪləmənt/ *n* [C] włókno *(żarówki)*

file[1] S1 W2 Ac /faɪl/ *n* [C] **1** kartoteka: *The school keeps files on each student.* **2** plik: *If you want to delete a file, just click on this icon.* **3** segregator: *He took a file down from the shelf.* **4 on file** w aktach: *We'll keep your application on file.* **5** pilnik →patrz też SINGLE FILE

file[2] S3 W3 Ac *v* **1** [T] katalogować, włączać do dokumentacji: *The letters are filed alphabetically.* **2** [I] iść gęsiego: *The jury filed into the courtroom.* **3** [I,T] *law* wnosić (sprawę): *Ted Danson's wife has filed for divorce.* **4** [T] s/piłować: *She sat filing her nails.*

fil·et /ˈfɪlɪt/ amerykańska pisownia wyrazu FILLET

fil·i·bus·ter /ˈfɪləbʌstə/ *n* [C] obstrukcja parlamentarna —**filibuster** *v* [I] stosować obstrukcję parlamentarną

ˈfiling ˌcabinet *także* **ˈfile ˌcabinet** *AmE n* [C] szafa na akta

fil·ings /ˈfaɪlɪŋz/ *n* [plural] opiłki

fill[1] S1 W1 /fɪl/ *v* **1** [I,T] *także* **fill up** napełniać (się), wypełniać (się), zapełniać (się): *Crowds of people soon filled the streets.* | **+with** *The trench was filling up with* *water.* | *He began filling the tank with water.* **2** [T] *także* **fill in** wypełniać: *Fill any cracks in the wall before you paint it.* | *teeth that need filling* **3** [T] wypełniać: *The smell of fresh bread filled the kitchen.* **4 fill a job/position** obsadzić stanowisko: *I'm sorry, but the position has already been filled.* **5 filled with joy/sadness** pełen radości/smutku

fill sth ↔ in *phr v* wypełnić: *He asked me to fill in a tax form.*

fill out *phr v* [T **fill** sth ↔ **out**] wypełnić: *You'll have to fill out a membership form before you can use the gym.*

fill up *phr v* [I,T **fill** sth ↔ **up**] zapełnić (się): *The train was starting to fill up.*

UWAGA: filled with i full of

Nie należy mylić wyrażeń **filled with** i **full of**. Kiedy coś jest pełne czegoś, po angielsku mówimy **full of sth**: *The kitchen was full of flies.* | *The kettle was full of boiling water.* Kiedy coś zawiera tyle czegoś, że nie ma miejsca na nic innego, mówimy **filled with**: *The front page is filled with the most important news items.* | *The streets were filled with cheering crowds.*

fill² *n* **have had your fill** mieć dość: *I've had my fill of screaming kids today!*

fil·let¹ /ˈfɪlɪt/ *v* [T] wy/filetować

fillet² *także* **filet** *AmE n* [C,U] filet

fill·ing¹ /ˈfɪlɪŋ/ *n* **1** [C] plomba, wypełnienie **2** [C,U] nadzienie: *apple pie filling*

filling² *adj* sycący

ˈfilling ˌstation *n* [C] stacja benzynowa

film¹ S1 W1 /fɪlm/ *n* **1** [C,U] film: *Have you seen any good films recently?* | *the film industry* | *35mm colour film* **2** [U singular] cienka warstwa, film: *a film of oil on the lake*

COLLOCATIONS: film

verbs

to watch a film *We were watching a film on TV.*

to see a film *I've seen all his films.*

to appear in a film *She once appeared in a film with Al Pacino.*

to star in a film (=grać jedną z głównych ról w filmie) *He starred in over 20 films.*

to make a film *She is currently making a film in the UK.*

to direct a film *The film was directed by Mike Nichols.*

to show a film *The film is being shown in cinemas all across the country.*

a film comes out *także* **a film is released** (=film wchodzi na ekrany) *The film is due to come out in May.*

a film is on (=grają film) *There's a good film on at the cinema.*

a film stars sb *The film starred Brad Pitt.*

types of film

a war/horror/science fiction etc film *They liked watching gangster films.*

a documentary film *She made a documentary film about her own family.*

a feature film (=pełnometrażowy) *This is the young director's first feature film.*

a cowboy film *John Wayne was best known for his roles in cowboy films.*

a silent film (=niemy) *a star of silent films*

film + noun

a film star *She looked like a film star.*

a film director *Scorsese is one of the world's most famous film directors.*

a film producer *British film producer Alexander Korda decided to make a movie about Vienna.*

a film crew (=ekipa) *A television film crew arrived.*

the film industry *This was a great time for the French film industry.*

a film company/studio *He headed a top Hollywood film studio.*

a film buff (=znaw-ca/czyni) *He is a passionate film buff.*

film² *v* **1** [T] na/kręcić: *The movie was filmed in China.* **2** [I] filmować, kręcić →porównaj RECORD²

ˈfilm-ˌmaker *n* [C] filmowiec

ˈfilm star *n* [C] gwiazda filmowa

film·y /ˈfɪlmi/ *adj* cieniutki, zwiewny: *a filmy nightgown*

fil·ter¹ /ˈfɪltə/ *n* [C] filtr: *a water filter*

filter² *v* **1** [T] prze/filtrować: *filtered drinking water* **2** [I] przeciekać: *The news slowly filtered through to everyone in the office.*

filth /fɪlθ/ *n* [U] **1** brud: *Wash that filth off your shoes.* **2** świństwa

filth·y S3 /ˈfɪlθi/ *adj* **1** bardzo brudny: *Doesn't he ever wash that jacket? It's filthy.* **2** plugawy: *filthy language*

fin /fɪn/ *n* [C] **1** płetwa **2** statecznik pionowy

fi·nal¹ S1 W1 Ac /ˈfaɪnl/ *adj* **1** [only before noun] ostatni, końcowy: *the final chapter of the book* THESAURUS LAST **2** ostateczny: *Is that your final decision?*

final² Ac *n* [C] finał: *the World Cup Final* | **the finals** *the finals of the NBA championship*

fi·na·le /fɪˈnɑːli/ *n* [C] finał: *the grand finale*

fi·nal·ist /ˈfaɪnəlɪst/ *n* [C] finalist-a/ka

fi·nal·i·ty Ac /faɪˈnæləti/ *n* [U] nieodwracalność, nieodwołalność: *the finality of death*

fi·nal·ize Ac /ˈfaɪnəlaɪz/ *także* **-ise** *BrE v* [T] s/finalizować: *Can we finalize the details of the deal tomorrow morning?*

fi·nal·ly S2 W1 Ac /ˈfaɪnəli/ *adv* **1** w końcu: *After several delays, the plane finally took off at 6:00.* **2** na koniec: *And finally, I'd like to thank my teachers.* **3** ostatecznie: *It's not finally settled yet.*

THESAURUS: finally

finally w końcu: *The train finally arrived and we all got on.*

eventually w końcu *(po długim oczekiwaniu)*: *Eventually, the lights came back on again.*

in the end w końcu *(używa się zwłaszcza w mowie)*: *He answered his phone in the end.*

at last wreszcie: *At last the sun came out and we went for a swim.* | *I'm glad he's found a job at last.*

fi·nals /ˈfaɪnlz/ *n* [plural] egzaminy końcowe THESAURUS TEST

fi·nance¹ S3 W2 Ac /ˈfaɪnæns/ *n* **1** [U] finanse: *the finance department* **2** [U] środki finansowe: *How will you get the finance to start your business?* **3 finances** [plural] fundusze: *The school's finances are limited.*

F

finance² W3 Ac *v* [T] s/finansować: *publicly financed services*

fi·nan·cial S2 W1 Ac /fəˈnænʃəl/ *adj* finansowy: *a financial adviser | financial aid* —**financially** *adv* finansowo

fi·nan·cier Ac /fəˈnænsɪə/ *n* [C] finansist-a/ka

finch /fɪntʃ/ *n* [C] zięba

find¹ S1 W1 /faɪnd/ *v* [T] (**found**, **found**, **finding**) **1** znajdować: *I can't find my keys. | Scientists are still trying to find a cure for AIDS. | She found $100 in the street. | When do you find the time to read?* | **find sb sth** *I think we can find you a job.* | **find sb doing sth** *When the police arrived, they found him lying* (=znaleźli go leżącego) *on the floor.* **2 find that** odkryć, że: *Michael woke up to find that* (=obudził się i odkrył, że) *the bedroom was flooded. | I soon found that it was quicker to go by bus.* **3** uważać za: *I don't find his jokes at all funny.* | **find it hard/easy to do sth** *I found it hard to understand her* (=trudno mi było ją zrozumieć). **4 be found somewhere** występować gdzieś: *a type of cactus that is found only in Arizona* **5 find your way** trafić: *Can you find your way, or do you need a map?* **6 find yourself somewhere** znaleźć się gdzieś: *Suddenly I found myself back at the hotel.* **7 find sb guilty/not guilty** *law* uznać kogoś za winnego/niewinnego **8 find fault with** czepiać się: *The teacher would always find fault with my work.* **9 find your feet** po/czuć się pewnie: *Matt's only been at the school two weeks and he hasn't found his feet yet.*

find out *phr v* **1** [I,T **find** sth ↔ **out**] dowiedzieć się: *We never found out her name* (=nigdy nie dowiedzieliśmy się, jak się nazywała). | **+what/how/where etc** *He hurried off to find out what the problem was.* | **+about** *If Dad finds out about this, he'll go crazy.* **2** [T **find** sb **out**] *informal* nakryć, zdemaskować: *What happens if we're found out?*

THESAURUS: find

find znaleźć: *Have you found your passport yet? | They later found the knife hidden in some bushes.*

discover odkryć: *Scientists may have discovered a new planet.*

detect wykryć: *The equipment can detect tiny changes in body temperature.*

come across sth natrafić na coś: *I came across some old photos of our house.*

track sb/sth down wytropić kogoś/coś: *He promised they would track down the terrorists. | I'm trying to track down a book I need.*

locate *formal* zlokalizować: *They finally managed to locate the plane.*

find² *n* [C] odkrycie: *That little Greek restaurant was a real find.*

find·ings /ˈfaɪndɪŋz/ *n* [plural] wnioski, ustalenia: *The Commission's findings are presented in a report.*

fine¹ S1 W1 /faɪn/ *adj* **1** świetny, znakomity: *fine wine | a fine performance by William Hurt* THESAURUS GOOD **2** cienki: *a fine layer of dust* **3** drobny: *fine rain* **4** subtelny, szczegółowy: *I didn't understand some of the finer points in the argument.* **5 sth/sb will/would be fine** *spoken* może być coś/ktoś: *"What do you want for lunch?" "A sandwich would be fine."* **6** *spoken* dobrze: *"How are you?" "I'm fine, thanks."* **7** ładny: *fine weather* **8 it's fine (by me)** *spoken* dobrze: *"How about seeing a film?" "That's fine by me."*

fine² S3 *adv spoken* świetnie: *"How's everything going?" "Fine." | The car's working fine now.*

fine³ *n* [C] mandat, grzywna: *a parking fine* THESAURUS PUNISHMENT

fine⁴ *v* [T] u/karać mandatem: **fine sb for sth** *He was fined $50 for speeding.*

fine·ly /ˈfaɪnli/ *adv* **1** drobno: *finely chopped onion* **2** precyzyjnie: *finely tuned instruments*

ˌfine ˈprint *n* [U] drobny druk

fi·nesse /fəˈnes/ *n* [U] finezja

fin·ger¹ S2 W2 /ˈfɪŋgə/ *n* **1** [C] palec **2 keep your fingers crossed** *spoken* trzymać kciuki: *I had a job interview today. I'm just keeping my fingers crossed!* **3 not lift a finger** *spoken* nie ruszyć palcem: *I do all the work – Frank never lifts a finger.* **4 I can't put my finger on it** trudno to sprecyzować: *There's something strange about him, but I can't put my finger on it.*

finger² *v* [T] dotykać palcami

fin·ger·nail /ˈfɪŋgəneɪl/ *n* [C] paznokieć

fin·ger·print /ˈfɪŋgəˌprɪnt/ *n* [C] odcisk palca

fin·ger·tip /ˈfɪŋgəˌtɪp/ *n* **1** [C] koniuszek palca **2 have sth at your fingertips** mieć coś w małym palcu: *Ask David – he has all the information at his fingertips.*

fin·i·cky /ˈfɪnɪki/ *adj* wybredny: *a finicky eater*

fin·ish¹ S1 W2 /ˈfɪnɪʃ/ *v* **1** [I,T] s/kończyć (się): *Have you finished your homework? | What time does the concert finish?* | **finish doing sth** *Let me just finish typing this report.* →antonim START¹ THESAURUS END **2** [T] dokończyć: *Finish your breakfast before it gets cold, Tom.* **3 finish second/third** zająć drugie/trzecie miejsce

finish off *phr v* [T **finish** sth ↔ **off**] dokończyć: *I've done most of the work – I'll finish it off tomorrow. | Who finished off the cake?*

finish up *phr v* **1** [T **finish** sth ↔ **up**] dokończyć: *Why don't you finish up the pie?* **2** [I] *BrE* znaleźć się: *We finished up in Rome after a three-week tour.*

finish with sb/sth *phr v* [T] **1 have finished with sth** *BrE także* **be finished with sth** *especially AmE* już nie potrzebować czegoś: *Have you finished with the scissors?* **2** *BrE* zrywać z: *He's finished with Elise after all these years.*

finish² S3 *n* **1** [singular] końcówka, finisz: **close finish** *It was a close finish* (=końcówka była wyrównana) *but Jarrett won.* **2** [C] wykończenie: *a table with a glossy finish*

fin·ished /ˈfɪnɪʃt/ *adj* **1** [only before noun] końcowy: *the finished product* **2 be finished** *spoken* skończyć: *Wait, I'm not quite finished* (=jeszcze nie skończyłem). **3** [not before noun] skończony: *If the bank doesn't lend us the money, we're finished.*

fi·nite Ac /ˈfaɪnaɪt/ *adj* skończony, ograniczony: *Earth's finite resources*

Fin·land /ˈfɪnlənd/ *n* Finlandia —**Finn** /fɪn/ *n* Fin/ka —**Finnish** /ˈfɪnɪʃ/ *adj* fiński

fir /fɜː/ *także* **fir·tree** /ˈfɜːtriː/ *n* [C] jodła

fire¹ S1 W1 /faɪə/ *n* **1** [C,U] ogień: *Fire destroyed part of the building. | enemy fire | The soldiers opened fire.* | **be on fire** (=palić się): *The house is on fire!* | **catch fire** (=zapalać się): *Two farmworkers died when a barn caught fire.* | **set sth on fire/set fire to sth** (=podpalać coś): *An angry crowd set fire to stores.* **2** [C,U] pożar: *forest fires* | **put out a fire** (=u/gasić pożar): *It took firefighters two days to put out the fire.* **3** [C] ognisko: *a camp fire* **4** [C] *BrE* grzejnik: *Could you turn the fire on, please?*

fire² S3 W3 *v* **1** [I,T] strzelać: *The guns were firing all night.* **2** [T] wylewać (z pracy): *The boss threatened to fire anyone who was late.* **3** *także* **fire up** [T] rozpalać: *exciting stories that fired our imagination* **4 fire questions (at)**

F

zasypywać pytaniami: *The reporters fired non-stop questions at him.*

'fire a,larm *n* [C] alarm pożarowy

fire·arm /'faɪərɑːm/ *n* [C] *formal* broń palna

'fire bri,gade *BrE*, **'fire de,partment** *AmE n* [C] straż pożarna

'fire ,engine *n* [C] wóz strażacki

'fire es,cape *n* [C] schody pożarowe

'fire ex,tinguisher *n* [C] gaśnica

fire·fight·er /'faɪə,faɪtə/ *n* [C] straża-k/czka

'fire ,hydrant *n* [C] hydrant pożarowy

fire·man /'faɪəmən/ *n* [C] (plural **firemen** /-mən/) strażak

fire·place /'faɪəpleɪs/ *n* [C] kominek

fire·proof /'faɪəpruːf/ *adj* ogniotrwały: *a fireproof door*

'fire ,service *n* [C] straż pożarna

fire·side /'faɪəsaɪd/ *n* [singular] **by the fireside** przy kominku: *sitting by the fireside*

'fire ,station *n* [C] posterunek straży pożarnej

'fire truck *n* [C] *AmE* wóz strażacki

fire·wall /'faɪəwɔːl/ *n* [C] zapora sieciowa

fire·wood /'faɪəwʊd/ *n* [U] drewno opałowe

fire·works /'faɪəwɜːks/ *n* [plural] fajerwerki, sztuczne ognie: *a Fourth of July fireworks display*

'firing squad *n* [C] pluton egzekucyjny

firm[1] S3 W2 /fɜːm/ *adj* **1** twardy: *a bed with a firm mattress | Choose the firmest tomatoes.* THESAURUS HARD **2** [only before noun] wiążący: *No firm decision has been reached.* **3** stanowczy: **+with** *You need to be firm with children.* **4 a firm grip/grasp/hold** mocny uścisk: *Roger took her hand in his firm grip.* **—firmly** *adv* mocno, stanowczo **—firmness** *n* [U] stanowczość

firm[2] S1 W1 *n* [C] przedsiębiorstwo, firma: *an engineering firm* THESAURUS COMPANY

first[1] /fɜːst/ *number, pron, adj* **1** pierwszy: *the first name on the list | My sister said I'd be the first to get married. | Welles made his first film at the age of 25. | Is this the first time you've been to England? |* **come/finish first** (=zająć pierwsze miejsce): *Jane came first in the 100 metres race.* **2 first prize** pierwsza nagroda **3 at first** z początku: *At first he seemed very strict, but now I really like him.* **4 in the first place a)** po pierwsze: *Quinn couldn't have committed the crime. In the first place he's not a violent man.* **b)** na samym początku: *If you'd done the right thing in the first place, we wouldn't have problems now.* **5** najważniejszy: *Our first priority must be to restore peace. |* **come first** (=być najważniejszym): *Ron's kids always come first.* **6 first thing** z samego rana: *I'll call you first thing tomorrow, okay?* THESAURUS EARLY **7 at first glance/sight** na pierwszy rzut oka: *At first glance there didn't seem to be much wrong with her.*

first[2] S1 W2 *adv* **1** najpierw: *I always read the sports page first. | Do your homework first, then you can go out.* **2** po raz pierwszy: *We first met back in 1967.* **3 first/first of all** po pierwsze, przede wszystkim: *First, I'd like to thank everyone for coming. | First of all, let's get all the equipment together.*

,first 'aid *n* [U] pierwsza pomoc

,first-'class *adj* **1** pierwszorzędny: *Eric has proved himself a first-class performer.* **2** pierwszej klasy: *two first-class tickets* **—first-class** *adv* pierwszą klasą: *passengers travelling first-class*

,first 'floor *n* [singular] **1** *BrE* pierwsze piętro **2** *AmE* parter → porównaj GROUND FLOOR

first·hand /,fɜːst'hænd◂/ *adj* bezpośredni, z pierwszej ręki: *officers with firsthand experience of tank warfare* **—firsthand** *adv*: *suffering that I have seen firsthand* (=na własne oczy)

,first 'lady *n* [C] pierwsza dama

first·ly S3 /'fɜːstli/ *adv* po pierwsze: *The building is unsuitable, firstly because it is too small, and secondly because it is in the wrong place.*

'first name *n* [C] imię: *My teacher's first name is Caroline.* → porównaj LAST NAME, MIDDLE NAME

,first 'person *n* [singular] **the first person** pierwsza osoba *(forma odmiany czasownika)*

,first-'rate *adj* pierwszorzędny: *a first-rate performance*

fis·cal /'fɪskəl/ *adj* fiskalny: *the city's fiscal policies*

fiscal year /,fɪskəl 'jɪə/ *n* rok budżetowy

fish[1] S1 W1 /fɪʃ/ *n* (plural **fish** or **fishes**) [C,U] ryba: *How many fish did you catch? | We had fish for dinner.*

fish[2] S3 *v* [I] łowić ryby, wędkować: **+for** *Dad's fishing for salmon.*
fish sth ↔ out *phr v* [T] wyjąć, wyłowić: *Sally opened her briefcase and fished out a small card.*

fish·er·man /'fɪʃəmən/ *n* [C] (plural **fishermen** /-mən/) rybak, wędkarz

fish·ing S3 /'fɪʃɪŋ/ *n* [U] rybołówstwo, wędkarstwo: **go fishing** (=iść na ryby): *Do you want to go fishing?*

'fishing rod *także* **'fishing pole** *AmE n* [C] wędka

fish·mon·ger /'fɪʃ,mʌŋgə/ *n* [C] *especially BrE* **1** sprzedaw-ca/czyni ryb **2 fishmonger's** sklep rybny

fish·y /'fɪʃi/ *adj informal* podejrzany: *There's something fishy about this business.*

fist /fɪst/ *n* [C] pięść: *She shook her fist angrily.*

fit[1] S1 W2 /fɪt/ *v* (**fitted**, **fitted**, **fitting** *także* **fit**, **fit**, **fitting** *AmE*) **1** [I,T] pasować (na): *I wonder if my wedding dress still fits me? | This lid doesn't fit very well.* **2** [I,T] za/montować: **fit sth on/in etc** *We're having new locks fitted on all the main doors.* **3** [I,T] z/mieścić (się): *Will the cases fit in the back of your car? | I can't fit anything else into this suitcase.* **4** [T] pasować do: *The music fits the words perfectly.*
fit in *phr v* **1** [I] dostosowywać się: *The new student had a hard time fitting in.* **2** [T **fit** sb/sth ↔ **in**] znajdować czas dla/na: *Dr. Tyler can fit you in on Monday at 3:30.*

UWAGA: fit, suit i match (lub go with)

fit = (o odzieży, butach, biżuterii itp.) „pasować, mieć odpowiedni rozmiar lub kształt": *These trousers don't fit me any more. | The next size up should fit.* **suit** = „odpowiadać (komuś)": *Try to choose a career that suits you. | You should buy a dictionary that suits your needs, not just any one,* oraz „odpowiadać stylem lub kolorystycznie": *That dress really suits you* (=w tej sukience jest ci naprawdę do twarzy). **match** (lub **go with**) = (o odzieży, ozdobach itp.) „pasować do (siebie)": *I can't wear blue shoes with a black shirt – they don't match. | We chose a dark green carpet to go with our yellow curtains.*

F

fit[2] S2 W3 *adj* (**-tter**, **-ttest**) **1** odpowiedni: *After the party he was not in a fit state to drive.* **2** *especially BrE* w formie: *Jogging helps me keep fit.* THESAURUS HEALTHY →antonim UNFIT **3 see/think fit to do sth** uznać za stosowne coś zrobić: *Do whatever you think fit.*

fit[3] *n* **1 have/throw a fit** *informal* dostać szału: *Dad's going to have a fit when he sees what you've done.* **2** [C] napad, atak: *a coughing fit | a fit of rage | an epileptic fit* **3 be a good/perfect fit** dobrze/doskonale leżeć: *The skirt's a perfect fit.*

fit·ful /ˈfɪtfəl/ *adj* nieregularny: *Thunder woke her out of a fitful sleep* (=z niespokojnego snu).

fit·ness /ˈfɪtnəs/ *n* [U] sprawność fizyczna, kondycja: *exercises to improve physical fitness*

fit·ted /ˈfɪtɪd/ *adj* **1 be fitted with** mieć zamontowany: *The car is fitted with an electronic alarm system.* **2** [only before noun] *BrE* na wymiar: *fitted cupboards*

fit·ting /ˈfɪtɪŋ/ *adj formal* stosowny: *The music was a fitting end to this impressive ceremony.*

ˈfitting room *n* przymierzalnia

fit·tings /ˈfɪtɪŋz/ *n* [plural] *especially BrE* **1** armatura: *a sink with chrome fittings* **2** wyposażenie: *The price of the house includes standard fittings.*

five /faɪv/ *number* pięć

fiv·er /ˈfaɪvə/ *n* [C] *BrE informal* banknot pięciofuntowy

fix[1] S2 W2 /fɪks/ *v* [T] **1** naprawiać: *Do you know anyone who can fix the sewing machine?* THESAURUS REPAIR **2** ustalać: *We haven't fixed a day for the party yet.* **3** przy/mocować: *We fixed the shelves to the wall using screws.* **4** przygotowywać: *Can you set the table while I finish fixing dinner?* **5** *especially AmE* poprawiać, doprowadzać do porządku: *Let me fix my hair before we go.* **6** s/fingować: *If you ask me, the whole election was fixed.*
fix up *phr v* **1** [I,T **fix** sth ↔ **up**] *BrE* z/organizować: *They'd already fixed up to go to Majorca.* **2** [T **fix** sth ↔ **up**] odnawiać: *We're trying to get the house fixed up before my parents come to visit.* THESAURUS REPAIR **3 fix sb up with sth** *BrE* załatwić komuś coś: *Can you fix me up with a bed for the night?*

fix[2] *n* **1 be in a fix** być w tarapatach: *We're going to be in a real fix if we miss the last bus.* **2 quick fix** prosty sposób: *There is no quick fix to defeat terrorism.*

fix·a·tion /fɪkˈseɪʃən/ *n* [C] mania, obsesja: *Brian has a fixation with guns.* —**fixated** *adj* **be fixated on sth** mieć bzika na punkcie czegoś

fixed S3 W3 /fɪkst/ *adj* **1** ustalony: *The date of the exam is fixed now.* **2** przymocowany: *The table is fixed to the wall.*

fix·ed·ly /ˈfɪksɪdli/ *adv* uporczywie, obsesyjnie: *As he talked, he was staring fixedly at her.*

fix·ture /ˈfɪkstʃə/ *n* [C usually plural] element instalacji: *bathroom fixtures*

fizz /fɪz/ *n* [singular] **1** gaz *(w napojach musujących)*: *The mineral water has lost its fizz.* **2** syk —**fizz** *v* [I] musować, syczeć

fiz·zle /ˈfɪzəl/ *v*
fizzle out *phr v* [I] wypalać się: *Their romance just fizzled out.*

fiz·zy /ˈfɪzi/ *adj* musujący, gazowany: *fizzy drinks*

fjord /ˈfiːɔːd/ *n* [C] fiord

flab /flæb/ *n* [U] *informal* fałdy tłuszczu: *I need to get rid of some of this flab!*

flab·ber·gas·ted /ˈflæbəgɑːstɪd/ *adj informal* osłupiały

flab·by /ˈflæbi/ *adj* sflaczały: *I'm getting all flabby since I stopped swimming.*

flag[1] /flæg/ *n* [C] flaga: *The crowd was cheering and waving flags. | the American flag*

flag[2] *v* [I] (**-gged**, **-gging**) opadać z sił: *By ten o'clock everyone was beginning to flag.*
flag sb/sth ↔ down *phr v* [T] zatrzymać *(samochód, machając)*: *Rhoda flagged down a cab.* —**flagging** *adj* słabnący: *flagging interest*

flag·pole /ˈflægpəʊl/ *n* [C] maszt

fla·grant /ˈfleɪgrənt/ *adj* rażący: *a flagrant abuse of authority*

flag·ship /ˈflægʃɪp/ *n* [C] **1** okręt flagowy **2** sztandarowy produkt: *the flagship of the new Ford range*

flail /fleɪl/ *v* [I,T] wymachiwać: *She slipped on the icy road, arms and legs flailing.*

flair /fleə/ *n* **1** [singular] smykałka: *Carla's always had a flair for languages.* **2** [U] polot: *Bates' advertising campaigns showed flair and imagination.*

flak /flæk/ *n* [U] *informal* ostra krytyka: *Melissa knew she'd get a lot of flak for dating her boss.*

flake[1] /fleɪk/ *n* [C] płatek: *Flakes of paint fell from the ceiling.* —**flaky** *adj* złuszczający się

flake[2] *v* [I] z/łuszczyć się: *The paint on the door is starting to flake off.*

flam·boy·ant /flæmˈbɔɪənt/ *adj* **1** ekstrawagancki: *a flamboyant stage personality* **2** krzykliwy: *a flamboyant purple suit*

flame[1] /fleɪm/ *n* **1** [C,U] płomień: *a candle flame* **2 in flames** w płomieniach: *By the time the firemen arrived, the house was in flames.*

flame[2] *v* [T] wysyłać obraźliwe listy *(pocztą elektroniczną)*

fla·men·co /fləˈmeŋkəʊ/ *n* [C,U] flamenco

flam·ing /ˈfleɪmɪŋ/ *adj* [only before noun] **1** płonący: *flaming torches | flaming red* (=płomiennie rude) *hair* **2** *spoken informal* cholerny: *I wish that flaming dog would stop barking!*

fla·min·go /fləˈmɪŋgəʊ/ *n* [C] flaming

flam·ma·ble /ˈflæməbəl/ *adj* łatwopalny →antonim NONFLAMMABLE, →porównaj INFLAMMABLE

flan /flæn/ *n* [C] tarta *(np. z serem lub z owocami)*

flank[1] /flæŋk/ *n* [C] **1** bok *(człowieka, zwierzęcia)* **2** skrzydło, flanka: *The enemy attacked on the left flank.*

flank[2] *v* **be flanked by sb/sth** mieć kogoś/coś u boku/po bokach: *a marble entrance flanked by fountains* (=z fontannami po bokach)

flan·nel /ˈflænl/ *n* **1** [U] flanela: *a flannel nightgown* **2** [C] *BrE* myjka

flap[1] /flæp/ *n* [C] klap(k)a: *a cap with flaps to cover the ears | We crept under the flap of the tent.*

flap[2] *v* (**-pped**, **-pping**) **1** [T] machać: *The bird flapped its wings.* **2** [I] łopotać: *The ship's sails flapped in the wind.* **3** [I] *BrE informal* panikować: *There's no need to flap.*

flare[1] /fleə/ *także* **flare up** *v* **1** [I] rozbłyskać: *Lightning* *flared and flickered.* **2** [I] wybuchać: *Violence has flared up again in the region.*

flare² *n* [C] raca

flared /fleəd/ *adj* rozszerzany: *flared trousers*

ˈflare-up *n* [C] zaostrzenie się *(gniewu, konfliktu, choroby)*: *an angry flare-up which brought renewed fighting*

flash¹ S3 /flæʃ/ *v* **1** [I,T] błyskać, migać: *Why is that driver flashing his headlights?* **2** [I] **flash by/past/through** przemknąć obok/przez: *A police car flashed by, sirens wailing.* | *A sudden thought flashed through my mind.* **3 flash a smile/glance/look** posłać uśmiech/spojrzenie

flash² *n* **1** [C] błysk: *a flash of lightning* **2** [C] przypływ: *a flash of inspiration* **3** [C,U] lampa błyskowa, flesz **4 in a flash/like a flash** w mgnieniu oka: *Wait right here. I'll be back in a flash.*

flash·back /ˈflæʃbæk/ *n* [C] retrospekcja: *The events of his childhood are shown in a flashback.*

ˈflash drive *n* pamięć USB, pendrive

ˌflash ˈflood *n* nagła powódź

flash·light /ˈflæʃlaɪt/ *n* [C] *AmE* latarka

flash·y /ˈflæʃi/ *adj* krzykliwy: *flashy clothes*

flask /flɑːsk/ *n* [C] **1** piersiówka **2** *BrE* termos **3** kolba *(laboratoryjna)*

flat¹ S2 W2 /flæt/ *adj* (**-tter**, **-ttest**) **1** płaski: *lay the paper on a flat surface* | *the flat landscape of Holland* | *flat shoes* **2** bez powietrza: *a flat tyre* **3** zwietrzały: *flat beer* **4** *BrE* rozładowany: *flat batteries* **5 E flat** es *(dźwięk)* **6** obniżony o półton →porównaj SHARP¹ **7** bezbarwny, nudny: *Life seems very flat since you left.* **8 flat rate/fee** ryczałtowa stawka/opłata: *They charge a flat rate for delivery.*

flat² S2 W3 *n* [C] *BrE* mieszkanie: *They live in a flat just off Russell Square.* | **a block of flats** (=blok mieszkalny) THESAURUS HOUSE

flat³ *adv* **1** płasko: **lie flat** (=leżeć na plecach): *Lie flat on the floor and bend your knees.* **2 in 10 seconds/two minutes flat** *informal* dokładnie w 10 sekund/dwie minuty: *I was dressed and out of the house in ten minutes flat.* **3 flat out a)** *spoken* na pełnych obrotach: *We've been working flat out to get everything ready.* **b)** *AmE spoken* stanowczo: *Dean flat out refused to go.*

flat·ly /ˈflætli/ *adv* **flatly refuse/deny** stanowczo odmawiać/zaprzeczać: *She flatly refused to tell us where he was.*

flat·mate /ˈflætmeɪt/ *n* [C] *BrE* współlokator/ka

flats /flæts/ *n* [plural] nizina: *mud flats*

flatscreen /ˈflætskriːn/ *adj* płaskoekranowy

ˈflat screen *n* płaski ekran

flat·ten /ˈflætn/ *v* [I,T] spłaszczać (się), zgniatać (się): *She flattened the cardboard boxes before throwing them away.*

flat·ter /ˈflætə/ *v* [T] **1** schlebiać, pochlebiać: *I know I'm not beautiful, so don't try to flatter me!* **2 sb is/feels flattered** komuś pochlebia: *I felt very flattered to be offered such an important job.* **3** być korzystnym dla: *She wore a dress that flattered her plump figure.* **4 flatter yourself** szczycić się: *I flatter myself that I know a good wine when I taste one.* —**flatterer** *n* [C] pochlebca —**flattering** *adj* twarzowy: *a flattering photograph* (=udane zdjęcie)

flat·ter·y /ˈflætəri/ *n* [U] pochlebstwo: *She uses flattery to get what she wants.*

flaunt /flɔːnt/ *v* [T] obnosić się z, afiszować się z: *Pam was flaunting her diamonds at Jake's party.*

flau·tist /ˈflɔːtɪst/ *n* [C] *BrE* flecist-a/ka

fla·vour¹ /ˈfleɪvə/ *BrE*, **flavor** *AmE n* **1** [C,U] smak: *Which flavour do you want – chocolate or vanilla?* | *For extra flavour, add some red wine.* **2 orange-flavoured/chocolate-flavoured** o smaku pomarańczowym/czekoladowym: *almond-flavoured cookies* **3** [singular] koloryt, atmosfera: *San Francisco has a very European flavour.*

flavour² *BrE*, **flavor** *AmE v* [T] przyprawiać: *The rice is flavoured with onion.*

fla·vour·ing /ˈfleɪvərɪŋ/ *BrE*, **flavoring** *AmE n* [C,U] dodatek smakowy

flaw /flɔː/ *n* [C] wada, skaza: *The cups have a small flaw in the pattern.*

flawed /flɔːd/ *adj* wadliwy: *a flawed experiment*

flaw·less /ˈflɔːləs/ *adj* bez skazy, bezbłędny: *Burton's flawless performance as Hamlet*

flea /fliː/ *n* [C] pchła

ˈflea ˌmarket *n* [C] pchli targ

fleck /flek/ *n* [C] plamka: *The bird is dark brown with flecks of yellow.*

flecked /flekt/ *adj* nakrapiany: *large red flowers flecked with white*

fledg·ling /ˈfledʒlɪŋ/ *adj* nowopowstały, rodzący się: *a fledgling democracy*

flee /fliː/ *v* [I,T] (**fled** /fled/, **fled**, **fleeing**) uciekać (z): *The president was forced to flee the country after the revolution.*

fleece¹ /fliːs/ *n* **1** [C,U] runo, wełna **2** [U] miękka tkanina podszewkowa z meszkiem —**fleecy** *adj* wełnisty

fleece² *v* [T] *informal* oskubać *(z pieniędzy)*

fleet /fliːt/ *n* [C] flota

fleet·ing /ˈfliːtɪŋ/ *adj* przelotny: *a fleeting glance*

flesh¹ W3 /fleʃ/ *n* [U] **1** ciało **2** miąższ **3 in the flesh** we własnej osobie: *He's even more handsome in the flesh* (=na żywo) *than on television.* **4 your own flesh and blood** członek własnej rodziny: *What a shocking way to treat your own flesh and blood!*

flesh² *v*
flesh sth ↔ out *phr v* [T] rozwijać: *Try to flesh out your essay with a few more examples.*

flesh·y /ˈfleʃi/ *adj* mięsisty: *the fleshy part of your hand*

flew /fluː/ czas przeszły od FLY

flex¹ /fleks/ *v* [T] napinać: *The runners flexed their muscles.*

flex² *n* [C,U] *BrE* przewód elektryczny

flex·i·ble AC /ˈfleksəbəl/ *adj* **1** elastyczny: *flexible working hours* (=ruchomy czas pracy) →antonim INFLEXIBLE **2** giętki: *shoes with flexible rubber soles* —**flexibility** /ˌfleksəˈbɪləti/ *n* [U] elastyczność, giętkość

flick /flɪk/ *v* [T] **1** strzepywać: **flick sth from/off etc** *Barry flicked the ash from his cigarette.* **2** *especially BrE* pstrykać: *Sandra flicked on the light.*
flick through sth *phr v* [T] *BrE* prze/kartkować: *I flicked through the journal looking for his article.*

flick·er[1] /ˈflɪkə/ *v* [I] za/migotać: *flickering candles*

flicker[2] *n* [singular] migotanie: *the flicker of the old gas lamp*

fli·er /ˈflaɪə/ [C] alternatywna pisownia wyrazu FLYER

flies /flaɪz/ *n* [plural] *BrE* rozporek

flight S3 W2 /flaɪt/ *n* **1** [C,U] lot: *What time is the next flight to Miami? | BA flight 242 |* **in flight** *a bird in flight* THESAURUS JOURNEY **2 flight of stairs/steps** kondygnacja: *She fell down a whole flight of stairs.* **3** [U] ucieczka: *the flight of refugees from the war zone*

COLLOCATIONS: flight

verbs

to book a flight (=z/robić rezerwację) *You can book flights online.*

to get a flight *I'll try to get a flight home tomorrow.*

to catch/take a flight *He planned to catch the 6 pm flight back to Munich.*

to board a flight (=wsiadać do samolotu) *We had to wait for a couple of hours before boarding our flight.*

to miss a flight *Hurry, or you'll miss your flight.*

a flight is cancelled/delayed *All flights have been cancelled because of fog.*

adjectives

a good/smooth flight *Did you have a good flight?*

a long/short flight *It's only a short flight from here.*

a long-haul flight (=dalekiego zasięgu) *a long-haul flight to Australia*

a direct flight (=bezpośredni) *I couldn't get a direct flight to Cairo.*

an international flight *All international flights have been cancelled.*

a domestic/internal flight (=krajowy) *The plane was on a domestic flight.*

a scheduled flight (=rejsowy) *There are scheduled flights between the islands.*

a charter flight *The company operates charter flights to Crete.*

flight + noun

the flight number *The flight number is displayed on the boards.*

the flight time *The flight time is three hours and fifteen minutes.*

ˈflight atˌtendant *n* [C] *AmE* steward/essa

ˈflight deck *n* [C] kabina pilota

flight·less /ˈflaɪtləs/ *adj* nielatający *(o ptakach)*

flim·sy /ˈflɪmzi/ *adj* **1** cieniutki: *flimsy cloth* **2** lichy, marny: *The evidence against him is very flimsy.* THESAURUS WEAK

flinch /flɪntʃ/ *v* [I] **1** wzdrygać się: *He raised his hand, and the child flinched.* **2 flinch from** cofać się przed: *She never flinches from telling the truth, no matter how painful.*

fling[1] /flɪŋ/ *v* [T] (**flung, flung, flinging**) rzucać, ciskać: **fling sth at/into/on etc** *Gina pulled off her coat and flung it on the chair. | Val flung her arms around my neck* (=zarzuciła mi ramiona na szyję). | **fling yourself down/through etc** *He sighed and flung himself down on the chair.*

fling[2] *n* [C] **1** krótki romans **2 have your fling** zabawić się, wyszumieć się

flint /flɪnt/ *n* [C,U] krzemień

flip /flɪp/ *v* (**-pped, -pping**) **1** [T] **flip over** przerzucać: *He started flipping over the pages.* **2** [T] **flip a coin** rzucać monetę: *Let's flip a coin to see who goes first.* **3** [I] *także* **flip out** *informal* s/tracić panowanie nad sobą: *Harry flipped when he found out that I damaged his motorcycle.* **4** [T] pstrykać: *You just flip a switch and the machine does everything for you.*

flip through sth *phr v* [T] prze/kartkować

ˈflip chart *n* tablica flipchart

ˈflip-flop *n* [C] *BrE* klapek, japonka: *He was dressed for the beach, in shorts and flip-flops.*

flip·pant /ˈflɪpənt/ *adj* nonszalancki: *Don't get flippant with me, young man!* —**flippantly** *adv* nonszalancko —**flippancy** *n* [U] nonszalancja

flip·per /ˈflɪpə/ *n* [C] płetwa

ˈflip phone *n* składany telefon komórkowy

flip·ping /ˈflɪpɪŋ/ *adj BrE spoken informal* skubany, zakichany: *Where's my flipping pen?*

ˈflip side *n* [singular] *informal* zła strona: *The flip side is that the medicine may cause hair loss.*

flirt[1] /flɜːt/ *v* [I] flirtować: **+with** *He's always flirting with the women in the office.*

flirt[2] *n* [C] flircia-rz/rka: *Dave is such a flirt!*

flir·ta·tion /flɜːˈteɪʃən/ *n* [C,U] flirt: *the artist's brief flirtation with photography*

flir·ta·tious /flɜːˈteɪʃəs/ *adj* zalotny

flit /flɪt/ *v* [I] (**-tted, -tting**) przemykać: *birds flitting from branch to branch*

float[1] /fləʊt/ *v* **1** [I] unosić się: *oil floats on water | Someone had seen a body floating near the shore. | The balloon floated up into the sky.* **2** [T] spławiać: *The logs are floated down the river.* **3** [T] rozprowadzać na rynku pierwotnym *(akcje, obligacje)*

float[2] *n* [C] ruchoma platforma *(używana podczas parady, karnawału)*

flock[1] /flɒk/ *n* [C] **1** stado: *a flock of geese* **2** tłum, gromada: *a flock of tourists*

flock[2] *v* [I] przybywać tłumnie: *People have been flocking to see the play.*

flog /flɒg/ *v* [T] (**-gged, -gging**) wy/chłostać —**flogging** *n* [C,U] chłosta

flood[1] W3 /flʌd/ *v* **1** [I,T] zatapiać, zalewać: *The river floods the valley every spring. | The basement flooded* (=zalało piwnicę) *and everything got soaked.* **2** [I,T] napływać masowo: **+in/into/across** *Offers of help came flooding in.* **3 be flooded with** zostać zalanym: *After the show, the station was flooded with calls from angry viewers.* **4 flood the market** zalewać rynek

flood back *phr v* [I] po/wracać *(o wspomnieniach)*: *I saw her picture the other day, and it all came flooding back* (=i wszystko wróciło).

flood[2] *n* [C] **1** powódź: *homes washed away by floods* **2 flood of** zalew: *We've had a flood of inquiries.*

flood·gate /ˈflʌdgeɪt/ *n* **open the floodgates** otwierać drogę: *The case could open the floodgates for thousands of other similar claims.*

flood·ing /ˈflʌdɪŋ/ *n* [U] wylew, wylanie: *The heavy rain has caused more flooding.*

flood·light /ˈflʌdlaɪt/ *n* [C] reflektor

flood·lit /ˈflʌdlɪt/ *adj* oświetlony reflektorami

floor¹ S1 W1 /flɔː/ *n* [C] **1** podłoga: *She was sweeping the kitchen floor.* **2** piętro: *My office is on the third floor.* **3 ocean floor** dno oceanu **4 the floor** sala *(uczestnicy spotkania, odczytu itp.)*: *Are there any questions from the floor?*

floor² *v* [T] **1** zbijać z tropu: *At first she was completely floored by his question.* **2 floor it** *AmE* dodać gazu

floor·board /ˈflɔːbɔːd/ *n* [C] deska podłogowa

floor·ing /ˈflɔːrɪŋ/ *n* [U] materiał podłogowy

ˈfloor plan *n* [C] plan piętra

flop¹ /flɒp/ *v* [I] (**-pped**, **-pping**) **1** opadać: *Her hair flopped across her face.* | **+into/onto etc** *Sarah flopped down into an armchair.* **2** z/robić klapę: *The musical flopped on Broadway.*

flop² *n* [C] **1** klapa: *The show's first series was a complete flop.* **2** plusk: *He fell with a flop into the water.*

flop·py /ˈflɒpi/ *adj* miękko opadający: *a floppy hat*

ˌfloppy ˈdisk *także* **floppy** *n* [C] dyskietka

flo·ra /ˈflɔːrə/ *n* [U] flora

flo·ral /ˈflɔːrəl/ *adj* kwiecisty: *floral patterns*

flor·id /ˈflɒrɪd/ *adj literary* **1** rumiany: *florid cheeks* **2** kwiecisty: *florid language*

flor·ist /ˈflɒrɪst/ *n* [C] **1** kwiacia-rz/rka **2** kwiaciarnia

floss /flɒs/ *v* [I,T] czyścić (zęby) nicią dentystyczną

flo·til·la /fləˈtɪlə/ *n* [C] flotylla

flounce /flaʊns/ *v* [I] wybiegać, wymaszerowywać: **+out/off** *She frowned and flounced out of the room.*

floun·der¹ /ˈflaʊndə/ *v* [I] **1** plątać się: *She floundered helplessly, unable to think of a suitable reply.* **2** miotać się

flounder² *n* [C,U] flądra

flour /flaʊə/ *n* [U] mąka

flour·ish¹ /ˈflʌrɪʃ/ *v* **1** [I] kwitnąć: *conditions in which businesses can flourish* | *Herbs flourished in her tiny garden.* **2** [T] wymachiwać: *Henry came out flourishing a $100 bill.* —**flourishing** *adj* kwitnący: *Manchester's flourishing music scene*

flourish² *n* **with a flourish** zamaszyście: *He opened the door with a flourish.*

flout /flaʊt/ *v* [T] *formal* lekceważyć, świadomie łamać: *Drivers regularly flout the speed limits.*

flow¹ S3 W2 /fləʊ/ *n* [C usually singular] **1** upływ: *They tried to stop the flow of blood.* **2** przepływ: *the constant flow of refugees across the border* **3** napływ: **+of** *efforts to control the flow of drugs into the US* **4 go with the flow** *spoken* ulegać owczemu pędowi → patrz też CASH FLOW

flow² W3 *v* [I] **1** przepływać: *The River Elbe flows through the Czech Republic.* | *A steady stream of cars flowed past her window.* **2** płynąć: *He picked up his pen, but the words wouldn't flow.* **3** spływać: *Her hair flowed down over her shoulders.*

ˈflow chart *n* [C] blokowy schemat działania

flow·er¹ S2 W2 /ˈflaʊə/ *n* [C] kwiat: *The tree has beautiful pink flowers in early spring.*

flower² *v* [I] kwitnąć

flow·er·bed /ˈflaʊəbed/ *n* [C] klomb

flow·ered /ˈflaʊəd/ *adj* w kwiatki, kwiecisty: *a flowered dress*

flow·er·pot /ˈflaʊəpɒt/ *n* [C] doniczka

flow·er·y /ˈflaʊəri/ *adj* kwiecisty: *a flowery pattern* | *flowery speech*

flown /fləʊn/ imiesłów bierny od FLY

fl. oz. *n* skrót pisany od FLUID OUNCE

flu /fluː/ *n* [U] grypa: *The whole team has got flu.*

fluc·tu·ate Ac /ˈflʌktʃueɪt/ *v* [I] wahać się: *The price of copper fluctuated wildly.* —**fluctuation** /ˌflʌktʃuˈeɪʃən/ *n* [C] wahania: *Plants are easily affected by fluctuations in temperature.*

flue /fluː/ *n* [C] przewód kominowy

flu·en·cy /ˈfluːənsi/ *n* [U] biegłość, płynność

flu·ent /ˈfluːənt/ *adj* biegły, płynny: *Jem can speak fluent Japanese.* | **+in** *Candidates must be fluent in two European languages.* —**fluently** *adv* biegle, płynnie

fluff¹ /flʌf/ *n* [U] **1** kłaczki: *She picked the fluff off her sweater.* **2** puch

fluff² *v* [T] **1** *także* **fluff up/out** napuszać: *a bird fluffing out its feathers* **2** *informal* schrzanić: *Ricky fluffed the catch and we lost the game.*

fluff·y /ˈflʌfi/ *adj* puszysty, puchaty: *a fluffy kitten*

flu·id¹ /ˈfluːɪd/ *n* [C,U] *technical* płyn: *My doctor told me to rest and drink plenty of fluids.*

fluid² *adj* płynny: *The situation is still very fluid.* | *the tiger's powerful, fluid movements* —**fluidity** /fluˈɪdəti/ *n* [U] płynność

ˌfluid ˈounce *skrót* **fl. oz.** *n* [C] uncja objętości

fluke /fluːk/ *n* [C] fuks: *The goal was a fluke.*

flung /flʌŋ/ czas przeszły i imiesłów bierny od FLING

flunk /flʌŋk/ *v* [I,T] *AmE informal* oblać: *I flunked my history exam.*

flun·key, **flunky** /ˈflʌŋki/ *n* [C] fagas, sługus

flu·o·res·cent /fluəˈresənt/ *adj* **1** fluorescencyjny, jarzeniowy: *fluorescent lights* **2** odblaskowy: *fluorescent colours*

flu·o·ride /ˈfluəraɪd/ *n* [U] fluorek

flur·ry /ˈflʌri/ *n* **1** [C usually singular] przypływ: *There was a sudden flurry of excitement when the band appeared.* **2** [C] krótkotrwała śnieżyca

flush¹ /flʌʃ/ *v* **1** [I,T] spłukiwać (się) **2** [T] **flush a toilet** spuszczać wodę (w toalecie) **3** [I] za/rumienić się: *Billy flushed and looked down.* → patrz też FLUSHED

flush² *n* **1** [C usually singular] rumieniec **2 a flush of pride/excitement** przypływ dumy/podniecenia

flush³ *adj* [not before noun] **1** równy: *Is that cupboard flush with the wall?* **2** *informal* przy forsie: *I'll buy dinner. I'm feeling flush at the moment.*

flushed /flʌʃt/ *adj* zarumieniony: *Her face was a little flushed.*

flus·tered /ˈflʌstəd/ *adj* podenerwowany: *Jay got flustered and forgot what he was supposed to say.*

flute /fluːt/ *n* [C] flet

flut·ist /ˈfluːtɪst/ *n* [C] *AmE* flecist-a/ka

flut·ter¹ /ˈflʌtə/ *v* [I,T] za/trzepotać: *flags fluttering in the wind* | *The geese fluttered their wings.* | *Her heart fluttered.*

flutter² *n* [C usually singular] **1** *BrE informal* zakład *(np. na wyścigach)* **2** trzepot

flux /flʌks/ *n* **be in (a state of) flux** zmieniać się: *The fashion world is in a state of constant flux.*

fly[1] S2 W2 /flaɪ/ *v* (**flew**, **flown**, **flying**) **1** [I] latać, po/lecieć: *They flew to Paris for their honeymoon.* | *We flew over the North Pole.* | *Bill's learning to fly.* | *Is it 5:30 already? Boy, time sure does fly* (=jak ten czas leci)! THESAURUS TRAVEL **2** [T] przewozić samolotem: *Medical supplies are being flown into the area.* **3** [I] **fly down/up/out** zbiec/wbiec/wybiec: *Timmy flew down the stairs and out of the door.* | **fly open** *The door suddenly flew open* (=gwałtownie się otworzyły). | **fly by/past** (=przelecieć): *Last week just flew by.* **4 fly into a rage** *także* **fly off the handle** *spoken* wpadać w szał **5** [I] fruwać, powiewać: *The French flag was flying over the Embassy.* **6** [T] puszczać: *Tommy was in the park, flying his new kite.* **7 go flying/send sb flying** przewrócić się/kogoś

fly[2] *n* [C] **1** mucha: *There were flies all over the food.* **2** *także* **flies** *BrE* rozporek: *Your fly is unzipped.* →patrz też **sb wouldn't hurt a fly** (HURT[1])

ˈfly-by-ˌnight *adj* **1** podejrzany: *a fly-by-night insurance company* **2** efemeryczny

fly·er, **flier** /ˈflaɪə/ *n* [C] **1** ulotka reklamowa **2** *informal* lotnik

ˈfly ˌfishing *n* [U] łowienie na muszkę

fly·ing[1] /ˈflaɪ-ɪŋ/ *n* [U] latanie: *fear of flying*

flying[2] *adj* **1** latający: *a type of flying insect* **2 with flying colours** celująco: *She passed the test with flying colours.*

ˌflying ˈsaucer *n* [C] latający talerz

fly·o·ver /ˈflaɪəʊvə/ *n BrE* wiadukt, estakada

FM /ˌef ˈem◂/ *n* [U] modulacja częstotliwości

foal /fəʊl/ *n* [C] źrebię

foam[1] /fəʊm/ *n* [U] **1** piana: *white foam on the tops of the waves* **2** pianka: *shaving foam*

foam[2] *v* [I] **1** pienić się **2 be foaming at the mouth** toczyć pianę z ust

ˌfoam ˈrubber *n* [U] guma piankowa

focal point /ˈfəʊkəl pɔɪnt/ *n* [C] punkt centralny: *Television has become the focal point of most American homes.*

fo·cus[1] S3 W2 Ac /ˈfəʊkəs/ *v* **1** [I,T] skupiać (się): **+on** *In his speech he focused on the economy.* **2** [T] nastawiać ostrość

focus[2] S3 W2 Ac *n* **1** [U] nacisk: *traditional education, with its focus on basic reading and writing skills* **2 be the focus of attention** znajdować się w centrum uwagi: *She loves being the focus of attention.* **3 in focus/out of focus** ostry/nieostry *(o fotografii)*

fod·der /ˈfɒdə/ *n* [U] pasza

foe /fəʊ/ *n* [C] *literary* wróg

foe·tus /ˈfiːtəs/ *BrE*, **fetus** *AmE n* [C] płód —**foetal** *adj* płodowy: *foetal abnormalities*

fog /fɒg/ *n* [C,U] mgła

> **UWAGA: fog**
>
> Patrz **mist** i **fog**.

fo·gey, **fogy** /ˈfəʊgi/ *n* [C] *informal* (plural **-eys** or **-ies**) konserwatysta: **old fogey** *Don't be such an old fogey!*

fog·gy /ˈfɒgi/ *adj* **1** mglisty: *a damp and foggy morning* **2 I don't have the foggiest (idea)** *spoken* nie mam zielonego pojęcia: *"When's Barry coming back?" "I don't have the foggiest."*

fog·horn /ˈfɒghɔːn/ *n* [C] róg mgłowy *(statku)*

foi·ble /ˈfɔɪbəl/ *n* [C] dziwactwo: *It's just one of his little foibles.*

foil[1] /fɔɪl/ *n* [U] folia *(aluminiowa)*

foil[2] *v* [T] po/krzyżować: *He's foiled our plans.*

foist /fɔɪst/ *v*

foist sth on/upon sb *phr v* [T] narzucać: *People are fed up with having rules and regulations foisted on them.*

fold[1] W3 /fəʊld/ *v* **1** [T] składać: *She folded her clothes and put them on a chair.* | **fold sth in two/in half** (=na pół): *Fold the paper in two.* **2** *także* **fold up** [I,T] składać (się): *Be sure to fold up the ironing board when you're finished.* | *a folding chair* **3 fold your arms** s/krzyżować ramiona **4** [I] *także* **fold up** upadać *(o przedsiębiorstwie)*

fold[2] *n* [C] **1** zagięcie **2** [usually plural] fałda: *She adjusted the folds of her dress.*

fold·er /ˈfəʊldə/ *n* [C] **1** teczka: *Piles of paper folders are everywhere.* **2** katalog, folder: *The program allows you to group related documents in folders.*

fo·li·age /ˈfəʊli-ɪdʒ/ *n* [U] listowie

folk[1] /fəʊk/ *adj* ludowy

folk[2] S2 W3 *n* [U] FOLK MUSIC

ˈfolk ˌhero *n* [C] bohater ludowy: *Swampy is now a local folk hero.*

folk·lore /ˈfəʊklɔː/ *n* [U] folklor

ˈfolk ˌmusic *n* [U] **1** muzyka ludowa **2** muzyka folk

folks /fəʊks/ *n* [plural] **1** *informal* rodzinka: *I need to call my folks sometime this weekend.* **2** *spoken* wiara *(grupa ludzi)*: *Howdy folks, it's good to see everyone here tonight!*

folk·sy /ˈfəʊksi/ *adj informal* serdeczny, otwarty

ˈfolk tale *n* przekaz ludowy

fol·li·cle /ˈfɒlɪkəl/ *n* [C] mieszek *(włosowy)*

fol·low S1 W1 /ˈfɒləʊ/ *v* **1 a)** [I,T] iść/jechać (za): *If you follow me, I'll show you to your room.* | **followed by** *A woman came into the office, followed by* (=a za nią) *three young children.* **b)** [T] śledzić: *Marlowe looked over his shoulder to make sure no one was following him.* **2** [I,T] następować potem/po: *In the weeks that followed* (=w ciągu następnych kilku tygodni) *Angie tried to forget about Sam.* | **followed by** *There was a shout from the garage followed by* (=a następnie) *a loud crash.* **3** [T] za/stosować się do: *She followed her mother's advice.* | *Did you follow the instructions on the box?* **4** [I,T] naśladować: **follow suit** *When Allied Stores reduced prices, other companies were forced to follow suit* (=były zmuszone zrobić to samo). | **follow sb's example/lead** (=iść za czyimś przykładem) **5 follow (in) sb's footsteps** iść w czyjeś ślady: *Toshi followed in his father's footsteps and started his own business.* **6 as follows** jak następuje: *The winners are as follows: first place, Tony Gwynn; second place, ...* **7** [T] interesować się: *Do you follow baseball at all?* **8** [I,T] *spoken* rozumieć: *Sorry, I don't quite follow you.* THESAURUS UNDERSTAND **9 it follows (that)** wynika z tego, że: *Of course she drinks, but it doesn't necessarily follow that she's an alcoholic.*

follow sb around *phr v* [T] nie odstępować na krok: *My little brother is always following me around.*

follow sth ↔ up *phr v* [I,T] dowiedzieć się czegoś więcej na temat: *I saw an ad in the paper and I decided to follow it up.*

fol·low·er /ˈfɒləʊə/ *n* [C] zwolenni-k/czka: *a follower of Karl Marx*

fol·low·ing[1] S3 W1 /ˈfɒləʊɪŋ/ *adj* następny: *Neil arrived on Friday, and his wife came the following day.*

following[2] *n* **1** [singular] poparcie: *The band has a huge following in the States.* **2 the following** następujące osoby/rzeczy: *The following have been chosen to play in tomorrow's match: Ferguson, Williams, ...*

following[3] *prep* bezpośrednio po: *Following the success of his latest movie, he has had several offers from Hollywood.*

ˈfollow-up 1 [C,U] kontrola: **follow-up visit/question** (=kontrolna wizyta/pytanie): *It's a long-term illness and regular follow-up appointments are required.* **2** [C] ciąg dalszy, kontynuacja: *The follow-up wasn't as good as the original film.*

fol·ly /ˈfɒli/ *n* [C,U] *formal* szaleństwo: *an act of sheer folly*

fo·ment /fəʊˈment/ *v* [T] *formal* podżegać do: *National Front candidates are accused of fomenting violence against ethnic minorities.*

fond /fɒnd/ *adj* **1 be fond of** lubić: *Mrs Winters is very fond of her grandchildren.* **2 be fond of doing sth** lubić coś robić: *They're fond of using legal jargon.* **3 have fond memories of** mile wspominać: *I have fond memories of my time at Oxford.* **4** czuły: *a fond look* —**fondness** *n* [U] zamiłowanie, czułość

fon·dle /ˈfɒndl/ *v* [T] pieścić

fond·ly /ˈfɒndli/ *adv* **1** czule: *Greta smiled fondly at him.* **2 fondly imagine/hope** naiwnie sądzić/wyobrażać sobie: *people who fondly imagine that Britain is still a world power*

font /fɒnt/ *n* [C] **1** *technical* czcionka **2** chrzcielnica

food S1 W1 /fuːd/ *n* **1** [U] pokarm, żywność: *Milk is the natural food for babies.* **2** [C,U] jedzenie: *How much do you spend on food?* | *I love Chinese food.* **3 food for thought** materiał do przemyśleń →patrz też **HEALTH FOOD, JUNK FOOD, SEAFOOD**

COLLOCATIONS: food

adjectives

good/excellent food *The food here is excellent.*
delicious/tasty food *Your food is always delicious!* | *They serve good tasty food.*
spicy food (=pikantny) *I'm not used to spicy food.*
plain/simple food *Stick to plain food, such as toast or rice.* | *I prefer simple food.*
hot/cold food *She wanted a rest and some hot food.* | *The cafeteria only serves cold food.*
fatty foods *I don't like fatty foods.*
Italian/French/Chinese etc food *I love Chinese food.*
fresh food *Try to eat as much fresh food as possible.*
healthy food *Shops should provide more information on healthy foods.*
organic food *Is organic food better for you?*
junk food (=śmieciowe jedzenie) *Students often just eat junk food.*
fast food *The street is full of fast food restaurants.*
frozen/canned food *How long can frozen food be kept in a freezer?* | *canned dog food*
dog/cat/pet food (=karma dla psów/kotów itp.) *My cats eat dry cat food.*

verbs

to have/eat food *I haven't had any food all morning.* | *He sat in the corner and ate his food.*
to cook/prepare food *The food must be properly cooked.*
to serve food *The restaurant serves traditional British food.*
to enjoy your food *I've never seen anyone enjoy their food so much.*
to digest food *Older people may not be able to digest food easily.*
food tastes delicious/terrible etc *The food tasted better than it looked.*

ˈfood bank *n* [C] *AmE* bank żywności

ˈfood chain *n* [singular] łańcuch pokarmowy

ˈfood miles *n* [plural] droga od producenta żywności do konsumenta

ˈfood ˌpoisoning *n* [U] zatrucie pokarmowe

ˈfood ˌprocessor *n* [C] robot kuchenny

ˈfood stamp *n* [C usually plural] *AmE* kartka żywnościowa, talon/bon żywnościowy

fool[1] /fuːl/ *n* [C] **1** głupiec: *I felt such a fool, locking my keys in the car like that.* **2 make a fool of yourself** zbłaźnić się: *She realized she'd made a complete fool of herself over him.* **3 make a fool (out) of sb** z/robić z kogoś idiotę: *Darren thought she was trying to make a fool out of him in front of his friends.*

fool[2] *v* **1** [T] nabrać: **fool sb into doing sth** *Don't be fooled into* (=nie daj się nabrać na) *buying more insurance than you need.* THESAURUS TRICK **2 you could have fooled me** *spoken* akurat!: *"Your dad's upset about this too, you know." "Well, you could have fooled me!"*
fool around (with) *phr v* [I] **1** wygłupiać się: *Stop fooling around, you two!* **2** romansować (z): *She found out that he'd been fooling around behind her back.*
fool with sth *phr v* [T] *especially AmE* majstrować przy: *A hacker had been fooling with the hospital computers.*

fool·har·dy /ˈfuːlhɑːdi/ *adj* ryzykancki

fool·ish /ˈfuːlɪʃ/ *adj* głupi: *It was a very foolish thing to do.* | *The king was a vain, foolish man.* —**foolishly** *adv* głupio —**foolishness** *n* [U] głupota

fool·proof /ˈfuːlpruːf/ *adj* niezawodny

foot[1] S1 W1 /fʊt/ *n* [C] **1** (plural **feet** /fiːt/) stopa **2** (skrót pisany **ft**, plural **feet** or **foot**) stopa (*ok. 30 cm*) **3 on foot** pieszo, na piechotę: *We set out on foot to explore the city.* **4 the foot of** podnóże (*góry*) dół (*strony*) **5 put your foot down a)** postawić się, uprzeć się: *Brett didn't want to go, but Dad put his foot down.* **b)** dodawać gazu **6 put your feet up** z/relaksować się **7 put your foot in it** popełnić gafę **8 have/keep your feet on the ground** (twardo) chodzić po ziemi **9 get your foot in the door** zapewnić sobie dobrą pozycję wyjściową (*na drodze do kariery*) **10 four-footed** czworonogi, czworonożny →patrz też **get cold feet** (COLD[1]), **drag your feet** (DRAG[1])

foot[2] *v* **foot the bill** *informal* pokrywać koszty: *The insurance company should foot the bill for the damage.*

foot·age /ˈfʊtɪdʒ/ *n* [U] materiał filmowy: *footage of the 1936 Olympics*

foot·ball S1 W2 /ˈfʊtbɔːl/ *n* **1** [U] **a)** *BrE* piłka nożna: *football boots* | *a football match* **b)** *AmE* futbol amerykański: *Are you going to the football game on*

F

Saturday? **2** [C] piłka futbolowa —**footballer** *n* [C] piłkarz/rka

foot·bridge /ˈfʊtˌbrɪdʒ/ *n* [C] kładka

foot·hill /ˈfʊtˌhɪl/ *n* [C usually plural] pogórze: *the foothills of the Rockies*

foot·hold /ˈfʊthəʊld/ *n* [C] **1** punkt zaczepienia: *Republicans gained a foothold during the last elections.* **2** oparcie dla stopy

foot·ing /ˈfʊtɪŋ/ *n* [U] **1 on an equal footing** na równej stopie: *Women can compete on an equal footing with men.* **2** oparcie dla stóp: *A local boy lost his footing* (=stracił równowagę) *and fell 200 feet down a steep bank.*

foot·lights /ˈfʊtlaɪts/ *n* [plural] rampa

ˈfoot ˌlocker *n* [C] *AmE* skrzynia, kufer

foot·loose /ˈfʊtluːs/ *adj* **footloose and fancy free** wolny jak ptaszek

foot·note /ˈfʊtnəʊt/ *n* [C] przypis

foot·path /ˈfʊtpɑːθ/ *n* [C] ścieżka

foot·print /ˈfʊtˌprɪnt/ *n* [C] odcisk stopy: *footprints in the snow*

footprint

footprint

fingerprint

foot·sie /ˈfʊtsi/ *n* **play footsie with sb** *informal* dotykać ukradkiem czyichś nóg pod stołem

foot·step /ˈfʊtstep/ *n* [C] krok: *He heard footsteps in the hall.* → patrz też **follow (in) sb's footsteps** (FOLLOW)

foot·stool /ˈfʊtstuːl/ *n* [C] podnóżek

foot·wear /ˈfʊtweə/ *n* [U] obuwie

for[1] S1 W1 /fə, fɔː/ *prep* **1** dla: *Save a piece of cake for Noah.* | *I've got some good news for you.* | *What can I do for you?* **2** do: *a knife for cutting bread* | *What's this gadget for?* | *The plane for Las Vegas took off an hour late.* | *I was just leaving for church when the phone rang.* **3** na: *We were waiting for the bus.* | *Let's go for a walk.* | *It's time for dinner.* | *a check for $100* | *an order for 200 copies* | *"What's for lunch?" "Hamburgers."* | *How many people voted for Mulhoney?* | *What did you get for your birthday?* | *What's the Spanish word for oil?* | *Libby's very tall for her age.* **4** przez: *Bake the cake for 40 minutes.* **5 for a long time** długo: *I've known Kim for a long time.* **6** za: *I got a ticket for going through a red light.* | *The award for the highest sales goes to Pete McGregor.* | *I'm for getting a pizza, what about you?* **7 for sb to do sth** żeby ktoś coś zrobił: *The plan is for us to leave* (=plan jest taki, żebyśmy wyjechali) *on Friday morning and pick up Mary.* **8 for sth to do sth** żeby coś się stało: *It's unusual for it to be this cold* (=to niezwykłe, żeby było tak zimno) *in June.* **9 be happy/sad for sb** cieszyć/smucić się wraz z kimś: *I'm really happy for you.* **10 for now** na razie: *Just put the pictures in a box for now.* THESAURUS NOW **11 work/play for** pracować/grać w: *She worked for Exxon until last year.* | *He plays for the Boston Red Sox.* **12 for all a)** zważywszy, jak niewiele: *For all the good I did, I shouldn't have tried to help.* **b)** zważywszy, jak wiele: *For all the plays she's seen, she's never seen 'Hamlet'.* **13 for all I know/care** *spoken* jeśli o mnie chodzi: *For all I know, he could be dead.* **14 be (in) for it** *informal* dostać za swoje: *You'll be for it when she finds out you've ruined her best dress.*

UWAGA: for the last few years i over/during/in ...

Oba wyrażenia można przetłumaczyć jako „przez kilka ostatnich lat", ale nie są one wymienne. Okoliczników czasu z przyimkiem **for** używamy, gdy chcemy zwrócić uwagę na to, jak długo coś trwało lub trwa: *He was with the company for 40 years.* | *He hasn't eaten anything for the last two days.* Okoliczników czasu z przyimkami **over**, **during** i **in** używamy, mówiąc o tym, kiedy coś miało miejsce: *Over the last few years unemployment has become a serious problem.* | *She's been a great help to me in recent months.* | *During the next ten years he worked his way up from office boy to general manager.*

GRAMATYKA: for

Przyimka **for** w znaczeniu czasowym używamy dla określenia, jak długo trwa lub trwała jakaś czynność lub stan. Po **for** podany jest czas trwania:

She's been working here ***for two months****.*

I haven't seen ***Mike for a week/for a long time/for ages****.*

She's been wearing glasses ***for years****.*

He cooked his meals ***for a fortnight*** *and then hired a professional cook.*

It was noon. We hadn't eaten for a ***whole day****.*

→ patrz też **since**

for[2] *conjunction literary* gdyż, ponieważ: *Please leave, for I am too sad to talk.*

for·age /ˈfɒrɪdʒ/ *v* [I] bobrować, szperać **forage for food** poszukiwać pożywienia

for·ay /ˈfɒreɪ/ *n* [C] wycieczka: *a brief foray into politics* (=w dziedzinę polityki)

for·bear·ance /fɔːˈbeərəns/ *n* [U] *formal* wyrozumiałość

for·bid /fəˈbɪd/ *v* (**forbade** /-ˈbeɪd/ or **forbid**, **forbidden**, **forbidding**) [T] **1** *formal* zabraniać: **forbid sb to do sth** *I forbid you to see that man again.* **2 God/Heaven forbid** *spoken* niech Bóg broni, uchowaj Boże: *"He's not coming back, is he?" "God forbid!"*

THESAURUS: forbid

forbid zabronić: *His doctor has forbidden him to drink alcohol.* | *She was forbidden from telling anyone about her work.*

ban zakazać (*oficjalnie*): *The book was banned in many countries.* | *The government banned all demonstrations.*

prohibit *formal* zakazać (*prawnie*): *In Britain, smoking is prohibited in public places.*

for·bid·den /fəˈbɪdn/ *adj* zabroniony: **it is forbidden to do sth** *It's forbidden* (=zabrania się) *to smoke in the hospital.*

for·bid·ding /fəˈbɪdɪŋ/ *adj* groźny: *The mountains looked more forbidding as we got closer.*

force[1] S2 W1 /fɔːs/ *n* **1** [U] siła: *The police used force to break up the demonstration.* | *The force of the explosion threw her backwards.* | **with great force** *The waves were hitting the rocks with great force.* **2** [C] jednostka, oddział: *forces that are loyal to the rebels* | *the Air Force* (=lotnictwo) | *the police force* (=policja) | **the forces** (=wojsko) **3** [C] potęga: *The US is probably the most important force in the world economy.* **4 join/combine**

forces po/łączyć siły: *Companies from several countries joined forces to produce the satellite.* **5 force of habit** siła przyzwyczajenia: *I still get up at 6.30 every day. Force of habit, I suppose.*

force² S2 W1 *v* [T] zmuszać: *Bad health forced him into early retirement.* | **force sb to do sth** *I had to force myself to get up this morning.*
force sth on/upon sb *phr v* [T] wymuszać na

THESAURUS: force

force sb to do sth zmusić kogoś do zrobienia czegoś: *She was forced to marry him.* | *The bad weather forced us to stay indoors.*

make sb do sth kazać komuś coś zrobić (*zwłaszcza używając gróźb lub siły*): *The men made us lie down on the floor.* | *I made him promise that he would never do it again.*

put pressure on sb poddawać kogoś presji: *Don't put pressure on your child to study all the time.*

compel zmusić: *I felt compelled to leave.* | *No one can compel you to do it.* | *The town was completely surrounded and they were compelled to surrender.*

forced /fɔːst/ *adj* **1** wymuszony: *Anne gave a forced smile.* **2** przymusowy: *The plane had to make a forced landing in a field.* **3** z użyciem siły: *a forced entry*

force·ful /ˈfɔːsfəl/ *adj* silny: *a forceful personality* | *forceful arguments*

for·ceps /ˈfɔːseps/ *n* [plural] kleszcze: *a forceps delivery* (=poród kleszczowy)

for·ci·ble /ˈfɔːsəbəl/ *adj* przymusowy: *the forcible repatriation of refugees* —**forcibly** *adv*: *The demonstrators were forcibly removed* (=usunięci siłą) *from the embassy.*

ford¹ /fɔːd/ *n* [C] bród

ford² *v* [T] **ford a river** przeprawiać się przez rzekę w bród

fore /fɔː/ *n* **come to the fore** wysuwać się na pierwszy plan: *Environmental issues came to the fore in the 1980s.*

fore·arm /ˈfɔːrɑːm/ *n* [C] przedramię

forebear /ˈfɔːbeə/ *n formal* przodek

fore·bod·ing /fɔːˈbəʊdɪŋ/ *n* [C,U] złe przeczucie: *We waited for news with a sense of foreboding.*

fore·cast¹ /ˈfɔːkɑːst/ *n* [C] prognoza: *the weather forecast*

forecast² *v* [T] (**forecast** or **forecasted**, **forecasting**) przewidywać, prognozować: *Warm weather has been forecast for the weekend.*

fore·close /fɔːˈkləʊz/ *v* [I,T] przejmować mienie —**foreclosure** /-ˈkləʊʒə/ *n* [U] przejęcie mienia

fore·court /ˈfɔːkɔːt/ *n* [C] dziedziniec

fore·fa·ther /ˈfɔːˌfɑːðə/ *n* [C usually plural] *literary* przodek

fore·fin·ger /ˈfɔːˌfɪŋgə/ *n* [C] palec wskazujący

fore·front /ˈfɔːfrʌnt/ *n* **be in/at the forefront of** przodować w: *The Institute has been at the forefront of research into AIDS.*

fore·go, **forgo** /fɔːˈgəʊ/ *v* [T] *formal* zrzekać się, z/rezygnować z: *We're asking our employees to forego a wage rise this year.*

ˌforegone conˈclusion *n* sprawa przesądzona: *The election result was a foregone conclusion.*

fore·ground /ˈfɔːgraʊnd/ *n* **the foreground** pierwszy plan

fore·head /ˈfɒrəd/ *n* [C] czoło

for·eign S3 W1 /ˈfɒrɪn/ *adj* **1** obcy: *She spoke with a slightly foreign accent.* | *Tears serve the function of washing away any foreign body* (=ciało obce) *in the eye.* **2** zagraniczny: *the Minister for Foreign Affairs* **3 be foreign to sb** być komuś obcym: *Their way of life was completely foreign to her.*

UWAGA: foreign

Nie wypada używać wyrazu „foreign", mówiąc o obcokrajowcach. Lepiej mówić, że są **from abroad** lub po prostu, z jakiego są kraju.

for·eign·er /ˈfɒrənə/ *n* [C] obcokrajowiec

ˌforeign exˈchange *n* [U] wymiana walut

fore·leg /ˈfɔːleg/ *n* [C] przednia kończyna

fore·man /ˈfɔːmən/ *n* [C] (plural **foremen** /-mən/) brygadzista

fore·most /ˈfɔːməʊst/ *adj* [only before noun] najważniejszy: *the foremost writer of her time*

fo·ren·sic /fəˈrensɪk/ *adj* **forensic medicine** medycyna sądowa

fore·run·ner /ˈfɔːˌrʌnə/ *n* [C] prekursor/ka: *It is now seen as the forerunner of the modern computer.*

fore·see /fɔːˈsiː/ *v* [T] (**foresaw** /-ˈsɔː/, **foreseen** /-ˈsiːn/, **foreseeing**) przewidywać: *No one could have foreseen such a disaster.*

fore·see·a·ble /fɔːˈsiːəbəl/ *adj* **for/in the foreseeable future** w najbliższej przyszłości: *Leila will be staying here for the foreseeable future.*

fore·shad·ow /fɔːˈʃædəʊ/ *v* [T] *literary* zwiastować, zapowiadać

fore·sight /ˈfɔːsaɪt/ *n* [U singular] zdolność przewidywania

fore·skin /ˈfɔːˌskɪn/ *n* [C] napletek

for·est S2 W2 /ˈfɒrɪst/ *n* [C,U] las

fore·stall /fɔːˈstɔːl/ *v* [T] uprzedzić: *The Army was sent in to forestall trouble.*

for·est·ry /ˈfɒrəstri/ *n* [U] leśnictwo

fore·taste /ˈfɔːteɪst/ *n* przedsmak: *The riots in the city were only a foretaste of what was to come.*

fore·tell /fɔːˈtel/ *v* [T] (**foretold** /-ˈtəʊld/, **foretold, foretelling**) przepowiadać

for·ev·er S2 W3 /fərˈevə/ *adv* **1** (na) zawsze: *I'll remember you forever.* **2** *spoken* całe wieki: *It seemed to take forever to get to the airport.*

fore·warn /fɔːˈwɔːn/ *v* [T] ostrzegać: *We'd been forewarned about the dangers of travelling at night.*

fore·went /fɔːˈwent/ *v* czas przeszły od FOREGO

fore·word /ˈfɔːwɜːd/ *n* [C] przedmowa

for·feit /ˈfɔːfɪt/ *v* [T] u/tracić: *criminals who have forfeited their right to freedom* —**forfeit** *n* [C] grzywna

for·gave /fəˈgeɪv/ *v* czas przeszły od FORGIVE

forge¹ /fɔːdʒ/ *v* [T] s/fałszować: *a forged passport* —**forger** *n* [C] fałszerz

forge² *n* [C] kuźnia

for·ge·ry /ˈfɔːdʒəri/ *n* **1** [C] falsyfikat **2** [U] fałszerstwo

F

for·get S1 W1 /fəˈget/ *v* (**forgot, forgotten, forgetting**) [I,T] **1** zapominać: *I'll never forget the look on her face when I told her I was leaving.* | *I'm sorry – I've forgotten your book.* | *She had never forgotten Sam, even after all these years.* | **+(that)** *Don't forget that Linda's birthday is on Friday.* | *Dad forgot he was supposed to pick us up from school.* | **+about** *You haven't forgotten about today's meeting?* | *Just forget about work and relax.* | **+what/how/where etc** *I've forgotten what I was going to say!* | **forget to do sth** *Someone's forgotten to turn off the lights.* **2 forget it** nie ma sprawy: *"I'm sorry I broke your mug." "Forget it."* **3 I forget** *spoken* nie pamiętam: *Sandra's bringing her boyfriend – I forget his name now.* **4 ... and don't you forget it!** nie zapominaj o tym!: *This is my house, and don't you forget it!* **5 forget yourself** *formal* zapominać się: *Beth forgot herself and suddenly burst out laughing.*

for·get·ful /fəˈgetfəl/ *adj* zapominalski: *Grandpa's getting forgetful in his old age!* —**forgetfulness** *n* [U] słaba pamięć

for·give S3 /fəˈgɪv/ [I,T] *v* (**forgave, forgiven** /-ˈgɪvən/, **forgiving**) **1** wybaczać: *I knew that my mother would forgive me.* | *If anything happened to the kids, she'd never forgive herself.* | **forgive sb for (doing) sth** *She never forgave him for embarrassing her in front of her colleagues.* **2 forgive me** *spoken* proszę mi wybaczyć: *Forgive me for asking, but how much did you pay for your computer?*

F

UWAGA: forgive

Nie mówi się „I am forgiving you", tylko **I forgive you**.

for·give·ness /fəˈgɪvnəs/ *n* [U] przebaczenie

for·giv·ing /fəˈgɪvɪŋ/ *adj* wyrozumiały: *a kind and forgiving man*

for·go /fɔːˈgəʊ/ alternatywna pisownia wyrazu FOREGO

for·got /fəˈgɒt/ *v* czas przeszły od FORGET

for·got·ten /fəˈgɒtn/ *v* imiesłów bierny od FORGET

fork¹ S3 /fɔːk/ *n* [C] **1** widelec **2** widły **3** rozwidlenie: *Turn left at the fork in the road.*

fork² *v* [I] rozwidlać się

fork sth ↔ out *także* **fork** sth **↔ over** *AmE phr v* [I,T] *informal* wy/bulić: *We'll have to fork out nearly £1,000 for tuition fees.*

forked /fɔːkt/ *adj* rozdwojony: *a forked tongue*

for·lorn /fəˈlɔːn/ *adj* opuszczony: *a forlorn figure sitting on a park bench*

form¹ S1 W1 /fɔːm/ *n* [C,U] **1** forma: *a cleaner, safer form of public transport* | *'Was' is the past form of the verb 'to be'.* | **in/on form** (=w formie) | **take the form of** (=przybierać postać) **2** [C] formularz: *an application form* | **fill in/fill out a form** (=wypełniać): *Fill in the form using black ink.* **3** [C] *BrE* klasa: *the fifth form* **4** [C] postać: *A dark form emerged from the bushes.*

form² S2 W1 *v* **1** [I,T] u/tworzyć (się): *Ice had begun to form on the inside of the windows.* | *These rocks were formed over 4,000 million years ago.* | *Fold the paper in two to form a triangle.* | *A queue quickly began to form.* | *In English the past tense is usually formed by adding '-ed'.* | *The United Nations was formed in 1945.* **2** [T] stanowić: *The Rio Grande forms the boundary between Texas and Mexico.* | *Rice forms the main part of their diet.* **3 form an opinion/impression** wyrabiać sobie opinię/pogląd

form·al S2 W2 /ˈfɔːməl/ *adj* **1** oficjalny: *I've got a suit that I wear on formal occasions.* | *"How do you do" is a formal expression, used when you meet someone for the first time.* | *We made a formal complaint.* **2 formal education/qualifications** formalne wykształcenie/kwalifikacje —**formally** *adv* oficjalnie, formalnie

for·mal·de·hyde /fɔːˈmældəhaɪd/ *n* [U] formaldehyd, aldehyd mrówkowy

for·mal·i·ty /fɔːˈmæləti/ *n* **1** [C] formalność: *There are a few legal formalities to complete before the agreement is finalized.* **2** [U] ceremonia: *He greeted his guests with great formality.*

for·mal·ize /ˈfɔːməlaɪz/ *także* **-ise** *BrE v* [T] s/formalizować, nadawać formalny kształt: *The contracts must be formalized within one month.*

for·mat¹ Ac /ˈfɔːmæt/ *n* [C] format: *I'd like to try a new format for next week's meeting.*

format² Ac *v* [T] (**-tted, -tting**) s/formatować *(dyskietkę, tekst)* —**formatting** *n* [U] formatowanie —**formatted** *adj* sformatowany

for·ma·tion W3 /fɔːˈmeɪʃən/ *n* **1** [U] powstawanie, tworzenie się: **+of** *Damp air encourages the formation of mould.* | *the formation of a democratic government* **2** [C,U] formacja: *rock formations* | *soldiers marching in formation* (=w szyku)

for·ma·tive /ˈfɔːmətɪv/ *adj* **formative years/period** lata/okres kształtowania się osobowości

for·mer¹ S2 W1 /ˈfɔːmə/ *adj* [only before noun] były: *former US president, Jimmy Carter* THESAURUS LAST

former² *n* **the former** *formal* (ten) pierwszy *(z dwóch)*: *Of the two theories, the former seems more likely.* →porównaj LATTER¹

for·mer·ly /ˈfɔːməli/ *adv* dawniej, w przeszłości: *Sri Lanka was formerly called Ceylon.* THESAURUS BEFORE

for·mi·da·ble /ˈfɔːmədəbəl/ *adj* **1** budzący grozę: *a formidable opponent* **2** ogromny: *We have to cut pollution by 50% – a formidable task.*

form·less /ˈfɔːmləs/ *adj* bezkształtny: *models wearing thin, formless garments*

ˈform ˌteacher *n* [C] *BrE* wychowaw-ca/czyni (klasy)

for·mu·la S3 W3 Ac /ˈfɔːmjələ/ *n* [C] (plural **formulas** or **formulae** /-liː/) **1** wzór: *mathematical formulas* **2** recepta: **+for** *There's no magic formula for a happy marriage.*

for·mu·late Ac /ˈfɔːmjəleɪt/ *v* [T] **1** s/tworzyć: *We are trying to formulate policies that suit the needs of the people.* **2** s/formułować: *The interviewer barely gave Higgs time to formulate a reply.*

for·sake /fəˈseɪk/ *v* (**forsook** /-ˈsʊk/, **forsaken** /-ˈseɪkən/, **forsaking**) [T] *literary* porzucać: *I won't forsake my principles.*

fort /fɔːt/ *n* [C] fort

for·te /ˈfɔːteɪ/ *n* [singular] mocna strona: *Cooking isn't really my forte.*

forth S2 /fɔːθ/ *adv literary* naprzód: *He went forth into the desert.* →patrz też **back and forth** (BACK²), **and so on/forth** (SO¹)

forth·com·ing Ac /ˌfɔːθˈkʌmɪŋ◂/ *adj* **1** [only before noun] *formal* nadchodzący: *the forthcoming election* **2** [not before noun] **sth is forthcoming** coś ma nadejść: *If more money is not forthcoming, we'll have to close the theatre.* **3** [not before noun] rozmowny: *Michael wasn't very forthcoming about his plans.*

forth·right /ˈfɔːθraɪt/ *adj* bezpośredni: *Bill answered in his usual forthright manner.*

forth·with /fɔːθˈwɪð/ *adv formal* bezzwłocznie: *All leave is to be cancelled forthwith.*

for·ti·fi·ca·tions /ˌfɔːtəfəˈkeɪʃənz/ *n* [plural] fortyfikacje

for·ti·fy /ˈfɔːtɪfaɪ/ *v* [T] **1** obwarowywać: *a fortified city* **2** wzmacniać: *We fortified ourselves with a beer before we started.*

for·ti·tude /ˈfɔːtɪtjuːd/ *n* [U] *formal* męstwo

fort·night S3 /ˈfɔːtnaɪt/ *n* [C usually singular] *BrE* dwa tygodnie: *The meetings take place once a fortnight.* | *a fortnight's holiday*

for·tress /ˈfɔːtrɪs/ *n* [C] forteca

for·tu·i·tous /fɔːˈtjuːɪtəs/ *adj formal* przypadkowy: *a fortuitous discovery*

for·tu·nate S3 /ˈfɔːtʃənət/ *adj* mający szczęście: **be fortunate to do sth** (=mieć szczęście coś zrobić): *We were fortunate enough to get tickets for the last show.* | **it is fortunate (that)** (=tak się szczęśliwie składa, że): *It was fortunate that the ambulance arrived so quickly.* THESAURUS LUCKY → antonim UNFORTUNATE

for·tu·nate·ly /ˈfɔːtʃənətli/ *adv* na szczęście: *Fortunately I had a good job at the time.* | *We were late getting to the airport, but fortunately our plane was delayed.*

for·tune S3 W3 /ˈfɔːtʃən/ *n* **1** [C] majątek: *Julia must have spent a fortune on her wedding dress!* | *He made a fortune on that deal.* **2** [C usually plural, U] los, fortuna: *a win that marked a change in the team's fortunes* **3 tell sb's fortune** przepowiadać komuś przyszłość

ˈfortune ˌteller *n* [C] wróżka

for·ty /ˈfɔːti/ *number* czterdzieści —**fortieth** *number* czterdziesty

for·um /ˈfɔːrəm/ *n* [C] forum: *a forum for debate on bullying in schools*

for·ward¹ S1 W1 /ˈfɔːwəd/ *adv* **1** *także* **forwards** do przodu: *He leaned forward to hear what they were saying.* | *Could you move your chair forwards a little?* **2** naprzód: *NASA's space project cannot go forward without more money.* **3 look forward** patrzeć w przyszłość: *We must look forward and invest in new technology.* → patrz też FAST FORWARD, **look forward to sth** (LOOK¹), → antonim BACKWARD

forward² S2 W3 *adj* **1 forward planning/thinking** planowanie/myślenie perspektywiczne: *Forward planning is essential if the campaign is to succeed.* **2** [only before noun] do przodu: *Roadblocks prevented further forward movement.*

forward³ *v* [T] przesyłać *(na inny adres)*

forward⁴ *n* [C] napastnik *(w piłce nożnej)*

ˈforwarding adˌdress *n* [C] nowy adres *(do przekierowywania korespondencji po przeprowadzce)*

ˈforward-ˌlooking *adj* przewidujący, dalekowzroczny: *Forward-looking schools are already exploring these possibilities.*

for·wards /ˈfɔːwədz/ *adv* FORWARD

ˈforward slash *n* ukośnik

fos·sil /ˈfɒsəl/ *n* [C] skamielina

fos·ter¹ /ˈfɒstə/ *v* [T] **1** rozwijać: *Our weekly meetings help to foster team spirit.* **2** brać na wychowanie: *fostering a child* → porównaj ADOPT

foster² *adj* **foster parents/family** rodzice zastępczy/rodzina zastępcza **foster child** wychowan-ek/ica

fought /fɔːt/ *v* czas przeszły i imiesłów bierny od FIGHT

foul¹ /faʊl/ *adj* **1** wstrętny: *foul-smelling water* **2** *especially BrE* okropny: *The weather's been foul all week.* | **in a foul mood/temper** *She came home from work in a foul mood* (=w fatalnym nastroju). **3 foul language** wulgarny język

foul² *v* [T] **1** s/faulować: *Berger was fouled in the penalty area.* **2** zanieczyszczać *(odchodami)*: *Anyone whose dog fouls the street will be fined.*

foul³ *n* [C] faul

ˌfoul ˈplay *n* [U] morderstwo: *Police have found a body, but they don't suspect foul play.*

ˈfoul-up *n informal* fuszerka, partactwo: *an administrative foul-up*

found¹ Ac /faʊnd/ *v* czas przeszły i imiesłów bierny od FIND

found² Ac *v* [T] **1** zakładać: *The Academy was founded in 1666.* **2 be founded on/upon** opierać się na: *The US was founded on the idea of religious freedom.*

foun·da·tion W2 Ac /faʊnˈdeɪʃən/ *n* **1** [C] podstawa, fundament: **+ of** *Justice and equality are the foundation of any democracy.* | **lay the foundation for sth** (=tworzyć fundamenty czegoś): *an agreement that will lay the foundations for peace* **2** [C] fundacja: *the National Foundation for the Arts* **3** [C] *AmE także* **foundations** [plural] *especially BrE* fundament **4 be without foundation/have no foundation** być bezpodstawnym: *These accusations are completely without foundation.*

found·er Ac /ˈfaʊndə/ *n* [C] założyciel/ka

foun·dry /ˈfaʊndri/ *n* [C] odlewnia

foun·tain /ˈfaʊntɪn/ *n* [C] fontanna

ˈfountain pen *n* [C] wieczne pióro

four /fɔː/ *number* **1** cztery **2 on all fours** na czworakach: *crawling around on all fours*

four·some /ˈfɔːsəm/ *n* [C] czwórka *(grupa ludzi)*: *I'll invite Jo for dinner to make up a foursome.*

four·teen /ˌfɔːˈtiːn◂/ *number* czternaście —**fourteenth** *number* czternasty

fourth /fɔːθ/ *number* **1** czwarty **2** *AmE* ćwiartka

ˌFourth of Juˈly *n AmE* [singular] Dzień Niepodległości *(amerykańskie święto narodowe)*

ˌfour-wheel ˈdrive *n* **1** [U] napęd na cztery koła **2** [C] samochód z napędem na cztery koła

fowl /faʊl/ *n* [C] (plural **fowl** *or* **fowls**) drób

fox¹ /fɒks/ *n* [C] lis

fox² *v* [T] *BrE* ogłupiać

foy·er /ˈfɔɪeɪ/ *n* [C] foyer

frac·as /ˈfrækɑː/ *n* [singular] awantura

frac·tion /ˈfrækʃən/ *n* **1** [C] ułamek **2** [singular] odrobina, cząstka: **+ of** *We paid only a fraction of the original price.*

frac·ture /ˈfræktʃə/ *n* [C] pęknięcie, złamanie —**fracture** *v* [T] z/łamać: *a fractured wrist*

fra·gile /ˈfrædʒaɪl/ *adj* **1** kruchy: *fragile glassware* | *a fragile peace agreement* THESAURUS WEAK **2** wątły: *a fragile old lady* —**fragility** /frəˈdʒɪləti/ *n* [U] kruchość

frag·ment¹ /ˈfrægmənt/ *n* [C] kawałek: **+of** *fragments of glass* THESAURUS PIECE

frag·ment² /frægˈment/ *v* [I,T] rozbijać (się) na kawałki: *a day fragmented by interruptions and phone calls*

fra·grance /ˈfreɪgrəns/ *n* [C,U] woń, zapach: *a delicate fragrance* THESAURUS SMELL

fra·grant /ˈfreɪgrənt/ *adj* pachnący, wonny: *a fragrant rose*

frail /freɪl/ *adj* słabowity: *a frail old man* THESAURUS WEAK

frail·ty /ˈfreɪlti/ *n* [C,U] kruchość, słabość: *human frailty*

frame¹ S3 W3 /freɪm/ *n* [C] **1** rama: *a gilt picture frame* | *a bicycle frame* **2** szkielet: *There was nothing wrong with the frame of the house.* **3** sylwetka: *her small, slender frame* **4 frame of mind** nastrój: *I don't think you'll be able to convince him while he's in that frame of mind.*

frame² *v* [T] **1** oprawiać *(w ramy)*: *a framed portrait of the Queen* **2** *informal* wrabiać: *Murphy claims he was framed by his partner.* **3** *formal* wyrażać, ujmować: *Jack hesitated, unsure how to frame his request.*

frames /freɪmz/ *n* [plural] oprawka: *spectacle frames*

frame·work Ac /ˈfreɪmwɜːk/ *n* [C] **1** ramy: *We must work within the framework of the existing budget.* **2** szkielet: *The house was built of concrete on a steel framework.*

France /frɑːns/ *n* Francja —**French** /frentʃ/ *adj* francuski —**Frenchman** *n* Francuz —**Frenchwoman** *n* Francuzka

fran·chise /ˈfræntʃaɪz/ *n* **1** [C] koncesja **2** [U] prawo wyborcze

frank /fræŋk/ *adj* **1** szczery: *a frank exchange of opinions* | *I'll be perfectly frank with you – he may not recover.* **2 to be frank** *spoken* szczerze mówiąc: *To be frank, I don't think it will work.* —**frankly** *adv* szczerze, otwarcie —**frankness** *n* [U] szczerość

frank·fur·ter /ˈfræŋkfɜːtə/ *n* [C] (cienka) parówka

fran·tic /ˈfræntɪk/ *adj* **1** gorączkowy: *a frantic rush for the last remaining tickets* **2** oszalały: *The girl's parents were frantic with worry.* —**frantically** /-kli/ *adv* gorączkowo

fra·ter·nal /frəˈtɜːnl/ *adj* braterski: *fraternal love*

fra·ter·ni·ty /frəˈtɜːnəti/ *n* **1** [U] *formal* braterstwo **2** [C] bractwo

frat·er·nize /ˈfrætənaɪz/ *także* **-ise** *BrE v* [I] z/bratać się: **+with** *Soldiers who fraternize with the enemy will be shot.*

fraud /frɔːd/ *n* **1** [C,U] oszustwo: *The police arrested him for tax fraud.* **2** [C] oszust/ka

fraud·u·lent /ˈfrɔːdjələnt/ *adj* oszukańczy, nieuczciwy: *fraudulent business deals* —**fraudulently** *adv* nieuczciwie

fraught /frɔːt/ *adj* **fraught with problems/difficulty** najeżony problemami/trudnościami: *a situation fraught with difficulties*

fray¹ /freɪ/ *v* **1** [I,T] po/strzępić (się) **2** [I] puszczać *(o nerwach)*: *As the temperature rose, tempers began to fray.*

fray² *n* **enter/join the fray** wdawać się w awanturę: *More protesters arrived and joined in the fray.*

freak¹ /friːk/ *n* [C] **1** *informal* fanaty-k/czka: *Carrot juice is a favourite with health freaks.* **2** dziwa-k/czka: *He looked at me as if I were some kind of freak.*

freak² *adj* przedziwny: *a freak accident* THESAURUS UNUSUAL

freak³ *także* **freak out** *v*, [I,T] *spoken* **1** s/panikować: *I was an hour late and Dad totally freaked!* **2** napędzać stracha: *Horror films always freak me out.*

freck·le /ˈfrekəl/ *n* [C usually plural] pieg: *a little girl with red hair and freckles* —**freckled** *adj* piegowaty

free¹ S1 W1 /friː/ *adj* **1** wolny: *free competition between airline companies* | *Excuse me, is this seat free?* | *Let's go out for a meal – when are you free?* | **be free to do sth** *The children are free to choose* (=dzieciom wolno wybierać) *any of the activities.* | **set sb free** (=uwolnić kogoś): *The UN demanded that the hostages be set free.* | **free time** (=czas wolny): *I don't have enough free time during the week.* THESAURUS EMPTY **2** darmowy, bezpłatny: *We got two free tickets for the game.* | *Entrance to the gallery is free.* | **free of charge** (=za darmo): *Pregnant women can get dental treatment free of charge.* **3 give sb a free hand** dać komuś wolną rękę **4 feel free** *spoken* proszę: *Feel free to ask questions.* **5 free of/from** wolny od: *Keep the garden free of weeds.*

free² S3 W3 *v* [T] **1** zwalniać: *Atkins was freed from jail yesterday.* **2** uwalniać: *The terrorist finally freed the hostages.* | *Firefighters freed two men trapped in the burning building.* | **free sb from** *an attempt to free himself from drug addiction* → patrz też FREELY

free³ *adv* **1** bezpłatnie, za darmo: *Children under 12 travel free.* | **for free** (=za darmo): *Kylie's fixing my car for free.* **2** luźno: *She undid her hair, letting it fall free.* **3 break free** wyzwolić się: *Lucille finally broke free and started a new life.*

-free /friː/ *suffix* bez-, wolny od ...: *a fat-free diet* (=dieta beztłuszczowa) | *duty-free cigarettes* (=bezcłowe papierosy) | *trouble-free journey* (=podróż wolna od kłopotów)

free ˈagent *n* wolny agent

free·bie, **freebee** /ˈfriːbi:/ *n* [C] *informal* upominek *(od firmy, w ramach promocji)*

free·dom S3 W2 /ˈfriːdəm/ *n* **1** [C,U] wolność: *Kids have too much freedom nowadays.* | **freedom of speech/choice** (=wolność słowa/wyboru) | **freedom to do sth** (=swoboda robienia czegoś): *People should have the freedom to vote for whoever they choose.* **2 freedom from sth** wolność od czegoś: *freedom from fear and oppression*

ˈfreedom ˌfighter *n* [C] bojowni-k/czka o wolność

free ˈenterprise *n* [U] wolny rynek

ˌfree-for-ˈall *n* [C usually singular] *informal* **1** burda **2** wolna amerykanka

ˌfree ˈkick *n* [C] rzut wolny

free·lance /ˈfriːlɑːns/ *adj, adv* niezależny, niezależnie: *a freelance journalist* | *How long have you been working freelance?* —**freelancer** *n* [C] wolny strzelec

free·ly /ˈfriːli/ *adv* **1** swobodnie: *We encourage our students to speak freely.* | *People can now travel freely across the border.* | *countries where abortion is freely available* (=jest łatwo dostępna) **2 freely admit/acknowledge** uczciwie przyznawać: *I freely admit I made a bad choice.* **3** hojnie, obficie: *He gives freely to local charities.*

ˌfree ˈmarket *n* [singular] wolny rynek

Free·ma·son /ˈfriːˌmeɪsən/ *n* [C] mason

ˌ**free 'radical** *n* [C] *technical* wolny rodnik: *It is thought that free radicals can damage cells.*

ˌ**free-'range** *adj* wiejski *(o drobiu, jajkach)*: *free-range eggs*

ˌ**free 'speech** *n* [U] wolność słowa: *Americans are guaranteed the right to free speech in the Constitution.*

ˌ**free 'spirit** *n* buntowniczy duch

free-'trade ˌzone *n* strefa wolnego handlu

free·way S2 W3 /'friːweɪ/ *n* [C] *AmE* autostrada

ˌ**free 'will** *n* **1** wolna wola **2 do sth of your own free will** z/robić coś z własnej woli: *She went of her own free will.*

freeze¹ S3 W3 /friːz/ *v* (**froze**, **frozen**, **freezing**) **1** [I] zamarzać: *The water pipes may freeze if you don't leave your heating on.* **2** [T] s/powodować zamarznięcie: *The cold weather can even freeze petrol in car engines.* **3** [T] zamrażać: *I'm going to freeze some of this bread.* | *Our budget for next year has been frozen.* **4** [I] z/marznąć: *You'll freeze if you don't wear a coat.* **5** [I] zamierać (w bezruchu): *Hugh froze when he saw the snake.*

freeze² *n* **price/wage freeze** zamrożenie cen/płac

freez·er S3 /'friːzə/ *n* [C] **1** zamrażarka **2** zamrażalnik

freez·ing¹ /'friːzɪŋ/ *adj informal* strasznie zimny: *It's freezing outside!* THESAURUS COLD

freezing² *n* **above/below freezing** powyżej/poniżej zera

'**freezing ˌpoint** *n* [C,U] punkt zamarzania

freight /freɪt/ *n* [U] ładunek

freight·er /'freɪtə/ *n* [C] transportowiec

French fry /ˌfrentʃ 'fraɪ/ *n* [C usually plural] *AmE* frytka

ˌ**French 'window** *n* [C usually plural] drzwi oszklone

fre·net·ic /frə'netɪk/ *adj* gorączkowy: *the frenetic pace of life in New York*

fren·zied /'frenzid/ *adj* szalony: *the sound of frenzied shouts and applause*

fren·zy /'frenzi/ *n* [U singular] szał: **in a frenzy** *In a frenzy, Brady began kicking and punching the police officers.*

fre·quen·cy /'friːkwənsi/ *n* [U] częstotliwość: *The human ear cannot hear sounds of very high frequency.* | **+ of** *the frequency of bacterial infections in AIDS patients*

fre·quent¹ W3 /'friːkwənt/ *adj* częsty: *Her teacher is worried about her frequent absences from class.* → antonim INFREQUENT

fre·quent² /frɪ'kwent/ *v* [T] często bywać w: *a café frequented by artists and intellectuals*

fre·quent·ly S3 W2 /'friːkwəntli/ *adv formal* często: *Passengers complain that trains are frequently cancelled.* THESAURUS OFTEN

fres·co /'freskəʊ/ *n* [C] (plural **frescoes**) fresk

fresh S2 W2 /freʃ/ *adj* **1** świeży: *We need to try a fresh approach.* | *I've put some fresh sheets on your bed.* | *fresh strawberries* | *a fresh breeze* | *It's nice to get some fresh air.* | *a fresh complexion* | *Lucy woke up feeling fresh and relaxed.* | **make a fresh start** (=zaczynać od nowa): *They decided to move to Australia and make a fresh start.* THESAURUS NEW **2 fresh water** słodka woda **3 fresh from/out of** prosto z, świeżo po: *a new teacher fresh from university* —**freshness** *n* [U] świeżość

fresh·en /'freʃən/ *v*
freshen up *phr v* [I] *especially spoken* odświeżać się: *Would you like to freshen up before dinner?*

fresh·ly /'freʃli/ *adv* świeżo: *freshly mown grass* THESAURUS RECENTLY

fresh·man /'freʃmən/ *n* [C] *AmE* (plural **freshmen** /-mən/) ucze-ń/nnica pierwszej klasy szkoły średniej lub student/ka pierwszego roku

fresh·wa·ter /'freʃwɔːtə/ *adj* słodkowodny

fret /fret/ *v* [I] (**-tted**, **-tting**) trapić się

fret·ful /'fretfəl/ *adj old-fashioned* marudny: *a fretful child* —**fretfully** *adv* marudnie

Fri. skrót pisany od FRIDAY

fri·ar /'fraɪə/ *n* [C] zakonnik, brat zakonny

fric·tion /'frɪkʃən/ *n* [U] tarcie: *friction between parents and their teenage children* | *the heat produced by friction*

Fri·day /'fraɪdi/ (*skrót pisany* **Fri.**) *n* [C,U] piątek

fridge S2 /frɪdʒ/ *n* [C] lodówka

fried /fraɪd/ *adj* smażony

friend S1 W1 /frend/ *n* [C] przyjaci-el/ółka: *Martha went to London with some friends.* | *Lee's an old friend of mine.* | **best friend** *Even my best friend didn't know my secret.* | **make friends** (=zaprzyjaźniać się): *He's very shy, and finds it difficult to make friends with people.* | **be friends with sb** (=być z kimś w przyjaznych stosunkach)

COLLOCATIONS: friend

adjectives

sb's best friend *Joe was my best friend.*
a good/close friend *We're only inviting a few close friends.*
an old friend *She doesn't forget her old friends.*
a lifelong friend (=przyjaci-el/ółka na całe życie) *Here he met George Wood, who became a lifelong friend.*
a personal friend *The chairman is a personal friend of my father.*

noun + friend

a school/college/university friend *She's gone shopping with some school friends.*
a childhood friend (=przyjaci-el/ółka z dzieciństwa) *Louis and Rosa were childhood friends.*
a family friend *The doctor was an old family friend.*

verbs

to have a friend *Does he have a lot of friends?*
to become friends *We soon became friends.*
to remain friends *Can you remain friends with an ex-boyfriend?*

noun + friends

sb's circle of friends (=krąg znajomych) *He was not really part of my circle of friends.*

friend·ly S2 W3 /'frendli/ *adj* przyjazny: *a friendly smile* | **friendly to/towards** (=życzliwy w stosunku do): *The local people are very friendly towards tourists.* —**friendliness** *n* [U] życzliwość → patrz też ENVIRONMENTALLY FRIENDLY, USER-FRIENDLY

friend·ship W3 /'frendʃɪp/ *n* [C,U] przyjaźń: *Their friendship began in college.* | *a close friendship*

fries /fraɪz/ *n* [plural] *especially AmE* frytki

frieze /friːz/ *n* [C] fryz, bordiura

frig·ate /'frɪgət/ *n* [C] fregata

F

fright /fraɪt/ *n* [U singular] strach: **give sb a fright** (=przestraszyć kogoś): *Sorry, I didn't mean to give you a fright.* | **in fright** *They both ran off in fright.*

fright·en /ˈfraɪtn/ *v* [T] przestraszyć: *Don't shout like that - you'll frighten the baby.* | **frighten sb into doing sth** *He frightened her into signing the paper* (=zastraszył ją tak, że podpisała dokument).

frighten sb ↔ away/off *phr v* [T] odstraszać: *loud noises that frightened the birds away*

fright·ened S3 /ˈfraɪtnd/ *adj* **be frightened** bać się: *Don't be frightened. No one's going to hurt you.* | **+ of** *When I was a child, I was frightened of the dark.* | **+ that** *She was frightened that there was someone outside her room.*

THESAURUS: frightened

be frightened bać się: *I was frightened that he might hit me.* | *Many animals are frightened of loud noises.*

be scared bać się *(używa się zwłaszcza w mowie)*: *I'm scared of spiders.* | *You don't need to be scared.*

be afraid bać się *(używa się zwłaszcza w piśmie)*: *Small children are often afraid of the dark.* | *When she thought about the future, she felt afraid.*

be terrified panicznie się bać: *Sid is terrified of heights.*

F

fright·en·ing /ˈfraɪtn-ɪŋ/ *adj* przerażający: *a frightening experience*

fright·ful /ˈfraɪtfəl/ *adj BrE spoken* straszny: *The house was in a frightful mess.*

fright·ful·ly /ˈfraɪtfəli/ *adv BrE old-fashioned* strasznie: *I'm frightfully sorry.*

fri·gid /ˈfrɪdʒɪd/ *adj* **1** oziębły *(seksualnie)* **2** *literary* chłodny, oschły

frill /frɪl/ *n* [C] **1** falbanka **2** [usually plural] bajer: *a cheap, straightforward insurance service with no frills*

frill·y /ˈfrɪli/ *adj* z falbankami: *a frilly blouse*

fringe¹ /frɪndʒ/ *n* [C] **1** *BrE* grzywka **2** skraj: *He was standing on the fringe of the crowd.* | *the fringes of the town* **3** frędzle: *a cowboy jacket with a leather fringe* **4** skrzydło: *the fascist fringe of British politics*

fringe² *adj* [only before noun] marginesowy: *fringe issues*

fringe³ *v* [T] okalać, obwodzić: *a line of palm trees fringing the shore*

ˈfringe ˌbenefit *n* [C usually plural] świadczenie dodatkowe

frisk /frɪsk/ *v* [T] przeszukiwać: *The passengers were frisked before being allowed onto the plane.*

frisk·y /ˈfrɪski/ *adj* rozbrykany: *frisky lambs*

frit·ter /ˈfrɪtə/

fritter sth ↔ away *phr v* [T] roz/trwonić

fri·vol·i·ty /frɪˈvɒləti/ *n* [C,U] beztroska: *childish frivolity*

friv·o·lous /ˈfrɪvələs/ *adj* niepoważny: *a frivolous remark*

frizz·y /ˈfrɪzi/ *adj* mocno kręcony: *frizzy hair*

fro /frəʊ/ *adv* → patrz **to and fro** (TO³)

frog /frɒg/ *n* [C] żaba

frog·man /ˈfrɒgmən/ *n* [C] (plural **frogmen** /-mən/) nurek

frol·ic /ˈfrɒlɪk/ *v* [I] (**frolicked, frolicked, frolicking**) *literary* baraszkować —**frolic** *n* [C] igraszki

from S1 W1 /frəm, frɒm/ *prep* **1** od: *The morning class is from 9.00 to 11.00.* | *Prices range from $80 to $250.* | *We live about five miles from the airport.* | *Who is the present from?* | *Subtract $40.00 from the total.* | *This will stop you from feeling sick* (=uchroni cię od mdłości). | **from now on** (=od teraz): *From now on Mr Collins will be teaching this class.* **2** z: *"Where are you from?" "I'm from South Africa."* | *Our speaker today is from the University of Montana.* | *He drove all the way from Colorado.* | *food from local farms* | *We could see the house from the road.* | *Beer is made from hops.* | *He's quite different from his brother* (=różni się od). | *He pulled his shoes out from under* (=spod) *the bed.* | *From what I've read* (=z tego, co czytałem), *the company seems to be in difficulties.* **3 a week/2 months from now** za tydzień/2 miesiące: *One month from now we'll be in Mexico!*

frond /frɒnd/ *n* [C] liść *(palmy lub paproci)*

front¹ S1 W1 /frʌnt/ *n* **1 the front a)** przód: *Let's sit at the front of the bus.* **b)** front: *The magazine had a picture of Princess Diana on the front.* | **+ of** *The front of the house was painted yellow.* → antonim BACK¹ **2 in front of a)** przed: *Kelly sat down in front of the mirror.* | *He parked in front of a small hotel.* | *There was a tall man sitting in front of me, so I couldn't see the screen.* **b)** przy: *Don't say anything in front of the children.* **3 in front** z przodu: *The car in front braked suddenly.* **4** front: *More troops were sent to the Western Front.* **5** *technical* front (atmosferyczny): *a cold front moving across the country*

front² S1 W2 *adj* **1** frontowy: *the front door* **2** przedni: *tickets for front row seats*

front

front   back

front³ *v* [T] wychodzić na: *The building fronts Lake Michigan.*

front·al /ˈfrʌntl/ *adj* czołowy, frontalny: *a frontal attack* | *the frontal lobe of the brain*

fron·tier /ˈfrʌntɪə/ *n* [C] granica: *a town on the frontier between France and Spain* | *the frontiers of science*

ˌfront ˈline *n* **the front line** linia frontu

ˈfront-page *adj* **front-page news/story** wiadomość/historia z pierwszych stron gazet

ˌfront-ˈrunner *n* [C] faworyt/ka: *the front-runner in the race for the Republican nomination*

frost¹ /frɒst/ *n* **1** [U] szron: *trees covered with frost* **2** [C] mróz: *an early frost* | **a hard frost** (=trzaskający mróz)

frost² *v* [T] *AmE* po/lukrować

frost·bite /ˈfrɒstbaɪt/ *n* [U] odmrożenie —**frostbitten** /-bɪtn/ *adj* odmrożony

frost·ing /ˈfrɒstɪŋ/ *n* [U] *AmE* lukier

frost·y /ˈfrɒsti/ *adj* **1** mroźny: *a frosty morning* **2** oszroniony: *frosty ground* **3** lodowaty: *a frosty greeting*

froth¹ /frɒθ/ *n* [U singular] piana

froth² *v* [I] pienić się: *The sick dog was frothing at the mouth* (=toczył pianę z pyska).

froth·y /ˈfrɒθi/ *adj* pieniący się, z pianką: *a cup of hot frothy cappuccino*

frown /fraʊn/ *v* [I] z/marszczyć czoło: *Mel frowned and pretended to ignore me.* —**frown** *n* [C] zmarszczenie brwi: *He looked at her with a puzzled frown.*
frown on/upon sth *phr v* [T] krzywo patrzeć na: *In the 1930s divorce was frowned upon.*

froze /frəʊz/ *v* czas przeszły od FREEZE

fro·zen¹ /ˈfrəʊzən/ *v* imiesłów bierny od FREEZE

frozen² *adj* **1** mrożony: *frozen peas* **2** *spoken* przemarznięty: *Can you turn up the heating? I'm frozen.* **3** zamarznięty: *The ground was frozen.* | *the frozen lake*

fru·gal /ˈfruːgəl/ *adj* **1** oszczędny: *As children we were taught to be frugal and hard-working.* **2** skromny: *a frugal meal*

fruit S2 W3 /fruːt/ *n* (plural **fruit** *or* **fruits**) **1** [C,U] owoc(e): *a bowl of fruit* | **fruit salad** (=sałatka owocowa) **2 the fruits of sth** owoce czegoś: *They can now enjoy the fruits of their labours.* →patrz też **bear fruit** (BEAR¹)

fruit·cake /ˈfruːtkeɪk/ *n* [C,U] keks

fruit·ful /ˈfruːtfəl/ *adj* owocny: *a fruitful meeting*

fru·i·tion /fruˈɪʃən/ *n* **come to fruition** *formal* przynosić owoce, za/owocować: *In 1969 their plans finally came to fruition.*

fruit·less /ˈfruːtləs/ *adj* bezowocny: *Brad spent three fruitless months in Chicago, trying to find a job.* —**fruitlessly** *adv* bezowocnie

fruit·y /ˈfruːti/ *adj* owocowy: *a fruity wine*

frus·trate /frʌˈstreɪt/ *v* [T] **1** frustrować: *If you try to teach children too much too quickly, you will only confuse and frustrate them.* **2** udaremniać: *Their plans were frustrated by a disastrous fire.* —**frustrating** *adj* frustrujący: *They keep sending me the wrong forms – it's very frustrating.*

frus·trat·ed /frʌˈstreɪtɪd/ *adj* sfrustrowany: **+ with** *She's getting really frustrated with her computer. It's always crashing.*

frus·tra·tion /frʌˈstreɪʃən/ *n* [C,U] frustracja: *There is a deep sense of frustration among many highschool teachers.*

fry S3 /fraɪ/ *v* [I,T] (**fried**, **fried**, **frying**) u/smażyć: *Do you want me to fry some eggs?*

ˈfrying ˌpan *n* [C] patelnia

ft. skrót od FOOT lub FEET

fudge¹ /fʌdʒ/ *n* [U] krówka *(cukierek)*

fudge² *v* [T] rozmydlać: *Clinton tried to fudge the tax issue.*

fu·el¹ S3 W2 /ˈfjuːəl/ *n* [C,U] paliwo, opał

fuel² *v* [T] (**-lled**, **-lling** *BrE*; **-led**, **-ling** *AmE*) podsycać, napędzać: *high inflation, fuelled by high government spending*

fu·gi·tive /ˈfjuːdʒətɪv/ *n* [C] zbieg: *a fugitive from justice*

ful·fil W3 /fʊlˈfɪl/ *BrE*, **fulfill** *AmE* *v* [T] (**-lled**, **-lling**) **1 fulfil a promise/duty** spełniać obietnicę/obowiązek: *The government hasn't fulfilled its promise to cut taxes.* | *I knew that I could never fulfil my parents' expectations of me.* **2 fulfil a dream/an ambition** z/realizować marzenie/ambicję: *Bruce had finally fulfilled his dream of becoming a racing driver.* **3 fulfil a role/function** pełnić rolę/funkcję: *The church fulfils an important role in the local community.*

ful·filled /fʊlˈfɪld/ *adj* spełniony, usatysfakcjonowany

ful·fil·ling /fʊlˈfɪlɪŋ/ *adj* dający satysfakcję

ful·fil·ment /fʊlˈfɪlmənt/ *BrE*, **fulfillment** *AmE* *n* [U] **1** satysfakcja: *Ann's work gives her a real sense of fulfilment.* **2** spełnienie: *His trip to Europe was the fulfilment of a life-long ambition.*

full¹ S1 W1 /fʊl/ *adj* **1** pełny, pełen: *The train was full, so we had to wait for the next one.* | *Check the fuel tank is full.* | *Please write down your full name and address.* | *You have our full support.* | *the full cost of repairs* | *The car was approaching at full speed* (=z maksymalną prędkością). | **+ of** *We found a box full of old letters.* | *In summer the town is full of tourists.* | *Eric's essay is full of mistakes.* | *Her heart was full of joy.* | **full up** *We arrived late, and the hotel was already full up.* **2** *także* **full up** *BrE informal* najedzony: *"Would you like some more cake?" "No thanks. I'm full."* **3 in full view of sb** na czyichś oczach: *He took off his clothes in full view of the neighbours.* **4 full marks** *BrE* najwyższe oceny **5** okrągły *(o twarzy, kształtach)* **6** szeroki: *a full skirt*

> **UWAGA: full of**
> Patrz **filled with** i **full of**.

full² *n* **in full** w całości →patrz też **live life to the full** (LIVE¹)

full³ *adv* **1** *literary* prosto: *The sun shone full on her face.* **2 full on** na maksa, na najwyższych obrotach: *The spotlights were full on.*

fullback /ˈfʊlbæk/ *n* **1** obrona **2** obrońca

ˈfull-blown *adj* rozwinięty: *full-blown AIDS*

ˌfull-ˈfledged *adj AmE* pełnoprawny, stuprocentowy

ˌfull-ˈgrown *adj* dorosły: *A full-grown elephant can weigh over 6,000 kilograms.*

ˌfull ˈhouse *n* [C] komplet *(widzów na sali)*

ˈfull-length *adj* **1 full-length film** film pełnometrażowy **2 full-length skirt/dress** spódnica/suknia do ziemi

ˌfull ˈmoon *n* [singular] pełnia księżyca

ˌfull-ˈscale *adj* [only before noun] **1** zakrojony na szeroką skalę: *a full-scale inquiry into the disaster* | *a full-scale nuclear war* **2 full-scale model** model naturalnej wielkości

ˌfull ˈstop *n* [C] *BrE* kropka *(znak przestankowy)*

full-time *adv* **work full-time** pracować w pełnym wymiarze godzin —**full-time** *adj*: *a full-time job* (=praca na pełen etat) →porównaj PART-TIME

ful·ly S2 W2 /ˈfʊli/ *adv* gruntownie: *a fully trained nurse*

ˌfully-ˈfledged *adj BrE* pełnoprawny, stuprocentowy: *Noel and Liam were now fully-fledged superstars.*

fum·ble /ˈfʌmbəl/ *v* [I] **fumble for** szukać po omacku: *Gary fumbled for the light switch in the dark.*

fume /fjuːm/ *v* [I] wściekać się: *She had been waiting for over an hour, and she was fuming.*

fumes /fjuːmz/ *n* [plural] opary, wyziewy: *chemical fumes* | **(car) exhaust fumes** spaliny

fu·mi·gate /ˈfjuːmɪgeɪt/ *v* [T] fumigować, odymiać —**fumigation** /ˌfjuːməˈgeɪʃən/ *n* [U] fumigacja

fun¹ S2 W3 /fʌn/ *n* [U] **1** zabawa: **have fun** (=dobrze się bawić): *The children all had a lot of fun.* | **it's no fun** (=to

F

nic przyjemnego) *spoken*: *It's no fun being alone in a big city.* | **for fun/for the fun of it** (=dla przyjemności): *Tina's started doing art classes, just for fun!* **2 make fun of** wyśmiewać się z: *At school the other children used to make fun of him because he was fat.*

UWAGA: fun i pleasure

Mówiąc o sposobie spędzania czasu lub zajęciu sprawiającym nam przyjemność, używamy zwrotów z wyrazami **pleasure** i **pleasurable** lub **enjoyment** i **enjoyable**: *Reading is her one source of pleasure.* | *We spent an enjoyable afternoon at the art gallery.* Wyraz **fun** kojarzy się raczej z lżejszymi rozrywkami, takimi jak gry, zabawy, posiłki na świeżym powietrzu itp.: *John's parties are always great fun.* | *Let's go to the beach and have some fun.* | *The game we played was a lot of fun.*

fun² S2 W3 *adj* **1** [only before noun] przyjemny: *It'll be a fun day out.* THESAURUS NICE **2** fajny: *Terry is a fun person.*

func·tion¹ S3 W1 Ac /ˈfʌŋkʃən/ *n* [C] **1** funkcja: *What's the exact function of this program?* | *The function of a chairman is to lead and control meetings.* **2** uroczystość: *The mayor has to attend all kinds of official functions.*

function² Ac *v* [I] działać, funkcjonować: *Can you explain exactly how this new system will function?*
function as sth *phr v* [T] pełnić funkcję: *a noun functioning as an adjective*

func·tion·al Ac /ˈfʌŋkʃənəl/ *adj* funkcjonalny: *office furniture that is purely functional*

fund¹ S3 W1 Ac /fʌnd/ *n* [C] fundusz: *the school sports fund* | **raise funds** (=z/gromadzić fundusze): *We're trying to raise funds for a new swimming pool.*

fund² S3 W3 Ac *v* [T] s/finansować: *a project funded by the World Health Organization*

fun·da·men·tal W2 Ac /ˌfʌndəˈmentl◂/ *adj* zasadniczy, fundamentalny: *fundamental changes to the education system* —**fundamentally** *adv* zasadniczo, fundamentalnie: *Marxism and capitalism are fundamentally opposed to each other.*

fun·da·men·tal·ist /ˌfʌndəˈmentəlɪst/ *n* [C] fundamentalist-a/ka —**fundamentalism** *n* [U] fundamentalizm

fun·da·men·tals /ˌfʌndəˈmentlz/ *n* [plural] podstawy: *the fundamentals of computer programming*

fund·ing Ac /ˈfʌndɪŋ/ *n* [U] środki finansowe: *funding for universities*

ˈfund-ˌraising *n* [U] gromadzenie funduszy, zbiórka pieniędzy

fu·ne·ral S3 /ˈfjuːnərəl/ *n* [C] pogrzeb: *The funeral will be held on Thursday at St Patrick's church.*

ˈfuneral diˌrector *n* [C] przedsiębiorca pogrzebowy

ˈfuneral home *także* **ˈfuneral ˌparlour** *n* [C] dom pogrzebowy

fun·fair /ˈfʌnfeə/ *n* [C] *BrE* wesołe miasteczko

fun·gus /ˈfʌŋgəs/ *n* [C,U] (plural **fungi** /-dʒaɪ,-gaɪ/ *or* **funguses**) grzyb: *The walls were covered with some kind of fungus.*

funk /fʌŋk/ *n* [U] (muzyka) funk

funk·y /ˈfʌŋki/ *adj informal* **1** czadowy: *a funky Mexican restaurant that serves surprisingly good food* **2** funkowy

fun·nel /ˈfʌnl/ *n* [C] lejek

fun·ni·ly /ˈfʌnəli/ *adv* **funnily enough** *spoken* dziwnym trafem: *Funnily enough, I was just going to call you when you called me.*

fun·ny S1 W3 /ˈfʌni/ *adj* **1** śmieszny: *She looks really funny in that hat.* | *a funny story* **2** dziwny: *What's that funny noise?* | *That's funny! I'm sure I left my keys in this drawer, but they aren't here now.* THESAURUS STRANGE **3** *informal* podejrzany: *We don't want any funny business.*

THESAURUS: funny

funny śmieszny, zabawny: *John told me a really funny joke.* | *She can be very funny.*
amusing zabawny (*wywołujący uśmiech, nie śmiech*): *There was an amusing article in the paper.* | *an amusing speech* | *She didn't find the situation very amusing.*
humorous dowcipny (*opowiadanie, opis itp.*): *a book of humorous poems* | *a humorous birthday card*
witty dowcipny (*osoba, uwaga*): *Sam was witty and fun to be with.* | *Everyone laughed at his witty remarks.*
hilarious bardzo śmieszny: *The movie was hilarious.* | *The children thought it was a hilarious joke.*

fur /fɜː/ *n* **1** [U] sierść **2** [C,U] futro: *a fur coat*

fu·ri·ous /ˈfjʊəriəs/ *adj* wściekły: *Her daughter was furious when she found out they'd been reading her private letters.* | *The horseman rode off at a furious gallop.* THESAURUS ANGRY —**furiously** *adv* wściekle

furl /fɜːl/ *v* [T] zwijać (*żagiel*) składać (*parasol*)

fur·long /ˈfɜːlɒŋ/ *n* [C] jednostka miary odległości równa 201 metrom

fur·nace /ˈfɜːnɪs/ *n* [C] piec (*np. w hucie*)

fur·nish /ˈfɜːnɪʃ/ *v* [T] **1** u/meblować **2** dostarczać: *Her bank manager was able to furnish her with the necessary information*

fur·nished /ˈfɜːnɪʃt/ *adj* umeblowany → antonim UNFURNISHED

fur·nish·ings /ˈfɜːnɪʃɪŋz/ *n* [plural] wyposażenie wnętrza

fur·ni·ture S2 W3 /ˈfɜːnɪtʃə/ *n* [U] meble: *antique furniture* | *office furniture* | **a piece of furniture** mebel **furniture shop** sklep meblowy

fu·ro·re /ˈfjʊərɔː/ *BrE*, **furor** *AmE* *n* [singular] *formal* wrzawa: *Darwin's theories caused a furore at the time.*

fur·row¹ /ˈfʌrəʊ/ *n* [C] **1** bruzda **2** zmarszczka

furrow² *v* [I,T] *literary* z/marszczyć: *A frown furrowed her brow.* —**furrowed** *adj* zmarszczony

fur·ry /ˈfɜːri/ *adj* futerkowy: *small furry animals*

fur·ther¹ S1 W1 /ˈfɜːðə/ *adv* **1** więcej: *I have nothing further to say.* THESAURUS MORE **2** dalej: *Their home is further down the street.* | *Their discussions had not progressed any further.* **3 not get any further** nie posuwać się dalej: *Police say that they have not got any further with their investigations.*

further² *adj* [only before noun] dalszy: *Are there any further questions?*

further³ *v* [T] *formal* wspierać: *efforts to further the cause of peace*

ˌfurther eduˈcation *n* [U] *BrE* kształcenie pomaturalne

fur·ther·more Ac /ˌfɜːðəˈmɔː/ *adv formal* ponadto

fur·thest /ˈfɜːðɪst/ *adj, adv* najdalszy, najdalej: *the furthest corner of the room*

F

fur·tive /ˈfɜːtɪv/ *adj* ukradkowy: *a furtive glance* —**furtively** *adv* ukradkiem

fu·ry /ˈfjʊəri/ *n* [U singular] furia: *I saw the look of fury on his face.*

fuse[1] /fjuːz/ *n* [C] **1** bezpiecznik: *The fuse has blown.* **2** zapalnik

fuse[2] *v* [I,T] **1** z/łączyć (się): *The bones of the spine had become fused together.* **2** *BrE* przepalać (się) *(na skutek przeciążenia bezpiecznika)*: *The lights had fused.*

fu·se·lage /ˈfjuːzəlɑːʒ/ *n* [C] kadłub samolotu

fu·sion /ˈfjuːʒən/ *n* [C,U] połączenie

fuss[1] S3 /fʌs/ *n* **1** [U singular] zamieszanie: *I didn't understand what all the fuss was about.* **2 make a fuss/kick up a fuss** z/robić awanturę: *The man at the next table was making a fuss because his food was cold.* **3 make a fuss of sb** *BrE*, **make a fuss over sb** *AmE* robić dużo hałasu wokół kogoś: *My grandparents always make a fuss of me when I go and see them.*

fuss[2] *v* [I] panikować: *Stop fussing! We'll be home soon!* **fuss over sb** *phr v* [T] trząść się nad

fuss·y /ˈfʌsi/ *adj* wybredny: **+ about** *He's very fussy about his food.*

fu·tile /ˈfjuːtaɪl/ *adj* daremny: *Janet ran after the thief in a futile attempt to get her purse back.* —**futility** /fjuːˈtɪləti/ *n* [U] daremność: *the futility of war*

fu·ton /ˈfuːtɒn/ *n* [C] materac: *do spania, a po złożeniu do siedzenia*

fu·ture[1] S1 W1 /ˈfjuːtʃə/ *n* **1 the future** przyszłość: *Do you have any plans for the future?* | *In the future, people will be able to travel to other planets.* | **in the near future** (=w niedalekiej przyszłości): *I'm hoping to go to Atlanta in the near future.* **2** [C,U] przyszłość: *My parents have already planned out my whole future.* | *a talented musician with a brilliant future in front of her* **3 in future** w przyszłości: *I'll be more careful in future.* | *In future these techniques may be used to treat a wide range of illnesses.*

COLLOCATIONS: future

adjectives

in the near future *I'm hoping to go to London in the near future.*

in the immediate future (=w najbliższej przyszłości) *There will be no major changes in the immediate future.*

the distant future (=odległa przyszłość) *At that time, television still belonged to the distant future.*

for the foreseeable future (=w dającej się przewidzieć przyszłości) *He expects to stay in the job for the foreseeable future.*

verbs

to plan for the future *Because of my illness, I can't plan for the future.*

to look to the future (=patrzeć w przyszłość) *We must now look to the future.*

to predict the future *także* **to see into the future** *It's impossible to predict the future.* | *I wish I could see into the future.*

what the future holds (=co przyszłość przyniesie) *I don't know what the future holds.*

the future looks good/bright etc *The future looks bright for his team.*

future[2] S1 W1 *adj* [only before noun] **1** przyszły: *preserving the countryside for future generations* | **future wife/husband/president** *the future president of the United States* **2 the future tense** czas przyszły → INFORMACJE GRAMATYCZNE

ˌfuture ˈperfect *n* **the future perfect** czas przyszły dokonany → INFORMACJE GRAMATYCZNE

fu·tur·is·tic /ˌfjuːtʃəˈrɪstɪk◂/ *adj* futurystyczny: *a futuristic sports car design by Alfa Romeo*

fuzz /fʌz/ *n* [U] meszek

fuzz·y /ˈfʌzi/ *adj* **1** zamazany, niewyraźny: *Unfortunately all the photographs are a little fuzzy.* **2** kędzierzawy

F

Gg

G, g /dʒiː/ G, g *(litera)*

gab·ble /ˈɡæbəl/ *v* [I,T] pytlować

ga·ble /ˈɡeɪbəl/ *n* [C] szczyt *(dachu)*

gad /ɡæd/ *v* (**-dded**, **-dding**)
gad about/around *phr v* [I] szwendać się

gad·get /ˈɡædʒɪt/ *n* [C] przyrząd, gadżet: *a useful little gadget for cutting tomatoes*

gaffe /ɡæf/ *n* [C] gafa

gag¹ /ɡæɡ/ *v* [T] (**-gged**, **-gging**) **1** [T] za/kneblować (usta): *The robbers had tied her up and gagged her.* | *the government's attempt to gag the press* **2** [I] za/krztusić się: *He almost gagged on his first mouthful of food.*

gag² *n* [C] **1** *informal* dowcip *(zwłaszcza opowiadany przez zawodowego komika)*: *He told a few gags.* **2** knebel

ga·ga /ˈɡɑːɡɑː/ *adj informal* **go gaga** z/ramoleć

gag·gle /ˈɡæɡəl/ *n* [C] **1** stado gęsi **2** sfora, horda: *a gaggle of schoolchildren*

gai·e·ty /ˈɡeɪəti/ *n* [U] *old-fashioned* wesołość

gai·ly /ˈɡeɪli/ *adv old-fashioned* wesoło

G

gain¹ S3 W2 /ɡeɪn/ *v* **1** [I,T] zyskiwać: *You can gain a lot of computer experience doing this job.* → antonim LOSE **2** [T] zdobywać: *The army gained control of enemy territory.* THESAURUS GET → antonim LOSE **3** [T] **gain weight** przybierać na wadze: *Bea has gained a lot of weight since Christmas.* **4** [I] spieszyć się *(o zegarku)*
gain on sb/sth *phr v* [T] doganiać

gain² W3 *n* **1** [C,U] przyrost: *Try to avoid too much weight gain.* | **gain in sth** (=wzrost czegoś): *There were steady gains in wage levels through the decade.* **2** [C] postęp: *gains in medical science*

gait /ɡeɪt/ *n* [singular] sposób chodzenia, krok: *He had a slow, ambling gait.*

ga·la /ˈɡɑːlə/ *n* [C] gala: *a gala night at the opera to raise money for charity*

gal·ax·y /ˈɡæləksi/ *n* [C] galaktyka

gale /ɡeɪl/ *n* [C] wichura: *Our fence blew down in the gale.*

gall /ɡɔːl/ *n* **have the gall to do sth** mieć czelność coś zrobić: *She had the gall to say that I looked fat!*

gal·lant /ˈɡælənt/ *adj old-fashioned* **1** szarmancki **2** mężny, waleczny: *a gallant soldier* —**gallantly** *adv* szarmancko —**gallantry** *n* [U] szarmanckość, galanteria

gal·le·ry W3 /ˈɡæləri/ *n* [C] **1** galeria: *the Uffizzi gallery in Florence* **2** balkon *(w kościele, teatrze)*

gal·ley /ˈɡæli/ *n* [C] **1** kambuz **2** galera

gal·lon /ˈɡælən/ *n* [C] galon *(= 4,54l w W. Brytanii; 3,78l w USA)*

gal·lop /ˈɡæləp/ *v* [I] galopować —**gallop** *n* [singular] galop

gal·lows /ˈɡæləuz/ *n* [C] (plural **gallows**) szubienica

ga·lore /ɡəˈlɔː/ *adj* [only after noun] w bród: *He was a rich kid, with toys galore.*

gal·va·nize /ˈɡælvənaɪz/ *także* **-ise** *BrE v* [T] z/elektryzować: **galvanize sb into action** *The urgency of his voice galvanized them into action* (=zdopingowało ich do działania).

galv·a·nized /ˈɡælvənaɪzd/ *także* **-ised** *BrE adj* galwanizowany

gam·bit /ˈɡæmbɪt/ *n* [C] **1** zagajenie: *"You don't like Jamie very much," she said as an opening gambit* (=zagaiła). **2** gambit *(szachowy)*

gam·ble¹ /ˈɡæmbəl/ *v* [I] uprawiać hazard, grać na pieniądze: *Jack lost over $7,000 gambling in Las Vegas.* —**gambling** *n* [U] hazard: *Gambling is illegal in some states.* —**gambler** *n* [C] hazardzist-a/ka

gamble² *n* **be a gamble** być ryzykownym: *Buying an old car can be a real gamble.*

game¹ S1 W1 /ɡeɪm/ *n* **1** [C] gra: *Do you know any good card games?* | *The game of golf first started in Scotland.* **2** [C] mecz: *Did you watch the baseball game last night?* | *Italy won their first game 4–0.* **3 play games with sb** mydlić komuś oczy: *I wish you'd stop playing games with me!* **4** [U] dzika zwierzyna **5 give the game away** wygadać się **6 what's your game?** *spoken* co ty knujesz?

COLLOCATIONS: game

verbs

to play a game *Have you ever played this game before?*
to have a game *BrE Let's have a game of football.*
to see/watch a game *I saw the game on television.*
to win/lose a game *They've won their last three games.* | *Arsenal lost the game because of a mistake by their goalkeeper.*

types of game

a computer/video game *He spends hours playing computer games.*
a card game *I never play card games for money.*
a board game *If it's wet, we could play cards or a board game.*
a team game *Cricket is a team game.*
a party game *The children enjoyed the party games.*
a basketball/baseball etc game *He was watching a baseball game on TV.*
a home game (=mecz na własnym boisku) *Swindon's next home game is against Newcastle.*
an away game (=mecz wyjazdowy) *We didn't win any away games last season.*

game² *adj* **be game to do sth** mieć ochotę coś zrobić: *I'm game to have a try.*

game·keep·er /ˈɡeɪmkiːpə/ *n* [C] łowczy

games /ɡeɪmz/ *n* [plural] igrzyska: *the Olympic Games*

ˈgame show *n* [C] teleturniej

gam·mon /ˈɡæmən/ *n* [U] *BrE* bekon

gam·ut /ˈɡæmət/ *n* [singular] gama: *In the weeks after she left, she experienced the whole gamut of emotions.*

gang¹ S3 /ɡæŋ/ *n* [C] **1** banda: *A gang of kids were standing on the corner of the street.* **2** gang, szajka: *a gang of international drug smugglers* **3** *informal* paczka (kolegów)

gang² *v*
gang up on sb *phr v* [T] sprzysięgać się przeciwko: *Helen thinks they're all ganging up on her.*

gang·land /ˈgæŋlænd/ *adj* mafijny: *gangland killings*

gan·gling /ˈgæŋglɪŋ/ *także* **gan·gly** /ˈgæŋgli/ *adj* tyczkowaty: *a gangly teenager*

gang·plank /ˈgæŋplæŋk/ *n* [C] trap

gan·grene /ˈgæŋgriːn/ *n* [U] gangrena

gang·ster /ˈgæŋstə/ *n* [C] gangster: *a Chicago gangster*

gang·way /ˈgæŋweɪ/ *n* [C] **1** trap **2** *BrE* przejście *(między rzędami siedzeń)*

gaol /dʒeɪl/ brytyjska pisownia wyrazu JAIL

gaol·er /ˈdʒeɪlə/ [C] brytyjska pisownia wyrazu JAILER

gap S2 W2 /gæp/ *n* [C] **1** różnica: **+between** *the widening gap between rich and poor | There's a big age gap between them.* **2** szpara: **+in/between** *The cat escaped through a gap in the fence. | Dave has a big gap between his two front teeth.* **3** luka: **+in** *When my wife left me, it left a big gap in my life.* **4** przerwa: **+in** *an uncomfortable gap in the conversation*

gape /geɪp/ *v* [I] gapić się: **+at** *Anna gaped at him in horror.*

gap·ing /ˈgeɪpɪŋ/ *adj* [only before noun] ziejący: *a gaping hole*

gar·age S2 /ˈgærɑːʒ/ *n* [C] **1** garaż **2** warsztat samochodowy **3** *BrE* stacja benzynowa

garb /gɑːb/ *n* [U] *literary* ubiór, strój

gar·bage S3 /ˈgɑːbɪdʒ/ *n* [U singular] *especially AmE* śmieci: *Can somebody take out the garbage?*

ˈgarbage ˌcan *n* [C] *AmE* pojemnik na śmieci

ˈgarbage colˌlector *n* [C] *AmE* śmieciarz

ˈgarbage ˌdump *n AmE* wysypisko śmieci

gar·bled /ˈgɑːbəld/ *adj* zniekształcony: *The train announcements were too garbled to understand.*

gar·den S1 W1 /ˈgɑːdn/ *n* [C] **1** ogród: *We want a house with a big garden for the kids.* **2** **gardens** park

gar·den·er /ˈgɑːdnə/ *n* [C] ogrodni-k/czka

gar·den·ing /ˈgɑːdnɪŋ/ *n* [U] ogrodnictwo: *I'm hoping to do some gardening this weekend.*

gar·gle /ˈgɑːgəl/ *v* [I] płukać gardło

gar·ish /ˈgeərɪʃ/ *adj* jaskrawy: *a garish carpet*

gar·land /ˈgɑːlənd/ *n* [C] wianek, girlanda

gar·lic S3 /ˈgɑːlɪk/ *n* [U] czosnek

gar·ment /ˈgɑːmənt/ *n* [C] *formal* część garderoby: *Wash delicate garments by hand.*

> **UWAGA: garment**
> Patrz **clothes**, **piece of clothing** i **garment**.

gar·nish /ˈgɑːnɪʃ/ *v* [T] przybierać: *The chicken was garnished with watercress.* —**garnish** *n* [C] przybranie

gar·ret /ˈgærɪt/ *n* [C] *literary* pokój na poddaszu: *a penniless artist starving in a garret*

gar·ri·son /ˈgærəsən/ *n* [C] garnizon

gar·ter /ˈgɑːtə/ *n* [C] podwiązka

gas¹ S1 W2 /gæs/ *n* **1** [C,U] gaz: *gases such as hydrogen and nitrogen | a gas stove* **2** [U] *AmE także* **gasoline** benzyna: *We need to stop for gas before we drive into the city.* **3** **step on the gas** *especially AmE* dodać gazu

gas² *v* [T] (**-ssed**, **-ssing**) zagazować

ˈgas ˌchamber *n* [C] komora gazowa

gas·e·ous /ˈgæsiəs/ *adj* gazowy

gash /gæʃ/ *n* [C] głęboka rana

gas·ket /ˈgæskɪt/ *n* [C] uszczelka

ˈgas mask *n* [C] maska przeciwgazowa

gas·o·line S3 W3 /ˈgæsəliːn/ *n* [U] *AmE* benzyna

gasp /gɑːsp/ *v* **1** [I] wzdychać: *As the flames reached the roof, the crowd gasped in alarm.* **2** [I,T] sapać: *"Wait for me!" he gasped* (=wykrztusił). | **gasp for breath/air** (=z trudem łapać oddech/powietrze): *Kim crawled out of the pool, gasping for air.* —**gasp** *n* [C] westchnienie: *a gasp of surprise*

ˈgas ˌstation *n* [C] *AmE* stacja paliw

gas·tric /ˈgæstrɪk/ *adj* żołądkowy: *gastric ulcers* (=wrzody żołądka)

gas·tro·nom·ic /ˌgæstrəˈnɒmɪk◂/ *adj* gastronomiczny

gate S2 W2 /geɪt/ *n* [C] **1** brama: *Who left the gate open?* **2** wyjście: *Passengers are requested to proceed to gate number 6.*

gat·eau /ˈgætəʊ/ *n* [C,U] *BrE* (plural **gateaux** /-təʊz/) tort

gate·crash /ˈgeɪtkræʃ/ *v* [I,T] wchodzić bez zaproszenia (na) *(np. na przyjęcie)*

gate·way /ˈgeɪtweɪ/ *n* **1** [C] brama **2** **the gateway to** wrota do/na: *St. Louis was once the gateway to the West.*

gath·er S3 W2 /ˈgæðə/ *v* **1** [I,T] z/gromadzić (się): *Dozens of photographers gathered outside Jackson's hotel. | If you gather the kids, I'll start the car.* | **+around/round** *A crowd gathered around to watch the fight.* **2** [T] *także* **gather up** zbierać: *"Wait for me," said Anna, gathering up her books. | I'm trying to gather new ideas for my next novel.* **3** [T] rozumieć: **+(that)** *I gather you've not been well recently.* **4** **gather force/speed** nabierać siły/prędkości: *The car gathered speed quickly as it rolled down the hill.*

gath·er·ing /ˈgæðərɪŋ/ *n* [C] zgromadzenie: *a family gathering*

gau·dy /ˈgɔːdi/ *adj* krzykliwy —**gaudily** *adv* krzykliwie

gauge¹ /geɪdʒ/ *n* [C] **1** przyrząd pomiarowy: *a fuel gauge* **2** wskaźnik: **+of** *Money is not the only gauge of success.* **3** grubość *(np. blachy)*

gauge² *v* [T] **1** oceniać: *a study to gauge public reaction to the proposed changes* | **+whether/how etc** *I couldn't gauge how he felt from the look on his face.* **2** mierzyć

gaunt /gɔːnt/ *adj* wymizerowany

gaunt·let /ˈgɔːntlɪt/ *n* **1** **run the gauntlet** być atakowanym ze wszystkich stron: *There was no way to avoid running the gauntlet of media attention.* **2** **throw down the gauntlet** rzucać wyzwanie **3** [C] rękawica *(ochronna; także część zbroi)*

gauze /gɔːz/ *n* [U] gaza

gave /geɪv/ *v* czas przeszły od GIVE

gawk /gɔːk/ *v* [I] gapić się: **+at** *Don't just stand there gawking at those girls.*

gaw·ky /ˈgɔːki/ *adj* niezdarny: *a gawky teenager*

gawp /gɔːp/ *v* [I] *BrE* gapić się: *What are you gawping at?*

G

gay[1] S3 W3 /geɪ/ *adj* **1 be gay** być gejem/homoseksualistą: *My son's just told me that he's gay.* **2** *old-fashioned* wesoły: *gay laughter* **3 gay rights** prawa homoseksualistów: *gay rights protesters* → patrz też GAILY

gay[2] *n* [C] gej, homoseksualista

gaze /geɪz/ *v* [I] wpatrywać się: **+ at/into etc** *Patrick was gazing into the fire.* | *She gazed up at the stars.* THESAURUS LOOK —**gaze** *n* [singular] wzrok, spojrzenie: *Judith tried to avoid his gaze.*

GCSE /ˌdʒiː siː es ˈiː/ *n* [C] egzamin zdawany przez brytyjskich uczniów w wieku 15–16 lat

GDP /ˌdʒiː diː ˈpiː/ *n* PKB, produkt krajowy brutto

gear[1] S3 /gɪə/ *n* **1** [C,U] bieg: *The car has five gears.* | **change gear** (=zmieniać biegi): *Every time I change gear the car makes a horrible noise.* **2** [U] sprzęt: *camping gear*

gear[2] *v* [T] **be geared to** mieć na celu: *All his training was geared to winning an Olympic gold medal.*

gear·box /ˈgɪəbɒks/ *n* [C] skrzynia biegów

ˈ**gear stick** *BrE*, ˈ**gear** ˌ**lever** *BrE*, ˈ**gear shift** *AmE n* [C] dźwignia zmiany biegów

GED /ˌdʒiː iː ˈdiː/ *n* **the GED** matura dla osób, które nie ukończyły amerykańskiej szkoły średniej w normalnym trybie

geese /giːs/ *n* liczba mnoga od GOOSE

gee·zer /ˈgiːzə/ *n* [C] *spoken informal* facet, gość: *Bill's a funny old geezer.*

gel[1] /dʒel/ *n* [C,U] żel

G

gel[2] *v* [I] (**-lled**, **-lling**) **1** s/tężeć, s/krzepnąć **2** wy/krystalizować się: *They were going to make a movie together, but the project never gelled.* **3** zgrać się *(o grupie osób)*

gel·a·tine /ˈdʒelətiːn/ *BrE*, **gel·a·tin** /-tɪn/ *AmE n* [U] żelatyna

gel·ig·nite /ˈdʒelɪgnaɪt/ *n* [U] plastik *(silny materiał wybuchowy)*

gem /dʒem/ *n* [C] **1** klejnot **2** *informal* skarb: *My granddaughter's a real gem.*

Gem·i·ni /ˈdʒemənaɪ/ *n* [C,U] Bliźnięta

gen /dʒen/ *n* [U] *BrE spoken* informacja: *I'll try and get the gen* (=spróbuję się wywiedzieć) *on what happened at the party.*

gen·der Ac /ˈdʒendə/ *n* [C,U] **1** *formal* płeć: *You can't be denied a job simply on the grounds of gender.* **2** [U] rodzaj *(gramatyczny)*

gene S3 W3 /dʒiːn/ *n* [C] gen

gen·e·ral[1] S1 W1 /ˈdʒenərəl/ *adj* **1** ogólny: *a general introduction to computers* | *Her general knowledge is good.* | *The general condition of the house is good, but it does need decorating.* | **in general** (=w sensie ogólnym): *We want to raise awareness of the environment in general.* **2 in general** na ogół: *In general women are less well paid than men.* **3** powszechny: *How soon will the drug be available for general use?* **4 as a general rule** zasadniczo: *As a general rule, you should phone before visiting someone.* **5 the general public** ogół społeczeństwa

general[2], **General** *n* [C] generał

ˌ**general eˈlection** *n* [C] wybory powszechne

gen·e·ral·i·za·tion /ˌdʒenərəlaɪˈzeɪʃən/ także **-isation** *BrE n* [C] uogólnienie, generalizacja: *You're making too many generalizations.*

gen·e·ral·ize /ˈdʒenərəlaɪz/ także **-ise** *BrE v* [I] uogólniać, generalizować: *It would be a mistake to generalize from only a few examples.* | *It's stupid to generalize and say that all young people are rude.* | *It's not fair to generalize from a few cases that all politicians are dishonest.*

gen·er·al·ly S2 W1 /ˈdʒenərəli/ *adv* **1** zwykle: *Megan generally works late on Fridays.* **2** powszechnie: *It's generally believed* (=panuje powszechna opinia) *that the story is true.* **3** ogólnie rzecz biorąc: *The new arrangements have generally worked very well.*

ˌ**general pracˈtitioner** *n* [C] lekarz rodzinny/ogólny, lekarz pierwszego kontaktu

gen·e·rate S3 W2 Ac /ˈdʒenəreɪt/ *v* [T] wytwarzać, generować: *an electricity generating station*

gen·e·ra·tion S3 W2 Ac /ˌdʒenəˈreɪʃən/ *n* **1** [C] pokolenie: *Three generations of Monroes have lived in this house.* | *the younger generation* | *A generation ago, no one had home computers.* **2** [C] generacja: *the next generation of computers* **3** [U] wytwarzanie

ˌ**geneˈration** ˌ**gap** *n* [singular] konflikt pokoleń

gen·e·ra·tor /ˈdʒenəreɪtə/ *n* [C] prądnica

ge·ner·ic /dʒəˈnerɪk/ *adj* ogólny

gen·e·ros·i·ty /ˌdʒenəˈrɒsəti/ *n* [C,U] hojność, wspaniałomyślność: *Thank you for your generosity.*

gen·e·rous W3 /ˈdʒenərəs/ *adj* **1** hojny, wspaniałomyślny: *Judith's always been very generous to me.* **2** obfity: *a generous meal* —**generously** *adv* hojnie, wspaniałomyślnie: *Ann has generously offered to pay for the tickets.*

gen·e·sis /ˈdʒenɪsɪs/ *n* [singular] *formal* geneza

ge·net·ic /dʒəˈnetɪk/ *adj* genetyczny: *genetic engineering* —**genetically** /-kli/ *adv* genetycznie: *genetically determined characteristics*

geˌ**netically ˈmodified** także **ge**ˌ**netically engiˈneered** *adj* genetycznie modyfikoway

ge·net·ics /dʒəˈnetɪks/ *n* [plural] genetyka —**geneticist** /-tɪsɪst/ *n* [C] genety-k/czka

ge·ni·al /ˈdʒiːniəl/ *adj* przyjazny

gen·i·tals /ˈdʒenətlz/ także **gen·i·ta·li·a** /ˌdʒenəˈteɪliə/ *n* [plural] *technical* genitalia

ge·ni·us /ˈdʒiːniəs/ *n* [U,C] geniusz: *a musical genius* | *a work of pure genius*

gen·o·cide /ˈdʒenəsaɪd/ *n* [U] ludobójstwo

genome /ˈdʒiːnəʊm/ *n* genom: *the human genome*

gen·re /ˈʒɒnrə/ *n* [C] *formal* gatunek *(np. literacki)*: *the science fiction genre*

gent /dʒent/ *n* [C] *informal* **1** dżentelmen **2 the Gents** *BrE* toaleta męska

gen·teel /dʒenˈtiːl/ *adj* **1** dystyngowany **2** układny, uprzejmy —**gentility** /-ˈtɪləti/ *n* [U] uprzejmość

gen·tle S3 W3 /ˈdʒentl/ *adj* łagodny, delikatny: *Mia's such a gentle person!* | *a gentle voice* | *a gentle breeze* —**gentleness** *n* [U] łagodność —**gently** *adv* łagodnie

gen·tle·man S2 W2 /ˈdʒentlmən/ *n* [C] (plural **gentlemen** /-mən/) **1** dżentelmen: *Roland is a perfect gentleman.* **2** pan: *Can you show this gentleman to his seat?* THESAURUS MAN —**gentlemanly** *adj* dżentelmeński

gen·try /ˈdʒentri/ *n* szlachta **the gentry** [plural] *old-fashioned*

gen·u·ine S3 W3 /ˈdʒenjuɪn/ *adj* **1** szczery: *Mrs Lee showed a genuine concern for Lisa's well-being.* **2** prawdziwy, autentyczny: *a genuine diamond* —**genuinely** *adv* autentycznie

THESAURUS: genuine

genuine prawdziwy *(dzieło sztuki, klejnoty)*: *Is this painting a genuine Van Gogh? | The pearls were genuine.*

real prawdziwy *(nie fałszywy ani sztuczny)*: *Is that his real name? | The ceilings were decorated with real gold. | Are those flowers real or artificial?*

authentic autentyczny *(dla danego miejsca lub okresu)*: *The restaurant serves authentic Indian food. | an authentic 19th-century design*

true prawdziwy *(posiadający właściwe cechy)*: *She's a true friend. | Being a true Red Sox fan, he never missed a game.*

ge·nus /ˈdʒiːnəs/ *n* [C] (plural **genera** /ˈdʒenərə/) *technical* rodzaj *(w systematyce roślin i zwierząt)*

ge·og·ra·phy /dʒiˈɒɡrəfi/ *n* [U] geografia —**geographer** *n* [C] geograf/ka —**geographic** /ˌdʒiːəˈɡræfɪk◂/ *także* **geographical** *adj* geograficzny

ge·ol·o·gy /dʒiˈɒlədʒi/ *n* [U] geologia —**geologist** *n* [C] geolo-g/żka —**geological** /ˌdʒiːəˈlɒdʒɪkəl/ *adj* geologiczny

ge·o·met·ric /ˌdʒiːəˈmetrɪk◂/ *także* **ge·o·met·ri·cal** /-ˈmetrɪkəl/ *adj* geometryczny

ge·om·e·try /dʒiˈɒmətri/ *n* [U] geometria

ge·ri·at·ric /ˌdʒeriˈætrɪk◂/ *adj* geriatryczny: *a geriatric hospital*

ge·ri·at·rics /ˌdʒeriˈætrɪks/ *n* [U] geriatria

germ /dʒɜːm/ *n* [C] **1** zarazek **2 the germ of an idea/hope etc** zalążek pomysłu/nadziei itp.

Ger·man mea·sles /ˌdʒɜːmən ˈmiːzəlz/ *n* [U] różyczka *(choroba)*

Ger·ma·ny /ˈdʒɜːməni/ *n* Niemcy —**German** /ˈdʒɜːmən/ *n* Niem-iec/ka —**German** *adj* niemiecki

ger·mi·nate /ˈdʒɜːməneɪt/ *v* [I,T] wy/kiełkować —**germination** /ˌdʒɜːməˈneɪʃən/ *n* [U] kiełkowanie

ger·und /ˈdʒerənd/ *n* [C] rzeczownik odsłowny

ges·ta·tion /dʒeˈsteɪʃən/ *n* [U] **1** *technical* ciąża **2** formowanie się *(pomysłu, planu itp.)*

ges·tic·u·late /dʒeˈstɪkjəleɪt/ *v* [I] gestykulować: *Jane gesticulated wildly and shouted, "Stop! Stop!"*

ges·ture¹ /ˈdʒestʃə/ *n* [C] gest: *a rude gesture | It would be a nice gesture if we sent some flowers.*

gesture² *v* [I] dawać znak(i): *Tom gestured for me to move out of the way.*

get S1 W1 /get/ *v* (**got**, **got** or **gotten** *AmE*; **getting**) **1** [T] kupować: **get sb sth** *I got him a watch for his birthday.* | **get sth for sb** *Would you like me to get some bread for you while I'm out?* | **get sth for £5/$9 etc** *My aunt got these earrings for $3.* THESAURUS BUY **2** [T] dostawać: *I didn't get your letter. | Did you get the job? | They got £295,000 for their house.* | **get sth from/off sb** *How much money did you get from Grandma?* **3 have got** mieć: *I've got a lot of work to do. | I've got three sisters. | Clare's got blue eyes.* **4 get angry/worse/ill** zezłościć się/pogorszyć się/zachorować: *Children get bored very easily. | The weather had suddenly gotten cold* (=zrobiło się zimno). **5** [I] dostawać się: *How did he manage to get into their house?* | **+to** *When you get to* (=kiedy dotrzesz do) *the end of the road, turn left.* **6** [T] przenosić: **+into/through/across/down etc** *I hurt my shoulder when I was getting my suitcase down* (=kiedy ściągałem walizkę) *from the rack.* **7** [T] sprowadzać: **get sb/sth** *Carrie, can you go and get the doctor?* **8 get sb to do sth** namówić kogoś, żeby coś zrobił: *I tried to get Jill to come out tonight, but she was too tired.* THESAURUS PERSUADE **9 get to do sth** *informal* mieć okazję coś z/robić: *We got to meet all the stars after the show.* **10 get sth done** postarać się, żeby coś zostało zrobione: *We'll have to get this room painted.* **11** [T] zarabiać: *Tim gets about $50,000 a year.* THESAURUS EARN **12 get the bus/a flight** pojechać autobusem/polecieć samolotem: *I'm getting the train home tonight.* **13** [T] z/rozumieć: *Tracey didn't get the joke.* **14** za/chorować na: *People usually get measles when they're young.* **15 get going/moving** *spoken* po/spieszyć się: *We have to get going, or we'll be late!* **16 get to know/like** poznać/polubić: *As you get to know the city, I'm sure you'll like it better.* **17 a) get the door** *spoken* otworzyć drzwi *(na dzwonek lub pukanie)* **b) get the phone** odebrać (telefon): *Val, can you get the phone, please – I'm making dinner.*

get about *BrE także* **get around** *phr v* [I] **1** podróżować: *My Gran can't get about much any more.* **2** rozchodzić się: *I'm pregnant but I don't want it getting about just yet.*

get sth ↔ across *phr v* [T] przekazać, wyrazić: *It was difficult to get my ideas across in such a short interview.*

get along *także* **get on** *phr v* [I] **1** być w dobrych stosunkach: **+with** *We get on really well with each other.* **2** dawać sobie radę: *How are you getting along at school?*

get around *także* **get round** *BrE phr v* **1** [T **get around** sth] omijać: *Businesses are looking for ways to get around the tax laws.* **2** [I] podróżować **3** *także* **get about** *BrE* [I] rozchodzić się: *If this news gets around, we'll have reporters calling us all day.* **4** [T **get around** sb] urobić: *My dad might drive us to the party. I'll see if I can get around him.*

get around to sth *phr v* [T] zabrać się do/za: *I need to go to the library but I haven't got around to it yet.*

get at *phr v* [T] **1 what sb is getting at** o co komuś chodzi: *Did you understand what he was getting at?* **2** [T **get at** sth] dosięgnąć: *I could see the ring stuck under there, but I couldn't get at it.* **3** [T **get at** sb] *informal* czepiać się: *She doesn't know why Moira's always getting at her.* **4 get at the meaning/truth etc** dociec znaczenia/prawdy itp.

get away *phr v* [I] **1** wyrwać się: *Barney had to work late, and couldn't get away.* **2** uciec: *The two men got away in a red Volkswagen.* **3** wyjechać (na wakacje): *Will you be able to get away this summer?*

get away with sth *phr v* [T] **let sb get away with sth** pozwolić, żeby coś komuś uszło na sucho: *The kid was kicking me, and his mother just let him get away with it!*

get back *phr v* **1** [I] wrócić: *What time do you think you'll get back?* **2** [T **get** sth **back**] odzyskać: *Did you get your purse back?* **3** [T **get** sb **back** *także* **get back at** sb] odegrać się na: *Jerry's trying to think of ways to get back at her for leaving him.*

get back to *phr v* **1** [T **get back to** sth] wrócić do: *She found it hard to get back to work after having the baby.* **2** [T **get back to** sb] oddzwonić: *I'll try to get back to you later today.*

get by *phr v* [I] przetrwać, przeżyć: *He only earns just enough to get by.* | **get by on £10/$200 etc** *I don't know how she manages to get by on £50 a week.*

get down *phr v* **1** [T **get** sb **down**] *informal* przygnębić: *The weather's really getting me down.* **2** [T **get** sth ↔ **down**] zapisać: *Let me get your address down before I*

G

forget it. **3** [T **get** sth **down**] połknąć: *Get this medicine down and you'll soon feel better.* **4** [I] schylić się

get down to sth *phr v* [T] zabierać się do: *By the time we finally got down to work it was already 10:00.*

get in *phr v* **1** [I] dostać się do środka, wejść: *You can't get in to the club without an I.D. card.* THESAURUS ENTER **2** [I] wjechać (na stację): *My train gets in at 20.00.* **3** [I] wrócić do domu: *I didn't get in until 10 o'clock last night.* **4** [I] wygrać (wybory): *Do you think the Conservatives will get in again?*

get in on sth *phr v* [T] *informal* przyłączyć się do, wziąć udział w: *Quite a few companies would like to get in on the project.* | **get in on the act** (=załapać się): *Now the Republicans are hoping to get in on the act.*

get into sth *phr v* [T] **1** dostać się do: *You'll have to work harder if you want to get into college.* **2** *informal* zainteresować się: *When I was in high school I got into rap music.* **3 what's got into you/her** *spoken* co w ciebie/nią wstąpiło: *I don't know what's got into William. He's not normally so rude.*

get off *phr v* **1** [I,T **get off** sth] wysiadać (z), zsiadać (z): *Let's get off here.* | *She got off the horse.* **2** [I,T **get** sb **off**] wybronić (się): *I can't believe his lawyers managed to get him off.* **3** [I] uniknąć kary: *Financial fraudsters often get off because the details of the case are too complex to be understood by juries.* **4** [I,T] s/kończyć (pracę), wychodzić (z pracy): *What time do you get off work?* | *We'll try and get off straight after lunch.* **5 where does sb get off doing sth** *AmE spoken* jak ktoś śmie coś robić: *Where does he get off telling me how to live my life?* **6 get off!** *spoken* odczep się!

G

get off on sth *phr v* [T] *spoken informal* rajcować się: *people who get off on driving at 150 mph*

get off to sth *phr v* [T] **get off to a good/bad start** (START²)

THESAURUS: get

get dostać: *Where did you get those jeans?* | *I got an email from her yesterday.*

obtain *formal* uzyskać: *The information can be obtained from any local government office.* | *We managed to obtain a copy of the agreement.*

acquire *formal* nabyć: *The course will help you to acquire the skills you need to find a job.* | *The firm was acquired by a Dutch company.*

gain zdobyć: *I gained a lot of useful experience.* | *The island gained its independence in 1960.* | *Each side tried to gain an advantage.* | *She gained a degree in Fine Art.*

inherit odziedziczyć, dostać w spadku: *Jo inherited a lot of money from her mother.*

get hold of sth *informal* zdobyć coś: *Where can I get hold of their address?*

get off with sb *phr v* [T] *informal* poderwać: *Chris got off with Sally at the Christmas party.*

get on *phr v* **1** [I,T **get on** sth] *także* **get onto** wsiadać do/na **2 get on with sth** kontynuować coś: *Stop talking and get on with your work.* **3** [I] *especially BrE* być w dobrych stosunkach: **+ with** *She doesn't get on with her mother at all.* **4** [I] radzić sobie: *How are you getting on?* **5 be getting on** *informal* starzeć się

get onto *phr v* **1** [T **get onto** sth] przejść na *(inny temat)*: *Then we got onto the subject of women, and Craig wouldn't shut up.* **2** [T **get onto** sb] skontaktować się z: *I'd better get onto the landlord about the leaking pipe.*

get out *phr v* [I] **1** wydostać się: **+ of** *How did the dog get out of the yard?* **2** wyjść na jaw: *The minister had to resign when news of his affair got out.*

get out of *phr v* **1** [T **get out of** sth] wymigać się od: *She couldn't get out of the meeting, so she cancelled our dinner.* **2 get out of jail/prison** wyjść z więzienia **3** [T **get** sth **out of** sb] wyciągnąć od/z: *I'll see if I can get some money out of my Dad.*

get over *phr v* **1** [T **get over** sth] dojść do siebie po: *The doctor said it will take a couple of weeks to get over the infection.* **2 get sth over with** skończyć coś jak najszybciej: *"It should only hurt a little." "OK. Just get it over with."*

get round *phr v* [I,T] *BrE* → patrz GET AROUND

get round to sth *BrE phr v* [T] → patrz GET AROUND TO

get through *phr v* **1** [T **get through** sth] przetrwać, przeżyć: *I don't know how I got through the weeks after my husband died.* **2** [I] dodzwonić się: *It took her 20 minutes to get through to the ticket office.*

get through to sb *phr v* [T] dotrzeć do, trafić do: *Ben tried to apologize a few times, but he couldn't get through to her* (=nie udało mu się do niej trafić).

get to sb *phr v* [T] *informal* sprowokować: *Don't let him get to you. He's just teasing you.*

get together *phr v* **1** [I] spotkać się: *We must get together for a drink sometime.* **2 get yourself together/get it together** pozbierać się: *It took a year for me to get myself together after she left.*

get up *phr v* **1** [I,T **get** sb **up**] o/budzić (się): *I have to get up at 6:00 tomorrow.* | *Get me up at seven, would you?* THESAURUS STAND **2** [I] wstawać: *Corrinne got up slowly and went to the window.*

get up to sth *phr v* [T] wyprawiać: *Go and see what the kids are getting up to.*

UWAGA: get dressed

Patrz **dress (oneself)** i **get dressed**.

UWAGA: get used to

Patrz **used to**, **be used to** i **get used to**.

get·a·way /ˈgetəweɪ/ *n* **make a getaway** zbiec

ˈget-toˌgether *n* [C] spotkanie: *a small get-together with friends* THESAURUS MEETING, PARTY

gey·ser /ˈgiːzə/ *n* [C] gejzer

ghast·ly /ˈgɑːstli/ *adj* koszmarny: *What ghastly weather!* | *It's that ghastly woman again.*

ghet·to /ˈgetəʊ/ *n* [C] (plural **ghettos** or **ghettoes**) getto

ghost /gəʊst/ *n* [C] duch: *They say the captain's ghost still walks the waterfront.* — **ghostly** *adj* upiorny

ˈghost town *n* [C] wymarłe miasto

ghost writer, **ghostwriter** /ˈgəʊstˌraɪtə/ *n* autor widmo

ghoul /guːl/ *n* [C] upiór — **ghoulish** *adj* upiorny

GI /ˌdʒiː ˈaɪ/ *n* [C] żołnierz armii amerykańskiej

gi·ant¹ W3 /ˈdʒaɪənt/ *adj* gigantyczny: *a giant TV screen*

giant² *n* [C] **1** olbrzym **2** potentat: *a giant of the music industry*

gib·ber·ish /ˈdʒɪbərɪʃ/ *n* [U] bełkot

gibe /dʒaɪb/ [C] alternatywna pisownia wyrazu JIBE

gid·dy /ˈgɪdi/ *adj* **be/feel giddy** mieć zawroty głowy

gift S2 W2 /gɪft/ *n* [C] **1** prezent, podarunek **2** dar, talent: **+ for** *Gary has a real gift for telling stories.*

UWAGA: gift i present

Gift i **present** znaczą zwykle to samo, choć Amerykanie częściej posługują się wyrazem **gift**,

Brytyjczycy zaś wyrazem **present**. W brytyjskiej angielszczyźnie **gift** to podarunek nie tyle użyteczny, co atrakcyjny; wyrazu tego używają zwłaszcza producenci i handlowcy.

COLLOCATIONS: gift

verbs

to give sb a gift *The students give their teachers gifts at the end of term.*

to buy sb a gift *Her husband did not often buy her gifts.*

to send (sb) a gift *The gift was sent by an admirer.*

to get/receive a gift *Every child will receive a small gift.*

to accept a gift *She wasn't sure whether to accept the gift.*

to exchange gifts (=wymieniać się prezentami) *People exchange gifts at Christmas.*

to wrap (up) a gift *The gift was beautifully wrapped.*

types of gift

a birthday/wedding/Christmas gift *The bedspread was a wedding gift.* | *Homemade sweets make a lovely Christmas gift.*

a small gift *Please accept this small gift.*

an expensive gift *He gave his friends expensive gifts.*

a generous gift *Her colleagues presented her with a generous gift when she retired.*

a suitable gift *A gun is not a suitable gift for a child.*

a perfect/ideal gift *This book would make a perfect gift.*

a free gift (=upominek od firmy, zwykle w ramach promocji) *The magazine came with a free gift.*

an unwanted gift *You can take any unwanted gifts to charity shops.*

gift·ed /ˈgɪftɪd/ *adj* utalentowany: *one of the most gifted players in the game* THESAURUS INTELLIGENT

ˈgift ˌtoken *BrE*, **ˈgift cerˌtificate** *AmE n* [C] bon towarowy

ˈgift wrap *v* [T] ładnie za/pakować *(prezent)*

gig /gɪg/ *n* [C] koncert, występ *(zespołu pop lub jazzowego)*

gi·gan·tic /dʒaɪˈgæntɪk/ *adj* gigantyczny: *a gigantic phone bill* THESAURUS BIG

gig·gle /ˈgɪgəl/ *v* [I] za/chichotać THESAURUS LAUGH —**giggle** *n* [C] chichot

giggle

gild /gɪld/ *v* [T] złocić, pozłacać

gill /gɪl/ *n* [C] skrzela

gilt /gɪlt/ *adj* złocony, pozłacany: *a gilt chair*

gim·mick /ˈgɪmɪk/ *n* [C] sztuczka: *advertising gimmicks*

gin /dʒɪn/ *n* [C,U] dżin

gin·ger[1] /ˈdʒɪndʒə/ *n* [U] imbir

ginger[2] *adj BrE* rudy: *a ginger cat*

gin·ger·ly /ˈdʒɪndʒəli/ *adv* ostrożnie: *Jack lowered himself gingerly onto the old chair.*

gip·sy /ˈdʒɪpsi/ brytyjska pisownia wyrazu GYPSY

gi·raffe /dʒəˈrɑːf/ *n* [C] żyrafa

gir·der /ˈgɜːdə/ *n* [C] dźwigar

gir·dle /ˈgɜːdl/ *n* [C] pas elastyczny *(optycznie wyszczuplający talię i biodra)*

girl S1 W1 /gɜːl/ *n* [C] **1** dziewczynka: *She's tall for a girl of her age.* | *Karen has two boys and a girl.* **2** dziewczyna: *A nice girl like you needs a boyfriend.* | *I'm going out with the girls tonight.*

girl·friend S3 /ˈgɜːlfrend/ *n* [C] **1** dziewczyna *(czyjaś)* **2** przyjaciółka

girl·hood /ˈgɜːlhʊd/ *n* [U] wiek dziewczęcy

girth /gɜːθ/ *n* [C,U] obwód: *the girth of the tree's trunk*

gist /dʒɪst/ *n* **the gist** [singular] esencja *(przemówienia, artykułu)*

give[1] S1 W1 /gɪv/ *v* (**gave, given, giving**) **1** [T] dawać: **give sb sth** *I gave Jen a CD for Christmas.* | *Here, give me your coat. I'll hang it up for you.* | *Give her some time. She'll make the right decision.* | **give sth to sb** *They gave the job to that guy from Texas.* | *He gave the books to Carl.* **2 give sb a look** spojrzeć na kogoś: *Gus gave her a long look.* **3 give sb a ride** podwieźć kogoś: *Can you give me a ride to school tomorrow?* **4 give sb a call/ring** za/dzwonić do kogoś: *Give me a call around 8:00.* **5 give a speech** wygłosić przemówienie: *The President will be giving a speech at the ceremony.* THESAURUS DO **6** [T] podawać: *The brochure gives all the details.* | **give sb sth** (=przekazywać coś komuś): *Would you give Kim a message for me?* **7** wzbudzać, wywoływać: *Your letter gave me hope.* | *The noise is giving me a headache.* | **give sb trouble** (=sprawiać komuś kłopoty): *My back has been giving me trouble lately.* **8** [T] nadawać: *Dark clothes will give you a slimmer look.* **9 give (sb) the impression** robić (na kimś) wrażenie: *The room gives the impression of being much larger than it is.* **10 give (sth) thought/attention/consideration** dobrze się zastanowić (nad czymś) **11** [T] za/oferować *(jakąś kwotę)*: *I'll give you* (=dam ci) *$75 for the oak desk.* **12** [I] **a)** rozciągnąć się: *The leather will give slightly as you wear the boots.* **b)** złamać się, pęknąć: *The branch suddenly gave beneath him.* **13 give or take** *spoken* plus minus: *The show lasts about an hour, give or take five minutes.* → patrz też GIVE AND TAKE **14 give sb your word** dać komuś słowo THESAURUS PROMISE **15 give a party** wydać przyjęcie **16 give way a)** zapaść się **b)** *BrE* ustąpić pierwszeństwa przejazdu: *a give-way sign* **c)** ustąpić miejsca: *Sadness soon gave way to joy and relief.* **d)** ustąpić: *Neither of them was willing to give way.*

give away *phr v* **1** [T **give** sth ↔ **away**] **a)** wydać, oddać: *I gave my old clothes away to charity.* **b)** dawać za darmo: *We're giving away a bottle of wine with every purchase.* **2** [T **give** sb/sth ↔ **away**] wydać, zdradzić: *He said he hadn't told her, but his face gave him away.* | **give the game away** (=wszystko wygadać) → patrz też GIVEAWAY

give sth ↔ back *phr v* [T] oddać: *I have to give Rick his car back by 3.00.*

give in *phr v* **1** [I] ulec: *Andy had been asking her out for months, so she finally gave in.* | **give in to sth** (=ulec czemuś): *If you feel the need for a cigarette, try not to give in to it.* **2** poddać się, dać za wygraną **3** [T **give** sth ↔ **in**] *BrE* złożyć *(np. wymówienie, pracę nauczycielowi)*: *Can you give in your exams now, please?*

give off *phr v* [T] wydzielać: *The old mattress gave off a faint smell of damp.*

give out *phr v* **1** [T **give** sth ↔ **out**] rozdawać: *Give out the leaflets as they're leaving the club.* **2** [I] wysiąść, odmówić posłuszeństwa: *My voice gave out halfway through the song.*

give up *phr v* **1** [I,T **give** sth ↔ **up**] z/rezygnować (z): *Vlad has given up trying to teach me Russian.* **2** [T **give** sth ↔ **up**] rzucić: *She gave up her job, and started writing.* |

G

I gave up smoking a year ago. **3 give yourself/sb up** poddać się/kogoś: *He gave himself up after police surrounded the property.*
give up on sb *phr v* [T] spisać na straty, położyć krzyżyk na: *The doctors had almost given up on her when she came out of the coma.*

give² *n* [U] ciągliwość, giętkość

ˌgive and ˈtake *n* [U] wzajemne ustępstwa: *In every successful marriage there is a certain amount of give and take.*

give·a·way /ˈgɪvəweɪ/ *n* [singular] **sb's voice/face is a (dead) giveaway** zdradza kogoś głos/wyraz twarzy: *Vince was lying. His red face was a dead giveaway.*

given¹ /ˈgɪvən/ *v* imiesłów bierny od GIVE

given² *adj* [only before noun] **1** dany, ustalony: *All expenses claims have to be made by a given date.* **2 any given ... /a given ...** dowolny: *There are thousands of homeless people in London at any given time.*

given³ *prep* wziąwszy pod uwagę: *Given the circumstances, you've coped well.*

ˈgiven name *n* [C] *AmE* FIRST NAME

gla·cial /ˈgleɪʃəl/ *adj* (po)lodowcowy, glacjalny: *glacial streams*

gla·ci·er /ˈglæsiə/ *n* [C] lodowiec

glad S2 W3 /glæd/ *adj* **1** [not before noun] zadowolony: **be glad (that)** (=cieszyć się, że): *We're so glad that you decided to stay.* | **glad to know/see** (=miło wiedzieć/widzieć): *I'm glad to hear you're feeling better.* **2 be glad to do sth** z chęcią coś zrobić: *He said he'd be glad to help me.* **3 be glad of sth** być wdzięcznym za coś: *Aunt Meg will be glad of the company.*

G

glade /gleɪd/ *n literary* polana

glad·i·a·tor /ˈglædieɪtə/ *n* [C] gladiator

glad·ly /ˈglædli/ *adv* chętnie: *She said she'd gladly pay for any damages.*

glam·o·rize /ˈglæməraɪz/ *także* **-ise** *BrE v* [T] upiększać, idealizować: *Hollywood always glamorizes war.*

glam·or·ous /ˈglæmərəs/ *adj* bardzo efektowny, olśniewający

glam·our /ˈglæmə/ *BrE,* **glamor** *AmE n* [U] czar, atrakcyjność: *the glamour of a Caribbean cruise*

glance¹ /glɑːns/ *v* [I] **1** zerknąć, rzucić okiem: *He didn't even glance in her direction.* | **+at/down/towards etc** *Lucy glanced at the clock.* THESAURUS LOOK **2** przejrzeć pobieżnie: **+through/at** *Paul glanced through the menu and ordered a hamburger.*

glance² W3 *n* [C] zerknięcie, spojrzenie: *Doug and Jean exchanged a glance.*

glanc·ing /ˈglɑːnsɪŋ/ *adj* [only before noun] z ukosa, z boku *(o ciosie)*

gland /glænd/ *n* [C] gruczoł

ˌglandular ˈfever *n BrE* mononukleoza

glare¹ /gleə/ *v* [I] piorunować wzrokiem: **+at** *They glared at each other across the table.* THESAURUS LOOK

glare² *n* **1** [singular] oślepiający blask: *the glare of the sun* **2** [C] piorunujące spojrzenie: *She gave him a fierce glare.*

glar·ing /ˈgleərɪŋ/ *adj* **1** oślepiający: *a glaring light* **2** rażący: *glaring mistakes*

glass S1 W1 /glɑːs/ *n* **1** [U] szkło: *Don't cut yourself on the broken glass!* | *a glass vase* | *an impressive collection of Venetian glass* **2** [C] szklanka: **a glass of sth** *Would you like a glass of water?* **3** [C] kieliszek: *Did you put the wine glasses on the table?*

ˌglass ˈceiling *n* [U] niewidzialna bariera uniemożliwiająca awans *(zwłaszcza kobietom)*

glass·es /ˈglɑːsɪz/ *n* [plural] okulary: *I can't find my glasses.*

ˌglass ˈfibre *n* [U] *BrE* → patrz FIBREGLASS

glass·house /ˈglɑːshaʊs/ *n* [C] *BrE* szklarnia

glass·ware /ˈglɑːsweə/ *n* [U] wyroby szklane, szkło

glass·y /ˈglɑːsi/ *adj* szklisty: *the glassy surface of the lake*

glaze¹ /gleɪz/ *v* **1** [I] *także* **glaze over** zachodzić mgłą: *His eyes glazed over.* **2** [T] glazurować **3** [T] o/szklić

glaze² *n* **1** [C] glazura **2** [U] lukier

gleam¹ /gliːm/ *v* [I] błyszczeć: *The Rolls Royce gleamed in the moonlight.* | *His green eyes gleamed with pleasure.*

gleam² *n* **1** [C] blask: *The table shone with the gleam of silver and glass.* **2** [singular] błysk: *A gleam of humour lit up her eyes.*

glean /gliːn/ *v* [T] wydobyć, zebrać: **glean sth from** *I've managed to glean a few details about him from his friends.*

glee /gliː/ *n* [U] radość: *The children laughed with glee.*

glen /glen/ *n* [C] parów

glib /glɪb/ *adj* powierzchowny, uproszczony: *She was careful not to let her answer sound too glib.* **—glibly** *adv* powierzchownie

glide /glaɪd/ *v* [I] sunąć, ślizgać się: *We watched the sailboats glide across the lake.* **—glide** *n* [C] ślizg

glid·er /ˈglaɪdə/ *n* [C] szybowiec **—gliding** *n* [U] szybownictwo

glim·mer¹ /ˈglɪmə/ *n* [C] **1 a glimmer of hope** promyk nadziei **2** migotanie

glimmer² *v* [I] migotać: *Faint starlight glimmered on the rooftops.*

glimpse¹ /glɪmps/ *n* [C] zerknięcie: **get/catch a glimpse of** (=zobaczyć w przelocie): *Dad only caught a glimpse of the guy who stole our car.*

glimpse² *v* [T] ujrzeć przelotnie: *For a second I glimpsed her face* (=mignęła mi jej twarz), *then she was gone.*

glint /glɪnt/ *v* [I] błyskać: *I saw something glinting in the darkness.* **—glint** *n* [C] błysk

glis·ten /ˈglɪsən/ *v* [I] połyskiwać: **glisten with sth** *His back was glistening with sweat.*

glitch /glɪtʃ/ *n* [C] feler: *a computer glitch.*

glit·ter¹ /ˈglɪtə/ *v* [I] skrzyć się: *Snow was glittering in the morning light.*

glitter² *n* [U] **1** blask, lśnienie: *the glitter of her diamond ring* **2** przepych: *the glitter of Las Vegas*

gloat /gləʊt/ *v* [I] **gloat over sth** napawać się czymś, upajać się czymś: *Dick was still gloating over his team's win.*

glo·bal W2 /ˈgləʊbəl/ *adj* światowy, globalny: *global environmental issues*

ˌglobal ˈwarming *n* [U] globalne ocieplenie

globe Ac /gləʊb/ *n* **1 the globe** kula ziemska: *Our company has offices all over the globe.* **2** [C] kula **3** [C] globus

glob·u·lar /ˈglɒbjələ/ *adj* kulisty

glob·ule /ˈglɒbjuːl/ *n* [C] kropelka: *small globules of oil*

gloom /gluːm/ *n* [U singular] **1** mrok **2** przygnębienie

gloom·y /ˈgluːmi/ *adj* ponury: *When I saw their gloomy faces, I knew something was wrong.* | *They were led through the gloomy church by an old priest.* | *a gloomy sales forecast* THESAURUS SAD —**gloomily** *adv* ponuro

glo·ri·fied /ˈglɔːrɪfaɪd/ *adj* [only before noun] ulepszony: *Many people still think of computers as glorified typewriters.*

glo·ri·fy /ˈglɔːrɪfaɪ/ *v* [T] **1** gloryfikować: *We must avoid glorifying war.* **2** sławić, chwalić *(Boga)* —**glorification** /ˌglɔːrɪfɪˈkeɪʃən/ *n* [U] gloryfikacja

glo·ri·ous /ˈglɔːriəs/ *adj* wspaniały: *a glorious achievement* | *What a glorious day!*

glo·ry¹ /ˈglɔːri/ *n* **1** [U] chwała: *The team finished the season covered in glory.* **2** [C] wspaniałość: *the glories of ancient Greece*

glory² *v*
glory in sth *phr v* [T] rozkoszować się: *They gloried in their newfound freedom.*

gloss¹ /glɒs/ *n* [U singular] połysk: *a new hair gel that adds gloss to your hair*

gloss² *v* [T] objaśniać, tłumaczyć *(np. trudne słowa w tekście)*
gloss over sth *phr v* [T] przechodzić do porządku dziennego nad

glos·sa·ry /ˈglɒsəri/ *n* [C] słowniczek

gloss·y /ˈglɒsi/ *adj* **1** lśniący: *glossy, healthy hair* **2** drukowany na lśniącym papierze: *glossy magazines*

glove S3 /glʌv/ *n* [C] rękawiczka, rękawica

glow¹ /gləʊ/ *n* [singular] **1** poświata: *The sky was filled with an orange glow.* **2** rumieniec

glow² *v* [I] **1** błyszczeć, świecić (się): *My new watch glows in the dark.* **2** żarzyć się: *A fire was glowing in the grate.* **3** promienieć: *Standing there in his new suit, he positively glowed.* | *She glowed with happiness* (=promieniała szczęściem).

glow·er /ˈglaʊə/ *v* [I] po/patrzyć wilkiem: **+at** *Jill glowered at her husband but said nothing.*

glow·ing /ˈgləʊɪŋ/ *adj* bardzo pochlebny: *a glowing report/description*

glu·cose /ˈgluːkəʊs/ *n* [U] glukoza

glue¹ /gluː/ *n* [C,U] klej

glue² *v* [T] (**glued**, **gluing** or **glueing**) przy/kleić: *Cut out the pieces and glue the edges together* (=i sklej brzegi).

glum /glʌm/ *adj* przybity

glut¹ /glʌt/ *n* [C usually singular] zalew: *a glut of violent video games*

glut² *v* [T] **be glutted with sth** być zalanym/zasypanym czymś: *The shops are glutted with oranges.*

glu·ti·nous /ˈgluːtɪnəs/ *adj* lepki: *The spaghetti had turned into a glutinous mass.*

glut·ton /ˈglʌtn/ *n* **1** [C] żarłok **2 a glutton for punishment** tytan pracy —**gluttony** *n* [U] obżarstwo

gm skrót od GRAM

GMT /ˌdʒiː em ˈtiː/ *n* [U] czas Greenwich

gnarled /nɑːld/ *adj* sękaty: *a gnarled branch* | *gnarled fingers*

gnat /næt/ *n* [C] muszka

gnaw /nɔː/ *v* [I,T] gryźć, obgryzać: *The animal began to gnaw at the ropes holding her.*
gnaw at sb *phr v* [T] gryźć *(o wyrzutach sumienia itp.)*: *Guilt had been gnawing at me all day.*

gnaw·ing /ˈnɔːɪŋ/ *adj* [only before noun] dręczący: *gnawing doubts*

gnome /nəʊm/ *n* [C] krasnal

GNP /ˌdʒiː en ˈpiː/ *n* [singular] PKB *(produkt krajowy brutto)*

go¹ S1 W1 /gəʊ/ *v* [I] (**went**, **gone**, **going**) **1** iść/pójść, po/jechać: *I wanted to go, but Craig insisted we stay.* | *Mom went into the kitchen.* | *Let's go home.* | *They've gone shopping.* | *Nancy has gone to Paris.* | **be/get going** *It's late – I must be going* (=muszę już iść). | **go by bus/plane etc** (=pojechać autobusem/polecieć samolotem): *You take the train and we will go by car.* THESAURUS TRAVEL **2 be going to do sth** sposób wyrażania czasu przyszłego: *It looks like it's going to rain* (=będzie padać). | *He's going to marry Ann* (=ożeni się z Ann). → patrz ramka BE GOING TO THESAURUS INTEND **3** sięgać: *The roots of the tree go very deep.* **4** prowadzić: *Does this road go to the station?* **5 go bad/white/wild** popsuć się/zbieleć/zdziczeć: *I think this milk's gone sour* (=skwaśniało). | *My hair's going grey* (=siwieją). **6** pozostawać: *All her complaints went unheard* (=pozostały bez reakcji). | **go hungry** (=nie dojadać): *When food is short it's often the mother who goes hungry.* **7 go to church/school** chodzić/iść do kościoła/szkoły: *Is Brett going to college next year?* **8** iść/pójść: *How did your interview go?* | **go well/fine/wrong** *Everything started to go wrong all of a sudden.* **9** *informal* działać: *My car wouldn't go this morning.* **10** przechodzić: *Has your headache gone yet?* **11** mijać, płynąć: *The hours go so slowly at work.* **12** podziewać się: *I just don't know where the time goes.* **13** ze/psuć się: *Dad's hearing is starting to go.* **14** pasować: **+together** (=do siebie): *Those colours don't go together very well.* | **go with sth** (=pasować do czegoś): *Does red wine go with chicken?* **15 to go a)** pozostało: *Only two weeks to go before we leave for South America!* **b)** *AmE* na wynos: *I'll have a large order of fries to go, please.* **16 How's it going?/How are things going?/How goes it?** *spoken* Jak leci?: *"Hey, Jimmy, how's it going?" "All right, I guess."*

> **UWAGA: go**
> Brytyjczycy mówią zwykle **go and do sth**, a Amerykanie – **go do sth**: *Do you want to go see the baseball game?*

go about sth *phr v* [T] zabierać się do: *Perhaps I'm going about this the wrong way.*
go after sb/sth *phr v* [T] ruszyć (w pogoń) za: *Karr hesitated a moment, then went after her.*
go against sb/sth *phr v* postąpić wbrew, przeciwstawić się: *You've really angered him by going against his wishes.*
go ahead *phr v* [I] odbyć się, dojść do skutku: *The railway strike looks likely to go ahead tomorrow.* | *The sale went ahead as planned.* | **+with** *They plan to go ahead with their wedding* (=planują pobrać się) *later this year.*
go along *phr v* [I] **as you go along** z czasem: *You'll learn how to do it as you go along.*
go along with sth *phr v* [T] za/stosować się do czegoś: *They were happy to go along with our suggestions.*
go around także **go round** *BrE phr v* [I] **1** kręcić się: **go around doing sth** *You can't go around saying things like that* (=nie możesz chodzić i rozpowiadać takich rzeczy). **2 to go around** dla wszystkich: *Are there enough glasses to go around?*

G

go at sb/sth *phr v* [T] rzucić się na: *The boys went at each other until the teacher pulled them apart.*
go away *phr v* [I] **1** odejść: *Go away! Leave me alone!* THESAURUS DISAPPEAR **2** wyjechać: *We're going away for the weekend.* **3** przejść: *My headache still hasn't gone away.*
go back *phr v* [I] wrócić: **+to** *I'll never go back to my old school.*
go back on sth *phr v* [T] nie dotrzymać: *He went back on his promise.*
go back to sth *phr v* [T] **1** wrócić do: *I can't study any more – I'll go back to it later.* **2** sięgać: *The company's history goes back to 1925.*
go by *phr v* **1** [I] mijać: *Two months went by before Tony called.* **2** [T **go by** sth] kierować się: *Don't go by that map. It's really old.* | *We'll have to go by the referee's decision.*
go down *phr v* [I] **1** obniżyć się, spaść: *The temperature went down to freezing last night.* **2** zachodzić: *The sun is going down.* **3** za/tonąć: *Three ships went down in the storm.* **4 go down well/badly** zostać dobrze/źle przyjętym: *Robbie's jokes didn't go down very well with her parents.*
go down with sth *phr v* [T] *informal* zachorować na: *Ron's gone down with flu.*
go for sb/sth *phr v* [T] **1** woleć **2** [**go for** sb] rzucić się na: *She went for him with a knife.* **3** próbować zdobyć: *We're going for the gold medal.* **4** *spoken* odnosić się do: *I told him to work harder, and that goes for you too.*
go in for sth *phr v* [T] interesować się: *I've never gone in for modern art.*
go into sth *phr v* [T] **1** zająć się: *Vivian wants to go into teaching.* **2 go into details** wdawać się w szczegóły: *I don't want to go into details right now, but it was horrible.*
go off *phr v* **1** [I] wybuchnąć: *The bomb went off without warning.* **2** [I] zadzwonić: *My alarm clock didn't go off!* **3** [I] *BrE* ze/psuć się: *This milk has gone off.* **4** [T] *BrE informal* przestać lubić: *I've gone off coffee.*
go on *phr v* [I] **1 go on doing sth** dalej coś robić: *We can't go on fighting like this!* THESAURUS CONTINUE **2** trwać: *The meeting went on longer than I expected.* **3** dziać się: *What's going on down there?* **4** kontynuować: **+with** *After a short pause, Maria went on with her story.* **5** mijać: *As time went on, he became more friendly.* **6** *spoken* no, dalej: *Go on, have some more cake.*
go out *phr v* [I] **1** wychodzić: *Are you going out tonight?* | **go out for dinner/lunch** *We went out for brunch on Sunday.* **2 go out (with sb)** chodzić (z kimś): *How long have you two been going out?* | *Lisa used to go out with my brother.* **3** z/gasnąć: *All the lights went out.*
go over *phr v* **1** [T] przestudiować: *I've gone over the budget and I don't think we can afford a new computer.* **2** [T] powtarzać: *Once again I went over exactly what I needed to say.*
go round *phr v* [I] *BrE* →patrz GO AROUND
go through *phr v* **1** [T **go through** sth] przejść przez: *She's just been through a divorce.* **2** [T **go through** sth] przeszukać: *Have you been going through my handbag again?*
go through with sth *phr v* [T] doprowadzić do końca: *I'm not sure if I can go through with the wedding.*
go up *phr v* [I] **1** iść/pójść w górę: *Our rent has gone up by almost 20%.* **2** wyrosnąć: *All of those houses have gone up in the past 6 months.* **3** wybuchnąć: *What will happen if that gas tanker goes up?*
go with sb/sth *phr v* [T] być częścią, łączyć się z: *the responsibilities that go with having a family*
go without *phr v* [T] obywać się bez: *We're out of milk – I'm afraid you'll have to go without.* | *She had gone without food to feed the children.*

G

UWAGA: go with
Patrz **fit**, **suit** i **match** (lub **go with**).

go² S1 *n* (plural **goes**) **1** [C] próba: **have a go (at sth)** (=spróbować (czegoś)): *We thought we'd have a go at making our own Easter eggs.* **2** [C] *especially BrE* kolej: *Whose go is it?* **3 on the go** w ruchu

goad /gəʊd/ *v* [T] namawiać: **goad sb into (doing) sth** *Troy's friends goaded him into asking Susan for a date.*

ˈgo-aˌhead *n* **give sb the go-ahead** *informal* dać komuś pozwolenie

goal S2 W1 Ac /gəʊl/ *n* [C] **1** cel: *My goal is to study law at Harvard.* THESAURUS AIM **2** gol: *Ramos scored two goals for the US.* **3** bramka

goal·ie /ˈgəʊli/ *n* [C] *informal* bramkarz

goal·keep·er /ˈgəʊlˌkiːpə/ *także* **goal·ten·der** /-ˌtendə/ *AmE n* [C] bramkarz

goal·post /ˈgəʊlpəʊst/ *n* [C usually plural] słupek *(bramki)*

goat /gəʊt/ *n* [C] koza

gob·ble /ˈgɒbəl/ *także* **gobble up** *v* [T] *informal* pożerać

gob·ble·dy·gook, **gobbledegook** /ˈgɒbəldiguːk/ *n* [U] *informal* urzędniczy żargon

ˈgo-between *n* [C] posłaniec

gob·let /ˈgɒblɪt/ *n* [C] puchar

gob·lin /ˈgɒblɪn/ *n* [C] chochlik

gobs /gɒbz/ *n* [plural] *informal* fura *(dużo)*: *pecan pie with gobs of ice cream*

ˈgo-cart amerykańska pisownia wyrazu GO-KART

god S1 W1 *n* [C] bóg, bóstwo: *the god Krishna* | *Science became their god.*

God /gɒd/ *n* [singular] **1** Bóg **2 God/oh God/my God** *spoken* (o/mój) Boże **3 I swear to God** *spoken* jak Boga kocham **4 God (only) knows** *spoken* Bóg (jeden) wie: *God only knows where those kids are now!* **5 what/how in God's name** *spoken* co/jak na miłość boską: *Where in God's name have you been?* **6 God forbid** *spoken* broń Boże: *God forbid that your father finds out about this.*

COLLOCATIONS: God

verbs

to believe in God *Do you believe in God?*
to pray to God *We have prayed to God for her recovery.*
to worship God (=oddawać cześć Bogu) *They worship God in their own way.*
to praise God *He fell on his knees and praised God.*
God exists *How can you prove that God exists?*

noun + God

belief/faith in God *When her son died, she lost her belief in God.*
the will of God *także* **God's will** (=wola boża) *They believe it was God's will that they were on the island.* | *obedience to God's will*
a gift from God *I felt my baby was a gift from God.*

god·child /ˈgɒdtʃaɪld/ *n* [C] (plural **godchildren** /-ˌtʃɪldrən/) chrześnia-k/czka

god·dam·mit /gɒˈdæmɪt/ *interjection AmE* cholera

god·damn /ˈgɒdæm/ *także* **god·damned** /-dæmd/ *adj AmE spoken* cholerny

god·dess /ˈgɒdɪs/ *n* [C] bogini: *Venus, the goddess of love*

god·fa·ther /ˈgɒdˌfɑːðə/ *n* [C] ojciec chrzestny

ˈgod-ˌfearing *adj old-fashioned* bogobojny

god·for·sak·en /ˈgɒdfəˌseɪkən/ *adj* opuszczony, zapomniany

god·less /ˈgɒdləs/ *adj* bezbożny

god·like /ˈgɒdlaɪk/ *adj* boski: *a godlike chief | godlike status*

god·moth·er /ˈgɒdˌmʌðə/ *n* [C] matka chrzestna

god·pa·rent /ˈgɒdˌpeərənt/ *n* [C] rodzic chrzestny

god·send /ˈgɒdsend/ *n* [singular] błogosławieństwo, dar niebios: *Being able to drive has been a godsend since we moved here.*

goes /gəʊz/ *v* trzecia osoba liczby pojedynczej czasu teraźniejszego od GO

ˌgo-ˈgetter *n* [C] *informal* osoba przebojowa

ˌgoggle-ˈeyed *adj informal* z wybałuszonymi oczami

gog·gles /ˈgɒgəlz/ *n* [plural] gogle, okulary ochronne: *a pair of swimming goggles*

go·ing¹ /ˈgəʊɪŋ/ *n* [U] **1** *informal* tempo: **good/hard/slow etc going** *We got there in four hours, which wasn't bad going.* **2 while the going's good** *BrE* dopóki jeszcze można: *You should get out while the going's good.*

going² *adj* **1 the going rate** zwyczajowa/normalna stawka: *$25 an hour is the going rate for private lessons.* **2** [not before noun] wolny, do wzięcia: *Are there any jobs going* (=czy są jakieś wakaty) *where you work?* | **the best/biggest etc ... going** (=najlepszy/największy itp. z dostępnych ...): *We think we make the best computers going.* **3 a going concern** prosperujący interes: *The restaurant is being offered for sale as a going concern.*

ˌgoing-ˈover *n* [singular] przegląd: *My car needs a good going-over.*

ˌgoings-ˈon *n* [plural] *informal* dziwne poczynania

ˈgo-kart *especially BrE,* **go-cart** *especially AmE n* [C] gokart

gold¹ S2 W2 /gəʊld/ *n* **1** [U] złoto **2** [C,U] kolor złoty

gold² S3 W3 *adj* **1** złoty, ze złota: *a gold necklace* **2** złoty: *a gold dress*

gold·en W3 /ˈgəʊldən/ *adj* **1** złoty, złocisty: *golden hair* **2** złoty, ze złota: *a golden crown* **3 a golden opportunity** niepowtarzalna szansa **4 golden age** złoty wiek: *the golden age of film* **5 golden wedding** *BrE* złote gody

UWAGA: golden i gold

Mówiąc, że coś jest złote (zrobione ze złota lub koloru złotego), użyjemy raczej wyrazu **gold** niż **golden**: *a gold chain | a black dress with red and gold stripes down the front.* Wyraz **golden** ma podobne znaczenie, ale występuje częściej w stylu literackim: *golden sunlight | golden hair.* Oba słowa występują również w utartych wyrażeniach, w których nie należy ich mylić: *a gold medal | gold rush | a golden wedding.*

ˌgolden ˈraisin *n AmE* rodzynka złota, sułtanka

gold·fish /ˈgəʊldˌfɪʃ/ *n* [C] złota rybka

ˌgold ˈmedal *n* [C] złoty medal

gold·mine /ˈgəʊldmaɪn/ *n* [C] **1** żyła złota: *That pub's an absolute goldmine.* **2** kopalnia złota

golf S2 W3 /gɒlf/ *n* [U] golf —**golfer** *n* [C] gracz w golfa

ˈgolf club *n* [C] **1** kij golfowy **2** klub golfowy

ˈgolf course *n* [C] pole golfowe

gol·ly /ˈgɒli/ *interjection old-fashioned* a to dopiero!

gone¹ /gɒn/ *v* imiesłów bierny od GO

gone² *prep BrE informal* dobrze po: *It was gone midnight* (=było już dobrze po północy) *when we got back.*

gong /gɒŋ/ *n* [C] gong

gon·na /ˈgɒnə/ *nonstandard* ściągnięta forma wyrażenia 'going to': *This isn't gonna be as quick as we thought.*

goo /guː/ *n* [U] maź: *What's that goo in your hair?*

good¹ S1 W1 /gʊd/ *adj* (**better**, **best**) **1** dobry: *Peter's exam results were good, but Sue's were even better. | It's a good day for going to the beach. | You need good strong boots for walking. | a good swimmer |* **+ at** *Andrea is very good at languages.* | **(as) good as new** (=jak nowy): *The car looks as good as new again.* | **be good for two days/five years** (=zachowywać ważność przez dwa dni/pięć lat): *The guarantee on my new watch is good for five years.* **2** ładny: *good weather* **3** miły: *It's good to see you again.* **4 sth is good for you** coś jest zdrowe: *Watching so much TV isn't good for you.* **5** grzeczny: *Sit here and be a good girl.* **6** uprzejmy: **good of sb (to do sth)** (=uprzejmie z czyjejś strony): *It's good of you to come at such short notice.* **7 as good as** prawie: *The work is as good as finished.* **8** prawy: *He had always tried to lead a good life.* **9** [only before noun] całkiem: **a good many/few** (=całkiem sporo): *There were a good few people at church this morning.* | **a good 10 minutes/3 miles** (=dobre 10 minut/3 mile) **10 in good time** odpowiednio wcześnie: *I want to get to the airport in good time.* **11 good/oh good** *spoken* (bardzo) dobrze: *"I've finished." "Good, that was quick."* **12 good luck** *spoken* powodzenia **13 good God/grief/heavens** *spoken* wielkie

GRAMATYKA: Konstrukcja be going to

Konstrukcja ta składa się z formy osobowej czasownika **be** (w czasie teraźniejszym lub przeszłym), po której następuje **going** + bezokolicznik. Konstrukcji tej używamy zazwyczaj

1. mówiąc o tym, co ktoś zamierza zrobić:

   She ***is going to travel*** *round the world after she graduates.*

   That's a lot of money. What ***are*** *you* ***going to do*** *with it?*

2. mówiąc o tym, co ktoś zamierzał zrobić, ale nie zrobił:

   They ***were going to drive****, but in the end they took the train.*

3. mówiąc, że coś się niedługo stanie (tak sądzimy, bo w momencie mówienia wskazują na to jakieś okoliczności):

   *Look at these clouds! It****'s going to rain****.*

   *I feel awful. I think I****'m going to be sick****.*

G

nieba: *Good grief! Is it 12 o'clock already?* **14 it's a good thing** *spoken także* **it's a good job** *BrE* dobrze, że: *It's a good job I brought the map.*

THESAURUS: good

good dobry: *It's a really good book.* | *My French is not very good.*
nice ładny: *You look really nice.* | *It's such a nice day.*
wonderful cudowny: *a wonderful poem*
excellent znakomity: *Sam's progress this term has been excellent.*
great/terrific/fantastic *informal* świetny/wspaniały/fantastyczny: *That was a great film.* | *Her cooking is fantastic.*
brilliant *BrE informal* fantastyczny, super: *The play was absolutely brilliant.*
neat *AmE informal* fajny: *That's a really neat idea!* | *a neat little gadget*
attractive atrakcyjny: *A day by the sea sounded like an attractive suggestion.*
fine znakomity, doskonałej jakości: *People come here to enjoy fine food and wines.*

good² *n* **1** [U] dobro: *the battle between good and evil* | **be no good/do no good** (=na nic się nie zdać): *It's no good crying now.* | *You can talk to her, but it won't do any good.* | **do sb good** (=dobrze komuś zrobić): *It'll do you good to have a holiday.* | **for sb's own good** (=dla czyjegoś własnego dobra): *Take your medicine – it's for your own good.* | **be up to no good** *informal* (=mieć złe zamiary) **2 be no good/not be any good/not be much good** być do niczego: *This radio's no good.* | *The film wasn't much good, was it?* **3 for good** na dobre: *We moved out of the city for good in 1989.*

G

good ˌafter'noon *interjection* dzień dobry *(po południu)*

good·bye S3 /gʊd'baɪ/ *interjection* do widzenia: *Good-bye, Mrs. Anderson.* | **say goodbye (to sb)** (=po/żegnać się (z kimś)): *I just want to say goodbye to Erica.*

good 'evening *interjection* dobry wieczór: *Good evening, ladies and gentlemen!*

ˌgood-for-'nothing *n* [C] nicpoń

ˌgood-'humoured *BrE*, **good-humored** *AmE adj* dobroduszny

good·ies /'gʊdiz/ *n* [plural] *informal* pyszności: *a bag of goodies*

ˌgood-'looking *adj* atrakcyjny THESAURUS ▶ BEAUTIFUL

good 'morning S2 *interjection* dzień dobry *(przed południem)*: *Good morning! Did you sleep well?*

ˌgood-'natured *adj* dobroduszny

good·ness S2 /'gʊdnəs/ *n* **1** *także* **my goodness** *spoken* ojej: *My goodness, you've lost a lot of weight!* **2** [U] dobroć: *Anne believed in the basic goodness of people.*

good 'night S3 *interjection* dobranoc: *Good night, Sandy. Sleep well!* → porównaj GOOD EVENING

goods S2 W2 /gʊdz/ *n* [plural] towary: *electrical goods*

good·will /ˌgʊd'wɪl/ *n* [U] dobra wola: *Christmas should be a time of peace and goodwill.*

'goody-ˌgoody *także* **ˌgoody-'two-shoes** *n* [C] świętoszek/ka

goo·ey /'guːi/ *adj informal* **1** lepki, klejący: *gooey cakes* **2** ckliwy

goof¹ /guːf/ *v* [I] *especially AmE informal* wygłupić się: *Oops! I goofed again.*
goof around *phr v* [I] *AmE informal* wygłupiać się: *We were just goofing around at the mall.*
goof off *phr v* [I] *AmE informal* obijać się: *Jason's been goofing off in class lately.*

goof² *n* [C] *informal especially AmE* **1** głupek: *You big goof!* **2** głupi błąd

goof·y /'guːfi/ *adj informal* głupkowaty: *a goofy smile*

google /'guːgəl/ *v* [T] **to google sth/sb** (wy)googlować coś/kogoś

Google /'guːgəl/ *n trademark* Google

goop /guːp/ *n* [U] *AmE informal* maź

goose /guːs/ *n* [C,U] (plural **geese** /giːs/) gęś

goose·ber·ry /'gʊzbəri/ *n* [C] agrest: *gooseberry pie*

'goose ˌpimples *especially BrE*, **'goose bumps** *especially AmE n* [plural] gęsia skórka

go·pher /'gəʊfə/ *n* [C] suseł

gore¹ /gɔː/ *v* [T] wziąć na rogi

gore² *n* [U] zakrzepła krew, posoka

gorge¹ /gɔːdʒ/ *n* [C] wąwóz

gorge² *v* **gorge yourself on sth** objadać się czymś: *The kids have gorged themselves on chocolate bars all afternoon.*

gor·geous S3 /'gɔːdʒəs/ *adj informal* **1** wspaniały, cudowny: *What a gorgeous sunny day!* **2** śliczny: *I think Lizzie is gorgeous.* THESAURUS ▶ BEAUTIFUL

go·ril·la /gə'rɪlə/ *n* [C] goryl

gorse /gɔːs/ *n* [U] kolcolist

gor·y /'gɔːri/ *adj* krwawy: *a gory film*

gosh S2 /gɒʃ/ *interjection* ojej: *Gosh! I never knew that!*

gos·ling /'gɒzlɪŋ/ *n* [C] gąsiątko

gos·pel /'gɒspəl/ *n* **1** [C] ewangelia **2** [U] *także* **gospel music** muzyka gospel

gos·sip¹ /'gɒsɪp/ *n* **1** [C,U] plotki: *People love hearing gossip about film stars.* **2** [C] plotka-rz/rka

gossip² *v* [I] plotkować: **+about** *What are you two gossiping about?* THESAURUS ▶ TALK

got /gɒt/ *v* czas przeszły i imiesłów bierny od GET

got·ta /'gɒtə/ *v nonstandard* ściągnięta forma wyrażenia 'got to': *I gotta go now – see you tomorrow.*

got·ten /'gɒtn/ *v* amerykańska postać imiesłowu biernego od GET

gouge /gaʊdʒ/ *v* [T] wy/dłubać
gouge sth ↔ out *phr v* [T] wy/żłobić: *Glaciers had gouged out the valley during the Ice Age.*

gourd /gʊəd/ *n* [C] tykwa

gour·met¹ /'gʊəmeɪ/ *adj* [only before noun] dla smakoszy: *a gourmet restaurant*

gourmet² *n* [C] smakosz

gout /gaʊt/ *n* [U] skaza moczanowa

gov·ern W3 /ˈgʌvən/ *v* [I,T] rządzić: *The Socialist Party governed for thirty years.* | *the laws governing the universe*

gov·ern·ess /ˈgʌvənəs/ *n* [C] guwernantka

gov·ern·ment S2 W1 /ˈgʌvəmənt/ *n* **1** [C] *także* **Government** rząd: *The government has promised to improve standards in education.* **2** [U] rządy: *democratic government*

UWAGA: government

W brytyjskiej angielszczyźnie czasownik łączący się z **government** może występować w liczbie pojedynczej lub mnogiej: *The government has/have decided to introduce new laws against terrorism.*
W angielszczyźnie amerykańskiej czasownik łączący się z **government** występuje zawsze w liczbie pojedynczej.

COLLOCATIONS: government

verbs

to elect a government *A new government is elected every four years.*

a government comes to power (=obejmuje władzę) *The economic situation has got worse since the government came to power.*

to overthrow/bring down a government (=obalić rząd) *He was charged with plotting to overthrow the government.*

to form a government *The party doesn't have enough representatives in parliament to form a government.*

types of government

national government (=władze państwowe) *The people elected a new national government.*

local government (=samorząd lokalny) *She works in local government.*

federal government (=rząd federalny) *The federal government has provided another $4 million.*

state government (=rząd stanowy) *The state government has introduced strict laws about pollution from cars.*

a left-wing/right-wing government *There was an attempt to overthrow the country's left-wing government.*

a military government *Pakistan was ruled by a military government.*

a Socialist/Conservative etc government *They voted for a socialist government.*

the Thatcher/Blair etc government *the popularity of the Blair government*

a coalition government *The country has had a succession of weak coalition governments.*

government + noun

a government minister *The Prime Minister appoints government ministers.*

a government official *He had a meeting with French government officials.*

a government department *the government department responsible for prisons*

a government body *także* **a government agency** *AmE* (=agencja rządowa) *Patents are granted by the U.K. Patent Office, a government body.*

government spending *cuts in government spending*

government policy *a change in government policy*

gov·er·nor W3 **Governor** /ˈgʌvənə/ *n* [C] gubernator: *the Governor of California*

gown /gaʊn/ *n* [C] **1** suknia: *a black silk evening gown* **2** toga: *his graduation gown*

GP /ˌdʒiː ˈpiː/ *n* [C] *BrE* lekarz rodzinny: *If the headaches continue, contact your GP.*

GPA /ˌdʒiː piː ˈeɪ/ *n* [C] *AmE* średnia ocen

GPS /ˌdʒiː piː ˈes/ *n* **1** GPS **2** (pl **GPSes**) GPS

grab[1] S2 W3 /græb/ *v* [T] (**-bbed**, **-bbing**) **1** chwycić, porwać: *He grabbed my bag and ran off.* **2 grab sb/sb's attention** *informal* wciągać kogoś: *The film grabs your attention from the start.* **3 grab some sleep** *informal* zdrzemnąć się: *I managed to grab an hour's sleep this afternoon.* **4 grab some food/a bite to eat/a sandwich** *informal* przekąsić coś: *I'll just grab a sandwich for lunch.* **5 grab a chance/opportunity** s/korzystać z okazji: *Grab the opportunity to travel while you can.*
grab at sth/sb *phr v* [T] rzucić się na

grab[2] *n* **1 make a grab for/at** rzucić się na: *Parker made a grab for the knife.* **2 be up for grabs** *informal* być do wzięcia

grace[1] /greɪs/ *n* [U] **1** gracja, wdzięk: *She moved with the grace of a dancer.* **2** takt: **have the grace to do sth** *At least he had the grace to apologize.* | **with good grace** (=z humorem): *Kevin accepted his defeat with good grace.* **3** prolongata: **a week's/month's etc grace** *I couldn't pay, so they have given me a week's grace.* **4** modlitwa *(przed posiłkiem)*: *Who will say grace?* **5 Your/His Grace** Wasza/Jego Ekscelencja *(w odniesieniu do księcia, arcybiskupa itp.)*

grace[2] *v* **1 grace sb/sth with your presence** *humorous* zaszczycić kogoś/coś swoją obecnością: *I'm so glad you've decided to grace us with your presence!* **2** [T] *formal* uświetniać: *His new painting now graces the wall of the dining room.*

grace·ful /ˈgreɪsfəl/ *adj* **1** pełen wdzięku: *a graceful dancer* | *an arch supported by graceful columns* **2** taktowny: *a graceful apology* —**gracefully** *adv* z wdziękiem

gra·cious /ˈgreɪʃəs/ *adj* **1** łaskawy: *a gracious host* **2** wytworny: *gracious living* **3 (goodness) gracious!** *spoken old-fashioned* Boże (drogi)! —**graciously** *adv* łaskawie

gra·da·tion /grəˈdeɪʃən/ *n* [C] *formal* stopniowanie, gradacja: *gradations of colour from dark red to pink*

grade[1] S2 W3 Ac /greɪd/ *n* **1** [C,U] gatunek: *Grade A eggs* **2** [C] *AmE* stopień, ocena: *Betsy always gets good grades.* **3 make the grade** zrobić karierę: *Very few kids make the grade as professional footballers.* **4** [C] *AmE* klasa: *He's just finished third grade.*

grade[2] Ac *v* [T] **1** s/klasyfikować: *potatoes graded according to size* **2** *AmE* oceniać: *I spent the weekend grading tests.*

ˈgrade ˌcrossing *n* [C] *AmE* przejazd kolejowy

ˈgrade point ˌaverage *n* [C] GPA

ˈgrade ˌschool *n* [C] *AmE* szkoła podstawowa

gra·di·ent /ˈgreɪdiənt/ *n* [C] **1** nachylenie: *a steep gradient* **2** *technical* gradient

grad·u·al /ˈgrædʒuəl/ *adj* stopniowy: *a gradual increase in the number of jobs available*

grad·u·a·lly S3 W3 /ˈgrædʒuəli/ *adv* stopniowo: *Gradually, their marriage got better.*

G

grad·u·ate[1] /ˈɡrædʒuət/ *n* [C] absolwent/ka: **+of** *a graduate of Oxford University | a high-school graduate*

grad·u·ate[2] /ˈɡrædʒueɪt/ *v* [I] **1** s/kończyć studia: **+from** *Ruth has just graduated from Princeton.* **2** *AmE* s/kończyć szkołę średnią

grad·u·ate[3] /ˈɡrædʒuət/ *adj AmE* **graduate student** słuchacz/ka studiów magisterskich lub doktoranckich

grad·u·at·ed /ˈɡrædʒueɪtɪd/ *adj* stopniowany, progresywny: *graduated rates of pay*

graduate

grad·u·a·tion /ˌɡrædʒuˈeɪʃən/ *n* [U] ukończenie studiów lub amerykańskiej szkoły średniej: *After graduation, Sally trained as a teacher.*

graf·fi·ti /ɡræˈfiːti/ *n* [U] graffiti

graft[1] /ɡrɑːft/ *n* **1** [C] przeszczep: *skin/bone grafts* **2** [U] *AmE* przekupstwo: *politicians accused of graft* **3** [U] *informal especially BrE* orka, harówka: *a hard day's graft* **4** [C] szczep *(w ogrodnictwie)*

graft[2] *v* [T] przeszczepiać

G

grain /ɡreɪn/ *n* **1** [C,U] ziarno: *All they had left were a few grains of rice.* **2** [C] ziar(e)nko: *grains of sand* **3** [C] krzta: *There's not a grain of truth in what she said.* **4** **go against the grain** kłócić się z zasadami: *It really went against the grain to throw all that food away.*

gram S3 **gramme** /ɡræm/ *n* [C] gram

gram·mar S3 W3 /ˈɡræmə/ *n* [C,U] gramatyka: *She always corrects my grammar. | a good English grammar*

ˈgrammar ˌschool *n* [C] liceum ogólnokształcące *(w Wielkiej Brytanii)*

gram·mat·i·cal /ɡrəˈmætɪkəl/ *adj* [only before noun] gramatyczny: *You're still making grammatical errors. | a grammatical sentence* —**grammatically** /-kli/ *adv* gramatycznie → antonim UNGRAMMATICAL

gran /ɡræn/ *n* [C] *BrE informal* babcia

gran·a·ry /ˈɡrænəri/ *n* [C] spichlerz

grand[1] S2 W3 /ɡrænd/ *adj* **1** wielki, uroczysty: *a grand ceremony at the Palace* **2** **grand total** suma końcowa **3** ważny: *He thinks he's too grand to talk to us.* **4** *informal* świetny: *a grand day out*

grand[2] *n* [C] (plural **grand**) *informal* tysiąc *(funtów, dolarów)*: *Bill only paid five grand for that car.*

grand·child /ˈɡræntʃaɪld/ *n* [C] wnu-k/czka

grand·dad /ˈɡrændæd/ *n* [C] *informal* dziadek

grand·daugh·ter /ˈɡrænˌdɔːtə/ *n* [C] wnuczka

gran·deur /ˈɡrændʒə/ *n* [U] okazałość: *the grandeur of the mountains*

grand·fa·ther S3 /ˈɡrænˌfɑːðə/ *n* [C] dziadek

ˈgrandfather ˌclock *n* [C] zegar stojący

gran·di·ose /ˈɡrændiəʊs/ *adj* wielce ambitny: *It's just another of his grandiose schemes.*

ˌgrand ˈjury *n* [C] wielka ława przysięgłych *(decydująca o tym, czy skierować sprawę do sądu)*

grand·ma S2 /ˈɡrænmɑː/ *n* [C] *informal* babcia

grand·moth·er S3 /ˈɡrænˌmʌðə/ *n* [C] babka

grand·pa S3 /ˈɡrænpɑː/ *n* [C] *informal* dziadek

grand·par·ent /ˈɡrænˌpeərənt/ *n* [C] **grandparents** dziadkowie

ˌgrand piˈano *n* [C] fortepian *(koncertowy)*

ˌgrand ˈslam *n* [C] *trademark* wielki szlem

grand·son /ˈɡrænsʌn/ *n* [C] wnuk

grand·stand /ˈɡrændstænd/ *n* [C] trybuna *(na stadionie)*

grange /ɡreɪndʒ/ *n* [C] gospodarstwo

gran·ite /ˈɡrænət/ *n* [U] granit

gran·ny S3 /ˈɡræni/ *n* [C] *informal* babcia

gra·no·la /ɡrəˈnəʊlə/ *n* [U] *AmE* chrupiące muesli

grant[1] S2 W2 Ac /ɡrɑːnt/ *v* **1** **take it for granted (that)** zakładać z góry, że: *You can't take it for granted that your parents will pay for college.* **2** **take sb for granted** nie liczyć się z kimś: *He spends all his time at work and takes his family for granted.* **3** [T] *formal* udzielać, przyznawać: *Ms. Chung was granted American citizenship last year.* **4** [T] przyznawać rację: *He's not an intellectual, I grant you, but he does work hard.*

grant[2] S2 W2 Ac *n* [C] **1** grant, dotacja: *a research grant* **2** stypendium: *a student grant*

gran·ule /ˈɡrænjuːl/ *n* [C] ziarenko, granulka: *instant coffee granules*

grape /ɡreɪp/ *n* [C] winogrono

grape·fruit /ˈɡreɪpfruːt/ *n* [C,U] grejpfrut

grape·vine /ˈɡreɪpvaɪn/ *n* **sb heard sth on/through the grapevine** coś doszło do kogoś pocztą pantoflową: *I heard it through the grapevine that Julie's getting married.*

graph S3 /ɡræf/ *n* [C] wykres: *a graph showing population growth over 50 years*

graph·ic /ˈɡræfɪk/ *adj* obrazowy: *a graphic account of her unhappy childhood* —**graphically** /-kli/ *adv* obrazowo: *She described the scene graphically.*

ˌgraphic ˈarts *n* [plural] grafika: *a graphic arts course*

ˌgraphic deˈsign *n* [U] grafika użytkowa —**graphic designer** *n* [C] grafi-k/czka

ˈgraphic ˌnovel *n* powieść graficzna

graph·ics /ˈɡræfɪks/ *n* [plural] grafika

graph·ite /ˈɡræfaɪt/ *n* [U] grafit

grap·ple /ˈɡræpəl/ *v* [I] mocować się: **+with** *A young man was grappling with the guard.*
grapple with sth *phr v* [T] zmagać się z: *I've been grappling with this essay question all morning.*

grasp[1] /ɡrɑːsp/ *v* [T] **1** chwytać, z/łapać: *Grasp the rope with both hands.* **2** z/rozumieć, pojmować: *At the time I didn't fully grasp what he meant.* THESAURUS UNDERSTAND
grasp at sth *phr v* [T] chwytać za

grasp[2] *n* [singular] **1** rozeznanie, orientacja: **a good/poor grasp of** *a good grasp of spoken English* (=dobra znajomość angielskiego) | **beyond sb's grasp** (=za trudne dla kogoś) **2** **be within/beyond sb's grasp** być w zasięgu/poza zasięgiem czyjejś ręki: *Eve felt that success was finally within her grasp.* **3** chwyt, uścisk: *The bottle* *slipped out of his grasp* (=wyślizgnęła mu się z ręki) *and smashed on the floor.*

grasp·ing /ˈgrɑːspɪŋ/ *adj* zachłanny: *a hard, grasping man*

grass S2 W2 /grɑːs/ *n* [C,U] trawa: *Please keep off the grass.* | *a blade of grass* | *mountain grasses* —**grassy** *adj* trawiasty: *a grassy bank*

grass·hop·per /ˈgrɑːsˌhɒpə/ *n* [C] konik polny

grass·land /ˈgrɑːslænd/ *także* **grasslands** [plural] *n* [U] step

ˌgrass ˈroots *n* **the grass roots** szeregowi członkowie —**grass-roots** *adj* oddolny: *grass-roots support*

grate¹ /greɪt/ *v* **1** [T] u/trzeć: *grated carrot* **2** [I] za/zgrzytać: **+on/against** *The chalk grated on the blackboard.* **3 grate on sb/grate on sb's nerves** *informal* działać komuś na nerwy: *Her voice really grates on my nerves.*

grate² *n* [C] palenisko *(w kominku)*

grate·ful S3 W3 /ˈgreɪtfəl/ *adj* **1** wdzięczny: **be grateful (to sb) for sth** *Mona was very grateful to Peter for his advice.* →antonim UNGRATEFUL **2 I would be grateful if you could/would ...** byłbym wdzięczny gdyby zechciał/a Pan/i ...: *I would be grateful if you would allow me to visit your school.* —**gratefully** *adv* z wdzięcznością: *We gratefully accepted their offer of help.*

grat·er /ˈgreɪtə/ *n* [C] tarka

grat·i·fy /ˈgrætɪfaɪ/ *v* [T] *formal* u/satysfakcjonować: *She was gratified by the result.* —**gratifying** *adj*: *It was gratifying to know that I had won.* —**gratification** /ˌgrætɪfɪˈkeɪʃən/ *n* [U] satysfakcja

grat·ing¹ /ˈgreɪtɪŋ/ *n* [C] krata, okratowanie

grating² *adj* zgrzytliwy: *a loud, grating laugh*

grat·is /ˈgrætɪs/ *adj, adv formal* gratis, bezpłatnie

grat·i·tude /ˈgrætɪtjuːd/ *n* [U] wdzięczność: *I would like to express my gratitude to everyone who helped us.* →antonim INGRATITUDE

gra·tu·i·tous /grəˈtjuːɪtəs/ *adj* nieuzasadniony, niepotrzebny: *gratuitous violence in films*

gra·tu·i·ty /grəˈtjuːəti/ *n* [C] *formal* napiwek

grave¹ /greɪv/ *n* [C] grób: *We visited my grandfather's grave.*

grave² *adj* poważny: *I have grave doubts about her ability as a teacher.* | *Dr. Fry looked grave. "I have some bad news," he said.* THESAURUS SERIOUS —**gravely** *adv* poważnie

grav·el /ˈgrævəl/ *n* [U] żwir —**gravelled** *BrE*, **graveled** *AmE adj* żwirowany: *a gravelled driveway*

grav·el·ly /ˈgrævəli/ *adj* chropawy, chropowaty

grave·stone /ˈgreɪvstəʊn/ *n* [C] nagrobek

grave·yard /ˈgreɪvjɑːd/ *n* [C] cmentarz

ˈgraveyard ˌshift *n* nocna zmiana

grav·i·tate /ˈgrævɪteɪt/ *v* [I] **sb gravitates to/towards sb/sth** ktoś ciągnie do kogoś/czegoś: *Students gravitate towards others with similar interests.*

grav·i·ta·tion·al /ˌgrævəˈteɪʃənəl◂/ *adj technical* grawitacyjny: *the Earth's gravitational pull*

grav·i·ty /ˈgrævəti/ *n* [U] **1** grawitacja: *the laws of gravity* **2** *formal* powaga: **+of** *We were soon made aware of the gravity of the situation.*

gra·vy /ˈgreɪvi/ *n* [U] sos *(pieczeniowy)*

ˈgravy train *n informal* synekura

gray /greɪ/ amerykańska pisownia wyrazu GREY

graze¹ /greɪz/ *v* **1** [I,T] paść się: *cattle grazing in the field* **2** [T] obetrzeć: *Billy grazed his knee when he fell.* **3** [T] otrzeć się o, musnąć: *A bullet grazed his cheek.*

graze² *n* [C] obtarcie naskórka: *cuts and grazes*

grease¹ /griːs/ *n* [U] **1** tłuszcz **2** smar

grease² *v* [T] po/smarować: *Grease the tin lightly with butter.*

greas·y /ˈgriːsi/ *adj* **1** tłusty: *greasy food* **2** tłusty, przetłuszczający się: *greasy hair*

great S1 W1 /greɪt/ *adj* **1** *spoken* świetny: *It's great to see you again!* | *We had a great time in Rio.* | **+for** *Our holiday villas are great for families with children.* THESAURUS GOOD, NICE **2** wielki: *a great pile of newspapers* | *the great civilizations of the past* | *the greatest movie star of them all* | **great big** (=wielgachny): *Will caught a great big fish!* | **a great many** (=mnóstwo): *A great many people died in the flood.* | **great friend** (=bliski przyjaciel) THESAURUS BIG **3** *spoken* no to fajnie *(ironicznie)*: *"Your car won't be ready until next week." "Oh, great!"* **4 great-grandfather** pradziadek **great-grandmother** prababka **great-grandson** prawnuk **great-granddaughter** prawnuczka **great-grandchild** prawnu-k/czka —**greatness** *n* [U] wielkość

great·ly W3 /ˈgreɪtli/ *adv formal* znacznie: *Your chances of getting cancer are greatly increased if you smoke.*

Greece /griːs/ *n* Grecja —**Greek** /griːk/ *n* Grek/Greczynka —**Greek** *adj* grecki

G

greed /griːd/ *n* [U] chciwość: *Burning the rainforest is motivated by greed.*

greed·y /ˈgriːdi/ *adj* **1** chciwy, zachłanny **2** łakomy: *Don't be so greedy - leave some cake for the rest of us!* —**greedily** *adv* chciwie, zachłannie —**greediness** *n* [U] chciwość, łakomstwo

green¹ S1 W2 /griːn/ *adj* **1** zielony: *green eyes* | *We must preserve green areas of the town.* | *green with envy* (=z zazdrości) **2** ekologiczny: *green issues* **3** *informal* zielony *(niedoświadczony)*: *The trainees are still pretty green.* **4 have green fingers** *BrE*, **have a green thumb** *AmE* mieć dobrą rękę do roślin

green² S2 W3 *n* **1** [C,U] kolor zielony **2** [C] *BrE* błonia wiejskie

green·back /ˈgriːnbæk/ *n* [C] *AmE informal* zielony *(banknot dolarowy)*

ˈgreen belt *n* [C,U] pas zieleni *(dookoła miasta)*

ˌgreen ˈcard *n* [C] zielona karta

green·e·ry /ˈgriːnəri/ *n* [U] zieleń, roślinność

green·gro·cer /ˈgriːnˌgrəʊsə/ *n* [C] *BrE* **1** kupiec owocowo-warzywny **2 greengrocer's** sklep owocowo-warzywny, warzywniak

green·house /ˈgriːnhaʊs/ *n* [C] szklarnia

ˈgreenhouse efˌfect *n* **the greenhouse effect** efekt cieplarniany

ˌgreenhouse ˈgas *n* gaz cieplarniany

green·ing /ˈgriːnɪŋ/ *n* [U] uwrażliwienie na kwestie ekologiczne: *the greening of British politics*

greens /griːnz/ *n* [plural] warzywa zielone

Green·wich Mean Time /ˌgrenɪtʃ ˈmiːn taɪm/ *n* [U] GMT

greet /griːt/ *v* [T] **1** przy/witać: *The children came rushing out to greet me.* **2** przyjmować: **be greeted with** *The first speech was greeted with cheers and laughter.*

greet·ing /ˈgriːtɪŋ/ *n* [C,U] powitanie, pozdrowienie: **exchange greetings** (=przywitać się)

gre·gar·i·ous /grɪˈgeəriəs/ *adj* towarzyski

gre·nade /grəˈneɪd/ *n* [C] granat

grew /gruː/ *v* czas przeszły od GROW

grey[1] S2 W2 /greɪ/ *także* **gray** *AmE adj* **1** szary, popielaty: *grey rain clouds* **2** siwy: **go grey** (=o/siwieć): *My father went grey in his forties.* **3** szary: *It was a grey Sunday morning.* | *grey businessmen* —**greyness** *n* [U] szarość

grey[2] *także* **gray** *AmE n* [C,U] kolor szary

grey·hound /ˈgreɪhaʊnd/ *n* [C] chart angielski

grey·ing /ˈgreɪ-ɪŋ/ *także* **graying** *AmE adj* siwiejący

grid /grɪd/ *n* [C] **1** siatka, kratka **2** *BrE* sieć energetyczna

grid·lock /ˈgrɪdlɒk/ *n* [U] korek *(komunikacyjny)*: *The city suffers from constant traffic gridlock.* —**gridlocked** *adj* zakorkowany

grief /griːf/ *n* [U] **1** żal: *His grief was obvious from the way he spoke.* **2 Good grief!** *spoken* Boże drogi!

griev·ance /ˈgriːvəns/ *n* [C,U] **a grievance against** pretensje do: *He has a grievance against his former employer.*

grieve /griːv/ *v* **1** [I] być pogrążonym w smutku: *Sue's grieving over the death of her mother.* **2** [T] **it grieves me to think/see ...** przykro mi na myśl/kiedy widzę ...: *It grieves me to see him wasting his talents* (=jak marnuje swoje zdolności).

G

griev·ous /ˈgriːvəs/ *adj formal* poważny: *a grievous error* —**grievously** *adv* poważnie

grill[1] /grɪl/ *v* **1** [I,T] piec na ruszcie **2** [T] *informal* maglować: *They let the man go after grilling him for several hours.*

grill[2] *n* [C] **1** *BrE* ruszt, grill **2** *także* **grille** krata

grim /grɪm/ (**grimmer**, **grimmest**) *adj* **1** ponury: *grim economic news* | *grim industrial towns* **2** groźny: *a grim-faced judge* —**grimly** *adv* ponuro

gri·mace /grɪˈmeɪs/ *v* [I] wykrzywiać się: **+with** *Theo rolled around on the floor grimacing with pain.* —**grimace** *n* [C] grymas

grime /graɪm/ *n* [U] brud

grim·y /ˈgraɪmi/ *adj* lepki od brudu: *grimy windows*

grin[1] /grɪn/ *v* [I] (**-nned**, **-nning**) uśmiechać się szeroko: **+at** *Sally was grinning at Martin from across the room.* THESAURUS ▸ SMILE

grin[2] *n* [C] szeroki uśmiech: *"I'm getting married," said Clare, with a big grin.*

grin

grind[1] /graɪnd/ *v* [T] (**ground**, **ground**, **grinding**) **1** z/mielić **2** na/ostrzyć **3** za/zgrzytać **4 grind to a halt** zatrzymać się, stanąć: *Traffic slowly ground to a halt.*
grind down *phr v* [T **grind** sb ↔ **down**] złamać, zgnębić: *She had been ground down by years of poverty and hardship.*
grind on *phr v* [I] wlec się: *The morning seemed to be grinding on.*

grind[2] *n* [singular] *informal* harówka: *It's Monday again – back to the grind.*

grind·er /ˈgraɪndə/ *n* [C] młynek: *a coffee grinder*

grind·ing /ˈgraɪndɪŋ/ *adj* **grinding poverty** skrajna nędza

grip[1] /grɪp/ *n* **1** [singular] uścisk, chwyt: **+on** *Get a firm grip on the rope* (=chwyć mocno za sznur). **2** [singular] panowanie, kontrola: **get a grip on yourself** (=weź się w garść) **3** [U] przyczepność: *I want some tennis shoes with a good grip.*

grip[2] *v* [T] (**-pped**, **-pping**) **1** chwytać: *I gripped his hand in fear.* **2** wciągać: *a story that really grips you* | *The nation was gripped by the trial* (=pasjonował się procesem) *of O J Simpson.*

gripe /graɪp/ *v* [I] *informal* stękać, biadolić —**gripe** *n* [C] biadolenie

grip·ping /ˈgrɪpɪŋ/ *adj* pasjonujący: *a gripping story* THESAURUS ▸ INTERESTING

gris·ly /ˈgrɪzli/ *adj* makabryczny: *the grisly discovery of a body in the cellar*

gris·tle /ˈgrɪsəl/ *n* [U] chrząstka

grit[1] /grɪt/ *n* [U] **1** żwirek **2** *informal* determinacja

grit[2] *v* [T] (**-tted**, **-tting**) **grit your teeth** zaciskać zęby

groan /grəʊn/ *v* [I] jęczeć: *Captain Marsh was holding his arm and groaning.* | *Go clean your room, and don't groan.* —**groan** *n* [C] jęk

gro·cer /ˈgrəʊsə/ *n* **1** [C] właściciel/ka sklepu spożywczego **2 the grocer's** *BrE* sklep spożywczy

gro·cer·ies /ˈgrəʊsəriz/ *n* [plural] artykuły spożywcze

ˈgrocery ˌstore *także* **grocery** *n* [C] *AmE* sklep spożywczy

grog·gy /ˈgrɒgi/ *adj* słaniający się, zamroczony —**groggily** *adv* słaniając się

groin /grɔɪn/ *n* [C] pachwina

groom[1] /gruːm/ *v* [T] **1 groom sb for the job of** przygotowywać kogoś do objęcia stanowiska: *Chris is clearly being groomed for the job of manager.* **2** oporządzać **groom a horse**: *She groomed and fed the horses.*

groom[2] *n* [C] **1** *także* **bridegroom** pan młody **2** stajenny

groove /gruːv/ *n* **1** [C] rowek **2** [singular] *AmE informal* rutyna: **get back in the groove** *It will take the players a while to get back in the groove.*

grope /grəʊp/ *v* [I] szukać po omacku: **+for/around** *Ginny groped for the light switch.*

gross[1] S3 /grəʊs/ *adj* **1** *spoken* ohydny, obleśny: *There was one really gross part in the movie.* **2** brutto: *Our gross profit was £50,000.* | *a gross weight* →porównaj NET[3] **3** [only before noun] rażący: *There are some gross inequalities in pay between men and women.* —**grossly** *adv* rażąco —**grossness** *n* [U] ohyda

gross[2] *v* [T] zarobić brutto
gross sb ↔ out *phr v* [T] *spoken* napawać obrzydzeniem: *Don't talk about your operation! It grosses me out.*

ˌgross doˌmestic ˈproduct *n* [singular] produkt krajowy brutto

ˌgross ˌnational ˈproduct *n* [singular] GNP

gro·tesque /grəʊˈtesk/ *adj* groteskowy —**grotesquely** *adv* groteskowo

grot·to /ˈgrɒtəʊ/ *n* [C] grota

grouch[1] /graʊtʃ/ *n* [C] *informal* **1** zrzęda **2** bolączka: *My main grouch is that they didn't tell me what was going on.* —**grouchy** *adj* zrzędliwy —**grouchiness** *n* [U] zrzędliwość

grouch[2] *v* [I] *informal* zrzędzić, utyskiwać

ground[1] S1 W1 /graʊnd/ *n* **1 the ground** ziemia: *The ground was covered in autumn leaves.* **2** [U singular] ziemia, gleba: *The ground's too hard to plant trees now.* **3 sports/football ground** boisko sportowe/piłkarskie **4** [U] teren: *a view across open ground* **5 gain/lose ground** zyskiwać/tracić poparcie: *Republicans have been gaining ground in recent months.* **6** [singular] *AmE* uziemienie →patrz też GROUNDS

THESAURUS: ground

the ground ziemia: *It had been raining and the ground was very muddy.* | *He collapsed and fell to the ground.*

land ziemia, teren: *That's private land.* | *land for housing*

earth/soil ziemia/gleba: *The soil here is good for growing vegetables.* | *It was hot and the earth was hard and dry.*

ground[2] *v* **1** [T] *informal* uziemić: *If you stay out that late again, you'll be grounded for a week.* **2** [T] odmówić zgody na start: *All planes are grounded due to snow.* **3 be grounded in sth** mieć podstawę w czymś: *Base your work on principles grounded in research.* **4** [T] *AmE* uziemiać *(gniazdko, sprzęt elektryczny itp.)*

ground[3] *v* czas przeszły i imiesłów bierny od GRIND

ˌground ˈbeef *n* [U] *AmE* mielona wołowina

ground·break·ing /ˈgraʊndˌbreɪkɪŋ/ *adj* przełomowy: *groundbreaking research in physics*

ˌground ˈfloor *n* [C] parter

ground·ing /ˈgraʊndɪŋ/ *n* [singular] **grounding in** przygotowanie w zakresie: *You need a good grounding in mathematics to do this course.*

ground·less /ˈgraʊndləs/ *adj* **groundless fears/suspicions** bezpodstawne obawy/podejrzenia

ˈground rule *n* [C] podstawowa zasada: *There are a few ground rules you should follow.*

grounds /graʊndz/ *n* [plural] **1** podstawa, podstawy: **on (the) grounds of sth** *The divorce was granted on the grounds of* (=podstawą do przyznania rozwodu było) *adultery.* | **on the grounds that** *You can't fire a woman on the grounds that she's pregnant* (=dlatego, że jest w ciąży). **2** teren: *They walked around the hospital grounds.*

ground·swell /ˈgraʊndswel/ *n* **a groundswell of support/enthusiasm** fala poparcia/entuzjazmu: *There has been a groundswell of support for change.*

ground·work /ˈgraʊndwɜːk/ *n* [U] podwaliny: *The revolution laid the groundwork for progress.*

ˌground ˈzero *n* **1** strefa zero **2 Ground Zero** Strefa Zero

group[1] S1 W1 /gruːp/ *n* [C] grupa: *a rock group* | **+of** *Everyone please get into groups of four.* | *a group of teachers*

COLLOCATIONS: group

verbs

to belong to a group *Do you belong to any political groups?*

to join a group *Why not join a book group?*

to leave a group *Rebecca left the group following a disagreement.*

to get into groups *The teacher asked the students to get into groups.*

noun + group

a member of a group *She was the only member of the group who had children.*

part of a group *I was part of a group that played cards together regularly.*

types of group

an age group *What age group is the programme intended for?*

an ethnic/racial group *Different rates of unemployment are seen in different ethnic groups.* | *America's fastest growing racial group*

a social group *They were from different social groups.*

a protest group *The residents formed a protest group.*

a focus group (=grupa ankietowanych) *data gathered from focus groups*

group + noun

a group discussion *Group discussions can produce some good ideas.*

a group activity *The children take part in group activities.*

a group leader *Each group had a group leader.*

group[2] *v* [I,T] z/grupować (się): **be grouped around sth** *The village was made up of houses grouped around the church.* | **be grouped into** *Birds can be grouped into several classes.*

G

group·ing /ˈgruːpɪŋ/ *n* [C] ugrupowanie: *political groupings*

grouse /graʊs/ *n* [C] **1** głuszec **2** drobne zażalenie: *My one grouse is that the screen is too small.* —**grouse** *v* [I] gderać

grove /grəʊv/ *n* [C] gaj: *a lemon grove*

grov·el /ˈgrɒvəl/ *v* [I] (**-lled**, **-lling** *BrE*; **-led**, **-ling** *AmE*) **1** płaszczyć się: *Never grovel to your boss.* **2** czołgać się: *I saw him grovelling in the road for his hat.*

grow S1 W1 /grəʊ/ *v* (**grew**, **grown**, **growing**) **1** [I] u/rosnąć: *Jamie's grown two inches this year.* | *Not many plants can grow in the far north.* **2** [I] wz/rosnąć: *The number of students grew by 5% last year.* **3** [T] wy/hodować: *We're trying to grow roses this year.* **4** [I] rozwijać się: *a growing business* | **a growing number** *A growing number of* (=coraz więcej) *people are working from home.* **5 grow old/strong** starzeć się/wzmacniać się **6** [T] zapuszczać: *to grow a beard*

grow into sb/sth *v* [T] **1** wyrosnąć na: *Gene's grown into a handsome young man.* **2** dorosnąć do: *The coat is too long now, but she'll grow into it.*

grow on sb *phr v* [T] zaczynać się coraz bardziej podobać: *After a while their music grows on you.*

grow out of sth *phr v* [T] wyrosnąć z: *Sarah still sucks her thumb, but she'll grow out of it.*

grow up *phr v* [I] **1** dorastać: *I grew up in Glasgow.* THESAURUS LIVE **2** wyrastać: *Villages grew up along the river.*

grow·er /ˈgrəʊə/ *n* [C] hodowca *(warzyw i owoców)*

growl /graʊl/ *v* [I] warczeć: *Our dog always growls at visitors.*

grown[1] /grəʊn/ *v* imiesłów bierny od GROW

grown² *adj* **grown man/woman** dorosły mężczyzna/dorosła kobieta: *It was sad to see grown men fighting over a woman.*

'grown-up¹ *n* [C] dorosły: *Ask a grown-up to help you.*

grown-up² *adj* dorosły: *She has two grown-up sons.*

growth S3 W1 /grəʊθ/ *n* **1** [U singular] rozwój: *Vitamins are necessary for healthy growth.* | *the growth of fascism* | *The job will provide opportunities for personal growth.* **2** [U singular] wzrost: *a growth of interest in African music* **3** [U singular] przyrost: *rapid population growth* **4** [C] narośl

grub /grʌb/ *n* **1** [U] *informal* żarcie **2** [C] larwa

grub·by /ˈgrʌbi/ *adj* brudny: *grubby hands*

grudge¹ /grʌdʒ/ *n* [C] uraza, żal: **+against** *John's got a grudge against his sister.*

grudge² *także* **begrudge** *v* [T] **grudge sb sth** żałować komuś czegoś: *He grudged Mary every penny he paid in alimony.*

grudg·ing /ˈgrʌdʒɪŋ/ *adj* wymuszony: *a grudging apology* —**grudgingly** *adv* niechętnie: *Rob grudgingly offered to drive us to the airport.*

gru·el·ling /ˈgruːəlɪŋ/ *BrE*, **grueling** *AmE adj* wyczerpujący: *a gruelling 25-mile walk*

grue·some /ˈgruːsəm/ *adj* makabryczny: *a gruesome murder*

gruff /grʌf/ *adj* szorstki: *"I'm not interested," said a gruff voice.*

G

grum·ble /ˈgrʌmbəl/ *v* [I] zrzędzić: **+about** *Amy's always grumbling about how expensive things are.*

grump·y /ˈgrʌmpi/ *adj* naburmuszony: *You're grumpy today. What's wrong?*

grunge /grʌndʒ/ *n* [U] *AmE informal* syf *(brud)* —**grungy** *adj* zasyfiały, syfiasty

grunt /grʌnt/ *v* **1** [I,T] burknąć: *She just grunted hello and kept walking.* **2** [I] chrząkać *(o świni)* —**grunt** *n* [C] chrząknięcie, burknięcie

guar·an·tee¹ S2 W3 Ac /ˌgærənˈtiː/ *v* [T] **1** za/gwarantować: *We guarantee delivery within 48 hours.* | **+(that)** *Can you guarantee that it will arrive tomorrow?* | **guarantee to do sth** *We guarantee to refund your money if you are not satisfied.* THESAURUS ▸ **PROMISE** **2** dawać gwarancję na: *The manufacturers guarantee the watch for three years.*

guarantee² S3 Ac *n* [C] gwarancja: *a two-year guarantee* | **be under guarantee** (=być na gwarancji): *Is the microwave still under guarantee?* | **+(that)** *There's no guarantee that the books will be delivered this week.*

guard¹ S3 W3 /gɑːd/ *n* **1** [C] strażni-k/czka: *security guards* | *prison guards* **2 be on guard/stand guard** stać na warcie: *Hogan was on guard until midnight.* **3** [singular] straż: *The changing of the guard.* **4** [C] *BrE* konduktor/ka **5** [C] osłona: *a hockey player's face guard* **6 be on your guard** mieć się na baczności: *Be on your guard against pickpockets* (=strzeż się kieszonkowców). **7 catch sb off guard** zaskoczyć kogoś: *Senator O'Hare was caught off guard by the reporter's question.*

guard² *v* [T] strzec
guard against sth *phr v* [T] zapobiegać: *Exercise can help guard against a number of serious illnesses.*

guard·ed /ˈgɑːdɪd/ *adj* ostrożny: *a guarded welcome*

guard·i·an /ˈgɑːdiən/ *n* [C] **1** opiekun/ka **2** *formal* stróż: *The UN is the guardian of peace in the area.*

guer·ril·la, **guerilla** /gəˈrɪlə/ *n* [C] partyzant: *guerrilla warfare* (=wojna partyzancka)

guess¹ S1 W3 /ges/ *v* **1** [I,T] **a)** zgadywać: *"How old is Ginny's son?" "I'd say 25, but I'm just guessing."* | *"Don't tell me, you got the job." "How did you guess?"* | **+(that)** *I'd never have guessed you two were sisters.* **b)** odgadywać: *I guessed his age just by looking at him.* **2 I guess (so/not)** *spoken* chyba (tak/nie): *His light's on, so I guess he's still up.* | *"She wasn't happy?" "I guess not."* **3 guess what** *spoken* nie uwierzysz: *Guess what! Alan's asked me to marry him!*

guess² S3 *n* **1** [C] **make/have/take a guess** zgadywać: *Make a guess if you don't know the answer.* | *Have a guess where we're going tonight!* **2** [C] **my guess is (that)** sądzę, że: *My guess is that there won't be many people at the party.* **3 it's anybody's guess** *informal* nikt nie wie: *Where he disappeared to was anybody's guess.*

COLLOCATIONS: guess

verbs

to make a guess *If you don't know the answer, you can always make a guess.*

to have a guess, to take a guess *How much do you think it cost? Have a guess.* | *If I had to take a guess, I'd say she was 35.*

to hazard a guess (=s/próbować zgadnąć) *No one at this stage is prepared to hazard a guess about the outcome of the elections.*

adjectives

at a rough guess (=sądząc na oko) *At a rough guess, we should have about 50 people coming.*

a wild guess (=zgadywanie na chybił trafił) *I'd say it's worth £50,000, but that's just a wild guess.*

a lucky guess *„How did you know?" „It was just a lucky guess* (=udało mi się zgadnąć).*"*

a good guess *„I'd say you're twenty-three." „That's a good guess* (=prawidłowa odpowiedź).*"*

sb's best guess *Our best guess is that* (=możemy przypuszczać, że) *the temperature will increase by around 3 degrees.*

an educated/informed guess (=hipoteza na podstawie posiadanych informacji) *Children should be encouraged to make informed guesses.*

guess·work /ˈgeswɜːk/ *n* [U] domysły

guest S3 W2 /gest/ *n* [C] **1** gość: *We're having guests this weekend.* | *My guest this evening is Tina Turner.* | *Michael Gove is the guest speaker at this year's conference.* **2 Be my guest** *spoken* proszę bardzo: *"Could I use your phone?" "Be my guest."*

'guest book *n* [C] księga gości

guest·house /ˈgesthaʊs/ *n* [C] pensjonat THESAURUS ▸ **HOTEL**

GUI /ˈguːi/ *n* [C] *technical* graficzny interfejs użytkownika

guid·ance S3 W3 /ˈgaɪdəns/ *n* [U] porada

guide¹ S3 W2 /gaɪd/ *n* [C] **1** przewodni-k/czka: *a tour guide* **2** przewodnik *(książka)*: *a guide for new parents* **3** wskazówka: *A friend's experience isn't always the best guide.* **4 Guide** *także* **Girl Guide** *BrE* harcerka

guide² W3 *v* [T] **1** oprowadzać: *Tourists were guided around the Old Town by local people who had lived there all their lives.* **2** po/prowadzić: *Taking her arm, Andrew guided* *her to their table.* | *You should be guided by your doctor on your diet.*

guide·book /ˈgaɪdbʊk/ *n* [C] przewodnik THESAURUS BOOK

ˈguide dog *n* [C] *BrE* pies przewodnik

guideline Ac /ˈgaɪdlaɪn/ *n* wskazówka, wytyczna

guide·lines /ˈgaɪdlaɪnz/ *n* [plural] wskazówki: **+ on/for** *guidelines on health and safety at work*

guild /gɪld/ *n* [C] cech: *the writers' guild*

guile /gaɪl/ *n* [U] *formal* przebiegłość

guil·lo·tine /ˈgɪlətiːn/ *n* [C] gilotyna —**guillotine** *v* [T] zgilotynować

guilt /gɪlt/ *n* [U] wina: *The jury was sure of the defendant's guilt.* | **feeling/sense of guilt** (=poczucie winy): *Martha felt a great sense of guilt about ending the relationship.* → antonim INNOCENCE

ˈguilt-ˌridden *adj* przytłoczony poczuciem winy

guilt·y S2 W3 /ˈgɪlti/ *adj* winny, winien: **feel guilty about sth** *I feel guilty about not inviting her to the party.* | **+ of** *These men are guilty of murder.* | **find sb guilty** (=uznać kogoś za winnego): *The jury found him not guilty.* → antonim INNOCENT

ˈguinea pig *n* [C] **1** świnka morska **2** *informal* królik doświadczalny

guise /gaɪz/ *n* [C] *formal* pozór: **in/under the guise of** *The deal was made under the guise* (=pod pozorem) *of friendship.*

gui·tar S3 W3 /gɪˈtɑː/ *n* [C] gitara —**guitarist** *n* [C] gitarzyst-a/ka

gulf /gʌlf/ *n* [C] **1** przepaść: **+ between** *There is a widening gulf between the rich and the poor.* **2** zatoka: *the Gulf of Mexico*

gull /gʌl/ *n* [C] mewa

gul·li·ble /ˈgʌləbəl/ *adj* łatwowierny —**gullibility** /ˌgʌləˈbɪləti/ *n* [U] łatwowierność

gul·ly /ˈgʌli/ *n* [C] parów

gulp /gʌlp/ *v* **1** [T] *także* **gulp down** po/łykać *(szybko)*: *She gulped her tea and ran to catch the bus.* **2** [I] przełykać ślinę: *Shula read the test questions, and gulped.*

gum¹ /gʌm/ *n* **1** [C usually plural] dziąsło **2** [U] guma (do żucia)

gum² *v* [T + adv/prep] (**-mmed**, **-mming**) *BrE* s/kleić

gump·tion /ˈgʌmpʃən/ *n* [U] *informal* **1** inicjatywa: *I like Kathy because she's got gumption.* **2** zdrowy rozsądek

gun¹ S2 W2 /gʌn/ *n* [C] pistolet, strzelba

gun² *v* (**-nned**, **-nning**) **1** [T] *AmE informal* **gun it** dodać gazu **2** **be gunning for sb** szukać na kogoś haka
gun sb ↔ down *phr v* [T] zastrzelić: *Bobby Kennedy was gunned down in a hotel.*

gun·boat /ˈgʌnbəʊt/ *n* [C] kanonierka

gun·fire /ˈgʌnfaɪə/ *n* [U] ogień z broni palnej: *The sound of gunfire shattered the peace of this normally quiet town.*

gun·man /ˈgʌnmən/ *n* [C] (plural **gunmen** /-mən/) uzbrojony bandyta

gun·ner /ˈgʌnə/ *n* [C] artylerzysta

gun·point /ˈgʌnpɔɪnt/ *n* [U] **at gunpoint** na muszce: *We were held at gunpoint throughout the robbery.*

gun·pow·der /ˈgʌnˌpaʊdə/ *n* [U] proch strzelniczy

gun·run·ning /ˈgʌnˌrʌnɪŋ/ *n* [U] przemyt broni —**gunrunner** *n* [C] przemytnik handlujący bronią

gun·shot /ˈgʌnʃɒt/ *n* **1** [C] wystrzał: *We heard three gunshots.* **2** [U] postrzał: *a gunshot wound*

gur·gle /ˈgɜːgəl/ *v* [I] **1** bulgotać **2** gaworzyć: *The baby lay gurgling on the bed.* —**gurgle** *n* [C] bulgot

gu·ru /ˈgʊruː/ *n* [C] *informal* guru: *football guru Terry Venables*

gush¹ /gʌʃ/ *v* [I,T] tryskać: **+ out of/from etc** *Water was gushing out of the pipe.* | *Blood was gushing from the wound.*

gush² *n* [C] **1** strumień: *a gush of warm water* **2** **a gush of anxiety/relief** przypływ niepokoju/ulgi: *I felt a gush of relief that the children were safe.*

gust¹ /gʌst/ *n* [C] podmuch, powiew: *A gust of wind blew our tent over.*

gust² *v* [I] wiać: *Winds gusting up to 70 mph have been reported in the North.*

gus·to /ˈgʌstəʊ/ *n* [U] **with gusto** z upodobaniem: *The band were playing with great gusto.*

gut¹ /gʌt/ *n informal* **1** **gut reaction** instynktowna reakcja **2** **gut feeling** przeczucie: *I had a gut feeling that he was a dangerous man.* **3** [C] jelito → patrz też GUTS

gut² *v* [T] (**-tted**, **-tting**) **1** zniszczyć wnętrze: *The school was completely gutted by fire.* **2** wy/patroszyć → patrz też GUTTED

guts /gʌts/ *n* [plural] *informal* **1** odwaga: *It takes guts to leave a violent relationship.* **2** wnętrzności **3** **hate sb's guts** *informal* serdecznie kogoś nienawidzić

guts·y /ˈgʌtsi/ *adj informal* brawurowy: *The team gave a gutsy performance.*

gut·ted /ˈgʌtɪd/ *adj* [not before noun] *BrE spoken* załamany: *She'll be gutted when she finds out she's not going.*

gut·ter /ˈgʌtə/ *n* [C] **1** rynsztok **2** rynna

gut·tur·al /ˈgʌtərəl/ *adj* gardłowy

guy S1 W3 /gaɪ/ *n* [C] *informal* **1** facet: *He's a really nice guy.* THESAURUS MAN **2** **you guys** *especially AmE spoken* wy: *We'll see you guys Sunday, okay?*

guz·zle /ˈgʌzəl/ *v* [I,T] *informal* **1** wy/żłopać **2** s/pałaszować

gym /dʒɪm/ *n* **1** [C] sala gimnastyczna **2** [U] gimnastyka: *a gym class*

gym·na·si·um /dʒɪmˈneɪziəm/ *n* [C] sala gimnastyczna

gym·nas·tics /dʒɪmˈnæstɪks/ *n* [U] gimnastyka —**gymnast** /ˈdʒɪmnæst/ *n* [C] gimnasty-k/czka: *She's an Olympic gymnast.*

gy·nae·col·o·gy /ˌgaɪnəˈkɒlədʒi/ *BrE*, **gynecology** *AmE* *n* [U] ginekologia —**gynaecologist** *n* [C] ginekolo-g/żka —**gynaecological** /ˌgaɪnəkəˈlɒdʒɪkəl◂/ *adj* ginekologiczny

gyp·sy /ˈdʒɪpsi/ *także* **gipsy** *BrE* *n* [C] Cygan/ka

gy·rate /dʒaɪˈreɪt/ *v* [I] wirować: *dancers gyrating wildly*

G

H, h /eɪtʃ/ H, h *(litera)*

ha /hɑː/ *interjection spoken* ha!: *Ha! I knew I was right.* →patrz też HA HA

hab·it S3 W3 /ˈhæbɪt/ *n* **1** [C,U] zwyczaj, nawyk: **be in the habit of doing sth** (=mieć zwyczaj coś robić): *Jeff was in the habit of taking a walk after dinner.* | **get into/in the habit of doing sth** (=wyrobić w sobie nawyk robienia czegoś): *Try to get into the habit of taking regular exercise.* | **out of habit/from habit** (=z przyzwyczajenia): *After he left home, I was still cleaning his room out of habit.* **2** [C] nałóg, brzydki/zły zwyczaj: *Biting your nails is a very bad habit.* | **have a habit of doing sth** *She has a habit* (=ma w zwyczaju) *of never finishing her sentences.* | **break/kick the habit** (=zerwać z nałogiem): *Brad's been smoking for 20 years and just can't kick the habit.* **3** [C] habit

hab·i·ta·ble /ˈhæbətəbəl/ *adj* nadający się do zamieszkania →antonim UNINHABITABLE

hab·i·tat /ˈhæbətæt/ *n* [C,U] siedlisko, habitat: **natural habitat** *watching monkeys in their natural habitat*

hab·i·ta·tion /ˌhæbɪˈteɪʃən/ *n* [U] zamieszkanie: *There was no sign of habitation on the island.*

ha·bit·u·al /həˈbɪtʃuəl/ *adj* **1** charakterystyczny: *Jane was in her habitual bad temper this morning.* **2** nałogowy: *a habitual smoker* —**habitually** *adv* stale

hack¹ /hæk/ *v* [I +adv/prep, T] rąbać: *All of the victims had been hacked to death.*
hack into sth *phr v* [T] włamać się do: *Morris managed to hack into a federal computer network.* —**hacker** *n* [C] haker

hack² *n* [C] pismak, pisarzyna

hack·neyed /ˈhæknid/ *adj* wytarty, wyświechtany: *a hackneyed phrase*

hack·saw /ˈhæksɔː/ *n* [C] piłka do metalu

had /həd, hæd/ *v* czas przeszły i imiesłów bierny od HAVE →patrz też -'D

had·dock /ˈhædək/ *n* [C,U] łupacz *(ryba)*

had·n't /ˈhædnt/ forma ściągnięta od 'had not'

hae·mo·phil·i·a /ˌhiːməˈfɪliə/ *BrE*, **hemophilia** *AmE n* [U] hemofilia

hae·mor·rhage /ˈhemərɪdʒ/ *BrE*, **hemorrhage** *AmE n* [C,U] krwotok

hae·mor·rhoids /ˈhemərɔɪdz/ *BrE*, **hemorrhoids** *AmE n* [plural] *technical* hemoroidy

hag /hæg/ *n* [C] wiedźma

hag·gard /ˈhægəd/ *adj* wymizerowany: *She arrived home looking pale and haggard.*

hag·gle /ˈhægəl/ *v* [I] targować się: **+over** *We were haggling over the price for an hour.*

hah /hɑː/ *interjection* ha!

ˌha ˈha *interjection* cha, cha, cha

hail¹ /heɪl/ *v* **1** [T] przywoływać: **hail a cab/taxi** (=zatrzymać taksówkę) **2** [I] **it hails** pada grad
hail sb/sth as sth *phr v* [T] okrzyknąć: *Davos was hailed as a national hero.*
hail from *phr v* [I] pochodzić z: *Dr Starkey hails from Massachusetts.*

hail² *n* [U] grad: **a hail of bullets/stones** (=grad kul/kamieni)

hail·stone /ˈheɪlstəʊn/ *n* [C usually plural] kulka gradu

hail·storm /ˈheɪlstɔːm/ *n* [C] burza gradowa, gradobicie

hair S1 W1 /heə/ *n* **1** [U] włosy: *Mike's the guy with the blond curly hair.* | *I want to grow my hair* (=chcę zapuścić włosy). **2** [U] sierść **3** [C] włos: *The sofa was covered in dog hairs.* →porównaj FUR **4 short-haired/dark-haired** krótkowłosy/ciemnowłosy: *a long-haired cat* **5 let your hair down** *informal* zaszaleć

COLLOCATIONS: hair

adjectives

short/long hair *I like your hair when it's long.* | *A few of the boys had long hair.*
medium-length hair *Police say the man has medium-length hair.*
shoulder-length hair *The man had shoulder-length brown hair.*
brown/black/dark hair *a woman with dark hair and blue eyes*
blonde/fair hair *a beautiful girl with long blonde hair* | *Edward had fair hair and pale skin.*
white hair *an old man with white hair*
grey hair *BrE*, **gray hair** *AmE Her hair was starting to go grey.*
red hair *także* **ginger hair** *BrE a cheeky little boy with ginger hair* | *The whole family had red hair.*
mousy hair (=mysiego koloru) *I have pale, mousy hair that is dull and lacks shine.*
straight hair *She has long straight hair.*
curly/wavy hair *When he was young, his hair was thick and curly.* | *Her wavy hair fell around her shoulders.*
frizzy hair (=mocno kręcone) *She had dark frizzy hair which might have been permed.*
thick hair *She had thick hair down to her waist.*
greasy hair *This shampoo is ideal for greasy hair.*

verbs

to have long/dark etc hair *She had beautiful long blonde hair.*
to have your hair cut *I need to get my hair cut.* ⚠ Nie mówimy 'I cut my hair', jeżeli ktoś ścina nam włosy. Mówi się: **I had my hair cut**.
to wash/brush/comb your hair *He cleaned his teeth and brushed his hair.*
to dye your hair *Craig has dyed his hair black.*
to wear your hair long/in a ponytail etc (=nosić rozpuszczone włosy/koński ogon itp.) *He normally wore his hair very short.*
to grow your hair (long) *I'm growing my hair long, but it's taking forever.*
to do your hair *także* **to fix your hair** *AmE* (=u/czesać się) *She's upstairs doing her hair.*

hair·brush /ˈheəbrʌʃ/ *n* [C] szczotka do włosów

hair·cut /ˈheəkʌt/ *n* **1** [C usually singular] strzyżenie, obcięcie włosów: *You need a haircut.* **2** [C] fryzura: *a short haircut*

hair·do /ˈheədu:/ *n* [C] (plural **hairdos**) *informal* fryzura, uczesanie

hair·dress·er /ˈheəˌdresə/ *n* [C] fryzjer/ka: *I have an appointment at the hairdresser's.*

hair·dry·er /ˈheəˌdraɪə/ *n* [C] suszarka do włosów

hair·grip /ˈheəgrɪp/ *n* [C] *BrE* spinka/wsuwka do włosów

hair·line /ˈheəlaɪn/ *n* **1** [C] linia włosów **2 a hairline crack/fracture** pęknięcie cienkie jak nitka

hair·pin /ˈheəˌpɪn/ *n* [C] spinka/wsuwka do włosów

ˌhairpin ˈbend *BrE*, **hairpin turn** *AmE n* [C] serpentyna *(w górach)*

ˈhair-ˌraising *adj* jeżący włos na głowie: *hair-raising adventures*

hair·style /ˈheəstaɪl/ *n* [C] fryzura, uczesanie

hair·y /ˈheəri/ *adj* owłosiony, włochaty: *hairy legs | a hairy chest*

hale /heɪl/ *adj* **hale and hearty** *humorous* krzepki, zażywny

half¹ /hɑ:f/ *n, determiner* **1** połowa, pół: *The wall is half a mile long. | Over half the people in this area are unemployed. | Their son is two and a half* (=ma dwa i pół roku). | **+of** *I only saw the first half of the film.* | **cut/reduce sth by half** (=obciąć/zredukować coś o połowę) **2 half past two/three** *especially BrE* (w)pół do trzeciej/czwartej: *We're meeting at half past seven.* **3 half two/three** *BrE spoken* (w)pół do trzeciej/czwartej: *"What time do you usually leave?" "About half five."*

> **UWAGA: half**
>
> W wyrażeniach „jeden i pół", „dwa i pół" itd. wyraz **half** używany jest zawsze z przedimkiem nieokreślonym **a**: *for two and a half days | in four and a half minutes.*

half² S2 *adv* do połowy, w połowie, na pół: *He shouldn't be allowed to drive – he's half blind! | a half-empty bottle | I half expected her to yell at me* (=po części spodziewałem się, że się na mnie wydrze).

ˌhalf a ˈdozen *number* sześć, pół tuzina: *half a dozen donuts*

ˌhalf-ˈbaked *adj informal* niedopracowany

ˌhalf ˈboard *n* [U] *especially BrE* zakwaterowanie ze śniadaniem i kolacją

ˈhalf-ˌbrother *n* [C] brat przyrodni

ˌhalf-ˈhearted *adj* **make a half-hearted attempt** próbować bez przekonania/entuzjazmu: *He made a half-hearted attempt to tidy his room.*

ˌhalf-ˈmast *adj* **fly/be at half-mast** być opuszczonym do połowy masztu *(o fladze)*

ˈhalf note *n AmE* półnuta

half·penny /ˈheɪpni/ *n* [C] półpensówka

ˌhalf ˈprice *n* [U] **at half price** za pół ceny: *Many shoes are at half price or less.* —**ˈhalf-price** *adj* za pół ceny: *Half-price tickets will be sold on the day* (=w dniu imprezy).

ˈhalf-ˌsister *n* [C] siostra przyrodnia

ˌhalf ˈterm *n* [C,U] *BrE* krótkie ferie w połowie semestru

ˌhalf-ˈtime *n* [U] przerwa *(w połowie meczu)*

half·way S3 /ˌhɑ:fˈweɪ◂/ *adj, adv* (położony) w pół drogi: *We had reached the halfway mark of the trail.* | **+through/down/up etc** *Halfway through* (=w połowie) *the meal, Dan got up.*

ˈhalf-wit *n* [C] przygłup

hal·i·but /ˈhæləbət/ *n* [C,U] halibut

hall S2 W2 /hɔ:l/ *n* **1** [C] hol, przedpokój: *The bathroom's just down the hall on the right.* **2** [C] sala: *a dance hall | Carnegie Hall*

hall·mark /ˈhɔ:lmɑ:k/ *n* [C] **1** cecha charakterystyczna **+of** *Discipline is the hallmark of any successful organization.* **2** próba *(złota, srebra itp.)*

hal·lo /həˈləʊ/ *interjection BrE* HELLO

ˌhall of ˈresidence *n* [C] *BrE* dom studencki, akademik

hal·lowed /ˈhæləʊd/ *adj* **1** otaczany czcią: *the hallowed memories of our war heroes* **2** poświęcony: *hallowed ground*

Hal·low·een /ˌhæləʊˈi:n◂/ *n* [U] wigilia Wszystkich Świętych

hal·lu·ci·nate /həˈlu:səneɪt/ *v* [I] mieć halucynacje

hal·lu·ci·na·tion /həˌlu:səˈneɪʃən/ *n* [C,U] halucynacje

hall·way /ˈhɔ:lweɪ/ *n* [C] hol

ha·lo /ˈheɪləʊ/ *n* [C] (plural **halos**) aureola

halt¹ /hɔ:lt/ *v* [I,T] *formal* zatrzymać (się), wstrzymać: *The city council has halted repair work on the subways.*

halt² *n* [singular] **1 come/grind to a halt** zatrzymać się: *The bus slowly ground to a halt.* **2 bring sth to a halt** zatrzymać coś, wstrzymać coś: *Yesterday's strike brought production to a halt.*

hal·ter /ˈhɔ:ltə/ *n* [C] uździenica

halt·ing /ˈhɔ:ltɪŋ/ *adj* łamiący się, urywany: *She spoke in a halting voice.*

halve /hɑ:v/ *v* [T] **1** zmniejszać o połowę: *Food production was almost halved during the war.* **2** przepoławiać, prze/dzielić na połowę: *Wash and halve the mushrooms.*

halves /hɑ:vz/ *n* liczba mnoga od HALF

ham¹ /hæm/ *n* [C,U] szynka: *a slice of ham*

ham² *v informal* **ham it up** zgrywać się, szarżować

ham·burg·er /ˈhæmbɜ:gə/ *n* **1** [C] hamburger **2** [U] *AmE* mięso mielone

ham·let /ˈhæmlɪt/ *n* [C] wioska

ham·mer¹ /ˈhæmə/ *n* [C] **1** młotek **2** młot: *Hammer throwing developed into a sport centuries ago.*

hammer² *v* **1** [T] wbijać **2** [I] walić: *Mike was hammering on the door with his fists.*
hammer sth into sb *także* **hammer sth home** *phr v* [T] wbijać do głowy: *Mom hammered the message into us: don't talk to strangers!*
hammer out sth *phr v* [T] wypracować, wynegocjować: *It took several days to hammer out an agreement.*

ham·mock /ˈhæmək/ *n* [C] hamak

ham·per¹ /ˈhæmpə/ *v* [T] utrudniać: *The search was hampered by bad weather.*

hamper² *n* [C] koszyk *(z przykrywką)*

ham·ster /ˈhæmstə/ *n* [C] chomik

ham·string¹ /ˈhæmˌstrɪŋ/ *n* [C] ścięgno podkolanowe

H

hamstring² *v* [T] (**hamstrung** /-ˌstrʌŋ/, **hamstrung**, **hamstringing**) s/paraliżować: *a government hamstrung by student protests*

hand¹ S1 W1 /hænd/ *n* **1** [C] ręka: *She writes with her left hand.* | *Tom stood in the doorway with his hands in his pockets.* | **take sb's hand/take sb by the hand** *I took her hand* (=wziąłem ją za rękę) *and helped her down the stairs.* | **hold hands (with sb)** *They sat there holding hands* (=trzymając się za ręce) *through the entire film.* **2 right-handed/left-handed** praworęczny/leworęczny **3 on the one hand ... on the other hand** z jednej strony ... z drugiej strony: *On the one hand, they work slowly, but on the other hand they always finish the job.* **4 on hand/to hand** pod ręką: *Keep a supply of candles on hand in case of power cuts.* **5 close/near at hand** blisko, w pobliżu: *Nurses are always close at hand in case of emergency.* **6 by hand** ręcznie: *She does all her washing by hand.* **7 give/lend sb a hand** pomóc komuś: *Can you give me a hand moving this box?* **8 in sb's hands/in the hands of sb** w czyichś rękach: *Responsibility for the schedule is entirely in your hands.* **9 get out of hand** wymykać się spod kontroli: *Todd's behaviour is getting totally out of hand.* **10 hand in hand** trzymając się za ręce: *They walked hand in hand through the park.* **11 go hand in hand** iść w parze: *Wealth and power go hand in hand.* **12 have your hands full** mieć pełne ręce roboty: *You're going to have your hands full once you have the baby!* **13 hands off** *spoken* ręce przy sobie: *Hands off my cookies* (=nie ruszaj moich ciasteczek)*!* **14** [C] wskazówka: *a clock hand* **15** [C] rozdanie *(w grze w karty)* **16 all hands on deck!** wszyscy do roboty!

COLLOCATIONS: hand

adjectives

sb's right/left hand *He writes with his left hand.*
big/small/tiny hands *The baby's hands were tiny.*
clean/dirty hands *Make sure that your hands are clean.*

verbs

to have/hold sth in your hand *He already had the money in his hand.* | *She held her purse tightly in her hand.*
to wash/dry your hands *You should always wash your hands before eating.*
to shake hands (=uścisnąć sobie dłonie/ręce) *„Nice to meet you," he said, as they shook hands.*
to clap your hands (=klaskać) *The crowd were all singing and clapping their hands.*
to put up your hand *także* **raise your hand** *formal If you think you know the answer, put up your hand.*
to hold hands *Joanne and Kevin held hands on the sofa.*
to take sb's hand *He reached across the table and took her hand.*
to take sb by the hand *She took the boy by the hand and led him across the street.*

nouns + hand

the palm of your hand (=dłoń; wnętrze dłoni) *He held the coin in the palm of his hand.*
the back of your hand (=wierzch dłoni) *She wrote the number on the back of her hand.*

hand² S2 W2 *v* [T] podawać: **hand sb sth** *Can you hand me a towel?*
hand sth ↔ around *także* **hand** sth ↔ **round** *BrE phr v* [T] rozdawać, częstować wszystkich: *Could you hand the sandwiches around please, Mike?*
hand sth ↔ back *phr v* [T] oddawać, zwracać: *Mr Evans handed back our essays today.*
hand sth ↔ down *phr v* [T] przekazywać: *traditions that were handed down from generation to generation*
hand sth ↔ in *phr v* [T] wręczać, oddawać: *Please hand in your application by September 30.*
hand sth ↔ out *phr v* [T] rozdawać: *They were handing out free T-shirts at the club.*
hand over *phr v* [T **hand** sb/sth ↔ **over**] przekazywać: *The thief was caught and handed over to the police.*

hand·bag S3 /ˈhændbæg/ *n* [C] *especially BrE* torebka

hand·book /ˈhændbʊk/ *n* [C] podręcznik, poradnik: *an employee handbook*

hand·brake /ˈhændbreɪk/ *n* [C] *BrE* hamulec ręczny

hand·cuffs /ˈhændkʌfs/ *n* [plural] kajdanki

hand·ful /ˈhændfʊl/ *n* **1** [C] garść: **+ of** *a handful of nuts* **2 a handful of** garstka: *Only a handful of people came to the meeting.*

ˈhand greˌnade *n* granat ręczny

hand·gun /ˈhændgʌn/ *n* [C] pistolet

ˌhand-ˈheld *adj* ręczny: *a hand-held computer*

handheld /ˈhændheld/ *n* komputer kieszonkowy, notes elektroniczny

hand·i·cap /ˈhændikæp/ *n* [C] **1** upośledzenie, ułomność: *a severe physical handicap* **2** utrudnienie, przeszkoda: *Not being able to speak French was a real handicap.*

hand·i·capped /ˈhændikæpt/ *adj* niepełnosprawny: **mentally/physically handicapped** *schools for mentally handicapped children*

hand·i·work /ˈhændiwɜːk/ *n* [U] dzieło: *Both films are the handiwork of respected directors.*

hand·ker·chief /ˈhæŋkətʃɪf/ *n* [C] chusteczka do nosa

han·dle¹ S2 W2 /ˈhændl/ *v* [T] **1** po/radzić sobie z: *The job was so stressful, he couldn't handle it any longer.* THESAURUS DEAL **2** zajmować się: *Ms Lee handled all of our travel arrangements.* **3** obchodzić się z: *Handle all packages with care.*

handle² S3 *n* [C] uchwyt, rączka: *a door handle*

han·dle·bars /ˈhændlbɑːz/ *n* [plural] kierownica *(roweru, motocykla)*

han·dler /ˈhændlə/ *n* [C] opiekun/ka, treser/ka *(zwierzęcia)*: *a police dog and its handler*

ˈhand ˌluggage *n* [U] bagaż podręczny

hand·made /ˌhændˈmeɪd◂/ *adj* ręcznej roboty: *handmade shoes*

hand·out /ˈhændaʊt/ *n* [C] **1** datek, jałmużna **2** konspekt

handover /ˈhændˌəʊvə/ *n* przekazanie

hand·picked /ˌhændˈpɪkt◂/ *adj* wyselekcjonowany: *Daly had been handpicked for the job.*

handset /ˈhændset/ *n* słuchawka

handsfree /ˌhændzˈfriː/ *adj* **1** nieangażujący rąk **2 hands-free phone** telefon z zestawem głośnomówiącym

hand·shake /ˈhændʃeɪk/ *n* [C] uścisk dłoni: *a firm handshake*

hand·some /ˈhænsəm/ *adj* **1** przystojny: *a tall, handsome young officer* THESAURUS BEAUTIFUL **2** pokaźny, spory: *a handsome profit* **3** hojny, szczodry: *a handsome offer*

ˈhands-on *adj* praktyczny: *hands-on experience | hands-on training*

ˌhand to ˈmouth *adv* na granicy ubóstwa: *For years they have been living hand to mouth.*

hand·writ·ing /ˈhændˌraɪtɪŋ/ *n* [U] pismo, charakter pisma: *She has very neat handwriting.*

hand·y S3 /ˈhændi/ *adj* **1** przydatny: *a handy little gadget* | **come in handy** *The extra key may come in handy* (=może się przydać). THESAURUS USEFUL **2** poręczny, łatwy w obsłudze **3** *informal* pod ręką: *Make sure you have your passport handy.* **4 be handy with sth** zręcznie posługiwać się czymś: *Terry's very handy with a needle and thread.*

hand·y·man /ˈhændimæn/ *n* [C] (plural **handymen** /-men/) złota rączka

hang¹ S1 W2 /hæŋ/ *v* (**hung, hung, hanging**) **1** [T] za/wieszać, powiesić: *He hung his coat on the back of the door.* **2** [I] wisieć: *Dark clouds hung over the valley.* | **+from/on etc** *Her portrait was hanging on the wall.* **3** [T] (past tense and past participle **hanged**) wieszać, powiesić: *Corey hanged himself in his prison cell.* **4 hang your head** zwiesić głowę: *Lewis hung his head and refused to answer.* **5 hang in the balance** ważyć się: *Our whole future is hanging in the balance.* **6 leave sb/sth hanging** trzymać kogoś/coś w zawieszeniu: *The investigation should not be left hanging.*

hang around także **hang about** *BrE phr v* [I,T] *informal* **1** po/kręcić się: *We hung around for about an hour and then left.* **2 hang around with sb** zadawać się z kimś: *I don't like the people she hangs around with.*

hang back *phr v* [I] trzymać się na uboczu: *Joe tends to hang back and let the others do the talking.*

hang on *phr v* **1 hang on!** *spoken* poczekaj!: *Hang on, I'll be with you in a minute!* **2** [I] *informal* trzymać się: *Hang on everybody, the road's pretty bumpy.*

hang onto sb/sth *phr v* [T] *informal* zatrzymać: *Hang onto that letter - you might need it later.*

hang out *phr v* [I] *informal* spędzać czas: *They hang out together.*

hang round *phr v* [I] *BrE* HANG AROUND

hang up *phr v* **1** [I] odłożyć słuchawkę: *She said good night and hung up.* | **hang up on sb** (=rzucić komuś słuchawką): *Don't hang up on me!* **2** [T **hang** sth ↔ **up**] wieszać, powiesić: *Hang your coat up.*

hang² *n* **get the hang of sth** *informal* załapać coś: *It seems difficult at first, but you will soon get the hang of it.* THESAURUS LEARN

hang·ar /ˈhæŋə/ *n* [C] hangar

hang·er /ˈhæŋə/ *n* [C] wieszak

ˌhanger-ˈon *n* [C] (plural **hangers-on**) klakier, pochlebca

ˈhang ˌgliding *n* [U] lotniarstwo —**hang glider** *n* [C] lotnia

hang·out /ˈhæŋaʊt/ *n* [C] *informal* ulubione miejsce *(np. kawiarnia, bar)*

hang·o·ver /ˈhæŋəʊvə/ *n* [C] kac

ˈhang-up *n* [C] **have a hangup about sth** *informal* mieć kompleksy na punkcie czegoś: *Cindy has a hangup about her nose.*

han·ker /ˈhæŋkə/ *v informal*

hanker after/for sth *phr v* [T] wzdychać do, tęsknić za: *She's always hankered after a place of her own.*

han·kie, hanky /ˈhæŋki/ *n* [C] *informal* chusteczka do nosa

hap·haz·ard /ˌhæpˈhæzəd◂/ *adj* niesystematyczny, przypadkowy: *a haphazard way of working* —**haphazardly** *adv* na chybił trafił

hap·less /ˈhæpləs/ *adj literary* nieszczęsny

hap·pen S1 W1 /ˈhæpən/ *v* [I] **1** zdarzyć się, wydarzyć się: *We must do all we can to prevent such a disaster ever happening again. | Did anything exciting happen while I was away?* | **happen to sb/sth** (=przytrafiać się): *Strange things have been happening to me lately.* **2** dziać się: *When I try to turn on the motor, nothing happens.* | **what happens if ...?** (=co będzie, jeśli ...?): *What happens if your parents find out?* **3 happen to do sth** przypadkiem coś zrobić: *I happened to see Hannah at the store today.* **4 as it happens/it (just) so happens** tak się (akurat) składa: *It just so happened that Mike and I had been to the same school.*

happen on/upon sb/sth *phr v* [T] natrafić na, natknąć się na: *We just happened on the cabin when we were hiking one day.*

THESAURUS: happen

happen zdarzyć się: *The accident happened in the early hours of Friday morning. | You'll never guess what's happened!*

take place odbyć się: *The festival takes place every year in July. | If the weather's bad, the race won't be able to take place.*

there is/are jest/są: *There are more floods now than in the past. | There's a concert at the school next Saturday.*

come up pojawić się *(problem, okazja)*: *The same problems come up every time. | A vacancy has come up in the accounts department.*

occur *formal* zdarzyć się: *The incident occurred at the bus station at around 9 pm. | Major earthquakes like this occur very rarely.*

hap·pen·ing /ˈhæpənɪŋ/ *n* [C] wydarzenie

hap·pi·ly /ˈhæpəli/ *adv* **1** szczęśliwie: *They're very happily married.* **2** na szczęście: *Happily, no one was hurt in the fire.* **3** z chęcią, z przyjemnością: *I'll happily look after the kids while you're away.*

hap·pi·ness /ˈhæpinəs/ *n* [U] szczęście

hap·py S1 W1 /ˈhæpi/ *adj* **1** szczęśliwy: *Sam's been looking a lot happier recently. | Congratulations! I'm very happy for you. | a happy marriage | Those were the happiest years of my life.* | **+with/about** *Are you happy with* (=zadowolony z) *their decision?* → antonim UNHAPPY THESAURUS SATISFIED **2 be happy to do sth** z/robić coś z przyjemnością: *Our team of experts will be happy to answer any questions.* **3 Happy Birthday** wszystkiego najlepszego w dniu urodzin **4 Happy New Year** szczęśliwego Nowego Roku

THESAURUS: happy

happy szczęśliwy: *I'm happy to be here with you. | She had a very happy childhood.*

cheerful radosny: *Sally's always very cheerful. | a cheerful smile*

in a good mood w dobrym humorze: *It was the end of term and everyone was in a good mood.*

pleased zadowolony: *I'm pleased that I've got the job. | Ben's teachers are very pleased with his work.*

H

delighted zachwycony: *The doctors say they are delighted with her progress.*
be glad cieszyć się: *I'll be so glad when the exams are over.* | *We're glad that you're safe.*
thrilled zachwycony: *We're thrilled that they're getting married.*
satisfied zadowolony, usatysfakcjonowany: *Most patients said that they were satisfied with the treatment they had received.* | *Both sides were satisfied with the agreement.*
contented *written* zadowolony *(i nie chcący żadnych zmian)*: *She was contented with her life in the village.* | *He had a contented expression.*

ˌhappy-go-ˈlucky *adj* beztroski

ha·rangue /həˈræŋ/ *v* [T] prawić kazanie *(komuś)* —**harangue** *n* [C] kazanie, tyrada

har·ass /ˈhærəs/ *v* [T] **1** nękać, dręczyć: *They claim that they are being harassed by the police.* | *Please stop harassing me.* **2** napastować

har·assed /ˈhærəst/ *adj* udręczony, wymęczony: *Val looked very harassed when I saw her.*

har·ass·ment /ˈhærəsmənt/ *n* [U] **1** dręczenie **2 sexual harassment** napastowanie seksualne: *Tina accused her boss of sexual harassment.*

har·bour[1] /ˈhɑːbə/ *BrE*, **harbor** *AmE n* [C,U] port

UWAGA: harbour i port

Nie należy mylić rzeczowników **harbour** i **port**. **Harbour** to przybrzeżny obszar wodny, w którym zatrzymują się statki, a **port** to przyległy pas lądu wyposażony w urządzenia portowe lub miasto, w którym takie miejsce postoju statków się znajduje: *Some of the best natural harbours in the world are here.* | *the Israeli port of Haifa.* Wyraz **port** występuje też w wyrażeniach **come into port**, **leave port** i **in port**: *The ferry was just about to leave port.* | *We're going to have two days ashore while the ship is in port.*

harbour[2] *BrE*, **harbor** *AmE v* [T] **1** żywić: *She harbours a secret desire to be a film star.* | **harbour doubts/suspicions** (=mieć/żywić wątpliwości/podejrzenia): *Several of Wilson's colleagues harboured suspicions about him.* **2** ukrywać, dawać schronienie: *She was accused of harbouring deserters.*

hard[1] S1 W1 /hɑːd/ *adj* **1** twardy: *a hard mattress* | *The plums are still too hard to eat.* →antonim SOFT **2** trudny: *The interviewer asked some very hard questions.* | **it's hard (for sb) to do sth** *It's hard to say* (=trudno powiedzieć) *when Glenn will be back.* THESAURUS DIFFICULT →antonim EASY[1] **3** ciężki: *a long hard climb to the top of the hill* | *Poor May, she's had a hard life.* | **hard work** *Bringing up children on your own is hard work.* **4** surowy: *Mr. Katz is a hard man to work for, but he's fair.* | **be hard on sb** *She's too hard on those kids.* **5 give sb a hard time** *informal* dokuczać komuś: *The guys were giving him a hard time about missing the ball.* **6 no hard feelings** *spoken* już się nie gniewam **7** niepodważalny, niezbity: *hard facts/evidence* **8 a hard winter** sroga zima —**hardness** *n* [U] twardość

THESAURUS: hard

hard twardy: *They slept on the cold hard floor.* | *Diamond is the hardest substance known to man.*
firm twardy *(w pozytywnym znaczeniu)*: *I like to sleep on a firm mattress.* | *Make sure the tomatoes are ripe but firm.*
stiff sztywny: *I stuck the photos on a piece of stiff card.* | *The collar of his shirt felt stiff and uncomfortable.*
tough twardy *(mięso)*: *The steak was very tough.*
crisp/crispy chrupiący: *a nice crisp lettuce* | *crispy fried bacon*

hard[2] S1 W2 *adv* **1** ciężko: *She'd been working hard all day.* **2** mocno: *Come on, push harder!* **3 be hard pressed/put/pushed to do sth** mieć z czymś trudności: *They'll be hard pushed to pay back the money.* **4 take sth hard** przejąć się czymś: *I didn't think that Joe would take the news so hard.*

UWAGA: hard i hardly

Nie należy mylić przysłówków **hard** i **hardly**. **Hardly** najczęściej znaczy „prawie nie": *It was hardly raining.* | *I could hardly believe my eyes* (=nie mogłem uwierzyć własnym oczom). **Hard** znaczy „ciężko" lub „mocno": *It was raining hard and we all got wet.*

ˌhard-and-ˈfast *adj* **hard-and-fast rules** żelazne/niepodważalne reguły

hard·back /ˈhɑːdbæk/ *n* [C] książka w sztywnej oprawie THESAURUS BOOK →porównaj PAPERBACK

hard·ball /ˈhɑːdbɔːl/ *n* **play hardball** *informal* prowadzić twardą grę, walczyć bezpardonowo

hard·board /ˈhɑːdbɔːd/ *n* [U] płyta pilśniowa

ˌhard-ˈboiled *adj* **hard-boiled egg** jajko na twardo

ˌhard ˈcash *n* [U] gotówka

ˈhard ˌcopy *n* [U] wydruk

hard·core, **hard-core** /ˌhɑːdˈkɔː◂/ *adj* [only before noun] **1** zatwardziały: *hardcore opposition to abortion* **2 hardcore pornography** twarda pornografia

ˈhard core *n BrE* aktyw, trzon: *the hard core of the Communist Party*

ˌhard ˈdisk *n* [C] twardy dysk

ˈhard drive *n* [C] twardy dysk

hard·en /ˈhɑːdn/ *v* **1** [I] s/twardnieć: *The pottery has to harden before it's painted.* **2** [T] utwardzać

ˌhard-ˈheaded *adj* wyrachowany

ˌhard-ˈhearted *adj* bezwzględny

ˌhard-ˈhitting *adj* agresywny: *a hard-hitting TV documentary*

ˌhard-ˈline *adj* zatwardziały, dogmatyczny: *hardline conservatives* —**hard-liner** *n* [C] dogmaty-k/czka

hard·ly S2 W2 /ˈhɑːdli/ *adv* **1** ledwo, ledwie: *The day had hardly begun, and he felt exhausted already.* | *I hardly know* (=prawie nie znam) *the people I'm working with.* | *I could hardly wait* (=nie mogłam się doczekać) *to see him again.* | **hardly ever/anything** (=prawie nigdy/nic): *We hardly ever go out in the evening.* | *She'd eaten hardly anything all day.* **2** bynajmniej (nie): *This is hardly the ideal time to buy a house.* →porównaj BARELY

UWAGA: hardly ever

Patrz **almost never, nearly never** i **hardly ever**.

UWAGA: could hardly

Patrz **almost couldn't** i **could hardly**.

ˌhard-ˈnosed *adj* bezkompromisowy: *a hard-nosed negotiator*

ˌ**hard of 'hearing** *adj* **be hard of hearing** mieć słaby słuch

ˌ**hard-'pressed** *adj* w trudnej sytuacji (życiowej): *help for hard-pressed families*

ˌ**hard 'sell** *n* [singular] nachalna/agresywna reklama

hard·ship /'hɑːdʃɪp/ *n* [C,U] trudność, trudności: *Many families were suffering economic hardship.* | *the hardships of daily life*

ˌ**hard 'shoulder** *n* [singular] *BrE* pobocze

ˌ**hard 'up** *adj informal* spłukany

hard·ware /'hɑːdweə/ *n* [U] **1** hardware, sprzęt komputerowy → porównaj **SOFTWARE** **2** narzędzia: *a hardware store*

ˌ**hard-'wearing** *adj BrE* mocny, wytrzymały: *hard-wearing clothes*

hard·wood /'hɑːdwʊd/ *n* [C,U] twarde drewno *(do wyrobu mebli)*

ˌ**hard-'working** *adj* pracowity: *a hard-working student*

har·dy /'hɑːdi/ *adj* odporny: *hardy plants*

hare /heə/ *n* [C] zając

hare·brained /'heəbreɪnd/ *adj* niedorzeczny: *a hare-brained scheme*

har·em /'hɑːriːm/ *n* [C] harem, seraj

hark /hɑːk/ *v*

hark back to *phr v* [T] nawiązywać/nawracać do: *He's always harking back to his days in Hollywood.*

har·lot /'hɑːlət/ *n* [C] *literary* nierządnica, ladacznica

harm[1] S3 W3 /hɑːm/ *n* **1** [U] krzywda, szkoda: **do (sb) harm** (=za/szkodzić (komuś)): *Modern farming methods do a lot of harm to the environment.* | *I don't think a little wine does you any harm.* | **come to no harm** *They got lost in the fog, but luckily they came to no harm* (=na szczęście nic im się nie stało). **2 there's no harm in doing sth** nie zaszkodzi coś zrobić: *There's no harm in asking.* **3 not mean any harm** nie mieć złych zamiarów: *I was only kidding - I didn't mean any harm.* **4 no harm done** *spoken* nic się nie stało: *"I'm sorry." "That's okay. No harm done."* **5 out of harm's way** z dala od niebezpieczeństw, w bezpiecznym miejscu: *She was glad the children were at home, out of harm's way.*

harm[2] *v* [T] **1** u/szkodzić, za/szkodzić: *Too much sun can harm your skin.* THESAURUS DAMAGE **2** s/krzywdzić

harm·ful /'hɑːmfəl/ *adj* szkodliwy: *the harmful effects of smoking* | **+to** *chemicals that are harmful to the environment*

harm·less /'hɑːmləs/ *adj* **1** nieszkodliwy: *Their dog barks a lot but it's harmless.* **2** niewinny: *harmless fun*

har·mon·i·ca /hɑː'mɒnɪkə/ *n* [C] harmonijka ustna, organki

har·mon·ize /'hɑːmənaɪz/ *także* **-ise** *BrE v* [I,T] **1** z/harmonizować (z): *Every effort should be made to harmonize the new buildings with the landscape.* **2** śpiewać na głosy

har·mo·ny /'hɑːməni/ *n* **1** [U] zgoda: *People of many races live here in harmony.* **2** [C,U] harmonia —**harmonious** /hɑː'məʊniəs/ *adj* harmonijny

har·ness[1] /'hɑːnəs/ *n* **1** [C,U] uprząż **2** [C] szelki: *a safety harness*

harness[2] *v* [T] **1** wykorzystywać: *harnessing the wind to generate electricity* **2** zaprzęgać

harp[1] /hɑːp/ *n* [C] harfa —**harpist** *n* [C] harfist-a/ka

harp

harp[2] *v*

harp on *phr v* [I] *informal także* **harp on about** *BrE* [I,T] truć o: *I wish they'd stop harping on about the fact they're vegetarians.*

har·poon /hɑː'puːn/ *n* [C] harpun

harp·si·chord /'hɑːpsɪkɔːd/ *n* [C] klawesyn

har·row·ing /'hærəʊɪŋ/ *adj* wstrząsający: *harrowing pictures of the prison camps*

harsh /hɑːʃ/ *adj* **1** surowy, ostry, srogi: *harsh Canadian winters* | *harsher laws to deal with drunk drivers* **2** ostry: *harsh lighting* —**harshly** *adv* surowo, ostro —**harshness** *n* [U] surowość, ostrość

har·vest[1] /'hɑːvɪst/ *n* [C,U] **1** żniwa: *the wheat harvest* **2** zbiory: *a good harvest*

harvest[2] *v* [T] zbierać (plony)

has /həz, hæz/ *v* trzecia osoba liczby pojedynczej czasu teraźniejszego od **HAVE**

'**has-been** *n* [C] *informal* przebrzmiała sława *(osoba niegdyś popularna)*

hash /hæʃ/ *n* **1 make a hash of** *informal* s/knocić, s/partaczyć **2** haszysz

hash·ish /'hæʃiːʃ/ *n* [U] haszysz

has·n't /'hæzənt/ forma ściągnięta od „has not"

has·sle[1] /'hæsəl/ *n* [C,U] *spoken* kłopot, zawracanie głowy: *It's such a hassle not having a washing machine.* THESAURUS PROBLEM

hassle[2] *v* [T] *informal* zawracać głowę: *Just stop hassling me, will you?*

haste /heɪst/ *n* [U] pośpiech: *In her haste, Pam forgot the tickets.*

has·ten /'heɪsən/ *v* **1** [T] przyśpieszać: *Resting will hasten recovery.* **2 hasten to do sth** pośpieszyć ze zrobieniem czegoś: *Gina hastened to assure him that everything was fine.*

hast·y /'heɪsti/ *adj* pośpieszny, pochopny: *a hasty decision* THESAURUS QUICK —**hastily** *adv* pośpiesznie: *A meeting was hastily organized.*

hat S1 W3 /hæt/ *n* [C] kapelusz, nakrycie głowy: *a big straw hat*

hatch[1] /hætʃ/ *v* [I,T] **1** *także* **hatch out** wylęgać/wykluwać się: *All the chicks have hatched out.* **2** pękać *(o jajku, z którego wykluwa się pisklę)*: *Three eggs have already hatched.* **3 hatch a plot/plan** u/knuć spisek: *The group hatched a plot to kidnap the President's daughter.*

hatch[2] *n* [C] luk, właz

hatch·et /'hætʃɪt/ *n* **1** [C] toporek **2 do a hatchet job on sb** *informal* zjechać kogoś *(zwłaszcza niesłusznie)* → patrz też **bury the hatchet** (**BURY**)

hate[1] S1 W3 /heɪt/ *v* [T] **1** nienawidzić, nie cierpieć: *Bill really hates his father.* | **hate doing sth** *Pam hates having her photo taken* (=nie cierpi być fotografowana). **2 I hate to think what/how** *spoken* boję się myśleć, co/jak: *I hate to think what Dad would say about this!* —**hated** *adj* znienawidzony: *a hated dictator*

THESAURUS: hate

hate nienawidzić: *He treated me badly and I hated him.*
can't stand/can't bear *especially spoken* nie znosić: *Maria's nice but I can't stand her husband.* | *I can't bear that song!*
loathe/detest nie cierpieć: *She absolutely loathed Shakespeare.* | *I really loathe men who talk to women like that.*
despise gardzić, pogardzać: *She despised herself for being so selfish.* | *His books were despised by the critics.*

hate² *n* [U] nienawiść: *a look of hate*

ˈhate crime *n* zbrodnia nienawiści

hate·ful /ˈheɪtfəl/ *adj* okropny: *What a hateful thing to say!*

ha·tred /ˈheɪtrɪd/ *n* [U] *formal* nienawiść: *eyes full of hatred* | **+ of** *an intense hatred of authority*

ˈhat trick *n* [C] trzy punkty zdobyte podczas meczu przez jednego zawodnika

haugh·ty /ˈhɔːti/ *adj* wyniosły: *a haughty smile* **—haughtily** *adv* wyniośle

haul¹ /hɔːl/ *v* [I,T] ciągnąć, wlec: *We managed to haul him out of the water* (=wyciągnąć go z wody). THESAURUS PULL

haul² *n* **1** [C] łup, zdobycz: *a big drugs haul* | *The thieves got away with a valuable haul of jewellery.* **2** [C] połów

haul·age /ˈhɔːlɪdʒ/ *n* [U] przewóz

haunch·es /ˈhɔːntʃɪz/ *n* [plural] pośladki *(wraz z tylną częścią ud)*: *They squatted on their haunches* (=siedzieli w kucki) *playing dice.*

haunt¹ /hɔːnt/ *v* [T] **1** nawiedzać, straszyć w: *a ship haunted by ghosts of sea captains* **2** prześladować, nękać: *ex-soldiers still haunted by memories of the war*

haunt² *n* [C] **a favourite haunt** ulubione miejsce: *The café was a favourite haunt of artists.*

haunt·ed /ˈhɔːntɪd/ *adj* **a haunted house** dom, w którym straszy

haunt·ing /ˈhɔːntɪŋ/ *adj* zapadający w pamięć: *haunting landscapes*

have¹ S1 W1 /həv, hæv/ *auxiliary verb* (**has**, **had**, **had**, **having**) **1** tworzy formy dokonane: *Have you seen* (=czy widziałeś) *the new Disney movie?* | *She had lived* (=mieszkała) *in Peru for thirty years.* **2** tworzy czas przeszły czasowników modalnych: *Carrie should have been* (=powinna była być) *nicer.* | *I must've left* (=musiałem zostawić) *my wallet at home.* **3 had better** lepiej: *You'd better take the cake out of the oven.* | *I'd better phone and say we'll be late.* **4 I've had it (with sth)** *spoken* mam już dość (czegoś): *I've had it with this job. I'm leaving!*

have² S1 W3 /hæv/ *v* [T not in passive] (**has**, **had**, **had**, **having**) **1** *także* **have got** mieć: *He's got brown eyes and dark hair.* | *Japan has a population of over 120 million.* | *Kurt had a nice bike, but it got stolen.* | *Does she have a CD player?* | *He had his eyes closed.* | *Julie had six brothers.* | *You have 30 minutes to finish the test.* | *Sheila's had the flu for a week.* | *He's got a broken leg.* | *Wait, I've got an idea.* | *She had many happy memories of her time in Japan.* | **have the money/time** (=mieć dość pieniędzy/czasu): *I'd like to help, but I don't have the time.* | **have problems/trouble** *I'm having problems using this fax machine.* | **have fun** (=dobrze się bawić): *The kids had great fun at the theme park.* | **have a meeting/party** *Let's have a party* (=zróbmy przyjęcie)*!* | **have a wash/bath** (=umyć/wykąpać się): *I'll just have a quick wash before we leave.* | **have sth on you** (=mieć coś przy sobie): *How much money have you on you?* THESAURUS OWN **2** z/jeść, wy/pić: *Let's go and have a beer.* | *We're having steak tonight.* | **have lunch/breakfast/dinner** *What time do you usually have lunch?* **3** *także* **have got** *BrE* dostać, otrzymać: *Have you had any news from Michael?* **4 may I have/can I have/I'll have** *spoken* poproszę: *I'll have two hot dogs, please.* **5 have sth ready/done** skończyć coś: *They promised to have the job done by Friday.* **6 have a baby** urodzić: *Has Sue had her baby yet?* **7 have your hair cut** pójść do fryzjera **8 have your car repaired** oddać samochód do naprawy **9 have nothing against** nie mieć nic przeciwko: *I have nothing against hard work, but this is ridiculous.* →patrz ramka HAVE¹

have sth/sb on *phr v* [T] **1** [**have** sth ↔ **on**] *także* **have got** sth **on** *BrE* być ubranym w, mieć na sobie: *Mark had on a denim jacket.* **2 be having sb on** *BrE* nabierać kogoś: *He said he was the Managing Director? He was having you on!*

have³ /hæv/ *modal verb* **have (got) to do sth** musieć coś z/robić: *You don't have to answer all the questions.* | *You have to believe me!* | *First you have to take the wheel off.* | *There has to be an end to all this violence* (=cała ta przemoc musi się przecież kiedyś skończyć). | *He has to be lying* (=na pewno kłamie) *– there's no other explanation.*

ha·ven /ˈheɪvən/ *n* [C,U] schronienie

have·n't /ˈhævənt/ forma ściągnięta od "have not"

hav·oc /ˈhævək/ *n* [U] spustoszenie, zniszczenie: **cause havoc** (=po/czynić spustoszenia): *The storm caused havoc everywhere.*

hawk /hɔːk/ *n* [C] jastrząb

haw·thorn /ˈhɔːθɔːn/ *n* [C,U] głóg

hay /heɪ/ *n* [U] siano

ˈhay ˌfever *n* [U] katar sienny

hay·stack /ˈheɪstæk/ *n* [C] stóg siana

hay·wire /ˈheɪwaɪə/ *adj* **go haywire** *informal* fiksować, wariować: *My computer's going haywire again.*

haz·ard¹ /ˈhæzəd/ *n* [C] zagrożenie, niebezpieczeństwo: *a health hazard* **—hazardous** *adj* niebezpieczny: *hazardous waste*

hazard² *v* **hazard a guess** s/próbować zgadnąć: *I don't know how much he earns, but I could hazard a guess.*

haze /heɪz/ *n* [U singular] mgiełka: *a heat haze*

ha·zel¹ /ˈheɪzəl/ *adj* **hazel eyes** piwne oczy

hazel² *n* [C,U] leszczyna

haz·y /ˈheɪzi/ *adj* mglisty, zamglony: *a hazy summer morning* | *My memories of that night are a little hazy.*

he S1 W1 /i, hiː/ *pron* on: *"How's Josh?" "Oh, he's fine."*

head¹ S1 W1 /hed/ *n* **1** [C] głowa: *He turned his head to look at her.* **2** [C] umysł, głowa: *Terry's head is filled with strange ideas.* | **do sth in your head** *You have to work out the answer in your head.* **3** [C] szef: *the head waiter* (=pierwszy kelner) | **+ of** *the former head of the FBI* | **the head (teacher)** *BrE* (=dyrektor/ka szkoły): *Any student caught smoking will have to see the head.* THESAURUS BOSS **4** [singular] góra: *Write your name at the head of the page.* **5 get sth into your head** *informal* zdać sobie sprawę z czegoś: *I wish he'd get it into his head that school is important.* **6 keep your head** nie s/tracić głowy **7 lose**

GRAMATYKA: have

Czasownik posiłkowy
Jako czasownik posiłkowy **have** służy do tworzenia

1 czasów „perfect":
I have sold my house. (Present Perfect)
She said that she had sold her house. (Past Perfect)
By next year she will have sold her house. (Future Perfect)

2 bezokolicznika typu „perfect":
He seems to have gone out. („Chyba wyszedł.")
You should have told me. („Powinieneś był mi powiedzieć".)

3 imiesłowu biernego, czyli tzw. „trzeciej formy czasownika" (Perfect Participle):
Having won a lot of money in a lottery, he stopped working. („Po tym jak wygrał dużo pieniędzy na loterii, przestał pracować.")

4 konstrukcji **to have something done**, używanej w odniesieniu do czynności, które ktoś wykonuje dla nas, zwykle odpłatnie:
I must have this skirt cleaned. („Muszę oddać tę spódnicę do czyszczenia.")
We had the piano tuned. („Daliśmy nastroić pianino.")

5 konstrukcji **had better** (forma ściągnięta: **'d better**) + bezokolicznik bez **to**:
*It's getting late. We'**d better go.*** („Robi się późno. Lepiej już chodźmy.")
You'd better not tell her anything. („Lepiej nic jej nie mów.")

Odmiana

Czas teraźniejszy

Twierdzenia	**Przeczenia**
I have/I've	*I have not/I haven't/I've not*
you have/you've	*you have not/you haven't/you've not*
he has/he's	*he has not/he hasn't/he's not*
she has/she's	*she has not/she hasn't/she's not*
it has/it's	*it has not/it hasn't/it's not*
we have/we've	*we have not/we haven't/we've not*
they have/they've	*they have not/they haven't/they've not*

Pytania	**Pytania przeczące**
have I?, have you?, has he? itd.	*haven't I?, haven't you?, hasn't he?* itd.

Czas przeszły

Twierdzenia	**Przeczenia**
had/'d (wszystkie osoby)	*had not/hadn't* (wszystkie osoby)

Pytania	**Pytania przeczące**
had I?, had you?, had he? itd.	*hadn't I?, hadn't you?, hadn't he?* itd.

Czasownik zwykły
Jako odpowiednik polskiego „mieć" **have** występuje często w brytyjskiej angielszczyźnie w towarzystwie **got**:
*She **has (got)** a lovely flat.*
*He'**s got** a headache.*
*I **hadn't (got)** enough time.*
Gdy mowa o sytuacjach powtarzających się, nie używamy **got** ani form ściągniętych (**'s, 'd, 've**), a pytania i przeczenia tworzymy za pomocą **do/did**:
*I **have** headaches regularly.*
*„**Do** you **have** headaches often?" – „Yes, I **do**./No, I **don't**."*
W innych sytuacjach pytania i przeczenia z **have** tworzymy albo w sposób typowy dla czasowników posiłkowych, albo za pomocą **do/did**:

***Have** you **(got)** a visa?* ***Do** you **have** a visa?*	*I **haven't got** the time to do it. I **don't have** the time to do it.*

Have jako zwykły czasownik nie występuje w czasach „continuous".

Inne znaczenia
W połączeniach z wieloma rzeczownikami **have** tworzy zwroty oznaczajace konkretną czynność, np.:
***to have** a drink/a bath/a rest* „napić się/wykąpać się/odpocząć"
***to have** a conversation/an argument* „rozmawiać/kłócić się"
***to have** a baby/a look/a go* „urodzić dziecko/popatrzeć/spróbować"
W zdaniach z takimi zwrotami nie używamy **got**, a pytania i przeczenia tworzymy za pomocą **do/did**; można także używać czasów „continuous":
***Did** you **have** a good journey?*
*He **doesn't have** a holiday every year.*
*We **are having** lunch with the boss today.*

have to

Have to jest jednym z odpowiedników polskiego „musieć":
*She **had to** leave the party early.*
*They'll **have to** wait for the results.*
W odniesieniu do konkretnej sytuacji można użyć **have to** lub **have got to** (zwykle w formie ściągniętej)
*I **have to** go now.* *I've **got to** go now.*
W odniesieniu do sytuacji powtarzających się nie używamy **got**:
*We **have to** write an essay every week.*
→patrz też **must**

your head s/tracić głowę **8 go to sb's head** uderzać komuś do głowy: *She promised that she wouldn't let success go to her head.* **9 I can't make head nor tail of it** nie mogę się w tym połapać **10 a head/per head** na osobę, od osoby: *The meal worked out at £15 a head.* **11 a) laugh your head off** *informal* śmiać się do rozpuku **b) shout/scream your head off** *informal* krzyczeć/drzeć się wniebogłosy **heads or tails?** orzeł czy reszka?

H

COLLOCATIONS: head

verbs

to turn your head *Everyone turned their heads to see.*

to shake your head (=po/kręcić głową) *She shook her head and said firmly, „No."*

to nod your head (=po/kiwać głową) *He nodded his head sympathetically as I talked.*

to raise/lift your head *Dad briefly lifted his head from his newspaper.*

to bend/lower your head *He bent his head and kissed her.*

to hang your head (=zwiesić głowę) *She hung her head, not sure how to reply.*

to scratch your head (=po/drapać się w głowę) *He scratched his head and started looking through the drawers again.*

sb's head hurts/aches *My head hurts – I need to lie down.*

adjectives

sb's bald head (=łysa) *His bald head shone with sweat.*

sb's bare head (=goła) *The sun beat down on her bare head.*

head + noun

head injuries *The driver had serious head injuries.*

head² S2 W2 *v* **1** [I,T] s/kierować (się), zmierzać: **+ for/towards/up etc** *a boat heading for the shore* **2** [T] prowadzić, kierować: *Most one-parent families are headed by women.* **3 be heading for** *także* **be headed for** *AmE* być na prostej drodze do: *The company was heading for disaster.*

head·ache /ˈhedeɪk/ *n* [C] ból głowy: *I've got a headache.*

COLLOCATIONS: headache

adjectives

a bad/terrible/severe headache *I've got a really bad headache.* ⚠ Nie mówi się „a strong/heavy headache". Mówimy: **a bad headache**.

a splitting headache (=bardzo silny) *She woke up with a splitting headache.*

a slight headache *także* **a bit of a headache** *spoken It's not serious. It's just a slight headache.* ⚠ Nie mówi się „a little headache". Mówimy: **a slight headache** albo: **a bit of a headache**.

verbs

to have a headache *także* **have got a headache** *spoken If you have a headache you should take some aspirin.*

to get headaches/suffer from headaches (=cierpieć na bóle głowy) *I used to get headaches a lot.*

to give sb a headache *Too much coffee gives me a headache.*

head·dress /ˈhed-dres/ *n* [C] ozdoba głowy: *a feathered headdress*

head·gear /ˈhedgɪə/ *n* [U] nakrycie głowy

head·ing /ˈhedɪŋ/ *n* [C] nagłówek

head·lamp /ˈhedlæmp/ *n* [C] *BrE* reflektor

head·land /ˈhedlənd/ *n* [C] cypel, przylądek

head·light /ˈhedlaɪt/ *n* [C] reflektor

head·line /ˈhedlaɪn/ *n* **1** [C] nagłówek **2 the headlines** skrót wiadomości

head·long /ˈhedlɒŋ/ *adv* **1 rush headlong into sth** pakować się w coś na oślep: *Fran isn't the type to rush headlong into marriage.* **2** głową naprzód: *Ben went tumbling headlong* (=na łeb, na szyję) *down the hill.*

head·mas·ter /ˌhedˈmɑːstə/ *n* [C] *BrE* dyrektor szkoły: *Dumbledore's portrait was hanging in the headmaster's office.*

head·mis·tress /ˌhedˈmɪstrɪs/ *n* [C] *BrE* dyrektorka szkoły

ˌhead-ˈon *adv* **1** czołowo: *A car and a truck had collided head-on.* **2** twarzą w twarz: *She decided to face her difficulties head-on.* —**head-on** *adj*: *a head-on collision* (=zderzenie czołowe)

head·phones /ˈhedfəʊnz/ *n* [plural] słuchawki

headphones

headphones earphones

head·quar·ters W3 /ˈhedˌkwɔːtəz/ *n* [plural] *także* **HQ** siedziba, centrala, kwatera główna

head·room /ˈhed-ruːm/ *n* [U] prześwit

head·set /ˈhedset/ *n* [C] zestaw słuchawkowy, słuchawki: *He plugged in his headset to watch the in-flight movie.*

ˌhead ˈstart *n* [C] fory, przewaga: *His education gave him a head start.*

head·stone /ˈhedstəʊn/ *n* [C] nagrobek, płyta nagrobkowa

head·strong /ˈhedstrɒŋ/ *adj* uparty: *a headstrong child*

head·way /ˈhedweɪ/ *n* **make headway** z/robić postęp(y): **+ towards/with/in etc** *We have made little headway towards a solution.*

head·y /ˈhedi/ *adj* **1** ekscytujący: *the heady days of their youth* **2** odurzający, idący/uderzający do głowy

heal /hiːl/ *v* **1** [I] *także* **heal up** za/goić się: *The scratch on her finger healed quickly.* **2** [T] wy/leczyć, uzdrawiać: *This cream should help to heal the cuts.* —**healer** *n* [C] uzdrawiacz/ka, uzdrowiciel/ka

health S1 W1 /helθ/ *n* [U] **1** zdrowie: *Smoking can damage your health.* | **in good/poor etc health** *Elsie's not in very good health.* **2** kondycja: *the health of the economy*

COLLOCATIONS: health

adjectives

good/excellent health *If your health is good, there's no reason why you can't exercise.* | *At the age of 70, she is in excellent health.*

bad/poor health *His mother suffers from poor health.*

ill health *He retired early due to ill health.*

sb's mental/physical health *Poverty affects children's physical and mental health.*

verbs

to damage sb's health *Pollution can seriously damage your health.*

sb's health improves *Her health improved after she came home from hospital.*

sb's health deteriorates *formal* (=pogarsza się) *His health deteriorated rapidly.*

to be in good/poor health (=zdrowy/chory) *He is now elderly and in bad health.*

to be good/bad for your health *I believe laughter is good for your health.*

health + noun

health problems *He's had a lot of health problems.*

a health warning (=ostrzeżenie o zagrożeniu dla zdrowia) *All cigarette packets must carry a health warning.*

a health hazard (=zagrożenie dla zdrowia) *These chemicals are a health hazard.*

'health care *n* [U] **a)** opieka zdrowotna/medyczna: *The government has promised wide-ranging health care for all.* **b)** służba zdrowia: *public health care | health care workers*

'health ˌcentre *n* [C] *BrE* ośrodek zdrowia

'health club *n* [C] klub fitness

'health food *n* [U] zdrowa żywność: *a health food shop*

health·ful /ˈhelθfəl/ *adj AmE* zdrowy, dobroczynny: *healthful eating habits*

health·y S3 W3 /ˈhelθi/ *adj* zdrowy: *a healthy baby girl | a healthy diet | It's not healthy for her to depend on him like that.* → antonim UNHEALTHY

THESAURUS: healthy

healthy zdrowy: *I feel much healthier now that I've lost weight. | healthy foods | a healthy lifestyle*

(be/feel) well (czuć się) dobrze: *I don't feel well.*

(be) fine *spoken* (miewać się) dobrze: *„Hi, Chris, how are you?" „Fine, thanks." | „How's Sue?" „She's fine."*

(be/feel) better (czuć się) lepiej: *My cold's almost gone and I'm feeling a lot better. | Don't come back to school until you're better.*

fit w formie: *I wanted to keep fit so I started doing aerobics classes. | Police officers have to be physically fit and have good eyesight.*

nutritious zdrowy, pożywny: *Beans are very nutritious. | It's easy to prepare simple nutritious meals for your family.*

heap[1] /hiːp/ *n* [C] stos, sterta: **+ of** *a heap of newspapers* | **in a heap** *His clothes lay in a heap by the bed.*

heap[2] *v* **1** [T] *także* **heap up** układać w stos: **heaped with** *plates heaped with food* (=kopiaste talerze jedzenia) **2 heap praise/insults etc on sb** obsypywać kogoś pochwałami/obelgami itp.

hear S1 W1 /hɪə/ *v* (**heard** /hɜːd/, **heard**, **hearing**) **1** [I,T] u/słyszeć: *Can you hear that noise? | She called his name but he didn't hear.* | **hear sb doing sth** *I thought I heard someone knocking.* **2** dowiedzieć się, usłyszeć: **+ about** *Where did you hear* (=skąd się Pani dowiedziała) *about the job, Miss Blair?* | **+ (that)** *We were sorry to hear that you were ill.* **3 (do) you hear (me)?** *spoken* zrozumiano?: *Be home by ten, you hear?* **4** [T] wy/słuchać: *You should at least hear what she has to say.* **5 I won't hear of it!** *spoken* nie chcę (nawet) o tym słyszeć!: *I offered to pay, but he wouldn't hear of it.* **6 hear a case** rozpatrzyć/rozpoznać sprawę: *The case will be heard on July 16th.* **7 hear! hear!** *especially BrE* racja!

hear from sb *phr v* [T] mieć (jakieś) wiadomości od: *Have you heard from Jane?*

hear of sb/sth *phr v* [T] **sb has (never) heard of** ktoś (nigdy nie) słyszał o: *Phil Merton? I've never heard of him.*

hear sb out *phr v* [T] wysłuchać: *I know you're angry, but just hear me out.*

UWAGA: hear

Mówimy **I can hear**, nie „I hear" czy „I am hearing": *I can hear someone singing.* Zwrotu „I can hear" nie użyjemy natomiast, mówiąc o czymś, co słyszymy często lub regularnie: *We often hear them arguing* (nie „we can often hear them arguing"). W czasie przeszłym **I could hear** znaczy to samo, co **I heard**: *We could hear footsteps on the stairs.* (= *We heard footsteps on the stairs.*)

THESAURUS: hear

hear słyszeć: *I heard someone open the door. | Can you speak a bit louder – I can't hear very well.*

listen słuchać: *She was listening to the news on the radio. | I will only say this once, so listen carefully.*

overhear usłyszeć przypadkiem, podsłuchać (*niechcący*): *We were in the next room and we overheard them talking about Steven.*

eavesdrop podsłuchiwać: *Mandy was eavesdropping outside the bedroom door. | They used electronic devices to eavesdrop on conversations between the terrorists.*

sb didn't catch sth *spoken* ktoś nie dosłyszał czegoś: *Sorry, I didn't catch the last line of the address.*

hear·ing S3 W2 /ˈhɪərɪŋ/ *n* **1** [U] słuch: *My hearing's not as good as it used to be.* **2** [C] rozprawa: *a court hearing*

'hearing aid *n* [C] aparat słuchowy

'hearing imˌpaired *adj* **a)** niedosłyszący **b)** niesłyszący

hear·say /ˈhɪəseɪ/ *n* [U] pogłoski: *It's just hearsay, but they tell me he's leaving.*

hearse /hɜːs/ *n* [C] karawan

heart S1 W1 /hɑːt/ *n* **1** [C,U] serce: *Tom could feel his heart beating faster. | He's strict, but he has a kind heart.* | **with all your heart** (=z całego serca): *She wished with all her heart that she had never met him.* | **at heart** (=w głębi serca/duszy): *I'm just a kid at heart.* **2 the heart of sth** (sam) środek czegoś: *deep in the heart of the countryside* | **the heart of the matter/problem** (=sedno sprawy/problemu): *Let's get to the heart of the matter.* **3 know sth by heart** znać/umieć coś na pamięć: *Do you know your speech by heart?* **4 learn sth by heart** na/uczyć się czegoś na pamięć: *Learn this tune by heart before next week's lesson.* **5 hearts** kiery: *the queen of hearts* (=dama kier) **6 to your heart's content** do woli: *You can run around here to your heart's content.* **7 take/lose heart** odzyskać/stracić nadzieję: *We took heart when we saw the sign, knowing that we were close to home. | I've failed my driving test so many times I'm beginning to lose heart.* **8 not have the heart to do sth** *spoken* nie mieć serca czegoś zrobić: *I didn't have the heart to tell her the truth.*

COLLOCATIONS: heart

verbs

sb's heart beats *My heart beat faster at the sound of his voice.*

H

sb's heart is pounding/thumping (=wali/łomoce) *He could feel his heart pounding.*

sb's heart is racing (=bije gwałtownie) *His heart was racing by the time they got to the top of the stairs.*

heart + noun

heart trouble/problems *Jack has a history of heart trouble.*

a heart condition (=choroba serca) *He was being treated for a heart condition.*

sb's heart rate (=tętno) *Your heart rate increases as you exercise.*

adjectives

a bad/weak heart (=słabe serce) *She didn't work because she had a bad heart.*

a healthy heart *Eating oily fish can help keep your heart healthy.*

heart·ache /ˈhɑːteɪk/ *n* [C,U] rozpacz: *the heartache felt by children when their parents divorce*

ˈheart atˌtack *n* [C] atak serca, zawał

heart·beat /ˈhɑːtbiːt/ *n* [C,U] tętno, puls: *The doctor listened to the baby's heartbeat.*

heart·break /ˈhɑːtbreɪk/ *n* [U] zawód miłosny

heart·break·ing /ˈhɑːtˌbreɪkɪŋ/ *adj* rozdzierający serce: *heartbreaking pictures of starving children*

heart·brok·en /ˈhɑːtˌbrəʊkən/ *adj* załamany, zrozpaczony: *I don't know how to tell him about the accident – he'll be heartbroken.* THESAURUS ▸ SAD

ˈheart disˌease *n* [U] choroba serca

heart·ened /ˈhɑːtnd/ *adj* pokrzepiony, podniesiony na duchu →antonim DISHEARTENED —**hearten** *v* [T] pokrzepiać, podnosić na duchu

heart·en·ing /ˈhɑːtnɪŋ/ *adj* krzepiący, podnoszący na duchu: *heartening news* →antonim DISHEARTENING

ˈheart ˌfailure *n* [U] niewydolność serca

heart·felt /ˈhɑːtfelt/ *adj* szczery, płynący z głębi serca: *heartfelt thanks*

hearth /hɑːθ/ *n* [C] palenisko, kominek

heart·i·ly /ˈhɑːtəli/ *adv* serdecznie: *He laughed heartily.* | *I'm heartily sick of* (=mam serdecznie dość) *hearing about her problems.*

heart·land /ˈhɑːtlænd/ *n* [C] centrum: *the industrial heartland of England*

heart·less /ˈhɑːtləs/ *adj* nieczuły, bez serca: *This was a heartless and insensitive way to treat an elderly woman.* —**heartlessly** *adv* bez serca

heart·rend·ing /ˈhɑːtˌrendɪŋ/ *adj literary* rozdzierający serce, poruszający: *heartrending sobs*

heart·strings /ˈhɑːtˌstrɪŋz/ *n* **tug/pull on sb's heart-strings** brać kogoś za serce

ˌheart-to-ˈheart *n* [C] rozmowa w cztery oczy: *It's time you and I had a heart-to-heart.*

heart·warm·ing /ˈhɑːtˌwɔːmɪŋ/ *adj* budujący, krzepiący: *a heartwarming story*

heart·y /ˈhɑːti/ *adj* **1** serdeczny: *We were given a hearty welcome.* **2** obfity: *a hearty meal* | **a hearty appetite** (=dobry apetyt)

heat¹ S2 W2 /hiːt/ *n* **1** [U] gorąco, ciepło: *This radiator doesn't give off much heat.* **2** [U] temperatura: *the heat of the sun* **3 the heat a)** upał: *Cindy was constantly complaining about the heat.* **b)** *AmE* ogrzewanie **4** [C] eliminacje: *She was knocked out in the qualifying heats.*

heat² S3 *v* **1** [T] ogrzewać: *This house is very expensive to heat.* **2** [T] *także* **heat up** podgrzewać: *I heated up the remains of last night's supper.* **3** [I] *także* **heat up** nagrzewać się, rozgrzewać się: *The stove takes a while to heat up.*

heat·ed /ˈhiːtɪd/ *adj* **1** ogrzewany, podgrzewany: *a heated swimming pool* **2 heated discussion/debate** gorąca dyskusja/debata

heat·er S3 /ˈhiːtə/ *n* [C] **1** grzejnik **2** grzałka

heath /hiːθ/ *n* [C] wrzosowisko

hea·then /ˈhiːðən/ *n* [C] *old-fashioned* pogan-in/ka —**heathen** *adj* pogański

heath·er /ˈheðə/ *n* [C,U] wrzos

heat·ing S3 /ˈhiːtɪŋ/ *n* [U] *BrE* ogrzewanie

heat·wave /ˈhiːtweɪv/ *n* [C] fala upałów

heave /hiːv/ *v* **1** [T] dźwigać, przesuwać: *She heaved the box onto the back of the truck.* THESAURUS ▸ PULL **2 heave a sigh** westchnąć ciężko: *We can all heave a sigh of relief* (=odetchnąć z ulgą) *now that it's over.*

heav·en S3 W3 /ˈhevən/ *n* [U] **1** *także* **Heaven** niebo, raj →porównaj HELL **2 for heaven's sake** *spoken* na miłość boską: *For heaven's sake, shut up!* **3 heaven forbid** *spoken* nie daj Boże: *And if, heaven forbid, he has an accident, what should I do then?*

heav·en·ly /ˈhevənli/ *adj* **1** [only before noun] niebiański: *a heavenly choir of angels* **2** *spoken* boski: *Isn't this weather heavenly?*

ˌheavenly ˈbody *n* [C] ciało niebieskie

heav·ens /ˈhevənz/ *n* **1 (Good) Heavens!** *spoken* wielkie nieba!: *Good Heavens! Where have you been?* **2 the heavens** *literary* niebiosa

heav·ily W3 /ˈhevəli/ *adv* **1** dużo: **drink/smoke heavily** *He's been drinking heavily since the accident.* **2** mocno, bardzo: **rain/snow heavily** *It had rained heavily all night.* **3** w dużym stopniu: *Our work is heavily dependent on computers.*

heav·y S1 W1 /ˈhevi/ *adj* **1** ciężki: *I can't lift this box – it's too heavy.* | *How heavy are you* (=ile ważysz)? **2** obfity, duży: *Traffic is heavy on the A19.* | **heavy rain/snow** *Heavy snowfalls closed roads in the area.* | **be a heavy smoker/drinker** (=dużo palić/pić): *I like wine, but I'm not a heavy drinker.* **3 heavy going** trudny: *I find her novels pretty heavy going.* **4** ciężko strawny: *a heavy lunch* **5 with a heavy heart** z ciężkim sercem —**heaviness** *n* [U] ciężar

ˌheavy-ˈduty *adj* wytrzymały: *heavy-duty plastic gloves*

ˌheavy-ˈhanded *adj* bezwzględny: *heavy-handed police tactics*

ˌheavy ˈmetal *n* [U] heavy metal

heav·y·weight /ˈheviweɪt/ *n* [C] **1** gruba ryba: *one of the heavyweights of the movie industry* **2** bokser wagi ciężkiej —**heavyweight** *adj* wagi ciężkiej: *the heavyweight champion of the world*

heck /hek/ *interjection* kurczę!, psiakość!: *Oh, heck! I've lost my glasses.*

heck·le /ˈhekəl/ *v* [I,T] przeszkadzać, przerywać (występ) *(mówcy, artyście)* —**heckler** *n* [C] awanturnik, krzykacz —**heckling** *n* [U] przeszkadzanie, przerywanie

hec·tare /ˈhektɑː/ *n* [C] hektar

hec·tic /ˈhektɪk/ *adj* gorączkowy: *It's been a really hectic week.*

he'd /id, hiːd/ **1** forma ściągnięta od „he would": *I'm sure he'd drive you there.* **2** forma ściągnięta od „he had": *He'd never been a good dancer.*

hedge[1] /hedʒ/ *n* [C] żywopłot

hedge[2] *v* **1** [I] wykręcać się, kręcić: *I got the feeling he was hedging.* **2 hedge your bets** zabezpieczyć się na dwie strony

hedge·hog /ˈhedʒhɒg/ *n* [C] jeż

hedge·row /ˈhedʒrəʊ/ *n* [C] *especially BrE* żywopłot

he·don·is·m /ˈhiːdənɪzəm/ *n* [U] hedonizm —**hedonist** *n* [C] hedonist-a/ka —**hedonistic** /ˌhiːdənˈɪstɪk◂/ *adj* hedonistyczny

heed[1] /hiːd/ *v* [T] *formal* brać pod uwagę, zważać/mieć wzgląd na

heed[2] *n* [U] **take heed of/pay heed to** *formal* brać pod uwagę: *Roy paid no heed to* (=nie zważał na) *her warning.*

heed·less /ˈhiːdləs/ *adj literary* **heedless of** nie baczyć/zważać na: *Blake rode on, heedless of the dangers ahead.*

heel /hiːl/ *n* [C] **1** pięta **2** obcas: *boots with three-inch heels*

hef·ty /ˈhefti/ *adj* **1** potężny: *a hefty punch* **2 a hefty price/sum etc** pokaźna cena/kwota itp.: *Parking on the pavement could get you a hefty fine.*

heif·er /ˈhefə/ *n* [C] jałówka

height S2 W3 /haɪt/ *n* **1** [C,U] wysokość: *What's the height of the Empire State Building?* **2** [C,U] wzrost: *Howard and Ben are about the same height.* **3 the height of** szczyt: *the height of the tourist season | Miniskirts were the height of fashion* (=były szczytem mody).

height·en /ˈhaɪtn/ *v* [I,T] wzmagać (się), s/potęgować (się): *The movie has heightened public awareness of AIDS.*

heights /haɪts/ *n* [plural] wysokość: *I've always been afraid of heights.*

hei·nous /ˈheɪnəs/ *adj formal* ohydny, odrażający: *a heinous crime*

heir /eə/ *n* [C] **1** spadkobier-ca/czyni **2** następ-ca/czyni: *The Prince of Wales is the heir to the throne.*

heir·ess /ˈeərɪs/ *n* [C] **1** spadkobierczyni **2** następczyni

heir·loom /ˈeəluːm/ *n* [C] klejnot rodzinny, pamiątka rodowa: *Carrie's ring is a family heirloom.*

held /held/ czas przeszły i imiesłów bierny od HOLD

hel·i·cop·ter /ˈheləkɒptə/ *n* [C] helikopter, śmigłowiec

he·li·um /ˈhiːliəm/ *n* [U] hel

hell S1 W3 /hel/ *n* **1** *także* **Hell** [singular] piekło: **be hell** *My schooldays were absolute hell.* | **go through hell** (=przechodzić piekło): *My mother went through hell with my father's drinking.* **2** [singular] *spoken* do diabła: *Get the hell out of here!* | **what/why/where etc the hell?** *Where the hell have you been* (=gdzieś ty u diabła był)? **3 a/one hell of a** *spoken* niesamowity: *He's a hell of a salesman.* | *a hell of a lot of money* (=kupa forsy) **4 from hell** z piekła rodem: *the teenager from hell* **5 like hell** *informal* jak cholera: *We had to work like hell to get the job done on time.*

he'll /il, hiːl/ forma ściągnięta od "he will" lub "he shall"

hel·lo S1 /həˈləʊ/ *także* **hallo** *BrE*, **hullo** *BrE interjection* **1** cześć, dzień dobry: *Hello, my name is Betty.* **2** halo: *"Hello?" "Hello, is Chad there?"* **3 say hello** zamienić słówko: *Joy stopped by to say hello today.*

helm /helm/ *n* **at the helm** u steru: *With Davies at the helm, the team is bound to succeed.*

hel·met /ˈhelmɪt/ *n* [C] kask, hełm: *a motorcycle helmet*

help[1] S1 W1 /help/ *v* **1** [I,T] pomagać: *It might help to talk to someone about your problems.* | *Brushing your teeth helps prevent cavities.* | **help sb (to) do sth** *Is there anything I can do to help?* | *Do you want me to help you move that table?* | **help sb with sth** *Dad, can you help me with my homework?* **2 can't/couldn't help** nie móc się powstrzymać od: *I just couldn't help laughing.* **3 I can't help it** *spoken* nic na to nie poradzę: *I can't help it if she lost the stupid book!* **4 help yourself (to sth)** po/częstować się (czymś): *Help yourself to anything in the fridge.* **5 help!** *spoken* na pomoc!, pomocy!

help out *phr v* [I,T **help** sb **out**] pomóc: *Sarah's going to help out with the cooking tonight.*

THESAURUS: help

help pomóc: *She helped him take off his coat.* | *Can you help me with my homework?*

give sb a hand *informal* pomóc komuś: *Can you give me a hand with these bags?* | *I promised I'd give Dave a hand painting the kitchen this weekend.*

do sb a favour *BrE*, **do sb a favor** *AmE* wyświadczyć komuś przysługę: *Could you do me a favour and post these letters?*

assist *formal* pomagać, asystować: *We require someone to assist us in our research.*

aid *formal* wspomagać: *Drinking Japanese tea aids the digestion.* | *The policies are designed to aid economic recovery.*

help[2] S1 W1 *n* **1** [U] pomoc: *Do you need any help with that?* | *Go get help* (=sprowadź pomoc), *quickly!* **2 with the help of** za pomocą: *I opened the can with the help of a knife.* **3 be a lot of help/be a real help** bardzo się przydać, być bardzo pomocnym: *The instructions weren't a lot of help.*

COLLOCATIONS: help

verbs

to give sb some help/lots of help etc *I'll give you all the help I can.*

to get help *I sometimes get help from my neighbour.*

to ask for help *She keeps asking me for help with her homework.*

to need help *Do you need help carrying your bags?*

to offer help *The taxi driver offered his help.*

help·er /ˈhelpə/ *n* [C] pomocni-k/ca

help·ful S2 W3 /ˈhelpfəl/ *adj* pomocny, przydatny: *The map was really helpful.* | *Everyone was so helpful.* THESAURUS USEFUL

help·ing /ˈhelpɪŋ/ *n* [C] porcja: *a huge helping of potatoes*

ˈhelping ˌverb *n* [C] *AmE* czasownik posiłkowy

help·less /ˈhelpləs/ *adj* bezradny: *I lay helpless in my hospital bed.* —**helplessly** *adv* bezradnie —**helplessness** *n* [U] bezradność

help·line /ˈhelplaɪn/ *n* [C] **a)** infolinia: *a customer helpline number* **b)** telefon zaufania: *a helpline for children*

H

hem /hem/ *n* [C] rąbek

hem·i·sphere /ˈheməsfɪə/ *n* [C] półkula: *the northern hemisphere*

he·mo·phil·i·a /ˌhiːməˈfɪliə/ amerykańska pisownia wyrazu HAEMOPHILIA

hem·or·rhage /ˈhemərɪdʒ/ amerykańska pisownia wyrazu HAEMORRHAGE

hem·or·rhoids /ˈhemərɔɪdz/ amerykańska pisownia wyrazu HAEMORRHOIDS

hemp /hemp/ *n* [U] konopie

hen /hen/ *n* [C] **1** kura **2** samica *(ptaka)*

hence W3 Ac /hens/ *adv formal* **1** stąd: *The sugar from the grapes remains in the wine, hence the sweet taste.* **2 two weeks/six months hence** za dwa tygodnie/sześć miesięcy

hence·forth /ˌhensˈfɔːθ/ *także* **hence·for·ward** /-ˈfɔːwəd/ *adv formal* odtąd

hench·man /ˈhentʃmən/ *n* [C] (plural **henchmen** /-mən/) poplecznik

ˈhen ˌparty *n* [C] *BrE informal* wieczór panieński THESAURUS PARTY

hen·pecked /ˈhenpekt/ *adj* pod pantoflem: *a henpecked husband* (=pantoflarz)

hep·a·ti·tis /ˌhepəˈtaɪtɪs◂/ *n* [U] zapalenie wątroby

her S1 W1 /ə, hɜː/ *determiner, pron* jej, niej, ją, nią: *That's her new car.* | *I gave her £20.* | *I'll go without her.* | *Is that her* (=czy to ona) *over there?*

her·ald[1] /ˈherəld/ *v* [T] **1** zwiastować, zapowiadać: *Familiar music heralded another news bulletin.* **2** wysławiać: *He was heralded as the poet of his generation.*

herald[2] *n* [C] **herald of** zwiastun, zapowiedź: *daffodils, the first bright heralds of spring*

herb /hɜːb/ *n* [C] zioło, ziele —**herbal** *adj* ziołowy: *herbal remedies*

her·bi·vore /ˈhɜːbəvɔː/ *n* [C] roślinożerca, zwierzę roślinożerne —**herbivorous** /hɜːˈbɪvərəs/ *adj* roślinożerny →porównaj CARNIVORE

herd[1] /hɜːd/ *n* [C] stado: *a herd of cattle*

herd[2] *v* [I,T] spędzać, zaganiać: *The tour guide herded us onto the bus.*

here S1 W1 /hɪə/ *adv* **1** tu, tutaj: *I'm going to stay here with Kim.* | *We came here on Dad's birthday.* | *Spring is here* (=przyszła wiosna)*!* | *"Smith!" "Here* (=obecny)*!"* **2** w tym miejscu: *The subject is too difficult to explain here.* **3** proszę, masz: **here's ...** *Here's a spade* (=masz tu łopatę) *– get digging!* | **here you are** (=proszę bardzo): *"Could you bring me a glass of water, please?" "Here you are, sir."* **4** oto: *Here comes the bus.* | **here's ...** *Here's the restaurant I was telling you about.* | **here you are/here he is** (=otóż i jesteś/jest): *Here you are – we've been looking everywhere for you.* **5 here goes** no to jazda: *Are you ready? OK, here goes.* **6 here and there** gdzieniegdzie, tu i tam: *Here and there you can see a few scratches, but generally the car's in good condition.*

here·a·bouts /ˌhɪərəˈbaʊts/ *adv* w pobliżu: *There aren't many shops hereabouts.*

here·af·ter /hɪərˈɑːftə/ *adv formal* odtąd, od tego miejsca: *two groups hereafter referred to as groups A and B*

here·by /hɪəˈbaɪ/ *adv formal* niniejszym: *I hereby pronounce you man and wife.*

he·red·i·ta·ry /həˈredətəri/ *adj* dziedziczny: *Heart disease is often hereditary.*

he·red·i·ty /həˈredəti/ *n* [U] dziedziczność

here·in /ˌhɪərˈɪn/ *adv formal* tutaj, w niniejszym (dokumencie): *the conditions stated herein*

her·e·sy /ˈherəsi/ *n* [C,U] herezja

her·e·tic /ˈherətɪk/ *n* [C] herety-k/czka —**heretical** /həˈretɪkəl/ *adj* heretycki

her·i·tage /ˈherətɪdʒ/ *n* [C,U] dziedzictwo, spuścizna: *Ireland's musical heritage*

her·mit /ˈhɜːmɪt/ *n* [C] pustelni-k/ca, odludek

her·ni·a /ˈhɜːniə/ *n* [C] przepuklina

he·ro W3 /ˈhɪərəʊ/ *n* [C] (plural **heroes**) bohater: *He became a local hero after saving a boy's life.* | *Indiana Jones is the hero of the film.* →patrz też HEROINE

he·ro·ic /hɪˈrəʊɪk/ *adj* heroiczny: *a heroic act of bravery* | *It was a heroic effort.* THESAURUS BRAVE

he·ro·ics /hɪˈrəʊɪks/ *n* [plural] bohaterszczyzna, brawura: *Don't try any heroics.*

her·o·in /ˈherəʊɪn/ *n* [U] heroina *(narkotyk)*

her·o·ine /ˈherəʊɪn/ *n* [C] bohaterka, heroina

her·o·is·m /ˈherəʊɪzəm/ *n* [U] bohaterstwo, heroizm: *stories of heroism and daring*

her·on /ˈherən/ *n* [C] czapla

her·ring /ˈherɪŋ/ *n* [C,U] śledź

hers S3 W3 /hɜːz/ *pron* jej: *That's my car. This is hers.* | *Angela is a friend of hers.*

her·self S2 W1 /həˈself/ *pron* **1** forma zwrotna zaimka "she": *She made herself* (=sobie) *a cup of coffee.* | *Julie hurt herself* (=skaleczyła się). **2** silna forma zaimka „she", używana dla zaakcentowania podmiotu lub dopełnienia: *It's true! Vicky told me so herself* (=sama mi to powiedziała). **3 (all) by herself** (zupełnie) sama: *She went to the concert by herself.* | *Lynn made dinner all by herself* (=całkiem samodzielnie). **4 (all) to herself** (tylko) dla siebie: *Alison had the whole place to herself that night.*

he's /iz, hiːz/ **1** forma ściągnięta od "he is": *He's my brother.* **2** forma ściągnięta od "he has": *He's lost his keys.*

hes·i·tant /ˈhezɪtənt/ *adj* niepewny, niezdecydowany: *a hesitant smile*

hes·i·tate W3 /ˈhezɪteɪt/ *v* [I] za/wahać się: *She hesitated before answering his question.* | *Don't hesitate to call me if you need any help.*

hes·i·ta·tion /ˌhezɪˈteɪʃən/ *n* [C,U] wahanie: *There was a slight hesitation before he answered.* | **have no hesitation in doing sth** (=z/robić coś bez wahania): *I have no hesitation in recommending him for the job.*

het·e·ro·ge·ne·ous /ˌhetərəʊˈdʒiːniəs◂/ *także* **het·e·ro·ge·nous** /ˌhetəˈrɒdʒənəs/ *adj formal* różnorodny, heterogeniczny: *a heterogeneous group of pictures* →porównaj HOMOGENEOUS

het·e·ro·sex·u·al /ˌhetərəˈsekʃuəl◂/ *adj* heteroseksualny →porównaj BISEXUAL[1], HOMOSEXUAL

het up /ˌhet ˈʌp/ *adj BrE* przejęty: *You get het up over silly things* (=przejmujesz się głupstwami).

hex·a·gon /ˈheksəgən/ *n* [C] sześciokąt —**hexagonal** /hekˈsægənəl/ *adj* sześciokątny

hey /heɪ/ *interjection* hej: *Hey! Look who's here!*

hey·day /ˈheɪdeɪ/ *n* [C] dni świetności, szczyt *(np. popularności, kariery, powodzenia)* **sb's/sth's heyday** *In its heyday* (=w okresie swojej świetności), *the mill produced flour for the whole area.*

hi **S1** /haɪ/ *interjection informal* cześć, hej: *Hi! How are you?*

hi·a·tus /haɪˈeɪtəs/ *n* [singular] *formal* przerwa *(np. w negocjacjach, produkcji)*

hi·ber·nate /ˈhaɪbəneɪt/ *v* [I] zimować, zapadać w sen zimowy —**hibernation** /ˌhaɪbəˈneɪʃən/ *n* [U] hibernacja, sen zimowy

hic·cup[1], **hiccough** /ˈhɪkʌp/ *n* [C] czkawka: **have/get (the) hiccups** *The baby always gets hiccups after feeding.*

hiccup[2] *v* [I] (**-pped**, **-pping**) mieć czkawkę

hid·den /ˈhɪdn/ *adj* ukryty: *hidden cameras* | *There may have been a hidden meaning in what he said.*

hide[1] **S2** **W2** /haɪd/ *v* **1** [I,T] (**hid** /hɪd/, **hidden, hiding**) **2** s/chować (się), ukrywać (się): *Suzy's gone and hidden my keys again.* | *Quick! She's coming – we'd better hide.* | **hide sth in/under etc** *Jane hid the presents in the cupboard.* **3** [T] ukryć: *Matt looked down, anxious to hide his confusion.* | *I have nothing to hide.*

hide[2] *n* [C,U] skóra *(zwierzęca)*

ˌhide-and-ˈseek *n* [U] zabawa w chowanego

hide·a·way /ˈhaɪdəweɪ/ *n* [C] kryjówka

hid·e·ous /ˈhɪdiəs/ *adj* szkaradny, paskudny: *a hideous new building*

ˈhideout *n* [C] kryjówka

hid·ing /ˈhaɪdɪŋ/ *n* **be in hiding** ukrywać się: *The escaped prisoner went into hiding in the mountains.*

hi·er·ar·chy **Ac** /ˈhaɪrɑːki/ *n* **1** [C,U] hierarchia: *There is a very rigid hierarchy in the civil service.* **2** [C] władze: *All policy decisions are made by the party hierarchy.* —**hierarchical** /haɪˈrɑːkɪkəl/ *adj* hierarchiczny

hi·e·ro·glyph·ics /ˌhaɪrəˈglɪfɪks/ *n* [plural] hieroglify

hi-fi /ˈhaɪ faɪ/ *n* [C] sprzęt/zestaw hi-fi

high[1] **S1** **W1** /haɪ/ *adj* **1** wysoki: *the highest mountain in Colorado* | *Temperatures will remain high today.* | *The cost of living is higher in the capital city than in the rest of the country.* | *What's the highest rank in the Navy?* | *I can't sing the high notes.* | **how high?** *How high is the Eiffel Tower?* | **knee-high/shoulder-high etc** *The grass was knee-high* (=trawa sięgała do kolan). | **have a high opinion of** (=wysoko (sobie) cenić): *I have a very high opinion of his work.* | **high quality/standards etc** *We insist on high standards of quality and efficiency.* → antonim LOW[1], → porównaj TALL **2** naćpany, na haju: **be high on sth** *They were high on cocaine.* **3** bogaty: **high in fat/sugar/salt etc** *Spinach is very high in iron.*

UWAGA: high i tall

Nie należy mylić przymiotników **high** i **tall** w znaczeniu „wysoki". **High** używamy w odniesieniu do obiektów znajdujących się wysoko ponad ziemią lub mających wierzchołek wysoko ponad ziemią: *These rooms have very high ceilings.* | *The top shelf was too high for me to reach.* | *The high wall made it impossible for prisoners to escape.* **Tall** używamy w odniesieniu do osób, zwierząt, drzew, budynków i innych obiektów o ponadprzeciętnej wysokości: *tall cathedral* | *tall chimney* | *tall trees.*

high[2] **S3** *adv* wysoko: *seagulls flying high in the sky* | *Jenkins has risen high in the company.*

high[3] *n* [C] **1** maksimum: *Temperatures today will reach an all-time high of 48°.* **2 be on a high** być w euforii: *She's been on a real high ever since she met Joe.*

high·brow /ˈhaɪbraʊ/ *adj* wyrafinowany, przeintelektualizowany

ˌhigh-ˈclass *adj* ekskluzywny: *a high-class restaurant*

ˌhigh-defiˈnition *adj* o wysokiej rozdzielczości

ˌhigher eduˈcation *n* [U] wyższe wykształcenie → porównaj FURTHER EDUCATION

ˌhigh-ˈhanded *adj* władczy

ˌhigh ˈheels *n* [plural] wysokie obcasy, buty na wysokich obcasach —**ˌhigh-ˈheeled** *adj* na wysokich obcasach

ˈhigh jump *n* **the high jump** skok wzwyż

high·lands /ˈhaɪləndz/ *n* [plural] góry, pogórze: *the Scottish highlands*

high·light[1] **W3** **Ac** /ˈhaɪlaɪt/ *v* [T] **1** zwracać uwagę na: *Our newsletter highlights issues of interest to students.* **2** zakreślać

highlight[2] *n* [C] najciekawszy fragment: *You can see highlights of today's game after the news.*

high·light·er /ˈhaɪlaɪtə/ *n* [C] marker, zakreślacz

high·ly **S2** **W2** /ˈhaɪli/ *adv* wysoce, wielce: *Rachel is a highly intelligent girl.* | *a highly respected man*

ˌhighly-ˈstrung *especially BrE*, **high strung** *AmE adj* nerwowy

High·ness /ˈhaɪnəs/ *n* **Her/His/Your Highness** Jej/Jego/Wasza Wysokość

ˌhigh-ˈpitched *adj* wysoki: *a high-pitched sound*

ˌhigh-ˈpowered *adj* **1** o dużej mocy: *a high-powered speedboat* **2** dynamiczny: *a high-powered businessman*

ˌhigh-ˈpressure *adj* pod (wysokim) ciśnieniem: *a high-pressure water hose*

ˌhigh-ˈprofile *adj* głośny: *a high-profile court case*

ˈhigh-rise *adj* **high-rise building** wieżowiec —**high rise** *n* [C] wieżowiec

ˈhigh school *n* [C,U] szkoła średnia *(w USA i Kanadzie)*

ˌhigh-ˈspirited *adj* tryskający energią: *a high-spirited little boy*

ˈhigh street *n* [C] *BrE* główna ulica: *Kensington High Street*

ˌhigh-ˈstrung *adj* nerwowy

high-tech /ˌhaɪ ˈtek◂/ *adj* najnowocześniejszy: *a new high-tech camera* THESAURUS MODERN

ˌhigh ˈtide *n* [C,U] przypływ

ˈhigh-tops *n plural AmE* wysokie buty sportowe

high·way **S3** /ˈhaɪweɪ/ *n* [C] *AmE* autostrada, główna droga

hi·jack /ˈhaɪdʒæk/ *v* [T] porywać, uprowadzać: *The plane was hijacked by a group of terrorists.* —**hijacker** *n* [C] porywacz/ka —**hijacking** *n* [C,U] porwanie, uprowadzenie

H

hike /haɪk/ *v* **1** [I,T] wędrować: **go hiking** *The Lake District is a great place to go hiking.* THESAURUS WALK **2** [T] *także* **hike** sth ↔ **up** podnosić (*ceny, podatki itp.*): *Banks are likely to hike interest rates again.* —**hike** *n* [C] wędrówka, piesza wycieczka —**hiking** *n* [U]

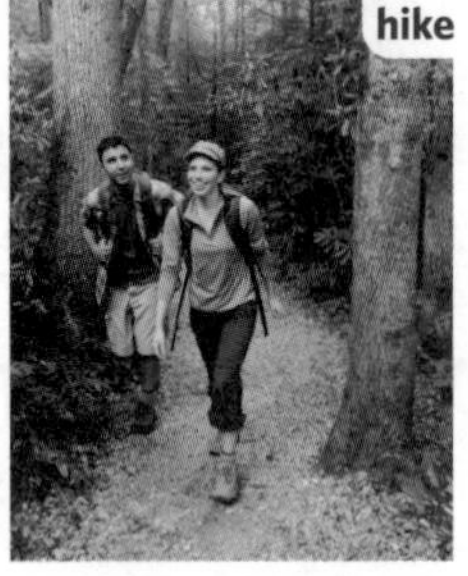

hi·lar·i·ous /hɪˈleəriəs/ *adj* bardzo śmieszny: *She thinks his jokes are hilarious.* THESAURUS FUNNY

hi·lar·i·ty /hɪˈlærəti/ *n* [U] wesołość, rozbawienie

hill S2 W2 /hɪl/ *n* [C] wzgórze, pagórek, wzniesienie: *a little cottage on a hill | The sun set behind the blue hills.*

hill·side /ˈhɪlsaɪd/ *n* [C] stok

hill·y /ˈhɪli/ *adj* górzysty, pagórkowaty: *hilly terrain*

hilt /hɪlt/ *n* **to the hilt** całkowicie, bez reszty: *She's prepared to defend him to the hilt* (=do upadłego).

him S1 W1 /ɪm, hɪm/ *pron* (je)go, (je)mu, nim, niego: *Have you sent him an invitation? | I'll look for him downstairs.*

him·self S1 W1 /hɪmˈself/ *pron* **1** forma zwrotna zaimka „he": *Bill looked at himself* (=popatrzył na siebie) *in the mirror. | He seemed to enjoy himself* (=dobrze się bawił) *last night.* **2** silna forma zaimka „he", używana dla zaakcentowania podmiotu lub dopełnienia: *Mr Wexford himself* (=sam Pan Wexford) *came down to greet us.* **3 (all) by himself** (zupełnie) sam: *He tried to fix the car by himself* (=samodzielnie). **4 (all) to himself** (tylko) dla siebie: *Ben had the house to himself.*

H

hind /haɪnd/ *adj* **hind legs/feet** tylne kończyny/łapy: *the hind legs of the elephant*

hin·der /ˈhɪndə/ *v* [T] utrudniać, przeszkadzać w: *The bad weather is hindering rescue efforts.*

hin·drance /ˈhɪndrəns/ *n* [C] przeszkoda, utrudnienie: **be a hindrance to** *Marie feels marriage would be a hindrance to her career.*

hind·sight /ˈhaɪndsaɪt/ *n* [U] **with hindsight** po fakcie: *With hindsight, we'd all do things differently.*

Hin·du /ˈhɪnduː/ *n* [C] hinduist-a/ka, hindus/ka

Hin·du·is·m /ˈhɪndu-ɪzəm/ *n* [U] hinduizm

hinge[1] /hɪndʒ/ *n* [C] zawias

hinge[2] *v*
hinge on/upon sth *phr v* [T] zależeć od: *Suddenly, his whole future hinged on Luisa's decision.*

hint[1] /hɪnt/ *n* [C] **1** aluzja: **drop hints** *Sue has been dropping hints* (=robiła aluzje) *about what she wants for her birthday.* | **take a/the hint** (=zrozumieć aluzję): *I kept looking at my watch, but she wouldn't take the hint.* **2** ślad: *There was a hint of anger in his voice.* **3** odrobina: *a hint of garlic in the sauce* **4** wskazówka: *cookery hints*

hint[2] *v* **1** [T] za/sugerować: **+(that)** *Peg has been hinting that she wants a baby.* **2** [I] **hint at** z/robić aluzję do, napomykać o: *The minister hinted at an early election.*

hip[1] /hɪp/ *n* [C] biodro

hip[2] *adj informal* modny: *The coffee shop was the hip place to hang out.*

ˈhip-hop *n* hip-hop

hip·pie, **hippy** /ˈhɪpi/ *n* [C] hipis/ka: *She joined a hippie commune in the '60s.*

hip·po /ˈhɪpəʊ/ *n* [C] *informal* hipcio

hip·po·pot·a·mus /ˌhɪpəˈpɒtəməs/ *n* [C] (plural **hippopotamuses** *or* **hippopotami** /-maɪ/) hipopotam

hire[1] S2 W3 /haɪə/ *v* [T] **1** *BrE* wynajmować, wypożyczać: *Let's hire a car and drive down to Cornwall.* **2** najmować: *We've decided to hire a nanny for baby Carolyn.*
hire sth ↔ out *phr v* [T] *BrE* wynajmować, wypożyczać: *Do you know of any place that hires out costumes?*

> **UWAGA: hire i rent**
>
> Czasownik **hire** dotyczy wynajmu pracowników, sprzętu i pomieszczeń na krótki czas: *hire a lawyer | hire a suit | hire a bicycle | hire a meeting hall | hire a fishing rod.* **Rent** dotyczy wynajmu długoterminowego (np. domu, biura), za który płaci się raz na jakiś czas: *rent a house | rent a shop | rent an apartment | rent a television.* Jedynie w przypadku wynajmu samochodu obu wyrazów można używać wymiennie: *There's usually a place at the airport where you can rent/hire a car but you'll need a driving licence.*

hire[2] *n* [U] *BrE* wynajęcie: *a car hire company* | **for hire** (=do wynajęcia): *fishing boats for hire*

his S1 W1 /ɪz, hɪz/ *determiner, pron* jego: *I think I picked up his suitcase by mistake. | Leo hates cleaning his room* (=nie cierpi sprzątać swojego pokoju).

Hi·span·ic /hɪˈspænɪk/ *adj* iberyjski —**Hispanic** *n* [C] Iberyj-czyk/ka

hiss /hɪs/ *v* [I] **1** za/syczeć: *I could hear steam hissing from the pipe.* **2** syknąć: *"Just keep quiet!" he hissed.* —**hiss** *n* [C] syk

his·to·ri·an W3 /hɪˈstɔːriən/ *n* [C] history-k/czka

his·tor·ic /hɪˈstɒrɪk/ *adj* historyczny, wiekopomny: *a historic moment*

> **UWAGA: historic i historical**
>
> Nie należy mylić wyrazów **historic** i **historical**. **Historic** znaczy „historyczny" w sensie „bardzo ważny": *a historic decision | a historic voyage* lub „mający długą historię": *a historic tradition | a historic building.* **Historical** to „historyczny" w sensie „istniejący w przeszłości", „dotyczący przeszłości" lub „oparty na wydarzeniach sprzed wielu lat": *a real historical figure | historical records | a historical novel.*

his·tor·i·cal W2 /hɪˈstɒrɪkəl/ *adj* historyczny: *historical research | The novel blends historical fact with fiction.* —**historically** /-kli/ *adv* historycznie

his·to·ry S2 W1 /ˈhɪstəri/ *n* **1** [U] historia: *The Civil War was a turning point in American history. | a class in European history | one of the finest performers in the history of opera* **2 have a history of sth** od dawna cierpieć na coś: *Paul has a history of heart trouble.*

his·tri·on·ics /ˌhɪstriˈɒnɪks/ *n* [plural] teatralność, melodramatyzm (*zachowania*) —**histrionic** *adj* teatralny, melodramatyczny

hit[1] S1 W2 /hɪt/ *v* [T] (**hit**, **hit**, **hitting**) **1** uderzyć (w): *He hit the ball right into the crowd. | It felt like someone had hit me in the stomach. | The speeding car swerved and hit the wall. | I fainted and hit my head on the table.* **2** osiągnąć: *Unemployment has hit 11.3%.* **3** dotknąć: *In 1977, the area* *was hit by massive floods.* | **be hard hit** *The company has been hard hit by decreasing sales.* **4** trafić: *He was hit in the chest and died instantly.* **5** dotrzeć do: *It suddenly hit me that he was just lonely.* **6 hit it off (with sb)** *informal* przypaść sobie do gustu: *I'm glad to see the two girls hitting it off so well.* **7 hit the roof/ceiling** *informal* wściec się: *Dad's going to hit the roof when he sees this mess!* **8 hit the nail on the head** *spoken* trafić w (samo) sedno

hit back *phr v* [I] odwzajemnić się, nie pozostać dłużnym: *Yesterday Obama hit back at his critics.*

hit on *phr v* [T **hit on/upon** sth] wpaść na: *Phil hit upon an ingenious way to raise money for the club.*

hit² S3 W3 *n* **1** [C] hit, przebój: *She had a big hit with her first album.* **2** [C] trafienie: *I scored a hit with my first shot.* **3 be a hit (with sb)** zrobić furorę (wśród kogoś): *Your cousin was a big hit at the party.* **4** [C] uderzenie

ˌhit-and-ˈmiss *także* **hit-or-miss** *adj informal* bez ładu i składu, na łapu capu

ˌhit-and-ˈrun *adj* **hit-and-run driver** kierowca uciekający z miejsca wypadku

hitch¹ /hɪtʃ/ *v* **1** [I,T] *informal* podróżować autostopem: **hitch a ride/lift** (=z/łapać okazję): *We tried to hitch a ride into Perth.* **2** [T] przyczepiać: *Dad hitched the boat to the back of the car.*

hitch sth ↔ up *phr v* [T] podciągnąć, podkasać: *She hitched up her skirt and stepped over the wall.*

hitch² *n* [C] drobny problem, zakłócenie: *a technical hitch* | **without a hitch** (=bez zakłóceń): *Dinner went off without a hitch.* THESAURUS ▸ PROBLEM

hitch·hike /ˈhɪtʃhaɪk/ *v* [I] podróżować autostopem —**hitchhiker** *n* [C] autostopowicz/ka —**hitchhiking** *n* [U] autostop

hi-tech /ˌhaɪ ˈtek◂/ alternatywna pisownia HIGH-TECH

hith·er·to /ˌhɪðəˈtuː◂/ *adv formal* dotychczas

ˈhit list *n* [C] *informal* czarna lista, lista osób do wyeliminowania

ˈhit man *n* [C] *informal* (plural **hit men** /-mən/) płatny morderca

HIV /ˌeɪtʃ aɪ ˈviː◂/ *n* [U] wirus HIV: **be HIV positive** (=być nosiciel-em/ką HIV): *She's been HIV positive for 11 years.*

hive /haɪv/ *także* **beehive** *n* [C] ul

h'm, **hmm** /m/ *interjection* hmm

HMS /ˈeɪtʃ em es/ *n* [C] skrót poprzedzający nazwy okrętów brytyjskich: *the HMS Bounty*

hoard¹ /hɔːd/ *n* [C] **1** zapas, zbiór **2** skarb: *a hoard of gold coins*

hoard² *także* **hoard up** *v* [T] z/gromadzić, odkładać: *squirrels hoarding nuts for the winter*

hoard·ing /ˈhɔːdɪŋ/ *n* [C] *BrE* billboard

hoarse /hɔːs/ *adj* ochrypły, chrapliwy

hoax /həʊks/ *n* [C] żart, kawał: *The bomb threat turned out to be a hoax.*

hob /hɒb/ *n* [C] *BrE* płyta kuchenna

hob·ble /ˈhɒbəl/ *v* [I] kuśtykać

hob·by /ˈhɒbi/ *n* [C] hobby: *Tricia's hobby is gardening.*

ho·bo /ˈhəʊbəʊ/ *n* [C] *AmE informal* tramp, włóczęga

hock·ey /ˈhɒki/ *n* [U] **1** *BrE* hokej na trawie **2** *AmE* hokej na lodzie

hodge·podge /ˈhɒdʒpɒdʒ/ *n* [singular] amerykańska forma wyrazu HOTCHPOTCH

hoe /həʊ/ *n* [C] motyka

hog¹ /hɒg/ *n* **1** [C] *especially AmE* wieprz **2 go the whole hog** *informal* iść na całego/na całość: *Why don't we go the whole hog and get champagne?*

hog² *v* [T] (**-gged**, **-gging**) *informal* zagarnąć (dla siebie): *Katie hogged the whole box of chocolates!*

hoist¹ /hɔɪst/ *v* [T] podnosić, wciągać: *He hoisted the bag over his shoulder.* | *The sailors hoisted the flag.* | *The cargo was hoisted onto the ship.* THESAURUS ▸ LIFT

hoist² *n* [C] podnośnik

hold¹ S1 W1 /həʊld/ *v* (**held**, **held**, **holding**) **1** [T] po/trzymać: *Can you hold my bag for a minute?* | **hold hands** (=trzymać się za ręce): *lovers holding hands* | **hold sth up** *She held the piece of paper up so we could see it.* | **hold sth open** *Do you want me to hold the door open for you* (=czy mam ci przytrzymać drzwi)? | **hold sth in place** *The cupboard was held in place by four large screws.* **2** [T] odbywać: *Elections are usually held* (=odbywają się) *every five years.* **3** [T] po/mieścić: *a brand new stadium which can hold up to 80,000 people* **4** [T] przechowywać: *All our files are held on computer.* **5** [T] przetrzymywać, trzymać: *The hostages were held in a secret location.* **6** [T] zajmować: *Men still hold most of the top managerial posts.* **7** [I,T] *spoken* czekać: **hold it!** (=stój!): *Hold it* (=poczekaj) *a minute! I need to talk to you.* | **hold the line** (=nie odkładać słuchawki): *Mr Penrose is busy. Can you hold the line?* **8 hold an opinion/belief/view** *formal* być zdania, uważać **9 hold a conversation** prowadzić rozmowę: *He can hold a conversation in several European languages.* **10 hold your breath** wstrzymywać oddech: *We held our breath while the results were read out.* **11 hold shares** mieć udziały **12 not hold water** nie trzymać się kupy: *His argument doesn't hold water.* **13 hold true/good** *formal* stosować się: *I think her statement holds true for older women.* → patrz też **hold sb to ransom** (RANSOM)

hold sth against sb *phr v* [T] mieć za złe: *If you can't come, I won't hold it against you.*

hold back *phr v* **1** [T **hold** sth ↔ **back**] powstrzymywać: *The police couldn't hold back the crowds.* **2** [I,T **hold back** sth] powstrzymywać (się): *She held back her tears.* | *I wanted to tell him what I thought of him, but I held back.* **3** [T **hold** sb/sth ↔ **back**] ograniczać: *Firms are being held back because of lack of money.*

hold sth down *phr v* [T] **1** utrzymywać na niskim poziomie: *BA say they'll hold down ticket prices until the New Year.* **2 hold down a job** utrzymać pracę/posadę: *He's never been able to hold down a job for more than a month.*

hold off *phr v* [I,T] odwlekać: *We held off making the decision for a month.*

hold on *phr v* [I] **1** *spoken* poczekać, zaczekać: *Yeah, hold on, Mike is right here.* **2** wytrzymać, odczekać: *The Rangers held on to win the game in the final period.*

hold onto sth *phr v* [T] **1** przy/trzymać się: *She held onto his jacket.* **2** zatrzymać, nie oddać: *You should hold onto the painting. It might be worth a lot of money.*

hold out *phr v* **1** [T] wyciągać: *Jean held out a small envelope.* **2** [I] stawiać opór: *The rebels are holding out in the south.* **3** [I] wystarczać: *Supplies of food are expected to hold out for another couple of weeks.* **4 hold out hope** żywić nadzieję: *The doctors don't hold out much hope of a recovery.*

hold out for sth *phr v* [T] domagać się: *The union are holding out for more money.*

hold sth over sb *phr v* [T] mieć (coś) na (kogoś), grozić (komuś czymś)

H

hold sb to sth *phr v* [T] wy/egzekwować (coś) od (kogoś) *(np. wypełnienie obietnicy lub postanowienia)*: *"He said he would do it." "Well, you'd better hold him to it."*
hold together *phr v* [I,T **hold** sth **together**] trzymać (się) razem: *The children are the only thing holding their marriage together.*
hold up *phr v* **1** [T **hold** sb/sth ↔ **up**] zatrzymywać, opóźniać: *Sorry, I didn't mean to hold everybody up.* **2** [T **hold up** sth] napaść na *(bank, sklep itp.)*

hold² S2 W3 *n* **1** [singular] chwyt: **take hold of sth** *Warren took hold of her hand* (=chwycił ją za rękę). **2 get hold of a)** znaleźć, złapać: *I need to get hold of him quickly.* **b)** zdobyć: *Drugs are easy to get hold of.* **3 keep hold of a)** utrzymać: *He struggled to keep hold of the dog.* **b)** zatrzymać: *It was a lovely watch – I wish I'd kept hold of it.* **4 put sth on hold** odłożyć coś (na później): *The tunnel project has been put on hold.* **5** [C] ładownia

hold·all /ˈhəʊldɔːl/ *n* [C] *BrE* torba podróżna

hold·er W2 /ˈhəʊldə/ *n* [C] **1** posiadacz/ka: *the Olympic record holder | UK passport holders* **2** uchwyt: *a red candle holder*

hold·ing W3 /ˈhəʊldɪŋ/ *n* [C] udział *(w spółce)*

hold·o·ver /ˈhəʊldˌəʊvə/ *n* [C] *AmE* relikt: *styles that are a holdover from the '60s*

hold·up /ˈhəʊldʌp/ *także* **hold-up** *BrE n* [C] **1** opóźnienie (w ruchu): *long hold-ups on the M25* **2** napad *(z bronią w ręku)*: *This is a holdup. Everyone get down on the floor.*

hole¹ S1 W2 /həʊl/ *n* [C] **1** dziura: *Someone had drilled a hole in the wall. | There's a hole in my sock.* **2** nora **3** dołek *(na polu golfowym)* **4** mankament: **be full of holes** (=mieć mnóstwo braków): *The witness's testimony was full of holes.* **5** *informal* dziura, pipidówka: *I have to get out of this hole.* **6 be in a hole** *spoken* być w dołku, mieć/przechodzić kryzys **7 make a big hole in** *informal* nadszarpnąć *(zasoby, oszczędności itp.)* → patrz też BLACK HOLE

H

hole² *v*
hole up *także* **be holed up** *phr v* [I] ukrywać się: *Journalists Swain and Schonberg were holed up in the US embassy.*

hol·i·day S1 W2 /ˈhɒlədi/ *n* [C] **1** święto: **national/public/bank holiday** (=święto państwowe): *Labor Day is a national holiday in the US.* **2** *BrE* wakacje: *We went to Italy for our holidays last year.* | **be on holiday** *"Where's Bridget?" "She's on holiday this week."*

UWAGA: holidays i a holiday

W wyrażeniach **(be/go) on holiday** i **(return/get back) from holiday** używamy wyrazu **holiday** w liczbie pojedynczej: *She was going on holiday to France. | I've just got back from holiday.* Wyraz **holiday** występuje w liczbie mnogiej jedynie wtedy, gdy wprowadza go określnik **the**, **my**, **your** itp.: *When are you going on your holiday(s) this year? | During the long summer holiday(s) some students get a part-time job.* W amerykańskiej angielszczyźnie „wakacje" to najczęściej **vacation**.

ˈholiday-ˌmaker *n* [C] *BrE* wczasowicz/ka, urlopowicz/ka

hol·i·ness /ˈhəʊlinəs/ *n* **1** [U] świętość **2 Your/His Holiness** Wasza/Jego Świątobliwość

ho·lis·tic /həʊˈlɪstɪk/ *adj* holistyczny: *a holistic approach to medicine*

Hol·land /ˈhɒlənd/ *n* Holandia → patrz też DUTCH

hol·ler /ˈhɒlə/ *v* [I,T] *AmE informal* krzyczeć/wrzeszczeć (na): *Dad hollered at me to hurry up.* THESAURUS SHOUT —**holler** *n* [C] krzyk

hol·low¹ /ˈhɒləʊ/ *adj* **1** wydrążony: *a hollow tree* THESAURUS EMPTY **2** pusty: *the hollow promises of politicians | a hollow laugh/voice*

hollow² *n* [C] wgłębienie, zagłębienie

hollow³ *v*
hollow sth ↔ out *phr v* [T] wy/drążyć

hol·ly /ˈhɒli/ *n* [U] ostrokrzew

hol·o·caust /ˈhɒləkɔːst/ *n* [C] zagłada, holocaust: *a nuclear holocaust*

hol·o·gram /ˈhɒləgræm/ *n* [C] hologram

hol·ster /ˈhəʊlstə/ *n* [C] kabura

ho·ly W3 /ˈhəʊli/ *adj* święty: *the holy city of Jerusalem | a holy man*

holy grail /ˌhəʊli ˈgreɪl/ *n* **1** święty Graal: *A cure for AIDS has become something of a medical holy grail.* **2 the Holy Grail** Święty Graal

hom·age /ˈhɒmɪdʒ/ *n* [U] hołd, cześć: **pay homage to** (=oddawać hołd): *The President paid homage to all who had fought or died in the war.*

home¹ S1 W1 /həʊm/ *n* **1** [C,U] dom: *I stayed at home and watched television. | He left home when he was 15.* **2 be/feel at home** czuć się jak (u siebie) w domu: *They always try to make their guests feel at home.* **3 the home of** kolebka: *Chicago is known as the home of the blues.* **4 make yourself at home** *spoken* proszę się rozgościć **5** dom opieki: *He dreaded getting old and having to go into a home.* **6 at home** na własnym boisku: *Barcelona lost 2-0 at home.*

UWAGA: home i house

Home to „dom" w sensie „miejsce, gdzie się mieszka" (zwłaszcza z rodziną): *go home | stay at home | leave home.* **House** to „dom" w sensie „budynek": *let's go to my house | we stayed at Peter's house | he left her house at noon.*

home² S1 W1 *adv* **1** w domu: *Hi, honey, I'm home.* **2** do domu: *What time does Mike get home?* **3 take home** zarabiać na czysto: *I take home about $200 a week.* **4 drive/bring sth home** uświadomić coś: *McCullin's photographs brought home to people the horrors of war.*

home³ *adj* **1** domowy: *What's your home address? | I'm looking forward to some home cooking over Christmas.* **2** miejscowy: *The home team is ahead by four runs.* → antonim AWAY² **3** krajowy, wewnętrzny: *home affairs*

home⁴ *v*
home in on *phr v* [T] **1** namierzyć: *A Tomahawk missile homed in on the ship.* **2** skupić się na

home·com·ing /ˈhəʊmˌkʌmɪŋ/ *n* [C] powrót do domu

ˌhome ecoˈnomics *n* [U] zajęcia z gospodarstwa domowego

home·land /ˈhəʊmlænd/ *n* [C] ojczyzna

home·less /ˈhəʊmləs/ *adj* **1** bezdomny: *The war left a lot of people homeless.* **2 the homeless** bezdomni

home·ly /ˈhəʊmli/ *adj* **1** *BrE* przytulny, swojski: *a small hotel with a warm, homely atmosphere* **2** *AmE* pospolity, niezbyt ładny: *a rather homely face* **3** powszedni, zwyczajny —**homeliness** *n* [U] swojskość

home·made /ˌhəʊmˈmeɪd◂/ *adj* domowej roboty: *homemade jam*

home·mak·er /ˈhəʊmˌmeɪkə/ *n* [C] *especially AmE* gospodyni domowa

ho·me·op·a·thy /ˌhəʊmiˈɒpəθi/ *n* [U] homeopatia —**homeopathic** /ˌhəʊmiəˈpæθɪk◂/ *adj* homeopatyczny —**homeopath** /ˈhəʊmiəpæθ/ *n* [C] homeopat-a/ka

ˈ**home page** *n* [C] strona tytułowa *(witryny WWW)*

home plate *n* ostatnia baza *(w bejsbolu)*

ˌ**home ˈrun** *n* [C] długie wybicie umożliwiające graczowi dotarcie do ostatniej bazy *(w baseballu)*

home·sick /ˈhəʊmˌsɪk/ *adj* **be/feel homesick** tęsknić za domem/ojczyzną: *On her first night at camp, Sheila felt very homesick.* THESAURUS SAD

home·stead /ˈhəʊmsted/ *n* [C] gospodarstwo rolne, obejście

ˌ**home ˈtown** *także* **home·town** /ˈhəʊmtaʊn/ *n* [C] miasto rodzinne: *Mike Tyson's hometown of Brownsville*

home·ward /ˈhəʊmwəd/ *adj* powrotny, do domu: *my homeward journey* —**homeward** *adv* do domu

home·work S2 /ˈhəʊmwɜːk/ *n* [U] **1** zadanie domowe, praca domowa **2 sb has done his/her homework** ktoś jest dobrze przygotowany →porównaj HOUSEWORK

UWAGA: homework

Nie mówi się „I made my homework", tylko **I did my homework**.

UWAGA: homework i housework

Wyraz **homework** znaczy „zadanie domowe" (pisanie wypracowania, rozwiązywanie zadań itp), a **housework** „prace domowe" (sprzątanie, zmywanie itp). Wyrazy te są rzeczownikami niepoliczalnymi i nie mają liczby mnogiej. Mówiąc o jednym zadaniu domowym, mówimy **a homework assignment** lub **a piece of homework**. Chcąc powiedzieć, że mieliśmy dużo zadane do domu, mówimy: *We were given a lot of homework.* Oto inne przykłady: *Have you done (all) your homework?* | *The teacher gave us some more homework.* | *I'm going to the library to do my French homework.* | *Saturday is the only day I have enough time to do the housework.*

COLLOCATIONS: homework

verbs

to do your homework *You can watch TV when you've done your homework.*

to give sb homework *także* **to set sb homework** *BrE The teacher forgot to give us any homework.* | *Miss Thacker always sets lots of homework.*

to help sb with their homework *Dad, will you help me with my homework?*

to hand in your homework (=oddać pracę domową do oceny) *He always hands his homework in on time.*

noun + homework

biology/history/French etc homework *I have to write an essay for my French homework.*

hom·i·cide /ˈhɒmɪsaɪd/ *n* [C,U] zabójstwo —**homicidal** /ˌhɒməˈsaɪdl/ *adj* morderczy

ho·mo·ge·ne·ous /ˌhəʊməˈdʒiːniəs/ *także* **ho·mo·ge·nous** /həˈmɒdʒənəs/ *adj formal* jednorodny, homogeniczny

ho·mo·pho·bia /ˌhəʊməˈfəʊbiə/ *n* [U] homofobia —**homophobic** *adj* homofobiczny

ho·mo·sex·u·al /ˌhəʊməˈsekʃuəl◂/ *n* [C] homoseksualist-a/ka —**homosexual** *adj* homoseksualny —**homosexuality** /ˌhəʊməsekʃuˈæləti/ *n* [U] homoseksualizm

hone /həʊn/ *v* [T] **1** u/doskonalić, wy/szlifować **2** na/ostrzyć

hon·est S1 W3 /ˈɒnɪst/ *adj* **1** uczciwy: *He seems a good, honest man.* →antonim DISHONEST **2** szczery: *Give me an honest answer.* **3 to be honest** *spoken* jeśli mam być szczer-y/a: *To be honest, I don't think she has much chance of winning.*

hon·est·ly S2 /ˈɒnəstli/ *adv* **1** *spoken* naprawdę: *I honestly don't know what's the best thing to do.* **2** szczerze: *Walters spoke honestly about her problems.*

hon·es·ty /ˈɒnəsti/ *n* [U] **1** uczciwość: *We never doubted Frank's honesty.* **2 in all honesty** *spoken* jeśli mam być szczer-y/a: *In all honesty, we made a lot of mistakes.*

hon·ey S2 /ˈhʌni/ *n* [U] **1** miód **2** *especially AmE spoken* kochanie

hon·ey·comb /ˈhʌnikəʊm/ *n* [C,U] plaster miodu

hon·ey·moon /ˈhʌnimuːn/ *n* [C] miesiąc miodowy: *Jen and Dave are going to Alaska on their honeymoon.*

hon·ey·suck·le /ˈhʌniˌsʌkəl/ *n* [C] wiciokrzew

honk /hɒŋk/ *v* [I,T] za/trąbić *(klaksonem)*: *A taxi driver honked his horn behind her.*

hon·or /ˈɒnə/ amerykańska pisownia wyrazu HONOUR

hon·or·a·ble /ˈɒnərəbəl/ amerykańska pisownia wyrazu HONOURABLE

hon·or·ar·y /ˈɒnərəri/ *adj* honorowy: *an honorary degree*

hon·our[1] W3 /ˈɒnə/ *BrE*, **honor** *AmE n* **1** [U] honor: *He's a man of honor.* **2** [U] **in honour of sb/in sb's honour** na czyjąś cześć: *a ceremony in honour of the soldiers who died* **3** [C] zaszczyt: *Churchill received many of his country's highest honours.* **4 it's an honour** to dla mnie/nas zaszczyt: *It's a great honour to receive this award.* **5 Your Honour** Wysoki Sądzie

honour[2] *BrE*, **honor** *AmE v* [T] **1** uhonorować: *J.F.K. was honored as a national hero.* | **honour sb with sth** *In 1966 he was honoured with the Nobel Prize for Medicine.* **2 be/feel honoured** być/czuć się zaszczyconym: *I'm deeply honoured to be here.* **3 honour a contract/agreement** przestrzegać kontraktu/umowy

hon·our·a·ble /ˈɒnərəbəl/ *BrE*, **honorable** *AmE adj* honorowy: *an honourable man* —**honourably** *adv* honorowo

hood /hʊd/ *n* **1** [C] kaptur **2** *AmE* maska *(silnika)* **3** *informal* chuligan —**hooded** *adj* z kapturem: *a hooded jacket*

hood·lum /ˈhuːdləm/ *n* [C] *old-fashioned* bandzior

hood·wink /ˈhʊdˌwɪŋk/ *v* [T] nabrać: *She managed to hoodwink him into lending her the money.*

hoof /huːf/ *n* [C] (plural **hoofs** or **hooves** /huːvz/) kopyto

hook[1] S3 /hʊk/ *n* [C] **1** hak, haczyk: *a coat hook* **2 leave/take the phone off the hook** zdjąć słuchawkę z widełek **3 left/right hook** lewy/prawy sierpowy

hook[2] S3 *v* [T] zahaczać, przyczepiać: *He hooked his umbrella around the handle.*
hook sth ↔ up *phr v* [T] podłączać: *Millions of people are now hooked up to the Internet.*

H

hooked /hʊkt/ *adj* **1** uzależniony: *You only have to smoke crack once, and then you're hooked.* | **+on** *It's easy to get hooked on computer games.* **2** zakrzywiony, haczykowaty: *a hooked nose*

hook·er /ˈhʊkə/ *n* [C] *especially AmE informal* panienka *(prostytutka)*

hook·y /ˈhʊki/ *n* **play hooky** *AmE informal* wagarować: *The kids were caught playing hooky at the mall.*

hoo·li·gan /ˈhuːləgən/ *n* [C] chuligan: *football hooligans* —**hooliganism** *n* [U] chuligaństwo

hoop /huːp/ *n* [C] obręcz: *He threw the ball through the hoop.*

hoo·ray /hʊˈreɪ/ *interjection* hura

hoot[1] /huːt/ *n* **1** [C] pohukiwanie *(sowy)* **2** klakson *(dźwięk)* **3** syrena *(okrętowa)*

hoot[2] /huːt/ *v* [I,T] **1** hukać *(o sowie)* **2** trąbić

hoo·ver /ˈhuːvə/ *v* [I,T] *BrE* odkurzać

Hoo·ver /ˈhuːvə/ *n* [C] *BrE trademark* odkurzacz

hooves /huːvz/ *n* liczba mnoga od **HOOF**

hop

hop[1] /hɒp/ *v* [I] (**-pped, -pping**) **1** *informal* wskakiwać: **+in/on etc** *Hop in and I'll give you a ride.* **2** podskakiwać: *Willie hopped on one leg, and then the other.* | *rabbits hopping along* THESAURUS ▸ **JUMP**

hop[2] *n* [C] skok, podskok →patrz też **HOPS**

hope[1] S1 W1 /həʊp/ *v* [I,T] mieć nadzieję: **+(that)** *I hope you feel better soon.* | **hope to do sth** *He's hoping to take a trip to Africa next year.* | **I hope so/not** *spoken* (=mam nadzieję, że tak/nie): *"Will Grandma be there?" "I hope so."* | *"Do you think it's going to rain?" "I hope not!"*

hope[2] S2 W2 *n* [C,U] **1** nadzieja: *Her voice sounded full of hope.* | *You must help me! You're my last hope.* | **+of** *hopes of* (=nadzieje na) *an early end to the war* | **give sb hope** *a new treatment that gives hope to cancer patients* | **give up/lose hope** (=s/tracić nadzieję): *Ben's parents had lost all hope of seeing him again.* | **no/not much/little hope** *There's no hope of getting the money back.* **2 in the hope that/of** w nadziei, że/na: *She stayed on in the hope that she would be able to speak to him.*

hope·ful /ˈhəʊpfəl/ *adj* **1** pełen nadziei: *We're hopeful about our chances of winning.* **2** napawający nadzieją: *There are hopeful signs that an agreement will be reached.*

hope·ful·ly S1 /ˈhəʊpfəli/ *adv* **1** miejmy nadzieję, że: *Hopefully, the letter will be here by Monday.* **2** z nadzieją: *"Can we go to the zoo tomorrow?" he asked hopefully.*

hope·less S3 /ˈhəʊpləs/ *adj* **1** beznadziejny: *a hopeless situation* | *I'm hopeless at spelling.* | *a hopeless task* **2** rozpaczliwy: *a hopeless look on her face* —**hopelessly** *adv* beznadziejnie

hops /hɒps/ *n* [plural] chmiel

horde /hɔːd/ *n* [C] horda: *hordes of tourists*

ho·ri·zon /həˈraɪzən/ *n* **1 the horizon** horyzont: *The sun dropped below the horizon.* **2 sth is on the horizon** zanosi się na coś: *Another 1930s-style depression is on the horizon.*

ho·ri·zons /həˈraɪzənz/ *n* [plural] horyzonty: *The good thing about university is that it broadens your horizons.*

hor·i·zon·tal /ˌhɒrəˈzɒntl◂/ *adj* poziomy, horyzontalny: *a horizontal surface* —**horizontally** *adv* poziomo, horyzontalnie →porównaj **VERTICAL**

hor·mone /ˈhɔːməʊn/ *n* [C] hormon —**hormonal** /hɔːˈməʊnl/ *adj* hormonalny

horn /hɔːn/ *n* **1** [C,U] róg *(także jako substancja)* **2** [C] klakson: *Ernie stopped and blew his horn.* **3** [C] róg, waltornia: *the French horn*

hor·o·scope /ˈhɒrəskəʊp/ *n* [C] horoskop

hor·ren·dous /hɒˈrendəs/ *adj especially spoken* straszliwy: *The traffic was horrendous.*

hor·ri·ble S2 /ˈhɒrəbəl/ *adj* okropny, straszny: *What a horrible smell!* | *a horrible old man* THESAURUS ▸ **TASTE**

hor·rid /ˈhɒrɪd/ *adj informal* paskudny: *Don't be so horrid to your sister.*

hor·rif·ic /hɒˈrɪfɪk/ *adj* straszny: *a horrific accident*

hor·ri·fy /ˈhɒrɪfaɪ/ *v* [T] przerażać: *I was horrified when I found out how much the repairs were going to cost.* —**horrifying** *adj* przerażający

hor·ror W3 /ˈhɒrə/ *n* **1** [C,U] przerażenie: *She stared at him in horror.* **2** [C,U] okropność: *the horrors of war* **3 horror movie/film/story** horror

horse S1 W1 /hɔːs/ *n* [C] koń

horse·back /ˈhɔːsbæk/ *n* **1 on horseback** konno, na koniu **2 horseback riding** *AmE* jazda konna, jeździectwo

ˌhorse ˈchestnut *n* [C] kasztan, kasztanowiec

ˈhorse-drawn *adj* konny

horse·man /ˈhɔːsmən/ *n* [C] (plural **horsemen** /-mən/) jeździec

horse·play /ˈhɔːspleɪ/ *n* [U] brewerie

horse·pow·er /ˈhɔːsˌpaʊə/ *(skrót pisany* **hp**) *n* [C] (plural **horsepower**) koń mechaniczny

ˈhorse-riding *n* [U] *BrE* jazda konna, jeździectwo

horse·shoe /ˈhɔːʃ-ʃuː/ *n* [C] podkowa

hor·ti·cul·ture /ˈhɔːtəˌkʌltʃə/ *n* [U] ogrodnictwo

hose[1] /həʊz/ *także* **ˈhose-pipe** *n* [C,U] wąż, wężyk

hose[2] *v*
hose sth ↔ down *phr v* [T] polewać wężem

ho·sier·y /ˈhəʊzjəri/ *n* [U] wyroby pończosznicze

hos·pice /ˈhɒspɪs/ *n* [C] hospicjum

hos·pi·ta·ble /ˈhɒspɪtəbəl/ *adj* gościnny: *The local people are very hospitable.*

hos·pi·tal S1 W1 /ˈhɒspɪtl/ *n* [C,U] szpital **in hospital** *BrE*, **in the hospital** *AmE* w szpitalu: *Rick's dad is still in the hospital.*

COLLOCATIONS: hospital

verbs

to go to (the) hospital *She went to the hospital for an X-ray.*

to go into (the) hospital *He's had to go into hospital for an operation.*

to be taken/rushed to (the) hospital *Three people were taken to hospital after a crash on the motorway.*

to be admitted to (the) hospital (=zostać przyjętym do szpitala) *Her father was admitted to hospital with chest pains.*

to leave/come out of (the) hospital *When are you coming out of hospital?*
discharge/release sb from (the) hospital (=wypisać kogoś ze szpitala) *It was several weeks before he was released from hospital.*

hospital + noun

a hospital bed *There is a shortage of hospital beds.*
a hospital ward (=oddział) *She works as a nurse on a busy hospital ward.*
hospital treatment *He cut his hand, but didn't need hospital treatment.*

types of hospital

a children's hospital *Her son spent three months in a children's hospital.*
a maternity hospital *BrE* (=szpital położniczy) *They were born in the same maternity hospital.*
a psychiatric hospital *także* **a mental hospital** *old-fashioned He was admitted to a secure psychiatric hospital.*

hos·pi·tal·i·ty /ˌhɒspəˈtæləti/ *n* [U] gościnność

hos·pi·tal·ized /ˈhɒspɪtl-aɪzd/ *także* **-ised** *BrE* **be hospitalized** być/zostać hospitalizowanym

host¹ W3 /həʊst/ *n* [C] **1** gospodarz: *We thanked our host and left the party.* | *the host city for the next Olympic Games* **2** gospodarz (programu): *a game show host* **3 a (whole) host of** mnóstwo: *a host of possibilities*

host² *v* [T] być gospodarzem: *Which country is hosting the next World Cup?*

hos·tage /ˈhɒstɪdʒ/ *n* [C] zakładni-k/czka: **take sb hostage** (=wziąć kogoś jako zakładnika): *Three nurses were taken hostage by the terrorists.*

hos·tel /ˈhɒstl/ *n* [C] schronisko: *a youth hostel*

host·ess /ˈhəʊstɪs/ *n* [C] **1** gospodyni **2** *AmE* hostessa (*w restauracji*)

hos·tile /ˈhɒstaɪl/ *adj* **1** wrogo nastawiony: *The Prime Minister was greeted by a hostile crowd.* **2** przeciwny, wrogi: *Public opinion was hostile to the war.* **3** nieprzyjacielski: *hostile territory*

hos·til·i·ties /hɒˈstɪlətiz/ *n* [plural] *formal* działania wojenne: *efforts to end the hostilities in the region*

hos·til·i·ty /hɒˈstɪləti/ *n* [U] **1** wrogość: *hostility between staff and students* **2** wrogie nastawienie: *hostility to the idea of a united Europe*

hot¹ S1 W2 /hɒt/ *adj* (**-tter**, **-ttest**) **1** gorący: *The soup's really hot.* | *the hottest day of the year* **2** ostry, pikantny: *hot salsa* THESAURUS ▸ TASTE **3** *informal* popularny, modny: *a hot new band* **4** gorący: **hot topic/issue** (=gorący temat): *Abortion is a hot topic in the US.* **5 hot favourite** *BrE*, **hot favorite** *AmE* faworyt/ka

hot² *v* (**hotted**, **hotting**)
hot up *phr v* [I] *especially BrE* rozkręcać się: *The election campaign is hotting up.*

ˌhot ˈair *n* [U] nadęte banały, puste gadanie

ˌhot ˈair balˌloon *n* [C] balon napędzany gorącym powietrzem

hot·bed /ˈhɒtbed/ *n* [C] wylęgarnia, siedlisko: *Berkeley was a hotbed of leftist politics in the '60s.*

hotch·potch /ˈhɒtʃpɒtʃ/ *especially BrE*, **hodgepodge** *AmE n* [singular] mieszanina, groch z kapustą

ˌhot ˈdog *n* [C] hot-dog

ho·tel S2 W1 /həʊˈtel/ *n* [C] hotel

THESAURUS: hotel

hotel hotel: *I stayed at the Chelsea Hotel.* | *The hotel has its own swimming pool.* | *a four-star hotel*
motel motel: *We needed a break from driving, so we checked into a motel for the night.*
inn zajazd: *There's an inn in the village.*
bed and breakfast *także* **B & B** pensjonat: *The lady at the B & B was very friendly and cooked us a lovely breakfast.* | *I've got a list of bed and breakfasts from the tourist information office.*
guesthouse pensjonat: *The road next to the sea is full of guesthouses.*
(youth) hostel schronisko (młodzieżowe): *We stayed in youth hostels to keep the cost down.*

hot·head·ed /ˌhɒtˈhedɪd◂/ *adj* w gorącej wodzie kąpany —**hothead** /ˈhɒthed/ *n* [C] raptus, narwaniec

hot·house /ˈhɒthaʊs/ *n* [C] cieplarnia

ˈhot key *n* skrót klawiszowy

hot·line /ˈhɒtlaɪn/ *n* [C] gorąca linia

hot·ly /ˈhɒtli/ *adv* zawzięcie, ostro: *a hotly debated issue*

hot·plate /ˈhɒtpleɪt/ *n* [C] kuchenka elektryczna

hot·shot /ˈhɒtʃɒt/ *n* [C] *informal* dziecko szczęścia, wybraniec losu —**hotshot** *adj* wzięty: *a hotshot lawyer*

hot·spot /ˈhɒtspɒt/ *n* [C] punkt zapalny: *Soldiers were moved to hotspots along the border.*

ˌhot-ˈtempered *adj* porywczy

hot-ˈwater ˌbottle *n* [C] termofor

hound¹ /haʊnd/ *n* [C] ogar, pies gończy

hound² *v* [T] prześladować, nękać: *She's constantly hounded by reporters.*

hour S1 W1 /aʊə/ *n* **1** [C] godzina: *The meeting lasted an hour and a half* (=półtorej godziny). | *I'll be home in about an hour* (=za około godzinę). | *The lake is an hour from* (=godzinę drogi od) *Hartford.* | **opening hours** (=godziny otwarcia): *Opening hours are from 9:00 a.m. to 8:00 p.m.* | **work long/late hours** (=pracować długo/do późna): *Hospital staff have to work long hours.* | **lunch hour** (=pora obiadowa) **2 hours** *informal* (całe) godziny: *She spends hours on the phone* (=godzinami rozmawia przez telefon). **3** [singular] pełna godzina: **on the hour** (=o pełnych godzinach): *Classes begin on the hour.* **4** [C] pora: *The subway doesn't run at this hour of the night.* | **at all hours** (=w dzień i w nocy): *The baby keeps them awake at all hours.* **5 after hours** po godzinach: *The key is usually kept with the caretaker after hours.*

hour·glass /ˈaʊəglɑːs/ *n* [C] klepsydra

hourly *adv* **1** co godzinę: *Take one tablet hourly.* **2** godzinowo: *hourly-paid workers*

hour·ly /ˈaʊəli/ *adj* **1** cogodzinny: *an hourly news bulletin* **2** godzinowy: *an hourly rate of pay*

house¹ S1 W1 /haʊs/ *n* (plural **houses** /ˈhaʊzɪz/) **1** [C] dom: *I'm going over to Dean's house.* | *Be quiet or you'll wake the whole house!* **2** [C] budynek: *the Opera House* | *a hen house* (=kurnik) **3** [C] izba (*parlamentu*): *The President will speak to both Houses of Congress on Thursday.* **4 on the house** *spoken* na koszt firmy →patrz też FULL HOUSE

H

UWAGA: house

Patrz **home** i **house**.

THESAURUS: house

house dom: *Annie and Rick have just bought their first house.* | *The price of houses is going up all the time.*
detached house *BrE* dom wolno stojący: *a detached four-bedroomed house*
semi-detached house *BrE* bliźniak
terraced house *BrE*, **row house** *AmE* szeregowiec
townhouse kamienica *(zwłaszcza w eleganckiej dzielnicy)*: *an 18th-century townhouse in Bath*
cottage dom(ek) na wsi: *a little cottage in the country* | *a thatched* (=kryty strzechą) *cottage*
bungalow dom parterowy: *Bungalows are suitable for many elderly people.*
country house wiejska rezydencja: *The hotel was originally an Edwardian country house.*
mansion rezydencja: *the family's Beverly Hills mansion*
mobile home *także* **trailer** *AmE* dom na kółkach *(w przyczepie kempingowej)*
ranch house *AmE* dom parterowy *(duży, w stylu rancho)*: *a California ranch house*
duplex *AmE* bliźniak

an apartment

apartment *especially AmE*, **flat** *BrE* mieszkanie: *His apartment is on the eighth floor.* | *In London, I shared a flat with some other students.*
condominium *także* **condo** *informal AmE* mieszkanie własnościowe: *a ten-unit condominium complex*

a group of houses

development osiedle *(zwłaszcza nowe)*: *The site is to be used for a new housing development.*
estate *BrE* osiedle: *She grew up on a council estate in Leeds.*

house² /haʊz/ *v* [T] **1** zapewnić mieszkanie: *a program to house the homeless* **2** mieścić: *The new building will house the college's art collection.*

ˈhouse arˌrest *n* areszt domowy: *She was under house arrest.*

house·boat /ˈhaʊsbəʊt/ *n* [C] łódź/barka mieszkalna

house·bound /ˈhaʊsbaʊnd/ *adj* **be housebound** nie móc wychodzić z domu *(zwłaszcza z powodu choroby)*

house·hold¹ /ˈhaʊshəʊld/ *adj* [only before noun] domowy: *household goods* | *household chores*

household² S3 W2 *n* [C] rodzina, domownicy: *The average household spends $200 a week on food.*

ˈhouse ˌhusband *n* [C] mężczyzna zajmujący się domem

house·keep·er /ˈhaʊsˌki:pə/ *n* [C] gosposia

house·keep·ing /ˈhaʊsˌki:pɪŋ/ *n* [U] prace domowe

house·man /ˈhaʊsmən/ *n* [C] *BrE* (plural **housemen** /-mən/) lekarz stażysta

ˌHouse of ˈCommons *n* [singular] Izba Gmin

ˌHouse of ˈLords *n* [singular] Izba Lordów

ˌHouse of Repreˈsentatives *n* [singular] Izba Reprezentantów

house·plant /ˈhaʊsplɑ:nt/ *n* [C] roślina doniczkowa

house·proud /ˈhaʊspraʊd/ *adj* dbający o wygląd swojego domu

ˌHouses of ˈParliament *n* [singular] Parlament Brytyjski

ˌhouse-to-ˈhouse *adj* **1 house-to-house search/inquiries etc** badania/ankiety (przeprowadzane) po domach **2** obwoźny, domokrążny *(o handlu, sprzedaży)*

house·wares /ˈhaʊsweəz/ *n* [plural] *AmE* artykuły gospodarstwa domowego

ˈhouse-ˌwarming *n* [C] parapetówka

house·wife /ˈhaʊs-waɪf/ *n* [C] (plural **housewives** /-waɪvz/) gospodyni domowa → patrz też HOMEMAKER

house·work /ˈhaʊswɜ:k/ *n* [U] prace domowe: **do (the) housework** (=sprzątać): *I spent all morning doing the housework.*

hous·ing W2 /ˈhaʊzɪŋ/ *n* **1** [U] mieszkania: *a shortage of good housing* **2** [C] obudowa: *the engine housing*

ˈhousing esˌtate *BrE*, **ˈhousing deˌvelopment** *AmE* *n* [C] osiedle mieszkaniowe

hov·el /ˈhɒvəl/ *n* [C] *literary* nora, chałupa

hov·er /ˈhɒvə/ *v* [I] **1** unosić się, wisieć w powietrzu: *A helicopter hovered above the crowd.* **2** wyczekiwać: *Richard was hovering by the door, hoping to talk to me.*

hov·er·craft /ˈhɒvəkrɑ:ft/ *n* [C] poduszkowiec

how¹ S1 W1 /haʊ/ *adv* **1** jak: *How do you spell your name?* | *How did you hear about the job?* | *"How do I look?" "Great!"* | *I was amazed at how small she was.* | *How are you feeling?* | *How old is she* (=ile ma lat)? | *How many* (=ile) *children do you have?* | **how much** (=po ile): *How much are those peaches?* **2 how are you (doing)?/how's it going?** *spoken* jak się masz?, jak leci?: *"Hi, Kelly. How are you?" "Fine, thanks."* **3 how about ...?** *spoken* co powiesz na ...?: *How about a drink after work?* **4 how come?** *spoken* czemu?, dlaczego?: *"I can't come to the dance." "How come?"* **5 how do you do?** *spoken formal* miło mi Pana/Panią poznać

UWAGA: how do you do

Zwrotu **how do you do?** używamy tylko w mowie, witając się z osobą nowo poznaną. W stosunku do osób znanych używamy jako powitania zwrotu **how are you?**

UWAGA: how i what ... like

„Jak on wygląda?" to po angielsku: **what does he look like?** Pytanie „jaki on jest?" tłumaczymy: **what is he like?** W żadnym z tych przypadków nie używamy wyrazu **how**.

how² *conjunction* jak: *I'm sorry, but that's how we do things in this house.* | **how to do sth** *Will you show me how to use the fax machine?*

how·ev·er¹ S1 W1 /haʊˈevə/ *adv* **1** jednak(że): *Normally he is an excellent student. His recent behaviour, however, has been terrible.* **2 however long/much** bez względu na to, jak długo/ile: *She always goes swimming, however cold it is.* | *I want that car, however much it costs.*

however² *conjunction* jakkolwiek: *You can do it however you like.*

howl /haʊl/ *v* [I] **1** wyć: *The dogs howled all night.* | *The wind howled in the trees.* **2** ryczeć: *The baby just howled when I held him.* —**howl** *n* [C] wycie, ryk

HQ /ˌeɪtʃ ˈkju:/ *n* [C,U] skrót od HEADQUARTERS

H

hr skrót pisany od HOUR

HRH skrót od Jego/Jej Książęca Wysokość

HTML /ˌeɪtʃ tiː em ˈel/ *n* HTML

hub /hʌb/ *n* [C] **1** centrum: *the hub of the country's rail network* **2** piasta

hub·bub /ˈhʌbʌb/ *n* [singular] gwar, zgiełk: *the hubbub of the crowd*

hud·dle¹ /ˈhʌdl/ *także* **huddle together/up** *v* [I] ścieśniać się, skupiać się: *homeless people huddled around the fire to keep warm*

huddle² *n* [C] bezładna masa

hue /hjuː/ *n* [C] *literary* barwa, odcień: *a golden hue*

huff¹ /hʌf/ *n* **in a huff** wzburzony: *Ray lost his temper and walked out in a huff.*

huff² *v* **huff and puff** ciężko dyszeć, sapać: *When we got to the top of the hill, we were all huffing and puffing.*

hug¹ /hʌg/ *v* [I,T] (**-gged**, **-gging**) przytulać (się), u/ściskać (się): *We hugged and said goodnight.*

hug

hug² *n* [C] **give sb a hug** przytulić kogoś: *Give me a hug before you go.*

huge S1 W2 /hjuːdʒ/ *adj* ogromny: *huge sums of money* THESAURUS BIG

huge·ly /ˈhjuːdʒli/ *adv* ogromnie, wielce: *a hugely talented musician*

huh /hʌh/ *interjection* hę?: *Not a bad restaurant, huh?*

hulk /hʌlk/ *n* [C] **1** wrak *(statku, samolotu, samochodu)* **2** kolos

hull /hʌl/ *n* [C] kadłub: *the hull of a ship*

hul·la·ba·loo /ˌhʌləbəˈluː/ *n* [singular] *informal* wrzawa, szum: *There's been a huge hullabaloo over his new book.*

hul·lo /hʌˈləʊ/ brytyjska pisownia wyrazu HELLO

hum /hʌm/ *v* (**-mmed**, **-mming**) **1** [I,T] za/nucić: *If you don't know the words, just hum.* **2** [I] buczeć, bzyczeć, brzęczeć: *insects humming in the sunshine* **3 be humming** tętnić życiem —**hum** *n* [singular] szum: *the hum of traffic*

hu·man¹ S2 W1 /ˈhjuːmən/ *adj* **1** ludzki: *the human voice* | **human error** (=błąd człowieka): *NASA said the accident was a result of human error.* **2 human nature** natura ludzka **3 sb is only human** ktoś jest tylko człowiekiem: *She's only human – she makes mistakes like everyone else.*

human² W3 *także* ˌ**human ˈbeing** *n* [C] człowiek, istota ludzka

hu·mane /hjuːˈmeɪn/ *adj* humanitarny, ludzki: *humane ways of transporting livestock* → antonim INHUMANE

hu·man·is·m /ˈhjuːmənɪzəm/ *n* [U] humanizm —**humanist** *n* [C] humanist-a/ka —**humanistic** /ˌhjuːməˈnɪstɪk/ *adj* humanistyczny

hu·man·i·tar·i·an /hjuːˌmænəˈteəriən/ *adj* humanitarny —**humanitarian** *n* [C] filantrop/ka

hu·man·i·ties /hjuːˈmænətiz/ *n* **the humanities** nauki humanistyczne

hu·man·i·ty /hjuːˈmænəti/ *n* [U] **1** ludzkość: *the danger to humanity of pollution* **2** człowieczeństwo

hu·man·kind /ˌhjuːmənˈkaɪnd/ *n* [U] ludzkość, rodzaj ludzki THESAURUS PEOPLE

hu·man·ly /ˈhjuːmənli/ *adv* **humanly possible** w ludzkiej mocy: *It's not humanly possible to finish the building by next week.*

ˌ**human ˈrace** *n* **the human race** rodzaj ludzki, ludzkość THESAURUS PEOPLE

ˌ**human reˈsources** *n* [plural] **1** zasoby ludzkie **2** kadry, personel

ˌ**human ˈrights** *n* [plural] prawa człowieka

hum·ble¹ /ˈhʌmbəl/ *adj* **1** skromny: *the senator's humble beginnings on a farm in Iowa* **2** pokorny, uniżony **3 in my humble opinion** moim skromnym zdaniem —**humbly** *adv* skromnie, pokornie

humble² *v* [T] poniżyć, upokorzyć: *their mighty leader who humbled the enemy* —**humbling** *adj* poniżający, upokarzający

hum·drum /ˈhʌmdrʌm/ *adj* monotonny, prozaiczny: *a humdrum job*

hu·mid /ˈhjuːmɪd/ *adj* wilgotny: *The afternoon was hot and humid.*

UWAGA: humid

Patrz **damp**, **humid** i **moist**.

hu·mid·i·ty /hjuːˈmɪdəti/ *n* [U] wilgotność (powietrza): *It's uncomfortable working outside in this humidity.*

hu·mil·i·ate /hjuːˈmɪlieɪt/ *v* [T] upokarzać: *Mrs. Banks humiliated me in front of the whole class.* —**humiliated** *adj* upokorzony —**humiliation** /hjuːˌmɪliˈeɪʃən/ *n* [C,U] upokorzenie

hu·mil·i·at·ing /hjuːˈmɪlieɪtɪŋ/ *adj* upokarzający: *It's humiliating to be beaten by a child.*

hu·mil·i·ty /hjuːˈmɪləti/ *n* [U] pokora, skromność

hu·mor·ous /ˈhjuːmərəs/ *adj* dowcipny, humorystyczny: *a humorous account of her trip to Egypt* THESAURUS FUNNY

hu·mour¹ /ˈhjuːmə/ *BrE*, **humor** *AmE* *n* [U] **1 sense of humour** poczucie humoru: *I don't like her – she's got no sense of humour.* **2** humor: *There's a lot of humour in his songs.* **3 good/bad humour** dobry/zły humor: *She seems to be in a good humour today.*

humour² *BrE*, **humor** *AmE* *v* [T] ustępować: *Don't argue, just humour him and he'll stop.*

hu·mour·less /ˈhjuːmələs/ *BrE*, **humorless** *AmE* *adj* ponury, pozbawiony poczucia humoru

hump¹ /hʌmp/ *n* **1** [C] wybój **2** [C] garb: *a camel's hump*

hump² *v* [T] *BrE informal* za/targać, za/taszczyć: *I managed to hump the suitcase upstairs.*

hunch¹ /hʌntʃ/ *n* przeczucie: **have a hunch** *I had a hunch that you'd call today.*

hunch² *v* [I] z/garbić się: *He was sitting in his study, hunched over his books.* —**hunched** *adj* przygarbiony: *hunched shoulders*

hunch·back /ˈhʌntʃbæk/ *n* [C] garbus/ka

hun·dred /ˈhʌndrɪd/ *number* **1** sto: *a hundred years | two hundred miles* **2 hundreds of sth** setki czegoś: *Hundreds of people joined in the march.* —**hundredth** *number* setny

hun·dred·weight /ˈhʌndrədweɪt/ (*skrót pisany* **cwt**) *n* [C] cetnar

hung /hʌŋ/ *v* czas przeszły i imiesłów bierny od HANG

Hun·ga·ry /ˈhʌŋgəri/ *n* Węgry —**Hungarian** /hʌŋˈgeəriən/ *n* Węgier/ka —**Hungarian** *adj* węgierski

hun·ger /ˈhʌŋgə/ *n* [U] głód: *The baby was crying with hunger. | Hundreds of people are dying of hunger every day.*

ˈhunger strike *n* [C] strajk głodowy, głodówka

hung·o·ver /hʌŋˈəʊvə/ *adj* skacowany

hun·gry S2 /ˈhʌŋgri/ *adj* **1** głodny: *I'm hungry, let's eat!* **2 go hungry** głodować: *Many people in our city go hungry every day.* **3** złakniony: **+for** *Rick was hungry for a chance to work.* —**hungrily** *adv* łapczywie

ˌhung-ˈup *adj informal* przewrażliwiony, przeczulony: *You shouldn't get all hung-up about him, he isn't worth it!*

hunk /hʌŋk/ *n* [C] kawał: *a hunk of bread*

hun·ker /ˈhʌŋkə/ *v*
hunker down *phr v* [I] przy/kucać

hunt[1] W3 /hʌnt/ *v* [I,T] **1** polować: *These dogs have been trained to hunt.* **2** tropić, poszukiwać: **+for** *Police are still hunting for the murderer.*

hunt[2] *n* [C] **1** poszukiwanie: **+for** *The hunt for the missing child continues today.* **2** polowanie

hunt·er /ˈhʌntə/ *n* [C] myśliwy

hunt·ing /ˈhʌntɪŋ/ *n* [U] **1** myślistwo **2 job-hunting** szukanie pracy

H

hur·dle[1] /ˈhɜːdl/ *n* [C] **1** przeszkoda: *The interview with the director was the final hurdle in getting the job.* **2** płotek: **hurdle race** (=bieg przez płotki)

hurdle[2] *v* **1** [T] przeskoczyć (przez) **2** [I] biegać przez płotki —**hurdler** *n* [C] płotka-rz/rka

hurl /hɜːl/ *v* [T] **1** rzucać, ciskać: **hurl sth through/across/out etc** *Someone hurled a brick through the window.* **2 hurl insults/abuse at sb** obrzucać kogoś wyzwiskami

hur·ray, **hooray** /hʊˈreɪ/ *interjection* hura

hur·ri·cane /ˈhʌrɪkən/ *n* [C] huragan

hur·ried /ˈhʌrid/ *adj* pośpieszny —**hurriedly** *adv* pośpiesznie

hur·ry[1] S3 /ˈhʌri/ *v* **1** [I] po/śpieszyć (się): *You'll catch the train if you hurry.* | **+along/across/down etc** *We hurried home to watch the football game.* **2** [T] ponaglać, poganiać: *Don't hurry me. I'm working as fast as I can.*
hurry up *phr v* **1 hurry up!** *spoken* pośpiesz się!: *Hurry up! We're late.* **2** [**hurry** sb/sth **up**] ponaglać, poganiać: *Try to hurry the kids up or they'll be late for school.*

hurry[2] S3 *n* **1 be in a hurry** śpieszyć się: *I can't talk now – I'm in a hurry. | Take your time, I'm not in any hurry* (=nie śpieszy mi się). **2 (there's) no hurry** *spoken* nie ma pośpiechu: *You can pay me back next week – there's no hurry.*

hurt[1] S1 W2 /hɜːt/ *v* (**hurt**, **hurt**, **hurting**) **1** [T] s/kaleczyć, z/ranić, z/robić krzywdę: *Careful you don't hurt yourself with that knife. | She hurt her shoulder* (=nadwerężyła bark) *playing baseball.* **2** [I] boleć: *My feet really hurt after all that walking!* THESAURUS PAINFUL **3** [T] s/krzywdzić, z/ranić: *She knew that she hurt him very badly.* | **hurt sb's feelings** *I'm sorry, I didn't mean to hurt your feelings.* **4 it won't/doesn't hurt (sb)** *spoken* nic się (komuś) nie stanie: *It won't hurt him to make his own dinner for once* (=jeżeli raz sam sobie zrobi obiad). **5 sb wouldn't hurt a fly** *spoken* ktoś muchy by nie skrzywdził

UWAGA: hurt

Nie mówi się „it hurt(s) me", tylko **it hurt(s)**.

UWAGA: hurt, injured, wounded

Kiedy ktoś zostanie ranny w wypadku, podczas trzęsienia ziemi, pożaru itp., używamy przymiotnika **hurt** lub **injured**: *The scaffolding collapsed, killing one of the workers and injuring two passers-by. | The driver was very lucky and was only slightly hurt.* Kiedy ktoś jest ranny od kuli karabinowej, noża lub innej broni, używamy wyrazu **wounded**: *The wounded soldiers were sent home for medical treatment.* Kiedy coś nas boli, używamy czasownika **hurt**: *My neck hurts.*

hurt[2] *adj* **1** ranny: **badly/seriously/slightly hurt** *Kerry was badly hurt in a skiing accident.* **2** urażony: *I was very hurt by what you said.*

hurt·ful /ˈhɜːtfəl/ *adj* bolesny, przykry: *a hurtful remark*

hur·tle /ˈhɜːtl/ *v* [I] prze/mknąć, po/pędzić: **+down/along/across etc** *A huge rock came hurtling down the mountainside.*

hus·band S1 W1 /ˈhʌzbənd/ *n* [C] mąż, małżonek

hush[1] /hʌʃ/ *v* **hush!** *spoken* sza!
hush sth up *phr v* [T] za/tuszować: *The bank tried to hush the whole thing up.*

hush[2] *n* [singular] cisza

hushed /hʌʃt/ *adj* przyciszony: *people speaking in hushed voices*

ˌhush-ˈhush *adj informal* tajny: *a hush-hush military project*

husk /hʌsk/ *n* [C,U] łuska

hus·ky[1] /ˈhʌski/ *adj* **1** ochrypły, matowy: *a husky voice* **2** *AmE* potężnie zbudowany —**huskily** *adv* ochryple —**huskiness** *n* [U] chrapliwość

husky[2] *n* [C] (pies) husky

hus·tle[1] /ˈhʌsəl/ *v* **1** [T] popychać: **hustle sb into/out/through etc** *Jackson was hustled* (=został wepchnięty) *into his car by bodyguards.* **2** [I] *AmE* po/śpieszyć się: *We've got to hustle or we'll be late!*

hustle[2] *n* **hustle and bustle** zgiełk, harmider

hus·tler /ˈhʌslə/ *n* [C] *especially AmE* hochsztapler/ka

hut /hʌt/ *n* [C] chata, szałas: *a wooden hut*

hutch /hʌtʃ/ *n* [C] klatka *(na króliki)*

hy·a·cinth /ˈhaɪəsənθ/ *n* [C] hiacynt

hy·brid /ˈhaɪbrɪd/ *n* [C] krzyżówka, skrzyżowanie: *A mule is a hybrid of a donkey and a horse.*

hy·drant /ˈhaɪdrənt/ *n* → patrz FIRE HYDRANT

hy·draul·ic /haɪˈdrɒlɪk/ *adj* hydrauliczny: *hydraulic brakes*

hy·dro·e·lec·tric /ˌhaɪdrəʊ-ɪˈlektrɪk◂/ *adj* **hydroelectric power station** hydroelektrownia, elektrownia wodna

hy·dro·gen /ˈhaɪdrədʒən/ *n* [U] wodór

hy·e·na /haɪˈiːnə/ *n* [C] hiena

hy·giene /ˈhaɪdʒiːn/ *n* [U] higiena: *Hygiene is very*

important when preparing a baby's food.

hy·gien·ic /haɪˈdʒiːnɪk/ *adj* higieniczny

hymn /hɪm/ *n* [C] hymn *(kościelny)*

hype[1] /haɪp/ *n* [U] szum *(intensywna promocja)*: *the media hype surrounding Tarantino's new movie*

hype[2] *także* **hype** sth ↔**up** *v* [T] robić szum wokół: *The insurance industry is usually quick to hype its products.*

ˌhyped ˈup *adj informal* nakręcony, podniecony: *Try not to get too hyped up about the test* (=spróbuj nie podniecać się za bardzo tym testem).

hy·per /ˈhaɪpə/ *adj informal* napalony, rozgorączkowany

hyper- /haɪpə/ *prefix* hiper-, nad-

hy·per·ac·tive /ˌhaɪpərˈæktɪv◂/ *adj* nadpobudliwy —**hyperactivity** /ˌhaɪpərækˈtɪvəti/ *n* [U] nadpobudliwość

hy·per·bo·le /haɪˈpɜːbəli/ *n* [U] hiperbola

hy·per·link /ˈhaɪpəlɪŋk/ *n* [C] hiperłącze

hy·per·mar·ket /ˈhaɪpəˌmɑːkɪt/ *n* [C] *BrE* hipermarket

hy·per·sen·si·tive /ˌhaɪpəˈsensətɪv◂/ *adj* nadwrażliwy

hy·per·ten·sion /ˌhaɪpəˈtenʃən/ *n* [U] *technical* nadciśnienie

hy·phen /ˈhaɪfən/ *n* [C] łącznik

hy·phen·ate /ˈhaɪfəneɪt/ *v* [T] dzielić *(wyrazy)* —**hyphenated** *adj* pisany z łącznikiem —**hyphenation** /ˌhaɪfəˈneɪʃən/ *n* [U] dzielenie wyrazów

hyp·no·sis /hɪpˈnəʊsɪs/ *n* [U] hipnoza: **under hypnosis** *He remembered details of his childhood under hypnosis.*

hyp·not·ic /hɪpˈnɒtɪk/ *adj* hipnotyczny: *hypnotic music* | *a hypnotic trance*

hyp·no·tize /ˈhɪpnətaɪz/ *także* **-ise** *BrE* *v* [T] za/hipnotyzować —**hypnotist** *n* [C] hipnotyzer/ka

hy·po·chon·dri·ac /ˌhaɪpəˈkɒndriæk/ *n* [C] hipochondry-k/czka —**hypochondria** /-driə/ *n* [U] hipochondria

hy·poc·ri·sy /hɪˈpɒkrəsi/ *n* [U] obłuda, hipokryzja

hyp·o·crite /ˈhɪpəkrɪt/ *n* [C] obłudni-k/ca, hipokryt-a/ka

hyp·o·crit·i·cal /ˌhɪpəˈkrɪtɪkəl◂/ *adj* obłudny: *It would be hypocritical* (=byłoby obłudą) *to get married in church when we don't believe in God.* —**hypocritically** /-kli/ *adv* obłudnie

hy·po·der·mic /ˌhaɪpəˈdɜːmɪk◂/ *n* [C] strzykawka

hy·po·ther·mi·a /ˌhaɪpəʊˈθɜːmiə/ *n* [U] *technical* hipotermia

hy·poth·e·sis Ac /haɪˈpɒθɪsɪs/ *n* [C] (plural **hypotheses** /-siːz/) hipoteza

hy·poth·e·size Ac *także* **-ise** *BrE* /haɪˈpɒθəsaɪz/ *v* [I] stawiać/snuć hipotezy: *Scientists hypothesise that the dinosaurs were killed by a giant meteor.*

hy·po·thet·i·cal Ac /ˌhaɪpəˈθetɪkəl◂/ *adj* hipotetyczny: *Students were given a hypothetical law case to discuss.* —**hypothetically** /-kli/ *adv* hipotetycznie

hys·ter·ec·to·my /ˌhɪstəˈrektəmi/ *n* [C,U] histerektomia, wycięcie macicy

hys·te·ri·a /hɪˈstɪəriə/ *n* [U] histeria: *The incident provoked mass hysteria.*

hys·ter·i·cal /hɪˈsterɪkəl/ *adj* **1** *informal* komiczny: *a hysterical new comedy* **2** histeryczny —**hysterically** /-kli/ *adv* histerycznie

hys·ter·ics /hɪˈsterɪks/ *n* [plural] **1** atak histerii: *He always has hysterics* (=wpada w histerię) *at the sight of blood.* **2 be in hysterics** *informal* zanosić się od śmiechu

I, i /aɪ/ I, i *(litera)*

I S1 W1 /aɪ/ *pron* ja: *I saw Mike yesterday.* | *My husband and I are going to Mexico.*

UWAGA: I and someone i someone and I

Siebie wymieniamy w drugiej kolejności: *Some of my classmates and I publish a monthly magazine.* | *My husband and I belong to a diving club.*

ib·id /ˈɪbɪd/ *adv* ibid., tamże

ice¹ S2 W3 /aɪs/ *n* **1** [U] lód: *Do you want some ice in your drink?* **2 break the ice** przełamywać lody

ice² *v* [T] *BrE* po/lukrować
ice over/up *phr v* [I] zamarzać, pokryć się lodem: *The lake iced over during the night.*

ice·berg /ˈaɪsbɜːg/ *n* [C] góra lodowa

ˈice cap *n* [C] czapa/pokrywa lodowa

ˌice-ˈcold *adj* lodowaty, lodowato zimny: *ice-cold drinks*

ˌice ˈcream S2 *n* [C,U] lód, lody: *Two ice creams, please.* | *a bowl of chocolate ice cream*

ˈice cube *n* [C] kostka lodu

ˈice ˌhockey *n* [U] *BrE* hokej (na lodzie)

Ice·land /ˈaɪslənd/ *n* Islandia —**Icelander** *n* Islandczyk/ka —**Icelandic** /aɪsˈlændɪk/ *adj* islandzki

ˈice ˌlolly *n* [C] *BrE* lód na patyku

ˈice pack *n* [C] worek z lodem, okład z lodu

ˈice rink *n* [C] lodowisko

ˈice skate¹ *v* [I] jeździć na łyżwach —**ice skater** *n* [C] łyżwia-rz/rka —**ice skating** *n* [U] łyżwiarstwo

ice skate² *n* [C] łyżwa

i·ci·cle /ˈaɪsɪkəl/ *n* [C] sopel

ic·ing /ˈaɪsɪŋ/ *n* [U] lukier

ˈicing ˌsugar *n BrE* cukier puder

i·con /ˈaɪkɒn/ *n* [C] **1** ikonka, piktogram: *To send a fax, click on the telephone icon.* **2** *także* **ikon** ikona —**iconic** /aɪˈkɒnɪk/ *adj* ikoniczny

ic·y /ˈaɪsi/ *adj* **1** lodowaty: *an icy wind* THESAURUS COLD **2** oblodzony: *an icy road*

ID /ˌaɪ ˈdiː/ *n* [C,U] dowód tożsamości: *May I see some ID, please?*

I'd /aɪd/ **1** forma ściągnięta od "I had" **2** forma ściągnięta od "I would"

i·dea S1 W1 /aɪˈdɪə/ *n* **1** [C] pomysł: *What a good idea!* | **+for** *Where did you get the idea for the book?* | **have an idea** *I have an idea – let's go to the beach.* **2** [U singular] pojęcie: **+of** *This book gives you an idea of what life was like during the war.* | **have no idea** (=nie mieć pojęcia): *Richard had no idea where Celia had gone.* **3** [singular] cel, idea: **+of** *The idea of the game is to hit the ball into the holes.* **4** [C] pogląd: **+about** *Bill has some strange ideas about women.*

i·deal¹ S3 W3 /ˌaɪˈdɪəl◂/ *adj* idealny: *an ideal place for a picnic* | *In an ideal world there would be no war.*

ideal² *n* [C] ideał: *democratic ideals* | *the ideal of beauty*

i·deal·is·m /aɪˈdɪəlɪzəm/ *n* [U] idealizm —**idealist** *n* [C] idealist-a/ka

i·deal·is·tic /aɪˌdɪəˈlɪstɪk◂/ *adj* idealistyczny

i·deal·ize /aɪˈdɪəlaɪz/ *także* **-ise** *BrE v* [T] idealizować

i·deal·ly S3 /aɪˈdɪəli/ *adv* **1** najlepiej (byłoby, gdyby): *Ideally, we should have twice as much office space as we do now.* | *Ideally I'd like* (=najbardziej chciałbym) *to live in the country.* **2** idealnie: *Barry is ideally suited for the job.*

i·den·ti·cal Ac /aɪˈdentɪkəl/ *adj* identyczny: **+to** *Your shoes are identical to mine.* | **identical twins** (=bliźniaki jednojajowe)

i·den·ti·fi·a·ble Ac /aɪˈdentəfaɪəbəl/ *adj* rozpoznawalny

i·den·ti·fi·ca·tion Ac /aɪˌdentɪfɪˈkeɪʃən/ *n* [U] **1** dowód tożsamości: *You can use a passport as identification.* **2** identyfikacja: *The bodies are awaiting identification.*

i·den·ti·fy S2 W1 Ac /aɪˈdentɪfaɪ/ *v* [T] rozpoznawać, z/identyfikować: *Can you identify the man who robbed you?*
identify with sb *phr v* [T] identyfikować się z: *It was easy to identify with the novel's main character.*

i·den·ti·ty W2 Ac /aɪˈdentəti/ *n* [C,U] tożsamość: *The identity of the killer is still unknown.* | *our cultural identity*

iˈdentity ˌtheft *także* **iˈdentity ˌfraud** *n* kradzież tożsamości, fałszerstwo tożsamości

i·de·o·lo·gic·al Ac /ˌaɪdiəˈlɒdʒɪkəl◂/ *adj* ideologiczny: *ideological objections to the changes* —**ideologically** /-kli/ *adv* ideologicznie

i·de·ol·o·gy Ac /ˌaɪdiˈɒlədʒi/ *n* [C,U] ideologia: *Marxist ideology*

id·i·o·cy /ˈɪdiəsi/ *n* [C,U] idiotyzm

id·i·om /ˈɪdiəm/ *n* [C] idiom: *'To kick the bucket' is an idiom meaning 'to die'.*

id·i·o·mat·ic /ˌɪdiəˈmætɪk◂/ *adj* **1** idiomatyczny **2 idiomatic expression/phrase** wyrażenie idiomatyczne —**idiomatically** /-kli/ *adv* idiomatycznie

id·i·o·syn·cra·sy /ˌɪdiəˈsɪŋkrəsi/ *n* [C] dziwactwo: *Keeping pet snakes is an idiosyncrasy of his.* —**idiosyncratic** /ˌɪdiəsɪŋˈkrætɪk/ *adj* specyficzny

id·i·ot S3 /ˈɪdiət/ *n* [C] idiot-a/ka: *Some idiot drove into the back of my car.* —**idiotic** /ˌɪdiˈɒtɪk/ *adj* idiotyczny

i·dle /ˈaɪdl/ *adj* **1** leniwy **2** bezczynny, nie używany: *machines lying idle in our factories* **3** nieuzasadniony, bez pokrycia: *His words were just idle threats; he can't harm us.* | *This is just idle gossip.* —**idleness** *n* [U] bezczynność, próżniactwo —**idly** *adv* bezczynnie

i·dol /ˈaɪdl/ *n* [C] **1** idol **2** idol, bożek

i·dol·ize /ˈaɪdəlaɪz/ *także* **-ise** *BrE v* [T] ubóstwiać: *They idolize their little boy.*

i·dyl·lic /ɪˈdɪlɪk/ *adj* sielankowy: *an idyllic country scene* —**idyllically** /-kli/ *adv* sielankowo

i.e. /aɪ ˈiː/ tj., tzn.: *The movie is only for adults, i.e. those over 18.*

if S1 W1 /ɪf/ *conjunction* **1** jeśli, jeżeli: *If you get the right answer, you win a prize.* | *What will you do if you don't get into college?* **2** gdyby: *If I had enough money I would retire* *tomorrow.* **3** czy: *I wonder if John's home yet.* **4** (zawsze) gdy: *If I don't go to bed by 11, I feel terrible the next day.*

THESAURUS: if

if jeżeli: *If it rains, we'll have the party indoors.* | *You can always bring it back if there's a problem.*

unless chyba że, jeżeli nie: *They'll be here soon, unless their flight's been delayed.* | *Unless I hear from them soon, I'll assume that they're not interested.*

otherwise w przeciwnym razie, inaczej: *Hurry up – otherwise you'll be late.*

whether or not bez względu na to, czy ... czy nie: *People often get better on their own, whether or not they see a doctor.* | *I'm going to the party, whether she likes it or not* (=czy się jej to podoba, czy nie).

in case na wypadek: *You should always have a spare tyre in case of emergency.* | *I don't think it will rain, but I'll take my umbrella just in case* (=na wszelki wypadek).

as long as pod warunkiem, że: *You're welcome to come, as long as you don't mind sleeping on the sofa.*

if·fy /ˈɪfi/ *adj informal* **1** wątpliwy, pod znakiem zapytania: *The weather looks a bit iffy today.* **2** niezdecydowany: *Carol sounded a bit iffy about the party.*

ig·loo /ˈɪgluː/ *n* [C] igloo

ig·nite /ɪgˈnaɪt/ *v formal* **1** [I,T] zapalać (się) **2** [T] wzniecać, wzbudzać: *actions that could ignite a civil war*

ig·ni·tion /ɪgˈnɪʃən/ *n* [singular] zapłon: *Turn the key in the ignition* (=w stacyjce).

ig·no·min·i·ous /ˌɪgnəˈmɪniəs/ *adj formal* niechlubny, haniebny: *an ignominious defeat* (=sromotna porażka) —**ignominiously** *adv* niechlubnie, haniebnie

ig·no·rance Ac /ˈɪgnərəns/ *n* [U] niewiedza, ignorancja: *people's fear and ignorance about AIDS*

ig·no·rant Ac /ˈɪgnərənt/ *adj* **1** nieświadomy: **+ of** *We went on, ignorant of the dangers.* **2** *BrE* prostacki: *How can he be so ignorant?*

ig·nore S2 W2 Ac /ɪgˈnɔː/ *v* [T] z/ignorować, z/lekceważyć: *Don't just ignore me when I'm speaking to you.*

i·gua·na /ɪˈgwɑːnə/ *n* [C] iguana *(jaszczurka)*

i·kon /ˈaɪkɒn/ *n* [C] ikona

il- /ɪl/ *prefix* przedrostek tworzący wyrazy o przeciwstawnym znaczeniu, nie-: *illogical* | *illegal*

ill[1] S3 W2 /ɪl/ *adj* **1** chory: *Jenny can't come – she's ill.* | **seriously/critically ill** (=poważnie/śmiertelnie chory) | *formal* **fall ill** (=zachorować) **2** szkodliwy: *the ill effects of alcohol*

UWAGA: ill i sick

Nie należy używać wymiennie wyrazów **ill** i **sick** w znaczeniu „chory". Wyraz **ill** występuje najczęściej bezpośrednio po czasowniku: *I felt ill*, lub po czasowniku i przysłówku: *His father is seriously ill in hospital.* Wyraz **sick** występuje przed rzeczownikiem: *Your father is a very sick man.*

THESAURUS: ill

ill *especially BrE* chory: *I feel really ill.* | *He was so ill he could hardly get out of bed.*

sick *especially AmE* chory: *What's the matter? Are you sick?* | *The boss is off sick today* (=jest na zwolnieniu lekarskim).

not be very well *especially spoken* niezbyt dobrze się czuć: *She can't come – she's not very well.*

be unwell *formal* źle się czuć: *Her father had been unwell for some time.* | *Symptoms include fever and feeling generally unwell.*

be poorly *BrE informal* kiepsko się czuć: *He is very poorly and he may not have long to live.*

sickly chorowity: *My brother was a sickly child who was always in and out of hospital.*

under the weather/off colour *informal* niedysponowany: *Joe's been feeling a bit under the weather lately.*

ill[2] *adv* **1** źle: *You shouldn't speak ill of your neighbours.* | *We were ill prepared* (=nie byliśmy przygotowani) *for the cold weather.* **2 can ill afford (to do) sth** nie móc sobie pozwolić na coś: *I was wasting time I could ill afford to lose.*

ill[3] *n* [C usually plural] bolączka: *the social ills caused by poverty*

I'll /aɪl/ forma ściągnięta od "I will" lub "I shall"

ˌill-adˈvised *adj* nierozsądny, nierozważny: *You would be ill-advised to give him any money.*

il·le·gal W3 Ac /ɪˈliːgəl/ *adj* nielegalny, sprzeczny z prawem: *It is illegal to park your car here.* —**illegally** *adv* nielegalnie → antonim LEGAL

ilˌlegal ˈimmigrant *także* **ilˌlegal ˈalien** *AmE n* [C] nielegaln-/ay imigrant/ka

il·le·gi·ble /ɪˈledʒəbəl/ *adj* nieczytelny: *illegible handwriting*

il·le·git·i·mate /ˌɪləˈdʒɪtəmət◂/ *adj* **1** nieślubny: *an illegitimate child* **2** bezprawny: *an illegitimate use of public money*

ˌill-eˈquipped *adj* **1** słabo wyposażony: *Too many hospitals are dirty and ill-equipped.* **2** niedostatecznie przygotowany: *The rebels were ill-equipped to cope with Western weapons and forces.*

ˌill-ˈfated *adj* niefortunny, fatalny: *an ill-fated attempt to climb Everest*

il·li·cit /ɪˈlɪsɪt/ *adj* zakazany, niedozwolony: *an illicit love affair* (=romans)

il·lit·e·rate /ɪˈlɪtərət/ *adj* niepiśmienny: **be illiterate** (=być analfabet-ą/ką) —**illiteracy** *n* [U] analfabetyzm

ˌill-manˈnered *adj formal* źle wychowany

ill·ness S3 W3 /ˈɪlnəs/ *n* [C,U] choroba: *mental illness*

THESAURUS: illness

illness choroba: *Because of her illness, she has to be very careful about what she eats.*

disease choroba *(zwłaszcza zaraźliwa lub dotycząca określonego organu)*: *The disease is spread by mosquitoes.* | *heart disease*

bug *informal* wirus: *I got a stomach bug* (=złapałam jakiegoś żołądkowego wirusa) *and had to take a day off work.* | *a flu bug*

condition choroba *(przewlekła, dotycząca określonego organu)*: *He has a heart condition.* | *She has a rare skin condition.*

problem problem, kłopoty: *At the moment he has a back problem* (=kłopoty z kręgosłupem). | *minor health problems*

I

il·lo·gi·cal Ac /ɪˈlɒdʒɪkəl/ *adj* nielogiczny: *illogical behaviour*

ˌill-ˈtreat *v* [T] znęcać się nad, maltretować: *The prisoners were beaten and ill-treated.* —**ill-treatment** *n* [U] maltretowanie

il·lu·mi·nate /ɪˈlu:məneɪt/ *v* [T] **1** oświetlać: *The room was illuminated by candles.* **2** rzucać światło na: *His article illuminates a much misunderstood area of study.* —**illumination** /ɪˌlu:məˈneɪʃən/ *n* [U] oświetlenie, iluminacja

il·lu·mi·nat·ing /ɪˈlu:məneɪtɪŋ/ *adj* pouczający: *an illuminating piece of research*

il·lu·sion /ɪˈlu:ʒən/ *n* [C] iluzja, złudzenie: *The mirrors in the room gave an illusion of space.* | **be under an illusion** (=łudzić się): *Terry is under the illusion all women love him.* | **have no illusions about** (=nie mieć złudzeń co do): *We have no illusions about the hard work that lies ahead.*

il·lus·trate W2 Ac /ˈɪləstreɪt/ *v* [T] z/ilustrować: *A chart might help to illustrate this point.* | *a children's book illustrated by Dr. Seuss*

il·lus·tra·tion Ac /ˌɪləˈstreɪʃən/ *n* [C,U] ilustracja: *It's not a very good story, but I like the illustrations.* | **+of** *a striking illustration of what I mean*

il·lus·tra·tor /ˈɪləstreɪtə/ *n* [C] ilustrator/ka

il·lus·tri·ous /ɪˈlʌstriəs/ *adj formal* wybitny, znakomity: *our illustrious guest, Professor Williams*

ˌill ˈwill *n* [U] zła wola

im- /ɪm/ *prefix* przedrostek tworzący wyrazy o przeciwstawnym znaczeniu, nie-: *impossible* | *impractical*

I'm /aɪm/ forma ściągnięta od „I am"

im·age S2 W1 Ac /ˈɪmɪdʒ/ *n* [C] **1** wizerunek: **improve your image** *The party is trying to improve its image with women voters.* **2** obraz: *The image on a computer screen is made up of thousands of pixels.* | *She had a clear image of how he would look in twenty years' time.* | *the image of man as a prisoner of the gods*

im·ag·e·ry Ac /ˈɪmɪdʒəri/ *n* [U] obrazowanie, symbolika: *the disturbing imagery of Bosch's paintings*

i·ma·gi·na·ry /ɪˈmædʒənəri/ *adj* zmyślony, wyimaginowany: *Many children have imaginary friends.*

i·ma·gi·na·tion S3 W3 /ɪˌmædʒəˈneɪʃən/ *n* [C,U] wyobraźnia: *Art is all about using your imagination.*

i·ma·gi·na·tive /ɪˈmædʒənətɪv/ *adj* pomysłowy, oryginalny: *an imaginative writer* | *an imaginative story*

i·ma·gine S1 W2 /ɪˈmædʒɪn/ *v* [T] **1** wyobrażać sobie: **+(that)** *Imagine you're lying on a beach somewhere.* | **imagine sb doing sth** *I can't imagine you being a father!* **2 sb imagines (that) ...** komuś wydaje się, że ...: *I imagine Kathy will be there.* | *No one is out there; you're imagining things* (=masz przywidzenia).

im·bal·ance /ɪmˈbæləns/ *n* [C,U] brak/zachwianie równowagi: *The condition is caused by a hormonal imbalance.*

im·be·cile /ˈɪmbəsi:l/ *n* [C] imbecyl

im·bibe /ɪmˈbaɪb/ *v* [I,T] *formal* pić *(zwłaszcza alkohol)*

im·bue /ɪmˈbju:/ *v* **be imbued with sth** *formal* być przesiąkniętym/przepełnionym czymś: *His songs were imbued with a romantic tenderness.*

IMHO moim skromnym zdaniem

im·i·tate /ˈɪmɪteɪt/ *v* [T] naśladować, imitować: *Children often imitate their parents' behaviour.* —**imitator** *n* [C] naśladow-ca/czyni, imitator/ka —**imitative** /-tətɪv/ *adj* naśladowczy →porównaj COPY²

im·i·ta·tion¹ /ˌɪmɪˈteɪʃən◂/ *n* **1** [C,U] naśladowanie, imitacja: *Harry can do an excellent imitation of Elvis.* | *Children learn by imitation.* **2** [C] imitacja, podróbka: *They're not real diamonds, just imitations.*

imitation² *adj* **imitation leather/wood** imitacja skóry/drewna THESAURUS FALSE

im·mac·u·late /ɪˈmækjələt/ *adj* nieskazitelnie czysty: *The house looked immaculate.*

im·ma·te·ri·al /ˌɪməˈtɪəriəl◂/ *adj formal* nieistotny: *The difference in our ages is immaterial.*

im·ma·ture Ac /ˌɪməˈtʃʊə/ *adj* niedojrzały: *Stop being so childish and immature!* | *an immature salmon* THESAURUS YOUNG —**immaturity** *n* [U] niedojrzałość

im·mea·su·ra·ble /ɪˈmeʒərəbəl/ *adj* niezmierny, kolosalny: *His comments have caused immeasurable damage.* —**immeasurably** *adv* niezmiernie, kolosalnie

im·me·di·ate S3 W2 /ɪˈmi:diət/ *adj* **1** natychmiastowy: *Campaigners have called for an immediate end to the road building plan.* **2** pilny: *Our immediate concern was to stop the fire from spreading.* **3** [only before noun] bezpośredni, najbliższy: *Police want to question anyone who was in the immediate area.* | *plans for the immediate future* **4 immediate family** najbliższa rodzina

im·me·di·ate·ly S2 W1 /ɪˈmi:diətli/ *adv* **1** natychmiast: *Open this door immediately!* **2** bezpośrednio: *They live immediately above us.*

im·mense /ɪˈmens/ *adj* ogromny: *An immense amount of money has been spent on research.* —**immensity** *n* [U] ogrom

im·mense·ly /ɪˈmensli/ *adv* ogromnie, niezmiernie: *I enjoyed the course immensely.*

im·merse /ɪˈmɜ:s/ *v* [T] **1 be immersed in/immerse yourself in** być pochłoniętym/zatopionym w: *Grant is completely immersed in his work.* | *I immersed myself in my work to try to forget her.* **2** zanurzać: *Immerse the cloth in the dye.*

im·mi·grant Ac /ˈɪməgrənt/ *n* [C] imigrant/ka: *immigrant workers* →porównaj EMIGRANT

im·mi·gra·tion Ac /ˌɪmɪˈgreɪʃən/ *n* [U] **1** imigracja: *Since the liberalization of immigration policy in 1965, the number of first-generation immigrants living in the United States has quadrupled* (=wzrosła czterokrotnie). **2** kontrola paszportowa

im·mi·nent /ˈɪmɪnənt/ *adj* bliski, nieuchronny: *The building is in imminent danger of collapse.* | *in imminent danger of death* —**imminently** *adv* nieuchronnie

im·mo·bile /ɪˈməʊbaɪl/ *adj* nieruchomy: *Marcus remained immobile.* —**immobility** /ˌɪməˈbɪləti/ *n* [U] bezruch, brak ruchu

im·mo·bi·lize /ɪˈməʊbəlaɪz/ *także* **-ise** *BrE v* [T] unieruchamiać: *He was immobilized by a broken leg for several weeks.*

im·mod·est /ɪˈmɒdɪst/ *adj* nieskromny

im·mor·al /ɪˈmɒrəl/ *adj* niemoralny: *Exploiting people is immoral.* —**immorally** *adv* niemoralnie —**immorality** /ˌɪməˈræləti/ *n* [U] niemoralność

im·mor·tal /ɪˈmɔ:tl/ *adj* **1** nieśmiertelny: *Nobody is*

I

immortal. **2** wiekopomny: *the immortal words of Shakespeare* —**immortality** /ˌɪmɔːˈtæləti/ *n* [U] nieśmiertelność

im·mor·tal·ize /ɪˈmɔːtəlaɪz/ *także* **-ise** *BrE v* [T] uwieczniać: *The scene has been immortalized by many artists.*

im·mov·a·ble /ɪˈmuːvəbəl/ *adj* **1** nieruchomy **2** niewzruszony, nieporuszony

im·mune /ɪˈmjuːn/ *adj* **1** odporny: **+to** *You're immune to chickenpox if you've had it once.* **2** nieczuły: **+to** *Their business seems to be immune to economic pressures.*

imˈmune ˌsystem *n* [C] układ odpornościowy/immunologiczny

im·mu·ni·ty /ɪˈmjuːnəti/ *n* [U] **1** odporność **2** nietykalność, immunitet

im·mu·nize /ˈɪmjənaɪz/ *także* **-ise** *BrE v* [T] uodparniać, szczepić: **immunize sb against sth** *Get your baby immunized against measles.* —**immunization** /ˌɪmjənaɪˈzeɪʃən/ *n* [C,U] immunizacja, szczepienie

im·mu·ta·ble /ɪˈmjuːtəbəl/ *adj formal* niezmienny —**immutability** /ɪˌmjuːtəˈbɪləti/ *n* [U] niezmienność

IMO moim zdaniem

imp /ɪmp/ *n* [C] chochlik

im·pact[1] S3 W2 AC /ˈɪmpækt/ *n* **1** [C] skutki, konsekwencje: *the environmental impact of car use* | **have/make an impact on sth** (=wywrzeć wpływ na coś): *He had a big impact on my life.* **2** [U singular] uderzenie, wstrząs: *The impact of the crash made her car turn over.* | **on impact** *missiles that explode on impact*

impact[2] AC /ɪmˈpækt/ *także* **impact on** *especially AmE v* [I,T] odcisnąć (swoje) piętno (na): *The closure of the airport will seriously impact on the city's economy.*

im·pair /ɪmˈpeə/ *v* [T] pogarszać, osłabiać: *Boiling the soup will impair its flavour.* | *Radio reception had been impaired by the storm.*

im·paired /ɪmˈpeəd/ *adj* upośledzony: *She's visually impaired.* | *children with impaired hearing* (=dzieci niedosłyszące)

im·pale /ɪmˈpeɪl/ *v* [T] nadziewać, wbijać: *He was impaled on railings.*

im·part /ɪmˈpɑːt/ *v* [T] *formal* **1** przekazywać: *impart knowledge/wisdom/information* **2** nadawać: *Garlic imparts a delicious flavour to the sauce.*

im·par·tial /ɪmˈpɑːʃəl/ *adj* bezstronny: *We offer impartial help and advice.* —**impartially** *adv* bezstronnie —**impartiality** /ɪmˌpɑːʃiˈæləti/ *n* [U] bezstronność

im·pass·a·ble /ɪmˈpɑːsəbəl/ *adj* nieprzejezdny: *Some streets are impassable due to snow.*

im·passe /æmˈpɑːs/ *n* [singular] impas: **reach an impasse** *Discussions about pay have reached an impasse* (=znalazły się w impasie).

im·pas·sioned /ɪmˈpæʃənd/ *adj* płomienny, żarliwy

im·pas·sive /ɪmˈpæsɪv/ *adj* beznamiętny: *His face was impassive as the judge spoke.*

im·pa·tient /ɪmˈpeɪʃənt/ *adj* **1** niecierpliwy, zniecierpliwiony: *After an hour's delay, the passengers were becoming impatient.* | **+with** *He gets impatient with the slower kids.* **2 be impatient to do sth** nie móc się doczekać, żeby coś zrobić: *Gary was impatient to leave.* —**impatience** *n* [U] niecierpliwość, zniecierpliwienie —**impatiently** *adv* niecierpliwie, z niecierpliwością

im·peach /ɪmˈpiːtʃ/ *v* [T] *law* stawiać w stan oskarżenia *(wysokiego urzędnika państwowego)* —**impeachment** *n* [U] oskarżenie, impeachment

im·pec·ca·ble /ɪmˈpekəbəl/ *adj* nienaganny: *She has impeccable taste in clothes.*

im·pede /ɪmˈpiːd/ *v* [T] *formal* utrudniać: *Rescue attempts were impeded by storms.*

im·ped·i·ment /ɪmˈpedəmənt/ *n* [C] **1** przeszkoda, utrudnienie: **+to** *The country's debt has been an impediment to development.* **2 speech impediment** wada wymowy

im·pel /ɪmˈpel/ *v* (**-lled, -lling**) [T] *formal* zmuszać: **feel impelled to do sth** (=czuć się zmuszonym do zrobienia czegoś): *She felt impelled to speak.*

im·pend·ing /ɪmˈpendɪŋ/ *adj* nieuchronny, nieuniknniony: *an impending divorce*

im·pen·e·tra·ble /ɪmˈpenətrəbəl/ *adj* **1** nieprzenikniony: *impenetrable fog* **2** nieprzystępny: *impenetrable legal jargon*

im·per·a·tive[1] /ɪmˈperətɪv/ *adj* **1** *formal* konieczny: *It's imperative that you go at once.* **2** rozkazujący: *an imperative verb* (=czasownik w trybie rozkazującym)

imperative[2] *n* [C] tryb rozkazujący: *In "Do it now!" the verb 'do' is in the imperative.*

im·per·cep·ti·ble /ˌɪmpəˈseptəbəl◂/ *adj* niezauważalny, niedostrzegalny: *His hesitation was almost imperceptible.*

im·per·fect[1] /ɪmˈpɜːfɪkt/ *adj formal* niedoskonały: *It's an imperfect world.* —**imperfection** /ˌɪmpəˈfekʃən/ *n* [C,U] wada, skaza

imperfect[2] *n* [singular] forma niedokonana

im·pe·ri·al /ɪmˈpɪəriəl/ *adj* **1** cesarski, imperialny: *the Imperial Palace* **2** dotyczący niemetrycznego systemu miar i wag

im·per·son·al /ɪmˈpɜːsənəl/ *adj* bezosobowy: *an impersonal letter*

im·per·so·nate /ɪmˈpɜːsəneɪt/ *v* [T] parodiować: *She's quite good at impersonating politicians.*

im·per·ti·nent /ɪmˈpɜːtɪnənt/ *adj* bezczelny: *Don't be impertinent, young man.* —**impertinently** *adv* bezczelnie —**impertinence** *n* [U] bezczelność, impertynencja

im·per·vi·ous /ɪmˈpɜːviəs/ *adj* **1** odporny, nieczuły: **+to** *He seemed impervious to criticism.* **2** nieprzepuszczalny: *impervious rock*

im·pet·u·ous /ɪmˈpetʃuəs/ *adj* porywczy: *She was very impetuous in her youth.*

im·pe·tus /ˈɪmpɪtəs/ *n* [U] **1** bodziec: *Public protest has provided the impetus for reform.* **2** *technical* pęd

im·pinge /ɪmˈpɪndʒ/ *v*
impinge on/upon sth *phr v* [T] *formal* rzutować na: *conditions which impinge on students' exam success*

imp·ish /ˈɪmpɪʃ/ *adj* łobuzerski: *an impish grin* —**impishly** *adv* łobuzersko

im·plac·a·ble /ɪmˈplækəbəl/ *adj* nieprzejednany: *her implacable hostility to the plan*

im·plant[1] /ɪmˈplɑːnt/ *v* [T] **1** zaszczepiać: *Her beauty remained implanted in Raymond's mind.* **2** wszczepiać: *Doctors implanted a new lens in her eye.*

im·plant[2] /ˈɪmplɑːnt/ *n* [C] wszczep, implant: *silicon breast implants*

I

im·plau·si·ble /ɪmˈplɔːzəbəl/ *adj* nieprzekonujący, mało prawdopodobny: *an implausible excuse*

im·ple·ment¹ W3 Ac /ˈɪmpləment/ *v* [T] wprowadzać (w życie), wdrażać: *Airlines had until 2002 to implement the new safety recommendations.* —**implementation** /ˌɪmpləmenˈteɪʃən/ *n* [U] wdrażanie

im·ple·ment² Ac /ˈɪmpləmənt/ *n* [C] narzędzie: *farming implements*

im·pli·cate Ac /ˈɪmplɪkeɪt/ *v* [T] wplątać, wmieszać: **be implicated in sth** *Two other people have been implicated in the robbery.*

im·pli·ca·tion S3 W2 Ac /ˌɪmplɪˈkeɪʃən/ *n* **1** [C] implikacja: **+of** *What are the implications of the decision?* | **have implications for** *This ruling will have implications for many other people.* **2** [C,U] sugestia: **+that** *I resent your implication that I was lying.*

im·pli·cit Ac /ɪmˈplɪsɪt/ *adj* ukryty: *There was implicit criticism in what she said.* →porównaj EXPLICIT

im·plode /ɪmˈpləʊd/ *v* [I] *formal* ulec implozji —**implosion** /ɪmˈpləʊʒən/ *n* [C,U] implozja

im·plore /ɪmˈplɔː/ *v* [T] *formal* błagać: **implore sb to do sth** *Joan implored him not to leave.*

im·ply W2 Ac /ɪmˈplaɪ/ *v* [T] za/sugerować, dawać do zrozumienia: **+(that)** *He implied that the money hadn't been lost, but was stolen.*

im·po·lite /ˌɪmpəˈlaɪt◂/ *adj formal* niegrzeczny, nieuprzejmy: *She worried that her questions would seem impolite.* THESAURUS RUDE

UWAGA: impolite

Wyrazów **impolite** i **not polite** używamy w odniesieniu do czyjegoś zachowania lub wypowiedzi, nie zaś mówiąc o tym, jaki ktoś jest.

I

im·port¹ W3 /ˈɪmpɔːt/ *n* **1** [U] import: *There has been a ban on the import of tropical animals.* **2** [C] towar importowany: *flooding the market with cheap imports* | *Car imports have risen* (=import samochodów wzrósł) *recently.* →antonim EXPORT¹

im·port² /ɪmˈpɔːt/ *v* [T] importować, sprowadzać: *oil imported from the Middle East* —**importer** *n* [C] importer —**importation** /ˌɪmpɔːˈteɪʃən/ *n* [U] import

im·por·tance S3 W1 /ɪmˈpɔːtəns/ *n* [U] waga, znaczenie: *Doctors are stressing the importance of regular exercise.* | *Environmental issues are of great importance.*

im·por·tant S1 W1 /ɪmˈpɔːtənt/ *adj* ważny: *important questions* | *an important senator* | **it is important to do sth** *It's important to explain things to the patient.* —**importantly** *adv*: *More importantly* (=co ważniejsze), *you must quit smoking.*

im·pose S3 W2 Ac /ɪmˈpəʊz/ *v* **1** [T] narzucać: **impose sth on sb** *You shouldn't try and impose your views on your children.* **2** [T] **impose taxes/fines/sanctions** nakładać podatki/kary/sankcje: *We have decided to impose sanctions on countries that break the agreement.* **3** [I] narzucać się: **+on/upon** *We could ask the neighbours to help again, but I don't want to impose on them* (=nie chcę nadużywać ich uprzejmości).

im·pos·ing /ɪmˈpəʊzɪŋ/ *adj* imponujący: *an imposing building*

im·po·si·tion Ac /ˌɪmpəˈzɪʃən/ *n* **1** [C] nadużycie uprzejmości: *They stayed a month? What an imposition!* **2** [U] nałożenie, wprowadzenie: *the imposition of taxes on cigarettes*

im·pos·si·ble S2 W2 /ɪmˈpɒsəbəl/ *adj* **1** niemożliwy: *It's impossible to sleep with all this noise.* **2** beznadziejny: *an impossible situation* —**impossibly** *adv* niemożliwie: *impossibly difficult* —**impossibility** /ɪmˌpɒsəˈbɪləti/ *n* [C,U] niemożliwość

THESAURUS: impossible

impossible niemożliwe: *It was physically impossible to get the fridge through the door.*

be out of the question nie wchodzić w grę/rachubę: *It was out of the question for them to get married.*

there's no way *informal* nie ma mowy: *There's no way you can get lost.* | *There's no way we'll finish on time.*

im·pos·tor, **imposter** /ɪmˈpɒstə/ *n* [C] uzurpator/ka, oszust/ka

im·po·tent /ˈɪmpətənt/ *adj* **1** bezsilny: *an impotent city government* **2 an impotent man** impotent —**impotence** *n* [U] impotencja, niemoc

im·pound /ɪmˈpaʊnd/ *v* [T] *law* s/konfiskować: *Illegally parked vehicles will be impounded.*

im·pov·e·rished /ɪmˈpɒvərɪʃt/ *adj formal* ubogi, zubożały: *an impoverished country*

im·prac·ti·cal /ɪmˈpræktɪkəl/ *adj* nierealny, niepraktyczny: *I need helpful ideas - his are completely impractical.*

im·pre·cise Ac /ˌɪmprɪˈsaɪs◂/ *adj* niedokładny: *The directions were imprecise and confusing.*

im·preg·nate /ˈɪmpregneɪt/ *v* [T] *formal* **1** impregnować, nasączać: *paper impregnated with perfume* **2** zapładniać

im·press S3 W3 /ɪmˈpres/ *v* [T] **1** za/imponować, wywierać wrażenie na: *She dresses like that to impress people.* **2 impress sth on sb** uzmysłowić coś komuś: *My parents impressed on me the value of education.* —**impressed** *adj*: *I was very impressed with* (=byłem pod wrażeniem) *their new house.*

im·pres·sion S2 W2 /ɪmˈpreʃən/ *n* [C] **1** wrażenie: **+of** *What was your first impression of Richard?* | **have/get the impression that** (=mieć wrażenie, że): *I got the impression that Rob didn't like me.* | **give the impression (that)** *She gives the impression that she's very rich* (=sprawia wrażenie bardzo bogatej). | **make a good/bad impression** (=z/robić dobre/złe wrażenie): *She made a good impression at her interview.* **2** parodia: *He did a brilliant impression of Prince Charles.* **3** odcisk: *He took an impression of the key to make a copy.*

im·pres·sion·a·ble /ɪmˈpreʃənəbəl/ *adj* podatny na wpływy, łatwo ulegający wpływom: *The children are at an impressionable age.*

im·pres·sion·is·tic /ɪmˌpreʃəˈnɪstɪk◂/ *adj* impresjonistyczny: *She gave an impressionistic account of the events* —**impressionistically** /-kli/ *adv* impresjonistycznie

im·pres·sive W3 /ɪmˈpresɪv/ *adj* imponujący: *Anna gave an impressive performance on the piano.* —**impressively** *adv* imponująco

im·print¹ /ˈɪmprɪnt/ *n* [C] odcisk, ślad: *the imprint of his hand on the clay*

im·print² /ɪmˈprɪnt/ *v* **1 be imprinted on your mind/memory** wryć się komuś w pamięć, wyryć się komuś w pamięci **2** [T] odciskać

im·pris·on /ɪmˈprɪzən/ *v* [T] uwięzić, wsadzić do

więzienia: *People used to be imprisoned in the Tower of London.* **—imprisonment** *n* [U] kara więzienia

im·prob·a·ble /ɪmˈprɒbəbəl/ *adj* nieprawdopodobny: **+ that** *It seems improbable* (=wydaje się mało prawdopodobne) *that humans ever lived here.* **—improbably** *adv* nieprawdopodobnie **—improbability** /ɪmˌprɒbəˈbɪləti/ *n* [C,U] nieprawdopodobieństwo

im·promp·tu /ɪmˈprɒmptjuː/ *adj* zaimprowizowany: *an impromptu party* **—impromptu** *adv* bez przygotowania

im·prop·er /ɪmˈprɒpə/ *adj* niestosowny, niewłaściwy: *Many students failed due to improper use of punctuation.* | *This was an improper use of company funds.* **—improperly** *adv* niestosownie: *improperly dressed*

im·pro·pri·e·ty /ˌɪmprəˈpraɪəti/ *n* [C,U] *formal* niestosowność

im·prove S2 W1 /ɪmˈpruːv/ *v* [I,T] poprawiać (się), polepszać (się): *Her English is improving.* | *Swimming can improve your muscle tone.* **—improved** *adj* ulepszony
improve on/upon sth *phr v* [T] poprawić: *No one's been able to improve on her Olympic record.*

im·prove·ment S3 W2 /ɪmˈpruːvmənt/ *n* [C,U] postęp, poprawa: **+ in** *There's certainly been an improvement in Danny's schoolwork.*

im·pro·vise /ˈɪmprəvaɪz/ *v* [I,T] za/improwizować: *I left my lesson plans at home, so I'll have to improvise.* **—improvisation** /ˌɪmprəvaɪˈzeɪʃən/ *n* [C,U] improwizacja

im·pu·dent /ˈɪmpjədənt/ *adj formal* zuchwały, bezczelny: *an impudent child* **—impudence** *n* [U] zuchwałość, bezczelność **—impudently** *adv* zuchwale, bezczelnie

im·pulse /ˈɪmpʌls/ *n* [C] **1** impuls, ochota: **impulse to do sth** *I managed to resist the impulse to hit him.* | **on impulse** (=pod wpływem impulsu): *I bought this dress on impulse, and I'm not sure if I like it now.* **2** *technical* impuls

im·pul·sive /ɪmˈpʌlsɪv/ *adj* impulsywny, porywczy: *It was rather an impulsive decision* (=pochopna decyzja).

im·pu·ni·ty /ɪmˈpjuːnəti/ *n* [U] **with impunity** bezkarnie: *We cannot let them break laws with impunity.*

im·pure /ˌɪmˈpjʊə◂/ *adj* nieczysty, zanieczyszczony: *impure drugs*

im·pu·ri·ty /ɪmˈpjʊərəti/ *n* [C] zanieczyszczenie: *minerals containing impurities*

in[1] S1 W1 /ɪn/ *prep* **1** w, we: *The paper is in the top drawer.* | *He lived in Spain for 15 years.* | *We swam in the sea.* | *I was born in May 1969.* | *One of the people in the story is a young doctor.* | *men in grey suits* | *new developments in medicine* | *We stood in a line.* | *Put the words in alphabetical order.* | *In the first part of the speech, he talked about the environment.* | *In the winter* (=zimą), *we use a wood stove.* | *The company was in trouble* (=w kłopotach). | *"I'm afraid," said Violet in a quiet voice* (=cichym głosem). | *I wrote to him in Italian* (=po włosku). **2** za: *Gerry should be home in an hour.* **3** przez, w ciągu: *We finished the whole project in a week.* **4 in all** w sumie: *There were 25 of us in all.*

UWAGA: in the last few years
Patrz **for the last few years** i **over/during/in the last few years**.

in[2] S1 W1 *adv* **1** do środka: *He opened the washing machine and bundled his clothes in.* **2** u siebie (*w pracy, w domu*): *You're never in* (=nigdy cię nie ma) *when I call.* **3** na miejscu: *His flight won't be in for four hours* (=jego samolot przylatuje dopiero za cztery godziny). **4** u kogoś: *Your homework has to be in* (=musi być oddana) *by Friday.* **5** w modzie: *Long hair is in again.* **6 sb is in for a shock/surprise** kogoś czeka szok/niespodzianka: *She's in for a shock if she thinks we're going to pay.* **7 have (got) it in for sb** *informal* uwziąć się na kogoś

in- /ɪn/ *prefix* przedrostek tworzący wyrazy o przeciwstawnym znaczeniu, nie-: *insensitive* | *inappropriate*

in·a·bil·i·ty /ˌɪnəˈbɪləti/ *n* [singular] niemożność, nieumiejętność: *his inability to make friends*

in·ac·ces·si·ble Ac /ˌɪnəkˈsesəbəl◂/ *adj* niedostępny: *The village is often inaccessible in winter.*

in·ac·cu·ra·cy Ac /ɪnˈækjərəsi/ *n* [C,U] nieścisłość: *There were several inaccuracies in the report.* | *The inaccuracy of her description meant that the man could not be arrested.*

in·ac·cu·rate Ac /ɪnˈækjərət/ *adj* niedokładny, nieścisły: *Many of the figures quoted in the article were inaccurate.* THESAURUS WRONG **—inaccurately** *adv* niedokładnie

in·ac·tion /ɪnˈækʃən/ *n* [U] bezczynność: *The city council was criticized for its inaction on the problem.*

in·ac·tive /ɪnˈæktɪv/ *adj* bezczynny **—inactivity** /ˌɪnækˈtɪvəti/ *n* [U] bezczynność: *long periods of inactivity*

in·ad·e·qua·cy Ac /ɪnˈædəkwəsi/ *n* **1** [U] niedowartościowanie: *Unemployment can cause feelings of inadequacy.* **2** [C,U] niedoskonałość: *the inadequacy of safety standards in the coal mines* | *He pointed out the inadequacies in the voting system.*

in·ad·e·quate Ac /ɪnˈædəkwət/ *adj* niedostateczny, niezadowalający: *inadequate health care services* **—inadequately** *adv* niedostatecznie

in·ad·mis·si·ble /ˌɪnədˈmɪsəbəl◂/ *adj formal* nie do przyjęcia, niedopuszczalny: *The judge ruled that the secretly-taped conversations were inadmissible.*

in·ad·vert·ent·ly /ˌɪnədˈvɜːtəntli/ *adv* niechcący: *She inadvertently knocked his arm.*

in·ad·vis·a·ble /ˌɪnədˈvaɪzəbəl◂/ *adj* niewskazany: *It's inadvisable to take medicine without asking your doctor.*

in·a·li·en·a·ble /ɪnˈeɪliənəbəl/ *adj formal* niezbywalny

i·nane /ɪˈneɪn/ *adj* durny: *inane jokes*

in·an·i·mate /ɪnˈænəmət/ *adj* nieożywiony: *He paints inanimate objects like rocks and furniture.*

in·ap·pro·pri·ate Ac /ˌɪnəˈprəʊpri-ət◂/ *adj* nieodpowiedni, niestosowny, niewłaściwy: *The clothes he brought were totally inappropriate.* **—inappropriately** *adv* nieodpowiednio, niestosownie

in·ar·tic·u·late /ˌɪnɑːˈtɪkjələt◂/ *adj* nie potrafiący się wysłowić: *inarticulate youths* **—inarticulately** *adv* niewyraźnie

in·as·much as /ɪnəzˈmʌtʃ əz/ *linking words formal* o tyle, o ile: *She's guilty, inasmuch as she knew what the others were planning.*

in·au·di·ble /ɪnˈɔːdəbəl/ *adj* niesłyszalny: *Her reply was inaudible.*

in·au·gu·rate /ɪˈnɔːgjəreɪt/ *v* [T] za/inaugurować, uroczyście otwierać: *The new school was inaugurated last week.* **—inaugural** *adj* inauguracyjny **—inauguration** /ɪˌnɔːgjəˈreɪʃən/ *n* [C,U] inauguracja

I

in·aus·pi·cious /ˌɪnɔːˈspɪʃəs◂/ *adj formal* niezbyt obiecujący: *an inauspicious start to our trip*

in·born /ˌɪnˈbɔːn◂/ *adj* wrodzony: *an inborn talent for languages*

inbox, **in box** /ˈɪnbɒks/ *n* skrzynka poczty przychodzącej

Inc. skrót pisany od INCORPORATED: *General Motors Inc.*

in·cal·cu·la·ble /ɪnˈkælkjələbəl/ *adj* nieobliczalny, nieoszacowany: *The scandal has done incalculable damage to the college's reputation.*

in·can·des·cent /ˌɪnkænˈdesənt◂/ *adj* **1** żarzący się, rozżarzony **2** rozwścieczony, rozsierdzony —**incandescence** *n* [U] rozżarzenie

in·can·ta·tion /ˌɪnkænˈteɪʃən/ *n* [C] zaklęcie

in·ca·pa·ble Ac /ɪnˈkeɪpəbəl/ *adj* **1** niezdolny: **be incapable of doing sth** (=nie potrafić czegoś z/robić): *He's incapable of deceiving anyone.* **2** nieudolny: *He seems completely incapable.*

in·ca·pa·ci·tate Ac /ˌɪnkəˈpæsɪteɪt/ *v* [T] u/czynić niesprawnym: *He was incapacitated by the illness for several months.*

in·ca·pa·ci·ty /ˌɪnkəˈpæsəti/ *n* [U] niezdolność, nieumiejętność: *an incapacity to lie | the country's incapacity to solve its economic problems*

in·car·ce·rate /ɪnˈkɑːsəreɪt/ *v* [T] *formal* osadzić w więzieniu, uwięzić —**incarceration** /ɪnˌkɑːsə-ˈreɪʃən/ *n* [U] uwięzienie

in·car·nate /ɪnˈkɑːnət/ *adj* **evil incarnate** ucieleśnienie zła **the devil incarnate** diabeł wcielony

in·car·na·tion /ˌɪnkɑːˈneɪʃən/ *n* **1** [C] wcielenie: *He believes he was a cat in a previous incarnation.* **2 the incarnation of goodness/evil** ucieleśnienie dobroci/zła

in·cen·di·a·ry /ɪnˈsendiəri/ *adj* **incendiary bomb/device** bomba zapalająca/urządzenie zapalające

in·cense /ˈɪnsens/ *n* [U] kadzidło

in·censed /ɪnˈsenst/ *adj* wściekły

in·cen·tive Ac /ɪnˈsentɪv/ *n* [C,U] zachęta: **incentive (for sb) to do sth** *The government provides incentives for businesses to invest.*

in·cep·tion /ɪnˈsepʃən/ *n* [singular] *formal* powstanie (*np. organizacji*): *He has been chairman of the Society since its inception.*

in·ces·sant /ɪnˈsesənt/ *adj* nieustający: *incessant noise from the road* —**incessantly** *adv* bezustannie, bez przerwy

in·cest /ˈɪnsest/ *n* [U] kazirodztwo —**incestuous** /ɪnˈsestʃuəs/ *adj* kazirodczy

inch¹ S2 W3 /ɪntʃ/ *n* [C] (plural **inches**) **1** cal *(=2.54cm)* **2 not give/budge an inch** nie ustąpić (ani) o krok: *It's not worth arguing - he won't give an inch.*

inch² *v* [I,T] przesuwać (się) powoli: *Paul inched his way forward to get a better view.*

in·ci·dence Ac /ˈɪnsɪdəns/ *n* [singular] *formal* częstość, częstotliwość: *an unusually high incidence of childhood cancer* (=częstotliwość występowania raka u dzieci)

in·ci·dent S3 W2 Ac /ˈɪnsɪdənt/ *n* [C] wydarzenie, zajście: *Anyone who saw the incident should contact the police.*

in·ci·den·tal /ˌɪnsəˈdentl◂/ *adj* uboczny: *Where the story is set is incidental to the plot* (=nie ma większego znaczenia dla fabuły).

in·ci·den·tal·ly Ac /ˌɪnsəˈdentəli/ *adv* nawiasem mówiąc, à propos: *Incidentally, Jenny's coming over tonight.*

in·cin·e·rate /ɪnˈsɪnəreɪt/ *v* [T] spalać, spopielać —**incinerator** *n* [C] piec do spalania śmieci —**incineration** /ɪnˌsɪnəˈreɪʃən/ *n* [U] spalanie, spopielanie

in·cip·i·ent /ɪnˈsɪpiənt/ *adj* [only before noun] *formal* rodzący się: *incipient panic*

in·ci·sion /ɪnˈsɪʒən/ *n* [C] *technical* nacięcie

in·ci·sive /ɪnˈsaɪsɪv/ *adj* trafny, przenikliwy (*o uwagach, spostrzeżeniach*)

in·cite /ɪnˈsaɪt/ *v* [T] **1** wszczynać: *One man was jailed for inciting a riot.* **2** podburzać: *a violent speech inciting the army to rebel*

in·clem·ent /ɪnˈklemənt/ *adj formal* nieprzyjazny, surowy (*o klimacie*): *inclement weather* (=niepogoda)

in·cli·na·tion Ac /ˌɪnkləˈneɪʃən/ *n* **1** [C,U] ochota: **inclination to do sth** *I didn't have the time or inclination to go with them.* **2** skłonność: *an inclination to see everything in political terms*

in·cline¹ Ac /ɪnˈklaɪn/ *v formal* **1** [I] skłaniać się: **+to** *I incline to the view that the child was telling the truth. | The child has always inclined towards laziness* (=miało skłonności do lenistwa). **2** [I,T] pochylać (się): *She inclined her head towards him.*

in·cline² Ac /ˈɪnklaɪn/ *n* [C] pochyłość, zbocze: *a steep incline*

in·clined /ɪnˈklaɪnd/ *adj* **1** [not before noun] **be inclined to** mieć skłonności do: *He's inclined to lose his temper. | Children are inclined to get lost* (=często się gubią). **2 be inclined to agree/believe** być skłonnym zgodzić się/uwierzyć: *I'm inclined to think Ed is right.*

in·clude S1 W1 /ɪnˈkluːd/ *v* [T] **1** obejmować, zawierać: *The price includes car rental.* **2** włączać, wliczać, uwzględniać: **include sth in/on sth** *Try to include Rosie more in your games, Sam.* → antonim EXCLUDE

in·clud·ing S2 W1 /ɪnˈkluːdɪŋ/ *prep* łącznie z, wliczając: *There were 20 people in the room, including the teacher.* → antonim EXCLUDING

in·clu·sion /ɪnˈkluːʒən/ *n* **1** [U] włączenie: *Are there any doubts about her inclusion in the team?* **2** [C] dodatek: *Are there any new inclusions on the list?*

in·clu·sive /ɪnˈkluːsɪv/ *adj* **1** łączny, całkowity: *an inclusive charge* **2 inclusive of** łącznie z: *The cost is £600 inclusive of insurance.* **3 Monday to Friday inclusive** od poniedziałku do piątku włącznie: *He will be away from 22 to 24 March inclusive.*

in·cog·ni·to /ˌɪnkɒgˈniːtəʊ◂/ *adv* incognito: *The princess was travelling incognito.*

in·co·her·ent Ac /ˌɪnkəʊˈhɪərənt◂/ *adj* niespójny, nieskładny: *a rambling, incoherent speech* —**incoherently** *adv* bez ładu i składu

in·come S2 W1 /ˈɪŋkʌm/ *n* [C,U] dochód, dochody: *people on a low income*

ˈincome tax *n* [U] podatek dochodowy

in·com·ing /ˈɪnkʌmɪŋ/ *adj* [only before noun] przychodzący, z zewnątrz: *The phone will only take incoming calls. | Incoming flights* (=przyloty) *are delayed.*

in·com·mu·ni·ca·do /ˌɪnkəmjuːnɪˈkɑːdəʊ/ *adj, adv* w odosobnieniu, w izolacji

in·com·pa·ra·ble /ɪnˈkɒmpərəbəl/ *adj* niezrównany: *There was an incomparable view of San Marco from the Piazza.*

in·com·pat·i·ble Ac /ˌɪnkəmˈpætəbəl◂/ *adj* niezgodny, niekompatybilny: *Tony and I have always been incompatible* (=nigdy nie mogliśmy się zgodzić). | **+ with** *behaviour incompatible with* (=nielicujący z) *his responsibilities* —**incompatibility** /ˌɪnkəmpætəˈbɪləti/ *n* [U] niekompatybilność

in·com·pe·tent /ɪnˈkɒmpɪtənt/ *adj* nieudolny, niekompetentny: *As a teacher, he was completely incompetent.* —**incompetence** *n* [U] nieudolność, niekompetencja —**incompetently** *adv* nieudolnie

in·com·plete /ˌɪnkəmˈpliːt◂/ *adj* niepełny, niekompletny: *an incomplete sentence* | *The report is still incomplete.*

in·com·pre·hen·si·ble /ɪnˌkɒmprɪˈhensəbəl/ *adj* niezrozumiały: *incomprehensible legal language* —**incomprehensibly** *adv* niezrozumiale

in·com·pre·hen·sion /ɪnˌkɒmprɪˈhenʃən/ *n* [U] *formal* niezrozumienie: *She watched with complete incomprehension.*

in·con·ceiv·a·ble Ac /ˌɪnkənˈsiːvəbəl/ *adj* niepojęty, niewyobrażalny: **+ that** *It was inconceivable* (=było nie do pomyślenia) *that such a pleasant man could be violent.*

in·con·clu·sive Ac /ˌɪnkənˈkluːsɪv◂/ *adj* nieprzekonujący: *The evidence is inconclusive.*

in·con·gru·ous /ɪnˈkɒŋgruəs/ *adj* nie na miejscu: *He looked incongruous in his new suit.*

in·con·se·quen·tial /ɪnˌkɒnsəˈkwenʃəl◂/ *adj formal* bez znaczenia, nieistotny: *He can remember the most inconsequential things.*

in·con·sid·er·ate /ˌɪnkənˈsɪdərət◂/ *adj* nieliczący się z innymi, niegrzeczny: *It was inconsiderate of you not to call.* → antonim CONSIDERATE

in·con·sis·ten·cy Ac /ˌɪnkənˈsɪstənsi/ *n* **1** [C,U] sprzeczność, niezgodność: *the inconsistencies in her statement* **2** [U] niekonsekwencja, brak konsekwencji: *There's too much inconsistency in the way the rules are applied.* → antonim CONSISTENCY

in·con·sis·tent Ac /ˌɪnkənˈsɪstənt◂/ *adj* **1** niezgodny, sprzeczny: *His story was inconsistent with the evidence.* **2** niekonsekwentny: *Children get confused if parents are inconsistent.* —**inconsistently** *adv* niekonsekwentnie → antonim CONSISTENT

in·con·sol·a·ble /ˌɪnkənˈsəʊləbəl◂/ *adj* nieutulony w bólu/żalu, niepocieszony: *His widow was inconsolable.* —**inconsolably** *adv* nie dając się pocieszyć

in·con·spic·u·ous /ˌɪnkənˈspɪkjuəs◂/ *adj* **be inconspicuous** nie rzucać się w oczy: *I sat in the corner, trying to be as inconspicuous as possible.* → antonim CONSPICUOUS

in·con·ti·nent /ɪnˈkɒntɪnənt/ *adj* **1** nie trzymający moczu/stolca **2** niepohamowany —**incontinence** *n* [U] nietrzymanie moczu/stolca

in·con·tro·ver·ti·ble /ɪnˌkɒntrəˈvɜːtəbəl/ *adj* niezbity, niepodważalny: *We have incontrovertible evidence that he was there when the crime was committed.*

in·con·ve·ni·ence[1] /ˌɪnkənˈviːniəns/ *n* [C,U] kłopot, niedogodność: *We apologize for any inconvenience caused by the delay.*

inconvenience[2] *v* [T] sprawiać kłopot: *"I'll drive you home." "Are you sure? I don't want to inconvenience you."*

in·con·ve·ni·ent /ˌɪnkənˈviːniənt◂/ *adj* niedogodny: *Is this an inconvenient time?*

in·cor·po·rate W3 Ac /ɪnˈkɔːpəreɪt/ *v* [T] uwzględniać: **incorporate sth into sth** *Several safety features have been incorporated into the car's design.*

In·cor·po·rat·ed /ɪnˈkɔːpəreɪtɪd/ (*skrót pisany* **Inc.**) *adj* oznaczenie stosowane w USA po nazwie spółki

in·cor·rect /ˌɪnkəˈrekt◂/ *adj* błędny, nieprawidłowy: *incorrect spelling* THESAURUS WRONG —**incorrectly** *adv* błędnie

in·cor·ri·gi·ble /ɪnˈkɒrədʒəbəl/ *adj* niepoprawny: *That man's an incorrigible liar.*

in·cor·rup·ti·ble /ˌɪnkəˈrʌptəbəl◂/ *adj* nieprzekupny: *an incorruptible judge*

in·crease[1] S2 W1 /ɪnˈkriːs/ *v* **1** [I] wzrastać, zwiększać się: *The population of this town has increased dramatically.* | **+ by** *The price of oil has increased by 4%.* **2** [T] zwiększać, podwyższać: *Regular exercise increases your chances of living longer.* —**increasing** *adj* rosnący: *increasing concern about job security* → antonim DECREASE

in·crease[2] S2 W1 /ˈɪŋkriːs/ *n* [C,U] wzrost: **+ in** *a huge increase in profits* | **be on the increase** (=wzrastać): *Crime in the city is on the increase.* → antonim DECREASE

in·creas·ing·ly W2 /ɪnˈkriːsɪŋli/ *adv* **increasingly important/difficult** coraz ważniejszy/trudniejszy: *It's becoming increasingly difficult to find employment.*

in·cred·i·ble S3 /ɪnˈkredəbəl/ *adj* **1** nie do wiary, niewiarygodny: *It's incredible how much you remind me of your father.* **2** niesamowity: *They serve the most incredible food.*

in·cred·i·bly S3 /ɪnˈkredəbli/ *adv* niesamowicie: *It's incredibly beautiful here in the spring.*

in·cred·u·lous /ɪnˈkredjələs/ *adj* niedowierzający, sceptyczny: *"They don't have a TV?" asked one incredulous woman.* —**incredulously** *adv* z niedowierzaniem —**incredulity** /ˌɪnkrəˈdjuːləti/ *n* [U] niedowierzanie

in·cre·ment /ˈɪŋkrəmənt/ *n* [C] przyrost: *an annual salary increment of 2%*

in·crim·i·nate /ɪnˈkrɪməneɪt/ *v* [T] obciążać (*winą*): *He refused to incriminate himself by answering questions.* —**incriminating** *adj* obciążający: *highly incriminating evidence*

in·cu·bate /ˈɪŋkjəbeɪt/ *v* [I,T] wysiadywać: *a hen incubating the eggs* —**incubation** /ˌɪŋkjəˈbeɪʃən/ *n* [U] wylęg

in·cu·ba·tor /ˈɪŋkjəbeɪtə/ *n* [C] inkubator

in·cul·cate /ˈɪŋkʌlkeɪt/ *v* [T] *formal* wpajać

in·cum·bent[1] /ɪnˈkʌmbənt/ *n* [C] osoba sprawująca urząd: *The council election will be tough for the incumbents.*

incumbent[2] *adj formal* **it is incumbent on/upon sb to do sth** czyimś obowiązkiem jest zrobić coś

in·cur /ɪnˈkɜː/ *v* [T] (**-rred, -rring**) **1** zaciągać (*długi*): *The oil company incurred a debt of $5 billion last year.* **2** ponosić (*karę, straty, ryzyko, koszta*)

in·cur·a·ble /ɪnˈkjʊərəbəl/ *adj* nieuleczalny: *an incurable disease* —**incurably** *adv* nieuleczalnie → antonim CURABLE

in·cur·sion /ɪnˈkɜːʃən/ *n* [C] *formal* wtargnięcie, najazd

in·debt·ed /ɪnˈdetɪd/ *adj* **be indebted to sb** *formal* być komuś zobowiązanym: *I am indebted to you for your help.*

in·de·cent /ɪnˈdiːsənt/ *adj* nieprzyzwoity: *indecent photographs* —**indecency** *n* [C,U] nieprzyzwoitość →porównaj DECENT

in·de·ci·sion /ˌɪndɪˈsɪʒən/ *n* [U] niezdecydowanie: *After a week of indecision, the jury finally gave its verdict.*

in·de·ci·sive /ˌɪndɪˈsaɪsɪv◂/ *adj* niezdecydowany: *a weak, indecisive leader*

in·deed S1 W1 /ɪnˈdiːd/ *adv* **1** co więcej: *Most of the people were illiterate. Indeed, only 8% of the population could read.* **2** naprawdę: *I enjoyed the concert very much indeed.* **3** istotnie: *"Vernon is one of the best pilots around." "Oh, yes, indeed."*

in·de·fen·si·ble /ˌɪndɪˈfensəbəl◂/ *adj* niewybaczalny: *indefensible behaviour*

in·de·fin·a·ble /ˌɪndɪˈfaɪnəbəl◂/ *adj* nieokreślony, nieuchwytny: *For some indefinable reason she felt afraid.* —**indefinably** *adv* nieuchwytnie

in·def·i·nite Ac /ɪnˈdefənət/ *adj* nieokreślony: *He was away in Alaska for an indefinite period.*

inˌdefinite ˈarticle *n* [C] przedimek nieokreślony →patrz ramka A (AN), →porównaj THE DEFINITE ARTICLE

in·def·i·nit·ely Ac /ɪnˈdefənətli/ *adv* na czas nieokreślony: *It's been postponed indefinitely.*

in·del·i·ble /ɪnˈdeləbəl/ *adj* **1** niezapomniany, niezatarty: *The film left an indelible impression on me.* **2** nieusuwalny: *indelible ink* —**indelibly** *adv* na trwałe: *a moment indelibly imprinted on my mind* (=który na trwałe wrył mi się w pamięć)

in·del·i·cate /ɪnˈdeləkət/ *adj formal* niedelikatny: *an indelicate question*

in·dem·ni·fy /ɪnˈdemnɪfaɪ/ *v* [T] *law* za/gwarantować odszkodowanie

in·dem·ni·ty /ɪnˈdemnəti/ *n law* **1** [U] zabezpieczenie kompensacyjne **2** [C] odszkodowanie

in·dent /ɪnˈdent/ *v* [T] zaczynać od nowego akapitu

in·den·ta·tion /ˌɪndenˈteɪʃən/ *n* [C] **1** wcięcie, nacięcie **2** wgłębienie, wgniecenie **3** akapit

in·de·pen·dence W2 /ˌɪndəˈpendəns/ *n* [U] **1** niezależność, samodzielność: *Teenagers must be allowed some degree of independence.* **2** niepodległość: *The United States declared its independence in 1776.*

in·de·pen·dent S2 W2 /ˌɪndəˈpendənt◂/ *adj* **1** niezależny, samodzielny: *He had always been more independent than his other brothers.* **2** niepodległy: *India became an independent nation in 1947.* **3** niezależny: *an independent report on the experiment* **4 independent school** szkoła niepubliczna —**independently** *adv* niezależnie

ˈin-depth *adj* dogłębny: *in-depth study/report*

in·de·scri·ba·ble /ˌɪndɪˈskraɪbəbəl◂/ *adj* nieopisany: *My joy at seeing him was indescribable.*

in·de·struc·ti·ble /ˌɪndɪˈstrʌktəbəl◂/ *adj* niezniszczalny: *denim clothes that are nearly indestructible* —**indestructibility** /ˌɪndɪstrʌktəˈbɪləti/ *n* [U] niezniszczalność

in·de·ter·mi·nate /ˌɪndɪˈtɜːmənət◂/ *adj* nieokreślony: *a woman of indeterminate age*

in·dex¹ W2 Ac /ˈɪndeks/ *n* [C] (plural **indexes** *or* **indices** /-dəsiːz/) **1** indeks, skorowidz **2** katalog **3** wskaźnik: *an index of economic growth*

index² Ac *v* [T] indeksować

ˈindex ˌfinger *n* [C] palec wskazujący

In·di·a /ˈɪndiə/ *n* Indie

In·di·an¹ /ˈɪndiən/ *n* [C] **1** Hindus/ka **2** Indian-in/ka

Indian² *adj* **1** indyjski, hinduski **2** indiański

ˌIndian ˈsummer *n* [C] babie lato

in·di·cate S3 W1 Ac /ˈɪndɪkeɪt/ *v* **1** [T] wskazywać: **+that** *Research indicates that women live longer than men.* **2** [T] wskazywać (na): *Indicating a chair, he said, "Please, sit down."* **3** [T] za/sygnalizować: **+that** *He indicated that he had no desire to come with us.* **4** [I,T] *BrE* włączać kierunkowskaz, za/sygnalizować skręt: *I indicated left* (=włączyłam lewy kierunkowskaz).

in·di·ca·tion S3 W3 Ac /ˌɪndɪˈkeɪʃən/ *n* [C,U] znak, oznaka: *Did Rick ever give any indication that he was unhappy?*

in·dic·a·tive Ac /ɪnˈdɪkətɪv/ *adj* **1 be indicative of** być przejawem: *His reaction is indicative of how frightened he is.* **2** *technical* oznajmujący

in·di·ca·tor Ac /ˈɪndəkeɪtə/ *n* [C] **1** wskaźnik: *All the main economic indicators suggest that business is improving.* **2** *BrE* kierunkowskaz, migacz

in·di·ces /ˈɪndəsiːz/ *n* liczba mnoga od INDEX

in·dict /ɪnˈdaɪt/ *v* [T] stawiać w stan oskarżenia —**indictment** *n* [C,U] akt oskarżenia

in·dif·fer·ence /ɪnˈdɪfərəns/ *n* [U] obojętność: *her husband's indifference to how unhappy she was*

in·dif·fer·ent /ɪnˈdɪfərənt/ *adj* obojętny: **+to** *an industry that seems indifferent to environmental concerns*

in·di·ge·nous /ɪnˈdɪdʒənəs/ *adj* rdzenny, autochtoniczny

in·di·ges·ti·ble /ˌɪndɪˈdʒestəbəl◂/ *adj* niestrawny →patrz też DIGEST

in·di·ges·tion /ˌɪndɪˈdʒestʃən/ *n* [U] niestrawność

in·dig·nant /ɪnˈdɪgnənt/ *adj* oburzony: *Indignant parents said the school cared more about money than education.* —**indignantly** *adv* z oburzeniem —**indignation** /ˌɪndɪgˈneɪʃən/ *n* [U] oburzenie

in·dig·ni·ty /ɪnˈdɪgnəti/ *n* [C,U] upokorzenie: *I suffered the final indignity of being taken to the police station.*

in·di·rect /ˌɪndəˈrekt◂/ *adj* **1** pośredni: *The accident was an indirect result of* (=był pośrednio spowodowany przez) *the heavy rain.* **2** okrężny: *an indirect route* —**indirectly** *adv* pośrednio

ˌindirect ˈspeech *n* [U] mowa zależna

in·dis·creet /ˌɪndɪˈskriːt◂/ *adj* niedyskretny: *Try to stop him from saying something indiscreet.* —**indiscreetly** *adv* niedyskretnie

in·dis·cre·tion Ac /ˌɪndɪˈskreʃən/ *n* **1** [C] wybryk, występek: *sexual/youthful indiscretions* **2** [U] niedyskrecja, brak dyskrecji: *Her indiscretion caused a major scandal.*

in·dis·crim·i·nate /ˌɪndɪˈskrɪmənət◂/ *adj* **1** pozbawiony skrupułów: *indiscriminate killings by teenage gangs* **2** niewybredny —**indiscriminately** *adv* bez skrupułów

in·di·spen·sa·ble /ˌɪndɪˈspensəbəl◂/ *adj* nieodzowny,

niezbędny: *The information he provided was indispensable to our research.* THESAURUS ► USEFUL

in·dis·pu·ta·ble /ˌɪndɪˈspjuːtəbəl/ *adj* bezsprzeczny, bezsporny: *an indisputable link between smoking and cancer* —**indisputably** *adv* bezsprzecznie: *That is indisputably true.*

in·dis·tinct Ac /ˌɪndɪˈstɪŋkt◂/ *adj* niewyraźny: *indistinct voices in the next room* —**indistinctly** *adv* niewyraźnie

in·dis·tin·guish·a·ble /ˌɪndɪˈstɪŋgwɪʃəbəl/ *adj* **be indistinguishable from** nie dać się odróżnić od: *This material is indistinguishable from real silk.*

in·di·vid·u·al[1] S2 W1 Ac /ˌɪndəˈvɪdʒuəl◂/ *adj* **1** pojedynczy, poszczególny: *Each individual drawing is slightly different.* **2** indywidualny, osobisty: *Individual attention must be given to every student.*

individual[2] S2 W1 Ac *n* [C] osoba, jednostka: *the rights of the individual*

in·di·vid·u·al·ist Ac /ˌɪndəˈvɪdʒuəlɪst/ *n* [C] indywidualist-a/ka —**individualism** *n* [U] indywidualizm —**individualistic** /ˌɪndəvɪdʒuəˈlɪstɪk◂/ *adj* indywidualistyczny

in·di·vid·u·al·i·ty Ac /ˌɪndəvɪdʒuˈæləti/ *n* [U] indywidualność: *work that allows children to express their individuality*

in·di·vid·u·al·ly Ac /ˌɪndəˈvɪdʒuəli/ *adv* indywidualnie: *The teacher met everyone individually.*

in·doc·tri·nate /ɪnˈdɒktrəneɪt/ *v* [T] indoktrynować: *indoctrinated by the whole military training process* —**indoctrination** /ɪnˌdɒktrəˈneɪʃən/ *n* [U] indoktrynacja

in·do·lent /ˈɪndələnt/ *adj formal* opieszały —**indolently** *adv* opieszale —**indolence** *n* [U] opieszałość

in·dom·i·ta·ble /ɪnˈdɒmətəbəl/ *adj formal* **indomitable spirit/courage** nieugięta odwaga —**indomitably** *adv* nieugięcie

In·do·ne·sia /ˌɪndəˈniːʒə/ *n* Indonezja —**Indonesian** /ˌɪndəˈniːʒən◂/ *n* Indonezyj-czyk/ka —**Indonesian** *adj* indonezyjski

in·door /ˈɪndɔː/ *adj* **1** kryty: *an indoor swimming pool* **2** halowy: *indoor sports* **3** domowy, po domu: *indoor clothes* → antonim OUTDOOR

in·doors /ɪnˈdɔːz/ *adv* **1** wewnątrz, w domu: *He stayed indoors all morning.* **2** do środka: *It's raining - let's go indoors.* → antonim OUTDOORS

in·duce Ac /ɪnˈdjuːs/ *v* [T] **1** *formal* skłonić: **induce sb to do sth** *Whatever induced you to spend so much money on a car?* **2** wywoływać: *This drug may induce drowsiness.*

in·duce·ment /ɪnˈdjuːsmənt/ *n* [C,U] *formal* zachęta, bodziec

in·duct /ɪnˈdʌkt/ *v* [T] wprowadzać *(na urząd, do stowarzyszenia)*

in·duc·tion Ac /ɪnˈdʌkʃən/ *n* [C,U] wprowadzenie *(na urząd, do stowarzyszenia)*: *We run regular induction courses* (=kursy orientacyjne) *for new employees.*

in·dulge /ɪnˈdʌldʒ/ *v* **1** [I,T] pozwalać sobie (na): **+in** *I sometimes indulge in a cigarette at a party.* | **indulge yourself** (=po/folgować sobie): *Go on, indulge yourself for a change!* **2** [T] rozpieszczać: *Ralph indulges his children terribly.*

in·dul·gence /ɪnˈdʌldʒəns/ *n* **1** [U] dogadzanie sobie: *a life of indulgence* **2** [C] słabostka: *Chocolate is my only indulgence.*

in·dul·gent /ɪnˈdʌldʒənt/ *adj* pobłażliwy: *indulgent parents* —**indulgently** *adv* pobłażliwie

in·dus·tri·al S3 W1 /ɪnˈdʌstriəl/ *adj* przemysłowy: *an industrial region* | *industrial pollution*

in·dus·tri·al·ist /ɪnˈdʌstriəlɪst/ *n* [C] przemysłowiec

in·dus·tri·a·lized /ɪnˈdʌstriəlaɪzd/ *także* **-ised** *BrE* uprzemysłowiony —**industrialization** /ɪnˌdʌstriəlaɪˈzeɪʃən/ *n* [U] industrializacja, uprzemysłowienie

inˌdustrial ˈpark *także* **inˌdustrial esˈtate** *BrE n* [C] teren przemysłowy

in·dus·tri·ous /ɪnˈdʌstriəs/ *adj formal* pracowity: *industrious young women*

in·dus·try S2 W1 /ˈɪndəstri/ *n* [C,U] przemysł: *The country's economy is supported by industry.* | *the clothing industry*

COLLOCATIONS: industry

types of industry

manufacturing industry (=przemysł wytwórczy) *Fewer people are employed in manufacturing industry than 25 years ago.*

service industries (=sektor usług) *There has been a rapid growth in service industries.*

the construction/car/textile etc industry *Hundreds of jobs have been lost in the car industry.*

the fishing industry *There has been a decline in Britain's fishing industry.*

the tourist/travel industry *The tourist industry earns billions of dollars per year.*

the film/music/entertainment industry *She hoped to work in the music industry.*

heavy industry *Shipbuilding and other heavy industry developed in the North of Britain.*

light industry *Jobs in light industry are increasing.*

a cottage industry (=gałąź chałupnictwa) *Weaving was an important cottage industry at the time.*

in·ed·i·ble /ɪnˈedəbəl/ *adj* niejadalny: *inedible mushrooms*

in·ef·fec·tive /ˌɪnəˈfektɪv◂/ *adj* nieskuteczny: *the treatment was completely ineffective*

in·ef·fec·tu·al /ˌɪnəˈfektʃuəl◂/ *adj* nieskuteczny (w działaniu), nieefektywny: *an ineffectual leader* —**ineffectually** *adv* nieskutecznie

in·ef·fi·cient /ˌɪnəˈfɪʃənt◂/ *adj* niewydajny, nieefektywny: *an inefficient use of good farm land*

in·el·e·gant /ɪnˈelɪgənt/ *adj* nieestetyczny: *writing that is sloppy and inelegant* —**inelegantly** *adv* nieestetycznie —**inelegance** *n* [U] nieestetyczność

in·el·i·gi·ble /ɪnˈelədʒəbəl/ *adj* **be ineligible for sth/to do sth** nie kwalifikować się do czegoś, nie mieć uprawnień do czegoś: *Non-citizens are ineligible to vote in the election.* | *She is ineligible for* (=nie przysługuje jej) *legal aid.*

in·ept /ɪˈnept/ *adj* nieudolny, niekompetentny: *an inept driver* —**ineptly** *adv* nieudolnie —**ineptitude** /ɪˈneptətjuːd/ *n* [U] nieudolność

in·e·qual·i·ty /ˌɪnɪˈkwɒləti/ *n* [C,U] nierówność: *the many inequalities in our legal system*

in·eq·ui·ty /ɪnˈekwəti/ *n* [C,U] *formal* niesprawiedliwość

I

in·ert /ɪˈnɜːt/ *adj* **1** *technical* obojętny: *inert gases* **2** *formal* bezwładny: *He checked her inert body for signs of life.*

in·er·tia /ɪˈnɜːʃə/ *n* [U] bezwład, inercja: *the problem of inertia in large government departments*

in·es·ca·pa·ble /ˌɪnɪˈskeɪpəbəl◂/ *adj formal* narzucający się (sam przez się), nieodparty: *The inescapable conclusion is that Reynolds killed himself.*

in·es·ti·ma·ble /ɪnˈestəməbəl/ *adj formal* **1** nieoceniony: *The records are of inestimable value to historians.* **2** trudny do oszacowania: *inestimable damage* —**inestimably** *adv* niesłychanie: *inestimably important*

in·ev·i·ta·ble W3 AC /ɪˈnevətəbəl/ *adj* nieuchronny, nieuniknioný: *Death is inevitable.* —**inevitably** *adv* nieuchronnie: *Inevitably, his alcohol problem affected his work.* —**inevitability** /ɪˌnevətəˈbɪləti/ *n* [U] nieuchronność

in·ex·act /ˌɪnɪgˈzækt◂/ *adj formal* niedokładny, nieścisły: *Psychology is an inexact science* (=nie jest nauką ścisłą).

in·ex·cu·sa·ble /ˌɪnɪkˈskjuːzəbəl◂/ *adj* niewybaczalny: *inexcusable behaviour* —**inexcusably** *adv* niewybaczalnie

in·ex·haus·ti·ble /ˌɪnɪgˈzɔːstəbəl◂/ *adj* niewyczerpany: *Nuclear fusion could provide an inexhaustible supply of energy.*

in·ex·o·ra·ble /ɪnˈeksərəbəl/ *adj formal* nieuchronny, nieubłagany —**inexorably** *adv* nieuchronnie: *Slowly, inexorably, the cliff is being washed away.*

in·ex·pen·sive /ˌɪnɪkˈspensɪv◂/ *adj* niedrogi: *an inexpensive vacation* —**inexpensively** *adv* niedrogo

in·ex·pe·ri·enced /ˌɪnɪkˈspɪəriənst◂/ *adj* niedoświadczony: *an inexperienced driver* —**inexperience** *n* [U] brak doświadczenia

in·ex·plic·a·ble /ˌɪnɪkˈsplɪkəbəl◂/ *adj* niewytłumaczalny: *the inexplicable disappearance of a young woman* —**inexplicably** *adv* niewytłumaczalnie

I

in·ex·tric·a·bly /ˌɪnɪkˈstrɪkəbli/ *adv formal* nierozerwalnie: *Poverty and bad health are inextricably linked.* —**inextricable** *adj* nierozerwalny

in·fal·li·ble /ɪnˈfæləbəl/ *adj* **1** niezawodny: *an infallible cure for hiccups* **2** nieomylny: *Many small children believe their parents are infallible.* —**infallibility** /ɪnˌfæləˈbɪləti/ *n* [U] niezawodność, nieomylność

in·fa·mous /ˈɪnfəməs/ *adj* niesławny, osławiony: *Los Angeles' infamous smog* THESAURUS FAMOUS

in·fan·cy /ˈɪnfənsi/ *n* [U] **1** niemowlęctwo: *Their son died in infancy.* THESAURUS YOUNG **2 in its infancy** w powijakach: *In the 1930s air travel was still in its infancy.*

in·fant W3 /ˈɪnfənt/ *n* [C] *formal* niemowlę, małe dziecko

in·fan·tile /ˈɪnfəntaɪl/ *adj* dziecinny, infantylny: *his stupid, infantile jokes*

in·fan·try /ˈɪnfəntri/ *n* [U] piechota

in·fat·u·at·ed /ɪnˈfætʃueɪtɪd/ *adj* zadurzony: **+ with** *He's infatuated with her.* —**infatuation** /ɪnˌfætʃuˈeɪʃən/ *n* [C,U] zadurzenie

in·fect /ɪnˈfekt/ *v* [T] **1** zarażać, zakażać: *The number of people who have been infected has already reached 10,000.* **2** skazić, zakazić: *bacteria that can infect fruit* **3** udzielać się: *His cynicism seems to have infected the whole team.*

in·fect·ed /ɪnˈfektɪd/ *adj* **1** zarażony: *He was infected* (=zaraził się) *with cholera.* **2** zakażony: *an infected wound* | *infected water*

in·fec·tion W3 /ɪnˈfekʃən/ *n* [C,U] zakażenie, infekcja: *Wash the cut thoroughly to protect against infection.* | *an ear infection*

in·fec·tious /ɪnˈfekʃəs/ *adj* **1** zakaźny, zaraźliwy: *an infectious disease* **2** zaraźliwy: *infectious laughter*

in·fer AC /ɪnˈfɜː/ *v* [T] (**-rred, -rring**) *formal* wy/wnioskować: *What can you infer from the high level of radiation in the water?* →porównaj **IMPLY**

UWAGA: infer i imply

Słuchacz może wywnioskować coś (**infer** something) ze słów mówiącego: *I inferred from his remarks that he hadn't enjoyed the visit.* Natomiast mówiący może coś zasugerować (**imply** something): *He implied that he hadn't enjoyed the visit.*

in·fer·ence AC /ˈɪnfərəns/ *n* [C] *formal* wnioskowanie, wniosek

in·fe·ri·or[1] /ɪnˈfɪəriə/ *adj* gorszy: *Larry always makes me feel inferior.* | **+ to** *His work is inferior to mine.* —**inferiority** /ɪnˌfɪəriˈɒrəti/ *n* [U] niższość: *inferiority complex* (=kompleks niższości) →porównaj **SUPERIOR**[1]

inferior[2] *n* [C] podwładn-y/a →porównaj **SUPERIOR**[2]

in·fer·no /ɪnˈfɜːnəʊ/ *n* [C] *literary* wielki pożar, piekło: *a raging inferno* (=szalejący pożar)

in·fer·tile /ɪnˈfɜːtaɪl/ *adj* **1** bezpłodny **2** nieurodzajny —**infertility** /ˌɪnfəˈtɪləti/ *n* [U] bezpłodność

in·fest /ɪnˈfest/ *v* [T] być plagą: **be infested with** *an old carpet infested with fleas* (=roił się od pcheł) —**infestation** /ˌɪnfeˈsteɪʃən/ *n* [C,U] plaga

in·fi·del /ˈɪnfədəl/ *n* [C] *old-fashioned* niewiern-y/a

in·fi·del·i·ty /ˌɪnfəˈdeləti/ *n* [C,U] niewierność

in·fight·ing /ˈɪnˌfaɪtɪŋ/ *n* [U] wewnętrzne spory: *political infighting*

in·fil·trate /ˈɪnfɪltreɪt/ *v* [I,T] infiltrować: *The police have made several attempts to infiltrate the Mafia.* —**infiltrator** *n* [C] infiltrator, szpieg —**infiltration** /ˌɪnfɪlˈtreɪʃən/ *n* [U] infiltracja

in·fi·nite AC /ˈɪnfɪnət/ *adj* **1** ogromny: *a teacher with infinite patience* **2** nieskończony, nieograniczony: *an infinite universe* —**infinitely** *adv* nieskończenie

in·fin·i·tes·i·mal /ˌɪnfɪnəˈtesəməl◂/ *adj* znikomy, minimalny: *infinitesimal changes in temperature*

in·fin·i·tive /ɪnˈfɪnətɪv/ *n* [C] bezokolicznik → **INFORMACJE GRAMATYCZNE**

in·fin·i·ty /ɪnˈfɪnəti/ *n* [U] nieskończoność

in·firm /ɪnˈfɜːm/ *adj formal* zniedołężniały, schorowany

in·fir·ma·ry /ɪnˈfɜːməri/ *n* [C] *BrE formal* szpital

in·fir·mi·ty /ɪnˈfɜːməti/ *n* [C,U] *formal* zniedołężnienie, choroba

in·flame /ɪnˈfleɪm/ *v* [T] *literary* wzburzać, rozpalać

in·flamed /ɪnˈfleɪmd/ *adj* objęty stanem zapalnym

in·flam·ma·ble /ɪnˈflæməbəl/ *adj* łatwopalny: *Butane is highly inflammable.* →antonim **NONFLAMMABLE**

in·flam·ma·tion /ˌɪnfləˈmeɪʃən/ *n* [C,U] zapalenie

in·flam·ma·to·ry /ɪnˈflæmətəri/ *adj formal* **1** podżegający, podburzający **2** zapalny

in·fla·ta·ble /ɪnˈfleɪtəbəl/ *adj* nadmuchiwany: *an inflatable mattress*

in·flate /ɪnˈfleɪt/ *v* **1** [I,T] nadmuchiwać, na/pompować:

The machine quickly inflates the tires. **2** [T] wyśrubowywać, zawyżać (ceny, koszty): *a policy that has inflated land prices by nearly 50%* →antonim DEFLATE

in·flat·ed /ɪnˈfleɪtɪd/ *adj* **1** zawyżony: *Inflated land prices prevented local companies from expanding.* **2** nadmuchany: *an inflated balloon*

in·fla·tion S3 W2 /ɪnˈfleɪʃən/ *n* [U] inflacja: *the Mexican government's efforts to control inflation*

in·fla·tion·a·ry /ɪnˈfleɪʃənəri/ *adj* inflacyjny: *inflationary wage increases*

in·flec·tion /ɪnˈflekʃən/ *także* **inflexion** *BrE n* [C,U] odmiana, fleksja

in·flex·i·ble Ac /ɪnˈfleksəbəl/ *adj* **1** sztywny: *a school with inflexible rules | inflexible material* **2** nieugięty, mało elastyczny: *He's being completely inflexible about this.* —**inflexibility** /ɪnˌfleksəˈbɪləti/ *n* [U] sztywność, brak elastyczności

in·flict /ɪnˈflɪkt/ *v* [T] wyrządzać, zadawać: **inflict sth on/upon sb** *the damage inflicted on the enemy*

in·flu·ence[1] S3 W1 /ˈɪnfluəns/ *n* **1** [C,U] wpływ: *Vince used his influence with the union to get his nephew a job. | Alex's parents always thought that I was a bad influence on him.* **2 under the influence (of alcohol/drugs)** *informal* pod wpływem (alkoholu/narkotyków)

influence[2] S3 W2 *v* [T] wpływać na: *I don't want to influence your decision.* THESAURUS PERSUADE

in·flu·en·tial /ˌɪnfluˈenʃəl◂/ *adj* wpływowy: *an influential politician*

in·flu·en·za /ˌɪnfluˈenzə/ *n* [U] *formal* grypa

in·flux /ˈɪnflʌks/ *n* [C usually singular] napływ: *an influx of cheap imported cars*

in·fo /ˈɪnfəʊ/ *n* [U] *informal* informacja

in·fo·mer·cial /ˈɪnfəʊˌmɜːʃəl/ *n* [C] klip informacyjno-reklamowy

in·form S3 W3 /ɪnˈfɔːm/ *v* [T] powiadamiać, po/informować: *There was a note informing us that Charles had left.* **inform against/on sb** *phr v* [T] donosić na

in·for·mal W3 /ɪnˈfɔːməl/ *adj* nieoficjalny, nieformalny: *an informal meeting | an informal letter to your family* —**informally** *adv* nieoficjalnie, nieformalnie —**informality** /ˌɪnfɔːˈmæləti/ *n* [U] nieoficjalny charakter

in·for·mant /ɪnˈfɔːmənt/ *n* [C] informator/ka

in·for·ma·tion S1 W1 /ˌɪnfəˈmeɪʃən/ *n* [U] informacja, informacje: **+about/on** *I need some more information about this machine.* | **piece of information** (=informacja): *a useful piece of information*

UWAGA: information

Information jest rzeczownikiem niepoliczalnym, dlatego formy „informations" i „an information" są niepoprawne. Mówi się **a piece of information** lub **some information**.

COLLOCATIONS: information

adjectives

useful/valuable information *The guidebook is full of useful information.*

correct/accurate information *Not all the information you find on the Internet is correct.*

false/wrong information *The information about train times was wrong.*

relevant information (=istotne) *Some of the information in the article is not particularly relevant.*

confidential information (=tajne) *That information was confidential and should not have been passed on.*

detailed information *See page 14 for more detailed information.*

verbs

to have information *He said he had some information about my family.*

to contain information *Unfortunately, the article contained some false information.*

to get information *Get as much information as you can about the company.*

to give/provide information *We weren't given enough information to make a decision.*

to collect/gather information *The researcher's job is to gather information.*

nouns + information

a piece/bit of information *Here's an interesting piece of information.*

a source of information (=źródło informacji) *Newspapers are valuable sources of information.*

information su·per·high·way /ˌɪnfəmeɪʃən ˌsuːpəˈhaɪweɪ/ *n* [singular] infostrada, Internet

inforˈmation techˌnology *n* [U] technika informacyjna

in·form·a·tive /ɪnˈfɔːmətɪv/ *adj* pouczający: *a very informative book*

in·formed /ɪnˈfɔːmd/ *adj* zorientowany: *Women should be able to make an informed choice about contraception. | well-informed voters*

in·form·er /ɪnˈfɔːmə/ *n* [C] donosiciel/ka

in·frac·tion /ɪnˈfrækʃən/ *n* [C,U] *formal* naruszenie, pogwałcenie

infra·red /ˌɪnfrəˈred◂/ *adj* podczerwony

in·fra·struc·ture Ac /ˈɪnfrəˌstrʌktʃə/ *n* [C usually singular] infrastruktura: *Japan's economic infrastructure*

in·fre·quent /ɪnˈfriːkwənt/ *adj* rzadki, nieczęsty: *one of our infrequent visits to Uncle Edwin's house* —**infrequently** *adv* rzadko, z rzadka —**infrequency** *n* [U] rzadkość

in·fringe /ɪnˈfrɪndʒ/ *v* [T] naruszać, łamać: *Making photocopies of a book infringes the copyright.* | **+on/upon** *The new law infringes on our basic right to freedom of speech.* —**infringement** *n* [C,U] naruszenie, złamanie

in·fu·ri·ate /ɪnˈfjʊərieɪt/ *v* [T] doprowadzać do szału: *He really infuriates me!*

in·fu·ri·a·ting /ɪnˈfjʊərieɪtɪŋ/ *adj* irytujący: *an infuriating two-hour delay* —**infuriatingly** *adv* irytująco

in·fuse /ɪnˈfjuːz/ *v formal* **1** [T] **infuse sb with sth** natchnąć kogoś czymś: *the coach's attempts to infuse some enthusiasm into the team* (=tchnąć w drużynę odrobinę entuzjazmu) **2** [I,T] zaparzać (się), parzyć (się) —**infusion** /-ˈfjuːʒən/ *n* [C,U] napar

in·ge·ni·ous /ɪnˈdʒiːniəs/ *adj* pomysłowy: *What an ingenious gadget! | an ingenious solution to the problem* —**ingeniously** *adv* pomysłowo

in·ge·nu·i·ty /ˌɪndʒəˈnjuːəti/ *n* [U] pomysłowość

in·gest /ɪnˈdʒest/ *v* [T] *formal* spożywać —**ingestion** /-ˈdʒestʃən/ *n* [U] spożywanie

I

in·grained /ˌɪnˈgreɪnd◂/ *adj* **1** (głęboko) zakorzeniony **2** głęboki, wżarty *(o brudzie, plamie)*

in·gra·ti·ate /ɪnˈgreɪʃieɪt/ *v* **ingratiate yourself (with)** przymilać się (do), podlizywać się: *a politician trying to ingratiate himself with the voters* —**ingratiating** *adj* przymilny

in·grat·i·tude /ɪnˈgrætɪtjuːd/ *n* [U] niewdzięczność: *I've never seen such ingratitude in my life.*

in·gre·di·ent /ɪnˈgriːdiənt/ *n* [C] **1** składnik: *Flour, water, and eggs are the most important ingredients.* **2** element: *all the ingredients of a good romantic novel*

in·hab·it /ɪnˈhæbɪt/ *v* [T] *formal* zamieszkiwać: *a forest inhabited by bears and moose* THESAURUS ▸ **LIVE**

in·hab·i·tant /ɪnˈhæbɪtənt/ *n* [C] mieszka-niec/nka

in·hale /ɪnˈheɪl/ *v formal* **1** [T] wdychać: *Try not to inhale the fumes from the glue.* **2** [I] z/robić wdech: *Once outside in the fresh air, he inhaled deeply.* **3** [I] zaciągać się →antonim **EXHALE**

in·hal·er /ɪnˈheɪlə/ *n* [C] inhalator

in·her·ent Ac /ɪnˈhɪərənt/ *adj* **inherent to** właściwy dla: *a problem that is inherent in the system* —**inherently** *adv* z natury: *Nuclear energy is inherently dangerous and wasteful.*

in·her·it /ɪnˈherɪt/ *v* [I,T] o/dziedziczyć: *I inherited the house from my uncle.* | *She had inherited her stubborness from her mother.* | *economic difficulties inherited from the previous government* THESAURUS ▸ **GET**

in·her·i·tance /ɪnˈherətəns/ *n* [C,U] spadek, spuścizna

in·hib·it Ac /ɪnˈhɪbɪt/ *v* [T] powstrzymywać, za/hamować: *new treatments to inhibit the spread of the disease*

in·hib·it·ed /ɪnˈhɪbɪtɪd/ *adj* spięty, skrępowany: *She's far too inhibited* (=ma zbyt duże zahamowania) *to talk frankly about sex.*

in·hi·bi·tion Ac /ˌɪnhəˈbɪʃən/ *n* [C,U] zahamowanie: *She soon loses her inhibitions when she's had a few glasses of wine.*

in·hos·pi·ta·ble /ˌɪnhɒˈspɪtəbəl/ *adj* **1** niesprzyjający, nieprzyjazny: *inhospitable desert areas* **2** niegościnny

ˌin-ˈhouse *adj* wewnętrzny, własny: *an in-house training department* —**in-house** *adv* we własnym zakresie, w ramach zakładu/firmy *(np. szkolić pracowników)*

in·hu·man /ɪnˈhjuːmən/ *adj* nieludzki: *inhuman treatment* | *an inhuman scream*

in·hu·mane /ˌɪnhjuːˈmeɪn◂/ *adj* niehumanitarny: *inhumane living conditions* —**inhumanely** *adv* niehumanitarnie

in·hu·man·i·ty /ˌɪnhjuːˈmænəti/ *n* [U] bestialstwo: *the inhumanity and injustice of the apartheid regime*

in·im·i·ta·ble /ɪˈnɪmətəbəl/ *adj* niepowtarzalny, niedościgniony: *Jerry gave the speech in his own inimitable style.*

in·iq·ui·ty /ɪˈnɪkwəti/ *n* [C,U] *formal* niegodziwość: *the iniquity of locking up all mental patients* —**iniquitous** *adj* niegodziwy

i·ni·tial[1] S3 W2 Ac /ɪˈnɪʃəl/ *adj* początkowy: *the initial stages of the disease* —**initially** *adv* początkowo: *I was employed initially as a temporary worker.*

initial[2] *n* [C usually plural] inicjał: *a suitcase with the initials S.H. on it*

initial[3] *v* [T] (**-lled**, **-lling** *BrE*; **-led**, **-ling** *AmE*) parafować, podpisać (inicjałami): *Could you initial this form for me, please?*

i·ni·ti·ate Ac /ɪˈnɪʃieɪt/ *v* [T] **1** zapoczątkować, za/inicjować: *The prison has recently initiated new security procedures.* **2** wprowadzać: *During that summer he was initiated into the mysteries of sex.* —**initiation** /ɪˌnɪʃiˈeɪʃən/ *n* [C,U] inicjacja

i·ni·tia·tive S3 W2 Ac /ɪˈnɪʃətɪv/ *n* **1** [C,U] inicjatywa: *I was impressed by the initiative she showed.* | *state initiatives to reduce spending* **2 take the initiative** przejąć inicjatywę

in·ject /ɪnˈdʒekt/ *v* [T] wstrzykiwać: *Both patients have been injected* (=obu pacjentom wstrzyknięto) *with a new drug.*

in·jec·tion /ɪnˈdʒekʃən/ *n* [C,U] zastrzyk: *The nurse gave him an injection against typhoid.* | *The business received a cash injection of $6 million.*

in·junc·tion /ɪnˈdʒʌŋkʃən/ *n* [C] *law* nakaz sądowy

in·jure W3 Ac /ˈɪndʒə/ *v* [T] z/ranić, s/kaleczyć: *She was badly injured in the accident.*

in·jured Ac /ˈɪndʒəd/ *adj* ranny: *We helped the injured rider to the waiting ambulance.*

UWAGA: injured

Patrz **hurt**, **injured, wounded**.

in·ju·ry S3 W2 Ac /ˈɪndʒəri/ *n* [C,U] uraz, rana, kontuzja: *serious head injuries* (=obrażenia głowy)

COLLOCATIONS: injury

verbs

to suffer an injury *Four of the passengers suffered serious injuries.*

to be treated for an injury *A woman was treated for head injuries.*

to recover from an injury *It only took her a few days to recover from the injury.*

to escape injury (=nie odnieść obrażeń) *Two workmen narrowly escaped injury when a wall collapsed.*

to cause an injury *The injury was caused by flying glass.*

to inflict an injury (on sb) *formal* (=zadać komuś ranę) *They inflicted terrible injuries on each other.*

types of injury

a head/leg/shoulder etc injury *His football career was ended by a knee injury.*

a serious/bad injury *Thank goodness the injury wasn't serious.*

a terrible/horrific injury *Some of the victims suffered terrible injuries.*

a nasty injury *informal Fairground rides can cause some nasty injuries.*

a fatal injury (=śmiertelne obrażenia) *He was taken to hospital, but his injuries proved fatal.*

a minor injury (=niegroźne obrażenia) *Amazingly, the driver had only minor injuries.*

internal injuries (=obrażenia wewnętrzne) *He was coughing blood, a sign that he had internal injuries.*

in·jus·tice /ɪnˈdʒʌstɪs/ *n* [C,U] niesprawiedliwość: *the violence and injustice of the plantation system*

ink /ɪŋk/ *n* [C,U] atrament, tusz

ink·ling /ˈɪŋklɪŋ/ *n* **have an inkling** przypuszczać, podejrzewać: *We had no inkling that he was leaving.*

in·land[1] /ˈɪnlənd/ *adj* śródlądowy: *an inland sea* | *inland trade*

in·land[2] /ɪnˈlænd/ *adv* w głąb lądu: *driving inland*

ˈin-laws *n* [plural] *informal* powinowaci *(najczęściej teściowie)*

in·let /ˈɪnlet/ *n* [C] **1** zatoczka **2** wlot, otwór wlotowy

in·mate /ˈɪnmeɪt/ *n* [C] **1** więzień/więźniarka **2** pacjent/ka *(szpitala psychiatrycznego)*

inn /ɪn/ *n* [C] zajazd, gospoda THESAURUS HOTEL

in·nards /ˈɪnədz/ *n* [plural] wnętrzności

in·nate /ˌɪˈneɪt◂/ *adj* wrodzony: *an innate sense of fun*

in·ner S3 W2 /ˈɪnə/ *adj* wewnętrzny: *the inner ear* → antonim OUTER

ˌinner ˈcity *n* [C] uboga dzielnica wielkomiejska: *Crime in our inner cities seems to be getting worse.*

in·ner·most /ˈɪnəməʊst/ *adj* najskrytszy: *innermost desires*

in·ning /ˈɪnɪŋ/ *n* [C] jedna z dziewięciu części meczu baseballowego

in·nings /ˈɪnɪŋz/ *n* [C] (plural **innings**) runda meczu krykietowego

inn·keep·er /ˈɪnˌkiːpə/ *n* [C] *old-fashioned* oberżyst-a/ka, karczma-rz/rka

in·no·cence /ˈɪnəsəns/ *n* [U] niewinność: *How did they prove her innocence?* | *a child's innocence*

in·no·cent W3 /ˈɪnəsənt/ *adj* niewinny: *Nobody would believe that I was innocent.* | *innocent of murder* | *I was thirteen years old and very innocent.* | *the innocent victims of a drunk driver* | *an innocent remark* —**innocently** *adv* niewinnie

in·noc·u·ous /ɪˈnɒkjuəs/ *adj* nieszkodliwy: *At first, his questions seemed innocuous enough.*

in·no·va·tion W3 Ac /ˌɪnəˈveɪʃən/ *n* [C,U] nowość, innowacja: *recent innovations in computing* —**innovative** /ˈɪnəveɪtɪv/ *adj* nowatorski —**innovator** /ˈɪnəveɪtə/ *n* innowator/ka

in·nu·en·do /ˌɪnjuˈendəʊ/ *n* [C,U] (plural **innuendoes** or **innuendos**) insynuacja: *nasty innuendoes about Laurie and the boss*

in·nu·me·ra·ble /ɪˈnjuːmərəbəl/ *adj* niezliczony

in·of·fen·sive /ˌɪnəˈfensɪv◂/ *adj* nieszkodliwy: *a quiet, inoffensive man* —**inoffensively** *adv* nieszkodliwie

in·or·di·nate /ɪˈnɔːdənət/ *adj* nadmierny, przesadny: *an inordinate amount of time* —**inordinately** *adv* nadmiernie, przesadnie

in·or·gan·ic /ˌɪnɔːˈgænɪk◂/ *adj* nieorganiczny: *inorganic fertilizers* (=nawozy sztuczne)

in·pa·tient /ˈɪnpeɪʃənt/ *n* [C] osoba hospitalizowana → porównaj OUTPATIENT

in·put W3 Ac /ˈɪnpʊt/ *n* **1** [U] wkład: *Students have an important input into what the class covers.* **2** dane wejściowe → porównaj OUTPUT

in·quest /ˈɪŋkwest/ *n* [C] dochodzenie przyczyny zgonu

in·quire /ɪnˈkwaɪə/ *także* **enquire** *BrE* *v* [I,T] *formal* s/pytać, zapytywać: **+ about** *I am writing to inquire about your advertisement in the New York Post.*
inquire into sth *phr v* [T] dochodzić, z/badać: *The investigation will inquire into the reasons for the fire.*

in·quir·ing /ɪnˈkwaɪərɪŋ/ *także* **enquiring** *BrE* *adj* **1** dociekliwy: *Young children have such inquiring minds.* **2 an inquiring glance/look** pytające spojrzenie —**inquiringly** *adv* badawczo, pytająco

in·quir·y W2 /ɪnˈkwaɪəri/ *także* **enquiry** *BrE* *n* [C] **1** zapytanie: *We're getting a lot of inquiries about our new bus service.* **2** [C,U] dochodzenie: *There will be an official inquiry into the incident.*

in·qui·si·tion /ˌɪŋkwəˈzɪʃən/ *n* [C] *formal* **1** przesłuchanie **2 the Inquisition** Inkwizycja

in·quis·i·tive /ɪnˈkwɪzətɪv/ *adj* **1** dociekliwy: *a cheerful, inquisitive little boy* **2** wścibski

in·roads /ˈɪnrəʊdz/ *n* **make inroads into/on sth** wkraść się w coś, zawładnąć czymś: *Their new soft drink is already making huge inroads into the market.*

ˌins and ˈouts *n* [plural] szczegóły: *I'm still learning the ins and outs of my new job.*

in·sane /ɪnˈseɪn/ *adj* **1** *informal* szalony: *You must've been totally insane to go with him!* | *an insane idea* **2** chory umysłowo, obłąkany —**insanity** /ɪnˈsænəti/ *n* [U] choroba umysłowa, obłęd

in·sa·tia·ble /ɪnˈseɪʃəbəl/ *adj* nienasycony: *an insatiable appetite for cheap romantic novels*

in·scribe /ɪnˈskraɪb/ *v* [T] wyryć, wygrawerować: *a medal inscribed with the initials J.S.*

in·scrip·tion /ɪnˈskrɪpʃən/ *n* [C] napis, inskrypcja

in·scru·ta·ble /ɪnˈskruːtəbəl/ *adj* zagadkowy, nieodgadniony: *an inscrutable smile*

in·sect W3 /ˈɪnsekt/ *n* [C] owad

in·sec·ti·cide /ɪnˈsektɪsaɪd/ *n* [U] środek owadobójczy

in·se·cure Ac /ˌɪnsɪˈkjʊə◂/ *adj* niepewny: *The future of the company is still insecure.* | *I was young, very shy and insecure* (=i brakowało mi pewności siebie). —**insecurity** *n* [U] brak pewności siebie —**insecurely** *adv* niepewnie

in·sem·i·na·tion /ɪnˌseməˈneɪʃən/ *n* [U] *technical* zapłodnienie: *artificial insemination*

in·sen·si·tive /ɪnˈsensətɪv/ *adj* nieczuły, nietaktowny: *insensitive questions about her divorce*

in·sep·a·ra·ble /ɪnˈsepərəbəl/ *adj* **1** nieodłączny, nierozłączny: *Jane and Sarah soon became inseparable companions.* **2** *formal* **inseparable from** nierozerwalnie związany z: *In poetry, meaning is often inseparable from form.* —**inseparably** *adv* nierozłącznie

in·sert[1] Ac /ɪnˈsɜːt/ *v* [T] wkładać, wstawiać, wsuwać: *Insert the key in the lock.* | *Insert* (=wrzuć) *one 20p coin.* —**insertion** /-ˈsɜːʃən/ *n* [C,U] wstawka

in·sert[2] /ˈɪnsɜːt/ *n* [C] wkładka, wstawka: *special inserts to protect your heels*

in·side[1] /ɪnˈsaɪd/ *prep* **1** w, w środku, wewnątrz: *I'll leave the keys inside an envelope.* | *We'll be there inside an hour* (=w niecałą godzinę). → antonim OUTSIDE **2** do, do środka, do wewnątrz: *Get inside the car.* → antonim OUTSIDE

in·side[2] S2 W2 /ɪnˈsaɪd/ *adv* **1** w środku, wewnątrz: *He opened the box to find two kittens inside.* → antonim OUTSIDE **2** do środka, do wewnątrz: *We pushed open the door and stepped inside.* → antonim OUTSIDE **3** wewnątrz, w sobie: *Inside, I felt confident and calm.* | *Don't keep the anger inside.*

in·side[3] S3 /ˈɪnsaɪd, ɪnˈsaɪd/ *n* **1 the inside** wnętrze: *The inside of the car was filthy.* **2 inside out** na lewą stronę:

I

Your shirt is inside out. **3 know sth inside out** znać coś na wylot: *She knows the business inside out.*

in·side⁴ /ˈɪnsaɪd/ *adj* **1** wewnętrzny: *the inside pages of a magazine* **2 inside information/the inside story** informacje/relacja z pierwszej ręki

in·sid·er /ɪnˈsaɪdə/ *n* [C] osoba wtajemniczona, osoba dobrze poinformowana: *Insiders have confirmed that Regan has been sacked.*

in·sides /ˈɪnsaɪdz, ɪnˈsaɪdz/ *n* [plural] wnętrzności

in·sid·i·ous /ɪnˈsɪdiəs/ *adj* zdradliwy: *the insidious effects of breathing polluted air* —**insidiously** *adv* zdradliwie —**insidiousness** *n* [U] zdradliwość

in·sight Ac /ˈɪnsaɪt/ *n* [C,U] wgląd, pogląd: **+into** *The article gives us a real insight into Chinese culture.*

in·sig·ni·a /ɪnˈsɪgniə/ *n* [C] (plural **insignia**) insygnia

in·sig·nif·i·cant Ac /ˌɪnsɪgˈnɪfɪkənt◂/ *adj* nieznaczny, nieistotny: *an insignificant change in the unemployment rate* THESAURUS UNIMPORTANT —**insignificance** *n* [U] znikomość

in·sin·cere /ˌɪnsɪnˈsɪə◂/ *adj* nieszczery: *an insincere smile* —**insincerely** *adv* nieszczerze —**insincerity** /ˌɪnsɪnˈserəti/ *n* [U] nieszczerość

in·sin·u·ate /ɪnˈsɪnjueɪt/ *v* [T] insynuować: *Are you insinuating that she didn't deserve the promotion?* —**insinuation** /ɪnˌsɪnjuˈeɪʃən/ *n* [C,U] insynuacja

in·sip·id /ɪnˈsɪpɪd/ *adj* nijaki, mdły: *I was expecting the food to be spicy, but it was kind of insipid.* —**insipidly** *adv* nijakość

in·sist S3 W2 /ɪnˈsɪst/ *v* [I,T] **1** nalegać, upierać się: **+(that)** *Mike insisted that Joelle would never have gone by herself.* | **+on** *She always insisted on her innocence.* **2** domagać się: **+on** *They're insisting on your resignation.* | **+(that)** (=żeby): *I insisted that he leave.*

in·sis·tence /ɪnˈsɪstəns/ *n* [U] naleganie, domaganie się: *Kennedy's insistence that the missiles be sent back to Russia*

in·sis·tent /ɪnˈsɪstənt/ *adj* stanowczy, nieustępliwy: *She's very insistent that we should* (=stanowczo domaga się, żebyśmy) *all be on time.*

in·so·far as, **in so far as** /ɪnsəʊˈfɑːr əz/ *linking word formal* o ile: *Insofar as sales are concerned, the company is doing very well.*

in·so·lent /ˈɪnsələnt/ *adj* bezczelny: *She just stared back with an insolent grin.* —**insolence** *n* [U] bezczelność —**insolently** *adv* bezczelnie

in·sol·u·ble /ɪnˈsɒljəbəl/ *także* **in·solv·a·ble** /ɪnˈsɒlvəbəl/ *AmE adj* nierozwiązywalny: *insoluble problems*

in·sol·vent /ɪnˈsɒlvənt/ *adj informal* niewypłacalny

in·som·ni·a /ɪnˈsɒmniə/ *n* [U] bezsenność

in·spect Ac /ɪnˈspekt/ *v* [T] **1** z/wizytować, s/kontrolować: *All schools are inspected once a year.* **2** z/badać: *Sara inspected her reflection in the mirror.* —**inspection** /-ˈspekʃən/ *n* [C,U] przegląd, inspekcja

> **UWAGA: inspect**
>
> Patrz **control** i **inspect**.

in·spec·tor S3 W3 Ac /ɪnˈspektə/ *n* [C] inspektor: *a health inspector* | *a police inspector*

in·spi·ra·tion /ˌɪnspəˈreɪʃən/ *n* [C,U] inspiracja, natchnienie: **+for** *My trip to Mexico was the inspiration for the novel.*

in·spire /ɪnˈspaɪə/ *v* [T] **1** natchnąć, za/inspirować: **inspire sb to (do) sth** *Encouragement will inspire children to try even harder.* **2** wzbudzać: **inspire sth in sb/inspire sb with sth** *A good captain should inspire confidence in his men.* —**inspiring** *adj* inspirujący

in·spired /ɪnˈspaɪəd/ *adj* natchniony, porywający: *It was an inspired piece of public relations.*

in·sta·bil·i·ty Ac /ˌɪnstəˈbɪləti/ *n* [U] nierównowaga, niestabilność: *a period of economic and political instability* | *emotional instability* →patrz też UNSTABLE

in·stall W3 /ɪnˈstɔːl/ *v* [T] za/instalować: *Companies spend thousands of dollars installing security cameras.* —**installation** /ˌɪnstəˈleɪʃən/ *n* [C,U] instalacja

in·stal·ment /ɪnˈstɔːlmənt/ *BrE*, **installment** *AmE n* [C] **1** rata: *We're paying for the car in monthly instalments.* **2** odcinek: *The final instalment will appear in next month's edition of the magazine.*

in·stance S3 W2 Ac /ˈɪnstəns/ *n* **1 for instance** na przykład: *She's totally unreliable – for instance, she often leaves the children alone in the house.* **2** [C] przypadek: **+of** *instances of police brutality*

in·stant¹ S3 /ˈɪnstənt/ *adj* **1** natychmiastowy: *The movie was an instant success.* **2** rozpuszczalny, instant: *instant coffee* —**instantly** *adv* natychmiast: *The car hit a tree and the driver was killed instantly* (=zginął na miejscu).

instant² *n* [singular] chwila, moment: *He paused for an instant before replying.*

in·stan·ta·ne·ous /ˌɪnstənˈteɪniəs◂/ *adj* momentalny, natychmiastowy: *Wilson's remarks provoked an instantaneous response.* —**instantaneously** *adv* momentalnie

ˌinstant ˈreplay *n* [C] *AmE* powtórka, replay

in·stead S1 W1 /ɪnˈsted/ *adv* **1** zamiast tego **2 instead of** zamiast: *Why don't you do something, instead of just talking about it?*

> **UWAGA: instead**
>
> Nie mówi się „instead of it" ani „instead of that", tylko po prostu **instead**: *We didn't go for a walk, but stayed at home instead.* „Zamiast tego poszliśmy do muzeum" to po angielsku: *We went to the museum instead.* Nie mówi się też „instead of to go" ani „instead to go", tylko **instead of going**.

in·sti·gate /ˈɪnstɪgeɪt/ *v* [T] *formal* wszczynać, s/prowokować: *Gang leaders were accused of instigating the riot.* —**instigator** *n* [C] podżegacz/ka, prowokator/ka —**instigation** /ˌɪnstəˈgeɪʃən/ *n* [U] podżeganie, prowokacja

in·stil /ɪnˈstɪl/ *BrE*, **instill** *AmE v* [T] (**-lled**, **-lling**) wpajać: **instil sth in/into sb** *General Hartson had instilled a sense of pride into all his men.*

in·stinct /ˈɪnstɪŋkt/ *n* [C,U] instynkt: *Instinct told me that something was wrong.* —**instinctive** /ɪnˈstɪŋktɪv/ *adj* instynktowny —**instinctively** *adv* instynktownie

in·sti·tute¹ W3 Ac /ˈɪnstɪtjuːt/ *n* [C] instytut: *the California Institute of Technology*

institute² Ac *v* [T] *formal* **1** ustanawiać, wprowadzać *(system, regułę)* **2** wszczynać: *He has threatened to institute legal proceedings against the company.*

in·sti·tu·tion W1 Ac /ˌɪnstɪˈtjuːʃən/ *n* [C] instytucja:

higher education institutions | the institution of marriage —**institutional** *adj* instytucjonalny

in·struct Ac /ɪnˈstrʌkt/ *v* [T] **1** po/instruować: **instruct sb to do sth** *Police officers were instructed to search the house.* **2** wy/szkolić: *We instruct the children in basic reading skills.*

in·struc·tion S3 W2 Ac /ɪnˈstrʌkʃən/ *n* **1** [C usually plural] instrukcja: **follow instructions** (=postępować zgodnie z instrukcją): *Follow the instructions on the back of the packet.* **2** [C usually plural] polecenie, instrukcja: *Wait here until I give you further instructions.* **3** [U] *formal* szkolenie, instruktaż: *instruction in basic computer skills* —**instructional** *adj* instruktażowy

in·struc·tive Ac /ɪnˈstrʌktɪv/ *adj* pouczający: *an instructive tour of the area*

in·struc·tor Ac /ɪnˈstrʌktə/ *n* [C] instruktor/ka: *a ski instructor* THESAURUS TEACHER

in·stru·ment W2 /ˈɪnstrəmənt/ *n* [C] **1** narzędzie: *medical instruments* **2** instrument: *musical instruments* **3** przyrząd: *The pilot studied his instruments anxiously.*

instrument

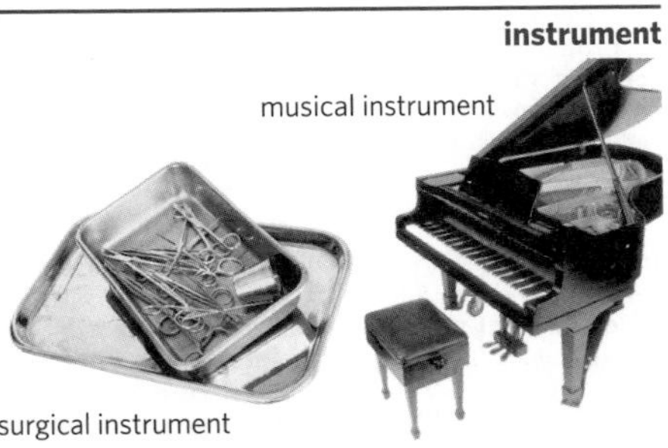

in·stru·men·tal /ˌɪnstrəˈmentl◂/ *adj* **1 be instrumental in (doing) sth** odegrać znaczącą rolę w czymś: *a clue that was instrumental in solving the mystery* **2** instrumentalny: *instrumental music*

in·sub·or·di·nate /ˌɪnsəˈbɔːdənət◂/ *adj* niesubordynowany, nieposłuszny —**insubordination** /ˌɪnsəbɔːdəˈneɪʃən/ *n* [U] niesubordynacja

in·sub·stan·tial /ˌɪnsəbˈstænʃəl◂/ *adj* wątły, nikły: *The evidence against him was insubstantial.*

in·suf·fi·cient Ac /ˌɪnsəˈfɪʃənt◂/ *adj* niewystarczający: *insufficient medical supplies* —**insufficiently** *adv* niewystarczająco

in·su·lar /ˈɪnsjələ/ *adj* zaściankowy: *The British have a reputation for being rather insular.* —**insularity** /ˌɪnsjəˈlærəti/ *n* [U] zaściankowość

in·su·late /ˈɪnsjəleɪt/ *v* [T] za/izolować: *The pipes should be insulated so they don't freeze.* —**insulation** /ˌɪnsjəˈleɪʃən/ *n* [U] izolacja

in·su·lin /ˈɪnsjəlɪn/ *n* [U] insulina

in·sult /ɪnˈsʌlt/ *v* [T] obrażać, znieważać: *How dare you insult my wife like that!* —**insulting** *adj* obraźliwy —**insult** /ˈɪnsʌlt/ *n* [C] obraza, zniewaga

in·sur·ance S2 W2 /ɪnˈʃʊərəns/ *n* [U] ubezpieczenie: *an insurance policy | Does your insurance cover things stolen from your car? | travel insurance*

in·sure /ɪnˈʃʊə/ *v* **1** [I,T] ubezpieczać (się): *Many companies won't insure young drivers. | Are these paintings insured?* **2** amerykańska pisownia wyrazu ENSURE

in·sur·mount·a·ble /ˌɪnsəˈmaʊntəbəl◂/ *adj* nie do pokonania

in·sur·rec·tion /ˌɪnsəˈrekʃən/ *n* [C,U] powstanie, insurekcja: *an armed insurrection*

in·tact /ɪnˈtækt/ *adj* nienaruszony, nietknięty: *The package arrived intact.*

in·take /ˈɪnteɪk/ *n* [singular] **1** spożycie: *Reducing your alcohol intake will help you lose weight.* **2** nabór: *a yearly intake of 300 students*

in·tan·gi·ble /ɪnˈtændʒəbəl/ *adj* nieuchwytny: *There was an intangible quality of mystery about the place.*

in·te·gral Ac /ˈɪntəgrəl/ *adj* integralny: *Training is an integral part of any team's preparation.* —**integrally** *adv* integralnie

in·te·grate Ac /ˈɪntɪgreɪt/ *v* **1** [I,T] z/integrować (się): *teachers helping shy students to integrate into the class* **2** [T] po/łączyć w jedną całość: *This software integrates moving pictures with sound.* —**integrated** *adj* zintegrowany —**integration** /ˌɪntɪˈgreɪʃən/ *n* [U] integracja

in·teg·ri·ty Ac /ɪnˈtegrəti/ *n* [U] prawość: *a man of integrity* (=prawy człowiek)

in·tel·lect /ˈɪntəlekt/ *n* [C,U] inteligencja, intelekt: *a woman of superior intellect*

in·tel·lec·tual W3 /ˌɪntəˈlektʃuəl◂/ *adj* intelektualny: *the intellectual development of children* —**intellectual** *n* [C] intelektualist-a/ka —**intellectually** *adv* intelektualnie

in·tel·li·gence S3 W3 Ac /ɪnˈtelədʒəns/ *n* [U] **1** inteligencja: *a child of average intelligence* **2** wywiad: *foreign intelligence services* (=służby wywiadowcze)

in·tel·li·gent S3 Ac /ɪnˈtelədʒənt/ *adj* inteligentny —**intelligently** *adv* inteligentnie

THESAURUS: intelligent

intelligent inteligentny: *Some dogs are quite intelligent. | You have to be very intelligent to be a doctor. | His father was a highly intelligent man.*
clever *especially BrE*, **smart** *especially AmE* bystry: *You're so clever! How did you think of that? | She'll know the answer - she's much smarter than I am.*
bright bystry *(zwłaszcza o dziecku)*: *She's a bright kid. | the brightest student in the class | He's young and he's bright - he will go far.*
brilliant błyskotliwy: *a brilliant scientist*
gifted utalentowany: *a special school for gifted children*
wise mądry: *a wise old man*
cunning przebiegły: *He was a cunning politician who knew how to use the situation to his advantage.*

in·tel·li·gi·ble /ɪnˈtelədʒəbəl/ *adj* zrozumiały: *He was so drunk that his speech was barely intelligible. | Newspapers must be intelligible to all levels of readers.* —**intelligibly** *adv* zrozumiale

in·tend S2 W1 /ɪnˈtend/ *v* **1** [T] zamierzać: **intend to do sth** *Hughes intends to resign soon.* | **intend doing sth** *I intend contacting them as soon as possible.* **2 be intended for** być przeznaczonym do/dla: *The facilities are intended solely for the use of company employees.*

THESAURUS: intend

intend to do sth zamierzać coś zrobić: *Please let us know if you intend to accept our offer.*
be going to do sth mieć zamiar coś zrobić: *She's going to start art classes next week.*

I

mean to do sth *especially spoken* mieć zamiar/chcieć coś zrobić: *I didn't mean to hurt your feelings.* | *I've been meaning to talk to you about it.*
be thinking of doing sth myśleć o zrobieniu czegoś: *We're thinking of going to Thailand in the summer.*
set out to do sth postanowić coś zrobić: *He set out to win the championship.*

in·tense W3 Ac /ɪnˈtens/ *adj* **1** głęboki, wielki: *intense sorrow* | *He watched the woman with intense interest* (=z wielkim zainteresowaniem). **2** intensywny: *a period of intense activity* **3** poważny: *an intense young man* —**intensely** *adv* głęboko, wielce: *intensely exciting* —**intensity** *n* [U] nasilenie, intensywność

UWAGA: intense i intensive

Nie należy mylić wyrazów **intense** i **intensive** w znaczeniu „intensywny". Wyraz **intense** łączy się z rzeczownikami oznaczającymi aktywność lub wysiłek: *intense activity* | *intense effort*, natomiast wyraz **intensive** łączy się z rzeczownikami dotyczącymi działań wymagających takiej aktywności i wysiłku: *intensive course* | *intensive training*.

in·ten·si·fy Ac /ɪnˈtensɪfaɪ/ *v* [I,T] nasilać (się), wzmagać (się): *The campaign has intensified in recent weeks.* —**intensification** /ɪnˌtensɪfɪˈkeɪʃən/ *n* [U] intensyfikacja

in·ten·sive Ac /ɪnˈtensɪv/ *adj* intensywny: *an intensive driving course* —**intensively** *adv* intensywnie

inˌtensive ˈcare *n* [U] oddział intensywnej opieki medycznej

in·tent[1] /ɪnˈtent/ *n* [U singular] *formal* zamiar: *The jury has to decide whether the woman had any intent to injure her baby.*

intent[2] *adj* **1 sb is intent on sth/on doing sth** komuś zależy na czymś/na zrobieniu czegoś: *She was intent on making a good impression.* **2** skupiony: *She listened with an intent expression.*

in·ten·tion S3 W2 /ɪnˈtenʃən/ *n* [C,U] zamiar: *His intention is to make the company the most successful in Europe.* | **+toward(s)** *What do you think his intentions towards his grandchildren are?* | **have no intention of doing sth** (=nie mieć zamiaru czegoś robić): *I have no intention of getting married.*

in·ten·tion·al /ɪnˈtenʃənəl/ *adj* zamierzony, umyślny: *I'm sorry if I upset you - it wasn't intentional.* —**intentionally** *adv* umyślnie, celowo

inter- /ɪntə/ *prefix* przedrostek odpowiadający niekiedy polskiemu między-

in·ter·act Ac /ˌɪntərˈækt/ *v* [I] **1** współżyć: **+with** *It's interesting how members of the group interact with each other.* **2** wzajemnie oddziaływać na siebie —**interaction** /-ˈækʃən/ *n* [C,U] interakcja

in·ter·act·ive Ac /ˌɪntərˈæktɪv◂/ *adj* interakcyjny: *an interactive software program for children*

in·ter·cept /ˌɪntəˈsept/ *v* [T] przechwytywać: *Shearer ran back and intercepted the ball.*

in·ter·change·a·ble /ˌɪntəˈtʃeɪndʒəbəl/ *adj* wymienny: *Sometimes the words 'of' and 'from' are interchangeable in English, for example after the verb 'to die'.* —**interchangeably** *adv* wymiennie

in·ter·com /ˈɪntəkɒm/ *n* [C] interkom

in·ter·con·ti·nen·tal /ˌɪntəkɒntəˈnentl◂/ *adj* międzykontynentalny: *an intercontinental flight*

in·ter·course /ˈɪntəkɔːs/ *n* [U] *formal* stosunek (płciowy)

in·ter·de·pen·dent /ˌɪntədɪˈpendənt◂/ *adj* współzależny: *a team of interdependent workers* —**interdependence** *n* [U] współzależność

in·terest[1] S2 W1 /ˈɪntrɪst/ *n* **1** [C,U] zainteresowanie: *His main interests are reading and photography.* | **+in** *We both share an interest in music.* | **lose interest (in sth)** (=s/tracić zainteresowanie (czymś)): *Kelly lost interest halfway through the movie.* | **take an interest in sb/sth** (=za/interesować się kimś/czymś): *He's never taken much of an interest in me.* **2** [U] odsetki: *a 19% interest rate* **3** [U] **of interest** interesujący: *local places of interest* | **be of interest to sb** (=interesować kogoś): *Your gossiping is of no interest to me.* **4** [C,U] interes: *We're only thinking of your best interests.* | **be in sb's interest(s)/be in the interests of sb** (=być/leżeć w czyimś interesie): *It's in everyone's interests to try to resolve this dispute as soon as possible.* **5** [C] *technical* udział: *He sold all his interests in the company.* **6 in the interest(s) of justice** w imię sprawiedliwości **7 in the interest(s) of safety/efficiency** z myślą o zwiększeniu bezpieczeństwa/wydajności: *A few changes were made to the car's design in the interests of safety.*

interest[2] *v* [T] za/interesować: *Here are some books that might interest you.*

in·terest·ed S1 W2 /ˈɪntrɪstɪd/ *adj* **1** zainteresowany: **be interested in sth** interesować się czymś: *All she's interested in is boys!* | **be interested in doing sth** *Lisa is interested in studying law.* | **be interested to hear/know** (=chcieć usłyszeć/dowiedzieć się): *We'd be interested to know what you think of these proposals.* **2 interested parties/groups** zainteresowane strony/grupy

in·terest·ing S1 W2 /ˈɪntrəstɪŋ/ *adj* ciekawy, interesujący: *There were a lot of interesting people on the tour.* —**interestingly** *adv* co ciekawe

THESAURUS: interesting

interesting ciekawy, interesujący: *I saw an interesting programme about Japan.* | *The interesting thing about her is that she only started writing when she was 60.*
fascinating fascynujący: *Istanbul is a fascinating city.* | *His life seems so fascinating.* | *the fascinating account of their strange love affair*
gripping/riveting pasjonujący: *This gripping movie will keep you on the edge of your seat.* | *a riveting tale of love and death*
absorbing wciągający: *The book is an absorbing account of the singer's life.* | *Growing vegetables can be an absorbing hobby.*
intriguing intrygujący: *It sounded like an intriguing idea.* | *The results of their research were intriguing.*
I couldn't put it down *spoken* nie mogłem się oderwać *(mówiąc o książce)*: *It's a great book – I couldn't put it down.*

in·ter·fere /ˌɪntəˈfɪə/ *v* [I] wtrącać się: *Stop interfering, will you!* | **+in** *It's better not to interfere in their arguments.* **interfere with sth** *phr v* [T] przeszkadzać w: *Don't let sports interfere with your schoolwork.*

in·ter·fer·ence /ˌɪntəˈfɪərəns/ *n* [U] **1** ingerencja: *I resented his interference in my personal life.* **2** interferencja

in·ter·im¹ /ˈɪntərɪm/ *adj* tymczasowy: *an interim arrangement*

interim² *n* **in the interim** w międzyczasie

in·te·ri·or /ɪnˈtɪəriə/ *n* [C] wnętrze: *a car with a brown leather interior* —**interior** *adj* wewnętrzny →antonim EXTERIOR

UWAGA: interior i internal

Nie należy mylić wyrazów **interior** i **internal** w znaczeniu „wewnętrzny". **Interior** znaczy „znajdujący się wewnątrz budynku, pomieszczenia, pojazdu itp.", a **internal** - „dotyczący spraw danego kraju" lub „dotyczący wnętrza organizmu": *The interior doors are still sound but the exterior doors need replacing.* | *Each country has the right to control its own internal affairs.* | *internal injuries.*

in,terior de'sign *n* [U] projektowanie wnętrz —**interior designer** *n* [U] projektant/ka wnętrz

in·ter·ject /ˌɪntəˈdʒekt/ *v* [I,T] *formal* wtrącić: *"I'm sorry, I don't agree," Kim interjected.*

in·ter·jec·tion /ˌɪntəˈdʒekʃən/ *n* [C] wykrzyknik: *In the sentence "Ouch! That hurt!", "ouch" is an interjection.*

in·ter·lude /ˈɪntəluːd/ *n* [C] **1** przerywnik: *a musical interlude* **2** przerwa, antrakt

in·ter·mar·riage /ˌɪntəˈmærɪdʒ/ *n* [U] małżeństwo mieszane

in·ter·mar·ry /ˌɪntəˈmæri/ *v* [I] zawierać mieszane małżeństwa

in·ter·me·di·a·ry /ˌɪntəˈmiːdiəri/ *n* [C] pośredni-k/czka: *Boyle acted as intermediary in the negotiations.*

in·ter·me·di·ate Ac /ˌɪntəˈmiːdiət◂/ *adj* **1** średniozaawansowany **2** pośredni

in·ter·mi·na·ble /ɪnˈtɜːmənəbəl/ *adj* niekończący się: *interminable delays* THESAURUS LONG —**interminably** *adv* bez końca

in·ter·mis·sion /ˌɪntəˈmɪʃən/ *n* [C] antrakt

in·ter·mit·tent /ˌɪntəˈmɪtənt◂/ *adj* przerywany, nieregularny: *intermittent rain showers* —**intermittently** *adv* z przerwami

in·tern¹ /ɪnˈtɜːn/ *v* [T] internować —**internment** *n* [C,U] internowanie

in·tern² /ˈɪntɜːn/ *n* [C] *AmE* lekarz stażysta

in·ter·nal W2 Ac /ɪnˈtɜːnl/ *adj* wewnętrzny: *internal bleeding* —**internally** *adv* wewnętrznie →antonim EXTERNAL

UWAGA: internal

Patrz **interior** i **internal**.

in·ter·na·tion·al S2 W1 /ˌɪntəˈnæʃənəl◂/ *adj* międzynarodowy: *the International Law Association* —**internationally** *adv* na arenie międzynarodowej: *to compete internationally* | *internationally famous*

In·ter·net S2 W2 /ˈɪntənet/ *n* **the Internet** Internet: *Are you on the Internet yet?*

COLLOCATIONS: Internet

verbs

to use the Internet *You can use the Internet to look for jobs.*

to go on the Internet *I went on the Internet to find out more about him.*

to surf the Internet *She spends hours surfing the Internet every evening.*

to buy/book sth on the Internet *He bought the chairs on the Internet.* | *Have you ever booked a holiday on the internet?*

to download sth from the Internet *You can download music from the Internet.*

Internet + noun

an Internet user *Internet users need to be aware of a few safety issues.*

Internet access *Do you have Internet access at home?*

an Internet connection *Our classroom is equipped with a high-speed Internet connection.*

an Internet service provider (=dostawca usług internetowych) *If you have trouble connecting, call your Internet service provider.*

Internet shopping/banking *Internet banking saves customers a lot of time.*

an Internet address *What is the company's Internet address?*

an Internet business *He started an Internet business as a teenager.*

in·ter·per·son·al /ˌɪntəˈpɜːsənəl◂/ *adj* międzyludzki, interpersonalny

in·ter·play /ˈɪntəpleɪ/ *n* [U singular] wzajemne oddziaływanie: *the interplay of light and colour in her paintings*

in·ter·pret W3 Ac /ɪnˈtɜːprɪt/ *v* **1** [T] z/interpretować: **interpret sth as sth** *His silence was interpreted as guilt.* **2** [I] tłumaczyć *(ustnie)* →porównaj TRANSLATE

in·ter·pre·ta·tion W2 Ac /ɪnˌtɜːprɪˈteɪʃən/ *n* [C,U] interpretacja: **+ of** *Their interpretation of the evidence was very different from ours.* | *Kenneth Branagh's interpretation of 'Hamlet'*

in·ter·pret·er /ɪnˈtɜːprɪtə/ *n* [C] tłumacz/ka *(języka mówionego)* →porównaj TRANSLATOR

in·ter·re·lat·ed /ˌɪntərɪˈleɪtɪd◂/ *adj* powiązany (ze sobą): *Wages and prices are interrelated.*

in·ter·ro·gate /ɪnˈterəgeɪt/ *v* [T] przesłuchiwać: *Police interrogated the suspect for over two hours.* —**interrogator** *n* [C] przesłuchujący, śledczy —**interrogation** /ɪnˌterəˈgeɪʃən/ *n* [C,U] przesłuchanie

in·ter·rog·a·tive /ˌɪntəˈrɒgətɪv◂/ *n* [C] pytanie —**interrogative** *adj* pytający

in·ter·rupt /ˌɪntəˈrʌpt/ *v* [I,T] przerywać: *"What exactly do you mean?" Barker interrupted.* | *His career was interrupted by the war.* —**interruption** /-ˈrʌpʃən/ *n* [C,U] przerwa, zakłócenie: *without interruptions*

in·ter·sect /ˌɪntəˈsekt/ *v* [I,T] przecinać (się)

in·ter·sec·tion /ˌɪntəˈsekʃən/ *n* [C] skrzyżowanie: *a busy intersection*

in·ter·spersed /ˌɪntəˈspɜːst/ *adj* **interspersed with** przeplatający się z: *sunny periods interspersed with showers*

in·ter·twined /ˌɪntəˈtwaɪnd/ *adj* spleciony: *intertwined branches*

in·ter·val W3 Ac /ˈɪntəvəl/ *n* **1** [C] przerwa: *After a short interval there was a knock at the door.* **2 at regular intervals** w regularnych odstępach: *Visit your dentist at regular intervals for a check-up.* **3 at weekly/monthly intervals**

raz na tydzień/miesiąc: *Your work will be assessed at three-monthly intervals.* **4** [C] *BrE* antrakt

in·ter·vene Ac /ˌɪntəˈviːn/ *v* [I] **1** interweniować: **+in** *Police eventually had to intervene in the dispute.* **2** wtrącać się, przeszkadzać: *They had planned to get married, but the war intervened.* —**intervention** /-ˈvenʃən/ *n* [C,U] interwencja

in·ter·ven·ing Ac /ˌɪntəˈviːnɪŋ◂/ *adj* **in the intervening years/months/decades** od tamtego czasu, w międzyczasie: *I hadn't seen him since 1988 and he'd aged a lot in the intervening years.*

in·ter·view[1] S2 W2 /ˈɪntəvjuː/ *n* [C] **1** rozmowa kwalifikacyjna: *We would like to invite you to attend an interview on Tuesday.* | **+for** *I've got an interview for a Saturday job.* **2** wywiad: **+with** *an exclusive interview with Mel Gibson* | **give an interview** (=udzielać wywiadu): *Cantona refused to give any interviews after the incident.*

interview[2] S2 *v* [T] prowadzić rozmowę kwalifikacyjną/wywiad z —**interviewer** *n* [C] osoba prowadząca rozmowę kwalifikacyjną/wywiad

in·tes·tine /ɪnˈtestɪn/ *n* [C] jelito —**intestinal** *adj* jelitowy

in·ti·mate[1] /ˈɪntəmət/ *adj* **1** bliski, zażyły: *She only told a few intimate friends that she was pregnant.* **2** intymny: *a long and intimate conversation* **3 an intimate knowledge of sth** gruntowna znajomość czegoś: *Ted has an intimate knowledge of the local area.* **4** kameralny: *an intimate little bar* —**intimately** *adv* blisko, gruntownie: *intimately acquainted* —**intimacy** *n* [U] bliskość, zażyłość

in·ti·mate[2] /ˈɪntəˈmeɪt/ *v* [T] *formal* dać do zrozumienia: **+that** *The manager intimated that they would not be renewing his contract.* —**intimation** /ˌɪntəˈmeɪʃən/ *n* [C,U] napomknienie

in·tim·i·date /ɪnˈtɪmədeɪt/ *v* [T] zastraszać: *Ben seems to enjoy intimidating younger children.* —**intimidation** /ɪnˌtɪməˈdeɪʃən/ *n* [U] zastraszenie

in·tim·i·dat·ed /ɪnˈtɪmɪdeɪtɪd/ *adj* zastraszony, onieśmielony: *She felt intimidated walking into the bar on her own.* —**intimidating** *adj* onieśmielający: *Some people find interviews intimidating.*

in·to S1 W1 /ˈɪntə, ˈɪntuː/ *prep* **1** do: *How did you get into the house?* | *Don't fall into the water!* **2** w: *She looked straight into my eyes.* | *I was always getting into trouble* (=wpadałem w tarapaty). **3** na: *The car had run into a tree* (=wpadł na drzewo). **4 make/turn/shape sth into sth** z/robić z czegoś coś: *Make the dough into a ball* (=ulep z ciasta kulę). **5 be into sth** *spoken* interesować się czymś: *Dave's really into windsurfing.* THESAURUS LIKE

in·tol·e·ra·ble /ɪnˈtɒlərəbəl/ *adj* nieznośny, nie do zniesienia: *intolerable living conditions* —**intolerably** *adv* nieznośnie

in·tol·e·rant /ɪnˈtɒlərənt/ *adj* nietolerancyjny —**intolerance** *n* [U] nietolerancja

in·to·na·tion /ˌɪntəˈneɪʃən/ *n* [C,U] intonacja

in·tox·i·cat·ed /ɪnˈtɒksɪkeɪtɪd/ *adj* **1** *formal* nietrzeźwy: *The driver was clearly intoxicated.* **2** odurzony, upojony: *intoxicated with the experience of freedom* —**intoxicating** *adj* odurzający, upojny —**intoxicate** *v* [T] odurzać —**intoxication** /ɪnˌtɒksɪˈkeɪʃən/ *n* [U] odurzenie alkoholem

in·trac·ta·ble /ɪnˈtræktəbəl/ *adj formal* **1** krnąbrny **2** nierozwiązywalny: *intractable problems*

in·tra·net /ˈɪntrənet/ *n* [C] sieć wewnętrzna, intranet

in·tran·si·gent /ɪnˈtrænsədʒənt/ *adj formal* nieprzejednany, zatwardziały —**intransigence** *n* [U] nieprzejednanie, zatwardziałość

in·tran·si·tive verb /ɪnˌtrænsətɪv ˈvɜːb/ *n* [C] czasownik nieprzechodni: *In the sentence 'She was crying', 'cry' is an intransitive verb.* → porównaj TRANSITIVE VERB

in·tra·ve·nous /ˌɪntrəˈviːnəs◂/ *adj* dożylny —**intravenously** *adv* dożylnie

in·trep·id /ɪnˈtrepɪd/ *adj* nieustraszony: *intrepid explorers*

in·tri·cate /ˈɪntrɪkət/ *adj* skomplikowany: *an intricate pattern in the rug* —**intricacy** *n* [C,U] zawiłość —**intricately** *adv* zawile

in·trigue[1] /ɪnˈtriːg/ *v* [T] za/intrygować: *He was intrigued by the dark-haired woman sitting opposite him.* —**intriguing** *adj* intrygujący —**intriguingly** *adv* intrygująco

in·trigue[2] /ˈɪntriːg/ *n* [C,U] intryga: *political intrigue*

in·trin·sic Ac /ɪnˈtrɪnsɪk/ *adj* naturalny, wrodzony: *the intrinsic beauty of the landscape* | *her intrinsic goodness* —**intrinsically** /-kli/ *adv* z natury

in·tro·duce S2 W1 /ˌɪntrəˈdjuːs/ *v* [T] **1** wprowadzać: *The company introduced a no-smoking policy last year.* **2** przedstawiać: *I'd like to introduce our speaker, Mr Gordon Brown.* | **introduce sb to sb** *Alice, may I introduce you to Megan.* | **introduce yourself** (=przedstawiać się): *The woman sitting next to me introduced herself as Dr Barbara Daly.* **3 introduce sb to sth** zaznajamiać kogoś z czymś: *It was Mary who introduced us to Thai food.* **4** prowadzić: *the Eurovision Song Contest, introduced by Terry Wogan*

introduce

in·tro·duc·tion S3 W2 /ˌɪntrəˈdʌkʃən/ *n* **1** [C,U] wprowadzenie: *The course is intended to provide a basic introduction to Art History.* | **+of** *the introduction of personal computers into schools* **2** [C] wstęp **3** [C usually plural] **make the introductions** dokonywać prezentacji: *Shall I make the introductions?*

in·tro·duc·to·ry /ˌɪntrəˈdʌktəri◂/ *adj* **1 introductory chapter/paragraph** wstępny rozdział/akapit **2 introductory course/lecture** kurs/wykład wprowadzający: *an introductory course in data processing*

in·tro·spec·tive /ˌɪntrəˈspektɪv◂/ *adj* introspekcyjny —**introspection** /-ˈspekʃən/ *n* [U] introspekcja

in·tro·vert /ˈɪntrəvɜːt/ *n* [C] introwerty-k/czka → antonim EXTROVERT

in·tro·vert·ed /ˈɪntrəvɜːtɪd/ *adj* zamknięty w sobie → antonim EXTROVERTED

in·trude /ɪnˈtruːd/ *v* [I] przeszkadzać: *I'm sorry to intrude, but I need to talk to you.* | **intrude on/upon/into sth** (=zakłócać coś): *journalists who intrude upon people's private lives* —**intrusive** *adj* natrętny: *They found the television cameras too intrusive.*

in·trud·er /ɪnˈtruːdə/ *n* [C] intruz

in·tu·i·tion /ˌɪntjuˈɪʃən/ *n* [C,U] intuicja: *You should learn to trust your intuition.*

in·tu·i·tive /ɪnˈtjuːətɪv/ *adj* intuicyjny: *She seemed to have an intuitive understanding of the problem.* **—intuitively** *adv* intuicyjnie

In·u·it /ˈɪnuɪt/ *n* **the Inuit** Inukowie, Eskimosi **—Inuit** *adj* eskimoski

in·un·date /ˈɪnəndeɪt/ *v* [T] **be inundated with sth** być zasypywanym czymś: *We were inundated with requests for tickets.*

in·vade /ɪnˈveɪd/ *v* **1** [I,T] najeżdżać (na): *The Romans invaded Britain in 54 BC.* **2** [T] zajmować: *Overjoyed fans invaded the sports field.* **—invader** *n* [C] najeźdźca **—invasion** /-ˈveɪʒən/ *n* [C,U] inwazja, najazd

in·val·id¹ /ɪnˈvælɪd/ *adj* nieważny: *an invalid passport*

in·va·lid² /ˈɪnvəliːd/ *n* [C] inwalid-a/ka

in·val·i·date Ac /ɪnˈvælədeɪt/ *v* [T] *formal* unieważnić, negatywnie zweryfikować

in·val·u·a·ble /ɪnˈvæljuəbəl/ *adj* nieoceniony: *He thanked the volunteers for their invaluable help.* THESAURUS USEFUL

in·var·i·a·bly Ac /ɪnˈveəriəbli/ *adv* niezmiennie, zawsze: *She invariably arrived home from work exhausted.* **—invariable** *adj* niezmienny

in·vent /ɪnˈvent/ *v* [T] **1** wynaleźć: *Who invented the light bulb?* **2** wymyślić: *You'll have to invent a better excuse than that!*

THESAURUS: invent

invent wynaleźć: *He invented the light bulb.* | *Who invented the Internet?*
discover odkryć: *Scientists may have discovered a cure for the disease.* | *Pierre and Marie Curie discovered radium.*
create stworzyć: *Mickey Mouse was created by Walt Disney.* | *He created a whole new range of simple recipes.*
think of sth/come up with sth wymyślić *(rozwiązanie, sposób itp.)*: *Together they came up with the idea for the business.* | *See if you can think of a better name for the book.*
make sth up wymyślić *(bajkę itp.)*: *Mum used to make up stories for us at bedtime.*
devise *formal* opracować, zaprojektować: *This system was devised to measure students' progress.*

in·ven·tion /ɪnˈvenʃən/ *n* **1** [C] wynalazek: *inventions such as fax machines and e-mail* **2** [U] wynalezienie: **+of** *the invention of television*

in·ven·tive /ɪnˈventɪv/ *adj* pomysłowy: *Ed's a very inventive cook.* **—inventiveness** *n* [U] pomysłowość

in·ven·tor /ɪnˈventə/ *n* [C] wynalaz-ca/czyni

in·ven·tory /ˈɪnvəntri/ *n* [C] wykaz

in·vert /ɪnˈvɜːt/ *v* [T] *formal* odwracać **—inversion** /-ˈvɜːʃən/ *n* [C,U] odwrócenie, inwersja

inˌverted ˈcommas *n* [plural] *BrE* cudzysłów

in·vest S3 W3 Ac /ɪnˈvest/ *v* [I,T] za/inwestować: *She invests a lot of time and energy in her work.* | **+in** *$6 million has been invested in the construction of a new film studio.* | *I think it's time you invested in a new pair of jeans.* **—investor** *n* [C] inwestor/ka

in·ves·ti·gate W2 Ac /ɪnˈvestɪgeɪt/ *v* [I,T] po/prowadzić dochodzenie w sprawie: *Detectives are investigating a brutal murder.* **—investigator** *n* [C] oficer śledczy **—investigative** /-gətɪv/ *adj*: *investigative journalism* (=dziennikarstwo dochodzeniowe)

in·ves·ti·ga·tion W2 Ac /ɪnˌvestɪˈgeɪʃən/ *n* [C,U] dochodzenie: **+into** *an investigation into police corruption* | **be under investigation** (=być przedmiotem dochodzenia): *Safety procedures at the airport are currently under investigation.*

in·vest·ment S2 W1 Ac /ɪnˈvestmənt/ *n* [C,U] inwestycja: *a £500,000 investment* | *We bought the house as an investment.* | **+in** *US investment in foreign companies*

in·vet·e·rate /ɪnˈvetərət/ *adj* **inveterate liar/smoker/gambler** nałogowy kłamca/palacz/hazardzista

in·vig·o·ra·ting /ɪnˈvɪgəreɪtɪŋ/ *adj* orzeźwiający: *an invigorating sea breeze*

in·vin·ci·ble /ɪnˈvɪnsəbəl/ *adj* niepokonany, niezwyciężony

in·vis·i·ble Ac /ɪnˈvɪzəbəl/ *adj* **1** niewidoczny: *The entrance to the cave was almost invisible.* **2** niewidzialny: *Jagger was dancing and pretending to play an invisible guitar.*

in·vi·ta·tion /ˌɪnvɪˈteɪʃən/ *n* [C,U] zaproszenie: **an invitation to (do) sth** *I'm waiting for an invitation to her house.*

in·vite¹ S2 W2 /ɪnˈvaɪt/ *v* [T] **1** zapraszać: *"Are you going to Tim's party?" "No, we weren't even invited."* | **invite sb to (do) sth** *All local residents are invited to attend the meeting* (=są zaproszeni do udziału w spotkaniu). **2 invite criticism** narażać się na krytykę **invite trouble** kusić los: *Going out and leaving the house unlocked is inviting trouble.*
invite sb along *phr v* [T] zabierać ze sobą: *She invited some of her friends along to watch the game.*
invite sb in *phr v* [T] zapraszać do domu/do siebie
invite sb over *także* **invite** sb **round** *BrE phr v* [T] zapraszać do domu/do siebie: *Why don't you invite Jim and Katie over for a drink?*

UWAGA: invite

Czasownika **invite** używa się, gdy mowa o tym, że komuś zaproponowano, aby dokądś się wybrał: *I've been invited to Barbara's party.* Nie używamy natomiast **invite**, zapraszając kogoś. W takim przypadku powiemy raczej: *Would you like to come to my party?*

in·vite² /ˈɪnvaɪt/ *n* [C] *informal* zaproszenie

in·vit·ing /ɪnˈvaɪtɪŋ/ *adj* kuszący: *the inviting smell of freshly baked bread*

in·voice /ˈɪnvɔɪs/ *n* [C] faktura *(dokument)*

in·voke Ac /ɪnˈvəʊk/ *v* [T] *formal* powoływać się na: *Section 8.3 of the contract was invoked in support of the decision.*

in·vol·un·ta·ry /ɪnˈvɒləntəri/ *adj* mimowolny: *an involuntary cry of pain* **—involuntarily** *adv* mimowolnie

in·volve S2 W1 Ac /ɪnˈvɒlv/ *v* [T] **1** dotyczyć, obejmować: *a riot involving forty-five prisoners* **2** wymagać, wiązać się z: *What exactly does the job involve?* | **involve doing sth** *Being a rock star involves giving lots of interviews.* **3** za/angażować: **involve sb in sth** *Schools are trying to involve parents more in their children's education.*

in·volved S2 W3 /ɪnˈvɒlvd/ *adj* **1 be/get involved in sth** za/angażować się w coś: *How many people are involved in*

I

the decision-making process? | *Al was reluctant to get involved in their dispute.* **2** zawiły: *a long, involved answer* —**involvement** *n* [U] zaangażowanie

in·ward /ˈɪnwəd/ *adj* wewnętrzny, skryty: *Her calm expression hid an inward fear.* —**inwardly** *adv* w duchu: *I managed to smile, but inwardly I was furious.*

in·wards /ˈɪnwədz/ *BrE*, **inward** *AmE adv* do wewnątrz: *The door opened inwards.* →antonim OUTWARDS

ˌin-your-ˈface *adj* bezpardonowy, drapieżny: *Hollerbach's in-your-face style of comedy*

i·o·dine /ˈaɪədiːn/ *n* [U] **1** jod **2 iodine solution** jodyna

IOU /ˌaɪ əʊ ˈjuː/ *n* [C] *informal* rewers

IPA /ˌaɪ piː ˈeɪ◂/ *n* [singular] Międzynarodowy Alfabet Fonetyczny

iPod /ˈaɪpɒd/ *n trademark* iPod

IQ /ˌaɪ ˈkjuː/ *n* [C] iloraz inteligencji: *She has an IQ of 120.*

ir- /ɪr/ *prefix* przedrostek tworzący wyrazy o przeciwstawnym znaczeniu, nie-: *irregular* | *irrational*

I·ran /ɪˈrɑːn/ *n* Iran —**Iranian** /ɪˈreɪniən/ *n* Ira-ńczyk/nka —**Iranian** *adj* irański

I·raq /ɪˈrɑːk/ *n* Irak —**Iraqi** /ɪˈrɑːki/ *n* Irakij-czyk/ka —**Iraqi** *adj* iracki

i·rate /ˌaɪˈreɪt◂/ *adj formal* gniewny: *complaints from irate customers*

Ire·land /ˈaɪələnd/ *n* Irlandia —**Irishman** /ˈaɪərɪʃmən/ *n* Irlandczyk —**Irishwoman** /ˈaɪərɪʃˌwʊmən/ *n* Irlandka —**Irish** /ˈaɪərɪʃ/ *adj* irlandzki

i·ris /ˈaɪərɪs/ *n* [C] **1** irys **2** tęczówka

irk /ɜːk/ *v* [T] denerwować, drażnić

i·ron[1] S2 W3 /ˈaɪən/ *n* **1** [U] żelazo **2** [C] żelazko

iron[2] S3 *v* [I,T] wy/prasować: *Can you iron this shirt for me?* —**ironing** *n* [U] prasowanie: *I still haven't done the ironing.*

iron sth ↔ out *phr v* [T] rozwiązać: *We need to iron out a few problems first.*

iron[3] *adj* żelazny: *an iron gate* | *He ruled the country with an iron fist* (=żelazną ręką).

ˌIron ˈCurtain *n* **the Iron Curtain** żelazna kurtyna

i·ron·ic /aɪˈrɒnɪk/ *adj* **1** paradoksalny: *It's ironic that Bill was the only person to fail the examination.* **2** ironiczny —**ironically** *adv* ironicznie, jak na ironię

ˈironing ˌboard *n* [C] deska do prasowania

i·ron·y /ˈaɪərəni/ *n* [U] **1** paradoks: *The irony is that the drug was supposed to save lives, but it killed him.* **2** ironia

ir·ra·tion·al Ac /ɪˈræʃənəl/ *adj* irracjonalny: *an irrational fear of spiders* —**irrationally** *adv* irracjonalnie

ir·rec·on·cil·a·ble /ɪˌrekənˈsaɪləbəl◂/ *adj* nie do pogodzenia: *irreconcilable differences of opinion* —**irreconcilably** *adv* nieodwołalnie

ir·reg·u·lar /ɪˈregjələ/ *adj* **1** nieregularny: *a face with irregular features* | *an irregular heartbeat* | *irregular verbs* **2** *BrE formal* nieodpowiedni, niezgodny z przepisami: *This is all highly irregular.* —**irregularly** *adv* nieregularnie, nierównomiernie —**irregularity** /ɪˌregjəˈlærəti/ *n* [C,U] nieregularność, nieprawidłowość

ir·rel·e·vant Ac /ɪˈreləvənt/ *adj* nieistotny: *His age is irrelevant if he can do the job.* THESAURUS UNIMPORTANT

ir·rep·a·ra·ble /ɪˈrepərəbəl/ *adj* nieodwracalny —**irreparably** *adv* nieodwracalnie

ir·re·place·a·ble /ˌɪrɪˈpleɪsəbəl◂/ *adj* niezastąpiony: *an irreplaceable work of art* THESAURUS VALUABLE

ir·re·pres·si·ble /ˌɪrɪˈpresəbəl◂/ *adj* niepohamowany: *irrepressible excitement*

ir·re·proach·a·ble /ˌɪrɪˈprəʊtʃəbəl◂/ *adj* nienaganny: *Her behaviour has always been irreproachable.* —**irreproachably** *adv* nienagannie

ir·re·sis·ti·ble /ˌɪrɪˈzɪstəbəl◂/ *adj* **1** taki, któremu nie można się oprzeć: *There was masses of irresistible food at the wedding.* **2** nieodparty: *an irresistible urge*

ir·re·spec·tive /ˌɪrɪˈspektɪv/ *adv* **irrespective of** niezależnie od: *Anyone can participate, irrespective of age.*

ir·re·spon·si·ble /ˌɪrɪˈspɒnsəbəl◂/ *adj* nieodpowiedzialny: *What an irresponsible attitude!* —**irresponsibly** *adv* nieodpowiedzialnie

ir·rev·e·rent /ɪˈrevərənt/ *adj* drwiący, lekceważący: *an irreverent sense of humour* —**irreverence** *n* [U] lekceważenie —**irreverently** *adv* drwiąco, z lekceważeniem

ir·re·ver·si·ble Ac /ˌɪrɪˈvɜːsəbəl◂/ *adj* nieodwracalny: *irreversible brain damage*

ir·rev·o·ca·ble /ɪˈrevəkəbəl/ *adj* nieodwołalny: *an irrevocable decision* —**irrevocably** *adv* nieodwołalnie

ir·ri·gate /ˈɪrɪgeɪt/ *v* [T] nawadniać —**irrigation** /ˌɪrəˈgeɪʃən/ *n* [U] nawadnianie

ir·ri·ta·ble /ˈɪrətəbəl/ *adj* drażliwy: *He's always irritable in the morning.* —**irritability** /ˌɪrətəˈbɪləti/ *n* [U] drażliwość

ir·ri·tant /ˈɪrɪtənt/ *n* [C] *formal* **1** źródło irytacji, kamień obrazy: *Bob's droning accent was a constant irritant.* **2** czynnik drażniący

ir·ri·tate /ˈɪrɪteɪt/ *v* [T] **1** z/irytować, roz/drażnić: *Her attitude really irritated me.* **2** po/drażnić: *Wool irritates my skin.* —**irritating** *adj* irytujący, drażniący —**irritation** /ˌɪrɪˈteɪʃən/ *n* [C,U] irytacja, podrażnienie

UWAGA: irritated

Patrz **nervous** i **irritated**.

is /ɪz/ trzecia osoba liczby pojedynczej czasu teraźniejszego od BE

Is·lam /ˈɪslɑːm/ *n* [U] islam —**Islamic** /ɪsˈlæmɪk/ *adj* islamski

is·land S3 W2 /ˈaɪlənd/ *n* [C] wyspa: *the Canary Islands*

UWAGA: island

„Na wyspie Wolin" to po angielsku: *on the island of Wolin*; „na Kubie" - *in Cuba*. Tłumacząc na angielski „na Hawajach", mówimy: *in Hawaii*, a „na Filipinach" - *in the Philippines*.

is·land·er /ˈaɪləndə/ *n* [C] wyspia-rz/rka

isle /aɪl/ *n* [C] *literary* wyspa

is·n't /ˈɪzənt/ forma ściągnięta od "is not": *The essay isn't due until Friday.*

i·so·late Ac /ˈaɪsəleɪt/ *v* [T] od/izolować: *The new prisoner was isolated as soon as he arrived.*

i·so·lat·ed Ac /ˈaɪsəleɪtɪd/ *adj* **1** odosobniony: *an isolated farmhouse* | *an isolated case/incident* **2** wyobcowany: *Mothers with young children often feel isolated.*

i·so·la·tion Ac /ˌaɪsəˈleɪʃən/ *n* **1** [U] odosobnienie: *Because of its isolation, the island developed its own culture.*

2 in isolation w izolacji: *These events cannot be examined in isolation from one another.*

Is·rael /ˈɪzreɪl/ *n* Izrael —**Israeli** /ɪzˈreɪli/ *n* Izraelczyk/ka —**Israeli** *adj* izraelski

is·sue¹ S1 W1 /ˈɪʃuː/ *n* **1** [C] kwestia, problem: *Abortion was a key issue in the 1989 elections.* THESAURUS PROBLEM, SUBJECT **2** [C] numer: *the latest issue of 'Vogue'* **3 take issue with** nie zgadzać się z, za/kwestionować: *He took issue with Farrell's statement.* **4 make an issue of sth** z/robić z czegoś problem

issue² S3 W2 Ac *v* [T] wydawać: *a statement issued by the White House* | **issue sb with sth** (=zaopatrywać kogoś w coś): *All staff will be issued with protective clothing.*

it S1 W1 /ɪt/ *pron* **1** on, ona, ono: *"Did you bring your umbrella?" "No, I left it* (=zostawiłem ją) *at home."* **2 how's it going?** jak leci? **3** to: *I don't know who took your book, but it wasn't me* (=to nie byłem ja). | *I can't stand it any longer* (=nie mogę już tego znieść). **4** w funkcji podmiotu lub dopełnienia, którego nie tłumaczymy na język polski: *It costs less to drive* (=taniej jest jeździć samochodem) *than to take the bus.* | *I like it here* (=podoba mi się tutaj). **5** w zwrotach z czasownikiem „be" mówiących o pogodzie, czasie, odległości: *It's raining again.* | *What time is it?* | *It's over 200 miles from London to Manchester.* **6** w zwrotach z „seem", „appear", „look" i „happen": *It looks like* (=wygląda na to, że) *Henry's not going to be able to come to lunch.* **7 it's me/John** (to) ja/John: *"Who's on the phone?" "It's Jill."*

IT /ˌaɪ ˈtiː/ *n* [U] skrót od INFORMATION TECHNOLOGY

i·tal·ics /ɪˈtælɪks/ *n* [plural] kursywa

It·a·ly /ˈɪtəli/ *n* Włochy —**Italian** /ɪˈtæliən/ *n* Włoch/szka —**Italian** *adj* włoski

itch¹ /ɪtʃ/ *v* [I] swędzić

itch² *n* [C] **1** swędzenie **2** *informal* chętka —**itchy** *adj* swędzący —**itchiness** *n* [U] swędzenie

i·tem S3 W2 Ac /ˈaɪtəm/ *n* **1** [C] punkt, pozycja: *There are over 20 items on the menu.* **2** [C] **(news) item** wiadomość (*w prasie, telewizji*): *an item about the kidnapping in the paper*

i·tem·ize /ˈaɪtəmaɪz/ *także* **-ise** *BrE v* [T] wyszczególniać

i·tin·e·rant /aɪˈtɪnərənt/ *adj formal* wędrowny: *an itinerant musician*

i·tin·e·ra·ry /aɪˈtɪnərəri/ *n* [C] plan podróży

it'll /ˈɪtl/ forma ściągnięta od „it will": *It'll never work.*

its S1 W1 /ɪts/ *determiner* jego, swój: *The tree has lost all of its leaves.*

it's /ɪts/ **1** forma ściągnięta od „it is": *It's snowing!* **2** forma ściągnięta od „it has": *It's been a great year.*

it·self S1 W1 /ɪtˈself/ *pron* **1** się, siebie, sobie: *The cat was washing itself.* **2 in itself** samo w sobie: *We're proud you finished the race. That in itself is an accomplishment.*

it'd /ˈɪtəd/ **1** forma ściągnięta od „it would": *It'd be nice to go to the beach.* **2** forma ściągnięta od 'it had': *It'd been raining all day.*

IV /ˌaɪ ˈviː/ *n* [C] *AmE* kroplówka

I've /aɪv/ forma ściągnięta od „I have": *I've seen you somewhere before.*

i·vo·ry /ˈaɪvəri/ *n* [U] kość słoniowa

i·vy /ˈaɪvi/ *n* [U] bluszcz

J, j /dʒeɪ/ J, j *(litera)*

jab¹ /dʒæb/ *v* [I,T] (**-bbed**, **-bbing**) dźgać: *Stop jabbing me with your elbow!* | *He angrily jabbed a finger into* (=dźgnął mnie palcem w) *my chest.*

jab² *n* [C] **1** dźgnięcie **2** *BrE informal* zastrzyk: *a tetanus jab*

jab·ber /ˈdʒæbə/ *v* [I] paplać, trajkotać: *Franco jabbered away about football.*

jack¹ /dʒæk/ *n* [C] **1** podnośnik **2** walet: *the jack of hearts*

jack² *v*
jack sth ↔ in *phr v* [T] *BrE informal* rzucać w diabły: *I'd love to jack in my job.*
jack sth ↔ up *phr v* [T] **1** podnosić podnośnikiem: *Dad jacked the car up so I could change the tyre.* **2** windować: *Airlines always jack up fares at Christmas.*

jack·al /ˈdʒækɔːl/ *n* [C] szakal

jack·et S2 W3 /ˈdʒækɪt/ *n* [C] **1** marynarka **2** kurtka

ˌjacket poˈtato *n* [C] *BrE* ziemniak w mundurku

jackhammer /ˈdʒækˌhæmər/ *n AmE* młot pneumatyczny

ˈjack-in-the-ˌbox *n* [C] zabawka w formie pudełka, z którego wyskakuje pajacyk

ˈjack knife *n* [C] scyzoryk

ˈjack-knife *v* [I] składać się jak scyzoryk

jack·pot /ˈdʒækpɒt/ *n* **1** [C] cała pula **2 hit the jackpot** odnieść wielki sukces: *The National Theatre hit the jackpot with its first musical, Guys and Dolls.*

Ja·cuz·zi /dʒəˈkuːzi/ *n* [C] *trademark* wanna z masażem wodnym

jade /dʒeɪd/ *n* [U] nefryt

ja·ded /ˈdʒeɪdɪd/ *adj* znudzony: *She seemed jaded and in need of a break.*

jag·ged /ˈdʒægɪd/ *adj* ostry, wyszczerbiony: *jagged rocks*

jag·u·ar /ˈdʒægjuə/ *n* [C] jaguar

jail¹ /dʒeɪl/ *także* **gaol** *BrE n* [C,U] więzienie

COLLOCATIONS: jail

verbs

to go to jail *He went to jail for eight years.*
to send sb to jail *If they catch him, they'll send him to jail.*
to put sb in jail *People have been put in jail for political protests.*
to throw sb in jail *People think she should be thrown in jail.*
to spend three months/six years etc in jail *Griffiths spent three days in jail after pushing a policeman.*
to get out of jail (=wyjść z więzienia) *He got out of jail after five years for armed robbery.*
to release sb from jail *After fifteen years he was finally released from jail.*
to escape from jail *The killer has escaped from jail.*

jail + noun

a jail sentence/term (=wyrok) *He's serving a seven-year jail sentence.* | *He served only half of his three-month jail term.*

jail² *także* **gaol** *BrE v* [T] wsadzać do więzienia

jail·er /ˈdʒeɪlə/ *także* **gaoler** *BrE n* [C] strażni-k/czka więzienn-y/a

jam¹ S3 /dʒæm/ *n* **1** [C,U] dżem: *raspberry jam* **2** [C] korek: *Visitors were asked to arrive at different times, to avoid a jam.* → patrz też TRAFFIC JAM **3 be in a jam** być w tarapatach

jam² *v* (**-mmed**, **-mming**) **1** [T] wpychać: *I managed to jam everything into one enormous suitcase.* **2** [I] zacinać się, za/blokować się: *Every time I try to use the fax, it jams.* **3** [T] za/tarasować: *Excited football fans jammed the streets.* **4** [T] zakłócać: *They were jamming American broadcasts to Eastern Europe.*

jam·bo·ree /ˌdʒæmbəˈriː/ *n* [C] huczna zabawa

ˌjam-ˈpacked *adj informal* zapchany: *The slopes were jam-packed with skiers.*

jan·gle /ˈdʒæŋgəl/ *v* [I,T] pobrzękiwać: *Her jewellery jangled when she moved.* —**jangle** *n* [singular] brzęk

jan·i·tor /ˈdʒænɪtə/ *n* [C] *especially AmE* stróż: *the school janitor* (=woźny)

Jan·u·a·ry /ˈdʒænjuəri/ (*skrót pisany* **Jan.**) *n* [C,U] styczeń

Ja·pan /dʒəˈpæn/ *n* Japonia —**Japanese** /ˌdʒæpəˈniːz◂/ *n* Japo-ńczyk/nka —**Japanese** *adj* japoński

jar¹ /dʒɑː/ *n* [C] słoik: *a jam jar*

jar² *v* (**-rred**, **-rring**) **1** [T] stłuc: *Alice jarred her knee when she jumped off the wall.* **2 jar on sb's nerves** działać komuś na nerwy: *The noise of the drill was starting to jar on my nerves.*

jar·gon /ˈdʒɑːgən/ *n* [U] żargon: *medical jargon*

jaun·dice /ˈdʒɔːndɪs/ *n* [U] żółtaczka

jaun·diced /ˈdʒɔːndɪst/ *adj* nastawiony negatywnie, cyniczny: *a jaundiced view of the world*

jaunt /dʒɔːnt/ *n* [C] wypad

jaun·ty /ˈdʒɔːnti/ *adj* żwawy, raźny: *With a jaunty step, he went upstairs.* —**jauntily** *adv* żwawo, raźno

jav·e·lin /ˈdʒævəlɪn/ *n* [C] oszczep

jaw /dʒɔː/ *n* **1** [C] szczęka **2 sb's jaw dropped** szczęka komuś opadła

jay·walk·ing /ˈdʒeɪˌwɔːkɪŋ/ *n* [U] nieprawidłowe przechodzenie przez jezdnię, spacerowanie po jezdni

jazz¹ /dʒæz/ *n* [U] jazz: *modern jazz* | *a singer in a jazz band*

jazz² *v*
jazz sth ↔ up *phr v* [T] ożywiać: *A few pictures will jazz up the walls.*

jeal·ous /ˈdʒeləs/ *adj* zazdrosny: *Tara was jealous when she saw all the girls in their new dresses.* | *My boyfriend always gets jealous when I talk to other guys.* | **+ of** *You're just jealous of me because I got better grades.* —**jealously** *adv* zazdrośnie —**jealousy** *n* [C,U] zazdrość, zawiść

J

jeans /dʒiːnz/ *n* [plural] dżinsy

Jeep /dʒiːp/ *n* [C] *trademark* jeep

jeer /dʒɪə/ *v* [I,T] drwić (z): *Kids jeered and threw stones at us.*

Jell-O, **jello** /ˈdʒeləʊ/ *n* [U] *AmE trademark* galaretka *(deser)*

jel·ly /ˈdʒeli/ *n* [C,U] galaretka owocowa, dżem: *a peanut butter and jelly sandwich*

jel·ly·fish /ˈdʒeliˌfɪʃ/ *n* [C] meduza: *She got stung by a jellyfish when she was out swimming.*

jem·my /ˈdʒemi/ *BrE*, **jimmy** *AmE n* [C] łom

jeop·ar·dize /ˈdʒepədaɪz/ *także* **-ise** *BrE v* [T] narażać na szwank: *He didn't want to jeopardize his career by complaining about his boss.*

jeop·ar·dy /ˈdʒepədi/ *n* [U] **in jeopardy** w niebezpieczeństwie: *The peace talks are in jeopardy.*

jerk[1] /dʒɜːk/ *v* [I,T] szarpać: *He turned away, jerking the blanket over his head.* | *Sara jerked her head up* (=poderwała głowę) *to look at him.*

jerk[2] *n* [C] **1** szarpnięcie: *She unplugged the iron with an angry jerk.* **2** *AmE informal* palant: *You jerk!*

jerk·y /ˈdʒɜːki/ *adj* urywany

jer·sey /ˈdʒɜːzi/ *n* **1** [C] koszulka sportowa **2** [C] *BrE* pulower **3** [U] dżersej

jest /dʒest/ *n* **in jest** żartem

jest·er /ˈdʒestə/ *n* [C] błazen

Je·sus[1] /ˈdʒiːzəs/ *n* Jezus

Jesus[2] *interjection informal* Jezu!

jet[1] /dʒet/ *n* [C] **1** odrzutowiec **2** strumień: *a strong jet of water*

jet[2] *v* [I] *informal* po/lecieć *(samolotem)*: *You could be jetting off for a week in the Caribbean.*

ˌjet-ˈblack *adj* kruczoczarny: *jet-black hair*

ˌjet ˈengine *n* [C] silnik odrzutowy

ˈjet lag *n* [U] zmęczenie po długiej podróży samolotem

ˌjet-ˈpropelled *adj* odrzutowy

jet·ti·son /ˈdʒetəsən/ *v* [T] **1** pozbywać się: *The company is trying to jettison any unprofitable operations.* **2** wyrzucać *(zbędny balast)*: *The pilot had to jettison some fuel.*

jet·ty /ˈdʒeti/ *n* [C] pirs

Jew /dʒuː/ *n* [C] Żyd/ówka: *The Jews originally lived in ancient Israel.*

jew·el /ˈdʒuːəl/ *n* [C] klejnot

jew·elled /ˈdʒuːəld/ *BrE*, **jeweled** *AmE adj* wysadzany klejnotami

jew·el·ler /ˈdʒuːələ/ *BrE*, **jeweler** *AmE n* [C] jubiler

jew·el·lery /ˈdʒuːəlri/ *BrE*, **jewelry** *AmE n* [U] biżuteria

Jew·ish /ˈdʒuːɪʃ/ *adj* żydowski

jibe[1], **gibe** /dʒaɪb/ *n* [C] kpina

jibe[2] *v* [I] *AmE informal* trzymać się kupy: *The driver told a lot of stories that didn't jibe.*

jif·fy /ˈdʒɪfi/ *n* **in a jiffy** *informal* za momencik: *I'll be back in a jiffy.*

jig /dʒɪg/ *n* [C] jig *(szybki taniec ludowy w metrum trójdzielnym)*

jig·gle /ˈdʒɪgəl/ *v* [I,T] kołysać (się)

jig·saw /ˈdʒɪgsɔː/ *także* **ˈjigsaw ˌpuzzle** *n* [C] układanka

jilt /dʒɪlt/ *v* [T] rzucić *(np. chłopaka)*

jin·gle[1] /ˈdʒɪŋgəl/ *v* [I,T] dzwonić: *Tom nervously jingled the coins in his pocket.*

jingle[2] *n* **1** [C] dżingiel **2** [singular] brzęk

jinx /dʒɪŋks/ *n* [singular] fatum: *There's some kind of jinx on the team.* **—jinxed** *adj* pechowy

jit·ters /ˈdʒɪtəz/ *n* [C] trzęsiączka: **get the jitters** *I get the jitters* (=dostaję trzęsiączki) *if I drink too much coffee.*

jit·ter·y /ˈdʒɪtəri/ *adj* nerwowy: *She was so jittery about seeing him, she couldn't keep still.*

job S1 W1 Ac /dʒɒb/ *n* [C] **1** praca: *I always end up doing the unpleasant jobs around the house.* | **get/find a job** (=dostać/znaleźć pracę): *I got a part-time job as a waitress.* | **apply for a job** (=złożyć podanie o pracę): *She applied for a job at a bank.* | **out of a job** (=bezrobotny) **2** obowiązek: *Leave the dishes - that's my job.* **3 on the job** podczas pracy: *All our employees get on the job training.* **4 make a good/bad job of sth** *BrE* dobrze/źle sobie z czymś poradzić: *Sarah made a good job of that presentation.* **5 it's a good job** *BrE spoken* całe szczęście, że, dobrze, że: *It's a good job you were wearing your seat belt.* **6 do the job** *informal* zadziałać, załatwić sprawę: *A little more glue should do the job.*

UWAGA: job

Kiedy chcemy dowiedzieć się, w jaki sposób ktoś zarabia na życie, nie pytamy „What is your job?" ani „What is your work?", tylko **What do you do?** lub **What do you do for a living?**: *„What does your mother do?" „She's a doctor."*

COLLOCATIONS: job

verbs

to have a job *He's never had a job.*
to apply for a job *Over 200 people applied for the job.*
to offer sb a job *They called and offered me the job.*
to take a job (=przyjąć pracę) *She decided to take the job.*
to get/find a job *Maybe you could get a job in a shop.*
to lose your job *Hundreds of people could lose their jobs at the factory.*
to leave/quit your job *Why did you leave your job?*

adjectives

a temporary/permanent job *I'm hoping to find a permanent job after college.*
a part-time/full-time job *I got a part-time job in a café.*
a Saturday job *She had a Saturday job while she was still at school.*
a steady job (=stała praca) *I haven't had a steady job since last March.*
a dead-end job (=praca bez perspektyw) *He had a series of dead-end jobs.*

job + noun

job satisfaction (=zadowolenie z pracy) *She changed career because she wanted greater job satisfaction.*
job security (=gwarancja stałego zatrudnienia) *As an actor, he has very little job security.*
job losses/cuts *The factory is closing, with 600 job losses.*

J

THESAURUS: job

job praca, posada: *My first job was in a record store. | She sometimes wished she had a different job.*

work praca *(ogólnie)*: *Thousands of men are looking for work. | He started work when he was 15.*

profession zawód: *the medical/legal profession* (=zawód lekarza/prawnika)

occupation *formal* zawód *(używa się zwłaszcza w oficjalnych formularzach)*: *Please state your name, address and occupation.*

career kariera, życie zawodowe: *Have you thought about your future career?*

position *formal* stanowisko: *I am writing to apply for the position of sales manager.*

vacancy wakat: *I'm afraid that the vacancy has already been filled.*

what do you do (for a living)? czym się Pan/i zajmuje?: *„What do you do for a living?" „I'm a teacher."*

'job ˌcentre *BrE n* [C] biuro pośrednictwa pracy

job·less /ˈdʒɒbləs/ *adj* bezrobotny: *10% of the town's workers are jobless.*

jock·ey /ˈdʒɒki/ *n* [C] dżokej

joc·u·lar /ˈdʒɒkjələ/ *adj formal* żartobliwy, skory do żartów: *He seemed to be in a jocular mood.*

jog /dʒɒg/ *v* **(-gged, -gging) 1** [I] uprawiać jogging, biegać *(w celach rekreacyjnych)* **2** [T] przebiegać: *Julie jogs 3 miles every morning.* **3 jog sb's memory** odświeżyć komuś pamięć: *This photo might jog your memory.* **4** [T] po/trącać: *Someone's hand jogged her elbow, and she spilt her drink.*

jog·ging /ˈdʒɒgɪŋ/ *n* [U] jogging: *I'm thinking of taking up jogging.*

join¹ S1 W1 /dʒɔɪn/ *v* **1** [T] wstępować do: *When did you join the Labour Party?* **2** [T] zaczynać pracę w: *Trevor joined the BBC in 1969.* **3** [T] przyłączać się do: *Other unions joined the strike.* | **join sb (for sth)** *Why don't you join us for dinner* (=może zjadłbyś z nami kolację)? | **join (with) sb in doing sth** *Please join with me in welcoming* (=powitajmy wspólnie) *tonight's guest speaker.* **4** [I,T] po/łączyć (się): *Join the two pieces of wood with strong glue. | the point where the two rivers join* **5 join hands** chwytać się za ręce **6 join a queue** *BrE*, **join a line** *AmE* stanąć w kolejce

join in *phr v* [I,T **join in** sth] przyłączać się (do): *The other children wouldn't let Sam join in. | Everyone joined in the conversation.*

join up *phr v* **1** [I] spotykać się: *We can all join up for a drink later.* **2** [I] *BrE* wstępować do wojska

THESAURUS: join (sense 4)

join połączyć *(zwłaszcza na stałe)*: *Doctors used a metal rod to join the two pieces of bone together. | If you join the two words together, you get „shan't".*

connect *także* **connect up** połączyć *(rury, przewody)* podłączyć: *A pipe connects the two gas tanks. | Connect the speakers to the CD player.*

link *także* **link up** podłączyć *(komputer)*: *All the office PCs are linked to the main server.*

join² *n* [C] złączenie

join·er /ˈdʒɔɪnə/ *n* [C] *BrE* stolarz *(wykonujący drzwi, schody, framugi itp.)* → porównaj CARPENTER

joint¹ S2 W2 /dʒɔɪnt/ *adj* wspólny: *They have to reach a joint decision. | a joint bank account |* **joint effort** (=wspólne przedsięwzięcie): *The record was a joint effort between U2 and Pavarotti.* —**jointly** *adv* wspólnie: *Sam and I are jointly responsible for the project.*

joint² *n* [C] **1** staw: *the hip joint* **2** złącze, połączenie: *One of the joints between the pipes was leaking.* **3** *BrE* sztuka mięsa: *a joint of beef* **4** *informal* lokal: *a hamburger joint* **5** *informal* skręt *(z marihuany)*

ˌjoint 'venture *n* [C] spółka joint-venture

joke¹ S2 W3 /dʒəʊk/ *n* **1** [C] żart, dowcip: *Don't get mad – it's only a joke.* | **tell a joke** (=opowiedzieć kawał): *Ed loves telling jokes.* | **get/see the joke** (=zrozumieć dowcip) | **play a joke on sb** (=zrobić komuś kawał) **2** [singular] *informal* farsa: *Those meetings are a joke!* **3 make a joke (out) of sth** żartować sobie z czegoś **4 it's no joke** to nie żarty: *Looking after three kids on your own is no joke.*

joke² S3 *v* [I] **1** żartować **2 be joking** żartować: *Listen, I'm not joking – there is real danger.* **3 you're joking/you must be joking** *spoken* chyba żartujesz: *What? Buy a house on my salary? You must be joking!* —**jokingly** *adv* żartem

jok·er /ˈdʒəʊkə/ *n* [C] **1** kawalarz **2** dżoker

jol·ly¹ /ˈdʒɒli/ *adj* wesoły

jolly² *adv BrE spoken old-fashioned* bardzo: *It's jolly cold outside!*

jolt¹ /dʒəʊlt/ *n* [C] **1 with a jolt** gwałtownie: *Sam woke with a jolt when the phone rang.* **2** wstrząs: *It gave me a jolt* (=było dla mnie wstrząsem) *to see her looking so ill.*

jolt² *v* [I,T] szarpnąć (się): *The car jolted and Rachel was thrown backwards. | The train jolted to a halt* (=zatrzymał się gwałtownie).

jos·tle /ˈdʒɒsəl/ *v* [I] przepychać się: *Spectators jostled for a better view* (=żeby lepiej widzieć).

jot /dʒɒt/ *v* **(-tted, -tting)**

jot sth ↔ down *phr v* [T] za/notować: *Let me just jot down your phone number.*

jour·nal Ac /ˈdʒɜːnl/ *n* [C] **1** czasopismo: *a scientific journal* **2** dziennik

jour·nal·is·m /ˈdʒɜːnəlɪzəm/ *n* [U] dziennikarstwo

jour·nal·ist W3 /ˈdʒɜːnəlɪst/ *n* [C] dziennika-rz/rka

jour·ney S3 W2 /ˈdʒɜːni/ *n* [C] podróż: *a long car journey | My journey to work usually takes about an hour.*

THESAURUS: journey

journey *especially BrE* podróż *(zwłaszcza daleka lub odbywana regularnie)*: *The journey to Chicago can take up to 8 hours. | How was your journey to work?*

trip podróż *(w określone miejsce lub w określonym celu)*: *a business trip to Japan | Two lucky employees won a round-the-world trip.*

expedition wyprawa: *They were on an expedition to the North Pole.*

pilgrimage pielgrzymka: *Thousands of people make the annual pilgrimage to Mecca.*

flight lot: *The flight was delayed because of bad weather.*

voyage rejs, podróż morska: *He completed a three-year round-the-world voyage.*

drive przejażdżka *(samochodem)*: *Do you want to go for a drive along the coast?*

ride przejażdżka *(rowerowa, konna, w czyimś samochodzie)*: *We went for a bike ride in the park.* | *a short taxi ride*

jo·vi·al /ˈdʒəʊviəl/ *adj* jowialny: *a jovial laugh*

jowls /dʒaʊlz/ *n* [plural] policzki *(zwłaszcza obwisłe)*

joy W3 /dʒɔɪ/ *n* **1** [C,U] radość: *She cried with joy when she heard the news.* **2** [U] *BrE spoken* powodzenie: *I've looked everywhere for those keys but I haven't had any joy* (=ale bez powodzenia). **3 sb is a joy to teach/sth is a joy to watch** przyjemnie się kogoś uczy/coś ogląda

joy·ful /ˈdʒɔɪfəl/ *adj* radosny: *a joyful reunion* —**joyfully** *adv* radośnie

joy·ous /ˈdʒɔɪəs/ *adj literary* radosny: *a joyous song* —**joyously** *adv* radośnie

joy·rid·ing /ˈdʒɔɪˌraɪdɪŋ/ *n* [U] jazda kradzionym samochodem

joy·stick /ˈdʒɔɪˌstɪk/ *n* [C] **1** drążek sterowy **2** dżojstik

JP /ˌdʒeɪ ˈpiː/ *n* [C] sędzia pokoju

Jr skrót pisany od JUNIOR

jub·i·lant /ˈdʒuːbələnt/ *adj* rozradowany: *a jubilant crowd*

ju·bi·lee /ˈdʒuːbəliː/ *n* [C] jubileusz: *silver/golden jubilee* (=srebrne/złote gody)

Ju·da·is·m /ˈdʒuːdeɪ-ɪzəm/ *n* [U] judaizm

judge¹ S2 W2 /dʒʌdʒ/ *n* **1** [C] sędzia: *Judge Hart gave Scott an 18-month prison sentence.* | *a panel of judges* THESAURUS REFEREE **2 be a good/bad judge of sth** dobrze/kiepsko znać się na czymś: *She's a good judge of character.*

UWAGA: judge

Judge to „sędzia" w sportach, w których nie ma drużyn, takich jak łyżwiarstwo, wyścigi konne czy gimnastyka artystyczna. Patrz też **referee** i **umpire**.

judge² S3 W3 *v* **1** [I,T] oceniać: *It's harder to judge distances when you're driving in the dark.* | *You have no right to judge other people's lifestyles.* | **judge sb/sth on sth** *Employees should be judged on the quality of their work* (=na podstawie jakości pracy). **2 judging by/from** sądząc po/z: *Judging by the team's performance today, they have a good chance of winning the championship.* **3** [I,T] sędziować: *Who's judging the talent contest?* **4** [T] o/sądzić: *Who will judge the next case?*

judg·ment W2 *także* **judgement** *BrE* /ˈdʒʌdʒmənt/ *n* **1** [U] ocena sytuacji: *a serious error of judgement* **2** [C,U] orzeczenie, wyrok **3** [C,U] pogląd

judg·ment·al *także* **judgemental** *BrE* /dʒʌdʒˈmentl/ *adj* łatwo ferujący wyroki, krytykancki

ju·di·cial /dʒuːˈdɪʃəl/ *adj* sądowy: *a judicial inquiry* | *the judicial system* (=system wymiaru sprawiedliwości)

ju·di·cia·ry /dʒuːˈdɪʃəri/ *n* **the judiciary** *formal* sądownictwo

ju·di·cious /dʒuːˈdɪʃəs/ *adj formal* roztropny, rozważny: *a judicious use of resources*

ju·do /ˈdʒuːdəʊ/ *n* [U] dżudo

jug /dʒʌg/ *n* [C] dzbanek

jug·gle /ˈdʒʌgəl/ *v* [I,T] żonglować

juggle

jug·gler /ˈdʒʌglə/ *n* [C] żongler/ka

juice S2 /dʒuːs/ *n* [C,U] sok: *orange juice*

juic·y /ˈdʒuːsi/ *adj* **1** soczysty: *a juicy peach* **2 juicy gossip/details** *informal* pikantne plotki/szczegóły

juke·box /ˈdʒuːkbɒks/ *n* [C] szafa grająca

Ju·ly /dʒʊˈlaɪ/ *(skrót pisany* **Jul.***)* *n* [C,U] lipiec

jum·ble¹ /ˈdʒʌmbəl/ *n* **1** [singular] mieszanina: *a jumble of pots and pans* **2** [U] *BrE* rupiecie

jumble² *także* **jumble up** *v* [T] po/mieszać: *Don't jumble all my papers up.*

ˈjumble sale *n* [C] *BrE* charytatywna wyprzedaż rzeczy używanych

jum·bo /ˈdʒʌmbəʊ/ *adj* [only before noun] maxi: *a jumbo sausage*

ˈjumbo jet *także* **jumbo** *n* [C] duży samolot pasażerski

jump

jump¹ S2 W3 /dʒʌmp/ *v* **1** [I] skakać: *The fans started cheering and jumping up and down.* | *Profits have jumped by 20% in the last six months.* | *The story jumps from Tom's childhood to his wartime adventures.* | **jump into/off/out etc** *Boys were diving and jumping off the bridge* (=i skakali z mostu). | *He jumped out of bed* (=wyskoczył z łóżka) *when he realised it was almost 10 o'clock.* | *Paul jumped up* (=poderwał się) *to answer the door.* **2** [T] przeskakiwać (przez): *A horse could jump a five-foot fence.* **3** [I] podskoczyć: *I didn't hear you come in – you made me jump* (=przez ciebie aż podskoczyłem)! **4 jump to conclusions** wyciągać pochopne wnioski **5 jump down sb's throat** skoczyć komuś do gardła **6 jump for joy** skakać z radości **7 jump the queue** wpychać się poza kolejnością **jump at sth** *phr v* [T] skwapliwie skorzystać z: *Ruth jumped at the chance to study in Paris.*

THESAURUS: jump

jump podskoczyć: *How high can you jump?*
skip podskakiwać, biec w podskokach: *The children were skipping down the street.*
hop skakać/podskakiwać na jednej nodze: *He was hopping around because he'd injured his foot.*
leap skoczyć *(daleko, wysoko)*: *The horse leapt over the gate.*
spring *especially written* skoczyć *(gwałtownie)*: *She sprang out of bed* (=wyskoczyła z łóżka) *and ran downstairs.* | *He sprang to his feet* (=skoczył na nogi) *and rushed after her.*
dive skoczyć (do wody): *Diving off the cliffs is dangerous.*

J

jump² S3 *n* [C] skok: *the best jump of the competition* | *a big jump in house prices*

JumpDrive /ˈdʒʌmpˌdraɪv/ *n trademark* pendrive

jump·er S3 /ˈdʒʌmpə/ *n* [C] **1** *BrE* sweter **2** *AmE* bezrękawnik

jump·y /ˈdʒʌmpi/ *adj informal* nerwowy

junc·tion /ˈdʒʌŋkʃən/ *n* [C] **1** skrzyżowanie: *the junction of Abbot's Road and Church Street* **2** rozjazd: *a railroad junction*

junc·ture /ˈdʒʌŋktʃə/ *n* **at this juncture** *formal* w tym momencie/punkcie: *At this juncture, I suggest we take a short break.*

June /dʒuːn/ (*skrót pisany* **Jun.**) *n* [C,U] czerwiec

jun·gle /ˈdʒʌŋgəl/ *n* [C,U] dżungla

ˈjungle ˌgym *n* [C] *AmE* drabinki *(na placu zabaw)*

Ju·ni·or /ˈdʒuːniə/ (*skrót pisany* **Jr**) *AmE* junior: *John J. Wallace Junior*

ju·ni·or¹ W3 /ˈdʒuːniə/ *adj* młodszy: *a junior executive* → porównaj **SENIOR¹**

junior² *n* [C] **1** *AmE* uczeń/uczennica trzeciej klasy szkoły średniej **2** *AmE* student/ka trzeciego roku **3 be 10 years/6 months sb's junior** być młodszym od kogoś o 10 lat/6 miesięcy: *He married a woman ten years his junior.* → porównaj **SENIOR²**

ˌjunior ˈcollege *n* [C,U] dwuletnia szkoła policealna w USA i Kanadzie *(realizująca program dwóch pierwszych lat czteroletnich studiów wyższych)*

ˌjunior ˈhigh school *także* **ˌjunior ˈhigh** *n* [C,U] gimnazjum w USA i Kanadzie dla młodzieży w wieku 12-14 lat

ˈjunior ˌschool *n* [C,U] *BrE* szkoła podstawowa dla dzieci w wieku 7-11 lat

junk /dʒʌŋk/ *n* [U] rupiecie: *The garage was filled with junk.*

ˈjunk food *n* [U] śmieciowe jedzenie

junk·ie /ˈdʒʌŋki/ *n* [C] *informal* **1** ćpun/ka **2** *humorous* nałogowiec, mania-k/czka: *My dad's a TV junkie* (=jest maniakiem telewizyjnym).

J

ˈjunk mail *n* [U] przesyłki reklamowe

junk·yard /ˈdʒʌŋkjɑːd/ *n* [C] cmentarz starych samochodów

jun·ta /ˈdʒʌntə/ *n* [C] junta

Ju·pi·ter /ˈdʒuːpɪtə/ *n* [singular] Jowisz

jur·is·dic·tion /ˌdʒʊərəsˈdɪkʃən/ *n* [U] jurysdykcja: *a matter outside the court's jurisdiction*

ju·ror /ˈdʒʊərə/ *n* [C] **1** przysięgł-y/a **2** juror/ka

ju·ry S3 W3 /ˈdʒʊəri/ *n* [C] **1** ława przysięgłych **2** jury

ˈjury ˌduty *n* **to do jury duty** zasiadać na ławie przysięgłych

just¹ S1 W1 /dʒʌst/ *adv* **1** tylko: *"Who was there?" "Just me and Elaine."* | *I just want to go to bed.* | *"What's that letter?" "Oh it's just a bank statement."* | *Could I just use your phone for a minute?* | *It happened just* (=zaledwie) *a few weeks ago.* **2** właśnie, dopiero co: *She's just got married.* | *I've just had a really good idea.* THESAURUS **RECENTLY** **3 just before/after/outside** tuż przed/po/za: *Lucy got home just after us.* | *They live just outside Paris.* **4 just under/over** niewiele poniżej/ponad: *It's just under three centimeters long.* **5** dokładnie: *You look just like your dad.* | **just as** (=akurat jak): *The phone rang just as we were leaving.* **6 just as good/important** równie dobry/ważny: *The $250 TV is just as good as the $300 one.* **7** *spoken* po prostu: *I just couldn't believe the news.* **8 just about** prawie: *We're just about finished.* **9 be just about to do sth** właśnie mieć coś z/robić: *We were just about to go riding when it started raining.* **10 be just doing sth** właśnie coś robić: *I'm just making dinner now.* | *She was just leaving.* **11 (only) just** ledwo: *They just got to the station in time.* **12 just a minute/second** *spoken* chwileczkę!: *Just a second - I can't find my keys.* **13 just now** *spoken* **a)** dopiero co: *He was here just now.* **b)** w tej chwili: *I'm busy just now. Can I call you back later?* **14 just in case** *spoken* (tak) na wszelki wypadek: *I'll take my umbrella with me just in case.* **15 it's just as well** *spoken* całe szczęście (że): *It's just as well you were there to help.* **16 just because ... doesn't mean** to, że ... nie oznacza (jeszcze), że ...: *Just because you're older than me doesn't mean you know better than I do.*

just² *adj formal* sprawiedliwy: *a just punishment* → antonim **UNJUST**

jus·tice W2 /ˈdʒʌstɪs/ *n* [U] **1** sprawiedliwość: *Children have a strong sense of justice.* **2** wymiar sprawiedliwości: *the criminal justice system*

ˌJustice of the ˈPeace *skrót* **JP** *n* [C] sędzia pokoju *(odpowiednik sędziego kolegium orzekającego)*

jus·ti·fi·a·ble Ac /ˈdʒʌstəfaɪəbəl/ *adj* uzasadniony: *a justifiable decision* —**justifiably** *adv* słusznie: *Local people are justifiably angry about the plan.*

jus·ti·fi·ca·tion Ac /ˌdʒʌstɪfɪˈkeɪʃən/ *n* [C,U] uzasadnienie: *I can't see any possible justification for the attack.*

jus·ti·fied Ac /ˈdʒʌstɪfaɪd/ *adj* uzasadniony: *Your complaints are certainly justified.* → antonim **UNJUSTIFIED**

jus·ti·fy S3 W3 Ac /ˈdʒʌstɪfaɪ/ *v* [T] uzasadniać: *How can you justify spending so much money on a coat?*

jut /dʒʌt/ *także* **jut out** *v* [I] (**-tted,-tting**) wystawać: *a point of land that juts out into the ocean*

ju·ve·nile /ˈdʒuːvənaɪl/ *adj* **1** młodociany: *juvenile crime* (=przestępczość nieletnich) THESAURUS **YOUNG** **2** infantylny: *a juvenile sense of humour* —**juvenile** *n* [C] nieletni/a

ˌjuvenile deˈlinquent *n* [C] *formal* młodociany przestępca

jux·ta·pose /ˌdʒʌkstəˈpəʊz/ *v* [T] *formal* zestawiać (ze sobą) —**juxtaposition** /ˌdʒʌkstəpəˈzɪʃən/ *n* [C,U] zestawienie

Kk

K, k /keɪ/ K, k *(litera)*

K /keɪ/ **1 K** *informal* patyk, kawałek *(tysiąc funtów lub dolarów)*: *He earns $50K.* **2 K** kB *(skrót od słowa kilobyte)*

ka·bob /kəˈbɑːb/ *n* [C] *AmE* kebab

ka·lei·do·scope /kəˈlaɪdəskəʊp/ *n* [C] kalejdoskop

kan·ga·roo /ˌkæŋgəˈruː◂/ *n* [C] kangur

ka·put /kəˈpʊt/ *adj spoken* kaput, zepsuty: *The lawn-mower's kaput.*

kar·at /ˈkærət/ *n* [C] *AmE* karat

ka·ra·te /kəˈrɑːti/ *n* [U] karate

kar·ma /ˈkɑːmə/ *n* [U] karma *(wg buddyzmu i hinduizmu, siła determinująca czyjąś przyszłość na podstawie teraźniejszych uczynków)*

kay·ak /ˈkaɪæk/ *n* [C] kajak

ke·bab /kəˈbæb/ *n* [C] *BrE* kebab

keel[1] /kiːl/ *n* [C] **1** kil **2 on an even keel** w stanie równowagi: *The administration has managed to keep the economy on an even keel.*

keel[2] *v*
keel over *phr v* [I] przewracać się

keen S3 W3 /kiːn/ *adj* **1 keen to do sth** zainteresowany zrobieniem czegoś: *US companies are keen to enter the Chinese market.* **2** *especially BrE* zapalony, gorliwy: *a keen golfer* | **be keen on** (=lubić): *I'm not very keen on their music.* **3 a keen sense of humour** fantastyczne poczucie humoru: *He has a keen sense of humour.* —**keenly** *adj* żywo: *keenly interested*

keep[1] S1 W1 /kiːp/ *v* (**kept, kept, keeping**) **1** [I, linking verb] trzymać się: *Keep left* (=trzymaj się lewej strony). | **keep still** (=nie ruszać się): *I wish you would keep still for a moment.* | **keep calm** (=zachowywać spokój): *Keep calm, and try not to panic.* | **keep warm/dry** (=nie zmarznąć/zmoknąć): *This blanket should help you keep warm.* | **keep safe** (=czuć się bezpiecznie) **2** [T] pozostawiać, trzymać: *Do you want me to keep the window open?* | **keep sth secret** (=trzymać coś w tajemnicy): *They kept their plans secret for as long as possible.* **3 sth keeps sb busy** ktoś jest zajęty z powodu czegoś/dzięki czemuś: *My work's been keeping me very busy.* **4 keep (on) doing sth** nadal coś robić: *If he keeps on growing like this, he'll be taller than his dad.* **5** [T] zatrzymać, zachowywać: *You can keep the book. I don't need it now.* | *They're keeping the house in Colorado and selling this one.* **6** [T] trzymać: *We usually keep the bleach under the sink.* | *The information is kept on computer.* | *They kept him in jail for two weeks.* | *We used to keep chickens.* **7 keep sb waiting** kazać komuś czekać **8** [T] zatrzymywać, opóźniać: *I don't know what's keeping her. It's 8:00 already.* **9 keep a promise/appointment** dotrzymać obietnicy/terminu spotkania **10 keep a secret** dochować tajemnicy **11 keep a record/diary** prowadzić spis/dziennik: *Keep a record of the food you eat for one week.* **12 keep at it** nie ustawać w wysiłkach: *If you keep at it I'm sure you'll succeed.* **13 it'll keep** *spoken* to może poczekać **14 keep (yourself) to yourself** trzymać się z dala od innych **15** [I] zachowywać świeżość: *That yoghurt won't keep much longer.* **16** [T] utrzymywać: *You can't keep a family of five on $200 a week.*

keep sth/sb ↔ away *phr v* [I,T] trzymać (się) z dala: *Keep away from the windows.*

keep back *phr v* **1** [T **keep** sth ↔ **back**] za/taić: *I know she was keeping something back from me.* **2** [I] nie zbliżać się: *Police ordered the crowds to keep back.* **3** [T **keep** sb ↔ **back**] powstrzymywać: *Police managed to keep the crowds back.*

keep sth ↔ down *phr v* [T] utrzymywać na niskim poziomie: *They promised to keep the rents down.*

keep from *phr v* [T] **keep sb from doing sth** nie dopuszczać, żeby ktoś coś zrobił: *He was the only person who kept us from running amok completely.*

keep sb in *phr v* [T] zatrzymywać za karę: *The whole class was kept in after school.*

keep off *phr v* [T] **1** [**keep** sth ↔ **off**] o/chronić przed: *A hat will keep the sun off your head.* **2** [**keep off** sth] trzymać się z dala od: *Keep off the grass* (=nie deptać trawników)! **3** [**keep off** sth] unikać *(tematu)*: *Maud tried to keep off politics.*

keep on *phr v* **1 keep on doing sth** nie przestawać robić czegoś: *Why do you keep on going there?* **2 keep on at sb about sth** *informal* męczyć kogoś, żeby coś zrobił **3** [T] **keep** sb **on** zatrzymać *(w pracy, na stanowisku)*: *If he's good enough they might keep him on.*

keep out *phr v* **1 Keep out!** Wstęp wzbroniony! **2** [T **keep** sb/sth **out**] nie wpuszczać: *a coat that keeps the rain out* (=nie przepuszcza deszczu)

keep out of sth *phr v* [T] nie wtrącać się do: *You keep out of this, Campbell.*

keep to *phr v* **1** [T **keep to** sth] trzymać się: *They failed to keep to their side of the agreement.* | *Keep to the main roads.* **2 keep sth to a minimum** ograniczać coś do minimum **3 keep sth to yourself** zatrzymywać coś dla siebie: *Kim kept Gina's secret to herself.*

keep up *phr v* **1** [I,T **keep** sth ↔ **up**] utrzymywać: *The French team kept up the pressure right until the end of the game.* | **keep it up** (=robić tak dalej): *She's working really hard. She's bound to go to college if she keeps it up.* **2** [I] nadążać: *Hey, slow down, I can't keep up!* | **+ with** *Davey isn't keeping up with the rest of the class in reading.* **3** [I] być na bieżąco: *It's hard to keep up with all the changes in computer technology.* **4** [T **keep** sb **up**] nie dawać spać: *The baby kept us up all night.*

keep[2] *n* **1 earn your keep** zarabiać na utrzymanie **2 for keeps** *spoken informal* na zawsze: *He said the jewellery was mine for keeps.*

keeper /ˈkiːpə/ *n* **1** bramka-rz/rka **2** łowczy, gajowy **3** dozorca *(w parku lub zoo)* **4** kustosz: *the keeper of antiquities at the British Museum*

ˌkeep ˈfit *n* [U] *BrE* zajęcia rekreacyjne

keep·ing /ˈkiːpɪŋ/ *n* **1 for safe keeping** dla bezpieczeństwa: *I'll put the tickets here for safe keeping.* **2 be in keeping/out of keeping with** pasować/nie pasować do: *The modern furniture wasn't really in keeping with the rest of the house.*

keep·sake /ˈkiːpseɪk/ *n* [C] pamiątka

keg /keg/ *n* [C] beczka *(na piwo)*

ken·nel /ˈkenl/ *n* [C] **1** buda **2 kennels** schronisko dla psów

kept /kept/ *v* czas przeszły i imiesłów bierny od KEEP

kerb /kɜːb/ *BrE*, **curb** *AmE* *n* [C] krawężnik

ker·nel /ˈkɜːnl/ *n* [C] jądro *(np. orzecha)*

ker·o·sene /ˈkerəsiːn/ *n* [U] *AmE* nafta

ketch·up /ˈketʃəp/ *n* [U] keczup

ket·tle S3 /ˈketl/ *n* [C] czajnik

kettle

key¹ S2 W2 /kiː/ *n* **1** [C] klucz **2** [C] klawisz **3 the key** klucz: *Preparation is the key to success.* **4** [C] tonacja *(muzyczna)* **5** [singular] legenda *(objaśnienie)*

key² S3 W2 *adj* [only before noun] kluczowy: *a key witness*

key³ *v*
key sth ↔ in *phr v* [T] wpisywać, wprowadzać *(dane do komputera)*

key·board S3 /ˈkiːbɔːd/ *n* [C] klawiatura

ˌ**keyed ˈup** *adj* [not before noun] przejęty: *Don't get all keyed up* (=nie przejmuj się tak) *about the exam.*

key·hole /ˈkiːhəʊl/ *n* [C] dziurka od klucza

key·note /ˈkiːnəʊt/ *n* **1** myśl przewodnia **2 keynote speech/address** przemówienie programowe **3** tonika

key·pad /ˈkiːpæd/ *n* [C] klawiatura: *Press '7' on your keypad to delete a voice message.*

ˈ**key ring** *n* [C] kółko na klucze

kg kg *(skrót od słowa kilogram)*

kha·ki /ˈkɑːki/ *n* [U] khaki

kick¹ S2 W3 /kɪk/ *v* **1** [T] kopać: *The video shows King being kicked by police officers.* | **kick sth into/down/out etc** *He kicked the ball into* (=wkopał piłkę do) *the back of the net.* **2** [I,T] machać (nogami): *a baby kicking its legs* **3 kick a habit** pozbyć się nałogu **4 kick up a fuss** *informal* narobić hałasu
kick in *phr v* [I] *informal* zacząć działać: *Those pills should kick in any time now.*
kick off *phr v* [I,T **kick** sth ↔ **off**] *informal* rozpoczynać (się): *The festivities will kick off with a barbecue dinner.*
kick sb ↔ out *phr v* [T] *informal* wyrzucić: *He was kicked out of college for taking cocaine.*

kick² S3 *n* [C] **1** kopnięcie: *If the gate won't open, just give it a good kick* (=kopnij mocno). **2** *informal* frajda: **get a kick out of sth** (=rajcować się czymś): *Alan gets a real kick out of skiing.* | **do sth for kicks** (=robić coś dla zabawy): *She started stealing for kicks.*

kick·back /ˈkɪkbæk/ *n* [C,U] *informal* łapówka

kick·off /ˈkɪk-ɒf/ *n* [C,U] początek meczu: *Kickoff is at midday.*

kid¹ S1 W2 /kɪd/ *n* **1** [C] *informal* dziecko, dzieciak: *How many kids do you have?* THESAURUS CHILD **2** [C] koźlę

kid² S2 *v* (**-dded**, **-dding**) *informal* **1** [I] żartować: **just kidding** *Don't worry, I was just kidding* (=ja tylko żartowałem). **2** [T] nabierać: *He likes to kid everyone he's a tough, macho guy.* **3 no kidding/you're kidding** *spoken informal* chyba żartujesz: *"They've offered her $50,000 a year." "You're kidding!"*

kid³ *adj* **kid brother/sister** *informal* młodszy brat/młodsza siostra

kid·nap /ˈkɪdnæp/ *v* [T] (**-pped**, **-pping**) uprowadzać, porywać —**kidnapper** *n* [C] porywacz/ka —**kidnapping** *n* [C,U] porwanie

kid·ney /ˈkɪdni/ *n* [C] nerka

kill¹ S1 W1 /kɪl/ *v* **1** [I,T] zabijać: *He's in jail for killing a policeman.* | *Three people were killed when a car bomb exploded in Bilbao.* | *The disease can kill.* | *My wife will kill me if she finds out.* **2** [T] uśmierzać: *They gave her drugs to kill the pain.* **3 my feet/legs are killing me** *spoken* nie czuję stóp/nóg **4 kill time** *informal* zabijać czas **5 have time/an hour to kill** mieć wolny czas/wolną godzinę **6 kill two birds with one stone** upiec dwie pieczenie na jednym ogniu: *While I was in town I decided to kill two birds with one stone and go and see Grandpa as well.*
kill sb/sth ↔ off *phr v* [T] uśmiercać: *His character gets killed off ten minutes into the film.*

kill² *n* [singular] **1** zabicie **2 move/close in for the kill** szykować się do ciosu/ataku: *His opponent was moving in for the kill.*

kill·er /ˈkɪlə/ *n* [C] zabój-ca/czyni: *The police are still looking for the girl's killer.*

kill·ing /ˈkɪlɪŋ/ *n* [C] **1** zabójstwo: *a series of brutal killings* **2 make a killing** *informal* obłowić się

kiln /kɪln/ *n* [C] piec *(do wypalania gliny, cegieł itp.)*

ki·lo /ˈkiːləʊ/ *n* [C] kilo

kil·o·byte /ˈkɪləbaɪt/ *n* [C] kilobajt

kil·o·gram, **kilogramme** /ˈkɪləgræm/ *skrót* **kilo** *(skrót pisany* **kg**) *n* [C] kilogram

kil·o·me·tre S3 W3 /ˈkɪləˌmiːtə, kɪˈlɒmɪtə/ *BrE*, **kilometer** *AmE* (*skrót pisany* **km**) *n* [C] kilometr

kil·o·watt /ˈkɪləwɒt/ *n* [C] kilowat

kilt /kɪlt/ *n* [C] spódnica szkocka *(męska)*

ki·mo·no /kɪˈməʊnəʊ/ *n* [C] kimono

kin /kɪn/ *n* **next of kin** *formal* najbliższa rodzina THESAURUS RELATIVE

kind¹ S1 W1 /kaɪnd/ *n* [C] **1** rodzaj: **+of** *What kind of pizza do you want?* | **all kinds of** *We sell all kinds of hats* (=najprzeróżniejsze kapelusze). | **some kind of** (=jakiś): *I think they're having some kind of party upstairs.* | **of its kind** *The course is the only one of its kind* (=jedyny w swoim rodzaju). **2 kind of** *spoken informal* (tak) jakoś, trochę: *He looks kind of weird to me.* **3 of a kind** tego samego rodzaju: *Each vase is handmade and is one of a kind* (=jedyna w swoim rodzaju).

kind² S3 W3 *adj* dobry, życzliwy: *Everyone's been so kind to me.* | *Thank you for those kind words.* | **it's kind of sb (to do sth)** (=to miło z czyjejś strony (że coś zrobił)): *It was kind of him to offer to help.*

kind·a /ˈkaɪndə/ *AmE spoken nonstandard* trochę: *I'm kinda tired.*

kin·der·gar·ten /ˈkɪndəˌgɑːtn/ *n* [C,U] przedszkole

ˌkind-ˈhearted *adj* o dobrym sercu, dobroduszny: *a kind-hearted woman*

kin·dling /ˈkɪndlɪŋ/ *n* [U] drewno na rozpałkę

kind·ly¹ /ˈkaɪndli/ *adv* **1** życzliwie: *Mr Thomas has kindly offered to let us use his car.* | *Miss Havisham looked kindly at Joe.* **2** *spoken formal* z łaski swojej: *Kindly be brief. I have a number of calls to make.* **3 not take kindly to sth** źle znosić: *He didn't take kindly to being ordered around.*

kindly² *adj* [only before noun] życzliwy: *a kindly old woman*

kind·ness /ˈkaɪndnəs/ *n* [U] dobroć, życzliwość: *Sam never forgot her kindness.*

kin·dred /ˈkɪndrɪd/ *adj* **a kindred spirit** bratnia dusza

king W1 /kɪŋ/ *n* [C] król: *the King of Spain* | *King Edward III* | *If you lose your king you lose the game.*

king·dom /ˈkɪŋdəm/ *n* [C] **1** królestwo: *the Kingdom of Nepal* **2 the animal kingdom** królestwo zwierząt

king·fish·er /ˈkɪŋˌfɪʃə/ *n* [C] zimorodek

ˈking-size *także* **ˈking-sized** *adj* olbrzymi: *a king-size bed*

kink /kɪŋk/ *n* [C] skręt, supeł: *The hose has a kink in it.*

kink·y /ˈkɪŋki/ *adj informal* perwersyjny, zboczony: *kinky sex videos*

ki·osk /ˈkiːɒsk/ *n* [C] kiosk

kip /kɪp/ *n* [U singular] *BrE informal* drzemka

kip·per /ˈkɪpə/ *n* [C] śledź wędzony

kiss¹ S3 W3 /kɪs/ *v* [I,T] po/całować: *She kissed me on the cheek.* | *Matt kissed her goodnight* (=pocałował ją na dobranoc) *and left the room.*

kiss² *n* [C] **1** pocałunek: **give sb a kiss** (=pocałować kogoś): *Come here and give me a kiss.* **2 give sb the kiss of life** *BrE* ratować kogoś metodą usta - usta

kit S3 /kɪt/ *n* [C] **1** zestaw: *a first-aid kit* | *He made the model from a kit.* **2 football/riding kit** *BrE* strój do gry w piłkę nożną/jazdy konnej

kitch·en S1 W2 /ˈkɪtʃɪn/ *n* [C] kuchnia

kite /kaɪt/ *n* [C] latawiec

kitsch /kɪtʃ/ *n* [U] kicz: *Her house was full of 1970s kitsch.* **—kitschy** *adj* kiczowaty

kit·ten /ˈkɪtn/ *n* [C] kotek

kit·ty /ˈkɪti/ *n* [C usually singular] wspólna kasa

ˈkitty-ˌcorner *adv AmE informal* na przeciwległym rogu ulicy: *His store is kitty-corner from the bank.*

ki·wi fruit /ˈkiːwi fruːt/ *n* [C] kiwi *(owoc)*

Kleen·ex /ˈkliːneks/ *n* [C,U] *trademark* chusteczka higieniczna

klutz /klʌts/ *n* [C] *AmE informal* oferma

km *n* [C] km *(skrót pisany od słowa 'kilometre')*

knack /næk/ *n* [singular] *informal* talent, dryg: *Harry has the knack of making friends wherever he goes.*

knack·ered /ˈnækəd/ *adj* [not before noun] *BrE spoken informal* wykończony: *You look knackered.*

knap·sack /ˈnæpsæk/ *n* [C] plecak

knead /niːd/ *v* [T] wyrabiać: *Knead the dough* (=wyrabiaj ciasto) *for three minutes.*

knee S2 W2 /niː/ *n* [C] **1** kolano: *Lift using your knees, not your back.* | *His jeans had holes in both knees.* **2 bring sth to its knees** paraliżować coś: *The country was brought to its knees by a wave of strikes.*

knee·cap /ˈniːkæp/ *n* [C] rzepka

ˌknee-ˈdeep *adj* **1 be knee-deep** sięgać do kolan: *The snow was almost knee-deep.* **2 knee-deep in sth** po szyję w czymś: *We ended up knee-deep in debt.*

ˌknee-ˈhigh *adj* wysoki do kolan: *knee-high grass*

ˈknee-jerk *adj* **knee-jerk reaction/response** odruchowa reakcja: *knee-jerk reactions based on blind prejudice*

kneel /niːl/ *także* **kneel down** *v* [I] (**knelt** /nelt/ or **kneeled**, **knelt** or **kneeled**, **kneeling**) klękać, klęczeć: *She knelt down and began to pray.*

knew /njuː/ *v* czas przeszły od KNOW

knick·ers /ˈnɪkəz/ *n* [plural] **1** *BrE* majtki **2** pludry

knick-knacks /ˈnɪk næks/ *n* [plural] bibeloty

knife¹ S3 W3 /naɪf/ *n* [C] (plural **knives** /naɪvz/) nóż: *a knife and fork* | *gangs of young boys carrying knives*

knife² *v* [T] ranić nożem

knight¹ /naɪt/ *n* [C] rycerz

knight² *v* [T] nadawać tytuł szlachecki: *He was knighted in 1997.*

knight·hood /ˈnaɪthʊd/ *n* [C,U] tytuł szlachecki

knit /nɪt/ *v* [I,T] (**knitted** or **knit**, **knitted** or **knit**, **knitting**) z/robić na drutach: *She's knitting me a sweater.*

ˈknitting ˌneedle *n* [C] drut *(do robót ręcznych)*

knit·wear /ˈnɪtweə/ *n* [U] wyroby z dzianiny

knives /naɪvz/ *n* liczba mnoga od KNIFE

knob /nɒb/ *n* [C] gałka

knob·bly /ˈnɒbli/ *BrE*, **knob·by** /ˈnɒbi/ *AmE adj* guzowaty: *knobbly knees* (=kościste kolana)

knock¹ S1 W3 /nɒk/ *v* **1** [I] za/pukać: **+at/on** *There's someone knocking at the front door.* **2** [T] potrącać: *Careful you don't knock the camera.* **3** [T] *informal* czepiać się: *The British press always knock British winners at any sport.* **4 knock some sense into sb** przemówić komuś do rozsądku: *Maybe she can knock some sense into him.* **5 knock on wood** *AmE* odpukać (w niemalowane drewno)

knock down *phr v* **1** [T **knock** sth ↔ **down**] z/burzyć: *Workers began knocking down sections of the wall.* **2 be/get knocked down** zostać potrąconym: *Tracy was knocked down by a car on her way home from school.*

knock off *phr v informal* **1** [I] s/kończyć (pracę): *We knocked off at about 5 o'clock.* **2** [T **knock** sth ↔ **off**] opuścić *(z ceny)*: *I got him to knock $10 off the regular price.* **3 knock it off!** *spoken* przestań!

knock out *phr v* [T] **1** [**knock** sb ↔ **out**] z/nokautować: *Ali knocked out his opponent in the fifth round.* **2** [**knock** sb/sth ↔ **out**] wy/eliminować: *Indiana got knocked out in the first round.*

knock sb/sth ↔ **over** *phr v* [T] przewrócić: *She nearly knocked over my drink.*

knock sth ↔ **up** *phr v* [T] *spoken informal* trzaskać, tłuc: *Roland makes a lot of money knocking up copies of famous paintings.*

knock² *n* [C] **1** pukanie: *There was a loud knock at the door.* **2** uderzenie: *a knock on the head*

knock·er /ˈnɒkə/ *n* [C] kołatka

K

ˈknock-on *adj* **have a knock-on effect** wywoływać efekt domina: *The price rises will have a knock-on effect throughout the economy.*

knock·out /ˈnɒkaʊt/ *n* [C] nokaut

knot¹ /nɒt/ *n* [C] **1** węzeł **2** sęk **3 tie the knot** *informal* z/wiązać się węzłem małżeńskim

knot² *v* [T] (**-tted**, **-tting**) związywać

know¹ S1 W1 /nəʊ/ *v* (**know**, **known**, **knowing**) **1** [I,T] wiedzieć: *"What time's the next bus?" "I don't know."* | **+ about** *He knows a lot about cars.* | **+ (that)** *Did you know that Bill Clinton has an Internet e-mail address?* | *I just knew you'd say that!* | **know how/what/where etc** *Nobody knows where she's gone.* | *I know exactly how you feel!* | **know how to do sth** (=umieć coś robić): *Do you know how to turn this thing off?* **2** [T] znać: *I knew Hilary in high school.* | **get to know** (=poznawać): *a chance for students to get to know each other* | **know sth well** *Jean knows Paris well.* | **know sth inside out** (=znać coś na wylot): *You should know the system inside out by now.* | **know sth like the back of your hand** (=znać coś jak własną kieszeń) | **know the way** *Luckily, Jo knew the way to the hospital.* **3 known as** znany jako: *Diana became known as 'the people's Princess'.* | *the Ministry of International Trade and Industry, better known as MITI* **4** [T] **have never known** nigdy nie zetknąć się z: *I've never known a case quite like this one.* **5 you know** *spoken* **a)** wiesz: *She's very, you know, sophisticated.* | *You know, he's going to be taller than his dad.* **b)** musisz wiedzieć: *She's really upset, you know.* **6 I know** *spoken* **a)** wiem: *"These shoes are so ugly!" "I know, aren't they awful?"* **b)** już wiem: *I know, let's ask Michael.* **7 let sb know** dawać komuś znać: *Please let me know if you want to come.* **8 as far as I know** o ile wiem: *As far as I know, Gail left at 6.00.* **9 you never know** *spoken* nigdy (nic) nie wiadomo: *You never know. You might be lucky and win!* THESAURUS MAYBE **10 who knows** *spoken* kto wie: *Who knows how much it will cost.* **11 Heaven/Goodness knows** *spoken* Bóg raczy wiedzieć **12 know better (than to do sth)** wiedzieć (że nie należy czegoś robić): *Ben should have known better than to tell his mother.*

know of sb/sth *phr v* [T] znać, wiedzieć o: *Do you know of any good restaurants around here?*

know² *n* **in the know** wtajemniczony: *Those in the know go to the beaches on the south of the island.*

ˈknow-all *n* [C] *BrE* mądrala

ˈknow-how *n* [U] *informal* wiedza *(praktyczna)*: *technical know-how*

know·ing /ˈnəʊɪŋ/ *adj* [only before noun] porozumiewawczy: *When I asked where her husband was, she gave me a knowing look.*

know·ing·ly /ˈnəʊɪŋli/ *adv* **1** celowo: *He'd never knowingly hurt you.* **2** porozumiewawczo: *Brenda smiled knowingly at me.*

ˈknow-it-all *n* [C] *AmE* mądrala

knowl·edge S2 W1 /ˈnɒlɪdʒ/ *n* [U] **1** wiedza: *His knowledge of American history is impressive.* | *our knowledge about the functioning of the brain* **2 to (the best of) my knowledge** *spoken* z tego, co wiem: *To my knowledge, no such agreement was made.* **3 without sb's knowledge** bez czyjejś wiedzy: *Someone had used his computer without his knowledge.* →patrz też **it's common knowledge** (COMMON¹)

COLLOCATIONS: knowledge

verbs

to have knowledge of sth *Candidates must have some knowledge of databases.*

to get knowledge *także* **to gain/acquire knowledge** *formal There are some types of knowledge you can't get from a book.*

to increase/improve your knowledge *I wanted to improve my knowledge of music.* | *In the past twenty years, we have greatly increased our knowledge of how the brain works.*

to broaden/expand your knowledge (=poszerzyć wiedzę) *The course is designed to help students broaden their knowledge of modern American literature.*

to show/demonstrate your knowledge *This is a chance for you to demonstrate your knowledge of Spanish.*

adjectives

general knowledge (=wiedza ogólna) *Reading newspapers will improve your general knowledge.*

basic knowledge *A basic knowledge of German would be helpful.*

extensive/vast knowledge (=rozległa wiedza) *I admire his extensive knowledge of antiques.*

detailed knowledge *You need a lawyer with a detailed knowledge of tax legislation.*

specialist/expert knowledge *You don't need any specialist knowledge to understand the book.*

first-hand/personal knowledge (=wiedza z pierwszej ręki) *writers who had no first-hand knowledge of war*

knowl·edge·a·ble /ˈnɒlɪdʒəbəl/ *adj* **be knowledgeable about sth** znać się na czymś: *Steve's very knowledgeable about politics.*

known¹ /nəʊn/ *v* imiesłów bierny od KNOW

known² W3 *adj* znany: *a known criminal* | **be known for sth** (=być znanym z czegoś): *Connery is known for his role in the James Bond films.* →patrz też WELL-KNOWN

knuck·le¹ /ˈnʌkəl/ *n* [C] staw palca *(u ręki)*

knuckle² *v*

knuckle down *phr v* [I] *informal* wziąć się (poważnie) do roboty

knuckle under *phr v* [I] *informal* podporządkować się

ko·a·la /kəʊˈɑːlə/ *także* **koˌala ˈbear** *n* [C] niedźwiadek koala

Ko·ran, Qur'an /kɔːˈrɑːn/ *n* **the Koran** Koran

Ko·re·a /kəˈriːə/ *n* Korea: *South Korea* | *North Korea* —**Korean** /kəˈriːən/ *n* Korea-ńczyk/nka —**Korean** *adj* koreański

ko·sher /ˈkəʊʃə/ *adj* koszerny

kow·tow /ˌkaʊˈtaʊ/ *v* [I] płaszczyć się: *I refuse to kowtow to that man.*

kph km/h *(skrót od "kilometres per hour")*

ku·dos /ˈkjuːdɒs/ *n* [U] *informal* poważanie, renoma

kung fu /ˌkʌŋ ˈfuː/ *n* [U] kung fu

kw kW *(skrót od słowa "kilowatt")*

K

Ll

L, l /el/ L, l *(litera)*

lab S3 /læb/ *n* [C] *informal* LABORATORY

la·bel¹ S3 W3 Ac /ˈleɪbəl/ *n* [C] **1** etykieta: *Always read the instructions on the label.* **2** metka **3** *także* **record label** wytwórnia płytowa: *the EMI label* **4** określenie: *The critics called the film an epic, and it certainly deserves that label.*

label² Ac *v* [T] (**-lled**, **-lling** *BrE*; **-led**, **-ling** *AmE*) **1** etykietować: *Make sure all the bottles are clearly labelled.* **2 label sb (as)** określać kogoś mianem: *He was labelled as a troublemaker.*

la·bor Ac /ˈleɪbə/ amerykańska pisownia wyrazu LABOUR

la·bor·a·tory W3 /ləˈbɒrətri/ *także* **lab** *n* [C] laboratorium →patrz też LANGUAGE LABORATORY

ˈlabor ˌcamp *n* amerykańska pisownia LABOUR CAMP

la·bor·er /ˈleɪbərə/ amerykańska pisownia wyrazu LABOURER

la·bo·ri·ous /ləˈbɔːriəs/ *adj* pracochłonny: *the laborious process of examining all the data*

ˈlabor ˌunion *n* [C] *AmE* związek zawodowy

la·bour¹ S2 W1 Ac /ˈleɪbə/ *BrE*, **labor** *AmE n* **1** [C,U] praca *(fizyczna)*: *The job involves a lot of manual labour.* **2** [U] siła robocza: *There is a shortage of skilled labour.* | *Labour is cheap.* **3** [U singular] poród: **be in labour** (=rodzić): *Meg was in labour for six hours.* **4 Labour** Partia Pracy —**Labour** *adj* laburzystowski: *a Labour MP* (=poseł Partii Pracy)

labour² Ac *BrE*, **labor** *AmE v* **1** [I] harować: *farmers laboring in the fields* | **+over** *He laboured over the report for hours.* **2** mozolić się: **labour to do sth** (=usiłować coś zrobić): *The group has spent ten years labouring to bring a ballet company to the city.*

ˈlabour ˌcamp *BrE*, **labor camp** *AmE n* [C] obóz pracy

la·bour·er /ˈleɪbərə/ *BrE*, **laborer** *AmE n* [C] robotnik/ca

ˈLabour ˌParty *n* [singular] Partia Pracy

lab·ra·dor /ˈlæbrədɔː/ *n* [C] labrador

lab·y·rinth /ˈlæbərɪnθ/ *n* [C] labirynt: **+of** *a labyrinth of narrow streets* | *a labyrinth of rules and regulations*

lace¹ /leɪs/ *n* [U] koronka: *lace curtains* (=firanki)

lace² *także* **lace up** *v* [T] za/sznurować: *Paul laced up his boots.*

la·ce·rate /ˈlæsəreɪt/ *v* [T] *formal* po/szarpać, po/ranić: *His hand was badly lacerated by the broken glass.* —**laceration** /ˌlæsəˈreɪʃən/ *n* [C] rana (szarpana)

lac·es /ˈleɪsɪz/ *n* [plural] sznurowadła

lack¹ S3 W2 /læk/ *n* [U singular] brak: **+of** *a lack of confidence*

> **UWAGA: lack**
>
> Wyrazu **lack** używamy zwykle z rzeczownikami abstrakcyjnymi: *a lack of support* | *a lack of sympathy* | *a lack of freedom* | *a lack of sleep* | *a lack of energy*. Nie użyjemy natomiast wyrazu **lack**, mówiąc np. o braku telewizora, kopert, czy jakiegokolwiek innego konkretnego przedmiotu. Lepiej w takim przypadku posłużyć się inną konstrukcją, np.: *I noticed that there was no TV.* | *I don't have any envelopes.*

lack² W3 *v* [T] **sb lacks sth** komuś brakuje czegoś: *The only thing she lacks is experience.*

lack·ing /ˈlækɪŋ/ *adj* **1 be lacking in sth** być pozbawionym czegoś: *His voice was completely lacking in emotion.* **2** [not before noun] **sth is lacking** czegoś brakuje: *The information they need is lacking.*

lack·lus·tre /ˈlækˌlʌstə/ *adj* bez życia: *a lacklustre performance*

la·con·ic /ləˈkɒnɪk/ *adj literary* lakoniczny

lac·quer /ˈlækə/ *n* [U] lakier

lac·y /ˈleɪsi/ *adj* koronkowy

lad S2 W3 /læd/ *n* [C] *old-fashioned* chłopak THESAURUS MAN

lad·der S3 /ˈlædə/ *n* [C] **1** drabina: *Stevens started on the bottom rung of the ladder.* **2** *BrE* oczko *(w rajstopach)*

ladder

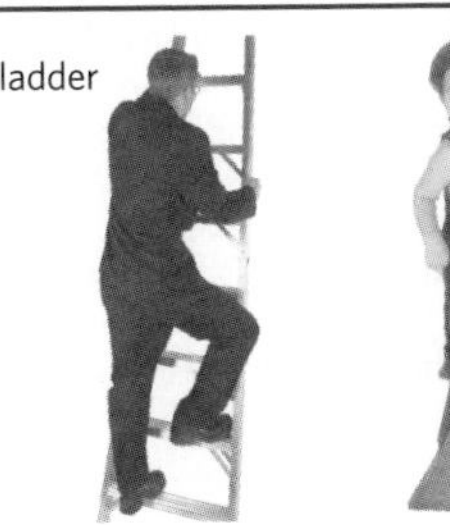

la·den /ˈleɪdn/ *adj* obładowany: *Grandma walked in, laden with presents.*

ladies /ˈleɪdɪz/ *n* **the ladies** *BrE* toaleta damska

ˈladies' room *n* [C] *AmE* toaleta damska

la·dle /ˈleɪdl/ *n* [C] łyżka wazowa

la·dy S1 W2 /ˈleɪdi/ *n* [C] **1** pani: *Good afternoon, ladies.* | *a little old lady with white hair* **2** dama: *A lady never swears.* | *the lords and ladies of the French court* **3 Lady** lady: *Lady Helen Windsor* →patrz też LADIES

> **UWAGA: lady i woman**
>
> Wyrazu **lady** używa się w sytuacjach oficjalnych: *Ladies and gentlemen, may I have your attention please?* | *Please show these ladies the way to the cloakroom.* Wyraz **woman** jest neutralny i można go stosować w większości sytuacji zamiast **lady**: *Isn't that the woman who teaches at the International School?* Zamiast **old woman** lepiej jednak powiedzić **old lady**, gdyż brzmi to dużo bardziej uprzejmie: *Can you help that old lady across the road?*

la·dy·bird /ˈleɪdibɜːrd/ *BrE*, **la·dy·bug** /-bʌg/ *AmE n* [C] biedronka

lag¹ /læg/ *v* (**-gged**, **-gging**)
lag behind *phr v* [I] pozostawać w tyle (za): *The country's economy has lagged far behind the economies of other countries in the region.*

L

lag² *także* **ˈtime lag** *n* [C] opóźnienie →patrz też JET LAG

la·ger /ˈlɑːɡə/ *n* [C,U] *BrE* piwo jasne

la·goon /ləˈɡuːn/ *n* [C] laguna

laid /leɪd/ *v* czas przeszły i imiesłów bierny od LAY

ˌlaid-ˈback *adj* wyluzowany: *She's easy to talk to, and very laid-back.*

lain /leɪn/ *v* imiesłów bierny od LIE

lair /leə/ *n* [C] legowisko, matecznik: *a wolf's lair*

lake S3 W3 /leɪk/ *n* [C] jezioro: *Lake Michigan*

THESAURUS: lake

lake jezioro: *The town lies on the edge of a big lake.*
reservoir zbiornik: *They built two reservoirs to supply water to the city.*
pond staw: *There were several ducks on the village pond.*
pool sadzawka *(powstała w sposób naturalny)*: *Mosquitoes breed in stagnant pools of water.*
puddle kałuża: *The children enjoyed splashing in the puddles.*

lamb S3 /læm/ *n* **1** [C] jagnię **2** [U] jagnięcina, baranina

lame /leɪm/ *adj* **1** kulawy **2** *informal* kiepski: *a lame excuse*

la·ment /ləˈment/ *v formal* **1** [I] lamentować, biadać **2** [T] ubolewać nad, żałować —**lament** *n* [C] lament, skarga

lam·en·ta·ble /ˈlæməntəbəl/ *adj formal* pożałowania godny, żałosny

lam·i·nat·ed /ˈlæmɪneɪtɪd/ *adj* laminowany

lamp S3 /læmp/ *n* [C] lampa: *a desk lamp*

lam·poon /læmˈpuːn/ *v* [T] ośmieszać *(za pomocą satyry prasowej)*

ˈlamp-post *n* [C] latarnia uliczna

lamp·shade /ˈlæmpʃeɪd/ *n* [C] abażur

LAN /læn, ˌel eɪ ˈen/ *n* LAN, sieć lokalna

lance /lɑːns/ *n* [C] lanca

land¹ S1 W1 /lænd/ *n* **1** [U] ziemia, teren: *Who owns the land near the lake?* | *5,000 acres of agricultural land* THESAURUS GROUND **2** [U] ląd: **on land** *Frogs live on land and in the water.* **3** [C] *literary* kraina: *a faraway land*

land² S2 W3 *v* **1** [I] wy/lądować: *Has her flight landed yet?* | *Chris slipped and landed on his back.* | *The Pilgrims landed on Cape Cod in 1620.* **2** [T] wyładowywać: *The ship landed the goods at Dover.* **3** [T] *informal* podłapać: *Kelly's landed a job with a big law firm.* **4 land a plane** sprowadzić samolot na ziemię: *The pilot managed to land the damaged plane safely.*

land·fill /ˈlændfɪl/ *n* **1** [U] składowanie odpadów **2** [C] wysypisko/składowisko odpadów

land·ing /ˈlændɪŋ/ *n* [C] **1** półpiętro **2** lądowanie →porównaj TAKE-OFF

land·la·dy /ˈlændˌleɪdi/ *n* [C] **1** gospodyni **2** szefowa *(zajazdu, pubu itp.)*

land·lord W3 /ˈlændlɔːd/ *n* [C] **1** gospodarz **2** szef *(zajazdu, pubu itp.)*

land·mark /ˈlændmɑːk/ *n* [C] **1** punkt orientacyjny **2** kamień milowy: *a landmark in the history of aviation*

land·mine /ˈlændmaɪn/, **land mine** *n* [C] mina lądowa

land·own·er /ˈlændˌəʊnə/ *n* [C] właściciel/ka ziemski/a

land·scape W3 /ˈlændskeɪp/ *n* [C] **1** krajobraz: *an urban landscape* →porównaj SCENERY **2** pejzaż

UWAGA: landscape i scenery

Nie należy mylić wyrazów **landscape** i **scenery** w znaczeniu „krajobraz". **Landscape** to „widok okolicy", szczególnie poza miastem: *Having reached the top of the hill, we sat and admired the landscape that stretched far into the distance.* **Scenery** to „naturalne, pełne uroku cechy terenu wiejskiego" (pagórki, pola, lasy itp.): *The train journey takes us through some breathtaking scenery.* | *Cycling means that you can get fit and enjoy the scenery at the same time.*

land·slide /ˈlændslaɪd/ *n* [C] **1** osunięcie się ziemi: *Part of the road is blocked by a landslide.* **2 landslide victory** miażdżące zwycięstwo *(w wyborach)*

lane S3 W3 /leɪn/ *n* [C] **1** dróżka **2** ulica *(w nazwach)*: *Turnpike Lane* **3** pas (ruchu): *the fast lane of the motorway* **4** tor: *Maurice Green is running in lane eight.*

lan·guage S1 W1 /ˈlæŋɡwɪdʒ/ *n* [C,U] język: *"Do you speak any foreign languages?" "Yes, I speak French."* | *language learning skills* | *the language of business* | *poetic language* | *the language of music* | **bad language** (=wulgarny język) | **sb's first language** (=czyjś język ojczysty)

UWAGA: language

Nie mówi się „I'm learning the Japanese language", "Do you speak Italian language?" itp. Mówi się **I'm learning Japanese**, **Do you speak Italian?** itp.

COLLOCATIONS: language

verbs

to speak a language *She speaks several languages.*
to talk/speak in a language *What language were they talking in?*
to use a language *They use two languages at home.*
to learn a language *I'd like to learn another language.*
to know a language *He had lived in Japan, but did not know the language.*
to study a language *She went to Korea to study its language and culture.*

adjectives

a foreign language *The men were talking in a foreign language.*
the English/Japanese/Spanish etc language *He spent years studying the Russian language.*
sb's first/native language *His first language was Spanish.*
a second language *Most of the students learn English as a second language.*
the official language *The official language of Ghana is English.*
modern languages (=języki nowożytne) *She has a degree in modern languages* (=skończyła filologię).
a dead language *dead languages such as Latin*

language + noun

a language student/learner *Language learners need to know how to use these phrases.*
a language teacher *a book for language teachers*

the language barrier *Because of the language barrier, it was hard for doctors to give good advice to patients.*

ˈlanguage laˌboratory *n* [C] laboratorium językowe

lan·guid /ˈlæŋgwɪd/ *adj literary* ospały, powolny

lan·guish /ˈlæŋgwɪʃ/ *v* [I] wlec się: *United are currently languishing at the bottom of the league.*

lank·y /ˈlæŋki/ *adj* patykowaty

lan·tern /ˈlæntən/ *n* [C] **1** latarnia **2** lampion

lan·yard /ˈlænjəd/ *n* [C] smycz *(do kluczy, gwizdka itp.)*

lap¹ /læp/ *n* [C] **1** kolana: *Go and sit on grandad's lap.* **2** okrążenie: *Rosberg overtook Schumacher on the last lap.* **3** etap: *The last lap of our journey is from Frankfurt to London.* **4 live in the lap of luxury** pławić się w luksusie

lap² *v* (**-pped**, **-pping**) **1** [I] pluskać: *waves lapping against the shore* **2** [T] *także* **lap up** wy/chłeptać: *a cat lapping up milk*
lap sth ↔ up *phr v* [T] napawać się: *She's lapping up all the attention she's getting* (=napawa się tym, że jest w centrum uwagi).

la·pel /ləˈpel/ *n* [C] klapa *(marynarki, płaszcza)*

lapse¹ /læps/ *n* [C] **1** uchybienie: *Apart from the occasional lapse her work seems quite good.* **2 memory lapse** luka w pamięci *(przejściowa)*: *After taking the drug, several patients suffered memory lapses.* **3** [usually singular] odstęp: *She returned to the stage after a lapse of several years* (=po upływie kilku lat).

lapse² *v* [I] wygasać: *Your membership of the tennis club has lapsed.*
lapse into sth *phr v* [T] **1** zapadać w: *They lapsed into silence.* **2** przechodzić na: *Without thinking he lapsed into French.*

lap·top /ˈlæptɒp/ *n* [C] przenośny komputer, laptop

laptop

lard /lɑːd/ *n* [U] smalec

lar·der /ˈlɑːdə/ *n* [C] spiżarnia

large S1 W1 /lɑːdʒ/ *adj* **1** duży: *a large pizza* | *Birmingham is the second largest* (=jest drugim co do wielkości) *city in England.* | *large amounts of money* → antonim SMALL¹ THESAURUS BIG **2 the people/public/community at large** ogół ludzi/społeczeństwa: *facilities that are for the benefit of the community at large* **3 be at large** być na wolności **4 by and large** ogólnie rzecz biorąc: *By and large, the show was a success.* **5 larger than life** imponujący

UWAGA: large

Patrz **big** i **large**.

large·ly S3 W2 /ˈlɑːdʒli/ *adv* w dużej mierze: *The delay was largely due to bad weather.*

ˌlarge-ˈscale *adj* [only before noun] na dużą skalę: *large-scale unemployment*

lark /lɑːk/ *n* [C] **1** skowronek **2** *BrE informal* kawał: *We hid the teacher's book for a lark.*

lar·va /ˈlɑːvə/ *n* [C] (plural **larvae** /-viː/) larwa

lar·ynx /ˈlærɪŋks/ *n* [C] *technical* krtań

la·sa·gne /ləˈsænjə/ *BrE*, **lasagna** *AmE n* [C,U] lasagna, lazania

la·ser /ˈleɪzə/ *n* [C] laser: *laser surgery*

lash¹ /læʃ/ *v* **1** [I,T] uderzać: *waves lashing against the rocks* **2** [T] chłostać **3** [T] przywiązywać
lash out *phr v* [I] rzucić się: **+ at** *Georgie lashed out at him, screaming abuse.*

lash² *n* [C] uderzenie

lash·es /ˈlæʃɪz/ *n* [plural] rzęsy

lass /læs/ *n* [C] *BrE* dziewczyna

las·so /ləˈsuː/ *n* [C] lasso —**lasso** *v* [T] chwytać na lasso

last¹ S1 W1 /lɑːst/ *determiner, adj* **1** ostatni: *When was the last time she was here?* | *What time does the last bus leave?* | *the last chapter of the book* | *Is it all right if I have the last piece of cake?* | *Ella's the last person I wanted to see.* | **the last few months/10 years etc** *The town has changed a lot in the last few years.* | **sb's last job/car/boyfriend etc** *My last boyfriend* (=mój poprzedni chłopak) *was crazy about football.* | **last but one** (=przedostatni) **2** ubiegły, zeszły: **last week/Sunday etc** (=w zeszłym tygodniu/w zeszłą niedzielę): *Did you go out last night* (=wczoraj wieczorem)? **3 have the last word** mieć ostatnie słowo

UWAGA: last i latest

Nie należy mylić wyrazów **last** i **latest** w znaczeniu „ostatni". **Last** to „ostatni z listy lub serii": *Our last meeting was in Rome.* | *I answered all the questions except the last one.* **Latest** to „najnowszy, najświeższy, najbardziej aktualny": *I'm interested in the latest fashions.* | *The BBC always has the latest news.*

THESAURUS: last

last ostatni: *I preferred her last record.* | *The last time we won was in 2006.*

previous poprzedni: *her previous manager* | *our previous conversation*

former *formal* były: *the former president of the United States* | *the former Yugoslavia*

old stary: *Our old house was much smaller than this one.* | *one of his old girlfriends*

THESAURUS: last

final ostatni, końcowy *(z serii wydarzeń lub części większej całości)*: *the final scene of the film* | *the final day of the trial*

closing końcowy *(dotyczący ostatniej części dłuższego okresu czasu)*: *He scored a goal in the closing minutes of the game.*

penultimate przedostatni: *the penultimate chapter of the book*

last² S1 W1 *adv* **1** ostatnio: *When did you last go shopping?* **2** na końcu: *The Rolling Stones came on stage last.* **3 last but not least** na koniec, wreszcie *(przy wyliczaniu)*: *Last but not least, I'd like to thank my mother.*

last³ *n, pron* **1 the last** ostatni: *Lee was the last to go to bed.* **2 at (long) last** w końcu: *She seems to have found happiness at last.* **3 the last of** resztka: *Is this the last of the bread?*

last⁴ S1 W2 *v* [I,T] **1** trwać: *Jeff's operation lasted 3 hours.* THESAURUS CONTINUE **2** wystarczać: *The batteries will last for up to 8 hours.*

L

ˌ**last-ˈditch** *adj* **a last-ditch effort/attempt etc** ostatnia/ostateczna próba: *a last-ditch effort to free the hostages*

last·ing /ˈlɑːstɪŋ/ *adj* trwały: *a lasting impression*

last·ly /ˈlɑːstli/ *adv formal* na koniec: *And lastly, I'd like to thank my producer.*

ˌ**last-ˈminute** *adj* na ostatnią chwilę: *last-minute Christmas shopping*

ˈ**last name** *n* [C] nazwisko →porównaj FIRST NAME, MIDDLE NAME

latch¹ /lætʃ/ *n* [C] **1** zasuw(k)a **2** zamek zatrzaskowy: **on the latch** (=zamknięty tylko na klamkę)

latch² *v*
latch on *phr v* [I] *BrE informal* s/kojarzyć: *It took him some time to latch on.*

late¹ S1 W1 /leɪt/ *adj* **1** późny: *We have a late breakfast.* | *St Mary's church was built in the late 18th century.* | **be late (for)** (=spóźniać się (na/do)): *Sorry I'm late!* | *Peggy was late for school.* **2** *formal* świętej pamięci: *the late Sir William Russell*

late² S2 W3 *adv* **1** za późno, z opóźnieniem: *Our flight arrived two hours late.* **2** późno: *It's getting late. We'd better go home.*

late·ly /ˈleɪtli/ *adv* ostatnio: *I've been feeling very tired lately.* THESAURUS RECENTLY

UWAGA: lately i recently

Nie należy mylić wyrazów **lately** i **recently** w znaczeniu „ostatnio". Gdy mowa o okresie od pewnego momentu w przeszłości do teraz, można ich używać zamiennie: *Recently/Lately I have been wondering whether to look for a new job.* W takich przypadkach stosujemy czas Present Perfect Continuous. Kiedy jednak chodzi o konkretny moment w przeszłości, można użyć jedynie wyrazu **recently** z czasem Simple Past: *Just recently she applied for a new job.*

la·tent /ˈleɪtənt/ *adj* ukryty: *latent hostility*

lat·er¹ S1 W1 /ˈleɪtə/ *adv* **1** później: *I'll see you later.* | *Two years later he became President.* THESAURUS AFTER **2 later on** później: *Later on in the movie the hero gets killed.*

later² *adj* późniejszy: *The decision will be made at a later date.* | *Later models of the car are much improved.*

lat·est¹ /ˈleɪtɪst/ *adj* ostatni, najnowszy: *What's the latest news?* THESAURUS NEW, MODERN

UWAGA: latest

Patrz **last** i **latest**.

latest² *n* **1 the latest** najnowsze wieści: *Have you heard the latest?* **2 at the latest** najpóźniej: *I want you home by 11 at the latest.*

la·ther /ˈlɑːðə/ *n* [U singular] piana *(mydlana)*

Lat·in¹ /ˈlætɪn/ *n* [U] łacina

Latin² *adj* łaciński

ˌ**Latin Aˈmerican** *adj* latynoamerykański

lat·i·tude /ˈlætɪtjuːd/ *n* [C,U] szerokość geograficzna →porównaj LONGITUDE

lat·ter¹ W2 /ˈlætə/ *n* **the latter** *formal* (ten) drugi *(z dwóch)* →porównaj FORMER²

latter² *adj* **1** ostatni: *Neruda spent the latter part of his life in Italy.* **2** *formal* drugi *(z dwóch)*: *The latter option sounds more realistic.*

Lat·vi·a /ˈlætviə/ *n* Łotwa —**Latvian** /ˈlætviən/ *n* Łotysz/ka —**Latvian** *adj* łotewski

laud·a·ble /ˈlɔːdəbəl/ *adj formal* chwalebny

laugh¹ S2 W2 /lɑːf/ *v* [I] śmiać się: *Why are you all laughing?* | **+at** *No one ever laughs at my jokes!*
laugh at sb/sth *phr v* [T] śmiać się z: *Mommy, all the kids at school were laughing at me!*
laugh sth ↔ off *phr v* [T] obrócić w żart: *He laughed off suggestions that he was planning to resign.*

THESAURUS: laugh

laugh śmiać się: *Nora laughed so much that she nearly cried* (=że prawie się popłakała).
giggle chichotać: *A group of girls were giggling at the back of the class.*
chuckle śmiać się *(cicho, samemu do siebie)*: *He chuckled to himself as he read the letter.* | *What are you chuckling about?*
snigger *BrE*, **snicker** *AmE* podśmiechiwać się: *Billy stood up and started to sing, and one or two people sniggered.*
roar with laughter ryczeć ze smiechu: *The audience were all roaring with laughter.*

laugh² S3 *n* **1** [C] śmiech: *a loud laugh* **2 have a laugh** *BrE informal* dobrze się bawić: *She likes going out with her friends and having a laugh.* **3 be a (good) laugh** *BrE informal* umieć rozbawić towarzystwo **4 do sth for a laugh** *BrE informal* robić coś dla zabawy

laugh·a·ble /ˈlɑːfəbəl/ *adj* śmiechu wart

ˈ**laughing stock** *n* [singular] pośmiewisko

laugh·ter /ˈlɑːftə/ *n* [U] śmiech: *a roar of laughter*

launch¹ W2 /lɔːntʃ/ *v* [T] **1 launch an attack/inquiry** rozpoczynać atak/dochodzenie: *The hospital is launching a campaign to raise money for new equipment.* **2** wprowadzać *(na rynek)*: *Jaguar is planning to launch a new sports car.* **3** wystrzelić *(w kosmos)* **4** wodować
launch into sth *phr v* [T] wdawać się w

launch² *n* [C] wprowadzenie na rynek

laun·der·ette /ˌlɔːndəˈret/ *BrE*, **laun·dro·mat** /ˈlɔːndrəmæt/ *AmE n* [C] pralnia samoobsługowa

laun·dry /ˈlɔːndri/ *n* **1** [U] pranie **2** [C] pralnia

laur·el /ˈlɒrəl/ *n* [C,U] wawrzyn

la·va /ˈlɑːvə/ *n* [U] lawa

lav·a·tory /ˈlævətri/ *n* [C] *formal* toaleta THESAURUS TOILET

lav·en·der /ˈlævəndə/ *n* [U] lawenda

lav·ish¹ /ˈlævɪʃ/ *adj* **1** wystawny: *lavish dinner-parties* **2 be lavish with sth** nie szczędzić czegoś: *The critics were lavish with their praise for his new novel.* —**lavishly** *adv* hojnie, szczodrze

lavish² *v*
lavish sth on sb *phr v* [T] poświęcać: *They lavish a lot of attention on their children.*

law S1 W1 /lɔː/ *n* **1** [U] prawo: *to obey the law* | *the law of gravity* | **by law** (=według prawa): *Seatbelts must be worn by law.* | **against the law** (=niezgodny z prawem): *Drunk driving is against the law.* | **break the law** (=z/łamać prawo) **2** [C] ustawa: **+against** *new laws against* (=zabraniające) *testing cosmetics on animals* | **+on** *tough*

L

laws on (=dotyczące) *immigration* **3 the law** wymiar sprawiedliwości: *Is he in trouble with the law?* **4 law and order** prawo i porządek

ˈlaw-ˌabiding *adj* prawomyślny, praworządny: *law-abiding citizens*

law·ful /ˈlɔːfəl/ *adj formal* legalny: *lawful killing*

law·less /ˈlɔːləs/ *adj formal* bezprawny

lawn /lɔːn/ *n* [C] trawnik

ˈlawn ˌmower *n* [C] kosiarka do trawy

law·suit /ˈlɔːsuːt/ *n* [C] proces sądowy

law·yer S3 W2 /ˈlɔːjə/ *n* [C] prawni-k/czka

lax /læks/ *adj* rozluźniony: *lax security*

lax·a·tive /ˈlæksətɪv/ *n* [C] środek przeczyszczający

lay¹ S1 W2 /leɪ/ *v* (**laid, laid, laying**) **1** [T] kłaść, położyć: **lay sth on/upon/down etc** *He laid his hand on her shoulder.* **2 lay eggs** znosić jajka **3 lay the blame on** *formal* zrzucać winę na **4 lay (your) hands on sth** dostać coś w swoje ręce: *I wish I could lay my hands on that book.* **5 lay the table** nakrywać do stołu **6 lay yourself open to sth** narażać się na coś **7 lay a finger/hand on sb** tknąć kogoś: *If you lay a hand on her, I'll call the police.* **8 lay a trap** zastawić pułapkę

lay sth ↔ down *phr v* [T] ustanowić: *strict safety regulations laid down by the government*

lay off *phr v* [T **lay** sb ↔ **off**] zwolnić *(z pracy)*

lay sth ↔ on *phr v* [T] zadbać o: *Lola really laid on a great meal for us.*

lay sth ↔ out *phr v* [T] **1** rozłożyć: *Let's lay the map out on the table.* **2 laid out** rozplanowany: *The gardens were attractively laid out.*

lay up *phr v* **be laid up (with)** rozłożyć się (na) *(jakąś chorobę)*: *She's laid up with flu.*

lay² S1 W2 *v* czas przeszły od LIE¹

lay³ *adj* **1** świecki: *a lay preacher* **2 lay person** laik: *It is difficult for the lay person to understand.*

ˈlay-by *n* [C] *BrE* zatoczka przy drodze

lay·er S3 W3 AC /ˈleɪə/ *n* [C] warstwa: *a thick layer of dust | layers of rock*

lay·man /ˈleɪmən/ *n* [C] (plural **layman** /-mən/) laik

ˈlay-off *n* [C] **1** [usually plural] zwolnienie *(z pracy)* **2** [usually singular] kontuzja

lay·out /ˈleɪaʊt/ *n* [C] układ *(przestrzenny, graficzny)*

laze /leɪz/ *v* [I] leniuchować **laze around** także **laze about** *BrE*: *They spent the afternoon lazing around on the beach.*

la·zy /ˈleɪzi/ *adj* leniwy: *Eva's the laziest girl in the class. | lazy summer afternoons*

lb. *n* funt *(jednostka wagi)*

lead¹ S1 W1 /liːd/ *v* (**led, led, leading**) **1** [I,T] prowadzić: *The school band is leading the parade. | Who's leading the investigation? | At half-time, Green Bay was leading 12–0.* | **lead sb to/through/down etc** *Mrs Danvers led us down the corridor* (=poprowadziła nas korytarzem). | **lead to/towards/into etc** *a quiet avenue leading to a busy main road* **2** [I] przodować: *Asian-American students lead in literacy and numeracy.* **3** [T] przewodzić: *He has led the party for over twenty years.* **4 lead sb to do sth** skłonić kogoś do z/robienia czegoś: *What led you to study geology?* | **lead sb to believe** (=dać komuś powody sądzić, że): *Rod led us to believe he would pay us back immediately.* **5 lead the way a)** prowadzić, wskazywać drogę **b)** przodować, wieść prym: *Japanese companies led the way in using industrial robots.* **6 lead a busy/normal life** prowadzić intensywne/normalne życie

lead off sth *phr v* [T] odchodzić od *(głównej drogi, korytarza)*: *A small track led off the main road.*

lead sb on *phr v* [T] zwodzić: *He thought she loved him, but she was just leading him on.*

lead to sth *phr v* [T] do/prowadzić do: *social problems that have led to an increase in the crime rate*

lead up to sth *phr v* [T] poprzedzać: *events leading up to the trial*

lead² S2 W2 /liːd/ *n* **1** [singular] prowadzenie: *Italy has a 2–0 lead.* | **be in the lead** (=być na prowadzeniu): *Lewis is still in the lead after the third lap.* | **take the lead** (=obejmować prowadzenie): *The US has taken the lead in space technology.* **2** [C] trop: *Do the police have any leads in the robbery?* **3** [C] główna rola: *The lead is played by Brad Pitt.* **4** [C] *BrE* smycz **5** [C] *BrE* przewód *(elektryczny)*

lead³ S2 W2 /led/ *n* **1** [U] ołów **2** [C,U] grafit

lead·er S2 W1 /ˈliːdə/ *n* [C] **1** przywód-ca/czyni: **+of** *leaders of the world's most powerful nations* **2** lider/ka

COLLOCATIONS: leader

types of leader

a political leader *People have lost confidence in political leaders.*

a world leader *The president said he had discussed the matter with other world leaders.*

a military leader *Napoleon was one of the most famous military leaders.*

a religious/spiritual leader *The Pope is the Roman Catholics' spiritual leader.*

the Russian/Chinese etc leader *He is due to meet with the Russian leader this weekend.*

the Conservative/Labour etc leader (=przywódca konserwatystów/labourzystów itp.) *the Conservative leader, David Cameron*

a party leader *Brown was quickly chosen as the party leader.*

a team leader *Ask your team leader for advice.*

a natural/born leader (=urodzony przywódca) *He is confident, and a natural leader.*

a good leader *A good leader listens to the people that he or she leads.*

verbs

to choose a leader *także* **to choose sb as leader** *The party is meeting to choose a new leader. | She was chosen as team leader.*

to elect a leader *także* **to elect sb as leader** *He was elected leader of his country by a huge majority.*

lead·er·ship S3 W2 /ˈliːdəʃɪp/ *n* **1** [U] przywództwo: *Under his leadership China became an economic superpower. | America needs strong leadership.* **2** [singular] kierownictwo, władze

lead·ing W2 /ˈliːdɪŋ/ *adj* **1** główny: *Julia Roberts plays the leading role in the film.* **2 a leading question** pytanie wymuszające konkretną odpowiedź

leaf¹ S2 W2 /liːf/ *n* [C] (plural **leaves** /liːvz/) **1** liść **2 take a leaf out of someone's book** brać przykład z kogoś **3 turn over a new leaf** rozpocząć nowe życie, zacząć wszystko od nowa

leaf² *v*
leaf through sth *phr v* [T] prze/kartkować

leaf·let /ˈliːflɪt/ *n* [C] ulotka

leaf·y /ˈliːfi/ *adj* **1** liściasty: *leafy vegetables* **2** zadrzewiony, zielony: *a leafy suburb*

league W2 /liːg/ *n* [C] **1** liga: *Our team finished second in the league.* **2 be in league (with)** być w zmowie (z): *Parry is suspected of being in league with terrorists.* **3** [usually singular] klasa: *They are not in the same league as the French in making wine.*

leak¹ /liːk/ *v* **1** [I] przeciekać: *The roof's leaking!* **2** [I] wyciekać, ulatniać się: **+out of/into** *Gas was leaking out of the pipes.* **3** [T] ujawniać: *The letters were leaked to the press.* **4 sth is leaking petrol/water** z czegoś cieknie benzyna/woda: *My car's leaking oil.* —**leakage** *n* [U] wyciek
leak out *phr v* [I] przeciekać, wychodzić na jaw

leak² *n* [C] **1** przeciek: *There's a leak in the watertank.* | *security leaks* **2** wyciek: *an oil leak*

leak·y /ˈliːki/ *adj* nieszczelny: *a leaky roof*

lean¹ S3 /liːn/ *v* (**leaned** *or* **leant** /lent/ *BrE*) **1** [I] pochylać się: **+forward/back/across etc** *Celia leaned forward and kissed him.* **2** [I] opierać się: **+against/on** *Joe was leaning on the fence.* **3** [T] opierać: **lean sth on/against sth** *Lean the ladder against the wall.*
lean on sb *phr v* [T] polegać na, wspierać się na: *I know I can always lean on my friends.*

lean

lean² *adj* **1** szczupły: *Sven was lean and athletic.* **2** chudy: *lean meat* | *a lean year for small businesses*

lean·ing /ˈliːnɪŋ/ *n* [C] skłonność: *socialist leanings*

leap¹ /liːp/ *v* [I] (**leaped** *or* **leapt** /lept/, **leaped** *or* **leapt**, **leaping**) **1** skakać: **+over/into/from etc** *Mendez leaped into the air* (=podskoczył w górę) *after scoring a goal.* | **leap up/out of etc** *Ben leapt up* (=zerwał się) *to answer the phone.* THESAURUS JUMP **2 leap at the opportunity/chance** skorzystać z okazji/szansy

leap² *n* [C] skok: *a leap in oil prices*

leap·frog /ˈliːpfrɒg/ *n* [U] zabawa, w której jedna osoba wykonuje skłon, a druga przeskakuje przez nią jak przez kozioł —**leapfrog** *v* [I,T] przeskakiwać (jeden przez drugiego)

ˈleap year *n* [C] rok przestępny

learn S1 W1 /lɜːn/ *v* (**learned** *or* **learnt** *BrE*; **learned** *or* **learnt** *BrE*; **learning**) **1** [I,T] na/uczyć się: *Lisa's learning Spanish.* | *Have you learned your lines for the play?* | *She'll have to learn that she can't always get what she wants.* | **learn (how) to do sth** *I learned to drive when I was 18.* **2** [I,T] *formal* dowiadywać się: **+about** *We only learned about the accident later.* | **+(that)** *I was surprised to learn that Jack had left college.* —**learner** *n* [C]: *He's a slow learner* (=wolno się uczy).

UWAGA: learn i study

Nie należy mylić wyrazów **learn** i **study** w znaczeniu „uczyć się". Gdy mowa o poznawaniu czegoś, zdobywaniu wiedzy na jakiś temat, używamy wyrazu **learn**: *I've been learning English for three years.* W języku polskim mamy wtedy formę dokonaną „nauczyć się". Gdy mówimy o uczeniu się na konkretne zajęcia czy przygotowywaniu się do egzaminu, używamy wyrazu **study**: *I can't study with that music playing all the time.* W języku polskim nie mamy wtedy formy dokonanej. Różnicę między **learn** i **study** dobrze widać w następującym przykładzie: *I've been studying for five hours, but I don't think I've learnt anything.*

THESAURUS: learn

learn uczyć się: *She has been learning English for six years.*
pick sth up nauczyć się czegoś *(bez specjalnego wysiłku, przez obserwację)*, podłapać coś: *The rules of the game are easy - you'll soon pick them up.*
get the hang of sth *informal* chwycić/załapać coś: *Driving a car is easy once you've got the hang of it.*
master opanować: *It can take years to master the violin.* | *She soon mastered the local language.*

learn·ed /ˈlɜːnɪd/ *adj formal* uczony

learn·ing /ˈlɜːnɪŋ/ *n* [U] wiedza

ˈlearning curve *n* tempo uczenia się

learnt /lɜːnt/ *v* czas przeszły i imiesłów bierny od LEARN

lease /liːs/ *n* [C] umowa najmu: *a two-year lease on the apartment* —**lease** *v* [T] wy/dzierżawić

leash /liːʃ/ *n* [C] smycz

least¹ /liːst/ *adv* [superlative of **little**] **1 at least a)** co najmniej: *At least 150 people were killed in the earthquake.* **b)** *spoken* przynajmniej: *Well, at least you got your money back.* | *He's gone home, at least I think he has.* | *Will you at least say you're sorry?* **2** najmniej: *She chose the least expensive* (=najtańszy) *ring.* | *the thing I least expected to happen* | **least of all** (=a już na pewno nie): *I don't like any of them, least of all Debbie.* **3 not in the least/not the least** bynajmniej: *I wasn't in the least worried.* **4 to say the least** delikatnie mówiąc: *Mrs Lim was upset, to say the least.*

least² *quantifier* [superlative of **little**] najmniej: *I get paid the least.*

leath·er W3 /ˈleðə/ *n* [U] skóra: *a leather belt*

leave¹ S1 W1 /liːv/ *v* (**left**, **left**, **leaving**) **1** [T] opuszczać: *Nick doesn't want to leave California.* | *She's left her husband.* **2** [I,T] odchodzić (z) *(pracy, organizacji)*: *She left her job in order to have a baby.* **3** [I] **a)** wychodzić: *The manager asked them to leave.* **b)** wyjeżdżać: **+for** *We're leaving for Paris tomorrow.* **4** [T] zostawiać: *Just leave those letters on my desk, please.* | *Can we leave the dishes for later?* | **leave sb sth** *My aunt left me this ring.* **5** [T] nie ruszyć, nie tknąć *(jedzenia, picia)* **6** [T] *także* **leave behind** zostawić: *Oh no, I think I've left my keys in the front door.* **7 be left (over)** zostać: *Is there any coffee left?* **8 leave sb alone** dać komuś spokój: *Just go away and leave me alone.* **9 leave sth alone** *spoken* zostawić coś (w spokoju): *Leave that watch alone - you'll break it!* **10 leave sth to sb** pozostawiać coś komuś: *I've always left financial decisions to my wife.*
leave off *phr v* [I,T] *informal* s/kończyć, przerwać: *Let's start from where we left off yesterday.*
leave sb/sth ↔ out *phr v* [T] pominąć: *She was upset about being left out of the team.*

leave² S3 W2 *n* [U] **1** urlop: *soldiers on leave* |

L

maternity/compassionate leave (=urlop macierzyński/okolicznościowy) | **take leave** (=wziąć urlop/wolne): *I don't think I'll be able to take any leave in January because we're too busy.* **2 sick leave** zwolnienie le-karskie

leaves /liːvz/ *n* liczba mnoga od LEAF

lech·er·ous /ˈletʃərəs/ *adj* lubieżny —**lechery** *n* [U] lubieżność —**lecher** *n* [C] lubieżnik

lec·tern /ˈlektən/ *n* [C] pulpit, mównica

lec·ture[1] S2 W3 /ˈlektʃə/ *n* [C] wykład: **+on/about** *a lecture on Islamic art | I'm sick of Dad's lectures about my clothes.* | **give a lecture** (=wygłosić wykład): *Dr. Hill gave a brilliant lecture.* THESAURUS SPEECH

COLLOCATIONS: lecture

verbs

to give a lecture *także* **to deliver a lecture** *formal He will give a lecture on Greek art. | He delivered the lecture at the London School of Economics.*

to do a lecture *informal She's doing a lecture on modern poetry.*

to go to a lecture *także* **to attend a lecture** *formal Some of the students don't go to any lectures. | I recently attended a lecture by a noted historian.*

to listen to a lecture *Most students spend about a quarter of their time listening to lectures.*

lecture + noun

a lecture hall/room *także* **a lecture theatre** *BrE I sat at the back of the lecture hall.*

lecture notes (=notatki z/do wykładu) *Read through your lecture notes.*

a lecture tour *She's on a lecture tour of the US* (=podróżuje z wykładami po USA).

noun + lectures

a series of lectures *także* **a course of lectures** *BrE She gave a series of lectures at Harvard University.*

lecture[2] Ac *v* **1** [T] **lecture sb about sth** prawić komuś kazanie na temat czegoś: *They're always lecturing me about smoking.* **2** [I] wykładać —**lecturer** *n* [C] wykładow-ca/czyni: *a history lecturer*

led /led/ *v* czas przeszły i imiesłów bierny od LEAD[1]

ledge /ledʒ/ *n* [C] **1** gzyms **2** występ skalny

led·ger /ˈledʒə/ *n* [C] księga rachunkowa

leech /liːtʃ/ *n* [C] pijawka

leek /liːk/ *n* [C] por: *leeks in cheese sauce*

leer /lɪə/ *v* [I] spoglądać pożądliwie —**leer** *n* [C] pożądliwe spojrzenie

lee·way /ˈliːweɪ/ *n* [U] swoboda: *Parents should give their children a certain amount of leeway.*

left[1] S1 W1 /left/ *adj* [only before noun] **1** lewy: *Jim's broken his left leg.* **2** w lewo: *Take a left turn at the lights.*

left[2] S3 W3 *adv* w lewo: *Turn left at the church.* →antonim RIGHT[2]

left[3] S3 W3 *n* **1** [singular] lewa strona: **on the/your left** (=po lewej stronie): *It's the second door on your left.* **2 the Left** lewica →antonim RIGHT[3]

left[4] *v* czas przeszły i imiesłów bierny od LEAVE

ˌleft-ˈhand *adj* [only before noun] lewy: *the top left-hand drawer*

ˌleft-ˈhanded *adj* leworęczny

ˌleft ˈluggage ˌoffice *także* **ˌleft ˈluggage** *BrE n* [C] przechowalnia bagażu

left·o·vers /ˈleftəʊvəz/ *n* [plural] resztki

ˌleft ˈwing *n* [singular] lewe skrzydło

ˌleft-ˈwing *adj* lewicowy: *a left-wing newspaper* —**left-winger** *n* [C] lewicowiec

leg S1 W1 /leg/ *n* **1** [C] noga: *She broke her leg skiing last year. | a boy with long, skinny legs* **2** [C] nogawka **3** [C] etap: *the second leg of the World Championship*

leg·a·cy /ˈlegəsi/ *n* [C] **1** spuścizna: *the legacy of the Vietnam war* **2** spadek

le·gal S2 W1 Ac /ˈliːgəl/ *adj* **1** legalny: *a legal agreement* →antonim ILLEGAL **2** prawny: *the legal system* | **take legal action (against sb)** (=wytoczyć (komuś) sprawę) —**legally** *adv* legalnie, prawnie —**legality** /lɪˈgæləti/ *n* [U] legalność

le·gal·ize /ˈliːgəlaɪz/ *także* **-ise** *BrE v* [T] za/legalizować: *a campaign to legalize cannabis* —**legalization** /ˌliːgəlaɪˈzeɪʃən/ *n* [U] legalizacja

le·gend /ˈledʒənd/ *n* [C,U] legenda: *the legend of King Arthur | a figure from ancient legend | rock and roll legend Buddy Holly*

le·gen·da·ry /ˈledʒəndəri/ *adj* legendarny: *the legendary baseball player Babe Ruth* THESAURUS FAMOUS

leg·gings /ˈlegɪŋz/ *n* [plural] leginsy: *She was wearing leggings and a baggy T-shirt.*

leg·gy /ˈlegi/ *adj* długonogi

le·gi·ble /ˈledʒəbəl/ *adj* czytelny: *His writing was barely legible.* —**legibly** *adv* czytelnie →antonim ILLEGIBLE

le·gion /ˈliːdʒən/ *n* [C] legion

le·gis·late Ac /ˈledʒəsleɪt/ *v* [I] uchwalać ustawę: **+against/for/on** *The government has no plans to legislate against smoking in public.*

le·gis·la·tion W2 /ˌledʒəˈsleɪʃən/ *n* [U] ustawodawstwo: *European legislation on human rights*

le·gis·la·tive Ac /ˈledʒəslətɪv/ *adj* ustawodawczy: *legislative powers*

le·gis·la·ture Ac /ˈledʒəsleɪtʃə/ *n* [C] ciało ustawodawcze: *the Ohio state legislature*

le·git·i·mate /ləˈdʒɪtəmət/ *adj* **1** legalny: *legitimate business activities* **2** uzasadniony: *a legitimate question* —**legitimacy** *n* [U] legalność, zasadność

lei·sure W3 /ˈleʒə/ *n* **1** [U] czas wolny: *leisure activities such as sailing and swimming* **2 at your leisure** w spokoju: *Read it at your leisure.*

ˈleisure ˌcentre *n* [C] *BrE* centrum rekreacyjno-rozrywkowe

lei·sure·ly /ˈleʒəli/ *adj* spokojny, niespieszny: *a leisurely walk around the park*

lem·on /ˈlemən/ *n* [C,U] cytryna

lem·on·ade /ˌleməˈneɪd◂/ *n* [U] *BrE* lemoniada

lend S3 W3 /lend/ *v* (**lent**, **lent**, **lending**) [T] pożyczać: **lend sb sth** *Could you lend me £10?* | **lend sth to sb** *I've lent my bike to Tom.* —**lender** *n* [C] pożyczkodawca

UWAGA: lend

Patrz **borrow** i **lend**.

length S2 W2 /leŋθ/ *n* **1** [C,U] długość: *What's the length of the room? | I'm writing to complain about the length of*

L

time it's taken them to do the survey. | **in length** *The whale measured three metres in length* (=miał 3 metry długości). **2 go to great lengths to do sth** nie szczędzić starań, żeby coś zrobić: *She went to great lengths to help us.* **3 at length a)** długo, obszernie: *He spoke at length about the time he spent in Beirut.* **b)** *literary* wreszcie: *At length, Anna spoke: "What's your name?"* **4** [C] kawałek: *two lengths of rope*

length·en /ˈleŋθən/ *v* [I,T] wydłużać (się): *The days lengthened as summer approached.*

length·ways /ˈleŋθweɪz/ *także* **length·wise** /-waɪz/ *adv* wzdłuż: *Fold the cloth lengthwise.*

length·y /ˈleŋθi/ *adj* długi, długotrwały: *a lengthy process* THESAURUS LONG

le·ni·ent /ˈliːniənt/ *adj* pobłażliwy: *The judge was criticized for being too lenient.* —**leniency** *n* [U] pobłażliwość

lens /lenz/ *n* [C] **1** soczewka: *glasses with thick lenses* **2** soczewka (oka)

lent /lent/ *v* czas przeszły i imiesłów bierny od LEND

Lent /lent/ *n* [U] wielki post

len·til /ˈlentl/ *n* [C usually plural] soczewica

Le·o /ˈliːəʊ/ *n* [C,U] Lew

leop·ard /ˈlepəd/ *n* [C] lampart

le·o·tard /ˈliːətɑːd/ *n* [C] trykot

lep·er /ˈlepə/ *n* [C] trędowat-y/a

lep·ro·sy /ˈleprəsi/ *n* [U] trąd

les·bi·an /ˈlezbiən/ *n* [C] lesbijka —**lesbian** *adj* lesbijski

less[1] S1 W1 /les/ *adv* [comparative of **little**] **1** mniej: *I definitely walk less since I've had the car.* → antonim MORE[1] **2 less and less** coraz mniej: *Our trips became less and less frequent* (=coraz rzadsze).

> **UWAGA: less i fewer**
>
> Nie należy mylić wyrazów **less** i **fewer** w znaczeniu „mniej". **Less** używa się z rzeczownikami niepoliczalnymi: *You get more food for less money at Shop 'n' Save.* **Fewer** używa się z rzeczownikami policzalnymi: *Fewer students are studying science these days.*

less[2] *quantifier* [comparative of **little**] **1** mniej: *Most single parents earn £100 a week or less.* | **+than** *I live less than a mile from here.* | **+of** *She spends less of her time abroad now.* **2 no less than** *spoken* nie mniej niż, aż: *It took no less than nine policemen to hold him down.*

less·en /ˈlesən/ *v* [I,T] zmniejszać (się): *A glass of wine a day can help lessen the risk of heart disease.*

less·er /ˈlesə/ *adj* [only before noun] **1 the lesser of two evils** mniejsze zło **2 lesser known** mniej znany: *a lesser known French poet*

les·son S2 W3 /ˈlesən/ *n* [C] lekcja: **take lessons** *Hannah is taking guitar lessons* (=bierze lekcje gry na gitarze).

> **UWAGA: lesson**
>
> Nie mówi się „I do lessons". Mówi się **I do my homework**.

let S1 W1 /let/ *v* [T] (**let, let, letting**) **1** pozwalać: *I'll come if my dad lets me.* | **let sb do sth** *"Let him speak," said Ralph.* | **let sb go** (=pozwolić komuś odejść) THESAURUS ALLOW **2 let's do sth** *spoken* zróbmy coś: *I'm hungry – let's eat* (=zjedzmy coś). **3 let's see** *spoken* niech pomyślę: *Now let's see, where did I put it?* **4 let go** puścić: *Let go! You're hurting me.* | **+of** *"Let go of me!" Ben shouted.* **5 let sb know** dać komuś znać: *Let me know when you're ready.* **6 let me do sth** *spoken* pozwól mi coś zrobić: *Let me carry that for you.* **7** wynajmować: *We're letting our spare room to a student.* **8 let alone** nie mówiąc o: *Davey can't even crawl yet, let alone walk!* **9 let sb through** przepuścić kogoś: *Let me through, I'm a doctor!* **10 let sth go** zapomnieć o czymś, puścić coś płazem: *We'll let it go this time, but don't be late again.*
let sb down *phr v* [T] zawieść: *You won't let me down, will you?* → patrz też LETDOWN
let sb in/into *phr v* [T] wpuścić (do środka): *Don't let them in until I tell you to.*
let sb off *phr v* [T] darować (winę): *I'll let you off this time, but don't do it again.*
let on *phr v* [I] wygadać się: **+(that)** *I won't let on I know anything about it.*
let out *phr v* **1** [T **let** sb **out**] wypuścić: *Let me out!* **2 let out a scream/cry** wrzasnąć/krzyknąć: *Suddenly, Ben let out a yell and jumped up.*
let up *phr v* [I] zelżeć, osłabnąć: *The rain gradually let up.* → patrz też LETUP

let·down /ˈletdaʊn/ *n* [singular] *informal* zawód, rozczarowanie: *That movie was a real letdown.*

le·thal /ˈliːθəl/ *adj* śmiertelny, śmiercionośny: *a lethal dose of heroin*

le·thar·gic /ləˈθɑːdʒɪk/ *adj* ospały

let's /lets/ forma ściągnięta od „let us"

let·ter S1 W1 /ˈletə/ *n* **1** [C] list: *Could you post this letter for me?* **2** [C] litera: *the letter A*

> **COLLOCATIONS: letter**
>
> **verbs**
>
> **to get/have a letter** *także* **to receive a letter** *formal I had a letter from Kim a few days ago.*
>
> **to write a letter** *He wrote a letter complaining about the service.*
>
> **to send sb a letter** *She sent me a lovely letter.*
>
> **to post a letter** *BrE*, **to mail a letter** *AmE I'm going out to post some letters.*
>
> **to answer a letter/reply to a letter** *The company didn't answer my letter.*
>
> **to open a letter** *She grabbed the letter and opened it.*
>
> **to read a letter** *May I read her letter?*
>
> **a letter comes/arrives** *A letter came for you today.*
>
> **a letter is addressed to sb** *The letter was addressed to Mr. John Appleby.*
>
> **types of letter**
>
> **a long/short letter** *She wrote a long letter to her brother.*
>
> **a formal/informal letter** *The letter sounded very formal.*
>
> **a personal letter** *I received a personal letter from the head of the company.*
>
> **a business letter** *Do you know how to write a business letter?*
>
> **an official letter** *I got an official letter from the university.*
>
> **a love letter** *I found a bundle of old love letters.*
>
> **a thank-you letter** *You ought to send Aunt Jane a thank-you letter.*

a letter of thanks/apology/complaint (=listowne podziękowania/przeprosiny/zażalenie) *She received a letter of apology from the hospital.*

let·ter·box /ˈletəbɒks/ *n* [C] *BrE* **1** skrzynka na listy **2** skrzynka pocztowa

letterbox

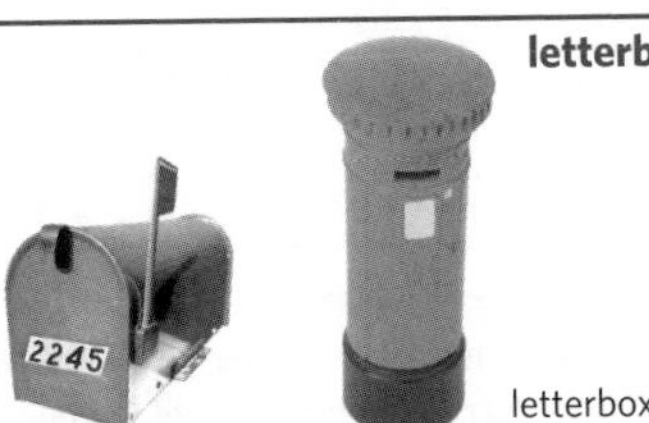

letterboxes

let·tuce /ˈletɪs/ *n* [C,U] sałata

let·up /ˈletʌp/ *n* [U singular] przerwa: *There has been no letup in the fighting.*

leu·ke·mi·a /luːˈkiːmiə/ *także* **leukaemia** *BrE n* [U] białaczka

lev·el¹ S1 W1 /ˈlevəl/ *n* [C] **1** poziom: *A low fat diet will help cut your cholesterol level.* | *high levels of pollution* | *Check the water level in the radiator.* | *an advanced level coursebook* (=podręcznik dla zaawansowanych) | *lower level managers* (=kierownicy niższego szczebla) | **at eye level** (=na wysokości oczu) **2** kondygnacja: *Her office is on Level 3.*

UWAGA: level i standard

Gdy mówimy o poziomie rozumianym jako jakość, nie używamy wyrazu **level**, tylko **standard**: *People in developed countries have a higher standard of living.* | *All his work is of a very high standard.*

level² S1 W2 *adj* **1** równy: *The floor must be completely level before you lay the tiles.* **2 level with** na tym samym poziomie co: *He bent down so that his face was level with the little boy's.*

level³ *v* (**-lled**, **-lling** *BrE*; **-led**, **-ling** *AmE*) **1** *także* **level off/out** [T] wyrównywać **2** [T] zrównać z ziemią: *An earthquake leveled several buildings in the city.* **3 level criticism/charges against sb** krytykować/oskarżać kogoś

level off/out *phr v* [I] **1** u/stabilizować się: *The plane began to level off at 30,000 feet.* **2** [T **level** sth ↔ **off/out**] wyrównywać

level with sb *phr v* [T] *informal* być szczerym z

ˌlevel ˈcrossing *n* [C] *BrE* przejazd kolejowy

ˌlevel-ˈheaded *adj* zrównoważony

le·ver /ˈliːvə/ *n* [C] dźwignia

le·ver·age /ˈliːvərɪdʒ/ *n* [U] **1** siła przekonywania, środki perswazji: *Small businesses have less leverage when dealing with banks.* **2** nacisk

lev·i·tate /ˈlevɪteɪt/ *v* [I] lewitować —**levitation** /ˌlevɪˈteɪʃən/ *n* [U] lewitacja

lev·y¹ Ac /ˈlevi/ *v* **levy a tax/charge** nałożyć podatek/opłatę: **+on** *a tax levied on electrical goods*

levy² Ac *n* [C] należność *(podatkowa)*

lewd /luːd/ *adj* sprośny, niewybredny: *lewd comments*

lex·i·cal /ˈleksɪkəl/ *adj* leksykalny

lex·i·con /ˈleksɪkən/ *n* [singular] *technical* słownictwo

li·a·bil·i·ty /ˌlaɪəˈbɪləti/ *n* **1** [C,U] odpowiedzialność: **+for** *NorCo has admitted liability for the accident.* **2** [singular] ciężar, kłopot: *That car of yours is a liability!*

li·a·ble /ˈlaɪəbəl/ *adj* **1 be liable to do sth** mieć tendencję do robienia czegoś: *The car's liable to overheat on long trips.* **2** odpowiedzialny: *He declared that he was not liable for his wife's debts.*

li·aise /liˈeɪz/ *v* [I] wymieniać informacje, pośredniczyć we współpracy: **+with** *Part of a librarian's job is to liaise with local schools.*

li·ai·son /liˈeɪzən/ *n* [U singular] współpraca: **+between** *close liaison between the army and police*

li·ar /ˈlaɪə/ *n* [C] kłamca

li·bel /ˈlaɪbəl/ *n* [C,U] zniesławienie: *He is suing the magazine for libel.* —**libel** *v* [T] (**-lled**, **-lling** *BrE*; **-led**, **-ling** *AmE*) zniesławiać —**libellous** *BrE*, **libelous** *AmE adj* zniesławiający

lib·e·ral¹ W2 Ac /ˈlɪbərəl/ *adj* **1** liberalny: *a liberal attitude towards sex* **2** szczodry: *Don't be too liberal with the salt.*

liberal² Ac *n* [C] liberał

lib·e·ral·ize Ac /ˈlɪbərəlaɪz/ *także* **-ise** *BrE v* [T] z/liberalizować —**liberalization** /ˌlɪbərəlaɪˈzeɪʃən/ *n* [U] liberalizacja

lib·e·ral·ly Ac /ˈlɪbərəli/ *adv* szczodrze

lib·e·rate Ac /ˈlɪbəreɪt/ *v* [T] **1** uwalniać: *For the first time, she was liberated from her parents' strict rules.* **2** wyzwalać: *The city was liberated by the Allies in 1944.* —**liberator** *n* [C] wyzwoliciel/ka —**liberation** /ˌlɪbəˈreɪʃən/ *n* [U] wyzwolenie

lib·e·rat·ed Ac /ˈlɪbəreɪtɪd/ *adj* wolny, wyzwolony

lib·er·ty /ˈlɪbəti/ *n* **1** [C,U] wolność: *principles of liberty and democracy* **2 sb is at liberty to do sth** komuś wolno coś z/robić: *I'm not at liberty to say where he is.* **3 take the liberty of doing sth** pozwolić sobie coś z/robić: *I took the liberty of helping myself to a drink.*

li·bi·do /lɪˈbiːdəʊ/ *n* [C,U] libido

Li·bra /ˈliːbrə/ *n* [C,U] Waga

li·brar·i·an /laɪˈbreəriən/ *n* [C] biblioteka-rz/rka

li·bra·ry S2 W1 /ˈlaɪbrəri/ *n* [C] biblioteka: *a library book* (=książka z biblioteki)

Lib·y·a /ˈlɪbiə/ *n* Libia —**Libyan** /ˈlɪbiən/ *n* Libij-czyk/ka —**Libyan** *adj* libijski

lice /laɪs/ *n* liczba mnoga od LOUSE

li·cence S3 W2 /ˈlaɪsəns/ *BrE*, **license** *AmE n* [C] pozwolenie, licencja, koncesja: *a licence to sell alcohol*

li·cense Ac /ˈlaɪsəns/ *v* [T] udzielać zezwolenia: **be licensed to do sth** *He is licensed to carry a gun* (=ma zezwolenie na broń).

ˈlicense plate *n* [C] *AmE* tablica rejestracyjna

li·chen /ˈlaɪkən/ *n* [C,U] porost

lick¹ S3 /lɪk/ *v* [T] po/lizać: *Judy's dog jumped up to lick her face.*

lick² *n* **1** [C usually singular] liźnięcie: *Can I have a lick of* (=mogę liznąć) *your ice cream?* **2 a lick of paint** *informal* odrobina farby

lic·o·rice /ˈlɪkərɪs/ [U] amerykańska pisownia wyrazu LIQUORICE

lid S3 /lɪd/ *n* **1** [C] wieczko: *Where's the lid for this jar?* **2** [C] pokrywka

lie[1] S3 W3 /laɪ/ *v* [I] (**lay**, **lain**, **lying**) **1 a)** leżeć: *The town lies to the east of the lake.* | *A book lay open on her desk.* | **+on/in/below/with etc** *We lay on the beach all morning.* | *A pile of letters was lying on the doormat.* | *The fault appears to lie with the computer system.* **b)** *także* **lie down** kłaść/położyć się: *I'm going upstairs to lie down.* **2 lie low** pozostawać w ukryciu **3 lie ahead of sb** czekać kogoś w przyszłości **4 lie in wait (for sb/sth)** czaić się (na kogoś/coś)

lie around *także* **lie about** *BrE phr v* [I] **1** poniewierać się: *I wish you'd stop leaving your clothes lying around.* **2** wylegiwać się: *We just lay around on the beach the whole time.*

lie behind sth *phr v* [T] kryć się za: *I wonder what really lay behind her decision.*

lie down *phr v* **1** [I] kłaść/położyć się **2 not take sth lying down** *informal* nie godzić się z czymś łatwo

lie in *phr v* [I] *BrE* poleżeć sobie dłużej w łóżku

lie[2] S3 W3 *v* [I] (**lied**, **lied**, **lying**) s/kłamać: **+to** *I would never lie to you.*

lie[3] S3 *n* [C] kłamstwo: **tell a lie** (=s/kłamać): *I always know when she's telling lies.*

'lie-down *n* [singular] *BrE* **have a lie-down** położyć się na chwilę: *Why don't you have a lie-down?*

'lie-in *n* [singular] *BrE* **have a lie-in** poleżeć sobie dłużej w łóżku: *I usually have a lie-in on Sunday morning.*

lieu /lju:/ *n* **in lieu (of)** zamiast: *time off in lieu of payment*

lieu·ten·ant /lefˈtenənt/ *n* [C] porucznik

life S1 W1 /laɪf/ *n* (plural **lives** /laɪvz/) **1** [C,U] życie: *the happiest day of my life* | *He spent the rest of his life in France.* | *a baby's first moments of life* | *Wear a seatbelt – it could save your life.* | *Life in New York is exciting.* | *family life* | *Is there life on other planets?* | *studying the island's plant life* | *four years old and just so full of life* | **sign of life** (=oznaka życia): *There were no signs of life in the house.* **2 private/social/sex life** życie prywatne/towarzyskie/seksualne: *an active social life* **3 way of life** sposób życia: *a traditional way of life* | *the American way of life* **4 real life** rzeczywistość: *In real life crimes are never solved by amateur detectives.* **5 that's life** *spoken* takie jest życie **6 come to life** ożywiać się: *The game really came to life in the second half.* **7 not on your life!** *spoken* nigdy w życiu! **8** [U] *także* **life imprisonment** dożywocie

COLLOCATIONS: life

verbs

to save sb's life *Wearing a seat belt can save your life.*

to risk your life *He risked his life to save his dog from drowning.*

to lose your life (=stracić życie) *We remember those who lost their lives in the war.*

to take a life/sb's life (=odebrać komuś życie) *She believed it was a sin to take a life.*

to take your own life (=odebrać sobie życie) *He had no reason to take his own life.*

to give your life/lay down your life (=oddać życie) *I'd give my life for my children.*

to spare sb's life (=darować komuś życie) *She begged him to spare the life of her son.*

to cost sb their life/cost lives *That decision may have cost him his life.* | *Cutting the hospital's funding will cost lives.*

to endanger sb's life (=narażać czyjeś życie) *The captain's mistake endangered the lives of his passengers.*

to be fighting for your life *The victim is now fighting for his life in hospital.*

to owe sb your life (=zawdzięczać komuś życie) *I owe these doctors my life.*

noun + life

loss of life *formal The flooding resulted in massive loss of life* (=rezultatem powodzi była wielka liczba ofiar śmiertelnych).

'life belt *także* **life buoy** *n* [C] koło ratunkowe

life·boat /ˈlaɪfbəʊt/ *n* [C] szalupa ratunkowa

'life buoy *także* **life belt** *n* [C] koło ratunkowe

ˌlife exˈpectancy *n* [C,U] średnia długość życia

'life guard *n* [C] ratowni-k/czka

'life inˌsurance *n* [U] ubezpieczenie na życie

'life ˌjacket *n* [C] kamizelka ratunkowa

life·less /ˈlaɪfləs/ *adj* **1** martwy **2** bez życia: *a lifeless performance*

life·like /ˈlaɪflaɪk/ *adj* realistyczny: *a very lifelike statue*

life·line /ˈlaɪflaɪn/ *n* [C] lina ratunkowa: *The phone is her lifeline.*

life·long /ˈlaɪflɒŋ/ *adj* [only before noun] na całe życie: *a lifelong friend*

life·sav·er /ˈlaɪfˌseɪvə/ *n* [C] **1** dar niebios, wybawienie **2** ratowni-k/czka

'life-size *adj* naturalnej wielkości

life·style /ˈlaɪfstaɪl/ *n* [C,U] styl życia: *Starting a family causes a major change in your lifestyle.*

'life support ˌsystem *n* [C] respirator

'life-ˌthreatening *adj* zagrażający życiu

life·time /ˈlaɪftaɪm/ *n* [C usually singular] życie

'life vest *n* [C] *AmE* kamizelka ratunkowa

lift[1] S2 W2 /lɪft/ *v* **1** [T] podnosić: *Can you help me lift this box?* | *He lifted his hand to wave.* **2** [T] znosić: *The US has lifted trade restrictions with the country.* **3** [I] rozwiewać się: *The mist lifted.* **4** [T] *informal* gwizdnąć, zwędzić **5 not lift a finger** *informal* nie kiwnąć/ruszyć palcem

lift off *phr v* [I] wy/startować *(o rakiecie)*

THESAURUS: lift

lift (up) podnieść: *I can't lift this bag – it's too heavy.* | *She lifted the cat up onto her knee.*

raise wznieść, podnieść *(przed ponownym opuszczeniem): We all raised our glasses.* | *The bridge can be raised to allow ships to pass under it.*

pick up podnieść *(zwłaszcza coś lekkiego; z ziemi, podłogi): He picked up the letter and put it in his pocket.*

hoist podnieść *(coś ciężkiego i nieporęcznego): He hoisted the sack over his shoulder.*

put your hand up podnieść rękę: *Put your hand up if you know the answer.*

lift[2] S3 W3 *n* **1** [C] *BrE* winda **2** *BrE* [singular] **give sb a lift** podwieźć kogoś: *Could anybody give Sue a lift home?*

'lift-off *n* [C,U] start *(rakiety)*

lig·a·ment /ˈlɪgəmənt/ *n* [C] *technical* wiązadło

L

light[1] S1 W1 /laɪt/ *n* **1** [U] światło: *Light poured in through the window.* | *The light in here isn't very good.* | *Can you turn the light on, please?* | *Turn left at the lights.* **2 a light** ogień: *Excuse me, do you have a light?* **3 come to light** wychodzić na jaw: *New information about the case has come to light.* **4 bring sth to light** wyciągać coś na światło dzienne: *New information about the case has been brought to light.* **5 in the light of sth** *BrE*, **in light of sth** *AmE* z uwagi na coś: *In light of the low profits, we will have to make budget cuts.* **6 see sth in a new/different light** widzieć coś w nowym/innym świetle **7 shed/throw/cast light on sth** rzucać światło na coś **8 a light at the end of the tunnel** światełko w tunelu **9 see the light** przejrzeć na oczy

light

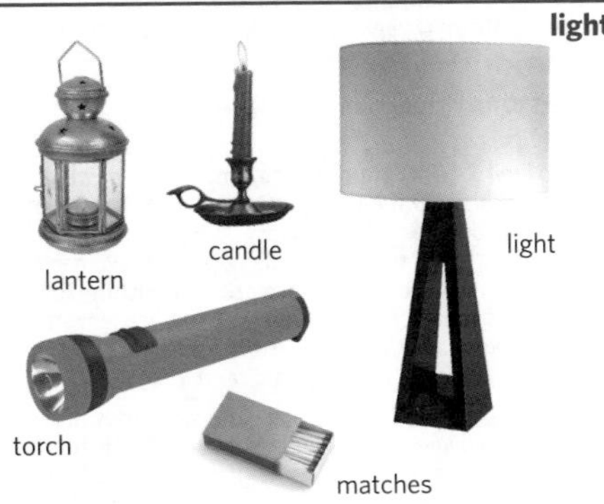

light[2] S1 W1 *adj* **1** jasny: *a light blue dress* | *a light and airy studio* →antonim DARK[1] **2** lekki: *Your bag's lighter than mine.* | *a light wind* | *a light tap on the door* | *a light sweater* | *a light comedy on TV* →antonim HEAVY **3 it is light** jest jasno: *It was still light when we got home.* **4** mały: *light traffic* **5 light sleep** lekki sen **6 make light of sth** z/bagatelizować coś

UWAGA: light

Nie należy używać wyrazu **light**, opisując czyjąś karnację. Można użyć przymiotnika **fair** lub **pale**.

light[3] S2 W3 *v* (**lit** *or* **lighted**, **lit** *or* **lighted**, **lighting**) **1** [I,T] zapalać (się): *I lit another cigarette.* | *The fire won't light – the wood's wet.* **2** [T] oświetlać: *The room was lit by two lamps.*

light up *phr v* **1** [I,T **light** sth ↔ **up**] **a)** rozjaśnić (się): *The fireworks lit up the night sky.* **b)** rozpromienić (się): *Her face lit up.* **2** [I] *informal* zapalić papierosa

light[4] *adv* **travel light** podróżować z małą ilością bagażu

'light bulb *n* [C] żarówka

light·ed /ˈlaɪtɪd/ *adj* **a lighted match/candle** płonąca zapałka/świeca **a lighted cigarette** palący się papieros **a lighted bulb** zapalona żarówka

light·en /ˈlaɪtn/ *v* **1** [T] zmniejszać: *The new computers should lighten our work load.* **2** [I,T] rozjaśniać (się): *As the sky lightened, we could see the full extent of the damage.*

light·er /ˈlaɪtə/ *n* [C] zapalniczka

ˌlight-ˈheaded *adj* zamroczony

ˌlight-ˈheart·ed *adj* **1** wesoły **2** żartobliwy: *a light-hearted remark*

light·house /ˈlaɪthaʊs/ *n* [C] latarnia morska

light·ing S3 /ˈlaɪtɪŋ/ *n* [U] oświetlenie: *Better street lighting might help prevent crime.*

light·ly /ˈlaɪtli/ *adv* **1** lekko: *He touched her lightly on the shoulder.* | *Sprinkle sugar lightly over the cake.* **2 sb does not do sth lightly** zrobienie czegoś nie przychodzi komuś lekko: *We did not make this decision lightly.* **3 escape lightly/get off lightly** wykręcić się sianem

light·ning[1] /ˈlaɪtnɪŋ/ *n* [U] błyskawica, piorun: *The tree was struck by lightning* (=w drzewo uderzył piorun).

lightning[2] *adj* błyskawiczny: *a lightning attack*

light·weight /ˈlaɪtweɪt/ *adj* lekki: *a lightweight jacket*

'light year *n* [C] rok świetlny

lik·a·ble /ˈlaɪkəbəl/ sympatyczny

UWAGA: likable

Patrz **sympathetic** i **likable**.

like[1] S1 W1 /laɪk/ *prep* **1** jak: *His skin was brown and wrinkled, like leather.* | *Stop behaving like an idiot!* | *I'd love to have a car like yours.* | **look/sound/smell like** *The building looked like* (=wyglądał jak) *a church.* →antonim UNLIKE **2 (not) be like sb** (nie) być typowym dla kogoś: *It's not like Dad to be late.* →antonim UNLIKE **3 what is sb/sth like?** jaki/e ktoś/coś jest?: *What's the new house like?* **4** taki jak: *Foods like spinach and broccoli contain a lot of iron.* **5 like this/that/so** *spoken* w ten sposób: *She had her arms around his neck, like this.* **6 something like** *spoken* coś koło: *Seats cost something like $50 each.* **7 more like** *spoken* (chyba) raczej: *"He's been in there for 15 minutes!" "More like half an hour."*

like[2] S1 W1 *v* **1** [T] lubić: *Do you like your job?* | *He likes Amy a lot.* | **like doing sth** (=lubić coś robić): *I really like swimming.* | **like to do sth** (=lubić coś robić): *Pam doesn't like to walk home late at night.* | *Jim likes to get to the airport early.* | **like sth about sb/sth** (=lubić coś w kimś/czymś): *The thing I like about Todd is that he's always cheerful.* →antonim DISLIKE[1] **2 not like to do sth/not like doing sth** *especially BrE* nie lubić czegoś robić: *I don't like disturbing her when she's busy.* **3 I'd like ...** *spoken* chciałbym: *I'd like a cheeseburger, please.* | **I'd/he'd like to do sth** (=chciałbym/chciałby coś zrobić): *He'd like to know how much it will cost.* | **I'd/he'd like sb to do sth** (=chciałbym/chciałby, żeby ktoś coś zrobił): *We'd like you to be there if you can.* **4 would you like ...?** *spoken* czy chciałbyś ...?: *Would you like some more coffee?* | **would you like to do sth?** *Would you like to go to the cinema?* **5 if you like** *spoken especially BrE* **a)** jeśli chcesz, jeśli masz ochotę: *We could watch a video this evening if you like.* **b)** skoro nalegasz: *"I'll come with you to the station." "Yes, if you like."* **6 whatever/whenever you like** *spoken especially BrE* cokolwiek/kiedykolwiek zechcesz: *Come again whenever you like.* **7 How do you like ...?** *spoken* Jak ci się podoba ...?: *"How do you like New York?" "It's great."* **8 (whether you) like it or not** *spoken* chcesz czy nie chcesz: *You're going to the dentist, like it or not!*

UWAGA: like

Zwykle nie ma znaczenia, czy powiemy **like doing sth**, czy **like to do sth**. Kiedy jednak chodzi o coś, co aktualnie ma miejsce, należy użyć zwrotu **like doing sth**: *I like living in London* (nie „I like to live in London"). Nie mówi się też „I like very much watching TV", tylko **I really like watching TV**. Patrz też **as** i **like**.

THESAURUS: like

like lubić: *I like Japanese food.*

be fond of sb/sth *especially BrE* lubić kogoś/coś: *Over the years, I've become quite fond of him.*

be keen on sb/sth *especially BrE* przepadać za kimś/czymś: *I'm not keen on cabbage.*

be into sth *informal* interesować się czymś: *She's really into folk music.* | *Are you into cooking?*

to like something very much

sb loves/adores sth coś się komuś bardzo podoba: *I love your dress!* | *The critics adored the play.*

be crazy about sth *także* **be mad about sth** *BrE informal* mieć bzika na punkcie czegoś: *He's crazy about football.*

be addicted to sth być uzależnionym od czegoś: *My brother's addicted to computer games.*

like[3] W3 *n* **1 sb's likes and dislikes** czyjeś sympatie i antypatie **2 and the like** i tym podobne: *social problems such as poverty, unemployment and the like* **3 the likes of** *spoken* tacy jak: *He thinks he's too good for the likes of us.*

like[4] S1 *conjunction spoken nonstandard* **1** jakby: *He acted like he owned the place.* **2 like I say/said** jak (już) mówiłem: *Like I said, we'll be away in August.* **3** (tak) jak: *Do it like I told you to.* **4** na przykład: *Everything's so expensive. Like, last week I spent over $100 on shoes.*

like[5] S1 *adv spoken informal* (no) ten, (no) tego: *It was, like, 9 o'clock and she still wasn't home.*

like·a·ble, **likable** /ˈlaɪkəbəl/ *adj* sympatyczny: *Greg's a very likeable chap.* THESAURUS ▸ NICE

like·li·hood /ˈlaɪklihʊd/ *n* **1** [U singular] prawdopodobieństwo: **+of/that** *Even one drink can increase the likelihood of you having an accident.* **2 in all likelihood** najprawdopodobniej: *The president will, in all likelihood, have to resign.*

like·ly[1] S1 W1 /ˈlaɪkli/ *adj* prawdopodobny: *Snow showers are likely tomorrow.* | **sb is likely to do sth** *She's likely to get upset* (=prawdopodobnie się zdenerwuje) *if you ask her about it.* | **it is likely that** (=jest prawdopodobne, że): *It's likely that she knew the man who attacked her.*

likely[2] *adv* **1** prawdopodobnie: *I'd very likely have done the same thing as you did.* **2 not likely** *especially BrE spoken* na pewno nie: *"Are you inviting Mary to the party?" "Not likely!"*

ˌlike-ˈminded *adj* myślący podobnie, o podobnych zapatrywaniach

lik·en /ˈlaɪkən/ *v*

liken sb/sth to sb/sth *phr v* [T] porównywać do: *Critics likened the new theatre to a supermarket.*

like·ness /ˈlaɪknəs/ *n* **1** [U singular] podobieństwo: *a family likeness between the three sisters* **2 a good/an excellent likeness of sb** dobra/doskonała podobizna kogoś: *That's a good likeness of Julie.*

like·wise AC /ˈlaɪk-waɪz/ *adv* podobnie, tak samo: *The dinner was superb. Likewise, the concert.*

lik·ing /ˈlaɪkɪŋ/ *n* **1 have a liking for sth** mieć upodobanie do czegoś: *She has a liking for antiques.* **2 take a liking to sb** polubić kogoś **3 be to sb's liking** *formal* odpowiadać komuś: *I hope everything was to your liking, Sir.* **4 too bright/strong for your liking** zbyt jasny/mocny jak na czyjś gust: *This weather's a bit too hot for my liking.*

L

li·lac /ˈlaɪlək/ *n* **1** [C,U] bez **2** [U] kolor lila

lilt /lɪlt/ *n* [singular] śpiewność, zaśpiew

lil·y /ˈlɪli/ *n* [C] lilia

limb /lɪm/ *n* **1** [C] kończyna **2** [C] konar **3 out on a limb** osamotniony (*w poglądach*): *All the other governments have signed the agreement, leaving Britain out on a limb.* **4 go out on a limb** wychylić się, narazić się: *By voting for Wiesner we'd gone out on a limb.*

lim·bo /ˈlɪmbəʊ/ *n* **in limbo** w stanie zawieszenia: *I'm in limbo until I get my examination results.*

lime /laɪm/ *n* **1** [C,U] limona **2** [U] wapno

lime·light /ˈlaɪmlaɪt/ *n* **be in the limelight** znajdować się w centrum uwagi: *Sanchez loves being in the limelight.*

lim·e·rick /ˈlɪmərɪk/ *n* [C] limeryk

lime·stone /ˈlaɪmstəʊn/ *n* [U] wapień

lim·it[1] S2 W2 /ˈlɪmɪt/ *n* **1** [C,U] ograniczenie: *a 65 mph speed limit* **2** [C,U] granica: **+to/on** *There is a limit to what we can achieve in the time available.* | **+of** *A fence marked the limit of the school fields.* | *the limits of human endurance* | **set a limit** (=ustalić granicę): *We need to set a limit on future wage increases.* **3 within limits** w pewnych granicach: *People are free to choose, within limits, the hours that they work.* **4 off limits** objęty zakazem wstępu: *The beach is off limits after midnight.*

limit[2] S3 W2 *v* [T] **1** ograniczać: *The state tries to limit the number of children each family has.* | **limit sth to sth** *The economy will be limited to a 4% growth rate.* **2 be limited to** być ograniczonym do: *The damage was limited to the roof.* **3** pozwolić: **limit sb to sth** *He's been limited to one hour of TV a night.*

lim·i·ta·tion W3 /ˌlɪmɪˈteɪʃən/ *n* **1** [C,U] ograniczenie: **+of/on** *the limitation of nuclear testing* **2 limitations** [plural] ograniczenia: **have your limitations** (=mieć swoje ograniczenia): *Computers have their limitations.*

lim·it·ed W2 /ˈlɪmɪtɪd/ *adj* ograniczony: *families living on limited incomes*

ˌlimited ˈcompany *n* [C] *BrE* spółka z ograniczoną odpowiedzialnością

lim·ou·sine /ˈlɪməziːn/ *także* **lim·o** /ˈlɪməʊ/ *informal n* [C] limuzyna

limp[1] /lɪmp/ *adj* bezwładny, słaby: *a limp handshake* —**limply** *adv* bezwładnie

limp[2] *v* [I] kuleć, utykać, kuśtykać: *He limped to the chair* (=dokuśtykał do krzesła) *and sat down.* THESAURUS ▸ WALK —**limp** *n* [singular] utykanie: *Brody walks with a limp* (=utyka).

linch·pin /ˈlɪntʃˌpɪn/ *n* **be the linchpin (of sth)** być filarem (czegoś): *My uncle was the linchpin of the family.*

line[1] S1 W1 /laɪn/ *n* **1** [C] linia: *Draw a straight line from A to B.* | *It's forbidden to park on double yellow lines.* | *Light travels in a straight line.* **2** [C] szereg: **+of** *a line of trees along the side of the road* **3** [C,U] *AmE* kolejka: *There was a long line in front of the cinema.* **4** [C] sznurek, żyłka: *Could you hang the washing on the line?* | *a fishing line* **5** [C] linia, połączenie: **on the line** *Don's on the line for you* (=telefon do ciebie od Dona). | **hold the line** *spoken* (=nie odkładać słuchawki) **6** [C] *especially BrE* linia kolejowa: *the main London to Glasgow line* **7** [C] granica: **state/county line** (=granica stanu/hrabstwa) **8 in line** prawidłowy: **in line with sth** (=zgodny z czymś): *The company's actions are in line with the state laws.* **9 be in line for sth** być następnym w kolejce do czegoś: *He must be in line for* *promotion.* **10 on line** podłączony bezpośrednio do komputera głównego: *Most of us work on line.* **11** [C] linijka *(piosenki, wiersza)* kwestia *(aktora)*: *the opening line of the song* **12** [C] model, typ: *a new line in sportswear* **13 along the lines of sth** na wzór czegoś: *The meeting will be organized along the lines of the last one.*

line² *v* [T] **1** podszywać: **be lined with sth** *The hood is lined with fur.* **2** obstawiać: *Thousands of spectators lined the route.* | *a wide avenue lined with trees* (=obsadzona drzewami)
line up *phr v* **1** [I] ustawiać się w szeregu: *OK, class, line up by the door.* **2** [T **line** sb/sth ↔ **up**] ustawiać: *The jars were lined up on the shelf.* **3** [T **line** sb/sth ↔ **up**] z/organizować, załatwiać: *We've lined up some great guests for tonight's show.*

lin·e·ar /ˈlɪniə/ *adj* linearny: *a linear drawing* | *linear thinking*

lined /laɪnd/ *adj* **1** na podszewce: *a fur-lined coat* **2** w linie: *lined paper*

lin·en /ˈlɪnɪn/ *n* [U] **1** bielizna: *bed linen* (=bielizna pościelowa) **2** płótno

lin·er /ˈlaɪnə/ *n* [C] liniowiec: *a cruise liner*

lines·man /ˈlaɪnzmən/ *n* [C] (plural **linesmen** /-mən/) sędzia liniowy

ˈline-up *n* [C usually singular] **1** skład *(zespołu)* **2** okazanie, konfrontacja *(na policji)*

lin·ger /ˈlɪŋgə/ *v* [I] **1** zwlekać: *She lingered for a moment in the doorway.* | **linger over sth** (=zasiedzieć się przy czymś): *They lingered over their coffee.* **2** także **linger on** utrzymywać się: *The memory of that day lingered on in her mind.*

lin·ge·rie /ˈlænʒəri/ *n* [U] bielizna damska

lin·ger·ing /ˈlɪŋgərɪŋ/ *adj* przeciągły: *a long, lingering kiss*

lin·go /ˈlɪŋgəʊ/ *n* [U singular] *informal* **1** mowa **2** żargon: *medical lingo*

lin·guist /ˈlɪŋgwɪst/ *n* [C] **1** językoznawca, lingwist-a/ka **2 be a good linguist** znać języki

lin·guis·tic /lɪŋˈgwɪstɪk/ *adj* językowy: *a child's linguistic development*

lin·guis·tics /lɪŋˈgwɪstɪks/ *n* [U] językoznawstwo, lingwistyka

lin·ing /ˈlaɪnɪŋ/ *n* [C,U] podszewka: *a jacket with a silk lining*

link¹ S3 W2 Ac /lɪŋk/ *v* [T] **1** po/łączyć: *a highway linking two major cities* | **be linked to/with sth** (=być łączonym z czymś): *Lung cancer has been linked to smoking cigarettes.* THESAURUS ▸ JOIN **2** także **link up** po/łączyć: **link sth to/with sth** *Our computers are linked to the central system.*

link² S3 W2 Ac *n* [C] **1** związek: **+ between** *The police do not think there is any link between this crime and last week's murder.* | **+ with** *Britain should be trying to develop closer links with the rest of Europe.* **2** ogniwo: *a link in the chain* **3** połączenie: *a satellite link*

link·age Ac /ˈlɪŋkɪdʒ/ *n* [C,U] *formal* związek, powiązanie

ˈlinking ˌverb *n* [C] czasownik pełniący funkcję łącznika w orzeczeniu imiennym: *In the sentence, 'She seems friendly', 'seems' is a linking verb.*

ˈlinking ˌword *n* [C] spójnik

li·no·le·um /ləˈnəʊliəm/ *także* **li·no** /ˈlaɪnəʊ/ *BrE n* [U] linoleum

lint /lɪnt/ *n* [U] **1** *AmE* kłaczki, meszek *(na tkaninie)* **2** szarpie, płótno opatrunkowe

li·on /ˈlaɪən/ *n* [C] lew

li·on·ess /ˈlaɪənes/ *n* [C] lwica

lip S3 W2 /lɪp/ *n* [C] **1** warga: *a kiss on the lips* (=pocałunek w usta) **2** [usually singular] brzeg *(np. filiżanki)*: *the lip of the jug*

lip-read /ˈlɪp riːd/ *v* [I,T] czytać z ruchu warg

lip·stick /ˈlɪpˌstɪk/ *n* [C,U] pomadka, szminka

liq·ue·fy /ˈlɪkwəfaɪ/ *v* [I,T] **1** skraplać (się) **2** roztapiać (się)

li·queur /lɪˈkjʊə/ *n* [C,U] likier

liq·uid W3 /ˈlɪkwɪd/ *n* [C,U] płyn, ciecz —**liquid** *adj* płynny, ciekły: *liquid soap* (=mydło w płynie)

liq·ui·date /ˈlɪkwədeɪt/ *v* [I,T] z/likwidować —**liquidator** *n* [C] likwidator/ka: *The company is now in the hands of liquidators.* —**liquidation** /ˌlɪkwəˈdeɪʃən/ *n* [C,U] likwidacja: *The company has gone into liquidation.*

liq·uid·iz·er, **liquidiser** /ˈlɪkwədaɪzə/ *n* [C] *BrE* mikser

liq·uor /ˈlɪkə/ *n* [C,U] *AmE* napój alkoholowy *(wysokoprocentowy)*

liq·uo·rice /ˈlɪkərɪs/ *BrE*, **licorice** *AmE n* [C,U] lukrecja

ˈliquor store *n* [C] *AmE* sklep monopolowy

lisp /lɪsp/ *v* [I,T] seplenić —**lisp** *n* [C] seplenienie: *She speaks with a lisp.*

list¹ S1 W1 /lɪst/ *n* [C] lista: *a shopping list* | **+ of** *Do you have a list of names and addresses?* | **on a list** *We have over 300 people on our waiting list.* | **make a list** *Make a list of all the equipment you'll need.*

COLLOCATIONS: list

verbs

to make/write a list *Make a list of the things you have to do.*
to draw up/compile a list *formal* (=sporządzić listę) *They've compiled a list of children's clubs and organizations.*
to put sth on a list *I'll put your name on the list.*
to add sth to a list *Here are some questions to add to your list.*

noun + list

the top/bottom of a list *A new kitchen is at the top of my list.*

types of list

a shopping list *także* **a grocery list** *AmE* (=lista zakupów) *I've forgotten my shopping list.* | *Did you put milk on the grocery list?*
a waiting list (=lista oczekujących) *There is a waiting list for this car.*
a mailing list (=lista wysyłkowa) *Please add me to your mailing list.*
a guest list *Can you get me on the guest list for the party?*
a price list (=cennik) *I've got their latest catalogue and price list.*
a wine list *The restaurant has a good wine list.*

list² S2 W3 *v* [T] wymieniać: *All the players must be listed on the scoresheet.*

lis·ten S1 W1 /ˈlɪsən/ *v* [I] **1** słuchać: *Everyone stopped what they were doing and listened.* | *I told him it was dangerous, but he didn't listen.* | **+to** *Have you listened to those tapes yet?* | *Are you listening to me?* →porównaj HEAR THESAURUS HEAR **2** *spoken* słuchaj: *Listen, if you need me, just ring.*
listen for sth/sb *phr v* [T] nasłuchiwać: *We listened for the sound of footsteps.*
listen in *phr v* [I] podsłuchiwać: *I think someone's listening in on the other phone.*
listen up *phr v* [I] *spoken* słuchaj/cie uważnie!: *OK, people, listen up!*

UWAGA: listen
Nie mówi się „I listen music", tylko **I listen to music**.

lis·ten·er /ˈlɪsənə/ *n* **1** [C] słuchacz/ka **2 be a good listener** umieć słuchać

list·ing /ˈlɪstɪŋ/ *n* [C] **1** lista, wykaz: *movie listings* **2** hasło, pozycja *(na liście)*

list·less /ˈlɪstləs/ *adj* apatyczny: *The heat was making us feel listless.* —**listlessly** *adv* apatycznie

lit /lɪt/ *v* czas przeszły i imiesłów bierny od LIGHT

lit·a·ny /ˈlɪtəni/ *n* **a litany of sth** litania czegoś: *a litany of economic problems*

li·ter /ˈliːtə/ amerykańska pisownia wyrazu LITRE

lit·e·ra·cy /ˈlɪtərəsi/ *n* [U] umiejętność czytania i pisania

lit·e·ral /ˈlɪtərəl/ *adj* dosłowny: *a literal interpretation of the Bible* →porównaj FIGURATIVE

lit·e·ral·ly S2 /ˈlɪtərəli/ *adv* dosłownie: *The word 'melodrama' literally means a play with music.* | *She was literally shaking with fear.* | *We've been working day and night, literally, to try to finish on time.* | *When I told her to go and jump in the lake, I didn't think she'd take me literally* (=nie sądziłem, że weźmie to dosłownie)*!*

lit·e·ra·ry W2 /ˈlɪtərəri/ *adj* literacki: *literary criticism* | *literary language*

lit·e·rate /ˈlɪtərət/ *adj* **1** piśmienny, umiejący czytać i pisać **2** oczytany, wykształcony →antonim ILLITERATE

lit·e·ra·ture S3 W2 /ˈlɪtərətʃə/ *n* [U] literatura: *the great classics of English literature* THESAURUS BOOK

lithe /laɪð/ *adj* zwinny

Lith·u·a·ni·a /ˌlɪθjuˈeɪniə/ *n* Litwa —**Lithuanian** /ˌlɪθjuˈeɪniən/ *n* Litwin/ka —**Lithuanian** *adj* litewski

lit·i·ga·tion /ˌlɪtəˈgeɪʃən/ *n* [U] droga prawna —**litigate** /ˈlɪtɪgeɪt/ *v* [I] procesować się

li·tre /ˈliːtə/ *BrE*, **liter** *AmE* *n* [C] litr

lit·ter¹ /ˈlɪtə/ *n* **1** [U] odpadki, śmieci: *Anyone caught dropping litter will be fined.* **2** [C] miot: *a litter of kittens*

litter² *v* [T] zaśmiecać: **be littered with sth** (=być zawalonym czymś): *His desk was littered with books and papers.*

lit·tle¹ S1 W1 /ˈlɪtl/ *adj* **1** mały: *a little house* | *a little boy* | *You worry too much about little things.* | **little brother/sister** (=braciszek/siostrzyczka) THESAURUS SMALL, YOUNG **2 a little bit (of sth)** odrobina (czegoś): *"Do you want some more wine?" "Just a little bit."* | *Add a little bit of milk to the sauce.* **3** krótki: *I'll wait a little while and then call again.* | *Anna walked a little way down the road with him.* **4** *especially spoken* odpowiada polskiemu zdrobnieniu: *It's a nice little restaurant* (=miła restauracyjka). | *What a horrible little man* (=co za wstrętny człowieczyna)*!*

little² *quantifier* (**less**, **least**) **1** *formal* mało, niewiele: *Little is known about the disease.* | *I paid little attention to what they were saying.* | **very little** *I have very little money at the moment.* **2 a little** trochę: *I know a little Spanish.* | *"More coffee?" "Just a little, thanks."* | **a little of** *I explained a little of the family's history.*

little³ S1 W1 *adv* **1** mało: *She goes out very little.* **2 a little (bit)** trochę: *She trembled a little as she spoke.* | *Let's move the table a little bit closer to the wall.* **3 little by little** stopniowo, po troszeczku: *Little by little she became more confident.* **4 little did sb think/realize** nigdy nie przyszłoby komuś do głowy: *Little did they think that one day their son would be a famous musician.*

UWAGA: little
Patrz **few**, **a few**, **little** i **a little**.

lit·ur·gy /ˈlɪtədʒi/ *n* [C,U] liturgia —**liturgical** /lɪˈtɜːdʒɪkəl/ *adj* liturgiczny

live¹ S1 W1 /lɪv/ *v* **1 live in/at/near** mieszkać w/niedaleko: *Matt lives in Boston.* | *Is your son still living at home?* **2** [I,T] żyć: *My grandmother lived to be 88.* | *Plants can't live without light.* | *Thousands of people in this country are living in poverty.* | *She's always lived a quiet life* (=prowadziła spokojne życie). **3 live it up** *informal* używać życia: *They spent the summer living it up in the South of France.* **4 live life to the full** żyć pełnią życia
live sth down *phr v* **sb will not live sth down** komuś nigdy czegoś nie zapomną: *I don't think we'll ever live this defeat down* (=myślę, że nigdy nam nie zapomną tej porażki).
live for sb/sth *phr v* [T] żyć dla: *She lives for ballet.*
live in *phr v* [I] mieszkać na miejscu *(w domu pracodawcy, w akademiku)*: *A lot of the students live in for their first year.*
live on *phr v* **1** *także* **live off** [T **live on/off** sth] **a)** wy/żyć z: *No one can live on £35 a week.* **b)** żyć na: *live on a diet of bread and cheese* **2** [I] żyć nadal: *She will live on in our memories.*
live together *phr v* [I] żyć ze sobą, mieszkać razem: *Mark and I have been living together for two years.*
live up to sth *phr v* [T] **live up to sb's expectations** spełniać czyjeś oczekiwania: *I felt I could never live up to my father's expectations.*
live with sb/sth *phr v* [T] żyć z: *Tim's living with a girl he met at college.* | *You just have to learn to live with these kinds of problems.*

UWAGA: live
Nie należy mylić czasowników **live** (=mieszkać na stałe) i **stay** (=mieszkać czasowo): *We stayed at a small hotel close to the beach.*

THESAURUS: live
live mieszkać: *She lives in Los Angeles.*
be from/come from pochodzić z: *Anna comes from Italy, but she's living in London at the moment.* | *„Where are you from?" „I'm from Poland."*
inhabit *formal* zamieszkiwać: *The island is inhabited by a rare species of bird.* | *The people who inhabit this region are mostly Tibetan.*
grow up dorastać: *She grew up in France.*

live² S3 W3 /laɪv/ *adj* **1** żywy: *He feeds his snake live rats.*

L

2 bezpośredni, na żywo: *a live broadcast of the World Cup final* **3 live concert/music** koncert/muzyka na żywo: *The Dew Drop Inn has live music every weekend.* **4** pod napięciem: *a live wire*

live³ /laɪv/ *adv* na żywo: *Don't miss tomorrow's final, live, on Sky Sports at 14.00.* | *I'd love to see the band play live!*

live·li·hood /ˈlaɪvlihʊd/ *n* [C,U] źródło utrzymania: *Farming is their livelihood.*

live·ly S3 /ˈlaɪvli/ *adj* **1** żwawy: *a lively group of children* **2** ożywiony: *a lively debate* —**liveliness** *n* [U] żwawość, ożywienie

liv·en /ˈlaɪvən/ *v*

liven up *phr v* [I,T **liven** sth ↔ **up**] ożywiać (się): *Better music might liven the party up.*

liv·er /ˈlɪvə/ *n* **1** [C] wątroba **2** [U] wątróbka

lives /laɪvz/ *n* liczba mnoga od LIFE

live·stock /ˈlaɪvstɒk/ *n* [U] żywy inwentarz

liv·id /ˈlɪvɪd/ *adj* wściekły: *Dad was livid when he heard what had happened.* THESAURUS ANGRY

liv·ing¹ /ˈlɪvɪŋ/ *adj* **1** żyjący: *Byatt is one of our greatest living writers.* **2 living things** natura ożywiona

living² S2 *n* **1** [C usually singular] utrzymanie: **earn/make a living** (=zarabiać na utrzymanie/życie): *It's hard to make a living as an actor.* | **what do you do for a living?** czym się Pan/i zajmuje? **2** [U] życie: *I've always believed in healthy living.* **3 the living** żywi

ˈliving room *n* [C] pokój dzienny

living room

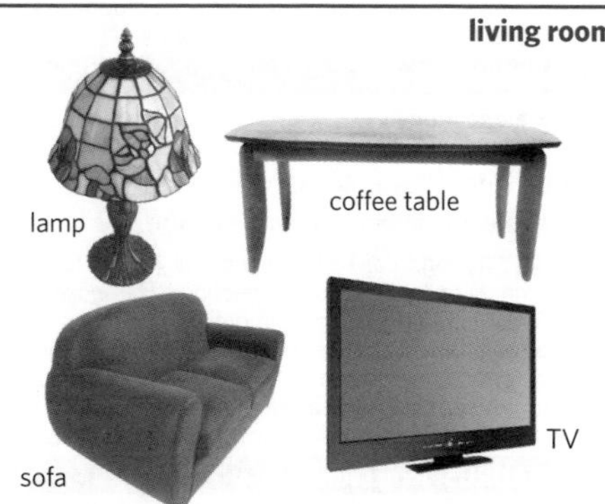

liz·ard /ˈlɪzəd/ *n* [C] jaszczurka

'll /l/ skrót od WILL lub SHALL: *He'll be here soon.*

lla·ma /ˈlɑːmə/ *n* [C] lama

load¹ S1 W3 /ləʊd/ *n* **1** [C] ładunek: **+of** *a ship carrying a full load of fuel and supplies* **2 a load of/loads of** *spoken* mnóstwo: *Don't worry, we still have loads of time.* **3 a load of rubbish/nonsense** *spoken* stek bzdur: *I've never heard such a load of rubbish in my life!* **4** [C] obciążenie

load² *v* **1** *także* **load up** [I,T] za/ładować: *The trucks were loading up with supplies of food and clothing.* | **load sth into/onto sth** *They loaded all their luggage into the car.* **2** [T] za/ładować, wgrywać: *Have you loaded that software yet?* **3** [T] **a)** za/ładować *(broń)* **b)** zakładać *(film do aparatu)*

load sb/sth ↔ **down** *phr v* [T] obładowywać: **be loaded down with sth** *I was loaded down with groceries* (=byłem obładowany zakupami).

load·ed /ˈləʊdɪd/ *adj* **1** naładowany: *Is the camera loaded?* **2** załadowany: *a loaded truck* **3 loaded with sth** *informal* pełen czegoś: *The shelves were loaded with trophies.* **4** *spoken informal* nadziany: *His grandmother's loaded.* THESAURUS RICH **5 loaded question** podchwytliwe pytanie

loaf /ləʊf/ *n* [C] (plural **loaves** /ləʊvz/) bochenek

loan¹ S2 W2 /ləʊn/ *n* **1** [C] pożyczka, kredyt: *a $25,000 bank loan* | *We're repaying the loan over a 3-year period.* **2 on loan** wypożyczony: *Most of the paintings are on loan from other galleries.* **3** [singular] pożyczenie, wypożyczenie: *Thanks for the loan of that book.*

COLLOCATIONS: loan

verbs

to take out a loan (=zaciągnąć kredyt) *Most home buyers take out a loan.*

to repay/pay off/pay back a loan (=spłacić kredyt/pożyczkę) *He had to pay back the loan within two years.*

to give sb a loan *Maybe your boss will give you a loan.*

to make a loan (=udzielić kredytu) *Banks are cautious about making new loans.*

to ask for a loan *He asked his father for a loan.*

to apply for a loan (=ubiegać się o kredyt) *Students can apply for a government loan.*

to get a loan *I had to get a loan to buy the car.*

types of loan

a £20,000/$5,000 etc loan *The company asked for a £100,000 loan.*

a bank loan *He had been refused a bank loan.*

a home/car loan (=kredyt na mieszkanie/samochód) *They took out a thirty-year home loan.*

a personal loan (=kredyt indywidualny) *He took out a personal loan and then lost his job.*

a business loan (=kredyt dla firmy) *They've applied for a business loan.*

a student loan *Many college graduates are paying off huge student loans.*

an interest-free loan (=nieoprocentowana pożyczka) *They offer an interest-free loan for two years.*

loan² *v* [T] pożyczyć: **loan sb sth/loan sth to sb** *Can you loan me $20 until Friday?*

ˈloan shark *n* [C] lichwia-rz/rka

loath /ləʊθ/ *adj* **be loath to do sth** *formal* nie mieć ochoty czegoś robić, robić coś z bólem serca: *I was loath to leave her on her own.*

loathe /ləʊð/ *v* [T] czuć odrazę do THESAURUS HATE —**loathing** *n* [C,U] odraza

loath·some /ˈləʊðsəm/ *adj* odrażający

loaves /ləʊvz/ *n* liczba mnoga od LOAF

lob /lɒb/ *v* [T] (**-bbed**, **-bbing**) lobować —**lob** *n* [C] lob

lob·by¹ /ˈlɒbi/ *n* [C] **1** hall: *the hotel lobby* **2** grupa nacisku, lobby: *the anti-smoking lobby*

lobby² *v* [I,T] wywierać nacisk (na): **+for** *Demonstrators are lobbying for a change* (=domagają się zmiany) *in the present laws.* —**lobbyist** *n* [C] lobbyst-a/ka

lobe /ləʊb/ *n* [C] **1** płatek ucha **2** *technical* płat *(mózgu, płuc)*

lob·ster /ˈlɒbstə/ *n* [C,U] homar

L

lo·cal¹ S1 W1 /ˈləʊkəl/ *adj* **1** miejscowy: *Our kids go to the local school.* | *the local newspaper* THESAURUS NEAR **2 local anaesthetic** znieczulenie miejscowe

local² *n* **1 the locals** tubylcy, miejscowi: *I asked one of the locals for directions.* **2 sb's local** *BrE informal* czyjś ulubiony pub

ˌlocal ˌarea ˈnetwork *n* sieć lokalna

lo·cal·i·ty /ləʊˈkæləti/ *n* [C] *formal* rejon, okolica

lo·cal·ized /ˈləʊkəlaɪzd/ *także* **-ised** *BrE adj* **localized pain/infection** miejscowy ból/miejscowe zakażenie

lo·cal·ly /ˈləʊkəli/ *adv* **1** w pobliżu, w okolicy: *Do you live locally?* **2** lokalnie: *There will be some rain locally.*

lo·cate W3 Ac /ləʊˈkeɪt/ *v* **1** [T] umiejscowić, zlokalizować: *Divers have located the shipwreck.* THESAURUS FIND **2 located in/on/at** położony w/na/przy: *The town is located on the shores of Lake Trasimeno.*

lo·ca·tion S3 W2 Ac /ləʊˈkeɪʃən/ *n* [C] **1** położenie, lokalizacja: **+of** *a map showing the location of the school* THESAURUS PLACE **2** [C,U] plener: **on location** (=w plenerach): *scenes shot on location in Montana*

lock¹ S2 W3 /lɒk/ *v* **1** [I,T] zamykać (się) (na klucz): *Did you remember to lock the car?* | *The front door won't lock.* → antonim UNLOCK **2 lock sth in/away** zamknąć coś: *He locked the money in a safe.* **3** [I] zablokować się: *The brakes locked and we skidded.*
lock sb in *phr v* [T] zamknąć (w środku): *Help me, somebody – I'm locked in!*
lock sb out *phr v* [T] zamknąć drzwi na klucz przed: *I forgot my key and found myself locked out of my flat.*
lock up *phr v* **1** [I,T **lock** sth ↔ **up**] pozamykać (wszystkie drzwi): *Would you mind locking up when you leave?* **2** *także* **lock away** [T **lock** sb ↔ **up/away**] zamknąć (*w więzieniu lub zakładzie psychiatrycznym*): *Higgs was locked up for three years for his part in the robbery.*

lock² S2 *n* [C] **1** zamek: *The doors and windows are fitted with safety locks.* **2** śluza **3 under lock and key** pod kluczem: *All her jewellery is kept under lock and key.* **4** lok: *She twisted a lock of hair between her fingers.*

lock·er /ˈlɒkə/ *n* [C] szafka (*np. w szatni szkolnej*)

lock·et /ˈlɒkɪt/ *n* [C] medalion

lock·smith /ˈlɒkˌsmɪθ/ *n* [C] ślusarz

lo·co·mo·tive /ˌləʊkəˈməʊtɪv/ *n* [C] lokomotywa

lo·cust /ˈləʊkəst/ *n* [C] szarańcza: *a swarm of locusts*

lodge¹ /lɒdʒ/ *v* **1** [I] utkwić: *A fish bone had lodged in his throat.* **2 lodge a complaint** złożyć skargę: *He has lodged a formal complaint with the club.* **3** [I] wynajmować pokój, mieszkać na kwaterze: *She's lodging with friends at the moment.*

lodge² *n* [C] **1** domek: *a ski lodge* **2** budka: *the porter's lodge* (=stróżówka)

lodg·er /ˈlɒdʒə/ *n* [C] *BrE* lokator/ka

lodg·ings /ˈlɒdʒɪŋz/ *n* [plural] *BrE* kwatera

loft /lɒft/ *n* [C] *especially BrE* strych

loft·y /ˈlɒfti/ *adj* **1** wzniosły: *lofty ideals* **2** wyniosły

log¹ S3 /lɒg/ *n* [C] **1** kłoda: *chopping logs for the fire* **2** dziennik: *The captain described the accident in the ship's log.* **3** logarytm **4 sleep like a log** spać jak zabity

log² *v* [T] (**-gged**, **-gging**) zapisywać w dzienniku
log off/out *phr v* [I] wylogować się
log on/in *phr v* [I] zalogować się

log·a·rith·m /ˈlɒgərɪðəm/ *n* [C] logarytm

ˌlog ˈcabin *n* [C] chata (*z bali*)

log·ger·heads /ˈlɒgəhedz/ *n* **be at loggerheads (with sb)** drzeć koty (z kimś): *The two families have been at loggerheads for years.*

log·ging /ˈlɒgɪŋ/ *n* [U] wycinka

lo·gic /ˈlɒdʒɪk/ *n* [U] logika: *There is no logic in releasing criminals just because prisons are crowded.*

lo·gic·al S3 Ac /ˈlɒdʒɪkəl/ *adj* logiczny: *logical analysis* | *He seems the logical choice for the job.* —**logically** /-kli/ *adv* logicznie

lo·gis·tics /ləˈdʒɪstɪks/ *n* **the logistics of sth** logistyka czegoś: *the logistics of organizing an international music festival* —**logistical** *adj* logistyczny —**logistically** /-kli/ *adv* logistycznie

lo·go /ˈləʊgəʊ/ *n* [C] znak firmowy, logo

loins /lɔɪnz/ *n* [plural] *literary* lędźwie

loi·ter /ˈlɔɪtə/ *v* [I] wałęsać się

lol, **LOL 1** = **laugh/laughing out loud 2** = **lots of love**

loll /lɒl/ *v* [I] **1** *także* **loll around/about** *BrE* rozwalać się, rozkładać się: *He was lolling on a sunbed by the pool.* **2** zwisać: *The dog's tongue lolled out of its mouth.*

lol·li·pop /ˈlɒlipɒp/ *także* **lol·ly** /ˈlɒli/ *BrE n* [C] lizak

lone /ləʊn/ *adj* [only before noun] *literary* samotny: *a lone figure standing in the snow* | *lone parents*

lone·ly S3 /ˈləʊnli/ *adj* **1** samotny: *Aren't you lonely living on your own?* **2** [only before noun] *literary* odludny: *a lonely country road* —**loneliness** *n* [U] samotność

UWAGA: lonely

Patrz **alone** i **lonely**.

lon·er /ˈləʊnə/ *n* [C] samotni-k/czka

lone·some /ˈləʊnsəm/ *adj AmE* samotny

long¹ S1 W1 /lɒŋ/ *adj* **1** długi: *long hair* | *It's a long walk home from here.* | *a long, boring meeting* | *The snake was at least 3 feet long* (=miał co najmniej 3 stopy długości). | **take a long time** (=trwać długo): *It took a long time for the little girl to start to relax.* | **long hours** (=nadgodziny) → antonim SHORT¹ **2 in the long run** *informal* na dłuższą metę: *All our hard work will be worth it in the long run.*

THESAURUS: long (sense 2)

long długi: *It's a long film – over two hours.*
lengthy długi (*w negatywnym znaczeniu*): *There are lengthy delays on the roads.* | *Getting a visa is a lengthy process.*
long-running [only before noun] długotrwały (*spór, kampania*): *He's been involved in a long-running battle with his neighbours.*
long-lasting długotrwały: *The crisis could have a long-lasting effect on the economy.* | *a long-lasting friendship*
interminable niekończący się: *The journey seemed interminable.*

long² S1 W1 *adv* **1** długo: *Have you been waiting long?* | *Will you be long, or shall I wait?* | **for long** (=długo): *Have you known the Garretts for long?* | **long before/after** *The farm was sold long before you were born* (=na długo zanim się urodziłeś). **2 as long as** pod warunkiem, że: *You can go as long as you're back by four o'clock.* THESAURUS IF

L

3 no longer już nie: *Mr. Allen no longer works for the company.* **4 before long** niedługo: *It will be Christmas before long.* THESAURUS SOON

UWAGA: long i a long time

Zwrotu **take long** używamy w pytaniach i zdaniach przeczących: *How long does it take to get to London by train?* | *It doesn't take long.* Zwrotu **take a long time** używamy w zdaniach twierdzących: *It might take a long time to sort out the problem.*

UWAGA: long way away

Patrz **far** i **a long way away**.

long[3] *v* [I] *formal* **long for sth** bardzo czegoś pragnąć: *I used to long for a baby sister.* | **long to do sth** (=pragnąć zrobić coś): *The children longed to get outside.*

ˌlong-ˈdistance *adj* **1** daleki: *long-distance flights* **2** długodystansowy: *a long-distance race* **3** zamiejscowy: *long-distance telephone calls*

lon·gev·i·ty /lɒnˈdʒevəti/ *n* [U] długowieczność

long·hand /ˈlɒŋhænd/ *n* [U] pismo odręczne

long·ing /ˈlɒŋɪŋ/ *n* [U singular] pragnienie, tęsknota: *She had a great longing for her home country.* —**longingly** *adv* tęsknie

lon·gi·tude /ˈlɒndʒɪtjuːd/ *n* [C,U] długość geograficzna →porównaj LATITUDE

ˈlong jump *n* [singular] skok w dal

ˌlong-ˈlost *adj* **long-lost friend/relative** dawno nie widziany przyjaciel/krewny: *He greeted me like a long-lost friend.*

ˌlong-ˈrange *adj* [only before noun] **1** dalekiego zasięgu: *a long-range missile* **2** długoterminowy: *long-range plans*

ˈlong shot *n* [C] *informal* próba skazana na niepowodzenie

long·sight·ed /ˌlɒŋˈsaɪtɪd◂/ *adj BrE* dalekowzroczny, nadwzroczny

ˌlong-ˈstanding *adj* długotrwały: *a long-standing agreement between the two countries*

ˌlong-ˈsuffering *adj* anielsko cierpliwy: *He leaves his long-suffering wife at home while he goes to the pub.*

ˌlong-ˈterm W3 *adj* długoterminowy, długofalowy: *the long-term effects of smoking* →porównaj SHORT-TERM, →patrz też **in the long/short term** (TERM[1])

ˌlong-ˈwearing *adj AmE* wytrzymały, nie do zdarcia (*o ubraniu, butach*)

long-wind·ed /ˌlɒŋ ˈwɪndɪd◂/ *adj* rozwlekły: *a long-winded speech*

loo /luː/ *n* [C] *BrE informal* ubikacja THESAURUS TOILET

look[1] S1 W1 /lʊk/ *v* **1** [I] patrzeć: *I didn't see it. I wasn't looking.* | **+at** *"It's time to go," said Patrick looking at his watch.* | **look down/away/up** *I looked down the road but she'd gone.* **2** [I] szukać: **+for** *Brad was looking for you last night.* | *I've looked everywhere for my keys, but I can't find them.* | *Have you looked in here?* **3 be looking for trouble/a fight** *informal* szukać guza **4** [I] wyglądać: **look nice/tired** (=wyglądać ładnie/na zmęczonego): *You look nice in that dress.* | **look like** (=wyglądać jakby): *He looks like he hasn't slept for days.* **5 strange-/ funny-looking** dziwnie/śmiesznie wyglądający: *healthy-looking children* **6 look** *spoken* słuchaj: *Look, I'm very serious about this.* **7** [T] *spoken* patrz: *Dad, look what I made!* **8 look out!** *spoken* uważaj: *Look out! There's a car coming.* **9 look sb in the eye** patrzeć/spojrzeć komuś prosto w oczy **10** [I] wychodzić: *Our room looks over* (=wychodzi na) *the harbour.*

look after sb/sth *phr v* [T] opiekować się: *We look after Rodney's kids after school.*

look ahead *phr v* [I] patrzeć w przyszłość: *We need to look ahead and plan for next year.*

look around *także* **look round** *BrE phr v* [I,T] rozglądać się (po): *We have 3 or 4 hours to look around the city.*

look at sb/sth *phr v* [T] **1** przeglądać: *Jane was looking at a magazine while she waited.* **2** przyglądać się: *The doctor looked at the cut on her head.* | *The government will look at the report this week.* **3 look at ...** *spoken* spójrz na ...: *Of course you can get a good job without a degree – just look at your Uncle Ron.* **4** spoglądać na, patrzeć na: *It all depends how you look at the situation.*

look back *phr v* [I] patrzeć wstecz: *Looking back on it, I think I was wrong to leave when I did.*

look down on sb/sth *phr v* [T] spoglądać z góry na: *I'm sick of Ken looking down on me the whole time.*

look forward to sth *phr v* [T] oczekiwać z niecierpliwością: **look forward to doing sth** *I'm really looking forward to going to Japan* (=bardzo się cieszę na wyjazd do Japonii).

look into sth *phr v* [T] z/badać: *We are looking into the cause of the fire.*

look on *phr v* **1** [I] przyglądać się: *The crowd looked on as the two men fought.* **2** [T **look on/upon** sb/sth] traktować: *She always looked upon me as if I was stupid.*

look out for sb/sth *phr v* [T] wypatrywać: *Look out for Jane at the conference.*

look sth/sb ↔ over *phr v* [T] przejrzeć: *Can you look this letter over for me before I send it?*

look round *phr v BrE* rozglądać się

look through sth *phr v* [T] **1** przetrząsać: *Look through your pockets and see if you can find the receipt.* **2** przyjrzeć się dokładnie

look up *phr v* **1** [I] wyglądać/iść coraz lepiej: *Things are looking up since I found a job.* **2** [T **look** sth ↔ **up**] odszukać, sprawdzić: *If you don't know the word, look it up in the dictionary.* **3** [T **look** sb ↔ **up**] odwiedzić: *Look up my parents when you're in Boston.*

look up to sb *phr v* [T] podziwiać: *He looks up to his older brother.*

UWAGA: look at

Patrz **see**, **watch**, **look at**.

THESAURUS: look

look popatrzeć: *She looked at me and smiled.*

have/take a look *especially spoken* spojrzeć: *Take a look at this picture!* | *He had a look at the tyre to see if it needed more air in it.*

glance zerknąć: *The teacher glanced up at the clock.*

peek/peep zajrzeć, zerknąć (*ukradkiem, przez dziurkę*): *The door was open, so he peeked inside.* | *She peeped over the fence.*

peer at usiłować dojrzeć, wypatrywać: *He was peering through the wet windscreen at the cars ahead.*

glare piorunować wzrokiem: *When I said sorry, he just glared at me.*

stare gapić się: *It's rude to stare.*

gaze wpatrywać się: *The couple were gazing at each other.*

L

look² S1 W1 *n* **1** [C usually singular] spojrzenie: **have/take a look** (=spojrzeć): *Let me take a look at that map again.* | **give sb a look** *She gave me an angry look* (=spojrzała na mnie gniewnie). **2 have a look** szukać: *He's had a look for the file but he hasn't found it.* **3** [C usually singular] wygląd: *I don't like the look of that cut.* **4** [singular] styl: *the grunge look*

look·a·like /ˈlʊkəlaɪk/ *n* [C] *informal* sobowtór: *a Madonna lookalike*

look·out /ˈlʊk-aʊt/ *n* **1 be on the lookout** uważać: *Be on the lookout for snakes!* **2** [C] obserwator/ka **3** [C] punkt obserwacyjny

looks /lʊks/ *n* [plural] uroda: *Stop worrying about your looks.*

loom¹ /luːm/ *v* [I] **1** wyłaniać się: **+ahead/up etc** *The mountain loomed in front of us.* **2** zbliżać się: *My exams are looming.*

loom² *n* [C] krosno

loon·y /ˈluːni/ *n* [C] *informal* pomyleniec —**loony** *adj* pomylony: *He's full of loony ideas.*

loop¹ /luːp/ *n* **1** [C] pętla: *belt loops* (=szlufki) **2 be out of the loop** *AmE* nie należeć do grona decydentów: *Gaynor says he was out of the loop when the order was given.*

loop² *v* **1 loop sth over/round etc** wiązać coś **2** krążyć: *The storm is looping down through the Rockies.*

loop·hole /ˈluːphəʊl/ *n* [C] luka (prawna): *tax loopholes*

loose¹ S3 W3 /luːs/ *adj* **1** luźny: *a loose tooth* | *My French isn't very good, but I can give you a loose translation.* | **come loose** (=obluzować się): *One of the buttons on your shirt is coming loose.* **2** luzem: *You can buy the chocolates loose or in a box.* **3** wolny: **break loose** (=uwalniać się): *Two of the prisoners broke loose from the guards.* **4 tie up the loose ends** dopracować szczegóły **5 be at a loose end** nie mieć nic do roboty **6** *old-fashioned* rozwiązły: *a loose woman* —**loosely** *adv* luźno

loose² *n* **be on the loose** być na wolności

ˌloose ˈcannon *n* [C usually singular] chodzący kłopot *(osoba)*

loos·en /ˈluːsən/ *v* [I,T] poluzować (się): *The screws holding the shelf had loosened.* | *He loosened his tie.*
loosen up *phr v* [I] rozluźniać się: *Claire loosened up after a few drinks.*

loot¹ /luːt/ *v* [I,T] plądrować, grabić: *Shops were looted and burned down.* —**looting** *n* [U] grabież —**looter** *n* [C] grabieżca

loot² *n* [U] łup

lop /lɒp/ *także* **lop off** *v* [T] (**-pped**, **-pping**) obcinać *(gałęzie)*

lop·sid·ed /ˌlɒpˈsaɪdɪd◂/ *adj* krzywy: *a lopsided grin*

lord S3 W2 *n* [C] **1** lord **2 Lord** Lord: *Lord Mountbatten*

Lord /lɔːd/ *n* **1** [singular] *także* **the Lord** Pan (Bóg) **2 good/oh Lord!** *spoken* dobry Boże!

lore /lɔː/ *n* [U] tradycja (ustna), wiedza (tajemna): *This story has become part of the county lore of Ayrshire.*

lorry S3 /ˈlɒri/ *n* [C] *BrE* ciężarówka

lose S1 W1 /luːz/ *v* (**lost**, **lost**, **losing**) **1** [T] s/tracić: *Tom lost his job.* | *Drunk drivers should lose their licence.* | *She's lost a lot of blood.* | *The kids were losing interest in the game.* | *You lost your chance!* | *Five thousand soldiers lost their lives.* | **lose weight** (=s/chudnąć) | **lose your memory/sight** (=s/tracić pamięć/wzrok) | **lose your temper/head** (=s/tracić cierpliwość/głowę) **2** [T] z/gubić: *Danny's always losing his keys.* **3** [I,T] przegrywać: *Liverpool lost to AC Milan.* | *The Democrat candidate lost by 8,000 votes.* **4 lose your balance** s/tracić równowagę **5** [T] spóźniać się o: *My old watch loses about five minutes every day.* **6 have nothing to lose** nie mieć nic do stracenia **7 lose touch (with)**)s/tracić kontakt (z): *I've lost touch with all my high school friends.* | *It appears that the planners have lost touch with reality.* **8 lose heart** s/tracić zapał: *The team lost heart after they lost their fifth game.* **9 lose sight of sth** s/tracić coś z oczu: *We can't lose sight of our goals.*

los·er /ˈluːzə/ *n* [C] **1** przegrywający: **be a good/bad loser** (=umieć/nie umieć przegrywać) **2** *informal* ofiara: *Pam's boyfriend is such a loser!*

loss S2 W1 /lɒs/ *n* **1** [C,U] utrata: *The loss of their home was a shock to the family.* | *weight loss* **2** [C,U] strata: *If she leaves, it will be a great loss to the company.* | *She felt a great sense of loss when her son left home.* | *Troops suffered heavy losses in the first battle.* **3** [C] przegrana: *Three wins and four losses so far this season* **4 be at a loss** nie wiedzieć, jak się zachować: *Local people are at a loss to know how to start tackling such a rise in crime.*

lost¹ S2 W3 /lɒst/ *adj* **1** zagubiony: **get lost** (=z/gubić się): *We got lost driving around the city.* **2 be/get lost** z/ginąć: *My passport got lost in the post.* **3 be/feel lost** być/czuć się zagubionym **4 Get lost!** *spoken* Spadaj! **5 be lost on sb** nie dotrzeć do kogoś: *The joke was lost on him.* **6** zaginiony: *Twenty men were lost at sea.*

lost² *v* czas przeszły i imiesłów bierny od LOSE

lot S2 /lɒt/ *n* **1 a lot** *także* **lots** *informal* dużo: **+of** *There were a lot of people at the concert last night.* | *She's got lots of money.* | **a lot to do/see** (=dużo do zrobienia/obejrzenia): *There's a lot to see in London.* THESAURUS OFTEN **2 a lot quicker/easier** dużo szybciej/łatwiej: *You'll get there a lot faster if you drive.* **3** [singular] *BrE informal* grupa: *I need to take this lot to the post office.* | *There's another lot of students starting next week.* **4 the lot** wszystko: *He bought a huge bar of chocolate and ate the lot.* **5** [C] *AmE* parcela, działka: *a parking lot* (=parking) **6** [C] obiekt, pozycja katalogowa *(na aukcji)* **7** [singular] los: *Hers is not a happy lot.*

UWAGA: lot i many

A lot of brzmi bardziej naturalnie niż **many** w zdaniach twierdzących, szczególnie w języku mówionym. Nie mówimy „She has many friends", tylko **She has a lot of friends**. **Many** pojawia się natomiast w zdaniach pytających i przeczących: *There weren't many people at the party.* W piśmie **many** występuje w wyrażeniach takich, jak **in many ways/places/cases**, **for many years** itp. Patrz też **many**, **much** i **a lot of**, **plenty of**.

lo·tion /ˈləʊʃən/ *n* [C,U] balsam, mleczko: *suntan lotion* (=emulsja do opalania)

lot·te·ry /ˈlɒtəri/ *n* [C] loteria

loud¹ S2 W3 /laʊd/ *adj* **1** głośny: *The TV's too loud!* | *a loud bang* **2** krzykliwy: *loud clothes* —**loudly** *adv* głośno

THESAURUS: loud

loud głośny: *Joe was talking in a very loud voice.*
noisy głośny, hałaśliwy: *noisy neighbours* | *The engine sounds rather noisy.*

rowdy rozwrzeszczany: *There was a crowd of rowdy students in the bar.*
deafening ogłuszający: *Our conversation was interrupted by the deafening roar of an aircraft taking off.*
at full volume na cały regulator: *He played the CD at full volume.*

loud² S3 *adv* **1** głośno: *You'll have to speak a bit louder.* **2 out loud** głośno, na głos

loud·speak·er /ˌlaʊdˈspiːkə/ *n* [C] głośnik

lounge¹ S3 /laʊndʒ/ *n* [C] **1** hall *(w hotelu)* **departure lounge** (=hala odlotów) **2** *BrE* salon

lounge² *v* [I] relaksować się: *We were lounging by the pool.*
lounge about/around *phr v* [I,T] *BrE* obijać się

louse /laʊs/ *n* [C] (plural **lice** /laɪs/) wesz

lou·sy /ˈlaʊzi/ *adj informal* okropny: *I've had a lousy day!* THESAURUS ▸ BAD

lov·a·ble, **loveable** /ˈlʌvəbəl/ *adj* sympatyczny: *a lovable child*

love¹ S1 W1 /lʌv/ *v* [T] **1** kochać: *the first boy I ever really loved* | *I love my mom.* **2** uwielbiać: *I love chocolate.* | **love doing sth** *Tom loves reading.* **3 I'd love to** *spoken* z przyjemnością: *"Would you like to join us?" "I'd love to."*

THESAURUS: love

love kochać: *He knew that his parents loved him.* | *My boyfriend told me that he loved me.*
adore uwielbiać: *She adored her father.*
be in love (with sb) być zakochanym (w kimś): *They were young and very much in love.* | *I could see that she was in love with him.*
be crazy about sb *informal* szaleć za kimś: *She's crazy about you.*
have a crush on sb podkochiwać się w kimś: *She had a crush on one of her teachers.* | *I used to have a crush on David Bowie.*
be infatuated with sb być zadurzonym w kimś: *He became infatuated with a girl who was half his age.*
be devoted to sb być oddanym komuś: *He was devoted to his family.*

love² S1 W1 *n* **1** [U] miłość: *He never told her about his love for her.* | *My mother's love for me was never in doubt.* | *You were my first love.* | *His greatest love is football.* | **be in love (with sb)** (=być zakochanym (w kimś)): *Lucy knew she was in love.* | **fall in love (with sb)** (=zakochać się (w kimś)): *I fell in love with her the first time we met.* | **love at first sight** (=miłość od pierwszego wejrzenia) | **love story/song** (=historia/piosenka o miłości): *I've kept all his old love letters* (=listy miłosne). **2 make love to/with sb** kochać się z kimś **3 love from** uściski od: *Hope to see you soon, Love from Chris.* **4 send/give (sb) your love** przesyłać/przekazywać (komuś) pozdrowienia: *Your father sends his love.* **5** *spoken* kochanie: *Are you OK, love?* **6** *BrE spoken informal* kochaniutki/a *(zwracając się do osoby nieznajomej)*

ˈlove afˌfair *n* [C] romans

love·ly S1 W3 /ˈlʌvli/ *adj* **1** śliczny: *You look lovely in that dress.* THESAURUS ▸ BEAUTIFUL, NICE **2** *especially BrE* uroczy: *Thanks for a lovely evening.*

lov·er W3 /ˈlʌvə/ *n* [C] **1** kochan-ek/ka: *I think my wife has a lover.* **2** miłośni-k/czka: *an art lover*

love·sick /ˈlʌvˌsɪk/ *adj* chory z miłości

lov·ing /ˈlʌvɪŋ/ *adj* kochający: *a wonderful, loving husband* —**lovingly** *adv* z miłością

low¹ S1 W1 /ləʊ/ *adj* **1** niski: *These shelves are a little too low for me.* | *a low ceiling* | *low clouds* | *Temperatures in the west will be lower than yesterday.* | *Come and see our low prices!* | *She got a very low grade in English.* | *Cost-cutting has led to a lower quality of work.* | **low-fat/low-salt etc** *low-alcohol beer* **2** [not before noun] przygnębiony: *Kerry's been pretty low lately.* **3** przyciemniony: *low romantic lighting in a restaurant* **4** cichy, pryzciszony THESAURUS ▸ QUIET **5 low gear** pierwszy/drugi bieg *(w samochodzie)* → antonim HIGH¹

low² *adv* nisko: *The sun sank low on the horizon.* → antonim HIGH²

low³ *n* [C] minimum: *Tomorrow's low will be 8°C.* | **all-time low** (=najniższy dotychczas notowany poziom): *Oil prices have dropped to an all-time low.*

low·er¹ W3 /ˈləʊə/ *adj* [only before noun] **1** dolny: *the lower floors of the building* **2** niższy: *lower levels of management*

lower² S3 W3 *v* [T] **1** obniżać: *We're lowering prices on all our products!* | **lower your voice** (=zniżać głos) **2** opuszczać: *The flag was lowered at sunset.*

ˌlower ˈcase *n* [U] małe litery → porównaj CAPITAL¹, UPPER CASE

ˌlower ˈclass *n* **the lower class** klasa niższa

ˌlower-ˈclass *adj* z nizin społecznych

ˌlow-ˈkey *adj* powściągliwy, stonowany: *The reception was very low-key.*

ˈlow-life *n* [C] *informal* typ (spod ciemnej gwiazdy)

low·ly /ˈləʊli/ *adj* **1** *especially literary* pośledni, podrzędny: *He had a very lowly job.* **2** skromny

ˌlow-ˈlying *adj* przygruntowy, nisko położony: *low-lying fog* | *low-lying land*

loy·al /ˈlɔɪəl/ *adj* lojalny: *a loyal friend*

loy·al·ty /ˈlɔɪəlti/ *n* **1** [U] lojalność: *The company demands loyalty from its workers.* **2** [C usually plural] sympatia: *political loyalties* | *My loyalties lie with my family.*

ˈloyalty ˌcard *n* [C] *BrE* karta stałego klienta

loz·enge /ˈlɒzəndʒ/ *n* [C] tabletka do ssania

LP /ˌel ˈpiː/ *n* [C] płyta długogrająca

L-plate /ˈel pleɪt/ *n* [C] tablica nauki jazdy

LSD /ˌel es ˈdiː/ *n* [U] LSD *(narkotyk)*

Ltd Sp. z o.o.: *Process Supplies Ltd*

lu·bri·cant /ˈluːbrɪkənt/ *n* [C,U] smar

lu·bri·cate /ˈluːbrɪkeɪt/ *v* [T] na/smarować

lu·cid /ˈluːsɪd/ *adj* **1** klarowny: *a lucid and interesting article* **2** przytomny: *He was rarely lucid during his long illness.* —**lucidly** *adv* klarownie

luck S2 W3 /lʌk/ *n* [U] **1** szczęście: **have luck** (=mieć szczęście): *Have you had any luck* (=udało ci się) *finding a job?* | **bad luck** (=pech): *We seem to have had a lot of bad luck recently.* **2 be in luck** mieć szczęście: *You're in luck – there's one ticket left.* **3 be out of luck** mieć pecha: *I'm sorry, you're out of luck! I sold the last one this morning.* **4 Good luck/best of luck** Życzę powodzenia **5 bad luck!/hard luck!/tough luck!** *spoken* a to pech! —**luck**

L

out *phr v* [I] *AmE informal* mieć szczęście: *We lucked out and found someone who spoke English.*

luck·y S2 W3 /ˈlʌki/ *adj* **1 be lucky** mieć szczęście: *If you're lucky, you might still be able to get tickets.* | **be lucky to be/do/have sth** *You're lucky to have such a caring husband.* **2** szczęśliwy: *my lucky number* —**luckily** *adv* na szczęście

THESAURUS: lucky

be lucky mieć szczęście: *I was very lucky to survive the accident.*

be fortunate mieć szczęście *(używa się w nieco bardziej oficjalnym stylu)*: *I've been fortunate to find a career that I love.*

it is a good thing that *especially spoken* całe szczęście, że: *It's a good thing that you brought an umbrella with you.*

it is a miracle that (to) cud, że: *It's a miracle that no one was killed in the fire.*

lu·cra·tive /ˈlu:krətɪv/ *adj formal* intratny

lu·di·crous /ˈlu:dəkrəs/ *adj* niedorzeczny: *It's ludicrous to spend so much on a car.* THESAURUS STUPID

lug /lʌg/ *v* [T] (**-gged**, **-gging**) *informal* za/taszczyć: *We lugged our suitcases up to our room.*

lug·gage /ˈlʌgɪdʒ/ *n* [U] bagaż

luggage

lu·gu·bri·ous /lu:ˈgu:briəs/ *adj literary* ponury, posępny —**lugubriously** *adv* ponuro, posępnie

luke·warm /ˌlu:kˈwɔ:m◂/ *adj* **1** letni **2** chłodny: *a lukewarm response*

lull¹ /lʌl/ *v* [T] **1** u/kołysać: *Singing softly, she lulled us to sleep.* **2 lull sb into doing sth** uśpić czyjąś czujność na tyle, że zrobi coś: *She was lulled into believing that there was no danger.*

lull² *n* [C] chwila ciszy: *a lull in the conversation*

lul·la·by /ˈlʌləbaɪ/ *n* [C] kołysanka

lum·ber¹ /ˈlʌmbə/ *v* **1** [I] wlec się: **+along/towards etc** *The bear lumbered towards us.* **2 get/be lumbered with sth** zostać obarczonym czymś: *I got lumbered with baby-sitting my brother.*

lumber² *n* [U] *especially AmE* drewno *(budowlane)*

lu·mi·na·ry /ˈlu:mənəri/ *n* [C] luminarz: *political luminaries*

lu·mi·nous /ˈlu:mɪnəs/ *adj* fosforyzujący

lump¹ S2 /lʌmp/ *n* [C] **1** bryła: *a lump of clay* THESAURUS PIECE **2** guzek **3 a lump in your throat** ściskanie w gardle

lump² *v* [T] wrzucać do jednego worka: **lump sth together/with sth** *These symptoms are often lumped together under the general term depression.*

ˌlump ˈsum *n* [C] jednorazowa wypłata: *When you retire, you'll receive a lump sum of £50,000.*

lump·y /ˈlʌmpi/ *adj* nierówny: *a lumpy mattress*

lu·na·cy /ˈlu:nəsi/ *n* [U] szaleństwo: *It would be sheer lunacy to give up college now.*

lu·nar /ˈlu:nə/ *adj* księżycowy: *a lunar eclipse*

lu·na·tic /ˈlu:nətɪk/ *n* [C] szaleniec —**lunatic** *adj* szalony

lunch¹ S1 W2 /lʌntʃ/ *n* [C,U] lunch, obiad

COLLOCATIONS: lunch

verbs

to have/eat lunch *We had lunch before we left.* | *What time do you usually eat lunch?*

to have sth for lunch *I had some soup for lunch.*

to go out for/to lunch *Shall we go out for lunch on Sunday?*

to take sb (out) to lunch *He offered to take her out to lunch.*

to come for/to lunch *We have friends coming for lunch.*

to make lunch *I'll make lunch while you finish that.*

types of lunch

a light lunch (=lekki lunch) *I usually have a light lunch.*

a packed lunch *BrE*, **a bag/sack lunch** *AmE* (=drugie śniadanie) *He always takes a packed lunch to work.*

Sunday lunch *BrE We were cooking a chicken for Sunday lunch.*

a business/working lunch *She was having a business lunch with a customer.*

a school lunch (=szkolny obiad) *Poor children get free school lunches.*

lunch + noun

a lunch break (=przerwa obiadowa) *They have a one-hour lunch break.*

the lunch hour *She did some shopping in her lunch hour.*

lunch² *v* [I] *formal* jeść lunch/obiad

lunch·box /ˈlʌntʃbɒks/ *n* [C] pojemnik na drugie śniadanie

lunch·eon /ˈlʌntʃən/ *n* [C,U] *formal* lunch, obiad

lunch·time S3 /ˈlʌntʃtaɪm/ *n* [C,U] pora lunchu/obiadowa

lung /lʌŋ/ *n* [C] płuco

lunge /lʌndʒ/ *v* [I] rzucić się: **+forward/at/towards** *Greg lunged forward to grab her arm.*

lurch¹ /lɜ:tʃ/ *v* [I] zataczać się: **+across/along etc** *He lurched drunkenly towards us.*

lurch² *n* **leave sb in the lurch** zostawić kogoś na pastwę losu

lure¹ /lʊə/ *v* [T] z/wabić: *The music and bright lights were luring people into the bar.*

lure² *n* [C] powab

lu·rid /ˈlʊərɪd/ *adj* **1** drastyczny: *a lurid description of the murder* **2** krzykliwy: *a lurid green dress*

lurk /lɜ:k/ *v* [I] czaić się: *He was attacked by a man who had been lurking in the alley.*

lus·cious /ˈlʌʃəs/ *adj* smakowity: *luscious, ripe strawberries*

lush¹ /lʌʃ/ *adj* bujny: *lush green fields*

lush² *n* [C] *AmE informal* opój, pijak

lust¹ /lʌst/ *n* [U] **1** pożądanie **2** żądza **3 lust for life** żądza życia —**lustful** *adj* pożądliwy: *a lustful look*

lust² *v* [I] **1 lust after sb** pożądać kogoś **2 lust after/for sth** pragnąć czegoś: *politicians lusting after power*

lus·tre /ˈlʌstə/ *BrE*, **luster** *AmE* *n* [U singular] połysk: *the luster of her long dark hair*

lust·y /ˈlʌsti/ *adj* krzepki: *The baby gave a lusty cry.* —**lustily** *adv* krzepko

lux·u·ri·ant /lʌgˈzjʊəriənt/ *adj* bujny —**luxuriance** *n* [U] obfitość

lux·u·ri·ate /lʌgˈzjʊərieɪt/ *v*
luxuriate in sth *phr v* [T] rozkoszować się: *She luxuriated in a hot bath.*

lux·u·ri·ous /lʌgˈzjʊəriəs/ *adj* luksusowy: *They stayed in a luxurious hotel.* THESAURUS COMFORTABLE

lux·u·ry /ˈlʌkʃəri/ *n* [C,U] luksus: *Caviar! I'm not used to such luxury!* | *We can't afford luxuries like music lessons.*

ly·ing /ˈlaɪ-ɪŋ/ *v* imiesłów czynny od LIE

lynch /lɪntʃ/ *v* [T] z/linczować —**lynching** *n* [C] lincz

lynch·pin /ˈlɪntʃpɪn/ *n* → patrz LINCHPIN

lyr·ic /ˈlɪrɪk/ *n* [C usually plural] słowa *(piosenki)*

lyr·i·cal /ˈlɪrɪkəl/ *adj* liryczny: *lyrical poetry*

L

M

M, m /em/ M, m *(litera)*

MA, M.A. /ˌem ˈeɪ/ *n* magister nauk humanistycznych →porównaj **MSC**

ma'am /mæm/ *AmE spoken* proszę pani

mac *n* [C] *BrE* płaszcz nieprzemakalny

Mac /mæk/ *n AmE informal* koleś: *Hey, Mac, get out of the way.*

ma·ca·bre /məˈkɑːbrə/ *adj* makabryczny

mac·a·ro·ni /ˌmækəˈrəʊni/ *n* [U] makaron rurki

ma·chet·e /məˈʃeti/ *n* [C] maczeta

ma·chine[1] S1 W1 /məˈʃiːn/ *n* [C] maszyna: *a sewing machine | Cutting the cloth is done by machine.*

UWAGA: machine

Porównaj **machine**, **appliance**, **tool**, **instrument**, **device** i **gadget**. **Machine** zwykle wykorzystuje jakąś energię i nie jest bezpośrednio obsługiwana ręcznie: *the machines in the factory | Tickets are available from the machine on the platform. | a knitting machine.* Elektryczne artykuły gospodarstwa domowego (np. pralki) to **appliances**: *a shop selling household appliances.* **Tool** to narzędzie przeznaczone do pracy ręcznej w drewnie, metalu, itp: *carpenter's tools such as hammers, drills, and saws.* Do wykonywania bardzo precyzyjnych prac ręcznych służy **instrument**: *medical/surgical instruments | A thermometer is an instrument for measuring temperature.* **Device** to ogólny termin obejmujący wszelkie przedmioty, których zadaniem jest wykonywanie jakiejś pracy. Można go używać także w odniesieniu do urządzeń, które nie mają właściwej nazwy: *An electronic device controls the opening of the doors. | I have no idea how this device works.* **Gadget** jest potocznym określeniem małych i zazwyczaj niecodziennych urządzeń: *a clever little gadget for opening bottles.*

machine[2] *v* [T] obrabiać maszynowo —**machinist** *n* [C] operator/ka *(maszyn)*

maˈchine gun *n* [C] karabin maszynowy

ma·chin·e·ry W3 /məˈʃiːnəri/ *n* [U] **1** maszyny: *agricultural machinery* **2** mechanizm: *The machinery of the law works slowly.*

mach·o /ˈmætʃəʊ/ *adj informal* macho

mackerel /ˈmækərəl/ *n* makrela

mack·in·tosh /ˈmækəntɒʃ/ *n* [C] *BrE old-fashioned* płaszcz przeciwdeszczowy

mad S2 W3 /mæd/ *adj* (**-dder**, **-ddest**) **1** *informal* wściekły: *You make me so mad!* | **+at** *Lisa was really mad at me for telling Dad.* | **go mad** *BrE* (=wściekać się): *Mum will go mad when she finds out what you've done.* THESAURUS ANGRY **2** *BrE informal* szalony, pomylony: *You're mad to get involved with someone like him!* **3 be mad about sb/sth** *BrE informal* szaleć za kimś/czymś: *The kids are mad about football.* | **go mad** (=o/szaleć): *The crowd went mad when Liverpool scored.*

mad·am S3 /ˈmædəm/ *n* **1** proszę pani: *Can I help you, madam?* **2 Dear Madam** Szanowna Pani!

mad·den /ˈmædn/ *v* [T] rozwścieczać

mad·den·ing /ˈmædnɪŋ/ *adj* denerwujący: *The most maddening thing is that it's my own fault.*

made[1] /meɪd/ *v* czas przeszły i imiesłów bierny od **MAKE**

made[2] *adj* **1 be made of** być zrobionym z: *The frame is made of silver.* **2 be made for** być stworzonym dla: *I think Anna and Juan were made for each other.*

mad·house /ˈmædhaʊs/ *n* [C] dom wariatów: *It's a madhouse when the children are home.*

mad·ly /ˈmædli/ *adv* **1** jak szalony: *Allen was beating madly on the door.* **2 madly in love** zakochany do szaleństwa

mad·man /ˈmædmən/ *n* (plural **madmen** /-mən/) szaleniec, wariat: *He drives like a madman.*

mad·ness /ˈmædnəs/ *n* [U] **1** szaleństwo: *It would be madness to try to cross the desert on your own.* **2** *BrE* obłęd

mael·strom /ˈmeɪlstrəm/ *n* [C] zamęt, zamieszanie

maes·tro /ˈmaɪstrəʊ/ *n* [C] **1** maestro **2** mistrz

maf·i·a /ˈmæfiə/ *n* **the Mafia** mafia

mag·a·zine S2 W2 /ˌmægəˈziːn/ *n* [C] **1** czasopismo, magazyn, pismo: *a fashion magazine* **2** magazynek

ma·gen·ta /məˈdʒentə/ *n* [U] kolor ciemnoróżowy

mag·got /ˈmægət/ *n* [C] czerw

ma·gic[1] W3 /ˈmædʒɪk/ *n* [U] **1** czary **2** sztuczki magiczne: *a magic show* **3** magia: *the magic of the East* →patrz też **BLACK MAGIC**

magic[2] *adj* [only before noun] magiczny: *The witch cast a magic spell* (=rzuciła czar) *on the princess, making her sleep for 100 years.*

ma·gic·al /ˈmædʒɪkəl/ *adj* **1** cudowny: *a magical evening beneath the stars* **2** magiczny, zaczarowany: *magical objects* —**magically** /-kli/ *adv* cudownie, magicznie

ˌmagic ˈbullet *n* [C] cudowny lek: *There is no magic bullet for school reform.*

ma·gi·cian /məˈdʒɪʃən/ *n* [C] **1** magik, sztukmistrz **2** czarnoksiężnik, czarodziej

ma·gis·trate /ˈmædʒəstreɪt/ *n* [C] sędzia zajmujący się lżejszymi przestępstwami w sądzie najniższej instancji

mag·nan·i·mous /mægˈnænɪməs/ *adj formal* wspaniałomyślny —**magnanimity** /ˌmægnəˈnɪməti/ *n* [U] wspaniałomyślność

mag·nate /ˈmægneɪt/ *n* [C] **oil/shipping magnate** magnat naftowy/okrętowy

mag·ne·si·um /mægˈniːziəm/ *n* [U] magnez

mag·net /ˈmægnɪt/ *n* [C] magnes: *Darlington has become a magnet for new companies of all kinds.*

mag·net·ic /mægˈnetɪk/ *adj* **1** magnetyczny: *the Earth's magnetic field* **2 magnetic tape/disk** taśma/dyskietka magnetyczna **3 magnetic charm** zniewalający urok **4 magnetic personality** charyzmatyczna osobowość

mag·net·is·m /ˈmægnətɪzəm/ *n* [U] magnetyzm: *Cary Grant had an extraordinary magnetism which women found irresistible.*

mag·nif·i·cent /mæg'nɪfəsənt/ *adj* wspaniały: *a magnificent painting* —**magnificence** *n* [U] wspaniałość

mag·ni·fy /'mægnɪfaɪ/ *v* [T] **1** powiększać: *The image has been magnified 1,000 times.* **2** wyolbrzymiać: *Differences between the parties were magnified by the press.* —**magnification** /ˌmægnəfə-'keɪʃən/ *n* [C,U] powiększenie

'magnifying ˌglass *n* [C] szkło powiększające

mag·ni·tude /'mægnɪtjuːd/ *n* [U] rozmiary: *I hadn't realized the magnitude of the problem.*

mag·no·li·a /mæg'nəʊliə/ *n* [C] magnolia

mag·pie /'mægpaɪ/ *n* [C] sroka

ma·hog·a·ny /mə'hɒgəni/ *n* [U] mahoń

maid /meɪd/ *n* [C] **1** służąca **2** pokojówka **3** panna

maid·en[1] /'meɪdn/ *n* [C] *literary* panna: *A fair maiden sat on the river bank.*

maiden[2] *adj* **maiden flight/voyage** dziewiczy lot/rejs

'maiden name *n* [C] nazwisko panieńskie THESAURUS NAME

mail[1] S3 W3 /meɪl/ *n* **the mail** poczta: *They sent my mail to the wrong address.* | *What time does the mail come?* →patrz też AIRMAIL, POST[1]

mail[2] S3 *v* [T] *especially AmE* wysyłać *(pocztą)*: *I'll mail it to you tomorrow.*

mail·box /'meɪlbɒks/ *n* [C] skrzynka pocztowa

'mailing list *n* [C] lista adresowa

mail·man /'meɪlmæn/ *n* [C] *AmE* (plural **mailmen** /-mən/) listonosz

ˌmail 'order *n* [U] sprzedaż wysyłkowa

maim /meɪm/ *v* [T] okaleczyć: *The accident left her maimed for life.*

main[1] S1 W1 /meɪn/ *adj* [only before noun] **1** główny: *the main meal of the day* | *Coffee is the country's main export.* **2 the main thing** *spoken* najważniejsze: *You're both safe, that's the main thing.* **3 in the main** *spoken* na ogół: *The weather was very good in the main.*

main[2] *także* **the mains** *n* [C] magistrala: *a broken water main*

ˌmain 'course *n* [C] danie główne

main·frame /'meɪnfreɪm/ *n* [C] duży system komputerowy

main·land /'meɪnlənd/ *n* **the mainland** ląd stały —**mainland** *adj*: *mainland Europe* (=kontynent europejski)

ˌmain 'line *n* [C] magistrala *(kolejowa)*: *the main line between Belfast and Dublin*

main·ly S2 W2 /'meɪnli/ *adv* głównie: *The workforce consists mainly of women.* | *I bought the answering machine mainly for business reasons.*

ˌmain 'road *n* [C] droga główna

main·stay /'meɪnsteɪ/ *n* [C] podstawa: *Farming is still the mainstay of our country's economy.*

main·stream /'meɪnstriːm/ *n* **the mainstream** główny nurt

main·tain S2 W1 Ac /meɪn'teɪn/ *v* [T] **1** utrzymywać: *We need to maintain good relations with our customers.* | *It costs a lot of money to maintain a big house.* **2 maintain that** utrzymywać, że: *She has always maintained that her son is not dead.*

main·te·nance W3 Ac /'meɪntənəns/ *n* [U] **1** serwis: *car maintenance* **2** alimenty

mai·son·ette /ˌmeɪzə'net/ *n* [C] *BrE* mieszkanie dwupoziomowe

maize /meɪz/ *n* [U] *BrE* kukurydza

ma·jes·tic /mə'dʒestɪk/ *adj* wspaniały: *a majestic view of the lake*

ma·jes·ty /'mædʒəsti/ *n* **Your/Her/His Majesty** Wasza/Jej/Jego Królewska Mość

ma·jor[1] S1 W1 Ac /'meɪdʒə/ *adj* **1** ważny: *a major cause of heart disease* | *major changes in the Earth's climate* THESAURUS BIG **2** dur(owy): *a symphony in A major* →porównaj MINOR[1]

major[2] *n* [C] **1** *także* **Major** major **2** *AmE* przedmiot kierunkowy na studiach: *John's major is history* (=John studiuje historię).

major[3] *v*

major in sth *phr v* [T] *AmE* studiować: *I'm majoring in biology.*

ma·jor·i·ty S2 W1 Ac /mə'dʒɒrəti/ *n* większość: *The majority of adult smokers want to give up the habit.* | *Tony Blair won by a huge majority.* →porównaj MINORITY

UWAGA: majority

Po wyrażeniu **the majority (of)** używa się czasownika w liczbie mnogiej: *Some of the children go home for lunch, but the majority have their lunch in school.*

UWAGA: majority i most

Wyraz **majority** w znaczeniu „większość" występuje najczęściej w stylu oficjalnym w wyrażeniu **the majority of**: *The majority of the government voted against the bill.* W innych kontekstach w znaczeniu „większość" używamy **most** (bez **of**): *Most people have never even heard of him.*

make[1] S1 W1 /meɪk/ *v* (**made**, **made**, **making**) **1** [T] wykonywać, z/robić: *She makes all her own clothes.* | *The furniture was made by a Swedish firm.* | *Who's making lunch?* | *He will make* (=będzie z niego) *a good father.* THESAURUS DO **2** [T] **make a mistake** popełnić błąd, pomylić się: *They made a mistake on the electricity bill.* **3** [T] **make a suggestion** wysunąć propozycję: *Roger made a good suggestion.* **4** [T] s/powodować, sprawiać: *Sarah's really funny - she always makes me laugh* (=zawsze mnie rozśmiesza). | *Heavy rain is making the roads very slippery* (=sprawia, że drogi są bardzo śliskie). | **make sb sad/happy/excited etc** *Don't do that - you're making me nervous.* | **make it possible/difficult etc** (=umożliwiać/utrudniać itp.): *Computers are making it possible for more and more people to work from home.* **5** [T] **make sb do sth** kazać komuś coś zrobić: *The police made them stand up against the wall.* THESAURUS CAUSE, FORCE **6** [T] **make sb sth** z/robić kogoś czymś: *They made her deputy manager.* **7** [T] zarabiać: *Irene makes about $60,000 a year.* THESAURUS EARN **8** [linking verb] dawać (razem): *If you include us, that makes eight people for dinner.* | *2 and 2 make 4* (=dwa i dwa jest cztery). **9 make it a)** zdążyć: *We made it to the station just as the bus was leaving.* **b)** odnieść sukces: *A lot of people want to be in films, but very few of them actually make it* (=ale tylko niewielu się to udaje). **10 let's make it Friday/10 o'clock etc** *spoken* spotkajmy się w piątek/o dziesiątej itp.

M

11 make time znaleźć czas: *Don't forget to make time to visit Grandpa this week.* **12 make the bed** po/słać łóżko **13 that makes two of us** *spoken informal* ja też: *"I'm so tired!" "Yeah, that makes two of us."* **14 make or break** wypromować albo zniszczyć: *Critics can make or break a young performer.* **15 make do with sth** zadowolić się czymś: *We'll have to make do with these old clothes.* →patrz też **be made of** (MADE²), **make sure** (SURE¹), **make a big difference** (DIFFERENCE), **make love to/with sb** (LOVE²), **make sense** (SENSE¹), **make the best of sth** (BEST³), **make friends** (FRIEND)

make for sth *phr v* [T] s/kierować się ku: *They made for the nearest bar.* →patrz też **be made for** (MADE²)

make sth into sth *phr v* [T] przerabiać na: *The opium is made into heroin.*

make sth of sb/sth *phr v* [T] **1 what do you make of ...?** co sądzisz o ...: *What do you make of this letter?* **2 not know what to make of sth** nie pojmować czegoś **3 make too much of sth** robić z czegoś wielkie halo: *He doesn't like us to make too much of his birthday.*

make off with *phr v* [T] ukraść: *The thieves made off with £30,000 worth of equipment* (=sprzęt o wartości 30 tysięcy funtów).

make out *phr v* **1** [T **make** sth ↔ **out**] rozszyfrować: *I can't make out what the sign says.* **2 make a cheque out to sb** wypisać komuś czek **3 make out (that)** *informal* udawać, że: *Brian was making out he had won.* **4** [I] *AmE informal* całować się

make up *phr v* **1** [T **make** sth ↔ **up**] wymyślać, zmyślać: *Ron made up an excuse so his mother wouldn't be mad.* **2** [T **make up** sth] składać się na: *the rocks and minerals that make up the earth's outer layer* **3 make it up to sb** wynagrodzić to komuś: *I'm sorry I forgot your birthday! I promise I'll make it up to you.* **4 make up (with sb)** po/godzić się (z kimś): *Have you made up with Patty yet?* →patrz też **make up your mind** (MIND¹)

make up for sth *phr v* [T] **1** nadrabiać: *Jay lacks experience, but he makes up for it with hard work.* | *We must make up for lost time.* **2** z/rekompensować: *He ate a big lunch, in order to make up for missing breakfast.*

make² *n* [C] **1** marka: *"What make is your car?" "It's a Honda."* **2 be on the make** pchać się do koryta

'make-be,lieve *n* [U] udawanie, pozory

make·o·ver /ˈmeɪkəʊvə/ *n* [C] zmiana wyglądu

mak·er /ˈmeɪkə/ *n* [C] producent: *the big three US car makers* | *film maker Steven Spielberg*

make·shift /ˈmeɪkʃɪft/ *adj* [only before noun] prowizoryczny: *a makeshift table made from boxes*

make-up, **makeup** /ˈmeɪkʌp/ *n* [U] makijaż: *Ginny put on her make-up.*

COLLOCATIONS: make-up

verbs

to wear make-up *My sister always wears a lot of make-up.* | *They're not allowed to wear make-up to school.*

to have make-up on (=mieć makijaż) *She had no make-up on.*

to put on make-up *także* **to apply make-up** *formal Gloria watched her mother put on her make-up.*

to do your make-up (=z/robić (sobie) makijaż) *My friend did my make-up for me.*

to take off make-up *także* **to remove make-up** *formal She never takes off her make-up before she goes to bed.*

types of make-up

eye make-up *She was wearing too much eye make-up.*

stage make-up (=charakteryzacja) *the elaborate stage make-up for 'The Lion King'*

heavy make-up (=mocny makijaż) *She doesn't like to see her daughters in heavy make-up.*

make-up + noun

a make-up artist (=charakteryzator/ka) *the chief make-up artist on the film*

mak·ing /ˈmeɪkɪŋ/ *n* **1** [U] wytwarzanie, produkcja: *The making of the movie took four years.* | *the art of rug making* **2 in the making** przyszły: *a new world champion in the making* **3 have the makings of** mieć zadatki na: *Sandy has the makings of a good doctor.*

mal·ad·just·ed /ˌmæləˈdʒʌstɪd◂/ *adj* nieprzystosowany społecznie

ma·laise /məˈleɪz/ *n* [U] *formal* niemoc, fatalna kondycja: *the general economic malaise*

ma·lar·i·a /məˈleəriə/ *n* [U] malaria

male¹ S3 W2 /meɪl/ *adj* **1** płci męskiej: *a male lion* **2** męski: *a male voice*

male² W3 *n* [C] **1** mężczyzna **2** samiec

,male 'chauvinist *n* męski szowinista: *He's a typical male chauvinist pig!*

ma·lev·o·lent /məˈlevələnt/ *adj formal* wrogi, złośliwy: *those dark, malevolent eyes* —**malevolence** *n* [U] wrogość, złośliwość

mal·func·tion /mælˈfʌŋkʃən/ *n* [C] usterka: *a malfunction in the computer system*

mal·ice /ˈmælɪs/ *n* [U] złośliwość: *Corran didn't do it out of malice.*

ma·li·cious /məˈlɪʃəs/ *adj* złośliwy: *malicious gossip* —**maliciously** *adv* złośliwie

ma·lign /məˈlaɪn/ *v* [T] *formal* szkalować, rzucać oszczerstwa na: *He's been much maligned by the press.*

ma·lig·nant /məˈlɪgnənt/ *adj* złośliwy: *a malignant tumour* | *a malignant grin* →porównaj BENIGN

ma·lin·ger /məˈlɪŋgə/ *v* [I] symulować —**malingerer** *n* [C] symulant/ka

mall S3 W3 /mɔːl/ *n* [C] centrum handlowe: *a shopping mall*

mal·lard /ˈmælɑːd/ *n* [C] krzyżówka *(kaczka)*

mal·le·a·ble /ˈmæliəbəl/ *adj* **1** kowalny, ciągliwy, plastyczny: *Gold is fairly malleable.* **2** *formal* podatny na wpływy

mal·let /ˈmælɪt/ *n* [C] pobijak, młotek miękki/drewniany

mal·nour·ished /ˌmælˈnʌrɪʃt/ *adj* niedożywiony

mal·nu·tri·tion /ˌmælnjʊˈtrɪʃən/ *n* [U] niedożywienie: *80% of the children were suffering from malnutrition.*

mal·prac·tice /ˌmælˈpræktɪs/ *n* [C,U] błąd w sztuce?: *evidence of serious malpractice*

malt /mɔːlt/ *n* [U] słód

mal·treat·ment /mælˈtriːtmənt/ *n* [U] *formal* maltretowanie, znęcanie się: *daily maltreatment of prisoners* —**maltreat** *v* [T] maltretować, znęcać się nad

,malt 'whisky *n* [U] whisky słodowa

ma·ma /mə'mɑː/ *n* [C] *old-fashioned* mama

mam·mal /'mæməl/ *n* [C] ssak

mammogram /'mæməgræm/ *n* mammogram

mam·moth¹ /'mæməθ/ *adj* gigantyczny: *a mammoth job*

mammoth² *n* [C] mamut

man¹ S1 W1 /mæn/ *n* (plural **men** /men/) **1** [C] mężczyzna: *a middle-aged man* | *The man told us to wait.* **2** [U] człowiek, ludzkość: *one of the worst disasters in the history of man* **3 the man in the street** przeciętny człowiek: *The man in the street isn't interested in foreign policy issues.* →patrz też **MEN**

THESAURUS: man

man mężczyzna: *Is your driving instructor a man or a woman?*

guy *także* **bloke** *BrE informal* facet, gość: *He's such a nice guy.* | *Who's that bloke with the blond hair?*

gentleman *formal* pan: *Please could you serve this gentleman?*

lad *informal* chłopak: *He's going out with the lads tonight.*

youth wyrostek: *She was attacked by a gang of youths.*

man² *v* [T] (**-nned**, **-nning**) obsadzać, obsługiwać: *The checkpoint was manned by* (=załoga punktu kontroli granicznej składała się z) *French UN soldiers.*

man³ *interjection especially AmE informal* o rany!: *Man! Was she angry!*

man·a·cles /'mænəkəlz/ *n* [plural] kajdany, kajdanki

man·age S1 W1 /'mænɪdʒ/ *v* **1** [I,T] po/radzić sobie (z), dawać sobie radę (z): *I don't know how we'll manage now that Keith's lost his job.* **2 sb manages to do sth** komuś udaje się coś zrobić: *Do you think we'll manage to finish the work by Friday?* **3** [T] zarządzać: *The hotel has been owned and managed by the Koidl family for 200 years.*

man·age·a·ble /'mænɪdʒəbəl/ *adj* łatwy do utrzymania: *My hair's more manageable since I had it cut.*

man·age·ment S1 W1 /'mænɪdʒmənt/ *n* **1** [U] zarządzanie: *a management training course* | *problems caused by bad management* **2** [U singular] zarząd: *The management has agreed to talk to the union.*

man·ag·er S1 W1 /'mænɪdʒə/ *n* [C] **1** dyrektor/ka, kierowni-k/czka: *That meal was terrible! I want to speak to the manager!* | *the manager of the Boston Red Sox* THESAURUS **BOSS** **2** menażer, menedżer —**managerial** /ˌmænə'dʒɪəriəl◂/ *adj* kierowniczy, menedżerski

man·ag·er·ess /ˌmænɪdʒə'res/ *n* [C] *BrE old-fashioned* kierowniczka

ˌmanaging di'rector *n* [C] *BrE* dyrektor naczelny THESAURUS **BOSS**

man·date /'mændeɪt/ *n* [C] *formal* mandat, upoważnienie: *The government could rightly claim a mandate for their reform programme.*

man·da·to·ry /'mændətəri/ *adj* obowiązkowy: *mandatory safety inspections*

mane /meɪn/ *n* [C] grzywa

ma·neu·ver /mə'nuːvə/ amerykańska pisownia wyrazu **MANOEUVRE**

ma·neu·ver·a·ble /mə'nuːvərəbəl/ amerykańska pisownia wyrazu **MANOEUVRABLE**

ma·neu·vers /mə'nuːvəz/ amerykańska pisownia wyrazu **MANOUEVRES**

man·ger /'meɪndʒə/ *n* [C] żłób

man·gle /'mæŋgəl/ *v* [T] **1** potrzaskać, poharatać: *The car was badly mangled in the accident.* **2** zniekształcić *(wypowiedź, cytat itp.)*

man·go /'mæŋgəʊ/ *n* [C] mango

man·grove /'mæŋgrəʊv/ *n* [C] namorzyn

man·gy /'meɪndʒi/ *adj* wyliniały

man·han·dle /'mænhændl/ *v* [T] poniewierać: *The report claimed that patients were manhandled and bullied.*

man·hole /'mænhəʊl/ *n* [C] właz *(kanalizacyjny)*

man·hood /'mænhʊd/ *n* [U] wiek męski: *The tribe performs special ceremonies when the boys reach manhood.*

man·hunt /'mænhʌnt/ *n* [C] obława

ma·ni·a /'meɪniə/ *n* [C,U] mania: *Beatle mania*

ma·ni·ac /'meɪniæk/ *n* [C] *informal* mania-k/czka: *He drives like a maniac.*

man·ic /'mænɪk/ *adj* maniakalny: *He seemed full of manic energy.*

man·ic de·pres·sive /ˌmænɪk dɪ'presɪv/ *n* [C] chor-y/a z zespołem maniakalno-depresyjnym

man·i·cure /'mænəkjʊə/ *n* [C,U] manicure —**manicure** *v* [T] z/robić manicure

man·i·fest /'mænəfest/ *v* **manifest itself** przejawiać się: *The disease can manifest itself in many ways.* —**manifest** *adj formal* oczywisty: *a manifest error of judgement*

man·i·fes·ta·tion /ˌmænəfe'steɪʃən/ *n* [C,U] *formal* przejaw: *another manifestation of the greenhouse effect*

man·i·fes·to /ˌmænə'festəʊ/ *n* [C] manifest: *the Communist manifesto*

man·i·fold /'mænəfəʊld/ *adj formal* wieloraki, różnoraki, różnorodny: *Their problems are manifold.*

ma·nip·u·late AC /mə'nɪpjəleɪt/ *v* [T] manipulować: *He skilfully manipulated the media.* | *the computer's ability to manipulate large quantities of data* —**manipulation** /məˌnɪpjə'leɪʃən/ *n* [U] manipulacja

ma·nip·u·la·tive AC /mə'nɪpjələtɪv/ *adj* intrygancki: *Gina was charming, sly, and manipulative.*

man·kind /ˌmæn'kaɪnd/ *n* [U] ludzkość: *one of the most important events in the history of mankind* THESAURUS **PEOPLE**

man·ly /'mænli/ *adj* męski: *his strong, manly shoulders*

ˌman-'made *adj* sztuczny: *man-made fabrics* | *a man-made lake*

man·ne·quin /'mænɪkɪn/ *n* [C] manekin

man·ner S3 W2 /'mænə/ *n* [singular] **1** sposób bycia: *She has a cheerful and friendly manner.* **2** sposób: *the manner of his death* **3 all manner of** *formal* wszelkiego rodzaju: *The guests were served with all manner of food and drink.* **4 in a manner of speaking** *spoken* w pewnym sensie: *"Is she married?" "Yes, in a manner of speaking."* →patrz też **MANNERS**

man·nered /'mænəd/ *adj* **1 well mannered/bad-mannered** dobrze/źle wychowany **mild mannered** łagodny w obejściu **2** zmanierowany, manieryczny: *He spoke in a highly mannered Oxford accent.*

M

M

man·ner·is·m /ˈmænərɪzəm/ *n* [C,U] maniera: *Eliot's ability to imitate Pound's mannerisms*

man·ners /ˈmænəz/ *n* [plural] maniery, wychowanie: **good/bad manners** *It's bad manners to talk while you're eating* (=mówienie z pełnymi ustami to oznaka złego wychowania).

ma·noeu·vra·ble /məˈnuːvərəbəl/ *BrE*, **maneuverable** *AmE adj* sterowny

ma·noeu·vre[1] /məˈnuːvə/ *BrE*, **maneuver** *AmE v* [I,T] manewrować: *Small boats are easier to manoeuvre.*

manoeuvre[2] *BrE*, **maneuver** *AmE n* [C,U] manewr: *a complicated manoeuvre | political maneuvers* →patrz też MANOEUVRES

ma·noeu·vres /məˈnuːvəz/ *BrE*, **maneuvers** *AmE* manewry

man·or /ˈmænə/ *n* [C] dwór, rezydencja ziemska

man·pow·er /ˈmænˌpaʊə/ *n* [U] siła robocza: *We don't have enough manpower right now to start a new project.*

man·ser·vant /ˈmænˌsɜːvənt/ *n* [C] służący

man·sion /ˈmænʃən/ *n* [C] rezydencja THESAURUS HOUSE

man·slaugh·ter /ˈmænˌslɔːtə/ *n* [U] *law* nieumyślne spowodowanie śmierci →porównaj MURDER[1]

man·tel·piece /ˈmæntlpiːs/ *także* **man·tel** *especially AmE n* [C] półka nad kominkiem

mantelpiece **mantelpiece**

fireplace

man·tle /ˈmæntl/ *n* **1 take on/assume/inherit the mantle of** *literary* zająć miejsce: *a star who will one day inherit the mantle of Marilyn Monroe* **2 a mantle of snow/darkness etc** *literary* powłoka śniegu/ciemności itp.

man·tra /ˈmæntrə/ *n* [C] mantra

man·u·al[1] Ac /ˈmænjuəl/ *adj* **1** fizyczny: *manual work | manual workers* **2** ręczny: *a manual typewriter* —**manually** *adv* ręcznie

manual[2] Ac *n* [C] podręcznik: *a computer manual*

man·u·fac·ture[1] /ˌmænjəˈfæktʃə/ *v* [T] wy/produkować: *one of Europe's biggest paper manufacturing companies*

manufacture[2] *n* [U] *formal* produkcja

man·u·fac·tur·er W2 /ˌmænjəˈfæktʃərə/ *n* [C] producent: *the world's largest shoe manufacturer*

ma·nure /məˈnjʊə/ *n* [U] obornik

man·u·script /ˈmænjəskrɪpt/ *n* [C] **1** rękopis: *a 350-page manuscript* **2** manuskrypt: *an ancient Chinese manuscript*

man·y S1 W1 /ˈmeni/ *quantifier, pron* (**more**, **most**) **1** wiel-e/u, dużo: *There aren't many tickets left. | Were there many people at the concert? | You've eaten too many chocolates already.* | **+of** *Many of us have had similar experiences.* | **a great many/a good many** (=bardzo dużo): *I learned a great many things.* | **how many?** (=ile): *How many bedrooms are there?* | **as many** (=tyle): *There weren't as many accidents as the previous year.* **2 as many as** aż: *As many as 60% of high school children say they have experimented with drugs.* **3 many a time** *old-fashioned* niejeden raz **4 the many** wielu, większość: *Education for the many, not the few.*

UWAGA: many

Patrz **lot** i **many**.

UWAGA: many, much i a lot of, plenty of

Wyrazów **many** i **much** używamy głównie w pytaniach i zdaniach przeczących: *Does he have many friends? | He doesn't have many friends.* W zdaniach twierdzących używamy wyrażeń **a lot of** i **plenty of**: *The policeman started asking me a lot of questions. | We are given a lot of tests.* Należy jednak pamiętać, że **many** i **much** mogą wystąpić w zdaniach twierdzących po **too**, **so** i **as**: *You ask too many questions*, a czasem także w stylu oficjalnym: *Many accidents arise as a result of negligence.* Patrz też **lot** i **many**.

map[1] S2 W2 /mæp/ *n* [C] mapa: *a map of Texas*

map[2] *v* [T] (**-pped**, **-pping**) sporządzać mapę
map sth ↔ out *phr v* [T] za/planować: *Her parents had already mapped out her future.*

ma·ple /ˈmeɪpəl/ *n* [C,U] klon

mar /mɑː/ *v* [T] (**-rred**, **-rring**) zmącić, zepsuć: *The election campaign was marred by violence.*

Mar. skrót pisany od MARCH

mar·a·thon[1] /ˈmærəθən/ *n* [C] maraton

marathon[2] *adj* [only before noun] maratonowy: *a marathon session of Congress*

ma·raud·ing /məˈrɔːdɪŋ/ *adj* grasujący: *marauding soldiers*

mar·ble /ˈmɑːbəl/ *n* **1** [U] marmur **2** [C] kulka *(do gry)*

March /mɑːtʃ/ (*skrót pisany* **Mar.**) *n* [C,U] marzec

march[1] W2 *v* [I] maszerować: *Thousands of demonstrators marched through* (=przemaszerowały przez) *Rostock. | The army marched past* (=wojsko przemaszerowało obok). | *She marched out of* (=wymaszerowała z) *the room without looking at us.* THESAURUS WALK

march[2] W3 *n* [C] marsz: *a civil rights march*

ˈmarching ˌband *n* [C] orkiestra maszerująca w paradach

mare /meə/ *n* [C] klacz

mar·ga·rine /ˌmɑːdʒəˈriːn/ *n* [U] margaryna

mar·gin W3 Ac /ˈmɑːdʒɪn/ *n* [C] **1** margines: *I wrote some notes in the margin. | margin of error* **2** różnica głosów: *The Democrats won by a wide margin.* **3 profit margin** marża zysku

mar·gin·al Ac /ˈmɑːdʒɪnəl/ *adj* nieznaczny, marginalny: *a marginal improvement*

mar·gin·al·ly Ac /ˈmɑːdʒənəli/ *adv* nieznacznie: *The other car was marginally cheaper.*

mar·i·jua·na /ˌmærəˈwɑːnə/ *n* [U] marihuana

ma·ri·na /məˈriːnə/ *n* [C] port jachtowy

mar·i·nate /ˈmærəneɪt/ *także* **mar·i·nade** /-neɪd/ *v* [T] za/marynować —**marinade** /ˌmærəˈneɪd/ *n* [C,U] marynata

ma·rine[1] /məˈriːn/ *adj* morski: *marine life*

marine[2] *n* [C] żołnierz piechoty morskiej

mar·i·ner /ˈmærənə/ *n* [C] *literary* marynarz

Ma·rines /məˈriːnz/ *także* **Maˈrine Corps** *AmE n* [U] piechota morska

mar·i·o·nette /ˌmæriəˈnet/ *n* [C] marionetka

mar·i·tal /ˈmærətl/ *adj* małżeński: *marital problems* | *marital status* (=stan cywilny)

mar·i·time /ˈmærətaɪm/ *adj* morski: *Britain's traditional role as a maritime power*

mark[1] S2 W2 /mɑːk/ *v* [T] **1** oznaczać: *Check the envelopes that are marked 'urgent' first.* **2** o/znakować: *The grave is marked by a stone cross.* **3** oceniać: *Have you marked my essay yet?* **4** wyznaczać: *The destruction of the Berlin wall marked the end of the Cold War.* **5** upamiętniać: *an exhibition to mark the anniversary of Picasso's birth* **6** zostawiać ślady na: *The heels of his boots had marked the floor.* **7** pilnować, kryć *(zawodnika drużyny przeciwnej)*
mark sth ↔ down *phr v* [T] **1** przeceniać: *All the items in the store have been marked down for one week only.* **2** za/notować
mark sth ↔ out *phr v* [T] wytyczać: *The police had marked out the route for the race.*
mark sth ↔ up *phr v* [T] podnosić (cenę): *We could mark the prices up a little and still be competitive.* | *Compact discs may be marked up as much as 80%.*

mark[2] S3 W2 *n* [C] **1** ślad, plama: *There were burn marks on the carpet.* **2** znak: *She made a mark on the map to show where her house was.* | *punctuation marks* | *We'd like to give you this gift as a mark of our respect.* **3** *BrE* ocena: *I got the highest mark in the class.* | *a pass mark* (=ocena pozytywna) **4** poziom: *Sales have reached the $100 million mark.* **5 make your mark** wyrobić sobie pozycję: *a chance for him to make his mark in politics* **6 off the mark/wide of the mark** zupełnie błędny: *This estimate was way off the mark.* **7** marka: *a Lincoln Mark V*

mark·down /ˈmɑːkdaʊn/ *n* [C] obniżka (cen), przecena: *Huge markdowns on all stock!*

marked /mɑːkt/ *adj* wyraźny: *There has been a marked increase in crime in the last year.* —**markedly** /ˈmɑːkɪdli/ *adv* wyraźnie

mark·er /ˈmɑːkə/ *n* [C] **1** znak: *a marker at the edge of the football field* **2** *także* **marker pen** zakreślacz

mar·ket[1] S1 W1 /ˈmɑːkɪt/ *n* **1** [C] rynek, targ: *We buy all our vegetables from the market.* **2** [C] giełda **3** [C] rynek zbytu: *China is our biggest market.* **4 on the market** w sprzedaży: *That house has been on the market* (=wystawiony na sprzedaż) *for a year now.* **5** [singular] popyt: *The market for used cars in the US seems to be getting smaller.* → patrz też BLACK MARKET, STOCK MARKET

market[2] *v* [T] reklamować: *The game is being marketed as a learning toy.*

mar·ket·a·ble /ˈmɑːkətəbəl/ *adj* znajdujący zbyt

ˌmarket ˈforces *n* [plural] siły rynkowe

mar·ket·ing S3 W3 /ˈmɑːkətɪŋ/ *n* [U] marketing: *an effective marketing strategy* | *He works in marketing.*

mar·ket·place /ˈmɑːkətpleɪs/ *n* **1** plac targowy **2 the marketplace** rynek: *The marketplace is the real test for a new product.*

ˌmarket reˈsearch *n* [U] badanie rynku

mark·ing /ˈmɑːkɪŋ/ *n* [C usually plural] plamka: *a cat with black and white markings*

marks·man /ˈmɑːksmən/ *n* [C] (plural **marskmen** /-mən/) strzelec wyborowy

ˈmark-up *n* [C] narzut, marża: *The usual mark-up is 20%.*

mar·ma·lade /ˈmɑːməleɪd/ *n* [U] dżem z owoców cytrusowych

ma·roon[1] /məˈruːn/ *n* [U] kolor bordo(wy)

maroon[2] *v* **marooned** wyrzucony na brzeg: *the story of a sailor who was marooned on a desert island*

mar·quee /mɑːˈkiː/ *n* [C] **1** *BrE* duży namiot, w którym podaje się jedzenie i picie *(np. na festynie, weselu)* **2** *AmE* wielki afisz z tytułem filmu/spektaklu *(przed wejściem do kina/teatru)*

mar·riage S2 W2 /ˈmærɪdʒ/ *n* **1** [C,U] małżeństwo: *a long and happy marriage* | *He is not interested in marriage.* **2** [C] ślub: *The premises are not licensed for marriages.*

COLLOCATIONS: marriage

adjectives

a happy/unhappy marriage *My parents had a very happy marriage.*

a good/bad marriage *A good marriage is not something one person can create on their own.*

a successful marriage *The key to a successful marriage is friendship.*

sb's first/second etc marriage *His first marriage ended in divorce.*

a previous marriage *Anne is his daughter from a previous marriage.*

an arranged marriage (=małżeństwo aranżowane) *Arranged marriages are common in India.*

a mixed marriage (=małżeństwo mieszane) *Her parents disapproved of mixed marriages.*

a same-sex/gay marriage (=małżeństwo osób tej samej płci) *a proposal to allow same-sex marriage in the state*

verbs

to have a long/happy/good etc marriage *We had a long and happy marriage.*

a marriage lasts *The marriage lasted only a few years.*

a marriage ends *Today half of all marriages end in divorce.*

to save your marriage *If you really want to save your marriage, go home.*

a marriage breaks down/up *He was very depressed when his marriage broke up.*

noun + marriage

the breakdown/breakup of sb's marriage (=rozpad czyjegoś małżeństwa) *What was the reason for the breakup of your marriage?*

a proposal of marriage *formal* (=oświadczyny) *She rejected his proposal of marriage.*

mar·ried S2 W2 /ˈmærid/ *adj* **1 a)** zamężna **b)** żonaty: *Are you married or single?* | **+ to** *He's married to my sister.* **2 married couple** para (małżeńska), małżonkowie

THESAURUS: married

married żonaty/zamężna: *Are you married?* | *My parents have been happily married* (=są małżeństwem) *for 20 years.*

be single być singlem/singielką: *She prefers being single.*

be living together mieszkać razem: *They'd been living together for many years, but had never married.*

M

M

engaged zaręczony: *David and Sarah announced that they were getting engaged.*
divorced rozwiedziony: *It can be hard for kids when their parents get divorced.*
separated w separacji: *The couple had been separated for some time before the divorce.*
be widowed owdowieć: *She was widowed when she was 52.*

mar·row /ˈmærəʊ/ *n* **1** [U] szpik **2** [C] *BrE* kabaczek

mar·ry S1 W2 /ˈmæri/ *v* **1** [I] o/żenić się, wychodzić za mąż: **get married** (=pobierać się): *When are you two going to get married?* **2** [T] **marry sb** o/żenić się z, wychodzić za: *She married a man who was half her age.*

Mars /mɑːz/ *n* [singular] Mars

marsh /mɑːʃ/ *n* [C,U] bagna, moczary —**marshy** *adj* bagnisty

mar·shal¹ /ˈmɑːʃəl/ *n* [C] *especially AmE* komendant policji lub straży pożarnej

marshal² *v* [T] po/zbierać, u/porządkować: *She paused and tried to marshal her thoughts.*

marsh·mal·low /ˌmɑːʃˈmæləʊ/ *n* [C,U] cukierek ślazowy

mar·su·pi·al /mɑːˈsuːpiəl/ *n* [C] torbacz

mart /mɑːt/ *n* skrót od MARKET

mar·tial /ˈmɑːʃəl/ *adj* wojskowy: *martial music*

ˌmartial ˈart *n* [C] wschodnia sztuka walki

ˌmartial ˈlaw *n* [U] stan wojenny

Mar·tian /ˈmɑːʃən/ *n* [C] Marsjan-in/ka

mar·tyr /ˈmɑːtə/ *n* [C] męczenni-k/ca —**martyrdom** *n* [U] męczeństwo

mar·vel¹ /ˈmɑːvəl/ *v* [I] (**-lled**, **-lling** *BrE*; **-led**, **-ling** *AmE*) zachwycać się, zdumiewać się: **+at** *He marvelled at the technology involved in creating such a tiny computer.*

marvel² *n* [C] cud: *Laser surgery is one of the marvels of modern medicine.*

mar·vel·lous S2 /ˈmɑːvələs/ *BrE*, **marvelous** *AmE adj* cudowny: *a marvellous book*

Marx·is·m /ˈmɑːksɪzəm/ *n* [U] marksizm

Marx·ist /ˈmɑːksɪst/ *adj* marksistowski —**Marxist** *n* [C] marksist-a/ka

mar·zi·pan /ˈmɑːzəpæn/ *n* [U] marcepan

mas·ca·ra /mæˈskɑːrə/ *n* [U] tusz do rzęs

mas·cot /ˈmæskɒt/ *n* [C] maskotka

mas·cu·line /ˈmæskjəlɪn/ *adj* **1** męski: *a masculine voice* **2** rodzaju męskiego →porównaj FEMININE

mas·cu·lin·i·ty /ˌmæskjəˈlɪnəti/ *n* [U] męskość →porównaj FEMININITY

mash /mæʃ/ *v* [T] u/tłuc: *Mash the potatoes in a bowl.*

mask¹ /mɑːsk/ *n* [C] maska: *The doctor wore a mask over her mouth and nose.*

mask² *v* [T] za/maskować: *The sugar masks the taste of the medicine.*

masked /mɑːskt/ *adj* zamaskowany

ˈmasking tape *n* [U] taśma malarska

mas·o·chis·m /ˈmæsəkɪzəm/ *n* [U] masochizm —**masochistic** /ˌmæsəˈkɪstɪk◂/ *adj* masochistyczny

ma·son /ˈmeɪsən/ *n* [C] **1** kamieniarz **2** wolnomularz, mason/ka

ma·son·ry /ˈmeɪsənri/ *n* [U] kamieniarka, obmurowanie

mas·que·rade /ˌmæskəˈreɪd/ *v* [I] **masquerade as** udawać: *He masqueraded as a doctor.*

Mass /mæs/ *n* [C,U] msza

mass¹ W2 *n* [C,U] **1** masa: *a mass of dark clouds | the mass of a star* **2 masses** *BrE informal* cała masa: *I've got masses of homework.* **3 the masses** masy

mass² W3 *adj* masowy: *mass communication*

mass³ *v* [I,T] gromadzić (się): *Troops are massing at the border.*

mas·sa·cre /ˈmæsəkə/ *n* [C] masakra, rzeź

mas·sage /ˈmæsɑːʒ/ *n* [C,U] masaż: *He gave me a massage.* —**massage** *v* [T] wy/masować: *Massage my neck.*

mas·seur /mæˈsɜː/ *n* [C] masażysta

mas·seuse /mæˈsɜːz/ *n* [C] masażystka

mas·sive S2 W3 /ˈmæsɪv/ *adj* wielki: *a massive dog | Carl had a massive* (=rozległy) *heart attack.* THESAURUS BIG

ˌmass ˈmedia *n* **the mass media** mass media, środki masowego przekazu

ˌmass ˈmurderer *n* [C] wielokrotn-y/a morder-ca/czyni

ˌmass-proˈduced *adj* produkowany na skalę masową: *mass-produced cars* —**ˌmass proˈduction** *n* [C] produkcja masowa

mast /mɑːst/ *n* [C] maszt

mas·ter¹ S2 W2 /ˈmɑːstə/ *n* [C] **1** *old-fashioned* pan: *the dog's master* **2** mistrz: *a master of kung fu* **3** nauczyciel

master² *v* [T] opanować: *It takes years to master a new language. | I finally mastered my fear of water.* THESAURUS LEARN

master³ *adj* **master tape** taśma-matka

mas·ter·ful /ˈmɑːstəfəl/ *adj* mistrzowski: *a masterful performance*

ˈmaster ˌkey *n* [C] klucz uniwersalny

mas·ter·mind /ˈmɑːstəmaɪnd/ *n* [singular] mózg: *Corran was the mastermind behind the hijacking.* —**mastermind** *v* [T] sterować: *a robbery masterminded by terrorists*

mas·ter·piece /ˈmɑːstəpiːs/ *n* [C] arcydzieło

ˈmaster's deˌgree *n* [C] stopień magistra

mas·ter·y /ˈmɑːstəri/ *n* [U] **1 mastery of/over** panowanie nad: *the champion's mastery over his opponent* **2 mastery of** biegłe opanowanie: *She has total mastery of the piano.*

mas·tur·bate /ˈmæstəbeɪt/ *v* [I] onanizować się —**masturbation** /ˌmæstəˈbeɪʃən/ *n* [U] masturbacja

mat¹ /mæt/ *n* [C] mata

mat² *adj* matowy

match¹ S2 W2 /mætʃ/ *n* **1** [C] zapałka: *a box of matches | He lit a match so we could see.* **2** [C] *especially BrE* mecz: *a tennis match* **3** [singular] **be a match for** pasować do: *These shoes are a perfect match for the dress.* **4 be no match for** nie dorównywać: *Our team was no match for theirs.*

UWAGA: match
Patrz **fit**, **suit** i **match** (lub **go with**).

match² S3 W2 *v* **1** [T] pasować do: *The carpet matches the curtains.* **2** [I] pasować do siebie: *His socks don't match.* **3** *także* **match up** [T] dopasowywać: *Match the words on the left with the meanings on the right.* **4** [T] dorównywać: *No one can match Rogers' speed on the football field.*
match up *phr v* **1** [I] pasować do siebie: *The edges of the cloth don't match up.* **2 match up to sth** dorównywać czemuś: *The CD didn't match up to the band's live performance.*

match·box /ˈmætʃbɒks/ *n* [C] pudełko zapałek

match·ing /ˈmætʃɪŋ/ *adj* pasujący do siebie: *The twins wore matching T-shirts.*

match·less /ˈmætʃləs/ *adj formal* niezrównany, niedościgniony: *her matchless beauty*

match·mak·er /ˈmætʃˌmeɪkə/ *n* [C] swat/ka

mate¹ S2 /meɪt/ *n* **1** [C] *BrE informal* kumpel/a: *my mate Dave* | *I went with some of my mates from work.* **2** *BrE AustrE spoken* stary: *How are you, mate?* **3** [C] partner/ka *(seksualny, życiowy)* **4** oficer okrętowy → patrz też CLASSMATE, ROOMMATE

mate² *v* **1** [I] parzyć się, łączyć się w pary: *Birds mate in the spring.* **2** [T] kojarzyć (ze sobą) *(zwierzęta)*

ma·te·ri·al¹ S1 W1 /məˈtɪəriəl/ *n* **1** [C,U] materiał: *blue velvet material* **2 materials** [plural] materiały, przybory: *writing materials* | *building materials*

material

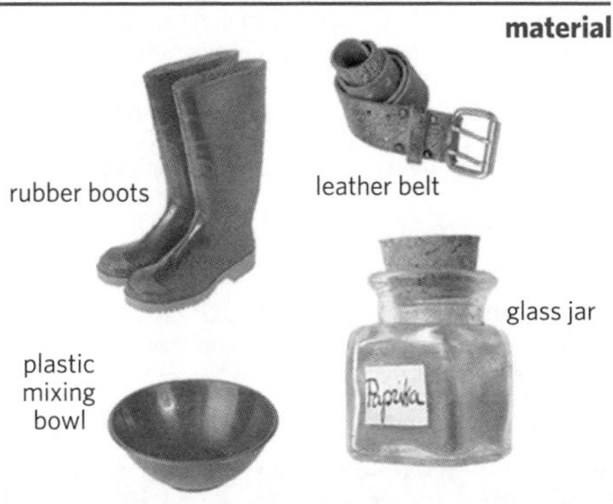

material² W3 *adj* **1** materialny: *the material comforts that money can buy* **2** *law* istotny: *a material witness for the defence* → porównaj IMMATERIAL

ma·te·ri·al·is·m /məˈtɪəriəlɪzəm/ *n* [U] materializm **—materialist** *adj* materialist-a/ka **—materialistic** /məˌtɪəriəˈlɪstɪk◂/ *adj* materialistyczny

ma·te·ri·al·ize /məˈtɪəriəlaɪz/ *także* **-ise** *BrE v* [I] z/materializować się: *His dream failed to materialize.*

ma·ter·nal /məˈtɜːnl/ *adj* **1** macierzyński: *maternal feelings* **2 maternal grandfather/aunt** dziadek/ciotka ze strony matki → porównaj PATERNAL

ma·ter·ni·ty /məˈtɜːnəti/ *adj* [only before noun] macierzyński: *maternity pay* | *maternity clothes* (=odzież dla kobiet w ciąży)

maˈternity ˌleave *n* [U] urlop macierzyński

math S2 /mæθ/ *n* [U] *AmE* matematyka

math·e·ma·ti·cian /ˌmæθəməˈtɪʃən/ *n* [C] matematyk/czka

math·e·mat·ics /ˌmæθəˈmætɪks/ *n* [U] matematyka **—mathematical** *adj* matematyczny

maths S2 /mæθs/ *n* [U] *BrE* matematyka

mat·i·née /ˈmætəneɪ/ *n* [C] popołudniówka *(spektakl lub seans)*

ma·tric·u·late /məˈtrɪkjəleɪt/ *v* [I] *formal* immatrykulować się

ma·tric·u·la·tion /məˌtrɪkjəˈleɪʃən/ *n* [U] *formal* immatrykulacja

mat·ri·mo·ny /ˈmætrəməni/ *n* [U] *formal* związek małżeński **—matrimonial** /ˌmætrəˈməʊniəl◂/ *adj* małżeński

ma·tron /ˈmeɪtrən/ *n BrE old-fashioned* przełożona *(pielęgniarek)*

matt, **matte**, **mat** /mæt/ *adj* matowy

mat·ted /ˈmætɪd/ *adj* skudłacony, skudlony: *matted hair*

mat·ter¹ S1 W1 /ˈmætə/ *n* **1** [C] sprawa: *Several important matters were discussed.* | *He's busy with family matters.* THESAURUS SUBJECT **2 to make matters worse** co gorsza: *The team has lost the last two games and, to make matters worse, two of its best players are injured.* **3 what's the matter?** *especially spoken* o co chodzi?, co się dzieje/stało?: **+ with** *What's the matter with Ellie?* | *What's the matter with the phone?* **4 there's something the matter with** *spoken* coś jest nie tak z: *There's something the matter with the computer.* **5 as a matter of fact** *spoken* właściwie, prawdę mówiąc: *"Do you know Liz?" "Yes, as a matter of fact we're cousins."* **6 no matter how/what** *spoken* bez względu na to, jak/co: *No matter how hard she tried, she couldn't get the door open.* **7** [U] **a)** *technical* materia **b)** *formal* substancja: *waste matter* (=odpady) | *vegetable matter* **8 a matter of practice/luck etc** kwestia wprawy/szczęścia itp: *Learning to drive is a matter of using your common sense.* **9 in a matter of seconds/days** w kilka sekund/dni: *We'll be in Singapore in a matter of hours.* **10 it's only/just a matter of time** to tylko kwestia czasu: *It's only a matter of time before a child is killed on that road.* **11 be a matter of opinion** być dyskusyjnym: *Whether or not he's a good manager is a matter of opinion.* **12 a matter of life and death** sprawa życia i śmierci **13 for that matter** jeśli o to chodzi: *I don't like him, or his sister for that matter!* **14 as a matter of course/routine** automatycznie, rutynowo

COLLOCATIONS: matter

adjectives

a serious/an important matter *Don't laugh – it's a serious matter.*

a small/trivial matter (=drobna sprawa) *She loses her temper over trivial matters.*

a simple/an easy matter *Fixing the problem is not a simple matter.*

a personal/private matter *May I talk to you about a personal matter?*

a financial/legal matter *They can offer advice on legal matters.*

practical matters *He wrote to him several times about practical matters to do with the house.*

an urgent matter (=pilna sprawa) *I have some urgent matters to attend to.*

verbs

to discuss the matter *I will discuss the matter with my wife.*

M

M

to raise the matter (=poruszyć sprawę/kwestię) *I've raised the matter with my boss several times.*
to settle/resolve the matter (=rozstrzygnąć kwestię) *They are meeting tonight to settle the matter.*
to investigate the matter *Prison officials say they are investigating the matter.*

matter + noun

a matter of importance (=ważna sprawa) *He consulted her on all matters of importance.*
a matter of concern *This is a matter of deep concern to many people* (=ta sprawa leży wielu ludziom na sercu).
a matter for debate/negotiation/discussion (=sprawa do dyskusji/negocjacji itp.) *How to solve the housing crisis is a matter for debate.*

matter² S1 W3 *v* [I] mieć znaczenie: *Money is the only thing that matters to him.* | *Will it matter if we're a few minutes late?* | *"Oh no, I forgot the camera!" "It doesn't matter."*

ˌmatter-of-ˈfact *adj* rzeczowy: *We try to explain death to children in an understanding but matter-of-fact way.*

mat·ting /ˈmætɪŋ/ *n* [U] mata (podłogowa)

mat·tress /ˈmætrɪs/ *n* [C] materac

ma·ture¹ Ac /məˈtʃʊə/ *adj* dojrzały, dorosły: *She's very mature for her age.* →antonim IMMATURE THESAURUS OLD

mature² Ac *v* [I] **1** dojrzewać: *The fly matures in only seven days.* **2** wy/dorośleć: *Pat's matured a lot since going to college.*

maˌture ˈstudent *n BrE* student/ka dorosł-y/a *(w wieku powyżej 25 lat)*

ma·tu·ri·ty Ac /məˈtʃʊərəti/ *n* [U] dojrzałość: *His lack of maturity makes him unsuitable for such a responsible job.* | *Rabbits reach maturity in only five weeks.*

maud·lin /ˈmɔːdlɪn/ *adj* rzewny, płaczliwy

maul /mɔːl/ *v* [T] **1** pokiereszować, poturbować: *The hunter was mauled by a lion.* **2** szarpać, tarmosić: *Stop mauling me!*

mau·so·le·um /ˌmɔːsəˈliːəm/ *n* [C] mauzoleum

mauve /məʊv/ *n* [U] kolor jasnofioletowy

mav·e·rick /ˈmævərɪk/ *n* [C] indywidualist-a/ka: *a political maverick*

mawk·ish /ˈmɔːkɪʃ/ *adj* czułostkowy, ckliwy —**mawkishly** *adv* ckliwie

max /mæks/ *n* [U] *informal* maks, maksimum: *It'll cost $50 max.*

max·im /ˈmæksɪm/ *n* [C] maksyma

max·i·mize Ac /ˈmæksəmaɪz/ *także* **-ise** *BrE v* [T] z/maksymalizować: *We want to reduce costs and maximize profits.* →antonim MINIMIZE

max·i·mum S3 W3 Ac /ˈmæksəməm/ *adj* **the maximum amount/speed** maksymalna ilość/prędkość: *The car has a maximum speed of 125 mph.* —**maximum** *n* maksimum: *Temperatures will reach a maximum of 30°C today.* →antonim MINIMUM¹

may S1 W1 *modal verb* **1** móc: *It may snow tonight.* | *You may start writing now.* THESAURUS MAYBE **2 may I** *spoken* czy mogę: *May I borrow your pen?* →patrz też MIGHT¹, **may/might as well** (WELL¹)

May /meɪ/ *n* [C,U] maj

may·be S1 W1 /ˈmeɪbi/ *adv* **1** być może: *Maybe Anna's already left.* **2** może: *Maybe Jeff could help you.*

THESAURUS: maybe

maybe (być) może: *Maybe you're right.* | *„Are you going to Kate's party?" „Maybe. I don't know."*
perhaps (być) może *(w stylu nieco bardziej formalnym)*: *This is perhaps his funniest novel.*
possibly (być) może, możliwe *(prawdopodobieństwo mniejsze niż przy „maybe" i „perhaps")*: *„Do you think you'll go back there?" „Possibly, but it won't be for a long time."*
may/might/could (być) może: *I may still have* (=może jeszcze mam) *the instruction book.* | *„Do you think they'll win?" „They might* (=być może)*."* | *He could be stuck* (=może ciągle tkwi) *in a traffic jam.*
you never know nigdy (nic) nie wiadomo: *He might change his mind - you never know.*

may·day /ˈmeɪdeɪ/ *n* [singular] SOS

GRAMATYKA: Czasownik modalny **may**

Czasownika **may** używamy najczęściej

1 wyrażając pozwolenie lub zakaz:
*You **may** smoke if you like.*
*You **may not** use calculators during the test.*

2 pytając o pozwolenie:
***May** I open the window?*

W podobnych okolicznościach używa się też czasownika modalnego **can**. Konstrukcja z **may**, jako bardziej formalna, zalecana jest w języku pisanym, w oficjalnych komunikatach oraz przy zwracaniu się do nieznajomych, np.:

(W broszurce informacyjnej:) *Parents may visit the school at any time.*

(Do nieznajomego w restauracji:) *Excuse me, may I share your table?*

May może też wyrażać przypuszczenie dotyczące teraźniejszości lub przyszłości:

„She hasn't answered the phone all day." „She may be away." (=... Perhaps she is away.)

The prices may go up again. (=Perhaps the prices will go up again.)

W zdaniach przeczących mamy do czynienia z istotną różnicą znaczeniową pomiędzy **may not** i **might not** z jednej strony a **cannot** i **could not** z drugiej, np.:

*This **may/might not** be a nightingale.* („Może to nie jest słowik.")

*This **cannot/could not** be a nightingale.* („To nie może/nie mógłby być słowik.")

May w połączeniu z bezokolicznikiem typu „perfect" wyraża przypuszczenie dotyczące przeszłości:

*„Why isn't he here yet?" „He **may have missed** his train."* (=... Perhaps he has missed his train.)

May może również występować w zdaniach warunkowych 1. typu:

*If there is a storm tonight, the flight **may** be delayed.*

→patrz też **can**, **could**, **might**

may·hem /ˈmeɪhem/ *n* [U] chaos: *There was complete mayhem after the explosion.*

may·on·naise /ˌmeɪəˈneɪz/ *n* [U] majonez

mayor /meə/ *n* [C] burmistrz

maze /meɪz/ *n* [C] labirynt: *We got lost in the maze.* | *a maze of dark hallways* | *a maze of government rules*

Mc·Coy /məˈkɔɪ/ *n* **the real McCoy** *informal* autentyk, nie żadna podróba

me S1 W1 /mi, miː/ *pron* **1** mnie, mi: *He gave me a necklace.* | *My sister is older than me* (=niż ja). **2 me too** *spoken* ja też: *"I'm hungry!" "Me too."* **3 me neither** *spoken* ja też nie: *"I don't like coffee." "Me neither."*

mead·ow /ˈmedəʊ/ *n* [C] łąka

mea·gre /ˈmiːgə/ *BrE*, **meager** *AmE adj* skąpy, skromny: *a meagre breakfast*

meal S2 W2 /miːl/ *n* [C] posiłek: *We always have a meal together in the evening.*

COLLOCATIONS: meal

verbs

to have/eat a meal *We had a meal at our local Italian restaurant.* | *When they had eaten their meal, they went out for a walk.*

to cook/make a meal *także* **to prepare a meal** *formal She cooked him his favourite meal.*

to serve a meal *We do not serve meals after 9.30 pm.*

to go out for a meal *Shall we go out for a meal tonight?*

to take sb out for a meal *James is taking me out for a meal tomorrow.*

types of meal

a big/large meal *We don't have a big meal at lunchtime.*

a light meal (=lekki posiłek) *Breakfast is usually a light meal.*

a heavy meal (=obfity posiłek) *Don't eat a heavy meal before you exercise.*

sb's main meal *We usually have our main meal in the evening.*

a three-course/five-course etc meal *Who has time to prepare a three-course meal every evening?*

a square meal *także* **a proper meal** *BrE* (=solidny posiłek) *How long is it since you had a square meal?*

a good/decent meal *You can get a good meal there for under £10.*

an evening/midday meal *The evening meal is served at 7.30.*

a hot meal *Don't serve a hot meal on a cold plate.*

a simple meal *a simple meal of soup and bread*

a balanced meal (=pełnowartościowy posiłek) *We make healthy, balanced meals for our children.*

meal·time /ˈmiːltaɪm/ *n* [C] pora posiłku

ˌmealy-ˈmouthed *adj* wykrętny, nieszczery

mean[1] S1 W1 /miːn/ *v* (**meant**, **meant**, **meaning**) [T] **1** znaczyć, oznaczać: *What does the word 'Konbanwa' mean?* | *The red light means 'stop'.* | *It's snowing, which means that it will take longer to get there.* **2** mieć na myśli: *When I said 'soon', I meant in the next few weeks.* **3 mean it** mówić poważnie: *Did you really mean it when you said you loved me?* **4** mieć zamiar: *I've been meaning to call you for ages.* | *She didn't mean* (=nie chciała) *to upset you.* | *It was meant to be* (=to miał być) *a joke.* | **mean (for) sb to do sth** *I didn't mean her to find out* (=nie chciałem, żeby się dowiedziała). **5 be meant for sb/sth** być przeznaczonym dla kogoś/do czegoś: *The flowers were meant for Mum.* | *These shoes aren't meant for walking.* **6 sb is not meant to do sth** komuś nie wolno czegoś robić: *You're not meant to look at the answers!* **7 sb/sth means a lot (to sb)** ktoś/coś wiele (dla kogoś) znaczy: *It would mean a lot to Joe if you watched him play football.* **8 mean well** chcieć dobrze: *He may sound a bit rude at times, but he means well.* **9 I mean** *spoken* to znaczy: *She's just so nice. I mean, she's a really gentle person.* | *She plays the violin, I mean the viola.* **10 I mean it!** *spoken* ja nie żartuję!: *Don't ever say that word again - I mean it!* **11 (do) you mean ...?** *spoken* (Czy) to znaczy, że ... ?: *You mean you want me to call you, or will you call me?* **12 (do) you know what I mean?** *spoken* rozumiesz, co mam na myśli?: *I feel disappointed. You know what I mean?* | *"There's nothing good on TV." "I know what you mean."* **13 what do you mean?** *spoken* **a)** co chcesz przez to powiedzieć?: *"You'll be careful, won't you?'" "What do you mean?"* **b)** jak to?: *What do you mean, you sold your guitar?*

mean[2] *adj* **1** podły: *That was a mean thing to do.* **2** niedobry: *Don't be so mean to your sister.* **3** *BrE* skąpy: *He was too mean to buy me a present.* **4 no mean** nie byle jaki: *It was no mean achievement to win first prize.*

mean[3] *n* [usually singular] *technical* średnia

me·an·der /miˈændə/ *v* [I] wić się: *a meandering stream*

mean·ing S2 W1 /ˈmiːnɪŋ/ *n* **1** [C,U] znaczenie: *I don't understand the meaning of this word.* **2** [U] sens: *the meaning of life*

mean·ing·ful /ˈmiːnɪŋfəl/ *adj* **1** znaczący: *a meaningful look* | *a meaningful relationship* **2** sensowny: *The data isn't very meaningful to anyone but a scientist.* **—meaningfully** *adv* znacząco, sensownie

mean·ing·less /ˈmiːnɪŋləs/ *adj* bez znaczenia, bezsensowny: *Her whole life felt meaningless.*

means S2 W2 /miːnz/ *n* [plural] **1** środek: *We'll use any means we can to raise the money.* | *For many people, the car is their main means of transport.* THESAURUS WAY **2 by means of** za pomocą: *The oil is transported by means of a pipeline.* **3 by all means** jak najbardziej, ależ oczywiście: *By all means, come over and use the e-mail.* **4 by no means** bynajmniej (nie): *The results are by no means certain.* **5 a means to an end** środek do celu: *Bev always says her job is just a means to an end.* **6** środki: *They don't have the means to pay for private education.* | *a man of means* (=człowiek zamożny)

meant /ment/ *v* czas przeszły i imiesłów bierny od MEAN

mean·time /ˈmiːntaɪm/ *n* **in the meantime** tymczasem: *Dinner's nearly ready. In the meantime, who wants a drink?*

mean·while W2 /ˈmiːnwaɪl/ *adv* tymczasem: *Mary was coming later. Meanwhile I did my homework.*

mea·sles /ˈmiːzəlz/ *także* **the measles** *n* [U] odra

meas·ly /ˈmiːzli/ *adj informal* marny, nędzny: *I only got a measly $5.*

mea·sur·a·ble /ˈmeʒərəbəl/ *adj* wymierny, mierzalny: *measurable results* **—measurably** *adv* wymiernie

mea·sure[1] S2 W2 /ˈmeʒə/ *v* [I,T] z/mierzyć: *She measured the curtains.* | *He measured me for a new suit.* | *The table measures four feet by six feet.* | *How do you measure success?*

measure sb/sth against sb/sth *phr v* [T] oceniać

M

według: *All teachers should be measured against the same standard.*

measure up *phr v* [I] **measure up to sb's expectations/standards** spełniać czyjeś oczekiwania/wymagania: *Does college measure up to your expectations?*

measure² W2 *n* **1** [C usually plural] działanie, środek: *government measures to cut air pollution* | **take measures** (=przedsięwziąć środki): *They have to take drastic measures to save money.* **2** [C,U] miara, jednostka: *An hour is a measure of time.*

M

mea·sure·ment W3 /ˈmeʒəmənt/ *n* **1** [C,U] wymiar: *First of all, you'll need the exact measurements of the room.* THESAURUS ▸ SIZE **2** pomiar

meat S2 W3 /miːt/ *n* [U] mięso: *I don't eat much meat.*

meat·y /ˈmiːti/ *adj* mięsny

mec·ca /ˈmekə/ *n* [singular] **1** mekka: *Florence is a mecca for art students.* **2 Mecca** Mekka

me·chan·ic /mɪˈkænɪk/ *n* [C] mechanik: *a car mechanic*

me·chan·i·cal /mɪˈkænɪkəl/ *adj* **1** mechaniczny: *mechanical engineering* | *a mechanical toy* **2** machinalny: *a mechanical answer* —**mechanically** /-kli/ *adv* mechanicznie, machinalnie

me·chan·ics /mɪˈkænɪks/ *n* [U] **1** mechanika **2 the mechanics of (doing) sth** mechanizm (robienia) czegoś: *the mechanics of language*

mech·a·nis·m S3 W3 Ac /ˈmekənɪzəm/ *n* [C] mechanizm: *a car's steering mechanism* | *The body has a mechanism for controlling temperature.*

mech·a·nize /ˈmekənaɪz/ *także* **-ise** *BrE v* [T] z/mechanizować —**mechanized** *adj* zmechanizowany: *mechanized farming*

med·al /ˈmedl/ *n* [C] medal: *an Olympic gold medal*

COLLOCATIONS: medal

verbs

to win a medal *His father won a medal in the last war.*

to get a medal *także* **to receive a medal** *formal The top three students will get a medal.*

to be awarded a medal *He was awarded a medal for bravery.*

to give sb a medal *She should be given a medal for what she did.*

to take a medal (=zdobyć medal) *German runner Stephan Freigang took the bronze medal.*

adjectives

a gold/silver/bronze medal *He won the gold medal in Athens in 2004.* | *She is hoping for a silver medal.*

medal + noun

a medal winner *Johnson was a bronze medal winner at the Olympic Games.*

me·dal·li·on /məˈdæliən/ *n* [C] medalion

med·al·list /ˈmedlɪst/ *BrE*, **medalist** *AmE n* [C] medalist-a/ka: *a silver medalist*

med·dle /ˈmedl/ *v* [I] mieszać się: *He's meddling in other people's lives.*

me·di·a S2 W2 Ac /ˈmiːdiə/ *n* **1 the media** media: *reports in the media* | **media coverage/interest** *The President's visit got a lot of media coverage* (=została bardzo nagłośniona przez media). THESAURUS ▸ NEWSPAPER **2** liczba mnoga od MEDIUM → patrz też MASS MEDIA

med·i·ae·val /ˌmediˈiːvəl◂/ *adj* alternatywna pisownia wyrazu MEDIEVAL

me·di·an /ˈmiːdiən/ *n* [C] *AmE* pas zieleni *(oddzielający pasy ruchu)*

me·di·ate Ac /ˈmiːdieɪt/ *v* [I] pośredniczyć, prowadzić mediację: *The court had to mediate between Mr Hassel and his neighbours.* —**mediator** *n* [C] pośredni-k/czka, mediator/ka —**mediation** /ˌmiːdiˈeɪʃən/ *n* [U] pośrednictwo, mediacja

med·i·cal¹ S2 W2 Ac /ˈmedɪkəl/ *adj* medyczny: *She needs urgent medical treatment.* | *medical school* (=akademia medyczna) —**medically** /-kli/ *adv* medycznie

medical² *n* [C] *BrE* badanie (lekarskie)

med·i·cat·ed /ˈmedɪkeɪtɪd/ *adj* leczniczy: *medicated shampoo*

med·i·ca·tion /ˌmedɪˈkeɪʃən/ *n* [C,U] leki: *He's taking medication for his heart.*

me·di·ci·nal /məˈdɪsənəl/ *adj* leczniczy: *Cough syrup should be used for medicinal purposes only.*

medi·cine S2 W3 /ˈmedsən/ *n* **1** [C,U] lek, lekarstwo: *Remember to take your medicine.* | *Medicines should be kept away from children.* **2** [U] medycyna: *Sarah plans to study medicine.*

med·i·e·val W3 /ˌmediˈiːvəl◂/ *także* **mediaeval** *BrE adj* średniowieczny: *medieval poetry*

me·di·o·cre /ˌmiːdiˈəʊkə◂/ *adj* mierny, pośledni: *The food was mediocre.* —**mediocrity** /ˌmiːdiˈɒkrəti/ *n* [U] mierność, miernota

med·i·tate /ˈmedɪteɪt/ *v* [I] medytować —**meditation** /ˌmedɪˈteɪʃən/ *n* [U] medytacja

Med·i·ter·ra·ne·an /ˌmedətəˈreɪniən◂/ *n* **the Mediterranean** Morze Śródziemne —**Mediterranean** *adj* śródziemnomorski

me·di·um¹ S3 Ac /ˈmiːdiəm/ *adj* średni: *What size drink do you want - small, medium or large?* | *a man of medium height*

UWAGA: medium i average

Nie należy mylić wyrazów **medium** i **average** w znaczeniu „średni". **Medium** to „ani duży, ani mały; ani wysoki, ani niski itd.": *The waiter was of medium height.* **Average** to „przeciętny statystycznie": *The average age of students entering the college is 19.*

medium² Ac *n* [C] **1** (plural **media** /-diə/) środek, nośnik: *The Internet is a powerful advertising medium.* **2** (plural **mediums**) medium

ˈmedium-sized, *także* **ˌmedium-ˈsize** *adj* średniej wielkości: *medium-sized apples* | *a medium-size business*

med·ley /ˈmedli/ *n* [C] składanka

med school /ˈmed skuːl/ *n AmE informal* akademia medyczna: *He was working temporarily, hoping to get accepted to med school* (=że dostanie się na medycynę).

meek /miːk/ *adj* potulny —**meekly** *adv* potulnie

meet S1 W1 /miːt/ *v* (**met, meeting**) **1** [I,T] poznać (się): *Mike and Sara met at a party.* **2** [I,T] spotykać (się) (z): *Haven't we met before?* | *Let's meet for lunch tomorrow.* | *I'll meet you at the bus stop.* | *I met Joe while I was out shopping.* | *The chess club meets every Tuesday lunchtime.* **3 (it's) nice to meet you** *spoken* bardzo mi miło: *"Paul, this is Jack." "Nice to meet you."* **4** [T] wychodzić po/na (np. po kogoś na pociąg): *I'm going to meet Anne's plane.*

5 [I,T] łączyć się (z): *the place where the path meets the road | His eyebrows meet in the middle.* **6** [T] spełniać: *She didn't meet all of the requirements for the job.* **7 meet (sb) halfway** pójść (z kimś) na kompromis
meet up *phr v* [I] spotkać się: *Let's meet up later.*
meet with sb/sth *phr v* [T] *especially AmE* spotkać się z: *The President met with European leaders today in Paris. | The new radio station has met with a lot of criticism.*

meet·ing S1 W1 /ˈmiːtɪŋ/ *n* [C] zebranie, spotkanie: *The teachers have a meeting this afternoon. | She's in a meeting - can you call back later?*

COLLOCATIONS: meeting

verbs

to have a meeting *także* **to hold a meeting** *formal We had a meeting to discuss the problem. | The meetings are usually held on a Friday.*

to go to a meeting *także* **to attend a meeting** *formal I have to go to a meeting now.*

to call a meeting (=zwołać zebranie) *The head teacher called a meeting of parents.*

to chair a meeting (=po/prowadzić zebranie) *The meeting was chaired by Professor Jones.*

types of meeting

a monthly/weekly/annual meeting *On Wednesday, there's our weekly staff meeting. | the annual meeting of the British Medical Association*

a committee/staff/board etc meeting *The next committee meeting is on 9th January.*

a business meeting *She will be in business meetings all morning.*

a public meeting *He gave a speech at a public meeting.*

a private meeting *The senator had a private meeting with the president.*

a summit meeting (=spotkanie na szczycie) *The Prime Minister is in Paris for a summit meeting.*

a protest meeting *Anti-road campaigners are holding a protest meeting today.*

a general meeting *especially BrE* (=zebranie ogólne) *The annual general meeting of the rugby club was held last night.*

an emergency meeting (=nadzwyczajne zebranie) *The Council has called an emergency meeting to decide what action to take.*

THESAURUS: meeting

meeting spotkanie, zebranie: *He has gone to a business meeting.*

appointment spotkanie *(umówione)* wizyta *(u lekarza itp.)*: *I have an appointment with Dr Hanson at 3.15.*

conference konferencja: *She often has to give talks at conferences.*

rally wiec: *More than a thousand people held a peace rally in London.*

get-together spotkanie *(towarzyskie)*: *We're having a small get-together for my birthday.*

date randka: *Why don't you ask her out on a date?*

meg·a /ˈmegə/ *adj informal* **1** odjazdowy, super: *a mega party* **2** gigantyczny

meg·a·byte /ˈmegəbaɪt/ *n* [C] megabajt

meg·a·lo·ma·ni·a /ˌmegələʊˈmeɪniə/ *n* [U] megalomania —**megalomaniac** /-niæk/ *n* [C] megaloman/ka

meg·a·phone /ˈmegəfəʊn/ *n* [C] megafon

mel·an·chol·y /ˈmelənkəli/ *n* [U] *literary* melancholia —**melancholy** *adj* melancholijny: *The song was quiet and a little melancholy.*

melanin /ˈmelənɪn/ *n* melanina

mel·a·no·ma /ˌmeləˈnəʊmə/ *n* [C] *technical* czerniak

mel·ee /ˈmeleɪ/ *n* [C] zamieszanie, zamieszki: *Several people were hurt in the melee.*

mel·low[1] /ˈmeləʊ/ *adj* łagodny: *mellow music | My dad's pretty mellow these days.*

mellow[2] *v* [I,T] z/łagodnieć: *She's mellowed over the years.*

me·lod·ic /məˈlɒdɪk/ *także* **me·lo·di·ous** /məˈləʊdiəs/ *adj* melodyjny: *a sweet, melodic voice*

mel·o·dra·ma /ˈmelədrɑːmə/ *n* [C,U] melodramat

mel·o·dra·mat·ic /ˌmelədrəˈmætɪk◂/ *adj* melodramatyczny: *He says he's going to run away but he's just being melodramatic.*

mel·o·dy /ˈmelədi/ *n* [C,U] melodia

mel·on /ˈmelən/ *n* [C,U] melon

melt /melt/ *v* **1** [I,T] s/topić (się): *Melt the chocolate in a pan.* **2** [I] s/topnieć: *The snow's melting.* **3** [I] rozczulać się: *Whenever I hear his voice, I just melt.*
melt away *phr v* [I] ulatniać się: *My anger melted away when she explained.*

melt·down /ˈmeltdaʊn/ *n* [C,U] **1** stopienie rdzenia reaktora *(jądrowego)* **2** krach *(na giełdzie)*

mem·ber S1 W1 /ˈmembə/ *n* [C] członek: *Are you a member of the tennis club? | Two band members quit yesterday. | Cats and tigers are members of* (=należą do) *the same species.*

ˌMember of ˈParliament *skrót* **MP** *n* [C] poseł/posłanka, parlametarzyst-a/ka

mem·ber·ship S2 W2 /ˈmembəʃɪp/ *n* **1** [U] członkostwo: **+of** *BrE*, **+in** *AmE*: *I forgot to renew my membership in the sailing club.* **2** [U singular] członkowie: *The membership will vote for a chairman tonight. | an increase in membership* (=wzrost liczby członków)

mem·brane /ˈmembreɪn/ *n* [C,U] błona: *a membrane in the ear that helps us hear*

me·men·to /məˈmentəʊ/ *n* [C] (plural **mementos**) pamiątka: *a memento of my college days*

mem·o /ˈmeməʊ/ *n* [C] (plural **memos**) notatka *(służbowa)*

mem·oirs /ˈmemwɑːz/ *n* [plural] wspomnienia, pamiętniki

mem·o·ra·bil·i·a /ˌmemərəˈbɪliə/ *n* [plural] pamiątki, memorabilia: *Kennedy memorabilia*

mem·o·ra·ble /ˈmemərəbəl/ *adj* pamiętny: *Brando's memorable performance in 'On the Waterfront'*

mem·o·ran·dum /ˌmeməˈrændəm/ *n* [C] *formal* notatka *(służbowa)*

me·mo·ri·al[1] /məˈmɔːriəl/ *adj* [only before noun] pamiątkowy: **memorial service** *a memorial service for my grandfather* (=nabożeństwo żałobne za mojego dziadka)

memorial[2] *n* [C] pomnik: *The wall was built as a memorial to soldiers who died in Vietnam.*

mem·o·rize /ˈmeməraɪz/ *także* **-ise** *BrE* *v* [T] na/uczyć się na pamięć

M

mem·o·ry S2 W1 /ˈmeməri/ *n* **1** [C,U] pamięć: *She's got a good memory for faces.* | *Could you draw the map from memory?* | *Thirty megabytes of memory* **2** [C usually plural] wspomnienie: *I have a lot of happy memories of that summer.* | **bring back memories** (=przywoływać wspomnienia): *That smell brings back memories of my childhood.* →porównaj SOUVENIR **3 in memory of** ku pamięci: *a garden created in memory of the children killed in the attack*

COLLOCATIONS: memory

adjectives

a good/excellent memory *At 90, her memory is still very good.*

a bad/poor/terrible memory *I've got a terrible memory, so I write everything down.*

a short memory *Some people have short memories for promises they've made.*

a long memory *Those of you with long memories will remember his first film.*

a photographic memory *He never forgets a face – he has a photographic memory.*

verbs

to lose your memory (=stracić pamięć) *The blow to his head caused him to lose his memory.*

to remain/stay/stick in sb's memory (=utkwić komuś w pamięci) *His reply stuck in my memory.*

to be etched in sb's memory *literary* (=wryć się komuś w pamięć) *The date was etched in my memory.*

to refresh/jog sb's memory (=odświeżyć pamięć) *I looked at my notes to refresh my memory.*

nouns

loss of memory/memory loss *The condition can cause dizziness and memory loss.*

a lapse of memory/memory lapse (=luka w pamięci) *I was surprised at his lapse of memory.*

ˈmemory ˌcard *n* karta pamięci

ˈMemory ˌStick *n trademark* karta pamięci

men /men/ *n* liczba mnoga od MAN

men·ace¹ /ˈmenɪs/ *n* [C] **1** zagrożenie: *That man is a menace to society!* **2** zmora: *The mosquitoes are a real menace.* **3** [U] groźba: *There was menace in her voice.*

menace² *v* [T] *formal* grozić, zagrażać

men·ac·ing /ˈmenəsɪŋ/ *adj* groźny: *a menacing laugh*

mend¹ /mend/ *v* [T] naprawiać: *You'd better mend that hole in the fence.* THESAURUS REPAIR

mend² *n* **be on the mend** *informal* dochodzić do siebie, wracać do zdrowia

me·ni·al /ˈmiːniəl/ *adj* **menial work/job** nudna, nie wymagająca kwalifikacji praca

men·in·gi·tis /ˌmenɪnˈdʒaɪtɪs/ *n* [U] zapalenie opon mózgowych

men·o·pause /ˈmenəpɔːz/ *n* [U] menopauza, klimakterium

ˈmen's room *n* [C] *AmE* męska toaleta

men·stru·ate /ˈmenstrueɪt/ *v* [I] *formal* miesiączkować —**menstrual** *adj* menstruacyjny —**menstruation** /ˌmenstruˈeɪʃən/ *n* [U] miesiączka, menstruacja

men·tal S2 W2 Ac /ˈmentl/ *adj* **1** [only before noun] umysłowy: *a child's mental development* | **make a mental note** (=zakonotować sobie): *I made a mental note to call Julie.* **2** psychiczny: *mental health* | *a mental institution* (=zakład dla psychicznie chorych) | *That guy's mental!* —**mentally** *adv* umysłowo, psychicznie: *mentally ill* | *mentally handicapped*

men·tal·i·ty Ac /menˈtæləti/ *n* [C] mentalność: *an aggressive mentality*

men·tion¹ S1 W1 /ˈmenʃən/ *v* [T] **1** wspominać (o): *Cooper wasn't mentioned in the article.* | **mention sth to sb** *I'll mention the idea to her and see what she thinks.* | **+(that)** *He did mention that he was having problems.* **2 don't mention it** *spoken* nie ma za co, nie ma o czym mówić: *"Thanks for helping me out." "Don't mention it."* **3 not to mention** nie mówiąc o: *He already has two houses and two cars, not to mention the boat.*

mention² *n* [U singular] wzmianka: *Any mention of the accident upsets her.* | **no mention of** *There was no mention of* (=nie było mowy o) *any payment for the work.*

men·tor /ˈmentɔː/ *n* [C] mentor/ka

men·u S3 /ˈmenjuː/ *n* [C] (plural **menus**) **1** jadłospis, karta dań: *Could we have the menu, please?* | *Do you have a vegetarian dish on the menu?* **2** menu *(komputerowe)*

me·ow /miˈaʊ/ *n especially AmE* miau

MEP /ˌem iː ˈpiː/ *n* [C] poseł/posłanka do Parlamentu Europejskiego

mer·ce·na·ry¹ /ˈmɜːsənəri/ *n* [C] najemnik

mercenary² *adj* wyrachowany, interesowny

mer·chan·dise /ˈmɜːtʃəndaɪz/ *n* [U] *formal* towar(y)

mer·chant¹ /ˈmɜːtʃənt/ *n* [C] kupiec: *a wine merchant*

merchant² *adj* [only before noun] handlowy: **the merchant navy** *BrE*, **the merchant marine** *AmE* (=flota handlowa): *My brother's in the merchant navy.*

mer·ci·ful /ˈmɜːsɪfəl/ *adj* litościwy, miłosierny: *The final whistle was a merciful release* (=był wybawieniem).

mer·ci·ful·ly /ˈmɜːsɪfəli/ *adv* na szczęście: *Her death was mercifully quick.*

mer·ci·less /ˈmɜːsɪləs/ *adj* bezlitosny: *a merciless attack on innocent villagers*

mercury *n* [U] rtęć

Mer·cu·ry /ˈmɜːkjəri/ *n* [singular] Merkury

mer·cy /ˈmɜːsi/ *n* **1** [U] litość: *The rebels showed no mercy.* **2 be at the mercy of** być na łasce: *In the open boat they were at the mercy of the wind and waves.*

mere W3 /mɪə/ *adj* **1** zaledwie: *She won by a mere two points* (=zaledwie dwoma punktami). | *He's a mere child* (=jest tylko dzieckiem) *– he can't understand.* **2** *także* **the merest** sam: *The mere thought made her furious* (=wściekała się na samą myśl).

mere·ly S3 W2 /ˈmɪəli/ *adv* jedynie, tylko: *I'm not making criticisms, merely suggestions.* | *Education should be more than merely training to pass exams.*

merge /mɜːdʒ/ *v* **1** [I,T] po/łączyć (się), scalać (się): *a computer program that makes it easy to merge text and graphics* | **+with** *The company is planning to merge with a German motor manufacturer.* **2 merge into sth** zlewać się z czymś: *a point where the sea merges into the sky*

merg·er /ˈmɜːdʒə/ *n* [C] fuzja: *a merger of two companies*

me·rid·i·an /məˈrɪdiən/ *n* [C] południk

me·ringue /məˈræŋ/ *n* [C,U] beza

mer·it¹ /ˈmerɪt/ *n* [C,U] zaleta: *Simplicity is one of the merits of this system.* | **have merit/be of merit** *a book of great merit* (=bardzo wartościowa książka)

merit² *v* [T] *formal* zasługiwać na: *The play certainly merits this award.*

mer·maid /ˈmɜːmeɪd/ *n* [C] syrena

mer·ry /ˈmeri/ *adj* wesoły: *Merry Christmas!* —**merrily** *adj* wesoło

ˈmerry-go-ˌround *n* [C] karuzela

mesh¹ /meʃ/ *n* [U] siatka: *A wire mesh screen covered the window.*

mesh² *v* [I] współgrać: *Their different management styles never meshed successfully.*

mes·mer·ize /ˈmezməraɪz/ *także* **-ise** *BrE v* [T] za/hipnotyzować: *a video game that keeps kids mesmerized for hours*

mess¹ S2 /mes/ *n* **1** bałagan: *This house is a mess* (=straszny tu bałagan)*!* | *Don't make a mess of the kitchen* (=nie narób bałaganu w kuchni), *will you?* | *His personal life was a mess* (=było nieuporządkowane). **2** [C] mesa, kantyna

mess² S2 *v*
mess around *także* **mess about** *BrE phr v informal* **1** [I] obijać się: *Stop messing around and do your homework!* **2** [T **mess** sb **around/about**] z/robić kogoś w konia, grać z kimś w kulki: *Don't mess me around. Tell me where she went!*
mess around with *także* **mess about with** *BrE phr v* [I] *informal* **1** [**mess around with** sth] grzebać przy: *Who's been messing around with my camera?* **2** [**mess around with** sb] zadawać się z
mess up *phr v informal* **1** [T **mess** sth ↔ **up**] z/rujnować: *I hope I haven't messed up your plans.* **2** [T **mess** sth ↔ **up**] na/brudzić w: *Who messed up my clean kitchen?* **3** [I,T **mess** sth ↔ **up**] zawalić: *"How did you do on the test?" "Oh, I really messed up."*
mess with sb/sth *phr v* [T] **don't mess with** *spoken* **a)** nie zaczynaj z: *Don't mess with me, buddy!* **b)** nie baw się w: *Don't mess with drugs.*

mes·sage S1 W2 /ˈmesɪdʒ/ *n* [C] **1** wiadomość: *"Janet just called." "Did she leave a message?"* | *Sorry, Tony's not home yet. Can I take a message* (=czy mam coś przekazać)*?* **2** [usually singular] przesłanie: *The play has a clear message about the dangers of jealousy.* **3 sb got the message** *informal* do kogoś dotarło *(=zrozumiał)*: *Hopefully he got the message and will stop bothering me!*

COLLOCATIONS: message

verbs

to get a message *także* **to receive a message** *formal Didn't you get my message?*
to send a message *They send text messages to each other all day.*
to leave a message *I left a message on her voicemail.*
to give sb/pass on a message *Could you pass on a message to him for me?* | *I asked Rob if he would pass on a message for me.*
to take a message *Sorry, she's not home yet. Can I take a message?*

types of message

a telephone/phone message *There was a telephone message for her to call Harry.*
a text message *I use my mobile mainly for text messages.*
an email/mail message *We got an email message from some friends in Canada.*
an error message (=komunikat o błędzie) *If you enter a date in the past, you will get an error message.*
a message of support/sympathy/congratulations *We've had a lot of messages of support.*
an urgent message *I have an urgent message for you from Mr Norris.*

ˈmessage board *n* [C] forum

mes·sen·ger /ˈmesɪndʒə/ *n* [C] posłaniec

mes·si·ah /məˈsaɪə/ *n* **the Messiah** Mesjasz

Mes·srs /ˈmesəz/ *formal* skrót pisany liczby mnogiej od „Mr"

mess·y S3 /ˈmesi/ *adj* **1** brudny, nieposprzątany: *Sorry the house is so messy.* **2** przykry, skomplikowany: *a messy divorce*

met /met/ *v* czas przeszły i imiesłów bierny od MEET

me·tab·o·lis·m /məˈtæbəlɪzəm/ *n* [C,U] przemiana materii, metabolizm —**metabolic** /ˌmetəˈbɒlɪk◂/ *adj* metaboliczny

met·al S2 W2 /ˈmetl/ *n* [C,U] metal: *Is it made of metal or plastic?* | *We use metal cases for our computers.*

ˈmetal deˌtector *n* [C] wykrywacz metalu

me·tal·lic /məˈtælɪk/ *adj* metaliczny: *a car painted metallic blue*

met·a·mor·pho·sis /ˌmetəˈmɔːfəsɪs/ *n* [C,U] (plural **metamorphoses** /-siːz/) [C,U] przemiana, metamorfoza: *a caterpillar's metamorphosis into a butterfly*

met·a·phor /ˈmetəfə/ *n* [C,U] metafora, przenośnia: *'A river of tears' is a metaphor.* —**metaphorical** /ˌmetəˈfɒrɪkəl◂/ *adj* metaforyczny, przenośny —**metaphorically** /-kli/ *adv* metaforycznie, w przenośni → porównaj SIMILE

mete /miːt/ *v*
mete sth ↔ **out** *phr v* [T] *formal* wymierzać *(karę, wyrok)*

me·te·or /ˈmiːtiə/ *n* [C] meteor

me·te·or·ic /ˌmiːtiˈɒrɪk◂/ *adj* błyskawiczny: *his meteoric rise to fame*

me·te·o·rite /ˈmiːtiəraɪt/ *n* [C] meteoryt

me·te·o·rol·o·gy /ˌmiːtiəˈrɒlədʒi/ *n* [U] meteorologia —**meteorologist** *n* [C] meteorolo-g/żka

me·ter /ˈmiːtə/ *n* [C] **1** amerykańska pisownia wyrazu METRE **2** licznik: *The cab driver looked at the meter and said, "$5.70, please."*

meth·a·done /ˈmeθədəʊn/ *n* [U] *technical* metadon

me·thane /ˈmiːθeɪn/ *n* [U] metan

meth·od S1 W1 Ac /ˈmeθəd/ *n* [C] metoda: *This is the simplest method of payment.* | *The school uses a variety of teaching methods.* THESAURUS WAY

me·thod·i·cal Ac /məˈθɒdɪkəl/ *adj* metodyczny: *a methodical search* | *a methodical woman* —**methodically** /-kli/ *adv* metodycznie

Meth·o·dist /ˈmeθədɪst/ *n* [C] metodyst-a/ka —**Methodist** *adj* metodystyczny

M

meth·o·dol·o·gy AC /ˌmeθəˈdɒlədʒi/ *n* [C,U] metodologia —**methodological** /ˌmeθədəˈlɒdʒɪkəl/ *adj* metodologiczny

me·tic·u·lous /məˈtɪkjələs/ *adj* drobiazgowy, skrupulatny: *They keep meticulous records.* —**meticulously** *adv* drobiazgowo, skrupulatnie

me·tre S2 W3 /ˈmiːtə/ *BrE*, **meter** *AmE n* **1** [C] metr **2** [C,U] metrum *(wiersza)*

met·ric /ˈmetrɪk/ *adj* metryczny → porównaj IMPERIAL

met·ro /ˈmetrəʊ/ *n* [singular] metro: *the Paris metro*

me·trop·o·lis /mɪˈtrɒpəlɪs/ *n* [C] metropolia THESAURUS CITY

met·ro·pol·i·tan /ˌmetrəˈpɒlətən◂/ *adj* [only before noun] wielkomiejski, metropolitalny

Mex·i·co /ˈmeksɪkəʊ/ *n* Meksyk —**Mexican** /ˈmeksɪkən/ *n* Meksykan-in/ka —**Mexican** *adj* meksykański

mg skrót pisany od wyrazu MILLIGRAM

mi·aow /miˈaʊ/ *BrE*, **meow** *especially AmE n* [C] miau —**miaow** *v* [I] miauczeć

mice /maɪs/ *n* liczba mnoga od MOUSE

UWAGA: mice

Wyraz **mice** to liczba mnoga od **mouse** w znaczeniu „mysz", ale nie w znaczeniu „mysz komputerowa": *one mouse, two mice.*

mi·crobe /ˈmaɪkrəʊb/ *n* [C] mikrob

mi·cro·bi·ol·o·gy /ˌmaɪkrəʊbaɪˈɒlədʒi/ *n* [U] mikrobiologia —**microbiologist** *n* [C] mikrobiolog

mi·cro·chip /ˈmaɪkrəʊˌtʃɪp/ *n* [C] mikroprocesor

mi·cro·cos·m /ˈmaɪkrəʊˌkɒzəm/ *n* [C] mikrokosmos: *San Jose has a good mix of people; it's a microcosm of America.*

mi·cro·fiche /ˈmaɪkrəʊfiːʃ/ *n* [C,U] mikrofisza

mi·cro·or·gan·is·m /ˌmaɪkrəʊˈɔːgənɪzəm/ *n* [C] drobnoustrój

mi·cro·phone /ˈmaɪkrəfəʊn/ *n* [C] mikrofon

mi·cro·pro·ces·sor /ˈmaɪkrəʊˌprəʊsesə/ *n* [C] mikroprocesor

mi·cro·scope /ˈmaɪkrəskəʊp/ *n* [C] mikroskop

mi·cro·scop·ic /ˌmaɪkrəˈskɒpɪk◂/ *adj* mikroskopijny: *microscopic organisms*

mi·cro·wave¹ /ˈmaɪkrəweɪv/ także ˌ**microwave** ˈ**oven** *n* [C] kuchenka mikrofalowa

microwave² *v* [T] gotować w kuchence mikrofalowej

mid /mɪd/ *adj* [only before noun] **in (the) mid ...** w połowie: *They moved to California in the mid 1960s.* | *The match is in mid May.* | *She's in her mid-20s* (=ma około 25 lat).

mid- /mɪd/ *prefix* przedrostek wskazujący na środek czegoś, śród-: *a cold midwinter night* | *midlife crisis*

mid·air /ˌmɪdˈeə◂/ *n* **in midair** w powietrzu: *The plane exploded in midair.* —**midair** *adj* w powietrzu: *a midair collision*

mid·day /ˌmɪdˈdeɪ◂/ *n* [U] południe → porównaj MIDNIGHT

mid·dle¹ S1 W2 /ˈmɪdl/ *n* **1 the middle** środek: *Why's your car parked in the middle of the road?* | *Look at this old photo – that's me in the middle.* | *Someone fainted in the middle of the ceremony.* | *Go back to sleep – it's the middle of the night!* **2 be in the middle of (doing) sth** być w trakcie (robienia) czegoś: *Can I call you back later? I'm in the middle of cooking dinner.*

middle² S1 W2 *adj* [only before noun] środkowy: *Shall we sit in the middle row?* | *The middle lane was blocked because of an accident.* | *We'll spend the middle part of the vacation in Florida.*

ˌ**middle-ˈaged** *adj* w średnim wieku —**middle age** *n* [U] wiek średni

ˌ**Middle ˈAges** *n* **the Middle Ages** średniowiecze

ˌ**middle ˈclass** *n* **the middle class** także **the middle classes** klasa średnia —**middle-class** *adj*: *children from middle-class families* | *middle-class attitudes* (=postawy typowe dla klasy średniej)

ˌ**Middle ˈEast** *n* **the Middle East** Bliski Wschód

mid·dle·man /ˈmɪdlmæn/ *n* [C] (plural **middlemen** /-men/) pośrednik

ˌ**middle ˈname** *n* [C] drugie imię THESAURUS NAME

ˌ**middle-of-the-ˈroad** *adj* umiarkowany: *a politician that appeals to middle-of-the-road voters* (=do wyborców o umiarkowanych poglądach)

ˈ**middle school** *n* [C] szkoła dla dzieci w wieku od 8 do 12 lat (w W. Brytanii) lub od 11 do 14 lat (w Stanach Zjednoczonych)

midg·et /ˈmɪdʒɪt/ *n* [C] karzeł

Mid·lands /ˈmɪdləndz/ *n* **the Midlands** środkowa Anglia

mid·life cri·sis /ˌmɪdlaɪf ˈkraɪsɪs/ *n* [singular] kryzys wieku średniego

mid·night S3 /ˈmɪdnaɪt/ *n* [U] północ: *We close at midnight.* → porównaj MIDDAY

mid·riff /ˈmɪdrɪf/ *n* [C] brzuch, talia

midst /mɪdst/ *n* **in the midst of** pośród, w samym środku: *He was brought up in the midst of the '30s Depression.*

mid·sum·mer /ˌmɪdˈsʌmə◂/ *n* [U] środek lata: *a lovely midsummer day*

mid·term /ˌmɪdˈtɜːm◂/ *adj* [only before noun] **midterm tests/elections** testy/wybory w połowie semestru/kadencji THESAURUS TEST

mid·way /ˌmɪdˈweɪ◂/ *adj, adv* w połowie drogi: *There's a gas station midway between here and Fresno.* | *He collapsed midway through the performance* (=w połowie przedstawienia).

mid·week /ˌmɪdˈwiːk◂/ *adj, adv* w połowie tygodnia: *a midweek match against Liverpool* | *I'll be seeing him midweek.*

Mid·west /ˌmɪdˈwest/ *n* **the Midwest** Środkowy Zachód *(USA)*

mid·wife /ˈmɪdwaɪf/ *n* [C] (plural **midwives** /-waɪvz/) położna, akuszerka

miffed /mɪft/ *adj informal* naburmuszony

might¹ S1 W1 /maɪt/ *modal verb* **1** móc: *I might be wrong* (=mogę się mylić), *but I think he's French.* | *I might not be able to go* (=być może nie będę mógł pójść). | *What a stupid thing to do – you might have been killed!* THESAURUS MAYBE **2** czas przeszły od MAY: *I thought it might rain, so*

GRAMATYKA: Czasownik modalny **might**

Might używamy zwykle w pytaniach o pozwolenie. Konstrukcja z **might** jest bardziej uprzejma od innych, jakich można użyć w tej sytuacji (np. **can**, **could**, **may**), i w związku z tym wskazana przy zwracaniu się do nieznajomych, jak również wtedy, gdy nie jesteśmy pewni reakcji na naszą prośbę, np.:

(Do sąsiada, którego słabo znamy:) ***Might** I use your phone?*

Do współpasażera w pociągu:) ***Might** I have a look at your paper?*

Podobnie jak **may**, **might** może wyrażać przypuszczenie dotyczące teraźniejszości lub przyszłości, zaś w połączeniu z bezokolicznikiem typu „perfect" - przypuszczenie dotyczące przeszłości. Zdanie z **might** wyraża mniejszy stopień pewności niż odpowiadające mu zdanie z **may**:

*It **might/may** rain later.*

*She **might/may have missed** her train.*

*You should be more careful in the future. You **might have hurt** yourself!* („... Mogłaś zrobić sobie krzywdę!" - użycie ***may*** jest w tym przypadku niemożliwe, gdyż mowa o czymś, do czego nie doszło)

Might występuje również w zdaniach warunkowych:

*If we did not invite her, she **might** feel offended.*

*If you had asked him, he **might** have shown you his paintings.*

Jako forma przeszła czasownika **may**, **might** zastępuje go w mowie zależnej:

*I **may** phone again later.*

*She said she **might** phone again later.*

→ patrz też **can**, **could**, **may**

I brought an umbrella. → patrz też **may/might as well** (WELL[1])

might² *n* [U] *literary* moc, potęga: *She pushed with all her might* (=z całej siły).

might·y¹ /ˈmaɪti/ *adj literary* potężny: *mighty warriors*

mighty² *adv AmE informal* bardzo: *That chicken smells mighty good.*

mi·graine /ˈmiːgreɪn/ *n* [C] migrena

mi·grant Ac /ˈmaɪgrənt/ *n* [C] wędrowny: *migrant workers* → porównaj EMIGRANT, IMMIGRANT

mi·grate Ac /maɪˈgreɪt/ *v* [I] **1** migrować **2** wędrować: *farmworkers who migrate from state to state, harvesting crops* → porównaj EMIGRATE

mi·gra·tion Ac /maɪˈgreɪʃən/ *n* [C,U] migracja: *the birds' annual migration to southern Europe* —**migratory** /maɪˈgreɪtəri/ *adj* wędrowny

mike /maɪk/ *n* [C] *informal* mikrofon

mil·age /ˈmaɪlɪdʒ/ *n* MILEAGE

mild /maɪld/ *adj* łagodny: *a mild case of flu | mild criticism | mild cheddar cheese | a mild green chili | a mild climate* THESAURUS TASTE

mil·dew /ˈmɪldjuː/ *n* [U] pleśń

mild·ly /ˈmaɪldli/ *adv* **1** lekko, z lekka: *She seemed mildly amused.* **2** umiarkowanie: *The drug is only mildly addictive.* **3 to put it mildly** *spoken* delikatnie mówiąc: *He's not very pleased with you, to put it mildly.*

mile S1 W1 /maɪl/ *n* **1** [C] mila: *My house is about 15 miles north of here. | Mark walks at least five miles a day.* **2 miles** *informal* kawał drogi: *We walked for miles without seeing anyone.* THESAURUS FAR

mile·age, **milage** /ˈmaɪlɪdʒ/ *n* [U singular] przebieg: *a used car with a low mileage*

mile·stone /ˈmaɪlstəʊn/ *n* [C] kamień milowy: *Winning that medal was a milestone in her career.*

mil·i·tant /ˈmɪlɪtənt/ *adj* wojowniczy, wojujący: *a militant protest group | militant feminists* —**militant** *n* [C] bojowni-k/czka

mil·i·ta·ris·m /ˈmɪlətərɪzəm/ *n* [U] militaryzm —**militaristic** /ˌmɪlətəˈrɪstɪk◂/ *adj* militarystyczny

mil·i·ta·ry¹ S2 W1 Ac /ˈmɪlətəri/ *adj* wojskowy: *military aircraft | All young men had to do military service.*

military² Ac *n* **the military** wojsko, armia: *My father is in the military.*

mi·li·tia /məˈlɪʃə/ *n* [C] milicja

milk¹ S2 W3 /mɪlk/ *n* [U] mleko: *People drink cows' and goats' milk. | a glass of milk | Would you like milk in your coffee?*

milk² *v* [T] wy/doić

milk·man /ˈmɪlkmən/ *n* [C] (plural **milkmen** /-mən/) mleczarz

milk·shake /ˈmɪlkʃeɪk/ *n* [C,U] koktajl mleczny

milk·y /ˈmɪlki/ *adj* **1** z dużą ilością mleka: *milky coffee* **2** mleczny: *a milky liquid | the Milky Way*

mill¹ /mɪl/ *n* [C] **1** młyn **2** zakład *(papierniczy, stalowy lub włókienniczy)*: *a cotton mill*

mill² *v* [T] ze/mleć, z/mielić
mill around *także* **mill about** *BrE phr v* [I] *informal* włóczyć się: *Crowds of students were milling around in the streets.*

mil·len·ni·um /mɪˈleniəm/ *n* [C] (plural **millennia** /-niə/) **1** tysiąclecie **2** milenium: *How will the country celebrate the millennium?*

mil·li·gram /ˈmɪləgræm/ *(skrót pisany* **mg**) *n* [C] miligram

mil·li·li·tre /ˈmɪləˌliːtə/ *BrE*, **milliliter** *AmE (skrót pisany* **ml**) *n* [C] mililitr

mil·li·me·tre S3 /ˈmɪləˌmiːtə/ *BrE*, **millimeter** *AmE (skrót pisany* **mm**) *n* [C] milimetr

mil·li·ne·ry /ˈmɪlənəri/ *n* [U] *old-fashioned* modniarstwo

mil·lion /ˈmɪljən/ *number* **1** milion: *$350 million | four million people* **2** *także* **millions** *spoken informal* setki: *It was a great party - there were millions of people there!* —**millionth** *number* milionowy

mil·lion·aire /ˌmɪljəˈneə/ *n* [C] milioner/ka

mil·li·sec·ond /ˈmɪlɪˌsekənd/ *n* milisekunda

mime¹ /maɪm/ *n* [C,U] pantomima

mime² *v* [I,T] pokazywać na migi: *She stretched out her arms, miming a swimmer.*

mim·ic¹ /ˈmɪmɪk/ *v* [T] (**mimicked, mimicked, mimicking**) naśladować: *Sally made us laugh by mimicking the teacher. | an insect that mimics the appearance of a wasp* —**mimicry** *n* [U] mimikra

mimic² *n* [C] parodyst-a/ka

min **1** skrót od 'minimum' **2** skrót od 'minute' lub 'minutes'

mince¹ /mɪns/ *v* **1** [T] mielić, siekać: *minced beef* **2 not mince (your) words** nie przebierać w słowach: *He's always upsetting people - he certainly doesn't mince his words.*

M

mince² *n* [U] *BrE* mięso mielone

mince·meat /ˈmɪnsmiːt/ *n* [U] bakaliowe nadzienie do ciasta

ˌmince ˈpie *n* [C] babeczka z nadzieniem bakaliowym spożywana tradycyjnie w okresie Bożego Narodzenia

mind¹ S1 W1 /maɪnd/ *n* [C,U] **1** umysł: *She has an excellent mind.* **2** myśli: *I keep going over the problem in my mind.* **3** głowa: *I have a picture of him in my mind.* | *I can't think about that now, my mind is on other things* (=mam głowę zaprzątniętą czym innym). **4 change your mind** zmienić zdanie: *If you change your mind and want to come, give us a call.* **5 make up your mind** z/decydować (się): *Have you made up your mind which college you want to go to?* THESAURUS DECIDE **6 come/spring to mind** przychodzić mi/ci/mu/jej do głowy: *One or two ideas sprang to mind.* **7 cross/enter your mind** przejść komuś przez myśl: *It never crossed my mind that she might be lying.* **8 have sth in mind** mieć coś na myśli: *What changes do you have in mind?* **9 keep/bear sth in mind** pamiętać o czymś: *Keep in mind that the bank will be closed tomorrow.* **10 on your mind** na głowie: *She's had a lot on her mind lately.* **11 go/be out of your mind** *informal* z/wariować, postradać zmysły: *I have so much to do - I feel like I'm going out of my mind.* | *She's going to marry him? - She must be out of her mind!* **12 put your mind to sth** przyłożyć się do czegoś: *I'm sure she'll pass her test if she puts her mind to it.* **13 -minded** nastawiony: *politically-minded students*

mind² S1 W2 *v* **1** [I,T] mieć coś przeciwko (temu): *Do you think she'd mind if we didn't come?* | *I don't mind driving* (=mogę poprowadzić) *if you're tired.* | *It was raining, but we didn't mind* (=nie przeszkadzało nam to). **2 do you mind/would you mind (doing sth)** *spoken* czy mógłbyś (zrobić coś): *Would you mind waiting here a minute?* **3 do you mind if I** *spoken* czy mógłbym: *Do you mind if I use your phone?* **4 mind your own business** *spoken* nie twoja sprawa: *"So did he kiss you?" "Mind your own business!"* **5 mind out!** *spoken* z drogi! **6 never mind** *spoken* (nic) nie szkodzi: *"I'm sorry I'm so late." "Never mind - we haven't started yet anyway."*

mind·ful /ˈmaɪndfəl/ *adj* **mindful of sth** świadom czegoś, mając(y) coś na względzie/uwadze: *Mindful of the guide's warning, they returned before dark.*

mind·less /ˈmaɪndləs/ *adj* bezmyślny: *mindless vandalism* —**mindlessness** *n* [U] bezmyślność

mind·set /ˈmaɪndset/ *n* [C] sposób myślenia, mentalność: *In recent years there has been something of a shift in the male mindset* (=w sposobie myślenia mężczyzn).

mine¹ S1 /maɪn/ *pron* mój: *"Whose coat is this?" "It's mine."* | *Can I borrow your radio? Mine's broken.* | *a friend of mine* (=jeden z moich przyjaciół)

mine² S2 W3 *n* [C] **1** kopalnia: *He's worked in the coal mines all his life.* **2** mina *(wojskowa)*

mine³ *v* **1** [T] wydobywać: *men mining for gold* **2** [T] za/minować: *All the roads in the area had been mined.*

mine·field /ˈmaɪnfiːld/ *n* [C] pole minowe

min·er /ˈmaɪnə/ *n* [C] górnik: *a coal miner*

min·e·ral W3 /ˈmɪnərəl/ *n* [C] minerał: *Milk is full of valuable vitamins and minerals.*

ˈmineral ˌwater *n* [C,U] woda mineralna

min·gle /ˈmɪŋgəl/ *v* **1** [I,T] z/mieszać (się): *anger mingled with disappointment* **2 mingle with** obracać się wśród: *Reporters mingled with movie stars at the awards ceremony.*

min·i- /mɪni/ *prefix* przedrostek wskazujący na niewielkie rozmiary lub krótkotrwałość, mini-: *a minibreak* (=krótkie wakacje)

min·ia·ture¹ /ˈmɪnətʃə/ *adj* [only before noun] miniaturowy: *a theme park with a miniature railway* THESAURUS SMALL

miniature² *n* [C] miniatura: *She's her mother in miniature* (=w miniaturze).

min·i·bus /ˈmɪnibʌs/ *n* [C] *BrE* mikrobus

min·im /ˈmɪnɪm/ *n BrE* półnuta

min·i·mal Ac /ˈmɪnəməl/ *adj* minimalny: *The storm caused only minimal damage.* —**minimally** *adv* minimalnie

min·i·mize Ac /ˈmɪnəmaɪz/ *także* **-ise** *BrE* *v* [T] z/minimalizować: *To minimize the risk of getting heart disease, eat well and exercise daily.*

min·i·mum¹ S2 W3 Ac /ˈmɪnəməm/ *adj* minimalny: *The minimum requirements for the job are a degree and two years' experience.* | *a minimum payment of $50 a month* →antonim MAXIMUM

minimum² Ac *n* [singular] minimum: *Looking after a horse costs a minimum of £2,000 a year.* →antonim MAXIMUM

min·ing /ˈmaɪnɪŋ/ *n* [U] górnictwo: *coal mining in Oklahoma* | *mining companies*

min·is·cule /ˈmɪnəskjuːl/ alternatywna pisownia wyrazu MINUSCULE

min·i·skirt /ˈmɪniskɜːt/ *n* [C] minispódniczka

min·is·ter¹ S1 W1 /ˈmɪnɪstə/ *n* [C] **1** pastor **2** minister: *the Minister of Education*

minister² *v*
minister to sb/sth *phr v* [T] *formal* nieść pomoc, służyć (pomocą): *doctors ministering to the needs of their patients*

min·is·ter·i·al Ac /ˌmɪnəˈstɪəriəl◂/ *adj* ministerialny: *ministerial decisions*

min·is·try W2 Ac /ˈmɪnəstri/ *n* **1** [C] ministerstwo: *the Defense Ministry* | *the Ministry of Agriculture* **2 the ministry** stan duchowny: *James wants to join the ministry.*

min·i·van /ˈmɪnivæn/ *n* [C] *AmE* van

mink /mɪŋk/ *n* [C,U] norka: *a mink coat*

min·now /ˈmɪnəʊ/ *n* [C] **1** malutka rybka **2** płotka *(mało ważna osoba)*

mi·nor¹ S2 W2 Ac /ˈmaɪnə/ *adj* **1** drobny: *We made a few minor changes to the plan.* | *It's only a minor injury.* THESAURUS SMALL, UNIMPORTANT **2** moll(owy) →porównaj MAJOR¹

minor² *n* [C] *law* nieletni/a THESAURUS CHILD

minor³ *v*
minor in sth *phr v* [T] *AmE* studiować jako drugi przedmiot: *I'm minoring in African Studies.*

mi·nor·i·ty S3 W2 Ac /maɪˈnɒrəti/ *n* **1** [singular]

niewielka część: *Only a minority of students get a first-class degree.* **2** [C usually plural] mniejszość: *people from ethnic minorities | language classes for minority groups* **3 be in the minority** być w mniejszości: *Boys are very much in the minority in the dance class.* → porównaj MAJORITY

mint¹ /mɪnt/ *n* **1** [C] miętówka **2** [U] mięta **3** [C] mennica —**minty** *adj* miętowy: *a minty taste*

mint² *v* [T] wybijać *(monetę)*

mi·nus¹ /ˈmaɪnəs/ *prep* **1** minus: *17 minus 5 is 12 | Temperatures tonight will fall to minus 8.* **2** bez: *He came back minus a couple of front teeth.* → antonim PLUS¹

minus² *n* [C] **1** *także* **minus sign** minus *(znak)* **2** minus: *There are pluses and minuses to living in a big city.* → antonim PLUS⁴

min·us·cule /ˈmɪnəskjuːl/ *adj* maluteńki: *a minuscule amount of food*

min·ute¹ S1 W1 /ˈmɪnət/ *n* [C] **1** minuta: *Clare's train arrives in fifteen minutes. | It's three minutes to ten.* **2** chwil(k)a: *It'll only take me a minute to do this. | He was there a minute ago.* **3 in a minute** za chwil(k)ę: *I'll do it in a minute.* THESAURUS SOON **4 wait/just a minute** *spoken* chwileczkę: *"Are you coming with us?" "Yes, just a minute." | Wait a minute - that can't be right!* **5 the minute (that)** jak tylko: *I knew it was Jill the minute I heard her voice.* **6 last minute** w ostatniej chwili: *Frank changed his mind at the last minute and decided to come with us after all. | a few last-minute arrangements* **7 any minute** w każdej chwili: *She should get here any minute now.* **8 this minute** w tej chwili: *Come here, this minute!* → patrz też MINUTES

UWAGA: minute

Podając czas, po liczebniku oznaczającym liczbę minut używamy wyrazu **minutes**. Wyjątek stanowią liczebniki **five**, **ten**, **twenty** i **twenty-five**: *It's twenty (minutes) past ten.* (tu **minutes** może, ale nie musi być użyte) | *It's twenty-three minutes past ten* (tu **minutes** musi być użyte).

UWAGA: -minute/day/month itp.

Tłumacząc określenia typu „dziesięciominutowy", „ośmiomilowy" itp., używamy zawsze rzeczownika w liczbie pojedynczej i stawiamy myślnik pomiędzy liczebnikiem a rzeczownikiem: *a ten-minute silence | an eight-mile race.* Określenia wieku osób, typu „pięciomiesięczny", „dwunastoletni" itp., tłumaczymy: *a five-month-old baby | a twelve-year-old girl.* Podobnie robimy w przypadku wyrazów typu „ośmiolatek": *an eight-year-old* (z akcentem na *eight*).

mi·nute² /maɪˈnjuːt/ *adj* **1** drobniutki, mikroskopijny: *minute handwriting* THESAURUS SMALL **2** drobiazgowy: **in minute detail** (=w najdrobniejszych szczegółach): *Johnson explained the plan in minute detail.*

min·utes /ˈmɪnəts/ *n* [plural] protokół *(z zebrania)*

mir·a·cle /ˈmɪrəkəl/ *n* [C] cud: **it's a miracle (that)** *especially spoken*: *It's a miracle that no one was hurt.* | **work/perform miracles** (=czynić/działać cuda): *The builders have worked miracles in finishing it so quickly.*

mi·rac·u·lous /mɪˈrækjələs/ *adj* cudowny: *a miraculous recovery* —**miraculously** *adv* cudownie

mi·rage /ˈmɪrɑːʒ/ *n* [C] miraż

mir·ror¹ S3 W3 /ˈmɪrə/ *n* [C] **1** lustro: *He glanced at his reflection in the mirror.* **2** lusterko: *Check your mirror before overtaking.*

mirror² *v* [T] odzwierciedlać: *The excitement of the 1960s is mirrored in its music.*

mirth /mɜːθ/ *n* [U] *formal* wesołość

mis- /mɪs/ *prefix* przedrostek tworzący nazwy zjawisk niewłaściwych, błędnych itp.

mis·ap·pre·hen·sion /ˌmɪsæprɪˈhenʃən/ *n* [C,U] *formal* błędne mniemanie: **be under a misapprehension** (=błędnie mniemać/sądzić): *I was under the misapprehension that Eric was still working in Germany.*

mis·ap·pro·pri·ate /ˌmɪsəˈprəʊprieɪt/ *v* [T] *formal* zdefraudować, sprzeniewierzyć —**misappropriation** /ˌmɪsəprəʊpriˈeɪʃən/ *n* [U] defraudacja, sprzeniewierzenie: *misappropriation of funds*

mis·be·have /ˌmɪsbɪˈheɪv/ *v* [I] źle się zachowywać —**misbehaviour** /-ˈheɪvjə/ *BrE*, **misbehavior** *AmE n* [U] złe zachowanie

mis·cal·cu·late /ˌmɪsˈkælkjəleɪt/ *v* [I,T] **1** błędnie obliczyć: *We seriously miscalculated the cost of the project.* **2** po/mylić się w ocenie: *The Government has miscalculated public opinion.*

mis·car·riage /ˌmɪsˈkærɪdʒ/ *n* [C,U] poronienie: **have a miscarriage** (=po/ronić): *She's already had several miscarriages.* → porównaj ABORTION

mis·car·ry /mɪsˈkæri/ *v* **1** [I,T] po/ronić **2** [I] *formal* nie powieść się: *All our careful plans had miscarried.*

mis·cel·la·ne·ous /ˌmɪsəˈleɪniəs/ *adj* różny, rozmaity: *a miscellaneous assortment of books*

mis·chief /ˈmɪstʃɪf/ *n* [U] psoty: *He was a lively child, and full of mischief.*

mis·chie·vous /ˈmɪstʃəvəs/ *adj* psotny, figlarny: *a mischievous little girl* —**mischievously** *adv* psotnie, figlarnie

mis·con·cep·tion /ˌmɪskənˈsepʃən/ *n* [C,U] błędne przekonanie: **+ that** *the misconception that only gay people have AIDS*

mis·con·duct /ˌmɪsˈkɒndʌkt/ *n* [U] *formal* złe prowadzenie się: *Dr Patton was found guilty of serious professional misconduct* (=naruszenie etyki zawodowej).

mis·deeds /ˈmɪsdiːdz/ *n* [plural] *literary* nadużycia, nieprawości

mis·de·mea·nour /ˌmɪsdɪˈmiːnə/ *BrE*, **misdemeanor** *AmE n* [C] *formal* wykroczenie, występek

mi·ser /ˈmaɪzə/ *n* [C] skąpiec, sknera —**miserly** *adj* skąpy —**miserliness** *n* [U] skąpstwo

mis·e·ra·ble /ˈmɪzərəbəl/ *adj* **1** nieszczęśliwy: *Why are you looking so miserable?* THESAURUS SAD **2** kiepski: *The weather's been pretty miserable all summer.* **3** nędzny: *Nurses tend to earn a miserable salary.* —**miserably** *adv* żałośnie, nędznie

mis·e·ry S3 /ˈmɪzəri/ *n* [U] **1** nieszczęście, nędza: *the misery of life in the refugee camps* **2 put sb out of their misery** *informal* oszczędzić komuś nerwów: *Come on, put us out of our misery and tell us what happened.* **3 put an animal out of its misery** *informal* skrócić cierpienia zwierzęcia *(usypiając je)*

mis·fire /ˌmɪsˈfaɪə/ *v* [I] **1** spełznąć na niczym: *Their plans misfired.* **2** nie wypalić: *The gun misfired.*

mis·fit /ˈmɪsˌfɪt/ *n* [C] odmieniec: *I was always a bit of a misfit at our school.*

M

mis·for·tune /mɪsˈfɔːtʃən/ *n* [C,U] nieszczęście, pech: **have the misfortune of doing sth/have the misfortune to do sth** *He's the nastiest man I've ever had the misfortune to meet* (=jakiego miałem nieszczęście spotkać)!

mis·giv·ing /ˌmɪsˈɡɪvɪŋ/ *n* [C,U] złe przeczucie: **have misgivings about sth** (=mieć obawy przed czymś): *I knew he had some misgivings about letting me use his car.*

M

mis·guid·ed /mɪsˈɡaɪdɪd/ *adj* błędny, mylny: *the misguided belief that it would be easier to find work in London*

mis·han·dle /ˌmɪsˈhændl/ *v* [T] źle po/prowadzić: *The investigation was seriously mishandled by the police.*

mis·hap /ˈmɪshæp/ *n* [C,U] niefortunny wypadek: *We completed our journey without further mishap.*

mis·in·form /ˌmɪsɪnˈfɔːm/ *v* [T] źle po/informować: *I'm afraid you've been misinformed – she doesn't live here any more.*

mis·in·ter·pret Ac /ˌmɪsɪnˈtɜːprɪt/ *v* [T] błędnie z/interpretować: *I think she misinterpreted my offer of a ride home.*

mis·judge /ˌmɪsˈdʒʌdʒ/ *v* [T] **1** po/mylić się w ocenie: *The President had badly misjudged the mood of the voters.* **2** źle ocenić: *Don misjudged the turn and crashed into the barrier.*

mis·lay /mɪsˈleɪ/ *v* [T] (**mislaid** /-ˈleɪd/, **mislaid**, **mislaying**) zapodziać, zawieruszyć: *I seem to have mislaid my gloves.*

mis·lead /mɪsˈliːd/ *v* [T] (**misled** /-ˈled/, **misled**, **misleading**) wprowadzać w błąd: *Wiggins has admitted trying to mislead the police.* THESAURUS TRICK

mis·lead·ing /mɪsˈliːdɪŋ/ *adj* mylący, zwodniczy: *Statistics can be very misleading.* THESAURUS WRONG —**misleadingly** *adv* myląco, zwodniczo

mis·man·age·ment /mɪsˈmænɪdʒmənt/ *n* [U] złe zarządzanie: *allegations of fraud and mismanagement*

mis·match /ˈmɪsmætʃ/ *n* [C] niedopasowanie —**mismatched** /ˌmɪsˈmætʃt◂/ *adj* niedobrany: *a mismatched couple*

mis·no·mer /mɪsˈnəʊmə/ *n* [C] niewłaściwa nazwa: *As you can see, 'work room' is something of a misnomer!*

mi·so·gy·nist /mɪˈsɒdʒɪnɪst/ *n* [C] mizogin, mizoginista —**misogyny** *n* [U] mizoginia —**misogynistic** /məˌsɒdʒəˈnɪstɪk◂/ *adj* mizoginiczny

mis·placed /ˌmɪsˈpleɪst◂/ *adj* źle ulokowany: *a misplaced sense of loyalty*

mis·print /ˈmɪs-prɪnt/ *n* [C] literówka

mis·quote /ˌmɪsˈkwəʊt/ *v* [T] błędnie za/cytować: *They insisted that the Governor had been misquoted.*

mis·read /ˌmɪsˈriːd/ *v* (**misread** /-ˈred/, **misread** /-ˈred/, **misreading**) [T] błędnie odczytać: *The UN misread the situation.* | *I must have misread the date on the letter.*

mis·rep·re·sent /ˌmɪsreprɪˈzent/ *v* [T] przeinaczać —**misrepresentation** /ˌmɪsreprɪzenˈteɪʃən/ *n* [C,U] przeinaczenie

Miss /mɪs/ *n* **1 Miss Smith/Jones** panna Smith/Jones **2** *spoken* proszę pani: *Excuse me, Miss, you've dropped your umbrella.* | *Please, Miss, can I leave the room?*

miss[1] S1 W2 /mɪs/ *v* **1** [T] **sb misses sb/sth** ktoś za kimś/czymś tęskni, komuś kogoś/czegoś brakuje: *I really missed Paula after she'd left.* | *What do you miss most about life in Canada?* **2** [T] opuścić: *I missed several classes last semester.* | *Terry's illness caused him to miss a whole month of school.* **3** [T] s/tracić: *Vialli will miss tonight's game because of a knee injury.* | *Don't miss* (=nie przegap) *your free gift in next week's 'Q' magazine!* | **miss a chance/an opportunity** (=przegapić okazję): *I'd hate to miss the chance of meeting him.* **4** [T] spóźnić się na: *By the time we got there, we'd missed the beginning of the movie.* | **miss a bus/train/plane etc** *Hurry up or we'll miss the train!* **5** [I] chybić, s/pudłować: *She fired at the target but missed.* **6** [T] przeoczyć: *Jody found an error that everyone else had missed.* **7 miss the point** nie rozumieć istoty sprawy: *I'm sorry, I think you're missing the point completely.*

miss out *phr v* **1** [I] być pokrzywdzonym: *All my friends were having fun and going out to parties in the evenings, and I felt I was missing out.* **2** [T **miss** sth ↔ **out**] pominąć: *I hope we haven't missed any names out from the list.*

miss[2] S2 *n* **1** [C] chybienie: *a penalty miss* (=przestrzelony rzut karny) *by McAteer in the second half* **2 give sth a miss** *BrE spoken* odpuścić sobie coś: *As the tickets were so expensive, we decided to give the concert a miss.*

mis·shap·en /ˌmɪsˈʃeɪpən/ *adj* zniekształcony: *misshapen fingers*

mis·sile /ˈmɪsaɪl/ *n* [C] pocisk: *nuclear missiles*

miss·ing /ˈmɪsɪŋ/ *adj* **1** zaginiony, zagubiony: *Police are still searching for the missing child.* **2** brakujący: **+from** *There's a button missing from this shirt* (=u tej koszuli brakuje guzika). | *Why is my name missing from the list* (=dlaczego na liście nie ma mojego nazwiska)?

mis·sion S3 W2 /ˈmɪʃən/ *n* [C] misja: *Our mission was to find out everything about their plans.* | *a Canadian trade mission to Japan* | *a bombing mission* | *A hospital was built at the Jesuit mission.*

mis·sion·a·ry /ˈmɪʃənəri/ *n* [C] misjona-rz/rka

mis·spell /ˌmɪsˈspel/ *v* [T] na/pisać z błędem/błędami —**misspelling** *n* [C,U] błąd ortograficzny

mis·step /ˈmɪs-step/ *n* [C] *AmE* gafa, niestosowność: *The senator has made several missteps recently.*

mist[1] /mɪst/ *n* [C,U] mgła: *mist over the river*

UWAGA: mist i fog

Zarówno **mist**, jak i **fog** to „mgła", z tym że **fog** oznacza mgłę gęstszą i stanowiącą większe zagrożenie dla samolotów i samochodów.

mist[2] *także* **mist over/up** *v* [I,T] zaparowywać: *All the windows had misted over.*

mis·take[1] S2 W2 /məˈsteɪk/ *n* **1** [C] błąd: *Ivan's work is full of spelling mistakes.* | *Marrying Julie was a big mistake.* | **make a mistake** *I think you've made a mistake – I ordered fish, not beef.* | **it is a mistake to do sth** *It would be a mistake to underestimate Moya's ability.* | **make the mistake of doing sth** *I made the mistake of giving him my phone number* (=zrobiłam błąd i dałam mu swój numer telefonu). **2 by mistake** przez pomyłkę, omyłkowo: *Someone must have left the door open by mistake.*

COLLOCATIONS: mistake

verbs

to make a mistake *We may have made a mistake in our calculations.* ⚠ Nie mówi się „do a mistake". Mówimy: **make a mistake**.

to correct a mistake *She read through the letter, correcting his mistakes.*

to realize your mistake (=zdać sobie sprawę z pomyłki/błędu) *I stopped as soon as I realized my mistake.*

to admit your mistake (=przyznać się do błędu) *It is better to admit your mistake and apologize.*

mistakes happen *We're very careful, but mistakes can happen.*

adjectives

a little/small mistake *Even a small mistake could cause problems.*

a serious mistake *He realized he had made a serious mistake.*

a silly/stupid mistake *Your work is full of silly mistakes.*

a common mistake *This is one of the commonest mistakes learners make.*

an easy mistake (to make) *It's an easy mistake to make* (=łatwo o taki błąd).

an honest mistake *He admitted breaking the law, but said it was an honest mistake* (=że to było niechcący).

noun + mistake

a spelling mistake *She spotted two spelling mistakes in the article.*

mistake² *v* (**mistook**, **mistaken**, **mistaking**) **1** [T] po/mylić: *He'd mistaken the address.* **2** **there's no mistaking sb/sth** (=łatwo poznać kogoś/coś): *There was no mistaking the anger in her voice* (=łatwo było poznać po głosie, że jest zła).

mistake sb/sth for sb/sth *phr v* [T] brać/wziąć za: *I mistook him for his brother.*

mis·tak·en /məˈsteɪkən/ *adj* **be mistaken** mylić się: *Look! If I'm not mistaken, there's your lost ring!* THESAURUS WRONG —**mistakenly** *adv* mylnie, błędnie

mister *n AmE spoken informal* proszę pana: *Hey, mister, is this your wallet?*

Mis·ter /ˈmɪstə/ *n* pan

mis·tle·toe /ˈmɪsəltəʊ/ *n* [U] jemioła

mis·took /məˈstʊk/ *v* czas przeszły od MISTAKE

mis·treat /ˌmɪsˈtriːt/ *v* [T] znęcać się nad: *The hostages said they had not been mistreated.*

mis·tress /ˈmɪstrɪs/ *n* [C] kochanka

mis·trust¹ /mɪsˈtrʌst/ *n* [U singular] nieufność: **+of** *He had a deep mistrust of* (=był wielce nieufny wobec) *politicians.*

mistrust² *v* [T] nie ufać

mist·y /ˈmɪsti/ *adj* mglisty, zamglony: *a misty November morning*

mis·un·der·stand /ˌmɪsʌndəˈstænd/ *v* (**misunderstood** /-ˈstʊd/, **misunderstood**, **misunderstanding**) [I,T] źle z/rozumieć, nie z/rozumieć: *I think you misunderstood my question.*

mis·un·der·stand·ing /ˌmɪsʌndəˈstændɪŋ/ *n* [C,U] nieporozumienie: *widespread misunderstanding and confusion*

mis·use¹ /mɪsˈjuːs/ *n* [C,U] niewłaściwe używanie, nadużywanie: **+of** *a misuse of power*

mis·use² /ˌmɪsˈjuːz/ *v* [T] niewłaściwie używać, nadużywać: *The chairman was accused of misusing club funds.*

mite /maɪt/ *n* [C] **1** roztocze: *dust mites* **2** malec, maluszek **3** **a mite lonely/cold/unfriendly etc** ździebko samotny/zimny/nieprzyjazny itp.

mit·i·gate /ˈmɪtɪgeɪt/ *v* [T] *formal* z/łagodzić

mit·i·gat·ing /ˈmɪtəgeɪtɪŋ/ *adj* **mitigating circumstances** okoliczności łagodzące

mitt /mɪt/ *n* [C] **1** rękawica do baseballu **2** rękawica (ochronna): *an oven mitt*

mit·ten /ˈmɪtn/ *n* [C] rękawiczka *(z jednym palcem)*

mix¹ S2 W3 /mɪks/ *v* **1** [I,T] z/mieszać: **mix sth and sth** *You can make green by mixing blue and yellow paint.* | **mix sth with sth** *Shake the bottle well to mix the oil with the vinegar.* **2** [I,T] po/łączyć (się): *Glennie's latest CD mixes classical music and rock 'n' roll.* **3** [I] utrzymywać kontakty towarzyskie: **+with** *Charlie doesn't mix well with* (=ma trudności w nawiązywaniu kontaktów z) *the other children.*

mix sb/sth up *phr v* [T] **1** po/mylić (ze sobą): *I'm always mixing up the kids' names.* **2** po/mieszać: *Whatever you do, try not to mix those papers up.* →patrz też MIXED UP, MIX-UP

mix² *n* **1** [singular] mieszanka, mieszanina: **+of** *There was a good mix of people in the department.* **2** [C,U] **cake mix** ciasto w proszku

mixed S2 /mɪkst/ *adj* **1** mieszany: *mixed herbs* | *a mixed marriage* | **mixed feelings** (=mieszane uczucia): *We had mixed feelings about moving so far away.* **2** **be a mixed blessing** mieć swoje złe i dobre strony: *Living so near my parents was a mixed blessing.* **3** *BrE* koedukacyjny: *a mixed school* →patrz też CO-ED

ˌmixed ˈup *adj* **1** **mixed up in sth** zamieszany w coś: *He was only 14 when he got mixed up in drug-dealing and car theft.* **2** zagubiony, niepewny siebie: *a lonely, mixed up adolescent* | *I got a little mixed up* (=coś mi się pomieszało) *and went to the wrong restaurant.* →patrz też **mix up** (MIX¹), MIX-UP

mix·er /ˈmɪksə/ *n* [C] **1** mikser: *a food mixer* **2** sok itp. dodawany do drinków: *There are some mixers in the fridge.*

mix·ture S3 W3 /ˈmɪkstʃə/ *n* **1** [C,U] mieszanka: *This tobacco is a mixture of three different sorts.* **2** [singular] mieszanina: *Hal stared at her with a mixture of amusement and disbelief.*

ˈmix-up *n* [C] *informal* zamieszanie, nieporozumienie: *There was a mix-up at the station and Eddie got on the wrong bus.* →patrz też **mix up** (MIX¹), MIXED UP

ml skrót pisany od MILLILITRE

mm skrót pisany od MILLIMETRE

mo. mies. *(=miesiąc)*

moan¹ /məʊn/ *v* [I] jęczeć: *She lay on the bed moaning with pain.* | *I wish you'd stop moaning all the time.*

moan² *n* [C] jęk

moat /məʊt/ *n* [C] fosa

mob¹ /mɒb/ *n* **1** [C] tłum **2** **the Mob** *informal* mafia

mob² *v* [T] (**-bbed**, **-bbing**) oblegać: *Gallagher was mobbed by fans at the airport.*

mo·bile¹ /ˈməʊbaɪl/ *adj* **1** **be mobile** móc się poruszać: *She's 83 now, and not really very mobile* (=i ma kłopoty z poruszaniem się). **2** mobilny: *Professional people have become increasingly mobile in recent years.* **3** **mobile library** *BrE* biblioteka objazdowa

mobile² S2 *n* [C] komórka *(telefon)*

ˌmobile ˈhome *n* [C] dom na kółkach THESAURUS HOUSE

mobile 'phone S2 W3 *n* [C] *BrE* telefon komórkowy

mobile phone

mo·bil·i·ty /məʊˈbɪləti/ *n* [U] **1** mobilność: *social mobility* **2** możliwość poruszania się

mo·bil·ize /ˈməʊbəlaɪz/ *także* **-ise** *BrE v* [T] **1 mobilize support/voters** zdobywać poparcie/głosy: *mobilizing support among middle class voters* **2** z/mobilizować —**mobilization** /ˌməʊbəlaɪˈzeɪʃən/ *n* [C,U] mobilizacja

mob·ster /ˈmɒbstə/ *n* [C] *informal* gangster, mafioso

mock¹ /mɒk/ *v* [I,T] kpić (z): *Wilson was always mocking Joe's southern accent.* —**mockingly** *adv* kpiąco

mock² *adj* [only before noun] **1** na niby: *a mock interview* **2 mock surprise/horror etc** udawane zdziwienie/przerażenie itp.: *With mock seriousness he said: "I forgive you."*

mock·e·ry /ˈmɒkəri/ *n* **1** [U] kpina, kpiny **2 make a mockery of sth** ośmieszać coś: *It makes a mockery of the whole legal system.*

mock·ing·bird /ˈmɒkɪŋbɜːd/ *n* [C] przedrzeźniacz *(ptak)*

'mock-up *n* [C] makieta: *a mock-up of the space shuttle*

mo·dal verb /ˌməʊdl ˈvɜːb/ *także* **modal** *n* [C] *technical* czasownik modalny → INFORMACJE GRAMATYCZNE

mode W3 Ac /məʊd/ *n* [C] *formal* tryb, sposób: **+of** *a very efficient mode of transportation* (=forma transportu)

mod·el¹ S2 W1 /ˈmɒdl/ *n* [C] **1** model: *a model of the Space Shuttle | One of his hobbies is making models of famous buildings. | the latest model from BMW* **2** wzór, model: *The British electoral system has been used as a model by many new democracies.* **3** model/ka: *a fashion model*

model² *adj* [only before noun] **1 model aeroplane/train** miniaturowy samolot/miniaturowa kolejka **2** wzorowy: *he's been a model pupil*

model³ *v* (**-lled, -lling** *BrE*; **-led, -ling** *AmE*) **1** [T] prezentować *(na pokazie mody)*: *Kate is modelling a black leather suit designed by Armani.* **2** [I] pozować, pracować jako model/ka **3 modelled on sth** wzorowany na czymś: *a constitution modelled on the French system* **4 model yourself on sb** wzorować się na kimś: *She had modeled herself on her tennis idol, Steffi Graf.*

mod·el·ling /ˈmɒdlɪŋ/ *BrE*, **modeling** *AmE n* [U] praca modela/modelki: *a career in modelling*

mo·dem /ˈməʊdəm/ *n* [C] modem

mod·e·rate¹ /ˈmɒdərət/ *adj* umiarkowany: *a moderate rate of inflation | a senator with moderate views* —**moderately** *adv* umiarkowanie

mod·e·rate² /ˈmɒdəreɪt/ *v* [T] z/łagodzić: *Drugs can help to moderate the symptoms.*

mod·e·rate³ /ˈmɒdərət/ *n* [C] osoba o umiarkowanych poglądach

mod·e·ra·tion /ˌmɒdəˈreɪʃən/ *n* [U] *formal* umiar: *He only drinks in moderation* (=pije z umiarem).

mod·ern S1 W1 /ˈmɒdn/ *adj* **1** nowoczesny: *a modern apartment block | modern technology | a modern approach to sex education* **2** współczesny: *the pressures of modern living | museum of modern art* —**modernity** /məˈdɜːnəti/ *n* [U] nowoczesność

THESAURUS: modern (sense 2)

modern nowoczesny: *modern farming methods | a bright modern office building*

the latest najnowszy: *the latest fashions | the latest edition of the book*

up-to-date nowoczesny: *Our equipment isn't very up-to-date.*

high-tech najnowocześniejszy *(oparty na najbardziej zaawansowanych technologiach)*: *Today's fire service uses high-tech equipment for fighting fires.*

state-of-the-art najnowocześniejszy *(oparty na aktualnym stanie wiedzy)* supernowoczesny: *a state-of-the-art language laboratory*

newfangled *informal* nowomodny: *He didn't like using newfangled gadgets such as mobile phones.*

mod·ern·ize /ˈmɒdənaɪz/ *także* **-ise** *BrE v* [T] unowocześniać, z/modernizować: *a state program to modernize existing primary schools* —**modernization** /ˌmɒdənaɪˈzeɪʃən/ *n* [C,U] modernizacja

ˌmodern 'languages *n* [plural] języki nowożytne

mod·est /ˈmɒdɪst/ *adj* **1** skromny: *a quiet, modest man | a modest 2% pay increase* **2** wstydliwy —**modestly** *adv* skromnie, wstydliwie

mod·es·ty /ˈmɒdəsti/ *n* [U] **1** skromność **2** wstydliwość

mod·i·cum /ˈmɒdɪkəm/ *n* **a modicum of sth** *formal* odrobina czegoś

mod·i·fi·ca·tion Ac /ˌmɒdɪfɪˈkeɪʃən/ *n* [C,U] modyfikacja: **+to** *We've made a few modifications to the programme.*

mod·i·fi·er /ˈmɒdəfaɪə/ *n* [C] wyraz określający

mod·i·fy Ac /ˈmɒdɪfaɪ/ *v* [T] **1** z/modyfikować: *Safety procedures have been modified since the fire.* **2** określać

mod·u·lar /ˈmɒdjələ/ *adj* modułowy: *modular furniture | The courses are arranged on a modular basis.*

mod·ule /ˈmɒdjuːl/ *n* [C] *technical* **1** moduł **2** człon *(statku kosmicznego)* **3** *BrE* blok *(nauczania)* moduł: *The syllabus comprises six modules.*

mo·hair /ˈməʊheə/ *n* [U] moher

moist /mɔɪst/ *adj* wilgotny: *Make sure the soil is moist. | a moist chocolate cake* THESAURUS WET → porównaj DAMP

UWAGA: moist

Patrz **damp, humid** i **moist**.

moist·en /ˈmɔɪsən/ *v* [I,T] zwilżyć (się): *Moisten the clay with a little water.*

mois·ture /ˈmɔɪstʃə/ *n* [U] wilgoć: *The desert air contains hardly any moisture.*

mois·tur·iz·er /ˈmɔɪstʃəraɪzə/ *także* **-iser** *BrE n* [C,U] krem nawilżający

mo·lar /ˈməʊlə/ *n* [C] ząb trzonowy

mo·las·ses /məˈlæsɪz/ *n* [U] *especially AmE* melasa

mold /məʊld/ amerykańska pisownia wyrazu MOULD

mold·ing /ˈməʊldɪŋ/ amerykańska pisownia wyrazu MOULDING

mold·y /ˈməʊldi/ amerykańska pisownia wyrazu MOULDY

mole /məʊl/ *n* [C] **1** kret **2** pieprzyk **3** wtyczka *(szpieg)*

mol·e·cule /ˈmɒlɪkjuːl/ *n* [C] cząsteczka, molekuła —**molecular** /məˈlekjələ/ *adj* molekularny

mo·lest /məˈlest/ *v* [T] molestować, napastować: *Harper was accused of molesting his 7-year-old stepdaughter.*

mol·li·fy /ˈmɒlɪfaɪ/ *v* [T] *formal* udobruchać

mol·lusc /ˈmɒləsk/ *BrE*, **mollusk** *AmE n* [C] mięczak: *snails and other molluscs*

molt /məʊlt/ amerykańska pisownia wyrazu MOULT

mol·ten /ˈməʊltən/ *adj* ciekły, roztopiony: *molten metal*

mom S1 /mɒm/ *n* [C] *AmE spoken informal* mama: *Can I go to Barbara's, Mom?*

mo·ment S1 W1 /ˈməʊmənt/ *n* **1** [C] chwila, moment: *They stood in the lobby for a few moments talking.* | **in a moment** (=za chwilę): *I'll be back in a moment.* | **for a moment** (=na chwilę): *She paused for a moment before replying.* | **at that/this moment** (=w tym momencie): *At that moment, the door opened and Danny walked in.* **2 the moment (that)** jak tylko: *The moment I heard your voice I knew something was wrong.* **3 at the moment** teraz, w tej chwili: *Gavin's working in Oakland at the moment.* THESAURUS NOW **4 for the moment** chwilowo, na razie: *Well, for the moment we're just considering the possibilities.* **5 (at) any moment** w każdej chwili: *The roof could collapse at any moment.* → porównaj MINUTE[1]

mo·men·tar·i·ly /ˈməʊməntərəli/ *adv* **1** przez chwilę/moment: *I was momentarily surprised by the question.* **2** *AmE* za chwilę/moment: *I'll be with you momentarily.*

mo·men·ta·ry /ˈməʊməntəri/ *adj* chwilowy: *There was a momentary silence before anyone dared to speak.*

mo·men·tous /məʊˈmentəs/ *adj* doniosły, wielkiej wagi: *the momentous events in Central Europe*

mo·men·tum /məʊˈmentəm/ *n* [U] **1** pęd **2 gain/gather momentum a)** nabierać rozpędu: *The rock gained momentum as it rolled down the hill.* **b)** nabierać impetu: *The election campaign is rapidly gathering momentum.*

mom·ma /ˈmɒmə/ *n* [C] *AmE spoken informal* mama

mom·my S3 /ˈmɒmi/ *n* [C] *AmE* mamusia

Mon. skrót pisany od „Monday"

mon·arch /ˈmɒnək/ *n* [C] monarch-a/ini

mon·ar·chy /ˈmɒnəki/ *n* [C,U] monarchia

mon·as·tery /ˈmɒnəstri/ *n* [C] klasztor

mo·nas·tic /məˈnæstɪk/ *adj* klasztorny

Mon·day /ˈmʌndi/ *(skrót pisany* **Mon.***) n* [C,U] poniedziałek

mon·e·ta·ry /ˈmʌnətəri/ *adj* monetarny, pieniężny: *monetary policy*

mon·ey S1 W1 /ˈmʌni/ *n* [U] **1** pieniądze: *How much money do you have with you?* | *The boat must have cost a lot of money.* | *Fred lost all his money when he was forced to close his business.* | **spend money** (=wydawać pieniądze): *She spends a lot of money on clothes.* | **make money** *John is making a lot of money.* | **save money** (=oszczędzać): *You can save money by arranging your flight early.* **2 get your money's worth** coś jest warte czyichś pieniędzy: *The concert only lasted an hour so we didn't really get our money's worth.* **3 that kind of money** *spoken* tyle pieniędzy: *People with that kind of money don't need to work.* | *They wanted $5,000, and I just don't have that kind of money.*

COLLOCATIONS: money

verbs

to have money *I don't think they have very much money.*
to earn money *He doesn't earn much money.*
to make money (=zarabiać; przynosić zysk) *I make more money than he does.* | *The farm was beginning to make money at last.*
to lose money *Unfortunately, the company is still losing money.*
to spend money *I spend a lot of money on clothes.*
to cost money *The repairs will cost a lot of money.*
to save money *Turning your heating down will save money.*
to save (up) money (=odkładać) *She had saved up enough money to buy a car.*
to lend sb money *Could you lend me some money?*
to borrow money *We borrowed money from the bank to buy a house.*
to owe money *He owes me money.*
to waste money *Don't waste your money on a computer that doesn't have enough memory.*
to raise money (=zbierać pieniądze) *They organized events to raise money for the school.*

adjectives

good money (=dużo pieniędzy) *She earns good money as a lawyer.*
big money *informal* (=wielka kasa) *Basketball players make big money.*
easy money (=łatwy zarobek) *For many, selling drugs seems like easy money.*

noun + money

a sum/an amount of money *He offered me a large sum of money.*
a waste of money *The trip was a waste of money.*
spending money (=pieniądze do wydania na przyjemności) *We had £500 spending money saved for our holiday.*
pocket money *BrE How much pocket money do you get?*
government/taxpayers'/public money *More taxpayers' money should be spent on the railways.*

THESAURUS: money

money pieniądze: *We don't have enough money to buy a house.*
cash gotówka: *You can pay in cash or by cheque.*
currency waluta: *The Russian currency is the rouble.*
change drobne: *He emptied all the change out of his pockets.*
note *BrE*, **bill** *AmE* banknot: *a £20 note* | *a $5 bill*

ˈmoney ˌmarket *n* [C] rynek pieniężny

Mon·go·li·a /mɒŋˈgəʊliə/ *n* Mongolia —**Mongolian** *n* Mongoł/ka —**Mongolian** *adj* mongolski

mon·grel /ˈmʌŋgrəl/ *n* [C] kundel

mon·i·tor[1] /ˈmɒnɪtə/ *n* [C] monitor

monitor[2] S3 W3 Ac *v* [T] monitorować: *Doctors are monitoring the patient's condition carefully.*

monk /mʌŋk/ *n* [C] mnich

mon·key /ˈmʌŋki/ *n* [C] małpa

ˈmonkey bars *n* [plural] drabinki

ˈmonkey wrench *n* [C] klucz nastawny/rozsuwalny

mon·o /ˈmɒnəʊ/ *n* [U] *informal AmE* mononukleoza

mono- /mɒnəʊ/ *prefix* mono-, jedno-

mon·o·chrome /ˈmɒnəkrəʊm/ *adj* monochromatyczny: *a monochrome image*

mo·nog·a·my /məˈnɒgəmi/ *n* [U] monogamia —**monogamous** *adj* monogamiczny

mon·o·gram /ˈmɒnəgræm/ *n* [C] monogram —**monogrammed** *adj*: *a monogrammed shirt* (=koszula z monogramem)

mon·o·ling·ual /ˌmɒnəʊˈlɪŋgwəl/ *adj* monolingwalny, jednojęzyczny: *a monolingual dictionary*

mon·o·lith·ic /ˌmɒnəˈlɪθɪk◂/ *adj* monolityczny —**monolith** /ˈmɒnəlɪθ/ *n* monolit

mon·o·logue /ˈmɒnəlɒg/ *także* **monolog** *AmE n* [C] monolog

mo·nop·o·lize /məˈnɒpəlaɪz/ *także* **-ise** *BrE v* [T] z/monopolizować: *The tobacco industry is monopolized by a few large companies.*

monopoly /məˈnɒpəli/ *n* monopol: *Adequate health care should not be the monopoly of the rich.* | **+on/of** *Until recently, Bell Telephone had a monopoly on telephone services.* —**monopolistic** /məˌnɒpəˈlɪstɪk◂/ *adj* monopolistyczny

Mo·nop·o·ly /məˈnɒpəli/ *n* [U] *trademark* Monopol *(gra)*

mon·o·syl·lab·ic /ˌmɒnəsɪˈlæbɪk◂/ *adj* **1** jednosylabowy **2** burkliwy

mon·o·syl·la·ble /ˈmɒnəˌsɪləbəl/ *n* [C] monosylaba

mon·o·tone /ˈmɒnətəʊn/ *n* [singular] monotonny głos: *He continued talking in a slow monotone.*

mo·not·o·nous /məˈnɒtənəs/ *adj* monotonny: *monotonous work* | *a flat, monotonous landscape* —**monotony** *n* [U] monotonia —**monotonously** *adv* monotonnie

mon·soon /mɒnˈsuːn/ *n* [C] monsun

mon·ster /ˈmɒnstə/ *n* [C] **1** potwór: *a sea monster* | *Only a monster could kill an innocent child.* **2** monstrum: *That dog's a real monster!*

mon·stros·i·ty /mɒnˈstrɒsəti/ *n* [C] monstrum, szkaradzieństwo: *The office complex is yet another monstrosity in the centre of the city.*

mon·strous /ˈmɒnstrəs/ *adj* potworny: *a monstrous crime*

month S1 W1 /mʌnθ/ *n* [C] miesiąc: *the month of May* | *The competition takes place at the end of this month.* | *She had to wait over six months for her operation.*

> **UWAGA: month**
>
> Patrz **-minute/day/month** itp.

month·ly /ˈmʌnθli/ *adj* **1** comiesięczny: *monthly team meetings* **2** miesięczny: *a monthly salary of $850* —**monthly** *adv* co miesiąc, miesięcznie

mon·u·ment /ˈmɒnjəmənt/ *n* [C] **1** pomnik, monument: **+to** (=ku czci): *a monument to Frederick the Great* **2** zabytek: *ancient Roman monuments* **3 be a monument to** być wymownym przykładem: *The squalid townships are a monument to the evils of the old apartheid system.*

mon·u·ment·al /ˌmɒnjəˈmentl◂/ *adj* **1** straszny: *Jeffries has admitted he made a monumental mistake.* **2** monumentalny: *Darwin's monumental work on evolution*

moo /muː/ *v* [I] za/ryczeć

mood S3 W3 /muːd/ *n* **1** [C] nastrój, humor: *His mood suddenly seemed to change.* | **be in a good/bad mood** *You're certainly in a good mood today!* **2 be in the mood (for)** mieć ochotę (na): *Are any of you in the mood for a game of cards?* | **be in no mood for** (=nie być w nastroju do): *He was obviously in no mood for talking.* **3** [C] tryb *(gramatyczny)*: *the imperative mood*

mood·y /ˈmuːdi/ *adj* **1** humorzasty: *a moody teenager* **2** *especially AmE* o zmiennym nastroju: *moody music*

moon W3 /muːn/ *n* **1** księżyc: *How many moons does Jupiter have?* | *There's no moon tonight.* | **full moon** (=pełnia księżyca) **2 be over the moon** *BrE informal* nie posiadać się ze szczęścia: *She's over the moon about her new job.* →patrz też **once in a blue moon** (ONCE[1])

moon·beam /ˈmuːnbiːm/ *n* [C] promień księżyca

moon·light /ˈmuːnlaɪt/ *n* [U] światło księżyca

moon·lit /ˈmuːnˌlɪt/ *adj* księżycowy: *a beautiful moonlit night*

moonshine /ˈmunʃaɪn/ *n informal* bimber

moor[1] /mʊə/ *n* [C usually plural] *especially BrE* wrzosowisko: *the North Yorkshire Moors*

moor[2] *v* [I,T] za/cumować

moor·ing /ˈmʊərɪŋ/ *n* **1** [C] miejsce cumowania **2 moorings** cumy

moose /muːs/ *n* [C] łoś *(amerykański)*

moot /muːt/ *adj especially AmE* bezprzedmiotowy: *The proposal is moot because there is no money to implement it.*

ˌmoot ˈpoint *n* [C usually singular] punkt sporny: *Whether these laws will really reduce violent crime is a moot point.*

mop[1] /mɒp/ *n* **1** [C] zmywak do podłogi **2** [singular] *informal* czupryna: *a mop of black curly hair*

mop[2] *v* [T] (**-pped**, **-pping**) **1** z/myć: *I mopped the kitchen floor an hour ago, and look at it now!* **2** wycierać: *Earl mopped his face with a large handkerchief.*
mop sth ↔ up *phr v* [T] ścierać *(rozlany płyn)*: *Can you mop up the milk you've spilled?*

mope /məʊp/ *także* **mope around** *v* [I] rozczulać się nad sobą

mo·ped /ˈməʊped/ *n* [C] motorower

mor·al[1] S3 W2 /ˈmɒrəl/ *adj* **1** [only before noun] moralny: *My grandfather was a very moral man.* | *Terry refused to join the army for moral reasons.* | *I believe we have a moral duty to help the poor.* →antonim IMMORAL **2 moral support** wsparcie duchowe: *I offered to go with him to the dentist as moral support.* —**morally** *adv* moralnie

moral[2] *n* [C] morał: *The moral of the story is that crime doesn't pay.* →patrz też MORALS

mo·rale /məˈrɑːl/ *n* [U] morale: *Talk of job losses is bad for morale.*

mor·al·ist·ic /ˌmɒrəˈlɪstɪk◂/ *adj* moralistyczny —**moralist** /ˈmɒrəlɪst/ *n* [C] moralist-a/ka

mo·ral·i·ty /məˈræləti/ *n* [U] moralność: *declining standards of morality* | **+of** *a discussion on the morality of abortion*

mor·al·ize /ˈmɒrəlaɪz/ *także* **-ise** *BrE v* [I] moralizować

mor·als /ˈmɒrəlz/ *n* [plural] moralność: *His book reflects the values and morals of society at that time.*

mor·a·to·ri·um /ˌmɒrəˈtɔːriəm/ *n* [C usually singular] moratorium

mor·bid /ˈmɔːbɪd/ *adj* chorobliwy: *He has a morbid fascination with murder stories.*

more¹ /mɔː/ *adj* bardziej: *more interesting* | **more expensive/quickly** (=droższy/szybciej): *You'll have to be more careful next time.* | **more ... than** *My meal was more expensive than Dan's.* | **much/a lot/far more** (=o wiele bardziej): *The students will feel much more confident if they work in groups.* →antonim LESS¹

more² S1 W1 *adv* **1** więcej: *I promised I'd help more with the housework.* | **more than** *We see our grandchildren more than* (=częściej niż) *we used to.* | **much/a lot/far more** (=o wiele więcej): *She goes out a lot more now that she has a car.* →antonim LESS¹ **2 not any more** już nie: *Sarah doesn't live here any more.* →patrz też ANY², ANY MORE, **once more** (ONCE¹)

more³ *quantifier* **1** więcej: **more ... than** *There are more people without jobs than there used to be.* | **more than** *Orange juice costs more than beer in some bars.* | **some/a few more** (=jeszcze trochę/kilka): *Would you like some more coffee?* | *I have to make a few more phone calls.* | **10/20 etc more** *We need five more chairs.* **2 more and more** coraz więcej: *These days, more and more people travel long distances to work.* **3 more or less** mniej więcej: *This article says more or less the same thing as the other one.* THESAURUS ALMOST

THESAURUS: more (sense 2)

more więcej: *He put some more logs on the fire.* | *More people came into the room.*

another jeszcze jeden: *Can I have another biscuit?*

extra dodatkowy: *We get an extra day's holiday this year.* | *You can use the pool at no extra cost.*

spare zapasowy: *It's always best to have a spare key.*

additional *formal* dodatkowy: *Additional troops will be sent to the region.* | *additional charges*

further *formal* dalszy: *For further information, call this number.* | *She has gone into hospital for further tests.*

more·o·ver W2 /mɔːrˈəʊvə/ *adv formal* ponadto, poza tym: *The new design is not acceptable. Moreover, it would delay the project even further.*

mo·res /ˈmɔːreɪz/ *n* [plural] *formal* obyczaje: *American social mores*

morgue /mɔːg/ *n* [C] kostnica

morn·ing S1 W1 /ˈmɔːnɪŋ/ *n* [C,U] **1** poranek, ranek: *I got a letter from Wayne this morning* (=dziś rano). | **in the morning** *I'll deal with it in the morning* (=jutro rano). | *The phone rang at three in the morning* (=o trzeciej w nocy). **2 (Good) Morning** *spoken* dzień dobry: *Morning, Rick.*

COLLOCATIONS: morning

adjectives

this morning *I've got a lot of things to do this morning.*

yesterday/tomorrow morning *I'll see you tomorrow morning.* | *I haven't seen her since yesterday morning.*

the next/following morning *Sarah was up at seven the next morning.*

early/late morning *We didn't set off until late morning.*

a beautiful/fine/sunny etc morning *Wake up – it's a beautiful morning.*

a cold/frosty morning *I hate waiting for the bus on cold mornings.*

noun + morning

Friday/Monday/Saturday etc morning *We'll discuss it on Monday morning.*

a spring/summer/autumn/winter morning *It was a bright spring morning.*

morning + noun

the morning sun/light/mist *He strolled along, enjoying the morning sun.*

sb's morning run/swim/coffee *She had already been for her morning run.*

the morning train/flight (=(po)ranny pociąg/lot) *She took the morning flight back to London.*

Mo·roc·co /məˈrɒkəʊ/ *n* Maroko —**Moroccan** /məˈrɒkən/ *n* Marokan-in/ka —**Moroccan** *adj* marokański

mo·ron /ˈmɔːrɒn/ *n* [C] *informal* debil/ka —**moronic** /məˈrɒnɪk/ *adj* debilny, kretyński

mo·rose /məˈrəʊs/ *adj* posępny, markotny

mor·phine /ˈmɔːfiːn/ *n* [U] morfina

mor·sel /ˈmɔːsəl/ *n* [C] *literary* kęs, kąsek: *a morsel of bread*

mor·tal¹ /ˈmɔːtl/ *adj* **1** śmiertelny: *mortal creatures* →antonim IMMORTAL **2 mortal injuries/blow** śmiertelne obrażenia/śmiertelny cios **3 mortal fear/danger** śmiertelny strach/niebezpieczeństwo: *He lived in mortal fear of being attacked.* —**mortally** *adv* śmiertelnie

mortal² *n* **lesser/ordinary/mere mortals** *humorous* zwykli śmiertelnicy

mor·tal·i·ty /mɔːˈtæləti/ *n* [U] **1** *także* **mortality rate** umieralność: *infant mortality* **2** śmiertelność: *After the heart attack, I became more aware of my own mortality.*

mor·tar /ˈmɔːtə/ *n* **1** [C] moździerz **2** [U] zaprawa murarska

mort·gage¹ W3 /ˈmɔːgɪdʒ/ *n* [C] kredyt hipoteczny: *After he lost his job he couldn't pay his mortgage anymore.*

mortgage² *v* [T] oddawać w zastaw hipoteczny

mor·ti·cian /mɔːˈtɪʃən/ *n* [C] *AmE* przedsiębiorca pogrzebowy

mor·ti·fy /ˈmɔːtɪfaɪ/ *v* [T] krępować: *The thought of going out dressed like that mortified me.*

mor·tu·a·ry /ˈmɔːtʃuəri/ *n* [C] kostnica

mo·sa·ic /məʊˈzeɪ-ɪk/ *n* [C,U] mozaika

Mos·lem /ˈmɒzlɪm/ *n* [C] muzułmański

mosque /mɒsk/ *n* [C] meczet

mos·qui·to /məˈskiːtəʊ/ *n* [C] komar, moskit

moss /mɒs/ *n* [U] mech —**mossy** *adj* omszały

most¹ S1 W1 /məʊst/ *adv* **1** służy do tworzenia stopnia najwyższego wielosylabowych przymiotników i przysłówków: **most beautiful/important etc** najpiękniejszy/najważniejszy: *Anna is one of the most beautiful women I know.* | *I forgot to tell you the most important thing!* | *a virus most frequently found in stagnant water* **2** najbardziej: *She liked the dark beer most.* | **most of all** *I love all my family, but my mum most of all.* **3** *formal* wysoce, wielce: *I was most surprised to discover we had been to the same school.*

M

UWAGA: most

Patrz **majority** i **most**.

most² *quantifier* **1** większość: *Most computers have a disk drive.* | **most of** *Most of the kids I know have parents who are divorced.* **2** najwięcej: **the most** *Ricardo's restaurant gives you the most food for your money.* | *Whoever scores most will win.* | *How can we get the most power from the engine?* | *I'm afraid the most I can give you is $100.* **3 at (the) most** (co) najwyżej: *The book should cost $10 at the most.* **4 make the most of sth** wykorzystywać coś, jak tylko się da: *Go out and make the most of the sunshine* (=i korzystaj ze słońca, póki jest).

most·ly S2 W3 /ˈməʊstli/ *adv* **1** głównie: *The room was full of sports people, mostly football players.* **2** przeważnie: *Mostly, he travels by car or in his own plane.*

mo·tel /məʊˈtel/ *n* [C] motel THESAURUS HOTEL

moth /mɒθ/ *n* [C] ćma

moth·er¹ S1 W1 /ˈmʌðə/ *n* [C] **1** matka: *My mother said I have to be home by 9:00.* | *Her mother once met President Kennedy.* **2 the mother of all** *informal* wyjątkowo parszywy: *I woke up with the mother of all hangovers.*

mother² *v* [T] matkować: *Tom resented being constantly mothered by his wife.*

moth·er·hood /ˈmʌðəhʊd/ *n* [U] macierzyństwo

ˈmother-in-ˌlaw *n* [C] (plural **mothers-in-law**) teściowa

moth·er·ly /ˈmʌðəli/ *adj* matczyny: *a plump, motherly woman*

ˌmother-of-ˈpearl *n* [U] macica perłowa

ˈMother's Day *n* [singular] Dzień Matki

ˌmother ˈtongue *n* [C] język ojczysty

mo·tif /məʊˈtiːf/ *n* [C] **1** motyw: *a musical motif* **2** wzór: *a T-shirt with a butterfly motif*

mo·tion¹ W3 /ˈməʊʃən/ *n* **1** [C,U] ruch: *the gentle rolling motion of the ship* | *He made a motion with his hand, as if to tell me to keep back.* **2** [C] wniosek: *I'd like to propose a motion to change working hours.* **3 (in) slow motion** w zwolnionym tempie: *Let's look at that goal in slow motion.* | *The slow motion replay proved it was a foul.* **4 go through the motions of doing sth** zmuszać się do zrobienia czegoś: *The doctor was sure the man wasn't really ill, but he went through the motions of examining him.* **5 put/set sth in motion** nadać czemuś bieg

motion² *v* [I,T] **motion (for) sb to do sth** dać komuś znak, żeby coś zrobił: *She motioned for him to sit down.*

mo·tion·less /ˈməʊʃənləs/ *adj* nieruchomy, bez ruchu: *He was standing motionless in the doorway.* —**motionlessly** *adv* nieruchomo

ˌmotion ˈpicture *n* [C] *AmE* film *(kinowy)*

mo·ti·vate /ˈməʊtɪveɪt/ *v* [T] **1** s/powodować: *The theft was motivated by greed.* **2** motywować —**motivated** *adj*: *Police believe the attack was racially motivated* (=że był to atak na tle rasowym). | *highly motivated students* (=studenci o silnej motywacji)

mo·ti·va·tion Ac /ˌməʊtəˈveɪʃən/ *n* **1** [U] motywacja: *Jack is smart, but he lacks motivation.* **2** [C] powody: **+for** *What was your motivation for writing the book?*

mo·tive Ac /ˈməʊtɪv/ *n* [C] motyw: **+for** *Jealousy was the motive for the murder.*

mot·ley /ˈmɒtli/ *adj* **a motley crew/collection** zbieranina

mo·tor¹ S3 W3 /ˈməʊtə/ *n* [C] silnik

motor² *adj* [only before noun] **1** mechaniczny: *a motor vehicle* **2** *BrE* motoryzacyjny: *the motor industry*

mo·tor·bike /ˈməʊtəbaɪk/ *n* [C] *especially BrE* motocykl

mo·tor·boat /ˈməʊtəbəʊt/ *n* [C] motorówka

mo·tor·cade /ˈməʊtəkeɪd/ *n* [C] kawalkada samochodów

ˈmotor car *n* [C] *formal* samochód

mo·tor·cy·cle /ˈməʊtəˌsaɪkəl/ *n* [C] motocykl —**motorcyclist** *n* [C] motocyklist-a/ka

mo·tor·ing /ˈməʊtərɪŋ/ *adj* [only before noun] *BrE* **a)** samochodowy: *a motoring holiday* (=wakacje na czterech kółkach) **b)** drogowy: *a motoring offence* (=wykroczenie drogowe)

mo·tor·ist /ˈməʊtərɪst/ *n* [C] kierowca

mo·tor·ized /ˈməʊtəraɪzd/ *także* **-ised** *BrE adj* silnikowy: *a motorized wheelchair*

ˈmotor ˌvehicle *n* [C] *formal* pojazd mechaniczny

mo·tor·way S2 /ˈməʊtəweɪ/ *n* [C] *BrE* autostrada

mot·tled /ˈmɒtld/ *adj* plamisty: *His skin looked mottled and unhealthy.*

mot·to /ˈmɒtəʊ/ *n* [C] motto

mould¹ /məʊld/ *BrE*, **mold** *AmE n* **1** [U] pleśń: *There were dark patches of mould on the walls.* **2** [C] forma, foremka: *a jelly mould*

mould² *BrE*, **mold** *AmE v* [T] **1** modelować *(np. glinę)* **2** kształtować, urabiać: *an attempt to mould public opinion*

mould·ing /ˈməʊldɪŋ/ *BrE*, **molding** *AmE n* [C,U] sztukateria

mould·y /ˈməʊldi/ *BrE*, **moldy** *AmE adj* spleśniały, zapleśniały: *The cheese has gone mouldy.*

moult /məʊlt/ *BrE*, **molt** *AmE v* [I] wy/linieć

mound /maʊnd/ *n* [C] **1** kopiec: *a burial mound* **2** stos: *a mound of papers*

mount¹ /maʊnt/ *v* **1** *także* **mount up** [I] rosnąć, narastać: *His debts continued to mount up.* **2** [T] z/organizować: *They are mounting a campaign to stop road building in the area.* **3** [T] dosiadać, wsiadać na: *She mounted the horse and rode off.* **4** [T] *formal* wchodzić po: *She mounted the stairs.* **5** [T] za/montować: *The engine is mounted onto the chassis using special bolts.*

mount² *n* **Mount** pierwszy element nazw szczytów górskich: *Mount Everest*

moun·tain S3 W3 /ˈmaʊntɪn/ *n* [C] **1** góra: *the Swiss mountains* | *a mountain of ironing* **2 mountain top/peak** szczyt górski: *snow-capped mountain peaks* **3 make a mountain out of a molehill** z/robić z igły widły

ˈmountain ˌbiking *n* kolarstwo górskie

moun·tain·eer·ing /ˌmaʊntəˈnɪərɪŋ/ *n* [U] wspinaczka górska —**mountaineer** *n* [C] alpinist-a/ka

moun·tain·ous /ˈmaʊntɪnəs/ *adj* górzysty

moun·tain·side /ˈmaʊntənsaɪd/ *n* [C] stok górski, zbocze górskie

mount·ing /ˈmaʊntɪŋ/ *adj* rosnący, narastający: *Chris read the letter with mounting anger.*

mourn /mɔːn/ *v* [T] opłakiwać: *After 10 years, she's still mourning her son's death.*

mourn·er /ˈmɔːnə/ *n* [C] żałobni-k/czka

mourn·ful /ˈmɔːnfəl/ *adj* żałobny: *slow, mournful music*

mourn·ing /ˈmɔːnɪŋ/ *n* [U] żałoba: *the outbreak of public mourning following Diana's death* | **in mourning** (=w żałobie)

mouse S2 W3 /maʊs/ *n* [C] **1** (plural **mice** /maɪs/) mysz **2** (plural **mouses**) mysz komputerowa

ˈ**mouse mat** *BrE*, ˈ**mouse pad** *AmE n* [C] podkładka pod mysz

mousse /muːs/ *n* [C,U] **1** mus: *chocolate mousse* **2** pianka do włosów

mous·tache /məˈstɑːʃ/ *także* **mustache** *AmE n* [C] wąsy

mous·y, **mousey** /ˈmaʊsi/ *adj* mysi: *She had mousy hair.*

mouth¹ S2 W1 /maʊθ/ *n* **1** [C] usta **2 keep your mouth shut** *informal* trzymać język za zębami: *The party's supposed to be a surprise, so keep your mouth shut about it.* **3** [C] wylot: *the mouth of a cave* **4** [C] ujście: *the mouth of a river* **5 big/loud mouth** *informal* niewyparzona gęba **6 make your mouth water** sprawiać, że ślinka komuś cieknie →patrz też MOUTH-WATERING

COLLOCATIONS: mouth

verbs

to open your mouth *I opened my mouth to scream.*

to close/shut your mouth *She started to speak, then closed her mouth.*

sb's mouth falls/drops open (=szczęka komuś opada) *His mouth fell open when he saw who it was.*

to kiss sb on the mouth *She walked up to him and kissed him on the mouth.*

adjectives

a big/large/wide mouth *He had a big nose and a big mouth.* | *Billy's wide mouth stretched into a grin.*

a generous mouth (=wydatne usta) *On her generous mouth was a smile.*

a small mouth *She stuffed the cake into her small mouth.*

sb's mouth is open *His mouth was open and he was snoring.*

sb's mouth is full (=ktoś ma pełne usta) *Don't talk with your mouth full.*

sb's mouth is dry (=ktoś ma sucho w ustach) *My mouth was dry and my hands were shaking.*

noun + mouth

the corner/side of sb's mouth *A cigarette hung out of the corner of his mouth.*

the roof of sb's mouth (=podniebienie) *The hot stew burned the roof of his mouth.*

mouth² /maʊð/ *v* [T] mówić bezgłośnie *(poruszając ustami)*: *Karen was mouthing the answer to me behind the teacher's back.*
mouth off *phr v* [I] *informal* pyskować: *Mick was suspended for mouthing off to teachers.*

mouth·ful /ˈmaʊθfʊl/ *n* **1** [C] kęs, łyk **2 be a mouthful** *informal* być trudnym do wymówienia: *Her real name is quite a mouthful, so we just call her Dee.*

mouth·piece /ˈmaʊθpiːs/ *n* [C] **1** ustnik **2** [usually singular] trybuna *(przenośnie)*: *Pravda used to be the mouthpiece of the Communist Party.*

mouth·wash /ˈmaʊθwɒʃ/ *n* [C,U] płyn do płukania ust

ˈ**mouth-ˌwatering** *adj* apetyczny, smakowity

mov·a·ble /ˈmuːvəbəl/ *adj* ruchomy: *toy soldiers with movable arms and legs* | *a movable feast*

move¹ S1 W1 /muːv/ *v* **1** [I,T] ruszać (się), poruszać (się): *I saw the dog's eyes move, so I knew he was alive.* | **+about/around** *She could hear someone moving around in Gail's room.* **2** [I,T] przesuwać (się): *He moved the chair into the corner of the room.* | *We'll have to move the party to another day.* **3** *także* **move away** [I] wyprowadzać się, przeprowadzać się: *Henry moved away and we never saw him again.* | **+to** *They moved to Birmingham in May.* | **move house** *BrE* (=przeprowadzać się): *We're moving house next week.* **4** [T] wzruszać: *The story moved us to tears.* **5** [I] posuwać się naprzód: *Things are moving fast now we've got a new manager.* **6 get moving** *spoken* rusz się: *Get moving or you'll miss the bus.*
move in *phr v* [I] wprowadzić się: *When are you moving in?* | **+with/together** *Steve's moving in with his girlfriend.*
move off *phr v* [I] odjeżdżać: *The train began to move off slowly.*
move on *phr v* [I] **1** ruszyć w dalszą drogę: *After three days we decided it was time to move on.* **2** przejść *(do nowego tematu)*: *I'd like to move on now to the subject of education.* **3** ewoluować, rozwijać się: *Her ideas have hardly moved on since the thirties.*
move out *phr v* [I] wyprowadzić się: *We have to move out by next Friday.*
move over *phr v* [I] posunąć się: *Move over so Jim can sit down.*
move up *phr v* **1** [I,T] awansować: *She's been moved up to the managerial level.* **2** [I] *BrE* posunąć się: *Move up a bit – I'm squashed in the corner.*

move² S2 W1 *n* [C] **1** ruch, posunięcie: *"I called Tom to say I don't want to see him again." "Good move!"* **2 make a move a)** z/robić ruch: **+towards/for** *Arnison made a move for the door.* **b)** *BrE spoken* zbierać się *(do wyjścia)*: *It's late, we'd better be making a move.* **3 be on the move** być w rozjazdach **4 get a move on** *spoken* rusz się: *Get a move on, or we'll be late!* **5** przeprowadzka: *The move to the new house took three days.*

move·ment S1 W1 /ˈmuːvmənt/ *n* **1** [C,U] ruch: *I noticed a sudden movement behind the curtain.* | *the anti-war movement* | *Police are trying to trace his movements over the last 48 hours.* **2** [C] **movement away/towards** odchodzenie od/zbliżanie się ku: *a movement away from traditional values* **3** [C] część: *the second movement of Beethoven's Seventh Symphony*

mov·er /ˈmuːvə/ *n* [C] *AmE* pracownik firmy przewożącej meble

mov·ie S2 W2 /ˈmuːvi/ *n* [C] *especially AmE* **1** film **2 the movies** *AmE* kino: **go to the movies** (=chodzić do kina): *How often do you go to the movies?*

ˈ**movie star** *n* [C] gwiazda filmowa

ˈ**movie ˌtheater** *n* [C] *AmE* kino *(budynek)*

mov·ing /ˈmuːvɪŋ/ *adj* **1** wzruszający: *a deeply moving book* **2** [only before noun] ruchomy: *Oil the moving parts of this machine regularly.* —**movingly** *adv* wzruszająco: *He spoke movingly about his experiences in the war.*

mow /məʊ/ *v* (**mowed**, **mowed** or **mown** /məʊn/, **mowing**) [I,T] s/kosić: *When are you going to mow the lawn?* THESAURUS CUT
mow sb ↔ down *phr v* [T] wykosić: *Hundreds of protesters were mown down by the police.*

mow·er /ˈməʊə/ *n* [C] kosiarka

M

M

MP /ˌem ˈpiː/ *n* [C] poseł/posłanka, parlamentarzyst-a/ka: *She's the MP for Liverpool North.*

MP3 play·er /ˌem piː ˈθriː ˌpleɪə/ *n* odtwarzacz MP3, MP trójka

mpg /ˌem piː ˈdʒiː/ skrót od „miles per gallon"

mph /ˌem piː ˈeɪtʃ/ skrót od „miles per hour": *a car that can reach a speed of 180 mph*

Mr /ˈmɪstə/ *n* **Mr Jones** pan Jones

Mrs /ˈmɪsɪz/ *n* **Mrs Jones** pani Jones

Ms /mɪz/ *n* skrót przed nazwiskiem kobiety, nie precyzujący jej stanu cywilnego

MSc /ˌem es ˈsiː/ *także* **MS** /ˌem ˈes/ *AmE n* [C] magister nauk ścisłych → porównaj **MA**

MSG /ˌem es ˈdʒiː/ *n* glutaminian sodu

Mt skrót pisany od **MOUNT**: *Mt Everest*

much[1] S1 W1 /mʌtʃ/ *adv* (**more**, **most**) **1** o wiele: *Dad's feeling much better now.* | **too much/so much/very much/how much etc** *Thank you very much* (=dziękuję bardzo)! | *I know how much* (=jak bardzo) *he likes Ann.* | *He was feeling so much better* (=na tyle lepiej) *that he went out for a walk.* **2 not much** niewiele, niezbyt często: *We don't go out much since the baby was born.* **3 much less** a co dopiero: *He doesn't have enough money to buy new shoes, much less a new car.*

UWAGA: much

Patrz **many**, **much** i **a lot of, plenty of**.

much[2] *quantifier* **1** dużo, wiele: *We don't have much time.* | *There was much rejoicing when the travellers returned.* | *Was there much traffic* (=Czy był duży ruch)? **2 how much?** ile: *How much is* (=ile kosztuje) *that green shirt?* | *She didn't know how much milk was left.* **3 so much** tyle: *I have so much reading to do for tomorrow. I'll never get it done.* | **too much** (=za dużo/wiele): *He says the government has spent too much money on weapons.* **4 be too much for sb** przerastać czyjeś siły: *Climbing stairs is too much for me since the operation.*

muck[1] /mʌk/ *n* [U] brud, błoto: *shoes covered in thick, black muck*

muck[2] *v*
muck about/around *phr v BrE informal* **1** [I] wygłupiać się: *Stop mucking about and get on with your homework.* **2** [T **muck** sb **about/around**] z/robić kogoś w konia, grać z kimś w kulki: *Jim's really mucked me around – first he wants to go, then he doesn't.*
muck in *phr v* [I] *BrE informal* brać na siebie część obowiązków: *When Mom's busy, we all muck in and help with the housework.*
muck sth ↔ up *phr v* [T] *BrE informal* s/partaczyć: *Let me do that – you'll only muck it up.*

muck·y /ˈmʌki/ *adj BrE informal* utytłany: *mucky windows*

mu·cus /ˈmjuːkəs/ *n* [U] śluz

mud S3 /mʌd/ *n* [U] błoto: *His clothes and shoes were covered in mud.*

mud·dle[1] /ˈmʌdl/ *n* [C,U] bałagan, zamieszanie: *The system for sending invoices is a complete muddle.* | *There is always a lot of confusion and muddle at the beginning of term.* | **be in a muddle** (=mieć zamęt w głowie)

muddle[2] *v especially BrE* **1** *także* **muddle up** [T] po/mieszać: *The papers had all been muddled up.* **2 get (sth/sb) muddled up** po/mylić (coś/kogoś): *I always get him and his brother muddled up.*

mud·dy[1] /ˈmʌdi/ *adj* **1** zabłocony: *muddy boots* **2** błotnisty: *muddy water*

muddy[2] *v* [T] za/mącić: *We'll never reach a decision if they keep muddying the issue with religion.*

mues·li /ˈmjuːzli/ *n* [U] muesli

muff /mʌf/ *v* [T] *informal* s/knocić, s/partaczyć: *He muffed his last shot and finished second.*

muf·fin /ˈmʌfɪn/ *n* [C] słodka bułeczka: *a blueberry muffin*

muf·fle /ˈmʌfəl/ *v* [T] tłumić: *Thick curtains muffled the traffic noise.*

muf·fled /ˈmʌfəld/ *adj* przytłumiony

muf·fler /ˈmʌflə/ *n* [C] *AmE* tłumik *(samochodowy)*

mug[1] /mʌg/ *n* [C] **1** kubek **2** *BrE spoken* frajer: *You're a mug if you buy that car.*

mug

mug[2] *v* [T] (**-gged**, **-gging**) napaść, zaatakować *(w miejscu publicznym)*: *She was mugged and her purse was stolen.*

mug·ger /ˈmʌgə/ *n* [C] (uliczny) bandyta: *He was attacked by a gang of muggers.*

mug·gy /ˈmʌgi/ *adj informal* parny

mug·shot /ˈmʌgʃɒt/ *n* [C] *informal* zdjęcie do kartoteki policyjnej

Mu·ham·mad /mʊˈhæməd/ Mahomet

mulch /mʌltʃ/ *n* [U singular] kompost

mule /mjuːl/ *n* [C] muł

mull /mʌl/ *v* [T]
mull sth ↔ over *phr v* [T] przetrawić, przemyśleć: *Mull it over for a few days and let me know your decision.*

mul·lah /ˈmʌlə/ *n* [C] mułła

multi- /mʌltə/ *prefix* multi-, wielo-

mul·ti·cul·tur·al /ˌmʌltiˈkʌltʃərəl◂/ *adj* wielokulturowy: *The US is a multicultural society.* —**multiculturalism** *n* [U] wielokulturowość

mul·ti·lat·e·ral /ˌmʌltɪˈlætərəl◂/ *adj* wielostronny: *multilateral peace talks* → porównaj **BILATERAL**, **UNILATERAL**

mul·ti·me·di·a /ˌmʌltiˈmiːdiə◂/ *adj* [only before noun] multimedialny

mul·ti·na·tion·al /ˌmʌltɪˈnæʃənəl◂/ *adj* międzynarodowy, wielonarodowy: *a multinational company* | *a multinational peace-keeping force*

mul·ti·ple[1] /ˈmʌltəpəl/ *adj* wielokrotny, wieloraki: *He suffered multiple injuries to his legs.*

multiple[2] *n* [C] wielokrotność: *Twenty is a multiple of five.*

ˌmultiple ˈchoice *adj* **multiple choice test** test wielokrotnego wyboru

mul·ti·plex /ˈmʌltəpleks/ *n* [C] kompleks kinowy, multikino

mul·ti·pli·ca·tion /ˌmʌltɪplɪˈkeɪʃən/ *n* [U] mnożenie → porównaj **DIVISION**

mul·ti·pli·ci·ty /ˌmʌltəˈplɪsəti/ *n* [C,U] *formal* multum, mnogość: **+ of** *a machine with a multiplicity of parts*

mul·ti·ply /ˈmʌltəplaɪ/ *v* [I,T] **1** mnożyć (się): *The number of asthma sufferers has multiplied over the last few years.* **2** po/mnożyć: *Four multiplied by five is twenty.* → porównaj DIVIDE[1]

mul·ti·pur·pose /ˌmʌltiˈpɜːpəs◂/ *adj* wielofunkcyjny: *a multipurpose knife*

mul·ti·ra·cial /ˌmʌltɪˈreɪʃəl◂/ *adj* wielorasowy: *We live in a multiracial society.*

ˌmulti-ˈstorey *adj* [only before noun] *BrE* wielopiętrowy: *a multi-storey car park*

mul·ti·task·ing /ˈmʌltiˌtɑːskɪŋ/ *n* [U] **1** wielozadaniowość **2 be good at multitasking** mieć podzielną uwagę: *Women are traditionally supposed to be good at multitasking.*

mul·ti·tude /ˈmʌltɪtjuːd/ *n* [C] *literary* mnogość, mnóstwo: **+ of** *The garden was full of flowers in a multitude of colours.*

mum S1 W2 /mʌm/ *BrE*, **mom** *AmE n* [C] mama: *Mum, can I borrow some money?* | *My mum's a teacher.*

mum·ble /ˈmʌmbəl/ *v* [I,T] wy/mamrotać: *He mumbled something I did not hear.*

mum·bo-jum·bo /ˌmʌmbəʊ ˈdʒʌmbəʊ/ *n* [U] *informal* brednie: *Surely you don't believe in astrology and all that mumbo-jumbo!*

mum·my S1 /ˈmʌmi/ *n* [C] **1** *BrE* mamusia: *Go and ask mummy if she'll help you.* **2** mumia

mumps /mʌmps/ *n* [U] świnka *(choroba)*

munch /mʌntʃ/ *v* [I,T] chrupać: *Anna sat munching her toast.*

munch·ies /ˈmʌntʃiz/ *n* [plural] *AmE informal* **1 have the munchies** mieć ochotę coś przekąsić **2** przekąski

mun·dane /mʌnˈdeɪn/ *adj* przyziemny, prozaiczny: *a mundane job*

mu·ni·ci·pal /mjuːˈnɪsəpəl/ *adj* miejski, municypalny

mu·ni·tions /mjuːˈnɪʃənz/ *n* [plural] amunicja i sprzęt bojowy

mu·ral /ˈmjʊərəl/ *n* [C] malowidło ścienne

mur·der[1] S3 W2 /ˈmɜːdə/ *n* **1** [C,U] morderstwo: *A man was yesterday charged with the murder of two young girls.* | **commit (a) murder** (=popełnić morderstwo): *4,600 murders were committed in the US in 1975.* **2 get away with murder** *informal* być (zupełnie) bezkarnym: *Those kids of theirs get away with murder!*

murder[2] *v* [T] za/mordować: *He murdered his wife in a jealous rage.* —**murderer** *n* [C] morder-ca/czyni

mur·der·ous /ˈmɜːdərəs/ *adj* morderczy, zbrodniczy: *murderous weapons*

murk·y /ˈmɜːki/ *adj* mętny: *murky water*

mur·mur[1] /ˈmɜːmə/ *n* [C] szmer: *the murmur of the stream*

murmur[2] *v* [I,T] za/mruczeć: *He softly murmured her name.*

mus·cle S2 W3 /ˈmʌsəl/ *n* [C,U] mięsień: *Weight lifting will strengthen your arm muscles.*

mus·cu·lar /ˈmʌskjələ/ *adj* **1** umięśniony, muskularny: *strong, muscular arms* **2** mięśniowy: *muscular pain* | *a muscular disease* (=choroba mięśni)

muse /mjuːz/ *v* [I] *formal* dumać, rozmyślać

mu·se·um S3 W2 /mjuːˈziːəm/ *n* [C] muzeum: *an art museum*

mush /mʌʃ/ *n* **1** [U singular] papka, breja: *The vegetables had been boiled to a mush.* **2** ckliwość —**mushy** *adj* ckliwy

mush·room[1] S3 /ˈmʌʃruːm/ *n* [C] grzyb: *a chicken and mushroom pie*

mushroom[2] *v* [I] wzrastać: *The city's population has mushroomed to over one million.*

mu·sic S1 W1 /ˈmjuːzɪk/ *n* [U] **1** muzyka: *What kind of music do you like?* | *music lessons* | *a music shop* | **a piece of music** (=utwór): *My favorite piece of music is Vivaldi's 'Four Seasons'.* **2** nuty: *Paul has never been able to read music.*

COLLOCATIONS: music

verbs

to listen to music *I like listening to classical music.*
to play music *The DJ plays a variety of music.*
to write/compose music *Who wrote the music for the film?*
to make music (=grać; komponować) *We just wanted to make music together.*

types of music

classical music *He has a great knowledge of classical music.* ⚠ Nie mówi się „classic music". Mówimy: **classical music**.
orchestral music *He also wrote orchestral music.*
pop/rock/folk/jazz music *From her bedroom came the sound of pop music.*
live music *They danced to live music.*
background music (=muzyka w tle) *I hate background music in restaurants.*
dance music *the dance music played in clubs*
piano music *From the house came the sound of piano music.*
instrumental music *a programme of songs and instrumental music*

music + noun

a music lover *He was a great music lover.*
a music teacher *Many schools can't afford a music teacher.*

noun + music

a piece of music *What's your favourite piece of music?*

mu·sic·al[1] S3 W3 /ˈmjuːzɪkəl/ *adj* **1** muzyczny: *musical instruments* **2** muzykalny: *I'm not musical at all.* —**musically** *adv* muzycznie

musical[2] *n* [C] musical

mu·si·cian /mjuːˈzɪʃən/ *n* [C] muzyk

mus·ket /ˈmʌskɪt/ *n* [C] muszkiet

Mus·lim /ˈmʊzlɪm/ *n* [C] muzułman-in/ka —**Muslim** *adj* muzułmański

mus·lin /ˈmʌzlɪn/ *n* [U] muślin

muss /mʌs/ *także* **muss up** *v* [T] *AmE informal* po/targać, z/mierzwić

mus·sel /ˈmʌsəl/ *n* [C] małż jadalny

must[1] S1 W1 /məst, mʌst/ *modal verb* **1** musieć: *All passengers must wear seatbelts.* | *It's getting late, I really must* *go.* | *George must be almost 80 years old* (=pewnie ma z 80 lat). | *That car must have been going at 90 miles an hour!* | *You must see Robin Williams' new movie. It's really funny.* →patrz też HAVE³ **2 you must not** nie wolno (ci): *You must not allow your dog out without a leash.*

M

must² /mʌst/ *n* **a must** *informal* coś, co koniecznie trzeba zrobić lub mieć: *If you visit Florida, going to Disney World is a must* (=koniecznie musisz pojechać do Disney World).

mus·tache /mə'stɑːʃ/ *n AmE* wąsy

mus·tang /'mʌstæŋ/ *n* [C] mustang

mus·tard /'mʌstəd/ *n* [U] **1** musztarda **2** gorczyca

mus·ter /'mʌstə/ *v* **muster (up) courage** zdobyć się na odwagę: *I'm still trying to muster up the courage to speak to her.*

must·n't /'mʌsənt/ skrót od MUST NOT

must·y /'mʌsti/ *adj* stęchły, zbutwiały: *musty old books*

mu·tant /'mjuːtənt/ *n* [C] mutant

mu·tate /mjuː'teɪt/ *v* [I] z/mutować, ulegać mutacji —**mutation** /-'teɪʃən/ *n* [C,U] mutacja

mute¹ /mjuːt/ *adj* niemy: *mute admiration*

mute² *n* [C] *old-fashioned* niemowa

mut·ed /'mjuːtɪd/ *adj* **1** powściągliwy: *muted criticism* **2** przytłumiony: *the muted hum of London's traffic* | *muted colours*

mu·ti·late /'mjuːtəleɪt/ *v* [T] okaleczyć: *the mutilated bodies of his victims* —**mutilation** /ˌmjuːtə-'leɪʃən/ *n* [C,U] okaleczenie

mu·ti·neer /ˌmjuːtə'nɪə/ *n* [C] buntowni-k/czka, rebeliant/ka

mu·ti·nous /'mjuːtɪnəs/ *adj* zbuntowany: *mutinous soldiers*

mu·ti·ny /'mjuːtɪni/ *n* [C,U] bunt

mutt /mʌt/ *n* [C] *informal* kundel

mut·ter /'mʌtə/ *v* [I,T] wy/mamrotać: *"Stupid fool," he muttered.*

mut·ton /'mʌtn/ *n* [U] baranina

mu·tu·al Ac /'mjuːtʃuəl/ *adj* **1** wzajemny: *mutual respect* **2** wspólny: *a mutual friend* —**mutually** *adj* wzajemnie: *a mutually beneficial arrangement* (=układ korzystny dla obu stron)

Mu·zak /'mjuːzæk/ *n* [U] *trademark* muzyka z taśmy puszczana w sklepach, na lotniskach itp.

muz·zle¹ /'mʌzəl/ *n* [C] **1** pysk, morda: *my dog's muzzle* **2** wylot lufy **3** kaganiec

muzzle² *v* [T] **1** zamknąć usta: *an attempt to muzzle the press* **2** zakładać kaganiec

my S1 W1 /maɪ/ *possessive pron* mój: *That's my car over there.* | *I tried not to let my feelings show.*

myr·i·ad /'mɪriəd/ *n* [C] *literary* miriady, bezlik: *a myriad of colours* —**myriad** *adj* nieprzebrany, nieprzeliczony

my·self S1 W1 /maɪ'self/ *pron* **1** się: *I burned myself on the stove.* **2** sobie: *I made myself a cup of coffee.* **3** sam/a: *I myself have the same problem.* **4 (all) by myself** (zupełnie) sam/a: *I went to the movie by myself.* | *I was all by myself in the house.* **5 have sth (all) to myself** mieć

GRAMATYKA: Czasownik modalny **must**

Czasownik modalny **must** (w przeczeniach: **mustn't** lub **must not**), podobnie jak polski „musieć", może wyrażać zarówno nakaz lub konieczność, jak i przekonanie mówiącego:

You ***must*** *finish this job by tomorrow.* (nakaz)

She ***must*** *work harder if she wants to pass the exam.* (konieczność)

He ***must*** *be at least 60 years old.* (przekonanie)

W dwóch pierwszych przypadkach można także użyć **have to**, co jednak pociąga za sobą pewną różnicę znaczeniową: przy **must** nakaz pochodzi od osoby mówiącej, przy **have to** – od kogo innego. Ponadto **have to** służy też do wyrażania obiektywnej konieczności:

I ***must*** *read more.* (sam tak postanowiłem, nie dlatego, że ktoś mi kazał)

They ***have to*** *wear their school uniforms.* (taki jest regulamin ich szkoły)

People often ***have to*** *queue at the post office.*

W pierwszej osobie używa się zarówno **I/we must**, jak i **I/we have to**. **Must** stosujemy zwykle w sytuacji, gdy zrobienie czegoś uważamy w chwili mówienia za ważne lub nie cierpiące zwłoki, a **have to**, gdy dana sytuacja regularnie się powtarza:

Look how late it is! I ***must*** *run!*

We ***have to*** *catch the 8.15 train every morning.*

Ponieważ czasownik **must** nie posiada form czasu przeszłego ani nie występuje po **will/shall**, w konstrukcjach tych zastępujemy go odpowiednimi formami **have to**, np.:

I ***had to*** *tell her everything.*

They ***will have to*** *help us with the job.*

W mowie zależnej po czasowniku w czasie przeszłym **must** może (ale nie musi) być zastąpione przez **had to**:

You ***must*** *work harder.*

He said I ***must/had to*** *work harder.*

Formy przeczące obu czasowników rożnią się znaczeniem: **must not** wyraża zakaz („nie wolno mi/ci/jej itd."), natomiast **don't/doesn't have to** – brak konieczności („nie muszę, nie musisz, nie musi itd."), np.:

You ***must not*** *smoke in the cinema.*

We ***don't have to*** *go to school on Saturdays.*

Z podobną różnicą mamy do czynienia w przypadku **must not** i **need not** (lub **don't/doesn't need to**):

You ***mustn't*** *tell her what I told you.* („Nie wolno ci ...")

You ***needn't*** (lub: ***don't need to***) *tell her what I told you.* („Nie musisz ...")

Must w połączeniu z bezokolicznikiem typu „perfect" wyraża przekonanie lub przypuszczenie dotyczące przeszłości:

I can't find my umbrella. I ***must have left*** *it in the taxi.* („... Musiałam ją zostawić w taksówce.")

When we talked on the phone last night, I could hardly understand what he was saying. He ***must have been*** *very tired.* („... Musiał być bardzo zmęczony.")

→patrz też **have**, **need**

coś (tylko) dla siebie: *I had the whole swimming pool to myself today.*

MySpace /ˈmaɪspeɪs/ *n trademark* MySpace *(serwis społecznościowy)*

mys·te·ri·ous /mɪˈstɪəriəs/ *adj* tajemniczy: *a mysterious illness | He's being very mysterious about his new girlfriend.* THESAURUS STRANGE —**mysteriously** *adv* tajemniczo: *My money had mysteriously disappeared* (=zniknęły w tajemniczy sposób).

mys·te·ry W3 /ˈmɪstəri/ *n* [C,U] tajemnica: *The location of the stolen money remains a mystery. | It's a mystery to me how she got the job. | an air of mystery* (=aura tajemniczości) | *the Sherlock Holmes mystery stories* (=opowieści kryminalne)

mys·tic¹ /ˈmɪstɪk/ *n* [C] misty-k/czka

mystic² *adj* mistyczny

mys·tic·al /ˈmɪstɪkəl/ *także* **mystic** *adj* mistyczny: *While he was in the desert, he had some kind of mystical experience.*

mys·ti·cis·m /ˈmɪstɪsɪzəm/ *n* [U] mistycyzm

mys·ti·fy /ˈmɪstɪfaɪ/ *v* [T] stanowić zagadkę dla: *a case that mystified the police* —**mystifying** *adj* zagadkowy

mys·tique /mɪˈstiːk/ *n* [U] magia: *the mystique of Hollywood*

myth /mɪθ/ *n* [C,U] mit: *the myth that America is a free and open society | Greek myths about the creation of the world*

myth·i·cal /ˈmɪθɪkəl/ *adj* **1** mitologiczny: *mythical creatures such as the Minotaur* **2** mityczny: *the mythical Wild West of popular fiction*

my·thol·o·gy /mɪˈθɒlədʒi/ *n* [C,U] mitologia: *stories from Greek mythology* —**mythological** /ˌmɪθəˈlɒdʒɪkəl◂/ *adj* mitologiczny

M

Nn

N, n /en/ N, n *(litera)*

N skrót od NORTH lub NORTHERN

n skrót od NOUN

'n' /ən/ skrót od AND: *rock 'n' roll music*

N/A 1 skrót od 'not applicable' (=nie dotyczy), stosowany przy wypełnianiu formularzy **2** skrót od 'not available' (=niedostępny, brak)

nab /næb/ *v* [T] (**-bbed**, **-bbing**) *informal* zwinąć, capnąć: *The police nabbed him as he was coming out of the supermarket.*

naff /næf/ *adj BrE informal* durny: *a naff thing to say*

nag /næg/ *v* (**-gged**, **-gging**) **1** [T] nie dawać spokoju: *My wife has been nagging me to fix the kitchen sink.* **2** [I] zrzędzić —**nagging** *adj* dokuczliwy: *a nagging headache*

nail¹ S3 /neɪl/ *n* [C] **1** gwóźdź **2** paznokieć: *Stop biting your nails!* →patrz też **hit the nail on the head** (HIT¹)

COLLOCATIONS: nail (sense 2)

verbs

to cut your nails *You should cut your nails more often!*
to trim your nails (=przycinać) *His nails were neatly trimmed.*
to file your nails (=piłować) *A girl was filing her nails on the bus.*
to bite your nails (=obgryzać) *She bit her nails anxiously as she waited.*
to paint your nails *I painted my nails red.*
to do your nails *informal* (=z/robić sobie manicure) *She sat at her desk, doing her nails.*

nail² *v* [T] przybijać gwoździami: *She nailed a sign to the tree.*

'nail-ˌbiting *adj* pasjonujący: *a nail-biting finish*

nail·brush /ˈneɪlbrʌʃ/ *n* [C] szczoteczka do paznokci

'nail file *n* [C] pilnik do paznokci

'nail ˌpolish *także* **'nail ˌvarnish** *BrE n* [U] lakier do paznokci

na·ive /naɪˈiːv/ *adj* naiwny: *I was young and naive.* —**naively** *adv* naiwnie —**naivety** /naɪˈiːvəti/ *n* [U] naiwność

na·ked S3 /ˈneɪkɪd/ *adj* **1** nagi, goły: **stark naked** (=zupełnie nagi) **2 with/to the naked eye** gołym okiem —**nakedness** *n* [U] nagość

name¹ S1 W1 /neɪm/ *n* [C] **1** nazwisko, imię: *Sorry, I've forgotten your name.* | **last name/family name** (=nazwisko) | **first name** (=imię): *His first name's Peter.* **2** nazwa: **+of** *What's the name of* (=jak się nazywa) *the street the school is on?* **3 big/famous/household name** *informal* powszechnie znane nazwisko/powszechnie znana nazwa **4** [singular] reputacja: *This kind of incident gives football a bad name.* **5 be in sb's name** stanowić czyjąś własność *(w świetle prawa)*: *The house is in my name.* **6 call sb names** obrzucać kogoś wyzwiskami: *The other kids started calling me names.* **7 make a name for yourself** zdobyć sławę **8 in the name of** w imię: *It was all done in the name of progress.* →patrz CHRISTIAN NAME, SURNAME

THESAURUS: name

what's your name? jak się nazywasz?
first name/Christian name/given name imię: *His first name is Paul.* | *Do you mind if I call you by your Christian name?* | *Please write your given name and your date of birth.*
last name/family name/surname nazwisko: *Does anyone know Beth's last name?* | *Smith is the most common English surname.* | *His family name is Perez.*
middle name drugie imię: *Her middle name was Maria.*
maiden name nazwisko panieńskie: *My mother's maiden name was Johnson.*
nickname przezwisko: *We had nicknames for all the teachers.*
pseudonym pseudonim: *She published a novel under the pseudonym „Victoria Lucas".*

name² S2 W2 *v* [T] **1** nazywać: *Can you name this song* (=czy znasz tytuł tej piosenki)*?* | **name sb/sth after** *także* **name sth for** *AmE* (=nadawać komuś/czemuś imię na cześć): *He was named after his grandfather.* **2** mianować: *Mr Johnson was named as the new manager.* **3** wyznaczać: *Just name the date!* **4 you name it** *spoken* co tylko chcesz: *Beer, whisky, wine – you name it we've got it!*

name·drop·ping /ˈneɪmˌdrɒpɪŋ/ *n* [U] rzucanie znanymi nazwiskami *(żeby zrobić wrażenie)* —**namedropper** *n* [C] osoba rzucająca znanymi nazwiskami

name·less /ˈneɪmləs/ *adj* **1 sb who shall remain nameless** ktoś, czyjego nazwiska nie wymienię: *A certain film actor, who shall remain nameless, once had an affair with her.* **2** bezimienny, nieznany: *pictures by a nameless photographer*

name·ly /ˈneɪmli/ *adv* mianowicie: *The movie won two Oscars, namely 'Best Actor' and 'Best Director'.*

name·sake /ˈneɪmseɪk/ *n* **sb's namesake** czyjś imiennik/czyjaś imienniczka

nan·ny /ˈnæni/ *n* [C] niania

nanosecond /ˈnænəʊˌsekənd/ *n* nanosekunda

nap¹ /næp/ *n* [C] drzemka: *Dad usually takes a nap in the afternoon.*

nap² *v* [I] (**-pped**, **-pping**) **1** drzemać **2 be caught napping** *informal* dać się zaskoczyć

na·palm /ˈneɪpɑːm/ *n* [U] napalm

nape /neɪp/ *n* [singular] kark

nap·kin /ˈnæpkɪn/ *n* [C] serwetka

nap·py /ˈnæpi/ *n* [C] *BrE* pieluszka: *I think his nappy needs changing.*

nar·cis·sis·m /ˈnɑːsɪsɪzəm/ *n* [U] *formal* narcyzm —**narcissistic** /ˌnɑːsəˈsɪstɪk◂/ *adj* narcystyczny

nar·cot·ic /nɑːˈkɒtɪk/ *n* [C] narkotyk: *He was arrested for possession of narcotics.* —**narcotic** *adj* narkotyczny

UWAGA: narcotics i drugs

Słowem powszechnie używanym na określenie narkotyków jest **drugs**. Wyraz **narcotics** występuje głównie w języku policji i wymiaru sprawiedliwości

USA. Bezpośrednio przed rzeczownikiem **narcotics** pełni funkcję przymiotnika: *The narcotics business is worth billions of dollars.*

nar·rate /nəˈreɪt/ *v* [T] opowiadać —**narration** /-ˈreɪʃən/ *n* [C,U] narracja

nar·ra·tive /ˈnærətɪv/ *n* [C,U] opowiadanie: *an exciting narrative* —**narrative** *adj* narracyjny

nar·ra·tor /nəˈreɪtə/ *n* [C] narrator/ka

nar·row¹ S3 W2 /ˈnærəʊ/ *adj* **1** wąski: *the narrow streets of the old town* | *a narrow strip of water* **2** nieznaczny: *a narrow victory* | *It was a narrow escape* (=niewiele brakowało). —**narrowness** *n* [U] wąskość →patrz też NARROWLY

narrow² *v* [I,T] zwężać (się): *The road narrows here.*
narrow sth ↔ down *phr v* [T] zawężać: *We've narrowed down the number of candidates to just two.*

nar·row·ly /ˈnærəʊli/ *adv* ledwo: *The General narrowly avoided being killed in a car bomb attack.*

ˌnarrow-ˈminded *adj* ograniczony: *He's very narrow-minded.*

na·sal /ˈneɪzəl/ *adj* nosowy: *a high, nasal voice* | *the nasal cavity*

nas·ty S2 /ˈnɑːsti/ *adj* **1** paskudny: *a nasty shock* **2** złośliwy, wredny: *What a nasty thing to say.* —**nastily** *adv* złośliwie

na·tion S3 W2 /ˈneɪʃən/ *n* [C] **1** państwo: *the richest nation in the world* **2** naród: *The President will address the nation tomorrow.*

na·tion·al¹ S1 W1 /ˈnæʃənəl/ *adj* **1** krajowy: *the national news* →porównaj INTERNATIONAL **2** państwowy: *a national flag* | *an issue of national importance* **3** narodowy: *national identity* | *the National Bank of Poland*

national² *n* [C] *formal* obywatel/ka

ˌnational ˈanthem *n* [C] hymn państwowy

ˌnational ˈholiday *n* [C] święto państwowe

na·tion·al·is·m /ˈnæʃənəlɪzəm/ *n* [U] nacjonalizm: *Scottish nationalism* | *the rise of German nationalism in the 1920s and '30s*

na·tion·al·ist /ˈnæʃənəlɪst/ *n* [C] nacjonalist-a/ka —**nationalist** *adj* nacjonalistyczny: *nationalist leaders*

na·tion·al·is·tic /ˌnæʃənəˈlɪstɪk◂/ *adj* nacjonalistyczny: *a nationalistic speech*

na·tion·al·i·ty /ˌnæʃəˈnæləti/ *n* **1** [C,U] obywatelstwo: *Her husband has US nationality.* **2** [C,U] narodowość: *people of all nationalities*

na·tion·al·ize /ˈnæʃənəlaɪz/ *także* **-ise** *BrE v* [T] z/nacjonalizować, upaństwowić →antonim PRIVATIZE —**nationalization** /ˌnæʃənəlaɪˈzeɪʃən/ *n* [U] nacjonalizacja

na·tion·al·ly /ˈnæʃənəli/ *adv* w całym kraju: *Nationally, the jobless total rose to 2,606,602.*

ˌnational ˈmonument *n* [C] zabytek narodowy

ˌnational ˈpark *n* [C] park narodowy: *Yellowstone National Park*

ˌnational seˈcurity *n* [U] bezpieczeństwo państwa: *The information was kept secret in the interests of national security.*

na·tion·wide /ˌneɪʃənˈwaɪd◂/ *adj* ogólnokrajowy: *a nationwide search* —**nationwide** *adv* w całym kraju

na·tive¹ S3 W3 /ˈneɪtɪv/ *adj* **1** rodzinny: *The football star returned to his native Belfast.* **2** rodowity: *a native Californian* **3** ojczysty: *our native language* **4** rodzimy: *South Africa's native wildlife*

native² *n* **1 be a native of** być rodem z: *She's a native of southern Brazil.* **2** [C usually plural] *old-fashioned* tubylec, miejscow-y/a: *The government of the island treated the natives badly.*

ˌNative Aˈmerican *n* [C] rodowit-y/a mieszkan-iec/ka Ameryki Północnej *(Indian-in/ka)*

ˌnative ˈspeaker *n* [C] rodzim-y/a użytkowni-k/czka języka

NATO /ˈneɪtəʊ/ *n* [U] NATO, Pakt Północnoatlantycki

nat·ter /ˈnætə/ *v* [I] *BrE informal* paplać

nat·u·ral¹ S2 W1 /ˈnætʃərəl/ *adj* **1** naturalny: *Of course she's upset. It's a perfectly natural reaction.* | *It's not natural for a four-year-old to be so quiet.* | *natural childbirth* **2** żywiołowy: *earthquakes and other natural disasters* **3** urodzony: *a natural athlete* —**naturalness** *n* [U] naturalność

natural² *n* **be a natural** mieć talent: *Look how he swings that bat - he's a natural* (=ma to we krwi).

ˌnatural ˈgas *n* [U] gaz ziemny

ˌnatural ˈhistory *n* [U] przyrodoznawstwo

nat·u·ral·ist /ˈnætʃərəlɪst/ *n* [C] przyrodni-k/czka

nat·u·ral·ize /ˈnætʃərəlaɪz/ *także* **-ise** *BrE* **be naturalized** zostać naturalizowanym —**naturalization** /ˌnætʃərəlaɪˈzeɪʃən/ *n* [U] naturalizacja

nat·u·ral·ly S3 W3 /ˈnætʃərəli/ *adv* **1** naturalnie: *Naturally we're very disappointed.* | *naturally curly hair* | *Try to speak as naturally as possible.* **2** w sposób naturalny: *In the past, pests were controlled naturally.* | *Sodium chloride is found naturally* (=występuje w stanie naturalnym) *in many foods.* **3** z natury: *He's naturally very shy.* | **sth comes naturally to sb** *Making money comes naturally to her* (=przychodzi jej naturalnie).

ˌnatural reˈsources *n* [plural] bogactwa naturalne: *Japan has few natural resources of its own.*

ˌnatural seˈlection *n* [U] *technical* dobór naturalny

na·ture S1 W1 /ˈneɪtʃə/ *n* **1** [U] natura, przyroda: *the forces of nature* **2** [C,U] natura: *Oswald's violent nature* | **the nature of** *changes in the nature of the job* (=w charakterze pracy) | **by nature** (=z natury): *By nature he's such a quiet boy.* | **not be in sb's nature** (=nie leżeć w czyjejś naturze): *Patrick wouldn't say that. It's not in his nature.* →patrz też GOOD-NATURED, SECOND NATURE, **human nature** (HUMAN¹)

ˈnature reˌserve *n* [C] rezerwat przyrody

naught /nɔːt/ *n* [U] *old-fashioned* **1** nic **2 come to naught** spełznąć na niczym

naugh·ty S3 /ˈnɔːti/ *adj* niegrzeczny —**naughtiness** *n* [U] niegrzeczność —**naughtily** *adv* niegrzecznie

nau·se·a /ˈnɔːziə/ *n* [U] *formal* mdłości

nau·se·at·ed /ˈnɔːzieɪtɪd/ *adj* **1** *especially AmE* mający mdłości **2** *informal* czujący obrzydzenie —**nauseate** *v* [T] przyprawiać o mdłości

nau·se·a·ting /ˈnɔːzieɪtɪŋ/ *adj* **1** obrzydliwy: *What a nauseating little person she is!* **2** mdlący, przyprawiający o mdłości: *the nauseating smell of rotting flesh*

nau·ti·cal /ˈnɔːtɪkəl/ *adj* żeglarski

na·val /ˈneɪvəl/ *adj* morski: *a naval battle*

na·vel /ˈneɪvəl/ *n* [C] pępek

nav·i·ga·ble /ˈnævəgəbəl/ *adj* spławny: *Part of the St. Lawrence River is navigable.*

nav·i·gate /ˈnævɪgeɪt/ *v* **1** [I] pilotować: *Rick usually drives and I navigate.* **2** [I,T] żeglować, nawigować

nav·i·ga·tion /ˌnævəˈgeɪʃən/ *n* [U] nawigacja: *sophisticated navigation equipment* —**navigational** *adj* nawigacyjny

N

nav·i·ga·tor /ˈnævəgeɪtə/ *n* [C] nawigator/ka

na·vy /ˈneɪvi/ *n* [C] marynarka (wojenna): *My dad was 20 when he joined the navy.*

ˌnavy ˈblue *także* **navy** *adj* granatowy

Na·zi /ˈnɑːtsi/ *n* [C] nazist-a/ka —**Nazism** *n* [U] nazizm —**Nazi** *adj* nazistowski

n.b., **NB** *written* nota bene

NBC /ˌen biː ˈsiː/ *n* [U] NBC, National Broadcasting Company *(jedna z największych stacji telewizyjnych w USA)*

NCO /ˌen siː ˈəʊ/ *n* [C] podoficer

NE skrót od NORTHEAST lub NORTHEASTERN

near¹ /nɪə/ *adv, prep* **1** blisko, niedaleko: *They live near Osaka.* | *Is there a bank near here?* | **near to tears/death** (=bliski łez/śmierci) **2 draw near** zbliżać się: *She got more and more nervous as the wedding drew near.* **3** prawie: **near perfect/impossible etc** *a near perfect test score* | **come/be near to doing sth** *She came near to hitting him* (=o mało go nie uderzyła).

UWAGA: near i close

Oba wyrazy znaczą „blisko". **Close** występuje zwykle z **to**: *There is a new supermarket near our house.* | *We live close to the bus stop.* **Close** używamy także w odniesieniu do bliskości w czasie: *It was close to midnight.*

THESAURUS: near

near blisko, niedaleko: *Versailles is near Paris.* | *She moved to Boston to be near her sister.*

close blisko *(prawie dotykając)*: *The houses were built very close together.* | *You're sitting too close to me.*

not far (away) niedaleko: *Let's go to my house – it's not far from here.*

nearby w pobliżu: *Is there a coffee shop nearby?*

next door (w domu/mieszkaniu) obok: *She lives next door to us.*

local miejscowy, lokalny: *The local library is closed on Mondays.*

within walking distance w pobliżu *(na tyle blisko, że łatwo dojść na piechotę)*: *There are several good restaurants within walking distance.*

in the neighbourhood *BrE*, **in the neighborhood** *AmE* w okolicy: *Their dog is the noisiest in the neighbourhood.*

near² S2 W3 *adj* bliski, niedaleki: *We will have a new teacher joining us in the near future.* | *It's very near* (=to bardzo blisko). | **the nearest** *The nearest town is 20 miles away.* | *Who is her nearest relative?* | **a near miss** *Two planes had a near miss* (=o mały włos się nie zderzyły) *above the airport.*

near·by W3 /ˈnɪəbaɪ/ *adj* [only before noun] pobliski: *They went swimming in a nearby lake.* THESAURUS NEAR —**nearby** /nɪəˈbaɪ/ *adv* w pobliżu

near·ly S1 W1 /ˈnɪəli/ *adv* prawie: *We've nearly finished.* | *It's nearly seven years since I last saw him.* | *He nearly died* (=o mało nie umarł). THESAURUS ALMOST

UWAGA: nearly never

Patrz **almost never, nearly never** i **hardly ever**.

near·sight·ed /ˌnɪəˈsaɪtɪd◂/ *adj* krótkowzroczny —**nearsightedness** *n* [U] krótkowzroczność

neat S2 /niːt/ *adj* **1** porządny, schludny: *He put his clothes in a neat pile on the bed.* | *They like to keep their house neat and tidy.* **2** *AmE informal* fajny: *The fireworks were really neat!* **3** zgrabny, elegancki: *a neat solution to the problem* THESAURUS GOOD **4** czysty: *I like my whisky neat.* —**neatly** *adv* schludnie —**neatness** *n* [U] schludność

ne·ces·sar·i·ly S2 W2 /ˈnesəsərəli/ *adv* **1 not necessarily** niekoniecznie: *Expensive restaurants do not necessarily have the best food.* **2** z konieczności, siłą rzeczy: *Income tax laws are necessarily complicated.*

ne·ces·sa·ry S2 W1 /ˈnesəsəri/ *adj* konieczny: *"Should I bring my passport?" "No, that won't be necessary."* | *Will you make all the necessary arrangements?* | *The doctor says it may be necessary for me to have an operation.* | **if necessary** (=w razie potrzeby): *They say they'll use force if necessary.* | **a necessary evil** (=zło konieczne): *Paying taxes is seen as a necessary evil.*

ne·ces·si·tate /nɪˈsesɪteɪt/ *v* [T] *formal* wymagać: *His injuries may necessitate long-term treatment.*

ne·ces·si·ty /nəˈsesəti/ *n* **1** [C] **be a necessity** być koniecznym: *A car is a necessity for this job.* | *Election reforms are an absolute necessity.* **2** [U] konieczność, potrzeba: *There's no necessity to pay now.* | **out of necessity** (=z konieczności): *They did it out of necessity.*

neck¹ S2 W2 /nek/ *n* [C] **1** szyja: *a long, slender neck* | *a V-neck sweater* (=sweter z wycięciem w szpic) **2** szyjka: *the neck of a bottle* **3 be up to your neck in sth** *informal* **a)** być po szyję/uszy w czymś: *Mason is up to his neck in debt.* **b)** być zawalonym czymś: *I've been up to my neck in paperwork all week.* **4 neck and neck** łeb w łeb **5 in this neck of the woods** *informal* w tych stronach: *What are you doing in this neck of the woods?*

neck² *v* **be necking** *old-fashioned* całować się namiętnie

neck·lace /ˈneklɪs/ *n* [C] naszyjnik: *a pearl necklace*

neck·line /ˈneklaɪn/ *n* [C] dekolt *(sukienki itp.)*

neck·tie /ˈnektaɪ/ *n* [C] *AmE formal* krawat

nec·tar /ˈnektə/ *n* [U] nektar

nec·ta·rine /ˈnektəriːn/ *n* [C] nektarynka

née /neɪ/ *adj* z domu *(przed nazwiskiem mężatki)*: *Lorna Brown née Wilson*

need¹ S1 W1 /niːd/ *v* [T] **1** potrzebować: *I'm working on Sundays because I need the money.* | *You need* (=potrzebne jest) *a background in computer programming for this job.* | *You need to* (=trzeba) *make reservations for Yosemite campgrounds.* **2 you don't need to/you needn't** nie musisz: *It's OK. You don't need to wait.* **3 you need to** powinieneś: *She needs to see a doctor.* | **sth needs doing/fixing etc** *The windows need cleaning* (=trzeba umyć okna). **4 need sb to do sth** chcieć, żeby ktoś coś zrobił: *We need you to stay here and answer the phone.*

need² S1 W1 *n* **1** potrzeba: *an urgent need to improve*

GRAMATYKA: need

Czasownik **need** może w przeczeniach i pytaniach zachowywać się tak, jak modalne, albo tak, jak zwykłe czasowniki

*You **needn't** go.* *You **don't need to** go.*
***Need** he study more?* ***Does** he **need to** study more?*

W zdaniach twierdzących po **need** następuje bezokolicznik z **to**, a w trzeciej osobie liczby pojedynczej czasu Present Simple konieczna jest końcówka **-s**:

*He **needs to** study more.*

Forma **need not (needn't)** różni się znaczeniem od **don't need to** czy **don't have to**, choć tłumaczymy ją tak samo („nie musisz", „nie musicie" itp.). **Needn't** wyraża autorytet mówiącego, podczas gdy pozostałych dwóch form używamy wtedy, gdy brak przymusu czy konieczności jest od mówiącego niezależny:

(Mother to child) *You **needn't** eat it all.*

*We **don't need to*** (albo: ***don't have to***) *pay. The car park is free.*

Formy **needn't** + bezokolicznik typu „perfect" używa się w sytuacji, gdy ktoś nie musiał czegoś robić, ale zrobił. Form **didn't need to** i **didn't have to** + bezokolicznik używamy, gdy ktoś nie musiał czegoś robić i nie zrobił:

*„I walked all the way." – „You **needn't have walked**. There is a bus."*

*I **didn't need to*** (albo: ***didn't have to***) ***walk**. I took the bus.*

Czasownik **need** nie zawsze pełni funkcje gramatyczne omówione powyżej: używa się go też jako zwykłego czasownika o znaczeniu „potrzebować":

*I **need** a holiday/some money* itp.

→ patrz też **have**, **must**

teaching standards | the need for stricter safety regulations | children's educational needs | **if need be** (=w razie potrzeby): *I'll work all night if need be.* **2 be in need of** potrzebować: *She was desperately in need of a vacation.* **3 in need** w potrzebie: *families in need*

nee·dle¹ /ˈniːdl/ *n* [C] **1** igła **2** drut: *knitting needles* **3 like looking for a needle in a haystack** *spoken* jak szukanie igły w stogu siana → patrz też PINS AND NEEDLES

needle² *v* [T] *informal* docinać, dogryzać: *She's always needling Jim about his weight.*

need·less /ˈniːdləs/ *adj* **1 needless to say** rzecz jasna: *Needless to say, with four children we're always busy.* **2** niepotrzebny: *needless suffering* —**needlessly** *adv* niepotrzebnie

nee·dle·work /ˈniːdlwɜːk/ *n* [U] szycie, szydełkowanie itp.

need·n't /ˈniːdnt/ *especially BrE spoken* forma ściągnięta od 'need not'

need·y /ˈniːdi/ *adj* **1** ubogi: *a needy family* **2 the needy** ubodzy

ne·gate Ac /nɪˈgeɪt/ *v* [T] *formal* za/negować, anulować: *The decision would effectively negate last year's Supreme Court ruling.* —**negation** /-ˈgeɪʃən/ *n* [U] negacja

neg·a·tive¹ S2 W2 Ac /ˈnegətɪv/ *adj* **1** negatywny: *Raising taxes could have a negative effect on the economy.* | **+ about** *She's been very negative about* (=negatywnie nastawiona do) *school lately.* → antonim POSITIVE **2** przeczący: *a negative answer* → antonim AFFIRMATIVE **3** ujemny: *a company experiencing negative growth* → antonim POSITIVE —**negatively** *adv* negatywnie, ujemnie

negative² Ac *n* [C] **1** przeczenie → antonim AFFIRMATIVE **2** negatyw

ne·glect¹ /nɪˈglekt/ *v* [T] zaniedbywać: *You mustn't neglect your family.* | *The manufacturer had neglected to warn* (=nie ostrzegł) *users about the possible health risks.* —**neglected** *adj* zaniedbany

neglect² *n* [U] zaniedbanie: *children suffering from neglect*

neg·li·gence /ˈneglɪdʒəns/ *n* [U] zaniedbanie, niedopełnienie obowiązków: *The boy's parents are suing the hospital for negligence.*

neg·li·gent /ˈneglɪdʒənt/ *adj* niedbały, zaniedbujący obowiązki

neg·li·gi·ble /ˈneglɪdʒəbəl/ *adj* znikomy, minimalny: *The damage was negligible.*

ne·go·ti·a·ble /nɪˈgəʊʃiəbəl/ *adj* do uzgodnienia

ne·go·ti·ate S3 W3 /nɪˈgəʊʃieɪt/ *v* **1** [I,T] wy/negocjować: *UN representatives are trying to negotiate a ceasefire.* **2** [T] pokonywać: *old people carefully negotiating the steps*

ne·go·ti·a·tion S3 W2 /nɪˌgəʊʃiˈeɪʃən/ *n* [C usually plural, U] negocjacje: *Israel held secret negotiations with the PLO in Norway.*

Ne·gro /ˈniːgrəʊ/ *n* [C] *old-fashioned* Murzyn/ka

neigh /neɪ/ *v* [I] za/rżeć

neigh·bour S2 W2 /ˈneɪbə/ *BrE*, **neighbor** *AmE n* [C] sąsiad/ka: *The Nelsons, our next-door neighbors, are always arguing.* | *Write down your name and then pass the paper to your neighbor.* | *Poland's neighbours*

neigh·bour·hood S3 W3 /ˈneɪbəhʊd/ *BrE*, **neighborhood** *AmE n* [C] okolica: *He grew up in a tough neighbourhood.* | *a neighborhood school* (=szkoła w okolicy)

neigh·bour·ing /ˈneɪbərɪŋ/ *BrE*, **neighboring** *AmE adj* [only before noun] sąsiedni: *neighbouring towns*

neigh·bour·ly /ˈneɪbəli/ *BrE*, **neighborly** *AmE adj* przyjazny, życzliwy

nei·ther¹ /ˈnaɪðə/ *determiner, pron* żaden *(z dwóch)* ani jeden, ani drugi: *The game wasn't very exciting, and neither team played well.* → porównaj EITHER², NONE¹

neither² S2 W3 *adv* też nie: *"I don't like herb tea." "Neither do I."* | *"I haven't seen Greg in a long time." "Me neither."* | *She couldn't swim, and neither could her husband.* → porównaj ANY¹, EITHER³

neither³ *conjunction* **neither ... nor ...** ani ... ani ...: *Neither his mother nor his father spoke English.*

neo- /niːəʊ/ *prefix* neo-: *a neoclassical palace*

ne·on /ˈniːɒn/ *n* [U] neon: *neon light*

neph·ew /ˈnefjuː/ *n* [C] **1** siostrzeniec **2** bratanek → porównaj NIECE

nep·o·tis·m /ˈnepətɪzəm/ *n* [U] nepotyzm

N

Nep·tune /ˈneptjuːn/ *n* [singular] Neptun

nerd /nɜːd/ *n* [C] *informal* suchar *(nudziarz)*

nerve S3 W3 /nɜːv/ *n* **1** [U] zimna krew: *It takes a lot of nerve to give a speech in front of so many people.* | **lose your nerve** *I was going to ask her for a pay rise, but I lost my nerve.* **2 have the nerve to do sth** *informal* mieć czelność coś zrobić: *And then he had the nerve to criticize my cooking!* **3** [C] nerw

nerve-rack·ing, **nerve-wrack·ing** /ˈnɜːv ˌrækɪŋ/ *adj* wykańczający nerwowo: *a nerve-racking experience*

nerves /nɜːvz/ *n* [plural] *informal* **1** nerwy, zdenerwowanie: *examination nerves* | **be a bundle of nerves** (=być kłębkiem nerwów) **2 get on sb's nerves** działać komuś na nerwy

ner·vous S3 W3 /ˈnɜːvəs/ *adj* **1** zdenerwowany: *Sam's very nervous about his driving test.* | *I wish you'd stop watching me. You're making me nervous.* **2** nerwowy: *a thin, rather nervous-looking man* | **be a nervous wreck** (=być kłębkiem nerwów) —**nervously** *adv* nerwowo —**nervousness** *n* [U] nerwowość, zdenerwowanie

UWAGA: nervous i irritated

Czasownik „denerwować się" w znaczeniu „niepokoić się" tłumaczymy jako **be nervous**, a w znaczeniu „złościć się" - **be irritated**: *There's no need to be nervous. It's only an interview.* | *She was irritated with her daughter for behaving so awkwardly.*

ˌnervous ˈbreakdown *n* [C] załamanie nerwowe

ˈnervous ˌsystem *n* [C] układ nerwowy

nest¹ /nest/ *n* [C] gniazdo: *a hornets' nest*

nest² *v* [I] za/gnieździć się

ˈnest egg *n* [C] oszczędności

nes·tle /ˈnesəl/ *v* [I,T] w/tulić (się): *The little cat nestled in his arms.* | **+among/between etc** *The village nestled* (=była wtulona) *among the Torridon hills.*

net¹ W3 /net/ *n* [C,U] **1** siatka: *He hit the ball into the net.* **2** sieć: *a fishing net* **3 the Net** Internet: *Businesses that do not have access to the Net are severely disadvantaged.* → patrz też SAFETY NET

net² W3 *v* [T] (**-tted**, **-tting**) **1** zarabiać/przynosić na czysto **2** z/łapać w sieć

net³ *także* **nett** *BrE adj* **1** netto: *a net profit of $500,000* → porównaj GROSS¹ **2 net weight** waga netto

net·book /ˈnetbʊk/ *n* [C] netbook

Neth·er·lands /ˈneðələndz/ *n* **the Netherlands** Holandia → patrz też DUTCH

netiquette, **Netiquette** /ˈnetɪket/ *n* netykieta

net·ting /ˈnetɪŋ/ *n* [U] siatka: *a fence of wire netting*

net·work¹ S3 W2 Ac /ˈnetwɜːk/ *n* [C] sieć: *the three big TV networks* | *the freeway network* | *a network of friends*

network² Ac *v* [T] po/łączyć w sieć

neu·rol·o·gy /njʊˈrɒlədʒi/ *n* [U] neurologia —**neurologist** *n* [C] neurolog —**neurological** /ˌnjʊərəˈlɒdʒɪkəl◂/ *adj* neurologiczny

neuron /ˈnjʊərɒn/ *n* neuron

neu·ro·sis /njʊˈrəʊsɪs/ *n* [C,U] (plural **neuroses** /-siːz/) nerwica

neu·rot·ic /njʊˈrɒtɪk/ *adj* znerwicowany, neurotyczny: *She's neurotic about her health.* —**neurotic** *n* [C] neurotyk/czka

neu·ter¹ /ˈnjuːtə/ *adj* rodzaju nijakiego

neuter² *v* [T] wy/sterylizować *(zwierzę)*

neu·tral¹ Ac /ˈnjuːtrəl/ *adj* **1** neutralny: *Switzerland was neutral during World War II.* **2** bezstronny: *neutral reporting*

neutral² *n* [U] bieg jałowy: *Start the car in neutral.*

neu·tral·i·ty Ac /njuːˈtræləti/ *n* [U] neutralność, bezstronność

neu·tral·ize Ac /ˈnjuːtrəlaɪz/ *także* **-ise** *BrE v* [T] z/neutralizować, zobojętniać: *The medicine neutralizes the acid in your stomach.*

neu·tron /ˈnjuːtrɒn/ *n* [C] neutron

nev·er S1 W1 /ˈnevə/ *adv* **1** nigdy: *I've never been to Hawaii.* | *I never knew that* (=nic nie wiedziałam, że) *you played the guitar!* **2 never mind** *spoken* (nic) nie szkodzi: *"We've missed the bus." "Never mind, there's another one in ten minutes."* **3 you never know** *spoken* nigdy (nic) nie wiadomo: *You never know, you might get the job.*

THESAURUS: never

never nigdy: *I've never been to France.*

never ever nigdy przenigdy: *I have never ever seen him before in my life.* | *Never ever do that again!*

not once ani razu: *He didn't once offer to help me.*

not for a moment ani przez chwilę: *„Did you believe him?" „No, not for a moment."* | *Not for one moment did she think it was a trap.*

not/never in a million years *informal* nigdy w życiu: *She won't give you the money back. Not in a million years!* | *Never in a million years did I think they'd say yes.*

at no time *formal* w żadnym momencie: *At no time did he do anything illegal.*

nev·er·the·less S3 W2 Ac /ˌnevəðəˈles/ *adv* pomimo to, niemniej jednak: *I think he's telling the truth. Nevertheless, I don't trust him.*

new S1 W1 /njuː/ *adj* **1** nowy: *I want to see Madonna's new movie.* | *Can the new drugs help her?* | *Do you like my new shoes?* | *A used car costs a lot less than a new one.* | *Is your new teacher OK?* | *Are you new here?* | *The police have found new evidence that suggests he's guilty.* | **brand new** (=nowiuteńki) | **be new to sb** *a lifestyle that was completely new to me* **2** młody: *new potatoes* —**newness** *n* [U] nowość

THESAURUS: new

new nowy: *Do you like my new dress?* | *the city's new hospital*

brand new nowiutki: *These shoes look brand new.* | *a brand new apartment*

recent niedawny: *A recent study suggests women are more likely to get the disease than men.*

latest najnowszy: *His latest book is set in Spain.* | *the latest news from China*

original oryginalny: *His style is completely original.* | *a highly original design*

fresh świeży: *Eat plenty of fresh fruit and vegetables.* | *We need to take a fresh look* (=musimy spojrzeć świeżym okiem) *at the problem.*

revolutionary rewolucyjny: *Darwin's theories were revolutionary.*

newbie /ˈnju:bi/ *n informal* nowicjusz/ka *(zwłaszcza w dziedzinie komputerów lub internetu)*

new·born /ˈnju:bɔ:n/ *adj* nowo narodzony —**newborn** *n* [C] noworodek

new·com·er /ˈnju:kʌmə/ *n* [C] now-y/a, przybysz: **+ to** *a newcomer to teaching* (=początkujący nauczyciel)

new·fan·gled /ˌnju:ˈfæŋgəld◂/ *adj* nowomodny: *new-fangled ideas about raising children* THESAURUS MODERN

new·ly W3 /ˈnju:li/ *adv* **newly built/married** nowo wybudowany/poślubiony THESAURUS RECENTLY

new·ly·weds /ˈnju:liwedz/ *n* [plural] nowożeńcy, państwo młodzi

news S1 W1 /nju:z/ *n* **1** [U] wiadomości: *national and local news* | **a piece of news** (=wiadomość): *an interesting piece of news* | **good/bad news** (=dobre/złe wieści): *I have some good news for you!* | **hear news** *Have you heard any news from* (=czy masz jakieś wiadomości od) *Emma yet?* | **news of** *more news of an explosion in the city* | **news story/report** *a news report on the Middle East* **2 the news** wiadomości *(telewizyjne lub radiowe)*: *What time is the news on?* | **on the news** (=w wiadomościach): *I heard it on the news last night.* **3 that's news to me** *spoken* pierwsze słyszę: *He's getting married? That's news to me.*

COLLOCATIONS: news

adjectives

good/great/wonderful news *„She got the job." „Oh, that is good news!"*

bad/terrible news *I'm afraid I have some bad news for you.*

the latest news *What's the latest news?*

old news (=nic nowego) *She wasn't surprised; it was old news to her.*

important news *He said he had some important news to tell me.*

big news *informal* (=wielka nowina) *The big news is that Polly and Richard are going to get married.*

verbs

to have some news *Do you have any news about the baby?*

to tell sb the news *I'd better go and tell Anne the news.*

to break the news (=przekazać złą wiadomość) *Who's going to break the news to him about the game?*

to spread the news (=rozpowszechnić wiadomość) *Could you spread the news that the trip has been cancelled?*

to hear the news *Have you heard the news about Joe?*

news spreads (=wiadomości rozchodzą się) *News spreads fast in a small town.*

noun + news

a piece of news *także* **a bit of news** *BrE I've had a rather surprising piece of news.*

ˈnews ˌagency *n* [C] agencja prasowa

news·a·gent /ˈnju:zˌeɪdʒənt/ *n* [C] *BrE* **1 newsagent's** sklep z gazetami, czasem także z papierosami i słodyczami **2** sprzedaw-ca/czyni w sklepie z gazetami

ˈnews ˌbulletin *n* [C] **1** *BrE* serwis informacyjny, wydanie wiadomości **2** *AmE* wiadomości z ostatniej chwili

news·cast /ˈnju:zkɑ:st/ *n* [C] *AmE* wiadomości *(telewizyjne lub radiowe)*

news·cast·er /ˈnju:zˌkɑ:stə/ *n* [C] prezenter/ka wiadomości

news·flash /ˈnju:zflæʃ/ *n* [C] *BrE* wiadomości z ostatniej chwili

news·group /ˈnju:zgru:p/ *n* [C] grupa dyskusyjna

news·let·ter /ˈnju:zˌletə/ *n* [C] biuletyn: *our church newsletter*

news·pa·per S2 W2 /ˈnju:sˌpeɪpə/ *także* **paper** *n* [C,U] gazeta: *the local newspaper* | *plates wrapped in newspaper*

THESAURUS: newspaper

newspaper gazeta: *His picture was in all the national newspapers.*

paper gazeta *(używa się częściej niż słowa 'newspaper')*: *Can I borrow your paper?* | *I read about it in the paper.*

the press prasa: *the freedom of the press* | *The press were desperate to get his story.* | *A lot has been written about this in the press.*

the media media: *You may have seen her in the media, talking about her new book.*

tabloid tabloid, brukowiec: *The tabloids are full of gossip about the wedding.*

broadsheet *BrE* poważna gazeta: *The broadsheets reported the latest news from Wall Street.*

news·print /ˈnju:zˌprɪnt/ *n* [U] papier gazetowy

news·read·er /ˈnju:zˌri:də/ *n* [C] *BrE* prezenter/ka wiadomości

news·stand /ˈnju:zˌstænd/ *n* [C] uliczne stoisko z gazetami

news·wor·thy /ˈnju:zˌwɜ:ði/ *adj* godny wzmianki: *newsworthy events*

newt /nju:t/ *n* [C] traszka

ˌNew ˈTestament *n* **the New Testament** Nowy Testament → porównaj OLD TESTAMENT

ˌnew ˈwave *n* [U] nowa fala: *the new wave of British cinema* —**new wave** *adj* nowofalowy

ˌNew ˈWorld *n* **the New World** Nowy Świat *(kontynenty amerykańskie)*: *Columbus' arrival in the New World*

new year *n* **the new year** nowy rok: *We're opening three new stores in the new year.*

ˌNew ˈYear *n* [U] Nowy Rok: *Happy New Year* (=Szczęśliwego Nowego Roku)*!*

ˌNew Year's ˈDay *n* [U singular] Nowy Rok

ˌNew Year's ˈEve *n* [U singular] sylwester

next[1] /nekst/ *adj* **1** następny: *The next flight leaves in 45 minutes.* | *They returned to New York the next day.* | *Turn left at the next corner.* | *Who will be the next President?* | *Read the next chapter by Friday.* | **next time** (=następnym razem): *Next time, be more careful!* | **next week/year** (=w przyszłym miesiącu/roku): *See you next week.* **2** sąsiedni: *the people at the next table* **3 be the next best thing to** być prawie tak dobrym jak: *Talking on the phone is the next best thing to being together.*

UWAGA: next week i the next week

Obecność przedimka określonego **the** zmienia znaczenie wyrażeń takich jak **next year**, **next month**, **next week** itp. Wyrażenia bez **the** odnoszą się do przyszłości i znaczą „w przyszłym roku, miesiącu, tygodniu" itd.: *See you next week!* | *She's going to try* *again next year.* Wyrażenia z **the**, takie jak **the next year**, **the next month**, **the next week** znaczą „następny rok, miesiąc, tydzień" itd. i mogą odnosić się zarówno do przyszłości, jak i przeszłości: *I'm going to be busy for the next month* (=przez cały następny miesiąc). | *She got married and spent the next year in Boston.*

next² S1 W1 *adv* **1** potem, następnie: *What shall we do next?* | *First, read the instructions. Next, write your name at the top of the page.* **2 next to** obok, przy: *I sat next to a really nice lady on the plane.* | *Your glasses are there, next to the phone.* **3 next to nothing** tyle co nic: *I bought the car for next to nothing* (=za grosze)*!*

N

next³ *pron* **1** następny: *Carrots. Milk. What's next on the list?* | *Who's next to see the doctor?* **2 the week/year after next** za dwa tygodnie/lata: *Let's meet some time the week after next.*

ˌnext ˈdoor *adv* **1** obok, za ścianą: *The Simpsons live next door.* **2 next door to** po sąsiedzku z, w budynku obok: *The baker's is right next door to the school.* —**next-door** *adj* najbliższy, za ściany: *my next-door neighbour*

ˌnext of ˈkin *n* [C] (plural **next of kin**) najbliższa rodzina: *Her next of kin was informed of her death.*

NHS /ˌen eɪtʃ ˈes/ *n* **the NHS** służba zdrowia *(w Wielkiej Brytanii)*

nib /nɪb/ *n* [C] stalówka

nib·ble /ˈnɪbəl/ *v* [I,T] skubać, pogryzać: **+ on** *She was nibbling on a carrot.*

nice S1 W2 /naɪs/ *adj* **1** ładny: *That's a nice sweater.* | **look/smell nice** (=ładnie wyglądać/pachnieć): *You look nice in that suit.* | **nice and warm/ sweet** (=cieplutki/ słodziutki): *It's nice and warm in here.* THESAURUS ▸ GOOD **2** miły: *They're all very nice people.* | *Did you have a nice time* (=czy miło spędziliście czas) *at the beach?* | **it is nice to do sth** *It would be nice* (=przyjemnie byłoby) *to go to Spain.* | **be nice to sb** *Be nice to your little sister.* | **it is nice of sb (to do sth)** *It was nice of you to come* (=to miło, że przyszedłeś). **3 (it's) nice to meet you/nice meeting you** *spoken* bardzo mi miło

UWAGA: nice

Nice to wyraz charakterystyczny dla języka nieoficjalnego, używany w rozmowach i w listach do przyjaciół. W innych tekstach pisanych lepiej zastąpić go innym wyrazem, np. **good**, **pleasant**, **atttractive**, **enjoyable** itp.

THESAURUS: nice

person

nice miły: *Karen's really nice, isn't she?*

charming czarujący: *He was charming and witty, and the staff all loved him.*

likeable sympatyczny: *The new boss seemed very likeable.*

sweet *especially spoken* miły, uroczy: *How sweet of you to send me flowers!* | *a sweet little old lady*

great *especially spoken* świetny: *I think your brother's great!*

lovely *especially BrE informal* uroczy: *Dr Macintosh was a lovely man.*

thing, place, day etc

nice ładny: *That's a nice dress.* | *It's been a really nice day.*

great *także* **brilliant** *BrE especially spoken* świetny: *His concerts are always great.* | *It's a great car.*

pleasant przyjemny: *a pleasant little town* | *Thank you for a very pleasant evening.*

lovely wspaniały: *It was a lovely meal.* | *The children had a lovely time.*

enjoyable przyjemny: *Exercise should be an enjoyable experience.* | *We had a very enjoyable stay.*

fun *especially spoken* przyjemny: *Skiing is great fun.* | *It was a fun day.*

charming czarujący: *a charming little town*

delightful uroczy: *a delightful place* | *a delightful evening*

ˌnice-ˈlooking *adj* atrakcyjny, przystojny: *He's a nice-looking guy.*

nice·ly S3 /ˈnaɪsli/ *adv* ładnie: *Belinda is always so nicely dressed.* | *His arm is healing nicely.* | *Ask nicely and I'll give you some chocolate.*

ni·ce·ty /ˈnaɪsəti/ *n* [C] **1** finezja **2 the niceties** subtelności: *She doesn't bother with the social niceties.*

niche /niːʃ/ *n* [C] **1 find one's niche (as)** odnaleźć się (jako): *She found her niche as a fashion designer.* **2** nisza, wnęka

nick¹ /nɪk/ *n* **1 in the nick of time** w samą porę: *The doctor arrived in the nick of time.* **2** [C] zadraśnięcie, nacięcie **3 in good nick/in bad nick** *BrE informal* w dobrym/złym stanie: *Our car's old but it's in good nick.*

nick² *v* [T] **1** zadrasnąć (się w), zaciąć (się w): *I nicked my chin when I was shaving.* **2** *BrE informal* zwędzić, zwinąć: *Someone's nicked my bike!*

nick·el /ˈnɪkəl/ *n* **1** [C] pięciocentówka **2** [U] nikiel

ˌnickel-and-ˈdime *adj AmE informal* **1** groszowy: *We can't solve such problems with nickel-and-dime solutions* (=przy pomocy tanich rozwiązań). **2** nieistotny

nick·name /ˈnɪkneɪm/ *n* [C] przezwisko, przydomek: *His nickname was 'Curly' because of his hair.* THESAURUS ▸ NAME —**nickname** *v* [T] przezwać: *At school Robert was nicknamed Robbo.*

nic·o·tine /ˈnɪkətiːn/ *n* [U] nikotyna

ˈnicotine ˌpatch *n* [C] pasek/plaster nikotynowy

niece /niːs/ *n* [C] **1** siostrzenica **2** bratanica → porównaj NEPHEW

nif·ty /ˈnɪfti/ *adj informal* zmyślny: *a nifty card trick*

nig·ger /ˈnɪgə/ *n* [C] czarnuch

nig·gle /ˈnɪgəl/ *v* **1** [I] czepiać się: **+ over** *She niggled over every detail of the bill.* **2** [T] irytować: *It niggled him that she had told him the wrong date.*

nig·gling /ˈnɪgəlɪŋ/ *adj* **niggling doubt/suspicion** dręcząca wątpliwość/dręczące podejrzenie

nigh /naɪ/ *adv, prep* **1** *literary* opodal **2 well nigh/nigh on** *old-fashioned* bez mała, omal

night S1 W1 /naɪt/ *n* **1** [C,U] noc: *I woke up in the middle of the night.* | **at night** (=w nocy): *It's very cold here at night.* | **all night (long)** (=(przez) całą noc): *Some supermarkets stay open all night.* | **a good night's sleep** *What you need is a good night's sleep* (=musisz się porządnie wyspać). | **a late night** (=zarwana noc): *You look tired. Too many late nights!* **2** [C,U] wieczór: **last night** (=wczoraj wieczorem): *Did you go out last night?* | **tomorrow night** *Some friends are coming over tomorrow night.* | **Monday/Saturday etc night** *There's a party at Val's on Friday night.* | **a night out** *We had a really good night out* (=spędziliśmy naprawdę miły wieczór poza domem). **3 night and day/day and night** dniem i nocą, dniami i nocami: *The prisoners were guarded day and night.*

COLLOCATIONS: night

adjectives

a dark night *The night was dark as we set off.*
a cold night *You can't spend a cold night like this outside.*
a clear night (=bezchmurna noc) *It was a clear night and the sky was full of stars.*
an early/late night *You look tired – you should have an early night* (=powinieneś dziś wcześniej iść spać). | *I've had too many late nights recently.*
a sleepless night *Her son has caused her many sleepless nights.*
a bad night *I had a bad night because my arm was hurting.*
a long night *It looks like it's going to be a long night.*

noun + night

the middle of the night *I woke up in the middle of the night.*
the dead of night *literary* (=środek nocy) *He drove through the countryside in the dead of night.*

verbs

to spend a night somewhere *He had to spend the night in his car.*
to stay the night (=zostać na noc) *I stayed the night at Eric's.*
night falls *written* (=zapada noc) *It grew colder as night fell.*

night + noun

the night sky *the stars in the night sky*
the night air *He walked out into the cool night air.*

night·club /ˈnaɪtklʌb/ *n* [C] nocny lokal

night·dress /ˈnaɪtdres/ *n* [C] koszula nocna

night·fall /ˈnaɪtfɔːl/ *n* [U] *literary* zmrok

night·gown /ˈnaɪtgaʊn/ *n* [C] koszula nocna

night·ie /ˈnaɪti/ *n* [C] *informal* koszula nocna

nigh·tin·gale /ˈnaɪtɪŋgeɪl/ *n* [C] słowik

night·life /ˈnaɪtlaɪf/ *n* [U] nocne życie: *Las Vegas is famous for its nightlife.*

night·ly[1] /ˈnaɪtli/ *adj* wieczorny: *a nightly news broadcast*

nightly[2] *adv* co wieczór/noc, każdego wieczora/każdej nocy: *The bar is open nightly.*

night·mare /ˈnaɪtmeə/ *n* [C] **1** koszmarny sen: *She still has nightmares about the accident.* **2** koszmar: *It was a nightmare driving home in the snow.* —**nightmarish** *adj* koszmarny

ˈnight owl *n* [C] *informal* sowa, nocny marek

ˈnight school *n* [U] kurs wieczorowy: *I'm studying Spanish at night school.*

ˈnight shift *n* [C,U] nocna zmiana: **be on night shift** *Lee's on night shift at the hospital this week.*

night·stand /ˈnaɪtstænd/ *n* [C] *AmE* stolik nocny

night·time /ˈnaɪt-taɪm/ *n* [U] pora nocna, noc →antonim DAYTIME

ˌnight ˈwatchman *n* [C] (plural **night watchmen** /-mən/) nocny stróż

nil S3 /nɪl/ *n* [U] zero: *The score was seven nil.* | *His chances of winning are almost nil.* THESAURUS ZERO

UWAGA: nil

W angielszczyźnie brytyjskiej **nil** używa się w znaczeniu „zero" przy podawaniu wyników sportowych: *United won the game three nil.* Patrz też **o**.

nim·ble /ˈnɪmbəl/ *adj* zwinny: *nimble fingers* | *a nimble climber*

nin·com·poop /ˈnɪŋkəmpuːp/ *n* [C] *old-fashioned* półgłówek, gamoń

nine /naɪn/ *number* **1** dziewięć **2** (godzina) dziewiąta: *I have to be in the office by nine.*

nine·teen /ˌnaɪnˈtiːn◂/ *number* **1** dziewiętnaście **2 talk nineteen to the dozen** gadać jak najęt-y/a —**nineteenth** *number* dziewiętnasty

adv **work nine-to-five** pracować od dziewiątej do siedemnastej —**nine-to-five** *adj*: *a nine-to-five job*

nine·ty /ˈnaɪnti/ *number* **1** dziewięćdziesiąt **2 the nineties** lata dziewięćdziesiąte —**ninetieth** *number* dziewięćdziesiąty

ninth /naɪnθ/ *number* dziewiąty

nip[1] /nɪp/ (**-pped, -pping**) *v* **1** [I,T] u/gryźć *(lekko)* **+at** *That stupid dog keeps nipping at my ankles* (=szarpie mnie za kostki). **2** [I] *BrE informal* wyskoczyć: *I've just got to nip out to the shops.* **3 nip sth in the bud** zdusić coś w zarodku

nip[2] *n* **1** [C] ugryzienie **2** uszczypnięcie

nip·ple /ˈnɪpəl/ *n* [C] **1** brodawka sutkowa, sutek **2** *AmE* smoczek *(butelki)*

nip·py /ˈnɪpi/ *adj* **1** mroźny **2** *BrE* żwawy, szybki: *a nippy little car*

nit /nɪt/ *n* [C] **1** gnida **2** *BrE informal* dureń

nit·pick·ing /ˈnɪtˌpɪkɪŋ/ *n* [U] szukanie dziury w całym

ni·trate /ˈnaɪtreɪt/ *n* [C,U] azotan, saletra *(także jako nawóz sztuczny)*

ni·tro·gen /ˈnaɪtrədʒən/ *n* [U] azot

nit·ty-grit·ty /ˌnɪti ˈgrɪti/ *n informal* **the nitty-gritty** konkrety: *Let's get down to the nitty-gritty and work out the cost.*

nit·wit /ˈnɪt-wɪt/ *n* [C] *informal* matoł, ciemięga

no[1] S1 W1 /nəʊ/ *adv* nie: *"Is she married?" "No, she's not."* | *"Do you want some more coffee?" "No, thanks."* | *"Gary's weird." "No, he's just shy."* | *No, Jimmy, don't touch that.* | **say no** (=odmawiać): *I asked Dad if I could have a dog, but he said no.* →antonim YES[1]

no² S1 W1 *determiner* **1** żaden: *no buses in this part of town* | *I'm sorry, there are no tickets left* (=nie ma już biletów). **2** ani trochę: *There's no sugar in the bowl.* | *He has no time* (=nie ma czasu) *to help.* **3** zakaz: *No smoking.* → patrz też **in no time** (TIME¹)

no³ *n* [singular] (plural **noes**) nie *(odmowa, sprzeciw, odpowiedź przecząca)*: *Her answer was a definite no.*

no. (plural **nos.**) skrót od NUMBER

N

no·bil·i·ty /nəʊˈbɪləti/ *n* **1 the nobility** szlachta, arystokracja **2** [U] szlachetność

no·ble¹ /ˈnəʊbəl/ *adj* **1** szlachetny: *a noble achievement* **2** szlachecki, arystokratyczny: *noble families* —**nobly** *adv* szlachetnie

noble² *także* **no·ble·man** /ˈnəʊbəlmən/, **no·ble·wom·an** /ˈnəʊbəlˌwʊmən/ *n* [C] szlachci-c/anka, arystokrat-a/ka

no·bod·y¹ S1 W2 /ˈnəʊbədi/ *pron* nikt: *I spoke to Jane, but to nobody else.*

nobody² *n* [C] nikt, zero: *I'm sick of being a nobody!*

noc·tur·nal /nɒkˈtɜːnl/ *adj technical* nocny *(o zwierzęciu)*

nod W2 /nɒd/ *v* (**-dded**, **-dding**) **1** [I,T] skinąć (głową): *"Are you Jill?" he asked. She smiled and nodded.* | *Ben nodded his head sympathetically.* **2** [I] po/kiwać (głową), kiwnąć (głową): **+to/at/towards** *I nodded to the waiter.* | *"Sally's in there," Jim said, nodding towards the kitchen.* —**nod** *n* [C] skinienie

nod off *phr v* [I] *informal* przysypiać: *His speech was so boring I kept nodding off.*

ˌno-ˈfrills *adj* elementarny, bez (żadnych) dodatków *(np. o wyposażeniu)*

ˌno-ˈgo ˌarea *n* [C] zakazana okolica, niebezpieczne rejony

noise S2 W2 /nɔɪz/ *n* [C,U] hałas, odgłos(y): *the noise of the traffic* | *strange noises* | **make (a) noise** (=hałasować): *Stop making so much noise.*

noise·less·ly /ˈnɔɪzləsli/ *adv* bezszelestnie, bezgłośnie: *A waiter noiselessly entered their room.*

ˈnoise polˌlution *n* [U] nadmierny hałas: *noise pollution from nearby traffic*

nois·y S3 /ˈnɔɪzi/ *adj* hałaśliwy, głośny: *noisy schoolkids* | *a noisy bar* THESAURUS LOUD —**noisily** *adv* hałaśliwie

no·mad /ˈnəʊmæd/ *n* [C] koczowni-k/czka, nomada: *the desert nomads of North Africa* —**nomadic** /nəʊˈmædɪk/ *adj* koczowniczy

ˈno-man's ˌland *n* [U singular] ziemia niczyja

nom·i·nal /ˈnɒmɪnəl/ *adj* **1** nominalny, tytularny: *a nominal leader* **2 nominal amount/price** symboliczna ilość/cena: *I bought the house for a nominal sum in 1963.*

nom·i·nal·ly /ˈnɒmɪnəli/ *adv* nominalnie, z nazwy: *a nominally independent company*

nom·i·nate /ˈnɒməneɪt/ *v* [T] nominować, mianować: **nominate sb for/as sth** *I'd like to nominate Margaret as class representative.* —**nomination** /ˌnɒməˈneɪʃən/ *n* [C,U] nominacja, mianowanie

nom·i·nee /ˌnɒməˈniː/ *n* [C] nominowan-y/a: *Oscar nominee, Winona Ryder*

non- /nɒn/ *prefix* przedrostek wyrażający zaprzeczenie, nie-, bez-: *non-alcoholic drinks* | *non-smokers*

ˌnon-agˈgression *n* [U] nieagresja: *a policy of non-aggression*

ˌnon-alcoˈholic *adj* bezalkoholowy

non·cha·lant /ˈnɒnʃələnt/ *adj* nonszalancki: *young men trying to look nonchalant* —**nonchalance** *n* [U] nonszalancja —**nonchalantly** *adv* nonszalancko

ˌnon-ˈcombatant *n* [C] żołnierz nieliniowy

non·com·mit·tal /ˌnɒnkəˈmɪtl◂/ *adj* wymijający: *a noncommittal reply*

non·con·form·ist Ac /ˌnɒnkənˈfɔːmɪst◂/ *n* [C] nonkonformist-a/ka: *a political nonconformist* —**nonconformist** *adj* nonkonformistyczny: *nonconformist views*

non·de·script /ˈnɒndəˌskrɪpt/ *adj* nijaki, nieokreślony: *a nondescript man in a grey suit*

none¹ S1 W2 /nʌn/ *pron* **1** ani trochę: *"Can I have some more coffee?" "Sorry, there's none left."* | **+of** *None of the money is mine.* **2** żaden, ani jeden: **+of** *None of my friends are here.* | **none at all** *Any car is better than none at all* (=lepszy niż żaden).

UWAGA: none

W języku mówionym, jeśli po **none of** występuje rzeczownik lub zaimek w liczbie mnogiej, czasownik też może być w liczbie mnogiej: *I invited some friends, but none of them were interested.* W piśmie lepiej używać czasownika w liczbie pojedynczej: *None of them was interested.*

none² *adv* **1 none the worse/wiser** ani trochę nie gorszy/mądrzejszy: *We were none the wiser for his explanation.* **2 none too pleased/easy** bynajmniej nie zadowolony/łatwy: *Life was none too easy in those days.*

non·en·ti·ty /nɒˈnentəti/ *n* [C] miernota: *a weak government, full of politicians who are nonentities*

none·the·less Ac /ˌnʌnðəˈles◂/ *adv formal* pomimo to, niemniej jednak: *The economy is improving, but people are losing jobs nonetheless.*

ˌnon-eˈvent *n* [C usually singular] *informal* niewypał: *My 21st birthday was a complete non-event.*

non·ex·ist·ent /ˌnɒnɪgˈzɪstənt◂/ *adj* nie istniejący: *Industry is practically nonexistent in the area.*

non·fic·tion /ˌnɒnˈfɪkʃən◂/ *n* [U] literatura faktu → porównaj FICTION

non·flam·ma·ble /ˌnɒnˈflæməbəl/ *adj* niepalny → antonim INFLAMMABLE, FLAMMABLE

ˌnon-interˈvention *n* [U] nieinterwencja

ˈno-no *n* [C] *informal* **be a no-no** być wykluczonym: *My parents think sex before marriage is a definite no-no.*

ˌno-ˈnonsense *adj* [only before noun] konkretny, rzeczowy: *a no-nonsense attitude to work*

non·pay·ment /ˌnɒnˈpeɪmənt/ *n* [U] niepłacenie: **+of** *nonpayment of rent*

non·plussed /nɒnˈplʌst/ *adj* skonsternowany: *I was quite nonplussed at his news.*

non-prof·it·mak·ing /ˌnɒnˈprɒfɪtmeɪkɪŋ/ *BrE*, **ˌnon-ˈprofit** *AmE adj* niedochodowy

non·pro·lif·e·ra·tion /ˌnɒnprəlɪfəˈreɪʃən/ *n* [U] nierozprzestrzenianie *(np. broni atomowej)*

ˌnon-reˈnewable *adj* nieodnawialny: *Coal and gas are non-renewable types of energy.*

non·sense S3 /ˈnɒnsəns/ *n* [U] **1** nonsens, bzdura: *"This dress makes me look fat." "Nonsense, you look great!"* **2** wygłupy: *I'm not putting up with any more of your nonsense!* —**nonsensical** /nɒnˈsensɪkəl/ *adj* nonsensowny, niedorzeczny

non seq·ui·tur /ˌnɒn ˈsekwɪtə/ *n* [C] *formal* wniosek nie wynikający z przesłanek

ˌnon-ˈsmoker *n* [C] niepaląc-y/a

non·smok·ing /ˌnɒnˈsməʊkɪŋ/ *adj* dla niepalących: *the nonsmoking section of the plane*

non·stan·dard /ˌnɒnˈstændəd/ *adj* niestandardowy: *Lots of people say 'I gotta go', but 'gotta' is still considered nonstandard.*

non·start·er /ˌnɒnˈstɑːtə/ *n* [C usually singular] *informal* coś, co nie może się udać: *The whole idea sounds like a nonstarter to me.*

non·stick /ˌnɒnˈstɪk◂/ *adj* teflonowy: *a nonstick pan*

non·stop /ˌnɒnˈstɒp◂/ *adv, adj* bez przerw(y): *Dan worked nonstop for 12 hours.* | *a nonstop flight* (=bezpośredni lot) *to New York*

non·vi·o·lence /ˌnɒnˈvaɪələns/ *n* [U] niestosowanie przemocy: *a policy of nonviolence* —**nonviolent** *adj*: *nonviolent protest* (=pokojowy protest)

noo·dle /ˈnuːdl/ *n* [C usually plural] makaron: *chicken noodle soup* (=rosół z makaronem)

nook /nʊk/ *n* **1** [C] zakamarek: *a shady nook* **2 every nook and cranny** każdy kąt, wszystkie zakamarki: *We've searched every nook and cranny for that key.*

noon /nuːn/ *n* [U] południe: *Lunch will be served at noon.*

ˈno one S1 W2 *pron* nikt: *I called last night but no one was home.*

noose /nuːs/ *n* [C] pętla

no·place /ˈnəʊpleɪs/ *adv AmE informal* nigdzie: *There's noplace left to hide.*

nor S2 W1 /nɔː/ *conjunction* **1 neither ... nor ...** ani ... ani ...: *My mother's family were neither rich nor poor.* | *They can neither read nor write.* **2** *formal* też nie: *He wasn't at the meeting, nor was he at work yesterday* (=nie było go też wczoraj w pracy).

norm Ac /nɔːm/ *n* [C] **1 be the norm** być regułą: *Unemployment is becoming the norm here.* **2** [C usually plural] norma: *the values and norms of civilized society*

nor·mal S1 W1 Ac /ˈnɔːməl/ *adj* normalny: *Greg isn't acting like his normal self.* | *normal business hours* →antonim ABNORMAL

nor·mal·i·ty Ac /nɔːˈmæləti/ *także* **nor·mal·cy** /ˈnɔːməlsi/ *AmE n* [U] normalność

nor·mal·ize Ac /ˈnɔːməlaɪz/ *także* **-ise** *BrE v* [I,T] u/normować (się), u/regulować (się): *In March 1944 Russia normalized relations with Italy.* —**normalization** /ˌnɔːməlaɪˈzeɪʃən/ *n* [U] normalizacja

nor·mal·ly S1 W2 Ac /ˈnɔːməli/ *adv* normalnie: *I normally go to bed around 11.* | *Try to relax and breathe normally.*

north¹ S1 W2 /nɔːθ/ *n* [U] północ: *Which way is north?* | *My grandparents came from the North* (=z północy kraju).

north² *adj* północny: *the north end of the field* | *north wind* | **north of** (=na północ od): *a town 20 miles north of Salem*

north³ *adv* **1** na północ: *We headed north.* **2 up north** na północ(y): *The Simpsons are moving up north in May.*

north·bound /ˈnɔːθbaʊnd/ *adj* w kierunku północnym: *northbound traffic*

north·east¹ /ˌnɔːθˈiːst◂/ *n* [U] północny wschód —**northeastern** *adj* północno-wschodni

northeast² *adj* północno-wschodni: *a northeast wind*

northeast³ *adv* na północny wschód: *driving northeast*

nor·ther·ly /ˈnɔːðəli/ *adj* północny: *a northerly direction* | *a northerly wind*

nor·thern S2 W2 /ˈnɔːðən/ *adj* północny: *northern California*

nor·thern·er, **Northerner** /ˈnɔːðənə/ *n* [C] mieszkan-iec/ka północy kraju

nor·thern·most /ˈnɔːðənməʊst/ *adj* najbardziej wysunięty na północ: *the northernmost tip of the island*

ˌNorth ˈPole *n* [singular] biegun północny

north·ward /ˈnɔːθwəd/ *adj, adv* na północ

north·west¹ /ˌnɔːθˈwest◂/ *n* [U] północny zachód —**northwestern** *adj* północno-zachodni

northwest² *adj* północno-zachodni: *a northwest wind*

northwest³ *adv* na północny zachód: *walking northwest*

Nor·way /ˈnɔːweɪ/ *n* Norwegia —**Norwegian** /nɔːˈwiːdʒən/ *n* Norwe-g/żka —**Norwegian** *adj* norweski

nose¹ S2 W2 /nəʊz/ *n* **1** [C] nos: *Someone punched him on the nose.* | *My nose is running* (=mam katar). **2 (right) under sb's nose** przed samym nosem: *He passed me the note right under the nose of the examiner!* **3 stick/poke your nose into** *informal* wtykać nos w: *Jane's always sticking her nose into other people's business.* **4 turn your nose up (at sth)** kręcić nosem (na): *Most kids turn their noses up at fresh vegetables.* **5** [C] dziób *(np. samolotu)* **6 look down your nose at sb** patrzeć na kogoś z góry **7 red-nosed/long-nosed** czerwononosy/długonosy →patrz też **blow your nose** (BLOW¹)

nose² *v* [I] sunąć powoli: *The taxi nosed out into the traffic.*

nose around *także* **nose about** *BrE phr v* [I] węszyć: *Why were you nosing around in my room?*

nose·bleed /ˈnəʊzbliːd/ *n* krwawienie z nosa

nose·dive /ˈnəʊzdaɪv/ *n* **1 take a nosedive** pójść ostro w dół, gwałtownie spaść: *Profits took a nosedive last year.* **2** [C] pikowanie —**nosedive** *v* [I] pikować

ˈnose job *n* [C] *informal* operacja plastyczna nosa

nosey alternatywna pisownia wyrazu NOSY

nos·tal·gia /nɒˈstældʒə/ *n* [U] nostalgia: **+for** *nostalgia for his life on the farm* —**nostalgic** *adj* nostalgiczny —**nostalgically** /-kli/ *adv* nostalgicznie

nos·tril /ˈnɒstrəl/ *n* [C] nozdrze

nos·y, **nosey** /ˈnəʊzi/ *adj* wścibski: *Our neighbours are really nosy.* —**nosiness** *n* [U] wścibstwo

not S1 W1 /nɒt/ *adv* **1** nie: *Most stores are not open on Sundays.* | *He does not speak English.* | *No one knows if the story is true or not.* | **not at all** (=wcale nie): *I was not at all surprised to see her.* | **not a lot/not much** (=niewiele): *Not much is known about the disease.* | **I hope not** (=mam nadzieję, że nie): *"Is Mark still ill?" "I hope not."* →porównaj SO¹ **2 not only ... (but) also** nie tylko ..., (lecz) także: *She's not only funny, she's also clever.* **3 not a/not one** żaden: *Not one of the students knew the answer.*

N

4 not bad! *spoken* nieźle!: *"I got a B+on my test!" "Not bad!"* **5 not that ...** nie żeby(m) ...: *Sarah has a new boyfriend - not that I care.*

no·ta·ble /ˈnəʊtəbəl/ *adj* godny uwagi: *an area notable for* (=słynący z) *its forests*

no·ta·bly W3 /ˈnəʊtəbli/ *adv* w szczególności, zwłaszcza: *Some politicians, most notably the President, refused to comment.*

notarize, -ise *BrE* /ˈnəʊtəraɪz/ *v* [T] poświadczyć notarialnie: *Have these witness statements been notarized?*

notarized /ˈnəʊtəraɪzd/ *także* **-ised** *BrE adj* poświadczony notarialnie: *a notarized statement*

notary /ˈnəʊtəri/ *także* ˌ**notary** ˈ**public** *n* (pl **-ries**) notariusz/ka

no·ta·tion /nəʊˈteɪʃən/ *n* [C,U] zapis, notacja

notch¹ /nɒtʃ/ *n* [C] nacięcie, karb: *He cut a notch into the stick.*

notch² *v* [T]
notch sth ↔ up *phr v* [T] zaliczyć *(punkt, zwycięstwo)*: *He has notched up four goals in four games.*

note¹ S1 W1 /nəʊt/ *n* **1** [C] liścik: *I wrote Jane a note to thank her.* **2** [C] notatka: **make a note of** (=za/notować): *I'll just make a note of your new address.* **3** [C] nuta: *He hummed a few notes of a tune.* **4** [C] *BrE* banknot: *a ten-pound note* THESAURUS MONEY **5 take note (of sth)** brać/wziąć (coś) pod uwagę: *We must always take note of our customers' views.* **6 of note** znaczący, liczący się: *a writer of note*

note² S3 W1 *v* [T] **1** zauważyć, zwrócić uwagę (na): **+that** *Please note that the museum is closed on Mondays.* **2** *także* **note down** za/notować, zapisywać: *He noted down my name.*

note·book /ˈnəʊtbʊk/ *n* [C] **1** notatnik, notes **2** notebook, komputer przenośny

not·ed /ˈnəʊtɪd/ *adj* znany: *a noted author* | **+for** *an area noted for its cheeses*

note·pa·per /ˈnəʊtˌpeɪpə/ *n* [U] papier listowy

notes /nəʊts/ *n* [plural] notatki: **take notes** (=robić notatki): *Did you take notes during the lecture?*

note·wor·thy /ˈnəʊtˌwɜːði/ *adj formal* godny uwagi: *a noteworthy event*

noth·ing¹ S1 W1 /ˈnʌθɪŋ/ *pron* **1** nic: *There's nothing in the bag.* | *Nothing you say will change what he thinks.* | *I have nothing to wear!* | *"What did you say?" "Oh, nothing* (=nic takiego)*."* | **nothing else** (=nic innego): *I had nothing else to do, so I went to bed.* **2** zero: *The Red Sox won the game three nothing* (=trzy do zera). **3 for nothing a)** za nic, za darmo: *I did all that work for nothing.* **b)** na darmo, na próżno: *I spent three years studying for nothing.* **4 have/be nothing to do with a)** nie mieć nic wspólnego z: *The amount you earn has nothing to do with how hard you work.* **b)** nie dotyczyć: *What I said to Joe has nothing to do with you* (=to nie twoja sprawa). **5 nothing special** nic szczególnego: *The story was nothing special, but the pictures were nice.* **6 nothing but** nic tylko: *We've had nothing but rain for two weeks.* **7 nothing much** *spoken* niewiele: *"What did he say?" "Oh, nothing much."* **8 there's nothing for it (but to do sth)** nie pozostaje nic innego (jak tylko coś zrobić): *There was nothing for it but to swim.* **9 (there's) nothing to it** *spoken* to bardzo proste **10 it was nothing** *spoken* (ależ to) drobiazg: *"Thanks a lot!" "It was nothing."*

nothing² *adv* **be nothing like** w niczym nie przypominać: *We have hills at home, but they're nothing like this!*

noth·ing·ness /ˈnʌθɪŋnəs/ *n* [U] nicość

no·tice¹ S1 W2 /ˈnəʊtɪs/ *v* [I,T] zauważyć: *I said "hello", but she didn't notice.* | **+that** *Max noticed that I was getting nervous.*

> **UWAGA: notice**
>
> Nie należy używać „can" w połączeniu z **notice**. Nie mówi się „we can notice an improvement", tylko **we notice an improvement** lub **we can see an improvement**.

notice² S2 W2 *n* **1** [C] ogłoszenie: *I put a notice up saying 'No Entry'.* **2** [U] wymówienie: **give sb notice** *You must give the bank three days' notice before closing your account.* **3 not take any notice/take no notice** nie zwracać uwagi: *Don't take any notice of her, she's just annoyed.* **4 at short notice/at a moment's notice** bez uprzedzenia: *You can't expect us to leave at a moment's notice!* **5 until further notice** do odwołania: *The store will be closed until further notice.* **6 hand/give in your notice** składać wymówienie

> **COLLOCATIONS: notice**
>
> **verbs**
>
> **to take notice** (=uważać) *I began to take notice when the subject of money came up.*
>
> **to take no notice/not take any notice** *The other passengers took no notice of what was happening.*
>
> **sth came to sb's notice** (=ktoś dowiedział się o czymś) *This problem first came to our notice last summer.*
>
> **to escape sb's notice** (=umknąć czyjejś uwadze) *It had not escaped his notice that Phil seemed interested in Jean.*
>
> **to bring sth to sb's notice** (=zwrócić czyjąś uwagę na coś) *I tried to bring the matter to the notice of the police.*
>
> **to attract notice** (=przyciągać/zwracać uwagę) *She didn't want to attract notice, so she dressed very plainly.*

no·tice·a·ble /ˈnəʊtəsəbəl/ *adj* zauważalny, widoczny: *There's been a noticeable improvement in your work.* —**noticeably** *adv* zauważalnie

no·tice·board /ˈnəʊtəsˌbɔːd/ *n* [C] *BrE* tablica ogłoszeń

no·ti·fy /ˈnəʊtɪfaɪ/ *v* [T] *formal* powiadamiać: *Have you notified the police?* —**notification** /ˌnəʊtɪfɪˈkeɪʃən/ *n* [C,U] zawiadomienie

no·tion W3 Ac /ˈnəʊʃən/ *n* [C] pojęcie: *Where did you get the notion* (=skąd ci przyszło do głowy) *that I was leaving?*

no·to·ri·e·ty /ˌnəʊtəˈraɪəti/ *n* [U] zła sława

no·to·ri·ous /nəʊˈtɔːriəs/ *adj* osławiony: **+for** *a judge notorious for* (=znany z) *his cruelty* THESAURUS FAMOUS —**notoriously** *adv* notorycznie

not·with·stand·ing Ac /ˌnɒtwɪθˈstændɪŋ/ *prep, adv formal* pomimo: *The team has continued to be successful notwithstanding recent criticism.* | *They bought the building, cost notwithstanding.*

nought /nɔːt/ *n* [C] *BrE* zero THESAURUS ZERO

UWAGA: nought

Patrz **zero** i **nought**. Patrz **o**. Patrz **nil**.

noun /naʊn/ *n* [C] rzeczownik → INFORMACJE GRAMATYCZNE

nour·ish /ˈnʌrɪʃ/ *v* [T] **1** odżywiać: *healthy, well-nourished children* **2** żywić: *to nourish the hope of a trip abroad*

nour·ish·ing /ˈnʌrɪʃɪŋ/ *adj* pożywny: *nourishing soup*

nour·ish·ment /ˈnʌrɪʃmənt/ *n* [U] *formal* pożywienie

nov·el¹ W3 /ˈnɒvəl/ *n* [C] powieść: *the novels of Jane Austen* THESAURUS BOOK

novel² *adj* nowatorski: *What a novel idea!*

nov·el·ist /ˈnɒvəlɪst/ *n* [C] powieściopisa-rz/rka

nov·el·ty /ˈnɒvəlti/ *n* [C,U] nowość: *at a time when television was still a novelty*

No·vem·ber /nəʊˈvembə/ (*skrót pisany* **Nov.**) *n* [C,U] listopad

nov·ice /ˈnɒvɪs/ *n* [C] nowicjusz/ka, początkując-y/a: *a novice at chess* | *novice drivers*

now¹ S1 W1 /naʊ/ *adv* **1** teraz: *Jean and her husband are now living in Canada.* | **right now/just now** (=w tej chwili): *Right now, we're not really ready to decide.* | *Call her right now, before she leaves.* | **by/before now** *Steve should be home by now* (=powinien już być w domu). | **from now on** (=od tej chwili): *Meetings will be held on Friday from now on.* | **for now** (=na razie): *You're welcome to use my computer for now.* **2** natychmiast: *You'd better go now - you're late.* **3** *spoken* (a) więc: *Now ... what did you say your name was?* **4 (every) now and then/now and again** od czasu do czasu: *He sees her every now and then at the college.*

THESAURUS: now

now teraz: *Can I come in now?* | *It's now 10 am.*

currently *formal* aktualnie: *There are currently no problems on the subway system.*

at the moment *także* **at present** *formal* w tej chwili, obecnie: *At the moment, I'm reading a book by Martin Amis.* | *At present, he's in the US.*

for now *także* **for the time being** na razie: *Let's leave our plans as they are for the time being.*

now² S1 W3 *także* **now that** *conjunction* teraz, gdy: *Now that the kids have left home, the house feels empty.*

now·a·days S2 /ˈnaʊədeɪz/ *adv* obecnie, dziś: *People tend to live longer nowadays.*

no·where S2 /ˈnəʊweə/ *adv* **1** nigdzie: *There's nowhere to put* (=nie ma gdzie położyć) *anything in our new apartment.* | **nowhere else** (=nigdzie indziej): *If you have nowhere else to stay, you can sleep here.* **2 get nowhere** stać w miejscu (*przenośnie*): *I feel I'm getting nowhere in this job.* **3 nowhere near a)** zupełnie nie: *The food at Giorgio's is nowhere near as good as it used to be* (=jest dużo gorsze niż było). **b)** bardzo daleko od: *Buffalo is in New York State, but it's nowhere near New York City.*

nox·ious /ˈnɒkʃəs/ *adj formal* trujący, szkodliwy: *noxious chemicals*

noz·zle /ˈnɒzəl/ *n* [C] dysza

nr *BrE* skrót pisany od 'near'

n't /ənt/ forma ściągnięta od NOT: *He isn't* (=is not) *here.* | *She can't* (=cannot) *see him.* | *I didn't* (=did not) *do it.*

nu·ance /ˈnjuːɑːns/ *n* [C,U] niuans

nu·cle·ar W2 Ac /ˈnjuːkliə/ *adj* jądrowy: *a nuclear power station* | *nuclear weapons* | *nuclear physics*

ˌnuclear disˈarmament *n* [U] rozbrojenie nuklearne

ˌnuclear ˈfamily *n* [C] rodzina nuklearna

ˌnuclear reˈactor *n* [C] reaktor jądrowy

nu·cle·us /ˈnjuːkliəs/ *n* [C] (plural **nuclei** /-kliaɪ/) jądro: *the nucleus of an atom* | *Photographs by Weston form the nucleus of the collection.*

nude¹ /njuːd/ *adj* nagi —**nudity** /ˈnjuːdəti/ *n* [U] nagość

nude² *n* **1 in the nude** nago **2** [C] akt

nudge /nʌdʒ/ *v* [T] szturchać, trącać: *Ken nudged me and said, "Look!"* —**nudge** *n* [C] kuksaniec

nud·ist /ˈnjuːdɪst/ *n* [C] nudyst-a/ka —**nudist** *adj*: *a nudist beach* (=plaża nudystów)

nug·get /ˈnʌgɪt/ *n* [C] bryłka: *a gold nugget*

nui·sance S3 /ˈnjuːsəns/ *n* [C usually singular] kłopot: *Sorry to be a nuisance* (=przepraszam za kłopot), *but could I use your phone?* | **what a nuisance!** *spoken* (=a niech to!): *I've forgotten my keys. What a nuisance!*

nuke /njuːk/ *v* [T] *informal* za/atakować przy użyciu broni jądrowej

null and void /ˌnʌl ənd ˈvɔɪd/ *adj law* nieważny, nie posiadający mocy prawnej: *The court declared the contract to be null and void.*

nul·li·fy /ˈnʌlɪfaɪ/ *v* [T] **1** *law* unieważniać, anulować: *The Senate has voted to nullify the decree.* **2** *especially BrE* z/niwelować: *Recent wage increases have been nullified by inflation.*

numb¹ /nʌm/ *adj* **1** zdrętwiały, bez czucia: *My feet were numb with cold.* **2** odrętwiały, sparaliżowany: *We all felt numb when we heard the news.* —**numbness** *n* [U] odrętwienie, brak czucia —**numbly** *adv* bez czucia

numb² *v* [T] s/powodować zdrętwienie, s/paraliżować: *The cold wind numbed my face.*

number¹ S1 W1 /ˈnʌmbə/ *n* **1** [C,U] liczba: *Add the numbers 7, 4, and 3.* | **the number of** *an increase in the number of cars on the roads* | **a large/great/small number of** *A large number of factories have closed in recent months.* | **a number of** (=kilka): *We received a number of complaints about the noise.* | **any number of** (=wiele (różnych)): *There could be any number of reasons why she's late.* **2** [C] numer: *"Is Laura there?" "No, I'm afraid you have the wrong number."* | *Look at question number five.* | *What's your credit card number?*

UWAGA: number

Nie mówi się „a big number". Mówi się **a large number**. Patrz też **amount** i **number**.

UWAGA: number of

Patrz **deal of** i **number of**.

COLLOCATIONS: number

adjectives

an even number (=liczba parzysta) *All even numbers can be divided by 2.*

N

an odd number (=liczba nieparzysta) *I shouldn't have an odd number of socks!*

a round number (=okrągła liczba) *A hundred is a nice round number.*

a whole number (=liczba całkowita) *Your answer should be the nearest whole number.*

a prime number (=liczba pierwsza) *After 7, what is the next prime number?*

an ordinal number (=liczebnik porządkowy) *The children learn about ordinal numbers when they stand in a line.*

a cardinal number (=liczebnik główny) *Numbers go on to infinity, so there is no last cardinal number.*

a negative/positive number (=liczba ujemna/dodatnia) *If you subtract 8 from 5, the answer is a negative number.*

verbs

to add numbers up/together *Add the two numbers together.*

to take away/subtract one number from another *Subtract this number from the total.*

to multiply one number by another *If you multiply a number by an even number, the answer is always even.*

to divide one number by another *This number is then divided by 20.*

number² *v* [T] **1** po/numerować: *Number the items from one to ten.* **2** liczyć: *The crowd numbered around 20,000.* **3 sb's/sth's days are numbered** dni kogoś/czegoś są policzone: *Are the days of the British Royal Family numbered?*

'number ˌplate *n* [C] *BrE* tablica rejestracyjna

nu·me·ral /ˈnjuːmərəl/ *n* [C] cyfra: *Roman numerals*

nu·me·rate /ˈnjuːmərət/ *adj* umiejący liczyć

nu·mer·i·cal /njuːˈmerɪkəl/ *adj* liczbowy: **in numerical order** *The pages should be in numerical order.*

nu·me·rous W3 /ˈnjuːmərəs/ *adj formal* liczny: *We've discussed this before on numerous occasions.*

nun /nʌn/ *n* [C] zakonnica →porównaj MONK

nurse¹ S2 W3 /nɜːs/ *n* [C] pielęgnia-rka/rz

nurse² *v* [T] **1** pielęgnować, opiekować się: *She spends all her time nursing her old father.* | *Blake is in bed nursing an ankle injury* (=leży w łóżku ze skręconą kostką). **2** żywić: *Tom had always nursed an ambition to be a pilot.*

nur·se·ry /ˈnɜːsəri/ *n* **1** [C,U] *especially BrE* żłobek **2** [C] szkółka *(leśna)* **3** [C] *old-fashioned* pokój dziecięcy

'nursery rhyme *n* [C] wierszyk dla dzieci, rymowanka

'nursery ˌschool *n* [C] przedszkole

nurs·ing /ˈnɜːsɪŋ/ *n* [U] pielęgniarstwo: *What made you choose nursing as a career?*

'nursing home *n* [C] prywatna klinika, często dla osób w podeszłym wieku

nur·ture /ˈnɜːtʃə/ *v* [T] *formal* kultywować: *We will nurture closer relationships with companies abroad.*

nut S3 /nʌt/ *n* [C] **1** orzech: *a cashew nut* **2** nakrętka **3** *informal* świr →patrz też NUTS

nut·crack·er /ˈnʌtˌkrækə/ *n* [C] *także* **nutcrackers** [plural] *BrE* dziadek do orzechów

nu·tri·ent /ˈnjuːtriənt/ *n* [C] składnik pokarmowy: *Plants absorb nutrients from the soil.* —**nutrient** *adj* odżywczy

nu·tri·tion /njuːˈtrɪʃən/ *n* [U] odżywianie: *Good nutrition is vital.* —**nutritional** *adj*: *the nutritional content* (=wartość odżywcza) *of foods*

nu·tri·tious /njuːˈtrɪʃəs/ *adj* pożywny: *nutritious and cheap recipe ideas* THESAURUS HEALTHY

nuts /nʌts/ *adj spoken informal* świrnięty: **go nuts** (=dostać świra): *I'll go nuts if I have to wait any longer.*

nut·shell /ˈnʌt-ʃel/ *n* **(to put it) in a nutshell** *spoken* w dużym skrócie: *The problem, in a nutshell, was money.*

nut·ter /ˈnʌtə/ *n* [C] *BrE spoken* świr(us/ka): *That woman's a complete nutter!*

nut·ty /ˈnʌti/ *adj* **1** orzechowy: *The wine had a nice nutty flavour.* **2** *informal* świrnięty

nuz·zle /ˈnʌzəl/ *v* [I,T] łasić się (do): *The dog nuzzled her knees.*

NW skrót od NORTHWEST lub NORTHWESTERN

ny·lon /ˈnaɪlɒn/ *n* [U] nylon: *nylon stockings* | *a carpet made of 80% wool and 20% nylon*

nymph /nɪmf/ *n* [C] nimfa

O, o /əʊ/ O, o *(litera)*

O /əʊ/, **o** *spoken* zero *(wymawiane jako 'o')*: *room 203* (=two o three)

UWAGA: o

Litery **o** używa się w znaczeniu „zero", podając numery telefonów, adresy, numery pokojów i cyfry po przecinku.

oaf /əʊf/ *n* [C] prostak

oak /əʊk/ *n* [C,U] dąb

oar /ɔː/ *n* [C] wiosło

o·a·sis /əʊˈeɪsɪs/ *n* [C] (plural **oases** /-siːz/) oaza: *The park was an oasis of calm in the middle of the city.*

oath /əʊθ/ *n* **1** [C] przysięga, przyrzeczenie: **swear/take an oath** (=składać przysięgę): *He swore an oath to support the Constitution.* **2 under oath** pod przysięgą

oat·meal /ˈəʊtmiːl/ *n* [U] płatki owsiane

oats /əʊts/ *n* [plural] owies

o·be·di·ence /əˈbiːdiəns/ *n* [U] posłuszeństwo: **+to** *obedience to her father's wishes*

o·be·di·ent /əˈbiːdiənt/ *adj* posłuszny: *a quiet and obedient child* —**obediently** *adv* posłusznie → antonim DISOBEDIENT

o·bese /əʊˈbiːs/ *adj* otyły —**obesity** /əʊˈbiːsəti/ *n* [U] otyłość

o·bey /əʊˈbeɪ/ *v* **1** [T] po/słuchać: *Most dogs will obey simple commands.* **2** [I] być posłusznym → antonim DISOBEY

o·bit·u·a·ry /əˈbɪtʃuəri/ *n* [C] nekrolog

ob·ject¹ S3 W2 /ˈɒbdʒɪkt/ *n* **1** [C] przedmiot: *a small silver object | an object of desire* **2** [singular] cel: **the object of sth** *The object of the game is to kick the ball into the goal.* **3** [C] dopełnienie: *Where is the object in this sentence?* **4 money/time is no object** pieniądze/czas nie grają roli

ob·ject² S2 /əbˈdʒekt/ *v* [I,T] za/oponować: *"Ron's too tired to drive," Steve objected.* | **+that** *Clare objected that it would cost too much.* | **object to** (=protestować przeciw): *I object to being called a 'foreigner'.*

ob·jec·tion S3 /əbˈdʒekʃən/ *n* [C] obiekcja, sprzeciw: **have/make an objection** *I have no objection to her being invited* (=nie mam nic przeciwko zaproszeniu jej).

ob·jec·tion·a·ble /əbˈdʒekʃənəbəl/ *adj* obraźliwy: *an objectionable remark*

ob·jec·tive¹ S3 W3 Ac /əbˈdʒektɪv/ *n* [C] cel: *Our main objective is to raise money.* THESAURUS AIM

objective² S3 Ac *adj* obiektywny: *We need an objective approach to the problem.* —**objectively** *adv* obiektywnie —**objectivity** /ˌɒbdʒekˈtɪvəti/ *n* [U] obiektywizm → porównaj SUBJECTIVE

ob·li·gat·ed /ˈɒblɪgeɪtɪd/ *adj* **be/feel obligated to sb** *especially AmE* być/czuć się zobowiązanym wobec kogoś

ob·li·ga·tion W3 /ˌɒbləˈgeɪʃən/ *n* [C,U] obowiązek: **an obligation to do sth** *Employers have an obligation to provide a safe working environment.* | **be under an obligation to do sth** (=mieć obowiązek coś z/robić): *People entering the shop are under no obligation to buy.*

ob·lig·a·to·ry /əˈblɪgətəri/ *adj formal* obowiązkowy: *obligatory school attendance*

o·blige /əˈblaɪdʒ/ *v* **1 be obliged to do sth** mieć obowiązek coś z/robić: *Doctors are obliged to keep all medical records secret.* **2** [I,T] wyświadczyć przysługę/grzeczność, służyć pomocą: *Whenever we needed help, Ed was always happy to oblige.*

o·bliged /əˈblaɪdʒd/ *adj* **1 feel obliged to do sth** czuć się zobowiązanym zrobić coś: *I felt obliged to tell her the truth.* **2 I'm very much obliged** *spoken* jestem wielce zobowiązan-y/a

o·blig·ing /əˈblaɪdʒɪŋ/ *adj* uczynny, usłużny —**obligingly** *adv* usłużnie

o·blique /əˈbliːk/ *adj* nie wprost: *oblique references to his drinking problem*

o·blit·er·ate /əˈblɪtəreɪt/ *v* [T] zrównać z ziemią: *Large areas of the city were obliterated.*

o·bliv·i·on /əˈblɪviən/ *n* [U] **1** nieświadomość: *He spent the night drinking himself into oblivion.* **2** zapomnienie: *old movie stars who have faded into oblivion*

o·bliv·i·ous /əˈblɪviəs/ *adj* niepomny, nieświadomy: **+to/of** *Max was fast asleep, completely oblivious to the noise outside.*

ob·long /ˈɒblɒŋ/ *adj* podłużny, prostokątny: *an oblong box* —**oblong** *n* [C] prostokąt

ob·nox·ious /əbˈnɒkʃəs/ *adj* okropny, wstrętny: *What an obnoxious man!*

o·boe /ˈəʊbəʊ/ *n* [C] obój

ob·scene /əbˈsiːn/ *adj* nieprzyzwoity: *obscene phone calls | obscene pay increases* —**obscenely** *adv* nieprzyzwoicie

ob·scen·i·ty /əbˈsenəti/ *n* **1** [C] brzydki wyraz: *kids shouting obscenities* **2** [U] nieprzyzwoitość, obsceniczność: *laws against obscenity*

ob·scure¹ /əbˈskjʊə/ *adj* **1** niejasny: *Jarrett didn't like the plan, for some obscure reason.* **2** mało znany: *an obscure poet* —**obscurity** /əbˈskjʊərəti/ *n* [U] zapomnienie: *O'Brien retired from politics and died in obscurity.*

obscure² *v* [T] **1** przysłaniać: *The top of the hill was obscured by clouds.* **2** zaciemniać: *legal language that obscures meaning*

ob·ser·vance /əbˈzɜːvəns/ *n* [U] *formal* przestrzeganie: **+of** *the observance of Ramadan*

ob·ser·vant /əbˈzɜːvənt/ *adj* spostrzegawczy: *an observant little girl*

ob·ser·va·tion W3 /ˌɒbzəˈveɪʃən/ *n* **1** [U] obserwacja: **+of** *Wilkins' book is based on his observation of wild birds.* | **under observation** *He was kept under observation in the hospital.* **2** [C] spostrzeżenie, uwaga: *The book contains some intelligent observations.* **3 powers of observation** zmysł obserwacji

ob·ser·va·to·ry /əbˈzɜːvətəri/ *n* [C] obserwatorium

ob·serve W2 /əbˈzɜːv/ *v* [T] **1** za/obserwować: *psychologists observing child behaviour* **2** *formal* spostrzec: *I observed the suspect entering the house.* **3** *formal* zauważyć: *"We're already late," Henry observed.* **4** przestrzegać: *Both sides are observing the ceasefire.*

ob·serv·er /əbˈzɜːvə/ *n* [C] obserwator/ka: *a group of UN observers in Bosnia*

ob·sess /əbˈses/ *v* [T] **be obsessed with** mieć obsesję na punkcie: *William is obsessed with making money.*

ob·ses·sion /əbˈseʃən/ *n* [C] obsesja: **+with** *an obsession with sex*

ob·ses·sive /əbˈsesɪv/ *adj* **1** obsesyjny, chorobliwy: *He has an obsessive interest in death.* **2 be obsessive about** mieć obsesję na punkcie: *She's obsessive about her weight.* —**obsessively** *adv* obsesyjnie, chorobliwie

O

ob·so·lete /ˈɒbsəliːt/ *adj* przestarzały: *Our computer system will soon be obsolete.* THESAURUS OLD-FASHIONED

ob·sta·cle /ˈɒbstəkəl/ *n* [C] przeszkoda: **+to** *Lack of confidence can be a big obstacle to success.*

ob·sti·nate /ˈɒbstənət/ *adj* uparty: *an obstinate old man* —**obstinately** *adv* uparcie —**obstinacy** *n* [U] upór

ob·struct /əbˈstrʌkt/ *v* [T] **1** za/blokować, za/tarasować: *A van was obstructing traffic.* **2** utrudniać: *Maya was charged with obstructing the investigation.*

ob·struc·tion /əbˈstrʌkʃən/ *n* **1** [U singular] zator: *The accident caused an obstruction on the freeway.* **2** [U] utrudnianie: *an obstruction of justice* (=utrudnianie pracy wymiaru sprawiedliwości)

ob·tain S3 W2 Ac /əbˈteɪn/ *v* [T] *formal* **1** nabywać: *Maps can be obtained at the tourist office.* **2** uzyskiwać, otrzymywać: *Further information can be obtained from the head office.* THESAURUS GET —**obtainable** *adj* osiągalny, do nabycia

ob·tuse /əbˈtjuːs/ *adj* tępy: *Am I being obtuse?*

ob·vi·ous S2 W2 Ac /ˈɒbviəs/ *adj* oczywisty: *an obvious mistake* | **it is obvious that** *It was obvious that Gina was lying.* —**obviously** *adv* wyraźnie: *She obviously didn't want to go.*

oc·ca·sion S1 W2 /əˈkeɪʒən/ *n* **1** [C] raz: *They had met on several occasions* (=spotkali się kilka razy). **2** [C] wydarzenie: *The royal visit was quite an occasion.* | **a special occasion** *We're saving the champagne for a special occasion* (=na specjalną okazję). **3** [singular] okazja, sposobność: *Christmas is an occasion to see old friends.* **4 on occasion(s)** czasami: *She can be very rude on occasion.*

> **UWAGA: occasion, opportunity i chance**
>
> Wyraz „okazja" tłumaczymy zwykle jako **opportunity** (lub **chance** w języku bardziej potocznym): *The meeting will be an opportunity for you to make some new contacts.* | *If I had a chance, I'd like to be an airline pilot.* Wyraz **occasion** tłumaczy się najczęściej jako „raz": *I've been to Rome on several occasions* (=kilka razy).

oc·ca·sion·al S3 W3 /əˈkeɪʒənəl/ *adj* **1** sporadyczny: *I get the occasional business trip abroad.* **2** przelotny: *Tomorrow will be warm with occasional showers.* —**occasionally** *adv* od czasu do czasu: *We occasionally meet for a drink.*

oc·cult /ˈɒkʌlt/ *n* **the occult** okultyzm —**occult** *adj* okultystyczny: *occult practices*

oc·cu·pan·cy Ac /ˈɒkjəpənsi/ *n* [U] *formal* zajmowanie *(budynku, pomieszczenia)*

oc·cu·pant Ac /ˈɒkjəpənt/ *n* [C] *formal* mieszkan-iec/ka, lokator/ka

oc·cu·pa·tion S3 W3 Ac /ˌɒkjəˈpeɪʃən/ *n* **1** [C] *formal* zawód: *Please state your name and occupation.* THESAURUS JOB **2** [U] okupacja: *the occupation of Poland* **3** [C] *formal* zajęcie: *His favourite occupation is fishing.*

oc·cu·pa·tion·al Ac /ˌɒkjəˈpeɪʃənəl◂/ *adj* zawodowy: **occupational hazard** (=ryzyko zawodowe)

oc·cu·pied /ˈɒkjəpaɪd/ *adj* zajęty: *All the apartments on the first floor are occupied.* | **keep sb occupied** (=zajmować kogoś): *I brought along some toys to keep the kids occupied.*

oc·cu·pi·er Ac /ˈɒkjəpaɪə/ *n* [C] *BrE* lokator/ka

oc·cu·py W2 Ac /ˈɒkjəpaɪ/ *v* [T] **1** zajmować: *The seventh floor of the building is occupied by Salem Press.* | *A painting occupied the entire wall.* | *Sport occupies most of his spare time.* | *people who occupy senior positions* **2** okupować: *Rebel forces occupied the city.* **3 occupy yourself** znajdować sobie zajęcie: *How do you occupy yourself now that you're retired?*

oc·cur S1 W1 Ac /əˈkɜː/ *v* [I] (**-rred**, **-rring**) *formal* **1** zdarzać się, mieć miejsce: *Major earthquakes like this occur very rarely.* THESAURUS HAPPEN **2** występować: **+in/among** *The disease occurs mainly in young children.*
occur to sb *phr v* [T] przychodzić do głowy: *Did it never occur to you to phone?*

oc·cur·rence Ac /əˈkʌrəns/ *n* [C] wydarzenie, zjawisko: *Stress-related illness is now a fairly common occurrence* (=występuje obecnie dość często).

o·cean S3 W2 /ˈəʊʃən/ *n* [C] ocean: *the Indian Ocean* —**oceanic** /ˌəʊʃiˈænɪk◂/ *adj* oceaniczny

o'clock S1 W3 /əˈklɒk/ *adv* **one/two o'clock** godzina pierwsza/druga: *We got up at six o'clock.*

oc·ta·gon /ˈɒktəgən/ *n* [C] ośmiokąt —**octagonal** /ɒkˈtægənəl/ *adj* ośmiokątny

oc·tave /ˈɒktəv/ *n* [C] oktawa

Oc·to·ber /ɒkˈtəʊbə/ (*skrót pisany* **Oct.**) *n* październik

oc·to·pus /ˈɒktəpəs/ *n* [C] (plural **octopuses** *or* **octopi** /-paɪ/) ośmiornica

odd S1 W3 Ac /ɒd/ *adj* **1** dziwny, osobliwy: *Jake's an odd guy.* | *It's odd that she hasn't phoned.* THESAURUS STRANGE **2 odd number** liczba nieparzysta →porównaj EVEN[2] **3 odd jobs** prace/zajęcia dorywcze **4** *especially BrE spoken* okazjonalny: *I enjoy the odd game of tennis* (=lubię od czasu do czasu zagrać w tenisa). **5 20-odd/30-odd** *spoken* dwadzieścia/trzydzieści parę: *He must have worked here twenty-odd years.* **6** nie do pary: *an odd sock* **7 be the odd man out/the odd one out** nie pasować do reszty

oddball[1] /ˈɒdbɔːl/ *adj informal* dziwaczny

oddball[2] *n informal* dziwa-k/czka

odd·i·ty /ˈɒdəti/ *n* [C] osobliwość

odd·ly /ˈɒdli/ *adv* **1** dziwnie: *Roger's been behaving very oddly.* **2 oddly enough** dziwnym trafem: *Oddly enough, she didn't seem offended.*

odds S3 Ac /ɒdz/ *n* [plural] **1** szanse, prawdopodobieństwo: *The odds of winning the lottery are about 14 million to 1.* | **against all the odds** (=na przekór wszelkiemu prawdopodobieństwu): *He recovered from his injury against all the odds.* **2 be at odds (with sb)** nie zgadzać się (z kimś): *Britain was at odds with France on the subject of nuclear testing.*

ˌodds and ˈends *n* [plural] *informal* różności, drobiazgi

ode /əʊd/ *n* [C] oda

o·dour /ˈəʊdə/ *BrE,* **odor** *AmE n* [C] woń, zapach *(zwłaszcza nieprzyjemny)* THESAURUS SMELL

o·dour·less /ˈəʊdələs/ *BrE,* **odorless** *AmE adj* bezwonny: *an odorless gas*

oes·tro·gen /ˈiːstrədʒən/ *BrE,* **estrogen** *AmE n* [C] estrogen

of S1 W1 /əv, ɒv/ *prep* **1** przy wyrażaniu przynależności, posiadania, zawartości: *I love the colour of his shirt.* | *He's a friend of Sam's.* | *the first part of the story* | *members of a rock group* | *a photo of Paula's baby* **2** w określeniach ilości, wielkości, wieku: *two kilos of sugar* | *a cup of coffee* | *a herd of elephants* | *a pay rise of 9%* | *a child of eight* **3** w datach: *the 23rd of January, 1998* **4** w nazwach: *the city of New Orleans* **5** przy podawaniu przyczyn: *She died of cancer* (=umarła na raka). **6** przy określaniu kierunków: *I live just north of here.* **7** przy określaniu autorstwa: *the novels of Charles Dickens* →patrz też **of course** (COURSE[1])

off[1] /ɒf/ *adv, prep* **1** oznacza oddalanie się, odsuwanie, trzymanie się z daleka itp.: *She waved goodbye as she drove off* (=odjeżdżając). | *Keep off the grass* (=nie deptać trawy)! | *A button has come off my shirt* (=odpadł mi guzik od koszuli). | *Take the lid off slowly* (=zdejmij pokrywkę powoli). **2** wyłączony: *All the lights were off.* **3 be off** mieć wolne: *He's been off work* (=nie było go w pracy) *for six weeks.* | *I'm taking the day off tomorrow* (=jutro biorę wolne). **4 15% off** 15% zniżki: *You get 15% off if you buy $100 worth of groceries.* **5** daleko: *mountains off in the distance* | *Spring is still a long way off.* **6** w bok od: *Oak Hills - isn't that off Route 290?* | *an island off the coast of Florida* (=u wybrzeży Florydy) **7 be off** wyruszyć: *At last, we're off!* **8 off and on/on and off** z przerwami: *I worked as a secretary off and on for three years.* →patrz też BETTER OFF, WELL-OFF

off[2] *adj* **1** błędny: *His calculations are off by 20%* (=pomylił się w obliczeniach o 20%). **2** odwołany: *The wedding's off!* →antonim ON[3] **3 have an off day/week** *spoken* mieć gorszy dzień/tydzień **4 the off season** okres mniejszego ruchu **5** *especially BrE* zepsuty *(o produktach żywnościowych)*: *This milk smells off.*

of·fal /ˈɒfəl/ *n* [U] podroby

ˈoff-chance *n* **on the off-chance** na wypadek, gdyby: *He only went to the party on the off-chance that Pippa might be there.*

ˌoff-ˈcolour *adj BrE spoken* niedysponowany

of·fence S3 W2 /əˈfens/ *BrE,* **offense** *AmE n* **1** [C] wykroczenie, przestępstwo: *a minor/serious offence* | **commit an offence** (=popełnić wykroczenie): *If you lie to the police, you are committing an offence.* **2 take/cause offence** obrazić się/kogoś: *A lot of women took offence at Rawlings' speech.*

of·fend /əˈfend/ *v* [T] obrażać: *I'm sorry, I didn't mean to offend you.*

of·fend·er /əˈfendə/ *n* [C] przestęp-ca/czyni: *an institution for young offenders*

of·fense[1] /əˈfens/ amerykańska pisownia wyrazu OFFENCE

offense[2] /ˈɒːfens/ *n* [C,U] *AmE* napastnicy, atak *(w taktycznych grach zespołowych)*

of·fen·sive[1] /əˈfensɪv/ *adj* **1** zaczepny: *an offensive weapon* →antonim DEFENSIVE[1] **2** obraźliwy: *Some people found the song offensive.* THESAURUS RUDE

offensive[2] *n* [C] ofensywa

of·fer[1] S1 W1 /ˈɒfə/ *v* **1** [T] za/proponować: **offer sb sth** *Can I offer you a drink?* **2** [T] za/oferować: *They've offered us £70,000 for the house.* | *We offer a wide range of winter vacations.* | *He offered me his handkerchief.* **3** [I,T] za/ofiarować (się): **offer to do sth** *Carol didn't even offer to help.*

offer[2] S2 W1 *n* [C] **1** propozycja: **+ of** *Thanks for your offer of support.* **2** oferta: **make (sb) an offer of £10/$300 etc** *He made me an offer of $50 for the bike.* **3 special offer** oferta specjalna: *Don't miss our special offer - two videos for the price of one.* **4 on offer** *BrE* **a)** oferowany, proponowany: *Activities on offer include windsurfing and water-skiing.* **b)** przeceniony: *Butter is on offer this week.*

COLLOCATIONS: offer

verbs

to make an offer *They made me a job offer.*

to get/receive an offer *She was hoping to get an offer of a place at university.*

to consider an offer (=rozważać ofertę/propozycję) *He asked for a few days to consider the offer.*

to accept an offer *Are you going to accept their offer?*

to take up an offer *także* **to take sb up on their offer** *BrE* (=przyjąć propozycję) *I'd like to take up your offer.* | *I might take him up on his offer.*

to refuse/reject an offer *także* **to turn down an offer** *He refused Larry's offer of coffee.*

types of offer

a job offer *He's had a number of job offers.*

a kind/generous offer *Thank you very much for your kind offer.*

of·fer·ing /ˈɒfərɪŋ/ *n* [C] ofiara: *offerings to the gods*

off·hand[1] /ˌɒfˈhænd◂/ *adj* obcesowy, nieuprzejmy: *"I'm going now," Piers said in an offhand voice.*

offhand[2] *adv* od razu, bez zastanowienia: *I can't tell you offhand if I can come - I'll have to check my diary.*

of·fice S1 W1 /ˈɒfɪs/ *n* **1** [C] biuro: *Are you going to the office today?* **2** [C] gabinet: *the manager's office* **3** [U] urząd, stanowisko: **in office** (=u władzy): *The president died after only fifteen months in office.*

of·fi·cer S1 W1 /ˈɒfəsə/ *n* [C] **1** oficer **2** przedstawiciel/ka, funkcjonariusz/ka: *a local government officer* **3** policjant/ka

of·fi·cial[1] S3 W2 /əˈfɪʃəl/ *adj* **1** oficjalny: *an official inquiry into the plane crash* | *The official reason for his resignation was ill health.* **2** urzędowy: *Her official title is Public Safety Adviser.*

official[2] S3 W1 *n* [C] wysoki urzędnik: *US Administration officials*

of·fi·cial·ly /əˈfɪʃəli/ *adv* oficjalnie: *The new bridge was officially opened this morning.* | *The meeting was cancelled, officially because of bad weather.*

of·fi·ci·ate /əˈfɪʃieɪt/ *v* [I] *formal* **1** pełnić obowiązki gospodarza **2** odprawiać nabożeństwo

off·ing /ˈɒfɪŋ/ *n* **sth is in the offing** zanosi się na coś: *I heard that there might be a promotion in the offing.*

ˈoff-ˌlicence *n* [C] *BrE* sklep monopolowy

ˌoff-ˈpeak *adj BrE* poza godzinami szczytu: *off-peak rail services*

O

O

ˈoff-ramp *n* [C] *AmE* zjazd *(z autostrady)* →antonim ON-RAMP

off·set AC /ˈɒfset/ *v* [T] (**offset**, **offset**, **offsetting**) z/równoważyć, z/rekompensować: *The cost of the flight was offset by the cheapness of the hotel.*

off·shoot /ˈɒfʃuːt/ *n* [C] odgałęzienie, gałąź: *The company was an offshoot of Bell Telephones.*

off·shore /ˌɒfˈʃɔː◂/ *adj* przybrzeżny: *America's offshore oil reserves*

off·side /ˌɒfˈsaɪd◂/ *adj, adv* na spalonym

off·spring /ˈɒfˌsprɪŋ/ *n* (plural **offspring**) potomstwo

off·stage /ˌɒfˈsteɪdʒ◂/ *adv, adj* za sceną: *There was a loud crash offstage.*

ˌoff-the-ˈcuff *adj* [usually before noun] z głowy, zaimprowizowany: *an off-the-cuff remark*

of·ten S1 W1 /ˈɒfən/ *adv* **1** często: *That was fun! We should do it more often!* | *How often do you see your parents?* | *All too often, victims of bullying are frightened to ask for help.* | *Headaches are often caused by stress.* **2 every so often** co jakiś czas: *We see each other every so often.*

THESAURUS: often

often często: *The weather's often rainy at this time of year.* | *We often meet for a drink after work.*

a lot dużo: *I think she likes him – she talks about him a lot.* | *His wife goes abroad on business a lot.*

frequently często *(używa się zwłaszcza w stylu bardziej formalnym)*: *Passengers complain that trains are frequently late.* | *Older patients frequently forget to take their medicine.*

regularly regularnie: *Buses run regularly every ten minutes.*

again and again w kółko: *I've tried phoning again and again but there's no answer.* | *This washing machine has gone wrong again and again.*

repeatedly wielokrotnie: *His doctor repeatedly told him to take more exercise.*

constantly stale: *I'm constantly being asked that question.*

o·gle /ˈəʊgəl/ *v* [I,T] spoglądać pożądliwie (na)

o·gre /ˈəʊgə/ *n* [C] potwór

oh /əʊ/ *interjection* ach: *"What time are you going to lunch?" "Oh, I haven't decided yet."* | *Oh, Sue, how lovely to see you!*

ohm /əʊm/ *n* [C] *technical* om

oil[1] S2 W1 /ɔɪl/ *n* [U] **1** ropa naftowa: *the big oil companies* **2** olej **3** oliwa: *olive oil*

oil[2] *v* [T] na/oliwić

ˈoil ˌpainting *n* [C] obraz olejny

ˈoil rig *n* [C] platforma wiertnicza

oils /ɔɪlz/ *n* [plural] farby olejne

ˈoil slick *n* [C] plama ropy naftowej

ˈoil well *n* [C] szyb naftowy

oil·y /ˈɔɪli/ *adj* **1** tłusty: *an oily fish* **2** oleisty: *an oily liquid*

oink /ɔɪŋk/ *n* [C] kwik —**oink** *v* [I] kwiczeć

oint·ment /ˈɔɪntmənt/ *n* [C,U] maść

OJ /ˈəʊ dʒeɪ/ *n* [U] *AmE informal* sok pomarańczowy

OK[1] S1 **okay** /əʊˈkeɪ/ *adj spoken* dobrze, w porządku: *Do you feel OK now?* | *Does my hair look OK?* | *Is it OK if I leave early (=czy mogę wyjść wcześniej)?* —**OK**, **okay** *adv* dobrze: *Is your computer working OK?*

OK[2] S1 **okay** *interjection* **1** okej: *OK, can we go now?* **2** zgoda: *"We'd better be there by four." "Okay."*

OK[3], **okay** *n* **the OK** *informal* pozwolenie —**OK**, **okay** *v* [T] zgodzić się na, zatwierdzić: *Has the bank okayed your loan?*

old S1 W1 /əʊld/ *adj* **1** stary: *an old man* | *one of the oldest universities in the world* | *I give her all my old clothes.* **2 be five/twenty years old** mieć pięć/dwadzieścia lat: *Our dog is three years old.* | *my ten-year-old daughter* | *How old is she (=ile ona ma lat)?* **3** dawny: *I saw your old girlfriend last night.* THESAURUS LAST **4 good old** *spoken* poczciwy: *"Keith drove me home." "Good old Keith!"* **5 the old** starzy ludzie →porównaj ANCIENT, ELDERLY

THESAURUS: old

person

old stary: *an old man* | *I'm too old to learn a new language.*

elderly starszy, w podeszłym wieku: *An elderly lady got on the bus.* | *a home for the elderly*

aging *także* **ageing** *BrE* starzejący się: *the problems of an ageing population* | *his aging parents*

elder brother/sister *especially BrE* starszy brat/starsza siostra: *His elder brother worked in a bank.*

be getting on (in years) *informal* starzeć się: *He's 54 now, so he's getting on.*

ancient *informal* wiekowy: *I'm ancient compared to you!*

thing

old stary: *The house is very old.* | *an old proverb*

ancient starożytny: *ancient civilizations*

antique zabytkowy *(mebel, zegar itp.)*

food

stale czerstwy *(pieczywo)*

rotten zgniły *(owoce)*

mature dojrzały *(ser)*

vintage z dobrego rocznika *(wino)*

ˌold ˈage *n* [U] starość

ˌold age ˈpension *n* [C] *BrE* emerytura

ˌold age ˈpensioner *n* [C] *BrE* emeryt/ka

old·en /ˈəʊldən/ *adj* **in the olden days/in olden times** w dawnych czasach

ˌold-ˈfashioned *adj* staroświecki, staromodny: *old-fashioned ideas*

THESAURUS: old-fashioned

old-fashioned staroświecki: *an old-fashioned sewing machine* | *The word 'disco' is a bit old-fashioned.*

out-of-date nieaktualny: *Our map was completely out-of-date.*

outdated przestarzały *(nienowoczesny, wymagający zmian)*: *outdated farming methods* | *They still use outdated technology.*

dated przestarzały, niemodny: *The hotel now looks rather dated.* | *His films seem rather dated these days.*

obsolete przestarzały *(sprzęt, technologia)*: *These days, you buy a computer and it's almost immediately obsolete.*

ˌ**old 'flame** *n* [C] *informal* był-y/a, eks *(chłopak, dziewczyna)*

old·ie /ˈəʊldi/ *n* [C] *informal* staroć *(zwł. film lub piosenka)*

ˌ**old 'man** *BrE spoken informal* (plural **old men** /-mən/) **1** stary *(o mężu)* **2** stary, starszy *(o ojcu)*

ˌ**old 'people's ˌhome** *n* [C] dom starców

ˌ**Old 'Testament** *n* **the Old Testament** Stary Testament →porównaj NEW TESTAMENT

ˌ**old-'timer** *n* [C] **1** *AmE informal* starzec **2** weteran/ka, wyjadacz/ka

ˌ**Old 'World** *n* **the Old World** Stary Świat *(rejon znane przed odkryciem Ameryk)* —**Old World** *adj* (ze) Starego Świata →antonim NEW WORLD

'**old-world** *adj* staromodny, staroświecki: *the old-world charm of the village | old-world politeness*

ol·ive /ˈɒləv/ *n* **1** [C] oliwka **2** *także* **olive green** [U] kolor oliwkowy

O·lym·pic Games /əˌlɪmpɪk ˈgeɪmz/ *także* **Olympics** *n* **the Olympic Games/the Olympics** igrzyska olimpijskie, olimpiada —**Olympic** *adj* olimpijski

ome·lette /ˈɒmlət/ *BrE*, **omelet** *AmE* *n* [C] omlet: *a cheese omelette*

o·men /ˈəʊmən/ *n* [C] omen: *a good omen*

om·i·nous /ˈɒmɪnəs/ *adj* złowieszczy, złowróżbny: *ominous black clouds*

o·mis·sion /əʊˈmɪʃən/ *n* [C,U] przeoczenie, pominięcie: *This report is full of mistakes and omissions.*

o·mit /əʊˈmɪt/ *v* [T] (**-tted, -tting**) pomijać: *Several important details had been omitted.*

om·ni·bus /ˈɒmnɪbəs/ *n* [C] *especially BrE* **1** zbiór, antologia *(zwłaszcza utworów tego samego autora)* **2** kilka odcinków programu nadanych jeden po drugim *(a wcześniej emitowanych pojedynczo)*

om·nip·o·tent /ɒmˈnɪpətənt/ *adj formal* wszechmocny, wszechmogący —**omnipotence** *n* [U] wszechmoc

on[1] S1 W1 /ɒn/ *prep* **1** na: *She was sitting on the bed. | the picture on the wall | Henry grew up on a farm. | The answer is on page 44. | a new tax on imported wine | Did you do these graphs on a computer? | They met on a trip to Spain. | She spends a lot of money on clothes.* **2** nad: *a restaurant on the river* **3** przy: *houses on the main road* **4 on the left/right** z/po lewej/prawej **5** w: *See you on Monday. | He was killed on* (=w dniu) *22nd November 1963. | There's a good comedy on TV tonight. | He's on the team.* **6** o, na temat: *a book on China* THESAURUS ABOUT **7 on the bus/train** autobusem/pociągiem: *Did you come here on the bus?* **8 be on drugs** *informal* **a)** brać leki: *She's on antibiotics.* **b)** narkotyzować się **9 have/carry sth on you** mieć/nosić coś przy sobie: *Do you have a pen on you?* **10** natychmiast po: *He was arrested on his return to Ireland.* **11** *spoken* **it's on me** ja płacę/stawiam: *Dinner's on me.*

UWAGA: on Sunday, Monday itp.

Mając na myśli „najbliższą sobotę", mówimy **on Saturday** lub **this Saturday**, nie „on next Saturday". Kiedy chodzi o „następną sobotę", mówimy **next Saturday.**

on[2] *adv* **1** dalej: *If you keep on eating like that* (=jak będziesz tak dalej jadł) *you'll need to diet. | Carry on* (=kontynuuj). *You're doing very well. | The peace talks dragged on* (=ciągnęły się) *for months.* **2** na sobie: **put sth on** (=założyć): *Put your coat on, it's cold out.* **3 get on** wsiadać (do/na) *(np. do pociągu, na statek): I got on at Vine Street.* **4 from then on/from that day on** od tamtej pory, od tamtego czasu: *From that day on he hasn't drunk any alcohol.* **off and on/on and off** (OFF[1]), →patrz też HEAD-ON, **later on** (LATER[1])

on[3] S1 W1 *adj* **1 be on** być nadawanym/wyświetlanym/granym: *The local news will be on in a minute. | There's a new film on at our local cinema. | Find out what's on in London this weekend.* **2** włączony: *The fax machine isn't on. | The lights are still on* (=jeszcze palą się światła) *in her office.* →antonim OFF[1] **3 be on** coś się odbędzie: *There's a big pop festival on this weekend.* **4 not on** *spoken* nie do przyjęcia: *That kind of behaviour's just not on!*

once[1] S1 W1 /wʌns/ *adv* **1** (jeden) raz: *"Have you been to Texas?" "Yes, but only once."* | **once more/again** (=jeszcze raz): *Say that once more.* | **once a week/year** (=raz w tygodniu/roku): *She goes to the gym once a week.* **2 (every) once in a while** raz na jakiś czas: *My uncle sends us money every once in a while.* **3 at once a)** naraz: *I can't do two things at once!* **b)** od razu, natychmiast: *Everybody knew at once how serious the situation was.* **4 all at once** naraz, nagle: *All at once, the room went quiet.* **5** kiedyś, niegdyś: *This island once belonged to Portugal.* **6 for once** *spoken* chociaż raz: *Will you just listen, for once?* **7 once and for all** raz na zawsze: *Let's settle this once and for all.* **8 once upon a time** pewnego razu **9 once in a blue moon** (raz) od wielkiego dzwonu: *"How often do you see her?" "Only once in a blue moon."*

once[2] S1 W1 *conjunction* jak już: *Once he starts talking, it's difficult to shut him up.*

'**once-ˌover** *n informal* **give sb/sth the once-over** rzucić na kogoś/coś okiem: *Ollie gave the car the once-over and decided not to buy it.*

on·com·ing /ˈɒnˌkʌmɪŋ/ *adj* nadjeżdżający z przeciwka: *oncoming cars*

one[1] S1 W1 /wʌn/ *number* **1** jeden: *Only one person came. | We've made one or two changes.* **2** (godzina) pierwsza: *I have a meeting at one.*

one[2] S1 W1 *pron* (plural **ones**) **1** zastępuje wymieniony wcześniej rzeczownik: *"Do you have a bike?" "No, but I'm getting one for my birthday."* | **the one** *Jane's the one with the red hair* (=Jane to ta z rudymi włosami). **2 one by one** jeden po drugim, pojedynczo: *One by one, the passengers got off the bus.* **3 one after the other/one after another** jeden za drugim: *He's had one problem after another this year.* **4 (all) in one** w jednym: *This is a TV, radio, and DVD player all in one.* **5** *formal* zaimek bezosobowy: *One must be careful* (=trzeba uważać) *to keep exact records.*

one[3] S1 W1 *determiner* **1** jeden: *One reason I like the house is because of the big kitchen.* | **+of** *One of the children is sick.* **2** któryś: *I met him one day after school. | Let's go shopping one Saturday.* **3** jedyny: *My one worry is that she will decide to leave college.*

ˌ**one an'other** S3 W3 *pron* się, sobie (wzajemnie): *They shook hands with one another* (=uścisnęli sobie ręce).

ˌ**one-'liner** *n* [C] cięty dowcip, cięta uwaga

ˌ**one-night 'stand** *n* [C] *informal* numer(ek) *(przygodny seks)*

ˌ**one-'off** *adj* jednorazowy: *a one-off payment*

o·ner·ous /ˈəʊnərəs/ *adj formal* uciążliwy: *onerous duties*

O

one·self /wʌn'self/ *pron formal* **1** się: *to wash oneself* **2** samemu: *To do something oneself is often easier than getting someone else to do it.*

ˌone-'sided *adj* **1** jednostronny: *a one-sided view of the problem* **2** nierówny: *a one-sided competition*

'one-time *adj* były, niegdysiejszy: *one-time bar-owner, Micky*

ˌone-to-'one *adj* indywidualny: *tuition on a one-to-one basis* (=nauczanie indywidualne)

ˌone-track 'mind *n* **have a one-track mind** myśleć tylko o jednym

one-up·man·ship /wʌn 'ʌpmənʃɪp/ *n* [U] starania, żeby wydać się lepszym od innych

O

ˌone-'way *adj* **1** jednokierunkowy: *a one-way street* **2** w jedną stronę: *a one-way ticket* →porównaj RETURN², ROUND TRIP

on·go·ing Ac /'ɒnˌgəʊɪŋ/ *adj* trwający, toczący się: *ongoing discussions*

on·ion S3 /'ʌnjən/ *n* [C,U] cebula: *a cheese and onion sandwich*

on·line, **on-line** /'ɒnlaɪn/ *adj, adv* **1** w sieci *(komputerowej)*: *online banking facilities* (=usługi bankowe w Internecie) | **go online** (=podłączyć się do Internetu): *All of our local schools will go online by the end of the year.* **2** podłączony do komputera: *an online printer*

on·look·er /'ɒnˌlʊkə/ *n* [C] gap: *A crowd of onlookers had gathered at the scene of the accident.*

on·ly¹ S1 W1 /'əʊnli/ *adv* **1** tylko: *It'll only take a few minutes.* | *You're only wearing a T-shirt.* | *Parking is for customers only.* | *It's only a piece of paper.* **2** zaledwie: *Tammy was only 11 months old when she learned to walk.* | *A new TV for only* (=za jedyne) *£200!* **3** jedynie: *You can only get to the lake with a four-wheel-drive vehicle.* | *I only wanted to help.* **4** dopiero: *Congress passed the law only last year.* **5 only just** dopiero co: *Lizzie's only just left.* **6 if only I had done sth** żałuję, że tego nie zrobiłem: *If only I'd taken that job in Japan.* **7 not only ... (but) also** nie tylko ... , (lecz) także: *Not only is he a great footballer, he's also a poet.* **8 only too** bardzo: **only too pleased/happy to do sth** *I'm sure he'll be only too pleased to see you* (=będzie mu bardzo miło spotkać się z tobą). | **only too well** (=aż za dobrze): *He knew only too well the dangers he faced.*

only² S1 W1 *adj* **1** jedyny: *She's the only person I know who doesn't like chocolate.* **2 an only child** jedynak/czka

only³ *conjunction* tylko (że): *We were going to go fishing, only it started raining.*

'on-ramp *n* [C] *AmE* wjazd *(na autostradę)* →antonim OFF-RAMP

on·set /'ɒnset/ *n* początek: *the onset of the Cold War*

on·slaught /'ɒnslɔːt/ *n* [C] szturm

on·to S1 W2 /'ɒntə, 'ɒntuː/ *prep* na: *The cat jumped onto the kitchen table.*

o·nus /'əʊnəs/ *n* **the onus** ciężar/brzemię odpowiedzialności, odpowiedzialność: *The onus is on the company to provide safety equipment.*

on·ward /'ɒnwəd/ *adj* dalszy: *the onward journey* —**onward**, **onwards** *adv* dalej: *the history of Poland from 1919 onwards* (=począwszy od roku 1919)

oo·dles /'uːdlz/ *n* **oodles of** *informal* kupa, fura, huk

oops /ʊps/ *interjection* oj(ej)!: *Oops! I spilled the milk!*

ooze¹ /uːz/ *v* [I,T] sączyć się: *Blood oozed out of the wound.* | *His voice oozed confidence* (=z jego głosu biła pewność siebie).

ooze² *n* [U] muł, szlam

op /ɒp/ *n* [C] *informal* operacja *(chirurgiczna)*

o·pal /'əʊpəl/ *n* [C,U] opal

o·paque /əʊ'peɪk/ *adj* **1** nieprzezroczysty: *opaque glass* **2** niejasny: *an opaque argument* →porównaj TRANSPARENT

open¹ S1 W1 /'əʊpən/ *adj* **1** otwarty: *Who left the window open?* | *I could barely keep my eyes open.* | *A book lay open on the table.* | *When will the new library be open?* | *We're open* (=mamy otwarte) *until six.* | *an open fire* | *We try to be open with each other.* **2** dostępny: **+to** *Few jobs were open to women in those days.* **3 keep your eyes/ears open** *spoken* mieć oczy/uszy otwarte **4 sth is open to criticism/misunderstanding** łatwo coś skrytykować/opacznie zrozumieć: *Her comments were open to misunderstanding.* **5 be open to suggestions/new ideas** być otwartym na propozycje/nowe idee **6** nie zapięty: *His shirt was open.*

open² S1 W1 *v* **1** [I,T] otwierać (się): *Can you open the window?* | *She opened her eyes.* | *The doors open automatically.* | *I can't open my umbrella.* | *You need to open a bank account.* | *The flowers are starting to open.* | *What time does the bookstore open* (=o której otwierają tę księgarnię) *on Sundays?* | *Parts of the White House will be opened to the public.* **2** [I] mieć premierę: *A new play opens next week on Broadway.* **3 open fire** otworzyć ogień, zacząć strzelać: **+on** *Troops opened fire on the protesters.*
open into/onto sth *phr v* [T] wychodzić na: *The kitchen opens onto the back yard.*
open up *phr v* [I,T] otwierać (się): *New business opportunities are opening up all the time.* | *It takes a long time for him to open up.*

open³ *n* **1 out in the open** na świeżym powietrzu: *It's fun to eat out in the open.* **2 be out in the open** wyjść na jaw: *The truth is finally out in the open.*

ˌopen-'air *adj* na wolnym powietrzu: *open-air concerts*

ˌopen-and-shut 'case *n* [C] oczywisty przypadek

'open day *n* [C] *BrE* dzień otwarty

ˌopen-'ended *adj* na czas nieokreślony: *an open-ended contract*

o·pen·er /'əʊpənə/ *n* **can/tin/bottle opener** otwieracz do puszek/butelek

ˌopen-heart 'surgery *n* [U] operacja na otwartym sercu

ˌopen 'house *n* [C] *AmE* dni otwarte

o·pen·ing¹ S3 /'əʊpənɪŋ/ *n* [C] **1** otwarcie: *the opening of the new art gallery* | *a speech at the opening of the conference* **2** wakat: *Are there any openings for gardeners?* **3** otwór: *an opening in the fence*

opening² *adj* początkowy, wstępny: *the President's opening remarks* | **opening night** (=premiera sztuki/filmu)

o·pen·ly /'əʊpənli/ *adv* otwarcie: *a chance to talk openly about your problems*

ˌ**open-ˈminded** *adj* wolny od uprzedzeń: *My doctor isn't very open-minded about new treatments.* —**open-mindedness** *n* [U] otwartość

ˌ**open-ˈmouthed** *adj, adv* z otwartymi ustami: *The children were staring open-mouthed at the television.*

o·pen·ness /ˈəʊpən-nəs/ *n* [U] otwartość

ˈ**open ˌplan** *adj* bez ścianek działowych: *an open-plan office*

ˌ**open ˈsource** *adj* otwarty *(oprogramowanie)*: *open source software such as Linux*

op·e·ra /ˈɒpərə/ *n* [C,U] opera —**operatic** /ˌɒpəˈrætɪk◂/ *adj* operowy →patrz też SOAP OPERA

op·e·rate S3 W2 /ˈɒpəreɪt/ *v* **1** [T] obsługiwać: *He doesn't know how to operate the equipment.* **2** [I] działać: *The machine seems to be operating smoothly.* | *a large mining company, operating in Western Australia* | **+as** *These cells operate as a kind of early warning system.* **3** [I] operować: *Surgeons operated on him for eight hours.*

ˈ**operating room** *AmE*, **operating theatre** *BrE n* [C] sala operacyjna

ˈ**operating ˌsystem** *n* [C] system operacyjny

ˈ**operating ˌtheatre** *n* [C] *BrE* sala operacyjna

op·e·ra·tion S1 W1 /ˌɒpəˈreɪʃən/ *n* **1** [C] operacja: *She's having an operation on her knee.* **2** [C] akcja: *a rescue operation* **3 be in operation** działać: *Video cameras were in operation.* **4** [U] obsługa: *The job involves the operation of heavy machinery.*

op·e·ra·tion·al /ˌɒpəˈreɪʃənəl◂/ *adj* **1 be operational** działać: *The new airport will soon be operational.* **2** operacyjny: *operational costs*

op·e·ra·tive /ˈɒpərətɪv/ *adj* działający, obowiązujący: *The law will become operative* (=zacznie obowiązywać) *in a month.*

op·e·ra·tor W3 /ˈɒpəreɪtə/ *n* [C] **1** telefonist-a/ka: *Ask the operator to help you with the call.* **2** operator/ka: *a computer operator* **3** organizator: *a tour operator*

oph·thal·mol·o·gy /ˌɒfθælˈmɒlədʒi/ *n* [U] *technical* okulistyka —**ophthalmologist** *n* [C] okulista —**ophthalmic** /ɒfˈθælmɪk/ *adj* okulistyczny

o·pin·ion S1 W2 /əˈpɪnjən/ *n* **1** [C] opinia, zdanie: **+about/on** *Can I ask your opinion about something?* | **in my opinion** *spoken* (=moim zdaniem): *In my opinion, he made the right decision.* | **public opinion** (=opinia publiczna): *Public opinion is against nuclear power.* | **get a second opinion** (=zasięgnąć opinii innego specjalisty) →patrz też **difference of opinion** (DIFFERENCE), **be a matter of opinion** (MATTER[1]) **2 have a high/low opinion of** mieć wysokie/niskie mniemanie o: *Her boss has a high opinion of her work.*

COLLOCATIONS: opinion

verbs

to have/hold an opinion *Do you have any opinions about this?*

to give/express an opinion *Everyone has the right to express an opinion.* ⚠ Nie mówi się „say your opinion". Mówimy: **give your opinion** lub **express your opinion**.

to ask sb's opinion *także* **to ask for sb's opinion** *Nobody asked your opinion.* | *It's a good idea to ask people for their opinions and suggestions.*

to form an opinion (=wyrobić sobie zdanie) *I didn't have enough information to form an opinion.*

to keep your opinions to yourself (=zachować swoje opinie dla siebie) *I thought it best to keep my opinions to myself.*

adjectives

sb's personal opinion (=czyjeś prywatne zdanie) *You have to respect the other person's views, whatever your own personal opinion.*

a high/low opinion (=dobre/złe zdanie) *He has a low opinion of himself and finds it difficult to make friends.*

strong opinions *People have strong opinions about this subject.*

public/popular opinion *Politicians have to listen to public opinion.* | *Contrary to popular opinion, chocolate can be good for you.*

a second opinion *My doctor says I need an operation, but I've asked for a second opinion.*

the general opinion (=powszechna opinia) *The general opinion is that the scheme has been a success.*

opinion is divided on/over/as to sth (=zdania na temat czegoś są podzielone) *Opinion was divided on whether he should resign.*

o·pin·ion·at·ed /əˈpɪnjəneɪtɪd/ *adj* zadufany (w sobie): *an opinionated old fool*

oˈpinion poll *n* [C] badanie opinii publicznej

o·pi·um /ˈəʊpiəm/ *n* [U] opium

op·po·nent W3 /əˈpəʊnənt/ *n* [C] przeciwni-k/czka: *His opponent is twice as big as he is.* | *opponents of Darwin's theory*

op·por·tune /ˈɒpətjuːn/ *adj formal* **an opportune moment/time** stosowny/dogodny moment/czas

op·por·tun·ist /ˌɒpəˈtjuːnɪst/ *n* [C] oportunist-a/ka —**opportunism** *n* [U] oportunizm

op·por·tu·ni·ty S1 W1 /ˌɒpəˈtjuːnəti/ *n* [C,U] okazja: *I haven't had the opportunity to thank him yet.* | *job opportunities*

UWAGA: opportunity

Patrz **possibility** i **opportunity**. Patrz **occasion**, **opportunity** i **chance**.

COLLOCATIONS: opportunity

verbs

to have/get an opportunity *The children will have the opportunity to visit a farm.*

to be given an opportunity *I hope I'll be given an opportunity to play for England.*

to take/use an opportunity (=skorzystać z okazji) *I would like to take this opportunity to say thank you.*

to seize an opportunity (=wykorzystać okazję) *If you lose concentration, your opponent will seize the opportunity to attack.*

to miss/lose/waste an opportunity (=zmarnować okazję) *Don't waste this opportunity to learn something new.*

an opportunity comes/arises (=nadarza się okazja) *Perhaps she would explain later, if the opportunity arose.*

adjectives

a good/great/wonderful etc opportunity *This is a great opportunity for me.*
the ideal/perfect opportunity *It's the ideal opportunity to tell him what you think.*
a golden opportunity (=doskonała/wyjątkowa okazja) *They missed a golden opportunity to score a winning goal.*
a rare/unique opportunity *a unique opportunity to stay in a real castle*
a missed/lost/wasted opportunity *Who is to blame for these lost opportunities?*
ample opportunity/plenty of opportunity (=mnóstwo okazji) *There will be ample opportunity for shopping.*

noun + opportunity

job/employment opportunities *There aren't many job opportunities at the moment.*

O

op·pose S3 W3 /əˈpəʊz/ *v* [T] sprzeciwiać się: *They continue to oppose any changes to the present system.*

op·posed /əˈpəʊzd/ *adj* **1 be opposed to** być przeciwnym: *Most people are opposed to the death penalty.* **2 as opposed to** w odróżnieniu od, w porównaniu z: *The discount price is £25, as opposed to the usual price of £50.*

op·pos·ing /əˈpəʊzɪŋ/ *adj* **1** przeciwny: *opposing teams* **2** przeciwstawny: *opposing opinions*

op·po·site[1] /ˈɒpəzət/ *adj* **1** odwrotny, przeciwny: *I thought the music would relax me, but it had the opposite effect.* **2** przeciwny: *a building on the opposite side of the river | She finds it hard to talk to members of the opposite sex.*

opposite[2] S2 W2 *prep, adv* naprzeciw(ko): *Put the piano opposite the sofa. | He's moved into the house opposite.*

opposite[3] *n* [C] przeciwieństwo, odwrotność: *Everyone thought that the US would win easily. Instead, the opposite happened* (=stało się odwrotnie).

ˌopposite ˈnumber *n* [C usually singular] odpowiedni-k/czka: *British Foreign Secretary Robin Cook will meet his opposite number in the White House today.*

op·po·si·tion S3 W2 /ˌɒpəˈzɪʃən/ *n* [U] **1** sprzeciw: **+to** *opposition to the war* **2 the opposition** przeciwnik, rywal: *Two players managed to break through the opposition's defence.* **3 the Opposition** *BrE* opozycja

op·press /əˈpres/ *v* [T] uciskać, gnębić **—oppression** /əˈpreʃən/ *n* [U] ucisk

op·pressed /əˈprest/ *adj* uciskany: *the oppressed minorities of Eastern Europe*

op·pres·sive /əˈpresɪv/ *adj* **1** oparty na ucisku: *an oppressive military government* **2** przytłaczający: *oppressive heat*

op·pres·sor /əˈpresə/ *n* [C] gnębiciel/ka

opt /ɒpt/ *v* [I] **1 opt for** z/decydować się na: *We've opted for a smaller car.* THESAURUS CHOOSE **2 opt to do sth** z/decydować się coś zrobić: *More high school students are opting to go to college.*
opt out *phr v* [I] wycofać się: *Several countries may opt out of the agreement.*

op·tic /ˈɒptɪk/ *adj* wzrokowy: *the optic nerve*

op·ti·cal /ˈɒptɪkəl/ *adj* optyczny: *an optical instrument* **—optically** /-kli/ *adv* optycznie

optical instruments

a pair of binoculars microscope telescope

ˌoptical ilˈlusion *n* [C] złudzenie optyczne

op·ti·cian /ɒpˈtɪʃən/ *n* [C] **1** *BrE* optyk-okulista **2** *AmE* optyk

op·tics /ˈɒptɪks/ *n* [U] optyka

op·ti·mis·m /ˈɒptəmɪzəm/ *n* [U] optymizm: *optimism about the country's economic future* → antonim PESSIMISM

op·ti·mist /ˈɒptɪmɪst/ *n* [C] optymist-a/ka → antonim PESSIMIST

op·ti·mis·tic /ˌɒptəˈmɪstɪk◂/ *adj* optymistyczny: **+about** *Tom's optimistic about* (=optymistycznie zapatruje się na) *finding a job.* **—optimistically** /-kli/ *adv* optymistycznie → antonim PESSIMISTIC

op·ti·mum /ˈɒptəməm/ *adj formal* optymalny: *optimum use of space*

op·tion S1 W2 Ac /ˈɒpʃən/ *n* [C] **1** opcja, możliwość: *It's the only option we have left* (=to jedyna możliwość, jaka nam pozostaje). **2 have no option (but to do sth)** nie mieć innego wyboru (jak tylko zrobić coś): *They had no option but to cut jobs.* **3 keep/leave your options open** wstrzymać się z decyzją: *Leave your options open until you have the results of the test.*

op·tion·al Ac /ˈɒpʃənəl/ *adj* fakultatywny, dodatkowy: *The sunroof is optional.*

op·tom·e·trist /ɒpˈtɒmɪtrɪst/ *n* [C] okulist-a/ka

op·u·lent /ˈɒpjələnt/ *adj* **1** wystawny, okazały: *an opulent hotel* **2** wytworny, wykwintny, szykowny **3** obfity, nieprzebrany **—opulence** *n* [U] wystawność, okazałość **—opulently** *adv* wystawnie, okazale

or S1 W1 /ɔː/ *conjunction* **1** czy: *Coffee or tea? | "How many people were there?" "About 30 or 40."* **2** albo, lub: *You can go by bus, by train, or by plane.* → porównaj EITHER[1] **3** ani: *They don't eat meat or fish.* **4** *także* **or else** bo (inaczej): *Hurry, or you'll miss your plane.* **5 or so** około: *There's a gas station a mile or so down the road.* **6 or anything/something** *spoken* czy coś takiego: *Do you want to go out for a drink or anything?* **7** czyli: *biology, or the study of living things*

o·ral[1] /ˈɔːrəl/ *adj* ustny: *an oral report | oral hygiene* (=higiena jamy ustnej)

oral[2] *n* [C] egzamin ustny THESAURUS TEST

or·ange[1] S3 /ˈɒrəndʒ/ *n* [C,U] **1** pomarańcza **2** kolor pomarańczowy

orange[2] *adj* pomarańczowy: *an orange sweater*

o·rang·u·tang /ɔːˌræŋuːˈtæŋ/ *także* **o·rang·u·tan** /-ˈtæn/ *n* [C] orangutan

o·ra·tion /əˈreɪʃən/ *n* [C] *formal* mowa, oracja

or·a·tor /ˈɒrətə/ *n* [C] mów-ca/czyni, orator/ka

or·bit[1] /ˈɔːbɪt/ *n* [C] orbita: **in orbit** *The Space Shuttle is now in orbit.*

orbit[2] *v* [T] okrążać, krążyć wokół: *a satellite that orbits the Earth*

or·chard /ˈɔːtʃəd/ *n* [C] sad

or·ches·tra /ˈɔːkəstrə/ *n* [C] orkiestra —**orchestral** /ɔːˈkestrəl/ *adj* orkiestrowy, orkiestralny

or·ches·trate /ˈɔːkəstreɪt/ *v* [T] **1** za/aranżować, wy/reżyserować: *a carefully orchestrated propaganda campaign* **2** z/orkiestrować, z/instrumentować *(utwór muzyczny)*

or·chid /ˈɔːkɪd/ *n* [C] orchidea, storczyk

or·dain /ɔːˈdeɪn/ *v* [T] wyświęcać, udzielać święceń (kapłańskich)

or·deal /ɔːˈdiːl/ *n* [C] gehenna: *School can be an ordeal for some children.*

or·der[1] S1 W1 /ˈɔːdə/ *n* **1 in order to** żeby: *Plants need light in order to live.* | *She had the operation in order to save her eyesight.* **2** [C,U] porządek, kolejność: *Can you keep the pictures in the same order?* | *The names were written in alphabetical order.* **3** [C] zamówienie: *The school has just put in an order* (=złożyła zamówienie) *for 10 new computers.* | **take sb's order** (=przyjąć czyjeś zamówienie): *Can I take your order?* **4** [C] rozkaz: *Captain Marshall gave the order to advance.* **5 out of order a)** niesprawny: *The photocopier is out of order again.* THESAURUS BROKEN **b)** nie po kolei: *Don't let the files get out of order.* **6 in order a)** w porządku: *Your passport seems to be in order.* **b)** po kolei: *Are all the slides in order?* **7** [U singular] porządek: *a new world order* | *Police are working hard to maintain law and order.*

COLLOCATIONS: order (sense 4)

verbs

to give/issue an order *Who gave the order to shoot?*

to obey/disobey an order *Soldiers are expected to obey orders without question.* | *Anyone who disobeys an order will be severely punished.*

to follow/carry out an order *He had failed to carry out the order of the court.*

to have orders to do sth *Police had orders to search every house in the village.*

to take orders from sb (=wykonywać czyjeś rozkazy) *I don't take orders from you!*

to get/receive an order *We got the order to stop firing.*

adjectives

strict orders *They had strict orders not to allow anyone through.*

a direct order *What happens to a soldier who disobeys a direct order?*

order[2] S2 W2 *v* **1** [I,T] zamawiać: *He sat down and ordered a beer.* | *I've ordered a new table for the kitchen.* **2** [T] u/porządkować: *The names are ordered alphabetically.* **3** [T] rozkazywać, nakazywać: *The judge ordered the jury not to discuss the trial.*

or·der·ly[1] /ˈɔːdəli/ *adj* **1** uporządkowany: *an orderly desk* **2** zdyscyplinowany: *an orderly crowd*

orderly[2] *n* [C] sanitariusz, salowa

or·di·nal num·ber /ˌɔːdənəl ˈnʌmbə/ *n* [C] liczebnik porządkowy → porównaj CARDINAL NUMBER

or·di·nance /ˈɔːdənəns/ *n* [C] *especially AmE* **1** regulacja, rozporządzenie: *parking ordinances* **2** obrządek

or·di·na·ri·ly /ˈɔːdənərəli/ *adv* zazwyczaj: *I don't ordinarily go to movies in the afternoon.*

or·di·na·ry S1 W2 /ˈɔːdənəri/ *adj* **1** zwyczajny, zwykły: *It looks like an ordinary car, but it has a very special type of engine.* | *legal documents that are difficult for ordinary people to understand* **2 out of the ordinary** niezwykły, nietypowy: *nothing out of the ordinary* THESAURUS UNUSUAL

or·di·na·tion /ˌɔːdəˈneɪʃən/ *n* [C,U] święcenia (kapłańskie): *protests against the ordination of women* → patrz też ORDAIN

ore /ɔː/ *n* [C,U] ruda: *iron ore*

or·gan W3 /ˈɔːgən/ *n* [C] **1** narząd, organ: *the liver and other internal organs* **2** organy

or·gan·ic W3 /ɔːˈgænɪk/ *adj* **1** organiczny: *organic matter* → antonim INORGANIC **2** hodowany bez nawozów sztucznych: *organic vegetables* —**organically** /-kli/ *adv* organicznie

or·gan·i·sa·tion /ˌɔːgənaɪˈzeɪʃən/ brytyjska pisownia wyrazu ORGANIZATION

or·gan·is·m /ˈɔːgənɪzəm/ *n* [C] organizm: *a microscopic organism*

or·gan·ist /ˈɔːgənɪst/ *n* [C] organist-a/ka

or·gan·i·za·tion S2 W1 /ˌɔːgənaɪˈzeɪʃən/ *także* **-isation** *BrE n* [C,U] organizacja: *a charity organization* | *an organization of Christian students* | *He was responsible for the organization of the party's election campaign.* —**organizational** *adj* organizacyjny

or·gan·ize S1 W2 /ˈɔːgənaɪz/ *także* **-ise** *BrE v* [T] z/organizować: *Who's organizing the New Year's party?*

or·gan·ized S3 /ˈɔːgənaɪzd/ *także* **-ised** *BrE adj* **well organized/badly organized** dobrze/źle zorganizowany: *The exhibition wasn't very well organized.* | *She's really badly organized.*

ˌorganized ˈcrime *n* [U] przestępczość zorganizowana

or·gan·i·zer /ˈɔːgənaɪzə/ *także* **-iser** *BrE n* [C] organizator/ka: *festival organizers*

or·gas·m /ˈɔːgæzəm/ *n* [C,U] orgazm

or·gy /ˈɔːdʒi/ *n* [C] orgia

O·ri·ent /ˈɔːriənt/ *n* **the Orient** *old-fashioned* Orient

oriental *n* [C] *old-fashioned* Azjata/ka

O·ri·en·tal /ˌɔːriˈentl◂/ *adj* orientalny, dalekowschodni: *Oriental culture*

o·ri·en·ta·tion Ac /ˌɔːriənˈteɪʃən/ *n* **1** [C,U] orientacja: *sexual orientation* (=orientacja seksualna) | *the group's right-wing political orientation* **2** [U] spotkanie informacyjne, szkolenie: *orientation week for new students* **3** zmysł orientacji

o·ri·ent·ed Ac /ˈɔːrientɪd/ *także* **ori·en·tat·ed** /ˈɔːriənteɪtɪd/ *BrE adj* **politically oriented/export-oriented** nastawiony na politykę/eksport: *complaints that the magazine has become too politically oriented*

or·i·gin W2 /ˈɒrɪdʒɪn/ *n* [C,U] pochodzenie: *The word is of Latin origin.* | *the origin of life on Earth* | *He's proud of his Italian origins.* THESAURUS BEGINNING

o·rig·i·nal[1] S1 W1 /əˈrɪdʒɪnəl/ *adj* **1** pierwotny: *Our original plan was too expensive.* **2** oryginalny: *Is that an original Matisse? | a highly original style of painting* THESAURUS NEW

original[2] *n* [C] oryginał

o·rig·i·nal·i·ty /əˌrɪdʒəˈnæləti/ *n* [U] oryginalność: *The design is good but lacks originality.*

o·rig·i·nal·ly S2 W2 /əˈrɪdʒɪnəli/ *adv* **1** pierwotnie: *Her family originally came from Thailand.* **2** oryginalnie

o·rig·i·nate /əˈrɪdʒəneɪt/ *v* [I] *formal* **originate in** powstawać w, pochodzić z: *The custom of having a Christmas tree originated in Germany.*

or·na·ment /ˈɔːnəmənt/ *n* [C] ozdoba: *china ornaments*

or·na·men·tal /ˌɔːnəˈmentl◂/ *adj* ozdobny: *ornamental plants*

or·nate /ɔːˈneɪt/ *adj* bogato zdobiony: *ornate furniture*

or·ni·thol·o·gy /ˌɔːnəˈθɒlədʒi/ *n* [U] ornitologia —**ornithologist** *n* [C] ornitolog

or·phan[1] /ˈɔːfən/ *n* [C] sierota

orphan[2] *v* [T] **be orphaned** zostać sierotą, zostać osieroconym

or·phan·age /ˈɔːfənɪdʒ/ *n* [C] sierociniec

or·tho·dox /ˈɔːθədɒks/ *adj* **1** ortodoksyjny: *an orthodox Jew* **2** konwencjonalny: *orthodox methods of treating disease* —**orthodoxy** *n* [C,U] ortodoksja

os·ten·si·ble /ɒˈstensəbəl/ *adj* [only before noun] rzekomy: *The ostensible reason for his dismissal was poor sales figures.* —**ostensibly** *adv* rzekomo

os·ten·ta·tious /ˌɒstənˈteɪʃəs◂/ *adj* ostentacyjny —**ostentatiously** *adv* ostentacyjnie

os·te·o·path /ˈɒstiəpæθ/ *n* [C] kręga-rz/rka, osteopat-a/ka —**osteopathy** /ˌɒstiˈɒpəθi/ *n* [U] kręgarstwo, osteopatia

os·tra·cize /ˈɒstrəsaɪz/ *także* **-ise** *BrE v* [T] z/bojkotować *(towarzysko)*: *There was a time when criminals would be ostracized by the whole village.* —**ostracism** /-sɪzəm/ *n* [U] ostracyzm

os·trich /ˈɒstrɪtʃ/ *n* [C] struś

oth·er[1] S1 W1 /ˈʌðə/ *determiner, adj* **1** inny, pozostały: *Anna has a job, but the other girls are still at school. | The other students are about the same age as me. | Can we meet some other time* (=kiedy indziej)? *– I'm busy right now.* | **the other one** (=drugi): *Here's one sock, where's the other one?* **2** przeciwny, drugi: *Their cottage is on the other side of the lake.* **3 the other day** *spoken* parę dni temu: *I was talking to Ted the other day.* **4 other than** oprócz: *She has no-one to talk to other than her family.* **5 every other day/week** co drugi dzień/tydzień: *Her husband cooks dinner every other day.* → porównaj ANOTHER → patrz też EACH OTHER

UWAGA: other

Patrz **another** i **the other**.

other[2] *pron* **1** (ten) drugi: *We ate one of the pizzas and froze the other.* **2** pozostały: *John's here – where are the others?* **3 someone/something or other** ktoś/coś tam: *We'll get the money somehow or other* (=jakoś tam).

oth·er·wise S1 W2 /ˈʌðəwaɪz/ *adv* **1** w przeciwnym razie, inaczej: *You'd better go now, otherwise you'll be late.* THESAURUS IF **2** poza tym: *The sleeves are a bit long, but otherwise the dress fits fine.* **3 think otherwise** być innego zdania: *She says it's genuine, but we think otherwise.*

ot·ter /ˈɒtə/ *n* [C] wydra

ouch /aʊtʃ/ *interjection* au: *Ouch! That hurt!*

ought /ɔːt/ *modal verb* **sb ought to do sth** ktoś powinien coś zrobić: *You ought to take a day off. | The weather ought to be nice in August.*

oughtn't /ˈɔːtnt/ forma ściągnięta od „ought not"

ounce S3 /aʊns/ *n* [C] **1** uncja **2** odrobina, krztyna: *If you had an ounce of sense, you'd leave him.*

our S1 W1 /aʊə/ *determiner* nasz: *Our daughter is at college.*

ours S1 /aʊəz/ *pron* nasz: *"Whose car is that?" "It's ours." | They have their tickets, but ours haven't come yet.*

our·selves S1 W3 /aʊəˈselvz/ *pron* **1** się: *It was strange seeing ourselves on television.* **2** sami: *We started this business ourselves.* **3 (all) by ourselves** (zupełnie) sami: *We found our way here all by ourselves.* **4 to ourselves** dla siebie: *We'll have the house to ourselves next week.*

oust /aʊst/ *v* [T] **oust sb from power** odsuwać kogoś od władzy: *an attempt to oust the communists from power*

out S1 W1 /aʊt/ *adj, adv* **1** na zewnątrz, na dworze, poza domem: *Close the door on your way out* (=wychodząc, zamknij drzwi). | *She is out right now* (=nie ma jej w tej chwili). | *Why don't you go out and play* (=czemu nie wyjdziecie się pobawić)? THESAURUS OUTSIDE **2 out of** z, spośród: *Out of all the gifted footballers, only a few get to play for their country.* **3 be out of sth** nie mieć czegoś: *We're out of gas* (=skończyła nam się benzyna). **4 be out** *spoken* nie wchodzić w rachubę: *Skiing's out because it costs too much.*

ˌout-and-ˈout *adj* [only before noun] absolutny, totalny: *an out-and-out lie* (=wierutne kłamstwo)

GRAMATYKA: Czasownik modalny **ought**

Ought jest jedynym czasownikiem modalnym, po którym następuje bezokolicznik z **to**. Używamy go zwykle

1. w znaczeniu „powinienem, powinieneś itd.":
   *You **ought to** stop smoking.*
   *He **ought to** be here by now.*
2. w połączeniu z bezokolicznikiem typu „perfect" w znaczeniu „powinienem był, powinieneś był itd.":
   *Maybe we **ought to** have waited?* („Może powinniśmy byli zaczekać?")
   *You **ought not** to have said that.* („Nie powinieneś był tego mówić.")

W brytyjskiej angielszczyźnie w zdaniach przeczących oprócz **ought not** występuje też forma ściągnięta **oughtn't**:

*You **oughtn't** to have said that.*

*He ought to be punished, **oughtn't** he?*

We wszystkich omówionych wyżej przypadkach **ought to** może być zastąpione przez **should**. Jedyna różnica polega na tym, że **ought** jest nieco mocniejsze i bardziej kategoryczne.

→ patrz też **should**

out·back /ˈaʊtbæk/ *n* **the outback** głąb kraju, odludzie *(pustynne rejony środkowej Australii)*

outbound /ˈaʊtbaʊnd/ *adj* wychodzący: *outbound flights* (=odloty)

out·break /ˈaʊtbreɪk/ *n* [C] wybuch: *an outbreak of war*

out·burst /ˈaʊtbɜːst/ *n* [C] wybuch: *an angry outburst* (=wybuch złości)

out·cast /ˈaʊtkɑːst/ *n* [C] wyrzutek: *a social outcast*

out·class /aʊtˈklɑːs/ *v* [T] przewyższać o klasę

out·come W3 Ac /ˈaʊtkʌm/ *n* [singular] wynik, rezultat: *the outcome of the election*

out·cry /ˈaʊtkraɪ/ *n* [singular] głosy protestu: **+ against** *a public outcry* (=publiczny sprzeciw) *against nuclear weapons testing*

out·dat·ed /ˌaʊtˈdeɪtɪd◂/ *adj* przestarzały: *factories full of outdated machinery* THESAURUS OLD-FASHIONED

out·do /aʊtˈduː/ *v* [T] (**outdid** /-ˈdɪd/, **outdone** /-ˈdʌn/, **outdoing**) prześcigać, przewyższać: *two brothers trying to outdo each other*

out·door /ˈaʊtdɔː/ *adj* [only before noun] na świeżym powietrzu: *an outdoor swimming pool* (=odkryta pływalnia) → antonim INDOOR

out·doors /aʊtˈdɔːz/ *adv* na dworze, na świeżym powietrzu: *I prefer working outdoors.* THESAURUS OUTSIDE → antonim INDOORS

outdoorsy /aʊtˈdɔːzi/ *adj informal* **to be outdoorsy** lubić aktywność na świeżym powietrzu

out·er /ˈaʊtə/ *adj* [only before noun] zewnętrzny: *Peel off the outer leaves.* → antonim INNER

out·er·most /ˈaʊtəməʊst/ *adj* [only before noun] najbardziej oddalony od centrum, najbardziej zewnętrzny: *the outermost planets* → antonim INNERMOST

ˌouter ˈspace *n* [U] przestrzeń kosmiczna, kosmos

out·fit /ˈaʊtfɪt/ *n* [C] strój: *He arrived at the party in a cowboy outfit.*

out·go·ing /ˌaʊtˈgəʊɪŋ◂/ *adj* **1** towarzyski **2 the outgoing president/government** ustępujący prezydent/rząd **3** [only before noun] wychodzący: *outgoing phone calls*

out·go·ings /ˈaʊtˌgəʊɪŋz/ *n* [plural] *BrE* wydatki

out·grow /aʊtˈgrəʊ/ *v* [T] (**outgrew** /-ˈgruː/, **outgrown** /-ˈgrəʊn/, **outgrowing**) wyrastać z: *Kara's already outgrown her shoes. | I've outgrown the job really.*

out·ing /ˈaʊtɪŋ/ *n* [C] wycieczka: *We're going on a family outing.*

out·land·ish /aʊtˈlændɪʃ/ *adj* dziwaczny: *outlandish clothes*

out·last /aʊtˈlɑːst/ *v* [T] przetrwać, przetrzymać: *The whole point of the game is to outlast your opponent* (=przetrzymać przeciwnika).

out·law¹ /ˈaʊtlɔː/ *v* [T] zakazywać: *Gambling was outlawed here in 1980.*

outlaw² *n* [C] *old-fashioned* banita

out·lay /ˈaʊtleɪ/ *n* [C,U] nakłady: *a huge initial outlay*

out·let /ˈaʊtlet/ *n* [C] **1** wylot, odpływ **2** ujście: *I use judo as an outlet for stress.*

out·line¹ /ˈaʊtlaɪn/ *n* [singular] zarys, szkic: *an outline of the company's plan*

outline² *v* [T] na/szkicować: *a speech outlining his work in refugee camps*

out·live /aʊtˈlɪv/ *v* [T] przeżyć: *She outlived her husband by 10 years.*

out·look /ˈaʊtlʊk/ *n* [C] **1** pogląd(y): **+ on** *Ann has a very positive outlook on life.* **2** prognoza: **+ for** *The long-term outlook for the industry is worrying.*

out·ly·ing /ˈaʊtˌlaɪ-ɪŋ/ *adj* **outlying area/village/farm etc** odludna okolica/wioska/farma itp.

out·ma·noeu·vre /ˌaʊtməˈnuːvə/ *BrE*, **outmaneuver** *AmE v* [T] przechytrzyć

out·mod·ed /aʊtˈməʊdɪd/ *adj* przestarzały

out·num·ber /aʊtˈnʌmbə/ *v* [T] przewyższać liczebnie: *Women outnumber men in the nursing profession.*

ˌout of ˈbounds *adj* objęty zakazem wstępu: *The kitchen's out of bounds when I'm cooking.*

ˌout-of-ˈdate *adj* przestarzały THESAURUS OLD-FASHIONED

ˌout-of-the-ˈway *adj* ustronny, leżący na uboczu

ˌout of ˈwork *adj* bezrobotny: *an out of work actor*

out·pa·tient /ˈaʊtˌpeɪʃənt/ *n* [C] pacjent/ka dochodząc-y/a

out·per·form /ˌaʊtpəˈfɔːm/ *v* [T] prześcigać, bić na głowę: *Mart Stores continued to outperform other retailers.*

out·post /ˈaʊtpəʊst/ *n* [C] placówka

out·pour·ing /ˈaʊtpɔːrɪŋ/ *n* [C] wybuch emocji: *the public outpouring of grief following the Princess's death*

out·put W2 Ac /ˈaʊtpʊt/ *n* [C,U] produkcja: *Economic output is down by 10% this year.* → porównaj INPUT

out·rage¹ /ˈaʊtreɪdʒ/ *n* [C,U] **1** oburzenie: *feelings of shock and outrage at such a brutal attack on a child* **2** skandal: *This is an outrage!*

outrage² *v* [T] oburzać —**outraged** *adj* oburzony

out·ra·geous /aʊtˈreɪdʒəs/ *adj* oburzający, skandaliczny: *£200 for a hotel room – that's outrageous!*

out·reach /ˈaʊtriːtʃ/ *n* [U] **1** akcja pomocy: *an outreach project for drug users* **2** zasięg

out·right¹ /ˈaʊtraɪt/ *adj* [only before noun] **1** całkowity: *an outright ban on handguns* **2** bezapelacyjny: *outright victory* **3** otwarty: *an outright refusal*

out·right² /aʊtˈraɪt/ *adv* **1** wprost: *You should have told him outright that you don't want to work there any more.* **2 be killed outright** zginąć na miejscu **3** całkowicie: *They haven't rejected the plan outright.*

out·run /aʊtˈrʌn/ *v* [T] (**outran** /-ˈræn/, **outrun**, **outrunning**) **1** prześcigać **2** przerastać: *The needs of the refugees have outrun the help available.*

out·set /ˈaʊtset/ *n* **at/from the outset** na (samym)/od (samego) początku: *The rules were agreed at the outset of the game.*

out·shine /aʊtˈʃaɪn/ *v* [T] (**outshone** /-ˈʃɒn/, **outshone**, **outshining**) przyćmiewać

out·side¹ /aʊtˈsaɪd/ *także* **outside of** *especially AmE prep* **1** pod: *He left an envelope outside my door. | We live just outside Leeds.* → antonim INSIDE¹ **2** poza: *Teachers can't control what students do outside school.*

THESAURUS: outside

outside na zewnątrz, na dworze *(ale w pobliżu budynku)*: *They went outside to see what was*

O

happening. | He was standing outside, smoking a cigarette.

out na dworze *(używa się zwłaszcza przed okolicznikiem miejsca): We slept out under the stars. | Don't stand out in the rain - come inside.*

outdoors *także* **out of doors** na dworze, na świeżym powietrzu *(robić coś przyjemnego): The kids are outdoors all the time in the summer. | They wanted to have their wedding out of doors.*

in the open air na świeżym powietrzu: *Leave the wood to dry slowly in the open air.*

al fresco na świeżym powietrzu *(jeść posiłek): Shall we have lunch al fresco?*

O

outside² S1 W1 *adv* na zewnątrz: *Can I go and play outside, Dad? | Wait outside, I want to talk to him alone.*

outside³ S3 *n* **1 the outside** zewnętrzna strona: *The outside of the building is pink.* →antonim INSIDE² **2 on the outside** na/z zewnątrz: *Their marriage seemed so perfect on the outside.*

out·side⁴ S2 W2 /ˈaʊtsaɪd/ *adj* [only before noun] **1 outside wall** zewnętrzna ściana **2 outside toilet** ubikacja (znajdująca się) na zewnątrz **3 outside help/interest** pomoc/zainteresowanie z zewnątrz

out·sid·er /aʊtˈsaɪdə/ *n* [C] osoba z zewnątrz: *Sometimes I feel like an outsider* (=czuję się obco) *in my own family.*

out·skirts /ˈaʊtskɜːts/ *n* **the outskirts** peryferie: **on the outskirts** *They have an apartment on the outskirts of Geneva.*

out·spo·ken /aʊtˈspəʊkən/ *adj* otwarty: *an outspoken critic of the government's economic policy*

out·stand·ing W3 /aʊtˈstændɪŋ/ *adj* **1** wybitny: *an outstanding performance* **2** zaległy: *an outstanding debt*

out·stand·ing·ly /aʊtˈstændɪŋli/ *adv* **outstandingly well/successful/beautiful** nadzwyczaj dobry/ udany/ piękny: *The business has been outstandingly successful.*

out·stay /aʊtˈsteɪ/ *v* →patrz **outstay your welcome** (WELCOME⁴)

out·stretched /ˌaʊtˈstretʃt◂/ *adj* wyciągnięty: *I took hold of his outstretched arm.*

out·strip /aʊtˈstrɪp/ *v* [T] (**-pped**, **-pping**) przerastać, prześcigać: *The pace of economic development far outstripped that of other countries.*

out·ward /ˈaʊtwəd/ *adj* **1 outward calm/control** pozorny spokój/opanowanie: *Amy answered with outward composure.* **2** w tamtą stronę: *an outward flight*

out·ward·ly /ˈaʊtwədli/ *adv* pozornie, na pozór: *Outwardly he seems to be very happy.*

out·wards /ˈaʊtwədz/ *especially BrE*, **outward** *especially AmE adv* na zewnątrz: *The universe is expanding outwards.* →antonim INWARDS

out·weigh /aʊtˈweɪ/ *v* [T] przeważać nad: *The benefits outweigh the costs.*

out·wit /aʊtˈwɪt/ *v* [T] przechytrzyć: *Our plan is to outwit the thieves.*

o·val /ˈəʊvəl/ *n* [C] owal —**oval** *adj* owalny

o·va·ry /ˈəʊvəri/ *n* [C] jajnik

o·va·tion /əʊˈveɪʃən/ *n* [C] owacja: **standing ovation** (=owacja na stojąco) →porównaj ENCORE

ov·en S3 /ˈʌvən/ *n* [C] piekarnik

over¹ S1 W1 /ˈəʊvə/ *prep* **1** przez: *Can you jump over the stream? | the next bridge over the river | The salesman explained it to me over the phone.* →porównaj ACROSS **2** nad: *The sign over the door said 'No Exit'. | Put this blanket over him* (=przykryj go tym kocem). →antonim UNDER¹, →porównaj ABOVE¹, ACROSS **3 over the road/river** po drugiej stronie ulicy/rzeki: *There's a supermarket over the road.* **4** ponad: *It cost over £1,000.* **5** podczas, przez: *I stayed with Julie over the summer.* THESAURUS DURING **6** z: *The car fell over a cliff.* **7 over here/there** tutaj/tam: *I'm over here!* **8** o: *They had an argument over who would take the car* (=o to, kto weźmie samochód). →patrz też **all over** (ALL²)

UWAGA: over the last few years

Patrz **for the last few years** i **over/during/in the last few years**.

over² S1 W1 *adv* **1 come over** przychodzić: *Come over tomorrow and we'll go shopping.* **2** w górze, nad głową: *You can't hear anything when the planes fly over.* **3 (all) over again** (wszystko) od początku: *The computer lost all my work, and I had to do it all over again.* **4 do sth over** *AmE* zrobić coś jeszcze raz *(bo za pierwszym razem nie wyszło)* **5 over and over (again)** w kółko: *He made us sing the song over and over until we got it right.* **6 think/talk sth over** przemyśleć/omówić coś: *Think it over, and give us your answer tomorrow.* **7** powyżej: *a game for children aged 6 and over*

over³ *adj* [not before noun] skończony: *The game's over.*

over- *prefix* przedrostek oznaczający nadmiar, prze-: *overeat | overpopulated*

o·ver·all¹ S3 W2 Ac /ˈəʊvərɔːl/ *adj* całkowity: *The overall cost of the trip is $500.*

o·ver·all² Ac /ˌəʊvərˈɔːl/ *adv* w sumie, ogólnie biorąc: *Overall, the situation looks good.*

o·ver·all³ /ˈəʊvərɔːl/ *n* [C] *BrE* kitel

o·ver·alls /ˈəʊvərɔːlz/ *n* [plural] **1** *BrE* kombinezon **2** *AmE* ogrodniczki

o·ver·awed /ˌəʊvərˈɔːd/ *adj* onieśmielony: *I felt overawed just looking at the stadium.*

o·ver·bear·ing /ˌəʊvəˈbeərɪŋ/ *adj* władczy: *an overbearing father*

o·ver·board /ˈəʊvəbɔːd/ *adv* **1** za burtę: *He fell overboard into the icy water.* **2** za burtą **3 go overboard** *informal* popadać w przesadę: *"That was absolutely amazing!" "OK, there's no need to go overboard."*

o·ver·bur·dened /ˌəʊvəˈbɜːdnd/ *adj* przeciążony, przepracowany: *overburdened teachers*

o·ver·came /ˌəʊvəˈkeɪm/ *v* czas przeszły od OVERCOME

o·ver·cast /ˌəʊvəˈkɑːst◂/ *adj* zachmurzony, pochmurny: *a grey, overcast sky*

o·ver·charge /ˌəʊvəˈtʃɑːdʒ/ *v* [I,T] po/liczyć za dużo: *The waiter overcharged us for the wine.*

o·ver·coat /ˈəʊvəkəʊt/ *n* [C] płaszcz

o·ver·come W3 /ˌəʊvəˈkʌm/ *v* [T] (**overcame**, **overcome**, **overcoming**) **1** przezwyciężać, pokonywać: *I'm trying to overcome my fear of flying.* **2 be overcome (by sth)** być przytłoczonym (czymś): *I was so overcome that I could hardly speak.*

o·ver·com·pen·sate /ˌəʊvəˈkɒmpənseɪt/ *v* [I] nadrabiać, kompensować: *Zoe overcompensates for her shyness* *by talking too much.* —**overcompensation** /ˌəʊvəkɒmpənˈseɪʃən/ *n* [U] kompensacja

o·ver·crowd·ed /ˌəʊvəˈkraʊdɪd◂/ *adj* przepełniony, zatłoczony: *overcrowded prisons* —**overcrowding** *n* [U] przepełnienie

o·ver·do /ˌəʊvəˈduː/ *v* [T] (**overdid** /-ˈdɪd/, **overdone**, **overdoing**) przesadzać z: *Don't overdo the salt.* | *When you first start jogging, be careful not to overdo it.*

o·ver·done /ˌəʊvəˈdʌn◂/ *adj* spieczony

o·ver·dose /ˈəʊvədəʊs/ *n* [C] przedawkowanie: *a heroin overdose* —**overdose** *v* [I] przedawkować: *It's easy to overdose on paracetamol.*

o·ver·draft /ˈəʊvədrɑːft/ *n* [C] debet: *a £200 overdraft*

o·ver·drawn /ˌəʊvəˈdrɔːn◂/ *adj* **be overdrawn** mieć debet

o·ver·due /ˌəʊvəˈdjuː◂/ *adj* **1** zaległy: *an overdue gas bill* | *Salary increases are long overdue* (=już dawno należało wprowadzić podwyżki płac). **2 the baby is ten days/a week etc overdue** termin porodu minął dziesięć dni/tydzień itp. temu

o·ver·eat /ˌəʊvərˈiːt/ *v* [I] jeść zbyt dużo, objadać się —**overeating** *n* [U] przejedzenie

o·ver·es·ti·mate Ac /ˌəʊvərˈestɪmeɪt/ *v* [T] przeceniać: *I think you're overestimating his abilities.* → antonim UNDERESTIMATE

o·ver·flow /ˌəʊvəˈfləʊ/ *v* [I] **1** przelewać się: **+with** *a sink overflowing with water* **2** wylewać się: *The crowd overflowed into the street.*

o·ver·grown /ˌəʊvəˈgrəʊn◂/ *adj* zarośnięty: *The garden was completely overgrown.*

o·ver·hang /ˌəʊvəˈhæŋ/ *v* [I,T] (**overhung**, **overhung**, **overhanging**) zwisać (nad): *branches overhanging the path*

o·ver·haul /ˌəʊvəˈhɔːl/ *v* [T] przeprowadzać remont kapitalny *(pojazdu, urządzenia)*

o·ver·head /ˌəʊvəˈhed◂/ *adv* nad głową, w górze: *A plane flew overhead.* —**overhead** *adj* napowietrzny: *overhead cables*

o·ver·heads /ˈəʊvəhedz/ *n* [plural] *especially BrE* koszty stałe

o·ver·hear /ˌəʊvəˈhɪə/ *v* [T] (**overheard** /-ˈhɜːd/, **overheard**, **overhearing**) podsłuchać, przypadkiem usłyszeć: *I overheard their conversation.* THESAURUS HEAR → porównaj EAVESDROP

o·ver·heat /ˌəʊvəˈhiːt/ *v* [I,T] przegrzewać (się)

o·ver·hung /ˌəʊvəˈhʌŋ/ *v* czas przeszły i imiesłów bierny od OVERHANG

o·ver·joyed /ˌəʊvəˈdʒɔɪd/ *adj* uradowany, zachwycony

o·ver·kill /ˈəʊvəkɪl/ *n* [U] *informal* przegięcie, gruba przesada: *the media overkill that afflicts all major sporting events*

o·ver·land /ˌəʊvəˈlænd◂/ *adj* lądowy: *overland convoys of aid* —**overland** *adv* lądem: *We travelled overland.*

o·ver·lap Ac /ˌəʊvəˈlæp/ *v* [I,T] (**-pped, -pping**) **1** zachodzić na (siebie), zazębiać się (z): *a pattern of overlapping circles* **2** częściowo pokrywać się (z): *The case I'm working on overlaps with yours.*

o·ver·leaf /ˌəʊvəˈliːf/ *adv* na odwrocie (strony)

o·ver·load /ˌəʊvəˈləʊd/ *v* [T] **1** przeładowywać: *The boat was overloaded and began to sink.* **2** przeciążać: *overloaded with work* | *Don't overload the electrical system by using too many machines.*

o·ver·look /ˌəʊvəˈlʊk/ *v* [T] **1** przeoczyć: *It's easy to overlook mistakes when you're reading your own writing.* **2** wychodzić na: *a room overlooking the beach* (=z widokiem na plażę) **3** *formal* przymykać oczy na: *I am willing to overlook what you said this time.*

o·ver·ly /ˈəʊvəli/ *adv* nazbyt, zbytnio: *We weren't overly impressed with the meal.*

o·ver·night[1] /ˌəʊvəˈnaɪt/ *adv* **1** na/przez noc: *She's staying overnight at a friend's house.* **2** z dnia na dzień: *You can't expect to lose weight overnight.*

o·ver·night[2] /ˈəʊvənaɪt/ *adj* nocny, całonocny: *an overnight flight to Japan*

o·ver·pass /ˈəʊvəpɑːs/ *n* [C] *AmE* wiadukt, estakada

o·ver·pop·u·lat·ed /ˌəʊvəˈpɒpjəleɪtɪd/ *adj* przeludniony —**overpopulation** /ˌəʊvəpɒpjəˈleɪʃən/ *n* [U] przeludnienie

o·ver·pow·er /ˌəʊvəˈpaʊə/ *v* [T] obezwładniać

o·ver·pow·er·ing /ˌəʊvəˈpaʊərɪŋ◂/ *adj* obezwładniający, przytłaczający: *an overpowering feeling of hopelessness*

o·ver·priced /ˌəʊvəˈpraɪst◂/ *adj* przedrożony

overqualified /ˌəʊvəˈkwɒlɪfaɪd/ *adj* **to be overqualified** mieć zbyt wysokie kwalifikacje: *Sara's overqualified for most sales jobs.*

o·ver·ran /ˌəʊvəˈræn/ *v* czas przeszły od OVERRUN

o·ver·rat·ed /ˌəʊvəˈreɪtɪd◂/ *adj* przeceniany, przereklamowany: *We thought the play was overrated.*

o·ver·re·act /ˌəʊvəriˈækt/ *v* [I] za/reagować zbyt mocno

o·ver·ride /ˌəʊvəˈraɪd/ *v* [T] (**overrode** /-ˈrəʊd/, **overridden** /-ˈrɪdn/, **overriding**) **1** uchylać: *Congress has overridden the President's veto.* **2** być nadrzędnym w stosunku do: *The economy often seems to override other political issues.*

o·ver·rid·ing /ˌəʊvəˈraɪdɪŋ◂/ *adj* [only before noun] nadrzędny: *Security is of overriding importance.*

o·ver·rule /ˌəʊvəˈruːl/ *v* [T] uchylać, oddalać: *"Objection overruled* (=uchylam sprzeciw)*," said Judge Klein.*

o·ver·run /ˌəʊvəˈrʌn/ *v* (**overran**, **overrun**, **overrunning**) **1** [T] opanowywać: *the town is being overrun by rats* **2** [I] przedłużać się: *The meeting overran by half an hour.*

o·ver·seas Ac /ˌəʊvəˈsiːz◂/ *adj* zamorski, zagraniczny: *an overseas tour* —**overseas** *adv* za granic-ę/ą: *I often get to travel overseas.*

o·ver·see /ˌəʊvəˈsiː/ *v* [T] nadzorować: *Bentley is overseeing the project.* —**overseer** /ˈəʊvəsɪə/ *n* [C] nadzorca

o·ver·shad·ow /ˌəʊvəˈʃædəʊ/ *v* [T] **1** rzucać cień na, kłaść się cieniem na: *The film festival was overshadowed by the news of the actor's death.* **2** usuwać w cień: *He felt constantly overshadowed by his older brother.*

o·ver·shoot /ˌəʊvəˈʃuːt/ *v* [I,T] (**overshot** /-ˈʃɒt/, **overshot**, **overshooting**) minąć, przejechać: *I overshot the turn, and had to go back.*

o·ver·sight /ˈəʊvəsaɪt/ *n* [C,U] niedopatrzenie

o·ver·sim·pli·fy /ˌəʊvəˈsɪmplɪfaɪ/ *v* [I,T] nadmiernie upraszczać, spłycać —**oversimplification** /ˌəʊvəsɪmplɪfɪˈkeɪʃən/ *n* [C,U] uproszczenie

o·ver·sleep /ˌəʊvəˈsliːp/ *v* [I] (**overslept** /-ˈslept/, **overslept, oversleeping**) zaspać THESAURUS ▸ SLEEP

o·ver·state /ˌəʊvəˈsteɪt/ *v* [T] wyolbrzymiać

o·ver·step /ˌəʊvəˈstep/ *v* [T] (**-pped, -pping**) **1 overstep rules/limits/authority** przekraczać zasady/granice/uprawnienia: *Wilson has clearly overstepped his authority.* **2 overstep the mark** przeciągnąć strunę, posunąć się za daleko

o·vert /əʊˈvɜːt/ *adj* otwarty, jawny: *overt discrimination* —**overtly** *adv* otwarcie, jawnie

o·ver·take /ˌəʊvəˈteɪk/ *v* (**overtook, overtaken** /-ˈteɪkən/, **overtaking**) **1** [I,T] wyprzedzać: *The accident happened as he was overtaking a bus.* | *Japan has overtaken many other countries in car production.* **2** [T often passive] *literary* ogarniać: *She was overtaken by exhaustion.*

O

ˌover-the-ˈcounter *adj* **over-the-counter drugs/medicines** leki dostępne/sprzedawane bez recepty

o·ver·throw /ˌəʊvəˈθrəʊ/ *v* [T] (**overthrew** /-ˈθruː/, **overthrown** /-ˈθrəʊn/, **overthrowing**) obalać

o·ver·time /ˈəʊvətaɪm/ *n* [U] nadgodziny: **work/do overtime** *They're working overtime to get the job finished.* | *He's been doing a lot of overtime* (=ma dużo nadgodzin) *recently.*

o·ver·took /ˌəʊvəˈtʊk/ *v* czas przeszły od OVERTAKE

o·ver·ture /ˈəʊvətjʊə/ *n* [C] uwertura

o·ver·turn /ˌəʊvəˈtɜːn/ *v* **1** [I,T] przewracać (się) do góry nogami: *The car overturned on a country road.* **2 overturn a ruling/verdict** unieważniać orzeczenie/wyrok

o·ver·view /ˈəʊvəvjuː/ *n* [C] przegląd: *an overview of the history of the region*

o·ver·weight /ˌəʊvəˈweɪt◂/ *adj* **be overweight** mieć nadwagę: *I'm ten pounds overweight.*

UWAGA: overweight

Patrz **fat** i **overweight**.

o·ver·whelm /ˌəʊvəˈwelm/ *v* [T] **1** ogarniać: *Gary was overwhelmed with sadness.* **2** przytłaczać

o·ver·whelm·ing /ˌəʊvəˈwelmɪŋ◂/ *adj* **1** przemożny: *Shari felt an overwhelming urge to cry.* **2** przytłaczający: *The Labour Party won by an overwhelming majority.* —**overwhelmingly** *adv* w przeważającej części

o·ver·worked /ˌəʊvəˈwɜːkt◂/ *adj* przepracowany, przeciążony pracą: *overworked nurses* —**overwork** *n* [U] przepracowanie

o·ver·wrought /ˌəʊvəˈrɔːt◂/ *adj* spięty, zdenerwowany

ov·u·la·tion /ˌɒvjʊˈleɪʃən/ *n* [U] jajeczkowanie, owulacja

ow /aʊ/ *interjection* au!: *Ow! That hurt!*

owe S2 W3 /əʊ/ *v* [T] **1 owe sb sth** być komuś coś winnym: *Bob owes me $20.* | *I owe you an apology.* | **owe sth to sb** *We owe a lot of money to the bank.* **2** zawdzięczać: *"You must be pleased you've won." "I owe it all to you."*

ˈowing to *prep* z powodu: *Work on the building has stopped, owing to lack of money.*

owl /aʊl/ *n* [C] sowa

own[1] /əʊn/ *determiner, pron* **1** własny: *She wants her own room.* | *You have to learn to make your own decisions.* | **of sb's own** *He decided to start a business of his own* (=swój własny interes). **2 (all) on your own a)** samotnie: *Rick lives on his own.* **b)** samodzielnie: *Did you make that all on your own?*

UWAGA: own

Wyraz **own** w znaczeniu „własny" występuje zawsze po zaimkach **my**, **her**, **their** itp. lub po rzeczownikach w dopełniaczu: *their own children* | *her own flat* | *Tina's own radio.*

own[2] S2 W2 *v* [T] posiadać, być właściciel-em/ką: *He owns two houses in Utah.*

own up *phr v* [I] przyznać się: **own up to (doing sth)** *No one owned up to breaking the window.*

THESAURUS: own

own być właścicielem: *We don't own the house - we just rent it.*

have mieć: *She has a lot of lovely clothes.* | *Most students have computers.*

belong to sb/sth należeć do kogoś/czegoś: *The ring belonged to my grandmother.* | *Who does this jacket belong to?*

possess *formal* posiadać: *He was charged with* (=oskarżono go o) *possessing a gun.* | *They took away everything she possessed.*

hold *formal* być posiadaczem: *Do you hold a driving licence?* | *Applicants should hold a university degree.*

be the property of sb/sth *formal* być własnością kogoś/czegoś: *This camera is the property of the BBC.*

own·er S2 W2 /ˈəʊnə/ *n* [C] właściciel/ka: *the owner of the dog* —**ownership** *n* [U] posiadanie, własność

ox /ɒks/ *n* [C] (plural **oxen** /ˈɒksən/) wół

ox·i·dize *także* **-ise** *BrE* /ˈɒksɪdaɪz/ *v* [I,T] utleniać (się): *Through the years, paint oxidises as it's exposed to* (=wystawiona na działanie) *air.* | *Various elements, such as iron and sulphur, can be oxidized to form oxides or dioxides* (=tlenki lub dwutlenki).

ox·y·gen /ˈɒksɪdʒən/ *n* [U] tlen

oy·ster /ˈɔɪstə/ *n* [C,U] ostryga

oz skrót pisany od OUNCE

o·zone-friend·ly /ˌəʊzəʊn ˈfrendli◂/ *adj* nieszkodliwy dla warstwy ozonowej: *an ozone-friendly aerosol*

o·zone lay·er /ˈəʊzəʊn ˌleɪə/ *n* [singular] warstwa ozonowa

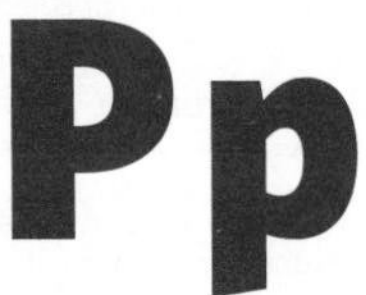

P, p /piː/ P, p *(litera)*

p **1** (plural **pp**) skrót od PAGE **2** *BrE* skrót od PENNY lub PENCE

pa /pɑː/ *n* [C] *old-fashioned* tato

PA /ˌpiː ˈeɪ/ *n* [C] **1** *BrE* asystent/ka **2** system nagłaśniający

pace¹ W3 /peɪs/ *n* **1** [singular] krok: *She heard someone behind her and quickened her pace.* **2** [singular] tempo: *the pace of change in Eastern Europe* **3 keep pace (with)** nadążać (za): *Supply has to keep pace with increasing demand.*

pace² *v* **1** [T] przemierzać: *pacing the hospital corridor* **2** [I] **pace around/up and down** chodzić tam i z powrotem: *He paced up and down, waiting for her.*

pace·mak·er /ˈpeɪsˌmeɪkə/ *n* [C] rozrusznik serca

Pa·cif·ic /pəˈsɪfɪk/ *n* **the Pacific** Pacyfik, Ocean Spokojny

pac·i·fi·er /ˈpæsəfaɪə/ *n* [C] *AmE* smoczek

pac·i·fist /ˈpæsɪfɪst/ *n* [C] pacyfist-a/ka —**pacifism** *n* [U] pacyfizm

pac·i·fy /ˈpæsɪfaɪ/ *v* [T] uspokajać

pack¹ S2 W3 /pæk/ *v* **1** [I,T] s/pakować (się): *I never pack until the night before a trip.* **2** [T] wypełniać: *Thousands of people packed the stadium.*
pack sth ↔ in *phr v* [T] **1** *także* **pack** sth **into** sth wtłoczyć: *I don't know how we packed so much activity into one brief weekend.* **2** *BrE informal* rzucić: *Sometimes I just feel like packing my job in.*
pack sb/sth off *phr v* [T] *informal* wyprawić, wysłać: *We were packed off to camp every summer.*
pack up *phr v* [I] **1** *informal* zwijać manatki: *I think I'll pack up and go home early.* **2** *BrE informal* nawalić: *The television's packed up again.*

pack² S2 W3 *n* [C] **1** pakiet: *Phone for your free information pack.* **2** *especially AmE* paczka: *a pack of cigarettes* **3** *BrE* plecak **4** sfora: *a pack of wolves* **5** talia *(kart)*

package¹ S2 W2 /ˈpækɪdʒ/ *n* [C] **1** pakiet: *a new software package* **2** paczka **3** *AmE* opakowanie: *a package of cookies*

package² *v* [T] pakować: *food packaged in cartons*

ˈpackage tour *także* **ˈpackage ˌholiday** *BrE n* [C] wczasy zorganizowane

pack·ag·ing /ˈpækɪdʒɪŋ/ *n* [U] opakowania

packed /pækt/ *także* **ˌpacked ˈout** *adj* zatłoczony: *a packed commuter train*

ˌpacked ˈlunch *n* [C] *BrE* drugie śniadanie

pack·et S2 /ˈpækɪt/ *n* [C] *especially BrE* paczka, opakowanie: *a packet of biscuits*

pack·ing /ˈpækɪŋ/ *n* [U] pakowanie: *I'll have to do my packing this evening.*

pact /pækt/ *n* [C] pakt, układ: *a peace pact*

pad¹ S3 /pæd/ *n* [C] **1** ochraniacz: *knee pads* **2** blok: *a sketch pad*

pad² *v* **1** [I] stąpać (bezszelestnie): **+across/along etc** *The little cat padded across the floor towards me.* **2** [T] wyściełać, wypychać

pad·ded /ˈpædɪd/ *adj* wyściełany: *a padded envelope*

pad·ding /ˈpædɪŋ/ *n* [U] wyściółka, obicie

pad·dle¹ /ˈpædl/ *n* [C] wiosło *(krótkie i szerokie)*

paddle² *v* **1** [I,T] wiosłować **2** [I] *BrE* brodzić: *A group of children were paddling in the stream.*

pad·dock /ˈpædək/ *n* [C] wybieg dla koni

pad·dy field /ˈpædi ˌfiːld/ *także* **ˈrice ˌpaddy**, **paddy** *n* [C] pole ryżowe

pad·lock /ˈpædlɒk/ *n* [C] kłódka

pae·di·a·tri·cian /ˌpiːdiəˈtrɪʃən/ *BrE*, **pediatrician** *AmE n* [C] pediatra

pae·di·at·rics /ˌpiːdiˈætrɪks/ *BrE*, **pediatrics** *AmE n* [U] pediatria

pa·gan /ˈpeɪgən/ *adj* [C] pogański: *an ancient pagan festival* —**pagan** *n* [C] pogan-in/ka

page¹ S1 W1 /peɪdʒ/ *n* [C] strona, kartka: *The book had several pages missing.*

COLLOCATIONS: page

adjectives

the next/previous page *She read the previous page again. | What's on the next page?*
the opposite page *A picture on the opposite page caught my attention.*
the front/back page (=pierwsza/ostatnia strona) *The story is on the front page of every newspaper.*
the sports/arts/financial etc pages (=strony sportowe/kulturalne/finasowe itp.) *The financial pages are at the back.*
a blank page (=pusta strona) *Leave a blank page after the title.*

verbs

to turn a page *Quickly, she turned the page.*
turn to/see page 22/45 etc *For more on this story, turn to page 23.*

nouns

the top of the page *Put the date at the top of the page.*
the bottom/foot of the page *The answers are at the bottom of page 14.*

page² *v* [T] przywoływać *(przez głośnik lub za pomocą pagera)*: *We couldn't find Jan at the airport, so we had her paged.*

pag·eant /ˈpædʒənt/ *n* [C] plenerowe widowisko historyczne

pag·eant·ry /ˈpædʒəntri/ *n* [U] gala, pompa

pag·er /ˈpeɪdʒə/ *n* [C] pager

pa·go·da /pəˈgəʊdə/ *n* [C] pagoda

paid /peɪd/ *v* czas przeszły i imiesłów bierny od PAY

pail /peɪl/ *n* [C] *old-fashioned* wiadro

pain¹ S2 W2 /peɪn/ *n* **1** [C,U] ból: *I woke up in the night with terrible stomach pains. | After the accident, I had pain in my leg for months. | the pain children feel when their parents divorce* **2 a pain (in the neck)** *spoken* zawracanie

P

głowy: *These pots and pans are a pain to wash.* →patrz też PAINS

UWAGA: pain

Patrz **ache** i **pain**.

COLLOCATIONS: pain

verbs

to have a pain *He has a pain in his stomach.*
to feel pain *także* **to suffer from pain** *If you feel any pain, stop exercising.*
to cause pain *Several conditions can cause back pain.*
to relieve/ease/reduce pain (=łagodzić/uśmierzać ból) *Aspirin is used to relieve pain.*

adjectives

a bad pain *I've got a really bad pain in my leg.*
severe/terrible pain *She woke up with terrible stomach pains.*
a sharp pain *A sharp pain went through his leg when he stood up.*
excruciating/unbearable pain (=nie do zniesienia) *The pain in my eye was excruciating.*
a nagging pain (=dokuczliwy) *He's had a nagging pain in his left arm for a couple of weeks.*
the pain is bad *The pain was so bad that I couldn't sleep.*

noun + pain

chest/back/stomach pain *Patients with chest pain should be seen immediately by a doctor.*

P

pain² *v* [T] *formal* z/ranić, sprawiać ból/cierpienie: *It pains me* (=boli mnie) *to see my mother growing old.*

pained /peɪnd/ *adj* zbolały: *He had a pained expression on his face.*

pain·ful /ˈpeɪnfəl/ *adj* **1** obolały: *Her ankle was swollen and painful.* **2** bolesny: *painful memories of the war*

THESAURUS: painful

be painful boleć: *Is your back still painful? | When I broke my arm, it was extremely painful.*
be sore boleć: *My muscles were sore after the race. | The wound was very sore.*
hurt boleć: *Mum – my stomach hurts.*
be tender boleć przy dotyku: *The skin around the cut is red and tender.*
be stiff zesztywnieć: *My legs were a bit stiff after the journey.*

pain·ful·ly /ˈpeɪnfəli/ *adv* boleśnie, dotkliwie: *She was painfully aware that she wasn't welcome. | It was painfully obvious that she didn't like him.*

pain·kill·er /ˈpeɪnˌkɪlə/ *n* [C] środek przeciwbólowy

pain·less /ˈpeɪnləs/ *adj* bezbolesny: *a painless death | a painless way to learn Spanish*

pains /peɪnz/ *n* [plural] **be at pains to do sth/take pains to do sth** dokładać wszelkich starań, żeby coś zrobić: *He was at pains to emphasize the advantages of the new system.*

pains·tak·ing /ˈpeɪnzˌteɪkɪŋ/ *adj* staranny, skrupulatny: *painstaking research*

paint¹ S2 W2 /peɪnt/ *n* [U] farba: *a can of yellow paint*

paint² S2 W3 *v* [I,T] **1** po/malować: *What color are you painting the house?* **2** na/malować: *He's just finished painting his wife's portrait.*

paint·box /ˈpeɪntbɒks/ *n* [C] pudełko z farbami

paint·brush /ˈpeɪntbrʌʃ/ *n* [C] pędzel

paint·er /ˈpeɪntə/ *n* [C] **1** mala-rz/rka: *a landscape painter* **2** malarz pokojowy: *a painter and decorator*

paint·ing S3 W2 /ˈpeɪntɪŋ/ *n* **1** [C] obraz: *an exhibition of paintings, drawings, and sculptures* **2** [U] malarstwo: *Van Gogh's style of painting*

paints /peɪnts/ *n* [plural] farby: *oil paints*

pair¹ S2 W2 /peə/ *n* [C] para: *a new pair of shoes | a pair of dancers | a pair of scissors* (=nożyczki) | **in pairs** *Work in pairs on the next exercise.*

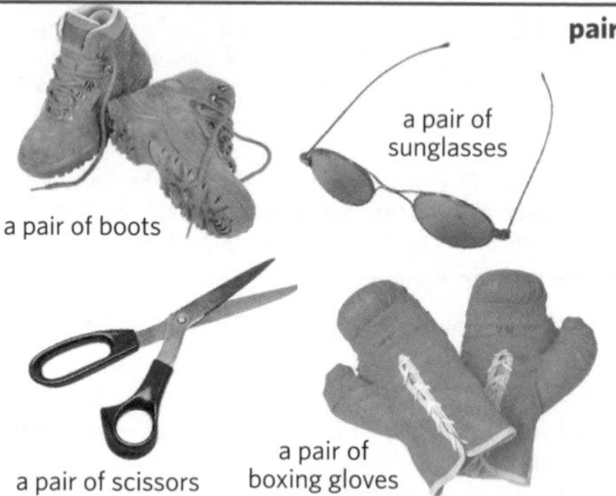

pair² *v*
pair off *phr v* [I,T **pair** sb ↔ **off**] związać (się): *They are all hoping to pair their daughters off with rich men.*
pair up *phr v* [I,T **pair** sb ↔ **up**] u/tworzyć pary, po/łączyć (się) w pary: *I paired up with Mike for the quiz.*

pa·ja·mas /pəˈdʒɑːməz/ *n* [plural] *AmE* piżama

Pa·ki·stan /ˌpɑːkɪˈstɑːn/ *n* Pakistan —**Pakistani** /ˌpækɪˈstɑːni◂/ *n* Pakista-ńczyk/nka —**Pakistani** *adj* pakistański

pal /pæl/ *n* [C] *informal* kumpel: *a college pal*

pal·ace W3 /ˈpælɪs/ *n* [C] pałac: *Buckingham Palace*

pal·at·a·ble /ˈpælətəbəl/ *adj* smaczny: *a palatable wine*

pal·ate /ˈpælət/ *n* [C] podniebienie

pa·la·tial /pəˈleɪʃəl/ *adj* okazały, królewski: *a palatial five-star hotel*

pale¹ W3 /peɪl/ *adj* **1 pale blue/pink** bladoniebieski/bladoróżowy **2** blady: *Jan looked tired and pale.*

pale² *v* [I] z/blednąć: *Once you've experienced sailing, other sports pale in comparison. | Hettie paled when she heard what had happened.*

pal·ette /ˈpælət/ *n* [C] paleta

pall¹ /pɔːl/ *n* obłok, tuman: **a pall of smoke/dust** (=chmura dymu/tuman kurzu)

pall² *v* [I] s/powszednieć: *The excitement of the new job began to pall after a while.*

pal·lid /ˈpælɪd/ *adj* blady: *a pallid complexion*

pal·lor /ˈpælə/ *n* [singular] bladość *(niezdrowa)*

palm¹ /pɑːm/ *n* [C] **1** dłoń **2** palma

palm² *v*
palm sb/sth ↔ off *phr v* [T] **palm sb off with sth** zbyć kogoś czymś: *I'm not going to be palmed off with excuses.* **palm sth off on sb** opchnąć/wcisnąć coś komuś: *He tried to palm all his old clothes off on me.*

palmtop /ˈpɑːmtɒp/ *n* palmtop

ˈpalm tree *n* [C] palma

pal·pa·ble /ˈpælpəbəl/ *adj* wyraźny, zauważalny: *a palpable sense of relief* —**palpably** *adv* wyraźnie, zauważalnie

pal·pi·ta·tions /ˌpælpəˈteɪʃənz/ *n* [plural] palpitacje

pal·try /ˈpɔːltri/ *adj* marny: *a paltry 2.4% pay increase*

pam·per /ˈpæmpə/ *v* [T] rozpieszczać: *You pamper that boy too much!*

pam·phlet /ˈpæmflɪt/ *n* [C] broszura

pan¹ S3 W3 /pæn/ *n* [C] **1** rondel: *Melt the butter in a pan.* **2** *AmE* forma do pieczenia: *a 9-inch cake pan*

pan² *v* (**-nned, -nning**) **1** [T] *informal* zjechać: *Goldberg's latest movie has been panned by the critics.* **2** [I,T] z/robić ujęcie panoramiczne: **+across/back etc** *The camera panned slowly across the crowd* (=powoli przesuwała się wśród tłumu).
pan out *phr v* [I] *informal* potoczyć się: *Let's just wait and see how things pan out.*

pan·a·cea /ˌpænəˈsɪə/ *n* [C] panaceum: *Money is not a panacea for the problems in our schools.*

pa·nache /pəˈnæʃ/ *n* [U] polot: *He played with skill and panache.*

pan·cake /ˈpænkeɪk/ *n* [C] naleśnik

pan·da /ˈpændə/ *n* [C] panda

pandemic /pænˈdemɪk/ *n* pandemia

pan·de·mo·ni·um /ˌpændəˈməʊniəm/ *n* [U] harmider: *When Brazil scored, pandemonium broke out.*

pan·der /ˈpændə/ *v*
pander to sb/sth *phr v* [T] folgować: *newspapers that pander to people's prejudices*

pane /peɪn/ *n* [C] szyba

pan·el S1 W2 AC /ˈpænl/ *n* **1** [C] płycina, kaseton **2** [C] zespół, panel: *a panel of experts* **3 instrument/control panel** tablica rozdzielcza

pan·elled /ˈpænld/ *BrE*, **paneled** *AmE adj* pokryty boazerią: *a panelled door*

pan·el·ling /ˈpænəlɪŋ/ *BrE*, **paneling** *AmE n* [U] boazeria: *oak panelling*

pan·el·list /ˈpænəlɪst/ *BrE*, **panelist** *AmE n* [C] uczestnik/czka dyskusji

pang /pæŋ/ *n* [C] ukłucie, skurcz: *hunger pangs*

pan·han·dle /ˈpænˌhændl/ *v* [I] *AmE* żebrać na ulicy —**panhandler** *n* [C] żebra-k/czka

pan·ic¹ S3 /ˈpænɪk/ *n* [C,U] panika: *His warning produced a wave of panic.* | *There was the usual last-minute panic just before the deadline.* | **in (a) panic** *People ran into the streets in a panic after the explosion.*

panic² *v* [I] (**panicked, panicked, panicking**) panikować: *Stay where you are and don't panic!* —**panicky** *adj* spanikowany

ˈpanic atˌtack *n* [C] atak paniki, napad lęku: *She suffers from frequent panic attacks.*

ˈpanic-ˌstricken *adj* ogarnięty paniką

pan·o·ra·ma /ˌpænəˈrɑːmə/ *n* [C] panorama THESAURUS SIGHT —**panoramic** /ˌpænəˈræmɪk◂/ *adj* panoramiczny: *a panoramic view of Hong Kong*

pan·sy /ˈpænzi/ *n* [C] bratek

pant /pænt/ *v* [I] dyszeć, ziajać: *a dog panting in the heat*

pan·ther /ˈpænθə/ *n* [C] pantera

pan·ties /ˈpæntiz/ *n* [plural] majtki, figi

pan·to·mime /ˈpæntəmaɪm/ *n* [C,U] bajka muzyczna dla dzieci wystawiana w Wielkiej Brytanii w okresie Bożego Narodzenia

pan·try /ˈpæntri/ *n* [C] spiżarnia

pants S3 /pænts/ *n* [plural] **1** *BrE* majtki **2** *especially AmE* spodnie

pant·suit /ˈpæntsuːt/ *n* [C] *AmE* kostium ze spodniami

pan·ty·hose /ˈpæntihəʊz/ *n* [plural] *AmE* rajstopy

pa·pa /pəˈpɑː/ *n* [C] *old-fashioned* tato

pa·pa·cy /ˈpeɪpəsi/ *n* **the papacy** papiestwo

pa·pal /ˈpeɪpəl/ *adj* papieski

paparazzi /ˌpæpəˈrætsi/ *n* [plural] paparazzi

pa·per¹ S1 W1 /ˈpeɪpə/ *n* **1** [U] papier: *He wrote her phone number down on a piece of paper.* | *a paper towel* **2** [C] gazeta: *I read about it in yesterday's paper.* | *a local paper* THESAURUS NEWSPAPER **3 papers** [plural] papiery (*dokumenty*): *The papers are all ready for you to sign.* **4** [C] referat: *a paper on global warming* | *My history paper is due tomorrow.*

COLLOCATIONS: paper

noun + paper

a piece of paper *Here, use this piece of paper.*
a sheet of paper *The floor was covered with crumpled sheets of paper.*
a scrap/slip of paper *I grabbed a pen and a scrap of paper.*
a pad of paper (=blok) *He tore a sheet from a pad of paper.*

types of paper

plain paper (=gładki) *The letter was typed on plain paper.*
lined paper (=w linie) *The note was written on lined paper.*
recycled paper (=z makulatury/odzysku) *This leaflet is printed on recycled paper.*
writing paper/notepaper (=listowy) *She always wrote on pink writing paper.*
wrapping paper (=do pakowania prezentów) *Try to save and reuse wrapping paper.*
tissue paper (=bibułka) *All the clothes were wrapped in tissue paper.*
toilet paper *I need to buy a roll of toilet paper.*

paper² *v* [T] wy/tapetować

pa·per·back /ˈpeɪpəbæk/ *n* [C] książka w miękkiej okładce THESAURUS BOOK → porównaj HARDBACK

pa·per·boy /ˈpeɪpəbɔɪ/ *n* [C] gazeciarz

ˈpaper clip *n* [C] spinacz

pa·per·weight /ˈpeɪpəweɪt/ *n* [C] przycisk do papieru

pa·per·work /ˈpeɪpəwɜːk/ *n* [U] papierkowa robota: *The job involves a lot of paperwork.*

par /pɑː/ *n* **be on a par (with)** stać na równi (z): *Technological developments in the US are now on a par with those in Japan.*

par·a·ble /ˈpærəbəl/ *n* [C] przypowieść

par·a·chute[1] /ˈpærəʃuːt/ *n* [C] spadochron

parachute[2] *v* [I] skakać ze spadochronem

pa·rade[1] /pəˈreɪd/ *n* [C] **1** pochód, parada: *a May Day parade* **2** defilada: *The general inspected the parade.*

parade[2] *v* **1** [I] defilować: **+through/around etc** *Peace demonstrators paraded through the town.* **2** [I] paradować: **+around/up/down etc** *Teenage girls were parading around the pool in their bikinis.* **3** [T] obnosić się z: *He loves parading his wealth in front of people.*

par·a·dise /ˈpærədaɪs/ *n* raj: *Milton wrote 'Paradise Lost'. | Hawaii is a paradise for wind surfers.*

P

par·a·dox /ˈpærədɒks/ *n* [C] paradoks: *It's a paradox that there are so many poor people living in such a rich country.* —**paradoxical** /ˌpærəˈdɒksɪkəl◂/ *adj* paradoksalny —**paradoxically** /-kli/ *adv* paradoksalnie

par·af·fin /ˈpærəfɪn/ *n* [U] **1** *BrE* nafta **2** *AmE* parafina

par·a·gon /ˈpærəgən/ *n* [C] niedościgniony wzór: *You can't expect politicians to be paragons of virtue* (=wzorem cnoty).

par·a·graph Ac /ˈpærəgrɑːf/ *n* [C] akapit

par·a·keet /ˈpærəkiːt/ *n* [C] papużka

par·al·lel[1] Ac /ˈpærəlel/ *n* **1** [C] paralela: **+between/with** *There are some interesting parallels between the two leaders.* | **draw a parallel between** (=wykazywać podobieństwo pomiędzy): *We can draw a parallel between ancient and modern theories of education.* **2 in parallel** równolegle: *The two experiments were done in parallel.*

parallel[2] Ac *adj* równoległy: *The street runs parallel to the railroad. | The British and French police are conducting parallel investigations.*

parallel[3] Ac *v* [T] *formal* **1** przypominać, być podobnym do: *Symptoms of depression often parallel those of more severe mental illnesses.* **2** dorównywać

par·a·lyse /ˈpærəlaɪz/ *BrE*, **paralyze** *AmE v* [T] s/paraliżować: *Heavy snow has paralyzed transportation in several cities.*

par·a·lysed /ˈpærəlaɪzd/ *BrE*, **paralyzed** *AmE adj* sparaliżowany: *He was paralyzed from the waist down after a motorcycle accident. | He stood in the doorway, paralysed by fear.*

pa·ral·y·sis /pəˈræləsɪs/ *n* [U] paraliż

par·a·med·ic /ˌpærəˈmedɪk/ *n* [C] sanitariusz/ka

pa·ram·e·ter Ac /pəˈræmɪtə/ *n* [C usually plural] parametr: *Congress will decide on parameters for the investigation.*

par·a·mil·i·ta·ry /ˌpærəˈmɪlətəri◂/ *adj* paramilitarny: *extremist paramilitary groups | a paramilitary police operation*

par·a·mount /ˈpærəmaʊnt/ *adj* najważniejszy: *Safety is paramount.*

par·a·noi·a /ˌpærəˈnɔɪə/ *n* [U] paranoja —**paranoid** /ˈpærənɔɪd/ *adj* paranoiczny, paranoidalny: *Stop being so paranoid* (=nie bądź takim paranoikiem)!

par·a·pher·na·li·a /ˌpærəfəˈneɪliə/ *n* [U] akcesoria: *photographic paraphernalia*

par·a·phrase /ˈpærəfreɪz/ *v* [T] s/parafrazować —**paraphrase** *n* [C] parafraza

par·a·ple·gic /ˌpærəˈpliːdʒɪk◂/ *n* [C] osoba cierpiąca na porażenie kończyn dolnych —**paraplegic** *adj* z porażeniem kończyn dolnych

par·a·site /ˈpærəsaɪt/ *n* [C] pasożyt —**parasitic** /ˌpærəˈsɪtɪk◂/ *adj* pasożytniczy

par·a·sol /ˈpærəsɒl/ *n* [C] parasol/ka *(od słońca)* →porównaj UMBRELLA

par·a·troop·er /ˈpærəˌtruːpə/ *n* [C] spadochroniarz *(żołnierz)*

par·cel S3 /ˈpɑːsəl/ *n* [C] paczka

parcel

parched /pɑːtʃt/ *adj* **1** *spoken* **be parched** umierać z pragnienia **2** spieczony, wysuszony: *parched land*

parch·ment /ˈpɑːtʃmənt/ *n* [U] pergamin

par·don[1] S2 /ˈpɑːdn/ *interjection* **1** *especially BrE* także **pardon me** *AmE* słucham?: *"Your shoes are in the bedroom." "Pardon?" "I said your shoes are in the bedroom."* **2 pardon me a)** przepraszam bardzo: *Pardon me – I hope I didn't hurt you.* **b)** *AmE* przepraszam: *Pardon me, is this the way to City Hall?*

pardon[2] *v* [T] ułaskawiać: *Over 250 political prisoners were pardoned by President Herzog.*

pardon[3] *n* [C] ułaskawienie: *Tyler was later given a pardon.* →patrz też **I beg your pardon** (BEG)

pare /peə/ *także* **pare down** *v* [T] z/redukować: *We have had to pare costs down to a minimum.*

par·ent S1 W1 /ˈpeərənt/ *n* [C] rodzic: *My parents are coming to visit next week.* —**parental** /pəˈrentl/ *adj* rodzicielski: *parental duties*

pa·ren·the·ses /pəˈrenθəsiːz/ *n* [plural] nawiasy: **in parentheses** *The numbers in parentheses refer to page numbers.*

par·ent·hood /ˈpeərənthʊd/ *n* [U] rodzicielstwo

par·ent·ing /ˈpeərəntɪŋ/ *n* [U] wychowanie: *Does bad parenting always produce bad children?*

par·ish /ˈpærɪʃ/ *n* [C] parafia

pa·rish·io·ner /pəˈrɪʃənə/ *n* [C] parafian-in/ka

par·i·ty /ˈpærəti/ *n* [U] równość: **+with** *Prison officers are demanding pay parity with the police.*

park[1] S1 W2 /pɑːk/ *n* [C] park

park[2] S2 *v* [I,T] za/parkować: *We managed to park near the entrance.*

park·ing S3 /ˈpɑːkɪŋ/ *n* [U] **1** parking: *Limited parking is available on Lemay Street.* **2** parkowanie: *The sign says 'No Parking'.*

ˈparking lot *n* [C] *AmE* parking

ˈparking ˌmeter *n* [C] parkometr

ˈparking ˌticket *n* [C] mandat za niedozwolone parkowanie

par·lia·ment W2 /ˈpɑːləmənt/ *także* **Parliament** *n* [C,U] parlament: *The party could lose its majority in parliament.* |

He is a member of the Hungarian parliament. —**parliamentary** /ˌpɑːləˈmentəri/ *adj* parlamentarny

par·lour /ˈpɑːlə/ *BrE*, **parlor** *AmE n* [C] salon: *a beauty parlour*

Parmesan /ˌpɑːmɪˈzæn/ *także* ˌ**Parmesan** ˈ**cheese** *n* parmezan

pa·ro·chi·al /pəˈrəʊkiəl/ *adj* zaściankowy: *My parents lead very parochial lives.*

par·o·dy /ˈpærədi/ *n* [C,U] parodia: *a parody of the Frankenstein movies* —**parody** *v* [T] s/parodiować

pa·role[1] /pəˈrəʊl/ *n* [U] zwolnienie warunkowe: **on parole** *Williams was released on parole after 18 months.*

parole[2] *v* [T] zwalniać warunkowo

par·rot /ˈpærət/ *n* [C] papuga

pars·ley /ˈpɑːsli/ *n* [U] pietruszka

pars·nip /ˈpɑːsnɪp/ *n* [C,U] pasternak

part[1] S1 W1 /pɑːt/ *n* **1** [C] część: *Do you sell parts for Ford cars?* | **+of** *Which part of town do you live in?* | *I studied Russian as part of my University course.* **2 play/have a part in** odgrywać rolę w: *Stress certainly plays a part in this kind of illness.* **3 take part** brać udział: *Ten runners took part in the race.* **4 on sb's part** z czyjejś strony: *It was a huge mistake on her part.* **5** [C] rola: **play the part of** *Branagh played the part of Hamlet.* **6** [C] *AmE* przedziałek **7 for the most part** przeważnie: *She is, for the most part, fair.* **8 in part** po części: *The accident was due in part to the bad weather.* **9 be part and parcel of sth** być nieodłączną częścią czegoś: *Stress is just part and parcel of everyday life.* **10** [C] porcja: *Mix two parts sand to one of cement.* **11 for my/his part** jeśli o mnie/niego chodzi: *For my part, I wasn't convinced that she was telling the truth.* **12 the best/better part of sth** większa część czegoś: *We waited for the best part of the day.*

part[2] *v* **1** *także* **part company** [I] *formal* rozstawać się: **+from** *Stephen parted from his wife last year.* **2** [I,T] rozdzielać, rozsuwać: *He parted the curtains and looked out into the street.* **3 be parted from** być z dala od: *She couldn't bear to be parted from her children.*
part with sth *phr v* [T] rozstać się z: *I hate to part with these boots, but they're worn out.*

part[3] *adv* częściowo: *The English test is part written, part spoken.*

par·tial /ˈpɑːʃəl/ *adj* **1** częściowy: *The advertising campaign was only a partial success.* **2 be partial to sth** mieć słabość do czegoś: *He's partial to a glass of whisky.*

par·tial·ly /ˈpɑːʃəli/ *adv* częściowo: *She's partially deaf.*

par·tic·i·pant Ac /pɑːˈtɪsəpənt/ *n* [C] uczestni-k/czka

par·tic·i·pate W3 Ac /pɑːˈtɪsəpeɪt/ *v* [I] uczestniczyć: **+in** *I'd like to thank everyone who participated in tonight's show.* —**participation** /pɑːˌtɪsəˈpeɪʃən/ *n* [U] uczestnictwo, udział: *They want more participation in the decision-making process.*

par·ti·ci·ple /ˈpɑːtəsɪpəl◂/ *n* [C] imiesłów →patrz też PAST PARTICIPLE, PRESENT PARTICIPLE

par·ti·cle /ˈpɑːtɪkəl/ *n* [C] cząsteczka, drobina: *dust particles*

par·tic·u·lar[1] S1 W1 /pəˈtɪkjələ/ *adj* **1** [only before noun] konkretny: *On that particular occasion, we didn't really get an opportunity to talk.* **2** [only before noun] szczególny: *There was nothing in the letter of particular importance.* **3** [only before noun] indywidualny: *Each writer has his own particular style.* **4** wybredny: **+about** *He's very particular about what he eats.*

particular[2] *n* **in particular** w szczególności: *The old in particular are often ill in winter.*

par·tic·u·lar·ly S1 W1 /pəˈtɪkjələli/ *adv* **1** szczególnie: *We're particularly worried about the increase in violent crime.* **2 not particularly** *spoken* niespecjalnie: *"Did you enjoy the movie?" "Not particularly."*

par·tic·u·lars /pəˈtɪkjələz/ *n* [plural] szczegóły: *I gave him all the particulars he needed.*

part·ing[1] /ˈpɑːtɪŋ/ *n* **1** [C] *BrE* przedziałek **2** [C,U] *formal* rozstanie

parting[2] *adj* **a parting kiss/gift** pocałunek/podarunek na pożegnanie

par·ti·san /ˌpɑːtɪˈzæn/ *adj* stronniczy: *A partisan crowd cheered the Bulls to victory.* —**partisan** *n* [C] zwolenni-k/czka

par·ti·tion[1] /pɑːˈtɪʃən/ *n* **1** [C] przepierzenie **2** [U] podział: *the partition of India into India and Pakistan* **3** [U] rozbiór: *the partition of Poland*

partition[2] *v* [T] **1** po/dzielić **2** *także* **partition** sth ↔ **off** oddzielić przepierzeniem: *The Principal's office was partitioned off at one end of the room.*

part·ly S2 W2 /ˈpɑːtli/ *adv* częściowo: *I was partly to blame for the accident.*

part·ner[1] S2 W2 Ac /ˈpɑːtnə/ *n* [C] **1** partner/ka *(także życiow-y/a)*: *Take your partners for the next dance.* | *Britain's EU partners* **2** wspólni-k/czka: *a partner in a London law firm*

partner[2] *v* [T] partnerować *(komuś)*

part·ner·ship W3 Ac /ˈpɑːtnəʃɪp/ *n* **1** [C,U] partnerstwo: **in partnership with** (=we współpracy z): *a scheme organized by the business community in partnership with local colleges* **2** [C,U] spółka: **be in partnership** (=być wspólnikami): *We've been in partnership for five years.*

ˌ**part of** ˈ**speech** *n* [C] część mowy

par·tridge /ˈpɑːtrɪdʒ/ *n* [C,U] kuropatwa

ˌ**part-**ˈ**time** *adj, adv* w niepełnym wymiarze godzin: *Brenda works part-time.* | *a part-time job* →porównaj FULL-TIME

part·way, **part way** /ˈpɑːtweɪ/ *adv* w środku, w trakcie: *Eve got up and left partway through the lecture.*

par·ty[1] S1 W1 /ˈpɑːti/ *n* [C] **1** przyjęcie: *a birthday party* | **have/give/throw a party** (=urządzać/wydawać przyjęcie): *Nick and Jo are having a party on Saturday.* **2** partia: *the Democratic Party* | *party members* **3** grupa: *A search party was sent to look for the missing girl.* **4** strona *(w sporze, procesie)*: *The two parties are having difficulty agreeing.*

COLLOCATIONS: party

verbs

to have a party *We're having a party on New Year's Eve.*
⚠ Nie mówi się „make a party" or „do a party". Mówimy: **have a party**.

to throw/give a party *They threw a birthday party for him.*

to go/come to a party *Are you going to the office Christmas party?*

to invite sb to a party *We've been invited to a party on Saturday.*

P

there is a party going on *Somewhere near the hotel there was a party going on.*
a party breaks up (=kończy się) *The party broke up a little after midnight.*

types of party

a big/small party *I'm planning a big party.*
a birthday party *It was her son's fifth birthday party.*
a Christmas/Halloween etc party *Are you having a Christmas party at work?*

party + noun

a party dress *I need a new party dress.*
party games *Do you know any good party games?*

THESAURUS: party

party przyjęcie, impreza: *Are you having a party for your birthday? | I met my boyfriend at a party.*
dinner party proszony obiad: *a dinner party for eight people*
ball bal: *the college ball*
reception przyjęcie *(z ważnej okazji)*: *Their wedding reception was at a hotel. | a reception for the Thai Foreign Minister*
celebration uroczystość: *We're planning a special celebration for when he comes home. | It was the 25th anniversary celebration of Disney World.*
get-together spotkanie, impreza: *a family get-together*
cocktail party *także* **drinks party** *BrE* koktajl
rave wielka impreza taneczna *(często z towarzyszeniem narkotyków, w opuszczonym budynku lub na świeżym powietrzu)*
house-warming (party) parapetówka: *We're having a house-warming next week.*
fancy-dress party *BrE*, **costume party** *AmE* bal przebierańców/kostiumowy
hen party *especially BrE* wieczór panieński
stag night *BrE*, **bachelor party** *AmE* wieczór kawalerski
baby/wedding shower *AmE* przyjęcie na cześć przyszłej mamy/mężatki

party[2] *v* [I] *informal* imprezować: *We were out partying until 4 a.m.*

pass[1] S1 W1 /pɑːs/ *v* **1** [I,T] *także* **pass by** przechodzić obok: *Angie waved at me as she passed. | I pass his house every morning on the way to school.* **2** [I,T] przechodzić, przejeżdżać: **+ through/across/behind etc** *The new road passes right behind our house. | We passed through Texas on our way to Mexico.* **3** [I,T] podawać: *Pass the salt please. | Johnson passes the ball quickly to Eliott, and Eliott scores!* **4** [I] mijać: *Several years had passed since I had last seen Jake. | The storm soon passed.* **5** [T] spędzać: *The security guards used to pass their time playing cards.* **6** [I,T] zdać: *Gino's worried he's not going to pass his English exam.* **7** [T] uchwalać: *The new legislation was passed in 1996.* **8 pass sentence** wydać wyrok **9 pass judgment** wydać opinię: *I'm here to listen - not to pass judgment.* **10 pass to/into etc** przechodzić na: *After he died, all his land passed to his children.* **11 pass water** oddawać mocz
pass sth ↔ around *także* **pass** sth **↔ round** *BrE phr v* [T] puścić w obieg: *A list was passed around and we each had to sign our name.*
pass away *phr v* [I] umrzeć THESAURUS DIE
pass by *phr v* **1** [T **pass by** sth] przechodzić obok: *If we pass by a post office, I'll get some stamps.* **2** [T **pass** sb **by**] przechodzić obok: *She felt that life was passing her by* (=że życie jej ucieka).
pass sth ↔ down *phr v* [T] przekazywać: *traditions that are passed down from one generation to another*
pass for sb/sth *phr v* [T] uchodzić za: *With her hair cut like that, she could pass for a boy.*
pass sb/sth off as sth *phr v* [T] podawać za: *He managed to pass himself off as a doctor for three years!*
pass sth ↔ on *phr v* [T] przekazać: *OK, I'll pass the message on to Ms Chen. | When you've read the report, pass it on to the others.*
pass out *phr v* [I] ze/mdleć
pass up *phr v* [T] **pass up a chance/opportunity/offer** przepuścić szansę/okazję: *You'd be crazy to pass up such an opportunity.*

pass[2] S2 W3 *n* [C] **1** podanie *(piłki)*: *a 30-yard pass* **2** przepustka: *We had to show our passes to the security guard.* **3** bilet okresowy: *a bus pass* **4** zaliczenie: *A pass is 50% or more.* **5** przełęcz: *a narrow mountain pass*

pass·a·ble /ˈpɑːsəbəl/ *adj* **1** znośny: *He spoke passable French.* **2** przejezdny → antonim IMPASSABLE

pas·sage W2 /ˈpæsɪdʒ/ *n* **1** *także* **passageway** /ˈpæsɪdʒweɪ/ [C] korytarz, przejście: *up the stairs and along the passage* **2** [C] fragment, ustęp: *Read the passage on page 32.* **3** [U singular] przejazd: *The bridge isn't strong enough to allow the passage of heavy vehicles.* **4** [C] przewód: *nasal passages* **5 the passage of time** *literary* upływ czasu **6** [C] przeprawa: *We had a rough passage.*

pas·sé /ˈpæseɪ/ *adj* przebrzmiały, niemodny

pas·sen·ger S3 W2 /ˈpæsɪndʒə/ *n* [C] pasażer/ka

pass·er·by /ˌpɑːsəˈbaɪ/ *n* [C] (plural **passersby**) przechodzień: *Several passersby saw the accident.*

pass·ing[1] /ˈpɑːsɪŋ/ *adj* [only before noun] przelotny: *a passing thought*

passing[2] *n* **in passing** mimochodem: *The actress mentioned in passing that she had once worked in a factory.*

pas·sion W3 /ˈpæʃən/ *n* **1** [C,U] namiętność: *a story of passion and revenge* **2** pasja: *He spoke with great passion about his country.* **3 a passion for** zamiłowanie do: *a passion for music*

pas·sion·ate /ˈpæʃənət/ *adj* **1** płomienny: *a passionate speech* **2** namiętny: *a passionate kiss* —**passionately** *adv* żarliwie, namiętnie

passive[1] Ac /ˈpæsɪv/ *adj* **1** bierny: *Watching TV is a largely passive activity. | passive smoking* **2** w stronie biernej: *a passive sentence* —**passively** *adv* biernie —**passivity** /pæˈsɪvəti/ *n* [U] bierność → INFORMACJE GRAMATYCZNE, → porównaj ACTIVE[1], IMPASSIVE

passive[2] Ac *n* **the passive (voice)** strona bierna

ˌpassive ˈsmoking *n* [U] bierne palenie

Pass·o·ver /ˈpɑːsəʊvə/ *n* [U singular] Pascha

pass·port /ˈpɑːspɔːt/ *n* [C] **1** paszport **2 a passport to success/happiness** klucz/przepustka do sukcesu/szczęścia: *Money is not necessarily a passport to happiness.*

pass·word /ˈpɑːswɜːd/ *n* [C] hasło: *Please type in your password.*

past[1] S1 W1 /pɑːst/ *adj* **1** [only before noun] wcześniejszy, poprzedni: *He has learned from past experience. | She was obviously trying to make up for past mistakes.* **2** [only before noun] ubiegły, miniony: *Tim's been in Spain for the past week.* **3 be past** skończyć się: *Summer is past, winter is coming.* **4 past leader/president** były przywódca/

prezydent: *a past tennis champion* **5 past tense** *także* **the past** czas przeszły → INFORMACJE GRAMATYCZNE

UWAGA: past i after

Wyraz **past** występuje w znaczeniu „po" w wyrażeniach typu *twenty past three*. Kiedy mówimy „po trzeciej" bez podawania dokładnej liczby minut, używamy **after** (często z **just** lub **shortly**) zamiast **past**: *It was just after five when the game finished.* | *Her flight arrived shortly after midnight.*

past² S1 W2 *prep* **1** za: *My house is a mile past the bridge.* **2** obok: *Tanya walked right past me!* **3** po: *It's ten past nine.* | *She's past fifty.* | *This cheese is past its sell-by date.*

past³ S1 W2 *n* **1 the past a)** przeszłość: *People travel more now than they did in the past.* **b)** czas przeszły **2** [C usually singular] przeszłość: *She doesn't talk about her past.*

past⁴ *adv* **1** obok: *Hal and his friends just drove past.* **2 go past** mijać: *Several weeks went past without any news from home.*

pas·ta /ˈpæstə/ *n* [U] makaron

paste¹ /peɪst/ *n* [C,U] **1** klej, klajster **2** papka: *Mix the water and the powder into a smooth paste.*

paste² *v* [T] **1** kleić, przyklejać **2** wklejać: *Data can be pasted into word processing documents.*

pas·tel /ˈpæstl/ *adj* [only before noun] pastelowy: *Her bedroom was painted in pastel pink.* —**pastel** *n* [C,U] pastel

pas·teur·ized /ˈpɑːstʃəraɪzd/ *także* **-ised** *BrE adj* pasteryzowany —**pasteurization** /ˌpɑːstʃəraɪˈzeɪʃən/ *n* [U] pasteryzacja

pas·time /ˈpɑːstaɪm/ *n* [C] rozrywka: *His pastimes include watching TV and reading.*

pas·tor /ˈpɑːstə/ *n* [C] pastor

pas·tor·al /ˈpɑːstərəl/ *adj* **1** duszpasterski **2** wychowawczy: *There is always a pastoral side to a teacher's work.* **3** *literary* pastoralny, sielski: *pastoral scenes*

ˌpast ˈparticiple *n* [C] imiesłów bierny

ˌpast ˈperfect *n* **the past perfect** czas zaprzeszły

pastrami /pæˈstrɑːmi/ *n* pastrami

pas·try /ˈpeɪstri/ *n* **1** [U] ciasto: *The pie crust is made of pastry.* **2** [C] ciastko

pas·ture /ˈpɑːstʃə/ *n* [C,U] pastwisko

past·y¹ /ˈpeɪsti/ *adj* niezdrowo blady, ziemisty: *a pasty face*

pas·ty² /ˈpæsti/ *n* [C] *BrE* pasztecik

pat¹ /pæt/ *v* [T] (**-tted, -tting**) poklepywać: *Gill patted the dog.*

pat² *n* [C] **1** klepnięcie: *He gave the dog a pat on the head.* **2 a pat on the back** pochwała: *Alex deserves a pat on the back for all his hard work.*

pat³ *adj* gładki, bez zająknienia *(o odpowiedzi, usprawiedliwieniu)* —**pat** *adv* gładko, bez zająknienia

patch¹ /pætʃ/ *n* [C] **1** łata: *an old sweater with patches on the elbows* **2** plama: *a damp patch on the ceiling* | *a bald patch* (=łysina) **3** przepaska na oko **4 a bad patch** *BrE* ciężki okres

patch² *v* [T] za/łatać
patch sth ↔ up *phr v* [T] **1** po/składać do kupy: *They patched the car up enough to drive home.* **2 patch it up (with sb)** pogodzić się (z kimś): *I've patched it up with my girlfriend.*

patch·work /ˈpætʃwɜːk/ *n* [U] patchwork: *a patchwork quilt*

patchwork

patch·y /ˈpætʃi/ *adj* **1** niejednolity: *patchy fog* **2** wyrywkowy, fragmentaryczny: *My knowledge of biology is pretty patchy.*

pâ·té /ˈpæteɪ/ *n* [U] pasztet

pa·tent¹ /ˈpeɪtnt/ *n* [C] patent

patent² *v* [T] o/patentować

patent³ *adj formal* ewidentny: *a patent lie*

ˌpatent ˈleather *n* [U] skóra lakierowana: *patent leather shoes* (=lakierki)

pa·tent·ly /ˈpeɪtntli/ *adv* **patently false/unfair** ewidentnie fałszywy/niesprawiedliwy: *Helen's denial was immediate and patently untrue.*

pa·ter·nal /pəˈtɜːnl/ *adj* **1** ojcowski **2 paternal grandfather/uncle** dziadek/wuj ze strony ojca → porównaj MATERNAL

pa·ter·ni·ty /pəˈtɜːnəti/ *n* [U] *law* ojcostwo

path S2 W2 /pɑːθ/ *n* [C] (plural **paths** /pɑːðz/) **1** dróżka, ścieżka: *a path through the woods* **2** droga: *The police cleared a path through the crowd.* **3** tor: *the path of the moon*

pa·thet·ic /pəˈθetɪk/ *adj* żałosny: *the pathetic sight of refugee children* | *Stop being so pathetic!* | *Vicky made a pathetic attempt to apologize.* —**pathetically** /-kli/ *adv* żałośnie

path·o·log·i·cal /ˌpæθəˈlɒdʒɪkəl◂/ *adj* patologiczny: *a pathological liar*

pa·thol·o·gist /pəˈθɒlədʒɪst/ *n* [C] patolog

pa·thol·o·gy /pəˈθɒlədʒi/ *n* [U] patologia

pa·thos /ˈpeɪθɒs/ *n* [U] *literary* wzruszający charakter

path·way /ˈpɑːθweɪ/ *n* [C] dróżka, ścieżka

pa·tience S3 /ˈpeɪʃəns/ *n* [U] **1** cierpliwość: *After waiting for half an hour I ran out of patience.* | *I don't have the patience to be a teacher.* | **lose (your) patience** (=s/tracić cierpliwość): *One day she completely lost patience and shook the little girl.* **2** *BrE* pasjans → antonim IMPATIENCE

pa·tient¹ S2 W1 /ˈpeɪʃənt/ *n* [C] pacjent/ka

patient² W3 *adj* cierpliwy: *He was always patient, even with the slowest students.* —**patiently** *adv* cierpliwie → antonim IMPATIENT

pat·i·o /ˈpætiəʊ/ *n* [C] (plural **patios**) patio

pa·tri·arch·al /ˌpeɪtriˈɑːkəl◂/ *adj* patriarchalny: *a patriarchal society* —**patriarchy** /ˈpeɪtriɑːki/ *n* [C,U] patriarchat

pat·ri·ot /ˈpætriət/ *n* [C] patriot-a/ka

pat·ri·ot·ic /ˌpætriˈɒtɪk◂/ *adj* patriotyczny: *patriotic song* —**patriotically** /-kli/ *adv* patriotycznie —**patriotism** /ˈpætriətɪzəm/ *n* [U] patriotyzm

pa·trol¹ /pəˈtrəʊl/ *n* [C,U] patrol: *the California Highway Patrol* | **be on patrol** *Guards were on patrol all night.*

patrol² *v* [I,T] (**-lled, -lling**) patrolować: *Soldiers patrol the prison camp every hour.*

P

pa'trol car *n* radiowóz

pa·trol·man /pə'trəʊlmən/ *n* [C] *AmE* (plural **patrolmen** /-mən/) dzielnicowy

pa·tron /'peɪtrən/ *n* [C] **1** patron/ka: *a patron of the arts* (=mecenas sztuk) **2** *formal* klient/ka, gość: *We ask patrons not to smoke.*

pat·ron·age /'pætrənɪdʒ/ *n* [U] patronat, mecenat

pat·ron·ize /'pætrənaɪz/ *także* **-ise** *BrE v* [T] traktować protekcjonalnie: *Don't patronize me.*

pat·ro·niz·ing /'pætrənaɪzɪŋ/ *także* **-ising** *BrE adj* protekcjonalny: *He has such a patronizing attitude!* —**patronizingly** *adv* protekcjonalnie

,patron 'saint *n* [C] patron/ka: *Saint Christopher is the patron saint of travellers.*

pat·ter /'pætə/ *n* [singular] **1** bębnienie: **+ of** *the patter of raindrops on the path* **2** gadka: *a car salesman's patter*

P

pat·tern S2 W1 /'pætən/ *n* [C] **1** wzór, deseń: *a pattern of small red and white squares* **2** schemat: *Romantic novels tend to follow a similar pattern.* | *the behaviour patterns of young children* **3** wykrój: *a skirt pattern*

pat·terned /'pætənd/ *adj* wzorzysty, we wzorki: *patterned sheets*

paunch /pɔːntʃ/ *n* [C] brzuszek *(u mężczyzny)*: *I wish I could lose this paunch!*

pau·per /'pɔːpə/ *n* [C] *old-fashioned* nędza-rz/rka

pause¹ W3 /pɔːz/ *v* [I] przerywać: **+ for** *Tom paused for a moment, and then asked, "So what should I do?"* THESAURUS STOP

pause² *n* [C] przerwa, pauza: *There was a long pause in the conversation.*

pave /peɪv/ *v* [T] **1** wy/brukować **2 pave the way** u/torować drogę: *The new law will pave the way for more rights for disabled people.*

pave·ment /'peɪvmənt/ *n* [C] *BrE* chodnik

pa·vil·ion /pə'vɪljən/ *n* [C] **1** pawilon **2** *BrE* szatnia *(obok boiska)*

'paving stone *n* [C] płyta chodnikowa

paw¹ /pɔː/ *n* [C] łapa

paw² *v* [I,T] **paw (at)** skrobać łapą (w): *The dog was pawing at the door, trying to get out.*

pawn¹ /pɔːn/ *n* [C] pionek

pawn² *v* [T] zastawiać: *My grandmother had to pawn her wedding ring to buy food.*

pawn·bro·ker /'pɔːn,brəʊkə/ *n* [C] właściciel/ka lombardu

pay¹ S1 W1 /peɪ/ *v* (**paid**, **paid**, **paying**) **1** [I,T] za/płacić: *Do you have to pay tax when you are a student?* | **+ for** *How much did you pay for that watch?* | *One day I'll make you pay for this!* | **be/get paid** *Most people get paid* (=dostaje wypłatę) *monthly.* | **well/highly paid** (=dobrze płatny): *a highly paid job in a law firm* | **pay sb to do sth** *Dad paid me to wash the car.* **2 pay attention** uważać: *Sorry, I wasn't paying attention. What did you say?* **3 pay a visit** złożyć wizytę: *I was in New York and I thought I'd pay her a visit.* **4 pay the penalty/price** ponieść karę: *She committed a terrible crime, and now she must pay the penalty.* **5** [I] opłacać się, popłacać: *Crime doesn't pay.* **6 pay sb a compliment** powiedzieć komuś komplement **7 pay your respects (to sb)** *formal* złożyć (komuś) wyrazy uszanowania: *Sam came over to pay his respects to the family.* **8 pay tribute to** wyrazić uznanie dla: *The minister paid tribute to the emergency services.* **9 pay your way** być samowystarczalnym finansowo: *Sophie worked to pay her work through college* (=żeby opłacić studia).

pay sb/sth ↔ back *phr v* [T] zwrócić/oddać (pieniądze): *Can I borrow $10? I'll pay you back tomorrow.*

pay sth ↔ in/into *phr v* [T] wpłacić na: *She immediately paid the money into her savings account.*

pay off *phr v* **1** [T **pay** sth **↔ off**] spłacić: *I must pay off all my debts first.* **2** [I] opłacić się: *All that hard work finally paid off.*

pay sth ↔ out *phr v* [I,T] wyłożyć: *I paid out a lot of money for that car.*

pay up *phr v* [I] *informal* oddać pieniądze *(zwłaszcza niechętnie)* zapłacić: *After half an hour's discussion they paid up.*

pay² S1 W2 *n* [U] płaca, wynagrodzenie: *workers striking for higher pay* | *a big pay rise*

pay·a·ble /'peɪəbəl/ *adj* **1** płatny: *A club fee of $30 is payable every year.* **2 cheque payable to sb** czek wystawiony na kogoś

'pay cheque *BrE*, **paycheck** /'peɪtʃek/ *AmE n* [C] czek z wypłatą: *a monthly paycheck*

pay·day /'peɪdeɪ/ *n* [U] dzień wypłaty

pay·ee /peɪ'iː/ *n* [C] *technical* odbior-ca/czyni płatności, beneficjent/ka

pay·ment S2 W1 /'peɪmənt/ *n* [C,U] opłata, płatność: *monthly payments* | *Payment must be made within 30 days.*

pay·off /'peɪɒf/ *n* [singular] pożądany rezultat/wynik

'pay phone *n* [C] automat telefoniczny

pay·roll /'peɪrəʊl/ *n* [C] lista płac

PC¹ /,piː 'siː◂/ *n* [C] **1** pecet **2** *BrE* posterunkowy

PC² *adj* politycznie poprawny

pdf, **PDF** /,piː diː 'ef/ *n* (plik) PDF

PE /,piː 'iː/ *n* [U] wychowanie fizyczne

pea /piː/ *n* [C] groch, groszek: *pea soup* | *green peas*

peace S2 W2 /piːs/ *n* [U] **1** pokój: *There has been peace in the region for 6 years now.* | *a dangerous situation that threatens world peace* | **peace treaty** *Egypt and Israel signed a peace treaty in 1979.* | **peace talks** *The two sides will meet for peace talks in Geneva.* **2** spokój: **peace and quiet** *He went up to his room to get some peace and quiet.* | **in peace** *Mary, let your sister read in peace.*

peace·a·ble /'piːsəbəl/ *adj* pokojowy —**peaceably** *adv* pokojowo

Peace Corps *n* **the Peace Corps** Korpus Pokoju

peace·ful S3 /'piːsfəl/ *adj* **1** pokojowy: *a peaceful protest against nuclear weapons* **2** spokojny: *a peaceful day in the country* THESAURUS QUIET —**peacefully** *adv* pokojowo, spokojnie

peace·keep·ing /'piːs,kiːpɪŋ/ *adj* **peacekeeping forces/operations** siły/operacje pokojowe

peace·time /'piːstaɪm/ *n* [U] pokój, czas pokoju → antonim WARTIME

peach /piːtʃ/ *n* [C] brzoskwinia: *peaches and cream*

pea·cock /'piːkɒk/ *n* [C] paw

peak¹ W3 /piːk/ *n* [C] **1** szczyt: *She is now at the peak of her career.* | *Traffic reaches a peak between four and six o'clock.* | *the snow-covered peaks of the Alps* **2** daszek *(czapki)*

peak² *adj* **1 peak level/value** szczytowy poziom/ szczytowa wartość **2 peak times** *BrE* godziny szczytu: *peak traffic times*

peal /piːl/ *n* [C] **1** wybuch, salwa: *Peals of laughter came from the audience.* **2** bicie *(dzwonów)* —**peal** *v* [I] bić *(o dzwonach)*

pea·nut /ˈpiːnʌt/ *n* [C] orzeszek ziemny

ˌpeanut ˈbutter *n* [U] masło orzechowe

pea·nuts /ˈpiːnʌts/ *n* [U] *informal* grosze: *He works for peanuts.*

pear /peə/ *n* [C] gruszka

pearl /pɜːl/ *n* [C] perła: *a pearl necklace*

ˈpear-shaped *adj* **go pear-shaped** *informal* iść nie po myśli

peas·ant /ˈpezənt/ *n* [C] chłop/ka: *Most of the population were peasants - very few lived in the cities.*

peat /piːt/ *n* [U] torf

peb·ble /ˈpebəl/ *n* [C] kamyk

peck¹ /pek/ *v* [I,T] dziobać: *birds pecking at breadcrumbs*

peck² *n* [C] **give sb a peck on the cheek** cmoknąć kogoś w policzek

pe·cu·li·ar /pɪˈkjuːliə/ *adj* **1** osobliwy, dziwny: *The fish had a rather peculiar taste.* | *Kate's already gone? How peculiar!* THESAURUS STRANGE **2 peculiar to** specyficzny dla: *the strong flavour that is peculiar to garlic* —**peculiarly** *adv* specyficznie: *There's something about his films that is peculiarly English.*

pe·cu·li·ar·i·ty /pɪˌkjuːliˈærəti/ *n* **1** [C] dziwactwo: *Everyone has their little peculiarities.* **2** [U] osobliwość

ped·a·go·gi·cal /ˌpedəˈgɒdʒɪkəl/ *adj formal* pedagogiczny: *pedagogical methods*

ped·al¹ /ˈpedl/ *n* [C] pedał

pedal² *v* [I,T] (**-lled**, **-lling** *BrE*; **-led**, **-ling** *AmE*) pedałować

pe·dan·tic /pɪˈdæntɪk/ *adj* pedantyczny

ped·dle /ˈpedl/ *v* [T] rozprowadzać *(w handlu domokrążnym)*: *He was arrested for peddling drugs* (=za handel narkotykami).

ped·dler /ˈpedlə/ *n* [C] **1** *AmE* domokrążca *(handlarz)* **2 drug/dope peddler** *old-fashioned* handlarz narkotyków

ped·es·tal /ˈpedəstəl/ *n* [C] cokół

pe·des·tri·an¹ /pəˈdestriən/ *n* [C] pieszy

pedestrian² *adj* **1** dla pieszych: *a pedestrian crossing* (=przejście dla pieszych) **2** przeciętny, nieszczególny: *This year's cup final was a pedestrian affair.*

peˌdestrian ˈcrossing *n* [C] *BrE* przejście dla pieszych

pe·di·a·tri·cian /ˌpiːdiəˈtrɪʃən/ [C] amerykańska pisownia wyrazu PAEDIATRICIAN

pe·di·at·rics /ˌpiːdiˈætrɪks/ [U] amerykańska pisownia wyrazu PAEDIATRICS

ped·i·gree¹ /ˈpedəgriː/ *n* [C,U] rodowód

pedigree² *adj* [only before noun] rasowy

ped·lar /ˈpedlə/ *n* [C] *BrE* domokrążca

pee /piː/ *v* [I] *informal* siusiać —**pee** *n* [singular] siusiu

peek¹ /piːk/ *v* [I] zerkać: *The door was open, so I peeked into the room.* THESAURUS LOOK

peek² *n* [C] zerknięcie: **take a peek** *Take a peek* (=zerknij) *in the oven and see if the cake's done.*

peel¹ /piːl/ *v* **1** [T] obierać: *Will you peel the potatoes, please?* THESAURUS CUT **2** *także* **peel off** [I] łuszczyć się: *My skin always peels when I've been in the sun.*

peel² *n* [U] skórka: *orange peel*

peep¹ /piːp/ *v* [I] **1** zerkać: **+through/out/at etc** *I saw Joe peeping through the curtains.* THESAURUS LOOK **2** wyglądać: **+out/above/through etc** *The sun finally peeped out from behind the clouds.*

peep² *n* **1** [C usually singular] zerknięcie: *She took a peep at* (=zerknęła na) *the answers in the back of the book.* **2 not hear a peep out of** *informal* nie słyszeć ani słowa od: *I don't want to hear a peep out of you* (=żeby mi tu było cicho) *until you've done your homework.*

peer¹ /pɪə/ *n* **1** [C usually plural] rówieśni-k/czka: *Teenagers usually prefer to spend their time with their peers.* | **peer group** (=grupa rówieśnicza): *Kids often take drugs because of peer group pressure.* **2** par

peer² *v* [I] przyglądać się: **+at/into/through etc** *Someone was peering through* (=zaglądał przez) *the window.*

peeve /piːv/ *n* [C] *AmE* **sb's pet peeve** (PET³)

peeved /piːvd/ *adj informal* wkurzony: *Jim was rather peeved that his guest did not thank him for the meal.*

peg¹ /peg/ *n* [C] **1** kołek, wieszak: *a coat peg* **2** *także* **clothes peg** *BrE* klamerka do bielizny **3** *także* **tent peg** śledź

peg² *v* [T] (**-gged**, **-gging**) **1** przypinać klamerkami: *Peg the clothes on the washing line.* **2** utrzymywać na stałym poziomie: *The exchange rate is pegged to the dollar.*

pel·i·can /ˈpelɪkən/ *n* [C] pelikan

pel·let /ˈpelɪt/ *n* [C] kulka *(np. z papieru, chleba)*

pelt¹ /pelt/ *v* **1 pelt sb with sth** obrzucać kogoś czymś: *Two kids were pelting each other with snowballs.* **2 it's pelting down** leje jak z cebra **3 pelt along/down etc** gnać, pędzić

pelt² *n* **1** [C] skóra *(zwierzęca)* **2 at full pelt** co sił w nogach

pel·vis /ˈpelvɪs/ *n* [C] miednica *(część ciała)* —**pelvic** *adj* biodrowy

pen¹ S2 /pen/ *n* [C] **1** pióro, długopis →patrz też BALLPOINT PEN, FELT TIP PEN **2** ogrodzenie, zagroda

pen² *v* [T] (**-nned**, **-nning**) *literary* **1** na/pisać **2** zamknąć w ogrodzeniu

pe·nal /ˈpiːnl/ *adj* karny: *penal reforms*

pe·nal·ize /ˈpiːnəl-aɪz/ *także* **-ise** *BrE* *v* [T] **1** dyskryminować: *The current system penalizes people who live alone.* **2** u/karać: *Our team was penalized for taking too much time.*

pen·al·ty W3 /ˈpenlti/ *n* [C] **1** kara: *a penalty of £50 for not paying your bus fare* | **the death penalty** (=kara śmierci) THESAURUS PUNISHMENT **2** rzut karny

pen·ance /ˈpenəns/ *n* [C,U] pokuta

pence /pens/, *skrót* **p** *BrE* liczba mnoga od PENNY

pen·chant /ˈpɒnʃɒn/ *n* **a penchant for sth** słabość/ zamiłowanie do czegoś: *a penchant for fast cars*

pen·cil¹ S2 /ˈpensəl/ *n* [C,U] ołówek: *The note was written in pencil.*

pencil² *v* [T] nakreślić/narysować ołówkiem

P

'pencil case *n* [C] piórnik

'pencil ˌsharpener *n* [C] temperówka

pen·dant /'pendənt/ *n* [C] wisiorek

pend·ing¹ /'pendɪŋ/ *prep formal* **1** do czasu: *The decision has been delayed pending further medical tests.* **2** podczas

pending² *adj formal* nierozstrzygnięty, (będący) w toku: *Their divorce is still pending.*

'Pen Drive *n trademark* pendrive

pen·du·lum /'pendjələm/ *n* [C] wahadło

pen·e·trate /'penətreɪt/ *v* **1** [I,T] przenikać (przez): *The sun penetrated through the clouds.* **2** [T] s/penetrować, przenikać do: *Government agents were able to penetrate the rebel army.* —**penetration** /ˌpenə'treɪʃən/ *n* [U] penetracja

pen·e·trat·ing /'penətreɪtɪŋ/ *adj* **1** przenikliwy: *a penetrating look | a penetrating sound* **2** wnikliwy: *They asked a number of penetrating questions.*

P

'pen friend *n* [C] *BrE* korespondencyjny przyjaci-el/ółka

pen·guin /'peŋgwɪn/ *n* [C] pingwin

pen·i·cil·lin /ˌpenɪ'sɪlɪn/ *n* [U] penicylina

pe·nin·su·la /pə'nɪnsjələ/ *n* [C] półwysep

pe·nis /'pi:nɪs/ *n* [C] penis, prącie

pen·i·tent /'penɪtənt/ *adj formal* skruszony —**penitence** *n* [U] skrucha

pen·i·ten·tia·ry /ˌpenə'tenʃəri/ *n* [C] więzienie *(w USA): the state penitentiary*

pen·knife /'pen-naɪf/ *n* [C] scyzoryk

'pen name *n* [C] pseudonim literacki

pen·nant /'penənt/ *n* [C] proporzec

pen·ni·less /'penɪləs/ *adj* bez grosza THESAURUS POOR

pen·ny S1 /'peni/ *n* [C] **1** (plural **pence** *or* **pennies**), *skrót* **p** pens **2** (plural **pennies**) cent **3 not a penny** ani grosza: *It won't cost you a penny!*

'pen pal *n* [C] korespondencyjn-y/a przyja-ci-el/ółka

pen·sion S2 W2 /'penʃən/ *n* [C] emerytura, renta

pen·sion·er /'penʃənə/ *n* [C] *BrE* emeryt/ka

pen·sive /'pensɪv/ *adj* zamyślony: *He sat by the river, looking pensive.*

pentagon *n* [C] pięciokąt

Pen·ta·gon /'pentəgən/ *n* **the Pentagon** Pentagon *(siedziba dowództwa amerykańskich sił zbrojnych)*

pen·tath·lon /pen'tæθlən/ *n* [C] pięciobój

pent·house /'penthaʊs/ *n* [C] luksusowe mieszkanie na ostatnim piętrze

ˌpent-'up *adj* s/tłumiony: *pent-up anger*

peo·ple¹ S1 W1 /'pi:pəl/ *n* **1** [plural] ludzie: *I like the people I work with. | How many people were at the party?* **2 the people** lud **3** [C] *formal* naród: *the peoples of Asia* **4 of all people** *spoken* nie kto inny: *It was Michael Jordan, of all people, who missed the shot.*

UWAGA: people i peoples

Patrz **person, persons, people,** i **peoples**.

THESAURUS: people

people ludzie: *I met a lot of really nice people in Mexico. | People here are worried about rising crime.*

the public społeczeństwo: *The public has a right to know how their taxes are being spent.*

population ludność: *The city has a population of 11 million. | Most of the population speaks Russian.*

the human race rodzaj ludzki, ludzkość: *a member of the human race | a book on the history of the human race*

mankind/humankind ludzkość: *Mankind's understanding of the universe has changed. | It was a great achievement for humankind.*

people² *v* **be peopled with/by** *literary* być wypełnionym przez

pep·per¹ S3 /'pepə/ *n* **1** [U] pieprz: *salt and pepper* **2** [C] papryka: *green peppers*

pepper² *v* [T] **be peppered with** być najeżonym/usianym: *The article is peppered with quotations.*

pep·per·mint /'pepəˌmɪnt/ *n* **1** [U] mięta pieprzowa **2** [C] miętówka

pep talk /'pep tɔ:k/ *n* [C] *informal* odprawa *(przed meczem): We had a pep talk from the coach before the game.*

per S3 W1 /pə, pɜ:/ *prep* za: *How much are bananas per pound? | He charges £20 per lesson.*

per cap·i·ta /pə 'kæpɪtə/ *adj, adv formal* na głowę, na jednego mieszkańca

per·ceive W3 AC /pə'si:v/ *v* [T] *formal* **1** postrzegać: *It is a difficult situation, but we don't perceive it as a major problem.* **2** dostrzegać: *It is difficult to perceive the difference between the two sounds.*

per·cent¹ /pə'sent/ *także* **per cent** *BrE adj, adv* **1** procent: *There's a 10% service charge. | Inflation is down 2%.* **2 ... percent discount** ... -procentowa zniżka: *Members get a 15% discount.* **3 a/one hundred percent** w stu procentach: *I agree with you a hundred percent.*

percent² S3 W2 AC *także* **per cent** *BrE n* [C] **1** procent: *70% of the people interviewed said they supported the President.* **2 ... percent off** ... -procentowa obniżka (cen): *Stores often advertise a general price reduction, such as 10 percent off everything in the store.*

per·cen·tage W3 AC /pə'sentɪdʒ/ *n* [C usually singular] procent: **+ of** *A high percentage of internet users are men.*

per·cep·ti·ble /pə'septəbəl/ *adj formal* dostrzegalny, odczuwalny: *perceptible changes in temperature* →antonim IMPERCEPTIBLE

per·cep·tion W3 AC /pə'sepʃən/ *n* **1** [C] opinia: *Young people have very different perceptions of marriage from their parents.* **2** [U] postrzeganie, percepcja: *Drugs can change your perception of sounds.* **3** [U] spostrzegawczość: *She shows unusual perception for a child of her age.*

per·cep·tive /pə'septɪv/ *adj* spostrzegawczy: *a funny and perceptive novel about family life*

perch¹ /pɜ:tʃ/ *n* [C] grzęda

perch² *v* [I,T] przycupnąć: *She perched herself on the bar stool.*

per·co·la·tor /'pɜ:kəleɪtə/ *n* [C] zaparzacz do kawy

per·cus·sion /pə'kʌʃən/ *n* [U] instrumenty perkusyjne

pe·ren·ni·al /pə'reniəl/ *adj* odwieczny: *the perennial problem of poverty*

per·fect¹ S2 W2 /'pɜ:fɪkt/ *adj* **1** doskonały: *a car in perfect condition | Her Spanish is perfect.* →antonim IMPERFECT¹

2 idealny: *This rug's perfect for the living room.* **3** zupełny: *I felt a perfect fool!* | *It makes perfect sense.* → **INFORMACJE GRAMATYCZNE**

per·fect² /pəˈfekt/ *v* [T] u/doskonalić: *The coach helps players to perfect their skills.*

per·fect³ /ˈpɜːfɪkt/ *n* **the perfect (tense)** czas dokonany →patrz też **FUTURE PERFECT, PAST PERFECT**

per·fec·tion /pəˈfekʃən/ *n* [U] doskonałość: *I'll do my best, but don't expect perfection.*

per·fec·tion·ist /pəˈfekʃənɪst/ *n* [C] perfekcjonist-a/ka

per·fect·ly S2 W3 /ˈpɜːfɪktli/ *adv* doskonale: *She speaks English perfectly.* | *You know perfectly well* (=doskonale wiesz) *what I'm talking about!*

per·fo·rat·ed /ˈpɜːfəreɪtɪd/ *adj* perforowany —**perforation** /ˌpɜːfəˈreɪʃən/ *n* [C,U] perforacja

per·form S3 W2 /pəˈfɔːm/ *v* **1** [I] występować: *She's performing at the National Theatre.* **2** [T] wykonywać: *an operation performed by surgeons at Guy's Hospital* THESAURUS DO **3 perform well/badly** wypaść dobrze/źle: *The car performs well on mountain roads.*

per·form·ance S2 W1 /pəˈfɔːməns/ *n* **1** [C] wykonanie: *a brilliant performance of Beethoven's Fifth Symphony* | *Expenses will be paid for the performance of official duties.* **2** [C] przedstawienie: *The next performance is at 8 o'clock.* **3** [C,U] wyniki: *The country's economic performance hasn't been good recently.*

per·form·er /pəˈfɔːmə/ *n* [C] artyst-a/ka: *a circus performer*

per·fume /ˈpɜːfjuːm/ *n* [C,U] **1** perfumy: *She never wears perfume.* **2** *literary* woń: *the rose's sweet perfume* THESAURUS **SMELL** —**perfumed** *adj* perfumowany: *perfumed soap*

per·haps S1 W1 /pəˈhæps/ *adv* może: *Sarah's late - perhaps she missed the bus.* | *Perhaps you'd like to join us?* | **perhaps not** *"Maybe you shouldn't tell him." "Perhaps not."* THESAURUS **MAYBE**

per·il /ˈperəl/ *n* [C,U] *formal* niebezpieczeństwo: *fears that our soldiers were in great peril* | *the perils of experimenting with drugs*

per·il·ous /ˈperələs/ *adj literary* niebezpieczny: *a perilous journey* —**perilously** *adv* niebezpiecznie

pe·rim·e·ter /pəˈrɪmɪtə/ *n* [C] obwód: *the perimeter of the airfield* | *the perimeter of a triangle*

pe·ri·od¹ S1 W1 Ac /ˈpɪəriəd/ *n* [C] **1** okres: *the period from Christmas Day until New Year's Day* | *a period of six weeks* | *We've been studying the Civil War period.* | *Are your periods regular?* **2** *AmE* kropka (*znak przestankowy*): *I'm not going, period!* **3** lekcja: *The first period on Tuesday is history.*

period² *adj* **period costume/furniture** strój/meble z epoki

pe·ri·od·ic Ac /ˌpɪəriˈɒdɪk◂/ *także* **periodical** *adj* okresowy: *periodic attacks of flu* —**periodically** /-kli/ *adv* okresowo: *The river floods the valley periodically.* | *Athletes are periodically tested for drugs.*

pe·ri·od·i·cal Ac /ˌpɪəriˈɒdɪkəl/ *n* [C] czasopismo: *scientific periodicals*

ˌperiodic ˈtable *n* **the periodic table** układ okresowy

pe·riph·e·ral¹ /pəˈrɪfərəl/ *adj* poboczny: *peripheral subject*

peripheral² *n* [C] urządzenie peryferyjne/systemowe

pe·riph·e·ry /pəˈrɪfəri/ *n* [C] skraj: *an industrial site on the periphery of the city* →porównaj **OUTSKIRTS**

per·ish /ˈperɪʃ/ *v* [I] *literary* z/ginąć: *Hundreds perished when the ship sank.*

per·ish·a·ble /ˈperɪʃəbəl/ *adj* łatwo psujący się, nietrwały: *milk and other perishable items*

per·ju·ry /ˈpɜːdʒəri/ *n* [U] krzywoprzysięstwo

perk /pɜːk/ *n* [usually plural] dodatek do uposażenia, dodatkowe świadczenie (*np. samochód służbowy*): *Free travel is one of the perks of the job.*
perk up *phr v* [I,T **perk** sb ↔ **up**] ożywić (się): *Meg soon perked up when his letter arrived.*

perky /ˈpɜːki/ *adj* (**-kier**, **-kiest**) żwawy

perm /pɜːm/ *n* [C] trwała (ondulacja): *I've decided to have a perm.* —**perm** *v* [T] ondulować: *Debbie's had her hair permed* (=zrobiła sobie trwałą).

per·ma·nent S2 W2 /ˈpɜːmənənt/ *adj* **1** stały: *a permanent job* **2** trwały: *an illness that causes permanent loss of sight* —**permanence** *n* [U] trwałość →porównaj **TEMPORARY**

per·ma·nent·ly /ˈpɜːmənəntli/ *adv* trwale, na stałe: *The accident left him permanently disabled.*

ˌpermanent ˈpress *adj* niegniotliwy, niemnący

per·me·ate /ˈpɜːmieɪt/ *v* [I,T] przenikać: *Water had permeated through the wall.* | *A feeling of sadness permeates all his music.*

per·mis·si·ble /pəˈmɪsəbəl/ *adj formal* dozwolony, dopuszczalny: *permissible levels of chemicals in drinking water*

per·mis·sion S2 W3 /pəˈmɪʃən/ *n* [U] pozwolenie: *You have to ask permission if you want to leave early.* | *Did your father give you permission to use his car?*

per·mis·sive /pəˈmɪsɪv/ *adj* pobłażliwy, permisywny: *the permissive society of the 1970s*

per·mit¹ W3 /pəˈmɪt/ *v* (**-tted**, **-tting**) **1** [T] *formal* zezwalać na: *The visa permits you to stay for three weeks.* | *Smoking is not permitted* (=jest zabronione) *inside the building.* THESAURUS **ALLOW** **2** [I] pozwalać: *We'll probably go to the beach, weather permitting* (=jeśli pogoda dopisze).

per·mit² /ˈpɜːmɪt/ *n* [C] zezwolenie, pozwolenie: *You can't park here without a permit.* | *a work permit*

per·ni·cious /pəˈnɪʃəs/ *adj formal* szkodliwy, zgubny: *the pernicious effect of TV violence* | *a pernicious lie*

per·pen·dic·u·lar /ˌpɜːpənˈdɪkjələ◂/ *adj* **1** pionowy: *a perpendicular line* **2** prostopadły →porównaj **HORIZONTAL, VERTICAL**

per·pe·trate /ˈpɜːpətreɪt/ *v* [T] *formal* popełniać: *crimes perpetrated by young people* —**perpetrator** *n* [C] przestępca

per·pet·u·al /pəˈpetʃuəl/ *adj* wieczny, bezustanny: *the perpetual noise of the machinery* —**perpetually** *adv* wiecznie, bezustannie

per·pet·u·ate /pəˈpetʃueɪt/ *v* [T] *formal* utrwalać: *an education system that perpetuates divisions in society*

per·plexed /pəˈplekst/ *adj* zakłopotany: *He looked totally perplexed.*

P

per·se·cute /ˈpɜːsɪkjuːt/ *v* [T] prześladować: *a writer persecuted for criticizing the government* —**persecutor** *n* [C] prześladow-ca/czyni

per·se·cu·tion /ˌpɜːsɪˈkjuːʃən/ *n* [U] prześladowanie: *the persecution of Christians*

per·se·vere /ˌpɜːsəˈvɪə/ *v* [I] wytrwać: *I'm not enjoying the course, but I'll persevere with it.* —**perseverance** *n* [U] wytrwałość: *I admire her perseverance.*

per·sist Ac /pəˈsɪst/ *v* [I] utrzymywać się: *Problems with the computer persist.* | **persist in (doing) sth** *At his trial for war crimes, he persisted in denying the charges* (=uparcie zaprzeczał oskarżeniom).

per·sis·tent Ac /pəˈsɪstənt/ *adj* **1** utrzymujący się: *the problem of persistent unemployment* **2** wytrwały: *She keeps saying 'no' but he's very persistent.* **3** uporczywy: *persistent attempts to bring down the government* —**persistence** *n* [U] wytrwałość, upór

per·son S1 W1 /ˈpɜːsən/ *n* (plural **people** /ˈpiːpəl/) **1** [C] osoba: *Bert's a strange person.* **2 in person** osobiście: *You'll have to apply for your passport in person.* → patrz też FIRST PERSON, SECOND PERSON, THIRD PERSON

UWAGA: person, persons, people i peoples

Wyraz **person** znaczy „osoba": *She's a really generous person.* Regularna liczba mnoga od **person** brzmi **persons**, ale używa się jej jedynie w języku oficjalnym. Kiedy mówimy o dwu lub większej liczbie osób, używamy wyrazu **people** („ludzie"): *There were about 100 people at the wedding.* Wyraz **people** jest też samodzielnym rzeczownikiem, który znaczy „naród" i ma swoją liczbę mnogą **peoples** („narody"): *the peoples of the Caribbean.*

per·so·na /pəˈsəʊnə/ *n* [C] wizerunek, image: *the public persona of Hollywood's newest star*

per·son·al S1 W1 /ˈpɜːsənəl/ *adj* [only before noun] osobisty: *books, clothes, and other personal belongings* | *I know from personal experience* (=z własnego doświadczenia) *that it doesn't work.* | *The Mayor promised to give the matter his personal attention.* | *Can I ask you a personal question?* | *His personal problems are affecting his work.* | *personal hygiene* | *There's no need to make personal remarks* (=nie ma potrzeby robić osobistych wycieczek). | *It's nothing personal* (=nie bierz tego do siebie) *- I just don't agree with you.*

ˈpersonal ˌad *n* [C] ogłoszenie towarzyskie

ˌpersonal comˈputer *n* [C] komputer osobisty

ˌpersonal identifiˈcation ˌnumber *n* [C] numer PIN

per·son·al·i·ty S3 W3 /ˌpɜːsəˈnæləti/ *n* **1** [C,U] osobowość: *Alice has an outgoing personality.* **2** [C] osobistość: *a TV personality*

per·son·al·ize /ˈpɜːsənəlaɪz/ *także* **-ise** *BrE v* [T] dostosowywać do indywidualnych potrzeb: *It's pretty easy to personalize your PC.*

per·son·a·lized /ˈpɜːsənəlaɪzd/ *także* **-ised** *BrE adj* zindywidualizowany *(np. poprzez opatrzenie inicjałami właściciela)*: *cars with personalized license plates*

per·son·al·ly S2 /ˈpɜːsənəli/ *adv spoken* osobiście: *Personally, I think it's a bad idea.* | *He's personally responsible for all the arrangements.* | *I don't know her personally, but I like her books.*

ˌpersonal ˈorganizer *n* [C] terminarz

ˌpersonal ˈpronoun *n* [C] *technical* zaimek osobowy

per·son·i·fy /pəˈsɒnɪfaɪ/ *v* [T] **1** uosabiać: *He is laziness personified!* **2** personifikować —**personification** /pəˌsɒnɪfɪˈkeɪʃən/ *n* [C,U] uosobienie, personifikacja

per·son·nel W3 /ˌpɜːsəˈnel/ *n* **1** [plural] personel: *military personnel* **2** [U] dział kadr: *a personnel manager*

per·spec·tive W3 Ac /pəˈspektɪv/ *n* **1** [C] pogląd: *Working abroad gives you a whole new perspective on life.* **2** [U] **keep/get sth in perspective** patrzeć/spojrzeć na coś z właściwej perspektywy **3** [U] perspektywa: *Children's drawings often have no perspective.*

per·spi·ra·tion /ˌpɜːspəˈreɪʃən/ *n* [U] *formal* pot

per·spire /pəˈspaɪə/ *v* [I] *formal* pocić się

per·suade S3 W2 /pəˈsweɪd/ *v* [T] przekonywać: *Ken finally persuaded Jo to apply for the job.* | *He persuaded the jury that his client was not guilty.*

UWAGA: persuade

Patrz **convince** i **persuade**.

THESAURUS: persuade

persuade przekonać *(tłumacząc, wielokrotnie prosząc)*: *I'll try and persuade her to come to the party.*

encourage zachęcić: *Farmers are being encouraged to use fewer chemicals.*

influence wpłynąć na: *People are easily influenced* (=łatwo jest wpłynąć na ludzi) *by advertising.* | *His work influenced other writers.*

convince przekonać *(o słuszności lub prawdziwości czegoś)*: *I finally convinced her to go to the police.* | *His excuse didn't really convince me.*

get sb to do sth *informal* namówić kogoś do zrobienia czegoś *(zwłaszcza czegoś, na czym nam zależy)*: *I'll get my Dad to drive us there.*

talk sb into (doing) sth namówić kogoś do (zrobienia) czegoś *(na co nie ma ochoty)*: *Don't let other people talk you into doing silly things.*

coax nakłonić *(przy użyciu łagodnej perswazji)*: *We tried to coax her to eat a little, but she was too upset.*

per·sua·sion /pəˈsweɪʒən/ *n* **1** [U] perswazja: *With a little persuasion, Debbie agreed to come with us.* **2** [C] *formal* orientacja: *arguments between people of different political persuasions*

per·sua·sive /pəˈsweɪsɪv/ *adj* przekonujący: *a persuasive argument*

per·tain /pəˈteɪn/ *v*
pertain to *phr v* [T] *formal* (bezpośrednio) dotyczyć: *information pertaining to next year's examinations*

per·ti·nent /ˈpɜːtɪnənt/ *adj formal* na temat, związany z tematem: *Reporters asked a few pertinent questions.*

per·turbed /pəˈtɜːbd/ *adj* zaniepokojony: *He didn't seem at all perturbed by the news.*

Pe·ru /pəˈruː/ *n* Peru —**Peruvian** /pəˈruːviən/ *n* Peruwia-ńczyk/nka —**Peruvian** *adj* peruwiański

pe·ruse /pəˈruːz/ *v* [T] *formal* studiować, czytać uważnie: *an evening spent perusing the job advertisements*

per·vade /pəˈveɪd/ *v* [T] przenikać: *A feeling of hopelessness pervaded the country.*

per·va·sive /pəˈveɪsɪv/ *adj* wszechobecny: *a pervasive fear of crime*

per·verse /pəˈvɜːs/ *adj* przewrotny, perwersyjny: *He takes perverse pleasure in arguing with everyone.*

per·ver·sion /pəˈvɜːʃən/ *n* [C,U] **1** perwersja **2** wypaczenie: *a perversion of the truth*

per·vert¹ /pəˈvɜːt/ *v* [T] wypaczać, z/deprawować: *violent images that pervert the minds of young children*

per·vert² /ˈpɜːvɜːt/ *n* [C] zboczeniec

per·vert·ed /pəˈvɜːtɪd/ *adj* wypaczony, wynaturzony: *a book written by someone with a perverted imagination*

pes·si·mis·m /ˈpesəmɪzəm/ *n* [U] pesymizm → antonim OPTIMISM

pes·si·mist /ˈpesəmɪst/ *n* [C] pesymist-a/ka: *Don't be such a pessimist – you're sure to pass.* → antonim OPTIMIST

pes·si·mis·tic /ˌpesəˈmɪstɪk◂/ *adj* pesymistyczny: *Johnathan is pessimistic about* (=pesymistycznie zapatruje się na) *his chances of winning.* → antonim OPTIMISTIC

pest /pest/ *n* [C] **1** szkodnik **2** *informal* utrapienie: *That kid next door is a real pest.*

pes·ter /ˈpestə/ *v* [T] męczyć, nagabywać: *He keeps pestering me to buy him a new bike.*

pes·ti·cide /ˈpestɪsaɪd/ *n* [C] pestycyd

pet¹ /pet/ *n* [C] zwierzę domowe: **pet shop** (=sklep zoologiczny) → patrz też TEACHER'S PET

COLLOCATIONS: pet

verbs

to have a pet *They have lots of pets.*
to keep a pet *We weren't allowed to keep pets.*
to look after/care for a pet *Sometimes people don't know how to look after their pets properly.*
to feed the pets *She's feeding the pets while we're away.*
to make good pets *Guinea pigs make good pets* (=sprawdzają się jako zwierzątka domowe).

pet + noun

a pet dog/rabbit/snake etc *Her brother had a pet rabbit.*
pet food *Where do you keep the pet food?*
a pet shop *She bought the mice from a pet shop.*

noun + pet

a family pet *a picture of Michael and Jenny with their family pets*

pet² *v* [T] (**-tted, -tting**) pieścić: *Our cat loves being petted.*

pet³ *adj* **1 pet project/subject** ulubiony projekt/temat: *congressmen looking for funding for their pet projects* **2 sb's pet hate** *BrE*, **sb's pet peeve** *AmE* rzecz, która kogoś szczególnie wkurza: *One of my pet peeves is people being late for meetings.*

pet·al /ˈpetl/ *n* [C] płatek: *a blue flower with five petals | rose petals*

pet·er /ˈpiːtə/ *v* [I]
peter out *phr v* [I] zanikać, s/kończyć się: *The trail became narrower and eventually petered out altogether.*

pe·tite /pəˈtiːt/ *adj* filigranowy, drobny

pe·ti·tion¹ /pəˈtɪʃən/ *v* [I,T] wnosić petycję (do): *We're going to London to petition our MP.*

petition² *n* [C] petycja: *Will you sign a petition against experiments on animals?*

pet·ri·fied /ˈpetrɪfaɪd/ *adj* skamieniały ze strachu: *I thought the plane was going to crash – I was petrified!*

pet·rol S3 /ˈpetrəl/ *n* [U] *BrE* benzyna

pe·tro·le·um /pəˈtrəʊliəm/ *n* [U] ropa naftowa: *petroleum-based products*

ˈpetrol ˌstation *n* [C] *BrE* stacja benzynowa

pet·ti·coat /ˈpetikəʊt/ *n* [C] *especially BrE* halka

pet·ty /ˈpeti/ *adj* **1** drobny, nieistotny: *a petty argument* | **petty crime** (=drobne wykroczenie) **2** małostkowy: *She can be very petty about money.* —**pettiness** *n* [U] małostkowość

pet·u·lant /ˈpetʃələnt/ *adj* kapryśny —**petulantly** *adv* kapryśnie: *The boy stamped his foot and frowned petulantly.*

pew /pjuː/ *n* [C] ławka kościelna

pew·ter /ˈpjuːtə/ *n* [U] stop cyny z ołowiem

phan·tom¹ /ˈfæntəm/ *n* [C] *literary* widmo, fantom

phantom² *adj* [only before noun] urojony

pha·raoh /ˈfeərəʊ/ *n* [C] faraon

phar·ma·ceu·ti·cal /ˌfɑːməˈsjuːtɪkəl◂/ *adj* farmaceutyczny: *large pharmaceutical companies*

phar·ma·cist /ˈfɑːməsɪst/ *n* [C] farmaceut-a/ka

phar·ma·cy /ˈfɑːməsi/ *n* [C] **1** apteka **2** [C] farmacja

phase¹ W2 Ac /feɪz/ *n* [C] faza, stadium: *the last phase of the project | Your child is just going through a 'naughty' phase.* → porównaj STAGE¹

phase² Ac *v* [T]
phase sth ↔ in *v* [T] stopniowo wprowadzać: *New laws on smoking will be phased in over the next six months.*
phase sth ↔ out *phr v* [T] stopniowo wycofywać się z: *Some manufacturers aim to phase out all tests on animals.*

PhD, Ph.D. /ˌpiː eɪtʃ ˈdiː/ *n* [C] stopień naukowy doktora

pheas·ant /ˈfezənt/ *n* [C] bażant

phe·nom·e·nal Ac /fɪˈnɒmɪnəl/ *adj* fenomenalny: *a phenomenal achievement*

phe·nom·e·non W3 Ac /fɪˈnɒmənən/ *n* [C] (plural **phenomena** /-nə/) zjawisko: *earthquakes, hurricanes, and other natural phenomena | Homelessness is not a new phenomenon.*

phew /fjuː/ *interjection* uff

phi·lan·thro·pist /fɪˈlænθrəpɪst/ *n* [C] filantrop/ka

phi·los·o·pher Ac /fəˈlɒsəfə/ *n* [C] filozof: *ancient Greek philosophers*

phil·o·soph·i·cal Ac /ˌfɪləˈsɒfɪkəl◂/, **phil·o·soph·ic** /-ˈsɒfɪk◂/ *adj* filozoficzny: *a philosophical discussion | Anderson is philosophical about* (=filozoficznie podchodzi do) *his defeat.* —**philosophically** /-kli/ *adv* filozoficznie

phi·los·o·phy W3 Ac /fəˈlɒsəfi/ *n* [C,U] filozofia: *She's studying philosophy at university. | My philosophy is, enjoy life while you can!*

phlegm /flem/ *n* [U] flegma

phleg·mat·ic /flegˈmætɪk/ *adj formal* flegmatyczny

pho·bi·a /ˈfəʊbiə/ *n* [C] fobia: *Holly has a phobia about snakes.*

phone¹ S1 W2 /fəʊn/ *n* [C] **1** telefon: *What's your phone number? | Could you answer the phone please? | You can book your tickets by phone.* **2 be on the phone a)** rozmawiać przez telefon: *Turn the TV down – I'm on the phone!* **b)** *BrE* mieć telefon

P

COLLOCATIONS: phone

verbs

the phone rings *The phone rang while I was in the shower.*

to answer the phone *także* **to pick up the phone** *His wife answered the phone.*

to put the phone down (=odłożyć słuchawkę) *Greg said goodbye and put the phone down.*

to use a phone *Can I use the phone?*

to talk/speak to sb on the phone *They talk on the phone for hours.*

to get on the phone to sb (=zadzwonić do kogoś) *We got on the phone to the hospital straight away.*

to come to the phone *I'm sorry, she can't come to the phone right now.*

the phone goes dead *There was a scream and then the phone went dead* (=telefon zamilkł).

phone + noun

a phone call *I had a phone call from Pam this morning.*

a phone conversation *Their phone conversation had been recorded.*

a phone number *What's your phone number?*

a phone line *My office has a separate phone line.*

a phone bill *Why are our phone bills so high?*

phone² S1 *także* **phone up** *v* [I,T] za/telefonować (do), za/dzwonić (do): *Several people phoned the radio station to complain.* | *I'll phone up and find out when they're open.*

THESAURUS: phone

phone dzwonić do *(używa się zwłaszcza w brytyjskiej angielszczyźnie)*: *I'll phone you tomorrow.*

call dzwonić do: *One of the neighbours called the police.*

ring *BrE* dzwonić do *(używa się zwłaszcza w brytyjskiej angielszczyźnie potocznej)*: *How often do you ring your parents?*

telephone *formal* telefonować do: *A lot of people telephoned the BBC to complain.*

give sb a call *informal także* **give sb a ring** *BrE informal* zadzwonić do kogoś: *If you ever come to Seattle, give me a call.* | *I'll give the hospital a ring and see how he is.*

be on the phone rozmawiać przez telefon: *Just a minute – I'm on the phone.*

'phone book *n* [C] książka telefoniczna

'phone booth *także* **phone box** *BrE n* [C] kabina telefoniczna

'phone call *n* [C] telefon: *There's a phone call for you.* | *I need to make a phone call* (=muszę zatelefonować).

'phone card *n* [C] karta telefoniczna

'phone-in *n* [C] program z telefonicznym udziałem słuchaczy/widzów THESAURUS PROGRAMME

pho·net·ic /fəˈnetɪk/ *adj* fonetyczny: *a phonetic alphabet* —**phonetically** /-kli/ *adv* fonetycznie

pho·net·ics /fəˈnetɪks/ *n* [U] fonetyka

pho·ney¹ /ˈfəʊni/ *BrE*, **phony** *AmE adj* fałszywy, lipny: *I gave the police a phony address.* THESAURUS FALSE

pho·ney² *BrE*, **phony** *AmE n* [C] oszust/ka

phonics /ˈfɒnɪks/ *n* metoda fonetyczna *(nauki czytania)*

pho·no·graph /ˈfəʊnəgrɑːf/ *n* [C] *old-fashioned* gramofon

pho·ny /ˈfəʊni/ amerykańska pisownia wyrazu PHONEY

phos·phate /ˈfɒsfeɪt/ *n* [C,U] fosforan

pho·to S3 W3 /ˈfəʊtəʊ/ *n* [C] (plural **photos**) *informal* zdjęcie, fotografia: *I must take a photo of the hotel.*

pho·to·cop·i·er /ˈfəʊtəʊˌkɒpiə/ *n* [C] fotokopiarka

pho·to·cop·y¹ S3 W3 /ˈfəʊtəʊˌkɒpi/ *n* [C] fotokopia, odbitka: *Could you make a photocopy of this article, please?*

photocopy² S3 W3 *v* [T] s/kserować

ˌphoto ˈfinish *n* [C] rozstrzygnięcie biegu za pomocą fotokomórki

pho·to·graph¹ S2 W2 /ˈfəʊtəgrɑːf/ *także* **photo** *informal n* [C] fotografia, zdjęcie: *an old photograph of my grandfather* | **take a photograph** *Visitors are not allowed to take photographs.*

photograph² *v* [T] s/fotografować

UWAGA: photograph

Nie mówi się „I photographed my friends on the beach". Mówi się **I took a photo of my friends** lub **I took a picture of my friends**. Czasownika **photograph** używa się w odniesieniu do fotografii zawodowej.

pho·tog·ra·pher /fəˈtɒgrəfə/ *n* [C] fotograf/ka: *a fashion photographer*

pho·to·graph·ic /ˌfəʊtəˈgræfɪk◂/ *adj* fotograficzny: *photographic images* | *photographic equipment*

pho·tog·ra·phy /fəˈtɒgrəfi/ *n* [U] fotografia, fotografika: *Photography isn't just a matter of pointing the camera and pressing the button!*

ˌphrasal ˈverb *n* [C] czasownik złożony: *'Set off', 'look after', and 'put up with' are all phrasal verbs.*

phrase¹ S3 W3 /freɪz/ *n* [C] **1** zwrot, wyrażenie: *Darwin's famous phrase, 'the survival of the fittest'* **2** *technical* fraza → porównaj CLAUSE, SENTENCE¹

phrase² *v* [T] s/formułować: *You will have to phrase your criticism very carefully.* | *He phrased his question politely.*

phys·i·cal¹ S2 W1 Ac /ˈfɪzɪkəl/ *adj* fizyczny: *physical exercise* | *people with mental and physical disabilities* | *physical chemistry* | *attempts to improve the physical environment in our big cities*

physical² *n* [C] badanie lekarskie

phys·i·cally S3 Ac /ˈfɪzɪkli/ *adv* fizycznie: *He's all right physically, but he's still very upset.*

phy·si·cian /fəˈzɪʃən/ *n* [C] *AmE formal* leka-rz/rka

phys·ics S3 /ˈfɪzɪks/ *n* [U] fizyka —**physicist** /ˈfɪzɪsɪst/ *n* fizy-k/czka

phys·i·ol·o·gy /ˌfɪziˈɒlədʒi/ *n* [U] fizjologia —**physiological** /ˌfɪziəˈlɒdʒɪkəl◂/ *adj* fizjologiczny

phys·i·o·ther·a·py /ˌfɪziəʊˈθerəpi/ *n* [U] fizjoterapia —**physiotherapist** *n* [C] fizjoterapeut-a/ka

phy·sique /fəˈziːk/ *n* [C usually singular] budowa (ciała): *a man with a powerful physique*

pi·a·nist /ˈpiːənɪst/ *n* [C] pianist-a/ka

pi·an·o S3 /piˈænəʊ/ *n* [C] (plural **pianos**) fortepian, pianino

pick¹ S1 W1 /pɪk/ *v* [T] **1** wybierać: *Students have to pick three courses.* | *Have you picked a date for the wedding yet?* THESAURUS CHOOSE **2** zbierać: *We've picked some flowers* *for you.* | *freshly picked strawberries* **3** zdejmować: *She sat nervously picking bits of fluff off her sweater.* **4 pick a fight/quarrel with sb** wdać się w bójkę/kłótnię z kimś: *Dean's always picking fights with the younger kids.* **5 pick sb's brain(s)** po/radzić się kogoś: *I've got a problem with my computer - can I pick your brains?*

pick at sth *phr v* [T] dziobać: *I was so nervous I could only pick at my lunch.*

pick on sb *phr v* [T] czepiać się, dokuczać: *Greg, stop picking on your sister!*

pick sb/sth ↔ out *phr v* [T] wyłowić, rozróżnić: *She was able to pick out her attacker* (=rozpoznała napastnika) *from a police line-up.*

pick up *phr v* **1** [T **pick** sb/sth **up**] podnieść: *Pick me up, Daddy!* | *I picked up the phone just as it stopped ringing.* THESAURUS LIFT **2** [T **pick** sb/sth ↔ **up**] odebrać: *I'll pick up my stuff around six, okay?* | *What time should we pick you up at the airport?* **3** [T **pick up** sth] nabrać: *The car was gradually picking up speed.* **4** [T **pick** sth ↔ **up**] podłapać: *If you go to live in another country you'll soon pick up the language.* **5** [T **pick** sth ↔ **up**] zarazić się: *She's picked up a cold from a child at school.* **6** [T **pick** sth ↔ **up**] z/łapać: *The dogs were able to pick up the scent.* | *We can pick up French radio stations from here.* | *The satellite failed to pick up the signal.* **7** [T **pick** sb ↔ **up**] poderwać

pick² *n* **1 take your pick/have your pick** wybierać: *Would you like a chocolate? Here, take your pick.* | *At the height of her fame, she had her pick of* (=mogła wybierać spośród) *all the eligible men in Hollywood.* **2 the pick of** *informal* najlepsze spośród: *We'll be reviewing the pick of this month's new movies.* **3** [C] kilof

pick·axe /ˈpɪk-æks/ *BrE*, **pickax** *AmE n* [C] kilof

pick·er /ˈpɪkə/ *n* [C] **cotton/fruit/grape picker** zbieracz/ka bawełny/owoców/winogron

pick·et /ˈpɪkɪt/ *także* ˈ**picket line** *n* [C] pikieta: *Two workers were hurt today trying to cross the picket line.* **—picket** *v* [I,T] pikietować

ˈ**picket** ˌ**fence** *n* [C] *AmE* płot sztachetowy

pick·le¹ /ˈpɪkəl/ *n* **1** [C,U] pikle, marynaty **2** [U] *BrE* zalewa octowa, marynata

pickle² *v* [T] za/marynować

pick·led /ˈpɪkəld/ *adj* marynowany

ˈ**pick-me-up** *n* [C] *informal* łyczek na wzmocnienie

pick·pock·et /ˈpɪkˌpɒkɪt/ *n* [C] kieszonkowiec **—pickpocketing** *n* [U] kradzieże kieszonkowe

pick·up /ˈpɪkʌp/ *także* ˈ**pickup truck** *n* [C] furgonetka

pick·y /ˈpɪki/ *adj informal* wybredny: *a picky eater* | *Kelly's so picky about her clothes!*

pic·nic¹ /ˈpɪknɪk/ *n* [C] piknik: *We usually take a picnic when we go to the beach.*

picnic² *v* [I] (**picnicked**, **picnicked**, **picnicking**) piknikować

pic·to·ri·al /pɪkˈtɔːriəl/ *adj* obrazkowy

pic·ture¹ S1 W1 /ˈpɪktʃə/ *n* **1** [C] obraz, obrazek: *Where shall I hang this picture?* **2** [C] obraz: *You can't get a clear picture on this TV set.* | **+ of** *The report gives a clear picture of life in the army.* **3** [C] zdjęcie: *She keeps a picture of her boyfriend by her bed.* | *Leo's picture was in the paper yesterday.* | **take a picture** (=z/robić zdjęcie): *Do you mind if I take a picture of you?* **4** [singular] sytuacja: *The political picture has changed greatly.* **5 get the picture** *spoken* rozumieć: *I don't want you around here any more, get the picture?* **6 the pictures** kino: *Do you want to go to the pictures on Saturday?* **7** [C] film: *an Oscar for best picture*

picture² *v* [T] wyobrażać sobie: *I can still picture him standing there in his uniform.*

pic·tur·esque /ˌpɪktʃəˈresk◂/ *adj* malowniczy

pid·gin /ˈpɪdʒɪn/ *n* [C,U] pidgin, pidżyn *(język)*

pie S2 /paɪ/ *n* [C,U] **1** placek, ciasto: *an apple pie* **2** *BrE* zapiekanka w cieście **3 pie in the sky** *informal* zamki na lodzie

piece¹ S1 W1 /piːs/ *n* [C] **1** kawałek: **+ of** *Do you want a piece of bread?* | **in pieces** (=w kawałkach): *The vase lay in pieces on the floor.* | **smash/tear sth to pieces** (=potłuc/podrzeć coś na kawałki) **2** część: *the pieces of a jigsaw puzzle* **3** figura: *a chess piece* **4 a piece of furniture** mebel **5 a piece of advice/information** rada/informacja: *I've got a great piece of gossip to tell you!* **6 go to pieces** załamywać się: *I go to pieces at the thought of exams.* **7 (all) in one piece** w całości, nienaruszony: *I'm glad the china arrived in one piece.* **8 a piece of cake** *informal* pestka, małe piwo THESAURUS EASY **9** utwór: *a beautiful piece of music* **10** moneta: *a 50p piece*

UWAGA: piece of clothing

Patrz **clothes**, **piece of clothing** i **garment**.

THESAURUS: piece

piece kawałek: *Would you like a piece of pizza?* | *a piece of broken glass* | *What's this piece of pipe for?*

bit *especially BrE* kawałek: *an old bit of metal* | *I tied them together with a bit of string.* | *He threw a bit of wood onto the fire.*

scrap skrawek: *I wrote her address on a scrap of paper.*

slice plasterek: *Cut the tomatoes into thin slices.*

lump brył(k)a: *a lump of coal* | *two lumps* (=kostki) *of sugar*

chunk kawał(ek) *(o nieregularnym kształcie)*: *He broke off a chunk of bread.* | *Large chunks of rock lay across the road.*

bar kostka, sztabka, tabliczka: *a bar of soap* | *gold bars worth more than £26 million* | *a bar of chocolate*

segment cząstka *(pomarańczy, grejpfruta)*

a very small piece

fragment kawałek, odłamek: *Fragments of broken glass lay on the floor.* | *They found fragments of bone.*

crumb okruszek: *He dropped crumbs all over the floor.*

speck drobinka: *a speck of dust* | *Sarah brushed a few specks of dirt off her shirt.*

drop kropla: *I felt a drop of rain.* | *There were drops of blood on the floor.*

piece

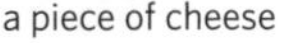

a piece of cheese

a piece of pizza

piece² *v*

piece sth ↔ together *phr v* [T] **1** wydedukować: *Police are still trying to piece together a motive for the shooting.*

P

2 po/składać do kupy: *She tried to piece the information together.*

piece·meal /ˈpiːsmiːl/ *adj, adv* po kawałku

piece·work /ˈpiːswɜːk/ *n* [U] praca akordowa/na akord

pier /pɪə/ *n* [C] molo, pomost

pierce /pɪəs/ *v* [T] **1** przekłuwać, przebijać: *I'm getting my ears pierced.* | *A bullet pierced his body.* **2** *literary* przeszywać, przenikać: *The lights from the boat pierced the fog.*

pierc·ing /ˈpɪəsɪŋ/ *adj* **1** przeszywający: *a piercing scream* **2** przenikliwy: *He looked away from Mr. Darden's piercing eyes.* | *a piercing wind*

pi·e·ty /ˈpaɪəti/ *n* [U] pobożność

pig[1] S2 /pɪg/ *n* [C] **1** świnia **2** prosię *(obżartuch lub flejtuch)*: *You ate all the pizza, you pig.*

P

pig[2] *v* **(-gged, -gging)**
pig out *phr v* [I] *informal* obżerać się: *We pigged out on ice cream last night.*

pi·geon /ˈpɪdʒɪn/ *n* [C] gołąb

pi·geon·hole /ˈpɪdʒənhəʊl/ *v* [T] za/szufladkować: *People find out what you're good at and try to pigeonhole you.*

ˌpigeon-ˈtoed *adj* o stopach zwróconych do wewnątrz

pig·gy·back /ˈpɪgibæk/ *adv* na barana

pig·gy bank /ˈpɪgi bæŋk/ *n* [C] skarbonka

pig·head·ed /ˌpɪgˈhedɪd◂/ *adj* uparty

pig·let /ˈpɪglɪt/ *n* [C] prosię

pig·ment /ˈpɪgmənt/ *n* [C,U] barwnik, pigment

pig·men·ta·tion /ˌpɪgmənˈteɪʃən/ *n* [U] ubarwienie, pigmentacja

pig·sty /ˈpɪgstaɪ/ *także* **pig·pen** /-pen/ *AmE n* [C] chlew

pig·tail /ˈpɪgteɪl/ *n* [C] warkoczyk →porównaj **BRAID**[1], **PONYTAIL**

pike /paɪk/ *n* [C,U] szczupak

pile[1] S2 /paɪl/ *n* **1** [C] stos, sterta: **+of** *a pile of folded clothes* **2 piles of/a pile of sth** *informal* kupa czegoś: *I have piles of work to do tonight.*

pile[2] *także* **pile up** *v* [I,T] na/zbierać (się): *A lot of dirty pans piled up in the sink.*
pile into sth *phr v* [T] *informal* w/ładować się do: *We all piled into the car.*

ˈpile-up *n* [C] *informal* karambol: *a 16-car pile-up*

pil·fer /ˈpɪlfə/ *v* [I,T] podkradać, podbierać

pil·grim /ˈpɪlgrɪm/ *n* [C] pielgrzym

pil·grim·age /ˈpɪlgrəmɪdʒ/ *n* [C,U] pielgrzymka THESAURUS JOURNEY

pill S3 /pɪl/ *n* [C] **1** pigułka **2 the pill** pigułka antykoncepcyjna: **be on the pill** (=stosować pigułkę antykoncepcyjną)

pil·lage /ˈpɪlɪdʒ/ *v* [I,T] s/plądrować

pil·lar /ˈpɪlə/ *n* [C] filar

pil·lion /ˈpɪljən/ *n* [C] tylne siodełko *(motocykla)* —**pillion** *adv* na tylnym siodełku

pil·low /ˈpɪləʊ/ *n* [C] poduszka

> **UWAGA: pillow i cushion**
>
> **Pillow** to poduszka pod głowę na łóżku, a **cushion** to (często ozdobna) poduszka na fotelu, kanapie itp.: *The minute his head touched the pillow he was sound asleep.* | *Would you like a cushion for your back?*

pil·low·case /ˈpɪləʊkeɪs/ *n* [C] poszewka

pi·lot W3 /ˈpaɪlət/ *n* [C] **1** pilot/ka **2 pilot study/programme** badanie pilotażowe/program pilotażowy —**pilot** *v* [T] pilotować

ˈpilot light *n* [C] płomień pilota *(w bojlerze, piecu gazowym itp.)*

pimp /pɪmp/ *n* [C] alfons

pim·ple /ˈpɪmpəl/ *n* [C] pryszcz —**pimply** *adj* pryszczaty

PIN /pɪn/ *n* PIN

pin[1] S3 /pɪn/ *n* [C] szpilka →patrz też **PINS AND NEEDLES, ROLLING PIN, SAFETY PIN**

pin[2] *v* [T] **(-nned, -nning) 1** przypinać: **pin sth to/onto etc** *Have you seen the note pinned on the door?* | **pin sth together** (=spinać coś): *Pin the back of the dress together first.* **2 pin the blame on sb** zrzucać winę na kogoś **3** przygwoździć: *He was pinned under the car.*

pin·a·fore /ˈpɪnəfɔː/ *n* [C] *BrE* bezrękawnik, fartuch

pin·ball /ˈpɪnbɔːl/ *n* [U] bilard elektryczny: *a pinball machine*

pin·cers /ˈpɪnsəz/ *n* [plural] szczypce

pinch[1] /pɪntʃ/ *v* [T] **1** szczypać: *He pinched her arm playfully.* **2** *informal* zwędzić, gwizdnąć: *Someone's pinched my pen!*

pinch[2] *n* **1 pinch of salt/pepper** szczypta soli/pieprzu **2 feel the pinch** cienko prząść: *Small businesses are feeling the pinch.*

pinched /pɪntʃt/ *adj* mizerny, wymizerowany

pin·cush·ion /ˈpɪnˌkʊʃən/ *n* [C] poduszeczka na igły

pine[1] /paɪn/ *także* **ˈpine tree** *n* [C,U] sosna

pine[2] *także* **pine away** *v* [I] usychać z tęsknoty: **+for** *Poor Charlie was clearly pining for his son.*

pine·ap·ple /ˈpaɪnæpəl/ *n* [C,U] ananas

pine·cone /ˈpaɪnkəʊn/ *n* [C] szyszka sosnowa

ping /pɪŋ/ *n* [C] brzęk

ˈping-pong *n* [U] *informal* ping-pong

pin·ion /ˈpɪnjən/ *v* [T] *formal* s/krępować, z/wiązać, s/pętać

pink S2 W3 /pɪŋk/ *adj* różowy: *a pink dress*

pink·ie, **pinky** /ˈpɪŋki/ *n* [C] *informal* mały palec *(u ręki)*

pin·na·cle /ˈpɪnəkəl/ *n* szczyt: **+of** *She reached the pinnacle of success as a writer at the age of 45.*

pin·point[1] /ˈpɪnpɔɪnt/ *v* [T] s/precyzować: *I'm trying to pinpoint where we are on the map.*

pinpoint[2] *adj* **with pinpoint accuracy** z zegarmistrzowską precyzją: *the plane's ability to drop bombs with pinpoint accuracy*

pin·prick /ˈpɪnˌprɪk/ *n* [C] **1** punkcik: *pinpricks of light* **2** otworek, dziurka *(jak od ukłucia szpilką)*

ˌpins and ˈneedles *n* [U] mrowienie

pin·stripe /ˈpɪnstraɪp/ *n* [U] materiał w prążki: *a blue* *pinstripe suit* (=garnitur w prążki) —**pinstriped** *adj* prążkowany

pint S2 /paɪnt/ *n* [C] pół kwarty *(=0.473 l w USA, 0.568 l w Wielkiej Brytanii)*

pin·up /ˈpɪnʌp/ *n* [C] plakat ze zdjęciem idola

pi·o·neer¹ /ˌpaɪəˈnɪə◂/ *n* [C] pionier/ka: *the pioneers of modern space travel*

pioneer² *v* [T] zapoczątkowywać, wprowadzać: *a new surgical technique pioneered by the Cambridge team*

pi·ous /ˈpaɪəs/ *adj* pobożny

pip¹ /pɪp/ *n* [C] *BrE* pestka *(np. jabłka lub cytryny)*

pip² *v* [T] (**-pped, -pping**) *BrE* pokonać o włos: *Jones pipped Hill by one point.*

pipe¹ S2 W3 /paɪp/ *n* [C] **1** rura: *a water pipe* **2** fajka **3** piszczałka, fujarka **4 pipe dream** mrzonka: *Money and fame - isn't that all a pipe dream?*

pipe² *v* [T] doprowadzać rurociągiem: *The oil is piped from Alaska.*

pipe·line /ˈpaɪp-laɪn/ *n* **1** [C] rurociąg **2 be in the pipeline** być w przygotowaniu

pip·ing¹ /ˈpaɪpɪŋ/ *n* [U] rury: *lead piping*

piping² *adj* **piping hot** wrzący, dymiący: *piping hot soup*

pi·quant /ˈpiːkənt/ *adj formal* pikantny: *a piquant chili sauce* —**piquancy** *n* [U] pikantność

pique¹ /piːk/ *v* [T] **pique sb's interest/curiosity** rozbudzić czyjeś zainteresowanie/czyjąś ciekawość

pique² *n* [U] *formal* urażona duma: *Greta left in a fit of pique* (=w przypływie urażonej dumy).

piqued /piːkt/ *adj* urażony, dotknięty

pi·ra·cy /ˈpaɪərəsi/ *n* [U] piractwo: *software piracy*

pi·ra·nha /pəˈrɑːnə/ *n* [C] pirania

pi·rate¹ /ˈpaɪərət/ *n* [C] pirat: *video pirates*

pirate² *v* [T] nielegalnie kopiować

Pis·ces /ˈpaɪsiːz/ *n* [C,U] Ryby

piss¹ /pɪs/ *v* [I] *spoken informal* sikać
piss sb ↔ off *phr v* [T] *spoken* wkurzać, wnerwiać: *Andy really pisses me off.*

piss² *n spoken* **1** [U singular] **a)** siki **b)** sikanie **2 take the piss (out of sb/sth)** *BrE spoken informal* robić (sobie) jaja (z kogoś/czegoś): *If you keep taking the piss, I'm going to punch you.*

pissed /pɪst/ *adj spoken informal* **1** *BrE* zalany: *Ian was really pissed last night.* **2** *AmE* wkurzony, wpieprzony: *Karen is pissed at Andrea, she won't take her calls.* **3 be pissed off with sb/sth** mieć dosyć kogoś/czegoś

pis·ta·chi·o /pəˈstɑːʃiəʊ/ *n* [C] pistacja

pis·tol /ˈpɪstl/ *n* [C] pistolet

pis·ton /ˈpɪstən/ *n* [C] tłok

pit¹ /pɪt/ *n* [C] **1** dół, wykop **2** *spoken* chlew: *Erica's house is a total pit!* **3** kopalnia **4 the pits** *spoken informal* kompletne dno: *This place is the pits!* **5 in the pit of your stomach** w dołku: *a knot of fear in the pit of my stomach* **6** *AmE* pestka: *a peach pit* **7 the pits** *BrE*, **the pit** *AmE* boks *(na torze wyścigowym)*

pit² *v* [T] (**-tted, -tting**) *AmE* drylować
pit sb/sth against sb/sth *phr v* [T] przeciwstawiać sobie, konfrontować ze sobą: *This week's big game pits Houston against Miami.*

ˌpit bull ˈterrier *n* [C] pitbulterier, pitbul

pitch¹ /pɪtʃ/ *v* **1** [I,T] rzucać: *Who's pitching for the Red Sox today?* | **pitch sth over/into etc** *Carl tore up her letter and pitched it into the fire.* **2** [I] upaść: **+ into/forward etc** *He was so drunk he pitched head first over the wall.* **3** [T] ustawiać: *He pitched the level of his lecture far too high.* **4 pitch a tent** rozbijać namiot **5** [I,T] *especially AmE informal* wciskać, za/reklamować: *The meeting is your chance to pitch your ideas to the boss.* **6** [I] kołysać się, rzucać *(o samolocie, statku)*
pitch in *phr v* [I] *informal* wziąć się (razem) do roboty

pitch² S3 W3 *n* **1** [C] *BrE* boisko: *a cricket pitch* **2** [U singular] wysokość *(głosu, nuty)* **3** [C] rzut *(w baseballu)* **4** [U] smoła

ˌpitch ˈblack *także* **pitch dark** *adj* czarny jak smoła: *It was pitch black in the basement* (=w piwnicy było zupełnie ciemno).

pitch·er /ˈpɪtʃə/ *n* [C] **1** dzban: *a pitcher of beer* **2** miotacz *(w baseballu)*

pitch·fork /ˈpɪtʃfɔːk/ *n* [C] widły

pit·e·ous /ˈpɪtiəs/ *adj literary* żałosny, rozpaczliwy: *a piteous cry* —**piteously** *adv* żałośnie, rozpaczliwie

pit·fall /ˈpɪtfɔːl/ *n* [C] pułapka: *the pitfalls of buying an old car*

pith /pɪθ/ *n* [U] albedo *(biała część owoców cytrusowych)*

pith·y /ˈpɪθi/ *adj* treściwy: *pithy comments*

pit·i·ful /ˈpɪtɪfəl/ *adj* żałosny: *a pitiful sight* | *His performance last night was pitiful.* —**pitifully** *adv* żałośnie

pit·i·less /ˈpɪtɪləs/ *adj* bezlitosny: *a pitiless dictator*

pitta bread *BrE*, **pita bread** *AmE* /ˈpɪtə bred/ *n* chleb pitta

pit·tance /ˈpɪtəns/ *n* [C usually singular] nędzne/marne grosze: *She earns a pittance.*

pit·ted /ˈpɪtɪd/ *adj* **a)** podziurawiony **b)** dziobowaty, ospowaty

pit·y¹ S3 /ˈpɪti/ *n* **1 it's a pity (that)** [singular] szkoda, że: *It's a pity you can't come.* **2** [U] litość: *I don't need your pity!* | **take/have pity on sb** (=z/litować się nad kimś)

pity² *v* [T] współczuć: *I pity anyone who has to live with Sean.*

piv·ot /ˈpɪvət/ *n* [C] oś

piv·ot·al /ˈpɪvətəl/ *adj* kluczowy: *A good education is pivotal to a successful career.*

pix·el /ˈpɪksəl/ *n* [C] *technical* piksel

pix·ie /ˈpɪksi/ *n* [C] skrzat

piz·za S2 /ˈpiːtsə/ *n* [C,U] pizza

pizzeria /ˌpiːtsəˈriːə/ *n* pizzeria

plac·ard /ˈplækɑːd/ *n* [C] afisz, transparent

pla·cate /pləˈkeɪt/ *v* [T] *formal* udobruchać

place¹ S1 W1 /pleɪs/ *n* [C] **1** miejsce: *Keep your passport in a safe place.* | *a beautiful place surrounded by mountains* | *Paint is coming off the wall in places* (=w niektórych miejscach). | *She was born in a place called Black River Falls.* | *There are a few places left on the German course.* | *No-one could ever take her place* (=nikt nigdy nie byłby w stanie zająć jej miejsca). | *This isn't the place to discuss money.* | **place to eat/live etc** *Are there any decent places to eat* (=miejsca, gdzie można coś zjeść) *round here?* | **+ for** *This would be a great place for a party.* | **sb's place**

P

(=czyjś dom): *I'm going over to Jeff's place* (=idę do Jeffa) *for dinner.* | **friends in high places** *Carla has friends in high places* (=ma wysoko postawionych przyjaciół). **2 take place** mieć miejsce: *When did the robbery take place?* THESAURUS ▸ HAPPEN **3 in place/out of place** na swoim miejscu/nie na swoim miejscu: *Put the CDs back in their place.* | *She didn't have a hair out of place.* **4 put sb in his/her place** pokazać komuś, gdzie jest jego miejsce: *I'd like to put her in her place, the little snob!* **5 in place of** w miejsce: *There's football on in place of the normal programmes.* **6 in first/second place** na pierwszym/drugim miejscu: *Jerry finished in third place.* **7 in the first/second place** *spoken* po pierwsze/drugie: *Well, in the first place, I can't afford it, and in the second place I'm not really interested.* **8 all over the place** *informal* wszędzie: *There were policemen all over the place!* **9 out of place** nie na miejscu: *I felt really out of place at Cindy's wedding.*

P

UWAGA: place

W mowie używa się często wyrazów **where**, **somewhere** i **anywhere** zamiast „the place", „a place" itp.: *I'll show you where I was born.* | *I need somewhere to put my books.* | *I couldn't find anywhere to park the car.*

UWAGA: place i room/space

Nie należy mylić wyrazów **place** i **room/space** w znaczeniu „miejsce". **Place** to „pewien obszar lub część obszaru": *The best place to sit is right in front of the stage.* **Room/space** to „przestrzeń lub obszar, który można wypełnić czymś lub przeznaczyć na coś": *There's enough room in the back seat for all three of you.* | *I hope there's enough space in the wardrobe for all your clothes.*

THESAURUS: place

place miejsce: *We went to a place called Fordwell.* | *This would be a good place to put the desk.* | *They use his house as a meeting place.*

position pozycja, położenie: *the position of the sun in the sky*

point punkt: *The accident happened near the point where the two motorways meet.* | *The sun is at its highest point at midday.*

spot *informal* miejsce: *I know a nice spot for a picnic.* | *It was on this spot that the Great Fire of London started.*

location położenie, lokalizacja: *The map shows the exact location of the village.* | *The house is in a very good location, about five minutes from the shops.*

site miejsce *(gdzie wydarzyło się coś ważnego)*, teren *(gdzie się coś buduje)*: *the site of a great battle* | *a building site* (=plac budowy)

place² S2 W1 *v* [T] **1** umieszczać: **place sth in/on etc** *Seth placed his trophy on the top shelf.* **2** stawiać: *His resignation places the government in an embarrassing position.* **3** kłaść: *Society should place more emphasis on honesty.* **4 place an order** złożyć zamówienie **5 place an advertisement** dać ogłoszenie

pla·ce·bo /plə'siːbəʊ/ *n* [C] placebo

place·ment /'pleɪsmənt/ *n* **1** [C] posada: *a work experience placement* **2** [U singular] umieszczenie, umiejscowienie

plac·id /'plæsɪd/ *adj* spokojny: *a placid baby*

pla·gia·ris·m /'pleɪdʒərɪzəm/ *n* [C,U] plagiat, plagiatorstwo: *She was accused of plagiarism in her thesis.*

pla·gia·rize *także* **-ise** *BrE* /'pleɪdʒəraɪz/ *v* [I,T] popełnić plagiat, dopuścić się plagiatu —**plagiarist** *n* [C] plagiator/ka

plague¹ /pleɪg/ *n* **1** [C,U] zaraza, dżuma **2 a plague of rats/locusts** plaga szczurów/szarańczy

plague² *v* [T] nękać: *Renee had always been plagued by ill health.*

plaice /pleɪs/ *n* [C,U] płastuga

plaid /plæd/ *n* [C,U] *AmE* materiał w kratę, krata

plain¹ S2 W3 /pleɪn/ *adj* **1** gładki: *a plain carpet* **2** jasny: **it's plain that** *It's plain that he doesn't agree.* **3** prosty, zwyczajny: *plain food* **4** niezbyt ładny: *a plain face* **5** otwarty: *Let's have some plain, truthful answers.*

plain² *n* [C] równina: *the Spanish plains*

plain³ *adv* **plain stupid/rude** *informal* po prostu głupi/niegrzeczny: *They're just plain lazy.*

plain·clothes /ˌpleɪn'kləʊðz◂/ *adj* **plainclothes police** policjanci w cywilu

plain·ly /'pleɪnli/ *adv* **1** wyraźnie: *He's plainly unhappy.* **2** zwyczajnie: *a plainly dressed young girl* **3** otwarcie: *He spoke plainly about the loss of his wife.*

plain·tiff /'pleɪntɪf/ *n* [C] *law* powód/ka → porównaj DEFENDANT

plain·tive /'pleɪntɪv/ *adj* zawodzący: *the plaintive cry of the wolf*

plait¹ /plæt/ *v* [T] *BrE* zaplatać, pleść

plait² *n* [C] *BrE* warkocz

plan¹ S1 W1 /plæn/ *n* [C] plan: *Her plan is to finish school and then travel.* | *the Middle East peace plan* | *the plans for a new library* | **make plans** (=robić plany): *Helen's busy making plans for her wedding.* | **go according to plan** (=iść zgodnie z planem): *If things go according to plan, we'll go on Monday.*

COLLOCATIONS: plan

verbs

to have plans *She has plans to go to college next year.*

to make plans *By January, many people are already making plans for their summer holiday.* ⚠ Nie mówi się „do a plan". Mówimy: **make a plan**.

to come up with a plan *także* **to devise a plan** (=obmyślić plan) *They had to come up with a better plan.*

to change your plans *They changed their plans at the last minute.*

to abandon a plan *He was forced to abandon plans to reduce taxes.*

to cancel a plan *I've had to cancel my plan to go to New York.*

to carry out a plan (=zrealizować plan) *The plan was never carried out.*

to stick to/keep to a plan (=trzymać się planu) *We're sticking to our original plan.*

a plan works *His plan had worked perfectly.*

to go according to plan (=iść/pójść zgodnie z planem) *If things go according to plan, we'll leave on Monday.*

adjectives

sb's immediate plans (=czyjeś najbliższe plany) *So what are your immediate plans after graduation?*

a good plan *You need to have a good plan.*

a detailed plan *He had written out a detailed plan.*

noun + plan

a change of plan *There's been a slight change of plan.*

a plan of action/attack/campaign *They agreed a plan of action.*

plan² S1 W1 *v* (**-nned**, **-nning**) [I,T] za/planować: *Grace began to plan what she would wear for the interview.* | *We've been planning our trip for months.* | *We spend ages planning the garden.* | **plan on doing sth/plan to do sth** *How long do you plan on staying?* | *Where do you plan to go next year?*

plane S2 W2 /pleɪn/ *n* [C] **1** samolot **2** poziom: *Jill's work is on a higher artistic plane than mine.* **3** strug **4** *technical* płaszczyzna

COLLOCATIONS: plane

verbs

to catch/take a plane *He caught a plane to Dublin, then hired a car.*

to get on/off a plane *People were waiting to get off the plane.*

to board a plane (=wsiadać do samolotu) *It was time to board the plane.*

a plane takes off (=samolot startuje) *She watched the plane take off.*

a plane lands *The plane is due to land in ten minutes.*

a plane touches down (=samolot ląduje) *As soon as the plane touched down on the runway, I felt better.*

a plane comes down (=samolot spada) *The plane came down in a field.*

a plane flies *A plane flew overhead.*

a plane carries people *A plane carrying five passengers and a pilot has crashed in Alaska.*

to fly/pilot a plane *He flies his own plane.*

plane + noun

a plane crash *Over 200 people died in the plane crash.*

plan·et W3 /ˈplænɪt/ *n* [C] **1** planeta: *Mercury is the smallest planet.* | *the planet Earth* **2 the planet** nasza planeta: *the environmental future of the planet* —**planetary** *adj* planetarny

plan·e·tar·i·um /ˌplænəˈteəriəm/ *n* [C] planetarium

plank /plæŋk/ *n* [C] deska: *a solid plank of wood*

plank·ton /ˈplæŋktən/ *n* [U] plankton

plan·ner /ˈplænə/ *n* [C] planist-a/ka, urbanist-a/ka

plant¹ S2 W1 /plɑːnt/ *n* [C] **1** roślina: *Don't forget to water the plants.* | *a tomato plant* **2** zakład przemysłowy: *a chemical plant*

plant² *v* [T] **1** za/sadzić: *I planted the rose bush last year.* **2** za/siać: *Their conversation had planted doubts in Yuri's mind.* **3** *informal* podkładać: **plant sth on sb** *Someone must have planted the drugs on her.* **4 plant a bomb** podłożyć bombę: *The two men are accused of planting a bomb on the plane.*

plan·ta·tion /plɑːnˈteɪʃən/ *n* [C] plantacja: *a rubber plantation*

plaque /plɑːk/ *n* **1** [C] tablica pamiątkowa: *The plaque read: Samuel Johnson was born here.* **2** [U] płytka nazębna

plas·ma /ˈplæzmə/ *n* [U] plazma

plas·ter¹ /ˈplɑːstə/ *n* **1** [U] tynk **2** [C] *BrE* plaster **3 be in plaster** *BrE* być w gipsie

plaster² *v* [T] **1** oblepiać: **be plastered with sth** *a wall plastered with pictures* **2** o/tynkować

ˈ**plaster cast** *n* [C] **1** opatrunek gipsowy **2** odlew gipsowy

plas·tered /ˈplɑːstəd/ *adj informal* zaprawiony: *I got plastered last night.*

plaster of Par·is /ˌplɑːstər əv ˈpærɪs/ *n* [U] gips

plas·tic S2 W2 /ˈplæstɪk/ *n* [C,U] plastik: *toys made of plastic* —**plastic** *adj* plastikowy: *a plastic bag* | *plastic spoons*

plas·tic·i·ty /plæˈstɪsəti/ *n* [U] *technical* plastyczność

ˌ**plastic** ˈ**surgery** *n* [U] operacja plastyczna

ˌ**plastic** ˈ**wrap** *n AmE* folia spożywcza: *Cover the mixture with plastic wrap.*

plate S2 W2 /pleɪt/ *n* [C] **1** talerz: *a china plate* | *a plate of spaghetti* **2** płyta: *The drill is attached to the bench by a metal plate.* **3** *także* **number/license/registration plate** tablica rejestracyjna: *New Jersey plates*

plat·eau /ˈplætəʊ/ *n* [C] płaskowyż

plat·ed /ˈpleɪtɪd/ *adj* platerowany: *a silver-plated spoon*

ˌ**plate** ˈ**glass** *n* [U] szkło płaskie walcowane

plat·form S3 W3 /ˈplætfɔːm/ *n* [C] **1** podium: *He climbed on to the platform and began to address the crowd.* **2** platforma: *an oil platform in the Atlantic* | *We were elected on a platform of reform.* **3** peron **4** forum, trybuna: *He used the TV interview as a platform for his views on education.*

plat·i·num /ˈplætənəm/ *n* [U] platyna

plat·i·tude /ˈplætɪtjuːd/ *n* [C] frazes: *a speech full of platitudes*

pla·ton·ic /pləˈtɒnɪk/ *adj* platoniczny

pla·toon /pləˈtuːn/ *n* [C] pluton

plat·ter /ˈplætə/ *n* [C] *AmE* półmisek

plau·dit /ˈplɔːdɪt/ *n* [C usually plural] *formal* uznanie

plau·si·ble /ˈplɔːzəbəl/ *adj* prawdopodobny: *a plausible explanation* → antonim IMPLAUSIBLE

play¹ S1 W1 /pleɪ/ *v* **1** [I,T] za/grać (w): *Do you know how to play chess?* | *The guys are playing basketball.* | **play against sb/play sb** *The 49ers are playing the Vikings on Saturday.* | **play for** (=grać w drużynie): *Garcia plays for the Hornets.* **2** [I,T] po/bawić się: *He has lots of toys to play with.* | *Why don't you go out and play with your friends?* **3** [I,T] grać (na): *When I was at a school I used to play the piano.* | *The bedside radio played softly.* **4** [T] **a)** puszczać: *She always plays her radio really loud.* **b)** grać: *What's that song they're playing?* **5** [T] za/grać: *The hero is played by Sean Penn.* **6 play a trick/joke on sb** zrobić komuś kawał **7 play ball** *AmE* **a)** grać w piłkę, bawić się piłką: *Don't play ball in the house.* **b)** *informal* współpracować: *Do you think he'll play ball?* **8 play safe/play it safe** nie ryzykować **9 play a part/role** odgrywać rolę: *Genetic factors may also play a part.* **10 play it by ear** **a)** za/grać ze słuchu **b)** *informal* iść na żywioł, improwizować: *I'm not sure what mood he'll be in, so we'll have to play it by ear.* **11 be playing with fire** igrać z ogniem: *If you invest in the stock market now, you're playing with fire.* **12 play on your mind** nie dawać komuś spokoju: *There's something else playing on my mind at the moment.* **13 play for time** grać na czas/zwłokę → patrz też **play truant** (TRUANT)

play around *phr v* [I] **1** *informal* zabawiać się na boku

P

2 bawić się: *I wish those kids would stop playing around outside our house.*
play around/about with sth *phr v* [T] →patrz **PLAY WITH STH**
play at sth *phr v* [T] **1** bawić się w: *She often plays at being the teacher.* | *He's so rich he can just play at being a businessman.* **2 What is he/she etc playing at?** *spoken* co on/a wyprawia?
play sth ↔ back *phr v* [T] puszczać, odtwarzać: *We played the video back several times.*
play sth ↔ down *phr v* [T] z/bagatelizować: *The government was anxious to play down the latest economic figures.*
play sb off against sb *phr v* [T] nastawić przeciwko: *The house seller may try to play one buyer off against another, to raise the price.*
play on sth *phr v* [T] grać na: *The film plays on people's fears and prejudices.*
play up *phr v* **1** [T **play** sth ↔ **up**] rozdmuchać: *Newspaper reports tried to play up the mystery surrounding Elvis's death.* **2** [I] rozrabiać: *The children are playing up again.*
play with sth, play around/about with sth *phr v* [T] **1** bawić się: *Stop playing with the remote control!* **2** wypróbowywać: *I've been playing around with different designs.* →patrz też **PLAY AROUND**

play² S1 W2 *n* **1** [C] sztuka: *We went to see a new play by Tom Stoppard at the National Theatre.* | **put on a play** (=wystawić sztukę): *The play was put on by a local school.* **2** [U] gra: *Rain stopped play.* **3** [U] zabawa: *a play area with slides and swings* | *children at play* (=bawiące się dzieci) **4 come into play** odgrywać rolę: *Luck comes into play quite a lot.* **5 bring/put sth into play** skorzystać z czegoś: *This is where you should bring your experience into play.* **6 play on words** gra słów →patrz też **PUN**

COLLOCATIONS: play

verbs

to write a play *The play was written by Shakespeare.*
to go to a play *While we were in New York, we went to a play.*
to see a play *I've never seen the play.*
to watch a play *Some of the audience were talking instead of watching the play.*
to perform a play *The play was performed by Brighton Youth Theatre.*
to act/appear in a play *She has acted in plays and films.*
to put on a play *The school puts on a play every year.*

types of play

a stage play (=sztuka teatralna) *He has never appeared in a stage play before.*
a TV/radio play *The film was originally a TV play.*
a school play *I got a small part in the school play.*

ˈplay-ˌacting *n* [U] udawanie

play·boy /ˈpleɪbɔɪ/ *n* [C] playboy

ˌplay-by-ˈplay *adj AmE* bezpośredni, na żywo *(o relacji, transmisji, komentarzu)*: *play-by-play coverage of the California Angels' home game*

play·er S2 W1 /ˈpleɪə/ *n* [C] **1** gracz: *a baseball player* **2 piano/guitar etc player** pianista/gitarzysta **3** uczestnik, strona: *a major player in the UN peace talks*

play·ful /ˈpleɪfəl/ *adj* **1** żartobliwy: *playful teasing* **2** figlarny: *a playful kitten* —**playfully** *adv* żartobliwie, figlarnie

play·ground /ˈpleɪgraʊnd/ *n* [C] plac zabaw, boisko szkolne

play·group /ˈpleɪgruːp/ *n* [C] *BrE* grupa przedszkolna

play·house /ˈpleɪhaʊs/ *n* [C] teatr: *the Harlow Playhouse*

ˈplaying card *n* [C] karta do gry

ˈplaying field *n* [C] boisko

playlist /ˈpleɪlɪst/ *n* lista odtwarzania: *You can add new tracks to your playlist at any time.*

play·mate /ˈpleɪmeɪt/ *n* [C] *old-fashioned* towarzysz/ka zabaw

play-off, **playoff** /ˈpleɪɒf/ *n* [C] baraż

play·pen /ˈpleɪpen/ *n* [C] kojec

play·room /ˈpleɪruːm/ *n* [C] pokój do zabawy

play·thing /ˈpleɪˌθɪŋ/ *n* [C] **1** zabawka, igraszka *(osoba)* **2** *formal* zabawka (dziecięca)

play·time /ˈpleɪtaɪm/ *n* [C] przerwa *(szkolna)*

play·wright /ˈpleɪraɪt/ *n* [C] dramaturg, dramatopisarz/rka

plc /ˌpiː el ˈsiː/ *n* [C] S.A. *(spółka akcyjna)*: *British Telecom PLC* THESAURUS **COMPANY**

plea /pliː/ *n* [C] **1** błaganie, apel: *Her mother ignored her pleas for help.* **2 plea of (not) guilty** *law* (nie)przyznanie się do winy

ˈplea-ˌbargaining *n* [U] niższy wyrok w zamian za przyznanie się do winy

plead /pliːd/ *v* (**pleaded** or **pled**, **pleading**) **1** [I] błagać: **+with** *Amy pleaded with the stranger to help her.* **2** [I,T] *law* odpowiadać na zarzuty aktu oskarżenia: *"How do you plead?" "Not guilty."* —**pleadingly** *adv* błagalnie: *She looked at him pleadingly.*

pleas·ant S3 W3 /ˈplezənt/ *adj* **1** przyjemny: *a pleasant surprise* | *They spent a pleasant evening together.* THESAURUS **NICE** **2** miły, sympatyczny: *a pleasant young man in a dark suit* —**pleasantly** *adv* przyjemnie: *The weather was pleasantly warm.* →antonim **UNPLEASANT**

pleas·an·tries /ˈplezəntriz/ *n* [plural] *formal* uprzejmości

please¹ S1 W2 /pliːz/ *interjection* **1** proszę: *Can you all sit down, please?* | *Please could I have* (=czy mógłbym prosić o) *a glass of water?* **2 yes please** *spoken* tak, poproszę: *"More coffee?" "Yes please!"*

UWAGA: please

Wyrazu **please** używamy, prosząc o coś lub prosząc kogoś, żeby coś zrobił: *Please let me in.* | *Will you put the milk in the fridge, please?* | *Could I speak to Alice, please?* **Yes, please** to bardzo grzeczne „tak": *„Would you like more coffee?" „Yes, please."* Odpowiednikiem polskiego „proszę" w znaczeniu „nie ma za co" (w odpowiedzi na „dziękuję") nie jest „please", tylko **Don't mention it** lub (zwłaszcza w amerykańskiej angielszczyźnie) **You're welcome**.

please² W3 *v* **1** [I,T] zadowalać: *Mark has always been hard to please.* **2 whatever/however you please** co/jak ci się żywnie podoba: *He can do whatever he pleases. I don't care.* **3 if you please** *spoken formal* proszę: *Close the door, if you please.*

pleased S2 W3 /pliːzd/ *adj* **1** zadowolony: **+with/about** *Are you pleased with the result?* | **pleased to do sth** *You'll be pleased to hear that your application has been* *successful.* | **pleased (that)** *I was very pleased that he agreed to see me.* THESAURUS HAPPY, SATISFIED **2 (I'm) pleased to meet you** *spoken* bardzo mi miło

plea·sur·a·ble /ˈpleʒərəbəl/ *adj formal* miły, przyjemny: *a pleasurable experience*

plea·sure S2 W2 /ˈpleʒə/ *n* **1** [U] przyjemność: *The latest model from Ford is an absolute pleasure to drive* (=jazda najnowszym modelem forda to sama przyjemność). | **for pleasure** (=dla przyjemności): *I often read for pleasure.* **2 (it is) my pleasure** *spoken* cała przyjemność po mojej stronie: *"Thanks for coming." "My pleasure."* **3 take pleasure in doing sth** znajdować przyjemność w czymś: *She took great pleasure in telling him that he was wrong.*

UWAGA: pleasure

Patrz **fun** i **pleasure**.

pleat /pliːt/ *n* [C] plisa

pleat·ed /ˈpliːtɪd/ *adj* plisowany

pleb /pleb/ *n* [C] *informal humorous* plebej-usz/ka

pleb·is·cite /ˈplebəsət/ *n* [C,U] referendum

pled /pled/ *v* czas przeszły i imiesłów bierny od PLEAD

pledge¹ /pledʒ/ *n* [C] **1** przyrzeczenie: *Several countries made pledges of aid.* **2 take the pledge** *old-fashioned* złożyć przyrzeczenie abstynencji, ślubować/podpisać abstynencję

pledge² *v* [T] **1** przyrzekać: *They have pledged to cut inflation.* **2** zobowiązywać: *We were all pledged to secrecy.*

plen·ti·ful /ˈplentɪfəl/ *adj* obfity: *a plentiful supply of fresh fruit and vegetables*

plen·ty¹ /ˈplenti/ *quantifier, n* [U] mnóstwo, dużo, pod dostatkiem: **+of** *We have plenty of time to get to the airport.* | **plenty to do/eat etc** *There should be plenty to eat at the picnic.*

UWAGA: plenty of

Patrz **many, much** i **a lot of, plenty of**.

plenty² *adv* **plenty more** (wystarczająco) dużo: *There's plenty more room in the car.*

pleth·o·ra /ˈpleθərə/ *n* **a plethora of** *formal* multum: *a plethora of complaints*

pli·a·ble /ˈplaɪəbəl/ *adj* **1** giętki: *Roll the clay until it is soft and pliable.* **2** podatny na wpływy

pli·ers /ˈplaɪəz/ *n* [plural] szczypce, obcęgi: *a pair of pliers*

plight /plaɪt/ *n* [singular] niedola: *the plight of the homeless*

plim·solls /ˈplɪmsəlz/ *n* [plural] tenisówki

plod /plɒd/ *v* [I] (**-dded, -dding**) wlec się: **+on/along** *The old dog plodded along behind him.*

plonk /plɒŋk/ *n* [U] *BrE informal* sikacz *(tanie wino)*

plop¹ /plɒp/ *v* [T] (**-pped, -pping**) paść, opaść: *She plopped down onto the sofa.*

plop² *n* [C] plusk, pluśnięcie

plot¹ W3 /plɒt/ *n* [C] **1** spisek: *a plot to kill General Zia* **2** fabuła: *I didn't really understand the plot.* **3** działka

plot² (**-tted, -tting**) *v* **1** [I] spiskować, knuć: *He denied plotting to kidnap the girl.* **2** [T] u/knuć **3** *także* **plot (out)** [T] nanosić: *The earthquakes are plotted on a map.*

plough¹ /plaʊ/ *BrE,* **plow** *AmE n* [C] pług

plough² *BrE,* **plow** *AmE v* [I,T] za/orać: *newly plowed fields*

plough sth ↔ back *phr v* [T] reinwestować

plough on *phr v* [I] męczyć się dalej

plough through sth *phr v* [T] przebić się/przebrnąć przez *(książkę, artykuł itp.)*

ploy /plɔɪ/ *n* [C] chwyt, sztuczka: *He's not really ill – it's just a ploy to get us to feel sorry for him.*

pluck¹ /plʌk/ *v* **1 pluck up the courage** zebrać się na odwagę: *I finally plucked up the courage to ask for a raise.* **2** o/skubać: *pluck a chicken* **3** uderzać w struny: *plucking her guitar*

pluck² *n* [U] odwaga —**plucky** *adj* odważny, rezolutny: *a plucky kid*

plug¹ S3 /plʌg/ *n* [C] **1** wtyczka **2** zatyczka, korek

plug² *także* **plug up** *v* [T] (**-gged, -gging**) zatykać

plug away *phr v* [I] siedzieć nad: *He's been plugging away at his essay all week.*

plug sth ↔ in/into *phr v* [T] włączać do kontaktu: *Is the TV plugged in?* → antonim UNPLUG

plug·hole /ˈplʌghəʊl/ *n* [C] *BrE* odpływ *(zlewu, wanny)*

plum /plʌm/ *n* [C] śliwka

plum·age /ˈpluːmɪdʒ/ *n* [U] upierzenie

plumb·er /ˈplʌmə/ *n* [C] instalator/ka, hydrauli-k/czka

plumb·ing /ˈplʌmɪŋ/ *n* [U] instalacja wodno-kanalizacyjna

plume /pluːm/ *n* [C] **1** smuga: *We could see a plume of smoke coming from the chimney.* **2** pióro *(ptasie)*

plum·met /ˈplʌmɪt/ *v* [I] gwałtownie zniżkować: *House prices have plummeted over the past year.*

plump¹ /plʌmp/ *adj* **1** pulchny: *a sweet, plump little girl* | *plump cushions* **2** mięsisty: *plump, juicy strawberries*

plump² *v*

plump for sth *v* [T] *informal* z/decydować się na: *In the end I plumped for the tuna steak.*

plump sth ↔ up *phr v* [T] poprawiać *(np. poduszkę)*

plun·der¹ /ˈplʌndə/ *v* [I,T] s/plądrować, o/grabić: *The city was first captured and plundered in 1793.* | *We cannot go on plundering the Earth's resources.*

plunder² *n* [U] *literary* grabież

plunge¹ /plʌndʒ/ *v* **1** [I] wpaść: *The van plunged into the river.* **2** [T] wbić: *He plunged the knife into the man's chest.* **3** [I] gwałtownie spaść: *The price of gas plunged to 99 cents a gallon.*

plunge sb/sth into sth *phr v* [T] rzucić w wir: *America was suddenly plunged into war.*

plunge² *n* [singular] gwałtowny spadek: *a plunge in share values*

plung·er /ˈplʌndʒə/ *n* [C] przepychacz do zlewu

plu·per·fect /pluːˈpɜːfɪkt/ *n* **the pluperfect** *technical* czas zaprzeszły

plu·ral /ˈplʊərəl/ *n* [C] liczba mnoga

plus¹ S1 W2 Ac /plʌs/ *prep* plus: *3 plus 6 equals 9.* | *The jacket costs $49.95 plus tax.*

plus² *conjunction informal* plus: *He's been studying hard for exams. Plus he's been working in a bar at night.*

plus³ Ac *adj* **1** plus: *a temperature of plus 12°* | *She makes $50,000 a year plus* (=zarabia rocznie ponad 50.000 dolarów). **2 plus or minus** plus minus: *The results are accurate plus or minus 3 percentage points.*

plus[4] AC n [C] plus: *The restaurant's location is a real plus.*

plush /plʌʃ/ *adj* luksusowy: *a large plush office*

'plus sign *n* [C] znak plus

Plu·to /'plu:təʊ/ *n* [singular] Pluton

plu·to·ni·um /plu:'təʊniəm/ *n* [U] pluton

ply /plaɪ/ *v* [I,T] (**plied**, **plied**, **plying**) **1 ply your trade** *literary* robić swoje **2** *old-fashioned* kursować *(np. o statku)*
ply sb with sth *phr v* [T] **1 ply sb with food/drink** wpychać w kogoś jedzenie/wlewać w kogoś alkohol **2 ply sb with questions** zasypywać kogoś pytaniami

ply·wood /'plaɪwʊd/ *n* [U] sklejka

pm, **p.m.** /ˌpi: 'em/ po południu: *I get off work at 5:30 p.m.* →porównaj **AM**

PMT /ˌpi: em 'ti:/ *także* **PMS** /ˌpi: em 'es/ *n* [U] zespół napięcia przedmiesiączkowego

pneu·mat·ic /nju:'mætɪk/ *adj* pneumatyczny: *a pneumatic drill | a pneumatic tyre*

pneu·mo·ni·a /nju:'məʊniə/ *n* [U] zapalenie płuc

poach /pəʊtʃ/ *v* **1** [T] u/gotować we wrzątku **2** [I,T] kłusować (na)

poach·er /'pəʊtʃə/ *n* [C] kłusowni-k/czka

PO Box /ˌpi: əʊ 'bɒks◂/ *n* [C] skrytka pocztowa

pock·et[1] S2 W2 /'pɒkɪt/ *n* [C] **1** kieszeń: *There's some money in my jacket pocket. | Julie took her hands out of her pockets. | The bridge was paid for out of the pockets of the local people.* **2** enklawa: *pockets of resistance* (=ogniska/grupy oporu) **3 be out of pocket** być na minusie *(nie mieć pieniędzy)*

pocket[2] *v* [T] **1** przywłaszczać sobie: *An employee was arrested for pocketing $4 million of the company's profits.* **2** wkładać do kieszeni: *He pocketed the keys of the safe.*

pocket[3] *także* **'pocket-sized** *adj* kieszonkowy: *a pocket calendar | a pocket-sized notebook*

pock·et·book /'pɒkətbʊk/ *n* [C] *AmE* **1** portfel **2** notesik

pock·et·ful /'pɒkətfʊl/ *n* [C] pełna kieszeń: *She always carried a pocketful of pills.*

'pocket knife *n* [C] scyzoryk

pock·mark /'pɒkmɑ:k/ *n* [C] blizna po ospie, dziób

pock·marked /'pɒkmɑ:kt/ *adj* dziobaty, ospowaty

pod /pɒd/ *n* [C] strączek: *a pea pod*

podcast[1] /'pɒdkɑ:st/ *n* podkast, podcast THESAURUS PROGRAMME

podcast[2] /'pɒdkɑ:st/ *v* [T] udostępnić w formie podkastu: *The show is to be podcast.*

po·di·a·trist /pə'daɪətrɪst/ *n* [C] *AmE* podiatra —**podiatry** *n* [U] podiatria

po·di·um /'pəʊdiəm/ *n* [C] **1** mównica **2** podium

po·em S3 W3 /'pəʊɪm/ *n* [C] wiersz: *a famous poem by William Wordsworth*

po·et W3 /'pəʊɪt/ *n* [C] poet-a/ka

po·et·ic /pəʊ'etɪk/ *adj* **1** poetycki: *poetic language* **2** poetyczny: *the poetic quality of some of his photographs* —**poetically** /-kli/ *adv* poetycznie

poˌetic 'justice *n* [U] ręka sprawiedliwości: **it was poetic justice** (=sprawiedliwości stało się zadość)

poˌetic 'licence *BrE*, **poetic license** *AmE* *n* [U] licencja poetycka

po·et·ry W3 /'pəʊətri/ *n* [U] poezja: *Emily Dickinson's poetry | a poetry class*

poi·gnant /'pɔɪnjənt/ *adj* wzruszający, przejmujący: *a poignant scene near the end of the film*

point[1] S1 W1 /pɔɪnt/ *n* **1** [C] argument: **make a point** (=przytoczyć argument): *I agreed with several of the points he made.* | **that's a point!** *spoken* (=racja!): *"Have you spoken to Alan?" "That's a point! I completely forgot to tell him."* **2 the point** sedno sprawy: **the point is** *spoken* (=chodzi o to, że): *The point is we just don't have enough money.* | **get to the point** (=przejść do sedna sprawy): *I wish she'd hurry up and get to the point.* | **That's not the point** *spoken* (=nie w tym rzecz): *"But I gave you the money back." "That's not the point: you shouldn't have taken it."* **3** [C] moment: *At that point I began to get seriously worried.* | **high/low point** *the high point of his career* | **get to/reach the point** *It got to the point where* (=doszło do tego, że) *we both wanted a divorce.* **4** [C] punkt: *the point where two lines cross each other | The Rams beat the Giants by 6 points. | Stocks were down 12 points today at 5,098.* THESAURUS PLACE **5** [U] sens: *The whole point of travelling is to experience new things.* | **There's no point/What's the point** *spoken* (=nie ma sensu): *There's no point in going now – we're already too late.* **6** [C] czubek: *the point of a needle* **7 good/bad/strong points** dobre/złe/mocne strony: *He has his good points.* **8** [C] przecinek, kropka dziesiętna: *four point seven five percent* (=4.75%) **9 boiling/melting point** temperatura wrzenia/topnienia **10 sb has a point** ktoś ma rację: *I think he may have a point.* **11 I (can) see your point** *spoken* rozumiem cię: *She wants him to spend more time with the children, and I can see her point.* **12 up to a point** do pewnego stopnia: *He's right up to a point.* **13 make a point of doing sth** zadbać o coś: *Sarah made a point of telling everyone how much the ring had cost.* **14 the point of no return** sytuacja bez odwrotu **15 in point of fact** *formal* w rzeczy samej **16 to the point** na temat: *Her next letter was short and to the point.* **17 be on the point of doing sth** właśnie mieć coś zrobić: *I was just on the point of leaving for work when the phone rang.* →patrz też **GUNPOINT**, **POINT OF VIEW**

point[2] S2 W2 *v* [I,T] **1** wskazywać: *There should be signs pointing the way to her house.* | **+to/at/towards etc** *John pointed to a chair: "Please, sit down." | "That's my car," she said, pointing at a white Ford.* **2** wy/celować: *He pointed a gun at the old man's head. | Hold the bat so that your fingers point toward the end.*
point out *phr v* **1** [T **point** sth ↔ **out**] zauważyć: *Someone pointed out that Washington hadn't won a game in L.A. since 1980.* **2** [T **point** sb/sth ↔ **out**] wskazać: *I'll point him out to you next time we see him.*
point to/toward sb/sth *phr v* [T] wskazywać na: *The study points to stress as a cause of heart disease.*

ˌpoint-'blank *adj, adv* **1 at point-blank range** z bliska: *The victim was shot dead at point-blank range.* **2** bez ogródek: *She refused point-blank to help them.*

point·ed /'pɔɪntɪd/ *adj* **1** spiczasty: *cowboy boots with pointed toes* **2 pointed question/remark** uszczypliwe pytanie/uszczypliwa uwaga **3** znaczący: *She looked in a pointed manner at the clock and I stood up to leave.*

point·ed·ly /'pɔɪntɪdli/ *adv* znacząco, wyraźnie: *Wilton pointedly avoided asking Reiter for advice.*

point·er /ˈpɔɪntə/ *n* [C] **1** strzałka **2** wskazówka: *I can give you some pointers on how to improve your game.* **3** wskaźnik

point·less /ˈpɔɪntləs/ *adj* **1** bezsensowny: *pointless violence on TV* **2** bezproduktywny, bezcelowy: *It's pointless trying to talk to him – he won't listen.*

ˌpoint of ˈview *n* [C] punkt widzenia: *From a purely practical point of view, this is not a good decision.* | *My parents never seem to be able to see my point of view.*

points /pɔɪnts/ *n* [plural] zwrotnica

point·y /ˈpɔɪnti/ *adj informal* spiczasty

poise /pɔɪz/ *n* [U] **1** opanowanie, równowaga: **recover your poise** (=odzyskać panowanie nad sobą): *He struggled to recover his normal poise.* **2** gracja: *the poise of a ballet dancer*

poised /pɔɪzd/ *adj* **1** gotowy: *The army was poised to attack.* | *runners poised at the start of a race* **2** opanowany

poi·son[1] /ˈpɔɪzən/ *n* [C,U] trucizna: *Poison from the snake can kill very quickly.* | *poison gas*

poison[2] *v* [T] **1** o/truć: *He tried to poison his parents.* **2** zatruwać: *The lake has been poisoned by toxic waste from factories.* | *The quarrel had poisoned their relationship.* —**poisoned** *adj* zatruty

poi·son·ing /ˈpɔɪzənɪŋ/ *n* [C,U] zatrucie: *lead poisoning* →patrz też **FOOD POISONING**

poison oak *n* sumak jadowity

poi·son·ous /ˈpɔɪzənəs/ *adj* **1** trujący: *poisonous chemicals* **2** jadowity: *poisonous snakes*

poke /pəʊk/ *v* **1** [I,T] szturchać: *Stop poking me!* | *He poked at the campfire with a stick* (=grzebał kijem w ognisku). | **poke a hole** (=wydłubać dziurę) **2** [T] wtykać: **poke sth through/out of/around etc** *David poked his head around the door.* **3** [I] wystawać: **+up/through/out of etc** *The roots of the trees are poking up through the sidewalk.* **4 poke fun at** stroić sobie żarty z: *You shouldn't poke fun at her like that.* →patrz też **stick/poke your nose into** (**NOSE**[1])

pok·er /ˈpəʊkə/ *n* **1** [U] poker **2** [C] pogrzebacz

ˌpoker-ˈfaced *adj* z kamienną twarzą

pok·y, **pokey** /ˈpəʊki/ *adj* **1** przyciasny, ciasnawy: *a pokey apartment* **2** *AmE* ślamazarny: *a pokey driver*

Po·land /ˈpəʊlənd/ *n* Polska

po·lar /ˈpəʊlə/ *adj* polarny: *polar ice caps*

ˌpolar ˈbear *n* [C] niedźwiedź polarny

po·lar·ize /ˈpəʊləraɪz/ *także* **-ise** *BrE v* [I,T] *formal* s/polaryzować: *The Vietnam War polarized public opinion.*

Po·lar·oid /ˈpəʊlərɔɪd/ *n* [C,U] *trademark* Polaroid

pole W3 *n* [C] **1** słup(ek), maszt: *tent poles* **2 North/South Pole** biegun północny/południowy: *an expedition to the North Pole*

Pole /pəʊl/ *n* Pol-ak/ka

po·lem·ic /pəˈlemɪk/ *n* [C,U] polemika —**polemical** *adj* polemiczny

ˈpole vault *n* **the pole vault** skok o tyczce

po·lice[1] S1 W1 /pəˈliːs/ *n* [plural] **the police** policja: *The police are hunting for the killer of a 14-year-old boy.* | *a police car*

COLLOCATIONS: police

verbs

to call the police *We can call the police if there's any trouble.*

to tell the police *Why didn't you tell the police?*

the police investigate sth *The police are investigating a break-in at the club.*

the police catch sb *The police are determined to catch the killer.*

the police arrest sb *The police arrested Mr Fox as he tried to leave the country.*

the police question/interview sb *Police are questioning two men about the deaths.*

the police charge sb with sth (=policja oskarża kogoś o coś) *The police have charged the parents with murder.*

police + noun

the police force *He joined the police force in 1990.*

a police officer *The police officer asked to see his driving licence.*

a police car *They were being followed by a police car.*

types of police

riot police *Riot police were brought in to deal with the demonstrators.*

secret police *He was captured and tortured by the secret police.*

police[2] *v* [T] **1** patrolować: *new ways of policing the neighborhood* **2** egzekwować przestrzeganie przepisów przez: *an agency that polices the nuclear power industry*

poˌlice ˈconstable *n* [C] *BrE* posterunkowy

poˈlice deˌpartment *n* [C] *AmE* wydział policji

poˈlice force *n* [C] policja *(w danym kraju, rejonie)*

po·lice·man S2 W3 /pəˈliːsmən/ *n* [C] (plural **policewomen** /-mən/) policjant

poˈlice ˌofficer *n* [C] policjant/ka

poˈlice state *n* [C] państwo policyjne

poˈlice ˌstation *n* [C] posterunek policji

po·lice·wom·an /pəˈliːsˌwʊmən/ *n* [C] (plural **policewomen** /-wɪmɪn/) policjantka

pol·i·cy S3 W1 Ac /ˈpɒləsi/ *n* **1** [C,U] polityka: *the government's foreign policy* | *The best policy is probably to wait until she calms down.* **2** polisa: *a homeowner's policy*

po·li·o /ˈpəʊliəʊ/ *n* [C] polio

pol·ish[1] /ˈpɒlɪʃ/ *v* [T] wy/polerować: *Davy spent all morning polishing his car.*
polish sth ↔ off *phr v* [T] *informal* s/pałaszować: *The kids polished off the rest of the cake.*
polish sth ↔ up *phr v* [T] podszlifować: *I need to polish up my French.*

polish[2] *n* **1** [C,U] pasta: *shoe polish* **2 give sth a polish** wy/polerować coś: *I'll just give the table a quick polish.* →patrz też **NAIL POLISH**

Polish[1] /ˈpəʊlɪʃ/ *adj* polski

Polish[2] *n* **1** (język) polski **2 the Polish** Polacy

pol·ished /ˈpɒlɪʃt/ *adj* **1** wypolerowany: *polished shoes* **2** [singular] nienaganny: *a polished performance*

po·lite S3 /pəˈlaɪt/ *adj* **1** uprzejmy, grzeczny: *It's not polite to talk with food in your mouth.* | *He was always very helpful and polite.* **2** kulturalny: *polite language* —**politely**

adv uprzejmie, grzecznie —**politeness** *n* [U] uprzejmość, grzeczność

po·lit·i·cal S2 W1 /pəˈlɪtɪkəl/ *adj* **1** polityczny: *The US has two main political parties.* | *changes to the British political system* **2** interesujący się polityką: *I'm not really a political person.* —**politically** /-kli/ *adv* politycznie

poˌlitical aˈsylum *n* [U] azyl polityczny

poˌlitically corˈrect, **PC** *adj* politycznie poprawny: *It's not politically correct to say 'handicapped' any more.* —**political correctness** *n* [U] polityczna poprawność

poˌlitical ˈprisoner *n* [C] więzień polityczny

ˌpolitical ˈscience *n* [U] politologia —**political scientist** *n* [C] politolo-g/żka

pol·i·ti·cian W2 /ˌpɒləˈtɪʃən/ *n* [C] polity-k/czka: *Unfortunately politicians are not highly trusted these days.*

P

po·li·ti·cize /pəˈlɪtɪsaɪz/ *także* **-ise** *BrE v* [T] upolityczniać: *Sport has become much more politicized these days.*

pol·i·tics S2 W2 /ˈpɒlətɪks/ *n* [U] **1** polityka: *Most young people aren't interested in politics.* | *He plans to retire from politics before the next election.* | *Colin tries not to get involved in office politics.* **2** poglądy polityczne: *I'm not sure what Ellen's politics are.*

pol·ka /ˈpɒlkə/ *n* [C] polka

ˈpolka-dot *adj* w kropeczki: *a polka-dot scarf*

poll¹ W3 /pəʊl/ *także* **opinion poll** *n* [C] badanie opinii publicznej: *Recent polls show that support for the President is strong.* → patrz też POLLS

poll² *v* [T] **1** ankietować: *We polled 600 teachers, asking their opinion about the changes.* **2** zdobywać *(głosy)*: *Clinton polled over 50 percent of the votes.*

pol·len /ˈpɒlən/ *n* [U] pyłek kwiatowy

ˈpollen count *n* [C] stężenie pyłków w powietrzu

pol·li·nate /ˈpɒləneɪt/ *v* [T] zapylać —**pollination** /ˌpɒləˈneɪʃən/ *n* [U] zapylenie

ˈpolling day *n* [C] dzień wyborów

ˈpolling ˌstation *także* **ˈpolling place** *AmE n* [C] lokal wyborczy

polls /pəʊlz/ *n* [plural] **the polls** wybory: **go to the polls** (=iść do urn wyborczych): *French voters go to the polls tomorrow.*

poll·ster /ˈpəʊlstə/ *n* [C] ankieter/ka

pol·lut·ant /pəˈluːtənt/ *n* [C] polutant

pol·lute /pəˈluːt/ *v* [T] zanieczyszczać: *companies that pollute the environment*

pol·lut·ed /pəˈluːtɪd/ *adj* zanieczyszczony: *The rivers are heavily polluted.*

pol·lu·tion W2 /pəˈluːʃən/ *n* [U] zanieczyszczenie: *Pollution levels are dangerously high in many of our rivers.*

po·lo /ˈpəʊləʊ/ *n* [U] polo

ˈpolo neck *n* [C] *BrE* golf *(sweter)*

pol·ter·geist /ˈpɒltəgaɪst/ *n* [C] złośliwy duch

pol·y·es·ter /ˈpɒliestə/ *n* [U] poliester

po·lyg·a·my /pəˈlɪgəmi/ *n* [U] poligamia —**polygamous** *adj* poligamiczny

pol·y·sty·rene /ˌpɒlɪˈstaɪriːn◂/ *n* [U] *especially BrE* polistyren

pol·y·tech·nic /ˌpɒlɪˈteknɪk/ *n* [C] politechnika

pol·y·thene /ˈpɒləθiːn/ *n* [U] *BrE* polietylen

pom·e·gran·ate /ˈpɒməgrænət/ *n* [C] granat *(owoc)*

pomp /pɒmp/ *n* [U] *formal* pompa: *all the pomp of an imperial coronation*

pom·pom /ˈpɒmpɒm/ *n* [C] pompon

pom·pous /ˈpɒmpəs/ *adj* napuszony, nadęty: *a pompous little man* THESAURUS PROUD

pond S3 /pɒnd/ *n* [C] staw: *fish swimming in the pond* THESAURUS LAKE

pon·der /ˈpɒndə/ *v* [T] *literary* rozważać, rozmyślać nad: *She pondered her answer for a long time.*

pon·der·ous /ˈpɒndərəs/ *adj* **1** ciężki, przyciężkawy: *a ponderous style of writing* **2** niezgrabny: *an elephant's ponderous walk*

pong /pɒŋ/ *v* [I] *BrE informal* cuchnąć: *It really pongs in here.* —**pong** *n* [singular] smród, fetor

pon·tif·i·cate /pɒnˈtɪfɪkeɪt/ *v* [I] perorować: *pontificating about moral values*

po·ny /ˈpəʊni/ *n* [C] kucyk

po·ny·tail /ˈpəʊniteɪl/ *n* [C] koński ogon

ˈpony-ˌtrekking *n* [U] *BrE* rajd konny

pooch /puːtʃ/ *n* [C] *informal humorous* psiak

poo·dle /ˈpuːdl/ *n* [C] pudel

pooh-pooh /ˌpuː ˈpuː/ *v* [T] *informal* wyśmiewać, wykpiwać: *He pooh-poohs everything I say.*

pool¹ S2 W2 /puːl/ *n* **1** [C] basen: *Does the hotel have a pool?* **2** [U] bilard **3** kałuża: *Creighton lay there in a pool of blood.* **4** [C] sadzawka: *A shallow pool had formed among the rocks.* THESAURUS LAKE **5** [C] pula

pool² *v* [T] po/dzielić się *(pieniędzmi, wiedzą itp.)*: *a meeting to pool ideas*

pools /puːlz/ *n* **the pools** totalizator piłkarski

poor S1 W1 /pɔː/ *adj* **1** biedny, ubogi: *She comes from a poor family.* | *a poor country* **2 the poor** biedni: *a charity that distributes food to the poor* **3** słaby, kiepski: *a poor standard of work* | *poor health* | *a poor swimmer* THESAURUS BAD **4** [only before noun] *spoken* biedny: *The poor girl* (=biedaczka) *gets blamed for everything that goes wrong.*

THESAURUS: poor

poor biedny: *They were too poor to have a television.* | *It's one of the poorest areas of the city.*

hard up/broke *informal* spłukany: *I'm broke until I get paid next week.* | *A lot of people are feeling hard up at the moment.*

deprived ubogi: *She had a very deprived childhood.* | *one of the most deprived areas of Glasgow*

disadvantaged *formal* mający gorszy start, pokrzywdzony przez los: *The program is designed to help disadvantaged people find jobs.*

developing rozwijający się: *the problems faced by developing countries* | *the developing world*

penniless bez grosza (przy duszy): *She died penniless.*

poor·ly¹ /ˈpɔːli/ *adv* słabo, kiepsko: *a poorly paid job*

poorly² *adj BrE informal* niezdrów, chory: *Rita was poorly last week.*

pop¹ S2 /pɒp/ *v* (**-pped**, **-pping**) **1 pop in/out** *spoken* wskoczyć/wyskoczyć: *Dave's popped out to get some* *bread.* **2** [I,T] strzelać: *Champagne corks were popping.* **3** *także* **pop out** [I] wychodzić na wierzch **4** **pop the question** *informal* oświadczyć się

pop up *phr v* [I] *informal* pojawiać się: *His face keeps popping up on television.*

pop² S3 W3 *n* **1** [U] pop: *a pop singer* **2** [C] huk: *The balloon burst with a loud pop.* **3** [U] *informal* słodki napój gazowany

pop·corn /ˈpɒpkɔːn/ *n* [U] prażona kukurydza

Pope /pəʊp/ *n* **the Pope** papież

pop·lar /ˈpɒplə/ *n* [C] topola

pop·py /ˈpɒpi/ *n* [C] mak *(roślina)*

pop·py·seed /ˈpɒpisiːd/ *n* [U] mak: *poppyseed cake* (=makowiec)

pop quiz *n* [C] *AmE* niezapowiedziany sprawdzian

Pop·si·cle /ˈpɒpsɪkəl/ *n* [C] *AmE trademark* lizak z mrożonej wody z sokiem owocowym

pop·u·lace /ˈpɒpjələs/ *n* [singular] *formal* ludność, lud

pop·u·lar S2 W1 /ˈpɒpjələ/ *adj* popularny: *a popular teacher* | *a popular belief* | *popular entertainment* | *the popular press* | **+ with** *The nightclub is popular with tourists.* → antonim **UNPOPULAR**

pop·u·lar·i·ty /ˌpɒpjəˈlærəti/ *n* [U] popularność: *The band's popularity has grown steadily in the last five years.*

pop·u·lar·ize /ˈpɒpjələraɪz/ *także* **-ise** *BrE v* [T] s/popularyzować: *Jane Fonda popularized aerobic exercise.*

pop·u·lar·ly /ˈpɒpjələli/ *adv* **popularly believed/known** powszechnie uważany/znany: *It's popularly believed* (=powszechnie uważa się) *that people need eight hours' sleep a night.*

pop·u·late /ˈpɒpjəleɪt/ *v* [T] **be populated** być zamieszkanym: *The Central Highlands are populated mainly by peasant farmers.* | **densely/sparsely populated** (=gęsto/słabo zaludniony)

pop·u·la·tion S2 W1 /ˌpɒpjəˈleɪʃən/ *n* **1** [C,U] ludność, liczba mieszkańców: *What's the population of Tokyo?* | **population explosion** (=eksplozja demograficzna) THESAURUS **PEOPLE** **2** [C] populacja: *30% of the male population suffer from heart disease.*

pop·u·lous /ˈpɒpjələs/ *adj formal* gęsto zaludniony, ludny: *Sichuan is China's most populous province.*

porce·lain /ˈpɔːslɪn/ *n* [U] porcelana

porch /pɔːtʃ/ *n* [C] **1** ganek **2** *AmE* weranda

por·cu·pine /ˈpɔːkjəpaɪn/ *n* [C] jeżozwierz

pore¹ /pɔː/ *n* [C] por *(w skórze)*

pore² *v*

pore over sth *phr v* [T] studiować, zagłębiać się w: *We spent all day poring over wedding magazines.*

pork /pɔːk/ *n* [U] wieprzowina: *pork chops*

por·nog·ra·phy /pɔːˈnɒgrəfi/ *także* **porn** /pɔːn/ *n* [U] pornografia —**pornographic** /ˌpɔːnəˈgræfɪk/ *także* **porn** *adj* pornograficzny, porno: *porn videos*

po·rous /ˈpɔːrəs/ *adj* porowaty: *porous rock*

por·poise /ˈpɔːpəs/ *n* [C] morświn

por·ridge /ˈpɒrɪdʒ/ *n* [U] owsianka

port W2 /pɔːt/ *n* **1** [C,U] port: *the port of Dover* | **in port** *The ship was back in port after a week at sea.* **2** [C] gniazdo wejściowe **3** [U] porto *(wino)* **4** [U] lewa burta

UWAGA: port.

Patrz **harbour** i **port**.

por·ta·ble /ˈpɔːtəbəl/ *adj* przenośny: *a portable television*

por·tal /pɒɔːtl/ *n* [C] portal

por·ter /ˈpɔːtə/ *n* [C] bagażowy

port·fo·li·o /pɔːtˈfəʊliəʊ/ *n* [C] teczka

port·hole /ˈpɔːthəʊl/ *n* [C] luk

por·ti·co /ˈpɔːtɪkəʊ/ *n* [C] portyk

por·tion Ac /ˈpɔːʃən/ *n* [C] **1** część: *A large portion of the money has been spent on advertising.* | *Both drivers must bear a portion of the blame.* **2** porcja: *A small portion of ice cream costs $5.*

port·ly /ˈpɔːtli/ *adj* tęgi, korpulentny: *a portly gentleman*

por·trait /ˈpɔːtrɪt/ *n* [C] **1** portret: *a portrait of the queen* **2** obraz: *The novel is a portrait of life in Harlem in the 1940s.*

por·tray /pɔːˈtreɪ/ *v* [T] przedstawiać: *a film that portrays the life of Charlie Chaplin* | **portray sb/sth as sth** *Diana is portrayed as the victim of a loveless marriage.*

Por·tu·gal /ˈpɔːtʃəgəl/ *n* Portugalia —**Portuguese** /ˌpɔːtʃəˈgiːz◂/ *n* Portugal-czyk/ka —**Portuguese** *adj* portugalski

pose¹ W3 Ac /pəʊz/ *v* **1** **pose a problem/threat** stanowić problem/zagrożenie: *Nuclear waste poses a threat to the environment.* **2** pozować: **+ for** *The astronauts posed for pictures alongside the shuttle.* **3** **pose as** podawać się za: *He obtained the drugs by posing as a doctor.*

pose² Ac *n* [C] poza: *He's not really the macho type – it's all just a pose.*

posh /pɒʃ/ *adj* **1** elegancki: *a posh restaurant* **2** *BrE informal* charakterystyczny dla wyższych sfer: *a posh accent*

po·si·tion¹ S1 W1 /pəˈzɪʃən/ *n* **1** [C usually singular] położenie, sytuacja: *He's in a difficult position right now.* | *The current financial position is not good.* | **be in a position to do sth** (=być w stanie coś zrobić): *I'm afraid I'm not in a position to advise you.* **2** [C] pozycja: *He raised himself into an upright sitting position.* | *Make sure the switch is in the 'off' position.* | *the position of women in our society* | *"What position did Swift play?" "He was goalkeeper."* | *Schumacher has moved into second position.* **3** [C] stanowisko: **+ on** *What's the party's position on foreign aid?* **4** [C,U] położenie: *the sun's position in the sky* | **in position** (=na (swoim) miejscu): *the screws that held the shelf in position* THESAURUS **PLACE** **5** [C] *formal* stanowisko, posada: *He's applied for a position at the bank.* THESAURUS **JOB**

position² *v* [T] umieszczać: *Police positioned themselves* (=policjanci zajęli pozycje) *around the bank.*

pos·i·tive S2 W2 Ac /ˈpɒzətɪv/ *adj* **1** pozytywny: *a positive attitude to life* | *The response to our proposals has been very positive.* | *Living abroad has been a positive experience.* **2** pewny: *"Are you sure you don't want a drink?" "Positive."* | *the first positive evidence that life exists on other planets* THESAURUS **SURE** **3** dodatni: *Her pregnancy test was positive.* | *positive numbers* | *positive charge* → porównaj **NEGATIVE¹**

pos·i·tive·ly Ac /ˈpɒzətɪvli/ *adv* **1** *spoken* wręcz: *Some patients positively enjoy being in hospital.* **2** pozytywnie: *News of the changes was viewed positively by most people.*

P

pos·sess W3 /pəˈzes/ *v* [T] **1** *formal* posiadać: *The fire destroyed everything he possessed.* | *She possesses a great talent for poetry.* THESAURUS OWN **2 what possessed you/him?** *spoken* co cię/go napadło?: *What possessed you to sell the car?* —**possessor** *n* [C] posiadacz/ka

pos·sessed /pəˈzest/ *adj* opętany

pos·ses·sion W3 /pəˈzeʃən/ *n* **1** [C usually plural] dobytek: *When they left, they had to sell most of their possessions.* **2** [U] *formal* posiadanie: **in possession of sth** (=w posiadaniu czegoś): *He was found in possession of stolen goods.* | **take possession of sth** (=brać/obejmować coś w posiadanie): *When do you actually take possession of the house?*

pos·ses·sive[1] /pəˈzesɪv/ *adj* zaborczy: *I love Dave, but he's very possessive.*

possessive[2] *n* [C] zaimek lub przymiotnik dzierżawczy

P

pos·si·bil·i·ty S2 W2 /ˌpɒsəˈbɪləti/ *n* [C,U] możliwość: *Beth decided that she wanted to start her own business, and began to explore the possibilities.* | **+ of** *the possibility of an enemy attack* | **+ (that)** *There's a real possibility that people will lose their jobs.*

UWAGA: possibility i opportunity

Nie należy mylić wyrazów **possibility** i **opportunity** w znaczeniu „możliwość". **Possibility** to „prawdopodobieństwo jakiegoś zdarzenia": *There's always a possibility that he might go back to London.* **Opportunity** to „warunki sprzyjające jakiemuś zdarzeniu, okazja": *The exchange scheme provides young people with the opportunity to visit a foreign country.*

pos·si·ble S1 W1 /ˈpɒsəbəl/ *adj* możliwy: *They were warned of all the possible risks and dangers.* | **it is possible to do sth** *Is it possible to pay by credit card?* | **if possible** (=jeśli to możliwe): *I want to get back by 5 o'clock, if possible.* | **as much/quickly as possible** (=jak najwięcej/najszybciej): *We must get her to hospital as quickly as possible.* | **it is possible (that)** *It's possible we might be late.* → antonim IMPOSSIBLE

pos·si·bly S1 W2 /ˈpɒsəbli/ *adv* **1** być może: *The journey will take three hours - possibly more.* THESAURUS MAYBE **2** tylko: *if you possibly can* (=jeśli tylko możesz) | *We did everything we possibly could* (=zrobiliśmy wszystko, co tylko było można) *to help them.* **3** w żaden sposób, absolutnie: *I couldn't possibly eat all that* (=w żaden sposób nie dałbym rady zjeść tego wszystkiego)! **4** *spoken* **could you possibly** czy mógłbyś: *I wonder if you could possibly help me?*

post[1] S2 W2 /pəʊst/ *n* **1** [U] *BrE* poczta: *The cheque's in the post* (=czek został wysłany). | *Is there any post for me?* | **by post** *He sent it by post.* **2** [C] słup **3** [C] stanowisko: *She was offered the post of Sales Manager.* **4** [C] posterunek: *The guards cannot leave their posts.*

post[2] S3 *v* [T] **1** *BrE* wysyłać *(pocztą)*: *I must post that letter to Clare today.* **2** *także* **post up** wywieszać: *They've posted warning signs on the gate.* **3** od/delegować: *a young diplomat who had been posted to Cairo* **4 keep sb posted** informować kogoś na bieżąco

post- /pəʊst/ *prefix* późniejszy, po-, post-: *post-war* (=powojenny)

post·age /ˈpəʊstɪdʒ/ *n* [U] opłata pocztowa

post·al /ˈpəʊstl/ *adj* [only before noun] pocztowy: *postal workers*

ˈpostal ˌorder *n* [C] *BrE* przekaz pocztowy

post·box /ˈpəʊstbɒks/ *n* [C] *BrE* skrzynka pocztowa

post·card /ˈpəʊskɑːd/ *n* [C] pocztówka, widokówka: *a postcard of Paris*

post·code /ˈpəʊstkəʊd/ *n* [C] *BrE* kod pocztowy

post·er S3 /ˈpəʊstə/ *n* [C] plakat, afisz

pos·ter·i·ty /pɒˈsterəti/ *n* [U] potomność: **for posterity** *I'm saving these pictures for posterity.*

post·grad·u·ate /ˌpəʊstˈgrædʒuət/ *n* [C] **1** magistrant/ka **2** doktorant/ka —**postgraduate** *adj* podyplomowy: *postgraduate students* (=magistranci/doktoranci)

post·hu·mous /ˈpɒstjəməs/ *adj* pośmiertny —**posthumously** *adv* pośmiertnie: *His last book was published posthumously.*

post·ing /ˈpəʊstɪŋ/ *n* [C] *especially BrE* oddelegowanie

post·man /ˈpəʊsmən/ *także* **postwoman** /-ˌwʊmən/ *n* [C] *BrE* (plural **postwomen** /-wɪmɪn/) listonosz/ka

post·mark /ˈpəʊstmɑːk/ *n* [C] stempel pocztowy

post-mor·tem /ˌpəʊstˈmɔːtəm/ *n* [C] sekcja zwłok

post·na·tal /ˌpəʊstˈneɪtl◂/ *adj* poporodowy: *postnatal care*

ˈpost ˌoffice *n* [C] urząd pocztowy

post·pone /pəʊsˈpəʊn/ *v* [T] odraczać, przekładać: *The game was postponed because of rain.* —**postponement** *n* [C,U] odroczenie

post·script /ˈpəʊsˌskrɪpt/ *n* [C] postscriptum

pos·ture /ˈpɒstʃə/ *n* [C,U] postawa, postura: *By maintaining good posture you can avoid back pain.*

po·sy /ˈpəʊzi/ *n* [C] *literary* bukiecik

pot[1] S2 W3 /pɒt/ *n* **1** [C] garnek: *pots and pans* **2** [C] słój: *a pot of honey* **3** [C] doniczka: *a plant growing in a pot* **4** [C] dzbanek: *a coffee pot* **5 go to pot** *informal* zejść na psy: *The business went to pot after George died.* **6** [U] *old-fashioned* traw(k)a *(marihuana)*

pot[2] *v* [T] (**-tted, -tting**) po/sadzić w doniczce

po·ta·to S2 /pəˈteɪtəʊ/ *n* [C,U] (plural **potatoes**) ziemniak, kartofel

poˈtato chip *n* [C] *AmE* chrupka, chips

po·tent /ˈpəʊtənt/ *adj* mocny, silny: *potent drugs* —**potency** *n* [U] moc, potencja

po·ten·tial[1] S3 W2 Ac /pəˈtenʃəl/ *adj* [only before noun] potencjalny: *a potential danger* | *The salesmen were eager to impress potential customers.* —**potentially** *adv* potencjalnie: *a potentially dangerous situation*

potential[2] W3 Ac *n* **1** [singular] potencjał: *There's a potential for conflict in the area.* **2** [U] możliwości: *She was told she had great potential as a singer.*

pot·hole /ˈpɒthəʊl/ *n* [C] **1** wybój **2** jaskinia

pot·hol·ing /ˈpɒtˌhəʊlɪŋ/ *n* [U] chodzenie po jaskiniach

po·tion /ˈpəʊʃən/ *n* [C] *literary* eliksir: *a love potion*

ˌpot ˈluck *n* **take pot luck** *informal* zadowolić się tym, co jest

ˈpot shot *n* **take a pot shot at sth** *informal* strzelać do czegoś na chybił-trafił

pot·ted /ˈpɒtɪd/ *adj* **1** *BrE* ze słoika *(np. o mięsie, pasztecie)* **2** doniczkowy **3 potted history/version** *BrE* historia/wersja w pigułce

pot·ter¹ /ˈpɒtə/ *także* **potter around/about** *v* [I] *BrE* pałętać się: *pottering in the garden*

potter² *n* [C] garnca-rz/rka

pot·ter·y /ˈpɒtəri/ *n* [U] **1** wyroby garncarskie **2** garncarstwo

pot·ty¹ /ˈpɒti/ *n* [C] *informal* nocniczek

potty² *adj BrE informal* stuknięty, zwariowany: *a potty idea*

pouch /paʊtʃ/ *n* [C] **1** sakiewka **2** torba *(kangura)*

poul·try /ˈpəʊltri/ *n* [U] drób

pounce /paʊns/ *v* [I] rzucać się: *a cat pouncing on a mouse*

pound¹ S1 W2 /paʊnd/ *n* [C] funt: *a pound of apples | It cost ten pounds. | a five-pound note*

pound² *v* **1** [I,T] walić (w): *We were woken by someone pounding on the door. | My heart pounded with excitement.* **2** [I] biec ciężko: *He pounded up the stairs in front of her.* **3** [T] u/tłuc: *This machine pounds the stones into a powder.*

pour

pouring

pour S2 W3 /pɔː/ *v* **1** [T] **a)** na/lać, nalewać: *She poured coffee for everyone. | Pour the milk into a jug.* **b)** na/sypać: *Dan picked up the bucket and poured the sand out of it* (=wysypał z niego piasek). **pour sb sth** *Why don't you pour yourself another drink?* **2** [I] lać się: **+from/out of etc** *Water was pouring from a crack in the pipe.* **3** *także* **pour down** [I] lać (o deszczu): *It's been pouring down all afternoon.* | **it's pouring with rain** *BrE* (=leje) **4** [I] **pour in/out** wlewać/wylewać się: *At four o'clock children poured out of the school. | Letters of complaint poured in* (=napływały zażalenia).
pour sth ↔ out *phr v* [T] wylewać (z siebie): *Sonia poured out her grief in a letter to her sister.*

pout /paʊt/ *v* [I,T] wydymać wargi

pov·er·ty W3 /ˈpɒvəti/ *n* [U] bieda, ubóstwo: *She was shocked by the poverty she saw in parts of Africa.* | **in poverty** *families living in extreme poverty*

ˈpoverty line *także* **ˈpoverty ˌthreshold** *n* minimum socjalne: *Fifteen percent of the city's residents live below the poverty line.*

ˈpoverty-ˌstricken *adj* dotknięty ubóstwem: *a poverty-stricken area*

POW /ˌpiː əʊ ˈdʌbəljuː/ *n* [C] skrót od PRISONER OF WAR: *a POW camp*

pow·der¹ /ˈpaʊdə/ *n* **1** [C,U] proszek: *washing powder* **2** [C,U] puder: *talcum powder*

powder² *v* [T] przy/pudrować

pow·dered /ˈpaʊdəd/ *adj* w proszku: *powdered milk*

pow·der·y /ˈpaʊdəri/ *adj* sypki, proszkowaty: *powdery snow*

pow·er¹ S1 W1 /ˈpaʊə/ *n* **1** [U] władza: *the struggle for power within the union | the immense power of the press* | **+over** *The company has too much power over its employees.* | **be in power** (=być u władzy): *The Socialists have been in power since the revolution.* | **come to power** (=dojść do władzy): *De Gaulle came to power in 1958.* **2** [U] energia: *nuclear power* | **power cut** (=przerwa w dopływie prądu): *The storm caused a power cut.* **3** [C,U] uprawnienie: **power to do sth** *The police have powers to stop and search people.* **4** [C] potęga, mocarstwo: *a meeting of world powers* **5** [U] siła: *the power of the explosion* **6** [C,U] zdolność: *He lost the power of speech after the accident.* **7 do everything in your power** z/robić wszystko, co w czyjejś mocy: *I did everything in my power to save her.*

power² *v* [T] zasilać: *The camera is powered by a small battery.*

pow·er·ful S3 W2 /ˈpaʊəfəl/ *adj* **1** potężny: *a meeting of the world's most powerful leaders* **2** silny: *a powerful engine | Love is a powerful emotion. | powerful drugs* **3** potężny: *the lion's powerful jaws* —**powerfully** *adv* potężnie: *powerfully built*

pow·er·less /ˈpaʊələs/ *adj* bezsilny: *The people of Hungary were powerless against the tanks of the Red Army.* —**powerlessness** *n* [U] bezsilność

ˈpower-ˌnapping *n* [U] drzemka *(dla zregenerowania sił)* —**power-nap** *v* [I] ucinać sobie drzemkę

ˈpower ˌstation *także* **ˈpower plant** *AmE n* [C] elektrownia

ˈpower tool *n* [C] urządzenie elektryczne

pp skrót pisany od PAGEs: *Read pp 20–35.*

PR /ˌpiː ˈɑː/ *n* [U] skrót od PUBLIC RELATIONS

prac·ti·ca·ble /ˈpræktɪkəbəl/ *adj formal* wykonalny

prac·ti·cal¹ S3 W2 /ˈpræktɪkəl/ *adj* **1** praktyczny: *How much practical experience of classroom teaching have you had? | Be practical! We can't afford all these expensive luxuries. | I wish you'd choose shoes that were more practical for everyday use.* **2** uzdolniony manualnie: *My father is very clever, but he is not very practical.*

practical² *n* [C] *BrE* **1** zajęcia praktyczne, ćwiczenia **2** egzamin praktyczny: *a chemistry practical* THESAURUS TEST

prac·ti·cal·i·ty /ˌpræktɪˈkæləti/ *n* **1 practicalities** [plural] strona praktyczna: *We have to think about practicalities – how much will it cost?* **2** [U] wykonalność: *It's a great idea, but I'm not sure about the practicality of it.*

ˌpractical ˈjoke *n* [C] psikus, figiel

prac·ti·cally /ˈpræktɪkli/ *adv spoken* praktycznie: *The theatre was practically empty.* THESAURUS ALMOST

prac·tice S2 W1 /ˈpræktɪs/ *n* **1** [U] **a)** wprawa: *It takes a lot of practice to be a good piano player.* **b)** trening: *It's football practice tonight.* **2** [C,U] praktyka: *dangerous working practices | The use of chemical sprays has become common practice. | She has a successful legal practice.* **3 in practice** w praktyce: *It looks difficult to make, but in practice it's quite easy.* **4 be out of practice** wyjść z wprawy: *I'd like to sing with you, but I'm so out of practice.* **5 put sth into practice** za/stosować coś w praktyce: *The new methods will be put into practice next month.*

prac·tise S3 W3 /ˈpræktɪs/ *BrE*, **practice** *AmE v* **1** [I,T] po/ćwiczyć: *I came to Paris to practise my French.* | **+for** *He's practicing for his driving test.* **2** [I,T] praktykować: *Bill is practising law in Glasgow now.* **3** [T] uprawiać: *communities where black magic is still practised*

prac·tised /ˈpræktɪst/ *BrE*, **practiced** *AmE adj* wprawny, doświadczony: *skilful salesmen, practised in the art of persuasion*

P

prac·tis·ing /ˈpræktəsɪŋ/ *BrE*, **practicing** *AmE adj* **practising Catholic/Muslim** praktykujący katolik/muzułmanin

prac·ti·tion·er Ac /prækˈtɪʃənə/ *n* [C] *formal* **medical/legal practitioner** lekarz/prawnik prowadzący praktykę

prag·mat·ic /prægˈmætɪk/ *adj* pragmatyczny: *a pragmatic approach to education* —**pragmatism** /ˈprægmətɪzəm/ *n* [U] pragmatyzm

prai·rie /ˈpreəri/ *n* [C] preria

praise[1] /preɪz/ *v* [T] **1** po/chwalić: **praise sb for sth** *Mr Lee praised Jill for the quality of her work.* **2** sławić, wychwalać: *Praise Allah.*

praise[2] W3 *n* [U] pochwały: **be full of praise for** (=nie móc się nachwalić): *Most parents are full of praise for the school.*

praise·wor·thy /ˈpreɪzwɜːði/ *adj formal* **1** godny pochwały **2** chwalebny

P

pram /præm/ *n* [C] *BrE* wózek dziecięcy

pram

prance /prɑːns/ *v* [I] **1** paradować: *He started prancing around in front of the cameras.* **2** stawać dęba *(o koniu)*

prank /præŋk/ *n* [C] psikus: *a childish prank*

prat·tle /ˈprætl/ *v* [I] paplać —**prattle** *n* [U] paplanina

prawn /prɔːn/ *n* [C] krewetka

pray S3 W3 /preɪ/ *v* [I] po/modlić się: **+ for** *Let us pray for peace.* | *We're praying for good weather for the wedding.*

prayer S3 W3 /preə/ *n* **1** [C,U] modlitwa: *the power of prayer* | **say your prayers** (=zmówić pacierz/modlitwę): *The children knelt down to say their prayers.* **2 prayers** [plural] modły: *morning prayers*

pre- /priː/ *prefix* poprzedzający, przed-: *prewar* | *preschool*

preach /priːtʃ/ *v* **1** [I,T] wygłaszać (kazanie): *The pastor preached a sermon on forgiveness.* **2** [T] propagować, głosić: *politicians who preach fairness and equality* **3** [I] prawić kazanie: *I'm sorry, I didn't mean to preach.*

preach·er /ˈpriːtʃə/ *n* [C] kaznodzieja

pre·am·ble /priˈæmbəl/ *n* [C] *formal* preambuła

pre·car·i·ous /prɪˈkeəriəs/ *adj* niepewny, ryzykowny: *The club is in a precarious financial position.*

pre·cau·tion /prɪˈkɔːʃən/ *n* [C] zabezpieczenie: *fire precautions* | **+ against** *precautions against theft* | **take the precaution of** *I took the precaution of telling the police* (=na wszelki wypadek powiadomiłem policję, że) *we were going away.* —**precautionary** *adj* zapobiegawczy: *precautionary measures* (=środki ostrożności)

pre·cede Ac /prɪˈsiːd/ *v* [T] *formal* poprzedzać: *The fire was preceded by a loud explosion.* —**preceding** *adj* [only before noun] poprzedni: *an increase of 18% on the preceding year* → porównaj SUCCEED

pre·ce·dence Ac /ˈpresɪdəns/ *n* **take/have precedence (over)** mieć pierwszeństwo (przed): *This project takes precedence over everything else.*

pre·ce·dent Ac /ˈpresɪdənt/ *n* [C,U] precedens: **set a precedent** (=ustanowić precedens): *The trial set a precedent for civil rights.*

pre·cinct /ˈpriːsɪŋkt/ *n* [C] **1 shopping precinct** *BrE* centrum handlowe **2 pedestrian precinct** *BrE* ulica zamknięta dla ruchu kołowego **3** *AmE* dzielnica: *the 12th precinct*

pre·cincts /ˈpriːsɪŋkts/ *n* [plural] teren: *in the precincts of the cathedral*

pre·cious[1] /ˈpreʃəs/ *adj* cenny, drogocenny: *precious memories of my wife* | *A number of precious objects were stolen.* | **precious metal/stone** (=metal/kamień szlachetny) THESAURUS VALUABLE

precious[2] *adv* **precious little/few** *informal* bardzo niewiele: *We had precious little time left.*

pre·ci·pice /ˈpresɪpɪs/ *n* [C] **1** urwisko **2** przepaść

pre·cip·i·tate[1] /prɪˈsɪpɪteɪt/ *v* [T] *formal* przyspieszać: *The President's death precipitated a huge political crisis.*

pre·cip·i·tate[2] /prəˈsɪpətət/ *adj formal* pochopny, nieprzemyślany: *Avoid taking any precipitate action.*

pre·cip·i·ta·tion /prɪˌsɪpɪˈteɪʃən/ *n* [C,U] *technical* opad(y)

pre·cip·i·tous /prɪˈsɪpɪtəs/ *adj formal* urwisty: *precipitous cliffs*

pré·cis /ˈpreɪsiː/ *n* [C] (plural **précis** /-siːz/) *formal* streszczenie

pre·cise W3 Ac /prɪˈsaɪs/ *adj* **1** dokładny: *She gave a precise description of her attacker.* | *No one seems to know the precise cause of the illness.* **2 to be precise** ściśle(j) mówiąc: *It's 9 o'clock, or 9.02 to be precise.*

pre·cise·ly S2 W3 Ac /prɪˈsaɪsli/ *adv* **1** dokładnie: *That's precisely what I mean.* | *at precisely 4 o'clock* **2** *spoken* właśnie: *"So Harris is responsible for the mistake." "Precisely."*

pre·ci·sion Ac /prɪˈsɪʒən/ *n* [U] dokładność, precyzja: *The atom's weight can be measured with great precision.*

pre·clude /prɪˈkluːd/ *v* [T] *formal* wykluczać: **preclude sb from (doing) sth** (=uniemożliwiać komuś coś/robienie czegoś): *Bad eyesight may preclude you from driving.*

pre·co·cious /prɪˈkəʊʃəs/ *adj* rozwinięty nad wiek: *a precocious child*

pre·con·ceived /ˌpriːkənˈsiːvd◂/ *adj* z góry przyjęty: *He has a lot of preconceived ideas about life in America.*

pre·con·cep·tion /ˌpriːkənˈsepʃən/ *n* [C] uprzedzenie

pre·con·di·tion /ˌpriːkənˈdɪʃən/ *n* [C] warunek wstępny: **+ for/of** *An end to the fighting is a precondition for peace negotiations.*

pre·cur·sor /prɪˈkɜːsə/ *n* [C] *formal* prekursor/ka: **+ of** *a machine that was the precursor of the computer*

pre·date /priːˈdeɪt/ *v* [T] poprzedzać: *animals that predate humans*

pred·a·tor /ˈpredətə/ *n* [C] drapieżnik

pred·a·to·ry /ˈpredətəri/ *adj* drapieżny

pre·de·ces·sor /ˈpriːdəsesə/ *n* [C] poprzedni-k/czka: *My predecessor worked here for ten years.*

pre·des·tined /prɪˈdestɪnd/ *adj* nieunikniony

pre·de·ter·mined /ˌpriːdɪˈtɜːmɪnd◂/ *adj formal* z góry ustalony: *Those taking part will meet at a predetermined location.*

pre·dic·a·ment /prɪˈdɪkəmənt/ *n* [C] kłopotliwe położenie

pred·i·cate /ˈpredɪkət/ *n* [C] orzeczenie →porównaj SUBJECT[1]

pre·dic·a·tive /prɪˈdɪkətɪv/ *adj* orzecznikowy

pre·dict W3 Ac /prɪˈdɪkt/ *v* [T] przepowiadać, przewidywać: *Experts are predicting an easy victory for the Socialists.* | **+ (that)** *We predict that student numbers will double in the next ten years.*

pre·dict·a·ble Ac /prɪˈdɪktəbəl/ *adj* przewidywalny: *As the comedian got older his act became repetitive and his jokes predictable.* —**predictably** *adv* przewidywalnie: *Predictably* (=jak było do przewidzenia), *the new TV show was as bad as the old one.* —**predictability** /prɪˌdɪktəˈbɪləti/ *n* [U] przewidywalność

pre·dic·tion Ac /prɪˈdɪkʃən/ *n* [C,U] przewidywanie: **make a prediction** *It's hard to make a prediction* (=trudno przewidzieć) *about who'll win the championship this year.*

pre·di·lec·tion /ˌpriːdɪˈlekʃən/ *n* [C] *formal* predylekcja, upodobanie: *a predilection for chocolate*

pre·dis·posed /ˌpriːdɪˈspəʊzd/ *adj* **be predisposed to/towards sth** mieć skłonność/być predysponowanym do czegoś: *Some people are predisposed to depressive illnesses.*

pre·dis·po·si·tion /ˌpriːdɪspəˈzɪʃən/ *n* [C] predyspozycja, skłonność: **+ to/towards** *a predisposition to violence*

pre·dom·i·nance Ac /prɪˈdɒmənəns/ *n* [singular] przewaga: **+ of** *the predominance of white people in the audience*

pre·dom·i·nant Ac /prɪˈdɒmɪnənt/ *adj* przeważający, dominujący: *The environment is one of the predominant issues of the nineties.*

pre·dom·i·nant·ly Ac /prɪˈdɒmənəntli/ *adv* w przeważającej części, przeważnie: *a college in a predominantly working class area*

pre·dom·i·nate Ac /prɪˈdɒməneɪt/ *v* [I] przeważać, dominować: *areas where industries such as mining predominate*

pre·em·i·nent /priˈemɪnənt/ *adj* wybitny: *a preeminent expert in cancer treatment* —**pre-eminence** *n* [U] wybitność

pre·empt /priˈempt/ *v* [T] uprzedzać: *The company pre-empted the strike by offering workers an immediate pay increase.*

preen /priːn/ *v* **1 preen yourself** stroić się, mizdrzyć się: *He's always preening himself in the mirror.* **2** [I,T] gładzić (piórka)

ˌpre-exˈisting *adj* wcześniejszy: *a pre-existing arrangement*

pre·fab·ri·cat·ed /priːˈfæbrɪkeɪtɪd/ *adj* prefabrykowany

pref·ace[1] /ˈprefɪs/ *n* [C] przedmowa

preface[2] *v* [T] *formal* poprzedzać: *I'd like to preface my speech with an expression of thanks to the organizers.*

pre·fect /ˈpriːfekt/ *n* [C] *BrE* starszy uczeń pełniący funkcje porządkowe, wychowawcze itp.

pre·fer S2 W2 /prɪˈfɜː/ *v* [T] **(-rred, -rring) 1** woleć: *Would you prefer a hot or a cold drink?* | **prefer sb/sth to sb/sth** *She prefers walking to driving.* | **prefer to do sth** *I'd prefer not to talk about it at the moment.* | **prefer doing sth** *Most kids prefer wearing casual clothes.* **2 I would prefer it if you ...** *spoken* wolałbym, żebyś ...: *I'd prefer it if you didn't smoke in the house.*

pref·e·ra·ble /ˈprefərəbəl/ *adj* lepszy: **+ to** *Anything is preferable to war.*

pref·e·ra·bly /ˈprefərəbli/ *adv* najlepiej: *You'll need some form of identification, preferably a passport.*

pref·e·rence W3 /ˈprefərəns/ *n* **1** [C,U] preferencja: *She has her own personal preferences and tastes, like everyone else.* | **have a preference (for sth)** (=woleć (coś)): *There's strawberry or apricot yoghurt – do you have a preference?* | **in preference to** *Many people go by train in preference to driving.* **2 give/show preference to** dawać pierwszeństwo: *Preference will be given to candidates who speak foreign languages.* **3 preferences** ustawienia użytkownika

pref·e·ren·tial /ˌprefəˈrenʃəl◂/ *adj* preferencyjny: *Why should she get preferential treatment?*

pre·fix /ˈpriːfɪks/ *n* [C] przedrostek →porównaj AFFIX, SUFFIX

preg·nan·cy /ˈpregnənsi/ *n* [C,U] ciąża: *You should try to avoid alcohol during pregnancy.*

preg·nant S3 /ˈpregnənt/ *adj* **1** ciężarna, w ciąży: *She's three months pregnant.* | **get pregnant** (=zajść w ciążę): *I got pregnant when I was only 16.* **2 a pregnant silence/pause** znacząca cisza/pauza

pre·his·tor·ic /ˌpriːhɪˈstɒrɪk◂/ *adj* prehistoryczny: *prehistoric cave drawings*

prej·u·dice[1] /ˈpredʒədɪs/ *n* [C,U] uprzedzenia: **+ against** *There's still a lot of prejudice against gay men in employment.* | **racial prejudice** (=uprzedzenia rasowe): *the problem of racial prejudice in the police force* | *A judge must be completely free from prejudice.*

prejudice[2] *v* [T] **1** uprzedzać, nastawiać negatywnie: **prejudice sb against sth** *I didn't want to say anything that might prejudice him against her.* **2** pogarszać: *Stories in the newspapers are prejudicing their chances of a fair trial.*

prej·u·diced /ˈpredʒədɪst/ *adj* uprzedzony, negatywnie nastawiony: **+ against** *He's prejudiced against anyone who doesn't have a degree.*

prej·u·di·cial /ˌpredʒəˈdɪʃəl◂/ *adj formal* szkodliwy: **+ to** *Lawson is being held on suspicion of carrying out actions prejudicial to national security.*

pre·lim·i·na·ry[1] Ac /prɪˈlɪmənəri/ *adj* [only before noun] wstępny: *European leaders meet tomorrow for preliminary talks.*

preliminary[2] Ac *n* [C usually plural] **1** przymiarka: *the preliminaries of the competition* **2** wstęp

prel·ude /ˈpreljuːd/ *n* **1 be a prelude to sth** być wstępem do: *The attack may be a prelude to full-scale war.* **2** [C] preludium

pre·mar·i·tal /priːˈmærətəl/ *adj* przedmałżeński: *premarital sex*

pre·ma·ture /ˈprematʃə/ *adj* **1** przedwczesny: *Smoking is one of the major causes of premature death.* **2 premature baby** wcześniak: *The baby was six weeks premature* (=przyszło na świat o sześć tygodni za wcześnie). —**prematurely** *adv* przedwcześnie: *The sun causes your skin to age prematurely.*

pre·med·i·tat·ed /priːˈmedɪteɪtɪd/ *adj* z premedytacją: *a premeditated murder* —**premeditation** /priːˌmedɪˈteɪʃən/ *n* [U] premedytacja

prem·i·er[1] /ˈpremiə/ *n* [C] **1** premier **2** prezydent —**premiership** *n* [U] premierostwo, prezydentura: *at the beginning of Clinton's premiership*

P

premier² *adj formal* **1** najlepszy: *one of Dublin's premier hotels* **2** główny

prem·i·ere /ˈpremieə/ *n* [C] premiera: *a movie premiere*

prem·ise W3 /ˈpremɪs/ *n* [C] *formal* przesłanka: **+that** *The argument is based on the premise that men and women are equal.*

prem·is·es /ˈpremɪsɪz/ *n* [plural] teren *(sklepu, zakładu)* **off the premises/on the premises** *No smoking is allowed on the premises* (=na terenie budynku).

pre·mi·um /ˈpriːmiəm/ *n* **1** [C] składka: *health insurance premiums* **2** [C] premia: *The shares are being sold at a premium* (=po wyższej cenie).

pre·mo·ni·tion /ˌpreməˈnɪʃən/ *n* [C] przeczucie: *She had a premonition that her daughter was in danger.*

pre·na·tal /ˌpriːˈneɪtl◂/ *adj* przedporodowy, prenatalny →porównaj POSTNATAL

P

pre·oc·cu·pa·tion /priˌɒkjəˈpeɪʃən/ *n* [C,U] **1** zaabsorbowanie: **+with** *the artist's preoccupation with death* **2** [C] troska: *the usual preoccupations of job, money, and family*

pre·oc·cu·pied /priˈɒkjəpaɪd/ *adj* zaabsorbowany, pochłonięty: *I was too preoccupied with my own problems to notice.*

pre·oc·cu·py /priˈɒkjəpaɪ/ *v* [T] absorbować

prep·a·ra·tion S3 W3 /ˌprepəˈreɪʃən/ *n* [U] przygotowanie: **+for** *The England team have begun their preparation for next week's game.* | **+of** *the preparation of the report*

prep·a·ra·tions /ˌprepəˈreɪʃənz/ *n* [plural] przygotowania: *wedding preparations* | **make preparations for sth** *Preparations are being made for the president's visit.*

pre·par·a·to·ry /prɪˈpærətəri/ *adj* przygotowawczy: *preparatory negotiations*

preˈparatory ˌschool *n* PREP SCHOOL

pre·pare S1 W1 /prɪˈpeə/ *v* [I,T] przygotowywać (się): *Carol was upstairs preparing a room for the guests.* | *This dish can be prepared the day before.* | **+for** *I haven't even begun to prepare for tomorrow's test.* | *Prepare yourself for a shock.* | **prepare to do sth** *Just as we were preparing to leave* (=kiedy szykowaliśmy się do wyjścia), *the phone rang.* | **prepare sb for sth** *Our job is to prepare these soldiers for war.*

pre·pared S2 /prɪˈpeəd/ *adj* **1** przygotowany: **+for** *He wasn't really prepared for the interviewer's questions.* **2 be prepared to do sth** być gotowym coś z/robić: *You'll have to be prepared to work hard if you want to make progress in this job.* THESAURUS READY

pre·pon·de·rance /prɪˈpɒndərəns/ *n* [singular] *formal* przewaga: **+of** *There was a preponderance of students in the audience.*

prep·o·si·tion /ˌprepəˈzɪʃən/ *n* [C] przyimek

pre·pos·ter·ous /prɪˈpɒstərəs/ *adj* niedorzeczny: *That's a preposterous suggestion!*

ˈprep school *n* [C,U] **1** *BrE* prywatna szkoła podstawowa: *I was at prep school in Sussex.* **2** *AmE* prywatna szkoła średnia

prequel /ˈpriːkwəl/ *n* prequel, poprzednik *(książka lub film)*

pre·req·ui·site /priːˈrekwəzət/ *n* [C] warunek wstępny: **+for/of/to** *A degree in French is a prerequisite for the job.*

pre·rog·a·tive /prɪˈrɒgətɪv/ *n* [C] *formal* prerogatywa, prawo: *It's my prerogative as his mother to take him out of school.*

pres·age /ˈpresɪdʒ/ *v* [T] *literary* zły omen

pre·school /ˈpriːskuːl/ *n* [C] *AmE* przedszkole

ˈpre-school *adj* przedszkolny: *a pre-school playgroup*

pre·scribe /prɪˈskraɪb/ *v* [T] przepisywać: *The doctor prescribed tranquilizers.*

pre·scrip·tion /prɪˈskrɪpʃən/ *n* **1** [C] recepta: *free prescriptions* **2 on prescription** na receptę →porównaj OVER-THE-COUNTER

pre·scrip·tive /prɪˈskrɪptɪv/ *adj* preskryptywny: *prescriptive grammar*

pres·ence S3 W2 /ˈprezəns/ *n* **1** [singular] obecność: *Your presence is requested at Friday's meeting.* | *protests against the UN presence in Bosnia* | **in sb's presence** (=w czyjejś obecności): *The document should be signed in the presence of a witness.* **2** [U] osobowość (sceniczna): *an actor with great stage presence* **3 presence of mind** przytomność umysłu: *Luckily, she had the presence of mind to phone for an ambulance.*

pres·ent¹ S2 W2 /ˈprezənt/ *adj* **1** obecny: *How many people were present at the meeting?* | *He has lived in Montana from 1979 to the present time.* **2 the present tense** czas teraźniejszy → INFORMACJE GRAMATYCZNE

pre·sent² S2 W1 /prɪˈzent/ *v* [T] **1** wręczać: **present sb with sth/present sth to sb** *We will present a cheque for £5,000 to the winner.* **2** przedstawiać: *The evidence was presented to the court by Conor's lawyer.* | *May I present my parents, Mr and Mrs Benning.* **3** stanowić: *Heavy rain has presented a new difficulty for tournament organisers.* **4** za/prezentować: *The Lyric Theatre is presenting a brand new production of 'Hamlet'.* **5** *especially BrE* po/prowadzić: *Tonight's show will be presented by Jay Williams.*

pres·ent³ S2 W3 /ˈprezənt/ *n* **1** [C] prezent: *He got the computer as a birthday present.* **2 the present** teraźniejszość: *Live in the present – don't worry about the past!* **3 at present** obecnie: *We have no plans at present for closing the factory.* THESAURUS NOW

UWAGA: present

Patrz **gift** i **present**.

COLLOCATIONS: present

verbs

to give sb a present *Everyone gave me presents and cards.*

to give sth as a present *He gave me the CD as a present.*

to buy/get sb a present *She always buys him a birthday present.* | *I'm afraid I forgot to get you a present.*

to get a present *She got a present from her boyfriend.*

to wrap a present *She spent the afternoon wrapping Christmas presents.*

to open a present (=rozpakować prezent) *It's time to open your presents.* ⚠ Nie mówi się „unpack a present". Mówimy: **open a present**.

noun + present

a birthday/Christmas/wedding etc present *Thanks for the birthday present.* | *What would you like for your Christmas present?*

pre·sen·ta·ble /prɪˈzentəbəl/ *adj* **look presentable** dobrze się prezentować: *Do I look presentable?*

pre·sen·ta·tion S2 W3 /ˌprezənˈteɪʃən/ *n* **1** [C] prezentacja: **give/make a presentation** *I've been asked to give a short presentation on the new research project.* THESAURUS SPEECH **2** [C] wręczenie: *the presentation of the awards* **3** [U] wygląd: *The presentation of the food is important.*

ˈpresent-day *adj* dzisiejszy, współczesny: *present-day society*

pre·sent·er /prɪˈzentə/ *n* [C] prezenter/ka

pres·ent·ly /ˈprezəntli/ *adv formal* **1** obecnie: *He's presently working for a computer company in San Jose.* **2** wkrótce: *The doctor will be here presently.*

ˌpresent ˈparticiple *n* [C] imiesłów czynny

ˌpresent ˈperfect *n* **the present perfect** czas teraźniejszy dokonany → patrz ramka PRESENT PERFECT

pres·er·va·tion /ˌprezəˈveɪʃən/ *n* [U] ochrona: **+ of** *the preservation of human rights | the preservation of the rainforest*

pre·ser·va·tive /prɪˈzɜːvətɪv/ *n* [C,U] konserwant

pre·serve[1] W3 /prɪˈzɜːv/ *v* [T] **1** zachowywać: *All the old buildings had been very well preserved.* **2** chronić: *the need to preserve law and order* **3** za/konserwować: *onions preserved in vinegar*

preserve[2] *n* **1** [singular] domena: *Politics is no longer the preserve of wealthy white men.* **2** [C] rezerwat: *a wildlife preserve* **3 preserves** przetwory

pre·side /prɪˈzaɪd/ *v* [I] przewodniczyć: *Judge Baxter presided at the trial.*
preside over *phr v* [T] po/kierować: *Kohl presided over a period of remarkable economic expansion.*

pres·i·den·cy /ˈprezədənsi/ *n* **1** [singular] urząd prezydenta: *Roosevelt was elected four times to the presidency of the US.* **2** [C] prezydentura: *the early days of Clinton's presidency*

pres·i·dent S2 W2 **President** /ˈprezɪdənt/ *n* [C] **1** prezydent: *President Lincoln* **2** prezes THESAURUS BOSS

pres·i·den·tial /ˌprezɪˈdenʃəl◂/ *adj* prezydencki: *the party's presidential candidate* (=kandydat/ka na prezydenta)

press[1] S1 W2 /pres/ *v* **1** [I,T] naciskać: *To send a fax just press the red button. | I pressed the brake pedal but nothing happened. | Press down with your left foot and pull back the lever.* **2** [T] przyciskać: **press sth against/into sth** *Their faces were pressed against the window.* **3** [I,T] naciskać (na): **+ for** *Teachers are pressing for* (=domagają się) *a pay increase. |* **press sb for sth** *Blair's interviewer kept pressing him for an answer. |* **press sb to do sth** *She pressed them to stay a little longer.* **4** [I] pchać się: **+ forward/around** *The crowd pressed forward for a better view.* **5 press charges** wnieść oskarżenie **6** [T] wy/prasować: *I need to press these trousers for tomorrow.* **7** [T] tłoczyć: *a machine for pressing grapes*

press[2] S2 W2 *n* **1 the press** prasa: *Members of the press were waiting outside. | Reports of the incident appeared in the national press.* THESAURUS NEWSPAPER **2 get a good/bad press** mieć dobrą/złą prasę: *Britain's royal family has had a bad press in recent years.* **3 go to press** iść do druku **4** [C] prasa drukarska **5** [singular] prasowanie: *I'll just give this skirt a quick press.*

ˈpress ˌconference *n* [C] konferencja prasowa

pressed /prest/ *adj* **be pressed for time/money** mieć mało czasu/pieniędzy: *I can't stop now – I'm a bit pressed for time.*

press·ing /ˈpresɪŋ/ *adj* naglący, pilny: *Unemployment is one of the region's most pressing problems.*

ˈpress reˌlease *n* [C] oświadczenie prasowe

ˈpress-up *n* [C] *BrE* pompka *(ćwiczenie)*

pres·sure[1] S1 W1 /ˈpreʃə/ *n* **1** [U] nacisk(i), presja: *growing pressure for change inside the party |* **be/come under pressure to do sth** *NASA has been under political pressure to launch a new space program. |* **put pressure on sb (to do sth)** *Environmental groups are putting pressure on the state to change the smoking laws.* **2** [C,U] napięcie: *the pressures of modern life |* **be under pressure** *Jerry's been under a lot of pressure at work recently.* **3** [C,U] ciśnienie: *Is there enough pressure in the tyres? |* **high/low pressure** *high blood pressure*

pressure[2] *v* [T] *especially AmE* zmuszać

ˈpressure ˌcooker *n* [C] szybkowar

ˈpressure group *n* [C] grupa nacisku

pres·sur·ize /ˈpreʃəraɪz/ *także* **-ise** *BrE v* [T] zmuszać: *I was pressurized into lending him the money.*

pres·sur·ized /ˈpreʃəraɪzd/ *także* **-ised** *BrE adj* ciśnieniowy: *pressurized aircraft cabins*

pres·tige /preˈstiːʒ/ *n* [U] prestiż

pres·ti·gious /preˈstɪdʒəs/ *adj* prestiżowy: *a prestigious award*

pre·su·ma·bly S1 W3 Ac /prɪˈzjuːməbli/ *adv* przypuszczalnie, zapewne: *Presumably, you've heard the news by now.*

pre·sume S3 Ac /prɪˈzjuːm/ *v* [T] przypuszczać, przyjmować: **+ (that)** *I presume that she'll be coming. |* **presumed dead/innocent** (=uznany za zmarłego/niewinnego): *a list of soldiers missing, presumed dead*

pre·sump·tion Ac /prɪˈzʌmpʃən/ *n* **1** [C] założenie, domniemanie: *the presumption that Evans was guilty* **2** [U] arogancja, bezczelność

pre·sump·tu·ous /prɪˈzʌmptʃuəs/ *adj* arogancki, bezczelny: *It was presumptuous of her to assume she would be invited.*

pre·sup·pose /ˌpriːsəˈpəʊz/ *v* [T] *formal* zakładać: **+ (that)** *All these plans presuppose that the bank will be willing to give us the money.* —**presupposition** /ˌpriːsʌpəˈzɪʃən/ *n* [C,U] założenie, presupozycja

pre·tence /prɪˈtens/ *BrE,* **pretense** *AmE n* [C usually singular, U] pozory: **make a pretence of doing sth/make no pretence of doing sth** (=udawać/nie udawać, że się coś robi): *Al made no pretence of hiding his surprise* (=nie próbował ukryć zdziwienia).

pre·tend S2 W3 /prɪˈtend/ *v* [I,T] udawać: **+ (that)** *She walked past and pretended she hadn't seen me. | Let's pretend we're on the moon! |* **pretend to do sth** *The kids were pretending to be asleep.*

pre·tense /prɪˈtens/ amerykańska pisownia wyrazu PRETENCE

pre·ten·sion /prɪˈtenʃən/ *n* [C usually plural, U] pretensje, pretensjonalność: *a pleasant young man without any pretensions* (=bezpretensjonalny młody człowiek)

pre·ten·tious /prɪˈtenʃəs/ *adj* pretensjonalny: *He was a pretentious young man, given to quoting from little known French poets.*

pre·text /ˈpriːtekst/ *n* [C] pretekst: **on/under the pretext of doing sth** (=pod pretekstem (robienia) czegoś):

She went to see James on the pretext of wanting to borrow a book.

pret·ty[1] S1 W3 /ˈprɪti/ *adv* **1** *spoken* dość: *She still looks pretty miserable.* THESAURUS RATHER **2** *spoken* bardzo: *Dad was pretty angry about it.* **3 pretty much/pretty well** prawie całkiem: *The streets were pretty well deserted by 9 o'clock.*

pretty[2] S2 W3 *adj* ładny: *What a pretty little girl!* | *a pretty pink dress* THESAURUS BEAUTIFUL —**prettily** *adv* ładnie —**prettiness** *n* [U] uroda

pre·vail /prɪˈveɪl/ *v* [I] **1** być powszechnym: **+in/among** *A belief in magic still prevails in some societies.* **2** *formal* zwyciężać: *Justice prevailed in the end.*
prevail on/upon sb *phr v* [T] *formal* nakłonić: *Jennings prevailed upon the committee to reconsider its decision.*

pre·vail·ing /prɪˈveɪlɪŋ/ *adj* **1** [only before noun] powszechny: *Williams' book challenged prevailing views of US history.* **2** przeważający: *a prevailing wind*

P

prev·a·lent /ˈprevələnt/ *adj* rozpowszechniony: **+in/among** *a disease that is prevalent among young people*

pre·vent S2 W1 /prɪˈvent/ *v* [T] zapobiegać: *Brushing your teeth regularly helps prevent tooth decay.* | **prevent sb from doing sth** *A knee injury prevented him from* (=uniemożliwiła mu) *playing in Saturday's game.*

pre·ven·ta·tive /prɪˈventətɪv/ *adj* PREVENTIVE

pre·ven·tion /prɪˈvenʃən/ *n* [U] zapobieganie, profilaktyka, prewencja: *crime prevention* | **+of** *the prevention of war*

pre·ven·tive /prɪˈventɪv/ *także* **preventative** *adj* zapobiegawczy, profilaktyczny, prewencyjny: *preventive medicine*

pre·view /ˈpriːvjuː/ *n* [C] **1** pokaz przedpremierowy **2** zwiastun

pre·vi·ous S1 W1 Ac /ˈpriːviəs/ *adj* poprzedni: *She has two children from a previous marriage.* | *She said she had seen him the previous day.* THESAURUS LAST

THESAURUS: previous

previous poprzedni: *The situation is better than in previous years.* | *the previous owner of the car* | *His previous jobs included selling computers and working in a restaurant.*
last ostatni: *What happened to your last mobile phone?*
old dawny: *He's one of my old boyfriends.*
former *formal* były: *the former president of Chile* | *her former husband* | *the former Soviet Union*
ex-wife/ex-boyfriend/ex-soldier etc eks, były: *She never talks about her ex-husband.* | *Her dad's an ex-army officer.*

pre·vi·ous·ly S3 W2 Ac /ˈpriːviəsli/ *adv* poprzednio: *She had previously worked for a computer company in Cambridge.* THESAURUS BEFORE

pre·war /ˌpriːˈwɔː◂/ *adj* przedwojenny: *the prewar years*

prey[1] /preɪ/ *n* **1** [U] zdobycz, ofiara: *a tiger stalking its prey* **2 birds/beasts of prey** ptaki/zwierzęta drapieżne **3 fall prey to sth** paść ofiarą czegoś: *More and more teenagers are falling prey to drugs.*

prey[2] *v*
prey on sb/sth *phr v* [T] **1** polować na **2** żerować na: *dishonest salesmen who prey on elderly people* **3 sth preys on sb's mind** coś kogoś dręczy: *It wasn't your fault – you mustn't let it prey on your mind.*

price[1] S1 W1 /praɪs/ *n* **1** [C,U] cena: *House prices have gone up again.* | *Computers have come down in price lately.* | **+of** *The price of the vacation includes food and accommodation.* | **full/half price** *Children under 14 travel half price.* →porównaj COST[1] THESAURUS COST **2 at any price** za każdą cenę: *She was determined to have a child at any price.*

COLLOCATIONS: price

adjectives

a high/low price *Their prices are too high.*
a reasonable price (=rozsądna cena) *The restaurant serves great food at reasonable prices.*
an astronomical price *Many fans paid astronomical prices for their tickets.*
a fair price *I am sure we can agree on a fair price.*
at half price *They're selling computers at half price.*

verbs

a price goes up/rises *In a time of inflation, prices go up.*
a price comes down/falls *House prices have fallen again.*
a price shoots up/soars/rockets (=wzrasta znacznie) *The price of oil soared in the 1970s.*
a price plummets (=gwałtownie spada) *An excellent rice harvest caused prices to plummet by 40%.*
to put up/raise a price *Manufacturers have had to put their prices up.*
to cut/lower a price *The company recently cut the price of its best-selling car.*
to slash prices (=ciąć ceny) *Many carpet stores have slashed prices to bring in customers.*
to charge a high/low etc price *They charge higher prices than other shops.*
to pay a price *I paid a very reasonable price for my guitar.*

price + noun

a price rise/increase *There were protests about the price rises.*
a price cut *They hope that price cuts will increase sales.*

noun + price

house/food/oil etc prices *A poor harvest led to higher food prices.*

price[2] *v* [T] wyceniać: *a new software package, priced at $49.95*

price·less /ˈpraɪsləs/ *adj* **1** bezcenny: *priceless antiques* THESAURUS VALUABLE **2** nieoceniony: *The ability to motivate people is a priceless asset.*

pric·ey, pricy /ˈpraɪsi/ *adj informal* drogawy: *a pricey restaurant*

prick[1] /prɪk/ *v* [T] **1** nakłuwać: *Prick the sausages with a fork.* **2** szczypać: *Tears pricked her eyes.* **3 prick up your ears** nastawiać uszu

prick[2] *n* [C] ukłucie: *You'll feel a slight prick as the needle goes into your arm.*

prick·le[1] /ˈprɪkəl/ *n* [C] kolec, cierń

prickle[2] *v* [I,T] kłuć, piec, szczypać (*o oczach, skórze*): *a terrifying sound that made her skin prickle* (=który sprawił, że przeszły ją ciarki)

prick·ly /ˈprɪkli/ *adj* kolczasty, ciernisty: *prickly bushes*

pric·y /ˈpraɪsi/ alternatywna pisownia wyrazu PRICEY

pride¹ S3 W3 /praɪd/ *n* [U] **1** duma: *The football team is the pride of the whole town.* | *Ken's new car is his pride and joy.* | **take pride in sth** *She takes a great pride in* (=jest bardzo dumna z) *her work.* | **with pride** *Tony glanced with pride at his wife.* | **hurt sb's pride** (=urazić czyjąś dumę): *Don't offer her money - you'll hurt her pride.* **2** pycha: *He has too much pride to say he's sorry.* **3 have/take pride of place** zajmować honorowe miejsce: *A portrait of the Queen took pride of place on the wall.*

pride² *v* **pride yourself on sth** szczycić się czymś: *Sandy prides herself on her ability to speak four languages.*

priest W3 /priːst/ *n* [C] ksiądz, kapłan

priest·ess /ˈpriːstes/ *n* [C] kapłanka

priest·hood /ˈpriːsthʊd/ *n* **the priesthood** kapłaństwo

prim /prɪm/ *adj* sztywny: **prim and proper** (=pruderyjny): *Janet's much too prim and proper to laugh at a joke like that.*

pri·ma·cy Ac /ˈpraɪməsi/ *n* [U] *formal* prymat: *the primacy of communist thinking* | *the primacy of practical skill over theoretical knowledge*

pri·ma don·na /ˌpriːmə ˈdɒnə/ *n* [C] primadonna

pri·mal /ˈpraɪməl/ *adj formal* pierwotny: *the primal instinct for survival*

pri·ma·ri·ly W3 Ac /ˈpraɪmərəli/ *adv* w pierwszym rzędzie: *a course aimed primarily at adult students*

pri·ma·ry¹ S2 W2 Ac /ˈpraɪməri/ *adj* podstawowy: *Our primary concern is the welfare of the child.*

primary² *n* [C] prawybory

ˌprimary ˈcolour *n* [C] barwa podstawowa

ˈprimary ˌschool *n* [C] *especially BrE* szkoła podstawowa

pri·mate /ˈpraɪmeɪt/ *n* [C] naczelny *(ssak)*

prime¹ Ac /praɪm/ *adj* **1** główny: *Smoking is one of the prime causes of heart disease.* **2** pierwszorzędny: *a house in a prime location* **3 a prime example** typowy/klasyczny przykład

prime² *n* **be in your prime/be in the prime of life** być w kwiecie wieku

prime³ *v* [T] po/instruować: *The senators were primed to ask some tough questions.*

ˌprime ˈminister, Prime Minister *n* [C] premier, prezes rady ministrów

prim·er /ˈpraɪmə/ *n* [C,U] farba do gruntowania, podkład

ˈprime ˌtime *n* [U] czas najwyższej oglądalności, najlepszy czas antenowy: *a prime-time TV show*

pri·me·val /praɪˈmiːvəl/ *adj* pradawny, pierwotny: *primeval forests*

prim·i·tive /ˈprɪmətɪv/ *adj* prymitywny: *primitive societies* | *primitive living conditions*

prim·rose /ˈprɪmrəʊz/ *n* [C] pierwiosnek

prince, Prince W3 /prɪns/ *n* [C] książę: *Prince Charles* | *Prince Rainier of Monaco*

prince·ly /ˈprɪnsli/ *adj* **princely sum** zabójcza kwota *(zwykle ironicznie)*: *He earns the princely sum of $2.50 an hour.*

prin·cess, Princess W3 /ˌprɪnˈses◂/ *n* [C] **1** księżniczka, królewna **2 Princess** księżna: *Princess Diana*

prin·ci·pal¹ W2 Ac /ˈprɪnsəpəl/ *adj* [only before noun] główny: *Our principal aim is to provide support for one-parent families.*

principal² *n* [C] dyrektor/ka szkoły lub koledżu

prin·ci·pal·i·ty /ˌprɪnsəˈpæləti/ *n* [C] księstwo

prin·ci·pally Ac /ˈprɪnsəpli/ *adv* głównie: *a course designed principally for people who have no qualifications*

prin·ci·ple S2 W1 Ac /ˈprɪnsəpəl/ *n* **1** [C,U] zasada: *It's against my principles to hit a child.* | *the principles of geometry* | **on the principle that** *beliefs based on the principle that everyone is equal* | **on principle** (=z zasady): *She doesn't eat meat on principle.* **2 in principle** w zasadzie, zasadniczo: *In principle, you can leave work early on Friday, but it's not always possible.* | *We're hoping the contract will be approved in principle.*

prin·ci·pled Ac /ˈprɪnsəpəld/ *adj* pryncypialny

print¹ S2 W3 /prɪnt/ *v* **1** [T] wy/drukować: *The poster is printed on recycled paper.* | *Can you print on your computer?* | *We're printing 10,000 copies of his new book.* | *All the newspapers have printed the president's speech.* **2** [I,T] na/pisać drukowanymi literami: *Please print your name.*

print sth ↔ off/out *phr v* [T] wy/drukować *(na drukarce komputerowej)*

print² W3 *n* **1** [U] druk: *I can't read small print without my glasses.* | **in print** *I wouldn't have believed it if I hadn't seen it in print.* | *The book is still in print* (=książka jest ciągle w sprzedaży). | **out of print** *The book is out of print* (=nakład książki jest wyczerpany). **2** [C] reprodukcja **3** [C] odbitka: *You can pick up your prints on Friday.* **4** [C] ślad: *His feet left prints in the snow.* →patrz też **FINGERPRINT, FOOTPRINT**

print·er S3 W3 /ˈprɪntə/ *n* [C] **1** drukarka **2** drukarz

print·ing /ˈprɪntɪŋ/ *n* [U] drukarski: *a printing error*

ˈprinting press *n* [C] prasa drukarska

print·out /ˈprɪntaʊt/ *n* [C,U] wydruk

pri·or W3 Ac /ˈpraɪə/ *adj formal* **1 prior to** przed: *You should not eat anything for six hours prior to your operation.* **2** [only before noun] wcześniejszy: *We couldn't attend because of a prior commitment.*

pri·o·ri·tize Ac /praɪˈɒrətaɪz/ *także* **-ise** *BrE v* [I,T] u/porządkować według ważności: *Try and prioritize your work.* —**prioritization** /praɪˌɒrətaɪˈzeɪʃən/ *n* [U] ustalenie priorytetów

pri·or·i·ty S2 W2 Ac /praɪˈɒrəti/ *n* [C] priorytet: *Let's decide what our priorities are.*

prise /praɪz/ *v* [T] *BrE* **prise sth off/open** podważyć/wyważyć coś: *I prised the lid off the tin.*

pris·m /ˈprɪzəm/ *n* [C] pryzmat

pris·on S2 W2 /ˈprɪzən/ *n* [C,U] więzienie: **be in prison** (=siedzieć w więzieniu): *Her husband's in prison.*

pris·on·er S3 W2 /ˈprɪzənə/ *n* [C] **1** więzień/więźniarka **2** jeniec: **be taken/held prisoner** (=zostać wziętym do niewoli): *Hundreds of soldiers were taken prisoner.*

ˌprisoner of ˈwar *także* **POW** *n* [C] jeniec wojenny

pris·tine /ˈprɪstiːn/ *adj* nieskazitelny: *a 1973 Volkswagen Beetle in pristine condition*

priv·a·cy /ˈprɪvəsi/ *n* [U] prywatność: *Joan read the letter in the privacy of her own room* (=w zaciszu własnego pokoju).

pri·vate¹ S1 W1 /ˈpraɪvət/ *adj* **1** prywatny: *Rooms are available for private parties.* | *The president will be making a* *private visit to Mexico.* | *You had no right to look at my private letters.* **2** osobisty: *private life* **3** ustronny: *Is there a private corner where we can talk?* —**privately** *adv* prywatnie

private² *n* **1 in private** na osobności: *Miss Smith, can I speak to you in private?* **2** *także* **Private** [C] szeregow-y/a

ˌprivate 'enterprise *n* [U] prywatna przedsiębiorczość

'private school *n* [C] szkoła prywatna

pri·va·tion /praɪ'veɪʃən/ *n* [C,U] *formal* niedostatek, ubóstwo

pri·vat·ize /'praɪvətaɪz/ *także* **-ise** *BrE v* [T] s/prywatyzować —**privatization** /ˌpraɪvətaɪ'zeɪʃən/ *n* [U] prywatyzacja →antonim NATIONALIZE

priv·i·lege W3 /'prɪvəlɪdʒ/ *n* **1** [C] przywilej: *Education should be a right, not a privilege.* **2** [U] uprzywilejowanie: *aristocratic privilege* **3** zaszczyt: *It's been a privilege to meet you, sir.* —**privileged** *adj* uprzywilejowany, zaszczycony

P

priv·y /'prɪvi/ *adj formal* **privy to sth** wtajemniczony w coś: *Only a few managers had been privy to the deal.*

prize¹ S2 W2 /praɪz/ *n* [C] nagroda: *First prize was a weekend for two in Paris.*

UWAGA: prize

Patrz **award**, **prize** i **reward**.

prize² *v* [T] cenić: *These coins are prized by collectors.* —**prized** *adj* ulubiony: *Nick's car is his most prized possession.*

pro /prəʊ/ *n* [C] **1** *informal* zawodowiec **2 the pros and cons** za i przeciw: *We discussed the pros and cons of starting our own business.*

pro- /prəʊ/ *prefix* popierający, pro-: *pro-government troops* | *a pro-abortion demonstration*

proactive /prəʊ'æktɪv/ *adj* proaktywny

prob·a·bil·i·ty /ˌprɒbə'bɪləti/ *n* **1** prawdopodobieństwo: *War is a real probability now* (=wybuch wojny jest teraz rzeczywiście prawdopodobny). | **+of** *What's the probability of the hostages being released soon?* **2 in all probability** według wszelkiego prawdopodobieństwa: *In all probability the motive for the crime was money.*

prob·a·ble /'prɒbəbəl/ *adj* prawdopodobny: *The probable cause of the plane crash was ice on the wings.* | **it is probable (that)** *It is probable that she won't survive.*

prob·a·bly S1 W1 /'prɒbəbli/ *adv* prawdopodobnie: *We'll probably go to France next year.*

THESAURUS: probably

probably prawdopodobnie: *I'm probably going to see Greg tonight.* | *The meeting is probably in room 2.*
sth is likely to happen coś się prawdopodobnie stanie: *Prices are likely to rise again next year.* | *It is likely that they will win.*
it looks as if/it looks like wygląda na to, że: *It looks as if the phone isn't working.* | *It looks like it will rain.*
may/might/could well jest bardzo/wysoce prawdopodobne, że: *You may well be right.* | *We might well lose.* | *It could well be too late.*

pro·ba·tion /prə'beɪʃən/ *n* [U] **1 be on probation** otrzymać wyrok w zawieszeniu: *He's on probation for theft.* **2** staż: *I will be on probation for the first three months of my new job.* —**probationary** *adj* próbny: *a probationary period*

pro'bation ˌofficer *n* [C] kurator sądowy

probe¹ /prəʊb/ *v* [I,T] **1** badać: **+into** *You have no right to start probing into my personal life.* **2** zapuszczać sondę

probe² *n* [C] sonda

prob·lem S1 W1 /'prɒbləm/ *n* [C] **1** problem: *Unemployment is the main problem in the area.* | **have a problem (with)** *Since losing my job I've been having financial problems.* THESAURUS ILLNESS **2** zadanie: *a mathematical problem* **3 no problem** *spoken* nie ma sprawy: *"Could you drive me to the station?" "Sure, no problem."* | *"Thanks for your help." "Oh, no problem."* **4 that's your/his problem** to twój/jego problem: *If you can't get yourself there on time, that's your problem.*

COLLOCATIONS: problem

verbs

to have a problem *Call me if you have any problems.*
to cause/create a problem *Heavy rain has been causing problems for drivers.*
to present/pose a problem *formal* (=stanowić problem) *A shortage of trained nurses is posing major problems.*
to deal with/solve a problem *Do you need advice on how to deal with the problem?*
to tackle a problem (=podejść do problemu) *There is more than one way to tackle this problem.*
a problem arises/occurs (=problem powstaje) *A problem arose when the computer system crashed.*

adjectives

a big/major/serious problem *Our biggest problem is that we don't have enough space.* ⚠ Nie mówi się „an important problem". Mówimy: **a big/major/serious problem.**
a small/minor problem *We had a small problem with the delivery.*
personal problems *I'm not interested in your personal problems.*

noun + problem

health/family/money etc problems *Smoking causes health problems.* | *Many of the men had family problems.*
a drug/crime problem *The city has a huge crime problem.*

THESAURUS: problem

problem problem: *If you have any problems, give me a call.* | *Crime is a big problem here.* | *There was a problem with one of the plane's engines.*
difficulty trudność: *If it doesn't rain soon, farmers will face serious difficulties.* | *We've had difficulty selling the house.*
issue kwestia: *Global warming is one of the most important issues facing all countries.*
snag *informal* szkopuł: *There's just one snag – we don't have a car.*
setback komplikacja: *The peace talks have had a series of setbacks.*
hitch zakłócenie: *The concert went off without a hitch* (=bez zakłóceń).

hassle *informal* kłopot, zawracanie głowy: *I don't want to cook a big meal – it's too much hassle.* | *There were the usual hassles about money.*

prob·lem·at·ic /ˌprɒbləˈmætɪk◂/ *także* **problematical** *adj* problematyczny: *Our plans for a quiet wedding were becoming ever more problematic.*

pro·ce·dure S2 W2 Ac /prəˈsiːdʒə/ *n* [C,U] procedura: **+for** *the procedure for shutting down a computer* —**procedural** *adj* proceduralny

pro·ceed S3 W3 Ac /prəˈsiːd/ *v* [I] *formal* **1** postępować: *Talks are proceeding smoothly.* | **+with** *Protesters made it impossible for him to proceed with his speech* (=uniemożliwili mu kontynuowanie przemówienia). **2 proceed to do sth** przystępować do czegoś: *She took out a bottle and proceeded to drink the contents.* **3** *formal* przechodzić: *Please proceed to the nearest exit.*

pro·ceed·ings /prəˈsiːdɪŋz/ *n* [plural] **1** przebieg wydarzeń: *We watched the proceedings from a third floor window.* **2** postępowanie *(prawne)*: *divorce proceedings*

pro·ceeds Ac /ˈprəʊsiːdz/ *n* [plural] dochód: *The proceeds from the concert will go to charity.*

pro·cess¹ S1 W1 Ac /ˈprəʊses/ *n* [C] **1** proces: *the ageing process* | *The reorganization process will take some time.* **2 be in the process of doing sth** być w trakcie robienia czegoś: *We're in the process of buying a house.* **3 in the process** przy okazji: *I ran for the bus and twisted my ankle in the process.*

process² Ac *v* [T] **1** sztucznie konserwować: *processed cheese* **2** przetwarzać: *new techniques of data processing* **3** wywoływać: *They will process a film in 24 hours.*

pro·ces·sion /prəˈseʃən/ *n* [C] procesja: *a funeral procession* (=kondukt żałobny) | **+of** *an endless procession of well-meaning visitors* → porównaj PARADE¹

pro·ces·sor /ˈprəʊsesə/ *n* [C] procesor → patrz też FOOD PROCESSOR

pro-ˈchoice *adj* opowiadający się za prawem kobiety do wyboru

pro·claim /prəˈkleɪm/ *v* [T] *formal* proklamować: *Romania was proclaimed a People's Republic in 1947.*

proc·la·ma·tion /ˌprɒkləˈmeɪʃən/ *n* [C] proklamacja

pro·cras·ti·nate /prəˈkræstəneɪt/ *v* [I] *formal* zwlekać, ociągać się: *Though war seemed likely, the government continued to procrastinate.* —**procrastination** /prəˌkræstəˈneɪʃən/ *n* [U] zwłoka

pro·cre·ate /ˈprəʊkrieɪt/ *v* [I,T] *formal* rozmnażać (się) —**procreation** /ˌprəʊkriˈeɪʃən/ *n* [U] prokreacja, rozmnażanie, rozród

pro·cure /prəˈkjʊə/ *v* [T] *formal* s/prokurować: *Clark was accused of procuring guns for the rebels.* —**procurement** *n* [U] zaopatrzenie

prod /prɒd/ *v* [I,T] **(-dded, -dding) 1** dźgać: *He prodded the dead snake with a stick.* **2** z/dopingować: **prod sb into doing sth** *We had to prod Louis into applying for the job.*

pro·di·gious /prəˈdɪdʒəs/ *adj formal* kolosalny: *a prodigious amount of money* —**prodigiously** *adv* kolosalnie

prod·i·gy /ˈprɒdɪdʒi/ *n* [C] geniusz *(młodociany)*: *Mozart was a child prodigy* (=był cudownym dzieckiem).

pro·duce¹ S1 W1 /prəˈdjuːs/ *v* [T] **1** wytwarzać, wy/produkować: *Much of the world's finest wine is produced in France.* | *a snake that produces a deadly poison* **2** wywoływać: *The drug can produce serious side effects in some people.* **3** wyjmować: *He suddenly produced a gun.* **4** wystawiać: *The play was produced on a very small budget.*

pro·duce² /ˈprɒdjuːs/ *n* [U] produkty: *dairy produce*

pro·duc·er W3 /prəˈdjuːsə/ *n* [C] producent: *Scotland is a producer of high quality wool.*

prod·uct S1 W1 /ˈprɒdʌkt/ *n* **1** [C] produkt, wyrób: *None of our products are tested on animals.* **2** wytwór: *Criminals are often the product of bad homes.*

pro·duc·tion S1 W1 /prəˈdʌkʃən/ *n* **1** [U] produkcja: *Our production has increased by 35%.* **2** [C] inscenizacja: *a modern production of Romeo and Juliet*

pro·duc·tive /prəˈdʌktɪv/ *adj* produktywny: *a very productive meeting* —**productively** *adv* produktywnie

pro·duc·tiv·i·ty /ˌprɒdʌkˈtɪvəti/ *n* [U] produktywność, wydajność: *Managers want to increase productivity.*

Prof. *n* skrót pisany od PROFESSOR

pro·fane /prəˈfeɪn/ *adj* bluźnierczy: *profane language* —**profanity** /-ˈfænəti/ *n* [C,U] bluźnierstwo

pro·fess /prəˈfes/ *v* [T] *formal* **1** utrzymywać, twierdzić: **profess to do sth** *He professes to love his son* (=twierdzi, że kocha syna), *although I've never seen any proof.* **2** deklarować: *Rodin always professed his admiration for Greek and Gothic sculpture.* —**professed** *adj* zdeklarowany

pro·fes·sion W3 /prəˈfeʃən/ *n* zawód, profesja: *to pursue a profession* | *There is pressure from the teaching profession* (=ze strony nauczycieli) *for higher salaries.* | **by profession** (=z zawodu): *He's a lawyer by profession.* THESAURUS JOB

pro·fes·sion·al¹ S2 W1 Ac /prəˈfeʃənəl/ *adj* **1** zawodowy: *a professional tennis player* | *a professional golf championship* **2** [only before noun] fachowy: *You should speak to a lawyer for professional advice.* **3** profesjonalny: *The report looks very professional.* —**professionally** *adv* zawodowo, profesjonalnie

professional² W3 Ac *n* [C] **1** fachowiec, specjalist-a/ka: *a health care professional* (=specjalista w zakresie ochrony zdrowia) **2** zawodowiec

pro·fes·sion·al·is·m Ac /prəˈfeʃənəlɪzəm/ *n* [U] profesjonalizm, fachowość

pro·fes·sor S3 W3 /prəˈfesə/ *n* [C] **1** *BrE* profesor **2** *AmE* wykładowca ze stopniem doktora THESAURUS TEACHER

UWAGA: professor

Po angielsku nie mówi się **professor** o nauczycielu w szkole.

prof·fer /ˈprɒfə/ *v* [T] *formal* za/oferować

pro·fi·cien·cy /prəˈfɪʃənsi/ *n* [U] biegłość

pro·fi·cient /prəˈfɪʃənt/ *adj* biegły: **+in/at** *Gwen is proficient in three languages.* —**proficiently** *adv* biegle

pro·file¹ W3 /ˈprəʊfaɪl/ *n* [C] **1** profil: **in profile** (=z profilu): *a drawing of her in profile* **2** charakterystyka: **+of** *a profile of Paul McCartney in a Sunday paper* **3 keep a low profile** starać się nie zwracać na siebie uwagi → patrz też HIGH-PROFILE

profile² *v* [T] przedstawić/nakreślić sylwetkę *(np. znanej osoby w czasopiśmie)*

prof·it¹ S1 W1 /ˈprɒfɪt/ *n* [C,U] zysk: **make a profit** (=przynosić zysk): *Their shop now makes profits of over*

$1m a year. | **at a profit** (=z zyskiem): *They sold the company at a huge profit.*

profit² *v* [I,T] *formal* zyskiwać: **profit by/from sth** *Only wealthy people will profit from the new tax laws.*

prof·it·a·bil·i·ty /ˌprɒfətəˈbɪləti/ *n* [U] opłacalność, dochodowość, rentowność

prof·it·a·ble /ˈprɒfətəbəl/ *adj* opłacalny, dochodowy, rentowny: *profitable investments* —**profitably** *adv* z zyskiem

prof·i·teer /ˌprɒfəˈtɪə/ *n* [C] spekulant/ka, paska-rz/rka —**profiteering** *n* [U] spekulanctwo, paskarstwo

pro·found /prəˈfaʊnd/ *adj* głęboki: *Her death was a profound shock to all of us.* | *a profound remark* —**profoundly** *adv* głęboko: *profoundly disturbing news*

pro·fuse /prəˈfjuːs/ *adj* obfity: *symptoms include a fever and profuse sweating* —**profusely** *adv* wylewnie: *Keith thanked them profusely.*

P

pro·fu·sion /prəˈfjuːʒən/ *n* [U singular] obfitość: **+of** *a profusion of flowers* | **in profusion** *Wildlife is here in profusion.*

prog·no·sis /prɒgˈnəʊsɪs/ *n* [C] (plural **prognoses** /-siːz/) **1** *technical* rokowanie: *With some types of cancer the prognosis is good.* **2** prognoza

pro·gram¹ W1 /ˈprəʊgræm/ *n* [C] **1** amerykańska pisownia wyrazu PROGRAMME THESAURUS PROGRAMME **2** program *(komputerowy)*

program² *v* [T] (**-mmed**, **-mming**) za/programować

pro·gramme¹ S1 W1 *BrE*, **program** *AmE* /ˈprəʊgræm/ *n* [C] program: *What's your favourite TV programme?* | *the US space program* | *a fitness programme*

THESAURUS: programme

programme *BrE*, **program** *AmE* program: *There's an interesting programme on TV tonight.* | *„The Simpsons" is one of my favourite programs.* | *a 30-minute radio programme*

show program, show: *Welcome to tonight's show.* | *a comedy show* | *a talk show*

documentary program dokumentalny: *a documentary about life in South Africa*

cartoon film rysunkowy: *He was famous for making cartoons such as „Tom and Jerry".*

soap opera/soap telenowela: *the Australian soap opera „Neighbours"*

sitcom serial komediowy: *„Friends" was one of the most popular sitcoms of all time.*

reality TV programy typu reality show: *The trouble with reality TV is that a lot of the time it's really boring.*

podcast podcast: *The interview is available as a podcast.*

phone-in program z telefonicznym udziałem słuchaczy/widzów: *The star will be doing a phone-in tomorrow morning.*

webcast webcast: *University lectures are sometimes available as webcasts.*

programme² *BrE*, **program** *AmE v* [T] za/programować: *I've programmed the TV recorder to record tonight's movie.*

pro·gram·mer /ˈprəʊgræmə/ *n* [C] programist-a/ka —**programming** *n* [U] programowanie

pro·gress¹ S2 W2 /ˈprəʊgres/ *n* [U] **1** postęp: *technological progress* | **make progress** (=z/robić postęp(y)): *Nick has made a lot of progress since coming to our school.* **2 in progress** *formal* w toku: *Please do not enter while there is a class in progress.*

pro·gress² /prəˈgres/ *v* [I] postępować: *Work on the new building progressed quickly.*

pro·gres·sion /prəˈgreʃən/ *n* [C,U] postęp(y): *the rapid progression of the disease*

pro·gres·sive¹ /prəˈgresɪv/ *adj* **1** postępowy, progresywny: *progressive teaching methods* **2** postępujący: *the progressive decline of the coal industry* —**progressively** *adv* coraz: *progressively worse*

progressive² *n* **the progressive** forma ciągła czasownika

pro·hib·it Ac /prəˈhɪbɪt/ *v* [T] *formal* zakazywać, zabraniać: *Smoking is prohibited inside the building.* | **prohibit sb from doing sth** *Shops in Britain are prohibited from selling alcohol to people under 18.* THESAURUS FORBID —**prohibition** /ˌprəʊhɪˈbɪʃən/ *n* [U] zakaz, prohibicja

pro·hib·i·tive Ac /prəˈhɪbətɪv/ *adj* wygórowany: *prohibitive prices*

proj·ect¹ S1 W1 Ac /ˈprɒdʒekt/ *n* [C] **1** projekt: *the new road project* | *a project to help the homeless* **2** referat: *a school project* | **+on** *We are doing a project on pollution.*

pro·ject² Ac /prəˈdʒekt/ *v* [T] **1** przewidywać: *projected sales for next year* **2** wyświetlać

pro·jec·tile /prəˈdʒektaɪl/ *n* [C] *formal* pocisk

pro·jec·tion Ac /prəˈdʒekʃən/ *n* **1** [C] przewidywanie: *projections of economic growth* **2** [C,U] projekcja

pro·jec·tor /prəˈdʒektə/ *n* [C] projektor, rzutnik

pro-ˈlife *adj* broniący życia (poczętego)

pro·lif·e·rate /prəˈlɪfəreɪt/ *v* [I] *formal* mnożyć się: *Projects to clean up the environment are proliferating.*

pro·lif·e·ra·tion /prəˌlɪfəˈreɪʃən/ *n* [U singular] rozrost, szerzenie się: **+of** *The proliferation of hotels and nightclubs has spoilt the charm of the area.*

pro·lif·ic /prəˈlɪfɪk/ *adj* płodny: *Agatha Christie was a prolific writer.*

pro·logue /ˈprəʊlɒg/ *n* [C] prolog

pro·long /prəˈlɒŋ/ *v* [T] przedłużać: *Having your car serviced regularly prolongs its life.*

pro·longed /prəˈlɒŋd/ *adj* długotrwały: *a prolonged illness*

prom /prɒm/ *n* [C] *AmE* zabawa szkolna

prom·e·nade /ˌprɒməˈnɑːd◂/ *n* [C] *BrE* promenada

prom·i·nence /ˈprɒmənəns/ *n* [U] rozgłos: **come/rise to prominence** (=zdobyć sławę/rozgłos): *Stallone rose to prominence with the movie 'Rocky'.*

prom·i·nent /ˈprɒmɪnənt/ *adj* **1** wybitny: *prominent politicians* **2** wydatny: *a prominent nose* —**prominently** *adv* na widocznym miejscu: *prominently displayed*

pro·mis·cu·ous /prəˈmɪskjuəs/ *adj* rozwiązły: *In the study, single men were the most promiscuous group.* —**promiscuity** /ˌprɒməˈskjuːəti/ *n* [U] rozwiązłość

prom·ise¹ S2 W2 /ˈprɒmɪs/ *v* **1** [I,T] obiecywać, przyrzekać: **+(that)** *Will you promise me you won't be late?* | **promise to do sth** *Dad's promised to take us to Disneyland.* | **promise sb sth** *I've already promised them free tickets if they win.* **2** [T] zapowiadać się: **promise to be sth** *The game promises to be exciting.*

THESAURUS: promise

promise obiecać: *She promised to call me today.*
swear przysiąc: *I swear I've never seen her before.*
give sb your word dać komuś słowo: *I give you my word that I won't tell anyone.* | *You can go if you give me your word that you'll be home by 11.*
guarantee gwarantować: *I guarantee that you will enjoy the film.* | *Can you guarantee the safety of the passengers?*
vow *especially written* poprzysiąc *(także sobie samemu)*: *He believed she was still alive and he vowed to find her.* | *She vowed that she would never drink alcohol again.*

promise² S3 W2 *n* **1** [C] obietnica, przyrzeczenie: **make a promise** (=złożyć obietnicę): *He's always making promises that he can't keep.* | **keep a promise** (=dotrzymać obietnicy): *Anna kept her promise to be back at 10 o'clock.* | **break a promise** (=złamać obietnicę) **2** [U] zadatki: **show promise** *He shows a lot of promise as a writer.*

prom·is·ing /ˈprɒməsɪŋ/ *adj* obiecujący: *a promising young singer*

prom·on·to·ry /ˈprɒməntəri/ *n* [C] cypel, przylądek

pro·mote S3 W2 Ac /prəˈməʊt/ *v* [T] **1** przyczyniać się do: *We aim to promote understanding between cultures.* **2** promować, lansować: *The company is spending millions promoting its new software.* **3** awansować: **promote sb to sth** *Ted has been promoted to senior sales manager.*

pro·mot·er Ac /prəˈməʊtə/ *n* [C] **1** organizator/ka **2** propagator/ka: *promoters of organic farming*

pro·mo·tion S3 W3 Ac /prəˈməʊʃən/ *n* **1** [C,U] awans: **get promotion** *You only ever get a pay rise if you get promotion.* **2** [C,U] promocja: *a sales promotion* **3** [U singular] propagowanie: **+ of** *the promotion of equal rights*

pro·mo·tion·al /prəˈməʊʃənəl/ *adj* promocyjny

prompt¹ /prɒmpt/ *v* **1** [T] skłaniać: **prompt sb to do sth** *Bad weather at home has prompted people to go abroad this summer.* **2** [I,T] podpowiadać, suflerować

prompt² W3 *adj* niezwłoczny: *We request prompt payment of bills.* —**promptly** *adv* niezwłocznie, natychmiast

prompt³ *n* [C] podpowiedź (programowa)

prompt·er /ˈprɒmptə/ *n* [C] sufler/ka

prone /prəʊn/ *adj* podatny: *accident-prone* (=często ulegający wypadkom) | **+ to** *He's prone to colds in winter.* | **prone to do sth** *She's prone to eat too much* (=ma skłonność do objadania się) *when she's unhappy.*

prong /prɒŋ/ *n* **1** [C] ząb *(widelca, wideł)* **2 two-pronged/three-pronged attack** atak z dwóch/trzech stron/frontów

pro·noun /ˈprəʊnaʊn/ *n* [C] *technical* zaimek

pro·nounce /prəˈnaʊns/ *v* [T] **1** wymawiać: *How do you pronounce your name?* **2** stwierdzać oficjalnie: *He was pronounced dead at 11:00 p.m.*

pro·nounced /prəˈnaʊnst/ *adj* wyraźny: *Harold walks with a pronounced limp.*

pro·nounce·ment /prəˈnaʊnsmənt/ *n* [C] *formal* oświadczenie, oficjalny komunikat

pro·nun·ci·a·tion /prəˌnʌnsiˈeɪʃən/ *n* wymowa: *The cassette helps you check your pronunciation.*

proof S3 W3 /pruːf/ *n* [C,U] dowód: **+ of** *You need proof of your age to buy cigarettes.* | **+ (that)** *You've got no real proof that he's having an affair.*

proof·read /ˈpruːfˌriːd/ *v* [I,T] (**proofread** /-red/, **proofread** /-red/, **proofreading**) z/robić korektę —**proofreader** *n* [C] korektor/ka

prop¹ /prɒp/ *v* [T] (**-pped**, **-pping**) **prop sth against/on** opierać coś o: *He propped his bike against the fence.*
prop sth ↔ up *phr v* [T] podpierać: *Steel poles prop up the crumbling walls.*

prop² *n* [C] **1** podpórka **2** rekwizyt

prop·a·gan·da /ˌprɒpəˈgændə/ *n* [U] propaganda

prop·a·gate /ˈprɒpəgeɪt/ *v formal* **1** [T] propagować, rozpowszechniać: *Politicians use the media to propagate their message.* **2** [I,T] rozmnażać *(o roślinach)* —**propagation** /ˌprɒpəˈgeɪʃən/ *n* [U] rozmnażanie

propane /ˈprəʊpeɪn/ *n* propan

pro·pel /prəˈpel/ *v* [T] (**-lled**, **-lling**) napędzać: *old ships propelled by steam*

pro·pel·ler /prəˈpelə/ *n* [C] śmigło

pro·pen·si·ty /prəˈpensəti/ *n* [C] *formal* skłonność: *He has a propensity to smile at every woman he sees.*

prop·er S1 W2 /ˈprɒpə/ *adj* **1** [only before noun] właściwy, odpowiedni: *Put the bread back in its proper place.* | *You have to go through the proper procedures.* THESAURUS SUITABLE **2** [only before noun] *BrE spoken* prawdziwy: *Alex was my first proper boyfriend.* **3** stosowny: *I didn't think it was proper to ask for her phone number so soon.* **4** [only after noun] sam: *We no longer live in Dallas proper* (=w samym Dallas)*; we moved to Mesquite.*

prop·er·ly S1 W2 /ˈprɒpəli/ *adv* należycie: *I can't see properly* (=nie widzę dobrze) *without glasses.* | *Did you tidy your room properly?*

ˌproper ˈnoun *także* **proper name** *n* [C] nazwa własna

prop·er·ty S2 W1 /ˈprɒpəti/ *n* **1** [U] własność, mienie: *Police recovered some of the stolen property.* **2** [C,U] nieruchomość: *Property prices are rising.* **3** [C] właściwość: *herbs with healing properties*

THESAURUS: property

property własność: *The boys were arrested and charged with damaging school property.* | *The documents were marked „Property of the US Government".* | *Some of his personal property was stolen.*
possessions dobytek: *Many people lost all their possessions in the floods.* | *The monks have very few personal possessions.*
belongings rzeczy, dobytek: *I packed a few belongings into a small suitcase and left.*
things/stuff *informal* rzeczy: *Don't leave your things all over the floor!* | *Whose stuff is this?*
valuables *formal* kosztowności: *I wouldn't leave any valuables in your hotel room.* | *Valuables worth about £3,000 were stolen from the house.*

proph·e·cy /ˈprɒfəsi/ *n* [C,U] proroctwo, przepowiednia —**prophesy** /ˈprɒfəsaɪ/ *v* [I,T] prorokować, przepowiadać

proph·et /ˈprɒfɪt/ *n* [C] prorok/ini

pro·phet·ic /prəˈfetɪk/ *adj* proroczy: *The Ambassador's warnings proved prophetic.*

pro·pi·tious /prəˈpɪʃəs/ *adj formal* sprzyjający: *a propitious time to attack*

pro·po·nent /prəˈpəʊnənt/ *n* [C] *formal* zwolen-ni-k/czka, głosiciel/ka: *a proponent of women's rights* →porównaj OPPONENT

pro·por·tion S2 W2 Ac /prəˈpɔːʃən/ *n* **1** [C] odsetek: *The proportion of adults who smoke is lower than before.* **2** [C,U] stosunek: **proportion of sth to sth** *Girls outnumber boys at the school by a proportion of three to one.* | **in proportion to** (=proporcjonalnie do): *Taxes rise in proportion to the amount you earn.* **3** [U] proporcje: **out of/in proportion** *The porch is out of proportion with* (=nieproporcjonalny do) *the rest of the house.* **4 sense of proportion** wyczucie proporcji

pro·por·tion·al Ac /prəˈpɔːʃənəl/ także **pro·por·tion·ate** /-ʃənət/ *adj* proporcjonalny: *The number of Representatives each state has is proportional to its population.*

P

pro·por·tions /prəˈpɔːʃənz/ *n* [plural] rozmiary: *The plant can grow to gigantic proportions in the tropics.* | *By 1939 the disease had reached epidemic proportions.*

pro·pos·al S2 W1 /prəˈpəʊzəl/ *n* [C] **1** propozycja: **proposal to do sth** *a proposal to build a new road* **2** oświadczyny: *Did you accept his proposal?*

pro·pose S2 W2 /prəˈpəʊz/ *v* **1** [T] za/proponować: *They are proposing changes in working hours.* | *Mrs Banks has been proposed for the position of Treasurer.* | **+that** *I propose that we close the meeting.* **2** [I] oświadczać się: **+to** *I proposed to my wife in Paris.*

prop·o·si·tion[1] /ˌprɒpəˈzɪʃən/ *n* [C] **1** propozycja: *I've got a business proposition for you.* | *Running my own company is an attractive proposition.* **2** twierdzenie

proposition[2] *v* [T] czynić propozycje *(seksualne)*

pro·pri·e·tor /prəˈpraɪətə/ *n* [C] *formal* właściciel/ka *(sklepu, hotelu, gazety)*

pro·pri·e·ty /prəˈpraɪəti/ *n* [U singular] *formal* przyzwoitość, moralność

pro·pul·sion /prəˈpʌlʃən/ *n* [U] *technical* napęd: *jet propulsion*

pro ra·ta /prəʊ ˈrɑːtə/ *adj technical* według stawki *(naliczany, płatny)*

pro·sa·ic /prəʊˈzeɪ-ɪk/ *adj formal* prozaiczny —**prosaically** /-kli/ *adv* prozaicznie

pro·scribe /prəʊˈskraɪb/ *v* [T] *formal* zakazywać: *Child labor is proscribed by federal law.* —**proscription** /-ˈskrɪpʃən/ *n* [C,U] zakaz

prose /prəʊz/ *n* [U] proza

pros·e·cute /ˈprɒsɪkjuːt/ *v* [I,T] ścigać sądownie: **prosecute sb for sth** *He was prosecuted for theft.*

pros·e·cu·tion W3 /ˌprɒsɪˈkjuːʃən/ *n* **1 the prosecution** oskarżenie: *a witness for the prosecution* →porównaj DEFENCE **2** [C,U] sprawa sądowa

pros·e·cu·tor /ˈprɒsɪkjuːtə/ *n* [C] oskarżyciel/ka, prokurator/ka

pros·pect[1] W2 Ac /ˈprɒspekt/ *n* **1** [C,U] szansa: **+of** *There's little prospect of ending the war.* | **+for** *an economy with good prospects for growth* **2** perspektywa: *His job prospects are not very good.* | **+of** *The prospect of making a speech at the wedding fills me with dread.*

pro·spect[2] /prəˈspekt/ *v* [I] **prospect for gold/oil** poszukiwać złota/ropy

pro·spec·tive Ac /prəˈspektɪv/ *adj* [only before noun] **prospective buyer/employer** potencjalny nabywca/pracodawca: *There are only two prospective candidates for the election.*

pro·spec·tus /prəˈspektəs/ *n* [C] informator, prospekt

pros·per /ˈprɒspə/ *v* [I] prosperować: *an environment in which small businesses can prosper*

pro·sper·i·ty /prɒˈsperəti/ *n* [U] dobrobyt

pros·per·ous /ˈprɒspərəs/ *adj* prosperujący: *a prosperous community* THESAURUS RICH

pros·ti·tute /ˈprɒstɪtjuːt/ *n* [C] prostytutka

pros·ti·tu·tion /ˌprɒstɪˈtjuːʃən/ *n* [U] prostytucja

pros·trate /ˈprɒstreɪt/ *adj* leżący twarzą do ziemi

pro·tag·o·nist /prəʊˈtægənɪst/ *n* [C] *formal* protagonist-a/ka, główn-y/a bohater/ka

pro·tect S2 W2 /prəˈtekt/ *v* [T] o/chronić: **protect sb/sth from sth** *New sea defences have been built to protect the town from flooding.* | **protect (sb/sth) against sth** *a cream to protect your skin against sunburn* —**protected** *adj* chroniony: *Owls are a protected species.* —**protector** *n* [C] opiekun/ka

pro·tec·tion S2 W2 /prəˈtekʃən/ *n* [U singular] ochrona: **give/offer/provide protection** (=dawać ochronę): *Heidi's thin coat gave little protection* (=słabo chronił przed) *against the cold.* | *The organization provides help and protection for abused teenagers.*

pro·tec·tion·ism /prəˈtekʃənɪzəm/ *n* [U] protekcjonizm —**protectionist** *adj* protekcjonistyczny

pro·tec·tive /prəˈtektɪv/ *adj* **1** ochronny: *protective clothing* **2** opiekuńczy: *She suddenly felt very protective towards him.*

prot·é·gé /ˈprɒtəʒeɪ/ *n* [C] protegowany —**protégée** *n* [C] protegowana

pro·tein /ˈprəʊtiːn/ *n* [C,U] białko, proteina

pro·test[1] W3 /ˈprəʊtest/ *n* [C] protest: *protests against the war* | *He ignored her protests.*

pro·test[2] /prəˈtest/ *v* [I] za/protestować: *"That's not true!" she protested angrily.* | **+against** *a group protesting against human rights abuses*

Prot·es·tant /ˈprɒtəstənt/ *n* [C] protestant/ka —**Protestant** *adj* protestancki —**Protestantism** *n* [U] protestantyzm

prot·es·ta·tion /ˌprɒtəˈsteɪʃən/ *n* [C] *formal* zapewnienie, gwarancja

pro·test·er, **protestor** /prəˈtestə/ *n* [C] protestując-y/a: *anti-government protesters*

pro·to·col Ac /ˈprəʊtəkɒl/ *n* [U] protokół: *diplomatic protocol*

pro·ton /ˈprəʊtɒn/ *n* [C] *technical* proton

pro·to·type /ˈprəʊtətaɪp/ *n* [C] prototyp

pro·trac·ted /prəˈtræktɪd/ *adj* przeciągający się: *a protracted legal dispute*

pro·trac·tor /prəˈtræktə/ *n* [C] kątomierz

pro·trude /prəˈtruːd/ *v* [I] *formal* sterczeć, wystawać: *a rock protruding from the water*

proud S2 W3 /praʊd/ *adj* **1** dumny: **+of** *Her parents are very proud of her.* | **proud to do sth** *I'm proud to receive this* *award.* **2** wyniosły: *He has always been a proud and arrogant man.* —**proudly** *adv* dumnie, wyniośle →patrz też PRIDE[1]

THESAURUS: proud

proud dumny: *I'm very proud of my son.* | *The people are proud of their culture.*
arrogant arogancki: *His arrogant manner was beginning to annoy me.* | *Don't be so arrogant!*
vain próżny: *She's so vain - she's always looking in the mirror.*
conceited zarozumiały: *He was so conceited that he thought he couldn't fail.*
big-headed *informal* przemądrzały: *Stop praising him or he's going to get big-headed!* | *Their admiration was making her big-headed.*
pompous napuszony, nadęty: *I wish he'd stop being so pompous.* | *the book's pompous style*

prove S2 W1 /pruːv/ *v* (**proved**, **proved** *or* **proven**, **proving**) **1** [T] dowodzić, udowadniać: *They have evidence to prove that she is guilty.* **2** [I,T] okazywać się: *The competition has proved to be a great success.*

prov·en[1] /ˈpruːvən/ *adj* sprawdzony: *a proven method of learning*

proven[2] *v* imiesłów bierny od PROVE

prov·erb /ˈprɒvɜːb/ *n* [C] przysłowie

pro·ver·bi·al /prəˈvɜːbiəl/ *adj* przysłowiowy: *I was running around like the proverbial headless chicken!*

pro·vide S1 W1 /prəˈvaɪd/ *v* [T] dostarczać, zapewniać: *The EU is providing the money for the project.* | **provide sb with sth** *I was provided with a car and a guide.*
provide for sb/sth *phr v* [T] **1** utrzymywać: *He has to provide for a family of five.* **2** uwzględniać: *The budget must provide for an increase in unemployment levels.*

pro·vid·ed S3 W2 /prəˈvaɪdɪd/ *także* **provided that** *conjunction* pod warunkiem, że: *The equipment is perfectly safe, provided it is used in the right way.*

prov·i·dence /ˈprɒvɪdəns/ *n* [U] opatrzność

pro·vid·er /prəˈvaɪdə/ *n* [C] dostawca, usługodawca: *a health-care provider* (=zakład świadczący usługi zdrowotne)

pro·vid·ing S2 /prəˈvaɪdɪŋ/ *także* **providing that** *conjunction* PROVIDED

prov·ince /ˈprɒvɪns/ *n* [C] prowincja: *the Canadian provinces*

pro·vin·cial /prəˈvɪnʃəl/ *adj* prowincjonalny: *the provincial capital* (=stolica prowincji)

pro·vi·sion S3 W1 /prəˈvɪʒən/ *n* **1** [C,U] zapewnienie, zabezpieczenie: *the provision of services* (=świadczenie usług) *for the elderly* **2 make provisions for** zabezpieczać: *He has made provisions for his wife in his will.* **3** [C] klauzula, postanowienie: *the provisions of the treaty*

pro·vi·sion·al /prəˈvɪʒənəl/ *adj* tymczasowy: *A provisional government was set up after the war.*

pro·vi·sions /prəˈvɪʒənz/ *n* [plural] zapasy: *We had enough provisions for two weeks.*

pro·vi·so /prəˈvaɪzəʊ/ *n* [C] *formal* warunek, zastrzeżenie

prov·o·ca·tion /ˌprɒvəˈkeɪʃən/ *n* [C,U] prowokacja: *The police acted calmly, in the face of great provocation.*

pro·voc·a·tive /prəˈvɒkətɪv/ *adj* **1** prowokacyjny: *a provocative remark* **2** prowokujący, wyzywający —**provocatively** *adv* wyzywająco: *a provocatively low-cut dress*

pro·voke /prəˈvəʊk/ *v* [T] **1** s/prowokować: *She hit him, but he provoked her into it.* **2** wywoływać: *The article provoked a heated discussion.*

prov·ost /ˈprɒvəst/ *n* [C] (pro)rektor

prow /praʊ/ *n* [C] dziób *(statku)*

prow·ess /ˈpraʊɪs/ *n* [U] *formal* biegłość, sprawność: *athletic prowess*

prowl[1] /praʊl/ *v* [I,T] grasować: *a tiger prowling through the jungle*

prowl[2] *n* **be on the prowl** czaić się

prowl·er /ˈpraʊlə/ *n* [C] podejrzany typ

prox·im·i·ty /prɒkˈsɪməti/ *n* [U] *formal* bliskość: *We chose this house because of its proximity to the school.*

P

prox·y /ˈprɒksi/ *n* **by proxy** przez pełnomocnika: *You can vote by proxy.*

prude /pruːd/ *n* [C] świętosz-ek/ka —**prudish** *adj* pruderyjny —**prudishness, prudery** *n* [U] pruderia

pru·dent /ˈpruːdənt/ *adj* roztropny, rozważny: *prudent use of resources* —**prudence** *n* [U] roztropność, rozwaga

prune[1] /pruːn/ *także* **prune back** *v* [T] przycinać

prune[2] *n* [C] suszona śliwka

pru·ri·ent /ˈprʊəriənt/ *adj formal* lubieżny —**prurience** *n* [U] lubieżność

pry /praɪ/ *v* (**pried**, **pried**, **prying**) **1** [I] węszyć: *a secret honeymoon, away from prying reporters* **2** [T] **pry sth open/off** wyważyć/podważyć coś: *I used a screwdriver to pry off the lid.*

PS /ˌpiː ˈes/ postscriptum: *PS. I love you.*

psalm /sɑːm/ *n* [C] psalm

pseudo- /sjuːdəʊ/ *prefix* pseudo-, quasi-, na niby: *pseudoscience*

pseu·do·nym /ˈsjuːdənɪm/ *n* [C] pseudonim THESAURUS NAME

psych /saɪk/ *v*
psych yourself up *phr v* [T] *informal* przygotowywać (się) psychicznie —**psyched up** *adj* przygotowany psychicznie

psy·che /ˈsaɪki/ *n* [C] psychika: *the male psyche*

psy·che·del·ic /ˌsaɪkəˈdelɪk◂/ *adj* psychodeliczny

psy·chi·a·trist /saɪˈkaɪətrɪst/ *n* [C] psychiatra

psy·chi·a·try /saɪˈkaɪətri/ *n* [U] psychiatria —**psychiatric** /ˌsaɪkiˈætrɪk◂/ *adj* psychiatryczny: *a psychiatric hospital*

psy·chic[1] /ˈsaɪkɪk/ *adj* **1** paranormalny: *psychic phenomena* **2 be psychic** być jasnowidzem: *How did you know I was coming? You must be psychic!*

psychic[2] *n* [C] jasnowidz/ka, medium

psy·cho /ˈsaɪkəʊ/ *n* [C] *informal* wariat

psy·cho·a·nal·y·sis /ˌsaɪkəʊ-əˈnælɪsɪs/ *n* [U] psychoanaliza

psy·cho·an·a·lyst /ˌsaɪkəʊˈænəl-ɪst/ *n* [C] psychoanality-k/czka

psy·cho·log·i·cal W3 Ac /ˌsaɪkəˈlɒdʒɪkəl◂/ *adj* psychologiczny: *psychological problems* —**psychologically** /-kli/ *adv* psychologicznie

psy·chol·o·gist Ac /saɪˈkɒlədʒɪst/ *n* [C] psycholo-g/żka

psy·chol·o·gy W3 Ac /saɪˈkɒlədʒi/ *n* [C,U] psychologia: *a professor of psychology | the psychology of child killers*

psy·cho·path /ˈsaɪkəpæθ/ *n* [C] psychopat-a/ka —**psychopathic** /ˌsaɪkəˈpæθɪk◂/ *adj* psychopatyczny

psy·cho·sis /saɪˈkəʊsɪs/ *n* [C,U] (plural **psychoses** /-siːz/) [C,U] psychoza

psy·cho·so·mat·ic /ˌsaɪkəʊsəˈmætɪk◂/ *adj* psychosomatyczny

psy·cho·ther·a·py /ˌsaɪkəʊˈθerəpi/ *n* [U] psychoterapia —**psychotherapist** *n* [C] psychoterapeut-a/ka

psy·chot·ic /saɪˈkɒtɪk/ *adj* psychotyczny: *psychotic behaviour*

P

pt. skrót pisany od PART i PINT

PTA /ˌpiː tiː ˈeɪ/ *n* [C] Komitet Rodzicielski

PTO /ˌpiː tiː ˈəʊ/ *BrE* verte

pub S2 W3 /pʌb/ *n* [C] pub

pu·ber·ty /ˈpjuːbəti/ *n* [U] dojrzewanie płciowe, pokwitanie

pu·bic /ˈpjuːbɪk/ *adj* łonowy: *pubic hair*

pub·lic¹ S1 W1 /ˈpʌblɪk/ *adj* **1** publiczny: *a public swimming pool | public transportation | Public opinion is in favour of the death penalty. | cuts in public spending | public displays of emotion* **2** społeczny: *Public support for the strike has increased. | in the public interest* **3 make sth public** ujawnić coś: *Last night the name of the killer was made public.* —**publicly** *adv* publicznie: *publicly humiliated*

public² S2 W2 *n* **1 the (general) public a)** publiczność: *The museum is open to the public five days a week.* **b)** społeczeństwo: *The British public is not really interested in this issue.* **2 in public** publicznie: *He was always very nice to her in public.*

ˌpublic adˈdress ˌsystem *n* [C] system nagłaśniający

pub·li·ca·tion W2 Ac /ˌpʌblɪˈkeɪʃən/ *n* [U] **1** wydanie, publikacja: *The book is ready for publication.* **2** ogłoszenie: *the publication of the test results*

ˌpublic ˈfigure *n* [C] osoba publiczna

ˌpublic ˈholiday *n* [C] święto państwowe

ˌpublic ˈhouse *n* [C] *BrE formal* pub

pub·li·cist /ˈpʌblɪsɪst/ *n* [C] publicyst-a/ka

pub·lic·i·ty S3 W3 /pʌˈblɪsəti/ *n* [U] **1** rozgłos: *a murder trial that received a lot of publicity* **2** reklama: *a publicity campaign*

pub·li·cize /ˈpʌblɪsaɪz/ *także* **-ise** *BrE v* [T] nadawać rozgłos: **well/highly publicized** (=głośny): *Camilla's highly publicized relationship with Prince Charles*

ˌpublic reˈlations, **PR** *n* **1** [U] kreowanie wizerunku firmy/organizacji: *the public relations department* (=biuro informacyjne) **2** [plural] wizerunek publiczny firmy/organizacji: *Organizing events for charity is always good for public relations.*

ˌpublic ˈschool *n* [C] **1** *BrE* szkoła prywatna: *Many of the people in the British Government went to public schools.* **2** *AmE* szkoła państwowa

ˌpublic ˈtelevision *n* [U] telewizja publiczna

pub·lish S3 W1 Ac /ˈpʌblɪʃ/ *v* **1** [I,T] wydawać: *a book that was first published in 1851* **2** [T] o/publikować: *The article was first published in the Los Angeles Times.* **3** [T] ogłaszać: *When will the results be published?*

pub·lish·er W3 Ac /ˈpʌblɪʃə/ *n* [C] wydawca, wydawnictwo

pub·lish·ing Ac /ˈpʌblɪʃɪŋ/ *n* [U] działalność wydawnicza

pud·ding S3 /ˈpʊdɪŋ/ *n* [C,U] **1** pudding: *chocolate pudding* **2** *BrE* deser: *What's for pudding?*

pud·dle /ˈpʌdl/ *n* [C] kałuża THESAURUS LAKE

pudg·y /ˈpʌdʒi/ *adj* tłusty: *short, pudgy fingers*

pu·er·ile /ˈpjʊəraɪl/ *adj formal* infantylny: *puerile jokes*

puff¹ /pʌf/ *v* **1** [I] sapać: *Max was puffing heavily after climbing the stairs.* **2** [I,T] dmuchać: *Don't puff cigarette smoke in my face.* | **+on** *William sat there puffing on his pipe* (=pykając fajkę).
puff sth ↔ out *phr v* [T] wydymać, nadymać
puff up *phr v* **1** [T] napuszać: *Birds puff up their feathers to stay warm.* **2** [I] s/puchnąć: *My leg puffed up so that I could hardly walk.*

puff² *n* [C] **1 take a puff** zaciągnąć się: *He took a puff on his cigar.* **2** podmuch: *puffs of smoke coming from the chimney*

puf·fin /ˈpʌfɪn/ *n* [C] maskonur

puff·y /ˈpʌfi/ *adj* opuchnięty, podpuchnięty: *Her eyes were red and puffy from crying.*

pug·na·cious /pʌgˈneɪʃəs/ *adj formal* wojowniczy, zaczepny

puke /pjuːk/ *v* [I,T] *informal* rzygać —**puke** *n* [U] rzygi

pull¹ S1 W1 /pʊl/ *v* **1** [I,T] po/ciągnąć (za): *Mom, Sara's pulling my hair! | The car was pulling a camper behind it.* **2** wyciągać: **pull sth out/off/from/away** *A motorist stopped and helped to pull him from the water. | The dentist pulled out* (=wyrwał) *one of my back teeth.* **3 pull sb's leg** nabierać kogoś **4 pull a muscle** naciągnąć (sobie) mięsień **5 pull your weight** przykładać się: *Some men still don't pull their weight when it comes to housework.* **6 pull strings** s/korzystać z protekcji: *I think he pulled a few strings to get that job.* **7 pull the strings** pociągać za sznurki: *Who is really pulling the strings in the White House?* → patrz też **make/pull a face** (FACE¹)
pull sth ↔ apart *phr v* [T] rozdzielić: *Loosen the roots and gently pull the plants apart.*
pull away *phr v* [I] **1** odjechać: *She watched the car pull away.* **2** wyrwać się: *Jess tried to pull away from him.*
pull sth ↔ down *phr v* [T] z/burzyć, rozebrać: *All the old houses are being pulled down.*
pull in *phr v* **1** [I] zatrzymać się: *A police car pulled in behind me.* **2** wjechać na stację: *The train has just pulled in.*
pull off *phr v* **1** [T **pull** sth ↔ **off**] osiągnąć, zdobyć: *UCLA pulled off a win in Saturday's game.* **2 I/he pulled it off** udało mi/mu się: *She really seems to have pulled it off this time* (=wygląda na to, że tym razem naprawdę się jej udało).
pull out *phr v* [I,T] wycofać (się): *Murray was forced to pull out of the competition. | US forces pulled out of Somalia.*
pull together *phr v* **pull yourself together** *informal* wziąć się w garść: *Pull yourself together, man!*
pull up *phr v* **1** [I] zatrzymać się: *A red Buick pulled up at the lights.* THESAURUS STOP **2 pull up a chair** przysunąć

(sobie) krzesło **3** [T **pull** sth ↔ **up**] wyrywać *(np. chwasty)*

THESAURUS: pull

pull ciągnąć *(zwłaszcza do siebie)*: *He pulled the blanket off the bed. | She quickly pulled on her jeans.*
drag ciągnąć *(coś ciężkiego po ziemi)*: *They managed to drag the sofa across the room.*
haul ciągnąć *(zwłaszcza przy użyciu lin)*: *The fishermen were hauling in their nets.*
tug pociągać: *The little girl was tugging at her mother's coat. | I tugged at the drawer but it wouldn't open.*
heave dźwignąć: *He heaved his suitcase onto his bed.*
tow holować: *Our car had to be towed to the nearest garage. | Horses were used to tow the boats along the canals.*

pull² *n* **1** [C] **give sth a pull** pociągnąć za coś: *Give the rope a pull.* **2** [singular] przyciąganie: *the gravitational pull of the moon*

pul·ley /ˈpʊli/ *n* [C] wielokrążek, blok

pull·out, **pull-out** /ˈpʊlaʊt/ *n* [C] wycofanie: *the pullout of NATO troops*

pull·o·ver /ˈpʊləʊvə/ *n* [C] pulower

pul·mo·na·ry /ˈpʊlmənəri/ *adj technical* płucny: *pulmonary diseases* (=choroby płuc)

pulp /pʌlp/ *n* [U] **1** miąższ **2** miazga: *wood pulp*

pul·pit /ˈpʊlpɪt/ *n* [C] ambona

pul·sate /pʌlˈseɪt/ *v* [I] pulsować: *loud, pulsating music*

pulse¹ /pʌls/ *n* **1** [C usually singular] tętno, puls: **take sb's pulse** (=z/mierzyć komuś tętno): *A nurse came in and took my pulse.* **2** [C usually plural] jadalne nasiona roślin strączkowych

pulse² *v* [I] pulsować: *blood pulsing through his veins*

pul·ver·ize /ˈpʌlvəraɪz/ *także* **-ise** *BrE v* [T] s/proszkować: *a machine that pulverizes rocks*

pum·ice /ˈpʌmɪs/ *n* [C,U] pumeks

pum·mel /ˈpʌməl/ *v* [T] okładać pięściami

pump¹ /pʌmp/ *n* [C] **1** pompa: *a fuel pump* **2** czółenko: *a pair of black pumps*

pump² *v* **1** [I,T] pompować: *a machine that pumps water into the fields | Millions of dollars have been pumped into research.* **2** [T] *informal* brać na spytki
pump out *phr v* **1** [I] wylewać się: *I heard the music pumping out of the speakers* (=muzykę lejącą się z głośników). **2** [T **pump** sth ↔ **out**] produkować/wypuszczać w dużych ilościach *(np. płyty, informacje)* **3** [T **pump** sth ↔ **out**] wypompowywać
pump sth ↔ up *phr v* [T **pump** sth ↔ **up**] na/pompować

pum·per·nick·el /ˈpʌmpənɪkəl/ *n* [U] pumpernikiel

pump·kin /ˈpʌmpkɪn/ *n* [C,U] dynia: *pumpkin pie*

pun /pʌn/ *n* [C] kalambur

punch¹ S3 /pʌntʃ/ *v* [T] **1** uderzyć pięścią: *He threatened to punch me in the face.* **2** s/kasować: *The inspector came around and punched our tickets.*

punch² *n* **1** [C] cios pięścią: *a punch in the stomach* **2** [U] poncz **3** [C] dziurkacz

ˈpunch bag *BrE*, **ˈpunching bag** *AmE n* [C] worek bokserski/treningowy

punch·line, **punch line** /ˈpʌntʃlaɪn/ *n* [C] puenta

punc·tu·al /ˈpʌŋktʃuəl/ *adj* punktualny: *Ted's always very punctual.* —**punctually** *adv* punktualnie —**punctuality** /ˌpʌŋktʃuˈæləti/ *n* [U] punktualność

punc·tu·ate /ˈpʌŋktʃueɪt/ *v* [T] **1** wydzielać znakami przestankowymi **2 be punctuated by/with sth a)** być przerywanym czymś **b)** być naznaczonym czymś: *The early 70s were punctuated by a series of strikes and demonstrations.*

punc·tu·a·tion /ˌpʌŋktʃuˈeɪʃən/ *n* [U] interpunkcja

ˌpunctuˈation mark *n* [C] znak przestankowy

punc·ture¹ /ˈpʌŋktʃə/ *n* [C] *BrE* przebita opona/dętka: *Looks like you've got a puncture.*

puncture² *v* [I,T] prze/dziurawić (się)

pun·dit /ˈpʌndɪt/ *n* [C] ekspert

pun·gent /ˈpʌndʒənt/ *adj* ostry: *the pungent smell of frying garlic*

pun·ish /ˈpʌnɪʃ/ *v* [T] u/karać: *If he's broken the law he deserves to be punished.*

pun·ish·a·ble /ˈpʌnɪʃəbəl/ *adj* karalny, podlegający karze

pun·ish·ing /ˈpʌnɪʃɪŋ/ *adj* wyczerpujący: *a punishing walk*

pun·ish·ment W3 /ˈpʌnɪʃmənt/ *n* [C,U] kara: *tougher punishments for sex offenders | They had to stay late after school as a punishment* (=za karę). →patrz też CAPITAL PUNISHMENT

THESAURUS: punishment

punishment kara: *The court decided the original punishment was too severe. | Billy was sent to bed early as a punishment.*
fine mandat, grzywna: *If you park here, you'll get a fine. | He faces a heavy fine.*
penalty kara *(za złamanie przepisów)*: *There should be tougher penalties for athletes who take drugs. | The maximum penalty for this offence is five years in jail. | What's the penalty if someone is late paying their taxes?*
sentence wyrok: *The thief was given a two-year sentence. | a prison sentence*
the death penalty/sentence *także* **capital punishment** kara śmierci: *I don't agree with capital punishment. | He could face the death penalty.*
corporal punishment kary cielesne: *In those days, schools still used corporal punishment.*

pu·ni·tive /ˈpjuːnətɪv/ *adj* karny: *punitive action*

punk /pʌŋk/ *n* **1** *także* **punk rock** [U] punk-rock **2** [C] punk

pun·net /ˈpʌnɪt/ *n* [C] kobiałka

punt /pʌnt/ *n* [C] łódź płaskodenna

punt·er /ˈpʌntə/ *n* [C] *BrE informal* **1** gracz, hazardzist-a/ka **2** klient/ka

pu·ny /ˈpjuːni/ *adj* mizerny: *a puny little kid*

pup /pʌp/ *n* [C] PUPPY

pu·pil S2 W1 /ˈpjuːpəl/ *n* [C] **1** *especially BrE* uczeń/uczennica **2** źrenica

pup·pet /ˈpʌpɪt/ *n* [C] marionetka: *a puppet show*

pup·pe·teer /ˌpʌpəˈtɪə/ *n* [C] lalka-rz/rka

pup·py /ˈpʌpi/ *n* [C] szczeniak, szczenię

P

pur·chase¹ W3 Ac /ˈpɜːtʃɪs/ *v* [T] *formal* zakupywać, nabywać: *Sangster recently purchased 10 acres of land in France.* THESAURUS ▸ BUY

purchase² W3 Ac *n formal* zakup: *money for the purchase of new equipment | We deliver your purchases to your door.*

pure S3 W3 /pjʊə/ *adj* czysty: *pure gold | It was pure chance that we were there at the same time. | pure drinking water | pure science | a pure young girl*

pu·ree /ˈpjʊəreɪ/ *n* [C,U] przecier: *tomato puree*

pure·ly S3 W3 /ˈpjʊəli/ *adv* wyłącznie: *He did it for purely selfish reasons.*

pur·ga·tory /ˈpɜːgətəri/ *n* [U] czyściec

purge¹ /pɜːdʒ/ *n* [C] czystka: *the Stalinist purges of the 1930s*

purge² *v* [T] **1** przeprowadzać czystkę w *(organizacji)* **2** *literary or technical* oczyszczać z *(grzechu, negatywnych emocji)*

pu·ri·fy /ˈpjʊərɪfaɪ/ *v* [T] oczyszczać: *purified water*

pur·ist /ˈpjʊərɪst/ *n* [C] puryst-a/ka

pu·ri·tan·i·cal /ˌpjʊərəˈtænɪkəl◂/ *adj* purytański: *Her parents had very puritanical views about sex.*

pu·ri·ty /ˈpjʊərəti/ *n* [U] czystość: *the purity of our water | moral purity*

pur·ple /ˈpɜːpəl/ *adj* purpurowy, fioletowy —**purple** *n* [U] purpura, fiolet

pur·port /pɜːˈpɔːt/ *v* **purport to be/be purported to be** *formal* być rzekomo: *The painting is purported to be the work of Monet.*

pur·pose S2 W2 /ˈpɜːpəs/ *n* **1** cel: *The main purpose of my stay is to visit the museum. | The planes may be used for military purposes. | She went back to her work with a new sense of purpose.* **2 on purpose** naumyślnie: *I'm sorry I hurt you. I didn't do it on purpose.* THESAURUS ▸ DELIBERATELY

pur·pose·ful /ˈpɜːpəsfəl/ *adj* zdecydowany: *He picked up his toolbox in a purposeful manner.*

pur·pose·ly /ˈpɜːpəsli/ *adv* celowo: *They purposely left him out of the discussion.*

purr /pɜː/ *v* [I] za/mruczeć

purse¹ S3 /pɜːs/ *n* [C] **1** *BrE* portmonetka **2** *AmE* torebka

purse² *v* [T] **purse your lips** za/sznurować usta

purs·er /ˈpɜːsə/ *n* [C] ochmistrz

pur·sue S3 W2 Ac /pəˈsjuː/ *v* [T] **1** kontynuować: *She is pursuing her studies at the university. | He hoped to pursue a career in film-making. |* **pursue the matter** (=zająć się sprawą) **2** ścigać: *The stolen car was pursued by police for several miles.*

pur·suit Ac /pəˈsjuːt/ *n* **1** [U] pościg **2** [U] **pursuit of** dążenie do: *the pursuit of happiness* **3 pursuits** *formal* zajęcia: *outdoor pursuits*

pur·vey·or /pɜːˈveɪə/ *n* [C] *formal* dostawca: *purveyors of fine cheeses*

pus /pʌs/ *n* [U] ropa *(wydzielina)*

push¹ S1 W2 /pʊʃ/ *v* **1** [I,T] pchać, popychać: *Can you push harder? |* **push sth/sb up/down/into etc** *I helped him push the Volkswagen up the street. | Lisa pushed Amy into the pool.* →antonim PULL¹ **2** [I,T] naciskać: *Someone pushed the wrong button and the machine went into reverse.* **3** [I] przepychać się: *Heather pushed past us without speaking.* **4** [I,T] naciskać (na): **push sb to do/into doing sth** *My parents pushed me into going to college. |* **+for** *They're pushing for* (=domagają się) *stricter gun controls.* **5 push drugs** *informal* handlować narkotykami **6 be pushed for time** *informal* mieć bardzo mało czasu **7 be pushing 40/50** *informal* mieć prawie 40/50 lat
push sb around *phr v* [T] *informal* pomiatać
push off *phr v* [I] **push off!** *BrE spoken* spływaj!
push sth ↔ through *phr v* [T] przepchnąć *(ustawę, plan itp.)*

push² *n* [C usually singular] **1** pchnięcie: **give sth a push** (=popchnąć coś): *If the door's stuck, just give it a push.* **2 when/if push comes to shove** w najgorszym wypadku: *If push comes to shove, I can always rent out the house.*

push·bike /ˈpʊʃbaɪk/ *n* [C] *BrE informal* rower

push·chair /ˈpʊʃ-tʃeə/ *n* [C] *BrE* spacerówka

push·er /ˈpʊʃə/ *n* [C] *informal* handlarz narkotykami

push·o·ver /ˈpʊʃəʊvə/ *n* **1 a pushover** *informal* **a)** łatwy przeciwnik **b)** łatwizna, pryszcz **2 sb is a pushover** ktoś wszystko łyknie *(łatwo kogoś nabrać, przekonać itp.)*

ˈpush-up *n* [C] *AmE* pompka *(ćwiczenie)*

push·y /ˈpʊʃi/ *adj* natarczywy, natrętny: *pushy salespeople*

pus·sy·cat /ˈpʊsikæt/ *także* **puss** /pʊs/, **pus·sy** /ˈpʊsi/ *BrE n* [C] *informal* kotek

pus·sy·foot /ˈpʊsifʊt/ *v* [I] *informal* szczypać się, pękać się

ˈpussy ˌwillow *n* [C] wierzba

put S1 W1 /pʊt/ *v* (**put, put, putting**) [T] **1** kłaść/położyć: **put sth in/on/there etc** *Just put the bags on the table. | Where did you put the newspaper? | I put the letter back in* (=włożyłam list z powrotem do) *the envelope. | You put the kids to bed and I'll make dinner.* **2** umieszczać: *I don't want to put my dad into a hospital. | Put your name at the top of each answer sheet.* **3** stawiać: *The long delay had put us all in a difficult position.* **4** ujmować: *Derek's – how shall I put it – not very attractive.* **5 put an end to sth/put a stop to sth** położyć kres czemuś: *a law designed to put an end to discrimination against women* **6 put (your) faith/trust in** pokładać nadzieję w: *people who put their trust in God* **7 not put it past sb to do sth** uważać, że ktoś jest zdolny do zrobienia czegoś: *I wouldn't put it past him to blackmail them.*
put sth ↔ across *phr v* [T] jasno przedstawić: *She's good at putting her ideas across.*
put sth ↔ aside *phr v* [T] **1** odkładać: *We're trying to put some money aside for a new car.* **2** odłożyć (na bok): *Charles put his newspaper aside and got up to answer the door.*
put sth ↔ away *phr v* [T] odłożyć na miejsce, s/chować: *Those kids never put anything away!*
put sth ↔ back *phr v* [T] **1** opóźnić: *The publication date has been put back by three months.* **2 put a clock/a watch back** cofnąć zegar/zegarek
put sb/sth ↔ down *phr v* [T] **1** [**put** sth ↔ **down**] odłożyć: *She put down her knitting.* **2** [**put** sb ↔ **down**] poniżać: *I don't like the way she's always putting him down.* **3** [**put** sth ↔ **down**] *BrE* zapisać: *Don't forget to put your name down on the list.* **4** [**put** sth ↔ **down**] uśpić *(zwierzę)* **5 put down a revolution/rebellion** stłumić rewolucję/bunt
put sth down to sth *phr v* [T] przypisywać: *She put her illness down to stress.*
put sb/sth ↔ forward *phr v* [T] **1** wysunąć, przedstawić: *Milne has put his name forward as a candidate at the next*

election. | *They put forward a number of suggestions.* **2 put a clock/a watch forward** przesunąć zegar/zegarek do przodu
put sth ↔ in *phr v* [T] **1 put in a claim/request** wnieść roszczenie/złożyć wniosek **2** poświęcić *(czas, wysiłek)*: *Doug's been putting in a lot of hours at work recently.* **3** za/instalować: *They're having a new bathroom put in.*
put into *phr v* [T] **put sth into practice/action/effect** wprowadzić coś w życie: *The college hopes to put the changes into effect by September 1.*
put sb/sth off *phr v* [T] **1** zniechęcić: *Don't be put off by the title - it's a really good book.* **2** odłożyć: *You can't keep putting the decision off.* **3** zbyć: *I managed to put him off by promising to pay next week.* **4** *BrE* rozpraszać: *Stop laughing - you're putting me off!*
put sth ↔ on *phr v* [T] **1** założyć, włożyć: *Put your coat on - it's cold.* **2** nałożyć: *She put on her makeup.* **3** włączyć: *Is it all right if I put the fire on?* | *Let's put some music on.* **4 put on weight** przybrać na wadze, przy/tyć **5** wystawić: *They're putting on a play to raise money for landmine victims.* **6 put it on** udawać: *Don't take any notice of her - she's just putting it on.*
put sb/sth ↔ out *phr v* [T] **1 a)** z/gasić: *Please put out your cigarettes.* **b)** u/gasić: *The rescue services are still trying to put out the fires.* **2** wyłączyć: *Don't forget to put out the lights when you leave.* **3** *AmE* wypuścić na rynek: *They're putting out a new album in the fall.* **4 put out your hand/arm** wystawić rękę/ramię: *Jack put out his foot and tripped her.* **5** sprawić kłopot, fatygować: *Will it put you out if I bring an extra guest?* **6** opublikować: *The police put out a warning about car thieves in the area.*
put through *phr v* [T] **1** [**put** sb **through**] po/łączyć: *Just hold the line for a minute and I'll put you through to Mr Brown.* **2 put sb through it** wy/maglować kogoś: *They really put me through it at the interview.*
put sth to sb *phr v* [T] **1** przedstawić: *The proposal will be put to the committee next month.* **2** zadać: *Can I put a question to you?*
put sth ↔ together *phr v* [T] **1** złożyć, z/montować: *It took us all day to put the table together.* | *The band are currently putting a new album together.* **2 put together** razem wzięci: *Italy scored more points than the rest of the group put together.*
put up *phr v* [T] **1** [**put** sth **↔ up**] rozłożyć, postawić: *The kids put a tent up* (=rozbiły namiot) *in the garden.* **2** [**put** sth **↔ up**] za/wieszać: *Posters advertising the concert were put up on all the notice boards.* **3** [**put** sth **↔ up**] podnieść: *Our landlord keeps putting the rent up.* **4 put up money/£500** wyłożyć pieniądze/500 funtów: *Firth put up $42,000 in prize money for the contest.* **5** [**put** sb **↔ up**] przenocować: *Yeah, we can put you up for the night.* **6 put up resistance/a fight/a struggle** stawiać opór
put sb up to sth *phr v* [T] namówić do: *It's not like Martha to steal - someone must have put her up to it.*
put up with sth *phr v* [T] znosić, wytrzymywać: *I don't know how you put up with all this noise.*

'put-down *n* [C] *informal* docinek, przytyk

ˌput 'out *adj* **be/feel put out** być/czuć się urażonym: *She felt put out at not being invited.*

pu·trid /ˈpjuːtrɪd/ *adj* cuchnący, zgniły: *an overpowering and putrid odour*

putt /pʌt/ *v* [I,T] uderzyć piłkę *(w golfie)* —**putt** *n* [C] uderzenie piłki *(w golfie)*

putter /ˈpʌtər/ *AmE*, **potter** /ˈpɑtər/ *BrE v* [I] krzątać się: *I've spent the whole week just puttering about the house.*

put·ty /ˈpʌti/ *n* [U] kit

puz·zle¹ /ˈpʌzəl/ *n* **1** [C] **(jigsaw) puzzle** układanka **2** [C] **crossword puzzle** krzyżówka **3** [singular] zagadka: *Bergson's reasons for leaving remain something of a puzzle.*

puzzle² *v* **1** [T] stanowić zagadkę dla: *What puzzles me is why he never mentioned this before.* **2 puzzle over sth** głowić się nad czymś: *Joe sat puzzling over the map.*

puz·zled /ˈpʌzəld/ *adj* zdziwiony, zakłopotany: *Don had a puzzled expression on his face.*

puz·zling /ˈpʌzlɪŋ/ *adj* zagadkowy: *The results of the survey were a little puzzling.*

py·ja·mas /pəˈdʒɑːməz/ *BrE*, **pajamas** *AmE n* [plural] piżama

py·lon /ˈpaɪlən/ *n* [C] słup wysokiego napięcia

pyr·a·mid /ˈpɪrəmɪd/ *n* [C] piramida

pyre /paɪə/ *n* [C] stos pogrzebowy

py·thon /ˈpaɪθən/ *n* [C] pyton

P

Qq

Q, q /kjuː/ Q, q *(litera)*

quack¹ /kwæk/ *v* [I] za/kwakać

quack² *n* [C] *BrE* **1** *informal* konował **2** eskulap

quad /kwɒd/ *także* **quad·ran·gle** /ˈkwɒdræŋɡəl/ *n* [C] dziedziniec

ˈquad bike *n* [C] *BrE* quad

quad·ru·ple /ˈkwɒdrʊpəl/ *v* [I,T] zwiększać (się) czterokrotnie: *The number of car owners has quadrupled in the last twenty years.*

quag·mire /ˈkwæɡmaɪə/ *n* [C] **1** tarapaty, opały: *a legal quagmire* **2** grzęzawisko, trzęsawisko: *Torrential rain turned the site into a quagmire.*

Q

quail¹ /kweɪl/ *n* [C,U] przepiórka

quail² *v* [I] *literary* s/truchleć: *She quailed at the thought of seeing him again.*

quaint /kweɪnt/ *adj* urokliwy *(zwykle też staroświecki)*: *quaint, narrow streets*

quake¹ /kweɪk/ *v* [I] *formal* dygotać: **+with** *Kate stood in the doorway quaking with fear.*

quake² *n* [C] *informal* trzęsienie ziemi

Quak·er /ˈkweɪkə/ *n* [C] kwakier/ka

qual·i·fi·ca·tion W3 /ˌkwɒlɪfɪˈkeɪʃən/ *n* **1** [C usually plural] kwalifikacje: *He left school without any qualifications.* **2** [C] wymóg: *Patience is a necessary qualification for this kind of work.* **3** [C,U] zastrzeżenie: *He welcomed the proposal without qualification.*

qual·i·fied /ˈkwɒlɪfaɪd/ *adj* **1** wykwalifikowany, dyplomowany: *a qualified teacher* **2** połowiczny: *qualified agreement*

qual·i·fi·er /ˈkwɒləfaɪə/ *n* [C] **1** rozgrywka kwalifikacyjna: *Norway drew 2–2 with Poland in the World Cup qualifier* (=w meczu kwalifikacyjnym do Mistrzostw Świata). **2** zawodni-k/czka zakwalifikowan-y/a *(do rozgrywek, finałów itp.)* **3** drużyna, która się zakwalifikowała

qual·i·fy S3 W3 /ˈkwɒlɪfaɪ/ *v* **1** [I] zdobywać kwalifikacje/dyplom: **+as** *Sue qualified as a solicitor last year.* **2** [I] za/kwalifikować się: **+for** *The US beat Nigeria to qualify for the finals.* **3** [I] **qualify for** mieć prawo do: *Members qualify for a 20% discount.* **4** [T] uściślać: *Let me qualify that statement.*

qual·i·ta·tive Ac /ˈkwɒlətətɪv/ *adj formal* jakościowy: *a qualitative study of the health care program* →porównaj QUANTITATIVE

qual·i·ty¹ S1 W1 /ˈkwɒləti/ *n* **1** [U] jakość: *the decline in air quality in our cities* | *Good quality shoes last longer.* | *I've been impressed by the quality of his work.* **2** [C usually plural] cecha, przymiot: *a job that demands the qualities of honesty and integrity*

quality² *adj* [only before noun] wysokiej jakości: *We sell quality clothing at a price you can afford.*

qualm /kwɑːm/ *n* [C] **have no qualms about** nie mieć skrupułów w związku z: *She had no qualms whatsoever about firing people.*

quan·da·ry /ˈkwɒndəri/ *n* **be in a quandary** być w rozterce: *Ian's in a quandary about whether to accept their offer.*

quan·ti·fi·er /ˈkwɒntəfaɪə/ *n* [C] kwantyfikator, zaimek liczebny

quan·ti·fy /ˈkwɒntɪfaɪ/ *v* [T] wymierzyć: *These kinds of improvement are hard to quantify.* —**quantifiable** *adj* wymierny

quan·ti·ta·tive /ˈkwɒntətətɪv/ *adj formal* ilościowy: *quantitative estimates* →porównaj QUALITATIVE

quan·ti·ty S3 W2 /ˈkwɒntəti/ *n* [C,U] ilość: *It's quality that's important, not quantity.* | **+of** *Large quantities of drugs were found in their luggage.* | **in quantity** (=w dużych ilościach): *It's cheaper buying goods in quantity.*

quan·tum leap /ˌkwɒntəm ˈliːp/ *n* [C usually singular] kamień milowy: *a quantum leap in medical science*

quar·an·tine /ˈkwɒrəntiːn/ *n* [U] kwarantanna: **in quarantine** *Animals coming into Britain must be kept in quarantine.*

quar·rel¹ /ˈkwɒrəl/ *n* [C] kłótnia, sprzeczka: **+with** *We've had a quarrel with our neighbours.*

quarrel² *v* [I] (**-lled, -lling** *BrE*; **-led, -ling** *AmE*) po/kłócić się: **+with** *She's always quarrelling with her sister.*

UWAGA: quarrel i argue

Nie należy mylić wyrazów **quarrel** i **argue**. **Quarrel** odnosi się do kłótni głośnej i długiej, zwykle dotyczącej spraw mało ważnych: *If you two boys don't stop quarrelling, you can go straight to bed.* **Argue** dotyczy raczej łagodnego sporu: *Most evenings we would sit in the kitchen arguing about politics.*

quar·rel·some /ˈkwɒrəlsəm/ *adj* kłótliwy

quar·ry¹ /ˈkwɒri/ *n* **1** [C] kamieniołom **2** [singular] zwierzyna

quarry² *v* [T] wydobywać *(zwłaszcza kamień w kamieniołomie)*

quart /kwɔːt/ *(skrót pisany* **qt**) *n* [C] kwarta *(1,137 l)*

quar·ter S1 W2 /ˈkwɔːtə/ *n* [C] **1** ćwierć, jedna czwarta: **+of** *A quarter of Canada's population is French-speaking.* **2** kwadrans: *Can you be ready in a quarter of an hour?* | **quarter to, quarter of** *AmE* (=za kwadrans): *It's quarter to five.* | **quarter past** *BrE*, **quarter after** *AmE* (=kwadrans po): *It's quarter past five.* **3** kwartał: *Profits increased by 2% in the first quarter.* **4** 25 centów, ćwierć dolara **5** *AmE* kwarta *(jedna czwarta meczu sportowego)* **6** krąg, sfera: *This decision is seen in some quarters as a change of policy.* **7** dzielnica: *the student quarter*

quar·ter·back /ˈkwɔːtəbæk/ *n* [C] rozgrywający *(w futbolu amerykańskim)*

quar·ter·fi·nal /ˌkwɔːtəˈfaɪnl/ *n* [C] ćwierćfinał

quar·ter·ly /ˈkwɔːtəli/ *adj* kwartalny: *a quarterly report* —**quarterly** *adv* raz na kwartał: *The magazine is published quarterly.*

ˈquarter note *n AmE* ćwierćnuta

quartz /kwɔːts/ *n* [U] kwarc

quash /kwɒʃ/ *v* [T] *formal* **1** unieważniać: *The Court of Appeal quashed Maloney's conviction.* **2** z/dławić: *Troops loyal to the President quashed the rebellion in just a few hours.*

qua·ver[1] /ˈkweɪvə/ *v* [I] drżeć

quaver[2] *n BrE* ósemka *(nuta)*

quay /kiː/ *n* [C] nabrzeże

quea·sy /ˈkwiːzi/ *adj* **sb feels queasy** komuś jest niedobrze: *I felt a little queasy when the sea got rough.* —**queasiness** *n* [U] mdłości

queen S2 W2 /kwiːn/ *także* **Queen** *n* [C] królowa

ˈ**queen-size** *adj especially AmE* ekstra duży: *a queen-size bed*

queer[1] /kwɪə/ *adj* **1** dziwny: *There's something a bit queer about him.* **2** *informal* ciotowaty

queer[2] *n* [C] *informal* pedał, ciota

quell /kwel/ *v* [T] s/tłumić: *Police were trying to quell public fear about the murders.* | *Troops were called in to quell the riots.*

quench /kwentʃ/ *v* **quench your thirst** u/gasić pragnienie

que·ry[1] /ˈkwɪəri/ *n* [C] zapytanie

query[2] *v* [T] *formal* za/kwestionować: *Adams kept querying the referee's decisions.*

quest /kwest/ *n* [C] *formal* poszukiwanie

ques·tion[1] S1 W1 /ˈkwestʃən/ *n* **1** [C] pytanie: *Some of the questions were really difficult.* | **answer/ask a question** (=odpowiedzieć na/zadać pytanie): *Do you mind if I ask you a personal question?* | **+about** *I have one or two questions about the timetable.* **2** [C] kwestia: *European leaders met yesterday to discuss the question of nuclear arms.* **3** [C,U] wątpliwość: **there's no question about** (=nie ma wątpliwości co do): *The Bulls are the best team in the league – there's no question about it.* | **be beyond question** (=nie ulegać wątpliwości): *Her honesty is beyond question.* | **call sth into question** (=podawać coś w wątpliwość): *Recent events have called into question the wisdom of the government's decision.* **4 without question a)** bez dyskusji: *A good soldier is supposed to follow orders without question.* **b)** bez wątpienia: *Joyce is without question a great writer.* **5 there's no question of** nie ma mowy o: *There's no question of Rooney leaving the team.* **6 in question** rzeczony: *On the afternoon in question, Myers was seen leaving the building at 3.30.* **7 be out of the question** być wykluczonym, nie wchodzić w rachubę: *Walking home on your own is out of the question.* THESAURUS IMPOSSIBLE **8 (that's a) good question!** *spoken* dobre pytanie!: *"If we don't have enough people to help, how can we finish the job?" "Good question!"*

COLLOCATIONS: question

verbs

to ask (sb) a question *Can I ask you a question?*

to answer a question *She tried to answer their questions honestly.*

to have a question *Does anyone have any questions?*

to put a question to sb (=zwrócić się do kogoś z pytaniem) *You will have the chance to put your questions to the director.*

to pose a question *formal* (=stawiać pytanie) *He poses the question, „What should we teach our children?"*

to avoid/dodge a question (=uchylać się od odpowiedzi) *Politicians are very good at avoiding questions.*

to bombard sb with questions *They bombarded him with questions about his girlfriend.*

to rephrase a question (=inaczej sformułować pytanie) *He didn't answer, so I rephrased my question.*

to set a question (=ułożyć pytanie) *He used to set the questions for a TV quiz show.*

adjectives

a personal question *Can I ask you a personal question?*

a difficult/hard/tough question *The questions were too hard for me.*

an easy/simple question *We'll start with some easy questions.* | *All you have to do is answer the three simple questions below.*

a stupid/silly question *Did you win, or is that a stupid question?*

an awkward question (=niewygodne pytanie) *How can we keep the press from asking awkward questions?*

question[2] S2 W3 *v* [T] **1** wypytywać: *She questioned him about his past.* **2** przesłuchiwać: *A 31-year-old man is being questioned by police in connection with the murder.* **3** kwestionować: *Are you questioning my honesty?*

ques·tion·a·ble /ˈkwestʃənəbəl/ *adj* **1** podejrzany: *I think her motives are highly questionable.* **2** wątpliwy: *It's questionable whether this kind of research is actually useful.*

ques·tion·ing /ˈkwestʃənɪŋ/ *adj* pytający —**questioningly** *adv* pytająco

ˈ**question mark** *n* [C] znak zapytania

ques·tion·naire /ˌkwestʃəˈneə/ *n* [C] kwestionariusz, ankieta

ˈ**question tag** *n* [C] wyrażenie takie, jak 'isn't it?' czy 'does she?', umieszczane na końcu zdania →patrz ramka QUESTION TAGS

queue[1] S3 /kjuː/ *n* [C] *BrE* kolejka: *There was a long queue outside the cinema.*

queue[2] *także* **queue up** *v* [I] *BrE* stać w kolejce: *We had to queue for over an hour to get tickets.*

quib·ble /ˈkwɪbəl/ *v* [I] po/sprzeczać się: **+about/over/with** *Let's stop quibbling over small details.* —**quibble** *n* [C] drobne zastrzeżenie: *I have just one quibble – there's a spelling mistake here.*

quiche /kiːʃ/ *n* [C,U] tarta z nadzieniem z sera, jajek, warzyw itp.

quick[1] S1 W2 /kwɪk/ *adj* **1** szybki: *I'll just have a quick shower first.* | *The journey to Wilmington's much quicker by train.* | *Have you finished already? That was quick.* | *Carolyn's a quick learner* (=szybko się uczy). THESAURUS FAST **2 be quick to do sth** szybko coś zrobić: *The President was quick to deny the rumours.*

THESAURUS: quick

quick szybki: *Let's have a quick meal before the film.* | *Do you feel like a quick walk?*

short krótki: *It's quite a short journey.* | *What about a short break in Amsterdam?*

brief krótki *(używa się zwłaszcza w piśmie)*: *There was a brief silence.*

rapid gwałtowny, błyskawiczny: *It was a period of rapid change.* | *She made a rapid recovery.*

hasty pospieszny: *I don't want to make a hasty decision.* | *My advice may have been a little hasty.*

Q

GRAMATYKA: question tags

Są to mini-pytania umieszczane na końcu zdania. Jeżeli w danym zdaniu występuje czasownik posiłkowy, zostaje on w pytaniu powtórzony, np.:

*You **haven't** got a car, **have you**?*

*It **was** a good film, **wasn't it**?*

*There **isn't** any more coffee, **is there**?*

*You **will** stay for dinner, **won't you**?*

1 W zdaniach, w których nie występuje czasownik posiłkowy, question tags tworzy się za pomocą formy **do/does** (Present Simple) lub **did** (Past Simple):

*Diana likes you, **doesn't she**?*

*They won the race, **didn't they**?*

2 Jak widać z powyższych przykładów, po zdaniu twierdzącym następuje przeczący tag i na odwrót. Znaczenie danego question tag zależy od towarzyszącej mu intonacji: jeżeli jest ona opadajaca (tzn. taka, jak w zdaniach twierdzących w języku polskim), wówczas tag nie jest w istocie pytaniem, tylko prośbą o potwierdzenie („prawda?"), np.:

*„Adam doesn't look very well today, **does he**?" „No, he doesn't."*

3 Jeśli jednak tag ma intonację wznoszącą się (tzn. taką, jak w zdaniach pytających w języku polskim), wówczas mamy do czynienia z prawdziwym pytaniem, np.:

*„You are not going to school today, **are you**?"*

*„**Yes**."* („Tak.", tzn. „Idę.")

*„**No**."* („Nie.", tzn. „Nie idę.")

4 Tag w zdaniu rozpoczynającym się od **Let's** ma formę **shall we**?, a w zdaniu rozkazującym - **will you**?. Znaczy on wówczas tyle, co polskie „dobrze? ", lub nadaje zdaniu w trybie rozkazującym charakter prośby:

***Let's** go out for a walk, **shall we**?*

***Open** the door, **will you**?* („Czy mógłbyś otworzyć drzwi?")

→patrz też **do, shall**

Q

quick² S3 *adv informal* szybko: *Come quick! There's been an accident.* →patrz też QUICKLY

quick·en /ˈkwɪkən/ *v* [I,T] przyspieszać: *Her heartbeat quickened* (=serce zabiło jej szybciej) *when she saw him.*

quick·ly S1 W1 /ˈkwɪkli/ *adv* szybko: *I promise I'll do it as quickly as I can.* | *He quickly put the money back in the box.*

UWAGA: quickly

Patrz **fast** i **quickly**.

quick·sand /ˈkwɪksænd/ *n* [U] ruchome piaski

ˌquick-ˈwitted *adj* błyskotliwy

quid S2 /kwɪd/ *n* [C] (plural **quid**) *BrE informal* funt: *The dress cost me 40 quid.*

qui·et¹ S2 W2 /ˈkwaɪət/ *adj* **1** cichy: *quiet music* | **be quiet!** *spoken* (=bądź cicho!): *Be quiet! I've got a headache.* **2** spokojny: *The shop has been really quiet today.* | *They live in a quiet part of town.* | *Sam's a quiet, hardworking boy.* **3 keep sth quiet/keep quiet about sth** trzymać coś w tajemnicy: *Let's keep quiet about this for now.*

THESAURUS: quiet

quiet cichy *(nie głośny)*: *a quiet voice* | *The engine is so quiet!*

silent cichy *(milczący, nie wydający dźwięku)*: *Everyone in the room was silent.* | *He said a silent prayer.*

soft cichy *(przyjemny w słuchaniu)*: *a romantic evening with soft music* | *His voice was soft and gentle.*

low cichy, przyciszony: *They were speaking in low voices.*

faint cichy *(słabo słyszalny, dobiegający z daleka)*: *the faint sound of church bells* | *Her voice sounded very faint.*

peaceful cichy, spokojny: *It's very peaceful here.* | *a peaceful place*

quiet² *n* **1** [U] cisza: **peace and quiet** *Now Stella's gone, we can have some peace and quiet around here.* **2 on the quiet** po cichu, cichaczem

qui·et·en /ˈkwaɪətn/ *BrE*, **quiet** *AmE v* [T] uspokajać, uciszać: *His appeal for calm failed to quieten the protesters.*

quieten down *BrE*, **quiet down** *AmE phr v* [I] uspokajać się, u/cichnąć: *After a while the children quietened down.*

qui·et·ly S3 W3 /ˈkwaɪətli/ *adv* **1** cicho: *Ron shut the door quietly.* | *"I'm sorry," he said quietly.* **2** spokojnie: *He quietly got on with his work.*

quill /kwɪl/ *n* [C] gęsie pióro

quilt /kwɪlt/ *n* [C] kołdra

quilt·ed /ˈkwɪltɪd/ *adj* pikowany

quin·tes·sen·tial /ˌkwɪntəˈsenʃəl◂/ *adj* bardzo typowy: *New York is the quintessential big city.* —**quintessentially** *adv* typowo

quip /kwɪp/ *v* [I,T] (**-pped**, **-pping**) zażartować —**quip** *n* [C] dowcipna uwaga

quirk /kwɜːk/ *n* [C] **1** dziwactwo: *one of her annoying little quirks* **2 a quirk of fate** kaprys losu: *By a quirk of fate, I met him again the following day.* —**quirky** *adj* dziwaczny: *a quirky sense of humour*

quit S3 /kwɪt/ *v* [T] (**quit**, **quit**, **quitting**) *informal* rzucać: *Barry quit his job in order to travel around the world.* | *I quit smoking three years ago.* THESAURUS STOP

quite S1 W1 /kwaɪt/ *adv, quantifier* **1** *BrE* całkiem, dość: *She's quite tall for her age.* | *They live quite a long way from the nearest town.* THESAURUS RATHER **2** zupełnie, całkowicie: *Although they're sisters, they're quite different.* | *I was quite disgusted at the way they behaved.* **3 not quite** niezupełnie: *I'm not quite sure how the system works.* THESAURUS ALMOST **4 quite a lot/bit/few** sporo: *They've had quite a bit of snow this year.* | *There were quite a few people at the party.* **5 quite a/quite some** niezły, nienajgorszy: *He certainly made quite an impression on the kids.* | *That's quite some car; where did you buy it?*

quiv·er /ˈkwɪvə/ *v* [I] drżeć: **+ with** *His voice was quivering with rage.* —**quiver** *n* [singular] drżenie

quiz¹ /kwɪz/ *n* [C] **1** quiz: *a quiz show on TV* **2** *AmE* sprawdzian, kartkówka: *a math quiz* THESAURUS TEST

quiz² *v* [T] (**-zzed**, **-zzing**) wypytywać: *Reporters quizzed Harvey about his plans for the future.*

quiz·zi·cal /ˈkwɪzɪkəl/ *adj* powątpiewający

quo·rum /ˈkwɔːrəm/ *n* [singular] kworum

quo·ta /ˈkwəʊtə/ *n* [C] kontyngent: *a strict quota on imports*

quo·ta·tion Ac /kwəʊˈteɪʃən/ *n* [C] **1** cytat: *a quotation from Shakespeare* **2** kosztorys: *Get at least three quotations and don't just go for the cheapest.*

quoˈtation ˌmark *n* [C usually plural] cudzysłów

quote[1] S2 W3 Ac /kwəʊt/ *v* **1** [I,T] za/cytować: **quote sb as saying** *The star was quoted as saying that she was disgusted at the way she had been treated.* | **+from** *He quoted extensively from the works of Marx and Lenin.* **2** [T] przytaczać: *Wilkins quoted several cases where errors had occurred.*

quote[2] S2 Ac *n* [C] cytat

R, r /ɑː/ *n* [C] R, r *(litera)*

R & D /ˌɑːr ən ˈdiː/ *n* [U] prace badawczo-rozwojowe

rab·bi /ˈræbaɪ/ *n* [C] (plural **rabbis**) rabin

rab·bit /ˈræbɪt/ *n* [C] królik

rab·ble /ˈræbəl/ *n* [singular] motłoch

ra·bies /ˈreɪbiːz/ *n* [U] wścieklizna

rac·coon /rəˈkuːn/ *n* [C] szop pracz

race¹ S2 W2 /reɪs/ *n* **1** [C] wyścig: *Webber won the race and Vettel finished second.* | *Chirac lost the 1988 presidential race.* **2** [C,U] rasa: *The law forbids discrimination on the grounds of race or religion.* **3 a race against time** wyścig z czasem **4 the races** wyścigi (konne) → patrz też ARMS RACE, HUMAN RACE

race² *v* **1** [I,T] ścigać się (z): *She will be racing against some of the world's top athletes.* | *I'll race you to the end of the road.* **2** [T] zgłaszać do wyścigu: *My horse has hurt his leg, so I can't race him.* **3** [I,T] po/pędzić, po/gnać: **+ across/back/down** *I raced down the stairs to answer the phone.* | **race sb to/back etc** *The crash victims were raced to Pacific Hospital.*

race·course /ˈreɪskɔːs/ *n* [C] tor wyścigowy

race·horse /ˈreɪshɔːs/ *n* [C] koń wyścigowy

ˈrace reˌlations *n* [plural] stosunki rasowe

race·track /ˈreɪs-træk/ *n* [C] **1** bieżnia **2** tor wyścigowy

ra·cial /ˈreɪʃəl/ *adj* rasowy: *people from different racial groups* | *a city with a high degree of racial tension* | *racial discrimination* —**racially** *adv* rasowo

rac·ing S3 /ˈreɪsɪŋ/ *n* **car/horse racing** wyścigi samochodowe/konne —**racing** *adj* [only before noun] wyścigowy: *racing cars*

ˈracing car *BrE*, **race car** *AmE n* samochód wyścigowy, bolid

ra·cis·m /ˈreɪsɪzəm/ *n* [U] rasizm: *the struggle against racism* | *The author has been accused of extreme racism and sexism.* —**racist** *n* [C] rasist-a/ka —**racist** *adj* rasistowski: *racist remarks*

rack¹ /ræk/ *n* [C] półka, stojak: *a luggage rack* | *a wine rack*

rack

rack² *v* [T] **1 rack your brain(s)** łamać sobie głowę: *I had to rack my brains to remember his name.* **2 racked with guilt/doubt** dręczony poczuciem winy/wątpliwościami

rack·et /ˈrækɪt/ *n* [C] **1** *także* **racquet** rakiet(k)a **2** *informal* machinacje: *a drugs racket* **3** *informal* raban: *Who's making that racket?*

rac·y /ˈreɪsi/ *adj* **1** barwny, błyskotliwy **2** pikantny: *a racy novel*

ra·dar /ˈreɪdɑː/ *n* [C,U] radar

ra·di·ance /ˈreɪdiəns/ *n* [U] blask: *Her face had a youthful radiance.*

ra·di·ant /ˈreɪdiənt/ *adj* promienny, rozpromieniony

ra·di·ate /ˈreɪdieɪt/ *v* **1** [I,T] promieniować: *She radiated an air of calm and confidence.* | **+ from** *Intense pleasure radiated from their eyes.* | **+ from/out/to etc** *Warmth radiated from the fire.* **2** [I] rozchodzić się promieniście: **+ from/out/away etc** *a system of roads radiating from the town centre*

ra·di·a·tion /ˌreɪdiˈeɪʃən/ *n* [U] **1** promieniowanie jądrowe: *The level of radiation in the area is worrying.* | *radiation sickness* (=choroba popromienna) **2** promieniowanie: *ultraviolet radiation from the sun*

ra·di·a·tor /ˈreɪdieɪtə/ *n* [C] **1** kaloryfer **2** chłodnica

rad·i·cal¹ W3 Ac /ˈrædɪkəl/ *adj* radykalny: *radical legal reforms* | *radical leftwing MPs* —**radically** /-kli/ *adv* radykalnie

radical² Ac *n* [C] radykał —**radicalism** *n* [U] radykalizm

ra·di·o¹ S1 W2 /ˈreɪdiəʊ/ *n* [C,U] radio: *Do you have a radio in your car?* | *He works for local radio.* | *the ship's radio* | *I like listening to talk shows on the radio.*

radio² *v* [T] po/łączyć się przez radio z: *We'll have to radio Chicago for permission to land.*

ra·di·o·ac·tive /ˌreɪdiəʊˈæktɪv◂/ *adj* radioaktywny, promieniotwórczy: *radioactive waste*

ra·di·o·ac·tiv·i·ty /ˌreɪdiəʊækˈtɪvəti/ *n* [U] radioaktywność, promieniotwórczość: *High levels of radioactivity have been found in drinking water.*

ra·di·ol·o·gy /ˌreɪdiˈɒlədʒi/ *n* [U] radiologia, rentgenologia

ra·di·o·ther·a·py /ˌreɪdiəʊˈθerəpi/ *n* [U] radioterapia

rad·ish /ˈrædɪʃ/ *n* [C] rzodkiewka

ra·di·us /ˈreɪdiəs/ *n* [C] (plural **radii** /-diaɪ/) promień: *within a 10-mile radius*

raf·fle /ˈræfəl/ *n* [C] loteria fantowa: *a raffle ticket*

raft /rɑːft/ *n* [C] tratwa

raf·ter /ˈrɑːftə/ *n* [C] krokiew

rag /ræg/ *n* **1** [C] szmat(k)a: *She carefully cleaned the lamp with a rag.* **2 rags** łachmany: *beggars dressed in rags*

rag·a·muf·fin /ˈrægəˌmʌfɪn/ *n* [C] *literary* łapserdak, obdartus

rag·bag /ˈrægbæg/ *n* **a ragbag of** miszmasz: *a ragbag of ideas*

rage¹ /reɪdʒ/ *n* [C,U] **1** wściekłość: *His remarks left her quite speechless with rage.* | **fly into a rage** (=wpadać we wściekłość): *When I asked him what he was doing there, he flew into a rage.* **2 all the rage** *informal* ostatni krzyk mody: *Roller blading is all the rage at the moment.*

rage² *v* [I] **1** szaleć: *The battle raged on for several days.* **2** wściekać się: *She raged at the injustice of the decision.*

rag·ged /ˈrægɪd/ *adj* **1** podarty: *a pair of ragged shorts* **2** obdarty: *ragged children*

rag·time /ˈrægtaɪm/ *n* [U] ragtime *(styl jazzowy)*

raid[1] /reɪd/ *n* [C] **1** nalot: *an air raid | drug dealers arrested after a police raid* **2** napad: *a bank raid*

raid[2] *v* [T] z/robić nalot na: *Police raided the club.*

rail[1] S2 W2 /reɪl/ *n* [C] **1** balustrada: *Tourists stood at the rail taking pictures of the waterfall.* **2** poręcz: *a bath rail* **3** szyna **4 by rail** koleją: *They sent the parcel by rail.*

rail[2] *v* [I] *formal* pomstować

rail·ing /ˈreɪlɪŋ/ *n* [C usually plural] ogrodzenie *(z metalowych prętów)*: *a little garden with a railing around it*

rail·road /ˈreɪlrəʊd/ *v* [T] zmuszać: *She was railroaded into signing the agreement.*

ˈrailroad ˌcrossing *n AmE* przejazd kolejowy

rail·way S2 W2 /ˈreɪlweɪ/ *BrE*, **railroad** *AmE n* [C] kolej: *They built a railway to the Pacific Coast.*

rain[1] S2 W2 /reɪn/ *n* **1** [U] deszcz: *The rain fell throughout the night. | There's been no rain for weeks. | heavy rain* **2 the rains** pora deszczowa *(w tropiku)*

rain[2] S3 *v* **it is raining** pada (deszcz): *Is it still raining?*

rain·bow /ˈreɪnbəʊ/ *n* [C] tęcza

ˈrain check *n* **I'll take a rain check** *spoken* skorzystam kiedy indziej

rain·coat /ˈreɪnkəʊt/ *n* [C] płaszcz przeciwdeszczowy

rain·drop /ˈreɪndrɒp/ *n* [C] kropla deszczu

rain·fall /ˈreɪnfɔːl/ *n* [C,U] opady: *The northwest has the highest rainfall in England.*

ˈrain ˌforest *n* [C] tropikalny las deszczowy

rain·storm /ˈreɪnstɔːm/ *n* [C] nawałnica

rain·wa·ter /ˈreɪnwɔːtə/ *n* [U] woda deszczowa, deszczówka

rain·y /ˈreɪni/ *adj* **1 rainy day/weather** deszczowy dzień/deszczowa pogoda: *a rainy weekend* **2 save sth for a rainy day** odkładać coś na czarną godzinę

raise[1] S1 W1 /reɪz/ *v* [T] **1** podnosić: *He raised the lid of the box. | Raise your hand if you know the answer. | a plan to raise taxes | an attempt to raise standards in primary schools | She didn't like to raise the subject of money* (=poruszać tematu pieniędzy) *again.* THESAURUS ▸ LIFT **2** wychowywać: *They've raised seven children.* **3** zbierać: *The concert raised* (=dzięki koncertowi zebrano) *over $500,000 for famine relief.* **4** hodować: *Most of their income is from raising pigs.* **5 raise your voice** podnosić głos THESAURUS ▸ SHOUT **6 raise hopes/fears/suspicions** wzbudzać nadzieje/obawy/podejrzenia **7 raise the alarm** podnosić alarm

raise[2] *n* [C] *AmE* podwyżka: *a raise of $100 a month*

rai·sin /ˈreɪzən/ *n* [C] rodzynek

rake[1] /reɪk/ *n* [C] grabie

rake[2] *v* **1** [I,T] grabić: **+ up/over** *An old man was raking up leaves in the park.* **2** [I] przeczesywać: **+ through/around** *I found him raking through the drawers of my desk.*

ral·ly[1] /ˈræli/ *n* [C] **1** wiec: *a political rally* THESAURUS ▸ MEETING **2** rajd: *the Monte Carlo Rally*

rally[2] *v* [I,T] pozyskiwać: *The Prime Minister is trying to rally support in rural areas.*
rally around *także* **rally round** *BrE phr v* [T **rally around** sb] *informal* z/jednoczyć się wokół: *Her friends all rallied round her when her father died.*

RAM /ræm/ *n* [U] *technical* RAM *(rodzaj pamięci komputera)* → porównaj ROM

ram[1] /ræm/ *v* [T] (**-mmed, -mming**) **1** s/taranować: *When I stopped, a truck rammed my car from behind.* **2** wpychać: *He rammed his clothes into his suitcase and left.*

ram[2] *n* [C] baran

Ram·a·dan /ˈræmədæn/ *n* [singular] ramadan

ram·ble[1] /ˈræmbəl/ *v* [I] **1** mówić bez ładu i składu: *He's getting old now, and tends to ramble.* **2** wędrować: *We rambled through the woods all afternoon.*

ramble[2] *n* [C] wędrówka

ram·bler /ˈræmblə/ *n* [C] wędrowiec, piesz-y/a turyst-a/ka

ram·bling /ˈræmblɪŋ/ *adj* bezładny, chaotyczny: *a long, rambling letter*

ram·i·fi·ca·tions /ˌræməfəˈkeɪʃənz/ *n* [plural] konsekwencje: *all the political ramifications of the Treaty of Rome*

ramp /ræmp/ *n* [C] **1** podjazd: *ramps for wheelchair users* **2** *AmE* **a)** wjazd na autostradę **b)** zjazd z autostrady

ram·page[1] /ræmˈpeɪdʒ/ *v* [I] siać spustoszenie, urządzać/robić demolkę: *rioters rampaging through the streets*

rampage[2] *n* **on the rampage** w natarciu/akcji: *gangs on the rampage*

ram·pant /ˈræmpənt/ *adj* szerzący się: *The refugees are facing food shortages and rampant disease.*

ram·part /ˈræmpɑːt/ *n* [C] wał obronny

ram·shack·le /ˈræmʃækəl/ *adj* walący się: *a ramshackle farm house*

ran /ræn/ *v* czas przeszły od RUN

ranch /rɑːntʃ/ *n* [C] rancho

ranch·er /ˈrɑːntʃə/ *n* [C] ranczer: *a cattle rancher*

ˈranch house *n* [C] dom parterowy, bungalow THESAURUS ▸ HOUSE

ran·cid /ˈrænsɪd/ *adj* zjełczały: *rancid butter*

ran·cour /ˈræŋkə/ *BrE*, **rancor** *AmE n* [U] *formal* rozgoryczenie, uraza

ran·dom Ac /ˈrændəm/ *adj* **1 at random** na chybił trafił: *Winning lottery numbers are chosen at random.* **2** przypadkowy, losowy: *a random survey* —**randomly** *adv* losowo: *randomly chosen numbers*

rang /ræŋ/ *v* czas przeszły od RING

range[1] S1 W1 Ac /reɪndʒ/ *n* **1** [C] zakres: **+ of** *books on a wide range of subjects* **2** [C usually singular] przedział: *games for the 8–12 age range* **3** [C usually singular] asortyment: *a new range of mountain bikes* **4** [U singular] zasięg: **+ of** *missiles with a range of over 1,000 miles* | **within range** *The ship was within range of enemy radar.* **5** [C] łańcuch: *a mountain range* **6** [C] strzelnica: *a rifle range*

range[2] W3 Ac *v* [I] **1 ranging from sth to sth** począwszy od czegoś, a skończywszy na czymś: *weapons ranging from swords to anti-tank missiles | toys ranging in price from $5 to $25* (=zabawki w cenie od 5 do 25 dolarów) **2 range over** obejmować: *Her speech ranged over several topics.*

rang·er /ˈreɪndʒə/ *n* [C] strażnik: *a forest ranger*

rank[1] W3 /ræŋk/ *n* **1** [C,U] stopień, ranga: *He's just been promoted to the rank of Sergeant.* **2 the ranks** szeregowi żołnierze **3** [C] postój: *a taxi rank* **4 the rank and file**

szeregowi członkowie organizacji: *The rank and file refused to accept the committee's decision.*

rank² *v* **1** [I] zaliczać się **as/among/with** *This recession ranks as one of the worst* (=zalicza się do najgorszych) *in recent times.* **2** [T] klasyfikować, zaliczać: *Woods is ranked number one* (=jest klasyfikowany na pierwszy miejscu) *in the world.* | *I rank London as one of the best cities* (=Londyn to dla mnie jedno z najlepszych miast) *in the world.*

rank³ *adj* cuchnący

rank·ing /ˈræŋkɪŋ/ *n* [C] ranking

ran·kle /ˈræŋkəl/ *v* [I,T] jątrzyć (się): *an insult that still rankles*

ran·sack /ˈrænsæk/ *v* [T] **1** s/plądrować: *She returned home to find that her house had been ransacked.* **2** przetrząsać: *The police ransacked the house looking for drugs.*

ran·som /ˈrænsəm/ *n* [C,U] **1** okup: *The kidnappers demanded a ransom of $50,000.* **2 hold sb to ransom** trzymać kogoś w charakterze zakładnika

rant /rænt/ *v* [I] grzmieć, gardłować: *My father, as usual, was ranting on about young people.* | **rant and rave** (=ciskać/rzucać się)

rap¹ /ræp/ *n* **1** [C] pukanie, stukanie: *There was a rap at the door.* **2** [C,U] rap: *rap music*

R

rap² *v* (**-pped**, **-pping**) **1** [I,T] za/pukać, za/stukać: *Someone was rapping on the window.* **2** [I] rapować

rape¹ /reɪp/ *v* [T] z/gwałcić

rape² *n* [C,U] gwałt: *He is serving a nine-year prison sentence for rape.*

rap·id W3 /ˈræpɪd/ *adj* gwałtowny, błyskawiczny: *rapid political changes* THESAURUS FAST, QUICK —**rapidly** *adv* gwałtownie, błyskawicznie —**rapidity** /rəˈpɪdəti/ *n* [U] szybkość

rap·ids /ˈræpədz/ *n* [plural] progi na rzece

rap·ist /ˈreɪpɪst/ *n* [C] gwałciciel

rap·per /ˈræpə/ *n* [C] raper/ka

rap·port /ræˈpɔː/ *n* [U singular] wzajemne zrozumienie: *She quickly established a rapport with her students.*

rapt /ræpt/ *adj* **1** pochłonięty, zaabsorbowany: *She was gazing rapt at the stars.* **2** wytężony, napięty: *looks of rapt attention*

rap·ture /ˈræptʃə/ *n* [U] zachwyt, uniesienie: *a look of rapture on her face*

rare S3 W2 /reə/ *adj* **1** rzadki: *a disease that is very rare among children* | *Rare plants such as orchids can be found here.* **2** krwisty: *rare steak*

rare·ly W2 /ˈreəli/ *adv* rzadko: *She rarely goes out after dark.*

THESAURUS: rarely

rarely rzadko: *The people rarely ate meat.* | *This method is rarely used now.*

not (very) often niezbyt często: *We don't get snow very often here.* | *I'm not often at home during the daytime.*

seldom rzadko *(używa się zwłaszcza w piśmie)*: *Mr Brown seldom spoke about himself.* | *Karen had seldom seen him so angry.*

hardly ever/scarcely ever prawie nigdy: *We hardly ever speak to each other.* | *My grandmother scarcely ever goes out of the house.*

very occasionally bardzo rzadko: *Very occasionally the temperature drops to below 30 degrees.*

rar·ing /ˈreərɪŋ/ *adj* **1 be raring to go** *informal* rwać się do czynu/dzieła: *Shelley was now in the job, and raring to go.* **2 be raring to do sth** rwać się, żeby coś z/robić: *The children were raring to get out into the snow.*

rar·i·ty /ˈreərəti/ *n* **be a rarity** być rzadkością: *Old cars in good condition are a rarity.*

ras·cal /ˈrɑːskəl/ *n* [C] **1** *humorous* łobuz/iara **2** *old-fashioned* łajda-k/czka

rash¹ /ræʃ/ *adj* pochopny: *a rash decision* —**rashly** *adv* pochopnie

rash² *n* [C] wysypka: *The rash covered the baby's entire body.*

rash·er /ˈræʃə/ *n* [C] *BrE* plasterek bekonu

rasp /rɑːsp/ *v* [I] skrzypieć, zgrzytać: *The hinges rasped as we pushed the gate open.* —**rasp** *n* [singular] zgrzyt

rasp·ber·ry /ˈrɑːzbəri/ *n* [C] malina

rat¹ /ræt/ *n* [C] **1** szczur: *There was a dead rat on the cellar steps.* **2** *informal spoken* zdrajca, skunks: *But you promised to help us - you rat!*

rat² *v*

rat on sb/sth *phr v* [T] **1** donosić na **2** zdradzić, opuścić w potrzebie

rate¹ S1 W1 /reɪt/ *n* [C] **1** wskaźnik: *a country with a low birth rate* | *the rising crime rate* **2** stawka, stopa: *Workers are demanding higher rates of pay.* | *a tax rate of 25%* **3** tempo: *Our money was running out at an alarming rate* (=w zastraszającym tempie). **4 at any rate** *spoken* w każdym razie: *Well, at any rate we won't starve.* | *They've got technical problems - at any rate that's what they told me.* **5 at this rate** *spoken* w tym tempie: *At this rate, we'll never finish on time.* **6 first-rate/third-rate** pierwszorzędny/trzeciorzędny: *a third-rate movie*

rate² *v* [T] uważać za: *Johnson is rated one of the best basketball players in the world.*

ra·ther S1 W1 /ˈrɑːðə/ *adv, predeterminer* **1** *BrE* dosyć, dość: *I think she was rather upset last night.* | *It's a rather difficult problem.* **2 rather than** zamiast: *We decided to have the wedding in the summer rather than in the spring.* **3 I would rather** wolałbym: *I hate sitting doing nothing – I'd rather be working.* **4 or rather** *spoken* czy (też) raczej: *Mr Dewey, or rather his secretary, asked me to come to the meeting.*

THESAURUS: rather

rather/quite dosyć/dość *(używa się zwłaszcza w brytyjskiej angielszczyźnie)*: *It's getting rather cold.* | *The test was quite difficult.* | *She's rather nice.*

fairly dosyć/dość: *It's a fairly big house.*

pretty *informal* dosyć/dość: *It was pretty expensive.*

reasonably dosyć/dość, w miarę: *I run every day, so I'm reasonably fit.* | *We feel reasonably confident that we'll win.*

somewhat nieco: *These figures are somewhat higher than average.* | *The situation is somewhat better now.*

rat·i·fy /ˈrætɪfaɪ/ *v* [T] ratyfikować: *Both nations ratified the treaty.* —**ratification** /ˌrætɪfɪˈkeɪʃən/ *n* [U] ratyfikacja

rat·ing /ˈreɪtɪŋ/ *n* **1** [C] notowanie, wskaźnik: *The president's popularity rating has fallen.* **2 the ratings** ranking oglądalności: *Her show is at the top of the ratings.*

ra·ti·o W3 Ac /ˈreɪʃiəʊ/ *n* [C] (plural **ratios**) stosunek, proporcja: **ratio of sth to sth** *a school where the ratio of students to teachers is about 5:1*

ra·tion[1] /ˈræʃən/ *n* [C] racja, przydział: *the weekly meat ration*

ration[2] *v* [T] racjonować, wydzielać: *Bread, cheese and eggs were all rationed during the war.* —**rationing** *n* [U] reglamentacja

ra·tion·al Ac /ˈræʃənəl/ *adj* **1** racjonalny: *There must be a rational explanation for their disappearance.* **2** rozumny: *Let's try to discuss this like rational human beings.* → antonim IRRATIONAL —**rationally** *adv* racjonalnie

ra·tio·nale /ˌræʃəˈnɑːl/ *n* [C,U] uzasadnienie: *What's the rationale behind the President's decision?*

ra·tion·al·ize Ac /ˈræʃənəlaɪz/ *także* **-ise** *BrE v* **1** [I,T] usprawiedliwiać (się): *He rationalized that his parents would have given him the money anyway, so why not just take it?* **2** [T] z/racjonalizować —**rationalization** /ˌræʃənəlaɪˈzeɪʃən/ *n* [C,U] racjonalizacja

ˈrat race *n* **the rat race** *informal* wyścig szczurów

rat·tle[1] /ˈrætl/ *v* [I,T] trzaskać, stukać: *The wind was rattling the windows* (=stukał okiennicami).
rattle sth ↔ off *phr v* [T] wy/klepać: *She rattled off the names of all the American states.*

rattle[2] *n* **1** [C] grzechotka **2** [singular] stukot

rat·tle·snake /ˈrætlsneɪk/ *n* [C] grzechotnik

rau·cous /ˈrɔːkəs/ *adj* skrzekliwy, chrapliwy

raun·chy /ˈrɔːntʃi/ *adj informal* pieprzny, pikantny: *a raunchy movie*

rav·age /ˈrævɪdʒ/ *v* [T] s/pustoszyć: *The forest was ravaged by fire.*

rav·ag·es /ˈrævɪdʒɪz/ *n* **the ravages of war** zniszczenia wojenne, spustoszenie dokonane przez wojnę

rave[1] /reɪv/ *n* [C] impreza taneczna przy muzyce elektronicznej THESAURUS PARTY

rave[2] *v* [I] **1** zachwycać się: *Everybody raved about the movie, but I hated it.* **2** pieklić się

rave[3] *adj* **rave reviews** entuzjastyczne recenzje

ra·ven /ˈreɪvən/ *n* [C] kruk

rav·e·nous /ˈrævənəs/ *adj* wygłodniały —**ravenously** *adv* żarłocznie

ra·vine /rəˈviːn/ *n* [C] wąwóz

rav·ing /ˈreɪvɪŋ/ *adj informal* **1** narwany, postrzelony: *a raving lunatic* (=skończony wariat) **2 raving beauty** skończona piękność —**raving** *adv* szalenie: *raving mad* (=szurnięty na całego)

rav·ings /ˈreɪvɪŋz/ *n* [plural] brednie

rav·ish·ing /ˈrævɪʃɪŋ/ *adj* olśniewająco piękny, boski

raw W3 /rɔː/ *adj* **1** surowy: *raw onions* **2** nierafinowany: *raw sugar* | **raw materials** (=surowce): *the export of raw materials such as coal and iron* **3** obtarty: *raw skin*

ray /reɪ/ *n* [C] **1** promień: *the rays of the sun* | *gamma rays* **2 ray of hope** promyk nadziei

ray·on /ˈreɪɒn/ *n* [U] sztuczny jedwab

raze /reɪz/ *v* [T] **raze sth to the ground** zrównać coś z ziemią: *Three buildings had been razed to the ground.*

ra·zor /ˈreɪzə/ *n* [C] brzytwa, golarka

ˈrazor blade *n* [C] żyletka

razz /ræz/ *v* [T] *AmE informal* podśmiechiwać się z: *The kids were razzing Tom about Jenny.*

Rd *n* skrót od ROAD: *5.007 Rowan Rd.*

RDA /ˌɑː diː ˈeɪ/ *n* zalecane dzienne spożycie

re- /riː/ *prefix* jeszcze raz, ponownie: *remake* (=z/robić jeszcze raz) | *rethink* (=przemyśleć ponownie)

ˈre /ə/ skrót od ARE: *We're ready now.*

reach[1] S1 W1 /riːtʃ/ *v* **1** [T] docierać do: *It took four days for the letter to reach me.* | *The sales campaign reached a target audience of 12,000 women.* **2** [I,T] sięgać: *Temperatures will reach 95° today.* | **+for** *He threatened me and reached for his knife.* | **+out** *Mike reached out* (=wyciągnął rękę) *and took her hand.* **3 can reach** dosięgać: *If I stand on a chair, I can reach the top shelf.* **4** [T] dosięgać, dochodzić do: *Will the ladder reach the roof?* | *a team that reached the World Cup Final in 1962* **5 reach an agreement/age** osiągnąć porozumienie/wiek **6** [T] s/kontaktować się z: *I wasn't able to reach him yesterday.*

reach[2] *n* **1 out of (sb's) reach/beyond sb's reach** poza (czyimś) zasięgiem: *Gary jumped for the ball, but it was just out of reach.* | *He fled to Paraguay, beyond the reach of the British tax authorities.* **2 within reach** w zasięgu ręki, w pobliżu: *As soon as she was within reach, he grabbed her wrist.* **3 within (easy) reach of sth** (bardzo) blisko czegoś: *We live within easy reach of the shops.*

R

re·act S3 W3 Ac /riˈækt/ *v* [I] **1** za/reagować: *The audience reacted by shouting and booing.* | *How did she react to the news?* **2** wchodzić w reakcję z *(o substancjach chemicznych)*
react against sth *phr v* [T] z/buntować się przeciwko: *Many teenagers reacted against the strict discipline of the school.*

re·ac·tion S2 W2 Ac /riˈækʃən/ *n* **1** [C,U] reakcja: *What was his reaction when you told him you were leaving?* | *Some people have a very bad reaction to* (=bardzo źle reagują na) *peanuts.* **2 reactions** [plural] refleks: *In motor racing drivers need to have quick reactions.* **3** [singular] sprzeciw: **+against** *There was a strong public reaction against nuclear tests.*

re·ac·tion·a·ry Ac /riˈækʃənəri/ *adj* reakcyjny —**reactionary** *n* reakcjonist-a/ka

re·ac·tor Ac /riˈæktə/ *n* [C] reaktor

read S1 W1 /riːd/ *v* (**read** /red/, **read**, **reading**) **1** [I,T] prze/czytać: *Can Billy read yet?* | *She sat reading a magazine.* | *Can you read music?* | **+about** *I read about the accident in the paper.* | **+that** *Steve was annoyed to read that his sister had won a prize.* | **read to sb/read sb a story** *Our mother used to read to us every evening.* **2 read between the lines** czytać między wierszami **3** [T] wskazywać: *The thermometer read 100°.*
read sth ↔ out *phr v* [T] odczytać na głos: *He read out the names on the list.*
read sth ↔ through/over *phr v* [T] prze/czytać uważnie: *Read the contract over carefully before you sign it.*
read up on sth *phr v* [T] poczytać (sobie) na temat/o: *We need to read up on the new tax laws.*

read·a·ble /ˈriːdəbəl/ *adj* **1** przyjemny w czytaniu: *a very readable history of Western philosophy* **2** czytelny

read·er S3 W2 /ˈriːdə/ *n* [C] czytelni-k/czka: *an adventure series for young readers* | *Are you a fast reader* (=czy szybko czytasz)? | *Many of our readers wrote in to complain about the article.*

read·er·ship /ˈriːdəʃɪp/ *n* [singular] czytelnicy

read·i·ly W3 /ˈredəli/ *adv* **1** łatwo: *The information is readily available on computer.* **2** ochoczo, bez wahania: *He readily agreed to the suggestion.*

read·i·ness /ˈredinəs/ *n* [U] gotowość: *I admire his readiness to help people.* | **in readiness for** (=gotowy do): *The army was standing by in readiness for an attack.*

read·ing W2 /ˈriːdɪŋ/ *n* **1** [C,U] czytanie: *I enjoy reading in bed.* | *a poetry reading* **2** [U] lektura: *Her main reading seems to be romantic novels.* **3** [C] odczyt: *a thermometer reading of 40°C*

re·ad·just Ac /ˌriːəˈdʒʌst/ *v* **1** [I] przystosowywać się na nowo: *After the war, I needed time to readjust to life at home.* **2** [T] wy/regulować: *She readjusted the microphone and began to sing.*

read·out /ˈriːdaʊt/ *n* [C] odczyt *(na ekranie komputera lub w formie wydruku)*

read·y S1 W2 /ˈredi/ *adj* **1** [not before noun] gotowy: *Aren't you ready yet?* | *Is supper ready?* | *a ready answer* | **+for** *I don't think Joey is ready for school yet.* | *Is everything ready for the party?* | **ready to do sth** *We're just about ready to eat.* | *She's always ready to help in a crisis.* | **get ready** (=przygotowywać się): *Go and get ready for bed.* | **ready to eat/drink/wear etc** *These apples are almost ready to eat.* | **have sth ready** *Have your passport ready* (=przygotuj paszport) *for when we go through immigration.* **2 ready cash/money** gotówka

UWAGA: get ready

Wyrażenia **get ready** używa się często w znaczeniu „myć się i zakładać odpowiednią odzież": *I got ready for bed.* | *She's getting ready to go out.*

THESAURUS: ready

ready gotowy: *I'll be ready to go in a minute.* | *Let me know when you're ready for your lesson.*

prepared przygotowany: *I don't think he was prepared for that question.* | *She was well-prepared for her interview.*

be all set *informal* być gotowym: *Right – are you all set for the match?*

ˌready-ˈmade *adj* gotowy: *a ready-made Christmas cake* | *a ready-made excuse*

real¹ S1 W1 /rɪəl/ *adj* prawdziwy, rzeczywisty: *The new system has real advantages.* | *Do your kids still think Santa Claus is a real person?* | *What's the real reason you were late?* | *'Jack' isn't his real name.* | *real gold* | *It's a real pleasure to meet you.* | **in real life** (=w rzeczywistości): *This kind of thing only happens in films, not in real life.* | **the real thing** *I don't want a plastic Christmas tree – I want the real thing* (=chcę prawdziwą). THESAURUS GENUINE

real² *adv AmE spoken* naprawdę: *I'm real sorry!*

ˈreal esˌtate *n* [U] *especially AmE* nieruchomości: *Real estate prices fell again last year.*

ˈreal estate ˌagent *n* [C] *AmE* pośredni-k/czka w handlu nieruchomościami

rea·lis·m /ˈrɪəlɪzəm/ *n* [U] realizm

rea·list /ˈrɪəlɪst/ *n* [C] realist-a/ka

rea·lis·tic S3 /rɪəˈlɪstɪk/ *adj* realistyczny: *It's not realistic to expect my parents to lend us any more money.* | *a very realistic TV drama* —**realistically** /-kli/ *adv* realistycznie: *We can't realistically hope for any improvement this year.*

re·al·i·ty S2 W2 /riˈæləti/ *n* **1** [U] rzeczywistość: *He finds it difficult to face up to reality.* **2 the reality/realities of sth** realia czegoś: *the reality of living in a big city* | *the harsh realities* (=twarde realia) *of life* **3 in reality** w rzeczywistości: *He said he'd retired, but in reality he was fired.* **4 become a reality** urzeczywistnić się, spełnić się: *Marilyn's dream of becoming a film star had become a reality.*

rea·li·za·tion /ˌrɪəlaɪˈzeɪʃən/ *także* **-isation** *BrE n* [U singular] **1** uświadomienie sobie: **+that** *She finally came to the realization that* (=uświadomiła sobie, że) *Jeff had been lying all the time.* **2** spełnienie, realizacja: **+of** *Climbing Everest was the realization of a lifelong ambition.*

rea·lize S1 W1 /ˈrɪəlaɪz/ *także* **-ise** *BrE v* [T] **1** uświadamiać sobie: *He obviously didn't realize the dangers involved.* | **+that** *I'm sorry, I didn't realize that it was so late.* **2 realize a hope/dream** spełnić nadzieję/marzenie

real·ly S1 W1 /ˈrɪəli/ *adv* **1** naprawdę: *Yeah, he's a really nice guy.* | *I don't really trust her.* | *Oliver's not really her cousin.* | *Now tell us what really happened.* **2 really?** *spoken* czyżby?, coś podobnego!: *"Jay's getting married." "Really? When?"* **3 not really** *spoken* właściwie nie: *"Is it cold outside?" "Not really."*

realm /relm/ *n* [C] *formal* dziedzina: *new discoveries in the realm of science*

ˈreal-time *adj* w czasie rzeczywistym: *Advances in microscopy may soon allow a real-time visualization of any such changes.*

real·tor /ˈrɪəltə/ *n* [C] *AmE* pośredni-k/czka w handlu nieruchomościami

reams /riːmz/ *n* [plural] tomy, stosy: *She wrote reams of notes.*

reap /riːp/ *v* [I,T] zbierać (plony): *Machines are used to reap the corn.* | **reap the advantages/benefits/rewards** *It will be some time before we reap the rewards* (=minie trochę czasu, zanim zaczniemy czerpać korzyści) *of the investment.*

re·ap·pear /ˌriːəˈpɪə/ *v* [I] pojawiać się ponownie

re·ap·prais·al /ˌriːəˈpreɪzəl/ *n* [C,U] *formal* ponowna ocena, rewizja (poglądów)

rear¹ /rɪə/ *n* **the rear** [singular] tył: *There are more seats at the rear of the hall.* —**rear** *adj* tylny: *a rear window*

rear² *v* **1** [T] wychowywać: *She reared seven children by herself.* **2** *także* **rear up** [I] stawać dęba

ˈrear-ˌend *v* [T] *AmE* uderzyć/wjechać w tył *(innego pojazdu)*

re·ar·range /ˌriːəˈreɪndʒ/ *v* [T] przestawiać, przekładać: *He rearranged the papers on his desk.*

rear·ward /ˈrɪəwəd/ *adv AmE* z/do tyłu: *a rearward facing seat*

rea·son¹ S1 W1 /ˈriːzən/ *n* **1** [C,U] powód, przyczyna: *There is no reason to panic.* | *You have every reason* (=masz pełne prawo) *to complain.* | **+for** *Did he give any reason for leaving?* | **+why** *He's too old – that's the main reason why he wasn't chosen.* **2** [U] rozum: *a conflict between reason and emotion* **3** [U] rozsądek: *She just won't listen to reason* (=głosu rozsądku). **4 within reason** w granicach rozsądku: *You can go anywhere you want, within reason.*

UWAGA: reason

Patrz **cause** i **reason**.

COLLOCATIONS: reason

verbs

to have a reason *I had no reason to dislike her.*
to have your reasons (=mieć swoje powody) *I don't know why she left, but I guess she had her reasons.*
to give a reason (=podać powód) *Did she give any reason for being late?*
to explain the reasons for sth *Explain the reasons for your choice.*
to think of/see a reason *I can't see any reason why she would lie. | I'm trying to think of a reason why he did it.*

adjectives

a good reason *There's a very good reason why you should listen to me.*
the main reason *Her main reason for leaving was that the pay was too low.*
the only reason *The only reason I came is that I wanted to help you.*
the real reason *Nobody knows the real reason why they split up.*
a major reason także **a big reason** *informal His personality was a major reason for his success. | A big reason for the decrease in smoking is the ban on cigarette advertising.*
a simple reason *We chose him for one simple reason: he was the best.*
legal/medical/personal etc reasons *The boy cannot be named for legal reasons. | He resigned for personal reasons.*

reason² *v* [I] rozumować
reason with sb *phr v* [T] przemawiać do rozsądku: *I tried to reason with her, but she wouldn't listen.*

rea·son·a·ble S1 W2 /ˈriːzənəbəl/ *adj* **1** rozsądny: *a reasonable suggestion | Be reasonable, Barry – it wasn't my fault.* **2** sensowny: *good furniture at reasonable prices* **3** znośny: *The food was reasonable.*

rea·son·a·bly S2 W3 /ˈriːzənəbli/ *adv* dość, w miarę: *I think I did reasonably well* (=poszło mi w miarę dobrze) *on the test.* THESAURUS RATHER

rea·soned /ˈriːzənd/ *adj* logiczny, racjonalny: *a reasoned argument*

rea·son·ing /ˈriːzənɪŋ/ *n* [U] rozumowanie: *a decision based on sound reasoning*

re·as·sur·ance /ˌriːəˈʃʊərəns/ *n* [C,U] otucha, wsparcie duchowe: *She's not very confident about her schoolwork – she needs plenty of reassurance.*

re·as·sure /ˌriːəˈʃʊə/ *v* [T] zapewniać: **reassure sb that** *Police have reassured the public that the area is now perfectly safe.*

re·as·sur·ing /ˌriːəˈʃʊərɪŋ◂/ *adj* dodający otuchy, krzepiący: *a reassuring smile*

re·bate /ˈriːbeɪt/ *n* [C] zwrot nadpłaty: *a tax rebate*

reb·el¹ /ˈrebəl/ *n* [C] buntowni-k/czka, rebeliant/ka: *Rebels have overthrown the government.*

re·bel² /rɪˈbel/ *v* [I] (**-lled**, **-lling**) z/buntować się: **+against** *the story of a teenager who rebels against his father*

re·bel·lion /rɪˈbeljən/ *n* [C,U] **1** rebelia: *He led an armed rebellion against the government.* **2** bunt: *teenage rebellion*

re·bel·lious /rɪˈbeljəs/ *adj* buntowniczy, zbuntowany: *I was a rebellious child. | rebellious troops*

re·birth /ˌriːˈbɜːθ/ *n* [singular] odrodzenie się: **+of** *the rebirth of British rock music*

re·boot /riː ˈbuːt/ *v* [I,T] z/restartować: *If a program crashes you usually have to reboot the computer.*

re·bound /rɪˈbaʊnd/ *v* [I] odbijać się: **+off** *The ball rebounded off the wall.*

re·buff /rɪˈbʌf/ *v* [T] *formal* odtrącać, odrzucać: *His offer of help was rebuffed.* —**rebuff** *n* [C] odtrącenie, odrzucenie

re·build /ˌriːˈbɪld/ *v* (**rebuilt** /-ˈbɪlt/, **rebuilt**, **rebuilding**) [T] odbudowywać: *The entire city centre had to be rebuilt. | We try to help drug addicts rebuild their lives.*

re·buke /rɪˈbjuːk/ *v* [T] *formal* upominać, z/ganić —**rebuke** *n* [C,U] upomnienie, nagana

re·but /rɪˈbʌt/ *v* [T] (**-tted**, **-tting**) *formal* obalić *(hipotezę, teorię itp.)* —**rebuttal** *n* [C] obalenie

re·cal·ci·trant /rɪˈkælsətrənt/ *adj formal* krnąbrny, niekarny —**recalcitrance** *n* [U] krnąbrność

re·call S3 W2 /rɪˈkɔːl/ *v* [T] **1** przypominać sobie: *I don't recall meeting him.* **2** odwoływać: *The government recalled its ambassador when war was declared.* —**recall** /ˈriːkɔːl/ *n* [U] pamięć: *total recall*

re·cap /ˈriːkæp/ *n* [C usually singular] powtórzenie, przypomnienie: *And now for a recap of tonight's news.* —**recap** *v* [I,T] powtarzać

re·cap·ture /riːˈkæptʃə/ *v* [T] **1** ponownie ująć: *Both men were recaptured by the police.* **2** oddawać *(nastrój itp.)*: *a movie that recaptures the innocence of childhood*

re·cede /rɪˈsiːd/ *v* [I] **1** wygasać, słabnąć: *Hopes for a peaceful solution are receding. | The sound receded into the distance* (=nikł w oddali). **2 be receding** łysieć na skroniach

re·ceipt S2 /rɪˈsiːt/ *n* [C] pokwitowanie, paragon: *Remember to keep your receipt in case you want to change the goods.*

re·ceive S1 W1 /rɪˈsiːv/ *v* [T] **1** otrzymywać: *He received an award from his old college. | Did you receive my letter? | She had just received some good news.* **2** *formal* przyjmować: *Perez was formally received at the White House.*

re·ceiv·er /rɪˈsiːvə/ *n* [C] **1** słuchawka **2** syndyk masy upadłościowej **3** odbiornik

re·ceiv·er·ship /rɪˈsiːvəʃɪp/ *n* [U] **go into receivership** przejść pod sekwestr sądowy

re·cent S2 W1 /ˈriːsənt/ *adj* niedawny, ostatni: *A recent survey showed that one in five teenagers had tried drugs. | Please attach a recent photo* (=aktualną fotografię) *to the form.* THESAURUS NEW

re·cent·ly S1 W1 /ˈriːsəntli/ *adv* **1** niedawno: *They recently moved from South Africa.* **2** ostatnio: *I haven't seen him recently.*

UWAGA: recently

Patrz **lately** i **recently**.

THESAURUS: recently

recently niedawno, ostatnio: *I went there recently to do some shopping. | A new species of plant was recently discovered in Brazil.*

R

lately *especially spoken* ostatnio: *Gerry hasn't been feeling very well lately.* | *Have you seen her lately?* | *There hasn't been much in the news lately.*

just właśnie: *It's just started raining.* | *They've just had a new baby.*

a short/little while ago nie tak dawno temu: *That hotel closed down a short while ago.* | *Apparently, they got married a little while ago.*

newly nowo: *a newly built stadium* | *the newly elected president*

freshly świeżo: *freshly baked bread* | *freshly squeezed orange juice* | *The flowers were freshly picked.* | *The wall had been freshly painted.*

the other day *spoken* parę dni temu: *I read an interesting article in the paper the other day.*

re·cep·ta·cle /rɪˈseptəkəl/ *n* [C] *formal* zbiornik, pojemnik

re·cep·tion W3 /rɪˈsepʃən/ *n* **1** [U] recepcja: *Please leave your keys at reception at the end of your stay.* **2** [C] przyjęcie: *a wedding reception* | *She got an enthusiastic reception from the audience.* THESAURUS PARTY **3** [U] odbiór: *Radio reception isn't very good here.*

re'ception ˌclass *n* [C] *BrE* zerówka

re·cep·tion·ist /rɪˈsepʃənɪst/ *n* [C] recepcjonist-a/ka

re·cep·tive /rɪˈseptɪv/ *adj* otwarty: **+to** *Ron isn't very receptive to new suggestions.*

re·cess /rɪˈses/ *n* **1** [C,U] przerwa między sesjami parlamentu, sądu itp.: **be in recess** *Congress is in recess until January.* **2** [U] *AmE* przerwa, pauza *(w szkole)*: *Charlie got into a fight during recess.* **3** [C] wnęka

re·ces·sion /rɪˈseʃən/ *n* [C] recesja

re·charge /ˌriːˈtʃɑːdʒ/ *v* **1** [T] na/ładować: *I must recharge the batteries.* **2 recharge your batteries** na/ładować akumulatory: *He goes to Florida every summer to recharge his batteries.*

re·charge·a·ble /riːˈtʃɑːdʒəbəl/ *adj* nadający się do powtórnego ładowania: **rechargeable battery** (=akumulator(ek))

re·ci·pe S3 /ˈresəpi/ *n* **1** [C] przepis: **+for** *a recipe for chocolate cake* **2** *informal* **a recipe for happiness/trouble** recepta na szczęście/kłopoty: *What's your recipe for a successful marriage?*

re·cip·i·ent /rɪˈsɪpiənt/ *n* [C] odbior-ca/czyni: **+of** *the recipient* (=laureat) *of the 1977 Nobel Peace Prize*

re·cip·ro·cal /rɪˈsɪprəkəl/ *adj* obopólny, wzajemny: *a reciprocal trade agreement* —**reciprocally** /-kli/ *adv* wzajemnie

re·cip·ro·cate /rɪˈsɪprəkeɪt/ *v* [I,T] odwzajemniać (się)

re·cit·al /rɪˈsaɪtl/ *n* [C] recital: *a piano recital*

re·cite /rɪˈsaɪt/ *v* [I,T] wy/recytować, za/deklamować: *children reciting French verbs* —**recitation** /ˌresɪˈteɪʃən/ *n* [C,U] recytacja, deklamacja

reck·less /ˈrekləs/ *adj* lekkomyślny, nieostrożny: *reckless driving* —**recklessly** *adv* lekkomyślnie —**recklessness** *n* [U] lekkomyślność

reck·on S1 W3 /ˈrekən/ *v* [T] **1** szacować: *He reckons the cost to be about one million dollars.* **2** sądzić, uważać: *I reckon they'll be late.* | *She is generally reckoned* (=jest powszechnie uważana za) *one of Hollywood's greatest actors.*

reckon on sth *phr v* [T usually negative] liczyć na

reckon with sb/sth *phr v* [T] liczyć się z: *We hadn't reckoned with the possibility it might rain.*

reck·on·ing /ˈrekənɪŋ/ *n* [U] kalkulacje: *By my reckoning, they should be there by now.*

re·claim /rɪˈkleɪm/ *v* [T] **1** za/żądać zwrotu: *Any lost property that is not reclaimed will be destroyed or sold.* **2** z/rekultywować: *Acres of valuable agricultural land have now been reclaimed from the sea.*

re·cline /rɪˈklaɪn/ *v* [I,T] rozkładać (się): *a reclining chair*

re·cluse /rɪˈkluːs/ *n* [C] odludek

rec·og·ni·tion S3 W2 /ˌrekəgˈnɪʃən/ *n* [U] **1** uznanie: *The band eventually gained recognition in 1995.* | **in recognition of** (=w uznaniu dla) **2** rozpoznanie: *He looked past me with no sign of recognition* (=i nic nie wskazywało na to, że mnie poznał). **3** zrozumienie: **+of/that** *a growing recognition of the problems of homelessness*

rec·og·nize S1 W1 /ˈrekəgnaɪz/ *także* **-ise** *BrE v* [T] **1** poznawać, rozpoznawać: *He's lost so much weight I hardly recognized him!* **2** uznawać: *The UN refused to recognize the new government.* **3** przyznawać: **+that** *I recognize that not everyone will agree with me.* —**recognizable** *adj* rozpoznawalny

re·coil /rɪˈkɔɪl/ *v* [I] wzdrygać się: *Emily recoiled at the sight of the snake.*

rec·ol·lect /ˌrekəˈlekt/ *v* [T] przypominać sobie: *I don't recollect her name.*

rec·ol·lec·tion /ˌrekəˈlekʃən/ *n* [C,U] wspomnienie: *He has no recollection of* (=zupełnie nie pamięta) *the crash.*

rec·om·mend S2 W2 /ˌrekəˈmend/ *v* [T] **1** zalecać, radzić: **recommend sb to do sth** *I'd recommend you to take the train.* | **+that** *Police are recommending that women should avoid the area at night.* **2** polecać, za/rekomendować: *Can you recommend a local restaurant?*

rec·om·men·da·tion S3 W3 /ˌrekəmenˈdeɪʃən/ *n* **1** [C] zalecenie: **make a recommendation** *The committee was able to make detailed recommendations* (=poczynić szczegółowe zalecenia) *to the school.* | **+that** *The department's recommendation was that he should be fired.* **2** [U] rekomendacja, polecenie: **on sb's recommendation** (=za czyjąś radą): *We bought the car on a friend's recommendation.* **3** [C] *especially AmE* rekomendacje, list polecający

rec·om·pense /ˈrekəmpens/ *v* [T] *formal* z/rekompensować —**recompense** *n* [U singular] rekompensata

rec·on·cile /ˈrekənsaɪl/ *v* [T] po/godzić: *How can you reconcile being both anti-abortion and in favour of the death penalty?* | *The couple are now reconciled.* —**reconciliation** /ˌrekənsɪliˈeɪʃən/ *n* [U singular] pojednanie, zgoda

reconcile yourself to sth *phr v* [T] po/godzić się z: *She never reconciled herself to the death of her son.*

re·con·di·tion /ˌriːkənˈdɪʃən/ *v* [T] wy/remontować: *a reconditioned sewing machine*

re·con·nais·sance /rɪˈkɒnəsəns/ *n* [U] rekonesans, zwiad

re·con·sid·er /ˌriːkənˈsɪdə/ *v* [I,T] rozważać ponownie: *Won't you reconsider our offer?*

re·con·sti·tute /riːˈkɒnstɪtjuːt/ *v* [T] **1** z/reorganizować **2** regenerować, odtwarzać *(suszoną żywność przez dodanie wody)*

re·con·struct Ac /ˌriːkənˈstrʌkt/ *v* [T] **1** z/rekonstruować, odtwarzać: *Police have reconstructed the events leading up to the crime.* **2** odbudowywać

re·con·struc·tion Ac /ˌriːkənˈstrʌkʃən/ *n* **1** [U] odbudowa: *the reconstruction of the former East Germany* **2** [C] rekonstrukcja: *a reconstruction of the events leading up to the accident*

rec·ord¹ S1 W1 /ˈrekɔːd/ *n* **1** [C,U] zapis: **keep a record** *Keep a record of* (=notuj) *how much you spend on this trip.* | **on record** (=za/notowany): *the highest water levels on record* **2** [C] rekord: **break/beat a record** (=po/bić rekord): *She broke the record for the 1,500 metre run.* | **+for** *What's the record for the highest number of people to fit into a phone booth?* **3** [C] **sb has a criminal record** ktoś był notowany/karany **4** [C] płyta: *a record collection* **5 off the record** nieoficjalnie: *He told us off the record that the company was doing badly.*

COLLOCATIONS: record (sense 2)

verbs

to break/beat a record *His jump broke the Olympic record.*

to hold a record (=być rekordzist-ą/ką) *George holds the record for the highest number of goals scored in a season.*

to set a record (=ustanowić rekord) *She set a new British record of 44.47 seconds.*

to equal a record *także* **to tie a record** *AmE* (=wyrównać rekord) *He equalled the record of nine wins in a season.*

adjectives

an all-time record *Unemployment in Britain reached an all-time record.*

a world record *She holds two world records.*

an Olympic record *He broke the Olympic record by three seconds.*

a British/American/Italian etc record *Jones won in 10.93 seconds, a new British record.*

record + noun

a record number/level/time etc *Temperatures this summer have reached record levels.*

a record high/low *Crime in the city fell to a record low.*

re·cord² S3 W2 /rɪˈkɔːd/ *v* **1** [T] zapisywać: *All the data is recorded on computer.* **2** [I,T] nagrywać: *Will you record 'The X-Files' for me?* | *The band has just finished recording their third album.* **3** [T] za/rejestrować: *The thermometer recorded a temperature of 28 degrees.*

ˈrecord-ˌbreaking *adj* rekordowy: *a record-breaking $5 billion profit*

re·cord·er /rɪˈkɔːdə/ *n* [C] flet prosty

re·cord·ing W3 /rɪˈkɔːdɪŋ/ *n* [C] nagranie: *a recording of Bob Marley live in concert*

ˈrecord ˌplayer *n* [C] gramofon

re·count¹ /ˈriːkaʊnt/ *n* [C] ponowne liczenie głosów, powtórne przeliczanie głosów

re·count² /rɪˈkaʊnt/ *v* [T] **1** *formal* opowiadać o: *a TV film recounting the war years* **2** liczyć ponownie, powtórnie przeliczać

re·coup /rɪˈkuːp/ *v* [T] odzyskać *(wydane lub stracone pieniądze)*

re·course /rɪˈkɔːs/ *n* [U] *formal* środek zaradczy: **have recourse to** (=posiłkować się) | **without recourse to** (=bez uciekania się do)

re·cov·er W2 Ac /rɪˈkʌvə/ *v* **1** [I] wy/zdrowieć, dochodzić do siebie: **+from** *My uncle is recovering from a heart attack.* **2** [I] wychodzić z kryzysu: *The economy will take at least three years to recover.* **3** [T] odzyskiwać: *The police managed to recover the stolen goods.* | *He never recovered the use of his arm* (=nigdy nie odzyskał władzy w ręce). —**recovery** *n* [U singular] wyzdrowienie

re·cre·ate Ac /ˌriːkriˈeɪt/ *v* [T] odtwarzać: *We're trying to recreate the conditions of everyday life in Stone Age times.*

rec·re·a·tion /ˌrekriˈeɪʃən/ *n* [C,U] rekreacja: *It's important that students find time for recreation and leisure.* —**recreational** *adj* rekreacyjny

re·crim·i·na·tion /rɪˌkrɪməˈneɪʃən/ *n* [C usually plural, U] wzajemne oskarżenia

re·cruit¹ /rɪˈkruːt/ *v* [I,T] rekrutować, z/werbować: *It's not easy to recruit well-qualified and experienced people.* —**recruitment** *n* [U] rekrutacja, nabór

recruit² *n* [C] rekrut, nowicjusz/ka

rec·tan·gle /ˈrektæŋgəl/ *n* [C] prostokąt —**rectangular** /rekˈtæŋgjələ/ *adj* prostokątny

rec·ti·fy /ˈrektɪfaɪ/ *v* [T] *formal* naprawiać: *efforts to rectify the situation*

rec·tor /ˈrektə/ *n* [C] **1** proboszcz w kościele anglikańskim **2** dyrektor szkoły lub koledżu *(zwłaszcza w Szkocji)*

rec·tum /ˈrektəm/ *n* [C] *technical* odbytnica —**rectal** *adj* odbytniczy

re·cu·pe·rate /rɪˈkjuːpəreɪt/ *v* [I] wracać do zdrowia: *Jan is still recuperating from her operation.*

re·cur /rɪˈkɜː/ *v* [I] (**-rred**, **-rring**) powracać, powtarzać się: *a recurring dream* —**recurrence** /rɪˈkʌrəns/ *n* [C,U] nawrót —**recurrent** *adj* powracający, powtarzający się

re·cy·cle /ˌriːˈsaɪkəl/ *v* [I,T] utylizować, przerabiać na surowce wtórne: *Most glass bottles and aluminium cans can be recycled.* —**recycled** *adj* z odzysku: *recycled paper* —**recycling** *n* [U] utylizacja, recykling

recycle

recycling bin

red¹ S1 W1 /red/ (**-dder**, **-ddest**) *adj* **1** czerwony: *a red dress* **2** rudy: *red hair* **3 be like a red rag to a bull** *BrE* działać jak (czerwona) płachta na byka —**redness** *n* [U] czerwień, zaczerwienienie

red² *n* **1** [C,U] czerwień **2 be in the red** być na minusie

red ˈcarpet *n* **the red carpet** honory: *the red carpet treatment* (=podejmowanie z (należnymi) honorami)

red·den /ˈredn/ *v* [I,T] po/czerwienieć, za/czerwienić się: *Tina's face reddened with embarrassment.*

re·deem /rɪˈdiːm/ *v* [T] **1** u/ratować: *His performance redeemed what was otherwise a pretty awful movie.* **2** odkupić, zbawić: *Christ came to Earth to redeem us from sin.* **3** wykupić: *I redeemed my watch from the pawnshop.* **4 redeem yourself** zrehabilitować się

re·demp·tion /rɪˈdempʃən/ *n* [U] **1 past/beyond redemption** nie do uratowania **2** odkupienie, zbawienie

re·de·ploy /ˌriːdɪˈplɔɪ/ *v* [T] przegrupowywać

R

re·de·vel·op /ˌriːdɪˈveləp/ *v* [T] z/modernizować *(dzielnicę, region)*

red flag *n* czerwona flaga *(sygnał ostrzegawczy)*

ˌred-ˈhanded *adj* **catch sb red-handed** *informal* złapać kogoś na gorącym uczynku

red·head /ˈredhed/ *n* [C] rudzielec

ˌred ˈherring *n* [C] dygresja itp. dla odwrócenia uwagi

ˌred-ˈhot *adj* rozgrzany do czerwoności: *red-hot metal*

re·di·rect, **re-direct** /ˌriːdaɪˈrekt/ *v* [T] **1** przeadresować **2** skierować gdzie indziej: *She needs to redirect her energy into something more useful.*

ˌred-ˈlight ˌdistrict *n* [C] dzielnica czerwonych świateł

ˌred ˈmeat *n* [U] **1** wołowina **2** baranina

red·neck /ˈrednek/ *n* [C] *AmE informal* chłopek-roztropek

re·do /riːˈduː/ *v* [T] przerabiać: *You'll have to redo this essay.*

re·doub·le /riːˈdʌbəl/ *v* **redouble your efforts** podwajać/zdwajać wysiłki/starania

re·dress /rɪˈdres/ *v* [T] *formal* naprawiać, s/korygować —**redress** *n* [U] zadośćuczynienie

ˌred ˈtape *n* [U] biurokracja

R

re·duce S1 W1 /rɪˈdjuːs/ *v* [T] z/redukować: *They're trying to reduce the number of students in the college.* | **reduce sth from ... to** *The jacket was reduced* (=cena marynarki została obniżona) *from £75 to £35.*
reduce sb/sth to sth *phr v* **reduce sb to tears/poverty** doprowadzić kogoś do łez/nędzy: *They were reduced to begging* (=zostali zmuszeni do żebrania) *on the streets.* —**reduction** /rɪˈdʌkʃən/ *n* [C,U] redukcja, obniżka

re·dun·dant /rɪˈdʌndənt/ *adj* **1** *BrE* zwolniony: **make redundant** (=zwalniać): *Over 1,000 workers were made redundant.* **2** zbędny, zbyteczny —**redundancy** *n* [U] zwolnienie

red·wood /ˈredwʊd/ *n* [C,U] sekwoja

reed /riːd/ *n* [C] **1** trzcina **2** stroik

reef /riːf/ *n* [C] rafa

reek /riːk/ *v* [I] cuchnąć: *His breath reeked of garlic.*

reel¹ /riːl/ *n* [C] szpul(k)a

reel² *v* [I] zataczać się: *A guy came reeling down the hallway.*

re-e·lect /ˌriː ɪˈlekt/ *v* [T] wybierać ponownie/na kolejną kadencję —**re-election** /-ɪˈlekʃən/ *n* [C,U] reelekcja, ponowny wybór

re·en·try /riˈentri/ *n* [C,U] ponowne wejście: *The shuttle made a successful reentry into the Earth's atmosphere* (=ponownie wszedł w atmosferę ziemską).

ref /ref/ *n* [C] *spoken* sędzia, arbiter

re·fer S1 W1 /rɪˈfɜː/ *v* (**-rred**, **-rring**)
refer to *phr v* [T] **1 a)** wspominać o: *He referred to her several times.* **b)** odnosić się do: *The figures on the left refer to our overseas sales.* **c)** sprawdzać w/na: *Refer to page 14 for instructions.* | *Let me just refer to my notes.* **d)** mieć na myśli: *Who are you referring to?* **2** [T] [**refer** sb/sth **to** sb/sth] odsyłać do: *Professor Harris referred me to an article she had written.*

ref·er·ee¹ /ˌrefəˈriː/ *n* [C] **1** *także* **ref** *informal* sędzia, arbiter **2** *BrE* osoba pisząca referencje

THESAURUS: referee

referee sędzia, arbiter *(w piłce nożnej, koszykówce, hokeju, boksie, zapasach)*: *a football referee* | *The referee blew his whistle to stop the game.*

umpire sędzia *(w tenisie, baseballu, krykiecie, hokeju na trawie)*: *a tennis umpire* | *He was given several warnings by the umpire.*

judge sędzia *(w konkursie, zawodach)*: *The judges will meet to decide the winner.* | *The judges' decision is final.*

referee² *v* [I,T] sędziować

ref·er·ence S2 W1 /ˈrefərəns/ *n* **1** [C,U] wzmianka: **make (a) reference to** *In his letter, Sam made no reference to* (=nie wspomniał o) *his illness.* **2** [C] list polecający, referencje

ˈreference book *n* [C] słownik, encyklopedia, leksykon itp.

ref·e·ren·dum /ˌrefəˈrendəm/ *n* [C,U] referendum: *the Irish referendum on divorce*

re·fill¹ /ˌriːˈfɪl/ *v* [T] napełniać ponownie: *A waiter refilled our glasses.*

re·fill² /ˈriːfɪl/ *n* [C] wkład: *refills for a pen*

re·fine Ac /rɪˈfaɪn/ *v* [T] **1** rafinować: *The sugar is refined and then shipped abroad.* **2** udoskonalać: *The method must be further refined.* —**refinement** *n* [U] wytworność

re·fined Ac /rɪˈfaɪnd/ *adj* **1** udoskonalony **2** rafinowany: *refined sugar* **3** wytworny, wykwintny: *the refined world of 19th-century Paris*

re·fin·e·ry /rɪˈfaɪnəri/ *n* [C] rafineria

re·flect S2 W1 /rɪˈflekt/ *v* **1** [T] odbijać: *She could see the truck behind reflected in her wing mirror.* | *White clothes reflect more heat than dark ones.* **2** [T] odzwierciedlać: *Low levels of investment often reflect a lack of confidence in a country's government.* **3** [I] zastanawiać się: **+on** *Take some time to reflect on what I've just told you.*

re·flec·tion W3 /rɪˈflekʃən/ *n* **1** [C,U] odbicie: *We looked at our reflections in the pool.* **2** [C,U] refleksja, zastanowienie: *She paused for a moment's reflection.* **3** [C] odzwierciedlenie: **+of** *That people will accept such low wages is a reflection of how few jobs there are.*

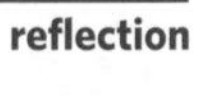

re·flec·tive /rɪˈflektɪv/ *adj* refleksyjny: *in a reflective mood*

re·flec·tor /rɪˈflektə/ *n* [C] reflektor

re·flex /ˈriːfleks/ *n* [C] odruch: *Blinking is an automatic reflex.*

re·flex·ive /rɪˈfleksɪv/ *adj* zwrotny: *reflexive verbs*

re·form¹ /rɪˈfɔːm/ *v* **1** [T] z/reformować: *plans to reform the voting system* | *We should be more concerned with reforming criminals than punishing them.* **2** [I] poprawiać się

reform² W2 *n* [C,U] reforma: *the reform of local government*

ref·or·ma·tion /ˌrefəˈmeɪʃən/ *n* [C,U] **the Reformation** reformacja

re·form·er /rɪˈfɔːmə/ *n* [C] reformator/ka

reˈform school *n* [C] zakład poprawczy

re·frain /rɪˈfreɪn/ *v* [I] *formal* powstrzymywać się: **+ from** *Please refrain from smoking.*

re·fresh /rɪˈfreʃ/ *v* [T] odświeżać, orzeźwiać: *A shower will refresh you.*

re·fresh·ing /rɪˈfreʃɪŋ/ *adj* **1** orzeźwiający: *a refreshing drink* **2** ożywczy, ożywiający: *It makes a refreshing change to have someone new working here.*

re·fresh·ments /rɪˈfreʃmənts/ *n* [plural] *formal* przekąski i napoje: *Refreshments will be served at the interval.*

re·fri·ge·rate /rɪˈfrɪdʒəreɪt/ *v* [T] chłodzić: *You should always keep milk refrigerated.* —**refrigeration** /rɪˌfrɪdʒəˈreɪʃən/ *n* [U] chłodzenie

re·fri·ge·rat·ed /rɪˈfrɪdʒəreɪtɪd/ *adj* schłodzony

re·fri·ge·ra·tor S3 /rɪˈfrɪdʒəreɪtə/ *także* **fridge** *n* [C] lodówka, chłodziarka

re·fuel /ˌriːˈfjʊəl/ *v* [I,T] (**-lled**, **-lling** *BrE*; **-led**, **-ling** *AmE*) za/tankować

ref·uge /ˈrefjuːdʒ/ *n* **1** [U] schronienie: *We found refuge from the storm under a tree.* **2** [C] schronisko: *a refuge for abused women*

ref·u·gee /ˌrefjʊˈdʒiː/ *n* [C] uchodźca

re·fund¹ /ˈriːfʌnd/ *n* [C] zwrot pieniędzy: **give sb a refund** *If you're not completely satisfied, we'll give you a refund* (=zwrócimy Pan-u/i pieniądze). **get a refund** *Can I cancel my subscription* (=anulować prenumeratę) *and get a refund?*

re·fund² /rɪˈfʌnd/ *v* [T] zwracać: *They refunded our money when the play was cancelled.*

re·fur·bish /ˌriːˈfɜːbɪʃ/ *v* [T] odnawiać —**refurbishment** *n* [C,U] renowacja

re·fus·al /rɪˈfjuːzəl/ *n* [C,U] odmowa: **refusal to do sth** *His refusal to pay the fine means he may go to prison.*

re·fuse¹ S2 W1 /rɪˈfjuːz/ *v* [I,T] odmawiać: *I asked her to marry me, but she refused.* | **refuse to do sth** *Cindy refuses to go to school.* | **refuse sb sth** *We were refused permission to enter the country.*

THESAURUS: refuse

refuse odmówić: *He refused to tell me how much he had paid.* | *Jenny decided to refuse the invitation* (=nie przyjąć zaproszenia).
turn sth/sb down odrzucić kogoś/coś: *You'd be crazy to turn that job down!* | *For some reason, they turned down my application for a visa.* | *I've already been turned down by three colleges.*
say no *spoken* powiedzieć nie: *You should ask him if he wants a date – I'm sure he won't say no.*
deny sb permission/access etc *formal* odmówić komuś pozwolenia/dostępu itp.: *He was denied permission to enter the country.* | *Some patients have been denied access to their own medical records.*
decline *formal* nie przyjąć: *They declined any offer of financial help.* | *He declined to comment* (=odmówił komentarza) *on the rumours.*

ref·use² /ˈrefjuːs/ *n* [U] *formal* odpadki

re·fute /rɪˈfjuːt/ *v* [T] *formal* obalić *(twierdzenie, hipotezę itp.)*

re·gain /rɪˈgeɪn/ *v* [T] odzyskiwać: *The army has regained control of the area.*

re·gal /ˈriːgəl/ *adj* królewski: *a regal mansion*

re·gard¹ S3 /rɪˈgɑːd/ *n* **1** [U] poszanowanie: **have regard for** *She has no regard for other people's feelings.* **2 with/in regard to** *formal* jeśli chodzi o: *Several changes have been made with regard to security.*

regard² S2 W1 *v* [T] **regard sb as** uważać kogoś za: *I've always regarded you as my friend.*

re·gard·ing /rɪˈgɑːdɪŋ/ *prep formal* odnośnie: *Regarding your recent inquiry, I've enclosed a copy of our new brochure.* THESAURUS ABOUT

re·gard·less /rɪˈgɑːdləs/ *adv* **1 regardless of** bez względu na: *He'll sign that contract regardless of what anyone says!* **2** mimo to: *You get a lot of criticism but you just have to carry on regardless.*

re·gards /rɪˈgɑːdz/ *n* [plural] pozdrowienia: **give sb your regards** *Give him my regards* (=pozdrów go ode mnie), *won't you?*

re·gat·ta /rɪˈgætə/ *n* [C] regaty

re·gen·e·ra·tion /rɪˌdʒenəˈreɪʃən/ *n* [U] ożywienie: *inner city regeneration* —**regenerate** /rɪˈdʒenəreɪt/ *v* [T] ożywiać

reg·gae /ˈregeɪ/ *n* [U] reggae *(muzyka)*

re·gime W2 Ac /reɪˈʒiːm/ *n* [C] reżim: *the Communist regime*

re·gi·ment /ˈredʒəmənt/ *n* [C] pułk —**regimental** /ˌredʒəˈmentl/ *adj* pułkowy

re·gi·men·ted /ˈredʒɪmentɪd/ *adj* pod ścisłą kontrolą —**regiment** *v* [T] sprawować ścisłą kontrolę nad

re·gion S1 W1 Ac /ˈriːdʒən/ *n* [C] **1** rejon, region: *Snow is expected in mountain regions.* **2** okolica: *pain in the lower back region* **3 (somewhere) in the region of** (coś) koło: *It will cost in the region of $750.* —**regional** *adj* regionalny

re·gis·ter¹ S3 W3 Ac /ˈredʒɪstə/ *n* [C] **1** rejestr, spis: *the National Register of Historic Places* **2** [C,U] styl: *Official documents are written in (a) formal register.* →patrz też CASH REGISTER

register² S3 W3 Ac *v* [I,T] za/rejestrować (się): *The car is registered in my sister's name.* | *The thermometer registered 74°F.* | **+ with/for** *Are you registered with a doctor?*

ˌregistered ˈmail *n* [U] przesyłka polecona

re·gis·trar /ˌredʒəˈstrɑː◂/ *n* [C] urzędni-k/czka stanu cywilnego

re·gis·tra·tion S3 Ac /ˌredʒəˈstreɪʃən/ *n* [U] rejestracja

regiˈstration ˌnumber *n* [C] *BrE* numer rejestracyjny

re·gis·try /ˈredʒəstri/ *n* [C] archiwum

re·gress /rɪˈgres/ *v* [I] *formal* cofać się, uwsteczniać się →porównaj PROGRESS² —**regression** /-ˈgreʃən/ *n* [U] regres, uwstecznienie

re·gret¹ W3 /rɪˈgret/ *v* [T] (**-tted**, **-tting**) żałować: **regret doing sth** *We've always regretted selling that car.* | **+ (that)** *He regrets that he never went to college.* | *Miss Otis regrets she's unable to attend today.*

regret² *n* [C,U] żal: **+ at** *The company expressed deep regret at the accident.* | **have regrets about** *Carl said he had no regrets about* (=powiedział, że wcale nie żałuje) *his decision.* —**regretfully** *adv* z żalem

re·gret·ta·ble /rɪˈgretəbəl/ *adj* godny ubolewania: *a regrettable mistake* —**regrettably** *adv* niestety

R

reg·u·lar¹ S2 W2 /ˈregjələ/ *adj* **1** regularny: *His heartbeat became slow and regular.* | *War planes were taking off at regular intervals.* | *regular verbs* **2** stały: *He's one of our regular customers.* | *She's not our regular babysitter.* **3** średni (*o rozmiarze, wielkości*): *fries and a regular coke* **4** *especially AmE* zwykły: *I'm just a regular doctor, not a specialist.* **5** równoboczny —**regularity** /ˌregjəˈlærəti/ *n* [U] regularność

regular² *n* [C] *informal* stał-y/a klient/ka

reg·u·lar·ly S3 W3 /ˈregjələli/ *adv* regularnie: *He visits the old man regularly.* THESAURUS OFTEN

reg·u·late Ac /ˈregjəleɪt/ *v* [T] u/regulować, wy/regulować: *laws that regulate what goods can be imported*

reg·u·la·tion S2 W2 Ac /ˌregjəˈleɪʃən/ *n* **1** [C] przepis: *safety regulations* **2** [U] kontrola: *government regulation of arms sales*

re·hab /ˈriːhæb/ *n* [U] *especially AmE informal* odwyk: **be in rehab** (=na odwyku): *Frank's been in rehab for six weeks.*

re·ha·bil·i·tate /ˌriːhəˈbɪlɪteɪt/ *v* [T] **1** z/resocjalizować: *rehabilitating young criminals* **2** z/rehabilitować: *President Nixon seems to have been rehabilitated in the US.*

re·ha·bil·i·ta·tion /ˌriːhəbɪlɪˈteɪʃən/ *n* [U] **1** leczenie uzależnień **2** resocjalizacja **3** rehabilitacja

re·hash /riːˈhæʃ/ *v* [T] *informal* odgrzewać: *He keeps rehashing the same old speech.* —**rehash** /ˈriːhæʃ/ *n* [C] stara śpiewka

re·hears·al /rɪˈhɜːsəl/ *n* [C,U] próba: *She was late for the rehearsal again.*

re·hearse /rɪˈhɜːs/ *v* [I,T] z/robić próbę

re·house /ˌriːˈhaʊz/ *v* [T] przesiedlać: *a program to rehouse war refugees*

reign¹ /reɪn/ *n* **1** [C] panowanie: *the reign of Queen Anne* **2 reign of terror** rządy terroru

reign² *v* [I] **1** rządzić **2 the reigning champion** aktualn-y/a mistrz/yni **3** *formal* panować: *Confusion reigned among members of the jury this week.*

re·im·burse /ˌriːɪmˈbɜːs/ *v* [T] *formal* zwracać koszty: **reimburse sb for sth** *The company will reimburse you for your travel expenses.* —**reimbursement** *n* [U] refundacja

rein /reɪn/ *n* **1** [C usually plural] lejce **2 free rein** wolna ręka: *She was given a free rein to run the department as she thought best.*

re·in·car·nate /ˌriːɪnˈkɑːneɪt/ *v* **be reincarnated** na/rodzić się ponownie

re·in·car·na·tion /ˌriːɪnkɑːˈneɪʃən/ *n* [U] reinkarnacja

rein·deer /ˈreɪndɪə/ *n* [C] renifer

re·in·force W3 Ac /ˌriːɪnˈfɔːs/ *v* [T] **1** umacniać, potęgować: *Newspapers like this tend to reinforce people's prejudices.* **2** wzmacniać: *a wall reinforced with concrete*

re·in·force·ments /ˌriːɪnˈfɔːsmənts/ *n* [plural] posiłki: *The Spanish soon returned with reinforcements and firearms.*

re·in·state /ˌriːɪnˈsteɪt/ *v* [T] przywracać do pracy/na stanowisko: *Two employees who were wrongfully fired will be reinstated.* —**reinstatement** *n* [C,U] przywrócenie do pracy

re·in·vent /ˌriːɪnˈvent/ *v* **1 reinvent yourself** odmienić się, zmienić (swój) image **2 reinvent the wheel** *informal* odkrywać Amerykę

re·it·e·rate /riˈɪtəreɪt/ *v* [T] *formal* powtarzać (po raz kolejny) —**reiteration** /riˌɪtəˈreɪʃən/ *n* [C,U] powtórzenie

re·ject¹ S3 W2 Ac /rɪˈdʒekt/ *v* [T] odrzucać: *They completely rejected the terms of the peace treaty.* | *Yale rejected his application.* | *She feels rejected by her parents.*

re·ject² /ˈriːdʒekt/ *n* [C] odrzut: *factory rejects*

re·jec·tion Ac /rɪˈdʒekʃən/ *n* [C,U] odrzucenie: *She got a lot of rejections before the book was finally published* (=wiele razy odrzucano jej książkę, zanim wreszcie została wydana). | *I couldn't deal with any more rejection.* | **+ of** *his total rejection of his parents' way of life*

re·joice /rɪˈdʒɔɪs/ *v* [I] radować się

re·joic·ing /rɪˈdʒɔɪsɪŋ/ *n* [U] ogólna radość

re·join /ˌrɪːˈdʒɔɪn/ *v* [T] wracać na łono: *Alex rejoined his family in Japan.*

re·join·der /rɪˈdʒɔɪndə/ *n* [C] *formal* riposta, replika

re·ju·ve·nate /rɪˈdʒuːvəneɪt/ *v* [T] odmładzać: *She felt refreshed and rejuvenated after her holiday.*

re·kin·dle /riːˈkɪndl/ *v* [T] odnawiać, wskrzeszać: *a chance to rekindle an old romance*

re·lapse /rɪˈlæps/ *n* [C,U] nawrót (choroby): **have a relapse** *He had a relapse and was taken back into hospital.*

re·late S2 W1 /rɪˈleɪt/ *v* **1** [I,T] wiązać (się): *I don't understand how the two ideas relate.* **2** [T] *formal* z/relacjonować

relate to sb/sth *phr v* [T] **1** odnosić się do: *This point relates to environmental ideas.* **2** znajdować wspólny język z: *I find it hard to relate to kids.*

re·lat·ed S2 W3 /rɪˈleɪtɪd/ *adj* **1** powiązany: *The police believe the murders are closely related.* **2** spokrewniony: **be related to sb** *Are you related to Paula?*

re·la·tion S2 W1 /rɪˈleɪʃən/ *n* **1 in relation to** w stosunku do: *The area of land is tiny in relation to the population.* **2** [C,U] związek: **+ between** *Doctors say there was no relation between the drugs he was taking and his death.* **3** [C] krewn-y/a: *Joan Bartell, the author, is no relation to Governor Bartell.* THESAURUS RELATIVE

re·la·tions /rɪˈleɪʃənz/ *n* [plural] stosunki: *East-West relations* | **+ between** *Relations between the two companies have never been good.*

re·la·tion·ship S1 W1 /rɪˈleɪʃənʃɪp/ *n* **1** [C] stosunki: **+ with** *The police have a good relationship with the community.* **2** [C] związek: *My parents had a strong relationship.* **3** [C,U] stosunek: **+ between** *the relationship between pay and performance at work*

UWAGA: relationship

Relationship to najczęściej „związek" dwóch osób. **Relations** to „stosunki" między większymi grupami osób, instytucjami, państwami itp.

COLLOCATIONS: relationship

verbs

to have a relationship *We've always had a good relationship with our neighbours.*

to develop/form a relationship *Children start developing relationships outside the family.*

to make relationships *I found it impossible to make new relationships.*

adjectives

a good/great relationship *Over the years, we've developed a good relationship.*

a close relationship *Laura had a very close relationship with her grandmother.*

a friendly/warm relationship *It's important to me to have friendly relationships with my customers.*

a strong relationship *Our relationship is strong enough to survive anything.*

a special relationship *Twins have a very special relationship.*

a personal relationship *The two leaders built up a strong personal relationship.*

family relationships *Travelling a lot for business can strain family relationships.*

human relationships *Human relationships fascinate me.*

rel·a·tive¹ S3 W3 /ˈrelətɪv/ *n* [C] krewn-y/a: *He's staying with relatives in Manchester.*

THESAURUS: relative

relative krewny: *We only invited close relatives to the wedding.*

relation krewny *(zwłaszcza omawiając stopień pokrewieństwa)*: *Some of my relations live in Canada.* | *„What relation is she to you* (=w jaki sposób jest z tobą spokrewniona)*?" „She's my cousin."*

descendant potomek: *He's a direct descendant of Shakespeare.*

ancestor przodek: *Several of my family's ancestors are buried in this churchyard.*

next of kin najbliższy krewny: *The form asks you to give your next of kin.*

relative² W2 *adj* **1** względny, stosunkowy: *The Victorian age was a period of relative peace in England.* **2 relative to sth** w stosunku do czegoś: *Demand for corn is low relative to the supply.*

ˌrelative ˈclause *n* [C] zdanie względne

rel·a·tive·ly S2 W2 /ˈrelətɪvli/ *adv* **relatively cheap/easy** stosunkowo tani/łatwy: *My job is relatively well-paid.* | *This car is relatively cheap to run.*

ˌrelative ˈpronoun *n* [C] zaimek względny

rel·a·tiv·i·ty /ˌreləˈtɪvəti/ *n* [U] *technical* względność: *Einstein's theory of relativity*

re·lax S3 W3 Ac /rɪˈlæks/ *v* **1** [I,T] z/relaksować (się), odprężać (się): *Sit down and relax!* | *The music will help relax you.* **2** [I,T] rozluźniać (się): *Try to relax your neck.* | *Let your muscles relax.* **3** [T] z/łagodzić: *There are no plans to relax the present immigration laws.* —**relaxation** /ˌriːlækˈseɪʃən/ *n* [U] złagodzenie, odprężenie

UWAGA: relax

Nie mówi się „relax yourself". Mówi się po prostu **relax**.

re·laxed /rɪˈlækst/ *adj* **1** zrelaksowany, odprężony: *Gail was lying in the sun looking very relaxed and happy.* **2** spokojny: *a relaxed atmosphere*

re·lax·ing /rɪˈlæksɪŋ/ *adj* relaksujący, odprężający: *a relaxing afternoon in the garden*

re·lay¹ /ˈriːleɪ/ *v* [T] **1** przekazywać: *Could you relay the news to the other teachers?* **2** transmitować: *The broadcast was relayed to Europe.*

relay² *także* **ˈrelay ˌrace** *n* [C] sztafeta: *the 1000-metre relay*

re·lease¹ S2 W2 Ac /rɪˈliːs/ *v* [T] **1** zwalniać, uwalniać: *Three hostages were released this morning.* **2** puszczać: *He released her arm when she screamed.* **3** podawać do publicznej wiadomości: *Details of the crime have not been released.* **4** wypuszczać na rynek

release² S3 W2 Ac *n* **1** [singular] zwolnienie *(z więzienia)*: *After his release, he intends to train as a carpenter.* **2** [C] nowy film lub płyta: *the singer's latest release* **3** [U] ulga: *a sense of emotional release*

rel·e·gate /ˈrelɪgeɪt/ *v* [T] z/degradować: **+to** *He's been relegated to the role of assistant.*

re·lent /rɪˈlent/ *v* [I] ustępować, ulegać: *Park officials relented, and allowed campers to stay.*

re·lent·less /rɪˈlentləs/ *adj* nieustępliwy

rel·e·vance /ˈreləvəns/ *także* **rel·e·van·cy** /-vənsi/ *AmE n* [U] znaczenie: **+to** *a statement with no relevance to the issue*

rel·e·vant S2 W2 Ac /ˈreləvənt/ *adj* istotny: **+to** *The question is not relevant to my point.* → antonim IRRELEVANT

re·li·a·ble Ac /rɪˈlaɪəbəl/ *adj* solidny, niezawodny: *He's not very reliable.* | *a reliable car* —**reliability** /rɪˌlaɪəˈbɪləti/ *n* [U] solidność, niezawodność → antonim UNRELIABLE

re·li·ance Ac /rɪˈlaɪəns/ *n* [U] uzależnienie: *the country's reliance on imported oil*

re·li·ant Ac /rɪˈlaɪənt/ *adj* **be reliant on sb/sth** być zależnym od kogoś/czegoś: *She's still reliant on her parents for money.*

rel·ic /ˈrelɪk/ *n* [C] **1** relikt: **+of** *a relic of ancient times* **2** relikwia

re·lief S2 W2 /rɪˈliːf/ *n* **1** ulga: *a medicine for pain relief* (=lek uśmierzający ból) | **what a relief!** *spoken* (=co za ulga!): *Exams are finally over. What a relief!* **2** [U] pomoc: *famine relief* (=pomoc dla ofiar głodu) **3 in stark relief** odróżniający się od tła, rzucający się w oczy

re·lieve S3 /rɪˈliːv/ *v* [T] **1** z/łagodzić: *The county is building a new school to relieve overcrowding.* | *playing cards to relieve the boredom* **2** zluzować

relieve sb of sth *phr v* [T] *formal* uwolnić kogoś od czegoś

re·lieved /rɪˈliːvd/ *adj* **be relieved** odczuwać ulgę: **+to do sth** *I was relieved to be out of the hospital.* | **+that** *She'll be very relieved that she won't have to go to court.*

re·li·gion S2 W2 /rɪˈlɪdʒən/ *n* [C,U] religia: *the study of religion* | *the Muslim religion*

re·li·gious S2 W2 /rɪˈlɪdʒəs/ *adj* religijny: *religious beliefs* | *a very religious woman*

re·li·gious·ly /rɪˈlɪdʒəsli/ *adv* sumiennie: *He phones his mother religiously every evening.*

re·lin·quish /rɪˈlɪŋkwɪʃ/ *v* [T] *formal* **1** zrzekać się: *The General refuses to relinquish control of the city.* **2** zarzucać *(plan, zwyczaj, przekonanie)*

rel·ish¹ /ˈrelɪʃ/ *v* [T] rozkoszować się: **not relish the thought/idea** *Jamie didn't relish the idea of* (=nie był zachwycony perspektywą) *getting up so early.*

relish² *n* [U] rozkosz: *Barry ate with great relish.*

re·live /ˌriːˈlɪv/ *v* [T] przeżywać na nowo: *We spent the whole morning reliving our schooldays.*

re·lo·cate Ac /ˌriːləʊˈkeɪt/ *v* [I,T] przenosić (się): **+to** *Our company relocated to the West Coast.*

R

re·luc·tant Ac /rɪˈlʌktənt/ *adj* niechętny: **be reluctant to do sth** (=ociągać się z czymś): *She was very reluctant to ask for help.* —**reluctance** *n* [U] niechęć —**reluctantly** *adv* niechętnie

re·ly S3 W2 Ac /rɪˈlaɪ/ *v*
rely on sb/sth *phr v* [T] polegać na: *We're relying on him to help.*

re·main S1 W1 /rɪˈmeɪn/ *v* **1** [I, linking verb] pozostawać: *The Communist Party remained in power.* | *She remained silent.* **2** [I] zostawać: *Milly remained at home.* **3** [I] zachować się: *Only half the statue remains* (=zachowała się jedynie połowa pomnika). **4 it remains to be seen** dopiero się okaże: *It remains to be seen whether the operation will be successful.*

re·main·der /rɪˈmeɪndə/ *n* **the remainder (of sth)** reszta (czegoś): *Would the remainder of the class please stay behind?*

re·main·ing W2 /rɪˈmeɪnɪŋ/ *adj* pozostały: *The remaining puppies were given away.*

re·mains W3 /rɪˈmeɪnz/ *n* [plural] **1** resztki, pozostałości: *We visited the remains of the temple.* **2** *formal* szczątki: *His remains lie in the churchyard.*

re·make /ˈriːmeɪk/ *n* [C] nowa wersja, remake: *a remake of 'The Wizard of Oz'* —**remake** /ˌriːˈmeɪk/ *v* [T] przygotować/nakręcić nową wersję *(filmu)*

re·mand¹ /rɪˈmɑːnd/ *v* [T] *BrE* **be remanded in custody** przebywać/być przetrzymywanym w areszcie śledczym

remand² *n BrE* **1 be on remand** przebywać w areszcie śledczym **2 remand prisoner** aresztowan-y/a, aresztant/ka **3 remand centre/prison** areszt

re·mark¹ W3 /rɪˈmɑːk/ *n* [C] uwaga: **make a remark** *Carl made a sarcastic remark.*

remark² *v* [T] zauważyć: **+that** *One woman remarked that he was very handsome.*
remark on/upon sth *phr v* [T] z/robić uwagę na temat: *No-one dared remark upon the fact that the President was two hours late.*

re·mark·a·ble W3 /rɪˈmɑːkəbəl/ *adj* niezwykły: *He called Gorbachev 'one of the most remarkable men in history'.*

re·mark·a·bly /rɪˈmɑːkəbli/ *adv* niezwykle: *Charlotte and her cousin look remarkably similar* (=uderzająco podobnie).

re·mar·ry /ˌriːˈmæri/ *v* [I] **1** ponownie wychodzić za mąż **2** ponownie się żenić

remaster /riːˈmɑːstə/ *v* [T] **digitally remastered** przetworzony cyfrowo

re·me·di·al /rɪˈmiːdiəl/ *adj* **1** wyrównawczy: *remedial classes* **2** *formal* korekcyjny: *remedial exercise*

rem·e·dy¹ /ˈremədi/ *n* [C] lekarstwo: *herbal remedies* | **+for** *There seems to be no remedy for the rising crime rate.*

remedy² *v* [T] zaradzić: *The hospital is trying to remedy the problem of inexperienced staff.*

re·mem·ber S1 W1 /rɪˈmembə/ *v* [I,T] **1** pamiętać: *Do you remember the first job you ever had?* | **remember to do sth** *Did you remember to phone Nicky?* **2** przypominać sobie: *I can't remember her name.* | **+(that)** *She suddenly remembered that she had to go to the dentist.* → porównaj REMIND **3** [T] czcić pamięć: *On this day we remember the dead of two world wars.*

re·mem·brance /rɪˈmembrəns/ *n* [U] pamięć: **in remembrance of** *She planted a tree in remembrance of her husband* (=dla uczczenia pamięci męża).

re·mind S1 W2 /rɪˈmaɪnd/ *v* [T] **1** przypominać: **remind sb to do sth** *Remind me to go* (=przypomnij mi, że mam pójść) *to the post office.* **2 remind sb of sb/sth** przypominać komuś kogoś/coś: *She reminds me of Dawn French.*

> **UWAGA: remind**
> Nie mówi się „it reminds me her". Mówi się **it reminds me of her**.

re·mind·er /rɪˈmaɪndə/ *n* [C] przypomnienie: **+of** *The photos were a painful reminder of his first wife.*

rem·i·nisce /ˌreməˈnɪs/ *v* [I] wspominać: **+about** *She sat reminiscing about the old days.* —**reminiscence** *n* [C,U] wspomnienia

rem·i·nis·cent /ˌreməˈnɪsənt/ *adj* **be reminiscent of sth** przypominać coś: *The scene was reminiscent of a Hollywood gangster movie.*

re·mis·sion /rɪˈmɪʃən/ *n* [C,U] remisja: **be in remission** *Her cancer is in remission.*

re·mit /rɪˈmɪt/ *n* [singular] *BrE* zakres obowiązków

re·mit·tance /rɪˈmɪtəns/ *n* [C,U] *formal* przekaz pieniężny

rem·nant /ˈremnənt/ *n* [C] resztka: **+of** *the remnants of the defeated army*

re·mod·el /ˌriːˈmɒdl/ *v* [T] przebudowywać, przekształcać: *The house was remodelled in 1764 by Robert Adam.*

rem·on·strate /ˈremənstreɪt/ *v* [I] *formal* za/protestować, zgłaszać sprzeciw

re·morse /rɪˈmɔːs/ *n* [U] wyrzuty sumienia, skrucha: *Keating showed no remorse for his crime.* —**remorseful** *adj* skruszony

re·morse·less /rɪˈmɔːsləs/ *adj* niemiłosierny: *remorseless noise*

re·mote W3 /rɪˈməʊt/ *adj* **1** odległy: *a remote planet* | *the remote past* THESAURUS FAR **2** niewielki: *There's a remote possibility that the operation will not work.* —**remotely** *adv* daleko *(np. spokrewniony)*: *The two situations aren't remotely similar* (=nie są w najmniejszym stopniu podobne).

reˌmote conˈtrol *n* **1** [U] zdalne sterowanie **2** *także* **remote** [C] pilot *(do telewizora, odtwarzacza CD itp.)* —**remote-controlled** *adj* zdalnie sterowany

re·mov·a·ble Ac /rɪˈmuːvəbəl/ *adj* wyjmowany, odczepiany: *a coat with a removable hood* (=z odpinanym kapturem)

re·move S2 W1 Ac /rɪˈmuːv/ *v* [T] **1** usuwać: *The police will remove any illegally parked cars.* | *There are several obstacles still to be removed.* **2 be (far) removed from sth** być (bardzo) odmiennym od czegoś: *His millionaire lifestyle is far removed from the poverty of his childhood.*

re·mov·er /rɪˈmuːvə/ *n* [C,U] **1 paint remover** rozpuszczalnik **2 nail polish remover** zmywacz do paznokci **3 stain remover** odplamiacz

re·mu·ne·rate /rɪˈmjuːnəreɪt/ *v* [T] *formal* płacić wynagrodzenie, wynagradzać —**remuneration** /rɪˌmjuːnəˈreɪʃən/ *n* [C,U] wynagrodzenie

Re·nais·sance /rɪˈneɪsəns/ *n* **the Renaissance** Renesans, Odrodzenie

re·name /ˌriːˈneɪm/ *v* [T] przemianować: *St Petersburg was renamed Leningrad.*

ren·der /ˈrendə/ *v formal* **1 render sth useless/unsafe/**

R

harmless u/czynić coś bezużytecznym/niebezpiecznym/nieszkodliwym: *He twisted the man's arm, rendering him incapable of moving.* **2 render an apology** wyrazić żal/skruchę **3 render an explanation** złożyć wyjaśnienia

ren·der·ing /ˈrendərɪŋ/ *n* [C] wykonanie, interpretacja

ren·dez·vous /ˈrɒndəvuː/ *n* [C] randka: *a midnight rendezvous*

ren·di·tion /renˈdɪʃən/ *n* [C] wykonanie, interpretacja: *a splendid rendition of the song*

ren·e·gade /ˈrenəgeɪd/ *n* [C] renegat/ka

re·nege /rɪˈniːg/ *v* [I] **renege on a promise/deal etc** nie dotrzymać obietnicy/umowy itp.

re·new /rɪˈnjuː/ *v* [T] **1** przedłużać: *When does the car insurance need renewing?* **2** ponawiać: *Congress renewed its demand for tax cuts.* —**renewal** *n* [C,U] przedłużenie

re·new·a·ble /rɪˈnjuːəbəl/ *adj* odnawialny: *a renewable energy source*

re·newed /rɪˈnjuːd/ *adj* wznowiony: *renewed efforts to tackle poverty*

re·nounce /rɪˈnaʊns/ *v* [T] **1** zrzekać się: *He renounced his claim to the property.* **2** wyrzekać się: *The IRA have been repeatedly urged to renounce violence.*

ren·o·vate /ˈrenəveɪt/ *v* [T] odnawiać, przeprowadzać renowację THESAURUS REPAIR —**renovation** /ˌrenəˈveɪʃən/ *n* [C,U] renowacja

re·nown /rɪˈnaʊn/ *n* [U] *informal* renoma, sława

re·nowned /rɪˈnaʊnd/ *adj* słynny: **be renowned for sth** słynąć z czegos: *The hotel is renowned for its excellent service.* THESAURUS FAMOUS

rent[1] S2 W3 /rent/ *v* [T] **1** wynajmować: *They're renting an apartment near the beach.* **2** wypożyczać: *Did you rent a car while you were in Europe?* **3** *także* **rent** sth ↔ **out** wynajmować *(komuś)*: *They've rented out their house for the summer.*

UWAGA: rent

Patrz **hire** i **rent**.

rent[2] S2 W3 *n* [C,U] czynsz, komorne: *Rents are very high around here.* | **for rent** (=do wynajęcia)

rent·al /ˈrentl/ *n* [C,U] opłata za wypożyczenie: *Ski rental is $14.* | *a video rental store* (=wypożyczalnia kaset wideo)

re·or·gan·ize /riːˈɔːgənaɪz/ *także* **-ise** *BrE v* [T] z/reorganizować: *The filing system needs to be reorganized.* —**reorganization** /riːˌɔːgənaɪˈzeɪʃən/ *n* [U] reorganizacja

rep /rep/ *n* [C] *informal* przedstawiciel/ka: *a sales rep* (=akwizytor/ka)

re·paid /rɪˈpeɪd/ czas przeszły i imiesłów bierny od REPAY

re·pair[1] S3 /rɪˈpeə/ *v* [T] **1** naprawiać, z/reperować: **get sth repaired** (=oddać coś do naprawy) **2** naprawiać: *The two governments are trying to repair the damage done to the peace process.*

repair

repairing a bicycle

THESAURUS: repair

repair naprawić: *They've repaired the fence.* | *He's good at repairing motorbikes.*

fix naprawić *(używa się zwłaszcza w mowie potocznej)*: *We'll have to get the car fixed on Monday.* | *The radio isn't working - can you fix it?*

mend *especially BrE* naprawić, załatać: *Fishermen sat mending their nets in the sunshine.* | *Don't throw that shirt away - I'll mend it.*

restore odrestaurować: *The hotel was built in 1850 and has recently been restored.* | *She got a job restoring paintings.*

renovate odnowić: *The house needed renovating when we bought it.*

do up *BrE*, **fix up** *AmE informal* wyremontować: *He made his money doing up houses and selling them again.* | *I decided to get an old car and fix it up.*

repair[2] W3 *n* **1** [C,U] naprawa: *They're doing repairs on the bridge.* **2 in good/bad repair** w dobrym/złym stanie: *The roads are in pretty good repair.*

re·pair·man /rɪˈpeəmæn/ *n* [C] (plural **repairmen** /-mən/) mechanik: *a TV repairman*

rep·a·ra·tion /ˌrepəˈreɪʃən/ *n* [C,U] *formal* odszkodowanie

re·pat·ri·ate /riːˈpætrieɪt/ *v* [T] repatriować —**repatriation** /riːˌpætriˈeɪʃən/ *n* [U] repatriacja

re·pay /rɪˈpeɪ/ *v* [T] **1** spłacać: *How long will it take to repay the loan?* **2** odwdzięczać się: *How can I ever repay you?* —**repayment** *n* [C,U] spłata

re·peal /rɪˈpiːl/ *v* [T] uchylać, znosić: *plans to repeal anti-immigration laws* —**repeal** *n* [U] uchylenie, zniesienie

re·peat[1] S2 W2 /rɪˈpiːt/ *v* [T] powtarzać: *Sally kept repeating, "It wasn't me, it wasn't me."* | *You'll have to repeat the course.* | **repeat sth to sb** *Please don't repeat this to anyone.*

repeat[2] *n* **1** [singular] powtórzenie się: **+of** *Are you expecting a repeat of last year's trouble?* | **a repeat victory etc** (=powtórne zwycięstwo itp.) **2** [C] *especially BrE* powtórka: *All these programmes are repeats!*

re·peat·ed /rɪˈpiːtɪd/ *adj* wielokrotny: *Repeated attempts to fix the satellite have failed.* —**repeatedly** *adv* wielokrotnie

re·pel /rɪˈpel/ *v* [T] (**-lled**, **-lling**) **1** [T] odstraszać: *Tear gas was used to repel the rioters.* **2 repel sb** budzić u kogoś wstręt

re·pel·lent[1] /rɪˈpelənt/ *n* [C,U] środek odstraszający: *mosquito repellent*

repellent[2] *adj* odrażający, odpychający: *She'd always found her cousin quite repellent.*

re·pent /rɪˈpent/ *v* [I,T] *formal* żałować —**repentance** *n* [U] żal, skrucha

re·pen·tant /rɪˈpentənt/ *adj* skruszony

re·per·cus·sions /ˌriːpəˈkʌʃənz/ *n* [plural] reperkusje: *The fall of Communism has had worldwide repercussions.*

rep·er·toire /ˈrepətwɑː/ *n* [C] repertuar

rep·e·ti·tion /ˌrepəˈtɪʃən/ *n* [C,U] powtórzenie, powtórka: **+of** *his boring repetition of the same old facts*

re·pet·i·tive /rɪˈpetətɪv/ *także* **rep·e·ti·tious** /ˌrepəˈtɪʃəs/ *adj* monotonny: *repetitive exercises*

R

re·phrase /ˌriːˈfreɪz/ *v* [T] s/formułować inaczej: *OK, let me rephrase the question.*

re·place S2 W1 /rɪˈpleɪs/ *v* [T] **1 a)** wymieniać: **replace sb/sth with** *They later replaced the coach with a younger man.* **b)** zastępować: *The new software package replaces the old one.* **2** odkładać na miejsce: *Please replace the books when you are finished.*

re·place·ment W3 /rɪˈpleɪsmənt/ *n* [C] zastępstwo, zastęp-ca/czyni: *We're waiting for Mr. Dunley's replacement.*

re·play /ˈriːpleɪ/ *n* **1** [C,U] powtórka **2** [C] *BrE* mecz rewanżowy: *The replay will be on Thursday.*

re·plen·ish /rɪˈplenɪʃ/ *v* [T] *formal* uzupełniać —**replenishment** *n* [U] uzupełnienie

re·plete /rɪˈpliːt/ *adj formal* napełniony, nasycony

rep·li·ca /ˈreplɪkə/ *n* [C] kopia, replika: *replica guns*

rep·li·cate /ˈreplɪkeɪt/ *v* [T] *formal* kopiować —**replication** /ˌreplɪˈkeɪʃən/ *n* [C,U] replika

re·ply¹ W2 /rɪˈplaɪ/ *v* [I,T] odpowiadać, odrzec: *"Of course," she replied.* | **reply to sth** (=odpowiedzieć na coś): *I haven't replied to his letter yet.* THESAURUS ANSWER

UWAGA: reply
Nie mówi się „he replied me". Mówi się **he replied**.

R

reply² S3 W3 *n* [C,U] **1** odpowiedź: **+to** *There have been no replies to our ad.* **2 in reply to** w odpowiedzi na: *I am writing in reply to your letter of 1st June.*

re·port¹ S2 W1 /rɪˈpɔːt/ *n* [C] **1** raport, sprawozdanie: *a police report on the accident* | *a weather report* **2** także **school report** *BrE* świadectwo

report² S2 W1 *v* **1** [I,T] donosić (o), z/relacjonować: **+on** *She was sent to report on the floods in Bangladesh.* | **+that** *The newspaper wrongly reported that he had died.* **2** [T] zgłaszać: *Who reported the fire?* **3** [T] donosić na: *Somebody reported Kyle for smoking in school.* **4** [I] zgłaszać się: *Visitors must report to the main reception desk.*

reˈport card *n* [C] *AmE* świadectwo szkolne

re·port·ed·ly /rɪˈpɔːtɪdli/ *adv* podobno, rzekomo: *She's reportedly one of the richest women in Europe.*

reˌported ˈspeech *n* [U] mowa zależna → INFORMACJE GRAMATYCZNE

re·port·er S3 /rɪˈpɔːtə/ *n* [C] reporter/ka

re·pos·sess /ˌriːpəˈzes/ *v* [T] przejmować *(np. samochód lub mieszkanie, którego ktoś nie spłacił)* —**repossession** /-ˈzeʃən/ *n* [C,U] przejęcie

rep·re·hen·si·ble /ˌreprɪˈhensəbəl/ *adj formal* naganny

rep·re·sent S2 W1 /ˌreprɪˈzent/ *v* [T] **1** reprezentować: *Craig hired a lawyer to represent him.* **2** przedstawiać: *The green triangles on the map represent campsites.* **3** stanowić: *This figure represents a 25% increase in wages.*

rep·re·sen·ta·tion S3 W2 /ˌreprɪzenˈteɪʃən/ *n* **1** [U] reprezentacja, przedstawicielstwo: *Children get no representation in most countries.* **2** obraz, wizerunek: *the negative representation of black people in movies*

rep·re·sen·ta·tive¹ S3 W2 /ˌreprɪˈzentətɪv/ *n* [C] przedstawiciel/ka, reprezentant/ka

representative² *adj* reprezentatywny: **+of** (=dla): *I don't claim to be representative of the majority of young people.*

re·press /rɪˈpres/ *v* [T] **1** s/tłumić: *It's not healthy to repress your emotions.* **2** represjonować: *It's a cruel and vicious regime that represses all opposition.* —**repression** /-ˈpreʃən/ *n* [U] ucisk

re·pressed /rɪˈprest/ *adj* tłumiony, skrywany: *repressed feelings of hatred for her mother*

re·pres·sive /rɪˈpresɪv/ *adj* represyjny: *a repressive political system*

re·prieve /rɪˈpriːv/ *n* [C] **1** ułaskawienie **2** ulga: *a temporary reprieve* —**reprieve** *v* [T] ułaskawiać

rep·ri·mand /ˈreprəmɑːnd/ *v* [T] udzielać nagany: *He was formally reprimanded and ordered to pay a £500 fine.* —**reprimand** *n* [C] nagana, reprymenda

re·pri·sal /rɪˈpraɪzəl/ *n* [C,U] odwet: *He's afraid to help the police for fear of reprisals against his family.*

re·proach¹ /rɪˈprəʊtʃ/ *n* [C,U] **1** wyrzut: *His mother gave him a look of reproach.* **2 above/beyond reproach** bez zarzutu: *The police should be above reproach.* —**reproachful** *adj* pełen wyrzutu —**reproachfully** *adv* z wyrzutem

reproach² *v* [T] robić wyrzuty: *She reproached herself for not having made enough effort.*

re·pro·duce /ˌriːprəˈdjuːs/ *v* **1** [T] odtwarzać, powielać: *an attempt by scientists to reproduce conditions on Mars* **2** [I] rozmnażać się: *Most birds and fish reproduce by laying eggs.*

re·pro·duc·tion /ˌriːprəˈdʌkʃən◂/ *n* **1** [U] rozmnażanie (się): *human reproduction* **2** [C] reprodukcja: *a cheap reproduction of a great painting*

re·pro·duc·tive /ˌriːprəˈdʌktɪv◂/ *adj* rozrodczy: *the reproductive organs*

re·prove /rɪˈpruːv/ *v* [T] *formal* udzielać nagany, z/ganić —**reproof** /rɪˈpruːf/ *n* [C,U] nagana

rep·tile /ˈreptaɪl/ *n* [C] gad

re·pub·lic W2 /rɪˈpʌblɪk/ *n* [C] republika

republican *adj* republikański: *the spread of republican ideas in the 17th century* —**republican** *n* [C] republikanin/nka

Re·pub·li·can /rɪˈpʌblɪkən/ *adj* republikański: *a Republican candidate for the Senate*

Reˈpublican ˌParty *n* **the Republican Party** Partia Republikańska

re·pu·di·ate /rɪˈpjuːdieɪt/ *v* [T] *formal* **1** odrzucać: *He repudiated any suggestion that he had bribed his opponents.* **2** wypierać się, wyrzekać się —**repudiation** /rɪˌpjuːdiˈeɪʃən/ *n* [U] odrzucenie

re·pug·nance /rɪˈpʌgnəns/ *n* [U] *formal* wstręt, odraza

re·pug·nant /rɪˈpʌgnənt/ *adj formal* wstrętny, odrażający: *behaviour that is morally repugnant*

re·pulse /rɪˈpʌls/ *v* [T] **1** z/bulwersować: *The whole nation was repulsed by the crime.* **2** odpierać: *Enemy forces were repulsed with the help of French troops.*

re·pul·sion /rɪˈpʌlʃən/ *n* [U] **1** wstręt, obrzydzenie **2** *technical* odpychanie

re·pul·sive /rɪˈpʌlsɪv/ *adj* odpychający, odrażający: *What a repulsive man!*

rep·u·ta·ble /ˈrepjətəbəl/ *adj* poważany, szanowany: *a reputable company*

rep·u·ta·tion W3 /ˌrepjəˈteɪʃən/ *n* [C] reputacja: *The neighbourhood used to have a very bad reputation.* | **+for** *a* *man with a reputation for honesty* (=człowiek znany z uczciwości)

re·pute /rɪˈpjuːt/ *n* **of good/bad repute** *formal* cieszący się dobrą/złą sławą

re·put·ed /rɪˈpjuːtɪd/ *adj formal* rzekomy, domniemany: **reputed to be sth** *He is reputed to be a millionaire* (=rzekomo jest milionerem).

re·pu·ted·ly /rɪˈpjuːtɪdli/ *adv formal* rzekomo

re·quest¹ S3 W2 /rɪˈkwest/ *n* [C,U] prośba, wniosek: **make a request** *We've made a request for* (=wystąpiliśmy z prośbą o) *new equipment.* | **on request** (=na życzenie): *Drinks are available on request.*

request² *v* [T] po/prosić o: *The pilot requested permission to land.* | **+that** (=żeby): *We request that everyone remain quiet.*

req·ui·em /ˈrekwiəm/ *n* [C,U] requiem, msza żałobna

re·quire S1 W1 Ac /rɪˈkwaɪə/ *v* [T] **1** wymagać, potrzebować: *Pets require a lot of care.* **2** *formal* żądać, wymagać: **require sb to do sth** *All passengers are required to show their tickets* (=powinni pokazać bilety).

re·quire·ment S2 W2 Ac /rɪˈkwaɪəmənt/ *n* [C] potrzeba, wymóg: *Whatever your requirements, we can supply them.*

req·ui·site /ˈrekwəzət/ *adj formal* wymagany

req·ui·si·tion /ˌrekwəˈzɪʃən/ *n* [C,U] *formal* zapotrzebowanie —**requisition** *v* [T] za/rekwirować

re·route /ˌriːˈruːt/ *v* [T] s/kierować inną trasą

re·run /ˈriːrʌn/ *n* [C] *especially AmE* powtórka

res·cue¹ S3 W3 /ˈreskjuː/ *v* [T] u/ratować: *He rescued two people from the fire.* —**rescuer** *n* [C] ratowni-k/czka

rescue² *n* [C,U] akcja ratownicza: *a daring rescue from a sinking ship* | *A rescue team* (=ekipa ratownicza) *is trying to reach the trapped miners.* | **come to the rescue** (=przyjść na ratunek)

re·search¹ S2 W1 Ac /rɪˈsɜːtʃ/ *n* [U] **1** badania (naukowe): **+on/into** *scientific research into heart disease* **2 do research** prowadzić badania: *He is doing research for a book on the Middle Ages.* THESAURUS STUDY **3 an area/field of research** dziedzina/pole badań

COLLOCATIONS: research

verbs

to do/carry out research *She's doing research on the relationship between crime and poverty.* | *The research was carried out by a team of scientists at Edinburgh University.* ⚠ Nie mówi się „make research". Mówimy: **do research** lub: **carry out research**.

publish your research *The research was published last year.*

adjectives

scientific/medical/historical research *Our conclusions are based on scientific research.* | *The charity raises money for medical research.* | *This is a fascinating piece of historical research.*

basic research *Do some basic research before buying a new computer.*

extensive research (=zakrojone/prowadzone na szeroką skalę badania) *Extensive research has proved the theory wrong.*

research + noun

research findings (=wyniki badań) *She presented her research findings at the conference.*

a research project/programme *The experiment was part of a research project into social attitudes.*

research work *Dr Fox is known for her research work on breast cancer.*

a research team *a research team working on the effects of climate change on agriculture*

a research student *He supervised many research students.*

noun + research

an area/a field of research *This is a very exciting area of research.*

a piece of research *Our latest piece of research studied popular myths about health.*

research² Ac *v* [I,T] z/badać: *Conner spent eight years researching the history of the group.* —**researcher** *n* [C] badacz/ka

re·sem·blance /rɪˈzembləns/ *n* [C,U] podobieństwo: **+between** *There's a slight resemblance between Mike and his cousin.*

re·sem·ble /rɪˈzembəl/ *v* [T] przypominać, być podobnym do: *She resembles her mother in many ways.*

R

re·sent /rɪˈzent/ *v* [T] **1** mieć pretensje do: *I've always resented my father for leaving the family.* **2** oburzać się na: *He resents being treated as a child.*

re·sent·ful /rɪˈzentfəl/ *adj* urażony, pełen urazy: *a resentful look*

re·sent·ment /rɪˈzentmənt/ *n* [U] uraza

res·er·va·tion /ˌrezəˈveɪʃən/ *n* **1** [C] rezerwacja: **make a reservation** *Have you made reservations at the restaurant yet?* **2** [C,U] zastrzeżenie: **have reservations** *I still have reservations about promoting her.*

re·serve¹ W3 /rɪˈzɜːv/ *v* [T] za/rezerwować: *I'd like to reserve a table for 8:00.* | **+for** *a parking space reserved for the disabled*

reserve² S3 *n* **1** [C] zapas, rezerwa: *Water reserves are dangerously low.* **2** [U] powściągliwość, rezerwa: *His natural reserve made it difficult to know what he really thought.* **3** [C] rezerwat: *a nature reserve*

re·served /rɪˈzɜːvd/ *adj* **1** powściągliwy: *a cool, reserved young man* **2** zarezerwowany: *This table is reserved.*

res·er·voir /ˈrezəvwɑː/ *n* [C] **1** zbiornik THESAURUS LAKE **2** zasoby: *a reservoir of oil beneath the desert*

re·shuf·fle /riːˈʃʌfəl/ *n* [C] przetasowanie: *a cabinet reshuffle*

re·side Ac /rɪˈzaɪd/ *v* [I] *formal* rezydować, zamieszkiwać

res·i·dence Ac /ˈrezɪdəns/ *n formal* **1** [C] rezydencja: *a private residence* **2** [U] pobyt: **take up residence somewhere** (=zamieszkać gdzieś)

res·i·dent S3 W3 Ac /ˈrezɪdənt/ *n* [C] **1** mieszka-niec/nka: *a park for local residents* **2** *AmE* lekarz stażysta *(w szpitalu)*

res·i·den·tial W3 Ac /ˌrezɪˈdenʃəl◂/ *adj* mieszkaniowy: *a residential area*

re·sid·u·al /rɪˈzɪdʒuəl/ *adj* szczątkowy, resztkowy: *the residual effects of radiation exposure*

res·i·due /ˈrezədjuː/ *n* [C] pozostałość: *an oily residue* (=tłusty osad)

re·sign W3 /rɪˈzaɪn/ *v* [I,T] **1** ustąpić, z/rezygnować (z): **+from** *Burton resigned from the company yesterday.* **2 resign yourself to (doing) sth** po/godzić się z czymś: *I've resigned myself to living in the city for a while.*

res·ig·na·tion W3 /ˌrezɪɡˈneɪʃən/ *n* **1** [C,U] rezygnacja, dymisja: **hand in your resignation** (=złożyć rezygnację) **2** [U] rezygnacja: *She accepted her fate with resignation.*

re·signed /rɪˈzaɪnd/ *adj* zrezygnowany

re·sil·i·ent /rɪˈzɪliənt/ *adj* **1** odporny, wytrzymały: *Small babies can be remarkably resilient.* **2** sprężysty —**resilience** *n* [U] wytrzymałość

res·in /ˈrezɪn/ *n* [U,C] żywica

re·sist W3 /rɪˈzɪst/ *v* [I,T] opierać się, stawiać opór: *Residents were ordered to leave the area, but they resisted.* | *British troops could not resist the attack any longer.* | **resist doing sth** *I couldn't resist* (=nie mogłem się oprzeć) *trying to see who the letter was from.*

re·sist·ance S3 W3 /rɪˈzɪstəns/ *n* **1** [U] opór, sprzeciw: **+to** *There is strong public resistance to the new taxes.* | **put up resistance** (=stawiać opór): *The rebels put up fierce resistance against the army.* **2 the resistance** ruch oporu: *the French resistance* **3** [U] *technical* oporność

re·sis·tant /rɪˈzɪstənt/ *adj* **1** odporny: *a fire-resistant cover* **2** przeciwny: *people who are resistant to change*

re·sit /ˌriːˈsɪt/ *v* [T] *especially BrE* ponownie podchodzić do *(egzaminu)* zdawać ponownie —**resit** /ˈriːsɪt/ *n* [C] egzamin poprawkowy, poprawka

res·o·lute /ˈrezəluːt/ *adj formal* stanowczy, zdecydowany

res·o·lu·tion W3 Ac /ˌrezəˈluːʃən/ *n* **1** [C] rezolucja, uchwała: *a United Nations resolution* **2** [U singular] rozwiązanie: *a peaceful resolution to the crisis* **3** [C] postanowienie: *I made a New Year's resolution to stop smoking.* **4** [U] *formal* stanowczość, zdecydowanie

re·solve¹ W3 Ac /rɪˈzɒlv/ *v* **1** [T] rozwiązywać: *efforts to resolve the conflict in the Middle East* **2** [I,T] *formal* postanawiać: *He resolved to leave the country as soon as possible.*

resolve² Ac *n* [U] *formal* zdecydowanie

res·o·nant /ˈrezənənt/ *adj* donośny, dźwięczny: *a resonant voice* —**resonance** *n* [U] rezonans

res·o·nate /ˈrezəneɪt/ *v* [I] rezonować

re·sort¹ W3 /rɪˈzɔːt/ *n* **1** [C] kurort, miejscowość wypoczynkowa: *a beach resort* **2 as a last resort** w ostateczności: *I could borrow the money off my parents, but only as a last resort.*

resort² *v*
resort to sth *phr v* [T] uciekać się do: *They may have to resort to court action.*

re·sound /rɪˈzaʊnd/ *v* [I] rozbrzmiewać, nieść się: *His voice resounded throughout the house.*

re·sound·ing /rɪˈzaʊndɪŋ/ *adj* **1 a resounding success/victory etc** oszałamiający sukces/tryumf itp. **2** ogłuszający, głośny: *a resounding crash*

re·source S2 W1 Ac /rɪˈzɔːs/ *n* [C usually plural] surowce, zasoby: *South Africa's vast natural resources*

re·source·ful Ac /rɪˈzɔːsfəl/ *adj* pomysłowy, zaradny —**resourcefulness** *n* [U] pomysłowość, zaradność

re·spect¹ S1 W1 /rɪˈspekt/ *n* **1** [U] szacunek, poważanie: **+for** *I have great respect for her as a writer.* | *He ought to show more respect for authority.* →antonim DISRESPECT **2** [U] poszanowanie: *countries where there is no respect for basic human rights* **3 in one respect/in many respects** pod pewnym względem/pod wieloma względami: *In some respects, José is right.* **4 with (all due) respect** *spoken formal* z całym szacunkiem: *With all due respect, that is not the point.* **5 with respect to/in respect of** *formal* odnośnie, w nawiązaniu do: *With respect to your question about jobs, all our positions are filled.* →patrz też SELF-RESPECT

respect² *v* [T] **1** szanować, poważać: *The students like and respect him.* **2** liczyć się z, respektować: *I promise to respect your wishes.* **3** przestrzegać: *The President is expected to respect the constitution.*

re·spect·a·ble /rɪˈspektəbəl/ *adj* **1** porządny, przyzwoity: *a respectable middle-class family* | *Do I look respectable?* **2** przyzwoity: *a respectable score*

re·spect·ed /rɪˈspektɪd/ *adj* szanowany, poważany: *a highly respected political leader*

re·spect·ful /rɪˈspektfəl/ *adj* pełen szacunku →antonim DISRESPECTFUL —**respectfully** *adv* z szacunkiem

re·spec·tive /rɪˈspektɪv/ *adj* poszczególny: *two sisters and their respective husbands* (=i ich mężowie) | *They went their respective ways* (=poszli każdy w swoją stronę). —**respectively** *adv* odpowiednio: *The dollar and yen rose by 2% and 3% respectively.*

re·spects /rɪˈspekts/ *n* [plural] **1 pay your (last) respects (to sb)** oddać (komuś) ostatni hołd *(przez uczestnictwo w pogrzebie)* **2 pay your respects (to sb)** *formal* złożyć (komuś) wizytę, złożyć (komuś) wyrazy uszanowania

res·pi·ra·tion /ˌrespəˈreɪʃən/ *n* [U] *technical* oddychanie →patrz też ARTIFICIAL RESPIRATION —**respiratory** /rɪˈspɪrətəri/ *adj* oddechowy: *the respiratory system*

res·pi·ra·tor /ˈrespəreɪtə/ *n* [C] respirator

res·pite /ˈrespɪt/ *n* [U singular] wytchnienie, chwila oddechu: **+from** *The Northwest should have a brief respite from the rain today.*

re·splen·dent /rɪˈsplendənt/ *adj formal* olśniewający: **+in** *Lady Frances, resplendent in a sea-green dress*

re·spond S2 W2 Ac /rɪˈspɒnd/ *v* [I] **1** za/reagować: *The US responded by sending in food and medical supplies.* | *She is responding well to the drugs.* **2** odpowiadać: *How did he respond to your question?* THESAURUS ANSWER

re·sponse S1 W1 Ac /rɪˈspɒns/ *n* [C,U] odpowiedź, reakcja: *There was still no response from him.* | **in response to** (=w odpowiedzi na): *I am writing in response to your advertisement.*

re·spon·si·bil·i·ty S2 W1 /rɪˌspɒnsəˈbɪləti/ *n* **1** [C,U] odpowiedzialność: *Parents have a responsibility to see that their children attend school.* | *She wanted a job with more responsibility.* **2 take/accept responsibility for sth** przyjmować odpowiedzialność za coś, poczuwać się do odpowiedzialności za coś: *The company has refused to take responsibility for the accident.*

re·spon·si·ble S2 W2 /rɪˈspɒnsəbəl/ *adj* odpowiedzialny: *a responsible young man* | *a responsible job* | **+for** *the man responsible for the Oklahoma bombing* | *She's responsible for the day-to-day running of the department.*

re·spon·si·bly /rɪˈspɒnsəbli/ *adv* odpowiedzialnie: *Can I trust you to behave responsibly while I'm gone?*

re·spon·sive Ac /rɪˈspɒnsɪv/ *adj* **be responsive to** reagować na: *We try to be responsive to the needs of the customer.*

rest[1] S1 W1 /rest/ *n* **1 the rest** reszta: *What shall I do with the rest of the pizza? | Most of the tourists were German. The rest were American or Japanese.* **2** [C,U] odpoczynek: *I need to get some rest.* | **take/have a rest** (=odpocząć): *You look exhausted! Why don't you take a rest?* **3 put/set sb's mind at rest** uspokoić kogoś **4 come to rest** zatrzymać się: *A truck went off the road and came to rest at the bottom of the hill.* **5 at rest** *formal* w spoczynku: *the mass of an object at rest*

rest[2] S3 W3 *v* **1** [I] odpoczywać: *Can I rest for a few minutes? I'm feeling tired.* **2 rest your legs/eyes** dać odpocząć nogom/oczom **3** [T] opierać: *The baby rested its head on my shoulder.* **4 rest assured (that)** *formal* być spokojnym (że): *You can rest assured that I will never tell anyone.* **5 rest on your laurels** spocząć na laurach **6 let it/the matter rest** zostawić (to) w spokoju, porzucić (ten) temat: *We could go on arguing but I think we'd better let the matter rest.*
rest on/upon sth *phr v* [T] *formal* opierać się na: *The whole case rests on his evidence.*
rest with sb *phr v* [T] *formal* być w gestii, należeć do: *The final decision rests with you.*

re·start /riː ˈstɑːt/ *v* [I,T] **1 a)** z/restartować: *Insert the startup disk in the disk drive and then restart the computer.* **b)** ponownie uruchomić: *This caused a delay in restarting the reactor.* **2** wznowić: *attempts to restart the peace talks*

re·state /ˌriːˈsteɪt/ *v* [T] przeformułować —**restatement** *n* [C,U] przeformułowanie

res·tau·rant S2 W2 /ˈrestərɒnt/ *n* [C] restauracja: *They had dinner in an Italian restaurant in Soho.*

THESAURUS: restaurant

restaurant restauracja: *Shall I book a table at the restaurant?*
cafe/coffee shop kawiarnia: *I'll meet you in the cafe at the station. | There's a great little coffee shop near here.*
cafeteria *także* **canteen** *BrE* bufet, stołówka: *The company has a staff cafeteria. | the school canteen*
fast food restaurant (restauracja typu) fast food: *fast food restaurants such as McDonald's*
self-service restaurant restauracja samoobsługowa: *the self-service restaurant at the airport*
diner *AmE* tania restauracja: *They stopped for breakfast at a roadside diner.*
takeaway *BrE* restauracja sprzedająca dania na wynos: *There's a good Indian takeaway in town.*

rest·ful /ˈrestfəl/ *adj* spokojny: *We spent a restful evening watching television.*

ˈrest home *n* [C] dom spokojnej starości

res·ti·tu·tion /ˌrestɪˈtjuːʃən/ *n* [U] *formal* **1** zwrot mienia **2 make restitution to sb for sth** z/rekompensować komuś coś

res·tive /ˈrestɪv/ *adj formal* **1** niespokojny, nerwowy **2** narowisty

rest·less /ˈrestləs/ *adj* **1** niespokojny, nerwowy: *The children are getting restless.* **2 get restless** zaczynać się niecierpliwić: *After eight years in the same job you start to get a bit restless.* —**restlessly** *adj* niespokojnie —**restlessness** *n* [U] niepokój

re·store W3 Ac /rɪˈstɔː/ *v* [T] **1** odnawiać, wy/remontować: *He likes restoring old cars. | He makes his living restoring old buildings.* THESAURUS REPAIR **2** przywracać: *The game helped restore his confidence.* | **restore order/peace** (=przywrócić porządek/pokój) **3** *formal* zwracać: *The jewels were restored to their rightful owners.* —**restoration** /ˌrestəˈreɪʃən/ *n* [C,U] odbudowa: *the restoration of a 15th-century church*

re·strain Ac /rɪˈstreɪn/ *v* [T] **1** powstrzymywać: *He had to be physically restrained by the other players.* **2** za/hamować: *efforts to restrain inflation*

re·strained /rɪˈstreɪnd/ *adj* **1** powściągliwy: *a typically restrained performance* **2** stonowany, przygaszony

re·straint Ac /rɪˈstreɪnt/ *n* **1** [U] umiar, powściągliwość: *The police showed great restraint.* **2** [C,U] ograniczenie: *financial restraints*

re·strict W3 Ac /rɪˈstrɪkt/ *v* [T] **1** ograniczać: *new laws to restrict the sale of guns* **2 restrict yourself to sth** ograniczać się do czegoś: *Can you restrict yourself to discussing the main topic?*

re·strict·ed Ac /rɪˈstrɪktɪd/ *adj* ograniczony: *a restricted diet* | **+ to** *The sale of alcohol is restricted to people over the age of 21.* | **restricted area** (=teren zamknięty)

re·stric·tion W3 Ac /rɪˈstrɪkʃən/ *n* [C,U] ograniczenie, restrykcja: **+ on** *There's no restriction on how many tickets you can buy.* | **without restriction** (=bez ograniczeń): *freedom to travel without restriction*

R

re·stric·tive Ac /rɪˈstrɪktɪv/ *adj* restrykcyjny: *restrictive trade policies*

rest·room /ˈrestruːm/ *n* [C] *AmE* toaleta THESAURUS TOILET

re·struc·ture Ac /ˌriːˈstrʌktʃə/ *v* [T] z/restrukturyzować —**restructuring** *n* [U] restrukturyzacja

re·sult[1] S1 W1 /rɪˈzʌlt/ *n* **1** [C,U] skutek, rezultat: **as a result of** (=na skutek/w wyniku): *She feels much better as a result of the treatment.* | **as a result** (=wskutek tego): *Jobs are hard to get and, as a result, more young people are continuing their education.* | **with the result (that)** *We arrived a few minutes late, with the result that* (=przez co) *we missed our train.* | **be the result of** *His death was the result of* (=była skutkiem/resultatem) *years of drug abuse.* **2** [C] wynik, rezultat: *What was the result of the England-Italy game? | a disastrous result for the Republicans* **3** [C] wynik: *When will I have the results of my blood test?*

COLLOCATIONS: result

verbs

to get/achieve a result *We didn't get the result we were expecting.*
to have a result *The campaign did have some positive results.*
to produce a result *Using better ingredients produces better results.*

adjectives

a direct result *His death was a direct result of the accident.*
the end/final result *It costs less, but the end result is the same.*
the net result (=ostateczny wynik/rezultat) *The net result was that we achieved nothing.*
an immediate result *With a sensible diet, you can't expect immediate results.*

an inevitable result (=nieuchronny skutek) *When people stick stubbornly to their views, arguments are the inevitable result.*
the desired result *These measures did not always produce the desired results.*
positive results *Helping women to help themselves has very positive results.*
with disastrous results *A computer disk was lost, with disastrous results.*

result² W2 *v* [I] **result from** wynikać z, być wynikiem: *changes in society that have resulted from the use of computers*
result in sth *phr v* [T] s/powodować, do/prowadzić do: *a fire that resulted in the death of two children*

re·sul·tant /rɪˈzʌltənt/ *adj formal* wynikły: *resultant damage*

re·sume /rɪˈzjuːm/ *v* [I,T] *formal* wznawiać, podejmować na nowo: *She hopes to resume her duties soon.* —**resumption** /rɪˈzʌmpʃən/ *n* [U singular] wznowienie

rés·u·mé /ˈrezjʊmeɪ/ *n* [C] *especially AmE* życiorys

re·sur·face /ˌriːˈsɜːfɪs/ *v* **1** [I] po/wracać: *Old arguments began to resurface.* **2** [T] kłaść nową nawierzchnię na *(drogę)* **3** [I] wypływać (na powierzchnię)

R

re·sur·gence /rɪˈsɜːdʒəns/ *n* [U singular] nawrót, odrodzenie się: *a resurgence of racial violence* —**resurgent** *adj* odradzający się

res·ur·rect /ˌrezəˈrekt/ *v* [T] wskrzeszać: *Designers have resurrected the styles of the 1960s.*

res·ur·rec·tion /ˌrezəˈrekʃən/ *n* **1 the Resurrection** Zmartwychwstanie **2** [U] odrodzenie (się): *the resurrection of the British film industry*

re·sus·ci·tate /rɪˈsʌsɪteɪt/ *v* [T] z/reanimować —**resuscitation** /rɪˌsʌsɪˈteɪʃən/ *n* [U] reanimacja

re·tail¹ /ˈriːteɪl/ *n* [U] sprzedaż detaliczna, detal: *Retail profits went up by over 50%.* →porównaj WHOLESALE

retail² *v* [I] **sth retails at** cena detaliczna czegoś wynosi, coś kosztuje: *The computer retails at around $600.*

re·tail·er /ˈriːteɪlə/ *n* [C] detalista

re·tain W2 Ac /rɪˈteɪn/ *v* [T] zachowywać, zatrzymywać: *The town had retained much of its old charm.*

re·tain·er Ac /rɪˈteɪnə/ *n* [C] **1** zaliczka *(np. dla adwokata)* **2** *AmE* aparat ortodontyczny

re·take /ˌriːˈteɪk/ *v* [T] *BrE* **retake an exam** zdawać egzamin poprawkowy

re·tal·i·ate /rɪˈtælieɪt/ *v* [I] odpowiedzieć na atak: *The police retaliated by firing tear gas grenades.* —**retaliation** /rɪˌtæliˈeɪʃən/ *n* [U] odwet —**retaliatory** /rɪˈtæliətəri/ *adj* odwetowy: *retaliatory action*

re·tard /rɪˈtɑːd/ *v* [T] *formal* opóźniać, spowalniać: *Drugs given to the mother retarded the baby's growth.* —**retardation** /ˌriːtɑːˈdeɪʃən/ *n* [U] opóźnienie, spowolnienie

re·tard·ed /rɪˈtɑːdɪd/ *adj* niedorozwinięty, opóźniony w rozwoju

retch /retʃ/ *v* [I] mieć torsje

re·think /ˌriːˈθɪŋk/ *v* [T] przemyśleć ponownie

ret·i·cent /ˈretəsənt/ *adj* **be reticent about** mało mówić o: *Bryn is reticent about his part in the war.* —**reticence** *n* [U] małomówność

ret·i·na /ˈretənə/ *n* [C] siatkówka *(oka)*

ret·i·nue /ˈretɪnjuː/ *n* [C] świta: *the rock star's retinue*

re·tire S2 W3 /rɪˈtaɪə/ *v* [I] przechodzić/odchodzić na emeryturę: *Barney wants to retire next year.*

re·tired /rɪˈtaɪəd/ *adj* emerytowany: *a retired police officer*

re·tire·ment S3 W3 /rɪˈtaɪəmənt/ *n* **1** [C,U] odejście na emeryturę: *a party for Bill's retirement* **2** [U singular] emerytura: *a long and happy retirement*

reˈtirement ˌhome *n* dom emeryta

re·tir·ing /rɪˈtaɪərɪŋ/ *adj* nieśmiały, wstydliwy

re·tort /rɪˈtɔːt/ *v* [T] odparować: *"It's easy for you to say that!" he retorted.* —**retort** *n* [C] riposta

re·trace /rɪˈtreɪs/ *v* [T] **1 retrace your steps** wracać tą samą drogą: *She retraced her steps to try to find her ring.* **2 retrace the route taken by sb** po/jechać czyimiś śladami: *They are retracing the route taken by Captain Cook.* **3** prześledzić, odtworzyć: *Detectives are hoping to retrace her movements.*

re·tract /rɪˈtrækt/ *v* [T] wy/cofać: *He later retracted his confession.*

re·tract·a·ble /rɪˈtræktəbəl/ *adj* wysuwany: *a knife with a retractable blade*

re·train·ing /riːˈtreɪnɪŋ/ *n* [U] przekwalifikowanie

re·treat¹ /rɪˈtriːt/ *v* [I] wycofywać się: *The British retreated to the beaches of Dunkirk. | She retreated into the kitchen at the first sign of an argument.*

retreat² *n* **1** [C,U] odwrót, wycofanie (się): *Napoleon's retreat from Moscow* **2** [U singular] ucieczka: **beat a retreat** (=uciec): *They beat a hasty retreat back to the house.* **3** [C] zacisze: *a weekend retreat* **4** [C,U] wycofanie się: *a retreat from the government's earlier promises*

re·tri·al /ˌriːˈtraɪəl/ *n* [C] ponowna rozprawa: *My lawyer demanded a retrial.*

ret·ri·bu·tion /ˌretrəˈbjuːʃən/ *n* [U singular] kara

re·trieve /rɪˈtriːv/ *v* [T] odnaleźć, odzyskać: *I retrieved my suitcase from the hall cupboard.*

re·triev·er /rɪˈtriːvə/ *n* [C] retriever *(pies)*

ret·ro·spect /ˈretrəspekt/ *n* **in retrospect** z perspektywy czasu: *In retrospect, it was the wrong time to leave my job.*

ret·ro·spec·tive¹ /ˌretrəˈspektɪv◂/ *adj* retrospektywny, działający wstecz

retrospective² *n* [C] retrospektywa, przegląd

re·turn¹ S2 W1 /rɪˈtɜːn/ *v* **1** [I] wracać, powracać: *Caesar returned to Rome. | She didn't return until after 8 o'clock. | Next morning, the pain had returned. | Does Kate plan to return to work after the baby is born?* | **return to normal** (=wracać do normy): *Everything will soon return to normal.* **2** [T] zwracać, oddawać, odsyłać: *The letter was returned unopened.* **3** [T] odwzajemniać: *She doesn't return his feelings.* | **return sb's call** (=oddzwonić) **4 return a verdict** wydać werdykt/orzeczenie

return² S2 W2 *n* **1** [singular] powrót: *The workers agreed on a return to work. | Allen's return to film-making* | **on sb's return** *On his return to Japan* (=po powrocie do Japonii), *he began work on his first novel.* **2** [singular] zwrot: *a reward for the return of the stolen necklace* **3** [C,U] zysk: *He* *expects a big return on his shares.* **4** [U] klawisz „enter": *Key in your name and press return.* **5** *także* **return ticket** [C] *BrE* bilet powrotny **6 in return (for)** w zamian (za): *She drives me to work, and in return I pay for her lunches.* **7 many happy returns** *BrE* wszystkiego najlepszego (z okazji urodzin)

re,turn 'visit *n* [C] rewizyta

re·u·ni·fi·ca·tion /riːˌjuːnɪfɪˈkeɪʃən/ *n* [U] zjednoczenie *(ponowne): German reunification*

re·u·nion /riːˈjuːnjən/ *n* [C,U] spotkanie, zjazd: *a college reunion*

re·u·nite /ˌriːjuːˈnaɪt/ *v* [I,T] po/łączyć (się): *He was at last reunited with his children.*

rev /rev/ *także* **rev up** *v* [I,T] (**-vved**, **-vving**) zwiększać obroty (silnika)

Rev. skrót od REVEREND

re·vamp /riːˈvæmp/ *v* [T] poprawiać: *an attempt to revamp the city's image*

re·veal W1 Ac /rɪˈviːl/ *v* [T] **1** wyjawiać, ujawniać: *Their affair was first revealed in a Sunday newspaper.* **2** ukazywać: *The curtains went back to reveal the stage.*

re·veal·ing Ac /rɪˈviːlɪŋ/ *adj* **1** odkrywczy: *Some of her comments were very revealing.* **2** skąpy *(o ubiorze): a revealing nightdress*

rev·el /ˈrevəl/ *v*
revel in sth *phr v* [T] napawać się, rozkoszować się: *He was secretly revelling in his new fame.*

rev·e·la·tion Ac /ˌrevəˈleɪʃən/ *n* [C,U] rewelacja: *revelations about Charles and Diana's marriage*

rev·ell·er /ˈrevələ/ *BrE*, **reveler** *AmE n* [C] hulaka

rev·el·ry /ˈrevəlri/ *n* [C,U] hulanka

re·venge[1] /rɪˈvendʒ/ *n* [U] zemsta: **get/take/have your revenge** (=ze/mścić się): *When she found out that he had been unfaithful, she was determined to get her revenge.* —**revengeful** *adj* mściwy

revenge[2] *v* [T] **revenge yourself on sb** ze/mścić się na kimś → patrz też AVENGE

rev·e·nue W2 Ac /ˈrevənjuː/ *n* [U] *także* **revenues** [plural] dochody

re·ver·be·rate /rɪˈvɜːbəreɪt/ *v* [I] **1** odbijać się (echem): *Her voice reverberated around the empty warehouse.* **2** mieć reperkusje, rozbrzmiewać (szerokim) echem —**reverberation** /rɪˌvɜːbəˈreɪʃən/ *n* [C,U] echo, reperkusje

re·vere /rɪˈvɪə/ *v* [T] *formal* poważać, czcić —**revered** *adj* poważany, czczony: *Ireland's most revered poet*

rev·e·rence /ˈrevərəns/ *n* [U] *formal* rewerencja, cześć

Rev·e·rend /ˈrevərənd/ *adj* wielebny: *the Reverend John Larson*

rev·e·rent /ˈrevərənt/ *także* **rev·e·ren·tial** /ˌrevəˈrenʃəl◂/ *adj formal* pełen czci —**reverently, reverentially** *adv* z czcią

rev·e·rie /ˈrevəri/ *n* [C,U] *literary* marzenia, sny (na jawie)

re·vers·al Ac /rɪˈvɜːsəl/ *n* **1** [C,U] zwrot, radykalna zmiana: *a reversal of the previous policy* **2** [C] *formal* przeszkoda, przeciwność losu

re·verse[1] W3 Ac /rɪˈvɜːs/ *v* **1** [I,T] wy/cofać (się): *Someone reversed into the back of my car.* **2 reverse the charges** *BrE* dzwonić na koszt rozmówcy

reverse[2] Ac *n* **1** *także* **reverse gear** [U] bieg wsteczny: *Put the car in reverse.* **2 the reverse** odwrotność, przeciwieństwo: *In fact, the reverse is true* (=jest dokładnie odwrotnie).

reverse[3] Ac *adj* odwrotny, przeciwny: *The names were read out in reverse order.*

re·vers·i·ble Ac /rɪˈvɜːsəbəl/ *adj* **1** odwracalny: *This decision may be reversible in the future.* **2** dwustronny: *a reversible coat*

re·vert /rɪˈvɜːt/ *v* **revert to sth** powracać do czegoś: *Leningrad reverted to its former name of St Petersburg.*

re·view[1] S2 W2 /rɪˈvjuː/ *n* **1** [C,U] przegląd: *an urgent review of safety procedures* **2** [C] recenzja: *'The Water People' has already received a lot of good reviews.*

review[2] S3 W3 *v* **1** [T] z/rewidować, poddawać rewizji: *The state is reviewing its education policy.* **2** [I,T] z/recenzować **3** [I,T] *AmE* powtarzać *(do egzaminu)*

re·view·er /rɪˈvjuːə/ *n* [C] recenzent/ka

re·vile /rɪˈvaɪl/ *v* **be reviled** *formal* zostać obrzuconym błotem

re·vise Ac /rɪˈvaɪz/ *v* **1** [T] z/rewidować, s/korygować: *They were forced to revise their plans.* **2** [T] poprawiać: *the revised edition of the book* **3** [I] *BrE* powtarzać *(do egzaminu)* THESAURUS STUDY

re·vi·sion Ac /rɪˈvɪʒən/ *n* **1** [C,U] rewizja, korekta **2** [U] *BrE* powtórka *(przed egzaminem)*

re·vi·tal·ize /riːˈvaɪtəlaɪz/ *także* **-ise** *BrE v* [T] ożywiać: *attempts to revitalize the economy*

re·vi·val /rɪˈvaɪvəl/ *n* **1** [C,U] ożywienie: *the revival of interest in sixties music | hopes for an economic revival* **2** [C] wznowienie: *a revival of 'Oklahoma!'*

re·vive /rɪˈvaɪv/ *v* [I,T] **1** [T] wskrzeszać, ożywiać: *Old customs are being revived.* **2** [T] o/cucić: *The doctors were unable to revive him.* **3** [I,T] odrodzić (się): *She came back from her trip feeling revived.*

re·voke /rɪˈvəʊk/ *v* [T] *formal* unieważniać, uchylać

re·volt[1] /rɪˈvəʊlt/ *v* **1** [I] z/buntować się: **+against** *In 1986 the people revolted against the government of President Marcos.* **2** [T] budzić odrazę/wstręt w: *I was revolted by what I saw.*

revolt[2] *n* [C,U] bunt, rewolta: *the Paris student revolt of May 1968*

re·volt·ing /rɪˈvəʊltɪŋ/ *adj* odrażający: *What a revolting smell!* THESAURUS TASTE

rev·o·lu·tion S3 W2 Ac /ˌrevəˈluːʃən/ *n* **1** [C,U] rewolucja: *the Russian Revolution | a revolution in scientific thinking | the Industrial Revolution* **2** [C,U] obrót: *a wheel turning at a speed of 100 revolutions per minute*

rev·o·lu·tion·a·ry[1] Ac /ˌrevəˈluːʃənəri◂/ *adj* rewolucyjny: *a revolutionary new treatment for cancer | a revolutionary army* THESAURUS NEW

revolutionary[2] Ac *n* [C] rewolucjonist-a/ka

rev·o·lu·tion·ize Ac /ˌrevəˈluːʃənaɪz/ *także* **-ise** *BrE v* [T] z/rewolucjonizować: *The Internet has revolutionized the way people work.*

re·volve /rɪˈvɒlv/ *v* [I] obracać się: *The wheels began to revolve slowly.* —**revolving** *adj* obrotowy: *a revolving door*
revolve around sb/sth *phr v* [T] obracać się wokół: *Her life seems to revolve around her job.*

re·volv·er /rɪˈvɒlvə/ *n* [C] rewolwer

R

re·vue /rɪˈvjuː/ *n* [C] rewia

re·vul·sion /rɪˈvʌlʃən/ *n* [U] wstręt, odraza

re·ward¹ W3 /rɪˈwɔːd/ *n* [C,U] nagroda: *A $25,000 reward is being offered for information leading to the arrest of the robbers.* → porównaj AWARD²

UWAGA: reward

Patrz **award**, **prize** i **reward**.

reward² *v* [T] wy/nagradzać: *He was finally rewarded for all his hard work.*

re·ward·ing /rɪˈwɔːdɪŋ/ *adj* satysfakcjonujący: *a rewarding job*

re·wind /riːˈwaɪnd/ *v* [I,T] przewijać (taśmę) *(do tyłu)*

re·work /ˌriːˈwɜːk/ *v* [T] przerabiać *(plan, utwór muzyczny lub literacki)*

re·write /ˌriːˈraɪt/ *v* [T] na/pisać od nowa, przerabiać: *Perhaps you ought to rewrite the first paragraph to make it a little clearer.*

rhap·so·dy /ˈræpsədi/ *n* [C] rapsodia

rhet·o·ric /ˈretərɪk/ *n* [U] retoryka: *Despite all the rhetoric, very little has been done to help the poor.* —**rhetorical** /rɪˈtɒrɪkəl/ *adj* retoryczny —**rhetorically** /-kli/ *adv* retorycznie

R

rheˌtorical ˈquestion *n* [C] pytanie retoryczne

rheu·ma·tis·m /ˈruːmətɪzəm/ *n* [U] reumatyzm

rhine·stone /ˈraɪnstəʊn/ *n* [C,U] imitacja diamentu

rhi·no·ce·ros /raɪˈnɒsərəs/ *także* **rhi·no** /ˈraɪnəʊ/ *n* [C] nosorożec

rho·do·den·dron /ˌrəʊdəˈdendrən/ *n* [C] rododendron

rhu·barb /ˈruːbɑːb/ *n* [U] rabarbar

rhyme¹ /raɪm/ *v* **1** [I] rymować się: *'House' rhymes with 'mouse'.* **2** [T] z/rymować: *You can't rhyme 'box' with 'backs'.*

rhyme² *n* **1** [C] wierszyk, rymowanka → patrz też NURSERY RHYME **2** [C] rym: *I can't find a rhyme for 'donkey'.* **3** [U] wiersz: *Shakespeare sometimes wrote in rhyme* (=pisał wierszem).

rhyth·m W3 /ˈrɪðəm/ *n* [C,U] rytm —**rhythmic** /ˈrɪðmɪk/ *adj* rytmiczny

rib /rɪb/ *n* [C] żebro

rib·ald /ˈrɪbəld/ *adj* sprośny

ribbed /rɪbd/ *adj* robiony wzorem ściągaczowym: *a ribbed sweater*

rib·bon /ˈrɪbən/ *n* **1** [C,U] wstążka: *She had a red ribbon in her hair.* **2** taśma *(do maszyny do pisania)*

ˈrib cage *n* [C] klatka piersiowa

rice S3 /raɪs/ *n* [U] ryż

ˌrice ˈpudding *n* [C] pudding ryżowy

rich S2 W2 /rɪtʃ/ *adj* **1** bogaty: *a very rich man | a rich and powerful nation | a rich source of ideas |* **+ in** *a tiny island rich in wildlife* **2** kaloryczny: *a rich chocolate cake* **3 the rich** bogaci: *tax laws that benefit the rich* **4** głęboki: *a rich dark blue | the rich tone of a cello* **5** żyzny: *rich soil* —**richness** *n* [U] bogactwo

THESAURUS: rich

rich bogaty: *By 33, he was a rich man. | The United States is one of the richest nations in the world.*

wealthy bogaty *(zwłaszcza od dawna)*: *She came from a wealthy family. | a wealthy landowner | Britain is still a very wealthy country.*

well-off zamożny, dobrze sytuowany: *He's a lawyer, so he's quite well-off. | well-off Californians*

loaded *informal* nadziany: *Her dad's loaded.*

affluent zamożny *(grupa społeczna, dzielnica)*: *today's affluent society | People in affluent areas have two or three cars. | Many people are more affluent these days.*

prosperous bogaty, prosperujący *(osoba, miejsce)*: *prosperous farmers | a prosperous middle-class suburb | Because of the oil industry, the city has become very prosperous in recent years.*

well-to-do zamożny, dobrze sytuowany: *He was born into a well-to-do family in Gloucestershire. | The Westons were well-to-do and there was no necessity for work.*

rich·es /ˈrɪtʃɪz/ *n* [plural] *literary* bogactwo

rich·ly /ˈrɪtʃli/ *adv* bogato: *The walls were richly decorated with marble.*

Richter scale /ˈrɪktə skeɪl/ *n* skala Richtera: *a severe earthquake measuring 7.2 on the Richter scale*

rick·et·y /ˈrɪkəti/ *adj* zdezelowany, chybotliwy

rick·shaw /ˈrɪkʃɔː/ *n* [C] riksza

ric·o·chet /ˈrɪkəʃeɪ/ *v* [I] odbijać się rykoszetem

rid¹ S1 /rɪd/ *adj* **get rid of** pozbyć się: *Do you want to get rid of these old shirts? | I can't get rid of this cold. | She's worried that they want to get rid of her.*

rid² *v* (**rid** or **ridded**, **rid**, **ridding**)

rid sb/sth of sth *phr v* [T] uwolnić od: *efforts to rid the government of corruption*

rid·dance /ˈrɪdns/ *n* **good riddance** *spoken* krzyżyk na drogę!

rid·dle /ˈrɪdl/ *n* [C] zagadka: *I can't solve this riddle. | the riddle of Elise's death*

rid·dled /ˈrɪdld/ *adj* **riddled with** najeżony: *His argument is riddled with contradictions.*

ride¹ S2 W2 /raɪd/ *v* [I,T] (**rode**, **ridden** /ˈrɪdn/, **riding**) **1** jeździć (na), jechać (na): *Can you ride a bike? | Fiona rides* (=jeździ konno) *every weekend.* **2** *AmE* jeździć *(czymś)*: *Fred rides the subway to work every day.*

ride on sth *phr v* [T] zależeć od: *There's a lot riding on this film.*

ride sth ↔ out *phr v* [T] wyjść cało z: *The company managed to ride out the scandal.*

ride² S3 *n* [C] jazda, przejażdżka: *Mick gave me a ride* (=podwiózł mnie) *to work. | She invited me to go for a ride in her new car. | Visitors can take a ride on a steam train.* THESAURUS JOURNEY

rid·er /ˈraɪdə/ *n* [C] **1** jeździec **2** rowerzyst-a/ka, motocyklist-a/ka

ridge /rɪdʒ/ *n* [C] grzbiet *(górski)*: *the ridge along the Virginia-Kentucky border*

rid·i·cule¹ /ˈrɪdəkjuːl/ *n* [U] kpiny: *She became an object of ridicule* (=stała się pośmiewiskiem).

ridicule² *v* [T] wyśmiewać, naśmiewać się z: *Darwin's theories were ridiculed.*

ri·dic·u·lous S2 /rɪˈdɪkjələs/ *adj* śmieszny, absurdalny: *She looks ridiculous in those tight trousers. | What a ridiculous suggestion!* THESAURUS STUPID —**ridiculously** *adv* śmiesznie, absurdalnie: *ridiculously small*

rid·ing /ˈraɪdɪŋ/ *n* [U] jeździectwo, jazda konna

rife /raɪf/ *adj* **be rife** szerzyć się: *Corruption is rife.*

riff-raff /ˈrɪf ræf/ *n* [U] *often humorous* hołota, pospólstwo

ri·fle[1] /ˈraɪfəl/ *n* [C] strzelba, karabin

rifle[2] *v* [I,T] s/plądrować: *Somebody has been rifling through my desk.*

rift /rɪft/ *n* [C] **1** rozdźwięk: *a growing rift between the two countries* **2** szczelina skalna

rig[1] /rɪg/ *v* [T] (**-gged**, **-gging**) s/fałszować: *The newspapers claimed that the election was rigged.*
rig sth ↔ up *phr v* [T] *informal* wykombinować, sprokurować: *We rigged up a shelter using a piece of plastic sheeting.*

rig[2] /rɪg/ *n* [C] **1** platforma wiertnicza **2** *especially AmE informal* kasta *(ciężarówka)*

rig·ging /ˈrɪgɪŋ/ *n* [U] takielunek

right[1] S1 W1 /raɪt/ *adj* **1** dobry, poprawny: *Did you get the right answer?* | *Yes, you're right* (=masz rację) *- that's Bev's car in the driveway.* | **be right about** (=mieć rację co do): *You were right about the party - it was awful.* **2** [only before noun] prawy: *Raise your right arm.* | *Make a right turn* (=skręć w prawo) *after the gas station.* **3** odpowiedni, właściwy: *We all agree that Carey is the right person for the job.* THESAURUS SUITABLE **4** słuszny: *I hope we've made the right decision.* | *Do you think I was right to report them to the police* (=myślisz, że słusznie postąpiłem, zgłaszając ich na policję)? **5 that's right** *spoken* zgadza się: *"Your mother's a teacher isn't she?" "Yes, that's right."* **6** *spoken* prawda?: *You wanted to go to the show, right?* **7** *BrE spoken* kompletny, zupełny: *He made me feel a right idiot.* **8 right as rain** *informal* zdrów jak ryba → patrz też **ALL RIGHT**[1]

right[2] S1 W1 *adv* **1** dokładnie: *The show started right on time.* | *He was standing right in front of* (=tuż przed) *our car.* **2 right now/away** zaraz, od razu: *I'll find the address for you right away.* **3 right now** w tej chwili **4** dobrze, poprawnie: *They didn't spell my name right.* **5** w prawo: *Turn right at the lights.* **6** całkiem: *Go right to the end of the road* (=aż do końca drogi). | *The bullet went right through* (=przebiła na wylot) *the car door.*

right[3] S1 W1 *n* **1** [C] prawo: *Women didn't have the right to vote until 1920.* | **+to** *the right to free speech* | **have no right to do sth** *You have no right to interfere* (=nie masz prawa się wtrącać). **2** [singular] prawa strona: *Our house is on the right.* **3** [U] dobro: *You're old enough to know the difference between right and wrong.* **4 in his/her/its own right** sam/sama/samo w sobie: *San Jose is a city in its own right, not just a suburb of San Francisco.* **5 the right** prawica → patrz też **RIGHTS**

right[4] *v* [T] **1** naprostować, wyprostować: *We finally managed to right the canoe.* **2 right a wrong** naprawić krzywdę

ˈright ˌangle *n* [C] kąt prosty

ˌright-ˈclick *v* [I] kliknąć prawym przyciskiem myszy: *Right-click on the image to save it.*

righ·teous /ˈraɪtʃəs/ *adj* **1 righteous indignation** święte/słuszne oburzenie. **righteous anger** słuszny gniew **2** *literary* prawy, uczciwy —**righteously** *adv* uczciwie —**righteousness** *n* [U] prawość, uczciwość

right·ful /ˈraɪtfəl/ *adj* prawowity: *the property's rightful owner*

ˈright-hand *adj* **1** prawy, prawostronny: *on the right-hand side* | *Make a right-hand turn* (=skręć w prawo). **2 right-hand man** prawa ręka

ˌright-ˈhanded *adj* praworęczny

right·ly /ˈraɪtli/ *adv* słusznie: *His opponents point out, quite rightly, that government money is taxpayers' money.*

ˌright-ˈminded *adj* zdrowo myślący: *a decision that will be welcomed by all right-minded people*

ˌright of ˈway *n* [U] pierwszeństwo (przejazdu)

rights /raɪts/ *n* [plural] **1** prawa: *laws that have gradually taken away workers' rights* | **equal rights** (=równouprawnienie): *equal rights for women* **2** prawa autorskie: *Several studios are bidding for the rights to Crichton's last book.* → patrz też **HUMAN RIGHTS**, **CIVIL RIGHTS**

ˌright-ˈwing *adj* prawicowy: *a right-wing newspaper* —**right-winger** *n* [C] prawicowiec —**right wing** *n* [singular] prawe skrzydło, prawica

ri·gid Ac /ˈrɪdʒɪd/ *adj* **1** surowy, ścisły: *the rigid discipline of army life* **2** sztywny: *a tent supported on a rigid frame* —**rigidly** *adv* sztywno, ściśle: *The laws were rigidly enforced.* —**rigidity** /rɪˈdʒɪdəti/ *n* [U] sztywność

rig·ma·role /ˈrɪgmərəʊl/ *n* [U singular] korowody: *the rigmarole of filling out all these forms*

rig·or·ous /ˈrɪgərəs/ *adj* rygorystyczny: *rigorous safety checks* —**rigorously** *adv* rygorystycznie

rig·our /ˈrɪgə/ *BrE*, **rigor** *AmE* *n* [U] ścisłość, dokładność: *the rigour of scientific methods*

rig·ours /ˈrɪgəz/ *BrE*, **rigors** *AmE* *n* [plural] trudy, okowy: *the rigors of a Canadian winter*

rile /raɪl/ *także* **rile up** *AmE* *v* [T] *informal* wkurzać: *It really riled her to think that Henry was lying.*

rim /rɪm/ *n* [C] brzeg, krawędź: *the rim of a cup* | *The china set was blue with a gold rim.*

rind /raɪnd/ *n* [C,U] skórka: *a piece of lemon rind* | *cheese rind*

ring[1] S1 W2 /rɪŋ/ *n* [C] **1** pierścionek: *a wedding ring* (=obrączka) **2** krąg, pierścień: *The cottage was surrounded by a ring of trees.* **3** kółko: *a key ring* **4** szajka: *a drug ring* **5** dzwonek: *a ring at the door* **6 give sb a ring** *BrE* za/dzwonić do kogoś THESAURUS PHONE **7** ring: *a boxing ring*

ring[2] S1 W2 *v* (**rang**, **rung**, **ringing**) **1** [I,T] za/dzwonić: *I rang the bell but there was no answer.* | *The telephone's ringing.* **2** [I,T] *BrE* za/dzwonić (do): *I rang you yesterday, but you weren't in.* THESAURUS PHONE **3 ring a bell** *informal* nie być (komuś) obcym: *Her name rings a bell* (=jej nazwisko nie jest mi obce), *but I can't remember her face.* **4 not ring true** nie brzmieć wiarygodnie: *His excuse didn't really ring true.*
ring back *phr v* [I,T **ring** sb **back**] *BrE* oddzwonić, zadzwonić jeszcze raz: *I'm busy just now. Could you ring back in an hour?*
ring out *phr v* [I] rozlegać się, rozbrzmiewać: *The sound of a shot rang out.*
ring up *phr v* [I,T **ring** sb ↔ **up**] *BrE* za/dzwonić (do): *I'll ring him up and ask him.*

ring[3] S1 W2 *v* [T] (**ringed**, **ringed**, **ringing**) **1** otaczać: *The police ringed the building.* **2** zakreślać: *My teacher ringed every mistake in red.*

ring·lead·er /ˈrɪŋˌliːdə/ *n* [C] prowodyr/ka: *Police arrested the two ringleaders last night.*

ring·let /ˈrɪŋlɪt/ *n* [C] pukiel

R

'ring road *n* [C] *BrE* obwodnica

ringtone /ˈrɪŋtəʊn/ *n* dzwonek *(w komórce)*: *You have a huge choice of ringtones with this model.*

rink /rɪŋk/ *także* **ice rink** *n* [C] lodowisko

rinse¹ /rɪns/ *v* [T] o/płukać, s/płukać: *Rinse the lettuce in cold water.* | **rinse out sth** (=wypłukać coś): *He rinsed out a glass and poured himself a whisky.*

rinse² *n* **1 give sth a rinse** wypłukać coś: *I'll just give this shirt a quick rinse.* **2** [C,U] płukanka do włosów: *a blond rinse*

ri·ot¹ /ˈraɪət/ *n* **1** [C] rozruchy, zamieszki: *Rises in food prices caused riots and strikes.* **2 run riot** wymykać się spod kontroli: *parents who let their children run riot*

riot² *v* [I] burzyć się, buntować się **—rioter** *n* [C] buntowni-k/czka: *Police fired on rioters.*

ri·ot·ing /ˈraɪətɪŋ/ *n* [U] rozruchy, zamieszki: *Rioting broke out in the city late last night.*

ri·ot·ous /ˈraɪətəs/ *adj* **1** huczny: *riotous celebrations* **2** rozjuszony: *riotous crowds*

rip¹ S3 /rɪp/ *v* (**-pped**, **-pping**) **1** [I,T] po/drzeć (się): *Oh, no! I've just ripped my sleeve.* | *Don't pull the curtain too hard – it'll rip.* | **rip sth open** (=rozerwać coś): *Impatiently, Sue ripped the letter open.* **2** [T] zrywać: *He ripped off his clothes and jumped into the pool.*

rip sb off *phr v* [T] *spoken informal* orżnąć: *That taxi driver tried to rip me off!*

rip sth ↔ up *phr v* [T] podrzeć: *Angrily, Fran ripped up her contract.*

rip² *n* [C] rozdarcie: *a rip in the tyre*

ripe /raɪp/ *adj* **1** dojrzały: *Those peaches don't look ripe yet.* **2 the time is ripe (for)** nadszedł czas (na): *The time is ripe for trade talks.* **3 live to a ripe old age** dożyć sędziwego wieku **—ripeness** *n* [U] dojrzałość

rip·en /ˈraɪpən/ *v* [I] dojrzewać: *Corn ripens quickly in the summer sun.*

rip·off /ˈrɪpɒf/ *n* [C] *spoken informal* zdzierstwo: *The drinks in the hotel bar are a ripoff!*

rip·ple¹ /ˈrɪpəl/ *v* [I,T] (po)falować, po/marszczyć (się): *a flag rippling in the wind*

ripple

ripple² *n* [C] **1** zmarszczka *(na wodzie)*: *A gentle breeze made ripples on the lake.* **2** fala *(uczucia, głosów itp.)*: *A ripple of laughter ran through the audience.*

rise¹ S2 W1 /raɪz/ *v* [I] (**rose**, **risen** /ˈrɪzən/, **rising**) **1** rosnąć, wzrastać: *World oil prices are rising.* | *The population has risen steadily since the 1950s.* | **rise by 10%/£500 etc** *Salaries rose by* (=wzrosły o) *10% last year.* → antonim FALL¹ **2** wznosić się, podnosić się: *Smoke rose from the chimney.* | *Flood waters are still rising in parts of Missouri.* **3** wstawać: *Thornton rose to his feet and turned to speak to them.* **4** wzmagać się: *You could feel the excitement rising as we waited.* **5** wschodzić: *The sun rises at around 6 am.* → antonim SET¹ **6** wznosić się, wyrastać: *Then they could see Mount Shasta rising in the distance.* **7 rise to the occasion/challenge** stanąć na wysokości zadania **8** *także* **rise up** *literary* powstać: *In 1917 the Russian people rose against the Czar.*

rise² S3 W2 *n* **1** [C] wzrost: **+in** *a sudden rise in temperature* | *a rise in the cost of living* **2** [singular] **rise to power** dojście do władzy: *Stalin's rise to power* **3 give rise to** wywoływać: *The president's absence gave rise to rumours about his health.* **4** [C] wzniesienie: *a slight rise in the road* **5** [C] *BrE* podwyżka: *We got a 4% rise last year.*

ris·er /ˈraɪzə/ *n* **be an early/late riser** wcześnie/późno wstawać

risk¹ S2 W1 /rɪsk/ *n* **1** [C,U] ryzyko: *risks involved in starting a small business* | **+of** *the risk of serious injury* | **+that** *There is always the risk that someone may press the wrong button.* **2 take a risk/run the risk** za/ryzykować: *You'll be running the risk of getting caught.* **3 at risk** zagrożony: **+from** *people at risk from AIDS* (=osoby zagrożone AIDS) **4 at your own risk** na własne ryzyko: *Customers may park here at their own risk.* **5** [C] zagrożenie: **health/fire/security risk** *The tire dump is a major fire risk.* | **+to** *Polluted water supplies are a risk to public health.*

risk² *v* [T] za/ryzykować: *I'm not going to risk my life to save a cat!* | *He risked his parents' anger by marrying me.* | **risk doing sth** *I daren't risk leaving the children alone.*

risk·y /ˈrɪski/ *adj* ryzykowny: *a risky financial investment* | *You drove too fast round that corner – it was a risky thing to do.* THESAURUS ► DANGEROUS

ris·qué /ˈrɪskeɪ/ *adj* śmiały, ryzykowny *(o dowcipie, uwadze)*

rite /raɪt/ *n* [C] obrzęd, obrządek: *funeral rites*

rit·u·al¹ /ˈrɪtʃuəl/ *n* [C,U] rytuał, obrządek: *church rituals* | *The children performed the bedtime ritual of washing and brushing their teeth.*

ritual² *adj* rytualny: *ritual dancing* **—ritually** *adv* rytualnie

ritz·y /ˈrɪtsi/ *adj informal* burżujski: *a ritzy neighborhood*

ri·val¹ W3 /ˈraɪvəl/ *n* [C] rywal/ka, konkurent/ka: *The two teams had always been rivals.* **—rival** *adj* konkurencyjny: *rival gangs*

rival² *v* [T] (**-lled**, **-lling** *BrE*; **-led**, **-ling** *AmE*) dorównywać: *The college has sports facilities that rival those of Yale or Harvard.*

ri·val·ry /ˈraɪvəlri/ *n* [C,U] rywalizacja, współzawodnictwo: *There has always been a kind of friendly rivalry between the two teams.*

riv·er S2 W2 /ˈrɪvə/ *n* [C] rzeka: *the River Nile* | *Let's go for a swim in the river.*

riv·er·side /ˈrɪvəsaɪd/ *n* [singular] brzeg rzeki: *riverside apartments*

riv·et¹ /ˈrɪvɪt/ *v* **riveted to** przykuty do: *People sat riveted to their TVs during the trial.*

rivet² *n* [C] nit

riv·et·ing /ˈrɪvətɪŋ/ *adj* pasjonujący: *a riveting movie* THESAURUS ► INTERESTING

roach /rəʊtʃ/ *n* [C] *AmE* karaluch

road S1 W1 /rəʊd/ *n* **1** [C,U] droga, ulica: *They're building a new road around the city centre.* | *Her address is 25 Park Road.* | **along/up/down the road** (=drogą): *The boys go to the school down the road.* | **across/over the road** (=po drugiej stronie ulicy): *Who lives in that house across the road?* | **main road** (=główna ulica) | **by road** (=samochodem): *the transportation of goods by road* **2 be on the road** być w trasie: *We've been on the road since 7:00 a.m.* **3 on the road to success/recovery** na drodze do sukcesu/wyzdrowienia

R

COLLOCATIONS: road

adjectives

a busy/main road (=ruchliwa/główna ulica) *The children have to cross a busy road to get to school.* | *The main road was blocked for twenty-five minutes.*

a quiet road *At that time of night, the roads were quiet.*

a side road/a back road (=boczna ulica/droga) *Soon he turned down a side road that led to the house.*

a wide/narrow road *I couldn't turn the car round in the narrow road.*

a minor road *France has a huge network of minor roads.*

noun + road

a country road *We drove along quiet country roads.*

a mountain road *The mountain roads are often blocked by snow.*

the coast road *He continued along the coast road.*

verbs

to go/drive along a road *I was going along the road at about 30 miles an hour.*

to cross a road *A group of children were waiting to cross the road.*

a road leads/goes somewhere *Which of these roads leads to the centre of town?*

a road winds (=wije się) *A long road wound through the park.*

a road forks (=rozwidla się) *At Salen, the road forks right and left.*

road + noun

a road accident *I was badly hurt in a road accident.*

road safety *We aim to teach children about road safety.*

a road junction (=skrzyżowanie) *The house stands near a busy road junction.*

road·block /ˈrəʊdblɒk/ *n* [C] **1** blokada drogi: *Two dangerous prisoners have escaped and the police are setting up roadblocks.* **2** *AmE* przeszkoda: *Lack of training is regarded as the main roadblock to success.*

road·house /ˈrəʊdhaʊs/ *n* [C] *AmE* zajazd

ˈroad rage *n* [U] agresja na drogach: *As the volume of traffic has increased, road rage incidents have become more and more common.*

road·side /ˈrəʊdsaɪd/ *n* [singular] pobocze: *a roadside café* (=przydrożny bar)

road·works /ˈrəʊdwɜːks/ *n* [plural] *BrE* roboty drogowe

road·wor·thy /ˈrəʊdˌwɜːði/ *adj* nadający się do jazdy *(o pojeździe)*

roam /rəʊm/ *v* [I,T] włóczyć się (po): *Teenage gangs roamed the streets.*

roar[1] /rɔː/ *v* **1** [I] za/ryczeć: *We heard a lion roar in the distance.* **2** [I,T] ryknąć: *"Get out of here now!" he roared.*

roar[2] *n* [C] ryk: *a roar of laughter*

roar·ing /ˈrɔːrɪŋ/ *adj* **1** ryczący: *roaring floodwaters* **2 roaring fire** buzujący ogień **3 do a roaring trade (in)** *BrE informal* robić świetny/znakomity interes (na): *At weekends the souvenir shops do a roaring trade.*

roast[1] /rəʊst/ *v* [I,T] u/piec, opiekać: *Roast the chicken for two hours.*

roast[2] *n* [C] pieczeń

roast[3] *adj* [only before noun] pieczony, opiekany: *roast beef* (=pieczeń wołowa)

rob S3 /rɒb/ *v* [T] (**-bbed**, **-bbing**) **1** okradać, ob/rabować: *The two men were jailed for robbing a jeweller's.* **2 rob sb of sth** pozbawić kogoś czegoś: *a failure that robbed him of his self-confidence*

UWAGA: rob

Patrz **steal** i **rob**.

rob·ber /ˈrɒbə/ *n* [C] złodziej/ka, rabuś: *a bank robber* (=bandyta napadający na banki)

rob·ber·y /ˈrɒbəri/ *n* [C,U] napad, rabunek: **armed robbery** (=napad z bronią w ręku): *They're in prison for armed robbery.*

robe /rəʊb/ *n* [C] **1** toga, szata: *a judge's robe* **2** *AmE* szlafrok

rob·in /ˈrɒbɪn/ *n* [C] rudzik

ro·bot /ˈrəʊbɒt/ *n* [C] robot: *industrial robots*

ro·bust /rəˈbʌst/ *adj* **1** silny, krzepki: *a surprisingly robust 70-year-old* | *a robust structure* **2** zdecydowany, zagorzały: *a robust defence of the government's economic policy*

rock[1] S2 W2 /rɒk/ *n* **1** [U,C] skała: *a tunnel cut through solid rock* | *Their ship was driven onto the rocks by the storm.* **2** [C] głaz, kamień **3** [U] *także* **rock music** rock, muzyka rockowa

rock[2] *v* **1** [I,T] kołysać (się): *Jane sat rocking the baby.* | *Waves were making the boat rock.* **2** [T] wstrząsać: *a city rocked by violence*

ˌrock and ˈroll *n* [U] rock and roll

ˌrock ˈbottom *n* **hit/reach rock bottom** *informal* sięgnąć dna: *By June, their marriage had hit rock bottom.*

rock-bottom *adj* najniższy *(np. o cenie)*

rock·er /ˈrɒkə/ *n* [C] **1** *AmE* fotel bujany **2 be off your rocker** *spoken* być niespełna rozumu

rock·e·ry /ˈrɒkəri/ *n* [C] ogródek skalny

rock·et[1] /ˈrɒkɪt/ *n* [C] rakieta: *a Soviet space rocket* | *anti-tank rockets*

rocket[2] *v* [I] skoczyć w górę: *The price of coffee has rocketed.* | **+ to** *a song that has rocketed to number one in the charts*

ˈrocking chair *n* [C] fotel bujany

ˈrocking horse *n* [C] koń na biegunach

rocks /rɒks/ *n* **1 on the rocks** w rozsypce *(o małżeństwie)* **2** z lodem *(o drinku)*

rock·y /ˈrɒki/ *adj* skalisty: *the rocky coast of Maine*

rock 'n' roll /ˌrɒk ən ˈrəʊl/ *n* [U] rock and roll

rod /rɒd/ *n* [C] **1** pręt, kij **2 fishing rod** wędka

rode /rəʊd/ *v* czas przeszły od RIDE

ro·dent /ˈrəʊdənt/ *n* [C] gryzoń

ro·de·o /ˈrəʊdiəʊ/ *n* [C] rodeo

roe /rəʊ/ *n* [C,U] **1** *także* **hard roe** ikra **2** *także* **soft roe** mlecz

rogue /rəʊg/ *n* [C] *old-fashioned* łotrzyk, łobuz

role S2 W1 AC /rəʊl/ *n* [C] rola: *Brendan will play the role of Romeo.* | **+ as** *the importance of her role as mother of the family* | **play a major/key role in** (=odgrywać ważną/kluczową rolę w): *companies that play a major role in the world's economy*

R

'role ˌmodel *n* [C] wzór do naśladowania

'role-play *n* [C,U] odgrywanie scenek

roll¹ S1 W2 /rəʊl/ *v* **1** [I,T] po/kulać (się), po/toczyć (się): *The ball rolled across the lawn.* **2** [I] toczyć się: *Tears rolled down his cheeks.* | *The van was starting to roll backward.* **3** *także* **roll over** [I] przewracać się *(np. na drugi bok)* kulać się: *He rolled over onto his stomach.* | *Beth's dog had been rolling in the mud.* **4** [T] zwijać, skręcać: *Bob rolled another cigarette.* **5** [I] kołysać się: *The ship was starting to roll.* **6** *także* **roll out** [T] roz/wałkować: *Roll the pastry out.*

roll in *phr v* [I] *informal* napływać: *The money soon came rolling in.*

roll up *phr v* [T **roll** sth ↔ **up**] zwijać: *a rolled-up newspaper* | *Roll up* (=podwiń) *your sleeves.*

roll² *n* [C] **1** rolka: *a roll of toilet paper* **2** bułka **3** lista, wykaz: *the union membership roll* **4 a roll of thunder** grzmot

'roll call *n* [C,U] odczytanie listy obecności

roll·er /ˈrəʊlə/ *n* [C] **1** wałek, rolka: *The rollers under the armchair made it easy to move.* **2** wałek, lokówka: *She sleeps with her hair in rollers.*

Rol·ler·blade /ˈrəʊləˌbleɪd/ *n* [C] *trademark* łyżworolka →porównaj **ROLLER SKATE**

rollerblade

'roller ˌcoaster *n* [C] **1** kolejka górska *(w wesołym miasteczku)* **2** karuzela, kalejdoskop: *the story of two women's lives riding a rollercoaster of love, revenge and murder*

'roller skate *n* [C] wrotka —**roller skate** *v* [I] jeździć na wrotkach

roll·ing /ˈrəʊlɪŋ/ *adj* falisty, pofalowany: *rolling hills*

'rolling pin *n* [C] wałek do ciasta

ROM /rɒm/ *n* [U] *technical* ROM *(rodzaj pamięci komputera)* →porównaj **RAM**

Ro·man¹ /ˈrəʊmən/ *adj* rzymski: *the Roman Empire*

Roman² *n* [C] Rzymia-nin/nka

ˌRoman 'Catholic *adj* rzymskokatolicki —**Roman Catholic** *n* [C] katoli-k/czka —**ˌRoman Ca'tholicism** *n* [U] katolicyzm

ro·mance /rəʊˈmæns/ *n* **1** [C,U] romans: *a summer romance* | *She spends her time reading silly romances.* **2** [U] urok: *the romance of travelling to distant places*

Ro·ma·ni·a /ruːˈmeɪniə/ *n* Rumunia —**Romanian** /ruːˈmeɪniən/ *n* Rumun/ka —**Romanian** *adj* rumuński

ˌRoman 'numeral *n* [C] cyfra rzymska

ro·man·tic¹ /rəʊˈmæntɪk/ *adj* romantyczny: *"Paul always sends me roses on my birthday." "How romantic!"* | *a romantic comedy* —**romantically** /-kli/ *adv* romantycznie

romantic² *n* [C] romanty-k/czka: *an incurable romantic*

ro·man·ti·cize /rəʊˈmæntɪsaɪz/ *także* **-ise** *BrE* *v* [I,T] idealizować: *a romanticized idea of country life*

romcom /ˈrɒmkɒm/ *n informal* komedia romantyczna

roof S2 W2 /ruːf/ *n* [C] (plural **roofs** or **rooves** /ruːvz/) **1** dach: *The storm ripped the roof off our house.* **2** strop: *The roof of the tunnel suddenly collapsed.* **3 a roof over your head** dach nad głową: *I can go and live with my sister, so at least I'll have a roof over my head.* **4** podniebienie: *the roof of the mouth* **5 hit the roof** *BrE spoken informal* wkurzyć się **6 under one roof/under the same roof** pod jednym dachem: *several families living under the same roof*

roof·ing /ˈruːfɪŋ/ *n* [U] pokrycie dachowe

'roof rack [C] bagażnik *(na dachu)*

roof·top /ˈruːftɒp/ *n* [C] dach: *Beyond the rooftops she could see the bay.*

rook /rʊk/ *n* [C] gawron

rook·ie /ˈrʊki/ *n* [C] *especially AmE* nowicjusz/ka: *rookie cops*

room¹ S1 W1 /ruːm/ *n* **1** [C] pokój: *My brother was sleeping in the next room.* | *the living room* **2** [C] sala, pomieszczenie: *The meeting room is upstairs on your right.* **3** [U] miejsce: **+for** *Is there room for my camera in your bag?* | **room to do sth** *There isn't much room to move around.* | **make room for** (=z/robić miejsce dla): *Would you please move along and make room for Jerry.* | **leg room/head room** (=miejsce na nogi/głowę) **4 there's room for improvement** jeszcze sporo można (tu) poprawić

UWAGA: room

Patrz **place** i **room/space**.

room² *v* **room with sb** *AmE* dzielić pokój z kimś

room·mate /ˈruːmˌmeɪt/ *n* [C] współlokator/ka, współmieszka-niec/nka

'room ˌservice *n* [U] obsługa kelnerska pokojów hotelowych

room·y /ˈruːmi/ *adj* przestronny: *a roomy car*

roost /ruːst/ *n* [C] grzęda

roost·er /ˈruːstə/ *n* [C] kogut

root¹ S2 W2 /ruːt/ *n* [C] **1** korzeń: *When you plant a rose bush, be careful not to damage the roots.* | *the root of a tooth* **2** sedno: *Let's get to the root of this matter.* | **be/lie at the root of** (=leżeć u podłoża): *religious differences which lie at the root of the conflict* **3** cebulka: *the root of a hair* **4 take root** zakorzenić się: *helping democracy take root* →patrz też **ROOTS**, **SQUARE ROOT**

root² *v*

root sth ↔ out *phr v* [T] wykorzenić: *Racism cannot be rooted out without strong government action.*

root·ed /ˈruːtɪd/ *adj* **rooted in** zakorzeniony w: *attitudes that are deeply rooted in religious tradition*

roots /ruːts/ *n* [plural] **1** korzenie: *Jazz has its roots in African music.* **2 sb's roots** czyjeś korzenie: *the Kennedy family's Irish roots* **3 put down roots** zapuścić korzenie

rope¹ S3 W3 /rəʊp/ *n* [C,U] sznur, lina: *They tied a rope around the dog's neck.*

rope² *v* [T] związywać: *The climbers were roped together for safety.*

rope sth ↔ off *phr v* [T] odgrodzić sznurem: *Police roped off the area where the bomb was found.*

ropes /rəʊps/ *n* **1 know the ropes** znać się na rzeczy

2 show sb the ropes wprowadzić/wtajemniczyć kogoś *(zwłaszcza nowicjusza)*

rop·ey, **ropy** /ˈrəʊpi/ *adj BrE informal* kiepski, cienki

ro·sa·ry /ˈrəʊzəri/ *n* [C] różaniec

ro·sé /ˈrəʊzeɪ/ *n* [U] różowe wino

rose[1] /rəʊz/ *n* **1** [C] róża **2** [U] róż

rose[2] *v* czas przeszły od RISE

ro·sette /rəʊˈzet/ *n* [C] rozet(k)a

ros·ter /ˈrɒstə/ *n* [C] harmonogram działań/zadań

ros·trum /ˈrɒstrəm/ *n* [C] **1** mównica, podest **2** pulpit *(np. dyrygencki)*

ros·y /ˈrəʊzi/ *adj* **1** różowy: *rosy cheeks* **2** obiecujący: *a rosy future* (=świetlana przyszłość)

rot[1] /rɒt/ *v* [I,T] ze/psuć (się), z/gnić: *The vegetables were left to rot.* | *Too much sugar rots your teeth.*

rot[2] *n* **1** [U] gnicie, próchnienie: *a tree full of rot* (=pełne próchna) **2 the rot** *informal* proces rozkładu, postępujący kryzys: *how to stop the rot* | **the rot set in** (=burza rozpętała się na dobre): *As the rot set in, she publicly showed her loathing of her husband's family.*

ro·ta /ˈrəʊtə/ *n* [C] *BrE* harmonogram działań/zadań

ro·ta·ry /ˈrəʊtəri/ *adj* obrotowy: *the rotary movement of helicopter blades*

ro·tate /rəʊˈteɪt/ *v* [I,T] obracać (się): *The Earth rotates every 24 hours.* | *Rotate the handle to the right.*

ro·ta·tion /rəʊˈteɪʃən/ *n* **1** [C,U] obrót: *the rotation of the Earth on its axis* **2** rotacja: *We work in rotation* (=pracujemy na zmianę).

rote /rəʊt/ *n* [U] **learn sth by rote** na/uczyć się czegoś na pamięć

ro·tor /ˈrəʊtə/ *n* [C] wirnik

rot·ten /ˈrɒtn/ *adj* **1** zepsuty, zgniły: *rotten apples* THESAURUS OLD **2** spróchniały: *rotten wood* **3** *informal* kiepski: *Betty is a rotten cook.*

rott·wei·ler /ˈrɒtvaɪlə/ *n* [C] rottweiler *(pies)*

ro·tund /rəʊˈtʌnd/ *adj* krągły

rouge /ruːʒ/ *n* [U] *old-fashioned* róż *(kosmetyk)*

rough[1] S2 W3 /rʌf/ *adj* **1** nierówny, wyboisty: *Our jeep's good for travelling over rough ground.* **2** szorstki, chropowaty: *My skin feels rough and dry.* **3** przybliżony: *Can you give us a rough idea of the cost?* | *a rough draft* (=brudnopis) *of an essay* **4** brutalny: *You mustn't be too rough with her.* | *Ice hockey is a rough sport.* **5** niebezpieczny: *a rough part of the town* **6** trudny, ciężki: *She's had a rough couple of weeks at work.* **7 have a rough night** mieć ciężką/kiepską noc **8** wzburzony: *a rough sea* **9 feel rough** źle się czuć —**roughness** *n* [U] szorstkość, chropowatość

rough[2] *n* **1 take the rough with the smooth** brać życie takim, jakie jest **2 in rough** *BrE* poglądowo, w zarysie

rough[3] *v* **rough it** żyć w prymitywnych warunkach: *We're going to rough it in the mountains for a few days.*
rough sb ↔ up *phr v* [T] *informal* wkropić, dać wycisk

rough[4] *adv* **sleep rough** *BrE* spać pod gołym niebem

rough·age /ˈrʌfɪdʒ/ *n* [U] błonnik

ˌrough-and-ˈtumble *n* [U] **1** szarpanina **2** przepychanki: *the rough-and-tumble of politics*

rough·en /ˈrʌfən/ *v* **1** [T] u/czynić szorstkim: *The wind can roughen your skin.* **2** [I] s/chropowacieć, stawać się szorstkim

rough·ly S2 /ˈrʌfli/ *adv* **1** mniej więcej: *Roughly 100 people came.* | *I worked out roughly how much it would cost.* **2** gwałtownie: *She pushed him away roughly.*

rough·shod /ˈrʌfʃɒd/ *adv* **ride roughshod over sb/sth** kompletnie nie liczyć się z kimś/czymś

rou·lette /ruːˈlet/ *n* [U] ruletka

round[1] S1 W2 /raʊnd/ *adj* **1** okrągły: *a round table* | *her little round face* **2 in round figures/numbers** w zaokrągleniu

round[2] S2 W2 *especially BrE także* **around** *adv, prep* **1** dookoła, wokół: *The wheel is still spinning round.* | *We sat round the fire.* | *The children gathered round to watch the magician.* **2** do tyłu: *I looked round* (=obejrzałem się) *to see who had come into the room.* | *Turn your chair round* (=odwróć krzesło) *the other way.* **3 round and round** w kółko: *We drove round and round but couldn't find the place.* **4 round about a)** około: *I'm expecting them round about 10 o'clock.* **b)** w okolicy: *There are lots of nice pubs round about.* → patrz też AROUND

round[3] *n* [C] **1** runda: *the latest round of peace talks* | *Tyson has made it to the third round.* **2** obchód: *The doctor is out on her rounds.* | *The postman starts his round at 6 am.* **3** kolejka: *I'll buy the first round of drinks.* **4** seria: *He let off a round of ammunition.*

round[4] *v* [T]
round sth ↔ down *phr v* [T] zaokrąglić *(w dół)*: *round it down to £20*
round sb/sth ↔ up *phr v* [T] zebrać, spędzić: *Police rounded up 20 people for questioning.*
round sth up *phr v* [T] zaokrąglić *(w górę)*

round·a·bout[1] /ˈraʊndəbaʊt/ *adj* okrężny: *a roundabout route to avoid heavy traffic*

roundabout[2] *n* [C] *BrE* **1** rondo: *Turn left at the next roundabout.* **2** karuzela

round·ed /ˈraʊndɪd/ *adj* zaokrąglony: *a knife with a rounded end*

roun·ders /ˈraʊndəz/ *n* [U] palant *(gra)*

ˌround-the-ˈclock *adj* całodobowy: *round-the-clock hospital care*

ˌround ˈtrip *n* [C] podróż w obie strony —**round-trip** *adj AmE* powrotny, w obie strony: *a round-trip ticket*

round·up /ˈraʊndʌp/ *n* [C] **1** obława: *a roundup of criminal suspects* **2** skrót wiadomości

rouse /raʊz/ *v* [T] **1** *formal* z/budzić: *We were roused from a deep sleep.* **2** pobudzać, porywać: *The speech roused King's supporters to action.*

rous·ing /ˈraʊzɪŋ/ *adj* porywający: *a rousing speech*

rout /raʊt/ *v* [T] rozgromić: *The invading army was soon routed.*

route[1] S3 W2 Ac /ruːt/ *n* [C] **1** trasa, droga: *What is the shortest route from here to the station?* | *local bus routes* **2** droga: *Getting lots of money is not necessarily a route to happiness.*

route[2] Ac *v* [T] s/kierować: *Flights are being routed through Paris because of the snow.*

R

router /ˈruːtə/ *n* ruter

rou·tine¹ W3 /ruːˈtiːn/ *n* **1** [C,U] ustalony porządek: *Harry doesn't like any change in his daily routine.* **2** [C,U] rutyna **3** [C] układ, figura: *a dance routine*

routine² *adj* rutynowy: *a routine medical test | a few routine questions | routine jobs around the house* —**routinely** *adv* rutynowo

rov·ing /ˈrəʊvɪŋ/ *adj* [only before noun] wędrowny: *a roving reporter*

row¹ S2 W2 /rəʊ/ *n* **1** [C] rząd: *a row of houses | I sat in the front row.* **2 three/four in a row** trzy/cztery pod rząd: *We've lost four games in a row.*

row² /rəʊ/ *v* [I,T] wiosłować: *Slowly she rowed across the lake.* —**rowing** *n* [U] wioślarstwo

row³ S2 W2 /raʊ/ *n BrE* **1** [C] kłótnia, sprzeczka: **have a row** (=po/kłócić się): *Anna and her boyfriend are always having rows.* **2** [C] konflikt, kontrowersja: **+over** *the row over government plans to cut benefit payments to single mothers* **3** [singular] hałas: *Stop that row - I'm trying to sleep!*

row·dy /ˈraʊdi/ *adj* rozwrzeszczany, rozwydrzony: *a group of rowdy children* THESAURUS LOUD —**rowdiness** *n* [U] rozwydrzenie

R

row house /ˈrəʊ haʊs/ *n* [C] *AmE* szeregowiec THESAURUS HOUSE

rowing boat /ˈrəʊɪŋ bəʊt/ *BrE*, **row·boat** /ˈrəʊbəʊt/ *AmE n* [C] łódź wiosłowa

roy·al S3 W1 /ˈrɔɪəl/ *adj* królewski: *the royal family | a royal palace*

ˌroyal ˈblue *adj* błękit kobaltowy

roy·al·ist /ˈrɔɪəlɪst/ *n* [C] rojalist-a/ka

roy·al·ties /ˈrɔɪəltiz/ *n* [plural] tantiemy

roy·al·ty /ˈrɔɪəlti/ *n* [U] rodzina królewska

RSI /ˌɑː es ˈaɪ/ *n* syndrom RSI

RSVP /ˌɑːr es viːˈ piː/ uprasza się o odpowiedź, RSVP *(uwaga na zaproszeniu)*

rub¹ S2 /rʌb/ *v* (**-bbed**, **-bbing**) **1** [I,T] trzeć, pocierać: *The stain should come out if you rub harder. | She woke up and rubbed* (=przetarła) *her eyes.* | **rub sth into/onto/over** (=wcierać w): *Can you rub some lotion on my back, please?* **2** [I,T] obcierać: *My shoes are rubbing my heels.* **3 don't rub it in!** *informal* nie przypominaj mi!: *OK, there's no need to rub it in!* **4 rub shoulders with sb** *informal* s/kumać się z kimś, być w (dobrej) komitywie z kimś **5 rub sb up the wrong way** *informal* drażnić kogoś **6 rub salt into the wound** s/kopać leżącego
rub sb/sth ↔ down *phr v* [T] wytrzeć: *Rub yourself down with a towel. | She rubbed the door down before painting it.*
rub off *phr v* **1** [I,T **rub** sth **↔ off**] zetrzeć: *These pen marks won't rub off* (=nie dają się zetrzeć). **2 rub off on sb** udzielać się komuś: *Her positive attitude seemed to rub off on everyone.*
rub sth ↔ out *phr v* [T] wymazać: *I'll have to rub it out and start again.*

rub² *n* [C usually singular] masaż: *Could you give my back a rub* (=wymasować mi plecy)?

rub·ber¹ S3 /ˈrʌbə/ *n* **1** [U] guma: *The tyres were smooth where the rubber had completely worn away.* **2** [C] *BrE* gumka *(do mazania)*

rubber² *adj* gumowy: *rubber gloves*

ˌrubber ˈband *n* [C] gumka, recepturka

ˌrubber ˈboots *n* [C] kalosze

ˌrubber-ˈstamp *v* [T] bez zastanowienia zatwierdzić

rub·ber·y /ˈrʌbəri/ *adj* gumiasty: *a rubbery steak*

rub·bish S2 /ˈrʌbɪʃ/ *n* [U] *especially BrE* **1** śmieci: *Put the rubbish in the bin.* **2** *informal* bzdura: **a load of rubbish** (=stek bzdur): *That programme was a load of rubbish.*

rub·ble /ˈrʌbəl/ *n* [U] gruz: *a pile of rubble*

ru·bel·la /ruːˈbelə/ *n* [U] *technical* różyczka

ru·by /ˈruːbi/ *n* [C,U] rubin —**ruby** *adj* rubinowy

ruck·sack /ˈrʌksæk/ *n* [C] *BrE* plecak

rud·der /ˈrʌdə/ *n* [C] ster

rud·dy /ˈrʌdi/ *adj* rumiany: *a ruddy face*

rude S3 /ruːd/ *adj* **1** niegrzeczny, grubiański: *a rude remark | Don't be so rude to your mother!* **2** nieprzyzwoity, wulgarny: *a rude joke* **3 a rude awakening** gwałtowne przebudzenie —**rudely** *adv* niegrzecznie —**rudeness** *n* [U] grubiaństwo

THESAURUS: rude

rude niegrzeczny: *It's rude to point at people. | a very rude woman | He said something rude about my new hairstyle.*
impolite *formal* nieuprzejmy: *Elisa thought it would be impolite to refuse.*
cheeky *BrE*, **smart** *AmE* bezczelny *(zwłaszcza o dziecku)*: *He's so cheeky sometimes. | Don't get smart with me!*
offensive obraźliwy *(zwłaszcza przez brak szacunku dla czyichś poglądów lub wierzeń)*: *Her remarks were deeply offensive to many Catholics.*
insulting obraźliwy: *His comments were insulting to women. | an insulting remark about my husband*
bad-mannered źle wychowany: *It's bad-mannered to leave the table while other people are still eating.*
tactless nietaktowny: *It was a bit tactless to bring up the subject of divorce. | How could you be so tactless?*

ru·di·men·ta·ry /ˌruːdəˈmentəri◂/ *adj formal* elementarny: *a rudimentary knowledge of Chinese*

ru·di·ments /ˈruːdəmənts/ *n* [plural] *formal* podstawy: *They know the rudiments of grammar.*

rue·ful /ˈruːfəl/ *adj* smutny, zrezygnowany: *a rueful smile* —**ruefully** *adv* ze smutkiem, smętnie

ruf·fle¹ /ˈrʌfəl/ *v* [T] **1** na/stroszyć, z/wichrzyć: *The wind ruffled his hair. | The bird ruffled up its feathers.* **2** [usually passive] wyprowadzać z równowagi: *Don't let yourself get ruffled.*

ruffle² *n* [C] falban(k)a

rug /rʌg/ *n* [C] **1** dywanik →porównaj CARPET **2** *BrE* pled

rug·by /ˈrʌgbi/ *n* [U] rugby

rug·ged /ˈrʌgɪd/ *adj* **1** skalisty, kamienisty: *a rugged coastline* **2** mocno zarysowany: *a rugged face* **3** potężny, masywny: *a rugged vehicle* —**ruggedly** *adv* nierówno

ru·in¹ S3 /ˈruːɪn/ *v* [T] **1** ze/psuć, z/niszczyć: *Her behaviour ruined the party. | On no! My dress is completely ruined.* **2** z/rujnować: *He had been ruined in the Depression of the '30s.*

UWAGA: ruin

Patrz **destroy** i **spoil/ruin**.

ruin² *n* **1** [U] ruina, upadek: **fall into ruin** (=popadać w ruinę): *The old barn has fallen into ruin.* **2 be in ruins** być w gruzach: *The country's economy is in ruins.* **3** [U] ruina: *financial ruin* **4** [C] *także* **ruins** [plural] ruiny: *the ruins of the Artemis temple*

ru·in·ous /ˈruːɪnəs/ *adj* rujnujący: *a ruinous court case* | *a ruinous decision*

rule¹ S1 W1 /ruːl/ *n* **1** [C] zasada, przepis: *Do you know the rules of the game?* | **break a rule** (=z/łamać zasadę): *Well, that's what happens if you break the school rules.* | **against the rules** (=wbrew przepisom): *It's against the rules to pick up the ball.* **2** [U] rządy, panowanie: *At that time Vietnam was under French rule.* **3** [C] reguła: *the rules of grammar* **4 the rule** reguła: *Not having a television is the exception rather than the rule.* **5 as a (general) rule** z reguły: *As a rule, I try to drink a litre of mineral water a day.*

rule² W2 *v* **1** [I,T] panować: *The King ruled for 30 years.* **2** [I,T] orzekać: **+that** *The judge ruled that the baby should live with his father.* **3** [T] z/dominować: *Don't let your job rule your life.*
rule sth/sb ↔ out *phr v* [T] wykluczyć: *We can't rule out the possibility that he may have left the country.*

ruled /ruːld/ *adj* w linie *(o papierze, zeszycie)*

rul·er /ˈruːlə/ *n* [C] **1** wład-ca/czyni **2** linijka

rul·ing¹ /ˈruːlɪŋ/ *n* [C] orzeczenie: *the Supreme Court's ruling on the case*

ruling² *adj* panujący, rządzący: *the ruling class*

rum /rʌm/ *n* [C,U] rum

rum·ble /ˈrʌmbəl/ *v* [I] dudnić: *Thunder rumbled* (=zagrzmiało) *in the distance.* | *My stomach was rumbling* (=burczało mi w brzuchu), *I was so hungry.*

rum·bling /ˈrʌmblɪŋ/ *n* [C] **1** dudnienie **2** szemranie: **+of** *rumblings of discontent* (=głosy niezadowolenia)

ru·mi·nate /ˈruːməneɪt/ *v* [I] *formal* dumać, zastanawiać się

rum·mage /ˈrʌmɪdʒ/ *v* [I] grzebać, szperać: *Kerry was rummaging through a drawer looking for a pen.*

ˈrummage sale *n* [C] *AmE* wyprzedaż rzeczy używanych

ru·mour /ˈruːmə/ *BrE*, **rumor** *AmE* *n* [C,U] pogłoska, plotka: *There are rumours that the President may have to resign.* | *At the moment, the reports are nothing more than rumour.*

ru·moured /ˈruːməd/ *BrE*, **rumored** *AmE* *adj* **it is rumoured that ...** mówi się, że ..., chodzą słuchy, że ...: *It was rumoured that a magazine offered £10,000 for her story.*

rump /rʌmp/ *n* [C,U] zad

run¹ S1 W1 /rʌn/ *v* (**ran**, **run**, **running**) **1** [I] biec, biegać: *Some kids were running down the street.* | *If we run, we can still catch the bus.* | *Duncan's running in the marathon.* **2** [T] prowadzić: *My parents run their own business.* | *They run full-time and part-time courses of study.* **3** [I] jechać: *A car ran off the road* (=zjechał z drogi) *right here.* **4** [T] przesuwać: *She ran her fingers through her hair.* | *Run the highlighter over the chosen text.* **5** [I] chodzić, działać: *Dad left the engine running.* | **run on coal/petrol/batteries** (=działać na węgiel/benzynę/baterie) **6** [I] biec, prowadzić: *The road runs along the coast.* **7** [I,T] płynąć: *Tears ran down her face.* | *Who left the water running?* | *I'm just running a bath* (=napuszczam wodę do wanny). **8** [T] uruchamiać: *You can run this software on any PC.* **9** [T] puszczać *(w telewizji)*: *They ran the item on the 6 o'clock news.* **10** [T] o/publikować: *The magazine is running a series of features on European life.* **11 run smoothly/according to plan** iść gładko/według planu: *The tour guide helps to keep things running smoothly.* **12** [I] kandydować: **+for** *He is running for President.* **13** [I] kursować, jeździć: *Subway trains run every 7 minutes.* **14** [I] iść *(o sztuce)* **+for** *The play ran for two years.* **15** [T] utrzymywać: *I can't afford to run a car.* **16** [T] zawozić: *I'll run you home if you like.* **17** [I] puszczać, farbować: *Wash that shirt in cold water - otherwise the colours will run.* **18 sb is running short of/low on sth** coś się komuś kończy: *I'm running short of money.* **19 run in the family** być cechą rodzinną **20 be running at** wynosić: *Inflation was running at 20% a year.*
run across sb/sth *phr v* [T] natknąć się na: *I ran across my old school photos the other day.*
run after sb/sth *phr v* [T] gonić, po/biec za: *She started to leave, but Smith ran after her.*
run away *phr v* [I] uciec: *Kathy ran away from home at the age of 16.*
run sth by sb *phr v* [T] *informal* s/konsultować z: *I just wanted to run it by you and see what you thought.*
run down *phr v* **1** [T **run** sb **↔ down**] potrącić: *A man was arrested for attempting to run down a police officer.* **2** [I,T **run** sth **↔ down**] wyczerpać (się): *Don't leave it switched on - you'll run down the batteries.* **3** [T **run** sb **↔ down**] s/krytykować: *Her boyfriend's always running her down.*
run into *phr v* [T] **1** [**run into** sb] *informal* spotkać *(przypadkiem)*: *I run into her sometimes on campus.* **2 run into trouble/problems** napotkać trudności/problemy: *She ran into trouble when she couldn't get a work permit.* **3** [**run into** sb/sth] wpaść na, zderzyć się z: *He lost control and ran into another car.*
run off *phr v* [I] uciec: *Our dog keeps running off.* | *Her husband ran off with his secretary.*
run off with *phr v* [T] [**run off with** sth] ukraść: *Looters smashed windows and ran off with TVs and videos.*
run out *phr v* **1** [T] zużyć, wyczerpać: **+of** *We've run out of sugar* (=skończył nam się cukier). | *I'm running out of ideas* (=kończą mi się pomysły). **2** [I] s/kończyć się: *Time is running out.* | *My membership runs out in September.*
run sb/sth ↔ over *phr v* [T] przejechać (po): *I think you just ran over some broken glass.*
run through sth *phr v* [T] **1** przejrzeć: *I'd like to run through the questions again before you start.* **2** przenikać: *the prejudices that run through society*
run up sth *phr v* [T] **1 run up a debt** zadłużyć się **2 run up a bill** nabić rachunek: *We ran up a huge phone bill.*
run up against sth *phr v* [T] napotkać: *The team ran up against tough opposition.*

run² *n* **1** [C] bieg, bieganie: *a five-mile run* | *He usually goes for a run* (=idzie sobie pobiegać) *before breakfast.* **2 in the short/long run** na krótką/dłuższą metę: *Wood is more expensive, but in the long run it's better value.* **3 be on the run** ukrywać się: *The criminal has been on the run for nearly two months.* **4 a run on sth** popyt na coś: *a run on swimwear in hot weather* **5 a run of good/bad luck** dobra/zła passa: *She has had a run of bad luck recently.* **6** [C] trasa: *a ski run* **7** [C] *AmE* oczko *(w rajstopach)*

run·a·way¹ /ˈrʌnəweɪ/ *adj* [only before noun] **1** pędzący: *a runaway train* **2** spektakularny: *a runaway success*

runaway² *n* [C] uciekinier/ka, zbieg

run·down /ˈrʌndaʊn/ *n* [C] sprawozdanie: *Can you give me a rundown on what happened while I was away?*

R

ˌrun-ˈdown *adj* **1** zapuszczony, zaniedbany: *a run-down apartment block in Brooklyn* **2** osłabiony: *He's been feeling run-down lately.*

rung¹ /rʌŋ/ *v* imiesłów bierny od **RING**

rung² *n* [C] szczebel: *the rungs of a ladder | I started on the bottom rung in the company.*

ˈrun-in *n* [C] starcie: *He was fired after he had a run-in with his boss.*

run·ner /ˈrʌnə/ *n* [C] **1** biegacz/ka: *a long-distance runner* **2** płoza

ˌrunner ˈbean *n* [C] fasolka szparagowa

ˌrunner-ˈup *n* [C] (plural **runners-up**) zdobyw-ca/czyni drugiego miejsca

run·ning¹ /ˈrʌnɪŋ/ *n* [U] biegi, bieganie: *a running track |* **go running** (=iść pobiegać): *Do you want to go running?*

running² *adj* **1 running water** bieżąca woda: *hot and cold running water* **2 a running commentary** komentarz na bieżąco/żywo

running³ *adv* **three years/five times running** trzy lata/pięć razy z rzędu: *This is the fourth day running that it has rained.*

ˈrunning costs *n* [plural] wydatki bieżące/eksploatacyjne

run·ny /ˈrʌni/ *adj informal* **1 have a runny nose** mieć katar **2** rzadki: *The sauce is far too runny.*

ˌrun-of-the-ˈmill *adj* sztampowy, szablonowy: *a run-of-the-mill Hollywood movie*

runs /rʌnz/ *n* **the runs** *informal* sraczka

runt /rʌnt/ *n* najsłabsze młode w miocie

ˈrun-up *n* **the run-up to** przeddzień: *the run-up to the election*

run·way /ˈrʌnweɪ/ *n* [C] pas startowy

rup·ture /ˈrʌptʃə/ *v* **1** [T] rozerwać **2** [I] pęknąć: *An oil pipeline ruptured early this morning.* —**rupture** *n* [C,U] przepuklina

ru·ral W2 /ˈrʊərəl/ *adj* wiejski: *a peaceful rural setting | scenes from rural life* → porównaj **URBAN**

ruse /ruːz/ *n* [C] fortel

rush¹ S2 W3 /rʌʃ/ *v* **1** [I] śpieszyć się: *There's no need to rush - we have plenty of time.* | **rush into/along/from etc** *David rushed to the bathroom* (=pognał do łazienki). **2 rush to do sth** pośpiesznie coś zrobić: *Everyone was rushing to buy* (=wszyscy biegli kupować) *the new album.* **3** [T] natychmiast zabrać/wysłać: **rush sb/sth to/away etc** *We had to rush Helen to the hospital.* **4** [T] ponaglać, poganiać: *Don't rush me - let me think.*
rush into sth *phr v* [T] po/śpieszyć się z: *He's asked me to marry him, but I don't want to rush into it.*

rush² *n* **1** [singular] pęd: **make a rush for sth** *We all made a rush for* (=rzuciliśmy się na) *the seats at the front.* **2** [U singular] pośpiech: *We have plenty of time. There's no rush.* | **be in a rush** (=śpieszyć się): *I can't stop - I'm in a rush.* **3 the Christmas rush** gorączka przedświątecznych zakupów **4** [C usually plural] sitowie

rushed /rʌʃt/ *adj* **1** zrobiony na chybcika: *Your work always looks rushed and badly presented.* **2 rushed off your feet** zagoniony

ˈrush hour *n* [C,U] godzina szczytu

Rus·sia /ˈrʌʃə/ *n* Rosja —**Russian** /ˈrʌʃən/ *n* Rosjanin/ka —**Russian** *adj* rosyjski

rust¹ /rʌst/ *n* [U] rdza

rust² *v* [I] za/rdzewieć: *The lock on the door had rusted.*

rus·tic /ˈrʌstɪk/ *adj* rustykalny: *a rustic mountain cabin*

rus·tle /ˈrʌsəl/ *v* [I,T] za/szeleścić: *the sound of kids rustling ice-cream wrappers* —**rustle** *n* [singular] szelest

rust·y /ˈrʌsti/ *adj* zardzewiały: *rusty nails*

rut /rʌt/ *n* [C] koleina

ru·ta·ba·ga /ˌruːtəˈbeɪgə/ *n* [C,U] *AmE* brukiew

ruth·less /ˈruːθləs/ *adj* bezwzględny: *a ruthless dictator* —**ruthlessly** *adv* bezwzględnie —**ruthlessness** *n* [U] bezwzględność

rye /raɪ/ *n* [U] żyto: *rye bread*

R

Ss

S, s /es/ S, s *(litera)*

S skrót pisany od SOUTH lub SOUTHERN

-'s /z, s/ **1** forma ściągnięta od „is": *What's that?* **2** forma ściągnięta od „has": *He's gone out.* **3** końcówka rzeczownika w dopełniaczu: *Bill is one of Jason's friends.* **4** forma ściągnięta od „us", używana tylko w połączeniu „let's": *Let's go* (=chodźmy)*!*

S&L /ˌes ənd ˈel/ *n* kasa oszczędnościowo-pożyczkowa

Sab·bath /ˈsæbəθ/ *n* **the Sabbath a)** szabas *(sobota dla wyznawców judaizmu)* **b)** Dzień Pański *(niedziela dla chrześcijan)*

sab·bat·i·cal /səˈbætɪkəl/ *n* [C,U] urlop naukowy: **on sabbatical** *The professor is on sabbatical for two months.*

sab·o·tage /ˈsæbətɑːʒ/ *v* [T] **1** uszkodzić celowo: *The plane had been sabotaged and it exploded in mid-air.* THESAURUS DAMAGE **2** sabotować: *Mr Trimble denied he was trying to sabotage the talks.* **—sabotage** *n* [U] sabotaż: *deliberate acts of sabotage*

sa·bre /ˈseɪbə/ *BrE*, **saber** *AmE* *n* [C] szabla

sac /sæk/ *n* [C] *technical* torebka *(np. nasienna)* pęcherzyk *(np. płucny)*

sac·cha·rin /ˈsækərɪn/ *n* [U] sacharyna

sach·et /ˈsæʃeɪ/ *n* [C] torebka, saszetka: *a sachet of shampoo*

sack¹ S3 /sæk/ *n* **1** [C] worek: *a sack of potatoes* **2 get the sack** *BrE* zostać zwolnionym (z pracy): *If you're late again, you'll get the sack.* **3 give sb the sack** *BrE* zwolnić kogoś (z pracy) **4 hit the sack** *spoken* uderzyć w kimono

sack² *v* [T] *BrE* zwalniać (z pracy): *Campbell was sacked for coming in drunk.*

sac·ra·ment /ˈsækrəmənt/ *n* [C] sakrament

sa·cred /ˈseɪkrɪd/ *adj* święty: *In India the cow is a sacred animal.*

sac·ri·fice¹ /ˈsækrəfaɪs/ *n* [C,U] **1** poświęcenie, wyrzeczenie: **make sacrifices** (=poświęcać się): *Her parents made a lot of sacrifices to give her a good education.* **2** ofiara: *It was common to make sacrifices to gods* (=powszechnie składano ofiary bogom) *to ensure a good harvest.*

sacrifice² *v* [T] **1** poświęcać: **sacrifice sth for sth** *It's not worth sacrificing your health for your job.* **2** składać w ofierze

sac·ri·lege /ˈsækrəlɪdʒ/ *n* [C,U] świętokradztwo: *It would be sacrilege to demolish such a beautiful building.* **—sacrilegious** /ˌsækrəˈlɪdʒəs◂/ *adj* świętokradczy

sac·ro·sanct /ˈsækrəʊsæŋkt/ *adj* święty, nienaruszalny: *Though a busy politician, his time with his family is sacrosanct.*

sad S2 W3 /sæd/ *adj* (**-dder**, **-ddest**) **1** smutny: *Linda looks very sad today.* | *What a sad story!* | **+ that** *It was sad that Jane couldn't come with us.* | **be sad to do sth** *I liked my school, and I was sad to leave* (=smutno mi było wyjeżdżać). →antonim HAPPY **2** przykry: *It's a sad state of affairs when a person isn't safe in her own home.* **—sadness** *n* [U] smutek

THESAURUS: sad

sad smutny: *She felt sad as she waved goodbye.*

unhappy nieszczęśliwy: *I was unhappy at school.* | *He had an unhappy childhood.*

homesick tęskniący za domem: *She had just moved to Paris and was feeling homesick.*

down *informal* przygnębiony: *When you're feeling down, it sometimes helps to talk to other people.*

gloomy ponury: *Why are you all looking so gloomy?*

very sad

miserable nieszczęśliwy: *She had a miserable life.* | *Miranda sat alone in her room feeling miserable.*

depressed przygnębiony, w depresji: *Unemployed people often feel depressed and worthless.*

heartbroken załamany: *I was heartbroken when he left.*

sad·den /ˈsædn/ *v* [T] *formal* zasmucać: *They were shocked and saddened by his death.*

sad·dle¹ /ˈsædl/ *n* [C] **1** siodło **2** siodełko

saddle² *także* **saddle up** *v* [T] o/siodłać

sa·dis·m /ˈseɪdɪzəm/ *n* [U] sadyzm **—sadist** /ˈseɪdɪst/ *n* [C] sadyst-a/ka **—sadistic** /səˈdɪstɪk/ *adj* sadystyczny: *a sadistic boss* →porównaj MASOCHISM

sad·ly /ˈsædli/ *adv* **1** smutno, ze smutkiem: *Jimmy nodded sadly.* **2** niestety: *Sadly, the concert was cancelled.*

sae /ˌes eɪ ˈiː/ *n* [C] *BrE* zaadresowana koperta ze znaczkiem

sa·fa·ri /səˈfɑːri/ *n* [C,U] safari

safe¹ S2 W2 /seɪf/ *adj* **1** bezpieczny: *I won't feel safe until the plane lands.* | *Have a safe trip!* | *She's one of the safest drivers I know.* | *Keep your passport in a safe place.* | **+ from** *The city is now safe from further attack.* | **safe and sound** (=cały i zdrowy): *Both children were found safe and sound.* | **safe to do sth** *Is it safe to swim here* (=czy pływanie tutaj jest bezpieczne)*?* **2** pewny, bezpieczny: *Gold is a safe investment.* **3 just to be safe/to be on the safe side** tak na wszelki wypadek: *Take some extra money with you, just to be on the safe side.* **4 in safe hands** w dobrych rękach: *When the children are with my brother, I know they're in safe hands.* **—safely** *adv* bezpiecznie: *Drive safely!* | *Did the package arrive safely?*

safe² *n* [C] sejf

safe·guard /ˈseɪfgɑːd/ *n* [C] zabezpieczenie: *Copy the data as a safeguard against loss or damage.* **—safeguard** *v* [T] o/chronić, zabezpieczać: *laws to safeguard endangered animals*

ˌsafe ˈhaven *n* [C] azyl, schronienie

safe·keep·ing /ˌseɪfˈkiːpɪŋ/ *n* **for safekeeping** na przechowanie: *Put your important papers in the bank for safekeeping.*

ˌsafe ˈsex *n* [U] bezpieczny seks

safe·ty S2 W2 /ˈseɪfti/ *n* [U] bezpieczeństwo: *Hundreds of people were led to safety* (=zabrano w bezpieczne miejsce) *after the explosion.* | *road safety* | *There are fears for the safety of the hostages.*

ˈsafety belt *n* [C] pas bezpieczeństwa

S

'safety net *n* [C] **1** zabezpieczenie: *the safety net of unemployment pay and pensions* **2** siatka asekuracyjna

'safety pin *n* [C] agrafka

'safety valve *n* [C] zawór bezpieczeństwa

sag /sæg/ *v* [I] (**-gged**, **-gging**) obwisać, uginać się: *The branches sagged under the weight of the snow.*

sa·ga /ˈsɑːgə/ *n* [C] saga

sage¹ /seɪdʒ/ *n* **1** [U] szałwia **2** [C] *literary* mędrzec

sage² *adj literary* mądry —**sagely** *adv* mądrze

Sa·git·tar·i·us /ˌsædʒəˈteəriəs/ *n* [C,U] Strzelec

said¹ /sed/ *v* czas przeszły i imiesłów bierny od SAY

said² *adj formal* rzeczony, wzmiankowany: *The said weapon was later found in the defendant's home.*

sail¹ S3 /seɪl/ *v* **1** [I,T] po/płynąć, pływać, żeglować: *We sailed along the coast of Alaska.* | *The captain sailed the ship safely past the rocks.* | *I'd like to learn how to sail.* THESAURUS TRAVEL **2** [I] wypływać: *What time do we sail?* **3** [I] po/szybować: *The ball sailed past the goalkeeper into the back of the net.*

sail² *n* **1** [C] żagiel: *a yacht with white sails* **2 set sail** wypływać: *The ship set sail at dawn.*

sail·ing /ˈseɪlɪŋ/ *n* [U] żeglarstwo

'sailing ˌboat *BrE*, **sail boat** /ˈseɪlbəʊt/ *AmE n* [C] żaglówka

sail·or /ˈseɪlə/ *n* [C] **1** żeglarz **2** marynarz

saint /seɪnt/ *n* [C] święt-y/a: *You're a real saint to help us like this.*

saint·ly /ˈseɪntli/ *adj* anielski, święty

sake S2 W3 /seɪk/ *n* **1 for the sake of** przez wzgląd na, ze względu na: *Both sides are willing to take risks for the sake of peace.* **2 for sb's sake** przez wzgląd na kogoś, ze względu na kogoś: *She only stays with her husband for the children's sake.* **3 for goodness'/heaven's sake** *spoken* na miłość boską: *Why didn't you tell me, for heaven's sake?*

sal·a·ble, **saleable** /ˈseɪləbəl/ *adj* chodliwy: *salable products*

sal·ad S2 /ˈsæləd/ *n* [C,U] **1** sałatka: *a salad of lettuce, tomatoes and cucumber* | *a large mixed salad* | *potato salad* **2** surówka

sal·a·man·der /ˈsælmændə/ *n* [C] salamandra

sa·la·mi /səˈlɑːmi/ *n* [C,U] salami

sal·a·ried /ˈsælərid/ *adj* opłacany, otrzymujący wynagrodzenie: *salaried workers*

sal·a·ry S2 W3 /ˈsæləri/ *n* [C,U] pensja: *She earns a good salary.*

UWAGA: salary i wage(s)

Salary to pensja miesięczna, najczęściej wpłacana bezpośrednio na rachunek bankowy pracownika i liczona łącznie dla całego roku: *I'll pay you back at the end of the month when I get my salary.* | *She's on a salary of $23,000 a year.* Pensja wypłacana raz na tydzień, zwykle gotówką, to **wages**: *He opened the envelope and counted his wages.*

sale S1 W1 /seɪl/ *n* **1** [C,U] sprzedaż: *The sale of alcohol to under-18s is forbidden.* **2 for sale** na sprzedaż: *Is this table for sale?* | **put sth up for sale** (=wystawić coś na sprzedaż): *They had to put their home up for sale.* **3** [C] wyprzedaż: *There's a great sale on at Macy's now.* **4 on sale a)** w sprzedaży **b)** na wyprzedaży: *Don's found a really good CD player on sale.*

sales /seɪlz/ *n* **1** [plural] sprzedaż: *Company sales were down 15% last year* (=sprzedaż spadła o 15%). **2** [U] dział sprzedaży: *Sally got a job as sales manager.*

'sales asˌsistant *BrE*, **'sales clerk** *AmE n* [C] sprzedawca/czyni, ekspedient/ka

sales·man /ˈseɪlzmən/, **sales·wom·an** /ˈseɪlzˌwʊmən/, **sales·per·son** /ˈseɪlzˌpɜːsən/ *n* [C] (plural **salesmen** /-mən/) sprzedaw-ca/czyni: *a car salesman*

'sales repreˌsentative *także* **'sales rep** *n* [C] przedstawiciel/ka handlow-y/a

'sales slip *n* [C] *especially AmE* paragon

sa·li·ent /ˈseɪliənt/ *adj formal* najistotniejszy —**salience** *n* [U] istotność, waga

sa·line /ˈseɪlaɪn/ *adj* solny: *a saline solution* (=roztwór solny)

sa·li·va /səˈlaɪvə/ *n* [U] ślina

sal·i·vate /ˈsælɪveɪt/ *v* [I] ślinić się

sal·low /ˈsæləʊ/ *adj* ziemisty *(o cerze)*

salm·on /ˈsæmən/ *n* [C,U] łosoś: *smoked salmon* | *a salmon river*

salmonella /ˌsælməˈnelə/ *n* salmonella

sal·on /ˈsælɒn/ *n* [C] **beauty salon** salon piękności, gabinet kosmetyczny

sa·loon /səˈluːn/ *n* [C] **1** saloon **2** *BrE* sedan: *a four-door saloon*

sal·sa /ˈsælsə/ *n* [U] salsa *(taniec południowoamerykański lub pikantny sos)*

salt¹ S2 W3 /sɔːlt/ *n* **1** [U] sól: *Add a pinch of salt* (=szczyptę soli) *to the mixture.* | *Could you pass me the salt, please?* **2 take sth with a pinch/grain of salt** podchodzić do czegoś z rezerwą, traktować coś z przymrużeniem oka **3** *technical* sól *(substancja chemiczna)*

salt² *v* [T] po/solić —**salted** *adj* solony: *salted peanuts*

salt³ *adj* **1** solony: *salt pork* **2** słony: *a salt lake* | *salt water*

'salt ˌcellar *BrE*, **'salt ˌshaker** *AmE n* [C] solniczka

salt·wa·ter /ˈsɔːltˌwɔːtə/ *adj* morski: *saltwater fish*

salt·y /ˈsɔːlti/ *adj* słony, słonawy THESAURUS TASTE

sa·lute¹ /səˈluːt/ *v* [I,T] za/salutować

salute² *n* [C] **1** honory (wojskowe) **2** salut: *a 21-gun salute*

sal·vage¹ /ˈsælvɪdʒ/ *v* [T] ocalić, u/ratować: *Farmers are trying to salvage their wheat after the heavy rains.*

salvage² *n* [U] ratunek, ocalenie: *a salvage operation* (=akcja ratunkowa)

sal·va·tion /sælˈveɪʃən/ *n* [U] **1** zbawienie **2** ratunek, wybawienie: *Donations of food and clothing have been the salvation of the refugees.*

Salˌvation 'Army *n* **the Salvation Army** Armia Zbawienia

salve¹ /sælv/ *n* [C,U] maść, balsam: *lip salve*

salve² *v* [T] **salve your conscience** uspokoić swoje sumienie

same S1 W1 /seɪm/ *adj, pron* **1 the same** ten sam: *They go to the same place for their vacation every summer.* | *Kim's birthday and Roger's are on the same day.* **2 the**

S

same taki sam: **the same ... as** (=taki sam ... jak): *She does the same job as I do, but in a bigger company.* | **look/taste the same** (=wyglądać/smakować tak samo): *Classical music all sounds the same to me.* **3 at the same time** równocześnie: *How can you type and talk at the same time?* **4 the same old story/excuse** *informal* stara śpiewka: *It's the same old story – his wife didn't understand him.* **5 be in the same boat** jechać na tym samym wózku **6 same here** *spoken* ja też: *"I hate shopping malls." "Same here."*

same·ness /ˈseɪmnəs/ *n* [U] jednostajność

ˈsame-sex *adj* **same-sex marriage/relationship** małżeństwo/związek osób tej samej płci

sam·ple¹ S3 W2 /ˈsɑːmpəl/ *n* [C] próbka: *Do you have a sample of your work?* | *free samples of a new shampoo* | *We asked a sample of 500 college students whether they had ever taken drugs.*

sample² *v* [T] **1** s/próbować: *We sampled several local cheeses.* **2** zakosztować: *Win a chance to sample the exotic nightlife of Paris!*

san·a·to·ri·um /ˌsænəˈtɔːriəm/ *także* **sanitarium** *n* [C] sanatorium

sanc·ti·fy /ˈsæŋktɪfaɪ/ *v* [T] **1** uświęcać, u/sankcjonować: *The law as it is seems to sanctify the use of violence against children.* **2** po/święcić

sanc·ti·mo·ni·ous /ˌsæŋktəˈməʊniəs◂/ *adj* świętoszkowaty: *a long and sanctimonious speech* —**sanctimoniously** *adv* świętoszkowato

sanc·tion¹ /ˈsæŋkʃən/ *n* **1** [U] zezwolenie: *The protest march was held without government sanction.* **2** [C] sankcja: *severe sanctions against those who avoid paying taxes* | *a call for sanctions against countries that use torture*

sanction² *v* [T] *formal* zatwierdzać, u/sankcjonować: *The UN refused to sanction the use of force.*

sanc·ti·ty /ˈsæŋktəti/ *n* **the sanctity of sth** świętość/nienaruszalność czegoś: *the sanctity of marriage*

sanc·tu·a·ry /ˈsæŋktʃuəri/ *n* **1** [C,U] schronienie: *The rebel leader took sanctuary* (=schronił się) *in the French embassy.* **2** [C] rezerwat

sanc·tum /ˈsæŋktəm/ *n* **1 the inner sanctum** *often humorous* sanktuarium, świątynia: *We were only allowed into the director's inner sanctum for a few minutes.* **2** [C] sanktuarium *(w świątyni)*

sand¹ S3 W3 /sænd/ *n* [U] piasek

sand² *v* [T] wy/szlifować papierem ściernym

san·dal /ˈsændl/ *n* [C] sandał: *a pair of leather sandals*

sand·bag¹ /ˈsændbæg/ *n* [C] worek z piaskiem

sandbag² *v* [I,T] **(-gged, -gging)** *AmE* s/torpedować: *Senator Murphy has been accused of sandbagging the investigation.*

sand·bank /ˈsændbæŋk/ *n* [C] piaszczysty brzeg

sand·box /ˈsændbɒks/ *n* [C] *AmE* piaskownica

sand·cas·tle /ˈsændˌkɑːsəl/ *n* [C] zamek z piasku

ˈsand dune *n* [C] wydma

sand·pa·per /ˈsændpeɪpə/ *n* [U] papier ścierny

sand·pit /ˈsændˌpɪt/ *BrE*, **sandbox** *AmE* *n* [C] piaskownica

sand·stone /ˈsændstəʊn/ *n* [U] piaskowiec

sand·storm /ˈsændstɔːm/ *n* [C] burza piaskowa

sand·trap /ˈsændtræp/ *n* [C] *AmE* bunkier *(w grze w golfa)*

sand·wich¹ S2 /ˈsænwɪdʒ/ *n* [C] kanapka, sandwicz: *chicken sandwiches*

sandwich² *v* [T] **be sandwiched between** być wciśniętym pomiędzy: *a motorcycle sandwiched between two vans*

sand·y /ˈsændi/ *adj* piaszczysty: *a sandy beach* | *sandy soil*

sane /seɪn/ *adj* **1** zdrowy na umyśle, przy zdrowych zmysłach →antonim INSANE **2** rozsądny: *a sane solution to a difficult problem*

sang /sæŋ/ *v* czas przeszły od SING

san·i·tar·i·um /ˌsænəˈteəriəm/ *n* [C] sanatorium

san·i·ta·ry /ˈsænətəri/ *adj* **1** sanitarny: *Workers complained about sanitary arrangements at the factory.* **2** higieniczny: *All food is stored under sanitary conditions.*

ˈsanitary ˌtowel *BrE*, **ˈsanitary ˌnapkin** *AmE* *n* [C] podpaska

san·i·ta·tion /ˌsænɪˈteɪʃən/ *n* [U] **1** usuwanie nieczystości **2** warunki sanitarne

san·i·tize /ˈsænətaɪz/ *także* **-ise** *BrE* *v* [T] o/cenzurować

san·i·ty /ˈsænəti/ *n* [U] **1** zdrowy rozsądek: *I went away for the weekend to try and keep my sanity.* **2** zdrowie psychiczne: *He lost his sanity after his children were killed.*

sank /sæŋk/ *v* czas przeszły od SINK

San·ta Claus /ˈsæntə klɔːz/ *także* **Santa** *n* [singular] Święty Mikołaj

S

sap¹ /sæp/ *n* **1** [U] sok *(rośliny)* **2** [C] *informal* frajer, sierota

sap² *v* [T] nadwątlać, nadszarpywać: *The illness sapped her strength.*

sap·ling /ˈsæplɪŋ/ *n* [C] młode drzewko

sap·phire /ˈsæfaɪə/ *n* [C,U] szafir

sap·py /ˈsæpi/ *adj* *AmE* ckliwy: *a sappy love song*

Sa·ran Wrap /səˈræn ræp/ *n* [U] *AmE trademark* folia spożywcza

sar·cas·m /ˈsɑːkæzəm/ *n* [U] sarkazm: *"I'm glad you could make it," said Jim, with heavy sarcasm.*

sar·cas·tic /sɑːˈkæstɪk/ *adj* sarkastyczny: *Do you have to be so sarcastic?* —**sarcastically** /-kli/ *adv* sarkastycznie

sar·dine /sɑːˈdiːn/ *n* [C,U] **1** sardynka **2 be packed like sardines** gnieść się jak sardynki w puszce

sar·don·ic /sɑːˈdɒnɪk/ *adj* sardoniczny

sa·ri /ˈsɑːri/ *n* [C] sari

sash /sæʃ/ *n* [C] **1** szarfa: *a white dress with a blue sash* **2** skrzydło *(okna)*

sass /sæs/ *v* [T] *AmE spoken informal* na/pyskować: *Stop sassing me, young lady!*

sas·sy /ˈsæsi/ *adj* *AmE informal* bezczelny: *a sassy child*

sat /sæt/ *v* czas przeszły i imiesłów bierny od SIT

Sa·tan /ˈseɪtn/ *n* [singular] szatan

sa·tan·ic /səˈtænɪk/ *adj* **1** sataniczny: *satanic rites* **2** szatański: *satanic laughter*

sat·an·is·m /ˈseɪtənɪzəm/ *n* [U] satanizm —**satanist** *n* [C] satanist-a/ka

satch·el /ˈsætʃəl/ *n* [C] tornister

sat·el·lite W3 /ˈsætəlaɪt/ *n* [C] satelita: *a broadcast coming in live by satellite from South Africa*

ˈsatellite ˌdish *n* [C] antena satelitarna

ˌsatellite ˈtelevision *także* **ˌsatellite TˈV** *n* [U] telewizja satelitarna

sat·in /ˈsætɪn/ *n* [U] atłas, satyna

sat·ire /ˈsætaɪə/ *n* [C,U] satyra: *political satire* —**satirical** /səˈtɪrɪkəl/ *adj* satyryczny

sat·ir·ize /ˈsæt/əraɪz/ *także* **-ise** *BrE v* [T] ośmieszać, wyśmiewać: *a movie satirizing the fashion industry*

sat·is·fac·tion W3 /ˌsætəsˈfækʃən/ *n* **1** [C,U] zadowolenie, satysfakcja: *He looked around the room with satisfaction.* | *Both leaders expressed satisfaction with the talks.* **2 to sb's satisfaction** zadowalająco: *I'm not sure I can answer that question to your satisfaction.*

sat·is·fac·to·ry /ˌsætəsˈfæktəri◂/ *adj* **1** dostateczny: *The students are not making satisfactory progress.* **2** zadowalający: *a satisfactory result* —**satisfactorily** *adv* zadowalająco

sat·is·fied S3 /ˈsætəsfaɪd/ *adj* **1** zadowolony: **+with** *Most of our customers are satisfied with the food we provide.* THESAURUS HAPPY **2 satisfied (that)** przekonany, że: *I'm satisfied that he's telling the truth.* THESAURUS SURE

THESAURUS: satisfied

satisfied zadowolony: *The teacher is satisfied with his progress.*

happy [not before noun] zadowolony *(używa się w stylu mniej formalnym)*: *I was very happy with this arrangement.*

pleased [not before noun] zadowolony *(bardzo)*: *I'm pleased with the results.*

content [not before noun] zadowolony *(na tyle, żeby nic nie zmieniać)*: *She seemed content to let Jim do the talking.*

sat·is·fy S3 W2 /ˈsætəsfaɪ/ *v* [T] **1** zadowalać: *She doesn't feel she works hard enough to satisfy her boss.* **2** przekonywać, upewniać: **satisfy sb that** *The evidence isn't enough to satisfy us that he's innocent.* **3** spełniać: *I'm afraid you haven't satisfied the college entrance requirements.*

sat·is·fy·ing /ˈsætəsfaɪ-ɪŋ/ *adj* zadowalający, satysfakcjonujący: *a satisfying career*

sat-nav /ˈsæt næv/ *n* GPS

sat·u·rate /ˈsætʃəreɪt/ *v* [T] **1** nasycać, przesiąkać przez: *The rain saturated the soil* (=ziemia nasiąkła deszczem). **2 be saturated with sth** być nasyconym czymś: *The market is saturated with new products at the moment.* —**saturation** /ˌsætʃəˈreɪʃən/ *n* [U] nasycenie

ˌsaturated ˈfat *n* [C,U] tłuszcz nasycony

Sat·ur·day /ˈsætədi/ (*skrót pisany* **Sat.**) *n* [C,U] sobota

Sat·urn /ˈsætən/ *n* [singular] Saturn

sauce S3 /sɔːs/ *n* [C,U] sos: *spaghetti with tomato sauce*

sauce·pan /ˈsɔːspən/ *n* [C] rondel

sau·cer /ˈsɔːsə/ *n* [C] spodeczek, spodek

sauc·y /ˈsɔːsi/ *adj* wyzywający: *a saucy look*

sau·er·kraut /ˈsaʊəkraʊt/ *n* [U] kapusta kiszona

sau·na /ˈsɔːnə/ *n* [C] sauna: *It's nice to have a sauna after swimming.*

saun·ter /ˈsɔːntə/ *v* [I] przechadzać się: *He sauntered up to her* (=podszedł do niej wolnym krokiem) *and grinned.*

saus·age S3 /ˈsɒsɪdʒ/ *n* **1** [U] kiełbasa **2** [C] kiełbaska: *beef sausages*

ˌsausage ˈroll *n* [C] pasztecik z kiełbasą

sau·té /ˈsəʊteɪ/ *v* [T] u/smażyć *(krótko, w niewielkiej ilości tłuszczu)*

sav·age¹ /ˈsævɪdʒ/ *adj* **1** brutalny: *savage fighting* | *a savage attack on the newspaper industry* **2** ostry, srogi: *savage measures to control begging* —**savagely** *adv* brutalnie, ostro

savage² *n* [C] *old-fashioned* dzikus/ka

savage³ *v* [T] **1** pokiereszować: *The little girl was savaged by the family dog.* **2** odsądzać od czci i wiary: *a movie savaged by the critics*

sav·ag·e·ry /ˈsævɪdʒəri/ *n* [U] bestialstwo

save¹ S1 W1 /seɪv/ *v* **1** [T] u/ratować, ocalić: *The new speed limit should save more lives.* | **save sb/sth from** *Only three people were saved from the fire.* **2** *także* **save up** [I,T] oszczędzać, zaoszczędzić: *I'm saving up to buy a car.* | *Brian's saved $6,000 to put towards a new house.* **3** [T] zaoszczędzić: *We'll save time if we take a taxi.* | *If you could pick up the medicine, it would save me a trip to the pharmacy.* **4** [T] zachowywać, zostawiać (sobie): *Let's save the rest of the pie for later.* **5** *także* **save** sth ↔ **up** [T] zbierać: *She's saving foreign coins for her son's collection.* **6** [T] zajmować: *We'll save you a seat in the theatre.* **7** [I,T] zapisywać *(na dysku)*: *Save all your files before shutting down the system.* **8** [T] o/bronić: *He saved three goals in the first half of the match.* →patrz też **lose/save face** (FACE¹)

save on sth *phr v* [T] oszczędzać: *We turn the heat off at night to save on electricity.*

save² *n* [C] obrona *(gola)*

sav·er /ˈseɪvə/ *n* [C] oszczędzając-y/a

sav·ing S3 W3 /ˈseɪvɪŋ/ *n* **savings** [plural] oszczędności: *He has savings of over $150,000.* | *a savings account*

ˌsaving ˈgrace *n* [C] jedyny plus, jedyna zaleta: *The movie's only saving grace is* (=jedyne, co ratuje ten film, to) *its beautiful scenery.*

ˌsavings and ˈloan associˌation *n* [C] *AmE* kasa mieszkaniowa

sa·viour /ˈseɪvjə/ *BrE*, **savior** *AmE n* **1** [C] zbawca, wybawiciel: *The country is searching for some kind of economic saviour.* **2 the/our Saviour** Zbawiciel

sa·vour /ˈseɪvə/ *BrE*, **savor** *AmE v* [T] rozkoszować się, delektować się: *Drink it slowly and savour every drop.*

sa·vour·y /ˈseɪvəri/ *BrE*, **savory** *AmE adj* pikantny: *a savoury snack* →patrz też UNSAVOURY

saw¹ /sɔː/ czas przeszły od SEE

saw² *n* [C] piła

saw³ *v* [I,T] (**sawed**, **sawed** *or* **sawn** /sɔːn/, **sawing**) prze/piłować: *Dad was outside sawing logs.* | **+off** *We decided to saw off* (=odpiłować) *the lower branches of the apple tree.* THESAURUS CUT

saw·dust /ˈsɔːdʌst/ *n* [U] trociny

saw·mill /ˈsɔːmɪl/ *n* [C] tartak

sax /sæks/ *n* [C] *informal* saksofon

sax·o·phone /ˈsækəsfəʊn/ *n* [C] saksofon

say[1] S1 W1 /seɪ/ *v* (**said**, **said**, **saying**3rd person singular, present tense **says**) **1** [T] mówić, powiedzieć: *Tell her I said 'hi'.* | *I'm sorry, I didn't hear what you said.* | *Did she say what time to come?* | *What do the instructions say* (=co mówi instrukcja)? | *His expression seems to say* (=jego mina zdaje się mówić, że) *he's not at all pleased.* | **+(that)** *He said he'd call back.* | *The doctor says that I can't go home yet.* **2** [T] wskazywać: *The clock said nine thirty.* **3 to say the least** delikatnie mówiąc: *They weren't very friendly, to say the least.* **4 it goes without saying (that)** to oczywiste, że: *It goes without saying it will be a very difficult job.* **5 say to yourself** *spoken* powiedzieć sobie: *I was worried about it, but I said to myself, "You can do this."* **6** [T] *spoken* powiedzmy, że: *Say you were going to an interview. What would you wear?* **7 you don't say!** *spoken* co ty powiesz!

UWAGA: say i tell

Nie należy mylić wyrazów **say** i **tell** w znaczeniu „powiedzieć". W przeciwieństwie do **say**, **tell** zawsze łączy się z rzeczownikiem lub zaimkiem oznaczajacym osobę, z którą się rozmawia: *He said he was tired.* | *He told me he was tired.* | *She said something.* | *She told me something.* Używając samego **say**, możemy powiedzieć, „co" mówimy: *Please say something*, ale jeśli chcemy powiedzieć, „do kogo" mówimy, musimy użyć przyimka **to**: *Say something to me.* Wyraz **tell** w tym znaczeniu nie wymaga użycia **to**: *What's the problem? Please tell me.* Patrz też **tell**.

say[2] *n* [U singular] **1** głos: *Members felt that they had no say* (=nie mieli nic do powiedzenia) *in the proposed changes.* | **the final say** (=ostatnie słowo): *Who has the final say?* **2 have your say** wypowiedzieć się: *You'll all have the chance to have your say.*

say·ing /ˈseɪ-ɪŋ/ *n* [C] powiedzenie

scab /skæb/ *n* [C] **1** strup **2** *informal* łamistrajk

scaf·fold /ˈskæfəld/ *n* [C] **1** rusztowanie **2** szafot

scaf·fold·ing /ˈskæfəldɪŋ/ *n* [U] rusztowanie

scald /skɔːld/ *v* [T] poparzyć: *The coffee scalded his tongue.*

scald·ing /ˈskɔːldɪŋ/ *adj* gorący: *scalding water*

scale[1] S2 W2 /skeɪl/ *n* **1** [U singular] skala: **large/small scale** *a large/small scale project* | **on a grand scale** (=z rozmachem): *They have built their new house on a grand scale.* **2** [C usually singular] skala: *What scale do they use for measuring wind speed?* | *the Richter scale* | *On a scale from 1 to 10, I'd give it an 8.* **3** [C usually plural] waga: *kitchen scales* | *bathroom scales* (=waga łazienkowa) **4** [C] podziałka: *a ruler with a metric scale* | *a scale of 1 inch to the mile* **5** [C] gama *(w muzyce)*: *to practise scales* **6** [C usually plural] łuska: *fish scales*

scale[2] *v* [T] wdrapywać się na, wspinać się na: *They scaled a 40-foot wall and escaped.*

scal·lop /ˈskæləp/ *n* [C] przegrzebek

scal·loped /ˈskæləpt/ *adj* wrębiasty

scalp[1] /skælp/ *n* [C] skóra głowy, skalp

scalp[2] *v* [T] o/skalpować

scal·pel /ˈskælpəl/ *n* [C] skalpel

scalper /ˈskælpər/ *n AmE* konik: *Tickets to the event were sold by scalpers at five dollars each.*

scal·y /ˈskeɪli/ *adj* **1** pokryty łuską **2** łuszczący się

scam /skæm/ *n* [C] *slang* szwindel, szachrajstwo

scam·per /ˈskæmpə/ *v* [I] po/truchtać: **+in/out/off etc** *A mouse scampered into* (=czmychnęła do) *its hole.*

scam·pi /ˈskæmpi/ *n* [C] *BrE* krewetki panierowane: *scampi and chips*

scan /skæn/ *v* (**-nned**, **-nning**) **1** *także* **scan through** [I,T] przeglądać pobieżnie: *I had a chance to scan through the report on the plane.* **2** [T] obserwować: *Lookouts were scanning the sky for enemy planes.* **3** [T] prześwietlać: *All luggage has to be scanned at the airport.* →patrz też SCANNER

scan·dal /ˈskændl/ *n* [C,U] skandal: *a scandal involving several important politicians* | *Reporters are always looking for scandal and gossip.*

scan·dal·ize /ˈskændəlaɪz/ *także* **-ise** *BrE v* [T] z/bulwersować: *a crime that has scandalized the entire city*

scan·dal·ous /ˈskændələs/ *adj* skandaliczny: *scandalous behaviour*

scan·ner /ˈskænə/ *n* [C] *technical* skaner

scant /skænt/ *adj* niewielki: *After two weeks, they had made scant progress.*

scant·y /ˈskænti/ *adj* skąpy: *a scanty breakfast* | *scanty information* —**scantily** *adv* skąpo: *scantily dressed*

scape·goat /ˈskeɪpgəʊt/ *n* [C] kozioł ofiarny: *I was made the scapegoat for anything that went wrong.*

scar[1] /skɑː/ *n* **1** [C] blizna, szrama: *The operation left a terrible scar.* **2** [C usually plural] piętno: *Both countries bear the scars of last year's war.*

scar[2] *v* [T] (**-rred**, **-rring**) **1 be scarred** mieć blizny: **be scarred for life** (=mieć trwałe blizny): *The fire had left him scarred for life.* **2** wywołać uraz: **scar sb for life** *Something like that would scar a kid for life* (=wywołałoby u dziecka uraz na całe życie).

scarce /skeəs/ *adj* skąpy, niewystarczający: *Food is becoming scarce* (=zaczyna brakować jedzenia) *in the cities.*

scarce·ly /ˈskeəsli/ *adv* prawie wcale (nie): *She spoke scarcely a word* (=prawie ani słowa) *in English.* | *Their teaching methods have scarcely changed* (=prawie się nie zmieniły) *in the last 100 years.* | **can scarcely do sth** *Owen is really angry, and you can scarcely blame him* (=i trudno go za to winić).

scar·ci·ty /ˈskeəsəti/ *n* [C,U] niedostatek, niedobór: **+of** *a scarcity of clean water and medical supplies*

scare[1] /skeə/ *v* [T] przestraszyć: *I didn't see you there – you scared me!*
scare sb/sth ↔ off/away *phr v* [T] s/płoszyć, odstraszać: *They lit fires to scare away the wild animals.*

scare[2] *n* [singular] **1** strach: **give sb a scare** (=napędzić komuś strachu): *She once gave her parents a big scare by walking off with a stranger.* **2** panika: *Aids has caused such a scare that fewer and fewer people are giving blood.* **3 a bomb scare** alarm bombowy

scare·crow /ˈskeəkrəʊ/ *n* [C] strach na wróble

S

scared S3 /skeəd/ *adj* wystraszony, przestraszony: **be scared (that)** (=bać się, że): *We were scared that something terrible might happen.* | **be scared of** *She's always been scared of flying.* | **be scared stiff/scared to death** (=bać się śmiertelnie): *There was one teacher all the kids were scared stiff of.*

scarf /skɑːf/ *n* [C] (plural **scarves** /skɑːvz/ *or* **scarfs**) **1** szal, szalik **2** chustka, apaszka

scar·let /ˈskɑːlət/ *adj* jasnoczerwony

scar·y /ˈskeəri/ *adj informal* straszny: *a scary movie*

scath·ing /ˈskeɪðɪŋ/ *adj* zjadliwy: *Mr Dewar launched a scathing attack on the Government's plans.*

scat·ter /ˈskætə/ *v* **1** [T] po/rozrzucać: *He scatters his dirty clothes all over the bedroom floor!* **2** [I] rozbiegać się, rozpraszać się: *Guns started firing, and the crowd scattered in terror.* **3** [T] rozpędzać: *The loud noise scattered the birds.*

scat·tered /ˈskætəd/ *adj* **1** rozrzucony, rozproszony: *Toys were scattered all over the floor.* **2** przelotny: *The weather forecast is for scattered showers.*

scav·enge /ˈskævəndʒ/ *v* [I,T] grzebać w śmieciach: *wild dogs scavenging for food* (=w poszukiwaniu jedzenia) —**scavenger** *n* [C] śmiecia-rz/ra

sce·na·ri·o Ac /səˈnɑːriəʊ/ *n* [C] scenariusz: *The worst scenario would be if the college had to close.*

scene S2 W2 /siːn/ *n* [C] **1** scena: *She comes on in Act 2, Scene 3.* | *a love scene* | *Exciting things have been happening on the London music scene.* **2** miejsce (*wypadku, zbrodni*): *Firefighters arrived at the scene within minutes.* | *the scene of the crime* **3** widoczek: *a peaceful country scene* THESAURUS SIGHT **4** [usually singular] scena, widowisko: *Sit down and stop making a scene!* **5 behind the scenes** za kulisami: *You have no idea what goes on behind the scenes.*

sce·ne·ry /ˈsiːnəri/ *n* [U] **1** krajobrazy: *You should visit Norway – the scenery is magnificent!* **2** dekoracje (*w teatrze*)

> **UWAGA: scenery**
>
> Patrz **landscape** i **scenery**.

sce·nic /ˈsiːnɪk/ *adj* malowniczy: *If you have time, take the scenic coastal route.*

scent /sent/ *n* **1** [C] woń, zapach: *the scent of roses* THESAURUS SMELL **2** [C,U] trop: *The fox had disappeared, but the dogs soon picked up the scent.* **3** [C,U] perfumy —**scented** *adj* perfumowany

scep·tic /ˈskeptɪk/ *BrE*, **skeptic** *AmE n* [C] scepty-k/czka

scep·ti·cal /ˈskeptɪkəl/ *BrE*, **skeptical** *AmE adj* sceptyczny: **+about/of** (=co do): *Many scientists remain sceptical about the value of this research.*

scep·ti·cis·m /ˈskeptɪsɪzəm/ *BrE*, **skepticism** *AmE n* [U] sceptycyzm: *scepticism about claims that there may be life on one of Saturn's moons*

sched·ule¹ S2 W3 Ac /ˈʃedjuːl/ *n* **1** [C,U] plan, harmonogram: *I have a very busy schedule this week.* | *We finished the project three weeks ahead of schedule* (=trzy tygodnie przed terminem). **2** [C] *especially AmE* rozkład jazdy **3** [C] wykaz: *a schedule of postal charges*

schedule² S3 Ac *v* [T] **1** za/planować: *The meeting has been scheduled for Friday.* **2 scheduled flight/service** lot rejsowy

scheme¹ S2 W1 Ac /skiːm/ *n* [C] **1** *BrE* program: *a government training scheme for young people* | *a road improvement scheme* **2** plan, projekt: *another of his crazy schemes for making money*

scheme² Ac *v* [I] knuć, spiskować: *She became convinced that the family was scheming against her.*

schiz·o·phre·ni·a /ˌskɪtsəʊˈfriːniə/ *n* [U] schizofrenia —**schizophrenic** /-ˈfrenɪk◂/ *n* [C] schizofreni-k/czka

schol·ar /ˈskɒlə/ *n* [C] **1** uczon-y/a, naukowiec: *a Latin scholar* **2** stypendyst-a/ka

schol·ar·ly /ˈskɒləli/ *adj* **1** naukowy: *a scholarly journal* **2** uczony

schol·ar·ship /ˈskɒləʃɪp/ *n* [C] **1** stypendium **2** [U] nauka

scho·las·tic /skəˈlæstɪk/ *adj* **1** szkolny, dotyczący wyników w nauce: *an excellent scholastic record* **2** scholastyczny

school S1 W1 /skuːl/ *n* **1** [C,U] szkoła: *Which school do you go to?* | *The whole school was sorry when she left.* | *a school trip* (=wycieczka szkolna) *to the Science Museum* | *What are you doing after school* (=po lekcjach)? | *We won't be moving house while the kids are still at school* (=dopóki dzieci chodzą do szkoły). | *She started school* (=poszła do szkoły) *when she was four.* | *the Dutch school of painting* **2** [C] instytut: *She's a lecturer in the school of English.* **3** [C,U] *AmE* akademia, uniwersytet: *If I pass my exams, I'll go to medical school* (=na medycynę). **4 school of thought** teoria: *One school of thought says that red wine is good for you.* **5** [C] ławica: *a school of dolphins*

> **COLLOCATIONS: school**
>
> **verbs**
>
> **to go to school** także **to attend school** *formal I don't want to go to school today.* | *Children there attend school six days a week.*
>
> **to start school** *My little brother starts school next week.*
>
> **to leave school** *What do you want to do when you leave school?*
>
> **school + noun**
>
> **a school teacher** *She became a school teacher.*
>
> **school children** *He gives talks to local school children.*
>
> **a school friend** *I got a letter from an old school friend.*
>
> **the school holidays** *BrE What did you do in the school holidays?*
>
> **the school day** *Most children are tired at the end of the school day.*
>
> **school uniform** *Do you have to wear school uniform?*
>
> **school meals/lunches** także **school dinners** *BrE I hated school meals.*
>
> **the school playground** *We used to play games in the school playground.*
>
> **the school curriculum** *Road safety education is part of the school curriculum.*
>
> **the school bus** *The school bus stops right outside our house.*

school·boy /ˈskuːlbɔɪ/ *n* [C] *especially BrE* uczeń

school·child /ˈskuːltʃaɪld/ *n* [C] (plural **schoolchildren** /-ˌtʃɪldrən/) uczeń/uczennica

school·days /ˈskuːldeɪz/ *n* [plural] lata szkolne

school·girl /ˈskuːlgɜːl/ *n* [C] *especially BrE* uczennica

school·ing /ˈskuːlɪŋ/ *n* [U] nauka, edukacja: *He had only five years of schooling.*

ˈschool ˌleaver *n* [C] *BrE* absolwent/ka szkoły średniej: *a shortage of jobs for school leavers*

ˈschool-leaving ˌage *BrE n* [U] wiek ukończenia nauki szkolnej: *The government is proposing to raise the school-leaving age from 16 to 18.*

school·mas·ter /ˈskuːlˌmɑːstə/ *n* [C] *old-fashioned* nauczyciel

school·mis·tress /ˈskuːlˌmɪstrɪs/ *n* [C] *old-fashioned* nauczycielka

school·teach·er /ˈskuːlˌtiːtʃə/ *n* [C] nauczyciel/ka

sci·ence S1 W1 /ˈsaɪəns/ *n* [U,C] nauka: *developments in science and technology* | **area/field/branch of science** (=dziedzina/gałąź nauki)

ˌscience ˈfiction *n* [U] fantastyka naukowa, science fiction THESAURUS BOOK

sci·en·tif·ic S3 W2 /ˌsaɪənˈtɪfɪk◂/ *adj* naukowy: *scientific discoveries* | *a scientific experiment*

sci·en·tist S3 W2 /ˈsaɪəntɪst/ *n* [C] naukowiec, uczony/a

sci-fi /ˌsaɪ ˈfaɪ◂/ *n* [U] *informal* fantastyka naukowa, science fiction: *I love sci-fi films.*

scin·til·lat·ing /ˈsɪntəleɪtɪŋ/ *adj* błyskotliwy: *a scintillating speech*

scis·sors /ˈsɪzəz/ *n* [plural] nożyczki, nożyce: *a pair of scissors*

scoff /skɒf/ *v* [I] szydzić, natrząsać się: *He scoffed at my suggestions for improving the system.*

scold /skəʊld/ *v* [I,T] s/karcić: *My grandmother was always scolding me for getting my clothes dirty.* —**scolding** *n* [C,U] bura

scone /skɒn/ *n* [C] bułeczka

scoop [1] /skuːp/ *n* [C] **1** łyżka: *an ice cream scoop* (=łyżka do lodów) **2** *także* **scoopful** /-fʊl/ łyżka, gałka: *two scoops of sugar* | *three scoops of ice cream* (=trzy gałki lodów) **3** sensacyjna wiadomość

scoop

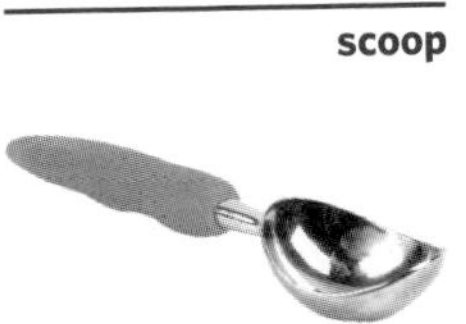

ice cream scoop

scoop [2] *v* [T] wydłubać: *Cut the melon in half and scoop out the seeds.*

scoot /skuːt/ *v* [I] *informal* zmykać: *You kids, get out of here - scoot!*

scoot·er /ˈskuːtə/ *n* [C] **1** skuter **2** hulajnoga

scope W3 Ac /skəʊp/ *n* **1** [singular] zasięg, zakres: *Environmental issues are beyond the scope of this inquiry.* **2** [U] możliwości: *an attractive old house with a lot of scope for improvement*

scorch [1] /skɔːtʃ/ *v* [I,T] przypalać (się), przypiekać (się): *He scorched my favourite shirt with the iron!* —**scorched** *adj* wypalony: *scorched brown grass*

scorch [2] *n* [C] ślad przypalenia

scorch·er /ˈskɔːtʃə/ *n* [C] *informal* upalny dzień: *It's going to be a real scorcher.*

scorch·ing /ˈskɔːtʃɪŋ/ *adj informal* skwarny: *the scorching heat of an Australian summer*

score [1] S2 W2 /skɔː/ *n* [C] **1** wynik: *The final score was 35 to 17.* | *What's the score?* **2** partytura **3 settle a score** wyrównać rachunek: *Jack came back after five years to settle some old scores.* **4 on that score** *spoken* w tym względzie: *We've got plenty of money, so don't worry on that score.*

score [2] S3 W2 *v* [I,T] zdobyć (punkt): *Dallas scored in the final minute of the game.* | *How many goals has he scored this year?* → patrz też SCORES

score·board /ˈskɔːbɔːd/ *n* [C] tablica wyników

scor·er /ˈskɔːrə/ *n* [C] **1** zdobyw-ca/czyni bramki, punktu itp. **2** *także* **score·keep·er** /ˈskɔːˌkiːpə/ *AmE* osoba notująca punkty

scores /skɔːz/ *n* [plural] dziesiątki: *On the playground, scores of children ran and screamed.*

scorn [1] /skɔːn/ *n* [U] pogarda: *Scientists treated the findings with scorn.* —**scornful** *adj* pogardliwy

scorn [2] *v* [T] *formal* gardzić, pogardzać: *young people who scorn the attitudes of their parents*

Scor·pi·o /ˈskɔːpiəʊ/ *n* [C,U] Skorpion

scor·pi·on /ˈskɔːpiən/ *n* [C] skorpion

Scotch /skɒtʃ/ *n* [C,U] whisky *(szkocka)*

ˈScotch tape *n AmE trademark* taśma klejąca: *a roll of Scotch tape*

Scot·land /ˈskɒtlənd/ *n* Szkocja —**Scotsman** *także* **Scot** *n* Szkot —**Scotswoman** *n* Szkotka —**Scottish** /ˈskɒtɪʃ/ *także* **Scots** *adj* szkocki

scoun·drel /ˈskaʊndrəl/ *n* [C] *old-fashioned* łotr

scour /skaʊə/ *v* [T] **1** przeszukiwać, przetrząsać: *Archie scoured the town for more yellow roses.* | *I've scoured the newspapers, but I can't find any mention of it.* **2** wy/szorować: *Do you have something I can scour the pan with?*

scourge /skɜːdʒ/ *n* [C] *formal* plaga, zmora: *the scourge of war*

scout [1] /skaʊt/ *n* [C] **1** *także* **boy scout, girl scout** harce-rz/rka, skaut/ka: *He joined the Scouts when he was eleven.* **2 the Scouts** harcerstwo, skauting **3** zwiadowca **4 a talent scout** łowca talentów

scout [2] *także* **scout around** *v* [I] rozglądać się: **+for** *I'm going to scout around for a place to eat.*

scowl /skaʊl/ *v* [I] patrzeć wilkiem: **+at** *What are you scowling at?* —**scowl** *n* [C] nieprzyjazne spojrzenie

scrab·ble /ˈskræbəl/ *v* [I] **scrabble about/around** grzebać: *I was scrabbling around in the bottom of my bag for some money* (=w poszukiwaniu pieniędzy).

scram·ble [1] /ˈskræmbəl/ *v* **1** [I] wdrapywać się: *We scrambled up a rocky slope.* **2** walczyć: **+for** *people scrambling for shelter*

scramble [2] *n* [singular] **1** wspinaczka: *a rough scramble over loose rocks* **2** walka: *a scramble for the best seats*

ˌscrambled ˈeggs *n* [plural] jajecznica

scrap [1] /skræp/ *n* **1** [C] skrawek, kawałek: *If you've got a scrap of paper, I'll write down my address.* THESAURUS PIECE **2** odrobina, krzta: *There's not a scrap of evidence to connect him with the murder.* **3** [U] złom: *The car's not worth fixing - we'll have to sell it for scrap.* → patrz też SCRAPS

scrap [2] *v* [T] (**-pped, -pping**) wyrzucać na złom

scrap·book /ˈskræpbʊk/ *n* [C] album *(na wycinki prasowe)*

S

scrape¹ /skreɪp/ *v* **1** [T] zeskrobywać: *Scrape some of the mud off your boots.* **2** [T] zadrapać: *She fell over and scraped her knee.* | *Careful! You nearly scraped the side of the car!* **3** [I,T] skrobać: *Her fingernails scraped down the blackboard.*

scrape² *n* [C] zadrapanie, zadraśnięcie: *She wasn't seriously hurt – only a few cuts and scrapes.*

scrap·heap /ˈskræphiːp/ *n* **throw sb/sth on the scrapheap** wyrzucić kogoś/coś na śmietnik: *When I lost my job at fifty, I felt I'd been thrown on the scrapheap.*

ˈscrap ˌmetal *n* [U] złom

scrap·py /ˈskræpi/ *adj* **1** niechlujny: *a scrappy, badly written report* | *a scrappy piece of paper* **2** *AmE informal* zaczepny

scraps /skræps/ *n* [plural] resztki *(jedzenia)*: *Save the scraps for the dog.*

scratch¹ S3 /skrætʃ/ *v* [I,T] **1** drapać (się): *Try not to scratch those mosquito bites.* | *My dog scratches at the door when it wants to come in.* **2** zadrapać, podrapać: *Ow! I've scratched my hand on a thorn.* **3** wydrapywać: *People scratch their names on the walls.*

scratch² *n* **1** [C] rysa, zadrapanie: *Where did this scratch on the car come from?* **2 from scratch** od zera: *I deleted the file from the computer by mistake so I had to start again from scratch.* **3 have a scratch** podrapać się: *My back needs a good scratch.*

scratch·y /ˈskrætʃi/ *adj* szorstki, drapiący: *a scratchy pair of wool socks*

S

scrawl /skrɔːl/ *v* [T] na/bazgrać, na/gryzmolić: *a telephone number scrawled on the bathroom wall* —**scrawl** *n* [C,U] bazgroły, gryzmoły: *The notebook was covered in a large black scrawl.*

scraw·ny /ˈskrɔːni/ *adj* wątły, cherlawy: *a scrawny little kid*

scream¹ S3 /skriːm/ *v* [I,T] krzyczeć, wrzeszczeć: *There was a huge bang and people started screaming.* | *Suddenly she screamed, "Look out!"* THESAURUS ▸ SHOUT

UWAGA: scream

Patrz **cry**, **scream** i **shout**.

scream² *n* [C] **1** krzyk, wrzask: *a scream of terror* **2** wycie: *the scream of the jet engines* **3 sth is a scream** *informal* coś jest bardzo śmieszne: *We all dressed up as animals – it was a real scream!*

screech /skriːtʃ/ *v* **1** [I,T] za/piszczeć, za/skrzeczeć: *The police came flying round the corner, tyres screeching and sirens wailing.* | *"Get out of my way!" she screeched.* **2 screech to a halt/stop/standstill** zatrzymać się z piskiem —**screech** *n* [C] pisk

screen¹ S2 W2 /skriːn/ *n* **1** [C,U] ekran: *The sunlight was reflecting off the screen.* | *stars of the silver screen* | *He hates watching himself on screen.* **2** [C] parawan, zasłona: *The nurses will put some screens around your bed.* | *We're planting a screen of trees between the two houses.*

screen² *v* [T] **1** badać, monitorować: *Women over the age of 50 are screened for* (=są badane pod kątem) *breast cancer.* **2** sprawdzać: *People wanting to work with children should be thoroughly screened before a job offer is made.* **3** *także* **screen off** zasłaniać, osłaniać: *You can't see anything – the police have screened off the area.* | *The garden is screened by tall hedges.* **4** wyświetlać: *His new film is being screened on BBC1 tonight.*

screen·play /ˈskriːnpleɪ/ *n* [C] scenariusz

ˈscreen ˌsaver *n* wygaszacz ekranu

screen·writ·er /ˈskriːnˌraɪtə/ *n* [C] scenarzyst-a/ka

screw¹ S3 /skruː/ *n* [C] śruba, wkręt

screw² *v* **1** [T] przykręcać: *Screw the socket onto the wall.* | *Don't forget to screw the top of the jar back on.* **2** *także* **screw up** [T] zmiąć, zgnieść: *Furiously she screwed the letter into a ball and flung it in the bin.* **3** [I,T] *spoken informal* dymać (się)
screw up *phr v* **1 screw up your eyes/face** z/mrużyć oczy **2** [T **screw** sth ↔ **up**] *informal* popieprzyć: *I broke my ankle, so that really screwed up our holiday plans!*

screw·driv·er /ˈskruːˌdraɪvə/ *n* [C] śrubokręt

ˌscrewed ˈup *adj informal* pokręcony, popaprany: *He's not a bad guy, but he's really screwed up.*

scrib·ble /ˈskrɪbəl/ *v* [I,T] na/bazgrać: *I scribbled his address on the back of an envelope.*

script S3 /skrɪpt/ *n* [C] **1** tekst, scenariusz: *Bring your script to rehearsal.* **2** [C,U] pismo: *Arabic script*

script·ed /ˈskrɪptɪd/ *adj* przygotowany/napisany wcześniej *(o przemówieniu, wywiadzie, audycji)*

scrip·ture /ˈskrɪptʃə/ *n* [U] *także* **the Scriptures** *n* [plural C,U] Pismo Święte, Biblia

script·writ·er /ˈskrɪptˌraɪtə/ *n* [C] scenarzyst-a/ka

scroll¹ /skrəʊl/ *n* [C] zwój

scroll² *v* [I,T] przewijać: *Click your mouse here to scroll the text.*

scrooge /skruːdʒ/ *n* [C] *informal* sknera

scrounge /skraʊndʒ/ *v* [T] *informal* **scrounge sth off/from sb** naciągnąć kogoś na coś: *I'll try to scrounge some money off my dad.*

scrub¹ /skrʌb/ *v* [I,T] (**-bbed**, **-bbing**) wy/szorować: *Scrub the board clean.* | *Tom scrubbed at the stain, but it wouldn't come out.*

scrub² *n* **1** [U] roślinność pustynna **2 give sth a scrub** wyszorować coś

scruff /skrʌf/ *n* **by the scruff of the neck** za kark

scruf·fy /ˈskrʌfi/ *adj* niechlujny: *a scruffy kid* | *a scruffy old pair of jeans*

scrum /skrʌm/ *n* [C] młyn(ek) *(w rugby)*

scrunch /skrʌntʃ/ *v*
scrunch sth ↔ up *phr v* [T] z/gnieść: *Scrunch up the paper and pack it round the pots.*

scru·ple /ˈskruːpəl/ *n* [C usually plural] skrupuły: *a ruthless criminal with no scruples*

scru·pu·lous /ˈskruːpjələs/ *adj* **1** skrupulatny: *scrupulous attention to detail* **2** uczciwy: *A less scrupulous person might have been tempted to accept the bribe.* →antonim UNSCRUPULOUS —**scrupulously** *adv* nienagannie: *scrupulously clean*

scru·ti·nize /ˈskruːtənaɪz/ *także* **-ise** *BrE v* [T] analizować, przyglądać się: *Inspectors scrutinize every aspect of the laboratories' activities.*

scru·ti·ny /ˈskruːtɪni/ *n* [U] badanie, analiza: *Close scrutiny of the document showed it to be a forgery.* | *Famous people have to live their lives under constant public scrutiny.*

scu·ba div·ing /ˈskuːbə ˌdaɪvɪŋ/ *n* [U] nurkowanie z aparatem tlenowym

scuff /skʌf/ *v* [T] **1** porysować *(buty, podłogę)* **2 scuff your feet** szurać nogami

scuf·fle /ˈskʌfəl/ *n* [C] starcie: *A policeman was injured in a scuffle with demonstrators yesterday.*

sculp·tor /ˈskʌlptə/ *n* [C] rzeźbia-rz/rka

sculp·ture /ˈskʌlptʃə/ *n* **1** [C,U] rzeźba: *a bronze sculpture by Peter Helzer | an exhibition of modern sculpture* **2** [U] rzeźbiarstwo: *a talent for sculpture | a sculpture class* —**sculptured** *adj* rzeźbiony: *a sculptured pedestal*

scum /skʌm/ *n* **1** [U singular] kożuch *(z brudu, glonów)*: *Green scum covered the old pond.* **2** [C] szuja **3** [U] szumowiny, męty, hołota

scur·ri·lous /ˈskʌrələs/ *adj* obelżywy

scur·ry /ˈskʌri/ *v* [I] po/mknąć: **+along/past/across etc** *a beetle scurried across the path*

scut·tle /ˈskʌtl/ *v* **1** [I] truchtać, drobić: **+across/away/off etc** *crabs scuttling along the beach* **2** [T] zatopić *(zwłaszcza własny statek, żeby nie dostał się w ręce nieprzyjaciela)*

scythe /saɪð/ *n* [C] kosa

SE skrót pisany od SOUTHEAST

sea S2 W1 **Sea** /siː/ *n* [C,U] morze: *the Mediterranean Sea | The boat was heading out to sea. | The speaker stared at the sea of faces in front of him.* | **at sea** (=na morzu): *We spent the next six weeks at sea.* | **by sea** (=statkiem): *It takes longer to send goods by sea, but it's cheaper.*

sea·bed, **sea bed** /ˈsiːbed/ *n* [singular] dno morskie: *a wrecked ship lying on the seabed*

sea·far·ing /ˈsiːˌfeərɪŋ/ *adj* żeglarski, morski, związany z morzem: *a seafaring nation* (=naród żeglarzy)

sea·food /ˈsiːfuːd/ *n* [U] owoce morza

sea·front /ˈsiːfrʌnt/ *n* [C usually singular] nabrzeże, ulica nadbrzeżna: *a hotel on the seafront*

sea·gull /ˈsiːgʌl/ *także* **gull** *n* [C] mewa

sea·horse /ˈsiːhɔːs/ *n* [C] konik morski

seal¹ S3 /siːl/ *n* [C] **1** foka **2** plomba: *Do not use this product if the seal on the bottle is broken.* **3** pieczęć: *The letter had the seal of the Department of Justice at the top.* **4** uszczelka: *The seal has worn and the machine is losing oil.*

seal² *v* [T] **1** *także* **seal up** za/pieczętować: *Many of the tombs have remained sealed since the 16th century.* **2** zaklejać **3 seal a deal/agreement** przypieczętować umowę/porozumienie
seal sth ↔ off *phr v* [T] odgradzać, odcinać dostęp do: *Following a bomb warning, police have sealed off the city centre.*

sealed /siːld/ *adj* zapieczętowany, zaklejony: *Medical dressings are supplied in sealed sterile packs. | a sealed envelope*

ˈsea ˌlevel *n* [U] poziom morza: *The village is 200 feet above sea level.*

ˈsea ˌlion *n* [C] lew morski

seam /siːm/ *n* [C] **1** szew: *The seam on my jeans has split.* **2** pokład: *a rich seam of coal*

sea·man /ˈsiːmən/ *n* [C] (plural **seamen** /-mən/) marynarz

seam·less /ˈsiːmləs/ *adj* płynny, gładki: *The show is a seamless blend of song, dance, and storytelling.*

seam·y /ˈsiːmi/ *adj* ciemny: *the seamy side of the film industry*

se·ance /ˈseɪɑːns/ *n* [C] seans spirytystyczny

sear /sɪə/ *v* [T] po/parzyć: *The food should be hot, but not enough to sear your mouth.* —**seared** *adj* spalony, spieczony →patrz też SEARING

search¹ S3 W2 /sɜːtʃ/ *n* [C usually singular] poszukiwanie: *Hundreds of local people are helping in the search for the missing girl. | the search for the meaning of life* | **in search of** (=w poszukiwaniu): *We set off in search of somewhere to eat.*

search² W3 *v* **1** [I] szukać: *I searched all over the house, but I couldn't find them anywhere.* **2** [T] przeszukiwać, z/rewidować: *We were all searched at the airport.* **3** [I] **search for sth** poszukiwać czegoś: *Scientists have spent years searching for a solution. | animals searching for food*

ˈsearch ˌengine *n* wyszukiwarka

search·ing /ˈsɜːtʃɪŋ/ *adj* wnikliwy, drobiazgowy: *She asked several searching questions about his past.*

search·light /ˈsɜːtʃlaɪt/ *n* [C] reflektor

ˈsearch ˌparty *n* [C] ekipa poszukiwawcza

ˈsearch ˌwarrant *n* [C] nakaz rewizji

sear·ing /ˈsɪərɪŋ/ *adj* **1 searing heat/pain** piekący/palący upał/ból **2 searing criticism** druzgocąca krytyka

sea·shell /ˈsiːʃel/ *n* [C] muszla, muszelka

sea·shore /ˈsiːʃɔː/ *n* **the seashore** brzeg morski →porównaj BEACH, SEASIDE

sea·sick /ˈsiːˌsɪk/ *adj* **be seasick** cierpieć na chorobę morską —**seasickness** *n* [U] choroba morska

sea·side /ˈsiːsaɪd/ *n* **the seaside** wybrzeże: **at the seaside** (=nad morzem): *a day at the seaside* | **seaside resort** (=kurort nadmorski)

sea·son¹ S2 W1 /ˈsiːzən/ *n* [C] **1** pora roku **2** sezon, pora: *the holiday season* | **the rainy/wet/dry season** *The rainy season usually starts in May.* | **the football/baseball etc season** *I hardly ever see him during the cricket season!*

season² *v* [T] doprawiać, przyprawiać: *Season the soup just before serving.*

sea·son·al /ˈsiːzənəl/ *adj* okresowy, sezonowy: *seasonal jobs in the tourist industry*

sea·soned /ˈsiːzənd/ *adj* wytrawny: *seasoned travellers*

sea·son·ing /ˈsiːzənɪŋ/ *n* [C,U] przyprawa, przyprawy

ˈseason ˌticket *n* [C] bilet okresowy

seat¹ S2 W1 /siːt/ *n* [C] **1** siedzenie, miejsce: *the front seat of the car | I've reserved two seats for Saturday night's performance. | a 150-seat airliner* | **take/have a seat** (=usiąść): *Please take a seat, Ms. Carson.* **2** mandat, fotel *(poselski)* **win/lose a seat** (=zdobyć/stracić mandat): *She lost her seat at the last election.*

COLLOCATIONS: seat

verbs

to have a seat *We had seats right at the front of the hall.*

to show sb to their seat *A flight attendant showed them to their seats.*

to go back to/return to your seat *The audience clapped as he returned to his seat.*

to book/reserve a seat *She had booked a seat on a flight from Edinburgh to London.*

S

to save sb a seat (=zająć komuś miejsce) *I'll be a bit late - will you save me a seat?*

adjectives

a seat is taken (=zajęte) *Is this seat taken?*
a free/empty seat *There was an empty seat next to him.*
a good seat *I managed to get a fairly good seat.*

types of seat

the front seat *Can I sit in the front seat, Dad?*
the back/rear seat *Fred was asleep in the back seat.*
the driver's/passenger seat
a front-row seat (=miejsce w jednym z pierwszych rzędów)
a window/an aisle seat (=miejsce przy oknie/przejściu) *I'd prefer a window seat, please.*

seat² *v* [T] **1 be seated a)** siedzieć: *The chairman and senior officials were seated on the platform.* **b)** *spoken formal* usiąść, zająć miejsce: *Would everyone please be seated.* **2** móc pomieścić: *The new Olympic stadium seats over 70,000.*

'seat belt *n* [C] pas bezpieczeństwa

seat·ing /ˈsiːtɪŋ/ *n* [U] miejsca: *a comfortable, modern ferry with seating for 3,000 passengers.*

sea·weed /ˈsiːwiːd/ *n* [U] wodorosty

se·ba·ceous /səˈbeɪʃəs/ *adj technical* łojowy: *sebaceous glands*

sec /sek/ *n* [C] *spoken* chwila, sekunda: *Wait a sec - I'm coming too!*

se·cede /sɪˈsiːd/ *v* [I] *formal* odłączać się: *The southern states wanted to secede from the US in the 1850s.* —**secession** /-ˈseʃən/ *n* [U singular] secesja, odłączenie się

se·clud·ed /sɪˈkluːdɪd/ *adj* odosobniony, ustronny: *a relaxing vacation on a secluded island*

se·clu·sion /sɪˈkluːʒən/ *n* [U] odosobnienie: *He lives in seclusion inside an old castle.*

sec·ond¹ /ˈsekənd/ *number, pron, adj* **1** drugi: *He's just scored his second goal.* | *Joanna's in her second year at university.* | **come/finish second** (=zająć drugie miejsce): *She was disappointed to only come second.* **2 be second to none** nie mieć sobie równych: *The service in our hotel is second to none.* **3 have second thoughts** mieć wątpliwości: *Denise said she wanted them to get married, but now she's having second thoughts.* **4 on second thoughts** *spoken* po namyśle: *I'll have the apple pie ... on second thoughts I think I'll have an ice cream instead.*

second² S1 W2 *n* [C] **1** sekunda: *It takes about 30 seconds for the computer to start up.* **2** *spoken* chwila, sekunda: *Just wait a second and I'll come and help.* | *It'll only take a few seconds.* **3 seconds** towar wybrakowany

second³ *v* [T] popierać: **second a motion/proposal/amendment** (=poprzeć wniosek/propozycję/poprawkę): *Sarah has proposed this motion - do we have someone who will second it?*

se·cond⁴ /sɪˈkɒnd/ *v* [T] *BrE* oddelegować: *Jill's been seconded to the marketing department while David's away.*

sec·ond·a·ry S3 W2 /ˈsekəndəri/ *adj* **1** średni, ponadpodstawowy: *secondary education* **2** drugorzędny: *She regards getting married as being of secondary importance.* **3** wtórny: *a secondary infection*

'secondary ˌschool *n* [C] *especially BrE* szkoła średnia

ˌsecond 'best *adj* drugi w kolejności: *Hunt has the second best scoring record at the club.* —**second best** *n* [U] namiastka

ˌsecond 'class *n* [U] druga klasa

ˌsecond-'class *adj* **1 second-class seat/ticket/carriage** miejsce/bilet/wagon drugiej klasy **2** drugiej kategorii: *They treated us like second-class citizens.* **3 second-class post/stamp** *BrE* poczta/znaczek drugiej klasy

ˌsecond-'guess *v* [T] **1** przewidywać, odgadywać, uprzedzać: *You have to try to second-guess the other team's moves.* **2** *AmE* krytykować po fakcie

sec·ond·hand, second-hand /ˌsekəndˈhænd◂/ *adj* używany: *We bought a cheap, secondhand car.* —**secondhand** *adv* z drugiej ręki: *I bought this book secondhand.*

ˌsecond 'language *n* [C] drugi język, język obcy

sec·ond·ly S3 /ˈsekəndli/ *adv* po drugie: *And secondly, a large number of her poems deal with love.*

ˌsecond 'nature *n* [U] nawyk: *Wearing a seatbelt is second nature to most drivers.*

ˌsecond 'person *n* **the second person** druga osoba → porównaj FIRST PERSON, THIRD PERSON

ˌsecond-'rate *adj* podrzędny: *second-rate hospital care for poor people*

se·cre·cy /ˈsiːkrəsi/ *n* [U] tajemnica: *The operation was carried out in total secrecy.*

se·cret¹ S3 W2 /ˈsiːkrɪt/ *adj* **1** tajny: *a secret plan* | *Don't tell anyone your number - keep it secret* (=trzymaj go w tajemnicy). **2** [only before noun] potajemny, cichy: *a secret admirer* (=cichy wielbiciel) —**secretly** *adv* potajemnie

secret² S3 W3 *n* **1** [C] tajemnica, sekret: *I can't tell you his name. It's a secret.* | **keep a secret** (=dochować tajemnicy): *Can you keep a secret?* **2 in secret** w tajemnicy, potajemnie: *Negotiations are being conducted in secret.*

COLLOCATIONS: secret

verbs

to have a secret *Everyone has secrets.*
to know a secret *Nobody knew her secret.*
to keep a secret *Tell me - I can keep a secret.*
to tell sb a secret *He told me all his secrets.* ⚠ Nie mówi się „say a secret". Mówimy: **tell sb a secret**.
to let sb in on a secret (=wyjawić komuś sekret/tajemnicę) *I'll let you in on a secret. I'm engaged.*
to give away a secret (=zdradzić sekret) *I had to be careful not to give away any secrets.*
to reveal a secret *formal She was sure he would not reveal her secret.*
to discover/find out a secret *He was afraid that someone would discover his secret.*

adjectives

a big secret *Why won't you tell me? What's the big secret?*
sb's little secret *Don't worry - it will be our little secret.*
a closely guarded secret (=pilnie strzeżona tajemnica) *His identity is a closely guarded secret.*
a dark/terrible secret (=mroczna/straszna tajemnica) *I'm sure every family has a few dark secrets.*
a family secret *Their relationship is threatened when he has to reveal a family secret.*

S

a state secret (=tajemnica państwowa) *He was jailed for revealing state secrets.*
sb's secret is safe *Your secret is safe with me* (=nikomu nie powiem).

ˌsecret ˈagent *n* [C] tajn-y/a agent/ka

sec·re·ta·ry S2 W1 /ˈsekrətəri/ *n* [C] **1** sekreta-rz/rka: *The secretary will make an appointment for you.* **2** *także* **Secretary** minister, sekretarz: *the Secretary of Education*

se·crete /sɪˈkriːt/ *v* [T] wydzielać: *a hormone that is secreted into the bloodstream* —**secretion** /-ˈkriːʃən/ *n* [C,U] wydzielina

se·cre·tive /ˈsiːkrətɪv/ *adj* tajemniczy: *Why are you being so secretive about your new girlfriend?*

ˌsecret ˈservice *n* [singular] *BrE* tajne służby, służba wywiadowcza

sect /sekt/ *n* [C] sekta

sec·tar·i·an /sekˈteəriən/ *adj* sekciarski: *sectarian violence*

sec·tion S1 W1 Ac /ˈsekʃən/ *n* [C] **1** część, sekcja: *the sports section of the newspaper | The rocket is built in sections.* **2** przekrój: *a section of a volcano*

sec·tor W1 Ac /ˈsektə/ *n* [C] sektor: *the public sector | the private sector | the former eastern sector of Berlin*

sec·u·lar /ˈsekjələ/ *adj* świecki: *secular education*

se·cure[1] S3 W3 Ac /sɪˈkjʊə/ *adj* **1** pewny: *a secure job* **2** bezpieczny: *The garage isn't a very secure place.* —**securely** *adv* mocno: *securely fastened*

secure[2] W3 Ac *v* [T] **1** zapewniać: *a treaty that will secure peace* **2** przy/mocować: *We secured the boat with a rope.*

se·cu·ri·ty W1 Ac /sɪˈkjʊərəti/ *n* [U] **1** bezpieczeństwo: *airport security checks | Tight security surrounded the President's visit. | Rules can give a child a sense of security.* **2** zabezpieczenie: *financial security | She had to put up her house as security for the loan.* **3 securities** papiery wartościowe

se·dan /sɪˈdæn/ *n* [C] *AmE* sedan

se·date[1] /sɪˈdeɪt/ *adj* stateczny, spokojny

sedate[2] *v* [T] podać środek uspokajający —**sedated** *adj* pod wpływem środków uspokajających —**sedation** /-ˈdeɪʃən/ *n* [U] podanie środka uspokajającego

sed·a·tive /ˈsedətɪv/ *n* [C] środek uspokajający

sed·en·ta·ry /ˈsedəntəri/ *adj* siedzący: *a sedentary job*

sed·i·ment /ˈsedəmənt/ *n* [U singular] osad

se·di·tion /sɪˈdɪʃən/ *n* [U] *formal* działalność wywrotowa —**seditious** *adj* wywrotowy

se·duce /sɪˈdjuːs/ *v* [T] uwodzić —**seduction** /sɪˈdʌkʃən/ *n* [C,U] uwiedzenie

se·duc·tive /sɪˈdʌktɪv/ *adj* **1** uwodzicielski: *a seductive voice* **2** kuszący: *a seductive offer of higher pay*

see S1 W1 /siː/ *v* (**saw**, **seen**, **seeing**) **1** [I,T] widzieć, zobaczyć: *I can't see* (=nie widzę) *without my glasses. | It was too dark to see anything. | I saw a man take the bag and run off. | I saw her in the park yesterday. | You ought to see a doctor.* THESAURUS VISIT **2** [I,T] z/rozumieć: *Do you see how it works? | "Just press the red button." "Oh, I see* (=rozumiem)*." | I can't see the point of* (=nie widzę sensu w) *waiting any longer.* THESAURUS UNDERSTAND **3** [T] oglądać, obejrzeć: *What movie shall we go and see? | Did you see that concert on TV last night?* **4** [T] sprawdzić, zobaczyć: *Plug it in and see if it's working. | I'll see what time the train leaves.* **5** [T] postrzegać: *Fighting on TV can make children see violence as normal.* **6** [T] spotkać się z: *The judge said he had never seen a case like this before.* **7** [T] upewnić się, sprawdzić: *Please see that everything is put back in the right place.* **8** [T] odprowadzać: *Just wait a minute and I'll see you home.* **9 see eye to eye (with sb)** zgadzać się (z kimś): *Ros and her mother don't always see eye to eye.* **10 see you** do zobaczenia: *Okay, I'll see you later. | See you, Ben.* **11 let's see/let me see** niech pomyślę: *Let's see. When did you send it?* **12 I'll/we'll see** zobaczymy: *"Can we go to Disney World this year?" "We'll see."*
see about sth *phr v* [T] załatwić: *Fran went to see about her passport.*
see sb ↔ off *phr v* [T] odprowadzić *(np. na dworzec)*: *We saw her off from Stansted Airport.*
see sb out *phr v* [T] odprowadzić *(do drzwi)*: *No, that's okay, I'll see myself out* (=sam wyjdę).
see through *phr v* [T] **1** [**see through** sb/sth] przejrzeć: *Can't you see through his lies?* **2** [**see** sth **through**] doprowadzić do końca: *Miller is determined to see the project through.*
see to sth *phr v* [T] dopilnować: *We'll see to it that he gets there safely.*

UWAGA: see, watch, look at

Nie należy mylić wyrazów **see**, **watch** i **look at**. **See** używamy wtedy, kiedy coś „widzimy", przypadkiem lub celowo: *I saw an accident on my way to school today. | Have you seen Spielberg's latest film yet?* **Watch** używamy wtedy, kiedy „oglądamy" film, mecz lub inne obfitujące w ruch zdarzenia: *Dad was watching a basketball game on TV.* **Look at** używamy wtedy, kiedy „patrzymy" na ludzi, krajobraz i inne obiekty pozostające w bezruchu: *Look at this old picture of Sally!*

seed[1] S3 W3 /siːd/ *n* (plural **seed** *or* **seeds**) **1** [C,U] nasienie: *Sow the seeds one inch deep in the soil.* **2 (the) seeds of sth** ziarno czegoś: *From the start, the jury had seeds of doubt* (=ziarno wątpliwości) *in their minds.*

seed[2] *v* [T] za/siać

seed·less /ˈsiːdləs/ *adj* bezpestkowy: *seedless grapes*

seed·ling /ˈsiːdlɪŋ/ *n* [C] sadzonka

seed·y /ˈsiːdi/ *adj informal* podejrzany, ciemny: *a bunch of seedy characters* (=ciemnych typów) *| the seedy side of town*

ˌseeing ˈeye ˌdog *n* [C] *AmE* pies przewodnik

seek S2 W1 Ac /siːk/ *v* (**sought**, **sought**, **seeking**) *formal* **1** [I,T] poszukiwać: *The UN is seeking a political solution. | You should seek advice from a lawyer.* **2** [T] s/próbować: *The Governor will not say whether he will seek re-election next year.* | **seek to do sth** (=starać się coś zrobić): *We are seeking to stop such cruelty to farm animals.*

seem S1 W1 /siːm/ *v* [linking verb] **1** wydawać się: *Henry seems a bit upset today.* | **there seems to be ...** (=zdaje się, że jest ...): *There seems to be a problem with the brakes.* | **it seems to me** (=wydaje mi się): *It seems to me that it's a complete waste of time.* **2** zdawać się: *We seem to have taken the wrong road* (=zdaje się, że jedziemy złą drogą).

seem·ing·ly /ˈsiːmɪŋli/ *adv* pozornie: *A seemingly innocent young girl, she is in fact a brutal murderer.*

seen /siːn/ *v* imiesłów bierny od SEE

S

seep /siːp/ *v* [I] sączyć się, przeciekać: *Water was seeping through the ceiling.*

see·saw¹ /ˈsiːsɔː/ *n* [C] huśtawka

seesaw² *v* [I] podlegać wahaniom

seethe /siːð/ *v* [I] **seethe (with anger/indignation)** za/wrzeć (gniewem/oburzeniem): *He walked out of the house, seething with anger.* —**seething** *adj* gniewny

seg·ment /ˈsegmənt/ *n* [C] **1** część: *a large segment of the population* THESAURUS PIECE **2** odcinek

seg·ment·ed /segˈmentɪd/ *adj* podzielony, rozczłonkowany

seg·re·gate /ˈsegrɪgeɪt/ *v* [T] oddzielać, przeprowadzać segregację: *Black and white people were segregated both at home and at work.*

seg·re·gat·ed /ˈsegrɪgeɪtɪd/ *adj* wydzielony

se·gre·ga·tion /ˌsegrɪˈgeɪʃən/ *n* [U] segregacja: *segregation in schools | racial segregation*

seis·mic /ˈsaɪzmɪk/ *adj technical* sejsmiczny

seize W3 /siːz/ *v* [T] **1** chwycić: *Ron seized the child's arm and lifted her to safety.* **2 seize control/power** przejąć kontrolę/władzę: *Rebel soldiers seized control of the embassy.* **3** przechwycić: *Police seized 10 kilos of cocaine.*

sei·zure /ˈsiːʒə/ *n* **1** [U] przechwycenie, przejęcie: *The police say this is their biggest ever seizure of illegal guns.* **2** [C] atak, napad: *a heart seizure*

sel·dom /ˈseldəm/ *adv* rzadko: *Glen seldom eats breakfast.* THESAURUS RARELY

se·lect¹ S2 W2 Ac /səˈlekt/ *v* [T] wybierać: *He was not selected for the team.* THESAURUS CHOOSE

select² Ac *adj formal* ekskluzywny: *a select club | Only a select few* (=tylko garstka wybrańców) *have been invited.*

se·lec·tion S3 W2 Ac /səˈlekʃən/ *n* [C,U] wybór, selekcja: *Selection of candidates for the job will take place next week. | a selection of songs from the show | The store has a wide selection of children's books.*

se·lec·tive Ac /səˈlektɪv/ *adj* **1** wybredny, wymagający: *She's very selective about her clothes.* **2** wybiórczy, selektywny: *the selective breeding of animals*

self S2 W3 /self/ *n* [C,U] (plural **selves** /selvz/) (swoje/własne) ja: *He's starting to feel like his old self* (=zaczyna się czuć dawnym sobą) *again. | a child's sense of self* (=poczucie własnego ja u dziecka)

ˌself-asˈsured *adj* pewny siebie: *He is a very self-assured man.* —**self-assurance** *n* [U] pewność siebie

ˌself-ˈcentred *BrE*, **self-centered** *AmE adj* samolubny

ˌself-ˈconfident *adj* pewny siebie —**self-confidence** *n* [U] pewność siebie

ˌself-ˈconscious *adj* skrępowany: *She feels self-conscious about wearing glasses.*

ˌself-conˈtained *adj* **1** samowystarczalny, kompletny: *a self-contained computer package* **2** *BrE* samodzielny *(np. o mieszkaniu)* **3** zamknięty w sobie

ˌself-conˈtrol *n* [U] samokontrola

ˌself-deˈfence *BrE*, **self-defense** *AmE n* [U] samoobrona, obrona własna: *She shot the man in self-defence.*

ˌself-deˈstructive *adj* autodestrukcyjny

ˌself-ˈdiscipline *n* [U] samodyscyplina

ˌself-emˈployed *adj* **be self-employed** prowadzić własną działalność

ˌself-emˈployment *n* [U] samozatrudnienie

ˌself-esˈteem *n* [U] poczucie własnej wartości, samouznanie

ˌself-ˈevident *adj* oczywisty, zrozumiały sam przez się

ˌself-exˈplanatory *adj* nie wymagający wyjaśnień, zrozumiały sam przez się

ˌself-ˈhelp *n* [U] radzenie sobie samemu

ˌself-ˈimage *n* [singular] własny wizerunek, wyobrażenie siebie

ˌself-imˈposed *adj* narzucony (samemu) sobie

ˌself-inˈdulgent *adj* dogadzający sobie —**self-indulgence** *n* [C,U] dogadzanie sobie

ˌself-inˈflicted *adj* **self-inflicted wound/injury** rana zadana samemu sobie

ˌself-ˈinterest *n* [U] interesowność: *It's sheer self-interest that makes her so kind to her elderly relatives.*

self·ish /ˈselfɪʃ/ *adj* samolubny, egoistyczny: *Why are you being so selfish? | He's a mean and selfish old man.* —**selfishness** *n* [U] samolubstwo, egoizm →antonim UNSELFISH

self·less /ˈselfləs/ *adj* bezinteresowny

ˌself-ˈmade *adj* zawdzięczający wszystko samemu sobie: *a self-made millionaire*

ˌself-ˈpity *n* [U] rozczulanie się nad sobą

ˌself-ˈportrait *n* [C] autoportret

ˌself-posˈsessed *adj* opanowany

ˌself-reˈliant *adj* samodzielny, niezależny

ˌself-reˈspect *n* [U] szacunek dla samego siebie —**self-respecting** *adj* szanujący się: *No self-respecting trade union would give up its right to strike.*

ˌself-ˈrighteous *adj* zadufany (w sobie)

ˌself-ˈsacrifice *n* [U] wyrzeczenie

ˌself-ˈsatisfied *adj* zadowolony z siebie, pełen samozadowolenia

self-ˈservice *adj* samoobsługa: *a self-service restaurant*

ˌself-sufˈficient *adj* samowystarczalny: *a country that is self-sufficient in food*

sell S1 W1 /sel/ *v* (**sold**, **sold**, **selling**) **1** [I,T] sprzedawać: *Do you sell stamps?* | **sell sth for** *We sold the car for $5,000.* | **sell sth to sb** *Scott sold his CD player to a kid at school. | Now we have to try to sell the idea to the viewers.* | **sell sb sth** *Sally's going to sell me her bike.* →porównaj BUY¹ **2** [I,T] sprzedawać się: *Toys based on the movie are really selling. | The CD sold over a million copies in a week.* | **sell at/for** (=kosztować): *The T-shirts sell at £10 each.* **3 be sold on sth** być zachwyconym czymś: *I suggested she should come to stay with us, and she was completely sold on the idea.* **4 sell yourself short** *informal* nisko się cenić

sell sth ↔ off *phr v* [T] wyprzedawać: *The shop is closing and selling everything off at half price.*

sell out *phr v* **1** [T] wyprzedać: **have/be sold out** *I'm sorry, but the tickets are all sold out* (=biletów już nie ma). | **sell out of** *They've sold out of newspapers.* **2** [I,T] *informal* zaprzedać (się)

sell up *phr v* [I] sprzedać wszystko: *The Martins sold up and moved to Florida.*

ˈsell-by date *n* [C] *BrE* **1** data przydatności do spożycia, data ważności **2 be past its sell-by date** *informal* być przebrzmiałym

sell·er /ˈselə/ *n* [C] sprzedawca: *the largest seller of household equipment* →porównaj BUYER, →patrz też BESTSELLER

Sel·lo·tape /ˈseləteɪp/ *n* [U] *BrE trademark* taśma klejąca

sell·out /ˈselaʊt/ *n* [singular] **1** impreza, na którą nie ma już biletów **2** *informal* zaprzedanie się

selves /selvz/ *n* liczba mnoga od SELF

sem·blance /ˈsembləns/ *n* [U singular] pozory: **+of** *I'm just trying to create some semblance of order here.*

se·men /ˈsiːmən/ *n* [U] nasienie, sperma

se·mes·ter /səˈmestə/ *n* [C] *especially AmE* semestr

semi- /semi/ *prefix* pół-: *semidarkness* (=półmrok)

sem·i·breve /ˈsemibriːv/ *n BrE* cała nuta

sem·i·cir·cle /ˈsemiˌsɜːkəl/ *n* [C] półkole: *Could everyone please sit in a semicircle?*

sem·i·co·lon /ˌsemiˈkəʊlən/ *n* [C] średnik

ˌsemi-deˈtached *adj BrE* **semi-detached house** bliźniak *(dom)* THESAURUS HOUSE

semi-detached

semi-detached house

sem·i·fi·nal /ˌsemiˈfaɪnl◂/ *n* [C] półfinał

sem·i·nar /ˈseməna:/ *n* [C] seminarium

sem·i·na·ry /ˈsemənəri/ *n* [C] seminarium (duchowne)

sem·i·pre·cious /ˌsemiˈpreʃəs◂/ *adj* półszlachetny: *semiprecious stones*

Se·mit·ic /səˈmɪtɪk/ *adj* **1** semicki **2** żydowski

sen·ate /ˈsenət/ *n* **the Senate** Senat →porównaj HOUSE OF REPRESENTATIVES

sen·a·tor, **Senator** /ˈsenətə/ *n* [C] senator/ka: *Senator Kennedy*

send S1 W1 /send/ *v* [T] (**sent**, **sent**, **sending**) wysyłać, posyłać: *I sent the letter last week.* | *The UN is sending troops to the region.* | **send sb sth** *I forgot to send Dad a birthday card.* | **send sth back** (=odesłać coś): *She sent back the form immediately.*

send for sb/sth *phr v* [T] posłać po: *She sent for the doctor.*

send in *phr v* [T] [**send** sth ↔ **in**] przysłać, nadesłać: *Did you send in your application?*

send off *phr v* [T] [**send** sth/sb ↔ **off**] wysłać: *Have you sent the cheque off yet?* | *We got sent off to camp every summer.*

send out *phr v* [T] **1** [**send** sb/sth ↔ **out**] rozesłać: *The wedding invitations were sent out weeks ago.* **2** [**send** sth ↔ **out**] wysłać: *The ship sent out an SOS message.*

send up *phr v* [T **send** sb/sth **up**] *BrE informal* s/parodiować

ˈsend-off *n* [C] *informal* pożegnanie: *The team got a great send-off at the airport.*

se·nile /ˈsiːnaɪl/ *adj* zniedołężniały —**senility** /səˈnɪləti/ *n* [U] zniedołężnienie starcze

se·ni·or[1] W2 /ˈsiːniə/ *adj* **1** starszy/wysoki rangą: *a senior officer in the Navy* | *She's senior to you.* **2** starszy: *Senior pupils get special privileges.* →porównaj JUNIOR[1]

senior[2] *n* **1 be five/ten years sb's senior** być starszym od kogoś o pięć/dziesięć lat **2** [C] *AmE* **a)** uczeń/uczennica ostatniej klasy **b)** student/ka ostatniego roku →porównaj JUNIOR[2] **3** [C] *AmE* emeryt/ka

ˌsenior ˈcitizen *n* [C] emeryt/ka

ˌsenior ˈhigh school *n* [C] *AmE* szkoła średnia

se·ni·or·i·ty /ˌsiːniˈɒrəti/ *n* [U] starszeństwo: *Her seniority earned her the promotion.*

sen·sa·tion /senˈseɪʃən/ *n* **1** [U] czucie: *Ian had no sensation in his legs after the accident.* **2** [C] uczucie, wrażenie: *Matt had a burning sensation in his arm.* | *I had the strangest sensation that everything was happening very slowly.* **3** [singular] sensacja: *The announcement caused a sensation.*

sen·sa·tion·al /senˈseɪʃənəl/ *adj* **1** sensacyjny: *a sensational news report of the murder* **2** rewelacyjny: *a sensational finish to the race*

sen·sa·tion·al·is·m /senˈseɪʃənəlɪzəm/ *n* [U] pogoń za sensacją

sense[1] S1 W1 /sens/ *n* **1** [U] rozsądek: *Earl had the sense not to move the injured man.* →porównaj COMMON SENSE **2** [singular] poczucie: *She felt a strong sense of loyalty to him.* **3 make sense** mieć sens: *Do these instructions make any sense to you?* | *It makes sense to take care of your health while you're young.* **4 make sense of** z/rozumieć: *Can you make any sense of this article at all?* **5** [C] zmysł: *Dogs have a very sensitive sense of smell.* **6** [singular] wyczucie: *She has excellent business sense.* | *Bullfighters need to have an excellent sense of timing.* **7 sense of humour** *BrE*, **sense of humor** *AmE* poczucie humoru: *Laura has a great sense of humour.* **8** [C] sens, znaczenie: *Many words have more than one sense.* **9 come to your senses** pójść po rozum do głowy: *I'm glad that Lisa finally came to her senses and went to college.* **10 in a sense/in some senses** w pewnym sensie: *In a sense he's right, but things are more complicated than that.*

sense[2] *v* [T] wyczuwać: *Sandy sensed that David wanted to be alone.*

sense·less /ˈsensləs/ *adj* **1** bezsensowny: *a senseless killing* **2** nieprzytomny: *The ball hit him on the head, and knocked him senseless.*

sen·si·bil·i·ty /ˌsensəˈbɪləti/ *n* [C,U] *formal* **1** uczucia: *The movie was said to upset the sensibilities of the black community.* **2** wrażliwość

sen·si·ble S3 W3 /ˈsensəbəl/ *adj* **1** rozsądny: *a sensible decision* **2** praktyczny: *sensible clothes* —**sensibly** *adv* rozsądnie

sen·si·tive S3 W3 /ˈsensətɪv/ *adj* **1** wrażliwy: *a sensitive and caring person* | *Good teachers are sensitive to their students' needs.* | *sensitive skin* **2** czuły: *sensitive equipment* | *Chrissy is very sensitive about* (=czuła na punkcie) *her weight.* **3** drażliwy: *The interviewer avoided asking questions on sensitive issues.* —**sensitivity** /ˌsensəˈtɪvəti/ *n* [U] wrażliwość, czułość

sen·sor /ˈsensə/ *n* [C] czujnik

sen·so·ry /ˈsensəri/ *adj* czuciowy, sensoryczny

sen·su·al /ˈsenʃuəl/ *adj* zmysłowy: *sensual music*

sen·su·ous /ˈsenʃuəs/ *adj* zmysłowy, przyjemny dla zmysłów: *the sensuous feel of silk*

S

sent /sent/ *v* czas przeszły i imiesłów bierny od SEND

sen·tence¹ S3 W2 /ˈsentəns/ *n* [C] **1** zdanie **2** wyrok: *a ten-year sentence for robbery* THESAURUS PUNISHMENT

sentence² *v* [T] skazywać: *He was sentenced to six years in prison.*

sen·ti·ment /ˈsentəmənt/ *n* [U] sentymenty: *There's no room for sentiment in business.*

sen·ti·ment·al /ˌsentəˈmentl◂/ *adj* sentymentalny: *sentimental love songs | Laurie still gets sentimental about our old house. | The watch had great sentimental value.* —**sentimentality** /ˌsentəmenˈtæləti/ *n* [U] sentymentalizm

sen·try /ˈsentri/ *n* [C] wartowni-k/czka

sep·a·ra·ble /ˈsepərəbəl/ *adj* **be separable (from sth)** dawać się oddzielić (od czegoś) → antonim INSEPARABLE

sep·a·rate¹ S2 W2 /ˈsepərət/ *adj* oddzielny, osobny: *Always keep cooked and raw food separate. | The kids have separate bedrooms. |* **+from** *He keeps his professional life separate from his private life.* —**separately** *adv* oddzielnie, osobno

sep·a·rate² S2 W2 /ˈsepəreɪt/ *v* **1** [I,T] rozdzielać (się), oddzielać (się): *Police moved in to separate the crowd. |* **+from** *Separate the egg yolk from the white. | A screen separates the dining area from the kitchen. |* **+into** *Ms. Barker separated the class* (=podzieliła klasę) *into four groups.* **2** [I] rozejść się: *When did Lyle and Jan separate?*

sep·a·rat·ed /ˈsepəreɪtɪd/ *adj* **be separated** żyć w separacji: *Her parents are separated.* THESAURUS MARRIED

sep·a·ra·tion /ˌsepəˈreɪʃən/ *n* **1** [U] rozdzielenie (się), rozdział: *the separation of powers between Congress and the President* **2** [C,U] rozłąka: *Separation from their parents is very hard on children.* **3** [C] separacja

Sep·tem·ber /sepˈtembə/ (*skrót pisany* **Sept.**) *n* [C,U] wrzesień

sep·tic /ˈseptɪk/ *adj* **1** zakażony, zainfekowany **2** zakaźny, septyczny

sep·ul·chre /ˈsepəlkə/ *n* [C] *literary* grobowiec

se·quel /ˈsiːkwəl/ *n* [C] dalszy ciąg, kontynuacja

se·quence W2 Ac /ˈsiːkwəns/ *n* **1** [C] ciąg, łańcuch: *the sequence of events that led to the war* **2** [C,U] porządek, kolejność: *Two of the pages were out of sequence* (=w złej kolejności).

se·quin /ˈsiːkwɪn/ *n* [C] cekin

Ser·bi·a /ˈsɜːbiə/ *n* Serbia —**Serb** /sɜːb/ *n* Serb/ka —**Serbian** /ˈsɜːbiən/ *adj* serbski

ser·e·nade /ˌserəˈneɪd/ *n* [C] serenada

se·rene /səˈriːn/ *adj* spokojny, pogodny —**serenity** /səˈrenəti/ *n* [U] spokój, pogoda ducha

serf /sɜːf/ *n* [C] chłop pańszczyźniany

ser·geant /ˈsɑːdʒənt/ *n* [C] sierżant

se·ri·al¹ /ˈsɪəriəl/ *n* [C] serial: *He's the star of a popular TV serial.*

serial² *adj* szeregowy: *serial processing on a computer*

ˈserial ˌkiller *n* [C] wielokrotny/seryjny morderca

se·ries S2 W1 Ac /ˈsɪəriːz/ *n* [C] (plural **series**) **1** seria: *There has been a series of accidents along this road.* **2** serial: *a television series about modern art | a new comedy series*

se·ri·ous S1 W1 /ˈsɪəriəs/ *adj* **1** poważny: *a serious illness | a serious person* **2 be serious about** poważnie myśleć o: *John's serious about becoming an actor.* —**seriousness** *n* [U] powaga

THESAURUS: serious

serious poważny: *She had a serious car accident. | Knife crime is a serious problem.*

severe poważny (*problem, kontuzja, szkody*): *Companies face severe financial problems. | He has severe leg injuries. | The fire caused severe damage to the building.*

grave poważny (*sytuacja, zagrożenie*): *The economic situation is very grave. | The soldiers were in grave danger.*

acute dotkliwy: *There is an acute shortage of nurses in many parts of the country. | acute liver failure*

se·ri·ous·ly S2 W2 /ˈsɪəriəsli/ *adv* **1** poważnie: *I'm seriously worried about Ben. | You should think seriously about what I've said. | Seriously, he's going out with Sara.* **2 take sb/sth seriously** brać kogoś/coś poważnie/na serio: *You shouldn't take everything he says so seriously.*

ser·mon /ˈsɜːmən/ *n* [C] kazanie THESAURUS SPEECH → patrz też PREACH

ser·pent /ˈsɜːpənt/ *n* [C] *literary* wąż

ser·rat·ed /sɪˈreɪtɪd/ *adj* ząbkowany

se·rum /ˈsɪərəm/ *n* [C,U] *technical* surowica → porównaj VACCINE

ser·vant W2 /ˈsɜːvənt/ *n* [C] służąc-y/a, sługa

serve¹ S1 W1 /sɜːv/ *v* **1** [T] podawać, serwować: *Dinner is served at eight.* **2** [I] służyć: *Kelly served in the army for three years. | The sofa can also serve as a bed.* **3** [T] obsługiwać: *The new airport will serve several large cities in the north. | Are you being served, Sir?* **4** [T] zaopatrywać: *a single pipeline serving all the houses with water* **5** [T] odsiadywać: *Baxter served a five-year sentence for theft.* **6** [I,T] za/serwować (*np. w tenisie*) **7 it serves him/them right** *spoken* dobrze mu/im tak: *I'm sorry Eddie crashed his car, but it serves him right for driving so fast!*

serve² *n* [C] serwis, serw: *She has a strong serve.*

serv·er /ˈsɜːvə/ *n* [C] serwer

ser·vice¹ S1 W1 /ˈsɜːvɪs/ *n* **1** [U] obsługa: *The food is terrific but the service is very slow. | the customer service department* (=dział obsługi klienta) **2** [C,U] służba: *the National Health Service | the diplomatic service | He retired after 20 years of service.* **3** [C] usługa: *We offer a free information service. | People want good public services.* **4** [C] połączenie: *regular bus services* **5 the services** siły zbrojne **6** [C] nabożeństwo: *the early evening service at St Mark's* **7** [C] serwis, serw **8** [C] przegląd, serwis: *The car is in the garage for a service.*

service² *v* [T] z/robić przegląd: *When did you last have the car serviced* (=kiedy twój samochód był ostatnio na przeglądzie)?

ˈservice ˌcharge *n* [C] *BrE* opłata/dodatek za obsługę

ser·vice·man /ˈsɜːvəsmən/ *n* [C] (plural **servicemen** /-mən/) żołnierz

ˈservice ˌstation *n* [C] stacja obsługi

ser·vice·wom·an /ˈsɜːvəsˌwʊmən/ *n* [C] (plural **servicewomen** /-wɪmɪn/) kobieta-żołnierz, żołnierka

ser·vi·ette /ˌsɜːviˈet/ *n* [C] *BrE* serwetka

ser·vile /ˈsɜːvaɪl/ *adj* służalczy

serv·ing /ˈsɜːvɪŋ/ *n* [C] porcja: *How many servings does the recipe make* (=na ile porcji jest ten przepis)?

ses·sion S2 W2 /ˈseʃən/ *n* [C] **1** sesja: *a question-and-answer session* **2** posiedzenie: *The State Court is now in session.*

set[1] S1 W1 /set/ *v* (**set, set, setting**) **1** [T] wyznaczać: *Have they set a date for the wedding?* | *The target that was set was much too high.* **2** [T] nastawiać: *Set the oven to 180°.* | *Do you know how to set the video recorder?* **3 set fire to sth/set light to sth** podpalić coś: *Vandals set fire to the school.* **4** [T] zadawać: *Did he set you any homework?* **5** [T] umieszczać, ustawiać: *She picked up the ornament and set it on the table.* | *The novel is set* (=akcja powieści rozgrywa się) *in 17th century Japan.* | **set sth down/set down sth** (=położyć/postawić coś): *She set the tray down on the bed.* **6** [I] s/tężeć: *The concrete will set within two hours.* **7** [I] zachodzić: *The sun sets early in winter.* **8 set a record** ustanowić rekord: *Lewis set a new world record in the 100 metres.* **9 set an example** dawać przykład: *It's up to parents to set an example to their children.* **10 set the table** nakrywać do stołu **11 set free/loose** wypuścić: *Hundreds of political prisoners have been set free.* **12 set foot in** postawić stopę w: *Stella had never set foot in a church before.* **13 set to work** zabrać się do pracy: *He set to work clearing up all the mess.* **14** [I] zrastać się: *When will the broken bone set?*
set about sth *phr v* [T] **set about doing sth** zabrać się do czegoś: *Johnny set about improving his Spanish.*
set sb against sb *phr v* [T] napuszczać na (siebie), przeciwstawiać sobie: *a bitter civil war that set brother against brother*
set sth ↔ apart *phr v* [T] wyróżniać: *There was something about her that set her apart from the other women.*
set sth ↔ aside *phr v* [T] **1** odkładać: *I set aside a little money every week.* **2 set aside your differences** odłożyć na bok różnice, zapomnieć o tym, co dzieli
set back *phr v* [T] **1** [**set** sb/sth ↔ **back**] opóźnić: *The accident could set back the Russian space programme by several months.* **2** [**set** sb **back**] kosztować: *Dinner set us back $300.*
set sth ↔ down *phr v* [T] zapisać
set forth *phr v* [I] *literary* ruszyć (w drogę)
set in *phr v* [I] nadchodzić: *Winter was setting in.*
set off *phr v* **1** [I] wyruszyć: *We'd better set off now before it gets dark.* **2** [T **set** sth ↔ **off**] odpalić: *Some kids were setting off fireworks.* **3** [T **set** sth ↔ **off**] wywołać: *The killings set off a storm of protest.*
set out *phr v* **1 set out to do sth** postanowić coś zrobić: *The four men set out to prove their innocence.* THESAURUS ▸ INTEND **2** [I] wyruszyć: *The couple set out for Fresno the next day.* **3** [T **set out** sth] przedstawić, wyłożyć: *You'll find the terms and conditions set out in the agreement.*
set up *phr v* **1** [T **set** sth ↔ **up**] założyć: *In 1976, he set up his own import-export business.* | **set up shop** (=rozpocząć działalność): *Ernest set up shop as a photographer.* **2** [T **set** sth ↔ **up**] za/aranżować: *Do you want me to set up a meeting?* **3** [T **set** sth ↔ **up**] ustawić: *The police set up roadblocks to try to catch the terrorists.* **4** [T **set** sb ↔ **up**] wrobić: *Hudson accused his partners of setting him up.*

set[2] S1 W1 *n* [C] **1** komplet: *a set of dishes* | *a chess set* **2** odbiornik: *a TV set* **3** plan (filmowy): *OK, everybody, quiet on the set!* **4** set: *Murray leads by two sets to one.*

set[3] *adj* **1** ustalony, stały: *We meet at a set time each week.* **2 all set** *spoken* gotowy: *If everyone is all set, we'll start the meeting.* **3 sth is set to happen** coś najprawdopodobniej się stanie: *The band's success story looks set to continue.* **4 set on/upon sth** *informal* zdecydowany na coś **5 set against sth** zdecydowanie przeciwny czemuś: *My parents seemed set against the idea.* **6 be set in your ways** mieć swoje nawyki/przyzwyczajenia **7** położony, umiejscowiony: *The palace is set in the middle of the lake.* **8 set book/text** lektura obowiązkowa

set·back /ˈsetbæk/ *n* [C] krok w tył, komplikacja: *Today's result was a setback, but we can still win the championship.* THESAURUS ▸ PROBLEM

set·tee /seˈtiː/ *n* [C] *BrE* sofa

set·ting W2 /ˈsetɪŋ/ *n* [C usually singular] **1** tło: *London is the setting for his most recent novel.* **2** sceneria: *a mansion in a beautiful parkland setting* **3** ustawienie: *Turn the oven to its highest setting.*

set·tle S2 W2 /ˈsetl/ *v* **1** [T] rozstrzygać: *They asked me to settle the argument.* **2** [I] u/sadowić się: *Dave settled back and turned on the TV.* **3** [T] ustalać: *We need to get everything settled as soon as possible.* **4** [I] osiąść, zamieszkać: *My family finally settled in Los Angeles.* **5** [I] osadzać się: *The sand settled on the bottom of the pond.* **6** [T] u/regulować: *to settle a bill* **7 settle a score** wyrównać rachunki
settle down *phr v* [I] **1** ustatkować się: *My parents want me to settle down and have children.* **2** uspokoić się: *Settle down kids, and eat your dinner.*
settle for sth *phr v* [T] zadowolić się: *We had to settle for the cheapest apartment.*
settle in *phr v* [I] przystosować się, zadomowić się: *Adam seems to have settled in at his new school.*
settle on/upon sth *phr v* [T] zdecydować się na: *They haven't settled on a name for the baby yet.*

set·tled /ˈsetld/ *adj* **1 feel/be settled** czuć się/być na swoim miejscu/u siebie *(w nowym miejscu pracy, zamieszkania itp.)* **2** ustalony, stały: *The weather should be more settled over the weekend.* → porównaj UNSETTLED

set·tle·ment W2 /ˈsetlmənt/ *n* [C] **1** rozstrzygnięcie: *efforts to find a political settlement to the conflict* **2** osada, osiedle: *a Stone Age settlement*

set·tler /ˈsetlə/ *n* [C] osadni-k/czka: *the early settlers in the American West*

ˈset-top ˌbox *n* [C] *BrE* dekoder *(do telewizora)*

ˈset-up *n* [C usually singular] *informal* **1** układ: *What do you think of the new set-up at work?* **2** blef, oszustwo: *I knew immediately that the whole thing was a set-up.*

sev·en /ˈsevən/ *number* siedem

sev·en·teen /ˌsevənˈtiːn◂/ *number* siedemnaście —**seventeenth** *number* siedemnasty

sev·enth[1] /ˈsevənθ/ *number* siódmy

seventh[2] *n* [C] siódma część, jedna siódma

sev·en·ty /ˈsevənti/ *number* **1** siedemdziesiąt **2 the seventies** lata siedemdziesiąte —**seventieth** *number* siedemdziesiąty: *her seventieth birthday*

sev·er /ˈsevə/ *v* [T] *formal* **1** odcinać: *His finger was severed in the accident.* **2** zrywać: *The US severed all ties with Iraq.* —**severance** *n* [U] zerwanie

sev·er·al S1 W1 /ˈsevərəl/ *quantifier* kilka, kilku: *I called her several times on the phone.* | **+ of** *I've talked to several of my students about this.* → porównaj FEW

se·vere S3 W3 /səˈvɪə/ *adj* **1** poważny: *severe head injuries* | *severe problems* THESAURUS ▸ SERIOUS **2** ostry, surowy: *Drug smugglers face severe punishment.*

se·vere·ly /səˈvɪəli/ *adv* **1** poważnie: *Many houses were severely damaged by the storm.* **2** ostro, surowo: *Parents don't punish their children so severely these days.*

sew S3 /səʊ/ *v* [I,T] (**sewed**, **sewn** *or* **sewing**) u/szyć: *Can you sew a button on* (=przyszyć guzik do) *this shirt for me?*
sew sth ↔ up *phr v* [T] zszywać, zaszywać: *I need to sew up this hole in my jeans.*

sew·age /ˈsjuːɪdʒ/ *n* [U] ścieki

sew·er /ˈsjuːə/ *n* [C] ściek

sew·ing /ˈsəʊɪŋ/ *n* [U] szycie

ˈ**sewing maˌchine** *n* [C] maszyna do szycia

sewn /səʊn/ imiesłów bierny od SEW

sex S1 W2 Ac /seks/ *n* **1** [U] seks: **have sex (with sb)** (=kochać się (z kimś)): *How old were you when you first had sex?* **2** [U,C] płeć: *I don't care what sex the baby is.* | **the opposite sex** (=płeć przeciwna): *She finds it difficult to talk to members of the opposite sex.*

sex·is·m Ac /ˈseksɪzəm/ *n* [U] seksizm

sex·ist /ˈseksɪst/ *adj* seksistowski: *I get a lot of sexist comments at work.* —**sexist** *n* [C] seksist-a/ka

ˈ**sex life** *n* [C] życie seksualne/intymne

ˈ**sex ˌsymbol** *n* [C] symbol seksu

sex·u·al S3 W2 Ac /ˈsekʃuəl/ *adj* **1** seksualny: *sexual abuse* **2** płciowy: *sexual stereotypes* —**sexually** *adv* seksualnie, płciowo: *sexually attractive* | *sexually transmitted disease*

S

ˌ**sexual ˈharassment** *n* [U] napastowanie seksualne

ˌ**sexual ˈintercourse** *n* [U] *formal* stosunek płciowy

sex·u·al·i·ty Ac /ˌsekʃuˈæləti/ *n* [U] seksualność

sex·y /ˈseksi/ *adj* seksowny: *A lot of women find him sexy.* | *sexy underwear*

Sgt skrót od SERGEANT

sh, **shh** /ʃ/ *interjection* cyt!, ciii!, sza!

shab·by /ˈʃæbi/ *adj* **1** wytarty, sfatygowany: *a shabby old jacket* **2** niesprawiedliwy: *shabby treatment*

shack¹ /ʃæk/ *n* [C] szałas

shack² *v*
shack up *phr v* [I] *informal* żyć na kocią łapę

shack·le /ˈʃækəl/ *v* [T] **be shackled by sth** mieć czymś związane ręce, być ograniczonym czymś: *a company shackled by debts*

shack·les /ˈʃækəlz/ *n* [plural] kajdany

shade¹ /ʃeɪd/ *n* **1** [U] cień: *They sat in the shade of an oak tree.* **2** [C] abażur, klosz: *a lamp shade* **3** [C] odcień: *a rather unattractive shade of green* | *shades of meaning* **4 a shade** odrobinę: *His brother is a shade taller.*

> **UWAGA: shade**
> Patrz **shadow** i **shade**.

shade² *v* [T] osłaniać, ocieniać: *She used her hand to shade her eyes.*

shades /ʃeɪdz/ *n* [plural] *informal* okulary słoneczne

shad·ow¹ S3 W2 /ˈʃædəʊ/ *n* **1** [C,U] cień: *As the sun set, the shadows became longer.* | *Most of the room was in shadow.* **2 without/beyond a shadow of a doubt** bez cienia wątpliwości: *He's guilty beyond any shadow of a doubt.*

> **UWAGA: shadow i shade**
> Nie należy mylić wyrazów **shadow** i **shade** w znaczeniu „cień". **Shadow** to kształt oświetlonego obiektu widoczny na ziemi lub ścianie: *The setting sun cast long shadows down the beach.* **Shade** to osłonięty obszar, na który nie pada słońce: *It's too hot here. Let's go and find some shade.*

shadow² *v* [T] śledzić: *She was shadowed everywhere by the secret police.*

shad·ow·y /ˈʃædəʊi/ *adj* **1** tajemniczy: *a shadowy figure from his past* **2** cienisty, zacieniony: *a shadowy corner* **3** niewyraźny

shad·y /ˈʃeɪdi/ *adj* **1** cienisty, zacieniony: *a shady spot for a picnic* **2** *informal* podejrzany: *a shady business deal*

shaft /ʃɑːft/ *n* [C] **1** szyb: *an elevator shaft* **2** drzewce: *the shaft of a spear* **3** snop: *a shaft of sunlight*

shag·gy /ˈʃægi/ *adj* **1** zmierzwiony **2** kudłaty

shake¹ S3 W2 /ˈʃeɪkən/ *v* (**shook**, **shaken**, **shaking**) **1** [I,T] trząść (się), potrząsać: *His hands were shaking.* | *Shake the bottle* (=wstrząśnij butelką) *to mix the contents.* **2 shake your head** po/kręcić głową → porównaj NOD **3 shake hands (with sb)** uścisnąć sobie dłonie (z kimś): *We shook hands and said goodbye.* **4** [I] trząść się, drżeć: *I couldn't stop my voice from shaking.* **5** [T] wstrząsnąć: *Mark was clearly shaken by the news.*
shake sb down *phr v* [T] *AmE informal* wymusić pieniądze od → patrz też SHAKEDOWN
shake off *phr v* **1** [T **shake** sth ↔ **off**] pozbyć się: *I can't seem to shake off this cold.* **2** [T **shake** sb ↔ **off**] zgubić *(pościg, ścigającego)* uciec
shake sth ↔ out *phr v* [T] wytrząsać
shake sb/sth ↔ up *phr v* [T] wstrząsnąć: *She was really shaken up by the accident.* → patrz też SHAKE-UP

shake² *n* [C] **1** potrząśnięcie **2** koktajl mleczny

shake·down /ˈʃeɪkdaʊn/ *n* [C] *AmE informal* wymuszenie *(pieniędzy)*

shak·en /ˈʃeɪkən/ imiesłów bierny od SHAKE

ˈ**shake-up** *n* [C] kompletna reorganizacja

shak·y /ˈʃeɪki/ *adj* **1** drżący: *a shaky voice* **2** chwiejny: *a shaky ladder*

shall S1 W1 /ʃəl, ʃæl/ *modal verb especially BrE* **1 I/we shall** wyraża przyszłość: *We shall be on holiday next week* (=w przyszłym tygodniu będziemy na wakacjach). **2 shall I/we?** wyraża sugestię lub pytanie o informację: *Shall I turn on the radio* (=czy mam włączyć radio)? | *Where shall we meet* (=gdzie się spotkamy)?

> **UWAGA: shall i will**
> **Shall** i **will** mają to samo znaczenie, ale zwykle używa się **will** lub formy skróconej **'ll**. **Shall** używane jest w grzecznych propozycjach: *Shall I open the window?*

shal·low /ˈʃæləʊ/ *adj* płytki: *a shallow pool* | *a shallow argument*

shal·lows /ˈʃæləʊz/ *n* **the shallows** płycizna, mielizna

sham /ʃæm/ *n* [singular] pozór, blaga

sham·bles /ˈʃæmbəlz/ *n* [singular] *informal* bałagan, chaos: *The whole evening was a complete shambles.*

shame¹ S2 /ʃeɪm/ *n* **1** [U] wstyd: *He hung his head in shame.* → patrz też ASHAMED **2 it's a shame/what a shame ...** *spoken* szkoda, że ...: *It's a shame you can't come*

GRAMATYKA: Czasownik modalny **shall**

Czasownika **shall** (w przeczeniach: **shan't** lub **shall not**) używamy z pierwszą osobą liczby pojedynczej i mnogiej

1 w czasach przyszłych (wymiennie z **will**) w angielszczyźnie brytyjskiej:
*I **shall** phone you as soon as I get home.*
*We **shan't** be going abroad next summer.*
*It was a moment I **shall** never forget.*

2 w zdaniach pytających, gdy radzimy się kogoś lub proponujemy, że coś zrobimy (w żadnym z tych przypadków nie można użyć **will**):
*My car has been stolen. What **shall** I do now?*
*Where **shall** we go for dinner?*
*It's hot in here. **Shall** I open the window?*

3 w tzw. Question Tags, gdy w zdaniu głównym występuje **Let's**:
*Let's have a picnic, **shall** we?* („A może byśmy urządzili sobie piknik?")
→patrz też **will**, **would**

with us. **3 Shame on you!** *spoken* Wstydź się!, Jak ci nie wstyd!

shame² *v* [T] **1** przynosić wstyd: *He shamed his family by being sent to prison.* **2** zawstydzać

shame·faced /ˌʃeɪmˈfeɪst◂/ *adj* zawstydzony

shame·ful /ˈʃeɪmfəl/ *adj* karygodny, haniebny: *a shameful waste of money* —**shamefully** *adv* karygodnie, haniebnie

shame·less /ˈʃeɪmləs/ *adj* bezwstydny: *a shameless piece of hypocrisy*

sham·poo¹ /ʃæmˈpuː/ *n* [C,U] szampon

shampoo² *v* [T] u/myć *(szamponem)*

shan·dy /ˈʃændi/ *n* [C] piwo z lemoniadą

shan't /ʃɑːnt/ *BrE* forma ściągnięta od 'shall not'

shan·ty town /ˈʃænti taʊn/ *n* [C] slumsy

shape¹ S2 W2 /ʃeɪp/ *n* **1** [C,U] kształt: *a card in the shape of a heart* **2** [C] figura **3 in good/bad/poor shape** w dobrej/złej/kiepskiej formie: *His voice is still in good shape.* **4 in shape/out of shape** w formie/nie w formie: *What do you do to keep in shape?* **5 take shape** nabierać kształtu: *A plan was beginning to take shape in his mind.*

UWAGA: shape

Kiedy opisujemy kształt przedmiotów, nie mówimy „it has a square/circular shape" ani „its shape is square/circular". Mówimy **it is square/circular**.

shape² *v* [T] **1** u/kształtować: *the power of parents to shape a child's personality* **2** u/formować: *Shape the clay into small balls.*

shaped /ʃeɪpt/ *adj* **1 shaped like sth** w kształcie czegoś: *a cloud shaped like a camel* **2 cigar-/heart- etc shaped** w kształcie cygara/serca: *The building is egg-shaped.*

shape·less /ˈʃeɪpləs/ *adj* bezkształtny, nieforemny

shape·ly /ˈʃeɪpli/ *adj* kształtny: *her long, shapely legs*

share¹ S1 W1 /ʃeə/ *v* **1** [I,T] po/dzielić (się): *We haven't got enough books for everyone. Some of you will have to share.* | *I shared a room with her when I was at college.* | *share your problems with someone* **2** także **share out** [T] rozdzielać: *We shared the cake between four of us.* **3** [T] podzielać: *She didn't share my point of view.*

share

sharing

share² S1 W1 *n* **1** [singular] część: *I paid my share of the bill and left.* **2** [C] udział, akcja: **+in** *Shares in Avon Rubber rose by almost 50%.* →porównaj STOCK¹

shareholder /ˈʃeəˌhəʊldə/ *n* udziałowiec, akcjonariusz/ka

shark /ʃɑːk/ *n* [C] rekin

sharp¹ S3 W2 /ʃɑːp/ *adj* **1** ostry: *a sharp knife* | *a sharp turn in the road* | *Blair had to face some sharp criticism from the press.* | *He felt a sharp pain in his chest.* | *a sharp cry* | *a sharp taste* | **razor sharp** (=ostry jak brzytwa) →antonim BLUNT¹ **2** bystry: *a sharp lawyer* **3** gwałtowny: *a sharp rise in profits* **4** *AmE* elegancki **5** ostry, wyraźny: *a sharp photographic image* | *a sharp distinction between first and second class degrees* **6 have a sharp tongue** mieć ostry język **7 F sharp/C sharp** fis/cis **8** o pół tonu za wysoki: *a sharp note* →porównaj FLAT¹ —**sharply** *adv* ostro —**sharpness** *n* [U] ostrość

sharp² *adv* **at 8 o'clock/two-thirty sharp** punktualnie o 8:00/2:30: *I expect you to be here at 10:30 sharp.*

sharp³ *n* [C] nuta z krzyżykiem →porównaj FLAT¹

sharp·en /ˈʃɑːpən/ *v* [I,T] za/ostrzyć (się): *She sharpened all her pencils.*

sharp·en·er /ˈʃɑːpənə/ *n* [C] **1** temperówka: *a pencil sharpener* **2** osełka: *a knife sharpener*

ˌsharp-ˈeyed *adj* bystrooki, spostrzegawczy

shat·ter /ˈʃætə/ *v* **1** [I,T] roztrzaskać (się): *The mirror shattered into a thousand pieces.* **2** [T] z/niweczyć: *An injury shattered his hopes of a baseball career.*

shat·tered /ˈʃætəd/ *adj* zdruzgotany

shat·ter·ing /ˈʃætərɪŋ/ *adj* wstrząsający: *shattering news*

shave¹ S3 /ʃeɪv/ *v* **1** [I,T] o/golić (się): *I cut myself while I was shaving.* | *Do you shave your legs?* | *I've shaved off* (=zgoliłem) *my beard.* **2** [T] ze/strugać: *She shaved the bottom of the door to make it close properly.*

shave² *n* **1 have a shave** o/golić się **2 it was a close shave** niewiele brakowało *(a stałoby się nieszczęście)*

shav·er /ˈʃeɪvə/ *n* [C] **electric shaver** maszynka do golenia, golarka →patrz też RAZOR

shav·ings /ˈʃeɪvɪŋz/ *n* [plural] strużyny, wióry

shawl /ʃɔːl/ *n* [C] chusta, szal

she S1 W1 /ʃiː/ *pron* ona: *"I saw Suzy today." "Oh really, how is she?"*

sheaf /ʃiːf/ *n* [C] (plural **sheaves** /ʃiːvz/) **1** plik: *She had a sheaf of notes in front of her.* **2** snop: *a sheaf of corn*

shear /ʃɪə/ *v* [T] (**sheared**, **sheared** *or* **shorn**, **shearing**) o/strzyc *(owce)*

S

shears /ʃɪəz/ *n* [plural] nożyce, sekator

sheath /ʃi:θ/ *n* [C] pochwa *(na nóż, miecz)*

shed¹ S3 /ʃed/ *n* [C] szopa: *a tool shed*

shed² *v* [T] (**shed**, **shedding**) **1** zrzucać: *trees shedding their leaves in autumn* | *Some snakes shed their skin each year.* | *He needs to shed some weight* (=zrzucić parę kilogramów). **2 shed light on sth** rzucać światło na coś **3 shed tears** ronić łzy

she'd /ʃi:d/ **1** forma ściągnięta od „she had": *She'd forgotten to close the door.* **2** forma ściągnięta od „she would": *Paula said she'd love to come.*

sheen /ʃi:n/ *n* [U singular] połysk

sheep S2 W3 /ʃi:p/ *n* [C] (plural **sheep**) owca →porównaj LAMB

sheep·ish /ˈʃi:pɪʃ/ *adj* zmieszany, zażenowany: *Ernie gave a sheepish grin.* —**sheepishly** *adv* z zażenowaniem

sheer /ʃɪə/ *adj* [only before noun] **1** czysty, najzwyklejszy: *I think I won by sheer luck!* **2** sam: *The impressive thing about Alaska is its sheer size.* **3** stromy: *a sheer cliff*

sheet S1 W2 /ʃi:t/ *n* [C] **1** prześcieradło: *Have you changed the sheets* (=czy zmieniłeś pościel)? **2** kartka, arkusz: *a sheet of paper*

sheik, **sheikh** /ʃeɪk/ *n* [C] szejk

shelf S3 W3 /ʃelf/ *n* [C] (plural **shelves** /ʃelvz/) półka: *two shelves for books*

shell¹ S3 W3 /ʃel/ *n* [C] **1 a)** skorupka, łupina: *eggshell* | *a nutshell* **b)** skorupa: *The turtle put its head into its shell.* **c)** muszla, muszelka: *The sea shore was covered with shells.* **2** pocisk

shell

shell² *v* [T] ostrzeliwać: *The enemy lines were weakened by shelling before the attack.*

she'll /ʃi:l/ forma ściągnięta od „she will": *She'll be here soon.*

shell·fish /ˈʃelˌfɪʃ/ *n* [C,U] (plural **shellfish**) **1** skorupiak, mięczak: *Lobsters* (=homary) *and oysters* (=ostrygi) *are shellfish.* **2** owoce morza: *Do you like shellfish?*

shel·ter¹ W3 /ˈʃeltə/ *n* **1** [C] schron: *an air-raid shelter* **2** [U] schronienie: **take shelter** (=schronić się): *They took shelter under a tree.*

shelter² *v* **1** [I] s/chronić się, s/chować się: *People were sheltering from the rain in doorways.* **2** [T] udzielać schronienia: *families who sheltered Jews from the Nazis*

shel·tered /ˈʃeltəd/ *adj* **1** bezpieczny: *Gina had a sheltered childhood* (=spędziła dzieciństwo pod kloszem). **2** osłonięty: *a sheltered beach*

shelve /ʃelv/ *v* [T] **1** odkładać na później: *The project has been shelved due to lack of funding.* **2** odkładać na półkę

shelves /ʃelvz/ *n* liczba mnoga od SHELF

shelv·ing /ˈʃelvɪŋ/ *n* [U] półki

shep·herd¹ /ˈʃepəd/ *n* [C] pasterz

shepherd² *v* [T] za/prowadzić: *We were shepherded into the dining room by Mrs Clark.*

sher·iff /ˈʃerɪf/ *n* [C] szeryf

sher·ry /ˈʃeri/ *n* [C,U] sherry

she's /ʃi:z/ *spoken* **1** forma ściągnięta od „she is": *She's my little sister.* **2** forma ściągnięta od „she has": *She's invited us all.*

shh /ʃ/ *interjection* sza!

shield¹ /ʃi:ld/ *n* [C] **1** tarcza: *police carrying riot shields* **2** osłona: *The spacecraft is covered in a material that acts as a heat shield.*

shield² *v* [T] osłaniać: *The hat shields your eyes from the sun.*

shift¹ Ac /ʃɪft/ *n* [C] **1** zmiana, zwrot: **+ in** *There's been a big shift in public opinion.* **2** zmiana: *the night shift* **work shifts** pracować na zmiany **3** *AmE* dźwignia zmiany biegów

shift² S3 W3 Ac *v* **1** [T] przesuwać: *Can you help me shift this table?* **2** [I] zmieniać pozycję: *Jane shifted uncomfortably in her seat.* **3** [I,T] zmieniać (się): *Washington's policy appears to have shifted.* **4 shift the blame/responsibility onto** zrzucać winę/odpowiedzialność na: *Don't try to shift the blame onto me.*

shift·y /ˈʃɪfti/ *adj* nie budzący zaufania

shil·ling /ˈʃɪlɪŋ/ *n* [C] szyling

shim·mer /ˈʃɪmə/ *v* [I] migotać, skrzyć się: *a lake shimmering in the moonlight*

shin /ʃɪn/ *n* [C] goleń

shine¹ S3 /ʃaɪn/ *v* (**shone**, **shone**, **shining**) **1** [I] świecić: *The sun shone brightly.* **2** [I] błyszczeć, lśnić: *Dan polished the car until it shone.* | *eyes shining with happiness* **3** [T] po/świecić: *Shine the flashlight over here* (=poświeć tutaj latarką). **4** [I] błyszczeć *(być dobrym)*: *She shone at English Literature.*

shine² *n* [U singular] **1** połysk: *hair with lots of shine* **2 take a shine to sb** *informal* zapałać do kogoś sympatią

shin·gle /ˈʃɪŋgəl/ *n* [U] kamienista plaża

shin·y /ˈʃaɪni/ *adj* błyszczący, lśniący: *shiny leather boots*

ship¹ S2 W2 /ʃɪp/ *n* [C] **1** statek, okręt: *a cruise ship* (=statek wycieczkowy) **2** statek kosmiczny: *a rocket ship*

ship² *v* [T] (**-pped**, **-pping**) przewozić, transportować: *The wine is shipped all over the world.*

ship·ment /ˈʃɪpmənt/ *n* **1** [C] transport: *The first shipment of UN aid arrived yesterday.* **2** [U] przewóz: *the high cost of shipment*

ship·ping /ˈʃɪpɪŋ/ *n* [U] **1** flota: *The canal has been closed to shipping* (=zamknięty dla żeglugi). **2** transport (morski)

ship·wreck¹ /ˈʃɪpˌrek/ *n* [C,U] katastrofa morska: *survivors of a shipwreck*

shipwreck² *v* **be shipwrecked** zostać rozbitkiem

ship·yard /ˈʃɪpˌjɑ:d/ *n* [C] stocznia

shirk /ʃɜ:k/ *v* **1** [T] wymigiwać się od: *They accused him of shirking his duties.* **2** [I] migać się —**shirker** *n* [C] miglanc

shirt S2 W3 /ʃɜ:t/ *n* [C] **a)** koszula **b)** bluzka koszulowa →patrz też T-SHIRT, →porównaj BLOUSE

shirt·sleeves /ˈʃɜ:tsli:vz/ *n* **in your shirtsleeves** w samej koszuli, bez marynarki

shit¹ /ʃɪt/ *interjection* cholera

shit² *n* [U] gówno

shiv·er /ˈʃɪvə/ *v* [I] drżeć, trząść się: *It was so cold that*

S

we were all shivering. —**shiver** *n* [C] ciarki: *A shiver ran down my spine.* —**shivery** *adj* drżący

UWAGA: shiver

Patrz **tremble** i **shiver**.

shoal /ʃəʊl/ *n* [C] ławica

shock[1] S2 W2 /ʃɒk/ *n* **1** [C,U] wstrząs, szok: *The victims are being treated for shock.* | **have/get a shock** (=dostać szoku): *He'll have a shock when he sees the bill.* | **come as a shock to sb** (=być dla kogoś szokiem): *Rob's death came as a complete shock to us.* **2** *także* **electric shock** [C] porażenie (prądem): *I got a shock off the toaster this morning.* **3** [C] wstrząs: *the shock of the earthquake*

shock[2] *v* [T] **1** wstrząsnąć: *The shooting has shocked the entire community.* | *Visitors were shocked by the terrible conditions in the prison.* **2** za/szokować: *The language in the film may shock some people.*

shock·ing S3 /ˈʃɒkɪŋ/ *adj* wstrząsający, szokujący: *a shocking crime*

shod[1] /ʃɒd/ *adj literary* obuty

shod[2] *v* czas przeszły i imiesłów bierny od SHOE[2]

shod·dy /ˈʃɒdi/ *adj* **1** lipny, byle jaki: *Whoever fixed the roof did a shoddy job.* **2** nieuczciwy: *a shoddy trick* —**shoddily** *adv* byle jak

shoe[1] S1 W3 /ʃuː/ *n* [C] **1** but: *a pair of shoes* | *tennis shoes* **2 be in sb's shoes** być w czyjejś skórze: *I'm glad I'm not in his shoes, with all those debts to pay.*

COLLOCATIONS: shoe

verbs

to wear shoes *They were both wearing tennis shoes.*
to have shoes on *She had no shoes on.*
to put your shoes on *I'll just put my shoes on, then we'll go.*
to take your shoes off *He sat down and took off his shoes.*
to slip your shoes on/off (=wsunąć/zsunąć) *She slipped off her shoes and curled up on the sofa.*

types of shoe

high-heeled shoes *He heard the tapping of her high-heeled shoes.*
flat shoes *We'll be doing a lot of walking, so wear flat shoes.*
sensible shoes (=praktyczne) *They were the kind of sensible shoes my mother used to make me wear.*
lace-up shoes (=wiązane) *He bought a pair of brown leather lace-up shoes.*
leather/suede/canvas shoes *his expensive handmade leather shoes*
running/tennis/training etc shoes *Get yourself a good pair of running shoes.*

noun + shoes

a pair of shoes *I need a new pair of shoes.*

shoe[2] *v* [T] podkuwać: *to shoe a horse*

shoe·horn /ˈʃuːhɔːn/ *n* [C] łyżka do butów

shoe·lace /ˈʃuːleɪs/ *n* [C] sznurowadło

shoe·string /ˈʃuːˌstrɪŋ/ *n* [C] **1** *especially AmE* sznurowadło **2 on a shoestring** małym nakładem środków: *a movie made on a shoestring*

shone /ʃɒn/ *v* czas przeszły i imiesłów bierny od SHINE

shoo /ʃuː/ *interjection* (a) sio! —**shoo** *v* [T] przeganiać: *Aunt Betty shooed us out of the kitchen.*

shook /ʃʊk/ *v* czas przeszły od SHAKE

shoot[1] S2 W2 /ʃuːt/ *v* (**shot**, **shot**, **shooting**) **1** [T] **a)** zastrzelić: *One police officer was shot dead* (=został zastrzelony) *in the incident.* **b)** postrzelić: *She pulled out a gun and shot him.* **2** [I,T] strzelać (do): *Please don't shoot!* | *He learned to shoot when he was only three.* **3** [I,T] na/kręcić, s/filmować: *Spielberg is shooting on location* (=kręci w plenerze). **4** [I,T] strzelić: *Murano shot the winning goal just 30 seconds from the end.* **5** [I] *AmE spoken* wal!, strzelaj!: *"I've got a question." "Okay, shoot!"* **6 shoot the breeze** *AmE informal* uciąć sobie gadkę szmatkę
shoot sb/sth ↔ down *phr v* [T] zestrzelić: *Tim's plane was shot down over enemy territory.*
shoot up *phr v* [I] podskoczyć: *Oil prices have shot up.*

shoot[2] *n* [C] **1** sesja zdjęciowa: *a fashion shoot* **2** pęd, kiełek

shoot[3] *interjection AmE* kurczę!: *Oh shoot, I forgot to call up Danny.*

shoot·ing /ˈʃuːtɪŋ/ *n* **1** [C] strzelanina: *Two teenagers were killed in a drive-by shooting.* **2** [U] myślistwo

ˌshooting ˈstar *n* [C] spadająca gwiazda

shop[1] S1 W1 /ʃɒp/ *n* **1** [C] *especially BrE* sklep: *a clothes shop* | *Her brother runs* (=prowadzi) *a sports shop.* **2** [C] warsztat: *a bicycle repair shop* **3** [U] *AmE* zajęcia praktyczno-techniczne: *Doug made this table in shop.* →patrz też **talk shop** (TALK[1])

UWAGA: shop

Shop w znaczeniu „sklep" występuje częściej w angielszczyźnie brytyjskiej, a **store** w amerykańskiej. W angielszczyźnie brytyjskiej **store** pojawia się często w gazetach i sprawozdaniach gospodarczych, zwłaszcza gdy mowa o bardzo dużych sklepach: *All the big stores are open from 8 am till 8 pm.* | *High street stores are getting ready for Christmas.*

shop[2] *v* [I] (**-pped**, **-pping**) robić zakupy: **+for** *I'm shopping for* (=szukam) *a new television.* | **go shopping** (=iść/pójść na zakupy): *Let's go shopping on Saturday.* —**shopper** *n* [C] kupując-y/a, klient/ka
shop around *phr v* [I] porównywać ceny w różnych sklepach: *It's a good idea to shop around before buying a laptop.*

shop·a·hol·ic /ˌʃɒpəˈhɒlɪk◂/ *n* [C] *informal* zakupoholik/czka

ˈshop asˌsistant *n* [C] *BrE* sprzedaw-ca/czyni

ˌshop ˈfloor *n* [singular] **1** hala produkcyjna **2** załoga (zakładu)

shop·keep·er /ˈʃɒpˌkiːpə/ *n* [C] *especially BrE* sklepikarz/rka

shop·lift·ing /ˈʃɒpˌlɪftɪŋ/ *n* [U] kradzież sklepowa —**shoplifter** *n* [C] złodziej/ka sklepow-y/a —**shoplift** *v* [I] kraść w sklepie

shop·ping S2 W3 /ˈʃɒpɪŋ/ *n* [U] zakupy: *Christmas shopping*

UWAGA: shopping

Wyrażenia **go to the shops** i **go to the store** znaczą „iść do sklepu/po zakupy", najczęściej po artykuły spożywcze i inne drobne artykuły. Wyrażenie **go**

S

shopping znaczy „iść na zakupy", zwykle do wielu sklepów, po artykuły takie jak odzież, płyty itp. Nie mówi się „go to shopping". Mówi się **go shopping**.

'shopping cart *n* [C] *AmE* wózek *(w supermarkecie itp.)*

'shopping ˌcentre *BrE*, **shopping center** *AmE n* [C] centrum handlowe

'shopping mall *n* [C] centrum handlowe

shore[1] /ʃɔː/ *n* [C,U] brzeg, wybrzeże: *walking along the shore | a house on the eastern shore of the bay*

UWAGA: shore i coast

Wyraz **coast** oznacza krawędź obszaru przylegającego do morza i używamy go często wtedy, kiedy mówimy o konkretnym miejscu na mapie: *the French coast | the eastern coast of Canada.* Wyraz **shore** oznacza teren przylegający do morza lub jeziora: *We walked along the rocky shore. | the opposite shore.*

shore[2] *v*

shore sth up *phr v* [T] **1** podpierać *(ścianę belką itp.)* **2** wspierać: *The coal industry has been shored up with government money.*

shorn /ʃɔːn/ *v* imiesłów bierny od SHEAR

short[1] S1 W1 /ʃɔːt/ *adj* **1** krótki: *I'm afraid there might be a short delay. | She was here a short time ago* (=niedawno). *| Sophie's got short, blonde hair. | It's only a short distance* (=bardzo niedaleko) *from here to the river.* THESAURUS QUICK **2** niski: *a short, fat man with glasses* **3 sb is short of sth** komuś brakuje czegoś: *I'm a bit short of cash at the moment.* **4 sth is in short supply** czegoś brakuje: *Fresh fruit and vegetables were in short supply.* **5 short for** zdrobnienie od: *Her name's Becky, short for Rebecca.* **6 for short** w skrócie: *It's called the Message Handling System – MHS for short.* **7 in the short term/run** na krótką metę: *These policies will only help us in the short term – in 10 years things will change.* **8 be short with sb** być niemiłym dla kogoś: *Sorry I was so short with you on the phone.* **9 have a short temper** mieć choleryczne usposobienie **10 sb is short of breath** komuś brakuje tchu

short[2] *adv* **everything short of ...** wszystko z wyjątkiem ...: *They've done everything short of cancelling the project.* → patrz też **cut sth short** (CUT[1]), **sb is running short/low of sth** (RUN[1]), **stop short of sth** (STOP)

short[3] *n* **in short** krótko mówiąc, jednym słowem: *In short, I don't think we can do it.*

short·age /'ʃɔːtɪdʒ/ *n* [C,U] brak, niedobór: *food shortages* | **+ of** *a shortage of medicine*

short·bread /'ʃɔːtbred/ *n* [U] herbatnik maślany

ˌshort-'change *v* [T] **1** oszukać, wystawić do wiatru: *Older people looking for work feel they have been short-changed.* **2** wydać za mało reszty

ˌshort 'circuit *n* [C] zwarcie, krótkie spięcie

short·com·ing /'ʃɔːtˌkʌmɪŋ/ *n* [C usually plural] niedostatek, mankament: *shortcomings in the public health system*

ˌshort 'cut *n* [C] skrót: *Let's take a short cut* (=pójdźmy na skróty) *across the park.*

short·en /'ʃɔːtn/ *v* [I,T] skracać (się): *Can you help me shorten this skirt?*

short·fall /'ʃɔːtfɔːl/ *n* [C] niedobór: *shortfalls in the city's budget*

short·hand /'ʃɔːthænd/ *n* [U] stenografia

'short list *n* [C] *BrE* ostateczna lista kandydatów

'short-list *v* **be short-listed** *BrE* znaleźć się na ostatecznej liście kandydatów

short-lived /ˌʃɔːt 'lɪvd◂/ *adj* krótkotrwały: *a short-lived fashion*

short·ly S3 W3 /'ʃɔːtli/ *adv* wkrótce: *I expect him home shortly.* | **shortly before/after** (=krótko przed/po): *The President left for Washington shortly before noon.* THESAURUS SOON

ˌshort-'range *adj* bliskiego/krótkiego zasięgu: *short-range nuclear weapons*

shorts /ʃɔːts/ *n* [plural] **1** szorty, krótkie spodenki: *a pair of tennis shorts* **2** *AmE* slipy

GRAMATYKA: Czasownik modalny **should**

Czasownika modalnego **should** (w przeczeniach: **shouldn't** lub **should not**) używamy najczęściej

1 w znaczeniu „powinienem, powinieneś itd.", np.:
*They **should** work harder.*
*He **should** be here by now.*

2 w połączeniu z bezokolicznikiem typu „perfect" w znaczeniu „powinienem był, powinieneś był itd.", np.:
*Maybe we **should** have waited longer?*
*You **shouldn't** have said that.*

3 w zdaniach warunkowych, w których rozważana jest jakaś hipotetyczna sytuacja:
*I don't think he'll phone again, but if he **should**, what shall I tell him?* („... ale gdyby (jednak) zadzwonił, to co mam mu powiedzieć?")
***Should** you see her at school tomorrow, tell her I wanted to talk to her.* („Gdybyś (przypadkiem) zobaczył ją jutro w szkole, ...")
*Suppose I **should** fail?* („A jeżeli mi się nie uda?")

4 w mowie zależnej, relacjonując prośbę o radę wyrażoną za pomocą **shall**:
*What **shall** I wear?*
*She asked me what she **should** wear.*

5 wyrażając sugestie, żądania, opinie itp.:
*I suggest (that) we **should** postpone the meeting.* („Proponuję, żebyśmy przełożyli zebranie.")
*They demanded that he **should** apologise.* („Zażądali, żeby ich przeprosił.")
It's funny (that) you should say that. I was just thinking the same thing. („Ciekawe, że to mówisz. Właśnie to samo sobie myślałam.")

6 udzielając osobom zaprzyjaźnionym dobrych rad:
*I **should** go if I were you.* („Na twoim miejscu poszedłbym.")
I shouldn't worry about that. Everything will be all right in the end. („Nie martwiłbym się tym. Wszystko będzie dobrze.")

→ patrz też **ought**, **shall**

short·sight·ed, **short-sighted** /ˌʃɔːtˈsaɪtɪd◂/ *adj* krótkowzroczny: *I have to wear glasses for driving because I'm short-sighted.* | *short-sighted planning*

ˌshort ˈstory *n* [C] opowiadanie, nowela

ˌshort-ˈterm *adj* krótkoterminowy: *short-term benefits*

ˈshort wave *n* [U] fale krótkie

shot[1] S2 W2 /ʃɒt/ *n* [C] **1** strzał: *Troops fired a warning shot.* | *the sound of a gun shot* | *Nice shot* (=niezły strzał)! **2** *informal* zastrzyk: *Have you had your flu shot?* **3** ujęcie: *a beautiful shot of the countryside around Prague* **4** *informal* **take/have a shot at** s/próbować swoich sił w: *Marty always wanted to take a shot at acting.* **5 a shot in the arm** zastrzyk wiary we własne siły: *Winning the scholarship was a real shot in the arm for Mike.* **6 like a shot** piorunem: *He jumped up like a shot* (=jak oparzony) *and ran to the door.* → patrz też **BIG SHOT**, **LONG SHOT**

shot[2] *v* czas przeszły i imiesłów bierny od **SHOOT**

shot·gun /ˈʃɒtgʌn/ *n* [C] strzelba, śrutówka

ˈshot put *n* [singular] pchnięcie kulą

should S1 W1 /ʃəd, ʃʊd/ *modal verb* **1** wyraża przypuszczenie: *Yvonne should be back* (=powinna wrócić) *by eight.* | *He's a good cook, so there should be good food* (=powinno być dobre jedzenie). **2** wyraża radę/opinię lub prośbę o nią: *You should see a doctor* (=powinieneś iść do lekarza). | *They should have called the police* (=powinni byli wezwać policję). | *Should I wear my black dress* (=czy mam założyć czarną sukienkę)? **3** *formal* wyraża ewentualność: *Should you decide* (=gdybyś się zdecydował) *to accept the offer, please return the enclosed form.*

shoul·der[1] S2 W2 /ˈʃəʊldə/ *n* [C] **1** ramię, bark: *Andy put his arm around his wife's shoulder.* | *When we asked him what was wrong, he just shrugged his shoulders* (=wzruszył ramionami). **2** *AmE* pobocze

shoulder[2] *v* [T] **shoulder a responsibility/the blame** brać/wziąć na siebie odpowiedzialność/winę: *You can't expect me to shoulder the blame for everything.*

ˈshoulder bag *n* [C] torba na ramię

ˈshoulder blade *n* [C] łopatka *(kość)*

ˈshoulder-length *adj* do ramion: *shoulder-length hair*

shoulder-length

should·n't /ˈʃʊdnt/ *v* forma ściągnięta od „should not": *You shouldn't work so hard.*

should've /ˈʃʊdəv/ *v* forma ściągnięta od „should have": *You should've told me.*

shout[1] S2 W2 /ʃaʊt/ *v* [I,T] krzyczeć, krzyknąć: *Someone shouted, "She's over here!"* | *Two women were shouting at each other outside the supermarket.*
shout sb ↔ down *phr v* [T] zakrzyczeć: *The mayor was shouted down at the meeting.*

UWAGA: shout

Patrz **cry**, **scream** i **shout**.

THESAURUS: shout

shout krzyczeć: *There's no need to shout! I can hear you.* | *I shouted at him to get down off the wall.*
yell wrzeszczeć *(ze złości, bólu, podniecenia)*: *The other driver started yelling at him.* | *The children were yelling with excitement.*
holler *AmE* krzyczeć *(w złości lub żeby zwrócić czyjąś uwagę)*: *I heard someone hollering at me.* | *„Steve, are you there?" Patti hollered up the stairs.*
scream wrzeszczeć, wyć *(ze strachu, złości, niezadowolenia)*: *The baby has been screaming all day.* | *„Let me out!" she screamed.*
call (out) wołać: *I heard someone calling in the distance.* | *„I'm coming!" she called down the stairs.*
cry (out) *written* krzyknąć *(z bólu, przerażenia, rozpaczy)*: *„I don't want to leave," Ari cried.*
shriek piszczeć: *„He's right! He's right!" shrieked Meg.*
raise your voice podnosić głos: *I never heard my father raise his voice.*
cheer wznosić okrzyki, wiwatować: *The crowd cheered when the band came on stage.*

shout[2] *n* [C] krzyk, okrzyk: *She heard a shout and looked up.* | *There were shouts of "More!" from the crowd.*

shove S3 /ʃʌv/ *v* **1** [T] pchnąć: *She shoved him out of the door* (=wypchnęła go za drzwi) *into the street.* **2** [T] *informal* wepchnąć: *Just shove those papers into the drawer for now.* —**shove** *n* [C] popchnięcie: *She gave me a shove* (=popchnęła mnie).

shov·el[1] /ˈʃʌvəl/ *n* [C] łopata, szufla

shovel[2] *v* [I,T] (**-lled**, **-lling** *BrE*; **-led**, **-ling** *AmE*) **1** kopać (łopatą) **2 shovel sth into/onto sth** wpychać/ładować coś do czegoś: *He sat shovelling his dinner into his mouth.*

show[1] S1 W1 /ʃəʊ/ *v* (**showed**, **shown**, **showing**) **1** [T] pokazywać: *All student passes must be shown.* | *The advertisement shows a couple eating ice cream together.* | **show sb sth** *Karen showed us her wedding pictures.* | **show sth to sb** *Is that his letter? Show it to me!* | **show sb where/how/what** *Show the guests where to put their coats.* | *Can you show me what I should do?* | **+(that)** *Their receipt showed that they had already paid.* **2** [T] ukazywać: **+how/what** *The article shows how attitudes have changed in the past few years.* **3** [T] wykazywać, okazywać: *Even after a long hike he showed no signs of being tired.* **4** [T] **show sb somewhere** zaprowadzić kogoś dokądś: *Mrs O'Shea showed us to our rooms.* **5** [I] być widocznym: *His muscles showed beneath his shirt* (=pod koszulą widać było jego mięśnie). | *This shirt really shows the dirt* (=na tej koszuli bardzo widać brud). **6** [T] wyświetlać **7** [I] lecieć *(o filmie)*: *What's showing at the Carlton* (=w kinie Carlton)? **8 show a profit/loss** wykazywać dochód/stratę
show sb ↔ around (sth) *phr v* [T] oprowadzić (po): *Kim will show you around the museum.*
show off *phr v* **1** [I] popisywać się: *Jason's showing off in front of the girls.* **2** [T **show** sth ↔ **off**] po/chwalić się: *The Wilsons are having a party to show off their new house.*
show up *phr v* **1** [I] *informal* pojawić się: *Bill showed up, apologising for being late.* **2** [I] być widocznym: *The doctor said that the bacteria didn't show up* (=nie było widać bakterii) *at first under the microscope.* **3** [T **show** sb ↔ **up**] ośmieszyć: *Why did you have to show me up in front of the whole class?*

S

show² S1 W1 *n* **1** [C] przedstawienie, spektakl: *a new show opening on Broadway* **2** program, show: *a popular TV show* THESAURUS PROGRAMME **3** [C] wystawa, pokaz: *the Chelsea flower show* **4 be on show** być wystawionym: *The photographs will be on show until the end of the month.* **5 for show** na pokaz: *He bought her lots of expensive presents, but she knew they were just for show.* **6 a show of strength/force** pokaz/manifestacja siły: *The army marched through the town in a show of force.* **7 let's get this show on the road** *spoken* (no to) jazda z tym koksem!

'show ˌbusiness *także* **show biz** /ˈʃəʊ bɪz/ *informal n* [U] przemysł rozrywkowy: *She started in show business as a child.*

show·case /ˈʃəʊkeɪs/ *n* [C] wizytówka: *Clapton's new album is a showcase for his talents.*

show·down /ˈʃəʊdaʊn/ *n* [C] ostateczna rozgrywka, rozstrzygające starcie: *a showdown between the top two teams in the league*

show·er¹ S2 /ˈʃaʊə/ *n* [C] **1** prysznic: *Hurry up! I want to take a shower* (=wziąć prysznic). | **be in the shower** (=być pod prysznicem): *The phone always rings when I'm in the shower.* **2** przelotny deszcz: *Showers are expected later today.* **3** grad *(np. kamieni, kul)*: *a shower of sparks*

shower² *v* **1** [I] brać/wziąć prysznic **2 shower sb with sth** obsypywać/zasypywać kogoś czymś: *My mother used to shower the kids with toys and gifts.*

show·er·y /ˈʃaʊəri/ *adj* deszczowy: *a showery day*

show·ing /ˈʃəʊɪŋ/ *n* [C] pokaz, projekcja: *a special showing of Georgia O'Keefe's paintings*

show·man /ˈʃəʊmən/ *n* [C] (plural **showmen** /-mən/) showman —**showmanship** *n* [U] talent estradowy

shown /ʃəʊn/ *v* imiesłów bierny od SHOW

'show-off *n* [C] **be a show-off** popisywać się: *Don't be such a show-off!*

show·piece /ˈʃəʊpiːs/ *n* [C] sztandarowe/pokazowe osiągnięcie

show·room /ˈʃəʊruːm/ *n* [C] salon wystawowy: *a car showroom*

show·y /ˈʃəʊi/ *adj* krzykliwy: *showy clothes*

shrank /ʃræŋk/ *v* czas przeszły od SHRINK

shrap·nel /ˈʃræpnəl/ *n* [U] odłamki

shred¹ /ʃred/ *n* **1** [C usually plural] strzęp: *The kitten had ripped the toy to shreds.* **2 not a shred** ani krzty, ani cienia: *There's not a shred of evidence to prove he's guilty.*

shred² *v* [T] (**-dded**, **-dding**) po/drzeć na strzępy

shred·der /ˈʃredə/ *n* [C] niszczarka (dokumentów)

shrewd /ʃruːd/ *adj* przebiegły, sprytny: *a shrewd businesswoman*

shriek /ʃriːk/ *v* [I,T] piszczeć, wrzeszczeć: *"Stop it!" she shrieked.* THESAURUS SHOUT —**shriek** *n* [C] pisk, wrzask

shrill /ʃrɪl/ *adj* piskliwy: *shrill voices*

shrimp /ʃrɪmp/ *n* [C,U] krewetka, krewetki

shrine /ʃraɪn/ *n* [C] **1** sanktuarium: *the shrine of St Augustine* **2** miejsce kultu: *Elvis Presley's home has become a shrine for thousands of fans.*

shrink¹ /ʃrɪŋk/ *v* [I,T] (**shrank**, **shrunk**, **shrinking**) s/kurczyć (się): *My sweater shrank in the wash.*
shrink from sth *phr v* [T] wzbraniać się przed: *She never shrank from doing her duty.*

shrink² *n* [C] *informal humorous* **1** psychiatra **2** psychoanality-k/czka

shrink·age /ˈʃrɪŋkɪdʒ/ *n* [U] kurczenie się

ˌshrink-'wrapped *adj* pakowany próżniowo

shriv·el /ˈʃrɪvəl/ *także* **shrivel up** *v* (**-lled**, **-lling** *BrE*; **-led**, **-ling** *AmE*) **1** [I,T] s/kurczyć (się), po/marszczyć (się) **2** [I] wysychać, usychać: *The flowers had all shrivelled up.*

shroud¹ /ʃraʊd/ *n* [C] całun

shroud² *v* **shrouded in mist/smoke** spowity mgłą/dymem: *The mountains were shrouded in clouds.*

shrub /ʃrʌb/ *n* [C] krzew, krzak

shrub·be·ry /ˈʃrʌbəri/ *n* [C] krzaki, zarośla

shrug W3 /ʃrʌg/ *v* [I,T] (**-gged**, **-gging**) wzruszać ramionami: *Dan shrugged and went back to what he was doing.* —**shrug** *n* [C] wzruszenie ramion

shrunk /ʃrʌŋk/ *v* czas przeszły od SHRINK

shrunk·en /ˈʃrʌŋkən/ *adj* skurczony: *a shrunken old woman*

shuck /ʃʌk/ *v* [T] *AmE* łuskać *(groch itp.)*

shucks /ʃʌks/ *interjection AmE old-fashioned* niech to!

shud·der /ˈʃʌdə/ *v* [I] wzdrygać się: *Gwen shuddered as she described the man who had attacked her.* —**shudder** *n* [C] dreszcz

shuf·fle /ˈʃʌfəl/ *v* **1** [I] szurać nogami: *The old man shuffled across the room.* **2** [T] przekładać: *Ginny shuffled the papers on her desk.* **3 shuffle your feet** przestępować z nogi na nogę: *Ernie looked nervous and shuffled his feet.* **4** [I,T] po/tasować: *It's Jo's turn to shuffle.*

shun /ʃʌn/ *v* [T] (**-nned**, **-nning**) unikać, stronić od: *He was shunned by the other prisoners.* | *Few politicians shun publicity.*

shunt /ʃʌnt/ *v* [T] przerzucać, przenosić: *She was tired of being shunted from place to place.*

shush /ʃʊʃ/ *interjection* **shush!** *spoken* cicho!, cyt!: *"Shush!" said Tim. "Don't talk so loud."*

shut¹ S1 W2 /ʃʌt/ *v* (**shut**, **shut**, **shutting**) **1** [I,T] zamykać (się): *Do you want me to shut the window?* | *I heard the back door shut.* | *She leaned back and shut her eyes.* | *The park shuts* (=jest zamykany) *at 5.30.* **2** [T] przytrzasnąć, przyciąć: *She shut her skirt in the door and tore it.* **3 shut your mouth/trap/face!** *spoken* zamknij się!
shut down *phr v* **1** [T] wyłączyć: *Three nuclear generators were shut down for safety reasons.* **2** [I] zostać zamkniętym: *The factory will shut down for two weeks this month.*
shut off *phr v* [T] wyłączyć, odciąć: *Don't forget to shut off the gas when you go on holiday.*
shut up *phr v* **1 shut up!** *spoken* zamknij się!: *Just shut up! I'm trying to think.* **2** [T **shut** sb **up**] uciszyć: *Will someone shut that kid up!*

shut² *adj* zamknięty: *Is the door shut?*

shut·down /ˈʃʌtdaʊn/ *n* [C] **1** zamknięcie **2** przerwa

'shut-in *n* [C] *AmE* obłożnie chor-y/a

shut·ter /ˈʃʌtə/ *n* [C] **1** [usually plural] okiennica **2** migawka

shutter

shut·tle¹ /ˈʃʌtl/ *n* [C] **1** regularne połączenie: *the Washington-New York shuttle* **2** prom kosmiczny, wahadłowiec: *the launch of the space shuttle*

shuttle² *v* [T] przewozić: *Passengers are shuttled to and from the hotel by bus.*

shut·tle·cock /ˈʃʌtlkɒk/ *n* [C] lotka *(do badmintona)*

shy¹ /ʃaɪ/ *adj* nieśmiały: *Cal's painfully* (=niesamowicie) *shy.* —**shyly** *adv* nieśmiało —**shyness** *n* [U] nieśmiałość

shy² *v* [I] s/płoszyć się: *My horse shied at the dog, and I fell off.*
shy away from sth *phr v* [T] wzbraniać się od/przed, unikać: *He shies away from contact with women.*

shys·ter /ˈʃaɪstə/ *n* [C] *AmE informal* krętacz/ka

sib·ling /ˈsɪblɪŋ/ *n* [C] **1** *formal* **a)** brat **b)** siostra **2 siblings** rodzeństwo

sic /sɪk/ *adv written* **(sic)** (sic!)

sick¹ S1 W3 /sɪk/ *adj* **1** chory: *Jane's not coming in today – she's sick.* | *a sick child* | *The murders are obviously the work of a sick mind.* THESAURUS ILL **2 be sick** z/wymiotować: *Uh oh, the dog's going to be sick!* **3 sb feels sick** komuś jest niedobrze: *I felt really sick after eating all that popcorn.* **4 be on sick leave** *także* **be off sick** być na zwolnieniu: *Two of his employees were off sick.* **5 be sick (and tired) of sth** *także* **be sick to death of sth** mieć czegoś (serdecznie) dosyć: *I'm sick to death of all this arguing.* **6 it makes me sick** *spoken* niedobrze mi się robi na myśl o tym: *When I hear about people being cruel to animals, it makes me sick.* **7** niesmaczny: *That's a sick joke. I don't find it funny at all.* **8** *formal or literary* **the sick** chorzy: *nurses taking care of the sick and wounded*

UWAGA: sick
Patrz **ill** i **sick**.

sick² *n* [U] *BrE informal* wymiociny

sick·en /ˈsɪkən/ *v* [T] napawać obrzydzeniem: *The idea of organized dog fights sickens me.*

sick·en·ing /ˈsɪkənɪŋ/ *adj* **1** obrzydliwy, napawający obrzydzeniem: *It's sickening to see so many poor people in such a wealthy country.* **2** nieprzyjemny: *His head hit the floor with a sickening crack.*

sick·le /ˈsɪkəl/ *n* [C] sierp

sick·ly /ˈsɪkli/ *adj* **1** chorowity: *a sickly child* THESAURUS ILL **2** mdły: *a sickly smell*

sick·ness /ˈsɪknəs/ *n* [C,U] choroba: *soldiers suffering from hunger and sickness*

side¹ S1 W1 /saɪd/ *n* [C] **1** strona: *the left side of the brain* | *The right side of his face was covered in blood.* | *Jim grew up on Detroit's east side.* | *You can write on both sides of the paper.* | *We need to look at the issue from all sides.* | *I could hear voices coming from the other side of the wall* (=słyszałam głosy dochodzące zza ściany). | *Her father's side of the family* (=jej rodzina ze strony ojca) *is German.* | *Neither side* (=żadna ze stron) *is willing to compromise.* | **by the side of** (=obok): *She lives by the side of a big lake.* | **by/at sb's side** (=przy kimś): *His wife was by his side at all times.* **2 side by side** obok siebie: *They walked together side by side.* **3** bok: *A truck ran into the left side of the bus.* | *She was wounded in her right side.* **4** ściana: *A cube has six sides.* **5 from side to side** z boku na bok: *They sang and danced, swaying from side to side.* **6 from all sides** ze wszystkich stron: *enemy gunfire coming from all sides* **7 be on sb's side** być po czyjejś stronie: *Don't worry, I'm on your side.* **8 on the side** na boku: *He runs a little business on the side.* **9** zbocze: *the side of a hill* **10 on the high/heavy side** *spoken* trochę za wysoki/ciężki **11 a) get on the right side of sb** *informal* odpowiednio kogoś podejść **b) get on the wrong side of sb** *informal* zaleźć komuś za skórę

side² *adj* boczny: *You can leave by the side door.* | *side pockets* | *She lives in a comfortable apartment in a quiet side street.*

side³ *v*
side with sb *phr v* [T] stanąć po stronie: *She always sides with her son against the teachers.*

side·board /ˈsaɪdbɔːd/ *n* [C] niski kredens *(w jadalni)*

side·burns /ˈsaɪdbɜːnz/ *n* [plural] bokobrody

side·car /ˈsaɪdkɑː/ *n* [C] przyczepa *(motocykla)*

ˈside dish *n* [C] dodatek do dania głównego

ˈside efˌfect *n* [C] skutek uboczny: *The most common side effect is a slight fever.*

side·kick /ˈsaɪdˌkɪk/ *n* [C] *informal* pomagier: *Batman's sidekick, Robin*

side·line¹ /ˈsaɪdlaɪn/ *n* **1** [C] dodatkowa praca, robota na boku: *Mark does translation work as a sideline.* **2 on the sidelines** z boku: *There are still buyers on the sidelines waiting to get stocks.* **3 the sidelines** linia boczna *(boiska)*

sideline² *v* [T] **be sidelined** być/zostać wykluczonym: *Their quarterback was sidelined with a knee injury.*

side·long /ˈsaɪdlɒŋ/ *adj* **sidelong look/glance** ukradkowe spojrzenie

side·show /ˈsaɪdʃəʊ/ *n* [C] **1** pomniejsza atrakcja *(np. na jarmarku lub towarzysząca występom cyrku)* **2** impreza towarzysząca

side·step /ˈsaɪdstep/ *v* [T] omijać, obchodzić szerokim łukiem: *Congressman Howell sidestepped questions about his involvement in the affair.*

side·swipe /ˈsaɪdswaɪp/ *v* [T] uderzyć/wjechać w bok *(samochodu)*

side·track /ˈsaɪdtræk/ *v* [T] odwracać uwagę: *I think we're getting sidetracked from the main issue here* (=oddalamy się od głównego tematu).

ˌside-view ˈmirror *n AmE* lusterko boczne

side·walk /ˈsaɪdwɔːk/ *n* [C] *AmE* chodnik

side·ways /ˈsaɪdweɪz/ *adv* **1** bokiem **2** na bok: *Mel's car slid sideways across the icy road.*

sid·ing /ˈsaɪdɪŋ/ *n* [C] *BrE* bocznica

si·dle /ˈsaɪdl/ *v* [I] podchodzić ukradkiem, zbliżać się chyłkiem: **+up/over etc** *Tom sidled up to me with an embarrassed look.*

siege /siːdʒ/ *n* [C,U] oblężenie: *the siege of Vienna* | *a city under siege* (=oblężone miasto) | *Mellor's apartment was soon under siege from* (=zostało wkrótce oblężone przez) *newspaper and TV reporters.*

si·es·ta /siˈestə/ *n* [C] sjesta

S

sieve /sɪv/ *n* [C] sit(k)o —**sieve** *v* [T] przesiewać

sift /sɪft/ *v* [T] **1** przesiewać **2** *także* **sift through** przeglądać: *Police investigators are still sifting through the evidence.*

sigh /saɪ/ *v* [I] wzdychać, westchnąć: *The police inspector sighed and shook his head.* —**sigh** *n* [C] westchnienie: *a sigh of relief*

sight¹ S2 W2 /saɪt/ *n* **1** [U singular] widok: **the sight of** *I can't stand the sight of blood.* | **catch sight of** *We caught sight of* (=mignął nam) *Henry as we turned the corner.* **2** [U] wzrok: *My grandmother is losing her sight.* **3** [C] widok: **the sights** (=atrakcje turystyczne): *The Wrigley Building is one of the most famous sights in Chicago.* **see the sights** zwiedzać: *In the afternoon, you'll get a chance to see the sights.* **4 in/within sight** w zasięgu wzroku, widoczny: *There was nobody in sight* (=nikogo nie było widać). **5 in/within sight of** w pobliżu, nieopodal: *We camped within sight of the beach.* **6 sth is in/within sight** są widoki/jest szansa na coś: *Peace is in sight.* **7 out of sight** poza zasięgiem wzroku, niewidoczny: *Karen waved until the car was out of sight* (=dopóki samochód nie zniknął jej z oczu). **8 lose sight of** s/tracić z oczu: *I think the party has lost sight of its ideals.* **9 sights** [plural] celownik: *the sights of a gun* →patrz też **at first glance/sight** (FIRST¹)

THESAURUS: sight

sight widok: *The waterfall was certainly an impressive sight.*

view widok *(z określonego miejsca, zwłaszcza atrakcyjny)*: *The hotel has spectacular views of the ocean.*

scene widoczek, widok: *a peaceful village scene* | *Imagine the scene – white sand, a beautiful sea, and palm trees bending gently in the breeze.*

panorama panorama: *a panorama of mountains covered in snow*

sight² *v* [T] dostrzec, widzieć: *The missing child was sighted* (=poszukiwane dziecko widziano) *in central Manchester.*

sight·ed /ˈsaɪtɪd/ *adj* obdarzony wzrokiem, widzący

sight·ing /ˈsaɪtɪŋ/ *n* [C] pojawienie się: *UFO sightings*

sight·less /ˈsaɪtləs/ *adj literary* niewidomy

sight·see·ing /ˈsaɪtˌsiːɪŋ/ *n* [U] zwiedzanie: **go sightseeing** *She swam and sunbathed, went sightseeing* (=zwiedzała), *and relaxed.* —**sightseer** *n* [C] zwiedzający/a, turyst-a/ka

sign¹ S3 W2 /saɪn/ *n* [C] **1** znak: *the dollar sign* | *Just follow the road signs.* | *He made a sign for me to follow him.* **2** oznaka: **+that** *There were signs that someone had been there earlier.* | **+of** *Tiredness can be a sign of illness.* **3** napis: *He ignored the 'No Smoking' sign.* →patrz też STAR SIGN

sign² S2 W2 *v* [I,T] podpisywać (się): *I forgot to sign the cheque.*

sign sth ↔ away *phr v* [T] zrzec się: *He signed away his share in the property.*

sign for sth *phr v* [T] po/kwitować odbiór

sign on *phr v* [I] **1** zapisać się: **+for** *I've signed on for a French course.* **2** *BrE* wystąpić o zasiłek dla bezrobotnych

sign up *phr v* **1** [T **sign** sb ↔ **up**] z/werbować: *The Yankees signed him up when he finished college.* **2** [I] zapisać się: **+for** *Twenty people signed up for the trip to Paris.*

sig·nal¹ S2 W2 /ˈsɪgnəl/ *n* [C] **1** sygnał: *Wait for my signal.* | *The result is a clear signal that voters are not happy.* | *broadcasting signals* (=sygnały radiowe) **2** semafor

signal² *v* (**-lled**, **-lling** *BrE*; **-led**, **-ling** *AmE*) **1** [I,T] dawać znak(i): *Max pushed his plate away and signalled for coffee.* **2** [T] za/sygnalizować: *Carter has signalled his intention to resign.* | *The elections signalled* (=oznaczały) *the end of a nine-year civil war.*

sig·na·to·ry /ˈsɪgnətəri/ *n* [C] *formal* sygnatariusz/ka

sig·na·ture S3 /ˈsɪgnətʃə/ *n* [C] podpis

sig·nif·i·cance W2 /sɪgˈnɪfɪkəns/ *n* [U] znaczenie, waga: *What was the significance of that last remark?* | *a political agreement of some significance* (=porozumienie polityczne dużej wagi)

sig·nif·i·cant S2 W1 Ac /sɪgˈnɪfɪkənt/ *adj* **1** znaczny: *There has been a significant change in people's attitudes since the 1950s.* **2** znaczący, porozumiewawczy: *Anna and Tom exchanged significant looks.* —**significantly** *adv* znacznie →antonim INSIGNIFICANT

sig·ni·fy Ac /ˈsɪgnɪfaɪ/ *v* [T] **1** oznaczać: *Does this signify a change in policy?* **2** wyrażać: *Everyone nodded to signify their agreement.*

ˈsign ˌlanguage *n* [C,U] język migowy

sign·post¹ /ˈsaɪnpəʊst/ *n* [C] drogowskaz

signpost² *v BrE* **sth is signposted** droga dokądś jest oznakowana: *The zoo is signposted from the town centre.*

Sikh /siːk/ *n* [C] sikh/ijka —**Sikh** *adj* sikhijski

si·lence¹ W2 /ˈsaɪləns/ *n* [C,U] cisza, milczenie: *There was a long silence before he answered.* | *So far, he has maintained his silence* (=zachowuje milczenie) *on the subject.* | **in silence** (=w milczeniu): *The two men sat in silence.*

silence² *v* [T] uciszać: *Critics of the system were quickly silenced.* | *He silenced us with a menacing look.*

si·lenc·er /ˈsaɪlənsə/ *n* [C] tłumik

si·lent W3 /ˈsaɪlənt/ *adj* cichy, milczący: **be silent** (=milczeć): *Simon was silent for a moment.* | **fall silent** (=zamilknąć): *The whole room fell silent.* | **silent film** (=film niemy) THESAURUS QUIET —**silently** *adv* cicho, w milczeniu

sil·hou·ette /ˌsɪluˈet/ *n* [C] sylwetka

sil·i·con /ˈsɪlɪkən/ *n* [U] krzem

silk /sɪlk/ *n* [C,U] jedwab: *a silk shirt*

silk·en /ˈsɪlkən/ *adj literary* jedwabny, jedwabisty: *her silken hair*

silk·worm /ˈsɪlkwɜːm/ *n* [C] jedwabnik

silk·y /ˈsɪlki/ *adj* jedwabisty: *silky fur*

sill /sɪl/ *także* **windowsill** *n* parapet

sil·ly S2 /ˈsɪli/ *adj* głupi, niemądry: *Don't be silly; we can't afford a new car.* | *It was pretty silly of you to forget the keys.* THESAURUS STUPID

si·lo /ˈsaɪləʊ/ *n* [C] silos

silt /sɪlt/ *n* [U] muł

sil·ver¹ S3 /ˈsɪlvə/ *n* [U] srebro: *polishing the silver*

silver² *adj* srebrny: *a silver spoon* | *a shimmering silver dress*

ˌsilver ˈmedal *n* [C] srebrny medal

sil·ver·ware /ˈsɪlvəweə/ *n* [U] **1** srebra stołowe **2** *AmE* sztućce

ˌsilver ˈwedding anniˌversary *n* [C] srebrne wesele/gody

sil·ver·y /ˈsɪlvəri/ *adj* srebrzysty

sim·i·lar S1 W1 Ac /ˈsɪmələ/ *adj* podobny: *They came from similar backgrounds.* | **+to** *Your shoes are similar to mine.*

sim·i·lar·i·ty Ac /ˌsɪməˈlærəti/ *n* [C,U] podobieństwo: **+between** *There is some similarity between the styles of the two authors.* | **+with/to** *English has many similarities with German.*

sim·i·lar·ly W3 Ac /ˈsɪmələli/ *adv* podobnie: *This idea was similarly expressed in his most recent book.*

sim·i·le /ˈsɪməli/ *n* [C] porównanie *(figura retoryczna)*

sim·mer /ˈsɪmə/ *v* [I,T] gotować (się) na wolnym ogniu: *Let the soup simmer for 5 minutes.*

sim·per /ˈsɪmpə/ *v* [I] uśmiechać się głupawo

sim·ple S1 W1 /ˈsɪmpəl/ *adj* **1** prosty: *The instructions are very simple.* | *a simple white dress* THESAURUS EASY **2** ograniczony: *I'm afraid old Jack is a bit simple.* **3 simple past/present/future** czas przeszły/teraźniejszy/przyszły prosty → porównaj CONTINUOUS

sim·pli·ci·ty /sɪmˈplɪsəti/ *n* [U] prostota: *The main advantage of the new scheme is its simplicity.* | *He believes everything you tell him, with childlike simplicity* (=z dziecięcą naiwnością).

sim·pli·fy /ˈsɪmplɪfaɪ/ *v* [T] upraszczać: *an attempt to simplify the tax system* —**simplification** /ˌsɪmplɪfɪˈkeɪʃən/ *n* [C,U] uproszczenie

sim·plis·tic /sɪmˈplɪstɪk/ *adj* uproszczony: *a rather simplistic view of life*

sim·ply S1 W1 /ˈsɪmpli/ *adv* **1** po prostu: *Some students lose marks simply because they don't read the question properly.* | *But that simply isn't true!* **2** prosto: **to put it simply** (=ujmując to najprościej): *To put it simply, the bank won't lend us the money.* **3** skromnie: *a simply decorated room*

sim·u·late Ac /ˈsɪmjəleɪt/ *v* [T] symulować, u/pozorować: *an experiment to simulate the effects of being weightless* —**simulator** *n* [C] symulator: *a flight simulator*

sim·u·la·tion Ac /ˌsɪmjəˈleɪʃən/ *n* [C,U] symulacja: *The course includes a computer simulation of an emergency landing.*

sim·ul·ta·ne·ous /ˌsɪməlˈteɪniəs◂/ *adj* równoczesny: *a simultaneous broadcast on TV and radio* —**simultaneously** *adv* równocześnie

sin¹ S2 /sɪn/ *n* [C,U] grzech: *the sin of greed* | *It's a sin to waste good food.*

sin² *v* [I] (**-nned**, **-nning**) z/grzeszyć —**sinner** *n* [C] grzeszni-k/ca

since¹ /sɪns/ *conjunction* **1** odkąd: *I haven't seen him since we left school.* | *Jim's been working at Citibank since he finished college.* **2** ponieważ, skoro: *I'll do it myself since you're obviously not going to help.*

since² S1 W1 *prep* **1** od: *So much has changed since the war.* | *I've been living here since February.* **2 since when** *spoken* od kiedy to: *Since when does it cost £200 to put a new tyre on the car?*

since³ *adv* od tego czasu, od tej pory: *He left yesterday – I haven't seen him since.*

sin·cere /sɪnˈsɪə/ *adj* szczery: *a sincere and loyal friend* | *a sincere apology* → antonim INSINCERE —**sincerity** /sɪnˈserəti/ *n* [U] szczerość

sin·cere·ly /sɪnˈsɪəli/ *adv* **1** szczerze: *I sincerely hope we meet again.* **2 Yours sincerely** *BrE*, **Sincerely (yours)** *AmE* Z poważaniem

sin·ew·y /ˈsɪnjuːi/ *adj* muskularny: *sinewy arms*

sin·ful /ˈsɪnfəl/ *adj* grzeszny

sing S1 W2 /sɪŋ/ *v* [I,T] (**sang**, **sung**, **singing**) za/śpiewać: *Sophie sings in a choir.* | *They sang a beautiful song.* —**singing** *n* [U] śpiew

sing. skrót pisany od SINGULAR

singe /sɪndʒ/ *v* [T] przypalić: *I singed my hair on a candle.*

sing·er S3 /ˈsɪŋə/ *n* [C] śpiewa-k/czka, piosenka-rz/rka: *an opera singer*

sin·gle¹ S1 W1 /ˈsɪŋgəl/ *adj* **1** [only before noun] jeden, pojedynczy: *We lost the game by a single point.* **2 be single** być singlem/singielką THESAURUS MARRIED **3** [only before noun] jednoosobowy: *a single room* **4 every single** każdy, wszystkie: *My dad has every single Beatles album.* **5 single ticket** *BrE* bilet w jedną stronę

single² *n* [C] **1** singel: *Beyonce's new single* **2** *BrE* bilet w jedną stronę: *a single to Liverpool* → porównaj RETURN², → patrz też SINGLES

single³ *v*
single sb/sth ↔ out *phr v* [T] wyróżnić: *The school was singled out for its excellent academic results.*

ˌsingle ˈfile *n* [U] **in single file** gęsiego, rzędem

ˌsingle-ˈhandedly *także* **ˌsingle-ˈhanded** *adv* bez niczyjej pomocy: *She's brought up four kids single-handed.*

S

GRAMATYKA: since

Since w znaczeniu czasowym używamy

1 z czasami typu „perfect" dla określenia, od jak dawna trwa lub trwała dana czynność lub stan (po przyimku **since** podany jest moment rozpoczęcia czynności):

She's been working here ***since February/since 1995.***

I haven't seen ***Mike since Monday/since 9 o'clock.***

He's been wearing glasses ***since he was eight.***

It was noon. We hadn't eaten ***since the previous evening.***

They quarrelled last year and have not spoken to each other ***since then.***

2 w wyrażeniach typu „How long is it since ...?", „It's two months since ...":

How long is it since *she went to Australia?*

It's two years since *I had a holiday.* (=I haven't had a holiday for two years).

3 jako przysłówka („od tego czasu"), który występuje na końcu zdania i może być poprzedzony przez **ever**:

They quarrelled last year and have not spoken to each other ***(ever) since.***

→ patrz też **for**

ˌsingle-ˈminded *adj* pełen determinacji, nastawiony na jeden cel: *a tough, single-minded lady* —**single-mindedness** *n* [U] determinacja

ˌsingle ˈparent *n* [C] samotny rodzic

singles /ˈsɪŋgəlz/ *n* **1** [U] singel, gra pojedyncza **2** [plural] single: *The show is especially popular among young singles.*

ˌsingle-sex ˈschool *n* [C] szkoła niekoedukacyjna

sin·gly /ˈsɪŋgli/ *adv* pojedynczo: *The animals live singly or in small groups.*

sing-song[1] /ˈsɪŋ sɒŋ/ *n* [C] *BrE* wspólny śpiew

sing-song[2] *adj* śpiewny *(o głosie, intonacji)*

sin·gu·lar[1] /ˈsɪŋgjələ/ *adj* **1** pojedynczy →porównaj PLURAL **2** *formal* niezwykły, wyjątkowy: *singular beauty*

singular[2] *n* **the singular** liczba pojedyncza: *The singular of 'mice' is 'mouse'.*

sin·gu·lar·ly /ˈsɪŋgjələli/ *adv formal* wyjątkowo, szczególnie: *a singularly unattractive building*

sin·is·ter /ˈsɪnɪstə/ *adj* złowieszczy, złowrogi: *There's something sinister about the whole thing.*

sink[1] W3 /sɪŋk/ *v* (**sank** *or* **sunk**, **sunk**, **sinking**) **1** [I] za/tonąć: *The boat sank after hitting a rock.* | **+to** *He watched his keys sink to the bottom of the river.* **2** [T] zatapiać **3** [I] **a)** osuwać się: **+into/down etc** *Lee sank into a chair and went to sleep.* **b)** spadać: *House prices in the area are sinking fast.*

sink in sth *phr v* [I] dotrzeć do kogoś: *Her mother died last week but it's only just starting to sink in* (=dopiero teraz zaczyna to do niej docierać).

sink into *phr v* **1** [I **sink into**] pogrążyć się w: *She could see him sinking into depression.* **2** [T **sink** sth **into** sth] u/topić w: *They had sunk thousands into the business.* **3 sink your teeth/a knife into sth** zatopić zęby/nóż w czymś: *The dog sank its teeth into her arm.*

> **UWAGA: sink i drown**
>
> Nie należy mylić wyrazów **sink** i **drown** w znaczeniu „tonąć". Wyrazu **sink** używamy, mówiąc o statku lub łodzi (forma dokonana „zatonąć"): *The Titanic sank after hitting an iceberg.* **Drown** używamy w odniesieniu do ludzi i zwierząt (forma dokonana „utonąć"): *The woman drowned while swimming in the sea.*

sink[2] S3 *n* [C] zlew, zlewozmywak

sink·ing /ˈsɪŋkɪŋ/ *adj* **a sinking feeling** niewyraźne uczucie *(zwiastujące coś złego)*

si·nus /ˈsaɪnəs/ *n* [C] zatoka *(np. nosowa)*: *a sinus infection*

sip /sɪp/ *v* [I,T] (**-pped**, **-pping**) popijać: *She sipped her tea.* —**sip** *n* [C] łyk, łyczek: *He took a sip of coffee.*

sip

sipping

si·phon[1], **syphon** /ˈsaɪfən/ *n* [C] lewar (hydrauliczny)

siphon[2], **syphon** *v* [T] **1** odciągać, odprowadzać **2** podbierać, podkradać *(pieniądze)* **siphon sth off/from** *He had been steadily siphoning money from his employer's account.*

sir S1 W3 /sɜː/ *n* **1** *spoken* proszę Pana: *Can I help you, sir?* **2 Dear Sir** Szanowny Panie **3 Sir** Sir *(tytuł szlachecki)*: *Sir James*

si·ren /ˈsaɪərən/ *n* [C] syrena

sis·sy /ˈsɪsi/ *n* [C] *informal* baba *(pogardliwie o chłopcu)* —**sissy** *adj* zachowujący się jak dziewucha

sis·ter S1 W1 /ˈsɪstə/ *n* [C] **1** siostra: *I've got two sisters.* **2 Sister** Siostra: *Sister Frances* (=Siostra Franciszka) **3 Sister** *BrE* (siostra) oddziałowa **4 sister company/organization** siostrzana firma/organizacja

ˈsister-in-ˌlaw *n* [C] (plural **sisters-in-law**) szwagierka, bratowa

sit S1 W1 /sɪt/ *v* (**sat**, **sat**, **sitting**) **1** [I] **a)** siedzieć: **+on/in/by etc** *The children were sitting on the floor.* **b)** *także* **sit down** siadać, usiąść: **+by/beside etc** *Come and sit by me.* **2** [T] sadzać, posadzić: **sit sb in/on etc** *She sat the boy in the corner.* **3 sit still** siedzieć spokojnie: *Sit still and let me fix your hair.* **4** [T] *BrE* zdawać, przystępować do: *to sit an exam* **5** [I] obradować: *The court sits once a month.* **6 sit on the fence** przyglądać się/stać z boku

sit around *także* **sit about** *BrE phr v* [I] przesiadywać: *Dan just sits around watching TV all day.*

sit back *phr v* [I] nie angażować się

sit down *phr v* [I] siadać, usiąść: *Come over here and sit down.*

sit in *phr v* **1 sit in for sb** zastępować kogoś **2 sit in on sth** uczestniczyć w czymś w charakterze obserwatora, przysłuchiwać się czemuś: *Do you mind if I sit in on your class?*

sit sth ↔ out *phr v* [T] przeczekać: *I'll sit this dance out.*

sit through sth *phr v* [T] wysiedzieć do końca na: *We had to sit through a three-hour class this morning.*

sit up *phr v* [I] **1** podnosić się *(do pozycji siedzącej)*: *He sat up and rubbed his eyes.* **2** nie kłaść się (spać): *We sat up all night talking.*

> **UWAGA: sit**
>
> Z jakim przyimkiem używać czasownika **sit**? **Sit on** używamy, mówiąc o siedzeniu na podłodze, łóżku, kanapie, ławce, krześle lub taborecie. **Sit in** używamy, mówiąc o siedzeniu w wygodnym fotelu. **Sit at** używamy, mówiąc o siedzeniu przy biurku, stole lub barze. **Sit in front of** używamy, mówiąc o siedzeniu przed telewizorem, ekranem komputera lub kominkiem.

sit·com /ˈsɪtkɒm/ *n* [C,U] serial komediowy THESAURUS PROGRAMME

site[1] S1 W2 Ac /saɪt/ *n* [C] **1** miejsce, teren: *an archaeological site* | *the site of the battle* THESAURUS PLACE **2** teren, plac: *a construction site* (=plac budowy)

site[2] *v* **be sited** *formal* być usytuowanym/położonym: *The castle is superbly sited above the valley.*

ˈsit-in *n* [C] strajk okupacyjny

sit·ter /ˈsɪtə/ *n* [C] *spoken especially AmE* opiekun/ka do dziecka

sit·ting /ˈsɪtɪŋ/ *n* [C] zmiana *(np. w stołówce)*: *The first sitting is at 12:30, and the second is at 1:30.*

ˈsitting room *n* [C] *BrE* salon

sit·u·at·ed /ˈsɪtʃueɪtɪd/ *adj* **be situated** *formal* być położonym: *The hotel is situated on the lakeside.*

sit·u·a·tion S1 W1 /ˌsɪtʃuˈeɪʃən/ *n* [C] **1** sytuacja: *the economic situation* | *She's in a very difficult situation.* **2** *formal* położenie

COLLOCATIONS: situation

adjectives

a difficult/tricky situation *We face a difficult situation.*
an impossible situation (=nieznośna sytuacja) *This is an impossible situation!*
an awkward/embarrassing situation *How can we get out of this embarrassing situation?*
a dangerous situation *If we don't act, the situation could become dangerous.*
a no-win situation (=sytuacja, z której nie ma dobrego wyjścia) *The system puts women in a no-win situation* (=ten system stawia kobiety na z góry przegranej pozycji).
the present/current situation *The present situation cannot continue.*
the economic/political situation *The economic situation is getting worse.*
sb's financial situation *What is your current financial situation?*

verbs

to put sb in a situation *This put me in a stressful situation.*
to deal with/handle a situation *How would you deal with this situation?*
to improve a situation *You must do something to improve the situation.*
a situation arises/occurs *formal: How has this situation arisen?* ⚠ Nie mówi się „a situation happens". Mówimy: **a situation arises** lub: **a situation occurs**.
a situation changes *The situation could change very rapidly.*
a situation improves/worsens *Since then, the situation has improved.* | *Reports from the area suggest the situation has worsened.*

'sit-ups *n* [plural] brzuszki *(ćwiczenie gimnastyczne)*

six /sɪks/ *number* sześć

six·teen /ˌsɪkˈstiːn◂/ *number* szesnaście —**sixteenth** *number* szesnasty

sixth¹ /sɪksθ/ *number* szósty: *his sixth birthday*

sixth² *n* [C] jedna szósta

'sixth form *n* [C] ostatnia lub przedostatnia klasa szkoły średniej *(w Wielkiej Brytanii)* —**sixth former** *n* [C] uczeń/uczennica ostatniej lub przedostatniej klasy

ˌsixth 'sense *n* [singular] szósty zmysł: *Some sixth sense told her that she was in danger.*

six·ties /ˈsɪkstiz/ *n* **the sixties** lata sześćdziesiąte

six·ty /ˈsɪksti/ *number* sześćdziesiąt —**sixtieth** *number* sześćdziesiąty

siz·a·ble /ˈsaɪzəbəl/ alternatywna pisownia wyrazu SIZEABLE

size¹ S1 W1 /saɪz/ *n* **1** [C,U] wielkość: *A diamond's value depends on its size.* | *Their house is twice the size of ours.* **2** [U] rozmiary: *Look at the size of that ship!* **3** [C] rozmiar: *What size shoes do you take?* | *a size 14 dress* **4 large-sized/medium-sized** dużej/średniej wielkości: *a medium-sized car*

UWAGA: size

Pytając, jaki rozmiar ktoś nosi, mówimy **what size are you?** lub **what size do you take?** (po brytyjsku) i **what size do you wear?** (po amerykańsku). Podając swój rozmiar, mówimy **I'm a 6/12/42** lub **I take a size 6/12/42** (po brytyjsku) i **I wear a size 6/12/42** (po amerykańsku).

THESAURUS: size

size wielkość, rozmiary: *The price will depend on the size and quality of the carpet.*
dimensions wymiary: *What are the dimensions of the table?*
measurement wymiar: *Your waist measurement is 31 inches.*
capacity pojemność: *The capacity of the tank is around 500 gallons.*
volume objętość: *The volume of the gas was measured at specific temperatures.*

size² *v*
size sb/sth ↔ up *phr v* [T] *informal* oceniać: *Julie had an ability to size people up quickly.*

size·a·ble, **sizable** /ˈsaɪzəbəl/ *adj* spory, pokaźny: *a sizeable amount of money*

ˌsize 'zero *n* rozmiar zero: *A ban on the size zero model should be compulsory across the fashion industry.*

siz·zle /ˈsɪzəl/ *v* [I] skwierczeć: *bacon sizzling in the pan*

skate¹ /skeɪt/ *n* **1** [C] łyżwa **2** [C] wrotka

skate² *v* [I] jeździć na łyżwach: *I never learned how to skate.* —**skating** *n* [U] łyżwiarstwo —**skater** *n* [C] łyżwia-rz/rka

skate·board /ˈskeɪtbɔːd/ *n* [C] deskorolka

'skate park *n* skate park

skel·e·ton /ˈskelətən/ *n* [C] szkielet: *the human skeleton*

skep·tic /ˈskeptɪk/ amerykańska pisownia wyrazu SCEPTIC

skep·ti·cal /ˈskeptɪkəl/ amerykańska pisownia wyrazu SCEPTICAL

skep·ti·ci·sm /ˈskeptɪsɪzəm/ amerykańska pisownia wyrazu SCEPTICISM

sketch¹ /sketʃ/ *n* [C] **1** szkic: *a pencil sketch of a bird* | *a brief biographical sketch of the author* **2** skecz, scenka: *a comic sketch*

sketch² *v* [I,T] na/szkicować
sketch in sth *phr v* [T] dorzucić, dodać *(nowe informacje, szczegóły)*: *I'd like to sketch in a few details for you.*
sketch sth ↔ out *phr v* [T] nakreślić, zarysować: *Barry sketched out a plan for next year's campaign.*

sketch·y /ˈsketʃi/ *adj* pobieżny: *I made a few sketchy notes.*

skew·er /ˈskjuːə/ *n* [C] szpilka, szpikulec *(do zrazów, szaszłyków)* —**skewer** *v* [T] nadziewać na szpikulec

ski¹ /skiː/ *n* [C] (plural **skis**) narta: *ski poles* (=kijki)

ski² *v* [I] (**skied**, **skied**, **skiing**) jeździć na nartach: *Can you ski?* —**skiing** *n* [U] narciarstwo: *We're going skiing* (=jedziemy na narty) *this winter.* —**skier** *n* [C] narcia-rz/rka

'ski boot *n* [C] but narciarski

skid /skɪd/ *v* [I] (**-dded**, **-dding**) wpaść w poślizg: *The car skidded on ice.* —**skid** *n* [C] poślizg

skies /skaɪz/ *n* [plural] niebo: *Tomorrow there will be clear skies and some sunshine.*

S

ˈski jump *n* [C] skocznia (narciarska) —**ski jumping** *n* [U] skoki narciarskie —**ski jumper** *n* [C] skoczek (narciarski)

skil·ful /ˈskɪlfəl/ *BrE*, **skillful** *AmE adj* **1** wprawny: *a skilful photographer* **2** zręczny, umiejętny: *her skilful handling of the situation* —**skilfully**, **skillfully** *adv* zręcznie, umiejętnie

skill S2 W1 /skɪl/ *n* **1** [U] zręczność, wprawa, umiejętności: *As a footballer he shows great skill.* **2** [C] umiejętność: *basic computer skills*

COLLOCATIONS: skill

verbs

to have a skill *It's easier to find work if you have computer skills.*

to learn a skill *także* **to acquire a skill** *formal Why not do a course to learn a new skill?*

to develop a skill *The course is for students who want to develop their writing skills.*

to use a skill *He rarely gets the chance to use his language skills.*

to take skill *It takes a lot of skill to be a pilot.*

adjectives

great/considerable skill *They played with great skill.*

good/poor skills *We need someone with good communication skills.*

basic skills *She was trained in basic nursing skills.*

practical/technical skills *The students learn practical skills such as cooking and woodwork. | Good technical skills are not enough.*

social skills (=umiejętności społeczne) *Unsociable toddlers were found to have poor social skills later.* (=okazało się, że nietowarzyskim dzieciom brak było w późniejszym wieku umiejętności społecznych) | *He's clever, but he has no social skills* (=nie potrafi zachować się w towarzystwie).

noun + skill

reading/writing/language skills *Their reading skills are poor. | We need to hire people with good language skills.*

computer/IT skills *We're looking for someone with good IT skills.*

communication skills (=umiejętność porozumiewania się) *The nurse must use her communication skills to help the patient feel at ease.*

management skills *She needs to develop her management skills.*

skilled /skɪld/ *adj* wykwalifikowany: **highly skilled** (=wysoko wykwalifikowany): *a highly skilled workforce* →antonim UNSKILLED

skil·let /ˈskɪlɪt/ *n* [C] *AmE* patelnia

skillful /ˈskɪlfəl/ amerykańska pisownia wyrazu SKILFUL

skim /skɪm/ *v* [T] (**-mmed, mming**) **1** zbierać: **skim sth off/from** *Skim the fat off the soup.* **2** *także* **skim through** przeglądać pobieżnie: *She skimmed through that morning's headlines.*

ˌskimmed ˈmilk *BrE*, **ˌskim ˈmilk** *AmE n* [U] chude mleko

skimp /skɪmp/ *v* [I] skąpić: **+on** *They try to save money by skimping on* (=oszczędzając na) *staff.*

skimp·y /ˈskɪmpi/ *adj* kusy: *a skimpy little dress*

skin[1] S2 W2 /skɪn/ *n* [C,U] **1** skóra: *The sheets felt cool against her skin. | a skin disease | a tiger skin rug* **2** skórka: *banana skins* **3** kożuch: *Paint forms a skin if you don't seal the tin properly.* **4 dark-skinned/smooth-skinned** ciemnoskóry/gładkoskóry **5 by the skin of your teeth** *informal* ledwo ledwo: *He escaped by the skin of his teeth.* **6 have thick skin** być gruboskórnym

COLLOCATIONS: skin

adjectives

fair/pale/white skin *She had red hair and very fair skin.*

dark/brown/black skin *These bright colours look good against dark skin.*

olive skin *a boy with dark eyes and olive skin*

tanned skin *His skin was slightly tanned.*

bad/terrible skin (=brzydka cera) *He had greasy hair and bad skin.*

good/clear skin (=ładna cera) *She's lucky because her skin is good.*

smooth/soft skin *She loved her baby's soft skin.*

rough skin *The skin on his hands was rough and dry.*

leathery skin (=szorstka cera/skóra) *a lean man with leathery skin and sea-blue eyes*

wrinkled skin *As we age, our skin becomes wrinkled.*

dry/oily skin *A lot of women suffer from dry skin. | My skin has a tendency to be oily.*

sensitive skin *Special shampoos are available for those with sensitive skin.*

skin + noun

a skin condition/disease *He suffers from a skin condition that makes him itch.*

skin colour *Darker skin colour protects against the sun.*

skin[2] *v* [T] (**-nned**, **-nning**) **1** zdejmować skórę z, obdzierać ze skóry *(zwierzę)* **2** obierać (ze skórki) *(owoce, warzywa)*

skin·head /ˈskɪnhed/ *n* [C] skinhead, skin

skin·ny /ˈskɪni/ *adj* chudy THESAURUS THIN

skint /skɪnt/ *adj* [not before noun] *BrE informal* spłukany: *I'm skint at the moment.*

skip[1] /skɪp/ *v* (**-pped**, **-pping**) **1** [I] podskakiwać, biec w podskokach: **+down/along etc** *children skipping down the street* THESAURUS JUMP **2** *także* **skip rope** *AmE* [I] skakać przez skakankę **3** [I,T] opuszczać, pomijać: *Let's skip the next question. | You shouldn't skip breakfast* (=nie jeść śniadania). | **+over** *I'll skip over the details.*

skip[2] *n* [C] podskok

skip·per /ˈskɪpə/ *n* [C] *informal* **1** szyper **2** kapitan *(drużyny sportowej)*

skir·mish /ˈskɜːmɪʃ/ *n* [C] potyczka

skirt[1] S3 /skɜːt/ *n* [C] spódnica, spódniczka

skirt[2] *także* **skirt around** *v* [T] **1** okrążać: *The train skirted around the lake.* **2** unikać (podjęcia): *We cannot skirt around the issues of poverty and inequality.*

skit·tle /ˈskɪtl/ *n* **skittles** [U] kręgle

skive /skaɪv/ *także* **skive off** *v* [I] *BrE informal* bumelować, zerwać/urwać się: *He skived off work* (=urwał się z pracy) *and went fishing.* —**skiver** *n* [C] bumelant/ka

skulk /skʌlk/ *v* [I] przy/czaić się: **+in/behind etc** *Two men were skulking in the shadows.*

skull /skʌl/ *n* [C] czaszka

skull·cap /ˈskʌlkæp/ *n* [C] **1** piuska **2** jarmułka

skunk /skʌŋk/ *n* [C] skunks

sky S2 W2 /skaɪ/ *n* [U singular] **1** niebo: *a clear blue sky* **2 the sky's the limit** *spoken* nie ma ograniczeń →patrz też SKIES

sky·div·ing /ˈskaɪˌdaɪvɪŋ/ *n* [U] spadochroniarstwo

sky·light /ˈskaɪlaɪt/ *n* [C] świetlik *(okno w dachu)*

sky·line /ˈskaɪlaɪn/ *n* [C] linia horyzontu *(utworzona przez wysokie budynki lub wzgórza)*

ˈskyˌmarshall *n* agent ochrony lotu

Skype[1] /skaɪp/ *n trademark* Skype, skype

Skype[2] /skaɪp/ *v* [T] *trademark* rozmawiać przez skype'a z: *I'll Skype you later.*

sky·scrap·er /ˈskaɪˌskreɪpə/ *n* [C] drapacz chmur

slab /slæb/ *n* [C] płyta: *a concrete slab*

slack[1] /slæk/ *adj* **1** luźny: *a slack rope* **2** w zastoju: *Trade is slack at the moment.* **3** niedbały, rozluźniony: *slack safety procedures | I've been slack about getting this work done.*

slack[2] *także* **slack off** *v* [I] obijać się, wałkonić się: *Don't let me see you slacking off!* —**slacker** *n* [C] wałkoń

slack·en /ˈslækən/ *v* [I,T] **1** zwalniać, spowalniać: *He slackened his speed* (=zmniejszył prędkość) *so I could catch up.* **2** poluzowywać, rozluźniać: *Slacken the screw a little.*

slacks /slæks/ *n* [plural] *old-fashioned* spodnie

slag[1] /slæg/ *n* **1** [U] żużel **2** [C] *BrE spoken informal* dziwka

slag[2] *v*
slag sb ↔ off *phr v* [T] *BrE spoken informal* obgadywać

slain /sleɪn/ *v* imiesłów bierny od SLAY

slake /sleɪk/ *v literary* **slake your thirst** zaspokoić pragnienie

slam[1] /slæm/ *v* (**-mmed**, **-mming**) **1** [T] trzaskać: *Baxter left the room, slamming the door.* **2** [I,T] zatrzaskiwać (się) **3** [T] rzucać, ciskać: **slam sth onto/down etc** *Andy slammed the phone down.*

slam[2] *n* [C usually singular] trzask: *She shut the door with a slam.*

slam dunk /ˈslæm dʌŋk/ *n* wsad *(w koszykówce)*

slam-dunk /ˈslæmdʌŋk/ *v* [I] wykonać wsad *(w koszykówce)*

slan·der /ˈslɑːndə/ *n* **1** [C] pomówienie, oszczerstwo **2** [U] zniesławienie —**slander** *v* [T] zniesławiać —**slanderous** *adj* oszczerczy

slang /slæŋ/ *n* [U] slang: *army slang* —**slangy** *adj* slangowy

slant[1] /slɑːnt/ *v* [I] nachylać się

slant[2] *n* [C singular] **1** nachylenie: **at/on a slant** (=pod kątem): *The pole was set at a slant.* **2** punkt widzenia: *a feminist slant on the subject*

slap[1] /slæp/ *v* [T] (**-pped**, **-pping**) uderzyć *(otwartą dłonią)*: *She slapped him across the face.*

slap[2] *n* **1** [C] uderzenie, klaps **2 a slap in the face** policzek

slap·dash /ˈslæpdæʃ/ *adj* byle jaki, odwalony: *a slapdash job of painting the house*

slap·per /ˈslæpə/ *n* [C] *BrE informal, often humorous* puszczalska

slap·stick /ˈslæpˌstɪk/ *n* [U] komedia slapstickowa

ˈslap-up *adj* **slap-up meal/dinner etc** *BrE informal* niezła wyżerka

slash[1] /slæʃ/ *v* [T] **1** prze/ciąć, po/ciąć: *He tried to kill himself by slashing his wrists.* **2** *informal* ciąć: *Many companies are slashing jobs.*

slash[2] *n* [C] **1** nacięcie **2** *także* **slash mark** ukośnik (/)

slate[1] /sleɪt/ *n* **1** [U] łupek **2** [C] płytka łupkowa *(dachowa)* →patrz też **a clean slate** (CLEAN)

slate[2] *v* **1** *AmE* **sb is slated to do sth/be sth** zanosi się na to, że ktoś coś zrobi/będzie kimś: *Manley is slated to become the next principal.* **2** [T] *BrE* zmieszać z błotem, zjechać: *Leconte's latest film has been slated by the critics.*

slaugh·ter /ˈslɔːtə/ *v* [T] **1** ubić, zarżnąć: *to slaughter a pig* **2** wymordować: *Over 500 men, women and children were slaughtered.* **3** *informal* rozgromić *(drużynę przeciwnika)*: *Italy were slaughtered by Brazil.* —**slaughter** *n* [U] rzeź

slaugh·ter·house /ˈslɔːtəhaʊs/ *n* [C] rzeźnia

slave[1] /sleɪv/ *n* [C] **1** niewolni-k/ca **2 be a slave to/of sth** być niewolni-kiem/cą czegoś: *She's a slave to fashion.*

slave[2] *v* [I] harować: *Michael's been slaving away in the kitchen all day.*

ˌslave ˈlabour *BrE*, **slave labor** *AmE* *n* [U] **1** *informal* wyzysk: *£2.00 an hour? That's slave labour!* **2** praca niewolnicza

sla·ve·ry /ˈsleɪvəri/ *n* [U] niewolnictwo: *Slavery was abolished after the Civil War.*

slav·ish /ˈsleɪvɪʃ/ *adj* niewolniczy: *slavish devotion to duty*

slay /sleɪ/ *v* [T] (**slew**, **slain**, **slaying**) *literary* zgładzić

sleaze /sliːz/ *n* [U] korupcja: *He has recently been plagued by allegations of sleaze.*

slea·zy /ˈsliːzi/ *adj* **1** obskurny: *a sleazy nightclub* **2** podejrzany, obrzydliwy: *sleazy political scandals*

sledge /sledʒ/ *BrE*, **sled** /sled/ *especially AmE* *n* [C] sanki, saneczki

sledge

ˈsledge ˌhammer *n* [C] młot dwuręczny

sleek /sliːk/ *adj* **1** lśniący: *sleek hair* **2** elegancki: *a sleek white sports car*

sleep[1] S1 W2 /sliːp/ *v* (**slept**, **slept**, **sleeping**) **1** [I] spać, sypiać: **sleep well/soundly/badly** (=spać dobrze/głęboko/źle): *I didn't sleep very well last night.* | **sleep in/on/with etc** *You'll have to sleep on the air bed.* | **be sleeping** *Be quiet – the baby's sleeping* (=dziecko śpi). | **not sleep a wink** (=nie zmrużyć oka): *She hardly slept a wink last night.* **2 sleep on it** prześpij się z tym: *Sleep on it, and we'll discuss it tomorrow.* **3 sleep rough** *BrE* spać pod gołym niebem
sleep around *phr v* [I] *informal* sypiać z kim popadnie
sleep in *phr v* [I] pospać (sobie) dłużej: *I slept in till 10:00 on Saturday.*
sleep sth ↔ off *phr v* [T] odespać: *He drank too much wine and went home to sleep it off.*
sleep through sth *phr v* [T] przespać: *How could you have slept through the storm?*
sleep together *phr v* [I] *informal* sypiać ze sobą

S

sleep with sb *phr v* [T] *informal* sypiać z: *When did you first find out that she was sleeping with your husband?*

THESAURUS: sleep

sleep spać, sypiać: *Most people sleep for about eight hours.* | *I had to sleep on the sofa.*

be asleep spać (*w danym momencie*): *The baby's asleep – don't wake her.*

fall asleep/go to sleep zasnąć: *I fell asleep almost immediately.*

oversleep zaspać: *I overslept and was late for school.*

take a nap *także* **have a nap** *especially BrE* zdrzemnąć się: *Why don't you take a nap if you're tired?*

doze drzemać, przysypiać: *My grandmother spends a lot of time dozing in her chair.*

sleep² S2 W3 *n* **1** [U singular] sen: *Lack of sleep can make you bad-tempered.* | **in your sleep** (=we śnie): *Ed sometimes talks in his sleep.* | **get enough/some sleep** (=wyspać się): *We didn't get much sleep last night.* | **a good night's sleep** *What you need is a good night's sleep* (=musisz się porządnie wyspać). **2 go to sleep a)** zasypiać, zasnąć: *Be quiet and go to sleep* (=i śpij)! **b)** z/drętwieć: *I've been sitting here so long that my foot's gone to sleep.* → porównaj **fall asleep** (ASLEEP) **3 not lose (any) sleep over sth** nie przejmować się czymś **4 put a dog/cat to sleep** uśpić psa/kota: *The dog had been so badly injured that the vet had to put him to sleep.*

S

sleep·er /ˈsliːpə/ *n* [C] **1 be a light/heavy sleeper** mieć lekki/mocny sen **2** *BrE* pociąg sypialny

ˈsleeping bag *n* [C] śpiwór

ˈsleeping car *n* [C] wagon sypialny

ˈsleeping pill *n* [C] tabletka nasenna

sleep·less /ˈsliːpləs/ *adj* **1 be sleepless** nie móc zasnąć: *I lay sleepless* (=leżałam, nie mogąc zasnąć) *on my lumpy mattress.* **2** bezsenny: **a sleepless night** *He spent a sleepless night worrying about what to do.* —**sleeplessness** *n* [U] bezsenność

sleep·walk /ˈsliːpˌwɔːk/ *v* [I] lunatykować —**sleepwalker** *n* [C] lunaty-k/czka

sleep·y /ˈsliːpi/ *adj* śpiący, senny: *I felt really sleepy after lunch.* | *a sleepy little town* THESAURUS TIRED —**sleepily** *adv* sennie —**sleepiness** *n* [U] senność

sleet /sliːt/ *n* [U] śnieg z deszczem

sleeve /sliːv/ *n* **1** [C] rękaw: *a blouse with short sleeves* **2 short/long-sleeved** z krótkim/długim rękawem: *a long-sleeved sweater* **3 have sth up your sleeve** *informal* mieć coś w zanadrzu: *Jansen usually has a few surprises up his sleeve.* **4** [C] *BrE* okładka (*płyty*)

sleeve·less /ˈsliːvləs/ *adj* bez rękawów: *a sleeveless dress*

sleigh /sleɪ/ *n* [C] sanie

sleight of hand /ˌslaɪt əv ˈhænd/ *n* [U] sprytne sztuczki

slen·der /ˈslendə/ *adj* smukły, szczupły: *long, slender fingers* THESAURUS THIN

slept /slept/ *v* czas przeszły i imiesłów bierny od SLEEP

sleuth /sluːθ/ *n* [C] *old-fashioned* detektyw

slew¹ /sluː/ *n AmE informal* **a slew of** kupa: *a slew of new TV programs*

slew² *v* czas przeszły od SLAY

slice¹ S3 /slaɪs/ *n* [C] plasterek: *Cut the tomato into thin slices.* | *a slice of bread* (=kromka chleba) THESAURUS PIECE

slice² *także* **slice up** *v* [T] po/kroić (*w plasterki*): *Could you slice the bread?* THESAURUS CUT

slick¹ /slɪk/ *adj* **1** sprytny: *a slick salesman* **2** sprawnie/zręcznie zrobiony, zgrabny: *The band gave a very slick performance.*

slick² *n* [C] plama ropy

slick³ *v*

slick sth ↔ back/down *phr v* [T] przygładzić (*włosy, używając brylantyny lub wody*)

slide¹ S3 W3 /slaɪd/ *v* (**slid** /slɪd/, **slid**, **sliding**) **1** [I,T] przesuwać (się): *He slid his glass across the table.* | **+ into/out of** *She slid out of bed* (=wysunęła się z łóżka). | **slide sth into** *Jones slid a hand into his pocket* (=wsunął rękę do kieszeni) *and took out a gun.* **2** [I,T] ślizgać (się): **+ along/around/down** *The children were all sliding around on the ice.* | *The children like sliding down the stairs* (=lubią zjeżdżać ze schodów).

slide² S3 *n* **1** [C] przezrocze, slajd **2** [C] zjeżdżalnia **3** [singular] spadek: *a slide in profits*

ˌsliding ˈdoor *n* drzwi rozsuwane, drzwi przesuwane

ˌsliding ˈscale *n* [C] skala ruchoma (*podatków, płac itp.*)

slight¹ S2 W3 /slaɪt/ *adj* **1** nieznaczny, niewielki: *There has been a slight change of plan.* **2** drobny: *a small, slight old lady* THESAURUS SMALL

slight² *n* [C] afront: *I consider her comments a slight.*

slight·ed /ˈslaɪtɪd/ *adj* dotknięty, urażony: *Meg felt slighted at not being invited to the party.*

slight·est /ˈslaɪtɪst/ *adj* **1 the slightest difference/change** najmniejsza różnica/zmiana: *It doesn't make the slightest difference to me.* **2 not in the slightest** ani trochę: *"You're not worried are you?" "Not in the slightest."*

slight·ly S1 W2 /ˈslaɪtli/ *adv* trochę, nieco: *She's slightly older than I am.*

slim¹ S3 /slɪm/ *adj* **1** szczupły: *You're looking a lot slimmer – have you lost weight?* THESAURUS THIN **2** znikomy, nikły: *Doctors said she had only a slim hope of recovery.*

slim² *v* [I] (**-mmed**, **-mming**) odchudzać się: *delicious slimming recipes*

slim down *phr v* [T **slim** sth ↔ **down**] z/redukować: *Apex Co. is slimming down its workforce to cut costs.*

slime /slaɪm/ *n* [U] szlam, muł

slim·y /ˈslaɪmi/ *adj* **1** oślizgły: *slimy rocks* **2** *informal* lizusowaty

sling¹ /slɪŋ/ *v* [T] (**slung**, **slung**, **slinging**) **1** przerzucać, zarzucać: *Mark slung his jacket over his shoulder.* **2** ciskać

sling² *n* [C] **1** temblak **2** nosidełko: *a baby sling*

sling·shot /ˈslɪŋʃɒt/ *n* [C] *AmE* proca

slink /slɪŋk/ *v* [I] (**slunk**, **slunk**, **slinking**) przemykać (się): *The cat slunk behind the chair.*

slip¹ S3 W2 /slɪp/ *v* (**-pped**, **-pping**) **1** [I] poślizgnąć się: *Joan slipped on the wet floor and broke her ankle.* **2** [I] wymknąć się: **+ out of/away/through etc** *Brad slipped out of the back door while no one was looking.* **3** [T] wsunąć: **slip sth into/around etc sth** *He slipped his arm around her waist* (=objął ją w pasie) *and kissed her.* **4** [I] wyślizgnąć się: *The hammer slipped* (=wyślizgnął mu się z ręki) *and hit his fingers.* **5** [I] obniżać się: *Standards in*

our schools have been slipping. **6 it slipped my mind** wyleciało mi z głowy
slip into sth *phr v* [T] wskoczyć w *(coś do ubrania)*: *I'll just slip into something more comfortable.*
slip sth ↔ off *phr v* [T] zrzucić *(z siebie)*: *He slipped off his coat and went upstairs.*
slip sth ↔ on *phr v* [T] narzucić na siebie: *Could you just slip on this gown?*
slip out *phr v* [I] wymknąć się: *Sorry, I shouldn't have said that - it just slipped out* (=tak mi się tylko wymknęło).
slip out of sth *phr v* [T] zrzucić, wyskoczyć z: *Ken slipped out of his shoes and put on his slippers.*
slip up *phr v* [I] pomylić się: *Every time you slip up, it costs me money.*

slip² S3 *n* [C] **1** kawałek: *He wrote his address down on a slip of paper.* **2** *especially BrE* pomyłka **3** halka **4 a slip of the tongue** przejęzyczenie **5** poślizgnięcie się **6 give sb the slip** *informal* zwiać komuś: *Palmer gave them the slip in the hotel lobby.*

ˌslipped ˈdisc *n* [C] wypadnięcie dysku

slip·per /ˈslɪpə/ *n* [C usually plural] pantofel *(domowy)* kapeć

slip·per·y /ˈslɪpəri/ *adj* śliski: *a slippery mountain path*

ˈslip road *n* [C] *BrE* **1** wjazd *(na autostradę)* **2** zjazd *(z autostrady)*

slip·shod /ˈslɪpʃɒd/ *adj* byle jaki: *slipshod work*

slit¹ /slɪt/ *n* [C] rozcięcie: *a slit in the curtains*

slit² *v* [T] (**slit**, **slit**, **slitting**) rozcinać

slith·er /ˈslɪðə/ *v* [I] pełzać zygzakiem

sliv·er /ˈslɪvə/ *n* [C] **1** odłamek: *a sliver of broken glass* **2** drzazga

slob /slɒb/ *n* [C] *informal* niechluj: *The guy is a total slob.*

slog¹ /slɒg/ *v* [I] *informal* **1** wlec się, brnąć: *We had to slog through mud and dirt to get to the farm.* **2** *także* **slog away** tyrać, harować: *I don't want to slog away in a factory for the rest of my life.*

slog² *n* [U singular] *BrE informal* **1** kawał ciężkiej roboty: *It was a slog addressing all those envelopes.* **2** mozolna wędrówka: *It was a hard slog to the top of the hill.*

slo·gan /ˈsləʊgən/ *n* [C] hasło, slogan

slop¹ /slɒp/ *v* **1** [I] wylewać się: *Water was slopping over the side of the bath.* **2** [T] wylewać, rozlewać: *He slopped the beer all over her dress.*

slop² *n* [U] odpadki, pomyje

slope¹ W3 /sləʊp/ *n* [C] stok, zbocze: *a ski slope*

slope² *v* [I] nachylać się, być nachylonym: **slope down** (=opadać) | **slope up** (=wznosić się): *a narrow road sloping gently upwards*

slop·py /ˈslɒpi/ *adj* niechlujny: *I will not tolerate sloppy work!* | *a sloppy sweater* —**sloppily** *adv* niechlujnie —**sloppiness** *n* [U] niechlujstwo

slosh /slɒʃ/ *v* [I] chlupać, rozchlapywać się: *Water was sloshing around in the bottom of the boat.*

sloshed /slɒʃt/ *adj informal* zalany, wstawiony

slot¹ /slɒt/ *n* [C] **1** otwór: *Put 20p in the slot and see how much you weigh.* **2** okienko *(w harmonogramie, programie)*: *I was offered a slot on a local radio station.*

slot² *v* [I,T] wkładać (się): *The cassette slots in here.*
slot in *phr v* [I,T **slot** sb/sth ↔ **in**] wcisnąć (się): *Can you slot me in today?*

sloth /sləʊθ/ *n* **1** [C] leniwiec **2** [U] *literary* opieszałość

ˈslot maˌchine *n* [C] automat do gry

slouch¹ /slaʊtʃ/ *v* [I] garbić się: *Don't slouch - stand up straight!*

slouch² *n* **1** [singular] przygarbienie **2 be no slouch (at)** *informal* mieć żyłkę/smykałkę (do), być naprawdę niezłym (w): *He's no slouch at football.*

Slo·vak·i·a /ˈsləʊvækiə/ *n* Słowacja —**Slovak** /ˈsləʊvæk/ *n* Słowa-k/czka —**Slovak** *adj* słowacki

Slo·ve·ni·a /sləʊˈviːniə/ *n* Słowenia —**Slovene** /ˈsləʊviːn/ *także* **Slovenian** /sləʊˈviːniən/ *n* Słoweńczyk/nka —**Slovenian** *także* **Slovene** *adj* słoweński

slov·en·ly /ˈslʌvənli/ *adj* niechlujny: *Where did you pick up such slovenly habits?*

slow¹ S2 W2 /sləʊ/ *adj* **1** wolny, powolny: *The slowest runners started at the back.* | *It's a very slow process.* **2 be slow to do sth/be slow in doing sth** zwlekać z czymś/ze zrobieniem czegoś: *We were slow to realize* (=długo trwało, zanim zdaliśmy sobie sprawę) *what was happening.* **3 be slow** spóźniać się: *My watch is a few minutes slow.*

slow² S3 W2 *także* **slow down** *v* [I,T] zwalniać, zmniejszać prędkość: *The traffic slowed to a crawl.*
slow down *phr v* [I] zwolnić: *The car slowed down as it approached the store.*

slow³ *adv* wolno, powoli: *You're going too slow.*

slow·coach /ˈsləʊkəʊtʃ/ *n* [C] *BrE informal* ślamazara, guzdrała: *Hurry up, slowcoach!*

slow·down /ˈsləʊdaʊn/ *n* [C] zastój: *a slowdown in the tourist trade*

slow·ly S3 W2 /ˈsləʊli/ *adv* wolno, powoli: *White clouds drifted slowly across the sky.*

ˌslow ˈmotion *n* [U] **in slow motion** w zwolnionym tempie: *a replay of the goal shown in slow motion*

slow·poke /ˈsləʊpəʊk/ *n* [C] *AmE informal* ślamazara, guzdrała

sludge /slʌdʒ/ *n* [U] maź, muł

slug¹ /slʌg/ *n* [C] **1** ślimak nagi **2** *AmE* kula *(karabinowa itp.)* **3** *AmE* łyk: *a slug of whisky.*

slug² *v* [T] (**-gged**, **-gging**) **1** *informal* przywalić: *I stood up and he slugged me again.* **2 slug it out** walczyć do upadłego: *The two sides are slugging it out in court.*

slug·gish /ˈslʌgɪʃ/ *adj* ospały: *The traffic was sluggish that morning.*

sluice¹ /sluːs/ *n* [C] śluza

sluice² *v* [T] o/płukać, wy/płukać

slum /slʌm/ *n* [C] uboga dzielnica, slumsy: *She grew up in the slums of Sao Paolo.*

slum·ber /ˈslʌmbə/ *n* [U] *także* **slumbers** *n* [plural] *literary* sen: *She awoke from her slumbers.* —**slumber** *v* [I] spać

slump /slʌmp/ *v* **1** [I] spaść: *Car sales have slumped recently.* **2 be slumped** leżeć bezwładnie: *He was found slumped over the steering wheel of his car.* —**slump** *n* [C] spadek: *a slump in profits*

slung /slʌŋ/ *v* czas przeszły i imiesłów bierny od SLING

slunk /slʌŋk/ *v* czas przeszły i imiesłów bierny od SLINK

S

slur¹ /slɜː/ *v* [T] (**-rred**, **-rring**) **slur your words** mówić niewyraźnie, bełkotać: *After a few drinks, he started to slur his words.*

slur² *n* [C] potwarz, obelga: *a serious slur*

slurp /slɜːp/ *v* [I,T] *informal* siorbać: *Stop slurping your soup!*

slush /slʌʃ/ *n* [U] rozmokły śnieg

slut /slʌt/ *n* [C] dziwka

sly /slaɪ/ *adj* (**slyer** or **slier**, **slyest** or **sliest**) **1** przebiegły, chytry: *He's sly and greedy.* | *a sly smile* **2 on the sly** *informal* ukradkiem, po kryjomu: *He's been smoking on the sly.*

smack¹ /smæk/ *v* [T] **1** uderzyć *(otwartą dłonią)*: *She smacked him hard across the face.* **2** dać klapsa **3 smack your lips** cmokać
smack of sth *phr v* [T] trącić *(czymś)*: *a policy that smacks of sex discrimination*

smack² *n* **1** [C] **a)** uderzenie: *a smack on the head* **b)** klaps: *Quiet, or I'll give you a smack!* **2** [U] *informal* heroina

smack³ *adv informal* **1** dokładnie w/na samym: *an old building smack in the middle of campus* **2** z całej siły: *The van ran smack into a wall.*

S

small¹ S1 W1 /smɔːl/ *adj* **1** mały: *Rhode Island is the smallest state in the US.* | *a small group of protesters* | *a small problem* | *She has two small children.* THESAURUS YOUNG **2 feel/look small** czuć się głupio/wyjść na głupka: *She was always trying to make me look small.* **3 a small fortune** (cała) fortuna: *That house must have cost him a small fortune.* **4 the small hours** wczesne godziny ranne: *We stayed up talking into the small hours* (=do białego rana).

UWAGA: small

Small i **little** mają to samo znaczenie, ale **small** jest neutralne (*She is rather small for her age.*), podczas gdy **little** ma silniejsze zabarwienie emocjonalne (*We've rented a cosy little cottage in the countryside*). W związku z tym nie należy używać **little** do opisywania liczb czy wielkości.

THESAURUS: small

small mały: *a small boat* | *a small change of plan* | *a small mistake*
little [usually before noun] mały *(często używa się z innymi przymiotnikami dla wyrażenia pozytywnych emocji)*: *It's a very pretty little town.* | *a good little boy*
slight [usually before noun] drobny: *We've had a slight problem.* | *a slight movement of his hand*
minor drobny, pomniejszy: *minor differences* | *minor changes* | *minor injuries* | *a minor traffic offence*
compact niewielkich rozmiarów: *The apartments are very compact.* | *a compact camera*
cramped ciasny: *It was very cramped in the back of the car.* | *a cramped office*
miniature [only before noun] miniaturowy: *a miniature railway* | *miniature roses*

extremely small

tiny maleńki, malutki: *a tiny baby* | *They live in a tiny village in the mountains.*
minute mikroskopijny: *The equipment is capable of detecting minute changes in air pressure.*

small² *adv* drobno: *He writes so small I can hardly read his letters.*

ˌsmall ˈchange *n* [U] drobne

ˈsmall fry *n* [U] *informal* **1** płotki: *They're small fry compared to the real criminals.* **2** *AmE* dzieciarnia

ˌsmall-ˈminded *adj* małostkowy: *greedy, small-minded people*

small·pox /ˈsmɔːlpɒks/ *n* [U] ospa

ˈsmall ˌprint *także* **fine print** *n* [U] adnotacje drobnym drukiem *(w dokumencie, umowie)*: *Make sure you read the small print before you sign anything.*

ˌsmall-ˈscale *adj* na małą skalę: *small-scale enterprises*

ˈsmall talk *n* [U] rozmowa o niczym, gadka-szmatka: *He's not very good at making small talk.*

ˈsmall-time *adj* drobny: *a small-time gangster*

smart¹ S2 W2 /smɑːt/ *adj* **1** bystry, rozgarnięty: *Jill's a smart kid.* THESAURUS INTELLIGENT **2** inteligentny *(o urządzeniu, broni itp.)* **3** przemądrzały: *Don't get smart with me, young lady!* THESAURUS RUDE **4** *especially BrE* elegancki, wytworny: *You look smart. Are you going anywhere special?* **5** silny: *a smart blow on the head* —**smartly** *adv* elegancko, wytwornie

smart² *v* [I] **1 be smarting from sth** cierpieć z powodu czegoś: *He's still smarting from the insult.* **2** piec, szczypać *(np. o oczach, ranie)*

smartphone /ˈsmɑːtfəʊn/ *n* smartfon, inteligentny telefon

smash¹ /smæʃ/ *v* **1** [I,T] rozbić (się), roztrzaskać (się): *The plates smashed on the floor.* | *Rioters smashed store windows.* THESAURUS DAMAGE **2** [I,T] uderzyć: *Murray smashed his fist against the wall.* **3** [T] rozbić: *Police have smashed a drug smuggling ring.*
smash sth ↔ up *phr v* [T] rozbić, roztrzaskać: *She smashed up the truck in an accident.*

smash² *także* **ˌsmash ˈhit** *n* [C] przebój: *This song's definitely going to be a smash hit.*

smashed /smæʃt/ *adj informal* zalany

smash·ing /ˈsmæʃɪŋ/ *adj BrE old-fashioned* kapitalny: *We had a smashing holiday.*

smat·ter·ing /ˈsmætərɪŋ/ *n* [singular] odrobina: **+ of** *a smattering of applause*

smear¹ /smɪə/ *v* **1** [I,T] rozmazywać (się) **2** [T] roz/smarować: *Jill smeared lotion on Rick's back.*

smear² *n* [C] **1** smuga: *a dirty smear* **2** oszczerstwo, potwarz

smell¹ S2 W3 /smel/ *v* (**smelled** *or* **smelt** /smelt/, **smelled** *or* **smelt**, **smelling**) **1** [I] pachnieć: **smell of/like** *This wine smells like strawberries* (=pachnie truskawkami). **2** [I] śmierdzieć: *Something in the refrigerator smells.* **3** [T] czuć: *I can smell something burning!* | *I've got a cold and I can't smell anything.* **4** [T] po/wąchać: *Come and smell these roses.*

COLLOCATIONS: smell

adjectives

to smell good/nice/lovely *The food smelled good.*
to smell delicious *That soup smells delicious.*
to smell fresh *Rub your chopping board with lemon to keep it smelling fresh.*
to smell sweet *A ripe melon will smell sweet.*

to smell bad/awful *Cigarettes make your clothes smell awful.*
to smell funny/strange *This place smells funny sometimes.*

adverbs

to smell strongly of sth *The man smelled strongly of alcohol.*
to smell faintly of sth *His suit smelled faintly of tobacco.*

smell² S2 W3 *n* **1** [C] zapach: *What a lovely smell!* | **+ of** *the smell of fresh bread* **2** [C] przykry zapach, smród: *I think the smell's getting worse.* **3** [U] węch, powonienie: *Dogs have an excellent sense of smell.*

UWAGA: smell

Aby wyrazić pojęcie „czuć zapach", wystarczy angielski czasownik **smell**: *I could smell his cigar all over the house.* Rzeczownik **smell** bez przymiotnika zwykle oznacza nieprzyjemny zapach: *Can we open the window and get rid of the smell?*

THESAURUS: smell

smell zapach: *There's a funny smell in here.*
scent woń, zapach *(kwiatowy, owocowy; także zostawiany przez zwierzęta)*: *She smelt the sweet scent of the roses.* | *Cats use scent to mark their territory.*
fragrance/perfume woń, zapach *(kwiatowy owocowy; wyraz bardziej formalny niż „scent")*: *The air was filled with the sweet perfume of flowers.* | *She caught the faint perfume of lavender.*
aroma aromat: *He could smell the aroma of fresh coffee.*
odour *BrE*, **odor** *AmE* zapach *(zwłaszcza nieprzyjemny)*: *An unpleasant odour was coming from the dustbins.*
stink/stench smród: *I couldn't get rid of the stink of sweat.* | *The stench of vomit was overpowering.*

smell·y /ˈsmeli/ *adj* śmierdzący: *smelly socks*

smelt /smelt/ *v* [T] wytapiać *(metal)*

smid·gen /ˈsmɪdʒən/ *także* **smidge** /smɪdʒ/ *n* [singular] *informal* kapka: *"Want some more wine?" "Just a smidgen."*

smile¹ S3 W1 /smaɪl/ *v* [I] uśmiechać się: *Her baby's always smiling.* | **+ at** *Keith smiled at me.*

UWAGA: smile

Nie mówi się „he smiled to me", tylko **he smiled at me**.

THESAURUS: smile

smile uśmiechać się: *Misha smiled at the boy.*
grin uśmiechać się szeroko, szczerzyć zęby: *He was grinning straight at the camera.*
beam *especially written* uśmiechać się promiennie: *Mark beamed at her.*
smirk *especially written* uśmiechać się złośliwie: *He just smirked and said „You should have listened to what I said."*
sb's face lights up czyjaś twarz rozpromienia się: *The children's faces lit up when they saw their presents.*

smile² S2 W2 *n* [C] uśmiech: *She came in with a broad smile on her face.*

smirk /smɜːk/ *v* [I] uśmiechać się złośliwie/pogardliwie/z wyższością: *Both officers smirked when he mentioned who his father was.* THESAURUS SMILE —**smirk** *n* [C] uśmieszek

smith·e·reens /ˌsmɪðəˈriːnz/ *n* **blown/smashed etc to smithereens** *informal* rozbity/roztrzaskany w drobny mak

smit·ten /ˈsmɪtn/ *adj* oczarowany: **be smitten with sb/sth** *He's absolutely smitten with that new girl.*

smock /smɒk/ *n* [C] kitel

smog /smɒg/ *n* [U] smog

smoke¹ S3 W3 /sməʊk/ *n* **1** [U] dym **2 go up in smoke** *informal* spalić na panewce

smoke² S2 W2 *v* **1** [I,T] za/palić: *Do you mind if I smoke?* **2** [T] wy/palić: *He used to smoke a packet of cigarettes a day.* **3** [I] dymić: *a smoking chimney* **4** [T] u/wędzić —**smoking** *n* [U] palenie: *I'm trying to give up smoking.* | *The sign says 'No smoking* (=Palenie wzbronione)*'.*

smok·er /ˈsməʊkə/ *n* [C] palacz/ka, paląc-y/a → antonim NON-SMOKER

smok·y /ˈsməʊki/ *adj* **1** zadymiony: *a smoky room* **2** dymiący: *a smoky fire* **3** podwędzany: *smoky cheese*

smol·der /ˈsməʊldə/ amerykańska pisownia wyrazu SMOULDER

smooch /smuːtʃ/ *v* [I] *informal* całować się —**smooch** *n* [singular] całowanie się

smooth¹ W3 /smuːð/ *adj* **1** gładki, równy: *a smooth road* **2** gładki: *smooth skin* | *smooth peanut butter* **3** łagodny, płynny: *Swing the racket in one smooth motion.* | *a smooth transition from school to university* THESAURUS COMFORTABLE —**smoothly** *adv* gładko —**smoothness** *n* [U] gładkość

smooth² *v* [T] wygładzać: *Tanya sat down, smoothing her skirt.* | *a face cream that smoothes your skin*

smoothie /ˈsmuːði/ *n* smoothie *(koktajl)*

smoth·er /ˈsmʌðə/ *v* [T] **1** u/dusić: *She'd been smothered with a pillow.* **2** s/tłumić: *She tried hard to smother her anger.* **3** z/dusić, s/tłumić: *I threw a blanket down to smother the flames.*

smoul·der /ˈsməʊldə/ *BrE*, **smolder** *AmE* *v* [I] tlić się: *The factory is still smouldering after last night's blaze.*

smudge¹ /smʌdʒ/ *n* [C] smuga

smudge² *v* [I,T] rozmazywać (się): *Now look! You've smudged my drawing!*

smug /smʌg/ *adj* (**-gger**, **-ggest**) *disapproving* zadowolony z siebie: *a smug smile*

smug·gle /ˈsmʌgəl/ *v* [T] przemycać, prze/szmuglować: *cocaine smuggled from South America* —**smuggler** *n* [C] przemytni-k/czka —**smuggling** *n* [U] przemyt

smut /smʌt/ *n* [U] sprośności —**smutty** *adj* sprośny: *a smutty seaside postcard*

snack /snæk/ *n* [C] przekąska

ˈsnack bar *n* [C] bar szybkiej obsługi

snag¹ /snæg/ *n* [C] **1** *informal* szkopuł: *The only snag is, I don't have enough money.* THESAURUS PROBLEM **2** wyciągnięta/zahaczona nitka *(np. w swetrze)*

snag² *v* [I,T] (**-gged**, **-gging**) zahaczyć/zaczepić (się): *Marty's fishing line snagged on a tree branch.*

S

snail /sneɪl/ *n* **1** [C] ślimak **2 at a snail's pace** w ślimaczym tempie →porównaj SLUG

snake¹ /sneɪk/ *n* [C] wąż

snake² *v* [I] wić się: *The road snaked along the valley far below.*

snap¹ W3 /snæp/ *v* (**-pped**, **-pping**) **1** [I] pękać, z/łamać się: *Dry branches snapped under their feet.* **2** [T] z/łamać: *He snapped the chalk in two* (=przełamał kredę na pół). **3** [I,T] zatrzaskiwać (się): **+together/open/shut etc** *She snapped her briefcase shut.* **4 snap (at sb)** warczeć (na kogoś): *There's no need to snap.* | *I'm sorry I snapped at you.* **5** [I] kłapać zębami: *The dog snapped at my ankles.* **6 snap your fingers** pstrykać palcami **7** [I] s/tracić panowanie nad sobą: *I don't know what happened - I guess I just snapped.* **8** [T] s/fotografować, z/robić zdjęcie

snap out of sth *phr v* [T] *informal* wygrzebać się z: *It's time you snapped out of this bad mood.*

snap² *n* **1** [singular] trzask: *I heard a snap and then the tree just fell over.* **2 a snap** *AmE informal* łatwizna, prościzna: *Making pie crust is a snap.* **3** [C] zdjęcie, fotka **4** [U] rodzaj gry w karty

snap³ *adj* **snap judgement/decision** pochopna ocena/decyzja

snap·drag·on /ˈsnæpˌdrægən/ *n* [C] lwia paszcza, wyżlin

snap·py /ˈsnæpi/ *adj* **1 make it snappy!** *spoken* ruszaj się!, z życiem! **2** cięty: *a snappy answer*

snap·shot /ˈsnæpʃɒt/ *n* [C] zdjęcie, fotka

snare¹ /sneə/ *n* [C] sidła, wnyki

snare² *v* [T] **1** z/łapać w sidła **2** s/chwytać w pułapkę: *Ships patrol the coast to snare drug dealers.*

snarl /snɑːl/ *v* [I,T] warczeć, warknąć: *"Shut up!" he snarled.*

snatch¹ /snætʃ/ *v* [T] wyrywać: *The boy snatched her purse and ran.*

snatch² *n* **a snatch of conversation/song** urywek rozmowy/piosenki

sneak¹ /sniːk/ *v* (**sneaked** *or* **snuck**, **sneaked** *or* **snuck**, **sneaking**) **1** [I] przemykać, wymykać się: *We managed to sneak past the guard.* THESAURUS WALK **2** [T] przemycać: *I'll sneak some beer up to my room.* **3 sneak a look/glance at** spojrzeć ukradkiem na: *She sneaked a look at the open diary.*

sneak up *phr v* [I] podkraść się, zakraść się: **+on/behind** *Don't sneak up on me like that!*

sneak² *n* [C] *BrE informal* skarżypyta

sneak·er /ˈsniːkə/ *n* [C] *especially AmE* tenisówka

sneak·ing /ˈsniːkɪŋ/ *adj* **1 have a sneaking suspicion/feeling (that)** mieć dziwne wrażenie/uczucie (że): *I've a sneaking feeling that this isn't going to work.* **2 have a sneaking admiration/affection for sb** skrycie kogoś podziwiać/kochać się w kimś

sneak·y /ˈsniːki/ *adj* podstępny

sneer /snɪə/ *v* [I] drwić: *Ned always sneered at the type of people who went to the opera.*

sneeze /sniːz/ *v* [I] kichać: *The dust is making me sneeze!* —**sneeze** *n* [C] kichnięcie

snick·er /ˈsnɪkə/ *v* [I] *AmE* chichotać, podśmiechiwać się THESAURUS LAUGH —**snicker** *n* [C] chichot

snide /snaɪd/ *adj* zjadliwy, cięty

sniff /snɪf/ *v* **1** [I] pociągać nosem: *The girl sitting behind me was coughing and sniffing.* **2** [T] wąchać, obwąchiwać: *"What's this?" he asked, sniffing it suspiciously.*

snif·fle /ˈsnɪfəl/ *v* [I] pociągać nosem

snig·ger /ˈsnɪgə/ *v* [I] *BrE* chichotać, podśmiechiwać się THESAURUS LAUGH —**snigger** *n* [C] chichot

snip¹ /snɪp/ *v* [I,T] (**-pped**, **-pping**) ciąć, ciachać THESAURUS CUT

snip² *n* [C] **1** cięcie, ciachnięcie **2 a snip** *BrE informal* okazja, dobry interes

snipe /snaɪp/ *v* [I] **1 snipe at sb** dogadywać komuś: *I wish you two would stop sniping at each other* (=żebyście przestali sobie nawzajem dogadywać). **2** strzelać z ukrycia —**sniping** *n* [U] dogadywanie

snip·er /ˈsnaɪpə/ *n* [C] snajper

snip·pet /ˈsnɪpɪt/ *n* [C] strzęp: *a snippet of information*

sniv·el /ˈsnɪvəl/ *v* [I] (**-lled**, **-lling** *BrE*; **-led**, **-ling** *AmE*) mazać się, mazgaić się —**snivelling** *adj* mazgajowaty: *a snivelling little brat* (=mazgajowaty bachor)

snob /snɒb/ *n* [C] **1** snob/ka **2 music/wine etc snob** koneser/ka muzyczny/win itp. —**snobbish** *adj* snobistyczny

snob·be·ry /ˈsnɒbəri/ *n* [U] snobizm

snoo·ker /ˈsnuːkə/ *n* [U] snooker *(rodzaj bilardu)*

snoop /snuːp/ *v* [I] węszyć, myszkować: *I caught her snooping around in my office.*

snoot·y /ˈsnuːti/ *adj* nadęty, zadzierający nosa: *snooty neighbours*

snooze /snuːz/ *v* [I] *informal* drzemać: *Dad was snoozing in a deckchair.* —**snooze** *n* [C] drzemka: *I'm going to have a little snooze.*

snore /snɔː/ *v* [I] chrapać —**snore** *n* [C] chrapanie

snor·kel¹ /ˈsnɔːkəl/ *n* [C] fajka *(do nurkowania)*

snorkel² *v* [I] (**-lled**, **-lling** *BrE*; **-led**, **-ling** *AmE*) nurkować *(używając fajki)* —**snorkelling** *n* [U] nurkowanie

snort /snɔːt/ *v* [I,T] parskać, prychać: *"Don't be so ridiculous!" he snorted.*

snot /snɒt/ *n* [U] *informal* smarki

snot·ty /ˈsnɒti/ *adj informal* **1** nadęty, zarozumiały **2** zasmarkany

snout /snaʊt/ *n* [C] ryj, pysk

snow¹ S2 W3 /snəʊ/ *n* [U] śnieg

snow² *v* **1 it snows** pada śnieg: *Look, it's snowing!* | *It snowed throughout the night.* **2 snowed in** zasypany śniegiem: *We were snowed in for a week.* **3 snowed under** zawalony pracą: *I'd love to come, but I'm totally snowed under.*

snow·ball¹ /ˈsnəʊbɔːl/ *n* [C] śnieżka

snowball² *v* [I] narastać w szybkim tempie

snowboard /ˈsnəʊbɔːd/ *n* snowboard

snow·board·ing /ˈsnəʊˌbɔːdɪŋ/ *n* [U] snowboarding

snow·bound /ˈsnəʊbaʊnd/ *adj* zasypany śniegiem

snow·drift /ˈsnəʊdrɪft/ *n* [C] zaspa

snow·drop /ˈsnəʊdrɒp/ *n* [C] przebiśnieg

snow·fall /ˈsnəʊfɔːl/ *n* [C,U] opady śniegu: *Their average annual snowfall is 24 inches.*

snow·flake /ˈsnəʊfleɪk/ *n* [C] płatek śniegu

snow·man /ˈsnəʊmæn/ *n* [C] (plural **snowmen** /-men/) bałwan, bałwanek

snow·plough /ˈsnəʊplaʊ/ *BrE*, **snowplow** *AmE n* [C] pług śnieżny

snow·shoe /ˈsnəʊʃuː/ *n* [C usually plural] rakieta śnieżna

snow·storm /ˈsnəʊstɔːm/ *n* [C] zamieć, śnieżyca

snow·y /ˈsnəʊi/ *adj* ośnieżony: *a dazzling snowy landscape*

snub /snʌb/ *v* [T] (**-bbed**, **-bbing**) z/ignorować: *I saw Clare today and she completely snubbed me.* —**snub** *n* [C] afront

snuck /snʌk/ *v* czas przeszły i imiesłów bierny od SNEAK

snuff¹ /snʌf/ *v*
snuff sth ↔ out *phr v* [T] z/dusić, z/gasić *(ogień, płomień świecy, zwłaszcza palcami)*

snuff² /snʌf/ *n* [U] tabaka

snuf·fle /ˈsnʌfəl/ *v* [I] węszyć, niuchać: *pigs snuffling around*

snug /snʌg/ *adj* przytulny: *a snug little room*

snug·gle /ˈsnʌgəl/ *v* [I] u/mościć się: *We snuggled up together on the sofa and watched TV.*

snuggle

so¹ S1 W1 /səʊ/ *adv* **1 so big/good** taki duży/dobry: *It was so embarrassing – everyone was looking at us!* | *She drives so fast* (=tak szybko)*!* | *I love you so* (=tak bardzo cię kocham). | *He was so fat that he couldn't get through the door* (=że nie mógł przejść przez drzwi). | **so much/many** (=tyle): *I've never seen so many people in one place before!* **2** tak: *"Will you be coming to the party tonight?" "I think so* (=myślę, że tak)*."* | *"Will I need my coat?" "I don't think so* (=nie sądzę)*."* | *Are you going into town? If so* (=jeśli tak)*, can I come?* **3 I told you so/I said so** *spoken* a nie mówiłem? **4 so do I/so is he** ja/on też: *If you're going to have a drink then so will I* (=to ja też). | *Her father is a doctor, and so is mine* (=mój też). **5** więc: *So, what do you think of your new school?* **6** tak: *It was about so big.* | *Then you fold the paper like so* (=w ten sposób). **7 ten days/a year or so** jakieś dziesięć dni/jakiś rok: *He left a week or so ago* (=jakiś tydzień temu). **8 and so on/forth** i tak dalej: *a room full of old furniture, paintings, and so forth* **9 so as to do sth** żeby coś zrobić: *Try to remain calm so as not to alarm anyone* (=żeby nikogo nie przestraszyć). **10 so?/so what?** i co z tego?, no to co?: *Yes, I'm late. So what?*

UWAGA: so
Patrz **such** i **so**.

so² S1 W3 *conjunction* **1** więc: *I heard a noise so I got out of bed.* **2 so (that)** żeby, aby: *I put your keys in the drawer so they wouldn't get lost* (=żeby nie zginęły).

so³ *adj* **it is (not) so** to (nie)prawda: *The newspapers claim that the exams are getting easier, but it just isn't so!*

soak /səʊk/ *v* [I,T] **1** na/moczyć (się): *Leave that dish in the sink to soak.* | *Soak the beans overnight.* **2** przesiąkać: *The rain had soaked through her jacket.*

soak sth ↔ up *phr v* [T] wchłaniać: *When you pour the milk into the dish, the bread will soak it up.*

soaked /səʊkt/ *adj* przemoczony: *I'm absolutely soaked.* THESAURUS WET

soak·ing /ˈsəʊkɪŋ/ *także* ˌ**soaking** ˈ**wet** *adj* przemoczony (do suchej nitki): *You're soaking! Come in and dry off.*

ˈ**so-and-so** *n* [U] taki a taki: *They're always gossiping about so-and-so having an affair with so-and-so.*

soap¹ S3 /səʊp/ *n* **1** [U] mydło: *a bar of soap* (=kostka mydła) **2** [C] *informal* telenowela

soap² *v* [T] na/mydlić

soap·box /ˈsəʊpbɒks/ *n* **be/get on your soapbox** *informal* wsiąść na/dosiąść swojego konika: *Don't mention politics or Dan will be back on his soapbox again!*

ˈ**soap** ˌ**opera** *n* [C] telenowela

soap·y /ˈsəʊpi/ *adj* **1** mydlany: *soapy water* (=mydliny) **2** namydlony

soar /sɔː/ *v* [I] **1** wzrastać gwałtownie: *The temperature soared to 97°.* **2** wzbijać się, szybować: *birds soaring overhead* **3** wznosić się: *The cliffs soar 500 feet above the sea.*

sob /sɒb/ *v* [I] (**-bbed**, **-bbing**) szlochać —**sob** *n* [C] szloch

so·ber¹ /ˈsəʊbə/ *adj* **1** trzeźwy **2** poważny: *a sober and intelligent young man* **3** stonowany: *a sober grey suit* —**soberly** *adv* trzeźwo

sober² *v*
sober sb ↔ up *phr v* **1** [I] wy/trzeźwieć: *You'd better sober up before your wife sees you!* **2** [T] otrzeźwić: *Some black coffee might sober you up.*

so·ber·ing /ˈsəʊbərɪŋ/ *adj* przygnębiający: *The same could happen to you – it's a sobering thought.*

ˈ**sob** ˌ**story** *n* [C] *informal* wzruszająca historia/opowieść *(zwł. mająca służyć jako wymówka)*

ˈ**so-called** W3 *adj* [only before noun] tak zwany: *The so-called expert turned out to be a research student.*

soc·cer /ˈsɒkə/ *n* [U] piłka nożna

so·cia·ble /ˈsəʊʃəbəl/ *adj* towarzyski → antonim UNSOCIABLE

so·cial S1 W1 /ˈsəʊʃəl/ *adj* **1** społeczny: *social issues such as unemployment and homelessness* | *people from different social backgrounds* **2** towarzyski: *social events for employees* | **social life** (=życie towarzyskie): *College is great – the social life's brilliant!* —**socially** *adv* społecznie, towarzysko

so·cial·is·m /ˈsəʊʃəlɪzəm/ *n* [U] socjalizm —**socialist** *adj* socjalistyczny —**socialist** *n* [C] socjalist-a/ka

so·cial·ite /ˈsəʊʃəlaɪt/ *n* [C] bywal-ec/czyni salonów

so·cial·ize /ˈsəʊʃəlaɪz/ *także* **-ise** *BrE v* [I] udzielać się towarzysko: **socialize with** (=utrzymywać stosunki towarzyskie z): *We're colleagues, but I don't socialize with him.*

ˌ**social** ˈ**networking** ˌ**site** *także* ˌ**social** ˈ**networking** ˌ**website** *n* serwis społecznościowy

ˌ**social** ˈ**science** *n* **1** [U] socjologia **2** [C] nauka społeczna: *anthropology and other social sciences* —**social scientist** *n* [C] socjolo-g/żka

ˌ**social** seˈ**curity** *n* [U] **1** *BrE* zasiłek: **be on social security** (=być na zasiłku) **2** *AmE* ubezpieczenia społeczne

'social ˌstudies *n* [plural] →patrz też SOCIAL SCIENCE

'social ˌworker *n* [C] pracowni-k/ca opieki społecznej —**social work** *n* [U] opieka społeczna

so·ci·e·ty S1 W1 /sə'saɪəti/ *n* **1** [C,U] społeczeństwo: *Britain is a multi-racial society.* | *problems affecting modern Western society* **2** [C] towarzystwo: *I joined the school film society.*

so·ci·o·ec·o·nom·ic /ˌsəʊsiəʊekə'nɒmɪk/ *adj* socjoekonomiczny

so·ci·ol·o·gy /ˌsəʊsi'ɒlədʒi/ *n* [U] socjologia —**sociologist** *n* [C] socjolo-g/żka

sock¹ S3 /sɒk/ *n* [C usually plural] skarpeta, skarpetka: *a pair of socks*

sock² *v* [T] *informal* walnąć, przywalić: *Somebody socked him in the mouth.*

sock·et /'sɒkɪt/ *n* [C] gniazdko *(elektryczne)*

so·da /'səʊdə/ *także* **'soda ˌwater** *n* [C,U] woda sodowa

sod·den /'sɒdn/ *adj* przemoczony: *sodden clothing*

so·di·um /'səʊdiəm/ *n* [U] sód

so·fa /'səʊfə/ *n* [C] kanapa

soft S2 W2 /sɒft/ *adj* **1** miękki: *a soft pillow* **2** gładki, delikatny: *soft skin* **3** cichy, łagodny: *soft music* | *a soft voice* THESAURUS QUIET **4** łagodny: *Soft lighting is much more romantic.* **5** *informal* miękki, mało stanowczy: *The Governor does not want to seem soft on crime.* **6 have a soft spot for sb** mieć do kogoś słabość: *She's always had a soft spot for Grant.* —**softness** *n* [U] miękkość

S

soft·ball /'sɒftbɔːl/ *n* [C,U] softball

ˌsoft-'boiled *adj* na miękko: *a soft-boiled egg*

'soft drink *n* [C] napój bezalkoholowy: *We serve cola and a range of other soft drinks.*

soft·en /'sɒfən/ *v* **1** [I] z/mięknąć: *Cook the onion until it has softened.* **2** [T] zmiękczać **3** [T] z/łagodzić: *The police seem to be softening their attitude towards drug users.* →antonim HARDEN

softener /'sɒfənə/ *n* płyn zmiękczający do płukania tkanin

soft·heart·ed /ˌsɒft'hɑːtɪd◂/ *adj* **be softhearted** mieć miękkie serce

soft·ly /'sɒftli/ *adv* **1** cicho: *She spoke softly, so that the baby did not wake.* **2** delikatnie: *He softly stroked her hands.*

ˌsoft-'pedal *v* [I,T] (**-lled**, **-lling** *BrE*; **-led**, **-ling** *AmE*) *informal* brać/wziąć na wstrzymanie (z): *The government has decided to soft-pedal on welfare reform for a while.*

ˌsoft 'sell *n* [singular] dyskretna/nienachalna reklama →antonim HARD SELL

ˌsoft-'spoken *adj* obdarzony cichym/łagodnym głosem

soft·ware S3 W2 /'sɒftweə/ *n* [U] oprogramowanie, software: *word processing software* →porównaj HARDWARE

soft·y /'sɒfti/ *n* [C] *informal* naiwnia-k/czka: *He looks like a thug, but he's just a big softy.*

sog·gy /'sɒgi/ *adj* rozmokły, rozmiękły: *The bottom of the pie has gone all soggy.* THESAURUS WET

soil¹ W2 /sɔɪl/ *n* [C,U] ziemia, gleba: *plants that grow in sandy soil* THESAURUS GROUND

soil² *v* [T] *formal* po/brudzić, po/plamić: *Your shirt collar is badly soiled.* —**soiled** *adj* brudny, zabrudzony

sol·ace /'sɒlɪs/ *n* [U] *formal* pociecha: *Mary was a great solace to me after Arthur died.*

so·lar /'səʊlə/ *adj* słoneczny: *solar energy* | *a solar eclipse* (=zaćmienie słońca)

ˌsolar 'panel *n* [C] bateria słoneczna

'solar ˌsystem *n* **the solar system** układ słoneczny

sold /səʊld/ *v* czas przeszły i imiesłów bierny od SELL

sol·der¹ /'sɒldə/ *v* [T] z/lutować

solder² *n* [U] lut

sol·dier S3 W2 /'səʊldʒə/ *n* [C] żołnierz

ˌsold-'out *adj* wyprzedany

sole¹ W3 Ac /səʊl/ *adj* **1** jedyny: *the sole survivor of the plane crash* **2** wyłączny: *sole ownership of the company*

sole² *n* **1** [C] podeszwa **2** [C,U] sola *(ryba)*

sole·ly Ac /'səʊl-li/ *adv* jedynie, wyłącznie: *Grants are awarded solely on the basis of need.*

sol·emn /'sɒləm/ *adj* **1** poważny: *a solemn expression* | *solemn music* **2** uroczysty, solenny: *a solemn promise* —**solemnly** *adv* z namaszczeniem

so·li·cit /sə'lɪsɪt/ *v* **1** [T] zabiegać o, starać się uzyskać *(pieniądze, pomoc, informacje)*: *We solicited the views of all our members.* **2** [I] stręczyć sobie klientów —**soliciting** *n* [U] prostytucja: *She was arrested for soliciting.* —**solicitation** /səˌlɪsɪ'teɪʃən/ *n* [C,U] zabiegi, starania

so·lic·i·tor S3 W2 /sə'lɪsɪtə/ *n* [C] *BrE* **1** notariusz/ka: *He went to the solicitor to make a will.* **2** radca prawny: *the company solicitor* **3** adwokat *(mający prawo reprezentować klientów w sądzie niższej instancji)*

so·lic·i·tous /sə'lɪsɪtəs/ *adj formal* troskliwy: *Our tour guide was extremely solicitous.*

sol·id¹ S3 W3 /'sɒlɪd/ *adj* **1** stały: *solid foods* | *The milk was frozen solid* (=zamarzło na kamień/kość). **2** twardy: *as solid as a rock* **3** solidny: *a good, solid chair* **4 solid gold/silver** lite złoto/srebro: *a solid gold necklace* **5** [only before noun] konkretny: *Suspicions are no good – we need solid evidence.* **6** solidny, rzetelny: *a firm with a solid reputation*

solid² *n* [C] **1** ciało stałe **2** *technical* bryła →patrz też SOLIDS

sol·i·dar·i·ty /ˌsɒlə'dærəti/ *n* [U] solidarność: *We are striking to show solidarity with the nurses.*

so·lid·i·fy /sə'lɪdɪfaɪ/ *v* [I] s/krzepnąć, s/tężeć: *The oil solidifies as it cools.*

sol·ids /'sɒlədz/ *n* [plural] pokarmy stałe: *The doctor says I can't eat solids for another week.*

so·lil·o·quy /sə'lɪləkwi/ *n* [C] monolog: *Hamlet's famous soliloquy*

sol·i·taire /ˌsɒlə'teə/ *n* [U] *AmE* pasjans

sol·i·ta·ry /'sɒlətəri/ *adj* samotny: *A solitary tree grew on the hilltop.* | *a long solitary walk*

ˌsolitary con'finement *n* [U] odosobnienie, izolatka *(kara)*

sol·i·tude /'sɒlɪtjuːd/ *n* [U] samotność: *She spent the last years of her life living in solitude.*

so·lo¹ /'səʊləʊ/ *adj* samotny: *his first solo flight* —**solo** *adv* solo, w pojedynkę: *Have you ever flown solo?*

solo² *n* [C] (plural **solos**) solo

so·lo·ist /'səʊləʊɪst/ *n* [C] solist-a/ka

sol·stice /ˈsɒlstɪs/ *n* [C] przesilenie: *the summer solstice*

sol·u·ble /ˈsɒljəbəl/ *adj* rozpuszczalny

so·lu·tion S2 W1 /səˈluːʃən/ *n* [C] **1** rozwiązanie: *The only solution was to move into a quieter apartment.* | *The solution to the puzzle is on p.14.* **2** roztwór: *a weak sugar solution*

solve S2 W3 /sɒlv/ *v* [T] rozwiązywać: *The tax may be the only way to solve the city's budget crisis.* | **solve a crime/mystery/case** *one of the many cases that the police have been unable to solve* THESAURUS DEAL

sol·vent¹ /ˈsɒlvənt/ *adj* wypłacalny

solvent² *n* [C,U] rozpuszczalnik

ˈsolvent aˌbuse *n* [U] odurzanie się chemikaliami

som·bre /ˈsɒmbə/ *BrE*, **somber** *AmE adj* **1** ponury, posępny: *a sombre mood* **2** mroczny, ciemny: *a somber room*

some¹ /səm, sʌm/ *quantifier* **1** trochę, parę, kilka: *Do you want some coffee?* | *I need to buy some new socks.* **2** niektórzy, niektóre: *Some guys at work have tickets to the Superbowl.* | *Some days, I just can't get out of bed.* **3** *informal* jakiś: *I read about it in some magazine.*

> **UWAGA: some i any**
>
> Wyrazów **some**, **something** itp. używamy tylko w propozycjach, prośbach i pytaniach, na które oczekujemy pozytywnej reakcji: *Who'd like something to eat?* | *Could you give me some help, please?* | *Aren't there some letters to be posted?* W innych pytaniach używamy **any**, **anything** itp.: *Did you get any letters today?* | *Have you seen any good films recently?* Patrz też **certain** i **some**.

some² S1 W1 /sʌm/ *pron* **1** trochę, parę: *I've made a cake; would you like some?* **2** niektóre, niektóre: *Some of the roads were closed because of snow.*

some³ *adv* **1** około: *Some 700 homes were damaged by the storm.* **2 some more** jeszcze: *Would you like some more cake?* **3** *AmE spoken* trochę: *"Are you feeling better today?" "Some, I guess* (=może trochę)*."*

some·bod·y S1 W3 /ˈsʌmbədi/ → patrz SOMEONE

some·day /ˈsʌmdeɪ/ *adv* kiedyś, pewnego dnia: *Maybe someday I'll be rich!*

some·how S2 W2 /ˈsʌmhaʊ/ *adv* jakoś: *We'll get the money back somehow.* | *Somehow I don't trust him.* | **somehow or other** (=w ten/taki czy inny sposób): *Maybe we could glue it together somehow or other.*

some·one S1 W1 /ˈsʌmwʌn/ *pron* ktoś: *Be careful! Someone could get hurt.* | **someone else** (=ktoś inny): *"Does Mike still live here?" "No, someone else is renting it now."*

> **UWAGA: someone and I**
>
> Patrz **I and someone** i **someone and I**.

some·place /ˈsʌmpleɪs/ *adv AmE* → patrz SOMEWHERE

som·er·sault /ˈsʌməsɔːlt/ *n* [C] fikołek, koziołek, salto —**somersault** *v* [I] prze/koziołkować

some·thing S1 W1 /ˈsʌmθɪŋ/ *pron* **1** coś: *There's something in my eye.* | *Would you like something to drink?* | *Sarah said something about a party.* | **something else** (=coś innego) | **do something (about)** *Can't you do something about that noise* (=zrobić coś z tym hałasem)*?* **2 something like £100/£40** około 100/40 funtów: *There are something like 3,000 homeless people in this city.* **3 have something to do with** mieć związek z: *High-fat diets may have something to do with the disease.* **4 or something** czy coś w tym rodzaju: *Maybe I cooked it too long or something.* | *She works in sales or something like that.* **5 that's something** *spoken* to już coś: *At least we've got some money left – that's something.*

some·time /ˈsʌmtaɪm/ *adv* kiedyś: *I'll call you sometime next week.*

some·times S1 W1 /ˈsʌmtaɪmz/ *adv* czasami, czasem: *Sometimes I don't get home until 9:00 at night.*

> **THESAURUS: sometimes**
>
> **sometimes** czasami: *I sometimes walk to school.*
>
> **occasionally** od czasu do czasu *(rzadziej niż „sometimes")*: *Tom's my cousin, but I only see him occasionally.*
>
> **every now and then/again** *także* **every once in a while** od czasu do czasu, raz na jakiś czas *(ani często, ani regularnie)*: *We still go out together every now and then.*
>
> **at times** czasami *(ale zazwyczaj nie)*: *At times, the job can be difficult.*

some·what S3 W2 Ac /ˈsʌmwɒt/ *adv* nieco: *I was somewhat annoyed.* THESAURUS RATHER

some·where S1 W2 /ˈsʌmweə/ *także* **someplace** *AmE adv* **1** gdzieś, dokądś: *I think he wants you to drive him somewhere.* | *Let's find somewhere to eat* (=poszukajmy jakiejś restauracji). | **somewhere else** (=gdzie indziej): *Go and play somewhere else – I'm trying to work.* **2 somewhere around/between** około: *A good CD player costs somewhere around $500.*

S

son S1 W1 /sʌn/ *n* **1** [C] syn: *Her son Sean was born in 1990.* **2** [singular] chłopcze: *What's your name, son?*

so·na·ta /səˈnɑːtə/ *n* [C] sonata

song S1 W2 /sɒŋ/ *n* **1** [C] piosenka, pieśń: *Turn up the radio, this is my favourite song.* **2** [C,U] śpiew: *the song of a blackbird*

song·writ·er /ˈsɒŋˌraɪtə/ *n* [C] autor/ka piosenek

son·ic /ˈsɒnɪk/ *adj technical* dźwiękowy

ˌsonic ˈboom *n* [C] uderzenie dźwiękowe *(przy przekraczaniu bariery dźwięku)*

ˈson-in-law *n* [C] zięć

son·net /ˈsɒnɪt/ *n* [C] sonet

so·nor·ous /ˈsɒnərəs/ *adj* donośny, dźwięczny

soon S1 W1 /suːn/ *adv* **1** wkrótce, niebawem: *It will be dark soon.* | *They soon realized their mistake.* | **as soon as possible** (=jak najszybciej): *I'll get it fixed as soon as possible.* | **how soon?** (=jak szybko): *How soon can you get here?* **2 as soon as** jak tylko, gdy tylko: *I came as soon as I heard the news.* **3 sooner or later** prędzej czy później: *He's bound to find out sooner or later.* **4 no sooner had ... than** ledwo ... gdy: *No sooner had I stepped in the shower than the phone rang* (=ledwo weszłam pod prysznic, gdy zadzwonił telefon). **5 I would sooner/I would just as soon (do sth)** wolałbym (coś zrobić): *I'd just as soon stay in and watch TV.*

> **THESAURUS: soon**
>
> **soon** wkrótce: *Speak to you soon!* | *I sat down and Katrina soon joined me.*
>
> **in the near future** w niedalekiej przyszłości: *The company plans to move its offices in the near future.*

shortly wkrótce *(używa się w bardziej formalnym stylu): We will shortly be landing at Heathrow.*

in a minute *spoken* za chwilę: *I'll be back in a minute. | The news will be on in a minute.*

any minute now *spoken* w każdej chwili: *They should be here any minute now. | The game will start any minute now.*

before long niedługo (potem): *I caught the waiter's eye and before long the drinks arrived.*

soot /sʊt/ *n* [U] sadza

soothe /suːð/ *v* [T] **1** uspokajać: *School officials were trying to soothe anxious parents.* **2** z/łagodzić, u/koić: *a gel that soothes aching muscles* —**soothing** *adj* kojący: *gentle, soothing music*

so·phis·ti·cat·ed /səˈfɪstɪkeɪtɪd/ *adj* **1** wyrobiony: *a play that appeals to a sophisticated audience* **2** skomplikowany: *highly sophisticated weapons systems*

sop·o·rif·ic /ˌsɒpəˈrɪfɪk◂/ *adj formal* nasenny: *a soporific drug*

sop·ping /ˈsɒpɪŋ/ *także* ˌ**sopping** ˈ**wet** *adj* przemoczony do suchej nitki: *By the time I got home, I was sopping wet.*

sop·py /ˈsɒpi/ *adj BrE informal* ckliwy: *a soppy film*

so·pra·no /səˈprɑːnəʊ/ *n* [C,U] sopran

sor·bet /ˈsɔːbeɪ/ *n* [C,U] sorbet

sor·cer·er /ˈsɔːsərə/ *n* [C] czarnoksiężnik

sor·cer·y /ˈsɔːsəri/ *n* [U] czarna magia, czarnoksięstwo

S

sor·did /ˈsɔːdɪd/ *adj* ohydny: *all the sordid details of the scandal*

sore¹ S3 /sɔː/ *adj* **1** bolesny, obolały: *I've got a sore throat* (=boli mnie gardło). **2 sore point/spot** czułe miejsce: *Don't mention marriage - it's a sore point with him.* —**soreness** *n* [U] bolesność

sore² *n* [C] owrzodzenie, zakażone skaleczenie

sore·ly /ˈsɔːli/ *adv* ogromnie, bardzo: *He was so rude, I was sorely tempted to* (=bardzo mnie korciło, żeby) *hit him.*

sor·row /ˈsɒrəʊ/ *n* [C,U] smutek, żal: *the joys and sorrows of family life*

sor·ry S1 W2 /ˈsɒri/ *adj* **1 sorry/I'm sorry** *spoken* **a)** przepraszam: *I'm sorry, I didn't mean to be rude. | Sorry, did I step on your foot?* **b)** przykro mi: *"Can I borrow the car?" "Sorry, I'm using it myself." | I'm sorry, I think you're wrong.* **+about/for** (=za): *Sorry about all the mess!* | **+(that)** *He's sorry that he couldn't come to your party.* | **sorry to do sth** *I'm sorry to bother you* (=przepraszam, że przeszkadzam), *but there's a call for you.* **2 be/feel sorry for sb** współczuć komuś: *It's no use feeling sorry for yourself* (=nie ma co się nad sobą użalać) *- it's your own fault!* **3 be sorry (that)** żałować, że: *Dad's still sorry that he never joined the army.* **4** [only before noun] opłakany: **in a sorry state** (=w opłakanym stanie): *The cottage hadn't been lived in for years and was in a sorry state.* **5 sorry?** *especially BrE* słucham?: *Sorry? What did you say?*

UWAGA: I'm sorry

Patrz **excuse me** i **I'm sorry**.

sort¹ S1 W1 /sɔːt/ *n* **1** [C] rodzaj: **+of** *"What sort of flowers do you like best?" "Roses, I think." | On expeditions of this sort you have to be prepared for trouble.* | **all sorts of ...** (=najróżniejsze ...): *They sell all sorts of things.* **2 sort of** (tak) jakby, poniekąd: *It's sort of round and green, a bit like a lettuce. | "Were you disappointed?" "Well, sort of, but it didn't matter really."* **3** [singular] sortowanie *(komputerowe)*

sort² S1 W3 *v* [T] po/segregować, po/sortować: *All the letters have to be sorted and delivered by Friday.*
sort sth ↔ out *phr v* [T] **1** u/porządkować: *This office is a mess - I must sort it out!* **2** rozwiązywać: *to sort out a problem*

sor·tie /ˈsɔːti/ *n* [C] wypad: *Our first sortie from our hotel was a disaster.*

SOS /ˌes əʊ ˈes/ *n* [singular] SOS

ˈ**so-so¹** *adj spoken* taki sobie: *"How was the meal?" "So-so."*

ˈ**so-so²** *adv spoken* tak sobie: *"How are you feeling?" "So-so."*

souf·flé /ˈsuːfleɪ/ *n* [C,U] suflet

sought /sɔːt/ *v* czas przeszły i imiesłów bierny od SEEK

ˈ**sought-ˌafter** *adj* poszukiwany: *Her paintings are highly sought-after nowadays* (=są dziś rozchwytywane).

soul S3 W3 /səʊl/ *n* **1** [C] dusza: *She's dead, but her soul's in heaven. | Don't tell a soul* (=nie mów nikomu)*!* **2** *także* ˈ**soul** ˌ**music** [U] (muzyka) soul

soul·ful /ˈsəʊlfəl/ *adj* pełen uczucia, przepełniony smutkiem: *a soulful look*

soul·less /ˈsəʊl-ləs/ *adj* bezduszny: *a soulless city of concrete and steel* —**soullessly** *adv* bezdusznie

ˈ**soul-ˌsearching** *n* [U] głęboki namysł: *After much soul-searching, I decided to resign.*

sound¹ S1 W1 /saʊnd/ *n* **1** [C,U] dźwięk: *the sound of breaking glass | Turn the sound up on the TV.* **2 by the sound of it/things** *spoken* wygląda na to, że: *By the sound of it, he's being forced out of his job.*

COLLOCATIONS: sound

verbs

to hear a sound *She heard a sound behind her.*

to make a sound *Her shoes made a crunching sound on the gravel.*

sb doesn't make a sound (=ktoś jest zupełnie cicho) *He lay still and didn't make a sound.*

a sound comes from somewhere *The sounds were coming from the bathroom.*

sound travels *Sound travels better in water than in air.*

sound carries (=dźwięk niesie się) *The sound carried for miles.*

adjectives

a loud sound *There was a loud crashing sound.*

a faint/soft sound (=słaby/cichy dźwięk) *From far away came the faint sound of music.*

a strange sound *The strange sounds of the jungle kept us awake.*

a banging/rustling/hissing etc sound *What's that clicking sound?*

a distant sound (=dobiegający z oddali dźwięk/odgłos) *the distant sound of police sirens*

sound² S1 W2 *v* **1** [linking verb] wydawać się, sprawiać wrażenie: *You sound upset. Are you OK?* | **+(like)** *Your friend sounds like a nice guy* (=z tego co mówisz, twój przyjaciel to fajny facet). **2** [I] za/brzmieć, za/dźwięczeć: *The whistle sounded.*

sound off *phr v* [I] pomstować: **+ about** *We were told not to sound off about our problems to the press.*
sound out *phr v* [T] [**sound** sb/sth ↔ **out**] wy/sondować: *We've found a way of sounding out public opinion on the issue.*

sound³ W3 *adj* **1** rozsądny: *Our helpline offers sound advice to new parents.* **2** bezpieczny: *a sound investment* **3** w dobrym stanie: *The roof leaks, but the floors are sound.* **4 of sound mind** *law* poczytalny → antonim UNSOUND, → patrz też SOUNDLY

sound⁴ *adv* **be sound asleep** spać głęboko

'sound ˌbarrier *n* **the sound barrier** bariera dźwięku

'sound bite *n* [C] chwytliwe hasło

'sound card *n* [C] karta dźwiękowa

'sound efˌfects *n* [plural] efekty dźwiękowe

sound·ly /'saʊndli/ *adv* **sleep soundly** spać głęboko

sound·proof¹ /'saʊndpru:f/ *adj* dźwiękoszczelny

soundproof² *v* [T] izolować akustycznie, wygłuszać

sound·track /'saʊndtræk/ *n* [C] ścieżka dźwiękowa

soup¹ S3 /su:p/ *n* [C,U] zupa: *chicken noodle soup*

soup² *v*
soup sth ↔ up *phr v* [T] *informal* podrasować *(np. silnik)* —**souped-up** *adj* podrasowany

'soup ˌkitchen *n* [C] stołówka dla bezdomnych

sour /saʊə/ *adj* **1** kwaśny: *sour green apples* THESAURUS TASTE **2** skwaśniały, zsiadły: *sour milk* | **go sour** *The milk has gone sour* (=skwaśniało). **3** skwaszony: *a sour expression* **4 sour grapes** kwaśne winogrona *(coś, co krytykujemy, bo jest dla nas nieosiągalne)*

source S2 W1 Ac /sɔ:s/ *n* [C] źródło: *Reliable sources say the company is going bankrupt.* | **+ of** *Tourism is the city's greatest source of income.* | *sources of energy* | *Engineers have found the source of the trouble.* | *Where is the source of the River Thames?*

south¹ S1 W2 **South** /saʊθ/ *n* [U singular] **1** południe: *Which way is south?* | *White sandy beaches lie to the south* (=na południu). **2 the south** południe, południowa część: *The south is much poorer than the north.* | *My uncle lives in the south of France.*

south² *adj* południowy: *the south wall of the building* | *south wind*

south³ *adv* **1** na południe: *Go 5 miles south on the freeway.* | *20 miles south of London* (=na południe od Londynu) **2 down south** na południu: *They live down south, somewhere near Brighton.*

South Af·ri·ca /saʊθ 'æfrɪkə/ *n* Republika Południowej Afryki —**South African** /saʊθ 'æfrɪkən/ *n* Południowoafryka-ńczyk/nka —**South African** *adj* południowoafrykański

south·bound /'saʊθbaʊnd/ *adj* w kierunku południowym: *southbound traffic*

south·east¹, **Southeast** /ˌsaʊθ'i:st◂/ *n* [U singular] południowy wschód —**southeastern** *adj* południowo-wschodni

southeast², **Southeast** *adj* południowo-wschodni: *a southeast wind*

southeast³, **Southeast** *adv* **1** na południowy wschód: *flying southeast* **2** na południowym wschodzie

south·er·ly /'sʌðəli/ *adj* południowy: *a ship on a southerly course* | *a southerly wind*

south·ern S2 W2 **Southern** /'sʌðən/ *adj* południowy: *southern New Mexico*

south·ern·er, **Southerner** /'sʌðənə/ *n* [C] południowiec, mieszkan-iec/ka Południa

south·ern·most /'sʌðənməʊst/ *adj* najbardziej wysunięty na południe: *the southernmost tip of the island*

ˌSouth 'Pole *n* **the South Pole** biegun południowy

south·ward /'saʊθwəd/ *także* **southwards** *adv* na południe

south·west¹, **Southwest** /ˌsaʊθ'west◂/ *n* [U singular] południowy zachód —**southwestern** *adj* południowo-zachodni

southwest², **Southwest** *adj* południowo-zachodni: *a southwest wind*

southwest³, **Southwest** *adv* **1** na południowy zachód: *driving southwest* **2** na południowym zachodzie

sou·ve·nir /ˌsu:və'nɪə/ *n* [C] pamiątka: **+ of** *a souvenir of New York*

sove·reign¹ /'sɒvrɪn/ *adj* suwerenny: *a sovereign country* —**sovereignty** *n* [U] suwerenność

sovereign² *n* [C] *formal* monarch-a/ini

So·vi·et /'səʊviət/ *adj* radziecki, sowiecki

sow¹ /səʊ/ *v* [I,T] (**sowed**, **sown** /səʊn/ or **sowed**, **sowing**) za/siać: *We sow the corn in the early spring.*

sow² /saʊ/ *n* [C] maciora, locha

soy·a bean /'sɔɪə bi:n/ *także* **soy·bean** /'sɔɪbi:n/ *n* [C] soja

spa /spɑ:/ *n* [C] uzdrowisko

space¹ S1 W1 /speɪs/ *n* **1** [U,C] miejsce: *Is there any more space in the basement?* | *There's not enough space in the computer's memory.* | *parking spaces* | *6,900 square feet of office space* **2** szpara, odstęp: *There's a space for it there – between the books.* **3** [U] kosmos, przestrzeń (kosmiczna): *space exploration* **4 in/during/within the space of** w ciągu: *In the space of a few seconds it was done.*

UWAGA: space
Patrz **place** i **room/space**.

space² *v* [T] rozmieszczać, rozstawiać: *Space the plants four feet apart.* —**spacing** *n* [U] odstęp

space·ship /'speɪsˌʃɪp/ *także* **space·craft** /'speɪskrɑ:ft/ *n* [C] statek kosmiczny

'space ˌshuttle *n* [C] wahadłowiec, prom kosmiczny

space shuttle

spa·cious /'speɪʃəs/ *adj* przestronny

spade /speɪd/ *n* [C] **1** łopata, szpadel **2 spades** piki: *the queen of spades* (=dama pikowa) **3 in spades** *spoken* na kopy/pęczki

spa·ghet·ti /spə'geti/ *n* [U] spaghetti

Spain /speɪn/ *n* Hiszpania —**Spaniard** /'spænjəd/ *n* Hiszpan/ka —**Spanish** /'spænɪʃ/ *adj* hiszpański

S

spam /spæm/ *n* [U] spam: *You can filter out spam with special software.*

span¹ /spæn/ *n* [C] **1** okres: *Most children have a short attention span.* | *The mayfly has a two-day life span.* | *Over a span of five years, they planted 10,000 new trees.* **2** rozpiętość: *a wing span of three feet*

span² *v* [T] (**-nned**, **-nning**) **1** obejmować: *Mariani's career spanned 45 years.* **2** przecinać: *a bridge spanning the river*

span·gle /ˈspæŋgəl/ *n* [C] *AmE* cekin —**spangled** *adj* nabijany cekinami

span·iel /ˈspænjəl/ *n* [C] spaniel

spank /spæŋk/ *v* [T] dać klapsa —**spanking** *n* [C,U] lanie

span·ner /ˈspænə/ *n* [C] *BrE* klucz (płaski)

spar /spɑː/ *v* [I] (**-rred**, **-rring**) odbywać sparing

spare¹ S2 /speə/ *adj* **1** zapasowy: *a spare key* | *spare parts* THESAURUS MORE **2** wolny: *a spare bedroom* **3 spare time** czas wolny: *I play tennis in my spare time.*

spare² S3 *v* [T] **1** użyczyć: *Could you spare your car for a while?* **2 spare sb sth** oszczędzić komuś czegoś: *I was trying to spare you unnecessary work.* **3 to spare** w zapasie: *helpers with a few hours to spare each week* **4 Could you spare (me) ... ?** *spoken* Czy mógłbyś mi poświęcić ... ?: *Could you spare me twenty minutes of your time?* **5 spare no expense** nie żałować pieniędzy, nie szczędzić kosztów: *We will spare no expense in buying new equipment.* **6** uratować: *The children's lives were spared.*

spare³ *n* [C] zapasowy egzemplarz: *I've lost my key. Do you have a spare?*

spar·ing·ly /ˈspeərɪŋli/ *adv* oszczędnie, z umiarem: *Apply this cream sparingly.* —**sparing** *adj* ostrożny, oszczędny: *Be sparing in the amount of salt you add.*

spark¹ /spɑːk/ *n* [C] **1** iskra **2** błysk, przebłysk: *a spark of intelligence* | *She saw a spark of hope in the little girl's eyes.*

spark² *v* **1** *także* **spark off** [T] wywoływać: *The speech sparked off riots throughout the city.* **2** [I] iskrzyć

spar·kle /ˈspɑːkəl/ *v* [I] mienić się, skrzyć się: *diamonds sparkling in the light* —**sparkle** *n* [C,U] połysk

spar·kler /ˈspɑːklə/ *n* [C] sztuczny ogień

ˈspark plug *n* [C] świeca zapłonowa

spar·row /ˈspærəʊ/ *n* [C] wróbel

sparse /spɑːs/ *adj* rzadki, skąpy: *sparse vegetation*

spar·tan /ˈspɑːtn/ *adj* spartański: *spartan living conditions*

spas·m /ˈspæzəm/ *n* [C,U] skurcz: *back spasms*

spas·mod·ic /spæzˈmɒdɪk/ *adj* napadowy: *my spasmodic efforts to stop smoking* —**spasmodically** /-kli/ *adv* napadowo

spas·tic /ˈspæstɪk/ *adj old-fashioned* spastyczny

spat /spæt/ *v* czas przeszły i imiesłów bierny od SPIT

spate /speɪt/ *n* **a spate of sth** seria czegoś: *a spate of burglaries*

spa·tial /ˈspeɪʃəl/ *adj technical* przestrzenny

spat·ter /ˈspætə/ *v* [I,T] rozpryskiwać (się): *Rain began to spatter on the steps.*

spawn¹ /spɔːn/ *v* **1** [T] zapoczątkowywać, dawać początek: *The book 'Dracula' has spawned a number of movies.* **2** [I,T] **a)** składać ikrę **b)** składać skrzek

spawn² /spɔːn/ *n* [U] **1** ikra **2** skrzek

speak S1 W1 /spiːk/ *v* (**spoke**, **spoken**, **speaking**) **1** [I] po/rozmawiać: **speak to sb** *Hello, can I speak to Mr. Sherwood, please?* | **speak with sb** *We need to speak with you before you leave.* **2** [I] mówić: *Most children don't begin to speak until they are about a year old.* | **+ of/about** *He spoke about his love of acting.* THESAURUS TALK **3** [T] mówić po: *My brother speaks English* (=mówi po angielsku). **4** [I] przemawiać: *I get so nervous if I have to speak in public.* **5** [I] *informal* rozmawiać: *I'm surprised she's still speaking to you after all you've done.* **6 be on speaking terms** rozmawiać ze sobą: *He hasn't been on speaking terms with his father for years* (=on i jego ojciec nie rozmawiają ze sobą od lat). **7 so to speak** *spoken* że tak powiem, że się tak wyrażę: *He found the problem in his own back yard, so to speak.* **8 speaking of ...** *spoken* skoro już mowa o ...: *Speaking of Jody, how is she?*
speak for sb/sth *phr v* [T] **1** mówić w imieniu: *I'm speaking for all of us in wishing you the best of luck.* **2 sth speaks for itself** coś mówi samo za siebie: *Our profits speak for themselves.*
speak out *phr v* [I] **speak out against** występować przeciw: *people speaking out against human rights abuses*
speak up *phr v* [I] **1 speak up!** *spoken* mów głośniej!: *Could you speak up please? I can't hear you.* **2** przemówić: *If we don't speak up nobody can help us.*

speak·er S2 W2 /ˈspiːkə/ *n* [C] **1** mów-ca/czyni: *Our speaker this evening is Professor Gill.* **2 English speaker/Polish speaker** osoba mówiąca po angielsku/polsku **3** głośnik

spear¹ /spɪə/ *n* [C] włócznia, dzida

spear² *v* [T] **1** nadziewać, nabijać **2** pchnąć włócznią/dzidą

spear·head /ˈspɪəhed/ *v* [T] stać na czele: *a strike spearheaded by textile workers*

spear·mint /ˈspɪəmɪnt/ *n* [U] mięta kędzierzawa

spe·cial¹ S1 W1 /ˈspeʃəl/ *adj* specjalny, szczególny: *I want to go somewhere special for our anniversary.* | *a special friend* | *special facilities for language learners* | *We try to give special care to the youngest patients.*

special² *n* [C] **1** nadzwyczajne wydanie: *a two-hour TV special on the election* (=specjalny program poświęcony wyborom) **2** danie dnia: *today's sandwich special*

ˌspecial efˈfects *n* [plural] efekty specjalne

spe·cial·ist S3 W3 /ˈspeʃəlɪst/ *n* [C] specjalist-a/ka: *a heart specialist*

spe·ci·al·i·ty /ˌspeʃiˈæləti/ *BrE*, **specialty** *especially AmE n* [C] specjalność: *His speciality is mid-19th century literature.* | *The grilled fish is their speciality.*

spe·cial·ize /ˈspeʃəlaɪz/ *także* **-ise** *BrE v* [I] specjalizować się: **+ in** *a lawyer who specializes in divorce* —**specialization** /ˌspeʃəlaɪˈzeɪʃən/ *n* [C,U] specjalizacja

spe·cial·ized /ˈspeʃəlaɪzd/ *także* **-ised** *BrE adj* wyspecjalizowany, specjalistyczny: *a job that requires specialized knowledge*

spe·cial·ly /ˈspeʃəli/ *adv* **1** specjalnie: *The plane is specially designed for speed.* | *I bought it specially for you.* **2** *spoken* szczególnie, wyjątkowo: *a specially gifted child* | *All the prices have been specially reduced.*

spe·cial·ty /ˈspeʃəlti/ *n* [C] *AmE* specjalność

spe·cies W2 /ˈspiːʃiːz/ *n* [C] (plural **species**) gatunek: *different animal/plant species* | *an endangered species* (=gatunek zagrożony wymarciem).

S

spe·cif·ic S1 W1 Ac /spəˈsɪfɪk/ *adj* **1** określony, konkretny: *specific issues to discuss* **2** szczegółowy, dokładny: *Can you be more specific* (=czy możesz podać więcej szczegółów)? **3** specyficzny, właściwy: *a disease specific to horses*

spe·cif·ic·ally S2 W3 Ac /spəˈsɪfɪkli/ *adv* **1** specjalnie: *a book written specifically for teenagers* **2** wyraźnie: *I specifically asked you not to do that!*

spe·ci·fi·ca·tion Ac /ˌspesɪfɪˈkeɪʃən/ *n* [C usually plural] wymóg, specyfikacja: *a rocket built to exact specifications*

spe·cif·ics /spəˈsɪfɪks/ *n* [plural] szczegóły, detale: *We can discuss the specifics of the deal later.*

spe·ci·fy W3 Ac /ˈspesɪfaɪ/ *v* [T] s/precyzować, wyszczególniać: *The plan didn't specify how the money should be spent.*

spe·ci·men /ˈspesɪmɪn/ *n* [C] **1** próbka: *a blood specimen* **2** okaz: *This specimen was found in northwestern China.*

speck /spek/ *n* [C] cętka, drobinka: **+of** *a speck of dirt* THESAURUS PIECE

speck·led /ˈspekəld/ *adj* cętkowany, nakrapiany: *speckled birds' eggs*

specs /speks/ *n* [plural] *informal* okulary

spec·ta·cle /ˈspektəkəl/ *n* [C] widowisko: *a fascinating spectacle | the spectacle of the annual Thanksgiving parade*

spec·ta·cles /ˈspektəkəlz/ *n* [plural] *formal* okulary

spec·tac·u·lar[1] /spekˈtækjələ/ *adj* okazały, widowiskowy, spektakularny: *a spectacular view of the Grand Canyon* —**spectacularly** *adv* spektakularnie

spectacular[2] *n* [C] widowisko

spec·ta·tor /spekˈteɪtə/ *n* [C] widz: *Over 50,000 spectators saw the final game.*

spec·tre /ˈspektə/ *BrE*, **specter** *AmE n* **1 the spectre of sth** widmo czegoś: *The spectre of war lingered over the talks.* **2** *literary* widmo, upiór

spec·trum /ˈspektrəm/ *n* [C] **1** widmo: *the full spectrum of colours of the rainbow* **2** spektrum: *The officials represent a wide spectrum of political opinion.*

spec·u·late /ˈspekjəleɪt/ *v* [I] **1** spekulować: **+on/about** *Police refuse to speculate on the murderer's motives.* **2** grać na giełdzie —**speculator** *n* [C] spekulant/ka —**speculation** /ˌspekjəˈleɪʃən/ *n* [C,U] spekulacje, domysły

sped /sped/ *v* czas przeszły i imiesłów bierny od SPEED

speech S2 W2 /spiːtʃ/ *n* **1** [C] mowa, przemówienie: **give a speech** (=wygłosić przemówienie): *The President gave a speech in Congress on the state of the nation.* | **make a speech** *My dad will make a short speech at the wedding.* **2** [U] mowa: *Her speech was slow and distinct.* **3 freedom of speech/free speech** wolność słowa

THESAURUS: speech

speech mowa, przemówienie: *I had to give a speech at my brother's wedding. | a famous speech by Martin Luther King*

address *formal* orędzie: *the President's address to the nation*

talk wykład: *I went to an interesting talk on the history of television.*

lecture wykład *(na uczelni)*: *Students must not arrive late for lectures.*

sermon kazanie: *One Sunday, the priest preached a sermon about family.*

presentation prezentacja: *I have to give a presentation on why they should choose me for a job in sales.*

statement oświadczenie: *In a statement, the president expressed sadness at her death.*

speech·less /ˈspiːtʃləs/ *adj* oniemiały: *Barry's answer left her speechless.* THESAURUS SURPRISED

ˈspeech marks *n* [plural] cudzysłów *(dla zaznaczenia początku i końca czyjejś wypowiedzi)*

speed[1] S2 W1 /spiːd/ *n* **1** [C,U] szybkość, prędkość: *The cyclists were riding at a speed of 35 mph.* | **at high speed** (=z dużą prędkością): *a car travelling at high speed* **2** [U] tempo: *the speed at which computers have changed modern life*

COLLOCATIONS: speed

adjectives

high/great speed *The stolen car was being driven at high speed.*

low speed *Fortunately, the car was travelling at low speed when it hit her.*

full speed (=pełen gaz) *He ran off at full speed.*

average speed *The average speed of cars in the city is less than 15 mph.*

a constant/steady speed *The motor should run at a constant speed.*

a top/maximum speed *He bought a sports car with a top speed of 120 mph.*

with lightning speed (=z prędkością błyskawicy) *He moved with his usual lightning speed.*

at breakneck speed (=z szaleńczą prędkością) *She drove away at breakneck speed.*

verbs

to reach a speed *These birds can reach speeds of more than 100 mph.*

to increase your speed *Gradually increase your speed.*

to reduce your speed *She reduced speed as she approached the village.*

to maintain a speed (=utrzymywać prędkość) *The aircraft is designed to maintain a steady speed of 600 miles per hour.*

speed[2] *v* (**sped** or **speeded**, **sped** or **speeded**, **speeding**) **1** [I] pędzić: *The train sped along.* **2 be speeding** jechać z nadmierną prędkością

speed up *phr v* [I,T] przyspieszyć: *an attempt to speed up production at the factory*

speed·boat /ˈspiːdbəʊt/ *n* [C] ślizgacz

ˈspeed ˌdial *n* [U] szybkie wybieranie —**speed-dial** *v* [I,T] wybierać jednym klawiszem

speed·ing /ˈspiːdɪŋ/ *n* [U] przekroczenie dozwolonej prędkości, jazda z nadmierną prędkością: *I got a ticket for speeding.*

ˈspeed ˌlimit *n* [C] ograniczenie prędkości: *a 40 mph speed limit*

speed·om·e·ter /spɪˈdɒmɪtə/ *n* [C] szybkościomierz, licznik

ˈspeed trap *n* punkt kontroli radarowej

speed·y /ˈspiːdi/ *adj* szybki: *We hope you make a speedy recovery.* | *a speedy little car* —**speedily** *adv* szybko, pośpiesznie

S

spell[1] S2 /spel/ *v* (**spelled** or **spelt** *BrE*; **spelling**) **1** [I,T] pisać (ortograficznie): *How do you spell it* (=jak to się pisze)? | *I used to fail exams because I couldn't spell.* | *My last name is Haines, spelled H-A-I-N-E-S* (=pisze się H-A-I-N-E-S). **2** [T] prze/literować: *Can you spell it for me?*
spell sth ↔ out *phr v* [T] szczegółowo wy/tłumaczyć: *Do I have to spell it out for you? John's seeing another girl.*

spell[2] *n* [C] czar, zaklęcie: **cast a spell** (=rzucić czar): *The witches cast a spell on the young prince.* | **put a spell on sb** (=zaczarować kogoś): *A spell was put on her that made her sleep for 100 years.*

spell·bound /ˈspelbaʊnd/ *adj, adv* (jak) zaczarowany: *The children listened spellbound to his story.*

ˈspell-check *v* [I,T] sprawdzać pisownię

ˈspell-ˌchecker *n* funkcja sprawdzania pisowni

spell·ing S2 /ˈspelɪŋ/ *n* **1** [U] ortografia: *His spelling has improved.* **2** [C] pisownia: *There are two different spellings for this word.*

spelt /spelt/ *especially BrE* czas przeszły i imiesłów bierny od SPELL

spend S1 W1 /spend/ *v* (**spent**, **spent**, **spending**) **1** [I,T] wydawać: *How much do you want to spend?* | **+ on** *I spent $40 on these shoes.* **2** [T] spędzać: *We spent the whole morning by the pool.* | *I need to spend more time with my family.*

spend·ing /ˈspendɪŋ/ *n* [U] wydatki: *a cut in public spending*

S

spend·thrift /ˈspendˌθrɪft/ *n* [C] rozrzutnik

spent[1] /spent/ *v* czas przeszły i imiesłów bierny od SPEND

spent[2] *adj* **1** zużyty, wykorzystany, wyczerpany: *spent cartridges* **2** wykończony, skonany

sperm /spɜːm/ *n* **1** [C] (plural **sperm**) plemnik **2** [U] sperma, nasienie

spew /spjuː/ *v* [I,T] **1** *także* **spew out** buchać: *Smoke and gas were spewing out of the volcano.* **2** *także* **spew up** *BrE informal* rzygać

sphere Ac /sfɪə/ *n* [C] **1** kula: *The earth is a sphere.* **2** sfera: *He works mainly in the sphere of international banking.*

spher·i·cal Ac /ˈsferɪkəl/ *adj* kulisty

sphinx /sfɪŋks/ *n* [C] sfinks

spice[1] /spaɪs/ *n* [C,U] przyprawa: *herbs and spices*

spice[2] *także* **spice up** *v* [T] przyprawiać

spick-and-span /ˌspɪk ən ˈspæn/ *adj* lśniący czystością, wychuchany

spic·y /ˈspaɪsi/ *adj* pikantny, ostry: *spicy meatballs* THESAURUS TASTE

spi·der /ˈspaɪdə/ *n* [C] pająk: *a spider's web*

spi·der·y /ˈspaɪdəri/ *adj* nieczytelny *(o charakterze pisma)*

spiel /ʃpiːl/ *n* [C] *informal* gadka

spike[1] /spaɪk/ *n* [C] kolec: *There are spikes along the top of the fence.* —**spiky** *adj* kolczasty

spike[2] *v* [T] **spike sb's drink** doprawić czyjś napój alkoholem/środkiem odurzającym

spill[1] S3 /spɪl/ *v* (**spilled**, **spilled** or **spilt** *BrE*; **spilling**) **1** [I,T] rozlać (się), wylać (się): *I spilled coffee on my shirt.* **2 spill the beans** *informal* wygadać się
spill over *phr v* [I] rozszerzyć/rozprzestrzenić się: *There's a danger that the fighting will spill over into other countries.*

spill[2] *n* [C] rozlanie, wyciek: *a huge oil spill* (=ogromna plama ropy) *in the Atlantic*

spilt /spɪlt/ *v especially BrE* czas przeszły i imiesłów bierny od SPILL

spin[1] S3 /spɪn/ *v* (**spun**, **spun**, **spinning**) **1** [I,T] obracać (się), wirować: *skaters spinning on the ice* | *He spun the coin on the table.* **2** [I,T] u/prząść **3** [T] od/wirować: *Let the washing spin before you put it out to dry.*

spin[2] *n* **1** [C] obrót, wirowanie: *The truck went into a spin.* **2** [C] *informal* przejażdżka: *Would you like to go for a spin?*

spin·ach /ˈspɪnɪdʒ/ *n* [U] szpinak

spin·al /ˈspaɪnl/ *adj* kręgosłupowy, kręgowy: *a spinal injury* (=uraz kręgosłupa)

ˈspinal cord *n* [C] rdzeń kręgowy

spin·dly /ˈspɪndli/ *adj* wiotki: *spindly legs*

ˈspin ˌdoctor *n* [C] *informal* spec od propagandy

ˌspin ˈdryer *n* [C] *especially BrE* wirówka

spine /spaɪn/ *n* [C] **1** *także* **ˈspinal ˌcolumn** kręgosłup **2** kolec: *cactus spines* **3** grzbiet: *the spine of a book*

spine·less /ˈspaɪnləs/ *adj* tchórzem podszyty: *He's too spineless to speak for himself.* —**spinelessly** *adv* bojaźliwie

ˈspinning wheel *n* [C] kołowrotek

ˈspin-off *n* [C] (korzystny) efekt uboczny

spin·ster /ˈspɪnstə/ *n* [C] *old-fashioned* stara panna

spi·ral[1] /ˈspaɪrəl/ *n* [C] spirala —**spiral** *adj* spiralny: *a spiral staircase* (=schody kręcone)

spiral[2] *v* [I] (**-lled**, **-lling** *BrE*; **-led**, **-ling** *AmE*) **1** opadać kręcąc się w kółko: *a leaf spiralling to the ground* **2** wirować w górę

spire /spaɪə/ *n* [C] iglica: *the spire of a church*

spir·it[1] S2 W2 /ˈspɪrɪt/ *n* **1** [C,U] duch, dusza: *I'm 85, but I still feel young in spirit* (=czuję się młody duchem). **2** [C] duch: *evil spirits* | *the spirit of the dead man* **3** [U] odwaga: *I don't agree with her, but I admire her spirit.* **4** [singular] duch, nastrój: *There's a real spirit of cooperation between the two clubs.* **5 team/community etc spirit** duch współpracy/wspólnoty itp. **6** [C usually plural] napój alkoholowy **7 the spirit of the law/an agreement/a plan** duch prawa/umowy/planu

spirit[2] *v*
spirit sb/sth ↔ away *phr v* [T] wyprowadzić/wynieść ukradkiem: *After the press conference Jackson was spirited away through a back door.*

spir·it·ed /ˈspɪrɪtɪd/ *adj* żarliwy: *She made a spirited defense of the plan.*

spir·its /ˈspɪrəts/ *n* [plural] nastrój: *The children were in high spirits* (=były bardzo wesołe). | *His spirits rose* (=poprawił mu się nastrój).

spir·i·tu·al W3 /ˈspɪrətʃuəl/ *adj* duchowy: *spiritual health and well-being*

spir·i·tual·is·m /ˈspɪrətʃʊlɪzəm/ *n* [C] spirytyzm

spit[1] /spɪt/ *v* (**spat** or **spit** *AmE*; **spat**, **spitting**) **1** [I,T] pluć, spluwać: *He spat on the ground.* | **spit sth out** *He tasted the wine and then spat it out* (=wypluł). **2 spit it out**

spoken no, powiedz wreszcie: *Tell me what you did - come on, spit it out.* **3 be the spitting image of sb** być podobnym do kogoś jak dwie krople wody

spit² *n* **1** [U] ślina **2** [C] rożen

spite¹ W3 /spaɪt/ *n* **1 in spite of** mimo, pomimo: *She loved him in spite of the fact that he drank too much.* **2** [U] **out of spite** na złość: *Lola refused out of spite.*

spite² *v* [T] z/robić na złość: *He's doing this just to spite me!*

spite·ful /ˈspaɪtfəl/ *adj* złośliwy

splash¹ /splæʃ/ *v* [I,T] chlapać (się): *He splashed some cold water on his face* (=ochlapał twarz zimną wodą). | *children splashing around in puddles*

splash² *n* [C] **1** plusk: *Jerry jumped into the water with a loud splash.* **2** plama: *splashes of paint on the floorboards* **3 a splash of colour** odrobina koloru

splat·ter /ˈsplætə/ *v* [I,T] rozpryskiwać (się): *rain splattering against the window*

splay /spleɪ/ *także* **splay out** *v* [I,T] rozczapierzać (się): *She splayed out her fingers.*

splen·did /ˈsplendɪd/ *adj* świetny, wspaniały: *a splendid vacation*

splen·dour /ˈsplendə/ *BrE*, **splendor** *AmE n* [U] wspaniałość: *the splendor of Yosemite Valley*

splice /splaɪs/ *v* [T] po/łączyć, s/kleić *(kawałki taśmy filmowej, sznurka itp.)*

splint /splɪnt/ *n* [C] szyna *(chirurgiczna)*

splin·ter¹ /ˈsplɪntə/ *n* **1** [C] odłamek, drzazga: *splinters of glass* **2 splinter group/organization** odłam

splinter² *v* [I,T] rozłupywać (się), rozszczepiać (się)

split¹ S2 W3 /splɪt/ *v* (**split, split, splitting**) **1** *także* **split up** [I,T] po/dzielić (się): *We'll split up into three work groups.* | *We decided to split the money between us.* | *a row that split the Catholic Church* **2** [I,T] pękać, rozdzierać (się): *His coat had split down the back.* **3 split hairs** dzielić włos na czworo

split up *phr v* [I] rozstać się, rozejść się: *Eve's parents split up when she was three.* **+ with** *I thought she'd split up with her boyfriend.*

split² *n* [C] **1** pęknięcie: *a split in the seam of her skirt* **2** rozłam: *a split in the Republican Party*

ˌsplit-ˈlevel *adj* z dwupoziomowym parterem *(o budynku)*

ˌsplit ˈsecond *n* [C] **a split second** ułamek sekundy: *I only had a split second to decide.*

split·ting /ˈsplɪtɪŋ/ *adj* **sb has a splitting headache** głowa komuś pęka

spoil S3 /spɔɪl/ *v* (**spoiled** or **spoilt** /spɔɪlt/, **spoiling**) **1** [I,T] ze/psuć (się): *Don't let his bad mood spoil your evening.* | *The meat has spoiled.* THESAURUS DAMAGE **2** [T] rozpieszczać

UWAGA: spoil

Patrz **destroy** i **spoil/ruin**.

spoiled /spɔɪld/ *także* **spoilt** /spɔɪlt/ *BrE adj* rozpieszczony: *a spoiled brat*

spoils /spɔɪlz/ *n* [plural] *formal* łupy, zdobycz

spoil·sport /ˈspɔɪlˌspɔːt/ *n* [C] *informal* **be a spoilsport** psuć innym zabawę: *Come and play, don't be a spoilsport.*

spoke¹ /spəʊk/ *v* czas przeszły od SPEAK

spoke² *n* [C] szprycha

spok·en¹ /ˈspəʊkən/ *v* imiesłów bierny od SPEAK

spoken² *adj* mówiony: *spoken language*

spokes·per·son /ˈspəʊksˌpɜːsən/, **spokes·man** /ˈspəʊksmən/, **spokes·wom·an** /ˈspəʊksˌwʊmən/ *n* [C] rzeczni-k/czka: *a government spokesman*

sponge¹ /spʌndʒ/ *n* [C,U] gąbka

sponge² *v* **1** *także* **sponge down** [T] myć/ścierać gąbką **2** [I] **sponge off sb** *informal* pasożytować na kimś: *He's been sponging off his friends for years.*

ˈsponge bag *n* [C] *BrE* kosmetyczka

ˈsponge cake *n* [C,U] biszkopt

spong·y /ˈspʌndʒi/ *adj* gąbczasty: *spongy, wet earth*

spon·sor¹ /ˈspɒnsə/ *v* [T] sponsorować: *The tournament is sponsored by a tobacco company.* | *a sponsored swim*

sponsor² *n* [C] sponsor/ka

spon·ta·ne·ous /spɒnˈteɪniəs/ *adj* spontaniczny: *a spontaneous decision* —**spontaneously** *adv* spontanicznie —**spontaneity** /ˌspɒntəˈniːəti/ *n* [U] spontaniczność

spoof /spuːf/ *n* [C] parodia: *a spoof on one of Shakespeare's plays* —**spoof** *v* [T] s/parodiować

spook·y /ˈspuːki/ *adj informal* straszny: *a spooky old house*

spool /spuːl/ *n* [C] szpulka

spoon¹ S3 /spuːn/ *n* [C] łyżka, łyżeczka

spoon² *v* [T] nakładać/nalewać łyżką: *Spoon the sauce over the fish.*

ˈspoon-feed *v* [T] podawać wszystko na tacy: *Spoon-feeding students does not help them remember things.*

spoon·ful /ˈspuːnfʊl/ *n* [C] pełna łyż(ecz)ka: *a spoonful of sugar*

spo·rad·ic /spəˈrædɪk/ *adj* sporadyczny: *sporadic outbreaks of fighting* —**sporadically** /-kli/ *adv* sporadycznie

sport¹ S2 W2 /spɔːt/ *n* **1** [C,U] sport: *Tennis is my favourite sport.* | *Why is there so much sport on television?* **2 a sport** *także* **a good sport** równy gość

UWAGA: sport, recreation, game i match

Wyrazu **sport** używa się w podobnych kontekstach, jak po polsku: *Her favourite sport is basketball.* | *I'm no good at sports.* Wyraz **recreation** odnosi się do wszystkich czynności służących wypoczynkowi: *the city's Parks and Recreation Department.* **Game** używa się w kontekstach, w których po polsku występuje „gra, mecz, spotkanie": *Let's have a game of football.* | *a game of tennis.* **Match** jest wyrazem używanym szczególnie w angielszczyźnie brytyjskiej i odpowiada polskiemu „mecz": *Tottenham have lost nearly all their matches this season.* | *a tennis match*

COLLOCATIONS: sport

verbs

to play (a) sport *Geoff plays a lot of sport.*

to take part in (a) sport *More people are taking part in sports.*

to do sport *BrE*, **to do sports** *AmE* *Do you do any sports?*

to take up a sport (=zacząć uprawiać (jakiś) sport) *They encourage youngsters to take up sport.*

types of sport

a team sport *I prefer running or the gym to team sports.*
a spectator sport (=sport widowiskowy) *Boxing is a popular spectator sport.*
a winter sport *Switzerland is a great place for winter sports.*
professional sport(s) *There is a lot of money involved in professional sport.*
competitive sport(s) (=rywalizacja sportowa) *Competitive sport teaches valuable lessons for life.*
an extreme sport *Many teenagers are attracted to extreme sports such as snowboarding.*
a contact sport (=sport kontaktowy) *People get hurt in contact sports, but they also have fun.*

sports + noun

a sports team *She was in several university sports teams.*
a sports club *You could join a sports club.*
a sports field/ground *The village has its own sports field.*
sports facilities *The resort has wonderful sports facilities.*
sports equipment *We sell all kinds of sports equipment.*
a sports event *major sports events such as the Olympics*
a sports fan *He was a big sports fan.*

S

sport² *v* **be sporting sth** paradować w czymś: *He walked in sporting an orange bow tie.*

sport·ing /ˈspɔːtɪŋ/ *adj* [only before noun] sportowy: *sporting events*

sports /spɔːts/ *adj* [only before noun] sportowy: *a sports reporter | a sports club*

ˈsports car *n* [C] samochód sportowy

sports·cast /ˈspɔːtskɑːst/ *n* [C] *AmE* telewizyjne sprawozdanie sportowe

ˈsports ˌcentre *n* [C] *BrE* ośrodek sportowy

sports·man /ˈspɔːtsmən/ *n* [C] (plural **sportsmen** /-mən/) sportowiec

sports·man·like /ˈspɔːtsmənlaɪk/ *adj* sportowy: *sportsmanlike behaviour*

sports·man·ship /ˈspɔːtsmənʃɪp/ *n* [U] sportowe zachowanie

sports·wom·an /ˈspɔːtsˌwʊmən/ *n* [C] (plural **sportswomen** /-wɪmɪn/) sportsmenka

ˌsport-uˈtility ˌvehicle *n* SUV

sport·y /ˈspɔːti/ *adj BrE* wysportowany: *I'm not very sporty.*

spot¹ S2 W2 /spɒt/ *n* [C] **1** cętka, łatka: *a white dog with black spots* **2** miejsce: *a great spot for a picnic | This is the spot where the accident happened.* THESAURUS ▸ PLACE **3** plama: *grease spots* **4** *BrE* pryszcz, krosta: *Most teenagers get spots.* **5 on the spot a)** z miejsca: *Kim was offered the job on the spot.* **b)** na miejscu: *Our reporter is on the spot.* **6 advertising spot** blok reklamowy **7 a spot of sth** *BrE spoken* odrobina czegoś: *a spot of bother* (=mały kłopot) → patrz też SPOT ON

spot² S3 *v* [T] (**-tted**, **-tting**) zauważyć, dostrzec: *A helicopter pilot spotted the wreckage. | His talent was spotted at an early age.*

ˌspot ˈcheck *n* [C] wyrywkowa kontrola: *Police are making spot checks on cars.*

spot·less /ˈspɒtləs/ *adj* nieskazitelny: *The kitchen was spotless.* —**spotlessly** *adv* nieskazitelnie: *Her house is always spotlessly clean.*

spot·light /ˈspɒtlaɪt/ *n* **1** [C] jupiter **2 be in/out of the spotlight** być/nie być w centrum zainteresowania: *She's never out of the media spotlight for long.*

ˌspot ˈon *adj* [not before noun] *BrE* bezbłędny: *Your calculations were spot on.*

spot·ted /ˈspɒtɪd/ *adj* w kropki: *a red and white spotted dress*

spot·ty /ˈspɒti/ *adj* **1** *BrE* pryszczaty: *a spotty young man* **2** *AmE* nierówny *(np. o przedstawieniu)* **3** cętkowany, łaciaty: *a spotty dog*

spouse /spaʊs/ *n* [C] *formal* małżon-ek/ka

spout¹ /spaʊt/ *n* [C] dzióbek: *a teapot with a chipped spout*

spout² *v* **1** [I,T] tryskać, chlustać: *Blood spouted from her leg. | a whale spouting water* **2** *także* **spout off** [I,T] *informal* przynudzać: *He's always spouting off about politics.*

sprain /spreɪn/ *v* [T] skręcić: *Amy fell and sprained her ankle.* —**sprain** *n* [C] skręcenie: *a bad sprain*

sprang /spræŋ/ *v* czas przeszły od SPRING

sprawl /sprɔːl/ *v* [I] **1** *także* **sprawl out** rozwalać się: **+in/on etc** *Ian was sprawled on the sofa.* **2** rozciągać się: *The city sprawls for miles in each direction.*

spray¹ S3 /spreɪ/ *v* **1** [T] rozpylać, pryskać: *She sprayed some perfume on her wrists.* **2** [I] rozpryskiwać się: *The glass shattered and pieces sprayed everywhere.*

spray² *n* **1** [C,U] spray: *hair spray* **2** [U] pył wodny

spread¹ S2 W2 /spred/ *v* (**spread**, **spread**, **spreading**) **1** *także* **spread out** [T] rozkładać: *Tracy spread the map on the floor. | He spread his arms wide.* | **spread sth over sth** *His books and papers were spread all over the table. | You can spread the payments over a year.* **2** [I] rozprzestrzeniać się: *Rain will spread throughout the area tonight.* **3** [T] roznosić: *Rats often spread disease.* **4** [T] nanosić: *Spread the remaining cream over the top of the cake.* **5** [I] rozchodzić się: *News of her arrest spread quickly.* **6** [T] rozpowszechniać: *She's been spreading lies about me.*
spread out *phr v* [I] rozdzielić się: *They spread out to search the forest.*

spread² *n* **1** [singular] rozprzestrzenianie się: **+of** *the spread of disease* **2** [C,U] pasta: *cheese spread* **3** [C] rozkładówka: *a two-page spread about Jamaica* **4** [singular] rozpiętość: *the wide spread of ages in the class*

spread·sheet /ˈspredʃiːt/ *n* [C] arkusz kalkulacyjny

spree /spriː/ *n* [C] szaleństwo: *a shopping spree*

sprig /sprɪg/ *n* [C] gałązka: *a sprig of parsley*

spright·ly /ˈspraɪtli/ *adj* żwawy: *a sprightly old man*

spring¹ /sprɪŋ/ *v* (**sprang**, **sprung**, **springing**) **1** [I] skoczyć: **+out/at/back etc** *He turned off the alarm and sprang out of bed* (=wyskoczył z łóżka). | **spring open/shut** (=nagle się otworzyć/zamknąć): *The door sprang open.* THESAURUS ▸ JUMP **2 spring to mind** natychmiast przychodzić komuś do głowy: *Pam's name springs to mind as someone who could do the job.* **3 spring a leak** przeciekać, mieć przeciek *(np. o łódce)*

spring from sth *phr v* [T] wynikać z: *problems springing from childhood experiences*
spring sth on sb *phr v* [T] *informal* zaskoczyć *(kogoś jakąś nowiną)*: *I'm sorry to spring this on you, but my mother's coming tomorrow.*
spring up *phr v* [I] wyrastać jak grzyby po deszczu: *New houses sprang up along the river.*

spring² S2 W2 *n* **1** [C,U] wiosna: *spring flowers* **2** [C] źródło: *hot springs* **3** [C] sprężyna: *bed springs* **4** [C] skok: *The cat made a sudden spring at the mouse.*

spring·board /ˈsprɪŋbɔːd/ *n* [C] **1** odskocznia: *His TV appearance was a springboard to success.* **2** trampolina

ˌspring-ˈclean *także* **ˌspring-ˈcleaning** *n* [U] wiosenne porządki

ˌspring ˈonion *n* [C] *BrE* zielona cebulka

spring·time /ˈsprɪŋtaɪm/ *n* [U] wiosna

spring·y /ˈsprɪŋi/ *adj* sprężysty

sprin·kle /ˈsprɪŋkəl/ *v* **1** [T] skrapiać: *chips sprinkled with vinegar* **2** [T] posypywać: *spaghetti sprinkled with parmesan cheese* **3** [I] *AmE* kropić: *It was sprinkling when we left.*

sprin·kler /ˈsprɪŋklə/ *n* [C] spryskiwacz, zraszacz

sprint /sprɪnt/ *v* [I] po/biec sprintem: *He sprinted after the bus.* —**sprinter** *n* [C] sprinter/ka —**sprint** *n* [C] sprint

sprout¹ /spraʊt/ *v* **1** [I] wy/kiełkować **2** [T] wypuszczać *(pędy, listki itp.)*

sprout² *n* [C] **1** kiełek **2** *także* **Brussels sprout** brukselka

spruce¹ /spruːs/ *n* [C,U] świerk

spruce² *v*
spruce up *phr v* [I,T **spruce** sb/sth **up**] *informal* wy/szykować (się): *I want to spruce up before dinner.*

sprung /sprʌŋ/ *v* imiesłów bierny od SPRING

spry /spraɪ/ *adj* żwawy, rześki *(o starszej osobie)*

spud /spʌd/ *n* [C] *informal* kartofel

spun /spʌn/ *v* czas przeszły i imiesłów bierny od SPIN

spur¹ /spɜː/ *n* **1** [C] ostroga **2 on the spur of the moment** pod wpływem impulsu: *We decided to go to Paris on the spur of the moment.*

spur² *także* **spur on** *v* [T] (**-rred**, **-rring**) zachęcać: *Her sister's success spurred her on to practise harder.*

spu·ri·ous /ˈspjʊəriəs/ *adj formal* błędny, oparty na błędnych przesłankach: *spurious arguments*

spurn /spɜːn/ *v* [T] *literary* odrzucać, odtrącać: *a spurned lover*

spurt¹ /spɜːt/ *v* [I] tryskać: **+from/out of etc** *Blood spurted from his arm.*

spurt² *n* [C] **1** struga: *Water was coming out in spurts* (=tryskała strugą). **2** zryw: *a growth spurt*

sput·ter /ˈspʌtə/ *v* **1** [I] za/trzeszczeć: *The engine sputtered and died.* **2** [I,T] parskać, prychać: *"Don't be so stupid," he sputtered.*

spy¹ /spaɪ/ *v* **1** [I] szpiegować **2 spy on sb** podglądać kogoś: *He's always spying on the neighbours.*

spy² *n* [C] szpieg

spy·ware /ˈspaɪweə/ *n* [U] programy szpiegujące

sq skrót od SQUARE

squab·ble /ˈskwɒbəl/ *v* [I] sprzeczać się: **+about/over** *What are you two squabbling about now?* —**squabble** *n* [C] sprzeczka

squad W3 /skwɒd/ *n* [C] oddział: *soldiers in the bomb squad*

ˈsquad car *n* [C] wóz patrolowy

squad·ron /ˈskwɒdrən/ *n* [C] **1** eskadra **2** szwadron

squal·id /ˈskwɒlɪd/ *adj* **1** nędzny: *squalid living conditions* **2** ohydny: *a squalid love affair*

squall /skwɔːl/ *n* [C] szkwał

squal·or /ˈskwɒlə/ *n* [U] nędza: *people living in squalor*

squan·der /ˈskwɒndə/ *v* [T] roz/trwonić: **squander sth on sth** *He squanders most of his wages on drink.*

square¹ S2 W3 /skweə/ *adj* **1** kwadratowy: *a square window | two square acres of land | a square jaw* **2 a square metre/mile etc** metr/mila itp. kwadratow-y/a: *We need enough tiles to cover 16 square metres.* **3 give sb a square deal** po/traktować kogoś uczciwie: *a car dealer that gives customers a square deal* **4 a square meal** solidny posiłek **5 be square** być kwita: *Here's your $20, so now we're square.*

square² S2 W3 *n* [C] **1** kwadrat: *Draw a square. | The square of 5 is 25.* **2** plac: *Trafalgar Square* **3 be back to square one** wrócić do punktu wyjścia

square³ *v* [T] *technical* podnosić do kwadratu: *Three squared is nine.*
square up *phr v* [I] rozliczyć się: *I'll get the drinks, and we can square up later.*
square with *phr v* [T] **square with sth** zgadzać się z czymś: *evidence that doesn't square with the facts*

S

square·ly /ˈskweəli/ *adv* **1** wprost: *The report puts the blame squarely on senior managers.* **2** *także* **square** prosto: *He looked her squarely in the eye.*

ˌsquare ˈroot *n* [C] pierwiastek kwadratowy: *The square root of nine is three.*

squash¹ /skwɒʃ/ *v* **1** [T] zgniatać: *My hat got squashed on the flight.* **2** [I,T] s/tłoczyć (się), gnieść (się): **+into** *Seven of us squashed into the car.*

squash² *n* **1** [U] squash **2** [C,U] kabaczek **3** [U] *BrE* sok owocowy *(z koncentratu)*

squat¹ /skwɒt/ *v* [I] (**-tted**, **-tting**) **1** *także* **squat down** przy/kucać: *Benjamin squatted down next to the child.* **2** mieszkać na dziko

squat

kneel

crouch

squat

squat² *adj* przysadzisty: *small, squat houses*

squat³ *n* [singular] *BrE* dziki lokal

squat·ter /ˈskwɒtə/ *n* [C] dzik-i/a lokator/ka

squawk /skwɔːk/ *v* [I] za/skrzeczeć

squeak /skwi:k/ *v* [I] **1** za/piszczeć: *The mouse squeaked.* **2** za/skrzypieć: *Is that your chair squeaking?* —**squeak** *n* [C] pisk, skrzypienie

squeak·y /ˈskwi:ki/ *adj* piskliwy: *a squeaky voice*

squeal /skwi:l/ *v* [I] za/piszczeć: **+with** *children squealing with excitement* —**squeal** *n* [C] pisk: *squeals of delight*

squeam·ish /ˈskwi:mɪʃ/ *adj* wrażliwy: *I couldn't be a nurse – I'm too squeamish.*

squeeze[1] S3 /skwi:z/ *v* **1** [T] ściskać: *She squeezed Jim's arm affectionately.* **2** [T] wy/ciskać: *Squeeze some lemon juice onto the salad.* **3** [I,T] wciskać (się): **+in/into/through etc** *Can you squeeze in next to Rick?*

squeeze[2] *n* [C] uścisk: *Laurie gave his hand a little squeeze.*

squelch /skweltʃ/ *v* [I] chlupać *(idąc po błocie)*

squid /skwɪd/ *n* [C] kałamarnica

squig·gle /ˈskwɪgəl/ *n* [C] zawijas

squint[1] /skwɪnt/ *v* [I] **1** mrużyć oczy: *He looked at me, squinting in the sun.* **2** zezować

squint[2] *n* [singular] zez: *a child with a squint*

squire /skwaɪə/ *n* [C] dziedzic

squirm /skwɜ:m/ *v* [I] wiercić się: *Stop squirming so I can comb your hair!*

squir·rel /ˈskwɪrəl/ *n* [C] wiewiórka

squirt /skwɜ:t/ *v* [I,T] tryskać, po/pryskać: *You need to squirt some oil onto the lock.* | **squirt sb/sth with sth** *He squirted me with water.*

squish /skwɪʃ/ *v* [I,T] *informal* z/gnieść (się)

squish·y /ˈskwɪʃi/ *adj* rozmiękły: *squishy clay*

St 1 skrót od STREET: *Oxford St* **2** skrót od SAINT: *St John's church*

stab[1] /stæb/ *v* (**-bbed, -bbing**) **1** [T] dźgać: **stab sb in the arm/chest etc** *The man had been stabbed several times in the stomach.* **2 stab sb in the back** *informal* zadać komuś cios w plecy

stab[2] *n* **1** [C] dźgnięcie, pchnięcie nożem: *The victim had four stab wounds.* **2 have a stab at (doing) sth** *informal* s/próbować czegoś: *Anna encouraged me to have a stab at modelling.* **3 a stab of pain/regret** *literary* ukłucie bólu/żalu: *Monique felt a stab of regret.*

stab·bing[1] /ˈstæbɪŋ/ *n* [C] napad z nożem

stabbing[2] *adj* [only before noun] kłujący: *a stabbing pain*

sta·bil·i·ty Ac /stəˈbɪləti/ *n* [U] stabilność, stabilizacja: *a long period of political stability* → antonim INSTABILITY

sta·bil·ize Ac /ˈsteɪbəlaɪz/ *także* **-ise** *BrE* *v* [I,T] u/stabilizować (się): *The financial markets are finally stabilizing.* —**stabilization** /ˌsteɪbəlaɪˈzeɪʃən/ *n* [U] stabilizacja → antonim DESTABILIZE

sta·ble[1] W3 Ac /ˈsteɪbəl/ *adj* **1** stabilny: *mentally stable* | *The chair isn't stable.* **2** trwały: *a stable marriage* → antonim UNSTABLE

stable[2] *n* [C] stajnia

stack[1] /stæk/ *n* [C] **1** stos: *a stack of magazines* **2 stacks of sth** *BrE informal* kupa czegoś: *I've got stacks of work to do.*

stack[2] *także* **stack up** *v* [T] układać w stos: *Just stack the dishes in the sink.*

sta·di·um /ˈsteɪdiəm/ *n* [C] stadion: *a football stadium*

staff[1] S2 W2 /stɑ:f/ *n* [U plural] personel, pracownicy: *The hotel staff were on strike.* | *our weekly staff meeting* | *The school's teaching staff* (=grono nauczycielskie) *is excellent.* | **member of staff** *Lisa's the only female member of staff.*

UWAGA: staff

Rzeczownik **staff** w znaczeniu „pracownicy" może występować z czasownikiem w liczbie pojedynczej lub mnogiej: *The staff here is/are very professional.*

staff[2] *v* [T] obsadzać: *a hospital staffed by experienced nurses* —**staffing** *n* [U] kadrowy: *staffing cuts*

staf·fer /ˈstɑ:fə/ *n* [C] *AmE* człon-ek/kini zespołu: *a Mercury News staffer*

staff·room /ˈstɑ:frum/ *n* [C] pokój nauczycielski

stag /stæg/ *n* [C] rogacz → patrz też STAG NIGHT

stage[1] S1 W1 /steɪdʒ/ *n* **1** [C] etap: *Children go through various stages of development.* | *At this stage, I'm not sure what the result will be.* **2** [C,U] scena: *Larry's always wanted to go on the stage* (=chciał zostać aktorem). | **on stage** *I get very nervous before I go on stage.*

stage[2] *v* [T] **1** wystawiać, za/inscenizować: *stage a play* **2** z/organizować: *They're staging a rock concert in the park.* —**staging** *n* [C,U] inscenizacja: *a staging of 'Hamlet'*

stage·coach /ˈsteɪdʒkəutʃ/ *n* [C] dyliżans

ˈstage fright *n* [U] trema

ˈstage ˌmanager *n* [C] realizator/ka, kierownik planu *(w teatrze)*

stag·ger /ˈstægə/ *v* [I] zataczać się: **+along/down etc** *Tom staggered drunkenly into the kitchen.* THESAURUS WALK

stag·gered /ˈstægəd/ *adj* [not before noun] zaszokowany: *I was staggered by the size of the phone bill.*

stag·ger·ing /ˈstægərɪŋ/ *adj* niewiarygodny, oszałamiający: *She spent a staggering £2,000 on a new dress.*

stag·nant /ˈstægnənt/ *adj* **1** stojący: *stagnant water* **2** w zastoju: *Steel production has remained stagnant.*

stag·nate /stægˈneɪt/ *v* [I] trwać w zastoju: *a stagnating economy* —**stagnation** /-ˈneɪʃən/ *n* [U] zastój, stagnacja

ˈstag night *n* [C] wieczór kawalerski THESAURUS PARTY

staid /steɪd/ *adj* stateczny: *a staid old bachelor*

stain[1] /steɪn/ *v* **1** [I,T] po/plamić (się): *The carpet stains easily.* | **+with** *a tablecloth stained with wine* **2** [T] po/bejcować

stain[2] *n* **1** [C] plama: *coffee stains* **2** [C,U] bejca

ˌstained ˈglass *n* [U] witraż

ˌstainless ˈsteel *n* [U] stal nierdzewna

stair S2 W3 /steə/ *n* [C] stopień, schodek: *Jane sat on the bottom stair.*

stair·case /ˈsteəkeɪs/ *także* **stairway** *n* [C] klatka schodowa

stairs /steəz/ *n* [plural] schody: **up/down the stairs** (=w górę/na dół po schodach): *Kim ran up the stairs.* | **a flight of stairs** (=kondygnacja): *The office is up two flights of stairs.* → patrz też DOWNSTAIRS, UPSTAIRS

stair·way /ˈsteəweɪ/ *n* [C] klatka schodowa

stake[1] W3 /steɪk/ *n* **1** [C] pal(ik), słup(ek) **2 be at stake** być zagrożonym: *We need this contract – hundreds of jobs are at stake* (=zagrożone są setki miejsc pracy). **3 a**

stake in sth udział w czymś: *She has a 5% stake in the company.* **4** [C] stawka *(w zakładach)*: *a £10 stake*

stake² *v* **1** [T] stawiać na szalę, za/ryzykować: **stake sth on sth** *The president is staking his reputation on the peace plan.* **2 stake a claim to sth** rościć sobie prawo do czegoś
stake sth ↔ out *phr v* [T] obserwować z ukrycia, mieć na oku: *The police have been staking out the club for weeks.* —**stakeout** *n* [C] obserwacja

stakes /steɪks/ *n* [plural] stawka: *I don't think you should get involved – the stakes are too high.*

stale /steɪl/ *adj* nieświeży, czerstwy: *stale bread* THESAURUS ▸ OLD

stale·mate /ˈsteɪlmeɪt/ *n* [C,U] pat

stalk¹ /stɔːk/ *n* [C] łodyga

stalk² *v* [T] **1** tropić, podchodzić: *The hunter stalked the lion for two days.* **2** śledzić, nękać: *She was stalked by an obsessed fan.*

stalk·er /ˈstɔːkə/ *n* [C] prześladowca *(śledzący i nagabujący swoją ofiarę w sposób wywołujący u niej poczucie zagrożenia)* —**stalking** *n* [U] uporczywe nękanie

stall¹ S3 /stɔːl/ *n* [C] stoisko, stragan: *a market stall*

stall² *v* **1** [I,T] z/gasnąć: *The car stalled at the junction.* **2** [I] *informal* grać na zwłokę: *Quit stalling and answer my question!*

stal·lion /ˈstæljən/ *n* [C] ogier

stalls /stɔːlz/ *n* [plural] **the stalls** parter *(w teatrze)*

stal·wart /ˈstɔːlwət/ *n* [C] wiern-y/a zwolenn-ik/czka: *Conservative party stalwarts* —**stalwart** *adj* lojalny, oddany

stam·i·na /ˈstæmənə/ *n* [U] wytrzymałość

stam·mer /ˈstæmə/ *v* **1** [I] jąkać się: *She stammers when she feels nervous.* **2** [T] wy/jąkać: *He stammered an excuse.* —**stammer** *n* [singular] jąkanie się: *She has a bad stammer.*

stamp¹ S2 /stæmp/ *n* [C] **1** znaczek: *a sixty pence stamp* **2** pieczątka, stempel: *a stamp in my passport*

stamp² S1 W1 *v* **1** [I,T] ciężko stąpać: *Tony stamped upstairs.* | **stamp your feet** (=tupać): *She was stamping her feet to keep warm.* **2** [T] pod/stemplować, przy/pieczętować: *The date was stamped on the letter.*
stamp sth ↔ out *phr v* [T] wyplenić: *efforts to stamp out drug abuse*

stam·pede /stæmˈpiːd/ *n* [C] pęd na oślep, owczy pęd: *a stampede to buy gold*

stance /stɑːns/ *n* [C] **1** stanowisko: **+ on** (=w sprawie): *Senator, what is your stance on nuclear tests?* **2** *formal* pozycja, postawa: *a wide-legged stance*

stanch /stɑːntʃ/ amerykańska pisownia wyrazu STAUNCH

stand¹ S1 W1 /stænd/ *v* (**stood**, **stood**, **standing**) **1** [I] stać: *Anna was standing in front of me.* | *Hundreds of people stood watching.* | *Few houses were left standing after the explosion.* | *Their house stood on a corner near the park.* | **stand still** (=stać nieruchomo): *Jo stood still and listened.* | **stand back/aside** (=odsunąć się): *A policeman told everyone to stand back.* **2** *także* **stand up** [I] wstać: *Everybody stood up to applaud.* **3** [T] stawiać, postawić: *We stood the lamp in the corner.* **4 can't stand** *spoken* nie znosić: *Dave can't stand dogs.* | **can't stand (sb) doing sth** *I can't stand being late.* **5** [T] wytrzymywać, znosić: *She couldn't stand the pain any longer.* | *jeans that can stand the rough wear kids give them* | **stand (sb) doing sth** *How can she stand him treating her like that?* **6** [I] **stand at** wynosić: *The unemployment rate stands at 8%.* **7 stand a chance (of doing sth)** mieć szansę (na coś): *You don't stand a chance of going out with her.* **8 stand in the way** stać na przeszkodzie: *There are a few problems that stand in the way of the merger.* **9 you know where you stand** wiesz, na czym stoisz: *You never know where you stand with Debbie.* **10 stand on your own two feet** radzić sobie samemu: *It's about time you learned to stand on your own two feet.* **11** [I] kandydować: *He stood for parliament in 1959.* **12 it stands to reason** jest logiczne: *It stands to reason that children will want to do what their friends do.* **13 stand sb a drink/meal** *spoken* postawić komuś drinka/obiad
stand around *phr v* [I] stać bezczynnie: *Everybody was just standing around waiting.*
stand by *phr v* **1** [T **stand by** sth] podtrzymywać: *I stand by what I said earlier.* **2** [T **stand by** sb] trwać przy: *Matt's parents have stood by him throughout his drug treatments.* **3** [I] być w pogotowiu: *Fire crews are now standing by.* **4** [I] stać bezczynnie: *People just stood by and watched him being attacked.*
stand down *phr v* [I] ustąpić *(ze stanowiska)*: *The chairman stood down last month.*
stand for sth *phr v* **1** [T] być skrótem od: *Jr. stands for 'junior'.* **2** [T] reprezentować (sobą): *I don't like her, or what she stands for.*
stand in *phr v* [I] **stand in for** zastępować: *Lyn stood in for me while I was ill.*
stand out *phr v* [I] **1** wyróżniać się: *Morrison stands out as the most experienced candidate.* **2** rzucać się w oczy: *She really stood out in her bright green dress.*
stand up *phr v* **1** [I] wytrzymać krytykę, ostać się: *The accusations will never stand up in court.* **2** [T **stand** sb **up**] *informal* wystawić do wiatru *(nie przychodząc na umówione spotkanie)*: *Tom stood me up last night.*
stand up for sb/sth *phr v* [T] ująć się za: *Why didn't you stand up for me?*
stand up to sb *phr v* [T] stawić czoło: *He became a hero for standing up to the local gangs.*

THESAURUS: stand

stand stać: *A policeman was standing by the door.*
be on your feet być na nogach: *I've been on my feet all day and I need to sit down.*
get up wstać *(z leżenia lub siedzenia)*: *Get up and help me with the dishes.*
stand up wstać *(z siedzenia)*, stać: *We all stood up when he came into the room.* | *There were no free seats on the train and I had to stand up all the way home.*
get to your feet podnieść się *(wolno, z trudnością)*: *I helped her get to her feet.*

stand² *n* [C] **1** stojak: *a music stand* (=stojak do nut) **2** stoisko: *a hotdog stand* **3** stanowisko: **take a stand** (=zająć stanowisko): *The prime minister took a firm stand on the issue of import controls.* **4** [C] trybuna

stan·dard¹ S2 W2 /ˈstændəd/ *n* [C] standard: *They don't seem to care much about standards.* | *By today's standards, I earned very little.* | **high/low standard** *a high standard of service* | **meet/reach a standard** *This work does not meet the standard required* (=nie jest na odpowiednim poziomie). | **set a standard** *Mr Arnison sets very high standards for his students* (=stawia swoim studentom bardzo wysokie wymagania).

S

UWAGA: standard
Patrz **level** i **standard**.

standard² S2 W2 *adj* standardowy: *Security checks are now standard procedure.*

stan·dard·ize /ˈstændədaɪz/ *także* **-ise** *BrE v* [T] ujednolicać, standaryzować: *standardized tests* —**standardization** /ˌstændədaɪˈzeɪʃən/ *n* [U] standaryzacja

ˌstandard of ˈliving *n* [C] stopa życiowa: *Japan has a very high standard of living.*

stand·by /ˈstændbaɪ/ *n* **1** [C] awaryjny: *a standby generator* **2 on standby** w pogotowiu: *The police have been kept on standby in case of trouble.*

ˈstand-in *n* [C] zastęp-ca/czyni

stand·ing¹ /ˈstændɪŋ/ *n* [U] pozycja: *the president's standing in the opinion polls*

standing² *adj* **1** stały: *a standing invitation* **2 standing ovation** owacja na stojąco **3 a standing joke** źródło nieustającej radości

ˌstanding ˈarmy *n* [C] siły zbrojne

ˌstanding ˈorder *n* [C] zlecenie stałe *(w banku)*

stand-off, **stand·off** /ˈstændɒf/ *n* [C] impas

standoffish /stændˈɒfɪʃ/ *adj informal* sztywny: *She was cold and standoffish.*

S

stand·out /ˈstændaʊt/ *n* [C] *AmE* osoba wyróżniająca się —**standout** *adj* wyróżniający się

stand·point /ˈstændpɔɪnt/ *n* [C] punkt widzenia

stand·still /ˈstændˌstɪl/ *n* [singular] **come to a standstill** stawać, zamierać: *The whole city came to a complete standstill on the day of the funeral.*

ˈstand-up *adj* estradowy, kabaretowy *(o komiku opowiadającym dowcipy)* —**stand-up** *n* [U] opowiadanie dowcipów na estradzie

stank /stæŋk/ *v* czas przeszły od STINK

stan·za /ˈstænzə/ *n* [C] strofa, zwrotka

sta·ple¹ /ˈsteɪpəl/ *n* [C] zszywka —**staple** *v* [T] zszywać

staple² *adj* **staple food** podstawowe pożywienie

sta·pler /ˈsteɪplə/ *n* [C] zszywacz

star¹ S2 W2 /stɑː/ *n* [C] **1** gwiazda: *The stars were shining brightly.* | *the star at the top of the Christmas tree* **2** gwiazda/gwiazdor: *a movie star* | *pop stars* **3 two-star/four-star** dwugwiazdkowy/czterogwiazdkowy

star² *v* [I,T] (**-rred**, **-rring**) za/grać jedną z głównych ról: *Clint Eastwood will star in a new thriller.* | *a movie starring* (=film, w którym jedną z głównych ról gra) *Bruce Willis*

star·board /ˈstɑːbəd/ *n* [U] prawa burta

starch /stɑːtʃ/ *n* **1** [C,U] skrobia **2** [U] krochmal

starch·y /ˈstɑːtʃi/ *adj* bogaty w skrobię: *starchy foods*

star·dom /ˈstɑːdəm/ *n* [U] gwiazdorstwo

stare S3 W2 /steə/ *v* [I] **stare at** wpatrywać się w, gapić się na: *Stop staring at me!* THESAURUS LOOK —**stare** *n* [C] spojrzenie: *She gave him a long, hard stare.*

star·fish /ˈstɑːˌfɪʃ/ *n* [C] rozgwiazda

stark¹ /stɑːk/ *adj* surowy: *the stark beauty of the desert*

stark² *adv* **stark naked** zupełnie nagi

star·ling /ˈstɑːlɪŋ/ *n* [C] szpak

star·lit /ˈstɑːlɪt/ *adj* rozgwieżdżony: *a starlit night*

star·ry /ˈstɑːri/ *adj* gwiaździsty

ˌstarry-ˈeyed *adj* naiwny: *a starry-eyed teenager*

ˌStars and ˈStripes *n* **the Stars and Stripes** flaga Stanów Zjednoczonych

ˈstar sign *n* [C] znak Zodiaku: *"What star sign are you?" "I'm a Leo."*

ˈstar-ˌstudded *adj* pełen gwiazd: *a star-studded cast*

start¹ S1 W1 /stɑːt/ *v* **1** [I,T] zaczynać (się): *The race starts in ten minutes.* | **start doing sth** *Have you started making dinner?* | **start to do sth** *It's starting to rain.* | **start sth** *When does she start college?* | **+from** *Starting from tomorrow* (=począwszy/poczynając od jutra), *we all have to be at work by 8.30.* **2** [T] s/powodować: *The fire was started by a loose wire.* **3** *także* **start up** [T] zakładać: *In 1996 the band started their own record company.* **4** *także* **start up** [I,T] uruchamiać: *It's often difficult to start the car when it's wet.* **5** [I] wzdrygać się **6 to start with** *spoken* **a)** po pierwsze: *"Why aren't you happy in your job?" "Well, to start with, I don't get enough money."* **b)** z początku: *I was nervous to start with, but later on I was fine.*
start off *phr v* **1** [I] zacząć: *Let's start off by reviewing what we did last week.* **2** [T **start** sth ↔ **off**] zapoczątkować: *What first started off your interest in the theatre?*
start on sth *phr v* [T] zabrać się za: *I'd better start on the housework.*
start out *phr v* [I] rozpocząć karierę: *She started out as a nightclub singer.*
start over *phr v* [I] *AmE* zaczynać wszystko od początku: *Coming back home was like a chance to start over.*

start² S1 W2 *n* **1** [C] początek: *Hurry, or we'll miss the start of the show.* | **from the start** (=od samego początku): *They've had problems from the start.* | **from start to finish** (=od początku do końca): *It was a close race from start to finish.* | **get off to a good/bad start** (=dobrze/źle się zacząć): *The year got off to a good start.* THESAURUS BEGINNING **2 for a start** *spoken* po pierwsze: *I don't think she'll get the job. She's too young, for a start.* **3 the start** start

start·er /ˈstɑːtə/ *n* [C] *BrE* **1** przystawka **2** starter

start·le /ˈstɑːtl/ *v* [T] wystraszyć: *Sorry, I didn't mean to startle you.* | *a startled expression* —**startling** *adj* zaskakujący

ˈstart-up *adj* początkowy: *start-up costs* | *a start-up budget of $90,000*

starv·a·tion /stɑːˈveɪʃən/ *n* [U] **1** głód **2** śmierć głodowa

starve S3 /stɑːv/ *v* **1** [I] głodować: *Thousands of people could starve to death.* | *starving refugees* **2** [T] za/głodzić

starved /stɑːvd/ *adj* **1 be starved of** *także* **be starved for** *AmE* odczuwać dotkliwy niedostatek: *The public health system has been starved of money.* **2** *AmE spoken* bardzo głodny

starv·ing /ˈstɑːvɪŋ/ *adj* **1** głodujący, umierający z głodu: *starving children* **2** *także* **starved** *AmE spoken* bardzo głodny: *Can we stop for lunch now? I'm absolutely starving.*

stash¹ /stæʃ/ *v* [T] *informal* ukrywać: *The money is stashed away in a Swiss bank.*

stash² *n* [C] *informal* ukryte zapasy

state¹ S1 W2 /steɪt/ *n* **1** [C] stan: *The economy is in a terrible state.* | *The driver was still in a state of shock.*

2 *także* **State** [C] stan: *the state of Oklahoma* **3** [U singular] państwo: *the power of the state* **4 state visit/ceremony** wizyta/uroczystość państwowa: *the president's state visit to Moscow* **5** *także* **State** [C,U] państwo: *France and other European states* | **head of state** (=głowa państwa): *a meeting between heads of state* **6 in a state** *informal* roztrzęsiony →patrz też POLICE STATE, STATE OF AFFAIRS, STATE OF MIND

state[2] S3 W2 *v* [T] *formal* stwierdzać, oświadczać: **+(that)** *The witness stated that he had never seen her before.*

state·ly /ˈsteɪtli/ *adj* okazały, majestatyczny: *a stately mansion*

ˌstately ˈhome *n* [C] rezydencja wiejska *(w Wielkiej Brytanii)*

state·ment S2 W1 /ˈsteɪtmənt/ *n* [C] **1** oświadczenie: *The company will make a statement* (=wyda oświadczenie) *about the accident later today.* THESAURUS SPEECH **2** *także* **bank statement** wyciąg z konta

ˌstate of aˈffairs *n* stan rzeczy

ˌstate of ˈmind *n* stan ducha

ˌstate-of-the-ˈart *adj* najnowocześniejszy, supernowoczesny: *state-of-the-art technology* THESAURUS MODERN

States /steɪts/ *n* **the States** *spoken* Stany

ˈstate ˌschool *n* [C] *BrE* szkoła państwowa

states·man /ˈsteɪtsmən/ *n* [C] (plural **statesmen** /-mən/) mąż stanu

stat·ic[1] /ˈstætɪk/ *adj* statyczny, nieruchomy: *Prices have been fairly static.*

static[2] *n* [U] **1** *także* **ˌstatic eˌlecˈtricity** ładunek elektrostatyczny **2** zakłócenia *(w radiu itp.)*

sta·tion[1] S1 W1 /ˈsteɪʃən/ *n* [C] **1** dworzec: *I'll meet you at the station.* **2** stacja: *a country music station* | *a space station* **3** posterunek: *a police station*

station[2] *v* [T] **be stationed** stacjonować: *He was stationed in Germany.*

sta·tion·a·ry /ˈsteɪʃənəri/ *adj* nieruchomy: *a stationary vehicle*

sta·tion·er's /ˈsteɪʃənəz/ *n* [C] *BrE* sklep papierniczy

sta·tion·e·ry /ˈsteɪʃənəri/ *n* [U] materiały piśmienne

ˈstation ˌwagon *n* [C] *AmE* kombi

stat·is·ti·cian Ac /ˌstætəˈstɪʃən/ *n* [C] statysty-k/czka

sta·tis·tics /stəˈtɪstɪks/ *n* statystyka: *the latest crime statistics* —**statistical** *adj* statystyczny: *statistical analysis* —**statistically** /-kli/ *adv* statystycznie

stats /stæts/ *n* [plural] *informal* statystyki, dane statystyczne

stat·ue /ˈstætʃuː/ *n* [C] statua, posąg: *the Statue of Liberty*

stat·ure /ˈstætʃə/ *n* [U] *formal* **1** renoma: *a musician of great stature* **2** postura

sta·tus W2 Ac /ˈsteɪtəs/ *n* [U] status: *the status of women* | *marital status* (=stan cywilny) | *Teachers used to have a lot more status* (=mieli dużo wyższy status) *in those days.*

status quo /ˌsteɪtəs ˈkwəʊ/ *n* **the status quo** status quo

ˈstatus ˌsymbol *n* [C] symbol statusu społecznego

stat·ute /ˈstætʃuːt/ *n* [C] *formal* ustawa

stat·u·to·ry /ˈstætʃətəri/ *adj formal* ustawowy: *statutory rights*

staunch[1] /stɔːntʃ/ *adj* zagorzały: *a staunch supporter*

staunch[2] *v* [T] za/tamować: *The nurse staunched the blood from the wound.*

stave /steɪv/ *v*
stave sth ↔ off *phr v* [T] oddalić groźbę/niebezpieczeństwo *(wojny itp.)* chwilowo powstrzymać: *The government managed to stave off economic disaster.*

stay[1] S1 W1 /steɪ/ *v* **1** [I] zostawać: *Can you stay here and look after my bags for me?* | *She's decided to stay in her present job.* **2** [I,T] pozostawać: *I tried to stay calm and not lose my temper.* **3** [I] przebywać, zatrzymać się: *How long are you staying in New York?* | **+at** *They're staying at the Hilton* (=zatrzymali się w hotelu Hilton). | **stay with sb** *We've got some friends staying with us* (=zatrzymali się u nas znajomi). **4 stay put** *informal* nie ruszać się z miejsca
stay away from sb/sth *phr v* [T] trzymać się z daleka od: *Stay away from my husband!*
stay behind *phr v* [I] zostać *(po lekcjach, po godzinach)*: *I had to stay behind after school.*
stay in *phr v* [I] zostać w domu: *Why don't we stay in and watch TV?*
stay on *phr v* [I] pozostać *(w tym samym miejscu pracy lub na studiach)*: *Rachel is staying on for a fifth year in college.*
stay out *phr v* [I] przebywać poza domem: *She lets her children stay out till midnight.*
stay out of sth *phr v* [T] nie mieszać się do: *You stay out of this, Campbell!*
stay up *phr v* [I] nie kłaść się spać: *We stayed up to watch the late-night movie.*

stay[2] S3 *n* [C] pobyt: *Did you enjoy your stay in Mexico?*

stead /sted/ *n* **stand sb in good stead** bardzo się komuś przydać/przysłużyć

stead·fast /ˈstedfɑːst/ *adj literary* niezachwiany: *steadfast in your beliefs*

stead·y[1] W3 /ˈstedi/ *adj* **1 be steady** nie chwiać się: *Keep the ladder steady.* **2** równomierny, miarowy: *a steady improvement* **3** stały: *a steady speed of 50 mph* | *a steady job* | *a steady girlfriend* —**steadily** *adv* równomiernie, miarowo

steady[2] *v* [T] **1** podtrzymywać, podpierać: *He put out his hand to steady himself.* **2 steady your nerves** uspokoić się

steak S3 /steɪk/ *n* [C,U] stek

steal S3 W3 /stiːl/ *v* (**stole**, **stolen**, **stealing**) **1** [I,T] u/kraść: *Someone stole my passport.* | *a stolen car* **2** [I] skradać się

UWAGA: steal i rob

Nie należy mylić wyrazów **steal** i **rob**. **Steal** to „kraść" pieniądze i inne wartościowe rzeczy, a **rob** to „okradać" banki, sklepy lub ludzi: *Someone stole $250 from the office yesterday.* | *Mike's bike was stolen.* | *He was imprisoned for five years for robbing a bank.* | *We don't carry cash because we're afraid we'll get robbed.*

stealth /stelθ/ *n* [U] **by stealth** ukradkiem —**stealthily** *adv* ukradkiem: *moving stealthily* —**stealthy** *adj* ukradkowy

steam[1] W3 /stiːm/ *n* **1** [U] para: *a steam engine* **2 let/work off steam** wyładować się/złość: *I let off steam by*

S

shouting at the dog. **3 sb runs out of steam** komuś brakuje energii: *He started off with enthusiasm, but now he's beginning to run out of steam.*

steam² *v* **1** [T] u/gotować na parze: *Steam the vegetables for five minutes.* **2** [I] parować: *a cup of steaming coffee*

ˌsteamed ˈup *adj* **1** zaparowany: *My glasses were all steamed up.* **2** *informal* nabuzowany *(wściekły, przejęty)*

steam·er /ˈstiːmə/ *n* [C] parowiec

steam·roll·er¹ /ˈstiːmˌrəʊlə/ *także* **steam·roll** /ˈstiːmrəʊl/ *v* [T] *informal* z/miażdżyć

steam·roll·er² /ˈstiːmˌrəʊlə/ *n* [C] walec parowy

steam·y /ˈstiːmi/ *adj* **1** parny: *the steamy heat of New York* **2** pikantny: *a steamy love scene*

steed /stiːd/ *n* [C] *literary* rumak

steel¹ S3 W3 /stiːl/ *n* [U] **1** stal **2 nerves of steel** stalowe nerwy

steel² *v* [T] **steel yourself** zbierać się (w sobie)

steel·works /ˈstiːlwɜːks/ *n* [C] stalownia

steel·y /ˈstiːli/ *adj* stalowy, nieugięty: *a steely expression*

steep¹ S3 /stiːp/ *adj* **1** stromy: *a steep hill* **2** gwałtowny: *a steep rise in prices* **3** *informal* wygórowany: *He's asking £500 for his old car, which I think is pretty steep.* —**steeply** *adv* stromo, gwałtownie

steep² *v* [T] **steeped in history/tradition** przesiąknięty historią/tradycją

stee·ple /ˈstiːpəl/ *n* [C] wieża strzelista

steer¹ /stɪə/ *v* **1** [I,T] sterować: *I steered the boat out to sea.* **2** [T] s/kierować: *Helen tried to steer the conversation away from school.* **3** [T] po/prowadzić: *Bobby took my arm and steered me into the next room.* **4 steer clear of** *informal* trzymać się z dala od

steer² *n* [C] młody wół

steer·ing /ˈstɪərɪŋ/ *n* [U] układ kierowniczy

ˈsteering wheel *n* [C] kierownica

stem¹ /stem/ *n* [C] **1** łodyga **2** nóżka *(kieliszka)*

stem² *v* [T] (**-mmed, -mming**) za/tamować: *How can we stem the bleeding?*
stem from sth *phr v* [T] mieć swoje źródło w, brać się z: *The problem stems from poor management in the company.*

stench /stentʃ/ *n* [C] smród THESAURUS ▸ SMELL

sten·cil /ˈstensəl/ *n* [C] szablon —**stencil** *v* [T] na/malować przez szablon

step¹ S2 W1 /step/ *n* [C] **1** krok: *an important first step toward peace* | **take a step** (=z/robić krok): *He took a few steps forward and then stopped.* | **take steps** (=podjąć kroki): *We must take steps to make sure it never happens again.* **2** stopień: *Jenny waited on the church steps.* **3 watch your step** *spoken* pilnować się, uważać **4 be in step a)** iść krok w krok **b)** zgadzać się **5 be out of step a)** mylić krok **b)** różnić się **6 be one step ahead of sb** wyprzedzić kogoś, zostawić kogoś w tyle →patrz też FOOTSTEP, STEP-BY-STEP

step² S3 W3 *v* [I] (**-pped, -pping**) **1** z/robić krok: **+back/forward** *We all stepped back* (=cofnęliśmy się) *to let the doctor through.* **2** nastąpić, stanąć: *Sorry, I didn't mean to step on your foot.* **3 step out of line** wyłamywać się (z szeregu) **4 step on sb's toes** wchodzić komuś w paradę
step down/aside *phr v* [I] ustąpić *(ze stanowiska)*
step forward *phr v* [I] zgłosić się (do pomocy): *Several volunteers have kindly stepped forward.*
step in *phr v* [I] wkroczyć: *The referee stepped in and stopped the fight.*
step out *phr v* [I] wyskoczyć (na chwilę)
step sth ↔ up *phr v* [T] zwiększyć, wzmóc: *Airlines are stepping up security checks.*

step·broth·er /ˈstepˌbrʌðə/ *n* [C] przyrodni brat

ˌstep-by-ˈstep *adj* krok po kroku

step·child /ˈsteptʃaɪld/ *n* [C] pasierb/ica

step·daugh·ter /ˈstepˌdɔːtə/ *n* [C] pasierbica

step·fa·ther /ˈstepˌfɑːðə/ *n* [C] ojczym

step·lad·der /ˈstepˌlædə/ *n* [C] drabina *(składana)*

step·moth·er /ˈstepˌmʌðə/ *n* [C] macocha

ˈstepping-ˌstone *n* [C] odskocznia: *a stepping-stone to a better job*

step·sis·ter /ˈstepˌsɪstə/ *n* [C] przyrodnia siostra

step·son /ˈstepsʌn/ *n* [C] pasierb

ster·e·o /ˈsteriəʊ/ *n* [C] **1** *także* **stereo system** zestaw stereo **2 in stereo** (w) stereo

ster·e·o·type /ˈsteriətaɪp/ *n* [C] stereotyp —**stereotypical** /ˌsteriəˈtɪpɪkəl/ *adj* stereotypowy: *the stereotypical Englishman*

ster·ile /ˈsteraɪl/ *adj* **1** sterylny, jałowy, wyjałowiony: *a sterile bandage* **2** jałowy: *sterile argument* **3** bezpłodny —**sterility** /stəˈrɪləti/ *n* [U] bezpłodność

ster·il·ize /ˈsterəlaɪz/ *także* **-ise** *BrE v* [T] wy/sterylizować: *a sterilized needle* —**sterilization** /ˌsterəlaɪˈzeɪʃən/ *n* [C,U] sterylizacja

ster·ling /ˈstɜːlɪŋ/ *n* [U] funt szterling

stern¹ /stɜːn/ *adj* surowy: *a stern expression* —**sternly** *adv* surowo

stern² *n* [C] rufa

ste·roid /ˈstɪərɔɪd/ *n* [C] steryd

steth·o·scope /ˈsteθəskəʊp/ *n* [C] słuchawka lekarska

stew¹ /stjuː/ *n* [C,U] gulasz

stew² *v* [T] u/dusić

stew·ard /ˈstjuːəd/ *n* [C] steward

stew·ard·ess /ˈstjuːədɪs/ *n* [C] stewardessa

stick¹ S1 W3 /stɪk/ *v* (**stuck, stuck, sticking**) **1** [I,T] przy/kleić: *Did you remember to stick a stamp on the envelope?* **2** [T] *informal* rzucić: *Just stick your coat on that chair.* **3** [T] wbić: *The nurse stuck a needle in my arm.* **4** [I] zacinać się: *The door had stuck.* **5 stick your neck out** *informal* wychylać się: *I admire her for sticking her neck out and refusing to do what was expected.* **6 can't stick sth** *informal* nie znosić: *I can't stick ironing.*
stick by sb/sth *phr v* [T] *informal* **1** pozostać wiernym: *Laura has always stuck by me.* **2** trwać przy: *The paper is sticking by its original story.*
stick out *phr v* **1** [I] wystawać: *He's not very good-looking. His front teeth stick out.* **2** [T **stick** sth ↔ **out**] wystawiać: *Don't stick your tongue out at me!* **3 stick it out** *informal* wytrzymać do końca
stick to sth *phr v* [T] **1** trzymać się: *We decided to stick to our original plan.* **2** pozostać przy: *If you're driving you'd better stick to soft drinks.* **3 stick to your guns** obstawać przy swoim
stick together *phr v* [I] *informal* trzymać się razem
stick up *phr v* [I] sterczeć: *Part of the boat was sticking up out of the water.*

S

stick up for sb *phr v* [T] *informal* stanąć w obronie: *You're supposed to* (=powinieneś) *be sticking up for me!*
stick with sb/sth *phr v* [T] trzymać się: *Let's just stick with the original plan.*

stick² S3 *n* [C] **1** patyk, kij **2** kawałek: *a stick of chewing gum* →patrz też **get (hold of) the wrong end of the stick** (WRONG¹)

stick·er /ˈstɪkə/ *n* [C] naklejka

stick·ler /ˈstɪklə/ *n* [C] pedant/ka

sticks /stɪks/ *n* **out in the sticks** gdzie diabeł mówi dobranoc

ˈstick shift *n* [C] *AmE* dźwignia zmiany biegów →antonim AUTOMATIC²

stick·y /ˈstɪki/ *adj* **1** klejący, przylepny: *sticky tape* | *sticky labels* **2** lepki: *sticky candy* | *Your hands are all sticky.* **3** *informal* kłopotliwy: *a sticky situation*

stiff¹ S3 /stɪf/ *adj* **1** sztywny: *stiff cardboard* | *a stiff smile* THESAURUS HARD **2** zesztywniały: *I've got a stiff neck.* **3** surowy: *a stiff penalty* **4** zacięty: *They had to face stiff competition from the Russian team.* **5 a stiff drink** mocny drink —**stiffly** *adv* sztywno —**stiffness** *n* [U] sztywność

stiff² *adv* **bored/scared stiff** *informal* śmiertelnie znudzony/przestraszony

stiff·en /ˈstɪfən/ *v* [I] ze/sztywnieć: *Harold stiffened, sensing danger.*

sti·fle /ˈstaɪfəl/ *v* [T] s/tłumić: *He tried to stifle a yawn.* | *Annette felt college was stifling her creativity.*

stif·ling /ˈstaɪflɪŋ/ *adj* duszący: *the stifling heat*

stig·ma /ˈstɪgmə/ *n* [U singular] piętno: *the stigma attached to mental illness* —**stigmatize** /ˈstɪgmətaɪz/ *także* **-ise** *BrE v* [T] na/piętnować

stile /staɪl/ *n* [C] przełaz *(w płocie, murze)*

sti·let·to /stəˈletəʊ/ *n* [C] szpilka *(but lub obcas)*

still¹ S1 W1 /stɪl/ *adv* **1** nadal, ciągle, stale: *Andy was still asleep.* | *I went back to my old school, and it still looks the same.* **2** jeszcze: *We could still catch the bus if we hurry.* **3** mimo to: *He injured his leg in practice, but he still won the race.* | *It hasn't been a very good day. Still, it could have been a lot worse.* **4 colder/better still** jeszcze zimniejszy/lepszy: *The first question was difficult, but the next one was harder still.*

UWAGA: still
Patrz **yet** i **still**.

still² S3 *adj* **1** nieruchomy: **keep/stay/stand still** *The children wouldn't keep still.* **2** cichy: *At that time of day, the forest was completely still.* **3** niegazowany: *still lemonade* —**stillness** *n* [U] bezruch

still³ *n* [C] aparat destylacyjny

still·born /ˈstɪlbɔːn/ *adj* martwo urodzony

ˌstill ˈlife *n* [C,U] (plural **still lifes**) martwa natura

stilt·ed /ˈstɪltɪd/ *adj* sztywny *(o sposobie mówienia lub pisania)*

stilts /stɪlts/ *n* [plural] szczudła

stim·u·lant /ˈstɪmjələnt/ *n* [C] środek pobudzający: *Caffeine is a stimulant.*

stim·u·late /ˈstɪmjəleɪt/ *v* [T] **1** pobudzać: *The drug stimulates the flow of blood to the brain.* **2** stymulować —**stimulation** /ˌstɪmjəˈleɪʃən/ *n* [U] stymulacja

stim·u·lat·ing /ˈstɪmjəleɪtɪŋ/ *adj* stymulujący: *a stimulating conversation*

stim·u·lus /ˈstɪmjələs/ *n* (plural **stimuli** /-laɪ/) bodziec: *visual stimuli* | *a stimulus to industrial development*

sting¹ /stɪŋ/ *v* (**stung**, **stung**, **stinging**) **1** [T] kąsać, u/żądlić: *Jamie was stung by a bee.* **2** [I,T] szczypać, piec: *It stings if you get soap in your eyes.* **3 be stung by** być dotkniętym: *She felt stung by his reply.*

sting² *n* [C] **1** żądło: *Does a bee die when it loses its sting?* **2** ukąszenie, użądlenie: *a bee sting* **3** [singular] szczypanie, pieczenie **4** zasadzka, prowokacja *(policyjna)*

sting·ing /ˈstɪŋɪŋ/ *adj* wściekły, zaciekły: *a stinging attack*

stin·gy /ˈstɪndʒi/ *adj* skąpy —**stinginess** *n* [U] skąpstwo

stink¹ /stɪŋk/ *v* [I] (**stank**, **stunk**, **stinking**) śmierdzieć: *The room stank of cigar smoke.*

stink² *n* [singular] smród THESAURUS SMELL

stint /stɪnt/ *n* [C] okres: *a five-year stint teaching English in Korea*

stip·u·late /ˈstɪpjəleɪt/ *v* [T] *formal* określać, ustalać: *the terms stipulated under the agreement* —**stipulation** /ˌstɪpjəˈleɪʃən/ *n* [C] warunek

stir¹ S3 W3 /stɜː/ *v* (**-rred**, **-rring**) **1** [T] za/mieszać: *Add milk, then stir for 5 minutes.* **2** [I,T] poruszać (się): *Rachel stirred in her sleep.* **3** [T] wywoływać: *The music stirred memories of his childhood.*
stir sth ↔ up *phr v* [T] wzniecić: *Don't stir up trouble unnecessarily.*

stir² *n* [singular] **create/cause a stir** wywoływać poruszenie: *The movie caused quite a stir when it was first shown.*

ˈstir-fry *v* [T] smażyć *(krótko, w małej ilości oleju)*

stir·ring /ˈstɜːrɪŋ/ *adj* poruszający: *a stirring speech*

stir·rup /ˈstɪrəp/ *n* [C] strzemię

stitch¹ /stɪtʃ/ *n* **1** [C] ścieg: *a white tablecloth with blue stitches around the edges* **2** [C] szew: *Tony needed five stitches to his face.* **3** [C] oczko *(w robocie na drutach)* **4** [singular] kolka **5 be in stitches** pękać ze śmiechu **6 have sb in stitches** rozśmieszyć kogoś do łez **7 not have a stitch on** świecić golizną

stitch² *v* [I,T] przy/szyć, z/szyć: *He had a scout badge stitched to his shirt.*
stitch sth ↔ up *phr v* [T] z/szyć

stock¹ S2 W2 /stɒk/ *n* **1** [C] *także* **stocks** [plural] zapas: *How long will the country's coal stocks last?* | **+ of** *She kept a stock of candles in the cupboard.* **2** [U] *także* **stocks** [plural] towar: *Hurry – buy now while stocks last!* | **be in stock** *Their new album is now in stock* (=jest do kupienia). **3** [C,U] papiery wartościowe, obligacje: *government stock* **4** [U] wywar: *chicken stock* **5 take stock (of sth)** dobrze się zastanowić (nad czymś): *We need to slow down a little and take stock.* **6 the stocks** dyby

stock² *v* [T] **1** mieć na składzie: *Do you stock camping equipment?* **2 well-stocked** dobrze zaopatrzony: *a well-stocked cocktail cabinet*
stock up *phr v* [I] z/robić zapasy: *The supermarket was full of people stocking up for the holidays.*

stock³ *adj* oklepany

S

stock·ade /stɒˈkeɪd/ *n* [C] częstokół, ostrokół

stock·brok·er /ˈstɒkˌbrəʊkə/ *n* [C] makler giełdowy

ˈstock exˌchange *n* **the stock exchange** giełda papierów wartościowych

stock·ing /ˈstɒkɪŋ/ *n* [C] pończocha: *a pair of silk stockings*

ˈstock ˌmarket *n* [singular] **1** giełda papierów wartościowych **2** rynek papierów wartościowych

stock·pile /ˈstɒkpaɪl/ *v* [T] gromadzić zapasy: *Rebel troops have been stockpiling food and weapons.* —**stockpile** *n* [C] zapasy

stock·tak·ing /ˈstɒkˌteɪkɪŋ/ *n* [U] *BrE* inwentaryzacja, remanent

stock·y /ˈstɒki/ *adj* krępy: *a stocky man*

stodg·y /ˈstɒdʒi/ *adj* **1** *BrE* ciężki, ciężko strawny: *a stodgy rice pudding* **2** czerstwy, drętwy *(nudny, staromodny)*: *a stodgy old professor*

sto·ic /ˈstəʊɪk/ *także* **sto·i·cal** /ˈstəʊɪkəl/ *adj formal* stoicki: *a look of stoic resignation*

stoke /stəʊk/ *v* [T] **1** dorzucać do ognia **2** *także* **stoke up** podsycać *(złość, nienawiść itp.)*

stole[1] /stəʊl/ *v* czas przeszły od STEAL

S

stole[2] *n* [C] **1 a)** szal **b)** etola **2** stuła

sto·len /ˈstəʊlən/ *v* imiesłów bierny od STEAL

stol·id /ˈstɒlɪd/ *adj* powściągliwy

stom·ach[1] S3 W3 /ˈstʌmək/ *n* [C] **1** żołądek: *My stomach hurts.* **2** brzuch: *She had a long scar across her stomach.* **3 on an empty stomach** na pusty żołądek, na czczo: *It was a long walk, especially on an empty stomach.* **4 have no stomach for sth** nie mieć na coś ochoty

stomach[2] *v* [T] **can't stomach sth** nie znosić/trawić czegoś: *He couldn't stomach the sight of blood.*

stom·ach·ache /ˈstʌmək-eɪk/ *n* [C] ból brzucha

stomp /stɒmp/ *v* [I] chodzić ciężko: *Henry was stomping around like an elephant.*

stone[1] S2 W1 /stəʊn/ *n* **1** [C,U] kamień: *stone benches* | *a wall made of stone* | *a gold-plated necklace with fake stones* **2** [C] (plural **stone** or **stones**) brytyjska jednostka wagi równa 6,35 kg: *His weight dropped to six stone.* **3** [C] *BrE* pestka: *cherry stones* **4 stone cold** lodowato zimny: *This coffee's stone cold!*

stone[2] *v* [T] u/kamienować

ˈStone Age *n* **the Stone Age** epoka kamienna: *Stone Age man*

stoned /stəʊnd/ *adj informal* **1** naćpany **2** *old-fashioned* urżnięty

stone·ma·son /ˈstəʊnˌmeɪsən/ *n* [C] kamieniarz

stone·work /ˈstəʊnwɜːk/ *n* [U] kamieniarka

ston·y /ˈstəʊni/ *adj* **1** kamienisty: *a stony path* **2** kamienny: *a stony silence*

ˌstony-ˈfaced *adj* z kamienną twarzą

stood /stʊd/ *v* czas przeszły i imiesłów bierny od STAND

stool /stuːl/ *n* [C] **1** stołek, taboret: *a bar stool* | *a piano stool* **2** [usually plural] *technical* stolec

stoop /stuːp/ *v* [I] schylać się: *The teacher stooped to pick up a pencil.*
stoop to sth *phr v* [T] zniżyć się do: *I wouldn't stoop to taking money from a little kid.*

stop[1] S1 W1 /stɒp/ *v* (**-pped**, **-pping**) **1** [I,T] przestawać: *The baby's been crying all morning – I wish he'd stop!* | **stop doing sth** *Everyone stopped talking as soon as she came into the room.* | **stop it/that** *spoken* (=przestań): *Stop it! You're hurting me!* **2** [I] ustać: *The rain has stopped.* **3** [I] zatrzymywać się, stawać: *The car stopped outside a big hotel.* | *What time do you want to stop?* | *My watch has stopped.* | **+at** *Does this train stop at Broxbourne?* | **stop to do sth** (=zatrzymać się, żeby coś zrobić): *We stopped to get some gas in Louisville.* **4** [T] przerywać: *The referee stopped the fight in the second round.* **5** [T] powstrzymywać: *efforts to stop the spread of AIDS* | **stop sb (from) doing sth** *She can't stop me from leaving!* **6** [T] zatrzymywać: *Stop the car. I want to be sick!* | *How do you stop the motor?* | *A man stopped me in the street and asked for a light.* | *He's been stopped twice by the police for speeding.* **7 stop short of sth** powstrzymać się od czegoś: *Tom stopped short of calling her a liar.* **8 sb will stop at nothing** ktoś nie cofnie się przed niczym **9 stop a cheque** zastrzec czek
stop by *phr v* [I] zajść na chwilę: *It was nice of Judy to stop by.*
stop off *phr v* [I] zatrzymać się po drodze: **+at/in** *We stopped off at the supermarket on the way home.*
stop sth ↔ up *phr v* [T] zatkać: *I need something to stop up the sink.*

UWAGA: stop

Nie mówi się „she stopped to cry". Mówi się **she stopped crying**. Nie mówi się też „stop someone to do something". Mówi się **stop someone doing something** lub **stop someone from doing something**.

THESAURUS: stop

stop doing something

stop przestać: *Stop annoying me!*
pause przerwać: *He paused briefly, then continued with his speech.*
have/take a break zrobić (sobie) przerwę: *I'll finish this essay, then take a break.*
quit *especially AmE informal* przestać: *Tell him to quit complaining.*
give sth up rzucić coś: *She's trying to give up smoking.*

stop happening

stop skończyć się: *Why has the music stopped?*
come to an end dobiec końca: *His career was coming to an end.*
cease *formal* ustać: *The fighting ceased.*

stop moving

stop zatrzymać się, stanąć: *He stopped to look at a poster.*
come to a halt *especially written* zatrzymać się *(o pojeździe)*: *The bus came to a halt outside the*

school.
pull up zatrzymać się *(o pojeździe lub kierowcy)*: *We heard a car pulling up at the gate.* | *His dad had pulled up on the other side of the road.*

stop² S2 W3 *n* **1** [singular] **come to a stop** zatrzymać się: *The taxi came to a stop outside his house.* **2 put a stop to sth** kłaść/położyć czemuś kres: *Mrs Drayton put a stop to the gossip.* **3** [C] przystanek: *I get off at the next stop.* | *Our first stop is Brussels, and then we're going to Paris.*

stop·gap /ˈstɒpgæp/ *n* [C] tymczasowe zastępstwo, substytut: *a stopgap measure* (=środek tymczasowy) *to deal with the parking problem*

stop·light /ˈstɒplaɪt/ *n* [C] *AmE* sygnalizacja świetlna, światła

stop·o·ver /ˈstɒpəʊvə/ *n* [C] przerwa w podróży: *a three-hour stopover in Atlanta*

stop·page /ˈstɒpɪdʒ/ *n* [C] przestój

stop·per /ˈstɒpə/ *n* [C] korek, zatyczka

stop·watch /ˈstɒpwɒtʃ/ *n* [C] stoper

stor·age W3 /ˈstɔːrɪdʒ/ *n* [U] przechowywanie, magazynowanie: *There's plenty of storage space in the garage.* | **be in storage** (=być na przechowaniu): *The furniture is in storage until we find a new house.*

store¹ S1 W1 /stɔː/ *n* [C] **1** *especially AmE* sklep: *a book store* | *I'm going to the store to get some milk.* | *She works in a clothes store.* →patrz też CHAIN STORE, DEPARTMENT STORE **2** skład: **+ of** *secret stores of weapons* **3 be in store for sb** czekać kogoś: *There's a surprise in store for you tomorrow!* **4 set great store by sth** przywiązywać wielką wagę do czegoś

store² S3 W3 *także* **store away** *v* [T] przechowywać: *All my old clothes are stored in the loft.* | *You can store your files on this disk.*

storefront /ˈstɔrfrʌnt/ *n* przód sklepu *(w odróżnieniu od zaplecza)*

store·keep·er /ˈstɔːˌkiːpə/ *n* [C] *AmE* sklepika-rz/rka

store·room /ˈstɔːruːm/ *n* [C] składnica

sto·rey /ˈstɔːri/ *BrE*, **story** *AmE n* [C] piętro: *a five-storey house*

stork /stɔːk/ *n* [C] bocian

storm¹ W3 /stɔːm/ *n* **1** [C] burza: *a snow storm* | *The mayor's speech caused a storm of protest among local people.* **2** [C] sztorm **3 take sth by storm** brać/wziąć coś szturmem, z/robić furorę gdzieś: *a new show that's taking Broadway by storm*

storm² *v* **1** [T] szturmować: *Enemy troops stormed the city.* **2 storm out of/off** wypaść jak burza: *She stormed out of the meeting.*

storm·y /ˈstɔːmi/ *adj* **1** burzowy: *stormy weather* | *a stormy day* **2** burzliwy: *a stormy relationship*

sto·ry S1 W1 /ˈstɔːri/ *n* [C] **1** opowiadanie, opowieść, historia: *the story of Cinderella* | *a ghost story* **2** bajka: **tell/read sb a story** *Grandma used to tell us stories* (=opowiadała nam bajki) *every night.* **3** bajeczka *(kłamstwo, wymówka)*: *Do you believe his story?* **4** artykuł: *a front-page story in the New York Times* **5 it's a long story** *spoken* to długa historia: *It's a long story – I'll tell you later.* **6 to cut a long story short** *spoken* krótko mówiąc: *To cut a long story short, she's leaving him.*

sto·ry·tell·er /ˈstɔːriˌtelə/ *n* [C] baja-rz/rka

stout¹ /staʊt/ *adj* **1** tęgi, korpulentny: *a stout, middle-aged man* **2** solidny: *stout shoes* **3** niezłomny, zaciekły: *a stout defence*

stout² *n* [U] rodzaj piwa

stove /stəʊv/ *n* [C] **1** kuchenka: *She left a pan of milk on the stove and it boiled over.* **2** piec(yk)

stow /stəʊ/ *także* **stow** sth ↔ **away** *v* [T] s/chować: *Please stow all your bags under your seat.*

stow·a·way /ˈstəʊəweɪ/ *n* [C] pasażer/ka na gapę *(na statku lub w samolocie)*

strad·dle /ˈstrædl/ *v* [T] **1** siedzieć okrakiem na: *He sat straddling the fence.* **2** rozciągać się po obu stronach: *The town straddles the River Oder.*

strag·gle /ˈstrægəl/ *v* [I] **1** wlec się z tyłu: *Runners were still straggling in hours after the winners had finished* (=pojedynczy biegacze docierali do mety jeszcze w wiele godzin po zwycięzcach). **2** sterczeć na wszystkie strony, rosnąć we wszystkie strony: *thin, black, straggling hair*

strag·gly /ˈstrægəli/ *adj* sterczący na wszystkie strony, rosnący we wszystkie strony: *a straggly moustache*

straight¹ S2 W3 /streɪt/ *adj* **1** prosty: *a straight line* | *My sister has straight hair.* | *straight teeth* **2** jasny: *I wish you'd give me a straight answer.* **3** *informal* drętwy *(tradycyjny, konwencjonalny)* **4** z rzędu, po kolei: *The Australian team won three straight victories.* **5 get straight A's** dostawać same piątki/szóstki, mieć piątki/szóstki od góry do dołu **6** czysty: *a straight Scotch* **7 let's get this straight** *spoken* wyjaśnijmy to sobie: *Let's get this straight. You don't want us to get married?* **8 put/set the record straight** sprostować nieścisłości **9 keep a straight face** zachowywać powagę: *How did you manage to keep a straight face?* **10** *informal* hetero

S

straight² S1 W2 *adv* **1** prosto: **+ down/in front of/out etc** *The truck was coming straight towards me.* | *She kept staring straight ahead.* **2** *także* **straight away** od razu: *Why didn't you go straight to the police?* | *Come home straight after school.* **3 sit up/stand up straight** siedzieć/stać prosto

straightaway /ˌstreɪtəˈweɪ/ *adv BrE* od razu: *They started work straightaway.*

straight·en /ˈstreɪtn/ *v* **1** *także* **straighten out** [I,T] wy/prostować (się): *He straightened his tie.* **2** *także* **straighten up** [T] *especially AmE* posprzątać *(pokój)*
straighten out *phr v* **1** [T **straighten** sth ↔ **out**] wyjaśnić: *I'll talk to him and see if I can straighten things out.* **2** [I,T **straighten** sth ↔ **out**] wy/prostować (się): *The path straightened out.*
straighten up *phr v* [I] wy/prostować się

straight·for·ward S3 Ac /ˌstreɪtˈfɔːwəd◂/ *adj* **1** prosty: *The questions are fairly straightforward.* THESAURUS EASY **2** prostolinijny: *Is he being straightforward?*

strain¹ W3 /streɪn/ *n* **1** [C,U] stres: *He couldn't cope with the strain of being a teacher.* **2** [C usually singular] **put a strain on sb/sth** nakładać obciążenie na kogoś/coś: *The new taxation system has put a huge strain on small businesses.* **3** [U] napięcie: *The rope snapped under the strain.* **4** [C,U] nadwerężenie: *eye strain* **5** [C] szczep, odmiana: *a new strain of the virus*

strain² *v* **1** [T] nadwerężać: *Kevin strained a muscle in his neck.* | *The refugee crisis is straining the country's limited financial resources.* **2** [I,T] **strain to hear/see** wytężać słuch/wzrok: *She moved closer, straining to hear what they said.* **3** [T] s/powodować napięcie w: *It's one of the issues* *that is straining relations between the countries.* **4** [T] od/cedzić: *He strained the vegetables.*

strained /streɪnd/ *adj* **1** wymuszony: *a strained conversation* **2** napięty: *Relations between the couple became strained.*

strain·er /ˈstreɪnə/ *n* [C] cedzak, durszlak

strait /streɪt/ *n* [C usually plural] cieśnina: *the Straits of Gibraltar*

strait·jack·et, **straight-jacket** /ˈstreɪtˌdʒækɪt/ *n* [C] kaftan bezpieczeństwa

straits /streɪts/ *n* **in dire/desperate straits** w ciężkich tarapatach

strand /strænd/ *n* [C] **1** włókno: *Many strands are twisted together to form a rope.* **2** wątek

strand·ed /ˈstrændɪd/ *adj* uziemiony: *I was stranded at the airport without any money.*

strange S2 W2 /streɪndʒ/ *adj* **1** dziwny: *I had a strange dream last night.* | *There was something strange about him.* | **+that** *It's strange that Brad isn't here yet.* | **that's strange** *That's strange – I thought I left my keys on the table.* **2** obcy: *I was all alone in a strange country.* —**strangely** *adv* dziwnie: *She was looking at me very strangely.*

THESAURUS: strange

strange dziwny: *People do strange things when they're in love.* | *a strange woman*

funny *especially BrE spoken* dziwny *(lekko)*: *What's that funny smell?* | *It seems a funny place for a holiday.*

curious ciekawy: *The curious thing was that everyone believed him.*

mysterious tajemniczy: *the mysterious disappearance of a young girl*

eccentric ekscentryczny: *an eccentric old man*

peculiar/odd dziwny *(nietypowy, lekko odbiegający od normy)*: *Did you notice anything peculiar about him?*

weird/bizarre dziwaczny, przedziwny: *She has some weird ideas.* | *The whole situation seems very bizarre.*

strang·er S2 W2 /ˈstreɪndʒə/ *n* [C] obc-y/a, nieznajom-y/a: *Mom told us never to talk to strangers.*

stran·gle /ˈstræŋgəl/ *v* [T] **1** u/dusić **2** s/tłamsić —**strangulation** /ˌstræŋgjəˈleɪʃən/ *n* [U] uduszenie

stran·gle·hold /ˈstræŋgəlhəʊld/ *n* [C] absolutna kontrola: **+on** *The government had a stranglehold on* (=trzymał łapę na) *the media.*

strap[1] /stræp/ *n* [C] pasek: *a watch-strap* | *The strap on her bag had broken.*

strap[2] *v* [T] **(-pped, -pping)** przypinać paskiem/paskami: *Make sure your backpack is strapped on tightly.*

strapped /stræpt/ *adj* **strapped (for cash)** *informal* spłukany, goły *(bez pieniędzy)*

strat·a·gem /ˈstrætədʒəm/ *n* [C] fortel

stra·te·gic W3 AC /strəˈtiːdʒɪk/ *adj* strategiczny: *The takeover is being seen as a strategic move by Microsoft.* | *strategic weapons* | *He placed himself in a strategic position next to the door.* —**strategically** /-kli/ *adv* strategicznie

strat·e·gy W2 AC /ˈstrætɪdʒi/ *n* [C,U] strategia: *the President's long-term economic strategy* | *an expert in military strategy* THESAURUS ▶ **WAY**

strat·os·phere /ˈstrætsfɪə/ *n* **the stratosphere** stratosfera

stra·tum /ˈstrɑːtəm/ *n* [C] (plural **strata** /-tə/) *formal* warstwa

straw S3 /strɔː/ *n* **1** [U] słoma: *a straw hat* **2** [C] słomka **3 the last/final straw** kropla przepełniająca miarę

straw·ber·ry S3 /ˈstrɔːbəri/ *n* [C] truskawka: *strawberries and cream*

stray[1] /streɪ/ *v* [I] zabłąkać się: *The kitten had strayed* (=odłączył się) *from its mother.*

stray[2] *adj* bezpański: *a stray dog*

stray[3] *n* [C] bezpańskie zwierzę

streak[1] /striːk/ *n* [C] **1** pasemko: *a few grey streaks in her hair* **2 a winning/losing streak** dobra/zła passa: *Our team was on a winning streak.*

streak[2] *v* [I] przemykać: *A fighter jet streaked across the sky.*

stream[1] W3 /striːm/ *n* [C] **1** strumień, potok: *a mountain stream* | *a stream of questions* | *a stream of traffic* (=strumień pojazdów) **2** prąd: *a stream of warm air*

stream[2] *v* [I] płynąć: *Tears were streaming down his cheeks.* | *People streamed through the gates.*

stream·er /ˈstriːmə/ *n* [C] serpentyna: *We decorated the room with streamers.*

stream·line /ˈstriːmlaɪn/ *v* [T] **1** usprawniać: *The hospital has streamlined the paperwork for doctors.* **2** nadawać opływowy kształt: *streamlined trains*

street S1 W1 /striːt/ *n* [C] **1** ulica: *What street do you live on?* | *the corner of Main Street and 4th Avenue* **2 streets ahead** *BrE informal* o niebo lepszy **3 sth right up your street** *informal* coś w sam raz dla ciebie: *Tell Tim about the book – it's right up his street.* → patrz też **the man in the street** (MAN[1])

COLLOCATIONS: street

adjectives

a busy street (=ruchliwa) *He looked out at the busy street.*

a crowded street (=zatłoczona) *It was market day and the streets were crowded.*

a quiet street (=spokojna) *We live on a quiet street.*

an empty/deserted street (=pusta) *It was 3 am, and the street was deserted.*

a narrow street *We got lost in the maze of narrow streets.*

the main street *They drove slowly along the main street.*

a side/back street (=boczna) *The restaurant is tucked away in a side street.*

the high street *BrE* (=główna ulica) *I bought this coat at a shop on the high street.*

a shopping street *BrE* (=handlowa) *This is one of Europe's most elegant shopping streets.*

a residential street (=ulica domów mieszkalnych) *a quiet residential street*

a one-way street (=jednokierunkowa) *He was caught driving the wrong way down a one-way street.*

street + noun

a street corner *Gangs of kids hang around on street corners.*

a street light/lamp *There were no street lights.*

a street map (=plan ulic/miasta) *I need a street map of Oxford.*

S

street·car /ˈstriːtkɑː/ *n* [C] *especially AmE* tramwaj

ˈstreet light, **street·light** *n* [C] latarnia uliczna

strength S2 W2 /streŋθ/ *n* **1** [U] siła: *I didn't have the strength to get up.* | *They pushed with all their strength.* | *The president was wrong to ignore the strength of feeling in the country over this issue.* | *strength of character* **2** [U] potęga: *US military strength* **3** [C] mocna strona: *His ambition is both a strength and a weakness.* **4** [C,U] moc: *high strength beers* **5** [U] siła nabywcza: *the strength of the dollar* **6 on the strength of sth** kierując się czymś: *We bought this car on the strength of his advice.* **7 at full strength/below strength** w pełnym/niepełnym składzie: *The French team are at full strength.* →porównaj WEAKNESS

strength·en W3 /ˈstreŋθən/ *v* [I,T] wzmacniać (się): *an exercise to strengthen your arms* | *The new laws strengthened the position of women in the workplace.* →antonim WEAKEN

stren·u·ous /ˈstrenjuəs/ *adj* forsowny: *strenuous exercise* | *He made strenuous efforts to persuade them to change their minds.*

stress¹ S3 W3 Ac /stres/ *n* **1** [C,U] stres: *Headaches are often caused by stress.* | **be under stress** (=przeżywać stres): *She's been under a lot of stress at work lately.* | **stresses and strains** (=stresy i napięcia): *the stresses and strains of modern life* **2** [C,U] nacisk: *rocks subjected to stress and high temperatures* | **lay stress on** (=kłaść/położyć nacisk na): *In his report, he laid stress on the need for more training.* **3** [C,U] akcent: *The stress is on the last syllable.*

stress² S3 W3 Ac *v* **1** [T] podkreślać: *She stressed the need for more money for the programme.* **2** [T] za/akcentować **3** [I] *AmE spoken* stresować się: *Terry's stressing about her interview tomorrow.*

stressed Ac /strest/ *także* **ˌstressed ˈout** *adj* zestresowany: *You look really stressed out. What's the matter?*

stress·ful Ac /ˈstresfəl/ *adj* stresujący: *a stressful job* | *Teaching can be very stressful.*

stretch¹ S3 W3 /stretʃ/ *v* **1** [I,T] rozciągać (się): *Don't worry if the shoes feel a bit tight, they'll soon stretch.* | *Stretch the canvas so that it covers the whole frame.* | *The project will probably stretch into next year.* | *We can stretch a rope between two trees.* **2** [I] przeciągać się: *Carl sat up in bed, yawned and stretched.* **3** [I] ciągnąć się: *The desert stretched to the horizon.* **4 stretch sth to the limit** wystawić coś na ciężką próbę: *Barry's behaviour has stretched my patience to the limit.* **5 stretch your legs** *informal* rozprostować nogi

stretch out *phr v* **1** [I] *informal* wyciągnąć się: *I think I'll stretch out on the couch for a while.* **2** [T] wyciągnąć: *He stretched out his arms to try and reach the branch.*

stretch² *n* [C] **1** odcinek: *a dangerous stretch of road* **2** okres: **at a stretch** (=bez przerwy): *During the summer we worked 12 hours at a stretch.* **3** ćwiczenie rozciągające: *The ski instructor showed us some special stretches.* **4 not by any stretch (of the imagination)** *spoken* jak by (na to) nie patrzeć, żadną miarą: *She isn't fat, not by any stretch of the imagination.*

stretch·er /ˈstretʃə/ *n* [C] nosze

strew /struː/ *v* [T] (**strewed**, **strewn** /struːn/ *or* **strewed**, **strewing**) po/rozrzucać: *Papers were strewn all over the floor.*

strick·en /ˈstrɪkən/ *adj formal* złożony, dotknięty: *a patient suddenly stricken with flu* →patrz też POVERTY-STRICKEN

strict S3 /strɪkt/ *adj* **1** surowy: *Her parents are very strict.* **2** ścisły: *I have strict instructions not to let you leave the building.* | *It's not a restaurant in the strictest sense of the word – it's more like a cafe.* | *a strict vegetarian*

strict·ly /ˈstrɪktli/ *adv* **1** dokładnie: *That is not strictly true.* | **strictly speaking** (=ściśle rzecz biorąc): *Strictly speaking, a spider is not an insect.* **2** wyłącznie: *She says she drinks wine strictly for health reasons.* **3 strictly prohibited/forbidden** surowo wzbroniony: *Smoking is strictly forbidden throughout the building* (=na terenie budynku obowiązuje ścisły zakaz palenia).

stride¹ /straɪd/ *v* [I] (**strode**, **stridden** /ˈstrɪdn/, **striding**) kroczyć: *He strode across the room.* THESAURUS WALK

stride² *n* [C] **1** krok **2 make great strides** z/robić wielkie postępy: *The city has made great strides in cleaning up its streets.* **3 take sth in your stride** podchodzić do czegoś ze spokojem

stri·dent /ˈstraɪdənt/ *adj* ostry: *a strident critic of the reforms* | *the teacher's strident voice*

strife /straɪf/ *n* [U] *formal* spór

strike¹ S3 W3 /straɪk/ *v* (**struck**, **struck**, **striking**) **1** [T] uderzać (w): *He was struck on the head by a falling rock.* | *The car struck a tree.* | *She struck him across the face.* | *Lightning rarely strikes the same place twice.* | **it strikes sb (that)** (=uderza kogoś, że): *It suddenly struck me that he might be lying.* | **sb is struck by sth** (=kogoś uderza coś): *I was struck by her honesty.* **2** z/robić wrażenie: **strike sb as sth** *He strikes me as being very intelligent* (=robi wrażenie bardzo inteligentnego). **3** [I] strajkować: **+for** *They're striking for a shorter working week.* **4** [I] za/atakować: *The police are waiting for the killer to strike again.* **5** [T] nawiedzać: *The town was struck by an earthquake.* **6 strike a balance** zachować odpowiednie proporcje: *It's never easy to strike a balance between work and family.* **7 strike a deal** pójść na układ: *The dispute ended when the company struck a deal with the union.* **8 strike a match** zapalić zapałkę **9 strike oil/gold** natrafić na ropę/złoto **10** [I,T] wybijać: *The clock struck four* (=wybił godzinę czwartą).

strike back *phr v* [I] kontratakować

strike out *phr v* **1** [I] wyeliminować *(pałkarza w baseballu)* **2** [T **strike** sth ↔ **out**] wykreślić, skreślić **3** [I] wyruszyć: **+for** *They struck out for the coast.* **4 strike out on your own** uniezależnić się

strike up *phr v* [T] **1 strike up a conversation/friendship** nawiązać rozmowę/znajomość **2** zacząć grać: *The band struck up an Irish tune.*

strike² S3 W2 *n* [C] **1** strajk: **go on strike** (=za/strajkować): *The union decided to go on strike.* **2** atak: *threats of an air strike* **3** nieudane odbicie *(piłki przez pałkarza w baseballu)*

strik·er /ˈstraɪkə/ *n* [C] **1** strajkując-y/a **2** napastni-k/czka

strik·ing /ˈstraɪkɪŋ/ *adj* uderzający: *There's a striking similarity between the two girls.* | *a man with striking good looks* (=uderzająco piękny mężczyzna)

string¹ S3 W2 /strɪŋ/ *n* **1** [C,U] sznurek: *The package was tied up with string.* **2** [C] sznur: *a string of onions* | *a string of beads* **3 a string of sth** szereg czegoś: *The police asked me a string of questions.* **4** [C] struna **5 (with) no strings attached** bez żadnych zobowiązań: *He asked me to go to Vegas with him – with no strings attached.* →patrz też STRINGS, **pull strings** (PULL¹)

S

string² *v* [T] (**strung**, **strung**, **stringing**) rozwieszać: *Dad was busy stringing up the Christmas lights.*
string sb along *phr v* [T] *informal* zwodzić: *Jerry's been stringing her along for years – he'll never marry her.*
string out *phr v* **be strung out along sth** ciągnąć się wzdłuż czegoś: *The islands were strung out along the coastline.*
string sth ↔ together *phr v* [T] sklecić, złożyć do kupy *(zdanie)*

ˌstringed ˈinstrument *n* [C] instrument strunowy

strin·gent /ˈstrɪndʒənt/ *adj* surowy: *stringent laboratory conditions*

strings /strɪŋz/ *n* **the strings** [plural] smyczki

strip¹ /strɪp/ *v* (**-pped**, **-pping**) **1** *także* **strip off** [I,T] rozbierać (się): *He stripped and got into the shower.* **2** *także* **strip off** [T] zdzierać: *It took all day to strip the paint off the walls.* **3 strip sb of sth** pozbawić kogoś czegoś

strip² W3 *n* [C] **1** pasek: *Tear the paper into one-inch strips.* **2** pas: *a strip of sand*

stripe /straɪp/ *n* [C] pasek: *a shirt with blue and red stripes*

striped /straɪpt/ *adj* w paski: *a blue and white striped shirt*

strip·ey /ˈstraɪpi/ *adj BrE* w paski

strip mall *n AmE* ciąg sklepów *(ze wspólnym parkingiem)*

strip·per /ˈstrɪpə/ *n* [C] striptizerka

strip·tease /ˈstrɪptiːz/ *n* [C,U] striptiz

strip·y, **stripey** /ˈstraɪpi/ *adj* w paski: *stripy socks*

strive /straɪv/ *v* [I] (**strove**, **striven** /ˈstrɪvən/, **striving**) *formal* **strive for** dążyć do: *Ross is constantly striving for perfection.*

strode /strəʊd/ *v* czas przeszły od STRIDE

stroke¹ S3 /strəʊk/ *n* **1** [C] wylew, udar: *Since Tom had a stroke he's had trouble talking.* **2** [C,U] styl *(pływacki)*: *back stroke* (=styl grzbietowy) **3 stroke of luck** uśmiech losu: *By some stroke of luck, we got the last hotel room.* **4** [C] pociągnięcie *(pędzlem)* **5 not do a stroke (of work)** *informal* nie kiwnąć palcem **6 at a stroke/at one stroke** za jednym zamachem: *The problem was solved at a stroke.*

stroke² *v* [T] po/głaskać: *She stroked the baby's face.*

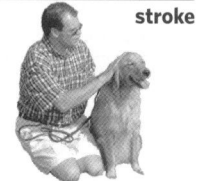

stroke

stroking a dog

stroll /strəʊl/ *v* [I] spacerować, przechadzać się: *We strolled along the beach.* THESAURUS WALK —**stroll** *n* [C] spacer, przechadzka

stroll·er /ˈstrəʊlə/ *n* [C] *AmE* wózek spacerowy

strong S1 W1 /strɒŋ/ *adj* **1** silny: *It took four strong men to lift the piano.* | *strong hands* | *strong leadership* | *a strong army* | *Lewis had a strong belief in God.* | *a strong temptation* | *a strong smell of gas* | *A strong bond developed between the two men.* **2** mocny: *a strong rope* | *The bags are made of strong black plastic.* | *strong coffee* | *strong liquor* **3** przekonujący: *There's strong evidence to suggest Bentley was innocent.* **4 a strong chance/probability** duże prawdopodobieństwo: *There's a strong possibility that the US will attack.* **5 strong language** mocny język **6 strong point** mocna strona: *Tact was never her strong point.* **7 be 500/10,000 strong** liczyć 500/10.000 osób: *The crowd was over 100,000 strong.* **8 be still going strong** świetnie się trzymać: *The Rolling Stones are still going strong.* →patrz też STRENGTH

strong·hold /ˈstrɒŋhəʊld/ *n* [C] **1** bastion: *a Republican Party stronghold* **2** twierdza: *a rebel stronghold*

strong·ly S3 /ˈstrɒŋli/ *adv* **1** mocno **2** silnie: *The house smelled strongly of gas.* **3** zdecydowanie: *I strongly advise you to get more facts before deciding.*

ˌstrong-ˈwilled *adj* zdeterminowany, uparty: *a strong-willed child*

strop·py /ˈstrɒpi/ *adj BrE informal* **1** rozdrażniony, nie w humorze **2** drażliwy —**stroppily** *adv* z rozdrażnieniem

strove /strəʊv/ czas przeszły od STRIVE

struck /strʌk/ *v* czas przeszły od STRIKE

struc·tur·al Ac /ˈstrʌktʃərəl/ *adj* strukturalny: *structural changes in the economy*

struc·ture¹ S3 W2 Ac /ˈstrʌktʃə/ *n* **1** [C,U] struktura: *the structure of society* | *molecular structure* **2** [C] konstrukcja: *a huge steel structure*

structure² Ac *v* [T] s/konstruować: *Students learn how to structure their essays.*

strug·gle¹ W3 /ˈstrʌgəl/ *v* [I] walczyć, zmagać się: *He struggled up the stairs* (=z trudem wszedł po schodach) *with the luggage.* | **struggle to do sth** *After Hal lost his job we had to struggle to pay the bills.* | **+with** *She struggled with the man and screamed for help.*
struggle on *phr v* [I] nie przestawać walczyć

struggle² S3 W3 *n* [C] **1** walka: *Nelson Mandela's struggle for freedom* **2** bójka

strum /strʌm/ *v* [I,T] (**-mmed**, **-mming**) brzdąkać (na)

strung /strʌŋ/ czas przeszły i imiesłów bierny od STRING

ˌstrung-ˈout *adj informal* naćpany

strut¹ /strʌt/ *v* [I] kroczyć dumnie jak paw

strut² *n* [C] rozpórka

stub¹ /stʌb/ *n* [C] niedopałek

stub² *v* [T] (**-bbing**, **-bbed**) **stub your toe** uderzyć się w palec u nogi
stub sth ↔ out *phr v* [T] z/gasić *(papierosa)*

stub·ble /ˈstʌbəl/ *n* [U] **1** szczecina *(zarost)* **2** ściernisko

stub·born /ˈstʌbən/ *adj* uparty: *a stubborn woman* —**stubbornly** *adv* uparcie, z uporem —**stubbornness** *n* [U] upór

stub·by /ˈstʌbi/ *adj* krótki i gruby: *stubby fingers* (=palce jak parówki)

stuck¹ /stʌk/ *v* czas przeszły i imiesłów bierny od STICK

stuck² *adj* [not before noun] **1** zablokowany: **get stuck** (=utknąć): *Our car got stuck in the mud.* **2 be stuck** utknąć: *Can you help me with this? I'm stuck.* **3** uwiązany: *It's horrible being stuck in a classroom when the weather's so nice.*

stud /stʌd/ *n* **1** [C] ćwiek: *a leather jacket with silver studs* **2** korek *(w butach piłkarskich)* **3** [C] kolczyk *(typu wkrętka)* **4** [C,U] stadnina: *a stud farm*

stud·ded /ˈstʌdɪd/ *adj* nabijany: *a bracelet studded with diamonds* →patrz też STAR-STUDDED

stu·dent S1 W1 /ˈstjuːdənt/ *n* **1** [C] student/ka: *a medical student* **2** [C] uczeń/uczennica: *She has 30 students in her class.*

UWAGA: student

W amerykańskiej angielszczyźnie wyraz **student** może oznaczać kogokolwiek, kto uczy się w szkole podstawowej, liceum czy na uniwersytecie. W brytyjskiej angielszczyźnie wyraz **student** oznacza zwykle osobę studiującą na wyższej uczelni, a o uczniach w szkole mówi się **schoolchildren** lub **pupils**.

COLLOCATIONS: student

types of student

a law/medical/chemistry etc student *He is now a law student.*

a university/college/school student *They met when they were college students.*

a first-year/second-year etc student *His sister is a first-year student at York University.*

a research student *The discovery was made by a research student at Cambridge.*

an undergraduate student (=na studiach I stopnia) *The department has about 150 undergraduate students.*

a postgraduate student *BrE*, **a graduate student** *AmE* (=na studiach II lub III stopnia) *They can continue their research as postgraduate students.*

a mature student *especially BrE* (=powyżej 25 roku życia) *He went to university as a mature student.*

a foreign/overseas student *The University welcomes applications from overseas students.*

student + noun

a student loan/grant (=kredyt studencki) *Some of them are still repaying student loans.*

stu·di·o S3 W2 /ˈstjuːdiəʊ/ *n* [C] **1** studio: *an art studio | the big Hollywood studios* **2** *także* **studio apartment** *AmE*, **studio flat** *BrE* kawalerka: *a tiny studio*

stu·di·ous /ˈstjuːdiəs/ *adj* pilny

stu·di·ous·ly /ˈstjuːdiəsli/ *adv* starannie

stud·y¹ S2 W1 /ˈstʌdi/ *n* **1** [C] studium, analiza: **+ of** *a study of teenagers' language* **2** [U] nauka: *a period of study* **3 studies** [plural] studia: *He went on to continue his studies at Harvard.* **4** [C] gabinet, pracownia

study² S2 W2 *v* **1** [I] uczyć się: *I've only got three weeks left to study for my exams.* **2** [I,T] studiować: *Her son's at university studying medicine.* **3** [T] prze/studiować: *He studied the document carefully.*

UWAGA: study

Patrz **learn** i **study**.

THESAURUS: study

study uczyć się: *It's too hot to study.*

do *BrE informal* uczyć się *(określonego przedmiotu w szkole lub na studiach)*: *I'm doing Japanese next year.*

major in sth *AmE* studiować coś: *He majored in journalism at the University of Georgia.*

revise *BrE* powtarzać: *Have you started revising yet?*

do research prowadzić badania: *She's doing research on animal behaviour.*

stuff¹ S1 W3 /stʌf/ *n* [U] *informal* **1** rzeczy: *I need a place to store my stuff for a while. | Have you got a lot of stuff to do* (=czy masz dużo do roboty) *this weekend?* THESAURUS PROPERTY **2** (to) coś: *What's this stuff* (=co to jest to coś) *on the floor?*

stuff² *v* [T] **1** wpychać: **stuff sth into/behind etc** *She stuffed some clothes into a bag and left.* **2** wypychać: *a pillow stuffed with feathers* **3 stuff yourself** *informal* opychać się: *The kids have been stuffing themselves all afternoon.* **4** nadziewać: *stuffed chicken*

stuff·ing /ˈstʌfɪŋ/ *n* [U] **1** nadzienie **2** wypełnienie

stuff·y /ˈstʌfi/ *adj* **1** duszny: *a stuffy room* **2** staroświecki: *Rob's family is really stuffy.*

stum·ble /ˈstʌmbəl/ *v* [I] **1** potknąć się: *She stumbled and grabbed hold of the handrail.* **2** zacinać się: **+ over** *He continued his speech nervously, hesitating and stumbling over the words.*

stumble on/across sb/sth *phr v* [T] natknąć się na: *Clearing out a cupboard that evening, she stumbled across one of her old diaries.*

ˈstumbling ˌblock *n* [C] przeszkoda: *The question of disarmament is still the main stumbling block to peace.*

stump¹ /stʌmp/ *n* [C] pniak, kikut: *an old tree stump*

stump² *v* [I] stąpać ciężko: **+ along/down etc** *He turned and stumped back into the house.*

stump up *phr v* [I,T] *BrE informal* wy/bulić: *I'm not stumping up £500 just to join a golf club!*

stun /stʌn/ *v* [T] **(-nned, -nning) 1** oszałamiać: *Everyone was stunned by Betty's answer.* **2** ogłuszać

stung /stʌŋ/ *v* czas przeszły i imiesłów bierny od STING

stunk /stʌŋk/ *v* imiesłów bierny od STINK

stun·ning /ˈstʌnɪŋ/ *adj* oszałamiający: *You look stunning in that dress. | stunning news* THESAURUS BEAUTIFUL

stunt¹ /stʌnt/ *n* [C] **1** wyczyn kaskaderski **2 publicity stunt** chwyt reklamowy

stunt² *v* [T] za/hamować: *The plant's growth has been stunted by lack of light.*

stunt·man /ˈstʌntmən/ *n* [C] kaskader

stunt·woman /ˈstʌntˌwʊmən/ *n* [C] kaskaderka

stu·pe·fied /ˈstjuːpɪfaɪd/ *adj* oszołomiony

stu·pen·dous /stjuːˈpendəs/ *adj* zdumiewający: *a stupendous achievement*

stu·pid S1 W3 /ˈstjuːpɪd/ *adj* głupi: *How could you be so stupid? | a stupid mistake | I can't get this stupid door open!* —**stupidity** /stjuːˈpɪdəti/ *n* [C,U] głupota

THESAURUS: stupid

stupid głupi: *What a stupid question.*

silly głupi *(brzmi dużo łagodniej niż „stupid")* niemądry: *a silly mistake | Don't be silly - it's only a game!*

crazy szalony, zwariowany: *You're going to jump out of a plane - are you crazy! | a crazy idea*

ridiculous śmieszny: *It's ridiculous to spend so much money on a dress. | Don't be ridiculous!*

absurd/ludicrous absurdalny, niedorzeczny: *How can a return ticket cost less than a single? It's totally absurd! | a ludicrous suggestion*

stu·por /ˈstjuːpə/ *n* [C,U] zamroczenie: *a drunken stupor*

stur·dy /ˈstɜːdi/ *adj* **1** solidny: *sturdy shoes* **2** silny: *a sturdy woman*

stut·ter /ˈstʌtə/ *v* **1** [I] jąkać się **2** [T] wyjąkać: *"I w-w-want to g-g-go too," he stuttered.* —**stutter** *n* [singular] jąkanie się

S

sty /staɪ/ *n* [C] **1** chlew **2** *także* **stye** jęczmień *(na powiece)*

style¹ S2 W1 Ac /staɪl/ *n* [C,U] **1** styl: *He's trying to copy Picasso's style of painting.* | *architecture in the Gothic style* | **have style** *You may not like him, but you have to admit that he has style.* **2** fason, styl: *Shoes are available in several styles.* | *His hair was cut in a very strange style.*

style² Ac *v* [T] **1** za/projektować **2** wy/stylizować *(także fryzurę)*

styl·ish Ac /ˈstaɪlɪʃ/ *adj* stylowy: *a very stylish woman* | *stylish clothes* —**stylishly** *adv* stylowo

styl·is·tic /staɪˈlɪstɪk/ *adj* stylistyczny: *I've made a few stylistic changes to your report.*

sty·lized Ac /ˈstaɪlaɪzd/ *także* **-ised** *BrE adj* stylizowany: *stylized paintings*

sty·lus /ˈstaɪləs/ *n* [C] rysik

suave /swɑːv/ *adj* uprzedzająco grzeczny

sub /sʌb/ *n* [C] **1** łódź podwodna **2** zawodni-k/czka rezerwow-y/a **3** *AmE* duża kanapka *(z długiej bułki)*

sub- /sʌb/ *prefix* sub-, pod-: *subzero temperatures* | *subcommittee*

sub·con·scious¹ /sʌbˈkɒnʃəs/ *adj* podświadomy: *a subconscious fear of failure* —**subconsciously** *adv* podświadomie

subconscious² *n* [singular] podświadomość

sub·con·ti·nent /sʌbˈkɒntɪnənt/ *n* [C] subkontynent: *the Indian subcontinent*

sub·cul·ture /ˈsʌbˌkʌltʃə/ *n* [C] subkultura: *the drug subculture*

sub·di·rec·to·ry /ˈsʌbdaɪˌrektəri/ *n* [C] podkatalog

sub·di·vide /ˌsʌbdəˈvaɪd/ *v* [T] po/dzielić na mniejsze części

sub·due /səbˈdjuː/ *v* [T] obezwładniać: *The nurses were trying to subdue a violent patient.*

sub·dued /səbˈdjuːd/ *adj* **1** przygaszony: *Lawrie's been very subdued all week.* **2** przyćmiony: *subdued lighting* **3** stonowany: *subdued colours*

sub·ject¹ S2 W1 /ˈsʌbdʒɪkt/ *n* [C] **1** temat: *She's written several books on the subject.* | **change the subject** (=zmienić temat): *Stop trying to change the subject!* **2** przedmiot: *"What's your favourite subject?" "Science."* **3** podmiot *(zdania)* **4** obiekt: *The subjects of this experiment were all men aged 18–35.* **5** poddan-y/a

COLLOCATIONS: subject

verbs

to discuss/talk about a subject *He refused to discuss the subject.*

to change the subject *Don't change the subject!*

to bring up/raise a subject (=poruszyć temat) *Someone brought up the subject of payment.*

to drop a subject (=zostawić temat) *Can we just drop the subject now, please?*

to mention a subject *No one ever mentions the subject of his health.*

to get onto a subject (=zejść na temat) *We somehow got onto the subject of detective stories.*

to deal with/cover a subject (=omawiać temat) *We will deal with this subject in the following chapter.*

to avoid a subject *We avoided the subject of his divorce.*

a subject comes up (=temat pojawia się/wypływa) *The subject of payment never came up.*

adjectives

an interesting/fascinating subject *He has spent years researching this fascinating subject.*

a controversial subject *Contraception is a controversial subject.*

a sensitive/touchy subject (=drażliwy) *Try to avoid sensitive subjects.*

THESAURUS: subject

subject temat: *We talked about all sorts of subjects.*

topic temat *(dyskutowany w prasie, przerabiany w szkole itp.)*: *a list of the topics we will be covering in history*

matter *formal* sprawa: *This is a very serious matter.*

issue kwestia, problem: *the issue of racism*

theme temat *(książki, filmu itp.)*: *The theme of the story is love.*

sub·ject² /ˈsʌbdʒɪkt/ *adj* **be subject to sth** móc ulec czemuś: *All prices are subject to change.*

sub·ject³ /səbˈdʒekt/ *v*
subject sb/sth to sth *phr v* [T] poddawać: *The victim was subjected to a terrifying ordeal.*

sub·jec·tive /səbˈdʒektɪv/ *adj* subiektywny → porównaj OBJECTIVE²

ˈsubject ˌmatter *n* [U] tematyka

sub·ju·gate /ˈsʌbdʒəgeɪt/ *v* [T] *formal* podporządkować sobie —**subjugation** /ˌsʌbdʒəˈgeɪʃən/ *n* [U] podporządkowanie (sobie)

sub·junc·tive /səbˈdʒʌŋktɪv/ *n* [singular] tryb łączący: *In the sentence, 'He suggested we leave early', 'leave' is in the subjunctive.*

sub·let /sʌbˈlet/ *v* [I,T] (**sublet, sublet, subletting**) podnajmować: *I'm subletting the room for the summer.*

sub·lime /səˈblaɪm/ *adj* zachwycający: *a sublime view of the mountains*

sub·ma·rine /ˈsʌbməriːn/ *n* [C] łódź podwodna

sub·merge /səbˈmɜːdʒ/ *v* [T] zatapiać, zalewać: *Whole villages were submerged by the flood.*

sub·mis·sion Ac /səbˈmɪʃən/ *n* **1** [U] uległość: *The prisoners were starved into submission* (=zostali głodem zmuszeni do uległości). **2** [C,U] zgłoszenie: *The deadline for the submission of proposals is May 1st.*

sub·mis·sive /səbˈmɪsɪv/ *adj* uległy

sub·mit S3 W3 Ac /səbˈmɪt/ *v* (**-tted, -tting**) **1** [T] przedkładać: *They submitted a report calling for changes in the law.* **2** [I,T] poddawać (się): **+ to** *They were forced to submit to the kidnappers' demands.* | **submit yourself to** (=poddać się): *John submitted himself to the first of many body searches.*

sub·or·di·nate¹ Ac /səˈbɔːdənət/ *n* [C] *formal* podwładn-y/a

subordinate² Ac *adj formal* podrzędny: *a subordinate position*

subordinate³ Ac /səˈbɔːdəneɪt/ *v* [T] *formal* podporządkowywać (sobie) —**subordination** /səˌbɔːdə-ˈneɪʃən/ *n* [U] subordynacja, podporządkowanie

sub·poe·na /səˈpiːnə/ *n* [C] *law* wezwanie do stawienia się przed sądem

sub·scribe /səbˈskraɪb/ *v* [I] **subscribe to** prenumerować: *What magazines do you subscribe to?* —**subscriber** *n* [C] prenumerator/ka
subscribe to sth *phr v* [T] być zwolennikiem *(poglądu, teorii)* głosić

sub·scrip·tion /səbˈskrɪpʃən/ *n* [C] prenumerata

sub·se·quent W2 Ac /ˈsʌbsəkwənt/ *adj* [only before noun] *formal* późniejszy: *The accident had a subsequent effect on his long-term health.* —**subsequently** *adv* później, następnie

sub·ser·vi·ent /səbˈsɜːviənt/ *adj* służalczy

sub·side /səbˈsaɪd/ *v* [I] o/słabnąć: *The storm subsided around dawn.*

sub·sid·ence /səbˈsaɪdəns/ *n* [C,U] obsuwanie się gruntu, obniżanie się terenu

sub·sid·i·a·ry[1] /səbˈsɪdiəri/ *n* [C] filia *(przedsiębiorstwa)* THESAURUS COMPANY

subsidiary[2] Ac *adj* drugorzędny

sub·si·dize Ac /ˈsʌbsədaɪz/ *także* **-ise** *BrE v* [T] dotować: *housing that is subsidized by the government*

sub·si·dy Ac /ˈsʌbsədi/ *n* [C] dotacja

sub·sist /səbˈsɪst/ *v* [I] *formal* utrzymywać się przy życiu: **+ on** *The prisoners subsisted on rice and water.*

sub·stance W3 /ˈsʌbstəns/ *n* **1** [C] substancja: *The bag was covered with a sticky substance.* | *poisonous substances* | **illegal substances** (=narkotyki) **2** [U singular] istota, sedno: **the substance of sth** *The news report said little about the substance of the peace talks.* **3** [U] *formal* podstawy: *There's no substance to the rumour.*

sub·stan·dard /ˌsʌbˈstændəd◂/ *adj* niskiej jakości: *substandard health care*

sub·stan·tial S3 W2 /səbˈstænʃəl/ *adj* **1** pokaźny: *She earns a substantial amount of money.* THESAURUS BIG **2** solidny: *a substantial piece of furniture*

sub·stan·tial·ly /səbˈstænʃəli/ *adv* znacznie: *Prices have increased substantially.*

sub·stan·ti·ate /səbˈstænʃieɪt/ *v* [T] *formal* udowadniać, potwierdzać: *Can he substantiate his claims?*

sub·sti·tute[1] Ac /ˈsʌbstɪtjuːt/ *n* [C] **1** zastęp-ca/czyni: *a substitute teacher* (=nauczyciel na zastępstwie) **2** substytut: *a sugar substitute*

substitute[2] Ac *v* **1** [T] zastępować: **substitute sth for/with sth** *You can substitute olive oil for butter in the recipe.* **2** [I] brać/wziąć zastępstwo: **+ for** *I substituted for John when he was sick.*

sub·ter·fuge /ˈsʌbtəfjuːdʒ/ *n* [C,U] *formal* podstęp

sub·ter·ra·ne·an /ˌsʌbtəˈreɪniən◂/ *adj formal* podziemny: *a subterranean lake*

sub·ti·tles /ˈsʌbˌtaɪtlz/ *n* [plural] napisy *(w filmie obcojęzycznym)* —**subtitled** *adj* z napisami

sub·tle /ˈsʌtl/ *adj* subtelny: *subtle changes in climate* | *subtle humour* | *the subtle scent of mint in the air* —**subtly** *adv* subtelnie

sub·tle·ty /ˈsʌtlti/ *n* [C,U] subtelność: *The subtleties of the story do not translate well.*

sub·tract /səbˈtrækt/ *v* [T] odejmować: **subtract sth from sth** *If you subtract 15 from 25 you get 10.* —**subtraction** /-ˈtrækʃən/ *n* [C,U] odejmowanie →porównaj ADD

sub·urb /ˈsʌbɜːb/ *n* [C] przedmieście: **+ of** *a suburb of Chicago* THESAURUS CITY

sub·ur·ban /səˈbɜːbən/ *adj* **1** podmiejski **2** zaściankowy: *suburban attitudes*

sub·ur·bi·a /səˈbɜːbiə/ *n* [U] przedmieścia

sub·ver·sive /səbˈvɜːsɪv/ *adj* wywrotowy: *a subversive speech*

sub·vert /səbˈvɜːt/ *v* [T] *formal* obalić *(system itp.)* działać na szkodę

sub·way /ˈsʌbweɪ/ *n* [C] **1** *BrE* przejście podziemne **2** *AmE* metro

suc·ceed S3 W2 /səkˈsiːd/ *v* **1 sb succeeds (in doing sth)** komuś się udaje (coś zrobić): *Did you succeed in finding a place to stay?* **2** [I] odnieść sukces: **+ as** *She gave herself one year to succeed as a writer.* **3** [I] powieść się: *The negotiations are unlikely to succeed.* **4** [I,T] być następcą: **succeed sb as sth** *Mr. Harvey will succeed Mrs. Lincoln as chairman* (=na stanowisku przewodniczącego). →porównaj FAIL[1]

suc·ceed·ing /səkˈsiːdɪŋ/ *adj* następny: *Sales improved in succeeding years.*

suc·cess S1 W1 /səkˈses/ *n* **1** [U] powodzenie: *Her success is due to hard work.* | *I've been trying to contact Ann all day, without success.* **2** [C] sukces: *The party was a great success.* →antonim FAILURE

suc·cess·ful S2 W1 /səkˈsesfəl/ *adj* **1** udany, pomyślny: *a successful attempt to sail around the world* **2** odnoszący sukcesy: *a successful businesswoman* | *a hugely successful film* →antonim UNSUCCESSFUL —**successfully** *adv* pomyślnie

suc·ces·sion Ac /səkˈseʃən/ *n* **1** [U singular] seria: **+ of** *She's had a succession of failed marriages.* | **in succession** (=pod rząd): *United have won four championships in succession.* **2** [U] sukcesja

suc·ces·sive Ac /səkˈsesɪv/ *adj* kolejny: *The concerts took place on three successive days.* —**successively** *adv* kolejno

suc·ces·sor Ac /səkˈsesə/ *n* [C] następ-ca/czyni: *No one was certain who Mao's successor would be.*

suc·cinct /səkˈsɪŋkt/ *adj* zwięzły —**succinctly** *adv* zwięźle

suc·cour /ˈsʌkə/ *BrE*, **succor** *AmE n* [U] *literary* pomoc, wsparcie —**succour** *v* [T] nieść pomoc, przychodzić z pomocą

suc·cu·lent /ˈsʌkjələnt/ *adj* soczysty: *a succulent steak*

suc·cumb /səˈkʌm/ *v* [I] *formal* ulegać: **+ to** *Eventually, she succumbed to his charms.*

such S1 W1 /sʌtʃ/ *determiner, pron* **1** taki: *Such behavior is not acceptable here.* | *What would you do in such a situation?* **2 such as** taki jak: *big cities such as New York* **3 such a kind man/such awful weather etc** taki dobry człowiek/taka okropna pogoda: *He's such an idiot.* **4 not ... as such** *spoken* nie ... jako taki: *He doesn't have a degree as such, just* (=nie ma tytułu jako takiego, jedynie) *a lot of business qualifications.* **5 there's no such thing/person (as)** nie ma czegoś/kogoś takiego (jak): *There's no such thing as a perfect marriage.* **6 such ... that** taki ... że: *The animal was such a nuisance that we had to get rid of it.*

UWAGA: such i so

Wyrazy **such** i **so** wzmacniają określenia cech osób i rzeczy. **So** używa się bezpośrednio przed przymiotnikiem: *Your dress is so pretty.* | *Some people*

S

are so rude. Jeśli w zdaniu występuje rzeczownik (plus ewentualnie związany z nim przymiotnik), używamy **such**: *He's such a fool.* | *She has such pretty eyes.* | *Mark is such a good swimmer.* **So** używamy też dla wzmocnienia przysłówka: *He always sings so loudly.*

'such-and-such *determiner spoken* taki a taki: *They kept arguing about whether they should do such-and-such a thing.* | *She kept mentioning such-and-such a movie that she knows.*

suck S3 /sʌk/ *v* [I,T] **1** ssać: *Don't suck your thumb, Katie.* | **+on** *Barry was sucking on a candy bar.* **2** wciągać: **+down/under etc** *A man almost got sucked under the water by the current.* **3 be sucked into (doing) sth** dać się wciągnąć w coś: *He was quickly sucked into a life of crime.*

suck·er /ˈsʌkə/ *n* [C] *spoken* frajer/ka: *Ellen always was a sucker.*

suc·tion /ˈsʌkʃən/ *n* [U] ssanie

Su·dan /suˈdæn/ *n* **the Sudan** Sudan —**Sudanese** /ˌsuːdəˈniːz◂/ *n* Suda-ńczyk/nka —**Sudanese** *adj* sudański

sud·den S2 W3 /ˈsʌdn/ *adj* **1** nagły: *We've had a sudden change of plan.* | *His death was very sudden.* **2 all of a sudden** ni stąd, ni zowąd: *All of a sudden, the lights went out.* —**suddenness** *n* [U] nagłość

sud·den·ly S1 W1 /ˈsʌdnli/ *adv* nagle: *I suddenly remembered that it was Jim's birthday.*

suds /sʌdz/ *n* [plural] mydliny

sue /sjuː/ *v* [I,T] wytoczyć proces: **sue sb for sth** *She plans to sue the company for $1 million.*

suede /sweɪd/ *n* [U] zamsz

suf·fer S1 W1 /ˈsʌfə/ *v* **1** [I,T] cierpieć: *My mother still suffers a lot of pain in her leg.* | *Children always suffer when parents divorce.* **2** [I,T] ucierpieć: *Small businesses suffered financially because of the crisis.* | *He started to drink a lot and his work suffered* (=i ucierpiała na tym jego praca). **3 suffer a loss/defeat** ponieść stratę/porażkę: *The president suffered a massive defeat in the election.* —**suffering** *n* [C,U] cierpienie
suffer from sth *phr v* [T] cierpieć na: *Has he ever suffered from any mental illness?*

suf·fice /səˈfaɪs/ *v* [I] *formal* wystarczać: *A light lunch will suffice.*

suf·fi·cien·cy Ac /səˈfɪʃənsi/ *n* [U singular] dostateczna/wystarczająca ilość

suf·fi·cient S2 W2 Ac /səˈfɪʃənt/ *adj* wystarczający: *The police have sufficient evidence to charge him with murder.* —**sufficiently** *adv* wystarczająco

suf·fix /ˈsʌfɪks/ *n* [C] przyrostek → porównaj PREFIX

suf·fo·cate /ˈsʌfəkeɪt/ *v* [I,T] u/dusić (się) —**suffocation** /ˌsʌfəˈkeɪʃən/ *n* [U] uduszenie

suf·frage /ˈsʌfrɪdʒ/ *n* [U] *formal* prawo wyborcze

sug·ar S2 W3 /ˈʃʊgə/ *n* **1** [U] cukier: *Do you take sugar in your tea?* **2** [C] łyżeczka/kostka cukru: *How many sugars do you want in your coffee?* —**sugar** *v* [T] po/słodzić

sug·gest S1 W1 /səˈdʒest/ *v* [T] **1** za/proponować: *My doctor suggested a week off work.* | **+(that)** *Don suggested that we should go* (=żebyśmy pojechali) *to Japan next November.* | **suggest sb for** (=za/proponować kogoś na (stanowisko)): *Gina Reed's name has been suggested for the job.* **2** za/sugerować: **+(that)** *All the evidence seems to suggest that he is guilty.*

sug·ges·tion S1 W2 /səˈdʒestʃən/ *n* **1** [C] propozycja: **have a suggestion** *Do you have any suggestions about what we can do in London?* | **make a suggestion** (=za/proponować coś): *Can I make a suggestion?* **2** [U singular] sugestia: **at sb's suggestion/at the suggestion of sb** (=za czyjąś sugestią): *He came to London at my suggestion.* **3 a suggestion of sth** ślad/cień czegoś: *There was a suggestion of a smile on her face.*

sug·ges·tive /səˈdʒestɪv/ *adj* **1** niedwuznaczny: *a suggestive remark* **2 suggestive of sth** przypominający coś: *a spotted rug, suggestive of a leopard skin*

su·i·cid·al /ˌsuːəˈsaɪdl◂/ *adj* samobójczy: *She admits that she sometimes had suicidal thoughts.* | *It would be suicidal to attack in daylight.*

su·i·cide /ˈsuːɪsaɪd/ *n* [C,U] samobójstwo: *There's been a rise in the number of suicides among young men.* | *It would be political suicide to hold an election now.* | **commit suicide** (=popełnić samobójstwo): *Her brother committed suicide last year.*

suit[1] S2 W3 /suːt/ *n* [C] **1** garnitur, kostium: *an expensive Armani suit* **2** kombinezon: *a ski suit* **3** proces *(sądowy)*

suit[2] S3 W3 *v* [T] **1** odpowiadać: *It's difficult to find a date that suits everyone.* **2 sth suits sb** w czymś jest komuś do twarzy: *Short hair really suits you.* **3 be well/best suited** dobrze/najlepiej się nadawać: *Lucy's ideally suited for the job.*

UWAGA: suit

Patrz **fit**, **suit** i **match** (lub **go with**).

suit·a·ble S3 W2 /ˈsuːtəbəl/ *adj* odpowiedni: **+for** *The film isn't suitable for young children.* —**suitably** *adv* odpowiednio

THESAURUS: suitable

suitable odpowiedni: *a suitable person for the job* | *a suitable place to live*

right dobry, odpowiedni: *This colour looks just right.* | *I still haven't met the right person.* | *We'll tell her when the time is right.*

appropriate *formal* odpowiedni: *appropriate clothes for an interview* | *The doctor then decides on the most appropriate treatment.* | *It may not be an appropriate time to ask him about it.*

proper odpowiedni, właściwy: *I didn't have the proper tools for the job.* | *Children need to be taught the proper way to behave in public.*

suit·case /ˈsuːtkeɪs/ *n* [C] walizka

suite /swiːt/ *n* [C] **1** apartament: *the honeymoon suite* **2** komplet mebli: *a living room suite* **3** suita: *the Nutcracker Suite*

sui·tor /ˈsuːtə/ *n* [C] *old-fashioned* konkurent, zalotnik

sul·fur /ˈsʌlfə/ [U] amerykańska pisownia wyrazu SULPHUR

sulk /sʌlk/ *v* [I] dąsać się: *Stop sulking – you can go out and play later.* —**sulky** *adj* nadąsany

sul·len /ˈsʌlən/ *adj* ponury: *a sullen expression*

sul·phur /ˈsʌlfə/ *especially BrE*, **sulfur** *AmE* *n* [U] siarka

sul·tan /ˈsʌltən/ *n* [C] sułtan

sul·ta·na /sʌlˈtɑːnə/ *n* [C] *BrE* rodzynka sułtańska

sul·try /ˈsʌltri/ *adj* parny: *sultry weather*

sum[1] S2 W2 Ac /sʌm/ *n* [C] **1** suma: *The city has spent a*

S

large sum of money on parks. | *The sum of 4 and 5 is 9.* **2** *BrE* słupek *(ćwiczenie arytmetyczne)*

sum² Ac *v*
sum up *phr v* (**-mmed**, **-mming**) **1** [I,T **sum** sth ↔ **up**] podsumować: *So, to sum up, we need to organize our time better.* **2** [T **sum** sth/sb ↔ **up**] ocenić: *Pat summed up the situation at a glance.*

sum·mar·ize Ac /ˈsʌməraɪz/ *także* **-ise** *BrE v* [I,T] streszczać

sum·ma·ry¹ Ac /ˈsʌməri/ *n* [C] streszczenie: *Read the article and write a summary of it.*

summary² Ac *adj* [only before noun] *formal* natychmiastowy, doraźny: *the powers of summary arrest*

sum·mer S1 W1 /ˈsʌmə/ *n* [C,U] lato: *Are you going away this summer?*

sum·mer·house /ˈsʌməhaʊs/ *n* [C] altana

sum·mer·time /ˈsʌmətaɪm/ *n* [U] lato

sum·mit /ˈsʌmɪt/ *n* [C] szczyt: *an economic summit* | *the summit of Mount Everest*

sum·mon /ˈsʌmən/ *v* [T] *formal* **1** wzywać: *I was summoned to the principal's office.* **2 summon (up) one's courage** zdobyć się na odwagę: *Tom summoned up his courage to ask Kay for a date.*

sum·mons /ˈsʌmənz/ *n* [C] (plural **summonses**) wezwanie *(do sądu)*

sump·tu·ous /ˈsʌmptʃuəs/ *adj* wystawny: *a sumptuous meal*

sun¹ S2 W1 /sʌn/ *n* [C,U] słońce: *Too much sun is bad for you.* | **in the sun** *Val lay in the sun, reading a book.*

sun² *v* [T] (**-nned**, **-nning**) **sun yourself** wygrzewać się na słońcu

Sun. skrót od SUNDAY

sun·bathe /ˈsʌnbeɪð/ *v* [I] opalać się

sun·beam /ˈsʌnbiːm/ *n* [C] promień słońca

sun·burn /ˈsʌnbɜːn/ *n* [U] oparzenie słoneczne

ˈsun cream *n* [C,U] krem z filtrem ochronnym

sun·dae /ˈsʌndeɪ/ *n* [C] deser lodowy

Sun·day /ˈsʌndi/ *(skrót pisany* **Sun.**) *n* [C,U] niedziela

sun·dial /ˈsʌndaɪəl/ *n* [C] zegar słoneczny

sun·down /ˈsʌndaʊn/ *n* [U] zachód słońca

sun·dry /ˈsʌndri/ *adj formal* **1** [only before noun] różny, rozmaity: *pens, books, and sundry other articles* **2 all and sundry** wszyscy (bez wyjątku): *I don't want all and sundry coming into our garden.*

sun·flow·er /ˈsʌnflaʊə/ *n* [C] słonecznik

sung /sʌŋ/ *v* imiesłów bierny od SING

sun·glass·es /ˈsʌnˌglɑːsɪz/ *n* [plural] okulary słoneczne

sunk /sʌŋk/ *v* czas przeszły i imiesłów bierny od SINK

sunk·en /ˈsʌŋkən/ *adj* [only before noun] **1** wpuszczany: *a sunken bath* **2** zatopiony: *sunken treasure* **3** zapadnięty: *sunken cheeks*

sun·light /ˈsʌnlaɪt/ *n* [U] światło słoneczne: *He stepped out into the strong sunlight.*

sun·lit /ˈsʌnlɪt/ *adj* nasłoneczniony: *a sunlit kitchen*

sun·ny /ˈsʌni/ *adj* **1** słoneczny: *a sunny day* | *a sunny garden* **2** pogodny: *a sunny personality*

sun·rise /ˈsʌnraɪz/ *n* [U] wschód słońca

sun·screen /ˈsʌnskriːn/ *także* **sun cream** *BrE n* [C,U] krem z filtrem ochronnym

sun·set /ˈsʌnset/ *n* [C,U] zachód słońca

sun·shine /ˈsʌnʃaɪn/ *n* [U singular] słońce: *Let's go out and enjoy the sunshine.*

sun·stroke /ˈsʌnstrəʊk/ *n* [U] porażenie słoneczne

sun·tan /ˈsʌntæn/ *także* **tan** *n* [C] opalenizna —**suntanned** *adj* opalony

su·per¹ S2 /ˈsuːpə/ *adj informal* świetny, super: *a super idea*

super² *adv, prefix spoken* super: *a super expensive restaurant* | *a super-efficient secretary*

su·perb /sjuːˈpɜːb/ *adj* znakomity: *a superb cook* —**superbly** *adv* znakomicie

su·per·fi·cial /ˌsuːpəˈfɪʃəl◂/ *adj* powierzchowny: *a superficial knowledge of the subject* | *There are superficial similarities between animal and human behaviour.* | *superficial cuts* —**superficially** *adv* powierzchownie

su·per·flu·ous /suːˈpɜːfluəs/ *adj formal* zbędny: *superfluous details*

superhero /ˈsuːpəˌhɪərəʊ/ *n* (pl **-roes**) superbohater, superman

su·per·hu·man /ˌsuːpəˈhjuːmən◂/ *adj* nadludzki: *Finishing the marathon race required superhuman effort.*

su·per·im·pose /ˌsuːpərɪmˈpəʊz/ *v* [T] nakładać: *His face had been superimposed onto a different background.*

su·per·in·tend·ent /ˌsuːpərɪnˈtendənt/ *n* [C] **1** kierowni-k/czka **2** inspektor policji

su·pe·ri·or¹ /suːˈpɪəriə/ *adj* **1** lepszy: **+ to** *a new design that is superior to anything the Americans have produced* **2** pierwszorzędny: *superior wines* **3** wyniosły: *a superior attitude* → antonim INFERIOR¹

superior² *n* [C] przełożon-y/a: *I'll have to discuss this with my superiors.*

su·per·i·or·i·ty /suːˌpɪəriˈɒrəti/ *n* [U] wyższość: *We are confident of the superiority of our new computer system.* | *Janet always spoke with an air of superiority.*

su·per·la·tive¹ /suːˈpɜːlətɪv/ *adj* doskonały: *a superlative actor*

superlative² *n* **the superlative** stopień najwyższy → porównaj COMPARATIVE²

su·per·mar·ket S3 /ˈsuːpəˌmɑːkɪt/ *n* [C] supermarket

su·per·mod·el /ˈsuːpəˌmɒdl/ *n* [C] supermodel/ka

su·per·nat·u·ral /ˌsuːpəˈnætʃərəl◂/ *n* **the supernatural** zjawiska nadprzyrodzone —**supernatural** *adj* nadprzyrodzony: *supernatural powers*

su·per·pow·er /ˈsuːpəˌpaʊə/ *n* [C] (super)mocarstwo

su·per·sede /ˌsuːpəˈsiːd/ *v* [T] wyprzeć, zająć miejsce: *TV had superseded radio by the 1960s.*

su·per·son·ic /ˌsuːpəˈsɒnɪk◂/ *adj* naddźwiękowy: *supersonic jets*

su·per·star /ˈsuːpəstɑː/ *n* [C] supergwiazda, gwiazda pierwszej wielkości

su·per·sti·tion /ˌsuːpəˈstɪʃən/ *n* [C,U] przesąd: *the old superstition that the number 13 is unlucky*

su·per·sti·tious /ˌsuːpəˈstɪʃəs◂/ *adj* przesądny: *Are you superstitious?*

super·store /ˈsuːpəstɔː/ *n* [C] *BrE* dom towarowy

su·per·vise /ˈsuːpəvaɪz/ *v* [I,T] nadzorować: *My job is to supervise school children at lunchtime.* —**supervisor** *n* [C] promotor/ka: *I'll have to ask my supervisor.*

su·per·vi·sion /ˌsuːpəˈvɪʒən/ *n* [U] nadzór

sup·per S3 /ˈsʌpə/ *n* [C] kolacja

UWAGA: supper i dinner

W brytyjskiej angielszczyźnie **supper** to zwykle mniej formalny posiłek niż **dinner**. Spożywa się go raczej w domu, a nie w restauracji.

sup·plant /səˈplɑːnt/ *v* [T] *formal* zastępować: *The old factories have all been supplanted by new high-tech industries.*

sup·ple /ˈsʌpəl/ *adj* elastyczny: *supple leather*

sup·ple·ment Ac /ˈsʌpləmənt/ *n* [C] uzupełnienie: *You may need vitamin supplements.* —**supplement** /ˈsʌpləment/ *v* [T] uzupełniać: *I supplement my income by teaching Italian at weekends.*

sup·ple·men·ta·ry Ac /ˌsʌpləˈmentəri◂/ *także* **sup·ple·men·tal** /ˌsʌpləˈmentl◂/ *AmE adj* uzupełniający: *supplementary vitamins* | *supplementary teaching materials*

sup·pli·er /səˈplaɪə/ *n* [C] dostawca: *medical suppliers*

sup·plies /səˈplaɪz/ *n* [plural] zaopatrzenie: *supplies for a camping trip*

sup·ply[1] S2 W2 /səˈplaɪ/ *n* **1** [C,U] zaopatrzenie: *the supply of oxygen to the brain* | **sth is in short supply** (=brakuje czegoś) **2** [C] dostawa: *We've had problems with the water supply lately.*

supply[2] S3 W2 *v* [T] zaopatrywać: **supply sb with sth** (=zaopatrywać kogoś w coś): *Drivers are supplied with a uniform.* | **supply sth to sb** (=dostarczać coś komuś): *We supply books to schools.*

sup·port[1] S1 W2 /səˈpɔːt/ *v* [T] **1** popierać: *I don't support any one political party.* | *My parents have always supported my decision to be an actor.* **2** podtrzymywać: *The bridge is supported by two stone columns.* **3** utrzymywać: *How can Brad support a family on his salary?* **4** potwierdzać: *There is little evidence to support the theory.* **5** *especially BrE* kibicować: *Which football team do you support?*

support[2] S1 W1 *n* **1** [U] poparcie: *Thanks for all your support.* | *Teachers don't always have the support of parents.* **2** [U] wsparcie: *financial support for families on low incomes* **3 in support of** na znak poparcia dla: *a demonstration in support of animal rights* **4** [C,U] podpora: *supports for the roof*

sup·port·er S3 W2 /səˈpɔːtə/ *n* [C] **1** stronni-k/czka **2** *especially BrE* kibic: *Manchester United supporters*

ˈsupport ˌgroup *n* grupa wsparcia

sup·por·tive /səˈpɔːtɪv/ *adj* pomocny: **be supportive of sb** (=wspierać kogoś): *Mark and Sally are very supportive of each other* (=wspierali się wzajemnie).

sup·pose[1] S1 W1 /səˈpəʊz/ *v* [T] **1 sth is supposed to happen** coś ma/powinno się zdarzyć: *There's supposed to be a bus* (=powinien być autobus) *at half past four.* | *I thought this was supposed to be a holiday* (=to miały być wakacje)! | *This is supposed to be the oldest theater* (=to jest podobno najstarszy teatr) *in New York.* **2 sb is not supposed to do sth** komuś nie wolno czegoś robić: *You're not supposed to smoke in here* (=tu nie wolno palić). **3** przypuszczać, sądzić: **+ (that)** *She usually finished work at 6, so I suppose she's gone home.* **4 I suppose a)** pewnie: *"How old is she?" "She's about 50, I suppose* (=pewnie około 50)." | **+ (that)** *I suppose you thought that was funny* (=pewnie myślałeś, że to zabawne)! **b)** chyba: **I suppose so** (=chyba tak): *"Can I borrow your car?" "I suppose so, if you're careful with it."*

suppose[2] *także* **supposing** *conjunction spoken* **1** a gdyby, przypuśćmy, że: *Suppose Mom found out? She'd go crazy!* **2** a może: *Suppose we try* (=a może spróbujemy) *to finish this part first?*

sup·posed /səˈpəʊzd/ *adj* [only before noun] rzekomy: *the supposed link between violent movies and crime*

sup·pos·ed·ly /səˈpəʊzɪdli/ *adv* rzekomo, jakoby: *supposedly environmentally-friendly products*

sup·pos·ing /səˈpəʊzɪŋ/ *conjunction* a gdyby, przypuśćmy, że

sup·po·si·tion /ˌsʌpəˈzɪʃən/ *n* [C,U] *formal* przypuszczenie

sup·press /səˈpres/ *v* [T] **1** s/tłumić: *The army was called in to suppress the revolt.* | *Andy could barely suppress his anger.* **2** zatajać: *His lawyer illegally suppressed evidence.*

su·prem·a·cy /sʊˈpreməsi/ *n* [U] supremacja

su·preme /sʊˈpriːm/ *adj* **1** naczelny: *the Supreme Commander of the UN forces* **2** najwyższy: *a question of supreme importance* (=kwestia najwyższej wagi)

Suˌpreme ˈCourt *n* [singular] Sąd Najwyższy

sur·charge /ˈsɜːtʃɑːdʒ/ *n* [C] opłata dodatkowa

sure[1] S1 W1 /ʃɔː/ *adj* **1** pewny: *a sure winner* | *a sure sign of rain* | **+ (that)** *Are you sure you've met him before?* | **+ about** *Are you quite sure about this* (=co do tego)? | **+ what/where/why etc** *I'm not sure how many people are coming to the party.* | **be sure to do sth** *Jan is sure to call while I'm out* (=na pewno przyjdzie, kiedy mnie nie będzie). **2 make sure a)** sprawdzać, upewniać się: *"Did you lock the front door?" "I think so, but I'd better make sure."* | **+ (that)** *He called to make sure we got home okay.* **b)** po/starać się: *Make sure you get there early.* **3 be sure of sth** być pewnym czegoś: *You're sure of a warm welcome at Liz's.* **4 sure of yourself** pewny siebie **5 Be sure to ...** *spoken* Nie zapomnij ...: *Be sure to write* (=nie zapomnij napisać)! **6 sure thing** *AmE spoken* jasna sprawa: *"See you Friday." "Yeah, sure thing."*

THESAURUS: sure

sure pewny: *Are you sure Bill was there?*

certain pewny *(całkowicie)*: *We are certain that you will find our website useful.*

convinced przekonany: *She became convinced* (=nabrała przekonania) *that he was in love with her.*

positive *especially spoken* pewny *(absolutnie)*: *I'm positive you said we were meeting at seven.*

satisfied pewny: *I am satisfied it was an accident.*

confident pewny *(że coś się uda)*: *We are very confident of victory.* | *I'm confident that the show will be a great success.*

have no doubt *także* **be in no doubt** nie mieć wątpliwości: *I have no doubt that you're right.*

sure[2] S3 *adv* **1 for sure** *informal* na pewno: *I think Jack's married, but I don't know for sure.* **2 that's for sure** bez wątpienia: *It's a lot better than it was, that's for sure.* **3** *spoken* jasne: *"Can I read your paper?" "Sure."* **4 sure enough** *informal* jak można się było spodziewać: *Sure* *enough, the car broke down on the way.* **5** *informal* faktycznie: *Sure, he's attractive, but I'm not interested.* **6** *AmE informal* na pewno: *This bad weather sure doesn't make my job any easier.*

'sure-fire *adj informal* niezawodny: *a sure-fire way to make money*

sure·ly S1 W2 /ˈʃɔːli/ *adv* **1** chyba: *Surely you're not leaving so soon?* **2** na pewno: *This will surely result in more people losing their jobs.*

surf[1] /sɜːf/ *v* [I] **1** pływać na desce surfingowej: **go surfing** *Matt goes surfing every day.* **2 surf the net** szperać/surfować po internecie —**surfing** *n* [U] surfing

surf

surfing

surf[2] *n* [U] grzbiet fali morskiej

sur·face[1] S3 W1 /ˈsɜːfɪs/ *n* **1** [C] powierzchnia: *a cleaner for all kitchen surfaces | the Earth's surface | The diver swam to the surface.* **2** [singular] **on the surface** na pozór: *On the surface she seems happy enough.* | **below/beneath/under the surface** (=przy bliższym poznaniu): *Under the surface, it's not as peaceful a society as people imagine.*

surface[2] *v* [I] **1** wynurzać się: *Whales were surfacing near our boat.* **2** pojawiać się: *A few problems started to surface in their relationship.*

'surface ˌmail *n* [U] poczta zwykła *(nie lotnicza)*

surf·board /ˈsɜːfbɔːd/ *n* [C] deska surfingowa

sur·feit /ˈsɜːfɪt/ *n* [singular] nadmiar

surge[1] /sɜːdʒ/ *v* [I] **1** ruszać *(naprzód)* **2** *także* **surge up** wzbierać: *Rage surged up inside her.*

surge[2] *n* [C] **1** przypływ: *a surge of excitement* **2** skok: *a surge in oil prices*

sur·geon /ˈsɜːdʒən/ *n* [C] chirurg

sur·ge·ry S2 W2 /ˈsɜːdʒəri/ *n* **1** [U] operacja: *heart surgery* **2** [C] *BrE* gabinet lekarski

sur·gi·cal /ˈsɜːdʒɪkəl/ *adj* chirurgiczny: *surgical gloves* —**surgically** /-kli/ *adv* operacyjnie: *The tumor was surgically removed.*

sur·ly /ˈsɜːli/ *adj* opryskliwy: *surly waitress*

sur·mise /səˈmaɪz/ *v* [T] *formal* zgadywać, domyślać się: *We can only surmise what happened.*

sur·mount /səˈmaʊnt/ *v* [T] *formal* pokonywać, przezwyciężać

sur·name /ˈsɜːneɪm/ *n* [C] nazwisko →porównaj FIRST NAME

sur·pass /səˈpɑːs/ *v* [T] *formal* przewyższać: *The results surpassed my expectations* (=rezultaty przeszły moje oczekiwania).

sur·plus[1] /ˈsɜːpləs/ *n* [C,U] nadwyżka: *The country produces a huge surplus of grain.*

surplus[2] *adj* dodatkowy, ponadplanowy, nadliczbowy: *surplus land*

sur·prise[1] S3 W2 /səˈpraɪz/ *n* **1** [C] niespodzianka: *What a surprise to see you here! | I've got a surprise for you!* **2** [U] zdziwienie, zaskoczenie: *Imagine our surprise when we heard the news.* | **to my surprise** (=ku mojemu zaskoczeniu): *To my surprise, Ann agreed.* | **come as no surprise** *It came as no surprise when Jeff left* (=odejście Jeffa nie było dla nikogo zaskoczeniem). **3 take/catch sb by surprise** zaskoczyć kogoś: *The heavy snowfall caught everyone by surprise.*

COLLOCATIONS: surprise (sense 2)

adjectives

a big/great surprise *The award was a big surprise.*
a complete/total surprise *Our defeat came as a complete surprise.*
a nice/pleasant/lovely surprise *What a lovely surprise!*
an unpleasant/nasty surprise *We don't want any unpleasant surprises.*

verbs

to come as a surprise *także* **to be a surprise** (=być zaskoczeniem) *The news came as a surprise to many people. | It was no surprise when Lester got the job.*
to get/have a surprise *I got a surprise when I opened the letter.*
to give sb a surprise *I wanted to give you a nice surprise.*
to have a surprise for sb *I think Jenny might have a surprise for you.*

surprise + noun

a surprise party *We planned a surprise party for Dad's 50th birthday.*
a surprise visit *We had a surprise visit from the boss.*
a surprise attack *They launched a surprise attack on the castle.*
a surprise announcement *In a surprise announcement yesterday, he said he was resigning.*

surprise[2] *v* [T] **1** z/dziwić: *Her reaction surprised me.* **2** zaskakiwać: *A security guard surprised the robber.*

sur·prised S2 W2 /səˈpraɪzd/ *adj* zdziwiony, zaskoczony: **+(that)** *We were surprised David wasn't invited.* | **+at sth** *She was surprised at how much it cost.* | **surprised to hear/see/find sth** *I'm surprised to hear you say that* (=dziwi mnie, że to mówisz).

THESAURUS: surprised

surprised zdziwiony: *Are you surprised to see me?*
shocked zaszokowany: *I was shocked when I heard he'd died.*
amazed/astonished zdumiony: *I was amazed by her strength. | He was astonished at how difficult it was to open the door. | I'm amazed that you remembered.*
startled wystraszony: *He had a startled expression on his face. | The birds are easily startled.*
taken aback zaskoczony: *The man seemed a little taken aback by her question.*
speechless oniemiały: *My mother was speechless when I told her that I was pregnant.*

sur·pris·ing S3 W3 /səˈpraɪzɪŋ/ *adj* zaskakujący: *surprising news | It's hardly surprising* (=nic dziwnego) *that they lost the game.* —**surprisingly** *adv* zaskakująco, niespodziewanie: *The test was surprisingly easy.*

sur·real /səˈrɪəl/ *także* **sur·rea·lis·tic** /səˌrɪəˈlɪstɪk◂/ *adj* surrealistyczny

sur·ren·der /səˈrendə/ *v* **1** [I] poddawać się: *They were determined never to surrender. | The rebel forces have*

S

surrendered. **2** [T] *formal* oddać: *They had to surrender their passports.* —**surrender** *n* [U] poddanie się

sur·rep·ti·tious /ˌsʌrəpˈtɪʃəs◂/ *adj* potajemny

sur·ro·gate /ˈsʌrəgeɪt/ *adj* [only before noun] zastępczy: *a surrogate mother* —**surrogate** *n* [C] namiastka

sur·round W2 /səˈraʊnd/ *v* [T] otaczać: *a lake surrounded by trees* | *The police surrounded the house.* | *She is surrounded by friends.* —**surrounding** *adj* okoliczny: *the surrounding countryside*

sur·round·ings /səˈraʊndɪŋz/ *n* [plural] otoczenie: *It took me a few weeks to get used to my new surroundings.*

sur·veil·lance /səˈveɪləns/ *n* [U] inwigilacja: **have sb under surveillance** (=inwigilować kogoś): *Police have the man under surveillance.*

sur·vey¹ S2 W2 Ac /ˈsɜːveɪ/ *n* [C] **1** badanie ankietowe: *a survey of people's eating habits* **2** pomiary **3** oględziny, przegląd

sur·vey² Ac /səˈveɪ/ *v* [T] **1** ankietować: *More than 50% of the students surveyed take regular exercise.* **2** oceniać: *I surveyed the damage to my car.* **3** dokonywać pomiarów

sur·vey·or /səˈveɪə/ *n* [C] **1** mierniczy, geodeta **2** rzeczoznawca budowlany

sur·viv·al W3 Ac /səˈvaɪvəl/ *n* [U] przeżycie, przetrwanie: *The operation will increase his chances of survival.*

sur·vive S2 W2 Ac /səˈvaɪv/ *v* [I,T] **1** przeżyć: *Only one person survived the crash.* **2** przetrwać: *Most of the cathedral survived the earthquake.* | *"How was the interview?" "Well, I survived!"*

sur·vi·vor Ac /səˈvaɪvə/ *n* [C] ocalał-y/a, osoba pozostała przy życiu: *No survivors of the plane crash were found.*

sus·cep·ti·ble /səˈseptəbəl/ *adj* **susceptible (to)** podatny (na): *I've always been very susceptible to colds.*

sushi /ˈsuːʃi/ *n* sushi

sus·pect¹ /ˈsʌspekt/ *n* [C] podejrzan-y/a

sus·pect² S2 W3 /səˈspekt/ *v* [T] **1** podejrzewać: **suspect sb of sth** *She is suspected of murder.* | **+that** *I suspected that Suki had been lying.* **2** powątpiewać/wątpić w czystość/uczciwość: *Do you have reason to suspect his motives?*

sus·pect³ /ˈsʌspekt/ *adj* podejrzany: *Her explanation seems suspect.*

sus·pend Ac /səˈspend/ *v* [T] zawieszać: *The match was suspended because of rain.* | *His prison sentence was suspended for two years.* | **suspend sth from sth** *a chandelier suspended from the ceiling* | **suspend sb from sth** *Joe was suspended from school* (=został zawieszony w prawach ucznia).

sus·pen·ders /səˈspendəz/ *n* [plural] **1** *BrE* podwiązki **2** *AmE* szelki

sus·pense /səˈspens/ *n* [U] napięcie: **keep sb in suspense** (=trzymać kogoś w niepewności/napięciu): *Don't keep us in suspense. What happened?*

sus·pen·sion Ac /səˈspenʃən/ *n* [C,U] zawieszenie: *a three-day suspension for cheating*

sus·pi·cion W3 /səˈspɪʃən/ *n* **1** [C,U] podejrzenie: *He was arrested on suspicion of robbery.* | *Nobody saw who did it, but I have my suspicions.* | **be under suspicion** (=być podejrzanym): *A number of people are under suspicion for the murder.* **2** [C] przeczucie: *She had a suspicion that Steve might be right.*

sus·pi·cious S3 /səˈspɪʃəs/ *adj* **1** podejrzany: *Passengers should report any bags that seem suspicious.* | *suspicious circumstances* **2** podejrzliwy: *He has a suspicious mind.* | **be suspicious of sth** (=mieć podejrzenia co do czegoś): *I'm suspicious of her intentions.* —**suspiciously** *adj* podejrzliwie: *Two youths were behaving suspiciously outside the shop.*

sus·tain W3 Ac /səˈsteɪn/ *v* [T] **1** utrzymywać: *He couldn't sustain his interest in learning the violin.* **2** zapewniać dobre samopoczucie: *A good breakfast will sustain you through the morning.* **3 sustain injuries** *formal* odnieść obrażenia: *Two people sustained minor injuries in the fire.*

sus·tained Ac /səˈsteɪnd/ *adj* nieprzerwany: *A sustained effort is needed to fight drug abuse.* | *sustained economic growth*

SUV /ˌes juː ˈviː/ *n* SUV

svelte /svelt/ *adj* smukły, zgrabny

SW skrót pisany od SOUTHWEST

swab /swɒb/ *n* [C] wacik

swag·ger /ˈswægə/ *v* [I] kroczyć dumnie —**swagger** *n* [singular] dumny krok

swal·low¹ /ˈswɒləʊ/ *v* **1** [T] połykać: *If you drink some water it'll make the pills easier to swallow.* **2** [I,T] przełykać: *He swallowed anxiously before answering.* **3** [T] *informal* kupić (uwierzyć w): *You didn't swallow that story about Harry, did you?* **4 swallow your pride** przezwyciężyć dumę

swallow sth ↔ up *phr v* [T] pochłaniać: *Most of my money is swallowed up by rent.*

swallow² *n* [C] **1 a)** kęs **b)** łyk **2** jaskółka

swam /swæm/ *v* czas przeszły od SWIM

swamp¹ /swɒmp/ *n* [C,U] bagno

swamp² *v* [T] **1** *informal* zalewać, zasypywać: *We've been swamped with phone calls about the article.* **2** zatapiać: *High waves swamped the boat.*

swan /swɒn/ *n* [C] łabędź

swank·y /ˈswæŋki/ *adj informal* szpanerski, bajerancki: *a swanky hotel*

swap S3 **swop** /swɒp/ *v* [I,T] (**-pped**, **-pping**) zamieniać (się), wymieniać (się): *I liked her coat and she liked mine, so we swapped.* | **swap (sth) with sb** *Can I swap seats with you* (=czy możemy zamienić się miejscami)? | **swap sth for sth** *I'll swap my red T-shirt for your green one.* —**swap** *n* [C] zamiana, wymiana: *Shall we do a swap* (=zamienimy się)?

swap meet *n AmE* wyprzedaż rzeczy używanych

swarm¹ /swɔːm/ *v* [I] tłoczyć się: *Tourists swarmed around the museum.*

swarm with sth *phr v* [T] roić się od: *The beach was swarming with people.*

swarm² *n* [C] rój: *a swarm of bees*

swar·thy /ˈswɔːði/ *adj* ogorzały

swat /swɒt/ *v* [T] (**-tted**, **-tting**) pacnąć: *to swat a fly*

sway /sweɪ/ *v* [I] kołysać się: *trees swaying in the breeze*

swear S2 /sweə/ *v* (**swore**, **sworn**, **swearing**) **1** [I] kląć, przeklinać: *She doesn't smoke, drink, or swear.* | **+at** *He was fired for swearing at his boss.* **2** [I,T] przysięgać: *Do*

S

you swear to tell the truth? | I swear I'll never leave you. | I swear I'll kill him! | I could have sworn (=mógłbym przysiąc, że) *I put the ticket in my pocket.* THESAURUS PROMISE

swear by sth *phr v* [T] *informal* głęboko wierzyć w skuteczność: *Heidi swears by acupuncture.*

swear sb ↔ in *phr v* [T] zaprzysiąc: *She was sworn in as president just two weeks ago.*

'swear word *n* [C] przekleństwo

sweat¹ /swet/ *v* [I] **1** pocić się: *As he approached the customs post he began to sweat.* **2** *informal* męczyć się: *I sweated all night to get the report finished.*

sweat² *n* **1** [U] pot: *Sweat was running down her face.* **2** [singular] pocenie się: **break into a sweat** (=zacząć się pocić): *He broke into a sweat as soon as he went on stage.* **3 no sweat** *spoken* spoko: *"Can you give Kara a ride home?" "Yeah, no sweat!"*

sweat·er /ˈswetə/ *n* [C] sweter

'sweat ˌpants *n* [plural] *AmE* spodnie od dresu

sweats /swets/ *n* [plural] *informal AmE* ubrania sportowe

sweat·shirt /ˈswetˌʃɜːt/ *n* [C] bluza

sweat·shop /ˈswetˌʃɒp/ *n* [C] warsztat wyzyskujący robotników

sweat·y /ˈsweti/ *adj* spocony: *I was hot and sweaty from working in the sun.*

swede /swiːd/ *n* [C,U] *BrE* brukiew

Swe·den /ˈswiːdn/ *n* Szwecja —**Swede** /swiːd/ *n* Szwed/ka —**Swedish** /ˈswiːdɪʃ/ *adj* szwedzki

sweep¹ W3 /swiːp/ *v* (**swept**, **sweeping**) **1** *także* **sweep up** [I,T] zamiatać: *I've just swept the kitchen floor. | Could you sweep up the leaves?* **2** [I,T] ogarniać: *a fashion that is sweeping the nation* | **+ through/across etc** *A storm swept across the country* (=nad krajem przeszła burza). **3** [I] wkroczyć energicznie: *She swept into the meeting and demanded to know why she hadn't been invited.* **4** [T] odgarniać: *He swept his hair away from his face.*

sweep sth ↔ away *phr v* [T] zmieść z powierzchni ziemi: *Many houses were swept away by the floods.*

sweep² *n* [C] **1** [usually singular] machnięcie, zamaszysty gest: *She spoke with a sweep of her arm.* **2** łuk: *the sweep of the bay* **3** *także* **chimney sweep** kominiarz

sweep·ing /ˈswiːpɪŋ/ *adj* **1** gruntowny: *sweeping changes* **2 sweeping statement/generalization** zbyt daleko idące stwierdzenie/uogólnienie: *Women tend to be more sensitive than men - but of course that's a sweeping generalization.*

sweep·stake /ˈswiːpsteɪk/ *n* [C] totalizator

sweet¹ S2 W3 /swiːt/ *adj* **1** słodki: *Is your coffee too sweet? | a sweet, sticky chocolate cake | a sweet-smelling rose* THESAURUS TASTE **2** miły: *It was sweet of you to help. | the sweet sounds of the cello | Her baby is so sweet!* THESAURUS NICE **3 have a sweet tooth** mieć słabość do słodyczy —**sweetly** *adv* słodko —**sweetness** *n* [U] słodycz

sweet² S2 *n* [C] *BrE* cukierek: *Try not to eat too many sweets, crisps and biscuits.*

sweet·corn /ˈswiːtkɔːn/ *n* [U] *BrE* kukurydza

sweet·en /ˈswiːtn/ *v* **1** [I,T] po/słodzić: *Sweeten the mixture with honey.* **2** *także* **sweeten up** przypochlebiać się komuś: *They tried to sweeten him up with compliments before asking for more money.*

sweet·ener /ˈswiːtnə/ *n* [C,U] słodzik

sweet·heart /ˈswiːthɑːt/ *n* [C] kochanie: *Good night, sweetheart.*

ˌsweet poˈtato *n* [C] batat, patat

swell¹ /swel/ *v* [I] (**swelled**, **swollen**, **swelling**) **1** *także* **swell up** s/puchnąć: *My ankle swelled up like a balloon.* **2** wzrastać: *The city's population has swollen to 2 million.*

swell² *n* [singular] fala

swell³ *adj AmE old-fashioned* kapitalny: *a swell party*

swell·ing /ˈswelɪŋ/ *n* [C,U] opuchlizna: *a swelling on the knee*

swel·ter·ing /ˈsweltərɪŋ/ *adj* skwarny

swept /swept/ *v* czas przeszły i imiesłów bierny od SWEEP

swerve /swɜːv/ *v* [I] skręcać gwałtownie: *Mark swerved to avoid hitting a dog.*

swift /swɪft/ *adj* szybki, błyskawiczny: *a swift reply* THESAURUS FAST —**swiftly** *adv* szybko: *a swiftly flowing river*

swig /swɪɡ/ *v* [T] (**-gged**, **-gging**) *informal* żłopać, pociągać —**swig** *n* [C] haust: *a swig of brandy*

swill¹ /swɪl/ *n* [U] pomyje

swill² *v* [T] **1** *także* **swill out** płukać **2** wy/żłopać: *men swilling beer*

swim¹ S3 /swɪm/ *v* (**swam**, **swum**, **swimming**) **1** [I,T] pływać, prze/płynąć: *Can Lucy swim? | fish swimming up the stream | She swims 20 lengths every day. | The screen was swimming in front of me* (=pływał mi przed oczami). **2 my head is swimming** w głowie mi się kręci —**swimming** *n* [U] pływanie: *Let's go swimming* (=chodźmy popływać). —**swimmer** *n* [C] pływa-k/czka

swim² *n* [C] pływanie: **go for a swim** (=iść popływać)

'swimming ˌcostume *n* [C] *BrE* kostium kąpielowy

'swimming pool *także* **pool** *n* [C] basen, pływalnia

'swimming suit *n* kostium kąpielowy

'swimming trunks *także* **trunks** *n* [plural] kąpielówki

swim·suit /ˈswɪmsuːt/ *n* [C] kostium kąpielowy

swin·dle /ˈswɪndl/ *v* [T] o/kantować —**swindle** *n* [C] kant: *victims of a swindle* —**swindler** *n* [C] kanciarz

swine /swaɪn/ *n* [C] (plural **swine**) świnia

'swine flu *n* świńska grypa

swing¹ W3 /swɪŋ/ *v* (**swung**, **swung**, **swinging**) **1** [I] kołysać się, huśtać się: *a sign swinging in the wind | The gate swung open* (=otworzyła się na oścież). **2** [T] machać: *They walked along, swinging their arms.* **3** [I] wahać się: *Her mood can swing from sadness to happiness quite suddenly.*

swing around *phr v* [I] odwrócić się: *Mike swung around to look at me.*

swing at sb/sth *phr v* [T] zamierzyć się na: *He swung at me and missed.*

swing² *n* [C] **1** huśtawka **2** zamach: *The guy took a swing at me.* **3** zwrot: **+ in** *a big swing in public opinion* **4 be in full swing** rozkręcić się na dobre: *The party was in full swing when the police burst in.*

swipe /swaɪp/ *v* [T] **1** *informal* zwędzić: *Somebody swiped my wallet.* **2** *także* **swipe at** zamachnąć się na

swipe·card /ˈswaɪpkɑːd/ *n* [C] karta magnetyczna

S

swirl /swɜːl/ *v* [I] wirować: *leaves swirling around on the ground*

swish /swɪʃ/ *v* [I,T] świstać: *a cow swishing its tail* —**swish** *n* [C] świst

switch¹ S2 W3 /swɪtʃ/ *v* [I,T] **1** przełączać (się): *Switch channels and see if there's a movie on.* | **switch (sth) to sth** (=przerzucić się (z czegoś) na coś): *He studied biology before switching to law.* **2** zamieniać (się): *We must have switched jackets by accident.* | **switch (sth) with sb** (=zamienić się z kimś (na coś)): *Will you switch places with me?*
switch off *phr v* **1** [T **switch** sth ↔ **off**] wyłączyć: *Don't forget to switch off the TV when you go to bed.* **2** [I] *informal* wyłączyć się: *He just switches off when he's tired.*
switch sth ↔ on *phr v* [T] włączyć: *Switch on the light, please.*

switch² S3 *n* [C] **1** wyłącznik, przełącznik: *a light switch* **2** przejście: *The switch to the new computer system has been difficult.*

switch·board /ˈswɪtʃbɔːd/ *n* [C] centrala *(telefoniczna)*

Swit·zer·land /ˈswɪtsələnd/ *n* Szwajcaria —**Swiss** /swɪs/ *n* Szwajcar/ka —**Swiss** *adj* szwajcarski

swiv·el /ˈswɪvəl/ *także* **swivel around** *v* [I,T] obracać (się): *a chair that swivels*

swol·len¹ /ˈswəʊlən/ *v* imiesłów bierny od SWELL

swollen² *adj* **1** opuchnięty, spuchnięty **2** wezbrany: *a swollen river*

swoop /swuːp/ *v* **1** [I] za/nurkować, pikować: **+ down/through etc** *The hawk hovered for a moment in the air and then swooped down.* **2** zrobić/przeprowadzić nalot: **+ on/in** *Police swooped on the house and made several arrests.* —**swoop** *n* [C] nalot

S

swop /swɒp/ alternatywna pisownia wyrazu SWAP

sword /sɔːd/ *n* [C] miecz

sword·fish /ˈsɔːdˌfɪʃ/ *n* [C] miecznik

swore /swɔː/ *v* czas przeszły od SWEAR

sworn¹ /swɔːn/ *v* imiesłów bierny od SWEAR

sworn² *adj* **1 sworn statement/testimony** oświadczenie/zeznanie pod przysięgą **2 sworn enemies** zaprzysięgli wrogowie

swot¹ /swɒt/ *n* [C] *BrE informal* kujon

swot² *v* (**-tted**, **-tting**) *BrE informal* kuć, wkuwać, zakuwać

swum /swʌm/ *v* imiesłów bierny od SWIM

swung /swʌŋ/ *v* czas przeszły i imiesłów bierny od SWING

syc·a·more /ˈsɪkəmɔː/ *n* [C,U] **1** jawor **2** platan **3** sykomora

syc·o·phant /ˈsɪkəfənt/ *n* [C] *formal* pochleb-ca/czyni —**sycophantic** /ˌsɪkəˈfæntɪk◂/ *adj* pochlebczy, służalczy

syl·la·ble /ˈsɪləbəl/ *n* [C] sylaba

syl·la·bus /ˈsɪləbəs/ *n* [C] (plural **syllabuses** or **syllabi** /-baɪ/) program nauczania, wykaz zagadnień

sym·bol W3 Ac /ˈsɪmbəl/ *n* [C] symbol: *the five-ring symbol of the Olympic Games* | *a symbol of hope* | *What's the chemical symbol for oxygen?*

sym·bol·ic Ac /sɪmˈbɒlɪk/ *adj* symboliczny: *a symbolic painting* | **be symbolic of** (=symbolizować): *Water in dreams is symbolic of emotions.* —**symbolically** /-kli/ *adv* symbolicznie

sym·bol·is·m Ac /ˈsɪmbəlɪzəm/ *n* [U] symbolizm: *religious symbolism*

sym·bol·ize Ac /ˈsɪmbəlaɪz/ *także* **-ise** *BrE v* [T] symbolizować: *A wedding ring symbolizes a couple's vows to each other.*

sym·met·ri·cal /sɪˈmetrɪkəl/ *także* **sym·met·ric** /sɪˈmetrɪk/ *adj* symetryczny → antonim ASYMMETRICAL

sym·me·try /ˈsɪmətri/ *n* [U] symetria

sym·pa·thet·ic /ˌsɪmpəˈθetɪk◂/ *adj* **1** współczujący: *a sympathetic nurse* **2** pozytywnie nastawiony: *He was quite sympathetic to my plan.* → antonim UNSYMPATHETIC

UWAGA: sympathetic i likable

Wyraz **sympathetic** nie znaczy „sympatyczny". Najczęściej używa się go w znaczeniu „okazujący współczucie" lub „pozytywnie nastawiony". Chcąc oddać znaczenie wyrazu „sympatyczny" po angielsku, najlepiej użyć wyrazu **likeable**: *If Philip weren't so arrogant, he'd be quite likeable.*

sym·pa·thize /ˈsɪmpəθaɪz/ *także* **-ise** *BrE v* [I] **1 sympathize with sb** współczuć komuś: *I sympathize with her husband.* **2 sympathize with sth** podzielać coś, sympatyzować z czymś: *Not many people sympathize with his political views.*

sym·pa·thiz·er /ˈsɪmpəθaɪzə/ *także* **-iser** *BrE n* [C] sympaty-k/czka

sym·pa·thy W3 /ˈsɪmpəθi/ *n* [C,U] **1** współczucie: **+ with/for** *My sympathies are with the victims' families* (=całe współczucie kieruję w stronę rodzin ofiar). | *I have no sympathy for Joan – it's her own fault.* **2** poparcie: **in sympathy with sb** *Students marched in sympathy with the strikers* (=w geście poparcia dla strajkujących).

sym·pho·ny /ˈsɪmfəni/ *n* [C] symfonia: *Beethoven's fifth symphony*

symp·tom /ˈsɪmptəm/ *n* [C] **1** objaw: *The symptoms are a fever, sore throat and headache.* **2** symptom: *The rise in the crime rate is another symptom of widespread poverty.* —**symptomatic** /ˌsɪmptəˈmætɪk◂/ *adj* symptomatyczny

syn·a·gogue /ˈsɪnəgɒg/ *n* [C] synagoga

sync /sɪŋk/ *informal* **1 in sync** zsynchronizowany, zgrany: *The band wasn't in sync with the drummer.* **2 out of sync** niezsynchronizowany, niezgrany

syn·chro·nize /ˈsɪŋkrənaɪz/ *także* **-ise** *BrE v* [T] z/synchronizować: *The soldiers synchronized their steps as they marched.* —**synchronization** /ˌsɪŋkrənaɪˈzeɪʃən/ *n* [U] synchronizacja

syn·di·cate /ˈsɪndəkət/ *n* [C] syndykat: *a drugs syndicate*

syn·drome /ˈsɪndrəʊm/ *n* [C] syndrom: *sudden infant death syndrome*

syn·o·nym /ˈsɪnənɪm/ *n* [C] synonim: *Synonyms like 'shut' and 'close' are quite rare in English.* → antonim ANTONYM

sy·non·y·mous /sɪˈnɒnɪməs/ *adj* równoznaczny: *Success is not necessarily synonymous with happiness.*

sy·nop·sis /sɪˈnɒpsɪs/ *n* [C] (plural **synopses** /-siːz/) streszczenie

syn·tax /ˈsɪntæks/ *n* [U] *technical* składnia

syn·the·sis /ˈsɪnθɪsɪs/ *n* [C,U] *formal* synteza

syn·the·size /ˈsɪnθɪsaɪz/ *także* **-ise** *BrE v* [T] z/syntetyzować: *Plants can synthesize energy from sunlight and water.*

syn·the·siz·er /ˈsɪnθəsaɪzə/ *także* **-iser** *BrE n* [C] syntezator

syn·thet·ic /sɪnˈθetɪk/ *adj* syntetyczny: *synthetic fabrics like acrylic* —**synthetically** /-kli/ *adv* syntetycznie

syph·i·lis /ˈsɪfəlɪs/ *n* [U] kiła, syfilis

sy·ringe /səˈrɪndʒ/ *n* [C] strzykawka

syr·up /ˈsɪrəp/ *n* [U] syrop

sys·tem S1 W1 /ˈsɪstɪm/ *n* **1** [C] system: *the public transport system | a system for measuring liquids | Oregon's school system* **2** układ: *the nervous system* **3 the system** *informal* system: *You can't fight the system.*

sys·te·mat·ic /ˌsɪstəˈmætɪk◂/ *adj* systematyczny: *a systematic search* —**systematically** /-kli/ *adv* systematycznie

S

Tt

T, t /tiː/ T, t *(litera)*

T /tiː/ **to a T/to a tee** *informal* pierwszorzędnie, wyśmienicie: *The dress fits her to a T* (=leży na niej jak ulał).

tab /tæb/ *n* **1** [C] *especially AmE* rachunek: **pick up the tab** *Jeff picked up the tab for* (=zapłacił za) *lunch.* **2 keep tabs on sb/sth** *informal* mieć kogoś/coś na oku: *The police are keeping close tabs on her.* **3** [C] metka

tab·by /ˈtæbi/ *n* [C] pręgowany kot

ˈtab key *n* [C] tabulator

ta·ble¹ S1 W1 /ˈteɪbəl/ *n* [C] **1** stół: *They all sat around the kitchen table.* | *I've booked a table* (=stolik w restauracji) *for 8 o'clock.* **2** tabela: *The report is full of tables and statistics.* | **the table of contents** (=spis treści) **3 set the table** nakrywać do stołu **4 turn the tables** odwrócić sytuację: *Harry felt that the tables had somehow been turned* (=że sytuacja się odwróciła) *and that he was now the victim.*

COLLOCATIONS: table

verbs

to sit at a table *The man was sitting at a table outside the cafe.*

to get up from the table *She got up from the table to get some water.*

to set/lay the table *Gina had already set the table for the evening meal.*

to clear the table (=sprzątać ze stołu) *Have some coffee - I'll clear the table later.*

to reserve a table *także* **to book a table** *BrE* (=za/rezerwować stolik) *I'd like to reserve a table for Saturday night.*

to sit around a table *They were sitting around the table playing cards.*

types of table

a kitchen/dining-room table *a long dining-room table*

a coffee table (=ława) *She put the tray down on the coffee table.*

a bedside table (=stolik nocny) *There were several books on the bedside table.*

the breakfast/lunch/dinner table *The whole family were sitting around the breakfast table.*

table² *v* [T] **1 table a proposal/question** *BrE* wystąpić z wnioskiem/pytaniem **2 table an offer/idea** *AmE* odłożyć rozpatrzenie oferty/pomysłu na później

ta·ble·cloth /ˈteɪbəlklɒθ/ *n* [C] obrus

ta·ble·spoon /ˈteɪbəlspuːn/ *n* [C] **1** łyżka (stołowa) **2** *także* **tablespoonful** /-spuːnfʊl/ (pełna) łyżka

tab·let S3 /ˈtæblɪt/ *n* [C] **1** tabletka: *sleeping tablets* **2** tabliczka: *a clay tablet* **3** *także* **tablet computer** tablet

ˈtable ˌtennis *n* [U] tenis stołowy

tab·loid /ˈtæblɔɪd/ *n* [C] tabloid, brukowiec THESAURUS NEWSPAPER

ta·boo /təˈbuː/ *n* [C,U] tabu —**taboo** *adj*: *Sex is a taboo subject* (=jest tematem tabu) *in many homes.*

tab·u·late /ˈtæbjəleɪt/ *v* [T] układać w tabelę, ujmować tabelarycznie—**tabulation**/ˌtæbjəˈleɪʃən/ *n* [U] zestawienie w formie tabeli

ta·cit /ˈtæsɪt/ *adj* milczący: *tacit approval/support* —**tacitly** *adv* milcząco

ta·ci·turn /ˈtæsətɜːn/ *adj* małomówny

tack¹ /tæk/ *v* [T] przypinać *(pinezkami)*
tack sth ↔ on *phr v* [T] *informal* dodawać: *Joan tacked a few words on the end of my letter.*

tack² *n* [singular] **1** sposób: *If polite requests don't work, you'll have to try a different tack.* **2** [C] *AmE* →patrz też THUMBTACK **3** [C] gwoździk: *carpet tacks*

tack·le¹ S3 W3 /ˈtækəl/ *v* [T] **1** podjąć walkę z: *The new laws are aimed at tackling unemployment.* | *Many schools are now trying to tackle the problem of drug abuse.* THESAURUS DEAL **2** za/blokować *(np. w rugby)*

tackle² *n* **1** [C] blok *(np. w rugby)*: *a dangerous tackle* **2** [U] sprzęt wędkarski

tack·y /ˈtæki/ *adj* **1** *informal* tandetny: *tacky furniture* **2** lepki: *The paint is still tacky.*

ta·co /ˈtɑːkəʊ/ *n* [C] taco *(potrawa meksykańska)*

tact /tækt/ *n* [U] takt

tact·ful /ˈtæktfəl/ *adj* taktowny —**tactfully** *adv* taktownie

tac·tic /ˈtæktɪk/ *n* [C usually plural] taktyka: *aggressive business tactics*

tac·tic·al /ˈtæktɪkəl/ *adj* taktyczny: *a tactical move to avoid criticism* | *a serious tactical error* —**tactically** /-kli/ *adv* taktycznie

tact·less /ˈtæktləs/ *adj* nietaktowny THESAURUS RUDE →antonim TACTFUL

tad /tæd/ *n* **a tad** *spoken* kapka, ociupinka

tad·pole /ˈtædpəʊl/ *n* [C] kijanka

taf·fe·ta /ˈtæfɪtə/ *n* [U] tafta: *a taffeta dress*

tag¹ /tæg/ *n* [C] metka: *I can't find the price tag on these jeans.* →patrz też QUESTION TAG

tag² *v* [T] (**-gged**, **-gging**) przyczepiać metkę do
tag along *phr v* [I] *informal* przyłączać się: *Is it all right if I tag along?*

tail¹ S2 W3 /teɪl/ *n* [C] **1** ogon: *The dog was wagging its tail.* | *the tail of a comet* **2 the tail end of** końcówka: *the tail end of the century* →patrz też TAILS

tail² *v* [T] *informal* śledzić
tail off *phr v* [I] o/słabnąć, zamierać: *His voice tailed off as he saw his father approaching.*

tail·back /ˈteɪlbæk/ *n* [C] korek *(uliczny)*

tail·coat /ˈteɪlkəʊt/ *n* [C] frak

tail·gate /ˈteɪlgeɪt/ *v* **1** [T] siedzieć na ogonie *(pojazdowi jadącemu z przodu)* **2** [I] jechać zbyt blisko, nie zachowywać bezpiecznego odstępu —**tailgating** *n* [U] podjeżdżanie zbyt blisko

tailgate party /ˈteɪlgeɪt ˌpɑrti/ *n AmE* piknik na parkingu *(przed meczem, koncertem itp.)*

ˈtail-light, **tail light** *n* [C] tylne światło

tai·lor[1] /ˈteɪlə/ *n* [C] krawiec

tailor[2] *v* [T] dopasowywać: *Courses are specially tailored to the needs of each student.*

tai·lor·ing /ˈteɪlərɪŋ/ *n* [U] krawiectwo

ˌtailor-ˈmade *adj* **1** idealny: *The job seems tailor-made for him.* **2** szyty na miarę: *a tailor-made silk suit*

tail·pipe /ˈteɪlpaɪp/ *n* [C] *AmE* rura wydechowa

tails /teɪlz/ *n* **1** [U] orzeł: *Heads or tails?* (=Orzeł czy reszka?) **2** [plural] frak

taint /teɪnt/ *v* [T] **1 be tainted (by/with sth)** splamić się (czymś): *The previous government had been tainted by accusations of corruption.* | *tainted money* (=brudne pieniądze) **2** zanieczyścić, skazić: *tainted blood products*

Tai·wan /ˌtaɪˈwɑːn/ *n* Tajwan —**Taiwanese** /ˌtaɪwəˈniːz◂/ *n* Tajwa-ńczyk/ka —**Taiwanese** *adj* tajwański

take[1] S1 W1 /teɪk/ *v* [T] (**took**, **taken** /ˈteɪkən/, **taking**) **1** zabierać: *I'm taking her to an Italian restaurant.* | *They took us downstairs.* | *Merritt was taken by ambulance to the nearest hospital.* | *Don't forget to take your car keys!* THESAURUS BRING **2** brać/wziąć: *Let me take your coat.* | **take sb's arm/hand** (=wziąć kogoś pod ramię/za rękę): *She took his arm.* | **take a shower/bath** (=brać prysznic/kąpiel): *Let me just take a quick shower first.* | **take a look** (=spojrzeć) | **take a seat** (=zająć miejsce) | **take a taxi** (=wziąć taksówkę): *We were too tired to walk, so we took a taxi.* | **take action** (=podjąć działania) | **I'll take it** (=wezmę to) *spoken*: *"It's $50." "OK, I'll take it."* **3 it takes ten days to do sth** potrzeba dziesięciu dni, żeby coś zrobić: *It takes about three days to drive up there.* **4** wymagać: *Looking after children takes a lot of hard work.* **5** przyjmować: *Are you going to take the job?* | *Take my advice* (=skorzystaj z mojej rady) *and go see a doctor.* | **take credit cards/a cheque** (=honorować karty kredytowe/czeki): *Do you take American Express?* **6 take a picture/photograph** z/robić zdjęcie **7 take a holiday** wziąć urlop **8 take a break** z/robić sobie przerwę **9 take a test/exam** podchodzić do testu/egzaminu: *I'm taking my driving test next week.* **10** zażywać: *Why don't you take an aspirin or something?* | **take drugs** (=brać narkotyki): *A lot of kids start taking drugs when they're 14 or 15.* **11 take a train/bus** po/jechać pociągiem/autobusem: *I'll take the subway home.* **12** znieść: *She couldn't take the pressure of teaching.* **13** odczuwać: **take pleasure in sth** (=znajdować przyjemność w czymś): *She seems to take pleasure in hurting people.* | **take sth seriously** (=traktować coś poważnie): *Alan takes his job very seriously.* **14** po/mieścić: *Our car can take up to six people.* **15** nosić: *What size shoes do you take?* **16** uznawać: *I shall take that as a compliment.* **17 take some doing/a lot of doing** wymagać wysiłku **18 take it from me** *spoken* możesz mi wierzyć **19 I take it that ...** *spoken* zakładam, że **20 can I take a message?** czy mam coś przekazać?: *He's not here; can I take a message?* **21** z/mierzyć: *The doctor took her blood pressure.* **22** zająć: *Rebel forces have taken the airport.* **23 take it upon yourself to do sth** wziąć na siebie zrobienie czegoś: *Parents have taken it upon themselves to raise extra cash for the school.* →patrz też **be taken aback** (ABACK), **take care** (CARE[2]), **take care of sb/sth** (CARE[2]), **take part** (PART[1]), **take place** (PLACE[1]), **take sides** (SIDE[1])

take after sb *phr v* [T] być podobnym do: *Jenny takes after her dad.*

take sth ↔ apart *phr v* [T] rozebrać (na części): *Jim took apart the faucet and put in a new washer.*

take away *phr v* **1** [T **take** sth ↔ **away**] odebrać: *They took away his licence.* **2** [**take** sb ↔ **away**] zabrać: *Hyde was taken away in handcuffs.*

take sth ↔ back *phr v* [T] **1** odnieść, zwrócić *(do sklepu)* **2** cofać: *All right, I'm sorry, I take it back.*

take sth ↔ down *phr v* [T] **1** rozebrać, z/demontować: *We take down the Christmas tree on January 6.* →antonim **put up** (PUT) **2** zapisać: *The receptionist took down his name.*

take in *phr v* [T] **1** [**take** sth ↔ **in**] zrozumieć: *There was so much happening in the film, it was difficult to take it all in.* **2 be taken in** zostać oszukanym: *The bank had been taken in by the forged receipts.* **3** [**take** sb/sth ↔ **in**] przygarnąć: *The Humane Society took in almost 38,000 cats and dogs last year.* **4** [**take in** sth] pojść zobaczyć *(film, przedstawienie)* **5** [**take in** sth] zwęzić: *I must take in this skirt.*

take off *phr v* **1** [T **take** sth ↔ **off**] zdjąć: *He took off his shoes.* | *Your name has been taken off the list.* **2** [I] wy/startować *(np. o samolocie)* **3** [I] *informal* wyjechać: *We packed everything in the car and took off.* **4 take some time/a week off** wziąć trochę/tydzień wolnego **5** [I] nabrać rozpędu: *Her career took off as soon as she moved to Hollywood.*

take on *phr v* [T] **1** [**take** sb ↔ **on**] stanąć do pojedynku z: *The winner of this game will take on Houston.* **2** [**take on** sth] nabrać: *Once we had children, Christmas took on a different sort of importance.* **3** [**take** sth ↔ **on**] wziąć na siebie: *I've taken on far too much work lately.* **4** [**take** sb **on**] zatrudnić: *The team has taken on a new coach.*

take out *phr v* [T] **1** [**take** sth ↔ **out**] usunąć, wyrwać: *The dentist says she may have to take out one of my back teeth.* **2** [**take** sth **out of** sth] wyjąć z: *He took some money out of his pocket.* **3** [**take** sb **out**] zaprosić, zabrać: *I'm taking Helen out for dinner next week.* **4** [**take** sth ↔ **out**] uzyskać, otrzymać: *The couple took out a £20,000 loan.*

take it out on sb *phr v* [T] odegrać się na: *Don't take it out on me, it's not my fault you've had a bad day.*

take over *phr v* **1** [I,T **take** sth ↔ **over**] przejąć: *His son will take over the business.* **2 take over from sb** zastąpić kogoś, zająć czyjeś miejsce: *After the 2010 general election, Cameron and Clegg took over from Brown.*

take to *phr v* [T] **1** [**take to** sb/sth] polubić: *The two women took to each other right away.* **2 take to doing sth** zacząć coś robić: *Sandra has taken to getting up early to go jogging.*

take up *phr v* [T] **1** [**take up** sth] zainteresować się: *I've just taken up golf.* **2** [**take up** sth] zajmować: *The program takes up a lot of memory on the hard drive.*

take sb up on sth *phr v* [T] **take sb up on an offer/invitation** s/korzystać z czyjejś propozycji/czyjegoś zaproszenia: *Thanks for the offer. I might take you up on it.*

take up with *phr v* [T] [**take** sth ↔ **up with** sb] przedyskutować z: *You should take it up with the union.*

take[2] *n* [C] **1** ujęcie: *Cut! Take 2!* **2** [singular] *informal* utarg

take·a·way /ˈteɪkəweɪ/ *n* [C] *BrE* jedzenie/posiłek na wynos THESAURUS RESTAURANT

take-off, **takeoff** /ˈteɪkɒf/ *n* [C,U] start *(np. samolotu)*

T

take·out /ˈteɪkaʊt/ *n* [C] *AmE* jedzenie/posiłek na wynos

take·o·ver /ˈteɪkˌəʊvə/ *n* [C] przejęcie: *the union's fears about job losses after the takeover*

tak·ings /ˈteɪkɪŋz/ *n* [plural] utarg: *the day's takings*

tal·cum pow·der /ˈtælkəm ˌpaʊdə/ *także* **talc** /tælk/ *n* [U] talk

tale W3 /teɪl/ *n* [C] opowieść, historia **fairy tale** baśń: *a book of fairy tales*

tal·ent W3 /ˈtælənt/ *n* [C,U] talent: *She has a talent for painting.*

tal·ent·ed /ˈtæləntɪd/ *adj* utalentowany, zdolny: *talented young players*

tal·is·man /ˈtæləzmən/ *n* [C] talizman

talk¹ S1 W1 /tɔːk/ *v* **1** [I] mówić: *How old was your baby when she started to talk?* | *They threatened to shoot him, but he still refused to talk.* | **+about** *Grandpa never talks much about the war.* **2** [I,T] po/rozmawiać: **talk to/with sb** (=po/rozmawiać z kimś): *I'd like to talk with you in private.* | *Who's he talking to on the phone?* | **+about** *It always helps to talk about your problems.* **3 what are you talking about?** *spoken* o czym ty mówisz?: *Aliens? UFOs? What are you talking about?* **4 talk about** *spoken informal* to się nazywa: *Talk about lucky* (=to się nazywa mieć szczęście)! **5 talk sense** mówić do rzeczy **6 talk (some) sense into sb** przemówić komuś do rozsądku **7 talking of** *spoken* skoro (już) mowa o: *Talking of food, isn't it time for lunch?* **8 talk shop** *informal* rozmawiać o sprawach służbowych: *The trouble with teachers is that they're always talking shop.*
talk back *phr v* [I] pyskować: *Don't talk back to your father!*
talk sb into sth *phr v* [T] namówić do/na: *I didn't want to go, but my friends talked me into it.*
talk sb out of sth *phr v* [T] odwieść od: *Can't you talk them out of selling the house* (=od zamiaru sprzedania domu)*?*
talk sth ↔ over *phr v* [T] omówić: *You should talk this over with your GP.*

THESAURUS: talk

talk rozmawiać: *Danny was talking to a girl in his class.* | *They talked about the weather.*

speak mówić: *May I speak to Mr. Harrison?* | *She can speak French.* | *The man spoke with a foreign accent.*

have a conversation prowadzić rozmowę: *I had a really interesting conversation with Paul the other day.*

chat/have a chat *informal* gadać/uciąć sobie pogawędkę: *She's been chatting to him on the phone for hours.* | *Why don't we go for a coffee and have a chat?*

discuss omawiać: *They discussed the arrangements for the wedding.* | *Is there anything more we need to discuss?*

gossip plotkować: *People in the village are always gossiping.*

whisper szeptać: *The girls were whispering about something in the corner.*

go on *informal* nudzić, przynudzać: *He's always going on about money.*

talk² S1 W1 *n* **1** [C] rozmowa: *Steve and I had a long talk last night.* **2** [C] wykład, pogadanka: *Professor Mason will be giving a talk on the Civil War.* THESAURUS▸ SPEECH **3** [U] mowa: *There was talk of the factory closing down.* **4 it's just talk/it's all talk** *spoken* to tylko takie gadanie → patrz też SMALL TALK, TALKS

talk·a·tive /ˈtɔːkətɪv/ *adj* rozmowny

talk·er /ˈtɔːkə/ *n* [C] *informal* mówca: *He's a great talker.*

talks /tɔːks/ *n* [plural] *formal* rozmowy, negocjacje: *the latest trade talks*

ˈtalk show *n* [C] *AmE* talkshow: *a talk show host*

tall S2 W2 /tɔːl/ *adj* **1** wysoki: *the tallest boy in the class* | *tall buildings* | *How tall are you* (=ile masz wzrostu)*?* | *My youngest brother's almost 6 feet tall* (=ma sześć stóp wzrostu). **2 a tall story** *BrE*, **a tall tale** *AmE* nieprawdopodobna historia

UWAGA: tall

Patrz **high** i **tall**.

tal·low /ˈtæləʊ/ *n* [U] łój *(do wyrobu świec i mydła)*

tal·ly¹ /ˈtæli/ *n* [C] rejestr

tally² *v* **1** [I] zgadzać się: *The witnesses' statements didn't tally.* **2** *także* **tally up** [T] podliczać: *Can you tally up the scores?*

tal·on /ˈtælən/ *n* [C] pazur, szpon

tam·bou·rine /ˌtæmbəˈriːn/ *n* [C] tamburyn

tame¹ /teɪm/ *adj* **1** oswojony **2** nienadzwyczajny: *"How was the movie?" "Pretty tame."*

tame² *v* [T] oswajać

tam·per /ˈtæmpə/ *v*
tamper with sth *phr v* [T] majstrować przy: *Several bottles of aspirin had been tampered with.*

tam·pon /ˈtæmpɒn/ *n* [C] tampon

tan¹ /tæn/ *n* [C] opalenizna

tan² *adj* **1** jasnobrązowy: *light tan shoes* **2** *AmE* opalony: *Your face is really tan.*

tan³ *v* [I,T] (**-nned**, **-nning**) opalać (się): *I don't tan easily.*

tan·dem /ˈtændəm/ *n* [C] tandem

tan·gent /ˈtændʒənt/ *n* **1 go off on a tangent** nagle zmienić temat **2** *technical* styczna

tan·ge·rine /ˌtændʒəˈriːn/ *n* [C] mandarynka

tan·gi·ble /ˈtændʒəbəl/ *adj* namacalny: *tangible proof* → antonim INTANGIBLE

tan·gle¹ /ˈtæŋgəl/ *n* [C] plątanina

tangle² *v* [I,T] za/plątać (się)
tangle with sb *phr v* [T] *informal* zadzierać z

tan·gled /ˈtæŋgəld/ *także* **ˌtangled ˈup** *adj* **1** splątany: *tangled blonde hair* **2** powikłany: *tangled emotions*

tan·go /ˈtæŋgəʊ/ *n* **the tango** tango

tang·y /ˈtæŋi/ *adj* kwaskowaty: *a tangy lemon sauce*

tank¹ S2 W2 /tæŋk/ *n* [C] **1** zbiornik: *the hot water tank* | **petrol tank** *BrE* **gas tank** *AmE* (=bak) **2** czołg

tank² *v*
tank sth ↔ up *phr v* [I,T] *AmE* za/tankować

tan·kard /ˈtæŋkəd/ *n* [C] kufel

tank·er /ˈtæŋkə/ *n* [C] **1** tankowiec: *an oil tanker* **2** samochód cysterna

tanned /tænd/ *adj* opalony

tan·noy /ˈtænɔɪ/ *n* [singular] *BrE trademark* system nagłaśniający

tan·ta·liz·ing /ˈtæntəlaɪzɪŋ/ *także* **-ising** *BrE adj* kuszący: *tantalizing smells from the kitchen* —**tantalizingly** *adv*: *Liverpool came tantalizingly close to victory* (=był boleśnie blisko zwycięstwa).

tan·ta·mount /ˈtæntəmaʊnt/ *adj* **tantamount to sth** równoznaczny z czymś: *His refusal to speak was tantamount to admitting he was guilty.*

tan·trum /ˈtæntrəm/ *n* [C] napad złości

tap¹ /tæp/ *v* (**-pped**, **-pping**) **1** [I,T] stukać *(lekko)*: *Someone was tapping on the window outside.* | *Caroline tapped her feet* (=przytupywała) *in time to the music.* **2** [T] wykorzystywać: *tapping the country's natural resources* | **tap into sth** (=docierać do czegoś): *With the Internet you can tap into information from around the world.* **3** [T] podsłuchiwać: *tapping my telephone conversations*

tap² S3 *n* [C] **1** klepnięcie: *Suddenly I felt a tap on my shoulder.* **2** *especially BrE* kran: *I turned on the cold water tap.* **3** **on tap** pod ręką: *unlimited data on tap*

ˈtap ˌdancing *n* [U] stepowanie

tape¹ S3 W3 Ac /teɪp/ *n* [C,U] taśma: *Can I borrow your old Beatles tape?* | *Did you get the interview on tape* (=czy nagrałeś ten wywiad)? →patrz też VIDEOTAPE¹

tape² Ac *v* [I,T] **1** nagrywać (na taśmę) →patrz też VIDEOTAPE² **2** przyklejać taśmą: *He has lots of postcards taped to his wall.*

ˈtape deck *n* [C] magnetofon *(bez wzmacniacza)*

ˈtape ˌmeasure *n* [C] miara taśmowa

ta·per /ˈteɪpə/ *v* [I,T] zwężać (się): *pants with tapered legs* (=ze zwężanymi nogawkami)
taper off *phr v* [I] o/słabnąć: *The rain finally tapered off in the afternoon.*

ˈtape reˌcorder *n* [C] magnetofon

ˈtape reˌcording *n* [C] nagranie (magnetofonowe)

tap·es·try /ˈtæpəstri/ *n* [C,U] gobelin

ˈtap ˌwater *n* [U] woda z kranu

tar¹ /tɑː/ *n* [U] smoła

tar² *v* [T] (**-rred**, **-rring**) smołować, pokrywać smołą

ta·ran·tu·la /təˈræntjələ/ *n* [C] tarantula

tar·get¹ S2 W2 Ac /ˈtɑːgɪt/ *n* [C] **1** cel: *a military target* | *Tourists are an easy target for thieves.* | *He set himself a target of learning 20 new words each week.* THESAURUS AIM **2** tarcza: *Pete missed the target by two inches.* **3** obiekt *(np. krytyki)*

target² Ac *v* [T] **1** wy/celować: *The missiles were targeted at major US cities.* **2** adresować: *welfare programmes targeted at the unemployed*

tar·iff /ˈtærɪf/ *n* [C] cło

tar·mac /ˈtɑːmæk/ *n* **the tarmac a)** asfalt **b)** płyta lotniska

tar·nish /ˈtɑːnɪʃ/ *v* **1** [T] splamić, zbrukać: *the violence that tarnished Miami's reputation* **2** [I] z/matowieć

tar·ot /ˈtærəʊ/ *n* [U singular] tarot, tarok

tar·pau·lin /tɑːˈpɔːlɪn/ *n* [C,U] brezent

tar·ry /ˈtæri/ *v* [I] *literary* ociągać się, zwlekać

tart¹ /tɑːt/ *n* [C] **1** ciastko z owocami **2** *BrE* dziwka

tart² *adj* cierpki: *tart green apples* THESAURUS TASTE

tar·tan /ˈtɑːtn/ *n* [C,U] szkocka krata

task S2 W1 /tɑːsk/ *n* **1** zadanie: *Finding the killer is not going to be an easy task.* **do a task** *Monkeys can be taught to do simple tasks.* **2** **take sb to task** z/besztać kogoś

COLLOCATIONS: task

verbs

to carry out/do a task *także* **to perform a task** *formal* *The child needs clear instructions on how to carry out the task.* | *Come and see me when you've done all your tasks.*

to give/set sb a task *She gave me the task of making the invitations.* | *He set himself the task of learning to write music.*

to accomplish a task *Most of the students were able to accomplish this task easily.*

assign sb a task *formal* (=przydzielić komuś zadanie) *People were assigned different tasks.*

a task faces sb *This is the most urgent task facing the industry.*

adjectives

a simple task *She was well enough to do simple tasks around the house.*

an easy/a straightforward task *Persuading Dad may not be an easy task.*

a difficult task *I had the difficult task of telling them the news.*

an impossible task *Finding a suitable place should not be an impossible task.*

sb's main task *Our main task is to make sure everyone has enough to eat and drink.*

an enormous task *Collecting all the evidence was an enormous task.*

a complex/complicated task *the complex task of data gathering*

ˈtask force *n* [C] **1** grupa robocza **2** oddział specjalny

tas·sel /ˈtæsəl/ *n* [C] frędzel

taste¹ S2 W2 /teɪst/ *n* **1** [C,U] smak: *I don't like the taste of garlic.* | *a bitter taste* **2** [C,U] gust: **+ in** *We both have the same taste in music.* | **have good taste** *Emma always wears nice clothes. She's got good taste.* **3** **get/lose one's taste for sth** nabrać ochoty/stracić ochotę do czegoś: *Greene never lost his taste for travel.* **4** **have a taste** s/próbować, s/kosztować: *Here, have a taste and tell me what you think.* **5** [singular] próbka: *a taste of life in Japan* **6** **be in bad/poor taste** być w złym/kiepskim guście: *That joke was in very bad taste.* **7** **be in good taste** być w dobrym guście

THESAURUS: taste

describing the taste of something

delicious pyszny: *The fruit was delicious.* | *a delicious salad*

tasty *informal* smaczny: *a tasty snack* | *That was really tasty!*

disgusting/revolting/horrible obrzydliwy: *I had some disgusting meat that I couldn't eat.* | *This tastes horrible!*

sweet słodki: *a sweet sticky pudding*

bitter gorzki: *The coffee had a bitter, rather burnt taste.*

sour/tart kwaśny/cierpki: *This apple is a bit sour.*

hot/spicy pikantny: *I love hot curries.* | *spicy Mexican food*

salty słony: *The soup was too salty.*

mild łagodny: *mild cheeses* | *a mild curry*

bland bez smaku: *The fish was dry and bland.*

taste[2] S2 *v* **1** [I] smakować: *This milk tastes a little sour.* | **taste of sth** (=mieć smak czegoś): *The wine tastes a little of strawberries.* **2** [T] s/próbować, s/kosztować: *She tasted the casserole, then added a few more herbs.* **3 can taste sth** czuć smak czegoś: *You can really taste the spices in this curry.*

taste·ful /ˈteɪstfəl/ *adj* gustowny: *The room was painted in a tasteful shade of green.* —**tastefully** *adv* gustownie: *a tastefully furnished apartment*

taste·less /ˈteɪstləs/ *adj* **1** niegustowny: *tasteless ornaments* **2** niesmaczny: *tasteless jokes* **3** bez smaku: *tasteless food*

tast·er /ˈteɪstə/ *n* [C] degustator/ka, kiper/ka: *wine tasters*

tast·y /ˈteɪsti/ *adj* smaczny THESAURUS TASTE

tat·tered /ˈtætəd/ *adj* podarty: *tattered curtains*

tat·ters /ˈtætəz/ *n* [plural] **in tatters** w strzępach

tat·too /təˈtuː/ *n* [C] tatuaż —**tattoo** *v* [T] wy/tatuować

tat·ty /ˈtæti/ *adj BrE informal* sfatygowany: *Max was wearing dirty jeans and a tatty old jumper.*

taught /tɔːt/ *v* czas przeszły i imiesłów bierny od TEACH

taunt /tɔːnt/ *v* [T] drwić z: *The other kids taunted him about his weight.*

Tau·rus /ˈtɔːrəs/ *n* [C,U] Byk

taut /tɔːt/ *adj* naprężony: *a taut rope* —**tautly** *adv*: *tautly written* (=pełne napięcia) *detective stories*

tav·ern /ˈtævən/ *n* [C] *old-fashioned* tawerna

taw·dry /ˈtɔːdri/ *adj* tandetny: *a tawdry imitation*

taw·ny /ˈtɔːni/ *adj* złotawobrązowy: *tawny fur*

tax[1] S1 W1 /tæks/ *n* [C,U] podatek: *Taxes on alcohol and cigarettes have gone up again.* | *She earns about $50,000 a year, after tax.*

COLLOCATIONS: tax

verbs

to pay tax *Most people pay tax on their income.*
to raise/increase taxes *The government said it would have to raise taxes.*
to cut/lower/reduce taxes *He supports the idea of cutting taxes.*

adjectives

high/low tax *Many countries pay higher taxes than we do.* | *Everyone would like to pay lower taxes.*

noun + tax

income tax (=podatek dochodowy) *People who earn a lot pay more income tax.*
sales tax (=podatek obrotowy) *We pay 15% sales tax on everything we buy.*
inheritance tax (=podatek od spadku) *They had to pay thousands in inheritance tax.*

tax + noun

the tax rate *a tax rate of 40% of income*
a tax increase *The changes will result in a big tax increase.*
a tax cut *The Republicans proposed a 15% tax cut.*

tax[2] *v* [T] **1** opodatkowywać: *Incomes of under $30,000 are taxed at 15%.* **2 tax sb's patience/strength** wystawiać na próbę czyjąś cierpliwość/wytrzymałość

tax·a·tion /tækˈseɪʃən/ *n* [U] **1** opodatkowanie **2** podatki

ˈtax-ˈfree *adj* wolny od podatku

tax·i[1] S3 /ˈtæksi/ *także* **tax·i·cab** /ˈtæksikæb/ *n* [C] taksówka: *We took a taxi home.* | *a taxi driver*

taxi[2] *v* [I] kołować *(po płycie lotniska)*

tax·ing /ˈtæksɪŋ/ *adj* wyczerpujący, męczący: *a taxing job*

ˈtaxi rank *BrE*, **taxi-stand** *AmE n* [C] postój taksówek

tax·pay·er /ˈtæksˌpeɪə/ *n* [C] podatni-k/czka

ˈtax reˌturn *n* [C] zeznanie podatkowe

TB /ˌtiː ˈbiː/ *n* [U] skrót od TUBERCULOSIS

tea S1 W2 /tiː/ *n* [C,U] **1** herbata: *a cup of tea* | *herbal teas* **2** *BrE* podwieczorek **3** *BrE informal* kolacja

tea bag, **teabag** /ˈtiːbæg/ *n* [C] torebka herbaty ekspresowej

teach S1 W2 /tiːtʃ/ (**taught**, **taught**, **teaching**) *v* **1** [I,T] uczyć: *Mr Rochet has been teaching for 17 years.* | *She teaches science at the local school.* **2** [T] na/uczyć: *My dad taught me how to swim.* **3 teach sb a lesson** *informal* dać komuś nauczkę

teach·er S1 W1 /ˈtiːtʃə/ *n* [C] nauczyciel/ka: *Mr Paulin is my history teacher.*

THESAURUS: teacher

teacher nauczyciel/ka: *She's training to be a teacher.*
tutor opiekun/ka naukow-y/a *(na uczelni)*, korepetytor/ka: *your university tutor* | *I had a few extra maths lessons with a private tutor.*
lecturer wykładow-ca/czyni: *a lecturer in economics*
professor profesor/ka: *a professor at Stanford Law School* | *Professor Jones*
instructor instruktor/ka: *a ski instructor* | *a swimming instructor* | *a driving instructor*
coach trener/ka *(w sporcie)*: *our football coach*
trainer instruktor/ka, trener/ka *(uczący określonych umiejętności)*: *a computer trainer* | *a personal trainer*

ˌteacher's ˈpet *n* [singular] *informal often humorous* pupil-ek/ka *(nauczyciel-a/ki)*

teach·ing S2 W2 /ˈtiːtʃɪŋ/ *n* [U] **1** nauczanie: *I'd like to go into teaching when I finish college.* **2 teachings** nauki

ˈtea ˌcosy *BrE*, **tea cozy** *AmE n* [C] kapturek, czapeczka *(na czajniczek z herbatą)*

tea·cup /ˈtiːkʌp/ *n* [C] filiżanka

teak /tiːk/ *n* [U] tek, drewno tekowe

team[1] S1 W1 Ac /tiːm/ *n* [C] **1** drużyna: *Which is your favourite baseball team?* **2** zespół: *a team of doctors* | *I enjoy being part of a team.* **3** zaprzęg

UWAGA: team

W brytyjskiej angielszczyźnie czasownik łączący się z **team** może występować w liczbie mnogiej lub pojedynczej: *Our team are/is wearing red.*
W amerykań-skiej angielszczyźnie czasownik łączący się z **team** występuje zawsze w liczbie pojedynczej: *Our team is wearing red.*

COLLOCATIONS: team

types of team

a football/basketball etc team *She was captain of the hockey team.*

the school team *I was never on any of the school teams.*

the national team *He plays for Pakistan's national cricket team.*

the home team (=drużyna gospodarzy) *In the first half, the home team scored four times.*

the visiting/away team (=drużyna gości) *The visiting team was from Glasgow.*

the winning/losing team *The winning team will get a trophy.* | *the captain of the losing team*

the first/second team *He has played several times in the first team.*

verbs

to play for/in a team *You're playing for the best team in the country.*

to support a team (=kibicować drużynie) *Which team are you supporting?*

to captain a team (=być kapitanem drużyny) *James captained his school team from the age of eleven.*

to make the team (=wejść do zespołu/drużyny) *He tried but he didn't make the team.*

team + noun

the team captain *The cup was presented to the team captain.*

a team member *He's the eldest team member.*

a team game/sport (=gra zespołowa/sport zespołowy) *I enjoy running and tennis, rather than team sports.*

team² Ac *v*
team up *phr v* [I] po/łączyć siły: *The band teamed up with other leading artists to produce the single.*

team·mate /ˈtiːmˌmeɪt/ *n* [C] kolega/koleżanka z drużyny/zespołu

team·ster /ˈtiːmstə/ *n* [C] *AmE* kierowca ciężarówki

team·work /ˈtiːmwɜːk/ *n* [U] praca zespołowa

tea·pot /ˈtiːpɒt/ *n* [C] dzbanek do herbaty

tear¹ S2 W3 /teə/ (**tore**, **torn**, **tearing**) *v* **1** [T] rozdzierać: *He tore the envelope open.* | *Oh no, I've torn a hole in my jeans* (=zrobiłem dziurę w dżinsach)*!* **2** [I] po/drzeć się: *When paper is wet, it tears easily.* **3** [I] *informal* lecieć, pędzić: **+around/into/out of etc** *Two kids came tearing around the corner* (=wypadły zza rogu).
tear apart *phr v* [T] **1** [**tear** sth ↔ **apart**] rozerwać, rozedrzeć: *Yugoslavia was torn apart by a bloody civil war.* **2** [**tear** sb **apart**] dobijać: *It tears me apart* (=serce mi się kraje) *to see Linda cry.*
tear sth ↔ down *phr v* [T] z/burzyć, wyburzyć: *It's time some of these apartment blocks were torn down.* | *The school was torn down to make way for a car park.*
tear into sb *phr v* [T] *informal* zjechać (=*skrytykować*)
tear sth ↔ off *phr v* [T] zedrzeć z siebie: *He tore off his sweater.*
tear sth ↔ up *phr v* [T] po/drzeć na kawałki: *He tore up all of her old letters.*

tear² S3 W3 /tɪə/ *n* [C] łza: *When she looked round, there were tears in her eyes.* | **burst into tears** (=wybuchnąć płaczem): *Suddenly Brian burst into tears.* | **in tears** (=we łzach): *Most of the audience were in tears.*

tear³ S3 W3 /teə/ *n* [C] rozdarcie, dziura

tear·drop /ˈtɪədrɒp/ *n* [C] łza

tear·ful /ˈtɪəfəl/ *adj* pełen łez: *They said a tearful goodbye at the airport.* —**tearfully** *adv* ze łzami

tear·gas /ˈtɪəgæs/ *n* [U] gaz łzawiący

tease /tiːz/ *v* **1** [I,T] żartować sobie (z): *Don't worry, I was just teasing.* **2** [T] dokuczać: *The other boys all teased him because he was overweight.*

tea·spoon /ˈtiːspuːn/ *n* [C] **1** łyżeczka (do herbaty) **2** *także* **teaspoonful** /-spuːnfʊl/ (pełna) łyżeczka

teat /tiːt/ *n* [C] smoczek (*na butelkę*)

teatime /ˈtiːtaɪm/ *n BrE* **1** pora podwieczorku: *I like a nice piece of cake at teatime.* (=na podwieczorek) **2** pora kolacji: *Tell the children it's teatime.*

ˈtea ˌtowel *n* [C] *BrE* ściereczka do naczyń

tech·ni·cal S2 W2 Ac /ˈteknɪkəl/ *adj* **1** techniczny: *technical experts* **2** fachowy: *a legal document full of technical terms*

tech·ni·cal·i·ty /ˌteknəˈkæləti/ *n* **1** **technicalities** [plural] szczegóły techniczne **2** [C] kruczek prawny

tech·ni·cally Ac /ˈteknɪkli/ *adv* formalnie rzecz biorąc: *Technically he's responsible for fixing all the damage.*

tech·ni·cian /tekˈnɪʃən/ *n* [C] technik: *a laboratory technician*

tech·nique S3 W1 Ac /tekˈniːk/ *n* [C,U] technika: *pencil drawing techniques* THESAURUS ▸ **WAY**

UWAGA: technique i technician

Technique nie znaczy „technik". Wyrazu **technique** używa się najczęściej w znaczeniu „technika", tzn. „sposób wykonywania jakiejś czynności": *new surgical techniques* | *the latest teaching and testing techniques.* „Technik" to po angielsku **technician**: *I asked one of the technicians for help.*

tech·nol·o·gy S2 W1 Ac /tekˈnɒlədʒi/ *n* [C,U] technika: *the achievements of modern technology* —**technological** /ˌteknəˈlɒdʒɪkəl◂/ *adj* techniczny: *technological advances*

COLLOCATIONS: technology

adjectives

new/modern technology *New technology has changed the way we work.*

the latest technology *The hospital is equipped with all the latest technology.*

advanced technology (=zaawansowana technologia) *They work in a lab using the most advanced technology.*

digital technology *the growth of digital technology*

medical/military etc technology *developments in military technology*

noun + technology

computer technology *The company has invested £700,000 in computer technology.*

advances/developments in technology *It was a period of great advances in technology.* | *Thanks to developments in technology, the condition can now be detected before a baby is even born.*

ted·dy bear /ˈtedi beə/ *także* **teddy** *BrE n* [C] miś pluszowy

te·di·ous /ˈtiːdiəs/ *adj* nużący: *a tedious discussion*

T

tee /tiː/ *n* [C] podstawka *(pod piłkę golfową)*

teem /tiːm/ *v*
teem with sth/sb *phr v* [T] roić się od: *The lake was teeming with fish.* —**teeming** *adj* tętniący życiem: *the teeming streets of Cairo*

teen /tiːn/ *n* [C] *AmE informal* nastolat-ek/ka

teen·age /ˈtiːneɪdʒ/ *adj* [only before noun] **1** nastoletni: *She's got two teenage sons.* THESAURUS YOUNG **2** młodzieżowy: *a teenage club*

teen·ag·er /ˈtiːneɪdʒə/ *n* [C] nastolat-ek/ka THESAURUS CHILD

teens /tiːnz/ *n* [plural] **be in your teens** być nastolatkiem/ą: *She got married when she was still in her teens.* THESAURUS YOUNG

tee·ny /ˈtiːni/ *także* **teeny-wee·ny** /ˌtiːni ˈwiːni◂/ *adj spoken* tyci, tyciuteńki: *He's had a teeny bit too much* (=wypił odrobinę za dużo) *wine.*

ˈtee shirt *n* koszulka z krótkim rękawem

tee·ter /ˈtiːtə/ *v* **1** [I] **a)** chwiać się **b)** iść chwiejnym krokiem: *Ann was teetering about in high-heeled shoes.* **2 be teetering on the brink/edge of** być/balansować na krawędzi: *a country teetering on the brink of war*

teeth /tiːθ/ *n* liczba mnoga od TOOTH

teethe /tiːð/ *v* [I] **1** ząbkować **2 teething troubles/problems** *BrE* początkowe trudności

tee·to·tal·ler /tiːˈtəʊtələ/ *BrE*, **teetotaler** *AmE n* [C] abstynent/ka —**teetotal** *adj* niepijący

tel·e·com·mu·ni·ca·tions /ˌtelikəmjuːnəˈkeɪʃənz/ *n* [U plural] telekomunikacja

teleconference /ˈtelɪˌkɒnfərəns/ *n* telekonferencja

tel·e·gram /ˈteləgræm/ *n* [C] telegram

tel·e·graph /ˈteləgrɑːf/ *n* [U] telegraf

te·lep·a·thy /təˈlepəθi/ *n* [U] telepatia —**telepathic** /ˌteləˈpæθɪk◂/ *adj* telepatyczny

tel·e·phone¹ S1 W2 /ˈteləfəʊn/ *także* **phone** *n* [C] telefon: *I was on the telephone* (=rozmawiałam przez telefon). | *a telephone call* (=rozmowa telefoniczna)

telephone² *v* [I,T] *formal* za/dzwonić (do) THESAURUS PHONE

ˈtelephone ˌbox *BrE*, **telephone booth** *AmE n* budka telefoniczna

ˈtelephone diˌrectory *n* [C] książka telefoniczna

ˈtelephone exˌchange *także* **exchange** *n* [C] centrala telefoniczna

tel·e·scope /ˈteləskəʊp/ *n* [C] teleskop

televangelism /ˌtelɪˈvændʒəlɪzəm/ *n* kaznodziejstwo telewizyjne

tel·e·vise /ˈteləvaɪz/ *v* [T] transmitować w telewizji: *Is the game going to be televised?*

tel·e·vi·sion S1 W1 /ˈteləˌvɪʒən/ *n* **1** *także* **teleˈvision ˌset** [C] telewizor **2** [U] telewizja: *Who invented television?* | *a job in television* | **watch television** *He's been watching television all day.* | **on television** (=w telewizji): *Have you ever been on television?*

COLLOCATIONS: television

verbs

to watch television *The kids usually watch television after school.*

to see/watch sth on television *Did you see the game on television last night?*

to put the television on *As soon as he gets home he puts the television on.*

to turn the television on/off *także* **to switch the television on/off** (=włączyć/wyłączyć) *Why don't you turn the television off and do something else?*

to turn the television up/down (=podkręcić/ściszyć) *Can you turn the television up a bit?*

television + noun

a television show/programme *What's your favourite television programme?*

the television news *I saw him being interviewed on the television news.*

a television series *A new television series is starting in the autumn.*

a television presenter *BrE She's a television presenter on a breakfast show.*

a television producer *a BBC television producer*

types of television

national television *The interview appeared on national television.*

live television *We watched him win the race on live television.*

satellite/cable television *The games will only be shown on satellite television.*

digital television *Soon everyone will have digital television.*

a plasma/LCD television *Each hotel room has a plasma television.*

a widescreen television *We bought a new widescreen television.*

a flat screen television *the latest flat screen televisions*

tell S1 W1 /tel/ *v* (**told, told, telling**) **1** [T] mówić, powiedzieć: **tell sb about sth** *Have you told John about the party?* | **tell sb (that)** *She told me she can't come on Friday.* | **tell sb how/where etc** *Could you tell me where the post office is, please?* **2 can tell** wiedzieć: **can tell (that)** *I could tell that* (=widziałem, że) *Jo was in a bad mood.* | **can tell the difference** (=widzieć różnicę): *Use yoghurt instead of cream – you can't tell the difference.* **3** [T] kazać: **tell sb to do sth** *He told me to come in and sit down.* | **tell yourself** *I keep telling myself* (=powtarzam sobie) *not to worry.* **4** [T] informować: *The machine's red light tells you it's recording.* **5 tell the time** *BrE*, **tell time** *AmE* podawać czas **6 there's no telling what/how/whether** *spoken* nie wiadomo, co/jak/czy: *There's just no telling what he'll say next.* **7** [I,T] *spoken informal* po/skarżyć: **tell on sb** *Please don't tell on me!* **8 (I'll) tell you what** wiesz co: *Tell you what, call me on Friday.* **9 I tell you/I'm telling you** *spoken* mówię ci: *I'm telling you, the food was unbelievable!* **10 I told you (so)** *spoken* a nie mówiłem?: *I told you so – I told you it wouldn't work.* **11 you never can tell/you can never tell** *spoken* nigdy nie wiadomo: *They're not likely to win, but you never can tell.* → patrz też **all told** (ALL¹)

tell sb/sth apart *phr v* [T] rozróżnić: *It's difficult to tell them apart.*

tell sb ↔ off *phr v* [T] *informal* z/besztać: **be/get told off** *Sean's always getting told off at school.*

UWAGA: tell

Używając czasownika **tell** w znaczeniu „powiedzieć", musimy zawsze dodać, do kogo mówimy. Dlatego nie mówi się „he told that he was going", ale **he told me that he was going**. Nie mówi się też „he told about it", tylko **he told me about it**. Patrz też **say** i **tell**.

tell·er /ˈtelə/ *n* [C] *especially AmE* kasjer/ka *(w banku)*

tell·ing /ˈtelɪŋ/ *adj* wymowny: *a telling remark*

tell·tale /ˈtelteɪl/ *adj* charakterystyczny: **telltale sign** *the telltale signs of drug addiction*

tel·ly S2 /ˈteli/ *n* [C] *BrE informal* telewizja

temp¹ /temp/ *n* [C] zastępstwo: *We're getting a temp in while Jane's away.*

temp² *v* [I] mieć zastępstwo, pracować w zastępstwie: *Anne's temping until she can find another job.*

tem·per /ˈtempə/ *n* **1** [C,U] wybuchowy charakter: *Mark needs to learn to control his temper.* **2** [U singular] nastrój: **be in a bad/foul/good temper** (=być w złym/podłym/dobrym nastroju): *You're certainly in a foul temper this morning.* **3 lose your temper** s/tracić panowanie nad sobą: *I lost my temper and slammed the door.* **4 keep your temper** panować nad sobą: *As a teacher, you must be able to keep your temper.*

tem·pe·ra·ment /ˈtempərəmənt/ *n* [C,U] temperament, usposobienie: *a baby with a sweet temperament*

tem·pe·ra·men·tal /ˌtempərəˈmentl◂/ *adj* ulegający nastrojom

tem·pe·rate /ˈtempərət/ *adj* umiarkowany: *Britain has a temperate climate.*

tem·pera·ture S2 W2 /ˈtemprətʃə/ *n* **1** [C,U] temperatura: **+of** *Water boils at a temperature of 100°C.* | **take sb's temperature** (=z/mierzyć komuś temperaturę) **2 have/run a temperature** mieć gorączkę

UWAGA: temperature

Patrz **fever** i **temperature**.

tem·pest /ˈtempɪst/ *n* [C] *literary* burza

tem·pes·tu·ous /temˈpestʃuəs/ *adj* burzliwy: *a tempestuous relationship*

tem·plate /ˈtempleɪt/ *n* [C] szablon

tem·ple /ˈtempəl/ *n* [C] **1** świątynia **2** skroń

tem·po /ˈtempəʊ/ *n* [C,U] tempo: *the tempo of city life*

tem·po·ra·ry S3 W3 Ac /ˈtempərəri/ *adj* tymczasowy: *temporary accommodation* | *Temporary jobs are becoming more common.* —**temporarily** *adv* tymczasowo, chwilowo: *The library is temporarily closed.* → porównaj PERMANENT

tempt /tempt/ *v* **1** [T] s/kusić: *He was tempted by the big profits of the drugs trade.* | **tempt sb to do sth** *They're offering free gifts to tempt people to join.* **2 be tempted to do sth** mieć wielką ochotę coś zrobić: *I was tempted to tell him what his girlfriend had been saying about him.* —**tempting** *adj* kuszący: *a tempting offer*

temp·ta·tion /tempˈteɪʃən/ *n* [C,U] pokusa: *Having chocolate in the house is a great temptation!* | **resist (the) temptation** (=oprzeć się pokusie): *I really had to resist the temptation to slap him.* | **give in to temptation** (=ulec pokusie)

ten /ten/ *number* dziesięć → patrz też TENTH¹

te·na·cious /təˈneɪʃəs/ *adj* nieustępliwy, wytrwały

ten·an·cy /ˈtenənsi/ *n* [C,U] dzierżawa, najem

ten·ant /ˈtenənt/ *n* [C] lokator/ka

tend S1 W1 /tend/ *v* **1 tend to do sth** mieć zwyczaj coś robić: *It tends to be very wet* (=zwykle jest bardzo mokro) *at this time of year.* **2** *także* **tend to** [T] *formal* doglądać: *Rescue teams were tending to the survivors.*

ten·den·cy S3 W3 /ˈtendənsi/ *n* [C] **1** skłonność: **+towards** *Some people may inherit a tendency towards alcoholism.* | **have a tendency to do sth** *He has a tendency to talk too much.* **2** tendencja: **+for** *There's a tendency for men* (=mężczyźni mają tendencję) *to marry younger women.*

ten·der¹ /ˈtendə/ *adj* **1** kruchy, miękki: *tender meat* → antonim TOUGH **2** obolały **3** czuły: *a tender look* **4 at a tender age** *literary* w młodym wieku: *He lost his father at the tender age of seven.* —**tenderly** *adv* czule —**tenderness** *n* [U] czułość

tender² *v* **1** [I] składać ofertę **2** [T] *formal* zgłaszać *(propozycję, projekt itp.)* **tender your resignation** (=złożyć rezygnację)

ˌtender-ˈhearted *adj* czuły

ten·don /ˈtendən/ *n* [C] ścięgno

ten·e·ment /ˈtenəmənt/ *n* [C] kamienica czynszowa

ten·et /ˈtenɪt/ *n* [C] zasada: *the tenets of Buddhism*

ten·ner /ˈtenə/ *n* [C] *BrE spoken* dziesiątka, dziesiątak *(banknot dziesięciofuntowy)*: *Can you lend me a tenner?*

ten·nis S3 W3 /ˈtenɪs/ *n* [U] tenis

ten·or /ˈtenə/ *n* **1** [C] tenor **2 the tenor of** *formal* ogólny wydźwięk: *the tenor of an argument*

tense¹ Ac /tens/ *adj* **1** spięty: *You seem really tense - what's wrong?* **2** napięty: *Massage helps to relax tense neck muscles.* | *a tense situation*

tense² *n* [C,U] czas *(gramatyczny)*: *the past tense*

ten·sion W2 Ac /ˈtenʃən/ *n* [C,U] napięcie: *efforts to calm racial tensions* | *The tension as we waited for the news was unbearable.* | *You can increase the tension by turning this screw.*

tent S3 /tent/ *n* [C] namiot: **put up a tent** (=rozbijać namiot)

ten·ta·cle /ˈtentɪkəl/ *n* [C] macka

ten·ta·tive /ˈtentətɪv/ *adj* **1** wstępny: *tentative plans* **2** niepewny: *a tentative smile* —**tentatively** *adv* wstępnie, niepewnie

tenth¹ /tenθ/ *number* dziesiąty

tenth² *n* [C] dziesiąta część, jedna dziesiąta

ten·u·ous /ˈtenjuəs/ *adj* słaby, niepewny: **tenuous link/relationship** (=słaby związek) —**tenuously** *adv* słabo, niepewnie

ten·ure /ˈtenjə/ *n* [U] **1** tytuł własności **2** kadencja: *his tenure as major*

te·pee /ˈtiːpiː/ *n* [C] tipi

tep·id /ˈtepɪd/ *adj* letni: *tepid coffee*

te·qui·la /təˈkiːlə/ *n* [U] tequila

term¹ S1 W1 /tɜːm/ *n* [C] **1** termin: *I don't understand all the legal terms.* **2** *BrE* semestr **3** kadencja: *The President hopes to be elected for a second term.* **4 in the long/short term** na dłuższą/krótką metę: *Things don't look good in the short term.* → patrz też TERMS

term² *v* [T] *formal* nazywać: **be termed sth** *The meeting could hardly be termed a success* (=spotkanie trudno byłoby nazwać udanym).

T

ter·mi·nal[1] Ac /ˈtɜːmɪnəl/ *n* [C] terminal: *They're building a new terminal at the airport.* | *a computer terminal*

terminal[2] Ac *adj* nieuleczalny: *terminal cancer* —**terminally** *adv* nieuleczalnie: *Her mother is terminally ill.*

ter·mi·nate Ac /ˈtɜːməneɪt/ *v* [I,T] *formal* za/kończyć (się) —**termination** /ˌtɜːməˈneɪʃən/ *n* [C,U] zakończenie

ter·mi·nol·o·gy /ˌtɜːməˈnɒlədʒi/ *n* [C,U] terminologia: *scientific terminology*

ter·mi·nus /ˈtɜːmɪnəs/ *n* [C] przystanek końcowy

ter·mite /ˈtɜːmaɪt/ *n* [C] termit

terms /tɜːmz/ *n* [plural] **1** warunki: *Sign here to say you agree to the terms and conditions.* **2 in terms of** z punktu widzenia: *In terms of sales, the book hasn't been very successful.* | **in financial/artistic terms** (=w kategoriach finansowych/artystycznych): *A million years isn't a very long time in geological terms.* **3 come to terms with** po/godzić się z: *It was hard to come to terms with Marie's death.* **4 in no uncertain terms** bez ogródek: *He told me in no uncertain terms not to come back.* **5 be on good/bad terms** być w dobrych/kiepskich stosunkach: *We're on good terms with most of the people who live here.* **6 be on speaking terms** odzywać się do siebie: *We're barely on speaking terms now.*

ter·race /ˈterɪs/ *n* [C] **1** taras **2** *BrE* rząd szeregowców

ˌterraced ˈhouse *n* [C] *BrE* szeregowiec THESAURUS HOUSE

ter·ra·cot·ta /ˌterəˈkɒtə◂/ *n* [U] terakota: *a terracotta pot*

ter·rain /teˈreɪn/ *n* [C,U] teren: *mountainous terrain*

ter·res·tri·al /təˈrestriəl/ *adj technical* **1** ziemski **2** lądowy: *terrestrial reptiles*

ter·ri·ble S1 W3 /ˈterəbəl/ *adj* okropny: *The food at the hotel was terrible.* THESAURUS BAD

ter·ri·bly S2 /ˈterəbli/ *adv* **1** okropnie: *We played terribly, and that's why we lost.* **2** *BrE* strasznie: *I'm terribly sorry, but the answer is no.*

ter·ri·er /ˈteriə/ *n* [C] terier

ter·rif·ic /təˈrɪfɪk/ *adj informal* **1** wspaniały: *There was a terrific view from the top of the hill.* THESAURUS GOOD **2** straszny: *Losing his job was a terrific shock.*

ter·ri·fied /ˈterɪfaɪd/ *adj* przerażony: **be terrified of sth** *I'm absolutely terrified of spiders* (=okropnie się boję pająków).

ter·ri·fy /ˈterɪfaɪ/ *v* [T] przerażać: *The thought of giving a speech terrified her.* —**terrifying** *adj* przerażający

ter·ri·to·ri·al /ˌterəˈtɔːriəl◂/ *adj* terytorialny: *US territorial waters*

ter·ri·to·ry W2 /ˈterətəri/ *n* **1** [C,U] terytorium: *Canadian territory* **2** [U] obszar: *We are moving into unfamiliar territory with the new software.*

ter·ror W3 /ˈterə/ *n* [C,U] paniczny strach, przerażenie: **in terror** *She screamed in terror* (=z przerażenia).

ter·ror·is·m /ˈterərɪzəm/ *n* [U] terroryzm

ter·ror·ist W3 /ˈterərɪst/ *n* [C] terroryst-a/ka

ter·ror·ize /ˈterəraɪz/ *także* **-ise** *BrE v* [T] s/terroryzować: *Gangs have been terrorizing the community.*

terse /tɜːs/ *adj* zdawkowy, lakoniczny: *a terse answer* —**tersely** *adv* zdawkowo, lakonicznie

test[1] S1 W1 /test/ *n* [C] **1** sprawdzian: *I've got a history test tomorrow.* | **pass/fail a test** (=zdać/oblać sprawdzian): *I failed my driving test twice* (=dwa razy oblałem egzamin na prawo jazdy). | **do/take a test** *BrE* (=na/pisać sprawdzian): *The children are doing a French test at the moment.* **2** badanie: *an eye test* | *the results of blood tests* **3** kontrola: *safety tests on diving equipment* **4** próba: **+of** *Today's race is a real test of skill.*

COLLOCATIONS: test

verbs

to take a test *także* **to do a test** *BrE All students have to take a test in English.*

to give sb a test *Shall I give you a test on your vocabulary?*

to pass/fail a test *All the children passed the maths test.* | *If you fail the test, you will have to do it again.*

to do well/badly in a test *BrE*, **to do well/badly on a test** *AmE I didn't do very well in the chemistry test.*

types of test

a biology/history etc test *I got 80% in the geography test.*

a spelling/reading/listening test *Part of the exam is a listening test.*

a written test *The written test involves doing two short essays.*

a driving test *When are you taking your driving test?*

an oral test *Pronunciation is an important part of the oral test.*

a multiple choice test (=test wielokrotnego wyboru) *a 20-question multiple choice test*

test + noun

a test result/score *The school's test results show that it is doing very well.*

a test question *There are some test questions at the back of the book.*

a test paper *She said she hadn't marked our test papers yet.*

THESAURUS: test

test test: *Our teacher gave us a maths test today.* | *He failed his driving test.*

exam *także* **examination** *formal* egzamin: *Good luck in your exams!* | *There's a written examination at the end of the course.*

oral exam *także* **oral** *BrE* (egzamin) ustny: *It's my French oral exam tomorrow.*

practical *BrE* (egzamin) praktyczny: *The chemistry practical will involve doing a simple experiment.*

mock exam *BrE* egzamin próbny: *She did well in the mock exams.*

finals *BrE* egzaminy końcowe: *I worked all through the Easter holidays before my finals.*

quiz *AmE* sprawdzian, kartkówka: *Mr. Morris might give us a quiz on that chapter we had to read.*

midterm *AmE* test w połowie semestru: *The History midterm was really hard.*

test[2] S3 W2 *v* [T] **1** prze/testować: *testing nuclear weapons* | **test sb on sth** *We're being tested on grammar tomorrow.* **2** z/badać: *You need to get your eyes tested.* **3** poddawać próbie: *The next six months will test her powers of leadership.*

tes·ta·ment /ˈtestəmənt/ *n* **be a testament to sth** *formal* świadczyć o czymś: *His latest CD is a testament to his growing musical abilities.* → patrz też NEW TESTAMENT, OLD TESTAMENT

ˈ**test case** *n* [C] precedens sądowy

tes·ti·cle /ˈtestɪkəl/ *n* [C] (plural **testicles** or **testes** /ˈtestiːz/) jądro

tes·ti·fy /ˈtestɪfaɪ/ *v* [I,T] zeznawać: **+that** *Two men testified that they saw you outside the bank.*

tes·ti·mo·ni·al /ˌtestəˈməʊniəl/ *n* [C] referencje

tes·ti·mo·ny /ˈtestəməni/ *n* [C,U] zeznanie

ˈ**test tube** *n* [C] probówka

tes·ty /ˈtesti/ *adj* krewki, drażliwy: *a testy old man* —**testily** *adv* krewko, w rozdrażnieniu

tet·a·nus /ˈtetənəs/ *n* [U] tężec

teth·er /ˈteðə/ *n* [C] **at the end of your tether** u kresu wytrzymałości

Tex-Mex /ˌteks ˈmeks/ *adj* *informal* teksańsko-meksykański: *a Tex-Mex restaurant*

text[1] S2 W1 Ac /tekst/ *n* [C,U] tekst: *The text of the speech was printed in the newspaper.*

text[2] S2 *v* **1** [T] wysłać SMS-a, SMS-ować: *Text me when you get there.* **2** [C] *także* **text message** SMS: *I sent him a text to say I would be late.*

text·book[1] /ˈtekstbʊk/ *n* [C] podręcznik: *a history textbook* THESAURUS BOOK

textbook[2] *adj* **a textbook example/case (of sth)** podręcznikowy przykład/przypadek (czegoś)

tex·tile /ˈtekstaɪl/ *n* [C] tkanina

ˈ**text ˌmessage**[1] *także* **text** *v* [T] wysyłać SMS-a, SMS-ować: *She's always text messaging her friends.*

ˈ**text ˌmessage**[2] *n* [C] SMS, wiadomość tekstowa: *The system will send a text message to your mobile phone.*

tex·ture /ˈtekstʃə/ *n* [C,U] faktura: *fabric with a coarse texture*

tex·tured /ˈtekstʃəd/ *adj* chropowaty: *a wall with a textured surface*

than[1] S1 W1 /ðən, ðæn/ *conjunction* niż: *He earns more than I do.* → patrz też **rather than** (RATHER)

than[2] /ðən, ðæn/ *prep* niż, od: *Jean's taller than Stella.* | *I can swim better than you.*

thank S1 W2 /θæŋk/ *v* **1** [T] po/dziękować: **thank sb for sth** *We'd like to thank everyone for all the wedding presents.* **2 thank God/goodness/heavens** *spoken* dzięki Bogu: *Thank God no one was hurt!*

thank·ful /ˈθæŋkfəl/ *adj* wdzięczny: **+for** *I was thankful for the chance to sit down at last.* | **+(that)** *We're thankful that the accident wasn't more serious.* —**thankfully** *adv* na szczęście: *Thankfully, everything turned out all right.*

thank·less /ˈθæŋkləs/ *adj* niewdzięczny: *a thankless task*

thanks[1] S1 /θæŋks/ *interjection* **1** dzięki: *Can I borrow your pen? Thanks very much.* | **+for** *Thanks for ironing my shirt.* **2 thanks/no thanks** (tak,) poproszę/(nie,) dziękuję: *"Would you like a drink?" "No, thanks."*

thanks[2] W3 *n* [plural] **1** podziękowanie: *He left without a word of thanks.* **2 thanks to sb/sth** dzięki komuś/czemuś: *We're late, thanks to you.*

Thanks·giv·ing /ˌθæŋksˈɡɪvɪŋ◂/ *n* [U] Święto Dziękczynienia

thank you *interjection* **1** dziękuję: *"Here's the book you wanted, Katy." "Oh, thank you."* | **+for** *Thank you for coming to the party.* **2 thank you/no thank you** (tak,) poproszę/(nie,) dziękuję: *"Would you like another piece of cake?" "No, thank you."*

UWAGA: thank you

Wyrażenia **thank you** używamy, gdy ktoś nam coś daje albo robi lub mówi coś miłego: *„Here's your coat." „Thank you."* | *Thank you for watering my plants.* | *„You look nice today." „Thank you!"* Wyrażenia **no, thank you** używamy, gdy chcemy grzecznie powiedzieć „nie": *„Would you like more coffee?" „No, thank you."* Dziękując za prezent lub przysługę, mówimy: *Thank you very much. That's very kind of you.*, a bardziej potocznie: *Thanks a lot. That's really nice of you.*

ˈ**thank-you** *n* [C] podziękowanie: *a special thank-you for all your help*

that[1] /ðæt/ *determiner, pron* (plural **those**) **1** tamten/tamta/tamto: *Look at that pink car!* → porównaj THIS[1] **2** ten/ta/to: *We met for coffee later that day.* | *How much is that hat in the window?* | *Who told you that?* **3 that is (to say)** to znaczy: *Everyone passed the test - everyone, that is, except Janet, who was ill.* **4 that's it/that's that** *spoken* na tym koniec: *You're not going and that's that!* **5 that's all there is to it** *spoken* i to wszystko, i tyle: *We lost because we didn't play well. That's all there is to it.*

that[2] S1 W1 /ðət, ðæt/ *conjunction* **1** że: *She claims that she wasn't there.* | *Is it true that you're leaving?* **2** który: *Did you get the books that I sent you?* → patrz też **such ... that** (SUCH)

that[3] S1 W2 /ðæt/ *adv* **1 that much/big** tak dużo/taki duży: *The fish he caught was that big.* **2 not (all) that much** nie tak (znowu) dużo: *I'm not that tired considering I didn't sleep.* | *I didn't expect her to be that tall* (=że jest taka wysoka)*!*

thatch /θætʃ/ *n* [C,U] strzecha —**thatched** *adj* kryty strzechą: *a thatched cottage*

thaw[1] /θɔː/ *v* **1** *także* **thaw out** [I,T] rozmrażać (się) **2** *także* **thaw out** [I] s/tajać **3** [I] ocieplać się: *Relations between the two countries are beginning to thaw.* → porównaj MELT

thaw[2] *n* **1** [C] odwilż: *the spring thaw* **2** [singular] ocieplenie (wzajemnych) stosunków

the[1] /ðə, ðiː/ *determiner* **1** przed rzeczownikiem określonym: *That's the woman I saw* (=kobieta, którą widziałem). | *Whose is the red jacket* (=ta czerwona kurtka)? → porównaj A **2** w niektórych nazwach własnych: *the United States* | *the Nile* **3** przed przymiotnikiem oznaczającym grupę osób: *They provide services for the blind* (=dla niewidomych). **4** przed rzeczownikiem w znaczeniu ogólnym: *The computer has changed the way people work.* **5** jeden: *There are 130 yen to the pound.* | *He's paid by the hour* (=od godziny). **6** przed nazwami instrumentów muzycznych: *Kira's learning to play the piano.* **7** przed nazwami części ciała: *The ball hit him right in the eye!* **8** przy podawaniu dat i okresów: *Tuesday the thirteenth of April* | *in the late 1800s* (=pod koniec XIX wieku) → patrz też THE

the[2] *conjunction* **the ... the** im ... , tym: *The more you practise, the better you'll play.*

GRAMATYKA: the Przedimek określony: The definite article

Wymowa
Przedimek określony wymawiamy jako:
1 /ðə/przed wyrazami rozpoczynającymi się w wymowie od spółgłoski
the dog *the fastest car*
the university *the Europeans*
2 /ði/przed wyrazami rozpoczynającymi się w wymowie od samogłoski
the orange *the old lady*
the hours *the Americans*
3 /ði:/w pozycji akcentowanej:
the Michael Jackson („ten Michael Jackson")

Użycie
Przedimka określonego używamy zwykle przed rzeczownikami określonymi, tj. odnoszącymi się do konkretnych rzeczy, osób czy zjawisk. Rzeczownik jest określony wtedy, gdy
1 występuje w tekście lub rozmowie po raz kolejny (przy pierwszym wystąpieniu rzeczownik policzalny w liczbie pojedynczej poprzedzamy przedimkiem nieokreślonym **a (an)**, a rzeczownik w liczbie mnogiej możemy poprzedzić określnikiem **some**):
I'm looking for ***a*** *job.* ***The*** *job must be well-paid.*
*„What did you buy?" „We bought (**some**) apples and (**some**) cherries.* ***The*** *cherries are very sweet."*
2 z kontekstu wynika, do jakiej konkretnie osoby, rzeczy czy zjawiska się odnosi:
Close ***the*** *door, turn on* ***the*** *light and put your suitcase on* ***the*** *floor.*
3 istnieje tylko jedna rzecz, osoba czy zjawisko, do której może się odnosić:
The *earth goes round* ***the*** *sun.*
What is ***the*** *capital of Switzerland?*
The *Pope will see* ***the*** *Polish Prime Minister on Tuesday.*
She is ***the*** *only poet I like.*
4 definiuje go następująca po nim fraza lub zdanie względne:
the *girl in the red coat*
the *England of the sixteenth century*
the *concert I told you about*
Przedimek określony występuje także:
1 przed rzeczownikiem w liczbie pojedynczej odnoszącym się do całej klasy rzeczy, osób, zwierząt itp.:
The *computer is a great invention.*
The *giraffe is the tallest of all animals.*
2 przed przymiotnikami w stopniu najwyższym:
the *brightest*
the *worst*
the *most difficult*
3 przed liczebnikami porządkowymi:
the *third*
the *sixteenth*
the *hundred and first*
4 przed niektórymi przymiotnikami oznaczającymi ludzkie cechy i nazwy narodowości:
the *sick* „chorzy" ***the*** *Dutch* „Holendrzy"
the *unemployed* „bezrobotni" ***the*** *Chinese* „Chińczycy"
5 przed nazwiskami w liczbie mnogiej:
the *Clintons* „(państwo) Clintonowie, rodzina Clintonów"
6 w tytułach:
Henry VIII (w mowie: *Henry* ***the*** *Eighth*)
Katherine ***the*** *Great*
7 przed nazwami instrumentów muzycznych i tańców:
I can play ***the*** *piano* (***the*** *guitar*/***the*** *violin* itp.).
Can you do ***the*** *tango?*
8 przed nazwami mórz, oceanów, rzek, łańcuchów górskich, pustyń, archipelagów itp.
the *Baltic (Sea)*
the *Thames*
the *Sahara*
the *Pacific (Ocean)*
the *Alps*
the *Hebrides*
9 przed nazwami państw mającymi formę liczby mnogiej lub zawierającymi słowo „republic", „union", „kingdom" itp.
the *United States* ***the*** *Republic of Ireland*
the *Netherlands* ***the*** *United Kingdom*
10 przed nazwami muzeów, galerii, teatrów, kin, restauracji, pubów, orkiestr, zespołów muzycznych, hoteli, gazet itp.
the *British Museum* ***the*** *Tate (Gallery)*
the *Bombay Restuarant* ***the*** *Red Lion*
the *Old Vic* ***the*** *Odeon*
the *Hilton* ***the*** *Times*
the *Royal Philharmonic Orchestra* ***the*** *Beatles*

Tłumaczenie
Przedimek określony tłumaczy się na język polski wyłącznie wtedy, gdy występuje w pozycji akcentowanej, np.:
This can't be the Michael Jackson! („To nie może być ten (prawdziwy) Michael Jackson!")
→patrz też **a (an)**

thea·tre S2 W2 /ˈθɪətə/ *BrE*, **theater** *AmE n* **1** [C,U] teatr: *the Apollo Theater | a study of modern Russian theatre | She's been working in theatre for many years.* **2** *także* **movie theater** *AmE* [C] kino *(budynek)* **3** [C,U] sala operacyjna: *The patient is in theatre now.*

the·at·ri·cal /θiˈætrɪkəl/ *adj* teatralny: *a theatrical production | a theatrical gesture*

theft /θeft/ *n* [C,U] kradzież: *Car theft is on the increase.*

their S1 W1 /ðeə/ *adj* **1** ich: *Their daughter is a teacher.* **2** swój: *Everybody brought their own wine to the party. | The children closed their eyes* (=zamknęły oczy).

theirs S3 /ðeəz/ *pron* **1** ich: *Some friends of theirs* (=jacyś ich znajomi) *are staying with them.* **2** swój: *When our* *computer broke, Tom and Sue let us use theirs* (=pozwolili nam korzystać ze swojego). | *There's a coat left. Someone must have forgotten theirs.*

them S1 W1 /ðəm, ðem/ *pron* **1** ich/je/im, nich/nie/nimi: *Has anybody seen my keys? I can't find them.* | *My friends want me to go out with them tonight.* **2** go/mu/nim: *If anyone phones, can you tell them to call back later?*

theme S2 W2 Ac /θi:m/ *n* [C] **1** temat: *Love is the theme of several of his poems.* THESAURUS SUBJECT **2 theme music/tune** temat muzyczny

'theme park *n* [C] park rozrywki *(poświęcony jakiemuś tematowi)*

them·selves S1 W1 /ðəm'selvz/ *pron* **1** się/siebie/sobie: *People usually like to talk about themselves* (=mówić o sobie). **2** sami/same: *Doctors themselves admit that the treatment does not always work.* **3 (all) by themselves a)** samotnie: *Many old people live by themselves.* **b)** (zupełnie) sam-i/e, samodzielnie: *The kids made the cake all by themselves.*

then[1] S1 W1 /ðen/ *adv* **1** wtedy, wówczas: *My family lived in New York then.* **2** potem: *We had lunch and then went shopping.* **3** *spoken* więc: *"He can't come on Friday." "Then how about Saturday?"* | *So you're going into nursing then?* **4** to: *If Bobby wants to go, then I'll go too* (=to ja też pójdę). **5 now/OK/right then** *spoken* no dobrze: *Right then, who wants to come swimming?* **6** w dodatku: *He's really busy at work, and then there's the new baby, too!* **7 then and there** *także* **there and then** od razu: *I would have given up then and there if my parents hadn't encouraged me.* →patrz też **(every) now and then** (NOW[1]), THERE[2]

then[2] *adj* ówczesny: *George Bush, the then president of the US*

thence /ðens/ *adv old-fashioned formal* stamtąd: *They travelled to Paris, and thence by train to Calais.*

the·ol·o·gy /θi'ɒlədʒi/ *n* [U] teologia —**theological** /ˌθi:ə'lɒdʒɪkəl◂/ *adj* teologiczny

theo·rem /'θɪərəm/ *n* [C] *technical* twierdzenie *(zwłaszcza matematyczne)*

theo·ret·i·cal W3 Ac /θɪə'retɪkəl/ *adj* teoretyczny: *theoretical physics* —**theoretically** /-kli/ *adv* teoretycznie

theo·rist Ac /'θɪərɪst/ *także* **theo·re·ti·cian** /ˌθɪərə'tɪʃən/ *n* [C] teorety-k/czka

theo·rize /'θɪəraɪz/ *także* **-ise** *BrE v* [I,T] teoretyzować: *Doctors theorize that the infection is passed from animals to humans.*

theo·ry S2 W1 Ac /'θɪəri/ *n* **1** [C,U] teoria: *Darwin's theory of evolution* | *studying music theory* **2 in theory** teoretycznie: *In theory, the crime rate should decrease as employment increases.*

COLLOCATIONS: theory

verbs

to come up with a theory *I've come up with a theory that could explain what happened.*

to develop a theory *Different psychological theories have been developed since Freud.*

to prove/disprove a theory (=udowodnić/obalić teorię) *Eye-witness accounts could help us prove the theory.* | *The results of the experiment disproved his theory.*

to test a theory *I decided to test my theory by asking my friends.*

to support a theory *All the research supports this theory.*

types of theory

a scientific theory *This is just a suggestion – it's not a scientific theory.*

theory of evolution/relativity/gravity etc *When did Einstein publish his theory of relativity?*

a conspiracy theory (=teoria spiskowa) *He rejects all the conspiracy theories surrounding Princess Diana's death.*

ther·a·peu·tic /ˌθerə'pju:tɪk◂/ *adj* **1** leczniczy: *therapeutic drugs* **2** terapeutyczny: *Long walks can be therapeutic.*

ther·a·pist /'θerəpɪst/ *n* [C] terapeut-a/ka: *a speech therapist*

ther·a·py /'θerəpi/ *n* [C,U] **1** leczenie, terapia **2** (psycho)terapia: *He's having therapy* (=chodzi na psychoterapię) *to help with alcohol addiction.*

there[1] S1 W1 /ðeə/ *pron* **there is/are/was** jest/są/był: *Are there any questions?* | *There were several people hurt in the accident.*

there[2] S1 W1 *adv* **1** tam: *I don't know what happened – I wasn't there* (=nie było mnie tam). | *Would you hand me that glass over there* (=tamtą szklankę)? | **get there** (=dotrzeć do celu/na miejsce): *If we leave now, we'll get there for lunch.* →porównaj HERE **2** wtedy: *I'll read this chapter and stop there.* **3 there you are** *spoken* **a)** proszę *(podając coś)*: *I'll just get you the key – there you are.* **b)** no widzisz: *There you are – I knew their relationship wouldn't last.* **4 there** *spoken* no: *There, that's the last piece of the puzzle.* **5 there's ...** *spoken* tam jest ...: *Oh, look, there's a robin.* **6 there and then** *także* **then and there** od razu: *They offered me the job there and then.* →patrz też **here and there** (HERE)

there·a·bouts /ˌðeərə'baʊts/ *adv* coś koło tego: *We'll aim to arrive at 10 o'clock, or thereabouts.*

there·af·ter /ðeər'ɑ:ftə/ *adv formal* potem: *He became ill in May and died shortly thereafter.*

there·by Ac /ðeə'baɪ/ *adv formal* tym samym: *Expenses were cut by 12%, thereby increasing efficiency.*

there·fore S1 W1 /'ðeəfɔ:/ *adv formal* dlatego (też): *The car is smaller and therefore cheaper to run.*

there·in /ðeər'ɪn/ *adv formal* **1** w niniejszym: *the contract and all the rules therein* **2 therein lies** w tym tkwi, stąd się bierze: *He speaks the truth, and therein lies his power.*

there·of /ðeər'ɒv/ *adv formal* tegoż: *insurance for the home and the contents thereof*

there·up·on /ˌðeərə'pɒn/ *adv formal* następnie: *Thereupon the whole audience stood up and cheered.*

ther·mal /'θɜ:məl/ *adj* **1** cieplny: *thermal energy* **2** ciepły: *thermal underwear*

ther·mom·e·ter /θə'mɒmɪtə/ *n* [C] termometr

ther·mo·nu·cle·ar /ˌθɜ:məʊ'nju:kliə◂/ *adj* termojądrowy

Ther·mos /'θɜ:məs/ *także* **'Thermos flask** *n* [C] *trademark* termos

ther·mo·stat /'θɜ:məstæt/ *n* [C] termostat

T

the·sau·rus /θɪˈsɔːrəs/ *n* [C] słownik synonimów: *Roget's Thesaurus*

these /ðiːz/ *determiner, pron* liczba mnoga od THIS

the·sis Ac /ˈθiːsɪs/ *n* [C] (plural **theses** /-siːz/) **1** rozprawa, praca (magisterska/doktorska): *She's writing her thesis on women criminals.* **2** *formal* teza

they S1 W1 /ðeɪ/ *pron* **1** oni/one: *Ken gave me some flowers, aren't they beautiful? | I went to Ann and Ed's place, but they weren't there* (=nie było ich w domu). **2 they say** mówią, że: *They say it's bad luck to spill salt.* **3** on/a: *Someone at work said they knew her* (=ktoś w pracy mówił, że ją zna).

they'd /ðeɪd/ **1** forma ściągnięta od „they had": *They'd had a lot to drink.* **2** forma ściągnięta od „they would": *They'd like to visit us.*

they'll /ðeɪl/ forma ściągnięta od „they will": *They'll have to wait.*

they're /ðeə/ forma ściągnięta od „they are": *They're very nice people.*

they've /ðeɪv/ forma ściągnięta od „they have": *They've been here before.*

thick[1] S2 W2 /θɪk/ *adj* **1** gruby: *a nice thick piece of bread* → antonim THIN[1] **2 be 5 cm/1 m etc thick** mieć 5cm/1m grubości: *The walls are 30 cm thick.* **3** gęsty: *thick soup/smoke | a thick cloud | a thick forest | He has thick black hair.* **4** *BrE informal* tępy: *Don't be so thick!* —**thickly** *adv* grubo, gęsto

thick[2] *n* **1 in the thick of sth** w samym środku czegoś: *US troops are right in the thick of the action.* **2 through thick and thin** na dobre i na złe: *The brothers have always stuck by each other through thick and thin.*

T

thick·en /ˈθɪkən/ *v* **1** [I] z/gęstnieć: *The fog had thickened.* **2** [T] zagęszczać: *Thicken the sauce with flour.*

thick·et /ˈθɪkɪt/ *n* [C] gąszcz

thick·ness /ˈθɪknəs/ *n* [C,U] grubość: *Look at the thickness of that wall.*

ˌthick-ˈskinned *adj* gruboskórny

thief /θiːf/ *n* [C] (plural **thieves** /θiːvz/) złodziej/ka: *a car thief*

thigh /θaɪ/ *n* [C] udo

thim·ble /ˈθɪmbəl/ *n* [C] naparstek

thin[1] S2 W2 /θɪn/ *adj* **1** cienki: *a thin slice of bread | She was wearing a thin summer jacket.* → antonim THICK[1] **2** chudy → antonim FAT[1], → porównaj SLIM[1] **3** rzadki: *thin soup* **4 vanish/disappear into thin air** przepaść jak kamień w wodę **5 sth is thin on the ground** *informal* czegoś jest jak na lekarstwo —**thinness** *n* [U] cienkość → patrz też THINLY

THESAURUS: thin (sense 2)

thin chudy: *He looked old and thin. | thin legs*
slim szczupły: *His girlfriend was tall and slim. | Women had slim waists in those days.*
skinny chudy (*zwłaszcza niezdrowo*): *The little boy was small and skinny. | his skinny arms*
slender *literary* smukły: *A slender young woman came in. | Her arms were long and slender.*
be underweight mieć niedowagę: *Rob is a little underweight for his age.*

thin[2] *v* [T] rozrzedzać

thing S1 W1 /θɪŋ/ *n* **1** [C] rzecz: *What's that thing on the kitchen table? | A funny thing happened last week. | That was a terrible thing to say. | Pack your things - we have to leave right now.* THESAURUS PROPERTY **2 things** [plural] *especially spoken* sprawy: *Things have improved a lot since I last saw you. | How are things* (=co słychać)? **3 not know/feel a thing** nic nie wiedzieć/czuć: *I don't know a thing about opera.* **4 be seeing things** mieć przywidzenia **5 for one thing** *spoken* po pierwsze: *I don't think she'll get the job - for one thing she can't drive!* **6 the thing is** *spoken* rzecz w tym, że: *I'd like to come, but the thing is, I promised to see Jim tonight.* **7 the last thing sb wants/expects** ostatnia rzecz, jakiej ktoś potrzebuje/się spodziewa: *The last thing we wanted was to start a fight.* **8 first thing** *spoken* z samego rana: *I'll call you first thing tomorrow, OK?* THESAURUS EARLY **9 (just) the thing** (właśnie) to, czego potrzeba: *a handy little cool box that's just the thing for summer picnics* **10 it's (just) one thing after another** jak nie urok, to przemarsz wojsk **11 do your own thing** *informal* robić swoje **12 have a thing about sb/sth** *informal* mieć obsesję na czyimś/jakimś punkcie → patrz też **it's a good thing/job** (GOOD[1])

think[1] S1 W1 /θɪŋk/ *v* (**thought**, **thought**, **thinking**) **1** [I] po/myśleć: **+ about/of** *Have you thought about which subjects you want to study at university? | I was thinking of all the happy times we'd spent together.* | **think hard** (=dobrze się zastanowić): *Think hard before you make your final decision.* **2** [I] myśleć, sądzić: *What do you think of my new hairstyle?* | **+ (that)** *I didn't think the concert was very good. | She thinks I'm crazy.* | **think well/highly of sb/sth** (=mieć dobrą opinię o kimś/czymś): *His teachers seem to think highly of him.* | **not think much of sb/sth** (=nie być zachwyconym kimś/czymś) *spoken*: *The hotel was okay but I didn't think much of the food.* **3** sądzić: *I think he may have gone home, but I could be wrong. | "Are we late?" "I don't think so."* **4 I think I'll/I thought I'd** *spoken* mam/miałem zamiar: *I thought I'd go jogging today.* **5 think of/about doing sth** zastanawiać się nad czymś: *We are thinking of moving to the countryside.* **6 I can't think what/why** *spoken* nie mam pojęcia, co/dlaczego: *I can't think why she married him.* **7 think twice** dobrze się zastanowić: *I'd think twice before getting involved with a married man if I were you.* **8 think nothing of doing sth** nie mieć nic przeciwko czemuś: *Purdey thinks nothing of driving two hours to work everyday.* **9 think better of it** rozmyślić się: *He reached for a cigar, but then thought better of it.* **10 think the world of sb** nie widzieć świata poza kimś

think back *phr v* [I] cofnąć się myślą/myślami: *She thought back to her childhood.*

think of sth/sb *phr v* [T] **1** wymyślić: *Can you think of any way of solving the problem?* **2** przypomnieć sobie: *I can't think of his name right now.* **3** po/myśleć o: *He never thinks of other people - only of himself.*

think sth ↔ out *phr v* [T] za/planować: *Everything has been really well thought out.*

think sth ↔ over *phr v* [T] rozważyć, zastanowić się nad: *Take a few days to think over our offer.*

think sth ↔ through *phr v* [T] przemyśleć

think sth ↔ up *phr v* [T] wpaść na: *It's a great idea. I wonder who first thought it up.*

UWAGA: think she didn't i not think she did

Zamiast *I think she didn't understand* lepiej powiedzieć *I don't think she understood.* To samo odnosi się do zwrotów z wyrazami **believe**, **imagine**, **suppose**, **feel** itp.: *I don't imagine they'll be coming after all. | I don't suppose you could give me a lift?*

think² *n* **have a think** pomyśleć, zastanowić się: *I need to have a think about this.*

think·er /ˈθɪŋkə/ *n* [C] myśliciel/ka

think·ing /ˈθɪŋkɪŋ/ *n* [U] **1** poglądy: *modern scientific thinking on the origins of the universe* **2** przemyślenie: *a situation that requires careful thinking* → patrz też **WISHFUL THINKING**

thin·ly /ˈθɪnli/ *adv* **1 thinly sliced** cienko pokrojony: *a thinly sliced onion* **2** rzadko: *thinly populated*

thin·ning /ˈθɪnɪŋ/ *adj* przerzedzony: *a middle-aged man with thinning brown hair*

third¹ /θɜːd/ *number* trzeci

third² *n* [C] jedna trzecia

third·ly /ˈθɜːdli/ *adv* po trzecie

ˌthird ˈparty *n* [singular] osoba trzecia/postronna

ˌthird ˈperson *n* **the third person** trzecia osoba

ˌthird-ˈrate *adj* trzeciorzędny

ˌThird ˈWorld *n* **the Third World** trzeci świat

thirst /θɜːst/ *n* **1** [U singular] pragnienie: *These children are dying of thirst.* | **quench your thirst** (=u/gasić pragnienie) **2 a thirst for knowledge/power** żądza wiedzy/władzy

thirst·y /ˈθɜːsti/ *adj* spragniony: *I'm thirsty* (=chce mi się pić)*, let's get some beer.* | *thirsty work* (=praca, przy której chce się pić)

thir·teen /ˌθɜːˈtiːn◂/ *number* trzynaście —**thirteenth** *number* trzynasty

thir·ty /ˈθɜːti/ *number* **1** trzydzieści **2 the thirties** lata trzydzieste **3 be in your thirties** być po trzydziestce, mieć trzydzieści parę lat —**thirtieth** *number* trzydziesty

this¹ /ðɪs/ *determiner, pron* (plural **these**) **1** ten/ta/to: *My mother gave me this necklace.* | *Where did you get this from?* | *What are you doing this week?* **2** to: *I'm going to make sure this doesn't happen again.* | *My name's Elaine, and this is my sister, Nancy.* **3 this and that** to i owo: *"What did you talk about?" "Oh, this and that."*

this² *adv* tak: *I've never stayed up this late before.*

this·tle /ˈθɪsəl/ *n* [C] oset

thongs /θɒŋz/ *n* [plural] *AmE* japonki *(klapki)*

thorn /θɔːn/ *n* [C] cierń

thorn·y /ˈθɔːni/ *adj* **1 thorny question/issue** trudne pytanie/zagadnienie **2** ciernisty

thor·ough /ˈθʌrə/ *adj* **1** gruntowny: *The police carried out a thorough search of the house.* **2** skrupulatny: *As a scientist, Madison is methodical and thorough.* —**thoroughness** *n* [U] gruntowność

thor·ough·bred /ˈθʌrəbred/ *n* [C] koń czystej krwi

thor·ough·fare /ˈθʌrəfeə/ *n* [C] główna arteria komunikacyjna

thor·ough·ly /ˈθʌrəli/ *adv* **1** bardzo: *Thanks for the meal. I thoroughly enjoyed it* (=bardzo mi smakowało). **2** całkowicie: *I thoroughly agree.* **3** gruntownie, dokładnie: *Rinse the vegetables thoroughly.*

those /ðəʊz/ *determiner, pron* liczba mnoga od **THAT**

thou /ðaʊ/ *pron* dawna forma zaimka „you"

though¹ S1 W1 /ðəʊ/ *conjunction* **1** *także* **even though** chociaż, mimo że: *Though Beattie is almost 40, she still plans to compete.* | *I seem to keep gaining weight, even though I'm exercising regularly.* | *I don't really like classical music, though I did enjoy the Pavarotti concert.* **2 as though** jak gdyby, jakby: *She was staring at me as though she knew me.* | *It looks as though we're lost* (=wygląda na to, że się zgubiliśmy).

though² S1 *adv spoken* jednak: *You should pass your test. It won't be easy though.* | *I think she's Swiss; I'm not sure though.*

thought¹ /θɔːt/ *v* czas przeszły i imiesłów bierny od **THINK**

thought² S1 W1 *n* **1** [C] myśl: *I've just had a thought. Why don't we ask Terry if he wants to come?* | *What are your thoughts on the subject* (=co myślisz na ten temat)? **2** [U] zastanowienie: *I've been giving your proposal some thought* (=zastanawiałem się nad twoją propozycją). | **lost/deep in thought** (=pogrążony w myślach): *She was staring out of the window, lost in thought.* **3** [U singular] troska: *He acted without any thought for his own safety.* **4** [U] poglądy: *Newton's influence on modern scientific thought*

thought·ful /ˈθɔːtfəl/ *adj* **1** zamyślony: *a thoughtful expression on his face* **2** zapobiegliwy: *Her thoughtful parents had provided her with a little extra money.* **3 it was thoughtful of sb to do sth** to ładnie z czyjejś strony, że coś zrobił: *It was really thoughtful of you to remember my birthday.* —**thoughtfully** *adv* zapobiegliwie

thought·less /ˈθɔːtləs/ *adj* **1** bezmyślny: *a thoughtless remark* **2** nieliczący się z innymi —**thoughtlessly** *adv* bezmyślnie —**thoughtlessness** *n* [U] bezmyślność

thou·sand /ˈθaʊzənd/ *number* **1** tysiąc **2 thousands** *informal* tysiące: *Steve's had thousands of girlfriends.* —**thousandth** *adj* tysięczny

thrash /θræʃ/ *v* **1** [T] z/bić **2** [I] rzucać się: *a fish thrashing around in the net* **3** [T] *informal* rozgromić —**thrashing** *n* [C,U] cięgi

thread¹ /θred/ *n* **1** [C,U] nić, nitka: *a needle and thread* **2** [C] wątek: *a common thread running through all the poems* | **lose the thread** (=s/tracić wątek): *Halfway through the film I started to lose the thread.* **3** [C] gwint

thread² *v* [T] nawlekać: *Will you thread the needle for me?*

thread·bare /ˈθredbeə/ *adj* wytarty: *a threadbare carpet*

threat S3 W2 /θret/ *n* [C] **1** groźba: *Threats were made against his life.* **2** [usually singular] zagrożenie: *pollution that is a major threat to the environment* **3** [usually singular] niebezpieczeństwo: *the threat of famine*

threat·en S3 W2 /ˈθretn/ *v* [T] **1** za/grozić: **threaten to do sth** *The hijackers threatened to shoot him* (=grozili, że go zastrzelą). | *The fighting threatens to turn into* (=istnieje niebezpieczeństwo, że walki przerodzą się w) *a major civil war.* | **threaten sb with sth** *I was threatened with jail* (=grożono mi więzieniem) *if I published the story.* **2** zagrażać: *Illegal hunting threatens the survival of the white rhino.* —**threatening** *adj*: *a threatening letter* (=list z pogróżkami)

three S1 /θriː/ *number* trzy

three-D¹, 3-D /ˌθriː ˈdiː/ *adj* trójwymiarowy

three-D², 3-D /ˌθriː ˈdiː/ *n* **in three-D** w trójwymiarze, w technologii 3D

ˌthree-diˈmensional *także* **3-D** *adj* trójwymiarowy: *a 3-D movie*

T

thresh·old /ˈθreʃhəʊld/ *n* **1 on the threshold of sth** u progu czegoś: *We're on the threshold of a new era in telecommunications.* **2** [C] próg: *the tax threshold*

threw /θruː/ *v* czas przeszły od THROW

thrift /θrɪft/ *n* [U] oszczędność —**thrifty** *adj* oszczędny: *thrifty shoppers*

ˈ**thrift shop** *n* [C] *AmE* sklep z rzeczami używanymi, z którego dochody przeznaczone są na cele dobroczynne

thrill¹ /θrɪl/ *n* [C] emocje, dreszczyk emocji: *the thrill of driving a fast car*

thrill² *v* [T] zachwycać: *The magic of his music continues to thrill audiences.* | *She'll be thrilled when she hears the news.*

thrill·er /ˈθrɪlə/ *n* [C] dreszczowiec

thril·ling /ˈθrɪlɪŋ/ *adj* porywający, ekscytujący: *a thrilling end to the game*

thrive /θraɪv/ *v* [I] dobrze się rozwijać: *a plant that is able to thrive in dry conditions*

thri·ving /ˈθraɪvɪŋ/ *adj* kwitnący, doskonale prosperujący: *a thriving business*

throat S3 W3 /θrəʊt/ *n* [C] gardło: *I have a sore throat* (=boli mnie gardło). | *His attacker held him by the throat.* →patrz też **clear your throat** (CLEAR²)

throat·y /ˈθrəʊti/ *adj* chrapliwy: *a throaty whisper*

throb¹ /θrɒb/ *v* [I] (**-bbed**, **-bbing**) **1** rwać, pulsować: *My head was throbbing* (=głowa mi pękała). **2** walić, dudnić: *the throbbing sound of the engines*

throb² *n* [C] **1** bicie: *the low throb of distant war drums* **2** warkot *(silnika itp.)*

throes /θrəʊz/ *n* **in the throes of** pogrążony w: *Nigeria was in the throes of a bloody civil war.*

throne /θrəʊn/ *n* [C] tron

throng¹ /θrɒŋ/ *n* [C] *literary* tłum

throng² *v literary* **1** [T] zalewać, tłumnie wypełniać: *crowds thronging St. Peter's Square* **2** [I] walić tłumnie, ciągnąć

throt·tle¹ /ˈθrɒtl/ *v* [T] u/dusić

throttle² *n* [C] przepustnica

through¹ S1 W1 /θruː/ *prep* **1** przez: *The train went through the tunnel.* | *I pushed my way through the crowd.* | *They drove through Switzerland.* | *Someone had been watching us through the window.* **2** dzięki: *She succeeded through sheer hard work.* | *I got the job through an employment agency.* **3** przez (cały): *She slept through the film.* **4 Friday through Sunday** *AmE* od piątku do niedzieli (włącznie)

through² *adv* **1** na drugą stronę: *We found a gap in the fence and climbed through.* **2 read/think sth through** przeczytać/przemyśleć coś dokładnie: *Make sure to read it through before you sign it.* **3 through and through** w każdym calu, na wskroś: *a typical Englishman through and through* **4** *BrE* **get through to** połączyć się z *(telefonicznie)* **5** *BrE* **put sb through (to sb)** po/łączyć kogoś (z kimś): *"I'd like to speak to Mr Smith, please." "I'm putting you through."*

through³ *adj* **1 be through with sth** *informal* skończyć z czymś: *Can I borrow the book when you're through with it?* **2 be through (with sb)** rozstać się (z kimś): *That's it. Steve and I are through!* **3 through train** pociąg bezpośredni

through·out¹ S2 W1 /θruːˈaʊt/ *prep* **1** w całym: *Thanksgiving is celebrated throughout the US.* **2** przez cały: *She was calm throughout the interview.* THESAURUS ▸ DURING

throughout² *adv* **1** wszędzie: *The house is in excellent condition with fitted carpets throughout.* **2** przez cały czas: *He managed to remain calm throughout.*

throw¹ S1 W1 /θrəʊ/ *v* [T] (**threw**, **thrown**, **throwing**) **1** rzucać: *Just throw your coat on the bed.* | *They were thrown to the ground by the force of the explosion.* | *The trees threw long shadows across the lawn.* | **throw sth to sb** *Cromartie throws the ball back to the pitcher.* | **throw sb sth** *Throw me a towel, would you?* | **throw sth at sb/sth** (=rzucać czymś w kogoś/coś): *Demonstrators began throwing rocks at the police.* | **throw yourself down/onto/into etc** *When he got home, he threw himself into an armchair* (=rzucił się na fotel). **2 throw sb in jail/prison** wtrącić kogoś do więzienia **3 throw a party** wydać/urządzić przyjęcie **4 throw your weight around** panoszyć się **5** zbić z tropu: *Her sudden question threw me completely for a moment.*

throw sth ↔ away *phr v* [T] **1** wyrzucić: *Do you still want the newspaper, or can I throw it away?* **2** z/marnować: *He had everything – a good job, a beautiful wife – but he threw it all away.*

throw sth ↔ in *phr v* [T] dorzucić: *The computer is going for only £900 with a free software package thrown in.*

throw sth ↔ on *phr v* [T] narzucić (na siebie)

throw sth/sb out *phr v* [T] wyrzucić: *The meat smells bad – you'd better throw it out.* | *Jim got thrown out of the Navy for taking drugs.*

throw up *phr v* [I] *informal* z/wymiotować

throw² *n* [C] rzut: *a long throw*

throw·back /ˈθrəʊbæk/ *n* [C] powrót, nawiązanie: *His music is a throwback to the 1970s.*

thrown /θrəʊn/ *v* imiesłów bierny od THROW

thru /θruː/ *nonstandard especially AmE* alternatywna pisownia wyrazu THROUGH

thrush /θrʌʃ/ *n* [C] drozd

thrust¹ /θrʌst/ *v* [T] (**thrust**, **thrust**, **thrusting**) wpychać, wciskać: *Dean thrust his hands in his pockets.*

thrust² *n* **the thrust of sth** sedno czegoś: *What was the main thrust of his argument?*

thru·way /ˈθruːweɪ/ *n* [C] *AmE* droga szybkiego ruchu

thud /θʌd/ *n* [C] łomot, łoskot: *He hit the floor with a thud.*

thug /θʌg/ *n* [C] zbir

thumb¹ /θʌm/ *n* [C] **1** kciuk **2 give sth the thumbs up/down** wyrazić aprobatę/dezaprobatę dla czegoś

thumb² *v*

thumb through sth *phr v* [T] prze/kartkować

thumb·tack /ˈθʌmtæk/ *n* [C] *AmE* pinezka

thump /θʌmp/ *v* **1** [T] *informal* grzmotnąć: *I'm going to thump you if you don't shut up!* **2** [I,T] walić: *I could hear my heart thumping.*

thun·der¹ /ˈθʌndə/ *n* [U] grzmot —**thundery** *adj* burzowy: *thundery weather*

thunder² *v* **1 it thunders** grzmi **2** [I] za/grzmieć: *The guns thundered in the distance.*

thun·der·bolt /ˈθʌndəbəʊlt/ *n* [C] piorun

thun·der·ous /ˈθʌndərəs/ *adj* ogłuszający: *thunderous applause*

T

thun·der·storm /ˈθʌndəstɔːm/ *n* [C] burza z piorunami

Thurs·day /ˈθɜːzdi/ (*skrót pisany* **Thurs.**) *n* [C,U] czwartek

thus W1 /ðʌs/ *adv formal* **1** tym samym: *Traffic will become heavier, thus increasing pollution.* **2** w ten sposób: *Thus began one of the darkest periods in the country's history.*

thwart /θwɔːt/ *v* [T] po/psuć szyki

thy /ðaɪ/ *determiner* dawna forma zaimka „your"

thyme /taɪm/ *n* [U] tymianek

ti·a·ra /tiˈɑːrə/ *n* [C] **1** diadem **2** tiara

tic /tɪk/ *n* [C] tik

tick¹ /tɪk/ *n* [C] **1** tykanie **2** *BrE* ptaszek (*znak*): *Put a tick in the box if you agree with this statement.* **3** kleszcz

tick² *v* **1** [I] tykać **2** [T] *BrE* odfajkować, odhaczyć **3 what makes sb tick** *informal* co jest motywem czyjegoś działania: *I can't figure out what makes him tick.*
tick away/by *phr v* [I] upływać, mijać: *Time's ticking away.*
tick sb/sth ↔ off *phr v* [T] **1** *BrE informal* z/besztać **2** *AmE informal* wnerwiać **3** *BrE* odfajkować, odhaczyć

ticked-ˈoff *adj informal* wkurzony

tick·et S1 W2 /ˈtɪkɪt/ *n* [C] **1** bilet: *Have you bought your plane tickets yet?* | **single/return ticket** (=bilet w jedną stronę/powrotny) **2 speeding ticket** mandat za przekroczenie prędkości **3 parking ticket** mandat za nieprawidłowe parkowanie

COLLOCATIONS: ticket

types of ticket

a train/bus/coach/plane ticket *My train ticket was only £12.*

a theatre/concert/cinema ticket *You can book your theatre tickets online.*

a one-way ticket *także* **a single ticket** *BrE I bought a one-way ticket to Chicago.*

a return ticket *BrE*, **a round-trip ticket** *AmE* (=bilet powrotny) *A return ticket to Edinburgh, please.*

a season ticket (=bilet okresowy) *It's cheaper to get a season ticket, if you're travelling every day.*

a valid ticket (=ważny bilet) *You cannot travel without a valid ticket.*

verbs

to reserve a ticket *także* **to book a ticket** *BrE I've booked tickets for the film on Friday night.*

ticket + noun

a ticket office (=kasa biletowa)

a ticket machine (=automat z biletami)

the ticket barrier *BrE* (=bramka na stacji, przez którą przechodzi się za okazaniem biletu)

a ticket agency (=biuro sprzedaży biletów na imprezy artystyczne, rozrywkowe i sportowe)

tick·le /ˈtɪkəl/ *v* **1** [I,T] po/łaskotać **2** [T] roz/bawić: *I was tickled by her remarks.*

ˈtidal wave *n* [C] fala pływowa

tid·bit /ˈtɪdˌbɪt/ *n* [C] *AmE* kąsek

tide¹ /taɪd/ *n* **1** [C] pływ: *The tide is coming in* (=nadchodzi przypływ). | **high/low tide** (=przypływ/odpływ) **2** [singular] fala: *the rising tide of unemployment*

tide² *v*
tide sb over *phr v* [T] pomóc przetrwać: *Could you lend me $50 to tide me over until payday?*

ti·dy¹ S3 /ˈtaɪdi/ *adj* **1** schludny: *Her desk is always very tidy.* **2** *especially BrE* porządny —**tidily** *adv* schludnie —**tidiness** *n* [U] schludność

tidy² *także* **tidy up** *v* [I,T] *BrE* po/sprzątać: *Make sure you tidy up after you've finished.*
tidy sth ↔ away *phr v* [T] *BrE* uprzątnąć

tie¹ S2 W3 /taɪ/ *v* **1** [T] za/wiązać: *Can you tie your shoelaces yet?* | **tie sth to sth** (=przywiązać): *Tie this label to your suitcase.* | **tie sth around sth** (=obwiązać): *She tied a scarf around her head.* **2** *także* **be tied** [I] z/remisować: *San Diego tied with the Denver Broncos for second place.*
tie sb down *phr v* [T] s/krępować: *Neil doesn't like feeling tied down.*
tie in with sth *phr v* [I] pokrywać się z: *His evidence doesn't really tie in with hers.*
tie up *phr v* [T] **1** [**tie** sb ↔ **up**] związać, skrępować **2** [**tie** sth ↔ **up**] związać **3 tied up a)** zajęty: *Mr Baker can't see you now. He's tied up in a meeting.* **b)** zainwestowany: *Our money's tied up in a long-term savings plan.*

UWAGA: tie

Nie mówi się „they tied him". Mówi się **they tied him up**, **they tied him to the chair** itd.

tie² S3 W3 *n* [C] **1** krawat **2** [usually plural] więzy: *close family ties* **3** remis: *There was a tie for first place.*

ˈtie-dye *v* [T] **to tie-dye a T-shirt** zafarbować koszulkę (związaną w supły)

tier /tɪə/ *n* [C] **1** rząd (*krzeseł*) **2** poziom

tiff /tɪf/ *n* [C] sprzeczka: *a lovers' tiff*

ti·ger /ˈtaɪgə/ *n* [C] tygrys

tight¹ S2 W3 /taɪt/ *adj* **1** obcisły: *tight jeans* **2** ciasny: *These shoes feel too tight.* **3** dokręcony: *Make sure the screws are tight.* →antonim LOOSE¹ **4 tight security** zaostrzone środki bezpieczeństwa: *Security is tight for the President's visit.* **5** naciągnięty: *If the straps aren't tight enough, the saddle will slip.* →antonim LOOSE¹ **6 a tight schedule** napięty harmonogram: *It's a tight schedule, but we can manage.* | **be on a tight budget** (=liczyć się z każdym groszem) **7** *informal* wstawiony **8 in a tight spot** *informal* w opałach —**tightly** *adv* ciasno, mocno: *She held the baby tightly in her arms.*

tight² *adv* **1** mocno: *Hold tight and don't let go of my hand.* **2** szczelnie: *Put the lid on tight.*

tight·en /ˈtaɪtn/ *v* **1** [I,T] zaciskać (się), zacieśniać (się): *How do I tighten my seat belt?* | *Richard's grip tightened on her arm.* **2 tighten your belt** *informal* zaciskać pasa
tighten sth ↔ up *także* **tighten up on** sth *phr v* [T] zaostrzać: *They're tightening up the laws on immigration.*

ˌtight-ˈlipped *adj* milczący, skryty **to be tight-lipped about sth** nie chcieć o czymś mówić

tight·rope /ˈtaɪtrəʊp/ *n* [C] **1** lina (*akrobatyczna*) **2 walk a tightrope** balansować na krawędzi

tights /taɪts/ *n* [plural] rajstopy

tight·wad /ˈtaɪtwɒd/ *n* [C] *AmE informal* skąpiradło

tile S3 /taɪl/ *n* [C] **1** kafelek, płytka (ceramiczna) **2** dachówka —**tile** *v* [T] wy/kafelkować

till¹ /tɪl/ *prep, conjunction* (aż) do: *Let's wait till tomorrow.*

T

till² *n* [C] kasa *(sklepowa)*

tilt /tɪlt/ *v* [I,T] przechylać (się): *She tilted her head.*

tim·ber /ˈtɪmbə/ *n* **1** [U] *BrE* drewno **2** [C] belka: *the timbers that hold up the roof*

time¹ S1 W1 /taɪm/ *n* **1** [U] czas: *Time goes by so quickly these days.* | *The winner's time was 2 hours and 6 minutes.* | *The train finally left Prague at 5.30 local time.* **2** [C,U] godzina: *a list giving the dates and times* (=godziny rozpoczęcia) *of the exams* | *What time do you go to bed* (=o której chodzisz spać)? | **what time is it?/do you have the time?** (=która jest godzina?): *"Excuse me, do you have the time?" "It's five o'clock."* **3** [C] raz: *How many times have you been to Paris before?* | **last/next time** (=ostatnim/następnym razem): *I'll pay you back next time I see you.* **4** [U singular] okres: *My time at university was the happiest time of my life.* | **last a long time** (=trwać długo): *The meeting lasted a long time.* | **a long time ago** (=dawno temu): *It all happened a very long time ago.* | **take time** (=(długo) trwać): *Learning a language takes time.* **5** [C] czasy: *The play is set in the time of Alexander the Great.* | **at the time/at that time** (=wtedy): *I was living in Mexico at the time.* | **at one time** (=kiedyś): *At one time the island belonged to France.* | **before your time** (=kiedy cię jeszcze nie było na świecie) **6 it's time (to do sth)** czas (coś zrobić): *Come on, kids. It's time to go home.* **7 by the time** zanim: *By the time you get this letter, I'll be in Canada.* **8 all the time a)** cały czas: *I don't have to wear my glasses all the time.* **b)** ciągle, stale: *It happens all the time.* **9 most of the time** przeważnie **10 on time** punktualny: *In Japan the trains are always on time.* THESAURUS ▸ EARLY **11 in (good) time** na czas: *They arrived in time for dinner.* **12 in a week's/three months' time** za tydzień/trzy miesiące: *We'll meet again in a month's time.* **13 in no time** zanim się obejrzysz: *We'll be there in no time.* **14 good/right/bad time** dobry/odpowiedni/nieodpowiedni moment: *This isn't the right time to ask for more money.* **15 have a good/great time** dobrze/świetnie się bawić **16 have (the) time** mieć czas: *I'm sorry, I don't have time to talk now.* **17 take your time** nie śpieszyć się: *Take your time – you don't have to rush.* | *The builders are certainly taking their time!* **18 at times** czasami: *The work can be very stressful at times.* THESAURUS ▸ SOMETIMES **19 from time to time** od czasu do czasu: *We still see each other from time to time.* **20 time after time** wiele razy **21 one/two at a time** jeden/dwa naraz: *You can borrow three books at a time from the library.* **22 five/ten times as much** pięć/dziesięć razy więcej: *She earns three times as much as I do* (=trzy razy tyle co ja). **23 (it's) about time** *spoken* najwyższy czas: *It's about time you got a job!* **24 for the time being** na razie: *They'll let us live here for the time being.* THESAURUS ▸ NOW → patrz też **at the same time** (SAME)

UWAGA: time

Patrz **long** i **a long time**.

time² *v* [T] **1** nastawiać: *The bomb was timed to go off at 5:00.* | **well/badly timed** *The announcement was badly timed* (=wybrano zły moment na to oświadczenie). **2** z/mierzyć czas: *We timed our journey – it took two and a half hours.*

ˈtime bomb *n* [C] **1** bomba z opóźnionym zapłonem: *the population time bomb* **2** bomba zegarowa

ˈtime-conˌsuming *adj* czasochłonny: *a time-consuming process*

ˈtime-ˌhonoured *BrE*, **time-honored** *AmE adj* uświęcony tradycją: *time-honoured customs*

time·keep·er /ˈtaɪmˌkiːpə/ *n* [C] osoba mierząca czas

time·less /ˈtaɪmləs/ *adj* ponadczasowy: *the timeless beauty of Venice*

time·ly /ˈtaɪmli/ *adj* w samą porę: *a timely decision* (=decyzja podjęta we właściwym momencie)

ˌtime ˈoff *n* [U] wolne

ˌtime ˈout *n* **1 take time out** z/robić sobie przerwę **2** [C] czas dla drużyny *(podczas meczu)*

tim·er /ˈtaɪmə/ *n* [C] regulator czasowy

times /taɪmz/ *prep* razy: *2 times 2 equals 4.*

time·ta·ble /ˈtaɪmˌteɪbəl/ *n* [C] **1** plan zajęć: *the school timetable* **2** *BrE* rozkład jazdy

ˈtime zone *n* [C] strefa czasowa

tim·id /ˈtɪmɪd/ *adj* nieśmiały, bojaźliwy: *a timid child* —**timidly** *adv* nieśmiało, bojaźliwie —**timidity** /təˈmɪdəti/ *n* [U] nieśmiałość, bojaźliwość

tim·ing /ˈtaɪmɪŋ/ *n* [U] **1** wybrany termin: *the timing of the election* **2** wyczucie czasu: *Good comedy depends on timing.*

tin S2 /tɪn/ *n* **1** [U] cyna: *a tin can* **2** [C] *BrE* puszka: *a tin of sardines*

tin·foil /ˈtɪnfɔɪl/ *n* [U] folia aluminiowa

tinge /tɪndʒ/ *n* [C] nuta, odcień: *There was a tinge of sadness in her voice.*

tin·gle /ˈtɪŋgəl/ *v* [I] cierpnąć, mrowieć: *My fingers tingled with the cold.*

tin·ker /ˈtɪŋkə/ *v* [I] *informal* majstrować

tin·kle /ˈtɪŋkəl/ *v* [I] dzwonić *(lekko)*

tinned /tɪnd/ *adj BrE* puszkowany: *tinned tomatoes*

tin·ny /ˈtɪni/ *adj* metaliczny: *tinny music*

ˈtin ˌopener *n* [C] *BrE* otwieracz do puszek

tin·sel /ˈtɪnsəl/ *n* [U] lameta

tint¹ /tɪnt/ *n* [C] odcień: *The sky had a pink tint.*

tint² *v* [T] u/farbować: *She has her hair tinted blonde every six weeks.*

tint·ed /ˈtɪntɪd/ *adj* przyciemniany, barwiony: *tinted glass*

ti·ny S2 W2 /ˈtaɪni/ *adj* malutki, maleńki: *thousands of tiny fish* THESAURUS ▸ SMALL

tip¹ S2 W3 /tɪp/ *n* [C] **1** czubek: *the tip of your nose* **2** napiwek: *Did you leave a tip?* **3** rada, wskazówka: *He gave me some useful tips on how to take good pictures.* **4** *BrE* wysypisko: *a rubbish tip* **5 sth is on the tip of your tongue** masz coś na końcu języka **6 the tip of the iceberg** wierzchołek góry lodowej

COLLOCATIONS: tip (SENSE 2)

verbs

leave a tip *Did you leave a tip?*

give sb a tip *I gave the driver a tip.*

adjectives

a big/large/generous tip *The service was great and we left a big tip.*

a 5%/10% etc tip *People normally give a 10% tip.*

a £2/$5 tip *He gave the waitress a $10 tip.*

tip² S3 *v* **(-pped, -pping) 1** [I,T] przechylać (się): *He tipped his seat back and stared at the ceiling.* **2** [T] wylewać,

wysypywać: *Edward tipped the last of the wine* (=rozlał resztkę wina) *into their glasses.* **3** [I,T] dawać napiwek **4 tipped to do sth** typowany do czegoś: *Tom Cruise is tipped to win an Oscar.*
tip sb ↔ off *phr v* [T] *informal* dać cynk: *The police must have been tipped off about the robbery.*
tip over *phr v* [I,T **tip** sth ↔ **over**] przewrócić (się): *A can of paint had tipped over in the back of the van.*

tip·sy /ˈtɪpsi/ *adj* podchmielony

tip·toe /ˈtɪptəʊ/ *n* **on tiptoe** na palcach/paluszkach **—tiptoe** *v* [I]: *They tiptoed past the door* (=przeszli na palcach obok drzwi). THESAURUS WALK

ti·rade /taɪˈreɪd/ *n* [C] tyrada

tire[1] /taɪə/ *n* [C] *AmE* opona: **flat tire** (=guma)

tire[2] *v* **1 tire of sth** z/nudzić się czymś: *Luke soon tired of his new toy.* **2** [I,T] z/męczyć (się): *Even short walks tire her.*
tire sb ↔ out *phr v* [T] wymęczyć: *Those kids have tired me out.*

tired S1 W2 /taɪəd/ *adj* **1** zmęczony: *You look tired. Do you want to lie down?* | **tired out** (=wykończony): *It had been a long, hard day, and they were all tired out.* **2 be tired of sth** mieć czegoś dość: *I'm tired of her stupid comments.*

THESAURUS: tired

tired zmęczony: *I'll drive if you are tired.* | *My legs are tired.*
sleepy śpiący, senny: *By 11 o'clock, I was feeling sleepy.*
drowsy śpiący, senny (*pod wpływem ciepła, alkoholu, leków*): *The wine had made her drowsy.*
exhausted wyczerpany: *It was an 18-hour journey and we were all exhausted.* | *He sat down, exhausted.*
worn out wycieńczony: *Have a break. You look worn out.*
weary *written* znużony: *Her father had grown old and weary.* | *She opened her weary eyes.* | *a weary sigh* | *weary travellers*

tire·less /ˈtaɪələs/ *adj* niestrudzony: *a tireless campaigner for women's rights*

tire·some /ˈtaɪəsəm/ *adj* denerwujący, irytujący: *a tiresome younger sister*

UWAGA: tiresome i tiring

Nie należy mylić wyrazów **tiresome** i **tiring**. **Tiresome** znaczy „denerwujący": *I find these jokes extremely tiresome.* **Tiring** znaczy „męczący": *Looking at a computer screen all day can be very tiring.*

tir·ing /ˈtaɪərɪŋ/ *adj* męczący: *a long and tiring journey*

tis·sue /ˈtɪʃuː/ *n* **1** [C] chusteczka higieniczna **2** *także* **tissue paper** [U] bibułka **3** [U] tkanka

tit /tɪt/ *n* [C] **1** sikora **2** *informal* cyc(ek)

ti·ta·ni·um /taɪˈteɪniəm/ *n* [C] tytan *(metal)*

tit·bit /ˈtɪtˌbɪt/ *n* [C] *BrE* kąsek

tit-for-tat /ˌtɪt fə ˈtæt/ *adj informal* wet za wet

tit·il·late /ˈtɪtəleɪt/ *v* [T] rozochocić: *a story to titillate the readers*

ti·tle[1] S3 W1 /ˈtaɪtl/ *n* [C] tytuł: *What's the title of his latest novel?* | *Alonso looks likely to win the world title.* | *Her official title is editorial manager.*

title[2] *v* [T] za/tytułować

ti·tled /ˈtaɪtld/ *adj* z tytułem (szlacheckim)

ˈtitle-ˌholder *n* [C] obroń-ca/czyni tytułu

ˈtitle role *n* [C] tytułowa rola

tit·ter /ˈtɪtə/ *v* [I] chichotać

T-junc·tion /ˈtiː ˌdʒʌŋkʃən/ *n* [C] *BrE* skrzyżowanie w kształcie litery T

TNT /ˌtiː en ˈtiː/ *n* [U] trotyl

to[1] S1 W1 /tə, tuː/ **1** w połączeniu z czasownikiem tworzy bezokolicznik: *I want to go* (=iść) *home.* | *They decided to wait* (=zaczekać). | *Can you show me how to use* (=obsługiwać) *the fax machine?* **2** żeby, aby: *Helen went there to see some old friends.*

to[2] S1 W1 *prep* **1** do: *He's gone to Australia.* | *She stood up and walked to the door.* | *the road to the airport* | *the key to the front door* **2** z rzeczownikiem odpowiada polskiemu celownikowi: *Martha always says 'hello' to me* (=mówi mi „cześć"). | *He handed his ticket to the inspector* (=konduktorowi). **3 from ... to a)** od ... do: *The banks are open from 9.30 to 3.00.* | *They have books on everything from cooking to camping.* **b)** z ... do: *It's 30 miles from here to Toronto.* **4** zwrócony do: *He had his back to the door.* | **to the south/east** (=na południe/wschód): *The town lies 50 miles to the south of Indianapolis.* **5 five (minutes) to two** za pięć (minut) druga: *It's ten to four.* **6** dla: *Tickets cost £20, and to some people that's a lot of money.* **7 to sb's surprise/amazement** ku czyjemuś zaskoczeniu/zdziwieniu: *To her surprise, they offered her the job.* **8 to yourself** dla siebie: *I had a room to myself.*

to[3] /tuː/ *adv* **1 to and fro** tam i z powrotem: *walking to and fro* **2 pull/push the door to** domknąć drzwi

toad /təʊd/ *n* [C] ropucha

toad·stool /ˈtəʊdstuːl/ *n* [C] muchomor

toast[1] S3 /təʊst/ *n* **1** [U] grzanka: *cheese on toast* **2** [C] toast: *I'd like to propose a toast to the happy couple.* **3 be the toast of Broadway/Hollywood** być ulubie-ńcem/nicą Broadwayu/Hollywood

toast[2] *v* [T] **1** wznosić toast **2** opiekać: *toasted bread*

toast·er /ˈtəʊstə/ *n* [C] opiekacz do grzanek

to·bac·co /təˈbækəʊ/ *n* [U] tytoń

to·bac·co·nist /təˈbækənɪst/ *także* **tobacconist's** *n* [C] sklep z wyrobami tytoniowymi

to·bog·gan /təˈbɒgən/ *n* [C] sanki, saneczki

to·day S1 W1 /təˈdeɪ/ *adv, n* [U] dzisiaj, dziś: *Today is Wednesday.* | *Can we go to the park today?* | *today's athletic superstars* | *Today more and more girls are taking up smoking.*

tod·dle /ˈtɒdl/ *v* [I] *informal* po/dreptać

tod·dler /ˈtɒdlə/ *n* [C] maluch, szkrab

to-do /tə ˈduː/ *n* [singular] *informal* zamieszanie

toe[1] S3 /təʊ/ *n* [C] palec (u nogi): *I hurt my big toe* (=paluch).

toe[2] *v* **toe the line** podporządkować się

toe·nail /ˈtəʊneɪl/ *n* [C] paznokieć u nogi

toff /tɒf/ *n* [C] *BrE old-fashioned* osoba z wyższych sfer

tof·fee /ˈtɒfi/ *n* [C,U] toffi

to·fu /ˈtəʊfuː/ *n* [U] tofu

to·ga /ˈtəʊgə/ *n* [C] toga

T

to·geth·er¹ S1 W1 /təˈgeðə/ *adv* razem: *Kevin and I went to school together.* | *Mix the flour and the sugar together.* | *The children were all sitting together in a group.* | *Why do all the bills seem to come together?* | **together with** *Bring it back to the store together with your receipt.*

UWAGA: together

Nie mówi się „I live together with my parents". Mówi się **My parents and I live together** lub **I live with my parents**. Podobnie nie mówi się „I play golf together with Marie". Mówi się **Marie and I play golf together**.

together² *adj informal* zorganizowany, poukładany: *Carla seems really together.*

to·geth·er·ness /təˈgeðənəs/ *n* [U] poczucie wspólnoty

tog·gle /ˈtɒgəl/ *n* [C] kołeczek *(rodzaj zapięcia)*

toil /tɔɪl/ *v* [I] *literary* trudzić się, mozolić się **—toil** *n* [U] trud, mozół

toi·let S2 /ˈtɔɪlɪt/ *n* [C] **1** muszla klozetowa **2** *BrE* toaleta: *the men's toilet* **3 go to the toilet** *BrE* załatwiać się

COLLOCATIONS: toilet

verbs

to go to the toilet *także* **use the toilet** *especially BrE He needed to go to the toilet in the middle of the night.*

to be in the toilet *Is Ben still in the toilet?* ⚠ Nie mówi się „in a toilet". Mówimy: **in the toilet**.

to flush the toilet (=spłukiwać) *Flushing the toilet uses a lot of water.*

to need the toilet *BrE Mum, I need the toilet* (=muszę do toalety).

adjectives

a public toilet *especially BrE There are public toilets in Market Street.*

men's/women's/ladies' toilets *BrE Excuse me, where are the ladies' toilets?*

a disabled toilet *BrE* (=toaleta dla niepełnosprawnych)

toilet + noun

toilet facilities (=toalety) *There are toilet facilities on the first floor.*

the toilet seat *Put the toilet seat down.*

THESAURUS: toilet (sense 2)

toilet *BrE* toaleta: *Where's the toilet?* | *The toilets are on the first floor.*

bathroom łazienka: *He got up to go to the bathroom.*

restroom *AmE* toaleta: *the ladies' restroom*

lavatory *formal* toaleta: *Is there a downstairs lavatory?* | *a public lavatory*

loo *BrE informal* ubikacja: *I'm just going to the loo.*

ˈtoilet bag *n* [C] kosmetyczka *(pojemnik)*

ˈtoilet ˌpaper *n* [U] papier toaletowy

toi·let·ries /ˈtɔɪlətriz/ *n* [plural] przybory toaletowe

ˈtoilet roll *n* [C] rolka papieru toaletowego

to·ken¹ /ˈtəʊkən/ *n* [C] **1** *formal* znak: *He had given her the ring as a token of his love.* **2** żeton **3 book/gift token** *BrE* bon książkowy/upominkowy

token² *adj* symboliczny: *a token payment*

told /təʊld/ *v* czas przeszły i imiesłów bierny od TELL

tol·e·ra·ble /ˈtɒlərəbəl/ *adj* znośny: *tolerable levels of pollution*

tol·e·rance /ˈtɒlərəns/ *n* [U] tolerancja: *greater religious tolerance* → antonim INTOLERANCE

tol·e·rant /ˈtɒlərənt/ *adj* tolerancyjny: *My parents were very tolerant when I was a teenager.*

tol·e·rate /ˈtɒləreɪt/ *v* [T] tolerować: *He said he refused to tolerate this sort of behaviour in his house.* | *plants that will tolerate all kinds of weather conditions*

toll¹ /təʊl/ *n* **1** [singular] liczba ofiar: *The death toll has risen to 83.* **2 take its toll (on)** spowodować nieodwracalne szkody (w), odcisnąć (swoje) piętno (na): *Years of smoking have taken their toll on his health.* **3** [C] opłata za przejazd: *a toll bridge* (=płatny most)

toll² *v* [I,T] bić (w) *(dzwon)*

to·ma·to S2 /təˈmɑːtəʊ/ *n* [C] (plural **tomatoes**) pomidor

tomb /tuːm/ *n* [C] grobowiec

tom·boy /ˈtɒmbɔɪ/ *n* [C] chłopczyca

tomb·stone /ˈtuːmstəʊn/ *n* [C] nagrobek

tom·cat /ˈtɒmkæt/ *n* [C] kocur

tome /təʊm/ *n* [C] *formal* tom, wolumin

to·mor·row S1 W2 /təˈmɒrəʊ/ *adv, n* [U] **1** jutro: *Tomorrow is Thursday.* | *What are you doing tomorrow?* **2** przyszłość: *the world of tomorrow*

tom-tom /ˈtɒm tɒm/ *n* [C] tam-tam

ton S3 /tʌn/ *n* [C] **1** tona **2 tons of** *informal* masa: *tons of letters* **3 weigh a ton** *informal* ważyć tonę

tone¹ S3 W2 /təʊn/ *n* **1** [C,U] ton: *The whole tone of her letter was rather formal and unfriendly.* | **tone of voice** *He spoke in a rather threatening tone of voice.* **2** [C] sygnał: *Please leave a message after the tone.* **—tonal** *adj* tonalny

tone² *także* **tone up** *v* [T] wzmacniać: *I'm trying to tone up my stomach* (=wzmocnić mięśnie brzucha).
tone sth ↔ down *phr v* [T] z/łagodzić, s/tonować: *They toned down the words to the song so it could be played on the radio.*

ˌtone-ˈdeaf *adj* pozbawiony słuchu muzycznego

ton·er /ˈtəʊnə/ *n* [C,U] toner

tongs /tɒŋz/ *n* [plural] szczypce

tongue S3 W3 /tʌŋ/ *n* **1** [C] język: **mother/native tongue** (=język ojczysty) **2 hold your tongue** trzymać język za zębami **3** [C,U] ozór → patrz też **on the tip of your tongue** (TIP¹), **a slip of the tongue** (SLIP²), **have a sharp tongue** (SHARP¹)

ˌtongue-in-ˈcheek *adj* żartobliwy, lekko ironiczny: *The show was done in a tongue-in-cheek style.*

ˈtongue-tied *adj* oniemiały ze zdenerwowania

ˈtongue-ˌtwister *n* [C] łamaniec językowy

ton·ic /ˈtɒnɪk/ *n* **1** *także* **tonic water** [C,U] tonik **2** [singular] zastrzyk energii

to·night S1 W2 /təˈnaɪt/ *adv, n* [U] dziś wieczorem: *Tonight is a very special occasion.* | *Do you want to go out tonight?*

ton·nage /ˈtʌnɪdʒ/ *n* [U] tonaż

tonne /tʌn/ *n* [C] tona

ton·sil /ˈtɒnsəl/ *n* [C] migdałek

ton·sil·li·tis /ˌtɒnsɪˈlaɪtɪs/ *n* [U] angina

too S1 W1 /tuː/ *adv* **1** za, zbyt: *He was driving too fast.* | *This dress is much too small for me.* | *It's too cold to swim.* | **too much/many** (=za dużo/wiele): *$200 for a room? That's far too much.* **2** też: *Sheila wants to come too.* | *"I'm really hungry." "Me too!"* **3 not too** niezbyt: *He wasn't too pleased when I told him I was leaving.* **4 all too/only too** o wiele za: *This kind of attack happens all too often these days.*

took /tʊk/ *v* czas przeszły od TAKE

tool S2 W2 /tuːl/ *n* [C] narzędzie: *Home computers can be used as a tool for learning.* | *a tool kit* (=zestaw narzędzi)

toolbar /ˈtuːlbɑː/ *n* pasek narzędzi

toot /tuːt/ *v* [I,T] za/trąbić

tooth S2 W2 /tuːθ/ *n* [C] (plural **teeth** /tiːθ/) ząb: *Did you remember to brush your teeth?* →patrz też **have a sweet tooth** (SWEET[1])

COLLOCATIONS: tooth

verbs

to brush your teeth *także* **to clean your teeth** *BrE It's best to brush your teeth after meals.* ⚠ Nie mówi się „wash your teeth". Mówimy: **brush your teeth** lub: **clean your teeth**.

to have a tooth out *BrE*, **to have a tooth pulled** *AmE* (=dać sobie wyrwać ząb) *The dentist says I need to have a tooth out.*

to lose a tooth *Children lose their first teeth around six or seven.*

to extract a tooth *formal* (=wyrwać ząb) *She had two teeth extracted.*

sb's teeth chatter (=zęby komuś szczękają) *She was so cold that her teeth were chattering.*

to floss your teeth (=czyścić zęby nicią dentystyczną) *My dentist said I should floss my teeth more.*

adjectives

sb's front/back teeth *One of my back teeth is hurting.*

white/yellow teeth *His teeth were straight and white.*

a loose tooth *Billy's got a loose tooth.*

a missing tooth (=szczerba) *I noticed that the man had several missing teeth.*

a broken tooth *He grinned showing a row of black broken teeth.*

sharp teeth *Be careful – these fish have very sharp teeth.*

good/bad teeth *She felt ashamed of her bad teeth and rarely smiled.*

rotten teeth *He had the most disgusting rotten teeth.*

even teeth (=równe zęby) *Brad's teeth were white and even.*

crooked teeth (=krzywe zęby) *He grinned at me, showing rotten, crooked teeth.*

tooth + noun

tooth decay (=próchnica) *Too much sugar causes tooth decay.*

tooth·ache /ˈtuːθeɪk/ *n* [C] ból zęba

tooth·brush /ˈtuːθbrʌʃ/ *n* [C] szczoteczka do zębów

tooth·paste /ˈtuːθpeɪst/ *n* [U] pasta do zębów

tooth·pick /ˈtuːθˌpɪk/ *n* [C] wykałaczka

top[1] S1 W2 /tɒp/ *n* **1** [C] szczyt: *Write your name at the top of the page.* | **on top (of)** (=na szczycie): *They stood together on top of Mount Everest.* | *a house with a chimney on top* →antonim BOTTOM[1] **2** [C] blat: *The table has a glass top.* | *the top of my desk* **3 on top of** oprócz: *On top of everything else, I need $700 to fix my car!* **4 the top** czołówka: *United are at the top of the league.* **5 on top** na prowadzeniu: *The Australians were on top throughout the game.* **6** [C] wieczko: *Can you help me get the top off this jar?* **7** zakrętka: *Where is the top of this pen?* **8** [C] góra *(np. bluzka)*: *She was wearing a yellow top.* **9 off the top of your head** *informal* bez zastanowienia: *Off the top of my head I'd say there were about 50.* **10 at the top of your voice** na cały głos **11** [C] bąk *(zabawka)* **12 on top of the world** *informal* w siódmym niebie **13 from top to bottom** od góry do dołu: *They searched the house from top to bottom.* **14 get on top of sb** dawać się komuś we znaki **15 go over the top** przeholować

top[2] S1 W1 *adj* **1** najlepszy: *the world's top tennis players* **2** najwyższy: *the top button of my shirt* | *the top drawer* →antonim BOTTOM[2] **3** maksymalny: *The new Jaguar has a top speed of 155 mph.* **4 top dog** *informal* najważniejsza osoba

top[3] *v* [T] (**-pped**, **-pping**) **1** przekraczać: *Their profits have topped $9 million this year.* **2 topped with sth** polany/przybrany czymś: *ice cream topped with maple syrup*
top sth ↔ off *phr v* [T] *informal* za/kończyć, s/puentować: *We topped off the evening with a visit to a local bar.*
top up *phr v* [T] **top up sb's drink/glass** dolewać komuś: *Do you want me to top up your glass?*

ˌtop ˈhat *n* [C] cylinder

ˌtop-ˈheavy *adj* przeciążony u góry

top·ic S3 W2 Ac /ˈtɒpɪk/ *n* [C] temat: *Jackie's engagement was the main topic of conversation.* THESAURUS SUBJECT

top·ic·al Ac /ˈtɒpɪkəl/ *adj* aktualny: *a new TV show dealing with topical issues*

top·less /ˈtɒpləs/ *adj* w toplesie, (w stroju) toples

top·most /ˈtɒpməʊst/ *adj* najwyższy: *the topmost branches*

ˌtop-ˈnotch *adj informal* najwyższej klasy: *top-notch equipment*

to·pog·ra·phy /təˈpɒgrəfi/ *n* [U] topografia —**topographical** /ˌtɒpəˈgræfɪkəl◂/ *adj* topograficzny

top·ping /ˈtɒpɪŋ/ *n* [C,U] dodatek: *a pizza with five toppings*

top·ple /ˈtɒpəl/ *v* **1** [I] przewracać się: **+over** *Several trees toppled over in the storm.* **2** [T] obalać: *The scandal could topple the government.*

ˌtop-ˈsecret *adj* ściśle tajny: *top-secret information*

top·sy-tur·vy /ˌtɒpsi ˈtɜːvi◂/ *adj* postawiony na głowie

torch

torch[1] /tɔːtʃ/ *n* [C] **1** *BrE* latarka **2** pochodnia: *the Olympic torch*

torch[2] *v* [T] *informal* podpalać: *Someone had torched the car.*

tore /tɔː/ *v* czas przeszły od TEAR

tor·ment[1] /tɔːˈment/ *v* [T] dręczyć: *He was tormented by feelings of guilt.*

T

tor·ment² /ˈtɔːment/ *n* [C,U] udręka

torn /tɔːn/ *v* imiesłów bierny od TEAR

tor·na·do /tɔːˈneɪdəʊ/ *n* [C] (plural **tornadoes**) tornado

tor·pe·do /tɔːˈpiːdəʊ/ *n* [C] (plural **torpedoes**) torpeda

tor·rent /ˈtɒrənt/ *n* [C] potok: *After five days of heavy rain the Telle river was a raging torrent.* | **+ of** *a torrent of abuse* (=potok wyzwisk) —**torrential** /təˈrenʃəl/ *adj* ulewny: *torrential rain*

tor·so /ˈtɔːsəʊ/ *n* [C] (plural **torsos**) tułów

tor·toise /ˈtɔːtəs/ *n* [C] żółw *(lądowy)*

tor·tu·ous /ˈtɔːtʃuəs/ *adj* **1** zawiły: *a tortuous process* **2** kręty

tor·ture¹ /ˈtɔːtʃə/ *v* [T] torturować: *Resistance leaders were tortured to death in prison.* —**torturer** *n* [C] oprawca/czyni

torture² *n* **1** [C] tortura **2** [U] tortury, torturowanie: *the torture of innocent civilians* **3** [U] męczarnia: *The last year of their marriage was absolute torture.*

To·ry /ˈtɔːri/ *n* [C] torys/ka

toss¹ /tɒs/ *v* **1** [T] rzucać: *He tossed his jacket on the bed.* **2** *także* **toss up** [I,T] *especially BrE* rzucać monetą: *Let's toss up to see who goes first.* **3 toss and turn** przewracać się z boku na bok **4 toss your head (back)** odrzucić głowę do tyłu

toss² *n* **the toss of a coin** rzut monetą

tot /tɒt/ *n* [C] *informal* brzdąc

to·tal¹ S1 W1 /ˈtəʊtl/ *adj* **1** całkowity: *His farm has a total area of 100 acres.* | *The total cost of the building will be $6 million.* **2** zupełny, totalny: *The meeting was a total waste of time.*

total² S2 W2 *n* [C] suma: *The city spent a total of two million dollars on the library.* | **in total** (=w sumie): *In total, the journey took about 8 hours.*

total³ *v* [T] (**-lled**, **-lling** *BrE*; **-led**, **-ling** *AmE*) **1** wynosić (w sumie): *Sales totalled nearly $700,000 last year.* **2** *AmE informal* skasować *(samochód)*

to·tal·i·tar·i·an /təʊˌtæləˈteəriən/ *adj* totalitarny —**totalitarianism** *n* [U] totalitaryzm

to·tal·i·ty /təʊˈtæləti/ *n* [U] *formal* całość

tot·al·ly S1 W2 /ˈtəʊtl-i/ *adv* całkowicie: *I totally agree with you.* | *The whole thing was totally unfair.*

tote bag /ˈtəʊt bæg/ *n* [C] *AmE* duża torba *(np. na zakupy)*

tot·ter /ˈtɒtə/ *v* [I] za/chwiać się: *a woman tottering around* (=idąca chwiejnym krokiem) *in high heels*

tou·can /ˈtuːkən/ *n* [C] tukan

touch¹ S2 W2 /tʌtʃ/ *v* **1** [T] dotykać: *Don't touch the paint – it's still wet!* | *She touched his forehead gently.* **2** [I] stykać się: *Make sure the wires aren't touching.* **3 not touch sth a)** nie tykać czegoś: *He never touches a drop of alcohol.* **b)** trzymać się z daleka od czegoś: *Clancy said he wouldn't touch the case.* **4 not touch sb/sth** (nawet) nie dotknąć kogoś/czegoś: *I swear I didn't touch him!* **5** [T] wzruszać: *Chaplin's films touched the hearts of millions.* **6 no one to touch sb/nothing to touch sth** *spoken* ktoś/coś nie ma sobie równych: *A brilliant player! There's no one to touch her.* **7 touch wood** *BrE spoken* odpukać (w niemalowane drewno) → patrz też TOUCHED
touch down *phr v* [I] wy/lądować
touch sth ↔ off *phr v* [T] wywołać, s/prowokować: *The report touched off a fierce debate.*
touch on/upon sth *phr v* [T] poruszyć *(temat, kwestię)*
touch sth ↔ up *phr v* [T] pod/retuszować

touch² S2 W2 *n* **1** [U singular] dotyk: *Rita felt the touch of his hand on her arm.* | *The reptile's skin was cold to the touch* (=zimna w dotyku). **2 get in touch (with sb)** s/kontaktować się (z kimś): *I've been trying to get in touch for days.* **3 keep/stay in touch** utrzymywać kontakt **4 lose touch (with sb)** s/tracić kontakt (z kimś): *I've lost touch with most of my high school friends.* **5 in touch/out of touch (with sth)** na bieżąco/nie na bieżąco (z czymś): *The government is out of touch with public opinion on this issue.* **6 a touch of sth** odrobina czegoś: *There was a touch of sadness in her voice.* **7** [C] poprawka: *Becky put the finishing touches to the cake.*

ˌtouch-and-ˈgo *adj informal* ryzykowny: *It was touch-and-go whether the doctor would get there on time* (=istniało ryzyko, że lekarz nie dotrze na czas).

touch·down /ˈtʌtʃdaʊn/ *n* [C] **1** przyłożenie *(piłki w futbolu amerykańskim)* **2** lądowanie

touched /tʌtʃt/ *adj* wzruszony: *She was touched by his kindness.*

touch·ing /ˈtʌtʃɪŋ/ *adj* wzruszający: *a touching story*

ˈtouch screen *n* [C] ekran dotykowy

touch·stone /ˈtʌtʃstəʊn/ *n* [singular] kryterium, miara

touch·y /ˈtʌtʃi/ *adj* **1** przewrażliwiony: *You've been very touchy lately – what's wrong?* **2** drażliwy: *a touchy subject* | *a touchy question*

tough S2 W2 /tʌf/ *adj* **1** trudny, ciężki: *It's going to be a tough job.* | *They asked some tough questions.* | *a tough choice* | *It's always tough on the children* (=dzieciom zawsze jest ciężko) *when a family breaks up.* THESAURUS DIFFICULT **2** twardy: *This steak is really tough.* | *Clint Eastwood plays the part of a tough cop.* | *tough anti-smoking laws* THESAURUS HARD **3** solidny, wytrzymały: *a tough waterproof material* **4 a tough area/neighbourhood** niebezpieczna okolica/dzielnica —**toughness** *n* [U] twardość, wytrzymałość

tough·en /ˈtʌfən/ *także* **toughen up** *v* [I,T] za/hartować (się)

tou·pee /ˈtuːpeɪ/ *n* [C] peruczka, tupecik

tour¹ S3 W2 /tʊə/ *n* **1** [C,U] wycieczka: *a 14-day tour of Egypt* | **on tour** (=na tournee): *The Moscow Symphony Orchestra is here on tour.* | **go on tour** (=wyjechać w trasę) **2** [C] zwiedzanie: *We had a guided tour* (=zwiedzanie z przewodnikiem) *of the museum.*

tour² *v* [T] objeżdżać, zwiedzać THESAURUS TRAVEL

tour·is·m /ˈtʊərɪzəm/ *n* [U] turystyka: *The island depends on tourism for most of its income.*

tour·ist W3 /ˈtʊərɪst/ *n* [C] turyst-a/ka: *Oxford is full of tourists in the summer.* | *a tourist resort* (=miejscowość turystyczna)

tour·na·ment /ˈtʊənəmənt/ *n* [C] turniej

tour·ni·quet /ˈtʊənɪkeɪ/ *n* [C] opaska uciskowa

tou·sled /ˈtaʊzəld/ *adj* potargany —**tousle** *v* [T] po/targać

tout /taʊt/ *także* **ticket tout** *n BrE* konik *(osoba odsprzedająca bilety)*: *Touts were selling tickets to the match for more than £100 outside the stadium.*

tow¹ /təʊ/ *v* [T] holować: *Our car had to be towed away* (=odholowany). THESAURUS ▸ PULL

tow² *n* **1** [U singular] holowanie **2 in tow** za sobą: *Mattie arrived with all her children in tow.*

to·wards S1 W1 /təˈwɔːdz/ *especially BrE*, **toward** *especially AmE prep* **1** w kierunku, ku: *I saw a man coming towards me.* **2** do, wobec: *Attitudes towards divorce have changed.* **3** na (rzecz): *My parents gave us some money towards the cost of the apartment.* **4** przy, koło: *It was cooler towards the coast.* | *I often feel tired towards the end of the day* (=pod koniec dnia).

tow·el S3 /ˈtaʊəl/ *n* [C] ręcznik: *a bath towel*

tow·er¹ S3 W3 /ˈtaʊə/ *n* [C] **1** wieża: *the Eiffel Tower* **2 a tower of strength** opoka, wsparcie

tower

tower² *v* [I] **tower (over/above)** górować (nad), wznosić się (nad): *The teacher towered above him* (=był dużo od niego wyższy). —**towering** *adj* gigantyczny

ˈtower block *n* [C] *BrE* wieżowiec

town S1 W1 /taʊn/ *n* **1** [C,U] miasto: *a little town on the coast* | *The whole town got involved in the celebrations.* | **go into town** (=iść/jechać do miasta): *I need to go into town this morning.* THESAURUS ▸ CITY **2 go to town (on sth)** *informal* iść na całego (z czymś): *Angela really went to town on buying things for her new house.*

UWAGA: town

Patrz **village**.

COLLOCATIONS: town

types of town

a small town *The film is set in a small town in America.*

a quiet town *The town is much quieter at this time of year.*

a sleepy town (=senne miasteczko) *sleepy Mexican towns*

a busy/bustling town (=miasto tętniące życiem) *It's a very attractive and busy little town.*

a big/major town *Our bank has branches in most major towns and cities.*

a provincial town *Piacenza is a provincial town in northern Italy.*

a market town (=miasto targowe) *Ashbourne is a pretty old market town.*

a seaside town *The pretty seaside town of Lyme Regis is on the south coast.*

an industrial town *the old industrial towns of the north*

a historic/ancient town *the historic town of Battle, near Hastings* | *Colchester is an ancient town dating back to the 1st century BC.*

the old town *We had a look around the historic old town.*

a new town (=w Wielkiej Brytanii określa się tak miasta zbudowane po roku 1946) *Milton Keynes and other new towns*

sb's home town (=czyjeś miasto rodzinne) *She went back to her home town of Leeds.*

noun + town

the centre of town/the town centre *BrE*, **the center of town/the town center** *AmE* *The hotel was right in the centre of town.*

the outskirts/edge of a town (=peryferia) *Superstores are usually on the outskirts of towns.*

ˌtown ˈcouncil *n* [C] *BrE* rada miasta —**town councillor** *n* [C] radn-y/a miejsk-i/a

ˌtown ˈhall *n* [C] ratusz

towns·peo·ple /ˈtaʊnsˌpiːpəl/ *także* **towns·folk** /-fəʊk/ *n* [plural] mieszkańcy miasta, miastowi

tox·ic /ˈtɒksɪk/ *adj* trujący: *toxic chemicals* | **toxic waste** (=odpady toksyczne) THESAURUS ▸ DANGEROUS

tox·in /ˈtɒksɪn/ *n* [C] *technical* toksyna

toy¹ S3 /tɔɪ/ *n* [C] zabawka: *her favourite toys* | *a toy gun*

toy² *v*

toy with sth *phr v* [T] **1** rozważać przez krótki czas: *She had toyed with the idea of becoming an actress.* **2** bawić się *(bezmyślnie)*: *Roy toyed with his pen before he spoke.*

trace¹ Ac /treɪs/ *v* [T] **1** odszukiwać: *Police are still trying to trace her husband.* **2** odtwarzać: *He traced his family history back to the 17th century.* **3** prze/kalkować **4** namierzać: *tracing telephone calls*

trace² Ac *n* **1** [C,U] ślad: *We found no trace of them on the island.* | **disappear/vanish without trace** (=zniknąć bez śladu) **2** [C] nuta: *There was a trace of sadness in his voice.*

track¹ S2 W2 /træk/ *n* **1** [C] droga gruntowa: *a dirt track through the woods* **2 keep track of sth** nadążać za czymś: *It's hard to keep track of everyone's birthdays.* **3 lose track of sth** s/tracić orientację w czymś **4 be on the right/wrong track** zmierzać we właściwym/niewłaściwym kierunku: *Keep going, you're on the right track.* **5** [C] utwór *(na płycie)*: *the best track on the album* **6** [C] tor(y): *The track was damaged in several places.* **7** [C] bieżnia: *the fastest man on the track* **8** [U] *especially AmE* biegi *(jako dyscyplina sportowa)* **9 tracks** [plural] ślady

track² *v* [T] wy/tropić: *The whales were tracked across the Atlantic.*

track sb/sth ↔ down *phr v* [T] wytropić, odnaleźć: *They finally succeeded in tracking down their daughter.*

ˌtrack and ˈfield *n* [U] *especially AmE* lekkoatletyka

ˈtrack ˌrecord *n* [singular] osiągnięcia: *The company has an excellent track record on environmental issues.*

track·suit /ˈtræksuːt/ *n* [C] *BrE* dres

tract /trækt/ *n* [C] **1 respiratory tract** drogi oddechowe **2 digestive tract** przewód pokarmowy **3** przestrzeń: *vast tracts of virgin rainforest*

trac·tor /ˈtræktə/ *n* [C] traktor

trade¹ S3 W1 /treɪd/ *n* **1** [U] handel **2 retail/tourist trade** branża handlowa/turystyczna **3** [C] zawód, fach: **by trade** (=z zawodu): *Jerry's a plumber by trade.*

trade² S3 W2 *v* [I,T] **1** handlować: *Our company has a lot of experience of trading in Asia.* **2** *AmE* zamieniać się: *I love your pink sneakers. Do you want to trade?*

trade sth ↔ in *phr v* [T] wymieniać za dopłatą *(na coś nowego)*: *I traded my Chevy in for a Honda.*

trade·mark /ˈtreɪdmɑːk/ *n* [C] znak handlowy

T

'trade-off *n* [C] bilans: *the trade-off between the benefits and the risks involved*

trad·er /ˈtreɪdə/ *n* [C] handlowiec

trades·man /ˈtreɪdzmən/ *n* [C] *BrE* (plural **tradesmen** /-mən/) handlarz

ˌtrade ˈunion *n* [C] *BrE* związek zawodowy —**trade unionist** *n* [C] związkowiec

tra·di·tion S2 W2 /trəˈdɪʃən/ *n* [C,U] tradycja: *an old Jewish tradition*

tra·di·tion·al S3 W1 AC /trəˈdɪʃənəl/ *adj* tradycyjny: *traditional Irish music* | *My father has very traditional ideas about marriage.* —**traditionally** *adv* tradycyjnie

tra·di·tion·al·ist AC /trəˈdɪʃənəlɪst/ *n* [C] tradycjonalist-a/ka

traf·fic S1 W2 /ˈtræfɪk/ *n* [U] **1** ruch uliczny: **heavy traffic** (=duży ruch): *There was heavy traffic on the roads this morning.* **2** ruch: *air traffic control* **3** nielegalny handel

COLLOCATIONS: traffic

verbs

to be stuck in traffic *także* **to be held up in traffic** (=u/tkwić w korku) *I was stuck in traffic on the motorway for hours.*

to avoid/miss the traffic *We should leave early to avoid the traffic.*

traffic is diverted (=wyznaczono objazd) *The traffic was diverted because of flooding.*

types of traffic

heavy/light traffic *Heavy traffic made the journey very slow.* | *It was early and the traffic was still light.*

rush-hour traffic (=ruch w godzinie szczytu) *We got stuck in rush-hour traffic.*

bad/terrible traffic *The traffic is really bad in town today.*

slow traffic *The traffic at this time of day is always very slow* (=o tej porze zawsze jedzie się bardzo wolno).

oncoming traffic (=pojazdy jadące z przeciwka) *A steady stream of oncoming traffic made it impossible to pass the car in front.*

noun + traffic

a stream of traffic (=sznur/strumień pojazdów) *I was moving slowly forwards in a steady stream of traffic.*

the volume of traffic (=natężenie ruchu) *The new road will reduce the volume of traffic through the village.*

traffic + noun

a traffic jam (=korek) *I was sitting in a traffic jam for 45 minutes.*

a traffic accident *We are getting reports of a bad traffic accident near exit 22.*

traffic congestion (=korki) *Traffic congestion will only get worse.*

traffic noise *Some people can't sleep if there is traffic noise at night.*

ˈtraffic ˌcircle *n* [C] *AmE* rondo

ˈtraffic ˌjam *n* [C] korek *(uliczny)*: *We were stuck in a traffic jam for two hours.*

traf·fick·ing /ˈtræfɪkɪŋ/ *n* **drug/arms trafficking** handel bronią/narkotykami

ˈtraffic light *także* **ˈtraffic ˌsignal** *n* [C] sygnalizacja świetlna

ˈtraffic ˌwarden *n* [C] *BrE* funkcjonariusz/ka pilnując-y/a prawidłowego parkowania pojazdów

tra·ge·dy /ˈtrædʒədi/ *n* [C,U] tragedia: *They never recovered from the tragedy of their son's death.* | *Shakespeare's tragedies*

tra·gic /ˈtrædʒɪk/ *adj* tragiczny: *The Princess was killed in a tragic car accident in Paris.* | *the tragic hero in 'A Tale of Two Cities'* —**tragically** /-kli/ *adv* tragicznie

trail¹ /treɪl/ *n* [C] **1** szlak: *a hiking trail in the mountains* **2** ślady: *a trail of blood* | *The storm left a trail of destruction across southern England.* **3 be on sb/sth's trail** być na czyimś tropie/na tropie czegoś: *The FBI were hot on his trail.*

trail² *v* **1** [T] wy/tropić **2** [I] przegrywać: *The Cowboys are trailing 21–14 in the third quarter.* **3** [I,T] ciągnąć (się), wlec (się): *She wore a long dress, which trailed along the ground behind her.* | *The two mothers walked along with their kids trailing behind them.* **4** [I] płożyć się, ciągnąć się: *a trailing plant* | *You shouldn't leave wires trailing across the floor.*

trail·er S3 /ˈtreɪlə/ *n* [C] **1** przyczepa THESAURUS ▸ HOUSE **2** zwiastun *(np. filmu)*

ˈtrailer park *n* [C] *AmE* parking przyczep

train¹ S1 W2 /treɪn/ *n* [C] **1** pociąg: *What time's the next train to Birmingham?* | *a passenger train* **2 train of thought** tok myślowy **3** karawana: *a camel train*

COLLOCATIONS: train

verbs

to go/travel by train *It will be quicker to go by train.* | *People who travel by train will face higher fares.* ⚠ Nie mówi się „go by the train" ani „travel by the train". Mówimy: **go by train** lub: **travel by train**.

to take/get a train *We could drive, or we could take a train.*

to catch a train *I'll try to catch the early train.*

to miss a train (=spóźnić się na pociąg) *He overslept and missed his train.*

to get on/off a train *A lot of people got on the train at Birmingham.* | *I got off the train at Sheffield.*

to change trains (=przesiąść się) *You'll have to change trains at Reading.*

a train arrives/leaves *także* **a train departs** *formal The train arrived on time.* | *The next train departing from Platform 3 is the 9.04 to Paddington.*

trains run (=pociągi kursują) *Trains run every hour from here to Cambridge.*

types of train

an express train/a fast train (=ekspres) *They took the 7.20 express train to Glasgow.*

a local train/a stopping train (=pociąg osobowy) *I got on the local train by mistake.*

a passenger train *The passenger train was travelling at 125 mph.*

a freight/goods train (=pociąg towarowy) *a freight train carrying 1,000 tonnes of coal*

a commuter train (=kolejka podmiejska) *a crowded New York commuter train*

a tube train/an underground train (=pociąg londyńskiego metra) *a tube train on the circle line*

train + noun

a train journey *BrE*, **a train trip** *AmE He had a seven-hour train journey to get here.*

a train fare (=cena biletu kolejowego) *Train fares have gone up a lot.*
a train crash *Thirty-five people were killed in the train crash.*
a train driver *The train driver was blamed for going through a red light.*
a train station *I'll meet you at the train station.*

train² S1 W2 *v* [I,T] **1** szkolić (się): *She trained as a nurse for four years.* | *Staff are trained in how to deal with difficult customers.* **2** trenować: *He's training for the Olympics.* —**trained** *adj* wykwalifikowany: *highly trained riot police*

train·ee /ˌtreɪˈniː◂/ *n* [C] stażyst-a/ka: *a trainee teacher*

train·er /ˈtreɪnə/ *n* [C] **1** trener/ka THESAURUS TEACHER **2** *BrE* but sportowy

train·ing S2 W1 /ˈtreɪnɪŋ/ *n* [U] **1** szkolenie: *a training course* **2** trening: *She injured her knee in training.*

trait /treɪ/ *n* [C] cecha: *Jealousy is one of his worst traits.*

trai·tor /ˈtreɪtə/ *n* [C] zdraj-ca/czyni

tra·jec·to·ry /trəˈdʒektəri/ *n* [C] *technical* trajektoria, tor *(lotu)*

tram /træm/ *n* [C] *especially BrE* tramwaj

tramp¹ /træmp/ *n* [C] włóczęga

tramp² *v* **1** [I] brnąć: *They tramped through the snow.* **2** [T] przemierzać: *I've tramped the streets all day looking for work.*

tram·ple /ˈtræmpəl/ *v* [I,T] **1** s/tratować: *One woman was trampled to death by the crowd.* **2** po/deptać: *The colonial government had trampled on the rights of the native people.*

tram·po·line /ˈtræmpəliːn/ *n* [C] batut

trance /trɑːns/ *n* [C] trans

tran·quil /ˈtræŋkwəl/ *adj* spokojny: *a tranquil little town* —**tranquility**, **tranquillity** /træŋˈkwɪləti/ *n* [U] spokój

tran·qui·liz·er /ˈtræŋkwəlaɪzə/ *także* **-iser** *BrE n* [C] środek uspokajający

trans- /træns/ *prefix* trans-: *transatlantic* | *transcontinental*

trans·ac·tion S3 W3 /trænˈzækʃən/ *n* [C] *formal* transakcja: *financial transactions*

trans·at·lan·tic /ˌtrænzətˈlæntɪk◂/ *adj* transatlantycki: *a transatlantic flight*

tran·scend /trænˈsend/ *v* [T] *formal* wykraczać poza: *Mandela's ability to transcend political boundaries*

trans·con·ti·nen·tal /ˌtrænzkɒntəˈnentl/ *adj* transkontynentalny: *the first transcontinental railroad*

tran·scribe /trænˈskraɪb/ *v* [T] zapisywać, transkrybować —**transcription** /trænˈskrɪpʃən/ *n* [C,U] transkrypcja

tran·script /ˈtrænskrɪpt/ *n* [C] zapis: *a transcript of the witness's testimony*

trans·fer¹ S3 W2 Ac /trænsˈfɜː/ *v* (**-rred, -rring**) **1** [I,T] przenosić (się): *She's been transferred to head office.* **2** [T] przelewać: *I'd like to transfer some money into my savings account.* —**transferable** *adj*: *a transferable ticket* (=bilet na okaziciela)

trans·fer² W2 Ac /ˈtrænsfɜː/ *n* [C,U] przekazanie: *the transfer of power*

trans·fixed /trænsˈfɪkst/ *adj* znieruchomiały, (jak) zamurowany: *She stood transfixed, unable to look away.*

trans·form W3 Ac /trænsˈfɔːm/ *v* [T] odmienić: *discoveries that have transformed the world we live in* —**transformation** /ˌtrænsfəˈmeɪʃən/ *n* [C,U] transformacja: *The city has undergone a total transformation.*

trans·form·er /trænsˈfɔːmə/ *n* [C] transformator

trans·fu·sion /trænsˈfjuːʒən/ *n* [C,U] transfuzja

trans·gress /trænzˈgres/ *v* [I,T] *formal* przekraczać —**transgression** /-ˈgreʃən/ *n* [C,U] wykroczenie

tran·si·ent¹ /ˈtrænziənt/ *adj formal* **1** efemeryczny, przemijający: *a transient phenomenon* **2** wędrowny

transient² *n* [C] włóczęga

tran·sis·tor /trænˈzɪstə/ *n* [C] tranzystor

tran·sit Ac /ˈtrænsɪt/ *n* [U] transport: **in transit** (=podczas transportu): *Goods often get lost in transit.*

tran·si·tion W3 Ac /trænˈzɪʃən/ *n* [C,U] *formal* przejście: *the transition from dictatorship to democracy* —**transitional** *adj* przejściowy: *a two-year transitional period*

tran·si·tive verb /ˌtrænsətɪv ˈvɜːb/ *n* [C] czasownik przechodni → porównaj INTRANSITIVE VERB

tran·si·to·ry Ac /ˈtrænzətəri/ *adj formal* krótkotrwały, przemijający

trans·late S3 /trænsˈleɪt/ *v* **1** [I,T] prze/tłumaczyć, przekładać: *The book has been translated into several European languages.* **2 translate into** *formal* przekładać się na: *This should translate into lower production costs.*

trans·la·tion /trænsˈleɪʃən/ *n* [C,U] tłumaczenie

trans·la·tor /trænsˈleɪtə/ *n* [C] tłumacz/ka *(języka pisanego)*

trans·lu·cent /trænzˈluːsənt/ *adj* półprzezroczysty —**translucence** *n* [U] półprzezroczystość

trans·mis·sion Ac /trænzˈmɪʃən/ *n* **1** [C,U] transmisja **2** [C,U] przekładnia: *automatic transmission* **3** [U] *formal* przenoszenie: *the transmission of diseases*

trans·mit Ac /trænzˈmɪt/ *v* [T] (**-tted, -tting**) **1** transmitować **2** *informal* przenosić: *The virus is transmitted through sexual contact.*

trans·mit·ter /trænzˈmɪtə/ *n* [C] nadajnik

trans·par·en·cy /trænˈspærənsi/ *n* [C,U] przezrocze

trans·par·ent /trænˈspærənt/ *adj* **1** przezroczysty: *transparent plastic* **2** jawny, oczywisty: *a transparent lie*

tran·spire /trænˈspaɪə/ *v* **1** [T] *formal* okazać się **2** wydarzyć się

trans·plant¹ /ˈtrænsplɑːnt/ *n* [C,U] transplantacja, przeszczep: *a heart transplant*

trans·plant² /trænsˈplɑːnt/ *v* [T] **1** przeszczepiać **2** przenosić

trans·port¹ S2 W2 Ac /ˈtrænspɔːt/ *n* [U] *BrE* **1** transport: *Do you have your own transport?* | *the transport of live animals* **2** komunikacja: *Buses are the main form of public transport* (=komunikacji miejskiej).

UWAGA: transport

Wyraz **transport** używany jest częściej w angielszczyźnie brytyjskiej, a **transportation** w amerykańskiej. Mówiąc o przemieszczaniu się za pomocą większości środków transportu, używamy przyimka **by**: *I came by car/plane/train.* Jeśli ktoś idzie piechotą, używamy wyrażenia **on foot**: *I came on foot.* Kiedy mówimy o czymś, co stało się podczas korzystania z komunikacji publicznej, używamy przyimka **on**: *I met Jim on the train/bus/plane.*

trans·port² Ac /træn'spɔ:t/ *v* [T] przewozić, prze/transportować

trans·por·ta·tion W3 Ac /ˌtrænspɔ:'teɪʃən/ *n* [U] *especially AmE* **1** komunikacja: *the city's transportation system* **2** transport: *transportation costs*

trans·ves·tite /trænz'vestaɪt/ *n* [C] transwestyt-a/ka

trap¹ /træp/ *n* [C] pułapka: *a mouse trap | the deadly trap of drug and alcohol addiction*

trap² *v* [T] (**-pped**, **-pping**) **1 trapped** uwięziony: *The children were trapped in a burning building. | She felt trapped in a loveless marriage.* **2** z/łapać w pułapkę: *a series of questions intended to trap him* **3** z/łapać *(ciecz)*: *They put a bucket underneath, to trap the water.*

trap·door /'træpdɔ:/ *n* [C] klapa, drzwi spustowe

tra·peze /trə'pi:z/ *n* [C] trapez

trap·pings /'træpɪŋz/ *n* [plural] atrybuty: *the trappings of stardom*

trash¹ S3 /træʃ/ *n* [U] **1** *AmE* śmieci **2** *informal* chłam: *There's so much trash on TV these days.*

trash² *v* [T] *informal* z/demolować

trash·can /'træʃkæn/ *n* [C] *AmE* pojemnik na śmieci

trash talk *także* **'trash ˌtalking** *n* obrażanie zawodników: *Coaches say they want to take trash talking out of high school football.*

trash·y /'træʃi/ *adj* szmatławy: *trashy novels*

trau·ma /'trɔ:mə/ *n* [C] **1** [U] bolesne przeżycie: *Children often have trouble coping with the trauma of divorce.* **2** [U] uraz

trau·mat·ic /trɔ:'mætɪk/ *adj* traumatyczny: *a traumatic experience*

trau·ma·tized /'trɔ:mətaɪzd/ *także* **-ised** *BrE adj* znerwicowany

trav·el¹ S2 W2 /'trævəl/ *v* (**-lled**, **-lling** *BrE*; **-led**, **-ling** *AmE*) **1** [I] podróżować, jeździć: *Jack spent the summer travelling around Europe. | I usually travel to work by car.* **2** [T] przejechać: *They travelled over 400 miles on the first day.* **3** [I] rozchodzić się: *News travels fast in a small town like this.*

THESAURUS: travel

travel podróżować: *Jack spent the summer travelling around Australia. | How do you travel to work?*
go jechać: *We're going to Spain this summer. | He often goes there on business.*
commute dojeżdżać: *I live in the country and commute to London every day.*
cross przejechać/przelecieć/przepłynąć: *They crossed the desert by camel. | The plane crossed the Atlantic Ocean.*
tour objeżdżać, jeździć po: *Annie and I decided we'd like to tour Italy. | The band are currently touring Europe.*

different ways of travelling

go by car/bus etc pojechać samochodem/autobusem itp.: *Did you go by car?*
take the train/bus/ferry pojechać pociągiem/autokarem/promem *(lub innym publicznym środkiem transportu)*: *Adam took the train to Scotland.*
drive pojechać *(samochodem)*: *What about driving down to the sea for the day?*
fly polecieć: *My mother is afraid of flying.*
sail popłynąć: *We sailed from Malta to Alexandria.*

travel² S2 W2 *n* [U] podróż: *Heavy rain is making road travel difficult.*

'travel ˌagency *także* **'travel ˌagent's** *n* [C] biuro podróży

'travel ˌagent *n* [C] agent/ka biura podróży

trav·el·ler /'trævələ/ *BrE*, **traveler** *AmE n* [C] podróżnik/czka

'traveller's ˌcheque *BrE*, **traveler's check** *AmE n* [C] czek podróżny

tra·verse /'trævɜ:s/ *v* [T] *formal* przemierzać

trav·es·ty /'trævəsti/ *n* [singular] parodia, trawestacja: *The trial was a travesty of justice.*

trawl /trɔ:l/ *v*
trawl through sth *phr v* [T] przeszukiwać —**trawl** *n* [C] poszukiwanie, przeszuk(iw)anie

trawl·er /'trɔ:lə/ *n* [C] trawler

tray S3 /treɪ/ *n* [C] **1** tac(k)a **2 office tray** szuflada/tacka na dokumenty **3 baking tray** forma do ciasta

tray

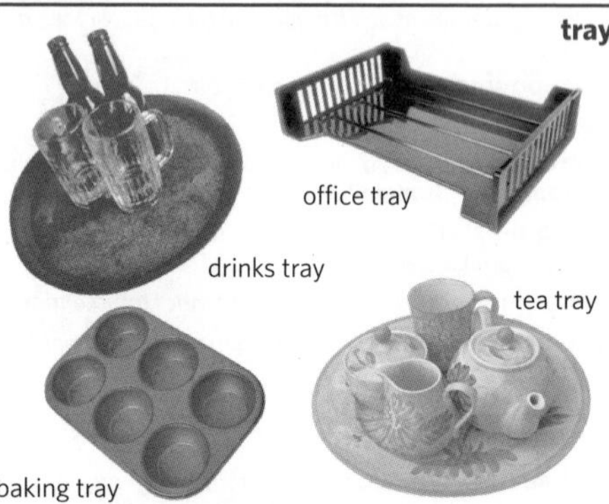

treach·e·rous /'tretʃərəs/ *adj* **1** zdradliwy: *Black ice on the roads is making driving treacherous.* **2** zdradziecki: *his treacherous colleagues*

treach·e·ry /'tretʃəri/ *n* [U] zdrada

trea·cle /'tri:kəl/ *n* [U] *BrE* melasa

tread¹ /tred/ *v* (**trod**, **trodden**, **treading**) **1** [I,T] *especially BrE* deptać, nadepnąć: **+on/in** *Sorry. Did I tread on your foot?* **2 tread water** utrzymywać się pionowo w wodzie

tread² *n* **1** [C,U] bieżnik *(na oponie)* **2** [singular] chód: *a heavy tread*

tread·mill /'tredˌmɪl/ *n* [singular] kierat

trea·son /'tri:zən/ *n* [U] zdrada

trea·sure¹ /'treʒə/ *n* [C,U] skarb: *a story about buried treasure | the treasures of the Louvre*

treasure² *v* [T] cenić: *one of his most treasured memories*

T

'treasure hunt *n* poszukiwanie skarbów

trea·sur·er /ˈtreʒərə/ *n* [C] skarbnik

trea·su·ry /ˈtreʒəri/ *n* **the Treasury** ministerstwo skarbu

treat¹ S2 W1 /triːt/ *v* [T] **1** po/traktować: *Why do you always treat me like a child? | Tracy felt she had been badly treated.* | **treat sth as sth** *He treats everything I say as some kind of joke.* **2** leczyć: *Eleven people were treated* (=jedenastu osobom udzielono pomocy medycznej) *for minor injuries.* **3 treat sb to dinner** zaprosić kogoś na obiad: *We're treating Jill to dinner for her birthday.* | **treat yourself to sth** (=zafundować sobie coś): *I thought I'd treat myself to a new haircut.* **4** zabezpieczać: *The metal has been treated against rust.*

treat² S3 *n* **1** [C] prezent: *Stephen took his son to Disneyland as a birthday treat.* **2** [singular] przyjemność: *Getting your letter was a real treat.* **3 my treat** *spoken* ja stawiam

trea·tise /ˈtriːtɪs/ *n* [C] traktat, rozprawa: *a treatise on political philosophy*

treat·ment S2 W1 /ˈtriːtmənt/ *n* **1** [C,U] terapia, leczenie: *a new treatment for cancer* **2** [U] traktowanie: *complaints about the treatment of political prisoners*

COLLOCATIONS: treatment

verbs

to get/have treatment *także* **to receive/undergo treatment** *formal It's important that he gets treatment quickly. | She was taken to hospital, where she received treatment for shock.*

to give sb treatment *Patrick was given the best treatment available.*

to provide treatment (=zapewniać opiekę medyczną) *The US armed forces are providing medical treatment, food, and water.*

to need/require treatment *Her injuries needed emergency treatment.*

to respond to treatment (=reagować na leczenie) *Flu does not respond to treatment with antibiotics.*

adjectives

medical treatment *The cost of medical treatment is very high.*

effective treatment *The drug is an effective treatment for malaria.*

noun + treatment

hospital treatment *Some people have been waiting for over two years for hospital treatment.*

emergency treatment *The man was rushed to hospital for emergency treatment.*

cancer treatment *The cancer treatment was making her more and more tired.*

treat·y W2 /ˈtriːti/ *n* [C] traktat: *a peace treaty*

treb·le /ˈtrebəl/ *v* [I,T] potrajać (się)

tree S1 W1 /triː/ *n* [C] drzewo: *an apple tree*

trek /trek/ *v* [I] (**-kked**, **-kking**) wędrować: *We're planning to go trekking in Nepal.* —**trek** *n* [C] wędrówka: *a three-hour trek back to camp*

trel·lis /ˈtrelɪs/ *n* [C] drabinka, podpora *(dla pnączy)*

trem·ble /ˈtrembəl/ *v* [I] za/drżeć, za/trząść się: *His voice trembled as he spoke.*

UWAGA: tremble i shiver

Nie należy mylić wyrazów **tremble** i **shiver** w znaczeniu „drżeć". **Tremble** znaczy „drżeć ze strachu, nerwów, podniecenia itp.": *She trembled with excitement just at the thought of seeing him again.* **Shiver** znaczy „drżeć z zimna": *I stood at the bus stop shivering and wishing that I'd worn my coat.*

tre·men·dous S2 /trɪˈmendəs/ *adj* **1** ogromny: *I have tremendous respect for her.* **2** wspaniały: *The police did a tremendous job.*

trem·or /ˈtremə/ *n* [C] **1** wstrząs *(sejsmiczny)* **2** dreszcz

trench /trentʃ/ *n* [C] rów

tren·chant /ˈtrentʃənt/ *adj* stanowczy, bezkompromisowy: *a trenchant critic of big business*

trench·coat /ˈtrentʃkəʊt/ *n* [C] trencz

trend S3 W2 /trend/ *n* [C] **1** trend: *There's a trend toward more part-time employment. | the latest fashion trends* **2 set the trend** zapoczątkować trend

trend·y /ˈtrendi/ *adj* modny: *a trendy bar*

trep·i·da·tion /ˌtrepəˈdeɪʃən/ *n* [U] *formal* trwoga

tres·pass /ˈtrespəs/ *v* [I] wkraczać bez pozwolenia na teren prywatny

tres·tle /ˈtresəl/ *n* [C] kozioł *(podpora)*

tri- /traɪ/ *prefix* trój-: *trilingual* (=mówiący trzema językami)

tri·al S3 W2 /ˈtraɪəl/ *n* **1** [C,U] proces: *a murder trial* | **be on trial/stand trial** *The two men are on trial* (=są sądzeni) *for armed robbery.* | **go on trial** *Taylor went on trial* (=stanął przed sądem) *accused of fraud.* **2** [C,U] próba, test: *clinical trials of a new drug* **3 by/through trial and error** metodą prób i błędów: *I learned most of what I know about gardening through trial and error.* →patrz też TRIALS

ˌtrial ˈrun *n* [C] próba

tri·als /ˈtraɪəlz/ *n* [plural] **1** eliminacje **2** *także* **trials and tribulations** perypetie: *the trials and tribulations of being a teenager*

tri·an·gle /ˈtraɪæŋgəl/ *n* [C] trójkąt —**triangular** /traɪˈæŋgjələ/ *adj* trójkątny

tribe /traɪb/ *n* [C] plemię —**tribal** *adj* plemienny: *tribal art*

trib·u·la·tion /ˌtrɪbjəˈleɪʃən/ *n* [C,U] →patrz TRIALS

tri·bu·nal /traɪˈbjuːnl/ *n* [C] trybunał: *a war crimes tribunal*

trib·u·ta·ry /ˈtrɪbjətəri/ *n* [C] dopływ

trib·ute /ˈtrɪbjuːt/ *n* [C,U] hołd: *The concert was held as a tribute to Bob Dylan.* | **pay tribute to sb** (=wyrażać uznanie dla kogoś)

trick¹ S3 /trɪk/ *n* [C] **1** podstęp: *The phone call was just a trick to get him out of the office.* | **play a trick on sb** (=s/płatać komuś figla): *a naughty boy who was always playing tricks on his parents* **2 do the trick** *spoken* załatwić sprawę: *A little salt should do the trick.* **3** sposób: *There's a trick to getting the audience's attention.* **4** sztuczka: *Do you know any good card tricks?*

trick² *v* [T] oszukiwać: *They tricked her out of* (=naciągnęli ją na) *all her money.*

T

THESAURUS: trick

trick oszukać, naciągnąć: *She knew she'd been tricked but it was too late.*

deceive oszukać: *This was a deliberate attempt to deceive the public.*

fool nabrać: *He fooled me into thinking he loved me. | Some people are easily fooled.*

mislead wprowadzić w błąd: *The company said that it had not intended to mislead customers about its products.*

trick·e·ry /ˈtrɪkəri/ *n* [U] oszustwo

trick·le¹ /ˈtrɪkəl/ *v* [I] **1** sączyć się, kapać: *Sweat trickled down his face* (=spływał mu po twarzy). **2** powoli napływać: *The first few fans started to trickle into the stadium.*

trickle² *n* [C] strużka: *a tiny trickle of blood*

ˌtrick or ˈtreat go trick or treating wyłudzać słodycze, grożąc spłataniem psikusa *(w wigilię Wszystkich Świętych)*

trick·ster /ˈtrɪkstə/ *n* [C] oszust/ka

trick·y S3 /ˈtrɪki/ *adj* trudny, skomplikowany: *It was a tricky decision. | a tricky problem* THESAURUS DIFFICULT

tri·cy·cle /ˈtraɪsɪkəl/ *n* [C] rower trójkołowy

tried¹ /traɪd/ *v* czas przeszły i imiesłów bierny od TRY

tried² *adj* **tried and tested/trusted** sprawdzony, wypróbowany: *tried and tested methods*

tri·fle /ˈtraɪfəl/ *n* **1 a trifle** nieco: *He looked a trifle unhappy.* **2** [C] drobnostka: *a mere trifle*

trig·ger¹ Ac /ˈtrɪgə/ *n* [C] spust: *He pointed the gun and pulled the trigger.*

trigger² Ac *także* **trigger off** *v* [T] wywoływać: *Heavy rain may trigger mud slides.*

ˈtrigger ˌhappy *adj* łatwo sięgający po broń

tril·lion /ˈtrɪljən/ *number* trylion

tril·o·gy /ˈtrɪlədʒi/ *n* [C] trylogia

trim¹ /trɪm/ *v* [T] **(-mmed, -mming) 1** przycinać: *My hair needs trimming.* **2** z/redukować: *plans to trim the city's budget* **3 trimmed with sth** ozdobiony/wykończony czymś: *The sleeves were trimmed with velvet.*

trim² *adj* **1** szczupły: *a trim figure* **2** schludny

trim³ *n* **1** [singular] podstrzyżenie, podcięcie: *Your beard needs a trim.* **2** [U singular] wykończenie **3 in trim** w formie

tri·mes·ter /trɪˈmestə/ *n* [C] *especially AmE* trymestr

trim·ming /ˈtrɪmɪŋ/ *n* **1** [C,U] wykończenie **2 with all the trimmings** ze wszystkimi dodatkami: *a turkey dinner with all the trimmings*

trin·i·ty /ˈtrɪnəti/ *n* **the Trinity** Trójca Święta

trin·ket /ˈtrɪŋkɪt/ *n* [C] świecidełko

tri·o /ˈtriːəʊ/ *n* [C] trio, tercet

trip¹ S2 W2 /trɪp/ *n* [C] podróż, wycieczka: *We're taking a trip to Florida. | a business trip* THESAURUS JOURNEY

trip² *v* **(-pped, -pping) 1** [I] potykać się: **+on/over** (=o): *I tripped over a chair.* **2** *także* **trip up** [T] podstawiać nogę

tripe /traɪp/ *n* [U] fla(cz)ki *(potrawa)*

trip·le¹ /ˈtrɪpəl/ *adj* potrójny: *a triple gold medal winner*

triple² *v* [I,T] potrajać (się): *The population may triple in 20 years.*

trip·lets /ˈtrɪpləts/ *n* [plural] trojaczki

tri·pod /ˈtraɪpɒd/ *n* [C] trójnóg

trite /traɪt/ *adj* oklepany: *a dull speech full of trite clichés*

tri·umph¹ /ˈtraɪəmf/ *n* [C,U] tryumf: *San Francisco's triumph over Cincinnati in the Super Bowl | He raised his arms in triumph* (=tryumfalnie). **—triumphal** /traɪˈʌmfəl/ *adj* tryumfalny: *a triumphal march*

triumph² *v* [I] za/tryumfować

tri·um·phant /traɪˈʌmfənt/ *adj* zwycięski: *a triumphant army*

triv·i·a /ˈtrɪviə/ *n* [plural] błahostki

triv·i·al /ˈtrɪviəl/ *adj* błahy, trywialny: *a trivial matter* THESAURUS UNIMPORTANT

triv·i·al·ize /ˈtrɪviəlaɪz/ *także* **-ise** *BrE v* [T] z/bagatelizować

trod /trɒd/ *v* czas przeszły od TREAD

trod·den /ˈtrɒdn/ *v* imiesłów bierny od TREAD

trol·ley /ˈtrɒli/ *n* [C] *BrE* wózek: *a supermarket trolley*

trom·bone /trɒmˈbəʊn/ *n* [C] puzon

troop¹ W2 /truːp/ *n* [C] **1 troops** wojsko: *Troops were sent in to stop the riots.* **2** stado **3** gromada

troop² *v* [I] *informal* iść grupą: **+into/out of etc** *The children all trooped into the dining room and sat down.*

troop·er /ˈtruːpə/ *n* [C] **1** żołnie-rz/rka **2** policjant/ka *(stanow-y/a)*

tro·phy /ˈtrəʊfi/ *n* [C] trofeum, puchar

trop·i·cal /ˈtrɒpɪkəl/ *adj* tropikalny: *tropical countries | tropical fish*

trop·ics /ˈtrɒpɪks/ *n* **the tropics** tropiki

trot /trɒt/ *v* [I] **(-tted, -tting) 1** kłusować: *A group of horses trotted past.* **2** biec truchtem: *Jimmy trotted along behind his parents.* **—trot** *n* [singular] kłus, trucht

trou·ba·dour /ˈtruːbədɔː/ *n* [C] trubadur

troub·le¹ S1 W2 /ˈtrʌbəl/ *n* **1** [C,U] kłopot(y): *She's been having some kind of trouble with her boyfriend. | It's good to be able to talk to someone about your troubles.* | **the trouble is** *spoken* (=kłopot w tym, że): *I'd love to go with you. The trouble is, I don't have enough money.* **2** [U] problem(y): *engine trouble* (=problemy z silnikiem) | *What seems to be the trouble* (=w czym problem)? **3 be in trouble** mieć kłopoty: *The company was in serious trouble financially. | Joe's in trouble with the police again.* | **get into trouble** (=wikłać się w kłopoty): *He was always getting into trouble at school.* **4** [U] trud: **take a lot of trouble/go to a lot of trouble** (=zadać sobie dużo trudu): *It was a fantastic meal. They'd obviously gone to a lot of trouble over it.* | **take the trouble to do sth** (=zadać sobie trud, żeby coś zrobić): *He'd taken the trouble to learn all our names.* **5** [C,U] awantura: **cause/create trouble** (=wywoływać awantury): *English fans have a reputation for causing trouble.* **6** [U] dolegliwości: *back trouble* **7 the trouble with sb/sth is** *spoken* problem z kimś/czymś polega na tym, że: *The trouble with Tom is he never listens to what other people say.* **8 sb is asking for trouble** *informal* ktoś napyta sobie biedy: *You're just asking for trouble if you don't get those brakes fixed.*

trouble² *v* [T] **1** martwić: *I tried to find out what's troubling her.* **2** *formal* niepokoić: *I'm sorry to trouble you, but could you open the door for me?*

troub·led /ˈtrʌbəld/ *adj* zmartwiony: *a deeply troubled man*

troub·le·mak·er /ˈtrʌbəlˌmeɪkə/ *n* [C] wichrzyciel/ka

troub·le·shoot·er /ˈtrʌbəlˌʃuːtə/ *n* [C] osoba, której zadaniem jest rozwiązywanie problemów *(w firmie, organizacji)* —**troubleshooting** *n* [U] rozwiązywanie problemów

troub·le·some /ˈtrʌbəlsəm/ *adj* kłopotliwy: *a troublesome employee*

ˈtrouble ˌspot *n* [C] punkt zapalny: *Tourists have been warned to stay away from trouble spots.*

trough /trɒf/ *n* [C] koryto

trounce /traʊns/ *v* [T] rozgromić: *Colorado trounced Minnesota 58–7.*

troupe /truːp/ *n* [C] trupa, zespół

trou·sers S2 /ˈtraʊzəz/ *n* [plural] spodnie

ˈtrouser suit *n* [C] *BrE* garnitur damski

trout /traʊt/ *n* [C,U] pstrąg

trowel /ˈtraʊəl/ *n* [C] **1** rydel **2** kielnia

tru·ant /ˈtruːənt/ *n* [C] wagarowicz/ka: **play truant** *BrE* (=chodzić na wagary)

truce /truːs/ *n* [C] rozejm: *The two sides have declared a truce.*

truck S2 W3 /trʌk/ *n* [C] ciężarówka

truck·er /ˈtrʌkə/ *n* [C] *especially AmE* kierowca ciężarówki

truck·ing /ˈtrʌkɪŋ/ *n* [U] *especially AmE* transport drogowy

truck·load /ˈtrʌkləʊd/ *n* [C] (pełna) ciężarówka *(czegoś)*

truc·u·lent /ˈtrʌkjələnt/ *adj formal* zaczepny, agresywny

trudge /trʌdʒ/ *v* [I] po/wlec się: *He trudged up the stairs.* THESAURUS WALK

true S1 W1 /truː/ *adj* **1** prawdziwy: *Believe me, it's a true story.* | *a true friend* | *true love* | **it is true (that)** (=to prawda, że): *Is it true that you're moving to Denver?* →antonim FALSE THESAURUS GENUINE **2 come true** spełnić się: *Their dream of owning a house in the mountains had finally come true.* **3** *spoken* to prawda (że): *True, he has a college degree, but he doesn't have enough job experience.* **4 true to sb/sth** wierny komuś/czemuś: *He was true to his word* (=dotrzymał słowa).

ˌtrue-ˈlife *adj* oparty na faktach, autentyczny: *a true-life adventure*

truf·fle /ˈtrʌfəl/ *n* [C] trufla

tru·is·m /ˈtruːɪzəm/ *n* [C] truizm →porównaj CLICHÉ

tru·ly W3 /ˈtruːli/ *adv* naprawdę: *a truly amazing story* | *a truly democratic country* | *She truly loved him.* | **well and truly** (=całkiem): *By now we were well and truly lost.* →patrz też **yours truly** (YOURS)

trump /trʌmp/ *n* [C] karta atutowa

ˈtrump card *n* [C] as atutowy

ˌtrumped-ˈup *adj* **trumped-up charges/evidence** sfabrykowane zarzuty/dowody

trumpet

trum·pet /ˈtrʌmpɪt/ *n* [C] trąbka

trun·cat·ed /trʌŋˈkeɪtɪd/ *adj* skrócony: *a truncated version of the report*

trun·cheon /ˈtrʌnʃən/ *n* [C] *BrE* pałka *(policyjna)*

trun·dle /ˈtrʌndl/ *v* [I,T] toczyć (się)

trunk /trʌŋk/ *n* [C] **1** pień **2** *AmE* bagażnik **3** trąba: *an elephant's trunk* **4** kufer **5** *technical* tułów

ˈtrunk road *n* [C] *BrE* droga główna

trunks /trʌŋks/ *n* [plural] kąpielówki

trust¹ S2 W3 /trʌst/ *v* [T] **1** ufać: *David is one of my oldest friends, I trust him completely.* | *I'm not sure if I trust his judgement.* | **trust sb with sth** (=powierzyć komuś coś): *Do you think we can trust her with the children?* **2 I trust (that)** *spoken formal* mam nadzieję, że: *I trust that you had a successful trip.*
trust in sb/sth *phr v* [T] *formal* zaufać, zawierzyć

trust² S1 W2 *n* **1** [U] zaufanie: *the lack of trust between local people and the police* | **a position of trust** (=odpowiedzialna funkcja) →antonim DISTRUST¹ **2** [C] trust: *an investment trust* **3** [U] fundusz powierniczy: *$100,000 is being held in trust for his daughter.*

trust·ee /ˌtrʌsˈtiː◂/ *n* [C] powiernik

ˈtrust fund *n* fundusz powierniczy

trust·ing /ˈtrʌstɪŋ/ *adj* ufny

trust·wor·thy /ˈtrʌstˌwɜːði/ *adj* godny zaufania

trust·y /ˈtrʌsti/ *adj humorous* wierny: *a trusty horse*

truth S1 W2 /truːθ/ *n* **1 the truth** prawda: *I'm sure she's telling the truth.* **2** [U,C] prawda: *Do you think there's any truth in these accusations?* | *scientific truths* **3 to tell (you) the truth** *spoken* prawdę mówiąc: *To tell you the truth, I've never really liked him.*

COLLOCATIONS: truth

verbs

to tell the truth *Do you think she's telling the truth?* ⚠ Nie mówi się 'say the truth'. Mówimy: **tell the truth**.

to find out the truth *także* **to discover the truth** *formal Mum will be angry when she finds out the truth.* | *He was sure that no one would ever discover the truth.*

to know/learn the truth (=dowiedzieć się prawdy) *It happened so long ago that we may never know the truth.* | *I was shocked when I learnt the truth.*

to accept the truth *They can't accept the truth because it is too horrible.*

to get the truth out of sb (=wydobyć z kogoś prawdę) *I know a way to get the truth out of her!*

to speak the truth *formal He always spoke the truth, whether it was popular or not.*

to reveal the truth *She'd promised never to reveal the truth.*

adjectives

the whole truth *I don't think what he told me was the whole truth.*

the simple/plain truth *The simple truth is that I don't love her anymore.*

T

the awful/terrible truth *Martha felt sick when she realized the awful truth.*
the sad/painful truth (=smutna/bolesna prawda) *The sad truth is that most people don't really care.*
the honest truth *We never came here to steal anything, and that's the honest truth* (=jak słowo daję).

truth·ful /ˈtruːθfəl/ *adj* **1** prawdomówny: *a truthful little boy* **2** zgodny z prawdą: *a truthful account* —**truthfully** *adv* zgodnie z prawdą

try¹ S1 W1 /traɪ/ *v* (**tried**, **tried**, **trying**) **1** [I,T] s/próbować, po/starać się: *Tim tried to get another job, but he had no luck.* | *I tried not to laugh.* | *You must try some of this cake!* | *She tried all kinds of diets, but none of them seemed to work.* | **try the door/window** (=próbować otworzyć drzwi/okno) **2** [T] sądzić: *Three men were tried for murder.*
try sth ↔ on *phr v* [T] przymierzyć: *Would you like to try these jeans on?*
try sth ↔ out *phr v* [T] wypróbować: *I can't wait to try out my new camera.*

THESAURUS: try

try próbować, starać się: *I've tried to call her several times today.*
attempt próbować, usiłować *(zrobić coś trudnego lub niebezpiecznego)*: *They are attempting to negotiate an agreement.*
make an effort to do sth próbować, starać się *(zrobić coś trudnego lub coś, na co nie ma się ochoty)*: *I made an effort to sound interested in what he was saying.* | *I'm sure you can pass the test if you make an effort.*
do your best starać się, dawać z siebie wszystko: *I'll do my best to finish it by Friday.*
have a go *BrE także* **have a try** *informal* spróbować *(nie mając pewności, że się uda)*: *„I can't get this lid off." „Let me have a go."* | *I'd love to have a try at skiing.*
see if I/you can do sth *spoken* spróbuj/ę coś zrobić *(rzucając ofertę lub sugestię)*: *I'll see if I can get you a ticket* (=spróbuję załatwić ci bilet). | *See if you can make him* (=spróbuj go przekonać, żeby) *change his mind.*

T

try² S3 *n* **1** [C] próba: *He succeeded on his first try.* **2 give sth a try** spróbować czegoś: *I've never skated before, but I'll give it a try* (=ale spróbuję). **3** [C] przyłożenie piłki *(w rugby)*

try·ing /ˈtraɪ-ɪŋ/ *adj* męczący: *It's been a trying time for us all.*

try·out /ˈtraɪaʊt/ *n* [C] *especially AmE* próba

tsar, **tzar**, **czar** /zɑː/ *n* [C] car

T-shirt /ˈtiː ʃɜːt/ *n* [C] koszulka z krótkim rękawem

tsp. skrót pisany od TEASPOON

tsunami /tsʊˈnɑːmi/ *n* tsunami

tub /tʌb/ *n* [C] **1** kubek *(np. od serka)*: *a tub of ice cream* **2** kadź **3** *AmE* wanna

tu·ba /ˈtjuːbə/ *n* [C] tuba *(instrument)*

tub·by /ˈtʌbi/ *adj informal* pulchny

tube S3 W3 /tjuːb/ *n* **1** [C] rurka: *She was lying in a hospital bed with tubes coming out of her mouth.* **2** [C] **a)** tubka: *a tube of toothpaste* **b)** tuba *(papierowa lub plastikowa)* **3 the Tube** metro *(londyńskie)*

tu·ber·cu·lo·sis /tjuːˌbɜːkjəˈləʊsɪs/ *n* [U] gruźlica

tub·ing /ˈtjuːbɪŋ/ *n* [U] rury, przewody rurowe: *copper tubing*

tu·bu·lar /ˈtjuːbjələ/ *adj* rurowy

tuck /tʌk/ *v* [T] wsuwać: *You've forgotten to tuck your shirt into your trousers!* | *She tucked the money into her pocket.* | *The duck had its head tucked under its wing.*
tuck sth ↔ away *phr v* [T] **1** odłożyć: *He tucked the letter away in a drawer.* **2 tucked away** ukryty (głęboko): *a little village tucked away in the mountains*
tuck in/into *phr v* **1** [T **tuck** sb **in**] otulić *(w łóżku)* **2** [T **tuck into** sth] *BrE informal* wcinać *(jeść)*
tuck sb up *phr v* [T] **be tucked up (in bed)** leżeć/siedzieć wygodnie (w łóżku)

Tu·dor /ˈtjuːdə/ *adj* Tudor *(o stylu itp.)*

Tues·day /ˈtjuːzdi/ *(skrót pisany* **Tues.**) *n* [C,U] wtorek

tuft /tʌft/ *n* [C] kępka: *a tuft of hair*

tug¹ /tʌg/ *v* [I,T] (**-gged**, **-gging**) pociągać (za): *Alice tugged at my hand.* THESAURUS ▸ PULL

tug² *n* [C] **1** *także* ˈ**tug boat** holownik **2** pociągnięcie

ˌ**tug-of-ˈwar** *n* [singular] przeciąganie liny

tu·i·tion /tjuːˈɪʃən/ *n* [U] **1** korepetycje: *private tuition* **2** *AmE* czesne: *Tuition went up to $3,000 last semester.*

tu·lip /ˈtjuːlɪp/ *n* [C] tulipan

tum·ble /ˈtʌmbəl/ *v* [I] spadać: *She tumbled out of bed.* | *Share prices tumbled on the New York Stock Exchange.*

ˌ**tumble ˈdryer** *n* [C] *BrE* suszarka (bębnowa)

tum·bler /ˈtʌmblə/ *n* [C] szklanka

tum·my /ˈtʌmi/ *n* [C] *informal* brzuch

tu·mour /ˈtjuːmə/ *BrE*, **tumor** *AmE* *n* [C] guz: *a brain tumor*

tu·mult /ˈtjuːmʌlt/ *n* [U singular] *formal* zgiełk: *the tumult of the civil war*

tu·mul·tu·ous /tjuːˈmʌltʃuəs/ *adj* **1** hałaśliwy: *They received a tumultuous welcome from the crowd.* **2** burzliwy: *tumultuous applause*

tu·na /ˈtjuːnə/ *n* [C,U] tuńczyk

tun·dra /ˈtʌndrə/ *n* [U] tundra

tune¹ S3 /tjuːn/ *n* **1** [C] melodia: *Jill was humming a little tune to herself.* **2 sing/play in/out of tune** śpiewać/grać czysto/nieczysto: *Sadie can't sing in tune.* **3 be in/out of tune** stroić/nie stroić *(o instrumencie)*: *My guitar's completely out of tune.* **4 change your tune** zmienić śpiewkę

tune² *v* [T] **1** na/stroić: *The piano needs tuning.* **2** nastawiać *(np. radio)* **stay tuned** (=nie zmieniać stacji): *Stay tuned for more great music on KHPI, the city's best rock station.* **3** *także* **tune up** wy/regulować
tune in *phr v* [I] **tune in to** oglądać/słuchać: *Over 3 million viewers tune in to our show daily* (=ogląda codziennie nasz program).
tune up *phr v* **1** [I,T **tune** sth ↔ **up**] stroić (się) **2** [T **tune** sth ↔ **up**] wy/regulować

tung·sten /ˈtʌŋstən/ *n* [U] wolfram

tu·nic /ˈtjuːnɪk/ *n* [C] tunika

Tu·nis·i·a /tjʊˈnɪziə/ *n* Tunezja —**Tunisian** /tjʊˈnɪziən/ *n* Tunezyj-czyk/ka —**Tunisian** *adj* tunezyjski

tun·nel¹ W3 /ˈtʌnl/ *n* [C] tunel

tunnel² *v* [I] (**-lled**, **-lling** *BrE*; **-led**, **-ling** *AmE*) prze/kopać tunel

tur·ban /ˈtɜːbən/ *n* [C] turban

tur·bine /ˈtɜːbaɪn/ *n* [C] turbina →patrz też WIND TURBINE

tur·bu·lent /ˈtɜːbjələnt/ *adj* **1** burzliwy: *a turbulent period in Russian history* **2** rwący: *turbulent water* —**turbulence** *n* [U] turbulencje: *There was a lot of turbulence during the flight.*

tu·reen /tjʊˈriːn/ *n* [C] waza

turf[1] /tɜːf/ *n* [U] darń

turf[2] *v*
turf sb ↔ out *phr v* [T] *BrE informal* wyrzucić *(np. z organizacji)*

tur·gid /ˈtɜːdʒɪd/ *adj* mętny: *turgid prose*

turkey *n* [C,U] indyk

Tur·key /ˈtɜːki/ *n* Turcja —**Turk** /tɜːk/ *n* Tur-ek/czynka —**Turkish** /ˈtɜːkɪʃ/ *adj* turecki

tur·moil /ˈtɜːmɔɪl/ *n* [U singular] chaos, zamieszanie: **in turmoil** *In 1968 the country was in turmoil* (=w kraju panował chaos).

turn[1] S1 W1 /tɜːn/ *v* **1** [I] odwracać się: *Alison turned towards us.* | *He turned to look behind him.* **2** [T] przekręcać: *She turned the key in the lock.* **3** [I,T] skręcać: *The car turned a corner.* | *Turn right at the next stop light.* **4** [I,T] obracać (się): *The wheels turned slowly.* **5 turn green/colder** zazielenić/oziębić się: *Helen turned bright red.* | *The weather will turn colder.* **6 turn 20/30** s/kończyć 20/30 lat: *She's just turned 40.* **7 it's turned midnight/4:00** minęła północ/czwarta: *"What time is it?" "It's just turned 3:00."* **8** [T] przewracać: *Turn the page.* **9 turn your back on sth/sb** odwrócić się od: *She turned her back on all her old friends.* **10 turn your nose up at sth** kręcić nosem na coś **11 turn back the clock** cofać czas **12 turn a blind eye to sth** przymykać oko na coś **13 turn sb/sth loose** puścić kogoś/coś wolno
turn sb against sb/sth *phr v* [T] nastawić negatywnie do: *His experiences in Vietnam turned him against the war.*
turn sth ↔ around *phr v* [T] postawić na nogi
turn sb ↔ away *phr v* [T] odprawić z niczym/z kwitkiem
turn back *phr v* [I,T **turn** sb ↔ **back**] zawrócić: *They had to turn back because of the snow.* | *Journalists are being turned back at the border.*
turn down *phr v* [T] **1** [**turn** sth ↔ **down**] przyciszyć: *Can you turn down your radio? I'm trying to work.* **2** [**turn** sb/sth ↔ **down**] odrzucić: *She got an offer of a job at Microsoft, but she turned it down.*
turn in *phr v* [T] **1** [**turn** sth ↔ **in**] oddać, zwrócić *(np. rzecz znalezioną policji)*: *Luckily someone had turned my purse in.* **2** [**turn** sb **in**] wydać (policji) **3** [I] *informal* iść spać: *I think I'll turn in.* **4** [T **turn** sth **in**] *especially AmE* oddawać *(zadanie domowe)*: *Has everyone turned in last night's homework?*
turn into *phr v* **1** [I **turn into** sb/sth] zamienić się w: *The argument turned into a fight.* **2** [T **turn** sb/sth **into** sb/sth] zmienić w: *They want to turn the country into some kind of police state.*
turn off *phr v* **1** [T **turn** sth ↔ **off**] wyłączyć: *Turn off the television - it's dinner time.* **2** [I,T **turn off** sth] skręcić (z) *(drogi)*
turn on *phr v* [T] **1** [**turn** sth ↔ **on**] włączyć: *Could you turn on the TV?* **2** [**turn on** sb] rzucić się na: *The dog turned on him and bit him.*
turn out *phr v* **1** [I] mieć przebieg: *Joanna wished things had turned out differently.* | **it turned out that** (=okazało się, że): *It turned out that he was married to someone else!* **2** [T **turn** sth ↔ **out**] wyłączyć: *Don't forget to turn out the lights when you leave.* **3** [I] przybyć: *Only about 30 people turned out for the show.* →patrz też TURNOUT **4** [T **turn** sth ↔ **out**] wypuszczać, produkować: *Why do our high schools turn out students who can't read?*
turn over *phr v* **1** [T **turn** sth ↔ **over to** sb] przekazać/oddać w ręce: *Benson was turned over to the FBI yesterday.* **2** [I] *BrE* zmienić kanał *(telewizyjny)* **3** [T **turn** sth **over**] **turn sth over in your mind** roztrząsać/rozważać coś **4** [T **turn** sth ↔ **over to** sb] przekazać: *The industry is being turned over to private ownership.*
turn to *phr v* [T] **1** [**turn to** sb] zwrócić się do: *He still turns to us for advice.* **2 turn to page 10** otworzyć na stronie 10: *Turn to page 45 in your history book.* **3 turn to drugs/drink** sięgnąć po narkotyki/alkohol **4 turn to crime** wejść w konflikt z prawem: *There's very little work, and a lot of young people turn to crime.*
turn up *phr v* **1** [T **turn** sth ↔ **up**] podkręcić: *Turn up the radio - I love this song.* **2** [I] znaleźć się: *We looked for the ring for weeks, and then it turned up in my pocket.* **3** [I] pojawić się: *Danny turned up late as usual.*

turn[2] S1 W1 *n* **1** [C usually singular] kolejka: *You'll just have to wait your turn.* **2 take turns** *także* **take it in turns** *BrE* zmieniać się: *We took it in turns to do the driving* (=zmienialiśmy się za kierownicą). **3 in turn** po kolei: *He spoke to each of the students in turn.* **4** [C] **left/right turn** zwrot w lewo/prawo: *The car made a left turn* (=skręcił w lewo) *at the lights.* **5** zakręt: *Take the next turn.* **6** [C] obrót: *Give the wheel another turn.* **7 the turn of the century** przełom wieku **8 take a turn for the better/worse** nagle się poprawić/pogorszyć: *Her health took a turn for the worse.* **9 turn of events** rozwój wydarzeń: *By some unfortunate turn of events, the documents were lost.* **10 do sb a good turn** wyświadczyć komuś przysługę

turn·a·round /ˈtɜːnəraʊnd/ *n* [C] szczęśliwy zwrot, szczęśliwa odmiana (losu): *a turnaround in the team's fortunes*

ˈturning point *n* [C] punkt zwrotny: *The film marks a turning point in Kubrick's career.*

tur·nip /ˈtɜːnɪp/ *n* [C,U] rzepa

ˈturn-off *n* [C] zjazd *(z autostrady)*

turn·out /ˈtɜːnaʊt/ *n* [singular] frekwencja

turn·o·ver /ˈtɜːnˌəʊvə/ *n* **1** [singular] obroty: *an annual turnover of $35 million* **2** [U] rotacja *(personelu)*: *The company has a high turnover of staff.* **3** [C] zawijane ciastko z nadzieniem owocowym: *an apple turnover*

turn·pike /ˈtɜːnpaɪk/ *n* [C] autostrada *(płatna)*

turn·round /ˈtɜːnraʊnd/ *n* [C] *BrE* TURNAROUND

ˈturn ˌsignal *n* [C] *AmE* kierunkowskaz

turn·stile /ˈtɜːnstaɪl/ *n* [C] kołowrót *(przy wejściu na stadion)*

turn·ta·ble /ˈtɜːnˌteɪbəl/ *n* [C] gramofon

tur·pen·tine /ˈtɜːpəntaɪn/ *także* **turps** /tɜːps/ *BrE n* [U] terpentyna

tur·quoise /ˈtɜːkwɔɪz/ *n* [U] turkus, kolor turkusowy

tur·ret /ˈtʌrɪt/ *n* [C] wieżyczka

tur·tle /ˈtɜːtl/ *n* [C] żółw *(wodny)*

tur·tle·neck /ˈtɜːtlnek/ *n* [C] *AmE* golf *(sweter)*

tusk /tʌsk/ *n* [C] kieł

tus·sle /ˈtʌsəl/ *n* [C] bójka

tut /tʌt/ *także* **ˌtut-ˈtut** *interjection often humorous* nieładnie!

tu·tor /ˈtjuːtə/ *n* [C] **1** korepetytor/ka **2** opiekun/ka naukow-y/a *(na uniwersytecie)* **3** asystent/ka *(na uniwersytecie)* THESAURUS TEACHER

tu·to·ri·al /tjuːˈtɔːriəl/ *n* [C] zajęcia dla małej grupy studentów

tux·e·do /tʌkˈsiːdəʊ/ *także* **tux** /tʌks/ *informal n* [C] smoking

TV S2 W2 /ˌtiː ˈviː◂/ *n* **1** [U] telewizja: *What's on TV?* **2** [C] telewizor: *Sue just bought a new TV.*

ˌTV ˈdinner *n* [C] gotowy mrożony posiłek

TˈV ˌset *n* telewizor

twad·dle /ˈtwɒdl/ *n* [U] *informal* brednie

twang /twæŋ/ *n* [C] **1** brzdęk **2** nosowe brzmienie głosu

twas /twɒz/ *literary* dawna forma zwrotu „it was"

tweak /twiːk/ *v* [T] uszczypnąć w, pociągnąć za: *Grandpa tweaked my nose and laughed.*

tweed /twiːd/ *n* [U] tweed

twee·zers /ˈtwiːzəz/ *n* [plural] pinceta

twelfth /twelfθ/ *number* **1** dwunasty **2** dwunasta część

twelve /twelv/ *number* **1** dwanaście **2** (godzina) dwunasta: *I'm going to lunch at twelve.*

twen·ty /ˈtwenti/ *number, n* [C] **1** dwadzieścia **2 the twenties** lata dwudzieste: *The photograph was taken in the early twenties.* **3 temperatures in the twenties** temperatura pomiędzy 20 a 29 stopni Celsjusza: *a warm day, with temperatures in the low twenties* (=nieco powyżej 20 stopni) **4 be in your twenties** mieć dwadzieścia parę lat: *She was in her late twenties* (=miała prawie 30 lat) *when I met her.* **5** dwudziestka, banknot dwudziestodolarowy —**twentieth** *number* dwudziesty

T

twice S2 W2 /twaɪs/ *adv* dwukrotnie, dwa razy: *I've seen that movie twice already.*

twid·dle /ˈtwɪdl/ *v* [I,T] kręcić

twig /twɪg/ *n* [C] gałązka

twi·light /ˈtwaɪlaɪt/ *n* [U] zmierzch

twin¹ /twɪn/ *n* [C] bliźnia-k/czka: *her twin brother*

twin² *adj* podwójny: *twin doors*

twine¹ /twaɪn/ *n* [U] szpagat *(sznurek)*

twine² *v* [I,T] owijać (się): *The plant had twined itself around the fence.*

twinge /twɪndʒ/ *n* [C] ukłucie (bólu): *I felt a twinge in my back.*

twin·kle /ˈtwɪŋkəl/ *v* [I] **1** migotać **2** skrzyć się

ˌtwin ˈroom *n* [C] pokój dwuosobowy *(z dwoma łóżkami)*

twirl /twɜːl/ *v* [I,T] kręcić (się): *a twirling ballet dancer* —**twirl** *n* [C] obrót

twist¹ S3 /twɪst/ *v* **1** [T] kręcić: *She was twisting the dial on the washing machine.* | *Can you twist the top off* (=odkręcić) *this bottle for me?* **2** [T] zwijać: *Her hair was twisted in a bun.* **3** [I,T] okręcać (się): *He twisted around in order to get a better look.* | **twist your knee/ankle** (=skręcić kolano/kostkę) **4** [T] przekręcać: *They twisted the story around and said we tried to cheat them.* **5** [I] wić się: *a twisting road* **6 twist sb's arm** *informal* przycisnąć kogoś

twist² *n* [C] **1** zwój: *twists in the wire* | *pasta twists* (=makaron świderki) **2** zwrot: *Her disappearance added a new twist to the story.* **3** zakręt

twist·ed /ˈtwɪstɪd/ *adj* **1** skręcony: *a twisted piece of metal* **2** pokrętny: *a twisted joke*

twist·er /ˈtwɪstə/ *n* [C] *AmE informal* tornado

twit /twɪt/ *n* [C] *informal* głupek

twitch /twɪtʃ/ *v* [I] drgać: *Her fingers twitched nervously.*

twit·ter /ˈtwɪtə/ *v* [I] ćwierkać

two /tuː/ *number* **1** dwa **2** (godzina) druga: *The game begins at two.*

ˈtwo-bit *adj AmE informal* drugorzędny: *a two-bit actor*

ˌtwo-diˈmensional *adj* **1** dwuwymiarowy: *a two-dimensional drawing* **2** papierowy *(o bohaterze książki, filmu itp.)*

ˌtwo-ˈfaced *adj* dwulicowy

ˌtwo-ˈpiece *adj* dwuczęściowy: *a two-piece suit*

two·some /ˈtuːsəm/ *n* [C] dwójka, dwoje

ˈtwo-time *v* [T] *informal* puszczać kantem

ˈtwo-tone *adj* dwukolorowy, dwubarwny: *two-tone shoes*

ˌtwo-ˈway *adj* **1** dwukierunkowy: *two-way traffic* **2 two-way radio** krótkofalówka

ty·coon /taɪˈkuːn/ *n* [C] magnat: *an oil tycoon*

ty·ing /ˈtaɪ-ɪŋ/ *v* imiesłów czynny od TIE

type¹ S1 W1 /taɪp/ *n* **1** [C] typ, rodzaj: *You need to use a special type of paper.* | *Accidents of this type are very common.* | *He's not really the athletic type.* **2 not be sb's type** *informal* nie być w czyimś typie: *Alex is OK – but he's not really my type.* **3** [U] czcionka: *italic type*

type² *v* [I,T] na/pisać *(na maszynie, komputerze)*

type·cast /ˈtaɪpkɑːst/ *v* **be typecast** zostać zaszufladkowanym: *He became typecast as the bad guy.*

type·face /ˈtaɪpfeɪs/ *n* [C] krój pisma

type·writ·er /ˈtaɪpˌraɪtə/ *n* [C] maszyna do pisania

type·writ·ten /ˈtaɪpˌrɪtn/ *adj* napisany na maszynie

ty·phoid /ˈtaɪfɔɪd/ *także* **ˌtyphoid ˈfever** *n* [U] dur brzuszny

ty·phoon /ˌtaɪˈfuːn◂/ *n* [C] tajfun

ty·phus /ˈtaɪfəs/ *n* [U] tyfus

typ·i·cal S2 W2 /ˈtɪpɪkəl/ *adj* typowy: *a typical working class family* | **+ of** *This painting is typical of his early work.*

UWAGA: typical

Nie mówi się „it's a typical restaurant" czy „this house is very typical". Trzeba zawsze podać więcej szczegółów i pamiętać, że po **typical** występuje **of**, a nie **for**: *It's a typical Japanese restaurant.* | This house is typical of the style of this region.

typ·i·cally /ˈtɪpɪkli/ *adv* **1** typowo: *a typically Japanese dish* **2** zwykle: *prices typically start at around $600*

typ·i·fy /ˈtɪpɪfaɪ/ *v* [T] być typowym dla

typ·ing /ˈtaɪpɪŋ/ *n* [U] pisanie na maszynie

typ·ist /ˈtaɪpɪst/ *n* [C] maszynistka

tyr·an·ny /ˈtɪrəni/ *n* [U] tyrania

ty·rant /ˈtaɪrənt/ *n* [C] tyran: *Her father was a tyrant.*

tyre S3 /taɪə/ *BrE,* **tire** *AmE n* [C] opona: **a flat tyre** (=guma)

tzar /zɑː/ *n* car

U, u /juː/ U, u *(litera)*

u·biq·ui·tous /juːˈbɪkwɪtəs/ *adj formal* wszechobecny: *the ubiquitous microchip*

ud·der /ˈʌdə/ *n* [C] wymię

UFO /ˈjuːfəʊ/ *n* [C] UFO

ugh /ʊx/ *interjection* fuj: *Ugh! This tastes foul!*

ug·ly S3 /ˈʌgli/ *adj* **1** brzydki: *ugly modern buildings* **2** nieprzyjemny: *There were ugly scenes at the England-Italy game.* —**ugliness** *n* [U] brzydota

U·kraine /juːˈkreɪn/ *n* Ukraina —**Ukrainian** /juːˈkreɪniən/ *n* Ukrain-iec/ka —**Ukrainian** *adj* ukraiński

ul·cer /ˈʌlsə/ *n* [C] wrzód: *a stomach ulcer*

ul·te·ri·or /ʌlˈtɪəriə/ *adj* **ulterior motive/reason** ukryty motyw/powód

ul·ti·mate¹ W3 Ac /ˈʌltəmət/ *adj* **1** najlepszy: *the ultimate sports car* **2** największy: *the ultimate disgrace* **3** ostateczny: *their ultimate objective*

ultimate² *n* **the ultimate in sth** szczyt czegoś: *The Orient-Express is the ultimate in luxury.*

ul·ti·mate·ly W3 Ac /ˈʌltəmətli/ *adv* ostatecznie, w końcu: *Their efforts ultimately resulted in his release from prison.* | *Ultimately it's your decision.*

ul·ti·ma·tum /ˌʌltəˈmeɪtəm/ *n* [C] ultimatum: **issue/give an ultimatum** (=postawić ultimatum): *The government issued an ultimatum to the rebels to surrender.*

ul·tra- /ˈʌltrə/ *prefix* ultra-, (po)nad-: *an ultramodern design*

ul·tra·son·ic /ˌʌltrəˈsɒnɪk◂/ *adj technical* ultradźwiękowy: *ultrasonic sounds*

ul·tra·vi·o·let /ˌʌltrəˈvaɪəlɪt◂/ *adj* nadfioletowy → patrz też INFRARED

um·bil·i·cal cord /ʌmˌbɪlɪkəl ˈkɔːd/ *n* [C] pępowina

um·brage /ˈʌmbrɪdʒ/ *n* **take umbrage** *old-fashioned* po/czuć się urażonym

um·brel·la /ʌmˈbrelə/ *n* [C] **1** parasol **2 umbrella organization/group** organizacja/grupa patronacka

um·pire /ˈʌmpaɪə/ *n* [C] sędzia *(sportowy)* THESAURUS REFEREE

UWAGA: umpire

Umpire to „sędzia" w tenisie, krykiecie i baseballu. Patrz też **judge** i **referee**.

ump·teen /ˌʌmpˈtiːn◂/ *quantifier informal* ileś tam —**umpteenth** *adj* enty: *for the umpteenth time* (=po raz enty)

UN /ˌjuː ˈen/ *n* [U] ONZ

un- /ʌn-/ *prefix* **1** nie-: *unhappy* | *unexpected* **2** nadaje czasownikowi znaczenie przeciwne: *undress* (=rozbierać się) | *unfasten* (=rozpinać)

un·a·bat·ed /ˌʌnəˈbeɪtɪd◂/ *adj* niesłabnący: *The storm continued unabated* (=burza szalała w najlepsze).

un·a·ble W2 /ʌnˈeɪbəl/ *adj* **be unable to do sth** nie być w stanie czegoś zrobić: *Many people were unable to leave their homes.*

un·a·bridged /ˌʌnəˈbrɪdʒd◂/ *adj* kompletny, nie skrócony *(o książce, sztuce)*

un·ac·cept·a·ble /ˌʌnəkˈseptəbəl◂/ *adj* nie do przyjęcia, niedopuszczalny: *Your behaviour is totally unacceptable.*

un·ac·com·pa·nied Ac /ˌʌnəˈkʌmpənid◂/ *adj* bez opieki, bez towarzystwa

un·ac·count·a·ble /ˌʌnəˈkaʊntəbəl◂/ *adj* **1** nie mający obowiązku się tłumaczyć **2** niepojęty: *For some unaccountable reason he's moving to New York.* —**unaccountably** *adv* z niewyjaśnionych przyczyn

un·a·dul·te·rat·ed /ˌʌnəˈdʌltəreɪtɪd◂/ *adj* czysty, absolutny: *sheer unadulterated pleasure*

un·af·fect·ed Ac /ˌʌnəˈfektɪd◂/ *adj* nietknięty: *Parts of the city remained unaffected by the fire.*

un·aid·ed Ac /ʌnˈeɪdɪd/ *adj* bez pomocy: *She managed to climb the stairs unaided.*

u·nan·i·mous /juːˈnænɪməs/ *adj* jednomyślny, jednogłośny —**unanimously** *adv* jednomyślnie, jednogłośnie —**unanimity** /ˌjuːnəˈnɪməti/ *n* [U] jednomyślność

un·an·nounced /ˌʌnəˈnaʊnst◂/ *adj* niezapowiedziany, bez zapowiedzi: *We arrived unannounced.*

un·an·swered /ʌnˈɑːnsəd/ *adj* bez odpowiedzi

un·ap·proach·a·ble Ac /ˌʌnəˈprəʊtʃəbəl◂/ *adj* **1** nieprzystępny, nieprzyjazny **2** odległy, niedostępny

un·armed /ˌʌnˈɑːmd◂/ *adj* nieuzbrojony

un·a·sham·ed·ly /ˌʌnəˈʃeɪmɪdli/ *adv* bezwstydnie: *Their latest record is unashamedly commercial.* —**unashamed** /ˌʌnəˈʃeɪmd◂/ *adj* bezwstydny

un·as·sum·ing /ˌʌnəˈsjuːmɪŋ◂/ *adj* skromny: *a quiet, unassuming man*

un·at·tached Ac /ˌʌnəˈtætʃt◂/ *adj* samotny *(bez partner-a/ki)*

un·at·tend·ed /ˌʌnəˈtendɪd◂/ *adj* pozostawiony bez opieki: *Passengers should not leave their bags unattended.*

un·au·tho·rized /ʌnˈɔːθəraɪzd/ *także* **-ised** *BrE adj* nieautoryzowany: *an unauthorized biography*

un·a·vail·a·ble Ac /ˌʌnəˈveɪləbəl/ *adj* nieosiągalny: *I'm afraid she's unavailable at the moment.* | *an album previously unavailable on CD*

un·a·void·a·ble /ˌʌnəˈvɔɪdəbəl/ *adj* nie do uniknięcia: *an unavoidable delay*

un·a·ware Ac /ˌʌnəˈweə/ *adj* nieświadomy: **+of** *She seemed completely unaware of what was happening.*

un·a·wares /ˌʌnəˈweəz/ *adv* **catch/take sb unawares** zaskoczyć kogoś: *The enemy had been caught unawares.*

un·bal·anced /ˌʌnˈbælənst/ *adj* **1** niezrównoważony: *He's obviously mentally unbalanced.* **2** nieobiektywny: *unbalanced reporting*

un·bear·a·ble /ʌnˈbeərəbəl/ *adj* nieznośny: *The pain was unbearable.* —**unbearably** *adv* nieznośnie

un·beat·a·ble /ʌnˈbiːtəbəl/ *adj* bezkonkurencyjny: *Their prices are unbeatable.*

U

un·be·liev·a·ble S3 /ˌʌnbəˈliːvəbəl◂/ *adj* niewiarygodny: *The noise was unbelievable.* | *His story sounded completely unbelievable.* —**unbelievably** *adv* niewiarygodnie

un·born /ˌʌnˈbɔːn◂/ *adj* nienarodzony: *an unborn child*

un·bro·ken /ʌnˈbrəʊkən/ *adj* niezmącony: *unbroken silence*

un·but·ton /ʌnˈbʌtn/ *v* [T] rozpinać *(coś zapinanego na guziki)*

un·called for /ʌnˈkɔːld fɔː/ *adj* nie na miejscu: *That comment was totally uncalled for.*

un·can·ny /ʌnˈkæni/ *adj* niesamowity —**uncannily** *adv* niesamowicie

un·car·ing /ʌnˈkeərɪŋ/ *adj* bezwzględny, nieczuły: *his cold and uncaring manner*

un·cer·tain /ʌnˈsɜːtn/ *adj* **1** niepewny: *His future with the company is uncertain.* **2 be uncertain about sth** nie być czegoś pewnym: *I was uncertain about what to do next.* —**uncertainty** *n* [C,U] niepewność —**uncertainly** *adv* niepewnie

un·changed /ˌʌnˈtʃeɪndʒd◂/ *adj* niezmieniony

un·char·ac·ter·is·tic /ʌnˌkærəktəˈrɪstɪk◂/ *adj* nietypowy

un·chart·ed Ac /ʌnˈtʃɑːtɪd/ *adj* **uncharted territory/waters** nieznane lądy/wody, terra incognita *(całkowicie nowa sytuacja)*

un·checked /ˌʌnˈtʃekt◂/ *adj* niekontrolowany

un·cle S2 W3 /ˈʌŋkəl/ *n* [C] wuj, wujek

un·clean /ˌʌnˈkliːn◂/ *adj* nieczysty

un·clear /ˌʌnˈklɪə◂/ *adj* **1** niejasny: *The law is unclear on this issue.* **2 be unclear about sth** nie do końca coś rozumieć: *I'm a little unclear about what they mean.*

U

un·com·fort·a·ble /ʌnˈkʌmftəbəl/ *adj* **1** niewygodny: *an uncomfortable chair* **2** nieswój: *The heat made her feel uncomfortable.* **3** niezręczny: *There was an uncomfortable silence.* —**uncomfortably** *adv* niewygodnie, nieswojo

un·com·mon /ʌnˈkɒmən/ *adj* niezwykły: *It is not uncommon for patients to have to wait five hours to see a doctor.* —**uncommonly** *adv* niezwykle

un·com·pro·mis·ing /ʌnˈkɒmprəmaɪzɪŋ/ *adj* bezkompromisowy: *his uncompromising attitude towards winning*

un·con·cerned /ˌʌnkənˈsɜːnd/ *adj* **1 be unconcerned about/by sth** nie przejmować się czymś: *Her parents seemed unconcerned by her absence.* **2 unconcerned with sth** niezainteresowany czymś: *unconcerned with making a profit*

un·con·di·tion·al /ˌʌnkənˈdɪʃənəl◂/ *adj* bezwarunkowy: *unconditional surrender* —**unconditionally** *adv* bezwarunkowo

un·con·firmed /ˌʌnkənˈfɜːmd◂/ *adj* niepotwierdzony, niesprawdzony

un·con·nect·ed /ˌʌnkəˈnektɪd◂/ *adj* niezwiązany

un·con·scious[1] /ʌnˈkɒnʃəs/ *adj* **1** nieprzytomny: *The driver was knocked unconscious.* **2** nieuświadomiony: *an unconscious desire* —**unconsciously** *adv* nieświadomie, bezwiednie —**unconsciousness** *n* [U] nieprzytomność, nieświadomość

unconscious[2] *n* [singular] podświadomość

un·con·sti·tu·tion·al Ac /ˌʌnkɒnstəˈtjuːʃənəl/ *adj* niezgodny z konstytucją, niekonstytucyjny

un·con·trol·lable /ˌʌnkənˈtrəʊləbəl◂/ *adj* niepohamowany: *uncontrollable rage*

un·con·ven·tion·al Ac /ˌʌnkənˈvenʃənəl◂/ *adj* niekonwencjonalny: *unconventional teaching methods*

un·count·a·ble /ʌnˈkaʊntəbəl/ *adj* niepoliczalny

un·couth /ʌnˈkuːθ/ *adj* nieokrzesany

un·cov·er /ʌnˈkʌvə/ *v* [T] odkrywać: *They uncovered a plot to kill the president.*

un·daunt·ed /ʌnˈdɔːntɪd/ *adj* niezrażony: *Fisher was undaunted by their opposition.*

un·de·cid·ed /ˌʌndɪˈsaɪdɪd/ *adj* niezdecydowany: *Many people are still undecided about how they will vote.*

un·de·ni·a·ble Ac /ˌʌndɪˈnaɪəbəl◂/ *adj* niezaprzeczalny —**undeniably** *adv* niezaprzeczalnie

un·der[1] S1 W1 /ˈʌndə/ *prep* **1** pod: *The cat was asleep under a chair.* | *She kept her head under the blankets.* | *We sailed under the Golden Gate Bridge.* | *She dived under the water.* | *You'll find her books under 'Modern Fiction'.* | *He writes under the name of* (=pod pseudonimem) *Taki.* | *She has a team of researchers under her.* **2** poniżej, mniej niż: *You can buy a good computer for under $1,000.* | *children under 18* **3** pod rządami: *a country under Marxist rule* **4 sth is under discussion** coś jest przedmiotem dyskusji **5 be under construction** być w budowie: *The tunnel is still under construction.* **6 be under way** mieć miejsce: *Important changes are now under way.* **7** pod wpływem: *She performs well under pressure.* **8** w świetle: *Under strict new laws smoking is banned in all public places.*

UWAGA: under

Patrz **below** i **under**.

under[2] *adv* **1** pod powierzchnią: *He dived into the water and stayed under for over a minute.* **2** mniej: *children aged nine and under*

under- /ʌndə/ *prefix* **1** przedrostek o znaczeniu „niedostatecznie", „nie dość": *underestimate* | *underpaid* **2** przedrostek o znaczeniu „niższy": *underclass*

underachieve /ˌʌndərəˈtʃiːv/ *v* [I] osiągać słabe wyniki

underachiever /ˌʌndərəˈtʃiːvə/ *n* osoba osiągająca wyniki poniżej swoich możliwości

ˌunder-ˈage *adj* niepełnoletni, nieletni: *under-age drinking* (=spożywanie alkoholu przez nieletnich)

un·der·class /ˈʌndəklɑːs/ *n* [singular] najniższe warstwy społeczne

un·der·clothes /ˈʌndəkləʊðz/ *n* [plural] *old-fashioned* bielizna

un·der·cov·er /ˌʌndəˈkʌvə◂/ *adj* tajny: *an undercover agent*

un·der·cur·rent /ˈʌndəˌkʌrənt/ *n* [C] atmosfera, klimat: *an undercurrent of racism*

un·der·cut /ˌʌndəˈkʌt/ *v* [T] (**undercut, undercut, undercutting**) przebijać cenami: *We've undercut our competitors by 15%.*

un·der·dog /ˈʌndədɒg/ *n* **the underdog** strona słabsza *(zawodnik lub drużyna)*

un·der·es·ti·mate Ac /ˌʌndərˈestɪmeɪt/ *v* [T] nie doceniać: *They underestimated the size of the problem.* | *Never underestimate your opponent.*

un·der·foot /ˌʌndəˈfʊt/ *adv* pod stopami

un·der·go Ac /ˌʌndəˈgəʊ/ *v* [T] (**underwent**, **undergone** /-ˈgɒn/, **undergoing**) poddawać się, przechodzić: *He had to undergo major heart surgery.*

un·der·grad·u·ate /ˌʌndəˈgrædʒuət◂/ *n* [C] student/ka —**undergraduate** *adj* studencki

un·der·ground[1] /ˈʌndəgraʊnd/ *adj* podziemny: *underground streams | an underground resistance movement*

un·der·ground[2] /ˌʌndəˈgraʊnd/ *adv* pod ziemią: *creatures that live underground*

un·der·ground[3] /ˈʌndəgraʊnd/ *n* [singular] *BrE* metro: *the London Underground*

un·der·growth /ˈʌndəgrəʊθ/ *n* [U] podszycie leśne

un·der·hand /ˌʌndəˈhænd◂/ *także* **un·der·hand·ed** /-ˈhændɪd◂/ *adj* podstępny: *underhand tactics*

un·der·line /ˌʌndəˈlaɪn/ *v* [T] podkreślać

un·der·ly·ing Ac /ˌʌndəˈlaɪ-ɪŋ◂/ *adj* **underlying reason/problem/aim** właściwy powód/problem/cel

un·der·mine /ˌʌndəˈmaɪn/ *v* [T] podkopywać: *She totally undermined his self-confidence.*

un·der·neath[1] S2 /ˌʌndəˈniːθ/ *prep* pod: *I found the keys underneath a cushion.*

underneath[2] *adv* **1** pod spodem **2** pod spód: *He got out of the car and looked underneath.*

un·der·paid /ˌʌndəˈpeɪd◂/ *adj* źle opłacany

un·der·pants /ˈʌndəpænts/ *n* [plural] slipy

un·der·pass /ˈʌndəpɑːs/ *n* [C] przejazd podziemny, przejście podziemne

un·der·priv·i·leged /ˌʌndəˈprɪvəlɪdʒd◂/ *adj* upośledzony społecznie: *underprivileged children*

un·der·rat·ed /ˌʌndəˈreɪtɪd◂/ *adj* niedoceniany: *an underrated player*

un·der·score /ˌʌndəˈskɔː/ *v* [T] *especially AmE* podkreślać

un·der·shirt /ˈʌndəʃɜːt/ *n* [C] podkoszulek

un·der·side /ˈʌndəsaɪd/ *n* **the underside** spód: *white spots on the underside of the leaves*

un·der·staffed /ˌʌndəˈstɑːft◂/ *adj* cierpiący na braki kadrowe

un·der·stand S1 W1 /ˌʌndəˈstænd/ *v* [I,T] (**understood**, **understood**, **understanding**) **1** z/rozumieć: *She spoke clearly, so that everyone could understand. | Most people there understand English. | Believe me, John – I understand how you feel. | Scientists still don't really understand this phenomenon.* **2 make yourself understood** wyrażać się w sposób zrozumiały **3 I understand (that)** *spoken formal* rozumiem, że: *I understand that you want to buy a painting.*

THESAURUS: understand

understand rozumieć: *His books are difficult for ordinary people to understand. | Gila doesn't understand English very well. | Doctors don't understand what causes the disease.*

see *especially spoken* rozumieć *(przyczynę, istotę sytuacji)*: *Do you see what I mean? | I can see why you don't like him.*

follow rozumieć *(objaśnienia, czyjś wywód)*: *The instructions were easy to follow. | Do you follow me?*

comprehend *formal* rozumieć: *The government failed to comprehend how serious the problem was.*

grasp zrozumieć *(coś skomplikowanego)* pojąć: *I don't think Stuart really grasped the point I was making.*

make sense of sth zrozumieć coś, połapać się w czymś: *People are still trying to make sense of the news.*

un·der·stand·a·ble /ˌʌndəˈstændəbəl/ *adj* zrozumiały: *Of course she's upset. It's a perfectly understandable reaction.*

un·der·stand·ing[1] W3 /ˌʌndəˈstændɪŋ/ *n* **1** [U] wiedza, znajomość: *advances in our understanding of the brain* **2** [U] możliwości intelektualne: *a concept beyond the understanding of a four-year-old* **3** [singular] porozumienie: *I thought we had an understanding about the price.* **4** [U] zrozumienie, wyrozumiałość: *Harry thanked us for our understanding.*

understanding[2] *adj* wyrozumiały: *an understanding boss*

un·der·stat·ed /ˌʌndəˈsteɪtɪd◂/ *adj* niewymuszony, swobodny: *understated elegance*

un·der·state·ment /ˌʌndəˈsteɪtmənt/ *n* [C,U] niedopowiedzenie: *To say I'm pleased would be an understatement.*

un·der·stood /ˌʌndəˈstʊd/ *v* czas przeszły i imiesłów bierny od UNDERSTAND

un·der·stud·y /ˈʌndəˌstʌdi/ *n* [C] dubler/ka

un·der·take W3 Ac /ˌʌndəˈteɪk/ *v* [T] (**undertook**, **undertaken** /-ˈteɪkən/, **undertaking**) *formal* **1** podejmować się: *Baker undertook the task of writing the report.* **2 undertake to do sth** podjąć się zrobienia czegoś

un·der·tak·er /ˈʌndəteɪkə/ *n* [C] przedsiębiorca pogrzebowy

un·der·tak·ing Ac /ˌʌndəˈteɪkɪŋ/ *n* [C usually singular] **1** przedsięwzięcie: *Setting up the Summer Olympics was a massive undertaking.* **2** zobowiązanie

un·der·tone /ˈʌndətəʊn/ *n* [C] **1** podtekst: *the political undertones of Sartre's work* **2 in an undertone** półgłosem

un·der·took /ˌʌndəˈtʊk/ *v* czas przeszły od UNDERTAKE

un·der·val·ued /ˌʌndəˈvæljuːd◂/ *adj* niedoceniany

un·der·wa·ter /ˌʌndəˈwɔːtə◂/ *adj* podwodny: *underwater photography* —**underwater** *adv* pod wodą

un·der·way /ˌʌndəˈweɪ/ *adj* **be underway** być w toku, toczyć się

un·der·wear /ˈʌndəweə/ *n* [U] bielizna

un·der·weight /ˌʌndəˈweɪt◂/ *adj* z niedowagą: *an underweight baby* → antonim OVERWEIGHT

un·der·went Ac /ˌʌndəˈwent/ czas przeszły od UNDERGO

un·der·world /ˈʌndəwɜːld/ *n* [singular] **1** półświatek: *the London underworld of the 1960s* **2** Hades

un·de·sir·a·ble /ˌʌndɪˈzaɪərəbəl◂/ *adj formal* niepożądany: *The treatment has no undesirable side-effects.*

un·de·vel·oped /ˌʌndɪˈveləpt◂/ *adj* niezagospodarowany: *undeveloped land*

un·did /ʌnˈdɪd/ *v* czas przeszły od UNDO

un·dis·closed /ˌʌndɪsˈkləʊzd◂/ *adj* nieujawniony, utajniony: *They bought the company for an undisclosed sum.*

un·dis·guised /ˌʌndɪsˈgaɪzd◂/ *adj* nieukrywany: *She looked at him with undisguised admiration.*

U

un·di·sput·ed /ˌʌndɪˈspjuːtɪd◂/ *adj* **undisputed leader/champion** niekwestionowany przywódca/mistrz

un·dis·turbed /ˌʌndɪˈstɜːbd◂/ *adj* bez zakłóceń: *I was able to work undisturbed.*

un·di·vid·ed /ˌʌndɪˈvaɪdɪd◂/ *adj* **undivided attention/loyalty** pełna uwaga/lojalność: *I need your undivided attention.*

un·do /ʌnˈduː/ *v* [T] (**undid**, **undone** /-ˈdʌn/, **undoing**) **1** rozwiązywać: *He undid his shoelaces.* **2** odkręcać: *Have you undone all the screws?* **3** naprawić *(zło, szkodę)*: *There's no way of undoing the damage done to his reputation.*

un·do·ing /ʌnˈduːɪŋ/ *n* **be sb's undoing** zgubić kogoś: *His overconfidence proved to be his undoing.*

un·done /ˌʌnˈdʌn◂/ *adj* **1** rozpięty, odkręcony: *Your shirt button has come undone* (=rozpiął ci się guzik). **2** niezrobiony, niewykonany: *Much of the repair work has been left undone.*

un·doubt·ed·ly /ʌnˈdaʊtɪdli/ *adv* niewątpliwie: *Amis is undoubtedly one of the best writers of his generation.* —**undoubted** *adj* niewątpliwy

un·dress /ʌnˈdres/ *v* [I,T] rozbierać (się) —**undressed** *adj* rozebrany: *The doctor told me to get undressed* (=kazał mi się rozebrać).

un·due /ˌʌnˈdjuː◂/ *adj formal* przesadny, wygórowany, nadmierny

un·du·lat·ing /ˈʌndjəleɪtɪŋ/ *adj* **1** pofałdowany, falisty: *undulating countryside* **2** falujący —**undulation** /ˌʌndjəˈleɪʃən/ *n* [C] falowanie

un·du·ly /ʌnˈdjuːli/ *adv formal* zbytnio: *Helen didn't seem unduly worried.*

un·dy·ing /ʌnˈdaɪ-ɪŋ/ *adj* dozgonny: *undying love*

un·earth /ʌnˈɜːθ/ *v* [T] **1** odkopać: *They unearthed a collection of Roman coins.* **2** wydobyć na światło dzienne: *The newspapers had succeeded in unearthing details of an affair he'd had 6 years ago.*

un·earth·ly /ʌnˈɜːθli/ *adj* niesamowity: *an unearthly cry*

un·ease /ʌnˈiːz/ *n* [U] niepokój

un·eas·y /ʌnˈiːzi/ *adj* zaniepokojony: *We felt uneasy about his decision.*

un·e·co·nom·ic·al Ac /ˌʌniːkəˈnɒmɪkəl◂/ *adj* nierentowny

un·em·ployed S2 W3 /ˌʌnɪmˈplɔɪd◂/ *adj* **1** bezrobotny: *an unemployed teacher* **2 the unemployed** bezrobotni

un·em·ploy·ment S2 W2 /ˌʌnɪmˈplɔɪmənt/ *n* [U] bezrobocie: *areas of high unemployment*

COLLOCATIONS: unemployment

adjectives

high/low unemployment *Wages are low and unemployment is high.* | *The area has the lowest unemployment in Europe.* ⚠ Nie mówi się „big unemployment" ani „great unemployment". Mówimy: **high unemployment**.

massive unemployment (=ogromne bezrobocie) *These measures could result in massive unemployment in the construction industry.*

mass unemployment (=masowe bezrobocie) *the mass unemployment of the 1930s*

long-term unemployment *It can be difficult to help people out of long-term unemployment.*

youth/male/female unemployment (=bezrobocie wśród młodzieży/mężczyzn/kobiet) *Youth unemployment there has reached 50 percent.*

verbs

to reduce/cut unemployment *The government should do more to reduce unemployment.*

unemployment increases/rises *Unemployment has risen to its highest level in four years.*

unemployment falls *From 1986 to 1989 unemployment fell.*

noun + unemployment

a rise/increase in unemployment *The result was a huge rise in unemployment.*

a fall in unemployment *We are hoping to see a fall in unemployment.*

unemployment + noun

the unemployment rate/level *The unemployment rate has gone up again.*

the unemployment figures *The latest unemployment figures show that 1 in 10 people are out of work.*

ˌunemˈployment ˌbenefit *n* [U] zasiłek dla bezrobotnych: *people on unemployment benefit*

un·e·qual /ʌnˈiːkwəl/ *adj* nierówny: *an unequal contest* | *unequal treatment of men and women* —**unequally** *adv* nierówno, niejednakowo

un·e·quiv·o·cal /ˌʌnɪˈkwɪvəkəl◂/ *adj formal* jednoznaczny: *unequivocal proof* —**unequivocally** *adv* jednoznacznie

un·er·ring /ʌnˈɜːrɪŋ/ *adj* niezawodny, nieomylny: *He hit the target with unerring accuracy.*

un·eth·i·cal Ac /ʌnˈeθɪkəl/ *adj* nieetyczny —**unethically** /-kli/ *adv* nieetycznie

un·e·ven /ʌnˈiːvən/ *adj* nierówny: *uneven ground* | *The film is very uneven.* | *Her breathing became slow and uneven.* —**unevenly** *adv* nierówno

un·ex·pect·ed /ˌʌnɪkˈspektɪd◂/ *adj* niespodziewany: *the unexpected death of his father* —**unexpectedly** *adv* niespodziewanie

un·fail·ing /ʌnˈfeɪlɪŋ/ *adj* **unfailing support/loyalty** niezawodne poparcie/niezawodna lojalność

un·fair S3 /ˌʌnˈfeə◂/ *adj* **1** niesprawiedliwy, nie w porządku: *She gets much more money than I do. It's so unfair!* **2** niesłuszny: *unfair dismissal* —**unfairly** *adv* niesprawiedliwie, niesłusznie

un·faith·ful /ʌnˈfeɪθfəl/ *adj* niewierny

un·fa·mil·i·ar /ˌʌnfəˈmɪliə◂/ *adj* **1** nieznany: *an unfamiliar face* **2 be unfamiliar with sth** nie znać czegoś: *I am unfamiliar with his work.*

un·fash·ion·a·ble /ʌnˈfæʃənəbəl/ *adj* niemodny: *In Blair's new Britain the term 'socialist' has become rather unfashionable.*

un·fas·ten /ʌnˈfɑːsən/ *v* [T] rozpinać

un·fa·vou·ra·ble /ʌnˈfeɪvərəbəl/ *BrE*, **unfavorable** *AmE* *adj* **1** niekorzystny: *The play received unfavourable reviews.* **2** niesprzyjający: *unfavorable weather conditions*

un·feel·ing /ʌnˈfiːlɪŋ/ *adj* nieczuły, bez serca

un·fin·ished /ʌnˈfɪnɪʃt/ *adj* niedokończony

un·fit /ʌnˈfɪt/ *adj* niezdatny: *meat that is unfit for human consumption*

un·fold /ʌnˈfəʊld/ *v* **1** [I] rozwijać się: *the dramatic events that were unfolding in Eastern Europe* **2** [T] rozkładać: *She unfolded the map.*

un·fore·seen /ˌʌnfɔːˈsiːn◂/ *adj* nieprzewidziany: *unforeseen problems*

un·for·get·ta·ble /ˌʌnfəˈgetəbəl◂/ *adj* niezapomniany: *Climbing in Nepal was an unforgettable experience.*

un·for·tu·nate S3 /ʌnˈfɔːtʃənət/ *adj* **1** nieszczęśliwy: *It was just an unfortunate accident, that's all.* **2** pechowy: *One unfortunate driver was hit by a falling tree.*

un·for·tu·nate·ly S1 W3 /ʌnˈfɔːtʃənətli/ *adv* niestety: *Unfortunately the show had to be cancelled.*

un·found·ed Ac /ʌnˈfaʊndɪd/ *adj* bezpodstawny: *unfounded allegations*

un·friend·ly /ʌnˈfrendli/ *adj* nieprzyjazny: *The local people seemed cold and unfriendly.*

un·furl /ʌnˈfɜːl/ *v* [I,T] *literary* rozpościerać (się)

un·fur·nished /ʌnˈfɜːnɪʃt/ *adj* nieumeblowany

un·gain·ly /ʌnˈgeɪnli/ *adj* niezgrabny: *an ungainly teenager*

un·gra·cious /ʌnˈgreɪʃəs/ *adj* gburowaty, opryskliwy —**ungraciously** *adv* gburowato, opryskliwie

un·gram·mat·i·cal /ˌʌngrəˈmætɪkəl◂/ *adj* niegramatyczny

un·grate·ful /ʌnˈgreɪtfəl/ *adj* niewdzięczny

un·hap·py S3 /ʌnˈhæpi/ *adj* **1** nieszczęśliwy: *an unhappy childhood* | **unhappy about sth** *Pauline seemed deeply unhappy about something* (=nieszczęśliwa z jakiegoś powodu). THESAURUS SAD **2 unhappy with/about** niezadowolony z: *O'Neill was unhappy with his team's performance.* —**unhappiness** *n* [U] nieszczęście —**unhappily** *adv* nieszczęśliwie

un·harmed /ʌnˈhɑːmd/ *adj* cały i zdrowy

un·health·y /ʌnˈhelθi/ *adj* **1** niezdrowy: *an unhealthy diet* **2** chory: *a rather unhealthy looking child* **3** chorobliwy: *an unhealthy obsession with sex*

un·heard-of /ʌnˈhɜːd ɒv/ *adj* niespotykany: *Women airline pilots were practically unheard-of twenty years ago.*

un·help·ful /ʌnˈhelpfəl/ *adj* **1** niezbyt pomocny: *The staff were unfriendly and unhelpful.* **2** niepotrzebny: *unhelpful interference*

un·hurt /ʌnˈhɜːt/ *adj* bez obrażeń

u·ni·corn /ˈjuːnəkɔːn/ *n* [C] jednorożec

un·i·den·ti·fied /ˌʌnaɪˈdentɪfaɪd◂/ *adj* niezidentyfikowany →patrz też UFO

u·ni·fi·ca·tion Ac /ˌjuːnɪfɪˈkeɪʃən/ *n* [U] zjednoczenie: *the unification of Germany*

u·ni·form¹ S3 /ˈjuːnəfɔːm/ *n* [C,U] **1** mundur: *The policeman was in uniform.* **2** mundurek: *school uniform*

uniform² Ac *adj* jednolity —**uniformly** *adv* jednolicie —**uniformity** /ˌjuːnəˈfɔːməti/ *n* [U] jednolitość

u·ni·fy Ac /ˈjuːnɪfaɪ/ *v* [T] **1** z/jednoczyć: *Spain was unified in the 16th century.* **2** ujednolicać →patrz też UNIFICATION

u·ni·lat·e·ral /ˌjuːnəˈlætərəl◂/ *adj* jednostronny: *a unilateral ceasefire* —**unilaterally** *adv* jednostronnie

un·i·ma·gin·a·ble /ˌʌnɪˈmædʒənəbəl◂/ *adj* niewyobrażalny: *The heat was unimaginable.*

un·im·por·tant /ˌʌnɪmˈpɔːtənt◂/ *adj* nieważny

THESAURUS: unimportant

unimportant nieważny: *The details were unimportant.*

of no/little importance bez znaczenia: *The issue was of no importance to her.* | *That fact is of little importance now.*

minor drobny: *The driver suffered minor injuries in the accident.* | *The storm caused minor damage.*

trivial błahy, trywialny: *They had a disagreement about a trivial matter.*

insignificant nieistotny, mało ważny (*zwłaszcza w porównaniu z czymś*): *Her own problems seemed insignficant.*

irrelevant nieistotny, bez znaczenia: *His age is irrelevant.*

un·in·hab·it·a·ble /ˌʌnɪnˈhæbətəbəl/ *adj* nie nadający się do zamieszkania

un·in·hab·it·ed /ˌʌnɪnˈhæbɪtɪd◂/ *adj* niezamieszkały THESAURUS EMPTY

un·in·hib·it·ed /ˌʌnɪnˈhɪbɪtɪd◂/ *adj* pozbawiony zahamowań

un·in·stall /ˌʌnɪnˈstɔːl/ *v* [T] odinstalować

un·in·tel·li·gi·ble /ˌʌnɪnˈtelədʒəbəl◂/ *adj* niezrozumiały

un·in·terest·ed /ʌnˈɪntrɪstɪd/ *adj* niezainteresowany →porównaj DISINTERESTED

un·in·ter·rupt·ed /ˌʌnɪntəˈrʌptɪd◂/ *adj* nieprzerwany, ustawiczny: *an uninterrupted* (=niezmącony) *view of the mountains*

u·nion S1 W1 /ˈjuːnjən/ *n* **1** [C] związek zawodowy: *the auto workers' union* **2** [U singular] unia, zjednoczenie: *the union of East and West Germany*

ˌUnion ˈJack *n* [C] flaga brytyjska

u·nique S3 W2 Ac /juːˈniːk/ *adj* niepowtarzalny: *a unique opportunity* | *Each person's fingerprint is unique.* | **be unique to** *animals that are unique to* (=występują wyłącznie w) *Australia*

u·ni·sex /ˈjuːnɪseks/ *adj* uniseks, dla obu płci: *unisex clothes*

u·ni·son /ˈjuːnəsən/ *n* **in unison** zgodnie

u·nit S2 W2 /ˈjuːnɪt/ *n* [C] **1** segment, część: *The apartment building is divided into eight units.* **2** oddział: *the emergency unit at the hospital* **3** jednostka: *The dollar is the basic unit of money in the US.* **4** urządzenie: *The cooling unit is broken.* **5** szafka: *a storage unit*

u·nite /juːˈnaɪt/ *v* [I,T] z/jednoczyć (się): *Congress united behind the President.* | *Germany was united in 1990.*

u·nit·ed S2 W3 /juːˈnaɪtɪd/ *adj* **1** zgodny: *the Democrats are united on this issue* **2** zjednoczony: *a united Europe*

Uˌnited ˈKingdom *n* **the United Kingdom (of Great Britain and Northern Ireland)** Zjednoczone Królestwo (Wielkiej Brytanii i Irlandii Północnej) →patrz też BRITISH, BRITON

Uˌnited ˈNations (*skrót pisany* **UN**) *n* [singular] Organizacja Narodów Zjednoczonych

Uˌnited ˈStates *n* **the United States (of America)** Stany Zjednoczone (Ameryki) →patrz też AMERICAN

u·ni·ty W3 /ˈjuːnəti/ *n* [U singular] jedność: *party unity*

u·ni·ver·sal W3 /ˌjuːnəˈvɜːsəl◂/ *adj* **1** powszechny: *a universal ban on nuclear weapons* | *There was almost universal*

U

agreement. **2** uniwersalny —**universally** *adv* powszechnie

u·ni·verse W3 /ˈjuːnəvɜːs/ *n* **the universe** wszechświat

u·ni·ver·si·ty S2 W1 /ˌjuːnəˈvɜːsəti◂/ *n* [C,U] uniwersytet: *Which university did you go to? | a university professor | My sister's at Leeds University.*

UWAGA: London University i the University of...

Nazwy uniwersytetów zawierające nazwy miast podajemy na dwa sposoby. Pierwszy sposób nie przewiduje użycia przedimka **the**, a w drugim, bardziej oficjalnym, przedimek jest konieczny, np. *Gdańsk University* i *the University of Gdańsk.*

COLLOCATIONS: university

verbs

to go to university *I want to go to university when I leave school.*

to be at university *BrE My sister is at university in Brighton.*

to attend a university *formal He attended the University of San Francisco.*

to do/study sth at university *What did you do at university?*

to apply for/to university *Are you going to apply to university?*

to start/leave university *Some people take a year off before they start university. | Students often find work soon after leaving university.*

to drop out of university (=rzucić studia) *He dropped out of university in order to join a rock band.*

university + noun

a university student *We met a group of university students.*

a university graduate (=absolwent/ka uniwersytetu) *She is a university graduate who speaks three languages.*

a university lecturer/professor *research done by an Australian university professor*

a university course *He has just started a four-year university course.*

a university degree *He was a qualified engineer with a university degree.*

a university education *I did not have the advantage of a university education.*

the university campus *There were violent protests on university campuses.*

un·just /ˌʌnˈdʒʌst◂/ *adj* niesprawiedliwy: *unjust laws* —**unjustly** *adv* niesprawiedliwie

un·just·i·fied Ac /ʌnˈdʒʌstɪfaɪd/ *adj* nieuzasadniony: *unjustified spending cuts*

un·kempt /ˌʌnˈkempt◂/ *adj* **1** rozczochrany: *His hair looked dirty and unkempt.* **2** w nieładzie

un·kind /ˌʌnˈkaɪnd◂/ *adj* **1** niegrzeczny, nieżyczliwy: *an unkind remark* **2 unkind to** niedobry dla: *Her stepmother was very unkind to her.* —**unkindly** *adv* niegrzecznie, nieżyczliwie

un·know·ing·ly /ʌnˈnəʊɪŋli/ *adv* nieświadomie

un·known[1] W2 /ˌʌnˈnəʊn◂/ *adj* nieznany: *The number of people injured is still unknown. | an unknown actor*

unknown[2] *n* **the unknown** nieznane: *a fear of the unknown* (=strach przed nieznanym)

un·law·ful /ʌnˈlɔːfəl/ *adj formal* bezprawny: *unlawful killing*

un·lead·ed /ʌnˈledɪd/ *adj* bezołowiowy

un·leash /ʌnˈliːʃ/ *v* [T] rozpętać: *The decision unleashed a storm of protest.*

un·less S1 W1 /ʌnˈles/ *conjunction* jeżeli nie, chyba że: *He won't go to sleep unless you tell him a story.* THESAURUS IF

un·like W3 /ˌʌnˈlaɪk◂/ *prep* **1** w odróżnieniu od: *Unlike me, she's very intelligent.* **2** nie w stylu: *It's unlike Judy to leave without telling anyone.*

un·like·ly S3 W2 /ʌnˈlaɪkli/ *adj* mało prawdopodobny: *It's very unlikely that they'll win.* —**unlikelihood** /ʌnˈlaɪklihʊd/ *n* [U] nieprawdopodobieństwo

un·lim·i·ted /ʌnˈlɪmɪtɪd/ *adj* nieograniczony: *unlimited freedom*

un·lit /ˌʌnˈlɪt◂/ *adj* nieoświetlony

un·load /ʌnˈləʊd/ *v* **1** [T] wyładowywać: *They unloaded the car.* **2** [I,T] rozładowywać (się): *He unloaded the gun.*

un·lock /ʌnˈlɒk/ *v* [T] otwierać *(kluczem)*

un·luck·y /ʌnˈlʌki/ *adj* **1** pechowy: *Thirteen is an unlucky number. | We were unlucky* (=mieliśmy pecha) *with the weather this weekend.* **2** nieszczęśliwy: *an unlucky accident*

un·marked /ˌʌnˈmɑːkt◂/ *adj* nieoznakowany: *an unmarked police car*

un·mar·ried /ˌʌnˈmærid◂/ *adj* **1** niezamężna **2** nieżonaty

un·mis·tak·a·ble /ˌʌnməˈsteɪkəbəl◂/ *adj* wyraźny: *the unmistakable taste of garlic*

un·mit·i·gat·ed /ʌnˈmɪtɪgeɪtɪd/ *adj* absolutny, totalny: *an unmitigated disaster*

un·moved /ʌnˈmuːvd/ *adj* niewzruszony

un·named /ˌʌnˈneɪmd◂/ *adj* anonimowy: *a report from an unnamed source*

un·nat·u·ral /ʌnˈnætʃərəl/ *adj* nienaturalny: *It's unnatural for a child to spend so much time alone.* —**unnaturally** *adv* nienaturalnie

un·ne·ces·sa·ry /ʌnˈnesəsəri/ *adj* **1** niepotrzebny: *the unnecessary use of drugs* **2** zbyteczny, zbędny: *a rather unnecessary remark* —**unnecessarily** *adv* niepotrzebnie

un·nerve /ˌʌnˈnɜːv/ *v* [T] wytrącać z równowagi: *Dave was completely unnerved by the accident.* —**unnerving** *adj* stresujący

un·no·ticed /ʌnˈnəʊtɪst/ *adj* niezauważony: *She sat unnoticed at the back of the room.*

un·ob·served /ˌʌnəbˈzɜːvd/ *adj* niezauważony

un·ob·tru·sive /ˌʌnəbˈtruːsɪv◂/ *adj* dyskretny, nie rzucający się w oczy

un·oc·cu·pied /ʌnˈɒkjəpaɪd/ *adj* wolny: *an unoccupied room/seat*

un·of·fi·cial /ˌʌnəˈfɪʃəl◂/ *adj* nieoficjalny: *Unofficial reports say about 25 people are dead. | The Senator is in Berlin on an unofficial visit.* —**unofficially** *adv* nieoficjalnie

un·or·tho·dox /ʌnˈɔːθədɒks/ *adj* niekonwencjonalny: *her unorthodox lifestyle* THESAURUS UNUSUAL

un·pack /ʌnˈpæk/ *v* [I,T] rozpakowywać (się)

un·paid /ˌʌnˈpeɪd◂/ *adj* **1 unpaid bill/debt** niezapłacony rachunek/dług **2** nieopłacany: *unpaid workers* **3** niepłatny: *unpaid work*

un·pal·at·a·ble /ʌnˈpælətəbəl/ *adj formal* **1** trudny do przyjęcia: *the unpalatable truth* **2** niesmaczny

un·par·al·leled Ac /ʌnˈpærəleld/ *adj formal* niezrównany: *an unparalleled success*

un·pick /ʌnˈpɪk/ *v* [T] po/pruć

un·pleas·ant /ʌnˈplezənt/ nieprzyjemny: *an unpleasant surprise* | *She was rather unpleasant to me on the phone.* —**unpleasantly** *adv* nieprzyjemnie

un·plug /ʌnˈplʌg/ *v* [T] (**-gged**, **-gging**) wyłączać (*z sieci*)

un·pop·u·lar /ʌnˈpɒpjələ/ *adj* niepopularny: *an unpopular decision*

un·pre·ce·dent·ed Ac /ʌnˈpresɪdentɪd/ *adj* bezprecedensowy: *an unprecedented achievement*

un·pre·dict·a·ble Ac /ˌʌnprɪˈdɪktəbəl◂/ *adj* nieprzewidywalny: *unpredictable weather*

un·pro·fes·sion·al /ˌʌnprəˈfeʃənəl◂/ *adj* sprzeczny z etyką zawodową: *unprofessional conduct*

un·pro·voked /ˌʌnprəˈvəʊkt◂/ *adj* nieuzasadniony, bezpodstawny: *an unprovoked attack*

un·qual·i·fied /ʌnˈkwɒlɪfaɪd/ *adj* **1** pozbawiony kwalifikacji: *She was totally unqualified for her new job.* **2 unqualified success/disaster** sukces/klęska na całej linii: *The festival was an unqualified success.*

un·ques·tion·a·bly /ʌnˈkwestʃənəbli/ *adv* bezsprzecznie, bezspornie: *He is unquestionably the world's greatest living composer.* —**unquestionable** *adj* bezsprzeczny, bezsporny

un·rav·el /ʌnˈrævəl/ *v* [I,T] (**-lled**, **-lling** *BrE*; **-led**, **-ling** *AmE*) **1** rozwikłać (się): *Detectives are trying to unravel the mystery surrounding his death.* **2** rozplątać (się)

un·real /ˌʌnˈrɪəl◂/ *adj* nierzeczywisty, nierealny: *The whole situation was completely unreal.*

un·rea·lis·tic /ˌʌnrɪəˈlɪstɪk◂/ *adj* nierealistyczny: *A lot of women have unrealistic expectations about marriage.*

un·rea·son·a·ble /ʌnˈriːzənəbəl/ *adj* **1** nierozsądny: *unreasonable demands* | *Do you think I'm being unreasonable?* **2 unreasonable charges/prices** nadmiernie wysokie opłaty/ceny

un·rec·og·niz·a·ble /ʌnˈrekəgnaɪzəbəl/ *także* **-isable** *BrE adj* nie do poznania

un·re·lat·ed /ˌʌnrɪˈleɪtɪd◂/ *adj* niepowiązany/niezwiązany (ze sobą): *unrelated events*

un·re·lent·ing /ˌʌnrɪˈlentɪŋ◂/ *adj formal* **1** uporczywy: *a bitter, unrelenting struggle* **2** bezlitosny

un·re·li·a·ble Ac /ˌʌnrɪˈlaɪəbəl◂/ *adj* zawodny: *The old machines were notoriously unreliable and slow.*

un·re·mit·ting /ˌʌnrɪˈmɪtɪŋ◂/ *adj formal* nieprzerwany, nieustanny: *a year of unremitting economic gloom*

un·re·pent·ant /ˌʌnrɪˈpentənt◂/ *adj* nieskruszony, bezwstydny

un·re·quit·ed /ˌʌnrɪˈkwaɪtɪd◂/ *adj* **unrequited love** *especially literary* nieodwzajemniona miłość

un·re·serv·ed·ly /ˌʌnrɪˈzɜːvɪdli/ *adv* szczerze: *He apologized unreservedly.* —**unreserved** *adj* bezgraniczny, pełny: *unreserved support*

un·re·solved Ac /ˌʌnrɪˈzɒlvd◂/ *adj* nierozwiązany: *an unresolved problem/question*

un·res·pon·sive Ac /ˌʌnrɪˈspɒnsɪv/ *adj* **1 be unresponsive to sth** nie reagować na coś: *illnesses that are unresponsive to conventional medical treatment* **2** obojętny: *Her manner was cold and unresponsive.*

un·rest /ʌnˈrest/ *n* [U] niepokój: *growing political unrest in Algeria*

un·re·strained Ac /ˌʌnrɪˈstreɪnd◂/ *adj* nieskrępowany: *unrestrained economic growth*

un·ri·valled /ʌnˈraɪvəld/ *BrE*, **unrivaled** *AmE adj* niezrównany: *an unrivaled collection of 19th-century art*

un·roll /ʌnˈrəʊl/ *v* [T] rozwijać: *He unrolled his sleeping bag.*

un·ruf·fled /ʌnˈrʌfəld/ *adj* nieporuszony

un·ru·ly /ʌnˈruːli/ *adj* niesforny: *unruly schoolchildren*

un·safe /ˌʌnˈseɪf◂/ *adj* niebezpieczny, zagrażający bezpieczeństwu: *The streets are unsafe for people to walk alone at night.* THESAURUS DANGEROUS

un·said /ʌnˈsed/ *adj* **left unsaid** przemilczany: *Some things are better left unsaid* (=niektóre rzeczy lepiej przemilczeć).

un·sat·is·fac·to·ry /ˌʌnsætəsˈfæktəri/ *adj* niezadowalający: *The present system is completely unsatisfactory.*

un·sa·vour·y /ʌnˈseɪvəri/ *BrE*, **unsavory** *AmE adj* podejrzany: *The bar was full of all kinds of unsavoury characters.*

un·scathed /ʌnˈskeɪðd/ *adj* nietknięty: *The driver emerged from the crash unscathed.*

un·screw /ʌnˈskruː/ *v* [T] odkręcać, wykręcać: *She unscrewed the light bulb.*

un·scru·pu·lous /ʌnˈskruːpjələs/ *adj* pozbawiony skrupułów: *unscrupulous employers*

un·seat /ʌnˈsiːt/ *v* [T] odsunąć od władzy, usunąć (ze stanowiska): *Two candidates are trying to unseat the mayor.*

un·seem·ly /ʌnˈsiːmli/ *adj formal* niestosowny: *an unseemly argument over money*

un·seen /ˌʌnˈsiːn◂/ *adj, adv formal* niezauważony: *She left the building unseen.*

unselfish /ʌnˈselfɪʃ/ *adj* bezinteresowny: *an unselfish and generous man who risks his life for his friend*

un·set·tled /ʌnˈsetld/ *adj* **1** niespokojny: *Children often feel unsettled by divorce.* **2** nierozstrzygnięty: *The issue remains unsettled.* **3** niepewny: *These are difficult and unsettled times.* **4** zmienny: *unsettled weather*

un·set·tling /ʌnˈsetlɪŋ/ *adj* stresujący: *Going to your first interview can be an unsettling experience.*

un·shav·en /ʌnˈʃeɪvən/ *adj* nieogolony

un·sight·ly /ʌnˈsaɪtli/ *adj* szpetny: *unsightly modern office buildings*

un·skilled /ˌʌnˈskɪld◂/ *adj* **1 unskilled workers** robotnicy niewykwalifikowani **2 unskilled work** praca nie wymagająca kwalifikacji

un·so·cial /ˌʌnˈsəʊʃəl/ *adj* **1 unsocial hours** nieludzkie godziny pracy (*wczesnym rankiem lub późną nocą*) **2** aspołeczny

un·so·li·cit·ed /ˌʌnsəˈlɪsɪtɪd◂/ *adj formal* niechciany, nieproszony: *unsolicited mail*

un·so·phis·ti·cat·ed /ˌʌnsəˈfɪstɪkeɪtɪd◂/ *adj* **1** niewyrobiony: *unsophisticated audiences* **2** nieskomplikowany: *unsophisticated equipment/methods*

un·sound /ˌʌnˈsaʊnd◂/ *adj* **1** błędny **2** walący się, zapuszczony

un·speak·a·ble /ʌnˈspiːkəbəl/ *adj* **1** odrażający, ohydny: *unspeakable crimes* **2** niewymowny —**unspeakably** *adv* odrażająco, ohydnie

un·spe·ci·fied Ac /ʌnˈspesɪfaɪd/ *adj* niedookreślony, niewyszczególniony: *The painting was sold for an unspecified amount of money.*

un·spoiled /ˌʌnˈspɔɪld◂/ *adj especially BrE* nieskażony, nietknięty *(cywilizacją)*: *unspoiled countryside*

un·spok·en /ʌnˈspəʊkən/ *adj* milczący: *an unspoken agreement*

un·sta·ble Ac /ʌnˈsteɪbəl/ *adj* **1** niestabilny: *The political situation is very unstable at the moment.* **2** niezrównoważony: *emotionally unstable* **3** chwiejny: *an unstable wall*

un·stead·y /ʌnˈstedi/ *adj* **1** niepewny: *I felt unsteady on my feet.* **2** chwiejny: *an unsteady ladder*

un·stop·pa·ble /ʌnˈstɒpəbəl/ *adj* niepokonany: *The team seems unstoppable this year.*

un·stuck /ˌʌnˈstʌk◂/ *adj* **come unstuck a)** *BrE* nie powieść się: *Our plans came unstuck.* **b)** odkleić się: *The stamp has come unstuck.*

un·sub·stan·ti·at·ed /ˌʌnsəbˈstænʃieɪtɪd/ *adj* niepotwierdzony: *an unsubstantiated rumour*

un·suc·cess·ful /ˌʌnsəkˈsesfəl◂/ *adj* nieudany: *an unsuccessful experiment* —**unsuccessfully** *adv* bez powodzenia

un·suit·a·ble /ʌnˈsuːtəbəl/ *adj* nieodpowiedni: *This movie is unsuitable for young children.*

un·sung /ˌʌnˈsʌŋ◂/ *adj* zapoznany: *unsung heroes*

un·sure /ˌʌnˈʃɔː◂/ *adj* **1** niepewny: *At first, he was unsure about accepting the job.* **2 sb is unsure of himself/herself** komuś brakuje pewności siebie: *Clara seemed shy and unsure of herself.*

un·sur·passed /ˌʌnsəˈpɑːst◂/ *adj* bezkonkurencyjny

un·sus·pect·ing /ˌʌnsəˈspektɪŋ◂/ *adj* niczego nie podejrzewający: *her unsuspecting victim*

un·swerv·ing /ʌnˈswɜːvɪŋ/ *adj* niezachwiany: *unswerving loyalty*

un·sym·pa·thet·ic /ˌʌnsɪmpəˈθetɪk◂/ *adj* **1** obojętny: *Her father was cold and unsympathetic.* **2** nieprzychylny: *unsympathetic comments* **3** antypatyczny, niesympatyczny: *an unsympathetic character*

un·tan·gle /ˌʌnˈtæŋgəl/ *v* [T] rozplątywać: *conditioner that helps untangle your hair*

un·tapped /ˌʌnˈtæpt◂/ *adj* nienaruszony, niewykorzystany, nie(wy)eksploatowany: *untapped oil reserves*

un·ten·a·ble /ʌnˈtenəbəl/ *adj formal* nie wytrzymujący krytyki, nie do utrzymania (w obliczu krytyki)

un·think·a·ble /ʌnˈθɪŋkəbəl/ *adj* nie do pomyślenia: *It seemed unthinkable that a woman would run for President.*

un·ti·dy /ʌnˈtaɪdi/ *adj especially BrE* **1** niechlujny: *He is very untidy.* **2** nieposprzątany: *Why's your desk always so untidy?* **3** w nieładzie: *untidy hair*

un·tie /ʌnˈtaɪ/ *v* [T] rozwiązywać: *Mommy, can you untie my shoelaces?*

un·til S1 W1 /ʌnˈtɪl/ *także* **till** *prep, conjunction* **1** (aż) do: *The banks are open until 3.30. | Debbie's on vacation until Monday.* **2 not until** nie wcześniej niż: *The movie doesn't start until 8* (=zaczyna się dopiero o 8).

un·time·ly /ʌnˈtaɪmli/ *adj* przedwczesny: *her untimely death*

un·told /ˌʌnˈtəʊld◂/ *adj* nieopisany: *The floods caused untold damage.*

un·touched /ˌʌnˈtʌtʃt◂/ *adj* nietknięty: *an area untouched by the war*

un·to·ward /ˌʌntəˈwɔːd/ *adj* **1** nieprzewidziany: *Nothing untoward happened.* **2** niefortunny

un·trained /ˌʌnˈtreɪnd◂/ *adj* **1** niewyszkolony **2 to the untrained eye/ear** dla laika: *To the untrained eye, the painting looks like a Van Gogh.*

un·tried /ˌʌnˈtraɪd◂/ *adj* niewypróbowany

un·true /ʌnˈtruː/ *adj* nieprawdziwy: *Their story was completely untrue.*

un·truth /ʌnˈtruːθ/ *n* [C] *formal* nieprawda

un·truth·ful /ʌnˈtruːθfəl/ *adj* fałszywy

un·used[1] /ˌʌnˈjuːzd◂/ *adj* niewykorzystany, nieużywany: *unused land*

un·used[2] /ʌnˈjuːst/ *adj* **be unused to** nie być przyzwyczajonym do: *She's unused to driving at night.*

un·u·su·al S2 W3 /ʌnˈjuːʒuəl/ *adj* niezwykły: *It's very unusual to have snow in April. | a rather unusual taste*

THESAURUS: unusual

unusual niezwykły: *It's very unusual for Mum to be late.*

exceptional wyjątkowy: *Children are only sent to prison in exceptional circumstances.*

out of the ordinary niezwykły, nietypowy: *There had been nothing out of the ordinary about that morning.*

freak przedziwny *(zwłaszcza wypadek lub zjawisko atmosferyczne)*: *He was killed in a freak accident. | a freak snowstorm*

eccentric ekscentryczny: *The house was owned by an eccentric millionaire.*

unorthodox niekonwencjonalny: *He has very unorthodox views on life. | unorthodox teaching methods*

un·u·su·al·ly /ʌnˈjuːʒuəli/ *adv* **1 unusually hot/big** niezwykle gorący/duży **2** wyjątkowo: *Unusually, the house was quiet.*

un·veil /ˌʌnˈveɪl/ *v* [T] **1** ogłaszać: *The mayor will unveil plans for a new park.* **2** odsłaniać: *The Queen unveiled a statue of Prince Albert.*

un·want·ed /ʌnˈwɒntɪd/ *adj* niechciany, niepotrzebny: *an unwanted gift*

un·war·rant·ed /ʌnˈwɒrəntɪd/ *adj formal* nieuzasadniony: *unwarranted interference*

un·wa·ry /ʌnˈweəri/ *adj* nieświadomy: *unwary tourists*

un·wel·come /ʌnˈwelkəm/ *adj* **1** niepożądany: *unwelcome publicity* **2** nieproszony, niemile widziany: *an unwelcome visitor*

un·well /ʌnˈwel/ *adj formal* **be/feel unwell** źle się czuć

un·wield·y /ʌnˈwiːldi/ *adj* nieporęczny: *The first clocks were large and unwieldy.*

un·will·ing /ʌnˈwɪlɪŋ/ *adj* **be unwilling to do sth** nie

U

chcieć czegoś zrobić: *He's unwilling to admit he was wrong.* —**unwillingly** *adv* niechętnie

un·wind /ʌn'waɪnd/ *v* (**unwound**, **unwinding**) **1** [I] odprężać się: *Swimming helps me unwind.* **2** [I,T] rozwijać (się): *He unwound the rope.*

un·wise /ʌn'waɪz/ *adj* niemądry: *an unwise decision* —**unwisely** *adv* niemądrze

un·wit·ting·ly /ʌn'wɪtɪŋli/ *adv* bezwiednie, niechcący: *Several employees unwittingly became involved in illegal activities.*

un·work·a·ble /ʌn'wɜːkəbəl/ *adj* **unworkable plan/idea** niewykonalny plan/pomysł

un·wound /ʌn'waʊnd/ *v* czas przeszły i imiesłów bierny od UNWIND

un·wrap /ʌn'ræp/ *v* [T] rozpakowywać

un·writ·ten /ˌʌn'rɪtn◂/ *adj* niepisany: *an unwritten rule*

un·yield·ing /ʌn'jiːldɪŋ/ *adj* **1** nieustępliwy, nieugięty: *The terrorists were unyielding in their demands.* **2** stanowczy, twardy

un·zip /ˌʌn'zɪp/ *v* [T] (**-pped**, **-pping**) **1** rozpinać *(coś zapinanego na zamek)* **2** rozpakowywać *(plik danych)*

up[1] /ʌp/ *adv, prep* **1** w górę: *They began walking up the hill.* | *Can you move the picture up a little higher?* **2** na górze: *"Where's Dave?" "He's up in his room."* **3 get/stand up** wstawać: *They all stood up to sing.* **4** w całości, do końca: *He's eaten up all his food* (=zjadł wszystko). | *They soon used up all their money* (=wydali wszystkie pieniądze). **5** na północ(y): *His relatives all live up in Scotland.* **6 up the river** w górę rzeki **7 up the street/road** kawałek dalej *(na tej samej ulicy)*: *She lives just up the street.* **8 up to** nie więcej niż: *Up to 10 people are allowed in the elevator at one time.* **9 be up to** dorównywać: *The band's latest record isn't up to their usual high standard.* **10 walk/go/come up to** podejść do: *A man came up to me and asked for a light.* **11 up to/up until** (aż) do: *The offer is valid up to December 15.* **12 it's up to sb** *spoken* to zależy od kogoś: *"Do you think I should get the dress?" "It's up to you."* **13 be/feel up to sth** mieć dość sił na coś: *Do you feel up to a walk today?* **14 be up to sth** knuć coś: *He keeps looking behind him. I'm sure he's up to something.*

up[2] *adj* [not before noun] **1 stay/be up** nie kłaść się spać: *They stayed up all night to watch the game.* | *Are you still up* (=jeszcze nie śpisz)? **2 be up a)** wzrosnąć: *Profits were up by 4% this year.* **b)** *spoken* skończyć się: *"Time's up," said the teacher.* **3 up for sale** na sprzedaż: *Their house is up for sale.* **4 be up against sth** stawiać czoło czemuś, z/mierzyć się z czymś: *We're up against some of the biggest companies in the world.* **5 up and running** na pełnych obrotach: *The system should be up and running early next year.* → patrz też **what's up** (WHAT)

up[3] *n* **ups and downs** wzloty i upadki: *Every marriage has its ups and downs.*

up[4] *v* [T] zwiększać, podnosić: *They've upped her salary by $2,500!*

ˌup-and-'coming *adj* dobrze się zapowiadający, obiecujący: *an up-and-coming actor*

up·beat /'ʌpbiːt/ *adj* optymistyczny: *a movie with an upbeat ending*

up·bring·ing /'ʌpˌbrɪŋɪŋ/ *n* [singular] wychowanie: *He had a strict upbringing.*

up·com·ing /'ʌpˌkʌmɪŋ/ *adj* nadchodzący, zbliżający się: *the upcoming elections*

up·date[1] /ʌp'deɪt/ *v* [T] **1** uaktualniać: *The files need to be updated.* **2** unowocześniać

up·date[2] /'ʌpdeɪt/ *n* [C] **1** ostatnie doniesienia: *an update on the earthquake* **2** poprawka, uaktualnienie: *The software performs the calculations and updates.*

up·front[1] /ˌʌp'frʌnt/ *adv* **pay sb upfront** za/płacić komuś z góry

upfront[2] *adj spoken* szczery: *She's very upfront with him about their relationship.*

up·grade /ˌʌp'greɪd/ *v* [T] unowocześniać: *We need to upgrade our computer.*

up·heav·al /ʌp'hiːvəl/ *n* [C,U] wstrząs: *an enormous political upheaval*

up·hill /ˌʌp'hɪl◂/ *adj, adv* **1** pod górę: *an uphill climb* → antonim DOWNHILL **2** żmudny: *It's going to be an uphill struggle.*

up·hold /ˌʌp'həʊld/ *v* [T] (**upheld** /-'held/, **upheld**, **upholding**) **1** pilnować przestrzegania: *The job of the police is to uphold law and order.* **2** podtrzymywać: *The appeal court upheld the decision.*

up·hol·ster·y /ʌp'həʊlstəri/ *n* [U] tapicerka: *leather upholstery*

up·keep /'ʌpkiːp/ *n* [U] utrzymanie

up·lands /'ʌpləndz/ *n* [plural] wyżyny, pogórze —**upland** *adj* wyżynny, górzysty

up·lift·ing /ʌp'lɪftɪŋ/ *adj* podnoszący na duchu: *an uplifting experience*

up·load /ʌp'ləʊd/ *v* [I,T] wysyłać, wgrywać: *Many web sites allow you to upload your photos and share them with your friends.* | *You can upload through your Web browser but it's simpler with a dedicated program.*

up·mar·ket /ˌʌp'mɑːkɪt◂/ *adj BrE* ekskluzywny: *an upmarket restaurant*

up·on S2 W1 /ə'pɒn/ *prep formal* ON: *countries that are dependent upon the West for aid*

up·per W2 /'ʌpə/ *adj* **1** górny: *the upper jaw* | *the upper floors of the building* → antonim LOWER[1] **2** wyższy: *the upper levels of society* **3 have/get the upper hand** mieć/zdobyć przewagę: *Government forces now have the upper hand.* **4 the upper limit** górna granica

ˌupper 'case *n* [U] wielkie litery → porównaj LOWER CASE

ˌupper 'class *n* **the upper class** klasa wyższa

up·per·most /'ʌpəməʊst/ *adj* najwyższy: *the uppermost branches of the tree*

up·right /'ʌpraɪt/ *adj* pionowy, wyprostowany: *Make sure that your seat is in an upright position.* —**upright** *adv* w pozycji pionowej

up·ris·ing /'ʌpˌraɪzɪŋ/ *n* [C] powstanie: *the Hungarian uprising of 1956*

up·riv·er /ˌʌp'rɪvə/ *adv* w górę rzeki

up·roar /'ʌprɔː/ *n* [U singular] wrzawa

up·root /ˌʌp'ruːt/ *v* [T] **1** wyrywać z korzeniami **2** przesiedlać: *If I took the job it would mean uprooting the whole family.*

up·scale /'ʌpskeɪl/ *adj AmE* ekskluzywny: *upscale housing*

up·set[1] S2 /ˌʌpˈset◂/ *adj* **1** zmartwiony: **+ about** *She's still very upset about her dad.* | **get upset** (=zdenerwować się): *When I told him he'd failed, he got very upset.* **2 an upset stomach/tummy** rozstrój żołądka

up·set[2] S2 /ʌpˈset/ *v* [T] (**upset**, **upset**, **upsetting**) **1** z/denerwować: *Kopp's comments upset many of his listeners.* **2** po/psuć: *I hope I haven't upset all your plans.* **3** przewracać: *He upset the table and everything on it.*

up·set[3] /ˈʌpset/ *n* [C] **1** niespodzianka: *There's been a big upset at Wimbledon.* **2** problem: *We've had one or two minor upsets.* **3 a stomach upset** rozstrój żołądka

up·set·ting /ʌpˈsetɪŋ/ *adj* przykry: *an upsetting experience*

up·shot /ˈʌpʃɒt/ *n* **the upshot is that** skończyło się na tym, że: *The upshot is that she's decided to take the job.*

ˌupside ˈdown *adj, adv* **1** do góry nogami: *Isn't that picture upside down?* **2 turn sth upside down** przewrócić coś do góry nogami: *Her whole world was turned upside down when Charles asked her to marry him.* | *The police turned the place upside down.*

up·stage /ˌʌpˈsteɪdʒ/ *v* [T] przyćmić *(ważniejszą osobę lub wydarzenie)*

up·stairs S2 /ˌʌpˈsteəz◂/ *adv* **1** na górze: *Her office is upstairs on your right.* **2** na górę —**upstairs** *adj* na piętrze, na górze: *the upstairs bathroom* → antonim DOWNSTAIRS

up·start /ˈʌpstɑːt/ *n* [C] ważnia-k/czka

up·state /ˌʌpˈsteɪt◂/ *adj, adv AmE* na północy (stanu): *She lives upstate.*

up·stream /ˌʌpˈstriːm◂/ *adv* w górę rzeki

up·surge /ˈʌpsɜːdʒ/ *n* [C] wzrost: *the recent upsurge in crime*

up·take /ˈʌpteɪk/ *n* **be slow/quick on the uptake** *informal* szybko/wolno kapować

up·tight /ˈʌptaɪt/ *adj informal* spięty: *You shouldn't get so uptight about it.*

ˌup-to-ˈdate *adj* **1** nowoczesny THESAURUS MODERN **2** aktualny

ˌup-to-the-ˈminute *adj* najświeższy: *a service that provides up-to-the-minute information on share prices*

up·town /ˌʌpˈtaʊn◂/ *adv AmE* w bogatej dzielnicy: *The Parkers live uptown.* → porównaj DOWNTOWN

up·turn /ˈʌptɜːn/ *n* [C] zmiana na lepsze: *an upturn in the economy*

up·turned /ˌʌpˈtɜːnd◂/ *adj* **1** zadarty: *an upturned nose* **2** odwrócony do góry dnem: *upturned boxes*

up·wards /ˈʌpwədz/ *especially BrE*, **upward** *especially AmE adv* **1** w górę: *Billy pointed upward at the clouds.* | *Salaries have been moving steadily upwards.* **2 upwards of** więcej niż, powyżej: *Thieves stole paintings valued at upwards of $100 million.* —**upward** *adj* w górę: *upward movement*

u·ra·ni·um /jʊˈreɪniəm/ *n* [U] uran

U·ra·nus /ˈjʊərənəs/ *n* [singular] Uran

ur·ban W2 /ˈɜːbən/ *adj* miejski: *urban areas* THESAURUS CITY → porównaj RURAL

ur·bane /ɜːˈbeɪn/ *adj* wyrobiony, obyty: *He was a wealthy banker - urbane, sophisticated, charming.*

ur·chin /ˈɜːtʃɪn/ *n* [C] *old-fashioned* urwis

urge[1] W3 /ɜːdʒ/ *v* [T] namawiać: *Her friends urged her to go to France.* | *The banks are urging caution* (=zalecają rozwagę).
urge sb ↔ on *phr v* [T] z/dopingować: *Urged on by the crowd, he scored two more goals.*

urge[2] *n* [C] pragnienie: *sexual urges* | *I felt a sudden urge to hit him.*

ur·gent S3 /ˈɜːdʒənt/ *adj* pilny: *an urgent message* | *She's in urgent need of medical attention.* —**urgency** *n* [U]: *a matter of great urgency* (=bardzo pilna sprawa) —**urgently** *adv* pilnie

u·ri·nal /jʊˈraɪnl/ *n* [C] pisuar

u·ri·nate /ˈjʊərəneɪt/ *v* [I] *technical* oddawać mocz

u·rine /ˈjʊərɪn/ *n* [U] mocz

urn /ɜːn/ *n* [C] **1** termos bufetowy **2** urna

us S1 W1 /əs, ʌs/ *pron* nas, nam, nami: *I'm sure he didn't see us.*

us·a·ble /ˈjuːzəbəl/ *adj* nadający się do użytku

us·age /ˈjuːsɪdʒ/ *n* **1** [C,U] użycie (języka): *a book on modern English usage* **2** [U] używanie: *Car usage has increased dramatically.*

USB drive /juː es ˈbiː draɪv/ *n* pamięć USB, pendrive

use[1] S1 W1 /juːz/ *v* [T] **1** używać: *Can I use your phone?* | *Use a food processor to grate the vegetables.* | *Why did you use the word 'if'?* **2** zużywać: *These light bulbs use less electricity.* | *Our car's using too much oil.* **3** wykorzystywać: *I thought he loved me, but in fact he was just using me.*
use sth ↔ up *phr v* [T] zużyć: *Who used up the toothpaste?*

use[2] S1 W1 /juːs/ *n* **1** [U] użycie, używanie: *Are you in favour of the use of animals for research?* | *the use of American airpower* **2** [C] zastosowanie: *The drug has many uses.* **3 give sb the use of sth** udostępniać komuś coś: *Joe's given me the use of his office.* **4 make use of** robić użytek z: *I wanted to make use of all the hotel facilities.* **5 be of no use (to sb)** nie przydawać się (komuś): *The ticket's of no use to me now.* **6 it's no use/what's the use** *spoken* nie ma sensu: *It's no use arguing with her. She just won't listen.* **7 put sth to good use** z/robić z czegoś dobry użytek: *a chance to put your medical training to good use* **8 have no/little use for** nie mieć żadnego pożytku z: *Meisner has little use for rules about acting.* **9 in use** w użyciu: *The meeting room is in use all morning.* **10** [C] użycie, zastosowanie: *an interesting use of the word 'brave'*

used[1] S1 W2 /juːst/ *adj* **be used to (doing) sth** być przyzwyczajonym do (robienia) czegoś: *Are you used to getting up so early?* | **get used to sth** (=przyzwyczaić się/przywyknąć do czegoś): *I soon got used to the Japanese way of life.*

UWAGA: used to, be used to i get used to

Wyrażenia **used to** używamy, mówiąc o czymś, co ktoś robił regularnie w przeszłości: *I used to play tennis twice a week, but I don't have time now.* **Be used to** i **get used to** to zwroty oznaczające, że jesteśmy przyzwyczajeni lub przyzwyczajamy się do pewnych sytuacji lub czynności: *Are you used to the cold winters yet?* | *I can't get used to living in a big city.*

used[2] S1 W2 /juːzd/ *adj* używany

used to S1 W2 /ˈjuːst tuː/ *modal verb* **sb used to do sth** ktoś kiedyś coś robił: *We used to go to the movies every week.* | **didn't sb use to do sth** *"Didn't you use to smoke*

GRAMATYKA: used to

Czasownika tego używamy wyłącznie w czasie przeszłym, w odniesieniu do sytuacji, zwyczajów, nawyków, emocji itp., które w chwili mówienia są już nieaktualne:

*He **used to** go to work by bus, but now he drives.*

*When she was younger, she **used to** like him. Now she hates him.*

*We still play chess, but not as often as we **used to**.*

W pytaniach i przeczeniach **used to** przeważnie zachowuje się jak zwykły czasownik w czasie Past Simple, tzn. wymaga użycia **did** i **didn't**:

***Did** you **used** (albo: **use**) **to** live here?*

*He **didn't used** (albo: **use**) **to** behave like this.*

Niekiedy, zwłaszcza w stylu formalnym, **used to** zachowuje się jak czasownik modalny:

***Used** you **to** live here?.*

*He **used** not **to** behave like this.*

Czasownika **used to** nie należy mylić ze zwykłym czasownikiem **use** „używać", ani ze zwrotem **be used to (doing) something** „być przyzwyczajonym do (robienia) czegoś".

(=czy ty (przypadkiem) kiedyś nie paliłeś)?" *"Yes, but I quit."* → patrz ramka USED TO

use·ful S1 W1 /ˈjuːsfəl/ *adj* pożyteczny, użyteczny, przydatny: *a useful book for travellers* | **come in useful** (=przydać się): *His knowledge of Italian was to come in useful later on.* —**usefulness** *n* [U] użyteczność, przydatność

THESAURUS: useful

useful pożyteczny, przydatny: *The book is full of useful information.*

handy *informal* przydatny: *a handy little gadget for peeling potatoes* | *handy hints* | *a handy guide to the best places to visit* | *The money could come in handy* (=przydać się) *later on.*

helpful pomocny: *Their website provides helpful advice for students.*

valuable cenny: *His information was very valuable to the police.* | *a valuable lesson*

invaluable nieoceniony: *The Internet is an invaluable tool for students.*

indispensable niezbędny: *For walkers, a good compass is indispensable.* | *He became an indispensable part of the team.*

use·less /ˈjuːsləs/ *adj* **1** bezużyteczny: *These scissors are completely useless.* | *useless information* **2** bezsensowny: *It's useless trying to talk to her.* **3** *informal* beznadziejny: *I'm useless at golf.*

us·er S3 W1 /ˈjuːzə/ *n* [C] użytkowni-k/czka: *computer users*

ˌuser-ˈfriendly *adj* łatwy w użyciu THESAURUS EASY

ush·er[1] /ˈʌʃə/ *v* [T] wprowadzać: *His secretary ushered us into his office.*

usher in sth *phr v* [T] zapoczątkować: *Gorbachev ushered in a new era of reform.*

usher[2] *n* [C] osoba wskazująca gościom/widzom ich miejsca przy stole, na widowni itp.

ush·er·ette /ˌʌʃəˈret/ *n* [C] *BrE* bileterka

u·su·al S2 W2 /ˈjuːʒuəl/ *adj* **1** zwykły: *Let's meet at the usual place.* | *It's warmer than usual for March.* **2 as usual** jak zwykle: *They were late, as usual.*

UWAGA: usual

Nie mówi się „as usually". Mówi się **as usual**: *As usual, the bus was full.*

u·su·al·ly S1 W1 /ˈjuːʒuəli/ *adv* zwykle: *We usually go out for dinner on Saturday.*

u·surp /juːˈzɜːp/ *v* [T] *formal* uzurpować sobie

u·ten·sil /juːˈtensəl/ *n* [C] **kitchen utensils** przybory kuchenne

u·te·rus /ˈjuːtərəs/ *n* [C] *technical* macica

u·til·i·ties /juːˈtɪlətiz/ *n* [C] usługi komunalne *(np. gaz, energia)*: *Does the rent include utilities?*

u·til·ize Ac /ˈjuːtəlaɪz/ *także* **-ise** *BrE v* [T] *formal* wykorzystywać —**utilization** /ˌjuːtəlaɪˈzeɪʃən/ *n* [U] wykorzystanie

ut·most[1] /ˈʌtməʊst/ *adj* **the utmost importance/care** najwyższa waga/staranność: *a matter of the utmost importance*

utmost[2] *n* [singular] **1 do your utmost** zrobić wszystko, co w czyjejś mocy **2 to the utmost** do granic możliwości: *The course challenges drivers to the utmost.*

u·to·pi·a /juːˈtəʊpiə/ *n* [C,U] utopia

ut·ter[1] /ˈʌtə/ *adj* kompletny: *We watched in utter amazement.* —**utterly** *adv* kompletnie, zupełnie

utter[2] *v* [T] *especially literary* wypowiadać: *No one uttered a word.* —**utterance** *n* [C] wypowiedź

U-turn /ˈjuː tɜːn/ *n* [C] **1** zawracanie *(pojazdem)* **2** zwrot o 180 stopni

U

V v

V, v /viː/ V, v *(litera)*

V w kształcie litery V: *a dress with a V neck* (=z dekoltem w serek)

v *BrE* kontra, przeciw: *England v Australia*

va·can·cy /ˈveɪkənsi/ *n* [C] **1** wolny pokój: *The sign said 'no vacancies'.* **2** wolny etat: *Are there any vacancies for cooks?* THESAURUS JOB

va·cant /ˈveɪkənt/ *adj* **1** wolny: *vacant apartments* THESAURUS EMPTY **2 a vacant expression/smile** bezmyślny wyraz twarzy/uśmiech

va·cate /vəˈkeɪt/ *v* [T] *formal* zwalniać: *Guests must vacate their rooms by noon.*

va·ca·tion S2 W3 /vəˈkeɪʃən/ *n* [C,U] **1** *especially AmE* urlop: **on vacation** (=na urlopie): *They're on vacation for the next two weeks.* **2** *AmE* wakacje, ferie: *the summer vacation* | **on vacation** *I went there once on vacation* (=pojechałem tam raz na wakacje). | **take a vacation** (=pojechać na wakacje): *We're thinking of taking a vacation in the Virgin Islands.*

vacationer /veɪˈkeɪʃənər/ *n AmE* urlopowicz/ka

vac·ci·nate /ˈvæksəneɪt/ *v* [T] za/szczepić: *Have you been vaccinated against measles?* **—vaccination** /ˌvæksəˈneɪʃən/ *n* [C,U] szczepienie

vac·cine /ˈvæksiːn/ *n* [C,U] szczepionka: *polio vaccine*

vac·il·late /ˈvæsəleɪt/ *v* [I] *formal* wahać się

vac·u·um[1] /ˈvækjuəm/ *n* **1** [C] odkurzacz **2** [C] próżnia **3** [singular] pustka: *His death left a vacuum in her life.*

vacuum cleaner

vacuuming

vacuum[2] *v* [I,T] odkurzać

ˈvacuum ˌcleaner *n* [C] odkurzacz

va·gi·na /vəˈdʒaɪnə/ *n* [C] pochwa *(kobieca)*

va·grant /ˈveɪgrənt/ *n* [C] *formal* włóczęga

vague S3 /veɪg/ *adj* **1 be vague (about sth)** wyrażać się mało konkretnie (na temat czegoś): *She's been a bit vague about her plans for the summer.* **2** niejasny: *I had only a vague idea where the house was.* **3** niewyraźny: *Looking closely, he could just see the vague outline of her face.*

vague·ly /ˈveɪgli/ *adv* **1** trochę, nieco: *The woman's face looked vaguely familiar.* **2** niejasno: *a vaguely worded statement*

vain /veɪn/ *adj* **1 in vain** na próżno: *Doctors tried in vain to save his life.* **2 vain attempt/hope** daremna próba/nadzieja **3** próżny: *Men are so vain.* THESAURUS PROUD **—vainly** *adv* na próżno, (na)daremnie

Val·en·tine /ˈvæləntaɪn/ *także* **ˈValentine ˌcard** *n* [C] walentynka *(kartka)*

ˈValentine's ˌDay *n* [C,U] Walentynki

val·et /ˈvælɪt/ *n* [C] **1** służący, lokaj **2** *AmE* osoba parkująca samochody gości hotelu, restauracji itp.

val·i·ant /ˈvæliənt/ *adj formal* mężny: *a valiant rescue attempt* **—valiantly** *adv* mężnie

val·id Ac /ˈvælɪd/ *adj* **1** ważny: *a valid passport/ticket* **2** uzasadniony: *valid criticism* **—validity** /vəˈlɪdəti/ *n* [U] ważność, zasadność

val·i·date Ac /ˈvælədeɪt/ *v* [T] *formal* **1** potwierdzać prawdziwość/słuszność *(czegoś)* **2** zatwierdzać

val·ley S3 W3 /ˈvæli/ *n* [C] dolina

val·our /ˈvælə/ *BrE*, **valor** *AmE n* [U] *literary* męstwo

val·u·a·ble W3 /ˈvæljuəbəl/ *adj* cenny: *a valuable ring* THESAURUS USEFUL → porównaj INVALUABLE

THESAURUS: valuable

valuable cenny: *Don't leave anything valuable in your hotel room.* | *a valuable gold coin*

priceless bezcenny: *A priceless painting by Matisse was stolen from the gallery.*

precious cenny, drogocenny: *His letters were very precious to me.* | *diamonds and other precious stones*

irreplaceable niezastąpiony: *The books were irreplaceable.*

val·u·a·bles /ˈvæljuəbəlz/ *n* [plural] kosztowności THESAURUS PROPERTY

val·u·a·tion /ˌvæljuˈeɪʃən/ *n* [C,U] wycena

val·ue[1] S2 W1 /ˈvæljuː/ *n* [U] **1** [C,U] wartość: *The value of the house has gone up.* | *Did the thieves take anything of value?* THESAURUS COST **2** [U] znaczenie: *the value of direct personal experience* | **be of great/little value** (=mieć ogromne/niewielkie znaczenie): *His research was of great value to doctors working with the disease.* **3 sth is good/excellent value (for money)** *BrE* coś jest warte swej ceny

value[2] *v* [T] **1** cenić: *I always value your advice.* **2** wyceniać: *a painting valued at $5 million*

val·ues /ˈvæljuːz/ *n* [plural] wartości: *traditional family values*

valve /vælv/ *n* [C] zawór, zastawka: *the valves of the heart*

vam·pire /ˈvæmpaɪə/ *n* [C] wampir

van S2 W3 /væn/ *n* [C] furgonetka

van·dal /ˈvændl/ *n* [C] wandal

van·dal·is·m /ˈvændəlɪzəm/ *n* [U] wandalizm

van·dal·ize /ˈvændəlaɪz/ *także* **-ise** *BrE v* [T] z/dewastować THESAURUS DAMAGE

van·guard /ˈvæŋgɑːd/ *n* **in the vanguard** na czele: *a group in the vanguard of political reform*

va·nil·la /vəˈnɪlə/ *n* [U] wanilia

van·ish /ˈvænɪʃ/ *v* [I] znikać, ulatniać się: *When I looked again, he'd vanished.* | *The ship vanished without trace.* THESAURUS DISAPPEAR

van·i·ty /ˈvænəti/ *n* [U] próżność

van·quish /ˈvæŋkwɪʃ/ *v* [T] *literary* rozgromić

van·tage point /ˈvɑːntɪdʒ pɔɪnt/ *n* [C] **1** punkt obserwacyjny **2** punkt widzenia

va·por·ize /ˈveɪpəraɪz/ *także* **-ise** *BrE v* **1** [I] parować **2** [T] odparowywać

va·pour /ˈveɪpə/ *BrE,* **vapor** *AmE n* [C,U] para: *water vapour*

var·i·a·ble[1] Ac /ˈveəriəbəl/ *adj* zmienny: *the variable nature of the weather* —**variability** /ˌveəriəˈbɪləti/ *n* [U] zmienność

variable[2] Ac *n* [C] zmienna: *economic variables*

var·i·ance Ac /ˈveəriəns/ *n* **be at variance with** *formal* być sprzecznym z, stać w sprzeczności z: *The two reports seemed to be at variance with each other on several points.*

var·i·ant Ac /ˈveəriənt/ *n* [C] wariant: *a spelling variant*

var·i·a·tion W2 Ac /ˌveəriˈeɪʃən/ *n* **1** [C,U] różnica: **+ in** *variations in price from store to store* **2** [C] odmiana, wariacja: *This is the traditional way of making Christmas pudding, but of course there are many variations.*

var·i·cose veins /ˌværəkəʊs ˈveɪnz/ *n* [plural] żylaki

var·ied Ac /ˈveərid/ *adj* zróżnicowany: *a varied diet*

va·ri·e·ty S2 W1 /vəˈraɪəti/ *n* **1 a variety of** wiele różnych: *The college offers a wide variety of language courses.* **2** [U] różnorodność, urozmaicenie: *I wanted a job with plenty of variety.* **3** [C] odmiana: *different varieties of lettuce*

var·i·ous S1 W1 /ˈveəriəs/ *adj* rozmaity: *The coats are available in various colours* (=w kilku różnych kolorach).

var·i·ous·ly /ˈveəriəsli/ *adv* na wiele sposobów, rozmaicie: *He's been variously called a genius and a madman.*

var·nish[1] /ˈvɑːnɪʃ/ *n* [C,U] lakier →patrz też NAIL VARNISH

varnish[2] *v* [T] po/lakierować, po/malować (lakierem)

var·y S3 W2 Ac /ˈveəri/ *v* **1** [I] różnić się: *Prices vary from store to store. | The windows varied in size and shape.* **2** [I] zmieniać się: *His moods seem to vary a lot.* **3** [T] urozmaicać: *You need to vary your diet.* —**varying** *adj* różny: *varying degrees of success*

vase /vɑːz/ *n* [C] wazon

va·sec·to·my /vəˈsektəmi/ *n* [C] wazektomia, sterylizacja *(mężczyzny)*

vast S3 W2 /vɑːst/ *adj* **1** rozległy: *vast deserts* THESAURUS BIG **2 the vast majority** zdecydowana większość

vast·ly /ˈvɑːstli/ *adv* znacznie: *vastly improved performance*

vat /væt/ *n* [C] kadź

VAT /ˌviː eɪ ˈtiː, væt/ *n* [U] VAT

vault[1] /vɔːlt/ *n* [C] **1** skarbiec **2** grobowiec

vault[2] *także* **vault over** *v* [T] przeskakiwać: *He vaulted over the fence and ran off.*

vault·ed /ˈvɔːltɪd/ *adj* (łukowato) sklepiony

VCR /ˌviː siː ˈɑː/ *n* [C] *especially AmE* magnetowid

VD /ˌviː ˈdiː/ *n* [U] choroba weneryczna

VDU /ˌviː diː ˈjuː/ *n* [C] monitor *(komputerowy)*

've /əv/ forma ściągnięta od „have": *We've finished.*

veal /viːl/ *n* [U] cielęcina

veer /vɪə/ *v* [I] skręcać gwałtownie: *The car veered sharply to the left.*

veg /vedʒ/ *v*
veg out *phr v* [I] *informal* mieć labę

ve·gan /ˈviːgən/ *n* [C] wegan-in/ka

vege·ta·ble S3 W3 /ˈvedʒtəbəl/ *n* [C] warzywo

veg·e·tar·i·an /ˌvedʒəˈteəriən◂/ *także* **veggie** *BrE informal n* [C] wegetarian-in/ka —**vegetarian** *adj* wegetariański: *More and more people are becoming vegetarian* (=zostaje wegetarianami).

veg·e·ta·tion /ˌvedʒɪˈteɪʃən/ *n* [U] roślinność: *dense vegetation*

veg·gie /ˈvedʒi/ *n* [C] *BrE informal* wegetarian-in/ka —**veggie** *adj* wegetariański, jarski

veg·gies /ˈvedʒiz/ *n* [plural] *AmE informal* zielenina

ve·he·ment /ˈviːəmənt/ *adj* gwałtowny: *vehement opposition* —**vehemently** *adv* gwałtownie

ve·hi·cle S2 W2 Ac /ˈviːɪkəl/ *n* [C] **1** pojazd **2 a vehicle for sth** narzędzie czegoś: *The government used the press as a vehicle for its propaganda.*

veil /veɪl/ *n* **1** [C] welon, woalka: *a bridal veil* **2 a veil of mist/darkness** osłona mgły/ciemności

veiled /veɪld/ *adj* zawoalowany

vein /veɪn/ *n* [C] **1** żyła →porównaj ARTERY **2** żyłka **3** *literary* ton: *She went on in the same vein for several minutes.*

Vel·cro /ˈvelkrəʊ/ *n* [U] *trademark* rzep *(rodzaj zapięcia)*

ve·lo·ci·ty /vəˈlɒsəti/ *n* [C,U] *technical* prędkość: *the velocity of light*

ve·lour /vəˈlʊə/ *n* [U] welur

vel·vet /ˈvelvɪt/ *n* [U] aksamit

vel·vet·y /ˈvelvəti/ *adj* aksamitny: *a velvety voice*

ven·det·ta /venˈdetə/ *n* [C] wendeta

vend·ing ma·chine /ˈvendɪŋ məˌʃiːn/ *n* [C] automat *(np. z napojami)*

vend·or /ˈvendə/ *n* [C] handla-rz/rka: *street vendors*

ve·neer /vəˈnɪə/ *n* **1** [C,U] okleina: *rosewood veneer* **2 a veneer of** *formal* pozory: *a veneer of politeness*

ven·e·ra·ble /ˈvenərəbəl/ *adj formal* szacowny: *venerable institutions*

ven·e·rate /ˈvenəreɪt/ *v* [T] *formal* poważać, otaczać czcią: *The Chinese venerate their ancestors.*

ve·ne·re·al dis·ease /vəˈnɪəriəl dɪˌziːz/ *n* [C,U] choroba weneryczna

ve·ne·tian blind /vəˌniːʃən ˈblaɪnd/ *n* [C] żaluzja

ven·geance /ˈvendʒəns/ *n* **1** [U] zemsta: *a desire for vengeance* **2 with a vengeance** ze zdwojoną mocą: *The hot weather is back with a vengeance.*

venge·ful /ˈvendʒfəl/ *adj literary* mściwy, zawzięty

ven·i·son /ˈvenɪzən/ *n* [U] dziczyzna

ven·om /ˈvenəm/ *n* [U] **1** jad **2** zajadłość, nienawiść, jadowitość: *a speech full of venom* —**venomous** *adj* jadowity: *a venomous snake*

vent[1] /vent/ *n* [C] **1** otwór wentylacyjny: *an air vent* **2 give vent to sth** *formal* dawać upust czemuś

vent[2] *v* [T] **vent your anger** wyładowywać złość

ven·ti·late /ˈventəleɪt/ *v* [T] prze/wietrzyć —**ventilation** /ˌventəˈleɪʃən/ *n* [U] wentylacja: *the ventilation system* (=system wentylacyjny)

V

ven·ti·la·tor /ˈventəleɪtə/ *n* [C] wentylator

ven·tril·o·quist /venˈtrɪləkwɪst/ *n* [C] brzuchomówca

ven·ture[1] /ˈventʃə/ *n* [C] przedsięwzięcie: *The new venture was not a success.* →patrz też **JOINT VENTURE**

venture[2] *v formal* **1** [I] ośmielić się pójść: *Kate rarely ventured beyond* (=rzadko wypuszczała się dalej niż do) *her nearest town.* | *He was the first member of his family to venture into politics* (=który odważył się zająć polityką). **2 venture an opinion** odważyć się wyrazić opinię: *No-one else ventured an opinion.*

ven·ue /ˈvenjuː/ *n* [C] miejsce *(imprezy)*: *a popular jazz venue*

Ve·nus /ˈviːnəs/ *n* [singular] Wenus

ve·ra·ci·ty /vəˈræsəti/ *n* [U] *formal* **a)** prawdziwość **b)** prawdomówność

ve·ran·da, **verandah** /vəˈrændə/ *n* [C] weranda

verb /vɜːb/ *n* [C] czasownik →patrz **INFORMACJE GRAMATYCZNE**

verb·al /ˈvɜːbəl/ *adj* **1** ustny, słowny: *a verbal agreement* **2** werbalny: *verbal skills* —**verbally** *adv* słownie

ver·ba·tim[1] /vɜːˈbeɪtɪm/ *adj* dosłowny

verbatim[2] *adv* słowo w słowo, dosłownie

ver·bose /vɜːˈbəʊs/ *adj formal* przegadany

ver·dict /ˈvɜːdɪkt/ *n* [C] **1** werdykt, orzeczenie, wyrok: *Has the jury reached a verdict?* **2** opinia: *The general verdict was that the film wasn't very good.*

verge[1] /vɜːdʒ/ *n* **be on the verge of sth** być bliskim czegoś: *Helen was on the verge of tears.*

verge[2] *v*
verge on/upon sth *phr v* [T] graniczyć z: *Their behaviour sometimes verged on insanity.*

ver·i·fy /ˈverɪfaɪ/ *v* [T] z/weryfikować: *There's no way of verifying his story.* THESAURUS CHECK —**verification** /ˌverəfəˈkeɪʃən/ *n* [U] weryfikacja

ver·i·ta·ble /ˈverətəbəl/ *adj formal* prawdziwy: *a veritable masterpiece*

ver·min /ˈvɜːmɪn/ *n* [plural] szkodniki

ver·nac·u·lar /vəˈnækjələ/ *n* [singular] **a)** miejscowy język **b)** miejscowy dialekt

ver·sa·tile /ˈvɜːsətaɪl/ *adj* **1** wszechstronny: *a versatile actor* **2** uniwersalny: *a versatile computer system* —**versatility** /ˌvɜːsəˈtɪləti/ *n* [U] wszechstronność

verse /vɜːs/ *n* [C] **1** zwrotka, strofa: *the last verse of the poem* **2** [U] poezja: *a book of verse* **3** [C] werset

versed /vɜːst/ *adj* **be (well) versed in** *formal* (dobrze) znać się na: *lawyers who are well-versed in these matters*

ver·sion S2 W2 Ac /ˈvɜːʃən/ *n* [C] wersja: *the original version of the film 'Gone with the Wind'* | *a new version of the Beatles' 'Hey Jude'* | *The newspapers all gave different versions of the story.*

ver·sus /ˈvɜːsəs/ (*skrót pisany* **vs**) *prep* **1** przeciw, kontra: *Connors versus McEnroe* **2** a: *quantity versus quality*

ver·te·bra /ˈvɜːtəbrə/ *n* [C] (plural **vertebrae** /-briː/) kręg

ver·ti·cal /ˈvɜːtɪkəl/ *adj* pionowy: *a vertical rock face* —**vertically** /-kli/ *adv* pionowo →porównaj **HORIZONTAL**

ver·ti·go /ˈvɜːtɪgəʊ/ *n* [U] zawroty głowy

verve /vɜːv/ *n* [U] *formal* werwa

ve·ry[1] S1 W1 /ˈveri/ *adv* **1** bardzo: *It's a very good book.* | *John gets embarrassed very easily.* | *I miss her very much.* **2 not very good/difficult** niezbyt dobry/trudny: *I'm not very good at spelling.* | *"Was the game exciting?" "Not very* (=nie (za) bardzo)." **3 very well** *spoken* no dobrze: *"Are you coming?" "Oh, very well, if I must."*

UWAGA: very

Nie należy używać **very** z przymiotnikami i przysłówkami o intensywnym zabarwieniu, takimi jak **huge**, **starving**, **terribly**, **awfully**: *By the time I got home I was exhausted* (nie „very exhausted"). Stopniowi wyższemu przymiotników może towarzyszyć **much** (nie „very"). Można powiedzieć **very big** lub **the very biggest**, ale nie „very bigger". Poprawna forma brzmi: **much bigger**. Nie można też użyć **very** z wyrażeniem rozpoczynającym się od przyimka. Nie powiemy więc „I'm very in love" czy „I'm very in need of something", tylko **I'm very much in love** (lub **I'm deeply in love**) i **I'm very much in need of something**.

very[2] S2 W1 *adj* sam: **the very beginning/end** (=sam początek/koniec): *Start again from the very beginning.*

ves·sel /ˈvesəl/ *n* [C] **1** *formal* statek, okręt **2** naczynie →patrz też **BLOOD VESSEL**

vest /vest/ *n* [C] **1** *BrE* podkoszulek **2** *AmE* kamizelka

vest·ed in·terest /ˌvestɪd ˈɪntrɪst/ *n* [C] **have a vested interest in sth** być żywotnie zainteresowanym czymś

ves·ti·bule /ˈvestəbjuːl/ *n* [C] *formal* przedsionek, westybul

ves·tige /ˈvestɪdʒ/ *n* [C] pozostałość: *the last vestiges of the British Empire*

vet S3 /vet/ *n* [C] **1** weterynarz: *We had to take our cat to the vet.* **2** *informal* weteran: *Vietnam vets*

vet·e·ran /ˈvetərən/ *n* [C] weteran: *veteran Hollywood entertainer Bob Hope*

vet·e·ri·na·ri·an /ˌvetərəˈneəriən/ *n* [C] *AmE* weterynarz

vet·e·ri·na·ry /ˈvetərənəri/ *adj technical* weterynaryjny

ve·to[1] /ˈviːtəʊ/ *v* [T] za/wetować: *Britain and the US vetoed the proposal.*

veto[2] *n* [C,U] (plural **vetos**) weto: *France has threatened to use its veto.*

vex /veks/ *v* [T] *old-fashioned* z/irytować

vexed /vekst/ *adj* **vexed question/issue** stale powracająca kwestia/sprawa

vi·a W2 Ac /ˈvaɪə/ *prep* przez: *We're flying to Denver via Chicago.* | *The concert was broadcast around the world via satellite.*

vi·a·ble /ˈvaɪəbəl/ *adj* realny: *a viable alternative to the petrol engine*

vi·a·duct /ˈvaɪədʌkt/ *n* [C] wiadukt

vibes /vaɪb/ *n* [plural] *informal* fluidy, wibracje: **good/bad/strange vibes** (=pozytywne/negatywne/dziwne wibracje): *I'm getting strange vibes from this guy, I think he's maybe lying to us.*

vi·brant /ˈvaɪbrənt/ *adj* **1** tętniący życiem: *a vibrant personality* **2** jaskrawy: *vibrant colours*

vi·brate /vaɪˈbreɪt/ *v* [I,T] drgać: *The vocal chords vibrate as air passes over them.*

V

vi·bra·tion /vaɪˈbreɪʃən/ *n* [C,U] drganie, drgania: *vibration caused by passing traffic*

vic·ar /ˈvɪkə/ *n* [C] pastor *(w kościele anglikańskim)*

vic·ar·age /ˈvɪkərɪdʒ/ *n* [C] plebania *(w kościele anglikańskim)*

vice /vaɪs/ *n* **1** [C] wada: *Smoking is my only vice.* **2** [U] działalność przestępcza związana z prostytucją lub handlem narkotykami **3** [C] *BrE* imadło

ˌvice ˈpresident *n* [C] **1** wiceprezydent **2** *AmE* wicedyrektor: *the vice president of marketing*

vice ver·sa /ˌvaɪs ˈvɜːsə/ *adv* na odwrót: *It is socially acceptable for older men to marry younger women, but not vice versa.*

vi·cin·i·ty /vəˈsɪnəti/ *n* **in the vicinity (of)** *formal* w pobliżu: *The car was found in the vicinity of the bus station.*

vi·cious /ˈvɪʃəs/ *adj* **1** wściekły: *a vicious attack* **2** złośliwy: *a vicious rumour*

ˌvicious ˈcircle *n* [singular] błędne koło

vic·tim S3 W2 /ˈvɪktɪm/ *n* [C] ofiara: *victims of the earthquake | He terrorized his victims.*

vic·tim·ize /ˈvɪktəmaɪz/ *także* **-ise** *BrE v* [T] gnębić, represjonować: *People with AIDS have been victimized and abused at work.*

vic·tor /ˈvɪktə/ *n* [C] *formal* zwycię-zca/żczyni

Vic·to·ri·an /vɪkˈtɔːriən/ *adj* wiktoriański: *Victorian buildings*

vic·to·ri·ous /vɪkˈtɔːriəs/ *adj* zwycięski

vic·to·ry W2 /ˈvɪktəri/ *n* [C,U] zwycięstwo: *Napoleon's armies won a great victory. | the Lakers' victory over the Celtics* → antonim DEFEAT²

vid·e·o¹ S1 W2 /ˈvɪdiəʊ/ *n* **1** [C,U] (taśma) wideo: *Do you want to watch a video tonight? | The movie is now available on video.* **2** [C] *BrE* magnetowid **3** [U] (technika) wideo: *Many teachers now use video in the classroom.*

video² *v* [T] nagrywać na wideo

ˈvideo arˌcade *n AmE* salon gier wideo

ˌvideo casˈsette reˌcorder, **ˈvideo reˌcorder**, **VCR** *n* [C] magnetowid

vid·e·ocon·fer·ence /ˈvɪdiəʊˌkɒnfərəns/ *n* [C] wideokonferencja

ˈvideo ˌgame *n* [C] gra wideo

vid·e·o·tape¹ /ˈvɪdiəʊteɪp/ *n* [C] taśma wideo

videotape² *v* [T] nagrywać na wideo

vie /vaɪ/ *v* [I] (**vied**, **vied**, **vying**) rywalizować: *The brothers vied for her attention.*

view¹ S1 W1 /vjuː/ *n* **1** [C] pogląd: *the view that sex before marriage is wrong | people with different political views |* **in my/her etc view** (=moim/jej itp. zdaniem): *The judge said that in his view the trial should never have taken place.* **2** [C,U] widok: *There was a beautiful view of the mountains from our hotel room. | They had a really good view of the stage. | postcards showing views of New York |* **come into view** (=pojawić się): *The harbour lights came into view.* THESAURUS SIGHT **3 in full view of** na oczach: *She began screaming and hitting him, in full view of all the other guests.* **4 in view of sth** *formal* w świetle czegoś: *In view of your previous good behaviour we have decided not to take any further action.*

COLLOCATIONS: view

verbs

to have/hold a view (=mieć zdanie) *Everyone seems to have a view on this subject.*

to take the view that ... (=być zdania, że) *The child's parents took the view that surgery would be wrong.*

to express/give your views (=wyrazić swoje poglądy) *You will have an opportunity to express your views.*

to share a view (=podzielać pogląd) *Many people share this view.*

adjectives

strong views (=zdecydowane poglądy) *She has strong views on religion.*

a different view *The second doctor took a different view.*

conflicting/opposing views (=przeciwstawne poglądy) *There are conflicting views about the best way to teach reading.*

an extreme view *Some members of his own party are worried about his extreme views.*

a traditional view *traditional views about women*

a widely-held view (=rozpowszechniony/popularny pogląd) *There is a widely-held view that more criminals should go to prison.*

political views *People are afraid to express their political views.*

sb's personal view *Of course, this is just my personal view.*

the general view (=powszechnie panujący pogląd) *The general view was that it was a good idea.*

noun + views

an exchange of views (=wymiana poglądów) *There was a frank exchange of views at the meeting.*

view² *v* [T] *formal* **1 view sb/sth as** uważać kogoś/coś za: *Women were viewed as sex objects.* **2** oglądać: *The scenery was spectacular, especially when viewed from high ground.*

view·er /ˈvjuːə/ *n* [C] widz: *The series is watched by millions of viewers.*

vig·il /ˈvɪdʒəl/ *n* [C,U] czuwanie: *A crowd of people held a vigil outside the embassy.*

vig·i·lant /ˈvɪdʒələnt/ *adj* czujny: *People should remain vigilant at all times and report any suspicious packages to the police.* —**vigilance** *n* [C] czujność

vig·i·lan·te /ˌvɪdʒəˈlænti/ *n* [C] członek straży obywatelskiej

vig·or /ˈvɪgə/ amerykańska pisownia wyrazu VIGOUR

vig·o·rous /ˈvɪgərəs/ *adj* energiczny: *vigorous exercise | a vigorous campaigner for women's rights*

vig·our /ˈvɪgə/ *BrE*, **vigor** *AmE n* [U] wigor

vile /vaɪl/ *adj* obrzydliwy: *The food tasted vile.*

vil·i·fy /ˈvɪlɪfaɪ/ *v* [T] *formal* o/szkalować: *He was vilified by the press.*

vil·la /ˈvɪlə/ *n* [C] willa

vil·lage S1 W1 /ˈvɪlɪdʒ/ *n* [C] wieś, wioska: *She was born in the village of Arkesden in Essex.*

UWAGA: village

Amerykanie zwykle nie używają wyrazu **village** w odniesieniu do miejscowości w Stanach Zjednoczonych. Mówią raczej **small town**.

V

vil·lag·er /ˈvɪlɪdʒə/ *n* [C] mieszkan-iec/ka wsi

vil·lain /ˈvɪlən/ *n* [C] **1** czarny charakter **2** *BrE informal* łotr

vin·di·cate /ˈvɪndɪkeɪt/ *v* [T] *formal* **1** z/rehabilitować **2** potwierdzić —**vindication** /ˌvɪndɪˈkeɪʃən/ *n* [U singular] rehabilitacja

vin·dic·tive /vɪnˈdɪktɪv/ *adj* mściwy —**vindictiveness** *n* [U] mściwość

vine /vaɪn/ *n* [C] winorośl

vin·e·gar /ˈvɪnɪgə/ *n* [U] ocet

vine·yard /ˈvɪnjəd/ *n* [C] winnica

vin·tage[1] /ˈvɪntɪdʒ/ *adj* **1 vintage wine** wino z dobrego rocznika **2** klasyczny: *vintage recordings* THESAURUS OLD

vintage[2] *n* [C] rocznik *(wina)*

vi·nyl /ˈvaɪnəl/ *n* [U] winyl

vi·o·la /viˈəʊlə/ *n* [C] altówka

vi·o·late Ac /ˈvaɪəleɪt/ *v* [T] *formal* **1 violate a law/agreement** naruszyć prawo/porozumienie **2 violate sb's rights** pogwałcić czyjeś prawa **3** z/bezcześcić —**violation** /ˌvaɪəˈleɪʃən/ *n* [C,U] pogwałcenie, naruszenie: *human rights violations*

vi·o·lence S2 W2 /ˈvaɪələns/ *n* [U] **1** przemoc: *There's too much violence on TV these days.* **2** gwałtowność: *the violence of the storm* | *the violence of their emotions*

vi·o·lent S3 W3 /ˈvaɪələnt/ *adj* **1** brutalny: *violent criminals* | *a violent attack on a defenceless old woman* **2** gwałtowny: *a violent storm/argument* **3 violent films/plays** filmy/sztuki pełne przemocy —**violently** *adv* gwałtownie

vi·o·let /ˈvaɪəlɪt/ *n* **1** [C] fiołek **2** [U] kolor fioletowy

vi·o·lin /ˌvaɪəˈlɪn/ *n* [C] skrzypce

violin

VIP /ˌviː aɪ ˈpiː/ *n* [C] VIP

vi·per /ˈvaɪpə/ *n* [C] żmija

viral /ˈvaɪərəl/ *adj* wirusowy: *a viral infection*

vir·gin[1] /ˈvɜːdʒɪn/ *n* [C] dziewica

virgin[2] *adj* dziewiczy: *virgin forest*

vir·gin·i·ty /vɜːˈdʒɪnəti/ *n* **lose your virginity** s/tracić dziewictwo

Vir·go /ˈvɜːgəʊ/ *n* [C,U] Panna

vir·ile /ˈvɪraɪl/ *adj* męski —**virility** /vɪˈrɪləti/ *n* [U] męskość

vir·tu·al Ac /ˈvɜːtʃuəl/ *adj* **1** faktyczny: *a virtual leader* | *He became a virtual prisoner* (=stał się niemalże więźniem) *in his own home.* **2** wirtualny: *a virtual library*

vir·tu·al·ly S2 W2 Ac /ˈvɜːtʃuəli/ *adv* niemal całkowicie: *The town was virtually destroyed.* THESAURUS ALMOST

ˌvirtual reˈality *n* [U] rzeczywistość wirtualna

vir·tue W3 /ˈvɜːtʃuː/ *n* **1** [C,U] zaleta: *the virtues of a non-meat diet* | *Stella has many virtues.* **2 by virtue of sth** *formal* z racji/tytułu czegoś: *people who get promoted by virtue of their age* **3** [U] *formal* cnota: *a life of virtue* (=cnotliwe życie)

vir·tu·o·so /ˌvɜːtʃuˈəʊsəʊ/ *n* [C] wirtuoz: *a piano virtuoso* —**virtuoso** *adj* wirtuozowski: *a virtuoso performance*

vir·tu·ous /ˈvɜːtʃuəs/ *adj* cnotliwy

vir·u·lent /ˈvɪrələnt/ *adj* **1** *formal* zajadły: *a virulent critic of Thatcherism* **2 virulent disease** złośliwa choroba

vi·rus W3 /ˈvaɪərəs/ *n* [C] wirus: *the common cold virus* | *a virus that could wipe everything off your hard disk*

vi·sa /ˈviːzə/ *n* [C] wiza: *She's here on a student visa.*

COLLOCATIONS: visa

verbs

to apply for a visa *I applied for a visa to visit China.*

to get a visa *także* **to obtain a visa** *formal He was having difficulties getting a visa.*

to give sb a visa *także* **to grant sb a visa** *formal She has been granted a work visa.*

to issue a visa/issue sb with a visa *The embassy can issue a special visa.*

to refuse/deny sb a visa *The Lebanese embassy refused him a visa.*

sb's visa expires/runs out (=wiza traci ważność) *I had to leave the country because my visa had expired.*

types of visa

a tourist/travel visa *You can't work if you're here on a tourist visa.*

a student visa *He came to the United States last year on a student visa.*

a work visa *We employ a lot of foreign IT workers on temporary work visas.*

an entry/exit visa *All foreigners need an entry visa.*

vis-à-vis /ˌviːz ɑː ˈviː/ *prep formal* w porównaniu do/z: *Where do we stand vis-à-vis last week's change in the law?*

vis·cous /ˈvɪskəs/ *adj technical* lepki —**viscosity** /vɪˈskɒsəti/ *n* [U] lepkość, tarcie wewnętrzne

vise /vaɪs/ *n* [C] *AmE* imadło

vis·i·bil·i·ty Ac /ˌvɪzəˈbɪləti/ *n* [U] widoczność: *There is poor visibility on many roads due to heavy fog.*

vis·i·ble W3 Ac /ˈvɪzəbəl/ *adj* widoczny: *The lights of the city were clearly visible below them.* | *a visible change in her attitude* → antonim INVISIBLE —**visibly** *adv* wyraźnie: *She was visibly shaken.*

vi·sion S3 W2 Ac /ˈvɪʒən/ *n* **1** [C] wizja: *Martin Luther King's vision of a better world* **2** [U] wzrok: *Will the operation improve my vision?* **3** [U] zdolność przewidywania: *We need a leader with vision.*

vi·sion·a·ry /ˈvɪʒənəri/ *adj* wizjonerski —**visionary** *n* [C] wizjoner/ka

vis·it[1] S2 W1 /ˈvɪzɪt/ *v* **1** [T] odwiedzać: *My aunt is coming to visit us next week.* | *The Chinese Foreign Minister is visiting Moscow this week.* **2** [I] przychodzić/przyjeżdżać z wizytą

THESAURUS: visit

visit odwiedzić: *I would love to visit Italy.* | *He was on his way to visit a friend in Edinburgh.*

go to pojechać do: *I'm going to Paris next week.*

see pójść do *(lekarza, adwokata)*: *She should see a doctor.*

come around/by/over *także* **come round** *BrE* wpaść *(zwłaszcza do kogoś mieszkającego niedaleko)*: *You must come over for a meal some time.*
drop in/by *także* **call in/by** *BrE* wpaść *(zwłaszcza po drodze)*: *Kate said she'd drop by later to give you the forms.*

visit² S3 W2 *n* [C] wizyta, odwiedziny

vis·it·or S3 W2 /ˈvɪzɪtə/ *n* [C] gość: *a guidebook for visitors to Mexico City*

vi·sor /ˈvaɪzə/ *n* [C] **1** osłona *(na kasku)* **2** daszek *(czapki)* **3** osłona przeciwsłoneczna *(w samochodzie)*

vis·ta /ˈvɪstə/ *n* [C] *literary* **1** widok, panorama **2** perspektywa, widok: *Exchange programs open up new vistas for students.*

vi·su·al W3 Ac /ˈvɪʒuəl/ *adj* wzrokowy, wizualny: *The movie has a strong visual impact.* | *visual aids* (=wizualne pomoce naukowe) | **the visual arts** (=sztuki plastyczne) —**visually** *adv* wzrokowo, wizualnie

vi·su·al·ize Ac /ˈvɪʒuəlaɪz/ *także* **-ise** *BrE v* [T] wyobrażać sobie: *I tried to visualize the house as she had described it.*

vi·tal W2 /ˈvaɪtl/ *adj* **1** niezbędny: *Regular exercise is absolutely vital.* **2** kluczowy: *His evidence was vital to the defence case.* **3** pełen życia: *The music sounds as fresh and vital as the day it was written.*

vi·tal·i·ty /vaɪˈtæləti/ *n* [U] witalność: *Even though she's in her 80s, she's still full of vitality.*

vi·tal·ly /ˈvaɪtli/ *adv* **vitally important** niezwykle ważny

vit·a·min /ˈvɪtəmɪn/ *n* [C] witamina: *vitamin C*

vit·ri·ol·ic /ˌvɪtriˈɒlɪk◂/ *adj formal* zjadliwy: *a vitriolic attack*

vi·va·cious /vəˈveɪʃəs/ *adj* pełen życia *(o kobiecie)*

viv·id /ˈvɪvɪd/ *adj* żywy: *a vivid description of her childhood in Cornwall* | *vivid colours* —**vividly** *adv* żywo

viv·i·sec·tion /ˌvɪvəˈsekʃən/ *n* [U] wiwisekcja

vix·en /ˈvɪksən/ *n* [C] lisica

vo·cab·u·la·ry /vəˈkæbjələri/ *n* **1** [C,U] słownictwo: *Reading is a good way to increase your vocabulary.* | *new words coming into the English vocabulary* | *business vocabulary* **2** [singular] słowniczek

vo·cal /ˈvəʊkəl/ *adj* wokalny: *vocal music*

ˈvocal cords *n* [plural] struny głosowe

vo·cal·ist /ˈvəʊkəlɪst/ *n* [C] wokalist-a/ka

vo·cals /ˈvəʊkəlz/ *n* [plural] śpiew: *The song features Elton John on vocals.*

vo·ca·tion /vəʊˈkeɪʃən/ *n* [C,U] powołanie: *Teaching isn't just a job to her – it's her vocation.*

vo·ca·tion·al /vəʊˈkeɪʃənəl/ *adj* zawodowy: *vocational training*

vo·cif·er·ous /vəˈsɪfərəs/ *adj formal* głośny: *Professor Black is one of his most vociferous critics.* —**vociferously** *adv* głośno

vodcast /ˈvɒdˌkɑːst/ *n* wideo-podcast

vod·ka /ˈvɒdkə/ *n* [U] wódka

vogue /vəʊg/ *n* [U singular] moda: **be in vogue** (=być w modzie): *Japanese food is very much in vogue these days.*

voice¹ S2 W1 /vɔɪs/ *n* **1** [C,U] głos: *I could hear Jo's voice outside my window.* | *Pavarotti had an amazing voice.* | *By the early 1960s, King had become the voice of the Civil Rights Movement.* | **lose your voice** (=s/tracić głos): *She'd been shouting so much she'd almost lost her voice.* | **raise your voice** (=podnosić głos): *There's no need to raise your voice. I can hear you perfectly well.* | **sb's voice breaks** (=ktoś przechodzi mutację) **2** [C,U] **have a voice in** mieć coś do powiedzenia w kwestii: *Parents should have a voice in deciding how their children are educated.* **3 the voice of reason/experience** głos rozsądku/doświadczenia **4 keep your voice down** *spoken* mów ciszej

COLLOCATIONS: voice

adjectives

a loud voice *I heard loud voices in the next room.*
a quiet/low/soft voice (=cichy) *Her voice was so quiet I could hardly hear it.*
a small voice (=słaby/cichy) *She answered in a small voice, „I think I was afraid."*
a deep/low voice (=głęboki/niski) *He sang in his beautiful deep voice.*
a high/high-pitched voice (=wysoki) *His voice was surprisingly high-pitched.*
a squeaky voice (=piskliwy) *The mouse talks in a little squeaky voice.*
a clear voice *Her voice was clear and confident.*
a big/strong voice (=donośny) *She's only a young girl but she has a big voice.*
a good voice *My teacher thinks I've got a good voice* (=dobrze śpiewam).
a beautiful voice *She repeated the poem in her beautiful voice.*

verbs

to raise/lower your voice *He did not raise his voice but I could tell he was angry.* | *She lowered her voice so Alex couldn't hear.*
to lose your voice *Jack's got a cold and he's lost his voice.*
sb's voice rises (=przechodzi w krzyk) *Her voice rose in panic.*
sb's voice drops (=cichnie) *His voice dropped so that it could only just be heard.*
sb's voice trembles/shakes (=trzęsie się) *His voice shook with anger.*
a boy's voice breaks *His voice had only recently broken.*

noun + voice

sb's tone of voice *Use a firm tone of voice.*

voice² *v* [T] *formal* wyrażać: *to voice one's opinions/feelings*

voice·mail /ˈvɔɪsˌmeɪl/ *n* [U] poczta głosowa

void¹ /vɔɪd/ *adj* **1** nieważny → patrz też NULL AND VOID **2 void of sth** *especially literary* pozbawiony czegoś: *Her eyes were void of all expression.*

void² *n* [singular] **1** pustka: *Their son's death left a void in their lives.* **2** próżnia

vol·a·tile /ˈvɒlətaɪl/ *adj* **1** niestabilny **2** zmienny

vol·ca·no /vɒlˈkeɪnəʊ/ *n* [C] (plural **volcanoes** or **volcanos**) wulkan: *The island has several active volcanoes.* —**volcanic** /vɒlˈkænɪk/ *adj* wulkaniczny: *volcanic rocks*

vole /vəʊl/ *n* [C] polnik, nornik

V

vo·li·tion /və'lɪʃən/ *n* [U] *formal* **of your own volition** z własnej woli: *She left the company of her own volition.*

vol·ley /'vɒli/ *n* [C] **1** salwa: *a volley of shots* **2 a volley of questions/abuse** potok pytań/obelg **3** wolej

vol·ley·ball /'vɒlibɔ:l/ *n* [U] siatkówka

volt /vəʊlt/ *n* [C] wolt

volt·age /'vəʊltɪdʒ/ *n* [C,U] napięcie

vol·ume S3 W2 Ac /'vɒlju:m/ *n* **1** [U] głośność: *Can you turn down the volume on the TV?* **2** [C,U] natężenie: *an increase in the volume of traffic* **3** [C] tom: *a 12 volume* (=dwunastotomowy) *set of poetry* **4** [U] objętość THESAURUS SIZE

vo·lu·mi·nous /və'lu:mɪnəs/ *adj formal* obszerny: *a voluminous skirt*

vol·un·ta·ry W3 Ac /'vɒləntəri/ *adj* **1** ochotniczy: *voluntary work* | *voluntary organizations* **2** dobrowolny: *voluntary contributions* —**voluntarily** *adv* dobrowolnie, na ochotnika

vol·un·teer[1] Ac /ˌvɒlən'tɪə/ *v* **1** [I,T] zgłaszać (się) na ochotnika: *Ernie volunteered to wash the dishes.* | *When the war began, my brother immediately volunteered.* **2** [T] *formal* wyrażać (dobrowolnie): *None of them was willing to volunteer an opinion.*

volunteer[2] Ac *n* [C] ochotni-k/czka: *The helplines are manned by volunteers.* | *I need someone to help me with the barbecue. Any volunteers?*

vo·lup·tu·ous /və'lʌptʃuəs/ *adj* zmysłowy

vom·it[1] /'vɒmɪt/ *v* [I,T] *formal* z/wymiotować

vomit[2] *n* [U] wymiociny

voo·doo /'vu:du:/ *n* [U] wudu

vo·ra·cious /və'reɪʃəs/ *adj formal* **1** nienasycony, żarłoczny: *He had a voracious appetite* (=wilczy apetyt). **2** zagorzały, zapalony: *a voracious reader* —**voracity** /-'ræsəti/ *n* [U] żarłoczność

vote[1] S2 W2 /vəʊt/ *n* [C] **1** głos: *The Communist Party came third with 421,775 votes.* | *The bill was passed by 319 votes to 316.* **2** głosowanie: *next month's vote on constitutional reform* **3 the vote a)** głosy: *The Nationalists won 25% of the vote.* **b)** prawo wyborcze: *In France, women didn't get the vote until 1945.*

vote[2] S2 W2 *v* [I,T] za/głosować: **vote for/against** (=głosować za/przeciw): *70% of the population voted for independence.* | **vote to do sth** (=głosować za zrobieniem czegoś): *Congress voted to increase taxes.*

vot·er /'vəʊtə/ *n* [C] wyborca

vouch /vaʊtʃ/ *v*
vouch for sb/sth *phr v* [T] po/ręczyć za

vouch·er /'vaʊtʃə/ *n* [C] talon

vow[1] /vaʊ/ *v* [T] poprzysięgać (sobie), ślubować: *I vowed that I would never drink again.* THESAURUS PROMISE

vow[2] *n* [C] ślubowanie, przysięga, przyrzeczenie: *marriage vows* (=przysięga małżeńska) | *She made a vow to herself that she would never go back.*

vow·el /'vaʊəl/ *n* [C] samogłoska

voy·age /'vɔɪ-ɪdʒ/ *n* [C] podróż morska, rejs: *The voyage from England to America took several weeks.* THESAURUS JOURNEY

voy·eur /vwɑ:'jɜ:/ *n* [C] podglądacz/ka —**voyeurism** *n* [U] podglądactwo —**voyeuristic** /ˌvwɑ:jə'rɪstɪk◂/ *adj* podglądacki

vs. skrót od VERSUS

vul·gar /'vʌlgə/ *adj* **1** wulgarny: *vulgar jokes* **2** *especially BrE* pospolity: *Some of the ornaments looked rather vulgar.* —**vulgarity** /vʌl'gærəti/ *n* [U] wulgarność

vul·ne·ra·ble W3 /'vʌlnərəbəl/ *adj* **1** trudny do obrony: *The army was in a vulnerable position.* **2** bezbronny: *She looked so young and vulnerable.*

vul·ture /'vʌltʃə/ *n* [C] sęp

vy·ing /'vaɪ-ɪŋ/ *v* imiesłów czynny od VIE

W w

W, w /ˈdʌbəljuː/ W, w *(litera)*

W skrót od **WEST** lub **WESTERN**

wack·y /ˈwæki/ *adj informal* zwariowany

wad /wɒd/ *n* [C] **1** plik: *a wad of dollar bills* **2** tampon: *a wad of cotton*

wad·dle /ˈwɒdl/ *v* [I] człapać

wade /weɪd/ *v* [I,T] brodzić: *We waded across* (=przeszliśmy w bród przez) *the stream.* THESAURUS WALK
wade through sth *phr v* [T] prze/brnąć przez *(np. książkę)*

wa·fer /ˈweɪfə/ *n* [C] opłatek

waf·fle¹ /ˈwɒfəl/ *n* **1** [C] gofr **2** [U] *informal* ględzenie

waffle² *v* [I] *informal* ględzić: *What's he waffling about now?*

waft /wɑːft/ *v* [I,T] nieść (się): *The smell of bacon wafted up from the kitchen.*

wag /wæg/ *v* [I,T] (**-gged**, **-gging**) **1** po/machać *(ogonem)* **2** po/grozić *(palcem)*

wage¹ S2 W2 /weɪdʒ/ *n* [singular] *także* **wages** [plural] płaca: *Wages keep going up.* | *wage demands* (=roszczenia płacowe) | *the average weekly wage* →porównaj **SALARY**

UWAGA: wage(s)
Patrz **salary** i **wage(s)**.

wage² *v* [T] toczyć: *The rebels have been waging a nine-year war against the government.*

wa·ger /ˈweɪdʒə/ *n* [C] *old-fashioned* zakład —**wager** *v* [T] zakładać się o

wag·gle /ˈwægəl/ *v* [I,T] ruszać (się): *Can you waggle your ears?*

wag·on /ˈwægən/ *n* [C] **1** wóz **2** *BrE* wagon (towarowy) **3 be on the wagon** *informal* nie pić *(alkoholu)*

waif /weɪf/ *n* [C] *literary* przybłęda

wail /weɪl/ *v* [I] **1** zanosić się płaczem: *"I want my Daddy!" she wailed.* **2** za/wyć

waist /weɪst/ *n* [C] talia: *She has a slim waist.*

waist·coat /ˈweɪskəʊt/ *n* [C] *BrE* kamizelka

waist·line /ˈweɪstlaɪn/ *n* **1** [C usually singular] talia *(wymiar)* **2** pas *(np. spódnicy)*

wait¹ S1 W1 /weɪt/ *v* **1** [I] po/czekać, za/czekać: *Hurry up! Everyone's waiting.* | *My meal was waiting for me on the table when I got home.* | **+for** *We had to wait 45 minutes for a bus.* | **wait to do sth** *Are you waiting to use the phone?* **2 can't wait** *especially spoken* nie móc się doczekać: *Roz can't wait to see Angelo again.* THESAURUS **WANT** **3 wait and see** poczekamy, zobaczymy **4 it can wait** *spoken* to może poczekać **5 (just) you wait** *spoken* poczekaj tylko **6 wait tables** *AmE* pracować jako kelner/ka
wait around *także* **wait about** *BrE phr v* [I] czekać bezczynnie: *The people at the embassy kept us waiting around for hours.*
wait on sb *phr v* [T] obsługiwać *(w restauracji itp.)*
wait up (for sb) *phr v* [I] **1** nie kłaść się (dopóki ktoś nie wróci): *Please don't wait up for me.* **2** za/czekać: *Hey, wait up. I'm coming.*

wait² *n* [singular] czas oczekiwania: *We had a three-hour wait* (=czekaliśmy trzy godziny) *for our flight.* →patrz też **lie in wait** (**LIE¹**)

wait·er /ˈweɪtə/ *n* [C] kelner

ˈwaiting list *n* [C] lista oczekujących: *waiting lists for operations*

ˈwaiting room *n* [C] poczekalnia

wait·ress /ˈweɪtrɪs/ *n* [C] kelnerka

waive /weɪv/ *v* [T] **1** odstępować od: *The judge waived the fine.* **2** zrzekać się: *She waived her right to a lawyer.*

wake¹ S2 W3 /weɪk/ *v* [I,T] (**woke**, **woken**, **waking**) *także* **wake up** o/budzić (się): *I woke up at 5.00 this morning.* | *Try not to wake the baby.*
wake up to sth *phr v* [T] uświadomić sobie: *People are now waking up to* (=zaczynają uświadamiać sobie) *the fact that cars cause more problems than they are worth.*

UWAGA: wake up
Patrz **awake** i **wake up**.

wake² *n* **1 in the wake of sth** w następstwie czegoś: *Five members of the city council resigned in the wake of the scandal.* **2** [C] kilwater **3** [C] czuwanie przy zmarłym

wak·en /ˈweɪkən/ *v* [I,T] *formal* z/budzić (się)

wak·ing /ˈweɪkɪŋ/ *adj* **waking hours/moments** cały dzień: *He spends every waking moment in front of his computer.*

Wales /weɪlz/ *n* Walia —**Welshman** /ˈwelʃmən/ *n* Walijczyk —**Welshwoman** /ˈwelʃˌwʊmən/ *n* Walijka —**Welsh** /welʃ/ *adj* walijski

walk¹ S1 W1 /wɔːk/ *v* **1** [I] iść/pójść, chodzić: *We must have walked ten miles* (=przeszliśmy chyba z dziesięć mil) *today.* | *She walked up to him* (=podeszła do niego) *and kissed him.* **2** [T] prowadzić: *It's late – I'll walk you home* (=odprowadzę cię do domu). | *Tamara usually walks the dogs* (=wyprowadza psy) *twice a day.* **3 walk all over sb** *informal* wchodzić komuś na głowę: *She lets those kids walk all over her.*
walk away with sth *phr v* [T] załapać się na: *Carrie walked away with the prize.*
walk into sth *phr v* [T] dać się nabrać: *You walked straight into that one!*
walk off with sth *phr v* [T] zgarnąć *(ukraść)*: *Someone walked off with my new jacket!*
walk out *phr v* [I] wyjść na ulicę *(protestując)*
walk out on sb *phr v* [T] rzucić, zostawić: *Mary just walked out on him one day.*

THESAURUS: walk
walk iść: *He was walking along the street.*
go somewhere on foot pójść gdzieś piechotą: *It's quicker if you go on foot.*
go for a walk pójść na spacer: *It was a lovely day so we decided to go for a walk.*
stroll spacerować: *A few people were strolling along the beach.*
wander włóczyć się: *We wandered around the old city.*

W

march maszerować: *Thousands of US soldiers marched through the streets.* | *Sheila marched into the office.*
stride kroczyć: *She strode onto the stage and began to address the audience.*
creep skradać się: *He crept into* (=zakradł się) *the gallery to listen to the singers.*
sneak wymknąć się: *We sneaked out of the back of the classroom*
stagger zataczać się: *A man staggered out of the bar* (=wyszedł z baru, zataczając się) *and fell on the ground.* | *He hit her and she staggered and fell.*
trudge wlec się: *She picked up her bags and continued trudging up the hill.*
tiptoe iść na paluszkach: *I tiptoed out trying not to wake the baby.*
limp utykać: *He was limping slightly and leaning on his stick.*
wade brodzić: *He moved slowly, like an old man wading through cold water.*
hike wędrować: *They hiked around the Pyrenees.*

walk² S2 W2 *n* [C] **1** spacer: **go for a walk/take a walk** (=iść/pójść na spacer): *Would you like to go for a walk?* | **a long/short/ten-minute etc walk** *It's only a ten-minute walk to the beach* (=do plaży jest tylko dziesięć minut piechotą). **2** ścieżka, szlak: *popular walks in Yellowstone National Park* **3 people from all walks of life** ludzie z różnych sfer —**walker** *n* [C] piechur/ka

walk·ie-talk·ie /ˌwɔːki ˈtɔːki/ *n* [C] krótkofalówka

ˈwalking stick *n* [C] laska

walk·way /ˈwɔːkweɪ/ *n* [C] łącznik *(między budynkami)*

wall S1 W1 /wɔːl/ *n* [C] **1** ściana: *We've decided to paint the walls blue.* | *the picture on the wall* **2** mur: *The garden is surrounded by a high wall.* **3 drive sb up the wall** *informal* doprowadzać kogoś do szału —**walled** *adj* otoczony murem → patrz też **have your back to/against the wall** (BACK¹)

wal·let /ˈwɒlɪt/ *n* [C] portfel

wal·lop /ˈwɒləp/ *v* [T] *informal* walnąć —**wallop** *n* walnięcie

wal·low /ˈwɒləʊ/ *v* [I] **1** pogrążać się: *She accused him of wallowing in self-pity.* **2** tarzać się: *wallowing in mud*

W

wall·pa·per /ˈwɔːlˌpeɪpə/ *n* [U] tapeta —**wallpaper** *v* [T] wy/tapetować

ˈWall Street *n* [singular] Wall Street *(nowojorska giełda)*

ˌwall-to-ˈwall *adj* na całą podłogę: *wall-to-wall carpeting*

wal·ly /ˈwɒli/ *n* [C] *BrE informal* ćwok

wal·nut /ˈwɔːlnʌt/ *n* **1** [C] orzech włoski **2** [U] orzech *(drewno)*

wal·rus /ˈwɔːlrəs/ *n* [C] mors

waltz¹ /wɔːls/ *n* [C] walc

waltz² *v* [I] tańczyć walca

wan /wɒn/ *adj* blady: *a wan smile*

wand /wɒnd/ *n* [C] różdżka

wan·der S3 /ˈwɒndə/ *v* **1** [I,T] włóczyć się (po): *We spent the morning wandering around the old part of the city.* THESAURUS ▸ WALK **2** [I] *także* **wander off** oddalać się: *Don't let the children wander off.* **3** [I] błądzić: *She's getting old, and sometimes her mind wanders.* **4** [I] zbaczać: *I wish he'd stop wandering off the subject.* —**wanderer** *n* [C] wędrowiec

wane¹ /weɪn/ *v* [I] z/maleć: *After a while his enthusiasm for the sport began to wane.*

wane² *n* **be on the wane** maleć, topnieć, słabnąć: *The president's popularity seems to be on the wane.*

wan·gle /ˈwæŋɡəl/ *v* [T] *informal* załatwić sobie: *"I've got two tickets to the Wimbledon finals." "How did you wangle that?"*

wan·na /ˈwɒnə/ *nonstandard informal* forma ściągnięta od „want to" lub „want a"

wan·na·be /ˈwɒnəbi/ *n* [C] *informal* naśladow-ca/czyni, imitator/ka: *Tom Cruise wannabes*

want¹ S1 W1 /wɒnt/ *v* [T] **1** chcieć: *What do you want for your birthday?* | **want to do sth** (=chcieć coś zrobić): *I want to go home.* | **want sb to do sth** (=chcieć, żeby ktoś coś zrobił): *Her parents want her to find a rich husband.* **2** wymagać: *The car wants a good clean.* **3 you want to** *informal* powinieneś: *You want to be more careful next time.*

THESAURUS: want

want chcieć: *I really want to see that movie.* | *Do you want some more pizza?*
sb would like (to do) sth ktoś chciałby (zrobić) coś: *I'd like to book a table for 8 o'clock, please.* | *Would you like some wine?*
feel like sth mieć ochotę na coś: *Do you feel like going out tonight?* | *Sometimes she felt like giving up her job.* | *I feel like a drink.* | *I don't really feel like a swim.*
be interested in sth być czymś zainteresowanym: *If you're selling your car, I'd be interested in it.*

want something very much

wish żałować, że (nie): *I wish I could afford a new car.* | *She wished he wasn't married.*
sb would love (to do) sth ktoś bardzo chciałby (zrobić) coś: *She said she'd love to live in London.*
can't wait nie móc się doczekać: *I can't wait for the summer holidays.* | *She couldn't wait to see her family again.*
be dying for sth/to do sth *informal* marzyć o czymś/żeby coś zrobić: *I'm dying for a drink.* | *I'm dying to meet her new boyfriend.*

want² *n* **1 for want of sth** z braku czegoś: *We watched television, for want of anything better to do.* **2** [U singular] brak → patrz też WANTS

want·ed /ˈwɒntɪd/ *adj* poszukiwany: *He is wanted for murder.*

want·ing /ˈwɒntɪŋ/ *adj* **be found wanting** *formal* okazać się niezadowalającym: *Traditional solutions had been tried and found wanting.*

wan·ton /ˈwɒntən/ *adj formal* niczym nieusprawiedliwiony: *the wanton destruction of the rainforests*

wants /wɒnts/ [plural] potrzeby

war S2 W1 /wɔː/ *n* **1** [C,U] wojna: *the Vietnam War* | *the war years* | *a trade war* | **be at war** (=prowadzić wojnę): *In 1793 England was at war with France.* | **go to war** (=wszczynać wojnę) **2** [singular] walka: **+ against/on** *the war against drugs* → patrz też CIVIL WAR, PRISONER OF WAR, WARRING

COLLOCATIONS: war

verbs

to fight a war *They fought a long war against the invaders.*

to fight in a war *Her father was away fighting in the war.*

to win/lose a war *They won the war because they had a more disciplined army.* | *What would have happened if we'd lost the war?*

to declare war *Italy declared war on Germany in 1943.*

to go to war *We should not go to war over this matter.*

to make/wage war (=prowadzić wojnę) *They waged war against their enemies.*

war breaks out (=wojna wybucha) *They married just before war broke out.*

noun + war

the outbreak of war (=wybuch wojny) *A week after the outbreak of war, he joined the army.*

war + noun

the war years *What was life like during the war years?*

a war veteran *payments to disabled war veterans*

a war hero *The other presidential candidate is a war hero.*

a war zone (=strefa działań wojennych) *She reported from the war zone.*

a war wound *He still suffered pain from an old war wound.*

types of war

a world war *He lived through two world wars.*

a civil war (=wojna domowa) *He fought in the Spanish Civil War.*

a nuclear war *The effects of a nuclear war would be terrible.*

'war crime *n* [C] zbrodnia wojenna —**war criminal** *n* [C] zbrodniarz wojenny

ward¹ W3 /wɔ:d/ *n* [C] oddział *(szpitalny)*: *the maternity ward*

ward² *v*
ward sth ↔ off *phr v* [T] odpędzać: *a spray to ward off insects*

war·den /ˈwɔ:dn/ *n* [C] *AmE* naczelni-k/czka więzienia →patrz też TRAFFIC WARDEN

ward·er /ˈwɔ:də/ *n* [C] *BrE* strażni-k/czka więzienn-y/a

war·drobe S3 /ˈwɔ:drəʊb/ *n* **1** [C] *BrE* szafa **2** [singular] garderoba: *the latest addition to her wardrobe*

ware·house /ˈweəhaʊs/ *n* [C] magazyn

warehouse store *n* hurtownia

wares /weəz/ *n* [plural] *literary* towar(y)

war·fare /ˈwɔ:feə/ *n* [U] wojna, działania wojenne: *chemical warfare*

'war ˌgame *n* [C] gra wojenna

war·head /ˈwɔ:hed/ *n* [C] głowica *(rakiety, torpedy)*

war·like /ˈwɔ:laɪk/ *adj* wojowniczy: *a warlike race*

war·lock /ˈwɔ:lɒk/ *n* [C] czarownik, czarodziej

war·lord /ˈwɔ:lɔ:d/ *n* [C] watażka, lokalny przywódca

warm¹ S2 W2 /wɔ:m/ *adj* **1** ciepły: *a nice warm bath* | *The weather was lovely and warm.* | *warm clothes* **2** serdeczny: *a warm welcome* —**warmly** *adv* ciepło, serdecznie

warm² *v* [T] ogrzewać: *I warmed my hands over the fire.*
warm to sb/sth *phr v* [T] przekonać się do: *They soon warmed to the idea.*
warm up *phr v* **1** [I,T] ogrzewać (się), ocieplać (się): *The weather's starting to warm up.* **2** [I,T] rozgrzewać (się): *The athletes were warming up for the race.* **3** [I] nagrzewać się

ˌwarmed 'over *adj AmE* odgrzewany *(o potrawach, pomysłach, argumentach)*

ˌwarm-'hearted *adj* serdeczny: *a warm-hearted old lady*

war·mon·ger /ˈwɔ:ˌmʌŋgə/ *n* [C] podżegacz/ka wojenn-y/a, wichrzyciel/ka —**warmongering** *n* [U] podżeganie do wojny

warmth /wɔ:mθ/ *n* [U] **1** ciepło: *the warmth of the sun* **2** serdeczność: *the warmth of her smile*

'warm-up *n* [C] rozgrzewka

warn S3 W2 /wɔ:n/ *v* [T] ostrzegać: *We tried to warn her, but she wouldn't listen.* | **warn sb (that)** *Allen warned him that he might be killed if he stayed in Beirut.* | **warn sb not to do sth** *Police are warning drivers not to go out on the roads* (=policja ostrzega kierowców, żeby nie wyjeżdżali na drogi) *unless their journey is really necessary.*

warn·ing S3 W2 /ˈwɔ:nɪŋ/ *n* [C,U] ostrzeżenie: *The planes attacked without warning.* | *The referee gave him a warning.*

warp /wɔ:p/ *v* [I,T] wypaczać (się): *The wood had warped in the heat.*

war·path /ˈwɔ:pɑ:θ/ *n* **be on the warpath** *often humorous* być na wojennej ścieżce

warped /wɔ:pt/ *adj* wypaczony: *a warped sense of humour* | *The boards had become warped.*

'warp speed *n informal* **at warp speed** z prędkością światła

war·rant¹ /ˈwɒrənt/ *n* [C] nakaz: *A warrant has been issued for his arrest.*

warrant² *v* [T] *formal* zasługiwać na: *The story doesn't really warrant the attention it's been given in the press.* →porównaj UNWARRANTED

war·ran·ty /ˈwɒrənti/ *n* [C,U] gwarancja: *The TV comes with a 3-year warranty.*

war·ren /ˈwɒrən/ *n* [C] **1** nora *(labirynt korytarzy zamieszkiwanych przez królika)* **2** labirynt: *a warren of alleyways*

war·ring /ˈwɔ:rɪŋ/ *adj* zwaśniony: *warring factions within the party*

war·ri·or /ˈwɒriə/ *n* [C] *literary* wojownik

war·ship /ˈwɔ:ˌʃɪp/ *n* [C] okręt wojenny

wart /wɔ:t/ *n* [C] brodawka

war·time /ˈwɔ:taɪm/ *n* [U] czas wojny: *a book about his wartime experiences* (=o jego przeżyciach wojennych)

'war-torn *adj* wyniszczony wojną

war·y /ˈweəri/ *adj* nieufny: **+of** (=wobec): *She was a bit wary of him at first.* —**warily** *adv* nieufnie

was /wəz, wɒz/ *v* pierwsza i trzecia osoba liczby pojedynczej czasu przeszłego od BE

wash¹ S1 W3 /wɒʃ/ *v* **1** [T] u/myć: *He spent the morning washing the car.* | *Go upstairs and wash your hands.* | **get washed** (=u/myć się): *He got washed and had his breakfast.* **2** [T] u/prać: *These jeans need to be washed.* **3** [T] za/nieść *(o morzu, rzece)*: *The body was washed out*

W

to sea. **4 wash your hands of sth** umywać ręce od czegoś
wash sth away *phr v* [T] zmyć: *Floods had washed away the topsoil.*
wash sth ↔ down *phr v* [T] popić: *a big plate of pasta washed down with a bottle of red wine*
wash off *phr v* [I] zmyć się, sprać się: *"I've spilt coffee all over the carpet." "Don't worry. It'll wash off."*
wash out *phr v* [I,T **wash** sth ↔ **out**] zmyć (się), sprać (się)
wash up *phr v* [I] **1** [I,T **wash** sth ↔ **up**] *BrE* zmywać *(naczynia)* **2** [I] *AmE* u/myć ręce: *Go wash up for supper.* **3** [T] wyrzucić na brzeg

UWAGA: wash
Nie mówi się „I washed myself", „she washed herself" itp. Mówi się **I washed my hands, she had a wash** itp.

wash² *n* [singular] **1 a wash** mycie: **have a wash** (=u/myć się): *I'm just going to have a wash.* | **give sth a wash** (=u/myć coś) **2 in the wash** w praniu

wash·a·ble /ˈwɒʃəbəl/ *adj* nadający się do prania: *a machine washable sweater*

wash·ba·sin /ˈwɒʃˌbeɪsən/ *n* [C] *especially BrE* umywalka

ˌwashed-ˈout *adj* blady: *washed-out colours* | *She looked washed-out.*

wash·er /ˈwɒʃə/ *n* [C] uszczelka

wash·ing S2 /ˈwɒʃɪŋ/ *n* [U] pranie: **do the washing** *BrE* (=z/robić pranie)

ˈwashing maˌchine *n* [C] pralka

ˌwashing-ˈup *n* **do the washing-up** *BrE* po/zmywać (naczynia)

ˌwashing-ˈup ˌliquid *n BrE* płyn do mycia naczyń

wash·out /ˈwɒʃaʊt/ *n* [singular] *informal* klapa, niewypał: *The party was a complete washout.*

wash·room /ˈwɒʃruːm/ *n* [C] *old-fashioned* toaleta

was·n't /ˈwɒzənt/ forma ściągnięta od „was not": *He wasn't there.*

wasp /wɒsp/ *n* [C] osa

wast·age /ˈweɪstɪdʒ/ *n* [U] marnotrawstwo: *the huge wastage of resources*

waste¹ S2 W3 /weɪst/ *n* **1** [U singular] strata: **a waste of time/money/effort** *My father thought college would be a complete waste of time.* **2** [C,U] odpady: *radio-active waste from nuclear power stations* | *recycling household waste* **3 go to waste** z/marnować się: *A lot of the food ended up going to waste.*

COLLOCATIONS: waste (SENSE 2)

verbs

to recycle waste *We aim to recycle 50% of our waste.*
to dispose of waste *formal* (=pozbywać się odpadów) *What is the best way to dispose of waste?*
to dump waste (=wyrzucać odpady) *They were fined for illegally dumping waste.*
to incinerate waste (=palić odpady) *For many years, solid waste was incinerated.*

adjectives

household/domestic waste *Up to one tenth of our domestic waste is glass.*
industrial/chemical waste *Industrial waste is sometimes dumped in the sea.*
hazardous/toxic waste *The treatment of hazardous waste is expensive.*
radioactive/nuclear waste *the underground storage of nuclear waste*
organic waste (=odpadki/resztki organiczne) *Organic waste can be used to improve the soil.*

waste + noun

a waste bin *BrE* (=kosz na śmieci) *He put the wrapper in the waste bin.*

waste² S2 W3 *v* [T] **1** s/tracić, z/marnować: **waste time/money etc** *They wasted a lot of time trying to fix the computer themselves.* **2 waste no time/not waste any time** nie tracić czasu
waste away *phr v* [I] z/marnieć

waste³ W3 *adj* [only before noun] odpadowy: *waste products*

waste·bas·ket /ˈweɪstˌbɑːskɪt/ *n* [C] *especially AmE* kosz na śmieci

wast·ed /ˈweɪstɪd/ *adj* nieudany: *It was a wasted trip because there were no CDs left.*

waste·ful /ˈweɪstfəl/ *adj* rozrzutny

waste·land /ˈweɪstlænd/ *n* [C,U] nieużytki: *When I first came here, this place was just a wasteland.*

waste·pa·per bas·ket /ˌweɪstˈpeɪpə ˌbɑːskɪt/ *n* [C] *especially BrE* kosz na śmieci

wastes /weɪsts/ [plural] *literary* pustkowie: *the icy wastes of Antarctica*

watch¹ S1 W1 /wɒtʃ/ *v* **1** [I,T] oglądać: *Harry was watching the game on TV.* | **watch sb do(ing) sth** (=patrzeć, jak ktoś coś robi): *She watched him drive away.* **2** [T] uważać na: *I need to watch my weight.* **3 watch it** *spoken informal* uważaj: *Hey, watch it – you nearly hit that truck!* **4 watch your step** pilnować się: *The boss is back tomorrow, so you'd better watch your step.* **5** [T] po/pilnować: *Can you watch my bags for me?*
watch out *phr v* [I] uważać: *Watch out! You might cut yourself.* | **+for** *You can ride your bike here, but watch out for cars.*
watch over sb/sth *phr v* [T] opiekować się: *His mother was there to watch over him.*

UWAGA: watch
Patrz **see, watch, look at**.

watch² S2 W3 *n* **1** [C] zegarek: *My watch has stopped.* **2 keep a (close) watch on** pilnie przyglądać się: *The United Nations Security Council is keeping a close watch on the situation in Iraq.* **3 keep watch** trzymać wartę: *Douglas kept watch while the others slept.*

watch

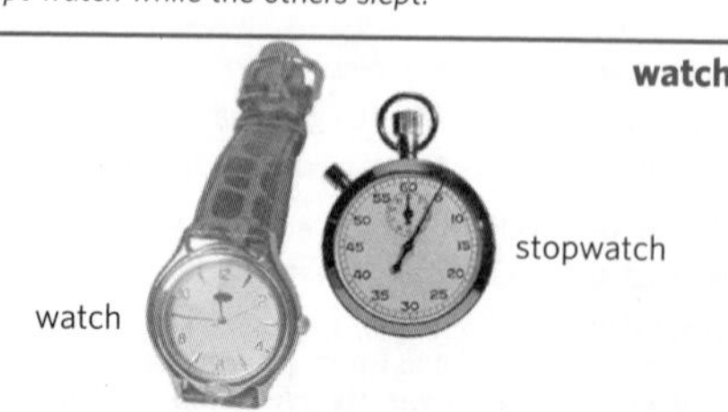

watch·dog /ˈwɒtʃdɒg/ *n* [C] instytucja nadzorująca: *a US Department of Energy watchdog committee*

watch·ful /ˈwɒtʃfəl/ *adj* czujny: *She kept a watchful eye on the children.*

watch·mak·er /ˈwɒtʃˌmeɪkə/ *n* [C] zegarmistrz

watch·man /ˈwɒtʃmən/ *n* [C] (plural **watchmen** /-mən/) stróż: *the night watchman*

watch·word /ˈwɒtʃwɜːd/ *n* [singular] główna/nadrzędna zasada: *Caution is still the watchword.*

wa·ter¹ S1 W1 /ˈwɔːtə/ *n* **1** [U] woda: *Can I have a drink of water?* **2** [U] *także* **waters** [plural] woda, wody: *The ship ran aground in shallow water.* | *the cool clear waters of the lake* **3 in hot/deep water** w opałach

COLLOCATIONS: water

types of water

drinking water (=do picia) *The river is a source of drinking water.*

tap water (=z kranu) *Tap water is perfectly safe to drink.*

mineral water/bottled water *She ordered a bottle of mineral water.*

running water (=bieżąca) *The house did not have electricity or running water.*

salt water *She fell in the sea and swallowed a lot of salt water.*

fresh water (=słodka) *Marine fish can't live in fresh water.*

hot/warm/cold water *The water in the pool was pretty cold.* | *Is there enough hot water for me to have a bath?*

lukewarm water *Stir the yeast into lukewarm water.*

clean water *The refugees have no clean drinking water.*

contaminated/polluted water (=skażona/zanieczyszczona) *They became ill from drinking contaminated water.*

soapy water *Wash the container with hot soapy water.*

water² *v* **1** [T] podlewać **2** [I] łzawić: *The onions are making my eyes water.* **3 your mouth waters** cieknie ci ślinka →patrz też MOUTH-WATERING
water sth ↔ down *phr v* [T] **1** s/tonować: *The statements have been watered down.* **2** rozwadniać: *The whisky had been watered down.*

wa·ter·col·our /ˈwɔːtəˌkʌlə/ *BrE*, **watercolor** *AmE n* [C,U] akwarela

ˈwater ˌcooler *n* dystrybutor (wody) *(w biurze itp.)*

wa·ter·cress /ˈwɔːtəkres/ *n* [C] rukiew wodna

wa·ter·fall /ˈwɔːtəfɔːl/ *n* [C] wodospad

wa·ter·front /ˈwɔːtəfrʌnt/ *n* [C] wybrzeże, nabrzeże

wa·ter·hole /ˈwɔːtəhəʊl/ *n* [C] wodopój

ˈwatering can *n* [C] konewka

wa·ter·logged /ˈwɔːtəlɒgd/ *adj* zalany wodą: *The pitch was waterlogged.* THESAURUS WET

wa·ter·mark /ˈwɔːtəmɑːk/ *n* [C] znak wodny

wa·ter·mel·on /ˈwɔːtəˌmelən/ *n* [C,U] arbuz

ˈwater ˌpolo *n* [U] piłka wodna

wa·ter·proof /ˈwɔːtəpruːf/ *adj* wodoodporny: *waterproof boots*

wa·ters /ˈwɔːtəz/ *n* [plural] wody: *British waters* | *the point where the waters of the Amazon flow into the sea*

wa·ter·shed /ˈwɔːtəʃed/ *n* [singular] punkt zwrotny: *The election marked a watershed in American politics.*

ˈwater-ˌskiing *n* [U] narciarstwo wodne

ˈwater ˌsports *n* [plural] sporty wodne

wa·ter·tight /ˈwɔːtətaɪt/ *adj* **1** niepodważalny: *The police thought they had a watertight case.* **2** wodoszczelny: *a watertight container*

wa·ter·way /ˈwɔːtəweɪ/ *n* [C] szlak wodny

wa·ter·y /ˈwɔːtəri/ *adj* **1** wodnisty: *watery soup* **2** załzawiony: *watery eyes*

watt /wɒt/ *n* [C] wat: *a 100-watt light bulb*

wave¹ S3 W3 /weɪv/ *v* (**waved**, **waving**) **1** [I,T] po/machać: *The crowd were waving flags and cheering.* | *Her parents stood in the doorway and waved goodbye* (=machali na pożegnanie). | *He started shouting and waving his arms* (=wymachiwać ramionami). | **wave sb through/away** *The customs inspector waved us through* (=machnął (na nas), żebyśmy przejechali). **2** [I] powiewać, falować: *flags waving in the wind*
wave sth ↔ aside *phr v* [T] z/ignorować

wave

waving goodbye

wave² S3 W2 *n* [C] **1** fala: *Huge waves were crashing into the sides of the boat.* | *the crime wave* | *a wave of strikes* | *radio waves* **2 give a wave** pomachać (ręką): *The Governor gave a wave to the crowd.* **3** przypływ: *Harriet was overcome by a wave of homesickness.* →patrz też HEATWAVE

wave·length /ˈweɪvleŋθ/ *n* [C] **1** pasmo *(radiowe)* **2 be on the same wavelength** świetnie się rozumieć **3** długość fali

wa·ver /ˈweɪvə/ *v* [I] **1** za/wahać się: *While the West wavered about taking military action, thousands of people were killed.* **2** za/drżeć: *His hand wavered for a moment.*

wav·y /ˈweɪvi/ *adj* falisty, falujący: *wavy hair*

wax¹ /wæks/ *n* [U] wosk

wax² *v* [T] na/woskować

wax·y /ˈwæksi/ *adj* woskowy, nawoskowany: *waxy leaves*

way¹ S1 W1 /weɪ/ *n* **1** [C] droga: *The usual road was blocked, so we came back a different way.* | **tell/show sb the way** (=wskazać komuś drogę): *Could you tell me the way to the station?* | **ask the way** (=s/pytać o drogę) | **lose your way** (=zabłądzić): *They lost their way coming down off the mountain.* **2** [C] strona: *Which way is north?* | *Face this way, please.* | *Is this picture the right way up?* | **the wrong way around** (=na odwrót): *You've got the letters the wrong way around* (=ułożone w złej kolejności). **3** [C] sposób: *The best way to learn a language is to go and live in the country where it is spoken.* | *OK, let's do it your way.* | *I knew by the way he was looking at me* (=ze sposobu, w jaki na mnie patrzył) *that he was annoyed.* **4 a long way** daleko: *We're a long way from home.* | *It's still a long way to go till Christmas.* THESAURUS FAR **5 half way** w połowie:

W

The other team scored half way through the game (=w połowie meczu). **6 by the way** *spoken* przy okazji, nawiasem mówiąc: *Oh, by the way, I saw Marie yesterday.* **7 no way!** *spoken* nie ma mowy!: *"Dad, can I have the car tonight?" "No way!"* **8 in a way/in some ways** w pewnym sensie: *In a way, I'm glad it's all over.* **9 in the way/in sb's way** na drodze: *When we tried to turn down the next street we found a big truck in the way.* **10 get in the way of sth** przeszkadzać w czymś: *Don't let your social life get in the way of your studying.* **11 make way** z/robić miejsce: *Several houses were torn down to make way for a new fire station.* **12 make your way towards** s/kierować się ku: *They started to make their way towards the exit.* **13 know/find your way around** wiedzieć/dowiedzieć się, gdzie co jest: *It takes a few weeks to find your way around.* **14 on my/your way** po drodze: *Could you get some milk on your way back home from work?* **15 be on its/his etc way** być w drodze: *The taxi is on its way.* **16 have/get your (own) way** postawić na swoim: *They always let that kid get his own way.* **17 go out of your way to do sth** zadawać sobie wiele trudu, żeby coś zrobić: *Ben went out of his way to help us.* **18 keep/stay out of sb's way** schodzić komuś z drogi: *She's in a funny mood today – I'd stay out of her way.* **19 it is out of the way** mamy to z głowy **20 you can't have it both ways** *spoken* nie można mieć wszystkiego naraz **21 sth has come a long way** coś bardzo się rozwinęło, coś zaszło bardzo daleko: *Psychiatry has come a long way since the 1920s.* **22 in a big way/in a small way** bardzo/trochę: *He helped in a big way.* → patrz też OUT-OF-THE-WAY, **give way** (GIVE), **be under way** (UNDER[1]), → WAY OF LIFE

THESAURUS: way (sense 3)

way sposób: *Cycling is a good way to get fit.* | *What's the best way to get rid of wine stains?*

method metoda: *modern farming methods* | *You can use various methods of payment, such as a credit card or by direct debit.*

means środek: *They were prepared to use any means to get what they wanted.* | *It is better to find a solution by peaceful means* (=pokojowymi środkami). | **a means of communication/transport** *The river was used as a means of transport.*

approach podejście: *A different approach to youth crime is needed.*

technique technika: *We adopted some new techniques for improving staff performance.* | *new surgical techniques*

strategy strategia: *the government's economic strategy* | *our long-term strategy for the company*

way[2] S2 *adv usually spoken* **way too** o wiele: *The film was way too long* (=o wiele za długi). | *The temperature is way above normal* (=o wiele wyższa od normalnej).

way·lay /weɪˈleɪ/ *v* [T] *literary* zastąpić drogę *(komuś)* zaczepić

ˌway of ˈlife *n* [C] styl życia: *the American way of life*

ˌway ˈout *n* [C] *BrE* wyjście

ˌway-ˈout *adj spoken* awangardowy, progresywny: *I like jazz, but not the way-out stuff.*

way·side /ˈweɪsaɪd/ *n* **fall/go by the wayside** s/tracić (cały) impet: *Many of our best players are falling by the wayside.*

way·ward /ˈweɪwəd/ *adj literary* krnąbrny: *the Minister's wayward son*

WC /ˌdʌbəljuː ˈsiː/ *n* [C] *BrE* WC

we S1 W1 /wiː/ *pron* my: *We ordered our meal.* | *Today we know much more about what causes the disease.*

weak S3 W2 /wiːk/ *adj* słaby: *Jerry's still weak after his operation.* | *Her knees felt weak.* | *a weak government* | *a weak and indecisive man* | *His spelling was weak.* | *one of the weaker students in the class* | *a weak excuse* | *weak tea* | *a weak light* | *a weak bridge* —**weakly** *adv* słabo

THESAURUS: weak

person

weak słaby: *Women tend to be weaker than men.* | *He was feeling weak after his operation.*

frail słabowity: *My grandmother looked old and frail.*

feeble słaby *(z powodu choroby, starości)*: *He was still too feeble to get up.* | *She grew old and feeble.*

delicate wątły: *As a child, she had been rather delicate.*

thing

weak słaby: *The branch was too weak to support his body.*

fragile kruchy, łatwo się tłukący: *a fragile glass bowl* | *Be careful of those plates – they're very fragile.*

delicate delikatny: *The flowers are incredibly delicate.* | *Wash delicate fabrics separately.*

flimsy lichy: *a flimsy plastic chair* | *a flimsy wooden building* | *This keyboard's very cheap but it's a bit flimsy.*

weak·en /ˈwiːkən/ *v* **1** [I] o/słabnąć: *Russia's influence on African affairs has weakened.* **2** [T] osłabiać: *Nothing could weaken her resolve.* | *a country weakened by war*

weak·ling /ˈwiːklɪŋ/ *n* [C] słabeusz/ka

weak·ness W3 /ˈwiːknəs/ *n* **1** [U,C] słabość: *the weakness of the previous administration* | *a sign of weakness* | *What are your main strengths and weaknesses?* | *I've found a weakness in their argument.* **2 a weakness for sth** słabość do czegoś: *She's always had a weakness for chocolate.*

wealth W3 /welθ/ *n* [U] bogactwo: *a family of great wealth* | *the wealth of information on the Internet*

wealth·y /ˈwelθi/ *adj* **1** zamożny, bogaty: *wealthy landowners* THESAURUS RICH **2 the wealthy** bogaci

wean /wiːn/ *v* [I] odstawiać od piersi
wean sb off sth *phr v* [T] odzwyczaić od: *Dr Rossdale tried to wean her off the sleeping tablets.*

weap·on S3 W2 /ˈwepən/ *n* [C] broń

COLLOCATIONS: weapon

types of weapon

nuclear/conventional weapons *They signed a treaty on nuclear and conventional weapons.*

chemical/biological weapons *They were accused of using chemical weapons.*

weapons of mass destruction (=broń masowego rażenia) *They must not be allowed to develop weapons of mass destruction.*

an offensive weapon *law He was charged with carrying an offensive weapon.*

a lethal weapon (=śmiertelna broń) *A knife is a lethal weapon.*

the murder weapon (=narzędzie zbrodni) *Police are still searching for the murder weapon.*

verbs

to carry a weapon *Too many young people carry weapons.*

to use a weapon *The crime is more serious if the attacker used a weapon.*

to fire a weapon *They fired their weapons into the air.*

wear¹ S1 W1 /weə/ *v* (**wore**, **worn**, **wearing**) **1** [T] nosić: *Dad was wearing his best suit.* | *She doesn't usually wear a lot of make-up.* | *Fay wore her hair in a bun.* **2** [T] **wear a frown/smile** marszczyć się/uśmiechać się: *He came out wearing a big grin on his face* (=z szerokim uśmiechem na twarzy). **3** [I,T] wycierać (się), przecierać (się): *The carpet was starting to wear at the edges.* | **wear a hole in sth** (=przetrzeć coś na wylot) **4 wear well/badly** zachować się w dobrym/złym stanie: *The concrete buildings of the '60s haven't worn well.*

wear sth ↔ away *phr v* [I,T] wycierać (się), ścierać (się): *rocks worn away by the sea*

wear down *phr v* **1** [T **wear** sb ↔ **down**] pokonać opór: *Lewis gradually wore down his opponent and knocked him out in the eighth round.* **2** [I,T **wear** sth ↔ **down**] ścierać (się): *My shoes have worn down at the heel.*

wear off *phr v* [I] przestać działać: *The drug was starting to wear off* (=powoli przestawał działać).

wear on *phr v* [I] **as the day/evening wore on** w miarę upływu czasu: *It became hotter as the day wore on.*

wear out *phr v* **1** [I,T **wear** sth ↔ **out**] zdzierać (się): *After only a month Terry had worn out the soles of his shoes, and we had to buy some new ones.* **2** [T **wear** sb ↔ **out**] wyczerpać, zmęczyć: *The kids are wearing me out.* →patrz też WORN OUT

wear² *n* [U] **1 children/women's/casual wear** odzież dziecięca/damska/codzienna **2** zużycie, zużywanie się: *The carpets are showing signs of wear.* | **wear and tear** (=zużycie) →patrz też **the worse for wear** (WORSE¹)

wear·ing /ˈweərɪŋ/ *adj* męczący: *He can be a bit wearing at times.*

wear·i·some /ˈwɪərisəm/ *adj formal* męczący: *a wearisome task*

wear·y /ˈwɪəri/ *adj especially literary* znużony: *a weary smile* | *The people were growing weary of the war* (=zaczynali być znużeni wojną). THESAURUS TIRED —**weariness** *n* [U] znużenie

wea·sel /ˈwi:zəl/ *n* [C] łasica

weath·er¹ S1 W2 /ˈweðə/ *n* **1** [U singular] pogoda: *What was the weather like on your vacation?* | *The game was cancelled due to bad weather.* **2 under the weather** *spoken* niedysponowany

COLLOCATIONS: weather

adjectives

hot/warm weather *I hope the weather stays hot.*

cold weather *He complained about the cold weather in London.*

good/nice weather *We had good weather, apart from one day of rain.*

fine/sunny/dry weather *If the weather is fine, we'll eat outside.*

bad/awful/terrible weather *They had to cancel the match because of bad weather.*

wet/rainy weather *We've had a lot of wet weather recently.*

windy/stormy weather *The weather was cold and windy.*

severe weather *formal* (=niesprzyjająca pogoda) *It would be too risky to fly in this severe weather.*

verbs

to have good/bad etc weather *We have had lovely weather all week.*

the weather turns cold/warm/wet etc *We bring the orange trees inside when the weather turns cold.*

weather + noun

weather conditions (=warunki pogodowe) *The rescue was difficult because of the bad weather conditions.*

weather² *v* **1** [T] przetrwać: *companies that have managed to weather the recession* **2** [T] z/niszczyć: *a weathered statue* **3** [I] z/niszczeć *(pod wpływem warunków atmosferycznych)*

ˈweather-ˌbeaten *adj* ogorzały: *the sailor's weather-beaten face*

ˈweather ˌforecast *n* [C] prognoza pogody —**weather forecaster**, **weatherman** /ˈweðəmæn/, **weatherperson** /ˈweðəˌpɜ:sən/ *n* [C] synopty-k/czka

ˈweather vane *n* [C] wiatrowskaz

weave /wi:v/ *v* (**wove** or **weaved**, **woven** or **weaved**, **weaving**) **1** [T] u/tkać: *a beautifully woven carpet* **2** [T] u/pleść: *basket-weaving* **3** [I,T] wić (się): *The snake was weaving its way across the grass towards us.* —**weaver** *n* [C] tkacz/ka

web S2 W2 /web/ *n* **1** [C] pajęczyna **2 the Web** internet **3 a web of intrigue/deceit** sieć intryg/oszustw: *a web of lies*

webbed /webd/ *adj* płetwiasty

webcam /ˈwebkæm/ *n* kamera internetowa

webcast¹ /ˈwebkɑ:st/ *n* webcast, transmisja na żywo w internecie THESAURUS PROGRAMME

webcast² /ˈwebkɑ:st/ *v* [I,T] transmitować w internecie

weblog /ˈweblɒg/ *n* blog

webmaster /ˈwebˌmɑ:stə/ *n* administrator/ka sieci

web·site S2 W2 /ˈwebsaɪt/ *n* [C] witryna internetowa

wed /wed/ *v* [I,T] *literary* brać/wziąć ślub (z)

we'd /wi:d/ **1** forma ściągnięta od „we had": *We'd better go now.* **2** forma ściągnięta od „we would": *We'd like some more coffee.*

wed·ding S2 W3 /ˈwedɪŋ/ *n* [C] ślub, wesele: *Have you been invited to their wedding?*

COLLOCATIONS: wedding

verbs

have a wedding *Where are you going to have the wedding?*

to go to a wedding *także* **to attend a wedding** *formal* *I went to a wedding last weekend.* | *About 100 people attended the wedding.*

to come to sb's wedding *His ex-wife is coming to the wedding.*

to invite sb to your wedding *Have you been invited to their wedding?*

to conduct a wedding *formal* (=prowadzić ceremonię ślubu) *Their wedding was conducted by the local priest.*

types of wedding

a big wedding *They couldn't afford a big wedding.*

a quiet/small wedding *It's going to be a quiet wedding.*

a church wedding *She wanted a church wedding.*
a white wedding *Many brides still want a traditional white wedding.*
a traditional wedding *She is planning a traditional wedding.*
a registry office wedding *BrE* (=ślub w urzędzie stanu cywilnego) *They decided to have a registry office wedding.*
a civil wedding (=ślub cywilny) *The couple had a civil wedding at a local hotel.*

wedding + noun

sb's wedding day *a picture of Edward and Nancy on their wedding day*
sb's wedding night *They spent their wedding night in a hotel.*
the wedding ceremony *There was a party after the wedding ceremony.*
the wedding reception *Her uncle got drunk at the wedding reception.*
a wedding dress *Have you chosen your wedding dress yet?*
a wedding cake *The bride and groom cut the wedding cake.*
a wedding present/gift *He gave them a painting as a wedding present.*
a wedding guest *All the wedding guests laughed.*
a wedding invitation *They had already sent out all the wedding invitations.*
a wedding photograph/picture *You look very young in your wedding photographs.*
sb's wedding anniversary *It's our twentieth wedding anniversary next week.*

'wedding ring *n* [C] obrączka

wedge¹ /wedʒ/ *n* [C] klin: *a wedge* (=trójkątny kawałek) *of chocolate cake*

wedge² *v* [T] **1** wciskać: *She kept her hands wedged between her knees.* **2 wedge sth open/shut** za/klinować coś, żeby się nie zamykało/otwierało

Wednes·day /ˈwenzdi/ (*skrót pisany* **Wed.**) *n* [C,U] środa

W

wee¹ /wiː/ *adj ScE* mały: *a wee child*

wee² *v* [I] *BrE spoken* siusiać

weed¹ /wiːd/ *n* [C] chwast

weed² *v* [I,T] odchwaszczać
weed sb/sth ↔ out *phr v* [T] wyplenić

weed·y /ˈwiːdi/ *adj BrE informal* cherlawy

week S1 W1 /wiːk/ *n* [C] tydzień: *The movie starts this week.* | *They spent a couple of weeks in India.* | *I don't see the kids much during the week.*

UWAGA: week

Patrz **next week** i **the next week**.

week·day /ˈwiːkdeɪ/ *n* [C] dzień roboczy/powszedni

week·end S1 W2 /ˌwiːkˈend/ *n* [C] weekend: *What are you doing this weekend?* | *It's time to start making weekend plans.* | **at the weekend** *BrE* **on the weekend** *AmE* (=w weekend): *I like to play golf at the weekend.*

week·ly W3 /ˈwiːkli/ *adj* tygodniowy, cotygodniowy: *a weekly newspaper* (=tygodnik) —**weekly** *adv* raz w tygodniu, co tydzień

weep /wiːp/ *v* [I,T] (**wept**, **wept**, **weeping**) *especially literary* łkać, płakać: *She wept at the news.*

weigh S3 W3 /weɪ/ *v* **1** [T] ważyć: *The baby weighs 12 pounds.* | *How much do you weigh?* | *Have you weighed yourself lately?* **2** [T] *także* **weigh** sth ↔ **up** rozważać: **weigh sth against sth** (=oceniać coś na tle czegoś): *You have to weigh the benefits against the extra costs.* **3 weigh against sb/sth** działać na niekorzyść kogoś/czegoś: *Her age weighs against her.* **4 weigh on sb's mind** ciążyć komuś, niepokoić kogoś
weigh sb ↔ down *phr v* [T] **1** obciążać **2** przytłaczać
weigh sth ↔ out *phr v* [T] odważać: *Could you weigh out half a pound of flour for me?*
weigh up *phr v* [T **weigh** sth ↔ **up**] rozważać: *She weighed up the options before giving her decision.*

weight¹ S1 W2 /weɪt/ *n* **1** [C,U] waga: *Your weight is about right.* | **put on/lose weight** (=przybierać/tracić na wadze): *She's been trying to lose weight for months.* **2** [U singular] ciężar: *the weight of responsibility* | *Avoid lifting heavy weights.* | **the weight of sth** *The roof collapsed under the weight of* (=pod ciężarem) *the snow.* | **a weight off your mind/shoulders** (=problem z głowy) **3 weights** [plural] ciężary **4** [C] odważnik → patrz też **carry weight** (CARRY), **pull your weight** (PULL¹), **throw your weight around** (THROW¹)

weight²
weight sth ↔ down *phr v* [T] obciążać: *The nets are weighted down with lead.*

weight·ed /ˈweɪtɪd/ *adj* **be weighted in favour of sb/against sb** działać na czyjąś korzyść/niekorzyść

weight·less /ˈweɪtləs/ *adj* nieważki —**weightlessness** *n* [U] nieważkość

weight·lift·ing /ˈweɪtˌlɪftɪŋ/ *n* [U] podnoszenie ciężarów —**weight-lifter** *n* [C] ciężarowiec

weight·y /ˈweɪti/ *adj* ważki: *a weighty problem*

weir /wɪə/ *n* [C] jaz

weird S2 /wɪəd/ *adj informal* dziwaczny, przedziwny: *I've just had a really weird phone call from Michael.* THESAURUS STRANGE

weird·o /ˈwɪədəʊ/ *n* [C] *informal* dziwa-k/czka

wel·come¹ /ˈwelkəm/ *interjection* witaj: *Welcome to* (=witajcie w) *Chicago!*

welcome² S2 W3 *adj* **1 you're welcome!** *especially AmE spoken* nie ma za co: *"Thanks for the coffee." "You're welcome."* **2** mile widziany: *I had the feeling I wasn't welcome.* | *a welcome suggestion* | *a welcome breeze* | **make sb welcome** (=życzliwie kogoś przyjmować): *They all did their best to make me feel welcome* (=dokładali wszelkich starań, żebym się dobrze czuł). **3 you're welcome to stay/try** możesz zostać/spróbować: *You're welcome to stay for lunch.* **4 sb is welcome to sth** ktoś może coś mieć/coś sobie wziąć: *If Rob wants that job he's welcome to it!*

welcome³ S2 W2 *v* [T] **1** po/witać: *Jill was welcoming the guests at the door.* **2** przyjmować z zadowoleniem: *We would welcome a change in the law.*

welcome⁴ *n* [singular] **1** powitanie: **give sb a warm welcome** (=serdecznie kogoś powitać) **2 outstay your welcome** nadużywać gościnności, siedzieć za długo: *I wouldn't like to outstay my welcome.*

weld /weld/ *v* [T] spawać —**welder** *n* [C] spawacz

wel·fare S3 W2 Ac /ˈwelfeə/ *n* [U] **1** dobro: *We're only concerned with your welfare.* **2** *AmE także* **Welfare** zasiłek: **be on welfare** (=być na zasiłku)

well¹ S1 W1 /wel/ *adv* (**better**, **best**) **1** dobrze: *Did you sleep well?* | *Shake well before opening.* | *I don't know her very well.* | **do well** (=dobrze prosperować): *The business is doing well.* | **go well** (=udać się): *I hope the party goes well.* | **well and truly** *especially spoken* (=definitywnie): *Summer is now well and truly over.* **2 as well as** jak również: *He's learning French as well as Italian.* **3 as well** też: *My sister's going as well.* **4 well done** brawo: *"I got an 'A' in Spanish." "Well done!"* **5 there may/might/could well be** niewykluczone, że będzie: *There may well be another earthquake very soon.* **6 may/might as well** równie dobrze: *We may as well get started* (=równie dobrze możemy już zacząć). **7 well after/before** dobrze po/przed: *By the time they finished it was well after midnight.* **8 sb can't/couldn't very well do sth** *spoken* nie byłoby w porządku, gdyby ktoś coś zrobił: *We can't very well just leave her on her own.* → patrz też **mean well** (MEAN¹)

well² S1 W2 *adj* (**better**, **best**) **1** zdrowy: *His mother's not very well* (=nie czuje się dobrze). | *You look well* (=dobrze wyglądasz)! | **very well, thanks** (=dziękuję, dobrze): *"How are you?" "Very well, thank you."* **2 it's just as well (that)** *spoken* dobrze, że: *It's just as well we didn't wait any longer, because the bus never came.* **3 it's all very well (for sb) to do sth** *spoken* łatwo (komuś) coś robić: *It's all very well for you to say you're sorry, but I've been waiting here for two hours!*

well³ S1 W1 *interjection* **1** no cóż: *"What do you think of pale pink for the bedroom?" "Well, it's a nice colour, but I'm not so sure."* **2** *także* **well, well** no, no: *"She's just got a job with CNN." "Well, well."* **3** *także* **oh well** no cóż: *Oh well, at least you did your best.* **4** no więc: *You know that guy I was telling you about? Well, he's been arrested!* → patrz też **very well** (VERY¹)

well⁴ *n* [C] **1** studnia **2** szyb (naftowy)

well⁵ *v*
well up *phr v* [I] *literary* **1** napływać do oczu *(o łzach)* **2** wzbierać: *Anger welled up inside him.*

we'll /wiːl/ forma ściągnięta od „we will": *We'll have to leave soon.*

ˌwell-adˈvised *adj formal* **you would be well-advised to do sth** byłoby (wielce) wskazane, żebyś coś zrobił: *You would be well-advised to see a lawyer.*

ˌwell-ˈbalanced *adj* zrównoważony

ˌwell-beˈhaved *adj* grzeczny

ˌwell-ˈbeing *n* [U] pomyślność

ˌwell-brought-ˈup *adj* dobrze wychowany

ˌwell-ˈbuilt *adj* dobrze zbudowany

ˌwell-ˈdone *adj* wypieczony: *He likes his steak well-done.*

ˌwell-ˈdressed *adj* dobrze ubrany

ˌwell-ˈearned *adj* zasłużony

ˌwell-esˈtablished *adj* z tradycjami: *a well-established company*

ˌwell-ˈfed *adj* dobrze odżywiony

ˌwell-ˈheeled *adj informal* nadziany: *a well-heeled family*

wel·lies /ˈweliz/ *informal także* **wellingtons, wellington boots** *n* [plural] *BrE* kalosze → patrz też RUBBER BOOTS *especially AmE*

ˌwell-inˈformed *adj* dobrze poinformowany

wel·ling·tons /ˈwelɪŋtənz/ *także* **ˌwellington ˈboots** *n* [plural] *BrE* kalosze

wellingtons

a pair of wellington boots

ˌwell-inˈtentioned *adj* podyktowany najlepszymi intencjami

ˌwell-ˈkept *adj* **1** zadbany, dobrze utrzymany: *a well-kept garden* **2** dobrze strzeżony: *a well-kept secret*

ˌwell-ˈknown *adj* (dobrze) znany: *a well-known artist and writer* THESAURUS FAMOUS

ˌwell-ˈmeaning *adj* podyktowany najlepszymi intencjami: *a well-meaning attempt* | *well-meaning advice*

ˌwell-ˈoff *adj* zamożny, dobrze sytuowany: *Her family are quite well-off.* THESAURUS RICH

ˌwell-ˈpaid *adj* dobrze płatny

well-read /ˌwel ˈred◂/ *adj* oczytany

ˌwell-reˈspected *adj* powszechnie szanowany

ˌwell-ˈtimed *adj* **be well-timed** nastąpić we właściwym momencie: *My arrival wasn't very well-timed.*

ˌwell-to-ˈdo *adj* zamożny, dobrze sytuowany: *a well-to-do family* THESAURUS RICH

ˈwell-ˌwisher *n* [C] sympaty-k/czka: *She received hundreds of cards from well-wishers.*

wel·ter /ˈweltə/ *n* **a welter of** *formal* multum, bezlik: *a welter of information*

went /went/ *v* czas przeszły od GO

wept /wept/ *v* czas przeszły i imiesłów bierny od WEEP

were /wə, wɜː/ *v* druga osoba liczby pojedynczej i liczba mnoga czasu przeszłego od BE

we're /wɪə/ forma ściągnięta od „we are": *We're going home.*

weren't /wɜːnt/ forma ściągnięta od „were not": *His parents weren't very pleased when they found out.*

were·wolf /ˈweəwʊlf/ *n* [C] wilkołak

west¹ S1 W2 **West** /west/ *n* [U singular] **1** zachód: *Which way is west?* **2 the west** zachód: *Rain will spread to the west later today.* **3 the West a)** Zachód **b)** część USA na zachód od Mississippi

west², **West** *adj* zachodni: *the west coast of the island* | *west wind*

west³ *adv* na zachód, w kierunku zachodnim: *The window faces west.* | *four miles west of Toronto*

west·bound /ˈwestbaʊnd/ *adj* prowadzący na zachód: *an accident on the westbound side of the freeway*

west·er·ly /ˈwestəli/ *adj* zachodni: *sailing in a westerly direction* | *westerly winds*

west·ern¹ S2 W2 **Western** /ˈwestən/ *adj* **1** zachodni: *the largest city in western Iowa* **2 Western** zachodni: *Western technology*

western², **Western** *n* [C] western

west·ern·er, **Westerner** /ˈwestənə/ *n* [C] mieszkaniec/ka Zachodu

west·ern·ize /ˈwestənaɪz/ *także* **-ise** *BrE v* [T] poddawać zachodnim wpływom —**westernization** /ˌwestənaɪˈzeɪʃən/ *n* [U] uleganie zachodnim wpływom

west·ern·most /ˈwestənməʊst/ *adj* najbardziej wysunięty na zachód: *the westernmost part of the island*

west·ward /ˈwestwəd/ *także* **westwards** *adv* na zachód

wet[1] S2 W3 /wet/ *adj* **1** mokry: *wet clothes* | *I didn't want to get my hair wet.* | *wet paint* | **wet through** (=kompletnie przemoczony): *My jeans are wet through.* **2** deszczowy: *wet weather* **3** wilgotny: *wet climate* —**wetness** *n* [U] wilgotność

THESAURUS: wet

wet mokry: *Don't sit on the grass – it's wet.* | *a wet towel*

damp wilgotny: *Clean the surfaces with a damp cloth.*

moist wilgotny *(w znaczeniu pozytywnym)*: *These plants like moist soil.* | *The cake was lovely and moist.*

soggy rozmokły: *a piece of soggy bread* | *The ground was soggy after all the rain.*

soaked/drenched przemoczony: *We'll get soaked if we go out in this weather.* | *My clothes are drenched!*

waterlogged zalany wodą: *Heavy rain during the night meant the field was waterlogged.*

wet[2] *v* [T] (**wet** or **wetted**, **wet**, **wetting**) **1** z/moczyć: *Wet this cloth and put it on her forehead.* **2 wet the bed/your pants** z/moczyć się

ˌwet ˈblanket *n* [singular] *informal* **be a wet blanket** odbierać innym ochotę do zabawy

ˈwet suit *n* [C] kombinezon piankowy *(płetwonurka)*

we've /wiːv/ forma ściągnięta od „we have": *We've got to leave soon.*

whack /wæk/ *v* [T] *informal* zdzielić, walnąć: *He whacked me with a stick.*

whacked /wækt/ *także* **ˌwhacked ˈout** *adj spoken* **1** wykończony **2** *AmE* cudaczny, dziwaczny

whale /weɪl/ *n* **1** [C] wieloryb **2 have a whale of a time** *informal* odlotowo się bawić

whal·er /ˈweɪlə/ *n* [C] **1** wielorybnik **2** statek wielorybniczy

whal·ing /ˈweɪlɪŋ/ *n* [U] wielorybnictwo

wham /wæm/ *interjection* [singular] łup, bach: *The car went wham into the wall.*

wharf /wɔːf/ *n* [C] (plural **wharves** /wɔːvz/) nabrzeże

what S1 W1 /wɒt/ *determiner, pron* **1** *especially spoken* co: *What are you doing?* | *What did Ellen say?* | *I'm not sure what you can do.* | *She asked them what they wanted for lunch.* | *Father showed us what he'd made.* | *I told him what to do.* | *"Do you want a fried egg?" "What?"* | *"Anita?" "What?" "Can you come here for a minute?"* | **what kind of ...?** (=jaki): *What kind of dog is that?* **2 what a(n)** co za, jaki: *What an idiot!* | *What a nice day!* **3 what's up?/what's happening?** *especially AmE informal* co słychać?: *"Hey Chris! What's up?"* **4 what's up (with sb/sth)?** co się dzieje (z kimś/czymś): *What's up with Denise?* **5 what if ... ?** *spoken* **a)** a co będzie, jak ... ?: *What if he got lost* (=a co by było, gdyby się zgubił)? **b)** a gdyby tak ... ?: *What if I took you there in my car?* **6 what's more** *spoken* co więcej **7 have what it takes** nadawać się: *Whitman doesn't have what it takes to do the job.* → patrz też **guess what** (GUESS[1]), **so?/so what?** (SO[1])

UWAGA: what

Patrz **which** i **what**.

UWAGA: what ... like

Patrz **how** i **what ... like**.

what·ev·er[1] /wɒtˈevə/ *determiner, pron* **1** cokolwiek: *Just take whatever you need.* | **or whatever** *spoken* (=co zechcesz): *You can go swimming, scuba diving, or whatever.* **2** obojętnie co: *Whatever I say, she always disagrees.* **3** *spoken* co u licha: *Whatever are you talking about* (=co ty wygadujesz)?

whatever[2] *adj* każdy (możliwy): *He needs whatever help he can get.*

whatever[3] *także* **what·so·ev·er** /ˌwɒtsəʊˈevə/ *adv* w ogóle: *She had no money whatsoever.*

wheat /wiːt/ *n* [U] pszenica

whee·dle /ˈwiːdl/ *v* [T] wyłudzać: *She managed to wheedle some money out of her parents.*

wheel[1] S2 W3 /wiːl/ *n* [C] **1** koło: *a gear wheel* **2** kierownica **3 be at the wheel** siedzieć za kierownicą

wheel[2] *v* [T] po/prowadzić: *She wheeled her bike into the garage.*

wheel·bar·row /ˈwiːlˌbærəʊ/ *n* [C] taczki

wheel·chair /ˈwiːltʃeə/ *n* [C] wózek inwalidzki

ˌwheeling and ˈdealing *n* [U] machinacje

wheeze /wiːz/ *v* [I] rzęzić

when S1 W1 /wen/ *adv, conjunction* **1** kiedy: *When are we leaving?* | *When did you notice he was gone?* | *Monday is the day when I visit my mother.* | *Why do you want a new camera when your old one's perfectly good?* **2** kiedy, gdy: *I found some old letters when I was clearing out my desk.* | *When she was a little girl she wanted to be an actress.* → patrz też **since when** (SINCE[2])

when·ev·er S2 W3 /wenˈevə/ *adv, conjunction* **1** za każdym razem, kiedy: *Whenever we come here we always see someone we know.* **2** kiedykolwiek: *Come over whenever you want.*

where S1 W1 /weə/ *adv, conjunction* **1** gdzie: *Where do you live?* | *I think I know where he's gone.* **2** kiedy: *It had reached the point where both of us wanted a divorce.* **3 where possible** kiedy to możliwe

where·a·bouts[1] /ˌweərəˈbaʊts◂/ *adv spoken* gdzie: *Whereabouts do you live?*

where·a·bouts[2] /ˈweərəbaʊts/ *n* [U] miejsce pobytu: *His whereabouts are a mystery.*

where·as S2 W2 AC /weərˈæz/ *conjunction* podczas gdy: *Nowadays the journey takes 6 hours, whereas then it took several weeks.*

where·by AC /weəˈbaɪ/ *adv formal* według którego, zgodnie z którym: *a law whereby all children could receive free education*

where·in /weərˈɪn/ *adv, linking word formal* **1** w którym: *the ovens wherein* (=w których) *some farm wives still bake bread* **2** w czym: *Wherein lies the difficulty* (=w czym trudność)?

where·u·pon /ˌweərəˈpɒn/ *conjunction formal* po czym: *One of them called the other a liar, whereupon a fight broke out.*

wher·ev·er S2 /weər'evə/ *adv* **1** gdziekolwiek: *I always have her picture with me wherever I go.* **2 wherever possible** gdy tylko (to) możliwe: *We try to use locally produced food wherever possible.* **3** *spoken* gdzie u licha: *Wherever did you find that old thing?*

where·with·al /'weəwɪðɔ:l/ *n* **the wherewithal to do sth** środki do zrobienia czegoś

whet /wet/ *v* (**-tted**, **-tting**) **whet sb's appetite** zaostrzać czyjś apetyt

wheth·er S1 W1 /'weðə/ *conjunction* czy: *He asked her whether she was coming.* | *Whether you like it or not, you have to take that test.* | **whether or not** *I couldn't decide whether or not I wanted to go* (=czy chcę iść, czy nie).

whew /hju:/ *interjection* PHEW

which S1 W1 /wɪtʃ/ *determiner, pron* **1** który: *Which of these books is yours?* | *I wondered which dress to buy.* | *It doesn't matter which school he goes to.* | *I want a car which doesn't use too much petrol.* | *The house, which was built in the 16th century, is estimated to be worth several million pounds.* **2** *especially spoken* co: *He's always late, which is very annoying.* | **which reminds me** (=skoro (już) o tym mowa): *Which reminds me, isn't it time we had lunch?*

UWAGA: which i what

Obu wyrazów używamy w pytaniach sugerujących możliwość wyboru. **What** występuje wtedy, gdy wybieramy z nieznanej liczby osób lub rzeczy: *What colour would you like your room to be painted?* **Which** używamy, wybierając z ograniczonej liczby: *Which colour would you like - blue or yellow?* Po **which** można używać przyimka **of**: *Which of the colours do you like best?*

UWAGA: which i who

Zaimka **which** w znaczeniu „który" nie używa się w odniesieniu do osób w połączeniach typu „ludzie, którzy mówią po angielsku". Nie należy więc mówić „people which speak English". Zamiast **which** należy użyć **who**: *Students who fail the exam will have to take the course again.* **Which** w takich połączeniach używamy w odniesieniu do rzeczy: *I like music which helps me to relax.* **Which** w odniesieniu do ludzi można zastosować w pytaniach typu „który z was to zrobił": *Which of you did it?*

which·ev·er /wɪtʃ'evə/ *determiner, pron* **1** którykolwiek: *You can choose whichever one you like.* **2** jakikolwiek: *Whichever way you look at it* (=jak by nie patrzeć) *he's guilty.*

whiff /wɪf/ *n* [C] zapach, powiew: *As she walked past, I caught a whiff of her perfume.*

while¹ S1 W1 /waɪl/ *conjunction* **1** podczas gdy: *They arrived while we were having dinner.* | *The Tate Gallery has mostly modern art, while the National Gallery contains a lot of classical paintings.* **2** skoro: *While you're here, can you help me with a little problem?* **3** chociaż: *While there was no conclusive evidence, most people thought he was guilty.*

while² S1 W2 *n* **a while** chwila, jakiś czas: *At last, he could relax for a while.* | *It takes a while to recover from the operation.* → patrz też **(every) once in a while** (ONCE¹), **be worth (your) while** (WORTH¹)

while³ *v* **while away the hours/evening/days** uprzyjemniać sobie czas: *We whiled away the evenings playing cards.*

whilst /waɪlst/ *conjunction especially BrE* podczas gdy

whim /wɪm/ *n* [C] zachcianka: *I went to visit her on a whim* (=pod wpływem impulsu).

whim·per /'wɪmpə/ *v* [I] kwilić, skomleć: *The dog ran off whimpering.*

whim·si·cal /'wɪmzɪkəl/ *adj* dziwaczny: *He had a rather whimsical sense of humour.*

whine /waɪn/ *v* [I] **1** jęczeć: *Stop whining and do your homework!* **2** za/wyć: *The baby was whining next door.*

whinge /wɪndʒ/ *v* [I] *BrE* stękać, biadolić —**whinge** *n* [C] biadolenie

whin·ny /'wɪni/ *v* [I] za/rżeć (cicho)

whip¹ /wɪp/ *n* [C] bicz

whip² *v* (**-pped**, **-pping**) [T] **1** biczować **2** *także* **whip up** ubijać: *whipped cream* (=bita śmietana) **3 whip sb/sth into shape** *informal* zgrać kogoś/coś (ze sobą) **4** *especially AmE informal* rozgromić: *The Hawks whipped the Huskies 42-3.*

whip up *phr v* [T] **1** wzbudzić, wywołać *(uczucie)* **2** [**whip** sth ↔ **up**] *informal* przygotować/upichcić naprędce: *I could whip up a salad.*

'whip-round *n* **have a whip-round** *BrE informal* z/robić zrzutkę

whir /wɜ:/ amerykańska pisownia wyrazu WHIRR

whirl¹ /wɜ:l/ *v* **1** [I] wirować: *The leaves whirled around in the wind.* **2** [T] za/kręcić: *Jim whirled her across the dance floor.*

whirl² *n* [singular] **1** wir: *Her life was a whirl of parties and dinner dates.* | *a whirl of dust* | *the whirl of the dancers* **2 sb's head is in a whirl** ktoś ma mętlik w głowie: *Debbie's head was all in a whirl.*

whirl·pool /'wɜ:lpu:l/ *n* [C] wir *(wodny)*

whirl·wind /'wɜ:lˌwɪnd/ *n* [C] trąba powietrzna

whirr /wɜ:/ *BrE*, **whir** *AmE* *v* [I] warczeć, warkotać: *Helicopters whirred overhead.* —**whirr** *BrE*, **whir** *AmE* *n* [singular] warkot

whisk¹ /wɪsk/ *v* [T] **1** ubijać: *Whisk the yolks in a bowl.* **2** błyskawicznie zabrać/przewieźć: *The band was whisked off to their hotel in a big limousine.*

whisk² *n* [C] trzepaczka *(do ubijania piany)*

whis·ker /'wɪskə/ *n* [C] wąs: *the cat's whiskers*

whis·kers /'wɪskəz/ *n* [plural] bokobrody, baczki

whis·key /'wɪski/ *n* [C,U] whisky *(irlandzka lub amerykańska)*

whis·ky S3 /'wɪski/ *n* [C,U] whisky *(szkocka)*

whis·per¹ W3 /'wɪspə/ *v* [I,T] wy/szeptać: *She whispered something in my ear.* | *The wind whispered in the trees.* THESAURUS TALK

whisper² *n* [C] szept: *He spoke in a whisper* (=szeptem).

whis·tle¹ /'wɪsəl/ *v* **1** [I,T] za/gwizdać: *Adam whistled softly to himself as he walked down the street.* | *a whistling kettle* **2** [I] świszczeć: *Bullets were whistling through the air.*

whistle² *n* [C] **1** gwizdek: *The referee blew his whistle.* **2** gwizd

white¹ S1 W1 /waɪt/ *adj* **1** biały: *white paint* | *Most of the students in this class are white.* | *white wine* | **go white** (=z/blednąć): *Her face went white.* **2 white coffee** *BrE* kawa z mlekiem —**whiteness** *n* [U] biel

W

white² S3 W2 *n* **1** [U] biel **2** [C] *także* **White** biał-y/a **3** [C,U] białko: *egg white*

white·board /ˈwaɪtbɔːd/ *n* [C] tablica suchościerna

ˌwhite-ˈcollar *adj* **white-collar worker** urzędni-k/czka →porównaj BLUE-COLLAR

ˌwhite ˈelephant *n* [C] chybiona inwestycja

ˈWhite House *n* [singular] Biały Dom —**White House** *adj*: *a White House spokesperson* (=rzecznik prasowy Białego Domu)

ˌwhite ˈlie *n* [C] niewinne/nieszkodliwe kłamstwo

whit·en /ˈwaɪtn/ *v* [I,T] bielić (się)

white·wash /ˈwaɪtwɒʃ/ *n* [U] wapno *(do bielenia ścian)* —**whitewash** *v* [T] bielić, wybielać

whit·tle /ˈwɪtl/ *v* [T] wy/ciosać
whittle away *phr v* [I,T] zmniejszać (się): *His power has been slowly whittled away.*
whittle sth ↔ down *phr v* [T] z/redukować: *I've whittled down the list of guests from 30 to 16.*

whizz¹ /wiz/ *także* **whiz** *especially AmE v* [I] *informal* śmigać: *Marty whizzed past us on his motorbike.*

whizz² *także* **whiz** *especially AmE n* [singular] *informal* fenomen, geniusz

whizz·kid /ˈwɪzkɪd/ *n* [C] cudowne dziecko: *high-tech whizzkids in Silicon Valley*

who S1 W1 /huː/ *pron* **1** kto: *"Who is that?" "That's Amy's brother."* | *"Who told you about the fire?" "Mr Garcia."* | *I know who sent you that card.* **2** który: *That's the woman who owns the house.* | *She asked her English teacher, who had studied at Oxford.* →patrz też WHOM

UWAGA: who
Patrz **which** i **who**.

who'd /huːd/ **1** forma ściągnięta od „who had": *a young girl who'd been attacked* **2** forma ściągnięta od „who would": *I don't know who'd be so stupid.*

who·dun·it, **whodunnit** /ˌhuːˈdʌnɪt/ *n* [C] kryminał *(książka lub film)*

who·ev·er S2 /huːˈevə/ *pron* **1** ktokolwiek: *Whoever did this is in big trouble.* **2** ten, kto: *Whoever gets there first can find a table.*

whole¹ S1 W1 /həʊl/ *adj* **1** cały: *She drank a whole bottle of wine.* | *Barney spent the whole day in bed.* **2** w całości: *The bird opened its mouth and swallowed the fish whole.*

whole² S2 W2 *n* **1 the whole of** cały: *The whole of Southern England is covered in cloud.* **2 on the whole** ogólnie rzecz biorąc: *On the whole, life was much quieter after John left.* **3 as a whole** jako całość: *We must look at our educational system as a whole.*

whole·food /ˈhəʊlfuːd/ *n* [U] zdrowa żywność

whole·heart·ed /ˌhəʊlˈhɑːtɪd◂/ *adj* **wholehearted support/agreement** całkowite poparcie/porozumienie —**wholeheartedly** *adv* z całego serca

whole·meal /ˈhəʊlmiːl/ *adj BrE* razowy: *wholemeal flour/bread*

ˈwhole note *n AmE* cała nuta

whole·sale /ˈhəʊlseɪl/ *adj* **1** hurtowy: *wholesale prices* **2** totalny: *the wholesale destruction of the rainforest* —**wholesale** *adv* hurtem

whole·sal·er /ˈhəʊlˌseɪlə/ *n* [C] hurtownik

whole·some /ˈhəʊlsəm/ *adj* **1** pożywny: *a good, wholesome breakfast* **2** przyzwoity: *a nice clean wholesome kid* | *wholesome family entertainment*

ˈwhole wheat *adj AmE* razowy

who'll /huːl/ forma ściągnięta od „who will": *This is Denise, who'll be your guide today.*

whol·ly /ˈhəʊl-li/ *adv formal* całkowicie: *The rumours are wholly untrue.*

whom S3 W1 /huːm/ *pron formal* kogo, którego/których: *The club has 200 members, most of whom are men* (=z których większość to mężczyźni).

whoop /wuːp/ *v* [I] wołać radośnie —**whoop** *n* [C] okrzyk radości

whoop·ing cough /ˈhuːpɪŋ kɒf/ *n* [U] koklusz

whoops /wʊps/ *interjection* o rany

whop·per /ˈwɒpə/ *n* [C] *informal* kolos, kolubryna, kobyła

whopping /ˈwɒpɪŋ/ *adj informal* wielgachny

whore /hɔː/ *n* [C] dziwka

who're /ˈhuːə/ forma ściągnięta od „who are": *Who're those two guys?*

who's /huːz/ forma ściągnięta od „who is" lub „who has": *Who's* (=who is) *sitting next to Reggie?* | *That's Karl, the guy who's* (=who has) *come over from Germany.*

whose S2 W1 /huːz/ *determiner, possessive pron* **1** czyj: *Whose jacket is this?* **2** którego/których: *families whose relatives have been killed*

who've /huːv/ forma ściągnięta od „who have": *people who've been in prison*

why S1 W1 /waɪ/ *adv, conjunction* **1** dlaczego: *Why are these books so cheap?* | *I think I know why I didn't get the job.* **2 why don't you/why not ...?** *spoken* a może by ...: *Why don't you try this one* (=a może byś spróbował tego)? **3 why not?** *spoken* czemu nie: *"Do you want to come along?" "Yeah, why not?"*

wick /wɪk/ *n* [C] knot

wick·ed S3 /ˈwɪkɪd/ *adj* **1** zły, podły: *the wicked stepmother in 'Cinderella'* **2** szelmowski: *a wicked grin* **3** *informal* niesamowity: *"How was the concert?" "Wicked!"* —**wickedness** *n* [U] podłość

wick·er /ˈwɪkə/ *n* [U] wiklina: *a white wicker chair*

wick·et /ˈwɪkɪt/ *n* [C] bramka *(w krykiecie)*

wide¹ S1 W1 /waɪd/ *adj* **1** szeroki: *a wide street* | *a wide mouth* | *The earthquake was felt over a wide area.* | *The bathtub's three feet wide* (=ma trzy stopy szerokości). | *We offer a wide range of vegetarian dishes.* | *a wide grin* **2 a wide difference/gap** duża różnica/przepaść: *wide differences of opinion* **3** szeroko otwarty: *Their eyes were wide.* **4 wider** szerszy: *The trial also raises a much wider issue.*

wide² W3 S3 *adv* **1 wide open/apart** szeroko otwarty/rozstawiony: *Somebody left the door wide open.* | *He stood with his legs wide apart.* **2 wide awake** rozbudzony

ˌwide-ˈeyed *adj* **1** z szeroko otwartymi oczami: *a look of wide-eyed amazement* **2** naiwny: *wide-eyed innocence* —**wide-eyed** *adv* z szeroko otwartymi oczami, w zdumieniu

wide·ly W2 /ˈwaɪdli/ *adv* **1** powszechnie: *products that are widely available* | *a widely read newspaper* **2** znacznie: *Taxes vary widely from state to state.*

W

wid·en /ˈwaɪdn/ *v* [I,T] poszerzać (się): *They're widening the road.* | *The gap between rich and poor began to widen.*

ˌwide-ˈranging *adj* szeroko zakrojony: *a wide-ranging discussion*

wide·spread W3 Ac /ˈwaɪdspred/ *adj* powszechny, rozpowszechniony: *the widespread use of illegal drugs*

wid·ow /ˈwɪdəʊ/ *n* [C] wdowa

wid·owed /ˈwɪdəʊd/ *adj* owdowiały

wid·ow·er /ˈwɪdəʊə/ *n* [C] wdowiec

width /wɪdθ/ *n* [C,U] szerokość: *the width of the window* | *a width of 10 inches*

wield /wiːld/ *v* [T] **1 wield power/authority** dzierżyć władzę: *the influence wielded by the church* (=wpływy kościoła) **2** dzierżyć *(np. miecz)*

wie·ner /ˈwiːnə/ *n* [C] *AmE* (cienka) parówka

wife S1 W1 /waɪf/ *n* [C] (plural **wives**) /waɪvz/ żona: *This is my wife, Elaine.*

Wi-Fi, **wi-fi** /ˈwaɪ faɪ/ *n trademark* sieć bezprzewodowa

wig /wɪg/ *n* [C] peruka: *a blond wig*

wig·gle /ˈwɪgəl/ *v* [I,T] poruszać (się): *Can you wiggle your toes?*

wig·wam /ˈwɪgwæm/ *n* [C] wigwam

wiki /ˈwɪki/ *n* strona wiki

wild[1] S2 W2 /waɪld/ *adj* **1** dziki: *wild horses* | *wild flowers* | *some of the wildest and most beautiful parts of Pakistan* | *A wild look came into her eyes.* | **go wild** (=o/szaleć): *When the band came back on stage the crowd went wild.* **2** burzliwy: *It was a wild night.* **3 take a wild guess** zgadywać na chybił trafił **4 be wild about sth** *spoken* przepadać za czymś: *I'm not too wild about his movies.* **5 run wild** wymykać się spod kontroli: *She lets her children run wild.* —**wildly** *adv* dziko

wild[2] *n* **1 in the wild** w naturalnym środowisku: *animals that live in the wild* **2 the wilds** pustkowie: *the wilds of Tibet*

ˌwild ˈboar *n* [C] dzik

wil·der·ness /ˈwɪldənəs/ *n* [U singular] dzicz: *the Alaskan wilderness*

wild·fire /ˈwaɪldfaɪə/ *n* **spread like wildfire** rozchodzić się lotem błyskawicy

ˌwild ˈgoose ˌchase *n* [singular] szukanie wiatru w polu

wild·life /ˈwaɪldlaɪf/ *n* [U] fauna i flora: *the wildlife of Crete*

wiles /waɪlz/ *n* [plural] sztuczki

wil·ful /ˈwɪlfəl/ *especially BrE*, **willful** *AmE adj* uparty, samowolny: *a wilful child*

will[1] S1 W1 /wɪl/ *modal verb* **1** wyraża czas przyszły: *I'm sure everything will be OK* (=wszystko będzie OK). | *I'll tell you* (=powiem ci) *later.* | *What time will she get here* (=o której ona tu dotrze)? **2** wyraża chęć: *I'll do whatever you say* (=zrobię, co zechcesz). | *Vern said he won't work* (=że nie będzie pracować) *for Joe.* | *My computer won't come on* (=nie chce się włączyć). **3** wyraża prośbę lub propozycję: *Will you do me a favour* (=czy mógłbyś wyświadczyć mi przysługę)? | *Won't you have another glass of wine* (=nie napiłbyś się jeszcze wina)? **4** stosuje się w zdaniach warunkowych: *If it rains, we'll have the barbecue in the clubhouse.* **5** wyraża prawdy ogólne: *Prices will always go up* (=ceny zawsze rosną). **6** wyraża negatywne nastawienie mówiącego: *He will keep talking about himself all the time* (=ciągle tylko gada o sobie). **7 that/it will be sb/sth** *spoken* to na pewno ktoś/coś: *"There's someone at the front door." "That'll be Nick."*

UWAGA: will

Patrz **shall** i **will**.

will[2] S2 W2 *n* **1** [C,U] wola: *the will to succeed* | *He's lost the will to live.* | *the will of the people* (=wola ludu) | **against your will** (=wbrew woli): *No one can make you stay here against your will.* | **of your own free will** (=z własnej woli): *She left of her own free will.* **2** [C] testament: *Grandma Stacy left me $7,000 in her will.* **3 at will**

GRAMATYKA: Czasownik modalny **will**

Czasownika **will** (forma ściągnięta: **'ll**; przeczenie: **won't** lub **will not**) używamy najczęściej

1 gdy w chwili mówienia decydujemy się coś zrobić:
*I'm tired. I think I'**ll go** to bed.*

2 gdy przewidujemy, że coś się stanie (ale nie mamy pewności, ponieważ nie zależy to od nas):
*Father **will** probably **be** a bit late.*
*Do you think they'**ll win**?*
*I'm sure you'**ll get** the job.*

3 gdy coś komuś obiecujemy lub proponujemy:
*I'**ll phone** you as soon as I arrive.*
*This suitcase is much too heavy for you. I'**ll help** you with it.*
*„**Will you** have a cup of tea?" „Yes, please."*

4 gdy coś kupujemy w sklepie albo zamawiamy w restauracji (po **will** następuje wówczas **have** lub **take**):
*I'**ll have** a dozen eggs and half a pound of butter, please.*
*I'**ll take** the green scarf and two of those silk ties.*
*We'**ll have** two coffees and some mineral water.*

5 gdy prosimy kogoś, żeby coś zrobił:
***Will** you **shut** the door, please?*
***Will** you **be** quiet for a moment? We're in the middle of an important conversation.*

6 gdy wyrażamy zgodę lub odmowę (dotyczy to również „odmowy posłuszeństwa" przez przedmioty martwe):
*„Can you type this letter for me?" „Sure, I'**ll type** it in a minute."*
*We've asked Maggie to join us, but she **won't**.*
*„What's the problem?" „The car **won't** start."* („... nie chce ruszyć.")

7 gdy wyrażamy jakieś przekonanie lub przypuszczenie dotyczące teraźniejszości:
*„There's someone at the door." „That'**ll be** the postman* (=I'm sure it's the postman)."
*They **will be** there by now.* (=I'm sure they are already there).
*He **won't** know the answer.* (=I'm sure he doesn't know the answer).

→ patrz też **shall**

na zawołanie: *The England defence was weak, and their opponents were able to score almost at will.*

will[3] *v* [T] **will sb to do sth** starać się (siłą woli) sprawić, żeby ktoś coś zrobił: *The crowd were all willing her to win.*

will·ful /ˈwɪlfəl/ amerykańska pisownia wyrazu WILFUL

will·ing S2 W3 /ˈwɪlɪŋ/ *adj* **1 be willing to do sth** być gotowym/skłonnym coś zrobić: *How much are they willing to pay?* **2** chętny, ochoczy: *willing helpers* —**willingly** *adv* chętnie, ochoczo —**willingness** *n* [U] chęć, ochota →antonim UNWILLING

wil·low /ˈwɪləʊ/ *n* [C] wierzba

wil·low·y /ˈwɪləʊi/ *adj* smukły

will·pow·er /ˈwɪlˌpaʊə/ *n* [U] siła woli: *I'd love to give up smoking, but I don't have the willpower.*

wilt /wɪlt/ *v* [I] z/więdnąć

wil·y /ˈwaɪli/ *adj* chytry, przebiegły: *a wily politician*

wimp /wɪmp/ *n* [C] *informal often humorous* mięczak: *Don't be such a wimp!*

win[1] S1 W1 /wɪn/ *v* (**won**, **won**, **winning**) **1** [I,T] wygrywać: *Who do you think will win the Superbowl? | Dad won at chess again. | Marcy's team is winning by 3 points. | I won $200 playing poker.* **2** [T] zdobywać: *Dr Lee's work won her the admiration of scientists worldwide.* **3 you can't win** *spoken* i tak źle, i tak niedobrze →antonim LOSE
win sb ↔ over *phr v* [T] pozyskać (sobie): *Clinton managed to win over his critics.*

THESAURUS: win

win wygrać: *Our team won 3-0. | Alex won the poetry competition.*
come first/be first zająć pierwsze miejsce: *An Australian runner came first. | Guess what? I was first!*
be in the lead/be leading/be ahead prowadzić: *Hamilton was in the lead. | Arsenal were ahead by two goals to one at the beginning of the second half. | At that point, the Democrats were leading.*
beat/defeat pobić/pokonać: *Brazil beat Italy 3-1. | Hitler's army was defeated by the Russians.*
be victorious *formal* zwyciężyć: *The Ottoman army was victorious. | He was victorious with a total of 45.4 points.*

win[2] W3 *n* [C] wygrana: *a record of 7 wins and 6 losses*

wince /wɪns/ *v* [I] s/krzywić się: *She winced when she saw the needle going into her arm.*

winch /wɪntʃ/ *n* [C] kołowrót

wind[1] S2 W2 /wɪnd/ *n* **1** [C,U] wiatr: *We walked home through the wind and the rain. | A strong wind was blowing.* **2 get wind of sth** zwietrzyć coś **3 get wind** dostać wzdęcia **4 get your wind (back)** odzyskać oddech

wind[2] S3 W3 /waɪnd/ *v* (**wound**, **wound**, **winding**) **1** [T] zawijać, nawijać: *She wound the bandage around his arm* (=owinęła mu ramię bandażem). →antonim UNWIND **2** [T] *także* **wind up** nakręcać: *I forgot to wind my watch.* **3** [I] wić się
wind down *phr v* **1** [I,T **wind** sth ↔ **down**] zwijać (się): *The party started winding down after midnight.* **2** [I] odprężać się
wind up *phr v* **1** [I] s/kończyć: *We always wind up doing what she wants to do. | Most of them wound up in prison.* **2** [T **wind** sb ↔ **up**] *BrE informal* s/prowokować: *Stupid! They are only winding you up* (=chcą cię sprowokować).

wind[3] S3 W3 /wɪnd/ *v* [T] pozbawić tchu, przyprawić o zadyszkę

wind·chill fac·tor /ˈwɪndtʃɪl ˌfæktə/ *n* [U] efekt silnego wiatru *(sprawiający, że temperatura wydaje się niższa)*

wind·ed /ˈwɪndɪd/ *adj* **be winded** dostać zadyszki

wind·fall /ˈwɪndfɔːl/ *n* [C] nieoczekiwany przypływ gotówki

wind farm /ˈwɪnd ˌfɑːm/ *n* [C] elektrownia na wiatr

wind·ing /ˈwaɪndɪŋ/ *adj* kręty: *a long, winding river*

wind in·stru·ment /ˈwɪnd ˌɪnstrəmənt/ *n* [C] instrument dęty

wind·mill /ˈwɪndˌmɪl/ *n* [C] wiatrak

win·dow S1 W1 /ˈwɪndəʊ/ *n* [C] okno: *Can I open the window?*

ˈwindow box *n* [C] skrzynka na kwiaty

win·dow·pane /ˈwɪndəʊpeɪn/ *n* [C] szyba okienna

ˈwindow ˌshopping *n* [U] oglądanie wystaw sklepowych

win·dow·sill /ˈwɪndəʊˌsɪl/ *n* [C] parapet

wind·pipe /ˈwɪndpaɪp/ *n* [C] tchawica

wind·screen /ˈwɪndskriːn/ *BrE*, **wind·shield** /ˈwɪndʃiːld/ *AmE n* [C] szyba przednia

ˈwindscreen ˌwiper *BrE*, **windshield wiper** *AmE n* [C] wycieraczka (szyby przedniej)

wind·surf·ing /ˈwɪndˌsɜːfɪŋ/ *n* [U] windsurfing

wind·swept /ˈwɪndswept/ *adj* nieosłonięty przed wiatrem

wind tur·bine /ˈwɪnd ˌtɜːbaɪn/ *n* [C] silnik wiatrowy

wind·y S3 /ˈwɪndi/ *adj* wietrzny: *It's been windy all day.*

wine S2 W2 /waɪn/ *n* [C,U] wino: *a glass of red wine | a fine selection of German wines*

winery /ˈwaɪnəri/ *n* (pl **-ries**) wytwórnia win

wing S2 W2 /wɪŋ/ *n* [C] **1** skrzydło: *ducks flapping their wings | the east wing of the library | the conservative wing of the Democrats* **2 take sb under your wing** brać/wziąć kogoś pod swoje skrzydła **3** *BrE* błotnik **4** skrzydłowy

winged /wɪŋd/ *adj* skrzydlaty: *winged insects*

wings /wɪŋz/ *n* [plural] **in the wings** za kulisami

wing·span /ˈwɪŋspæn/ *n* [C] rozpiętość skrzydeł

wing·tip /ˈwɪŋtɪp/ *n* [C] końcówka skrzydła

wink /wɪŋk/ *v* [I] mrugać *(jednym okiem)*: *"Don't tell Dad," he said, winking at her.* —**wink** *n* [C] mrugnięcie →patrz też **not sleep a wink** (SLEEP[1])

win·ner S3 W2 /ˈwɪnə/ *n* [C] zwycię-zca/żczyni: *the winner of the poetry contest*

win·nings /ˈwɪnɪŋz/ *n* [plural] wygrana

wi·no /ˈwaɪnəʊ/ *n* [C] *informal* pijaczyna

win·ter S2 W2 /ˈwɪntə/ *n* [C,U] zima: *I hope it snows this winter. | cold winter evenings*

COLLOCATIONS: winter

adjectives

a cold winter *We had a very cold winter that year.*
a severe/harsh winter (=surowa/sroga) *Winters here are harsh and few plants can survive.*
a mild winter (=łagodna) *Some birds do not migrate in mild winters.*
a long winter *The long winter finally came to an end.*

W

winter + noun

the winter months *They lit fires to keep warm during the winter months.*
a winter night/evening *You need a good book to read on long winter evenings.*
a winter coat *I bought a new winter coat.*
winter sports *Many people come to these mountains to take part in winter sports.*

noun + winter

the depths of winter (=środek zimy) *He never wore a coat, even in the depths of winter.*

win·try /ˈwɪntri/ *adj* zimowy: *wintry weather*

wipe S3 /waɪp/ *v* [T] **1** wycierać: *Could you wipe the table for me?* | *Wipe your feet before you come in.* **2** ocierać: *He wiped the sweat from his face.* | *wiping away her tears* **3** wymazywać: *to wipe a tape/disk* —**wipe** *n* [C]: *Give the baby's nose a wipe* (=wytrzyj dziecku nos), *would you?*
wipe out *phr v* [T **wipe** sth ↔ **out**] zmieść/zetrzeć z powierzchni ziemi: *Whole towns were wiped out.*
wipe sth ↔ up *phr v* [T] zetrzeć: *Wipe up this mess!*

wip·er /ˈwaɪpə/ *n* [C usually plural] wycieraczka

wire¹ S2 W3 /waɪə/ *n* **1** [C,U] drut: *a wire fence* **2** [C] przewód: *Have you connected up all the wires?* | *a telephone wire* **3** [C] *AmE* depesza

wire² *v* [T] **1** *także* **wire up** podłączać: *I've almost finished wiring up the alarm.* **2** za/drutować: *Lila had to have her jaw wired.* **3** przesyłać telegraficznie **4** *AmE* za/depeszować

wired /waɪəd/ *adj AmE informal* ożywiony, zelektryzowany

wire·less /ˈwaɪələs/ *n* [C,U] *old-fashioned* radio

wir·ing /ˈwaɪərɪŋ/ *n* [U] instalacja elektryczna

wir·y /ˈwaɪəri/ *adj* **1** umięśniony **2** szorstki: *wiry hair*

wis·dom /ˈwɪzdəm/ *n* **1** [U] mądrość **2 the wisdom of sth** słuszność czegoś: *Some people doubted the wisdom of his decision.*

ˈwisdom tooth *n* [C] ząb mądrości

wise¹ S3 /waɪz/ *adj* **1** mądry: *I think you've made a wise decision.* | *It would be wise to leave early.* | *a wise leader* → antonim UNWISE THESAURUS INTELLIGENT **2 be none the wiser** nadal nic nie rozumieć: *They sent me on a training course, but I'm still none the wiser.* **3 price-wise/time-wise** *spoken* cenowo/czasowo: *Price-wise the house seems OK, but I'm not sure it's big enough.* —**wisely** *adv* mądrze

wise² *v*
wise up *phr v* [I] *informal* zmądrzeć, pójść po rozum do głowy: *Wise up, Vic - he's cheating you!* | *Companies are starting to wise up to the fact* (=zaczynają zdawać sobie sprawę z faktu) *that it's cheaper to employ people who work from home.*

wise·crack /ˈwaɪzkræk/ *n* [C] *informal* cięta uwaga

ˈwise guy *n* [C] *especially AmE informal* mądrala

wish¹ S1 W1 /wɪʃ/ *v* **1** [I,T] **wish (that)** żałować, że nie: *Beth wished she could stay* (=żałowała, że nie może zostać) *there forever.* | *I wish I had* (=szkoda, że nie mam) *a car like that.* | **I wish sb/sth would do sth** *I wish they would turn that music down* (=mogliby przyciszyć tę muzykę). | **wish for** (=za/pragnąć): *the best birthday present I could ever have wished for* THESAURUS WANT **2** [I,T] *formal* chcieć: *I wish to make a complaint.* **3** [T] życzyć: *Wish me luck!* **4 I/you wish!** *spoken* akurat!, marzenie ściętej głowy!: *"I think she wants to go out with me." "You wish!"*

wish² S3 *n* **1** [C] życzenie: **make a wish** (=pomyśleć sobie (jakieś) życzenie): *Close your eyes and make a wish!* | **have no wish to do sth** (=nie mieć ochoty czegoś robić): *I had no wish to see him again.* **2 best wishes** najlepsze życzenia

ˌwishful ˈthinking *n* [U] pobożne życzenia

wish·y-wash·y /ˈwɪʃi ˌwɒʃi/ *adj informal* mało konkretny: *a bunch of wishy-washy liberals*

wisp /wɪsp/ *n* [C] **1** kosmyk: *wisps of hair* **2** smuga: *a wisp of smoke*

wist·ful /ˈwɪstfəl/ *adj* tęskny: *a wistful expression* —**wistfully** *adv* tęsknie

wit /wɪt/ *n* [U] dowcip: *Wilde was famous for his wit.* → patrz też WITS

witch /wɪtʃ/ *n* [C] czarownica

witch·craft /ˈwɪtʃkrɑːft/ *n* [U] czary

ˈwitch ˌdoctor *n* [C] szaman

ˈwitch ˌhunt *n* [C] polowanie na czarownice

with S1 W1 /wɪð/ *prep* **1** z: *She's staying with some friends.* | *Put this bag with the others.* | *eggs mixed with milk* | *a boy with a broken arm* | *a house with a garden* | *Do you want your coffee with or without sugar?* | *Neal and Tracy were always arguing with each other.* | *I agree with you.* | *The other team played with great skill and determination.* | *What's wrong with the radio?* | *The door closed with a loud bang.* | *He was standing with his hands in his pockets.* **2** odpowiada polskiemu narzędnikowi: *Don't eat with your fingers* (=palcami)! | *His hands were covered with blood* (=krwią). **3** od: *The room was bright with sunlight.* **4 be in love with sb** kochać się w kimś, być w kimś zakochanym: *She's in love with you.* **5 be with me/you** *spoken* rozumieć mnie/ciebie: *Are you with me?*

with·draw S3 W2 /wɪðˈdrɔː/ *v* (**withdrew** /-ˈdruː/, **withdrawn** /-ˈdrɔːn/, **withdrawing**) **1** [T] wypłacać, podejmować: *He withdrew $200 from his savings account.* **2** [I,T] wycofywać (się): *Congress threatened to withdraw support for the space project.* | *Decker was forced to withdraw from the race because of a knee injury.*

with·draw·al /wɪðˈdrɔːəl/ *n* **1** [C,U] wypłata: *I'd like to make a withdrawal, please.* **2** [C,U] wycofanie: *the withdrawal of NATO forces from Bosnia* **3** [C,U] cofnięcie: *the withdrawal of government aid* **4 withdrawal symptoms** zespół abstynencji *(po odstawieniu narkotyku)*

with·drawn /wɪðˈdrɔːn/ *adj* zamknięty w sobie

with·er /ˈwɪðə/ *także* **wither away** *v* [I] usychać

with·er·ing /ˈwɪðərɪŋ/ *adj* miażdżący *(o ataku, spojrzeniu)*

with·hold /wɪðˈhəʊld/ *v* [T] (**withheld** /-ˈheld/, **withheld**, **withholding**) zatajać: *His name has been withheld for legal reasons.*

with·in S1 W1 /wɪðˈɪn/ *adv, prep* **1** w ciągu: *The police arrived within minutes.* | *Within a year he was dead.* THESAURUS DURING **2** wewnątrz: *critics within the party* **3** w odległości: *The hotel is within a mile of the airport.* **4 within the rules/the law** w granicach przepisów/prawa

with·out S1 W1 /wɪðˈaʊt/ *adv, prep* **1** bez: *I can't see anything without my glasses.* | *He left without saying*

W

goodbye. | *We can't finish this job without him.* **2 do without/go without** obywać się bez: *They went without food and water for 2 days.*

with·stand /wɪð'stænd/ *v* [T] wytrzymywać, być odpornym na: *material that can withstand high temperatures*

wit·ness¹ S2 W3 /'wɪtnəs/ *n* [C] świadek: *He asked the witness how well she knew the defendant.* | *Police are appealing for witnesses after the accident.*

witness² *v* [T] być świadkiem: *a girl who witnessed a murder*

'witness box *BrE*, **'witness stand** *AmE n* [C] miejsce dla świadka *(na sali sądowej)*

wits /wɪts/ *n* [plural] **1** rozum: **keep/have your wits about you** (=zachować przytomność umysłu) **2 scare sb out of their wits** napędzić komuś strachu **3 be at your wits' end** nie wiedzieć, co począć

wit·ter /'wɪtə/ *także* **witter on** *v* [I] *BrE informal* paplać, mleć/trzepać ozorem

wit·ti·cis·m /'wɪtɪsɪzəm/ *n* [C] dowcipna uwaga

wit·ty /'wɪti/ *adj* dowcipny: *a witty response* THESAURUS FUNNY

wives /waɪvz/ *n* liczba mnoga od WIFE

wiz·ard /'wɪzəd/ *n* [C] **1** czarodziej **2** *także* **wiz** *informal* geniusz: *a financial wizard*

wiz·ened /'wɪzənd/ *adj* pomarszczony

wk skrót pisany od WEEK

wob·ble /'wɒbəl/ *v* [I] chwiać się, chybotać się —**wobbly** *adj* chybotliwy: *a wobbly chair*

woe /wəʊ/ *n* [U] *literary* żałość, rozpacz

woe·ful·ly /'wəʊfəli/ *adv* żałośnie: *The hospital facilities are woefully inadequate.* | *He sighed and looked woefully around the room.*

woes /wəʊz/ *n* [plural] *literary* nieszczęścia, zmartwienia

wok /wɒk/ *n* [C] wok

woke /wəʊk/ *v* czas przeszły od WAKE

wok·en /'wəʊkən/ *v* imiesłów bierny od WAKE

wolf¹ /wʊlf/ *n* [C] (plural **wolves** /wʊlvz/) wilk

wolf² *także* **wolf down** *v* [T] *informal* z/jeść łapczywie: *She wolfed down her breakfast.*

wom·an S1 W1 /'wʊmən/ *n* [C] (plural **women** /'wɪmɪn/) kobieta: *the women I work with* | *a woman doctor* (=lekarka)

UWAGA: woman
Patrz **lady** i **woman**.

wom·an·hood /'wʊmənhʊd/ *n* [U] kobiecość

wom·an·izer /'wʊmənaɪzə/ *także* **-iser** *BrE n* [C] kobieciarz

wom·an·kind /'wʊmənkaɪnd/ *n* [U] kobiety *(w odróżnieniu od mężczyzn)*

wom·an·ly /'wʊmənli/ *adj* kobiecy

womb /wu:m/ *n* [C] macica

wom·en /'wɪmɪn/ *n* liczba mnoga od WOMAN

won /wʌn/ *v* czas przeszły i imiesłów bierny od WIN

won·der¹ S1 W2 /'wʌndə/ *v* [I,T] **1** zastanawiać się: *I sometimes wonder why I married her.* | *We wondered where you'd gone.* **2 I was wondering if/whether** *spoken* chciałbym spytać, czy: *I was wondering if I could use your phone.* | *We were wondering if you wanted to come over for a meal.* **3 wonder (at sth)** dziwić się (czemuś): *Ellie was still wondering at her good luck* (=nie mogła się nadziwić, że miała tyle szczęścia).

wonder² *n* **1** [U] zdumienie: **in wonder** *They listened to Lisa's story in wonder.* **2 no wonder** *spoken* nic dziwnego: *No wonder you feel sick if you ate the whole pizza!* **3 it is a wonder (that)** aż dziw bierze, że: *It's a wonder that he can still stand up.* **4** [C] cud: *the wonders of modern technology*

wonder³ *adj* [only before noun] cudowny: *a new wonder drug*

won·der·ful S1 W2 /'wʌndəfəl/ *adj* cudowny, wspaniały: *Congratulations! That's wonderful news!* THESAURUS GOOD —**wonderfully** *adv* cudownie, wspaniale

won·ky /'wɒŋki/ *adj BrE informal* rozklekotany

won't /wəʊnt/ forma ściągnięta od „will not": *Dad won't like it* (=tacie się to nie spodoba).

wont¹ /wəʊnt/ *adv formal* **be wont to do sth** mieć zwyczaj robić coś

wont² *n formal* **as is sb's wont** jak ktoś ma w zwyczaju

woo /wu:/ *v* [T] **1** zabiegać o względy: *Politicians were busy wooing voters.* **2** *old-fashioned* zalecać się do

wood S2 W2 /wʊd/ *n* **1** [C,U] drewno: *The statue is carved out of a single piece of wood.* **2** [C] *także* **woods** las

wood·ed /'wʊdɪd/ *adj* zalesiony

wood·en S3 W3 /'wʊdn/ *adj* drewniany: *a wooden box*

wood·land /'wʊdlənd/ *n* [C,U] teren leśny

wood·peck·er /'wʊdˌpekə/ *n* [C] dzięcioł

wood·wind /'wʊdˌwɪnd/ *n* [U] instrument dęty drewniany

wood·work /'wʊdwɜ:k/ *n* [U] stolarka

wood·worm /'wʊdwɜ:m/ *n* [C,U] kornik

wood·y /'wʊdi/ *adj* drewniany

woof /wʊf/ *n* [singular] hau

wool S3 /wʊl/ *n* [U] wełna: *a ball of wool* | *a mixture of wool and cotton*

wool·len /'wʊlən/ *BrE*, **woolen** *AmE adj* wełniany: *a warm woollen blanket*

wool·lens /'wʊlənz/ *BrE*, **woolens** *AmE n* [plural] odzież wełniana

wool·ly /'wʊli/ *BrE*, **wooly** *AmE adj* wełniany: *a woolly hat*

woo·zy /'wu:zi/ *adj informal* ogłupiony

word¹ S1 W1 /wɜ:d/ *n* **1** [C] słowo, wyraz: *'Casa' is the Spanish word for 'house'.* | *We had to write a 500-word essay about our holidays.* **2 words** słowa: *Those were his last words.* | **in sb's words** (=jak ktoś powiedział): *In Kennedy's words: "Ask not what your country can do for you."* **3 have a word with sb** rozmówić się z kimś **4 not say/understand a word** nie powiedzieć/zrozumieć ani słowa **5 a word of advice/warning** rada/ostrzeżenie **6** [singular] słowo: **give sb your word** (=dać komuś słowo): *I give you my word, we'll take good care of him.* **7 in other words** innymi słowy **8 in your own words** swoimi/własnymi słowami **9 word for word** słowo w słowo **10 take sb's word for it** u/wierzyć komuś na słowo

11 put in a (good) word for sb wstawić się za kimś: *Could you put in a good word for me with your boss?* **12 not in so many words** *spoken* nie dosłownie: *"So Dad said he'd pay for it?" "Not in so many words."* **13 the word is** *spoken* mówi się, (że): *The word is they're going to get married.* **14 cannot get a word in edgeways** nie móc dojść do słowa **15 my word!** *old-fashioned spoken* do licha!, niech mnie kule biją!: *My word! Isn't he tall!*

COLLOCATIONS: word

verbs

a word means sth *What does this word mean?*
to say/speak a word *I said the words without thinking.*
to use a word *He uses the word 'absolutely' a lot.*
to pronounce a word *She pronounced the word in the American way.*
to spell a word *If you don't know how to spell a word, look it up in the dictionary.*
to put sth into words (=ująć coś w słowa) *He found it hard to put his feelings into words.*
to find the words *She couldn't find the words to thank him enough.*

adjectives

a long/short word *She didn't understand all the long words.*
big words *informal* (=trudne słowa) *He uses big words to impress people.*
a five-letter/nine-letter etc word *Can you think of a six-letter word meaning 'difficult'?*
a German/Italian etc word *The German word for 'train' is 'Zug'.*
a rude word *Someone had written a rude word on his bag.*
the right word *'Fun' is not the right word to describe it.*
sb's/the exact words *I can't remember his exact words.*
sb's last words *His last words were: „Bury me in my uniform."*

word² *v* [T] s/formułować: *He worded his request very carefully.*

word·ing /ˈwɜːdɪŋ/ *n* [U] sformułowanie: *the exact wording of the contract*

ˈword ˌprocessor *n* [C] edytor tekstu

word·y /ˈwɜːdi/ *adj* przegadany, rozwlekły: *a long, wordy explanation*

wore /wɔː/ *v* czas przeszły od WEAR

work¹ S1 W1 /wɜːk/ *v* **1** [I] pracować: *Heidi works for a law firm in Toronto.* | *I used to work at Burger King.* | *Joe worked as a builder for 5 years.* **2** [I] działać: *The CD player isn't working.* | *Most diets don't work.* **3** [T] obsługiwać: *Does anybody know how to work the printer?* **4** [I] nie szczędzić wysiłków: *Rescuers worked to free the passengers from the wreckage.* **5 work your way (to)** stopniowo dotrzeć (do/na): *Dave worked his way to the top of the firm.* **6 work against sb** działać na czyjąś niekorzyść: *Unfortunately her bad grades worked against her.* **7 work in sb's favour** *BrE* **work in sb's favor** *AmE* działać na czyjąś korzyść **8 work up an appetite/sweat** mocno zgłodnieć/spocić się **9 work the land** uprawiać ziemię, pracować na roli
work on sth *phr v* [T] pracować przy/nad: *Dad's still working on the car.* | *You need to work on your pronunciation.*
work out *phr v* **1** [T **work** sth ↔ **out**] wyliczyć: *Have you worked out how much we owe them?* **2** [I] **work out at** kosztować: *The hotel works out at about $50 a night.* **3** [T **work** sth ↔ **out**] zdecydować, postanowić: *He still hasn't worked out which college he's going to.* **4** [I] rozwiązać się, wyjść: *Don't worry. I'm sure everything will work out fine.* **5** [I] trenować, ćwiczyć: *Sue works out in the gym twice a week.*
work up to sth *phr v* [T] przygotowywać się do: *I'm working up to being able to do 20 laps.*

work² S1 W1 *n* **1** [U] praca: *Looking after two children can be hard work.* | *The house looks fantastic - it must have taken a lot of hard work.* | *My dad started work when he was 14.* | *Jo's hoping to find work in television.* | *She met her future husband at work.* | *Do you want to go out to dinner after work?* | *I've got so much work to do today.* | *We're pleased with your work.* | *Einstein's work on nuclear physics* | **a piece of work** *The teacher said it was an excellent piece of work* (=że to świetna praca). THESAURUS JOB **2** [C,U] dzieło: *great works of art* | *I prefer his early work.* **3 be in work** mieć pracę **4 be out of work** być bez pracy, nie mieć pracy **5 at work** przy pracy: *Crews were at work repairing the roads.* →patrz też HOMEWORK, HOUSEWORK, WORKS

COLLOCATIONS: work

verbs

to go to work *He goes to work by train.*
to start/finish work (=zaczynać/kończyć pracę) *I usually finish work around six.* | *She has to start work early in the morning.*
to start work (=zacząć pracować, pójść do pracy) *My dad started work when he was 16.*
to do work *Have you done this kind of work before?*
to look for work *także* **to seek work** *formal Young people come to town looking for work.*
to find work *He found work in a local factory.*
to return to work/go back to work *Will you go back to work after having your baby?*

types of work

part-time/full-time work *Many parents want part-time work.* | *Are you available for full-time work?*
paid work *I would consider any kind of paid work.*
clerical/office work *I thought office work would be boring.*
manual work (=fizyczna) *He was not used to manual work.*
temporary/casual work (=tymczasowa) *I managed to get some temporary work in a hotel.* | *She is doing casual work while she looks for a full-time job.*

work·a·ble /ˈwɜːkəbəl/ *adj* wykonalny: *a workable solution*

work·a·hol·ic /ˌwɜːkəˈhɒlɪk/ *n* [C] *informal* pracoholi-k/czka

workbook /ˈwɜːkbʊk/ *n* zeszyt ćwiczeń

ˌworked ˈup *adj informal* zdenerwowany: *There's no need to get so worked up about it.*

work·er S2 W1 /ˈwɜːkə/ *n* [C] **1** pracowni-k/ca, robotni-k/ca: *Fifty workers lost their jobs.* | *factory workers* **2 be a good/hard/quick worker** dobrze/ciężko/szybko pracować

W

COLLOCATIONS: worker

types of worker

a skilled/an unskilled worker *Even skilled workers are finding it hard to get jobs.*

a part-time/full-time worker *Most of the part-time workers were women.* | *The company has only two full-time workers.*

a temporary/casual worker (=pracowni-k/ca tymczasow-y/a) *Employees were fired and replaced with temporary workers.*

a factory/farm/office worker *the low pay of farm workers*

a health worker *doctors, nurses, and other health workers*

a research worker *an experiment done by a team of research workers*

a construction worker (=robotnik budowlany) *Construction workers should always wear hard hats.*

a manual/blue-collar worker (=pracowni-k/ca fizyczn-y/a) *Manual workers often live close to their workplace.*

a white-collar worker (=pracowni-k/ca umysłow-y/a) *White-collar workers started to join unions.*

work·force /ˈwɜːkfɔːs/ *n* [singular] siła robocza

work·ing S2 W2 /ˈwɜːkɪŋ/ *adj* [only before noun] **1** pracujący: *working parents* **2 working conditions** warunki pracy: *bad working conditions* **3 in (good) working order** w dobrym stanie: *My father's watch is still in good working order.* **4 a working knowledge of sth** praktyczna znajomość czegoś: *a working knowledge of Spanish*

ˌworking ˈclass *n* **the working class** klasa robotnicza —**working-class** *adj* robotniczy

work·ings /ˈwɜːkɪŋz/ *n* [plural] funkcjonowanie: *the workings of government departments*

work·load /ˈwɜːkləʊd/ *n* [C] obciążenie: *Teachers often have a heavy workload.*

work·man /ˈwɜːkmən/ *n* [C] (plural **workmen** /-mən/) robotnik

work·man·like /ˈwɜːkmənlaɪk/ *adj* fachowy

work·man·ship /ˈwɜːkmənʃɪp/ *n* [U] fachowość

work·out /ˈwɜːkaʊt/ *n* [C] trening

work·place /ˈwɜːkpleɪs/ *n* [C] miejsce pracy

works /wɜːks/ *n* **1** [plural] dzieła: *the complete works of Shakespeare* **2 the works** *spoken informal* wszystko, co się da: *We were special guests, so we got the works – champagne, caviar, and a huge steak.* **3** *old-fashioned* zakład: *the gas works* (=gazownia)

work·sheet /ˈwɜːkʃiːt/ *n* [C] arkusz ćwiczeniowy *(do pracy w klasie)*

work·shop S3 W3 /ˈwɜːkʃɒp/ *n* [C] warsztat

work·sta·tion /ˈwɜːkˌsteɪʃən/ *n* [C] stanowisko pracy

work·top /ˈwɜːktɒp/ *także* ˈ**work-ˌsurface** *n* [C] blat (kuchenny)

world¹ S1 W1 /wɜːld/ *n* **1 the world** świat: *Athletes came from all over the world to compete in the Games.* | *the longest river in the world* **2** [C] świat: *the world of baseball* | *the music world* | *the Western World* | *the industrialized world* | *Dean's world was filled with music and laughter.* | *creatures from another world* **3 in the world** *spoken* na świecie: *You're the best dad in the world.* **4 the animal/plant world** świat zwierząt/roślin **5 the whole world** wszyscy **6 the outside world** świat zewnętrzny: *Japan was cut off from the outside world.* **7 do sb a world of good** *informal* doskonale komuś zrobić: *A vacation would do you a world of good.* **8 out of this world** nie z tej ziemi: *Have you tried their ice cream? It's out of this world!* **9 be on top of the world** być w siódmym niebie **10 mean the world to sb** być dla kogoś całym światem **11 move/go up in the world** piąć się w górę **12 not for the world** za nic w świecie: *I wouldn't hurt her for the world.*

world² *adj* [only before noun] światowy: *world peace* | *world champion Michael Schumacher*

ˌworld-ˈclass *adj* światowej klasy: *a world-class tennis player*

ˌworld-ˈfamous *adj* światowej sławy: *a world-famous singer*

world·ly /ˈwɜːldli/ *adj* **1 sb's worldly goods/possessions** czyjś cały majątek **2** światowy: *a worldly man*

ˌworld ˈpower *n* [C] mocarstwo światowe

world·wide¹ /ˌwɜːldˈwaɪd◂/ *adj* (ogólno)światowy

worldwide² *adv* na całym świecie: *The company employs 2,000 people worldwide.*

ˌWorld Wide ˈWeb (*skrót pisany* **WWW**) *n* [singular] Internet

worm¹ /wɜːm/ *n* [C] robak, glista

worm² *v* **worm sth out of sb** wyciągnąć coś z kogoś

worn /wɔːn/ *v* imiesłów bierny od WEAR

ˌworn ˈout, worn-out *adj* **1** wycieńczony: *I'm all worn out.* THESAURUS TIRED **2** zużyty: *worn-out shoes*

wor·ried S2 W3 /ˈwʌrid/ *adj* zaniepokojony, zmartwiony: **be worried that** (=niepokoić/martwić się, że): *Doctors are worried that the drug may have serious side-effects.*

THESAURUS: worried

be worried martwić/niepokoić się: *I am really worried about my brother.*

be anxious martwić/niepokoić się *(bardzo)*: *When people can't sleep, they become anxious about it.*

be/feel nervous denerwować się: *I felt a little nervous before the interview.*

be concerned przejmować się *(zwłaszcza problemami innych osób, kraju, planety)*: *People are more concerned about the environment now.*

be bothered przejmować się *(używa się zwłaszcza w przeczeniach)*: *I'm not bothered about what other people think.*

stressed/stressed out zestresowany: *If you're feeling stressed out, you should have a holiday.* | *Teachers often get stressed.*

be apprehensive *formal* obawiać się: *I was a bit apprehensive about seeing him again after so long.*

wor·ry¹ S1 W2 /ˈwʌri/ *v* **1** [I] martwić się: **+about** *She's always worrying about her weight.* | **+that** *I sometimes worry that he doesn't love me any more.* **2** [T] niepokoić, martwić: **it worries sb that** *It worries me that she hasn't called yet.* **3 don't worry** *spoken* nie martw się: *Don't worry about the kids – I can drive them to school.*

worry² S2 *n* **1** [C] troska: *money worries* **2** [U] zmartwienie: *He was up all night with worry.*

wor·ry·ing S3 /ˈwʌri-ɪŋ/ *adj* niepokojący: *I've just had a rather worrying phone call from Emma.*

worse[1] S2 W2 /wɜːs/ *adj* [comparative of **bad**] **1** gorszy: **+ than** (=od/niż): *The next song was even worse than the first one.* | **get worse** (=pogarszać się): *The traffic always gets worse after 4:30.* **2** bardziej chory: *On Tuesday I felt worse* (=poczułam się gorzej), *and I decided to go to see the doctor.* **3 the worse for wear** w kiepskim stanie: *He arrived home at 5 am, looking somewhat the worse for wear.*

worse[2] *n* [U] gorsze: *Worse was yet to come.* | *Moving from Georgia was a change for the worse* (=zmiana na gorsze).

worse[3] S3 W3 *adv* **1** bardziej: *The pain hurts worse than it did yesterday.* **2** gorzej: *Jan sings even worse than I do!*

wors·en /ˈwɜːsən/ *v* [I,T] pogarszać (się): *If the weather worsens, the flight will have to be cancelled.*

ˌworse ˈoff *adj* w gorszej sytuacji: *We're actually worse off than I thought.*

wor·ship /ˈwɜːʃɪp/ *v* (**-pped**, **-pping** *BrE*; **-ped**, **-ping** *AmE*) **1** [T] oddawać cześć, wielbić **2** [I] modlić się *(w świątyni)* **3** [T] uwielbiać: *She absolutely worships her grandpa!* —**worship** *n* [U] kult: *places of worship* —**worshipper** *BrE*, **worshiper** *AmE n* [C] wiern-y/a

worst[1] /wɜːst/ *adj* [superlative of **bad**] najgorszy: *the worst movie I've ever seen*

worst[2] *n* **1 the worst** najgorsz-y/a: *They've written a lot of bad songs, but this one is definitely the worst.* | *This is the worst* (=najgorszy wynik) *I've ever done on a test.* **2 at worst** w najgorszym razie: *At worst the repairs will cost you around $700.* **3 if the worst comes to the worst** w ostateczności: *If the worst comes to the worst, we'll have to sell the house.*

worst[3] *adv* najbardziej: *the cities that were worst affected by the war*

worth[1] S1 W2 /wɜːθ/ *adj* **1 be worth sth** być wartym ileś: *Our house is worth about $350,000.* | *Each question is worth 4 points.* **2** wart: **be worth doing/seeing** (=być wartym zrobienia/obejrzenia): *The film is definitely worth seeing.* | **it's worth it/it's not worth it** (=warto/nie warto): *Don't try arguing with her - it's just not worth it.* | **be worth (your) while** (=być wartym zachodu): *"Do you think I should check with my lawyer?" "It might be worth your while."*

worth[2] W3 *n* **1 $10/£500 worth of sth** coś o wartości $10/£500: *They came home with $300 worth of food* (=przynieśli do domu jedzenia za $300). **2 a day's/10 years' worth of sth** 1 dzień/10 lat czegoś: *There's at least a week's worth of work to do* (=jest pracy co najmniej na tydzień). **3 sb's worth** czyjaś wartość: *a chance for Paul to show his true worth*

worth·less /ˈwɜːθləs/ *adj* **1** bezwartościowy: *Are you saying the shares are worthless?* **2** bezużyteczny: *worthless qualifications* **3** nic nie wart: *She made him feel completely worthless.*

worth·while /ˌwɜːθˈwaɪl◂/ *adj* wart zachodu: *The job they do is very worthwhile.*

wor·thy /ˈwɜːði/ *adj* **1** godny: *a worthy opponent* | *worthy achievements* **2 be worthy of sth** *formal* zasługiwać na coś: *a leader who is worthy of our trust*

would S1 W1 /wʊd/ *modal verb* **1** w mowie zależnej: *He said he would call back later* (=powiedział, że zadzwoni jeszcze raz). | *Her doctors seemed to think that everything would be alright* (=że wszystko będzie dobrze). **2** w zdaniach warunkowych: *Dad would be really angry* (=byłby naprawdę wściekły) *if he knew.* **3 I would like/would love** chciał (a)bym: *I would love to see your new house!* **4 would you** *spoken* w grzecznych prośbach i propozycjach: *Would you* (=czy mógłbyś) *hold the door open for me?* | *Would you like* (=czy masz ochotę na) *some coffee?* **5 (if I were you) I would/I wouldn't do sth** *spoken* (na twoim miejscu) zrobiłbym coś/nie robiłbym czegoś: *I wouldn't leave the car unlocked, if I were you.* **6 I would think/imagine/guess** przypuszczam, że: *I would think she's gone back home.* **7 sb would not/wouldn't do sth** ktoś odmówił zrobienia czegoś: *Blair wouldn't answer the question.* **8** w konstrukcji z 'wish': *I wish they would stop making that noise* (=mogliby wreszcie przestać tak hałasować)! **9** o zdarzeniach powtarzających się w przeszłości: *Sometimes, Eva would come over and make dinner* (=czasem przychodziła Eva i robiła kolację). **10** musieć: *You would say that, wouldn't you* (=musiałeś koniecznie to powiedzieć)! → patrz też **'D**, **would rather** (**RATHER**) → patrz ramka **WOULD**

ˈwould-be *adj* [only before noun] niedoszły: *a would-be actor*

would·n't /ˈwʊdnt/ forma ściągnięta od „would not": *She wouldn't answer.*

would've /ˈwʊdəv/ forma ściągnięta od „would have": *I would've gone to the party, but I felt too tired.*

wound[1] /wuːnd/ *n* [C] rana: *gunshot wounds*

wound[2] W3 /wuːnd/ *v* [T] **1** z/ranić: *Two officers were badly wounded.* **2 wound sb's pride** urazić czyjąś dumę —**wounded** *adj* ranny

UWAGA: wounded

Patrz **hurt**, **injured, wounded**.

wound[3] W3 /waʊnd/ *v* czas przeszły i imiesłów bierny od **WIND**

wound up /ˌwaʊnd ˈʌp/ *adj* podekscytowany: *He got so wound up he couldn't sleep.*

wove /wəʊv/ *v* czas przeszły od **WEAVE**

wov·en /ˈwəʊvən/ *v* imiesłów bierny od **WEAVE**

wow /waʊ/ *interjection* jej(ku)!: *Wow! You look great!*

wpm /ˌdʌbəljuː piː ˈem/ liczba słów na minutę

wran·gle /ˈræŋgəl/ *v* [I] sprzeczać się

wrap[1] S3 /ræp/ *v* [T] (**-pped**, **-pping**) **1** zawijać, za/pakować: *I haven't wrapped her present yet.* **2** owijać: *Wrap this blanket around you* (=owiń się tym kocem). **3 wrap your arms/legs around sth** obejmować coś ramionami/nogami: *Mary sat with her arms wrapped around her legs.* **4 have sb wrapped around your (little) finger** owinąć (sobie) kogoś wokół palca

wrap sth ↔ up *phr v* **1** [T] zawinąć: *sandwiches wrapped up in foil* **2** [T] s/kończyć: *We should have the project wrapped up in a month.* **3 be wrapped up in sth** być pochłoniętym czymś **4** [I] *także* **wrap yourself up** opatulić się: *Make sure you wrap up warm.*

wrap[2] *n* [C] *old-fashioned* szal

wrap·per /ˈræpə/ *n* [C] papierek, folia: *a candy wrapper*

wrap·ping /ˈræpɪŋ/ *n* [C,U] opakowanie

ˈwrapping ˌpaper *n* [C,U] papier do pakowania prezentów

wrath /rɒθ/ *n* [U] *formal* gniew

W

GRAMATYKA: Czasownik modalny **would**

Czasownika modalnego **would** (forma ściągnięta: **'d**; przeczenie: **wouldn't** lub **would not**) używamy najczęściej

1 w zdaniu podrzędnym zamiast **will** lub **shall**, jeśli w zdaniu głównym występuje czasownik w czasie przeszłym (dotyczy to m.in. mowy zależnej):

*I **thought** they **would** never stop.* („Myślałem, że nigdy nie przestaną.")

*„I **shall** never leave you."*

*He **said** he **would** never leave me.*

2 w zdaniu głównym w zdaniach warunkowych 2. i 3. typu:

*They **would** work harder if the pay was better.*

*If you had seen her last night, you **would not** have recognized her.*

3 opowiadając o tym, co ktoś zwykł był robić w przeszłości (to użycie jest bardzo podobne do czasownika **used to**):

*On Saturdays we **would** go to the beach. We'**d** have a picnic on the rocks. If it was warm enough, we **would** swim in the ocean. We **would** come home in the evening tired and sleepy.*

4 mówiąc, że ktoś nie chciał czegoś zrobić (dotyczy to również „odmowy posłuszeństwa" przez przedmioty martwe):

*I kept telling him to stop, but he just **wouldn't** listen.* („... ale nie chciał słuchać.")

*„What took you so long?" "The car **wouldn't** start."* („... nie chciał ruszyć.")

5 udzielając osobom zaprzyjaźnionym dobrych rad:

*I **would** go if I were you.* („Na twoim miejscu poszedłbym.")

6 dając do zrozumienia, że coś jest dla kogoś typowe:

*„Can you believe it? He was an hour late!" „Oh yes, he **would** be."* („O tak, to do niego podobne.")

7 prosząc, żeby ktoś coś zrobił (w zwrotach: **would you** + bezokolicznik bez **to** lub: **would you mind** + czasownik zakończony na **-ing**):

***Would** you please shut the door?*

***Would you mind** shutting the door?*

8 mówiąc o naszych pragnieniach lub proponując coś komuś (w zwrocie **would like/love**), np.:

*I'**d love** to visit Canada some day.*

***Would** you **like** a drink of water?*

***Would** you **like** to join us?*

9 wyrażając preferencje (w zwrocie **would rather**):

***I'd rather** fly than go by train.* („Wolałabym polecieć samolotem...")

→patrz też **shall**, **used to**, **will**

wreak /riːk/ *v* **wreak havoc** siać spustoszenie

wreath /riːθ/ *n* [C] wieniec

wreathed /riːðd/ *adj literary* **be wreathed in** być spowitym: *The valley was wreathed in mist.*

wreck¹ /rek/ *v* [T] *informal* z/niszczyć, z/rujnować: *The Opera House was wrecked by a huge explosion.* | *a serious injury that nearly wrecked his career*

wreck² *n* [C] **1** wrak **2** [usually singular] *informal* wrak człowieka: *I was a wreck by the time I got home.* **3** *AmE* kraksa: *Only one person survived the wreck.*

wreck·age /ˈrekɪdʒ/ *n* [U] szczątki *(np. samochodu po wypadku)*: *Ambulance crews removed a man from the wreckage.*

wren /ren/ *n* [C] strzyżyk

wrench¹ /rentʃ/ *v* **1** [T] skręcić: *Sam wrenched his knee playing soccer.* **2** [T] wyrywać: *Prisoners had even wrenched doors off their hinges.*

wrench² *n* [C] *especially AmE* klucz francuski

wrest /rest/ *v* [T] *formal* wydzierać *(coś komuś)*

wres·tle /ˈresəl/ *v* **1** [I,T] mocować się (z) **2** [I] walczyć: *For weeks he wrestled with his guilt.*

wres·tling /ˈreslɪŋ/ *n* [U] zapasy —**wrestler** *n* [C] zapaśni-k/czka

wretch /retʃ/ *n* [C] *old-fashioned* nieszczęśni-k/ca

wretch·ed /ˈretʃɪd/ *adj* nieszczęsny

wrig·gle /ˈrɪgəl/ *v* [I,T] kręcić (się), wiercić (się): *a worm wriggling through the mud*

wring /rɪŋ/ *v* [T] (**wrung**, **wrung**, **wringing**) **1** *także* **wring out** wyżymać **2 wring a bird's neck** ukręcić ptakowi łeb

W

wrin·kle /ˈrɪŋkəl/ *n* [C] **1** zmarszczka **2** zagniecenie —**wrinkled** *adj* pomarszczony: *Her face was old and wrinkled.* —**wrinkle** *v* [I,T] marszczyć (się)

wrist /rɪst/ *n* [C] przegub, nadgarstek

wrist·watch /ˈrɪstwɒtʃ/ *n* [C] zegarek na rękę

writ /rɪt/ *n* [C] nakaz urzędowy

write S1 W1 /raɪt/ *v* (**wrote**, **written**, **writing**) **1** [I,T] na/pisać: *a poem written by Walt Whitman* | *Proust wrote about life in Paris in the early part of this century.* | *Tony could read and write when he was six.* | *The sign was written in Spanish.* | *Have you written to Mom yet?* | *He finally wrote me a letter.* **2** [T] *także* **write out** wypisać: *She calmly wrote out a cheque for the full £5,000.*
write back *phr v* [I] odpisać: *Write back soon!* THESAURUS ANSWER
write sth ↔ down *phr v* [T] zapisać, za/notować: *Why didn't you write down her address?*
write sth ↔ up *phr v* [T] spisać, napisać ostateczną wersję: *I need to write up my talk for tomorrow.*

UWAGA: write

W angielszczyźnie brytyjskiej mówimy **write to someone** w znaczeniu „napisać (list) do kogoś", a w angielszczyźnie amerykańskiej możemy powiedzieć **write to someone** lub **write someone**.

ˈwrite-off *n* [C] *BrE* pojazd nadający się do kasacji

writ·er S3 W2 /ˈraɪtə/ *n* [C] pisa-rz/rka

ˈwrite-up *n* [C] recenzja: *The album got a good write-up in DJ magazine.*

writhe /raɪð/ *v* [I] skręcać się: *writhing in agony*

writ·ing S2 W3 /ˈraɪtɪŋ/ *n* [U] **1** napis: *the writing on the label* **2** pismo: *I can't read her writing.* **3 in writing** na piśmie **4** pisarstwo: *We're studying European writing from the 1930s.* **5** pisanie: *creative writing*

wri·tings /ˈraɪtɪŋz/ *n* [plural] pisma, dzieła: *the writings of Mark Twain*

writ·ten /ˈrɪtn/ *v* imiesłów bierny od WRITE

wrong[1] S1 W1 /rɒŋ/ *adj* **1** zły, błędny: *You must have dialled the wrong number.* →antonim RIGHT[1] **2 sb is wrong** ktoś nie ma racji: *Paul's wrong: Hilary's 17, not 18.* **3** nieetyczny: *Most people think that hunting is wrong.* **4** nieodpowiedni: *It's the wrong time of year to go skiing.* **5 what's wrong?** *spoken* **a)** co się stało?: *"What's wrong, Jenny?" "I miss Daddy." | What's wrong with your shoulder?* **b)** co się dzieje?: **+with** *What's wrong with the phone?* **6 get (hold of) the wrong end of the stick** *informal* zrozumieć coś opacznie **7 get on the wrong side of sb** zaleźć komuś za skórę

THESAURUS: wrong

wrong błędny: *Your calculations must be wrong.*

incorrect nieprawidłowy, błędny: *We apologize for the incorrect information in our report.*

inaccurate niedokładny: *Old guidebooks often contain inaccurate information. | This translation is inaccurate.*

false fałszywy: *Are the following statements true or false?*

misleading mylący: *The advertisement was deliberately misleading. | misleading statistics | Small amounts of data can be very misleading.*

mistaken błędny *(pogląd, przekonanie)*: *There is a mistaken belief that animals do not have feelings. | I think you must be mistaken.*

wrong[2] S2 *adv* **1** źle: *You spelled my name wrong.* →antonim CORRECTLY **2 go wrong** po/psuć się: *If anything goes wrong with your car, we'll fix it for free.* **3 get sth wrong** pomylić się w czymś: *I got the answer wrong.* **4 don't get me wrong** *spoken* nie zrozum mnie źle

wrong[3] *n* **1** [U] zło: *He doesn't know the difference between right and wrong.* **2** [C] krzywda: *the wrongs they have suffered in the past* **3 be in the wrong** być winnym, zawinić: *Which driver was in the wrong?*

wrong[4] *v* [T] *formal* s/krzywdzić

wrong·do·ing /ˈrɒŋˌduːɪŋ/ *n* [C,U] *formal* przestępstwo —**wrongdoer** *n* [C] przestęp-ca/czyni

wrong·ful /ˈrɒŋfəl/ *adj* bezprawny: *wrongful arrest* —**wrongfully** *adv* bezprawnie

wrote /rəʊt/ *v* czas przeszły od WRITE

ˌwrought ˈiron *n* [U] kute żelazo: *a wrought iron gate*

wrung /rʌŋ/ *v* czas przeszły i imiesłów bierny od WRING

wry /raɪ/ *adj* **a wry smile** gorzki uśmiech

WWW /ˌdʌbəljuː dʌbəljuː ˈdʌbəljuː/ *n* skrót od WORLD WIDE WEB

WYSIWYG /ˈwɪziˌwɪg/ *n* tryb graficzny WYSIWYG *(skrót od „what you see is what you get")*

W

X 1 znak stawiany na końcu listu oznaczający „buziaki" **2** X *(znak stosowany na oznaczenie nazwiska, którego nie znamy albo nie chcemy ujawnić)*: *Miss X* **3** znak oznaczający niepoprawną odpowiedź

X, x /eks/ X, x *(litera)*

xen·o·pho·bi·a /ˌzenəˈfəʊbiə/ *n* [U] ksenofobia

XL /eks ˈel/ (rozmiar) XL

X·mas /ˈkrɪsməs/ *n* [C,U] *written informal* skrót od 'Christmas': *Happy Xmas*

X-ray[1] /ˈeks reɪ/ *n* [C] **1** promień Rentgena **2** zdjęcie rentgenowskie

X-ray[2] *v* [T] prześwietlać

xy·lo·phone /ˈzaɪləfəʊn/ *n* [C] **1** ksylofon **2** cymbałki

Y, y /waɪ/ Y, y *(litera)*

ya /jə/ *pron spoken nonstandard* potoczna forma 'you': *See ya!*

yacht /jɒt/ *n* [C] jacht: *the round-the-world yacht race* | *the royal yacht*

yachts·man /ˈjɒtsmən/ *n* [C] (plural **yachtsmen** /-mən/) żeglarz

yachts·wom·an /ˈjɒtsˌwʊmən/ *n* [C] (plural **yachtswomen** /-wɪmɪn/) żeglarka

yak[1] /jæk/ *n* [C] jak *(rasa bydła)*

yak[2] *v* [I] *spoken informal* paplać, trajkotać

y'all /jɔːl/ *pron AmE spoken* wy (wszyscy) *(forma używana głównie na południu USA)*

yam /jæm/ *n* [C,U] słodki ziemniak

yank *v* [I,T] szarpnąć: *He yanked the door open.*

Yank /jæŋk/ *n* [C] *informal* Jankes/ka

yap /jæp/ *v* [I] (**-pped**, **-pping**) ujadać

yard S2 W2 /jɑːd/ *n* [C] **1** jard *(0,9144m)* **2** *AmE* ogródek: *Somebody kicked a ball into our front yard.* **3** podwórko: *I waited in the yard outside the police station.* **4** plac: *a builder's yard* → patrz też BACKYARD

yard·stick /ˈjɑːdˌstɪk/ *n* [C] miara: *He used Jill's career as a yardstick for his own achievements.*

yarn /jɑːn/ *n* **1** [U] przędza **2** [C] *informal* opowieść

yawn[1] /jɔːn/ *v* [I] ziewać: *He looked at his watch and yawned.*

yawn[2] *n* [C] ziewnięcie: *"I'm tired," she said with a yawn* (=ziewając).

yawn·ing /ˈjɔːnɪŋ/ *adj* ziejący *(np. przepaść)*

yd skrót od YARD

ye /jiː/ *old-fashioned* wy

yeah S1 /jeə/ *adv spoken informal* YES

year S1 W1 /jɪə/ *n* [C] **1** rok: *She's been teaching for six years.* | *a top executive earning $100,000 a year* **2** także **calendar year** rok: **this year** (=w tym roku): *Where are you spending Christmas this year?* | **next year** (=w przyszłym roku): *They're getting married next year.* **3 years** *informal* całe wieki: *It's been years since I last saw him.* **4 school/financial/college year** rok szkolny/finansowy/akademicki: *The tax year begins on April 1st.* **5 first/third/final year** *BrE* student/ka pierwszego/trzeciego/ostatniego roku **6 be seven/twenty years old** mieć siedem/dwadzieścia lat: *She's 18 years old today* (=dzisiaj kończy18 lat)*!* **7 a seven/twenty year old** siedmiolatek/dwudziestolatek **8 all year round** cały rok: *It's sunny there all year round.*

UWAGA: year

Określając czyjś wiek, nie mówimy „he's sixteen years". Poprawnie mówi się: **he's sixteen years old**, **he's sixteen years of age**, lub po prostu **he's sixteen**. Podobnie nie mówimy „he's a boy of sixteen years". Poprawnie mówi się: **he's a boy of sixteen**.

COLLOCATIONS: year (sense 2)

adjectives

this year *He will be fifteen this year.*
next year *She plans to retire next year.*
last year *Last year I went on a trip to Japan.*
every year *Millions of tourists visit Spain every year.*
the previous year (=w ubiegłym roku) *We had moved house the previous year.*
the past year (=miniony/ostatni rok) *He's grown really tall over the past year.*
the following year *They planted another tree the following year.*
the coming year *formal* (=nadchodzący rok) *I look forward to working with you all in the coming year.*
the new year *I'm starting a new job in the new year.*

year·book /ˈjɪəbʊk/ *n* [C] rocznik

year·ly /ˈjɪəli/ *adj, adv* rocznie: *The meeting is held twice yearly* (=dwa razy do roku).

yearn /jɜːn/ *v* [I] *formal* **yearn for sb/sth** bardzo pragnąć kogoś/czegoś: *the child she had yearned for* —**yearning** *n* [U] pragnienie, tęsknota

yeast /jiːst/ *n* [U] drożdże

yell /jel/ *także* **yell out** *v* [I,T] wrzeszczeć: *He yelled at her to stop.* THESAURUS SHOUT —**yell** *n* [C] wrzask

yel·low[1] S2 W3 /ˈjeləʊ/ *adj* żółty: *bright yellow curtains*

yellow[2] *n* [U] kolor żółty —**yellow** *v* [I] po/żółknąć: *the yellowing pages* (=pożółkłe kartki) *of an old book*

ˌyellow ˈline *n* [C] *BrE* żółta linia *(zakaz parkowania)*

ˌYellow ˈPages *trademark* **the Yellow Pages** żółte strony

Y

(książka telefoniczna z numerami telefonów przedsiębiorstw)

yelp /jelp/ *v* [I] skowyczeć —**yelp** *n* [C] skowyt

yep S1 /jep/ *adv spoken informal* tak

yes[1] S1 W1 /jes/ *adv* **1** tak: *"Do you want some more pie?" "Yes, please." | Why don't you ask Dad? I'm sure he'll say yes. | "You look tired today." "Yes - I didn't sleep much last night." | "Linda!" "Yes?" | "John doesn't love me any more." "Yes, he does* (=a właśnie że tak)*!"* **2** *spoken* hura!: *Yes! I got the job!* → antonim NO

yes[2] *n* [C] głos za

yes·ter·day S1 W1 /ˈjestədi/ *adv, n* [U] wczoraj: *Yesterday was their tenth anniversary. | Did you go to the game yesterday? | yesterday's fashions*

yet[1] S1 W1 /jet/ *adv* **1** już: *Have you heard their new song yet?* **2** jeszcze: *Just a moment! I haven't finished yet. | You don't have to leave yet. | She may yet change her mind. | There's still plenty of time yet to enter the competition.* | **as yet** (=jak dotąd): *As yet there is still no news.* **3 best/fastest yet** najlepszy/najszybszy jak dotąd: *This is their best record yet.* **4 yet another/yet more** jeszcze jeden/jeszcze więcej: *I've just spotted yet another mistake!* **5 yet again** znowu: *I'm sorry to ask for help yet again.* **6** lecz: *a quiet yet powerful leader*

UWAGA: yet i still

Yet w pytaniach znaczy „już": *Do you feel any better yet?*, a w zdaniach przeczących „jeszcze": *The post office isn't open yet.* **Still** znaczy „jeszcze" w sensie „nadal": *I've taken the medicine, but I still feel terrible. | Does Harry still go to the same school?*

yet[2] W2 *conjunction* (a) jednak: *The story's unbelievable, yet supposedly it's all true.*

yew /juː/ *n* [C] cis

y-fronts /ˈwaɪ frʌnts/ *n* [plural] *BrE* slipy

Yid·dish /ˈjɪdɪʃ/ *n* [U] jidysz

yield[1] /jiːld/ *v* **1** [T] dawać, przynosić: *investments that yield high rates of profit* **2** [I] ustępować: *The government yielded to demands to get rid of the tax.* **3** [I] *AmE* ustępować pierwszeństwa przejazdu **4** [I] nie wytrzymać, puścić **5** [I] *literary* poddawać się

yield[2] *n* [C] zysk: *investments with high yields*

yikes /jaɪks/ *interjection informal* o rany!: *Yikes! I'm late!*

yip·pee /jɪˈpiː/ *interjection informal* hura

YMCA /ˌwaɪ em siː ˈeɪ/ *n* **1 the YMCA** Young Men's Christian Association *(organizacja)* **2** schronisko

yo /jəʊ/ *interjection especially AmE informal* hej

yob /jɒb/ *n* [C] *BrE* chuligan: *a gang of yobs*

yo·del /ˈjəʊdl/ *v* [I] jodłować

yo·ga /ˈjəʊgə/ *n* [U] joga

yog·hurt, **yogurt** /ˈjɒgət/ *n* [C,U] jogurt

yoke /jəʊk/ *n* [C] jarzmo: *the yoke of colonial rule*

yo·kel /ˈjəʊkəl/ *n* [C] *humorous* wieśnia-k/czka

yolk /jəʊk/ *n* [C,U] żółtko

yon·der /ˈjɒndə/ *adv, determiner literary* tam

you S1 W1 /jə, juː/ *pron* [used as a subject or object] **1** ty/wy/Pan/Pani/Państwo: *Do you want a cigarette? | I can't hear you.* **2** człowiek: *As you get older you tend to forget things.* → porównaj ONE[2] **3** ty: *You idiot!*

you'd /jʊd/ **1** forma ściągnięta od „you would": *I didn't think you'd mind.* **2** forma ściągnięta od „you had": *You'd better do what he says.*

you'll /jʊl/ forma ściągnięta od „you will": *You'll have to speak louder.*

young[1] S1 W1 /jʌŋ/ *adj* **1** młody: *I used to ski when I was young. | She's much younger than he is. | young children* (=małe dzieci) **2 young at heart** młody duchem

THESAURUS: young

young młody: *I was the youngest student in the class. | a quiet young man*

small/little mały: *Small children need plenty of sleep. | They have a little boy of about three.*

teenage nastoletni: *Clothes are very important to teenage girls. | They have three teenage children.*

be in your teens być nastolatkiem: *I think she's in her teens now.*

adolescent dojrzewający: *Adolescent boys find it hard to talk about their feelings.*

underage niepełnoletni: *underage drinkers | Although she was underage, Bobby left school and got a job.*

juvenile *formal* młodociany: *juvenile crime | a special prison for juvenile offenders*

junior (dla) juniorów: *the junior championships | the junior champion*

youthful młodzieńczy, młody duchem: *a youthful 65 year old*

immature niedojrzały: *I wish you'd stop being so immature!*

the time when you are young

childhood dzieciństwo: *I had a very happy childhood.*

youth młodość: *He'd been a keen football player in his youth.*

adolescence wiek/okres dojrzewania: *the emotional problems of adolescence*

infancy *formal* okres niemowlęcy: *Her first baby died in infancy.*

young[2] *n* **1 the young** młodzi **2** [plural] młode: *a turtle and her young*

young·ster S3 /ˈjʌŋstə/ *n* [C] chłopak/dziewczyna THESAURUS CHILD

your S1 W1 /jɔː/ *determiner* **1** twój/wasz/Pana/Pani: *Is that your mother? | Don't worry, it's not your fault.* **2** swój: *When times are bad you know you can rely on your friends.*

you're /jɔː/ forma ściągnięta od „you are": *You're too old.*

yours S1 W3 /jɔːz/ *pron* **1** twój/wasz/Pana/Pani: *Yours is the nicest car. | That bag is yours, isn't it?* | **of yours** *Is he a friend of yours?* **2 yours truly/yours faithfully** z wyrazami szacunku, z poważaniem **3 yours truly** *humorous* niżej podpisany: *Yes, yours truly finally quit smoking.*

your·self S1 W2 /jɔːˈself/ *pron* (plural **yourselves** /-ˈselvz/) **1** się: *Did you hurt yourself?* **2** sam: *Why don't you do it yourself?* **3 (all) by yourself** zupełnie sam: *You're going to Ecuador by yourself?* **4 have sth (all) to yourself** mieć coś tylko dla siebie: *You've got the house all to yourself this weekend.*

youth S2 W2 /juːθ/ *n* **1** [U] młodość: *During his youth he lived in France.* **2** [C] (plural **youths** /juːðz/) młody człowiek: *Three youths were arrested for stealing.* THESAURUS CHILD, MAN **3** [U] młodzież: *the youth of today*

UWAGA: youth

Wyraz **youth** w znaczeniu „młody człowiek" występuje najczęściej w kontekście negatywnym, tam, gdzie po polsku powiedzielibyśmy „wyrostek" albo „łobuz": *He was attacked and robbed by a gang of youths.* Wyraz **youth** w znaczeniu „młodzież" występuje najczęściej w stylu oficjalnym: *The youth of industrialized nations need to be aware of global problems.* Najlepiej więc, mówiąc o młodych ludziach w neutralnym kontekście, używać po prostu wyrażenia **young people**: *There'll be a lot of young people at the party.* | *Life in a city is more interesting for young people because there are more things to do.*

'youth club *n* [C] klub młodzieżowy

youth·ful /ˈjuːθfəl/ *adj* młodzieńczy: *a youthful 50 year old* | *youthful enthusiasm* THESAURUS YOUNG

'youth ˌhostel *n* [C] schronisko młodzieżowe

you've /juːv/ forma ściągnięta od „you have": *You've got to take care of yourself.*

yo-yo /ˈjəʊ jəʊ/ *n* [C] jo-jo

yr skrót pisany od YEAR

yuck /jʌk/ *interjection informal* fuj: *Yuck! This stuff tastes disgusting!* —**yucky** *adj* obrzydliwy

Yule·tide /ˈjuːltaɪd/ *n* [U] *literary* okres świąt Bożego Narodzenia

yum /jʌm/ *interjection* mniam-mniam!: *Yum! Apple pie!*

yum·my /ˈjʌmi/ *adj spoken informal* pyszny

yup·pie /ˈjʌpi/ *n* [C] yuppie

Zz

Z, z /zed/ Z, z *(litera)*

za·ny /ˈzeɪni/ *adj* zwariowany: *a zany new TV comedy*

zap /zæp/ *v* [T] *informal* zakatrupić

zap·per /ˈzæpə/ *n* [C] *AmE informal* pilot *(do telewizora)*

zeal /ziːl/ *n* [U] zapał: *political zeal*

zealous /ˈzeləs/ *adj* żarliwy: *a zealous preacher*

zealously /ˈzeləsli/ *adv* żarliwie

ze·bra /ˈziːbrə/ *n* [C] zebra

ˌzebra 'crossing *n* [C] *BrE* pasy

Zen /zen/ *także* **ˌZen 'Buddhism** *n* zen

zen·ith /ˈzenəθ/ *n* [singular] zenit, szczyt: *The Moghul Empire had reached its zenith.*

ze·ro¹ /ˈzɪərəʊ/ *number* zero: *zero degrees Fahrenheit* | *20°C below zero* | *sub-zero temperatures* | *Temperatures rose above zero today.*

THESAURUS: zero

zero zero *(najogólniej)*: *„What's the number?" „Zero, four, three."*

nil *BrE* zero *(przy podawaniu wyników sportowych)*: *United won by one goal to nil.*

nought *BrE spoken* zero *(przy podawaniu wyników obliczeń)*: *The answer is nought point five* (=0.5).

O *BrE spoken* zero *(w numerach telefonów itp.; wymawia się jak literę „o")*: *My flight number is BA 0156.*

zero² *v*
zero in on sth *phr v* [T] s/kierować się na coś: *The missile zeroed in on its target.*

zest /zest/ *n* [U] entuzjazm: *a zest for life* (=radość życia)

zig·zag¹ /ˈzɪgzæg/ *n* [C] zygzak

zigzag² *v* [I] (**-gged**, **-gging**) iść/jechać zygzakiem: *The path zigzags up the mountain.*

zilch /zɪltʃ/ *n* [U] *informal* figa, nic

zil·lion /ˈzɪljən/ *number informal* tysiąc jeden *(bardzo dużo)*: *She asked a zillion questions.*

zinc /zɪŋk/ *n* [U] cynk

zip¹ /zɪp/ *v* (**-pped**, **-pping**) **1** [T] *także* **zip up** zapinać *(na zamek)*: *Zip up your coat.* → antonim UNZIP **2** [I] śmigać: *A few cars zipped past us.*

zip² *n* **1** [C] *BrE* zamek błyskawiczny **2** [C] *AmE spoken* ZIP CODE **3** [U] *AmE spoken informal* zero

'zip code *n* [C] *AmE* kod pocztowy

'zip file *n* plik archiwum (zip)

zip·per /ˈzɪpə/ *n* [C] *AmE* zamek błyskawiczny

zit /zɪt/ *n* [C] *informal* pryszcz

zo·di·ac /ˈzəʊdiæk/ *n* **the signs of the zodiac** znaki zodiaku

zom·bie /ˈzɒmbi/ *n* [C] zombi

zone W3 /zəʊn/ *n* [C] strefa: *a no-parking zone* | *a war zone* → patrz też TIME ZONE

zoo /zuː/ *n* [C] zoo

zoo·keep·er /ˈzuːˌkiːpə/ *n* [C] dozorca w zoo

zo·ol·o·gy /zuːˈɒlədʒi/ *n* [U] zoologia —**zoologist** *n* [C] zoolog —**zoological** /ˌzuːəˈlɒdʒɪkəl◂/ *adj* zoologiczny

zoom¹ /zuːm/ *v* [I] *informal* mknąć: **+ down/along** *We zoomed down the highway.*
zoom in *phr v* [I] robić najazd *(kamerą)*

zoom² *n* [singular] świst

'zoom ˌlens *n* [C] obiektyw ze zmienną ogniskową

Zs /ziːz/ *n* [plural] *AmE informal* **catch/get some Zs** uderzyć w kimono

zuc·chi·ni /zʊˈkiːni/ *n* [C,U] *AmE* cukinia

ZZZ, **zzz** chrrr pfff *(forma stosowana w komiksach sygnalizująca sen)*

Z

Spis treści **Contents**

Wskazówki i wzory tekstów

Słownictwo - katalog tematów

Wypracowania - Przydatne zwroty

Komunikacja - Przydatne zwroty

Wskazówki i wzory tekstów
Writing Guide

PRAWIDŁOWA STRUKTURA TEKSTU

Wszystkie dobrze napisane teksty mają kilka cech wspólnych. Prawidłowy podział na akapity, spójność oraz odpowiednio skonstruowane zdania złożone nie tylko sprawią, że tekst będzie ciekawszy i łatwiejszy w odbiorze, ale również pozwolą na otrzymanie lepszej oceny na egzaminie.

Każdy tekst powinien zawierać wstęp, rozwinięcie i zakończenie. To, jakie elementy wejdą w skład poszczególnych części, zależeć będzie od rodzaju tekstu.

1 ROLA AKAPITÓW

Prawidłowy podział tekstu na akapity jest sprawą kluczową. Nie wprowadzaj zbyt wielu krótkich akapitów - inaczej czytelnik odniesie wrażenie, że autor poruszył wiele zagadnień, lecz ich nie rozwinął, lub też że rozbił jedno zagadnienie na zbyt wiele fragmentów. Jeśli natomiast akapit jest za długi, prawdopodobnie jest w nim omawiany więcej niż jeden problem. Na egzaminie tekst niepoprawnie podzielony na akapity może zostać nisko oceniony za styl.

Można przyjąć, że akapit powinien zawierać co najmniej trzy zdania rozwijające jedną myśl. Rzadko spotyka się akapity zbudowane z więcej niż sześciu zdań, chociaż zdarzają się wyjątki.

Istnieje dziesięć łatwych sposobów rozwinięcia myśli w akapit. Możesz z powodzeniem stosować je w swoich tekstach.

1.1 ZACZNIJ OD SFORMUŁOWANIA GŁÓWNEJ MYŚLI

Jasno przedstaw temat akapitu w pierwszym zdaniu.

PRZYDATNE ZWROTY

- Przedstaw główną myśl: ***It is often said that*** *climate change is caused by human activities.* | ***Many people argue that*** *there is a strong case for capital punishment.* | ***In my opinion,*** *the dangers of nuclear energy are greatly exaggerated.* → *patrz* **Wypracowania - Przydatne zwroty** *Wyrażanie opinii*

Takie zdanie często nazywamy zdaniem wprowadzającym zagadnienie, ponieważ jasno komunikuje ono główną myśl akapitu. Może pojawić się w dowolnym miejscu, jednak zazwyczaj jest zdaniem otwierającym.

1.2 PODAJ WIĘCEJ INFORMACJI

Jeśli nie wszystko jest jasne, możesz w następnym zdaniu podać więcej informacji.

PRZYDATNE ZWROTY

- Dopisz wyjaśnienie lub podaj więcej szczegółów: ***By*** *climate change,* ***I mean*** *the recent increase in average global temperatures.* | ***To put it another way,*** *if we decide not to use nuclear energy, we could find ourselves in a far more serious situation.* → *patrz* **Wypracowania - Przydatne zwroty** *Objaśnianie*

1.3 PRZYTOCZ POZOSTAŁE ASPEKTY ZAGADNIENIA

Na wiele problemów można patrzeć z różnej perspektywy. Udowodnij, że znasz przeciwny punkt widzenia, ale uważasz, iż jest on niemożliwy do zaakceptowania.

PRZYDATNE ZWROTY

- Wykaż się znajomością przeciwnego punktu widzenia: ***Although*** *I would be happy to come to your office, I'm afraid that this will not be possible until the end of the month.* | ***While*** *I understand that this may be difficult, I feel that it is the only option.* | ***Despite*** *the high levels of unemployment in that year, crime did not rise.* → *patrz* **Wypracowania - Przydatne zwroty** *Łączenie części zdania*

.4 ODRZUĆ POGLĄD PRZECIWNY

Warto w swojej wypowiedzi uwzględnić zdania, w których wyrażamy swoje wątpliwości co do jakiegoś poglądu lub przytaczamy informację lub opinię, w którą nie wierzymy.

PRZYDATNE ZWROTY

• Napisz, jakiej opinii nie podzielasz: ***I am not convinced of*** *the benefits of this proposal.* | *I do not believe that this level of service is satisfactory.* → *patrz* **Wypracowania - Przydatne zwroty** *Zalety i wady*

• Wypunktuj błędne wnioski: ***It is not necessarily the case that*** *a ban on smoking would have a positive effect.* | ***I am afraid that I cannot*** *accept the dates that you have suggested.* → *patrz* **Wypracowania - Przydatne zwroty** *Zalety i wady*

.5 UZASADNIJ LUB PODAJ PRZYKŁADY

Aby wzmocnić swoją argumentację, podaj szczegóły: co, gdzie i kiedy się dzieje.

PRZYDATNE ZWROTY

• Podaj przykłady: ***There are several reasons for this, such as*** *an increase in life expectancy, or a rise in living standards.* | ***A good example of this*** *is my home town, where the city centre has been made into a pedestrian zone.*

• Podeprzyj się dowodami: ***This argument has been supported by*** *many experts in this field.* | *Research suggests that a good diet may be more important to educational achievement than we previously thought.* → *patrz* **Wypracowania - Przydatne zwroty** *Podawanie przykładów, Cytowanie*

1.6 PODAJ PRZYCZYNY

Napisz, dlaczego coś miało miejsce.

PRZYDATNE ZWROTY

• Podaj przyczyny lub konsekwencje: ***This would mean that*** *many younger people would no longer have access to sports at school.* | ***As a result of this****, we have seen a rise in profits.*

• Opisz przyczyny i skutki: ***A key factor*** *is the level of education in a society.* | *There may be serious repercussions in the future.* → *patrz* **Wypracowania - Przydatne zwroty** *Uzasadnianie, Określanie przyczyn, Określanie skutków*

Zwracaj uwagę na strukturę zwrotów mówiących o przyczynach i skutkach. Kontroluj powiązania pomiędzy elementami (np. czy po danym wyrazie następuje przyczyna, czy skutek) oraz formę wyrazów. Niektóre z nich to czasowniki, często tworzące całe wyrażenia (*result in sth, cause sth to happen*), niektóre to rzeczowniki (*a factor, a repercussion*), a jeszcze inne to spójniki łączące ze sobą człony zdań (*because, therefore*). Możesz sprawdzić w słowniku, kiedy się ich używa.

1.7 PODAJ DODATKOWE INFORMACJE

Jednym ze sposobów na wzmocnienie argumentacji jest podanie większej liczby przyczyn, przykładów lub skutków.

PRZYDATNE ZWROTY

• Podaj dodatkowe informacje: ***Not only were*** *the staff unable to speak the local language,* ***but*** *they were also extremely unhelpful.* | ***Another good reason*** *is the cost of this plan.* → *patrz* **Wypracowania - Przydatne zwroty** *Łączenie części zdania*

1.8 OPISZ MOŻLIWE KONSEKWENCJE

Napisz, co może się zdarzyć w przyszłości.

PRZYDATNE ZWROTY

• Opisz możliwe skutki: ***If this is not possible, we will have to*** *find an alternative date.* | *We must take action now,* ***otherwise*** *it may be too late.* → *patrz* **Wypracowania - Przydatne zwroty** *Określanie skutków*

Bardzo uważnie stosuj synonimy słowa *if*. Nie wszystkie wyrazy o podobnym do *if* znaczeniu mogą wystąpić w każdym kontekście. Z niektórymi z nich możesz użyć pierwszego okresu warunkowego, ale nie drugiego i trzeciego (np.:

Provided that we act now, there is a chance that the environment will improve). Do niektórych pasują tylko stwierdzenia optymistyczne (np.: *Provided that we continue to invest in new technology, solutions will be found*), do innych tylko pesymistyczne (np.: *We must act now, otherwise it will be too late*).

Zanim użyjesz tych wyrazów w swojej pracy pisemnej, sprawdź w słowniku ich znaczenie i zastosowanie.

1.9 WYRÓŻNIAJ WAŻNE ELEMENTY

Niektóre zdarzenia lub argumenty są ważniejsze od innych, dlatego powinno się dla lepszego efektu odpowiednio je wyróżnić.

PRZYDATNE ZWROTY

- Wprowadź silne argumenty: ***Besides**, the hotel will be closed during that period.* | ***Moreover**, many people feel that this policy is unfair to the most vulnerable members of our society.* | ***To make matters worse**, the hotel room did not have an ensuite bathroom and we had to share a shower with three other families.* → patrz **Wypracowania – Przydatne zwroty** *Podkreślanie znaczenia*

1.10 PRZYPOMINAJ CZYTELNIKOWI GŁÓWNĄ MYŚL AKAPITU

Napisz, dlaczego informacja, którą podajesz, jest ważna lub co czytelnik powinien teraz zrobić.

PRZYDATNE ZWROTY

- Powtórz główną tezę: ***For this reason, many people argue that** hunting should be banned.* | ***I am very sorry for any inconvenience caused**.*
- Napisz, co może lub powinno się teraz zdarzyć: ***Please could I have your response by** the end of the week.* | ***This will have a significant effect on** the future generations.*

2 SPÓJNOŚĆ

Akapit to grupa zdań powiązanych jedną, naczelną tezą. Łączą je również zależności gramatyczne i leksykalne. Prawidłowo poprowadzone powiązania między zdaniami określamy jako spójność. Spójność można osiągnąć na trzy sposoby.

2.1 UŻYCIE PARAFRAZY

Parafrazowanie to wyrażanie tej samej myśli innymi słowami.

PRZYDATNE ZWROTY

- Użyj innej części mowy: *The number of smokers **rose** for 3 years consecutively.* | ***This rise** was largely because of successful advertising campaigns.*
- Użyj synonimu: *More people **bought** video recorders that year compare to the previous year, when only 500 **purchased** a recorder.*
- Użyj wyrazu podsumowującego poprzednią wypowiedź: ***Junior managers tend to feel under more pressure to work long hours than their superiors. This tendency** is seen in many different sectors.*

2.2 UŻYCIE ZAIMKÓW

Imię i nazwisko lub całe wyrażenie możesz zastąpić zaimkiem.

PRZYDATNE ZWROTY

- Użyj **he** / **they** itp.: *I spoke to John and **he** said that you would tell **him**.*
- Użyj **this** / **this + rzeczownika**: *There were several repairs which needed to be carried out. **This** meant that production was significantly delayed.* | *The figures were much lower in European countries. **This difference** was largely a result of higher spending on education.*
- Użyj **that** / **those** po przymiotniku w stopniu wyższym: *The incidence of illiteracy among women in Africa was significantly lower than **that** of their European counterparts.* | *In general the results for Shanghai were more impressive than **those** of the other cities in the survey.*
- Użyj **such + (a) + rzeczownik**: *A large minority of visitors felt that the musuem did not provide value for money. **Such concerns** were also raised by the leaders of school parties.*
- Użyj **czasownika posiłkowego + so**: *We cannot continue to ignore the problem. **If we do***

so, the Określanie skutków may become impossible to reverse.

- Zamień ***a*** na ***the*** po pierwszym użyciu: *There was an increase in the amount of pollution in Botota.* ***The*** *increase was largely due to the rise in population numbers.*
- Używaj skróconej nazwy po pierwszym jej użyciu: *Dr Livingford refers to this in his book. Livingford argues that children need more time to play.* | *The Institute for Cancer Research (ICR) has come up with a few solutions. According to scientists at the ICR, we may need to look more closely at lifestyle issues that we have before.*

2.3 UŻYCIE SPÓJNIKÓW

Masz do dyspozycji cały szereg spójników i zwrotów spełniających ich funkcję, których zadaniem jest pokazać czytelnikowi relacje pomiędzy zdaniami w tekście. Dzięki nim wiemy, czy czytamy o przyczynie (*because*), o czymś zaskakującym (*despite*), czy o czymś ważnym (*moreover*) itd. Wiele z nich zostało omówionych w poprzedniej sekcji. Większą spójność można też osiągnąć, umiejętnie budując zdania względne.

PRZYDATNE ZWROTY

- Użyj zdania względnego: *Ice cream,* ***which*** *was originally available from specialist stores, quickly became popular.*
- Użyj imiesłowu czynnego lub biernego: *The factories* ***located in the countryside*** *were cheaper to run.* | *The number of people* ***buying leather goods*** *fell.* → *patrz* **Wypracowania – Przydatne zwroty** *Łączenie części zdania*

3 ZDANIA ZŁOŻONE

Dobrze napisany tekst powinien zawierać zdania różnej długości. Dłuższe, złożone świadczą o swobodzie autora w używaniu języka oraz czynią tekst ciekawszym, natomiast krótkie zdania odgrywają ważną rolę w zwiększaniu dramaturgii tekstu.

PRZYDATNE ZWROTY

- Używaj rozbudowanych fraz rzeczownikowych: ***The rise in the number of unemployed people in my country*** *has led to many problems.*
- Używaj zdań względnych: *We had a few concerns* ***which*** *we would like to raise with you now.*
- Używaj spójników: ***Despite*** *the many difficulties, we felt the weekend was an overall success.*
- Dodaj elementy opisu, używając przymiotników i przysłówków: *We had an* ***absolutely amazing*** *time visiting the* ***spectacular*** *mountains and admiring the* ***beautiful*** *scenery.* | *We walked* ***hurriedly*** *past the* ***ancient*** *wall to the empty fields* ***outside the city****.*

4 TO SAMO WŁASNYMI SŁOWAMI

Nigdy nie powtarzaj w swoim tekście dokładnie tych samych słów i zwrotów, które zostały użyte w zadaniu egzaminacyjnym.

Powielenie we własnej pracy tego, co napisał ktoś inny, może zostać uznane za plagiat i na egzaminie zwykle skutkuje obniżeniem oceny za zadanie.

Więcej informacji, jak uniknąć plagiatu, znajdziesz w rozdziale **University end of term paper**.

Rozwiązaniem jest nadanie tej samej treści innego kształtu językowego.

PRZYDATNE ZWROTY

- Użyj synonimu: *Explain* ***why you are suitable for*** *the job.* | *I believe I would be perfect for this particular position as* ***I have all the relevant experience****.*
- Użyj innej części mowy i zmień szyk zdania: *Levels of obesity* ***are rising****.* | ***There is*** *a* ***rise*** *in the levels of obesity.*

5 CZYTELNIK I CEL TEKSTU

Tekst zawsze piszemy z myślą o potencjalnym czytelniku i w określonym celu. Forma wypowiedzi powinna to odzwierciedlać.

PRZYDATNE ZWROTY

- Nie zmieniaj stylu w trakcie pisania: *I just wanted to find out how it all went.*

(styl potoczny) | *I am writing to enquire about the results of your recent tests.* (styl oficjalny)

- Używaj zwrotów w stylu odpowiednim do typu tekstu: *Hope to hear from you soon.* (list prywatny) | *Please do not hesitate to contact me if you need any further information.* (list formalny)

Po zakończeniu pisania przeczytaj uważnie swój tekst. Odpowiedz sobie na pytanie, czy po jego przeczytaniu czytelnik będzie lepiej poinformowany, przekonany do twoich racji, czy jego lektura sprawi mu przyjemność?

Czy udało ci się zastosować do wszystkich zaleceń i skonstruować wypowiedź prawidłowo? Jeśli nie, nie otrzymasz wysokiej oceny, nawet jeśli językowo twój tekst jest bez zarzutu.

6 ZAKRES SŁOWNICTWA I STRUKTUR GRAMATYCZNYCH

Poziom zastosowanego słownictwa i struktur gramatycznych zadecyduje o końcowym wydźwięku twojego tekstu oraz o tym, jak zostanie odebrany przez czytelnika.

PRZYDATNE ZWROTY

- Używaj właściwych czasów gramatycznych: *We* ***have been experiencing*** *some problems with the new system.* | *By 2001, the figures* ***had fallen*** *to 5 million.* | *Phone me on Friday,* ***I'll have finished*** *it by then.*
- Rozpoczynaj zdania na różne sposoby: *I sent the package to you last week.* | ***The package*** *was sent last week.* | ***Unfortunately***, *the package was sent last week.*
- Ucz się używać całych zwrotów, a nie pojedynczych słów: *This has* ***had an enormous impact*** *on our business.* | *We have* ***carried out a survey of*** *driving habits.*

POCZTÓWKA

Pocztówki piszemy zwykle do osób dobrze nam znanych, najczęściej używamy więc języka potocznego. Ponieważ na pocztówce mieści się niewiele tekstu, możemy używać form skróconych.

1 POWITANIE

Najlepsze jest proste powitanie.

PRZYDATNE ZWROTY

- Dear all
- Hi Ola

Zwróć się do odbiorcy po imieniu lub, jeśli pocztówka jest adresowana do rodziny lub grupy znajomych, użyj ogólnego *everyone*.

2 TREŚĆ

Wprawdzie w treści pocztówki możesz zawrzeć wszystko, co chcesz, jednak zwykle jest ona pisana w podobny, utarty sposób.

PRZYDATNE ZWROTY

- Zacznij od ogólnego stwierdzenia: ***Having a brilliant time here in*** *Dublin!* | ***You would love it here in*** *Barcelona!*
- Napisz o jedzeniu / pogodzie / zwiedzaniu: ***We went to*** *the Parthenon,* ***which was absolutely spectacular***. | ***The weather's been pretty awful, but never mind!*** | ***We've been trying out some of the local dishes***.
- Zwracaj się bezpośrednio do adresata pocztówki: ***You'd love it here, especially*** *the historical buildings.* | ***I'll bring you back*** *a souvenir.* | ***We'll have to come back here again together***. | ***Wish you were here!***

3 ENTUZJASTYCZNY TON

W tekście pocztówki stosuj entuzjastyczne słownictwo o dużym ładunku emocjonalnym.

PRZYDATNE ZWROTY

- Używaj „mocnych" przymiotników: *The ice cream here is* ***the best I've ever tasted!*** | *Our* hotel is ***right*** on the beach. | The view from the balcony is ***spectacular***!

- Używaj „mocnych" przysłówków: *You would **just** love it here!* | *To be honest, the food's been **absolutely** dreadful.* | *The sunset over the beach **is** so gorgeous!*
- Używaj wykrzykników: *You'd love it!*

4 STYL WIADOMOŚCI

Pocztówki pisane są zwykle stylem typowym dla wiadomości.

PRZYDATNE ZWROTY

- Niekiedy możesz pominąć zaimek *I* i czasownik posiłkowy: ***Having** a fabulous time here in Thailand.* | ***Went** to the Temple yesterday.*
- Używaj skrótów.
- Używaj myślnika, jeśli chcesz dodać jakiś szczegół na końcu zdania: *Tried out the local speciality – **fried ants**!* | *Went to the old theatre – **fabulous**!*

ZADANIE

Jesteś na wakacjach w Paryżu. Napisz pocztówkę do kolegów i koleżanek z klasy.

PRZYKŁADOWA ODPOWIEDŹ

Hi,

Having a fantastic time! Paris is just gorgeous, even if it has rained almost every day! We went to the Musee D'Orsay yesterday, which was amazing. The food's been delicious – I'll bring you back some cheese. I've even been brushing up on my French.

Wish you were here. See you soon.

Peter

To A
Mal
SV
U.

OGŁOSZENIE

Ogłoszenie powinno być zwięzłe, zachęcać do działania i mieć czytelny układ.

1 ZWRÓĆ SIĘ DO ODBIORCY

Zwracaj się do odbiorcy tak, jakbyś mówił/mówiła do niego bezpośrednio.

PRZYDATNE ZWROTY

- Przyciągnij uwagę odbiorcy: *WANTED / LOST / COMPETITION*
- Zadaj pytania: ***Are you interested in** learning a new language?* | ***Would you like to** be the next Lady Gaga?* | ***Have you ever wondered what it would be like to** visit Moscow?*
- Poinstruuj odbiorcę, co powinien zrobić: ***To take part, you need to** write your thoughts on one side of paper.* | ***Just answer** this simple question.*

2 WYTŁUMACZ, O CO CHODZI

Pamiętaj, że jeśli prosisz o pomoc lub zapraszasz do wzięcia udziału w konkursie, musisz podać wszystkie potrzebne informacje. Postaraj się również w jakiś sposób zachęcić odbiorców.

PRZYDATNE ZWROTY

- Określ, jakich osób poszukujesz: ***We're looking for people with** a hidden talent.* | ***This would suit anyone** from 1 to 99 years old!* | ***If you have a** passion for local history, **then this is for you**!*
- Podaj szczegóły: ***The cat is 5 years old, completely white and answers to the name of** Tibbs.* | ***It's a pink, rectangular pencil case, about 20cm long, and has my name on the outside.***
- Zachęć odbiorcę do działania: *This object **has great sentimental value.*** | ***It would mean a lot to me to find** this.* | ***Try it – you won't regret it!*** | ***You've got nothing to lose!*** | ***The winner will receive a** signed copy of the book.* | ***Reward – Free** coffee at the school café for the return of my file!*

3 ZAKOŃCZ OGŁOSZENIE

Twoje ogłoszenie nie przyniesie spodziewanego efektu, jeśli zapomnisz o podaniu danych kontaktowych.

PRZYDATNE ZWROTY

- Podaj numer telefonu lub adres e-mailowy: ***If you're interested, please contact*** *John Smith on ext. 1020.* | ***Send your entry to****: 16 Dublin Road, Glasgow, G3 6HB.* | ***If you have any information that may be of help, please contact me*** *on 0794 93876.*
- Zakończ ogłoszenie: ***Thank you.*** | ***Good luck!*** | ***See you there!***

ZADANIE

Otrzymałeś/Otrzymałaś następujący e-mail od przyjaciółki, która aktualnie przebywa na wakacjach:

Lost File

From: "Susan Smith" S.Smith_gd@supernet.com
To: "Ola Luczynska" OlaL@supernet.com

Hi Ola

Hope you're well. Sorry to trouble you, but I left my file somewhere at the college when I was there last week and it has all my course notes for this year, so I really need it back. Would you mind putting a notice on the Lost and Found board for me? It's a black file, A4 size, with a picture of Spiderman on the front.

Thanks

Susan

Napisz ogłoszenie zgodnie z prośbą przyjaciółki.

PRZYKŁADOWA ODPOWIEDŹ

LOST
BLACK SPIDERMAN FILE!

Has anyone seen a black, A4-sized file with a picture of Spiderman on the front? It contains important class notes. Possibly left in the Computer Room or the Library.

If so, please contact:
Ola on: 0789 375983
or email at: OlaL@supernet.com

ZADANIE

Otrzymałeś/Otrzymałaś następujący e-mail od znajomej swojej dawnej nauczycielki:

Foreign students' experiences

From: "Jane Smith" JSmith@st-lucia.ac.uk
To: "Ola Luczynska" OlaL@supernet.com

Dear Ola

Mrs Nowak, your old English teacher, has given me your contact details. I understand that you study at Westminster University with students from other countries? We are having a special week at school from 18th to 21st October. We will be looking at people's stories of moving to Britain and their experiences. Do you think you could help us?

Kind regards

Mrs Smith

Napisz ogłoszenie z prośbą o zgłaszanie się chętnych studentów, które umieścisz na tablicy ogłoszeń swojego wydziału.

PRZYKŁADOWA ODPOWIEDŹ

FOREIGN STUDENTS NEEDED

Did you grow up in another country? Would you be willing to share your experiences with local school children? If so, we'd like to hear from you. The event will be part of a week of celebrating international cultures and will be held 18th to 21st October.

If you would like to help, please contact:

Ola on: 0789 375983

ZAPROSZENIE

Zaproszenie może być oficjalne lub nieoficjalne, zależnie od rodzaju imprezy. Określ bardzo jasno, dla kogo jest przyjęcie, i podaj datę, godzinę oraz adres wraz z informacjami na temat dojazdu i możliwości parkowania.

1 RODZAJ PRZYJĘCIA

Zwróć uwagę na układ graficzny zaproszenia. Informację o tym, jakiego przyjęcia ono dotyczy, umieść większymi literami pośrodku zaproszenia.

PRZYDATNE ZWROTY

- Oddaj w treści zaproszenia, na ile oficjalne lub nieoficjalne jest przyjęcie: ***Let's Party***! | *Mr and Mrs Brown* ***request the honour of your presence at*** *the marriage of ...* | *The Romsey Royals* ***are pleased to invite you to*** *the Annual Christmas Party.*
- Wyjaśnij, z jakiej okazji organizowane jest przyjęcie: ***I'm 18! Please come to my party***! | ***I'm turning 16. It wouldn't be a party without you***! | *Jenny and Steve* ***are pleased to invite you to their engagement party***!

2 Z KIM PRZYJŚĆ I CO PRZYNIEŚĆ

Jeśli jest to istotne, podaj informację, jak należy się ubrać, czy można przyjść z osobą towarzyszącą i co ewentualnie przynieść.

PRZYDATNE ZWROTY

- Co przynieść: ***We decided to share the cooking, so can you bring along something for a starter***? | ***Just bring yourself***! | ***Fancy dress optional***. | ***Bring along any music you want***.
- Z kim przyjść: ***You're welcome to bring a friend***. | ***Feel free to bring a friend***! | ***Mr James Davis (plus guest)***

3 POTWIERDZENIE PRZYJĘCIA ZAPROSZENIA

Określ, czy i jak gość powinien potwierdzić przyjęcie zaproszenia.

PRZYDATNE ZWROTY

- Poinformuj, jak należy odpowiedzieć na zaproszenie: ***RSVP to James Danson before*** *12th November* | ***Please let me know if you can come***. | ***Hope you can make it***! | ***Please confirm if you can attend by email*** *before 16th June.* | ***Please let me know if you can't attend so I can confirm numbers with*** *the restaurant.*

4 ZAKOŃCZENIE

Zakończ zaproszenie jakimś optymistycznym akcentem.

PRZYDATNE ZWROTY

- Zwroty końcowe: ***Can't wait to see you there***! | ***Look forward to seeing you***! | ***We look forward to having you join us on this special occasion***.

ZADANIE

Klub tenisowy The Romsey Royals, do którego należysz, organizuje przyjęcie, a ty zaproponowałeś/zaproponowałaś, że przygotujesz zaproszenia. Kapitan klubu zostawił ci poniższą wiadomość. Przeczytaj ją, a następnie napisz tekst zaproszenia.

Hi Jen

Thanks for offering to sort out the invitations for the annual tennis club party. It's going to be at the Romsey Social Club, 12th December, start 8pm. Can you put directions on the invitation? Parking behind the sports centre. We need definite numbers by the 25th November. Oh- and bring a friend!

Thanks, you're a star!

Gerry

PRZYKŁADOWA ODPOWIEDŹ

THE ROMSEY ROYALS TENNIS CLUB

would like to invite ______________ (plus guest)
to their Annual Christmas Party

Friday 12th December
8.00pm til late

Location: Romsey Social Club,
Broad Street, Romsey

Please RSVP to
Gerry Brown
c/o the Romsey Royals Club House
by 25th November at the latest.

Directions

Parking is available behind the sports centre on the High Street. Transport is also available by bus (#701 from the main square – 1 minute walk), and a mini bus will be running from the Romsey Royals Club House.
Please contact Gerry early if you wish to book this as places will be limited.

WIADOMOŚĆ

Wiadomość powinna być krótka i zwięzła oraz zawierać jedynie najistotniejsze informacje. Styl wiadomości jest zawsze nieoficjalny.

1 STYL WIADOMOŚCI

Wprawdzie w wiadomościach można stosować standardowe reguły gramatyczne, jednak zwykle używa się w nich charakterystycznego, skrótowego stylu.

PRZYDATNE ZWROTY

- Pomijaj *I* + czasownik posiłkowy: ~~*I have gone*~~ ***Gone shopping***. | ~~*I will see*~~ ***See you later***. | ~~*I have left*~~ ***Left dog food in the fridge***.
- Pomijaj czasowniki posiłkowe w zdaniach w stronie biernej: *Swimming* ~~*has been*~~ ***cancelled***. | *Meeting* ~~*has been*~~ *re-scheduled for Thursday.* | *Dinner* ~~*has been*~~ *left in the fridge.*
- Tam, gdzie to możliwe, używaj skrótów: *Please call back* ***a.s.a.p.*** | *Let's meet* ***Weds.*** | *See you tomorrow* ***a.m.*** | *Back in 5* ***mins.*** | *Have you got Sue's telephone* ***no.****?* |
- Pomijaj przedimki: ~~*The*~~ *Piano lesson starts at 6pm.* | ~~*The*~~ *Meeting will be later this week.* | *Left* ~~*the*~~ *keys with John.*
- Nie możesz jednak pomijać wielkich liter na początku zdań ani znaków przestankowych: *Call you later this week.* | *Can you put the rubbish out?*

2 TREŚĆ

Wiadomości powinny być krótkie i treściwe. Powinny zawierać jedynie naistotniejsze informacje.

Każda wiadomość powinna zawierać elementy wymienione w ramce poniżej.

PRZYDATNE ZWROTY

- Imię odbiorcy: ***Dear + imię*** *(+ ,)* | ***Hi + imię*** | ***Imię***
- Opis sytuacji: ***Gone shopping***. | ***Oliver phoned***. | ***Thanks for the flowers***!
- Twoje zamiary: ***Will call you when I get home***. | ***Will do it first thing tomorrow***. | ***Back later***.
- Co ma zrobić odbiorca: ***Please call back before 12***. | ***Can you feed the dog tonight?*** | ***See you at 10 outside the cinema***.
- Pożegnanie: ***See you***! + ***Imię*** | ***Have fun***! + ***Imię*** | ***Love + Imię*** | ***Call me if you need me***. + ***Imię***

ZADANIE

Umówiłeś/Umówiłaś się z koleżanką Isabelle na zakupy po lekcji pływania. Od innej koleżanki otrzymałeś/otrzymałaś następującego SMS-a:

> Hi Lisa
>
> Swimming lesson cancelled – the teacher's sick. Will re-schedule next week. Thanks.
>
> Kristen.

Napisz do Isabelle wiadomość z propozycją zmiany godziny spotkania na wcześniejszą. Następnie zostaw wiadomość siostrze, by powiadomić ją, gdzie jesteś.

PRZYKŁADOWA ODPOWIEDŹ

> Hi Isabelle
>
> Just had a message from my swimming teacher – my lesson's been cancelled, the teacher's not well. Do you fancy going shopping earlier than we planned? I'll be free about 4pm. Let me know if you can make it and where's best for you to meet.
>
> Lisa

2.2 PRZYKŁADOWA ODPOWIEDŹ

> Jen
>
> Gone shopping! Swimming cancelled. Back 7pm. Can you put the apple pie in the oven for then? (180 degrees – put it in about 6.30pm) Text me if there's anything you need at the shops.
>
> Thanks.
>
> Lisa.

E-MAIL I LIST PRYWATNY

E-maile i listy prywatne piszemy zwykle do osób dość dobrze nam znanych. Przekazujemy w nich wiadomości, ale często również prosimy o informacje, składamy gratulacje lub pytamy o radę. Korespondencja tego typu przypomina trochę zwykłą rozmowę. W listach i e-mailach prywatnych zadajemy dużo pytań, okazujemy zainteresowanie i entuzjazm oraz zakładamy, że obie strony mają taką samą wiedzę na wiele tematów.

1 NAGŁÓWEK I ZWROT GRZECZNOŚCIOWY

W listach prywatnych umieszczamy czasem nasz adres (ale nie imię i nazwisko) oraz datę w prawym górnym rogu strony. List zaczynamy od lewej strony. W e-mailach nie podajemy adresu ani daty, za to wymagają one podania tematu. Powinien być on krótki i stanowić podsumowanie e-maila.

WSKAZÓWKA EGZAMINACYJNA

• Na wielu egzaminach nie wymaga się umieszczenia adresu i daty na początku listu. Uważnie czytaj polecenia egzaminacyjne i stosuj się do nich.

Rozpocznij list zwrotem *Dear* w połączeniu z imieniem osoby, do której piszesz. W e-mailach możesz też użyć zwrotu *Hi* (plus imię) lub samego imienia.

W listach prywatnych po zwrocie *Dear* w połączeniu z imieniem osoby zwykle stawia się przecinek i rozpoczyna list od nowej linii z wcięciem akapitowym. Jednak wraz z rozpowszechnieniem się edytorów tekstu i poczty elektronicznej reguły stosowania interpunkcji i formatowania listów prywatnych uległy znacznemu rozluźnieniu. Pamiętaj, by konsekwentnie trzymać się wybranego stylu w całym tekście, np. jeśli stawiasz przecinek po imieniu adresata, użyj go również na zakończenie, między końcowym zwrotem a podpisem.

UWAGA

• Pamiętaj, że po *Dear* używa się jedynie imienia adresata. Nigdy nie pisz ~~Dear Mr John~~, co jest niepoprawne, ani ~~Dear Mr John Brown~~, co jest zbyt oficjalne.

2 POCZĄTEK LISTU

List prywatny piszemy zwykle w odpowiedzi na list otrzymany od kogoś. Zazwyczaj zaczynamy więc od powitania i podziękowania za otrzymany list. Dobrze jest nawiązać w odpowiedzi do najważniejszych spraw z otrzymanego listu. Możesz też dodać komentarz na temat swojej odpowiedzi - np. przeprosić za długie milczenie albo podać powody, dla których piszesz.

PRZYDATNE ZWROTY

• Zacznij od powitania: ***How are you?*** | ***How have the family been?*** | ***I hope you are well***.

• Nawiąż do otrzymanego listu: ***Thank you for the letter and parcel*** *which arrived this morning.* | ***It was great to hear from you again*** *after such a long time.* | ***I was so surprised to hear*** *that you are going to university in America!*

• Odnieś się do swojej odpowiedzi: ***I have so much to tell you***. | ***I'm sorry I haven't written for so long***.

3 UWZGLĘDNIENIE WSZYSTKICH KWESTII

Po kilku zdaniach wstępnych zacznij pisać od nowego akapitu i staraj się odnieść do wszystkich istotnych spraw z listu, który otrzymałeś/otrzymałaś. Nawet tekst napisany urozmaiconym językiem i według wszelkich zasad nie będzie prawidłowy, jeśli nie będzie poruszał wszystkich istotnych kwestii.

Koniecznie odpowiedz na wszystkie pytania postawione w pierwszym liście i podaj wszystkie informacje, o które jesteś proszony/proszona.

WSKAZÓWKA EGZAMINACYJNA

• Wiele zadań egzaminacyjnych zawiera dokładne wskazówki, co należy umieścić w odpowiedzi na podany list. Czasem podane są także dodatkowe podpowiedzi. Pamiętaj, że jeśli zastosujesz się do wskazówek i weźmiesz pod uwagę wszystkie podpowiedzi, twoje szanse na dobrą ocenę wzrosną.

4 JĘZYK POTOCZNY

Listy i e-maile prywatne stanowią okazję do wykazania się znajomością języka potocznego. Stosuj się do kilku prostych zasad.

PRZYDATNE ZWROTY

- Dla okazania entuzjazmu używaj przymiotników i przysłówków o dużym ładunku emocjonalnym: *I've got a* ***fantastic*** *new job.* | *My new boss is an* ***absolute nightmare****.*
- Używaj zwrotów idiomatycznych: *Things have been* ***getting on top of me*** *at work lately.* | ***It's been ages since*** *we last managed to meet up.* | ***What have you been up to*** *lately?* | ***Let me know*** *what you think.* | *I'll* ***fill you in*** *when we next meet.*
- Zadawaj pytania, aby tekst przypominał zwykłą rozmowę: ***How*** *are your studies going?* | ***How*** *does that sound to you?*
- Używaj potocznego słownictwa: *get* zamiast *receive,* ***I guess*** zamiast *I think.*
- Używaj zwrotów i czasowników frazowych: *we get on well,* ***write back*** *soon,* ***get in touch****.*
- Używaj form skróconych: *I* ***can't*** *help thinking I* ***should've*** *told you sooner.*

5 ZAKRES SŁOWNICTWA I STRUKTUR GRAMATYCZNYCH

Ważne jest, by użyte przez ciebie struktury gramatyczne i słownictwo odpowiadały poziomowi egzaminu. Nawet przy braku błędów nie otrzymasz dobrej oceny, jeśli użyjesz języka na poziomie podstawowym. W tekście pisanym językiem potocznym, również można używać bogatego zasobu słownictwa i wielu struktur gramatycznych.

PRZYDATNE KONSTRUKCJE JĘZYKOWE

- Kiedy piszesz, co ostatnio porabiasz, używaj czasu present perfect progressive: ***I've been helping*** *my parents out at their shop.*
- Kiedy opisujesz swoje plany, używaj czasu future progressive: ***I'm going to be staying*** *at my grandmother's house all summer.*
- Kiedy coś proponujesz, używaj zdań warunkowych: ***If*** *you let me have your number, I'll give you a call at the weekend.*
- Kiedy o coś prosisz, używaj form grzecznościowych: ***Do you think*** *you could send me a copy of the photos?* | ***Would you mind*** *if we didn't go camping?*
- Kiedy chcesz się co do czegoś upewnić, używaj question tags: *Nobody else knows,* ***do they?*** | *You don't mind,* ***do you?***

6 SPÓJNIKI I INNE ZWROTY ŁĄCZĄCE

Pisanie dobrych tekstów polega między innymi na umiejętnym łączeniu ze sobą zdań. Jednak wiele spójników, które znasz i których używasz w innych typach tekstów, nie nadaje się do listów i e-maili prywatnych. W tekstach nieformalnych używaj spójników i innych zwrotów łączących, które są typowe dla języka potocznego.

PRZYDATNE ZWROTY

- Wprowadzenie nowego tematu: ***Well****, you'll never guess who I bumped into yesterday.* | ***I know how much you love*** *tennis, so I've got us some tickets to Wimbledon.* | ***By the way****, did you know that John's got a new job?*
- Powrót do poprzedniego tematu: ***Anyway, as I was saying earlier****, I really wasn't very happy there.* | ***Now where was I? Oh yes, I nearly forgot****, Mary asked me to tell you about the cinema.*
- Podanie nieoczekiwanej lub niezbyt optymistycznej informacji: ***Actually****, he came to the party after all.* | ***I'm really sorry but*** *I can't make it.* | ***To tell you the truth****, I don't really like sports much.*
- Podsumowanie opisanych wcześniej kwestii: ***Anyway****, we had a really nice time in the end.* | ***Well, to cut a long story short****, we didn't get there on time.*

7 ZAKOŃCZENIE

Zakończenie listu jest równie ważne jak jego rozpoczęcie. Kończąc list prywatny lub e-mail, stosuj się do kilku zasad.

PRZYDATNE ZWROTY

- Napisz, dlaczego musisz już kończyć: *Anyway,* ***I must go*** *and get on with my work!* | *I guess* ***it's***

***time I got on with** that studying I've been avoiding.*

• Wyraź nadzieję na szybki kontakt w przyszłości: *Anyway, don't forget to **let me know** the dates of the party.* | ***I'll try and phone you** at the weekend to check the times.* | ***We must try and meet up soon.*** | *I **can't wait to hear from you.***

Kończący zwrot grzecznościowy, taki jak ***Take care***, ***Best wishes*** czy ***Love***, powinien być napisany w nowym wierszu. Jeśli po zwrocie powitalnym użyłeś/użyłaś przecinka, umieść go również po zwrocie kończącym. Podpisz się w kolejnym wierszu. Czasem wstawia się pod imieniem znak ***X***, który oznacza pocałunek.

Jeśli zapomnisz o czymś ważnym, możesz o tym napisać na samym dole listu, najpierw wpisując skrót ***PS***.

ZADANIE

Przeczytaj poniższy fragment e-maila, który otrzymałeś/otrzymałaś od kolegi z Londynu. Napisz odpowiedź, wykorzystując podane informacje.

Anyway, I was really writing to ask if you would like to stay a little bit longer when you come over. You've already got the wedding invitation – I can't believe my sister's getting married in a few months' time! I was thinking perhaps we could spend some time together before or after the wedding. Let me know what dates would be good for you. Also, my mum would like to know if you wouldn't mind sharing a room. We're going to be quite busy, what with the wedding and everything.

I know this is your first visit to Britain, so please let me know in your next email what kind of things you'd like to do when you're here. We're going to have a great time.

Write back soon

John

PRZYKŁADOWA ODPOWIEDŹ

To John@bullnet.com

From Maria@winnet.com

Subject Your invitation

Dear John

Thanks for your email. I'm glad to hear that everything is going well. Sorry I'm a bit late replying, but I've been really busy studying for my exams and I haven't had time to check my mail for days.

Thank you so much for inviting me to stay a bit longer. I'd love to spend some more time with you. I'll really need a break after all this studying. My classes at university finish on 5th July. Is it OK if I come on Monday 15th July and leave on Friday 26th? If these dates sound good, let me know and I'll go ahead and book the flight.

I need to ask you a few questions about your sister's wedding. What kind of clothes should I bring? I've never been to a wedding abroad before. Also, my family really want to get a small gift for Jane. My parents are very fond of her. What do you think about some beach towels? They could use them on their honeymoon.

Finally, you asked me what I'd like to do when I get there. Well, I guess the first few days we'll be busy getting ready for the wedding. After that though, there are one or two things I'd like to do. You know I'm a huge fan of modern art and I hear that the Tate Gallery has a fantastic new exhibition on. Do you think we could go there one day? Of course, a day sight-seeing in London would be great, too. Other than that, I'll leave it up to you.

Anyway, I hope to hear from you soon.

Take care

Maria

PS By the way, could you please tell your mother that I don't mind about the room. Whatever is easiest for her will be fine.

LIST FORMALNY

Listy formalne piszemy zwykle do osób, których nie znamy. Zawsze używamy odpowiednich form grzecznościowych, nawet jeśli piszemy skargę. W listach formalnych występuje wiele utartych zwrotów, które nawet sami Anglicy powtarzają za każdym razem, kiedy piszą taki list. Dobrze jest przyswoić sobie te wyrażenia.

1 NAGŁÓWEK I ZWROT GRZECZNOŚCIOWY

Jeśli list nie jest pisany na gotowym papierze z nadrukiem adresowym, zwykle u góry strony podajemy swój adres i numer telefonu. W Wielkiej Brytanii dane te umieszczamy po prawej stronie, pod nimi wstawiając datę, zaś w USA - po lewej stronie, nad imieniem i nazwiskiem oraz adresem osoby, do której piszemy.

Pod datą możemy podać swój numer, np. numer zamówienia lub numer klienta.

Imię i nazwisko (*Ms Penny Smith*) lub stanowisko (*The Manager, Customer Services*) oraz adres osoby, do której piszemy, powinny znaleźć się w kolejnej linijce, po lewej stronie.

WSKAZÓWKA EGZAMINACYJNA

- Na wielu egzaminach nie wymaga się podawania adresów czy dat na początku listu, trzeba więc uważnie czytać polecenia i stosować się do nich.

PRZYDATNE ZWROTY

- Jeśli znasz nazwisko osoby, do której piszesz, zacznij list od: ***Dear Mr*** *Smith*, ***Dear Ms*** *Brown*.
- Jeśli nie znasz nazwiska osoby, do której piszesz, zacznij list od: ***Dear Sir*** - jeśli wiesz, że to mężczyzna, ***Dear Madam*** - jeśli wiesz, że to kobieta, lub ***Dear Sir or Madam***, jeśli nie znasz płci.

Zwracając się do adresata, nie używaj imienia. Zwrot ~~Dear Mr John Brown~~ jest niepoprawny.

W Wielkiej Brytanii przeważnie nie używa się żadnych znaków interpunkcyjnych po zwrocie grzecznościowym, chociaż można postawić przecinek. W USA używa się dwukropka.

2 UWZGLĘDNIENIE WSZYSTKICH KWESTII

List formalny piszemy zawsze albo w odpowiedzi na inny list lub komunikat otrzymany inną drogą, albo w reakcji na jakąś sytuację. Zawsze więc są konkretne kwestie, które należy w nim poruszyć.

WSKAZÓWKA EGZAMINACYJNA

- W zadaniu może pojawić się polecenie użycia zdania przeczącego lub pytającego, np. podpowiedź typu: *No - Monday impossible.* Należy wówczas napisać zdanie takie jak: *I am sorry but I am not available next Monday.*
- Podpowiedzi mogą mieć postać podpunktów lub być zawarte w treści polecenia. Zawsze upewnij się, że uwzględniłeś/uwzględniłaś w swoim liście wszystkie podpowiedzi.
- W zadaniu, które widzisz na następnych stronach, należy poruszyć pięć kluczowych kwestii: cztery wymienione w notatkach (cena, złe oprogramowanie, serwisant oraz opłata za infolinię) oraz wyrażoną w poleceniu prośbę o przysłanie serwisanta.
- Jeśli nie uwzględnisz w liście wszystkich wymaganych kwestii, nie otrzymasz za zadanie dobrej oceny, nawet jeśli użyjesz zróżnicowanego słownictwa i prawidłowych struktur gramatycznych. Na wielu egzaminach pominięcie w zadaniu ważnej kwestii może skutkować poważnym obniżeniem punktacji, lub w ogóle pozbawić zdającego punktów za dane zadanie.

3 POCZĄTEK LISTU

List formalny można rozpocząć od nawiązania do poprzednich kontaktów, określenia charakteru kontaktu lub od podania powodów, dla których piszemy list.

PRZYDATNE ZWROTY

- Zacznij od nawiązania do poprzednich kontaktów: ***Following our telephone conversation this morning****, I am happy to confirm your offer of work with James PLC.* | ***I am writing in reply to your letter dated*** *27th July.* | ***I am writing in response to your advertisement*** *for the position of* tour guide in your London office, which appeared in the 'Daily Times' today.

- Określ charakter relacji między tobą a adresatem: ***I recently booked*** *a holiday to Australia with your company.*
- Podaj powody, dla których piszesz: ***I am writing to inform you of*** *some changes we have made to your schedule.* | *I would like to be considered for this post.* | ***I am writing to request more information*** *on the voluntary work programmes you run.*

4 PORZĄDKOWANIE ZAGADNIEŃ

Staraj się logicznie połączyć podejmowane zagadnienia w akapity, np. chronologicznie lub według stopnia ważności. Używaj spójników i zwrotów łączących dla nadania całości spójnej struktury.

PRZYDATNE ZWROTY

- Kolejność chronologiczna: ***When*** *I first placed the order with you, I was told that it would be delivered within two weeks.* | ***Once*** *you arrive, you will need to go to the warehouse.*
- Kolejność według stopnia ważności: *I was very pleased with the service I received.* ***First of all****, the staff were particularly helpful.* → patrz **Wypracowania – Przydatne zwroty** *Wyliczanie i porządkowanie, Łączenie części zdania*

5 ZAKRES SŁOWNICTWA I STRUKTUR GRAMATYCZNYCH

Ważne jest, by w liście formalnym używać bardziej wyszukanych struktur i słownictwa. Prawidłowo napisany list formalny powinien zawierać zwroty i spójniki typowe dla stylu oficjalnego.

Jeśli chcesz wykazać się znajomością zaawansowanych struktur językowych, staraj się nie powtarzać dokładnie zwrotów, które zostały użyte w treści zadania egzaminacyjnego.

PRZYDATNE KONSTRUKCJE JĘZYKOWE

- Użyj innej części mowy, by nie powtarzać tych samych słów: *POLECENIE: You must have* ***the appropriate qualifications****.* | *TWOJA ODPOWIEDŹ: I am a* ***fully-qualified accountant****.*
- Używaj synonimów: *POLECENIE: You recently* ***bought a phone*** *from this company.* | *TWOJA ODPOWIEDŹ: I* ***purchased a telephone*** *from you a few weeks ago.*
- Zmień kolejność podawania informacji: *POLECENIE: The schedule* ***has been changed*** *because of problems with staffing.* | *TWOJA ODPOWIEDŹ: Problems with staffing have meant that we will have* ***to make some changes to*** *the schedule.*

6 ZAKOŃCZENIE LISTU

Zakończenie listu jest nie mniej ważne niż jego początek. W końcówce listu określ, czego oczekujesz i jak można się z tobą skontaktować.

PRZYDATNE ZWROTY

- Określ, czego oczekujesz: ***I hope to hear from you in the near future.*** | ***I would like to request*** *a refund of the full amount.* | ***I will wait to hear from you*** *before I take any further action.* | ***I look forward to hearing from you in due course****.*
- Poinformuj, jak można się z tobą skontaktować: ***I can be contacted at the above address*** *at any time Monday to Friday.* | ***Please do not hesitate to contact me*** *if you have any further questions.*

W nowej linijce umieść grzecznościowy zwrot pożegnalny.

PRZYDATNE ZWROTY

- Jeśli rozpocząłeś/rozpoczęłaś list od ***Dear Mr Brown***, zakończ go zwrotem: ***Yours sincerely*** *(BrE),* ***Sincerely yours****,* ***Sincerely****,* ***Yours truly*** lub ***Best regards*** *(AmE).*

Złóż podpis w nowym wierszu, a pod podpisem napisz wyraźnie drukowanymi literami swoje imię i nazwisko. W USA często podaje się też w kolejnej linijce numer telefonu.

ZADANIE

Komputer, który niedawno kupiłeś/kupiłaś, nie działa. Przeczytaj poniższą reklamę oraz notatki, a następnie napisz do firmy list z prośbą o przysłanie serwisanta.

Springbourne Technologies – For all your computer needs

We offer a wide range of home computers and laptops at discount prices. All our computers come with a choice of popular free software and games. You can arrange for a free home visit from one of our qualified technicians, who will arrange to come to your home at a time that suits you to help you set up your computer. If you experience any difficulties call our free hotline and one of our staff will be waiting to help you out. Springbourne – the friendly way to do business.

PRZYKŁADOWA ODPOWIEDŹ

6 Lakeside Road,
Alton
UK
5th March
Customer number: AF 2789
Tel: 07790 74820

Mr A Fountain
Springbourne Technologies
Unit 7, Riverside Business Park
Wilham

Dear Mr Fountain

I am writing to complain about the computer that I bought from your company last week. I am unhappy with the computer and the service that I have received.

I was also unhappy with the after-sales service that I received. Although you claim in your advertisement that you offer discounts, the computer that I bought was on sale for £150 less in my local computer shop. I was happy to pay the extra money because I am not very confident with computers and I thought your company would offer me the extra technical help that I need. However, this was not the case.

I had to take the day off work to wait for the computer to arrive, despite your claims that you would arrange a convenient time. The technician who finally came was little more than a delivery boy and he stayed for only ten minutes, just long enough to take the computer out of the box. When I had difficulties setting up the computer on my own, I decided to phone your hotline, but was shocked to be told by your operator that the call would cost a total of £20.

I am still having difficulties getting the computer started and would like you to send one of your technicians to my house as soon as possible to fix it. I would also like a refund of the £20 phone call, which I feel I should not have to pay, and a choice of a better range of software products than the ones you have sent me.

I hope to hear from you in the near future, and can be contacted at any time on the mobile number above.

Yours sincerely,

Chris Brown

ŻYCIORYS I PODANIE O PRACĘ

Życiorys można napisać na wiele sposobów. Oczekiwania pracodawców są różne w zależności od tego, o jaką pracę się staramy. Jest jednak kilka elementów, które każdy życiorys powinien zawierać.

Podanie o pracę jest zwykle bardziej schematyczne i używa się w nim konwencjonalnych zwrotów. W swoim podaniu postaraj się wykorzystać niektóre z podanych dalej wyrażeń.

ŻYCIORYS

Życiorys powinien zawierać twoje dane osobowe oraz informacje na temat kwalifikacji i doświadczenia zawodowego. Możesz w nim również wspomnieć o swoich dodatkowych umiejętnościach i zainteresowaniach oraz umieścić nazwiska i adresy osób, które mogłyby udzielić ci referencji. Życiorys nie powinien być dłuższy niż 1–2 strony, ponieważ potencjalny pracodawca oczekuje możliwie zwięzłych i treściwych informacji na twój temat.

PRZYDATNE ZWROTY

- Podaj swoje dane osobowe: ***permanent address*** – ***temporary address*** – ***home telephone number*** – ***mobile telephone number*** – ***fax number*** – ***email address*** – ***nationality*** – ***visa status*** – ***DoB*** *(Date of Birth)* – ***Marital Status*** *(Single or Married)*

Pamiętaj, że w niektórych krajach, szczególnie w USA, nie podaje się w życiorysie informacji o wieku i stanie cywilnym, ponieważ uważa się, że nie powinny być brane pod uwagę przy rekrutacji do pracy.

- Podaj informacje o swoich kwalifikacjach: ***High School Diploma****;* ***University Degree*** – ***BSc*** lub ***BA****;* ***Masters Degree****;* ***PhD****;* ***Post graduate diploma***
- Podaj swoją specjalizację: *Civil Engineering; Management Accounts*
- Podaj temat pracy dyplomowej lub magisterskiej: ***My final thesis was on*** *sports injuries and alternative therapies.* | ***My final project was to*** *design a Braille keyboard.*
- Napisz, co należało do twoich obowiązków w poprzedniej pracy: ***I was responsible for*** *checking the monthly accounts.* | ***I managed*** *a small team of 3 people.*
- Napisz o swoich szczególnych osiągnięciach: ***I succeeded in reducing costs by*** *20%.* | ***I achieved the*** *highest level of sales while I was working there.* | ***I was promoted to the position of*** *supervisor.*
- Wymień swoje dodatkowe umiejętności: *I am* ***computer literate****.* | ***I have a working knowledge of*** *German.* | ***I am fluent in*** *English.* | *I am* ***a member of*** *the professional institute of accountants in my country.*
- Podaj dane dwóch osób, które mogą udzielić ci referencji: ***The following people will be happy to provide a reference.*** | ***The following people will be happy to testify to my suitability to this post.*** | ***References available on request*** (jeśli nie chcesz wymieniać nazwisk).

Informacje możesz podawać w formie pełnych zdań lub list z punktorami, które są coraz częściej stosowane. Lista z punktorami zawiera jedynie równoważniki zdań, dzięki czemu cały życiorys łatwiej się czyta:

Work Experience:

Jun – Sep 2004 Fort Lord Camp, USA

- camp leader with children aged 12-14
- supervised group of 6 children
- led sailing courses
- basic first aid responsibilities

Other skills:

Fluent Spanish

Working knowledge of English and French

Driving licence

Computer Literate (Word, Excel)

PODANIE O PRACĘ

Ogólne zasady pisania listu formalnego, np. zwroty grzecznościowe używane jako rozpoczęcie i zakończenie, są omówione w rozdziale List Formalny. Zarówno w liście formalnym, jak i w podaniu o pracę kolejność akapitów jest ściśle określona.

1 WSTĘP

Rozpocznij list od informacji, o jakie stanowisko się starasz i gdzie zobaczyłeś/zobaczyłaś ogłoszenie.

PRZYDATNE ZWROTY

- Poinformuj, w jakim celu piszesz, o jakie stanowisko chcesz się ubiegać i gdzie przeczytałeś/przeczytałaś ogłoszenie: ***I am writing in response to the job which I saw advertised in the*** *Daily Post*. | ***I would like to be considered for the position of*** *shop assistant*. | ***I heard about this position through*** *my careers officer at school*. | ***I am writing to apply for*** *a place on your work training scheme*. | ***I heard about this scheme from*** *someone who was on the program last year*.
- Napisz, dlaczego sądzisz, że nadajesz się na to stanowisko: ***I believe that I have all the necessary skills and qualifications for this post***. | ***I believe that I would be suitable for this post***.

2 KWALIFIKACJE I DOŚWIADCZENIE ZAWODOWE

PRZYDATNE ZWROTY

- Opisz swoje kwalifikacje: ***I am a fully qualified*** *accountant*. | ***I have passed the*** *European Computer Driving Licence*. | ***I have taken courses in*** *Excel*. | ***I graduated from university with a Grade Point Average of*** *4.5 (6.0 scale)*. | ***I am currently studying on a Master's Degree Programme*** *at Poole University*.
- Napisz, jakie masz doświadczenie zawodowe: ***I have 2 years' experience*** *working in this field*. | ***I have had considerable experience working with*** *children*. | ***I have been a qualified*** *aerobics instructor* ***for 5 years***.

3 CECHY CHARAKTERU I DODATKOWE UMIEJĘTNOŚCI

Napisz, że jesteś osobą o cechach charakteru, które przydadzą się na tym stanowisku. Spróbuj podać jakieś przykłady. Na przykład jeśli piszesz, że jesteś pracowity/pracowita, wspomnij o dobrych ocenach w szkole czy na studiach. Jeśli informujesz, że potrafisz współpracować z ludźmi, zaznacz, że w poprzedniej pracy pracowałeś/pracowałaś w zespole.

PRZYDATNE ZWROTY

- Wymień swoje cechy charakteru: ***I enjoy working in a team***. | ***I enjoy the challenge of*** *meeting targets*. | ***I am patient and thorough in my work***.
- Pochwal się znajomością języków obcych: ***I am able to carry out most day-to-day tasks in French***. | ***I am fluent in*** *Spanish*.
- Wspomnij o umiejętności obsługi komputera: ***I am computer literate***. | ***I have a good working knowledge of*** *Excel*. | ***I am confident using*** *most desktop publishing packages*.

4 MOTYWACJA

Napisz, dlaczego chcesz pracować właśnie na tym stanowisku i w tej konkretnej firmie.

PRZYDATNE ZWROTY

- Uzasadnij, dlaczego chcesz pracować na tym stanowisku: ***I would like the opportunity to learn more about*** *accounting systems internationally*. | ***This job would offer me*** *more experience in my chosen professional field*.
- Wyjaśnij, dlaczego chcesz pracować w tej firmie: *XY systems* ***is a leader in the field of*** *mobile phone technology*. | ***I would like the opportunity*** *to work for a large, international like BY Bank*.

5 ZAKOŃCZENIE LISTU

W podaniu o pracę nie należy pytać o wysokość wynagrodzenia ani o inne warunki pracy. Zakończ list nawiązaniem do ewentualnych przyszłych kontaktów z potencjalnym pracodawcą oraz wyrażeniem nadziei na rychłe otrzymanie odpowiedzi.

PRZYDATNE ZWROTY

- Wymień dokumenty, które załączasz do podania: ***You will find a copy of my CV enclosed***.
- Napisz, że chętnie umówisz się na rozmowę kwalifikacyjną: ***I would be happy to attend an interview at a time convenient to you***.
- Wspomnij o osobach, które mogą udzielić ci referencji: ***I can send you the names and addresses of people who would be happy to provide a reference on request***.
- Wyraź nadzieję, że niedługo otrzymasz odpowiedź od potencjalnego pracodawcy: ***Please do not hesitate to contact me if you require any further information***.
- Nawiąż do ewentualnych przyszłych kontaktów: *I* ***hope to hear from you in the near future***. | ***I look forward to hearing from you at your earliest convenience***.

ZADANIE

Przeczytałeś/Przeczytałaś w gazecie poniższe ogłoszenie. Napisz podanie o pracę na opisanym w nim stanowisku.

WANTED – TOURIST GUIDES

We are looking for tourist guides to work in the UK in the summer months, taking groups of schoolchildren around famous tourist attractions.
You must speak good English and at least one other language, as well as have a current driving licence.
Experience of working with children would be preferable.
Interviews will be held locally.

Please send applications to:
Sue Brown, UK Tours
sbrown@uktours.net

PRZYKŁADOWA ODPOWIEDŹ

Dear Ms Brown

I am writing to apply for the position of Tour Guide with your company. I saw your advertisement in the Daily Planet and I would like to be considered for the job.

I believe I am suitable for this post as I already have experience working with young people. I worked at a summer camp in the United States last summer and greatly enjoyed supervising a group of six children. I was responsible for their behaviour and welfare, and my duties also included taking care of basic first aid. I found the job very rewarding and I would like to work with this age group again. I feel that my experience would be an asset as a tour group leader.

In addition, I am hard-working and responsible. I passed my high school diploma with a distinction, and have recently passed the Cambridge First Certificate, so you can see that I have the language skills needed for this job. I speak Polish fluently and have a good working knowledge of Spanish. I have a clean driving licence and have always been interested in British culture and history.

I would like to work for your company as it would give me an opportunity to develop my English skills further, and I am sure that it will be very enjoyable taking young people around the country.

I am enclosing a copy of my CV with this letter. I would be available for an interview here in Poland at any time convenient to you. Please do not hesitate to ask me if you have any further questions.

I look forward to hearing from you.

Yours,

Maria Kowalska

Maria Kowalska

Address: ul. Pod Lasem 56, 34-001 Łódź Śląska

Telephone: 66 123 45 67

Mobile: 499 123 456

E-mail: mk@poczta.xx.pl

DoB 28/05/85

Nationality: Polish

Education and Qualifications

2003 – date Poznań Economics University BA in Marketing (to be completed 2007)

1998 – 2003 Wronki School High School Diploma (Distinction)

Work Experience

Jun – Sep 2004 Fort Lord Camp, USA: I worked as a camp leader with children aged 12-14

Jun – Sep 2003 McDonalds, Bydgoszcz: I was a general worker in the restaurant.

Other skills

I speak fluent Polish and have a working knowledge of English (FCE level) and Spanish. I have a driving licence and I am computer literate.

Personal interests

I do judo in my spare time and have won several competitions.

OPOWIADANIE

Opowiadanie powinno mieć prostą, przejrzystą strukturę i zawierać elementy opisu. W opowiadaniu złożonym z około 200 słów nie ma miejsca na skomplikowaną fabułę ani dużą liczbę szczegółów. Aby twoje opowiadanie było ciekawsze, możesz używać wielu przysłówków, na przemian dłuższych i krótszych zdań oraz wpleść w nie elementy dialogu. Aby urozmaicić tekst, stosuj różne czasy gramatyczne. Opowiadanie powinno być napisane językiem nieoficjalnym lub neutralnym.

1 POCZĄTEK

Jeśli polecenie nie określa, co masz napisać na początku opowiadania, możesz zacząć od jakiegoś dramatycznego wydarzenia, by jak najbardziej zaciekawić czytelnika.

PRZYDATNE ZWROTY

- Zacznij od cytatu, czyli elementu mowy niezależnej: ***'Stop!' he shouted****. I turned to see who it was.* | ***'You'll wish you'd listened to me one day,' my mother warned****. If only I had taken her advice that day.* | ***'Excuse me, don't I know you?' I turned to see*** *a girl about my age talking to me.*
- Możesz też zacząć od dramatycznego momentu: ***I watched in horror*** *as the train pulled out of the station.* | ***That was my last hope*** *of getting back to save him.* | ***When I woke up that morning, I never imagined this would*** *change my life forever.*

Dopiero w następnym zdaniu wyjaśnij, co się działo wcześniej.

- Używaj czasu past perfect: ***I'd been waiting*** *for this opportunity for three long years.* | ***Up until that moment****, my days had all been the same old routine.* | ***I'd always thought*** *I was meant for better things.*
- Używaj trzeciego okresu warunkowego: ***If I hadn't been*** *on the train that day,* ***I'd never have learnt*** *the real truth about my family.* | ***If I had listened*** *to their warnings,* ***I would have been*** *safe at home by now.*

Niekiedy polecenie precyzuje, od jakich słów należy zacząć opowiadanie. Do takiego wymogu musisz się zastosować.

PRZYDATNE ZWROTY

- Zacznij opowiadanie od podanych słów, np.: *Anna and I had good reason for getting up early that morning.*
- Napisz, co wydarzyło się później: ***So we set our alarm clock carefully for*** *5 o'clock.* | ***We left the house before the sun had risen.*** | ***But by the time we left the house, we were already concerned*** *that it was too late.*
- Napisz, co wydarzyło się przedtem: ***We'd been waiting six long month****s for the release of the new 'Hero War' game.* | ***We were hoping to be the first ones at*** *the bank.* | ***We'd been looking forward to meeting*** *our long lost cousin since the day we received his letter.*

2 MOWA NIEZALEŻNA

Dla zwiększenia dramaturgii opowiadania spróbuj przynajmniej raz użyć mowy niezależnej (cytatu). Nie stosuj jednak zbyt wielu dialogów. Mowa niezależna powinna brzmieć możliwie naturalnie i być stosowana w połączeniu z dobrze dobranymi, podtrzymującymi zainteresowanie czasownikami wprowadzającymi.

PRZYDATNE ZWROTY

- Używaj trybu rozkazującego: *'****Don't be so stupid!****' he cried.* | *'****Hand over your cash!****' the man ordered.*
- Używaj zróżnicowanych czasowników wprowadzających: *'Get up!'* ***she was screaming*** *at the top of her voice.* | *'I think there might be a problem,' he whispered.* | *'You'll live to regret this,' he warned.*
- Wzmocnij czasownik wprowadzający określeniem opisującym emocje: *'You don't want to know!' she said full of fear.* | *'Oh no,' she cried in horror.'* | *'Don't even think about it!' he said menacingly* (lub *in a threatening voice*). | *'You're going to love this!' she said full of enthusiasm.*

3 ELEMENTY OPISU

Opowiadanie będzie bardziej urozmaicone, jeśli dodasz elementy opisu. Postaraj się w nich wykazać znajomością wielu struktur językowych.

PRZYDATNE ZWROTY

- Używaj „mocnych" przymiotników: *The remains of the **ancient** castle appeared as we turned the corner – we were **terrified**.* | *I was **starving, freezing** cold and miles from home.* | *The hotel was **luxurious** and the pool outside was **sparkling** in the moonlight.*
- Używaj porównań oraz stopnia wyższego i najwyższego przymiotników: *The space was **so tiny that** I could hardly get through.* | *The room inside **was as dark as night**.* | *The book was **like one of those old collections of spells or magic secrets you see in films**.* | *She was **the rudest** woman **I had ever met**.*
- Zamiast słów ogólnych używaj precyzyjnych określeń: *The old house was surrounded by ~~flowers~~ **roses** and a ~~river~~ **stream** flowed round the side.* | *I walked to the ~~water~~ **waterfall** and sat down collapsed on the grass.* | *He was ~~horrible~~ **mean** and had ~~bad~~ **evil** eyes!*
- Używaj imiesłowów: *We fell asleep to the sound of frogs **singing outside**.* | *I crept down the stairs, **my heart pounding**.* | *I saw a suspicious looking man **running away from the scene**.* | *I looked at the orange sun **disappearing below the horizon**.*

4 DRAMATURGIA

Staraj się, by wydarzenia następowały szybko jedno po drugim i miały swoją dynamikę.

PRZYDATNE ZWROTY

- Opisz reakcję narratora na rozwój wydarzeń: ***I couldn't believe my eyes!*** | ***I was sure I was dreaming!*** | ***I just knew it wasn't true!*** | ***I was lost for words.***
- Opisz emocje narratora: ***I was so terrified I couldn't speak.*** | ***I was so happy I could have cried!*** | ***I was so relieved it was over!*** | ***I just couldn't stop myself!***
- Używaj zwrotów określających czas i kolejność wydarzeń: ***Suddenly**, he was there in front of me!* | ***All of a sudden** everything went dark.* | *I **immediately** regretted my decision.* | ***Before** I could think, the car started moving.* | ***By the time I realized** what was happening, it was too late!* | ***The next thing I knew**, the car crashed into the tree.*
- Używaj spójników i innych zwrotów łączących zdania ze sobą, typowych dla języka potocznego: *I didn't know what to do. **Besides**, it already seemed too late to change things.* | *I didn't say a word. It wouldn't have changed anything, anyway.* | ***No matter what I did**, I couldn't get out.* | *I knew he wouldn't agree to come skiing. **First of all**, he hated any kind of exercise. **Then there was also the fact that** he would have to come with me.*

5 ZAKOŃCZENIE

Jeśli polecenie precyzuje, jakimi słowami należy podsumować opowiadanie, musisz zastosować się do takiego wymogu. Jeżeli nie, postaraj się zakończyć opowiadanie przejrzystą konkluzją.

PRZYDATNE ZWROTY

- Napisz, czego nauczyło narratora opisywane doświadczenie: ***That was the last time I** questioned his advice.* | ***I saw my whole life before me that day.*** | ***I never went back to** that house again.*
- Napisz, co mogło się wydarzyć: ***If I hadn't** missed the bus that day, **we'd never have** met.* | *If only I hadn't left the house that morning.* | ***I wish I'd never** decided to go there.*
- Opisz odczucia narratora już po wszystkim: ***I was just so relieved to be** alive.* | ***I was so happy, I felt my heart would burst!*** | ***We looked at each other and just laughed.***

ZADANIE

W gazecie przeczytałeś/przeczytałaś następujące ogłoszenie:

Competition

We need your stories on the theme 'a narrow escape'. Write a story ending in the words 'We were saved.' Entries must be sent to …

Napisz opowiadanie na konkurs.

PRZYKŁADOWA ODPOWIEDŹ

'Wake up!' Anna was screaming at me at the top of her voice. 'It's nine o'clock! Get up!' She was running around the room pulling her clothes on. I looked at the clock in horror. She was right, our plane was leaving in less than an hour.

We'd been saving for this holiday for over a year and I'd been dreaming of the sights and sounds of India every night for the last fortnight. I couldn't wait to get there! But that was the problem. No matter how hard I tried, I was too excited to close my eyes. I must have fallen asleep at some point that night, though.

Within five minutes we were out on the street, but there were no taxis around. Suddenly, I saw a car I recognised. I started waving my hands madly trying to get it to stop. When my uncle pulled over in his car, he was looking at me full of concern. He drove us as fast as he could, but it was foggy and too dangerous to drive at top speed. We arrived ten minutes after the flight time.

We walked sadly through the entrance of the airport wondering what to do next. The airport was full of people sitting around and it was really hard to see where we had to go. They were all in the way.

'Look!' Anna cried, pointing to the departures screen. I turned and saw the list of flights, as long as the board. Every flight had the same word next to it, 'delayed'. We both turned and looked at each other. 'The fog!' we cried. We were saved!

OPIS

Zanim napiszesz opis, dokładnie zaplanuj zawartość kolejnych akapitów. Poszczególne elementy opisu pogrupuj w logiczny sposób; nie wymieniaj ich w przypadkowej kolejności, w której przychodzą ci do głowy. Dostaniesz lepszą ocenę, jeśli użyjesz urozmaiconego słownictwa, a poszczególne zdania w twoim tekście będą miały zróżnicowaną strukturę.

1 OPIS MIEJSCA

Nie przeładowuj opisu szczegółami. Wybierz jedną lub dwie cechy charakterystyczne i opisz je bardziej szczegółowo. Jeśli uda ci się umieścić w opisie jedną cechę negatywną, będziesz mieć okazję użyć bardziej zróżnicowanego słownictwa.

PRZYDATNE ZWROTY

- Opisz architekturę: ***The first things you notice are the tall, dark walls and an impressive steel gate****, designed to let no-one in or out.* | ***The glass front lets*** *light flood into the reception area.* | ***The arched windows and doors*** *give the place a romantic feel.* | *The columns* ***are decorated in incredible detail****.* | *The* ***use of traditional materials like*** *wood and stone make the place feel familiar and welcoming.* | *The school building* ***is equipped with energy-saving devices, and renewable energy from the solar panels*** *on the roof.*
- Opisz otoczenie: *This* ***46-storey building towers over all the other*** *office blocks in the street.* | ***The museum overlooks the*** *main river through the city.* | ***It is surrounded by*** *a medieval wall.* | ***The city was built on the banks of*** *the river Thames.* | ***It is located right in the heart of*** *the old part of town.*
- Wspomnij o jednym aspekcie negatywnym: ***Although*** *the building is historically important,* ***it has been neglected*** *for several years* | ***Despite its run-down appearance****, it is still popular with the locals.* | ***Although*** *the area* ***has become a little overcrowded these days****, it is still well worth visiting.* | ***It is true that*** *the area* ***has become more commercialised these days****, but that won't spoil your enjoyment of the place.*

2 PRZEZNACZENIE MIEJSCA

Napisz, jaką funkcję spełnia dane miejsce dla osób, które je odwiedzają.

PRZYDATNE ZWROTY

- Opisz pierwotne przeznaczenie budynku czy fragmentu przestrzeni miejskiej: ***It was built as*** *a hospital for soldiers wounded in battle.* | ***Back in the*** *18th century* ***there was a need to provide*** *a clean pleasant place for people to walk around,* ***and so*** *the park was built.* | *The canal* ***was originally intended to*** *transport coal from the nearby mine.*
- Wyjaśnij, w jaki sposób korzysta się z tego miejsca obecnie: ***These days, the building is used as a*** *coffee shop and art gallery.* | ***It has been converted into*** *a hotel and restaurant.* | ***It is a popular meeting place*** *for young people from all over the city.* | ***Today, you are more likely to find*** *tourists walking around the narrow side streets* ***than*** *soldiers.* → *patrz* **Wypracowania – Przydatne zwroty** *Określanie celu*

3 ZNACZENIE MIEJSCA

Podaj kilka powodów, dla których opisywane przez ciebie miejsce jest wyjątkowe.

PRZYDATNE ZWROTY

- Opisz atmosferę: ***It is an old, abandoned*** *warehouse,* ***the kind you see*** *in crime scenes in films.* | ***As you walk through*** *the hall* ***you can just imagine*** *the happy people dancing across the floors one hundred years ago.* | ***I can't imagine a more perfect end to a wonderful day than watching the sun set over*** *the gentle shores of the lake.*
- Napisz, dlaczego to miejsce jest istotne: ***It is the last example of a*** *12th century abbey* ***left standing.*** | ***The building was home to*** *one of our greatest political leaders.* | ***The museum houses one of the best*** *collections of modern art in the country.* | ***It was on this site that*** *the revolution began.*

4 OPIS OSOBY

Zanim zaczniesz pisać, zaplanuj, jak pogrupujesz poszczególne elementy opisu. Samo wyliczenie zalet opisywanej osoby nie wystarczy; musisz wykazać się znajomością typowych wyrażeń, bardziej złożonych konstrukcji zdaniowych oraz umiejętnością zbudowania ciekawego opisu. Umieszczenie w opisie jednej wady pozwoli ci zademonstrować znajomość większej liczby wyrażeń i zwrotów, co może mieć wpływ na całościową ocenę twojej pracy.

PRZYDATNE ZWROTY

- Krótko uzasadnij, dlaczego wybrałeś/wybrałaś akurat tę osobę: *I believe David Beckham* ***is a good role model for*** *young people today.* | *Jennifer Aniston* ***has come a long way since making her name in*** *the television comedy, 'Friends'.* | ***Few people have done more to help*** *their local community* ***than*** *Pawel Kaminski.*
- Opisz wygląd zewnętrzny: ***The first thing you notice about her is*** *her sparkling blue eyes.* | ***She's clearly no stranger to*** *the gym.* | *His gorgeous looks and dark, smouldering eyes* ***have made*** *him* ***famous.*** | ***He carries off the*** *surfer* ***look really well.*** | ***She has her own distinct sense o****f style.*
- Opisz osobowość: *Angelina Jolie* ***is well-known for her work as*** *a Unicef Ambassador.* | ***Thanks to his*** *creativity and determination,* ***many more people now*** *have access to a quality education.* | ***His natural singing talent has made him*** *popular with audiences around the world.* | *He* ***has dedicated his life to helping others.***
- Wady podawaj w sposób złagodzony: ***Although he can be a littl****e demanding* ***at times, this is balanced by his*** *forgiving nature.* | ***Although she isn't very confident*** *in large groups,* ***she is a*** *loyal and kind friend.* | ***To be honest, he does have a*** *short temper* ***at times, but this is his only weakness.*** | ***She does*** *get into some bad situations with the press* ***from time to time, but that only makes her more*** *appealing, I think.*

→ *patrz* **Wypracowania – Przydatne zwroty** *Łączenie części zdania, Podawanie przykładów*

5 OSIĄGNIĘCIA OSOBY

Podaj przykłady postępowania i osiągnięć opisywanej osoby w przeszłości cdzięki temu twój opis będzie bardziej przekonujący.

PRZYDATNE ZWROTY

• Opisz osobowość, podając przykłady: ***Once***, *when he was travelling abroad, he ...* | ***His generosity can be shown by the time when*** *he helped to raise funds for ...* | ***His active role in promoting*** *health care* ***shows that*** *he has a caring and responsible personality.* | ***These are just a few examples of his*** *dedication to his work.*

• Wspomnij o osiągnięciach opisywanej osoby: ***He is the only person to have*** *won the best actor award two years running.* | ***She has represented her country in*** *over three Olympic games.* | ***She was awarded*** *the Nobel prize* ***for her work.*** | ***She has given so much to*** *her local community.* | ***He is a valued member of*** *the community.* | ***She has dominated*** *our television screens* ***for the last few years.***

• Napisz, dlaczego opisywana osoba cieszy się szacunkiem: ***He is highly respected for*** *his work with children.* | ***Many young people look up to him as a role model.*** | ***She has inspired a whole new generation of*** *athletes.* | ***Despite his phenomenal success, he remains*** *down-to-earth and approachable.*

6 OPIS UROCZYSTOŚCI

Przed przystąpieniem do pisania zastanów się nad typem opisywanej uroczystości i zbierz słownictwo związane z tematem. Do opisu niektórych uroczystości i świąt często potrzebne są wyrazy stosunkowo rzadkie.

PRZYDATNE ZWROTY

• Wprowadź do opisu wydarzenia: ***There's a tradition*** *in Poland* ***to hold a school-leavers' ball*** *when students graduate.* | ***Christmas in Poland is much like everywhere else.*** | ***To celebrate*** *the end of the school year,* ***we hold a huge party*** *every year.* | ***Few events in a person's life are as important as*** *their college graduation day.* | ***Thanksgiving is a great excuse to get together with friends and family.***

• Rodzaje uroczystości: *The* ***wedding ceremony*** *is a very important event.* | *I'll never forget my sister's* ***engagement party.*** | *The* ***farewell party*** *when I left my homeland for the first time was full of mixed emotions.* | *Our school* ***graduation ball*** *was spectacular.* | *I was so proud to take part in our* ***Independence Day parade.*** | *I absolutely love* ***dressing up for*** *a* ***Halloween fancy dress ball.*** | *There's usually a* ***disco and a buffet afterwards.***

• Opisz krótko tło uroczystości: ***It's an important rite of passage in every young person's life.*** | ***It's a time to get together with friends and family.*** | ***It's changed a lot in recent years.*** | ***These days it's heavily influenced by films and television shows from America.*** | ***It's a religious ceremony and a time to reflect on our lives.*** | ***It's always been a very special time for*** *Polish people.*

7 WYDARZENIA PODCZAS UROCZYSTOŚCI

Wybierz kilka elementów, które opiszesz bardziej szczegółowo. Staraj się nie pisać o wszystkim, co się dzieje.

PRZYDATNE ZWROTY

• Opisz stroje: *It's always* ***very formal,*** *and* ***a chance to dress up*** *in very elegant clothes.* | *It was a* ***fancy dress*** *party, with the theme of aliens and outer space.* | *It's always* ***really casual,*** *just* ***jeans and a t-shirt,*** *that sort of thing.* | *The children parade down the street in their* ***uniforms.*** | *The performers always wear really* ***elaborate costumes.***

• Opisz lokalizację: ***The roads are closed off*** *and we hold a* ***street party*** *in the road through the village.* | ***The best venues*** *for the event are usually hotels or restaurants.* | *We usually* ***take a picnic*** *to the woods, or* ***set up a campfire.*** | *We* ***hired the ballroom*** *in the town hall.* | ***We usually just hold the party in the school gym,*** *but we have a school committee to organise the decorations to make it feel special.* | *Summer really is the best time for a* ***rock festival in the grounds of the old castle.***

• Opisz typowe dania: *We eat traditional dumplings at this time of year.* | ***Just the smell of*** *apples* ***makes me think of*** *harvest time in my* home village. | ***There's a superstition about eating*** bread and salt, ***it's supposed to bring*** good luck and prosperity. | ***It takes months of planning to get everything just right***. | There are usually ***little stalls*** around the main square ***selling traditional food and local delicacies***.

• Opisz wydarzenia: *There's usually* ***a display of traditional dancing***. | ***The evening ends with a huge fireworks display***. | *There's usually* ***a formal, sit-down meal before*** *the dancing begins.* | *The father of the bride usually* ***makes a speech***. | ***We usually exchange gifts*** *with close friends and family.* | *We spend the night* ***dancing into the early hours***.

8 EMOCJONALNY ASPEKT UROCZYSTOŚCI

Aby uczynić opis bardziej osobistym, napisz, jakie są twoje odczucia związane z opisywanym świętem lub uroczystością.

PRZYDATNE ZWROTY

• Opisz krótko swoje odczucia: ***I'm always*** *sad* ***when*** *Christmas* ***is over*** *for another year.* | *I think it's* ***an important part of our cultural heritage***. | ***It really was a night to remember***. | ***It's such a special occasion***. | ***It's a great excuse for a party***! | ***It's a great chance to chill out and relax with friends and family***. | ***It's a day we look forward to all*** *year.*

ZADANIE

W gazecie zobaczyłeś/zobaczyłaś następujące ogłoszenie:

> ***Look after your favourite local building.***
>
> Do you know a building that needs improving? We have 50,000 euros to spend on a local building in need of repair. We're asking you, our readers, to recommend a building. Write a description of the building, where it is located and why you think it deserves the money.

Opisz dom, który twoim zdaniem zasługuje na renowacje.

PRZYKŁADOWA ODPOWIEDŹ

THE OLD SPA BATHS

The area of Naleczow is as beautiful today as it was in the 19th century, when the park was first designed. It's located on the site of ancient hot springs, and mixes old philosophies of good health with the knowledge of modern medicine we have today. It's an area of outstanding beauty. However, one building in the park stands out above all others, the Old Spa Baths.

The building was constructed over 200 years ago, and was first used as a hospital. It's a beautiful white brick building, with a black roof, and stands out against the dark green of the gardens which surround it. It's an impressive sight as you approach from the riverside.

At the moment it is used as a day spa and health resort, and is popular with Polish people and foreigners alike, as well as being a popular location for professional photographers. Unfortunately, because it is such a large building, maintenance work is always expensive. Some of the 30 or so arch windows are in need of repair, and the circular tower at the eastern end requires some attention.

Unlike many of the buildings in the larger cities, this building has received less attention and investment, but it's clearly a national treasure we should preserve for future generations.

ZADANIE

W gazecie przeczytałeś/przeczytałaś następujące ogłoszenie:

Napisz opis osoby na konkurs.

> **Who are the local heroes in your area?**
>
> We're looking for the person who has made a difference to your town. We'd like you to describe your hero, explaining what you think makes him or her special. The winners will receive dinner for two at top restaurant 'The King's Table', and tickets to a local show.

PRZYKŁADOWA ODPOWIEDŹ

Without any doubt, Tim Perkins is my local hero. Tim's been running the Branksome Martial Arts Centre for the last 10 years, and he's helped hundreds of children and young people from our town who have passed through his doors.

Many local people will be familiar with his bright smile and the tracksuit he always wears. You'd never guess from his modest appearance that we had a former champion in our town. Tim grew up here in Branksome. Despite the fact that he wasn't the tallest in his class, he's always been particularly good at martial arts. He won many judo competitions and represented our town and our country at an international level.

When he returned home, he decided to set up a martial arts centre for young people, running it as a charity, not a business, to ensure that no child was ever turned away. Although Tim can be very demanding at times, his students will agree that his high expectations have helped them to find success. His main aim, though, is not to raise world-class prize winners, but to work with the young people in his care to build up their self-confidence and help them to focus on positive goals.

These are just a few examples of his kindness and his importance to the people in our town. I think you'll agree with me that he's very deserving of the title, local hero.

ZADANIE

Otrzymałeś/Otrzymałaś następujący e-mail od kolegi:

Help!

From: "Gerry Jones" g.jones@supernet.com
To: "Marcin Nowak" m.nowak@supernet.com

Hi Marcin

Can you help me out? I'm trying to put together some information for a website on Polish culture, and I need something on Polish weddings. If you could send me some information, I'd be really grateful.

Thanks

Gerry

ZADANIE

Opisz polskie wesele.

PRZYKŁADOWA ODPOWIEDŹ

Like many countries, weddings in Poland are changing. Under communist rule, religious weddings weren't legally accepted. These days, young couples are free to marry where and how they choose. Although there's a highly commercialised industry behind modern day marriage ceremonies, there's still no better excuse for a really good party than a traditional wedding in Poland.

Before the wedding itself, the couple hold small dinner parties for their immediate family. It allows everyone to get to know each other, and accept their choices before they formally announce their support at a big engagement party. The 40 days before Easter and the time just before Christmas are unpopular days for weddings, as churches won't marry people at that time. And few Polish people hold their weddings in May, superstitions tend to put them off.

However, it's not considered bad luck for the groom to see his bride before the wedding. In fact, in traditional ceremonies, the couple walk to the church together, with a band playing all the way. After the ceremony, there's a huge party, with a banquet and dancing well into the next day. It really is a huge celebration.
We have a tradition of eating bread and salt at the party afterwards. It's supposed to bring the couple good luck and prosperity, so that they'll never go hungry when they grow older. They won't be hungry on their wedding day, that's for sure! It's definitely a day for everyone to remember the rest of their lives.

RECENZJA

Pisząc recenzję, pamiętaj o zachowaniu właściwych proporcji pomiędzy streszczeniem a oceną. Bardzo rozbudowane opisy fabuły rzadko są oceniane pozytywnie. Przede wszystkim jednak uważnie przeczytaj treść zadania. Niekiedy w poleceniu egzaminacyjnym może pojawić się dodatkowy wymóg, np. wyjaśnienia, dlaczego dana komedia odniosła sukces lub w jaki sposób gra aktorska wpływa na pozytywną ocenę całego filmu. Wszystkie takie dodatkowe polecenia musisz wykonać.

1 WSTĘP

Recenzję możesz zacząć od uwagi na temat znaczenia recenzowanego dzieła oraz krótkiej historii jego powstania.

PRZYDATNE ZWROTY

- Wyjaśnij, jak dowiedziałeś/dowiedziałaś się o danym filmie lub książce: *Harry Potter* ***has been one of the most successful franchises of all time.*** | *One* ***of the more surprising successes of 2010*** *was the low-budget film, Slumdog Millionaire.* | *The Hurt Locker le in 2010.* | ***Few books have enjoyed more commercial success than*** *The Lord of the Rings.* | *Stieg Larsson's books* ***have been translated into*** *over thirty different languages.*
- Postaraj się zachęcić czytelnika do przeczytania dalszej części recenzji: ***Fans of*** *the earlier books in the series* ***won't be disappointed.*** | ***If you love*** *Sci-Fi films,* ***you're going to love*** *this!* | ***Once you start*** *this book,* ***you won't be able to put it down.*** | ***If you only see one film this year, make sure it's*** *this one.* | *The million* ***people who have already*** *bought the book* ***can't be wrong.*** | *Sex and the City is the ultimate* ***chick flick.***

2 RECENZJA KSIĄŻKI

Zaraz po części wstępnej omów w pojedynczym, krótkim akapicie fabułę książki. Następnie wyjaśnij, dlaczego książka może się podobać, oraz wspomnij o jej ewentualnych niedociągnięciach. Podanie przynajmniej jednego negatywnego aspektu recenzowanego utworu pozwoli ci wykazać się znajomością większej liczby słów i konstrukcji językowych.

PRZYDATNE ZWROTY

- Streść fabułę: ***This is a classic whodunit,*** *and* ***will have you guessing until the end.*** | ***The author vividly brings to life the story of one of*** *the most hated women in history.* | ***This is a*** *love story* ***with a difference.*** | *The story was* ***a little predictable, but would appeal to a*** *younger audience.*
- Opisz bohaterów: *Harry* ***is a complex character,*** *trying to discover his place in the world.* | ***In writing this book,*** *Agatha Christie* ***has created one of the most memorable*** *detectives* ***of all time.*** | ***You can't help but fall in love with*** *this modern-day hero.* | *Some of the* ***minor characters were a little bland.*** | ***It's easy to relate to*** *the struggles of the heroine in this book.*
- Krótko scharakteryzuj całą książkę: ***The story really draws you into the world*** *that Bella Stone inhabits* | ***It's easy to sympathise with the characters.*** | ***The story vividly brings to life*** *a time gone by.* | ***The dialogue is sparkling.*** | *There is a little* ***too much description*** *at times.*

3 RECENZJA FILMU

Zaraz po części wstępnej omów w pojedynczym, krótkim akapicie fabułę filmu, a następnie napisz, co sprawia, że film jest popularny lub niepopularny. Aby swobodnie pisać o filmach, trzeba mieć opanowane słownictwo związane z tym tematem, dlatego warto zapoznać się z przykładami podanymi poniżej.

PRZYDATNE ZWROTY

- Opisz grę aktorską: *Johnny Depp is very convincing* ***as the main character,*** *Captain Jack Sparrow.* | *Heath Ledger* ***well deserved his Oscar for*** *best supporting actor in this film.* | ***No one is more suited to play the part of the*** *young wizard than Daniel Radcliffe.* | *Daniel Craig* ***is perfect for the role of*** *a more aggressive James Bond.* | *The film would have benefitted from a younger actor* ***playing the leading role.*** | *He is* ***unconvincing*** *as the evil leader.*

• Opisz walory techniczne: *The* ***soundtrack*** *on Lord of the Rings really* ***helps to create the mood of the film****.* | *The* ***special effects*** *in the film* ***were spectacular****.* | *The film is* ***beautifully set in*** *the 19th century, with* ***period costumes*** *and incredible attention to detail.* | *The film* ***was shot on location*** *in New Zealand and the sweeping landscapes are truly stunning.* | *The film was a little* ***over-reliant on special effects to carry the weak plot****.*

• Opisz fabułę: ***The plot moves at a*** *breathtaking pace.* | *The* ***lines are*** *witty and* ***the jokes come fast****.* | *The* ***ending will bring a tear to your eye****.* | *The* ***plot is full of twists and turns that will have you guessing right up until the last moment****.* | *It's a* ***refreshing new take on an old story****.* | *It's a typical* ***boy-meets-girl movie****.* | ***The plot*** *is daring, but may shock some viewers.* | ***It was a little slow*** *towards the end.* | *The middle section* ***dragged out a bit too long****.*

4 REKOMENDACJA

Recenzje zwykle kończą się oceną omawianej książki lub filmu, a także sugestią, kto powinien zainteresować się recenzowanym dziełem.

PRZYDATNE ZWROTY

• Wskaż potencjalnego odbiorcę recenzowanego dzieła: ***This book will appeal to fans of*** *romantic novels.* | ***This is sure to please fans of*** *the original.* | *This film will keep all of the family happy.* | ***If you like*** *horror movies,* ***you'll love this film.*** | ***Readers looking for*** *a more literary novel* ***will be disappointed****, but it is tremendous fun anyway.*

• Podaj powód, dla którego recenzowane dzieło zasługuje na zainteresowanie: ***Bring the popcorn and settle down for*** *an hour and a half of pure entertainment.* | ***Don't forget to bring your tissues, though!*** | *For the ultimate shoot 'em up movie, this film* ***can't be beaten****.* | ***You won't be able to put this book down****.*

ZADANIE

W gazetce studenckiej znalazłeś/znalazłaś następujące ogłoszenie:

> Do you love films? If so, we need students to submit reviews of some of the films in the DVD collection at the college library. Please send your review to Tim Church through the library website.

Napisz recenzję wybranego przez siebie filmu.

PRZYKŁADOWA ODPOWIEDŹ

Avatar

It was no surprise when the science fiction blockbuster Avatar broke box office records. With its mix of spectacular 3-D special effects, and heroic storyline, it quickly became a huge hit.

Avatar is a typical boy-meets-girl story, but with a difference. The couple in this story are not even of the same species. The film is set in the future, 2154 to be precise, when the main character, Jake Sully, is sent to protect mining interests on the beautiful, untouched planet of Pandora. His job is to make friends with the hostile locals through an 'avatar', an alien body which he controls with his mind. This becomes more complicated as he gradually realises life on Pandora and the love of the chief's daughter matter more to him than his mission.

Although the scenery is all made by CGI, it is visually stunning. The colours are so bright it is hard to know what to look at first. Sigourney Weaver is perfectly cast as the well-meaning space researcher, Dr Grace Augustine. Viewers today will immediately recognise the strong environmental message behind the film, that we need to take better care of the beautiful planet we live on.

Unfortunately, the special effects are not matched by the script, which is a little slow and predictable at times. The film is also a little too long. I couldn't help wishing Jake would learn the Pandoran way of life just a little bit quicker. Despite these criticisms, the film is a visual treat for the eyes, and a real must-see, even if you think science fiction films are not for you.

ZADANIE

W osiedlowej bibliotece zobaczyłeś/zobaczyłaś następujące ogłoszenie:

> **What was your favourite book when you were at school? As part of a programme to encourage school-age children and teenagers to read more, we would like you to write a review of a book you enjoyed when you were at school.**

Napisz recenzję wybranej przez siebie książki.

PRZYKŁADOWA ODPOWIEDŹ

Twilight, by Stephanie Meyer

LONG BEFORE Twilight hit the film screens, it was one of the best-selling teen books of the decade. For those of you not yet familiar with the film version, the original book will be a real treat.

The story follows the growing romance between seventeen-year-old Bella Stone, and Edward Cullen, a hundred-year-old vampire, frozen in time as a seventeen-year-old boy. When Edward displays extraordinary skills of strength and speed, along with the unusual habit of disappearing on warm sunny days, Bella begins to suspect there might be something he's not telling her.

Many readers will immediately be able to relate to the main character, Bella Stone, and the everyday concerns of teenage girls. The fact that the book is written in the first person allows female readers to imagine they're Bella. Edward Cullen is the perfect romantic lead, I would challenge any girl under seventeen not to fall for him! The concept of 'vegetarian' vampires (they won't drink human blood) is also a fresh new take on an old story, and will draw in fans of romance and horror alike.

Perhaps the only weakness is that the ending is not quite as satisfying as it could be, leaving the reader waiting for the next book in the series. It may not be a book for the boys either, as there's not a lot of adventure action in this book. But all in all, you won't regret picking this book up from the library shelves.

ROZPRAWKA

Rozprawka pozwoli ci wykazać się umiejętnością przedstawiania argumentów za jakąś tezą i przeciw niej. Jakość takiego tekstu zależy od jego dobrej organizacji. Nie mniej ważna jest umiejętność uzasadniania opinii i prowadzenia logicznego wywodu.

Rozprawki mogą mieć zastosowanie ogólne lub akademickie; ich poszczególne typy różnią się między sobą budową i stylem.

1 WSTĘP

Rozprawka rozpoczyna się od akapitu wstępnego. Wprowadza on temat, niekiedy również opisując niedawne wydarzenia, tak by czytelnik mógł się zorientować, dlaczego temat jest istotny i godny uwagi.

PRZYDATNE ZWROTY

- Opisz sytuację, która zmieniła się na gorsze: ***In recent years*** *our diet has* ***become increasingly poor***.
- Opisz problem, który regularnie jest poruszany w prasie: ***Almost any day of the week you can look at a newspaper and read stories about*** *youth crime.*
- Opisz problem o podłożu politycznym: ***Many governments now recognise the need to*** *protect the environment.*
- Opisz, w jaki sposób omawiany problem dotyka twojego czytelnika: *Overpopulation* ***is perhaps the biggest global problem that our generation will face***.
- Opisz, jakie korzystne i niekorzystne aspekty dla twojego czytelnika ma omawiany problem: ***Almost all of us would benefit from*** *taking more exercise in our lives.*

Akapit wstępny rozprawki wyrażającej opinię powinien również stawiać tezę (opinię), która potem zostanie powtórzona innymi słowami w podsumowaniu.

PRZYDATNE ZWROTY

- Zaprezentuj swój punkt widzenia: ***The aim of this essay is to demonstrate that individuals must take responsibility for their own health, not the government***. → *patrz* **Wypracowania - Przydatne zwroty** *Podsumowanie*

2 ROZPRAWKA TYPU ZA I PRZECIW - ROZWINIĘCIE

Rozprawka typu za i przeciw powinna składać się z czterech akapitów.

Pierwszy akapit to wstęp, drugi podaje argumenty za przyjętą tezą, trzeci - argumenty przeciw, zaś ostatni akapit przedstawia pogląd autora. Dzięki przejrzystej strukturze rozprawkę tego typu jest stosunkowo łatwo skonstruować.

PRZYDATNE ZWROTY

- Przedstaw pogląd neutralny: ***Clearly, there have been advantages to*** *allowing cars into the city centre.* | ***It has been argued that*** *children need strong discipline to do well at school.* | ***Many have claimed that*** *competition at schools promotes the kind of qualities valued in the workplace.* → *patrz* **Wypracowania - Przydatne zwroty** *Wyrażanie opinii, Zalety i wady, Uogólnienia*
- Przedstaw argumenty "za": ***To better understand this*** *you just need to look at the situation in Poland today.* | ***This can be seen in*** *our town centres today.* | ***This often means that*** *young people have little time for anything outside school.* → *patrz* **Wypracowania - Przydatne zwroty** *Łączenie części zdania, Objaśnianie, Uzasadnianie*
- Przedstaw pogląd przeciwny: ***However, it would be wrong to suggest that*** *the Internet is without problems.* | ***Despite all these arguments in favour***, *there are still strong grounds for concern.* | ***While*** *I agree that walking is beneficial, I do not believe that it is the best form of exercise.* → *patrz* **Wypracowania - Przydatne zwroty** *Porównywanie i przeciwstawianie*
- Podsumuj argumenty na zakończenie każdego akapitu: ***What this means is that*** *many people do not benefit from this new technology.* | ***There is clearly a strong case for*** *change.* → *patrz* **Wypracowania - Przydatne zwroty** *Podsumowanie*

3 ROZPRAWKA WYRAŻAJĄCA OPINIĘ - ROZWINIĘCIE

Rozprawka wyrażająca opinię składa się z co najmniej czterech akapitów.

Pierwszy akapit to wstęp. Drugi i trzeci przedstawiają powiązane logicznie argumenty dotyczące głównej tezy. Akapit ze słabszym argumentem zawsze umieszczaj przed akapitem z silniejszym argumentem.

PRZYDATNE ZWROTY

- Rozpocznij od przedstawienia swojego zdania: *In my view, there are many benefits to walking.* | ***On the whole**, spending a number of years in prison does tend to have a positive effect on the criminal.* → patrz **Wypracowania - Przydatne zwroty** *Wyrażanie opinii, Zalety i wady, Uogólnienia*
- Dodaj wyjaśnienia lub podaj przyczyny: ***In fact**, most criminals leave prison with far fewer opportunities to earn money in an honest way than they had before they went in.* → patrz **Wypracowania - Przydatne zwroty** *Łączenie części zdania, Objaśnianie, Uzasadnianie, Podawanie przykładów*
- Przytocz przeciwny punkt widzenia: ***Although some may argue that** most children are not affected, there is still the danger that some may suffer.* | ***While it is true that** animals do not show great language skills, some have learnt to communicate in sign language.*
- Podsumuj treść każdego akapitu na jego zakończenie: ***This all suggests that** prison may not be the most effective form of punishment for minor crimes.* | ***The arguments in favour of** walking **seem persuasive**.*
- Zacznij drugi akapit od przedstawienia nowego aspektu: ***Another point to bear in mind is the** effect on those who live with smokers.* | ***However**, the purpose of prison is not only to reform the criminal.* → patrz **Wypracowania - Przydatne zwroty** *Łączenie części zdania*

4 ROZPRAWKA TYPU ZA I PRZECIW ORAZ WYRAŻAJĄCA OPINIĘ - ZAKOŃCZENIE

Ostatni akapit powinien zawierać streszczenie twojego poglądu na omawiany temat oraz sugestie odnośnie ewentualnych działań możliwych do podjęcia w przyszłości.

PRZYDATNE ZWROTY

- Podsumuj swój punkt widzenia: ***As we have seen** there are many arguments on both sides of the debate.* | ***In the final analysis, I believe that** prison is a valid way of dealing with crime.* → patrz **Wypracowania - Przydatne zwroty** *Podsumowanie*
- Zasugeruj rozwiązanie: *However, **it should not be seen as** the only option for reducing the amount of crime.* | *Encouraging any form of exercise **is a positive thing**.*

5 ROZPRAWKA AKADEMICKA - ROZWINIĘCIE I ZAKOŃCZENIE

Pisząc rozprawkę akademicką, nie musisz wymieniać wszystkich argumentów za i przeciw. Wybierz dwa lub trzy aspekty problemu i z nich zbuduj silną argumentację. Wnioski powinny być oparte na dowodach, a nie na twoich poglądach. Należy unikać personalizowania rozprawki akademickiej zwrotami typu *I think...*, chociaż podawanie w argumentacji przykładów z własnego doświadczenia jest jak najbardziej dopuszczalne.

PRZYDATNE ZWROTY

- Zacznij od przedstawienia tezy: ***Many experts agree that** television has a negative effect on the development of children.* | ***According to** recent research, the number of people suffering from heart disease has reached record levels.* → patrz **Wypracowania - Przydatne zwroty** *Cytowanie, Wyrażanie opinii*
- Podaj przykłady: *There are many health problems, **such as** poor eyesight, backache and obesity, which are related to spending a long time watching television.* → patrz **Wypracowania - Przydatne zwroty** *Objaśnianie, Uzasadnianie, Związek lub brak związku, Określanie przyczyn*
- Przytocz przeciwny punkt widzenia: ***Although** there are many good educational programmes around, these do not tend to be popular among*

children. → patrz **Wypracowania - Przydatne zwroty** Łączenie części zdania

- Przedstaw możliwe konsekwencje: *The problems caused by watching television a great deal in childhood* ***might be*** *impossible to reverse once the child is old enough to make properly informed decisions about their lifestyle and health.* → *patrz* **Wypracowania - Przydatne zwroty** *Określanie przyczyn*

W dalszej części pogłębiaj argumentację zgodnie z treścią zadania - w sposób jednostronny, lub też w sposób zrównoważony, przedstawiając argumenty obu stron sporu. W zależności od limitu słów oraz dostępnych dla danego problemu przesłanek powinieneś/powinnaś omówić co najmniej dwa lub trzy silne argumenty.

Ostatni akapit powinien zawierać wnioski płynące z przytoczonych argumentów oraz sugestie co do ewentualnych badań lub działań możliwych do podjęcia w przyszłości.

PRZYDATNE ZWROTY

- Podsumuj argumentację: ***The evidence suggests that*** *children should be encouraged to take up hobbies that are more active.* | ***While*** *there is much that a government can do to promote healthy lifestyles, it is ultimately the responsibility of individuals to make the right choices in their lives.*
- Sformułuj optymistyczną prognozę: *The rise in the popularity of after-school activities and sports facilities* ***suggests that*** *the era of watching television* ***may soon*** *be finished.*
- Sformułuj ostrzeżenie: ***Unless*** *people take more responsibility for their own well-being, we will be facing a health crisis in the next twenty years.*
- Zasugeruj możliwe kierunki badań: ***As we still do not understand*** *the* ***long-term effects*** *of a modern diet on our health,* ***more research is needed to*** *make realistic diagnoses.*

6 ROZPRAWKA TYPU PROBLEM-ROZWIĄZANIE - ROZWINIĘCIE I ZAKOŃCZENIE

Rozprawka typu problem-rozwiązanie powinna również rozpocząć się od przedstawienia tematu, informacji uzupełniających oraz powodów, dla których dany temat zasługuje na uwagę.

Zaproponuj szereg możliwych rozwiązań, poświęcając jeden akapit każdemu problemowi. Omów korzyści płynące z przyjęcia proponowanych rozwiązań oraz wskaż trudności, jakie mogą się pojawić.

PRZYDATNE ZWROTY

- Zaproponuj rozwiązanie: ***One possible solution would be to*** *reduce the number of cars allowed into the city centre during working hours.*
- Wymień korzyści: ***This would solve the*** *immediate* ***problems of*** *pollution and traffic accidents.*
- Wskaż trudności, zwykle przy użyciu zdania warunkowego: ***However****, people* ***would*** *still need to travel into the city centre to get to work, and* ***unless*** *more is invested in public transport, the economy would quickly suffer.*

W ostatnim akapicie przedstaw rozwiązanie, które uważasz za najlepsze.

PRZYDATNE ZWROTY

- Podsumuj swoje obserwacje: ***As we have seen, it is a complex issue****.* | ***However, I feel that*** *that the most pressing problems would be solved if we chose the final option, investing in long-term solutions from technology.* → *patrz* **Wypracowania - Przydatne zwroty** *Podsumowanie*

ZADANIEROZPRAWKA TYPU ZA I PRZECIW

Wiele osób uważa, że internet daje nam nieograniczony dostęp do informacji, inni jednak obawiają się, że ich standard pozostawia wiele do życzenia. Napisz rozprawkę przedstawiającą oba te punkty widzenia.

PRZYKŁADOWA ODPOWIEDŹ

It is hard to believe that the Internet has only been with us since the mid-1990s. In a few short years, it has become an indispensable part of our lives. These days we expect to be able to find the answers to any Internet search in seconds. But should we be asking more questions before welcoming this technology?

Clearly, the Internet is a useful learning tool. It can help with school homework, university assignments and even in business. In the past people had to pay to read books or journals, or simply couldn't find what they needed. Today information is easily available and usually completely free of charge. Economies have grown stronger, as businesses find new markets or more competitive suppliers. The fact that experts are now sharing information more freely has meant that in areas such as medicine, the additional knowledge can literally save lives.

However, there are reasons to be concerned. The information on the Internet is rarely checked by a professional editor, whose job it is to make sure that the article is accurate and offers a balanced point of view. The quality of some web pages can be very poor. You also need to be able to find the information you want, and search engines are currently struggling to cope with the increased demand.

From my point of view, it is impossible to go back in time to the days before the Internet existed. Governments need to work with professionals in the technology industries to find new ways to control the quality of what appears.

ZADANIE

ROZPRAWKA WYRAŻAJĄCA OPINIĘ

Palenie tytoniu każdego roku powoduje śmierć milionów ludzi. Z tego powodu na całym świecie powinno się zakazać palenia. Napisz rozprawkę, w której wyrazisz swoją opinię na ten temat.

PRZYKŁADOWA ODPOWIEDŹ

The links between smoking and major illnesses such as lung cancer and respiratory disease have been well-known for several decades. The laws governing the sale of cigarettes and the places where people are allowed to smoke have become stronger in response to people's growing fears. I believe that these more gradual changes in the law are preferable to a complete ban.

A large number of people depend directly or indirectly on the tobacco business. There would be a rise in unemployment following any complete ban. This will have a more serious impact on the farmers who are mainly based in developing countries. Poor farmers cannot easily change the crops that they grow from one day to the next. Without alternative employment, farmers may not be able to feed their families.

In addition, I firmly believe that this policy may cause more social problems in our own society. Airline companies witnessed a rise in the number of violent incidents when they introduced a smoking ban, suggesting violence in general may increase with a ban. It is also inevitable that cigarettes will still be traded by organized crime groups. Finally, other bad habits such as eating junk food, not taking exercise, air pollution or long working hours all have a bad effect on people, but these are not regulated. Why should smoking be different?

In conclusion, while I firmly believe that anyone smoking should try to stop for their own health and the health of their immediate family members and friends, I do not believe that prohibiting smoking would have enough benefits to outweigh the many problems that it would cause.

Słownictwo-katalog tematów **Topic Activator**

CZŁOWIEK

WYGLĄD ZEWNĘTRZNY

bald *adj* łysy: *a bald man | Dad started going bald when he was in his thirties.*

beard *n* [C] broda: *He's growing a beard.*

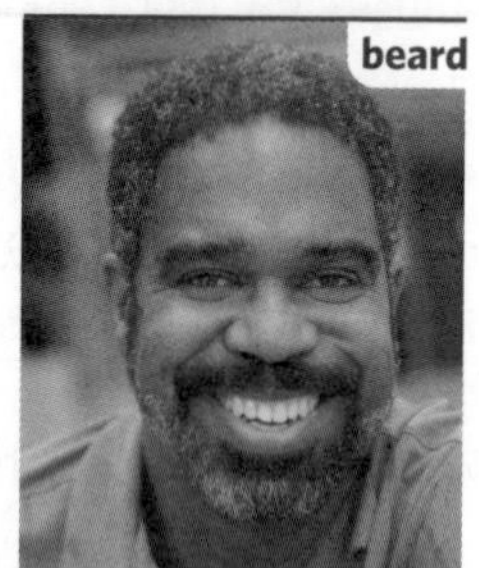

chubby *adj* pucołowaty: *chubby cheeks | a chubby six-year-old*

elderly *adj* starszy, w podeszłym wieku: *a well-dressed elderly woman*

fashionable / unfashionable *adj* modny/ niemodny: *Black is very fashionable at the moment. | unfashionable clothes*

freckle *n* [C usually plural] pieg: *She has freckles on her nose.*

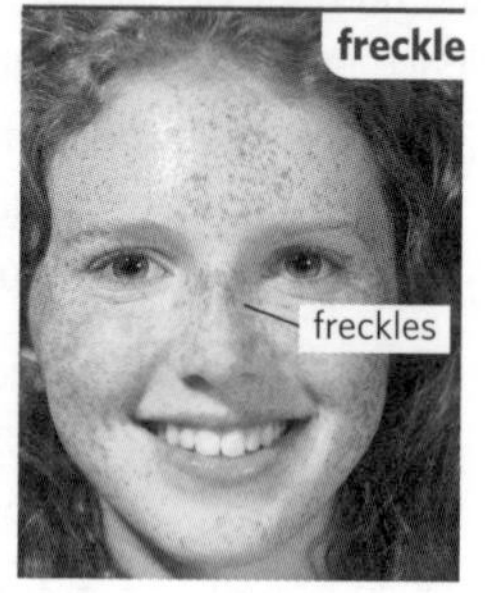

fringe *n* [C usually singular] grzywka: *She has long hair with a fringe.*

good-looking *adj* atrakcyjny: *a good-looking guy*

gorgeous *adj informal* śliczny: *You look gorgeous, Maria.*

handsome *adj* przystojny: *He was tall, dark, and handsome | his handsome face*

in his/her early/mid/late twenties po dwudziestce/w wieku około 25 lat/przed trzydziestką: *She was in her early twenties when I met her. | He's probably in his mid twenties.*

middle-aged *adj* w średnim wieku: *a middle-aged businessman*

moustache *n* [C] wąsy: *He's shaved off his moustache.*

muscular *adj* umięśniony, muskularny: *a slender, muscular body | He's very muscular.*

of average height średniego wzrostu: *He was in his late twenties and of average height.*

ordinary *adj* zwyczajny, zwykły: *She was a serious young woman, rather ordinary in appearance. | He's an ordinary teenager with extraordinary talents.*

plump *adj* pulchny: *The nurse was a cheerful plump woman.*

ponytail *n* [C] koński ogon: *She usually has her hair in a ponytail.*

scruffy *adj* niechlujny: *scruffy shoes*

skinny *adj* chudy: *Some supermodels are far too skinny.*

slender *adj* smukły, szczupły: *She is slender and stylish.*

smart *adj* elegancki: *a smart black suit | The children look very smart in their school uniform.*

well-built *adj* dobrze zbudowany: *He's over six foot tall and well-built.*

wrinkle *n* [C usually plural] zmarszczka: *Her face was old and covered in wrinkles.*

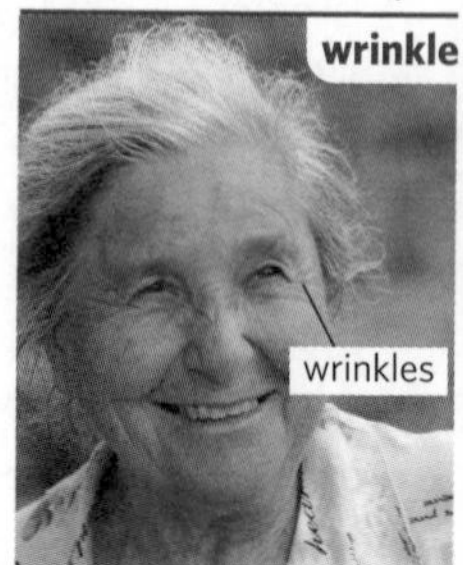

CECHY CHARAKTERU

bossy *adj* apodyktyczny: *a bossy little girl*

brave *adj* dzielny: *brave firefighters | It was very brave of you to tell her the truth.*

careless *adj* nieostrożny, niedbały: *Don't be so careless! | He's always been careless with his money.*

caring *adj* opiekuńczy: *a caring attitude | I feel lucky to have such a caring family.*

cruel *adj* okrutny: *a cruel, selfish woman*

generous *adj* hojny, wspaniałomyślny: *She's always very generous to the kids. | It was generous of you to offer to help.*

gentle *adj* łagodny: *She is a gentle, caring person.*

hard-working *adj* pracowity: *a hard-working teacher*

honest/dishonest *adj* uczciwy/nieuczciwy: *He seems a good, honest man | She was always honest about her feelings. | a dishonest politician | I don't think he was being deliberately dishonest.*

jealous *adj* zazdrosny: *I was jealous of her success. | He gets jealous if she talks to another man.*

kind/unkind *adj* dobry, życzliwy/niedobry, nieżyczliwy, nieuprzejmy: *a very kind and generous person | I felt very sorry for being unkind to her.*

lazy *adj* leniwy: *He felt too lazy to get out of bed.*

mature/immature *adj* dojrzały/niedojrzały: *Laura is very mature for her age. | My brother's very immature.*

mean *adj* podły, skąpy: *It was mean of you not to ask her to come to your party. | He's too mean to buy a present for his wife.*

modest/immodest *adj* skromny/nieskromny: *She was a quiet modest woman.* | *I don't mean to sound immodest, but I really am the best person for the job.*

patient/impatient *adj* cierpliwy/niecierpliwy: *She's always very patient with her students.* | *Don't be so impatient. I'm working as fast as I can.*

reasonable/unreasonable *adj* rozsądny/nierozsądny: *I've tried to be reasonable, but he won't listen to my suggestions.* | *I think he's being unreasonable.*

reliable/unreliable *adj* solidny/niesolidny: *It's strange Ben isn't here. He's usually so reliable.* | *We could ask our neighbours to feed the cat, but they're too unreliable.*

responsible/irresponsible *adj* odpowiedzialny/nieodpowiedzialny: *I left the dog with Billy – he's very responsible.* | *He's got an irresponsible attitude to money.*

rude *adj* niegrzeczny, nieuprzejmy: *She's always making rude remarks about other people.*

self-confident *adj* pewny siebie: *I eventually became more self-confident as a public speaker.*

selfish *adj* samolubny, egoistyczny: *selfish behaviour* | *That was a very selfish thing to do.*

sensitive/insensitive *adj* wrażliwy/niewrażliwy: *a sensitive and intelligent young man* | *Doctors sometimes seem insensitive to their patients' feelings.*

serious *adj* poważny: *Friends described him as a serious and thoughtful man.* | *She looks serious, yet friendly.*

shy *adj* nieśmiały: *He was a quiet shy man.* | *She's very shy with strangers.*

sociable/unsociable *adj* towarzyski/nietowarzyski: *a pleasant, sociable couple* | *I realized I was being unsociable, but I just didn't want to talk to anyone.*

strict *adj* surowy: *a strict teacher*

stubborn *adj* uparty: *She can be very stubborn sometimes.*

sympathetic *adj* współczujący: *a sympathetic attitude* | *a sympathetic friend*

talkative *adj* rozmowny: *She was in a talkative mood.*

vain *adj* próżny: *Men can be just as vain as women.*

UCZUCIA I EMOCJE

admire *v* [T] podziwiać: *I've always admired my mother for her honesty.*

adore *v* [T] uwielbiać: *Tina adores her older brother.*

angry (with sb) *adj* zły (na kogoś): *He was beginning to get angry with me.*

be afraid (of sb/sth) bać się (kogoś/czegoś): *Some kids are afraid of the dark.* | *She was afraid to go back into the house.*

be fed up (with sb/sth) mieć dość (kogoś/czegoś): *I'm fed up with this constant rain.*

be in a good/bad mood mieć dobry/zły nastrój: *I was in quite a good mood until I got his text.* | *I could tell she was in a bad mood as soon as I saw her face.*

bored (with sth) *adj* znudzony (czymś): *I'm so bored with my job.* | *She's bored with doing the same thing every day.*

can't stand sb/sth nie znosić kogoś/czegoś: *Lily can't stand working in an office.* | *I can't stand people smoking around me.*

confused (about sth) *adj* zdezorientowany (czymś): *I'm still confused about what happened.*

delighted *adj* zachwycony: *Sandy will be delighted to see you* | *I'm delighted you can come.*

disappointed (with sb) *adj* rozczarowany (kimś): *Local residents were disappointed with the council.*

embarrassed *adj* zakłopotany, zażenowany: *I felt embarrassed about how untidy the house was.* | *Lori gets embarrassed if we ask her to sing.*

fall in love with sb zakochać się w kimś: *I think I'm falling in love with you.*

furious *adj* wściekły: *He is furious at the court's decision.* | *She was furious with me.*

look down on sb *phr v* [T] spoglądać na kogoś z góry: *He looks down on anyone who hasn't had a college education.*

look up to sb *phr v* [T] podziwiać kogoś: *I've always looked up to Bill for his courage and determination.*

lose your temper s/tracić cierpliwość: *She tried not to lose her temper with him.*

miserable *adj* nieszczęśliwy: *I've been so miserable since Pat left me.* | *I spent the weekend feeling miserable.*

proud (of sb/sth) *adj* dumny (z kogoś/czegoś): *Her parents are very proud of her.* | *You should be proud of yourself.*

respect *v* [T] szanować, poważać: *She respected him for his honesty.* | *I respect his views.*

be scared (of sb/sth) *adj* [not before noun] bać się (kogoś/czegoś): *I'm scared of spiders.*

surprised *adj* zdziwiony, zaskoczony: *We were very surprised at the news.*

upset *adj* [not before noun] zmartwiony: *She's still very upset about her father's death.*

worried (about sth) *adj* zaniepokojony, zmartwiony: *You look worried.* | *I'm worried about my exam.*

DOM

RODZAJE DOMÓW I MIESZKAŃ

apartment *n* [C] mieszkanie: *They went back to her apartment for a cup of coffee.*

bedsit *n* [C] wynajmowany pokój: *At the time, I was living in a bedsit in north London.*

block of flats *n* [C] blok mieszkalny: *We lived in the same block of flats when we were younger.*

bungalow *n* [C] dom parterowy: *He and his wife lived in a modern bungalow on the outskirts of the city.*

cottage *n* [C] domek: *She lives in a charming cottage deep in the Kent countryside.*

detached house *n* [C] dom wolnostojący: *They have just moved into a four-bedroomed detached house with a large garden.*

farmhouse *n* [C] dom mieszkalny w gospodarstwie rolnym: *The tractor was in the field behind the farmhouse.*

high rise/tower block *n* [C] wieżowiec: *a flat on the 15th floor of a Tokyo high rise | a 30-storey tower block near Paddington Station*

mansion *n* [C] rezydencja: *a magnificent mansion set in 2000 acres of countryside*

penthouse *n* [C] luksusowe mieszkanie na ostatnim piętrze: *a £7 million London penthouse*

residential building *n* [C] budynek mieszkalny: *Most of the residential buildings lining the road are in good condition.*

semi-detached house *n* [C] dom bliźniak: *We sold our small semi-detached house and bought something bigger.*

skyscraper *n* [C] drapacz chmur: *His office looked out on the other skyscrapers of downtown Dallas.*

studio flat *n* [C] kawalerka: *I could only afford to live in a tiny studio flat when I first moved to London.*

terraced house *n* [C] szeregowiec: *She lives in a terraced house in Lancashire with her mum and dad.*

houses

townhouse *n* [C] (luksusowy) szeregowiec: *Old buildings were knocked down, and new apartments and townhouses built.*

OPIS DOMU, POMIESZCZEŃ I ICH WYPOSAŻENIA

armchair *n* [C] fotel: *He was sitting in an armchair reading the newspaper.*

attic/loft *n* [C] strych: *He stored some of his things in the loft.*

basement/cellar *n* [C] piwnica: *Unfortunately, the basement is quite damp.*

bath *n* [C] wanna: *I replaced each plug – in the wash basin, the bath, the sink.*

bedside table *n* [C] stolik nocny: *He put his glasses on the bedside table.*

blanket *n* [C] koc: *It is getting colder, so I put an extra blanket on your bed.*

blind *n* [C] roleta: *The blinds were closed and the house looked empty.*

blind

blind

bookcase *n* [C] biblioteczka, regał: *I took a magazine from the pile on the bottom shelf of the bookcase.*

bookshelf *n* [C] półka na książki: *There isn't room for any more books on this bookshelf.*

carpet *n* [C] dywan: *The wine I spilt on the carpet left a red stain.*

chest of drawers *n* [C] komoda: *I decided to clear out the chest of drawers and throw away my old clothes.*

coffee table *n* [C] stolik: *He placed his cup down on the coffee table.*

cooker *n* [C] kuchenka: *a gas cooker*

cupboard *n* [C] szafka: *It's in the kitchen cupboard.*

curtain *n* [C] zasłona: *The red curtains match the carpet.*

cushion *n* [C] poduszka (ozdobna): *I bought some new velvet cushions for the living room.*

dishwasher *n* [C] zmywarka (do naczyń): *Can you put the plates in the dishwasher after dinner, please?*

doorbell *n* [C] dzwonek: *I rang the doorbell and waited for someone to answer the door.*

doormat *n* [C] wycieraczka: *I have left a spare key under the doormat.*

dressing table *n* [C] toaletka: *There were several bottles of perfume on the dressing table.*

drive *n* [C] podjazd: *He parked his car on the drive.*

fence *n* [C] płot, ogrodzenie: *The fence was blown down by the storm.*

fireplace *n* [C] kominek: *One wall of the room was taken up by a big open fireplace.*

freezer *n* [C] zamrażarka: *I took some meat out of the freezer for dinner.*

fridge *n* [C] lodówka: *Put the milk back in the fridge when you've finished with it.*

furniture *n* [U] meble: *I helped him choose the furniture for his new house.*

hedge *n* [C] żywopłot: *The dog got into the garden through a gap in the hedge.*

household appliance *n* [C usually plural] artykuł gospodarstwa domowego: *The store sells a wide range of household appliances.*

lawn *n* [C] trawnik: *I spent all morning mowing* (=kosząc) *the lawn.*

mirror *n* [C] lustro: *I looked at myself in the mirror.*

oven *n* [C] piekarnik: *Preheat the oven to 200 degrees C.*

pillow *n* [C] poduszka (do spania): *As soon as he rested his head on the pillow, he fell asleep.*

porch *n* [C] ganek: *It was a warm evening so we sat on the porch drinking lemonade.*

radiator *n* [C] kaloryfer: *The radiator in the bathroom isn't coming on.*

roof *n* [C] dach: *The tiles on the roof of the cottage are made of slate.*

rug *n* [C] dywanik: *an Afghan rug*

sheet *n* [C] prześcieradło: *I changed the sheets this morning.*

shower *n* [C] prysznic: *I'd like to use the shower if that's all right.*

shutter *n* [C usually plural] okiennica: *The shutters were closed and the front door was locked.*

sink *n* [C] zlew: *He filled the sink with hot water and had a shave.*

sofa/couch *n* [C] kanapa: *Joanne was lying on the sofa reading a book.*

staircase *n* [C] klatka schodowa: *He walked up the narrow staircase to his bedroom.*

tap *n* [C] kran: *One of the taps in the bathroom keeps dripping.*

wallpaper *n* [U] tapeta: *Have you finished putting up the wallpaper in the bedroom?*

wardrobe *n* [C] szafa: *Lucy took off her dress and hung it in the wardrobe.*

washbasin *n* [C] umywalka: *There was a small washbasin in the corner of the bedroom.*

washing machine *n* [C] pralka: *I put the dirty laundry into the washing machine and switched it on.*

windowsill *n* [C] parapet: *I left the cake on the kitchen windowsill to let it cool down.*

WYNAJMOWANIE MIESZKANIA

accommodation *n* [U] zakwaterowanie: *The holiday costs about £400 for a week's accommodation and flights.*

commute *n* [C usually singular] dojazd (do pracy): *His commute to work usually takes about 45 minutes.*

be conveniently located/situated mieć dogodną lokalizację: *The flat is conveniently situated in the main square.*

district *n* [C] dzielnica: *Their apartment is in the Chongwen district of Peking.*

downtown *adv, adj* [only before noun] (do/w) centrum, centralny: *I work downtown.* | *downtown Chicago*

estate agent *n* [C] pośredni-k/czka w handlu nieruchomościami: *I made an appointment with the estate agent to view the house.*

flatmate *n* [C] współlokator/ka: *This is Rosalind, my flatmate.*

fully fitted *adj* [only before noun] w pełni wyposażony: *a fully-fitted kitchen*

housing estate *n* [C] osiedle mieszkaniowe: *a housing estate on the outskirts of town*

landlord/landlady *n* [C] gospod-arz/yni: *I told the landlord the roof was leaking, and asked him to get it repaired.*

mortgage *n* [C] kredyt hipoteczny: *The bank won't give us a mortgage.*

move house przeprowadzić się: *I'm not looking forward to moving house – it'll be a lot of work.*

move in *phr v* wprowadzić się: *We can't move in until all the building work is finished.*

move out *phr v* wyprowadzić się: *If the landlord raises the rent again, we'll just have to move out.*

neighbourhood (area) *n* [C] okolica: *This is a nice neighbourhood.*

outskirts *n* [singular] peryferie: *Her parents lived in a big house on the outskirts of Manchester.*

resident *n* [C] mieszka-niec/nka: *Local residents are protesting about the new road.*

share a flat współnajmować mieszkanie: *I share a flat with three other students.*

suburb *n* [C] przedmieście: *a middle-class suburb of Oxford* | *Don't you get bored living out in the suburbs?*

tenant *n* [C] lokator/ka: *Tenants are not allowed to keep pets.*

SZKOŁA

PRZEDMIOTY SZKOLNE

art and design *n* [U] plastyka: *He teaches art and design at the college.*

civic education *n* [U] wiedza o społeczeństwie: *The purpose of civic education is to prepare young people to take an active role as citizens in society.*

English literature *n* [U] Literatura angielska: *Tom went on to study English literature at university.*

foreign languages *n* [plural] języki obce: *He took a course at the Institute for Foreign Languages.*

geography *n* [U] geografia: *a geography class*

history *n* [U] historia: *a history lesson*

IT (information technology) *n* [U] informatyka: *an IT course*

literature *n* [U] Literatura: *contemporary literature*

mathematics/maths *n* [U] matematyka: *a degree in mathematics | a maths teacher*

music *n* [U] muzyka: *an after-school music class*

PE (physical education) *n* [U] wychowanie fizyczne: *I hated PE at school.*

religious education *n* [U] religia: *the teaching of religious education in secondary schools*

science (biology, chemistry, physics) *n* [U] przedmioty ścisłe (biologia, chemia, fizyka): *the science syllabus | the Biology Department | Professor Jones teaches physics and chemistry.*

OCENY I WYMAGANIA

absence *n* [C,U] nieobecność: *You must bring a letter from your parents explaining the reason for your absence.*

academic results *n* [plural] wyniki w nauce: *Its students get some of the best academic results in the country.*

academic standards *n* [plural] poziom nauczania: *The school has high academic standards.*

assessment *n* [C,U] ocena wiedzy lub sprawności: *a reading assessment test*

attendance *n* [C,U] obecność: *Parents are responsible for ensuring their child's regular attendance at school.*

attend school uczęszczać do szkoły: *He attended primary school in the UK before moving to America.*

cheat *v* [I] ściągać: *She was caught cheating in the exam.*

deadline *n* [C] termin: *He missed the deadline for submitting the essay.*

exam paper *n* [C] arkusz egzaminacyjny: *I have hundreds of exam papers to mark.*

fail an exam nie zdać egzaminu: *If you fail the exam, you can retake it.*

get into university dostać się na uniwersytet: *John failed to get into Oxford, so he applied to the University of Birmingham.*

grade/mark *n* [C] stopień: *Mike worked hard and got good grades.*

graduate *v* [I] ukończyć studia: *What are you going to do after you graduate?*

hand in homework oddać pracę domową nauczycielowi: *You must hand in your homework on time.*

learn by heart uczyć się na pamięć: *I learnt the poem by heart.*

make progress robić postępy: *I'm not very good at Japanese yet, but I feel I am making progress.*

memorise *v* [T] zapamiętać: *Repeating the multiplication tables helps children to memorise them.*

mock exam *n* [C] egzamin próbny: *mock exam papers*

pass an exam zdać egzamin: *Did you pass your final exam?*

pass with flying colours zdać ze znakomitym wynikiem: *He took the examination, which he passed with flying colours.*

retake/resit an exam zdawać egzamin poprawkowy, przystępować do egzaminu powtórnie: *If you don't pass, you'll have to resit the exam in January. | If you already have a European licence, you will not have to retake the examination.*

revise for an exam powtarzać do egzaminu: *I have to revise for a maths exam tomorrow.*

scholarship *n* [C] stypendium: *The Foundation provides scholarships for gifted young students.*

school fees *n* [plural] czesne: *He had to leave when his parents could no longer afford to pay the school fees.*

school-leaving exam *n* [C] egzamin końcowy (maturalny): *The number of students passing the School Certificate – the secondary school leaving exam – is rising.*

set book/text *n* [C] lektura obowiązkowa: *Conrad's novel 'Heart of Darkness' is a set text for A level.*

take/sit/do an exam przystąpić do egzaminu: *Only around 10 per cent of pupils taking the exam get an A. | My daughter is sitting her 11-plus exam this afternoon. | I did one exam last week and I have another today.*

university entrance exam *n* [C] egzamin wstępny na uniwersytet: *She failed the university entrance exam.*

ŻYCIE SZKOŁY

academy *n* [C] akademia: *Sean is a graduate of the Royal Academy of Music and Drama.*

boarding school *n* [C] szkoła z internatem: *My parents sent me to boarding school when I was eight.*

canteen *n* [C] stołówka: *canteen facilities*

canteen

classmate *n* [C] kole-ga/żanka z klasy: *He is very popular with his classmates.*

classroom *n* [C] klasa, sala szkolna: *There are about 30 pupils in each classroom.* | *classroom activities*

common room *n* [C] świetlica: *the students' common room*

deputy head *n* [C] wicedyrektor/ka: *Part of my job as deputy head is to observe lessons.*

dining room *n* [C] jadalnia, stołówka: *the staff dining room*

expel sb from school wyrzucić kogoś ze szkoły: *They were expelled from school for fighting.*

form teacher *n* [C] wychowaw-ca/czyni: *"Who is your form teacher?" "Miss Rogers."*

gym *n* [C] sala gimnastyczna: *Volleyball practice is held in the gym after school on Wednesdays.*

gym

headmaster's office *n* [singular] gabinet dyrektor-a/ki: *The boys were told to wait outside the headmaster's office.*

head teacher/principal/headmaster/headmistress *n* [C] dyrektor/ka szkoły: *Mr Fox has been the head teacher at the school for four years.* | *The awards were read out by the school principal.* | *The new headmaster called a staff meeting to discuss the proposed changes.*

independent school *n* [C] szkoła niepubliczna: *Independent schools often have better resources than state schools.*

junior high/middle school *n* [C,U] gimnazjum: *I started taking French in junior high school.* | *Kim attends Byrd Middle School in Sun Valley.*

kindergarten/nursery school *n* [C,U] przedszkole: *Katie was one of the few children who could read when she started kindergarten.* | *Ian will soon be old enough to go to nursery school.*

lecturer *n* [C] wykładow-ca/czyni: *Watson is a lecturer at the University of Bradford.*

play truant chodzić na wagary: *Billy was caught playing truant and has been given extra homework for a month.*

primary/elementary school *n* [C,U] szkoła podstawowa: *I went to primary school from the age of five.* | *an elementary school teacher*

private school *n* [C] szkoła prywatna: *They can afford to send their children to a private school.*

public school *n* [C] *(w Anglii)* prywatne liceum (często z internatem), *(w USA)* szkoła państwowa (samorządowa): *the advantages of an English public school education*

school trip *n* [C] wycieczka szkolna: *We went on a school trip to France.*

science lab *n* [C] pracownia fizyczno-chemiczny: *Pupils using the equipment in the science lab must be supervised.*

secondary/high school *n* [C,U] szkoła średnia: *When he was eleven, he went to secondary school.* | *Brad was the captain of his high school football team.*

semester/term *n* [C] semestr: | *After my first semester I was surprised how much I had learnt.* | *I don't go out on weeknights during term time.*

single-sex school *n* [C] szkoła niekoedukacyjna: *I don't really like going to a single-sex school, I preferred being at a mixed-sex school.*

sports field *n* [C] boisko sportowe: *the school sports field*

staffroom *n* [C] pokój nauczycielski: *The atmosphere in the staffroom was friendly.*

state school *n* [C] szkoła państwowa: *Some parents will even move house to get their child into a good state school.*

teaching staff *n* [plural] kadra nauczycielska: *Some of the teaching staff are unhappy about the changes.*

timetable *n* [C] plan zajęć: *The timetable is on the noticeboard.*

university *n* [C,U] uniwersytet: *the University of Chicago* | *Did you go to university?*

vocational school *n* [C] szkoła zawodowa: *The subjects offered in the state's 2,000 vocational schools range from bricklaying to IT.*

SZKOLNICTWO WYŻSZE

BA, BSc *n* [C] tytuł licencjata: *She received her BA in English from Trinity College, Dublin.* | *He will start a BSc course later this year.*

degree *n* [C] stopień naukowy: *an English degree* | *He is studying for a degree in economics.*

diploma *n* [C] dyplom: *Everyone who passed the course received a diploma.*

extracurricular activities *n* [plural] zajęcia pozaszkolne: *Extracurricular activities include sports, drama, music, chess and gym clubs.*

MA, MSc *n* [C] tytuł magistra: *Wilson received an honoury MA from Harvard.* | *an MSc in engineering*

PhD *n* [C] stopień naukowy doktora: *He's got a PhD in biochemistry.*

PRACA

POPULARNE ZAWODY

accountant *n* [C] księgow-y/a: *Before making a decision, get some professional advice from an accountant.*

au pair *n* [C] dziewczyna mieszkająca za granicą u rodziny i opiekująca się dziećmi: *Working as an au pair, I spend a lot of time with young children.*

babysitter *n* [C] opiekun/ka do dzieci: *I'll come with you if I can get a babysitter.*

beautician *n* [C] kosmetyczka: *Helen started work as a beautician at a cosmetic counter in Selfridges.*

car mechanic *n* [C] mechanik samochodowy: *I trained to be a car mechanic after I left school.*

carpenter *n* [C] stolarz, cieśla: *It took the carpenter a day to fit the new door and doorframe.*

chef *n* [C] szef kuchni: *Marco's ambition had always been to become a chef in one of the big hotels.*

chef/cook

cleaner *n* [C] sprzątacz/ka: *We finish work at six, and then the cleaners come in.*

computer programmer *n* [C] programist-a/ka: *We employed a team of computer programmers to write the software.*

cook *n* [C] kucha-rz/rka: *Jane used to work as a cook in an Italian restaurant.*

doctor *n* [C] leka-rz/rka: *I went to see my doctor when the pain got worse.*

dressmaker *n* [C] kraw-iec/cowa: *The dressmaker needs to make some alterations to the dress.*

editor *n* [C] redaktor/ka: *Cummings is the editor of a local newspaper.*

electrician *n* [C] elektryk: *The electricians have to rewire the wall sockets before the painters can start work.*

engineer *n* [C] inżynier: *He worked as a construction engineer on the new airport runway.*

farmer *n* [C] rolni-k/czka: *Dairy farmers have to be up early to milk the herd.*

firefighter *n* [C] straża-k/czka: *Firefighters rescued the children, who were trapped in an upstairs room.*

flight attendant *n* [C] steward/essa: *I asked the flight attendant for a blanket.*

hairdresser *n* [C] fryzjer/ka: *My hairdresser said that short hair would suit me.*

hairdresser

housewife *n* [C] gospodyni domowa: *I got tired of being a housewife, so I started looking for a job.*

insurance agent *n* [C] agent/ka ubezpieczeniow-y/a: *Contact your insurance agent to make certain that the policy covers both business premises.*

interpreter *n* [C] tłumacz/ka (*mowy*): *We employed 13 local interpreters who also acted as guides.*

journalist *n* [C] dziennika-rz/rka: *She works as a journalist on the Sunday Times.*

lawyer *n* [C] prawni-k/czka: *You have to study for a long time to become a lawyer.*

librarian *n* [C] biblioteka-rz/rka: *He applied for the post of head librarian at the college.*

miner *n* [C] górnik: *The coal miners were trapped when the roof of the mine caved in.*

musician *n* [C] muzy-k/czka: *Ellen is a talented young musician.*

nurse *n* [C] pielęgnia-rz/rka: *I'll get the nurse to check your blood pressure.*

pharmacist/chemist *n* [C] farmaceut-a/ka: *The medication may cause side-effects, so check with your local pharmacist for advice.* | *a research chemist*

photographer *n* [C] fotograf/ka: *a fashion photographer*

plumber *n* [C] hydraulik: *I had to call out a plumber to fix the leak.*

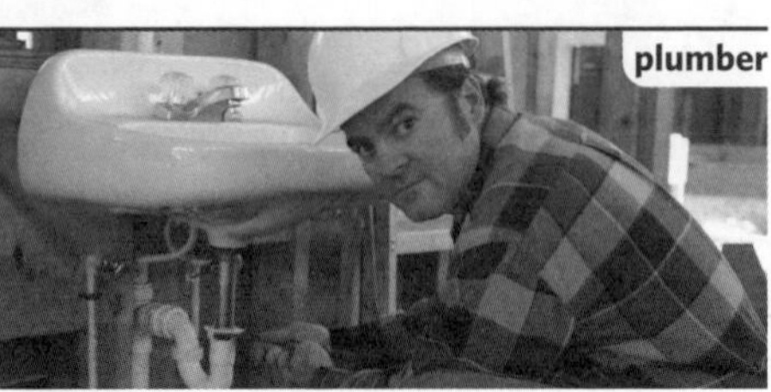
plumber

police officer *n* [C] policjant/ka: *Police officers are trained to deal with incidents like this.*

politician *n* [C] polity-k/czka: *Hargreaves is a clever and ambitious politician.*

postman/postwoman *n* [C] listonosz/ka: *The postman is usually here by 10 o'clock.*

psychologist *n* [C] psycholo-g/żka: *His GP referred him to a psychologist.*

receptionist *n* [C] recepcjonist-a/ka: *The receptionist will make you an appointment .*

sales representative *n* [C] przedstawiciel/ka handlow-y/a: *Please take a seat. One of our sales representatives will be with you in a moment.*

scientist *n* [C] naukowiec: *The discovery was made by Dr. Richard Fanue, a research scientist at John Hopkins Medical School.*

secretary *n* [C] sekreta-rz/rka: *My secretary will email you all the details.*

security guard *n* [C] strażni-k/czka: *Security guards were checking people's bags at the entrance to the stadium.*

shop assistant *n* [C] sprzedaw-ca/czyni: *The shop assistant asked me if I needed any help.*

shopkeeper *n* [C] sklepika-rz/rka: *Shopkeepers work very long hours.*

stockbroker *n* [C] makler giełdowy: *He contacted a firm of stockbrokers to arrange to buy the shares.*

tailor *n* [C] krawiec: *The tailor measured his waist.*

teacher *n* [C] nauczyciel/ka: *She's a teacher in the local high school.*

ticket inspector *n* [C] konduktor/ka: *The ticket inspector asked to see my ticket.*

translator *n* [C] tłumacz/ka *(tekstów)*: *She worked in Geneva as a translator.*

travel agent *n* [C] agent/ka biura podróży: *We recommend that you book the holiday through an approved travel agent.*

vet *n* [C] weterynarz: *Jane's taking her kitten to the vet on Friday.*

waiter/waitress *n* [C] kelner/ka: *I asked the waiter to bring us another bottle of wine.* | *We had to wait a long time for the waitress to take our order.*

WARUNKI PRACY I ZATRUDNIENIA

apply for a job złożyć podanie o pracę: *I've applied for a job at the university.*

badly-paid job *n* [C] źle płatna praca: *He ended up doing a succession of badly-paid jobs.*

bonus *n* [C] premia: *Liz earned a £1000 bonus for being the salesperson of the year.*

career *n* [C] kariera: *Like his father, Tommy chose a career in the Army.*

do sth for a living zarabiać na życie (robiąc coś): *"What does he do for a living?" "I think he's a taxi driver."*

earnings *n* [plural] zarobki: *I spend a large part of my earnings on childcare.*

employ *v* [T] zatrudniać: *Since he came out of prison no one will employ him.*

employment contract *n* [C] umowa o pracę: *The details are contained in the terms of your employment contract.*

fire *v* [T] zwolnić: *He was just impossible to work with, and in the end they fired him.*

freelance work *n* [U] praca na własny rachunek (samozatrudnienie): *Laura does freelance work for several publishers.*

fringe benefit *n* [C usually plural] świadczenie dodatkowe: *The salary isn't very high, but the fringe benefits include free health insurance and a company car.*

full-time job *n* [C] praca na pełen etat: *She has a full-time job and goes to college three nights a week.*

get promoted dostać awans: *After working there for years, I eventually got promoted.*

go on strike przystąpić do strajku: *In 1926, all Britain's miners, railway workers, and transport workers went on strike.*

hire *v* [T] wynająć: *If we get the contract, we will have to hire extra staff.*

income *n* [C,U] dochód: *I'd love to know what his income is.*

job centre *n* [C] biuro pośrednictwa pracy: *I went down to the local job centre to try to find work.*

job interview *n* [C] rozmowa kwalifikacyjna: *The job interview seemed to go well and I thought I'd get the job.*

manual work *n* [U] praca fizyczna: *Most of them ended up doing manual work.*

nine-to-five job *n* [C] praca w stałych godzinach: *Being a doctor is not a nine-to-five job.*

odd jobs *n* [plural] prace/zajęcia dorywcze: *I've got a few odd jobs to do this weekend.*

overwork *n* [U] przepracowanie: *He suffered a heart attack brought on by overwork.*

part-time job *n* [C] praca w niepełnym wymiarze godzin: *Like a lot of students, I had to get a part-time job.*

pay rise *n* [C] podwyżka: *Some company directors have awarded themselves huge pay rises.*

pension *n* [C] emerytura: *I don't know how you manage on your pension, I really don't.*

post/position *n* [C] posada: *As yet, we haven't found a suitable person to fill the post.* | *I applied for the position, but I didn't get it.*

recruitment [U] rekrutacja: *a recruitment agency*

references *n* [C] referencje: *We will need references from your former employers.*

retire *v* [I] przechodzić/odchodzić na emeryturę: *In the UK, men usually retire at 65.*

salary *n* [C] pensja: *The average salary of workers in the industry is $42,000 a year.*

self-employed *adj* prowadzący własną działalność gospodarczą: *Martin is a self-employed builder.*

shift work *n* [U] praca zmianowa: *I did shift work for years but never got used to working nights.*

sick leave *n* [U] zwolnienie lekarskie: *He has been on sick leave for more than three months.*

staff *n* [U, plural] pracownicy, załoga: *We are planning to take on extra staff.* | *The staff were clearly worried about rumours of job losses.*

take a day off wziąć dzień wolnego: *I'm going to take a day off next week, probably Friday.*

take leave brać urlop: *I don't think I'll be able to take any leave in January because we're too busy.*

unemployment *n* [U] bezrobocie: *a town where there is high unemployment*

unemployment benefit *n* [U] zasiłek dla bezrobotnych: *He has been claiming employment benefit since losing his job three months ago.*

vacancy *n* [C] wolny etat: *If I hear of any vacancies at the hospital, I'll let you know.*

wages *n* [plural] płaca: *The hours were long and the wages were low.*

well-paid job *n* [C] dobrze płatna praca: *He has a well-paid job in a bank.*

working conditions *n* [plural] warunki pracy: *An employer must provide safe working conditions.*

workplace *n* [C] miejsce pracy: *The law prohibits discrimination in the workplace.*

ŻYCIE RODZINNE I TOWARZYSKIE

OKRESY ŻYCIA

adolescence *n* [U] okres dojrzewania: *During adolescence, boys are often shy and lack self-confidence.*

adulthood *n* [U] wiek dorosły: *Children with the disease have little chance of surviving to adulthood.*

birth *n* [C,U] narodziny: *Congratulations on the birth of your daughter!*

childhood *n* [C,U] dzieciństwo: *Nina had happy memories of her childhood on the farm.*

death *n* [C,U] śmierć: *After her husband's death, she moved back to California.*

get divorced rozwieść się: *My parents got divorced last year.*

get engaged (to sb) zaręczyć się (z kimś): *Did you know that Sally and John are getting engaged?*

get married (to sb) wziąć ślub (z kimś): *We are getting married in June. | I got married to John when I was 23.*

get married

give birth urodzić: *Zelda was admitted to the hospital at one o'clock and gave birth two hours later.*

marry sb o/żenić się z kimś, wyjść za mąż za kogoś: *Paul asked Elizabeth to marry him.*

middle age *n* [U] wiek średni: *The technique has allowed more women to have children well into middle age.*

old age *n* [U] starość: *My mother was always very active, even in her old age.*

pregnant *adj* w ciąży: *I knew straight away that I was pregnant again.*

raise a child wychować dziecko: *After my father died, my mother had to raise three children on her own.*

youth *n* [U] młodość: *In her youth, she played a lot of tennis.*

CZŁONKOWIE RODZINY

adopted child *n* [C] dziecko adoptowane: *Many adopted children seek out their birth parents later in life.*

aunt *n* [C] ciotka: *Aunt Mary*

brother *n* [C] brat: *I have three older brothers and a sister who is younger than me.*

brother-in-law *n* [C] szwagier: *She lived with her sister and brother-in-law when she first moved to New York.*

cousin *n* [C] kuzyn/ka: *All my aunts, uncles and cousins were at the funeral.*

daughter *n* [C] córka: *Our youngest daughter is getting married next month.*

daughter-in-law *n* [C] synowa: *She rarely visits her son and daughter-in-law.*

ex-husband *n* [C] były mąż: *She has maintained a good relationship with her ex-husband.*

ex-wife *n* [C] była żona: *He reached an agreement with his ex-wife.*

father *n* [C] ojciec: *My father had eight brothers and two sisters.*

father-in-law *n* [C] teść: *My father-in-law gave us the deposit for the house.*

fiance *n* [C] narzeczony: *Jane's fiance was killed in the war.*

fiancee *n* [C] narzeczona: *His fiancee threatened to call off the wedding.*

foster child *n* [C] przybrane dziecko: *She took in foster children when her own children got married and left home.*

foster parents *n* [plural] rodzice zastępczy: *The child was taken into care and eventually placed with foster parents.*

grandchild *n* [C] wnu-k/czka: *She makes a great fuss of her grandchildren whenever they visit her.*

granddaughter *n* [C] wnuczka: *My granddaughter will be nine this year.*

grandfather *n* [C] dziadek: *My grandfather came to America from Poland when he was just 19.*

grandmother *n* [C] babka: *My grandmother used to do lots of baking.*

grandparents *n* [plural] dziadkowie: *Are your grandparents still alive?*

grandson *n* [C] wnuk: *Her grandson is coming to visit her next week.*

great-grandchild *n* [C] prawnu-k/czka: *Elsie, who is now 89, has eight grandchildren and three great-grandchildren.*

great-granddaughter *n* [C] prawnuczka: *Three generations later, their great-granddaughter still runs the family business.*

great-grandfather *n* [C] pradziadek: *Mr Shield's great-grandfather fought in the First World War.*

great-grandmother *n* [C] prababka: *His grandmother, and before that his great-grandmother, would have lived in the same town all their lives.*

great-grandson *n* [C] prawnuk: *He is the great-grandson of Henry Ford.*

half-brother *n* [C] brat przyrodni: *Celia has two half-brothers by her father's first marriage.*

half-sister *n* [C] siostra przyrodnia: *Mary's half-sister grew up in Italy.*

husband *n* [C] mąż: *Francesca's husband is a lot older than her.*

mother *n* [C] matka: *John's mother and father are both teachers.*

mother-in-law *n* [C] teściowa: *My mother-in-law phoned to invite us over for Sunday dinner.*

nephew *n* [C] siostrzeniec, bratanek: *She left all her money to her favourite nephew.*

niece *n* [C] siostrzenica, bratanica: *Isabel took her niece out shopping.*

only child *n* [singular] jedyna-k/czka: *I was an only child, so I didn't have brothers or sisters to play with.*

parent *n* [C] rodzic: *Do you get on well with your parents?*

relative *n* [C] krewn-y/a: *Most of my relatives live in Ireland.*

siblings *n* [plural] rodzeństwo: *Marie had to look after her four younger siblings when her mother became ill.*

sister *n* [C] siostra: *Janet and Abby are sisters.*

sister-in-law *n* [C] szwagierka: *I've only met my sister-in-law once, when I went to visit my brother in Boston.*

son *n* [C] syn: *We have two teenage sons.*

son-in-law *n* [C] zięć: *She wanted a son-in-law who would be a good husband to her daughter.*

stepbrother *n* [C] przyrodni brat: *I have a sister and a stepbrother.*

stepdaughter *n* [C] pasierbica: *Jack was as fond of his stepdaughter as he was of his own children.*

stepfather *n* [C] ojczym: *I was six when my mom married my stepfather.*

stepmother *n* [C] macocha: *When his mother died, he moved to Birmingham to live with his father and stepmother.*

stepsister *n* [C] przyrodnia siostra: *She has a brother, a sister and two stepsisters.*

stepson *n* [C] pasierb: *It took longer than I expected for my stepsons to accept me.*

twin *n* [C] bliźnia-k/czka: *They look alike but they are not identical twins.*

uncle *n* [C] wuj: *I went to stay with my uncle and aunt for a few days.*

wife *n* [C] żona: *He got married to his present wife when he was quite old.*

CZYNNOŚCI ŻYCIA CODZIENNEGO

brush your teeth myć/czyścić zęby: *You should brush your teeth at least twice a day.*

get dressed ubierać się: *I got dressed quickly and ran outside.*

get ready for school przygotowywać się do szkoły: *John, hurry up and get ready for school or you'll be late.*

get up *phr v* [I] wstawać: *What time do you need to get up tomorrow?*

go to bed iść spać: *You should go to bed early.*

go to work iść do pracy: *I don't usually have time for breakfast before I go to work.*

have a rest odpocząć: *We can have a rest when we finish these chores.*

have breakfast/lunch/dinner jeść śniadanie/obiad/kolację: *We better have breakfast before we set off.* | *They had lunch together twice last week.* | *We usually have dinner about 7 o'clock.*

make one's bed posłać łóżko: *I made my bed and tidied the room before I left.*

take/have a bath wziąć kąpiel, wykąpać się: *Is there enough hot water for me to have a bath?*

take a nap zdrzemnąć się: *Dad was taking a nap in front of the telly.*

take/have a shower wziąć prysznic: *I'll just have a quick shower and get changed.*

wake up *phr v* [I] obudzić się: *I tend to wake up early in the summer.*

ŚWIĘTA I UROCZYSTOŚCI

anniversary *n* [C] rocznica: *Jack and Kim celebrated their twentieth wedding anniversary in January.*

baptism *n* [C,U] chrzest: *She went to see Father Daly to arrange the baby's baptism.*

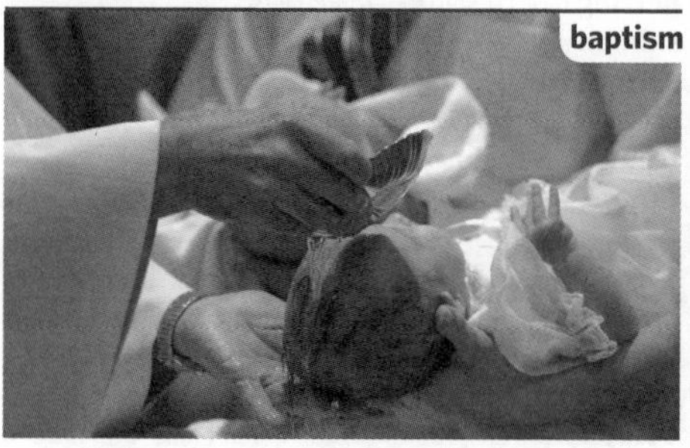
baptism

birthday *n* [C] urodziny: *It's my birthday on Monday.*

Christmas Eve *n* [U] Wigilia: *We spent Christmas Eve cooking and getting ready for Christmas Day.*

Easter *n* [C,U] Wielkanoc: *We went to mass on Easter Sunday.*

engagement *n* [C] zaręczyny: *The couple are expected to announce their engagement today.*

family gathering *n* [C] spotkanie rodzinne: *We only ever see each other at family gatherings like birthdays and Christmas.*

First Communion *n* [U] Pierwsza Komunia: *Rachel's making her First Communion on Saturday.*

funeral *n* [C] pogrzeb: *The funeral will be held at St. Martin's Church.*

housewarming party *n* [C] parapetówka: *Do you think we should have a housewarming party once we get settled in?*

New Year's Eve *n* [U] sylwester: *a New Year's Eve party*

wedding *n* [C] ślub: *Mom always cries at weddings.*

ŻYWNOŚĆ

MIĘSO

bacon *n* [U] bekon: *Would you like some bacon and eggs for breakfast?*
beef *n* [U] wołowina: *a joint* (=sztuka mięsa) *of beef*
chicken *n* [C,U] kurczak: *chicken breasts*
duck *n* [C,U] kaczka: *roast duck with orange sauce*
ham *n* [C,U] szynka: *a ham sandwich*
lamb *n* [U] jagnięcina: *lamb chops*
pork *n* [U] wieprzowina: *pork chops*
turkey *n* [C,U] indyk: *roast turkey*
veal *n* [U] cielęcina: *veal cutlets*

RYBY

anchovy *n* [C,U] anchois: *Do you want anchovies on your pizza?*
cod *n* [C,U] dorsz: *cod and chips*
eel *n* [C] węgorz: *We went fishing for eels.*
herring *n* [C,U] śledź: *herring fillets*
salmon *n* [C,U] łosoś: *smoked salmon*
sardine *n* [C,U] sardynka: *a tin of sardines*
sole *n* [C,U] sola: *The sole was cooked to perfection.*
trout *n* [C,U] pstrąg: *fresh trout*
tuna *n* [C,U] tuńczyk: *tuna steaks*

SKORUPIAKI

crab *n* [C,U] krab: *crab meat*
lobster *n* [C,U] homar: *lobster salad*
mussel *n* [C] małż jadalny: *a plate of mussels*
octopus *n* [C,U] ośmiornica: *I don't like the taste of octopus.*
oyster *n* [C,U] ostryga: *oyster sauce*

NABIAŁ

butter *n* [U] masło: *bread and butter*
cheese *n* [C,U] ser: *a cheese sandwich*
cottage cheese *n* [U] twarożek: *low-fat cottage cheese*
egg *n* [C,U] jajko: *a dozen fresh eggs*
sour cream *n* [U] śmietana: *a baked potato with sour cream*
yoghurt *n* [C,U] jogurt: *a tub of yoghurt*

PRODUKTY ZBOŻOWE

breakfast cereal *n* [C,U] płatki śniadaniowe: *Many breakfast cereals are high in sugar.*
brown bread *n* [U] chleb ciemny/razowy: *a slice of brown bread*
buckwheat *n* [U] gryka: *buckwheat pasta* (=makaron z mąki gryczanej)
noodles *n* [plural] makaron: *stir-fried beef with noodles*
pasta *n* [U] makaron: *I eat a lot of pasta.*
rice *n* [U] ryż: *a bowl of rice*
roll *n* [C] bułka: *soup with a bread roll*
white bread *n* [U] biały chleb: *a loaf of white bread*

OWOCE

apple *n* [C] jabłko: *apple pie*
apricot *n* [C] morela: *apricot jam*
banana *n* [C] banan: *a bunch of bananas*
blackcurrant *n* [C] czarna porzeczka: *a jar of blackcurrant jam*
blueberry *n* [C] borówka amerykańska: *blueberry muffins*
cherry *n* [C] wiśnia: *a bunch of cherries*
coconut *n* [C,U] kokos: *coconut milk*
grape *n* [C] winogrono: *a bunch of red grapes*
grapefruit *n* [C,U] grejpfrut: *He eats half a fresh grapefuit every day for breakfast.*
lemon *n* [C,U] cytryna: *a slice of lemon*
orange *n* [C,U] pomarańcza: *I bought some oranges at the store.*
peach *n* [C] brzoskwinia: *tinned peaches*
pear *n* [C] gruszka: *a ripe pear*
pineapple *n* [C] ananas: *pineapple chunks*
plum *n* [C] śliwka: *fresh plums*
raspberry *n* [C] malina: *a bowl of fresh raspberries*
strawberry *n* [C] truskawka: *strawberries and cream*
tangerine *n* [C] mandarynka: *Peel the tangerine and remove the pith.*
watermelon *n* [C,U] arbuz: *a juicy watermelon*

WARZYWA

asparagus *n* [U] szparagi: *asparagus tips*
aubergine *n* [C,U] bakłażan: *Cut the aubergine into slices and fry them in oil.*
bean *n* [C usually plural] fasola: *For this recipe, you can use broad beans or kidney beans.*
beetroot *n* [C,U] burak: *beetroot juice*
broccoli *n* [U] brokuły: *Steam the broccoli for five minutes.*
cabbage *n* [C,U] kapusta: *a plate of boiled bacon and cabbage*
carrot *n* [C,U] marchew: *a bunch of carrots*
cauliflower *n* [C,U] kalafior: *Cover the cauliflower with cheese sauce.*
celery *n* [U] seler naciowy: *a stick of celery*
cucumber *n* [C,U] ogórek: *He bought a lettuce and a cucumber.*
garlic *n* [U] czosnek: *three cloves of garlic*
green peas *n* [plural] zielony groszek: *fish with mashed potato and green peas*
lettuce [C,U] sałata: *a head of lettuce*
mushrooms *n* [C] grzyb: *Try frying the mushrooms in garlic butter.*

onion *n* [C,U] cebula: *Chop the onions finely.*

potato *n* [C,U] ziemniak: *Let me have three pounds of potatoes, please.*

radish *n* [C] rzodkiewka: *Radishes have a very strong taste.*

red/green pepper *n* [C] czerwona/zielona papryka: *The recipe calls for two red peppers.*

spinach *n* [U] szpinak: *spinach leaves*

sweetcorn *n* [U] kukurydza: *I had fried chicken with sweetcorn and a baked potato.*

tomato *n* [C] pomidor: *a kilo of tomatoes*

ZIOŁA

basil *n* [U] bazylia: *chopped basil*

coriander *n* [U] kolendra: *fresh coriander*

parsley *n* [U] pietruszka: *a pinch of parsley*

thyme *n* [U] tymianek: *a teaspoon of thyme*

PRZYGOTOWYWANIE POTRAW

bake *v* [I,T] u/piec: *My grandmother baked her own bread.*

boil *v* [I,T] gotować: *Boil the potatoes until they are soft.*

chop *v* [T] po/siekać: *Chop the vegetables into cubes.*

cook *v* [I,T] u/gotować (się): *It takes about an hour to cook. | I'm cooking roast chicken for dinner.*

cut *v* [I,T] po/kroić: *Cut any excess fat off the meat.*

fry *v* [I,T] u/smażyć: *Fry the onions gently for five minutes.*

grill *v* [I,T] grilować: *You can either grill the chops or fry them.*

heat *v* [T] p/odgrzewać: *Heat the butter until it melts.*

melt *v* [I,T] s/topić (się): *Melt the chocolate in a basin over a pan of hot water.*

peel *v* [T] obierać: *Can you peel the potatoes for me?*

pour *v* [T] nalać: *She poured some milk into a glass.*

roast *v* [I,T] u/piec: *Roast the chicken for two hours in a hot oven.*

slice *v* [T] po/kroić w plasterki: *Slice the cucumber into thin pieces.*

stir *v* [T] za/mieszać: *Stir the sauce gently over a low heat.*

POSIŁKI

fatty *adj* tłusty: *You should eat less fatty meat.*

hot *adj* ostry: *This curry is a bit too hot.*

mild *adj* łagodny: *The sauce has a fairly mild taste.*

packed lunch *n* [C] drugie śniadanie: *We took a packed lunch with us to the beach.*

snack *n* [C] przekąska: *Just before bedtime he had a snack of bread and cheese.*

spicy *adj* pikantny: *Tina loves hot spicy food.*

tasty/delicious *adj* smaczny/pyszny: *These sausages are really tasty - where did you buy them? | Thank you, that was a delicious meal.*

GASTRONOMIA

bill *n* [C] rachunek: *Waiter, can you bring me the bill, please?*

fork *n* [C] widelec: *a set of knives and forks*

junk food *n* [U] niezdrowa żywność: *If you keep eating lots of junk food, you are going to get fat.*

knife *n* [C] nóż: *a steak knife*

self-service restaurant *n* [C] restauracja samoobsługowa: *The store has a self-service restaurant, but it's very busy at lunchtime.*

serviette/napkin *n* [C] serwetka: *He wiped his hands on the serviette. | paper napkins*

spoon *n* [C] łyżka: *After stirring his coffee, he put the spoon into the sink.*

takeaway *n* [C] jedzenie na wynos: *Dave lives on beer and takeaways.*

tip *n* [C] napiwek: *If the service is okay, I usually leave a tip.*

ZAKUPY I USŁUGI

RODZAJE SKLEPÓW

baker's *n* [C] piekarnia: *I bought a loaf of bread and some croissants at the baker's.*

bookshop *n* [C] księgarnia: *He is the manager of bookshop in London.*

butcher's *n* [C] sklep mięsny: *The butcher's is closed on Sundays.*

chain store *n* [C] sklep należący do sieci: *It can be difficult for small independent shops to compete with large chain stores.*

charity shop *n* [C] sklep z rzeczami używanymi, przeznaczający dochody na cele dobroczynne: *You can buy good second-hand clothes from a charity shop.*

chemist's *n* [C] apteka: *Can you pick up my prescription from the chemist's on your way home?*

clothes shop *n* [C] sklep odzieżowy: *She opened her first clothes shop in 2001.*

delicatessen *n* [C] delikatesy: *There's an Italian delicatessen in Davis Square, and their homemade ravioli is delicious.*

department store *n* [C] dom towarowy: *We couldn't find anything we wanted in the big department stores, and then we came across this little boutique.*

DIY store *n* [C] sklep budowlany, sklep z materiałami do wykonywania remontów: *You'll find a better selection of paint at the large DIY stores.*

farmers' market *n* [C] targ owocowo-warzywny: *There is a farmer's market on Copthorne Street every Saturday.*

fashion boutique *n* [C] butik odzieżowy: *Milan's fashion boutiques*

fishmonger's *n* [C] sklep rybny: *It's rare these days to find a fishmonger's on the high street.*

florist's *n* [C] kwiaciarnia: *I'll pop into the florist's and get Mom some flowers for Mother's Day.*

furniture store *n* [C] sklep meblowy: *an up-market furniture store*

greengrocer's *n* [C] sklep owocowo-warzywny, warzywniak: *The greengrocer's was very busy at lunchtime.*

grocer's *n* [C] sklep spożywczy: *The grocer's closes at six o'clock.*

health food shop *n* [C] sklep ze zdrową żywnością: *You can buy the ingredients in any good health food shop.*

jeweller's *n* [C] sklep jubilerski: *I noticed that the jeweller's is having a sale.*

market stall *n* [C] stragan: *The market stalls were piled high with fruit and vegetables.*

music shop *n* [C] sklep muzyczny: *Jeff works in a music shop.*

newsagent's *n* [C] kiosk z gazetami: *The newsagent's opens every morning at 6 a.m.*

off-licence *n* [C] sklep monopolowy: *I'll nip to the off-licence and get a bottle of wine.*

pet shop *n* [C] sklep zoologiczny: *Get advice from your local pet shop before choosing a pet.*

shoe shop *n* [C] sklep obuwniczy: *The shoe shop was crowded with shoppers.*

shopping mall *n* [C] centrum handlowe: *It's one of the biggest shopping malls in Europe.*

sports shop *n* [C] sklep sportowy: *I need to go to the sports shop and buy some new trainers.*

stationer's *n* [C] sklep papierniczy: *Get some A4 printing paper when you go to the stationer's.*

SPRZEDAWANIE I KUPOWANIE

bar code *n* [C] kod paskowy: *The scanner couldn't read the bar code on the packet.*

bargain *n* [C] okazja: *Did you get any bargains at the sales?*

changing room *n* [C] przymierzalnia: *There's always a queue for the changing rooms on a Saturday.*

checkout *n* [C] kasa: *Why don't they have more checkouts open when it's busy?*

checkout

checkout assistant *n* [C] kasjer/ka: *She works part-time as a checkout assistant.*

customer *n* [C] klient/ka: *We don't get many customers on Mondays. Saturday is our busiest day.*

discount *n* [C] zniżka, rabat: *Do you get a discount if you pay in cash?*

exchange *v* [T] wymienić: *Could I exchange this skirt for a bigger size?*

fit *v* [I,T] pasować: *The jacket fits you perfectly.*

I'm a size ... noszę rozmiar ...: *"What dress size are you?" "I'm a size 8."*

make a complaint złożyć skargę/reklamację: *I made a formal complaint about the poor service I received.*

pay by (credit) card płacić kartą (kredytową): *I'm going to pay for the tickets by credit card.*

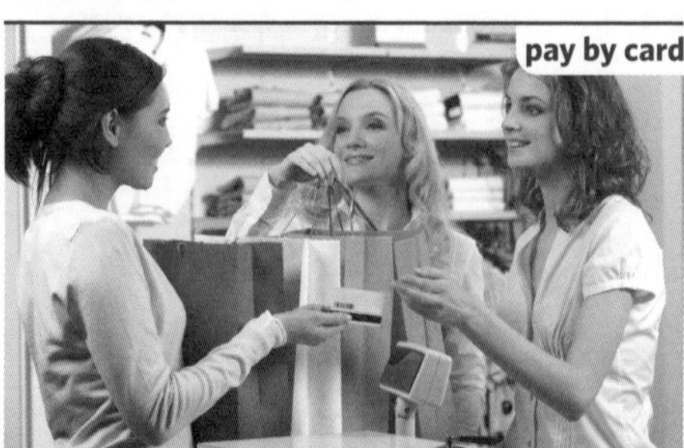
pay by card

pay by/in cash płacić gotówką: *Are you paying by cash or with a card?*

pay in instalments płacić w ratach: *The bill can be paid in instalments over six months.*

proof of purchase *n* [C,U] dowód zakupu: *To get a refund, you will need a receipt or other proof of purchase such as a credit card statement.*

queue *n* [C] kolejka: *The queue went right round the block.*

range *n* [C] asortyment: *The new menswear range will be launched next week.*

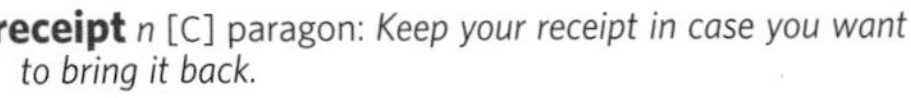

pay by cash/in cash

receipt *n* [C] paragon: *Keep your receipt in case you want to bring it back.*

refund *v* [T] zwrócić: *I took the radio back, and they refunded my money.*

refund *n* [C] zwrot pieniędzy: *You can return it within 30 days for a full refund.*

replacement *n* [C] zastępstwo: *They supplied a replacement (=telefon zastępczy) while my phone was being repaired.*

return *v* [T] zwrócić: *I'm going to return these shoes - they're a little tight.*

sale *n* [C] wyprzedaż: *There's going to be a sale at Macy's next week.*

second-hand *adj* używany: *second-hand furniture*

shopaholic *n* [C] nałogow-y/a zakupowicz/ka: *I've always been a shopaholic, which explains why I have a massive credit card bill.*

shop assistant *n* [C] sprzedaw-ca/czyni: *I asked the shop assistant if they had the dress in a size 12.*

shopping list *n* [C] lista zakupów: *Do you make a shopping list before you go to the supermarket?*

special offer *n* [C] oferta specjalna: *The hotel has a special offer of five nights for the price of three.*

sth suits sb *v* [T] w czymś jest komuś do twarzy: *Red really suits you.*

till *n* [C] kasa: *He took the shirt to the till to pay.*

trolley *n* [C] wózek: *a supermarket trolley*

try sth on *phr v* [T] przymierzać coś: *I'll try it on, see if it suits me.*

REKLAMA

advertise *v* [I,T] reklamować: *The poster was advertising a well-known brand of cola.*

advertisement/advert/ad *n* [C] reklama: *Most car advertisements are aimed at men.* | *She had started her acting career by doing shampoo ads on TV.*

advertising campaign *n* [C] kampania reklamowa: *They launched a massive advertising campaign to promote the product.*

brand/make *n* [C] marka: *What brand of soap powder do you use?* | *This make of car is very reliable.*

brand name *n* [C] nazwa firmowa: *famous brand names such as Levis or Adidas*

classified ad *n* [C] ogłoszenie drobne: *There are usually plenty to choose from, just check the classified ads in your local paper.*

commercial *n* [C] reklama (radiowa, telewizyjna): *There are lots of commercials during every programme break.*

consumer society *n* [C] społeczeństwo konsumpcyjne: *Our modern consumer society relies on everyone buying the latest gadget or renewing their TV every five years.*

hoarding *n* [C] billboard: *advertising hoardings*

jingle *n* [C] dżingiel: *a catchy jingle*

leaflet *n* [C] ulotka: *Demonstrators were handing out leaflets outside the station.*

personal ad *n* [C] ogłoszenie drobne: *They met after answering a personal ad in the newspaper.*

place an advertisement dać ogłoszenie: *How much does it cost to place an advertisement in a paper like 'The Sunday Times?'*

slogan *n* [C] hasło, slogan: *The company has dropped its original advertising slogan.*

USŁUGI

car wash *n* [C] myjnia samochodowa: *There was a long queue at the car wash.*

cash machine *n* [C] bankomat: *Is there's a cash machine near here?*

dry cleaner's *n* [C] pralnia chemiczna: *I'll drop your suit into the dry cleaner's for you.*

garage *n* [C] warsztat samochodowy: *I need to take my car to the garage to get the brakes checked.*

hairdresser's *n* [C] salon fryzjerski: *I've got an appointment at the hairdresser's on Saturday.*

launderette *n* [C] pralnia samoobsługowa: *I usually take my washing to the launderette on Turpin Road.*

laundry *n* [U] pranie: *a basket of laundry*

petrol station *n* [C] stacja benzynowa: *She pulled into the petrol station and filled up.*

post office *n* [C] urząd pocztowy: *The post office is open from 9:15 until 6:00.*

service station *n* [C] stacja benzynowa *(z restauracją, parkingiem itp.)*: *Can we stop at the next service station – I need to use the toilet.*

shoe repairs *n* [plural] naprawa obuwia: *They do shoe repairs, cut keys, that sort of thing.*

PODRÓŻE I TURYSTYKA

ŚRODKI TRANSPORTU

bicycle/bike *n* [C] rower: *Kara rides her bicycle to work every day.* | *a mountain bike*

boat *n* [C] łódź, statek: *a fishing boat*

bus *n* [C] autobus: *Casey took the bus to the school.*

car *n* [C] samochód: *Fortunately, I was able to park the car quite close to the cinema.*

coach *n* [C] autokar: *The coach will be leaving in ten minutes.*

ferry *n* [C] prom: *If we drive to France, we can take the ferry from Dover to Calais.*

lorry *n* [C] ciężarówka: *Have you ever driven a lorry?*

minibus *n* [C] mikrobus: *We hired a minibus to take us to the game.*

motorbike/motorcycle *n* [C] motocykl: *He'd rather ride a motorbike than drive.* | *a motorcycle helmet*

plane *n* [C] samolot: *At Heathrow airport, a plane takes off every few minutes.*

train *n* [C] pociąg: *It takes about an hour on the train.*

underground *n* [singular] metro: *a map of the London Underground*

van *n* [C] furgonetka: *a delivery van*

yacht *n* [C] jacht: *a marina full of luxury yachts*

PODRÓŻOWANIE - TERMINY OGÓLNE

arrival *n* [U] przylot, przyjazd: *Let me know the date and time of your arrival.*

arrive (at/in) *v* [I] przyjechać, dotrzeć do/na: *The train is due to arrive in 10 minutes.* | *When we arrived at our destination, there was no one to meet us.*

business trip *n* [C] wyjazd służbowy: *He is in Paris until Thursday on a business trip.*

delayed *adj* [not before noun] opóźniony: *Our flight was delayed by fog.*

depart *v* [I] odjeżdżać, odlatywać: *The bus is due to depart at any moment.*

departure *n* [U] odlot, odjazd: *I saw Simon shortly before his departure for Russia.*

destination *n* [C] cel podróży: *It took us longer than planned to reach our destination because of the bad weather.*

excursion *n* [C] wycieczka: *We went on an excursion to the cathedral.*

fare *n* [C] opłata za przejazd, cena biletu: *Air fares have risen by an average of 20%.*

hitchhike *v* [I] podróżować autostopem: *He hitchhiked around America when he was young.*

journey *n* [C] podróż: *We had an awful journey - there was heavy snow and the car broke down.*

luggage/baggage *n* [U] bagaż: *They searched his luggage for illegal drugs.* | *Check your baggage in at the desk.*

passenger *n* [C] pasażer/ka: *The driver and all three passengers were killed in the crash.*

return ticket *n* [C] bilet tam i z powrotem: *He bought a return ticket to New York.*

single ticket *n* [C] bilet w jedną stronę: *The cost of a single ticket is 35 euros.*

suitcase *n* [C] walizka: *I packed a suitcase and headed to Dublin.*

ticket office *n* [C] kasa biletowa: *You can buy tickets at the ticket office or online.*

timetable *n* [C] rozkład jazdy: *According to the timetable, there's another train at 6.15.*

tourist *n* [C] turyst-a/ka: *Rome is full of tourists in the summer.*

trip *n* [C] podróż, wycieczka: *This year we're going to Colorado on a five-day skiing trip.*

PODRÓŻ SAMOLOTEM

airport *n* [C] lotnisko: *The plane landed safely at Heathrow Airport.*

baggage reclaim *n* [U] stanowisko odbioru bagaży: *We waited for almost an hour in baggage reclaim.*

boarding card/boarding pass *n* [C] karta pokładowa: *Passengers must have a boarding pass to enter the departure lounge.*

budget airline *n* [C] tania linia lotnicza: *I booked a cheap flight with a budget airline.*

cabin crew *n* [C] personel pokładowy: *One of the cabin crew asked me if I needed assistance.*

charter flight *n* [C] lot czarterowy: *The company is operating charter flights to Crete until the end of November.*

check-in desk *n* [C] stanowisko odprawy pasażerów: *The queue at the check-in desk was enormous.*

departure lounge *n* [C] hala odlotów: *We can get a meal in the departure lounge while we wait for our flight.*

duty-free shop *n* [C] sklep bezcłowy: *I had an hour until my flight, so I looked around the duty-free shops.*

flight *n* [C] lot: *All flights to Tokyo were delayed because of bad weather.*

hand luggage *n* [U] bagaż podręczny: *Most airlines allow passengers to carry one item of hand luggage.*

gate *n* [C] wyjście: *Passengers are requested to proceed to gate 6.*

runway *n* [C] pas startowy: *The plane taxied (=kołował) down the runway.*

take off *phr v* [I] startować: *Children spent hours watching the planes take off and land.*

board a plane wchodzić na pokład samolotu: *We stood in line, waiting to board the plane.*

customs *n* [plural] odprawa celna: *She was stopped at customs and her bag was searched.*

passport control *n* [U] odprawa paszportowa: *It took ages to get through passport control.*

PODRÓŻ SAMOCHODEM

crossroads *n* [C] skrzyżowanie: *Turn left at the next crossroads.*

drive *v* [I,T] po/jechać samochodem: *I'd rather drive to work than take the bus.*

flat tyre *n* [C] przebita opona, kapeć: *I'm late because I had to fix a flat tyre on my way here.*

give sb a lift podwieźć kogoś: *Can you give me a lift to the station?*

motorway *n* [C] autostrada: *The speed limit on motorways is 70 mph.*

sb ran out of petrol komuś skończyła się benzyna: *They ran out of petrol some miles from their destination.*

speed limit *n* [C] ograniczenie prędkości: *a 30 mph speed limit*

ticket *n* [C] mandat: *When did you last get a speeding ticket?*

traffic jam *n* [C] korek: *We were stuck in a traffic jam for two hours.*

PODRÓŻ KOLEJĄ

compartment *n* [C] przedział: *Does the train have a first-class compartment?*

platform *n* [C] peron: *The Edinburgh train will depart from platform six.*

railway *n* [C] kolej: *a busy railway station*

sleeping carriage *n* [C] wagon sypialny: *We booked a sleeping carriage on the overnight train.*

PODRÓŻ MORSKA

cruise *n* [C] rejs wycieczkowy: *a seven-day Mediterranean cruise*

harbour *n* [C] port: *We went on deck as the ship entered the harbour.*

sail *v* [I,T] płynąć, żeglować: *We sail first thing in the morning.*

voyage *n* [C] podróż morska, rejs: *In those days, the voyage to Australia was long and hazardous.*

NOCLEG

B&B (bed and breakfast) *n* [C] pensjonat oferujący nocleg ze śniadaniem: *We stayed the night in a small B&B.*

campsite *n* [C] pole namiotowe, kemping: *Does the campsite have a swimming pool?*

caravan *n* [C] przyczepa kempingowa: *a caravan park*

double room *n* [C] pokój dwuosobowy: *I booked a double room, not a single.*

en suite *n* [C] pokój z łazienką: *All the en suites have a private garden or terrace.*

guesthouse *n* [C] pensjonat: *The guesthouse is fully booked.*

lounge *n* [C] hol: *I'll wait for you in the hotel lounge.*

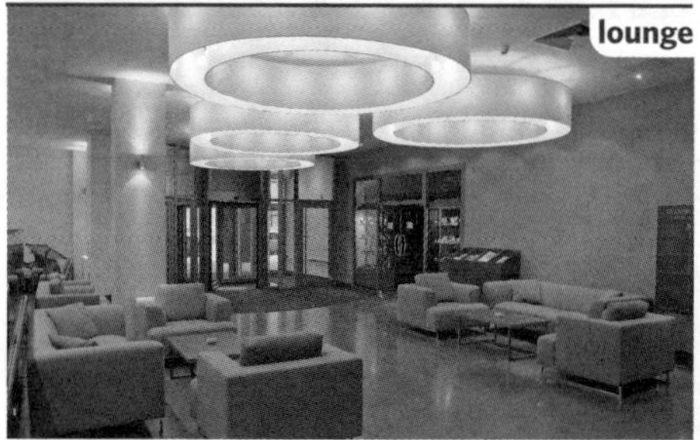
lounge

single room *n* [C] pokój jednoosobowy: *He had a single room with a balcony overlooking the park.*

suite *n* [C] apartament: *the honeymoon suite*

tent *n* [C] namiot: *We pitched our tent in a shady spot.*

twin room *n* [C] pokój dwuosobowy *(z osobnymi łóżkami)*: *He shared a twin room with his brother.*

twin room

youth hostel *n* [C] schronisko młodzieżowe: *We stayed at a youth hostel on the outskirts of town.*

WYPADKI I AWARIE

break down *phr v* [I] zepsuć się: *The car broke down on the motorway.*

call an ambulance wezwać pogotowie ratunkowe: *Has anybody called an ambulance?*

crash *v* [I,T] rozbić się: *He crashed into a lamppost.*

emergency *n* [C] nagły wypadek: *Staff are trained to deal with any emergency.*

emergency landing *n* [C] lądowanie awaryjne: *The plane was forced to make an emergency landing when one of the engines lost power.*

emergency services *n* [plural] służby ratunkowe: *The emergency services reached the scene of the accident in less than eight minutes.*

lifeboat *n* [C] szalupa ratunkowa: *Many people drowned because the ferry did not have enough lifeboats.*

life jacket *n* [C] kamizelka ratunkowa: *The steward gave us a demonstration of how to put on a life jacket.*

rescue *v* [T] ratować: *Firefighters worked for two hours to rescue people who were trapped in the bus.*

KULTURA

MUZYKA

composer *n* [C] kompozytor/ka: *My favourite composer is Beethoven.*

concert hall *n* [C] sala koncertowa: *The choir are performing at the concert hall all this week.*

conductor *n* [C] dyrygent/ka: *He is the principal conductor of the Birmingham Symphony Orchestra.*

drums *n* [plural] perkusja: *Ted plays drums in a rock band.*

gig *n* [C] koncert: *We have a gig in L.A. on Thursday.*

guitar *n* [C] gitara: *Can you play the guitar?*

in tune *adv* czysto: *They sang perfectly in tune.* | *When she was satisfied that her harp was in tune* (=nastrojony), *she stood up.*

lyrics *n* [plural] słowa, tekst piosenki: *Who wrote the lyrics, do you know?*

orchestra *n* [C] orkiestra: *the Berlin Symphony Orchestra*

out of tune *adv* nieczysto: *Can you hear that you are playing out of tune?* | *Greg's bass guitar was out of tune* (=rozstrojony).

piano *n* [C] fortepian: *Jean accompanied her on the piano.*

release a single wydać singiel: *The group released their first single last year.*

score *n* [C] muzyka (*do filmu*): *the film's musical score*

songwriter *n* [C] autor/ka piosenek: *He is a talented songwriter.*

LITERATURA

blurb *n* [singular] notka reklamowa: *I didn't bother reading all the blurb in the theatre program.*

chapter *n* [C] rozdział: *These matters are dealt with in Chapters 8 & 9.*

character *n* [C] postać: *It was a wonderful story - the characters were so convincing.*

detective story/crime story *n* [C] kryminał: *He is best known for writing detective stories.* | *a crime story set in Chicago*

fairy tale *n* [C] baśń: *a book of fairy tales*

fiction *n* [U] literatura piękna: *He began writing fiction after leaving university.*

genre *n* [C] gatunek: *Science fiction is a very popular genre of writing.*

hardback *n* [C] książka w twardej oprawie: *The hardback edition sold over 30,000 copies.*

hero/heroine *n* [C] bohater/ka: *Indiana Jones is the hero of the film.* | *The heroine of the novel is a middle-class woman.*

nonfiction *n* [U] literatura faktu: *The books in the library are divided into fiction and nonfiction.*

novel *n* [C] powieść: *I haven't read that novel.*

paperback *n* [C] książka w miękkiej oprawie: *Usually the hardback comes out first and the paperback comes out later.*

poem *n* [C] wiersz: *I decided to write a poem about how I felt.*

poetry *n* [U] poezja: *He reads a lot of poetry.*

short story *n* [C] opowiadanie: *She started out writing short stories for the magazine 'Black Mask'.*

volume *n* [C] tom: *The encylopaedia is published in three volumes.*

writer *n* [C] pisa-rz/rka: *When I was young, I wanted to be a writer.*

TEATR

act *v* [I] grać, występować: *He first started acting when he was 12.*

audience *n* [C] publiczność: *The scene had the audience roaring with laughter.*

box office *n* [C] kasa biletowa: *You can collect your tickets at the box office.*

curtain *n* [C] kurtyna: *As the final curtain came down, the audience applauded politely.*

drama school *n* [C,U] szkoła teatralna: *When I first went to drama school, acting was all very new to me.*

interval *n* [C] przerwa, antrakt: *He waited for the interval before leaving his seat.*

mime *v* [I,T] śpiewać z playbacku: *You could tell that the singer was miming.*

performance *n* [C] przedstawienie: *The evening performance will begin at 8:00 pm.*

play *n* [C] sztuka: *Miller's play 'The Crucible' is set in New Hampshire.*

playwright *n* [C] dramaturg: *He is the best young playwright of his generation.*

prompter *n* [C] sufler/ka: *I knew my lines and did not need the prompter.*

stage *n* [C] scena: *The crowd grew restless waiting for the band to appear on stage.*

FILM

action movie *n* [C] film akcji: *Stallone has starred in a lot of action movies.*

advance screening *n* [C] pokaz przedpremierowy: *We are giving away ten pairs of tickets for the advance screening of the film.*

blockbuster *n* [C] przebój filmowy: *Bruce Willis's new Hollywood blockbuster took $10.6 million in its first weekend.*

cameraman *n* [C] operator kamery, kamerzysta: *a television cameraman*

cartoon *n* [C] film rysunkowy: *Kids have always loved cartoons.*

cast *n* [C] obsada: *We were invited backstage to meet members of the cast.*

director *n* [C] reżyser/ka: *a famous film director*

disaster movie *n* [C] film katastroficzny: *Disaster movies always have a lot of special effects.*

documentary *n* [C] film dokumentalny: *We watched a TV documentary about the war.*

drama *n* [U] dramat: *Greek drama* | *a new drama series*

feature film *n* [C] film fabularny: *It was the director's first full-length feature film.*

lead role *n* [C] główna rola: *The film stars Dustin Hoffman in the lead role.*

sci-fi (science fiction) film *n* [C] film science fiction: *I love science fiction films like 'The Matrix'.*

screenplay *n* [C] scenariusz: *He wrote the screenplay for 'Apocalypse Now'.*

screenwriter *n* [C] scenarzyst-a/ka: *He works as a screenwriter for TV soaps.*

sequel *n* [C] dalszy ciąg: *'Batman 2' was a rare example of a sequel being better than the original.*

shoot *v* [T] kręcić, filmować: *We had to shoot the scene four times.*

soundtrack *n* [C] ścieżka dźwiękowa: *the soundtrack to 'Top Gun'*

star *n* [C] gwiazda: *Her latest role could make her a big star.*

stuntman/stuntwoman *n* [C] kaskader/ka: *We use stuntmen for the action sequences.*

subtitles *n* [plural] napisy: *a French film with English subtitles*

usher *n* [C] bileter, osoba wskazująca widzom ich miejsca na widowni: *I worked as an usher at the local cinema during the holidays.*

viewer *n* [C] widz: *The concert was seen by 500 million viewers around the world.*

SZTUKI PLASTYCZNE

drawing *n* [C] rysunek: *The classroom was bright and cheerful, with children's drawings on the walls.*

engraving *n* [C] rycina: *an engraving of the cathedral from the 18th century*

landscape *n* [C] pejzaż: *"What kind of photographs do you take?" "Mostly landscapes, and some portraits."*

mural *n* [C] malowidło ścienne, fresk: *One wall was covered by a huge mural showing a rising sun with various strange creatures in front of it.*

nude *n* [C] akt: *To be honest, I prefer his watercolours to his nudes.*

oil painting *n* [C] obraz olejny: *a collection of oil paintings*

portrait *n* [C] portret: *a full-length portrait of the Queen*

sculpture *n* [C] rzeźba: *a sculpture of an elephant*

self-portrait *n* [C] autoportret: *It is the only known self-portrait of the artist.*

sketch *n* [C] szkic: *I think your sketches of the garden are wonderful.*

still life *n* [C,U] martwa natura: *a still life of a bowl of fruit*

watercolour *n* [C,U] akwarela: *a watercolour painting of a moorland*

visual arts

painting

sketch

sculpture

still life

ŚRODKI MASOWEGO PRZEKAZU

broadsheet *n* [C] gazeta wielkoformatowa: *broadsheets such as The Times and The Telegraph*

daily *n* [C] gazeta codzienna: *a reporter on one of the national dailies*

game show *n* [C] teleturniej: *He has been hosting the game show ever since it was first broadcast.*

glossy magazine *n* [C] ilustrowane czasopismo: *The shelves were lined with glossy fashion magazines.*

live coverage *n* [U] bezpośrednia transmisja: *There will be live coverage of the concert on BBC4.*

reality TV show *n* [C] program w rodzaju 'Big Brother': *Do you like reality TV shows?*

series *n* [C] serial: *A new TV series called 'The Hamilton Dynasty' will be starting next autumn.*

sitcom *n* [C] serial komediowy: *She starred in the hit TV sitcom 'Friends'.*

soap opera *n* [C] telenowela: *It is one of Mexico's most popular soap operas.*

tabloid *n* [C] brukowiec: *She sold her story to the tabloids.*

talk show *n* [C] talk show: *a talk show host*

SPORT

POPULARNE DYSCYPLINY SPORTU

aerobics *n* [U] aerobik: *I try to keep as fit as I can, mainly by doing aerobics and swimming.*

archery *n* [U] łucznictwo: *She excelled at archery and won an Olympic silver medal.*

archery

athletics *n* [U] lekkoatletyka: *an athletics meeting*

basketball *n* [U] koszykówka: *a game of basketball*

boxing *n* [U] boks: *As a teenager, Ken took up boxing.*

car rally *n* [C] rajd samochodowy: *the vintage car rally from London to Brighton*

chess *n* [U] szachy: *They meet fairly often to play chess.*

combat sport *n* [C] sport walki: *combat sports like boxing and karate*

cricket *n* [U] krykiet: *He plays county cricket for Somerset.*

cycling *n* [U] kolarstwo: *Exercise such as walking, jogging and cycling can help prevent heart disease.*

dancing *n* [U] taniec: *My boyfriend doesn't like dancing.*

darts *n* [U] gra w rzutki/strzałki: *We went to the pub and played a few games of darts.*

discus *n* [singular] rzut dyskiem: *In the final round of the competition, she threw the discus 37.92 meters.*

diving *n* [U] nurkowanie: *We went diving on the coral reef.*

fencing *n* [U] szermierka: *France won two gold medals at the fencing world championships.*

fencing

figure skating *n* [U] łyżwiarstwo figurowe: *the men's event at the World Junior Figure Skating Championships*

football/soccer *n* [U] piłka nożna: *A group of lads were playing football in the park.* | *soccer players*

gymnastics *n* [U] gimnastyka: *a gymnastics display*

hammer throwing *n* [U] rzut młotem: *He excelled at field events such as hammer throwing and discus.*

high jump *n* [singular] skok wzwyż: *He set a new world record in the high jump.*

hockey *n* [U] hokej na trawie: *a game of hockey*

horseracing *n* [U] wyścigi konne: *His father was a jockey too, so horseracing is in his blood.*

hurdles *n* [plural] bieg przez płotki: *He took silver in the 60 metres hurdles.*

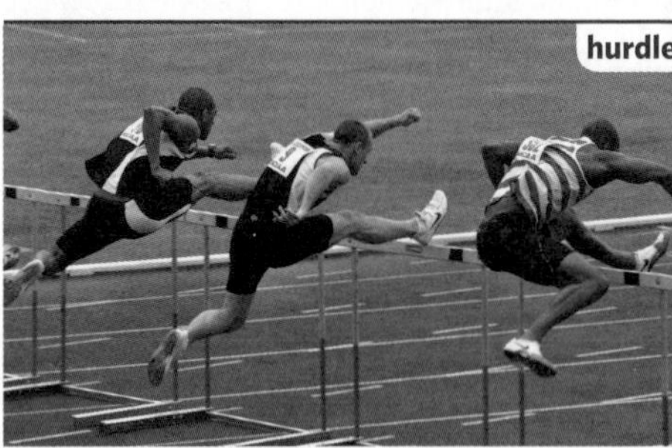
hurdle

javelin *n* [C] rzut oszczepem: *an Olympic javelin thrower*

judo *n* [U] dżudo: *He's a black belt in judo.*

long jump *n* [U] skok w dal: *I made it to the final of the long jump.*

long-distance running *n* [U] biegi długodystansowe: *His slim build is ideal for long-distance running.*

marathon *n* [C] maraton: *My wife plans to run in the London marathon this year.*

motor racing *n* [U] wyścigi samochodowe: *the Formula One motor racing champion*

pole vault *n* [singular] skok o tyczce: *Tchoi won the men's pole vault at the Asian Games on Sunday.*

powerlifting *n* [U] trójbój siłowy: *In the world of powerlifting, size is an advantage.*

relay race *n* [C] sztafeta: *the 4x100 metres relay race*

rowing *n* [U] wioślarstwo: *I decided to join a rowing club.*

sailing *n* [U] żeglarstwo: *Bud has invited us to go sailing this weekend.*

skiing *n* [U] narciarstwo: *We're going to go skiing in Colorado this winter.*

ski jumping *n* [U] skoki narciarskie: *Ski jumping is the only sport in which women do not take part at the Winter Olympics.*

speed skating *n* [U] łyżwiarstwo szybkie: *the speed skating track*

speed skating

swimming *n* [U] pływanie: *Swimming is great exercise.*

table tennis *n* [U] tenis stołowy: *Would you like to play a game of table tennis?*

volleyball *n* [U] siatkówka: *I watched people playing volleyball at the beach.*

water sports *n* [plural] sporty wodne: *He enjoys most water sports, especially wind surfing.*

weightlifting *n* [U] podnoszenie ciężarów: *the world weightlifting championships*

wrestling *n* [U] zapasy: *a professional wrestling match*

yoga *n* [U] joga: *Doing yoga regularly helps to keep me agile.*

PODSTAWOWY SPRZĘT SPORTOWY

ball *n* [C] piłka: *Thomas passed the ball to Brunt, whose shot hit the post.*

boxing glove *n* [C usually plural] rękawica bokserska: *Mike's trainer laced up (=zasznurował) his boxing gloves.*

boxing ring *n* [C] ring bokserski: *A huge cheer went up as the world champion entered the boxing ring.*

chess piece *n* [C] figura szachowa, pionek: *She pointed to one of the chess pieces, a knight, and asked what it did.*

court *n* [C] kort, boisko: *a tennis court*

field *n* [C] boisko: *Some boys were kicking a ball around on the local football field.*

football boot *n* [C usually plural] but piłkarski: *He got some new football boots for his birthday.*

goal *n* [C] bramka: *The ball bounced over the keeper's head and into the goal.*

gym *n* [C] sala gimnastyczna, siłownia: *I've just signed up for an exercise class at the gym.*

helmet *n* [C] kask: *an American football helmet*

ice rink *n* [C] lodowisko: *The ice rink is open daily from 11 a.m. until 9 p.m.*

ice skate *n* [C usually plural] łyżwa: *If you don't have any ice skates of your own, you can hire a pair at the rink.*

net *n* [C usually singular] siatka: *The home fans cheered wildly when his shot hit the back of the net.*

ski boot *n* [C usually plural] but narciarski: *Have you got any tips for keeping ski boots warm and dry?*

ski pole *n* [C usually plural] kijek narciarski: *He promised to lend me a pair of skis and ski poles.*

ski slope *n* [C] stok narciarski: *The ski slopes were packed with skiers.*

ski suit *n* [C] kombinezon narciarski: *Claire was wearing a red ski suit.*

stadium *n* [C] stadion: *The stadium has a capacity of 50,000.*

stand *n* [C usually plural] trybuna: *The coach watched the first half from the stands.*

swimming cap *n* [C] czepek: *a plastic swimming cap*

swimming costume *n* [C] kostium kąpielowy: *When I got to the pool, I realized that I'd forgotten my swimming costume.*

swimming pool *n* [C] basen: *a large, heated swimming pool*

swimming trunks *n* [plural] kąpielówki: *He wrapped his wet swimming trunks inside a towel.*

tennis racket *n* [C] rakieta do tenisa: *I've broken a string on my tennis racket.*

track *n* [C] bieżnia: *The athletes were warming up on the track.*

tracksuit *n* [C] dres: *He was dressed casually in tracksuit and trainers.*

trainers *n* [plural] buty sportowe: *You need to get a decent pair of trainers if you plan to run regularly.*

IMPREZY SPORTOWE

break a record pobić rekord: *an attempt to break the 10,000-metres world record*

coach *n* [C] trener/ka: *We got a professional football coach to come and help us train the team.*

draw *v* [I,T] z/remisować: *"Did you win?" "No, we drew."*

equal a record wyrównać rekord: *Johnson has equalled the Olympic record.*

final *n* [C] finał: *Have you got tickets for the final?*

half-time *n* [U] przerwa *(w połowie meczu)*: *The score at half-time was 34–7.*

penalty *n* [C] kara: *The referee awarded a penalty when Jones handled the ball in the box.*

referee *n* [C] sędzia *(w boksie, piłce nożnej, koszykówce)*: *The referee should never have allowed the first goal.*

semi-final *n* [C] półfinał: *They lost the semi-final to Liverpool, who went on to win the final.*

set a record ustanowić rekord: *The Kenyan runner set a new Olympic Record in the 3,000 metres.*

umpire *n* [C] sędzia *(w tenisie, krykiecie, baseballu)*: *I thought he was out, but the umpire called him safe.*

ZDROWIE

ZDROWY TRYB ŻYCIA

avoid stress unikać stresu: *You can't avoid stress, but you can change the way you deal* (=radzisz sobie) *with it.*

cut down on fatty foods ograniczyć spożycie tłustych pokarmów: *Improve your diet by eating more oily fish and cutting down on fatty foods.*

do regular exercise ćwiczyć regularnie: *You will feel healthier if you do regular exercise.*

follow a sensible diet przestrzegać rozsądnej diety: *The most essential thing is to follow a sensible diet.*

get enough sleep wysypiać się: *I get irritable if I don't get enough sleep.*

give up smoking rzucić palenie: *I've tried to give up smoking and failed several times.*

healthy eating habits zdrowe nawyki żywieniowe: *People with healthy eating habits tend to be slim.*

keep fit utrzymywać dobrą formę: *Paula keeps fit by cycling and swimming on a regular basis.*

low-fat food pokarmy o niskiej zawartości tłuszczu: *If I want a snack, I'll eat low-fat foods like rice cakes or a piece of fruit.*

take things easy zwolnić tempo: *You are getting older now, Mike, it's time to take things easy.*

take up a sport zacząć uprawiać sport: *I took up the sport six years ago.*

work out at the gym trenować na siłowni: *I work out at the gym for an hour after work, maybe three times a week.*

CHOROBY I ICH OBJAWY

backache *n* [U] bóle krzyża: *If you suffer from backache, these exercises might help.*

backache

be allergic (to sth) mieć alergię (na coś), być uczulonym (na coś): *I'm allergic to cats.*

bleed *v* [I] krwawić: *Your nose is bleeding* (=krew ci leci z nosa).

broken arm złamana ręka, złamanie ręki: *He is still recovering from a broken arm and may not ride again this year.*

cancer *n* [C,U] rak, nowotwór: *A lot of cancers can now be treated successfully.* | *He has got cancer.*

choke *v* [I,T] dusić: *The fumes were choking me.*

cold *n* [C] przeziębienie: *I think I'm getting a cold.*

condition *n* [C] niedomaganie, schorzenie: *People with a heart condition* (=którzy chorują na serce) *should not smoke.*

cough *n* [C] kaszel: *He's got a bad cough.*

critically ill w stanie krytycznym: *The other driver is critically ill in hospital.*

disease *n* [C,U] choroba: *The most common symptoms of the disease are a high temperature and spots all over the body.*

earache *n* [C,U] ból ucha: *I've got terrible earache and a sore throat.*

faint *v* [I] ze/mdleć: *She felt like she was going to faint.*

fall ill *formal* zachorować: *If you live alone, who will look after you if you fall ill?*

feel dizzy mieć zawroty głowy: *I feel dizzy. I need to sit down.*

feel sick mieć mdłości, źle się czuć: *We'd only been in the car two minutes when David said he felt sick.*

fever *n* [C,U] gorączka: *Amy has a fever and won't be coming into work today.*

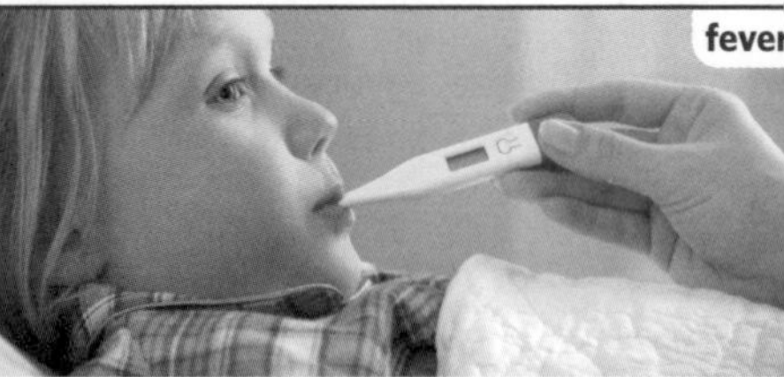

fever

flu *n* [U] grypa: *Steven's still in bed with flu.*

food poisoning *n* [U] zatrucie pokarmowe: *We want tougher action on food hygiene* (=bardziej zdecydowane działania na rzecz higieny żywienia), *to protect consumers from the risk of food poisoning.*

headache *n* [C] ból głowy: *If you have a headache, you should take some aspirin.*

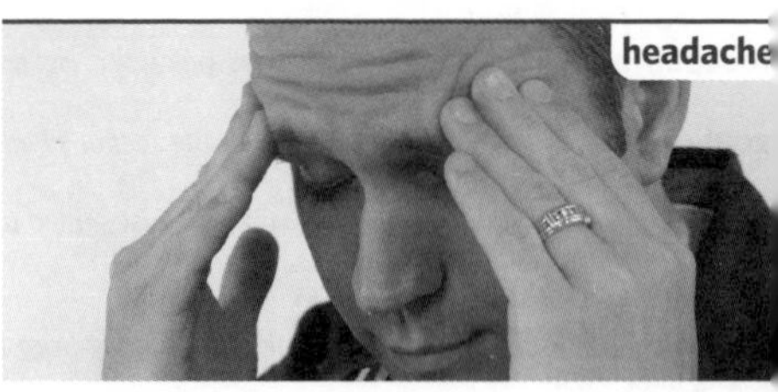

headache

heart attack *n* [C] atak serca, zawał: *My father died of a heart attack when I was six.*

heart disease *n* [U] choroba serca: *Smoking increases the risk of heart disease.*

ill *adj* chory: *Mel was so ill that she had to stay in bed for a month.*

injury *n* [C] obrażenie, uraz: *The glass roof collapsed onto the crowd, causing horrific injuries.*

insomnia *n* [U] bezsenność: *He has suffered from insomnia since childhood.*

jaundice *n* [U] żółtaczka: *Hepatitis A can cause jaundice and, in the worst cases, liver failure* (=niewydolność wątroby).

pneumonia *n* [U] zapalenie płuc: *She was taken to hospital, suffering from pneumonia.*

rash *n* [C] wysypka: *He developed a rash on his back and shoulders.*

recover (from sth) *v* [I] dojść do siebie (po czymś), wyzdrowieć: *It takes a long time to recover from the operation.*

run a temperature mieć podwyższoną temperaturę: *He has no appetite and is running a temperature.*

runny nose katar: *cold symptoms such as coughing and a runny nose*

seriously/terminally ill poważnie/śmiertelnie chory: *He became seriously ill after eating contaminated meat.* | *Her husband is terminally ill with cancer.*

shiver *v* [I] trząść się: *I was shivering in my thin sleeping bag.*

sneeze *n* [I] kichnięcie: *There was* (=było słychać) *a loud sneeze from someone in the back of the audience.*

stomachache *n* [C] ból żołądka: *He went home complaining of a stomachache.*

stroke *n* [C] udar, wylew: *The man died from a massive stroke.*

suffer (from sth) *v* [I,T] cierpieć (z powodu czegoś): *She is suffering a lot of pain.* | *Ever since the crash, I have suffered from a bad back* (=cierpię na bóle kręgosłupa).

sunburn *n* [U] oparzenie słoneczne: *You'll get sunburn if you lie out in the sun for too long.*

toothache *n* [C] ból zęba: *If I still have this toothache tomorrow, I'll go to see the dentist.*

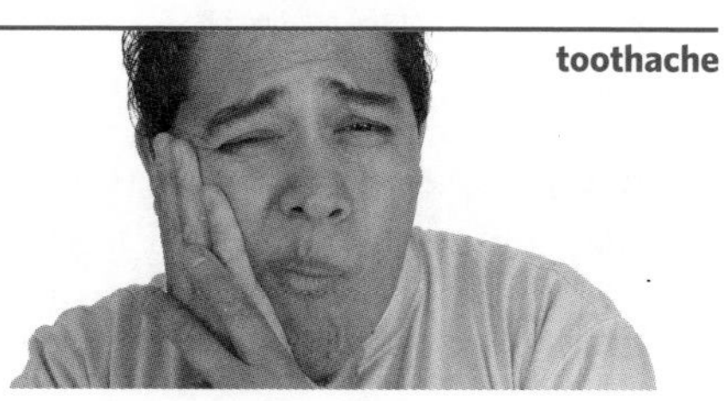

toothache

twist your ankle skręcić kostkę: *I slipped on the stairs and twisted my ankle.*

vomit *v* [I,T] z/wymiotować: *If she starts vomiting, contact the doctor immediately.*

wound *n* [C] rana: *The wound, which was very deep, needed eighteen stitches.*

LECZENIE

be on medication przyjmować leki: *He's on medication for high blood pressure.*

cough medicine *n* [U] lekarstwo na kaszel: *I'll get you some cough medicine from the chemist's.*

cure *n* [C] lekarstwo: *I can give you some tablets that will ease the symptoms, but they're not a cure.*

dentist *n* [C] dentyst-a/ka: *My dentist told me I need a filling.*

drops *n* [plural] krople: *eye drops*

drug *n* [C] lek: *The cost of prescription drugs keeps rising.*

examine *v* [T] z/badać: *Dr Harris examined the patient and diagnosed pneumonia.*

first aid *n* [U] pierwsza pomoc: *Being given first aid at the scene of the accident probably saved his life.*

GP (General Practitioner) *n* [C] lekarz pierwszego kontaktu: *If the symptoms persist, contact your GP.*

injection *n* [C,U] zastrzyk: *I hate having injections.*

medical check-up *n* [C] badanie lekarskie: *a routine medical check-up*

medicine *n* [C,U] lek, lekarstwo: *Take the medicine three times a day.*

painkiller *n* [C] środek przeciwbólowy: *How long have you had the pain, and do you take painkillers for it?*

plaster *n* [C] plaster: *His mom put a plaster on the cut and sent him back out to play.*

prescription *n* [C] recepta: *a prescription for antibiotics*

sleeping pill *n* [C] tabletka nasenna: *a bottle of sleeping pills*

surgeon *n* [C] chirurg: *She underwent surgery at Guy's Hospital, where leading heart surgeon Dr Patel is based.*

surgery *n* [U] operacja: *She needed emergency surgery after the accident.*

treat *v* [T] udzielać pomocy medycznej: *The clinic treats dozens of patients every day.*

vaccine *n* [C,U] szczepionka: *a polio vaccine*

X-ray *v* [T] z/robić zdjęcie rentgenowskie: *The problem was only discovered when her lungs were X-rayed.*

NIEPEŁNOSPRAWNI

blind *adj* [U] niewidomy: *Blake is now over 90, and almost blind.*

deaf *adj* [U] głuchy, niesłyszący: *Her second child, Oscar, was born deaf.*

mentally disabled *adj* niepełnosprawny umysłowo: *parents caring for mentally disabled children*

numb *adj* odrętwiały: *His legs grew so numb he couldn't move.*

physically disabled *adj* niepełnosprawny fizycznie: *The attack left her physically disabled.*

wheelchair *n* [C] wózek inwalidzki: *He'll be in a wheelchair for the rest of his life.*

NAUKA I TECHNIKA

DYSCYPLINY NAUKOWE

archaeology *n* [U] archeologia: *He wants to study archaeology at university.*

biology *n* [U] biologia: *a degree in biology*

chemistry *n* [U] chemia: *a chemistry lab*

computer science *n* [U] informatyka: *a BSc in Computer Science*

economics *n* [U] ekonomia: *He studied economics at Harvard University.*

engineering *n* [U] inżynieria: *You should, ideally, have a degree in engineering or science.*

genetics *n* [U] genetyka: *New research in genetics and molecular biology may eventually lead to a cure.*

geology *n* [U] geologia: *She studied geology and mineralogy.*

linguistics *n* [U] językoznawstwo: *Semantics is one branch of linguistics.*

mathematics *n* [U] matematyka: *He went on to study mathematics at Oxford.*

physics *n* [U] fizyka: *a physics lesson*

political science *n* [U] politologia: *He graduated with a degree in political science.*

psychology *n* [U] psychologia: *experts in the field of psychology*

social sciences *n* [C plural] nauki społeczne: *The social sciences include subjects such as history and politics.*

sociology *n* [U] socjologia: *Do you need a degree in sociology to become a social worker?*

PRACA NAUKOWCA

analyse *v* [T] prze/analizować: *We are still analysing the results of the experiment.*

analysis *n* [C,U] analiza: *an analysis of the data*

cell *n* [C] komórka: *red blood cells*

chemical element *n* [C] pierwiastek chemiczny: *All the chemical elements are listed in the periodic table.*

confirm a hypothesis potwierdzić hipotezę: *The outcome of the experiment confirmed our original hypothesis.*

development *n* [C] rozwój: *There have been huge developments in the field of genetics over the last 50 years.*

discover *v* [T] odkryć: *Pluto was discovered in 1930.*

discovery *n* [C] odkrycie: *Doctors have made an important discovery that could help sufferers of the the disease.*

do/carry out/conduct research prowadzić badania: *We have done a lot of research into the causes of the disease. | I was in Italy carrying out research for my book. | He's conducting educational research at the University of Washington.*

equator *n* [singular] równik: *They sailed south towards the equator.*

evidence *n* [U] dowody: *As yet, there is no evidence of life on other planets.*

findings *n* [plural] ustalenia, wnioski: *The team published their findings in the New England Journal of Medicine.*

globe *n* [C] kula ziemska: *Our company has offices all over the globe.*

globe

line of latitude
line of longitude
Northern hemisphere
Southern hemisphere
equator

gravity *n* [U] grawitacja: *Objects are pulled towards the ground by the force of gravity.*

hemisphere *n* [C] półkula: *the Northern hemisphere*

invent *v* [T] wynaleźć: *Sir Frank Whittle invented the jet engine.*

invention *n* [C] wynalazek: *Washing machines are wonderful inventions.*

inventor *n* [C] wynalaz-ca/czyni: *a book about Johann Gutenberg, inventor of the printing press*

investigate *v* [I,T] z/badać: *Scientists are still investigating how the virus spreads.*

laboratory *n* [C] laboratorium: *a research laboratory*

latitude *n* [C,U] szerokość geograficzna: *The birds breed in northern latitudes.*

light year *n* [C] rok świetlny: *a star 3,000 light years from Earth*

longitude *n* [C,U] długość geograficzna: *The town lies at longitude 12° east.*

make a discovery dokonać odkrycia: *Hawking made many discoveries about the nature of stars.*

meridian *n* [C] południk: *A meridian is one of several imaginary lines running north to south from the North Pole to the South Pole.*

patent an invention o/patentować wynalazek: *He never thought of patenting his invention or trying to make any money out of it.*

periodic table *n* [singular] układ okresowy pierwiastków: *Polonium, which is number 84 on the periodic table, changes from solid to gas at 50 degrees Celsius.*

reject a hypothesis odrzucić hipotezę: *The experiment should allow us to confirm or reject the hypothesis.*

researcher *n* [C] badacz/ka: *medical researchers*

scientific law *n* [C] prawo nauki: *Scientific laws are based on empirical evidence, not on theory.*

solar year *n* [C] rok słoneczny: *Our calendar year is based on the solar year, the number of days the Earth takes to travel round the Sun.*

universe *n* [singular] wszechświat: *theories about the origin of the universe*

WYNALAZKI

gunpowder *n* [U] proch strzelniczy: *We blasted the rock face with gunpowder.*

jet engine *n* [C] silnik odrzutowy: *a fault in one of the plane's four jet engines*

lens *n* [C] obiektyw: *a camera with a 35 mm lens*

printing press *n* [C] prasa drukarska: *With the invention of the printing press, books became widely available for the first time.*

steam engine *n* [C] maszyna parowa: *The pump was driven by a steam engine.*

wheel *n* [C] koło: *a bicycle wheel | the car's rear wheels*

OBSŁUGA URZĄDZEŃ TECHNICZNYCH

application *n* [C] aplikacja: *You can download the application from our website.*

back up *v* [T] z/robić zapasową kopię: *It's always a good idea to back the files up on disk.*

backup copy *n* [C] kopia zapasowa: *Be sure to make a backup copy of all the data.*

bandwidth *n* [U] przepustowość łącza: *With a higher bandwidth, movies should download quite quickly.*

break down *phr v* [I] ze/psuć się: *The printer has broken down.*

broadband *adj* [U] szerokopasmowy: *Do you have to pay a fee for broadband access?*

browser *n* [C] przeglądarka: *My browser really is incredibly slow.*

bug *n* [C] błąd, defekt: *There must be a bug in this software.*

copy *v* [T] s/kopiować: *Copy the file into your documents folder.*

crash *v* [I] zepsuć się *(o komputerze)*: *When the system crashed, I lost all my work.*

cursor *n* [C] kursor: *Place your cursor on the first word and doubleclick.*

database *n* [C] baza danych: *We can check the database to see whether the book is in stock.*

default *adj* [only before noun] domyślny, standardowy: *You can change the default settings in the options menu.*

delete *v* [T] usuwać: *Delete any files that end in ".tmp".*

download *v* [T] ściągać, pobierać: *Have you downloaded the track?*

drag *v* [T] przeciągać: *Drag the attachment onto the desktop or save it in your documents.*

electrical appliance *n* [C] urządzenie elektryczne: *a store selling a range of electrical appliances*

file *n* [C] plik: *I'll email the file to you as an attachment.*

firewall *n* [C] zapora sieciowa: *firewall software*

flash drive *n* [C] pamięć USB, pendrive: *a 10 MB flash drive*

folder *n* [C] folder: *You can rename the folder by right clicking on the mouse.*

font *n* [C] czcionka: *Can you increase the font size?*

freeze *v* [I] zawiesić się: *If a program crashes, the screen will usually freeze.*

hardware *n* [U] sprzęt komputerowy: *The company has spent millions of dollars replacing outdated computer hardware.*

hyperlink *n* [C] hiperłącze: *The site will have hyperlinks to other websites.*

icon *n* [C] ikonka, piktogram: *Click on the icon to open the program.*

inbox *n* [C] skrzynka poczty przychodzącej: *Three messages had arrived in my inbox during lunch.*

online *adj, adv* w sieci: *online banking | Is the service available online?*

out of order zepsuty: *The lifts are out of order.*

paste *v* [T] wklejać: *I copied the paragraph and pasted it into a new word document.*

photocopier *n* [C] fotokopiarka: *I'm afraid I don't know how to use the photocopier.*

plug *n* [C] wtyczka: *If you pull out the plug, you can be certain the equipment is off.*

printer *n* [C] drukarka: *a laser printer*

reboot *v* [I,T] z/resetować: *If a program crashes you usually have to reboot the computer.*

scanner *n* [C] skaner: *an optical scanner*

search engine *n* [C] wyszukiwarka: *Type the title into the search engine and follow the links.*

socket *n* [C] gniazdko: *the laptop's headphone socket*

social networking site *n* [C] serwis społecznościowy: *He uses social networking sites to keep in touch with friends.*

software *n* [U] oprogramowanie: *You need to install special software to view the file.*

toolbar *n* [C] pasek narzędzi: *The toolbar has an icon for each program you have open.*

upload *v* [I,T] umieścić plik do pobrania *(na dysku lub w sieci)*: *I'll work on the file now and upload it after lunch.*

wireless *adj* bezprzewodowy: *a wireless Internet connection*

ŚWIAT PRZYRODY

KLIMAT

chilly *adj* chłodny: *It was getting chilly outside* (=na dworze robiło się chłodno)*, so we went back into the house.*

cloud *n* [C] chmura: *There wasn't a single cloud in the sky.*

cloudy *adj* pochmurny: *You can still get sunburnt on a cloudy day.*

degrees Centigrade/Fahrenheit stopnie Celsjusza/ Fahrenheita: *Water freezes at thirty-two degrees Fahrenheit or zero degrees Centigrade.*

fog *n* [U] mgła: *I could just make out a dim figure coming towards me in the fog.*

foggy *adj* mglisty: *a foggy day in November*

freezing *adj* strasznie zimny: *It's freezing outside!*

frost *n* [U] szron, mróz: *The grass and trees were white with frost.* | *Even in May we can sometimes get a late frost.*

frosty *adj* mroźny: *They were both shivering slightly in the frosty air.*

heat *n* [U] gorąco, upał: *By midday, the heat was unbearable.*

humid *adj* wilgotny: *Summers in Tokyo are hot and humid.*

ice *n* [U] lód: *Most of the Arctic is covered in snow and ice all year round.*

icy *adj* lodowaty, oblodzony: *Be careful – the roads are icy this morning.*

lightning *n* [U] błyskawica: *A flash of lightning lit up the whole sky.*

mist *n* [U] mgła, mgiełka: *A light mist lay in the valley.*

misty *adj* mglisty: *a cold, misty morning*

pressure *n* [C,U] ciśnienie: *A ridge of high pressure will bring warm weather to the south of the country.*

rain *n* [U] deszcz: *The rain did not stop all day.*

rainy *adj* deszczowy: *a cold rainy day in October*

shower *n* [C] przelotny deszcz: *It was just a shower, so we didn't get too wet.*

showery *adj* deszczowy: *a showery day*

snow *n* [U] śnieg: *The snow was very deep.*

snowy *adj* ośnieżony, pokryty śniegiem: *the snowy fields*

storm *n* [C] burza, sztorm: *The ship was wrecked in the storm.*

stormy *adj* burzowy: *The weather is going to be stormy.*

sun *n* [C,U] słońce: *The sky was blue and the sun was shining brightly.*

sunny *adj* słoneczny: *a lovely sunny afternoon*

thunder *n* [U] grzmot: *They could hear thunder rumbling in the distance.*

wet *adj* mokry: *It was another wet summer, with above-average rainfall.*

wind *n* [C,U] wiatr: *We walked home through the wind and the rain.*

windy *adj* wietrzny: *It was a bright windy day in October.*

ŚWIAT ROŚLIN

branch *n* [C] gałąź: *Branches had been blown down by the storm.*

bush *n* [C] krzak: *a rose bush*

grass *n* [C,U] trawa: *The grass needs cutting.*

leaf *n* [C] liść: *We gathered the fallen leaves into a pile.*

root *n* [C] korzeń: *The roots of the tree spread out for several metres.*

soil *n* [C,U] gleba: *The rich soil is perfect for growing crops.*

trunk *n* [C] pień: *He left his bicycle leaning against a tree trunk.*

ZWIERZĘTA

animal species *n* [C] gatunki zwierząt: *The forest is home to many animal species.*

ant *n* [C] mrówka: *a nest of ants* | *an ant hill* (=mrowisko)

badger *n* [C] borsuk: *A family of badgers lived in the old barn.*

bear *n* [C] niedźwiedź: *a polar bear*

bee *n* [C] pszczoła: *a swarm of bees*

bull *n* [C] byk: *The bull is kept in a separate field.*

butterfly *n* [C] motyl: *The field was full of butterflies.*

cow *n* [C] krowa: *A herd of cows had wandered onto the road.*

deer *n* [C] jeleń: *A herd of deer were grazing nearby.*

duck *n* [C] kaczka: *We went to the park to feed the ducks.*

European bison *n* [C] żubr: *The European bison is similar in appearance to its North American relative.*

fox *n* [C] lis: *Foxes are a real problem to farmers.*

goat *n* [C] koza: *mountain goats* | *goat's cheese*

hare *n* [C] zając: *The hare was being chased by a dog.*

hen *n* [C] kura: *The hens have laid a lot of eggs.*

horse *n* [C] koń: *Ronnie rode his horse along the beach.*

parrot *n* [C] papuga: *The parrot repeated what she said.*

pig *n* [C] świnia: *On the farm, there are sheep, pigs and chickens.*

pigeon *n* [C] gołąb: *Visitors are asked not to feed the pigeons.*

rabbit *n* [C] królik: *a field full of rabbits*

rat *n* [C] szczur: *The sewers are full of rats.*

snake *n* [C] wąż: *There are many poisonous snakes on the island.*

squirrel *n* [C] wiewiórka: *The squirrels were collecting nuts.*

stork *n* [C] bocian: *A pair of storks had built their nest near the lake.*

tortoise *n* [C] żółw: *The tortoise moved slowly away.*

wild boar *n* [C] dzik: *Wild boars have large tusks.*

wolf *n* [C] wilk: *a pack of wolves*

KRAJOBRAZ

beach *n* [C] plaża: *The area has miles of unspoiled sandy beaches.*

coast *n* [C] wybrzeże: *We sailed along the coast until we reached Bristol.*

desert *n* [C] pustynia: *Daytime temperatures in the desert can reach 110 degrees Fahrenheit.*

field *n* [C] pole: *We passed cows grazing in the fields.*

forest *n* [C,U] las: *Much of Scandinavia is covered in dense forest.*

hill *n* [C] wzgórze: *Their house is on a hill overlooking the sea.*

island *n* [C] wyspa: *an island in the Pacific Ocean | the Cayman Islands*

lake *n* [C] jezioro: *We went sailing on the lake. | Lake Michigan*

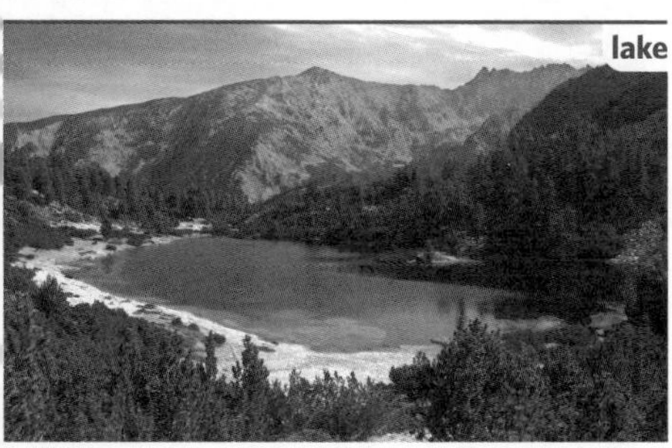

mountain *n* [C] góra: *Mont Blanc is the highest mountain in the Alps.*

river *n* [C] rzeka: *Houses lined the banks of the river. | the Mississippi River*

sand *n* [U] piasek: *By noon, the sand was too hot to walk on in bare feet.*

sea *n* [C,U] morze: *These fishermen make their living from the sea.*

stream *n* [C] strumień: *They built a bridge over the stream.*

valley *n* [C] dolina: *We followed the path leading down into the valley. | the San Fernando Valley*

waterfall *n* [C] wodospad: *Water cascades over a huge waterfall at the southern edge of the lake.*

wave *n* [C] fala: *I could hear the sound of waves breaking on the shore.*

OCHRONA ŚRODOWISKA NATURALNEGO

acid rain *n* [U] kwaśny deszcz: *The forest had been badly damaged by acid rain.*

air pollution *n* [U] zanieczyszczenie powietrza: *Air pollution can cause breathing problems for some people.*

become extinct wyginąć: *Dinosaurs became extinct millions of years ago.*

carbon dioxide *n* [U] dwutlenek węgla: *The equipment measures the amount of carbon dioxide in the atmosphere.*

car exhaust fumes *n* [plural] spaliny: *The carbon monoxide coming from car exhaust fumes is poisonous.*

climate change *n* [U] zmiany klimatyczne: *People will have to get used to more flooding and droughts as climate change becomes a reality.*

cut down forests wycinać lasy: *Farmers are cutting down forests to plant crops.*

disposable *adj* jednorazowy: *disposable nappies*

environmentally friendly *adj* ekologiczny, przyjazny środowisku: *We recycle as much waste as possible and deal with the rest in an environmentally friendly way.*

global warming *n* [U] globalne ocieplenie: *Scientists estimate that global warming could cause a six degree rise in temperatures by 2100.*

greenhouse effect *n* [singular] efekt cieplarniany: *As levels of carbon dioxide and methane increase, the greenhouse effect will cause temperatures to rise.*

protect the environment chronić środowisko naturalne: *We need to take stronger steps to protect the environment.*

solar power *n* [U] energia słoneczna: *They use solar power for all their heating.*

unleaded petrol *n* [U] benzyna bezołowiowa: *The vehicle runs on unleaded petrol.*

KLĘSKI ŻYWIOŁOWE

drought *n* [C,U] susza: *Central Africa is suffering one of the worst droughts of the century.*

earthquake *n* [C] trzęsienie ziemi: *An earthquake measuring 6.1 on the Richter scale struck southern California on June 28.*

famine *n* [C,U] głód: *Millions of people in Africa continue to die because of war and famine.*

flood *n* [C] powódź: *During the height of the flood, the water level in the river rose 14in in one night.*

hurricane *n* [C] huragan: *the destruction caused by Hurricane Andrew*

volcanic eruption *n* [C] wybuch wulkanu: *the plume of smoke and ash released during the volcanic eruption*

PAŃSTWO I SPOŁECZEŃSTWO

POLITYKA

authorities *n* [plural] władze: *Wright's vehicle was seized by the Danish authorities and he was arrested.*

city/town councillor *n* [C] radn-y/a miejsk-i/a: *The proposal will be put to city councillors next week at the committee meeting. | Town councillors have rejected the scheme.*

civil servant *n* [C] urzędni-k/czka administracji państwowej: *a senior civil servant in the Ministry of Defence*

Congress *n* Kongres: *Hirsch doubts Congress will accept the president's proposal.*

constitution *n* [C] konstytucja: *The right to freedom of speech is written into the Constitution of the United States.*

constitutional monarchy *n* [C,U] monarchia konstytucyjna: *The transition to a constitutional monarchy began when the king handed over his powers to a council of ministers.*

democracy *n* [C,U] demokracja: *In 1974, democracy returned to Greece after seven years of military rule.*

dictatorship *n* [C,U] dyktatura

embassy *n* [C] ambasada: *People requiring visa information are advised to contact the British Embassy in Bangkok.*

executive power *n* [C] władza wykonawcza: *The military regime transferred its legislative and executive powers to a newly elected State Council.*

government *n* [C,U] rząd: *Did you vote for the last government? | Having a popular leader does not guarantee good government.*

head of state *n* [C] głowa państwa: *The president is the head of state.*

homeland *n* [C] ojczyzna: *The rebels are fighting for a separate homeland.*

House of Commons *n* [singular] Izba Gmin: *The government has a small majority in the House of Commons.*

House of Lords *n* [singular] Izba Lordów: *The Bill will be debated in the House of Lords later this week.*

House of Representatives *n* [singular] Izba Reprezentantów: *The Republicans are fighting to keep control of the House of Representatives.*

judiciary power *n* [C] władza sądownicza: *He believes that the legislative, executive, and judiciary powers must be kept separate.*

kingdom *n* [C] królestwo: *At that time, the region was part of the kingdom of France.*

left wing *n* [singular] lewe skrzydło: *He is on the left wing of the Labour Party.*

left-wing *adj* lewicowy: *left-wing political parties*

legislative power *n* [C] władza ustawodawcza: *Parliament's legislative powers are unlimited.*

Mayor *n* [C] burmistrz: *the Conservative candidate for London Mayor | the Mayor of Barcelona*

monarchy *n* [C,U] monarchia: *Many people in Britain think the country no longer needs a monarchy.*

MP *n* [C] pos-eł/łanka: *Ken Newton, MP | the Labour M… for Edinburgh Central*

national anthem *n* [C] hymn państwowy: *Fans sang th… national anthem before the game.*

national flag *n* [C] flaga narodowa: *Every America… school has the national flag flying outside the building.*

national identity *n* [U] tożsamość narodowa: *Thes… institutions and customs helped to create a sense o… national identity.*

party member *n* [C] człon-ek/kini partii: *The leader i… elected by the party members.*

politician *n* [C] polity-k/czka: *Local politicians are angr… about the closures.*

politics *n* [U] polityka: *Maria is very interested in politic… and current affairs.*

prime minister (PM) *n* [C] premier: *The prime ministe… addressed the House of Commons.*

right wing *n* [singular] prawica: *politicians on the righ… wing of the party*

right-wing *adj* prawicowy: *a right-wing newspaper*

Senate *n* [singular] Senat: *Bradley was elected to th… Senate in 1978.*

state *n* [C] państwo: *In 1830, Greece became an independ… ent state.*

term *n* [C] kadencja: *The prime minister will begin hi… second term in office with a bigger majority.*

the Cabinet *n* [singular] gabinet, rada ministrów: *H… dismissed five members of the Cabinet, including the For… eign Secretary.*

the people *n* [plural] naród, lud: *The president's views ar… shared by a majority of the American people.*

the Secret Service *n* [singular] służby specjalne: *H… was eventually arrested by the Secret Service.*

GOSPODARKA

black market *n* [C] czarny rynek: *Authorities are worrie… about the growing black market in the city.*

budget *n* [C] budżet: *We have a really tight budget.*

currency *n* [C] waluta: *Investors continued to exchang… yen for the currencies of nations that offer higher interes… rates.*

economic boom *n* [C] wzrost gospodarczy: *Consume… spending was sustaining the economic boom.*

economic crisis *n* [C] kryzys gospodarczy: *Wester… nations are facing the worst economic crisis for decades.*

entrepreneur *n* [C] przedsiębiorca: *The Bay Area is fu… of entrepreneurs hoping to make money on the Internet.*

foreign trade *n* [U] handel zagraniczny: *Foreign trad… has been better than expected in the last quarter of thi… year.*

gross domestic product (GDP) *n* [singular] produk… krajowy brutto (PKB): *From 2005 to 2010, the country'… gross dometic product grew by almost a third.*

tax *n* [C,U] podatek: *Although the tax on cigarettes ha… doubled in the past two years, sales are still going up.*

ORGANIZACJE MIĘDZYNARODOWE

EU (European Union) *n* [singular] Unia Europejska: *Citizens of other countries in the European Union have objected to the treaty.* | *EU regulations*

IMF (International Monetary Fund) *n* [singular] Międzynarodowy Fundusz Walutowy: *The IMF approved a $11.4 billion loan package.*

NATO (North Atlantic Treaty Organization) *n* [U] NATO (Organizacja Paktu Północnoatlantyckiego): *He wants his country to join NATO.* | *NATO troops*

UN (United Nations) *n* [singular] ONZ (Organizacja Narodów Zjednoczonych): *The peace plan will be put to the UN tomorrow.* | *UN sanctions*

WHO (World Health Organization) *n* [singular] Światowa Organizacja Zdrowia: *Delegates representing the member states of the World Health Organization met in Geneva last week.*

KONFLIKTY WEWNĘTRZNE I MIĘDZYNARODOWE

ceasefire *n* [C] zawieszenie broni: *After two weeks of fighting, both sides agreed to a ceasefire.*

gain independence uzyskać niepodległość: *Jamaica gained independence from Britain in 1962.*

human rights *n* [plural] prawa człowieka: *The Court ruled that hitting children was an abuse of their human rights.*

peace talks *n* [plural] rokowania pokojowe: *the Middle East peace talks*

refugee *n* [C] uchodźca: *The government has been unable to provide enough tents for all the refugees.*

treaty *n* [C] traktat: *The Treaty of Versailles ended the First World War.*

war *n* [C,U] wojna: *the Vietnam War*

weapons of mass destruction (WMD) *n* [plural] broń masowego rażenia: *The uranium could be used to make weapons of mass destruction.*

PRZESTĘPSTWA

arson *n* [U] podpalenie: *Police are treating the fire as arson.*

assault *n* [C,U] napaść: *He was arrested on a charge of assault.*

blackmail *v* [T] szantażować: *Gina tried to blackmail him, by threatening to tell his wife about their affair.*

break the law z/łamać prawo: *If you break the law, you must expect to be punished.*

burglar *n* [C] włamywacz/ka: *Police believe the burglar got in through the kitchen window.*

burglary *n* [C,U] włamanie: *Call the police - there's been a burglary.*

commit a crime popełnić przestępstwo: *Someone out there must know who committed this terrible crime.*

criminal *n* [C] przestęp-ca/czyni: *He is a convicted criminal.*

criminal offence *n* [C] przestępstwo: *It is a criminal offence to sell alcohol to someone under the age of 18.*

jaywalking *n* [U] nieprawidłowe przechodzenie przez jezdnię: *She was fined for jaywalking.*

kidnapping *n* [C,U] porwanie, uprowadzenie: *He was jailed for his involvement in the kidnapping of three American tourists.*

mugging *n* [C,U] napaść: *Preston was a victim of a mugging three months ago.*

murder *v* [T] za/mordować: *New York paid tribute to the thousands of innocent people murdered on September 11th.*

pickpocket *n* [C] kieszonkowiec: *There are a lot of pickpockets in tourist areas, so look after your belongings.*

plant a bomb podłożyć bombę: *The two men are accused of planting a bomb on the plane.*

rape *n* [C,U] gwałt: *It was not the first time he had been accused of rape.*

robbery *n* [C,U] napad rabunkowy: *His brother took part in his first robbery when he was only thirteen years old.*

shoplifting *n* [U] kradzież sklepowa: *Shoplifting cost the major stores millions of dollars last year.*

smuggling *n* [U] przemyt: *He was arrested in connection with drug smuggling.* | *a drug smuggler*

theft *n* [C,U] kradzież: *If your passport has been stolen, report the theft to your nearest embassy immediately.*

thief *n* [C] złodziej/ka: *The thieves had been careful not to leave any fingerprints.*

KARA

death penalty *n* [singular] kara śmierci: *Three Britons are facing the death penalty for spying.*

defendant *n* [C] podsądn-y/a, pozwan-y/a: *The defendant pleaded not guilty.*

fine *n* [C] mandat: *She was ordered to pay £200 in parking fines, plus court costs.*

go on trial stanąć przed sądem: *Taylor went on trial accused of fraud.*

guilty *adj* winny: *The jury found her guilty.*

innocent *adj* niewinny: *"I didn't kill him - I'm innocent!" Davies shouted.*

jail *n* [C,U] areszt: *Many of the group's leaders have now been put in jail.*

life imprisonment *n* [U] dożywocie: *He was convicted of murder and sentenced to life imprisonment.*

minor offence *n* [C] drobne przestępstwo, wykroczenie: *Most of the arrests were for minor offences, such as drunkenness.*

prison *n* [C,U] więzienie: *Conditions in the prison were shocking.*

prison sentence *n* [C] wyrok więzienia: *He is serving a 10-year prison sentence for armed robbery.*

serious offence *n* [C] poważne przestępstwo: *Serious offences are dealt with by the Crown Court.*

suspect *n* [C] podejrzan-y/a: *The suspect was seen following Ms Davis.*

victim *n* [C] ofiara: *In most sexual offences, the attacker is known to the victim.*

Wypracowania - Przydatne zwroty **Essay Activator**

CYTOWANIE

SPOSOBY PRZYTACZANIA WYPOWIEDZI INNYCH OSÓB

say *v* [T] powiedzieć, mówić: *John F. Kennedy once famously **said** "Ask not what your country can do for you. Ask what you can do for your country." | In their report, they **say that** they see no reason to change the existing system.*

UWAGA

Czasownik **say** jest powszechnie używany w języku angielskim. Poniżej znajdziesz inne słowa i wyrażenia, które oznaczają to samo. Pisząc wypracowania, pamiętaj, by korzystać z nich zamiennie, zamiast powtarzać za każdym razem **say**.

write *v* [T] na/pisać: *Du Bois **wrote that** the United States was "a land of magnificent possibilities - the home of noble souls and generous people." | "All my life," he **wrote**, "I have been preparing myself for this moment." | Bernstein **writes of** the economic crisis that "like some chronic disease, it would not go away."*

point out *phr v* zauważać: *Dr Graham **points out that** "All normal children show some degree of antisocial behaviour". | **As** Rachel Carson **points out** in her book 'Silent Spring', chemicals used in farming are having a devastating effect on our countryside.*

UWAGA

Zwrotów **as ... points out/notes/states** itp. używa się, aby pokazać, że zgadzamy się ze zdaniem cytowanego autora.

note/remark *v* [T] zauważać: *Lyons (1977) **notes that** not all languages have tenses. | **As** Brownmiller **has remarked**, women, on the whole, have not achieved economic equality with men in our society. | **As has already been noted**, however, most of this research was on small groups of patients.*

observe *v* [T] zauważyć: *Winnicott **observed that** mothers spend much of the first few months imitating their infants. | **As** Joseph Heller once **observed**, success and failure can be equally difficult to deal with.*

state *v* [T] twierdzić, stwierdzać: *The law **states** clearly **that** all children must attend school between the ages of 5 and 16. | **As** Skinner (1948) **states**, verbal behaviour develops according to the same principles as any other behaviour. | "During the past five years," the report **stated**, "the number of people in full-time work has increased dramatically."*

argue *v* [T] twierdzić: *Rousseau **argued that** all men were born equal* (=twierdził, że wszyscy rodzą się równi). | ***As** Edward Said **argues**: "European culture gained in strength and identity by setting itself off against the Orient (Said 1995)."*

conclude *v* [T] dochodzić do wniosku, wnioskować: *Wagner **concludes that** managers should constantly try to lower costs and achieve high product quality. | The main problem, **the study concludes**, is that the transport system is unable to deal with the increase in the number of passengers.*

claim *v* [T] twierdzić: *Some people have **claimed that** Kennedy was killed by the CIA. | In a recent paper, American doctors **claimed to have** found* (=twierdzili, że znaleźli) *a cure for the disease.*

according to ... *prep* według, zdaniem: ***According to** a recent survey by Time magazine, 49 percent of Americans said they thought the President was doing a good job. | Young children need at least ten hours of sleep a day, **according to** Dr. Shaefer.*

in the words of ... jak mówi/powiedział...: ***In the words of** one professor* (=jak powiedział kiedyś pewien profesor), *the object of teaching English literature is not to pass on knowledge, but to train the imagination. | It was, **in the words of** one historian, "a turning point in the history of the United States."*

ŁĄCZENIE CZĘŚCI ZDANIA

WYRAZY OZNACZAJĄCE 'I' LUB 'TAKŻE'

and *conjunction* i: *She studied physics **and** biology at university. | The information was checked **and then** rechecked. | His stay in London was **both** happy **and** successful* (=zarówno... jak i...). | *She fell downstairs **and** broke her leg. | He was tall, dark, **and** handsome. | She didn't speak to anyone **and** nobody spoke to her.*

also *adv* także, też, również: *Smoking causes lung cancer. It has **also** been linked to heart disease. | Although most of her books are for adults, she **also** writes for children. | The country's mineral resources consist **not only** of diamonds **but also** of oil* (=nie tylko... lecz również...). | *Information is **also** available on women's health care. | She sings beautifully **and also** plays the flute and piano.*

UWAGA

Nie piszemy „also can". Na przykład, zamiast „You also can go swimming, walking or cycling.", należy napisać: *You **can also** go swimming, walking or cycling.*

Nie używamy **also** do łączenia dwóch zdań przeczących. W takich przypadkach należy stosować **not... either**. Na przykład, zamiast „She does not drink. She also does not smoke.", piszemy: *She does not drink. She does **not** smoke **either**.*

too/as well *adv* także, również: *Wind energy is cheap. It is good for the environment **too**. | The long hours at work began to affect his health. They affected his personal life **as well**.*

UWAGA
Wyrazów **too** i **as well** używa się z reguły na końcu zdania. Wyjątek stanowi wyrażenie **as well as**, które może wystąpić w zdaniu wcześniej, na przykład: ***As well as*** *being an artist and designer, Morris was also a political thinker.* | *There are sports facilities available for girls* ***as well as*** *boys.*

n addition oprócz tego, poza tym: *A fifth of the world's population lives on less than $1 a day.* ***In addition****, over 100 million children are living on the streets.* | *Over 600 people will lose their jobs,* ***in addition to*** *the 400 people who left the company last year* (=nie licząc tych 400, którzy odeszli z firmy w ubiegłym roku). | ***In addition to*** *being a major oil producer* (=oprócz tego, że jest głównym producentem ropy naftowej), *Nigeria is home to over 110 million people.*

UWAGA
Wyrażenia **in addition**, **furthermore** i **moreover** są charakterystyczne dla języka pisanego.

furthermore/moreover *adv* ponadto, poza tym: *The drug has strong side effects.* ***Furthermore****, it can be addictive.* | *There is no evidence to link him with the murder.* ***Moreover****, the murder weapon has still not been found.* | *Ireland's economy has grown far faster than those of its neighbors.* ***Moreover****, inflation has stayed low.*

not to mention nie mówiąc/nie wspominając o: *Big four-wheel-drive vehicles cause so much environmental damage through pollution,* ***not to mention*** *the danger they pose to pedestrians and cyclists.* | *As he got older, his films became very strange,* ***not to mention*** *violent* (=a na dodatek pełne przemocy).

SŁOWA OZNACZAJĄCE 'PONIEWAŻ'

because *conjunction* ponieważ, dlatego że: *People are leaving the countryside* ***because*** *they cannot find work there.* | *The streets were flooded* ***because of*** *all the rain* (=z powodu deszczu). | ***Because*** *of the use of chemical fertilizers, there are fewer fish in our rivers.*

UWAGA
W języku pisanym słowa **because** nie używa się na początku zdania, gdy odwołujemy się do zdania poprzedniego. Stosuje się je raczej do łączenia dwóch części tego samego zdania. Na przykład, zamiast „Many firms are building factories there. Because wages are much lower.", dużo lepiej napisać: *Many firms are building factories there,* ***because*** *wages are much lower.*

due to/owing to *prep* z powodu: *The delay was* ***due to*** *a problem with the ship's engines* (=opóźnienie było spowodowane awarią silników). | *Local authorities have been slow to build recycling facilities,* ***mainly owing to*** *lack of money.* | *The men did most of the work in the fields. This was* ***partly due to the fact that*** *the men were stronger.* | ***Due to*** *the danger of fire, people are advised not to drop cigarettes on the ground.*

through *prep* przez, dzięki: *She succeeded* ***through*** *her own efforts.* | *They managed to win the game,* ***partly through*** *luck and* ***partly through*** *skill.* | *Thousands of working days are lost each year* ***through*** *illness.*

thanks to dzięki: *Today,* ***thanks to*** *the Internet, people can do all their shopping from home.* | ***Thanks to*** *advances in modern medicine, the disease can now be cured.* | *Reinhardt survived the war,* ***mainly thanks to*** *the help of a German officer who loved his music.*

since *także* **as** *BrE conjunction* ponieważ: ***As*** *it was a hot day, they decided to leave all the windows open.* | ***Since*** *it is difficult to predict how the climate will change, it is not possible to say which countries will suffer the most.*

in view of sth z racji czegoś, w świetle czegoś, zważywszy na coś: *The court decided that* ***in view of*** *his age, he should be released.* | ***In view of*** *all the research on the subject, it seems strange that so many people still smoke cigarettes.* | *Most British people do not want to change from the pound to the Euro. This may seem surprising* ***in view of the fact that*** *they often use Euros on their holidays.*

out of *prep* z, przez: *He started reading the book* ***out of curiosity*** (=z ciekawości), | *She asked the question* ***out of politeness*** (=przez grzeczność). | ***Out of desperation*** (=z rozpaczy), *he tried to borrow money from his neighbour.*

SŁOWA OZNACZAJĄCE 'ALE' LUB 'CHOCIAŻ'

but *conjunction* ale, lecz: *The plant's leaves are big,* ***but*** *its flowers are quite small.* | *Her books are fascinating* ***but*** *often rather disturbing.* | *Many French dishes are basically simple,* ***but*** *they can take a long time to prepare.* | *Most of us value human life,* ***but*** *some people think of animals as being equally important.*

although *conjunction* chociaż, mimo że: ***Although*** *you are in the middle of the city, you feel as if you are in the countryside.* | *The windmill is still in good working order,* ***although*** *it has not been used since the 1950s.* | ***Although*** *lack of sleep causes some problems, it has a relatively small effect on performance at work.*

however/nevertheless *conjunction* jednak(że), mimo to: *Their economy was incredibly successful in the 1980s. Since then,* ***however****, there has been a big rise in unemployment.* | *The town is a long way from the nearest big city.* ***However****, there is a good bus service.* | *A series of studies 20 years ago suggested that there was a link between watching violent films and violent behaviour.* ***Nevertheless****, the results remain highly controversial.* | *It was very hard digging in the dry ground, but the work was satisfying* ***nevertheless****.*

UWAGA
Słowo **however** pojawia się zazwyczaj w środku zdania i jest oddzielone z obu stron przecinkami: *Jack and his family managed to escape before the soldiers arrived. Other families in the village,* ***however****, were less lucky.* Może też wystąpić na początku zdania: *He began his academic career as a mathematician.* ***However****, his main achievements were in the field of nuclear physics.* Spójnik **nevertheless** stosuje się na początku lub na końcu zdania.

whereas/while *conjunction* podczas gdy: *Taxes make up 62% of the price of a litre of petrol in France,* ***whereas*** *in*

Britain, the tax is 75%. | *Some people visit their doctor once every few weeks,* **while** *others may not visit a doctor for several years.* | **Whereas** *in most of the world they drive on the right, in the UK and Japan they drive on the left.*

by contrast dla porównania: *The surface temperature on Venus is higher than the boiling point of water. Mars,* **by contrast**, *is very cold* | *A report by the FBI shows that 26% of female murder victims in 1995 were killed by their husbands or boyfriends.* **By contrast**, *only 3% of male victims were killed by their wives or girlfriends.*

yet *conjunction* (a) jednak, mimo to: *Last summer there was a drought,* **yet** *some people were still watering their gardens every day.* | *We all know that fibre is important for good health.* **And yet** *all the natural fibre is removed from many foods such as white bread and sugar.*

even so mimo to: *Morris's furniture is distinctly English.* **Even so**, *the sale drew a lot of American interest.* | *The economy continues to do well, but* **even so**, *many analysts are predicting a slowdown in the near future.*

in spite of/despite *prep* pomimo: *This was a dinosaur that weighed only 10 tons,* **in spite of** *being some 28 metres long* (=pomimo tego, że miał około 28 metrów długości). | **In spite of everything** *that has happened, life is still getting better for many Russians.* | **Despite** *his lack of formal education, he became one of the world's leading mathematicians.* | *Many people are worried that cellphones may be dangerous to health,* **despite the fact that** *most of the research suggests that there is little risk.*

WYRAZY OZNACZAJĄCE 'JEŚLI'

if *conjunction* jeśli, jeżeli, gdyby: **If** *the scientists' predictions are correct, average global temperatures could rise by 6 degrees.* | *He faced a long prison sentence* **if** *the court found him guilty.* | *The report said that the accident could have been avoided* **if** *the correct safety procedures had been followed.* | *Most countries are prepared to use force,* **if necessary**, *to protect their national interests* (=jeśli zajdzie taka potrzeba). | *The patient should be kept in the same position,* **if possible** (=jeśli to możliwe). | *The injury needed to be treated immediately.* **If not**, *infection could set in.* | *The British authorities could not help,* **even if** *they wanted to.*

UWAGA

Używając **if** w odniesieniu do przyszłości, stosuje się czas teraźniejszy prosty. I tak, zdanie „If it will rain, the game will be cancelled" jest niepoprawne. Zamiast tego należy napisać: *If it rains, the game will be cancelled.*

unless *conjunction* jeżeli nie, o ile nie: **Unless** *something is done quickly, developing countries will fall even further behind Western countries.* | *The star is really difficult to see* **unless** *the sky is dark and very clear.* | *The doctors said they could not treat the boy* **unless and until** *his parents gave their permission.*

whether or not bez względu na to, czy...: *Research showed that 6 out of 10 patients got better on their own,* **whether or not** *they received treatment.* | **Whether or not** *you agree with what she is saying, her articles are always interesting and thought-provoking.*

otherwise *adv* w przeciwnym razie, inaczej: *The committee needs to act quickly,* **otherwise** *there could be a serious problem.* | *The local people are certainly glad that the tourists are there.* **Otherwise** *there would be no money and no jobs.*

in case na wypadek, w razie: *Doctors have to take out insurance to protect themselves* **in case** *they are sued.* | *It is best to keep a medical kit ready* **in case of emergency** (=w razie nagłego wypadku). | *She did not think it would rain, but she took her umbrella* **just in case** (=na wszelki wypadek).

assuming that zakładając/przyjmując, że: **Assuming that** *the present trend continues, the world population is likely to rise to over 8 billion.* | *This sort of floor covering can be laid directly onto concrete floors,* **assuming that** *they are level.*

as long as/provided that *conjunction* o ile, pod warunkiem, że: *Vegetarian diets are perfectly healthy,* **provided that** *you take care to get enough iron, calcium and B vitamins.* | **As long as** *the economy continues to grow, people will continue to support the government.*

on condition that pod warunkiem, że: *He was offered the job* **on condition that** *he went on a month-long training course.* | *The painting was sold* **on condition that** *it never left France* (=pod warunkiem, że nigdy nie zostanie wywieziony z Francji).

in the event of/that na wypadek: *Guidelines have been issued to local authorities on what to do* **in the event of** *a nuclear accident.* | **In the event of** *an earthquake, people are advised to take cover under desks or doorways.* | **In the event that** *the party lost the election* (=gdyby doszło do tego, że partia przegrałaby wybory), *his future as party leader would be in doubt.*

SŁOWA OZNACZAJĄCE 'ABY'

in order to (po to) aby/żeby: *Some people steal* **in order to** *buy drugs.* | **In order to** *prove his theory, he carried out a series of experiments.* | *Plants need light* **in order to** *survive.* | *The speech was changed* **in order not to** *offend anyone* (=aby nikogo nie obrazić).

UWAGA

Zwrot **in order to** stosuje się najczęściej w kontekstach bardziej formalnych. W innych sytuacjach zwykle używamy samego **to**, na przykład: *The organization was set up originally* **to** *protect the rights of children.* | **To** *make sure that the job was done properly, Mr Lobov appointed three new deputy ministers.*

so (that) *conjunction* (po to) aby/żeby: *Workers need to learn new skills* **so that** *they can keep up with the latest advances in technology.* | *Doctors use miniature cameras* **so that** *they can see inside the patients' stomachs.* | *The windows are designed* **so that** (=są tak zaprojektowane, aby) *you can see out, but other people cannot see in.*

for *prep* dla, na: *She went into hospital* **for** *a checkup* (=na badanie). | *Some people give up eating meat* **for** *health* **reasons** (=ze względów zdrowotnych), *while others give up because they are concerned about animal welfare.* | *The land is used* **for** *agricultural* **purposes**.

with the aim of w celu: *The dam was built* ***with the aim of*** *providing drinking water to thousands of people.* | *Talks were held in Paris* ***with the aim of*** *helping the two sides reach an agreement.*

with a view to z zamiarem, z nastawieniem na: *They wanted to establish closer links with Germany,* ***with a view to*** *becoming members of the European Union.* | *Rice and potatoes were genetically modified,* ***with a view to*** *commercial planting.*

SŁOWA OZNACZAJĄCE 'LUB'

or *conjunction* lub, czy: *It is important not to get the chemicals on your hands* ***or*** *your clothes.* | *Payment can be made by cash, cheque* ***or*** *credit card.* | *There is very little difference between the two species of bird,* ***either*** *in size* ***or*** *colour* (=nie różnią się wiele ani wielkością ani barwą).

alternatively *adv* ewentualnie: *You can go up into the mountains.* ***Alternatively****, you can stroll around one of Switzerland's delightful cities where the old mixes with the new.* | *For a master's degree, 12 months' full-time study is normally required, or* ***alternatively*** *24 months of part-time study.*

on the one hand ... on the other (hand) z jednej strony ... z drugiej strony: ***On the one hand****, the Internet gives students access to information on every imaginable topic.* ***On the other hand****, there is a lot of material on the Internet that is very unsuitable for students.* | ***On the one hand****, it is important not to limit individual freedom too much, but* ***on the other hand****, people have the right to be able to live their lives in peace.*

UWAGA

Pamiętaj, aby nie mówić 'on one hand'. Poprawna forma to **on the one hand**.

WYRAZY OZNACZAJĄCE 'DLATEGO TEŻ'

therefore *adv* dlatego (też): *She already had a lot of experience and* ***therefore*** *seemed the best candidate for the job.* | *Many old people have some form of disability or health problem. It is not surprising,* ***therefore****, that they are the biggest users of the health care system.* | *The Japanese writing system has thousands of characters.* ***Therefore*** *it takes a long time to learn.*

UWAGA

W kontekstach formalnych **therefore** występuje częściej niż **so**. Używa się go zarówno w środku, jak i na końcu zdania. Natomiast **so** może pojawić się tylko w środku zdania, zwykle po przecinku.

so *conjunction* więc, toteż: *They had not eaten all day,* ***so*** *they were very hungry.* | *Questions have been raised over the safety of the toys,* ***and so*** *they are being withdrawn from the market* (=dlatego właśnie są teraz wycofywane z rynku).

thus *adv* tym samym: *The dinosaurs all died out within a short period of time.* ***Thus*** *it seems likely that there must have been some kind of catastrophic event.* | *The program is very simple* ***and thus*** *easy to run.*

UWAGA

Thus jest bardziej formalne niż **therefore** i dlatego występuje zwłaszcza w poważniejszych tekstach.

hence *adv* stąd, dlatego też: *This material is highly poisonous,* ***hence*** *the importance of careful handling.* | *Their names sound very similar.* ***Hence*** *they are often confused with each other.*

as a result w wyniku (tego), na skutek (tego): *Some people suffer from stress at work and become ill* ***as a result*** (=i na skutek tego chorują). | *The farmer could not pump water onto his field and,* ***as a result****,* (=w wyniku tego) *he had grown only twenty tons of melons compared to eighty before the war.* | *Economic growth slowed down* ***as a result of*** *inflation.* | ***As a result of*** *her injuries, she was forced to abandon her hopes of going to medical school.*

as a consequence/consequently *adv* w rezultacie: *The disease attacks the plant, the flower does not open, and* ***consequently*** *no seeds are produced.* | *More people are using their cars, and* ***as a consequence*** *many rural bus services have been severely reduced.* | ***As a consequence of*** *global warming, our climate is already starting to change.* | *Lead remains forever in the atmosphere.* ***Consequently****, this year's lead pollution will add to that of all previous years.*

UWAGA

Consequently oraz **as a consequence** są częstsze w języku pisanym niż **as a result**.

for this reason/for these reasons z tego powodu, z tej przyczyny: *She was not very good at ball games.* ***For this reason*** *she did not care much for sport or physical activities.* | *If you live in a big city, housing is very expensive and there is so much pollution.* ***For these and other reasons****, more and more people are choosing to move out to the country.*

with the result that przez co, dzięki czemu: *Taxes were increased,* ***with the result that*** *people had to work harder if they wanted to maintain their standard of living.* | *Both laboratories were completely re-equipped last year,* ***with the result that*** *we now have the most modern facilities in the country.*

this means that oznacza to, że...: *Childcare is very expensive.* ***This means that*** *many women cannot afford to go back to work after having children.* | *If students arrive late,* ***this*** *can* ***mean that*** *a large part of the lesson time is wasted.*

thereby *adv* tym samym: *The two companies were merged,* ***thereby*** *creating a single company.* | *If our homes are properly insulated, we need to use less oil or gas,* ***thereby*** *cutting the cost of heating them.*

accordingly *adv* w związku z tym: *Too much alcohol can be harmful to health.* ***Accordingly****, on this diet you are allowed only one or two units of alcohol per day.* | *He had disobeyed an order from a senior officer, and* ***accordingly*** *he was dismissed from the army.*

NIEZGADZANIE SIĘ Z CZYJĄŚ OPINIĄ

NIEZGADZANIE SIĘ Z KIMŚ LUB Z JAKĄŚ OPINIĄ

disagree/not agree *v* [I] nie zgadzać się: *Scholars continue to* ***disagree about*** *the meaning behind the poem.* | *Although he* ***did not agree with*** *Plato, he was profoundly influenced by him.* | *Scientists* ***disagree among themselves on*** *what causes the disease.* | *I* ***strongly disagree with*** (=zdecydowanie nie zgadzam się z) *his views on immigration.*

take issue with nie zgodzić się z, za/kwestionować: *I feel that I must* ***take issue with*** *the article's conclusion.* | *Some people have* ***taken issue with*** *Conrad's description of the Congo in his novel 'The Heart of Darkness'.*

dispute *v* [T] za/kwestionować: *Researchers have* ***disputed*** *her* ***claims***. | *No one* ***disputes that*** *the problem exists.*

differ *v* [I] nie zgadzać się, mieć różne opinie: *Critics* ***differed sharply on*** *the merits of his work* (=mieli różne opinie na temat wartości jego dzieł). | ***Opinions differ*** (=opinie są podzielone) *about the proper relationship between the mass media and society.*

be divided/split *adj* być podzielonym: *America's doctors remain* ***deeply divided on*** *the issue of whether it should be legal for a physician to help a terminally ill patient commit suicide* (=ta kwestia głęboko podzieliła amerykańskich lekarzy). | *Scientists* ***were split on*** *the uses to which the discoveries of atomic physics were being put.*

be mistaken *adj* mylić się, być w błędzie: *He* ***is mistaken*** *if he believes* (=myli się, sądząc, że) *that the United States will not respond to this threat.* | *Such a view* ***is****, however,* ***seriously mistaken*** (=taka opinia jest jednak całkowicie błędna).

BRAK ZGODY

disagreement *n* [C,U] niezgoda, brak zgody: *There is considerable* ***disagreement among*** *experts* ***about*** *the usefulness of these tests.* | *She found herself* ***in disagreement with*** *her colleagues* ***on*** *the issue* (=w tej kwestii znalazła się w opozycji wobec swoich kolegów).

dispute *n* [C,U] spór: *He became involved in a long legal* ***dispute with*** *his publisher.* | *There is considerable* ***dispute over*** *the precise definition of this term* (=istnieje spór co do dokładnej definicji tego terminu). | *The United Nations is trying to settle the bitter and long-running* ***dispute between*** *the two countries* (=zażegnać spór).

controversy *n* [C,U] kontrowersja, spór: *There has been a lot of* ***controversy over*** *abortion in the US.* | *Alice Walker writes about the* ***controversy surrounding*** *the film version of her novel, 'The Color Purple'.* | *There is some* ***controversy among*** *biologists* (=wśród biologów panuje spór) ***about*** *whether this is actually true.*

WYWOŁUJĄCY SPÓR

contentious *adj* sporny: *Water has been a* ***contentious issue*** (=kwestia sporna) *between Turkey and its neighbours for years.* | *One particularly* ***contentious area*** *in the field of health and safety is the valuation of human life itself.*

controversial *adj* kontrowersyjny: *The use of genetic tests is a* ***controversial issue***. | *The judge's decision was* ***highly controversial*** *at the time.* | *Oliver Cromwell remains a somewhat* ***controversial*** *historical* ***figure***.

divisive *adj* sporny, kontrowersyjny: *The war was extremely* ***divisive*** (=wytworzyła głęboki podziały w społeczeństwie). | *Same-sex marriage remains a* ***divisive*** *issue* (=nadal wywołuje kontrowersje) *in many parts of the US.*

OBJAŚNIANIE

WYRAŻENIA UŻYWANE PRZY OBJAŚNIANIU CZEGOŚ

this means that to znaczy/oznacza, że: *Computer technology is constantly being improved.* ***This means that*** *the computer that you have just bought will probably be out of date in only a few months' time.* | *There is a shortage of hospital doctors,* ***which means that*** (=co oznacza, że) *patients often have to wait a long time for treatment.* | *The bank's current interest rate is 3.5%.* ***This means that*** *for every £100 you have in your savings account, you will get £3.50 in interest.*

UWAGA
Zwrotu **this means that** używa się na początku zdania głównego. Na początku zdania podrzędnego używa się **which means that**.

that is to jest, to znaczy: *The book is about art in the modern period,* ***that is****, art since 1900.* | *Her son suffers from Attention Deficit Hyperactivity Disorder.* ***That is****, he finds it difficult to pay attention or stay quiet for more than a short period of time.*

ie/i.e. tzn.: *The new law will come into force at the end of next month,* ***ie*** *March 31st.* | *There has been a decline in the number of 'good' jobs,* ***i.e.*** *ones that are highly skilled and well-paid.*

UWAGA
ie to skrót od **id est**, co w łacinie oznacza **to jest**.
W języku pisanym lepiej jest jednak używać **that is**.

in other words/to put it another way innymi słowy, inaczej mówiąc: *Average incomes fell, while the incomes of the top 20 percent of the population increased.* ***In other words****, the rich got richer.* | *In a democracy, the government must be accountable to the people. The people should,* ***in other words****, be able to get rid of their rulers through elections.* | *Using this software would offer a*

*15% saving in space. **To put it another way**, this will mean an extra 12Gb free on an 80Gb disk.*

to put it simply ujmując rzecz najprościej, krótko mówiąc: *What the treatment aims to do, **to put it simply**, is to make the skin grow back over the wound.* | *A romantic novel should demand a certain level of emotional involvement on the part of the reader. **To put it simply**, the novel should not just describe a love relationship; it should allow the reader to participate in it.*

specifically *adv* ściśle mówiąc: *Several prisoners reported some kind of physical abuse. **Specifically**, 42 were beaten; eight were roughly handled; and four more were forced to remain standing for hours at a time.* | *What we need is a stable economic climate that encourages companies to invest on a long-term basis. **More specifically*** (=ściślej mówiąc), *we need to get rid of the current high taxes on investment income.*

OBJAŚNIANIE CZEGOŚ

explain *v* [I,T] wyjaśniać, objaśniać, wy/tłumaczyć: *He was the first scientist to **explain how** the process of evolution works.* | *The book begins by **explaining** the difference between psychology and psychiatry.* | *There are a number of theories which seek to **explain why** zebras have stripes.*

give/offer/provide an explanation przedstawić wyjaśnienie: *He attempts to **give** a simple **explanation** of his theory.* | *They were unable to **provide** a satisfactory **explanation** for their behaviour.*

set out *phr v* przedstawiać: *He **sets out** his plans for an ideal Roman city in the first volume of his work.* | *The document **sets out** exactly **how** the money will be spent.*

go through *phr v* omawiać: *She begins her article by **going through** all the reasons why people have opposed the use of nuclear energy.*

outline *v* [T] na/szkicować: *In his introduction, Piaget **outlines** the four main stages in a child's development.* | *The purpose of this chapter is to **outline** the basic principles which form the foundations of the English legal system.*

expand on *phr v* rozwijać: *Melville saw the ocean as the source of all life. He **expands on** this idea in his novel, 'Moby Dick'.* | *The author **expands on** this theme **at length*** (=szeroko rozwija ten temat).

clarify *v* [T] wyjaśniać, objaśniać: *This chapter aims to **clarify** some of the most important issues in genetics today.* | *In his speech the prime minister attempted to **clarify** his position on economic reform.*

ODWOŁYWANIE SIĘ

ODWOŁYWANIE SIĘ DO WCZEŚNIEJSZEGO FRAGMENTU TEKSTU

above *adj* powyższy: *See **the above** diagram.* | *Students often have difficulty with verbs of motion, as **the above** example shows.*

above *adv* po/wyżej: *This procedure is described **above**.* | *For more information, **see above**.*

previous *adj* [only before noun] poprzedni: *The results of this study were discussed in **a previous** section* (=w jednym z poprzednich punktów). | *As was mentioned in **the previous** chapter, these changes occurred over a long period of time.*

preceding *adj* [only before noun] poprzedni, poprzedzający: *In **the preceding** pages, she describes the history of the island.* | *These meetings were mentioned in **the preceding** paragraph.*

earlier *adv* wcześniej: *It is extremely important, therefore, to follow the general principles on project planning that we described **earlier in** the chapter.* | ***As was mentioned earlier*** (=jak wspomniano wcześniej), *at that time most people could not expect to live beyond the age of 65.* | ***As outlined earlier**, an alternative theory was becoming widely accepted in the 1920s.*

as has been seen/it has been seen that (jak) już wspomniano: *Matisse, **as has been seen**, was inspired by the work of Cezanne.* | ***It has been seen that** there are a number of problems with this type of approach.*

the former *adj, n* [singular] pierwszy (z dwóch): ***The former** method is probably more likely to produce a successful result.* | *There were two possible ways of dealing with the situation: try to negotiate with the terrorists, or launch an immediate attack. The government chose **the former**.*

> **UWAGA**
> Wyrazu **former** można używać jako przymiotnika, na przykład: ***the former** approach*, lub jako rzeczownika, na przykład: *The corporation chose **the former**.*

the latter *adj, n* [singular] drugi (z dwóch): *Some people think the killing was deliberate. Others say that it was an accident. I would take **the latter** view* (=bliższy jest mi ten drugi pogląd). | *The people are either Albanians or Serbs. **The latter*** (=ci drudzy) *regard Kosovo as a sacred part of historic Serbia.*

ODWOŁYWANIE SIĘ DO PÓŹNIEJSZEGO FRAGMENTU TEKSTU

below *adv* niżej, poniżej: ***See below** for further details.* | *The reasons that lay behind this decision are discussed **below**.* | ***Below** is a short account of the events that led up to the crisis.*

the following *adj, n* [singular] następujący, poniższy, co następuje: *Consider **the following** example.* | *It is important to remember **the following** points.* | *Make sure that the patient has **the following:** drugs, dressings, X rays, and a completed appointment card* (=upewnij się, że pacjent ma następujące rzeczy). | ***The following** are some of the things that people said about the book* (=poniżej przedstawiono niektóre wypowiedzi na temat książki).

UWAGA

The following może być użyte jako przymiotnik, na przykład: *the following method*, lub jako rzeczownik, na przykład: *Choose one of* ***the following***.

Gdy zwrot **the following** stanowi bezpośrednie wprowadzenie dla następującej po nim listy, stosujemy dwukropek: *Your report should discuss the following: initial hypothesis, the experiment, analysis of the results.*

as follows jak następuje: *The three elements are* ***as follows*** (=wspomniane trzy elementy to)*: economy, efficiency, and effectiveness.*

there follows po czym następuje, dalej znajduje się: ***There follows*** *a simple example of this kind of organization of ideas and information.*

over page/overleaf *adv* na następnej stronie: *This sound is produced with the tongue behind the top teeth (see diagram* ***over page****).* | *More than 8,400 new airliners will be sold over the next 15 years, worth more than $500 billion (see chart* ***overleaf****).*

see over patrz następna strona, verte: *For more information,* ***see over****.* | *Einstein was awarded the Nobel prize for his work on the Quantum Theory (****see over****).*

as we shall see jak zobaczymy (później), jak się (później) okaże: ***As we shall see*** *later, their views differ in several important respects.* | *This idea is probably wrong,* ***as we shall see****.*

ODWOŁYWANIE SIĘ DO INNEGO DZIEŁA

see *v* [T] zobacz, patrz: *For a more extensive discussion,* ***see*** *Eysenck (1979).* | ***See*** *Townsend (1971, pp. 120-9) for an interesting analyis of this topic.*

as sb says/notes/remarks/points out jak ktoś mówi/zauważa/twierdzi: ***As*** *Professor Richard Dawkins* ***points out****, this process is influenced by environmental factors.* | *It is important to remember,* ***as*** *Alan Kay* ***says****, "the main difference between scientists and engineers is that engineers want to make things and scientists want to understand them."*

cf porównaj, por.: *Often a male speaker will use a more formal style when addressing a woman (****cf*** *Trudgill 1986).* | *Very few linguists have produced analyses that make use of such functional categories (but* ***cf*** *Halliday, 1973).*

UWAGA

Cf jest skrótem od łacińskiego słowa **confer**, oznaczającego 'porównaj'.

op. cit. op. cit.: *There has been much discussion concerning the origins of primitive art (see also Gombrich,* ***op. cit.****, pp. 63-94)*

UWAGA

Op. cit. jest skrótem od łacińskiego **opere citato**, czyli „z cytowanego dzieła".

ibid *adv* ibid., tamże: *Half of these countries have incomes between $1,000 and $3,000 (ibid: p63).*

UWAGA

Skrót **ibid.** pochodzi od łacińskiego **ibidem**, co oznacza „w tym samym miejscu".

loc. cit. loc. cit.: *According to Dionysius (loc. cit.) the statue had disappeared, and was supposed to have been burned.*

p./pp. strona/strony, str.: *See also Wadsworth 1978, pp. 54-55*

OKREŚLANIE CELU

SPOSOBY OKREŚLANIA CELU

aim to do sth mieć coś na celu: *This paper* ***aims to*** *show how science and technology have influenced the work of artists.* | *The research* ***aims to*** *answer two questions. First, what causes the disease? Second, is it possible to find a cure?* | *In this study, we* ***aimed to*** *record the number of birds who returned to the same woodland for a second summer.*

set out to do sth postawić sobie coś za cel: *The organization never achieved what it* ***set out to*** *do.* | *The first chapter* ***sets out to*** *explain the origins of modern science.* | *The authors* ***set out to*** *show how men's and women's language are different from each other.*

in order to w celu: *Tests were carried out* ***in order to*** *find out if the drug had any side effects.*

sth is intended to do sth celem czegoś jest coś: *The course* ***is intended to*** (=celem kursu jest) *provide a basic introduction to molecular biology.* | *The dams* ***were intended to*** *control the flooding which affects the river in winter.*

be supposed to do sth/be meant to do sth mieć coś na celu: *The scheme* ***was meant to*** *improve the city's image* (=projekt miał na celu poprawę wizerunku miasta). | *The film* ***is supposed to*** *be a serious drama* (=w zamierzeniu film ma być dramatem).

WYRAZY OZNACZAJĄCE CEL

aim *n* [C] cel: *The* ***main aims of*** *the project* ***are as follows.*** | ***The main aim of*** *the study* ***is to*** *investigate the way in which young people deal with the stress of exams.* | *The bank* ***achieved*** *its* ***aim of*** *attracting 50,000 customers by the end of the year.* | *One of* ***the aims of*** *this chapter* ***is to*** *explain Freud's theory of the mind.* | ***My aim*** *in this article* ***is to*** *examine ways in which the present system could be improved.* | *A cure for cancer is our* ***ultimate aim*** (=jest naszym nadrzędnym celem).

purpose *n* [C] cel: *He did not tell them about the* ***purpose*** *of his visit.* | *The* ***main purpose of*** *education* ***is to*** *help people to lead satisfying and productive lives.* | *The* ***main purpose of*** *the changes is to reduce costs and improve the service to customers.* | *The United Nations was established* ***for the purpose of*** (=w celu) *protecting basic human rights.* | *The information will be used* ***for research purposes.*** | *Many plants from the rainforest are used* ***for medical purposes.***

objective *n* [C] cel: *The policy has three* ***main objectives:*** *firstly, to increase food production; secondly, to improve the distribution of food; and finally, to improve the diet of ordinary people.* | *The* ***principal objective of*** *any company is to make money for its shareholders.* | *The government is unlikely to* ***achieve*** *its* ***long-term objective*** *of cutting* CO_2 *emissions.*

goal *n* [C] cel: *It took Mandela over forty years to* ***achieve*** *his* ***goal of*** *a democratic South Africa.* | *The company's* ***long-term goal*** *is to be the market leader in this type of technology.* | *World leaders have* ***set*** *themselves the* ***goal of*** (=postawili sobie za cel) *getting rid of child poverty.*

target *n* [C] cel: *The University is expected to* ***reach*** *its* ***target of*** *5000 students next September.* | *They failed to* ***meet*** *their* ***target of*** *having a computer in every classroom.* | *He* ***set*** *himself the* ***target of*** (=postawił sobie za cel) *raising over $1 million for cancer research.*

intention *n* [C,U] zamiar: *Their* ***intention was to*** (=mieli zamiar) *sail on February 10th, but bad weather made this impossible.* | *She went to Hollywood* ***with the intention of*** (=z zamiarem) *starting a career in movies.* | *Rafsanjani said that Iran* ***had no intention of*** *developing nuclear weapons* (=nie zamierza pracować nad produkcją broni nuklearnej). | *The reader can never be 100% sure of the writer's* ***original intentions.*** | ***It was*** *never* ***their intention to*** *encourage people to break the law.* | ***It is not my intention*** *here* ***to*** *give a detailed account of all the events that led up to the war.*

mission *n* [C] misja, dążenie: *The agency's* ***mission is to*** *provide medical and psychological help to victims of the war.* | *Our* ***mission is to*** *educate people about the disease* (=naszym dążeniem jest zapoznanie ludzi z tą chorobą). | *The students* ***are on a mission to*** *record and preserve the history of their area* (=studenci prowadzą misję zapisywania i utrwalania lokalnej historii).

the point *n* [singular] cel, sens: ***The point of*** *the experiment is to show how different metals react with oxygen.* | *People sometimes find it difficult to* ***see the point of*** *studying subjects such as* (=nie widzą sensu uczenia się takich przedmiotów jak) *Latin at school.* | *He felt that his critics were completely* ***missing the point*** (=zupełnie nie rozumieli istoty rzeczy).

ends *n* [plural] cele: *Several politicians were accused of trying to exploit the situation* ***for their own ends*** (=próbowali wykorzystać sytuację dla swoich własnych celów). | *The terrorists will do almost anything to* ***achieve their ends*** (=żeby dopiąć swego).

OKREŚLANIE PRZYCZYN

WYWOŁYWANIE OKREŚLONEGO SKUTKU

make *v* [T] sprawiać, s/powodować: *Plants need light and heat to* ***make*** *them grow* (=potrzebują światła i ciepła do wzrostu). | *He was good at* ***making*** *people laugh* (=był dobry w rozśmieszaniu ludzi). | *The government's economic policies* ***made*** *it unpopular with voters* (=spowodowały spadek jego popularności wśród wyborców). | *Inventions such as the washing machine have* ***made*** *people's lives a lot easier* (=uczyniły życie ludzi dużo łatwiejszym).

> **UWAGA**
>
> Nie mówi się „make sb/sth to do sth". Po konstrukcji *make sb/sth* zawsze używaj bezokolicznika bez „to", na przykład: *What makes young people commit crime?*

cause *v* [T] s/powodować, sprawiać: *Smoking* ***causes*** *cancer.* | *The lack of rain is* ***causing*** *problems for farmers.* | *The crisis* ***caused*** *oil prices* ***to*** *go up dramatically* (=sprawił, że ceny ropy drastycznie wzrosły). | *At first, the news* ***caused*** *people* ***to*** *panic* (=wywołała wśród ludzi panikę).

> **UWAGA**
>
> **Cause** jest często używane w odniesieniu do niekorzystnych zjawisk, na przykład: *High fat diets can* ***cause*** *heart disease.*
>
> Słowo to jest również często stosowane w opisach naukowych lub technicznych, na przykład, gdy jest mowa o tym, że coś wywołuje jakiś skutek: *The heat* ***causes*** *the ink and powder to mix together, and an image is formed.*
>
> **Cause** jest bardziej formalne niż **make**.

lead to *v* [I] do/prowadzić do: *The research could* ***eventually lead to*** *a cure for many serious illnesses.* | *Over-fishing* (=przekraczanie limitów połowowych) *has* ***led to*** *a collapse in the numbers of tuna and cod in the Atlantic.* | *Cutting spending budgets will* ***inevitably lead to*** *poorer quality public services.*

result in *phr v* do/prowadzić do, wywołać: *Many household fires* ***result in*** *death or serious injury.* | *Low levels of vitamin D can* ***result in*** *a softening of the bones.* | *The trial* ***resulted in*** *Oscar Wilde being sent to prison for 2 years* (=proces zakończył się skazaniem Oscara Wilde'a na 2 lata więzienia).

create *v* [T] s/tworzyć: *In the novel, McEwan* ***creates*** *an atmosphere of menace.* | *Science and technology often* ***create*** *more problems than they solve.* | *The coach's job is to* ***create*** *the conditions for success.*

bring about *phr v* przynieść, spowodować: *The war* ***brought about*** *enormous social change.* | *So far, all attempts to* ***bring about*** *peace have failed* (=wszystkie próby zaprowadzenia pokoju zakończyły się niepowodzeniem).

give rise to wywołać, doprowadzić do: *Poor performance in exams can* ***give rise to*** *depression and even thoughts of suicide.* | *The announcement* ***gave rise to*** *violent protest in the east of the country.* | *Drinking unfiltered water can* ***give rise to*** *health problems.*

generate *v* [T] wytwarzać: *The trial* ***generated*** *a lot of interest in the media.* | *Japan's economic success* ***generated*** *a huge demand for luxury goods* (=wytworzył wielkie zapotrzebowanie na artykuły luksusowe).

be responsible for być odpowiedzialnym za: *The human rights panel concluded that the military* ***was responsible for*** *killings, torture and other abuses.* | *These particles* ***are responsible for*** *making new protein molecules.*

set off *phr v* wywołać: *The killing of Martin Luther King* ***set off*** *a wave of rioting across the USA.* | *The programme* ***set off*** *a national debate about children's school meals.*

trigger *v* [T] wywołać, s/powodować: *The First World War was* ***triggered*** *by a series of events, beginning with the assassination of Archduke Franz Ferdinand in Sarajevo.* | *Certain foods can* ***trigger*** *allergies.* | *If oil prices keep rising, this could* ***trigger*** *an economic crisis.*

SPOSOBY OKREŚLANIA PRZYCZYNY

be caused by być spowodowanym/wywołanym: *Many illnesses* ***are caused by*** *stress.* | *Almost half of all accidents* ***are caused by*** *speeding* (=przyczyną ponad połowy wypadków jest jazda z nadmierną prędkością).

be the result of/result from być wynikiem/rezultatem: *He said the success of his company* ***was the result of*** *hard work by all the staff.* | *Greenhouse gases* ***are the direct result of*** *pollution from cars and factories.* | *Meningitis* (=zapalenie opon mózgowych) ***results from*** *an inflammation around the brain.* | *These conditions* ***result from*** *a combination of economic and social factors.*

arise from *v* [I] powstawać w wyniku/wskutek, być skutkiem/następstwem: *A number of problems* ***arose from*** *the break-up of the former Soviet Union.* | *People are now much more aware of the dangers* ***arising from*** *asbestos dust.*

stem from *phr v* mieć swój początek w: *His emotional problems* ***stemmed from*** *an unhappy childhood.* | *The present difficulties* ***stem from*** *the recession and the collapse of the housing market.*

PRZYCZYNIANIE SIĘ DO CZEGOŚ

play a part odgrywać rolę: *No one knows exactly what causes the disease. Genetic factors are thought to* ***play a part*** (=uważa się, że pewną rolę odgrywają tu czynniki genetyczne). | *The rioting in the capital* ***played a major part in*** *the collapse of the government.*

be a factor być jednym z czynników: *Public pressure against nuclear power* ***was*** *definitely* ***a factor in*** *their decision* (=była na pewno jednym z czynników, które wpłynęły na ich decyzję). | *The parents' influence* ***is a major factor in*** *a child's progress at school.*

contribute to *v* [I] przyczyniać się do: *Methane gas is known to* ***contribute to*** *the greenhouse effect.* | *Television often gets blamed for* ***contributing to*** *the decline of family life.* | *Passive smoking could* ***contribute to*** *the development of respiratory diseases among nonsmokers.*

influence *v* [T] mieć wpływ na, wpływać na: *Weber demonstrated that culture and religion* ***influenced*** *economic development.* | *Genetic factors may* ***influence*** *how the central nervous system reacts to nicotine.*

COŚ, CO WYWOŁUJE SKUTEK

cause *n* [C] przyczyna: *Scientists are still trying to* ***find the cause of*** *the disease.* | *Investigators have visited the scene to* ***establish the cause*** (=ustalić przyczynę) ***of*** *the accident.* | *Polluted water is one of the* ***major causes of*** *death among young children in some countries.* | *Almost certainly,* ***the underlying cause of*** *the war was the need for oil* (=właściwą przyczyną wojny było zapotrzebowanie na ropę naftową). | *Scarman was in no doubt that* ***the root cause of*** *the rioting was unemployment and poor living conditions* (=u podłoża zamieszek leżało bezrobocie i bieda).

factor *n* [C] czynnik: *The research tried to identify the* ***key factors*** (=główne czynniki) *affecting economic change.* | *The committee studied a wide range of* ***social, economic,*** *and* ***environmental factors.*** | *Studies have shown that alcohol is a* ***contributory factor in*** *10% of all accidents in Britain* (=jest czynnikiem odpowiadającym za 10% wszystkich wypadków). | *Cost is often* ***the deciding factor*** (=jest decydującym czynnikiem) *when choosing any product.*

origins *n* [plural] początki, geneza: *The book describes* ***the origins of*** *modern science.* | ***The origins of*** *Sudan's debt crisis go back to the early 1970s.* | *For some patients, understanding* ***the origins of*** *their fears is a long and painful process.* | *The dispute between the two families* ***had its origins in*** *the battle of Wakefield* (=miała swoje początki w bitwie pod Wakefield).

source *n* [C] źródło: *Housework can become a major* ***source of conflict*** *between couples.* | *The fact that the two words are so similar can be a* ***source of confusion*** (=może być źródłem pomyłek). | *Further study was necessary to identify the* ***source of the infection.***

root *n* [C] podłoże, sedno: *They failed to* ***get to the root of the problem*** (=nie udało im się dotrzeć do sedna problemu). | *Bad experiences in childhood* ***lie at the root of*** (=leżą u podłoża) *many psychological disorder.*

OKREŚLANIE SKUTKÓW

SŁOWA OZNACZAJĄCE SKUTEK

effect *n* [C,U] skutek, efekt, wpływ: *She was one of the first scientists to study the* ***effects of*** *radiation* ***on*** *the human body.* | *At first, the treatment seemed to* ***have*** *no* ***effect.*** | *Some people believe that television has a* ***positive effect on*** *our lives, while others think that it has a* ***negative effect.*** | *Building hundreds of new homes is likely to have an* ***adverse effect*** (=negatywny wpływ) ***on*** *the environment.* | *The food we eat has a* ***significant effect upon*** (=ma znaczący wpływ na) *our mental ability.* | *The decision could have* ***far-reaching effects*** (=daleko idące skutki).

UWAGA

Należy pamiętać, że **effect** jest rzeczownikiem, a **affect** to czasownik.

impact *n* [C,U] wpływ, skutki, konsekwencje: *In practice, the change in the law did not* ***have*** *much* ***impact.*** | *His work has had an* ***enormous impact*** (=ogromny wpływ) ***on*** *the study of genetics.* | *The war had a* ***devastating impact on*** *the country's industries* (=wojna zrujnowała krajowy przemysł). | *Population growth will have a* ***profound impact upon*** *world demand for food* (=będzie miał głęboki wpływ na).

influence *n* [C,U] wpływ: *In his book, McLuhan examines the **influence of** the media **on** our society.* | *The English philosopher Thomas Hobbes **had a considerable influence on** Spinoza.* | *Changes in climate are likely to have a **great influence on** farming in Europe, and on the kind of crops that can be grown.*

> **UWAGA**
> Zazwyczaj z rzeczownikami **effect**, **impact**, czy **influence** używa się przyimka **on**. W bardziej formalnym języku używa się także przyimka **upon** w tym samym znaczeniu.

side effect *n* [C] skutek/efekt uboczny: *Experts warn that this is a powerful drug which can have dangerous **side effects**.* | *Common **side effects** of the treatment include headaches and muscle pains.*

aftereffects *n* [plural] następstwa: *The country is still suffering from **the aftereffects of** war.* | ***The aftereffects of** the illness can last for months.*

knock-on effect *n* [C,U] efekt domina: *The strikes are likely to have a **knock-on effect on** the whole economy.* | *If one flight is delayed, it can have **knock-on effects on** the other flights.*

repercussions *n* [plural] konsekwencje, reperkusje: *It was a major economic crisis with serious social and political **repercussions**.* | *The scandal could have serious **repercussions for** her political career.*

implications *n* [plural] następstwa, konsekwencje, implikacje: *The results of the study could have **important implications for** future educational policy.* | *Some people believe that the increase in air travel will have serious **implications for** the climate.*

WYWIERANIE WPŁYWU NA KOGOŚ LUB COŚ

affect *v* [T] wpływać na, wywierać wpływ na, dotykać: *Smoking while you are pregnant can **seriously affect** the health of your unborn baby.* | *Noise from the airport is **adversely affecting** the quality of life for local residents* (=negatywnie wpływa na ich życie). | *The disease **affects** women more than men* (=dotyka częściej kobiet niż mężczyzn). | *The island was **badly affected** by last month's storms* (=została poważnie dotknięta przez sztormy).

be bad for mieć negatywny wpływ na, szkodzić: *When companies close down it **is bad for** the local economy.* | *Studies have shown that eating some types of fish can **be bad for** you.*

be good for mieć dobry wpływ na: *Mr Blair's speech contained analysis of how environmental action can **be good for** the economy and for business.* | *Bread, especially brown bread, **is good for** you* (=jest zdrowy).

impact/impact on *v* [I,T] mieć/wywrzeć wpływ na, wpłynąć na: *The recession in the US has **negatively impacted** sales* (=negatywnie wpłynęła na sprzedaż) *of luxury cars.* | *The new regulations will **significantly impact on*** (=w znaczący sposób wpłyną na) *the way food companies operate.*

make a difference zmienić wiele: *New drugs have **made a big difference** in the treatment of some forms of cancer.* | *Choosing the right wine **can make all the difference*** (=wszystko może zależeć od wyboru właściwego wina).

influence *v* [T] wpływać na: *There is no convincing evidence that advertising **influences** total sales of alcohol.* | *Morgan was **heavily influenced** by Darwin's ideas on evolution* (=był pod wielkim wpływem). | *Levels of ozone are **strongly influenced** by annual variations in the weather.*

PEWNOŚĆ I NIEPEWNOŚĆ

SPOSOBY WYRAŻANIA PEWNOŚCI

certain *adj* pewny: ***I am certain that*** (=jestem pewien, że) *his analysis is correct.* | ***It** now **seems certain that*** (=wydaje się być pewnym, że) *the earth's climate is starting to change.* | *One can never be **absolutely certain of** anything in science.* | *The general addressed the troops before the battle, assuring them that victory was **certain**.*

> **UWAGA**
> **Certain** jest bardziej formalne niż **sure**. Brzmi też bardziej zdecydowanie.

sure *adj* [not before noun] pewny: ***I am sure that** many other writers share this view.* | *It is difficult to be **absolutely sure about** when the photograph was taken.* | *According to Descartes' theory, the one thing that we can be **completely sure about** is that we are able to think, and this proves that we exist.*

convinced *adj* [not before noun] przekonany: *She was **convinced that** her husband was innocent.* | *They became **convinced of** the need for better health education* (=przekonali się o konieczności lepszej edukacji zdrowotnej).

confident *adj* [not before noun] pewny: *The researchers were **confident of** success* (=byli pewni sukcesu). | *In his report he said he was **confident that** standards would improve.*

satisfied *adj* [not before noun] przekonany: *Professor Knowles is now **fully satisfied that*** (=w pełni przekonany, że) *the drug is safe for general use.* | *The insurance company needed to be **satisfied that*** (=musiała uzyskać pewność, że) *the damage was caused by the storm.*

have no doubt/be in no doubt nie mieć wątpliwości: ***I have no doubt that** a cure for the disease will one day be found.* | *He said that he **was in no doubt that** the fire was started deliberately.*

without (a) doubt bez wątpienia: *She was **without doubt** one of Mexico's finest artists.* | *His experience in London was, **without doubt**, very important to his career as a writer.* | ***Without a doubt**, it is what we eat that determines our weight.*

there is no doubt that *także* **there is no denying/disputing the fact that** nie ma żadnych wątpliwości (co do tego), że: ***There is no doubt that** violence on our TV screens does influence children.* | ***There is no denying the***

fact that (=nie da się zaprzeczyć, że) *these men are guilty of the most horrendous crimes.* | ***There is no disputing the fact that*** (=nie podlega dyskusji, że) *new technology has had a dramatic effect on our lives.*

certainly/undoubtedly *adv* z pewnością, na pewno, bez wątpienia: *Businesses will* ***certainly*** *benefit from the new tax laws.* | ***Undoubtedly*** *there is a link between smoking and lung cancer.* | ***Certainly*** *it will be a long time before humans are able to live in other parts of the solar system.* | *Beckham was the captain and* ***undoubtedly*** *the best known player in the England team.*

SPOSOBY WYRAŻANIA NIEPEWNOŚCI

not certain/uncertain *adj* [not before noun] niepewny: ***I am not certain*** (=nie jestem pewien)***that*** *the figures are accurate.* | *People often feel* ***uncertain about*** *how to deal with this type of situation.* | ***It is uncertain whether*** *his death was accidental* (=nie ma pewności, czy jego śmierć była następstwem nieszczęśliwego wypadku). | ***It is by no means certain that*** *she is right* (=nie ma żadnej pewności, że ona ma rację).

> **UWAGA**
> Wyrażenia **not certain/uncertain** są bardziej formalne niż **not sure**.

not sure/unsure *adj* [not before noun] niepewny: ***I am not sure whether*** (=nie jestem pewien, czy) *this story is true or not.* | *Police are still* ***unsure about*** *the precise details of what happened* (=policja nie ma pewności co do szczegółów tego, co się stało). | *Scientists are* ***not entirely sure that*** (=nie mają całkowitej pewności, czy) *life does exist in other parts of the universe.*

have doubts mieć wątpliwości: *Many people* ***have doubts about*** *the methods used in the research.* | *Doctors* ***have doubts as to whether*** *these alternative treatments really work.*

be dubious about sth mieć poważne wątpliwości co do czegoś: *The writer* ***is dubious about*** *the effectiveness of prison as a way of dealing with drug-related problems.* | *Most medical schools* ***are dubious about*** *accepting students older than 30.*

PODAWANIE PRZYKŁADÓW

WYRAŻENIA UŻYWANE PRZY PODAWANIU PRZYKŁADÓW

for example na przykład, dla przykładu: *People watch huge amounts of television. In the United States,* ***for example****, many children spend more hours watching television than they do attending school.* | *A lot of English words come from Latin.* ***For example*** *'homicide' comes from the Latin words 'homo' (=man) and 'cidium' (=killing).*

> **UWAGA**
> W języku pisanym, wyrażenia **for example** używamy częściej w dalszej części zdania niż na początku: *The influence of Eastern music can be heard in Western classical music,* ***for example*** *in the piano works of Debussy.*
>
> Forma skrócona od **for example** to **eg**. W wypracowaniach częściej stosuje się pełną formę **for example**.

for instance na przykład: *Our climate is already showing signs of change. Last year,* ***for instance****, was one of the hottest summers on record.* | *There is a great deal we can do to reduce the amount of pollution we produce.* ***For instance****, we can use our cars less, and use public transport instead.*

particularly/in particular *adv* zwłaszcza, szczególnie, w szczególności: *Tourism is very important for the economy,* ***particularly*** *in the south of the country.* | *His work had a big influence on Picasso* ***in particular****.*

a good/typical/classic/obvious example dobry/typowy/klasyczny/oczywisty przykład: *The United Kingdom is a* ***good example*** *of a country that consists of several smaller states.* | *Her case is a* ***classic example*** *of this kind of problem.*

be a case in point być dobrym przykładem: *Many native English plants and animals are under threat. The red squirrel is* ***a case in point****.* | *The government has consistently ignored basic human rights.* ***A case in point*** *is the recent killing of 10 political prisoners.*

take/consider *v* [T] rozważyć, wziąć (pod uwagę): *Science has yet to answer some important questions.* ***Take, for instance****,* (=weźmy na przykład) *the theory that the universe started with the 'big bang'. What came before the big bang?* | *Many students are bored with their studies.* ***Consider*** *the case of Christina. She is a hard-working student who plans to go to college. Yet she says of her education, "It's not like I'm thinking a lot here."*

> **UWAGA**
> W tym znaczeniu, czasowników **take** i **consider** używa się zawsze na początku zdania.

by way of illustration dla zilustrowania, dla przykładu: *Revolutions often lead to dictatorships.* ***By way of illustration****, consider the events that followed the French Revolution.* | *Plants have been used in Cambodia in many ways for many centuries.* ***By way of illustration****, of the 2,300 species of plants in Cambodia, approximately 40 percent have a traditional use, primarily as food and medicine.*

be shown by być widocznym w, objawiać się w/poprzez: *The people who live there are quite rich.* ***This is shown by*** *the size of their houses* (=widać to po rozmiarach ich domów). | *Metal tools were produced here for thousands of years,* ***as is shown by*** (=co widać po) *weapons discovered in ancient tombs.*

this is true of/this was true of dotyczy/ło to (także): *If you eat a large amount of any substance, it can be harmful to you.* ***This is true of*** *any drug.* | *Many writers have suffered from discrimination.* ***This was true of*** *Oscar Wilde, and also of André Gide.*

WYRAŻENIA UŻYWANE PRZY WYLICZANIU PRZYKŁADÓW

such as takie jak: *The factory produced electrical goods **such as** washing machines and cookers.* | *Girls do better than boys in subjects **such as** English.*

UWAGA

Przed wyrażeniem **as such** nie stosuje się przecinka. Przecinek stawiamy natomiast przed **for example** i **including**.

including *prep* między innymi, łącznie z: *She has many interests, **including** opera and ballet.* | *The company produces 340 drugs and cosmetic products, **including** penicillin, antibiotics and aspirins.*

to name but a few żeby wymienić tylko kilka: *He wrote several famous books: '1984', 'Animal Farm', and 'The Road to Wigan Pier', **to name but a few**.*

etc/et cetera *adv* i tak dalej, i tym podobne: *It is best to avoid tea, coffee, alcohol **etc**.*

UWAGA

W wypracowaniach nie zaleca się używania **etc**. Lepiej tak przekształcić zdanie, aby możliwe było użycie **such as**: *It is best to avoid drinks **such as** tea, coffee, or alcohol.*

Nie należy używać **eg** oraz **etc** w tym samym zdaniu.

PODAWANIE KOGOŚ LUB CZEGOŚ JAKO PRZYKŁADU

give the example of sth/give sth as an example podać przykład czegoś, podać coś jako przykład: *The writer **gives the example of** Johnny Saxon who, three years after winning the world boxing title, was charged with burglary.* | *He **gives as an example** the island of Aru in southeast Indonesia, where the number of turtles has decreased dramatically.*

cite *v* [T] przytaczać: *She **cites** a survey last year, which showed that 84 percent of shoppers would be prepared to return containers to retailers if supermarkets set up a suitable system.* | *Sendak **cites** Tolstoy as an example of an author who needs no illustrator.*

PODKREŚLANIE ZNACZENIA

MÓWIENIE, ŻE COŚ JEST WAŻNE

I would like to stress that chciał(a)bym podkreślić, że: ***I would like to stress that** the research is still at an early stage.* | ***I would like to stress that** the characters in this poem bear no resemblance to real people.*

it should be noted that należy zauważyć, że: ***It should be noted that** there are a number of alternative methods available.* | ***It should be noted that** the general trend of increasing unemployment has continued over a number of years.*

it is worth bearing in mind that warto pamiętać, że: ***It is worth bearing in mind that** 90% of the scientists researching herbicides in the US are employed by chemical companies.*

crucial *adj* zasadniczy, kluczowy: *Burgin distinguishes between photographic theory and photographic criticism (Burgin 1982). This distinction is **crucial**.* | *Factors such as temperature and acidity **play a crucial role*** (=odgrywają zasadniczą rolę) *in determining how well the process works.*

vital/essential *adj* istotny, decydujący: *These insects play a **vital** part in the food chain* (=odgrywają decydującą rolę w łańcuchu pokarmowym). | ***It is essential that** the work is carried out as soon as possible* (=jest rzeczą istotną, aby).

SPOSOBY WYRÓŻNIANIA JEDNEJ OSOBY LUB RZECZY SPOŚRÓD INNYCH

especially/particularly *adv* zwłaszcza: *The climate is much colder, **especially** in the far north.* | *There has been a big increase in alcohol consumption, **particularly** among young women.* | *It is often mixed with other fibres, **particularly** cotton.* | *He was very much influenced by Picasso, **especially** when he was young.*

UWAGA

Przysłówków **especially** oraz **particularly** używa się zwykle przed frazą rzeczownikową lub na początku zdania.

in particular w szczególności: *In the USA **in particular**, large numbers of ordinary citizens lost money by investing in Internet companies.* | *The work of Sally Mann, **in particular**, has made us question representations of children and childhood.* | *One of the biggest environmental issues was the movement of hazardous waste. **In particular**, there was concern about rich, industrialized countries exporting such waste to poor developing countries.*

UWAGA

In particular jest najczęściej używane po frazie rzeczownikowej. Może być także użyte na początku zdania.

notably *adv* w szczególności, zwłaszcza: *Some economists, most **notably** J. M. Keynes, recommended increasing government spending in times of recession, in order to stimulate the economy.* | *In 1950, half the world's ships were built in the UK (**notably** in Liverpool, Sunderland, Belfast and Glasgow).*

above all przede wszystkim: *Cycling is not only pollution-free but also flexible, cheap, and **above all**, healthy.* | *Try to find out if your daughter has any other worries or problems. **Above all**, show her that you care and will give her all the support and help you can.*

most of all przede wszystkim: *America had become an importer of copper, lead, zinc, and* ***most of all****, oil.* | ***Most of all****, we need an approach that works.*

most importantly/most significantly co najważniejsze: *Perhaps* ***most importantly****, the nation seemed to have lost its pride and its sense of direction.* | *The 18th century was a period of enormous social change.* ***Most significantly****, the Agricultural Revolution drove large numbers of workers into the cities.*

PODKREŚLANIE CZEGOŚ

emphasize/stress *v* [T] podkreślać, kłaść nacisk na: *In their report, they* ***emphasized*** *the need for better police training.* | *She* ***stresses that*** *death is not always the aim of those who try to commit suicide.*

highlight *v* [T] zwracać uwagę na: *This case* ***highlights*** *some of the problems associated with patients travelling long distances for treatment.* | *Campbell is more concerned with* ***highlighting*** *the issues involved, rather than providing solutions.*

underline/underscore *v* [T] podkreślać: *The high rate of mortality* ***underlines*** *the need for a greater understanding of the causes of the disease.* | *Studies and statistics* ***underscore*** *the fact that much of the country's wealth is in the hands of a tiny minority.*

draw attention to zwracać uwagę na: *A number of writers have* ***drawn attention to*** *this fact.* | *The study was one of the first to* ***draw attention to*** *the problems faced by severely disabled adults.*

point up *phr v* podkreślać, wskazywać na: *The report* ***pointed up*** *the need for more research on the subject.*

PODSUMOWANIE

PODSUMOWANIE WYPRACOWANIA LUB WYPOWIEDZI

in conclusion podsumowując, reasumując: ***In conclusion****, the results of our study suggest that this type of diet is perfectly safe.* | *Thus,* ***in conclusion****, the population of England remained fairly stable for much of the 15th century.*

to summarize/to sum up podsumowując, reasumując: ***To summarize****: there are many reasons why people commit crime.* | ***To sum up****, in 1922 the Soviet government found itself in a situation similar to the one faced by the Tsars.*

> **UWAGA**
> Zwrotów **to summarize** i **to sum up** używa się na początku ostatniego akapitu wypracowania lub artykułu. Można po nich użyć albo dwukropka, albo przecinka.

sth can be summarized as follows coś można streścić w następujący sposób: *The organization's main aim* ***can be summarized as follows****: to create opportunities for students to learn a wide range of computer skills.* | *The result of the survey* ***can be summarized as follows****. Both Japan and Korea show a strong preference for natural gas over oil, coal, and nuclear energy.*

the following conclusions may be drawn można wyciągnąć następujące wnioski: ***The following conclusions may be drawn*** *from these figures. Firstly, the US economy is moving out of recession. Secondly, there are no grounds for concern about its immediate future.* | *From this discussion,* ***the following conclusions may be drawn****: Communication is a two way process. It requires a sender and a receiver.*

the main conclusion to be drawn is that podstawowy wniosek jest taki, że: ***The main conclusion to be drawn*** *from this discussion* ***is that*** *the best way to help slow readers is to improve their skill at recognizing individual words.*

POWTÓRZENIE GŁÓWNYCH ZAŁOŻEŃ WYPRACOWANIA

> **UWAGA**
> Pisząc ostatni akapit wypracowania, raportu itp., często rozpoczynamy od przypomnienia głównych założeń pracy. Można wtedy użyć podanych niżej zwrotów.

the purpose/aim of this ... was to ... celem/założeniem tego... było...: *The* ***aim of this study was to*** *determine whether it is possible to reduce the amount of salt in bread without spoiling its taste.*

in this ... I have tried/attempted to ... w tym... podjąłem próbę..., ten... jest próbą...: ***In this essay, I have tried to set out*** *the main events that led to the start of the First World War.* | ***In this report, we have attempted to demonstrate*** *that although nuclear power is cleaner than using gas or coal, it is more expensive in the long-term.*

PORÓWNYWANIE I PRZECIWSTAWIANIE

WYRAŻENIA UŻYWANE PRZY PORÓWNYWANIU RZECZY I OSÓB

compared to/with w porównaniu z: *This year's profits are much higher* ***compared to*** *last year's.* | *The average male now has a life expectancy of 77.6 years,* ***compared with*** *75 in 1960.* | *Total spending on health care represents about 4 percent of GDP.* ***Compared to*** *most other advanced economies, that figure is low.* | *Mortality rates are lower for women* ***as compared with*** *men.*

in comparison to/with w porównaniu z: *Wages are low* ***in comparison with*** *the US.* | *The amount of money spent on advertising milk* ***pales in comparison to*** (=jest niczym w porównaniu z) *the money spent on advertising beer.*

by comparison with w porównaniu z: *Young male drivers have far more accidents* ***by comparison with*** *other groups.*

in/by comparison dla porównania: *He was a loud friendly man.* ***By comparison,*** *his brother was rather shy.* | *In his early pictures he used rather dull colours. His later work is much brighter* ***in comparison*** (=dla porównania, jego późniejsza twórczość jest utrzymana w dużo jaśniejszych barwach).

next to/beside *prep* w porównaniu z: *Our problems seem trivial* ***next to*** *those faced by people in the developing world* (=wydają się być nieistotne w porównaniu z problemami ludzi w krajach rozwijających się). | *Their achievements* ***pale beside*** *his* (=ich osiągnięcia bledną w porównaniu z jego własnymi).

as against/as opposed to *conjunction* w porównaniu z, w odróżnieniu od: *The company achieved sales of $404 million,* ***as against*** *$310 million in the previous year.* | *One study predicted that 42% of female university graduates would remain single the rest of their lives,* ***as opposed to*** *just 5% of male graduates.* | *Students discuss ideas,* ***as opposed to*** *just copying from books.*

unlike *prep* w odróżnieniu od, inaczej niż: ***Unlike*** *his brother, he had no interest in music.* | *The drug has very few side effects,* ***unlike*** *other drugs that are used to treat this illness.*

in contrast/by contrast to/with w odróżnieniu od: ***In contrast to*** *the south of the island, the north is still untouched by tourism.* | *The US and Australia,* ***in contrast with*** *most other leading industrialized nations, chose not to sign the Kyoto Protocol on climate change.*

in contrast/by contrast dla porównania: *Studies show that each execution costs $3.5 million.* ***By contrast,*** *it costs about $600,000 to keep someone in prison for life.*

in proportion to/in relation to w stosunku do: *People from Sweden pay the highest rates of tax* ***in proportion to*** *their incomes.* | *His head is big* ***in proportion to*** *the rest of his body.* | *Britain's national debt was greater than that of the US* ***in relation to*** *the size of its economy.*

relative *adj* względny: *In his article he compares the* ***relative merits*** *of living in the countryside and living in a big city.* | *It is too early to make a judgement about the* ***relative importance*** *of these different factors.* | *How do we account for the* ***relative lack*** *of women studying physics at university?*

PORÓWNYWANIE RZECZY I OSÓB

compare *v* [T] porównywać: *A study by Nottingham University* ***compared*** *the cost of recycling plastic bags* ***with*** *making them from scratch.* | *Galileo* ***compared*** *the time it took for different types of object to fall to the ground.* | *The graph* ***compares*** *the number of students joining the university to study history and chemistry.*

make/draw a comparison dokonywać porównania: *In her article, she* ***makes a comparison between*** *people's lives now and 50 years ago.* | *It is possible to* ***draw a comparison between*** *the two poets' work.*

> **UWAGA**
> **Draw a comparison** jest bardziej formalne niż **make a comparison**.

draw an analogy przeprowadzić analogię: *Some people have attempted to* ***draw an analogy between*** *America's invasion of Iraq* ***and*** *the war in Vietnam.*

draw a parallel wykazywać podobieństwo: *The writer* ***draws a parallel between*** *Henry James's elaborate style of writing* ***and*** *the ingenious patterns and curious details in Minton's paintings.* | ***Parallels can be drawn between*** *her work and that of Picasso.*

liken sb/sth to *phr v* porównywać kogoś/coś do: *Gambling is often* ***likened to*** *drug addiction.* | *Critics have* ***likened*** *the play* ***to*** *Arthur Miller's work.*

contrast *v* [T] porównywać, zestawiać (ze sobą): *In her novel she* ***contrasts*** *the lives of two families in very different circumstances.*

make/draw a distinction between przeprowadzać rozróżnienie między: *It is important to* ***make a distinction between*** *people's fears about crime and the real situation.* | *The author* ***draws a distinction between*** *allowing death to occur, and causing it.*

> **UWAGA**
> **Draw a distinction** jest bardziej formalne niż **make a distinction**.

PROBLEMY I ICH ROZWIĄZYWANIE

PROBLEMY

problem *n* [C] problem: *Britain* ***faced*** *enormous economic and social* ***problems*** *after the war.* | *Classroom discipline is a* ***serious problem*** *in many schools.* | *A special force was set up to try to* ***deal with*** *the* ***problem*** *of gun crime.* | *The sooner this* ***problem*** *is* ***solved,*** *the better* (=im wcześniej uda się rozwiązać ten problem, tym lepiej). | *The US government needs to do more to help* ***tackle*** *the* ***problem*** (=uporać się z problemem) *of global warming.* | *It is in everyone's interest to* ***address*** *the* ***problem*** (=aby zająć się tym problemem) *of global poverty.* | *The engineers say that they have* ***fixed*** *all the technical* ***problems*** *that could have caused the accident.* | *Professor Murray believes that* ***the root of the problem lies in*** (=źródłem problemu jest) *a basic fault in the car's design.* | ***Problems*** *can* ***arise*** (=mogą pojawić się problemy) *when people try to defend themselves in court without help from a lawyer.*

issue *n* [C] kwestia, problem: *International terrorism is the* ***biggest issue*** (=najbardziej palącą kwestią) ***facing*** *the world today.* | *Security is an* ***important issue*** *when buying things on the Internet.* | *Previous governments failed to* ***address*** (=nie zajmowały się) *social* ***issues*** *such as unemployment and homelessness.* | *The* ***issue*** *can only be* ***resolved*** (=tę kwestię można rozwiązać wyłącznie) *through negotiation between the two sides.* | *Nuclear power is a* ***highly controversial issue*** (=wzbudza wiele kontrowersji) *in the UK.* | *Immigration could be a* ***key issue*** (=kluczową kwestią) *at the next election.*

> **UWAGA**
> Rzeczownik **issue** stosuje się najczęściej, gdy mowa o problemach dotykających dużą część społeczeństwa. Często używa się go w zastępstwie słowa **problem**, ponieważ ma mniej negatywny wydźwięk.

challenge *n* [C] wyzwanie: *Understanding the brain is one of the* ***biggest challenges*** *in science.* | *She said she was looking forward to the* ***challenge*** *of starting up a new business on her own.* | *The Colombian government knows that it* ***faces*** *huge* ***challenges*** (=czekają go ogromne wyzwania) *if it is to win the war on drugs.*

difficulty *n* [C usually plural, U] trudność: *The company has managed to* ***overcome*** (=przezwyciężyć) *its recent* ***financial difficulties***. | *Many people* ***experience difficulty in*** *sleeping* (=mają trudności z zasypianiem) *at some time in their lives.* | *The project* ***ran into difficulty*** (=napotkał trudności) *because of lack of money.* | *This type of research* ***is fraught with difficulty*** (=najeżony trudnościami).

trouble *n* [C,U] kłopot(y), problem(y): *The* ***trouble*** *was caused by a loose wire.* | *They* ***had trouble*** *finding* (=mieli kłopot ze znalezieniem) *the building where the meeting was held.* | *Students of English often* ***have trouble with*** (=mają problemy z) *phrasal verbs.* | *The company* ***ran into trouble*** (=napotkała problemy) *when it tried to expand too quickly.*

> **UWAGA**
> Słowo **trouble** może być używane jako rzeczownik niepoliczalny, na przykład w zdaniu: *They had a great deal of* ***trouble*** *with the new computer system* lub jako rzeczownik policzalny: *Teenagers often find it difficult to tell their parents about their* ***troubles***.

complication *n* [C] komplikacja: *The project should finish in June, provided that there are no more* ***complications***. | *The surgeons knew it would be a difficult operation. A* ***further complication*** *was that* (=dodatkowa komplikacja polegała na tym, że) *the patient was in her 60s.*

setback *n* [C] trudność, komplikacja: *The peace talks* ***suffered a major setback*** (=rozmowy pokojowe napotkały na poważne trudności) *when a bomb exploded outside the conference hotel.* | *Despite some early* ***setbacks*** (=pomimo początkowych komplikacji), *his campaign for the presidency was successful.*

obstacle *n* [C] przeszkoda: *Criminal gangs are the* ***biggest obstacle to*** *democratic reform* (=są największą przeszkodą na drodze do demokratycznych reform). | *The lack of child care is an enormous* ***obstacle to*** *women's participation in the work force.* | *There are still some* ***major*** *technical* ***obstacles*** *to* ***overcome*** (=do pokonania).

pitfall *n* [C] pułapka: *The book shows you how to* ***avoid*** *the usual* ***pitfalls*** *when you are at an interview.* | *The most* ***common pitfall*** *when treating the disease is to give too much treatment too late.* | *Financial advisers should explain to customers the* ***potential pitfalls*** *of investing in risky small company stocks.*

dilemma *n* [C] dylemat, rozterka: *The doctors were* ***faced with a moral dilemma***. *Should they carry out the operation, when there was such a small chance of success?* | *Kennedy* ***found himself in a dilemma over*** *Cuba* (=stanął przed dylematem, co zrobić z Kubą). *On the one hand he did not want to risk a nuclear war, but on the other he could not allow the Russians to place nuclear weapons so close to American soil.*

vicious circle *n* [singular] błędne koło: *Some developing countries* ***get caught in a vicious circle***. *They cannot afford to pay their debt repayments, and so the debts get even bigger.* | *Stress at work can* ***create a vicious circle***. *If you feel stressed and under pressure, you take longer to do your job, and because you take longer you become more stressed.*

DROBNE PROBLEMY

teething problems/troubles *n* [plural] początkowe trudności: *With any computer system, there are likely to be one or two* ***teething problems*** *at first.* | *There have been some* ***teething troubles*** *with the new rail service.*

hitch *n* [C] problem: *Everything went well on the first night of the play except for one or two* ***slight hitches*** *with the lighting.* | *The plan* ***went off without a hitch*** (=bez problemu).

snag *n* [C] (drobna) przeszkoda, szkopuł: ***The only snag*** *with going on holiday in Sweden* ***is*** *the cost.* | *There are one or two little* ***snags*** *that need to be* ***ironed out*** (=jest kilka przeszkód, które należy usunąć). | *Almost immediately after they began their research, they* ***hit*** *a series of* ***snags*** (=napotkali kilka przeszkód).

> **UWAGA**
> Należy unikać używania potocznych słów **hitch** i **snag** w języku formalnym.

ROZWIĄZANIA

solution *n* [C] rozwiązanie: *Politicians have been trying to* ***find a solution to*** *the housing crisis for many years now.* | *In this essay I shall consider the main causes of the problem of air pollution, and try to* ***put forward*** (=zaproponować) *some* ***possible solutions***. | *Unless scientists can* ***come up with a solution*** (=o ile naukowcom nie uda się znaleźć rozwiązania) *quickly, we may soon run out of sources of energy.* | *When people become too old to look after themselves,* ***the ideal solution*** *is for other members of their family to look after them.* | *If you have difficulty sleeping, you need to identify the factors that are causing it and deal with them. That is the only effective* ***long-term solution***. | *There was* ***no easy solution*** *to Tom's problem.*

answer *n* [C] odpowiedź: *Some people believe that the only* ***answer to*** *the problem of rising crime is to build more prisons.* | *It would be mistaken to think that science and technology can always provide an* ***answer to*** *everything.* | *There are* ***no easy answers to*** *the problem of teenage pregnancies.* | *People have been struggling with this problem for a long time, but no one has yet* ***come up with an answer***.

way out *n* [C] wyjście: *The president's advisors are trying to* ***find a way out of*** *the crisis.* | *At first there seemed to be* ***no way out of*** *her difficulties.*

cure *n* [C] lekarstwo, recepta: *The only* ***cure for*** *unemployment is to make it easier for companies to invest and create new jobs.* | *Unfortunately, there is* ***no miracle cure*** *for inflation* (=nie ma żadnego cudownego lekarstwa na inflację). | *Prison is not **a cure for all** social **ills*** (=nie jest receptą na wszystkie społeczne bolączki).

remedy *n* [C] rozwiązanie, środek zaradczy: *Expensive hi-tech **remedies** are often useless to poor countries.* | *A number of **remedies** have been suggested, but so far none of them has shown itself to be effective.*

prescription *n* [C] recepta: *Their **prescription for** dealing with poverty in Africa is to encourage more trade, instead of increasing aid.* | *The socialists' main **prescription for** any social problem seems to be to pump more and more money into the system.*

panacea *n* [C] panaceum: *The law is not a **universal panacea**.* | *Some people think that free market capitalism is a **panacea for all our ills*** (=jest panaceum na wszystkie bolączki). | *Furthermore, industrialization has rarely been the **panacea for** rural poverty that had been hoped.*

quick fix *n* [C] środek doraźny: *There is no **quick fix** to defeat terrorism.* | *A leading scientist has warned that **quick fix schemes*** (=rozwiązania oparte na środkach doraźnych) *to deal with global warming could potentially be more damaging than the problem itself.*

> **UWAGA**
> Wyrażenia **quick fix** nie powinno się stosować w kontekście formalnym.

magic bullet *n* [C] cudowny lek: *There is no **magic bullet for** dealing with inflation.* | *Although a **magic bullet for** curing cancer is still not likely any time soon, researchers are making slow and steady progress.*

PRZYBLIŻONY/DOKŁADNY

WYRAŻANIE PRZYBLIŻEŃ

approximately *adv* w przybliżeniu: ***Approximately** 30% of adults who have the disease will die from it.* | *The last earthquake of this size occurred **approximately** 60 years ago.* | *In 1994, the U.S. Government paid farmers **approximately** $10 billion in grants.*

> **UWAGA**
> **Approximately** jest wyrazem bardziej formalnym niż **about** i najczęściej występuje w kontekstach technicznych.

about *adv* około: *They arrived at **about** 10 o'clock in the evening.* | *It takes **about** 2 hours from London to Leeds on the train.* | *There were **about** 50 people at the meeting.*

roughly *adv* mniej więcej: *The two countries are **roughly** the same size.* | ***Roughly** half of all Italy's gas is imported.* | *The amount of caffeine in one can of cola is **roughly equivalent to** four cups of coffee* (=mniej więcej odpowiada).

(somewhere/something) in the region of w granicach: *A new stadium would cost **somewhere in the region of** $100 million.* | *The painting is worth **something in the region of** £15,000.*

circa *prep* około: *The house dates from **circa** 1600.* | *The picture shows a building under construction, **circa** 1848.*

or more lub więcej: *It can take **6 months or more** to get a visa.* | *Olson weighed 250 pounds **or more**.*

WYRAZY OKREŚLAJĄCE DOKŁADNE WARTOŚCI

exactly *adv* dokładnie: *They finished at **exactly** 6pm.* | *Every patient received **exactly the same** amount of the drug.* | ***Exactly** 60 years ago, two scientists at the University of Birmingham demonstrated the first device that used microwaves.*

to be exact ściśle mówiąc: *The rocks there are very old: more than 3 billion years old, **to be exact**.*

precisely *adv* dokładnie: *The meeting began on time, at **precisely** eight o'clock.* | *He always left his office at 2 o'clock **precisely**.* | *No one knows **precisely** how many people were killed or injured.*

right *adv* dokładnie: *The arrow was **right in the middle of** the target* (=w samym środku tarczy). | *The two explosions happened **right next to** each other.*

directly *adv* bezpośrednio: *It was a small house, **directly behind** the church.* | *You need to sit **directly in front of** the screen.* | *A statue stood **directly below** the stained-glass window.*

PRZYTACZANIE WYJĄTKÓW

SPOSOBY MÓWIENIA O CZYMŚ LUB KIMŚ JAKO O WYJĄTKU

except *prep* oprócz, z wyjątkiem: *The office is open every day **except** Sundays.* | *Most of the critics liked the play, **except for** one critic on the Los Angeles Times.* | ***Except for** a few years in the early sixties and seventies, inflation has been a continuing feature of American life since World War II.* | *The area looks very much like the state of Iowa, **except that*** (=z tym jednak wyjątkiem, że) *it is surrounded by beautiful snow-covered mountains.* | ***Except in** an emergency, these doors must remain closed.*

> **UWAGA**
> **Except** i **except for** mają to samo znaczenie. Na początku zdania można użyć **except for** lub **except in**. W innych miejscach używa się **except**.

apart from/aside from *prep* z wyjątkiem, oprócz, poza: ***Aside from** one or two minor errors, this is an excellent piece of research.* | *The films were all made in Hollywood, **apart from** one, which was made in the UK.* | *The weather was not very good in the first week. **Apart from that*** (=poza tym), *it was a good holiday.*

excluding/not including *prep* wyłączając, nie wliczając: *The software costs $49.95, **not including** tax.* | ***Excluding** students, the total number of unemployed rose from 2 million to 2.3 million.*

UWAGA

Excluding W języku pisanym częściej stosuje się excluding niż **not including**.

with the exception of z wyjątkiem: *Denmark has more wind turbines than any other place in the world, **with the exception of** California.* | ***With the exception of** skin cancer, breast cancer is the most common cancer among women.* | *The prisons are, **with one exception*** (=poza jednym wyjątkiem), *overcrowded and lacking in facilities for prisoners.*

but *prep* oprócz, z wyjątkiem: *There is **nothing but** trees* (=nie ma niczego oprócz drzew), *for mile after mile.* | *The garment covers **everything but** the eyes* (=wszystko z wyjątkiem oczu). | ***All but a few of** her family* (=poza nielicznymi wyjątkami, wszyscy w jej rodzinie) *died of the disease.*

other than poza, oprócz: *He had no interests **other than** teaching* (=poza nauczaniem nie miał żadnych innych zainteresowań). | *No one **other than** her* (=nikt oprócz niej) *knew about the plan.* | *Daley has said little about his childhood, **other than that*** (=poza tym, że) *it was happy and normal.* | *Some airlines will not allow you to take pets **other than** dogs, cats and birds* (=nie pozwalają brać na pokład żadnych zwierząt, z wyjątkiem psów, kotów i ptaków).

in a few cases/in a small number of cases w niektórych/nielicznych przypadkach: ***In a few cases** the information has gone missing from the files.* | *Surgery can only help **in a small number of cases**.*

WYJĄTEK

exception *n* [C,U] wyjątek: *The health of most of the patients improved, although unfortunately there were one or two **exceptions*** (=było kilka wyjątków). | *Apart from a few **minor exceptions*** (=poza małymi wyjątkami), *the two countries' legal systems are very similar.* | *Not many first-rate writers have written about film. **A notable exception*** (=chlubnym wyjątkiem) *is Grahame Greene, who reviewed movies regularly between 1935 and 1940.* | *All societies, **without exception*** (=bez wyjątku), *share the same characteristics.*

TEMATY I ZAGADNIENIA

OKREŚLANIE TEMATU

about *prep* o, na temat: *The book **is about** a boy named Huckleberry Finn.* | *In her novels she **writes about** life in South Africa.* | *Scientists are still trying to answer the great questions **about** the nature and origins of the universe.*

on *prep* o, na temat: *Professor Jones has written a number of books and articles **on** this subject.* | *The Club has published its annual report **on** mountaineering and walking accidents in Scotland.*

on the subject of/on the topic of na temat: *Hundreds of books have been written **on the subject of** population growth.* | *She gave a series of lectures **on the topic of** nutrition.*

concerning/regarding *prep* dotyczący, odnoszący się do: *The report raises a number of important questions **regarding** food safety.* | *The laws **concerning** child care* (=prawa dotyczące opieki nad dziećmi) *and child protection will need to be reviewed.*

with regard to odnośnie, w odniesieniu do: *Dear Sir, I am writing **with regard to** your advertisement in The Times.* | *The college has adopted a tough approach **with regard to** racism and sexism.* | ***With regard to** the recent series of terrorist attacks, it is likely that the police will be given new powers of arrest.*

deal with *phr v* zajmować się, omawiać: ***I will deal with** the issue of pricing later.* | *Chapter 5 **deals with** Italian art in the 15th century.*

be concerned with *adj* dotyczyć: *Most of the book **is concerned with** the relationship between politicians and the media.*

focus on *v* [I] skupiać się na, s/koncentrować się na: *In this essay **I will focus on** some of the results from recent research into brain function.* | *The study **focuses on** the economic and social consequences of unemployment.* | *She chose to **focus on** her home country, Brazil, for her dissertation.*

tell the story of opowiadać o: *The play **tells the story of** a trip to Germany by an American woman and her husband.* | *Snow White **tells the story of** a beautiful young princess and her jealous stepmother.*

SŁOWA OZNACZAJĄCE TEMAT

subject *n* [C] temat: *The **main subject of** the book is the history of the English language.* | *The author deals with **a range of different subjects** in his article.* | *A number of papers have been written **on this subject*** (=na ten temat). | *The case **was the subject of** a Hollywood film.*

topic *n* [C] temat, zagadnienie: *The course covers **topics** such as interview techniques and giving presentations.* | *Global warming continues to be a major **topic of discussion**.*

theme *n* [C] motyw: *Man's relationship with nature is a **common theme** in his work* (=jest częstym motywem w jego twórczości). | *One of the **main themes** of the article is the importance of good dental care.* | *Feminine beauty is a **recurring theme*** (=jest często przewijającym się motywem) *in Western art.*

issue *n* [C] kwestia: *Dealing with climate change is one of the biggest **issues** facing the world today.* | *The research **raises** a number of important **issues*** (=porusza szereg ważnych kwestii). | *The problem of population growth is a **major issue** in developing countries.* | *Abortion remains a **highly controversial issue**.*

question *n* [C] pytanie: *Scientists have been trying to find the answers to these **questions** for hundreds of years.* | *We* *want to be protected from terrorist attacks. However, this also* ***raises the question of*** (=nasuwa pytanie) *how we can protect our basic freedoms as citizens.* | *The research* ***addresses*** *some* ***fundamental questions*** *about the nature of knowledge* (=próbuje znaleźć odpowiedź na fundamentalne pytania dotyczące charakteru wiedzy).

matter *n* [C] sprawa: *I have little experience in* ***these matters.*** | ***Various matters*** *were dealt with at the meeting* (=na zebraniu omawiano wiele różnych spraw). | *an expert on* ***financial matters*** (=specjalista od spraw finansowych) | *He held strong views on* ***religious matters*** (=miał zdecydowane poglądy na sprawy religijne). | *People often do not want to discuss* ***personal matters*** *with their employer.* | *Some people do not think that car crime is very important, but in fact it* ***is a serious matter.*** | *In his book he gets right to* ***the heart of the matter*** (=dotyka sedna sprawy).

UDOWADNIANIE

WYKAZYWANIE, ŻE COŚ JEST PRAWDĄ

show *v* [T] ukazać, przedstawić: *A recent survey by Sheffield University* ***showed that*** *95% of patients were satisfied with the service that they received.* | *They wanted to* ***show to*** *people how well the system worked.*

prove *v* [T] dowieść, udowodnić: *These documents* ***prove that*** *the three men were innocent.* | *Lind* ***proved that*** *eating fresh oranges and limes could prevent sailors from getting the disease.* | *He was able to* ***prove*** *his theory* ***to*** *his fellow scientists.*

demonstrate *v* [T] za/demonstrować, udowodnić: *The aim of the experiments was to* ***demonstrate*** *the effectiveness of the treatment.* | *It has been* ***demonstrated that*** *even low levels of lead can damage the central nervous system.*

UWAGA

Czasowniki **prove** i **demonstrate** brzmią dużo bardziej zdecydowanie niż **show**.

sth can be seen coś widać, coś jest widoczne: *This* ***can be seen in*** *the following examples* (=widać to w następujących przykładach). | ***As can be seen in*** *Table 1* (=jak widać z Tabeli 1), *wages have risen at a lower rate than the rate of inflation.* | *Shaker furniture is extremely well made. Evidence of this* ***can be seen in*** *the surprising number of items that have survived to the present day.*

be evidence of wskazywać na: *Some people think that this research* ***is evidence of*** *a much larger problem.* | *In the past, comet and meteorite strikes were much more common in the solar system. The pitted surface of the moon* ***is evidence of*** *that.*

be symptomatic of sth być przejawem czegoś: *The protests* ***were symptomatic of*** *a widespread feeling of dissatisfaction with the government's policies.*

reveal *v* [T] ujawniać, ukazywać: *A recent survey* ***revealed that*** *61% of those interviewed believe that tobacco advertising should be banned.* | *The inquiry* ***revealed how*** *hundreds of children in public care were mistreated in the 1980s.*

confirm *v* [T] potwierdzać: *The latest research* ***confirms*** *the view that global warming is happening at an increasing rate.* | *Several surveys have* ***confirmed that*** *the blood pressure in diabetics is higher than in non-diabetics (Ostrander et al, 1965; Kannel & McGee, 1979).*

support/back up *v* [T], *phr v* [T] potwierdzać: *Our research* ***supports*** *this view.* | *They produced no evidence to* ***back up*** *their claims.* | *Recent archeological discoveries seem to* ***support*** *the idea that there was a settlement here in Roman times.*

corroborate *v* [T] potwierdzać: *Further research is needed to* ***corroborate*** *the* ***results*** *of this study before the treatment is made available to the general public.* | *Her evidence was* ***corroborated*** *by two other witnesses.*

validate *v* [T] z/weryfikować, potwierdzać: *Our* ***data*** *is collected and* ***validated*** *by a team of 120 researchers, using multiple sources to ensure reliability.* | *We know that some scientists have altered the findings of their research in order to* ***validate*** *their* ***claims*** (=aby uzasadnić swoje twierdzenia). | *Before a* ***theory*** *can be* ***validated,*** *it needs to pass a further test, which we might call the review test.*

substantiate *v* [T] uzasadniać, popierać dowodami: *The investigation* ***substantiated allegations*** *made by former employees of the company.* | *The evidence normally used to* ***substantiate*** *this* ***claim*** *is drawn from the work of Brennan and McGeevor (1985).*

WYKAZYWANIE, ŻE COŚ JEST MOŻLIWE

suggest *v* [T] wskazywać: *This* ***suggests that*** *humans existed on earth thousands of years earlier than was previously thought* (=to może wskazywać na to, że). | *Recent research* ***strongly suggests that*** (=mocno wskazuje, że) *high protein diets are actually bad for you.*

indicate *v* [T] wskazywać, wykazywać: *Figures for 2002* ***indicate that*** *more and more people are choosing not to get married.* | *Investigations by government scientists have* ***indicated that*** *pesticides could be the cause of the condition, which results in children being born blind.*

imply *v* [T] sugerować: *The maths and science reports* ***imply that*** *together these two subjects should occupy about one-third of the timetable.* | *This* ***implies that*** *a vast number of universes exist with our own, each having equal reality.*

there is some evidence that istnieją dowody na to, że: ***There is some evidence that*** *foods rich in vitamin A and vitamin C may give protection against cancer.*

give the impression sprawiać/dawać wrażenie: *Textbooks often* ***give the impression that*** *history is about the activities of kings and queens.* | *The report* ***gives the impression of*** *having been rather hastily put together.*

lead to the conclusion that prowadzić do wniosku: *All these arguments* ***lead to the conclusion that*** *there should be greater control on gun ownership.*

WYKAZYWANIE, ŻE COŚ NIE JEST PRAWDĄ

disprove sth zadawać kłam czemuś, obalać coś: *The results of the experiment seemed to* ***disprove*** *her theory.* |

*Some people think that drinking coffee helps burn off fat. Scientific studies have **clearly disproved** this idea.*

contradict *v* [T] przeczyć, zaprzeczać: *A study conducted at Massachusetts General Hospital **contradicts** the results of the Canadian study.* | *Recent evidence appears to **contradict** his hypothesis.*

refute *v* [T] obalić: *All attempts to **refute** Einstein's theory have failed.* | *Her research **refutes** the idea that population growth is desirable and will not cause ecological damage.*

invalidate *v* [T] unieważnić, negatywnie zweryfikować: *Most people now believe that Marx's ideas have been **invalidated** by history* (=zostały negatywnie zweryfikowane przez historię). | *Problems with the way the original data was collected **invalidated** their findings.* | *An international inspection would easily confirm or **invalidate** such reports.*

demolish *v* [T] obalić: *Chomsky was able to **demolish** many of Skinner's arguments about how people acquire language.* | *He **demolished** the widely held belief that the sun went around the Earth.*

UOGÓLNIENIA

MÓWIENIE, ŻE COŚ DOTYCZY WIĘKSZOŚCI OSÓB LUB RZECZY

most *determiner, pron* większość: ***Most** people would agree that the law needs changing.* | ***In most cases*** (=w większości przypadków) *the patient makes a full recovery.* | ***Most of** the class are women* (=w klasie przeważają kobiety). | ***Most of** the research supports this point of view.* | *The students speak English **most of the time*** (=przez większość czasu) *when they are at school.*

mostly/mainly/largely *adv* głównie, w większości: *The people who use the service are **mostly** businessmen.* | *The cars are **mostly for** export.* | *Apart from the Nile valley, Egypt is **mostly** desert.* | *The audience were **mainly** young people in their teens.* | *The disease **mainly** affects women.* | *Their attempts were **largely** unsuccessful.* | *Half of the country's people faced starvation, **largely as a result of** the civil war.*

> **UWAGA**
> **Largely** brzmi bardziej formalnie niż **mostly** lub **mainly**. Słowo to jest charakterystyczne dla języka pisanego.

predominantly *adv* przeważnie, w przeważającej części: *At that time England was a **predominantly** agricultural society.* | *The condition **predominantly** affects middle-aged women.* | *Engineering has traditionally been a **predominantly** male profession* (=tradycyjnie uważana jest za przeważnie męską profesję). | *Turkey is **predominantly** Muslim, but has a secular government, and is seen as a model for other Central Asian countries.*

almost all/nearly all/virtually all *adv* prawie cały, prawie wszystkie: *Unemployment rates went up in **almost all** European countries.* | *The study found that **in almost all cases** people were satisfied with the service they received.* | *The country has to import **almost all of** its oil.* | ***Nearly all** the children interviewed said that they are worried about what will happen in the future.* | *Magnesium is found in **virtually all** foods.*

> **UWAGA**
> Nie mówi się „the most people/things", tylko „most people/things", na przykład: ***Most** people live in towns.*

the majority *n* [singular] większość: ***The majority of** crimes are never reported to the police.* | ***The vast majority of** Algerians are Muslim.*

> **UWAGA**
> Po wyrażeniu **the majority of** następuje zwykle rzeczownik policzalny w liczbie mnogiej. Może też pojawić się w tym miejscu rzeczownik niepoliczalny oznaczający grupę rzeczy lub osób: *Can the president order a military operation in another country if **the majority of** the legislature* (=większa część zgromadzenia ustawodawczego) *opposes the action?*

in general na ogół: *Men, **in general**, are just as good at looking after children as women.* | ***In general**, teenagers from poor families are less likely to go to university.* | ***In general**, smaller firms are more flexible.*

generally *adv* ogólnie rzecz biorąc: ***Generally**, part-time workers receive lower wages than full-time workers.* | *People **generally** are living longer.* | *The employment **situation generally** is getting worse, and it is becoming increasingly difficult for young graduates to find work.*

generally speaking/broadly speaking/as a rule zasadniczo, z reguły: ***Generally speaking**, female workers are less likely to strike.* | *People in the US are, **generally speaking**, not very well informed about international politics.* | ***As a rule**, snakes have simple teeth, all roughly the same shape.* | *The surface of Mercury, **broadly speaking*** (=najogólniej mówiąc), *can be divided into two types of land area.*

for the most part w większości, w znacznej części: *These problems have, **for the most part**, been resolved.* | ***For the most part**, local people welcomed the plan.*

by and large/on the whole ogólnie rzecz biorąc: *The scheme was **by and large** a success.* | ***On the whole**, the system worked well.* | *The people **on the whole** were very friendly.*

UOGÓLNIANIE

generalize *v* [I] uogólniać, generalizować: *It is clearly a mistake to **generalize from** only a few examples.* | *It is difficult to **generalize about** the American police, because there are over 40,000 police departments in the US.*

generalization *n* [C] uogólnienie, generalizacja: *Social scientists try to* ***make generalizations*** (=dokonywać uogólnień) *about society, based on the best available evidence.* | *A lot of misleading* ***generalizations*** *have been* ***made*** *about the differences between men and women.* | *When people say things like "the theatre is for everyone", this seems rather a* ***sweeping generalization*** (=wydaje się to być zbyt dużym uogólnieniem).

UZASADNIANIE

WYRAŻENIA STOSOWANE PRZY UZASADNIANIU CZEGOŚ

because *conjunction* ponieważ, dlatego że: *The idea was rejected* ***because*** *it was too expensive.* | *They were discriminated against* ***because of*** *their colour* (=z powodu koloru skóry). | ***Because*** *many old people are on low incomes, they are often unable to afford adequate heating in the winter.*

UWAGA

Pisząc wypracowanie, nie powinieneś zaczynać zdania od **because**, kiedy odwołujesz się do zdania poprzedniego. Na przykład, zamiast pisać „Many firms are building factories there. Because wages are much lower." połącz oba zdania: *Many firms are building factories there because wages are much lower.* Jeśli zdania są zbyt długie, możesz rozpocząć drugie z nich od wyrażenia **the reason is** lub **the reason for this is**.

the reason (for this) is jest to spowodowane tym/wynika to z tego, że: *These printers quickly achieved a market share of over 60%.* ***The reason for this is*** *that the technology they use is much simpler — and therefore cheaper — and running costs are lower.*

why *conjunction* dlaczego, z jakiego powodu: *No one knows* ***why*** *the dinosaurs died out so suddenly.* | *There are many* ***reasons why*** *people are having fewer children* (=istnieje wiele powodów, dla których ludzie decydują się mieć mniej dzieci). | *Girls mature earlier than boys.* ***This may explain why*** (=to może tłumaczyć fakt, że) *they perform better at school.*

in order to w celu, żeby: *Many criminals steal* ***in order to*** *get money to buy drugs* (=kradną, żeby zdobyć pieniądze na kupno narkotyków).

UWAGA

Zwrot **in order to** jest charakterystyczny dla języka pisanego. W potocznej angielszczyźnie używa się samego **to**, na przykład: *I wanted to go to France* ***to*** *improve my knowledge of the language.*

for *prep* dla: *Most people go there* ***for*** *sightseeing* (=dla zwiedzania). | *The names cannot be published* ***for*** *legal* ***reasons*** (=ze względów prawnych). | *The data will be used* ***for*** *research* ***purposes*** (=do celów badawczych).

through *prep* przez, dzięki: *She got the job* ***through*** *hard work* (=dzięki swojej wytężonej pracy). | *The records were lost, either* ***through*** *carelessness or incompetence.*

as a result of sth na skutek czegoś: *Sea levels are rising* ***as a result of*** *global warming.* | ***As a result of*** *his work* (=dzięki jego dorobkowi), *illnesses such as tuberculosis can now be treated.*

due to/owing to *prep* z powodu: *She resigned* ***due to*** *ill health.* | *The number of songbirds has declined. This is* ***partly due to*** (=jest to częściowo spowodowane) *modern farming methods.* | ***Owing to*** *lack of public interest, the programme was abandoned.*

WYRAZY OZNACZAJĄCE ARGUMENTY

reason *n* [C] powód, przyczyna: *There were two main* ***reasons for*** *his success.* | *Thirty-nine percent of workers gave poor working conditions as a* ***reason for*** *leaving their previous job.* | *The* ***reasons why*** *this happens are as follows.* | *The* ***reason that*** *sales have not increased is that we had a very cold summer.* | *There are* ***good reasons for*** *believing* (=istnieją przesłanki, by uważać) *that the Earth has not increased in size during the past 500,000 years.*

explanation *n* [C] wyjaśnienie: *Scientists have* ***offered*** *several possible* ***explanations for*** *these results.* | *No one has ever really* ***provided*** *a satisfactory* ***explanation*** (=nikt nigdy nie udzielił zadowalającego wytłumaczenia) *of how children learn language.*

motive *n* [C] motyw: *There may have been a political* ***motive for*** *the killing.* | *Some people have questioned the* ***motives behind*** *the decision.*

grounds *n* [plural] podstawy, przesłanki: *There are* ***strong grounds for*** *believing that what he says is true* (=istnieją silne podstawy, by uważać, że to, co mówi, jest prawdą). | *The latest crime statistics* ***provide*** *some* ***grounds for*** *optimism* (=dają podstawy do optymizmu). | *He was refused permission to stay* ***on the grounds that*** *he had entered the country illegally* (=na podstawie tego, że przekroczył granicę nielegalnie). | *They recommended joining the EU* ***on*** *purely economic* ***grounds*** (=z przesłanek czysto ekonomicznych).

argument *n* [C] argument(y): *There are* ***strong*** *environmental* ***arguments*** (=istnieją poważne argumenty natury ekologicznej) ***for*** *limiting car use.* | *One of the main* ***arguments against*** *the death penalty is that an innocent person could accidentally be executed.* | *I do not agree with the* ***argument that*** (=nie zgadzam się z argumentem, że) *experiments are necessary on live animals.* | *There is little evidence to* ***support*** *their* ***argument*** (=brakuje dowodów na poparcie ich argumentów). | *He was the first person to* ***put forward*** *this* ***argument*** (=był pierwszą osobą, która wysunęła ten argument).

rationale *n* [C usually singular] (racjonalne) uzasadnienie: *All organizations need a **rationale for** dividing up their work.* | *In the first part of the book I will attempt to provide a **rationale for** such an approach.* | *The document outlines the **rationale behind** the government's economic reforms.*

justification *n* [C,U] uzasadnienie: *The US government's **main justification for** the war was that they wanted to bring democracy to the country.* | ***There is**, he states, **no justification for*** (=nie ma uzasadnienia dla) *killing another human being under any circumstances.*

basis *n* [C] podstawa: *There is no scientific **basis for** such beliefs.* | *Piaget provided a theoretical **basis for** studying children's mental behaviour.* | *Newton's work **forms the basis of** much of modern physics* (=stanowi podstawę współczesnej fizyki).

NIEPRAWDZIWY ARGUMENT

pretext *n* [C] pretekst: *They used religion as a **pretext for** their activities.* | *People were sent to prison or labour camps **on the flimsiest of pretexts*** (=z byle powodu). | *Police went into the area **under the pretext of** looking for drug dealers* (=pod pretekstem tropienia dilerów narkotykowych).

excuse *n* [C] usprawiedliwienie, wymówka: *Poverty should not be seen as an **excuse for** crime.* | *The soldiers' **excuse** was **that** they were only obeying orders.*

WYLICZANIE I PORZĄDKOWANIE

WYRAŻENIA UŻYWANE PRZY PORZĄDKOWANIU POJĘĆ I RZECZY

firstly/first *adv* po pierwsze: *There are two main reasons why people choose this type of investment. **Firstly**, it is relatively safe. Secondly, it offers a good rate of interest.* | *The statistics show, **firstly**, that crime is increasing; secondly, that most crime is committed by young men; and lastly, that many of these young men are on drugs.* | *This essay seeks to answer the following questions. **First**, is our current political system truly democratic? Second, what are the alternatives?*

first of all po pierwsze, przede wszystkim: *People are living longer for several reasons. **First of all**, there have been enormous advances in medical science. Secondly, our diets are now much healthier.* | *The content of the article must, **first of all**, be useful to the reader.*

secondly/second *adv* po drugie: *Many people are concerned about the problems associated with nuclear energy. Firstly, what do you do with all the nuclear waste? **Secondly**, how can we prevent nuclear materials from falling into the hands of terrorists?*

thirdly/third *adv* po trzecie: *There are many things we can do to help protect our environment. First of all, we can use our cars less. Secondly, we can recyle more. **Thirdly**, we need to develop new sources of energy which cause less pollution.*

in the first/second/third place po pierwsze/drugie/trzecie (wyrażenia mniej formalne): *Modern communications have completely changed the way we work. **In the first place**, they have made it possible for many people to work from home. They also allow people in different parts of the world to communicate instantly at any time of day.*

UWAGA

Podając w tekście długą listę argumentów, należy unikać wyliczania ich po kolei za pomocą **Firstly... Secondly... Thirdly... Fourthly... Fifthly** itd. Tekst będzie brzmiał bardziej naturalnie, jeśli zastosujemy nie tylko liczebniki, lecz także inne wyrażenia, np. **In addition... Furthermore/Moreover... Lastly...**

Oto przykład takiego łączenia zdań: *There are many reasons for switching to wind power. **Firstly**, it causes much less damage to the environment than fossil fuels such as oil and coal. **In addition**, wind power comes from a renewable energy source, and there will always be more wind available. **Furthermore**, wind turbines and windmills are much more graceful and attractive to look at than power stations. **Last but not least**, they are very cheap to run.*

then/next *adv* następnie: *First, we added the salt to the water, **then** we boiled the mixture for five minutes.* | *Take the fish and gently rub oil over it. **Next**, place it in a medium hot oven for 15 minutes.* | *When you receive the equipment, you need to check that all the parts are there. **Then** you need to connect it to the electricity supply.*

in addition co więcej, dodatkowo: *Fast foods and snacks have been linked to obesity. **In addition**, studies have shown that these foods can cause behavioural problems in young children.*

furthermore/moreover *adv* ponadto, co więcej: *In order to keep the price of the book down, we have used fewer photographs than we wanted to. **Furthermore**, the book has no colour, which means that we have been limited to black and white images.* | *Older workers often have a great deal of experience to offer. **Moreover**, they are extremely reliable and less likely to change jobs.*

lastly *adv* na koniec, wreszcie: *The island has become very popular, firstly for its beautiful beaches, secondly because of its friendly atmosphere, and **lastly** because it is so easy to get to from the UK.* | *There are many reasons why prison* *doesn't work. First of all, prisons often act as training colleges for criminals. Secondly, prison does not deal with the reasons why young men commit crime.* ***Lastly****, it costs huge amounts of money to keep people in prison.*

finally *adv* na końcu, na koniec: ***Finally****, I would like to suggest some possible solutions to the problem.*

one last/final point ostatnia rzecz: ***One final point*** *to remember* (=ostatnia rzecz, o której należy pamiętać) *is that although regular exercise is usually good for health, too much exercise can actually cause permanent damage to muscles and joints.*

WYRAŻENIA OTWIERAJĄCE LISTĘ ARGUMENTÓW, PRZYCZYN ITP.

there are several/there are a number of ... istnieje kilka...: ***There are several*** *points to keep in mind when writing business letters: try to be brief, always be polite, and make sure that you use the correct job title.* | *Women are more likely to suffer from depression than men.* ***There are a number of*** *reasons for this.*

UWAGA

Listę można rozpocząć albo po dwukropku, albo od nowego zdania.

as follows następujące: *The objectives of the study are* ***as follows****: firstly to find out whether there was a demand for this type of service, and secondly to establish how much people were willing to pay for it.* | *The facts are* ***as follows****. Kennedy was shot by a lone gunman named Lee Harvey Oswald. While Oswald was being held in custody, he was shot by Jack Ruby.*

the following następujące: ***The following*** *foods are high in fat: butter, cream, cheese, pastry, and any kind of fried food.* | ***The following*** *is a brief summary of the main sources of grants for postgraduate students* (=poniższy tekst stanowi krótkie zestawienie ...).

UWAGA

Following może występować w funkcji przymiotnika, na przykład: ***the following*** *example*, lub w funkcji rzeczownika, na przykład: *Benefits include* ***the following****.*

WYRAŻANIE OPINII

WYRAŻENIA STOSOWANE PRZY WYRAŻANIU OPINII NA JAKIŚ TEMAT

in my opinion/in my view moim zdaniem: *Their concerns are,* ***in my opinion****, fully justified.* | ***In my opinion****, the cathedral is one of the world's most beautiful churches.* | ***In my view****, the court made the right decision.*

I think that uważam, że: ***I think that*** *everyone should be able to own their own home.* | ***I think that*** *hunting should be banned.*

UWAGA

Niektóre źródła zalecają ograniczanie stosowania zaimków „I" lub „me" i zastępowanie ich wyrażeniami bezosobowymi, takimi jak **in this writer's view** lub **in this writer's opinion**.

Przy pisaniu prac szkolnych i akademickich, dobrze jest cytować innych autorów dla poparcia swoich argumentów i unikać sformułowań typu **I think that...** Sprawia to, że twoje argumenty nabierają dodatkowej wagi. Na przykład: *As Hobsbawm (1969) has pointed out, the rise of the cotton industry created a huge demand for cotton goods.*

in this writer's view/opinion zdaniem autora: ***In this writer's view****, the present system is in need of reform.* | ***In this writer's opinion****, the arguments against using nuclear energy are overwhelming.*

it seems to me that wydaje mi się, że: ***It seems to me that*** *there is some truth in her argument.*

I believe that uważam, że: ***I believe that*** *the death penalty is morally wrong.*

CYTOWANIE CZYJEŚ OPINII

sb's opinion/view is that czyimś zdaniem: *The judge's* ***opinion was that*** (=zdaniem sędziego) *she was fit to stand trial.* | ***His view is that*** (=jego zdaniem) *consumers should be told the whole truth about the product they are buying.* | ***The general opinion is that*** (=powszechnie uważa się, że) *the combined vaccine works better.*

in sb's opinion/view według kogoś, czyimś zdaniem: *The important thing,* ***in*** *Galileo's* ***opinion****, was to accept the facts and build a theory to fit them.* | *Criticism is quite different,* ***in*** *Barthes's* ***view****, from ordinary reading.* | ***In his opinion****, the portrait painter seeks to capture the moment when the model looks most like himself or herself.*

be of the opinion that/take the view that być zdania/wyznawać pogląd, że: *Until then, most scientists* ***were of the opinion that*** *these variations in weather were compatible with established climate patterns.* | *Levitt* ***takes the view that*** *low prices are the key to marketing success.*

have/hold an opinion mieć zdanie: *Everybody* ***has*** *a different* ***opinion of*** *what America represents* (=każdy ma swoje zdanie na temat Ameryki). | *They* ***held*** *the same* ***opinions on*** *many issues* (=mieli takie samo zdanie). | *Voters tend to* ***have a low opinion of*** *politicians* (=mają niskie mniemanie o politykach). | *Teenage girls generally* ***have a higher opinion of*** *themselves as learners than boys, according to a recent study* (=dziewczęta uważają się za lepsze w nauce od chłopców).

for sb *prep* dla/według kogoś: ***For*** *Chomsky, language is an abstract system of rules which is used by human minds for transmitting and receiving ideas.* | ***For*** *Vygotsky, social factors play a fundamental role in intellectual development.*

as far as sb is concerned z czyjegoś punktu widzenia, czyimś zdaniem: *The election was a formality* ***as far as*** *the ruling party* ***was concerned*** (=z punktu widzenia partii rządzącej). | *As far as he was concerned,* (=jego zdaniem) *the failure showed the limits of military intervention.*

from sb's point of view z czyjegoś punktu widzenia: *From their* ***point of view****, the system worked quite well.* | *It is important to consider the situation* ***from the point of view of*** *the ordinary man in the street.*

WYRAŻANIE SWOJEJ OPINIĘ NA TEMAT CZEGOŚ

give/express/voice an opinion wyrażać opinię: *Other writers have* ***expressed*** *similar* ***opinions on*** *the subject.* | *In his speech he was simply* ***voicing*** *an* ***opinion*** *that was held by many people* (=wyrażał opinię, którą podzielało wiele osób) *at the time.* | *The commission has yet to* ***give its opinion on*** *the matter* (=nie wydała jeszcze opinii w tej sprawie).

UWAGA
Wyrażenia **express an opinion** i **voice an opinion** są bardziej formalne niż **give an opinion**, ale znaczą dokładnie to samo.

make your views known (about sth) po/dzielić się swoimi opiniami (na temat czegoś): *Old people seldom have the opportunity to* ***make their views known.***

ZALETY I WADY

PISANIE O ZALETACH

advantage *n* [C] zaleta, przewaga: *The* ***great advantage of*** *digital cameras* ***is that*** *there is no film to process.* | *The* ***advantage of*** *using a specialist firm* ***is that*** *the people who work there have years of experience.* | ***One of the big advantages of*** *this type of engine* ***is that*** *it is smaller and lighter than a conventional petrol engine.* | *The university* ***has the advantage of*** *being one of the oldest and best respected in the country.* | *The movement of the sea is predictable. This* ***gives*** *wave power* ***a distinct advantage over*** (=daje wyraźną przewagę nad) *wind power.* | *Despite a few problems with the design, the car's* ***advantages*** *clearly* ***outweigh its disadvantages*** (=zalety zdecydowanie przeważają nad wadami).

benefit *n* [C] zaleta, korzyść: *Regular exercise has many* ***benefits****, including reducing the risk of heart disease.* | *Modern technology has* ***brought great benefits*** (=przyniosła wiele korzyści) ***to*** *mankind.* | *There has been a great deal of research into the* ***potential benefits of*** *using genetically modified crops.*

merit *n* [C] zaleta, wartość: *The committee will consider* ***the merits of*** *the proposals.* | *In her book, she discusses* ***the relative merits of*** *the two political systems.* | ***The merits and demerits of*** (=wady i zalety) *alternative funding systems were widely discussed in the newspapers.* | *The chairman* ***saw no great merit in*** *this suggestion* (=nie uznał tej propozycji za wartościową).

good point *n* [C] plus, dobra strona: *One of the* ***good points about*** *the car is that it is easy to drive.* | *Each system has its* ***good*** *and bad* ***points.***

plus point *n* [C] plus, zaleta: *The small but powerful battery is another of the camera's many* ***plus points.*** | *The estate agent's leaflet said a* ***major plus point*** *was the recently modernized kitchen.*

the good/great/best thing about sth największa zaleta czegoś, to, co najlepsze w czymś: *The* ***great thing about*** *living in a city* ***is that*** *you can go shopping at almost any hour of the day or night.* | *Her wicked sense of humour was* ***the best thing about*** *her.* | ***The good thing about*** *cycling* ***is that*** *you don't have to worry about getting stuck in a traffic jam.*

UWAGA
The good/great/best thing about jest zwrotem raczej nieformalnym i powinno się go unikać w języku pisanym.

the beauty of sth is that ... zaletą czegoś jest, że: ***The beauty of*** *the design* ***is that*** *it is so simple.* | ***The beauty of*** *scientific study* ***is that*** *it can take you in a number of different directions, expected and unexpected.*

PISANIE O WADACH

disadvantage *n* [C] wada: *The* ***main disadvantage of*** *this book is its price.* | *These vaccines have two* ***serious disadvantages.*** *Firstly, they are not 100% effective, and secondly, they are expensive to make.* | ***A major disadvantage of*** *using large quantities of chemicals is that they quickly get absorbed into soil.*

drawback *n* [C] wada, minus: *The* ***major drawback of*** *this method is that it can be very time-consuming.* | *Aluminium is very light and also very strong. Its* ***main drawback*** *is that it cools down very rapidly.* | *Summer in the Scottish islands can be beautiful.* ***The only drawback is*** *the weather, which can be very changeable.*

downside *n* [singular] wada, zła/słaba strona: ***The downside of*** *running your own business is that you are responsible if anything goes wrong.* | *Everyone wants to be rich and famous, but it does* ***have its downside.*** | *Most comfort eaters* (=większość osób, które sięgają po jedzenie, żeby poprawić sobie nastrój) *enjoy what they eat, but* ***the downside is that*** *they soon start to put on weight* (=ale minusem jest to, że szybko zaczynają przybierać na wadze).

bad point *n* [C] minus, wada: *There are good points and* ***bad points about*** *single sex schools.* | *For all its* ***bad points*** (=pomimo swoich rozlicznych wad)*, and there are many, it is still the best software system of its kind available.*

ZBIERANIE DANYCH NAUKOWYCH

PROWADZENIE PRAC BADAWCZYCH

study *v* [I,T] badać, prowadzić badania: *Scientists are* ***studying what*** *causes the disease. | Pavlov* ***studied how*** *dogs could be trained to associate certain sounds with food. | She has been* ***studying*** *the relationship between writers' lives and their work.*

do/carry out/conduct research prowadzić/przeprowadzać badania: *Universities are finding it difficult to get the funding they need to* ***do*** *basic* ***research****. | The research was* ***carried out*** *by a team of scientists at Newcastle University. | The department is* ***conducting research into*** *how to make diesel engines burn fuel more efficiently. | Since 1992, the team has been* ***carrying out research into*** *the effects of human activity on wildlife.*

UWAGA
W języku pisanym zwrot **conduct research** występuje częściej niż **do research** lub **carry out research**.

research *v* [I,T] badać: *She spent her life* ***researching*** *the causes of major childhood illnesses and birth defects. | The book is* ***well researched*** (=książka jest dobrze udokumentowana).

UWAGA
Wyrażenia **do/carry out/conduct research (into)** są używane częściej niż czasownik **research**.

investigate *v* [I,T] badać, prowadzić badania: *The authorities in California are still* ***investigating what*** *caused the crash* (=nadal badają przyczyny katastrofy). *| Psychiatrists first began to* ***investigate*** *the effects of the drug in the late 1960s. | Greenpeace has been* ***investigating*** *the environmental impact of dumping nuclear waste in the ocean.*

examine *v* [T] z/badać: *The professor and his team have been* ***examining*** *different methods of predicting earthquakes. | The aim of the research is to* ***examine how*** *people's experiences in the classroom affect their choice of career in later life.*

evaluate *v* [T] oceniać, o/szacować: *The best way to* ***evaluate*** *any treatment is to carry out trials on large groups of patients. | The Commission will* ***evaluate*** *the relative costs and benefits of the three possible airport sites.*

analyse *v* [T] *BrE*, **analyze** *AmE* prze/analizować: *US scientists have been* ***analyzing*** *the latest* ***data*** (=najnowsze dane) *about global warming. | In a recent study, researchers* ***analysed*** *the* ***results*** *of seven criminal trials.*

PRACA BADAWCZA

study *n* [C] badanie: *The* ***study showed*** *that 25 percent of adults do not eat breakfast at all, compared with 14 percent in 1961. | Recent* ***studies suggest that*** *our sense of smell is closely linked with the part of the brain that deals with memory. | Of the 176 patients who* ***took part in the study****, 97 said they noticed a significant improvement in their condition. | In one* ***study of*** *almost 80,000 women, researchers found that those who used artificial sweeteners gained more weight over a year than those who ate sugar.*

research *n* [U] badania (naukowe): *Billions of dollars have been spent on* ***research into*** *the causes and treatment of cancer. | The University has for a long time been a leading* ***centre for research*** *in this field. | Some people think that cigar smoking is safer than cigarette smoking. Recent* ***research suggests that*** *this is untrue. | In his* ***research****, he* ***showed*** *that the islanders once had a highly developed culture.*

UWAGA
Rzeczownik **study** jest rzeczownikiem policzalnym i może występować w liczbie mnogiej, na przykład: *There have been many* ***studies*** *on this subject.*
Rzeczownik **research** jest używany wyłącznie jako rzeczownik niepoliczalny, na przykład: *A lot of* ***research*** *has been done on this subject.*

work *n* [U] praca badawcza, dorobek naukowy: *Faraday is famous for his* ***work on*** *electricity. | A lot of* ***work*** *has been* ***done on*** *hydrogen-powered cars. | Their* ***work*** *had an enormous influence on the study of genetics.*

experiment *n* [C] doświadczenie, eksperyment: *They* ***carried out*** *a series of* ***experiments*** (=przeprowadzili serię doświadczeń) *in order to try to prove their theory. |* ***Experiments have shown that*** *there is an increased risk of some forms of cancer* (=doświadczenia wykazały, że). *| In his* ***experiment****, Pavlov only fed the dogs while ringing a bell. | Many people think that there should be a ban on* ***experiments on*** *live animals.*

UWAGA
W języku pisanym częściej używa się zwrotu **conduct an experiment** niż **do an experiment**, czy też **carry out an experiment**.

test *n* [C] badanie, test: *A simple* ***blood test*** (=badanie krwi) *will show whether you have the virus or not. | The doctors* ***did*** *some* ***tests*** (=przeprowadzili badania) *to find out if the couple were able to have children. | All new furniture must* ***undergo tests*** (=muszą przejść testy) *to make sure that it does not catch fire easily. |* ***Tests have shown that*** *pigs and sheep are actually highly intelligent animals.*

UWAGA
W języku pisanym częściej używa się zwrotu **conduct a test** niż **do a test** lub **carry out a test**.

trial *n* [C] badanie, próba: *The drug is currently* ***undergoing clinical trials*** (=lek jest w trakcie badań klinicznych) *in the US. | Farmers were asked to* ***carry out trials of*** *genetically modified crops* (=przeprowadzić próby na genetycznie modyfikowanych płodach rolnych).

SPRAWOZDANIE Z BADANIA

essay *n* [C] praca, esej: *Every student on this course will have to write at least one* ***essay on*** *Shakespeare. |* ***In this essay, I will*** *attempt to explain some of the reasons why young men become involved in violent crime. |* ***As was***

mentioned earlier in this essay, much work still remains to be done on this subject. | ***In his essay, he*** *compares the theories of several well-known Greek philosophers.* | *The American writer, Susan Sontag,* ***published*** *a famous* ***collection of essays*** *on photography.*

paper *n* [C] artykuł, praca pisemna: *Paul has to* ***write a paper on*** *American fiction from 1900 to 1930 for a seminar next week.* | *The professor has* ***published*** *over forty* ***scientific papers on*** *diseases of tropical crops* | *She* ***gave a paper on*** (=wygłosiła odczyt) *'Women and Science' at a conference in Minneapolis.*

dissertation *n* [C] rozprawa: *In the third year of their course, students have to* ***write*** *a 10,000 word* ***dissertation on*** *a topic that has been approved by their tutor.* | ***This dissertation will focus on*** *the development of the National Health Service.*

thesis *n* [C] rozprawa, praca: *He* ***wrote his doctoral thesis on*** (=napisał pracę doktorską na temat) *the literature of the English romantic movement.* | *She travelled to Uganda to* ***research her master's thesis*** (=by zebrać materiały do pracy magisterskiej) *on Ugandan music.* | *Ellen, a graduate student in urban planning, is* ***writing her thesis on*** *parking lots.*

WYNIKI BADAŃ NAUKOWYCH

results *n* [plural] wyniki: *The* ***results of*** *this* ***experiment*** *are shown in the diagram below.* | *The* ***results of*** *the* ***study showed*** *that taking aspirin regularly reduced the risk of heart disease.* | *It is expected that the* ***results of*** *the* ***research*** *will have important implications for teaching children who have learning difficulties.*

findings *n* [plural] wyniki, wnioski: *Her* ***findings*** *show that regular exercise can prevent some of the diseases that are common in old age.* | *France's Ministry of Transport* ***published*** *the* ***findings*** *of a report into the development of road and rail links with Italy.* | ***Among its findings,*** *the report mentioned that there were high levels of phosphates in rivers and lakes in southern England.*

conclusion *n* [C] wniosek: *The report's* ***main conclusion*** *was that more investment was needed in the police force.* | *Other studies have* ***reached*** *similar* ***conclusions.*** | *Critics complained that this* ***conclusion*** *was based on a survey of only a small number of women.* | *Several eminent biologists* ***challenged the conclusions*** *of the report.*

ZGADZANIE SIĘ Z OPINIĄ INNYCH

ZGADZANIE SIĘ Z KIMŚ LUB CZYMŚ

agree *v* [I,T] zgadzać się: *Many people* ***agreed with*** *his views about the war.* | *I* ***completely agree with*** *Chomsky when he says that humans are born with a special ability to learn language.* | *Most experts* ***agree that*** *dieting needs to be accompanied by regular exercise.*

share sb's view/concern/fear etc podzielać czyjąś opinię/troskę/obawę itp.: *I* ***share*** *her* ***concerns about*** *the lack of women in high academic positions.* | *A lot of people* ***share*** *his* ***view that*** *tourism will have a negative impact on the island.* | *This* ***fear*** *was* ***shared*** *by union leaders* (=obawę tę podzielali również przywódcy związkowi), *who saw the new law as an attack on their rights.*

subscribe to a view/theory etc głosić pogląd/teorię itp., być zwolennikiem poglądu/teorii itp.: *There are a number of scientists who* ***subscribe to the view*** *that there is a God who controls the workings of the universe.* | *Some people think that there are cases where torture is justified. I, for one, do not* ***subscribe to*** *this* ***theory.***

be of the same opinion być tego samego zdania: *All three specialists were* ***of the same opinion about*** *the cause of her illness.* | *Professor Dawkins* ***is of the same opinion as*** *Dr Jones.*

concur *v* [I,T] zgadzać się: *The committee* ***concurred with*** *this view.* | *Most modern historians would* ***readily concur that*** (=bez wahania zgodziliby się, że) *this was an event of huge importance.* | *As most biblical scholars* ***concur,*** *the letter could not have been written by any contemporary of Jesus.*

be right/make a valid point mieć rację: *Darwin* ***was right*** *when he argued that humans and higher mammals are closely related.* | *Cox* ***makes a valid point*** *when he questions our ability to remain objective.*

CZĘŚCIOWE ZGADZANIE SIĘ Z KIMŚ LUB CZYMŚ

agree up to a point zgadzać się do pewnego stopnia: *Although I* ***agree with*** *him* ***up to a point,*** *I find it hard to believe that this is true in every case.*

broadly agree generalnie zgadzać się: *The conference delegates* ***broadly agreed with*** *the proposals.*

there is some truth in jest trochę prawdy w: ***There is some truth in the argument that*** *there is a link between violence on our streets and violence on our TV screens.* | ***There is some truth in*** *all of these theories, but none of them can fully explain the causes of unemployment.*

O GRUPIE LUDZI MAJĄCYCH TO SAMO ZDANIE

agreement *n* [U] zgoda, porozumienie: *Today* ***there is general agreement that*** *pollution from cars and planes is threatening the future of our planet.* | ***There is widespread agreement on*** (=panuje ogólna zgoda co do) *the need for prison reform.* | *Geologists* ***are*** *mostly* ***in agreement about*** (=w większości zgadzają się) *how the islands were formed.* | *The two sides were unable to* ***reach agreement*** (=nie zdołały osiągnąć porozumienia).

consensus *n* [singular, U] zgoda, konsensus: *There is now a* ***general consensus among*** *scientists* ***on*** *the causes of global warming.* | *There was a* ***growing consensus that*** *the military government had to be replaced.*

common ground *n* [singular, U] płaszczyzna porozumienia: *There are many* ***areas of common ground between*** *the two philosophers.* | *Despite their differing backgrounds, they* ***found common ground*** *in their interest in science.*

unanimous *adj* jednomyślny: *Medical experts are* ***unanimous on*** *this issue.* | *They were* ***unanimous in their opposition*** *to the plan.* | *a* ***unanimous decision*** *by the three judges*

widely held view/belief etc szeroko rozpowszechniony pogląd/przekonanie itp.: *There is a* ***widely held view among*** *business experts that selling off a business to a management team is not in the best interests of the company's shareholders.* | *There is a* ***widely held belief that*** *advanced western societies are becoming more and more criminalized.*

widely/generally accepted szeroko/ogólnie przyjęty: ***It is*** *now* ***widely accepted that*** *the universe began with the so-called 'big bang'.* | ***It is generally accepted that*** *electricity generated from nuclear power is more expensive than other forms of electricity.*

ZMNIEJSZANIE (SIĘ)

ZMNIEJSZANIE SIĘ

decrease *v* [I] zmniejszyć się, z/maleć, spaść: *The average rainfall has* ***decreased by*** *around 30 percent.* | *The total number of people who are unemployed has* ***decreased slightly****.* | *After radiotherapy, the number of tumours* ***decreased significantly****.* | *The effectiveness of the drug* ***gradually decreases****.*

go down *phr v* zmniejszyć się, z/maleć, spaść: *The percentage of fat in our diets has* ***gone down****.* | *As a result of the improvements, complaints from customers* ***went down by*** *more than 70%.*

> **UWAGA**
>
> **Decrease** jest bardziej formalne niż **go down**.
>
> Aby powiedzieć, że coś się zmniejszyło, można także użyć zwrotu **be down**, na przykład: *Inflation* ***is down*** *to 4%* (=inflacja spadła do 4 procent).

decline *v* [I] spaść, obniżyć się: *In rural areas, the standard of living continued to* ***decline****.* | *Salaries have effectively* ***declined by*** *around 4.5%.* | *The rate of inflation has* ***declined sharply*** (=stopa inflacji gwałtownie spadła) *in the past year.* | *Support for the government is* ***steadily declining****.* | *The city has* ***declined in importance*** (=miasto straciło na znaczeniu).

fall/drop *v* [I] spaść: *The number of tigers in the wild has* ***fallen to*** *just over 10,000.* | *At night, the temperature* ***drops to*** *minus 20 degrees.* | *Profits* ***fell from*** *£98.5 million* ***to*** *£76 million.* | *In May, the price of coffee* ***dropped by*** *over 20%.*

plunge/plummet *v* [I] (gwałtownie) spaść: *Gas prices have* ***plunged*** *31 percent in less than a week.* | *Sales of red meat are* ***plummeting****.* | *Climate change could cause global temperatures to* ***plummet****.*

halve *v* [I] zmniejszyć się/spaść o połowę: *He expects the number of farms to* ***halve*** *by 2020.* | *In 1965, 49% of Canadians smoked. This figure has more than* ***halved****.*

diminish *v* [I] zmniejszyć się, spaść: *The numbers of fish have* ***diminished*** *over the years.* | *The population of the town* ***diminished from*** *32,000* ***to*** *9,000 between 1871 and 1913.* | *The pain gradually* ***diminished****.* | *Although Campbell's influence* ***had diminished****, he continued to speak out against the war.*

dwindle *v* [I] z/maleć: *The birds' numbers have slowly* ***dwindled*** *, until there are now only about 600 left in the world.* | *Traffic along the canals* ***dwindled*** *during the 20th century.* | *Support for the theory is* ***dwindling****.*

ZMNIEJSZANIE CZEGOŚ

reduce *v* [T] zmniejszyć, obniżyć, z/redukować: *The army was* ***greatly reduced in*** *size.* | *The number of serious accidents has been* ***reduced by*** *a quarter.* | *Doctors are urging people to* ***reduce*** *the amount of salt in their diet.* | *Using new technology will help to* ***reduce*** *costs.* | *Washing your hands helps to* ***reduce the risk*** *of infection.* | *The ability to communicate cheaply over long distances has* ***reduced the need for*** *workers to commute to offices.*

lower *v* [T] zmiejszyć, obniżyć, z/redukować: *It is a basic rule in economics that if you want people to buy more of your products, you* ***lower*** *the price.* | *The voting age was* ***lowered to*** *18.* | *They decided to* ***lower*** *interest rates* ***by*** *a quarter of a percent.* | *The drug is used to* ***lower*** *blood pressure.* | *Some colleges have had to* ***lower*** *their standards.* | *To cool, the motor forces air out of the box, so* ***lowering*** *the temperature.*

> **UWAGA**
>
> Czasownika **lower** używa się przede wszystkim w bardziej formalnych kontekstach, na przykład w tekstach o tematyce politycznej, ekonomicznej lub technicznej. Mniej formalne jest **bring down**.

bring down *phr v* obniżyć: *They used cheaper materials in an effort to* ***bring down*** *costs.* | *The wage freeze was part of a campaign to* ***bring down*** *inflation.*

cut *v* [T] ciąć, obcinać: *Companies are constantly looking for ways to* ***cut*** *their costs* (=poszukują sposobów na cięcie kosztów). | *Shell is to* ***cut*** *the price of petrol* ***by*** *18p a gallon from midnight tomorrow.* | *The new service will* ***cut*** *the journey time* (=skróci czas podróży) *from London to Manchester* ***to*** *just over 2 hours.* | *The working week has been* ***cut from*** *39 hours* ***to*** *35.*

halve *v* [T] zmniejszyć/obniżyć/zredukować o połowę: *Costs were* ***halved****.* | *The new drugs have* ***halved*** *the number of deaths among AIDS patients.*

relieve/ease *v* [T] zmniejszyć, z/łagodzić: *Doctors are allowed to give drugs to* ***relieve pain****, even if they shorten life.* | *Accordingly, they hired more telephone representatives to* ***relieve the pressure on*** *employees* (=aby zmniejszyć presję, na jaką narażeni byli pracownicy) *who handle customer complaints and inquiries.* | *Making a joke can help to* ***relieve the tension*** (=rozładować napięcie).

alleviate *v* [T] z/łagodzić: *Gentle regular exercise helps to* ***alleviate the problem****.* | *Changes in diet can help to* ***alleviate the symptoms*** *of the disease.*

ZMNIEJSZENIE LUB SPADEK

decrease *n* [C,U] spadek: *There has a been a **significant decrease in** the number of deaths from lung cancer.* | *In August there was a **slight decrease in** the rate of unemployment.* | *Latest figures show an **overall** 27% **decrease** in crime in the area since the project began.*

reduction *n* [C,U] zmniejszenie, redukcja: *A small **reduction in** costs can mean a large increase in profits.* | *There has been a **significant reduction in** traffic.* | *Over the last few years there has been a **dramatic reduction in** the number of people arrested for drink-driving.*

cut *n* [C] cięcie, redukcja: ***price cuts*** | ***tax cuts*** | ***pay cuts*** | *The company is planning further **job cuts**.* | *There have been major **cuts in** government spending on defence.* | *The state of California introduced new laws requiring **drastic cuts in*** (=drastycznego zredukowania) *air pollution from automobiles.* | *The bank announced a 1 per cent **cut in** interest rates.*

drop/fall *n* [C] spadek: *The company reported a 35% **drop in** profits.* | *Researchers found that the number of trees had gone down from 506 to 261, a **drop of** 48 percent.* | *Spain has suffered a **sharp fall in** its birth rate* (=gwałtowny spadek liczby urodzin).

decline *n* [singular, U] spadek: *There has been a **gradual decline in** the number of homeless people.* | *Television is often blamed for the **decline in** moral standards in our society.* | *There has been a **slight decline in** the level of violence.*

ZATRZYMANIE SPADKU

level off/out *phr v* u/stabilizować się: *The population dropped from a peak of 800,000, **levelling off** in 1999 at 650,000.* | *Latest figures suggest inflation will **level out** at 2.4% after a year at over 3%.*

bottom out *phr v* u/stabilizować się: *There is no evidence that the recession has **bottomed out** yet.*

ZWIĄZEK LUB BRAK ZWIĄZKU

MÓWIENIE, ŻE DWIE RZECZY SĄ ZE SOBĄ POWIĄZANE

related/connected *adj* związany, powiązany: *These two problems are **closely related to** each other* (=są ze sobą ściśle związane). | *Some people think that the stones are **connected** in some way **with** religious ceremonies* (=mają jakiś związek z obrzędami religijnymi).

> **UWAGA**
>
> Przymiotnik **related** może być stosowany przed rzeczownikiem, na przykład: *The report deals with homelessness and other **related issues**.* Nie można jednak w ten sam sposób użyć przymiotnika **connected**.
>
> Można również powiedzieć o dwóch rzeczach, że są **not unrelated**, czyli że nie są bez związku, na przykład: *Much of modern philosophy is **not unrelated to** the ideas of the ancient Greeks.*

linked *adj* związany: *High levels of cholesterol are **linked with** an increased risk of heart disease.* | *Individual performance is **linked to** the amount of effort that you put in.* | *Two **closely linked** factors produced this result.*

(there is) a connection/link (istnieje) związek: *All the data we have suggests that **there is a direct connection between** the use of fossil fuels and the rise in global temperatures.* | *Studies in the 1960s showed that **there was a link between** smoking and lung cancer.* | *A study in the UK **found a link** between dry air in offices and low staff performance.*

(there is) a correlation (istnieje) związek/zależność: *Karimov claims to have discovered a **direct correlation between** nuclear tests in the area and earthquakes throughout the former Soviet Union.* | *It is is well known that **there is a strong correlation between** obesity and some forms of cancer.*

> **UWAGA**
>
> Rzeczownik **correlation** pojawia się zwłaszcza w tekstach powołujących się na badania naukowe i dane statystyczne.

interrelated/interconnected *adj* powiązany (ze sobą): *Darwin said that all life on earth is **interrelated**.* | *The book consists of a series of **interconnected** essays.* | *The problem is difficult to understand, because a whole range of **interrelated factors** are einvolved.*

interdependent *adj* współzależny: *The parts of any living organism are **interdependent**.* | *The economies of town and countryside were closely **interdependent**.*

associated *adj* związany: *Researchers discovered a gene **associated with** some forms of skin cancer.* | *Salaries and **associated** costs* (=pensje oraz związane z nimi koszty) *have risen significantly over the past year.*

be bound up with wiązać się z, być związanym z: *Your sense of yourself as a person **is closely bound up with*** (=ściśle wiąże się z) *what happens in your early childhood.* | *The mill's history is **inextricably bound up** with that of the Wilkins family* (=jest nierozerwalnie związany z rodziną Wilkinsów).

go together *phr v* współistnieć, występować razem: *Ignorance and distrust **go together**.* | *Inflation and high unemployment usually **go together**.*

ZWIĄZANY Z TEMATEM

relevant *adj* istotny: *His work is particularly **relevant to*** (=istotny dla) *this discussion.* | *The tribunal will look at all the **relevant** facts before making up its mind.* | *Applicants should be educated to PhD level, and have several years' **relevant experience*** (=powinni posiadać kilkuletnie doświadczenie w branży).

pertinent *adj* istotny: *This raises a* ***pertinent question*** (=powstaje istotne pytanie). *Why should we give politicians all this power?* | *The report was first published in the late 1980s, but its findings are still* ***pertinent to*** *today's situation* (=mają dziś ciągle jeszcze zastosowanie).

have a bearing on wpłynąć na: *Advances in genetics are likely to* ***have a*** *huge* ***bearing on*** *discussions about individual freedom* (=prawdopodobnie w znaczący sposób wpłyną na dyskusje na temat wolności jednostki). | *At first it was difficult to see how this discovery* ***had*** *any* ***bearing on*** *the problem.*

to the point na temat: *His writing is always concise and* ***to the point.*** | *Fat is one of the essential parts of our diet.* ***More to the point*** (=co ważniejsze), *the fat in a meal slows the digestive process and gradually releases energy into your blood stream.*

NIEZWIĄZANY

not related/not connected *adj* [not before noun] niezwiązany, niemający związku: *Carr-Hill and Stern (1979) have provided clear evidence that unemployment and crime are* ***not related*** (=nie mają ze sobą związku). | *The effectiveness of the drug was* ***not related to*** *the patient's age.* | *These events were* ***not connected with*** *each other* (=nie były ze sobą powiązane).

unrelated/unconnected *adj* niezwiązany, niemający związku: *Research has shown that performance on these tests is* ***unrelated to*** *intelligence.* | *The two outbreaks of the disease were apparently* ***unconnected with*** *each other.*

there is no relation/no connection nie ma związku: *Studies have shown that* ***there is no relation between*** *how much coffee you drink and how much food you eat.* | *There is clearly* ***no connection between*** *the person's gender and their ability to do the job.*

bear no relation nie mieć związku: *This belief* ***bears no relation to*** *reality.*

separate *adj* oddzielny: *The cost of the treatment is an entirely* ***separate*** *issue.* | *Finance was kept* ***separate from*** *other functions of government.*

distinct *adj* odrębny: *A map contains two* ***distinct*** *types of information.* | *These functions fall into three entirely* ***distinct*** *categories.* | *He is suffering from a mental disorder,* ***as distinct from*** *a mental illness* (=nie mylić z chorobą psychiczną).

NIEMAJĄCY ZWIĄZKU Z TEMATEM

irrelevant *adj* nieistotny: *The question of ownership is largely* ***irrelevant.*** | *He spends too much time focussing on* ***irrelevant*** *details.* | *Most members of the public see these things as simply* ***irrelevant to*** *their daily lives.*

have nothing to do with nie mieć nic wspólnego z: *Intelligence* ***has nothing to do with*** *common sense.* | *The reasons why they want to change the law* ***have nothing to do with*** *fighting terrorism.*

have no bearing on nie wpływać na, nie mieć wpływu na: *The new data* ***had no bearing on*** *the outcome of the research.* | *A recruit's family background should* ***have no bearing on*** *his suitability for officer training.*

be beyond/outside the scope of wykraczać poza zakres: *These debates are* ***outside the scope of*** *this essay.* | *A detailed examination of his theory* ***is beyond the scope of*** *this chapter.*

ZWIĘKSZANIE (SIĘ)

ZWIĘKSZANIE SIĘ

increase *v* [I] wzrastać, rosnąć: *Last year, the number of burglaries* ***increased by*** *15 percent.* | *The percentage of households with a computer* ***increased from*** *32.9%* ***to*** *52%.* | *The world's population is* ***increasing at a rate of*** *91 million people each year.* | *Land prices have* ***increased dramatically*** *during the last thirty years* (=dramatycznie wzrosły). | *The ratio of women to men in management positions has been* ***increasing steadily.***

rise/go up *v* [I], *phr v* [I] wzrastać, rosnąć: *Fuel prices* ***rose by*** *over 10 percent.* | *Last month unemployment* ***went up from*** *1.6 million* ***to*** *just over 1.7 million.* | *Crime rates have* ***risen sharply*** *in inner city areas* (=w dzielnicach śródmiejskich gwałtownie wzrosła przestępczość). | *World demand for oil is* ***rising steadily*** *at around 2 percent a year.* | *Sea temperatures have been* ***rising gradually*** *over the past 30 years.* | *Living standards have* ***gone up dramatically.***

UWAGA

Czasownik **rise** jest bardziej formalny niż **go up**.

Chcąc powiedzieć, że coś wzrosło, można też użyć zwrotu **be up**, na przykład: *Profits* ***are up by*** *almost 50%.*

grow *v* [I] rosnąć, wzrastać: *The volume of traffic on our roads continues to* ***grow.*** | *The economy is* ***growing by*** *about 2.5% a year.* | *Since 1990, U.S. imports of foreign goods have* ***grown at a rate of*** *7.7 percent per year.*

double/triple/quadruple *v* [I] wzrosnąć dwu-/trzy-/czterokrotnie: *Since 1950, the number of people dying from cancer has almost* ***doubled.*** | *During the last 15 years, earnings have* ***tripled*** *for men and* ***doubled*** *for women.* | *The production of maize* ***quadrupled.***

expand *v* [I] rozwijać się, rozrastać się: *After two years of no growth, the economy started to* ***expand*** *again in 2003.* | *The report estimates that up to 40,000 plants could die out if the population* ***expands from*** *6 billion to 8 billion by 2020, as currently predicted.*

soar *v* [I] poszybować w górę: *Interest rates* ***soared to*** *over 100 percent.* | *The rumours* ***sent*** *house prices* ***soaring*** (=pogłoski te sprawiły, że ceny domów poszybowały w górę). | *The president's popularity* ***soared.***

escalate *v* [I] nasilać się, (znacznie) wzrastać: *The violence began to* ***escalate*** (=doszło do nasilenia przemocy) *and the demonstrators started attacking the police.* | *Energy costs have* ***escalated.***

UWAGA
Formy ciągłe (tzw. **-ing forms**) większości powyższych czasowników mogą również występować w funkcji przymiotnika: *the* ***increasing*** *demand for cheap goods* | ***rising*** *unemployment* | *the* ***growing*** *problem of industrial pollution* | ***soaring*** *inflation* | ***escalating*** *fuel costs*

ZWIĘKSZANIE CZEGOŚ

increase *v* [T] zwiększać: *The company wants to* ***increase*** *the number of phones it sells in the UK.* | *Smoking* ***increases*** *the risk of a heart attack* ***by*** *almost ten times.*

raise *v* [T] podnosić, podwyższać: *The government will either have to* ***raise*** *taxes or reduce spending.* | *The price of a barrel of oil was* ***raised to*** *over $30.* | *The government says that it wants to* ***raise*** *standards in schools.* | *Saturated fats* (=tłuszcze nasycone), *which are found mostly in animal products,* ***raise*** *the level of cholesterol in the blood.*

UWAGA
Nie należy mylić czasowników **rise** i **raise**. Nie mówi się „I don't think it would be a good idea to rise cigarette prices". Mówimy: *I don't think it would be a good idea to* ***raise*** *cigarette prices.*
Raise jest bardziej formalne niż **put up**.

put up *phr v* podnosić, podwyższać: *The company plans to* ***put up*** *the price of the drug* ***by*** *up to 20 percent.* | *In the long term, unless the economy recovers, the government will be forced to* ***put up*** *taxes.*

double/triple/quadruple *v* [T] zwiększyć dwu-/trzy-/czterokrotnie: *The United States has more than* ***doubled*** *the amount of aid it gives to developing countries.* | *The company hopes to* ***triple*** *the size of its packaging business.*

expand *v* [T] rozszerzać, rozwijać: *The college is* ***expanding*** *its range of courses.* | *Within a few months she* ***expanded*** *the business and took over a computer firm employing 120 people.*

boost *v* [T] zwiększać: *Farmers can* ***boost*** *their profits by selling direct to customers.* | *The hot weather has* ***boosted*** *sales of ice cream.* | *Scientists are helping to* ***boost*** *rice production using genetically modified rice.*

extend *v* [T] rozszerzać: *The US wants to* ***extend*** *its influence in the region.* | *Banks are* ***extending*** *the scope of their activities and are offering services such as insurance and advice on investments.*

step up *phr v* zwiększać, nasilać: *The UN Security Council has* ***stepped up the pressure*** (=zwiększyła naciski) *on the Sudanese government to end the fighting.* | *The organization is* ***stepping up*** *its campaign to persuade drivers to leave their cars at home and take public transport.*

add to *phr v* zwiększać, podnosić: *Rising fuel prices will* ***add to*** *the cost of basic goods.* | *A new kitchen can* ***add to*** *the value of your home.* | *The swarms of mosquitoes only* ***added to*** *their problems* (=przysporzyły im dodatkowych kłopotów).

WZROST

increase *n* [C,U] wzrost: *There has been a* ***significant increase in*** *the number of people living alone.* | *England's countryside is under threat from a* ***massive increase in*** *traffic* (=krajobraz angielskiej wsi jest zagrożony przez gwałtowny wzrost natężenia ruchu drogowego). | *Profits rose by $2million.* ***This represents an increase of*** *13.4 per cent* (=stanowi to wzrost o 13,4 procent) *compared to the previous year.*

UWAGA
Z czasownikiem **increase** zazwyczaj występuje przyimek **in**. Nie mówi się „the increase of the earth's temperature", tylko: *the* ***increase in*** *the earth's temperature.* Przyimka **of** używa się przy podawaniu liczb, na przykład: *an increase of 15%.*

growth *n* [singular, U] wzrost, rozwój: *There has been a* ***huge growth in*** *sales of big 4-wheel-drive vehicles.* | *Many people are concerned about the* ***enormous growth in*** *the world's population.* | *The astonishing* ***growth of*** *the Internet has had a dramatic effect on people's lives.* | *Japan experienced a period of* ***rapid economic growth***.

rise *n* [C] wzrost: *The latest figures show a* ***sharp rise*** (=gwałtowny wzrost) ***in*** *unemployment in the region.* | *There was a 34 percent* ***rise in*** *the number of armed robberies.* | *The majority of families experienced a* ***rise in*** *living standards* (=większość rodzin odczuła wzrost poziomu życia). | *The instruments showed a* ***dramatic rise in*** *the level of radioactivity. Something was clearly going wrong.*

UWAGA
W angielszczyźnie amerykańskiej rzeczownik **raise** oznacza podwyżkę. W brytyjskim angielskim w tym znaczeniu używa się **pay rise**.

build-up *n* [C usually singular] na/gromadzenie się: *The use of fossil fuels is causing a* ***build-up of*** *carbon dioxide in the atmosphere, which contributes to the greenhouse effect.* | *She had a* ***build-up of*** *fluid on her knee* (=w jej kolanie gromadził się płyn).

surge *n* [C usually singular] (gwałtowny) wzrost, skok: *There has been a big* ***surge in*** *demand for organically grown food.* | *We have seen a tremendous* ***surge of*** *interest in Chinese medicine.*

explosion *n* [C] eksplozja: *The country experienced a* ***population explosion*** (=eksplozja demograficzna). | *There has been an* ***explosion in*** *the number of fast food restaurants.* | *The book caused an* ***explosion of*** *interest in Renaissance Italy.*

boom *n* [singular] boom, (nagły) rozwój: *the German* ***economic boom*** *of the 1960s* | *the Internet* ***boom*** | *There has been a* ***boom in*** *sales of diet books and videos.*

BRAK LUB ZATRZYMANIE WZROSTU

remain constant/stay the same pozostawać na tym samym poziomie: *Her rate of breathing* ***remained constant****.* | *The deer population has* ***remained constant*** *for many years.* | *His weight* ***stayed the same.***

UWAGA

Wyrażenie **remain constant** jest bardziej formalne niż **stay the same**.

peak/reach a peak *v* osiągnąć maksimum/szczytową wartość: *Inflation* ***peaked at*** *25%.* | *The number of cases of the disease* ***reached its peak****.*

level off/out *phr v* u/stabilizować się: *Car sales in Japan* ***levelled off*** *in September after months of continued growth.* | *Statistics show that the number of work-related deaths appears to be* ***levelling off at*** *1.6 per 100,000 employees.*

Komunikacja - Przydatne zwroty
Spoken Communication

Poniższe zestawienie zawiera szereg często używanych zwrotów angielskich. Zawarte tu sugestie pomogą Ci zachować się w sposób naturalny w wielu typowych sytuacjach życia codziennego, na przykład wtedy, gdy trzeba komuś podziękować, przeprosić za coś, przywitać się czy udzielić informacji przez telefon.

RADY

→ Proszenie o radę

Can I ask your advice about something?
Can I ask you about something?
Can I ask your advice about something? I'm really worried about my brother.

Do you think I should + VERB
It's only £10 a month. Do you think I should join?

I'm thinking of + VERB -ing. What do you think?
I'm thinking of changing my hair colour. What do you think?

→ Udzielanie rad

You should/shouldn't + VERB
You should phone the police if you're really worried about it.
You shouldn't drink so much.

If I were you, I'd / I wouldn't + VERB
If I were you, I'd wait until tomorrow.
If I were you, I wouldn't lend him any more money.

You'd better + VERB
You'd better try and get some sleep.

...lub w sytuacjach oficjalnych i w języku pisanym

I would advise you (not) to + VERB
I would advise you not to say anything to the newspapers.

PROPOZYCJE

→ Wysuwanie propozycji

Let's + VERB
Let's have a picnic.

Shall I/we + VERB
Shall we try that new restaurant?

How about + VERB -ing
How about going out one night next week?

How about + NOUN
How about a swim before lunch?

Why not + VERB
Why not ask Marcin to come along?

→ Proponowanie rozwiązania problemu

I/You/We could always + VERB
You could always stay with me if you miss the train.

→ Przyjmowanie propozycji

OK. / Right. / All right.
- Let's go and visit your brother.
- OK.

→ Entuzjastyczne przyjmowanie propozycji

Good idea!

That sounds good/great!
- How about a trip to the beach?
- Good idea!
- That'd be great!

→ Odrzucanie propozycji

I'd rather + VERB
- Let's stay over till Sunday.
- I'd rather come back straight after the party.
- I'd rather not.
- We could leave it till tomorrow.
- I'd rather not.

OFEROWANIE

→ Oferowanie czegoś do picia, jedzenia itp.

Would you like + NOUN [w mowie potocznej można skrócić tę konstrukcję do: like + rzeczownik]
Would you like a drink?
Like some more ice cream?

...lub w sytuacjach mniej oficjalnych

Do you want + NOUN
Do you want some coffee?
How about + NOUN
How about a quick snack before we leave?
Can I get you + NOUN
Can I get you a sandwich or something?

→ Przyjmowanie oferowanego poczęstunku

Yes, please. / That would be nice/lovely/great.
- *Do you want a piece of cake?*
- *Yes, please. / Hmm. That would be great.*

...lub w sytuacjach oficjalnych

That's very kind of you.
- *Would you like a drink?*
- *That's very kind of you. A glass of white wine, please.*

→ Odrzucanie oferowanego poczęstunku

No, thank you. /No, thanks.
- *Would you like a drink?*
- *No, thanks. I have to leave soon.*

...lub w sytuacjach oficjalnych

That's very kind of you, but ...
- *Would you like a drink?*
- *That's very kind of you, but I'm afraid I can't stay very long.*

→ Kiedy nie masz ochoty na dokładkę lub dolewkę

No, I'm fine, thank you.
- *Would you like some more salad?*
- *No, I'm fine, thanks.*

→ Oferowanie pomocy

Would you like me to + VERB
Would you like me to help you with your luggage?
Shall I + VERB
Shall I look after the children next week?

ZAPROSZENIA

→ Zapraszanie kogoś, by coś zrobił

Would you like to + VERB
Would you like to come to dinner sometime?

...lub jeśli kogoś dobrze nie znasz

I was wondering if you'd like to + VERB / We'd love you to + VERB (spoken)
I was wondering if you'd like to join us for a drink.

→ Przyjmowanie zaproszenia

Yes, I'd like that.
- *Would you like to come to dinner sometime?*
- *Yes, I'd like that.*

...lub w sytuacjach mniej oficjalnych

That sounds great! / That would be great/ very nice/lovely. (spoken)
- *We're going ice-skating. Do you want to come with us?*
- *That sounds great! Thanks.*

→ Odrzucanie zaproszenia

Sorry, (I'm afraid) I can't.
- *Do you want to come swimming on Thursday?*
- *Sorry, I can't. It's my dad's birthday.*

Thanks for asking me, but ...
- *Do you want to come to the cinema on Friday night?*
- *Actually, I'm going away for the weekend, but thanks for asking.*

PROŚBY

→ Proszenie o pomoc w trudnej lub ważnej sprawie

Do you think you could + VERB
Do you think you could check your records please?

...lub w mniej ważnej sprawie

Would you mind + VERB -ing
Would you mind feeding the cat while I'm away?
Could you + VERB
Could you give me a ride to work on Monday?

→ Proszenie o coś zaprzyjaźnioną osobę

Can you + VERB
Can you get me a newspaper while you're out?

→ Wyrażanie zgody

OK. / All right.
- Can you lend me £10 till Saturday?
- OK. Here you are.

...lub w sytuacjach oficjalnych

Certainly.
- Do you think you could check your records again, please?
- Certainly. Just one moment.

→ Odmawianie spełnienia prośby

Sorry, but ...
- Can you lend me £10 till Saturday?
- Sorry, but I don't really have enough.

...lub bardziej oficjalnie

I'm afraid ...
- Can you come to my office tomorrow at 10 o'clock?
- I'm afraid, I'm busy tomorrow morning.

PYTANIE O POZWOLENIE

→ Pytanie o pozwolenie kogoś, kogo dobrze znasz

Can I + VERB
Can I borrow your umbrella?
Could I + VERB
Could I ask you a personal question?
Is it OK if ... / Would it be OK if ... / Would it be all right if ...
Is it OK if I bring a friend to your party?

→ Bardziej uprzejme pytanie o pozwolenie

May I + VERB
May I interrupt you for a moment?

→ Kiedy to, co chcesz zrobić, może komuś przeszkadzać

Do you mind if I + VERB
Do you mind if I smoke?

→ Udzielanie pozwolenia

Yes, of course. / Please do. / Be my guest.
- Is it OK if I make a phone call?
- Be my guest.
No, go ahead.
- Do you mind if I smoke?
- No, go ahead.

→ Odmowa pozwolenia

No, sorry. [Uprzejmość wymaga, by podać powód, gdy czegoś odmawiasz]
- Is it OK if I sit here?
- No, sorry. This seat is taken.

WYRAŻANIE NIEZADOWOLENIA

→ Wyrażanie niezadowolenia wobec kogoś, kogo dobrze znasz

I've had enough of you + VERB -ing
I've had enough of you two arguing. Stop it right now!

...lub kiedy ktoś dobrze ci znany stale o czymś zapomina lub nie chce czegoś zrobić

You never ...
- When are your parents coming to stay?
- You never listen, do you? They're coming on Friday, and that's the fourth time I've told you!

→ Wyrażanie niezadowolenia w sklepie, restauracji, hotelu itp. Najczęściej wystarczy po prostu powiedzieć, co jest nie tak.

... isn't working
The shower in my room isn't working.

→ Gdy twoja skarga nie została uwzględniona i składasz zażalenie

I'd like to make a complaint about ...
I'd like to make a complaint about the extra charges on my bill.

→ Składanie zażalenia na piśmie

I'm writing to complain about ...
I'm writing to complain about the service I received in your restaurant.

PRZEPROSINY

→ Gdy przepraszasz za jakiś drobiazg, np. że niechcący nastąpiłeś/nastąpiłaś komuś na nogę

Sorry. / Excuse me (AmE).
Sorry, I didn't mean to kick you.
Oh, excuse me. That was my fault.

→ Gdy zrobiłeś/zrobiłaś coś złego lub sprawiłeś/sprawiłaś komuś przykrość

I'm sorry (that) ...
I'm sorry I shouted at you.
I'm sorry that you weren't told about the meeting.

I'm really sorry, but ...
I'm really sorry, but I've broken one of your CDs.

I'm sorry about + NOUN
I'm sorry about the mix-up. It was my fault.
I'm sorry about my friend. He's had too much to drink.

...lub w sytuacjach oficjalnych

I apologise. / I must apologise.
I apologise for the delay.

→ Przyjmowanie przeprosin

Don't worry about it. / Never mind. / That's OK. / Forget it. / It doesn't matter.
- I'm really sorry, but I broke a glass.
- Don't worry about it.

PODZIĘKOWANIA

→ Dziękowanie za coś, co ktoś dla ciebie zrobił

Thank you (for ...)
- Can I help you with those bags?
- Oh, thank you.
Thank you for getting the tickets.
Thanks for the lift.

...w sytuacjach oficjalnych możesz dodać

That's very kind of you.
- If the meeting finishes late, I'll drive you back to town.
- Thank you. That's very kind of you.

...lub w sytuacjach mniej oficjalnych

Thanks.

→ Składanie podziękowań na piśmie

Thank you very much for ...
Thank you very much for the information about the art course.

→ Dziękowanie za podarunek lub komplement

Thank you (very much).
- That dress really suits you.
- Thank you very much.

...lub w sytuacjach mniej oficjalnych

Thanks.
- Here, have some gum.
- Thanks.

→ Gdy ktoś ci dziękuje, możesz odpowiedzieć

You're welcome.
- Thanks for letting me stay, Mrs Parker.
- Oh, you're welcome.

That's OK.
- Thanks for looking after the kids
- That's OK. I enjoyed having them.

...lub w sytuacjach mniej oficjalnych

- Thanks for coming with me.
- No problem.

WSKAZYWANIE DROGI

→ Pytanie o drogę

Can you tell me the way to ...
Excuse me, can you tell me the way to the bus station, please?
Can you tell me how to get to ...

Is there a ... near here?
Excuse me, is there a bank near here?

→ Wskazywanie drogi

Go straight ahead.

Go straight ahead at the crossroads / Keep going straight at ...

Turn left/right. / Take a left/right (AmE).
Turn left at the crossroads.
Take a right at the bank.

Take the first/second on your left/right.

Go past ...
Go past the church.

Keep on going till you get to ...
Keep on going till you get to the park.

OPINIE

→ Pytanie, czy coś się komuś podoba

What do you think of + NOUN
What do you think of Joanna's new boyfriend?
What do you think of my cooking?

→ Pytanie o ogólną opinię na dany temat

What do you think about + NOUN
What do you think about his decision?

→ Wyrażanie swojej opinii

I think (that) ...
I think that we should spend more on education.
I think it's a waste of time.

If you ask me, ... [To często stosowane wyrażenie nie oznacza, że mówiącego ktoś faktycznie pytał o zdanie.]
If you ask me, they ought to just fire him.

...lub w sytuacjach bardziej oficjalnych, w mowie lub w piśmie

In my opinion, ...
In my opinion, less money should be spent on weapons.

ZGADZANIE SIĘ Z KIMŚ

→ Zgadzanie się z przedmówcą

You're right. / I agree.
- I think we're wasting our time here.
- You're right. Let's go home.

→ Całkowite zgadzanie się z przedmówcą

Exactly! / Absolutely! / I couldn't agree more.
- Parents are responsible for making sure their children behave well.
- Absolutely! I couldn't agree more.

RÓŻNICA ZDAŃ

→ Uprzejme wyrażanie odmiennego zdania

Not really.
- You're very lucky.
- Not really.

I'm not so sure.
- If they built more roads, there'd be less congestion.
- I'm not so sure. Wouldn't it just encourage more people to use their cars?

→ Zdecydowane wyrażanie odmiennego zdania

No, it isn't. / No, they don't. / etc.
- The quickest way to get there is to take the train.
- No, it isn't. It's much faster by car.

I disagree.
- This company spends far too much on market research.
- I disagree. Our competitors spend just as much, if not more.

...lub w sytuacjach mniej oficjalnych

You must be joking!
- It'll only take 30 minutes to get there.
- You must be joking! The traffic's really bad at this time of day.

POTWIERDZANIE

→ Odpowiadanie twierdząco na pytanie

Yes.
- *Is that ring real gold?*
- *Yes, it is.*

- *Have you brought everything we need?*
- *Yes, I have.*

→ Potwierdzanie czyjegoś przypuszczenia

That's right.
- *You're Ben's sister, aren't you?*
- *That's right.*

→ Odpowiadanie twierdząco na pytanie, gdy sądzisz, że pytający ma nadzieję na inną odpowiedź

I'm afraid so.
- *Was she very angry?*
- *I'm afraid so.*

→ Zdecydowane potwierdzanie

Definitely!
- *Are you going to Teresa's party?*
- *Definitely! I think it'll be really good.*

→ Twierdząca odpowiedź na pytanie, które cię dziwi lub irytuje

Of course!
- *Is it OK if Marta stays with us for a few days?*
- *Of course! She's welcome to.*

- *Did you lock the door?*
- *Yes, of course I did!*

→ Kiedy nie jesteś całkowicie pewien/pewna odpowiedzi twierdzącej

I think so. / I hope so.
- *Will you be home by six o'clock?*
- *I think so. It depends what time I finish work.*

ZAPRZECZANIE

→ Uprzejmość wymaga, by dodać wyjaśnienie, gdy odpowiadasz przecząco

No, ...
- *Are you Italian?*
- *No, I'm Spanish.*

→ Zaprzeczanie, gdy sądzisz, że pytający ma nadzieję na inną odpowiedź

I'm afraid not.
- *Did you find the book I wanted?*
- *I'm afraid not. I looked everywhere.*

→ Zdecydowane zaprzeczanie

Definitely not!
- *So would you go camping again?*
- *Definitely not!*

→ Gdy chcesz podkreślić, że zdecydowanie zaprzeczasz

Of course not!
- *Did he pass any of his exams in the end?*
- *Of course not! He didn't do any work.*

Of course I won't / she didn't / etc.
- *You won't tell Mike about this, will you? It's supposed to be a secret.*
- *No, of course I won't.*

→ Gdy nie jesteś całkowicie pewien/pewna odpowiedzi przeczącej

I don't think so. / I'm not sure.
- *Will it be ready tomorrow?*
- *I don't think so. There's a lot to do.*

WITANIE SIĘ

→ Witanie się z przyjaciółmi lub dobrymi znajomymi

Hello. / Hi.

→ Witanie się w sytuacjach bardziej oficjalnych

Good morning. [przed 12:00 w południe]
Good afternoon. [między 12:00 a 18:00]
Good evening. [po 18:00]

→ Witanie i przedstawianie się

Hello, I'm ...
Hello, I'm Greg. I'm a friend of Rachel's.

→ Przedstawianie kogoś

This is ... / I'd like you to meet ... / Have you met ... ?
This is my sister, Clare.
I'd like you to meet Simon Williams. He's our Sales Manager.

→ Kiedy ktoś ci kogoś przedstawił

Pleased to meet you.
- This is Paul, my fiancé.
- Pleased to meet you.

... lub w sytuacjach oficjalnych, gdy spotykasz kogoś po raz pierwszy i podajesz mu rękę

How do you do.
Mr Smith: Mr Suzuki, I'd like you to meet Mrs Fernandez, our cultural attaché.
Mr Suzuki: How do you do.
Mrs Fernandez: How do you do.

ŻEGNANIE SIĘ

→ Żegnanie się z przyjaciółmi lub dobrymi znajomymi

Bye. / See you.

See you soon / on Monday / next week / etc.
See you on Monday. Have a nice weekend.

...lub w sytuacjach bardziej oficjalnych

Goodbye.

It's been nice talking to you.

It was nice to meet you. / It was nice meeting you.

→ Żegnanie się wieczorem lub przed pójściem spać

Goodnight.

→ Żegnanie się z przyjaciółmi, z którymi być może nie będziesz się widzieć przez jakiś czas

See you sometime. / Take care.

→ Przekazywanie pozdrowień dla kogoś

Give my love to ...
Give my love to John.

→ Informowanie, że musisz już iść

I should go. [Możesz tak powiedzieć, zanim się pożegnasz]
I should go. I have to be up early tomorrow. Goodnight everybody.

I'd better be going.
I'd better be going.
I'd better be going. Jack will wonder where I am.

PROWADZENIE ROZMOWY

→ Proszenie o powtórzenie

Sorry. / Pardon.
Sorry? Did you say Tuesday?

→ Przechodzenie do nowego tematu lub powrót do głównego tematu rozmowy

So ... / Anyway ...
So, have you decided where you're going to live yet?
Anyway, in the end I decided to buy the black one.

→ Podejmowanie przerwanej rozmowy

Where were we?
Thank goodness he's gone! So, where were we?

→ Pytanie, czy rozmówca przyznaje ci rację

... is it? / ... don't they / etc.
Letting the children play with an expensive camera wasn't a very good idea, was it?

→ Sygnalizowanie, że słuchasz, co ktoś do ciebie mówi

Right. / Yes. / OK.
- And we need paper serviettes.
- Right.
- Try to get some with 'Happy Birthday' on them.
- OK.

→ Przerywanie komuś

Yes, but ...
- *We can travel around while we're there, and maybe visit —*
- *Yes, but what if we run out of money?*

ROZMOWA TELEFONICZNA

→ Proszenie do telefonu

May I speak to ..., please? / Could I speak to ... please?
Good morning. May I speak to Dr Chang, please?
Is ... there, please?
Hello. Is Monica there, please?

→ Pytanie, kto mówi

Is that ... ?
Hello. Is that Guy?

→ Przedstawianie się

This is ...
May I speak to Catherine Hart, please? This is Grant Davies.

→ Odpowiadanie na pytanie, kto mówi

It's ...
- *Hello. Is that Gary?*
- *No, it's Mike. I'll get Gary. Who's calling?*
- *It's Helen.*

→ Odbierając telefon w sytuacjach oficjalnych lub w pracy, przedstaw się lub podaj nazwę firmy

Gail Black.
RW Motors.

→ Kiedy dzwoniący chce rozmawiać z tobą, mówisz

Speaking. / [twoje imię i nazwisko] speaking. / This is [twoje imię i nazwisko].
- *May I speak to Daniel Brown, please?*
- *Speaking.*

Ale gdy telefon jest do kogoś innego

One moment, please.
- *Hello. May I speak to David Schmidt, please?*
- *One moment please.*

I'll get him/her.
- *Is Vanessa there, please?*
- *Yes, I'll get her.*

→ Informowanie, że osoba proszona do telefonu jest nieobecna

Sorry. He's / She's ...
Sorry. He's out.
Sorry. She's away for the weekend. Do you want to leave a message?

→ Gdy chcesz zostawić wiadomość

Could you tell her / him ...
Could you tell her Roger called?
Could you + VERB
Could you ask him to phone me back please? My number is ...

Część polsko-angielska

a *conj* and: *I suggested we go somewhere for the weekend and she agreed at once* (=a ona od razu się zgodziła). | *You do the shopping and I'll cook* (=a ja będę gotować). | *And now* (=a teraz) *I'd like to introduce our next speaker, Mrs Thompson.*

abażur *n* lampshade

ABC *n* **komputerowe/telewizyjne ABC** the ABC of computers/television

abdykować *v* abdicate: *The old king abdicated in favour of* (=na rzecz) *his son.* —**abdykacja** *n* abdication

aberracja *n* aberration

abonament *n* **1** *(telefoniczny itp.)* monthly charge/fee **2** *(radiowo-telewizyjny)* licence *BrE*, license *AmE* fee

aborcja *n* abortion: **poddać się aborcji** have an abortion | **dokonać aborcji** carry out/perform an abortion | **prawo do aborcji** the right to abortion | **przeciwni-k/czka aborcji** anti-abortionist

aborygen/ka *n* aborigine: *the Australian Aborigines*

ABS *n* ABS *(anti-lock braking system)*

absencja *n* **1** *(jednorazowa, okazjonalna)* absence **2** *(nagminna)* absenteeism: *High absenteeism will not be tolerated by the new management.*

absolutnie *adv* **1** absolutely: *He's an absolutely brilliant singer.* | *You can trust her absolutely!* | *He has absolutely no experience of marketing.* | *The burglars took absolutely everything.* **2 absolutnie nie!** absolutely not!: *"Do you let your kids travel alone at night?" "Absolutely not!"*

absolutny *adj* absolute: *absolute power* | *an absolute monarch* (=władca absolutny) | *an absolute minimum/maximum/limit* | *absolute silence/certainty* | **absolutna większość** absolute majority

absolwent/ka *n* graduate, school leaver *BrE*: *a history graduate* | *a graduate of Birmingham University*

absorbować *v* absorb: *Black objects absorb heat.* | *an absorbing book*

absorpcja *n* absorption

abstrahować *v* **abstrahując od czegoś** (putting) sth aside: *These problems aside, we think the plan should go ahead.*

abstrakcja *n* abstraction: *War remains an abstraction to most young people.*

abstrakcyjny *adj* abstract: *a machine capable of abstract thought* (=zdolna do abstrakcyjnego myślenia) | *Beauty is an abstract concept.* | *abstract art* | *an abstract painting*

abstynencja *n* abstinence: *abstinence from alcohol/drugs* | *sexual abstinence*

abstynent/ka *n* teetotaller *BrE*, teetotaler *AmE*

> **UWAGA: abstynent i abstinent**
>
> Wyraz **abstinent** to nie rzeczownik odpowiadający polskiemu „abstynent", tylko przymiotnik o znaczeniu „wstrzemięźliwy".

absurd *n* **1** absurdity: *the absurdities of the legal system* **2 to absurd!** this is absurd!

absurdalnie *adv* absurdly, ridiculously: *These prices seem absurdly low* (=wydają się absurdalnie niskie) *to Western tourists.* | *ridiculously small*

absurdalność *n* absurdity: *the absurdity of the situation*

absurdalny *adj* absurd, ridiculous: *It seems quite absurd to expect anyone to drive for 3 hours just for a 20-minute meeting.* | *What a ridiculous suggestion!* THESAURUS STUPID

aby *conj* **1** in order (to), so (that), so as to, in order that: *They left early to catch the train* (=aby zdążyć na pociąg). | *Credit has been arranged so as to spread the payments* (=aby rozłożyć płatności) *over a monthly period.* | *Plants need light in order to live* (=aby żyć). | *Sunlight is needed in order for photosynthesis to take place* (=aby mogła zachodzić fotosynteza). | *I locked the door in order that we might continue our discussions undisturbed* (=abyśmy mogli bez przeszkód kontynuować nasze rozmowy). **2** *(z przeczeniem)* so as not to, so (that) ... not: *Try to remain calm so as not to alarm anyone.* | *The vase had been put on top of the cupboard so that it wouldn't get broken* (=aby się nie stłukł). →patrz też ŻEBY

ach *interj* ah, oh: *Oh, it's you ... I thought it was somebody else.*

aczkolwiek *conj* although, albeit: *I can see his point, although, I have to say, I think he's wrong.* | *It was a small, albeit very important, mistake.*

adaptacja *n* adaptation: *The movie is an adaptation of Mark Twain's book.*

adapter *n* record player

> **UWAGA: adapter i adapter**
>
> Angielski rzeczownik **adapter** nie oznacza „adaptera", tylko „rozgałęziacz" (rodzaj wtyczki).

adaptować *v* **adaptować coś na coś** convert sth into sth: *Some old buildings are being converted into homeless shelters* (=na przytułki dla bezdomnych). →patrz też ZAADAPTOWAĆ

adekwatny *adj* **1** *(odpowiedni)* adequate: *The work cannot be completed without adequate funding.* **2 adekwatny do czegoś** commensurate with sth: *a salary commensurate with your experience*

adept *n* **1** *(student)* student: *students of philosophy* **2** *(zwolennik)* follower

adidasy *n* trainers *BrE*, tennis shoes *AmE*: *a pair of trainers*

adiunkt *n* senior lecturer

administracja *n* **1** administration: *They spend too much on administration and not enough on doctors and nurses.* | *the Clinton administration* **2 administracja państwowa** the civil service

administracyjny *adj* administrative: *The job is mainly administrative.* | *administrative duties*

administrator/ka *n* **1** *(zarządca)* administrator **2** *(dozorca)* caretaker *BrE*, janitor *AmE* **3 administrator sieci** webmaster

administrować *v* **administrować czymś** administer/manage sth: *The Navajo administer their own territory within the United States.*

A

A

admirał *n* admiral

adnotacja *n* note: *the notes at the back of the book*

adopcja *n* adoption: **oddać dziecko do adopcji** give up a baby for adoption: *She gave up her newborn baby for adoption.*

adoptować *v* adopt: *My mother was adopted* (=była adoptowana) *when she was four.* | *his adopted son*

adrenalina *n* adrenalin

adres *n* **1** address: *I wrote the wrong address on the envelope.* | *I soon arrived at the address* (=dotarłem pod adres) *I was given.* | **adres elektroniczny/e-mailowy** e-mail address | **adres zwrotny** return address | **zmiana adresu** change of address: *Please notify us of* (=prosimy powiadomić nas o) *any change of address.* **2 trafić pod zły/niewłaściwy adres** come to the wrong place **3 uwaga pod czyimś adresem** a remark addressed to sb **4 czy to było pod moim adresem?** was that addressed to me?

adresat *n* **1** *(listu itp.)* addressee **2** *(książki, dzieła)* target audience

adresować *v* **adresować coś do kogoś a)** *(list, przesyłkę, skargę)* address sth to sb: *There's a letter here addressed to you.* **b)** *(program, książkę)* aim sth at sb: *a TV commercial aimed at teenagers* →patrz też ZAADRESOWAĆ

adresowy *adj* **lista adresowa** mailing list

adwent *n* Advent

adwokat *n* **1** counsel, barrister *BrE*, lawyer *AmE* **2 adwokat diabła** devil's advocate

aerobik *n* aerobics: *Do you go to aerobics classes* (=chodzisz na aerobik)? | *She is an aerobics instructor.*

aerodynamiczny *adj* aerodynamic: *an aerodynamic car* | *aerodynamic pressure*

aerozol *n* aerosol, spray: *spray paint* (=farba w aerozolu)

afera *n* **1** *(skandal)* scandal: *a corruption scandal* | *They had already left the country when the scandal broke* (=kiedy wybuchła afera). **2** *(przestępstwo)* affair: *the Watergate affair* **3** *(skomplikowana sytuacja)* mess: *You got us into this mess* (=wpakowałeś nas w tę aferę). *You can get us out of it.*

Afganistan *n* Afghanistan —**Afga-ńczyk/nka** *n* Afghan —**afgański** *adj* Afghan

afisz *n* playbill *theatrical*, poster

afiszować się *v* **afiszować się z czymś** flaunt/parade sth: *The rich flaunt their wealth while the poor starve on the streets.* | *He loves to parade his knowledge in front of his students.*

aforyzm *n* aphorism

afrodyzjak *n* aphrodisiac

Afryka *n* Africa —**Afrykan-in/ka** *n* African —**afrykański** *adj* African

agencja *n* agency: **agencja reklamowa** advertising agency | **agencja prasowa** news agency

agenda *n* agency: *a UN agency responsible for helping refugees*

agent/ka *n* **1** *(przedstawiciel)* agent, representative: *Our representative in Rio deals with all our Brazilian business.* | *We're acting as agents for Mr Watson.* | **agent handlu nieruchomościami** estate agent *BrE*, real estate agent *AmE*, realtor *AmE* **2** *(wywiadowca)* agent: **tajny agent** secret agent | **podwójny agent** double agent

agonia *n* death throes: *The coalition seems to be in its death throes.*

agrafka *n* safety pin

agresja *n* aggression: *Violence on TV can encourage aggression in children.* | **akt agresji** act of aggression: *an unprovoked act of aggression*

agresor/ka *n* aggressor

agrest *n* gooseberry

agresywny *adj* aggressive: *The men were drunk, aggressive and looking for a fight.* | *A successful businessman has to be aggressive.* | *an aggressive marketing campaign* —**agresywnie** *adv* aggressively —**agresywność** *n* aggressiveness

aha *interj* **1** *(tak)* yeah: *"Do you want a lift?" "Yeah!"* **2** *(rozumiem)* aha: *Aha! So you planned all this, did you?* **3** *(jeszcze jedno)* oh: *Oh, Janet, could you get me a paper while you're out?* | *Milk, butter, juice - oh, and put eggs on the list too.*

AIDS *n* AIDS: **chory na AIDS** AIDS victim | **wirus AIDS** the AIDS virus | **ktoś ma AIDS** sb has (got) AIDS | **zarazić się AIDS** contract AIDS | **umrzeć na AIDS** die of AIDS

akacja *n* acacia

akademia *n* **1** *(uczelnia artystyczna lub wojskowa)* academy: *a military/police academy* | *the Academy of Music* **2** *(uczelnia innego typu)* school: **akademia medyczna/ekonomiczna** medical/business school: *He's a professor at the Harvard Medical School.* | *That's the real reason why I'm going to medical school.* **3** *(towarzystwo naukowe, literackie itp.)* academy: *the American Academy of Arts and Letters* (=Literatury i Sztuki) | *She's a member of the French Academy.*

UWAGA: akademia i academy

W szkolnictwie wyższym angielskiego obszaru językowego rzeczownik **academy** ma zastosowanie głównie w przypadku uczelni o profilu artystycznym lub wojskowym; w pozostałych przypadkach mówi się po prostu **school** lub **university**. Inaczej niż **akademia** w języku polskim, wyraz **academy** bywa też często składnikiem nazw prywatnych szkół średnich: *Susan had been a student at the Poughkeepsie Female Academy.*

akademicki *adj* **1** academic: *She loved the city, with its academic atmosphere.* | *academic books* | *a program designed to raise academic standards* **2 rok akademicki** academic year **3 dom akademicki** hall of residence *BrE*, dormitory *AmE* **4 nauczyciel akademicki** university teacher, academic

akademik *n* hall of residence *BrE*, dorm *AmE*

akapit *n* paragraph

akcent *n* **1** *(wymowa)* accent: *a foreign accent* | **mieć (amerykański itp.) akcent** have an (American etc) accent | **mówić z (angielskim itp.) akcentem** speak with an (English etc) accent | **silny/lekki akcent** strong/slight accent **2** *(nacisk)* stress, emphasis: *The stress falls on* (=przypada na) *the first syllable.* | **kłaść akcent na coś** put/lay stress/emphasis on sth: *The teacher laid particular stress on the need for discipline.*

akcentować *v* **1** *(sylabę, wyraz)* stress: *The word 'machine' is stressed on the second syllable.* **2** *(podkreślać znaczenie)* stress, emphasize, emphasise *BrE*, accentuate: *Logan made a speech emphasizing the need for more volunteers* (=potrzebę zwiększenia liczby ochotników).

akceptacja *n* **1** *(aprobata)* approval: **zdobyć czyjąś akceptację** win sb's approval: *By doing well at school* (=dobrze się ucząc) *he hoped to win his parents' approval.* **2** *(uznanie)* acceptance: *Acceptance by their peer group* (=grupy rówieśniczej) *is important to most youngsters.*

akceptować *v* → patrz ZAAKCEPTOWAĆ

akces *n* **zgłosić akces do czegoś** join sth: *In the fifties many young people joined the communist party.*

akcesoria *n* accessories: *Accessories include headphones and a carrying case.*

akcja *n* **1** *(działanie)* action: *The union is urging strike action* (=wzywa do akcji strajkowej). | **w akcji** in action: *photos of ski jumpers in action* | *I'd like to see the new computer system in action.* | **wejść do akcji** go/spring into action: *As soon as the SOS call was received, the rescue services sprang into action.* **2** *(fabuła)* plot: *The plot of 'Twin Peaks' was so complicated that I couldn't follow it.* **3** *(kampania)* campaign, drive: *a big anti-smoking drive* **4** *(operacja wojskowa itp.)* action, operation: *When the action ended there were terrible losses on both sides.* | **akcja ratownicza** rescue: *a daring rescue at sea* **5** *(papier wartościowy)* share *BrE*, stock *AmE*: *He decided to sell his shares in Allied Chemicals.* **6 czyjeś akcje idą w górę/spadają** sb is gaining/losing popularity

akcjonariusz/ka *n* shareholder *BrE*, stockholder *AmE*

akcyjny *adj* **spółka akcyjna** public limited company *BrE*, joint-stock company *AmE*

akcyza *n* excise: *excise on cigarettes*

aklimatyzować się *v* → patrz ZAAKLIMATYZOWAĆ SIĘ

akompaniament *n* accompaniment: **przy akompaniamencie czegoś** to the accompaniment of sth: *Singing to the accompaniment of a piano.* | *She left the stage to the accompaniment of loud cheers.*

akompaniować *v* **akompaniować komuś (na pianinie)** accompany sb (on/at the piano)

akord *n* **1** *(w muzyce)* chord **2 praca na akord** piecework

> **UWAGA: akord i accord**
>
> Rzeczownik **accord** nie znaczy po polsku „akord", tylko „uzgodnienie".

akordeon *n* accordion

akr *n* acre: *They own 200 acres of farmland.* | *a 100-acre wood*

akredytowany *adj* accredited: *an accredited journalist* —**akredytacja** *n* accreditation

akrobacje *n* acrobatics —**akrobat-a/ka** *n* acrobat —**akrobatyczny** *adj* acrobatic

akronim *n* acronym: *NATO is an acronym for the North Atlantic Treaty Organization.*

aksamit *n* velvet

aksamitny *adj* **1** *(suknia itp.)* velvet: *a beautiful velvet dress* **2** *(głos, brzmienie)* velvety: *a velvety sound*

aksjomat *n* axiom

akt *n* **1** *(czyn)* act: **akt przemocy/odwagi/zemsty** act of violence/courage/revenge | **akt miłosny** the sexual act **2** *(dokument)* certificate: **akt urodzenia/ślubu/zgonu** birth/marriage/death certificate | **akt oskarżenia** indictment | **akt notarialny** deed | **akt prawny** legal act | **akt darowizny** donation | **akt własności** title deed **3** *(ceremonia)* ceremony: **akt otwarcia** the opening ceremony **4** *(część sztuki)* act: *Hamlet eventually kills the king in Act 5.* | *Everything is resolved in the final act.* **5** *(obraz, rzeźba, zdjęcie)* nude: *I've never painted nudes.*

akta *n* file(s): *She read over the file on the murder* (=akta dotyczące morderstwa) *again.* | **w aktach** on file: *We will keep your application on file.* | **akta sprawy** dossier | **akta sądowe** court records | **umieścić coś w aktach** place sth on record: *I ask the court to place on record the fact that my client co-operated with the police.*

aktor *n* actor: **aktor pierwszoplanowy/drugoplanowy** leading/supporting actor | **aktor filmowy** movie actor | **aktor komediowy** comedy actor

aktorka *n* actress, actor

> **UWAGA: actor i actress**
>
> Oba te wyrazy stanowią odpowiedniki polskiego wyrazu **aktorka**, przy czym same aktorki, mówiąc o sobie, często chętniej używają formy **actor**.

aktorski *adj* **1** acting: *acting skills* **2 szkoła aktorska** drama school

aktorstwo *n* acting: *I've always admired her acting.*

aktówka *n* briefcase, attaché case

aktualizować *v* **1** *(dane)* update: *The files have to be updated regularly.* **2** *(program komputerowy)* upgrade

aktualnie *adv* at present, currently, presently *AmE*: *We have no plans at present for closing the factory.* | *Two major changes are currently being considered* (=są aktualnie rozpatrywane). | *He is presently living in Seoul.* THESAURUS NOW

> **UWAGA: aktualnie i actually**
>
> Przysłówek **actually** nie znaczy „aktualnie". Odpowiada on zwykle polskiemu „rzeczywiście", „w rzeczywistości" lub „właściwie".

aktualność *n* **1** *(tematu)* topicality, currency: **zachowywać aktualność** remain current **2 aktualności** news: *the latest news from the Olympic stadium* | *a programme bringing you national and international news* (=aktualności z kraju i ze świata)

aktualny *adj* **1** *(obecny)* current: *her current boyfriend* **2** *(nie przestarzały)* topical, up-to-date: *a new TV comedy dealing with topical issues* | *up-to-date news* | *an up-to-date map* **3** *(nadal ważny)* valid: *a valid passport*

> **UWAGA: aktualny i actual**
>
> **Actual** nie znaczy „aktualny", tylko „rzeczywisty".

aktyw *n* hard core: *the hard core of the Communist party*

aktywacja *n* activation

aktywist-a/ka *n* activist: *Greenpeace activists*

aktywnie *adv* actively: *The two sides are actively engaged in discussions.*

aktywność *n* **1** *(ruch)* activity: *I missed the noise and activity of the city.* **2** *(energia)* vigour *BrE*, vigor *AmE*, vitality: *He set about his task with renewed vigour.*

aktywny *adj* active: *We had an active holiday, sailing, swimming and water skiing.* | *She may be over 80, but she's still very active!* | *an active member of the local Historical Society* | **być aktywnym w czymś** be active in (doing) sth: *He's very active in local politics.* | **być aktywnym zawodowo** be professionally active

A

akumulator *n* battery: *I tried to start the car, but the battery was dead.*

akupunktura *n* acupuncture

akurat *adv* **1** *(właśnie)* just: *He was just leaving* (=akurat wychodził). | **akurat wtedy** just then: *Just then there was a sound in the hall.* | **akurat teraz** right now, just now *BrE*: *I haven't the time to talk just now.* **2 akurat ty/ona itp.** you/she etc, of all people: *Why should he, of all people, get a promotion?* **3 akurat!** you could have fooled me, I bet: *"Look, we're doing our best to fix it." "Well, you could have fooled me."* | *"I'm definitely going to give up smoking this time." "Yeah, I bet!"*

akustyczny *adj* **1** acoustic: *an acoustic signal* **2 gitara akustyczna** acoustic guitar

akustyka *n* **1** *(dziedzina nauki)* acoustics: *Acoustics is a branch of physics.* **2** *(własności akustyczne)* acoustics: *The acoustics of the concert hall are great.*

> **UWAGA: acoustics**
>
> Zwróć uwagę, że rzeczownik ten w pierwszym z podanych znaczeń łączy się z czasownikiem w liczbie pojedynczej, a w drugim z czasownikiem w liczbie mnogiej.

akwarela *n* **1** *(obraz)* watercolour **2 akwarele** *(farby)* watercolours: *to paint with watercolours*

akwarium *n* fish tank, aquarium

akwedukt *n* aqueduct

akwen *n* body of water

akwizytor/ka *n* sales representative

alarm *n* **1** alarm: *a fire alarm* | *Something has set off the car alarm* (=coś uruchomiło alarm w samochodzie). | **alarm antywłamaniowy** burglar alarm | **alarm pożarowy** fire alarm **2 podnieść alarm/bić na alarm** raise/sound the alarm: *A passerby raised the alarm before the fire got out of control.* | *The Red Cross has sounded the alarm about the threat of famine.* **3 próbny alarm** fire/emergency drill **4 fałszywy alarm** false alarm: *We all thought the building was about to go up in smoke, but it was a false alarm.*

alarmistyczny *adj* alarmist: *an alarmist report on population growth*

alarmować *v (niepokoić)* alarm: *an alarming increase* (=alarmujący wzrost) *in violent crime* | *The rainforest is disappearing at an alarming rate* (=w alarmującym tempie). → patrz też ZAALARMOWAĆ

alarmowy *adj* **1** alarm: *an alarm system* **2 numer alarmowy** emergency number

Albania *n* Albania —**Alba-ńczyk/nka** *n* Albanian —**albański** *adj* Albanian

albatros *n* albatross

albinos *n* albino

albo *conj* **1** or: *You can go by bus, by train, or by plane.* **2 albo ... albo ...** either ... or ...: *If either Lennie or Miranda calls, I'm not at home.*

albowiem *conj* for: *He found it increasingly difficult to read, for his eyes were failing* (=psuł mu się wzrok).

album *n* **1** *(na zdjęcia, znaczki)* album: *a wedding album* | *a stamp album* **2** *(na wycinki itp.)* scrapbook **3** *(płyta)* album: *Madonna's latest album* **4** *(książka z ilustracjami)* picture book

alchemia *n* alchemy —**alchemik** *n* alchemist

ale[1] *conj* but: *Grandma didn't like the song, but we loved it.* | *Carla was supposed to come* (=miała przyjechać) *tonight, but her husband took the car.* | **ale również/także/też** but also: *The report has not only attracted much attention but also some sharp criticism.* | **ale przede wszystkim** but first of all

ale[2] *part* **ale piękny dzień!** what a lovely day! | **ale głupek!** what a fool!

alegoria *n* allegory —**alegoryczny** *adj* allegorical

aleja *n* **1** *(droga z drzewami)* avenue *BrE*, parkway *AmE* THESAURUS ROAD **2** *(w nazwach ulic)* Avenue: *She has an apartment in Fifth Avenue* (=przy Piątej Alei).

alejka *n* alley

alergia *n* allergy: *an allergy to cat fur* (=na kocią sierść) | **mieć alergię na coś** be allergic to sth: *I'm allergic to penicillin.*

alergiczny *adj* allergic: *an allergic reaction*

ależ *part* **1 ależ oczywiście!** by all means!, but of course!: *"Can I bring Alan to the party?" "By all means!"* **2 ależ skąd!** not at all, of course not: *"Do you mind if I stay a bit longer?" "Not at all."* | *"Do you think I was wrong?" "Of course not."* **3 ależ to drobiazg!** it's nothing!: *"Thanks, it's very kind of you." "It's nothing!"* | *"I'm afraid I've broken the chair." "It's nothing, I can easily get it fixed."* **4 ależ z niego głupiec!** what a fool he is!

alfabet *n* alphabet: *the Russian alphabet* | **alfabet Braille'a** braille, Braille: *Can you read braille?* | **alfabet Morse'a** Morse code

alfabetyczny *adj* alphabetical: *an alphabetical list* | **w porządku alfabetycznym** in alphabetical order: *The dictionary is arranged in alphabetical order.* —**alfabetycznie** *adj* alphabetically

alfons *n* pimp

algebra *n* algebra —**algebraiczny** *adj* algebraic

algi *n* algae

algorytm *n* algorithm

aliant *n* **1** ally: *a meeting of the European allies* **2 Alianci** the Allies: *The Allies fought together during the Second World War.* —**aliancki** *adj* allied: *the Allied forces*

alias *adv* a.k.a., alias: *Velma Johnson, a.k.a. Annie Jones*

> **UWAGA: a.k.a.**
>
> **a.k.a.** to skrót od **also known as** „znany również jako".

alibi *n* alibi: **mieć alibi** have an alibi: *I've got an alibi for Tuesday night.*

alienacja *n* alienation: *the sense* (=poczucie) *of alienation felt by many poor people*

aligator *n* alligator

alimenty *n* alimony, maintenance *BrE*: *If I give up my parental rights* (=prawa rodzicielskie), *do I still have to pay alimony?*

alkohol *n* **1** *(substancja)* alcohol: *This beer contains up to 3.2% alcohol.* **2** *(napoje)* drink, alcohol: *There was lots of food and drink left over from the party.* | *You've had too much alcohol tonight.*

alkoholi-k/czka *n* alcoholic —**alkoholizm** *n* alcoholism

alkoholowy *adj* **napoje alkoholowe a)** spirits, alcoholic beverages **b)** *(wysokoprocentowe)* (hard) liquor

alkomat *n* breathalyser *BrE*, breathalyzer *AmE*

alleluja *interj* alleluia, hallelujah

aloes *n* aloe

alpejski *adj* **1** *(znajdujący się w Alpach)* Alpine, alpine: *Alpine ski slopes* **2** *(typowy dla wysokich gór)* alpine: *alpine meadows/plants*

alpinist-a/ka *n* climber, mountaineer

Alpy *n* the Alps

alt *n* alto

altana *n także* **altanka** summerhouse

alternatywa *n* alternative: *We don't want to lay off* (=zwalniać) *workers, but there seems to be no alternative.* | **+ dla czegoś** to sth: *Many farmers are now growing maize as an alternative to wheat.*

alternatywny *adj* **1** *(dodatkowy)* alternative *BrE*, alternate *AmE*: *There doesn't seem to be an alternative option.* | *We have to have an alternate plan in case it rains.* **2** *(niekonwencjonalny)* alternative: *an alternative lifestyle* | *alternative theatre*

altówka *n* viola

altruistyczny *adj* altruistic: *Were his motives completely altruistic?* **—altruizm** *n* altruism

aluminiowy *adj* **folia aluminiowa** aluminium foil, tinfoil

aluminium *n* aluminium *BrE*, aluminum *AmE*

aluzja *n* hint, allusion: *Eliot's poetry is full of allusions to other works of literature.* | **robić aluzje** drop hints: *Harry was dropping hints that he wanted to be invited to the party.* | **zrozumieć aluzję** take a/the hint: *I kept looking at my watch, but Laura wouldn't take the hint - she didn't leave till midnight.*

amator/ka *n* **1** *(nie profesjonalista)* amateur: *a gifted amateur* | *It looked as if the building had been decorated by a bunch of amateurs.* **2** *(miłośnik)* lover, fan: *music lovers*

amatorski *adj* **1** *(nieprofesjonalny)* amateur: *an amateur orchestra* **2** *(niefachowy)* amateur, amateurish: *His paintings are amateurish.*

Amazonka *n (rzeka)* the Amazon

ambasada *n* embassy: *the American embassy in Warsaw*

ambasador *n* ambassador: *the Mexican ambassador to Canada.*

ambicja *n* ambition: **ambicje intelektualne/zawodowe/polityczne** intellectual/professional/political ambitions | **czyjąś ambicją jest ...** it is sb's ambition to ...: *It's been Bruce's lifelong ambition to climb Mt. Everest.* | **mieć ambicje** have ambition(s) | **nie mieć ambicji** have no ambition: *What is a psychiatrist going to do with a kid who has no ambition?* | **zaspokoić swoje ambicje** fulfil your ambition | **wygórowane ambicje** high ambitions THESAURUS AIM

ambitny *adj* **1** *(człowiek)* ambitious: *an ambitious and hard-working junior manager* **2** *(plan, zadanie)* ambitious, challenging: *one of the most ambitious engineering projects of modern times*

ambiwalentny *adj* ambivalent: *Her feelings about getting married are distinctly ambivalent.* | **mieć ambiwalentny stosunek do czegoś** be ambivalent about sth: *Anna had been ambivalent about the protest from the start.* **—ambiwalencja** *n* ambivalence

ambona *n* pulpit: **na ambonie** in the pulpit | **z ambony** from the pulpit

amen *interj* Amen: *Blessed be the Lord, Amen!*

Ameryka *n* America: **Ameryka Północna/Południowa** North/South America | **Ameryka Łacińska** Latin America **—Amerykan-in/ka** *n* American: *Two Americans were killed in the accident.* **—amerykański** *adj* American: *American English*

ametyst *n* amethyst

amfetamina *n* amphetamine

amfiteatr *n* amphitheatre *BrE*, amphitheater *AmE*

aminokwas *n* amino acid

amnestia *n* amnesty: *an amnesty for all terrorists* | **ogłosić amnestię** declare an amnesty | **udzielić komuś amnestii** grant amnesty to sb

amnezja *n* amnesia

amok *n* **dostać amoku** run amok: *The gunman ran amok in a shopping mall.*

amoniak *n* ammonia

amoralny *adj* amoral: *a completely amoral person* **—amoralność** *n* amorality

amorek *n* cupid: *a sentimental picture with cupids around the edge*

amorficzny *adj* amorphous: *an amorphous mass of twisted metal*

amortyzator *n* shock absorber

amper *n* amp, ampere: *a 3-amp fuse* (=bezpiecznik)

amplituda *n* amplitude

amputować *v* amputate: *Two of her toes had to be amputated as a result of frostbite* (=na skutek odmrożenia). **—amputacja** *n* amputation

amulet *n* amulet

amunicja *n* ammunition, munitions: *a munitions factory*

anachroniczny *adj* anachronistic **—anachronizm** *n* anachronism: *The monarchy is something of an anachronism these days.*

analfabet-a/ka *n* **być analfabetą** be illiterate: *More than ten per cent of the state's residents are illiterate.* **—analfabetyzm** *n* illiteracy

analityczny *adj* analytic, analytical: *an analytical approach*

anality-k/czka *n* analyst

analiza *n* **1** analysis: *a detailed analysis of the week's news* | *They are carrying out* (=przeprowadzają) *a detailed analysis of the test results.* **2** *(krwi)* test: *We'll just run some tests on your blood sample.*

analizować *v* analyse *BrE*, analyze *AmE*: *A computer analyzes the photographs sent by the satellite.*

analogia *n* analogy: *analogies between human and animal behaviour* | **przez analogię (do czegoś)** by analogy (with sth): *Dr Wood explained the movement of light by analogy with the movement of water.*

analogiczny *adj* analogous: **+ do czegoś** to/with sth: *Scharf's findings are analogous with our own.* **—analogicznie** *adv* similarly: *Men must wear a jacket and tie. Similarly, women must wear a skirt or dress and not trousers.*

A

A

analogowy *adj* analogue: *an analogue clock*

ananas *n* pineapple: *pineapple juice*

anarchia *n* anarchy: *a state of complete anarchy* —**anarchiczny** *adj* anarchic: *a lawless, anarchic city* | *Orton's anarchic sense of humour*

anarchist-a/ka *n* anarchist —**anarchizm** *n* anarchism

anatomia *n* anatomy: *the anatomy of the nervous system* —**anatomiczny** *adj* anatomical: *an anatomical examination*

anegdota *n* anecdote: **opowiedzieć anegdotę** tell an anecdote —**anegdotyczny** *adj* anecdotal

aneks *n* annexe *BrE*, annex *AmE*: *a hospital annex*

anektować *v* annex —**aneksja** *n* annexation

anemia *n* anaemia *BrE*, anemia *AmE*: **mieć anemię** be anaemic

anemiczny *adj* anaemic *BrE*, anemic *AmE*: *Anaemic children should eat more vegetables.* | *an anaemic performance* (=przedstawienie) *of King Lear*

anestezjolog *n* anaesthetist

angażować *v* →patrz ZAANGAŻOWAĆ
angażować się *v* **angażować się w coś** involve yourself in sth, be/get involved in sth, engage in sth: *The US was unwilling to involve itself in the crisis.* | *It's their business - I don't think you should get involved.* | *I disapprove of politicians who engage in business activities* (=w działalność gospodarczą).

Angielka *n* Englishwoman

angielski[1] *adj* English

angielski[2] *n (język)* English, the English language: *a professor of English* | **po angielsku** in English: *Say it in English.* | **mówić po angielsku** speak English: *Do you speak English?* | **lekcja angielskiego** English lesson/class

angielszczyzna *n* English, the English language: **mówić płynną angielszczyzną** speak fluent English

angina *n* tonsillitis

Anglia *n* England

Anglik *n* **1** Englishman **2 Anglicy** the English

anglikański *adj* Anglican: **Kościół Anglikański** the Anglican Church —**anglikan-in/ka** *n* Anglican —**anglikanizm** *n* Anglicanism

anglosaski *adj* Anglo-Saxon

ani *conj* **1 ani ... ani a)** neither ... nor: *He can neither read nor write.* | *The equipment is neither accurate nor safe.* **b)** *(w zdaniach z przeczeniem)* or: *He doesn't have a television or a video.* | *Sonia never cleans or even offers to wash the dishes.* **2 ani jeden, ani drugi** neither: *"Which of these two do you want?" "Neither."* **3 ani jeden** not a single: *We didn't get a single reply to our advertisement.* **4 ani trochę** (not) at all, not a bit *BrE*: *They obviously weren't at all happy.* | *I wasn't a bit worried* (=ani trochę się nie martwiłam). **5 ani nawet** not even: *no cars, no aeroplanes, not even a tractor* **6 ani tym bardziej** let alone, much less: *The baby can't even crawl* (=raczkować) *yet, let alone walk!* | *He can hardly afford beer, much less champagne.* **7 ani słowa** don't say/breathe a word: *Don't say a word about the party to Dad.* **8 ani przez chwilę** not for a moment: *Not for a moment did I believe you would fail the exam.* **9 ani grosza** not a penny *BrE*, cent *AmE*: *She will not get a penny from me.* **10 ani śladu kogoś/czegoś** no trace of sb/sth: *He found no trace of them on the island.*

anielski *adj* **1** angelic: *an angelic smile* **2 anielska cierpliwość** the patience of a saint

animacja *n* animation

animator *n (filmowiec)* animator

animowany *adj* **film animowany** animated cartoon/film

animozje *n* animosity, bad/ill feeling: *There is no personal animosity* (=nie ma osobistych animozji) *between the party leaders.* | *The recent rail strikes have caused a lot of ill feeling.*

anioł *n* **1** angel: **Anioł Stróż** guardian angel: *I'm not your guardian angel.* **2 ktoś nie jest aniołem** sb is no angel: *Sam was no angel at school, believe me.*

aniołek *n* angel, cherub

aniżeli *conj* (rather) than: *I think you'd call it a lecture rather than a talk.* →patrz też NIŻ

ankieta *n* **1** *(formularz)* questionnaire: **wypełnić ankietę** fill in/fill out/complete a questionnaire **2** *(badanie opinii)* opinion poll

ankietować *v* poll, survey: *Only 30 percent of those polled/surveyed* (=tylko 30% ankietowanych) *said they trusted the government.*

ano *part* (oh) well: *Well, we'll just have to cancel the holiday I suppose.*

anomalia *n* abnormality, anomaly: *a genetic anomaly*

anonim *n* anonymous letter

anonimowy *adj* anonymous: *The benefactor wishes to remain anonymous.* | *an anonymous phone call* —**anonimowo** *adv* anonymously —**anonimowość** *n* anonymity

anoreksja *n* anorexia —**anorektyczny** *adj* anorexic

anormalny *adj* abnormal: *abnormal behaviour*

antagonist-a/ka *n* antagonist —**antagonizm** *n* antagonism

antarktyczny *adj* Antarctic —**Antarktyda** *n* Antarctica —**Antarktyka** *n* the Antarctic

antena *n* **1** aerial *BrE*, antenna *AmE* **2 antena satelitarna** satellite dish **3 być na antenie** be on (the) air: *We'll be on air in about 3 minutes.* | **zdjąć coś z anteny** take sth off the air: *The court ordered them to take the commercial off the air.*

antenowy *adj* **czas antenowy** air time: *smaller political parties trying to buy more air time*

antidotum *n* antidote: **+ na coś** to sth: *There is no known antidote to a bite from this snake* (=na ukąszenie tego węża). | *laughter, the antidote to stress*

antologia *n* anthology: *an anthology of American literature*

antonim *n* antonym: *'Good' is the antonym of 'bad'.*

antrakt *n* interval *BrE*, intermission *AmE*

antropolog *n* anthropologist —**antropologia** *n* anthropology —**antropologiczny** *adj* anthropological

antybiotyk *n* antibiotic

antyczny *adj* ancient, antique: *the ancient Romans* | *a refinement of morality unknown to the antique world*

UWAGA: antyczny i antique

Przymiotnik **antique** w znaczeniu „antyczny" występuje głównie w stylu formalnym. Ponieważ częściej spotyka się inne jego znaczenia („zabytkowy", „przestarzały", „dotyczący antyków"), jako odpowiednika polskiego „antyczny" lepiej używać przymiotnika **ancient**.

antydopingowy *adj (próba, test, kontrola)* doping: *doping tests*

antygen *n* antigen

antyk *n* **1** *(mebel, zegar itp.)* antique: *The palace is full of priceless antiques.* **2** *(epoka historyczna)* antiquity: *a tradition that stretches back into antiquity* **3** *(styl, cywilizacja)* the antique

antykomunistyczny *adj* anti-communist —**antykomunizm** *n* anti-communism

antykoncepcja *n* contraception, birth control

antykoncepcyjny *adj* contraceptive: **środek antykoncepcyjny** contraceptive (device) | **pigułka/tabletka antykoncepcyjna** the Pill

antykwariat *n* **1** *(z książkami)* second-hand/antiquarian bookshop *BrE*, bookstore *AmE* **2** *(z meblami itp.)* antique shop

antykwariusz *n* antique dealer

antylopa *n* antelope

antypatyczny *adj* unpleasant, unsympathetic: *Our neighbours are extremely unpleasant.* | *a pair of unsympathetic characters* —**antypatia** *n* antipathy →patrz też NIESYMPATYCZNY

UWAGA: antypatyczny i antipathetic

W języku angielskim istnieje wprawdzie przymiotnik **antipathetic**, ale używa się go bardzo rzadko, wyłącznie w stylu formalnym i przeważnie w konstrukcji *antipathetic to/towards sth* („wrogo nastawiony do/wobec czegoś"). Najlepszym odpowiednikiem polskiego przymiotnika „antypatyczny" jest **unpleasant**.

antypody *n* the antipodes

antysemicki *adj* anti-Semitic —**antysemit-a/ka** *n* anti-Semite —**antysemityzm** *n* anti-Semitism

antyseptyczny *adj* **1** antiseptic **2** **środek antyseptyczny** antiseptic

antyspołeczny *adj* antisocial: *antisocial behaviour*

antyterroryst-a/ka *n* **1** counter-terrorist **2** *(na pokładzie samolotu)* air/sky marshal —**antyterrorystyczny** *adj* counter-terrorist —**antyterroryzm** *n* counter-terrorism

antywirusowy *adj* **oprogramowanie antywirusowe** anti-virus software

antywłamaniowy *adj* **alarm antywłamaniowy** burglar alarm

anulować *v* **1** *(prenumeratę, dług, polecenie komputerowe)* cancel: *I've cancelled my subscription to the magazine.* **2** *(traktat, akt prawny)* annul: *Their marriage was finally annulled.*

anyż *n* aniseed

aorta *n* aorta

aparat *n* **1** *także* **aparat fotograficzny** camera: **aparat cyfrowy** digital camera **2** **aparat ortodontyczny** braces, brace *BrE* **3** **aparat słuchowy** hearing aid

aparatura *n* apparatus: *The astronauts have special breathing apparatus.*

apartament *n* suite: *a honeymoon suite* (=apartament dla nowożeńców)

apaszka *n* **1** scarf **2** *(męska)* cravat

apatyczny *adj* apathetic, listless: *an apathetic electorate* | *The heat was making me listless.* —**apatia** *n* apathy

apel *n* **1** *(odezwa)* appeal: *The United Nations' appeal for a ceasefire* (=o zawieszenie broni) *has been largely ignored by both sides.* | *an appeal to parents to supervise their children* (=do rodziców, żeby pilnowali swoich dzieci) **2** *(zbiórka)* assembly: *a school assembly*

apelacja *n* appeal: *an appeal to the European Court of Human Rights* | **wnieść apelację** appeal: *If you are not satisfied, you can appeal.*

apelacyjny *adj* **sąd apelacyjny** appeal(s) court, appellate court, Court of Appeal *BrE*, Appeals *AmE*

apelować *v* →patrz ZAAPELOWAĆ

apetyczny *adj* appetizing, mouth-watering: *a mouth-watering aroma coming from the kitchen*

apetyt *n* **1** appetite: *a healthy appetite* | **mieć duży apetyt** have a huge/big appetite | **stracić apetyt** lose your appetite: *She has completely lost her appetite since the operation.* **2** **apetyt na coś** craving for sth: *a craving for chocolate* **3** **jeść z apetytem** eat heartily: **jeść bez apetytu** pick at one's food **4** **zaostrzyć czyjś apetyt (na coś)** whet sb's appetite (for sth): *The trip to Paris has whetted my appetite for travel.*

aplauz *n* **1** applause: *enthusiastic applause* **2** **przyjąć coś z aplauzem** applaud sth: *We applauded the decision to go ahead with the new building.* **3** **spotkać się z (czyimś) aplauzem** meet with (sb's) approval: *The senator's address met with widespread approval.*

aplikacja *n* **1** *(komputerowa)* application: *It was the top software application last year.* **2** *(podanie)* application: *There were more than 300 applications for the six jobs.* | **złożyć aplikację** put in an application **3** *(prawnicza)* apprenticeship, articles *BrE*

aplikować *v* **aplikować coś komuś** administer sth to sb, dose sb (up) with sth: *He likes to administer large doses of sedatives* (=duże dawki środków uspokajających) *to his patients.*

apodyktyczny *adj* bossy, domineering —**apodyktyczność** *n* bossiness

apogeum *n* apogee: *the apogee of his political career*

apokalipsa *n* the Apocalypse —**apokaliptyczny** *adj* apocalyptic

apolityczny *adj* apolitical

apostoł *n* apostle —**apostolski** *adj* apostolic

apostrof *n* apostrophe

aprobata *n* **1** approval: **wyrazić aprobatę dla czegoś**

A

express your approval for sth, approve sth: *The Senate approved a plan for federal funding of local housing programs.* | **spotkać się z czyjąś aprobatą** meet with sb's approval: *The budget proposals met with the Senate's approval.* **2 z aprobatą** approvingly: *She smiled approvingly at the child.*

A

aprobować *v* **1** approve of: *Catherine's parents now approve of her marriage.* **2 nie aprobować kogoś/czegoś** disapprove of sb/sth: *Mother disapproves of every boyfriend I bring home.*

à propos *adv* **1** by the way: *By the way, have you seen my umbrella anywhere?* **2 à propos czegoś** talking of sth: *Talking of food, isn't it time for lunch?*

apteczka *n* **1** *(szafka)* medicine chest **2** *(samochodowa itp.)* first-aid kit

apteka *n* pharmacy, chemist's *BrE*, drugstore *AmE*

apteka-rz/rka *n* pharmacist, chemist *BrE*

Arabia *n* Arabia: *Lawrence of Arabia* | **Arabia Saudyjska** Saudi Arabia

Arab/ka *n* Arab

arabski *adj* **1** *(ludność, państwa)* Arab: *rival Arab tribes* | *the great Arab writer of the ninth century* | *the Arab states* **2** *(pismo, cyfry)* Arabic: *Arabic numerals* | **(język) arabski** Arabic: *Can she speak Arabic?* **3** *(półwysep, pustynia, morze)* Arabian: *the Arabian Peninsula*

aranżacja *n* arrangement: *a new arrangement of an old folk song*

aranżować *v* arrange →patrz też ZAARANŻOWAĆ

arbiter *n* referee: *a football referee* THESAURUS REFEREE

arbitralny *adj* arbitrary: *an arbitrary decision* —**arbitralnie** *adv* arbitrarily

arbitraż *n* arbitration

arbuz *n* watermelon

archaiczny *adj* archaic: *The English used in the letter is archaic.* | *an archaic sound system* (=sprzęt nagłaśniający) —**archaizm** *n* archaism

archanioł *n* archangel

archeolog *n* archaeologist *BrE*, archeologist *AmE* —**archeologia** *n* archaeology *BrE*, archeology *AmE* —**archeologiczny** *adj* archaeological *BrE*, archeological *AmE*: *an archaeological dig* (=wykopalisko)

archipelag *n* archipelago

architekt *n* architect —**architektura** *n* architecture: *mediaeval architecture* | *the architecture of Venice* | *He studied architecture at university.* —**architektoniczny** *adj* architectural: *architectural features*

archiwum *n* **1** *(magazyn)* archive, registry **2 archiwa** archives: *the State Archives in Paris* —**archiwalny** *adj* archive: *interesting archive material* | *archive photographs/recordings/tapes*

arcybiskup *n* archbishop

arcydzieło *n* masterpiece: *a masterpiece of modern literature*

arcymistrz *n* grand master

arena *n* arena: *The bull was led into the arena.* | *Women are entering the political arena* (=wstępują na arenę polityczną) *in larger numbers.*

areszt *n* **1** detention: **w areszcie** in detention/custody, on remand: *Willis spent over 100 days in detention.* | *A man is being held in police custody in connection with the murder.* | *Evans committed suicide while on remand* (=podczas pobytu w areszcie) *in Parkhurst prison.* **2 areszt domowy** house arrest: **przebywać w areszcie domowym** be under house arrest

aresztować *v* arrest: *Wayne was arrested for dangerous driving.* | **być aresztowanym** be under arrest: *He's under arrest and awaiting trial.* | *You're under arrest!*

aresztowanie *n* arrest: **dokonać aresztowania** make an arrest: *The police made several arrests.*

Argentyna *n* Argentina —**argentyński** *adj* Argentinian, Argentine —**Argenty-ńczyk/nka** *n* Argentinian, Argentine

argument *n* **1** *(powód, racja)* argument: **+ za czymś/na rzecz czegoś** for sth: *She put forward* (=przedstawiła) *several arguments for becoming a vegetarian.* | **+ przeciw(ko) czemuś** against sth: *a powerful argument against smoking* **2 argumenty** *(dowody)* evidence: **+ na coś** of/for sth: *evidence of life* (=na istnienie życia) *on other planets* | **+ na to, że ...** that ...: *There is some evidence that* (=istnieją argumenty na to, że) *a small amount of alcohol is good for you.*

argumentacja *n* argument, reasoning: *Rose's argument is complex and ingenious.*

argumentować *v* argue: **+ że** that: *Croft argued that a date should be set for the withdrawal of troops.*

aria *n* aria

arka *n* ark: **Arka Noego** Noah's ark, the Ark | **Arka Przymierza** the Ark of the Covenant

Arktyka *n* the Arctic —**arktyczny** *adj* arctic

arkusz *n* **1** sheet: *I picked up a clean sheet of paper and began to write.* | *a sheet of metal* **2 arkusz kalkulacyjny** spreadsheet

armata *n* (heavy) gun, cannon

armatni *adj* **1 kula armatnia** cannon ball **2 mięso armatnie** cannon fodder

armator *n* carrier, shipper

armia *n* the army: *the US Army*

arogancki *adj* arrogant THESAURUS PROUD —**arogancko** *adv* arrogantly —**arogancja** *n* arrogance

aromat *n* aroma: *the aroma of fresh coffee* THESAURUS SMELL

aromaterapia *n* aromatherapy

aromatyczny *adj* aromatic: *aromatic oils*

arsenał *n* **1** *(zapas broni)* arsenal: *The police found an arsenal of guns in the terrorist's hideout.* **2** *(magazyn na broń)* arsenal, armoury *BrE*, armory *AmE*

arszenik *n* arsenic

arteria *n* artery

artretyzm *n* arthritis

artykuł *n* **1** *(w gazecie, czasopiśmie)* article: *a newspaper/magazine article* | *a scholarly/scientific article* | **+ o czymś/na temat czegoś** on/about sth: *an article on democracy* | *Have you seen that article in the 'Star' about stress management?* | **artykuł redakcyjny/wstępny** editorial, leading article *BrE*, leader *BrE* **2** *(część ustawy)* article: *Article 1 of the constitution guarantees freedom of religion.* **3** *(towar)* article: **artykuły gospodarstwa domowego** household goods | **artykuły spożywcze**

foodstuffs: *A wide variety of foodstuffs is available in the local market.* | **artykuły rolne** agricultural produce

artykułować *v* articulate: *Children's worries about divorce are not always clearly articulated.*

artyleria *n* artillery

artyst-a/ka *n* artist: *It's not always easy to earn a living as an artist.*

artystycznie *adv* **1** artistically **2 artystycznie uzdolniony** artistic: *I didn't know you were so artistic.*

artystyczny *adj* artistic: *I'm not sure about the artistic merit* (=wartości artystycznej) *of much of Dali's work.* | *food presented in an artistic way* —**artyzm** *n* artistry

arystokracja *n* the aristocracy, the nobility: *dukes, earls, and other members of the aristocracy*

arystokrat-a/ka *n* aristocrat —**arystokratyczny** *adj* aristocratic, noble

arytmetyka *n* arithmetic —**arytmetyczny** *adj* arithmetic

as *n* **1** *(karta)* ace: **as kier/kierowy** ace of hearts **2** *(mistrz)* ace: *a World War II flying ace* | *an ace at chess* (=w grze w szachy) **3** *(w tenisie, siatkówce)* ace: *Her second serve was an ace.* **4 mieć/trzymać asa w rękawie** have an ace up your sleeve **5 czyjś as atutowy** sb's trump card

ascet-a/ka *n* ascetic —**ascetyczny** *adj* ascetic: *the ascetic life of Buddhist monks* —**asceza** *n* asceticism

asekurować się *v* play (it) safe: *Angela played it safe by applying to four universities at the same time.*

asertywny *adj* assertive —**asertywność** *n* assertiveness

asfalt *n* asphalt, tarmac —**asfaltowy** *adj* asphalt: *an asphalt road*

asortyment *n* range: *Our stores offer better deals* (=lepsze ceny) *on a wider range of products.*

aspekt *n* aspect: *Alcoholism affects all aspects of family life.*

aspiracje *n* aspirations: *the aspirations of the working classes* | **mieć aspiracje (zawodowe/edukacyjne itp.)** have (professional/educational etc) aspirations: *Hannah has always had political aspirations.* | **aspiracje do czegoś** aspirations for sth: *The coup* (=zamach stanu) *only confirmed the army's aspirations for power.* | **mieć aspiracje, by ...** have aspirations to ..., aspire to ...: *He had no particular aspirations to be a writer.* | *At that time, all serious artists aspired to go to Rome and paint.* | **o wysokich aspiracjach** aspiring: *an aspiring young woman*

aspirować *v* **aspirować do czegoś** aspire to sth: *It was clear that she aspired to the leadership of the party.*

aspiryna *n* aspirin: *You'd better take an/some aspirin and go to bed.*

aspołeczny *adj* antisocial

astma *n* asthma: *He suffers from asthma.*

astrologia *n* astrology —**astrolog** *n* astrologer —**astrologiczny** *adj* astrological

astronaut-a/ka *n* astronaut —**astronautyka** *n* astronautics

astronomia *n* astronomy —**astronom** *n* astronomer —**astronomiczny** *adj* astronomical: *an astronomical observatory*

asymetryczny *adj* asymmetric(al): *asymmetrical patterns* —**asymetria** *n* asymmetry

asymilować *n* **1** assimilate: *Children usually assimilate new information more quickly than adults.* **2 asymilować się (gdzieś)** be assimilated (into sth): *New immigrants from Asia were gradually assimilated into Canadian society.* —**asymilacja** *n* assimilation

asysta *n* entourage, retinue: *President Bush and his entourage* | *surrounded by his retinue of bodyguards* | **w czyjejś asyście** accompanied by sb: *The senator arrived accompanied by his deputies.*

asystent/ka *n* assistant: *her personal assistant*

asystować *v* **asystować komuś (w czymś)** assist sb (with sth): *I was employed to assist the manager with his duties.* THESAURUS HELP

atak *n* **1** *(natarcie)* attack: *The attack began at dawn.* | **+ na kogoś/coś** *a carefully planned attack on the air bases* **2** *(choroby itp.)* attack, fit: *an attack of asthma* | *a coughing fit* (=atak kaszlu) | *a fit of the giggles* (=atak śmiechu) | **atak serca** heart attack

atakować *v* **1** *(nacierać)* attack, strike: *The villages were often attacked from the air.* | *When the snake strikes, its mouth opens wide.* **2** *(krytykować)* attack: *The senator made a speech attacking Clinton's healthcare program.* **3** *(w sporcie)* attack: *Brazil began to attack more in the second half of the match.* **4** *(choroba)* attack: *a cruel disease that attacks the central nervous system*

ateizm *n* atheism —**ateist-a/ka** *n* atheist —**ateistyczny** *adj* atheistic

atelier *n* studio: *a painter's studio*

Ateny *n* Athens

atest *n* certificate: **posiadać atest** be certified

atlantycki *adj* **1** Atlantic **2 Ocean Atlantycki** the Atlantic Ocean

Atlantyk *n* the Atlantic

atlas *n* atlas: **atlas geograficzny** geographical atlas | **atlas samochodowy** road atlas

atleta *n* strongman: *strongmen bending iron bars* —**atletyczny** *adj* athletic

> **UWAGA: atleta i athlete**
>
> **Athlete** to nie „atleta", tylko „sportowiec".

atłas *n* satin

atmosfera *n* **1** *(ziemska)* the atmosphere: *an increase in the levels of carbon monoxide* (=wzrost poziomu tlenku węgla) *in the atmosphere* **2** *(powietrze)* atmosphere: *a smoky atmosphere* **3** *(nastrój)* atmosphere: *An atmosphere of optimism dominated the party conference.* —**atmosferyczny** *adj* atmospheric: *atmospheric pressure*

atom *n* atom

atomowy *adj* **1** atomic **2 bomba atomowa** atom(ic) bomb **3 energia atomowa** atomic energy

atrakcja *n* attraction: *The beautiful beaches are the island's main attraction.* | **atrakcje turystyczne** tourist attractions

atrakcyjnie *adv* **1** attractively: *attractively decorated shop windows* **2 wyglądać atrakcyjnie** look attractive/appealing: *She does look rather appealing in that dress.*

atrakcyjność *n* attractiveness

A

atrakcyjny *adj* **1** *(osoba)* attractive, good-looking: *an attractive young woman* **2** *(oferta, propozycja)* attractive, appealing: *It's a very attractive offer, and I'll have to give it serious thought.* | *I find the idea of $100,000 a year very appealing.* THESAURUS GOOD

atrament *n* ink

atramentowy *adj* **drukarka atramentowa** ink-jet printer

atrapa *n* dummy: *Don't worry about the gun, it's a dummy.*

atrybut *n* attribute: *What attributes should a good manager possess?*

attaché *n* attaché: **attaché wojskowy/kulturalny** military/cultural attaché

atut *n* advantage, asset: *the advantages of a university education* | *A sense of humour is a real asset in this business.*

atutowy *adj* **1 as atutowy** trump card **2 karta atutowa** trump

au *interj* ouch: *Ouch! That hurt!*

audiencja *n* audience: **+u kogoś** with sb: *The princess was granted an audience with the Pope.*

audio *adj* audio: *audio tapes*

audiowizualny *adj* audiovisual: *audiovisual equipment*

audycja *n* broadcast: **audycja radiowa/telewizyjna** radio/TV broadcast | **audycja na żywo** live broadcast

UWAGA: audycja i audition

Rzeczownik **audition** nie oznacza programu telewizyjnego czy radiowego, tylko „przesłuchanie" (aktora itp. do roli).

audytorium *n* **1** *(słuchacze)* audience: *answering questions from the audience* **2** *(sala)* lecture theatre *BrE*, theater *AmE*

aukcja *n* auction: **na aukcji** at (an) auction: *The Rembrandt was sold at auction for over twenty million dollars.* | **wystawić coś na aukcji** put sth up for auction: *The painting was put up for auction.* | **sprzedać coś na aukcji** auction sth (off): *The artists auctioned off drawings and posters and raised fifteen hundred dollars.*

aula *n* (school) hall *BrE*, auditorium *AmE*

aura *n* **1** *(pogoda)* weather **2** *(nastrój)* aura, atmosphere: *She gave off an aura* (=otaczała ją aura) *of vigour and physical well-being.*

aureola *n* halo

auspicje *n* **pod auspicjami ...** under the auspices of ...: *The research was done under the auspices of Harvard Medical School.*

Australia *n* Australia —**Australij-czyk/ka** *n* Australian —**australijski** *adj* Australian

Austria *n* Austria —**Austria-k/czka** *n* Austrian —**austriacki** *adj* Austrian

autentycznie *adv* **1** *(naprawdę)* really, genuinely: *She doesn't really know what to do.* | *He genuinely believes in what he sells.* **2** *(w sposób zbliżony do oryginału)* authentically: *It's impossible for a European band to play the blues authentically.* **3 wyglądać autentycznie** look authentic/genuine: *This vase looks authentic to me.*

autentyczność *n* authenticity, genuineness: *to establish the painting's authenticity*

autentyczny *adj* **1** *(rzeczywisty)* genuine: *The reforms are motivated by a genuine concern for the disabled* (=są motywowane autentyczną troską o niepełnosprawnych). **2** *(oryginalny)* authentic, genuine: *It's either a genuine diamond or a very good fake* (=falsyfikat). **3** *(szczery)* genuine: *Dan's a real genuine guy.* THESAURUS GENUINE

autentyzm *n* authenticity

auto *n* car: **jeździć autem** go by car: *I go to work by car.* | **jestem autem** I came by car, I brought the car

autobiografia *n* autobiography THESAURUS BOOK —**autobiograficzny** *adj* autobiographical: *an autobiographical novel*

autobus *n* bus: *a school/city/tour bus* (=autobus szkolny/miejski/wycieczkowy) | *the number 69 bus* | **jeździć autobusem** go by bus: *I go to work by bus.* | **w autobusie** on a/the bus: *He's on a bus going to Las Vegas.* | *the man who was sitting behind me on the bus* | **wsiąść do autobusu** get on a/the bus | **wysiąść z autobusu** get off a/the bus | **kierowca autobusu** bus driver | **opłata za autobus** bus fare

autobusowy *adj* **przystanek autobusowy** bus stop | **dworzec autobusowy** bus station | **bilet autobusowy** bus ticket | **wycieczka autobusowa** bus tour

autograf *n* autograph: *Can I have your autograph?* | **z (czyimś) autografem** autographed (by sb): *an autographed photo of General Patton* | *a poster autographed by the skier Phil Mahre* | **poprosić kogoś o autograf** ask sb for an autograph

autokar *n* bus, coach *BrE*: **jechać autokarem** go by bus/coach *BrE*: *We went to Paris by coach.*

automat *n* **1 automat (telefoniczny)** pay phone: *I called her from a pay phone.* | **automat na żetony/karty** token-/card-operated pay phone **2 automat (do gier)** pinball/slot machine **3** *(do sprzedaży)* vending machine, dispenser, slot machine *BrE*: *Could you get me a Mars bar from the vending machine down the hall?* **4** *(pistolet)* automatic: *The criminal pulled a .45 automatic.* **5** *(maszyna)* machine: *a machine that fills the bottles* **6** *(robot)* automaton: *He behaves like an automaton.*

automatycznie *adv* **1** *(samoczynnie)* automatically: *The doors open automatically.* **2** *(bezwiednie)* automatically, mechanically: *"Of course," she replied automatically.* **3** *(tym samym)* automatically: *As a student you are automatically entitled to a grant.*

automatyczny *adj* **1** *(samoczynny)* automatic: **automatyczna skrzynia biegów** automatic transmission | **automatyczna sekretarka** answering machine | **automatyczny pilot** automatic pilot | **broń automatyczna** automatic weapons **2** *(bezwiedny)* automatic, mechanical: *It seems difficult to remember at first, but after a while it becomes automatic.* | *an automatic response* | *automatic bodily functions* **3** *(nieunikniony)* automatic: *Littering results in an automatic fine of $500* (=śmiecenie jest automatycznie karane grzywną w wysokości 500 dolarów).

automatyzacja *n* automation

automobil *n* (motor) vehicle

autonomia *n* autonomy: *local/regional/political autonomy* —**autonomiczny** *adj* autonomous: *an autonomous region/state*

autoportret *n* self-portrait

autopsja *n* **z autopsji** from experience: *I know this from experience: I also grew up as a fat kid.*

autor/ka *n* author: *Robert Louis Stevenson, the author of 'Treasure Island'.* | *the author of the plan* | **autor/ka kryminałów** crime writer

autorski *adj* **1 prawo autorskie** copyright: *Who owns the copyright of this book?* | *an infringement* (=naruszenie) *of copyright* **2 honorarium autorskie** royalties

autorstwo *n* authorship: **autorstwa ...** by ...: *a play by Shakespeare* | *the 'New World Symphony' by Dvorak* | **nieznanego autorstwa** of unknown authorship

autorytet *n* **1** *(poważanie)* authority: *None of us questioned* (=żadne z nas nie kwestionowało) *my father's authority.* | **mieć u kogoś autorytet/cieszyć się czyimś autorytetem** be respected by sb **2** *(ekspert)* authority: **+ w dziedzinie czegoś** on sth: *Professor Erikson is one of the world's leading authorities on tropical disease.*

autoryzować *v* **1** authorize, authorise *BrE* **2 autoryzowany dealer** authorized dealership **—autoryzacja** *n* authorization, authorisation *BrE*

autostop *n* hitchhiking: **podróżować autostopem** hitch, hitchhike **—autostopowicz/ka** *n* hitchhiker

autostrada *n* **1** motorway *BrE*, highway *AmE*, freeway *AmE*, expressway *AmE*: *the Ventura freeway* **2** *(płatna)* turnpike *AmE*: *the New Jersey Turnpike* THESAURUS ROAD

autyzm *n* autism **—autystyczny** *adj* autistic: *an autistic child*

awangarda *n* **1** *(w sztuce)* the avant-garde: *a member of the avant-garde* **2 być w awangardzie czegoś** be in the vanguard of sth: *In the 19th century, Britain was in the vanguard of industrial progress.* **—awangardowy** *adj* avant-garde: *an avant-garde play*

awans *n* promotion: **+ na (stanowisko) ...** *Your promotion to Senior Editor is now official.* | **dostać awans** get a promotion, be/get promoted | **dać komuś awans** promote sb

awansować *v* **1** be/get promoted: **+ na (stanowisko) ...** *Helen was promoted to senior manager.* **2 awansować kogoś** promote sb: *The president of the company promoted him to senior manager.*

awantura *n* **1** *(zakłócenie porządku)* trouble: **wywołać awanturę** cause/create trouble: *English fans have a reputation for causing trouble.* **2** *(kłótnia)* fuss: **zrobić awanturę** kick up/make a fuss: *Josie kicked up a fuss because she thought the soup she ordered was too salty.* **—awanturować się** *v* cause/create trouble **—awanturni-k/ca** *n* troublemaker

awaria *n* **1** failure: *engine failure* | *a failure in the computer system* **2** *(komputera)* crash

awaryjny *adj* **1** emergency, standby: *The hospital has a standby generator.* **2 wyjście awaryjne** emergency exit: *Emergency exits are clearly marked.* **3 awaryjne lądowanie** emergency/crash landing **4 światła awaryjne** *(w samochodzie)* hazard lights **5 w sytuacji awaryjnej** in an emergency (situation)

awatar *n* avatar

awersja *n* aversion: *Despite his aversion to publicity, Arnold was persuaded to talk to the press.* | **mieć awersję do czegoś** have an aversion to sth: *I have an aversion to housework.*

awokado *n* avocado

azbest *n* asbestos

Azja *n* Asia **—Azjat-a/ka** *n* Asian **—azjatycki** *adj* Asian

azot *n* nitrogen

azyl *n* asylum: **azyl polityczny** political asylum | **ubiegać się o azyl** seek asylum: *They fled Cuba* (=uciekli z Kuby) *to seek asylum in the United States.* | **otrzymać azyl** be granted (political) asylum **—azylant/ka** *n* refugee

aż *conj* **1** *(dopóki)* till: *We'd better wait till it stops raining* (=aż przestanie padać). | **aż do momentu/chwili/czasu, gdy** until: *We won't stop* (=nie spoczniemy) *until the job is finished.* **2** *(tak wiele)* as much/many as: *We have as many as 24 bottles of wine for the party.* **3 aż tu (nagle)** when suddenly: *... when suddenly there was a huge bang.* **4 aż do** as far as: *They went as far as Brighton.* | **aż do (samego) końca** to the very end **5 aż w końcu** when finally: *... when finally, to my relief, Garth brought up the subject of money.* **6 aż tak bardzo/źle itp.** so much/bad etc: *I didn't know you loved him so much.* **7 aż taki trudny/duży itp.** so difficult/big etc, as difficult/big etc as that: *How could I have been so stupid?* **8 aż strach pomyśleć** I shudder to think: *I shudder to think what they'll say when they see the mess the house is in.*

ażeby *conj* so that, in order to: *Sunlight is needed in order for photosynthesis to take place* (=ażeby mogła zachodzić fotosynteza). → patrz też ABY, ŻEBY

ażurowy *adj* openwork: *a beautiful openwork screen* (=parawan)

A

Bb

baba *n* **1** *(kobieta)* woman **2** *(tchórz)* coward

babcia *n* grandma, granny, gran *BrE*

babka *n* **1** *(krewna)* grandmother **2** *(dziewczyna)* girl **3** *(ciasto)* sponge cake, pound cake **4** *(z piasku)* mud pie

UWAGA: babka

Różnego rodzaju ciasta, które po polsku nazywamy „babką", nie mają swoich odpowiedników w krajach anglojęzycznych, dlatego też podane wyżej tłumaczenia to tylko przybliżenia.

babski *adj* women's: *women's magazines*

bachor *n* brat: *a spoilt* (=rozpieszczony) *brat*

baczki *n* whiskers, sideburns

bacznie *adv* **1** *(patrzeć)* intently: *I noticed her gazing intently at one of the photographs.* **2** *(słuchać)* intently, attentively

baczność *n* **1** **stać na baczność** stand at/to attention: *Waiters stood at attention, awaiting the command to pour the champagne.* | **baczność!** attention! **2** **mieć się na baczności** be on your guard: *Be on your guard - they always try to cheat tourists.*

baczny *adj* **1** *(spojrzenie)* intent: *an intent stare/look* **2** *(słuchacz)* attentive: *an attentive listener* **3** *(uwaga)* close, careful: **zwracać baczną uwagę na kogoś/coś** pay close/careful attention to sb/sth **4** **być bacznym na coś** be watchful for sth: *We were watchful for any signs of activity.* **5** **pod czyimś bacznym okiem** under sb's watchful eye: *operators working under the watchful eye of a supervisor*

baczyć *v* **1** **baczyć na coś** pay attention to sth **2** **baczyć, by** see that: *It's up to you to see that the job's done properly.* **3** **nie bacząc na** heedless of: *O'Hara rode on, heedless of danger.* | **nie bacząc (na to), że ...** heedless of the fact that ...

bać się *v* **1** *(czuć strach)* be frightened/scared: **bać się kogoś/czegoś** be afraid/scared of sb/sth: *Don't be afraid of the dog - he's quite harmless.* | *I've always been scared of mice.* | **bać się coś zrobić** be afraid/scared/frightened to do sth/of doing sth, fear to do sth: *Don't be afraid to ask for help.* | *Luke is afraid of going to bed in the dark.* | *I was frightened of being left by myself in the house.* | *Women feared to go out at night.* | **bać się, że ...** be scared/frightened that ...: *I was scared that they might tell the police.* THESAURUS FRIGHTENED **2** *(obawiać się)* be afraid: **bać się, że ...** be afraid (that) ...: *I'm afraid it may be too late.* | **bać się o kogoś/coś** be afraid for sb/sth: *She wasn't afraid for herself. Only for him.* | *They've been laying people off* (=zwalniają ludzi), *and Charlie is afraid for his job.* **3** **boję się myśleć, co/jak itp.** I hate to think what/how etc: *I hate to think what would have happened if you hadn't called the police.* **4** **nie bać się czegoś** *(dobrze coś znosić)* be resistant to sth: *This type of flu is resistant to antibiotics.* **5** **bój się Boga!** good God/heavens!

badacz/ka *n* **1** *(naukowiec)* researcher **2** *(podróżnik)* explorer

badać *v* **1** *(pacjenta, narząd)* examine: **badać sobie serce/płuca itp.** have your heart/lungs etc examined: *When did you last have your heart examined?* **2** *(analizować)* examine, study: *The court is examining the evidence.* | *Goodall studied the behaviour of gorillas in the wild.* THESAURUS STUDY **3** *(sprawdzać)* inspect, investigate: *The police are inspecting the damage.* →patrz też ZBADAĆ

badanie *n* **1** *(lekarskie)* examination: **badanie krwi** blood test | **badanie wzroku** eye test | **badanie kontrolne** check-up, medical *BrE*, physical *AmE* **2** **badania (naukowe)** research: **+nad czymś** on/into sth: *research into the causes of cancer* | *a breakthrough in AIDS research* (=przełom w badaniach nad AIDS) | **badania na zwierzętach** animal testing | **prowadzić badania** conduct research: *After graduating I want to conduct research into the causes of homelessness.* | **badania terenowe/w terenie** fieldwork **3** *(sprawdzanie)* investigation: *a full-scale investigation into the crash* (=przyczyn katastrofy) **4** **badanie opinii publicznej** opinion poll: *The latest opinion polls show the Social Democrats leading by 10%.* **5** **badanie rynku** market research

badawczo *adv* **patrzeć badawczo na kogoś/coś** scrutinize sb/sth: *James scrutinized the painting closely.*

badawczy *adj* **1** *(naukowy)* research: **ośrodek badawczy** research centre *BrE*, center *AmE* | **praca badawcza** research (work) **2** *(wzrok, spojrzenie)* intense: *She gave me an intense look.*

badminton *n* badminton

bagatelizować *v* trivialize, trivialise *BrE*, play down, downplay: *The article trivializes the whole issue of equal rights.* | *Officials are downplaying last month's drop in exports.*

bagaż *n* **1** luggage, baggage *AmE*: **bagaż podręczny** hand luggage | **przechowalnia bagażu** left luggage office *BrE*, checkroom *AmE* | **rejestracja bagażu** (luggage) check-in **2** **bagaż doświadczeń** emotional baggage: *Throw away all that emotional baggage and start living!*

bagażnik *n* **1** *(samochodowy)* boot *BrE*, trunk *AmE* **2** *(na dachu)* roof rack **3** *(rowerowy)* carrier

bagażowy *n* porter: *I hailed a porter and then a cab.*

bagietka *n* baguette

bagnet *n* bayonet

bagno *n* marsh, swamp, bog —**bagnisty** *adj* marshy, swampy: *swampy ground*

bajeczny *adj* fabulous: *a fabulous red dress* | *a fabulous price/sum* —**bajecznie** *adv* fabulously: *fabulously rich*

bajer *n* **1** **wstawić komuś bajer** give sb a (cock and bull) story: *Where were you? And don't give me any story about working late!* | *He gave me a cock and bull story about the glass being smashed by hailstones* (=grad). **2** **bajery** frills, bells and whistles *AmE*: *How about we add some frills* (=a może byśmy dodali trochę bajerów)? | *The new Jeep comes with all the bells and whistles.* | **bez żadnych bajerów** without/with no frills

bajka *n* **1** *(dla dzieci)* fairy tale: *Tell me a fairy tale, Mum.* **2** *(forma literacka)* fable: *the fable of the fox and the crow* —**bajkowy** *adj* fairy-tale: *a fairy-tale romance*

bajoro *n* swamp

bajt *n* byte

bak *n (na benzynę)* petrol tank *BrE*, gas tank *AmE*

bakalie *n* nuts and raisins

bakcyl *n* **złapać bakcyla** get the bug, be bitten by the bug: *They've all been bitten by the football bug.*

bakłażan *n* aubergine *BrE*, eggplant *AmE*

bakteria *n* bacterium: **bakterie** bacteria —**bakteryjny** *adj* bacterial: *a bacterial infection*

bal *n* ball: **bal przebierańców** fancy dress party/ball, costume ball | **bal maturalny** high school prom *AmE* | **na balu** at the ball THESAURUS PARTY

balansować *v* balance: *He turned around, balancing awkwardly on one foot.*

balast *n* ballast

baldachim *n* canopy

balet *n* ballet: *the Bolshoi ballet | Tchaikovsky wrote several famous ballets.* —**baletnica** *n* ballerina —**baletowy** *adj* ballet: *a ballet dancer*

balkon *n* **1** balcony **2** *(w teatrze)* balcony, circle *BrE*

ballada *n* ballad

balon *n* balloon —**balonik** *n* (toy) balloon

balować *v* have a party, party *AmE*: *They're having a party upstairs.*

balowy *adj* **sala balowa** ballroom

balsam *n* **1** balm **2 balsam kosmetyczny** lotion

balsamować *v* embalm: *Egyptian embalming techniques*

balustrada *n* balustrade: *a small balcony with a cast-iron* (=żeliwną) *balustrade*

bałagan *n* mess: *Clean up this mess!* | **narobić gdzieś bałaganu** make a mess in sth, mess sth up: *You can make cookies if you promise not to make a mess in the kitchen. | Who messed up the kitchen?* | **gdzieś jest/panuje bałagan** sth is (in) a mess: *The house was an awful mess after the party.*

Bałkany *n* the Balkans —**bałkański** *adj* Balkan

Bałtyk *n* the Baltic Sea —**bałtycki** *adj* Baltic

bałwan *n* **1** *(ze śniegu)* snowman: **ulepić bałwana** make a snowman **2** *(osoba)* idiot: *Some idiot drove into the back of the car.* **3** *(fala)* wave: *huge waves*

bambus *n* bamboo

banalny *adj* **1** banal, trite: *He asked me some rather banal questions.* **2** *(trywialny)* trivial: *I'm sorry to bother you with what must seem a trivial problem. | a trivial sum*

banał *n* cliché, banality: *The speech was full of clichés.*

banan *n* banana —**bananowy** *adj* banana (flavour)

banda *n* gang, pack: *a skinhead gang | a pack of thieves*

bandaż *n* bandage —**bandażować** *v* bandage

bandera *n* flag: *He sailed under the Spanish flag* (=pod hiszpańską banderą) *across the Atlantic.*

bandyta *n* **1** *(napadający ludzi na ulicy)* mugger: *He was robbed and beaten up by a mugger.* **2** *(terrorysta)* gunman

bandzior *n* gangster

banicja *n* banishment

bank *n* **1** bank: *The major banks have announced an increase in interest rates. | I have to go to the bank at lunch time.* | **bank centralny** central bank | **Bank Światowy** World Bank | **bank inwestycyjny** investment bank | **bank danych** data bank | **bank krwi** blood bank | **bank spermy/nasienia** sperm bank **2 na bank** for sure, you bet: *I'll be there, that's for sure. | "Going to the party on Saturday?" "You bet!"*

bankier *n* banker

bankiet *n* banquet

banknot *n* (bank)note *BrE*, bill *AmE*: *a ten-pound note | a five-dollar bill* THESAURUS MONEY

bankomat *n* cash machine, ATM, cashpoint *BrE*, cash dispenser *BrE*: **karta do bankomatu** cash card, bank card *AmE*

bankowość *n* banking

bankowy *adj* bank: **konto bankowe/rachunek bankowy** bank account | **kredyt bankowy** bank loan | **wyciąg bankowy** (bank) statement

bankructwo *n* bankruptcy: *an increase in bankruptcies* (=wzrost liczby bankructw) —**bankrut** *n* bankrupt —**bankrutować** *v* go bankrupt →patrz też ZBANKRUTOWAĆ

bańka *n* bubble: *soap bubbles*

bar *n* bar: **bar sałatkowy** salad bar | **bar szybkiej obsługi** snack bar | **przy barze** at the bar: *There were no free tables so they stood at the bar.*

barak *n* barrack

barakowóz *n* caravan *BrE*, wagon *AmE*

baran *n* **1** ram: *a ram with magnificent curved horns* **2 Baran** *(znak zodiaku)* Aries: *born under Aries* **3 na barana** piggyback: *My elder brother carried me piggyback.*

baranek *n* lamb: **Baranek Boży** the Lamb of God | **potulny jak baranek** (as) meek as a lamb

baranina *n* mutton

barbarzyńca *n* barbarian: *The barbarians conquered Rome.* —**barbarzyński** *adj* barbaric: *a barbaric act of terrorism | barbaric tribes* —**barbarzyństwo** *n* barbarity: *the barbarity of the Spanish conquistadors in America | The barbarities of the last war must not be repeated.*

barczysty *adj* broad-shouldered

bardziej *adv* **1** more: *more complicated | You'll have to be more careful* (=będziesz musiał bardziej uważać) *next time.* | **+ niż** than: *Businesses use computers more than they used to* (=bardziej niż kiedyś). | *It's her manner I dislike, more than what she actually says* (=bardziej niż to, co mówi). | **znacznie/o wiele bardziej** much/far/a lot more: *She cares much more for her dogs* (=o wiele bardziej zależy jej na jej psach) *than she does for me.* **2 a/ani tym bardziej** let alone: *These beds aren't big enough for one person, let alone two!* **3 tym bardziej że ...** especially that/as ...: *Mother wants them to be careful, especially as they work in difficult and distant areas.* **4 coraz bardziej** more and more: *As the disease worsened he found walking more and more difficult.* **5 bardziej ... niż ...** more ... than ...: *She's known more for her wild private life than her acting ability.*

bardzo *adv* **1** *(z przymiotnikami i przysłówkami)* very: *It's a very good book. | Thanks, that's very nice of you* (=to bardzo miło z twojej strony). | *It's very cold in the bedroom. | The traffic's moving very slowly this morning.* | **bardzo dużo** a great/good deal: *I have a great deal of work right now. | They travelled a good deal.* **2** *(z czasownikami)* very much: *I miss him very much* (=bardzo za nim tęsknię). | **jak bardzo** how much: *I know how much he likes Ann.* | **tak bardzo** so much: *I've so much looked forward to* (=tak bardzo czekałem na) *your visit. | I wanted to win so much that* (=tak bardzo, że) *I cheated.* | **za bardzo** too much: *You worry too much* (=za bardzo się przejmujesz). **3 nie (za) bardzo** not very/really: *"Was*

B

the play interesting?" "Not very." | *"Do you want to come along?" "Not really."* **4 bardzo dziękuję** thank you/thanks very much: *I feel a lot better today, thanks very much.* **5 proszę bardzo** *(nie ma za co)* you're welcome, not at all *BrE*: *"Thanks for the coffee." "You're welcome."* **6 bardzo mi miło** (it's) nice to meet you **7 bardzo mi przykro** I'm very sorry **8 i bardzo dobrze** good for you/her etc: *"I told him to go away and leave me alone." "Good for you."*

UWAGA: very

Nie należy używać wyrazu **very** z przymiotnikami i przysłówkami o intensywnym zabarwieniu, takimi jak **huge**, **essential**, **terribly**, **awfully** itp. Powiemy np.: *By the time I got home I was exhausted* (nie „very exhausted"). Nie można też użyć **very** z wyrażeniem rozpoczynającym się od przyimka. Nie powiemy więc „I'm very in love", tylko **I'm very much in love** (lub **I'm deeply in love**).

B

barek *n* drinks cabinet

bariera *n* barrier: *trade barriers* (=bariery celne) | *The mountains form a natural barrier between the two countries.* | **bariera językowa** language barrier | **bariera dźwięku** the sound barrier

barierka *n* barrier: *Crowds burst through the barriers and ran onto the pitch.*

bark *n* shoulder

barka *n* barge

barman *n* barman *BrE*, bartender *AmE*

barmanka *n* barmaid *BrE*, bartender *AmE*

barokowy *adj* baroque: *the baroque palace of Louis XVI* —**barok** *n* Baroque: *the Italian Baroque*

barometr *n* barometer

baron *n* baron —**baronowa** *n* baroness

barszcz *n* **1** borscht, beetroot soup **2 tani jak barszcz** dirt cheap

barwa *n* **1** *(kolor)* colour *BrE*, color *AmE* **2 barwy** *(klubu, kraju)* colours *BrE*, colors *AmE*: *The national colours of Italy are green, white, and red.* **3** *(dźwięku, głosu)* timbre: *the timbre of his voice*

barwić *v* →patrz ZABARWIĆ

barwnik *n* **1** dye: *red dye* **2 barwnik spożywczy** food colouring *BrE*, coloring *AmE*

barwny *adj* colourful *BrE*, colorful *AmE*: *a colourful display of flowers* | *a colourful life* | *a colourful character* (=postać) —**barwnie** *adv* vividly: *That period is vividly described in his autobiography.*

barykada *n* barricade

baryłka *n* barrel: *a barrel of beer* | *Oil was $30 a barrel* (=ropa kosztowała 30 dolarów za baryłkę).

baryton *n* baritone

bas *n* **1** bass **2** *(gitara basowa)* bass (guitar): **na basie** on bass: *The band features Willie Dixon on bass.*

baseball *n* **1** baseball: *We don't play baseball in Poland.* **2 piłka do baseballa** baseball

baseballowy *adj* **1 boisko baseballowe** ballpark **2 kij baseballowy** baseball bat

basen *n* swimming pool: *a house with a swimming pool* —**basenik** *n (dla dzieci)* paddling *BrE*, wading *AmE* pool

basowy *adj* bass: **gitara basowa** bass guitar

bastion *n* bastion: *the Academie Française, bastion of French culture*

baśń *n* (fairy) tale: *tales of far-off lands* —**baśniowy** *adj* fairy-tale

bat *n* whip: **strzelić z bata** crack a/the whip

batalia *n* battle

batalion *n* battalion

bateria *n* **1** battery: *I need some new batteries for my Walkman.* | **radio na baterie** battery-operated radio **2 bateria słoneczna** solar panel

baton *n także* **batonik** chocolate bar

UWAGA: baton

Angielski wyraz **baton** to nie nazwa wyrobu cukierniczego, tylko rzeczownik o znaczeniu „batuta", „pałka" (policyjna) lub „pałeczka" (sztafetowa).

batut *n* trampoline

batuta *n* **1** baton **2 pod batutą ...** conducted by ...: *the Saint Paul Chamber Orchestra conducted by Bobby McFerrin*

bawełna *n* **1** cotton **2 nie owijać w bawełnę** not beat about/around the bush: *Stop beating about the bush and tell me why you're here.* —**bawełniany** *adj* cotton: *a cotton shirt*

bawić *v* **1** *(śmieszyć)* amuse: *What amused me most was the thought of Martin in a dress.* | **coś kogoś nie bawi** sb doesn't find sth amusing **2** *(zabawiać)* entertain: *He entertained us with anecdotes.* **3** *(przebywać)* stay: *My mother is staying with us* (=bawi u nas) *this week.*

bawić się *v* **1** *(dzieci)* play: *The children ran off to play on the beach.* | **+czymś** with sth: *Go play with your new toys.* | **+z kimś** with sb: *He loves playing with his grandchildren.* | **bawić się w coś** play sth: *They were playing hide-and-seek* (=w chowanego). | *The boys were playing soldiers.* **2** *(na przyjęciu)* party: *All right! Let's party!* **3 dobrze się bawić** have fun, have a good time, enjoy yourself: *Thanks for the meal - we both had a really good time.*

bawół *n* buffalo

baza *n* **1** base: **baza danych** database | **baza lotnicza** air base | **baza wojskowa** military base **2 na bazie oleju itp.** with an oil base etc

bazar *n* bazaar

bazgrać *v* scrawl, scribble —**bazgroły** *n* scrawl

bazować *v* **bazować na czymś** be based on sth: *This theory is based on pure logic.*

bazylia *n* basil

bazylika *n* basilica: *the basilica of St Peter's*

bażant *n* pheasant

bąbel *n (pęcherz)* blister

bąbelek *n* bubble

bąk *n (zabawka)* top

bąknąć *v* mumble: *"Sorry," he mumbled, not knowing what else to say.*

beczeć *v* **1** *(owca, koza)* bleat **2** *(płakać)* blubber: *Stop blubbering!*

beczka *n* **1** *(na piwo, wino)* barrel: *barrels of beer* **2** *(na ropę, chemikalia)* drum: *dirty, green oil drums at the back of the yard* **3 piwo z beczki** beer on draught, draught beer

beczułka *n* cask: *a cask of rum*

befsztyk *n* beefsteak, steak: *I like my steak rare* (=krwisty).

bejsbol *n* →patrz BASEBALL

bejsbolówka *n* baseball cap

bekhend *n (w tenisie)* backhand

backhand

beknąć *v* burp

bekon *n* (back) bacon

bela *n* bale: *a bale of paper*

Belgia *n* Belgium —**Belg/ijka** *n* Belgian —**belgijski** *adj* Belgian

belka *n* beam, timber

bełkot *n* gibberish

bełkotać *v* babble: *I have no idea what he was babbling on about.*

benzyna *n* petrol *BrE*, gasoline *AmE*, gas *AmE*: **benzyna ołowiowa** leaded petrol | **benzyna bezołowiowa** unleaded/lead-free petrol | **benzyna wysokooktanowa** high-octane petrol

benzynowy *adj* **stacja benzynowa** petrol station *BrE*, gas station *AmE*

beret *n* beret

berło *n* sceptre *BrE*, scepter *AmE*

bestia *n* beast, brute: *Beauty and the Beast* | *Don't hit him, you brute!*

bestialstwo *n* savagery

bestseller *n* bestseller

beszamel *n* béchamel sauce

Betlejem *n* Bethlehem

beton *n* concrete —**betonowy** *adj* concrete: *a concrete floor*

bez[1] *prep* without: *I can't see anything without my glasses.* | *He left without saying goodbye.* | **nie bez ...** not without ...: *I feared for him, and not without reason* (=i nie bez powodu).

bez[2] *n* lilac

beza *n* meringue

bezalkoholowy *adj* non-alcoholic: *non-alcoholic beer* | **napoje bezalkoholowe** soft drinks, non-alcoholic beverages

bezbarwny *adj* colourless *BrE*, colorless *AmE*: *Water is a colourless liquid.* | *a colourless little man*

bezbłędny *adj* flawless, error-free: *a flawless English accent* | *a flawless performance* (=występ) —**bezbłędnie** *adv* flawlessly: *The equipment must operate flawlessly.*

bezbolesny *adj* painless: *A visit to the dentist should be quite painless.* | *a painless way to learn a foreign language* —**bezboleśnie** *adv* painlessly

bezbronny *adj* defenceless *BrE*, defenseless *AmE*, vulnerable: *a defenceless old lady* | *a vulnerable young child* | **bezbronny wobec czegoś** vulnerable to sth: *The fort was vulnerable to attack from the north.*

bezcelowy *adj* pointless, useless: *Life just seemed so pointless.* | *It was useless to complain.*

bezcen *n* **za bezcen** for a song, on the cheap: *He bought the house for a song five years ago.* | *They buy the cards on the cheap and sell them to tourists.*

bezcenny *adj* **1** *(drogocenny)* priceless: *priceless jewellery* THESAURUS VALUABLE **2** *(nieoceniony)* invaluable: *invaluable help* | **+ dla kogoś** to sb: *Your advice has been invaluable to us.*

bezceremonialny *adj* blunt: *Jan was straightforward and blunt as always.* —**bezceremonialnie** *adv* bluntly: *"You've drunk too much," she said bluntly.* —**bezceremonialność** *n* bluntness

bezchmurny *adj* cloudless: *The sky is cloudless.* | *a cloudless summer day*

bezcłowy *adj* duty-free, tariff-free: *a duty-free shop* | *tariff-free imports*

bezczelny *adj* **1** impertinent, insolent, impudent: *The question about her age was very impertinent.* | *You insolent child!* | *impudent remarks* **2** *(dziecko, uczeń)* cheeky *BrE*: *Don't be so cheeky!* THESAURUS RUDE —**bezczelnie** *adv* impertinently, insolently, impudently, cheekily *BrE*: *to stare* (=gapić się) *impertinently* —**bezczelność** *n* impertinence, insolence, impudence, cheekiness *BrE*

bezczynnie *adv* idly: *We cannot stand idly by* (=stać bezczynnie z boku) *while people starve in the streets.* | **stać/siedzieć bezczynnie** sit/stand around: *We used to just sit around for hours watching TV.* —**bezczynność** *n* idleness, inactivity

bezdomny *adj* homeless: *homeless children* | **bezdomni** the homeless

bezdroża *n* wilderness: **po bezdrożach** through the wilderness: *through the wilderness of Connecticut*

bezduszny *adj* callous, inconsiderate: *We were shocked at the callous disregard for* (=bezduszne lekceważenie) *human life.* | *It was inconsiderate of him* (=z jego strony) *to keep us waiting like that.* —**bezduszność** *n* callousness

bezdzietny *adj* childless: *a childless couple*

bezdźwięczny *adj* voiceless: *a voiceless consonant* (=spółgłoska)

bezgłośny *adj* noiseless —**bezgłośnie** *adv* noiselessly: *The door closed noiselessly behind her.*

bezgraniczny *adj* boundless: *boundless faith/joy/contempt* —**bezgranicznie** *adv* completely: *We trust her completely.*

bezimienny *adj* nameless, anonymous: *the work of a nameless 13th century writer*

bezinteresowny *adj* selfless: *selfless devotion to their work* —**bezinteresownie** *adv* selflessly —**bezinteresowność** *n* selflessness

bezkarny *adj* unpunished —**bezkarnie** *adv* with impunity: *organized crime that operated with impunity* —**bezkarność** *n* impunity

bezkofeinowy *adj* decaffeinated

bezkompromisowy *adj* uncompromising: *an uncompromising opponent of democratic reform* —**bezkompromisowość** *n* firmness

bezkonkurencyjny *adj* unbeatable, unsurpassed: *unbeatable prices* | *Her knowledge of the subject is unsurpassed.*

bezkrwawy *adj* bloodless: *a bloodless coup* (=zamach stanu)

B

bezkrytyczny *adj* uncritical: **+wobec** *John's mother is totally uncritical of his behaviour.* —**bezkrytycznie** *adv* uncritically

bezkształtny *adj* formless, shapeless, amorphous: *a shapeless mass*

bezlitosny *adj* merciless, pitiless: *a merciless attack on a defenceless village* | *a pitiless dictator* —**bezlitośnie** *adv* mercilessly, pitilessly

bezludny *adj* **1** uninhabited: *an uninhabited region* **2 bezludna wyspa** desert island

B

bezładny *adj* disorderly: *He left his clothes in a disorderly heap.* —**bezładnie** *adv* chaotically, helter-skelter

bezmyślny *adj* **1** *(zajęcie, rozrywka)* mindless: *a completely mindless task* | *mindless game shows on TV* **2** *(człowiek, postępowanie)* thoughtless: *It's so thoughtless of John to smoke when there's a baby around.* **3 bezmyślny wyraz twarzy/uśmiech** vacant expression/smile —**bezmyślnie** *adv* mindlessly, thoughtlessly —**bezmyślność** *n* mindlessness, thoughtlessness

beznadziejny *adj* hopeless: *a hopeless task* | **w beznadziejnym stanie** in a hopeless state/condition —**beznadziejnie** *adv* hopelessly —**beznadziejność** *n* hopelessness —**beznadzieja** *n* hopeless case: *It's a hopeless case.*

beznamiętny *adj* impassive: *Oscar's face remained impassive throughout the trial.* —**beznamiętnie** *adv* impassively: *soldiers with impassively cold faces*

bezokolicznik *n* infinitive

bezołowiowy *adj* unleaded: **benzyna bezołowiowa** unleaded petrol *BrE*, gasoline *AmE*

bezowocny *adj* fruitless: *a fruitless attempt to settle the dispute* | *So far, their search has been fruitless.* —**bezowocnie** *adv* fruitlessly

bezpański *adj* **bezpański pies/kot** stray dog/cat

bezpartyjny *adj* independent: *an independent Congressman*

bezpieczeństwo *n* **1** safety, security: *The company seemed totally unconcerned about the safety of its workers.* | **bezpieczeństwo narodowe/państwa** national/state security | **dla bezpieczeństwa** for safety's sake: *We travelled in pairs, for safety's sake.* | **dla własnego bezpieczeństwa** for your own safety: *For your own safety please do not smoke inside the plane.* | **ze względów bezpieczeństwa** for reasons of security, for security reasons: *For reasons of security, all luggage must be searched.* | **środki bezpieczeństwa** safety measures/precautions, security measures/precautions: *The accident would never have happened if safety precautions had been followed.* | *Strict security measures were in force* (=obowiązywały zaostrzone środki bezpieczeństwa) *during the President's visit.* **2 służba bezpieczeństwa** secret police **3 siły bezpieczeństwa** security forces: *UN Security Forces* **4 Rada Bezpieczeństwa** Security Council **5 pas bezpieczeństwa** seat belt, safety belt **6 zawór bezpieczeństwa** safety valve **7 kaftan bezpieczeństwa** straitjacket, straightjacket

bezpiecznie *adv* safely: *Drive safely!* | *I think we can safely assume that she will pass the exam.*

bezpiecznik *n* fuse: *Suddenly, a fuse blew* (=przepalił się/wyskoczył bezpiecznik) *and the whole house went dark.*

bezpieczny *adj* **1** *(nie stanowiący zagrożenia)* safe: *Flying is one of the safest forms of travel.* | *Don't go too near the edge – it isn't safe.* | *Is it safe to swim here?* **2** *(niezagrożony)* safe, secure: *Will you feel safe in the house on your own?* | *Keep the receipt in a safe place.* | *They prayed for their father's safe return.* **3** *(bez ryzyka)* safe: *a safe investment* | *a safe method of contraception* (=bezpieczna metoda antykoncepcji) | *a safe subject* | *safe sex*

bezpieka *n* secret police

bezpłatnie *adv* free of charge, (for) free: *You may park here free of charge after 6 p.m.* | *They let me have these extra bottles for free.* | *This card allows you to travel free for a month.*

bezpłatny *adj* free, complimentary: *We were given a free lunch with lots of wine.* | *The soft drinks are free, but you have to pay for the beer.* | *We've got two complimentary tickets for the Barcelona match.*

bezpłciowy *adj* **1** *(w biologii)* asexual: *asexual reproduction* **2** *(nijaki)* dull: *a dull young man*

bezpłodny *adj* infertile, sterile: *an infertile woman* —**bezpłodność** *n* infertility, sterility

bezpodstawny *adj* unfounded, groundless: *unfounded fears* (=obawy) | *Fortunately my suspicions proved groundless.* | **czyjeś zarzuty itp. są bezpodstawne** sb's accusations etc are without foundation/have no foundation

bezpośredni *adj* **1** *(dostęp, nadzór itp.)* direct: *Can we have direct access to the information on file?* | *She has direct control over the business.* **2** *(trasa, lot itp.)* direct: *Which is the most direct route to London?* | *We can get a direct flight to New York.* | **bezpośredni pociąg** through train: *a through train to Glasgow* **3** *(skutek, efekt)* direct, immediate: *Over 100 people have died as a direct result* (=w bezpośrednim następstwie) *of the fighting.* **4** *(człowiek, rozmowa itp.)* straightforward, direct: *Jack is straightforward and fair.* | *It's best to be direct with children when someone in the family dies.* **5** *(przyszłość)* immediate: *plans for the immediate future* **6 w bezpośredniej bliskości** in close proximity: *The new housing estate is in close proximity to a nuclear power station.*

bezpośrednio *adv* **1** *(bez pośrednictwa)* directly, direct: *The new law won't directly affect us* (=nie dotknie nas bezpośrednio). | *I know where you can get that direct(ly) from the manufacturers* (=od producenta). | *Esther decided to contact the manager directly.* **2** *(w prostej linii)* directly, direct: *Can we fly direct to Chicago, or do we stop in Salt Lake City first?* **3** *(natychmiast)* immediately: *The baby was given up for adoption immediately after birth.*

bezpowrotnie *adv* irretrievably: *irretrievably lost* | *Time escapes irretrievably.*

bezprawie *n* anarchy, lawlessness

bezprawny *adj* illegitimate, unlawful: *illegitimate use of public funds* | *It is unlawful for an employer to discriminate against any employee.* —**bezprawnie** *adv* wrongfully: *wrongfully accused of theft*

bezprecedensowy *adj* unprecedented: *an unprecedented event* | *the unprecedented success of Mitchell's work*

bezprzewodowy *adj* **1** cordless: *a cordless phone* **2 sieć bezprzewodowa** wireless network

bezradny *adj* helpless: *Why is he so helpless?* | *Without proper defences we'd be helpless against* (=wobec) *an enemy attack.* —**bezradnie** *adv* helplessly —**bezradność** *n* helplessness

bezrobocie *n* unemployment: **wysokie/niskie bezrobocie** high/low unemployment

bezrobotny[1] *adj* unemployed, jobless: *unemployed teachers | a jobless mother of five*

bezrobotny[2] *n* unemployed person: **bezrobotni** the unemployed: *40 percent of the unemployed*

bezruch *n* stillness

bezsenność *n* sleeplessness, insomnia: **cierpieć na bezsenność** suffer from insomnia —**bezsenny** *adj* sleepless: *sleepless nights*

bezsens *n* **1** *(bezsensowność)* meaninglessness, pointlessness, senselessness: *the pointlessness of war* **2** *(bzdura)* nonsense: *It's nonsense!*

bezsensowny *adj* meaningless, pointless, senseless: *a meaningless existence | a pointless waste of money | the senseless death of a young girl | senseless violence*

bezsilny *adj* impotent, powerless: *Emergency services seem almost impotent in the face of such a disaster. | impotent rage* (=wściekłość) | **bezsilny wobec czegoś** powerless against sth: *The people were powerless against the might of the invading army.* —**bezsilność** *n* powerlessness, impotence

bezskuteczny *adj* ineffective, unsuccessful: *The various treatments for AIDS have so far proved ineffective.* —**bezskutecznie** *adv* unsuccessfully, in vain: *I tried in vain to get Sue to come with us.*

bezsporny *adj* indisputable: *The evidence was indisputable.* —**bezspornie** *adv* indisputably: *He was indisputably in the wrong* (=bezspornie nie miał racji).

bezsprzeczny *adj* indisputable, unquestionable: *an indisputable proof of her victory | the unquestionable leader* —**bezsprzecznie** *adv* indisputably, unquestionably: *He was indisputably right* (=miał rację). | *Caffeine unquestionably alters brain function* (=wpływa na pracę mózgu).

bezstronny *adj* impartial: *an impartial observer* —**bezstronnie** *adv* impartially —**bezstronność** *n* impartiality

bezszelestnie *adv* noiselessly: *The door closed noiselessly behind her.*

beztłuszczowy *adj* fat-free: *fat-free yoghurt*

beztroski *adj* **1** *(przyjemny)* carefree: *She lives an entirely carefree life.* **2** *(niepoważny)* light-hearted, happy-go-lucky: *a light-hearted comedy | a happy-go-lucky kind of person* —**beztrosko** *adv* blithely: *They blithely ignored the danger.* —**beztroska** *n* light-heartedness

bezustanny *adj* incessant, perpetual: *The child's incessant talking started to irritate her. | The perpetual arguments led to the divorce.* —**bezustannie** *adv* incessantly, perpetually

bezużyteczny *adj* useless: *This bag is useless - it has a hole in it. | a useless piece of information*

bezwartościowy *adj* worthless: *a completely worthless exercise*

bezwarunkowy *adj* unconditional: *the unconditional release* (=zwolnienie) *of all political prisoners* | **bezwarunkowa kapitulacja** unconditional surrender —**bezwarunkowo** *adv* unconditionally

bezwiednie *adv* thoughtlessly: *He was thoughtlessly fiddling with* (=bawił się) *his car keys.*

bezwład *n* **1** *(brak aktywności)* inertia: *After many successes a period of inertia set in.* **2** *(paraliż)* paralysis

bezwładny *adj* inert, limp: *an inert form lying on the bed | His hands were limp, without strength.* —**bezwładnie** *adv* inertly —**bezwładność** *n* inertia

bezwolny *adj* submissive: *the stereotype of the submissive Oriental woman*

bezwonny *adj* odourless *BrE*, odorless *AmE*

bezwstydny *adj* shameless, unashamed: *a shameless liar | They lay unashamed in each other's arms.* —**bezwstydnie** *adv* shamelessly, unashamedly

bezwzględnie *adv* **1** *(okrutnie)* ruthlessly: *They were ruthlessly slaughtered by the army.* **2** *(absolutnie)* absolutely: *absolutely necessary* **3 bezwzględnie zabroniony** strictly forbidden

bezwzględny *adj* **1** *(okrutny)* ruthless: *a ruthless dictator* **2** *(zakaz itp.)* strict, total: *a total ban on smoking in the office* **3** *(absolutny)* absolute: **wartość bezwzględna** absolute value | **zero bezwzględne** absolute zero | **bezwzględna większość** absolute/overall majority —**bezwzględność** *n* ruthlessness

bezzałogowy *adj* unmanned: *an unmanned spacecraft*

bezzasadny *adj* unfounded, unjustified: *unfounded fears* (=obawy) | *I think your criticisms of* (=słowa krytyki pod adresem) *Mr Ward are completely unjustified.*

bezzębny *adj* toothless

bezzwłocznie *adv* immediately, without delay

beżowy *adj* beige: *a beige costume* —**beż** *n* beige

bęben *n* drum

bębenek *n* **1** drum **2 bębenki (w uszach) mi pękają** I can't stand that noise

bębnić *v* drum: *Rain drummed on the windows. | Drumming your fingers can be a sign of anxiety* (=oznaką niepokoju). —**bębnienie** *n* drum, drumming: *the steady drum of the rain on the window*

bękart *n* bastard

biada *interj* **biada temu, kto ...** woe betide anyone who ...: *Woe betide anyone who smokes in our house!*

biadać *v* **biadać nad kimś/czymś** lament over sb/sth: *lamenting over her lack of success*

białaczka *n* leukemia, leukaemia *BrE*

białko *n* **1** *(część jajka)* white: *Fold the whipped* (=ubite) *egg whites gently into the mousse. Place in the fridge.* **2** *(substancja)* protein: *proteins, fats and carbohydrates*

biało *adv* **pomalować coś na biało** paint sth white | **ubrany na biało** dressed in white | **na dworze jest biało** it is white (with snow) outside

Białoruś *n* Belarus —**Białorusin/ka** *n* Belorussian —**białoruski** *adj* Belorussian

biały *adj* **1** white: **biały jak śnieg** (as) white as snow: *skin as white as snow* | **biały jak kreda/płótno** (as) white as a sheet: *Bill went white as a sheet when he saw the dead body.* **2 białe wino** white wine **3 biały ser** curd cheese **4 Biały Dom** the White House **5 w biały dzień** in broad daylight **6 czarno na białym** in black and white **7 do białego rana** till dawn —**białość** *n* whiteness

biał-y/a *n* white person: **biali** whites: *The party got a lot of support from the whites.*

Biblia *n* the Bible —**biblijny** *adj* biblical

bibliografia *n* bibliography

biblioteczka *n* bookcase

biblioteka *n* library: *I need to borrow some books from the library.* | *a public library* | *the university library*

biblioteka-rz/rka *n* librarian

bibuła *n* blotting paper

bibułka *n* tissue (paper)

biceps *n* biceps

UWAGA: biceps
Rzeczownik **biceps** ma identyczną formę w liczbie pojedynczej i mnogiej.

B

bicie *n* **1 bicie serca** heartbeat **2 (zrobić coś) bez bicia** (do sth) voluntarily

bicz *n* whip

biczować *v* whip

bić *v* **1 bić kogoś** beat/hit sb: *In those days children were often beaten at school.* | *Mom, she keeps hitting me!* | **+czymś** with sth: *They used to hit the kids with a leather belt.* **2 bić czymś w coś** hit/strike sth with sth: *He kept striking the table with his fist.* **3 bić o coś** beat against/on sth: *Waves beat against the cliffs.* | *We could hear the rain beating on the roof.* **4** *(serce)* beat: *He's still alive - I can feel his heart beating.* **5** *(zegar)* strike (the hour), chime: **bić pierwszą/drugą itp.** strike/chime one/two etc: *The grandfather clock is chiming six.* **6** *(dzwon)* chime **7** *(woda)* gush: *water gushing from the broken pipe* **8** *(zapach)* emanate: *Delicious smells emanated from the kitchen.* **9 bić w oczy** be self-evident: *The gradual destruction of the environment is self-evident.* **10 bić rekordy** break/beat records →patrz też **bić na alarm** (ALARM), **bić brawo** (BRAWO), →patrz też ZBIĆ

UWAGA: beat
Czasownik **beat** odmienia się nieregularnie: **beat**, **beat**, **beaten**.

bić się *v* **1** fight: *Two guys were fighting in the street outside the bar.* | **+z kimś** with sb: *Phil was fighting with Ryan in the playground.* | **+o coś** about/over sth: *two dogs fighting over a bone* **2 bić się w piersi** beat your breast

biec *v* **1** run: *I had to run to catch the bus.* | *Owen is running in the 200 metres.* **2 biec za kimś/czymś** run after sb/sth, chase sb/sth **3** *(droga)* run, pass: **+wzdłuż czegoś/przez coś itp.** along sth/through sth etc: *The road runs along a valley.* | *The new road passes immediately behind the theatre.* **4** *(czas)* pass, go by: *Time goes by so quickly these days.*

bieda *n* **1** *(ubóstwo)* poverty: **w biedzie** in poverty: *Thousands of children live in poverty.* **2** *(kłopot)* trouble: **bieda w tym, że ...** the trouble is, ...: *The trouble is, I can't find it anywhere.* **3 pół biedy, jeśli ...** it's not too bad if ...

bieda-k/czka *n* poor thing: *You poor thing, it must have been so hard for you.*

biedny *adj* **1** poor: *Her family were so poor they couldn't afford to buy her new clothes.* | *Ethiopia is one of the poorest countries in the world.* THESAURUS POOR **2 biedni** the poor: *a charity that distributes food to the poor*

biedronka *n* ladybird *BrE*, ladybug *AmE*

bieg *n* **1** *(bieganie)* run, running: **biegiem** at a run: *Sarah left the house at a run.* **2** *(wyścig)* race: *a 100-metre race* (=bieg na 100 metrów) | **bieg przez płotki** hurdles: *the 400 metres hurdles* | **bieg z przeszkodami** steeplechase **3** *(w aucie)* gear: **pierwszy/drugi bieg** first/second gear | **zmieniać biegi** change gear | **wrzucić trzeci bieg** change into third gear | **wsteczny bieg** reverse (gear): *Put the car in reverse* (=wrzuć wsteczny bieg). **4 w biegu** on the run: *It's not good for you to have breakfast on the run every day.* **5 z biegiem czasu** in the course of time: *The situation will improve in the course of time.* | **z biegiem lat** year by year: *Year by year their business grew.* **6 z biegiem rzeki** downstream: *a boat drifting downstream*

biegacz/ka *n* runner: *a long-distance runner*

biegać *v* **1** run (around): *The children were running around in the garden.* **2** *(uprawiać biegi)* jog: *You can often see them jogging along the beach.*

bieganie *n* running, jogging

biegle *adv* **1 mówić biegle po angielsku** speak fluent English, speak English fluently **2 pisać biegle na maszynie** be a good typist

biegłość *n* proficiency: **+w czymś** in sth: *a high level of proficiency in grammar*

biegły *adj* **1** proficient, expert: *a proficient typist* | *an expert swimmer* | **+w czymś** in/at sth: *Martha's proficient in Swedish.* **2 biegła znajomość czegoś** proficiency in sth: *proficiency in English* —**biegły (sądowy)** *n* expert (witness)

biegun *n* **1** pole: *Amundsen's expedition was the first to reach the pole.* | *the magnetic pole* | **biegun północny/południowy** the North/South Pole **2 fotel na biegunach** rocking chair **3 koń na biegunach** rocking horse

biegunka *n* diarrhoea *BrE*, diarrhea *AmE*

biel *n* white, whiteness: *the white of his shirt* | *the whiteness of the snow*

bielić *v* **1** *(ścianę)* whitewash **2** *(bieliznę)* bleach

bielizna *n* **1** *(osobista)* underwear, underclothes **2** *(pościelowa)* bed linen

biernik *n* accusative

bierny *adj* **1** passive: *Watching TV is a largely passive activity.* **2 strona bierna** the passive (voice) **3 imiesłów bierny** past participle —**biernie** *adv* passively: *waiting passively for a job* —**bierność** *n* passivity: *intellectual passivity in daily life*

bierzmowanie *n* confirmation

biesiada *n* merry-making

bieżąco *adv* **1 robić coś na bieżąco** do sth straight away *BrE*, right away *AmE*: *She pays all her bills straight away.* **2 być na bieżąco z czymś** keep up with sth, keep in touch with sth: *It's hard to keep up with the changes in computer technology.* | *Through the media we are able to keep in touch with events on the other side of the world almost as they happen.* | **nie być na bieżąco z czymś** be out of touch with sth: *The government is out of touch with public opinion on this issue.*

bieżący *adj* **1** *(aktualny)* this, current: *this year* | *the current month* **2** *(doraźny)* immediate: *She gave me £200 for immediate expenses.* **3 bieżąca woda** running water **4 rachunek bieżący** current *BrE*, checking *AmE* account

bieżnia *n* track: *the final lap* (=ostatnie okrążenie) *of the track*

bieżnik *n* *(na oponie)* tread

bijatyka *n* brawl: *a drunken brawl in the street*

bikini *n* bikini

bilans *n* **1** balance: **dodatni/ujemny bilans** positive/negative balance | **bilans handlowy** balance of trade |

bilans płatniczy balance of payments **2** *(zestawienie)* balance sheet

bilard *n* **1** billiards, pool **2 bilard elektryczny** pinball **—bilardowy** *adj* billiard: *a billiard table* | *the billiard room*

bilet *n* ticket: **bilet powrotny** return (ticket) *BrE*, round-trip ticket *AmE*: *Since February 22, passengers buying a cheap day return have been able to get a second ticket for £1.* | **bilet w jedną stronę** single (ticket) *BrE*, one-way ticket *AmE* | **bilet normalny** full-fare ticket | **bilet ulgowy** half-fare/low-fare ticket | **bilet okresowy** season ticket | **bilet elektroniczny** e-ticket

biletowy *adj* **kasa biletowa a)** *(na dworcu)* ticket office, booking office *BrE* **b)** *(w teatrze itp.)* box office

bilingwalny *adj* bilingual

bilion *n* trillion

billboard *n* billboard, hoarding

bilon *n* change: **w bilonie** in change: *I have about a dollar in change.*

bimber *n* moonshine

binarny *adj* binary: *the binary system*

bingo *n* bingo

biochemia *n* biochemistry **—biochemi-k/czka** *n* biochemist **—biochemiczny** *adj* biochemical

biodro *n* hip: *a hip replacement operation*

biografia *n* biography: *Boswell's biography of Dr Johnson* THESAURUS BOOK **—biograficzny** *adj* biographical **—biograf/ka** *n* biographer

biologia *n* biology **—biologiczny** *adj* biological **—biologicznie** *adv* biologically **—biolo-g/żka** *n* biologist

biopaliwo *n* biofuel

biorca *n* recipient: *More and more heart transplant recipients live long after their operations.*

biosfera *n* biosphere

biotechnologia *n* biotechnology

bis *n* encore: *The audience demanded an encore.* | **bis!** encore!

biseksualist-a/ka *n* bisexual **—biseksualny** *adj* bisexual

biskup *n* bishop: *the Bishop of Durham*

bistro *n* bistro

biszkopt *n* sponge cake

bit *n* bit: *a 32-bit* (=trzydziestodwubitowa) *application*

bitwa *n* **1** battle: *the Battle of Trafalgar* **2 pole bitwy** battlefield

bity *adj* **1 bita śmietana** whipped cream **2 przez bite dwa miesiące/trzy tygodnie itp.** for two months/three weeks etc solid

biuletyn *n* bulletin, newsletter

biurko *n* desk: **przy biurku** at the/your desk | **za biurkiem** behind the/your desk: *By two o'clock he's back behind his desk and working.* | **zza biurka** from behind the/your desk: *He got up from behind his desk to greet me and seat me in the chair facing him.*

biuro *n* **1** *(miejsce pracy)* office: *The company is moving to new offices in central London.* | **w biurze** at the office: *I must have left my keys at the office.* **2** *(instytucja)* bureau: *the Federal Bureau of Investigation* **3 biuro podróży** travel agency **4 biuro matrymonialne** marriage bureau **5 biuro pośrednictwa pracy** employment agency/bureau, job centre *BrE* **6 biuro rzeczy znalezionych** lost-and-found, lost property (office) *BrE* **7 telefoniczne biuro obsługi klienta** call centre *BrE*, call center *AmE*

biurokracja *n* bureaucracy: *plans to eliminate unnecessary bureaucracy* **—biurokratyczny** *adj* bureaucratic **—biurokrat-a/ka** *n* bureaucrat

biurowiec *n* office building

biurowy *adj* clerical: *a clerical job*

biust *n* bust, bosom

biustonosz *n* bra

biwak *n* camping: *camping equipment* (=sprzęt biwakowy) | **pojechać na biwak** go camping: *We went camping in the mountains last weekend.* **—biwakować** *v* camp: *We'll camp by the river for the night, and move on tomorrow.*

biznes *n* **1** *(działalność)* business: *Students on the course learn about all aspects of business.* | **zajmować się biznesem** be in business: *Most of my family are in business.* | **świat biznesu** the business community/world: *The policy is backed by the international business community.* **2** *(firma)* business: **założyć swój (własny) biznes** start your own business: *Paul has decided to start his own business.* | **prowadzić biznes** run a business: *Mrs Taylor runs a printing business.* **3 (to) nie twój biznes!** (it's) none of your business!: *I know it's none of my business, but what did you decide?*

biznesmen *n* businessman

biznesplan *n* business plan

bizneswoman *n* businesswoman

bizon *n* bison, buffalo

biżuteria *n* jewellery *BrE*, jewelry *AmE*: *a piece of jewellery*

jewellery

earrings

necklace

ring

bracelet

blacha *n* **1** sheet metal **2** *(do pieczenia)* baking tray/sheet

blady *adj* pale: *a pale face* | *pale blue* (=bladoniebieskie) *curtains* | *the pale light of early morning* | **blady ze strachu/złości** pale with fear/anger | **blady jak kreda/ściana** (as) white as a sheet: *Don't be so nervous. You're white as a sheet.*

blaknąć *v* → patrz WYBLAKNĄĆ

blankiet *n* (blank) form: *Fill in* (=wypełnij) *the form and send it back with your cheque.*

UWAGA: blankiet i blanket

Blanket to nie „blankiet", tylko „koc".

blask *n* **1** *(złota, klejnotów)* glitter: *the glitter of his gold cigarette case* **2** *(słońca)* glare: *the harsh* (=ostry) *glare of the desert sun* **3 przy blasku świec** by candlelight **4 w blasku księżyca** by/in the light of the moon

5 w pełnym blasku in all its glory: *Wild flowers in all their glory carpeted the meadow.* **6 w blasku sławy** in a blaze of glory/publicity: *Our team finished the season in a blaze of glory, winning the championship with ease.* **7 blaski i cienie** the ups and downs: *the ups and downs of owning your own home*

blaszany *adj* **1** tin: *a tin mug/box/roof* **2 instrumenty blaszane** brass instruments

blaszka *n* strip of metal

B

blat *n* **1** *(stołu)* top: *a glass top* **2** *(kuchenny)* work-surface, worktop *BrE*, counter *AmE*: *Just leave the keys on the kitchen counter.*

blednąć *v* pale: *This year's profits pale in comparison to last year's.*

blef *n* bluff: *His threat to fire me* (=pogróżka, że mnie wyleje) *was a bluff.* —**blefować** *v* bluff: *Don't believe her - she's bluffing.*

blichtr *n* glamour *BrE*, glamor *AmE*: *Young actors are often dazzled by the glamour of Hollywood.*

bliski *adj* **1** *(w przestrzeni)* near, close: *How far is the nearest town?* | *The shops on Roland Way are the closest.* | **w bliskim sąsiedztwie** in close proximity: *The new housing estate* (=osiedle) *is in close proximity to a nuclear power station.* **2 z bliska a)** *(przyglądać się, wyglądać)* close up, up close: *When I saw her close up I realised she wasn't Jane.* | *I want to look at the picture up close.* **b)** *(strzelać itp.)* at close range: *The victim had been shot at close range.* **3** *(w czasie)* near: *The end is near.* **4** *(przyjaciel, związek itp.)* close: *a close friend/friendship/relationship* | **bliski krewny** close relation/relative | **X jest bliski Y** Y feels close to X: *I feel close to my sister* (=moja siostra jest mi bliska). | **oni są sobie bardzo bliscy** they are very close | **coś jest komuś bliskie** sth is dear to sb: *the sight of all these objects so dear to him* | **w bliskim kontakcie (z kimś)** in close contact (with sb): *students in close contact with their teacher* | **być w bliskich stosunkach z kimś** be on intimate terms with sb: *She's on intimate terms with important people in the government.* **5** *(dokładny)* close: **po bliższym zbadaniu/przyjrzeniu się** on closer inspection, under closer scrutiny: *On closer inspection, the scrap of paper turned out to be a £20 note.* **6 być bliskim płaczu/śmierci/rozpaczy** be close to tears/death/despair: *Sarah was trembling, and close to tears.* | **być bliskim zrobienia czegoś** be close to doing sth: *The two countries are close to signing a peace agreement.* **7 bliski zera/zeru** close to zero: *The country's growth rate* (=przyrost naturalny) *is close to zero.* **8 bliski prawdy** near to the truth: *It seems that his diaries are as near to the truth as we'll ever get.* **9 Bliski Wschód** the Middle/Near East →patrz też NAJBLIŻSZY

blisk-i/a *n* *(bliska osoba)* loved one: *different sorts of problems associated with losing a loved one* | *Thousands of people lost their loved ones in the terrorist attack.*

blisko *adv* **1** *(w przestrzeni)* near, close: *Don't come any nearer - I have a gun.* | *Bob was standing close enough to hear what they said.* | **blisko kogoś/czegoś** close to sb/sth, near (to) sb/sth: *They chose a spot close to the river for their picnic.* | *Their school is near Bobby's father's house.* | *Don't sit too near to the screen.* | **blisko siebie** close together: *Three men were standing very close together on the corner.* | **trzymać się blisko siebie** stay/keep close: *We must all stay close together.* THESAURUS NEAR **2** *(w czasie)* close: *Your birthday's close to mine.* **3** *(ściśle)* closely: **blisko spokrewniony** closely related | **blisko związany z kimś/czymś** closely connected with sb/sth

bliskość *n* **1** *(w przestrzeni)* nearness, closeness, proximity: *Proximity to a good school is important.* **2** *(zażyłość)* closeness, intimacy

blizna *n* scar

bliźni *n* our fellow man, neighbour *BrE*, neighbor *AmE*: *We must all help our fellow man.* | *Love thy neighbour as thyself* (=kochaj bliźniego swego jak siebie samego).

bliźniak *n* **1 bliźnia-ki/czki** twins: *My brother and I look so alike that people often think we are twins.* | **brat bliźniak** twin brother | **siostra bliźniaczka** twin sister **2** *(dom)* semi-detached house, semi *BrE*, duplex *AmE* THESAURUS HOUSE **3 Bliźniak** *(znak zodiaku)* Gemini

bliźnięta *n* **1** twins: **bliźnięta jednojajowe** identical twins **2 Bliźnięta** *(znak zodiaku)* Gemini: *born under Gemini*

bloczek *n* pad: *a writing pad*

blog *n* blog, weblog: *The author announced in his blog that he will be giving away a free copy of his book.* —**bloger/ka** *n* blogger

blok *n* **1** *(bryła)* block: *a block of ice* **2 blok mieszkalny** block of flats *BrE*, apartment building *AmE* **3** *(rysunkowy itp.)* pad: *a drawing pad* **4** *(w mechanice)* pulley **5** *(w lekkoatletyce)* starting block **6** *(w rugby)* tackle **7** *(polityczny)* bloc: *the former Soviet bloc*

blokada *n* **1** blockade: *They've imposed* (=nałożyli) *an economic blockade on the country.* **2 blokada drogi** roadblock **3** *(zabezpieczenie)* lock **4** *(psychiczna)* mental block: *She has a mental block about speaking French.*

blokować *v* **1** *(zagradzać)* block: *Your truck is blocking the road.* **2** *(utrudniać)* obstruct: *The workers obstructed the changes imposed by the management.* **3** *(w rugby itp.)* tackle

blond *adj* **włosy blond** blond(e) hair

blondyn *n* blond-haired man

blondynka *n* blonde: *a beautiful blonde*

blues *n* blues —**bluesowy** *adj* blues: *a blues guitarist*

bluszcz *n* ivy

bluza *n* sweatshirt

bluzka *n także* **bluzeczka** blouse: *a silk blouse*

bluźnić *v* blaspheme —**bluźnierstwo** *n* blasphemy, profanity —**bluźnierczy** *adj* blasphemous

błagać *v* beg, implore, plead: *Talk to her. I beg you.* | *John, I implore you, stop now before it's too late.* | *"Don't go!" Robert pleaded.* | **błagać (kogoś) o coś** beg (sb) for sth: *They were begging for mercy.* | *I'm begging you for help, Greg.* | **błagać kogoś, żeby coś zrobił** beg/implore sb to do sth, plead with sb to do sth: *I begged Helen to stay but she wouldn't listen.* | *Moira pleaded with her mother to let her go out.* —**błagalny** *adj* imploring, pleading: *an imploring look* | *a pleading voice* —**błagalnie** *adv* imploringly, pleadingly

błahy *adj* trivial: *I'm sorry to bother you with what must seem a trivial problem.* THESAURUS UNIMPORTANT —**błahostki** *n* trivialities, trivia: *Don't waste your time on trivialities.*

błazen *n* **1** clown: *I can't understand what she sees in that clown.* | **robić z siebie błazna** make a clown of yourself

2 *(nadworny)* jester —**błaznować** *v* clown (around/about): *Stop clowning around and get back to your seats!*

błąd *n* **1** *(pomyłka)* mistake, error: *Ivan's work is always full of mistakes.* | **zrobić błąd** make a mistake/an error: *At this level, students tend to make a lot of basic mistakes.* | **błąd ortograficzny** spelling error/mistake: *There are a lot of spelling mistakes in this letter.* | **błąd maszynowy** typing error **2** *(złe posunięcie)* mistake, error: *Now I see buying the house was a mistake.* | **popełnić/zrobić błąd** make a mistake, commit an error: *It's your decision, but I warn you - you're making a mistake.* | *Heath committed an error by making concessions to extremists* (=idąc na ustępstwa wobec ekstremistów). | **uczyć się na (własnych) błędach** learn from your (own) mistakes **3** *(wada)* fault: *The sweater had a fault in it and I had to take it back.* **4 być w błędzie** be (in the) wrong: *I'm sorry, I was wrong to assume* (=zakładając) *that you wanted to go.* | *He was clearly in the wrong, but he wouldn't admit it.* **5 wprowadzić kogoś w błąd** mislead sb: *Wiggins has admitted trying to* (=przyznał, że próbował) *mislead the police.* THESAURUS TRICK **6 wyprowadzić kogoś z błędu** put sb right/straight: *Let me put you straight - Andy's not a thief.*

błądzić *v* **1** *(chodzić bez celu)* wander (about/around): *I've just been wandering around for half an hour.* | *A little girl wandered the streets* (=po ulicach) *without a coat, shoes, hat, or gloves.* **2** *(wzrok)* stray: *Her glance strayed from face to face.* | **błądzić po czymś** rove around/over sth: *Benedict's eyes roved over her sleeping body.* **3 ktoś błądzi myślami** sb's mind is wandering: *I'm sorry, my mind was wandering. What did you say?* **4** *(grzeszyć)* err: *To err is human.* →patrz też ZABŁĄDZIĆ

błąkać się *v* →patrz BŁĄDZIĆ

błędnie *adv* incorrectly, erroneously: *a doctor who gave his name and birth date incorrectly* | *Almost a third of Americans erroneously think there is something wrong with their sleep patterns.*

błędny *adj* **1** *(odpowiedź, wynik)* wrong: *'Green' is the wrong answer.* | *Your calculations must be wrong.* THESAURUS WRONG **2** *(pisownia, informacja)* incorrect: *incorrect spelling* | *incorrect data* **3** *(decyzja, założenie)* erroneous: *erroneous assumptions* **4 błędne przekonanie** misconception: *the misconception that unemployment can be cured by government intervention* **5 błędne koło** vicious circle **6 błędny rycerz** knight errant

błękitny *adj* blue: *the blue waters of the lake* —**błękit** *n* blue: *the deep blue of her eyes*

błogi *adj* blissful: *the blissful feeling of the hot sun on my back* | **w błogiej nieświadomości** in blissful ignorance —**błogo** *adv* blissfully —**błogość** *n* bliss: *I didn't have to get up till 11 - it was sheer bliss.*

błogosławić *v* bless: *Then the priest blesses the bread and wine.* | *May God bless you and keep you safe from harm.* —**błogosławieństwo** *n* blessing: *This rain will be a blessing for the farmers.* | *The priest gave the blessing* (=udzielił błogosławieństwa). —**błogosławiony** *adj* blessed: *Blessed are the peacemakers* (=którzy czynią pokój).

błona *n* membrane: **błona śluzowa** mucous membrane | **błona bębenkowa** eardrum

błonnik *n* fibre *BrE*, fiber *AmE*, roughage: *Fruit and vegetables are high in fibre content.* | *Wholemeal bread* (=chleb razowy) *is a valuable source of roughage.*

błotnik *n* **1** *(samochodu)* wing *BrE*, fender *AmE* **2** *(roweru)* mudguard *BrE*, fender *AmE*

błoto *n* mud: *His shoes were covered with mud.* —**błotnisty** *adj* muddy: *the muddy banks of the river*

błysk *n* **1** flash: *a flash of light* **2** *(w oczach)* glint: *There was an evil glint in her eyes.*

błyskać *v* flash: *Red warning lights flashed on and off.* | **błyskać czymś** flash sth: *Why is that guy flashing his headlights at me?* →patrz też BŁYSNĄĆ

błyskawica *n* **1** (flash of) lightning: *I used to count the seconds between the flash of lightning and the clap of thunder* (=a uderzeniem pioruna). **2 jak błyskawica** like lightning: *The horse streaked* (=pomknął) *like lightning down the track.* **3 rozchodzić się lotem błyskawicy** spread like wildfire

błyskawicznie *adv* **1** *(szybko)* quickly, rapidly: *the rapidly changing world of computer technology* **2** *(natychmiast)* promptly: *She promptly denied that she had anything to do with the murder.*

błyskawiczny *adj* **1** quick: *I just have to make a quick phone call.* THESAURUS QUICK **2 błyskawiczny kurs** crash course **3 zamek błyskawiczny** zip *BrE*, zipper *AmE* **4 zupa błyskawiczna** instant soup

błyskotliwy *adj* brilliant, quick-witted: *a brilliant career* THESAURUS INTELLIGENT —**błyskotliwie** *adv* brilliantly

błyskowy *adj* **lampa błyskowa** flash

błysnąć *v* **1** flash: *The lightning flashed.* | *Her eyes flashed angrily.* **2 błysnąć talentem** demonstrate your talent: *At last she had the chance to demonstrate her musical talents.* **3 komuś błysnęła myśl itp.** an idea etc flashed through sb's mind: *The possibility that Frank was lying flashed through my mind.* →patrz też BŁYSKAĆ

błyszczeć *v* **1** *także* **błyszczeć się** shine, gleam: *I want you to clean this kitchen until it shines.* | *The Rolls-Royce gleamed in the moonlight.* **2** *(być dobrym)* shine: *Peter didn't really shine at school.* —**błyszczący** *adj* shiny: *shiny hair*

bo *conj* **1** *(ponieważ)* because: *You can't go because you're too young.* **2** *(w przeciwnym razie)* or: *Wear your coat or you'll catch cold.* | **bo inaczej** or (else): *Hurry, or else you'll miss your plane.* **3 bo ja wiem?** let me think: *"How old is he?" "Let me think, maybe 30 or something."* **4 a bo ja wiem?** how should I know?: *"Where is she?" "How should I know? I haven't seen her for a week."*

boa *n* **boa dusiciel** boa constrictor

boazeria *n* panelling *BrE*, paneling *AmE*

bobkowy *adj* **liść bobkowy** bay leaf

bochenek *n* loaf: *a loaf of bread*

bocian *n* **1** *także* **bociek** stork **2 bocianie gniazdo** crow's nest

boczek *n* (streaky) bacon

bocznica *n* **1** *(kolejowa)* siding **2** *(ulica)* back/side street

boczny *adj* **1** side: *a side exit* | *side pockets* | *the side mirror* **2 boczna ulica** back/side street: *She lives in a comfortable apartment in a quiet side street.* **3 nawa boczna** aisle **4 odsunąć/zepchnąć kogoś na boczny tor** cast sb aside: *When Henry became King, he cast aside all of his former friends.*

bodaj *part* **1** *także* **bodajże** maybe, perhaps: *There were maybe four hundred people at the concert.* | *This is perhaps her finest novel yet.* **2** *(chociaż)* at least: *If you could at* *least tell me where she is now.* **3 bodajbyś ...** may you ...: *May you burn in hell!*

bodziec *n* **1** *(zachęta)* incentive, stimulus: **bodziec dla kogoś/czegoś** stimulus to sb/sth: *The discovery of oil acted as a stimulus to the local economy.* | **bodziec do czegoś** incentive to do sth: *The chance of a higher salary gives young people the incentive to work harder.* **2** *(w biologii)* stimulus: *visual stimuli* (=bodźce wzrokowe)

bogacić się *v* grow rich →patrz też WZBOGACIĆ SIĘ

B

bogactwo *n* **1** *(dobrobyt)* wealth, affluence: *living in affluence* **2** *(majątek)* wealth: *Most of their wealth comes from illegal trade in alcohol.* **3** *(obfitość)* richness, wealth: *the richness of biological forms in nature* **4 bogactwa naturalne** natural resources

bogacz/ka *n* wealthy/rich person

bogaty *adj* **1** *(zamożny)* rich, wealthy: *one of the richest women in America* | *a rich country* | *a wealthy family* | **bogaci** the rich, the wealthy: *Robin Hood stole from the rich to give to the poor.* THESAURUS RICH **2** *(obfity)* rich: *a rich source of information* | *rich soil* | **+ w coś** in sth: *Citrus fruits are rich in vitamin C.* —**bogato** *adv* richly: *richly decorated*

bogini *n* goddess: *Venus, the goddess of love*

bogobojny *adj* God-fearing

bohater *n* hero: *a national hero* | *the hero of the novel*

bohaterka *n* heroine: *a heroine of the French Resistance* | *the tragic heroine of Sophocles' play*

> **UWAGA: heroine i heroin**
>
> W przypadku tych dwóch wyrazów, wymawianych tak samo, należy zwrócić uwagę na różnicę w pisowni. **Heroine** z **e** na końcu oznacza dzielną kobietę lub główną postać książki, filmu itp. **Heroin** to „heroina" jako narkotyk.

bohaterski *adj* heroic: *a heroic act of bravery* (=akt odwagi) | *her heroic efforts to save her family* THESAURUS BRAVE —**bohaterstwo** *n* heroism

boisko *n* **1** playing field, pitch *BrE*, ground *BrE*: **boisko do gry w piłkę nożną/baseball** soccer/baseball field **2 boisko szkolne** playground

boja *n* buoy

bojaźliwy *adj* timid: *a timid child* —**bojaźliwie** *adv* timidly —**bojaźliwość** *n* timidity

bojkot *n* boycott: **+ czegoś** of/on/against sth: *the boycott on South African fruit in the '70s* —**bojkotować** *v* boycott: *Our family boycotts all products tested on animals.*

bojler *n* boiler

bojowni-k/czka *n* fighter: *a fierce fighter for truth and justice* | **bojownik o wolność** freedom fighter

bojowy *adj* **1** *(dotyczący walki)* combat: *a combat plane* | *a combat mission* **2** *(skory do walki)* militant, combative: *militant trade unionists* (=związkowcy) | *a combative committee member* **3 chrzest bojowy** baptism of fire

bojówka *n* raiding party, group of militants

bok *n* **1** side: *a triangle with unequal sides* | *A truck ran into* (=uderzyła w) *the left side of the bus.* | *She was wounded in her right side* (=ranna w prawy bok). | **bokiem** sideways: *They brought the piano sideways through the front door.* **2 z boku** *(na bocznej stronie)* on the side, *(z kierunku bocznego)* from the side: *There is another entrance on the side.* | *When viewed from the side, it resembles a bottle.* | **widok z boku** side view | **stać z boku** stand aside, stand to one side: *He stood aside to let them enter the room.* | *Deborah stood to one side, watching.* | **patrzeć/obserwować z boku** watch from a distance **3 na bok** sideways, to one side: *He turned his head to one side and smiled.* | **odsunąć się na bok** step aside/to one side: *Mitchell stepped aside to let the children enter.* | **wziąć kogoś na bok** take sb aside: *Yesterday I took him aside and reminded him of our conversation.* | **odłożyć coś na bok** put sth aside: *Charles put aside his newspaper and got up to answer the door.* | *Let's put this question aside for next week.* | **żarty na bok!** joking aside **4 w bok** sideways, to one side: *Suddenly, she jerked sideways* (=odskoczyła w bok). **5 na boki** around, about: *"I hate this place," he said, looking around* (=rozglądając się na boki). **6 na boku** on your side: *He lay comfortably on his side in the grass.* | **robić coś na boku** do sth on the side: *He runs a little business on the side.* | **mieć kogoś na boku** have sb on the side: *Smith has a lover on the side.* **7 u czyjegoś boku** at/by sb's side: *His wife was by his side at all times.* **8 po bokach** on either side: *with curtains on either side* **9 z boku na bok** from side to side: **przewracać się z boku na bok** toss and turn: *I've been tossing and turning all night.* **10 pod bokiem** near/close at hand: *There are shops and buses close at hand.* **11 patrzeć (na kogoś/coś) bokiem** look askance/sideways (at sb/sth): *If someone didn't remark on it she looked at them askance.* **12 komuś coś wychodzi bokiem** sb is fed up with/sick of sth: *I'm really sick of housework!* **13 burza przeszła bokiem** the storm never arrived →patrz też **trzymać się z boku** (TRZYMAĆ SIĘ)

bokobrody *n* sideburns, whiskers

boks *n* boxing —**bokser** *n* boxer —**boksować się** *v* box —**bokserski** *adj* boxing: *a boxing match* | *his boxing career*

bolączka *n* headache: *Censorship was a constant headache for Soviet newspapers.*

boleć *v* **1** hurt, ache: *My legs are aching.* | *My back hurts.* | *My shoulder's really hurting me.* | *I'm aching all over* (=wszystko mnie boli). | **co/gdzie (cię) boli?** where does it hurt? | **boli mnie głowa** I have a headache | **boli mnie ząb/brzuch/ucho** I have a toothache/(a) stomachache/an earache | **boli mnie gardło** I have a sore throat THESAURUS PAINFUL **2 boli mnie to, że ...** what worries me is that ...: *What worries me most is that she has refused even to listen to me.*

> **UWAGA: ache i hurt**
>
> Oba czasowniki znaczą „boleć", ale w znaczeniu „boleć kogoś" można użyć wyłącznie **hurt**. Mówimy więc: *My back aches/is aching* albo: *My back hurts/is hurting*, ale: *My back is hurting me* (nigdy: „My back is aching me"). Poza tym **hurt** dotyczy bólu dowolnego rodzaju, podczas gdy **ache** stosujemy z reguły w przypadku bólu uporczywego i tępego.

bolesny *adj* painful: *painful surgery* (=operacja) | *painful memories of the war* —**boleśnie** *adv* painfully —**bolesność** *n* discomfort: *Your injury isn't serious, but it may cause some discomfort* (=może powodować bolesność).

bolid *n* racing car *BrE*, race car *AmE*

bomba *n* **1** bomb: **bomba atomowa** atom(ic) bomb | **bomba zegarowa** time bomb | **bomba pułapka** booby trap **2 bomba z opóźnionym zapłonem** time bomb: *Youth unemployment is a real time bomb.*

bombardować *v* bomb, bombard: *The ships began bombarding the port of Alexandria.* —**bombardowanie** *n* bombing

bombka *n* **bombka choinkowa** bauble *BrE*, Christmall ball *AmE*

bombowiec *n* bomber

bombowy *adj* **1** *(fantastyczny)* terrific: *We had a terrific time on holiday.* **2 zamach bombowy** bombing: *Two people have been killed in today's bombing.* **3 samolot bombowy** bomber

boom *n* boom: *a sudden boom in the housing market* (=na rynku nieruchomości)

bordo *adj także* **bordowy** claret: *a claret and blue shirt*

borówka *n* blueberry

borsuk *n* badger

borykać się *v* **borykać się z czymś** struggle with/against sth: *He struggled against his alcoholism for many years.*

bosak *n* **na bosaka** barefoot

boski *adj* **1** divine: *divine help/intervention/guidance* THESAURUS BEAUTIFUL **2** *wspaniały* gorgeous, divine: *The food was simply divine.* **3 Matka Boska** Mother of God **4 na miłość boską** for goodness'/heaven's sake **5 co/jak itp. na miłość boską ... ?** what/how etc in God's name ... ?: *Where in God's name have you been?* —**bosko** *adv* divine: *You look divine!* | *It was divine at Corfu, except for an English doctor, who was an awful bore.*

bosy *adj* barefoot: *two barefoot children* —**boso** *adv* barefoot: *kids going barefoot all summer*

botaniczny *adj* botanical: **ogród botaniczny** botanical garden —**botani-k/czka** *n* botanist —**botanika** *n* botany

bowiem *conj* since, as: *James decided not to go out as he was still really tired.*

bożek *n* idol

bożonarodzeniowy *adj* Christmas: *Christmas presents*

boży *adj* **1** of God, God's: *the word of God* | *God's children* **2 Boże Narodzenie** Christmas **3 Boże Ciało** Corpus Christi

bożyszcze *n* idol: *a football player who was the idol of the younger boys*

bób *n* broad beans *BrE*, fava beans *AmE*

bóbr *n* beaver

bóg *n* god: *Mars, the god of war*

Bóg *n* **1** God: *Do you believe in God?* | **Pan Bóg** (the) Lord: *Thank you, Lord, for your blessings.* **2 o (mój) Boże!** oh (my) God!, good God/Lord!: *Oh God, how embarrassing!* | *Good Lord! Is that the time* (=już tak późno)? **3 daj Boże** God willing: *We'll be moving next month, God willing.* **4 broń Boże/nie daj Boże** God/Heaven forbid!: *God forbid that she should ever hurt you* (=żeby miała cię kiedykolwiek skrzywdzić). **5 dzięki/chwała Bogu** thank God: *Thank God that's over! I've never been so nervous in my life!* **6 jak Boga kocham** I swear to God, honest to God: *Honest to God, I didn't tell her!* **7 Bóg (jeden) wie/raczy wiedzieć** God (only) knows: *God knows what she's doing in there.* | *God only knows how much it will cost.* →patrz też **pożal się Boże** (POŻALIĆ SIĘ)

bójka *n* fight: *He's always getting into fights* (=wdaje się w bójki) *with other boys.*

ból *n* **1** *(fizyczny)* ache, pain: *After three days the ache in his legs had almost gone.* | **ból głowy** headache | **ból zęba** toothache | **ból ucha** earache | **ból brzucha** stomachache | **ból gardła** sore throat | **ból(e) krzyża** backache THESAURUS PAIN **2** *(cierpienie)* pain: *She hated to say the words, for fear of causing pain* (=bojąc się sprawić ból).

bóstwo *n* deity

bóść *v* butt

braciszek *n* little brother: *How old is your little brother?*

bractwo *n* fraternity: *He's a member of the medical fraternity.*

brać *v* **1** take: *She always takes her dog with her.* **2** *(brać narkotyki)* take drugs **3** *(brać łapówki)* take bribes **4 brać kąpiel/prysznic** take/have a bath/shower: *You can't talk to her, she's taking a bath right now.* **5 brać coś poważnie/na serio** take sth seriously: *I always take you seriously, don't I?* **6 brać coś do siebie** take sth personally: *Don't take it personally; she's rude to everyone.* **7 brać na siebie odpowiedzialność/winę** shoulder the responsibility/blame

brać się *v* **1 brać się z czegoś** result/stem from sth: *Most of the difficulties stemmed from poor workmanship* (=brały się z kiepskiego wykonawstwa). | **brać się stąd/z tego, że ...** stem/result/arise/come from the fact that ...: *Problems arise from the fact that responsibility is not equally shared.* **2 skąd się bierze/biorą ... ?** where does/do ... come from?: *Where do babies come from?* →patrz też WZIĄĆ

brak *n* **1** *(nieobecność)* lack, absence: *Lack of vitamin B can produce a variety of symptoms.* | *a complete absence of any kind of planning* **2** *(niedostatek)* shortage, deficiency: *a shortage of skilled labour* (=wykwalifikowanej siły roboczej) | *The disease is caused by a vitamin deficiency.* **3 brak czucia** numbness **4 brak doświadczenia** inexperience **5 z (powodu) braku czegoś/ze względu na brak czegoś** in the absence of sth, for want of sth: *In the absence of any evidence, the police had to let him go* (=musiała go wypuścić). | *We watched television, for want of anything better to do.* **6 komuś (nie) brak czegoś** sb is (not) short of sth: *Your little girl's not short of confidence, is she?* **7 brak mi ciebie** I miss you **8 brak mi słów** I'm lost for words

UWAGA: lack

Wyrazu **lack** używamy zwykle z rzeczownikami abstrakcyjnymi: *a lack of support/sympathy/freedom/sleep.* Nie użyjemy go natomiast, mówiąc np. o braku telewizora, kopert czy jakiegokolwiek innego konkretnego przedmiotu. Lepiej w takim przypadku posłużyć się inną konstrukcją, np.: *I noticed that there was no TV.* | *I don't have any envelopes.*

brakować *v* **1 brakuje czegoś a)** *(nie ma)* sth is lacking/missing: *Financial backing for the project is still lacking.* | *Two of her front teeth were missing.* **b)** *(jest za mało)* sth is in short supply: *Chocolate was in short supply during the war.* **2 komuś brakuje czegoś a)** *(ma za mało)* sb is short of sth, sb lacks sth: *I'm a little short of money at the moment.* | *Have you all paid me? I'm still about $9 short* (=brakuje mi jeszcze 9 dolarów). | *Alex's real problem is that he lacks confidence.* **b)** *(cierpi z powodu braku)* sb misses sth: *I miss the car, but the bus system is good.* | *We really missed being able* (=brakowało nam, że nie mogliśmy) *to go to the beach whenever we wanted.* **3 komuś brakuje kogoś** sb misses sb: *When George went away I really missed him. | Will you miss me when I'm gone?* →patrz też **niewiele brakowało** (NIEWIELE)

brakujący *adj* missing: *We found the missing piece of the jigsaw under the chair.*

brama *n* gate, gateway

bramka *n* **1** *(w sporcie)* goal: **strzelić/zdobyć bramkę** score a goal: *Baggio scored the first goal for Italy.* **2** *(przy wejściu)* turnstile

B

bramka-rz/rka *n* **1** *(w sporcie)* goalkeeper **2** *(w klubie)* bouncer

bransoletka *n także* **bransoleta** bracelet, bangle

UWAGA: bangle i bracelet

Bangle to bransoletka w formie sztywnego kółka ze złota, srebra, plastiku lub innego tworzywa, **bracelet** natomiast to bransoletka dowolnego rodzaju, np. w formie łańcuszka lub wysadzana kamieniami.

branża *n* line (of business), trade: *What line of business is he in?* | **branża turystyczna/hotelowa** the tourist/hotel trade

brat *n* **1** brother: **starszy brat** elder/older/big brother | **młodszy brat** younger/little/kid brother | **brat bliźniak** twin brother | **brat przyrodni** half-brother, stepbrother | **brat cioteczny/stryjeczny** cousin **2** *(zakonnik)* brother: *Brother Albert* | **bracia** brethren: *the Jesuit brethren*

UWAGA: brother

Rzeczownik **brother** ma dwie formy liczby mnogiej: regularną **brothers**, kiedy dotyczy osób spokrewnionych, i nieregularną **brethren** w odniesieniu do braci zakonnych.

bratać się *v* **bratać się z kimś** fraternize with sb: *The soldiers were forbidden to fraternize with local people.*

bratanek *n* nephew

bratanica *n* niece

bratek *n* pansy

braterski *adj* brotherly, fraternal: *brotherly love | He offered me some brotherly advice. | fraternal loyalty* —**braterstwo** *n* brotherhood, fraternity: *peace and brotherhood among men | the Revolutionary ideas of fraternity and equality*

bratni *adj* **bratnia dusza** kindred spirit

bratowa *n* sister-in-law

brawo *interj* **1 brawo!** well done!, bravo! **2 bić brawo** clap, applaud: *The audience was clapping and cheering.*

brawura *n* bravado: *youthful* (=młodzieńcza) *bravado* —**brawurowy** *adj* daring: *a daring rescue attempt*

Brazylia *n* Brazil —**Brazylij-czyk/ka** *n* Brazilian —**brazylijski** *adj* Brazilian

brąz *n* **1** *(kolor)* brown: *the different browns and greens of the landscape* **2** *(metal)* bronze

brązowy *adj* **1** brown: *brown shoes* **2** *(z brązu)* bronze: *a bronze figure of a woman* **3 brązowy medal** bronze medal —**brązowo** *adv* brown: *We painted the fence brown* (=pomalowaliśmy płot na brązowo).

brednie *n* nonsense, gibberish, rubbish *BrE*: *all this nonsense about health foods* —**bredzić** *v* talk nonsense/ gibberish/rubbish: *He was talking utter nonsense as usual. | Oh, don't talk such rubbish!*

brew *n* (eye)brow: *"Really?" she said, raising* (=unosząc) *an eyebrow.*

brezent *n* tarpaulin —**brezentowy** *adj* tarpaulin

brnąć *v* **brnąć przez coś** wade your way through sth: *He waded through thousands of web pages to find the information he needed.*

broda *n* **1** *(część twarzy)* chin **2** *(zarost)* beard —**brodaty** *adj* bearded —**brodacz** *n* bearded man

brodawka *n* **1** *(na skórze)* wart **2** *także* **brodawka sutkowa** nipple

brodzić *v* wade, paddle *BrE*: *a horse wading in the lake | The children paddled in the sea.* THESAURUS WALK

brokat *n* glitter —**brokatowy** *adj* brocade: *brocade curtains*

broker *n* broker: *an insurance broker*

brokuły *n* broccoli

bronić *v* **1** defend: **bronić kogoś/coś przed kimś/czymś** defend sb/sth against/from sb/sth: *They needed more troops to defend the town from possible attacks.* **2 bronić tytułu/mistrzostwa** defend a title/championship →patrz też **niech Bóg broni** (NIECH)

bronić się *v* defend yourself: *I picked up a stick to defend myself.* | **+przed kimś/czymś** against/from sb/sth: *He had to defend himself against their charges* (=zarzutami).

broń *n* **1** weapon: *Jerry keeps a baseball bat as a weapon beside the bed. | The only weapon she could use against him was guilt* (=poczucie winy). **2** *(zbiorowo)* arms, weapons: **broń jądrowa/chemiczna** nuclear/chemical weapons | **broń palna** firearms **3 napad z bronią w ręku** armed robbery **4 chwycić za broń** take up arms: *Boys as young as 13 are taking up arms to defend the city.* **5 złożyć broń** lay down your arms

broszka *n* brooch

UWAGA: brooch

Rzeczownik **brooch** wymawia się brəʊtʃ.

broszura *n także* **broszurka** brochure, pamphlet

browar *n* brewery

bród *n* **1** ford **2 przeprawić się (przez rzekę) w bród** ford a river **3 czegoś jest w bród** there is an abundance of sth: *There was an abundance of all kinds of food.* | **mieć czegoś w bród** have an abundance of sth

brud *n* **1** dirt, filth: *You should have seen the dirt on that car! | Go and wash that filth off your hands!* **2 brudy a)** *(nieczystości)* filth **b)** *(kompromitujące informacje)* dirt: **grzebać w czyichś brudach** dig (up) the dirt on sb **c)** *(brudna bielizna)* (dirty) laundry **3 prać swoje brudy (przy wszystkich)** wash your dirty linen in public *BrE*, do/air your dirty laundry in public *AmE*

brudas *n* slob, pig: *You never tidy up after you. You're such a slob!*

brudno *adv* **1 brudno tutaj** this place is dirty **2 napisać coś na brudno** write a first draft of sth: *I've written a first draft of my speech for Friday.*

brudnopis *n* first draft, draft copy: *the first draft of a poem | a draft copy of a newspaper article*

brudny *adj* **1** dirty: *There is a stack of dirty dishes in the sink. | Look how dirty your hands are! Go wash them right* *now!* **2** *(bielizna itp.)* soiled: *soiled nappies* (=pieluszki) →patrz też **brudna robota** (ROBOTA)

clean/dirty

clean cup

dirty mug

brudzić *v* dirty →patrz też NABRUDZIĆ, POBRUDZIĆ —**brudzić się** *v* get dirty: *The floor gets dirty so quickly!*

bruk *n* **1** paving, pavement **2 wyrzucić kogoś na bruk** throw sb out on the street **3 znaleźć się na bruku** end/wind up on the street —**brukować** *v* pave —**brukowany** *adj* cobbled: *a cobbled street*

brukowiec *n* tabloid: *The tabloids had the story splashed all over their front pages.* THESAURUS NEWSPAPER —**brukowy** *adj* tabloid: *the tabloid press*

Bruksela *n* Brussels

brukselka *n* Brussels sprouts

brunatny *adj* **1** dark brown **2 węgiel brunatny** lignite, brown coal **3 niedźwiedź brunatny** brown bear

brunetka *n* brunette —**brunet** *n* dark-haired man

brutal *n* brute: *Don't hit him, you brute!*

brutalny *adj* brutal, rough: *a brutal attack* | *Rugby is a very rough game.* —**brutalnie** *adv* brutally —**brutalność** *n* brutality

brutto *adj* **1** gross: *a gross profit of $15 million* **2 waga brutto** gross weight

bruzda *n* furrow: *a face lined with deep furrows*

brydż *n* bridge: **grać w brydża** play bridge

brygada *n* brigade —**brygadzista** *n* foreman

brykać *v* **1** *(koń)* buck **2** *(baraszkować)* frolic, caper: *lambs capering in the fields*

brylant *n* diamond

bryła *n* **1** *(kawałek)* lump: *a lump of coal* THESAURUS PIECE **2** *(w matematyce, fizyce)* solid —**bryłka** *n* lump: *There were lumps in the sauce.*

Brytyj-czyk/ka *n* **1** Briton, Britisher *AmE* **2 Brytyjczycy** the British

brytyjski *adj* British

bryza *n* sea breeze

brzask *n* dawn, daybreak: **o brzasku** at dawn/daybreak

brzdąkać *v* **brzdąkać na gitarze** strum the guitar

brzeg *n* **1** *(rzeki)* bank, riverside: *Roger pushed the boat away from the bank.* | *We had a picnic by the riverside.* **2** *(jeziora)* bank, shore: *We could see a boat about a mile from the shore.* **3** *(morza, oceanu)* shore, coast: *We drove along the Pacific coast to Seattle.* **4** *(krawędź)* edge, rim: *Just leave it on the edge of your plate.* | *the rim of a glass* **5** *(obwódka)* border: *writing paper with a black border* **6 napełniony/pełen po brzegi** filled/full to the brim: *Dave poured whisky till the glass was full to the brim.* **7 pierwszy z brzegu** any old: *Oh, just wear any old thing* (=załóż pierwszą z brzegu rzecz)!

UWAGA: shore i coast

Wyraz **coast** oznacza krawędź obszaru przylegającego do morza i używamy go często, mówiąc o konkretnym miejscu na mapie: *the French coast* | *the eastern coast of Canada.* Wyraz **shore** oznacza teren przylegający do morza lub jeziora: *We walked along the rocky shore.* | *the opposite shore.*

brzegowy *adj* **linia brzegowa** coastline

brzemienny *adj* **1** *(w ciąży)* pregnant: *a pregnant woman* **2 brzemienny w skutki** fateful: *a fateful decision*

brzemię *n* burden: *It's the politicians who must carry the burden of responsibility for the situation.*

brzęczeć *v* **1** *(szkło, metal)* clink **2** *(owady)* buzz, hum: *insects humming in the hot summer air*

brzęczyk *n* buzzer: *Press the buzzer if you know the answer.*

brzęk *n* clink, clatter: *the clink of glasses* | *the clatter of dishes*

brzmieć *v* **1** *(dzwonek itp.)* sound: *Punctually at seven the bell sounds for dinner.* **2** *(tekst)* read: *The first sentence read* (=pierwsze zdanie brzmiało): *"If I should die before you receive this letter ... "* **3** *(zapowiadać się)* sound: *A trip to Paris sounds really exciting.* **4 brzmieć komuś w uszach** ring in sb's ears: *His laughter was still ringing in her ears.* —**brzmienie** *n* sound

UWAGA: sound

Mówiąc, jak coś brzmi, po wyrazie **sound** nie używamy przysłówka (jak w języku polskim), tylko przymiotnika: *That piano sounds terrible.*

brzoskwinia *n* peach

brzoza *n* birch

brzuch *n* **1** stomach, belly: *Andrew was lying on his stomach.* | **ból brzucha** stomachache, bellyache **2** *(medycznie)* abdomen **3 wiercić komuś dziurę w brzuchu** pester sb: *The kids have been pestering me to buy them some sweets.* **4 leżeć do góry brzuchem** laze around/about: *They spent the afternoon lazing around on the beach.* —**brzuszek** *n* belly, tummy

brzuchomówca *n* ventriloquist

brzuszny *adj* **1** abdominal **2 jama brzuszna** abdomen **3 dur brzuszny** typhoid (fever)

brzydki *adj* **1** *(nieładny)* ugly: *He's just so ugly!* | *ugly modern buildings* | **brzydka pogoda** bad weather | **brzydki dzień** rainy day | **brzydki zapach/smak** bad/foul smell/taste | **brzydki jak noc** (as) ugly as sin THESAURUS UGLY **2** *(nieprzyzwoity)* bad: *bad language* | **brzydkie słowo/wyraz** swear word **3** *(niegrzeczny)* bad: *Bad girl! Put that glass down!* **4 brzydkie kaczątko** ugly duckling

brzydko *adv* **1** *(nieładnie, niekorzystnie)* ugly: **wyglądać brzydko** look ugly | **komuś jest brzydko w czymś** sb looks ugly in sth | **wyjść brzydko (na zdjęciu)** come out badly (in a photo) **2** *(nieprzyjemnie)* bad: **brzydko pachnieć** smell bad | **jest (dziś) brzydko** the weather is bad today **3** *(niegrzecznie, niekulturalnie)* badly: *You behaved very badly.* | **brzydko jest coś robić** it's rude to do sth: *It's rude to point at people* (=pokazywać ludzi palcem).

brzydota *n* ugliness

brzydzić *v* **coś kogoś brzydzi** sb is disgusted by sth, sth

B

disgusts sb: *Enid said she was disgusted by the sex in the film.* | *The thought of dissecting a frog disgusts me.*
brzydzić się *v* **brzydzić się czymś** find sth disgusting

brzytwa *n* razor: **ostry jak brzytwa** razor sharp

bubel *n* (piece of) junk

buchać *v* belch: *Blue smoke belched from the car's exhaust* (=z rury wydechowej). | **buchać czymś** belch sth: *factory chimneys belching black smoke*

buchnąć *v* **1** *(ukraść)* pinch, nick: *Someone's pinched my coat!* **2** →patrz BUCHAĆ

B

bucik *n* shoe

buczeć *v* hum: *the quiet humming of the filter in a fish tank*

buda *n (psia)* kennel

buddyjski *adj* Buddhist —**buddyst-a/ka** *n* Buddhist —**buddyzm** *n* Buddhism

budka *n* **1** *(kiosk)* kiosk, booth **2 budka telefoniczna** phone booth, (tele)phone box *BrE*, call box *BrE*, (tele) phone booth *AmE* **3 budka dla ptaków** nesting box, bird house

budowa *n* **1** *(proces budowania)* construction, building: *the construction of the dam* (=tamy) | *the building of a gym* (=sali gimnastycznej) | **plac budowy** construction/ building site | **koszt budowy** building costs | **w budowie** under construction: *The hotel is still under construction.* **2** *(struktura)* structure: *the structure of the brain* | *sentence structure* (=budowa zdania) **3 budowa ciała** build: *a powerful build* **4** *(plac budowy)* building/construction site

budować *v* build: *Are they going to build on this land?* | *The Romans built roads all over Europe.* →patrz też ZBUDOWAĆ

budowla *n* **1** *(budynek)* building: *one of the tallest buildings in the world* **2** *(konstrukcja)* structure: *The bridge was a very old structure.*

budowlany *adj* **1** building: *building materials* **2 przedsiębiorstwo budowlane** building contractor, builder *BrE*

budownictwo *n* building/construction industry

budowniczy *n* constructor, builder *BrE*

budulec *n* **budulec czegoś** the building blocks of sth: *Amino acids* (=aminokwasy) *are the fundamental building blocks of protein.*

budynek *n* building: *The old church was surrounded by tall buildings.*

budyń *n* instant dessert

budzić *v* **1 budzić kogoś** wake sb (up): *My mother often wakes me up by turning on the radio.* **2 budzić czyjś zachwyt/czyjeś zainteresowanie itp.** arouse/awaken sb's admiration/interest etc: *Matt's behaviour was arousing the interest of the neighbours.*
budzić się *v* **1** *(ze snu)* wake (up): *James usually wakes up early.* **2 coś się w kimś budzi** sth awakes within sb →patrz też OBUDZIĆ (SIĘ)

budzik *n* alarm clock: *The alarm clock went off* (=zadzwonił) *at six.* | **nastawić budzik** set the alarm: *Have you set the alarm? We have to get up early tomorrow.*

budżet *n* budget: **budżet państwa** national budget | **budżet na obronę/reklamę itp.** defence/advertising etc budget —**budżetowy** *adj* budgetary: *budgetary restrictions*

bufet *n* **1** *(bar)* buffet, cafeteria THESAURUS RESTAURANT **2** *(stół z jedzeniem)* buffet

bufor *n* **1** *(zabezpieczenie)* buffer: *The trees act as a buffer against strong winds.* **2** *(w komputerze)* buffer: *data kept in the buffer*

bujać *v* **1** *(kłamać)* fib: *I think you're fibbing.* | **bujać kogoś** fib to sb **2** *(kołysać)* rock: *Paul sat gently rocking the child in his arms.* **3** *(unosić się)* float: *floating in the air* **4 bujać w obłokach** daydream, have your head in the clouds: *Stop daydreaming!*

bujany *adj* **fotel bujany** rocking chair

bujda *n* fib

bujny *adj* **1** *(włosy, roślinność)* luxuriant: *a luxuriant black beard* | *luxuriant vegetation* **2 bujna wyobraźnia** vivid imagination **3 bujne życie towarzyskie** busy social life —**bujnie** *adv* luxuriantly

buk *n* beech

bukiet *n* bouquet —**bukiecik** *n* posy

bukmacher *n* bookmaker

buldog *n* bulldog

buldożer *n* bulldozer

bulgotać *v* **1** *(woda)* gurgle: *the gurgling stream* **2** *(zupa, sos)* bubble: *Heat the cheese until it bubbles.* —**bulgot** *n* gurgle

bulimia *n* bulimia

bulion *n* **1** *(zupa)* consommé **2** *(wywar)* stock: **bulion w kostkach** stock cubes

bulwar *n* boulevard

bulwarowy *adj* **prasa bulwarowa** tabloid press

bulwersować *v* appal: *The whole idea of killing animals for fur appals them.* →patrz też ZBULWERSOWAĆ

bułeczka *n* bun

Bułgaria *n* Bulgaria —**Bułgar/ka** *n* Bulgarian —**bułgarski** *adj* Bulgarian

bułka *n* **1** (bread) roll: **bułka z serem/szynką** cheese/ ham roll **2** *(słodka)* bun **3 bułka tarta** breadcrumbs

bumerang *n* boomerang

bunkier *n* bunker

bunt *n* **1** *(zorganizowany protest)* rebellion, mutiny, revolt: *There was already talk of* (=mówiło się już o) *mutiny among the crew.* | *an armed revolt against a tyrannical regime* **2** *(sprzeciw)* rebellion, revolt: **+przeciwko czemuś** against sth: *a clear rebellion against parental control*

buntować *v* **buntować kogoś przeciwko komuś/ czemuś** turn sb against sb/sth: *After the divorce, Dave accused Christina of turning the kids against him.*
buntować się *v* **buntować się przeciwko komuś/ czemuś** rebel against sb/sth: *the story of a teenager who rebels against his father* —**buntowni-k/czka** *n* rebel: *a rebel without a cause* (=bez powodu)

buntowniczy *adj* rebellious: *rebellious behaviour* —**buntowniczo** *adv* rebelliously

bura *n* scolding, telling off: **dostać burę** get a scolding: *He got a scolding for coming late to class.*

burak *n* **1 burak (ćwikłowy)** beetroot *BrE*, beet *AmE* **2 burak cukrowy** sugar beet **3 czerwony jak burak** (as) red as a beet *AmE* —**buraczki** *n (sałatka)* beetroot salad

burbon *n* bourbon

burda *n* brawl: *a drunken brawl in the street*

burdel *n* **1** *(bałagan)* mess: *What a mess!* **2** *(dom publiczny)* brothel

burknąć *v* grunt: *I asked him how he was but he just grunted.* —**burknięcie** *n* grunt

burmistrz *n* mayor: *the mayor of London*

bursztyn *n* amber —**bursztynowy** *adj* amber: *an amber necklace*

burta *n* **1** side: **lewa burta** port | **prawa burta** starboard **2 człowiek za burtą!** man overboard!

burza *n* **1** storm, *(z piorunami)* thunderstorm: **burza gradowa** hailstorm | **burza piaskowa** sandstorm **2 burza mózgów** brainstorming **3 burza oklasków** a storm of applause

burzliwy *adj* stormy: *a stormy meeting* | *a stormy affair* (=romans) | **burzliwe czasy** turbulent times | **burzliwe życie** stormy/tempestuous life | **burzliwe oklaski** thunderous applause

burzowy *adj* stormy: *The sky was starting to look rather stormy.*

burzyć *v* →patrz ZBURZYĆ
burzyć się *v* **1** *(ludzie)* rebel: **+przeciwko komuś/czemuś** against sb/sth: *rebelling against royal authority* **2** *(woda)* ripple: *The water rippled over the stones.*

burżuazja *n* the bourgeoisie —**burżuazyjny** *adj* bourgeois —**burżuj/ka** *n* bourgeois

busz *n* the bush: *the Australian bush*

buszować *v* **1** *(szperać)* rummage (around): **+w/po czymś** in/through sth: *Looks like someone's been rummaging around in my desk.* | *He let her rummage through his desk drawers.* **2 buszować po/w Internecie/Sieci** surf the Internet/Net: *Every day she spent hours surfing the Net.*

but *n* **1** shoe, *(wysoki)* boot: **para butów** a pair of shoes | **buty na wysokim obcasie** high heels, high-heeled shoes | **nosić buty** wear shoes | **but narciarski** ski boot **2 głupi jak but** (as) thick as two short planks *BrE*

UWAGA: but i boot

Rzeczownik **boot** nie oznacza „buta" w ogóle, tylko „kozaczek", „kalosz" lub inny rodzaj buta z cholewą.

butelka *n* **1** bottle: *a bottle of champagne* **2 nabić kogoś w butelkę** take sb for a ride: *I'd just begun to realise he wanted to take me for a ride.* **3 zaglądać do butelki** be on the bottle —**butelkować** *v* bottle: *The wine is bottled at the vineyard* (=w winnicy).

butik *n* boutique

butla *n* cylinder: *The gases are stored under pressure in separate cylinders.*

buzia *n* **1** *(usta)* mouth: *Don't talk with your mouth full!* **2** *(twarz)* face: *The girl has such a pretty face.* **3 dać komuś buzi** give sb a kiss: *Come and give your old Grandma a kiss.*

buźka *n* **1** →patrz BUZIA **2 (duża) buźka!** cheers! *BrE*, so long! *AmE*

by[1] *part* **1 można by ...** we/one might/could ...: *We could get the bus instead.* **2 trzeba by ...** (perhaps) we/one should ...: *Perhaps we should help him find another flat.* **3** *(w trybie warunkowym)* **co by się stało?** what would happen? | **dobrze by było ...** it would be nice to ...: *It would really be nice to see him again.* | **ona by tego nie zrobiła** she wouldn't do it

by[2] *conj* **1** (in order) to, so (that), so as to, in order that: *They left early to catch the train* (=by zdążyć na pociąg). | *Sunlight is needed in order for photosynthesis to take place* (=by mogła zachodzić fotosynteza). | **po to, by ...** in order to: *Plants need light in order to live* (=po to, by żyć). **2 by nie** so as not to, so (that) ... not: *so as not to wake the baby* (=by nie obudzić dziecka) →patrz też ŻEBY

bycie *n* **sposób/styl bycia** manner: *She has a cheerful and friendly manner.*

być *v* **1** be: *She is a teacher.* | *Where are the children?* | *I am quite happy.* | *These shoes are mine.* | *Be careful!* | *It's hot today.* | **jest mi zimno/przykro** I am cold/sorry | **jestem po śniadaniu** I've already had breakfast | **co ci jest?** what's the matter with you? **2 być może** maybe, perhaps, possibly: *Maybe I was wrong about Karen; I don't know.* | *"Are you coming with us tomorrow?" "Possibly. I'm not sure yet."*

bydlę *n* **1** *(człowiek)* animal, brute: *Don't hit him, you brute!* **2** *(duże zwierzę)* monster: *That dog of his is an absolute monster!* **3 bydlęta** cattle —**bydlak** *n* animal, brute

bydło *n* cattle: *a herd* (=stado) *of cattle* | *twenty heads* (=sztuk) *of cattle*

byk *n* **1** *(zwierzę)* bull **2 Byk** *(znak zodiaku)* Taurus: *born under Taurus* **3** *(błąd)* error **4 walka byków** bullfight(ing) **5 chwycić/złapać/wziąć byka za rogi** take the bull by the horns **6 z byka spadłeś?** are you out of your mind? →patrz też **działać jak płachta na byka** (PŁACHTA)

byle[1] *conj* **1** *także* **byle tylko** simply in order to: *politicians who make promises simply in order to win more votes* **2** *(pod warunkiem, że)* as long as, provided (that): *You can write in any colour, as long as it's not red* (=byle nie czerwonym). | *I don't mind Guy coming with us, provided he pays for his own meals* (=byle tylko płacił za siebie).

byle[2] *part* **1 byle kto** anyone, anybody **2 byle co** any old thing, anything: *Oh, just wear any old thing.* **3 byle gdzie** anywhere: *Sit anywhere, there are plenty of seats.* **4 byle jak** anyhow, any old how: *The books were arranged any old how on the shelves.* **5 byle jaki** *(kiepski)* shabby, trashy: *made from shabby materials*

byleby *conj, part* →patrz BYLE

były *adj* former: *the former Prime Minister* | *former President Bill Clinton* | *the former Soviet Union* | **były mąż/była żona** ex-husband/ex-wife, ex: *Unfortunately, my ex showed up at the party.* THESAURUS PREVIOUS

bynajmniej *adv* **1** *(ależ skąd)* far from it: *"Is he a good driver?" "Far from it!"* **2** *(wcale)* by no means, not in the least: *The results are by no means certain.* | *I wasn't in the least worried.*

bystry *adj* bright, clever *BrE*, smart *AmE*: *Rosa's a bright child - she should do well at school.* | *I wasn't clever enough to go to university.* THESAURUS INTELLIGENT

byt *n* **1** *(utrzymanie)* livelihood: *New fishing regulations will threaten our livelihood* (=zagrożą naszemu bytowi). | **zapewnić komuś byt** provide for sb: *Without work, how can I provide for my children?* **2** *(istnienie)* being, existence: **racja bytu** raison d'être: *Commerce was the main raison d'être of the town.* | **walka o byt** struggle for existence

bywać *v* **1** *(być czasami)* be sometimes: *Sometimes he's really jealous of his wife* (=bywa zazdrosny o swoją żonę). | **tak bywa** these things happen **2** *(w przeszłości)* used to be: *They used to be on much better terms* (=bywali w dużo lepszych stosunkach). **3 bywać gdzieś** frequent

B

a place: *The bar was frequented by actors* (=w barze bywali aktorzy) *from the nearby theatre.* **4 bywać u kogoś** visit sb: *Aunt Jane usually visits us for two or three weeks in the spring.*

bywalec *n* **stały bywalec** regular customer/visitor, regular *BrE*: *The barman knows all the regulars by name.*

bzdura *n* nonsense, rubbish *BrE*: *"She says she's 39." "Nonsense!"* | *Forget all that rubbish and listen to me!* —**bzdurny** *adj* nonsensical, absurd: *nonsensical excuses*

bzik *n* **mieć bzika na punkcie kogoś/czegoś** be crazy about sb/sth: *Frank is just crazy about you!* THESAURUS LIKE → patrz też ZBZIKOWAĆ

Cc

cal *n* inch: *3 inches long* | *a two-inch nail*

całka *n* integral

całkiem *adv* **1** *(zupełnie)* entirely, quite: *She had entirely forgotten about Alexander.* | *Although they are sisters, they are quite different.* **2** *(dość)* fairly, quite *BrE*: *She speaks English fairly well.* | *He's quite tall for his age.* **3 nie całkiem** not quite: *I'm not quite sure how the system works.* **4 całkiem nieźle** not bad at all

całkowicie *adv* entirely: *She devoted herself entirely to her research.*

całkowity *adj* **1** *(zupełny)* complete, total: *a total ban* (=zakaz) *on cigarette advertising* | **całkowite zaćmienie (słońca/księżyca)** total (solar/lunar) eclipse | **całkowita ciemność** complete/total darkness **2** *(pełny)* total, overall: *total sales of 200,000 per year* | *What's the overall cost of repairs?* **3 liczba całkowita** integer: *6 is an integer, but 6.4 is not.*

cało *adv* in one piece, unharmed, unscathed: *They escaped unharmed.* | **wyjść cało z wypadku** survive an accident

całodobowy *adj* round-the-clock: *He'll need round-the-clock hospital care.*

całodzienny *adj* all-day: *an all-day seminar*

całokształt *n* **nagroda za całokształt twórczości** lifetime achievement award

całonocny *adj* **1** *(otwarty całą noc)* all-night: *an all-night restaurant* **2** *(trwający całą noc)* overnight: *an overnight flight from Boston to London*

całoroczny *adj* yearlong: *We store the apples so we have a yearlong supply.*

całościowy *adj* comprehensive: *a comprehensive analysis*

całość *n* **1** whole: *Two halves make a whole.* | **całość czegoś** the whole of sth, all (of) sth: *the whole of what is traditionally called Europe* (=całość tego, co tradycyjnie zwie się Europą) | *All the costs* (=całość kosztów) *will be covered by the company.* **2 jako całość** as a whole: *We must look at our examination system as a whole.* **3 w całości** in full, in its/their entirety: *The debt must be paid in full by 31 January 2004.* | *The correspondence has been published in its entirety for the first time.* **4 iść na całość** go the whole hog: *Why don't we go the whole hog and get champagne?*

całować *v* kiss: **całować kogoś w usta/policzek/czoło** kiss sb on the mouth/cheek/forehead: *My aunt always kisses me on the forehead.* →patrz też POCAŁOWAĆ
całować się *v* kiss: **całować się z kimś** kiss sb

całun *n* shroud

cały *adj* **1** all, entire, whole: *Have you done all your homework?* | *We spent the entire afternoon gossiping* (=na plotkach). | *The whole school meets together once a week.* **2 (przez) cały czas** all the time: *It rained all the time we were on holiday!* **3 z całego świata** from all over the world: *Antique clocks from all over the world are on display.* **4 na całym świecie** all over/around the world: *Our products are sold all over the world.* | **w całej Polsce** all over Poland **5 przez całe życie** all your life: *I've lived in Mayo all my life.* **6 przez cały rok/dzień** all year/day long **7 całymi godzinami/dniami** for hours/days on end: *It snowed for days on end.* **8 z całej siły** with all your strength: *Diana pulled on the rope with all her strength.* **9 na cały regulator** (at) full blast: *The radiators were on full blast, but it was still freezing.* | *a radio going at full blast* **10 na całe gardło** at the top of your voice: *We yelled at the tops of our voices.* **11 cały i zdrowy** safe and sound: *The missing children were found safe and sound.* **12 iść na całego (z czymś)** go to town (on sth): *Angela really went to town on buying things for her new house.* →patrz też **cała nuta** (NUTA)

car *n* tsar —**caryca** *n* tsarina —**carski** *adj* tsarist —**carat** *n* tsarism

casting *n* casting: *a casting director* (=dyrektor castingu)

cążki *n* clippers: *nail clippers*

CD-ROM *n* CD-ROM

cebula *n* onion —**cebulowy** *adj* onion: *onion soup*

cebulka *n* **1** *(do jedzenia)* onion: **zielona cebulka** spring onion **2** *(kwiatowa)* bulb **3** *(włosa)* root

cech *n* guild

cecha *n* **1** feature, characteristic: *An important feature of Van Gogh's paintings is their bright colours.* | *A characteristic of this species* (=tego gatunku) *is the blue stripe on its back.* | **cecha charakterystyczna** characteristic feature: *The fruity flavour is a characteristic feature of this wine.* | **być cechą charakterystyczną czegoś** be characteristic of sth: *The red brick walls are characteristic of the local architecture.* **2 cecha charakteru** quality: *You need special personal qualities to work as a nurse.*

cechować *v* be characteristic of, characterize, characterise *BrE*: *Bright, vibrant colours characterize his paintings.*
cechować się *v* **cechować się czymś** be characterized by sth: *The disease is characterized by extreme pain in the joints* (=bólem w stawach).

cedr *n* cedar

cedzić *v* **1** strain: *to strain milk* **2 cedzić słowa** pick your words →patrz też ODCEDZIĆ

cegiełka *n* *(wkład finansowy)* contribution: **dołożyć (swoją) cegiełkę do czegoś** make a contribution to/towards sth: *Would you like to make a contribution to the hospital rebuilding fund?*

cegła *n* brick —**ceglany** *adj* brick: *a brick wall*

cekin *n* sequin

cel *n* **1** *(obiekt dążeń)* goal, target: *My goal is to study law at Harvard.* | *He set himself* (=wyznaczył sobie) *a target of learning 20 new words each week.* | **dążyć do celu** aim at/for a goal: *It's important that you should have some sort of a goal to aim for.* | **osiągnąć cel** achieve/reach a goal: *She'll use any method to achieve her own goals.* | **cel sam w sobie** an end in itself: *Learning to play the piano was an end in itself for me.* | **w tym celu** to that end: *Joel wants to buy a car and is saving money to that end.* | **środek do celu** means to an end: *This is just a means to an end for her.* THESAURUS AIM **2** *(zamierzenie)* aim, purpose, objective: *The main aim of the course is to improve your spoken English.* | *The main purpose of my stay is to visit the museum.* | *The main objective of this policy is to reduce unemployment.* | **w celu zrobienia czegoś** with the aim of doing sth: *I flew to California with the aim of finding a job.* |

bez celu aimlessly: *The boys had been wandering around aimlessly for hours.* | **mieć coś na celu** be aimed at sth: *This course is aimed at improving reading skills.* | **mijać się z celem** be pointless: *It's pointless trying to talk to him – he won't listen.* | **celem gry jest ...** the object of the game is to ...: *The object of the game is to score 100 points.* **3** *(przeznaczenie)* purpose: **do/dla celów badawczych/dydaktycznych itp.** for research/teaching etc purposes: *The planes may be used for military purposes.* | *For tax purposes you will be treated as a married couple.* **4** *(obiekt ataku)* target: *a military target* | *Tourists are an easy target for thieves.* **5** *(tarcza)* target: *shooting at the target* | **brać kogoś/coś na cel** take aim at sb/sth: *Alan took aim at the tiger.* | **trafić do celu** hit the target **6 cel podróży** destination: *We finally reached our destination.*

C

cela *n* **1** cell **2 cela śmierci** death row

celebrować *v* **1** *(mszę)* celebrate: *The bishop himself celebrated Mass.* **2** *(czynność)* savour *BrE*, savor *AmE*: *She sipped her wine, savouring every drop.*

celibat *n* celibacy

cellulitis *n* cellulite

celni-k/czka *n* customs officer

celny *adj* **1** *(strzał, cios)* accurate: *an accurate shot by the Brazilian captain* **2** *(uwaga, dowcip)* apt: *an apt and telling remark* —**celnie** *adv* accurately —**celność** *n* accuracy

celofan *n* cellophane

celować *v* **1 celować w coś/do czegoś** aim/point at sth: *to aim at the target* (=do tarczy) | **celować w kogoś/coś z czegoś** aim/point sth at sb/sth: *I wish you'd stop pointing that gun at me.* **2 celować w czymś** excel at/in sth: *I never excelled at sport.*

celownik *n* **1** *(broni palnej)* sight(s) **2** *(w aparacie, kamerze)* view-finder **3** *(przypadek gramatyczny)* dative

celowy *adj* **1** deliberate: *a deliberate attempt to deceive the public* THESAURUS DELIBERATELY **2 uznać coś za celowe** find sth advisable: *The doctor found it advisable to continue the treatment.* —**celowo** *adv* deliberately, intentionally, on purpose: *The police think the fire was started deliberately.* | *intentionally vague promises* (=mgliste obietnice) | *Jack's been really annoying me and I think he's doing it on purpose.* —**celowość** *n* advisability: *the advisability of further negotiations*

Celsjusz *n* **5 stopni Celsjusza** 5 degrees Celsius/Centigrade

celtycki *adj* Celtic —**Celt** *n* Celt

celujący *adj* excellent: *an excellent mark* —**celująco** *adv* with flying colours: *She passed her exams with flying colours.*

celuloza *n* cellulose

cement *n* cement —**cementować** *v* cement —**cementowy** *adj* cement: *the cement floor*

cena *n* **1** price: *House prices have gone up again.* | *The price includes food and accommodation.* | **cena na coś** the price of sth: *the prices of agricultural products* (=ceny na artykuły rolne) | **w cenie 200 złotych itp.** priced at 200 zloty etc: *The tennis rackets are priced at £75 each.* | **po cenach hurtowych/detalicznych** at wholesale/retail prices: *There's a shop in town that sells books at wholesale prices.* | **za pół ceny** half price: *I bought these jeans half price in the sale.* THESAURUS COST **2 cena biletu** fare: *Train fares* (=ceny biletów kolejowych) *are going up again.* **3 cena za sukces/wolność itp.** the price of success/freedom etc **4 być w cenie** be in demand: *Her books are in great demand at the moment.* **5 za żadną cenę** not at any price: *Sorry, that painting's not for sale at any price.* **6 za wszelką cenę** at all costs, at any cost/price: *We must avoid a scandal at all costs.* | *She was determined to have a child at any price.* **7 za jaką cenę** at what price: *She was finally made senior executive, but at what price!* **8 za cenę czegoś** at the cost/expense of sth: *Bernard saved his family at the cost of his own life.* | *The asbestos industry continued to expand at the expense of public health.* —**cenowy** *adj* price: *price stability*

cenić *v* **1 cenić (sobie) coś** value sth, find sth valuable: *I value your advice.* **2 cenić kogoś** respect sb: *His students like him and respect him.*
cenić się *v* value yourself

cennik *n* price list

cenny *adj* valuable, precious: *a valuable painting* | *valuable advice/help* | *A number of precious objects were stolen.* | **+ dla kogoś** to sb: *The doll is very precious to me because it was my mother's.* THESAURUS VALUABLE

cent *n* cent

centrala *n* **1** *(kierownictwo)* headquarters, head office **2** *(telefoniczna)* telephone exchange *(w hotelu, biurze)* switchboard: *Hello switchboard? Can I have an outside line?*

centralizacja *n* centralization, centralisation *BrE* —**centralizować** *v* centralize, centralise *BrE*

centralny *adj* **1** central: *central planning* | *central government* **2 centralne ogrzewanie** central heating **3 punkt centralny** focal point: *the focal point of the picture* —**centralnie** *adv* centrally

centrum *n* **1** *(miasta)* city/town centre *BrE*, downtown (area) *AmE*: *parking facilities in the town centre* | **w centrum** in the (city/town) centre *BrE*, downtown *AmE*: *Do you work downtown?* **2** *(ośrodek)* centre *BrE*, center *AmE*: *a financial/cultural centre* **3 centrum handlowe** shopping centre *BrE*, center *AmE*, (shopping) mall *AmE*, (shopping) arcade *BrE* **4 znajdować się w centrum uwagi** be in the limelight, be the centre of attention: *Ted loves being in the limelight.* **5** *(ugrupowanie polityczne)* the centre *BrE*, center *AmE*: *The party's new policies show a swing towards* (=zmianę w kierunku) *the centre.*

centymetr *n* **1** centimetre *BrE*, centimeter *AmE* **2 centymetr krawiecki** tape measure

cenzura *n* censorship —**cenzor/ka** *n* censor —**cenzurować** *v* censor →patrz też OCENZUROWAĆ

cera *n* **1** *(skóra)* complexion: *Drinking lots of water is good for the complexion.* **2** *(na ubraniu)* darn

ceramiczny *adj* ceramic: *ceramic tiles* (=płytki) —**ceramika** *n* ceramics, pottery: *a fine collection of medieval pottery*

cerata *n* oilcloth

ceremonia *n* ceremony: *the wedding ceremony* | *a graduation ceremony*

ceremoniał *n* ceremony: *The queen was crowned with due ceremony* (=z należnym ceremoniałem).

cerkiew *n* Orthodox church

cerować *v* darn: *darning socks*

certyfikat *n* certificate

cesarski *adj* **1** imperial **2 cesarskie cięcie** c(a)esarean (section): *She had her baby by caesarean section.*

cesarstwo *n* empire

cesarz *n* emperor —**cesarzowa** *n* empress

cewka *n* **1** *(elektryczna)* coil **2** **cewka moczowa** urethra

cętka *n* spot: *Dalmatians have white coats* (=sierść) *with black or brown spots.* —**cętkowany** *adj* spotted

cham *n* brute: *Don't hit him, you brute!* —**chamski** *adj* brutish —**chamstwo** *n* brutishness

chandra *n* **mieć chandrę** have/get the blues: *Don't be surprised if you get the blues for a while after you listen to this.*

chaos *n* chaos

chaotyczny *adj* chaotic, disorganized, disorganised *BrE*: *chaotic behaviour* —**chaotycznie** *adv* chaotically

charakter *n* **1** character: *a woman of great character* | *Recently, the character of the school has changed.* **2** **charakter pisma** handwriting **3** **w charakterze kogoś** in your capacity as sth: *in my capacity as critic* (=w charakterze krytyka)

charakterystyczny *adj* distinctive, characteristic: *a rock band with a distinctive sound* | *Mark, with characteristic kindness* (=z charakterystyczną dla siebie uprzejmością), *offered to help.* | **charakterystyczny dla kogoś/czegoś** characteristic of sb/sth: *This type of decoration is characteristic of Islamic architecture.* —**charakterystycznie** *adv* characteristically

UWAGA: characteristic of

Nie mówi się „characteristic for sb/sth". Mówi się **characteristic of sb/sth**.

charakterystyka *n* profile: *We need a profile of the area: population, main roads, water supplies, etc.*

charakteryzować *v* **1** *(cechować)* characterize, characterise *BrE*: *Bright, vibrant colours characterize his paintings.* **2** *(opisywać)* → patrz SCHARAKTERYZOWAĆ

charakteryzować się *v* **charakteryzować się czymś** be marked by sth: *Her writing is marked by a subtle irony.*

chart *n* greyhound

charytatywny *adj* **1** charitable: *a charitable institution* **2** **iść na cele charytatywne** go to charity: *All the money raised by the concert will go to charity.*

charyzmatyczny *adj* charismatic: *Martin Luther King was a very charismatic speaker.* —**charyzma** *n* charisma: *Few Presidents have had the charisma of Kennedy.*

chata *n* **1** *także* **chatka** cabin, hut: *a wooden hut* **2** *(dom)* house

chcieć *v* **1** want: *What do you want for your birthday?* | **chcieć coś (z)robić** want to do sth: *I want to go home.* | **chcieć, żeby ktoś coś (z)robił** want sb to do sth: *Her parents want her to find a rich husband.* | **chcieć czegoś od kogoś** want sth of sb: *I wish I knew what he wanted of me.* THESAURUS WANT **2** **nie chcieć czegoś zrobić** not want to do sth, be unwilling to do sth: *He's unwilling to admit he was wrong.* **3** **chcąc nie chcąc** willy-nilly **4** **jeśli chcesz** if you wish/want, if you like *BrE*: *You may leave now, if you wish.* | *If you like, I'll do the dishes.* **5** **jak chcesz** as you wish: *Do as you wish.* **6** **chciałbym ...** I would like ...: *I'd* (=I would) *like a cheeseburger.* | **chciałbym, żeby ktoś coś zrobił** I would like sb to do sth: *I'd like her to be at tomorrow's meeting.* **7** **samochód nie chce ruszyć** the car won't start | **drzwi nie chciały się otworzyć** the door wouldn't open

chcieć się *v* **komuś chce się coś robić** sb feels like doing sth: *He didn't feel like going to work* (=nie chciało mu się iść do pracy). | **chce mi się jeść/pić/spać** I feel/am hungry/thirsty/sleepy

chciwy *adj* greedy: *The lawyers were described as greedy and arrogant.* —**chciwie** *adv* greedily —**chciwość** *n* greed, greediness

chełpić się *v* **chełpić się (czymś)** boast (about sth): *He enjoyed boasting about his wealth.* —**chełpliwy** *adj* boastful

chemia *n* chemistry —**chemi-k/czka** *n* chemist —**chemiczny** *adj* chemical —**chemicznie** *adv* chemically —**chemikalia** *n* chemicals

chemioterapia *n* chemotherapy

chęć *n* **1** desire: *She had no desire to marry.* | **chęć do życia** will to live: *The survivors never lost the will to live.* **2** **zrobić coś z chęcią** be glad to do sth: *"Would you give me a hand?" "I'd be glad to."* **3** **dobre chęci** good intentions

chętny *adj* **chętny (do czegoś)** willing (to do sth): *I'm always willing to help.* —**chętnie** *adv* with pleasure: *I would have done it with pleasure.*

chichotać *v* giggle: *Stop giggling!* THESAURUS LAUGH —**chichot** *n* giggle

Chile *n* Chile —**chilijski** *adj* Chilean

chili *n* chilli

Chiny *n* China —**chiński** *adj* Chinese —**Chińczyk/-nka** *n* Chinese

chipsy *n* crisps *BrE*, chips *AmE*

chirurgia *n* surgery: **chirurgia plastyczna** plastic surgery —**chirurg** *n* surgeon —**chirurgiczny** *adj* surgical: *surgical instruments*

chlapa *n* slush

chlapać (się) *v* splash: *Maggie watched the children splashing around in the pool.*

chleb *n* **1** bread: *Would you like some bread with your soup?* | **bochenek/kromka chleba** a loaf/slice of bread **2** **chleb powszedni** daily bread, staple diet: *"Murder is the daily bread of this country," said Mario Zamorano grimly.* | *Violence is the staple diet of the video generation.* **3** **zarabiać na chleb** make a living, earn a crust *BrE*

chlew *n* pigsty: *Clean up your room. It's a pigsty!*

chlor *n* chlorine

chluba *n* **1** **być chlubą kogoś/czegoś** be the pride of sb/sth, be a credit to sb/sth: *The football team is the pride of the whole town.* | *You're a credit to the school!* **2** **przynosić komuś chlubę** do sb credit: *Your children really do you credit.*

chlubić się *v* **chlubić się czymś** take pride in sth: *She takes great pride in her work.*

chłodnia *n* refrigerator, freezer

chłodnica *n* radiator

chłodno *adv* **1** **jest chłodno** it is cool/cold: **robi się chłodno** it's getting cool/cold **2** **komuś jest chłodno** sb is cold: *Could you turn up the heater, I'm cold.* **3** *(bez okazywania emocji)* coolly, coldly: *"I'm sorry," she said coldly. "It's too late."*

chłodny *adj* **1** *(zimny)* cool: *a cool day* | *a cool refreshing drink* THESAURUS COLD **2** *(nieprzyjazny)* cool, chilly: *The boss was very cool towards me.* | *She was polite but chilly and formal.*

chłodzenie *n* refrigeration

chłodziarka *n* refrigerator

chłodzić *v* chill: *Always chill champagne before serving.*

chłonąć *v* absorb: *Plants absorb nutrients from the soil* (=rośliny chłoną składniki odżywcze z gleby). —**chłonny** *adj* absorbing, receptive

chłop *n* **1** *(na wsi)* peasant: *Most of the population were peasants - very few lived in the cities.* **2** *(mężczyzna)* guy, bloke *BrE*, chap *BrE*: *Dave's a nice guy* (=równy chłop) *when you get to know him.* **3** **czyjś chłop** *(mąż)* sb's old man: *Is this her old man?* —**chłopski** *adj* peasant: *a peasant uprising*

chłopak *n* **1** boy THESAURUS ▶ MAN **2** *(sympatia)* boyfriend: *Have you met Jilly's new boyfriend yet?*

chłopczyk *n* (little) boy

C

chłopiec *n* **1** boy: *a school for boys* THESAURUS ▶ CHILD **2** *(sympatia)* boyfriend —**chłopięcy** *adj* boyish: *a slim, boyish figure*

chłosta *n* flogging —**chłostać** *v* flog: *Thieves were flogged in public.*

chłód *n* **1** *(zimno)* chill: *There was a chill in the early morning air.* **2** *(obojętność)* coldness, coolness: *He detected coolness in her tone.*

chmiel *n* hops

chmura *n* **1** cloud: *stormy clouds* **2** **chmura dymu/kurzu itp.** cloud of smoke/dust etc

chmurzyć *v* **chmurzyć się** cloud over: *The sky's really clouding over; I think we're in for a storm* (=czeka nas burza).

chochlik *n* **1** *(duszek)* gremlin, goblin, imp **2** *także* **chochlik drukarski** misprint, typo

chociaż *conj, part* **1** →patrz CHOĆ **2** **chociaż coś** that's something: *At least we have some money left. That's something, isn't it* (=chociaż coś, nie)?

chociażby *conj* →patrz CHOĆBY

choć *conj, part* **1** *(mimo że)* (even) though, although: *I seem to keep gaining weight, even though I'm exercising regularly.* | *Although it was raining we decided to go for a walk.* **2** *(ale)* though: *I don't really like classical music, though I did enjoy the Pavarotti concert.* | *I think she's Swiss. I'm not sure though.* **3** *(przynajmniej)* at least: *I think you should at least consider his offer* (=powinieneś choć rozważyć jego propozycję). **4** **choć raz** just (for) once: *Just for once I'd like to see him cook dinner.*

choćby *conj, part* **1** even: *He didn't want to stay, even for a while* (=choćby na chwilę). **2** *(nawet gdyby)* even if: *I'll never speak to her again, even if she apologizes* (=choćby (nawet) mnie przeprosiła). **3** **choćby nie wiem co/gdzie itp.** no matter what/where etc: *No matter how hard he tried* (=choćby nie wiem jak się starał), *he couldn't get her to change her mind.*

chodak *n* clog

chodnik *n* **1** *(na ulicy)* pavement *BrE*, sidewalk *AmE* **2** *(dywan)* runner

chodzić *v* **1** *(spacerować)* walk: *My son learned how to walk when he was one year old.* **2** *(w zdaniach rozkazujących)* come: *Come here* (=chodź tu) *and look at this.* | *Come (along) with us* (=chodź z nami). **3** **chodzić do kościoła/szkoły** go to church/school: *Joey's too young to go to school.* **4** **chodzić z kimś** go out with sb, date sb *AmE*: *Jean used to go out with my brother.* | *Is this the guy Karen is dating?* | **chodzić ze sobą** go out together, date *AmE*: *How long have you been going out together?* | *They've been dating for six weeks.* **5** *(działać)* run, go, work: *Don't touch the engine while it's running.* | *My watch isn't going.* | *Damn! The TV isn't working again.* **6** **jeśli chodzi o kogoś/coś** as far as sb/sth is concerned: *As far as money is concerned, the club is doing fairly well.* | **jeśli o mnie chodzi** as far as I'm concerned, for my part: *As far as I'm concerned, the whole idea is crazy.* **7** **chodzi o to, że ...** the point is (that) ...: *The point is we just don't have enough money.* **8** **jeśli o to chodzi** for that matter: *I don't like beer either, for that matter.* **9** **o co chodzi?** what's the matter?: *What's the matter, Mary? Have you been crying?* **10** **o co ci chodzi?** what are you getting at? →patrz też IŚĆ, PÓJŚĆ

choinka *n* Christmas tree

cholera *n* **1** *(przekleństwo)* shit, damn, goddammit *AmE* **2** *(choroba)* cholera

cholerny *adj* damned, bloody *BrE*: *That bloody fool, Hodges!* —**cholernie** *adv* damn, bloody *BrE*: *damn good*

cholesterol *n* cholesterol

chomik *n* hamster

chorągiew *n* flag —**chorągiewka** *n* flag: *The children waved their flags as the Queen went by.*

chorąży *n* warrant officer

choreografia *n* choreography —**choreograf/ka** *n* choreographer

choroba *n* **1** disease, illness, sickness: *He suffers from* (=cierpi na) *heart disease.* | *She missed a lot of school because of her illness.* | *an insurance policy against long-term sickness* THESAURUS ▶ ILLNESS **2** **choroba lokomocyjna** travel/motion *AmE* sickness **3** **choroba morska** seasickness: **cierpieć na chorobę morską** be seasick

UWAGA: illness, disease i sickness

Illness odnosi się zasadniczo do stanu złego samopoczucia i długości jego trwania, **disease** natomiast do przyczyny, która ten stan wywołała. Mówimy więc: *She died after a long illness.* | *How many working days have you missed through illness?* | *She suffers from a rare disease of the central nervous system.* Gdy mowa o nazwach chorób, narządach nimi dotkniętych czy sposobach ich przenoszenia, używamy wyrazu **disease**: *Alzheimer's disease* | *a kidney disease* | *a sexually transmitted disease* | *infectious disease.* Wyjątkiem jest choroba umysłowa (*mental illness*), jak również choroba śmiertelna lub bardzo ciężka (*terminal/critical/serious illness*). Rzeczownika **sickness** można w pewnych kontekstach używać wymiennie z **illness**: *working days lost due to sickness.* Ponadto **sickness** oznacza też „mdłości", w związku z czym występuje w nazwach chorób, które się w ten sposób objawiają, takich jak np. choroba morska. **Sickness** oznacza również chorobę w sensie przenośnym: *He said the idea of „success" was part of the sickness of Western culture.*

chorobliwy *adj* unhealthy: *an unhealthy pale complexion* | *an unhealthy obsession with sex* —**chorobliwie** *adv* obsessively: *obsessively jealous*

chorobowy *adj* **objawy chorobowe** symptoms of illness —**chorobowe** *n* sick leave: *Martha is on sick leave because of a broken arm.*

chorować *v* be ill/sick: *She's been sick for two weeks now.*

chorowity *adj* sickly: *a sickly child* THESAURUS ▶ ILL

Chorwacja *n* Croatia —**chorwacki** *adj* Croatian, Croat —**Chorwat/ka** *n* Croatian, Croat

chory *adj* **1** ill, sick: *Bridget can't come - she's ill.* | **chory na coś** ill with sth: *Her father is seriously ill with pneumonia.* | **chory umysłowo** mentally ill | **śmiertelnie chory** terminally ill THESAURUS ILL **2 chore serce/kręgosłup** bad heart/back —**chor-y/a** *n* patient: *There are fifty patients on this ward.*

UWAGA: ill i sick

Przymiotnik **ill** występuje najczęściej bezpośrednio po czasowniku (*I felt ill*) lub po czasowniku i przysłówku (*His father is seriously ill*). Przymiotnik **sick** może występować także przed rzeczownikiem: *Your father is a very sick man.* Inna różnica polega na tym, że **ill** jest odpowiednikiem polskiego „chory" w brytyjskiej angielszczyźnie, a **sick** w angielszczyźnie amerykańskiej. **Be sick** w angielszczyźnie brytyjskiej zwykle nie znaczy „chorować", tylko „wymiotować": *If you eat too many sweets, you'll be sick.*

chować *v* **1** *(ukrywać)* hide **2** *(zmarłych)* bury: *They used to bury their dead in the nearby field.* **3** *(wychowywać)* bring up, raise *AmE*: *Rachel was brought up by her grandmother* (=była chowana przez babkę). **4** *(hodować)* raise: *They raise pigs.* **5 chować głowę w piasek** bury your head in the sand →patrz też SCHOWAĆ
chować się *v* hide →patrz też SCHOWAĆ SIĘ

chowany *n* **bawić się w chowanego** play hide-and-seek

chód *n* **1** walk: *You can often recognize people by their walk.* **2 chód sportowy** (race) walking

chór *n* **1** choir: *a children's choir* | *Mary sings in a church choir.* **2 chór podziękowań/niezadowolenia** a chorus of thanks/disapproval **3 powiedzieć/wykrzyknąć itp. (coś) chórem** say/shout etc (sth) in chorus, chorus (sth): *"Mom!", the kids cried in chorus.* | *"Good morning!" we chorused.* —**chórek** *n* chorus —**chóralny** *adj* choral: *choral music* —**chórzyst-a/ka** *n* choir member

chrabąszcz *n* cockchafer

chrapać *v* snore: *My husband snores so loudly that I find it difficult to get to sleep.*

chrapliwy *adj* hoarse: *a hoarse voice*

chrom *n* **1** *(stop)* chrome **2** *(pierwiastek)* chromium —**chromowany** *adj* chromium plated

chromosom *n* chromosome

chroniczny *adj* chronic: *chronic lung disease* | *a chronic shortage of teachers* —**chronicznie** *adv* chronically: *chronically sick patients*

chronić *v* protect: *protected species of animals* | **+przed czymś/od czegoś** from/against sth: *New sea defences have been built to protect the town from flooding.* | *a cream to protect your skin against sunburn* (=przed oparzeniem słonecznym) | **+przed kimś** against sb: *locks to protect against burglars*
chronić się *v* shelter: **+przed czymś** from sth: *We sat in the shade, sheltering from the sun.*

chronologiczny *adj* chronological: **w porządku chronologicznym** in chronological order: *Put the following events in chronological order.* —**chronologicznie** *adv* chronologically —**chronologia** *n* chronology

chropowaty *adj* rough: *Her hands were rough from hard work.* —**chropowatość** *n* roughness

chrupać *v* **chrupać coś** crunch/munch (on) sth: *The dog was crunching (on) a bone.* | *Father went on munching his toast.* | *She was busily munching on an apple.* —**chrupiący** *adj* crunchy: *a crunchy apple* THESAURUS HARD

chrupki *n* crisps *BrE*, chips *AmE*

chrust *n* brushwood

chrypka *n* **mieć chrypkę** be hoarse, have a frog in your throat

Chrystus *n* **1** Christ **2 Chryste!** Christ!: *Christ! I've left my keys at home.*

chryzantema *n* chrysanthemum

chrzan *n* horseradish

chrząkać *v* *(świnia)* grunt

chrząknąć *v* clear your throat: *He cleared his throat to get everybody's attention.*

chrząstka *n* **1** *(anatomicznie)* cartilage **2** *(w mięsie)* gristle

chrząszcz *n* beetle

chrzciciel *n* **Jan Chrzciciel** John the Baptist

chrzcić *v* →patrz OCHRZCIĆ

chrzcielnica *n* font

chrzciny *n* christening

chrzest *n* baptism

chrzestny *adj* **ojciec chrzestny** godfather | **matka chrzestna** godmother | **syn chrzestny** godson | **córka chrzestna** goddaughter

chrzestn-y/a *n* godfather/godmother

chrześcijan-in/ka *n* Christian —**chrześcijański** *adj* Christian —**chrześcijaństwo** *n* Christianity

chrześnia-k/czka *n* godson/goddaughter, godchild

chrzęścić *v* crunch: *Our feet crunched on the frozen snow.*

chuchać *v* **chuchać na coś** breathe on sth: *Roy breathed on his hands and rubbed them together vigorously.*

chudnąć *v* lose weight →patrz też SCHUDNĄĆ

chudy *adj* **1** *(człowiek)* thin, skinny: *Larry was tall and thin with dark brown hair.* | *Some supermodels are far too skinny.* THESAURUS THIN **2** *(mięso)* lean **3 chude mleko** skimmed milk

chuligan/ka *n* **1** hooligan **2 chuligan internetowy** cyberbully —**chuligaństwo** *n* hooliganism

chusta *n* shawl, headscarf

chusteczka *n* **1 chusteczka do nosa** handkerchief, hankie **2 chusteczka higieniczna** Kleenex, tissue

chustka *n* **1** *(na głowę)* headscarf **2 chustka do nosa** handkerchief

chwalebny *adj* praiseworthy, laudable: *a praiseworthy attempt to score another goal*

C

chwalić *v* **1** praise: *The critics praised the play highly.* | **+ za coś** for sth: *Mr Lee praised Jill for the quality of her work.* **2 chwalić Boga** praise God
chwalić się *v* boast: *"I can write better than any of them," she boasted.* | **+ czymś** about/of sth: *He enjoyed boasting of his wealth.* | *She's always boasting about how clever her children are.*

chwała *n* **1** glory: *the glory of capturing* (=zdobycie) *Berlin* **2 polegly na polu chwały** killed in action

chwast *n* weed

chwiać się *v* **1** *(drzewo, człowiek)* sway: *trees swaying gently in the breeze* **2** *(ząb, krzesło)* wobble: *a wobbling tooth* → patrz też ZACHWIAĆ SIĘ

C

chwiejny *adj* **1** shaky, wobbly: *a shaky ladder* | *a wobbly chair* **2** *(płomień)* flickering **3** *(sytuacja)* unstable: *an unstable economy* **4 iść chwiejnym krokiem** stagger

chwila *n* **1** *także* **chwilka** moment, minute: *Can you spare* (=czy możesz poświęcić) *a few minutes to answer some questions?* | *Can you wait a moment?* THESAURUS SOON **2 po chwili** after a moment/while: *After a while the rain stopped.* **3 w tej chwili a)** *(teraz)* at the moment: *The line's busy* (=linia jest zajęta) *at the moment, can you try later?* | *I am unemployed at the moment, but I'm looking for work.* **b)** *(natychmiast)* this minute: *Johnny! Get inside this minute!* **4 przez chwilę** for a moment: *May I speak to you for a moment, please?* **5 na chwilę** for a moment/while, momentarily: *Can we stop for a moment - I want to look at the map.* | *She paused momentarily and glanced over her shoulder.* **6 za chwilę** in a moment/minute: *Mr Bennet will be available in a moment.* | *Mum will be back in a minute.* **7 przed chwilą** a moment/minute ago: *Michael was looking for you a moment ago.* | *I had my keys a minute ago, and now I can't find them.* **8 w ostatniej chwili** at the last moment/minute: *Damian called off the wedding at the last moment.* **9 zostawiać coś na ostatnią chwilę** leave sth to the last minute/moment: *How could you leave buying your wedding dress to the last moment?* **10 w każdej chwili** (at) any moment, any minute (now): *The building may collapse* (=może się zawalić) *at any moment.* | *The doctor will be here any minute now.* **11 co chwila/chwilę** every now and then: *Every now and then he glanced at her sad face.* **12 od chwili, gdy ...** from the moment ...: *From the moment I met her, I knew she was no ordinary kind of girl.* **13 w pewnej chwili** suddenly: *Suddenly I realized that my passport was missing from my handbag.* **14 od tej chwili a)** *(od tamtego czasu)* from that moment (on), since: *From that moment on I never believed anything she told me.* | *He walked out of that door last Tuesday and no-one has seen him since.* **b)** *(od teraz)* from now on: *From now on I'm going to be more careful.* **15** *(okazja)* moment: *a historical moment*

chwileczka *n* **chwileczkę!** just a minute/second, wait a minute: *Wait a minute, I have to turn down* (=ściszyć) *the TV.*

chwilka *n* → patrz CHWILA

chwilowo *adv* for the time being, temporarily: *You can stay in the spare room for the time being.* | *The library is temporarily closed for repairs.*

chwilowy *adj* momentary: *There was a momentary pause.*

chwycić *v* **1** *(wziąć do ręki)* take hold of: *I took hold of the handle and pulled as hard as I could.* | **chwycić kogoś za rękę/ramię itp.** take hold of sb's hand/arm etc: *Miss Perry took hold of my sleeve and pulled me back.* **2** *(złapać)* catch: *She stumbled forward but Calum caught her in his arms.* **3** *(uchwycić)* grasp: *Make sure you grasp the rope with both hands.* **4** *(zrozumieć)* grasp: *I don't think he grasped our main point* (=chyba nie chwycił, o co nam chodziło). **5** *(pomysł, moda itp.)* catch on: *It was a popular style in Britain but it never really caught on in America.* **6 chwycić za broń** take up arms
chwycić się *v* **1 chwycić się czegoś a)** *(złapać za coś)* grab hold of sth: *Kay grabbed hold of my arm to stop herself falling.* | *Grab hold of the rope and pull yourself up.* **b)** *(spróbować)* grasp at sth: *He was ready to grasp at any excuse, however flimsy.* **2 chwycić się za głowę** put/bury your head in your hands: *Anne buried her head in her hands and sobbed.* **3 chwycić się za ręce** join hands

chwyt *n* **1** *(trzymanie)* hold, grip: *Don't loosen your grip on the rope or you'll fall.* | *She tightened her hold on the rope.* **2** *(złapanie)* catch: *Hey! Nice catch!* **3** *(w zapasach, judo)* hold **4** *(fortel)* trick: *a clever trick to cheat the authorities* **5** *(gitarowy)* chord **6 chwyt reklamowy** publicity stunt

chwytać *v* → patrz CHWYCIĆ

chwytliwy *adj* catchy: *a catchy advertising slogan*

chyba *part, conj* **1** I guess/think, I suppose *BrE*: *I guess they are trying to save money.* | *I suppose you're right.* | **on jest chyba chory** he must be ill | **chyba zgubiłam okulary** I think I've lost my glasses | **ona chyba nie przyjdzie** I don't think she'll come | **chyba tak/nie** I guess so/not: *"She wasn't happy?" "I guess not."* **2 chyba że ...** unless ...: *I'll meet you at 8, unless you phone me to say you can't go out.*

chybić *v* **1** miss: *She fired at the target but missed.* **2 na chybił trafił** at random: *Ten people were chosen at random from the audience.*

chylić *v* **chylić czoło przed kimś** take your hat off to sb: *I take my hat off to the person who organized all this.*

chylić się *v* **chylić się ku upadkowi** be in decline, be heading towards a/its collapse: *Everybody knows the economy has been in decline.* | *The Weimar republic was heading towards its collapse.*

chyłkiem *adv* stealthily: *Andy crept stealthily up to the window.*

chytry *adj* **1** *(przebiegły)* sly, cunning: *That sly bastard. How did he get away with it* (=jakim cudem uszło mu to na sucho)? **2** *(chciwy)* stingy: *Jim's too stingy to give money to charity.* **3** *(wymyślny)* cunning: *a cunning little device* —**chytrze** *adv* cunningly, slyly —**chytrość** *n* cunning, slyness

ci *pron* **1** *(zaimek wskazujący)* these, those: *these students* **2** *(zaimek osobowy)* you: *I told you so* (=mówiłem ci)! | *What did he give you* (=co ci dał)?

ciałko *n* corpuscle: *blood corpuscles*

ciało *n* **1** *(organizm)* body: *Your body generates a lot of heat when you exercise.* | **na całym ciele** all over your body **2** *(skóra)* flesh: *His flesh was red and covered in sores.* **3** *(zwłoki)* body: *The police have found a body in the river.* **4 ciało niebieskie** heavenly body **5 ciało obce** foreign body: *Tears serve the function of washing away* (=służą do wypłukiwania) *any foreign bodies in the eye.*

ciarki *n* shivers: **ciarki przeszły komuś po plecach** a shiver ran down sb's spine | **przyprawić kogoś o ciarki** give sb the creeps/shivers, send shivers down sb's spine: *A sudden scream from outside sent shivers down his spine.*

ciasno *adv* **1** *(związać itp.)* tightly: *She pulled the ribbon tightly and tied a bow* (=zawiązała kokardę). **2 jest ciasno** it's a tight squeeze/fit: *It was a tight squeeze, but somehow we all got into the car.* | **(gdzieś) jest za ciasno** it's too cramped/there isn't enough room (somewhere): *I couldn't sleep on the plane, it was too cramped.* | **komuś jest za ciasno** sb doesn't have enough room: *We didn't have enough room in the back of the car.*

ciasny *adj* **1** *(ubranie)* tight: *tight trousers* | *The dress is too tight under my armpits* (=pod pachami). THESAURUS SMALL **2** *(pokój, mieszkanie)* cramped: *cramped offices* —**ciasnota** *n* lack of space

ciasteczko *n* biscuit *BrE*, cookie *AmE*

ciastko *n* (piece of) cake, pastry

ciasto *n* **1** *(upieczone)* cake: *Would you like another slice of chocolate cake?* **2** *(surowe)* dough, pastry **3 ciasto w proszku** cake mix

ciąć *v* →patrz OBCIĄĆ, ODCIĄĆ, PRZECIĄĆ, ROZCIĄĆ, ŚCIĄĆ, UCIĄĆ, WYCIĄĆ THESAURUS CUT

ciąg *n* **1** sequence: **ciąg zdarzeń** sequence of events: *the sequence of events leading up to the war* **2 ciąg dalszy** follow-up, sequel: *Spielberg says he's planning to do a follow-up next year.* | **ciąg dalszy nastąpi** to be continued **3 w ciągu roku/trzech godzin itp.** within a year/three hours etc: *Ray promised to be back within the hour* (=w ciągu godziny). | *Her car has been broken into three times within a month* (=trzy razy w ciągu miesiąca). THESAURUS DURING **4 w ciągu dnia** by day, during the day: *Owls usually sleep by day and hunt by night.* →patrz też **w dalszym ciągu** (DALSZY)

ciągle *adv* constantly, continually: *Her teenage daughter is constantly on the phone* (=ciągle rozmawia przez telefon). | *She's continually flying off to different places.*

ciągły *adj* **1** continuous, constant: *After two days of continuous rain, the village was flooded.* | *The refugees* (=uchodźcy) *live in constant fear of attack.* **2 linia ciągła** continuous line —**ciągłość** *n* continuity: *Changing doctors is likely to affect the continuity of your treatment* (=może wpłynąć na ciągłość leczenia).

ciągnąć *v* **1** *(przyczepę, wagon)* pull, draw: *a tractor pulling a plough* (=pług) | *a carriage drawn by six horses* THESAURUS PULL **2 ciągnąć za coś** pull at sth: *Stop pulling at the bell.* | **ciągnąć kogoś za włosy/sukienkę itp.** pull (at) sb's hair/dress etc **3** *(kontynuować)* continue, go on: *"And so," he continued, "we will try harder next time."* | *After a short pause Maria went on with her story.* **4 kogoś ciągnie do kogoś/czegoś** sb gravitates to/towards sb/sth: *Tourists naturally gravitate to the city's older section.* | *Students gravitate towards others with similar interests.* **5 ciągnąć losy** draw lots **6 ciągnąć zyski z czegoś** derive profits from sth

ciągnąć się *v* **1** *(rozpościerać się)* extend: *The River Nile extends as far as* (=aż do) *Lake Victoria.* | *The forest extended in all directions as far as the eye could see* (=jak okiem sięgnąć). **2** *(dłużyć się)* drag: *Friday afternoons always drag.*

ciągnik *n* tractor

ciąża *n* pregnancy: **być w ciąży** be pregnant | **zajść w ciążę** get pregnant | **kobieta w ciąży** pregnant woman | **przerwać ciążę** have an abortion

ciążyć *v* **1 ciążyć komuś** weigh on sb: *Yvonne's responsibilities were beginning to weigh on her.* **2 ciąży na kimś obowiązek zrobienia czegoś** it is sb's responsibility to do sth: *It is your responsibility to check that all the windows are locked.* **3 ciąży na kimś zarzut czegoś** sb is charged with sth: *Ames is charged with spying for the Russians.* **4 ciąży na kimś wina** sb is to blame: *I think we are all to blame.*

cichnąć *v* →patrz UCICHNĄĆ

cicho *adv* **1** *(nie głośno)* quietly, softly: *The door closed quietly behind her.* | *He softly murmured her name.* **2** *(bezgłośnie)* silently: *The balloon floated silently through the air.* **3 (gdzieś) jest cicho** it is quiet (somewhere): *I'd love to go on holiday somewhere where it's nice and quiet.* **4 bądź cicho!** be quiet! **5 mów ciszej** keep your voice down

cichy *adj* **1** *(nie głośny)* quiet: *It isn't natural for a child to be so quiet.* THESAURUS QUIET **2** *(głos, muzyka)* soft: *The soft music lulled me to sleep* (=uśpiła mnie). **3** *(bezgłośny)* silent: *In the early morning the village was completely silent.*

C

ciec *v* **1** *(woda, łzy)* trickle: *The tears trickled down her cheeks.* **2** *(kran)* drip: *The tap's dripping.* **3 z czegoś cieknie** sth is dripping: *Be careful – your paintbrush is dripping.* **4 z czegoś cieknie woda/benzyna itp.** sth is leaking water/petrol etc: *My car seems to be leaking oil.*

ciecz *n* liquid

ciekawie *adv* **1** *(z ciekawością)* curiously: *People stared at us curiously, wondering who we were.* **2** *(interesująco)* in an interesting way **3 zapowiadać się ciekawie** promise to be interesting: *Today's meeting promises to be interesting.*

ciekawostka *n* **1** *(informacja)* interesting piece of news: *Your brother's just told me an interesting piece of news.* **2** *(przedmiot)* oddity, curiosity

ciekawość *n* curiosity: **z ciekawości** out of curiosity: *Just out of curiosity, how old are you?* | **zaspokoić swoją/czyjąś ciekawość** satisfy your/sb's curiosity: *Just to satisfy my curiosity, how much did it cost?*

ciekawsk-i/a *n* busybody, nosy parker *BrE* —**ciekawski** *adj* nosy, curious: *nosy reporters*

ciekawy *adj* **1** *(interesujący)* interesting: *an interesting book/film/job/question* | *interesting people* THESAURUS STRANGE **2** *(dociekliwy, zaciekawiony)* curious: *The accident attracted a few curious looks.* | **ciekawy czegoś** curious about sth: *Even eight-year-old children become curious about drugs.* **3 ciekaw jestem, kiedy/co itp.** I'm curious about when/what etc: *I'm curious about how the system works.* **4 ciekawe, kto/kiedy itp.** I wonder who/when etc: *I wonder what's happened to him.* **5 co ciekawe, ...** interestingly (enough), ...: *Interestingly, girls are often much better at sciences than boys.*

ciekły *adj* liquid: *liquid oxygen*

cielesny *adj* **1** *(obrażenia, postać)* bodily: *bodily injuries/suffering* **2** *(miłość, pożądanie)* carnal: *carnal desires* **3 kara cielesna** corporal punishment

cielę *n* calf

> **UWAGA: calf**
>
> Rzeczownik **calf** ma nieregularną formę liczby mnogiej: **calves**.

cielęcina *n* veal: *veal cutlets*

ciemnia *n* darkroom

ciemnieć *v* darken: *the darkening sky*

ciemno *adv* **1 (gdzieś) jest ciemno** it's dark (somewhere): *It was dark outside.* **2 robi się ciemno** it's getting dark, it gets dark: *Come on, let's go in, it's getting dark.* | *At* *this time of year it gets dark around six.* **3 w ciemno** on spec: *I sent in an application on spec.* **4 randka w ciemno** blind date

ciemność *n* darkness: *the darkness of a winter morning* | **w ciemności** in darkness: *The whole room was in darkness* (=był pogrążony w ciemności). | **bać się ciemności** be afraid of the dark: *Children are sometimes afraid of the dark.* | **zapada ciemność** darkness falls/is falling

ciemnota *n* ignorance: *They lived in an age of superstition and ignorance.*

ciemnowłosy *adj* dark-haired

ciemny *adj* **1** dark: *dark hair/eyes/skin* | *dark glasses/clothes* | *a dark room/street/colour* | *dark thoughts* **2 ciemny chleb** brown bread **3 ciemne piwo** stout **4 ciemne interesy** shady deals **5 ciemna strona czegoś** the dark side of sth: *the dark side of his personality*

C

cienisty *adj* shady: *a shady spot for a picnic*

cienki *adj* **1** *(nie gruby)* thin: *a thin line/stream* | *a thin layer/blanket/coat/slice* | *thin ice* **2** *(głos)* thin: *He sang with a thin, nasal voice.* **3** *(kiepski)* poor: **+ z czegoś** at sth: *He's poor at maths.* **4 jelito cienkie** small intestine —**cieniutki** *adj* wafer-thin: *a wafer-thin slice of lemon* —**cienkość** *n* thinness

cienko *adv* **1** thinly: *thinly sliced bread* **2 z kimś jest cienko** sb is in deep trouble **3 jest cienko z pieniędzmi** money is tight: *Money was tight and he needed a job badly.* **4 cienko prząść** be hardly able to make ends meet: *Since Mike lost his job, we can hardly make ends meet.*

cień *n* **1** *(ciemny kształt na ziemi, ścianie)* shadow: *Look how long our shadows are!* | **w cieniu czegoś** in the shadow of sth: *We buried the box in the shadow of the old elm.* **2** *(zacienione miejsce)* shade: *a plant that likes a lot of shade* | **w cieniu** in the shade: *Let's find a table in the shade.* | *It's 35°C in the shade.* **3 w czyimś cieniu** in sb's shadow: *Kate grew up in the shadow of her film star sister.* **4 rzucać cień (na coś)** cast a shadow (on/over sth): *The house cast long shadows on the lawn.* | *The bad news cast a shadow over his visit.* **5 bez cienia wątpliwości** without/beyond a shadow of a doubt **6 cień do powiek** eye-shadow

cieplarniany *adj* **efekt cieplarniany** the greenhouse effect

cieplny *adj* thermal: *thermal energy*

ciepło[1] *adv* **1** *(ubierać się)* warmly: *Pat wrapped the baby up warmly.* **2** *(witać)* warmly: *Terry greeted the visitor warmly.* **3 (gdzieś) jest ciepło** it's warm (somewhere): *Is it usually warm in April?* **4 komuś jest ciepło** sb is warm: *Are you warm enough?* **5 (podawać/spożywać coś) na ciepło** (serve/eat sth) hot: *This dish is to be served hot.*

ciepło[2] *n* **1** *(uczucie)* warmth: *the warmth of the sun* **2** *(energia)* heat: *Black surfaces absorb heat from the sun.* **3** *(serdeczność)* warmth: *He greeted me with unexpected warmth.*

ciepłota *n* temperature: **ciepłota ciała** body temperature

ciepły *adj* **1** *(nie zimny)* warm: *warm weather/water/feet/colours* | *a warm coat/room/day/bath* | **ciepły posiłek** hot meal **2** *(serdeczny)* warm: *a warm smile/welcome* **3 ciepła posadka** cushy job: *I wish I had a nice cushy job like her.*

cierń *n* thorn —**ciernisty** *adj* thorny

cierpieć *v* **1** suffer: *At least he died suddenly and didn't suffer.* | *Children always suffer when parents divorce* (=rozwodzą się). **2 cierpieć na coś** suffer from sth: *Do you suffer from headaches?* | *The patient is suffering from depression.* **3 nie cierpieć czegoś** hate sth: *Most people hate going to the dentist.* —**cierpienie** *n* suffering THESAURUS ▸ PAIN

cierpki *adj* **1** *(kwaśny)* tart: *a tart apple* THESAURUS ▸ TASTE **2** *(złośliwy)* cutting, biting: *a cutting remark*

cierpliwość *n* patience: **cierpliwości!** be patient! | **s/tracić cierpliwość** lose (your) patience: *I'm starting to lose my patience.* | **uzbroić się w cierpliwość** be patient: *Just try to be patient.* | **mieć cierpliwość do kogoś/czegoś** be patient with sb/sth: *You have to be very patient with young learners.*

cierpliwy *adj* patient: *Please be patient. Mr Smith will be here soon.* —**cierpliwie** *adv* patiently: *The audience waited patiently for the show to begin.*

cierpnąć *v* **skóra komuś cierpnie** sb's flesh creeps: *The way he always stared at her made her flesh creep.* → patrz też ŚCIERPNĄĆ

cieszyć *v* **1 cieszyć kogoś** make sb happy: *Nothing I did ever seemed to make him happy.* THESAURUS ▸ HAPPY **2 cieszy mnie, że ...** I'm glad (that) ...: *I'm glad I don't have to do it.*

cieszyć się *v* **1** be happy/glad: *I'm happy that everything worked out well in the end.* | **cieszyć się z czegoś** be/feel glad about sth: *Deep down* (=w głębi duszy) *he felt glad about the news.* **2 cieszyć się czymś** enjoy sth: *The people of this village enjoy good health and longevity* (=i długowiecznością). **3 cieszyć się powodzeniem** be in demand: *Big country houses are no longer in demand.*

cieśla *n* carpenter

cieśnina *n* strait: *the Strait of Gibraltar*

cię *pron* you: *I love you.*

cięcie *n* **1 cięcia** *(w wydatkach, zatrudnieniu)* cuts, cutbacks: *pay/job cuts* | *cutbacks in social programmes* **2 cesarskie cięcie** c(a)esarean (section)

cięty *adj* **1 kwiaty cięte** cut flowers **2** *(uwaga)* cutting, biting: *Sue made a cutting remark about my clothes.* **3 rana cięta** cut, slash: *The driver escaped with a few cuts and bruises.* **4 być ciętym na kogoś** be short with sb

ciężar *n* **1** *(waga)* weight: *Choose two stones of roughly equal weight and size.* **2** *(ciężki przedmiot)* (heavy) weight: *Omar can't lift heavy weights because of his bad back.* **3** *(obciążenie)* burden: *Another baby would be a heavy financial burden.* | **być ciężarem dla kogoś** be a burden to sb: *I don't want to be a burden to my children when I'm old.* **4 pod ciężarem czegoś** under the weight of sth

ciężarek *n* weight

ciężarna *adj* pregnant: *a pregnant woman*

ciężarowiec *n* weight-lifter

ciężarowy *adj* **1 samochód ciężarowy** truck, lorry *BrE* **2 transport ciężarowy** road transport

ciężarówka *n* truck, lorry *BrE*

ciężki *adj* **1** *(o dużej wadze)* heavy: *a heavy bag* | *I can't lift this case – it's too heavy.* **2** *(trudny)* hard, difficult: *Mom's had a really hard day at the office.* | *My father had a very hard life.* | **ciężka praca** hard work: *Nursing is hard work and often low paid.* | **ciężkie czasy** hard times THESAURUS ▸ DIFFICULT **3** *(poważny)* serious: *Drug smuggling is a serious crime.* | *a serious illness* | *serious injuries* (=obrażenia) **4 przemysł ciężki** heavy industry **5 za ciężkie pieniądze**

for a lot of money **6 z ciężkim sercem** with a heavy heart

heavy/light

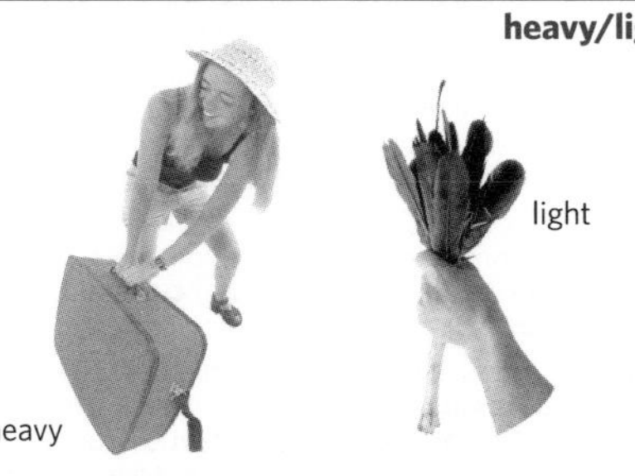

ciężko *adv* **1** *(pracować)* hard: *I haven't been working very hard so I'll probably fail my exams.* **2 komuś jest ciężko** it's hard for sb: *It must be hard for her, bringing up three kids on her own.* **3 ciężko jest (komuś) coś zrobić** it's hard (for sb) to do sth: *It's going to be hard for him to find another job.* **4 ciężko ranny/chory** seriously injured/ill **5 ciężko oddychać** breathe heavily: *She was breathing heavily from her walk up the hill.* **6 ciężko westchnąć** sigh deeply: *Russ sighed deeply and looked at the ceiling.* **7 ciężko strawny** heavy: *heavy food*

UWAGA: hard i hardly

Odpowiednikiem polskiego „ciężko" jest najczęściej przysłówek **hard**, który ma formę identyczną z przymiotnikiem. Przysłówek **hardly** znaczy zupełnie co innego („ledwie", „prawie nie/wcale" itp.).

ciężkość *n* **punkt/środek ciężkości** centre *BrE*, center *AmE* of gravity

ciocia *n* aunt, auntie: *Aunt Helen*

cios *n* **1** blow: *a blow on the head* **2 być ciosem dla kogoś/czegoś** be a (body) blow to sb/sth: *The photos were a body blow to Mary, who hadn't suspected anything.*

cioteczny *adj* **cioteczny brat** cousin | **cioteczna siostra** cousin

ciotka *n* aunt: *Aunt Mary*

cis *n* yew

ciskać *v* **1** fling, hurl: *Geena pulled off her coat and flung it on the chair.* | *The demonstrators were hurling bricks at the police.* **2 ciskać w kogoś przekleństwa** hurl abuse at sb: *The driver started hurling abuse at me.*

cisnąć *v (uciskać)* pinch: *My right shoe pinches* (=ciśnie mnie prawy but). | *These shoes pinch my toes* (=te buty cisną mnie w palce).
cisnąć się *v (tłoczyć się)* throng, press: *The crowds pressed around her, hoping for her autograph.* | **cisnąć się do czegoś** throng to sth: *Tourists thronged to the entrance of the museum.*

cisza *n* **1** silence: *the silence of the night* | **proszę o ciszę!** silence/quiet please! | **zapadła cisza** silence fell: *Silence fell as I entered the room.* | **panuje cisza** there is silence: *There was a long silence before anyone answered.* **2 w ciszy a)** *(w milczeniu)* in silence: *We drank our coffee in silence.* **b)** *(przy braku hałasów)* in the silence: *A voice echoed in the silence.*

ciśnienie *n* **1** pressure: **niskie/wysokie ciśnienie** low/high pressure | **ciśnienie krwi** blood pressure | **ciśnienie atmosferyczne** atmospheric pressure **2 pod ciśnieniem** pressurized: *a pressurized container*

ciuch *n* **1** piece/item of clothing **2 ciuchy** clothes, threads

ciut *adv* a bit: *These jeans are a bit too small.*

cło *n* **1** (customs) duty, tariff: **+ na coś** on sth: *duties on tobacco and alcohol* | *import tariffs on grain* **2 wolny od cła** duty-free: *duty-free goods*

cmentarz *n* **1** cemetery **2** *(przy kościele)* churchyard, graveyard

cmentarzysko *n (starych samochodów itp.)* graveyard *BrE*, junkyard *AmE*: *a graveyard for old cars*

cmokać *v* **1** smack your lips **2 cmoknąć kogoś w policzek** peck sb on the cheek —**cmoknięcie** *n* smack

C

cnota *n* **1** *(moralność)* virtue: *a man of the highest virtue* **2** *(zaleta)* virtue: *Among her many virtues are loyalty, courage and truthfulness.* **3** *(dziewictwo)* virginity: *She was 17 when she lost her virginity.* —**cnotliwy** *adj* virtuous: *a virtuous man*

co[1] *pron* **1** *(w pytaniach)* what: *What are you doing?* | **co to (jest)?** what is it?, what is this/that? | **po co?** what for?: *"She's decided to work part-time." "What for?"* | **co z ... ?** what's with ... ?: *What's with the free sandwiches and beer?* | **co z tobą?** what's the matter with you? | **co to za ... ?** what (kind of) ... is this/that?: *What book is that?* | *What kind of fish is this?* | **co?!** what?!: *What?! You lost it?* | **co proszę?** excuse me?, pardon? *BrE*: *Pardon, you'll have to talk louder, I can't hear you.* | **i co z tego?** so what?, what of it?: *Yeah, I do smoke. So what?* | *"I hear you've just got a new car." "Yes, what of it?"* | **no to co?** so (what)?: *"Your room looks a real mess, Tracey." "So what?"* | **co powiesz na ... ?** what/how about ... ?: *What about a cup of coffee?* **2** *(w zdaniach względnych)* what: *Did you know what they were doing* (=wiedziałeś, co oni robią)? | *Do what you want* (=rób, co chcesz). | **to, co** what: *Do what you think is best* (=zrób to, co uważasz za najlepsze). **3 co za ... !** what (a) ... !: *What a surprise!* | *What a wonderful movie!* | *What nice weather we're having!* **4 tyle ... co ...** as many ... as ...: *I still get some letters, but not as many as before* (=ale nie tyle, co kiedyś). → patrz też **TO, TYLE**

co[2] *prep* **1 co godzinę/tydzień** every hour/week: *Our mother reads to us every evening.* | **co roku** every year | **co piątek/niedziela** every Friday/Sunday | **co drugi dzień** every other/second day: *His column appears every other week* (=co drugi tydzień) *in the local paper.* **2 co do ...** as for ...: *As for you, young man, you're fired!* | **co do tego, kto/kiedy itp.** as to who/when etc: *There is some disagreement as to whether the disease is curable* (=brak zgodności co do tego, czy ta choroba jest uleczalna).

co[3] *part* **1 co najmniej** at least: *You'll need at least two cans of paint.* **2 co prawda** admittedly, to be sure *BrE*: *The treatment is painful, admittedly, but it is usually very successful.* | *It was difficult, to be sure, but somehow we managed to finish the job.* **3 co więcej** what's more: *These detergents are environmentally friendly* (=przyjazne dla środowiska)*; what's more, they're relatively cheap.* **4 co najwyżej** at (the) most: *I don't go out much these days – once or twice a month at the most.* | *A new tyre would cost £50 at the most.*

codziennie *adv* every day: *He e-mailed me every day.*

codzienny *adj* daily, everyday: *daily flights to Miami* | *the daily newspaper* —**codzienność** *n* everyday/daily life: *Stress is just part of everyday life.* | *the hardships* (=trudy) *of daily life*

cofnąć *v* **1** *(rękę)* pull back: *Eddie reached for the phone, then pulled his hand back.* **2** *(oskarżenie)* withdraw: *I demand that you withdraw these accusations.* **3** *(to, co się powiedziało)* take back: *I'm sorry I was rude, I take it all back.* **4 cofnąć czas** put/turn back the clock: *I wish I could turn back the clock and be a little boy again.* **5 cofnąć zegar/zegarek** *(przy zmianie czasu)* put/set *AmE* the clock back

cofnąć się *v* **1** *(odsunąć się)* move back, retreat: *Perry lit the fuse* (=zapalił lont) *and retreated to a safe distance.* **2** *(zrobić miejsce)* **a)** back up: *Back up a bit so that everyone can see.* **b)** *(samochodem)* back up, reverse **3** *(powódź itp.)* retreat: *The flood waters are slowly retreating.* —**cofnięcie** *n* withdrawal: *withdrawal of support*

C

cogodzinny *adj* hourly: *hourly trains to London*

cokolwiek *pron* whatever: *"What would you like to eat?" "Oh, whatever - I'm not fussy* (=nie jestem wybredny)*."* | *We'll be thinking about you, whatever happens* (=cokolwiek się stanie).

cokół *n* pedestal

cola *n także* **kola** Coke: *Regular fries* (=frytki) *and a large Coke, please.*

comiesięczny *adj* monthly: *monthly payments*

coraz *adv* **1** more and more: *more and more difficult* (=coraz trudniejszy) | *more and more often* (=coraz częściej) | **coraz więcej** more and more: *More and more people are becoming vegetarian.* | **coraz bardziej** more and more: *The runners were getting more and more tired* (=coraz bardziej zmęczeni). **2 coraz lepszy** better and better: *Jill's teacher says her schoolwork is getting better and better.* | **coraz gorszy** worse and worse: *Your brother's behaviour is getting worse and worse.* **3 coraz mniej** less and less: *They began spending less and less time with each other.* | *Our trips became less and less frequent.* | **coraz mniej ludzi/samochodów** fewer and fewer people/cars: *Fewer and fewer young men are deciding to become priests.*

coroczny *adj* annual: *the annual Folk Festival* —**corocznie** *adv* every year, annually: *Thousands of cars get stolen every year.*

corrida *n* bullfight

coś *pron* **1** something: *There is something in my eye.* | *Don't just stand there - do something!* | **coś nowego/ważnego itp.** something new/important etc: *Thomas was afraid that something terrible had happened.* | **coś innego** something else: *Sorry, I was thinking about something else.* | **coś, co ...** something (that) ...: *Don't blame her for something (that) she didn't do* (=za coś, czego nie zrobiła). | **coś do jedzenia/powiedzenia itp.** something to eat/say etc: *Do you want something to drink?* **2 coś takiego** such a thing, something like this/that: *How could you say such a thing?* **3 coś takiego/podobnego!** really?, fancy (that)! *BrE*: *"The Petersons are getting divorced." "Fancy that!"* **4 albo/czy coś** or something: *Here's some money. Get yourself a sandwich or something.* **5 czy coś w tym rodzaju/stylu** or something like this/that: *Her name was Judy or Julie or something like that.* | **coś w rodzaju ...** a bit like ...: *A hare is a bit like a rabbit, but larger and stronger.* **6 ktoś/coś ma w sobie coś, co ...** there is something about sb/sth that ...: *There's something about America that I find really exciting.* **7 nie ma czegoś takiego, jak ...** there's no such thing as ...: *There's no such thing as perfect happiness.*

cotygodniowy *adj* weekly: *weekly meetings*

córeczka *n* daughter, little girl: *How old is your little girl?*

córka *n* daughter: *They have two sons and one daughter.*

cóż¹ *pron* **1** what: *I told her it looked good. What else could I say* (=cóż innego mogłem powiedzieć?) | **cóż to?** what's that? | **cóż (to) za zbieg okoliczności** what a coincidence! **2 a cóż dopiero ...** let alone ...: *The baby can't even crawl yet, let alone walk!*

cóż² *interj* **1** well: *Well, I don't know what to say.* **2 no cóż** oh well: *Oh well, I can take the exam again next year.* **3 ale cóż** but well: *I was scared to go there, but well, I didn't have a choice.*

cuchnąć *v* stink, reek: **+ czymś** of sth: *The place stank of old fish.* | *His breath reeked of garlic.* | **cuchnie (gdzieś)** it stinks (somewhere): *It stinks of smoke in here.*

cud *n* **1** *(zjawisko nadprzyrodzone)* miracle: *the miracles of Jesus* | **dokonać cudu** perform a miracle **2** *(zbieg okoliczności)* miracle: **(jakimś) cudem** by some miracle: *By some miracle, we managed to catch the plane.* | **to cud, że ...** it's a miracle (that) ...: *It's a miracle you weren't killed!* THESAURUS LUCKY **3** *(coś wspaniałego)* wonder, marvel: *the Seven Wonders of the World* | **cud techniki/architektury itp.** a miracle of engineering/architecture etc | **czynić/działać cuda** work/perform miracles, do/work wonders **4 jakim cudem?** how on earth?: *How on earth did the dog manage to get out* (=jakim cudem psu udało się wydostać)?

cudo *n* beauty: *Her new car is a real beauty.* —**cudny** *adj* beautiful

cudowny *adj* **1** *(nadprzyrodzony)* miraculous: *a miraculous recovery* (=wyzdrowienie) **2** *(wspaniały)* wonderful, marvellous *BrE*, marvelous *AmE*, gorgeous: *It's a wonderful feeling to be back at home again.* | *"How was your holiday?" "Marvellous!"* | *What a gorgeous afternoon!* THESAURUS GOOD **3 cudowne dziecko** child prodigy: *Mozart was a child prodigy.* —**cudownie** *adv* wonderfully, marvellously

cudzołóstwo *n* adultery

cudzoziem-iec/ka *n* foreigner, alien —**cudzoziemski** *adj* foreign

cudzy *adj* other people's, someone else's: *I always get the blame for other people's mistakes.*

cudzysłów *n* quotation marks, inverted commas *BrE*

cukier *n* **1** sugar: *Could you pass the sugar, please?* | **kostka cukru** sugar (cube/lump *BrE*): *How many sugars do you want in your tea?* **2 cukier puder** icing sugar *BrE*, confectioner's sugar *AmE*

cukierek *n* sweet *BrE*, candy *AmE*

cukiernia *n* confectioner's, confectionery

cukinia *n* courgette *BrE*, zucchini *AmE*

cukrowy *adj* **1 burak cukrowy** sugar beet **2 trzcina cukrowa** sugarcane **3 wata cukrowa** candyfloss *BrE*, cotton candy *AmE*

cukrzyca *n* diabetes —**cukrzyk** *n* diabetic

curry *n* **1** *(przyprawa)* curry powder **2** *(potrawa)* curry

cwany *adj* smart: *Don't get smart with me, young lady!* —**cwaniak** *n* smart aleck

cyberprzemoc *n* cyberbullying

cycek *n* boob, tit

cyfra *n* **1** digit, figure: *a four-digit number* (=liczba czterocyfrowa) **2 cyfra arabska/rzymska** Arabic/Roman numeral

cyfrowy *adj* digital: *digital recording*

Cygan/ka *n* gypsy —**cygański** *adj* gypsy: *gypsy music*

cygaro *n* cigar

cyjanek *n* cyanide

cykl *n* **1** *(okres)* cycle: *This washing machine has a 50-minute cycle.* | *the life-cycle of the frog* **2** *(seria)* series: *a series of lectures/concerts*

cykliczny *adj* periodic: *periodic attacks of flu* —**cyklicznie** *adv* periodically —**cykliczność** *n* periodicity

cyklon *n* cyclone

cykoria *n* chicory

cylinder *n* **1** *(część silnika)* cylinder: *a four-cylinder* (=czterocylindrowy) *engine* **2** *(kapelusz)* top hat

cyna *n* tin

cynamon *n* cinnamon

cyniczny *adj* cynical: *Since her divorce she's become very cynical about men.* —**cynicznie** *adv* cynically —**cyni-k/czka** *n* cynic —**cynizm** *n* cynicism

cynk *n* **1** zinc **2 dać komuś cynk** tip sb off: *The police must have been tipped off* (=ktoś musiał dać cynk policji).

cypel *n* headland, promontory

cyrk *n* **1** circus **2 ale cyrk!** what a farce!

cyrkiel *n* compasses

UWAGA: cyrkiel

Wyraz **compasses** używany jest zwykle w liczbie mnogiej. Mówiąc o jednej sztuce, używa się wyrażenia **a pair of compasses**.

cysta *n* cyst

cysterna *n* **1** *(zbiornik)* tank **2** *(pojazd)* tanker

cytadela *n* citadel

cytat *n* quotation, quote, citation: *a quotation from the Bible* | *a dictionary of quotations*

UWAGA: quotation, quote i citation

Wszystkie trzy rzeczowniki odpowiadają polskiemu „cytat", ale **quote** jest najbardziej potocznym z nich, a **citation** najbardziej formalnym.

cytować *v* quote, cite: *Phil can quote from any Shakespeare play you mention.* | *the passage cited above*

cytrusowy *adj* citrus —**cytrus** *n* citrus fruit

cytryna *n* lemon: *a slice of lemon* | *Squeeze* (=wyciśnij) *a bit of lemon onto the fish.* —**cytrynowy** *adj* lemon: *lemon juice*

cywil *n* **1** civilian: *Many innocent civilians were killed.* **2 wyjść do cywila** be demobbed

cywilizacja *n* civilization, civilisation *BrE*: *the Mayan civilization*

cywilizować *v* civilize, civilise *BrE* —**cywilizowany** *adj* civilized, civilised *BrE*: *a civilized society*

cywilny *adj* **1** *(nie wojskowy)* civilian: *a civilian government* | **ludność cywilna** civilians **2 kodeks cywilny** civil law **3 stan cywilny** marital status **4 urząd stanu cywilnego** register/registry *BrE* office **5 obrona cywilna** civil defence *BrE*, defense *AmE*

czad *n* **1** *(dobra zabawa)* blast: *The party was a blast.* | **dać czadu** blast it out: *The curtain went up and they blasted it out.* **2** *(trujący gaz)* carbon monoxide —**czadowy** *adj* funky

czaić się *v* **1** lurk: *a thief lurking in the shadows* **2 czaić się na kogoś/coś** lie in wait for sb/sth: *a giant crocodile lying in wait for its prey*

czajnik *n* kettle

czapka *n* **1** hat: *Mother always told me not to go out without my hat.* **2** *(z daszkiem)* cap: *a baseball cap* **3** *(wełniana)* woolly hat *BrE*, stocking cap *AmE*

czapla *n* heron

czar *n* **1** *(urok)* charm: *With her charm and good looks, she's sure to be a success.* **2 czary** magic, witchcraft **3 rzucić czar na kogoś** cast a spell on/over sb/sth: *The witch cast a spell on the young prince.*

czarno *adv* **1 pomalować coś na czarno** paint sth black **2 ubrany na czarno** dressed in black **3 pracować na czarno** work illegally **4 czarno na białym** in black and white: *There it was in black and white - students half price.*

C

czarnoksiężnik *n* wizard, sorcerer

czarnoskóry *adj* black: *a famous black jazz singer*

czarny *adj* **1** black: *a black cat* | *black hair* | *black clouds* **2 czarny charakter** villain **3 czarna dziura** black hole **4 czarna magia** black magic **5 czarna owca** black sheep **6 czarna porzeczka** blackcurrant **7 czarny rynek** black market **8 czarna skrzynka** black box, flight recorder **9 odkładać coś na czarną godzinę** save sth for a rainy day

czarodziej *n* sorcerer, wizard

czarodziejski *adj* magic: *a magic wand* (=różdżka)

czarownica *n* **1** witch **2 polowanie na czarownice** witch hunt

czarownik *n* medicine man

czarter *n* charter flight

czarterowy *adj* **lot czarterowy** charter flight

czarujący *adj* charming: *a charming young man* | *a charming house* THESAURUS NICE

czas *n* **1** *(okres)* time: **w czasie czegoś** during sth: *My father was in the navy during the war.* | **w czasie, gdy ...** while ...: *They arrived while we were having dinner.* | **(przez) cały czas** all the time: *He says he was there all the time, but I swear I never saw him.* | **przez ten czas** meanwhile: *The flight will be announced soon. Meanwhile, please remain seated.* | **przez jakiś/pewien czas** for a/some time: *For a time we all lived together peacefully.* | **w tym samym czasie** at the same time: *You must have been at Harvard at the same time as I was.* **2** *(moment)* time: **od czasu czegoś** since sth: *I haven't seen him since the last meeting.* | **od czasu, gdy/kiedy/jak ...** since ...: *She's changed a lot since she went to college.* | **od tego/tamtego czasu** since (then): *Building costs have doubled* (=podwoiły się) *since then.* | *He left Poland in 1996 and hasn't been back since.* | **do czasu, gdy/kiedy ...** until ...: *You can't go out until you've finished your homework.* | *We had to wait until the police arrived.* **3** *(pora)* time: **czas lunchu/odjazdu itp.** lunch/departure etc time | **czas na coś** it's time for sth: *It's time for my lunch break.* | **czas, żeby ktoś coś zrobił** it's time sb did sth: *It's time you got a haircut.* **4 w tym czasie a)** *(wówczas)* at the time: *I was living in Phoenix at the time.* **b)** *(tymczasem)* meanwhile: *Jim went to answer the phone. Meanwhile Pete started to prepare lunch.* **5 od czasu do czasu** from time to time: *I still see her from time to time.* THESAURUS SOMETIMES **6 na czas** on time: *We'll do our best to finish on time.* **7 czasy** times: *good/hard times* | **w czasach nowożytnych** in modern times | **w czasach studenckich** in your student days: *Back in his student days in the late '70s, Hackmann lived with six others.* | **w tamtych czasach** in those days: *Not many women went to university in those days.* | **za czasów Szekspira** in Shakespeare's days/times | **za moich czasów** in my day: *In my day, we used to have to get up* (=musieliśmy wstawać) *at six.* | **z czasów starożytności/drugiej wojny światowej** dating back to antiquity/the Second World War **8 z czasem** with/over time: *If you work at it, your reading will improve over time.* **9 co jakiś/pewien czas** every now and then: *It's nice to have an evening to yourself every now and then.* **10 mieć czas na coś** have time for sth: *Do I have time for a quick shower?* | *She doesn't have much time for reading.* **11 po pewnym/jakimś czasie** after a while: *After a while, driving just comes automatically.* **12 czas wolny** free/leisure/spare time: **w czasie wolnym** in your free/spare time: *What do you do in your spare time?* **13 przed czasem** ahead of time: *The building was completed two years ahead of time.* **14 czas to pieniądz** time is money **15** *(w gramatyce)* tense: *the present tense*

C

czasami *adv także* **czasem** sometimes: *Sometimes I don't get home until 9:00 at night.* THESAURUS SOMETIMES

czasochłonny *adj* time-consuming: *a time-consuming process*

czasopismo *n* **1** magazine: *a teenage magazine* **2** *(naukowe)* journal: *International Journal of Linguistics*

czasownik *n* verb

czasowy *adj* **1** *(dotyczący czasu)* time: *a time zone* (=strefa czasowa) | *a time limit* **2** *(tymczasowy)* temporary: *a temporary job* —**czasowo** *adv* temporarily: *The library is temporarily closed for repairs.*

czaszka *n* skull

czat *n (rozmowa przez Internet)* chat

czatować *v* **1 czatować na kogoś** lie in wait for sb **2** *(rozmawiać przez Internet)* chat

czatrum *n* chat room

cząsteczka *n* **1** *(w chemii)* molecule: *a nitrogen molecule* (=cząsteczka azotu) **2** *(kurzu itp.)* particle: *dust particles*

cząstka *n* **1** *(mała część)* fraction: *We paid only a fraction of the original price.* THESAURUS PIECE **2 cząstki elementarne** elementary particles —**cząstkowy** *adj* partial: *a partial success*

czcić *v* worship: *The ancient Egyptians worshipped many gods.*

czcionka *n* font

czczo *adv* **na czczo** on an empty stomach

Czechy *n* the Czech Republic —**Czech/Czeszka** *n* Czech —**czeski** *adj* Czech —**Czechosłowacja** *n* Czechoslovakia

czego *pron* **1 czego pan/i sobie życzy?** what can I get you, sir/madam? **2** →patrz też CO

czegokolwiek *pron* →patrz COKOLWIEK

czek *n* cheque *BrE*, check *AmE*: *a cheque for £100* | **+ na kogoś** payable to sb | **płacić czekiem** pay by cheque | **wypisać czek** write a cheque | **czek podróżny** traveller's cheque *BrE*, traveler's check *AmE*

czekać *v* **1** wait: *I have to go - I can't wait any longer.* | **+ na kogoś/coś** for sb/sth: *Don't wait for me.* | *I'm still waiting for my test results.* | **czekaj!** wait (a minute)!: *Wait a minute - I need to load my camera.* | **czekać 3 godziny/2 tygodnie itp.** wait (for) 3 hours/2 weeks etc: *We waited for a few moments before going into the house.* | **czekać do piątej/niedzieli itp.** wait till/until 5 o'clock/Sunday etc: *Let's wait till tomorrow.* | **coś czeka na kogoś** sth is waiting for sb: *The report will be waiting for you tomorrow morning.* | **czekać, aż ktoś/coś coś zrobi** wait for sb/sth to do sth: *We waited for the lights to change* (=czekaliśmy, aż zmienią się światła). **2 coś kogoś czeka** sth lies ahead of sb, sth is in store for sb, sth awaits sb: *I was very anxious about what lay ahead of me.* | *There was a surprise in store for Paul when he got to the office.* | *A terrible surprise awaited them at the house.* **3 kazać komuś czekać** keep sb waiting: *I'm sorry to have kept you waiting.*

czekolada *n* chocolate: **tabliczka czekolady** a bar of chocolate —**czekoladowy** *adj* chocolate: *a chocolate cake*

czekoladka *n* chocolate: *a box of chocolates*

czelność *n* **mieć czelność coś zrobić** have the cheek/gall to do sth: *He had the cheek to ask me for more money.*

czemu *pron* **1** why?, how come?: *How come you got back so early?* **2 czemu nie?** why not? **3** →patrz też CO

czepek *n* **1 czepek kąpielowy** swimming cap **2** *(pielęgniarki)* hat: *a nurse's hat* **3** *(zawiązywany pod brodą)* bonnet

czepiać się *v* **1 czepiać się kogoś** pick on sb: *Why do you always pick on me?* **2 czepiać się czegoś a)** *(krytykować)* find fault with sth: *My teacher always finds fault with my work.* **b)** *(chwytać)* cling to sth: *Baby monkeys cling to their mother's fur.*

czereśnia *n* cherry

czerniak *n* melanoma

czerń *n* black: *a woman in black*

czerpać *v* **1 czerpać przyjemność/zadowolenie z czegoś** derive pleasure/satisfaction from sth **2 czerpać zyski/dochód z czegoś** derive/receive profits/income from sth: *Many colleges derive their income from tuition fees* (=z czesnego). **3 czerpać z czegoś** draw on sth: *Writers often draw on their own personal experience to create stories and characters.* **4** *(wodę)* draw (off): *Farmers draw off water from the river and use it for their crops.* **5** *(energię)* derive, draw: *Electrical motors derive their energy from storage batteries.*

czerstwy *adj* stale: *stale bread* THESAURUS OLD

czerwiec *n* June: **w czerwcu** in June —**czerwcowy** *adj* June: *June elections*

czerwienić się *v* **1** *(człowiek)* blush: *He blushes every time he speaks to her.* **2** *(niebo, twarz)* redden: *Lynn's face reddened at this description of herself.*

czerwień *n* red: *a lady in red*

czerwonka *n* dysentery

czerwono *adv* **1 pomalować coś na czerwono** paint sth red **2 ubrany na czerwono** dressed in red

czerwony *adj* red: *a beautiful red dress*

czesać *v* **1** comb: *combing the dog's fur* **2 czesać się a)** *(grzebieniem)* comb your hair **b)** *(układać włosy)* do your hair: *Jan spends ages doing her hair in the mornings.* →patrz też UCZESAĆ

czesne *n* tuition (fee)

cześć *n* **1 cześć! a)** *(na powitanie)* hello, hi **b)** *(na pożegnanie)* bye, see you, cheers *BrE* **2 na czyjąś cześć** in honour *BrE*, honor *AmE* of sb, in sb's honour *BrE*, honor *AmE*: *a formal dinner in honour of the Queen* | *We are planning to organize a special evening in his honour.* **3 ku czyjejś czci** in honour/memory of sb: *a memorial in honour of those who died for their country* **4 oddać komuś cześć** pay tribute to sb: *Staff and friends gathered to pay tribute to Professor Robins.*

często *adv* often, frequently: *We often quarrel about money.* | *He's frequently late for school.* | **jak często?** how often?: *How often do you wash your hair?* | **zbyt często** too often: *Changing schools too often is bad for a child's development.* THESAURUS OFTEN

częstotliwość *n także* **częstość** frequency

częstować się *v* **częstować się czymś** help yourself to sth: *Please help yourself to more; there's plenty of everything.* | **częstuj się!** help yourself

częsty *adj* **1** frequent: *frequent absences from work* **2** *(pospolity)* common: *Heart disease is one of the commonest causes of death.*

częściowo *adv* partially, partly: *The window was partially covered by a curtain.* | *What he told us was only partly true.*

częściowy *adj* partial: *a partial solution to the problem*

część *n* **1** part: *Which part of town do you live in?* | *Do you sell parts for Ford cars?* | *spare parts* (=części zamienne) **2 rozebrać coś na części** take sth to pieces, take sth apart: *We'll have to take the whole engine to pieces to fix it.* | *He took the gun apart and couldn't put it back together again.* **3 część ciała** part of the body, body part **4 część mowy** part of speech **5 w/po części** in part: *The accident was due* (=był spowodowany) *in part to the bad weather.*

czkawka *n* hiccups: **dostać czkawki** get hiccups: *Don't drink so fast – you'll get hiccups.* | **mieć czkawkę** have hiccups

człekokształtny *adj* **małpa człekokształtna** ape

członek *n* **1** *także* **członkini** *(klubu, organizacji itp.)* member: *I'm a member of the local tennis club.* **2** *(narząd płciowy)* penis —**członkowski** *adj* member: *member countries* —**członkostwo** *n* membership: *Poland's membership of NATO*

człowieczeństwo *n* humanity

człowiek *n* **1** *(kobieta lub mężczyzna)* human (being): *No two human beings are exactly alike.* | *Only humans are capable of speech.* **2** *(mężczyzna)* man: *Did you see the man who broke into the shop?* | **młody człowiek** young man **3 prawa człowieka** human rights **4 ktoś jest tylko człowiekiem** sb is only human **5 drugi człowiek** our fellow man: *We all have obligations to our fellow man* (=zobowiązania wobec drugiego człowieka). —**człowieczy** *adj* human → patrz też LUDZIE

UWAGA: man

Rzeczownika **man** używano dawniej na określenie człowieka w ogóle. Obecnie uważa się, że jest to użycie dyskryminujące kobiety, ale możesz się z nim spotkać w książkach, filmach itp., zwłaszcza jeśli pochodzą one z okresu wcześniejszego niż ostatnie dekady XX wieku.

czołg *n* tank

czołgać się *v* crawl

czoło *n* **1** *(część twarzy)* forehead: **zmarszczyć czoło** wrinkle your brow **2** *(przód)* front: *the front of a building* **3 na czele czegoś** at the head of sth: *At the head of the procession marched an army band.* **4 stać na czele rządu/organizacji itp.** head a government/an organization etc: **na czele z kimś** headed by sb: *a delegation headed by former President Bill Clinton* **5 stawić czoło komuś/czemuś** confront sb/sth, face up to sb/sth: *We try to help people confront their problems.* | *You'll have to face up to your responsibilities.* **6 czołem! a)** *(przy powitaniu)* hello **b)** *(przy pożegnaniu)* bye, cheers *BrE*

czołowy *adj* **1** *(wybitny)* leading: *a leading politician/sportsman* **2** *(miejsce w wyścigu, rankingu itp.)* top, first: *There are as many as 5 Poles in the top 15* (=w czołowej piętnastce). **3** *(zderzenie)* head-on: *a head-on collision* —**czołowo** *adv* head-on: *Their car collided head-on with a van.*

czołówka *n* **1 być w czołówce** be in the lead: *Spencer was in the lead after the third lap* (=po trzecim okrążeniu). **2 być w czołówce czegoś** be at the forefront of sth: *The institute has been at the forefront of AIDS research.* **3** *(filmu)* the credits **4** *(w gazecie)* headline: **trafić na czołówki gazet** hit/make the headlines: *Computer crime first hit the headlines in 1983.*

czosnek *n* garlic: **ząbek czosnku** a clove of garlic —**czosnkowy** *adj* garlic: *garlic bread*

czterdziestka *n* forty: **około czterdziestki** around/about forty | **być po czterdziestce** be in your forties, be over forty: *a man in his forties* | *He didn't go into politics until he was over forty.*

czterdziestoletni *adj* forty-year-old —**czterdziestolat-ek/ka** *n* forty-year-old

czterdziesty *adj* **1** fortieth: **czterdziesty piąty** forty-fifth **2 lata czterdzieste** the (nineteen) forties

czterdzieści *num* forty: **czterdzieści jeden** forty-one

czternastoletni *adj* fourteen-year-old: *a fourteen-year-old girl* —**czternastolat-ek/ka** *n* fourteen-year-old

czternasty *adj* **1** fourteenth **2 (godzina) czternasta** two (o'clock), two am/pm

czternaście *num* fourteen

czterokrotnie *adv* four times: *The company now employs four times as many women as men.* —**czterokrotny** *adj* four-time: *a four-time winner*

czteroletni *adj* **1** *(dziecko, zwierzę, samochód)* four-year-old: *a four-year-old dog* **2** *(okres)* four-year: *a four-year cycle* —**czterolat-ek/ka** *n* four-year-old

czteroosobowy *adj* **1 rodzina/grupa itp. czteroosobowa** family/group etc of four: *Everyone please get into groups of four.* **2 pokój czteroosobowy** room for four **3 namiot czteroosobowy** 4-man tent

cztery *num* **1** four **2 rozmowa w cztery oczy** heart-to-heart, tête-à-tête: **poprosić kogoś o rozmowę w cztery oczy** ask to talk to sb in private **3 napęd na cztery koła** four-wheel drive

czterysta *num* four hundred: **czterysta cztery/dwadzieścia itp.** four hundred (and) four/twenty etc

czubek *n* **1** *(palca, nosa)* tip: *with the tip of your finger* **2** *(noża, szpilki)* point: *a knife with a very sharp point* **3** *(drzewa, głowy)* top: *a bald spot on the top of his head* **4** *(wariat)* nutter *BrE*, nut *AmE*: *He's an absolute nutter.*

czucie *n* feeling, sensation: *Herzog had lost all feeling in his toes.* | *Jerry realized with alarm that he had no sensation in his legs.*

C

czuć *v* **1** feel: *She felt an emptiness* (=czuła pustkę) *in her heart after he left.* | *I could feel my heart beating faster and faster.* **2** *(zapach)* smell: *I can smell alcohol on your breath* (=czuć od ciebie alkoholem). **3 czuć, że ...** have the feeling (that) ...: *I had the feeling that Jack was lying to me.* **4 czuć strach** feel afraid: *For some indefinable reason she felt afraid.* **5 czuć potrzebę zrobienia czegoś** feel the need to do sth: *Most human beings feel the need to belong to a group.* **6 gdzieś czuć czymś** a place smells of sth: *The room smelled of cigarette smoke.* **7 nie czuję stóp/nóg** my feet/legs are killing me

czuć się *v* **1** feel: *"How are you feeling today?" "Much better, thank you."* | *We were feeling tired after the long journey.* | **czuć się jak ...** feel like ...: *At first I felt like an intruder in their family.* | **czuć się bezpiecznie/młodo** feel safe/young: *I'm 85, but I still feel young in spirit.* **2 czuć się zobowiązanym/odpowiedzialnym itp.** feel obliged/responsible etc: *You mustn't feel responsible for his death.*

C

> **UWAGA: feel**
>
> Mówiąc, jak ktoś się czuje, po **feel** nie używamy przysłówka (jak w języku polskim), tylko przymiotnika: *The next morning I felt terrible.* | *We all felt disappointed.*

czujnik *n* sensor

czujny *adj* alert, watchful: *Please remain alert and report any unattended luggage to the authorities.* —**czujnie** *adv* watchfully, alertly —**czujność** *n* watchfulness, alertness

czułek *n* antenna, feeler

czuły *adj* **1** affectionate, tender, fond: *an affectionate hug* | *a very affectionate parent* | *a tender look* | *a fond farewell* **2** *(wrażliwy)* sensitive: **+na coś** to sth: *Ruth is very sensitive to cold.* **3 czułe miejsce** sore point/spot —**czule** *adv* affectionately, fondly, tenderly —**czułość** *n* fondness, tenderness

czupryna *n* mop (of hair)

czuwać *v* **1** *(nie spać)* stay awake, keep (a) vigil: *For three weeks Jeff kept a vigil while his son lay in a coma.* **2 czuwać nad kimś/czymś** watch over sb/sth: *The treasury* (=ministerstwo skarbu) *watches over all government spending.*

czwartek *n* Thursday: **w czwartek** on Thursday —**czwartkowy** *adj* Thursday('s): *Thursday's match against Brazil* → patrz też NIEDZIELNY

czwarty *adj* **1** fourth **2 jest (godzina) czwarta** it's four (o'clock), it's 4 am: **o czwartej** at four **3 jedna czwarta** a/one quarter: **trzy czwarte** three quarters

czworaki *n* **na czworakach** on all fours: *The baby was crawling around on all fours under the table.*

czworo *num* four

czworonóg *n* quadruped

czwórka *n* **1** *(cyfra, liczba, karta)* four **2** *(grupa ludzi)* foursome **3** *(autobus, tramwaj, dom, pokój)* number four: *You should take the number four* (=powinieneś wsiąść w czwórkę) *and get off at the last stop.* | *Who lives at number four?*

czy¹ *part* **1** *(w pytaniach)* → patrz ramka PYTANIA Z CZY **2** *(w mowie zależnej)* if, whether: *Ask him if he'll lend me some money.* | *He asked me whether she was coming.*

> **UWAGA: Pytania z czy**
>
> Pytania rozpoczynające się w języku polskim od **czy** zwykle tworzy się w języku angielskim za pomocą **inwersji**, czyli odwrócenia kolejności podmiotu i orzeczenia (np. *Are you Polish?* „Czy jesteś Polakiem?"). Wyraz **czy** w takich zdaniach nie ma swojego odpowiednika w języku angielskim. W pytaniach zależnych, czyli będących częścią zdania twierdzącego lub przeczącego, **czy** tłumaczymy jako **if** lub **whether** (np. *I don't know if she smokes.* „Nie wiem, czy ona pali.")

czy² *conj* **1** *(lub)* or: *Tea or coffee?* | *Congratulations! Is it a girl or a boy?* **2 czy ... , czy ...** whether ... or ...: *I didn't know whether to laugh or cry.* | *I don't care whether we win or lose.* **3 czy ... , czy nie** whether ... or not: *Whether you like it or not, I'm taking you to the doctor.* | *It's up to him* (=to zależy tylko od niego) *whether he takes the exam or not.* **4 czy też** or: *Do you prefer travelling by train or car?* **5 czy raczej** or rather: *Mr Dewey, or rather his secretary, asked me to come to the meeting.* **6 tak czy inaczej** one way or another: *One way or another, Robert will pay for what he's done.* **7 prędzej czy później** sooner or later: *Sooner or later, he's going to find out the truth* (=dowie się prawdy).

czyhać *v* **czyhać na kogoś** lie in wait for sb: *The robbers had been lying in wait for him.* | *Many dangers lay in wait for us during the journey.*

czyj *pron* whose: *Whose house is this?* | *Whose is this car?*

czyjś *pron* someone's, somebody's: *He heard someone's footsteps in the hall.* | *Somebody's car alarm kept me awake* (=nie pozwalał mi zasnąć) *all night.*

czyli *conj* **1** that is: *The fare* (=opłata za przejazd) *is reduced for children, that is, anyone under 16 years old.* **2 czyli że** that is to say: *Let's do as he suggested, that is to say, you fly down and I'll bring the car.*

czymś *pron* → patrz **coś**

czyn *n* **1** action, act, deed: *You shouldn't be blamed for other people's actions.* | *a criminal act* | *heroic deeds in battle* **2 czyn społeczny** community work

> **UWAGA: action, act i deed**
>
> Rzeczowniki **action** i **act** są w niektórych kontekstach wymienne, np. **a courageous/brave/selfish action/act**. Jednakże tylko po **act** można użyć wyrażenia przyimkowego z **of**: *an act of courage/bravery/selfishness.* Rzeczownik **deed** występuje głównie w stylu literackim i dotyczy czynów wyjątkowych, tzn. takich, które podziwiamy lub potępiamy: *a heroic deed, an evil deed.*

czynić *v* **1 czynić starania/próby itp.** make efforts/attempts etc: *The administration has made attempts to restart the peace talks* (=wznowić rozmowy pokojowe). **2 czynić postępy** make progress/headway: *Lisa is continuing to make good progress* (=nadal czyni duże postępy) *with her French.* **3 czynić cuda** work/perform miracles, do/work wonders **4 mieć do czynienia z kimś/czymś** have to deal with sb/sth, come across sb/sth: *Teachers have to deal with violence in the classroom.* | *He had never come across a person quite like Sheila.*

czynnik *n* **1** factor: *We liked both cars, but in the end the deciding factor* (=decydującym czynnikiem) *was the price.* **2 rozebrać coś na czynniki pierwsze** take sth apart: *He* *took the engine apart and couldn't put it back together again.*

czynność *n* **1** *(człowieka)* act, action: *the act of eating dinner | the action of carrying the pram up the stairs* (=czynność wnoszenia wózka po schodach) **2** *(narządu)* action: *the action of the heart* **3** **czynności** *(zajęcia)* activities: *everyday activities*

czynny *adj* **1** *(sklep, muzeum itp.)* open: *The bank is open until 12.00 on Saturdays.* **2** *(winda itp.)* in working order **3** *(człowiek)* active: *She may be over 80, but she's still very active!* **4** *(wulkan)* active **5** **strona czynna** the active (voice) —**czynnie** *adv* actively: *The two sides are actively engaged in discussions.*

czynsz *n* rent: *high/low rent | Have you paid the rent?*

czyrak *n* boil

czystka *n* **1** purge: *The new president carried out* (=przeprowadził) *a purge of disloyal army officers.* **2** **czystki etniczne** ethnic cleansing

czysto *adv* **1** **gdzieś jest czysto** sth is clean: *Your kitchen* (=w twojej kuchni) *is so clean.* **2** **czysto techniczny/formalny itp.** purely technical/formal etc: *a decision that was taken for purely political reasons* **3** **przepisać coś na czysto** make a final copy of sth **4** **zarobić ileś na czysto** earn sth after tax: *They earned $10,000 after tax.* **5** **śpiewać/grać czysto** sing/play in tune

czystość *n* **1** *(porządek)* cleanness, tidiness *BrE* **2** *(utrzymywanie porządku)* cleanliness **3** *(brak zanieczyszczeń)* purity **4** *(niewinność)* chastity

czysty *adj* **1** *(nie brudny)* clean: *clean hands | a clean towel* **2** *(woda, powietrze)* clean, clear: *a clear mountain lake* **3** *(bez domieszek)* pure: *pure wool* **4** *(nie zapisany)* clean: *a clean sheet of paper* **5** *(dźwięk)* pure: *a pure note* **6** *(przypadek, głupota itp.)* sheer: *It was sheer luck you were there to help.* **7** **mieć czystą kartotekę** have a clean record **8** **mieć czyste sumienie** have a clear conscience: *I've finished all my work, so I can go out tonight with a clear conscience.* **z czystym sumieniem** with a clear conscience: *I've finished all my work, so I can go out tonight with a clear conscience.*

clean/dirty

clean cup

dirty mug

czyścić *v* **1** clean: *Henrietta was downstairs in the kitchen cleaning the stove.* **2** **czyścić zęby** clean/brush your teeth **3** *(chemicznie)* dry-clean

czyściec *n* purgatory

czytać *v* **1** read: *Can Billy read yet? | She sat reading a newspaper.* | **czytać komuś** read to sb: *Our mother used to read to us every evening.* **2** **czytać między wierszami** read between the lines —**czytanie** *n* reading

czytanka *n* text

czytelnia *n* reading room

czytelni-k/czka *n* reader

czytelny *adj* legible: *legible hand-writing | Is the date on the coin still legible?* —**czytelnie** *adv* legibly

czytnik *n* scanner

czytywać *v* read: *He used to read a lot of crime novels when he was a boy.*

czyż *part* →patrz CZY

czyżby *part* **1** is it possible that: *Is it possible that he knows those people* (=czyżby znał tych ludzi)? **2** **czyżby?** (oh) really?: *"There are something like 87 McDonald's in Hong Kong." "Really?"*

ćma *n* moth

ćpać *v* do drugs —**ćpun/ka** *n* junkie

ćwiartka *n* quarter: *Cut the sandwiches into quarters.*

ćwiczenie *n* **1** *(w podręczniku)* exercise: *Do Exercises 3 and 4 on page 51 for homework.* **2** *(gimnastyczne)* exercise: *an exercise to strengthen your arms* | **ćwiczenia** exercise: *A healthy diet and exercise are important for good health.* **3 ćwiczenia a)** *(na uczelni)* classes: *What classes are you taking this term?* | **ćwiczenia z angielskiego/chemii itp.** English/chemistry etc classes **b)** *(wojskowe)* exercise

ćwiczyć *v* **1** *(gimnastykować się)* exercise: *It's important to exercise regularly.* **2** *(uczyć się)* practise *BrE*, practice *AmE*: **ćwiczyć coś** practise (doing) sth: *Today we're going to practise parking.* | **ćwiczyć na skrzypcach/pianinie itp.** practise the violin/piano etc **3 ćwiczyć mięśnie/pamięć itp.** exercise your muscles/memory etc

ćwiek *n* stud: *a leather jacket with studs around the collar*

ćwierć *n* quarter: *roughly one quarter of the country's area, a quarter of a kilo.*

ćwierćfinał *n* quarterfinal

ćwierćnuta *n* crotchet *BrE*, quarter note *AmE*

ćwierkać *v* chirp, twitter

Dd

dach *n* roof: **dach nad głową** roof over your head: *I can go and live with my sister, so at least I'll have a roof over my head.* | **pod jednym dachem** under one roof, under the same roof: *several families living under the same roof*

dachówka *n* (roof) tile

dać *v* **1 dać komuś coś** give sb sth, give sth to sb: *I gave Jen a CD for Christmas.* | *They gave the job to that guy from Texas.* **2 dać komuś coś zrobić** let sb do sth: *Let me have a look* (=daj popatrzeć). **3 dać komuś coś do zrobienia** give sth to sb to do: *I must give this to the secretary to do.* **4 dać komuś znać** let sb know: *When it stops, let me know.* **5 dać komuś do zrozumienia, że ...** give sb to understand (that) ...: *I was given to understand that the property was in good condition.* **6 komuś było dane coś zrobić** sb was destined to do sth: *We were destined never to meet again.* **7 dajmy na to** let's say: *If you found some money on the street - let's say $100 - what would you do?* →patrz też **dać komuś do myślenia** (MYŚLENIE), **dać z siebie wszystko** (WSZYSTKO), **dać za wygraną** (WYGRANA)

dać się *v* **1 coś da/nie da się zrobić** sth can/can't be done: *The job can be done by Friday if we all make an effort.* **2 nie daj się!** don't give up! →patrz też **nie da się ukryć** (UKRYĆ)

daktyl *n* date

dal *n* **1 skok w dal** long jump **2 w dali** in the distance: *That's Long Island in the distance over there.* →patrz też **trzymać się z dala od kogoś/czegoś** (TRZYMAĆ SIĘ)

dalej *adv* **1** *(odległość)* farther, further *AmE*: *The bar's just a little farther down the street.* **2** *(bardziej, dłużej itp.)* further: *The number of students will probably drop further* (=będzie dalej spadać) *next year.* **3 i tak dalej** and so on/forth: *Bring a towel, sunglasses, suntan oil and so on.* **4 co dalej?** what next?: *I've finished the bathroom. What next?* **5 dalej!** come on!: *Come on, we'll be late!* →patrz też DALEKO

daleki *adj* **1** distant: *the distant sound of traffic* | *a distant cousin* THESAURUS FAR **2 coś jest dalekie od ...** sth is a far cry from ...: *Europe was a far cry from what Tom had expected.* **3 coś jest dalekie od prawdy** sth couldn't be further from the truth **4 dalekiego zasięgu** long-range: *a long-range ballistic missile* **5 Daleki Wschód** the Far East

daleko *adv* **1** far, a long way away: *You can see my house from here; it isn't far.* | *Their house is a long way away from the town centre.* | **z daleka** from a distance, from afar: *The ruins look very impressive from a distance.* | *I saw him from afar.* | **daleko stąd** far away: *My parents don't live far away.* | **daleko od kogoś/czegoś** far (away) from sb/sth: *Our house is not far from the river.* | **jak daleko jest do hotelu?** how far is it to the hotel? THESAURUS FAR **2 daleko idące zmiany/reformy itp.** sweeping changes/reforms etc **3 ktoś daleko zajdzie** sb will/should go far: *She is an excellent musician and should go far.* **4 trzymać się z daleka** keep your distance

> **UWAGA: far i a long way away**
>
> Wyrazu **far** używamy głównie w zdaniach przeczących i w pytaniach: *How far is it to the station?* | *Oxford isn't far from London.* | *It's not far.* W zdaniach twierdzących używamy wyrażenia **a long way away**: *The coast was a long way away.* Wyraz **far** pojawia się w zdaniach twierdzących w wyrażeniach **too far**, **quite far** i **far away**: *I suggest you take the bus - it's too far to walk.* | *The Chemistry Building is quite far from Life Sciences.* | *I don't see my brother very often - he lives far away.*

dalekosiężny *adj* far-reaching: *far-reaching tax reforms*

dalekowschodni *adj* Far Eastern: *Far Eastern countries*

dalekowzroczny *adj* farsighted

dalmatyńczyk *n* dalmatian

dalszy *adj* **1** further: *For further details, consult your tax adviser.* THESAURUS MORE **2** *(w przestrzeni)* farther *BrE*, further *AmE*: *Her office was farther from the corridor than I remembered.* **3 dalszy ciąg** sequel, follow-up: *'Return of the Jedi' was a sequel to 'Star Wars'.* **4 w dalszym ciągu** still: *We still haven't received any reply to our letters.* →patrz też **ciąg dalszy nastąpi** (CIĄG), **usunąć się na dalszy plan** (PLAN), **zejść na dalszy plan** (PLAN)

daltonist-a/ka *n* **być daltonistą** be colour blind —**daltonizm** *n* colour *BrE*, color *AmE* blindness

dama *n* **1** lady **2 pierwsza dama** first lady

damski *adj* **1** women's: *women's clothes* | *the women's basketball team* **2 toaleta damska** the ladies *BrE*, the ladies' room *AmE*

dancing *n także* **dansing** dance

dane *n* **1** data: *He's collecting data for his report.* **2 dane osobowe** personal details **3 dane wejściowe** input →patrz też **baza danych** (BAZA)

Dania *n* Denmark →patrz też DUŃSKI

danie *n* **1** course: *a three-course* (=trzydaniowy) *meal* | **danie główne** main course | **pierwsze danie** first course **2 karta dań** menu

dany *adj* **1** given: *in a given period* **2 w danej chwili** at any given moment

dar *n* gift —**darczyńca** *n* benefactor: *An anonymous benefactor donated $2 million.*

daremnie *adv* in vain, vainly: *Doctors tried in vain to save his life.* | *He tried vainly to explain his actions.*

daremny *adj* futile, vain: *a futile attempt to save the paintings from the flames*

darmo *adv* **1 na darmo** for nothing: *We went all that way for nothing.* | *They don't call him Babyface for nothing* (=nie na darmo nazywają go Babyface)! **2 za darmo** (for) free, free of charge: *This card allows you to travel free for a month.* | *Pregnant women can get dental treatment free of charge.*

darmowy *adj* free: *We got two free tickets for the game.* | *Entrance to the gallery is free.*

darmozjad *n* freeloader

darń *n* turf

darować *v* **1 darować komuś coś** *(sprezentować)* make sb a gift of sth **2 darować komuś coś** *(przebaczyć)* forgive sb (for) sth: **darować komuś (winę)** let sb off **3 nie mogę sobie darować (że coś zrobiłem)** I could kick myself (for doing sth): *I could have kicked myself* (=nie mogłem sobie darować) *for getting her name wrong.* **4 daruj, ale ...** sorry, but ...: *Sorry, but you are completely*

D

wrong (=zupełnie nie masz racji). **5 darować komuś życie** spare sb's life →patrz też PODAROWAĆ

darowizna *n* donation

darzyć *v* **1 darzyć kogoś sympatią** be fond of sb: *I was fond of Uncle Geordie but I didn't care for* (=nie przepadałem za) *his wife.* **2 darzyć kogoś wielkim szacunkiem** hold sb in high/great esteem: *She was held in high esteem by everyone she knew.* **3 darzyć kogoś uczuciem** have feelings for sb: *She obviously has feelings for him.* **4 darzyć kogoś zaufaniem** trust sb, have confidence in sb: *I trusted Max, so I lent him the money.* **5 darzyć coś sentymentem** have/keep/feel an affection for sth: *I will always keep a deep affection for this country and its people.*

daszek *n* **1** *(baldachim)* canopy **2** *(czapki)* peak *BrE*, visor *AmE*

D

data *n* date: *the date of our wedding* | *"What's today's date?" "It's August 11th."* | **data urodzenia** date of birth | **data ważności** expiry date | **data przydatności do spożycia** sell-by date

datek *n* contribution, donation

datować *v* **1** date: *a newspaper dated November 23, 1963* **2 datowany na IV wiek p.n.e.** dating back to/from the 4th century B.C.
datować się *v* **datować się od ...** go back to ...: *The company's history goes back to 1925.*

dawać *v* →patrz DAĆ

daw-ca/czyni *n* donor: **dawca krwi** blood donor

dawka *n* **1** dose, dosage: *The recommended dosage for children is two tablets a day.* | **dawka czegoś** dose of sth: *a dose of antibiotics* | *a large dose of radiation* (=promieniowania) **2 w małych dawkach** in small doses

dawniej *adv* **1** formerly: *The school was formerly a hospital.* THESAURUS BEFORE **2 jak dawniej** as before: *I still get some fan letters but not as many as before.*

dawno *adv* **1 dawno temu** a long time ago, long ago: *The old house burned down a long time ago.* | *He was a teacher once, long ago.* | **dawno, dawno temu** a long, long time ago, long, long ago **2 już dawno nie ...** not ... for a long time: *I haven't had strawberries for a long time.* **3 od dawna** for a long time, for long: *This house has been empty for a long time.* **4 od jak dawna?** how long?: *How long have you known each other?* **5 tak dawno** so long ago: *I can still remember, even though it was so long ago.* **6 jeszcze nie tak dawno (temu)** not (so) long ago: *Not long ago women were expected to stay at home and look after the children.*

dawny *adj* **1** *(z przeszłości)* old: *I saw Phil with one of my old girlfriends.* THESAURUS PREVIOUS **2** *(starożytny)* ancient: *the ancient civilizations of Asia* **3** *(były)* former: *the former Yugoslavia* **4 w dawnych czasach** in former times

dąb *n* **1** oak **2 stanąć dęba** rear (up): *The horse reared and threw me off.*

dąsać się *v* sulk: *Stop sulking - you can go out and play later.*

dążenie *n* **dążenie do władzy/szczęścia itp.** the pursuit of power/happiness etc

dążyć *v* **1 dążyć do czegoś** strive for sth: *Ross is constantly striving for perfection.* **2 dążyć do celu** pursue a goal

dbać *v* **1 dbać o kogoś** take good care of sb: *The hotel takes very good care of its guests.* | **dbać o siebie** take care of yourself | **dbać o coś** take care of sth: *The lesson teaches kids how to take care of their bikes.* | *Her secretary always took care of the details.* **2 dbać, by ...** see that ...: *It's up to you to see that the job's done properly.* **3 nie dbać o kogoś/coś** not care about sb/sth: *Some politicians don't care about ordinary people.* | **nie dbać, czy ...** not care if/whether ...: *I don't care whether we win or lose.*
—**dbałość** *n* care

dealer *n* dealer: *a car dealer*

debata *n* debate: **+ nad** *a televised debate on abortion*

debatować *v* debate: **debatować nad czymś** debate sth: *Congress will soon debate this issue.*

debel *n* doubles: *the men's doubles*

debet *n* overdraft: **mieć debet** be in the red, be overdrawn

debil/ka *n* moron —**debilny** *adj* moronic

debiut *n* debut —**debiutować** *v* make your debut: *a young actress making her debut on Broadway* —**debiutancki** *adj* debut: *Their debut album was recorded in 1991.*

decentralizacja *n* decentralization, decentralisation *BrE*

dech *n* **1** breath: **bez tchu** breathless: *The long climb left Jan feeling breathless.* **2 jednym tchem** in the same breath: *They said that women should have equal pay, and added in the same breath that men need more money.* **3 komuś brakuje tchu** sb is short of breath **4 nie móc złapać tchu** be out of breath **5 z zapartym tchem** with bated breath: *I waited for the results of the test with bated breath.* **6 zapierać dech (w piersiach)** take your breath away: *a view that takes your breath away* | **zapierający dech w piersiach** breathtaking: *a breathtaking view*

decybel *n* decibel

decydować *v* **1** decide: **+ (o tym), kto/jak itp.** who/how etc: *It is my mother who always decides where we are going to spend our holidays.* **2 decydować o czymś a)** *(podejmować decyzje)* decide sth: *I'm eighteen now - I have a right to decide my own future.* **b)** *(przesądzać)* determine sth: *Costs determine the methods of manufacture.*
decydować się *v* **1** *(podejmować decyzję)* make up your mind: *They usually make up their minds at the last moment.* **2 decydować się na coś/na robienie czegoś** opt for sth/to do sth: *Many students opt to do two extra subjects.* **3 czyjeś losy się decydują** sb's fate is being decided: *Meanwhile the fate of the refugees* (=uchodźców) *was being decided.*

decydujący *adj* **1** *(rola, krok, bitwa)* decisive: *The U.N. played a decisive role in peace-keeping.* | *a decisive step* **2 decydujący czynnik** deciding factor: *Money should not be the deciding factor over who runs a TV station.* **3 mieć decydujący głos** have the last/final word, have the final say: *My boss has the final word on hiring staff.*

decyzja *n* decision: **podjąć decyzję** make/take/reach a decision, come to a decision: *I hope I've made the right decision.* | *The jury took three days to reach a decision.* | **decyzja zrobienia czegoś** decision to do sth: *Brett's sudden decision to join the army surprised everyone.* THESAURUS DECIDE

dedukcja *n* deduction

dedykować *v* **dedykować coś komuś** dedicate sth to sb: *I dedicate this song to my wife.* —**dedykacja** *n* dedication

defekt *n* fault, defect: *an engine fault* | *a defect in the braking system*

defensywa *n* **1** defence *BrE*, defense *AmE* **2 w defensywie** on the defensive: *The President's speech has put the Democrats on the defensive.* —**defensywny** *adj* defensive

deficyt *n* **1** deficit: *The directors have reported a deficit of £2.5 million.* | **deficyt budżetowy** budget deficit **2** *(niedobór)* shortage: *a shortage of skilled labour* (=wykwalifikowanej siły roboczej)

deficytowy *adj* **1** *(gospodarka)* loss-making **2** *(towar)* in short supply

defilada *n* military parade —**defilować** *v* parade, march past

definicja *n* definition: *the definition of a word* —**definiować** *v* define: *The dictionary defines it as 'a narrow passage'.*

definitywny *adj* definite: *We don't have a definite arrangement yet.* —**definitywnie** *adv* once and for all: *Let's settle this once and for all.*

deformacja *n* deformity —**deformować** *v* deform

defraudacja *n* embezzlement —**defraudować** *v* embezzle

degenerat/ka *n* degenerate —**degeneracja** *n* degeneration

degradacja *n* **1** degradation **2** *(pracownika)* demotion

degradować *v* →patrz ZDEGRADOWAĆ

dekada *n* decade: *the last decades of the twentieth century*

dekadencja *n* decadence —**dekadencki** *adj* decadent

dekalog *n* the Ten Commandments

deklamować *v* recite

deklaracja *n* **1** declaration: *the United Nations Declaration of Human Rights* **2 deklaracja podatkowa** tax return form **3 deklaracja celna** customs declaration

deklarować (się) *v* →patrz ZADEKLAROWAĆ, ZDEKLAROWAĆ SIĘ

deklinacja *n* declension

dekoder *n* **1** decoder **2** *(do telewizora)* set-top box *BrE*, cable (converter) box *AmE*

dekolt *n* **1** *(sukienki, bluzki)* neckline **2** *(część ciała)* cleavage **3 suknia z dekoltem** low-cut dress

dekoracja *n* **1** decoration: *Christmas decorations* | **dla dekoracji** for decoration: *The berries are mainly used for decoration.* **2 dekoracje** *(w teatrze)* scenery —**dekorować** *v* decorate: *The kids are decorating the Christmas tree.* —**dekoracyjny** *adj* decorative

dekret *n* decree: **wydać dekret** issue a decree

delegacja *n* **1** *(przedstawiciele)* delegation: *The delegation was greeted by the President.* **2** *(wyjazd)* business trip: **pojechać na/w delegację** go on a business trip **3** *(rozliczenie za wyjazd)* expense statement

delegat/ka *n* delegate: *We sent five delegates to the conference.*

delegatura *n* agency, office

delegować *v* →patrz ODDELEGOWAĆ

delektować się *v* **delektować się czymś** savour *BrE*, savor *AmE*: *Drink it slowly and savour every drop.*

delfin *n* dolphin

delikates *n* **1** delicacy **2 delikatesy** *(sklep)* delicatessen, deli

delikatnie *adv* **1** gently, softly: *The doctor gently pressed her stomach.* | *She stroked his head softly.* **2 delikatnie mówiąc** to put it mildly, to say the least: *He's not very pleased with you, to put it mildly.*

delikatny *adj* **1** *(kruchy)* delicate, fragile: *The tea was served in delicate china cups.* **2** *(wrażliwy)* delicate: *a delicate child* | *The negotiations are at a delicate stage.* **3** *(misterny)* delicate: *a delicate pattern of butterflies and leaves* **4** *(lekki, słaby)* gentle: *a gentle breeze clearing the mist* THESAURUS WEAK —**delikatność** *n* delicacy, gentleness

delta *n* delta: **delta Nilu** the Nile delta

demagogia *n* demagogy, demagoguery

demaskować *v* →patrz ZDEMASKOWAĆ

dementi *n* disclaimer

demobilizujący *adj* demoralizing: *a demoralizing 7-0 defeat*

demograficzny *adj* **1** demographic **2 eksplozja demograficzna** population explosion

demokracja *n* democracy —**demokrat-a/ka** *n* democrat —**demokratyczny** *adj* democratic: *a democratic management* —**demokratycznie** *adv* democratically: *democratically elected* —**demokratyzacja** *n* democratization, democratisation *BrE*

demon *n* demon —**demoniczny** *adj* demonic

demonstracja *n* **1** *(manifestacja)* demonstration: *a demonstration against the war* **2** *(pokaz)* demonstration: *a demonstration of a new cordless* (=bezprzewodowy) *telephone*

demonstracyjny *adj* ostentatious: *an ostentatious lifestyle* —**demonstracyjnie** *adv* ostentatiously

demonstrować *v* **1** *(manifestować)* demonstrate: **+przeciwko czemuś** against sth: *What are they demonstrating against?* **2** *(prezentować)* demonstrate: *Our ski instructor began by demonstrating the correct way to turn.* —**demonstrant/ka** *n* demonstrator

demoralizować *v* corrupt, deprave: *Power tends to corrupt* (=władza demoralizuje) *and absolute power corrupts absolutely.* | *He is a totally depraved young man.* —**demoralizacja** *n* corruption, depravity

denerwować *v* annoy, irritate: *Stop annoying your father.* | *After a while, the loud ticking of the clock began to irritate me.* THESAURUS WORRIED →patrz też ZDENERWOWAĆ SIĘ

denerwować się *v* **1** *(być niespokojnym)* be/feel nervous: *I always feel nervous when you're driving.* **2** *(złościć się)* be/get irritated: *Sally gets irritated when things are left messy or dirty.* →patrz też ZDENERWOWAĆ SIĘ —**denerwujący** *adj* annoying, irritating: *an annoying habit*

dentyst-a/ka *n* dentist: **iść do dentysty** go to the dentist's

dentystyczny *adj* dental: **nić dentystyczna** dental floss

departament *n* **1** department **2 Departament Stanu** the State Department

depesza *n* **1** telegram, cable: **wysłać depeszę do kogoś** cable sb **2** *(prasowa)* dispatch: *In one dispatch from Washington, negotiators were said to be close to an agreement.*

D

depilacja *n* depilation

deportacja *n* deportation: *The US government has ordered his deportation.* **—deportować** *v* deport: *Another five illegal immigrants were deported.*

depozyt *n* deposit

depresja *n* depression: *The patient is suffering from* (=cierpi na) *depression.* THESAURUS SAD

deptać *v* **nie deptać trawników** *(napis)* keep off the grass →patrz też PODEPTAĆ, ZADEPTAĆ, ZDEPTAĆ, NADEPNĄĆ

deptak *n* **1** *(nadmorski)* promenade **2** *(miejski)* pedestrianized street

dermatolog *n* dermatologist **—dermatologia** *n* dermatology

desant *n* (troop) landing: *troop landings in Normandy in 1944*

D

deseń *n* design, pattern: *wallpaper with a floral design*

deser *n* dessert, pudding *BrE*: **na deser** for dessert: *There's ice cream for dessert.*

dessert

deska *n* **1** board, plank: **deska podłogowa** floorboard | **zabić coś deskami** board sth up: *The house next door has been boarded up for months.* **2 deska do prasowania** ironing board **3 deska surfingowa** surfboard **4 deska snowboardowa** snowboard **5 deska rozdzielcza** dashboard →patrz też **ostatnia deska ratunku** (RATUNEK)

UWAGA: deska i desk

Angielski rzeczownik **desk** nie znaczy „deska", tylko „biurko".

deskorolka *n* skateboard: **jazda na deskorolce** skateboarding

desperacja *n* desperation: *I came to you out of desperation* (=w desperacji) *- you've got to help me.* **—desperacki** *adj* desperate: *a desperate attempt to escape* **—desperacko** *adv* desperately

despot-a/ka *n* despot **—despotyczny** *adj* despotic: *a despotic ruler* **—despotyzm** *n* despotism

destrukcyjny *adj także* **destruktywny** destructive: *Jealousy* (=zazdrość) *is a very destructive emotion.* **—destrukcja** *n* destruction

destylować *v* distil, distill *AmE* **—destylacja** *n* distillation

desygnować *v* designate: *She has been designated to take over the position of treasurer* (=do objęcia stanowiska skarbnika).

deszcz *n* **1** rain: *The rain fell throughout the night.* | *There's been no rain for weeks.* | **ulewny deszcz** heavy rain | **przelotny deszcz** shower: *Showers are expected later today.* **2 pada deszcz** it's raining, it rains: *Is it still raining?* | *It almost never rains in southern California.* **3 deszcz ze śniegiem** sleet **4 kwaśny deszcz** acid rain **—deszczyk** *n* shower

deszczowy *adj* **1** rainy, showery: *a rainy day* **2 tropikalny las deszczowy** rain forest

detal *n* detail: *We need to discuss a few details before you start.*

detaliczny *adj* **1** retail: *recommended retail price £8* **2 sprzedaż detaliczna** retail

detektyw *n* detective: *She hired a detective to find out where her husband was going after work.*

detektywistyczny *adj* **powieść detektywistyczna** detective novel

detergent *n* detergent

determinacja *n* determination: *Her determination to succeed made her keep on studying.*

determinować *v* determine: *The amount of light available determines the plant's rate of growth* (=tempo wzrostu rośliny).

detonacja *n* detonation **—detonator** *n* detonator

dewaluacja *n* devaluation **—dewaluować (się)** *v* devalue

dewastować *v* →patrz ZDEWASTOWAĆ

dewiacja *n* deviation

dewiza *n* **1** motto: *"All my life," said Sir Humphrey, "my motto has been 'aim high'."* **2 dewizy** foreign currency

dewizowy *adj* **kurs dewizowy** exchange rate

dezaprobata *n* disapproval: **+dla czegoś** of sth: *They tried not to show any disapproval of Sandy's lifestyle.* | **z dezaprobatą** in disapproval, disapprovingly: *Marion shook her head in disapproval.*

dezercja *n* desertion **—dezerter/ka** *n* deserter →patrz też ZDEZERTEROWAĆ

dezintegracja *n* disintegration

dezodorant *n* deodorant

dezorganizacja *n* disorganization, disorganisation *BrE*

dezorientacja *n* confusion, disorientation

dezynfekować *v* disinfect **—dezynfekcja** *n* disinfection

dęty *adj* **1 instrumenty dęte** wind instruments **2 instrumenty dęte blaszane** brass instruments

diabeł *n* **1** devil **2 do diabła!** damn it! **3 co/jak itp. u diabła ...** what/how etc the hell ...: *Where the hell have you been?* **4 idź do diabła!** go to hell! **5 jak diabli** like hell: *My foot hurt like hell.* **—diabelski** *adj* devilish: *a devilish smile*

diagnoza *n* diagnosis: *An exact diagnosis can only be made by obtaining a blood sample.* **—diagnostyczny** *adj* diagnostic: *diagnostic tests*

diagram *n* diagram, chart: **diagram słupkowy/kołowy** bar/pie chart

dialekt *n* dialect

dialog *n* **1** dialogue *BrE*, dialog *AmE*: *There is a need for constructive dialogue between leaders.* | *a short dialogue in the third act* **2 dialogi** *(w filmie)* dialogue *BrE*, dialog *AmE*: *a boring movie full of bad dialog*

diament *n* diamond —**diamentowy** *adj* diamond: *a diamond ring*

diametralnie *adv* **1** *(zmienić się)* radically: *She's changed radically since she got married.* **2 diametralnie różne** diametrically opposed/opposite: *The two ideas are diametrically opposed.* | *diametrically opposite points of view*

diecezja *n* diocese —**diecezjalny** *adj* diocesan

dieta *n* **1** diet: *a vegetarian/salt-free diet* | **być na diecie** be on a diet: *How long have you been on a diet?* **2 diety** travelling *BrE*, traveling *AmE* allowance **3 diety poselskie** MP's salary —**dietetyczny** *adj* diet: *diet food*

dinozaur *n* dinosaur

dla *prep* **1** for: *Save a piece of cake for Noah.* | *I've got some good news for you.* | *What can I do for you?* **2 być miłym dla kogoś** be nice/kind to sb: *Be nice to your little sister.* | *Everyone's been so kind to me.*

dlaczego *adv* **1** why: *Why are these books so cheap?* | *I think I know why I didn't get the job.* **2 dlaczego nie?** why not?, "Do you want to come along?" "Yeah, why not?" **3 dlaczego ja/ona itp.?** why me/her etc?: *Why me? Why can't someone else drive you?*

dlatego *conj* **1** that's why: *She's really funny - that's why I like her.* **2 dlatego, że ...** because ...: *You can't go because you're too young.* **3 tylko dlatego, że ...** just because ...: *Just because you're older than me doesn't mean you know better than I do.*

dłoń *n* **1** *(ręka)* hand: *Wilkinson shook my hand warmly.* **2** *(wewnętrzna część ręki)* palm (of the/your hand): *He held the key in the palm of his hand.* →patrz też **wyciągnąć do kogoś pomocną dłoń** (POMOCNY)

hand

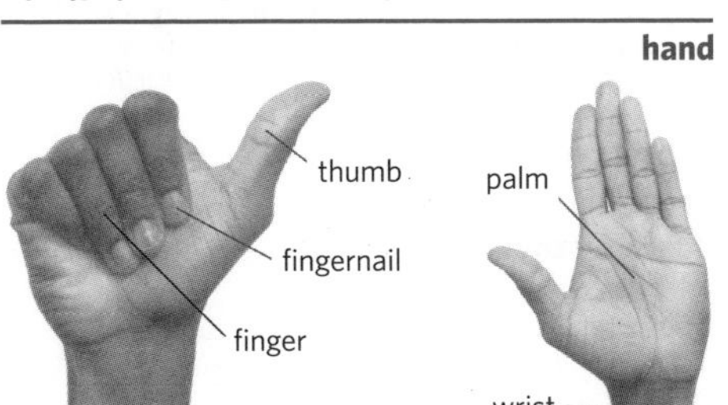

dłubać *v* **1 dłubać w nosie/zębach** pick your nose/teeth **2 dłubać przy czymś** tinker with sth: *He spends Sundays tinkering with his bike.*

dług *n* **1** debt: *He finally has enough money to pay off* (=spłacić) *his debts.* | **być w długach** be in debt: *The company was heavily in debt.* **2 mieć wobec kogoś dług (wdzięczności)** be in sb's debt: *I'll be forever in your debt for the way you've supported me.*

długi *adj* **1** long: *long hair* | *It's a long walk home from here.* | *a long, boring meeting* | **długi na trzy metry** three metres long THESAURUS LONG **2 przez długi czas** for a long time: *He was out of work for a long time but finally got a job.* **3 upaść jak długi** fall flat on your face

short/long

a short rope

a long rope

długo *adv* **1** long, for a long time: *Have you been waiting long* (=długo czekasz)? | *They lay like that* (=leżeli tak) *for a long time.* | *I haven't seen him for a long time.* | **jak długo** how long: *How long have you known each other?* **2 na długo przed** long before: *The farm was sold long before you were born.*

UWAGA: long i for a long time

Przysłówka **long** używamy głównie w zdaniach pytających i przeczących, a konstrukcji **for a long time** w zdaniach twierdzących i przeczących.

długodystansowy *adj* long-distance: *a long-distance runner*

długofalowy *adj* long-term: *the long-term effects of smoking* | *the government's long-term strategy for reducing crime*

długoletni *adj* long-standing, of many years' standing: *a long-standing friendship* | *a social policy of many years' standing*

długopis *n* (ballpoint) pen, biro® *BrE*

długość *n* **1** length: *What's the length of the room?* | *reducing the average length of stay in hospital* | **długości 2 metrów itp.** 2 metres etc in length: *Vehicles of over 3 metres in length pay an additional toll.* | **mieć 10 metrów itp. długości** be 10 metres etc long: *The article should be about 1000 words long.* **2 długość geograficzna** longitude: *The town is at longitude 21° east.*

długoterminowy *adj* long-term, long-range: *long-term investments* | *a long-range weather forecast*

długotrwały *adj* **1** *(skutki, popularność itp.)* long-lasting: *long-lasting effects* THESAURUS LONG **2** *(nieobecność, choroba, branie leków itp)* prolonged: *a prolonged absence/illness*

długowieczność *n* long life, longevity

długowłosy *adj* long-haired: *a long-haired man* | *a long-haired cat/dachshund*

dłuto *n* chisel

dłużni-k/czka *n* debtor

dłuższy *adj* **1** longer **2 przez dłuższy czas** for a long time, for quite a while: *Carlton suffered from amnesia for quite a while after the car crash.* **3 od dłuższego czasu** for quite a while: *He's been away for quite a while, hasn't he?* **4 na dłuższą metę** in the long run: *All our hard work will be worth it* (=opłaci się) *in the long run.* →patrz też DŁUGI

dmuchać *v* blow: **+ na coś** on sth: *Renee blew on her soup to cool it down.* →patrz też ZDMUCHNĄĆ

dniówka *n* daily rate of pay

dno *n* **1** bottom: *The bottom of the pool is very slippery* (=śliskie). | **na dnie czegoś** at/on the bottom of sth: *A body was found at the bottom of the canal.* | *The flour is at the bottom of the cupboard.* **2** *(morskie)* bed, floor: *seabed* | *ocean floor* **3 pójść na dno** go down/under: *Ten men died when the ship went down.* **4 bez dna** bottomless: *the bottomless depths of the ocean* **5 do dna!** bottoms up!

do *prep* **1** *(kierunek)* to: *He's gone to Australia.* | *She stood up and walked to the door.* | *the road to the airport* **2 do domu/samochodu itp.** into the house/car etc: *How did you get into the house?* | *Don't fall into the water!* | **wejść do pokoju** enter the room **3 do szafy/kieszeni itp.** in the cupboard/pocket etc: *I put your keys in the drawer so they wouldn't get lost* (=żeby nie zginęły). | *He put his hand in his pocket and brought out a knife.* **4 chodzić do szkoły/kościoła** go to school/church **5** *(czas)* until, till: *The banks are open until 3.30.* | *Debbie's on vacation until Monday.* | *Let's wait till tomorrow.* **6** *(nie później niż)* by: *Your report has to be done by 5:00.* **7 od ... do ...** from ... to ...: *The banks are open from 9:30 to 3:00.* | *It's 30 miles from here to Toronto.* **8** *(nie więcej/dalej niż)* up to: *Up to ten people are allowed in the elevator at one time.* | *The water came right up to our knees* (=sięgała nam do kolan). **9 wpół do trzeciej/czwartej itp.** half past two/three etc **10 do tego** on top of that, on top of everything else: *I have a headache and, on top of that, I broke my nose this morning.* **11 coś do jedzenia/czytania itp.** something to eat/read etc: *Give Mike something to do - he's just sitting there.* | *Do you have anything to drink?* **12 krem do rąk/twarzy/golenia** hand/face/shaving cream **13 klucz do drzwi frontowych** the key to the front door **14 do czego to jest/służy?** what is it/this for?: *What's this red button for?* **15 trzy do jednego** three-one *BrE*, three to one *AmE*: *The Bears won 27 to 10.* **16 do przodu/tyłu** forward/back, forwards/backwards: *He took a few steps back, then took the photo.* **17 do widzenia!** goodbye!, bye! **18 do jutra!** see you tomorrow!

doba *n* day: *After two days without water in the desert, Voss began to hallucinate.* | **przez całą dobę/24 godziny na dobę** 24 hours a day, day and night: *Don't worry, there's a doctor on call 24 hours a day.* | *The store is guarded day and night.*

dobić *v* **1 dobić kogoś** finish sb off: *We knew that if she failed again, it might finish her off completely.* **2 dobić zwierzę** put an animal out of its misery **3 dobić do brzegu** reach the shore: *By the time they reached the shore, the ship was in pretty bad shape.* →patrz też DOBIJAĆ, →patrz też **dobić targu** (TARG)

dobiec *v* **1 dobiec do czegoś** reach sth: *He was totally exhausted when he reached the finish line.* **2 dobiec końca** come to an end: *After his career in show business came to an end, he went back to being a taxi-driver.*

dobiegać *v* **1 dobiegać skądś** come from somewhere: *I heard a strange noise coming from the room above.* **2 dobiega czwarta** it's coming up to four o'clock **3 dobiegać końca** be coming/drawing to an end: *Another year was drawing to an end.*

dobierać *v* →patrz DOBRAĆ
dobierać się *v* **1 dobierać się do czegoś** tamper with sth: *Someone had tampered with the lock on my door.* **2 dobierać się do kogoś** make a pass at sb

dobijać *v* **dobijać kogoś** *(przygnębiać)* get sb down: *The weather is really getting me down.*
dobijać się *v* **dobijać się do drzwi** bang on the door: *They were banging on the door with their fists.* →patrz też DOBIĆ

dobitny *adj* emphatic: *Dale's answer was an emphatic "No!"* —**dobitnie** *adv* emphatically: *The minister emphatically denied any link with the Mafia.*

dobosz/ka *n* drummer

dobowy *adj* daily: *daily allowance* (=dopuszczalna dobowa dawka) *of vitamin C*

dobór *n* **1** selection: *Selection of candidates for the job will take place next week.* **2 dobór naturalny** natural selection

dobrać *v* **1** *(wybrać)* select, choose: *The killer appears to have selected his victims at random* (=na chybił trafił). **2 dobrać coś do czegoś** match sth (up) to sth: *We get the children* (=każemy dzieciom) *to match the animal pictures to the correct sounds.*
dobrać się *v* **1** *(być dobraną parą)* be a good/perfect match: *I really think Dave and Suzie are a perfect match.* **2 dobrać się do czegoś** get your hands on sth: *They want to get their hands on my money.*

dobranoc *interj* good night

dobrany *adj* compatible: *Compatible couples generally share the same values.* | **oni są dobrani** they are a good/perfect match

dobro *n* **1 dobro i zło** good and evil: *the battle between good and evil* **2** *(czyjeś)* welfare: *Our only concern is the children's welfare.* **3 dla dobra kogoś/czegoś** for the sake of sb/sth: *They tried to keep their marriage together for the sake of their children.* **4 dla czyjegoś własnego dobra** for sb's own good: *Take your medicine - it's for your own good.* **5 dobra** *(towary)* goods: *material goods*

dobrobyt *n* prosperity, economic well-being: *an era of peace and prosperity* | *the economic well-being of the country*

dobroczynny *adj* **1** charitable: *a charitable institution* **2 iść na cele dobroczynne** go to charity: *All the money raised by the concert will go to charity.* **3 koncert na cele dobroczynne** charity concert **4 impreza na cele dobroczynne** benefit **5 organizacja dobroczynna** charity **6 dobroczynny skutek/wpływ** beneficial effect/influence: *Tax cuts would have a beneficial effect on the economy.*

dobroczyńca *n* benefactor

dobroć *n* goodness, kindness

dobroduszny *adj* good-natured: *a friendly, good-natured man*

dobrodziejstwo *n* blessing: *The rain was a real blessing after all that heat.*

dobrotliwy *adj* kind

dobrowolny *adj* voluntary: *We get all our money from voluntary contributions.* —**dobrowolnie** *adv* voluntarily: *She wasn't fired - she left voluntarily.*

dobry *adj* **1** good: *Peter's exam results were good, but Sue's were even better.* | *It's a good day for going to the beach.* | *a good swimmer/husband* | **coś (nie) jest dla kogoś dobre** sth is (not) good for sb: *Watching so much TV isn't good for you.* THESAURUS SUITABLE **2 być dobrym w czymś/z czegoś** be good at sth: *Andrea is very good at languages.* **3** *(życzliwy)* good, kind: **być dla kogoś dobrym** be good to sb: *Mr Hawkins has always been very good to me.* **4 dobra!** OK!, okay: *OK, can we go now?* | *"We'd better be there by four." "Okay."* **5 na dobrą sprawę** actually: *I've known Barbara for years. Since we were babies, actually*

(=na dobrą sprawę, od dziecka). **6 na dobre** for good: *We've separated from each other before, but I think it's for good this time.* **7 dobra strona** advantage: *one of the advantages of living in the city* **8 dobra wola** goodwill, good will: *Christmas should be a time of peace and goodwill.* **9 dzień dobry a)** *(przed południem)* good morning **b)** *(po południu)* good afternoon **10 dobry wieczór** good evening **11 na dobre i na złe** through thick and thin: *The brothers have stuck with each other* (=trzymali się razem) *through thick and thin.* **12 w dobrych rękach** in safe hands: *I needed to know my kids were in safe hands.* **13 dobre dwie godziny itp.** a good two hours etc: *He's a good ten years younger than her.* →patrz też **być dobrej myśli** (MYŚL), **w dobrej wierze** (WIARA)

dobrze *adv* **1** well: *Did you sleep well?* | *I don't know her very well.* THESAURUS HEALTHY **2 dobrze, że ...** it's a good thing (that) ..., it's just as well (that) ...: *It's a good thing you were in* (=byłaś w domu). *I lost my keys.* | *It's just as well you're not hungry because we haven't got much to eat.* **3** *(zgoda)* all right, good, OK: *"Let's go now." "All right."* **4 jak dobrze pójdzie** if things go well: *I may need a larger office if things go well.* **5 dobrze się bawić** have a good time: *Did you have a good time at the beach?* **6 dobrze wyglądać a)** *(zdrowo)* look well: *Elsie doesn't look too well, does she? She's lost a lot of weight recently.* **b)** *(atrakcyjnie)* look good: *Well, you look really good in a suit and tie.* | *Do these shoes look good with this dress?* **7 komuś jest dobrze w czymś** sth suits sb: *That coat really suits Paul.* | *Red suits you* (=dobrze ci w czerwonym). **8 dobrze mu/ci tak** (it) serves him/you right: *"Ouch! She pinched me!" "Serves you right, teasing her like that."* **9 dobrze odżywiony/płatny/poinformowany** well-fed/paid/informed **10 dobrze po/przed** well after/before: *By the time they finished it was well after midnight.* **11 no dobrze** oh, all right (then), very well then: *"Can I play with my new computer?" "Oh, all right then - so long as you don't make too much noise."* | *"I think plain wallpaper would look better in this room." "Very well then, if you insist."*

dobytek *n* possessions: *When they left, they had to sell most of their possessions.* THESAURUS PROPERTY

doceniać *v* **1** appreciate: *All the bad weather here makes me appreciate home.* | *Her abilities are not fully appreciated by her employer.* **2 nie doceniać kogoś/czegoś** underestimate sb/sth: *They underestimated the size of the problem.*

docent *n* reader *BrE*, assistant professor *AmE*

dochodowy *adj* **1** profitable: *profitable investments* **2 podatek dochodowy** income tax

dochodzenie *n* **1** inquiry, investigation: **+w sprawie czegoś** into sth: *a government inquiry into the disaster* | *an investigation into police corruption* | **prowadzić dochodzenie** carry out an investigation **2** *(przyczyny zgonu)* inquest

dochodzić *v* **1 dochodzić czegoś** inquire into sth: *The investigation will inquire into the reasons for the fire.* **2 dochodzić swoich praw** claim your right **3 dochodzić skądś** *(zapach itp.)* emanate from sth: *Wonderful smells emanated from the kitchen.* **4 dochodzić do czegoś a)** *(sięgać w górę)* reach as far as sth: *a ladder reaching as far as the third floor* **b)** *(sięgać w dół)* reach down to sth: *Her skirt reaches down to her ankles.* **c)** *(temperatura, prędkość itp.)* reach sth: *Temperatures will reach 95° today.* | *wind speeds reaching over 100 mph* →patrz też DOJŚĆ

dochować *v* **dochować tajemnicy/obietnicy** keep a secret/promise

dochód *n* **1** *(człowieka)* income: *people on low income* **2** *(przedsiębiorstwa, państwa)* revenue(s): *advertising revenue* (=dochód z reklam) **3** *(z imprezy)* proceeds: *The proceeds from the concert will go to charity.*

dociekliwy *adj* inquiring, inquisitive: *Young children have such inquiring minds.* | *a cheerful, inquisitive little boy* —**dociekliwość** *n* inquisitiveness

docierać *v* **nie docierać do kogoś** *(słowa, tłumaczenie itp.)* be lost on sb: *All my warnings were completely lost on Beth.* →patrz też DOTRZEĆ

doczekać *v* **nie doczekać czegoś** not live to see/witness sth: *I'm glad she did not live to witness the break-up of her daughter's marriage.*

doczekać się *v* **1 (w końcu) doczekać się czegoś** (finally) get sth: *I finally got an award.* **2 nie móc się czegoś doczekać** can't wait to do sth, be eager/impatient to do sth: *Jenny can't wait to see Angela again.* | *We were all eager to get started.* THESAURUS WANT

D

dodać *v* **1** *(dołączyć, dorzucić)* add: *Do you want to add your name to the mailing list?* | *Add one egg to the mixture.* **2 dodać, że ...** add that ...: *The judge added that this case was one of the worst she had ever seen.* **3** *(zsumować)* add (up): *If you add 5 and 3 you get 8.* | *Add your scores up and we'll see who won.* | **dwa dodać dwa itp.** two plus two etc: *Three plus six is nine.* →patrz też **dodać gazu** (GAZ)

dodatek *n* **1** addition: *The tower is a later addition to the cathedral.* **2** *(podnoszący atrakcyjność produktu)* extra: *The price of the car includes extras such as a sun roof and CD player.* **3** *(konserwujący, barwiący itp.)* additive: *This product contains no artificial additives.* **4** *(do gazety)* supplement: *the Sunday supplements* **5 a w dodatku ...** and then ...: *He's really busy at work, and then there's the new baby, too!* **6 dodatek rodzinny** child benefit *BrE*, family allowance *AmE* **7 ze wszystkimi dodatkami** with all the trimmings

dodatkowo *adv* **1** *(jako dodatek)* extra: *I got 2 metres extra to make the curtains.* **2** *(co więcej)* additionally, in addition: *The group may be smuggling drugs. Additionally, they're suspected of several murders.* | *The hotel can accommodate 80 guests and, in addition, there are several self-catering apartments* (=jest kilka mieszkań z własnym wyżywieniem).

dodatkowy *adj* **1** extra, additional: *Is there an extra charge for using the swimming pool?* | *Additional information can be obtained by writing or faxing your questions.* THESAURUS MORE **2 dodatkowy element wyposażenia** *(samochodu itp.)* accessory

dodatni *adj* positive: *a positive number* | *a positive charge* (=ładunek) | *Her pregnancy test* (=wynik testu ciążowego) *was positive.* —**dodatnio** *adv* positively

dodawać *v* →patrz DODAĆ

dodawanie *n* addition: *addition and subtraction* (=odejmowanie)

dodzwonić się *v* get through: *I can't get through - her line is engaged.*

dofinansować *v* subsidize, subsidise *BrE*: *Farming is partly subsidized by the government.*

dogadać się *v* **1** *(dojść do porozumienia)* reach an agreement: *What happens if they fail to reach an agreement?* **2** *(w obcym języku)* make yourself understood: *I'm not very good at German, but I can make myself understood.*

dogadzać *v* **dogadzać sobie** indulge yourself: *I often indulge myself with chocolates.*

doganiać *v* →patrz DOGONIĆ

doglądać *v* watch over: *a shepherd watching over his sheep*

dogłębny *adj* in-depth: *an in-depth study of the causes of lung cancer* —**dogłębnie** *adv* in depth: *Powell said he wanted to discuss the situation in depth with the Israeli leadership.*

dogmat *n* dogma —**dogmatyczny** *adj* dogmatic —**dogmatycznie** *adv* dogmatically

dogodny *adj* convenient: *I find going to the supermarket once a week the most convenient way to shop.* —**dogodnie** *adv* conveniently: *The hotel is conveniently situated near the airport.*

dogonić *v* **dogonić kogoś** catch (up with) sb, catch sb up: *Drive faster, they're catching up with us.* | *You go on ahead. I'll catch you up later.*

dogrywka *n* extra time *BrE*, overtime *AmE*

D

doić *v* milk: *milking the cows*

dojazd *n* **1** *(droga prowadząca do budynku itp.)* approach, access: *The approach to the house was by a minor road.* | *The council opened both roads to give easier access to the estate's residents* (=aby ułatwić dojazd mieszkańcom osiedla). **2** *(podróż do pracy, szkoły)* commute: *My morning commute takes 45 minutes.*

dojazdowy *adj* **droga dojazdowa** access road: *You are approaching an access road to your left, a side road to your right.*

dojechać *v* arrive: *Give me a call to let me know you've arrived safely.* →patrz też DOJEŻDŻAĆ

dojeżdżać *v* **1** *(do pracy)* commute: *Today, more and more people commute very long distances.* THESAURUS TRAVEL **2** *(zbliżać się do miejsca przeznaczenia)* be almost there: *Get your suitcases ready - we're almost there.*

dojrzałość *n* **1** maturity: **osiągnąć dojrzałość** reach maturity: *Rabbits reach maturity in only five weeks.* **2 świadectwo dojrzałości** certificate *BrE*, high school diploma *AmE*: *Send a photocopy of your certificate to the college.*

dojrzały *adj* **1** *(biologicznie)* mature: *The mature eagle has a wingspan* (=rozpiętość skrzydeł) *of over six feet.* THESAURUS OLD **2** *(w postępowaniu, reakcjach itp.)* mature: *She's very mature for her age* (=jak na swój wiek). **3** *(owoc)* ripe: *Those apples aren't ripe yet.* **4** *(wino)* mature **5** *(ser)* mature, ripe: *mature cheddar*

dojrzeć *v* **1** *(spostrzec)* catch sight of, spot: *I suddenly caught sight of her in the crowd.* | *I spotted an empty table in the corner.* **2** →patrz też DOJRZEWAĆ

dojrzewać *v* **1** *(człowiek, zwierzę)* mature: *Pat's matured a lot since going to college.* | *A kitten matures when it is about a year old.* **2** *(owoc)* ripen: *the tomatoes quickly ripened in the hot weather.*

dojrzewanie *n* **1 dojrzewanie płciowe** puberty **2 okres dojrzewania** adolescence THESAURUS YOUNG

dojście *n* **1** access, approach: *The only access to the farm is along a muddy track.* | *The easiest approach to the beach is down the cliff path.* **2 dojścia** *(znajomości)* connections: *He used his Mafia connections to find Pablo another job.*

dojść *v* **1 dojść do domu/hotelu itp.** reach home/the hotel etc: *We walked a long way before we reached the house.* **2** *(list)* reach sb: *Your letter reached me yesterday* (=twój list doszedł wczoraj). **3 dojść do władzy** come/rise to power: *The communists came to power in China in 1949.* **4 dojść do czegoś a)** *(zdobyć coś)* achieve sth: *Lawrence would stop at nothing* (=zrobiłby wszystko) *to achieve power and wealth.* **b)** *(osiągnąć sukces w życiu)* make something of yourself: *I admire his determination - he's sure to make something of himself.* **5 dojść do siebie** recover: *It will be some time before she fully recovers.* | *After this war, the country will take a long time to recover.* | **+ po czymś** from sth: *My boss is recovering from a heart attack.* **6 jak do tego doszło?** how did it/this/that come about?: *How did it come about that the murderer made such a mistake?* | *How did this extraordinary situation come about?* **7 doszło do wypadku** an accident happened, there was an accident: *The accident happened early on Tuesday morning.* **8 nie dojść do skutku** fall through: *The deal* (=transakcja) *fell through at the last minute.* →patrz też DOCHODZIĆ

dokąd *pron* **1** where: *Where are you going?* | *I asked Lucy where she was going.* **2 nie mam dokąd pójść** I have nowhere to go

dokądś *pron* somewhere: *I'd love to go on holiday somewhere where it's nice and quiet.*

dokładać *v* **1** *(dodawać)* add: *Add charcoal to the grill as needed.* **2 dokładać (wszelkich) starań/wysiłków, aby coś zrobić** make every effort to do sth: *Every effort is being made to deal with the issues you raised at the last meeting.* →patrz też DOŁOŻYĆ

dokładka *n* **1** *(jedzenia)* seconds: *Does anyone want seconds?* **2 na dokładkę** on top of that, on top of everything (else): *On top of everything, I now owe my parents $10,000.*

dokładnie *adv* **1** exactly, precisely, accurately: *We got home exactly at six o'clock.* | *I don't know precisely where she lives.* | *It's impossible to predict the weather accurately.* THESAURUS EXACTLY **2** *(gruntownie)* thoroughly: *Rinse the vegetables thoroughly.* **3 dokładnie taki sam** exactly the same: *They were wearing exactly the same dress!* **4 dokładnie!** exactly!, precisely!: *"We should spend more on education." "Exactly!"* **5 dokładnie naprzeciw/przed itp.** directly opposite/in front of etc: *Lucas sat directly behind us.* **6 a dokładnie ...** ... to be precise/exact: *It's 9 o'clock, or 9.02 to be precise.*

dokładność *n* precision, accuracy: *The atom's weight can be measured with great precision.* | *The bombs can be aimed with amazing accuracy.*

dokładny *adj* **1** exact, precise, accurate: *I can't remember the exact date.* | *She gave a precise description of the attacker.* | *an accurate report of what happened* **2** *(przyczyna)* precise: *No one seems to know the precise cause of the illness.*

dokoła *prep, adv* →patrz DOOKOŁA

dokonać *v* **1 dokonać wyboru/odkrycia/zmiany** make a choice/discovery/change: *You should find out more before making your final choice.* | *Astronomers have made significant discoveries about our galaxy.* | *I've made a few stylistic changes to your report.* **2 dokonać czegoś** achieve something: *When you get your MA* (=dyplom magistra), *you really feel that you've achieved something.* | *He will never achieve anything if he doesn't work harder.* **3 dokonać analizy/operacji** perform an analysis/operation

dokonanie *n* achievement, accomplishment: *Gorbachev's greatest achievement was ending the Cold War.*

dokonany *adj* **1 czas przyszły/przeszły dokonany** the future/past perfect (tense) **2** →patrz też DOKONAĆ

dokonywać *v* →patrz DOKONAĆ

dokończyć *v* **1** finish: *I stayed up* (=nie spałam) *all night to finish my paper.* **2** *(zjeść resztę)* finish off: *Would you like to finish off the sandwiches?*

doktor *n* doctor: **doktor Brown/Smith itp.** Doctor Brown/Smith etc: *I'd like to make an appointment to see Doctor Pugh.* | **doktor prawa/filozofii itp.** doctor of law/philosophy etc

doktorant/ka *n* PhD/doctoral student —**doktorancki** *adj* doctoral: *doctoral studies*

doktorat *n* **1** *(stopień naukowy)* doctorate, PhD **2** *(praca doktorska)* PhD/doctoral dissertation **3 doktorat honoris causa** honorary doctorate

doktorski *adj* **praca doktorska** PhD/doctoral dissertation: **napisać pracę doktorską** write your PhD (dissertation)

doktryna *n* doctrine

dokuczać *v* **1 dokuczać komuś** tease sb, give sb a hard time: *Kids often tease each other.* | *Come on, guys – stop giving me such a hard time!* **2 komuś dokucza głód/zimno itp.** sb is hungry/cold etc

dokuczliwy *adj* **1** *(ból)* nagging: *a nagging pain in her back* **2** *(osoba)* troublesome: *She's a really troublesome kid.*

dokument *n* **1** document **2 dokumenty a)** *(dowód tożsamości)* ID, identification: *Do you have any ID, sir?* **b)** *(dokumentacja)* documents: *legal documents* —**dokumentować** *v* document: *photographs documenting the early history of the motor car*

dokumentacja *n* documentation

dokumentalny *adj* **1** documentary: *a documentary programme* **2 film dokumentalny** documentary

dokupić *v* **1** *(kupić więcej)* buy more: *We've got to buy more food for tonight.* **2 dokupić coś (do czegoś)** buy sth (to go with sth): *Buy a computer first; you can buy a printer later* (=drukarkę możesz dokupić później).

dola *n* **1** *(los)* lot: *She seems happy enough with her lot in life.* **2** *(udział)* share: *What will you do with your share?*

dolać *v* **1** add more: *If the batter is too thick, add some more milk* (=dolej trochę mleka). **2 dolać komuś** *(drinka itp.)* top sb up: *Can I top you up?*

dolar *n* dollar: *This book costs ten dollars.* | *The pound has risen against* (=wzrósł w stosunku do) *the dollar.*

dolatywać *v* **dolatywać z ...** come from ...: *There were strange sounds coming from the next room.*

dolecieć *v* **dolecieć do ...** fly into ..., arrive in ..., reach ...: *We flew into London a few minutes before six.*

dolegać *v* **1 co ci dolega?** what's the matter with you? **2 co Panu/Pani dolega?** *(u lekarza)* what seems to be the trouble? **3 nic mi nie dolega** I'm all right

dolegliwość *n* ailment, complaint: *The medicine was supposed to cure all kinds of ailments.* | *minor skin complaints* (=niegroźne dolegliwości skórne)

dolewać *v* →patrz DOLAĆ

doliczyć *v* add (on): *An additional service charge of 10% will be added on to your bill.*

dolina *n* valley: *the San Fernando Valley*

dolny *adj* **1** lower: *We drove onto the lower deck* (=pokład) *of the ferry.* | *the lower jaw/lip* **2** *(półka, szuflada)* bottom: *The papers are in the bottom drawer.* | *The juice is on the bottom shelf.*

dołączyć *v* **1** attach: *You will find the invoice* (=fakturę) *attached to the box.* **2 dołączyć do kogoś** join sb: *Why don't you join us for dinner?*
dołączyć się *v* **dołączyć się do czegoś** join in sth: *Everyone joined in the conversation.*

dołeczek *n* *(w brodzie, policzku)* dimple

dołek *n* **1** hole: *The idea of the game is to hit the ball into the holes.* **2** *(depresja)* the dumps: **w dołku** down in the dumps: *I've been feeling a bit down in the dumps lately.* **3** *(najniższy punkt)* all-time low: *Profits hit an all-time low* (=osiągnęły dołek) *this month.*

dołożyć *v* **1** *(dodać)* add: *He added £20 for extra expenses.* **2 dołożyć komuś czegoś** give sb more of sth: *Can I give you some more soup?* **3 dołożyć komuś** *(zbić)* give sb a beating

dom *n* **1** *(rodzinny itp.)* home: *He left home when he was 15.* | **w domu** (at) home: *I stayed at home and watched television.* | *Hi, honey, I'm home.* | **do domu** home: *What time does Mike get home* (=wraca do domu)? | **ktoś nie ma w domu** sb is out, sb is not at home: *Mother is out right now, can I take a message?* **2** *(budynek)* house: *a four-bedroom house* | *We want to buy a piece of land and build a house.* THESAURUS HOUSE **3** *(domownicy)* house: *Be quiet or you'll wake the whole house!* **4 czuć się jak (u siebie) w domu** be/feel at home: *I'm already feeling at home in the new apartment.* | **czuj się jak u siebie w domu** make yourself at home **5 od domu do domu** door to door: *We went door to door asking people to sponsor us in the race.* **6 z domu Smith** née Smith **7 dom towarowy** department store, superstore **8 dom studencki** hall of residence *BrE*, dormitory *AmE* **9 dom dziecka** children's home: *She was brought up in a children's home.* **10 dom starców** old people's home **11 dom pogrzebowy** funeral home **12 dom wariatów** madhouse: *This office is like a madhouse.* **13 dom publiczny** brothel

UWAGA: house

Formę liczby mnogiej **houses** wymawia się haʊzɪz.

domagać się *v* **domagać się czegoś** demand sth, insist on sth: *The kidnappers were demanding a ransom* (=okupu) *of $25,000.*

domek *n* cottage: *We bought a small cottage by the sea.* THESAURUS HOUSE

domena *n* **1 domena (internetowa)** domain (name) **2 być domeną kogoś/czegoś** be sb's/sth's domain, be the domain of sb/sth: *The nursery* (=pokój dziecięcy) *was Aggie's domain.* | *Today, even rich men do not rule the law, for that is the nearly exclusive domain of mega-corporations.*

domiar *n* **na domiar złego** on top of everything/that: *On top of everything, her handbag was stolen at the airport.*

domieszka *n* **domieszka czegoś** a touch/trace of sth

dominacja *n* domination: *foreign domination*

domino *n* **1** dominoes: **grać w domino** play dominoes | **kostka domino** domino **2 efekt domina** the domino effect

dominować *v* **1** *(przeważać)* predominate: *Pine trees* (=sosny) *predominate on the west coast.* **2** *(mieć władzę)* dominate: *a society in which males dominate* **3 dominować nad czymś** dominate sth: *The statue of Lenin dominated the city for more than 50 years.*

dominujący *adj* dominant: *a dominant personality* | *Love is the dominant theme in his poetry.*

domniemany *adj* alleged, suspected: *the alleged terrorists*

domofon *n* entryphone

domowni-k/czka *n* household member —**domostwo** *n* household

domowy *adj* **1** *(obowiązki, pomoc)* domestic: *domestic duties* | *domestic help* **2 adres domowy** home address **3 zwierzęta domowe** domestic animals **4 sprzęty domowe** domestic/household appliances **5 domowej roboty** homemade: *homemade raspberry wine* | *Is this cake homemade?* **6 prace domowe** housework, household chores/tasks **7 praca domowa/zadanie domowe** homework: *Have you done your homework yet?*

UWAGA: homework i housework

Wyraz **homework** oznacza pisanie wypracowania, rozwiązywanie zadań itp., a **housework** to sprzątanie, zmywanie itp. Wyrazy te są rzeczownikami niepoliczalnymi: *Have you done (all) your homework?* | *The teacher gave us some more homework.* Mówiąc o jednym zadaniu domowym, powiemy **a homework assignment** lub **a piece of homework**.

D

domysł *n* **1 domysły** speculation: *There is some speculation* (=istnieją domysły) *that the President was aware of the situation.* **2 w domyśle** by implication: *The law bans* (=zakazuje) *organized protests and, by implication, any form of opposition.*

domyślać się *v* **domyślać się czegoś** guess at sth: *We can only guess at what caused the crash.*

domyślić się *v* think as much: *"Andy failed his driving test." "I thought as much when I saw his face."*

domyślny *adj* **domyślna czcionka/wartość itp.** default font/value etc

doniczka *n* **1** (flower)pot **2 roślina doniczkowa** potted/pot *BrE* plant

doniesienie *n* **1** *(wiadomość)* news, report: *the latest news from the war zone* | *reports from the scene of the fighting* **2** *(donos)* denunciation

donieść *v* **1 donieść o czymś/że** carry the news of sth/that: *Several evening papers carried the news that a cabinet minister was about to resign.* **2 donieść na kogoś** inform on/against sb, denounce sb: *He informed on his brother, who was later arrested for drug-dealing.* | *She eventually denounced him to the secret police.* **3 donieść czegoś** bring/get more (of) sth: *Some people have no place to sit – we'll have to get more chairs.*

donikąd *adv* nowhere: *a path that seems to lead nowhere*

doniosły *adj* momentous: *a momentous occasion*

donos *n* **1** tip-off: *Acting on an anonymous tip-off, police raided the house.* **2 złożyć donos na kogoś** inform on/against sb **3 napisać donos na kogoś** write a letter informing on sb —**donosiciel/ka** *n* informer

donosić *v* →patrz DONIEŚĆ

donośny *adj* resonant: *a resonant voice*

dookoła[1] *adv* **1** *(wszędzie)* around, about *BrE*: *People were lying around on the floor.* **2** *(w koło)* around, round *BrE*: *Water pushes the wheel around.* | *We had to go round to the back of the house.*

dookoła[2] *prep* around, round *BrE*: *The whole family were sitting around the dinner table chatting.* | *We put a fence round the garden.*

dopalacze *n* [plural] *(narkotyki)* legal highs, designer drugs

dopasować *v* **1** *(dostosować)* tailor, adjust: **dopasować coś do czegoś** tailor sth to sth: *Courses are specially tailored to the needs of each student.* **2** *(dobrać)* match (up): *Match the words on the left with the meanings on the right.*
dopasować się *v (dostosować się)* adjust: **+ do czegoś** to sth: *We're gradually adjusting to the new way of working.*

dopaść *v* **1 dopaść do kogoś** come at sb: *Meg came at me with a knife.* **2 dopaść do czegoś** grab sth: *The thief grabbed my wallet and ran.* **3 dopaść kogoś a)** *(zaatakować)* get sb, get your hands on sb: *Good luck with the diving – and mind the sharks don't get you!* | *Wait until I get my hands on her, she's borrowed my best skirt.* **b)** *(znaleźć)* get hold of sb: *I need to get hold of him quickly.*

dopatrywać się *v* **dopatrywać się czegoś** look for sth

dopatrzyć się *v* **dopatrzyć się czegoś** find sth: *He has found several similarities* (=dopatrzył się kilku podobieństw) *between the two cases.*

dopełniacz *n* genitive

dopełniać się *v* complement each other/one another: *This administration still fails to understand* (=ten rząd nadal nie rozumie) *how government and markets complement each other.* | *The tie and the jacket complement one another well.*

dopełnić *v* **1 dopełnić obowiązku** fulfil *BrE*, fulfill *AmE* your duty **2 dopełnić formalności** go through the formalities: *After going through the usual formalities, we got on the plane.*

dopełnienie *n (w gramatyce)* object, complement

dopiero *adv* **1** *(tylko, zaledwie)* just, only: *Tammy is only 11 months old* (=ma dopiero 11 miesięcy). | *It happened just a few weeks ago.* | *Congress passed the law only last year.* **2** *(nie wcześniej niż)* not until: *The next train is not until 4 o'clock* (=odjeżdża dopiero o czwartej). | **dopiero wtedy/wówczas** only then: *She heard her sister leave and only then did she open her eyes.* **3 dopiero co** (only) just: *Martin has just left.* | *No wonder she looks sleepy – she's only just got up.* **4 a co dopiero** let alone: *Davey can't even crawl yet, let alone walk!* **5 a to dopiero!** fancy (that)!

dopilnować *v* **1 dopilnować czegoś** see to sth: *My brother saw to all the funeral arrangements.* | **dopilnować, żeby ...** see to it that ..., make sure/certain that ...: *We'll see to it that he gets there safely.* | *Employers must make certain that all employees are treated fairly.* **2 nie dopilnować czegoś** neglect sth: *Four security guards were accused of neglecting their duties.*

doping *n* **1** *(kibiców)* cheers, cheering, support **2** *(niedozwolony w sporcie)* doping: *the only confirmed case* (=jedyny potwierdzony przypadek) *of doping* **3** *(zachęta)* encouragement: **+ do czegoś** to do sth: *encouragement to work harder*

dopingować *v* **1 dopingować kogoś** cheer/urge sb on: *Urged on by the crowd, the Italian team scored two more goals.* **2** →patrz też ZDOPINGOWAĆ

dopingowy *adj* **środki dopingowe** drugs

dopisać *v* **1** *(do tekstu)* add: *Should I add another paragraph to the letter?* **2 pogoda dopisała** the weather was great **3 komuś dopisuje zdrowie** sb enjoys good health **4 komuś dopisało szczęście** sb was lucky

dopisek *n* note: *Someone had written a note in the left-hand margin.*

dopłacić *v* pay extra: *You have to pay extra if you want to fly first class.* —**dopłata** *n* surcharge: *a 10% surcharge on airline tickets*

dopłynąć *v* **dopłynąć do ...** sail into ..., reach ...: *When we sailed into Dover, the boat had to be examined by mechanics.*

dopływ *n* **1** *(rzeki)* tributary **2** *(dostarczanie)* supply: *supply of oxygen to the brain | power/electricity/water supply*

dopominać się *v* **dopominać się o coś** demand sth: *Government officials demanded bribes* (=łapówki) *from us at every turn.*

dopóki *adv* **1** *(tak długo jak)* as long as: *As long as there is a need for coal* (=dopóki jest zapotrzebowanie na węgiel), *the miners will never be out of work.* **2 dopóki nie** until, till: *You'll have to wait here until the others get back* (=dopóki pozostali nie wrócą).

dopóty *adv* **dopóki ... , dopóty ...** (for) as long as ...: *As long as you live under this roof, young man, you'll do as your mother says* (=dopóty będziesz słuchał swojej matki).

dopracować *v* **dopracować coś** polish sth up, put the finishing touches on/to sth: *I must polish up my French. | Sue's just putting the finishing touches to her make-up.*

doprawdy *adv* **1** honestly: *I honestly don't know what's the best thing to do.* **2 doprawdy?** really?: *"Jay's getting married." "Really? When?"*

doprawić *v* season: *She seasoned the chicken with a few herbs and spices.*

doprowadzać *v* **doprowadzać kogoś do szału** drive sb crazy/mad: *Turn that music down, it's driving me crazy!*

doprowadzić *v* **1 doprowadzić kogoś gdzieś** take sb somewhere: *A narrow path took us down to the river.* THESAURUS CAUSE **2** *(eskortować)* escort: *Armed guards escorted the prisoners to their cells.* **3 doprowadzić gdzieś wodę/gaz** supply a place with water/gas **4 doprowadzić do czegoś** lead to sth, result in sth: *social problems that have led to an increase in the crime rate* (=do wzrostu przestępczości) *| Computerization has resulted in the gradual disappearance of many manual jobs.* **5 doprowadzić coś do końca** carry sth through: *Once he starts a project, he always carries it through.*

dopuszczać *v* →patrz DOPUŚCIĆ

dopuszczalny *adj* permissible: *maximum permissible levels of radiation*

dopuścić *v* **1 dopuścić do czegoś** let sth happen: *Surely we can't just stand back and let this happen?* **2 nie dopuścić do czegoś** stop/prevent sth: *efforts to stop the spread of AIDS* | **nie dopuścić do tego, by ktoś coś zrobił** stop sb (from) doing sth: *Lynn's parents tried to stop her seeing him.* **3 dopuścić kogoś/coś do czegoś** *(do organizacji, uczestnictwa)* admit sb/sth to sth: *The UK was admitted to the EEC in 1973.* **4 dopuścić kogoś do głosu** let sb speak: *You've had your say – now let someone else speak.* **5 dopuścić coś do użytku/publikacji itp.** accept sth for use/publication etc: *Her article was accepted for publication in 'Science' magazine.* **6 nie dopuszczać do siebie myśli, że ...** refuse to accept the fact that ...: *He refused to accept the fact that they would have to part* (=że będą musieli się rozstać). →patrz też DOPUSZCZAĆ
dopuścić się *v* **dopuścić się zdrady/przestępstwa** commit treason/a crime

dopytywać się *v* keep asking: *My aunts keep asking: "When are you going to get married?"* | **dopytywać się o kogoś/coś** ask about sb/sth: *Visitors usually ask about the history of the place.*

dorabiać *v* →patrz DOROBIĆ

dorad-ca/czyni *n* adviser, consultant

doradczy *adj* advisory: *an advisory committee*

doradzać *v* **doradzać komuś (w czymś)** advise sb (on sth): *He advises us on tax matters.* —**doradztwo** *n* consultancy

doradzić *v* **doradzić komuś** advise sb, give sb advice: *Can you give me some advice about buying a house?* | **doradzić komuś coś** advise sb to do sth: *The doctor advised me to take more exercise.*

dorastać *v* **1 dorastająca dziewczyna/córka itp.** adolescent girl/daughter etc THESAURUS LIVE **2 dorastać do 50 cm wysokości/długości** grow to 50 cm in height/length: *The male snake grows to around 2 metres in length.* →patrz też **nie dorastać komuś do pięt** (PIĘTA), →patrz też DOROSNĄĆ

doraźny *adj* short-term: *short-term political goals*

doręczyć *v* deliver: *I used to deliver newspapers when I was a kid.*

dorobek *n* **1** *(twórczość)* work: *all of the artist's work* **2 czyjś dorobek** *(dobytek)* everything sb owns/possesses, sb's worldly goods/possessions: *The fire destroyed everything he possessed.*

dorobić *v* **1** *(zarobić dodatkowo)* make money on the side: *Freelancing* (=praca na umowę-zlecenie) *can help you make a little money on the side.* **2 dorobić (sobie) klucz** get a key copied
dorobić się *v* **1** *(wzbogacić się)* make a fortune: *She made a fortune on the stock exchange* (=na giełdzie). **2 dorobić się czegoś** earn sth

doroczny *adj* annual: *the annual folk festival*

dorodny *adj* fully-grown *BrE*, full-grown *AmE*: *a fully-grown turkey*

dorosły[1] *adj* **1** *(człowiek)* adult, grown-up: *She has two grown-up sons.* **2** *(zwierzę)* adult: *an adult lion* **3** *(życie, zachowanie)* adult: *an adult view of the world* —**dorosłość** *n* adult life, adulthood

dorosły[2] *n* **1** adult, grown-up: *Some children find it difficult* (=niektórym dzieciom trudno jest) *to talk to adults. | Ask a grown-up to help you.* **2 film/czasopismo itp. dla dorosłych** adult movie/magazine etc

UWAGA: adult

Nie mówi się „adult people". Mówi się po prostu **adults**.

dorosnąć *v* **1** *(osiągnąć dorosłość)* grow up: *What do you want to be when you grow up?* **2** *(osiągnąć odpowiedni wiek)* be old enough: *As soon as the children were old enough they were sent to boarding school.* | **dorosnąć do czegoś** be old enough to do sth: *Liz's parents feel she isn't old enough to leave home.* **3 nie dorosnąć do czegoś** *(nie sprostać)* fall short of sth: *I'm afraid the results fell short of our expectations.*

dorożka *n* hackney carriage, cab

dorównywać *v* **1 dorównywać komuś/czemuś** match up to sb/sth, compare with sb/sth, rival sb/sth: *The CD didn't match up to the band's live performance. | Nothing compares with the taste of good home cooking. | The college has sports facilities that rival those of Yale or Harvard.* **2 nie**

D

dorównywać komuś/czemuś be no match for sb/sth: *Our team was no match for theirs.*

dorsz *n* cod

dorwać *v* **1 dorwać kogoś** *(znaleźć)* get hold of sb: *I need to get hold of him quickly.* **2 dorwać kogoś (w swoje ręce)** get your hands on sb: *Wait until I get my hands on her, she's borrowed my best skirt.*
dorwać się *v* **1 dorwać się do czegoś** get your hands on sth: *They all want to get their hands on my money.* **2 dorwać się do władzy** seize power

dorywczy *adj* **praca dorywcza** odd jobs

dorzecze *n* basin: *the Amazon basin*

dorzucić *v* add: *"And I don't care what you think," she added.*

dosadny *adj (język)* blunt —**dosadnie** *adv* bluntly

D

dosiąść *v* **dosiąść konia** mount a horse: *She mounted the horse and rode off.*

dosięgnąć *v* **1 dosięgnąć czegoś** (be able to) reach sth, (can) reach sth: *Even when I stood on tiptoe I couldn't reach the top shelf.* **2 kogoś dosięgła śmierć/kara** sb died/was punished

doskonale *adv* **1** *(z przymiotnikiem)* perfectly: *The vase was a perfectly preserved* (=zachowany) *object.* **2** *(z czasownikiem)* perfectly well: *You know perfectly well what I mean.* **3 doskonale!** great!, excellent!

doskonalić *v* perfect, improve: *The coach helps players to perfect their skills.*

doskonałość *n* perfection: *She tries to achieve perfection in her work.*

doskonały *adj* perfect, excellent: *The car is in perfect condition* (=w doskonałym stanie). | *You need perfect eyesight to be a pilot.* THESAURUS ▸ GOOD

dosłownie *adv* **1** literally: *She was literally shaking with fear.* | *'Vino di tavola' literally means 'table wine'.* **2 nie dosłownie** not in so many words: *"So Dad said he'd pay for it?" "Not in so many words."*

dosłowny *adj* **1** literal: *a literal translation of the text* **2 w dosłownym tego słowa znaczeniu** in the literal sense (of the word): *A trade war is not a war in the literal sense.*

dosłyszeć *v* **nie dosłyszeć czegoś** not catch sth: *I'm sorry, I didn't catch your name.* THESAURUS ▸ HEAR

dostać *v* **1** get: *I didn't get your letter.* | *Did you get the job?* | **dostać coś od kogoś** get sth from sb: *How much money did you get from grandma?* THESAURUS ▸ GET **2 dostać coś w swoje ręce** lay (your) hands on sth: *I wish I could lay my hands on that book.* **3 dostać kogoś w swoje ręce** get your hands on sb: *Wait until I get my hands on her, she's borrowed my best skirt.*
dostać się *v* **1 dostać się dokądś** get into/to a place: *How did he manage to get into their house?* **2 dostać się w czyjeś ręce** get caught by sb

dostarczyć *v* deliver: *Could you deliver this letter to the accounts department?*

dostatecznie *adv* **1** *(wystarczająco)* sufficiently: *The report is not sufficiently detailed to give us all the information we need.* | **dostatecznie duży/długi itp.** big/long etc enough, sufficiently big/long etc: *This bag isn't big enough to hold all my stuff.* **2** *(zadowalająco)* satisfactorily: *Mr Cobb just didn't answer the question satisfactorily.*

dostateczny[1] *adj* **1** *(wystarczający)* sufficient: *The police do not have sufficient evidence.* **2** *(zadowalający)* satisfactory: *a satisfactory result* | *The students are not making satisfactory progress.*

dostateczny[2] *n (ocena)* C: *Terry got a C in biology.*

dostatek *n* **1** *(dobrobyt)* affluence **2 czegoś jest pod dostatkiem** there is plenty of sth: *There's plenty of food for everybody.*

dostatni *adj* affluent: *affluent suburbs of Paris*

dostawa *n* delivery, consignment: *free delivery for any pizza over $10* | *a new consignment of toys*

dostawać *v* →patrz DOSTAĆ THESAURUS ▸ EARN

dostawca *n* supplier: *Libya is Italy's largest supplier of oil.*

dostawczy *adj* **samochód dostawczy** delivery van

dostąpić *v* **dostąpić zaszczytu czegoś** have the honour *BrE*, honor *AmE* of doing sth: *I had the honour of meeting the Duke of Edinburgh.*

dostęp *n* access: *free access to all the documents* | **mieć dostęp do kogoś/czegoś** have access to sb/sth: *Students need to have access to the Internet.*

dostępność *n (towaru, usługi)* availability: *We want to increase the availability of health insurance to working families.*

dostępny *adj* **1** *(towar, osoba)* available: *'The Lion King' is available now on video for only £12.99.* | *Dr Wright is not available at the moment.* **2** *(miejsce, informacja)* accessible: *The national park is not accessible by road.* | *the wide range of information that is accessible on the Internet*

dostojeństwo *n* dignity

dostojnik *n* dignitary: *foreign dignitaries*

dostojny *adj* dignified: *a dignified old gentleman*

dostosować *v* **1 dostosować coś do czegoś** adapt sth to sth: *The car's engine has been adapted to take unleaded fuel.* **2 być dostosowanym do czegoś** conform to sth: *Seatbelts must conform to official safety standards.*
dostosować się *v* **dostosować się do czegoś** adapt/adjust to sth: *Old people find it hard* (=starszym ludziom jest trudno) *to adapt to life in a foreign country.* | *We're gradually adjusting to the new way of working.*

dostrzec *v* **1 dostrzec kogoś/coś** catch sight of sb/sth, spot sb/sth: *We caught sight of Henry as we turned the corner.* | *His talent was spotted at an early age.* **2 dostrzec, że ...** notice (that) ...: *Max noticed that I was getting nervous.*

dostrzegać *v (zauważać)* recognize, notice: *They never recognized her talent until it was too late.* →patrz też DOSTRZEC

dostrzegalny *adj* noticeable: *There's been a noticeable improvement in your work.*

dosyć *adv* →patrz DOŚĆ

doszczętnie *adv* completely: *The building was completely destroyed by fire.*

doszukać się *v* **doszukać się czegoś** find sth

doszukiwać się *v* **doszukiwać się czegoś** look for sth: *You are always looking for problems where there are none* (=doszukujesz się problemów tam, gdzie ich nie ma).

dość *adv* **1** *(wystarczająco dużo)* enough: *There's enough food for everyone.* | *Do we have enough time?* **2** *(całkiem)* fairly, pretty, quite *BrE*: *a fairly large garden* | *She speaks English fairly well.* | *The car was going pretty fast when it went off the road.* | *She's quite tall for her age.* **3** *(raczej)* fairly, pretty, rather *BrE*: *Today's meeting should be fairly short.* | *Life on the farm was pretty tough.* | *It's rather cold today.* THESAURUS RATHER **4 mieć czegoś dość** have had enough of sth, be fed up with sth, be sick (and tired) of sth: *I've had enough of the neighbours' noise.* | *She was fed up with being treated like a servant.* | *I'm sick and tired of all this arguing.* | **mam tego dość!** I've had it! **5 nie dość, że trzeba coś robić, to jeszcze ...** it is bad/hard enough doing sth without ...: *It was bad enough having to drive for eight hours, without it raining too* (=nie dość, że musiałem prowadzić przez osiem godzin, to jeszcze cały czas lało).

doświadczać *v* → patrz DOŚWIADCZYĆ

doświadczalny *adj* **1** experimental: *experimental data/techniques* **2 poligon doświadczalny** testing ground: *Latin America has become a testing ground for new business ideas.* **3 pilot doświadczalny** test pilot **4 królik doświadczalny** guinea pig: *Students are complaining that they are being used as guinea pigs for the new maths syllabus.* —**doświadczalnie** *adv* experimentally

doświadczenie *n* **1** *(wiedza, umiejętności)* experience: **mieć doświadczenie w czymś** have experience in sth: *Do you have any experience in marketing?* | **doświadczenie mówi/pokazuje (nam), że ...** experience shows that ...: *Experience shows that staff respond very well to a more consultative approach.* | **pracownik z doświadczeniem** experienced worker | **brak doświadczenia** inexperience, lack of experience: *youthful inexperience* | *He didn't get the post, due to lack of experience.* **2** *(przeżycia)* experience: **z mojego doświadczenia wynika, że ...** in my experience, ...: *In my experience, these things never last very long.* | **z własnego doświadczenia** from bitter experience: *Rita knew from bitter experience not to rely on* (=że nie może polegać na) *Martin in a crisis.* **3** *(eksperyment)* experiment: *They are campaigning against experiments on live animals.* | **robić doświadczenia** do experiments: *They are doing experiments to learn more about the effects of alcohol on the brain.* | **przeprowadzić doświadczenie** carry out an experiment: *unofficial experiments carried out in secret laboratories*

doświadczony *adj* experienced: *a very experienced pilot*

doświadczyć *v* **doświadczyć czegoś** experience sth: *She experienced a lot of problems with her first child.*

dotacja *n* grant, subsidy

dotąd *adv* **1** *(do tej pory)* so far, until now, up till now: *We haven't had any problems so far.* | *Until now, our generation only knew war as an abstraction.* | *This is her first serious novel; up till now she has only written political satires.* | **jak dotąd** as yet: *The government has not as yet decided how to deal with the problem.* **2** *(do tego miejsca)* to here: *"I want to plant flowers from here to here," she indicated with her hands.*

dotkliwie *adv* **1** *(pobić, zranić)* severely, badly: *Mrs Clegg was severely beaten and robbed of all her possessions.* **2** *(odczuwać)* painfully: *I am painfully aware of the criticism that has been directed against me.*

dotkliwy *adj* **1** *(ból, kara)* severe: *I think there should be more severe punishment for drunk drivers.* **2** *(chłód)* bitter: *Their summer clothes were no protection against the bitter cold.* **3** *(porażka)* bitter, crushing: *The Democrats suffered a crushing defeat in last month's elections.* THESAURUS SERIOUS

dotknąć *v* **1 dotknąć kogoś/coś (ręką/palcem)** touch sb/sth (with your hand/finger): *He gently touched her hand and smiled.* | *She touched the flower with the tip of her finger.* | *I swear I didn't touch him!* **2** *(żeby sprawdzić temperaturę itp.)* feel: *Feel my forehead. Does it seem hot?* **3 dotknąć kogoś** *(skrzywdzić)* hurt sb's feelings: *I'm sorry, I didn't mean* (=nie miałem zamiaru) *to hurt your feelings.* **4** *(klęska żywiołowa)* hit, affect, afflict: *In 1977, the area was hit by massive floods.* | *Help is being sent to areas affected by the floods.* | *a country afflicted by famine* —**dotknięcie** *n* touch: *Rita felt the touch of his hand on her arm.*

dotować *v* subsidize, subsidise *BrE*: *housing subsidized by the government*

dotrwać *v* **dotrwać do czegoś** last till sth: *I didn't think I would last till the end of the performance.*

dotrzeć *v* **1 dotrzeć do kogoś/czegoś** *(przesyłka)* reach sb/sth: *It took four days for the letter to reach me.* **2 dotrzeć do Londynu/Warszawy itp.** *(podróżny)* arrive in London/Warsaw etc **3 dotrzeć do informacji/faktów itp.** get at the information/facts etc: *They're prepared to use any means possible to get at the truth.*

dotrzymać *v* **dotrzymać obietnicy/terminu spotkania itp.** keep a promise/an appointment etc: *How do I know* (=skąd mam wiedzieć, czy) *you'll keep your word?* | **nie dotrzymać słowa/obietnicy** go back on your word/promise: *You can rely on Sarah; she won't go back on her word.* → patrz też **dotrzymywać komuś towarzystwa** (TOWARZYSTWO)

dotychczas *adv* so far, until now, up till now: *We haven't had any problems so far.* | *Until now, our generation only knew war as an abstraction.* | *This is her first serious novel; up till now she has only written political satires.* | **jak dotychczas** as yet: *The government has not as yet decided how to deal with the problem.*

dotychczasowy *adj* **1 dotychczasowe doświadczenia/życie itp.** past experience/life etc: *He has learned a lot from past experience.* | *Past winners of the award have included* (=wśród dotychczasowych zdobywców tej nagrody byli) *a farmer, a housewife and an engineer.* **2 dotychczasowy prezydent/premier itp.** outgoing president/prime minister etc

dotyczyć *v* **1 dotyczyć kogoś/czegoś a)** concern/involve sb/sth: *What we are planning doesn't concern you.* | *These changes will involve everyone on the staff.* **b)** *(reguła itp.)* apply to sb/sth: *The 20% discount* (=rabat) *only applies to club members.* **c)** *(stwierdzenie itp.)* be true of sb/sth, apply to sb/sth: *Babies need a lot of sleep and this is particularly true of newborns.* **2 nie dotyczyć kogoś/czegoś** have/be nothing to do with sb/sth: *What I said to Joe has nothing to do with you.*

dotyk *n* **1** *(zmysł)* touch: *Visually impaired people* (=osoby niewidome) *orient themselves by touch.* **2** *(wrażenie, uczucie)* touch, feel: *She longed for* (=tęskniła za) *his touch.* | *the feel of sand under our feet* | **być miękkim/ciepłym itp. w dotyku** be soft/warm etc to the touch, feel soft/warm etc: *The frog's skin was cold to the touch.* | *Your forehead feels very hot - let's check your temperature.*

dotykowy *adj* **ekran dotykowy** touch screen

doustny *adj* oral: *oral contraceptives* (=środki antykoncepcyjne) —**doustnie** *adv* orally: *This medicine is to be taken orally.*

dowcip *n* joke: *Do you know any good jokes?* | **opowiedzieć dowcip** tell a joke: *Ed loves telling jokes.*

dowcipny *adj* **1** *(człowiek)* witty: *an intelligent, witty woman* **2** *(opowiadanie itp.)* witty, humorous: *a witty remark* | *a humorous account of* (=relacja z) *her trip to Egypt* THESAURUS FUNNY

D

dowiadywać się *v* →patrz DOWIEDZIEĆ SIĘ

dowiedzieć się *v* find out, learn: *We never found out her name* (=jak się nazywała). | **+o czymś** about sth: *If Dad finds out about this, he'll go crazy.* | *We only learned about the accident later.* | **+co/jak/gdzie itp.** what/how/where etc: *We must find out what the problem is.* | **+że ...** (that) ...: *I was surprised to learn that Jack had left college* (=rzucił studia).

dowierzać *v* **nie dowierzać komuś/czemuś** distrust sb/sth: *Meg had always distrusted banks.*

dowieść *v* **dowieść czegoś** prove sth: *She felt that now was the time to prove her brother's innocence.* →patrz też DOWODZIĆ

dowodowy *adj* **materiał dowodowy** evidence: *The evidence was presented to the court by Connor's lawyer.*

dowodzić *v* **1** *(sprawować dowództwo)* be in command: *Who is in command here?* | **dowodzić oddziałem/armią itp.** command a unit/an army etc: *Admiral Douglas commands a fleet of 200 ships in the Pacific.* **2 dowodzić, że ...** *(świadczyć)* demonstrate/indicate that ...: *The survey* (=ankieta) *demonstrates that fewer college graduates are finding jobs.* →patrz też DOWIEŚĆ

D

dowolnie *adv* **1** *(bez ograniczeń)* arbitrarily: *an arbitrarily selected colour* **2 dowolnie długo/dużo** as long/much as you like: *Come and stay with us as long as you like.*

dowolny *adj* **1** *(jakikolwiek)* any: *students of any age* (=w dowolnym wieku) | *free delivery for any pizza over $10* **2 styl dowolny** freestyle: *the 100m freestyle* (=sto metrów stylem dowolnym)

dowód *n* **1** proof: **+na coś** of sth: *proof of his honesty* | **+na to, że ...** that ...: *You've got no real proof that he's having an affair* (=na to, że ma romans). **2 dowody** evidence: *What evidence do you have to support your theory?* | *scientists looking for evidence of life* (=na istnienie życia) *on other planets* | *There is evidence that* (=na to, że) *the drug may be harmful to pregnant women.* **3** *(część materiału dowodowego)* piece of evidence: *One vital piece of evidence is missing – the murder weapon.* **4 być dowodem na to, że ...** be evidence that ..., show that ...: *Journalists argue that being attacked by both sides is evidence that their coverage is fair* (=że ich relacje są obiektywne). | *His letter showed that he was still in love with her.* **5 w dowód uznania za coś** in recognition of sth: *Horne was given an award in recognition of services to the city.* **6 na/jako dowód czegoś** as a token of sth: *He had given her the ring as a token of his love.* **7 dowód (osobisty)** ID (card): *The policeman got very annoyed and asked to see my ID.* **8 dowód tożsamości** proof of identity, identification: *It's interesting they never asked you for proof of identity.* | *You need some identification to travel across the border.*

dowódca *n* commander: *the tank commander* (=dowódca czołgu) | *The commander's orders must be obeyed at all times.* | **naczelny dowódca** supreme commander: *the Supreme Commander of the UN forces*

dowództwo *n* **1** *(dowodzenie)* command: *The captain was unwilling to hand over* (=przekazać) *the command of his ship.* | **objąć/przejąć dowództwo** take command: *Who will take command while you are away?* | **pod czyimś dowództwem** under sb's command, under the command of sb: *The town was captured by Italian forces under the command of General Ciano.* **2** *(zespół oficerów)* command: **naczelne dowództwo** high command: *the German High Command* **3** *(centrum dowodzenia)* headquarters

doza *n* **1** amount: *a certain amount of humour* **2 z dużą dozą prawdopodobieństwa** in all probability: *In all probability the motive for the crime was money.*

dozgonny *adj* undying: *undying love*

doznać *v* **1 doznać uczucia czegoś** experience a feeling/sense of sth: *When you first tried a cigarette, you probably experienced a feeling of dizziness.* **2 doznać szoku** get a shock: *She got a shock when she opened the letter and saw who it was from.* **3 doznać obrażeń/urazu/kontuzji** sustain an injury: *The goalkeeper sustained an injury early in the game.*

doznanie *n* experience: *Being pregnant was not a pleasant experience.*

dozor-ca/czyni *n* **1** *(domu)* caretaker *BrE*, janitor *AmE* **2** *(w muzeum itp.)* custodian **3** *(w zoo)* zookeeper

dozownik *n* dispenser: *a soap dispenser*

dozwolony *adj* **1** *(nie zabroniony)* permitted: *Smoking is only permitted in the public lounge.* **2** *(dopuszczalny)* permissible: *maximum permissible levels of radiation* **3 filmy dozwolone od lat osiemnastu** X-rated movies

dożyć *v* **1 dożyć czegoś** live to see sth: *I never thought I'd live to see the day when women became priests.* **2 dożyć sześćdziesięciu/stu itp. lat** live to be sixty/a hundred (years old): *He's got such an unhealthy lifestyle – he won't live to be thirty.* **3 dożyć sędziwego wieku** live to a great age: *Agnes survived the accident and went on to live to a great age.*

dożylny *adj* intravenous: *an intravenous injection* —**dożylnie** *adv* intravenously

dożywocie *n* life (imprisonment): *He was sentenced to* (=został skazany na) *life imprisonment for the murder.*

dożywotni *adj* **1 dożywotnie więzienie** life imprisonment **2 dożywotni tytuł szlachecki** life peerage

dół *n* **1** *(w ziemi)* hole (in the ground), pit: *We'll just dig a big hole in the ground and bury the box in it.* | *They found a large pit where all the rubbish had been thrown.* **2** *(dolna część)* bottom: **na dole (czegoś)** at the bottom (of sth): *Sign your name at the bottom of the page.* **3 w/na dół** down: *The elevator is going down.* **4 z dołu** from below: *From below the skyscraper looked as if it touched the clouds.* **5** *(niższe piętro)* downstairs: *I heard a strange noise from downstairs.* | **na dole** downstairs: *Why don't you wait for me downstairs?* | *I could smell bacon frying in the kitchen downstairs.* | **na dół** downstairs: *Run downstairs and answer the door.* **6 w dół zbocza** downhill, down the hill: *We ran down the hill.* **7 w dół rzeki** downstream, down the river: *a boat drifting downstream* **8 ceny idą w dół** prices are going/coming down: *Wait until prices come down before you buy.*

dr *abbr* Dr: *Dr Joanna Miles*

drabina *n* ladder, *(składana)* stepladder: **wejść na drabinę** climb (up) the ladder: *He refused to climb the ladder because of his fear of heights* (=z powodu lęku wysokości). —**drabinka** *n* stepladder

dramat *n* drama: *Elizabethan drama*

dramatopisa-rz/rka *n* playwright: *Ben Jonson was a 17th-century playwright.*

dramaturg *n* playwright

dramatyczny *adj* dramatic: *Miller's dramatic works* (=utwory dramatyczne) | *Tristan threw up his hands in a dramatic gesture.* —**dramatycznie** *adv* dramatically: *Their plans have come to fruition* (=ich plany zaowocowały) *rather more dramatically than expected.*

dramatyzować *v* dramatize, dramatise *BrE*: *Do you always have to dramatize everything?* | *dramatizing novels for TV*

drań *n* bastard

drapacz *n* **drapacz chmur** skyscraper: *New York's skyscrapers*

drapać *v* scratch: *Try not to scratch those mosquito bites.* | *Does the cat scratch?* | **+ w coś** at sth: *My dog scratches at the door when she wants to come in.*
drapać się *v* **drapać się w głowę** scratch your head: *He sat thinking, scratching his head.*

drapieżnik *n* predator: *Some predators hunt alone, others in groups.*

drapieżny *adj* predatory: *a predatory look* | **ptaki/zwierzęta drapieżne** birds/beasts of prey

drastyczny *adj* **1** *(środki, zmiany)* drastic: *The President promised drastic changes in health care.* **2** *(wzrost, spadek)* dramatic: *There has been a dramatic increase in homelessness over the last few years.* **3** *(opis, scena)* graphic: *a graphic account of the accident* —**drastycznie** *adv* drastically, dramatically: *Prices have been drastically reduced.* | *Car sales fell back dramatically* (=liczba sprzedanych samochodów spadła drastycznie) *in the second half of the year.*

drażliwy *adj* **1** *(człowiek)* irritable, touchy: *He's always irritable in the morning.* | *You've been very touchy lately - what's wrong?* **2** *(temat, kwestia)* touchy: *The presence of U.S. troops there has been a touchy issue for years.* —**drażliwość** *n* irritability

drażnić *v* **1** *(podrażniać)* irritate: *Wool irritates my skin.* **2** *(denerwować)* annoy, irritate: *Her constant complaining was beginning to annoy me.* **3** *(dokuczać)* tease: *The other boys all teased him because he was fat.*

drążek *n* **1** *(dźwignia)* lever: *You need to pull this lever to start the machine.* **2 drążek sterowy** joystick

drążyć *v* **1** *(tunel)* bore **2** *(skałę)* bore through: *To build the tunnel they had to bore through solid rock.* →patrz też WYDRĄŻYĆ

drenaż *n* **1** drainage **2 drenaż mózgów** brain drain

dreptać *v* **1** scuttle: *I saw Miss Rawlings scuttling down the corridor.* **2 dreptać w miejscu** go round in circles: *We're just going round in circles.*

dres *n* tracksuit *BrE*, sweat suit *AmE*

UWAGA: dres i dress

Angielski rzeczownik **dress** nie oznacza „dresu", tylko „sukienkę" albo ogólnie „strój".

dreszcz *n* **1** shiver, shudder: *A shiver ran down my spine* (=przeszedł mi po plecach). | *She felt a sudden shudder of fear run over her.* **2 mieć dreszcze** be shivering, be/feel shivery: *You're shivering! Have you seen a doctor?* | *He felt shivery and nauseous* (=miał dreszcze i mdłości).

dreszczowiec *n* thriller

dreszczyk *n* thrill: *the thrill of driving a fast car*

drewniaki *n* clogs: *a pair of clogs*

drewniany *adj* wooden: *a wooden house*

drewno *n* **1** wood: *All the furniture is made of wood.* | *Pine* (=sosna) *is a soft wood.* **2** *(budowlane)* timber *BrE*, lumber *AmE*

dręczyć *v* **1** torment: *My older sister loved to torment me.* | *Jealousy, fear, and suspicion tormented Harriet.* **2 kogoś dręczą wątpliwości/koszmary itp.** sb is tormented/tortured by doubt/nightmares etc **3 kogoś dręczy pytanie, jak/czy itp ...** sb is tormented by the question of/if etc ...

drgać *v* **1** *(struna)* vibrate: *The vocal chords* (=struny głosowe) *vibrate as air passes over them.* **2** *(mięsień, powieka)* twitch: *My eyelid won't stop twitching.* —**drganie** *n* vibration

drgawki *n* convulsions: *His temperature was very high and he went into convulsions* (=dostał drgawek).

drgnąć *v* *(poruszyć się)* stir: *As I entered the room she stirred slightly, then went back to sleep.* | **ktoś/coś ani drgnie** sb/sth won't budge: *The car won't budge.* →patrz też DRGAĆ

drink *n* drink: *I'm going to my friend's for a drink and a chat.* | *Can I buy you a drink?*

drobiazg *n* **1 drobiazgi** odds and ends: *He didn't keep much in his desk - just odds and ends.* **2 to drobiazg (w porównaniu z czymś)** it's a (mere) trifle (compared with sth): *My father's broken toe was a mere trifle compared with my injuries.* **3 (ależ) to drobiazg!** it's nothing!: *"Thanks, it's very kind of you." "It's nothing!"* | *"I'm afraid I've broken the chair." "It's nothing, I can easily get it fixed."*

drobiazgowy *adj* meticulous: *a meticulous manager* | *meticulous records* (=dokumentacja) —**drobiazgowo** *adv* meticulously

drobina *n* particle: *dust particles/particles of dust* THESAURUS PIECE

drobiowy *adj* poultry: *poultry products*

drobne *n* (small) change: *Do you have any change for the parking meter?* | *The clerk handed him £3 in change* (=drobnymi). THESAURUS MONEY

drobno *adv* finely: *finely chopped onion*

drobnoustrój *n* microorganism

drobny *adj* **1** *(człowiek, zwierzę)* tiny: *thousands of tiny fish* **2** *(piasek, krople)* fine: *fine rain* **3** *(zmiana, poprawka)* minor: *We made a few minor changes to the plan.* THESAURUS UNIMPORTANT **4 drobne wykroczenie** misdemeanour *BrE*, misdemeanor *AmE* **5 drobny druk** small/fine print: *The words were in small print and I couldn't quite make them out.*

droga *n* **1** *(szlak komunikacyjny)* road: *They're building a new road around the city centre.* THESAURUS ROAD **2** *(trasa)* way: *Could you tell me the way to the station?* | **po drodze** on your way: *Could Helen get some milk on her way back home from work?* **3 w drogę!** off we go! **4 szczęśliwej drogi!** have a safe trip! **5 być w drodze a)** *(podróżować)* be on the road: *We've been on the road since 7:00 a.m.* **b)** *(zdążać w jakimś kierunku)* be on your way: *The taxi is on its way.* **6 na (dobrej) drodze do czegoś** (well) on the road to sth: *We are already on the road to economic recovery.* **7 stać (komuś) na drodze** be in the/sb's way: *There's a car in the way and I can't get out of the garage.* | *Jack tried to enter the room, but Mr Bloom was in his way.* **8 zejść z drogi** get/move out of the way: *Tom gestured for me to move out of the way.* | **zejść komuś z drogi** get/move etc out of sb's way: *I steered my bike out of her way.* | **z drogi!** (get) out of the way! **9 schodzić komuś z drogi** *(unikać)* keep/stay out of sb's way: *She's in a funny mood today - I'd stay out of her way.* **10 w połowie drogi** halfway: *Halfway up the mountain we stopped to have a rest.* | *We'll stop halfway, and I'll take over the driving.* **11 swoją drogą** by the way: *By the way, that was the best part of the whole trip.* **12 sprowadzić kogoś**

na złą drogę lead sb astray: *Mom worried that I'd be led astray by the older girls.* **13 nie tędy droga** that's not the way **14 drogi oddechowe** airways, respiratory tract: **drogi moczowe** urinary tract

drogeria *n* chemist's *BrE*, drugstore *AmE*

drogi *adj* **1** *(kosztowny)* expensive, dear *BrE*: *an expensive suit* | *Those strawberries look a bit dear.* **2** *(bliski)* dear, beloved: *a dear friend* | *my beloved wife, Fiona* **3 Drogi ... ,** *(nagłówek listu)* Dear ... ,: *Dear Dr Ward, ...* | **Drogi Panie/Droga Pani** Dear Sir/Madam **4 mój drogi** (my) dear: *All right, my dear, I'll see you tomorrow.*

expensive/cheap

an expensive sports car

a cheaper city car

drogocenny *adj* precious: *a precious stone* | *A number of precious objects were stolen.* THESAURUS VALUABLE

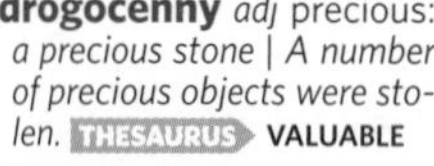

drogowskaz *n* signpost, sign

drogowy *adj* **1** road: *road transport* | *a road accident* **2 ruch drogowy** traffic **3 kodeks drogowy** rules of the road, Highway Code *BrE* **4 podatek drogowy** vehicle tax **5 kontrola drogowa** traffic patrol **6 roboty drogowe** roadworks *BrE*, roadwork *AmE* **7 znak drogowy** road sign **8 pomoc drogowa** breakdown service *BrE*, emergency road service *AmE*

drogówka *n* traffic police

drozd *n* thrush

drożdże *n* yeast

drożeć *v* go up, become more expensive: *I see cigarettes are going up again.*

droższy *adj* →patrz DROGI

drób *n* poultry

dróżka *n* **1** *(leśna)* path: *a path through the woods* THESAURUS ROAD **2** *(wiejska)* lane: *a dusty lane leading to some cottages*

druciany *adj* wire: *a wire fence*

drugi *adj* **1** *(z kolei)* second: *He's just scored his second goal.* | *Joanna is in her second year at university.* | **po raz drugi** (for) the second time: *Police clashed with demonstrators for the second time in a week.* | *The second time I saw him, Martin looked very different.* **2** *(z dwóch)* the other: *Here is one sock, where is the other one?* | **druga strona czegoś** the other side of sth: *I could hear voices coming from the other side of the wall.* | **po drugiej stronie** on the other side: *There is a bookstore on the other side of the road.* | **w drugą stronę** the other way/direction: *She thought it unusual that all the traffic was going the other way.* | **na drugim końcu** on the other end/side: *My car broke down on the other side of town.* | *the woman on the other end of the phone* **3 o (godzinie) drugiej** at two (o'clock): *The game begins at two.* **4 co drugi dzień/tydzień itp.** every other day/week etc, alternate days/weeks etc: *Her husband cooks dinner every other day.* | *My ex-husband has the children alternate weekends.* **5 na drugi dzień** the following day: *The following day she woke up with a terrible headache.* **6 druga klasa a)** *(w pociągu)* second class: *Are you travelling first or second class?* | *a second-class ticket* **b)** *(w szkole)* second form *BrE* /grade *AmE*: *We stopped doing Art* (=wychowanie plastyczne) *in the fourth form.* **7 z drugiej strony** on the other hand, then again: *On the one hand, they work slowly, but on the other hand they always finish the job.* | *You feel sorry for him, but then again it's hard to like him.* **8 jeden po drugim** one after the other, one after another: *The children went downstairs, one after the other.* | *There were three explosions, one after another.* **9 po drugie** secondly, second, in the second place: *First we must establish* (=ustalić) *exactly what happened. Secondly, we must try to find out why.* | *Firstly the church is a place of worship and second, it is somewhere the community can congregate.* | *Well, in the first place, I can't afford it, and in the second place I'm not really interested.* **10 z drugiej ręki** second-hand: *I was abroad at the time, so I got the news second-hand.* **11 drugie miejsce** second place: **na drugim miejscu** in second place | **zająć drugie miejsce** come/finish second, finish in second place: *She was disappointed to only come second.* | *The horse I was betting on* (=na którego stawiałem) *finished in second place.* **12 drugi człowiek** our fellow man: *We must all help our fellow man.* →patrz też **drugie śniadanie** (ŚNIADANIE), **druga wojna światowa** (WOJNA)

drugoplanowy *adj* **aktor/ka drugoplanow-y/a** supporting actor: *She was awarded an Oscar for Best Supporting Actress.*

drugorzędny *adj* secondary: *a matter of secondary importance*

druhna *n* **1** *(na ślubie)* bridesmaid **2** *(harcerka)* girl scout, girl guide *BrE*

druk *n* **1** *(pismo)* print: *I can't read small print without my glasses.* **2** *(drukowanie)* printing **3 iść do druku** go to press: *The May issue* (=majowy numer) *was ready to go to press when the magazine closed down.* **4 ukazać się drukiem** appear in print: *Her last novel appeared in print shortly after her death.*

drukarka *n* printer: **drukarka laserowa/atramentowa/igłowa** laser/ink-jet/dot-matrix printer

drukarnia *n* printing company/business

drukarski *adj* **1 błąd drukarski** misprint **2 prasa drukarska** printing press

drukarz *n* printer

drukować *n* print: *We're printing 10,000 copies of his new book.* →patrz też WYDRUKOWAĆ

drukowany *adj* **drukowanymi literami** in block capitals/letters

drut *n* **1** wire **2** *(do robót ręcznych)* knitting needle: **robić (coś) na drutach** knit (sth): *She spent countless hours knitting by the fire.* | *I'm knitting a sweater for Dad.* **3 drut kolczasty** barbed wire

druzgocący *adj* **1** *(zwycięstwo, porażka)* crushing: *a crushing victory in game seventeen* | *The Democrats suffered a crushing defeat in last month's election.* **2** *(krytyka)* devastating: *a devastating critique of the government's economic policy*

drużba *n* *(na ślubie)* best man: *Tony has asked me to be best man.*

drużyna *n* team: *Which is your favourite football team?*

UWAGA: team

W brytyjskiej angielszczyźnie rzeczownik **team** łączy się z czasownikiem w liczbie mnogiej lub pojedynczej: *Our team are/is wearing red.* W amerykańskiej angielszczyźnie czasownik łączący się z **team** występuje wyłącznie w liczbie pojedynczej.

drwal *n* woodcutter, lumberjack

drwić *v* **drwić z kogoś/czegoś** sneer at sb/sth: *Ned always sneered at the type of people who went to the opera.* —**drwina** *n* mockery: *Seeing the mockery in Johnny's eyes, Claire's cheeks flamed.*

dryfować *v* drift: *The boat drifted down the river.* —**dryf** *n* drift

drzazga *n* splinter: *I've got a splinter in my finger.*

drzeć *v* tear (up), rip: *Did you actually see him tearing up Linda's letters?* | *Jill's kitten is ripping her sofa to shreds* (=na strzępy).
drzeć się *v* **1** *(materiał, papier itp.)* tear: *When paper is wet, it tears easily.* **2** *(wrzeszczeć)* yell: *It was so embarrassing - he started yelling at his wife.* → patrz też PODRZEĆ, ROZEDRZEĆ

drzemać *v* doze, nap, snooze: *Graham dozed for an hour.* | *Dad was snoozing in a deckchair* (=na leżaku). THESAURUS SLEEP —**drzemka** *n* nap, snooze

drzewko *n* **1** *(małe drzewo)* tree **2** *(sadzonka)* seedling

drzewny *adj* → patrz **węgiel drzewny** (WĘGIEL)

drzewo *n* **1** tree: *Children love to climb trees* (=wchodzić na drzewa). **2 drzewo genealogiczne** family tree

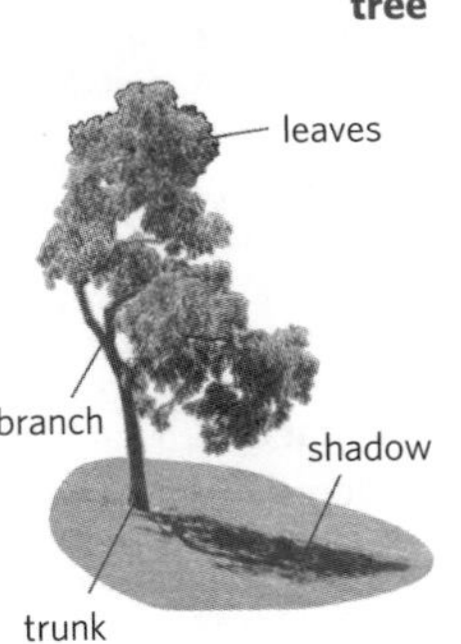

drzwi *n* door: *Will you shut the door, please.* | *I'll lock the back door on my way out* (=gdy będę wychodzić). | **przez drzwi** out of the door, through the door: *Lisa ran through the door into the garden.* | **w drzwiach** at the door: *You have to show your ticket at the door.* | **pukać do drzwi** knock on/at the door: *There's someone knocking at the front door.* | **ktoś jest za drzwiami** sb is at the door: *Can you see who's at the door?* | **drzwi obrotowe** revolving door | **drzwi przesuwne/rozsuwane** sliding door

drzwiczki *n* door: *The cupboard door keeps sticking* (=ciągle się zacinają). | *The bullet went right through the car door.*

drżący *adj* shaky: *a shaky voice*

drżeć *v* **1** *(z nerwów, podniecenia)* shake, tremble: *His hands were shaking.* | *I couldn't stop my voice from shaking.* | *His lips started to tremble with humiliation and rage.* **2** *(z zimna)* shiver: *I stood at the bus stop shivering and wishing that I'd worn my coat* (=żałując, że nie włożyłam płaszcza).

dubbing *n* dubbing: **film z dubbingiem** dubbed movie

duch *n* **1** *(zjawa)* ghost: *They say the captain's ghost still walks the waterfront at night.* | *You look like you've seen a ghost!* | *I don't believe in ghosts any more.* **2** *(umysł, dusza)* spirit: *the spirits of the dead* | **młody duchem** young in spirit: *I'm 85, but I still feel young in spirit.* **3** *(istota nadprzyrodzona)* spirit: *good/evil spirits* | **Duch Święty** the Holy Ghost/Spirit **4** *(odwaga, wola)* spirit: *I don't agree with her, but I admire her spirit.* | **duch walki/współzawodnictwa itp.** fighting/competitive etc spirit: *Konishiki hadn't lost his fighting spirit yet.* **5 w duchu** in your heart/soul, inwardly: *I knew in my heart that we could not win.* | *I managed to smile, but inwardly I was furious.* **6 podnieść kogoś na duchu** cheer sb up: *She took him out to dinner to cheer him up.* **7 ani żywego ducha** not a (living) soul: *When we got to the beach, there wasn't a soul in sight.* **8 iść z duchem czasu** move with the times: *I'm not keen on* (=nie przepadam za) *all these electronic gadgets, but I suppose we must move with the times.* **9 upaść na duchu** lose heart: *The team lost heart after they lost their fifth game.* **10 wyzionąć ducha** give up the ghost: *My old car's finally given up the ghost.* → patrz też **pogoda ducha** (POGODA)

duchowieństwo *n* the clergy: *The clergy have much less power than they used to have.*

duchowny *n* clergyman

duchowy *adj* spiritual: *spiritual values/matters* | *the spiritual leader of the Tibetan people* —**duchowo** *adv* spiritually —**duchowość** *n* spirituality

dudek *n* **wystrychnąć kogoś na dudka** make a fool of sb

dudnić *v* rumble: *Traffic rumbled in the distance.*

dudy *n* bagpipes

duet *n* **1** *(utwór)* duet: *a duet for piano and flute* **2** *(zespół)* duo: *the pop duo Roxette*

duma *n* pride: *He has too much pride to say he's sorry.* | **z dumą** with pride: *Tony glanced with pride at his wife.* | **duma z czegoś** pride in sth: *the pride in being a parent* | **być czyjąś dumą** be sb's pride and joy: *The garden is my father's pride and joy.*

dumać *v* **dumać nad czymś** muse on/over sth: *He lit a cigarette and sat musing over the problems of the world.*

dumny *adj* **1 być dumnym z kogoś/czegoś** be proud of sb/sth: *Her parents are very proud of her.* THESAURUS PROUD **2** *(wyniosły)* proud: *He has always been a proud and arrogant man.* —**dumnie** *adv* proudly: *The flag waved proudly in the breeze.*

duński *adj* Danish —**Duńczyk/Dunka** *n* Dane: *53% of Danes voted in favour of the Maastricht treaty.*

dupa *n* arse *BrE*, ass *AmE*

duplikat *n* duplicate: *a duplicate of the key*

dur[1] *n* **dur brzuszny** typhoid (fever)

dur[2] *adj także* **durowy** major: *a symphony in A major* (=symfonia A-dur)

dureń *n* moron —**durny** *adj* moronic

durszlak *n* colander

dusić *v* **1** *(utrudniać oddychanie)* choke: *The fumes were choking me.* **2** *(mięso, warzywa)* stew: *stewed tomatoes* **3 dusić w sobie płacz** choke back the tears: *Anna choked back tears as she tried to speak.* **4 dusić coś w sobie** suppress sth: *Andy could barely suppress his anger.* **5** → patrz też UDUSIĆ, ZDUSIĆ
dusić się *v* be suffocating: *Can you open a window? I'm suffocating.*

dusza *n* **1** soul: *Christians believe that the soul is immortal* (=nieśmiertelna). **2 w głębi duszy** deep down: *Deep down, I knew she was right.* **3 ile dusza zapragnie** to your heart's content: *You can run around here to your heart's content.* **4 nie ma żywej duszy** there isn't a (living) soul: *There wasn't a soul in the street.* **5 dusza i ciało** body and soul: *It makes your body and soul feel better.*

D

duszący *adj* choking: *a green, choking gas*

duszek *n* **1** fairy: *Do fairies really exist?* **2 wypić coś duszkiem** drink sth in one gulp: *He drank the rest of the beer in one gulp.*

duszno *adv* **1 jest duszno** it is stuffy: *It's getting stuffy* (=robi się duszno) *in here - do you mind if I open the window?* **2 komuś jest duszno** sb can't breathe: *I couldn't breathe in there - there were too many people.*

duszności *n* **mieć duszności** be short of breath: *When I wake up in the morning I'm often very short of breath.*

duszny *adj* stuffy: *a stuffy room*

duszpasterz *n* priest

dużo *adv* **1** *(z rzeczownikami policzalnymi)* many, a lot (of): *There aren't many tickets left.* | *Were there many people at the concert?* | *A lot of young people take drugs.* | **za dużo** too many: *You've eaten too many chocolates already.* | **tak dużo** so many: *It's surprising that so many people offered to help.* | **bardzo dużo** a great/good many: *A great many people died in the flood.* **2** *(z rzeczownikami niepoliczalnymi)* much, a lot (of): *We don't have much time.* | *She's got a lot of money.* | **tak dużo** so much: *I have so much reading to do for tomorrow. I'll never get it done.* | **za dużo** too much: *He says the government has spent too much money on weapons.* | *Sprinkle some water on it, but not too much* (=nie za dużo). **3** *(z czasownikami)* much: *We don't go out much since the baby was born.* | *Do you go to London much?* | **za dużo** too much: *She smokes too much.* THESAURUS OFTEN **4** *(z przymiotnikami i przysłówkami)* much, a lot: *Dad's feeling much better now.* | *This is much more difficult.* | *Andrea always had a lot more money than I had.* **5 dużo do zrobienia/zobaczenia itp.** a lot to do/see etc: *There's a lot to do before the wedding.*

UWAGA: many, much i a lot of

Wyrazów **many** i **much** w znaczeniu „dużo" używamy głównie w pytaniach i zdaniach przeczących: *Does he have many friends?* | *We don't have much time.* W zdaniach twierdzących używamy wyrażenia **a lot of**: *The policeman started asking me a lot of questions.* | *You need a lot of patience.* Należy jednak pamiętać, że **many** i **much** mogą wystąpić w zdaniach twierdzących po **too**, **so** i **as** (np. *You ask too many questions*), a czasem także w stylu oficjalnym (np. *Many accidents arise as a result of negligence*).

duży *adj* **1** *(przedmiot, zwierzę, obszar, firma)* big, large: *How big is their new house?* | *The nearest big town is twenty miles away.* | *a large company* THESAURUS BIG **2** *(część, ilość, liczba, kwota)* large: *a large part of the budget* | *a large quantity of food* | *a large amount of money* | *a large number of students* **3** *(grupa, rodzina, tłum)* large: *Most people are nervous about speaking to a large audience.* | *There was a large crowd of reporters gathered outside the court.* **4** *(zysk)* big, large: *I had made a big profit on the deal.* | *His company is making ever larger profits* (=przynosi coraz większe zyski). **5** *(prędkość)* high, great: *Fighter jets fly at incredibly high speeds.* | *Road transport offers greater speed and flexibility.* **6** *(osiągnięcie)* great: *The musical was a great success* (=odniósł duży sukces) *on Broadway.* | *Learning to drive is a great achievement.* **7** *(wzrost, zmiana, postęp)* big, great: *a big increase in prices* | *I've noticed a big change in Louise since she got married.* | *Science made great progress in the 17th century.* **8** *(problem, błąd)* big: *Our biggest problem is lack of money.* | *Getting married was the biggest mistake of my life.* **9** *(siła)* great: *Because he cycled so much, Richard had great strength in his legs.* **10** *(prawdopodobieństwo)* high, strong: *There is a strong probability that this will happen again.* **11** *(szansa)* good, strong: *You have a fairly good chance of winning.* **12 w dużej części/mierze** in large part/measure: *The money was in large part raised by sponsorship.* | *The improvements are due in large measure to his leadership.* → patrz też **w dużym stopniu** (STOPIEŃ)

UWAGA: large i big

Przymiotnik **large** używany jest częściej jako obiektywna miara wielkości, np. w handlu czy w oficjalnych sprawozdaniach: *a large pizza* | *Large areas of the forest are on fire.* Przymiotnik **big** występuje częściej w języku codziennym, w języku dzieci oraz dla określenia ogólnego, subiektywnego wrażenia dotyczącego wielkości: *a big red balloon.* Ten większy subiektywizm sprawia również, iż przymiotnik **big** jest bardziej odpowiedni w wypowiedziach o zabarwieniu emocjonalnym: *Come on, don't cry. You're a big girl now.*

DVD *n* DVD: *a DVD player/disc*

dwa *num* **1** two: *Two plus two is four.* **2 dwa razy** twice: *I've seen that movie twice already.* | *I go to the gym twice a week* (=dwa razy w tygodniu). | **dwa razy większy/szybszy itp.** twice as big/fast etc: *Population growth in poor countries is at least twice as high as in rich countries.* | **dwa razy tyle** twice as much: *This sweater would have cost twice as much if I'd bought it in England.*

dwadzieścia *num* twenty: **dwadzieścia jeden/dwa itp.** twenty-one/two etc.

dwanaście *num* twelve

dwieście *num* two hundred: **dwieście dwa/czterdzieści itp.** two hundred (and) two/forty etc

dwoje *num* **1** two: *They had two children, a boy and a girl.* **2 ich/nas itp. dwoje** the two of them/us etc: *Let's go out, just the two of us.*

dworzanin *n* courtier

dworzec *n* station: **dworzec kolejowy** train station, railway *BrE*, railroad *AmE* station | **dworzec autobusowy** bus station | **na dworcu** at the station: *I'll meet you at the station at 6.30.*

dwóchsetlecie *n* bicentenary: *the bicentenary of Mozart's death*

dwójka *n* **1 dwójka dzieci/przyjaciół itp.** two children/friends etc: *She has two small children.* **2** *(cyfra, liczba, karta)* two: *If you throw a two you miss a go* (=jeżeli wyrzucisz dwójkę, tracisz kolejkę). **3** *(ocena)* D: *I got a D in mathematics.* **4** *(autobus, tramwaj, pokój, dom)* number two: *Has the number two been* (=czy jechała już dwójka)? | *Who lives at number two* (=pod dwójką)? **5 we dwójkę** the two of us/them etc: *I think the two of you will manage just fine* (=we dwójkę świetnie sobie poradzicie).

dwójkowy *adj* binary: *the binary system*

dwór *n* **1** *(królewski)* court: *the court of Louis XIV* THESAURUS OUTSIDE **2** *(posiadłość)* manor, country home **3 na dworze** outdoors: *I prefer working outdoors.* | **wyjść na dwór** go out: *Why don't you go out and play?*

dwucyfrowy *adj* **liczba dwucyfrowa** double figure

dwuczęściowy *adj* **garnitur dwuczęściowy** two-piece suit

dwudniowy *adj* two-day: *a two-day visit to Moscow*

dwudziestolecie *n* twentieth anniversary

dwudziestoletni *adj* **1** *(człowiek)* twenty-year-old: *a* *twenty-year-old woman* **2** *(okres)* twenty-year: *the twenty-year history of the organization*

dwudziestowieczny *adj* twentieth-century: *twentieth-century architecture*

dwudziesty *adj* **1** twentieth: **dwudziesty pierwszy/czwarty itp.** twenty-first/fourth etc: *the twenty-first century* **2 lata dwudzieste** the (nineteen) twenties: *in the twenties* **3 (godzina) dwudziesta** eight (o'clock), eight am/pm

dwugodzinny *adj* two-hour: *a two-hour ride to the Canadian border*

dwujęzyczny *adj* bilingual: *a bilingual dictionary* | *bilingual children*

dwukierunkowy *adj* two-way: *two-way traffic*

dwukropek *n* colon

dwukrotnie *adv* twice: *The baby woke up twice in the night.*

dwukrotny *adj* **1** *(mistrz)* two-time: *the two-time winner of the British Open* **2 dwukrotny wzrost** 100% increase

dwuletni *adj* **1** *(dziecko, zwierzę, samochód)* two-year-old: *a two-year-old boy* **2** *(okres)* two-year: *a two-year prison sentence*

dwulicowy *adj* two-faced: *a two-faced liar*

dwumetrowy *adj* two-metre *BrE*, two-meter *AmE*: *a two-metre-deep hole in the ground*

dwunastka *n* twelve

dwunastoletni *adj* **1** *(dziecko)* twelve-year-old: *a twelve-year-old boy* **2** *(okres)* twelve-year: *a twelve-year period*

dwunasty *adj* **1** twelfth **2 (godzina) dwunasta** twelve (o'clock)

dwuosobowy *adj* **1** *(pokój)* double: *a double room with a shower* **2** *(zespół)* two-person: *a two-person research team*

dwupiętrowy *adj* three-storey *BrE*, three-story *AmE*: *a three-storey stone building*

dwupokojowy *adj* one-bedroom: *a one-bedroom ground floor flat*

dwupoziomowy *adj* **mieszkanie dwupoziomowe** maisonette *BrE*, two-floor apartment *AmE*

dwurzędowy *adj* **garnitur dwurzędowy** double-breasted suit

dwustronny *adj* bilateral —**dwustronnie** *adv* bilaterally

dwutlenek *n* **dwutlenek węgla** carbon dioxide

dwutysięczny *adj* **1** two-thousandth **2 rok dwutysięczny** the year 2000

dwuznaczny *adj* ambiguous: *an ambiguous statement* —**dwuznaczność** *n* ambiguity

dydaktyczny *adj* teaching: *teaching methods* | **pomoce/materiały dydaktyczne** teaching aids/materials

dygnitarz *n* dignitary: *Foreign dignitaries from 20 countries were invited to attend.*

dygotać *v* shiver: *When they found him in the cave, he was shivering with cold* (=z zimna).

dygresja *n* digression

dykcja *n* diction: *Actors have training in diction.*

dykta *n* plywood

dyktafon *n* Dictaphone®

dyktando *n* **1** dictation **2 działać pod czyjeś dyktando** follow sb's orders: *The General was not following Government orders, he was acting on his own initiative.*

dyktator/ka *n* dictator —**dyktatura** *n* dictatorship: *military dictatorship* —**dyktatorski** *adj* dictatorial: *a dictatorial regime*

dyktować *v* **1** *(tekst)* dictate: *I'll dictate the letter, and you can type it.* **2 dyktować (komuś) warunki** dictate terms (to sb): *He was always trying to dictate terms to his business partners.* **3 coś jest dyktowane przez coś** sth is dictated by sth: *A country's choice of export products is dictated by geography, climate, or natural resources.*

dylemat *n* dilemma: *a moral dilemma* | **mieć dylemat** be in a dilemma: *He's in a dilemma about whether to go to college or not.*

dyliżans *n* stagecoach

dym *n* **1** smoke **2 pójść z dymem** go up in smoke: *Some 1 million acres of forest had gone up in smoke.* | *Close to $100 million went up in smoke.* **3 puścić coś z dymem** set sth ablaze: *During the riot, a vast area of the suburb was set ablaze.*

dymek *n* **1** *(z papierosa)* smoke **2** *(w komiksie)* balloon, (speech) bubble *BrE*

dymić *v* smoke: *smoking chimneys*

dymisja *n* resignation: *The official reason for his resignation was ill health.* | **podać się do dymisji** hand in your resignation, resign: *The chairman has just handed in his resignation.*

dymny *adj* **zasłona dymna** smokescreen: *The rumours were a smokescreen for their own illegal activities.*

dynamiczny *adj* dynamic: *a dynamic young businesswoman* | *dynamic energy* —**dynamicznie** *adv* dynamically

dynamika *n* dynamics: *the dynamics of power in large businesses*

dynamit *n* dynamite

dynamo *n* dynamo

dynastia *n* dynasty: *the Habsburg dynasty* —**dynastyczny** *adj* dynastic

dynia *n* pumpkin

dyplom *n* degree, diploma: *Laura has/holds a degree* (=ma dyplom) *in Chemistry from Harvard.* | *I'm hoping to get my teacher's diploma this year.* | **dyplom magistra** master's degree | **uzyskać dyplom (z czegoś)** get a degree/diploma (in sth): *Older people are going back to college to get a diploma.*

UWAGA: degree i diploma

Degree oznacza dyplom uniwersytecki, natomiast **diploma** to najczęściej (zwłaszcza w brytyjskiej angielszczyźnie) dyplom ukończenia kursu lub szkoły innego typu, np. kolegium nauczycielskiego, studium pomaturalnego, a w USA także szkoły średniej: *She has obtained a diploma in Nursing and First Aid.* | *a business and finance diploma course* | *a high school diploma.*

dyplomat-a/ka *n* diplomat —**dyplomacja** *n* diplomacy: *US diplomacy in the Vietnam era* —**dyplomatyczny** *adj* diplomatic: *The US has broken off diplomatic relations* (=zerwały stosunki dyplomatyczne) *with Iran.* | *Tell her she can't come to the party – but be diplomatic.*

dyplomowany *adj* qualified: *a qualified nurse*

dyplomowy *adj* **praca dyplomowa** M.A. thesis

D

dyrekcja *n* **1** management: *a dispute* (=spór) *between management and unions* **2 pod czyjąś dyrekcją** conducted by sb: *the Duke Ellington orchestra conducted by Mercer Ellington*

UWAGA: dyrekcja i direction

Direction to nie „dyrekcja", tylko „kierunek, strona".

dyrektor *n* **1** director, manager: **dyrektor naczelny** managing director | **dyrektor generalny** CEO, chief executive officer THESAURUS BOSS **2 dyrektor szkoły** headmaster —**dyrektorski** *adj* managerial

dyrektorka *n* **dyrektorka szkoły** headmistress

dyrektywa *n* directive: *the EU directive on import regulations*

dyrygent/ka *n* conductor: *The concert was cancelled because the conductor was sick.*

dyrygować *v* **dyrygować orkiestrą** conduct an orchestra: *The orchestra is conducted by John Williams.*

D

dyscyplina *n* **1** *(porządek)* discipline: *high standards of discipline* **2** *(samokontrola)* discipline: *It takes* (=trzeba) *a lot of hard work and discipline to make the Olympic team* (=żeby dostać się do drużyny olimpijskiej). **3** *(dziedzina)* branch: *Which branch of science are you studying?* **4 dyscyplina sportowa** sport: *Tennis is my favourite sport.* —**dyscyplinarny** *adj* disciplinary: *The department is considering disciplinary action against the officers.*

dysk *n* **1** *(płyta)* disc *BrE*, disk *AmE*: *a DVD disc* **2** *(w komputerze)* disk, disc *BrE*: **twardy dysk** hard disk | **stacja dysków** disk drive **3** *(w sporcie)* discus: **rzut dyskiem** the discus (throw) **4** *(w kręgosłupie)* disc *BrE*, disk *AmE*: **wypadnięcie dysku** slipped disc

dyskdżokej *n* disc jockey, DJ

dyskietka *n* diskette, floppy disk

dyskoteka *n* disco: **pójść na dyskotekę** go to the disco: *Are you going to the disco tonight?*

dyskrecja *n* discretion: *This situation must be handled with discretion.*

dyskredytować *v* →patrz ZDYSKREDYTOWAĆ

dyskretny *adj* discreet: *It wasn't very discreet of you* (=z twojej strony) *to call me at the office.* —**dyskretnie** *adv* discreetly: *The maid* (=pokojówka) *entered after knocking discreetly.*

dyskryminacja *n* discrimination: **dyskryminacja rasowa** racial discrimination | **dyskryminacja kobiet/mniejszości itp.** discrimination against women/minorities etc

dyskryminować *v* **dyskryminować kogoś** discriminate against sb: *Shaun says he has definitely been discriminated against because he's black.*

dyskusja *n* **1** discussion: *After much discussion* (=po długiej dyskusji), *the committee decided to close the hospital.* | **+o czymś/na temat czegoś** about/on sth: *a discussion on the morality of abortion* | **prowadzić dyskusję** have a discussion: *In class that day they had a discussion about politics.* | **poddać coś pod dyskusję** bring sth (up) for discussion: *She had brought a list of points for discussion.* **2 bez dyskusji** without question

dyskusyjny *adj* **1** debatable, open to dispute: *It is debatable* (=jest rzeczą dyskusyjną) *whether the peace will last.* | *The results of this research are still open to dispute.* **2 grupa dyskusyjna** newsgroup, discussion group

dyskutować *v* debate: *We debated for several hours before taking a vote.* | **dyskutować nad/o czymś** debate/discuss sth: *The plan was thoroughly debated in Parliament.* | *The teachers were discussing how* (=o tym, jak) *to deal with the situation.* | **dyskutuje się nad czymś** sth is under discussion: *A new road-building project is now under discussion.*

dyskwalifikacja *n* disqualification: *Drug-taking is punished by instant disqualification from the game.*

dyskwalifikować *v* disqualify: *Her age disqualifies her for the position.*

dysleksja *n* dyslexia —**dyslektyczny** *adj* dyslexic

dysponować *v* **dysponować czymś** have sth at your disposal: *Tanner had a considerable amount of cash at his disposal.*

dyspozycja *n* **być do czyjejś dyspozycji** be at sb's disposal: *My car and driver are at your disposal.*

dysproporcja *n* disproportion

dysputa *n* debate

UWAGA: dysputa i dispute

Rzeczownik **dispute** nie oznacza „dysputy", tylko „spór".

dystans *n* **1** *(obcość)* distance: *There was still a certain distance between me and my father.* | **trzymać kogoś na dystans** keep/hold sb at bay/at a distance: *Ann likes to keep people at a distance.* | **zachowywać dystans** keep your distance: *Managers should keep their distance from employees.* **2** *(w sporcie)* distance: *She's not good at running long distances.* | **bieg na dystansie 200 metrów** the 200 metres race

dystansować się *v* →patrz ZDYSTANSOWAĆ SIĘ

dystrybucja *n* distribution

dystrybutor *n* **1** *(towarów)* distributor: *a distributor of health products* **2** *(na stacji benzynowej)* fuel pump

dystyngowany *adj* distinguished, distinguished-looking: *a tall, distinguished-looking man*

dysydent/ka *n* dissenter, dissident

dysza *n* nozzle

dyszeć *v* pant: *He crossed the finish line panting heavily.*

dywagacje *n* divagations

dywan *n* carpet: *a Persian carpet*

dywanik *n* rug

dywersja *n* sabotage

dywidenda *n* dividend

dywizja *n* division

dywizjon *n (lotnictwa)* squadron

dyżur *n* duty: **mieć dyżur** be on duty/call: *She's been on duty for ten hours without a break.* | *Don't worry, there's a doctor on call 24 hours a day.* →patrz też **ostry dyżur** (OSTRY) —**dyżurować** *v* be on duty/call

dyżurny *adj* **oficer dyżurny** duty officer

dzban *n* jug *BrE*, pitcher *AmE*: *a pitcher of water*

dzbanek *n* pot, jug *BrE*, pitcher *AmE*: **dzbanek do herbaty** teapot | **dzbanek do kawy** coffee pot

dziać się *v* happen, go on: *When I try to turn on the motor, nothing happens.* | *Hey, what's happening?* | *What's going on down there?*

dziadek *n* **1** grandfather, granddad, grandpa **2 dziadkowie** grandparents **3 dziadek do orzechów** nutcracker

dział *n* **1** *(instytucji)* department, division: *the design department* (=dział projektów) | *the financial division of the company* **2** *(redakcji)* desk: *Lloyd is running* (=prowadzi) *the sports desk.* **3** *(dziedzina)* branch: *a branch of physics* **4 dział gospodarki** sector of the economy

działacz/ka *n* activist: *environmental/political activists*

działać *v* **1** *(robić coś)* act: *Unless the government acts soon, more people will die.* **2** *(urządzenie)* work, operate: *The CD player isn't working.* | *The machine seems to be operating smoothly.* | **nie działać** be broken, be out of order: *The CD player's broken again.* THESAURUS BROKEN **3** *(przepis)* operate, be operative: *The law will become operative* (=zacznie działać) *in a month.* **4** *(spełniać jakąś funkcję)* function, act: *These cells function/act as a kind of early warning system.* **5 działać komuś na nerwy** get on sb's nerves: *His singing is getting on my nerves.* **6 działać na czyjąś korzyść** be/work in sb's favour: *The conditions are in our favour.* | *The fact that you went to the same school should work in your favour.* **7 działać na czyjąś niekorzyść** work against sb: *Tax laws tend to work against small businesses.*

działalność *n* **1** activity: *an increase in terrorist activity* **2 prowadzić własną działalność** run a business, be self-employed

działanie *n* **1** *(robienie czegoś)* action: *We've talked enough. Now is the time for action.* **2** *(oddziaływanie)* effect, action: *the effect of alcohol on the brain* | *cliffs worn away by the action of the waves* **3** *(zasady itp.)* operation: *the operation of the laws of gravity* | *a clear example of Murphy's law in operation* (=w działaniu) **4** *(matematyczne)* operation: *The computer performs millions of operations per second.* **5 działania wojenne** hostilities: *a cessation* (=zaprzestanie) *of hostilities*

działka *n* **1** *(ziemia)* plot, allotment *BrE* **2** *(dawka narkotyku)* deal, dose, hit

działo *n* gun: *an anti-aircraft gun*

dzianina *n* knitwear

dziąsło *n* gum: *swollen gums*

dzicz *n* **1** *(dzikie miejsce)* wilderness **2** *(niekulturalna grupa ludzi)* barbarians, primitives

dziczyzna *n* game

dzida *n* spear

dzieciak *n* kid: *I'm taking the kids to the zoo today.* THESAURUS CHILD

dzieciątko *n* **1** *także* **dziecię** babe: *a woman with a babe in arms* **2 Dzieciątko Jezus** Baby Jesus

dziecięcy *adj* **1** *(film, książka, odzież, szpital)* children's: *children's fiction/TV* | *children's shoes* **2** *(choroba, marzenia, wspomnienia)* childhood: *childhood illnesses/memories* **3** *(rowerek, piżama)* child's: *a child's bicycle* **4** *(twarz, głos)* childish: *a childish face* **5 pokój dziecięcy** nursery

dziecinny *adj* childish, infantile: *childish behaviour* | *infantile jokes* —**dziecinnie** *adv* childishly —**dziecinność** *n* childishness

dzieciństwo *n* childhood: *Vince had a very unhappy childhood.* | **od dzieciństwa** since childhood: *They've known each other since childhood.* THESAURUS YOUNG

dziecko *n* **1** child: *a five-year-old child* | *Do you have a child?* | **dzieci** children: *There are over 30 children in each class.* | *Both of our children are married now.* | **małe dziecko** baby, infant: *A baby was crying upstairs.* THESAURUS CHILD **2 od dziecka** since childhood, since I/he etc was a child: *They've known each other since childhood.* **3 będzie miała/będziemy mieli dziecko** she's/we're going to have a baby **4 prawa dziecka** children's rights →patrz też **dom dziecka** (DOM), **cudowne dziecko** (CUDOWNY)

> **UWAGA: child**
> Rzeczownik **child** ma nieregularną formę liczby mnogiej: **children**.

dziedzic *n* **1** *(spadkobierca)* heir: *He was the sole heir to a vast estate* (=był jedynym dziedzicem olbrzymiego majątku). **2** *(ziemianin)* squire

dziedzictwo *n* heritage: *the cultural heritage of Italy*

dziedziczka *n* heiress

dziedziczny *adj* hereditary: *Heart disease is often hereditary.* —**dziedziczność** *n* heredity

dziedziczyć *v* inherit: *Pigmentation is biologically inherited.* →patrz też ODZIEDZICZYĆ

dziedzina *n* area, field: *I have experience in software marketing and related areas.* | *Professor Kramer is an expert in the field of radio astronomy.*

dziedziniec *n* courtyard: **na dziedzińcu** in the courtyard

dzieje *n* history: *the history of Poland* —**dziejowy** *adj* historical: *the historical context of these events*

dziekan *n* dean

dzielenie *n* **1** division **2 dzielenie wyrazów** hyphenation

dzielić *v* **1** divide: *We try to divide work equally.* | **+na części/kawałki itp.** into parts/pieces etc: *The word processor automatically divides your text into pages.* | **dzielić coś między ...** divide sth between/among ...: *How do you divide your time between work and family?* **2 dzielić coś z kimś** share sth with sb: *I shared a room with her when I was at college.* **3** *(wyrazy)* hyphenate →patrz też **dzielić włos na czworo** (WŁOS)

dzielić się *v* **1** divide, split: *The single cell divides into two identical cells.* | *The atom splits, starting a nuclear chain reaction.* **2 dzielić się czymś** share sth: *We share the work between us.* | *We pay rent separately, but we share the other bills.* →patrz też PODZIELIĆ

dzielnica *n* district, quarter: *a pleasant suburban district* | *the student quarter of Paris*

dzielnicowy *n (policjant)* constable

dzielny *adj* brave: *brave soldiers* | *Marti's brave fight against cancer* THESAURUS BRAVE —**dzielnie** *adv* bravely: *You behaved bravely in a very difficult situation.*

dzieło *n* work: *the complete works of Shakespeare* | **dzieło sztuki/literatury** work of art/literature

dziennie *adv* daily: *The usual dosage of the drug is 250mg daily.* | **dwa razy dziennie** twice a day, twice daily: *Muslims pray to Allah five times a day.*

dziennik *n* **1** *(gazeta)* daily (paper) **2 dziennik klasowy** register

dziennika-rz/rka *n* journalist: *All foreign journalists have been told to leave the war zone as soon as possible.* —**dziennikarstwo** *n* journalism —**dziennikarski** *adj* journalistic: *journalistic ethics*

dzienny *adj* **1** daily: *The daily rate for parking downtown is $15.* | *a daily ration of meat* **2 studia dzienne** full-time

D

studies **3 zwierzęta dzienne** diurnal animals → patrz też **porządek dzienny** (PORZĄDEK), **światło dzienne** (ŚWIATŁO)

dzień *n* **1** *(doba)* day: *We spent three days in Paris then went south.* **2** *(nie noc)* day: *The days begin to get longer in the spring.* | **w dzień/w ciągu dnia** during the day, in the daytime: *I'm usually out during the day.* | *I can't sleep in the daytime.* | **za dnia** by day: *Owls usually sleep by day and hunt by night.* | **cały dzień** all day (long): *It's been raining all day.* **3 dzień dobry a)** *(przed południem)* good morning, hello **b)** *(po południu)* good afternoon, hello **4 na co dzień** most of the time: *This place is really busy most of the time.* **5 całymi dniami** for days on end: *It snowed for days on end.* **6 dzień w dzień** day after day, day in day out: *I'm sick of sitting at the same desk day after day.* **7 pewnego dnia** one day: *One day, she just didn't turn up for work, and we never saw her again.* **8 po dziś dzień** to this day: *To this day we don't know what really happened.* **9 w biały dzień** in broad daylight: *The young girl was attacked on a main road in broad daylight.* **10 dzień i noc** day and night, night and day: *He was attended by nurses night and day.* **11 z dnia na dzień a.** *(stopniowo)* day by day: *She was getting stronger day by day.* **b.** *(w ciągu jednego dnia)* overnight: *You can't expect to lose weight overnight.* **12 lada dzień** any day (now): *She's expecting the baby any day now.* **13 z każdym dniem** with each (passing) day: *With each passing day she grew stronger.* **14 dzień powszedni** weekday: *Surgery* (=godziny przyjęć) *is from 9am – 1pm on weekdays.* **15 dzień wolny** day off: *I'm taking a day off next week.* **16 dzień pracy/roboczy** working day *BrE*, workday *AmE*: *a 10-hour workday*

dzierżawić *v* **1** lease **2** → patrz też WYDZIERŻAWIĆ —**dzierżawa** *n* lease: *We've taken out a lease on an office building.* —**dzierżawca** *n* leaseholder

dzierżyć *v* wield: *The Church wields immense power in Ireland.*

dziesiątka *n* **1** *(cyfra, liczba, karta, banknot)* ten: *Do you have two fives for a ten* (=czy może Pani rozmienić dziesiątkę na dwie piątki)? **2 dziesiątki ludzi/razy itp.** dozens of people/times etc: *The singer gets dozens of letters from fans every day.* | *We've been there dozens of times.* **3** *(na tarczy strzelniczej)* bull's-eye **4** *(autobus, tramwaj, dom, pokój)* number ten: *"Has the number ten been* (=czy jechała już dziesiątka)*?" "Yes, it's just left."* | *Helen lives at number ten* (=pod dziesiątką).

dziesiąty *adj* **1** tenth: *I took the lift to the tenth floor.* **2 jedna dziesiąta** a/one tenth **3 (godzina) dziesiąta** ten (o'clock), ten am/pm: *The baby started crying at ten and went on all night.*

dziesięciocentówka *n* dime

dziesięciokrotnie *adv* **1** *(wzrosnąć)* tenfold: *Traffic across the border has increased tenfold.* **2** *(większy, gorszy itp.)* ten times: *an explosion ten times more powerful than Hiroshima*

dziesięciolecie *n* **1** *(okres)* decade: *The town's population is expected to drop* (=zmniejszy się) *in the next decade.* **2** *(jubileusz)* tenth anniversary

dziesięcioletni *adj* **1** *(dziecko, samochód)* ten-year-old: *a ten-year-old girl* **2** *(okres)* ten-year: *a ten-year period*

dziesięć *num* ten

dziesiętny *adj* **1** decimal: *the decimal system* **2 ułamek dziesiętny** decimal: *Express* (=przedstaw) *three-quarters as a decimal.*

dziewczęcy *adj* girlish: *girlish laughter*

dziewczyna *n* **1** *(młoda kobieta)* young woman: *a young woman's romantic fantasies* **2** *(koleżanka)* girl: *I'm going out with the girls tonight.* **3** *(sympatia)* girlfriend: *Have you met Keith's new girlfriend?*

dziewczynka *n* girl: *She's tall for a girl of her age.* | *Karen has two boys and a girl.* THESAURUS CHILD

dziewiątka *n* **1** *(cyfra, liczba, karta)* nine **2** *(autobus, tramwaj, dom, pokój)* number nine: *Has the number nine been* (=czy jechała już dziewiątka)*?*

dziewiąty *adj* **1** ninth **2 (godzina) dziewiąta** nine (o'clock), nine am/pm

dziewica *n* virgin

dziewictwo *n* virginity: **stracić dziewictwo** lose your virginity

dziewiczy *adj* **1** virgin: *a virgin forest* **2 dziewiczy lot/rejs** maiden flight/voyage

dziewięcioletni *adj* **1** *(dziecko)* nine-year-old **2** *(okres)* nine-year: *a nine-year period*

dziewięć *num* nine

dziewięćdziesiąt *num* ninety: **dziewięćdziesiąt jeden/cztery itp.** ninety-one/four etc

dziewięćdziesiąty *adj* **1** ninetieth **2 lata dziewięćdziesiąte** the (nineteen) nineties

dziewięćset *num* nine hundred: **dziewięćset cztery/dwadzieścia itp.** nine hundred (and) four/twenty etc

dziewiętnastowieczny *adj* nineteenth-century: *nineteenth-century literature*

dziewiętnasty *adj* **1** nineteenth **2 (godzina) dziewiętnasta** seven (o'clock), seven am/pm

dziewiętnaście *num* nineteen

dzięcioł *n* woodpecker

dzięki[1] *prep* **1 dzięki komuś/czemuś** thanks to sb/sth: *Dealing with information is much easier now, thanks to modern computers.* **2 dzięki Bogu** thank God/goodness/heavens: *Thank God no one was hurt!*

dzięki[2] *interj* **dzięki!** thanks, cheers *BrE*: *Can I borrow your pen? Thanks very much* (=wielkie dzięki). | *"Would you like a drink?" "No, thanks."* | **+ za coś** for sth: *Thanks for ironing my shirt.*

dziękować *v* thank: *Meg and Joe ran to thank their aunt for the presents.* | **dziękuję** thank you: *"Here's the book you wanted, Katy." "Oh, thank you."* | *Thank you for coming to the party.* | *"Would you like another piece of cake?" "No, thank you."* → patrz też PODZIĘKOWAĆ

UWAGA: thank you

Wyrażenia **thank you** używamy, gdy ktoś nam coś daje albo robi lub mówi coś miłego: *„Here's your coat." „Thank you."* | *Thank you for watering my plants.* | *„You look nice today." „Thank you!"* Wyrażenia **no, thank you** używamy, gdy chcemy grzecznie powiedzieć „nie": *„Would you like more coffee?" „No, thank you."* Dziękując za prezent lub przysługę, mówimy: *Thank you very much. That's very kind of you*, a bardziej potocznie: *Thanks a lot. That's really nice of you.*

dzik *n* wild boar

dziki *adj* **1** *(zwierzę, roślina)* wild: *The import of wild birds* *from Africa is restricted.* **2** *(człowiek)* savage: *savage people* **3 dziki lokator** squatter

wild/tame

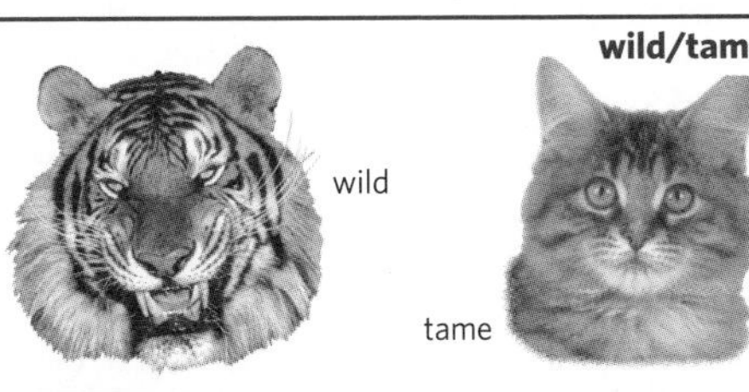

dzikus/ka *n* savage

dziobać *v* peck (at): *sparrows* (=wróble) *pecking at breadcrumbs*

dziobaty *adj (twarz)* pockmarked

dziób *n* **1** *(ptaka)* beak, bill **2** *(samolotu)* nose **3** *(statku)* bow, prow

dzióbek *n (czajnika itp.)* spout

dzisiaj *adv* **1** today: *Today is Wednesday.* | *Can we go to the park today?* | **dzisiaj rano** this morning: *I got a letter from Wayne this morning.* | **dzisiaj wieczorem** tonight: *Do you want to go out tonight?* **2 od dzisiaj** from now on: *From now on, I'm not letting anyone borrow my car.* | **do dzisiaj** so far: *So far we've received 50 letters.*

dzisiejszy *adj* **1** today's, present-day: *today's athletic superstars* | *present-day society* | **dzisiejsza młodzież** today's youth, the youth of today **2 w dzisiejszych czasach** these days: *It isn't safe to walk the streets these days.*

dziś *adv* **1** today: *Today is Thursday.* **2 po dziś dzień** to this day →patrz też DZISIAJ

dziupla *n* tree hollow

dziura *n* **1** hole: *Someone had drilled a hole in the wall.* | *There's a hole in my sock.* **2** *(w zębie)* cavity **3** *(nieatrakcyjna miejscowość)* hole: *I have to get out of this hole.* **4 czarna dziura** black hole

dziurawy *adj* **1 coś jest dziurawe** there is a hole in sth: *There's a hole in my sock.* **2** *(zęby)* decayed

dziurka *n* **1** hole **2** *(od guzika)* buttonhole **3 dziurka od klucza** keyhole

dziurkacz *n* hole-punch

dziwaczny *adj* peculiar, weird: *The parcel had been tied in a very peculiar fashion.* THESAURUS STRANGE —**dziwactwo** *n* eccentricity

dziwa-k/czka *n* eccentric, oddball

dziwić *v* **dziwi mnie, że ...** I'm surprised (that) ...: *I'm surprised you like this photo.* →patrz też ZDZIWIĆ
dziwić się *v* **1** be surprised: *I'm surprised he came, after the way you treated him.* **2 nie dziwię się** I'm not surprised, I don't wonder *BrE*: *I don't wonder you're tired after the day you've had.* **3 wcale mu/jej itp. się nie dziwię** I don't blame him/her etc: *"She's left her husband." "I don't blame her, after the way he treated her."* →patrz też ZDZIWIĆ SIĘ

dziwka *n* whore, tart *BrE*

dziwny *adj* **1** strange, odd: *I had a strange dream last night.* | *Does Geoff's behaviour seem strange to you?* | **dziwne, że ...** it's strange/odd (that) ...: *It's strange that Brad isn't here yet.* | **to dziwne** that's strange: *That's strange – I thought I left my keys on the table.* THESAURUS STRANGE **2 dziwnym trafem** oddly/funnily enough **3 nic dziwnego** no wonder, it's hardly surprising —**dziwnie** *adv* strangely, oddly: *She was looking at me very strangely.* | *Roger's been behaving very oddly.*

dziwo *n* **o dziwo** strangely enough: *Strangely enough, I wasn't really that disappointed.*

dzwon *n* **1** bell: *I could hear the church bells ringing.* **2 od wielkiego dzwonu** once in a blue moon

dzwonek *n* **1** bell: *The bell rang for school to start.* | *The Christmas tree was decorated with golden bells.* **2** *(u drzwi)* doorbell: *A short while later, the doorbell rang.* **3** *(w komórce)* ringtone: *Download free ringtones for your mobile phone.*

dzwonić *v* **1 dzwonić (do kogoś)** call (sb), phone (sb), ring (sb) *BrE*: *I called about six o'clock but no one was home.* | *It's okay, she's just phoning to say she'll be late.* | *I rang you yesterday, but you weren't in* (=ale cię nie było). THESAURUS PHONE **2** *(dzwonek, telefon)* ring: *The telephone is ringing.* **3** *(klucze, monety)* jingle, clink: *Tom nervously jingled the coins in his pocket.* **4 komuś dzwoni w uszach** there's a ringing in sb's ears: *I couldn't hear anything; there was a tremendous ringing in my ears* (=okropnie dzwoniło mi w uszach). →patrz też ZADZWONIĆ

D

dzwonnica *n* belfry

dźwięczeć *v* ring: *She went out, his cruel laughter ringing in her ears.*

dźwięczny *adj* **1** *(głos)* resonant, ringing: *a resonant/ringing voice* **2** *(imię, nazwa)* nice-sounding **3 spółgłoska dźwięczna** voiced consonant

dźwięk *n* **1** *(odgłos)* sound: *the sound of breaking glass* **2** *(fonia)* sound: *We apologize for the loss of sound during that report.*

dźwiękoszczelny *adj* soundproof: *a soundproof wall*

dźwiękowy *adj* **1** sound: *sound waves* **2 efekty dźwiękowe** sound effects

dźwig *n* **1** *(na budowie, w porcie)* crane: *A crane lifted the box onto the boat.* **2** *(winda)* lift *BrE*, elevator *AmE*

dźwigać *v* carry: *You shouldn't be carrying those heavy cases – let me do it for you.*

dźwignia *n* **1** lever **2 dźwignia zmiany biegów** gear stick/lever *BrE*, gear shift *AmE*

dżdżownica *n* earthworm

dżem *n* **1** jam: *raspberry jam* **2** *(z owoców cytrusowych)* marmalade

dżentelmen *n* gentleman: *Roland is a perfect gentleman.*

dżentelmeński *adj* **1** gentlemanly: *gentlemanly and sportsmanlike behaviour* **2 umowa dżentelmeńska** gentleman's agreement

dżersej *n* jersey

dżin *n* gin: *a gin and tonic*

dżingiel *n* jingle

dżins *n* **1 dżinsy** jeans: *a pair of jeans* **2** *(materiał)* denim

dżojstik *n* joystick

dżokej *n* jockey

dżoker *n* joker

dżudo *n* judo

dżuma *n* (the) plague

dżungla *n* jungle: *the jungles of South-East Asia* | *Our garden is turning into a jungle.*

echo *n* **1** echo: *the faint echo of thunder in the distance* | **rozbrzmiewać echem czegoś** echo with sth: *The hall echoed with laughter and stamping feet.* **2 odbić się szerokim echem** attract/receive widespread attention **3 pozostać/przejść bez echa** go unheard: *His words went unheard.*

edukacja *n* **1** *(nauka)* education, schooling: *three years of schooling* | **rozpocząć/zakończyć (swoją) edukację** start/complete your education **2** *(szkolnictwo)* education: *free education* | *the emphasis on education* | **Ministerstwo Edukacji (Narodowej)** Ministry of (National) Education | **reforma edukacji** education(al) reform | **system edukacji** education(al) system | **edukacja ekologiczna/obywatelska/seksualna** environmental/civic/sex education —**edukacyjny** *adj* educational: *educational standards*

E

edycja *n* **1** *(książki)* edition: *a pocket edition of the dictionary* | *the first edition of her poems* **2** *(tekstu)* editing **3 tegoroczna edycja konkursu** this year's competition

edytor *n* **1** *(redaktor)* editor: *the editor of the 'Daily Telegraph'* **2 edytor tekstu** word processor

efekt *n* **1** *(wynik)* result: *His death was the result of years of drug abuse* (=nadużywania narkotyków). | **w efekcie czegoś** as a result of sth: *She feels much better as a result of the treatment.* | **efekt końcowy** end/final/net result: *The net result of all these changes is that people will pay more tax* (=wyższe podatki). | **efekty lepsze/gorsze od oczekiwanych** results better/worse than expected **2** *(wrażenie)* effect: **efekty dźwiękowe** sound effects | **efekty specjalne** special effects **3 efekty komputerowe** CGI *(computer-generated imagery)*: *The movie is an epic fantasy full of CGI.* **4 efekt cieplarniany** greenhouse effect **5 efekt jest taki, że ...** (and) the consequence is that ...

efektowny *adj* impressive: *the remains of an impressive Roman villa* | *an impressive performance* —**efektownie** *adv* in an impressive manner

efektywny *adj* **1** *(skuteczny)* effective: *The ads were* (=reklama była) *simple, but remarkably effective.* **2** *(sprawny)* efficient: *an efficient heating system* —**efektywnie** *adv* effectively: *Children have to learn to communicate effectively.* —**efektywność** *n* effectiveness

egalitarny *adj* egalitarian —**egalitaryzm** *n* egalitarianism

Egipt *n* Egypt —**Egipcjan-in/ka** *n* Egyptian —**egipski** *adj* Egyptian

egocentryczny *adj* egocentric

egoist-a/ka *n* egotist —**egoistyczny** *adj* egotistic, selfish —**egoizm** *n* egotism, selfishness

egzamin *n* **1** examination, exam: *How did you do in* (=jak ci poszły) *your exams?* | *There's an hour-long exam on everything you've learned.* | **egzamin z chemii/francuskiego** chemistry/French exam, exam in chemistry/French: *I was up all night revising for my English literature exam.* | **egzamin maturalny/dojrzałości** school-leaving exam | **egzamin ustny/pisemny** oral/written exam: *Terry got an A in his Spanish oral exam.* | **egzamin wstępny/końcowy** entrance/final exam: *He finally passed his entrance exam to Warsaw university.* | *During my final exams I was revising till midnight almost every night.* | **zdać/oblać egzamin** pass/fail an exam: *He failed his English exam and had to take it again.* | *To pass this exam you must score* (=osiągnąć wynik) *40% or over.* | **przystępować do egzaminu/mieć egzamin** take/sit/do an exam(ination): *Students are required to sit written examinations at the end of the first year.* | *I'd better go home - I've got to do an exam in the morning.* | **wyniki egzaminu** examination results: *The examination results will be announced* (=zostaną ogłoszone) *in September.* | **egzamin poprawkowy** repeat exam, resit *BrE* THESAURUS TEST **2 egzamin na prawo jazdy** driving test: *I took my driving test when I was 18, but I failed.*

egzaminacyjny *adj* **1 wymagania egzaminacyjne** exam(ination) requirements **2 arkusz egzaminacyjny** exam paper **3 sesja egzaminacyjna** examination period —**egzaminator/ka** *n* examiner: *The examiner told him to relax and then asked him to turn on the engine.*

egzaminować *v* examine: *To save time the students will be examined in groups of three.* →patrz też PRZEEGZAMINOWAĆ

egzekucja *n* execution: *a public execution*

egzekucyjny *adj* **pluton egzekucyjny** firing squad

egzekwować *v* **1** *(prawo, przepisy)* enforce: *Governments make laws and the police enforce them.* **2** *(należność)* collect →patrz też WYEGZEKWOWAĆ —**egzekwowanie** *n* enforcement: *law enforcement agencies in the US*

egzemplarz *n* **1** *(książki, gazety)* copy: *He was reading a copy of the daily newspaper.* | **egzemplarz bezpłatny/okazowy** complimentary/specimen copy **2** *(sztuka)* unit: *The output* (=wydajność) *is now up to 150,000 units each month.*

egzorcysta *n* exorcist —**egzorcyzm** *n* exorcism

egzotyczny *adj* exotic: *exotic birds*

egzystencja *n* existence: *Pablo led a lonely existence* (=wiódł samotną egzystencję) *when he first moved to San Juan.*

ekipa *n* **1** crew: *a TV camera crew* **2 ekipa poszukiwawcza** search party **3 ekipa ratownicza** rescue team

ekolog *n* **1** *(naukowiec)* ecologist **2** *(działacz)* environmentalist, conservationist **3** *(protestujący)* eco-warrior

ekologia *n* ecology: *the fragile ecology of the tundra*

ekologiczny *adj* **1** *(dotyczący środowiska)* ecological, environmental: *an ecological disaster* | *ecological groups* | *the environmental damage caused by the chemical industry* **2** *(przyjazny dla środowiska)* environmentally friendly, ecologically friendly/sound, eco-friendly: *eco-friendly products* —**ekologicznie** *adv* ecologically, environmentally: *We have to learn to think ecologically.* | *Are you environmentally conscious?*

ekonomia *n* **1** *(nauka)* economics **2** *(oszczędność)* economy **3 magister ekonomii** Master of Business Administration

ekonomiczny *adj* **1** *(gospodarczy)* economic: **sankcje ekonomiczne** *economic sanctions* **2** *(oszczędny)* economical: *an economical method of heating*

ekonomist-a/ka *n* economist

ekosystem *n* ecosystem

ekoturystyka *n* ecotourism

ekran *n* **1** screen: *The sunlight was reflecting off the screen.* | *This popular show will be back on your screens in the autumn.* **2** *(kabla)* shield **—ekranizacja** *n* film/screen version: *an avant-garde film version of 'Little Big Horn'*

ekscentry-k/czka *n* eccentric THESAURUS UNUSUAL **—ekscentryczność** *n* eccentricity **—ekscentryczny** *adj* eccentric

ekscesy *n* **1** *(zamieszki)* disturbances: *There were disturbances in the crowd as fans left the stadium.* **2** *(nadużycia)* excesses: *The government was unable to curb the excesses of the secret police.*

ekscytacja *n* excitement: *his eyes shining with excitement* **—ekscytujący** *adj* exciting, thrilling: *an exciting discovery*

ekskluzywny *adj* exclusive, select: *an exclusive girls' school* | *a select apartment block*

eksmisja *n* eviction **—eksmitować** *v* evict

ekspansja *n* expansion

ekspedient/ka *n* shop assistant *BrE*, sales clerk/assistant *AmE*

UWAGA: ekspedient i expedient

Angielski wyraz **expedient** w znaczeniu rzeczownikowym występuje bardzo rzadko i nie oznacza sprzedawcy w sklepie, tylko „doraźny środek", mający zaradzić sytuacji.

ekspedycja *n* expedition

ekspert *n* expert: *a team of experts* | *He's an expert in* (=w dziedzinie) *electronic music.* | *Get advice from a financial expert first.* **—ekspertyza** *n* expert opinion

eksperyment *n* experiment: *In one experiment the subjects* (=uczestnicy) *were not allowed to sleep for three days.* | *experiments on rabbits* | **przeprowadzić eksperyment** carry out/do/conduct/perform an experiment: *Joule carried out a series of simple experiments to test his theory.* **—eksperymentalny** *adj* experimental: *experimental data* | *experimental teaching techniques* **—eksperymentalnie** *adv* experimentally: *The existence of such waves was established experimentally by the German physicist Heinrich Hertz in 1888.* **—eksperymentować** *v* experiment: *activists protesting against experimenting on animals*

eksploatacja *n* exploitation, utilization, utilisation *BrE* **—eksploatować** *v* exploit, utilize, utilise *BrE*

eksplodować *v* explode: *We sat in the shelter listening to the bombs exploding.*

eksploracja *n* exploration

eksplozja *n* **1** *(wybuch)* explosion **2 eksplozja demograficzna** population explosion

eksponat *n* exhibit: *Many exhibits were donated by the local millionaire.*

eksponować *v* display: *The exhibition gives local artists an opportunity to display their work.*

eksport *n* export: *The export of electronic equipment has risen sharply* (=wzrósł gwałtownie). **—eksporter** *n* exporter: *Saudi Arabia, a leading exporter of oil* **—eksportować** *v* export: *In 1986 the company exported about 210,000 cases of wine to the UK* (=do Zjednoczonego Królestwa).

eksportowy *adj* **towar eksportowy** export: *Wheat is one of Alberta's chief exports.* | **licencja eksportowa** export licence

UWAGA: export

Wyraz **export** w znaczeniu rzeczownikowym i przymiotnikowym wymawiamy ˈekspɔːt, z akcentem na pierwszej sylabie, w odróżnieniu od czasownika, który akcentujemy na drugiej sylabie: ɪksˈpɔːt.

ekspres *n* **1** *(pociąg, autobus)* express: *the London-Gatwick Express* | *the Orient Express* **2 ekspres do kawy** coffeemaker **3 ekspresem** *(przesyłać)* (by) express (delivery): *Send these books express.*

ekspresowy *adj* **1 pociąg/autobus ekspresowy** express train/bus **2 połączenie ekspresowe** express service: *There's an express service between London and Glasgow twice daily.* **3 przesyłka ekspresowa** express mail **4 herbata ekspresowa** teabags

ekstaza *n* ecstasy

eksterminacja *n* extermination

ekstra *adj* **1** *(dodatkowy)* extra: *Residents can use the gym at no extra cost.* **2** *(bardzo dobry)* great, super: *"What was the concert like?" "Great, really great!"*

ekstradycja *n* extradition

ekstrakt *n* extract

ekstrawagancja *n* eccentricity: *Kate's mother had a reputation for eccentricity.* **—ekstrawagancki** *adj* eccentric: *students dressed in eccentric clothing*

UWAGA: extrawagancja i extrawagancki

Zwróć uwagę, że najczęstsze odpowiedniki tych wyrazów w języku angielskim to nie „extravagance" i „extravagant", tylko **eccentricity** i **eccentric**. Podstawowe znaczenia wyrazów **extravagance** i **extravagant** to, odpowiednio, „rozrzutność" i „rozrzutny". Więcej informacji i przykładów znajdziesz pod tymi hasłami w angielsko-polskiej części słownika.

ekstrawerty-k/czka *n* extrovert **—ekstrawertyczny** *adj* extrovert

ekstremalny *adj* extreme: *The same extreme conditions exist at the bottom of the ocean.* | *extreme left-wing party* **—ekstremist-a/ka** *n* extremist **—ekstremistyczny** *adj* extremist **—ekstremizm** *n* extremism **—ekstremum** *n* extreme: *He used to be very shy, but now he's gone to the opposite extreme.*

ekumeniczny *adj* ecumenical

elastyczność *n* **1** *(wielofunkcyjność)* flexibility: *the flexibility of the computer system* **2** *(rozciągliwość)* elasticity, flexibility: *elasticity of skin and muscles* **3 brak elastyczności** inflexibility

elastyczny *adj* **1** *(człowiek, instytucja, plan)* flexible: *We need a flexible management system.* **2** *(tkanina, rajstopy)* elastic: *elastic stockings* **3** *(tworzywo)* flexible: *shoes with flexible rubber soles* **4 mało elastyczny** inflexible: *an inflexible, arrogant man*

elegancja *n* elegance

elegancki *adj* **1** *(człowiek)* elegant, smart *BrE*: *a tall, elegant woman* | *Chris was looking very smart in his new grey suit.* **2** *(rozwiązanie)* elegant: *an elegant solution to a problem* **3 mało elegancki** inelegant **—elegancko** *adv* elegantly, smartly *BrE*: *smartly dressed women*

elektorat *n* electorate: *60% of the electorate*

E

elektroda *n* electrode

elektron *n* electron: *an electron beam*

elektroniczny *adj* **1** electronic: *electronic music* **2 poczta elektroniczna** electronic mail, e-mail: **kontaktować się z kimś pocztą elektroniczną** e-mail sb: *Ryan e-mailed me as soon as he arrived in Japan.* —**elektronicznie** *adv* electronically

elektronika *n* electronics

elektronowy *adj* **mikroskop elektronowy** electron microscope

elektrostatyczny *adj* **ładunek elektrostatyczny** static

elektrownia *n* **1** power station: **elektrownia wodna** hydroelectric power station **2 elektrownia na wiatr** wind farm **3 elektrownia atomowa** nuclear power plant/station

elektryczność *n* electricity

elektryczny *adj* **1** *(prąd, wstrząs, kabel, koc itp.)* electric: *an electric toaster/heater* | *an electric field* | *electric cables* | *an electric guitar* | *an electric shock* **2** *(system, sprzęt)* electrical: *electrical appliances* | *an electrical shop* | *I think there's an electrical fault* (=awaria). **3 krzesło elektryczne** the electric chair **4 przewód elektryczny** flex *BrE*, cord *AmE*

E

elektryk *n* **1** electrician **2 inżynier elektryk** electrical engineer

UWAGA: elektryk i electric

Wyraz **electric** jest przymiotnikiem i nie można go używać jako odpowiednika polskiego rzeczownika **elektryk**.

elektryzujący *adj* electrifying

element *n* **1** element: *Rhyme is just one of the elements of his poetry.* | *There is a strong right-wing element in the organization.* | **element zaskoczenia/ryzyka** element of surprise/risk: *There's always an element of risk in this kind of investment.* **2** *(zbioru)* member, element **3 elementy astronomii/chemii itp.** introduction to astronomy/chemistry etc

elementarny *adj* **1** elementary, rudimentary: *an elementary mistake* | *a rudimentary knowledge of Japanese* **2 cząstka elementarna** elementary particle

elf *n* elf

eliksir *n* potion

eliminacja *n* **1** elimination: *the elimination of nuclear weapons* | **przez eliminację** by a process of elimination: *The identity of the murderer was arrived at* (=tożsamość mordercy ustalono) *by a process of elimination.* **2 eliminacje** *(sportowe)* qualifier: *the first round* (=runda) *of the qualifier*

eliminować *v* eliminate: *Electronic banking eliminates the need for cash or cheques.* → patrz też WYELIMINOWAĆ

elita *n* elite: *a small privileged elite* —**elitarny** *adj* elite: *an elite college* | *an elite squad*

elokwentny *adj* eloquent, articulate, well-spoken: *an eloquent speaker* | *bright, articulate teenagers* —**elokwentnie** *adv* eloquently —**elokwencja** *n* eloquence

e-mail *n* e-mail: *Within seconds, I got an e-mail confirming the booking.*

emalia *n* enamel

emancypacja *n* **1** emancipation: *a symbol of spiritual emancipation* **2 emancypacja kobiet** women's liberation

embargo *n* embargo

emblemat *n* emblem

embrion *n* embryo: *experiments on embryos*

emerytalny *adj* **1 wiek emerytalny** retirement age: *Two of our colleagues will reach* (=osiągną) *retirement age this year.* **2 fundusz emerytalny** pension fund **3 system emerytalny** pension/retirement plan **4 świadczenia emerytalne** retirement benefits: *Are you sure you're getting all the retirement benefits you're entitled to* (=jakie ci przysługują)*?*

emeryt/ka *n* senior citizen, (old age) pensioner *BrE*, retiree *AmE* —**emerytowany** *adj* retired: *a retired teacher*

emerytura *n* **1** *(pieniądze)* (retirement) pension: *He only has his retirement pension to live on now* (=żyje teraz wyłącznie z emerytury). **2** *(okres)* retirement: *a long and happy retirement* **3 odejście na emeryturę** retirement: *On retirement* (=po odejściu na emeryturę) *you will receive a small pension.* **4 być na emeryturze** be retired: *Both my parents are retired now.* **5 odejść na emeryturę** retire: *He retired when he was 65.* **6 przechodzić na wczesną emeryturę** take early retirement, retire early

emigracja *n* **1** *(wyjazd)* emigration **2 przymusowa emigracja** exile **3** *(ludzie)* expatriate community, expatriates, expats

emigrant/ka *n* **1** emigrant: *There are many Polish emigrants in Chicago.* **2** *(polityczny)* exile, émigré: *We housed a political exile until he was able to return home in safety.* | *Russian émigrés living in Paris*

emigrować *v* emigrate: *Her family emigrated to America in the 1850s.*

emisja *n* **1** *(w radiu, telewizji)* broadcast: *a radio news broadcast* | **emisja na żywo** live broadcast **2** *(filmu w telewizji)* screening: *a screening of Spielberg's new movie* **3** *(zanieczyszczeń)* discharge, emission: *the discharge of toxic waste* (=trujących odpadów) *into the sea* | *Britain has agreed to cut emissions of nitrogen oxide from power stations.* **4** *(znaczków, akcji)* issue: *a new issue of bonds* (=obligacji)

emitować *v* *(w radiu, telewizji)* broadcast, air: *The interview was broadcast live* (=na żywo) *across Europe.* | *You can watch virtually every national TV program aired in America on Fairfax Cable.*

emocje *n* **1** emotion: *The accused man showed little sign of emotion.* | **z emocji** *Her voice was trembling with emotion.* **2 wywołujący emocje** emotive, emotional: *Child abuse is an emotive subject.* **3 pozbawiony emocji** unemotional: *an unemotional woman* | *Police were shocked at the unemotional way the murderer described the killings.*

emocjonalny *adj* emotional: *an emotional reaction* | *emotional problems* —**emocjonalnie** *adv* emotionally: *He always reacts too emotionally to things.*

empatia *n* empathy: *Try to show a little empathy for once.*

empiryczny *adj* empirical: *Empirical evidence is needed to support their theory.*

emulsja *n* **1** emulsion **2** *(kosmetyczna)* lotion: *suntan lotion*

emulsyjny *adj* **farba emulsyjna** emulsion (paint)

encyklopedia *n* encyclopedia, encyclopaedia *BrE* THESAURUS BOOK

energetyczny *adj* **1 kryzys energetyczny** energy crisis

2 wartość energetyczna calorie count **3 przemysł energetyczny** power industry

UWAGA: energetyczny i energetic

Angielski przymiotnik **energetic** nie znaczy „energetyczny", tylko „energiczny".

energia *n* **1** energy: *The task will take an enormous amount of time and energy.* | *She came back full of energy after her vacation.* **2 energia atomowa** atomic energy, nuclear power **3 źródło energii** energy source: *conventional/alternative energy sources* **4 tracić energię** run out of steam/gas *AmE*

energicznie *adv* energetically, briskly: *Try to swim faster and more energetically.* | *walking briskly down the hill*

energiczny *adj* energetic, brisk: *an able and energetic politician* | *her movements were quick and energetic* | *a brisk walk/pace* | *a brisk tone/voice*

energooszczędny *adj* energy-saving: *energy-saving light bulbs*

enigmatyczny *adj* enigmatic —**enigmatycznie** *adv* enigmatically

enklawa *n* enclave: *the Italian-American enclave in New York*

entuzjast-a/ka *n* enthusiast: **entuzjasta golfa/filmu/jazzu/motoryzacji** golf(ing)/film/jazz/motoring enthusiast

entuzjastycznie *adv* **1** enthusiastically: *The audience reacted enthusiastically.* **2 entuzjastycznie nastawiony** enthusiastic: *You don't sound very enthusiastic.* | *Several enthusiastic young teachers have just started working at the school.* | **+do** *The president was enthusiastic about the proposals.*

entuzjastyczny *adj* enthusiastic: *The singer got an enthusiastic reception.* | *an enthusiastic crowd* | *an enthusiastic response from the public*

entuzjazm *n* enthusiasm: *Although she's a beginner, she played with great enthusiasm.* | *He shares your enthusiasm for jazz.* | *She was full of enthusiasm for the plan.* | **brak entuzjazmu** lack of enthusiasm | **z entuzjazmem** enthusiastically: *"That's a brilliant idea!" said Linda enthusiastically.* | **bez entuzjazmu** unenthusiastically: *He looked unenthusiastically at the paper on his desk.* | **gasić/studzić czyjś entuzjazm** dampen sb's enthusiasm

enzym *n* enzyme: *digestive enzymes*

epicki *adj* epic

epidemia *n* epidemic: *a flu epidemic* | *the recent epidemic of car thefts* (=kradzieży samochodów)

epilepsja *n* epilepsy —**epilepty-k/czka** *n* epileptic

epilog *n* epilogue

epitafium *n* epitaph

epitet *n (określenie)* label: *The critics called the film a flop, and it certainly deserved that label.*

epizod *n* episode: *one of the saddest episodes in his life*

epoka *n* **1** epoch: *the beginning of a new epoch in the history of mankind* **2 epoka kamienna/lodowcowa itp.** the Stone/Ice etc Age: *We are living in the computer age.*

epopeja *n* epic: *Universal Pictures' dinosaur epic 'Jurassic Park'*

epos *n* epic: *Homer's epic, 'The Iliad'*

era *n* era: *In the Victorian era such behaviour was socially unacceptable.* | *a new era of peace and international co-operation*

erekcja *n* erection

erotyczny *adj* erotic: *an erotic dream* —**erotycznie** *adv* erotically

erozja *n* erosion: *soil erosion* | *the erosion of the coastline* | **ulegać erozji** be eroded: *The coastline is being eroded by* (=pod wpływem) *the sea.*

esej *n* essay: *an essay on the causes of the French Revolution*

esencja *n* **1** *(wyciąg)* essence: *vanilla essence* **2** *(herbaciana)* strong tea infusion **3** *(istota)* essence: *In his paintings Picasso tries to capture the essence of his subjects.* | *the essence of democracy* **4** *(sens, treść)* gist: *Those aren't his exact words, but that's the gist of what he said.*

eskalacja *n* escalation

eskapada *n* escapade: *Have you heard about Jane's latest escapade?*

Eskimos/ka *n* Eskimo, Inuit —**eskimoski** *n* Eskimo, Inuit

UWAGA: Eskimo

Niektórzy, zwłaszcza sami Eskimosi, uważają wyraz **Eskimo** za obraźliwy. Lepiej w odniesieniu do tej grupy etnicznej posługiwać się wyrazem **Inuit**.

eskorta *n* escort: *a police escort* | *The suspects arrived under armed escort* (=pod eskortą uzbrojonych strażników). —**eskortować** *v* escort: *Armed guards escorted the prisoners into the courthouse.* | *The visitors were escorted by marine guards to the airport.*

estakada *n* flyover *BrE*, overpass *AmE*

estetyczny *adj* aesthetic *BrE*, esthetic *AmE*: *an innate aesthetic sense* (=wrodzony zmysł estetyczny) —**estetyka** *n* aesthetics *BrE*, esthetics *AmE*: *the aesthetics of the building*

estrada *n* **1** stage **2** *(w parku itp.)* bandstand

estradowy *adj* **artyst-a/ka estradow-y/a** entertainer

etap *n* **1** stage: *the different stages of a child's development* | **na tym etapie** at this stage: *It would be unwise to comment at this stage of the negotiations.* | **na późniejszym etapie** at a later stage: *The design may well be modified at a later stage.* **2** *(podróży, wyścigu)* leg: *the final leg of the Tour de France*

etat *n* **1** *(stanowisko)* position: *She held the position of manager* (=pracowała na etacie kierownika). | *that position has been filled* (=zatrudniono kogoś na ten etat) **2 na cały/pełen etat** full-time: *She works full-time, and has two kids.* | *Looking after three children all day is a full-time job.* **3 na pół etatu** part-time: *a part-time job* | *She'll work part-time after she's had the baby.*

eter *n* ether

etniczny *adj* ethnic: *different ethnic groups* | **grupa etniczna** ethnic group | **czystki etniczne** ethnic cleansing

etos *n* ethos: *the competitive spirit* (=duch współzawodnictwa) *in the American ethos*

etyczny *adj* ethical: *Is it ethical to use drugs to control prisoners' behaviour?* —**etycznie** *adv* ethically —**etyka** *n* ethic(s): *work ethic* | *professional ethics*

etykieta *n* **1** *(nalepka)* label: *Always read the instructions on the label.* **2** *(określenie)* label: *a pejorative label invented*

E

by his enemies **3** *(dobre zachowanie)* etiquette: *Etiquette is still important on occasions such as weddings and funerals.*

etykietować *v* label: *Make sure that all the bottles are clearly labelled.*

etymologia *n* etymology —**etymologiczny** *adj* etymological

eufemizm *n* euphemism —**eufemistyczny** *adj* euphemistic

euforia *n* euphoria

euro *n (waluta)* Euro

Europa *n* Europe: *Poland's future lies in Europe.* —**Europej-czyk/ka** *n* European

europejski *adj* **1** European **2 Unia Europejska** European Union

eutanazja *n* euthanasia

ewakuować *v* evacuate: *During World War II children were evacuated from London to country areas.* —**ewakuacja** *n* evacuation

E

ewangelia *n* gospel: *the Gospel according to Mark* —**ewangelicki** *adj* evangelical

ewentualnie *adv* **1** *(być może)* possibly: *He's going to stay at least three weeks, possibly longer.* **2** *(lub)* alternatively: *I could come to your house, or alternatively we could meet in town.*

UWAGA: ewentualnie i eventually

Nie należy używać wyrazu **eventually** w znaczeniu „ewentualnie". **Eventually** znaczy „w końcu, wreszcie, po długim oczekiwaniu": *Eventually the baby stopped crying and we managed to get some sleep.*

ewentualność *n* eventuality: *We must be prepared for every eventuality.* —**ewentualny** *adj* possible: *The two companies are discussing possible joint projects.*

UWAGA: ewentualny i eventual

Angielski przymiotnik **eventual** nie znaczy „ewentualny", tylko „ostateczny": *Sweden were the eventual winners of the tournament | the eventual outcome* (=wynik).

ewidentnie *adv* **1** obviously: *We're obviously going to need more help. | The treatment* (=kuracja) *is obviously not working. | The woman was lying across the chairs, obviously unwell* (=ewidentnie chora). **2** *(fałszywy, absurdalny, niesprawiedliwy itp.)* patently: *Her denial was swift and patently untrue.*

ewidentny *adj* **1** obvious, evident: *an obvious mistake or malfunction* **2** *(kłamstwo, absurd itp.)* patent: *a patent lie*

UWAGA: ewidentny i evident

Przymiotniki te mają podobne znaczenie, jednak po polsku **ewidentny** określa zwykle zjawiska negatywne, podczas gdy **evident** znaczy tylko „widoczny, oczywisty" i nie kojarzy sie negatywnie: *Bob was eating his lunch with evident enjoyment.*

ewolucja *n* evolution: *Darwin's theory of evolution | the evolution of the computer over the past 30 years* —**ewolucyjny** *adj* evolutionary: *an evolutionary process*

ewoluować *v* evolve: *Darwin explained how humans and apes evolved from a common ancestor.*

fabryka *n* factory: *a shoe factory*

UWAGA: fabryka i fabric

Angielski rzeczownik **fabric** nie znaczy „fabryka", tylko „tkanina".

fabrykować *v* fabricate: *The police were accused of fabricating evidence.*

fabularny *adj* **film fabularny** feature film

fabuła *n* plot: *The plot of the thriller was so complicated that I couldn't follow it.*

facet *n* guy, bloke *BrE*, chap *BrE*: *Dave's a nice guy when you get to know him.* | *The new bloke next door seems a bit weird* (=dziwny). THESAURUS MAN

UWAGA: facet

W języku angielskim istnieje wprawdzie wyraz **facet**, nie jest to jednak potoczne określenie mężczyzny, tylko rzeczownik oznaczający „aspekt" lub „stronę" (jakiegoś zagadnienia, czyjejś osobowości itp.).

fach *n* trade: *In those days people would leave school at fourteen to learn a trade.*

fachowiec *n* professional: *You did that like a real professional.* —**fachowo** *adv* professionally: *a professionally edited video* —**fachowość** *n* professionalism

fachowy *adj* **1** expert, professional: *expert/professional advice* **2 wiedza fachowa** expertise: *trainee engineers with varying degrees of computer expertise*

fagot *n* bassoon

UWAGA: fagot i faggot

Występujący zwłaszcza w amerykańskiej angielszczyźnie rzeczownik **faggot** to nie nazwa instrumentu muzycznego, tylko potoczne, obraźliwe określenie homoseksualisty.

fair *adj, adv* **1 to (jest) nie fair** it's not fair: *It's not fair to blame Charlie. He didn't know anything.* | **+ wobec** fair on: *You can't just give the clever kids attention because that's not fair on the rest of the class.* **2 grać/postępować fair** play fair: *In international trade* (=w handlu międzynarodowym) *few countries play fair.*

fajerwerki *n* fireworks: *a New Year's Eve fireworks display* (=pokaz fajerwerków)

fajka *n* **1** pipe: *Peter filled and lit his pipe.* **2 fajka pokoju** peace pipe, pipe of peace **3** *(do nurkowania)* snorkel **4 fajki** *papierosy* ciggies, smokes, fags *BrE*

fajnie *adv* great, cool: *It's great to see you again!* | *You look really cool in those sunglasses.*

fajny *adj* great, cool: *It sounds like a great idea - let's try it.* | *It was a really cool party last night.* THESAURUS GOOD

faks *n* **1** *(wiadomość)* fax: *Did you get my fax?* **2** *(urządzenie)* fax (machine): *Do you have a fax machine?* **3 faksem** by fax: *a letter sent by fax*

faksować *v* fax →patrz też PRZEFAKSOWAĆ

fakt *n* **1** fact: *The book is full of interesting facts about the World Cup.* **2 po fakcie a)** *(później)* after the fact: *We found out* (=dowiedzieliśmy się) *years after the fact.* **b)** *(po namyśle)* with hindsight: *With hindsight it's easy to criticize her decision.* **3 fakt faktem** there's no denying: *There's no denying Bess likes country life, but I think she still misses New York.* **4 literatura faktu** nonfiction

faktura *n* **1** *(powierzchnia)* texture: *the smooth texture of silk* **2** *(dokument)* invoice: *We'll send you an invoice by the end of the month.*

faktycznie *adv* **1** *(w rzeczywistości)* actually, in fact: *They told me it would be cheap but in fact it cost me nearly $500.* | *Did he actually attack you, or just threaten you?* **2** *(racja)* you're right: *You're right, it's getting late.*

faktyczny *adj* **1** *(wynik, przyczyna, liczba)* actual: *a big difference between the opinion polls and the actual election results* **2** *(władza, przywódca)* effective: *The rebels are in effective control of* (=sprawują faktyczną kontrolę nad) *the city.*

fakultatywny *adj* optional: *Woodwork* (=stolarstwo) *was an optional subject at our school.*

fala *n* **1** *(morska itp.)* wave: *She watched the waves breaking on the rocks.* **2** *(w fizyce)* wave: *electromagnetic waves* | **fale krótkie** short wave | **fale ultrakrótkie** FM: *Tune in to 91.3 FM* (=nastaw radio na fale ultrakrótkie o częstotliwości 91,3Hz) *for the best music in the city.* | **długość fali** wavelength **3** *(duże nasilenie)* wave: *a wave of strikes/immigrants* | *a new wave of terrorist bombings* **4** *(we włosach)* wave: *her blonde hair, cascading in waves* (=opadające falami) *down to her shoulders*

F

falbanka *n* frill: **z falbankami** frilly: *a little girl's frilly dress*

falisty *adj* **1** wavy: *a wavy edge/line* **2 tektura/blacha falista** corrugated cardboard/iron

falować *v* roll, wave: *The grass of the prairie was rolling/waving in the wind.*

falsyfikat *n* fake, forgery: *We thought it was a genuine antique, but it was only a fake.* | *The painting was actually a very clever forgery.*

falujący *adj* **1** *(włosy)* wavy: *long, wavy hair* **2** *(trawa, zboże itp.)* rolling, waving: *dark, rolling clouds* | *We went back through the high, waving grass.*

fałda *n* fold: *He had a dagger* (=sztylet) *concealed in the folds of his robe.* | *The old dog had thick folds of skin around its neck.*

fałsz *n* **1** *(nieprawda)* falsehood **2** *(obłuda)* insincerity

fałszerstwo *n* forgery —**fałsze-rz/rka** *n* forger

fałszować *v* **1** *(podpisy, czeki, paszporty)* forge, fake **2** *(rachunki, dokumenty, dowody)* falsify: *Somebody had been falsifying the accounts.* **3** *(wyniki, wybory)* rig, fix: *Many people believe that the outcomes of boxing matches are fixed.* **4 a)** *(śpiewając)* sing off-key/out of tune: *Someone upstairs was singing off-key.* **b)** *(grając)* play off-key/out of tune →patrz też SFAŁSZOWAĆ, ZAFAŁSZOWAĆ

fałszywie *adv* **1** falsely: *She was smiling falsely.* **2** *(śpiewać, grać)* off-key, out of tune: *Someone upstairs was singing off-key.*

fałszywy *adj* **1** *(nieprawdziwy)* false: *Please decide whether the following statements are true or false.* | **fałszywe oskarżenia** false accusations | **fałszywy alarm**

false alarm | **fałszywe zeznania** false statements THESAURUS WRONG **2** *(podrobiony)* fake, forged, counterfeit: *a fake passport/painting/ID | a forged passport/banknote/document/signature | The police were looking for counterfeit money.* **3** *(nieszczery)* false, insincere: *She's very false. | an insincere smile* | **fałszywa skromność** false modesty: *"You played brilliantly." "Not really," Ian replied with false modesty.*

fanaty-k/czka *n* **1** *(polityczny, religijny itp.)* fanatic: *fanatics who represent a real danger to democracy* **2** *(entuzjasta)* freak: *health food freaks | a bike/film/fitness freak* —**fanatycznie** *adv* fanatically —**fanatyczny** *adj* fanatical —**fanatyzm** *n* fanaticism

fanfara *n* fanfare

fan/ka *n* fan: *She's always been a big fan of Michael Jackson.*

fantastyczny *adj* fantastic, fabulous, brilliant: *Sounds like a fantastic idea to me.* THESAURUS GOOD —**fantastycznie** *adv* fantastically

fantastyka *n* **1** fantasy **2 fantastyka naukowa** science fiction, sci-fi

fantazja *n* **1** *(wyobraźnia)* imagination: *He's got imagination.* **2** *(fikcja)* fantasy: *Young children sometimes can't distinguish between* (=nie potrafią odróżnić) *fantasy and reality.* | **żyć w świecie fantazji** live in a fantasy world

fantazyjny *adj* fancy: *fancy buttons*

fantom *n* phantom

faraon *n* pharaoh

farba *n* **1** paint **2** *(do włosów)* dye, tint **3 farba olejna** oil paint: **malować farbami olejnymi** paint in oils **4 farby wodne** watercolours **5 pudełko z farbami** paintbox **6 puścić farbę** *(wygadać się)* spill the beans

farbować *v* **1** *(odzież, włosy)* dye: *She always dyes her hair red* (=farbuje włosy na rudo). **2** *(w praniu)* bleed, run: *Wash it in cold water so the colours don't bleed. | The color ran when I washed your red shirt, and now all your socks are pink!*

farma *n* farm: *Joe had worked on the farm all his life. | a sheep farm*

farmaceut-a/ka *n* pharmacist —**farmaceutyczny** *adj* pharmaceutical —**farmacja** *n* pharmacy

farmer *n* farmer

farsa *n* farce, joke: *For them, the right to vote* (=prawo wyborcze) *was a farce.*

farsz *n* stuffing: *sage and onion stuffing* (=farsz szałwiowo-cebulowy)

fartuch *n* apron

fartuszek *n* pinafore

fasada *n* **1** *(budynku)* facade: *the facade of the cathedral* **2** *(pozory)* facade: *Behind her cheerful facade, she's really a lonely person.*

fascynacja *n* fascination: **+ czymś** with sth: *This book is yet another instance of the author's fascination with death.*

fascynować *v* fascinate: *Baseball still fascinates Americans.*
fascynować się *v* **fascynować się czymś** be fascinated with/by sth, have a fascination for/with sth: *The ancient Greeks were fascinated by geometry. | He has a fascination for old books.*

fascynujący *adj* fascinating: *a fascinating book* THESAURUS INTERESTING

fasola *n także* **fasolka** beans: *green beans*

faszyzm *n* fascism —**faszyst-a/ka** *n* fascist —**faszystowski** *adj* fascist

fatalnie *adv* **czuć się/wyglądać fatalnie** feel/look awful/terrible: *I feel terrible and my eyes are itchy. | You look awful - what's wrong with you?*

fatalny *adj* disastrous, awful: *He lost his chance of winning after a disastrous second round.* | **fatalny skutek** disastrous effect: *The breakup of a marriage* (=rozkład małżeństwa) *can have a disastrous effect on the children.* | **fatalny błąd** fatal mistake

fatum *n* fate

fatygować *v* bother, trouble: *I wouldn't like to bother you unnecessarily.*
fatygować się *v* bother: *You needn't have bothered* (=niepotrzebnie się fatygowałeś).

faul *n* foul: *That was a foul!* —**faulować** *v* foul → patrz też SFAULOWAĆ

fauna *n* **1** fauna **2 fauna i flora** wildlife: *studying the wildlife*

faworyt/ka *n* favourite *BrE*, favorite *AmE*: *France were favorites to win the World Cup.*

faworyzować *v* favour *BrE*, favor *AmE*: *a tax cut* (=obniżenie podatków) *that favours rich people*

faza *n* phase: *This book was written in the author's experimental phase.*

federacja *n* federation —**federalny** *adj* federal: *the federal government*

feldmarszałek *n* field marshal

felieton *n* column: *a weekly* (=cotygodniowy) *column in the most popular paper* —**felietonist-a/ka** *n* columnist

feminist-a/ka *n* feminist —**feministyczny** *adj* feminist —**feminizm** *n* feminism

fenomen *n* **1** *(zjawisko)* phenomenon: *a very strange phenomenon* **2 fenomen natury** freak of nature: *By some freak of nature* (=za sprawą jakiegoś fenomenu natury) *there was a snowstorm in June.*

fenomenalny *adj* phenomenal: *a phenomenal success*

ferie *n* holidays, break: *The school holidays start on Wednesday. | What are you doing during the Easter break?*

ferment *n* ferment: *artistic ferment* —**fermentacja** *n* fermentation —**fermentować** *v* ferment

festiwal *n* festival: *I met all kinds of people at the festival.*

feudalny *adj* feudal —**feudalizm** *n* feudalism

fiasko *n* fiasco, debacle: *The first lecture I ever gave was a complete fiasco. | the debacle of the 1994 elections*

figa *n* **1** fig **2** *(nic)* nothing, zilch

figi *n* panties: *a pair of lacy panties*

figiel *n* **płatać figle** play tricks: *Fate* (=los) *plays cruel tricks sometimes.* | **spłatać komuś figla** play a trick on sb: *They decided to play a trick on him.*

figlarny *adj* playful, mischievous: *a playful smile | Gabby looked at him with a mischievous grin.* —**figlarnie** *adv* playfully, mischievously: *"What happened here?" she asked playfully. | Ben smiled mischievously.*

F

figura *n* **1** *(zgrabna itp.)* figure: *She has a great figure.* **2** *(postać)* figure: *He was the outstanding political figure of his time.* **3** *(w geometrii)* figure: *a hexagon is a six-sided figure* **4** *(rzeźba)* statue: *a park full of clay statues* **5** *(w szachach)* piece **6 figura retoryczna** figure of speech

figurować *v* figure: *Marriage didn't really figure in their plans.*

fikcja *n* fiction, fantasy: *It is often difficult to separate fact from fiction.* | *Her books mix historical fact with fantasy.* | *preserving the fiction of his happy childhood* | *His stories were pure fantasy.*

fikcyjny *adj* **1** *(fałszywy)* fictitious: *a fictitious name/address* **2** *(wymyślony)* fictitious, fictional: *The author fills this real town with fictitious characters.* | *the fictional German town of Kreiswald*

fikołek *n* somersault: *Janice did a backward somersault on the mat.*

filantrop/ka *n* philanthropist

filar *n* **1** pillar: *Huge pillars support the cathedral roof.* **2 filar społeczeństwa** pillar of society

filc *n* felt

filet *n* fillet: *salmon fillets* | *a fillet of sole*

filharmonia *n* **1** *(instytucja)* philharmonic: **orkiestra filharmonii wiedeńskiej/londyńskiej itp.** the Vienna/London etc Philharmonic Orchestra **2** *(budynek)* Philharmonic Hall

filia *n* **1** *(banku itp.)* branch THESAURUS COMPANY **2** *(spółki)* subsidiary

filigranowy *adj* dainty: *a dainty little girl* | *She wore a dainty hat with a little feather in it.*

filiżanka *n* cup: *They sat drinking Turkish coffee out of china cups.* | **filiżanka do herbaty** teacup | **filiżanka do kawy** coffee cup | **filiżanka herbaty/kawy** cup of tea/coffee: *Would you like a cup of tea?*

film *n* **1** film *BrE* (motion) picture, movie *AmE*: *The film was pretty boring.* | **film fabularny** feature film | **film niemy** silent film | **film pełnometrażowy** full-length film THESAURUS PROGRAMME **2** *(w aparacie)* film: *I shot five rolls of film on vacation.* **3 film rysunkowy/animowany** (animated) cartoon

filmować *v* film, shoot: *They had to shoot the final scene again.* | *The robbery was filmed using a secret camera.* → patrz też SFILMOWAĆ

filmowiec *n* filmmaker

filmowy *adj* **gwiazda filmowa** film star *BrE*, movie star *AmE*

filologia *n* **1** philology **2 filologia klasyczna** classics **3 filologia angielska** English (studies): **studiować filologię angielską** study English, major in English *AmE*

filozofia *n* philosophy —**filozoficzny** *adj* philosophical —**filozoficznie** *adv* philosophically

filozof/ka *n* philosopher

filtr *n* filter: *Dust will collect on the filter.*

finalist-a/ka *n* finalist: *Let me introduce our four finalists.*

finalizować *v* finalize, finalise *BrE*: *They're in Moscow, finalising the contract.* → patrz też SFINALIZOWAĆ

finał *n* **1** *(w sporcie)* final(s): *Italy will play in the final against Brazil.* | *He reached the finals but only came second.* **2** *(w muzyce)* finale: *the finale of Beethoven's ninth symphony* THESAURUS END —**finałowy** *adj* final: *the final round/match*

finanse *n* **1** finances: *The committee's finances are very limited.* **2 Minister Finansów** Finance Minister

finansować *v* finance, fund: *These concerts are financed by the Arts Council.* | *The project is jointly funded by several local companies.* → patrz też SFINANSOWAĆ

finansowy *adj* **1** financial **2 środki finansowe** finance, funding: *We need to raise* (=zgromadzić) *finance for further research.* | *Funding may be available from the UN.* —**finansowo** *adv* financially: *I'd like to be financially independent.*

finisz *n* finish: *I was watching the race but I didn't get to see* (=nie dane mi było zobaczyć) *the finish.*

Fin/ka *n* Finn: **Finowie** the Finns

Finlandia *n* Finland

fiński[1] *adj* **1** Finnish **2 nóż fiński** sheath knife

fiński[2] *n* *(język)* Finnish

fiolet *n* purple —**fioletowy** *adj* purple

fiołek *n* violet

fiord *n* fjord

firanka *n* lace curtain

firma *n* **1** business, firm: *He started a business while he was still at school.* | *a law firm* THESAURUS COMPANY **2 na koszt firmy** on the house: *This drink is on the house.*

firmowy *adj* **1 firmowy samochód** company car **2 nazwa firmowa** brand name **3 papier firmowy** headed (note)paper

fizjologia *n* physiology —**fizjologiczny** *adj* physiological

fizjoterapeut-a/ka *n* physiotherapist —**fizjoterapia** *n* physiotherapy

fizyczny *adj* **1** physical: *the physical and chemical properties of the stars* | *people with physical disabilities* (=upośledzeni fizycznie) | **ćwiczenia fizyczne** physical exercise: *Do you do much physical exercise?* | **pociąg fizyczny** physical attraction: *There was a strong physical attraction between us.* | **przemoc fizyczna** physical violence **2 pracownik fizyczny** blue-collar worker, manual worker/labourer **3 sprawność fizyczna** (physical) fitness **4 pracownia fizyczna** physics lab **5 wychowanie fizyczne** physical education —**fizycznie** *adv* physically: *He was physically attractive.* | *physically handicapped*

fizy-k/czka *n* physicist —**fizyka** *n* physics

flaga *n* **1** flag: *The flags fluttered gently in the wind.* | *to lower/raise the flag* **2 flaga brytyjska** Union Jack **3 flaga amerykańska** Stars and Stripes

flaming *n* flamingo

flanela *n* flannel

fleksja *n* inflection

flesz *n* flash: *The camera has a built-in flash.*

flet *n* **1** flute **2 flet prosty** recorder

flircia-rz/rka *n* flirt: *Dave is such a flirt!*

UWAGA: flirt

Angielski rzeczownik **flirt** nie oznacza gry miłosnej, tylko osobę, która ją prowadzi. Polskiemu „flirt" odpowiada angielskie **flirtation**.

flirt *n* flirtation: *Kissing Chris was a game, a playful flirtation that they both enjoyed.* | *the artist's brief flirtation with photography* —**flirtować** *v* flirt: *Tony flirted with every woman at the party.* | *Who hasn't flirted with the idea of giving up work?*

flora *n* flora: *the flora of the Alps*

flota *n* fleet: *The ship was the pride of the U.S. fleet.*

flotylla *n* flotilla: *a flotilla of paper boats*

fluktuacja *n* fluctuation: *fluctuations in coffee and tea prices*

fobia *n* phobia: *Holly has a phobia about snakes.* | *Why do some adults develop phobias?*

foka *n* seal: *Hundreds of baby seals are slaughtered for their fur every year.*

folder *n* **1** *(reklamowy)* booklet, leaflet: *Write to this address for a free booklet.* **2** *(komputerowy)* folder: *Try to group related files in folders.*

F

folia *n* **1** foil: *Cover the pan tightly with foil.* **2 folia aluminiowa** tinfoil, aluminium *BrE*, aluminum *AmE* foil: *Wrap the cake in tinfoil.* **3 folia spożywcza** clingfilm *BrE*, plastic wrap *AmE*

foliowy *adj* **torba/torebka foliowa** plastic bag

folklor *n* folklore: *Sometimes the folklore of an area or nation can be a major tourist attraction.*

folklorystyczny *adj* **zespół folklorystyczny** folk band

folwark *n* manor

fonetyczny *adj* phonetic: *Pronunciation is shown by a system of phonetic transcription.* —**fonetycznie** *adv* phonetically —**fonetyka** *n* phonetics

fonograficzny *adj* **firma fonograficzna** record company

fontanna *n* **1** fountain: *There seem to be fountains wherever you look in this park.* **2 fontanna łez** floods of tears

forma *n* **1** *(kształt, postać, przejawy itp.)* form: *Is this an acceptable form of protest?* | *The play departs from tradition* (=odchodzi od tradycji) *in its form.* | **w formie czegoś** in the form of sth: *The story is told in the form of a diary* (=pamiętnika). | **w formie książki/kasety** in book/cassette form | **przybrać formę czegoś** take the form of sth: *Your essay ought to take the form of a logical argument.* THESAURUS HEALTHY **2** *(kondycja fizyczna)* shape: **w formie** in shape, fit, in trim: *What do you do to keep fit?* | **nie w formie** out of shape: *I hadn't played for years and I was totally out of shape.* | **w dobrej/złej/kiepskiej formie** in good/bad/poor shape: *Both women played well and looked in good shape.* | *The boxer was obviously in bad shape.* **3 w szczytowej formie** at your/its etc best: *The album shows Stephane Grappelli at his very best.* **4** *(odlewnicza itp.)* mould *BrE*, mold *AmE*: *a jelly mould* **5 forma do pieczenia** baking tin/tray

formacja *n* formation

formalnie *adv* **1** formally: *She has not yet formally applied for the job.* **2 formalnie rzecz biorąc** technically: *Technically, you should ask permission before you use the computer.*

formalność *n* formality: *The physical exam is just a formality.* | **formalności pogrzebowe** funeral formalities

formalny *adj* **1** formal: **wymogi formalne** formal requirements | **logika formalna** formal logic **2 kwestia formalna** point of order: *One MP raised an objection on a point of order.* **3 z formalnego punktu widzenia** technically: *Although technically I am senior to* (=mam wyższe stanowisko niż) *Smith we do more or less the same job.*

format *n* **1** *(książki)* format: *the traditional dictionary format* **2** *(zdjęcia, obrazu)* size: *Please bring a passport-size photograph.*

formować *v* shape, form: *She kneaded the dough* (=wyrabiała ciasto) *and shaped it into loaves.*
formować się *v* be formed, form: *Pictures illustrate some of the ways in which rocks are formed.* | *New groups were forming and dissolving* (=formowały się i rozwiązywały) *every day.*

formularz *n* form: *Attach a recent photograph to your form.* | **wypełnić formularz** fill in/out a form, complete a form | **formularz wniosku** application form: *All application forms must be submitted by Monday.* | **formularz podatkowy** tax form

formuła *n* **1** *(reguła)* formula: *a complex mathematical formula* | *There's no way I can memorize all these formulas before the test.* **2** *(audycji, gazety)* format: *This week the show has a new format.*

formułować *v* phrase, word, formulate →patrz też SFORMUŁOWAĆ

forsa *n* bread, dough

forsowny *adj* strenuous: *strenuous exercise*

fort *n* fort: *The wall of the fort was riddled with bullet holes* (=podziurawiona od kul).

forteca *n* fortress: *the old fortress on top of the hill*

fortepian *n* piano: *He learned to play the piano by ear* (=ze słuchu). | **fortepian koncertowy** grand piano | **lekcja fortepianu** piano lesson | **koncert na fortepian** piano concerto

fortuna *n* **1** *(majątek)* fortune: *The car has cost a fortune to repair.* | **dorobić się fortuny** make a fortune: *He had made a fortune gambling in Las Vegas.* **2** *(los)* fortune: **koło fortuny** wheel of fortune

fortyfikacje *n* fortifications: *The army destroyed most of the town's fortifications.*

forum *n* **1** forum: *The United Nations should be a forum for solving international problems.* **2 na forum międzynarodowym** on the international scene **3** *(internetowe)* message board, bulletin board, forum

fosa *n* moat

fosforan *n* phosphate

fosforyzujący *adj* luminous: *luminous paint* | *luminous road signs*

fotel *n* **1** armchair, chair: *Dad was sitting in an armchair, reading the paper.* | *Grandpa's in his favourite chair by the fireplace.* **2 fotel bujany** rocking chair **3** *(w samolocie, samochodzie)* seat: *Please replace your tray and return your seat to an upright position* (=i ustawić oparcie fotela w pozycji pionowej) *for landing.* | **fotel kierowcy/pasażera** driver's/passenger seat **4 fotel dentystyczny** dentist's chair

fotelik *n* *(w samochodzie)* child seat, car seat

fotka *n* snap, snapshot: *Did you take any snaps in Greece?* | *She showed me a snapshot of her three children.*

fotografia *n* **1** *(zdjęcie)* photo, photograph: *an exhibition of black and white photographs* **2** *(dziedzina)* photography: *I used to go to photography classes every week.*

fotograficzny *adj* **1** photographic: *photographic equipment | photographic memory* **2 aparat fotograficzny** camera

fotografika *n* photography

fotograf/ka *n* photographer: *The president came in, followed by a crowd of photographers. | an amateur/a professional photographer | a fashion photographer*

fotografować *v* **1** take photographs/pictures: *Visitors are not allowed* (=zwiedzającym nie wolno) *to take photographs.* **2** *(kogoś lub coś)* photograph, take pictures of: *Eve Arnold photographed Marilyn Monroe many times. | I brought my camera so that I could take pictures of all of you.*

fotokopia *n* photocopy —**fotokopiarka** *n* photocopier

fotoreporter/ka *n* news photographer

foyer *n* foyer: *We met in the theatre foyer.*

fragment *n* **1** *(kawałek, strzępek)* fragment: *He was slowly piecing together* (=składał w całość) *torn fragments of a letter.* **2** *(tekstu, koncertu)* excerpt: *a short excerpt from the poem | excerpts from Grieg's piano concerto* **3** *(cytat z tekstu)* passage: *a passage from the Bible*

frajda *n* fun: **mieć wielką frajdę** have a lot of fun, have lots of fun: *We had a lot of fun picking out a present for Susan.* | **to żadna frajda robić coś** it's no fun doing sth: *It's no fun being alone in a big city.* | **sprawiać komuś frajdę** give sb a buzz: *You know Steve, driving fast gives him a real buzz.*

frajer/ka *n* sucker, mug *BrE*

frak *n* tailcoat, tails

frakcja *n* *(w partii)* faction: *the war between the two factions*

UWAGA: frakcja i fraction

Fraction to nie „frakcja", tylko „ułamek" (także w matematyce) lub „cząstka".

framuga *n* **framuga (drzwi/okienna)** door/window frame: *The window frames are warped* (=wypaczone).

Francja *n* France —**Francuz/ka** *n* Frenchman/Frenchwoman —**Francuzi** *n* the French

francuski[1] *adj* French

francuski[2] *n* *(język)* French: *I'm learning French at school.*

fraza *n* phrase: *The poem is full of eloquent phrases about the beauty of nature.*

frazes *n* platitude: *a typical politician's speech, full of platitudes*

frekwencja *n* **1** *(na zebraniu, imprezie)* attendance, turnout: *Low attendance was the primary reason for cancelling the shows. | There was an excellent turnout at the meeting.* **2** *(szkolna)* attendance: *Daily attendance at school has improved since the project began.* **3** *(wyborcza)* (voter) turnout: *There was an unusually high turnout in the election, nearly twice the number predicted.*

fresk *n* fresco: *a series of frescoes*

frędzel *n* **1** tassel: *Gold tassels were sewn* (=przyszyte) *to the corners of the pillows.* **2 frędzle** fringe: *a cowboy jacket with a leather fringe* (=ze skórzanymi frędzlami)

front *n* **1** *(na wojnie)* front: *the Eastern/Western Front* | **linia frontu** the front line: *a few kilometres behind the front line* **2 na wszystkich frontach** on all fronts: *We're making rapid progress on all fronts.* | **na froncie ideologicznym/ekonomicznym** on the ideological/economic front **3 zmienić front** change your tune: *He was originally against the plan, but later changed his tune.*

frontowy *adj* front: **drzwi frontowe** front door

frustracja *n* frustration: *My frustration quickly turned to anger.*

frustrować *v* frustrate: *I think the fact that he's working with amateurs really frustrates him.*

frustrujący *adj* frustrating: *They keep sending me the wrong forms - it's very frustrating.* →patrz też **SFRUSTROWANY**

fruwać *v* fly: *seagulls flying high in the sky | Papers were flying around in the wind.*

frytka *n* (potato) chip *BrE*, (French) fry *AmE*: *The British like fish and chips. | Two portions of French fries, please.*

fryzjer/ka *n* **1** hairdresser **2** *(męski)* barber **3** *także* **zakład fryzjerski a)** the hairdresser's: *Beth's at the hairdresser's having her hair cut.* **b)** *(męski)* the barber's *BrE*, barber shop *AmE* **u/do fryzjera** at the hairdresser's/barber's: *I have an appointment at the hairdresser's tomorrow* (=jestem na jutro umówiona do fryzjera).

fryzjerski *adj* **1 zakład fryzjerski** →patrz **FRYZJER** **2 salon fryzjerski** (hair) salon

fryzura *n* haircut, hairdo, hairstyle: *I think it's time I changed my hairstyle. | Do you like my new haircut?*

fuj *interj* ugh, yuck: *Oh, yuck! I hate mayonnaise.*

fujarka *n* pipe

fundacja *n* foundation: *the National Foundation for the Arts* (=na rzecz sztuki)

fundament *n* **1** *(budowli)* foundation: *A careful inspection showed cracks in the foundations of the building.* **2** *(podstawa)* foundation: *a solid foundation*

fundamentalizm *n* fundamentalism —**fundamentalist-a/ka** *n* fundamentalist

fundamentalny *adj* fundamental —**fundamentalnie** *adv* fundamentally

fundować *v* →patrz **UFUNDOWAĆ**, **ZAFUNDOWAĆ**

fundusz *n* **1** fund: **fundusz emerytalny** pension/retirement fund | **fundusz stypendialny** scholarship fund **2 fundusze** finances, funds: *The committee's finances are very limited. | the school's funds for sports and music* | **gromadzić fundusze** raise funds: *We're trying to raise funds for a new swimming pool.* **3 fundusz powierniczy** trust (fund)

funkcja *n* **1** *(zadanie)* function: *What is the function of the police in society?* **2** *(w matematyce itp.)* function: **x jest funkcją y** *x is a function of y* **3** *(obowiązki)* role: **objąć/pełnić funkcję skarbnika itp.** take on/carry out the role of treasurer etc

funkcjonalny *adj* functional: *a solid, functional car*

funkcjonariusz/ka *n* officer: **funkcjonariusz policji** police officer

funkcjonować *v* function: *Scientists are not sure how our brains function.*

funt *n* **1** *(jednostka monetarna)* pound, quid *BrE*: *It costs thirty pounds. | I paid ten quid. | Will you lend me a quid?* **2 funt szterling** sterling: *I want to change my sterling into*

F

dollars. **3** *(jednostka wagi)* pound, lb: *She weighs just over 120 pounds.* | *a 3lb bag of flour*

UWAGA: quid

Quid to potoczne określenie funta, używane w brytyjskiej angielszczyźnie. Zwróć uwagę, że liczba mnoga tego rzeczownika jest identyczna z pojedynczą: *She earns at least 600 quid a week.*

UWAGA: lb

lb (w liczbie mnogiej **lbs**) to skrót pisany oznaczający funt jako jednostkę wagi. W mowie używamy wyłącznie wyrazu **pound**.

furgonetka *n* pickup (truck), van: *Look out! There's a van coming.* | *A pickup truck collided head-on* (=zderzyła się czołowo) *with a car.*

furia *n* fury, rage: **z furią** in fury, in a rage: *The old man flew at her* (=rzucił się na nią) *in a rage.* | **wpaść w furię** fly into a rage: *He flew into a rage and demanded his money back.* | **atak/przypływ furii** fit of rage: *In a fit of rage he slammed the door in her face.*

furora *n* **robić furorę (wśród kogoś)** be a hit (with sb): *Since the museum opened, it has been a hit with the kids.*

fusy *n* **a)** dregs: *coffee dregs* **b)** *(herbaciane)* (tea) leaves

futbol *n* **1** football *BrE*, soccer *AmE*: *I used to play a lot of football.* | **mecz futbolu** football game/ match: *This was a classic example of how to lose a football game.* **2 futbol amerykański** American football

futerał *n* case: **futerał na skrzypce** violin case

futro *n* **1** *(zwierzęcia)* fur: *It's a beautiful cat - its fur is so lovely and smooth.* **2** *(płaszcz)* fur (coat)

futurystyczny *adj* futuristic: *a futuristic sports car designed by Alfa Romeo*

fuzja *n* **1** *(w gospodarce)* merger: *a merger between Ford and Fiat* **2** *(strzelba)* shotgun

F

gabinet *n* **1** *(w domu)* study: *We're planning to turn the study into* (=przerobić gabinet na) *an extra bedroom.* **2** *(w pracy)* office: *the manager's office* | *The boss wants to see you right now in his office.* **3** *(w szkole)* lab: *a chemistry lab* **4** *(rząd)* the Cabinet: **gabinet cieni** the shadow cabinet **5 gabinet kosmetyczny** beauty salon *BrE*, parlor *AmE* **6 gabinet lekarski** surgery *BrE*, doctor's office *AmE* **7 gabinet figur woskowych** waxworks *BrE*, wax museum *AmE* —**gabinetowy** *adj* Cabinet: *Cabinet crisis*

gablota *n* showcase

gad *n* reptile

gadać *v* **1** chat: *Danny and Paul chatted away* (=jak najęci) *like old friends.* | *We sat in the café for hours chatting about our experiences.* | *Helen chatted with most of the guests at the party.* **2 bez gadania** without protest: *Ben accepted his punishment without protest.* **3 bez gadania!** none of your backchat!: *None of your backchat, do your homework!* **4 nie mieć nic do gadania (w czymś)** have no say (in sth): *The workers had no say in how the factory was run.* | *Don't I have any say in the matter?* **5 głupi, że szkoda gadać** too stupid for words

gadatliwy *adj* chatty

gadka *n* patter: *a car salesman's patter*

gaduła *n* chatterbox

gafa *n* **1** blunder, gaffe, faux pas: *a terrible political blunder* | *Resting your fork on your plate* (=oparcie widelca o talerz) *even five degrees from the place where it should be was a clear faux pas.* **2 popełnić gafę** put your foot in it *BrE* /in your mouth *AmE*, commit a faux pas: *I've really put my foot in it this time. I didn't realize that was her husband.* | *He realized that he'd committed a terrible faux pas.*

gag *n* gag: *the same old gags*

gaj *n* grove: *an olive grove*

gala *n* gala, pageantry: *The theatre is holding a 30th anniversary gala.* —**galowy** *adj* gala: *a gala night at the opera*

galaktyka *n* galaxy

galaretka *n* jelly *BrE*, jello *AmE*

galeria *n* gallery: *The gallery is open from noon to 6 p.m.* | **galeria sztuki** art gallery: *There's a small art gallery in the centre of the town.*

galon *n (=4,54 l. w W. Brytanii; 3,78 l. w USA)* gallon: *I need ten gallons of petrol.*

galop *n* gallop: **galopem** at a gallop: *Amanda rode off* (=odjechała) *at a gallop.*

galopować *v* gallop: *Wild horses galloped through the canyon.*

galwanizowany *adj* galvanized

gałązka *n* twig: *a bundle of twigs for the fire*

gałąź *n* **1** *(drzewa)* branch: *Some of the lowest branches were touching the ground.* **2** *(nauki)* branch: *Geometry is a branch of mathematics.* **3** *(gospodarki)* sector: *an important sector of the economy*

gałka *n* **1** *(u drzwi itp.)* knob: *Don't turn the knob too far – you might break it off.* **2** *(lodów)* scoop: *three scoops of ice cream* **3 gałka oczna** eyeball **4 gałka muszkatołowa** nutmeg

gama *n* **1** array, gamut: *Among the guests was an impressive array of authors and critics.* | *the whole gamut of emotions* **2** *(w muzyce)* scale: *the diatonic scale* | *Practice the scales until you can play them smoothly.*

ganek *n* porch: *Lennie was sitting on the porch playing his guitar.*

gang *n* gang: *a gang of international drug smugglers* | *members of a rival gang*

gangrena *n* gangrene

gangster *n* gangster: *the arrest of several well-known gangsters.* —**gangsterski** *adj* gangster: *Do you like gangster movies?*

ganiać *v* **1** *(biegać)* run around: *The children were running around in the garden.* **2** *(ścigać)* chase: *The old woman chased me around the house, cursing.*

ganić *v* rebuke, tell off: *She's always telling her kids off or shouting at them.*

gapa *n* **1** dope **2 jeździć na gapę** fare-dodge **3 pasażer/ka na gapę a)** *(w pociągu, tramwaju, autobusie)* fare-dodger **b)** *(na statku, w samolocie)* stowaway

gapić się *v* **gapić się (na kogoś/coś)** stare/gape (at sb/sth): *What are you staring at?* | *Ben gaped at me, his mouth wide open.* THESAURUS LOOK

garaż *n* garage: *Do you keep your car in a garage?* | *The garage is big enough for two cars.*

garb *n* hump: *a camel's hump* | *Go slowly – there are humps all along the road.*

garbaty *adj* hunchbacked

garbić się *v* stoop, slouch: *He stooped when he walked.* | *Don't slouch – stand up straight!*

garbus *n* **1** *(człowiek)* hunchback **2** *(samochód)* Beetle

garderoba *n* **1** *(pokój)* dressing room: *The actors were talking loudly in the dressing room.* | *The hotel suite* (=apartament) *consists of a living room, bedroom, dressing room and bathroom.* **2** *(odzież)* wardrobe: *His wardrobe consists almost entirely of black T-shirts and pants.* | **część garderoby** article/item/piece of clothing: *There were various articles of clothing on the bed.* THESAURUS CLOTHES

gardło *n* **1** throat: *Does your throat hurt?* | *The man held a knife to her throat* (=przyłożył jej nóż do gardła). | **chwycić/trzymać kogoś za gardło** grab/hold sb by the throat: *Someone grabbed her by the throat from behind.* | *His attacker held him by the throat.* | **poderżnąć komuś gardło** cut/slit sb's throat: *He killed the animal by slitting its throat.* | **ból gardła** sore throat: *You'd better go to the doctor's if your sore throat doesn't get any better.* | **boli mnie gardło** I have a sore throat, my throat hurts | **zapalenie gardła** throat infection **2 wąskie gardło** bottleneck: **powodować wąskie gardło** create/cause a bottleneck **3 śpiewać/krzyczeć/wrzeszczeć na całe gardło** sing/shout/scream at the top of your voice: *Nancy took a deep breath and shouted at the top of her voice.* **4 skakać komuś do gardła** jump down sb's throat: **skakać sobie do gardeł** be at each other's throats: *Lisa and Nicole were at each other's throats the whole trip.* **5 wzruszenie ściska kogoś za gardło** there is a lump in sb's throat: *There was a lump in my throat and I didn't speak because I knew I would cry.* **6 słowa stają/grzęzną komuś w gardle** words stick in sb's throat: *When the time came to say "I do", the words stuck in my throat.*

gardłowy *adj* guttural, throaty: *The man spoke in a guttural voice.* | *She always spoke with a throaty German accent.*

gardzić *v* despise, scorn: *We despised the people from the other side of town.* | *young people who scorn the wisdom of their parents* THESAURUS HATE

garncarski *adj* **wyroby garncarskie** pottery —**garncarz/rka** *n* potter —**garncarstwo** *n* pottery

garnek *n* **1** pot **2 nie mamy/nie mają itp. co do garnka włożyć** the cupboard is bare

garnitur *n* **1** suit: *a grey winter suit* | *You look nice in that suit.* **2 garnitur damski** trouser suit

garnizon *n* garrison

garnuszek *n* **być u kogoś na garnuszku** live off sb: *Dave's been living off his sister for a year.*

garstka *n* handful: *Only a handful of people came to the meeting.*

garść *n* **1** handful: *a handful of nuts* | *They played a handful of tunes from their new album.* **2 wziąć się w garść** pull yourself together: *Stop behaving like a baby! Pull yourself together.*

gasić *v* →patrz ZGASIĆ, UGASIĆ, →patrz też **gasić czyjś entuzjazm** (ENTUZJAZM)

gasnąć *v (świecić słabiej)* fade: *The light slowly began to fade and the trees became mere shadows.* →patrz też ZGASNĄĆ

G

gastronomia *n* **1** *(usługi)* catering: *a job in catering* **2** *(sztuka kulinarna)* gastronomy: *my interest in local gastronomy*

gastronomiczny *adj* **1** gastronomic: *sampling the gastronomic delights of Thailand* **2 szkoła gastronomiczna** catering school

gaśnica *n* (fire) extinguisher

gatunek *n* **1** *(człowieka)* kind, sort: *He's the kind of person who laughs at people behind their backs.* **2** *(towaru)* brand: *my favourite brand of toothpaste* **3** *(jakość)* quality: **produkty w dobrym gatunku** *good-quality products* **4** *(w biologii)* species: *The theory of evolution shows how different species came into being* (=jak powstały różne gatunki). | *two different species of tropical fish* | **gatunek chroniony/zagrożony** protected/endangered species **5 gatunek literacki** (literary) genre: *Science fiction as a genre is relatively new.* —**gatunkowy** *adj* high quality: *Scotland is a producer of high quality wool.*

UWAGA: species

Wyraz **species** ma taką samą postać w liczbie pojedynczej i mnogiej. Mówimy: *this species is ...* | *these species are ...* | *a rare species of bird* (=rzadki gatunek ptaków) | *most species of frogs* (=większość gatunków żab).

gaworzyć *v* gurgle: *The baby gurgled with pleasure.*

gawron *n* rook

gaz *n* **1** gas: *The gas is invisible but highly dangerous.* | *Heat makes the gas in the container expand.* | **gaz ziemny** natural gas | **gaz łzawiący** teargas: *The police used teargas to disperse the protesters* (=do rozgonienia demonstrantów). | **gaz cieplarniany** greenhouse gas | **wybuch gazu** gas explosion | **rachunek za gaz** gas bill | **kominek na gaz** gas fire | **wyciek gazu** gas leak **2 pedał gazu** accelerator, gas pedal *AmE*: **dodać gazu** put your foot down, step on the gas *AmE*, step on it *AmE*: *Step on it! We have a plane to catch.* **3 pod gazem** drunk: *He came home drunk last night.*

gaza *n* gauze: *Use a piece of gauze to cleanse the cut* (=do oczyszczenia rany).

gazeciarz *n* paperboy

gazela *n* gazelle

gazeta *n* newspaper, paper: *Don't believe everything you read in the newspapers.* | *a daily paper* THESAURUS NEWSPAPER

gazociąg *n* gas pipeline

gazomierz *n* gas meter

gazowany *adj* **1 woda gazowana** carbonated water, sparkling water: *carbonated spring water* | *sparkling mineral water* **2 napój gazowany** fizzy drink *BrE*, soda (pop) *AmE*

gazownia *n* gas works

gazowy *adj* gas: **kuchenka gazowa** gas cooker/stove | **palnik gazowy** gas burner | **rura gazowa** gas pipe | **butla gazowa** gas container/bottle

gaźnik *n* carburettor *BrE*, carburetor *AmE*

gąbczasty *adj* spongy: *The earth was soft and spongy.*

gąbka *n* sponge: *Alice squeezed the wet sponge.* | **zmyć/zetrzeć coś gąbką (z czegoś)** sponge sth off (sth): *Wendy tried to sponge the wine off her dress.* | **umyć coś gąbką** give sth a sponge: *Give my back a quick sponge, would you?*

gąsienica *n* **1** *(zwierzę)* caterpillar: *In a few weeks, the caterpillar will turn into* (=przeobrazi się w) *a butterfly.* **2** *(spychacza)* Caterpillar™ track

gąszcz *n* **1** *(zarośla)* thicket **2** *(mnogość)* tangle: *a tangle of electrical cords* | *a tangle of bureaucratic and legal obstacles*

gdakać *v* cluck: *running around, clucking like a chicken*

gdy *adv* **1** when: *When children play, they frequently imitate adults.* **2 z chwilą gdy ...** the minute ...: *I knew it was Jill the minute I heard her voice.* **3 gdy tylko ...** as soon as ...: *As soon as the band started playing, the crowd went quiet.*

gdyby *conj* **1** if: *If they offered you* (=gdyby zaproponowano ci) *a place on the course, would you accept it?* | *If the police had acted more decisively, the disaster could have been prevented* (=tragedii można by było uniknąć). **2 a gdyby ...** suppose ..., supposing ...: *Suppose Mom found out? She'd go crazy!* | **a gdyby tak ... ?** what if ... ?: *What if Martin took you there in his car?* **3 na wypadek, gdyby ...** in case ..., on the off-chance that ...: *I have your address and phone number, in case I have to see you again.* | *I just stopped by on the off-chance that Philip might be here.*

gdyż *conj* for: *He found it increasingly difficult to read, for his eyes were failing* (=pogarszał mu się wzrok).

gdzie *pron* **1** where: *Where do you live?* | *I asked Lucy where she was going.* | *Where are you going to put it?* **2 gdzie indziej** somewhere else, elsewhere: *Let's sit somewhere else – it's too noisy here.* | *You will have to smoke that cigarette elsewhere.* **3 gdzie u licha** where on earth: *Where on earth did you find that old thing?*

gdziekolwiek *adv* **1** *(obojętnie gdzie)* anywhere: *Sit anywhere – there are plenty of seats.* **2** *(wszędzie)* wherever: *Tall and beautiful, she attracted attention wherever she went.*

gdzieniegdzie *adv* here and there: *Here and there you can still see snow.*

gdzieś *adv* **1** somewhere: *I know I've seen him somewhere before.* | *They're hiding* (=ukrywają się) *somewhere in Mexico.* **2** *(w pytaniach)* anywhere: *Have you seen my pen anywhere?* **3 gdzieś indziej** somewhere else: *Go and play somewhere else. I'm trying to work.* **4 mam to gdzieś** I don't give a damn

gehenna *n* ordeal: *The hostages are now free after their five-day ordeal.*

gej *n* gay: *the issue of gay rights* (=kwestia równouprawnienia gejów) | **ktoś jest gejem** sb is gay: *Do you think he's gay?*

gejzer *n* geyser

gen *n* gene: *Each set of genes is unique to the individual.* | **w genach** in the genes: *Some of those feelings are in the genes.*

genealogiczny *adj* **drzewo genealogiczne** family tree

generacja *n* generation: *a new generation of scientists* | *the next generation of computers*

generalizacja *n* generalization, generalisation *BrE*: *I know this is a generalization, but that's what I think.*

generalizować *v* generalize, generalise *BrE*, make generalizations: *I know I shouldn't generalize, but I do think men find it difficult to show their feelings.* | **+na temat** *It has always been difficult to generalize about China because it's such a huge country.* | *It is silly to make generalizations about students.* | **+na podstawie** *It would be a mistake to generalize from only a few examples.*

generalny *adj* **1** general: *Union leaders are calling for a general strike.* | **Sekretarz Generalny** General Secretary **2 próba generalna** dress rehearsal **3 generalne porządki** spring-cleaning, spring-clean *BrE* **4 generalny remont** complete overhaul: *the Chevy needs a complete overhaul* —**generalnie** *adv* in principle: *The scheme seems O.K. in principle, but I'd like to know more details.*

generał *n* general

generować *v* generate

genetyczny *adj* genetic: *These abnormalities may have a genetic basis* (=podłoże). | **inżynieria genetyczna** genetic engineering | **wada genetyczna** genetic defect | **kod genetyczny** genetic code —**genetycznie** *adv* genetically: *Hair color is a genetically transmitted characteristic.* | *genetically modified food* —**genety-k/czka** *n* geneticist —**genetyka** *n* genetics

geneza *n* genesis, origin: *the genesis of this change* | *a TV programme about the origin of the universe*

genialny *adj* **1** brilliant: *a brilliant scientist/idea* **2 ktoś jest genialny** sb is a genius: *I think she's a real genius.*

UWAGA: genialny i genial

W języku angielskim istnieje wprawdzie przymiotnik **genial**, ale nie znaczy on „genialny", tylko „przyjazny".

genitalia *n* genitals

geniusz *n* **1** genius: *Rousseau was a genius, one of the most original minds of his age.* | **geniusz matematyczny** mathematical genius | **przebłysk geniuszu** a stroke of genius **2** *(młodociany)* prodigy: *Mozart was a musical prodigy who wrote his first symphony at the age of eight.*

genom *n* genome

geografia *n* geography: *She teaches geography in the high school.* —**geograf/ka** *n* geographer —**geograficzny** *adj* geographical: *the exact geographical location of the island*

geologia *n* geology —**geologiczny** *adj* geological —**geolo-g/żka** *n* geologist

geometria *n* geometry —**geometryczny** *adj* geometric, geometrical

gepard *n* cheetah

geriatryczny *adj* geriatric: *geriatric drugs*

gest *n* gesture: *Jim raised his hands in a gesture of despair.* | **gest dobrej woli** goodwill gesture

gestykulować *v* gesticulate: *Jane gesticulated wildly and shouted "Stop! Stop!"*

getry *n (do aerobiku itp.)* leg-warmers

getto *n* ghetto: *the Jewish ghetto in Warsaw*

gęba *n* **1** mug, trap, gob: *What an ugly mug!* | **zamknij gębę** shut your gob | **trzymaj gębę na kłódkę** keep your trap shut **2 niewyparzona gęba a)** *(przekleństwa)* foul mouth: *They were not impressed with the captain's foul mouth.* **b)** *(niedyskrecja)* big/loud mouth: *It was supposed to be a surprise, but thanks to your big mouth she knows all about it now.*

gęsi *adj* **gęsia skórka** goose pimples, gooseflesh *BrE*, goosebumps *AmE*: *Her arms and legs were covered in goose pimples.*

gęsiego *adv* **iść gęsiego** file, walk in single file: *People filed past the coffin to pay their respects to the dead President.* | *The class walked in single file down the hall.*

gęstnieć *v* thicken: *The fog was beginning to thicken.*

gęsto *adv* **1** densely, thickly: *old pine trees growing densely together* | *The path was thickly overgrown* (=gęsto zarośnięta)*, and thorns caught at his clothes.* **2 w pokoju/powietrzu jest gęsto od dymu itp.** the room/air is thick with smoke etc: *The warm air was thick with the scent of dying flowers.* **3 gęsto zaludniony** densely populated: *Japan is a densely populated country.*

gęstość *n* density: *the density of air near the Earth's surface* | **gęstość zaludnienia** population density: *Taiwan has a high population density.*

gęsty *adj* **1** *(włosy, sierść, zupa, sos)* thick: *thick porridge* **2** *(mgła, las, dym, tłum, dżungla)* dense, thick: *a dense black cloud* | *Dense jungle covered the whole area.* | *He forced his way through the dense crowd.* | *At the scene of the riot thick black smoke is still pouring from burning tyres.* | *The animal tried to hide in the thick undergrowth* (=w gęstym poszyciu). **3** *(siatka, sito)* fine: *You will need to put fine netting over the cage to prevent the insects escaping.*

gęś *n* goose

UWAGA: goose

Rzeczownik **goose** ma nieregularną formę liczby mnogiej: **geese**.

giąć (się) *v* → patrz też ZGIĄĆ (SIĘ)

giełda *n* exchange: **giełda papierów wartościowych** stock exchange/market: *The stock market is no better than a casino.* —**giełdowy** *adj* stock market: *a stock market analyst*

giętki *adj* flexible: *a flexible tube* | *flexible skis*

giętkość *n* flexibility: *a material that would combine the flexibility of rubber with the hardness of glass*

G

gigant *n* giant: *Clapton is one of the giants of the music industry.*

gigantyczny *adj* gigantic, giant: *a gigantic statue of Buddha | a giant TV screen* THESAURUS BIG

gilotyna *n* guillotine: *The blade of the guillotine fell, slicing through the man's neck.*

gimnastyczny *adj* **1** gymnastic: *I watched her gymnastic routine* (=układ). **2 sala gimnastyczna** gym: *I go to the gym twice a week.* **3 strój gimnastyczny** gym kit: *Do not wear your gym kit outdoors.*

gimnastyka *n* **1** *(ćwiczenia)* exercise: *Diets are most effective when combined with exercise.* **2** *(dyscyplina sportu)* gymnastics: *Our team came last in the gymnastics competition.* **3** *(zajęcia)* gym (class): *Please excuse Sherry from gym class today. She has had the flu.*

gimnasty-k/czka *n* gymnast: *an Olympic gymnast*

gimnastykować się *v* exercise: *The doctor told Dan he ought to exercise more.*

gimnazjum *n* grammar school *BrE*, junior high (school) *AmE*

UWAGA: gimnazjum i gymnasium

Angielski rzeczownik **gymnasium** nie oznacza typu szkoły, tylko „salę gimnastyczną".

ginąć *v* **1** *(ludzie, zwierzęta)* die, perish **2** *(zjawiska, wartości, cechy)* disappear **3** *(przedmioty)* get lost →patrz też ZGINĄĆ, ZAGINĄĆ

G

ginekolog *n* gynaecologist *BrE*, gynecologist *AmE* **—ginekologia** *n* gynaecology *BrE*, gynecology *AmE* **—ginekologiczny** *adj* gynaecological *BrE*, gynecological *AmE*

gips *n* plaster (of Paris): **w gipsie** in plaster: *Greg returned from his skiing holiday with his leg in plaster.*

gipsowy *adj* **1 opatrunek gipsowy** plaster cast **2 płyta gipsowa** plasterboard

girlanda *n* garland

gitara *n* guitar: *I'm learning to play the guitar.* | **gitara elektryczna** electric guitar

gitarzyst-a/ka *n* guitarist, guitar player: *veteran rock guitarist, Eric Clapton*

gladiator *n* gladiator

glazura *n* **1** *(płytki)* ceramic tiles **2** *(szkliwo)* glaze

gleba *n* soil: *The fertile soil of southern Italy is perfect for growing grapes and olives.* THESAURUS GROUND

ględzenie *n* waffle: *Good lecturers* (=wykładowcy) *avoid waffle and try to identify the essential points for the audience.*

ględzić *v* drone on, waffle: *She droned on and on about how sad her life was. | Interviewers dislike candidates who just sit there and waffle instead of answering the questions.*

glina *n* **1** clay: *He made a figure out of clay.* **2** *(policjant)* cop: *The cops found out about the robbery.*

gliniany *adj* **1** clay: *Some farm wives still bake bread in clay ovens.* **2** *(z wypalanej gliny)* earthen, earthenware: *an earthen vase | earthenware plates*

gliniarz *n* cop: *The cop beside him smacked him* (=uderzył go) *on the arm.*

globalny *adj* **1** global: *AIDS is now a global problem.* **2 globalne ocieplenie** global warming: *Global warming is otherwise known as the greenhouse effect.* **—globalnie** *adv* globally

globus *n* globe: *The teacher gave the children coordinates* (=współrzędne) *to locate on the globe.*

glony *n* algae

gloryfikować *v* glorify: *films which glorify violence* **—gloryfikacja** *n* glorification: *the glorification of war*

glukoza *n* glucose

glutaminian *n* **glutaminian sodu** MSG

gładki *adj* **1** *(w dotyku)* smooth: *Her skin was as smooth as silk. | a smooth surface* **2** *(bez wzoru)* plain: *a plain white blouse* **—gładkość** *n* smoothness: *the smoothness of her arms*

gładko *adv* **1** smoothly: *smoothly polished stone figures* **2 iść gładko** go/run/proceed smoothly: *If everything goes smoothly we should be in Delhi in about three hours.* **3 gładko ogolony** clean-shaven **4** *(wygrać)* easily: *He won the first three games easily.*

gładzić *v* **gładzić kogoś po głowie/włosach** stroke sb's head/hair: *Bill stroked her hair gently, trying to comfort her.*

głaskać *v* **1** *(kota itp.)* stroke, pet: *Our cat loves being petted.* **2 głaskać kogoś po głowie/włosach/policzku** stroke sb's head/hair/cheek: *Bending forward, he stroked the child's head.*

głaz *n* boulder, rock: *Two huge boulders had to be moved out of the way before the trucks could get through.*

głąb *n* **1** *(przygłup)* bonehead **2** *(kalafiora itp.)* heart: *artichoke hearts* **3 w głąb czegoś** (deep) into sth: *The path led them deep into the forest. | As I peered into the well* (=kiedy zajrzałam w głąb studni) *I thought I heard a voice.*

głębia *n* **1** depth: *News coverage often lacks depth.* **2 w głębi** *(na dalszym planie)* in the distance: *We could see the harbour lights shining clearly in the distance.* **3 w głębi duszy/ducha/serca** deep down (in your heart): *I always believed deep down that things would get better. | She still loved him, deep down in her heart.*

głębina *n* depth: *These strange creatures live in the depths of the ocean.*

głęboki *adj* **1** deep: *Be careful! The water's quite deep here. | How deep is the hole? | a deep wound* | **głęboki na 5/10 itp. metrów** 5/10 etc metres deep: *The snow was over two metres deep.* | **głęboki głos** deep voice | **głęboki kryzys** deep crisis | **głęboka wiara/nienawiść/frustracja itp.** deep faith/hatred/frustration etc | **głęboka barwa itp.** deep colour etc: *a deep, rich shade* (=odcień) *of crimson* | **złożyć głęboki ukłon** make a deep bow | **zapaść w głęboki sen** fall into a deep sleep **2** *(cisza)* profound, deep: *There was a profound silence after his remark.* **3** *(zmiana)* profound: *a profound change in his outlook on life* (=w jego światopoglądzie) **4 głęboki talerz** (soup) bowl, soup plate: *Sally put the chicken soup into bowls and handed them around to us.*

głęboko *adv* **1** deep, deeply: *She pushed her stick deep down into the mud. | Leopards live deep in the jungle. | Carl was looking deep into her eyes. | The daffodil bulbs were planted too deeply. | The parrot dug its claws deeply into my hand.* **2** *(oddychać, wzdychać)* deeply: *I want you to breathe deeply and relax. | My father put his head in his hands and sighed deeply.* **3** *(wdzięczny, oburzony, wzruszony itp.)* deeply, profoundly: *Her father was a deeply religious man. | There was something profoundly disturbing about him* (=było w nim coś głęboko niepokojącego). **4 spać głęboko** be fast/sound asleep, sleep soundly

5 zaciągnąć się głęboko papierosem take a deep drag on your cigarette **6 głęboko osadzone oczy** deep-set eyes

głębokość *n* **1** depth: *What's the depth of the pool? | The depth of the shelves is about 35cm. | Plant the seeds at a depth of* (=na głębokości) *about 2cm.* **2 mieć 6/8 itp. metrów głębokości** be 6/8 etc metres deep/in depth: *At this point the lake is ninety meters deep. | The pond is no more than a metre in depth.*

głodny *adj* **1** hungry: *I wasn't very hungry, so I just had a sandwich. | a hungry baby* **2 głodny jak wilk** starving, starved: *I'm starving! When do we eat?* **3 głodny czegoś** hungry for sth: *young people hungry for excitement and adventure*

głodować *v* go hungry, starve: *Thousands of families go hungry every day. | Don't they know that millions of people are starving in Africa?*

głodowy *adj* **1** *(posiłek, pensja)* meagre *BrE*, meager *AmE*: *The prisoners were kept on meagre rations. | Maria's meagre income doesn't always last through the month.* **2 strajk głodowy** hunger strike: *In 1986, Snyder went on a hunger strike.* **3 śmierć głodowa** starvation: *Thousands of refugees are now in danger of starvation.*

głodówka *n* **1** *(protest)* hunger strike **2** *(dieta)* starvation diet

głodujący *adj* starving: *starving children*

głodzić *v* starve: *The dog looked like it had been starved.*

głos *n* **1** voice: *Listen to the voices of these famous people and try to guess who they are. | "I think he's in trouble," she said in a worried voice* (=zaniepokojonym głosem). | **podnosić/ściszać głos** raise/lower your voice: *I never heard my father raise his voice. | Helen lowered her voice as they approached.* | **stracić głos** lose your voice: *All that shouting has made her lose her voice.* **2** *(w wyborach, głosowaniu)* vote: *There were 10 votes for and 15 against the motion.* | **oddać głos** cast a vote: *By the end of the day, less than 40% of the population had cast their votes.* | **wygrać dużą/małą różnicą głosów** win by a wide/narrow margin | **głos za/przeciw** yes/no: *five yeses and three nos* **3** *(pogląd, stanowisko)* voice: **głos rozsądku/doświadczenia** the voice of reason/experience | **głos ludu** the voice of the people **4 zabrać głos** have your say: *You'll all have the chance to have your say.* **5 czytać na głos** read aloud, read out loud **6 na cały głos** at the top of your voice: *Nancy took a deep breath and shouted at the top of her voice.* **7 śpiewać na głosy** harmonize, harmonise *BrE*, sing in harmony

głosić *v* preach: *You're always preaching honesty, and then you lie to me.*

głosować *v* vote: *Most people were just too apathetic to go out and vote.* | **+za** *70% of the population voted for independence. | The House voted in favour of the bill* (=za ustawą). | **+przeciw** *Only two people voted against the proposal.*

głosowanie *n* **1** vote: *the results of the vote* **2 głosowanie tajne** (secret) ballot: *The Club's officers are always chosen by ballot.* **3 kartka do głosowania** ballot (paper): *Can you help me count out the ballots?*

głośnik *n* loudspeaker, speaker: *Music blared* (=ryczała) *from a loudspeaker.*

głośno *adv* **1** loud, loudly: *Don't speak so loud, somebody will hear us! | The old man laughed loudly.* **2** *(na głos)* out loud, aloud: *What does it say? Read it out loud. | Joanne, would you read the poem aloud for us?* **3 głośno myśleć** think out loud, think aloud: *Sorry, I was just thinking out loud.* **4 mów głośniej!** speak up!, speak louder!

głośnomówiący *adj* **telefon z zestawem głośnomówiącym** hands-free phone

głośność *n* volume: *This button here controls the volume.*

głośny *adj* **1** *(dźwięk, głos, muzyka)* loud: *a loud noise | There's always loud music coming from the room upstairs.* THESAURUS LOUD **2** *(robiący dużo hałasu)* noisy: *The car has a noisy engine. | a noisy party | noisy children*

głowa *n* **1** *(część ciała)* head: *The plane flew high above their heads.* **2** *(umysł)* mind: *I have a picture of him in my mind.* **3 ból głowy** headache: *Is your headache gone yet* (=czy przeszedł ci już ból głowy)? **4 głowa państwa** head of state **5 nad głową** overhead: *Bullets whizzed overhead.* **6 łamać sobie głowę** rack your brain(s) **7 mamy to z głowy** it's out of the way **8 mieć coś na głowie** have sth on your mind: *Michelle has had a lot on her mind lately.* **9 stracić głowę/nie tracić głowy** lose/keep your head: *When the engine caught fire, I just lost my head. | She's a leader who can keep her head in a crisis.* **10 postawiony na głowie** topsy-turvy: *topsy-turvy reasoning* (=rozumowanie) **11 przyjść komuś do głowy** occur to sb, cross/enter sb's mind: *I suppose it never occurred to you to phone the police? | It never crossed my mind that Lisa might be lying.* **12 uderzyć komuś do głowy** *(alkohol, sukces)* go to sb's head **13 głowa mi pęka** my head is splitting, I have a splitting headache **14 w głowie mi się kręci** my head is swimming/spinning: *My head was spinning with all this new information.* **15 w głowie się nie mieści!** it's unthinkable! **16 zwiesić głowę** hang your head: *He hung his head and didn't answer her questions.* **17 ruszyć głową** use your head: *If you don't know the answer, use your head and find it.* **18 coś wyleciało komuś z głowy** sth (has) slipped sb's mind: *It completely slipped my mind that I'd agreed to meet him.* **19 chodzić/skakać komuś po głowie** walk all over sb **20 zawracać komuś głowę** hassle/bother sb: *I wish you'd stop hassling me. | Danny, stop bothering me while I'm trying to work.* **21 nie zawracaj sobie tym głowy** don't bother/trouble your head about it **22 zawrócić komuś w głowie** turn sb's head: *You mean that horrible old man actually managed to turn Jo's head?* **23 upaść na głowę** *(zwariować)* be off your rocker: *When I said I was going to retire my friends all thought I was off my rocker!* → patrz też **nie pozwolić, żeby komuś spadł włos z głowy** (WŁOS), **włos się jeży na głowie** (WŁOS), **zwalić się komuś na głowę** (ZWALIĆ SIĘ)

głowica *n* warhead

głowić się *v* **głowić się nad czymś** puzzle over sth

głód *n* **1** famine, hunger: *the threat of famine* **2 umrzeć z głodu** die of starvation, starve (to death): *Thousands of people could die of cold and starvation this winter. | Salmon* (=łososie) *starve to death while breeding* (=podczas rozrodu).

głównie *adv* mainly, chiefly: *The factory produces cars mainly for the domestic market* (=na rynek wewnętrzny). | *The book is aimed* (=skierowana) *chiefly at women.*

główny *adj* **1** main, chief, principal: *The main character is a female detective. | One of the chief causes of crime today is drugs. | My principal source of income is teaching.* **2 główną rolę w filmie gra X** the film features/stars X: *The film features Dustin Hoffman as a New York lawyer. | a film starring Meryl Streep*

głuchy *adj* **1** *(niesłyszący)* deaf: *A lot of deaf children have additional problems in learning to speak.* | **głusi** the deaf: *a*

G

school for the deaf **2 głuchy na coś** deaf to sth: *She was deaf to his warnings.* **3** *(cisza)* dead: *Everyone stood and waited in dead silence.* —**głuchota** *n* deafness

głupi *adj* **1** *(niemądry, nierozsądny)* stupid, foolish, silly, dumb *AmE*: *I hope I didn't do anything stupid.* | *I was young and foolish at the time.* | *I left my keys at home, which was a silly thing to do.* | *What a dumb question!* THESAURUS STUPID **2** *(błahy)* silly: *Do you mind if I ask a silly question?*

głupiec *n także* **głupek** fool: *Any fool can see that the painting's a fake* (=falsyfikat). | **zrobić z siebie/kogoś głupka** make a fool of yourself/sb: *I met Sylvester Stallone one time and made a complete fool of myself.* | *Why did you try to make a fool of me in public?*

głupio *adv* **1 ktoś czuje się/komuś jest głupio** sb feels stupid: *Her lack of reaction made him feel stupid.* **2 ktoś postąpił głupio, robiąc coś** it was stupid of sb to do sth: *It was stupid of me to lose my temper.* **3** *(uśmiechać się itp.)* foolishly, stupidly: *They grinned stupidly at one another for a long minute.*

głupkowaty *adj* silly, goofy: *a goofy grin*

głupota *n* foolishness, stupidity: *I would never have expected such foolishness from a senior manager.*

gmach *n* building, edifice: *Terrorists blew up* (=wysadzili) *a Government building in the city centre.* | *a photo of their Head Office, a grand Victorian edifice*

gmina *n* borough: *the borough of Brooklyn in New York City*

gnać *v* race: *The dogs started racing toward us, howling and slavering* (=tocząc ślinę).

gnębić *v* oppress: *We have been oppressed for too long.* —**gnębiciel/ka** *n* oppressor: *They rose up against their colonial oppressors.*

gniazdko *n (elektryczne)* socket, power point *BrE*, outlet *AmE*

gniazdo *n* nest: *You can hear the chicks* (=pisklęta) *in the nest.*

gnicie *n* decay, rotting: *tiny organisms that assist* (=pomagają w) *the process of decay* | *Oxygen causes the ripening as well as the rotting process* (=proces gnicia).

gnić *v* decay, rot: *The stream was blocked by decaying vegetation.*

gnida *n* nit

gnieść *v* →patrz POGNIEŚĆ, ZGNIEŚĆ
gnieść się *v (tkanina, ubranie)* crease, crumple: *These pants crease very easily.* →patrz też POGNIEŚĆ SIĘ

gniew *n* **1** anger: *I cannot describe the anger I feel.* | **wybuch gniewu** a burst of anger | **wpadać w gniew** get angry: *He tends to get angry if he loses at tennis.* **2** *(Boga, władcy itp.)* wrath: *fearing the wrath of God*

gniewać *v* anger, make angry →patrz też ROZGNIEWAĆ

gniewać się *v* **1** be angry: *I was so angry that I could hardly speak.* | **+ na kogoś** with sb: *She was angry with him because he had lied to her.* | **+ z powodu czegoś/o coś** about sth: *My parents were really angry about my grades.* **2 już się nie gniewam** no hard feelings

gniewnie *adv* **1** angrily: *'I think you're wrong,' interrupted Angela angrily.* **2 spojrzeć na kogoś gniewnie** give sb an angry look/stare: *Charles didn't reply. He just gave his daughter an angry stare.*

gniewny *adj* **1** angry: *Mrs Talbot silenced me with an angry look.* | *She remembered his angry words.* **2 młodzi gniewni** angry young men

gnieździć się *v* nest: *birds nesting under the eaves* (=pod okapem)

gnój *n* dung, manure

go *pron* **1** *(człowieka)* him: *I saw him yesterday at school.* **2** *(przedmiot)* it: *This is Jenny's pencil. Give it back to her!* **3 nie ma go a)** *(człowieka)* he is not here **b)** *(przedmiotu)* it is not here

gobelin *n* tapestry: *rooms hung with rich tapestries*

godło *n* emblem: *England's national emblem is the rose.*

godność *n* **1** dignity: *She accepted her fate with great dignity.* | **pełen godności** dignified: *He made a short, dignified speech, announcing his resignation.* **2 (jak) pani/pana godność?** (what's) your name, please? →patrz też **uwłaczać czyjejś godności** (UWŁACZAĆ)

godny *adj* **1** worthy: *a worthy opponent* | **godny czegoś/zrobić coś** worthy of sth/to do sth: *Jenny's proposal is certainly worthy of consideration.* | *I'm not worthy to enter your door.* **2 pożałowania godny** pitiful: *The animals were a pitiful sight* (=przedstawiały sobą pożałowania godny widok) *in their small cages.* | *a pitiful excuse* (=wymówka) **3 godny pozazdroszczenia** enviable: *He's in the enviable position of only having to work six months a year.* **4 godny ubolewania** regrettable: *He described the incident as regrettable.* **5 godny pożądania** desirable: *Besides intelligence and charm, Bella had some less desirable qualities.* **6 godny uwagi** notable, noteworthy: *a notable lack of enthusiasm* | *a noteworthy achievement* | *an area notable for its forests* **7 godny kogoś** fit for sb: *a speech fit for a leader* | *That dinner was fit for a King.*

godzić *v* **1** *(sprzeczności)* reconcile: *Catholics try to reconcile their own moral perceptions with the teachings of their Church.* **2** *(obowiązki, aspekty życia)* balance: *A working parent has to balance family life and career.*
godzić się *v* →patrz POGODZIĆ SIĘ

godzina *n* **1** *(okres)* hour: *I spent three hours looking for my keys.* | *The lake is an hour from Hartfort.* | **za godzinę** in an hour: *I'll be home in about an hour.* | **półtorej godziny** an hour and a half, one and a half hours: *The meeting lasted an hour and a half.* | *We timed our journey – it took one and a half hours.* | **co godzinę** hourly, every hour: *The news is broadcast hourly.* | *Soldiers patrol the prison camp every hour.* **2** *(pora, czas)* time: *Let me know the date and time of your arrival.* | **która jest godzina?** what's the time?, what time is it?: *"What time is it?" "Excuse me?" "I asked what time it is."* | **godzina pierwsza/druga** one/two o'clock: *It's exactly 5 o'clock.* | **o której godzinie** what time: *What time is Dad coming home?* | *Do you know what time the match starts?* | **o godzinie pierwszej/drugiej** at one/two o'clock: *Let's meet at my place at 8 o'clock.* | **o pełnych godzinach** (every hour) on the hour: *All classes begin on the hour.* | *There are flights to Boston every hour on the hour.* **3 24 godziny na dobę** (a)round the clock: *Security guards watch the fence around the clock.* **4 robić coś (całymi) godzinami** spend hours doing sth, do sth for hours on end: *We had to spend hours filling in forms* (=całymi godzinami musieliśmy wypełniać formularze). | *When Tom was a child, he would play with blocks* (=bawił się klockami) *for hours on end.* **5 po godzinach (pracy)** after hours: *After hours the key is usually in my desk.* **6 godzina (lekcyjna)** (class) period: *a double class period* | *What class do you have first period* (=jaką lekcję macie na pierwszej godzinie)? **7 godzina policyjna** curfew: *The government imposed* (=wprowadził) *a* *curfew from sunset to sunrise.* **8 godziny szczytu** rush hour, peak times: *In the rush hour the trains are always crowded.* | *Extra buses run at peak times.* **9 godziny urzędowania/pracy** office hours: *You can contact us during office hours.* **10 godziny otwarcia** opening hours: *Opening hours are from 9:00 a.m. to 8:00 p.m.* **11 odkładać coś na czarną godzinę** save sth for a rainy day: *I have a bar of chocolate somewhere that I've been saving for a rainy day.*

godzinny *adj* hour-long, one-hour: *a new hour-long program* | **godzinne opóźnienie** hour's delay, one-hour delay, delay of one hour: *After an hour's delay, passengers were becoming impatient.* | **półgodzinna/dwugodzinna przerwa** half-hour/two-hour break: *I suggest we take a half-hour break and start again at 3.*

godzinowy *adj* **1** hourly: *What's the hourly rate* (=stawka) *for cleaning?* **2 wskazówka godzinowa** hour hand

gofr *n* waffle

gogle *n* goggles

goić się *v* heal: *His arm is healing nicely.*

gol *n* goal: *Ramos scored two goals for the US.*

golarka *n* (electric) razor, (electric) shaver

golas *n* **na golasa** in the nude: *He likes to swim in the nude.*

golenie *n* **1 golenie (się)** shaving: *Daily shaving can cause problems.* **2 płyn po goleniu** aftershave: *Have you smelled my new aftershave?*

goleń *n* shin: *He got kicked on the shin.*

golf *n* **1** *(gra)* golf: **gracz w golfa** golfer | **piłeczka do golfa** golf ball | **grać w golfa** play golf **2** *(sweter)* polo neck *BrE*, turtleneck *AmE*

golf

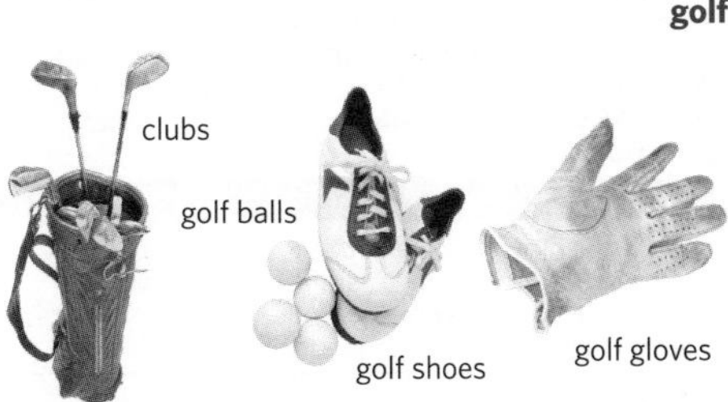

golfowy *adj* **kij golfowy** golf club: **pole golfowe** golf course

golić *v* shave: *Do you shave your legs?*
golić się *v* shave: *How often do you shave?* →patrz też OGOLIĆ SIĘ

gołąb *n* pigeon

gołąbek *n* **1** dove: *The dove is a symbol of peace.* **2 gołąbki** *(potrawa)* stuffed cabbage (leaves)

goły *adj* **1** *(nagi)* naked: *a picture of a naked man* | *naked bodies* **2** *(pusty)* bare: *bare walls* **3** *(bez grosza)* penniless, broke: *I'll be penniless if I keep giving you money.* | *We're always broke at the end of the month.* **4 gołym okiem a)** *(zobaczyć)* with the naked eye: *Bacteria can't be seen with the naked eye.* **b)** *(być widocznym)* to the naked eye: *The comet will be visible to the naked eye.* **5 gołymi rękami** with your bare hands: *Smith killed her with his bare hands.* **6 goła prawda** the naked/bare truth **7 gołe fakty** the bare facts →patrz też **pod gołym niebem** (NIEBO)

gong *n* gong: *the final stroke* (=uderzenie) *of the dinner gong*

gonić *v* chase, run after: *Stop chasing your sister!* | *Her dog was running after a rabbit.*

goniec *n* messenger: *A messenger arrived, bringing a letter from the ambassador.*

gonitwa *n* **1** *(bieganie)* chase: *a chase around the field* **2** *(wyścig)* race: *Her horse came first in that race.*

gorąco[1] *adv* **1 jest gorąco** it is hot: *It's very hot in here. Do you mind if I open the window?* **2 komuś jest gorąco** sb is hot: *I was hot and I needed a drink.* **3** *(przyjmować, witać, oklaskiwać)* warmly: *We were warmly welcomed by the villagers.* | *They warmly applauded Pavarotti and the other singers.* **4** *(dyskutować itp.)* hotly: *a hotly debated issue* **5 podawać (coś) na gorąco** serve (sth) hot: *This pie can be served hot or cold.*

gorąco[2] *n* heat: *The heat from the fire was almost unbearable* (=nie do zniesienia).

gorący *adj* **1** hot: *It was a hot summer's day.* | *I need some hot water.* | *a hot meal* (=posiłek) | *the hottest summer in years* **2 gorąca dyskusja/debata** heated discussion/debate: *We had a heated discussion about politics.* **3 gorący zwolennik** fervent supporter **4 gorąca linia** hotline: *Anyone with information should call the police hotline immediately.* **5 złapać kogoś na gorącym uczynku** catch sb red-handed

gorączka *n* **1** fever: *The virus sometimes causes a slight fever.* | **mieć gorączkę** have/run a temperature/fever: *She had a fever this morning.* | *He's running a temperature.* **2 gorączka przedwyborcza** election fever

gorączkowo *adv* feverishly, frantically: *They were working feverishly to realize some of his dreams.* | *I was frantically trying to find my way out.*

gorączkowy *adj* feverish, frantic: *a frantic search for the missing children* | **gorączkowe tempo** feverish pace: *They worked at a feverish pace.* | **gorączkowe przygotowania** feverish preparations: *Feverish preparations were being made for the arrival of the President.*

gorczyca *n* mustard (seed)

gorliwie *adv* **1** *(z zapałem)* eagerly, zealously: *She nodded eagerly.* | *I zealously defended my client.* **2** *(pilnie)* diligently: *She always carries out her duties* (=wykonuje swoje obowiązki) *diligently.* **3** *(modlić się)* devoutly: *Mandy prayed devoutly every night.*

gorliwość *n* **1** *(zapał)* eagerness, zeal: *Hoping to impress my new boss with my eagerness, I worked late every night.* | *his zeal, determination, and willingness to travel* **2** *(pilność)* diligence: *acting in a highly professional manner, displaying diligence and initiative*

gorliwy *adj* **1** eager, zealous: *an eager supporter of free trade* | *a zealous preacher* **2** *(wyznawca)* devout: *Devout Muslims pray to Allah 5 times a day.*

gorset *n* corset

gorszy *adj* **1** worse: *The traffic is a lot worse after five.* | **+od/niż** *The next song was even worse than the first one.* **2** *(mniej doskonały, gorszej jakości)* inferior: *Larry always makes me feel inferior.* **+od/niż** *His work is inferior to mine.* **3 mieć gorszy dzień/tydzień** have an off day/week: *His work isn't usually this bad – he must have had an off day.* **4 co gorsza** to make matters worse: *The kids were all tired, and to make matters worse, it began to rain.*

G

gorszyć *v* scandalize, scandalise *BrE*: *Nude paintings don't scandalize people these days.*

gorycz *n* bitterness: *a note of bitterness in his voice* | **z goryczą** with bitterness, bitterly: *"She doesn't care," he said bitterly.*

goryl *n* gorilla

gorzała *n* booze

gorzej *adv* worse: *I know I sing badly, but she sings even worse.* | **+ niż** *No one sings worse than I do.* | **jest gorzej** it's worse, things are worse: *It was worse than I thought* (=było gorzej, niż myślałam). | *Things could be worse* (=mogłoby być gorzej) *- at least you're not living on the street.*

gorzelnia *n* distillery

gorzki *adj* **1** bitter: *a bitter taste* | *bitter, black coffee* THESAURUS TASTE **2** *(niesłodzony)* unsweetened: *unsweetened tea*

gorzko *adv* bitterly: *"You tricked me," she said bitterly.* | **zaśmiać się gorzko** give a bitter laugh

gospoda *n* inn

gospodarczy *adj* **1** economic: *The economic situation in the US is getting better.* | *an economic crisis* | *a period of economic growth* **2 działalność gospodarcza** business —**gospodarczo** *adv* economically: *economically advanced countries*

gospodarka *n* **1** economy: *structural changes in the economy* | *the integration of European economies* | **gospodarka (wolno)rynkowa** (free-)market economy | **gospodarka narodowa** the national economy **2 gospodarka rolna** farming: *Farming is subsidized by the government.*

gospodarować *v* **1** *(na roli)* farm: *My family has farmed here since 1901.* **2** *(pieniędzmi)* manage: *Jack was completely unable to manage his money.*

gospodarstwo *n* **1 gospodarstwo (rolne)** farm: *He grew up on a farm in Iowa.* | *We decided to sell the farm and move to London.* **2 gospodarstwo (domowe)** household: *50% of households have at least one microwave.* | *household cleaning products* (=środki czyszczące stosowane w gospodarstwie domowym) **3 zajęcia z gospodarstwa domowego** home economics **4 artykuły gospodarstwa domowego** domestic/household appliances

farm

goat

chicken

sheep

cow

pig

farm animals

gospodarz *n* **1** *(rolnik)* farmer: *The farmer was walking across the field towards us.* **2** *(przyjmujący gości, prowadzący program)* host: *The host brought in some more wine.* | *The host of the show told the audience who his guests were that night.* | **być gospodarzem** act/serve as host: *The President and his wife served as hosts at the concert.* **3** *(właściciel mieszkania)* landlord: *The landlord is going to put up the rent* (=ma zamiar podnieść czynsz) *soon.*

gospodyni *n* **1 gospodyni domowa** housewife, homemaker *AmE*: *Many housewives get bored with their lives.* **2** *(przyjmująca gości)* hostess: *The hostess seated us next to the kitchen door.* **3** *(właścicielka mieszkania)* landlady: *The landlady says he hasn't paid his rent.*

gosposia *n* housekeeper

gościć *v* **1 gościć kogoś** have sb over: *We had some friends over and we played cards.* **2 gościć gdzieś** visit somewhere: *Thousands of tourists visited Bulgaria last year.*

gościnność *n* **1** hospitality: *Thanks for your hospitality over the past few weeks.* **2 nadużywać gościnności** outstay/overstay your welcome: *We wouldn't like to outstay our welcome.*

gościnny *adj* **1** hospitable: *Most of the people I met in Scotland were very hospitable and kind.* **2 pokój gościnny** guest room **3 występ gościnny** guest appearance: *She is making her first guest appearance on the show.*

gość *n* **1** *(odwiedzający)* guest, visitor: *We have a very special guest with us this evening.* | *They were expecting visitors and had cleaned the house.* THESAURUS MAN **2** *(w hotelu)* guest: *Each guest has a private bathroom.* **3** *(w restauracji)* diner, customer **4 gość honorowy** guest of honour *BrE*, honor *AmE* **5** *(facet)* bloke *BrE*, guy *AmE*

gotować *v* **1** cook: *Anyone can learn to cook.* | *What are you cooking?* **2** *(wodę, w wodzie)* boil: *Boil the water before drinking it.* | *Boil the vegetables for ten minutes.* **3 gotować na parze** steam: *Do you want me to steam the broccoli?* **4 gotować we wrzątku** poach: *Salmon is usually poached in a fish kettle.* **5 gotować na wolnym ogniu** simmer: *Bring to the boil* (=zagotować), *then simmer for half an hour.* **6 gotować za długo** overcook →patrz też UGOTOWAĆ

UWAGA: gotować

Kiedy mówimy o gotowaniu jako regularnie wykonywanej czynności, zamiast **cook** można też powiedzieć **do the cooking**: *In traditional families it is always the women who do the cooking.*

gotować się *v* **1** cook: *A chicken should cook 15 minutes for each pound in weight* (=na każdy funt wagi). **2** *(wrzeć)* boil: *Water boils at 100 degrees centigrade.*

gotowanie *n* cooking: *Cooking is fun.*

gotowość *n* readiness: *I admire his readiness to help people.* | **w gotowości (na coś)** in readiness (for sth): *The army was standing by in readiness for an attack.*

gotowy *adj* **1** ready: *Come in and sit down. I'll be ready in a minute.* | **+ na coś** for sth: *You have to be ready for anything* (=na wszystko) *if you want to win.* THESAURUS READY **2** *(do drogi, wyjazdu, żeby zaczynać)* all set, ready: *Are you all set for the journey?* | *Okay, I'm all set, let's get going.* | *Everything's packed and we're ready to leave.* **3** *(kupiony w sklepie)* ready-made: *a ready-made Christmas cake* **4 być gotowym coś z/robić** be ready/prepared/willing to do sth: *She was always ready to listen to my problems.* | *Everybody has to be prepared to make compromises* (=pójść na kompromis). | *He's willing to tell the police everything he knows.*

gotówka *n* cash, ready cash/money: *How much cash do you have on you* (=przy sobie)*?* | **przepływ gotówki** cash flow: *cash flow problems* | **płacić gotówką** pay cash: *Is there a discount* (=rabat) *if I pay cash?* THESAURUS MONEY

gotówkowy *adj* **rezerwy gotówkowe** cash reserves: **wpłata gotówkowa** cash deposit

gotycki *adj* Gothic: *the Gothic style* | *Gothic architecture* —**gotyk** *n* Gothic

goździk *n* **1** *(kwiatek)* carnation: *a dozen pink carnations* **2** *(przyprawa)* clove

góra *n* **1** *(fragment terenu)* mountain: *It took them over three days to reach the top of the mountain.* | **góry** the mountains: *a quiet place in the mountains* | *a view of the mountains* **2** *(stos)* mound, pile: *The waiter appeared with a huge mound of spaghetti.* | *a pile of washing-up* (=naczyń do zmywania) **3** *(górna część)* top: *She was wearing a yellow top.* | **u góry/na górze** at the top: *When I'm painting a wall I always start at the top.* | *Put your name at the top of the page.* **4 brać/wziąć górę** get the better of sb: *My curiosity finally got the better of me and I opened the letter.* **5 góra lodowa** iceberg: *The Titanic sank after hitting an iceberg.* | **wierzchołek góry lodowej** the tip of the iceberg **6 pod górę** uphill: *The path went uphill for another two miles.* **7 z góry (na dół)** downhill: *I had to run downhill as fast as I could.* **8 na górę** *(na wyższe piętro)* upstairs: *Mary went upstairs for a quick shower.* **9 na górze** *(na wyższym piętrze)* upstairs, up: *Bill was upstairs, talking on the phone.* | *John's up in his bedroom.* **10 od góry do dołu** from top to bottom: *The police searched his house from top to bottom.* **11 w górę** up, upward(s): *Can you move the picture up a little higher?* | *Billy pointed upward at the clouds.* **12 w górę rzeki** up the river, upriver, upstream: *She dived and swam upstream.* **13 w górze** over, overhead: *A plane flew overhead.* **14 do góry nogami** upside down: *One of the pages was upside down.* | **przewrócić coś do góry nogami** turn sth upside down: *The police had turned the house upside down.* **15 (płacić/dziękować/wiedzieć) z góry** (pay/thank/know) in advance: *We won't deliver unless you pay in advance.* **16 patrzeć na kogoś z góry** look down your nose at sb: *He looks down his nose at anyone or anything foreign.*

górka *n* **1** *(pagórek)* hill **2 być z górki** be all downhill, be downhill all the way: *After my Chemistry final is over, it's all downhill from here.*

górnictwo *n* mining: *coal mining in Oklahoma*

górnik *n* miner

górny *adj* **1** *(położony wyżej)* upper: *a room on the upper floor* (=kondygnacji) | **górna warga/szczęka itp.** upper lip/jaw etc: *Several of his upper teeth are missing.* **2** *(najwyższy)* top: *There are some pens in the top drawer.* | *Put it back on the top shelf.* **3 górna granica** the upper limit: *the recommended upper limit*

górować *v* **górować nad kimś/czymś** tower over/above sb/sth: *The great cathedral towers over the rest of the main square.* | *Mozart towers over all other composers.*

górski *adj* mountain: *a pretty mountain village* | *healthful mountain air* | **łańcuch górski** mountain chain | **rower górski** mountain bike | **przełęcz górska** mountain pass

górzysty *adj* mountainous: *a mountainous region*

gówno *n* **1** shit **2 gówno prawda!** bullshit!

GPS *n* GPS: *a GPS navigation system*

gra *n* **1** *(towarzyska, rozrywkowa)* game: *Bridge is a game for 4 players.* | **gra planszowa/komputerowa/wideo** board/computer/video game | **gra w karty** card game | **karty do gry** playing cards **2** *(aktorska)* acting: *a terrible script and even worse acting* **3** *(podczas meczu)* play: *The match began on time, but rain stopped play* (=przerwał grę) *after only an hour.* | *We have seen some very good play this afternoon.* **4** *(udawanie)* act: *He doesn't care, Laura – it's just an act.* **5** *(świateł, kolorów)* play: *the play of light on the water* **6 wchodzić w grę** come into play: *Several factors came into play.* **7 nie wchodzić w grę** be out of the question: *It was out of the question for them to get married.* THESAURUS IMPOSSIBLE **8 salon gier** amusement arcade *BrE*, video arcade *AmE* **9 gra słów** play on words, pun: *'Seven days without food makes one weak' is a well-known pun.* | *The whole thing was just a play on words.*

game

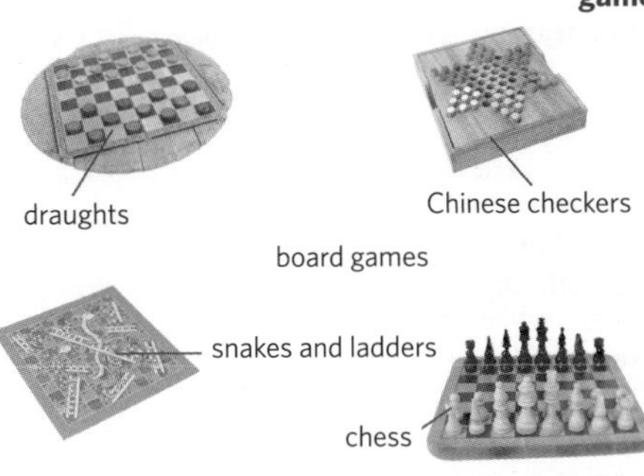

grabić *v* **1** plunder: *Every five years foreign armies plunder the city.* | *We cannot go on plundering the Earth's resources.* **2** *(sklepy)* loot: *Shop windows were smashed and people began to loot.* **3** *(grabiami)* rake: *An old man was raking up leaves in the park.*

grabie *n* rake

grabież *n* **1** plunder: *the plunder of Africa by the European nations* **2** *(sklepów)* looting: *There was scattered gunfire and looting in the area.*

grabieżca *n* plunderer

gracja *n* grace, poise: *She moved with the grace of a dancer.* | *Anne is tall and thin, but lacks poise.*

gracz *n* **1** player: *Bridge is a game for four players.* **2** *(giełdowy)* speculator

grać *v* **1** *(mecz, partię szachów itp.)* play: *Who wants to play?* | **grać w coś** play sth: *I've only played cards a few times.* | *She was playing basketball and broke her arm.* | **grać z kimś/przeciwko komuś** play (against) sb: *The Rockets are playing the Bulls this weekend.* | *The Rams played against the Giants twice in three weeks.* | **+ w drużynie** for: *He has played for England 15 times now.* **2** *(muzykę)* play: *We waited for the orchestra to start playing.* | **grać na czymś** play sth: *Kira's learning to play the piano.* **3** *(w teatrze, filmie)* act: *I know she's beautiful, but can she act?* | **+ w czymś** in sth: *He has now acted in 37 plays.* **4** *(rolę, postać)* play: *Sean Penn plays the hero.* **5 grać fair** play fair: *In international trade, very few countries play fair.* **6 grać na czas** play for time: *He was playing for time until the others arrived.* **7 grać na giełdzie** speculate: *Her father had made his money speculating on the New York Stock Exchange.* **8 grać na czyichś uczuciach** play on sb's emotions: *Advertising achieves its aim by playing on our weaknesses and emotions.* **9 co grają w kinach?** what's on at the cinema? →patrz też ZAGRAĆ

G

grad *n* hail: *a hail of enemy gunfire* | **pada grad** it's hailing

gradobicie *n* hailstorm

graffiti *n* graffiti: *The school walls were covered with graffiti.*

grafik *n* timetable, schedule, rota *BrE*

grafika *n* **1** graphics: *Using computers, students are able to integrate text with graphics.* **2 grafika użytkowa** graphic design

grafi-k/czka *n* graphic designer

grafit *n (w ołówku)* lead

gram *n* gram, gramme: *jars of coffee weighing 450 grams net*

gramatyczny *adj* grammatical: *grammatical constructions* —**gramatycznie** *adv* grammatically: *This sentence is grammatically correct.*

gramatyka *n* grammar: *She always corrects my grammar.* | **książka do gramatyki** grammar book: *a grammar book for learners of English*

gramofon *n* record player

gramolić się *v* clamber, climb: *Koala bears, carrying their young, clamber up the tree trunks.*

granat *n* **1** *(pocisk)* grenade: *a hand grenade* **2** *(owoc)* pomegranate **3** *(kolor)* navy (blue)

granatowy *adj* navy (blue)

G

granica *n* **1** *(państwa)* border, frontier *BrE*: *Strasbourg is very close to the German border.* | *the frontier between France and Belgium* | **granica Polski** the Polish border | **na granicy** on the border/frontier: *a small town on the Polish-Lithuanian frontier* | **przez granicę** across the border: *They escaped across the border.* | **przekraczać granicę** cross the border, go/come/get across the border: *The refugees* (=uchodźcy) *came across the border in vast numbers.* **2 (przebywać/mieszkać/studiować) za granicą** (be/live/study) abroad: *My boss is abroad this week.* **3 (wyjechać/przeprowadzić się/wysłać kogoś) za granicę** (go/move/send sb) abroad: *She goes abroad on business* (=w interesach) *quite a lot.* **4** *(miasta, stanu)* boundary: *I think the state boundary is farther south than here.* **5** *(rozgraniczenie)* borderline, boundary: *the borderline between sleep and being awake* **6 na granicy bankructwa** on the verge of bankruptcy **7 granica wieku** age limit: *The age limit at the new nightclub is 21.* **8 do ostatnich granic** to the limit: *The constant noise from the next table was trying my nerves to the limit.* **9 działać w granicach prawa** operate within the law **10 w pewnych granicach** within limits: *You can come and go when you want – within limits.*

graniczny *adj* **1** border: *the border territory* | **przejście graniczne** border crossing/checkpoint | **zatarg graniczny** border dispute | **kontrola graniczna** border/passport control: *Please stop at passport control.* **2 przypadek graniczny** borderline case: *In borderline cases we may ask candidates to come for a second interview.*

graniczyć *v* **graniczyć z a)** *(terytorium)* border on: *the states that border on Texas* **b)** *(zachowanie, sytuacja)* verge on: *Their behaviour sometimes verged on insanity* (=z szaleństwem).

granit *n* granite

grant *n* grant: *a research grant* (=grant na badania naukowe)

grasować *v* prowl: *a tiger prowling through the jungle* | *gangs prowling the streets* (=na ulicach)

gratulacje *n* congratulations: *Give* (=przekaż) *him my congratulations.* | **moje gratulacje!** congratulations!: *Congratulations! I'm really happy for you.* | **+z okazji czegoś** on doing sth: *Oh, by the way, congratulations on passing your driving test.*

gratulować *v* **1** congratulate: *She got the job? I must go and congratulate her.* | **+z okazji** *We congratulated our opponents on their victory.* **2 gratuluję!** congratulations!: *Congratulations on a superb performance* (=gratuluję znakomitego występu)*!*

grawerować *v* engrave: *a gold pen engraved with his initials*

grawitacja *n* gravity: *the force of gravity*

grawitacyjny *adj* gravitational: *the gravitational pull of the moon* | **pole grawitacyjne** gravitational field

Grecja *n* Greece: *ancient Greece* —**Grek/Greczynka** *n* Greek

grecki *adj* Greek: *Greek mythology*

grejpfrut *n* grapefruit

gremium *n* body, assembly: *an assembly of leaders*

grill *n* **1** *(urządzenie)* barbecue, grill: **u/piec na grillu** barbecue, grill: *Dad barbecued all the food.* **2** *(przyjęcie)* barbecue: *Let's have a barbecue on the beach.*

grobla *n* dyke

grobowiec *n* vault

groch *n* pea: *pea soup*

grom *n* **1** thunder(clap), clap/roll of thunder **2 jak grom z jasnego nieba** like a bolt from/out of the blue

gromada *n* **1** *(ludzi)* flock: *a flock of tourists* **2** *(w biologii)* class

gromadzenie *n* accumulation, gathering: *the accumulation of data*

gromadzić *v* →patrz ZGROMADZIĆ, NAGROMADZIĆ
gromadzić się *v* **1** *(ludzie)* assemble, gather: *Protesters started to assemble around 7 a.m.* | *People were gathering around the TV to watch the game.* **2** *(kurz, problemy, cholesterol itp.)* accumulate: *Some other gases, such as methane and nitrogen oxides, accumulate in the atmosphere.*

grosz *n* **1** penny *BrE*, cent *AmE* **2** *(w Polsce)* grosz **3 ani grosza** not a penny: *It won't cost you a penny!* **4 bez grosza** penniless: *I'll be penniless* (=zostanę bez grosza) *if I keep giving you money.* | *penniless artists desperate to sell their work*

groszek *n* peas: *frozen peas* | *Finish up your peas or you won't get any dessert.*

UWAGA: peas

Rzeczownik **peas** ma formę liczby mnogiej, musi więc łączyć się w zdaniu z czasownikiem w liczbie mnogiej: *The peas* **are** *cooked.*

grota *n* grotto

groteskowy *adj* grotesque: *a grotesque figure with a huge head* THESAURUS UGLY —**groteskowo** *adv* grotesquely: *The monster's feet were grotesquely small.*

groza *n* **1** terror: *I'll never forget the look of sheer terror on her face.* **2 budzący grozę** formidable: *The team faces some formidable opponents in the next week.*

grozić *v* threaten: *Even if you threatened her, she wouldn't* *tell you anything.* | **+że się coś zrobi** to do sth: *My landlord is threatening to take me to court* (=że pozwie mnie do sądu).

groźba *n* threat: *I'm taking these threats very seriously.* | *the threat of death*

groźny *adj* ferocious: *Gang members have committed ferocious acts of violence.*

grób *n* **1** grave: *He took that secret with him to the grave.* **2 Grób Nieznanego Żołnierza** the Tomb of the Unknown Soldier

grubiański *adj* coarse, rude: *She tried to ignore his coarse jokes.* | *I ignored his rude remarks about my clothes.* —**grubiaństwo** *n* rudeness: *Such rudeness is inexcusable!*

grubo *adv* **1** *(posmarowany)* thickly: *crackers spread thickly with butter and honey* **2 grubo ponad** well over: *He was well over six foot tall.* **3 grubo przesadzać** grossly exaggerate

gruboskórny *adj* thick-skinned

grubość *n* thickness: *the thickness of the walls* | **mieć 5cm/1m grubości** be 5cm/1m thick

grubszy *adj* **1 z grubsza** broadly: *She knows broadly what to expect.* THESAURUS ALMOST **2 z grubsza biorąc** broadly speaking

gruby *adj* **1** *(książka, dywan, szkło itp.)* thick: *a thick coat* | *thick glass* | *The ground was covered in a thick layer of snow.* THESAURUS FAT **2** *(człowiek)* fat, overweight, large, big: *He's not really fat.* **3** *(nogi, cygaro, portfel itp.)* fat: *fat thighs* | *a fat cigar* **4 gruba ryba** heavyweight, big shot: *the heavyweights of the movie industry* | *Pete Waterman, the record producer and music-biz big shot*

UWAGA: fat

Przymiotnik **fat** w odniesieniu do osób ma zabarwienie negatywne. Lepiej w związku z tym zastępować go łagodniejszymi określeniami. Zamiast: *He's (a little bit) too fat*, możemy powiedzieć: *He's (slightly) overweight*. Zamiast **fat** używa się też często przymiotników **large** i **big**: *Large people sometimes have difficulty finding fashionable clothes to fit them.* | *Your baby's getting big!*

thick/thin

a thick dictionary

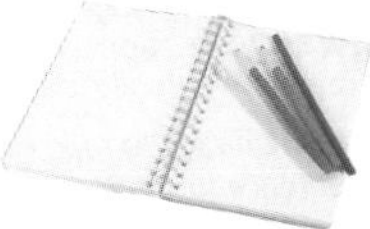
a thin notebook

gruchot *n* **stary gruchot** old banger

gruczoł *n* gland: *The glands in her neck are swollen.*

grudzień *n* December: **w grudniu** in December —**grudniowy** *adj* December: *a cold December night*

grunt *n* **1 grunt pod nogami** the ground under your feet **2 na śliskim gruncie** on dangerous ground: *You're on dangerous ground when you talk politics with Ed.* **3 przygotować grunt pod coś** set the stage for sth **4 grunty rolne** arable land → patrz też **w gruncie rzeczy** (RZECZ)

gruntowny *adj* **1** thorough: *a thorough search* | *a thorough medical examination* | *It's time we had a thorough clean-out* (=porządki) *in this house.* **2 gruntowna znajomość czegoś** intimate/thorough knowledge of sth —**gruntownie** *adv* thoroughly: *All the equipment had been thoroughly tested.*

grupa *n* **1** group: *A group of students sat around the table chatting.* | *a group of tall trees* | **grupa wiekowa** age group: *a competition for the 11–15 age group* | **grupa rówieśnicza** peer group | **grupa etniczna/rasowa/społeczna** ethnic/racial/social group | **grupa działaczy antywojennych/ekologicznych itp.** anti-war/environmental etc group | **podzielić coś na grupy** split/divide sth into groups: *I'm going to split the class into three groups.* | **podzielić się na grupy** split (up)/get into groups, form groups: *The teacher told us to get into groups of three* (=trzyosobowe). **2** *(zespół muzyczny)* band, group: *He played in a band for five years before going solo.* | *members of symphony orchestras and pop groups* **3 grupa dyskusyjna** newsgroup, discussion group **4 grupa krwi** blood group *BrE* /type *AmE*: *Their blood groups were incompatible* (=niezgodne). **5 grupa nacisku** pressure group, lobby **6 grupa wsparcia** support group **7 grupa robocza** task force: *A task force was formed to tackle the rising crime rate.*

grupować *v* group, divide into groups: **+według** *The children are divided into groups according to their reading ability.*

gruszka *n* pear

gruz *n* **1** rubble: *a pile of rubble* **2 być/leżeć w gruzach** be/lie in ruins: *After the war the Japanese economy was in ruins.*

gruźlica *n* tuberculosis

grymas *n* grimace: *a grimace of disgust* (=obrzydzenia)

grypa *n* influenza, the flu: *the 1918 influenza epidemic* | *Eve had the flu, but she's much better now.*

gryzący *adj (dym, zapach)* acrid: *a cloud of acrid smoke*

gryzmolić *v* **1** *(pisać niewyraźnie)* scrawl: *More restaurants started calling themselves 'bistros' and scrawling the choices and prices on blackboards.* **2** *(rysować bezmyślnie)* doodle: *I spent most of the class doodling in my notebook.* → patrz też NAGRYZMOLIĆ

gryzmoły *n* **1** *(pismo)* scrawl: *I can't read your scrawl.* **2** *(rysunki)* doodles: *His test paper was covered in doodles.*

gryzoń *n* rodent

gryźć *v* **1** bite: *Be careful! My dog bites.* **2** *(żuć)* chew, munch: *Helen sat chewing her pencil, trying to think what to write next.* | *He was munching an apple.* **3** *(kość)* gnaw (at/on): *The puppy sat in the corner and gnawed at a bone.* **4 gryźć ziemię** bite the dust

grzać *v (wodę)* heat: *She was heating the water in a small pan.*
grzać się *v* **1** *(rozgrzewać się)* warm up: *The copier is warming up.* **2** *(przegrzewać się)* overheat: *I think the engine's overheating again.* → patrz też ROZGRZAĆ SIĘ

grzałka *n* heater

grzanka *n* **1** *(na śniadanie)* piece of toast: *How many pieces of toast would you like?* | **grzanki** toast: *We had toast for breakfast.* **2** *(w zupie)* crouton

UWAGA: toast

Toast w znaczeniu „grzanka, tost" jest rzeczownikiem niepoliczalnym. Nie mówi się „a toast" ani „toasts", tylko **a piece of toast** i **some toast** (*You should eat at*

G

least a piece of toast. | *Would you like some more toast?*), a czasownik łączący się z **toast** występuje w liczbie pojedynczej: *Sorry the toast is a little burnt.*

grządka *n* bed: *a bed of lettuce*

grząski *adj* boggy: *There was a boggy patch at the edge of the field.*

grzbiet *n* **1** *(zwierzęcia)* back: *The dog arched* (=wygiął) *its back and showed its teeth.* **2** *(książki)* spine: *She ran a finger along the spine of the book.* **3** *(górski)* ridge: *a trail along the ridge* | *the contours of the hills and ridges*

grzbietowy *adj* **styl grzbietowy** backstroke

grzebać *v* **1** *(szperać)* rummage (around): *Kerry was rummaging through a drawer looking for a pen.* | *Looks like someone's been rummaging around in my desk.* | **grzebać w poszukiwaniu czegoś** scrabble (about/around) for sth: *She scrabbled around for a piece of paper to write on.* | *She scrabbled under the bed for her slippers.* **2 grzebać przy czymś** mess around with sth: *Who's been messing around with my camera?*

grzebień *n* **1** comb **2** *(koguta itp.)* crest

grzech *n* sin: *It's a sin to waste all this food.* | **grzech śmiertelny** mortal sin | **popełnić grzech** commit a sin

grzechotka *n* rattle

grzechotnik *n* rattlesnake

G

grzecznie *adv* **1** *(uprzejmie)* politely: *Richard politely excused himself* (=pożegnał się)*, claiming he had too much work to do.* **2 zachowywać się grzecznie** *(dziecko)* be good, behave yourself: *Did Peter behave himself while I was away?*

grzeczność *n* politeness: *Do you really want to know, or were you just asking out of politeness?*

grzeczny *adj* **1** *(uprzejmy)* polite: *He seemed a very polite young man.* | *a polite smile* **2** *(dziecko, pies)* good, well-behaved: *Sit here and try to be a good girl.* | *Can I bring my dog? She's very well-behaved.* | *He's normally such a well-behaved child.*

grzejnik *n* heater, fire *BrE*

grzeszyć *v* sin →patrz też ZGRZESZYĆ —**grzeszni-k/ca** *n* sinner

grzęda *n* perch, roost

grzęznąć *v* get/be bogged down: *Sometimes even the tractor gets bogged down in the thick mud.*

grzmieć *v* thunder: *The guns thundered in the distance.* | **grzmi** it thunders: *Did you hear it thunder* (=słyszałaś, jak grzmiało) *just now?*

grzmot *n* thunder(clap), clap/roll of thunder: *In the middle of the night a loud clap of thunder split the air.*

grzmotnąć *v* thump: *My head thumped against the floor.* | *I thumped him in the stomach and ran off.*

grzyb *n* **1** *(w lesie, na talerzu)* mushroom: *Are these mushrooms edible?* **2** *(na ścianie itp.)* fungus: *Fungus was growing on the damp walls.* **3 wyrastać jak grzyby po deszczu** spring up: *New businesses are springing up all the time.*

grzywa *n* mane: *a horse's mane*

grzywka *n* fringe *BrE*, bangs *AmE*

grzywna *n* fine: *Because he couldn't pay the fine, he was jailed for seven days.* THESAURUS PUNISHMENT

gubernator *n* governor

gubić *v* lose: *Ben's always losing his keys.* →patrz też ZGUBIĆ

gubić się *v* **1** *(błądzić)* get lost, lose your way: *Bill's always getting lost - he has no sense of direction.* **2** *(znikać)* get lost: *My socks always get lost in the wash.* **3** *(nie rozumieć)* get confused, get mixed up: *I can see you're getting confused. Let me explain.* | *I could see that the old man was getting more and more mixed up.* →patrz też POGUBIĆ SIĘ, ZGUBIĆ SIĘ

gulasz *n* **1** stew: *The villagers cooked a special stew.* **2** *(węgierski)* goulash

guma *n* **1** *(tworzywo)* rubber: *The toys are made of rubber.* **2 guma do żucia** chewing gum **3 guma balonowa** bubble gum

gumka *n* **1** *(do włosów itp.)* rubber band, elastic band *BrE*: *papers held together with a rubber band* **2** *(do mazania)* rubber *BrE*, eraser *AmE*

gumowy *adj* rubber: *a rubber duck*

guru *n* guru

gust *n* **1** *(smak)* taste: *Emma always wears nice clothes. She's got good taste.* | **w dobrym guście** in good taste: *Whatever she wears, you can be sure it will be in good taste.* | **w złym guście** in bad/poor taste: *That joke was in very bad taste.* **2 coś w tym guście** something like that, something of the sort: *Her name was Judy or Julie or something like that.* **3 coś przypadło komuś do gustu** sth took sb's fancy: *Did anything take your fancy?* | **ktoś przypadł komuś do gustu** sb took a liking/fancy to sb: *He immediately took a liking to the girl.* | *Mr Hill took a real fancy to Clara.* | **przypaść sobie do gustu (z kimś)** hit it off (with sb): *I knew you and Mark would hit it off!* **4 zbyt jasny/mocny itp. jak na czyjś gust** too bright/strong etc for sb's liking: *This weather's a bit too hot for my liking.*

gustowny *adj* tasteful: *a simple but tasteful arrangement of flowers* —**gustownie** *adv* tastefully: *a tastefully furnished apartment*

guwernantka *n* governess

guz *n* **1** *(od uderzenia, upadku)* bump: *Pam got a lot of bumps and bruises* (=i siniaków). **2** *(nowotwór)* tumour *BrE*, tumor *AmE*: *a brain tumour*

guzek *n* lump: *She was in hospital, having a lump removed from her breast.*

guzik *n* button: *My fingers were so cold that I couldn't undo* (=rozpiąć) *the buttons.* | *A button came off* (=odpadł od) *my coat yesterday.*

gwałcić *v* rape →patrz też ZGWAŁCIĆ —**gwałciciel** *n* rapist: *Eventually, the rapist was caught and put in prison.*

gwałt *n* rape: *a rape victim* | *He's serving a nine-year prison sentence for rape.*

gwałtownie *adv* **1** *(zachowywać się, reagować)* violently: *He reacted violently against the society of his day.* **2** *(zmieniać się)* rapidly: *the rapidly changing world of computer technology* **3** *(wzrastać)* steeply, sharply: *The temperature climbed steeply.*

gwałtowność *n* violence: *the violence of the storm* | *the violence of their emotions*

gwałtowny *adj* **1** *(człowiek, zachowanie)* violent: *My father was a violent man who couldn't control his temper.* THESAURUS QUICK **2** *(zmiana)* rapid: *a rapid change in temperature* **3** *(wzrost)* steep, sharp: *a sharp rise in profits*

gwar *n* bustle: *the bustle of a big city*

gwara *n* dialect

gwarancja *n* **1** guarantee, warranty: *a two-year guarantee* | *a five-year anti-corrosion warranty* | **na gwarancji** under guarantee: *Your watch will be repaired free if it is still under guarantee.* **2 dać komuś gwarancję** give sb a guarantee: *Can you give me a guarantee that the work will be finished on time?*

gwarantować *v* guarantee: *It's a great movie – I guarantee you'll enjoy it.* THESAURUS ▸ PROMISE

gwarny *adj* bustling: *a small, bustling Mexican restaurant*

gwiazda *n* **1** star: *The stars are beautiful tonight.* | **spadająca gwiazda** shooting star **2** *(filmowa)* (film/movie) star: *All the big stars will be there.* **3** *(figura gimnastyczna)* cartwheel

gwiazdka *n* **1** (little) star **2** *(znak w tekście)* asterisk **3** *(Boże Narodzenie)* Christmas

gwiazdorstwo *n* stardom: *the trappings of stardom*

gwiaździsty *adj* starry: *a starry winter sky*

gwint *n* thread

gwizd *n* whistle: *a penetrating whistle*

gwizdać *v* **1** whistle: *Tony quietly whistled a tune to himself.* **2** *(na znak dezaprobaty)* boo →patrz też WYGWIZDAĆ

gwizdek *n* whistle: *The referee blew his whistle.*

gwizdnąć *v (ukraść)* pinch: *Someone's pinched my pen!*

gwoździk *n* tack

gwóźdź *n* nail: *I hit the nail too hard and bent it a little.* | *rusty nails*

gzyms *n* **1** *(budynku)* cornice **2** *(w skale)* ledge

G

habit *n* **1** habit: *a nun's habit* **2 przywdziać habit** take (holy) vows

haczyk *n* **1** *(u wędki, na ścianie)* hook: *a fish hook | Put your coat on the hook.* **2** *(symbol)* tick *BrE*, check *AmE*: *Put a tick in the box if you agree with this statement.* **3** *(pułapka)* catch: *The rent is so low there must be a catch.* **4 połknąć haczyk** take the bait

haczykowaty *adj* hooked: *a hooked nose*

Hades *n* the Underworld, Hades: *Persephone's journey in the Underworld*

haftować *v* **1** *(wyszywać)* embroider: *The dress was embroidered with flowers.* **2** *(wymiotować)* throw up —**haft** *n* embroidery

hak *n* **1** hook: *a long pole with a hook at one end* **2 szukać na kogoś haka** dig up (the) dirt on sb

haker *n* hacker: *A hacker had been fooling with* (=grzebał przy) *the hospital computers.*

hala *n* **1** *(pomieszczenie)* hall: *the main hall | a sports hall* **2** *(górska)* mountain pasture **3 hala przylotów/odlotów** arrivals/departures lounge **4 hala targowa** market **5 hala fabryczna** workshop **6 hala widowiskowa** arena **7 hala wsadowa** loading bay

halka *n* slip, petticoat *BrE*

hall *n* **1** *(w mieszkaniu)* hall: *The bathroom's just down the hall on the right.* **2** *(w hotelu)* lounge, lobby: *a hotel lobby*

halo *n* **1** *(przez telefon)* hello: *"Hello?" "Hello, is Chad there?"* **2** *(wołanie)* excuse me!: *Excuse me, Miss* (=halo, proszę pani)*!* **3** *(rozgłos, zamieszanie)* fuss, big deal: **robić z czegoś (wielkie) halo** make a big deal out of sth

halowy *adj* indoor: *indoor sports*

halucynacja *n* hallucination: *I knew that what I had seen was a hallucination.* | **mieć halucynacje** have hallucinations, hallucinate: *People on pain-killers sometimes have hallucinations. | Without water in the desert, Voss began to hallucinate.*

hałas *n* **1** noise: *What's that noise? | constant noise* | **robić hałas** make (a) noise: *Stop making so much noise.* **2 robić dużo hałasu wokół kogoś** make a fuss of *BrE*, over *AmE* sb **3 wiele hałasu o nic** much ado about nothing —**hałasować** *v* make (a) noise: *Those kids are making a lot of noise* (=bardzo hałasują) *upstairs.*

hałaśliwy *adj* **1** *(człowiek, miejsce, maszyna)* noisy: *noisy schoolkids | a noisy bar | a noisy engine* THESAURUS LOUD **2** *(reklama, propaganda)* loud: *a loud election campaign* —**hałaśliwie** *adv* noisily: *Insects were buzzing noisily around the lamp.*

hałda *n* dump

hamak *n* hammock

hamburger *n* hamburger, burger: **hamburger rybny** fish cake | **hamburger wołowy** beefburger

hamować *v* **1** *(hamulcem)* brake: **ostro hamować** brake sharply/hard: *He braked sharply to avoid the dog.* **2** *(ograniczać)* inhibit, restrain: *New treatments inhibit the spread of the disease. | economic processes which restrain inflation* →patrz też ZAHAMOWAĆ

hamulec *n* brake: *Remember to test your brakes regularly.* | **hamulec ręczny** handbrake *BrE*, emergency brake *AmE*

handel *n* **1** trade: *foreign trade | free trade | the slave trade* **2** *(na dużą skalę)* commerce: *We want to encourage commerce between Britain and France.* | **handel elektroniczny** e-commerce **3** *(nielegalny)* traffic, trafficking: *drugs traffic | traffic in firearms | arms trafficking* **4 handel obwoźny** door-to-door selling **5 handel wymienny** barter

handlarz *n* **1** tradesman **2** *(uliczny)* vendor →patrz też **handlarz narkotyków** (NARKOTYK)

handlować *v* **handlować czymś** deal/trade in sth: *dealing in 19th-century paintings | These companies trade mainly in furs and animal skins.* →patrz też **handlować narkotykami** (NARKOTYK)

handlowiec *n* trader

handlowy *adj* **1** commercial: *Our top priorities must be profit and commercial growth.* **2 centrum handlowe** shopping centre *BrE*, center *AmE*, (shopping) mall *AmE* **3 korespondencja handlowa** business letters: *During the first week of the secretarial course we learned how to write business letters.* **4 izba handlowa** chamber of commerce **5 marynarka handlowa** merchant navy *BrE*, marine *AmE*

hangar *n* hangar

haniebny *adj* **1** *(naganny moralnie)* shameful, disgraceful: *It's shameful the way some people treat their pets. | one of the most disgraceful episodes in the annals of British politics* | **haniebny czyn** foul deed **2** *(wstydliwy)* ignominious, inglorious: *an ignominious failure | an inglorious defeat*

hańba *n* disgrace, dishonour *BrE*, dishonor *AmE*: *an absolute/ultimate disgrace | It's a disgrace!* | **okryć się hańbą** disgrace yourself | **przynieść hańbę komuś** bring dishonour on sb, disgrace sb: *You have brought dishonour on your family. | Many say Lonetree has disgraced his people and his country.*

haracz *n* protection money

harcerka *n* (Girl) Guide *BrE*, (Girl) Scout *AmE*

harcerski *adj* scout, Scout: *a scout camp*

harcerstwo *n* scouting, the Scouts: *He joined the Scouts* (=wstąpił do harcerstwa) *when he was eleven.*

harcerz *n* (Boy) Scout

hardware *n* hardware: *The problem is with the hardware, not the program.*

hardy *adj* **1** *(bezczelny)* impudent: *Lisa was young and impudent.* **2** *(dumny)* proud: *He has always been a proud and arrogant man.*

harem *n* harem: *the Sultan's harem*

harfa *n* harp —**harfist-a/ka** *n* harpist

harmider *n* hustle and bustle, commotion: *the hustle and bustle of the market place | What's all this commotion?*

harmonia *n* harmony: *People of many races live here in harmony.*

harmoniczny *adj* harmonic: *harmonic scales* (=gamy harmoniczne)

harmonijka *n* **harmonijka ustna** harmonica

harmonijny *adj* **1** *(zgodny, dopasowany)* harmonious: *harmonious relations between nations | The decor*

H

(=wystrój wnętrza) *is a harmonious blend of traditional and modern.* **2** *(współbrzmiący)* harmonic, harmonious —**harmonijnie** *adv* harmoniously: *a multicultural society in which people coexist harmoniously*

harmonizować *v* harmonize, harmonise *BrE*: *colours that don't seem to harmonize with each other*

harmonogram *n* schedule: *a tight/rigid schedule* (=napięty/ścisły harmonogram) | *I have a very busy schedule today.*

harować *v* **1** slave (away): *Michael's been slaving away in the kitchen all day.* **2 harować jak wół** work like a horse —**harówka** *n* grind, toil: *All the paperwork I have to do is a real grind.* | *The awful prospect of another week's toil lay before us.*

harpun *n* harpoon

hartować *v* *(utwardzać)* toughen, temper: *toughened glass* | *tempered steel* →patrz też ZAHARTOWAĆ
hartować się *v* toughen yourself (up)

hasać *v* frolic, frisk: *The penguins waddle down* (=człapią) *to the shore and frolic in the icy waters.* | *The puppy frisked at his heels.*

hasło *n* **1** *(komputerowe, w konspiracji)* password: *Please type in your password.* **2** *(reklamowe, polityczne)* slogan: *anti-racist slogans* | *an advertising slogan* **3** *(w słowniku itp.)* entry: *dictionary entries* | *Look up the entry for George Washington in the encyclopaedia.*

haszysz *n* hashish: *The government will never legalize drugs like hashish or cocaine.*

hau *interj* woof

haust *n* gulp: **jednym haustem** in one gulp: *I've seen him swallow a whole glass of vodka in one gulp.*

hazard *n* gambling: *Gambling is illegal in some states.* | **uprawiać hazard** gamble: *We're forbidden to drink or gamble.* —**hazardzist-a/ka** *n* gambler: *a habitual gambler*

UWAGA: hazard

W języku angielskim istnieje wyraz **hazard**, ale nie znaczy on po polsku „hazard", tylko „niebezpieczeństwo".

hazardowy *adj* **gry hazardowe** gambling

heban *n* ebony —**hebanowy** *adj* ebony: *ebony hair*

hebrajski *adj* Hebrew

hedonizm *n* hedonism —**hedonist-a/ka** *n* hedonist

hej *interj* hey, hi

hektar *n* hectare

hel *n* helium

helikopter *n* helicopter, chopper: *The President travelled by helicopter to Camp David.*

hełm *n* helmet: *blue helmets*

hemofilia *n* haemophilia *BrE*, hemophilia *AmE*

hemoroidy *n* haemorrhoids *BrE*, hemorrhoids *AmE*

herb *n* coat of arms

UWAGA: herb

W języku angielskim istnieje wyraz **herb**, ale nie znaczy on po polsku „herb", tylko „zioło".

herbaciany *adj* **1** tea: *a tea garden* | *tea shrubs* **2 róża herbaciana** tea rose

herbaciarnia *n* tearoom, tea shop

herbata *n* tea: *green/black tea* | *China/Indian tea* | *camomile/mint tea*

herbatka *n* **1** *(poczęstunek)* (afternoon) tea: **zaprosić kogoś/przyjść na herbatkę** invite sb/come to tea **2** *(napój)* tea: **herbatki ziołowe/owocowe** herbal/fruit teas

herbatnik *n* biscuit *BrE*, cookie *AmE*

herety-k/czka *n* heretic —**heretycki** *adj* heretical

herezja *n* heresy: *defending the Catholic faith against heresy*

hermetyczny *adj* airtight: *airtight containers*

heroiczny *adj* heroic: *It was a heroic effort.* | *a heroic act of bravery*

heroina *n* **1** *(narkotyk)* heroin: *Heroin is illegal in this country.* **2** *(bohaterka)* heroine: *tragic heroines*

heroizm *n* heroism: *stories of heroism and self-sacrifice*

heros *n* hero

heterogeniczny *adj* heterogeneous

heteroseksualny *adj* heterosexual

hetman *n* **1** *(dowódca)* hetman, ataman **2** *(w szachach)* queen

hiacynt *n* hyacinth

hibernacja *n* hibernation

hiena *n* hyena

hierarchia *n* **1** *(uporządkowanie)* hierarchy: *a social hierarchy* | *a hierarchy of values* **2** *(partyjna, kościelna itp.)* hierarchy: *the communist hierarchy* | *the church hierarchy* —**hierarcha** *n* hierarch —**hierarchiczny** *adj* hierarchical: *a hierarchical social system*

hieroglify *n* hieroglyphics —**hieroglificzny** *adj* hieroglyphic

hi-fi *n* **sprzęt/zestaw hi-fi** hi-fi

higiena *n* hygiene: *Hygiene is very important when preparing a baby's food.* | **higiena osobista** personal hygiene | **higiena jamy ustnej** dental hygiene

higieniczny *adj* **1** *(warunki)* hygienic, sanitary **2 chusteczki higieniczne** tissues: *a box of tissues*

hinduizm *n* Hinduism —**hinduistyczny** *adj* Hindu: *a Hindu temple* —**hinduist-a/ka** *n* Hindu

Hindus/ka *n* Indian —**hinduski** *adj* Indian

hiperłącze *n* hyperlink

hipermarket *n* hypermarket

hipis/ka *n* hippie: *The place was full of hippies.*

hipnotyzować *v* hypnotize, hypnotise *BrE*: *Parker hypnotized crowds with his sax playing.* —**hipnotyzer/ka** *n* hypnotist

hipnoza *n* hypnosis: *Some smokers use hypnosis to help them kick the habit* (=rzucić nałóg). | **w hipnozie** under hypnosis: *He remembered details of his childhood under hypnosis.* —**hipnotyczny** *adj* hypnotic: *a hypnotic trance*

hipochondria *n* hypochondria —**hipochondry-k/czka** *n* hypochondriac —**hipochondryczny** *adj* hypochondriac

hipokryzja *n* hypocrisy —**hipokryt-a/ka** *n* hypocrite

hipopotam *n* hippopotamus, hippo

hipoteczny *adj* **kredyt hipoteczny** mortgage: *After he lost his job he couldn't pay his mortgage any more.*

H

hipoteka *n* **1** *(zabezpieczenie majątkowe)* collateral **2** *(księga)* title deed **3 spłacać/spłacić hipotekę** pay/pay off the mortgage: *I've been paying the mortgage for ten years now.*

hipotetyczny *adj* hypothetical: *Students were given a hypothetical problem to discuss.* —**hipotetycznie** *adv* hypothetically

hipoteza *n* hypothesis: *The scientist has now proved that her hypothesis is correct.* | **wysuwać hipotezę** put forward a hypothesis: *A number of hypotheses have been put forward concerning human behaviour.*

UWAGA: hypothesis

Rzeczownik **hypothesis** (haɪˈpɒθɪsɪs) ma nieregularną formę liczby mnogiej: **hypotheses** (haɪˈpɒθəsiːz).

histeria *n* hysteria: *mass hysteria* | **wybuch histerii** outbreak of hysteria: *an outbreak of hysteria among the group's fans* | **dostać (ataku) histerii** have hysterics: *Mum had hysterics when she learned what you'd done.* | **wpaść w histerię** be/get hysterical: *She was hysterical and I couldn't stop her screaming.* | *Getting hysterical isn't going to help, is it?* —**histery-k/czka** *n* hysteric

histeryczny *adj* hysterical: *Diane was seized with* (=dostała napadu) *hysterical laughter.* →patrz też ROZHISTERYZOWANY —**histerycznie** *adv* hysterically: *Sheila started screaming hysterically.*

histeryzować *v* be hysterical: *Stop being hysterical and get a grip on yourself* (=weź się w garść).

historia *n* **1** *(przeszłość, dzieje)* history: *a turning point* (=punkt zwrotny) *in American history* | *the history of space travel* **2** *(przedmiot)* history: *a degree in European history* | *I hate history classes.* **3** *(opowieść)* story: *interesting stories* | **opowiedzieć komuś (jakąś) historię** tell sb a story: *Grandma told me a nice story last night.* **4 to długa historia** it's a long story: *It's a long story - I'll tell you later.* **5 przejść do historii** go down in history: *This day will go down in history as the start of a new era in South Africa.*

historyczny *adj* **1** *(wiekopomny)* historic: *a historic moment* **2** *(dotyczący historii)* historical: *The novel blends* (=miesza) *historical facts with fiction.* | *historical research* —**historycznie** *adv* historically

UWAGA: historic i historical

Nie należy mylić wyrazów **historic** i **historical**. **Historic** znaczy „historyczny" w sensie „bardzo ważny": *a historic decision* | *a historic voyage* lub „mający długą historię": *a historic tradition* | *a historic building*. **Historical** to „historyczny" w sensie „istniejący w przeszłości", „dotyczący przeszłości" lub „oparty na wydarzeniach sprzed wielu lat": *a real historical figure* | *historical records* | *a historical novel.*

historyjka *n* **1** story **2 historyjka obrazkowa** comic strip

history-k/czka *n* historian

Hiszpania *n* Spain —**Hiszpan/ka** *n* Spaniard —**Hiszpanie** *n* the Spanish

hiszpański[1] *adj* Spanish: *the Spanish Inquisition*

hiszpański[2] *n (język)* Spanish: *She speaks Spanish with a Mexican accent.* | *Spanish lessons*

hit *n* hit: *When I first heard the song I knew it would be a hit.* | *The group's first album was a big hit.* | **hit sezonu** the hit of the season

hitlerowski *adj* Nazi: *Nazi propaganda* | *a Nazi collaborator/supporter* —**hitlerowiec** *n* Nazi

HIV *n* **(wirus) HIV** HIV: *He's HIV positive* (=jest nosicielem wirusa HIV).

hobby *n* hobby: *Her hobby is gardening.* —**hobbyst-a/ka** *n* hobbyist

hodować *v* **1** *(rośliny)* grow: *We grow our own vegetables.* **2** *(zwierzęta)* raise, breed: *The chickens are raised on a corn diet.* | *He breeds cattle.* —**hodowca** *n* breeder: *a dog breeder*

hodowla *n* breeding: *the breeding of pedigree dogs*

hodowlany *adj* **1** *(rośliny)* cultivated: *cultivated crops* **2** *(zwierzęta)* farm: *farm animals*

hojny *adj* generous: *a generous donation* | *Judith has always been very generous to me.* —**hojnie** *adv* generously —**hojność** *n* generosity

hokej *n* **1 hokej na lodzie** ice hockey *BrE*, hockey *AmE* **2 hokej na trawie** hockey *BrE*, field hockey *AmE* —**hokeist-a/ka** *n* hockey player

hokejowy *adj* **1 kij hokejowy** hockey stick **2 krążek hokejowy** puck

hol *n* hall, hallway: *The bathroom's down the hall on the right.* | *We should put this painting in the hallway.*

Holandia *n* the Netherlands

Holender/ka *n* **1** Dutchman/Dutchwoman **2 Holendrzy** the Dutch

holenderski[1] *adj* Dutch: *a Dutch painter*

holenderski[2] *n (język)* Dutch: *Her Dutch was fluent.*

holocaust *n* the Holocaust

holować *v* tow: *Our car had to be towed.* THESAURUS PULL

holownik *n* tug (boat)

hołd *n* tribute: *The concert was held as a tribute to Bob Dylan.* | **złożyć hołd komuś/czemuś** pay homage/tribute to sb/sth: *The President paid homage to all who had fought or died in the war.* | *Staff and friends gathered to pay tribute to Professor Collins.*

hołdować *v* **hołdować (jakiejś) zasadzie** adhere to a principle: *We adhere to this principle for two reasons.*

hołota *n* rabble: *How can you hang out* (=zadawać się) *with that rabble in the bar each night?*

hołubić *v* mollycoddle: *a young man mollycoddled by his mother*

homar *n* lobster

homeopatia *n* homeopathy: *Homeopathy is a popular form of alternative medicine.* —**homeopat-a/ka** *n* homeopath —**homeopatyczny** *adj* homeopathic: *homeopathic remedies* (=leki)

homilia *n* homily

homoseksualista *n* homosexual —**homoseksualizm** *n* homosexuality —**homoseksualny** *adj* homosexual

honor *n* **1** honour *BrE*, honor *AmE*: *a man of honour* | *They have no sense of honour* (=za grosz honoru). |

kwestia/punkt honoru matter/point of honour: *For the French team winning tomorrow's game is a matter of national honour.* | *It's a point of honour with me to repay all my debts.* | **plama na czyimś honorze** blot on sb's honour: *The Colonel's behaviour is a blot on the army's honour.* **2 honory** *(zaszczyty, wyróżnienia)* honours *BrE*, honors *AmE*: **obsypać kogoś honorami** smother/bury sb in honours: *He returned from the awards ceremony smothered in honours.* **3 honory wojskowe** (military) salute: **oddawać honory komuś/czemuś** salute sb/sth: *to salute the U.S. flag* | **odbierać honory** take the salute: *On his arrival, the President took the salute.* | **z wojskowymi honorami** with (full) military honours: *The two soldiers were buried with full military honours.* **4 czynić/pełnić honory** do the honours: *Deborah, would you do the honours?* **5 słowo honoru!** on my honour!

honorarium *n* fee: *Some lawyers charge no fees* (=nie pobierają honorariów).

honorować *v* accept: *We don't accept credit cards.*

honorowy *adj* **1** *(postępujący honorowo)* honourable *BrE*, honorable *AmE*: *an honorable man* **2** *(nominalny)* honorary: *honorary citizenship* (=obywatelstwo) | **pod honorowym patronatem ...** under the auspices of ...: *under the auspices of the United Nations* **3 honorowy gość** guest of honour **4 (zajmować) honorowe miejsce** (hold) the place of honour, (have/take) pride of place: *She was seated at the place of honour.* | *A huge birthday cake took pride of place on the table.* **5 runda honorowa** lap of honour: *The victors wave to the crowd as they do their lap of honour.* **6 loża honorowa** royal box/enclosure **7 salwa honorowa** gun salute **8 honorowa bramka** consolation goal —**honorowo** *adv* honourably *BrE*, honorably *AmE*

hop *interj* **1** hop! **2 nie mów hop, dopóki nie przeskoczysz** don't count your chickens before they've hatched

horda *n* horde: *a horde of screaming kids* | *hordes of tourists*

hormon *n* hormone: *the growth hormone* (=hormon wzrostu) —**hormonalny** *adj* hormone, hormonal: *hormone replacement therapy* (=hormonalna terapia zastępcza) | *hormonal imbalance* (=brak równowagi hormonalnej)

horoskop *n* horoscope: *Do you believe in horoscopes?*

horror *n* **1** *(film)* horror film *BrE*, movie *AmE*: *I don't watch horror movies because then I can't sleep at night.* **2** *(opowiadanie, opowieść)* horror story

horyzont *n* **1** horizon: *The sun dropped below the horizon.* | **pojawić się na horyzoncie** appear on the horizon: *Another ship appeared on the horizon.* | **zniknąć za horyzontem** disappear over the horizon: *He watched the boat sail out to sea until it disappeared over the horizon.* **2 być/jawić się na horyzoncie** be on the horizon: *Another 1930s style Depression* (=kryzys w stylu lat 30.) *is on the horizon.*

horyzontalny *adj* horizontal: *a horizontal line/position* —**horyzontalnie** *adv* horizontally: *Hold your ski stick horizontally.*

horyzonty *n* horizons: *narrow political horizons* | *new horizons of diplomacy and trade* | **poszerzać czyjeś horyzonty** broaden/expand sb's horizons: *The good thing about university is that it broadens your horizons.* | **mieć szerokie/wąskie horyzonty** be broad/narrow-minded: *Her parents were broad-minded and tolerant.*

hospicjum *n* hospice

hospitalizacja *n* hospitalization, hospitalisation *BrE* —**hospitalizować** *v* hospitalize, hospitalise *BrE*: *She was hospitalized after the accident.*

hossa *n* boom: *a boom in world trade* | *an economic boom*

hostia *n* the Host

hot-dog *n* hot dog

hotel *n* hotel: **zakwaterowanie w hotelu** hotel accommodation THESAURUS HOTEL

hotelowy *adj* hotel: *a hotel room* | *hotel guests*

hrabia *n* count, earl

hrabina *n* countess

hrabstwo *n* county

huczeć *v* **1** *(woda, armaty itp.)* roar, rumble: *the floodwaters roared* | *The rebel gunfire rumbles constantly in the hills.* **2 huczeć (od czegoś)** buzz (with sth): *The whole school was buzzing* (=w szkole huczało) *with excitement.* | **komuś huczy w głowie (od pytań/pomysłów/myśli)** sb's head/mind is buzzing (with questions/ideas/thoughts) →patrz też HUKNĄĆ

hucznie *adj* **1** *(oklaskiwać)* loudly **2** *(świętować)* grandly, in style

huczny *adj* **1** *(głośny)* thunderous: *thunderous applause* | *a thunderous standing ovation* **2** *(wystawny)* grand: *a grand ceremony*

huk *n* roar, rumble: *an ear-splitting* (=rozdzierający) *roar* | *a rumble of thunder*

hukać *v* *(sowa)* hoot

huknąć *v* **1** *(uderzyć)* smash: *Larry smashed his fist down on the table* (=pięścią w stół). **2** *(krzyknąć)* bawl: *"Fares please!" bawled the bus conductor.* →patrz też HUCZEĆ
huknąć się *v* **huknąć się w coś** bash sth: *I bashed my toe against the door.* | *He bashed his leg on the table.*

hulajnoga *n* scooter

humanistyczny *adj* **1** humanistic: *humanistic psychology* **2 nauki humanistyczne** (the) humanities, (the) arts: *the Humanities Department* | *the Faculty of Arts* —**humanizm** *n* humanism —**humanist-a/ka** *n* humanist —**humanistyka** *n* the humanities

humanitarny *adj* **1** *(traktowanie)* humane: *the humane treatment of animals* | *Imprisonment is not a humane form of punishment.* **2** *(pomoc)* humanitarian: *humanitarian aid to the refugees* (=dla uchodźców)

humor *n* **1** humour *BrE*, humor *AmE*: **poczucie humoru** sense of humour THESAURUS HAPPY **2** *(nastrój)* mood: **w dobrym humorze** in a good mood/humour/temper: *We were in a good mood after the party.* | **w złym humorze** in a bad mood/humour/temper, bad-tempered: *George seems bad-tempered this morning.*

humorystyczny *adj* humorous: *a humorous account of her trip to Egypt*

humorzasty *adj* moody: *a moody teenager*

hura *interj* hooray, hurray

huragan *n* hurricane: *The hurricane hit the coast of Florida.*

hurt *n* wholesale: *wholesale and retail* (=hurt i detal) —**hurtowy** *adj* wholesale: *a wholesale price* —**hurtowo** *adv* wholesale: *He buys the earrings wholesale and then sells them in the market.*

hurtownia *n* wholesale store, warehouse store *AmE* —**hurtownik** *n* wholesaler, wholesale merchant

H

huśtać *v* swing: *You're not supposed to swing babies around like that.*
huśtać się *v* swing: *Monkeys were swinging in the trees.*

huśtawka *n* **1** *(pozioma)* seesaw: *The twins were playing on the seesaw all day long.* **2** *(wisząca)* swing: *Those swings are for little children.* **3 huśtawka emocjonalna** emotional rollercoaster

huta *n* **1** *(żelaza)* steelworks **2** *(szkła)* glassworks

hutnictwo *n* steel industry —**hutnik** *n* steelworker

hutniczy *adj* **1** metallurgical **2 piec hutniczy** blast furnace

hybryda *n* hybrid: *Most modern roses are hybrids.* | *a hybrid of a floppy disk and a hard disk*

hydrauliczny *adj* hydraulic: *a hydraulic jack* (=podnośnik) | **hamulce hydrauliczne** hydraulic brakes

hydraulik *n* plumber

hydroelektrownia *n* hydroelectric power station

hymn *n* **1** anthem: *The Rolling Stones' 'Satisfaction' became an anthem for a generation.* | **hymn państwowy** national anthem: *The crowd sang their national anthem before the match started.* **2** *(kościelny)* hymn: *The service* (=nabożeństwo) *finished with a hymn.*

H

Ii

i *conj* **1** and: *a knife and fork | I knocked and went in.* **2 i X, i Y** both X and Y: *Both Nick and Mike were in the team. | Donny plays both football and baseball.* **3 i tak** anyway, in any case: *I never liked her anyway. | We have to go past your house in any case* (=i tak będziemy przejeżdżać koło twojego domu), *so we can give you a lift.* **4 czekamy i czekamy** we wait and wait: *We waited and waited, then all of a sudden we saw a sail on the horizon.*

ich *pron* **1 znam/lubię itp. ich** I know/like etc them: *I've invited them for 9 o'clock.* **2 nie ma ich** they are not here **3** *(zaimek dzierżawczy przed rzeczownikiem)* their: *This is their car. | They didn't realize their conversation was being recorded* (=była nagrywana). **4** *(zaimek dzierżawczy w innej pozycji)* theirs: *This car is theirs. | Our house is bigger than theirs.*

idea *n* idea: *The idea of travelling to other planets fascinates me.*

idealist-a/ka *n* idealist: *an old-fashioned idealist*

idealistyczny *adj* idealistic: *idealistic theories that don't work in the real world*

idealizm *n* idealism

idealizować *v* idealize, idealise *BrE*: *Many poets have idealized women in their work.*

idealnie *adv* **1** ideally: *Barry is ideally suited for* (=nadaje się do) *the job.* **2** *(zupełnie)* perfectly: *So your house isn't perfectly clean. Who cares?*

idealny *adj* ideal: *an ideal place for a picnic | In an ideal world there would be no war.*

ideał *n* ideal: *the ideal of beauty | ideals of equality and social justice*

identycznie *adv* **1** identically: *They were dressed identically.* **2 wyglądać/brzmieć itp. identycznie** look/sound etc identical: *At first glance the twins look identical.*

identyczny *adj* identical: *three identical statues | Your shoes are identical to mine. | The two triangles are identical in size and shape* (=co do wielkości i kształtu).

identyfikacja *n* identification: *The bodies are awaiting identification.* | **+ z** *identification with the heroine of the play*

identyfikować *v* identify: **+ jako** *What makes people identify some things as works of art?* → patrz też ZIDENTYFIKOWAĆ

identyfikować się *v* identify: **+ z** *Which of the characters do you most identify with* (=z którą z postaci najbardziej się identyfikujesz)?

ideologia *n* ideology: *Marxist ideology*

ideologiczny *adj* ideological: *ideological differences* —**ideologicznie** *adv* ideologically

idiom *n* idiom: *'Full of beans' is an idiom which means lively and energetic.*

idiomatyczny *adj* **1** idiomatic: *After a year in Madrid, her Spanish was fluent and idiomatic. | Their books are translated into idiomatic English.* **2 wyrażenie idiomatyczne** idiomatic expression/phrase —**idiomatycznie** *adv* idiomatically

idiot-a/ka *n* **1** idiot: *Don't listen to him, the man's a complete idiot.* **2 zrobić z kogoś idiotę** make a fool (out) of sb: *Why did you try to make a fool of me in public?*

idiotyczny *adj* idiotic: *Don't ask idiotic questions. | What an idiotic thing to say!* —**idiotycznie** *adv* idiotically

idiotyzm *n* nonsense: *The whole idea is a complete nonsense.*

idol *n* idol: *a football player who was the idol of the younger boys*

iglasty *adj* **1 las iglasty** coniferous forest **2 drzewo iglaste** conifer

iglica *n* spire, steeple: *the spire of the cathedral | a church steeple*

igloo *n* igloo

igła *n* **1** needle: *Have you got a needle and thread? | Has the needle been sterilized?* **2 jak z/spod igły** brand new: *When did you buy this suit? It looks brand new.* **3 jak szukanie igły w stogu siana** like looking for a needle in a haystack **4 robić z igły widły** make a mountain out of a molehill

ignorancja *n* ignorance: *a mistake that was the result of their ignorance*

ignorować *v* **1** ignore, disregard: *He kept ignoring us. | Don't think we're disregarding the warning.* **2** *(obiekcje, pytania)* brush/wave aside: *The President brushed aside questions about his health.*

igrać *v* **1** *(z niebezpieczeństwem itp.)* flirt: *Driver Jim Clark knew he was flirting with death in every race.* **2 igrać z ogniem** be playing with fire: *Can't you see you're playing with fire? If you get caught, you'll wind up* (=wylądujesz) *in jail.*

igrzyska *n* **1** games: *the Pan American games* **2 igrzyska olimpijskie** the Olympic Games, the Olympics: *Athletes from 197 countries competed in the Olympic Games in Atlanta.*

ikona *n (obraz)* icon, ikon

ikonka *n (na ekranie komputera)* icon

ikra *n* **1** *(w ciele ryby)* roe **2** *(w wodzie)* spawn **3 ktoś z ikrą** someone with guts

ile *pron* **1** *(z rzeczownikami policzalnymi)* how many: **ile domów/kobiet itp.** how many houses/women etc: *How many languages do you speak?* **2** *(z rzeczownikami niepoliczalnymi)* how much: **ile wody/czasu itp.** how much water/time etc: *How much pocket money do you get?* **3** *(o pieniądzach)* how much: *How much do I owe you* (=ile jestem ci winien)*? | How much do they pay you?* | **ile to kosztuje?** how much is it?, how much does it cost?: *How much is that hat in the window? | How much does a driver's license cost?* **4 ile masz lat?** how old are you? **5 ile masz wzrostu?** how tall are you? **6 ile ważysz?** how much do you weigh? **7 ile jest dwa razy dwa?** how much is two times two? **8 na ile** how far: *How far is violent crime caused by violence on TV?* **9 o ile wiem/pamiętam** as far as I know/remember

ilekroć *conj* every time, whenever: *Whenever I meet her she asks me about the children. | This picture will remind me of you every time I look at it.*

ileś *pron* **1** some: *He became an American citizen after living there for some years.* **2 dwadzieścia/trzydzieści**

ileś twenty/thirty plus: *the three hundred plus products that we sell in our shops*

ileż *pron* how many/much: *How many times have we heard his promises!* | *How much money has already been spent!*

iloczyn *n* product

iloraz *n* **1** quotient **2 iloraz inteligencji** IQ, intelligence quotient: *She has an IQ of 120.*

ilość *n* **1** amount, quantity: *Even the least amount* (=najmniejsza ilość) *can kill you.* | *Quality must come before quantity in my opinion.* | **+ czegoś** of sth: *Try to reduce the amount of salt you use.* | *We brought a large quantity of food with us.* **2 w dużych ilościach** in large amounts: *a substance that can be produced in large amounts by genetic engineering* —**ilościowy** *adj* quantitative: *quantitative analysis*

iluminacja *n* **1** *(olśnienie)* illumination: *Gary was fiddling with* (=bawił się) *his wedding ring when his illumination came.* (=doznał iluminacji) **2** *(ilustracja)* illumination: *valuable manuscripts with many illuminations* **3** *(podświetlenie)* illuminations: *the famous Blackpool illuminations*

ilustracja *n* illustration: *Who did the illustrations for the book?* | *The best illustration of Jackson's coaching ability* (=zdolności trenerskich Jacksona) *came in Game 2.* —**ilustrator/ka** *n* illustrator

ilustrować *v* illustrate: *a children's book illustrated by Dr. Seuss* | *an article illustrated with photos of celebrities*

iluzja *n* illusion: *It's a small room, but the mirrors create an illusion of space.* —**iluzoryczny** *adj* illusory: *the illusory nature of the world*

iluzjonista *n* conjurer

im[1] *pron* them: *Tell them what really happened.* | *I'll give them your name.*

im[2] *conj* **im ... , tym ...** the ... the ...: *The more you practise, the better you'll play.* | **im prędzej, tym lepiej** the sooner the better

imadło *n* vice

imbecyl *n* imbecile

imbir *n* ginger

imieniny *n* nameday

imienni-k/czka *n* namesake: *Isaac often read the story of his biblical namesake.*

imiesłów *n* participle: **imiesłów bierny/czynny** past/present participle

imię *n* **1** *(człowieka)* (first) name, Christian name, given name *AmE*: *Have you decided on a name for the baby yet?* | **jak ci na imię?** what's your (first) name?: *What's your mum's first name?* | **na imię mi X** my name is X: *What a coincidence* (=zbieg okoliczności) *– my name's Laura too!* | **drugie imię** middle name | **imię i nazwisko** full name: *Please sign your full name at the bottom of the page.* | **mówić komuś po imieniu** call sb by their first name: *Please call me by my first name.* | **dać komuś na imię...** call sb ...: *She called her first child Katrin.* | **ktoś imieniem...** sb by the name of ...: *Is there anyone here by the name of David?* THESAURUS NAME **2** *(zwierzęcia, statku itp.)* name: *a competition to think of a name for the new ship* | *Their dog answers to the name of* (=nosi imię) *Fido.* **3 nadać komuś/czemuś imię na czyjąś cześć** name sb/sth after *BrE* /for *AmE* sb: *She was named Sarah, after my grandmother.* | *The college is named for George Washington.* **4 w czyimś imieniu** on behalf of sb, on sb's behalf: *I'd like to thank you on behalf of the officers and crew.* | **mówić w czyimś imieniu** speak for sb, speak on sb's behalf: *I speak for the families of this city in saying that we want better schools.* | *He agreed to speak on my behalf.* **5 w imię czegoś** in the name of sth: *These violent demonstrations in the name of peace are pure hypocrisy.* **6 czyjeś dobre imię** sb's good name: *I just want the opportunity to restore* (=odzyskać) *my good name.* **7 nazywać rzeczy po imieniu** call a spade a spade

imigracja *n* immigration

imigracyjny *adj* immigration: *normal immigration procedures* | **polityka imigracyjna** immigration policy | **urząd imigracyjny** immigration office —**imigrant/ka** *n* immigrant: *Another five illegal immigrants were deported.*

imitacja *n* **1** imitation: *The table is a genuine antique not a cheap imitation.* | *the child's imitation of her mother's behaviour* **2 imitacja skóry/drewna itp.** imitation leather/wood etc: *an armchair made of imitation leather* | *an imitation gold bracelet* —**imitator/ka** *n* imitator: *a new generation of Elvis Presley imitators*

imitować *v* imitate, mimic: *He can imitate my voice really well.* | *an insect that mimics the appearance of a wasp* (=wygląd osy)

immatrykulacja *n* matriculation

immunitet *n* immunity: *Both men were granted* (=obu mężczyznom przyznano) *immunity.*

immunizacja *n* immunization, immunisation *BrE*

immunologia *n* immunology —**immunolog** *n* immunologist

immunologiczny *adj* **układ immunologiczny** immune system: *The AIDS virus attacks the body's immune system.*

impas *n* deadlock, impasse: *I don't see any way out of* (=wyjścia z) *the present deadlock.* | *an impasse in the negotiations* | **wyjść z impasu/przełamać impas** break the deadlock: *The UN is trying to break the deadlock between the two countries.* | **znaleźć się w impasie** *(negocjacje)* end in deadlock

imperator *n* emperor: *Otto had the title of emperor.*

imperializm *n* imperialism —**imperialist-a/ka** *n* imperialist —**imperialistyczny** *adj* imperialist

imperium *n* empire: *the break-up of the Soviet empire* | *Berlusconi and his powerful media empire* —**imperialny** *adj* imperial: *a major imperial power*

impertynencja *n* impertinence: *the impertinence of his remarks*

impet *n* momentum, impetus: **nabierać impetu** gain/gather momentum, gain impetus: *The election campaign is rapidly gathering momentum.* | *The campaign is already gaining impetus.* | **tracić impet** lose momentum/impetus: *Leconte won the first match, then seemed to lose momentum.*

implant *n* implant: *silicone implants*

implikacja *n* implication: *What are the implications of the decision?*

imponować *v* **imponować czymś** impress people/us etc with sth: *The kids impress people with their knowledge of mathematics.* | **imponować komuś czymś** impress sb with sth: *The patient impressed doctors with his courage and determination.* → patrz też ZAIMPONOWAĆ

imponujący *adj* **1** *(wynik)* impressive: *The school's examination results were very impressive.* **2** *(budowla)* imposing: *an imposing town hall* (=ratusz), *erected in 1892* —**imponująco** *adv* impressively

import *n* **1** *(działalność)* import: *The import of wild birds from Africa is restricted.* **2** *(importowane towary)* import(s): *Car imports have risen recently.* —**importer** *n* importer: *Japan, a leading importer of oil* —**importować** *v* import: *We import a lot of electrical goods from Japan.*

importowy *adj* import: *import restrictions* | **podatek importowy** import tax | **towar importowy** import: *an invasion of cheap imports*

UWAGA: import

Angielski wyraz **import** w znaczeniu rzeczownikowym i przymiotnikowym wymawiamy ˈɪmpɔːt, z akcentem na pierwszej sylabie, w odróżnieniu od czasownika, który akcentujemy na drugiej sylabie: ɪmˈpɔːt.

impotencja *n* impotence

impotent *n* impotent man: **być impotentem** be impotent: *Her husband was impotent and their marriage was never consummated.*

impregnować *v* impregnate: *This material will have to be impregnated with disinfectant* (=środkiem dezynfekującym).

impregnowany *adj* **1** impregnated: *insulation impregnated with insect repellent* (=środkiem owadobójczym) **2** *(wodoodporny)* waterproof: *jackets made from tough waterproof cotton*

impresja *n* impression: *my own feelings and impressions* —**impresjonist-a/ka** *n* impressionist: *the early impressionists* —**impresjonistyczny** *adj* impressionist: *an exhibition of impressionist painters*

impreza *n* **1** *(koncert, zawody itp.)* event: *The town's beer festival is an annual* (=doroczna) *event.* | *We are organizing an event to raise money for charity.* | **impreza sportowa/muzyczna** sporting/music event | **impreza charytatywna** charity event **2** *(przyjęcie)* party, do: *Jodie's having a big do for her birthday.* THESAURUS PARTY —**imprezować** *v* party: *We were out partying until 4 am/pm* —**imprezowanie** *n* partying: *Do you think college life is all drinking and partying?*

improwizacja *n* improvisation: *His new album is full of improvisations.*

improwizować *v* **1** improvise, ad-lib: *I forgot to bring the notes for my speech, so I just had to improvise.* | *No one could remember the song very well, so we had to ad-lib.* **2** *(na instrumencie)* improvise: *Jazz musicians are good at improvising.*

impuls *n* impulse: *I was torn* (=rozdarty) *by conflicting impulses.* | **nie ulegać impulsom** resist/control impulses: *I managed to resist the impulse to hit him.* | *I've got to control these violent impulses.* | **pod wpływem impulsu** on the spur of the moment, on impulse: *We decided to go to Paris on the spur of the moment.* | *I bought this dress on impulse, and I'm not sure if I like it now.*

impulsywny *adj* impulsive: *an impulsive child* | *I felt stupid for reacting in such an impulsive manner.*

inaczej *adv* **1** *(w inny sposób)* differently: *The two words sound the same but they're spelled differently.* | **+ niż** *I don't see why you should treat disabled people differently from anyone else.* **2 wyglądać/brzmieć itp. inaczej** look/sound etc different: *The two brothers look completely different.* **3 bo inaczej** or else: *Open the door, or else I'm calling the police.* THESAURUS IF **4 inaczej mówiąc** in other words: *They believe in one person, one vote. In other words, democracy.* **5 nie inaczej** *(zgadza się)* you've got it **6 nie inaczej jak** exclusively: *They spoke exclusively in French* (=mówili nie inaczej jak po francusku).

inauguracja *n* **1** inauguration **2 inauguracja roku akademickiego** official opening of the academic year

inauguracyjny *adj* inaugural: *an inaugural speech/meeting*

inaugurować *v* →patrz ZAINAUGUROWAĆ

incognito *adv* incognito, in disguise: *Lady Sarah usually prefers to travel incognito.*

incydent *n* incident: *This kind of incident gives football a bad name* (=wystawia złe świadectwo futbolowi). | **incydent zbrojny** shooting incident —**incydentalny** *adj* one-off: *We regard this as a one-off event.*

indeks *n* **1** *(w książce itp.)* index: *The index is at the back of the book.* **2 indeks giełdowy** stock index

UWAGA: indeks (studencki)

Na uczelniach w krajach anglojęzycznych nie stosuje się indeksów, nie istnieje więc także odpowiedni termin. Opisowo można określić polski indeks jako **student's credit book**.

Indian-in/ka *n* (American) Indian —**indiański** *adj* (American) Indian

UWAGA: (American) Indian

Określenia tego używa się dziś głównie w odniesieniu do rdzennych mieszkańców Ameryki Południowej. Wielu ludzi uważa je za obraźliwe, a w najlepszym razie za przestarzałe. Mówiąc o Indianach północnoamerykańskich, lepiej posługiwać się określeniem **Native American**.

Indie *n* India

indoktrynować *v* indoctrinate —**indoktrynacja** *n* indoctrination

industrializacja *n* industrialization, industrialisation *BrE*

indyk *n* turkey: *Do you always have turkey for Christmas lunch?*

indywidualist-a/ka *n* individualist —**indywidualistyczny** *adj* individualistic —**indywidualizm** *n* individualism

indywidualność *n* **1** *(odrębność)* individuality: *Your clothes can help show your individuality.* | **zachowywać/tracić indywidualność** retain/lose your individuality | **niszczyć czyjąś indywidualność** destroy sb's individuality **2** *(osoba)* personality: **indywidualność radiowa/medialna** radio/media personality: *one of America's best-loved TV personalities*

indywidualny *adj* **1** *(jednostkowy)* individual: *Do we really need to consider the individual cases?* | **indywidualne cechy/potrzeby/osiągnięcia** individual characteristics/needs/achievements **2** *(charakterystyczny)* individual: *a tennis player with a very individual style* **3 indywidualne mistrzostwa** individual championships **4** *(nauczanie)* one-to-one: *You will be given one-to-one training.* —**indywidualnie** *adv* individually: *The teacher met everyone individually.*

indziej *pron* **1 gdzie indziej ... ?** where else ... ?: *Where else could she be?* | **gdzie/gdzieś indziej** somewhere else, elsewhere: *Let's meet somewhere else.* | *You will have*

I

to smoke that cigarette elsewhere. | **gdziekolwiek indziej** anywhere else: *I'm so happy here. I couldn't possibly imagine living anywhere else.* | **nigdzie indziej** nowhere else: *The Western Highlands possess a beauty and a majesty found nowhere else* (=niespotykane nigdzie indziej) *in Britain.* | **wszędzie indziej** everywhere else: *People here are the same as everywhere else.* **2 kiedy indziej** some other time: *I'm busy - we'll have to meet some other time.* **3 kiedykolwiek indziej** at any other time: *This is more important today than at any other time.*

inercja *n* inertia

infantylny *adj* infantile: *I was sick of his infantile jokes.*

infekcja *n* infection: *the risk of infection* | **infekcja bakteryjna/wirusowa** bacterial/virus infection | **odporność na infekcję** immunity to infection

inflacja *n* inflation: *the battle against inflation* —**inflacyjny** *adj* inflationary: *inflationary wage increases* (=podwyżki wynagrodzeń)

infolinia *n* helpline: *a helpline for teenagers*

informacja *n* **1** (piece of) information: *a useful piece of information* | *This information is no longer correct.* | **informacje** information, info: *Choose the program that gives you the most information.* | **+o** *detailed information about the hotels in the area* | *Do you have any info on flights to Washington?* **2** *(stanowisko)* information desk **3** *(biuro numerów)* directory enquiries *BrE* /assistance *AmE* **4 informacja turystyczna** tourist (information) office

UWAGA: information

Information jest rzeczownikiem niepoliczalnym, dlatego formy „an information" i „informations" są niepoprawne. Mówi się **a piece of information** lub **some information**.

I

informacyjny *adj* **1 serwis informacyjny** news bulletin **2 agencja informacyjna** news agency **3 punkt informacyjny** information desk/point: *There are information points throughout the station with details about departures and arrivals.*

informator *n* **1** *(książka)* brochure, information booklet: *The brochure gives all the details.* **2** *(uczelniany)* prospectus

informator/ka *n* informant: *Working as an informant, Johnson provided the FBI with details on the Mafia's criminal activities.* | *a police informant*

informatyczny *adj* **1 system informatyczny** computer system **2 techniki informatyczne** computer techniques

informatyka *n* computer science —**informaty-k/czka** *n* computer scientist —**informatyzacja** *n* computerization, computerisation *BrE*

informować *v* inform: *They usually inform you that there is a problem.* | **informować kogoś na bieżąco** keep sb informed: *I want to know what you decide, so keep me informed.* | **+o czymś** of/about sth: *The bank never informs us of how the money is invested.* | *Keep us informed of any change of address.* →patrz też POINFORMOWAĆ

infrastruktura *n* infrastructure: *the country's economic infrastructure*

ingerencja *n* interference: *My family solved its problems without any outside interference* (=bez ingerencji z zewnątrz). | *his interference in my personal life*

ingerować *v* interfere: *The US was accused of interfering in China's internal affairs.*

inhalator *n* inhaler —**inhalacja** *n* inhalation

inicjacja *n* initiation: **inicjacja seksualna** sexual initiation

inicjacyjny *adj* **obrzęd inicjacyjny** initiation ceremony/rite/ritual, ritual/rite of initiation: *The initiation ceremony involves elaborate dances.*

inicjał *n* initial: *a suitcase with the initials S.H. on it*

inicjator/ka *n* initiator: *the initiators of the conference*

inicjatywa *n* **1** initiative: *a government initiative to help exporters* | *a new peace initiative* | *people with initiative* | **z własnej inicjatywy** on your own initiative: *Lieutenant Carlos was not obeying orders. He acted on his own initiative.* | **z czyjejś inicjatywy** on sb's initiative: *on the initiative of the West German Chancellor* | **przejawiać/wykazywać inicjatywę** show initiative: *I wish my son would show a bit more initiative.* | **przejąć inicjatywę** take the initiative: *Why don't you take the initiative and arrange a meeting?* **2 prywatna inicjatywa** private business

inicjować *v* initiate →patrz też ZAINICJOWAĆ

inkasować *v* collect: *People set fire to their own houses to collect the insurance money.* →patrz też ZAINKASOWAĆ

inkrustowany *adj* encrusted: *a bracelet encrusted with diamonds*

inkubator *n* incubator

inkwizycja *n* the Inquisition —**inkwizytor** *n* inquisitor

inność *n* otherness: *I felt my otherness very acutely* (=bardzo dotkliwie).

innowacja *n* innovation: *recent technological innovations* —**innowator/ka** *n* innovator

inny *adj* **1** *(odmienny)* different: *When I saw her again, she was dancing with a different partner.* | **+niż** from, to *BrE*, than *AmE*: *She's quite different from her sister.* | *Her jacket is a bit different to mine.* | *The result was different than we expected.* **2** *(nie ten)* another, other: *I like reading 'Sherlock Holmes' and other detective stories.* | *I saw Henry with another woman.* | **coś innego** something else: *I could tell she was thinking about something else.* | **ktoś inny** someone else: *We'll have to find someone else.* | **wszyscy inni** everyone else: *She makes mistakes like everyone else.* | **wszystko inne** everything else: *There's only bread left; they've eaten everything else.* **3 coś jest takie, a nie inne** sth is the way it is: *Can you explain why the universe is the way it is?* **4 innymi słowy** in other words: *They believe in one person, one vote. In other words, democracy.* **5 mieć inne plany** have other plans: *I'm afraid we have other plans.* **6 innym razem** some other time, another time: *I can't tonight, maybe some other time.* **7 między innymi** among other things: *At the meeting they discussed, among other things, recent events in Eastern Europe.* **8 (a) to (zupełnie) co innego** (now) that's another matter (altogether)

inscenizacja *n* production, staging: *the production of 'Henry V'* | *It's a new staging of the famous musical.*

inscenizować *v* stage →patrz też ZAINSCENIZOWAĆ

inskrypcja *n* inscription: *It's amazing that the inscriptions are still clear enough to read after 2,000 years.*

inspekcja *n* inspection: *They made regular inspections of the prison.*

inspektor *n* **1** inspector: *a Health and Safety inspector* (=inspektor BHP) **2 inspektor policji** (police) inspector: *Inspector Blake will look into the matter* (=zajmie się tą sprawą).

inspiracja *n* inspiration: *Inspiration came to him suddenly.* | **+do** *inspiration for the novel* | **+dla** *Elvis Presley was an inspiration to many rock musicians.* | **czerpać inspirację z czegoś** draw (your) inspiration from sth: *He draws his inspiration from Lem's fiction.*

inspirować *v* inspire: *His books inspire both students and workers.* | *Her lectures keep inspiring me to read more poetry.*
inspirować się *v* **inspirować się kimś/czymś** draw (your) inspiration from sb/sth: *We drew inspiration from Mother Theresa.* —**inspirujący** *adj* inspiring: *an inspiring success story*

instalacja *n* **1** *(uruchamianie)* installation: *the installation of a security system* **2 instalacja elektryczna** (electrical) wiring: *The fire was started by faulty* (=wadliwa) *electrical wiring.* **3 instalacja wodno-kanalizacyjna** plumbing: *The plumbing's not fixed* (=naprawiona) *yet.*

instalator *n* **1** *(hydraulik)* plumber **2** *(elektryk)* electrician

instalować *v* →patrz ZAINSTALOWAĆ

instant *adj* **kawa instant** instant coffee

instrukcja *n* **1** *(polecenie)* instruction: **otrzymać instrukcje, żeby coś zrobić** have instructions/be instructed to do sth: *He had explicit instructions to check everyone's identity card at the door.* | *Police officers were instructed to search the house.* | **wydać instrukcje** leave/give/issue instructions: *The boss has given strict instructions that she is not to be disturbed.* **2** *(książka)* instruction manual, instructions: *The instruction manual is written in clear English.* | *I can't get the computer to work and I've lost the instructions.*

instruktaż *n* instruction, briefing: *You will receive basic instruction in navigation.* | *Ask the men to meet here at 11:00 for a briefing.* —**instruktażowy** *adj* instructional: *an instructional videotape*

instruktor/ka *n* instructor: *a ski/driving/tennis instructor* THESAURUS TEACHER

instrument *n* instrument: *Do you play a musical instrument?* | *surgical instruments* (=instrumenty chirurgiczne)

instrumentalny *adj* instrumental: *instrumental jazz versions of Gershwin classics* | **utwór instrumentalny** instrumental: *The next number the band played was an instrumental.* | **muzyka instrumentalna** instrumental music —**instrumentalnie** *adv* instrumentally

instruować *v* brief, instruct: *The Minister's advisors always brief him before press conferences.* | *Tourists are instructed not to take pictures* (=turystów instruuje się, żeby nie robili zdjęć) *inside the building.* →patrz też POINSTRUOWAĆ

instynkt *n* instinct: *My instinct told me that I could trust him.* | **instynkt samozachowaczy** (instinct for) self-preservation: *What seems to motivate Congress is self-preservation.* | **instynkt macierzyński** maternal instinct

instynktownie *adv* instinctively, by instinct: *Instinctively, I sensed that something was wrong.* | *It was very dark, but she seemed to know by instinct which way to go.*

instynktowny *adj* **1** instinctive: *instinctive behaviour* | *Lisa felt an instinctive dislike for him.* **2 instynktowna reakcja/instynktowne uczucie** gut reaction/feeling: *My gut reaction is that it's a bad idea.* | *He had a gut feeling that Sarah was lying.*

instytucja *n* **1** institution: *a financial/charitable institution* | *the institution of marriage* **2** *(urząd)* office: *the office of President* —**instytucjonalny** *adj* institutional

instytut *n* **1** institute, school: *the National Cancer Institute* | *Adam Mickiewicz University, School of English* (=Instytut Filologii Angielskiej Uniwersytetu im. Adama Mickiewicza) **2 instytut naukowy** research institute

insulina *n* insulin

insygnia *n* insignia: *royal insignia*

insynuacja *n* insinuation, innuendo: *Insinuation was their best defence.* | *lies and innuendoes* —**insynuować** *v* insinuate: *He insinuated that Harkham was lying about the accounts.*

integracja *n* integration: *the integration of European economies* | *the policy of multi-cultural integration in schools*

integralny *adj* integral: *Music should be an integral part of children's education.* —**integralnie** *adv* integrally —**integralność** *n* integrity: *the country's territorial integrity*

integrować *v* integrate: *This software integrates excellent graphics with sound.*
integrować się *v* integrate: **+z** *The new immigrants are slowly integrating into the neighborhood.* | *Ethnic minority groups did not wish to integrate with the indigenous population* (=z rdzenną ludnością).

intelekt *n* intellect: *I had great respect for her intellect.*

intelektualist-a/ka *n* intellectual: *French left-wing intellectuals such as Sartre and de Beauvoir* —**intelektualny** *adj* intellectual: *the intellectual development of children* —**intelektualnie** *adv* intellectually: *intellectually stimulating*

inteligencja *n* **1** *(intelekt)* intelligence, intellect, brains: *a person of limited intelligence* | *a challenge to the human intellect* | *With his brains, he'll easily get into university.* **2 sztuczna inteligencja** artificial intelligence **3** *(grupa społeczna)* the intelligentsia: *The movement included many of the leading members of the country's intelligentsia.*

inteligentnie *adv* intelligently: *He could talk intelligently on almost any conceivable subject.*

inteligentny *adj* intelligent: *She's very intelligent.* | *an intelligent decision* THESAURUS INTELLIGENT

intencja *n* intention: *His intention was to save up enough money to buy his son a bike.* | *She believed in his sincerity and good intentions.* | **mieć dobre intencje** have good intentions, mean well: *The doctor meant well, I'm sure, but he should have checked the drug's side effects.*

intensyfikacja *n* intensification: *the intensification of the conflict*

intensywnie *adv* **1** *(uczyć się, trenować)* intensively: *I'm going to be studying Spanish intensively for the next three months.* **2** *(odczuwać, wpatrywać się, nienawidzić)* intensely: *He looked intensely into her eyes.* | *He remembered as a child loving his mother intensely.*

intensywność *n* intensity: *Light intensity is very important for plants.*

intensywny *adj* **1** *(nauka, uprawa roli, bombardowania)* intensive: *a one-week intensive course in English* | *a period of intensive fighting* **2** *(barwa, zapach, uczucie, wysiłek)* intense: *The heat was intense.* | *a period of intense concentration* | *an intense pain* **3** *(deszcz itp.)* heavy: *heavy*

I

winter storms **4 oddział intensywnej opieki medycznej** intensive care (unit)

UWAGA: intense i intensive

Nie należy mylić tych dwóch przymiotników. **Intense** łączy się z rzeczownikami oznaczającymi aktywność lub wysiłek: *intense activity* | *intense effort*. **Intensive** łączy się z rzeczownikami oznaczającymi działania wymagające aktywności i wysiłku: *an intensive course* | *intensive training*.

interakcja *n* interaction: *interaction between teacher and student* | *the interaction of carbon and hydrogen* —**interakcyjny** *adj* interactive: *interactive video materials* | *interactive teaching methods*

interdyscyplinarny *adj* interdisciplinary: *interdisciplinary studies*

interes *n* **1** business: *Mark's business grew rapidly in the first year.* | **interesy** (business) dealings: *Honesty is rare in business dealings these days.* | **w interesach** *She goes abroad on business quite a lot.* **2 mam do ciebie interes** I'd like to have a word with you **3 nie twój interes** none of your business **4 głowa do interesów** business acumen **5 założyć/zlikwidować interes** go into/out of business: *They decided to go into business together.* | *Many small companies have recently gone out of business.* **6 robić interesy z kimś** deal with sb: *We've been dealing with their company for ten years.* **7 mieć swój interes w czymś** have a vested interest in sth: *Tobacco companies have a vested interest in claiming that smoking isn't harmful* (=w twierdzeniu, że palenie nie szkodzi). **8 w interesie kogoś** on behalf of sb: *an organization that works on behalf of the poor* **9 w czyimś interesie** in sb's (best) interest(s): *I don't think it was in his best interest to resign.*

interesant/ka *n* client

interesować *v* **interesować kogoś** interest sb, be of interest to sb: *To be honest, politics doesn't interest me at all.* | *Your private problems are of no interest to me.* THESAURUS LIKE

interesować się *v* **interesować się czymś** be interested in sth, take an interest in sth: *Babies soon begin to take an interest in the world around them.*

interesowność *n* self-interest: *His offer was motivated solely* (=wyłącznie) *by self-interest.*

interesowny *adj* mercenary: *You'll have to pay him for helping you - he's extremely mercenary.*

interesujący *adj* interesting, of interest: *an interesting film* | *The meeting itself was quite interesting.* | *Tourist information will give you* (=w informacji turystycznej otrzyma pan/i) *a list of local places of interest.* THESAURUS INTERESTING

interfejs *n* interface **graficzny interfejs użytkownika** GUI

interferencja *n* interference

interkom *n* intercom: *The pilot spoke to the passengers over the intercom.*

internat *n* **1** (school) dormitory: *Alcohol is forbidden in the dormitories.* **2 szkoła z internatem** boarding school: *I'd never send my kids to boarding school.* **3 mieszkan-iec/ka internatu** boarder

Internet *n* the Internet: *Can you get connected to the Internet through an ordinary telephone line?* | *You can find information easily on the Internet.* | **dostęp do internetu** Internet access | **korzystać z internetu** use the Internet

internetowy *adj* **1 strona internetowa** Internet page, web page **2 przeglądarka internetowa** Internet browser **3 handel internetowy** e-commerce

internować *v* intern: *Seven hundred men were interned in the camps.* —**internowanie** *n* internment: *Mandela was released after 27 years' internment.*

interpretacja *n* interpretation: *The facts allow of* (=pozwalają na) *only one interpretation.* | *the interpretation of people's dreams*

interpretować *v* interpret: *Freud attempted to interpret the meaning of dreams.*

interpunkcja *n* punctuation: *Try to be more careful with your punctuation.*

interwencja *n* intervention: *the intervention of the police* | *military intervention*

interweniować *v* intervene: *Police eventually had to intervene in the dispute.*

intonacja *n* intonation: *rising/falling intonation* —**intonować** *v* intone

intratny *adj* lucrative: *a lucrative business/job*

introspekcja *n* introspection —**introspekcyjny** *adj* introspective

introwerty-k/czka *n* introvert —**introwertyczny** *adj* introvert

intruz *n* intruder: *At first, I felt like an intruder in their family.*

intryga *n* intrigue: *It's an exciting story of political intrigue and murder.*

intrygować *v* intrigue →patrz też ZAINTRYGOWAĆ

intrygujący *adj* intriguing: *an intriguing discovery* THESAURUS INTERESTING —**intrygująco** *adv* intriguingly

intuicja *n* intuition: *My intuition told me not to trust him.* | **kobieca intuicja** feminine/women's intuition | **ufać intuicji** trust your intuition: *I've learned to trust my intuition and it's served me well.*

intuicyjny *adj* intuitive: *His style of management is intuitive and informal.* —**intuicyjnie** *adv* intuitively: *She knew intuitively that there was some great secret that Matt was keeping.*

intymność *n* **1** *(bliskość)* intimacy: *a moment of intimacy* **2** *(prawo do sekretów itp.)* privacy: *protecting people's privacy*

intymny *adj* intimate: *She was asked about the most intimate details of her life.* | *a pleasant, intimate atmosphere*

inwalid-a/ka *n* invalid: *During the evacuation, invalids had to be carried to the airport.*

inwalidzki *adj* **1 wózek inwalidzki** wheelchair **2 renta inwalidzka** disability (allowance/pension): *My neighbour has been living on disability for ten years.* —**inwalidztwo** *n* disability: *She manages to lead a normal life despite her disability.*

inwazja *n* invasion: *the Russian invasion of Afghanistan* | *an invasion of cheap imports*

inwencja *n* creativity, invention: *Many of the children show great creativity in class* (=na lekcji). | *They accused the painter of a total lack of invention.*

inwentaryzacja *n* **1** *(towaru)* stocktaking **2** *(majątku)* cataloguing

inwentarz *n* **1** *(żywy)* livestock: *more humane ways of transporting livestock* **2** *(trwały)* property **3** *(spis)* inventory: *We made a complete inventory of everything in the apartment.*

inwestor *n* **1** investor **2 inwestor budowlany** developer

inwestować *v* invest → patrz też ZAINWESTOWAĆ

inwestycja *n* investment: *a risky investment*

inwestycyjny *adj* **bank inwestycyjny** investment bank

inwigilacja *n* surveillance: **pod stałą inwigilacją** under constant surveillance —**inwigilować** *v* keep under surveillance: *Police keep the man under surveillance.*

inżynier *n* engineer: **inżynier elektryk** electrical engineer

inżynieria *n* engineering: *chemical/sanitary engineering* | *genetic engineering* | **inżynieria wodno-lądowa** civil engineering

inżynierski *adj* **studia inżynierskie** engineering

ironia *n* irony: *There was a note of irony in his voice.* | *The irony of the situation was obvious – if I told the truth, nobody would believe me!* | **jak na ironię** ironically: *Ironically, his cold got better on the last day of his holiday.* | **co za ironia** how ironic: *Your car was stolen at the police station! How ironic!* | **jest ironią losu, że ...** it's ironic/an irony that ..., the irony is that ...: *It's ironic that Bill was the only person to fail the examination.* —**ironiczny** *adj* ironic: *an ironic grin* —**ironicznie** *adv* ironically: *He smiled ironically.* —**ironizować** *v* be ironic: *The author is being ironic – that's my interpretation anyway.*

irracjonalnie *adv* irrationally: *All I can say is that this was done irrationally.* | **zachowywać się irracjonalnie** behave/act irrationally, be irrational: *You're being irrational.*

irracjonalny *adj* irrational: *irrational fear* | *My boss thinks women are irrational and emotional.*

irys *n* iris

irytacja *n* annoyance, irritation: **z irytacją** *"Are you ready yet?" asked Hazel, with irritation in her voice.* | *Natalie read his letter with increasing annoyance and then threw it in the trash can.*

irytować *v* annoy, irritate: *His constant complaining is really beginning to annoy me.* | *The way he puts on* (=udaje) *that accent really irritates me.* | **irytuje mnie, że/kiedy ...** it annoys me that/when ...: *It annoys me that Kim never returns the books she borrows.* | *It annoys me when people make jokes about women drivers.*
irytować się *v* get angry: *Don't get angry. It's not worth it.* | **irytować się na kogoś** be angry/annoyed with sb: *The teacher was angry with me because I hadn't done all my homework.* | *Are you annoyed with me just because I'm a bit late?* | **irytować się, że ...** be angry/annoyed that ...: *My sister's annoyed that we didn't call.*

irytujący *adj* annoying, irritating: *It was so annoying!* | *My little brother is very irritating.*

iskra *n* spark: *Even a small spark from a fire can be very dangerous.* | *She saw a spark of hope in the little girl's eyes.*

iskrzyć *v* spark

islam *n* Islam: *Islam is the official religion of Saudi Arabia.*

islamski *adj* Islamic: *the Islamic faith* | *Islamic fundamentalism*

istnieć *v* exist, be in existence: *Do you think ghosts really exist?* | *The Earth has existed for more than four thousand million years.* | *Similar laws* (=regulacje prawne) *are already in existence.* | **nie istnieć** not exist, be nonexistent: *Stop pretending the problem doesn't exist.* | *Job training* (=kształcenie zawodowe) *for these young people is almost nonexistent.*

istniejący *adj* existing: *Adaptation of existing equipment would be much cheaper than replacing it all.*

istnienie *n* **1** *(fakt istnienia)* existence: *the existence of microscopic organisms* **2** *(życie)* life: *The new speed limit should save hundreds of lives.* | **śmierć x istnień ludzkich** loss of x lives: *On March 6 1987, the ferry capsized with* (=prom przewrócił się, powodując) *the loss of 193 lives.*

istny *adj* veritable: *a veritable rainbow of colours*

istota *n* **1** being: *gods and other immortal beings* | **istota ludzka** human (being): *Humans are social animals.* | *As human beings, we have great curiosity about how nature works.* | **istota pozaziemska** alien (being) **2** *(sedno)* essence, substance: *The essence of war is violence* (=przemoc). | *the substance of his argument* | **istota rzeczy** the heart of the matter: *The report didn't get to the heart of the matter.* **3 w istocie** indeed: *The hut was indeed very comfortable.* → patrz też **w istocie rzeczy** (RZECZ)

istotnie *adv* **1** *(rzeczywiście)* indeed: *The hut was indeed very comfortable.* **2** *(znacząco)* fundamentally: *The birth of modern science fundamentally changed people's attitudes towards religion.*

istotny *adv* **1** essential, vital: *Map-reading skills are essential for hikers.* | *Agriculture plays a vital role* (=odgrywa istotną rolę) *in the economic life of the country.* | **+ dla czegoś** to sth: *Her skills were essential to the smooth working of the business.* | *His evidence was vital to the defence case.* | **jest istotne, żeby ...** it is essential that ...: *It is essential that you finish the job before Christmas.* **2 w istotny sposób** in a fundamental way: *Our social institutions are changing in a fundamental way.*

iść *v* **1** go: *I'm going to the doctor's this afternoon.* | *Are you going to Susie's birthday party?* | *She wants to go to university to study biology.* | **iść pospacerować/pobiegać/popływać itp.** go walking/jogging/swimming etc: *Can you go swimming this afternoon?* | **iść na ryby/zakupy/tańce/łyżwy** go fishing/shopping/dancing/skating: *Shall we go shopping tomorrow?* | **iść spać** go to bed: *What time do you go to bed?* **2** *(pieszo)* walk: *Can't you walk faster?* | *I was walking along Main Street when I met Pierre.* THESAURUS WALK **3 iść za kimś** follow sb: *The baby monkey was following its mother.* **4** *(sztuka, program)* run, be on: *The play has run for two months on Broadway.* | *The new De Niro movie is on this weekend.* **5 jak ci idzie?** how is it going?: *"How's it going?" "Fine, thanks."* **6 iść dobrze/źle** go well/badly: *I'm afraid that her presentation isn't going well.* | *Negotiations were going badly.* **7 iść sobie** go away: *Just go away and leave me alone.* **8 iść za kogoś** marry sb: *She's only marrying him for his money.* **9 co za tym idzie** consequently: *The book has no narrator or main character. Consequently, it lacks a traditional plot.* → patrz też CHODZIĆ, PÓJŚĆ

itd. *abbr* etc: *Bring a coat, hat, spare sweater etc.*

itp. *abbr* etc: *Most of the cash was spent on gold chains, bracelets etc.*

izba *n* **1** *(parlamentu, urzędu)* chamber: *In Poland, the Sejm is the lower chamber of parliament.* | **Izba Handlu** Chamber of Commerce **2** *(parlamentu brytyjskiego, Kongresu USA)* house: *The House voted in favour of the bill.* | **Izba Gmin** House of Commons | **Izba Lordów** House of Lords | **Izba Reprezentantów** House of Representatives: *He made an important speech to the House of*

I

Representatives. **3 izba chorych** sick bay **4 izba przyjęć** *(dla nagłych wypadków)* casualty (ward) *BrE*, emergency room *AmE*: *We had to take Alistair to casualty after he fell downstairs.* | *I was waiting in the emergency room for three hours!*

izolacja *n* **1** *(cieplna, elektryczna)* insulation: *Good insulation can save you lots of money on heating bills.* **2** *(warstwa izolacyjna)* insulation, insulating material: *insulation impregnated with insect repellent* (=nasączona środkiem owadobójczym) | *Your insulating material should be at least 50mm in thickness.* **3** *(człowieka, miejsca)* isolation: *Because of its isolation, the island developed its own culture.* | **trzymać kogoś w izolacji** keep sb in isolation

izolacyjny *adj* insulating: *a thick layer of insulating material*

izolator *n* insulator

izolować *v* **1** *(przewód, budynek)* insulate **2** *(ludzi)* isolate: *We isolate dangerous prisoners in another part of the prison.*

izolować się *v* isolate yourself: *Some countries isolate themselves from the rest of the world.* →patrz też **ODIZOLOWAĆ (SIĘ)**

I

ja *pron* **1** I, me: *my husband and I* | *She isn't as thin as me.* | **to ja!** it's me!: *Don't worry – it's only me.* | **dlaczego ja?** why me? **2 ja też** me too: *"I'm hungry!" "Me too."* **3 ja też nie** me neither: *"I don't like coffee." "Me neither."* →patrz też **MNIE, MI**

> **UWAGA: me** czy **I?**
>
> W potocznej angielszczyźnie **me** stosujemy zwykle po *as, than* i *be*: *He isn't as thin as me.* | *He's fatter than me.* | *It's me.* W języku oficjalnym lepiej jest wyrazić to samo w inny sposób: *He isn't as thin as I am.* | *He's fatter than I am.* | To samo dotyczy zaimków **her**, **him**, **us** i **them**.

jabłko *n* **1** apple **2 jabłko Adama** Adam's apple —**jabłkowy** *adj* apple: *apple juice* | *apple flavour* —**jabłoń** *n* apple tree

jacht *n* yacht

jacyś *pron* some: *He's let his house to some students* (=wynajął dom jakimś studentom). →patrz też **JAKIŚ**

jad *n* **1** *(węża)* venom, poison **2** *(nienawiść)* venom: *There was real venom in her voice.*

jadać *v* eat: *I eat a lot of vegetables.* →patrz też **JEŚĆ**

jadalnia *n* dining room

jadalny *adj* **1** edible: *edible mushrooms/berries* **2 pokój jadalny** dining room

jadłospis *n* menu: *Do you have a vegetarian dish on the menu?*

jadowity *adj* poisonous, venomous: *a poisonous snake*

jagnię *n* lamb —**jagnięcina** *n* lamb: *lamb with mint sauce*

jagoda *n* **1** berry **2 czarna jagoda** bilberry

jaguar *n* jaguar

jajeczkowanie *n* ovulation

jajecznica *n* scrambled eggs

jajko *n* egg: **jajko na twardo/miękko** hard/soft-boiled egg | **jajka smażone/sadzone** fried eggs

jajnik *n* ovary

jajo *n* **1** egg: *Fish reproduce by laying eggs* (=składając jaja). **2 jaja** *(jądra)* balls —**jajowaty** *adj* egg-shaped

jajowy *adj* **komórka jajowa** egg cell, ovum

jak¹ *pron* **1** *(w pytaniach)* how: *How do you spell your name?* | *How should I dress for this job interview?* | *How are you feeling?* | *"How do I look?" "Great!"* | **jak długi/często itp.** how long/often etc: *How big is the state of Louisiana compared to England?* **2** *(podkreślenie)* how: *He was impressed at how well she could read.* **3 jak on/ona itp. się nazywa?** what's his/her etc name?: *"What's your name?" "Mark."* | **jak się nazywa ... ?** what's the name of ... ?: *What's the name of the street the school is on?* **4 jak się masz?** how are you (doing)?: *"Hi Francie, how are you?" "Fine, thanks, how are you?"* **5 jak leci?** how's it going?, how are things?: *"Hey, how's it going?" "OK."* | *"Hello Peter, how are things?" "Oh, not too bad."* **6 jak ktoś/coś wygląda?** what does sb/sth look like?: *"What does he look like?" "Very tall and thin."* **7** *(oburzenie)* how: *William! How could you say such a thing* (=jak mogłeś coś takiego powiedzieć)*!* | **jak to?** what do you mean?: *What do you mean you lost the tickets?*

jak² *part* **1** *(w porównaniach)* as: *These houses aren't as old as* (=nie są tak stare jak) *the ones near the river.* | *They're not as rich as their neighbours.* | **biały jak śnieg itp.** (as) white as snow etc.: *I'm as blind as a bat* (=ślepy jak nietoperz) *without my glasses.* | *He's as stubborn as a mule* (=uparty jak osioł). **2 tak jak** like, as: *Leave things as they are* (=zostaw wszystko tak, jak było) *until the police come.* | *Do it like I told you to* (=zrób tak, jak ci powiedziałem). | *As I said earlier, this research has only just started.* | *Like I said* (=tak jak mówiłam), *we'll be away in August.* **3 jak na swój wiek** for your/his etc age: *Libby's very tall for her age.* **4 takie jak** such as: *dangerous drugs such as heroin and crack* | *The disease attacks such birds as parrots and canaries.* **5 jak najszybciej/najwięcej itp.** as fast/much as possible: *We must get her to hospital as quickly as possible.* **6 jak dotąd/dotychczas** so far: *We haven't had any problems so far.* **7 jak gdyby** as if, as though: *They all looked as if they were used to working outdoors.* **8 jak najbardziej** by all means: *"Can I bring Alan to the party?" "By all means!"*

> **UWAGA: as** i **like**
>
> Tłumacząc wyrażenie „taki (sam) jak" lub „tak (samo) jak", używamy zwykle wyrazu **like**: *James is very tall, just like his father.* | *Their car is like ours – old and full of rust.* | *His skin is not like the skin of a young man.* | *It looked very fragile so I handled it like china.* Wyraz **as** używany jest przy porównywaniu w wyrażeniach: **(not) as ... as**, **not so ... as** i **the same (...) as**: *James is as tall as his father.* | *Their car is the same colour as ours.*

jak³ *conj* **1** *(gdy)* when, as: *When she was a little girl she wanted to be an actress.* | *When I give the signal, turn off the light.* | *I saw Peter as I was getting off the bus.* **2 jak tylko** as soon as: *I came as soon as I heard the news.* **3 widziałem, jak przechodził przez ulicę itp.** I saw him crossing the street etc: *I remember him saying* (=pamiętam, jak mówił) *a friend of his was in trouble.* **4 jak i/również** as well as: *He's learning French as well as Italian.*

jakby *conj* **1** *(w porównaniach)* as if, as though: *You look as if you've had a good time.* | *That news reporter always sounds as if he's drunk.* **2** *(gdyby)* if: *It'd* (=it would) *be great if you could come* (=jakbyś mógł przyjść) *to the party.* **3 tak jakby** sort of: *"Are you finished with your homework?" "Well, sort of."*

jaki *adj* **1** *(w pytaniach)* what: *What kind of dog is that* (=jaki to pies)*?* | *What colour* (=jakiego koloru) *is the new carpet?* **2 jaki on jest?** what is he like?: *What's your new boss like?* **3 jaki piękny dzień/duży dom itp.** what a lovely day/big house etc: *What good children – they went to bed as soon as I told them to!*

jakikolwiek *adj* any: *Did the patient show signs of any abnormal behaviour?* | *This check is cashable in any bank.*

jakiś *adj* **1** a, some: *She's got a virus.* | *There must be some mistake – I've already paid my hotel bill.* **2** *(w pytaniach)* any: *Do you know any good jokes?* | *Did he have any enemies? Anyone who might want to kill him?*

jakkolwiek *conj* **1** *(bez względu na to, jak)* however, no matter how: *However hard he tried, he couldn't get her to change her mind.* | *Graffiti, no matter how well painted, is*

J

vandalism by definition. **2** *(chociaż)* much as: *Much as I enjoy Shakespeare, I was glad when the play was over.* **3 jakkolwiek (by) na to nie patrzeć** whichever way you look at it: *Whichever way you look at it he's guilty.*

jako *conj* **1** as: *John used an old blanket as a tent.* | *In the past, women were mainly employed as secretaries or teachers.* | *Britain is often cited as an example of a declining industrial power.* **2 zrobić coś jako pierwszy/ostatni** be the first/last (one) to do sth: *He was the first to arrive and the last to leave.* | *I was the first one to answer the question.* **3 jako dziecko** when I/she etc was a child: *When I was a child I was afraid of the dark.* **4 jako prezydent/minister itp.** in your capacity as president/minister etc: *He attended* (=był obecny) *in his capacity as chairman of the safety committee.* | *I'm here in my capacity as UN negotiator.*

jakoby *conj* supposedly, reportedly: *She's reportedly one of the richest women in Europe.* | *The story is unbelievable, but supposedly it's all true.*

jakoś *adv* somehow: *We'll get the money back somehow.* | *Somehow I don't trust him.*

jakość *n* quality: *I've been impressed by the quality of his work.* | *The higher the price the better the quality.* | **wysokiej jakości** high quality: *high quality ingredients* —**jakościowy** *adj* qualitative: *a qualitative study of educational services*

jakże *pron* **a jakże!** you bet!: *"Going to the party on Saturday?" "You bet!"* →patrz też JAK[1]

jałmużna *n* alms

jałowy *adj* **1** *(ziemia)* barren: *The land, once rich and fertile, has become barren over the years.* | *a hostile and barren country* **2** *(dyskusja)* barren, idle: *barren discussion* | *idle conversation* **3** *(igła itp.)* sterile: *a sterile bandage* **4 bieg jałowy** neutral: *When you start the engine, be sure the car is in neutral.*

jamnik *n* dachshund

Japonia *n* Japan —**Japo-ńczyk/nka** *n* Japanese —**Japończycy** *n* the Japanese

japoński[1] *adj* Japanese: *Japanese automakers* | *the Japanese lifestyle*

J

japoński[2] *n (język)* Japanese: *Please excuse my bad Japanese* (=proszę wybaczyć mój kiepski japoński).

jard *n (=0,9144m)* yard

jarmark *n* fair

jarosz *n* vegetarian

jarzeniowy *adj* fluorescent —**jarzeniówka** *n* fluorescent lamp

jarzmo *n* yoke: *the yoke of colonial rule* (=kolonializmu)

jarzyna *n* vegetable: **jarzyny** vegetables, veggies *AmE* —**jarzynowy** *adj* vegetable: *a vegetable salad*

jaskier *n* buttercup

jaskinia *n* cave —**jaskiniowy** *adj* cave: *prehistoric cave drawings* —**jaskiniowiec** *n* caveman

jaskółka *n* swallow

jaskrawy *adj* **1** bright: *Children like bright colours.* **2 jaskrawoczerwony itp.** bright red etc: *Her dress was bright yellow.* —**jaskrawo** *adv* brightly

jasno *adv* **1 jest jasno** it is light: *It was still light when we got home.* | **robi się jasno** it is getting light, it gets light: *It gets light at about 4 am in the summer.* **2** *(świecić)* brightly: *The sun shone brightly.* **3** *(tłumaczyć)* clearly: *The manual explains clearly what to do if your car breaks down.* **4 postawmy sprawę jasno** let's make/get one thing clear: *Let's get one thing clear: you have my whole-hearted support.* **5 jasnozielony/jasnoniebieski itp.** light green/blue etc: *light green curtains* | *light brown eyes*

jasność *n* **1** *(światła)* brightness: *the brightness of the sun* **2** *(wypowiedzi)* clarity: *the clarity of Irving's writing style*

jasnowidz *n* clairvoyant —**jasnowidztwo** *n także* **jasnowidzenie** clairvoyance

jasnowłosy *adj* fair-haired

jasny *adj* **1** *(światło, oczy)* bright: *the bright lights of Las Vegas* | *bright sunlight* **2** *(pomieszczenie)* light, bright: *a bright, airy studio* | *a beautiful, light room* **3** *(odzież, tkanina)* light-coloured *BrE*, light-colored *AmE*: *a light-coloured suit* | *Light-coloured carpeting really shows the dirt.* **4** *(kolor)* light: *painted in light colours* **5** *(włosy, cera)* fair: *Julia has blue eyes and fair hair.* | *People with fair skin should be careful when they go out in the sun.* **6** *(dzień)* bright, clear: *on a bright, sunny day* | *a beautiful, clear day* **7** *(niebo)* clear: *The next day, the sky was clear and the sun beat down* (=prażyło). **8** *(zrozumiały)* clear: *Is all this clear to you?* | *The cause of death seems clear – it looks as if* (=wygląda na to, że) *he was poisoned.* **9 (to) jasne, że ...** it is clear (that) ...: *It is clear that this situation cannot last much longer.* | *It was clear Lucy was unhappy.* | **stało się jasne, że ...** it became clear that ...: *It soon became clear that the boy was innocent.* **10 jasne!** sure (thing)!: *"Can I use your bathroom?" "Sure, go ahead."* | *"Could I borrow that book?" "Sure thing."* **11 jasne?** (is that) clear?: *You must never do that again. Is that clear?* **12 jasna strona czegoś** the bright side of sth: *Always look on the bright side of life.* →patrz też **rzecz jasna** (RZECZ)

jastrząb *n* hawk

jaszczurka *n* lizard

jaśmin *n* jasmine

jaśnieć *v* glow: *candles glowing in the dark* | *His face was glowing with happiness* (=ze szczęścia).

jaw *n* **wyjść na jaw** come to light, be out in the open: *New information about the case has come to light.* | *The truth is finally out in the open.*

jawa *n* **śnić na jawie** daydream: *Stop daydreaming! You were meant to finish that hours ago.*

jawić się *v* **coś jawi się komuś jako ...** sb perceives sth as ...: *It is a difficult situation, but we don't perceive it as a major problem.*

jawny *adj* **1** *(kłamstwo, niesprawiedliwość)* blatant, overt: *This is a lie, a blatant lie!* | *It was a blatant attempt to discredit* (=próba zdyskredytowania) *the Prime Minister.* | *It is overt discrimination!* **2** *(posiedzenie, proces)* public: *a public trial* **3** *(podziw, rywalizacja)* open: *open admiration* —**jawnie** *adv* openly: *Extremists openly advocate violence* (=opowiadają się za przemocą).

jawor *n* sycamore tree

jaz *n* weir

jazda *n* **1** *(samochodem)* drive, ride: *The drive took three hours.* | *a ride in the director's personal car* **2** *(rowerem, motocyklem, na karuzeli)* ride: *The ride was so scary I almost brought up* (=zwróciłem) *my lunch.* **3 jazda konna** horse-riding **4 jazda na nartach** skiing **5 jazda na łyżwach** skating **6 jazda figurowa/szybka na lodzie** figure/speed skating **7 no to jazda!** here goes!: *Are you ready? OK, here goes!* **8 jazda stąd!** get out of here!

→patrz też **nauka jazdy** (NAUKA), **prawo jazdy** (PRAWO[1]), **rozkład jazdy** (ROZKŁAD)

jazz *n* jazz —**jazzowy** *adj* jazz: *a jazz concert*

jaźń *n* self: *a child's sense of self*

ją *pron* her: *Chris saw her last week.*

jądro *n* **1** *(mężczyzny)* testicle **2** *(komórki, atomu)* nucleus **3** *(Ziemi)* core **4** *(orzecha itp.)* kernel **5** *(sedno)* core: *the core of the problem* **6** *(systemu operacyjnego)* kernel: *Linux kernel*

jądrowy *adj* nuclear: *nuclear energy* | **broń jądrowa** nuclear arms/weapons | **wojna jądrowa** nuclear war(fare) | **odpady jądrowe** nuclear waste →patrz też ATOMOWY, NUKLEARNY

jąkać się *v* stammer, stutter: *Whenever he was angry he would begin to stammer slightly.* →patrz też WYJĄKAĆ —**jąkanie się** *n* stammer, stutter: *a bad* (=silne) *stammer*

jechać *v* **1** go: *We went by bus.* | *I want to go home.* | *Where are you going?* | *We're going to my parents' for Christmas.* THESAURUS TRAVEL **2 jechać samochodem** drive, go by car: *Is she driving or did she take the bus?* **3 jechać rowerem** ride, go by bicycle **4 jechać autobusem/pociągiem** go by bus/train, ride a bus/in a train *AmE*: *It was the first time they had ridden in a train.* **5 jechać konno** ride a horse: *I've never ridden a horse.* →patrz też JEŹDZIĆ

jeden[1] *num* **1** one: *One false move, and I'll shoot!* | *One reason I like this house is because of the big kitchen.* | **jeden z ...** one of ...: *One of her children lives in Australia now.* | *one of the great works of English literature* | **ani jeden** not a single: *Not a single person said thank you.* **2 bilet w jedną stronę** single ticket *BrE*, one-way ticket *AmE* **3 z jednej strony, ...** on the one hand, ...: *On the one hand, they work slowly, but on the other hand they always finish the job.* **4 jeden po/za drugim** one after another/the other, one by one: *There were three loud explosions, one after another.* | *He was so thirsty that he drank five glasses of water, one after the other.* **5 w jednym** (all) in one: *This is a TV, radio, and a VCR* (=magnetowid) *all in one.* →patrz też **jednym słowem** (SŁOWO), **jeszcze jeden** (JESZCZE[2])

jeden[2] *adj (pewien, jakiś)* a: *A man came up to me and asked for a light.*

jedenasty *adj* **1** eleventh: *Tomorrow is her eleventh birthday.* **2 (godzina) jedenasta** eleven (o'clock), eleven am/pm: *We met at eleven this morning.*

jedenaście *num* eleven

jednak *conj* **1** yet, but: *The story is unbelievable, yet supposedly it's all true.* | *Learning Chinese was difficult, but it meant that I got this job.* **2 a jednak** after all: *Rita didn't have my pictures after all. Jake did.* | *It didn't rain after all.* **3** →patrz JEDNAKŻE

jednakowo *adv* **1** *(w równym stopniu)* equally: *Jim and his sister are equally talented.* **2** *(w ten sam sposób)* alike: *When we were younger we dressed alike.* **3** *(sprawiedliwie)* equally: *We have to try to treat everyone equally.*

jednakowy *adj* **1** *(równy)* equal: *Divide the cake mixture into two equal parts.* **2** *(identyczny)* identical: *four identical houses*

jednakże *conj* however: *It should be remembered, however, that share prices* (=ceny akcji) *can fall.* | *War is a terrible thing. However, I believe that we must defend our country.*

jedno *pron* **1** (the) one thing: *There is only one thing we can do: say we're sorry.* | *The one thing I don't like about my car is the colour.* **2 komuś chodzi (tylko) o jedno** sb is (only) out for one thing: *Mark my words - he's only out for one thing and that's her money.* **3 jedno jest pewne** one thing is for sure/certain: *One thing's for sure - we'll try our best* (=damy z siebie wszystko). **4 i jeszcze jedno** and another thing, and one more thing: *Oh, and another thing. Don't tell Sheila what I've just told you.* **5 ... to jedno, a ... to drugie** it's one thing ... , but it's quite another thing ...: *It's one thing to play a computer game; it's quite another thing to write your own programs.* **6 (to) na jedno wychodzi** (it) amounts to the same thing: *Telling a lie or denying the truth - it amounts to the same thing.* **7 A i B to jedno i to samo** A and B are one and the same thing: *Photography and art can be one and the same thing, you know.*

jednoczesny *adj* simultaneous: *Two simultaneous explosions rocked* (=wstrząsnęły) *the city centre.*

jednocześnie *adv* at the same time, simultaneously: *Computers perform several tasks at the same time.* | *They both spoke simultaneously.*

jednoczyć *v* unite: *What united the two groups was their hatred of fascism.*
jednoczyć się *v* →patrz ZJEDNOCZYĆ SIĘ

jednodniowy *adj* one-day: *a one-day trip to the lakes*

jednogłośnie *adv* unanimously: *The union members voted unanimously for a strike.* —**jednogłośny** *adj* unanimous: *a unanimous decision/verdict*

jednojajowy *adj* **bliźnięta jednojajowe** identical twins

jednojęzyczny *adj* monolingual: *a monolingual dictionary*

jednokierunkowy *adj* **ulica jednokierunkowa** one-way street

jednolity *adj* uniform: *a plank of uniform width* (=deska jednolitej szerokości) | *Grade A eggs must be of uniform size.* —**jednolicie** *adv* uniformly —**jednolitość** *n* uniformity

jednomyślny *adj* unanimous: *Parents have been unanimous in supporting the after-school program.* —**jednomyślnie** *adv* unanimously: *The board agreed unanimously not to negotiate.* —**jednomyślność** *n* unanimity: *There was complete unanimity on the decision to go on strike.*

J

jednoosobowy *adj* **1** *(pokój)* single: *a single room with a bath* **2** *(spółka)* one-man: *a one-man business*

jednorazowy *adj* **1** *(pieluszka itp.)* disposable: *disposable diapers/cups* | **ręcznik jednorazowy** paper towel | **chusteczki jednorazowe** tissues, paper hankies | **rękawiczki/strzykawki itp. jednorazowego użytku** disposable gloves/syringes etc **2** *(wpłata, opłata)* one-time, one-off: *a one-time fee of $5* | *a one-off payment*

jednorodny *adj* homogeneous: *a homogeneous community* | *a homogenous mass*

jednorodzinny *adj* **dom jednorodzinny** detached house *BrE*

jednorożec *n* unicorn

jednostajny *adj* **1** *(monotonny)* monotonous: *a flat monotonous landscape* | *monotonous work* **2** *(miarowy)* regular: *His heartbeat became slow and regular.*

jednostka *n* **1** *(grupa ludzi)* unit: *an emergency unit* | *a crime prevention unit* **2 jednostka wojskowa** military base **3** *(miary)* unit (of measurement), measure: *a monetary unit* | *An inch is a measure of length.* **4** *(osoba)* individual: *the rights of the individual* —**jednostkowy** *adj (przypadek itp.)* isolated: *Police say that last week's protest was an isolated one.*

jednostronnie *adj* **1** *(opisywać)* one-sidedly **2** *(zrzec się, zobowiązać się)* unilaterally

jednostronny *adj* **1** *(opis, podejście)* one-sided: *The newspapers give a very one-sided account of the war.* | *a one-sided view of the problem* **2** *(rozejm itp.)* unilateral: *a unilateral ban on landmines* | *a unilateral ceasefire* (=zawieszenie ognia)

jedność *n* unity: *Are you in favour of European unity?*

jednoznaczny *adj* **1** *(jasno zdefiniowany)* clear-cut, unambiguous: *There is no clear-cut answer to your question.* | *Safety guidelines need to be plain and unambiguous.* **2** *(nie pozostawiający wątpliwości)* unequivocal: *unequivocal proof* | *The European Parliament has given the plan its unequivocal support.* **3 być jednoznacznym z czymś** be tantamount to sth: *His refusal to speak was tantamount to admitting he was guilty* (=z przyznaniem się do winy). —**jednoznacznie** *adv* unambiguously, unequivocally

jedwab *n* **1** silk **2 sztuczny jedwab** rayon —**jedwabny** *adj* silk: *a silk shirt*

jedwabisty *adj* silky: *her silky hair*

jedwabnik *n* silkworm

jedyna-k/czka *n* only child: *Alexandra was an only child and the centre of her mother's world.*

jedynie *adv* only, merely: *I only wanted to say good-bye.* | *The king was merely a tool of the military government.*

jedynka *n* **1** *(cyfra, liczba)* one **2** *(najgorsza ocena)* F: *Tony got an F in chemistry.* **3** *(autobus, tramwaj, pokój, dom)* number one: *Has the number one been* (=czy jechała już jedynka)*?*

jedyny *adj* **1** only, sole: *She's the only person I know who doesn't like chocolate.* | *the sole survivor of the plane crash* (=jedyna osoba, która ocalała z katastrofy lotniczej) **2 jedyny w swoim rodzaju** one-of-a-kind: *one-of-a-kind handwoven carpets*

J

jedzenie *n* food: *How much do you spend on food?* | *I love Chinese food.* | **coś do jedzenia** something to eat: *Have you got anything to eat?*

jeep *n* Jeep®

jego *pron* **1** *(zaimek dzierżawczy)* his: *I think I picked up his suitcase by mistake.* | *"Is this yours?" "No, it's his."* **2** *(zaimek osobowy)* him: *"Who do you prefer* (=kogo wolisz)*: him or her?" "Him."*

jegomość *n* gentleman: *Can you see that gentleman with an umbrella?*

jej *pron* **1** *(zaimek dzierżawczy przed rzeczownikiem)* her: *That's her new car.* **2** *(zaimek dzierżawczy w innej pozycji)* hers: *That's my book. This is hers.* | *Angela is a friend of hers* (=jest jej przyjaciółką). **3** *(zaimek osobowy)* her: *I didn't see her in class yesterday.* **4 nie ma jej a)** *(dziewczyny itp.)* she is not here **b)** *(książki itp.)* it is not here

jejku *interj także* **jeju** oh dear: *Oh dear! I forgot to phone Ben.*

jeleń *n* deer

jelito *n* intestine, bowel: *cancer of the bowel* | **jelito cienkie/grube** small/large intestine —**jelitowy** *adj* intestinal

jemioła *n* mistletoe

jemu *pron* →patrz **MU**

jeniec *n* prisoner, captive: **jeniec wojenny** prisoner of war

jesień *n* autumn, fall *AmE*: **jesienią/na jesieni** in (the) autumn/fall *AmE*: *In autumn the leaves turn red and yellow.* —**jesienny** *adj* autumn, fall *AmE*: *a frosty autumn morning* | *a bright, warm fall weekend*

jesion *n* ash

jest *v* **1** is: *He's* (=he is) *a teacher.* | *She is* (=she is) *beautiful.* | *The weather is nice.* **2 jest gorąco/ciemno itp.** it's hot/dark/etc: *It's cold in here, don't you think?* **3 co to jest?** what is it/this/that? →patrz też **BYĆ**

jestem *v* I am: *I'm* (=I am) *Polish.* →patrz też **BYĆ**

jesteś *v* you are: *You're* (=you are) *tired, aren't you?*

jesteście *v* you are: *Who are you people and what do you want?*

jesteśmy *v* we are: *We're* (=we are) *happy to see you again.*

jeszcze[1] *adv* **1** *(wciąż)* still: *Andy was still asleep.* | *We could still catch the bus* (=moglibyśmy jeszcze zdążyć na autobus) *if we hurry.* | *When I woke up it was still dark outside.* **2 jeszcze nie** not yet: *You don't have to leave yet.* | *The potatoes aren't quite ready yet.* | *"Are you ready to leave?" "Not yet."*

jeszcze[2] *part* **1 jeszcze niedawno** until recently, not (that) long ago: *Until recently the state* (=państwo) *controlled every aspect of people's lives.* | *Not that long ago Scottish golf had a style all its own* (=miał swój własny styl). THESAURUS MORE **2** *(nie później niż)* as early as: *The new telescope will be up and running as early as July* (=jeszcze w lipcu). **3** *(niewykluczone)* yet: *We may win yet* (=jeszcze możemy wygrać). | *The plan could yet succeed.* **4 jeszcze raz** (once) again, once more: *Could you say that again? I can't hear.* | *He kissed her once more and moved toward the door.* **5 jeszcze jeden** (yet) another: *I'm going to have another beer.* | *I've just spotted yet another mistake.* **6 jeszcze pięć dolarów/minut itp.** another five dollars/minutes etc: *Let the soup simmer* (=gotować się) *for another 10 minutes.* **7 jeszcze lepszy/gorszy itp.** even better/worse etc, better/worse etc still: *Then he bought an even bigger car.* | *The first question was difficult, but the next one was harder still.* **8 jeszcze więcej/lepiej itp.** even more/better etc: *She knows even less about it than I do.* | *If you could finish it today, that would be even better.* **9 jeszcze ktoś/coś** somebody/something else: *Clayton needs someone else to help him* (=potrzebuje jeszcze kogoś do pomocy). | *What else can I get you?* | *Is there anything else to eat* (=czy jest jeszcze coś do jedzenia)*?* | *Anything else* (=jeszcze coś)*?* **10** *(więcej)* more: *Would you like some more coffee* (=chcesz jeszcze kawy)*?*

jeść *v* eat: *You won't get better* (=nie wyzdrowiejesz) *if you don't eat.* | *We usually eat at seven.* | **jeść śniadanie/obiad itp.** have breakfast/lunch etc: *What time do you usually have lunch?* | *What did you have for breakfast this morning* (=co dziś jadłaś na śniadanie)*?* →patrz też **ZJEŚĆ**

UWAGA: eat i have breakfast/lunch/dinner

Polski czasownik „jeść" w zwrotach typu „jeść śniadanie/obiad/kolację" tłumaczymy za pomocą czasownika **have**, a nie **eat**: *We had dinner in the hotel restaurant.* Podobnie jest ze zwrotem „jeść coś na śniadanie/obiad/kolację": *What did you have for lunch?* Czasownika **eat** w połączeniu z nazwą posiłku można użyć jedynie wtedy, gdy chcemy podkreślić samą czynność jedzenia: *James always takes a long time to eat his dinner.*

jeśli *conj* if: *If you get the right answer, you win a prize.* | *If I might ask one question ...* (=jeśli mogę zadać jedno pytanie ...) | **a jeśli ... ?** what if ... ?: *What if he doesn't come back?* | **nawet jeśli** even if: *I'll never speak to her again, even if she apologizes.* | **jeśli chcesz** if you want: *You can stay the night* (=zostać na noc) *if you want, Paul.* | **jeśli tak** if so: *Are you interested in films? If so, join our film club.* | **jeśli nie** if not: *What will you do if you don't get into college?* | *If I don't go to bed by 11, I feel terrible the next day.* | *I should be home, but if not, leave me a message.* | **jeśli ktoś czegoś nie zrobi/coś się nie stanie** unless sb does sth/sth happens: *He won't go to sleep unless you tell him a story.* | *Unless some extra money is found, the theatre will close.* THESAURUS IF

jeśliby *conj* →patrz JEŚLI

jezdnia *n* road(way): *in the middle of the road*

jezioro *n* lake: *The water in the lake is so pure you can drink it.* | **nad jeziorem** by/beside a lake: *a cabin beside the lake* | *We went on a romantic walk by the lake.* | **Jezioro Michigan/Erie itp.** Lake Michigan/Erie etc THESAURUS LAKE

Jezu *interj* **(o) Jezu!** (oh) Jesus!: *Oh Jesus! What are we going to do?*

jezuita *n* Jesuit —**jezuicki** *adj* Jesuit

Jezus *n* Jesus: **Jezus Chrystus** Jesus Christ

jeździć *v* **1** *(podróżować, dojeżdżać itp.)* travel: *I usually travel to work by car.* | *Only rich people were able to travel abroad* (=jeździć za granicę) *in those days.* | *I want to see life, to travel the world* (=jeździć po świecie), *and write about what I see.* THESAURUS TRAVEL **2** *(kursować)* run: *Subway trains run every 7 minutes.* **3 jeździć samochodem** drive (a car): *Do you like driving?* | *Fiona drives a red Hyundai.* **4 jeździć konno** ride: *Susan rides every weekend.* **5 jeździć na rowerze** ride a bike/bicycle, cycle *BrE*: *Can you ride a bike?* | *John goes cycling every Sunday.* **6 jeździć na łyżwach** skate: *I never learned how to skate.* **7 jeździć na nartach** ski: *Can you ski?*

jeździec *n* (horse) rider, horseman —**jeździectwo** *n* horse-riding *BrE*, horseback riding *AmE* —**jeździecki** *adj* riding: *riding school*

jeż *n* **1** *(zwierzę)* hedgehog **2** *(fryzura)* crew cut

jeżeli *conj* →patrz JEŚLI

jeżozwierz *n* porcupine

jeżyć się *v* →patrz **włos się jeży na głowie** (WŁOS)

jeżyna *n* blackberry

jęczeć *v* groan, moan: *Captain Marsh was holding his arm groaning.* | *Go clean your room, and don't groan.* | *She lay on the bed moaning with pain.* —**jęk** *n* groan, moan

jęczmień *n* **1** *(zboże)* barley **2** *(na powiece)* sty

język *n* **1** *(mowa)* language: **język ojczysty** first language, native/mother tongue: *Japanese is her mother tongue, but she speaks English fluently.* | **język angielski** English, the English language **2** *(w ustach)* tongue: *The doctor asked me to put out my tongue and say "Aah."* **3 ktoś ma coś na końcu języka** sth is on the tip of sb's tongue: *His name is on the tip of my tongue.* **4 trzymać język za zębami** hold your tongue **5 ugryźć się w język** bite your tongue: *I wanted to argue but I had to bite my tongue.* **6 pokazać komuś język** stick your tongue out at sb: *Rianne stuck her tongue out at the teacher.*

językowy *adj* **1** *(błąd, poprawność)* linguistic **2** *(kurs, szkoła)* language: *a private language school in Brighton* **3 laboratorium językowe** language laboratory **4 bariera językowa** the language barrier

językoznawca *n* linguist —**językoznawstwo** *n* linguistics

jod *n* iodine

jodła *n* fir tree

jodyna *n* iodine solution

joga *n* yoga: **uprawiać jogę** do yoga: *She does yoga three times a week because she thinks it's good for her.*

jogging *n* jogging: *Jogging helps me keep fit* (=utrzymać formę).

jogurt *n* yoghurt

jojo *n* yo-yo

Jowisz *n* Jupiter

jubiler *n* jeweller *BrE*, jeweler *AmE*

jubileusz *n* jubilee: *our golden jubilee* —**jubileuszowy** *adj* jubilee

judaizm *n* Judaism

judo *n* judo

Jugosławia *n* Yugoslavia: **była/dawna Jugosławia** (the) former Yugoslavia —**jugosłowiański** *adj* Yugoslav

junior *n* **1** *(w sporcie)* under-18: *As an athlete he was one of the best of the under-18s in his club.* THESAURUS YOUNG **2** *(syn)* Junior: *George Bush Junior*

junta *n* junta: *Anyone who openly criticized the junta risked death.*

jupiter *n* spotlight

jurajski *adj* Jurassic: *Jurassic Park*

juror/ka *n* juror —**jury** *n* jury

jurysdykcja *n* jurisdiction

jutro[1] *n* **1** tomorrow: *the world of tomorrow* **2 do jutra!** see you tomorrow! —**jutrzejszy** *adj* tomorrow's: *I wanted to ask you about tomorrow's history test.* | *Don't miss tomorrow's final, live, on Sky Sport at 14.00.*

jutro[2] *adv* tomorrow: *Tomorrow is Thursday.* | *What are you doing tomorrow?* | **jutro rano/wieczorem itp.** tomorrow morning/night etc: *Do you want to go shopping tomorrow afternoon?*

już *adv* **1** *(w twierdzeniach)* already: *By the time he arrived, the room was already crowded.* | *as I have already mentioned* (=jak już wspomniałem) | *"Would you like some lunch?" "No, thank you, I've already eaten."* **2** *(w pytaniach)* yet: *Has Edmund arrived yet?* | *Have you heard their new song yet?* **3** *(zbyt wcześnie)* already: *Are you leaving already?* | *Is it 5 o'clock already?* **4 już nie** no longer, not any more: *Mr. Allen no longer works for the company.* | *Sara doesn't live here any more.* **5 już dawno nie** not for ages: *I haven't spoken German for ages* (=już dawno nie mówiłem po niemiecku). **6 już w Średniowieczu/przed wojną itp.** as early as the Middle Ages/before the war

kabaczek *n* marrow *BrE*, squash *AmE*

kabaret *n* cabaret —**kabaretowy** *adj* cabaret

kabel *n* cable

kabina *n* **1** *(na statku, w samolocie)* cabin: *the First Class cabin* **2** *(pilota)* cabin, cockpit **3** *(ciężarówki)* cab **4** *(w toalecie)* cubicle **5** *(przymierzalnia)* fitting room **6 kabina telefoniczna** phone booth

kablowy *adj* **telewizja kablowa** cable television, cable TV

kabriolet *n* convertible

kac *n* hangover: *He had a terrible hangover after the party.*

kaczka *n* duck: *duck in plum sauce* —**kaczor** *n* duck —**kaczątko** *n* duckling

kadencja *n* term (of office): *The president hopes to be elected to a second term of office.*

kadet *n* cadet

kadłub *n* **1** *(samolotu)* fuselage **2** *(statku)* hull

kadra *n* **1** *(pracownicy)* staff, personnel **2 kadra narodowa/olimpijska** national/Olympic team →patrz też ramka **staff** i **personnel** (PERSONEL)

kadry *n także* **dział kadr** human resources, personnel (department): *She works in human resources.* | *personnel manager* —**kadrowy** *adj* staff, personnel: *personnel problems*

kadzidło *n* incense

kafejka *n* café

kafelek *n* tile: *ceramic/bathroom tiles*

kaftan *n* **kaftan bezpieczeństwa** straitjacket, straight-jacket

kaganiec *n* muzzle: *She bent down and tightened the muzzle on the dog.*

K

Kair *n* Cairo

kajak *n* canoe, kayak —**kajakarstwo** *n* canoeing

kajdanki *n* handcuffs: *Hyde has been taken away in handcuffs.* | **założyć komuś kajdanki** handcuff sb: *I was handcuffed and hauled off to the County jail.*

kajdany *n* shackles: *He was led into the courthouse in shackles.* | *the shackles of colonialism*

kakao *n* **1** *(w proszku)* cocoa (powder): *You need cocoa powder to make a chocolate cake.* | *Add two tablespoons of cocoa.* **2** *(w płynie)* cocoa: *I always have a cup of cocoa before I go to bed.* —**kakaowy** *adj* cocoa: *cocoa beans* (=ziarno kakaowe)

kaktus *n* cactus

> **UWAGA: cactus**
>
> Rzeczownik **cactus** ma dwie formy liczby mnogiej: regularną **cactuses** i nieregularną **cacti**.

kalafior *n* cauliflower

kalectwo *n* disability: *She's never let her disability get in the way of* (=przeszkodzić w) *her career.*

kaleczyć *v* →patrz SKALECZYĆ

kalejdoskop *n* kaleidoscope

kaleka *n* disabled person, cripple —**kaleki** *adj* disabled: *disabled children*

> **UWAGA: cripple**
>
> Rzeczownik **cripple** oznaczał dawniej osobę niepełnosprawną ruchowo, ale we współczesnej angielszczyźnie ma on zdecydowanie pogardliwy wydźwięk. Lepiej używać określenia **disabled person**.

kalendarz *n* **1** *(ścienny)* calendar: *The calendar has a different picture for each month.* **2** *(w formie notesu, książki)* diary *BrE*, calendar *AmE*: *Did you put the meeting date in your diary?* **3** *(metoda obliczania czasu)* calendar: *the Gregorian calendar* **4** *(terminarz zajęć, imprez itp.)* calendar: *The President's calendar is already very full.* | *The Derby is a major event in the racing calendar.* —**kalendarzyk** *n* pocket diary *BrE*, calendar *AmE* —**kalendarzowy** *adj* calendar: *a calendar month/year*

kalesony *n* long johns: *a pair of long johns*

kaliber *n* calibre *BrE*, caliber *AmE*: *players of the highest calibre*

Kalifornia *n* California —**kalifornijski** *adj* Californian: *Californian wines*

kalka *n* **1** *(maszynowa)* carbon paper **2** *(papier przebitkowy)* tracing paper

kalkulacja *n* calculation

kalkulacyjny *adj* **arkusz kalkulacyjny** spreadsheet

kalkulator *n* calculator

kaloria *n* calorie: *An average potato has about 90 calories.* —**kaloryczny** *adj* rich: *a rich diet*

kaloryfer *n* radiator

kalosze *n* **1** rubber boots, wellingtons *BrE*, wellies *BrE* **2 (zupełnie) inna para kaloszy** a whole new ball game, a different/another kettle of fish: *I used to be a teacher, so working in an office is a whole new ball game.* | *She enjoys public speaking but being on TV is a different kettle of fish.*

kał *n* faeces *BrE*, feces *AmE*

kałuża *n* **1** *(po deszczu)* puddle: *It must have rained overnight – there are puddles everywhere.* THESAURUS LAKE **2** *(krwi, rozlanej wody itp.)* pool: *He lay unconscious in a pool of blood.*

kameleon *n* chameleon

kamera *n* camera: **kamera wideo** camcorder | **kamera internetowa** webcam

kameralny *adj* **1 muzyka kameralna** chamber music **2** *(miejsce, atmosfera)* cosy *BrE*, cozy *AmE*: *a cosy little restaurant* | *a nice cosy atmosphere*

kamerdyner *n* butler

kamerzysta *n* cameraman

kamieniarz *n* (stone)mason

kamienica *n* **kamienica czynszowa** tenement (house/block/building) THESAURUS HOUSE

kamieniołom *n* quarry

kamienisty *adj* stony: *a stony road*

kamienny *adj* **1** stone: *a stone floor* | *stone steps*

(=schodki) **2 węgiel kamienny** hard coal **3 epoka kamienna** the Stone Age **4 z kamienną twarzą** stony-faced

kamienować *v* →patrz UKAMIENOWAĆ

kamień *n* **1** stone: *Someone threw a stone at the car.* | *a wall made of stone* **2 kamień szlachetny** precious stone, jewel **3 kamień brukowy** cobblestone **4 kamień milowy** landmark, milestone: *a landmark in the history of aviation* | *Winning that medal was a milestone in her career.* **5 kamień spadł komuś z serca** it's a weight off sb's mind: *Now that Peter has passed all his exams it's a weight off my mind.* **6 przepaść jak kamień w wodę** vanish/disappear into thin air: *I was following him but when I turned the corner he'd vanished into thin air.*

kamizelka *n* **1** waistcoat *BrE*, vest *AmE* **2 kamizelka ratunkowa** life jacket *BrE*, life vest *AmE*

kampania *n* campaign: *an election campaign* | *a campaign for equal rights of homosexuals* | **prowadzić kampanię na rzecz czegoś** campaign for sth: *We're campaigning for the right to smoke in public places.*

kamuflaż *n* camouflage: *The Arctic fox's white fur is an excellent winter camouflage.*

kamyk *n* pebble: *children collecting pebbles and seashells*

Kanada *n* Canada —**Kanadyj-czyk/ka** *n* Canadian —**kanadyjski** *adj* Canadian

kanalizacja *n* drainage

kanalizacyjny *adj* **1 rura kanalizacyjna** sewage pipe **2 studzienka kanalizacyjna** manhole

kanał *n* **1** *(między dwoma morzami)* channel: **Kanał La Manche** the English Channel **2** *(sztuczny szlak wodny)* canal: *the Panama Canal* | *The two lakes are connected by a small canal.* **3** *(program telewizyjny)* channel: *This is boring - I'm going to switch to another channel.* | *What's on Channel 4?* **4** *(dostęp do informacji)* channel: *Did you learn about this through official channels?* **5** *(rów)* ditch, channel: *an irrigation channel* **6** *(łzowy, wentylacyjny)* duct: *the air duct*

kanapa *n* couch, sofa

kanapka *n* sandwich: **kanapka z szynką/kurczakiem itp.** ham/chicken etc sandwich: *a cheese and onion sandwich*

kanarek *n* canary

kancelaria *n* **1** lawyer's office, chambers *BrE*: *Julie works as a secretary in a lawyer's office.* **2** *(królewska, prezydenta itp.)* chancery

kanciarz *n* swindler

kanciasty *adj* angular: *angular patterns*

kanclerz *n* chancellor

kandydat/ka *n* candidate: *Which candidate are you voting for?* | *Sara seems to be a likely candidate for the job.*

kandydatura *n* candidacy: *She announced her candidacy at the convention.*

kandydować *v* **1** *(na prezydenta, radnego itp.)* run: *He's running for President again.* | *Council members can run again after sitting out a term* (=po przerwie trwającej jedną kadencję). **2** *(do parlamentu)* stand: *He stood for parliament in 1959.* | *Who's standing for the Democrats* (=z ramienia Demokratów) *in the 44th district?*

kangur *n* kangaroo

kanibal *n* cannibal —**kanibalizm** *n* cannibalism

kanion *n* canyon: *the Grand Canyon*

kanonierka *n* gunboat

kanonik *n* canon

kant *n* **1** *(oszustwo)* swindle **2** *(na spodniach)* crease: *I can never get the creases straight in these trousers.* **3** *(brzeg)* edge: *the edge of the table*

kantor *n (wymiany walut)* (currency) exchange

kantyna *n* **1** *(sklep)* canteen **2** *(stołówka)* mess

kapać *v* **1** *(woda)* drip: *Water was dripping through the ceiling.* **2** *(pot, krew)* trickle: *Sweat trickled down his face.*

kapeć *n* slipper

kapela *n* **1 kapela rockowa** rock group/band **2 kapela ludowa** folk group

kapelan *n* chaplain

kapelusz *n* hat: *a big straw hat*

kapitalizm *n* capitalism —**kapitalistyczny** *adj* capitalist: *capitalist countries/economy* | *the capitalist system* —**kapitalist-a/ka** *n* capitalist

kapitalny *adj* **1 mieć kapitalne znaczenie** be crucially important: *Education is crucially important.* **2 remont kapitalny** (major) overhaul **3** *(świetny)* great: *The party last night was great.*

kapitał *n* capital: *It took him just three months to raise* (=zebrać) *the capital for making the movie.* —**kapitałowy** *adj* capital: *capital investment*

kapitan *n* captain: *Captain Schrader told his men to prepare for action.* | *The captain and crew welcome you aboard.* | *Unfortunately England's captain* (=kapitan drużyny angielskiej) *sustained a knee injury* (=doznał kontuzji kolana) *during training.*

kapitański *adj* **mostek kapitański** the bridge

kapitulacja *n* capitulation

kaplica *n* chapel —**kapliczka** *n* roadside shrine

kapłan *n* priest —**kapłaństwo** *n* priesthood —**kapłanka** *n* priestess

kapral *n* corporal

kaprys *n* whim, caprice: *Parents shouldn't cater to* (=zaspakajać) *their child's every whim.* | *the caprices of a spoilt child* —**kapryśny** *adj* capricious: *Helen is just as capricious as her mother was.* | *a capricious wind*

kapsel *n* bottle cap/top

kapsuła *n* capsule: *a space capsule*

kapsułka *n* capsule

kaptur *n* **1** hood: *The coat has a detachable* (=odpinany) *hood.* **2 kurtka/bluza z kapturem** hooded jacket/sweatshirt

kapturek *n* **Czerwony Kapturek** Little Red Riding Hood →patrz też KAPTUR

kapusta *n* **1** cabbage **2 kapusta kiszona** sauerkraut

kapuś *n* informer, grass *BrE*, stoolpigeon *AmE*

kara *n* **1** *(ukaranie)* punishment: *They had to stay late after school as a punishment* (=za karę). | *Children quickly learn how to avoid punishment* (=jak uniknąć kary). THESAURUS PUNISHMENT **2** *(wyrok, grzywna)* penalty: *The offence carries a maximum penalty of 5 years in jail* (=za to wykroczenie grozi kara do pięciu lat więzienia). | *a penalty of £50 for not paying your bus fare* **3 kara cielesna** corporal punishment **4 kara śmierci** capital punishment, the death penalty **5 ponieść karę** pay the penalty/price: *She*

K

committed a terrible crime, and now she must pay the penalty.

karabin *n* **1** rifle **2 karabin maszynowy** machine gun

karać *v* punish: *Parents don't punish their children so severely* (=surowo) *these days.* →patrz też UKARAĆ

karafka *n* carafe

karaluch *n* cockroach, roach *AmE*

karambol *n* pile-up: *There had been several motorway pile-ups in the fog.*

karany *adj* **być karanym** have a criminal record: *The defendant has no previous criminal record* (=oskarżony nie był wcześniej karany).

karat *n* carat *BrE*, karat *AmE*: *a 22-carat gold chain*

karate *n* karate: **uprawiać karate** do karate: *Jim's been doing karate since he was seven.*

karawan *n* hearse

> **UWAGA: karawan i caravan**
> Angielski rzeczownik **caravan** nie jest odpowiednikiem polskiego „karawan". Wyraz ten ma dwa podstawowe znaczenia: „przyczepa kempingowa" lub „karawana".

karawana *n* caravan

karb *n* **1** notch: *He made three notches in the stick.* **2 składać coś na karb czegoś** put sth down to sth: *I put Jane's moodiness* (=humory) *down to the stress she was under.*

karcić *v* scold →patrz też SKARCIĆ

karczoch *n* artichoke

kardiologia *n* cardiology —**kardiolog** *n* cardiologist

kardynał *n* cardinal

kareta *n* carriage

karetka *n* ambulance: **wezwać karetkę** call an ambulance

kariera *n* career: *a career in business* | *an acting career* | *a brilliant career* | **zrobić karierę** make a career: *Jones has made a career of playing bad guys in movies.* THESAURUS JOB

K

kark *n* **1** nape (of your neck): *She pulled back her hair and twisted it at the nape of her neck.* **2 za kark** by the scruff of the neck: *She seized him by the scruff of the neck as he was leaving.* →patrz też **zwalić się komuś na kark** (ZWALIĆ SIĘ)

karkołomny *adj (prędkość)* breakneck: *She was driving at breakneck speed.*

karłowaty *adj* dwarf: *a dwarf cherry tree*

karmazynowy *adj* crimson

karmić *v* **1** feed: *Do not feed these animals. They may bite.* **2 karmić piersią** breast-feed: *a breast-fed baby* →patrz też NAKARMIĆ

karnacja *n* colouring *BrE*, coloring *AmE*, complexion: *Mandy had her mother's dark colouring.* | *a pale complexion*

> **UWAGA: karnacja i carnation**
> **Carnation** to nie „karnacja" tylko „goździk" (kwiat).

karnawał *n* carnival: *carnival time in Rio* —**karnawałowy** *adj* carnival: *a carnival procession*

karnet *n* book: *a book of stamps/tickets*

karny *adj* **1** *(posłuszny)* obedient, disciplined: *an obedient dog* | *They are well-trained, disciplined and efficient.* **2 kodeks karny** penal code **3 rzut karny** penalty (kick): *The referee awarded* (=sędzia przyznał) *a penalty to Argentina.* **4 pole karne** penalty area/box: *The goalkeeper can't handle the ball outside the penalty area.* **5 punkt karny** penalty **6 zakład karny** prison, penitentiary *AmE*

karo *n* diamonds: *the ace of diamonds*

karoseria *n* body(work): *The bodywork's beginning to rust* (=rdzewieć).

karp *n* carp

> **UWAGA: carp**
> Podobnie jak inne nazwy ryb w języku angielskim, rzeczownik **carp** ma taka samą formę w liczbie pojedynczej i mnogiej: *Carp grow rapidly.*

karta *n* **1** card: *library card* **2 karta bankomatowa** cash card **3 karta graficzna/dźwiękowa** graphics/sound card **4 karta dań** menu **5 karta (do gry)** (playing) card: *Pick any card from the pack.* | **grać w karty** play cards **6 karta kredytowa/debetowa** credit/debit card **7 karta magnetyczna** *(do otwierania drzwi itp.)* swipecard **8 karta pokładowa** boarding pass/card **9 karta telefoniczna** phone card **10 karta pamięci** memory card, Memory Stick®: **11 grać w otwarte karty** put/lay your cards on the table **12 zielona karta** green card

karteczka *n* slip (of paper): *He wrote his address down on a slip of paper.*

kartel *n* cartel

kartka *n* **1** sheet (of paper): *I picked up a clean sheet of paper and began to write.* **2** *(w zeszycie itp.)* page, leaf: *The book had several pages missing.* **3 kartka pocztowa** (post)card **4 kartka świąteczna** greetings card **5 żółta/czerwona kartka** yellow/red card: *Another City player, Allen, was shown a red card for talking back to the referee* (=za dyskutowanie z sędzią).

kartkować *v* **kartkować słownik/książkę itp.** leaf/flick *BrE* through a dictionary/book etc: *I was leafing through an old school magazine when I came across your photo.*

kartkówka *n* quiz: *Mr. Morris might give us a quiz on that chapter we had to read.* THESAURUS TEST

kartofel *n* potato

> **UWAGA: potato**
> Rzeczownik **potato** ma w liczbie mnogiej końcówkę **-es**: **potatoes**.

karton *n* **1** *(sztywny papier)* cardboard, card *BrE* **2** *(opakowanie)* carton: *a carton of orange juice* —**kartonowy** *adj* cardboard: *cardboard boxes*

kartoteka *n* dossier, file: *The police keep dossiers on all suspected criminals.* | *The school keeps a file on each student.*

karuzela *n* merry-go-round, roundabout *BrE*, carousel *AmE*

karygodny *adj* criminal, reprehensible: *It's criminal to charge so much for popcorn at the movies!* | *It was really reprehensible of you to leave such young children alone.*

karykatura *n* caricature —**karykaturzyst-a/ka** *n* cartoonist

karzeł *n* dwarf, midget

UWAGA: dwarf i midget

Są to określenia obraźliwe, a więc w posługiwaniu się nimi zalecana jest ostrożność.

karzełek *n (krasnal)* dwarf

kasa *n* **1** *(sklepowa)* cash register, till **2** *(w supermarkecie)* checkout (counter *AmE*): *Why can't they have more checkouts open?* | *During the strike, consumers should expect longer lines* (=dłuższych kolejek) *at the checkout counters and some stores that are usually open around the clock will close from 10 pm to 8 am* **3 kasa biletowa a)** *(na dworcu)* ticket office, booking office *BrE* **b)** *(w teatrze itp.)* box office **4 kasa mieszkaniowa** building society *BrE*, savings and loan association *AmE*

kaseta *n* cassette, tape: *audio/video cassettes/tapes* | *Could you turn over* (=przełożyć) *the cassette?* **—kasetowy** *adj* cassette: *cassette deck* (=magnetofon kasetowy)

kasetka *n* case: *a jewellery case*

kasjer/ka *n* **1** cashier **2** *(w banku)* cashier, (bank) teller **3** *(w supermarkecie)* checkout assistant *BrE*, clerk *AmE*

kask *n* (crash) helmet: *It is foolish to ride a motorcycle without a helmet.*

kaskada *n* **1** cascade **2 spływać/opadać kaskadą** cascade: *Heavy rains caused a wall of mud to cascade down the hillside.*

kaskader *n* stuntman

kasłać *v* →patrz KASZLEĆ

kasować *v* →patrz SKASOWAĆ

kasowy *adj* **1 sukces kasowy** box-office success **2 kasowy film** blockbuster

kasta *n* caste: *the caste system in India*

kastrować *v* castrate **—kastracja** *n* castration

kasyno *n* casino: *She lost their life savings in a Las Vegas casino.*

kasza *n* **1** groats: **kasza gryczana** buckwheat | **kasza jaglana** millet | **kasza jęczmienna** pearl barley | **kasza manna** semolina **2 nie dać sobie w kaszę dmuchać** know how to stick up for yourself: *Sheena has always known how to stick up for herself.*

kaszel *n* cough, coughing: *Louie had a bad cough, so we sent for the doctor.* | *Her constant cough was the result of many years of smoking.* | *an attack of coughing*

kaszka *n* **kaszka manna** semolina

kaszleć *v* cough: *He was awake coughing all the time.*

kaszmir *n* cashmere

kasztan *n* **1** horse chestnut, conker *BrE* **2** *(jadalny)* chestnut **—kasztanowy** *adj* chestnut: *chestnut hair* **—kasztanowiec** *n* chestnut (tree)

kat *n* executioner, hangman

kataklizm *n* cataclysm, disaster

katalizator *n* **1** *(reakcji chemicznej)* catalyst **2** *(w samochodzie)* catalytic converter

katalog *n* **1** *(towarów itp.)* catalogue, catalog *AmE* **2** *(komputerowy)* directory: *Do you know which directory the files are in?* **—katalogować** *v* catalogue, catalog *AmE*

katapulta *n* **1** *(w samolocie)* ejector/ejection *AmE* seat **2** *(machina wojenna)* catapult **—katapultować się** *v* eject

katar *n* **1** runny nose: *The early symptoms of measles* (=odry) *are coughing, runny nose, red and watery eyes and fever.* | **mieć katar** have a runny nose: *Robin has a sore throat and a runny nose.* **2 katar sienny** hay fever

katastrofa *n* **1** catastrophe, disaster: *the danger of a nuclear catastrophe* | *The party was a total disaster - half the guests didn't even turn up!* **2 katastrofa lotnicza/kolejowa** air/rail disaster, plane/train crash: *the 1988 Clapham rail disaster* | *All 265 passengers were killed in the plane crash.*

katastrofalny *adj* disastrous, catastrophic: *The war was having a disastrous effect on the economy.*

katastroficzny *adj* **film katastroficzny** disaster film/movie

katechizm *n* catechism **—katecheza** *n* religious instruction **—katechet-a/ka** *n* religion teacher

katedra *n* cathedral: *St Paul's Cathedral*

kategoria *n* **1** category: *These animals can be divided into four categories.* **2 obywatel drugiej kategorii** second-class citizen: *They treated us as second-class citizens.* **3 w kategoriach czegoś** in terms of sth: *In terms of sales, the book hasn't been very successful.*

kategoryczny *adj* categorical: *a categorical statement* **—kategorycznie** *adv* categorically: *Leeman categorically denied any involvement in the robbery.*

katoli-k/czka *n* (Roman) Catholic: *"What religion are you?" "I'm a Catholic."* **—katolicki** *adj* (Roman) Catholic: *the Catholic Church* | *a Catholic school/bishop* **—katolicyzm** *n* (Roman) Catholicism

kaucja *n* **1** *(poręczenie)* bail: **wypuścić kogoś za kaucją** release sb on bail, grant sb bail: *Hamilton was released on bail of $50,000.* | **wpłacić za kogoś kaucję** bail sb out **2** *(za butelkę itp.)* deposit: *returnable* (=zwrotny) *deposit*

kawa *n* coffee: *a cup of coffee* | *black/white coffee* | *iced* (=mrożona) *coffee* | **przerwa na kawę** coffee break

kawaler *n* single man, bachelor: *I never meet any attractive single men!* | *His son is 32 and still a bachelor.*

kawaleria *n* cavalry

kawalerka *n* studio flat *BrE*, apartment *AmE*

kawalerski *adj* **wieczór kawalerski** stag party/night *BrE*, bachelor party *AmE*

kawał *n* **1** *(dowcip)* joke: *Don't get mad - it was only a joke!* | **opowiedzieć kawał** tell a joke: *I tried to cheer him up by telling a joke.* | **zrobić komuś kawał** play a joke on sb **2** *(duży kawałek)* chunk, hunk: *a chunk of cheese* | *a hunk of bread* THESAURUS PIECE

kawałek *n* **1** *(część)* piece: *a piece of bread* | *The vase lay in pieces on the floor.* | *Some of the jigsaw pieces are missing.* | **rozebrać coś na kawałki** take sth to pieces THESAURUS PIECE **2** *(utwór)* piece of music: *a beautiful piece of music*

kawiarenka *n* **kawiarenka internetowa** cybercafé, Internet cafe

kawiarnia *n* cafe, café THESAURUS RESTAURANT

kawior *n* caviar

kawka *n* **1** *(filiżanka kawy)* (cup of) coffee **2** *(ptak)* jackdaw

kawowy *adj* coffee: *a coffee bar*

kazać *v* **1 kazać komuś coś zrobić** tell sb to do sth, make sb do sth: *He told me to come in and sit down.* | *The police made them stand up against the wall.* THESAURUS ORDER

2 kazać komuś (na siebie) czekać keep sb waiting: *I'll try not to keep you waiting.*

kazanie *n* sermon: **wygłaszać/prawić kazanie** preach (a sermon): *The pastor preached a sermon on forgiveness.* | *I'm sorry, I didn't mean to preach* (=nie chciałem ci prawić kazań). THESAURUS SPEECH →patrz też **siedzieć (na czymś) jak na tureckim kazaniu** (TURECKI)

kazirodztwo *n* incest —**kazirodczy** *adj* incestuous: *an incestuous relationship*

kaznodzieja *n* preacher

każdy *pron* **1** *(z rzeczownikiem)* each, every: *Each bedroom has its own shower.* | *Every student has to fill in a questionnaire.* **2** *(bez rzeczownika)* everyone, everybody, anyone: *They gave a prize to everyone who passed the exam.* | *Anyone can learn to swim.* | **każdy z was/nich itp.** every one/each of you/them etc: *I gave a toy to each of the children.* | *Every one of the books had a torn page.* **3 w każdym (bądź) razie** in any event, at all events: *In any event, it seems likely that prices will continue to rise.* **4 za każdym razem, kiedy ...** every/each time ..., whenever ...: *Each time they quarrel, Jane threatens to leave.* | *Whenever we come here we always see someone we know.* **5 w każdej chwili** at any moment: *The roof could collapse at any moment.*

kącik *n* **1** *(róg pokoju)* corner: *She sat quietly in the corner making careful notes.* **2** *(miejsce)* nook: *a cosy little nook next to the fireplace* **3** *(ust, oka)* corner: *When she laughed, little lines formed at the corners of her eyes and mouth.* **4** *(w gazecie)* column: *the gardening column in the Express*

kąpać *n* bathe, bath *BrE*: *Dad bathed Johnny and put him to bed.* | *I'm just going to bath the baby.*
kąpać się *v* bathe, have *BrE*, take *AmE* a bath: *When I called her she was just having a bath.* | *Water was scarce, and we only bathed once a week.*

kąpiel *n* bath: *I love to sit and soak* (=moczyć się) *in a hot bath.* | **brać kąpiel** have *BrE*, take *AmE* a bath: *When I called her she was just having a bath.* | **nalać wody na kąpiel** run a bath: *Sandy went upstairs to run a bath.*

kąpielowy *adj* **1 kostium kąpielowy** bathing suit, swimsuit, swimming costume *BrE*, suit *AmE* **2 szlafrok kąpielowy** bathrobe **3 ręcznik kąpielowy** bath towel →patrz też **czepek kąpielowy** (CZEPEK)

kąpielówki *n* swimming trunks

kąsać *v (owady)* sting →patrz też UKĄSIĆ

kąsek *n* morsel, titbit *BrE*, tidbit *AmE*: *tasty morsels*

kąt *n* **1** *(w geometrii)* angle: *an angle of 45°* | **kąt prosty** right angle **2 pod kątem** at an angle, at a slant: *The tree was growing at an angle.* **3** *(róg)* corner: *the corner of the room* **4** *(punkt widzenia)* angle: *Let's try to look at the problem from a different angle.* **5 każdy kąt** every nook and cranny: *We've searched every nook and cranny for that key.*

kątomierz *n* protractor

kciuk *n* **1** thumb **2 trzymać kciuki** keep your fingers crossed: *She's having her operation tomorrow, so keep your fingers crossed for her.*

keczup *n* ketchup

keks *n* fruitcake

kelner *n* waiter —**kelnerka** *n* waitress

kemping *n* camping

kempingowy *adj* **1 przyczepa kempingowa** caravan *BrE*, trailer *AmE* **2 samochód kempingowy** camper

ketchup *n* →patrz KECZUP

kęp(k)a *n* clump, tuft: *a clump of grass*

kęs *n* bite, mouthful: *He took a bite of the cheese.* | *That was a great steak! I enjoyed every mouthful.*

khaki *n* khaki

kibel *n (ubikacja)* loo *BrE*, john *AmE*

kibic *n* fan, supporter *BrE*: *a football fan* | *Manchester United supporters*

kibicować *v* **kibicować komuś** support sb *BrE*, root for sb *AmE*: *Trev supports Arsenal, but I like Spurs.* | *We'll all be rooting for the Dallas Cowboys in the Superbowl.*

kichać *v* sneeze —**kichnięcie** *n* sneeze

kicz *n* kitsch —**kiczowaty** *adj* kitschy

kiedy *adv* **1** *(w pytaniach)* when: *When are we leaving?* | *When did you notice he was gone?* **2** *(w zdaniach względnych)* when: *I found some old letters when I was clearing out my desk.* | *When she was a little girl she wanted to be an actress.* **3** *(mimo że)* when: *Why do you want a new camera when your old one's perfectly good?* **4 od kiedy?** since when?: *Since when do you have a computer?* **5 kiedy indziej** some other time: *Can we meet some other time – I'm busy right now.* **6 kiedy tylko** whenever: *Come over whenever you want.*

kiedykolwiek *adv* **1** *(chociaż raz)* ever: *Have you ever eaten snails?* **2** *(obojętnie kiedy)* (at) any time: *I can take my vacation at any time except in August.* **3** *(zawsze kiedy)* whenever: *Don't worry – whenever you need me I'll be there for you.*

kiedyś *adv* **1** *(w przeszłości)* once: *This island once belonged to Portugal.* | *I tried aerobics once, but I didn't really enjoy it.* **2** *(w przyszłości)* one/one day, sometime: *One day you'll be sorry that you didn't study harder at school.* | *I'd like to visit India some day.* | *It's a long story. I'll tell you about it sometime.* **3 ktoś kiedyś coś robił** sb used to do sth: *We used to go to the movies every week.*

kielich *n* goblet

kieliszek *n* glass: *Did you put the wine glasses on the table?* | *a glass of vodka*

kielnia *n* trowel

kieł *n* **a)** *(człowieka)* canine (tooth) **b)** *(żmii, psa)* fang **c)** *(słonia)* tusk

kiełbas(k)a *n* sausage: *Put some more sausages on the barbecue.*

kiełek *n* **1** shoot, sprout: *A few green shoots appeared in the ground.* | *bean sprouts* **2 kiełki pszenicy** wheatgerm

kiełkować *v* sprout, germinate: *Keep the tray away from direct sun until the seeds begin to sprout.* | *Carnation seeds* (=nasiona goździka) *will germinate at a low temperature.*

kiepski *adj* poor: *a poor swimmer* | *You'd better read it to me – my eyesight's pretty poor* (=mam kiepski wzrok). THESAURUS BAD —**kiepsko** *adv* badly, poorly: *a poorly lit room* | *Children do badly at school* (=kiepsko się uczą) *for a variety of reasons.* THESAURUS ILL

kier *n* hearts: *the queen of hearts* (=dama kier)

kiermasz *n* bazaar, fete *BrE*: *a charity bazaar* (=kiermasz na cele dobroczynne) | *the annual church fete*

kierować *v* **1** *(samochodem)* drive (a car): *A car's not much good to me* (=niewiele mi przyjdzie z samochodu), *since I can't drive!* **2** *(firmą)* manage: *The hotel has been owned and managed by the Koidl family for 200 years.* | *Schools should be managed by teachers, not bureaucrats.*

K

3 *(drużyną)* lead, be in charge of: *We held a vote to decide who would lead the team.* | *It seems that whoever is in charge of the team, we always lose.* **4** →patrz też SKIEROWAĆ, NAKIEROWAĆ

kierować się *v* **1 kierować się czymś** go by sth: *Don't go by that map. It's really old.* | *You can't always go by appearances* (=pozorami). **2** →patrz też SKIEROWAĆ SIĘ

kierowca *n* **1** driver: *She's a good driver.* | **kierowca taksówki/ciężarówki/autobusu** taxi/truck/bus driver **2** *(szofer)* chauffeur: *My chauffeur drove me to the airport.*

kierownica *n* **1** *(w samochodzie)* steering wheel: **siedzieć za kierownicą** be at the wheel **2** *(roweru, motocykla)* handlebars

kierownictwo *n* **1 pod czyimś kierownictwem** under sb's leadership/direction: *Under his leadership China became an economic superpower.* | *The project progressed well, under the capable direction of Magnus Armstrong.* **2** *(zarząd)* management: *Relations between workers and management have improved recently.*

kierowniczka *n* manager: *It's pointless trying to speak to the manager - she's always too busy.* THESAURUS BOSS

kierowniczy *adj* **1** managerial: *managerial jobs/positions* (=stanowiska kierownicze) **2 układ kierowniczy** steering (mechanism): *The steering on this car is lighter.*

kierownik *n* manager: *If you want to see the manager, you'll have to make an appointment.* THESAURUS BOSS

kierunek *n* **1** *(drogi itp.)* direction: **w kierunku kogoś/czegoś** in the direction of sb/sth, towards *BrE* /toward *AmE* sb/sth: *We walked off in the direction of the hotel.* | *Tristram glanced in her direction and their eyes met.* | *I saw a man coming towards me.* | **w przeciwnym kierunku** in the opposite direction: *Jeff stepped forward, hailing a taxi that was going in the opposite direction.* **2 kierunek studiów** subject *BrE*, major *AmE*: *What's your major?* **3 pod czyimś kierunkiem** under sb's guidance: *Spitz started training under the guidance of Coach Ballatore.*

kierunkowskaz *n* indicator *BrE*, turn signal *AmE*: **włączyć prawy/lewy kierunkowskaz** signal/indicate *BrE* right/left: *The driver in front of us turned right after signalling left.*

kierunkowy *adj także* **numer kierunkowy** (dialling) code *BrE*, area code *AmE*: *What's the code for Aberdeen?*

kieszeń *n* **1** pocket: *There's some money in my jacket pocket.* | *Jackie took her hands out of her pockets.* **2 znać coś jak własną kieszeń** know sth like the back of your hand: *She knows the business like the back of her hand.* **3 z własnej kieszeni** out of your own pocket: *The prince offered to pay for the restoration out of his own pocket.* **4 to nie na moją/ich itp. kieszeń** I/they etc can't afford it

kieszonkowe *n* pocket money, allowance: *Sophie spends her pocket money on sweets and magazines.* | *His father gives him a small monthly allowance.*

kieszonkowiec *n* pickpocket: *If you insist on carrying cash, beware of pickpockets.*

kieszonkowy *adj* pocket: *a pocket calculator/dictionary*

kij *n* **1** *(patyk, laska)* stick: *The dog ran up and dropped a stick at my feet.* **2 kij baseballowy** baseball bat **3 kij bilardowy** cue **4 kij golfowy** golf club **5 kij od szczotki** broomstick

kijanka *n* tadpole

kikut *n* stump

kil *n* keel

kilka *pron* a few, several: *Let's wait a few minutes.* | *There are a few things I'd like to talk about.* | *I called her several times on the phone.* | **kilka z ...** a few/several of ...: *Why not invite a few of your friends?* | *I've talked to several of my students about this.*

kilkadziesiąt *pron* a few dozen: *The population had sunk* (=zmalała) *to a few dozen families.*

kilkakrotnie *adv* several times, on several occasions: *Simon had tried several times to get a job in TV, but he never succeeded.* | *Dad has helped us out on several occasions by sending us money.*

kilkanaście *pron* a dozen or so: *"How many people are coming?" "Oh, about a dozen or so."*

kilkaset *pron* a few hundred: *We're trying to put aside* (=odłożyć) *a few hundred dollars every month.*

kilkoro *pron* →patrz KILKA

kilkudniowy *adj* a couple of days': *after a couple of days' rest*

kilkuletni *adj* **1** *(pobyt, kontrakt)* a few years': *a few years' stay in the north* **2** *(dziecko)* small: *a small boy*

kilkunastoletni *adj* teenage: *a teenage girl*

kilo *n* kilo: *a kilo of apples* | *20 kilos of cocaine*

kilobajt *n* kilobyte

kilof *n* pick, pickaxe *BrE*, pickax *AmE*

kilogram *n* kilogram, kilogramme →patrz też KILO

kilometr *n* **1** kilometre *BrE*, kilometer *AmE*: *The town is 3 kilometres from the hotel.* | **60/100 kilometrów na godzinę** 60/100 kilometres an/per hour: *They drove along at a steady* (=ze stałą prędkością) *80 kilometres per hour.* **2 kilometr kwadratowy** square kilometre: *The city covers an area of 20 square kilometres.*

kilowat *n* kilowatt

kiła *n* syphilis

kim *pron* **1** who: *Who did you talk about* (=o kim rozmawialiście?)? | *Who is she playing with* (=z kim ona gra)? **2 kim on/ona jest?** *(z zawodu)* what's his/her job?, what does he/she do (for a living)? →patrz też KTO

kimono *n* kimono

kimś *pron* →patrz KTOŚ

kinematografia *n* cinema, filmmaking: *the influence of Hollywood on Indian cinema*

kino *n* **1** the pictures/cinema *BrE*, movies *AmE*: *Do you want to go to the pictures on Saturday?* | *I haven't been to the cinema for ages.* | *How often do you go to the movies?* **2** *(budynek)* cinema *BrE*, movie theater *AmE*

kiosk *n* kiosk

kipieć *v* **1** boil over: *The milk's boiling over - quick, turn it off!* **2 kipieć ze złości** boil (over) with anger

kiszka *n* **ślepa kiszka** appendix

kiszony *adj* **1 kapusta kiszona** sauerkraut **2 ogórki kiszone** pickled cucumbers, dill pickles

kiść *n* bunch: *a bunch of grapes*

kit *n* **1** *(do uszczelniania)* putty **2 do kitu** lousy: *lousy weather* **3 wciskać (komuś) kit** bullshit (sb): *Don't believe him, he's probably bullshitting.*

kitel *n* smock, overall *BrE*, duster *AmE*

kiwać *v* →patrz KIWNĄĆ, POKIWAĆ
kiwać się *v* swing: *a sign swinging in the wind*

kiwi *n* kiwi fruit

kiwnąć *v* **1 kiwnąć głową** nod (your head): *"Are you Jill?" he asked. She smiled and nodded.* | *"Sally's in there," Jim said, nodding towards the kitchen.* **2 kiwnąć na kogoś** wave to/at sb: *Tommy waved to us as he came across the field.* →patrz też **nie kiwnąć palcem** (PALEC)

klacz *n* mare

klakson *n* **1** horn **2** →patrz też TRĄBIĆ

klamerka *n* clothes peg *BrE*, pin *AmE*

klamka *n* door handle, *(okrągła)* door knob

klamra *n* **1** clamp, clip **2 klamra do włosów** hairgrip **3 klamry** *także* **nawias klamrowy** braces, curly brackets

klan *n* clan: *the Campbell clan*

klapa *n* **1** *(niepowodzenie)* flop: *The show's first series was a comlete flop.* | **zrobić klapę** flop: *The musical flopped on Broadway.* **2** *(w podłodze)* trapdoor **3** *(marynarki, płaszcza)* lapel

klapka *n* flap

klapki *n (obuwie)* flip-flops *BrE*, thongs *AmE*

klaps *n* **1 dać komuś klapsa** spank/smack sb, give sb a smack (on the bottom): *Do you think that parents should be allowed to spank their children?* | *Quiet, or I'll give you a smack!* | **dostać klapsa** get a spanking, get a smack (on the bottom): *If you do that again, you're going to get a spanking!* **2** *(filmowy)* clapboard

klarnet *n* clarinet: *to play the clarinet*

klarowny *adj* **1** *(czysty)* clear: *the cool, clear waters of the lake* | *a clear blue sky* **2** *(jasny)* lucid: *a lucid analysis of the situation*

klasa *n* **1** *(grupa uczniów)* class: *We were in the same class at school.* **2** *(etap nauki)* form *BrE*, grade *AmE*: *He's in the fifth form.* | *What grade are you in?* | *We've just finished third grade.* **3** *(pomieszczenie)* classroom: *Many teachers now use video in the classroom.* **4** *(grupa społeczna)* class: **klasa średnia** the middle class | **klasa niższa/wyższa** lower/upper class | **klasa robotnicza** the working class **5 miejsce/bilet/wagon drugiej klasy** second-class seat/ticket/carriage **6 klasa biznes (owa)/ekonomiczna** business/economy class **7** *(wysoki poziom)* class: *The team showed real class in this afternoon's game.* **8 przewyższać kogoś o klasę** outclass sb: *De Niro gives a brilliant performance, completely outclassing the other members of the cast.* **9 światowej klasy** world-class: *a world-class tennis player*

K

klaskać *v* clap (your hands), applaud: *The audience was clapping and cheering.* | *Everyone applauded after the speech.*

klasowy *adj* **1 praca klasowa** →patrz KLASÓWKA **2 dziennik klasowy** classroom/attendance register **3 społeczeństwo klasowe** class society

klasówka *n* test (paper): **+z czegoś** on sth: *We have a test on irregular verbs tomorrow.*

klasyczny *adj* **1** *(muzyka itp.)* classical: *classical music/architecture* **2** *(przykład, przypadek)* classic: *This was a classic example of how to lose a football game.* | *a classic case of food poisoning* **3 styl klasyczny** breaststroke

klasyfikacja *n* classification

klasyfikować *v* classify, categorize, categorise *BrE*: *Whales (=wieloryby) are classified as mammals (=ssaki), not fish.*

klasyka *n* classics: *the classics of English literature*

klasztor *n* **1** *(męski)* monastery **2** *(żeński)* convent —**klasztorny** *adj* monastic: *monastic discipline*

klatka *n* **1** cage: *a bird cage* | **zamknięty w klatce** caged: *He walked up and down like a caged lion.* **2** *(kliszy fotograficznej)* exposure: *This roll has 36 exposures.* **3 klatka piersiowa** rib cage, chest **4 klatka schodowa** stairwell

klaustrofobia *n* claustrophobia

klauzula *n* clause, provision: *A clause in the contract states when payment must be made.* | *the provisions of the treaty* (=traktatu)

klawesyn *n* harpsichord

klawiatura *n* **1** *(komputera)* keyboard **2** *(telefonu)* keypad

klawisz *n* key: *Press the Enter key.* | *piano keys*

kląć *v* curse, swear: *You should have heard him cursing when he tripped over* (=potknął się o) *the cat.* | *She doesn't smoke, drink, or swear.* →patrz też PRZEKLINAĆ

klątwa *n* curse: **rzucić na kogoś klątwę** put a curse on sb: *The witch put a curse on the baby princess.*

kleić *v* →patrz SKLEIĆ, PRZYKLEIĆ
kleić się *v* **1** *(przywierać)* stick: *It was so hot his shirt was sticking to his back.* **2** *(być lepkim)* be sticky: *Jeremy's hands were sticky with jam.* **3 komuś kleją się oczy/powieki** sb's eyes are closing **4 rozmowa się nie klei** the conversation is stilted —**kleisty** *adj* sticky

klej *n* glue, adhesive: *The glue needs about 24 hours to harden.* | *the strongest adhesive you can buy* | **klej do tapet** wallpaper paste

klejący *adj* **1** sticky: *a sticky substance* **2 taśma klejąca** adhesive tape, Sellotape® *BrE*, Scotch® tape *AmE*

klejnot *n* **1** *(kamień)* jewel, gem: *He discovered the jewel was a fake a month after he bought it.* | *precious gems* **2** *(ozdoba)* gem, crown jewel: *The capital, Tallin, is an architectural gem.* | *Innsbruck's crown jewel is the old town center.*

kleks *n* ink blot: *His essay was covered in ink blots.*

klepać *v* **klepać kogoś po plecach/w ramię a)** *(na znak pochwały, z radości)* pat sb on the back/shoulder etc: *"Excellent work, Crawford," said the Managing Director, patting me on the back.* **b)** *(dla zwrócenia uwagi)* tap sb on the back/shoulder: *"Hey Paul," she said, tapping him on the shoulder.* →patrz też POKLEPAĆ

klepsydra *n* hourglass

kler *n* the clergy

kleryk *n* seminarian

kleszcz *n* tick

kleszcze *n* **1** *(do gwoździ)* pliers **2** *(medyczne)* forceps **3** *(raka)* pincers

klęczeć *v* kneel: *An old lady was kneeling in front of the altar.* | *a kneeling figure*

klękać *v* kneel down →patrz też UKLĘKNĄĆ

klęska *n* **1** *(porażka)* defeat: **ponieść klęskę** suffer a defeat: *Becker suffered a surprising defeat.* **2 klęska żywiołowa** natural disaster: *The 1987 hurricane was the worst natural disaster to hit England for decades.* **3 klęska głodu** famine

klientela *n* clientele: *Our clientele consists mainly of single people.*

klient/ka *n* **1** *(w sklepie)* customer, shopper **2** *(banku, firmy)* client, customer: *I have a meeting with an important client.* | *IBM is one of our biggest customers.*

UWAGA: shopper, customer i client

Rzeczownik **shopper** oznacza osobę robiącą zakupy: *The mall was full of shoppers.* Rzeczownik **customer** oznacza osobę robiącą zakupy w konkretnym sklepie: *We don't get many customers in the evening.* Rzeczownika **client** używamy w odniesieniu do osoby lub firmy, która płaci indywidualnemu specjaliście (np. adwokatowi) lub firmie za profesjonalne usługi: *a large pharmaceutical company, a major client of ours.*

klif *n* cliff: *She was standing near the edge of the cliff.*

klika *n* clique

kliknąć *v* click: *Children can click on a sentence to hear it read aloud.* | **kliknąć prawym klawiszem myszy** right-click: *Right-click on the image to save it.* | **kliknąć podwójnie** double-click

kliknięcie *n* click: **podwójne kliknięcie** double click

klimakterium *n* menopause

klimat *n* climate: *a hot and humid climate* | *the political climate* —**klimatyczny** *adj* climatic: *climatic conditions*

klimatyzacja *n* air conditioning

klimatyzacyjny *adj* **urządzenie klimatyzacyjne** air conditioner

klimatyzowany *adj* air-conditioned: *an air-conditioned restaurant*

klin *n* wedge

kliniczny *adj* clinical: *clinical medicine* | *clinical trials* (=próby) —**klinicznie** *adv* clinically: *clinically tested*

klinika *n* clinic: *a special clinic for overweight children*

klinowy *adj* **1 pasek klinowy** fan belt **2 pismo klinowe** cuneiform writing

klip *n* (video) clip: *a clip from Robert De Niro's latest movie*

klisza *n* (photographic) film

klocek *n* building block, (toy) brick *BrE*, (toy) block *AmE*

klomb *n* flowerbed

klon *n* **1** *(drzewo)* maple **2** *(w genetyce)* clone

klonować *v* clone: *In the 1970s, genetic engineering made it possible to clone human insulin genes.* —**klonowanie** *n* cloning: *bans on* (=zakazy dotyczące) *human cloning*

klops *n* meatball

klosz *n* lamp shade

kloszard *n* down-and-out

klown *n* clown

klozet *n* toilet

UWAGA: klozet i closet

Angielski wyraz **closet** to nie potoczne określenie ubikacji, tylko rzeczownik oznaczający „szafę ścienną".

klozetowy *adj* **muszla klozetowa** toilet bowl

klub *n* club: *She's a member of a local drama club.* | **klub młodzieżowy** youth club | **klub golfowy/tenisowy** golf/tennis club | **klub nocny** night club

klucz *n* **1** *(do drzwi)* key: *Please leave your keys at reception at the end of your stay.* | **klucze od domu/mieszkania** house keys: *I can't find my house keys.* | **zapasowy klucz** spare key: *We keep a spare key in the garage.* **2** *(do szczęścia, sukcesu)* key: *Preparation is the key to success.* **3** *(muzyczny)* clef: *the bass clef* **4 klucz (płaski)** spanner *BrE*, wrench *AmE*: *You'll need a spanner to loosen that bolt.* **5 zamknąć na klucz** lock: *Did you remember to lock the front door?* **6 pod kluczem** under lock and key: *All her jewellery is kept under lock and key.*

kluczowy *adj* key: *a key witness* | *He held a key position in the Bush administration.*

kluczyk *n* **1** key: *You wind the toy* (=zabawkę nakręca się) *using this key.* **2 kluczyki** (car) keys: *I've left my car keys in the car.*

kluska *n* dumpling

kłaczki *n* fluff: *She picked the fluff off her sweater.*

kładka *n* footbridge

kłamać *v* lie, tell lies: *She strongly suspected her husband had been lying.* | *I always know when she's telling lies.* →patrz też SKŁAMAĆ, OKŁAMAĆ

UWAGA: lie

Czasownik **lie** w znaczeniu „kłamać" odmienia się regularnie: **lied, lied**. Porównaj z **lie** w znaczeniu „leżeć".

kłamca *n* liar: *Are you calling me a liar?*

kłamliwy *adj* deceitful: *a deceitful smile*

kłamstwo *n* **1** lie: *"It's a lie!" she shouted in anger.* | *There's no truth in her story. It's all lies!* **2** *(kłamanie)* lying: *Lying under oath is a serious offense.*

kłaniać się *v* bow: *"Good morning sir," said Stephen, bowing to the Principal.*

kłaść *v* **kłaść kogoś (do łóżka)** put sb to bed: *She's just putting the children to bed. Try calling later.* →patrz też POŁOŻYĆ, WŁOŻYĆ

kłaść się *v* **1** *(iść spać)* go to bed: *Jamie usually goes to bed at about 7 o'clock.* **2 nie kłaść się** stay up: *We stayed up all night to watch the game.* →patrz też POŁOŻYĆ SIĘ

kłąb *n* cloud: *clouds of smoke*

kłębek *n* **1** ball: *a ball of wool* **2 zwinąć się w kłębek** curl up: *I just wanted to curl up and go to sleep.* →patrz też **być kłębkiem nerwów** (NERW)

kłębić się *v* **1** *(tłum)* swarm, crowd: *photographers swarming around the princess* | *Noisy journalists were crowding around the ambassador.* **2 myśli kłębią się w czyjejś głowie** thoughts are crowding in on sb: *Too many thoughts were crowding in on her, and there was no solution to any of them.*

kłoda *n* log

kłopot *n* **1** problem: *Unemployment is the main problem in the area.* THESAURUS PROBLEM **2 kłopoty** problems, trouble(s): *She's been having some kind of trouble with her boyfriend.* | *It's good to be able to talk to someone about your troubles.* | **mieć kłopoty (z czymś)** have problems (with sth/doing sth), have trouble (doing sth): *Since losing my job I've been having financial problems.* | *Bill isn't sleeping well – I think he's having problems at school.* | *Recent college graduates have had trouble finding jobs.* | **być w kłopotach** be in trouble: *The company was in serious trouble financially.* **3 w czym kłopot?** what's the trouble?, what seems to be the trouble? **4 kłopot**

K

w tym/kłopot polega na tym, że ... (the) trouble is, ...: *I'd love to go with you. The trouble is, I don't have enough money.* **5 sprawiać kłopot(y)** be troublesome: *The children were especially troublesome* (=sprawiały szczególnie dużo kłopotu) *and often threw stones and other missiles.* **6 sprawiać komuś kłopot** inconvenience sb, put sb out: *"I'll drive you home." "Are your sure? I don't want to inconvenience you." | Will it put you out if I bring an extra guest?*

kłopotliwy *adj* **1** *(człowiek)* troublesome: *a troublesome employee* **2** *(pytanie)* embarrassing: *She kept asking embarrassing questions.* **3** *(kwestia, zagadnienie)* vexed: *the vexed question of how to deal with hunger-strikes*

kłos *n* ear: *an ear of wheat* (=pszenicy)

kłócić się *v* argue, quarrel, fight, have an argument/quarrel/fight: *They've been arguing from the moment they walked in the door. | I wish you two would stop quarrelling. | My parents had a big argument last night.* | **+z kimś** with sb: *They are always arguing with each other. | She's always quarrelling with her sister.* | **+o coś** about/over sth: *Paul and Rachel always seem to be arguing about money. | Let's try not to fight over the children.*

> **UWAGA: quarrel, fight i argue**
>
> Czasowników **quarrel** i **fight** używamy mówiąc o kłótniach głośnych i długich, zwykle dotyczących spraw mało ważnych: *If you two boys don't stop quarrelling, you can go straight to bed. | They are fighting about whose turn it is to do the dishes.* Czasownik **argue** odnosi się do sporu łagodniejszego w formie, ale poważniejszego: *Most evenings we would sit in the kitchen arguing about politics.*

kłódka *n* padlock

kłótliwy *adj* quarrelsome: *a quarrelsome woman*

kłótnia *n* quarrel, argument, fight: *We've had a quarrel with our neighbours.* | **+o coś** about sth: *It was the usual argument about what to watch on television.*

kłujący *adj (ból)* stabbing: *a stabbing pain*

kłusować[1] *v (koń, jeździec)* trot: *The horses went around and around trotting in time to the music.* —**kłus** *n* trot: *We set off at a brisk trot* (=żwawym kłusem).

kłusować[2] *v (na zwierzęta)* poach: *Poaching threatens the survival of the rhino* (=nosorożca). —**kłusownik** *n* poacher

K

kmin *n (przyprawa)* cumin

kminek *n* caraway (seed)

knajpa *n* joint, eatery *AmE*

knebel *n* gag: *He was tied to a chair with a gag over his mouth.*

knot *n (świecy)* wick

knuć *v* **1** *(spiskować)* plot, scheme: *We spent all week plotting our revenge.* **2 knuć coś** *(kombinować)* be up to something: *He keeps looking behind him. I'm sure he's up to something.* →patrz też UKNUĆ

koala *n* koala (bear)

koalicja *n* coalition —**koalicyjny** *adj* coalition: *a coalition government* —**koalicjant** *n* coalition partner

kobieciarz *n* womanizer, womaniser *BrE*

kobiecość *n* **1** *(cechy kobiece)* femininity **2** *(bycie kobietą)* womanhood

kobiecy *adj* **1** *(typowy dla kobiety)* feminine, womanly: *feminine clothes | her soft, womanly curves* (=kształty) **2** *(należący do kobiety)* woman's: *a woman's voice* **3** *(tworzony przez kobiety lub dla kobiet)* women's: *women's movement | women's magazines*

kobieta *n* woman: *the women I work with | women's rights* (=prawa kobiet)

> **UWAGA: woman**
>
> Liczba mnoga od **woman** (ˈwʊmən) to **women** (ˈwɪmən).

kobra *n* cobra

koc *n* blanket

kochać *v* love: *I love you. | the first boy I ever really loved* THESAURUS LOVE

kochać się *v* **1** *(nawzajem)* love each other: *They love each other very much.* **2 kochać się w kimś** be in love with sb: *Ben is in love with Rita.* **3 kochać się (z kimś)** make love (to/with sb): *After twenty years of marriage my wife and I still make love regularly.*

kochanek *n* lover: *He thinks his wife has a lover.*

kochanie *n* darling, sweetheart, baby: *You look lovely, darling. | Good night, sweetheart. | Bye, baby, I'll be back by six.*

kochanka *n* lover, *(z dezaprobatą)* mistress: *He's had many lovers over the years. | The Prince had shocked society by living openly with his mistress.*

koci *adj* **1 kocie łby** cobblestones **2 kocie oczy** *(odblaskowe światła)* Catseyes®

kocię *n* kitten: *Our cat had six beautiful little kittens while we were on vacation.*

kocioł *n* **1** cauldron: *a witch's cauldron* **2 kocioł parowy** boiler

kocur *n* tomcat

koczować *v* migrate (from place to place) —**koczownik/czka** *n* nomad —**koczowniczy** *adj* nomadic: *nomadic tribes*

kod *n* **1** code: *genetic code* **2 kod pocztowy** postcode *BrE*, zip code *AmE* **3 kod paskowy** bar code

kodeks *n* **1** code: *a code of medical ethics* **2 kodeks drogowy** rules of the road, Highway Code *BrE* **3 kodeks cywilny/karny** civil/criminal code

kodować *v* code →patrz też ZAKODOWAĆ

koedukacyjny *adj* co-ed, mixed *BrE*: *a co-ed school*

koegzystować *v* coexist: *Can the two countries coexist after the war?* —**koegzystencja** *n* coexistence

kofeina *n* caffeine: **kawa bez kofeiny** decaffeinated coffee, decaf

kogo *pron* who, whom: *Who did you meet* (=kogo spotkałeś)? →patrz też KTO

> **UWAGA: who i whom**
>
> Zaimka względnego **whom** używa się prawie wyłącznie w stylu formalnym i w języku pisanym. W przypadku **who** nie ma takich ograniczeń.

kogokolwiek *pron* →patrz KTOKOLWIEK

kogoś *pron* →patrz KTOŚ

kogut *n* cock *BrE*, rooster *AmE*

koić *v* soothe: *a gel that soothes aching muscles | gentle, soothing music*

koja *n* berth, bunk

kojarzyć *v* associate, connect: *Most people associate Florida with sunshine and long sandy beaches.* | *I never connected her with Sam.*

kojec *n* playpen

kojot *n* coyote

kok *n* bun: *Fay wore her hair in a bun.*

kokaina *n* cocaine: *He was arrested for dealing cocaine.*

kokarda *n* bow: *She pulled the ribbon tightly and tied a bow.*

kokietować *v* **kokietować kogoś** flirt with sb: *Jane enjoys flirting with the boys.* —**kokieteria** *n* coquetry, flirtatiousness —**kokietka** *n* coquette, flirt

kokon *n* cocoon

kokos *n* coconut

kokosowy *adj* **1** coconut: *coconut palms* | *coconut oil* **2 orzech kokosowy** coconut

kokpit *n* cockpit

koks *n* coke: *Coke is produced from coal.*

koktajl *n* **1** cocktail: *fruit cocktail* THESAURUS PARTY **2 koktajl mleczny** (milk)shake **3 koktajl Mołotowa** Molotov cocktail

kola *n* →patrz COLA

kolaborować *v* collaborate: *He was imprisoned in Italy in 1945 for collaborating with the Nazis.* —**kolaboracja** *n* collaboration —**kolaborant/ka** *n* collaborator

kolacja *n* **1** supper, tea *BrE*: *She was still preparing supper when her guests arrived.* | **z/jeść kolację** have supper: *I had supper and went to bed.* **2** *(uroczysta, w restauracji itp.)* dinner

kolagen *n* collagen

kolano *n* **1** knee: *I hurt my knee when I fell off my bike.* | *His jeans had holes in both knees* (=na obu kolanach). **2 na kolanach** on your knees: *He begged me, on his knees, to forgive him.* **3 siedzieć u kogoś na kolanach** sit on sb's knee: *Daddy, can I sit on your knee?*

kolarz *n* cyclist —**kolarstwo** *n* cycling —**kolarski** *adj* cycling: *cycling shorts* (=spodenki kolarskie)

kolaż *n* collage

kolba *n* **1** *(karabinu itp.)* butt **2** *(naczynie)* flask **3 kolba kukurydzy** (corn)cob

kolczasty *adj* **1** prickly, spiky: *prickly bushes* | *a spiky cactus* **2 drut kolczasty** barbed wire

kolczyk *n* **1** earring **2** *(mały, na sztyfcie)* stud

kolebka *n* home, cradle: *Chicago is known as the home of the blues.* | *Athens, the cradle of western democracy*

kolec *n* **1** *(zwierzęcia, rośliny)* spine: *cactus spines* | *Hedgehogs have spines* **2** *(róży itp.)* thorn: *Ow! I've scratched my hand on a thorn.* **3** *(na bucie sportowym, ogrodzeniu)* spike: *a fence with spikes along the top*

kolega *n* **1** friend, mate *BrE*: *Lee's a friend of mine.* | *I'm going out with my mates tonight.* **2** *(z pracy)* colleague, workmate: *my colleague at the university* **3 kolega z klasy/ze szkoły** classmate/schoolmate: *His classmates don't like him.*

kolegium *n* **kolegium nauczycielskie** teacher training college

koleina *n* rut: *The road to the farm had deep ruts in it.*

kolej *n* **1** *(środek transportu)* railway *BrE*, railroad *AmE*: **koleją** by rail: *They sent the parcel by rail.* **2** *(kolejność)* turn: *It's your turn. Roll the dice.* | *Whose turn is it?* | **+ na coś** to do sth: *I think it's our turn to drive the kids to school this week.* **3 po kolei** in turn: *He spoke to each of the students in turn.* **4 nie po kolei** out of order/sequence: *Some of the pages were out of order.* **5 z kolei** in turn: *Working outside can mean too much exposure to the sun, which in turn can lead to skin cancer.* **6 czwarty/piąty z kolei** fourth/fifth in a row: *This is the eighth day in a row that he has been late.*

kolejarz *n* railway *BrE*, railroad *AmE* worker, railwayman *BrE*

kolejka *n* **1** *(do kasy itp.)* queue *BrE*, line *AmE*: *There was a long queue outside the cinema.* | **stać w kolejce** queue (up) *BrE*, line up *AmE*: *We had to queue for over an hour to get tickets.* **2 być następnym w kolejce do czegoś** be in line for sth: *Claire's in line for a promotion.* **3 kolejka podmiejska** commuter train **4 kolejka linowa a)** *(wagonik)* cable car **b)** *(urządzenie)* cable railway **5 kolejka górska** *(w wesołym miasteczku)* roller coaster →patrz też KOLEJ

kolejno *adv* in turn: *He spoke to each of the students in turn.*

kolejność *n* **1** order, sequence: *The names were written in alphabetical order.* | *Try to remember the correct sequence.* **2 w złej kolejności** out of order/sequence: *Two of the pages were out of sequence.* **3 w kolejności wzrostu itp.** in order of height etc: *Characters are listed in order of appearance* (=pojawiania się). **4 w pierwszej kolejności** first of all: *First of all, let me welcome everyone to the meeting.*

kolejny *adj* **1** *(z rzędu)* consecutive, successive: *It rained for three consecutive days.* | *The concerts took place on three successive days.* **2** *(następny)* another: *I have another appointment in an hour.* | *another attempt to find a solution to the problem* **3 po raz kolejny** once again: *Once again the Americans are the Olympic champions.*

kolejowy *adj* **1 bilet kolejowy** train ticket **2 połączenie kolejowe** train service: *a regular train service between London and Paris* **3 linia kolejowa** railway line *BrE*, railroad line *AmE* **4 katastrofa kolejowa** rail disaster, train crash →patrz też **dworzec kolejowy** (DWORZEC)

kolekcjonować *v* collect: *I started collecting foreign coins when I was eight years old.* —**kolekcja** *n* collection: *your CD collection* | *a fine collection of modern paintings* —**kolekcjoner/ka** *n* collector: *a stamp collector*

kolektywny *adj* collective: *a collective decision*

kolendra *n* coriander *BrE*, cilantro *AmE*

koleś *n* mate *BrE*, buddy *AmE*: *Hey buddy! Leave her alone!*

koleżanka *n* **1** friend **2** *(z pracy)* colleague, workmate **3 koleżanka z klasy/ze szkoły** classmate/schoolmate

koleżeński *adj* **1** *(stosunki, pomoc)* friendly **2** *(człowiek)* helpful **3 zjazd koleżeński** class/school/college reunion

kolęda *v* (Christmas) carol

kolia *n* necklace

kolidować *v* clash: *Unfortunately, the concert clashes with my evening class.*

kolisty *adj* circular: *the moon's circular orbit*

kolizja *n* *(zderzenie)* collision: *Several cars were involved in a collision on the expressway this morning.*

kolka *n* colic

kolokwializm *n* colloquialism

K

kolonia *n* **1** colony: *Algeria was formerly a French colony.* **2 kolonie (letnie)** (summer) camp: *Children often feel homesick when they arrive at summer camp.*

kolonialny *adj* colonial: *Africa's colonial past* —**kolonializm** *n* colonialism

kolonist-a/ka *n* **1** *(osadnik)* colonist: *Dutch colonists in South Africa* **2** *(uczestnik kolonii letnich)* camper

kolonizacja *n* colonization, colonisation *BrE*: *the European colonization of Africa* —**kolonizator** *n* colonizer, coloniser *BrE* —**kolonizować** *v* colonize, colonise *BrE*

kolor *n* **1** colour *BrE*, color *AmE*: *the colors of the rainbow | houses painted in bright colours* | **jakiego koloru jest ... ?** what colour is ... ?: *"What colour is your new car?" "Blue."* **2** *(w kartach)* suit

UWAGA: colour

Wyraz **colour** nie występuje w złożeniach z nazwami pospolitych kolorów, takich jak **red**, **green** czy **blue**. Powiemy więc: *I bought a blue shirt*, a nie: „I bought a blue colour shirt" czy: „I bought a shirt of blue colour". Wyjątek stanowią kolory nietypowe lub trudne do określenia: *an unusual bluish-grey colour*.

kolorować *v* colour *BrE*, color *AmE* (in): *The children first trace* (=przerysowują) *the pictures and then colour them in.*

kolorowy *adj* **1** *(wielobarwny)* colourful *BrE*, colorful *AmE*: *a garden full of colourful flowers* **2** *(nie czarno-biały)* colour *BrE*, color *AmE*: *a colour TV | colour illustrations* **3** *(mający wyrazisty kolor)* coloured *BrE*, colored *AmE*: *coloured glass | brightly colored tropical birds* **4** *(rasy innej niż biała)* coloured *BrE*, colored *AmE*

UWAGA: coloured

Użycie wyrazu **coloured** w odniesieniu do ludzi uważa się za obraźliwe. Jeśli już musimy komentować czyjś kolor skóry, to zamiast „coloured people/a coloured person" lepiej powiedzieć **people/a person of colour**.

koloryt *n* colour *BrE*, color *AmE*: *a story full of life, colour, and adventure*

kolos *n* giant

kolosalny *adj* colossal: *Global warming is a colossal problem.*

kolportować *v* distribute: *'Pravda' started as an underground newspaper distributed in factories.* —**kolportaż** *n* distribution

kolumna *n* **1** *(budowli)* column: *the marble columns of a Greek temple* **2** *(w gazecie)* column: *a weekly column on world affairs*

kołatka *n* knocker

kołdra *n* quilt

kołek *n* peg

kołnierz *n* collar: *Mick turned his collar up against the biting winds.* —**kołnierzyk** *n* collar: *If your shirt collar's too tight, undo* (=rozepnij) *your top button.*

koło[1] *prep* **1** *(blisko)* near, next to: *There is a new supermarket near our house. | I sat next to a really nice lady on the plane.* **2** *(około)* around, about *BrE*: *He got home around midnight last night.*

koło[2] *n* **1** *(okrąg)* circle: *Draw a circle 10cm in diameter* (=o średnicy 10cm). *| The children were dancing in a circle.* **2** *(pojazdu)* wheel: **koło zapasowe** spare wheel **3** *(grupa ludzi)* circle: *a large circle of friends | academic circles* **4 koło ratunkowe** life belt **5 koło zębate** cog →patrz też **błędne koło** (BŁĘDNY)

kołować *v (samolot)* taxi: *The plane taxied to the terminal before coming to a complete stop.*

kołowrotek *n* **1** *(wędkarski)* reel **2** *(do przędzenia)* spinning wheel

kołowrót *n* **1** *(przy wejściu na stadion itp.)* turnstile **2** *(do wciągania ciężarów)* winch

kołowy *adj* **1 ruch/transport kołowy** road traffic/transport **2 diagram kołowy** pie chart

kołysać *v* rock: *Jane sat rocking the baby.*

kołysać się *v* **1** *(łódź)* rock, sway: *The boat rocked slowly. | The ship is swaying alarmingly.* **2** *(kołyska, fotel bujany, człowiek w fotelu)* rock: *Tony rocked in his chair.* **3** *(drzewa)* sway: *trees swaying in the breeze* **4** *(w tańcu, pod wpływem alkoholu itp.)* sway: *They sang and danced, swaying from side to side. | He had had too much to drink, and his body swayed as he walked.*

kołysanka *n* lullaby

kołyska *n* cradle: *She rocked the cradle to quieten the child.*

komandos *n* commando: *four enemy commando(e)s*

komar *n* mosquito: **ukąszenie komara** mosquito bite | **środek na komary** mosquito repellent

kombajn *n* combine harvester

kombatant *n* veteran: *a veteran of the Second World War*

kombi *n* estate car *BrE*, station wagon *AmE*

kombinacja *n* combination: *a lively combination of colours*

kombinezon *n* **1** *(roboczy)* overalls *BrE*, overall *AmE*, boiler suit *BrE* **2** *(astronauty)* spacesuit **3** *(płetwonurka)* wet suit **4** *(narciarski)* ski suit

kombinować *v* **1 kombinować, jak/co itp.** work out how/what etc: *He's working out how to get the money for the operation.* **2** *(prowadzić nieuczciwe interesy)* wheel and deal: *Steve had a natural aptitude for wheeling and dealing.* **3 ktoś coś kombinuje** sb is up to something: *He keeps looking behind him. I'm sure he's up to something.* | **co ty (tam) kombinujesz?** what are you up to? **4 ktoś musi kombinować, żeby ...** sb has to try all sorts to ...: *They have to try all sorts to earn a crust* (=żeby zarobić na chleb). →patrz też WYKOMBINOWAĆ

komedia *n* **1** comedy: *We saw the new Robin Williams comedy* (=komedię z Robinem Williamsem) *last night.* **2 komedia sytuacyjna** sitcom **3 komedia romantyczna** romantic comedy, romcom

komediowy *adj* **aktor/ka komediow-y/a** comedy actor/actress

komenda *n* **1 komenda policji/straży pożarnej** police/fire station **2** *(rozkaz)* command: *Don't shoot until your officer gives the command.* **3 jak na komendę** in unison: *"Good morning!" the kids replied in unison.*

komendant *n* commandant

komentarz *n* **1** *(uwaga)* comment: *I'm getting sick of her stupid comments.* **2** *(ocena wydarzeń itp.)* commentary: *political commentary* **3 bez komentarza** no comment: *"What is your view of the affair, Prime Minister?" "No comment."*

komentator *n* commentator: *a sports/political commentator*

K

komentować v **komentować coś a)** *(robić uwagi)* comment on sth: *People were always commenting on my sister's looks.* **b)** *(zawody sportowe itp.)* commentate on sth: *John McEnroe is here to commentate on the event for the BBC.* → patrz też **SKOMENTOWAĆ**

komercyjny *adj* commercial: *The film was a huge commercial success.* —**komercja** *n* commercialism

kometa *n* comet: *Halley's comet*

komfort *n* comfort: *They had saved enough money to spend their old age in comfort.* THESAURUS COMFORTABLE —**komfortowy** *adj* luxury: *a luxury apartment*

komiczny *adj* **1** *(dotyczący komizmu)* comic: *Chaplin's comic genius* | *a comic novel* **2** *(śmieszny)* comical: *It was comical to watch him trying to ride a bike.* | *He looked comical* (=wyglądał komicznie), *his hands waving in the air.* —**komicznie** *adv* comically

komik *n* comedian, comic: *a comedian who used to do impressions of* (=parodiował) *famous politicians* | *Ever since her schooldays she had been a natural comic.*

komiks *n* **1** *(książka)* comic book **2** *(w gazecie)* comic strip, cartoon

komin *n* **1** *(domu)* chimney **2** *(fabryczny)* chimney, chimney stack *BrE*, smokestack *AmE*: *factory chimneys* **3** *(statku itp.)* funnel *BrE*, smokestack *AmE*

kominek *n* fireplace: **przy kominku** by the fireside/fireplace: *We were all sitting by the fireside, singing.*

kominiarka *n* balaclava

kominiarz *n* chimney sweep

komis *n* second-hand shop/dealer

komisariat *n* police station

komisarz *n* **1** *(w policji)* superintendent *BrE* **2** *(wysoki urzędnik)* commissioner: *the UN High Commissioner for Refugees* (=Wysoki Komisarz ONZ d/s Uchodźców)

komisja *n* **1** committee: *an advisory committee* (=komisja doradcza) | **komisja egzaminacyjna** exam(ination) committee **2** *(rządowa itp.)* commission: *the Transportation Commission* (=komisja do spraw transportu)

komitet *n* **1** committee: *the Olympic committee* | *the central committee of the Communist Party* | **komitet powitalny** welcoming committee **2 komitet rodzicielski** parent-teacher association

komnata *n* chamber

komoda *n* chest of drawers, bureau *AmE*, dresser *AmE*

komora *n* **1** *(serca)* ventricle **2** *(część lufy)* chamber: *a gun with six chambers* **3 komora gazowa** gas chamber

komorne *n* rent: *The family are in arrears with the rent* (=zalega z czynszem).

komornik *n* debt collector, bailiff *BrE*: *Last year, all his furniture was seized by bailiffs.*

komórka *n* **1** *(organizmu, organizacji)* cell: *cancer cells* | *a terrorist cell* **2** *(telefon)* cell-phone, mobile *BrE*

komórkowy *adj* **1** cellular: *cellular processes* **2 telefon komórkowy** cellular phone, cell-phone, mobile phone *BrE*

kompaktowy *adj* **płyta kompaktowa** CD, compact disc: *The group's latest album is available on cassette or CD.* —**kompakt** *n* CD

kompan *n* buddy: *We're good buddies.*

kompania *n* **1** company **2 kompania honorowa** guard of honour *BrE*, honor *AmE*

kompas *n* compass: *I checked our position by the compass.* | *a compass needle*

kompatybilny *adj* compatible —**kompatybilność** *n* compatibility

kompensować *v* **kompensować (sobie) coś** compensate for sth: *Her intelligence more than compensates for* (=w zupełności kompensuje) *her lack of experience.* | *Ray tries to compensate for his shyness by telling a lot of jokes.* → patrz też **REKOMPENSOWAĆ**

kompetentny *adj* competent: *Olive's a very competent teacher.* —**kompetencja** *n* competence: *No one questioned* (=nikt nie kwestionował) *his competence as a doctor.* —**kompetentnie** *adv* competently: *She answered each question confidently and competently.*

kompleks *n* complex: **kompleks niższości/wyższości** inferiority/superiority complex | **mieć kompleks na punkcie czegoś** have a complex about sth: *She has some kind of a complex about her nose.* | **wpędzić kogoś w kompleksy** give sb a complex: *You'll give Graham a complex if you keep going on about how fat he is.*

kompleksowy *adj* comprehensive, full: *a comprehensive inspection of the nuclear plant*

komplement *n* compliment: **powiedzieć komuś komplement** compliment sb, pay sb a compliment: *He was always paying her compliments and telling her how pretty she looked.* | **brać/wziąć coś za komplement** take sth as a compliment: *I take it as a compliment when my students ask questions after class.*

UWAGA: komplement i complement

Zwróć uwagę, że odpowiednikiem polskiego „komplement" w języku angielskim nie jest **complement**, tylko **compliment**. Rzeczownik **complement** oznacza natomiast „dopełnienie" (także gramatyczne) lub „uzupełnienie".

komplet *n* **1** *(narzędzi, przyborów)* set: *a set of dishes/tools/spare keys* **2** *(ubranie)* suit: *an expensive Armani suit* **3** *(widzów)* full house: *Organizers expect a full house for tonight's game.* **4** *(mebli)* suite: *a living-room suite*

kompletnie *adv* completely, utterly: *I completely forgot about your birthday.* | *Geoff's a completely different person since he retired.* | *The town was utterly destroyed by bombing.*

kompletny *adj* complete, total, utter: *The party was a complete failure - no one came.* | *The meeting was a total waste of time.* | *To my utter amazement, she agreed.*

komplikować *v* complicate: *A student who has no desire to learn greatly complicates the teacher's job.* **komplikować się** *v* become (more) complicated —**komplikacja** *n* complication: *We don't expect any further complications in the travel arrangements.* | *She died of complications following surgery.* THESAURUS PROBLEM

komponować *v* compose → patrz też **SKOMPONOWAĆ**

kompost *n* compost: *The trees will be cut up and used to make compost.*

kompot *n* compote: *cherry compote*

kompozycja *n* **1** *(utwór)* composition: *one of Beethoven's early compositions* **2** *(układ)* arrangement, composition: *a flower arrangement* | *The paintings of each series differ in terms of colour and composition.*

K

kompozytor/ka *n* composer

UWAGA: kompozytor i compositor

W języku angielskim istnieje wprawdzie rzeczownik **compositor**, nie oznacza on jednak „kompozytora", tylko „zecera".

kompresować *v* compress: *This program compresses computer files so they can be easily sent by email.* —**kompresja** *n* compression: *the compression of gas in the cylinders*

kompromis *n* compromise: **osiągnąć kompromis** make/reach a compromise: *Talks will continue until a compromise is reached.* | **pójść na kompromis** compromise: *President Chirac has said that he would be ready to compromise.*

kompromitacja *n* discredit: *a discredit to the prosecution* (=kompromitacja strony oskarżającej)

kompromitować (się) *v* →patrz SKOMPROMITOWAĆ (SIĘ)

kompromitujący *adj* compromising, discreditable: *a compromising position/situation* | *a discreditable secret*

komputer *n* computer: *Do you know how to use this computer?* | **komputer osobisty/stacjonarny/domowy** personal/desktop/home computer —**komputerowy** *adj* computer: *a computer program/game/system* | *computer software* | *the computer industry* —**komputeryzacja** *n* computerization, computerisation *BrE* —**komputeryzować** *v* computerize, computerise *BrE*

computer

komu *pron* who ... to: *Who did you sell it to* (=komu to sprzedałeś)*?* →patrz też KTO

komukolwiek *pron* →patrz KTOKOLWIEK

komuna *n* **1** *(rządy komunistów)* communist regime **2** *(wspólnota)* commune: *In the 60's she went to live in a hippie commune.*

komunalny *adj* **mieszkanie komunalne** council flat *BrE*, social housing *AmE*

komunał *n* cliché

komunia *n także* **komunia święta** communion: *Holy Communion* | **iść/przystępować do komunii** take communion

komunikacja *n* **1** *(porozumiewanie się)* communication: *There seems to be a lack of communication between the different departments.* | *Radio and television are important means of communication.* **2** *(transport)* public transport *BrE*, transportation *AmE*: *Public transport in Prague was excellent.* —**komunikacyjny** *adj* transport *BrE*, transportation *AmE*: *the transport network*

komunikat *n* announcement, *(oficjalny, prasowy)* communiqué: **ogłosić komunikat** make an announcement: *Listen everyone, I have an important announcement to make.*

komunikatywny *adj* articulate: *a bright and articulate child*

komunikować się *v* communicate: *Anna has problems communicating in English.* | *They communicated with each other using sign language.*

komunist-a/ka *n* communist, Communist —**komunistyczny** *adj* communist, Communist: *the Communist Party* —**komunizm** *n* communism, Communism

komuś *pron* →patrz KTOŚ

konać *v* be dying: *I'm dying of thirst* (=z pragnienia). *Do you have anything to drink?*

konar *n* bough

koncentracja *n* concentration: *Concentration is the key to effective study.*

koncentracyjny *adj* **obóz koncentracyjny** concentration camp

koncentrat *n* **koncentrat pomidorowy** tomato puree

koncentrować się *v* **1** concentrate: *She was concentrating intensely.* **2 koncentrować się na czymś/wokół czegoś** concentrate/focus on sth, centre *BrE*, center *AmE* on/around sth: *The President concentrated on foreign policy and neglected domestic issues.* | *Modern medicine has tended to focus too much on developing highly complicated surgical techniques.* | *The debate centred on the morality of fox hunting.* | *In the 16th century, village life centred around religion.* →patrz też SKONCENTROWAĆ SIĘ

koncepcja *n* conception: *the Romantics' conception of the world* —**koncepcyjny** *adj* conceptual: *The plans are still in the conceptual stage.*

koncept *n* concept: *the concept of freedom for all* —**konceptualny** *adj* conceptual

koncern *n* **1** group: *a giant textiles group* **2 koncern międzynarodowy** multinational **3 koncern prasowy** syndicate

koncert *n* **1** *(występ)* concert: *I've managed to get tickets for the Madonna concert.* | **pójść na koncert** go to a concert: *Would you like to go to the concert with me?* **2** *(utwór)* concerto: *Brahms' violin concerto* (=koncert na skrzypce) —**koncertować** *v* give concerts

koncertowy *adj* **1 sala koncertowa** concert hall **2 trasa koncertowa** concert tour: *Illness forced her into cancelling* (=zmusił ją do odwołania) *the concert tour.*

koncesja *n* licence *BrE*, license *AmE*: *a licence to sell alcohol*

kondolencje *n* condolences: **złożyć komuś kondolencje** offer your condolences to sb: *I'd like to offer my condolences to the victim's parents.*

kondukt *n* **kondukt żałobny** cortege, funeral procession

UWAGA: kondukt i conduct

Conduct to po angielsku nie „kondukt żałobny", tylko „zachowanie".

konduktor/ka *n* ticket inspector, conductor *BrE*

kondycja *n* **1** *(sprawność)* fitness: *exercises to improve physical fitness* | **w dobrej/złej kondycji** in good/bad shape: *Dad's in reasonably good shape for a 68-year-old.* | **utrzymywać (dobrą) kondycję** keep in shape, keep fit *BrE*: *What do you do to keep in shape?* | *Jogging helps me keep fit.* **2** *(zdrowie)* health: *Elsie's not in very good health.* **3 kondycja finansowa** financial situation: *the company's financial situation*

kondygnacja *n* level, floor: *Her office is on Level 3.*

koneksje *n* connections: *Shirley used her connections in the music industry to get a recording contract.*

koneser/ka *n* connoisseur

konewka *n* watering can

konfederacja *n* confederation, confederacy

konferansjer *n* host, compère *BrE*, emcee *AmE*: *a game show host | a TV compère | The emcee announces that we have raised* (=zebraliśmy) *close to $700,000 today.*

konferencja *n* **1** conference: *an international conference on human rights* THESAURUS MEETING **2 konferencja prasowa** news/press conference: *Dillon made the announcement at a news conference. | The crew of the space shuttle will hold a press conference* (=weźmie udział w konferencji prasowej) *on Friday.* —**konferencyjny** *adj* conference: *a conference centre*

konfesjonał *n* confessional

konfiguracja *n* configuration

konfiskata *n* confiscation

konfiskować *v* confiscate →patrz też SKONFISKOWAĆ

konfitury *n* conserve, confiture: *strawberry conserve*

konflikt *n* **1** conflict, clash: *a conflict between neighbouring states | a clash between the President and Republicans in the Senate* | **w konflikcie z kimś/czymś** in conflict with sb/sth: *As a teenager she was always in conflict with her father.* **2 konflikt pokoleń** generation gap —**konfliktowy** *adj* confrontational: *a confrontational style of government*

konformist-a/ka *n* conformist: *He's such a conformist.* —**konformistyczny** *adj* conformist: *conformist thinking* —**konformizm** *n* conformity: *This culture prizes* (=promuje) *conformity, and frowns on* (=niechętnie patrzy na) *any form of rebellion.*

konfrontacja *n* **1** confrontation: *A more cautious leader might have avoided confrontation with such a powerful enemy.* **2** *(na policji)* lineup: *She was able to pick out* (=zidentyfikować) *her attacker from a police lineup.*

konfrontować *v* →patrz SKONFRONTOWAĆ

kongres *n* **1** *(zjazd)* congress: *the annual congress of the miners' union* **2** *(parlament USA)* Congress: *the US Congress* | **człon-ek/kini Kongresu** congressman/congresswoman —**kongresman** *n* congressman

koniak *n* cognac, brandy

koniczyna *n* clover

koniec *n* **1** *(ostatnia część)* end: *the end of the story | Rob's moving to Maine at the end of September* (=pod koniec września). | **do (samego) końca** until the (very) end: *The painting will be on show until the end of the month. | You don't find out who the killer is until the very end.* | **pod koniec** toward(s) the end: *The weather should get better towards the end of the week.* | **przed końcem czegoś** by the end of sth: *By the end of the race, we were all exhausted.* THESAURUS STOP **2** *(przeciwległa strona)* end: *He sat at one end of the table and I sat at the other. | a long pole with a hook at one end* **3** *(niepowodzenie)* end: *the end of all my dreams* **4 od końca** backward(s): *Can you say the alphabet backwards?* **5 w końcu a)** *(po długim czasie)* at last, eventually, finally, in the end: *She seems to have found happiness at last. | He worked so hard that eventually he made himself ill. | After several delays, the plane finally took off at 6:00. | In the end, we decided to go to Florida.* **b)** *(przecież)* after all: *Don't shout at him - he's only a baby, after all.* **6 bez końca** endlessly: *The rain poured down endlessly.* **7 na koniec** finally, lastly: *And finally, I'd like to thank my teachers.* **8 i (na tym) koniec** that's it/that: *You're not going and that's that!* **9 na końcu języka** on the tip of your tongue: *That place we visited in Paris, what's it called? It's on the tip of my tongue ... Oh yes, La Géode.* **10 wiązać koniec z końcem** make ends meet: *It's been hard to make ends meet since Ray lost his job.*

koniecznie *adv* really: *I really must wash the car this weekend.*

konieczność *n* **1** necessity: *Election reforms are an absolute necessity. | There's no necessity to pay now.* **2 z konieczności a)** *(nie mając wyboru)* out of necessity: *They did it out of necessity.* **b)** *(siłą rzeczy)* necessarily: *Testing criteria are necessarily subjective.* **3 jeśli zajdzie (taka) konieczność** if necessary: *They say they'll use force if necessary.*

konieczny *adj* **1** necessary: *Will you make all the necessary arrangements?* | **coś jest konieczne** sth is necessary: *"Should I bring my passport?" "No, that won't be necessary." | The doctor says it may be necessary for me to have an operation.* **2 zło konieczne** necessary evil: *Paying taxes is seen as a necessary evil.*

konik *n* **1** *(hobby)* hobby: *My hobby is repairing antiques.* **2 konik polny** grasshopper **3 konik morski** sea horse **4** *(figura szachowa)* knight **5** *(mały koń)* pony **6** *(osoba odsprzedająca bilety)* tout *BrE*, scalper *AmE*

koniugacja *n* conjugation

koniunktura *n* economic conditions: **dobra koniunktura** prosperity, boom

koniuszek *n* tip: *The tip of her nose was red.*

konkluzja *n* conclusion: *These are the report's main conclusions.*

konkretny *adj* **1** *(oparty na faktach)* concrete, solid: *concrete information about the identity of the murderer | We need some solid evidence to prove our case.* **2** *(sprecyzowany)* concrete, specific: *Have you got any concrete proposals as to what we should do? | Esther gave us very specific instructions.* **3** *(praktyczny)* down-to-earth: *a down-to-earth approach* (=podejście) *to health care* —**konkretnie** *adv* specifically: *Tom's hoping to move to Spain, or more specifically* (=a konkretnie), *Barcelona.*

konkrety *n* **1** details, specifics: *I can't give you any details yet.* **2 przejść do konkretów** get down to the nitty-gritty: *Let's get down to the nitty-gritty and work out the costs, shall we?*

konkubinat *n* common-law marriage, cohabitation: **żyć w konkubinacie** cohabit: *Nowadays there is a tendency for couples to cohabit rather than marry.* —**konkub-ent/ina** *n* partner, common-law husband/wife

konkurencja *n* **1** *(rywalizacja)* competition: *Competition between travel companies has never been stronger.* **2** *(rywale)* the competition, your competitors: *Our aim is simple - to be better than the competition. | We sell twice as many computers as our competitors.* **3** *(sportowa)* event: *Swimming and diving are among the most popular Olympic events.*

konkurencyjny *adj* **1** *(ceny, rynek, gospodarka)* competitive: *The hotel offers a high standard of service at very competitive rates* (=po bardzo konkurencyjnych cenach). | *an extremely competitive market* **2** *(firma)* rival: *Sheena left her job and went to work for a rival company.*

3 *(teorie, wyjaśnienia)* competing: *There are several competing theories as to why this happened.* —**konkurencyjność** *n* competitiveness

konkurent/ka *n* rival: *The organization has a technical superiority over its rivals.*

konkurować *v* **1** compete: **+z** with/against: *We've had to cut our prices in order to compete with the big supermarkets.* **2 konkurować o coś** be rivals for sth: *The two girls were rivals for Jack's attention.*

konkurs *n* **1** competition: *At the age of only 13, he won an international piano competition.* | **brać/wziąć udział w konkursie** take part in a competition: *Teams from ten different schools took part in the competition.* **2 konkurs piękności** beauty contest *BrE*, (beauty) pageant *AmE*

konno *adv* on horseback: *Before 1849, travel was done chiefly* (=podróżowano głównie) *on horseback.*

konny *adj* **1** *(pojazd)* horse-drawn: *a horse-drawn carriage* **2 jazda konna** horse-riding *BrE*, horseback riding *AmE* **3 wyścigi konne** horse racing **4 policja konna** mounted police

konopie *n* hemp

konotacja *n* connotation: *a word with negative connotations*

konsekracja *n* consecration

konsekwencja *n* **1** *(następstwo)* consequence: *The safety procedure had been ignored, with tragic consequences.* | **w konsekwencji (czegoś)** as a consequence/in consequence (of sth): *the rise in sea levels as a consequence of global warming* | *He rarely paid for anything and, as a consequence, had no idea what things cost* (=nie miał pojęcia, ile co kosztuje). THESAURUS RESULT **2** *(bycie konsekwentnym)* consistency: *Disciplining children takes* (=wymaga) *patience and consistency.*

konsekwentny *adj* consistent: *Judges must be firm, fair and consistent in their application of the law.* —**konsekwentnie** *adv* consistently: *his consistently negative attitude*

UWAGA: konsekwentny i consequent

Consequent nie znaczy „konsekwentny", tylko „wynikający" z czegoś: *the rise in inflation and the consequent fall in demand* (=wzrost inflacji i wynikający z tego spadek popytu). **Consequently** nie znaczy „konsekwentnie", tylko „w rezultacie": *We talked until the early hours, and consequently I overslept.*

K

konsensus *n* consensus: *The delegates will continue to meet until a consensus is reached.*

konserwa *n* **1** *(jedzenie z puszki)* canned/tinned *BrE* food **2** *(puszka)* can, tin *BrE*

konserwacja *n* maintenance: *The department is responsible for* (=jest odpowiedzialny za) *the maintenance of roads and bridges.* | *the maintenance of Renaissance paintings*

konserwant *n* preservative: *Our products contain no artificial flavours, colours or preservatives.*

konserwator *n (zabytków, dzieł sztuki)* conservator

konserwatorium *n* conservatoire *BrE*, conservatory *AmE*

konserwatywny *adj* conservative: *a very conservative attitude to education* | *the Conservative Party* —**konserwatyst-a/ka** *n* conservative —**konserwatyzm** *n* conservatism

konserwować *v* **1** *(żywność, drewno)* preserve **2** *(budynki, maszyny, drogi)* maintain →patrz też ZAKONSERWOWAĆ

konserwowy *adj* **1 ogórki konserwowe** pickled cucumbers **2 szynka konserwowa** canned/tinned *BrE* ham

konsolidacja *n* consolidation —**konsolidować** *v* consolidate

konsorcjum *n* consortium: *a consortium of six public television stations*

konspiracja *n* **1** *(działalność)* underground activities **2** *(organizacja, działacze)* the underground —**konspiracyjny** *adj* underground: *an underground terrorist organization*

konstelacja *n* constellation: *a constellation of famous television performers*

konsternacja *n* consternation, bewilderment: *She stared at him in consternation.*

konstrukcja *n* construction, structure: *a large wooden construction* | *a huge steel structure* | *complex grammatical constructions* —**konstrukcyjny** *adj* structural: *a structural fault* (=wada)

konstruktor/ka *n* designer: *He worked as a designer for the Ford Motor Company.*

konstruktywny *adj* constructive: *constructive criticism* —**konstruktywnie** *adv* constructively

konstruować *v* construct →patrz też SKONSTRUOWAĆ

konstytucja *n* constitution: *the Constitution of the United States* —**konstytucyjny** *adj* constitutional: *constitutional limits on the Queen's power* | *We have a constitutional right to keep weapons for self-defense.*

konsul *n* consul: *the Polish consul in Casablanca* —**konsulat** *n* consulate: *You should report the loss of your passport to the consulate.* —**konsularny** *adj* consular: *consular officials*

konsultacja *n* consultation: *It was all done completely without consultation.* | **w konsultacji z kimś** in consultation with sb: *The plan was drawn up* (=sporządzony) *in consultation with the mayor.*

konsultant/ka *n* consultant: *a marketing consultant*

konsultować (się) *v* →patrz SKONSULTOWAĆ (SIĘ)

konsument/ka *n* consumer: *laws to protect consumers*

konsumować *v* consume: *The country consumes far more than it produces.* | *He's able to consume vast quantities of food.* —**konsumpcja** *n* consumption

konsumpcyjny *adj* consumer: *consumer goods* | *a consumer society* —**konsumpcjonizm** *n* consumerism

konsystencja *n* consistency: *Beat the butter and sugar until the mixture has the consistency of thick cream.*

kontakt *n* **1** *(komunikacja)* contact: *There is very little contact between the two tribes.* | **mieć kontakt z kimś** have contact with sb: *He's not had any contact with his son for months.* | **być w kontakcie/utrzymywać kontakt** be/stay in contact, be/stay/keep in touch: *We stay in contact with each other by telephone.* | **nawiązać kontakty** establish contacts: *We decided to try and establish contacts with similar groups in the US.* | **s/tracić kontakt (z kimś/czymś)** lose touch (with sb/sth): *I've lost touch* *with most of my friends from college.* **2** *(styczność)* contact: *This disease is spread by contact between the animals.* | **mieć kontakt z czymś** be exposed to sth: *Children who have been exposed to different cultures are less likely to be prejudiced.* **3** *(gniazdko elektryczne)* socket, power point *BrE*, outlet *AmE*: *Don't let the baby stick her fingers in the socket.* | **podłączyć coś do kontaktu** plug sth in: *Is the TV plugged in?* **4** *(włącznik światła)* (light) switch

kontaktować się *v* **kontaktować się z kimś** be/stay in touch with sb: *Our neighbours are moving away but I hope that we'll still keep in touch with each other.* →patrz też SKONTAKTOWAĆ SIĘ

kontaktowy *adj* **1 szkła/soczewki kontaktowe** contact lenses: *After a while, you forget you're wearing* (=że nosisz) *contact lenses.* **2 punkt kontaktowy** point of contact: *Primary health care teams are the first point of contact for users of the health service.*

kontekst *n* context: *You need to consider these events in their historical context.* | *Can you guess the meaning of this word from its context?* | **wyjęty z kontekstu** out of context: *Jones was furious that the papers had quoted his remarks completely out of context.*

kontemplacja *v* contemplation: *The monks spend an hour in contemplation each morning.* —**kontemplować** *n* contemplate

kontener *n* (cargo) container

kontenerowiec *n* container ship

konto *n* **1** *(w banku)* (bank) account: *I'd like to withdraw* (=wypłacić) *£250 from my account.* | *I'm not quite certain how much is left in that account.* | *My salary is paid directly into my bank account.* | **numer konta** account number | **wyciąg z konta** bank statement **2 mieć coś na swoim koncie** have sth under your belt: *They already have three hit records under their belts.*

kontra *prep* versus: *New York Knicks versus LA Lakers*

kontrabas *n* double bass

kontrahent *n* business/trade partner

kontrakt *n* contract: **podpisać/zerwać kontrakt** sign/break a contract: *Stacy signed a three year contract with a small record company.* | *There are heavy penalties* (=surowe kary) *for anyone who breaks the contract.* —**kontraktowy** *adj* contractual: *a contractual obligation* (=zobowiązanie)

kontrast *n* contrast: *a city of contrasts* | *The artist has used contrast marvellously in his paintings.* | *Can you adjust the contrast* (=ustawić kontrast) *please?* | **+między** between: *the contrast between life in the city and life on the farm*

kontrastować *v* contrast: **+z** with: *His views on religion contrast sharply with my own.* —**kontrastowy** *adj* contrasting: *contrasting colours*

kontratak *n* counterattack: **przeprowadzić kontratak** counterattack, strike back —**kontratakować** *v* counterattack, strike back

kontrkandydat/ka *n* opponent: *Carter refused to take part in an attempt to smear* (=w próbie oczernienia) *his campaign opponent.*

kontrola *n* **1** *(nadzór)* control: **+nad** of/over: *Peter and Rachel have no control over their son.* | **sprawować kontrolę nad czymś** control sth: *a teacher who can't control the kids* | **być pod kontrolą** be under control: *It's all right - the situation is now completely under control.* | **wymknąć się spod kontroli** get out of hand/control: *Todd's behaviour is getting totally out of hand.* | **kontrola lotów** air-traffic control **2** *(sprawdzanie)* control, check, inspection: *passport control* | *a security check* | **kontrola biletów** ticket inspection | **kontrola dokumentów** identity check | **kontrola radarowa** speed trap **3** *(opanowanie)* control: **stracić kontrolę nad sobą** lose control: *I just lost control and punched him!* **4** *(ograniczanie)* control: *the control of inflation* | **kontrola zbrojeń** arms control

kontroler *n* **1 kontroler biletów** ticket inspector **2 kontroler lotów** air-traffic controller

kontrolny *adj* **1 punkt kontrolny** checkpoint: *The passengers were taken directly to a security checkpoint.* **2 badanie kontrolne** check-up, medical *BrE*, physical *AmE*: *I see my dentist every six months for a check-up.* | *You'll need to have a medical before starting the new job.*

kontrolować *v* **1** *(sprawować nadzór)* control, be in control of: *Rebels* (=rebelianci) *control all the roads into the capital.* | *The government is no longer in control of the country.* **2** *(sprawdzać)* inspect: *All schools are inspected once a year.*
kontrolować się *v* control your temper/yourself: *She annoyed me intensely, but I managed to control myself and remain polite.* | *I find it very difficult to control my temper sometimes.*

kontrowersja *n* controversy: **+wokół** over/about: *The controversy over the nuclear energy program is likely to continue.* —**kontrowersyjny** *adj* controversial: *a controversial subject*

kontrwywiad *n* counterintelligence

kontuar *n* counter: *There were no free tables so they stood at the counter.*

kontur *n* contour: *the pale contour of his face*

kontuzja *n* injury: **doznać kontuzji** sustain an injury

kontynent *n* continent: *the continent of Africa/the African continent* —**kontynentalny** *adj* continental

kontyngent *n* quota: *a strict quota on imports*

kontynuacja *n* **1** *(dalszy ciąg)* continuation, follow-up, sequel: *Bogarde's second book is a continuation of his autobiography.* | *The follow-up wasn't as good as the original film.* | *'Scarlett', the sequel to Margaret Mitchell's 'Gone with the Wind'* **2** *(kontynuowanie)* continuation: *the continuation of family tradition*

kontynuować *v* **1 kontynuować coś** continue with sth, go/get/carry on with sth: *You've got to continue with your studies.* | *Stop talking and get on with your work.* **2** *(rozpocząć po przerwie)* continue: *Can we continue the discussion later?* **3** *(mówić dalej)* continue: *"And so," he continued, "we will try harder next time."* **4** *(czyjeś dzieło, dawne tradycje itp.)* carry on: *When she left I carried on her research.* | *She wanted her daughter to carry on the family tradition of studying at Oxford.*

konwencja *n* convention: *the Geneva Convention on Human Rights*

konwencjonalny *adj* conventional, orthodox: *My parents have very conventional attitudes about sex.* | *orthodox methods of treating disease* | **medycyna konwencjonalna** conventional medicine | **broń konwencjonalna** conventional weapons

konwersacja *n* conversation: *He stood silent in the doorway, unwilling to interrupt their conversation.*

K

konwój *n* convoy: *The convoy was carrying food and medicine to the refugees* (=dla uchodźców).

konwulsje *n* convulsions

koń *n* **1** horse: **jeździć na koniu** ride a horse, ride on horseback | **koń wyścigowy** racehorse **2 koń mechaniczny** horsepower **3 koń na biegunach** rocking horse **4 czarny koń** dark horse **5 zdrowy jak koń** (as) sound as a bell

końcowy *adj* **1** final, closing, concluding: *the final chapter of the book* | *the closing paragraph of the article* | *concluding remarks* THESAURUS LAST **2 egzaminy końcowe** finals **3 przystanek końcowy** terminus, the end of the line

końcówka *n* **1** *(wyrazu)* ending: *Present participles have the ending '-ing'.* THESAURUS END **2** *(filmu, książki)* end, ending: *the end of the story* | *The film has a dramatic ending.*

kończyć *v* **1** finish: *I was just finishing my work as you arrived to pick me up.* THESAURUS END **2** →patrz też SKOŃCZYĆ, ZAKOŃCZYĆ

kończyć się *v* **1** *(czynność, impreza)* finish, end: *What time does the concert finish?* **2** *(okres)* be drawing to an end: *The long hot summer was drawing to an end.* **3** *(czas, zapasy, cierpliwość)* be running short/out: *Let's go – time's running short.* | *Our supplies of beer were running short.* | *My patience was running out.* **4 coś się komuś kończy** sb is running short of sth/low on sth: *We're running short of coffee again.* **5 nie kończący się** endless: *We had to sit through endless meetings.* **6** →patrz też SKOŃCZYĆ SIĘ, ZAKOŃCZYĆ SIĘ

kończyna *n* limb

koński *adj* **koński ogon** *(fryzura)* ponytail: *Her hair was pulled back in a ponytail.*

kooperacja *n* cooperation, co-operation *BrE*: *a lack of cooperation between the police and fire services* | **w kooperacji z ...** in cooperation with ...: *The film was produced in cooperation with KBC of Australia.*

koordynacja *n* coordination, co-ordination *BrE*: *the coordination of all military activities* | *Too much alcohol affects your coordination.*

koordynator/ka *n* coordinator, co-ordinator *BrE*: *the coordinators of the revolutionary movement* —**koordynować** *v* coordinate, co-ordinate *BrE*: *The project is being coordinated by Dr Ken Pease.* | *Small children often find it difficult to coordinate their movements.*

kopać *v* **1** *(nogą)* kick: *The video shows King being kicked by police officers.* | *Billy was kicking a ball around the yard.* | *The cow may kick a bit when you milk her.* **2** *(łopatą)* dig: *The workmen began digging a hole in the middle of the road.* →patrz też KOPNĄĆ, SKOPAĆ

kopalnia *n* **1** mine: **kopalnia węgla** coal mine, pit, colliery *BrE* | **kopalnia złota/miedzi/soli** gold/copper/salt mine **2 kopalnia wiadomości/pomysłów itp.** a mine of information/ideas etc: *The letters are a mine of information about the period.*

kopalny *adj* fossil: *fossil animals/fuels*

koparka *n* excavator

Kopciuszek *n* Cinderella

Kopenhaga *n* Copenhagen

koperek *n* dill

koperta *n* envelope: *Did you remember to stick a stamp on the envelope?* | *For more information, send a stamped self-addressed envelope* (=kopertę zwrotną ze znaczkiem) *to the following address.*

kopia *n* **1** *(duplikat)* copy: **zrobić kopię czegoś** make a copy of sth, copy sth: *Please would you make me a copy of this letter?* | *Could you copy this report and send it out, please?* **2** *(imitacja)* replica: *They built an exact replica of the famous Opera House in Naples.* **3 kopia zapasowa** *(danych komputerowych)* backup

kopiec *n* mound

kopiować *v* copy: *You should copy your files onto a diskette from time to time.* →patrz też SKOPIOWAĆ

kopnąć *v* kick: *She kicked me under the table.* | *He kicked the ball into the back of the net.* | **kopnąć kogoś w głowę/brzuch itp.** kick sb in the head/stomach etc: *I got kicked in the face playing rugby.* →patrz też KOPAĆ —**kopniak** *n* kick: *If the outer door won't open just give it a good kick.*

kopulacja *n* copulation —**kopulować** *v* copulate

kopuła *n* dome: *the dome of the cathedral*

kopyto *n* hoof: *the sound of horses' hooves*

kora *n* bark: *Cork is obtained from* (=korek otrzymuje się z) *the bark of the cork oak.*

koral *n* **1** *(tworzywo)* coral **2** *(paciorek)* bead: *She wore a string of beads around her neck.* —**koralowiec** *n* coral

koralik *n* bead

koralowy *adj* **rafa koralowa** coral reef

Koran *n* the Koran, the Qur'an

korb(k)a *n* crank

kordon *n* cordon: *Several protesters tried to push through the police cordon.* | **odgrodzić coś kordonem** cordon sth off: *Police have cordoned off the building where the bomb was found.*

Korea *n* Korea: **Korea Północna/Południowa** North/South Korea —**koreański** *adj* Korean —**Korea-ńczyk/nka** *n* Korean

korek *n* **1** *(od butelki)* cork: *The cork came out of the bottle with a loud pop.* **2** *(w wannie)* plug **3** *(uliczny)* traffic jam, tailback *BrE*: *We were stuck in a traffic jam for two hours.* **4** *(surowiec)* cork: *cork mats* (=podstawki z korka) **5** *(bezpiecznik)* fuse: *The fuse has blown again* (=znowu się przepalił). **6** *(w butach piłkarskich)* stud **7 korki** *(buty)* football boots

korekcyjny *adj* corrective: *corrective lenses for the eyes*

korekta *n* **1** *(poprawka)* correction, revision: *The page was covered in crossings-out and corrections.* **2** *(sprawdzanie poprawności)* correction: *Your small handwriting makes correction of your work very difficult.* **3** *(książki, publikacji)* proofreading: **robić korektę czegoś** proofread sth

korektor *n* **1** *także* **korektorka** proofreader **2** *(płyn)* Tipp-Ex® *BrE*, Witeout® *AmE*

korelacja *n* correlation: *There is a correlation between unemployment and crime.*

korepetycje *n* private lessons/tuition —**korepetytor/ka** *n* tutor THESAURUS TEACHER

korespondencja *n* correspondence: *I try to type all my correspondence.* | *His correspondence with Hemingway continued for years.* —**korespondent/ka** *n* correspondent: *Our correspondent in South Africa sent this report.*

K

—**korespondować** *v* correspond: *For the next three years they corresponded regularly.*

korkociąg *n* corkscrew

kornik *n* woodworm

Kornwalia *n* Cornwall

korodować *v* corrode

korona *n* **1** *(na głowie)* crown **2** *(monarchia)* the crown: *land which belongs to the crown* —**koronacja** *n* coronation

koronka *n* **1** *(tkanina)* lace: *a handkerchief trimmed* (=obszyta) *with lace* **2** *(na zębie)* crown —**koronkowy** *adj* lace, lacy: *a lace tablecloth*

koronny *adj* **występować jako świadek koronny** turn King's/Queen's evidence *BrE*, turn State's evidence *AmE*

koronować *v* crown: *She was crowned nearly 50 years ago.*

korozja *n* corrosion

korporacja *n* corporation: *a multinational corporation* THESAURUS COMPANY —**korporacyjny** *adj* corporate

korpus *n* **1** *(grupa ludzi)* corps: *the medical/press corps* | **Korpus Pokoju** the Peace Corps **2** *(tułów)* trunk **3** *(zbiór tekstów)* corpus: *a corpus of spoken English*

korsarz *n* pirate

kort *n* court: *a tennis court*

korumpować *v* corrupt —**korupcja** *n* corruption, corrupt practices: *The police are being investigated for corruption* (=pod kątem korupcji).

korygować *v* correct →patrz też SKORYGOWAĆ

korytarz *n* **1** *(w budynku)* corridor, passage(way): *We ran along the corridor trying every door, but they were all locked.* | *Go up the stairs and along the passage.* **2** *(w skale)* tunnel

koryto *n* **1** trough: *The pigs were feeding from a trough in the middle of the yard.* **2 koryto rzeki** river bed

korzeń *n* **1** *(rośliny)* root: *When you plant a rose bush, be careful not to damage the roots.* **2 korzenie** *(pochodzenie)* roots: *Jazz has its roots in African music.* | *the Kennedy family's Irish roots* **3 zapuścić korzenie a)** *(zadomowić się)* put down roots: *Just as I was putting down roots, our family had to move up north.* **b)** *(przyjąć się)* take root: *helping democracy take root*

korzystać *v* **1 korzystać z czegoś** use sth: *More people are using the library than ever before.* **2 korzystać na czymś** profit from sth: *It seems the banks always profit from farmers' misfortunes.* **3 korzystać z wolności** enjoy freedom: *We enjoy greater freedom than women in many other countries.* →patrz też SKORZYSTAĆ

korzystny *adj* **1** *(wpływ)* beneficial, favourable *BrE*, favorable *AmE*: *Moderate drinking can have a beneficial effect on your health.* | **korzystny dla kogoś** beneficial to sb: *an environmental program that is beneficial to all* | **być korzystnym dla kogoś** benefit sb, be in sb's favour *BrE* /favor *AmE*: *The new policy changes mainly benefit small companies.* | *The conditions are in our favour.* **2** *(oferta, propozycja)* advantageous, favourable *BrE*, favorable *AmE*: *an advantageous deal* | *a more favourable exchange rate* (=kurs wymiany) | *The bank offered to lend us the money on very favourable terms* (=na bardzo korzystnych warunkach). | **korzystny dla kogoś/czegoś** advantageous to sb/sth: *The trade agreement is particularly advantageous to US farmers.* **3** *(cena)* affordable: *fashionable clothes at affordable prices* **4** *(wrażenie, ocena, werdykt)* favourable *BrE*, favorable *AmE*: *Try to make a favourable impression on my mother.* | *The film received very favourable reviews.* | *They expect a favorable ruling from the court.* —**korzystnie** *adv* favourably *BrE*, favorably *AmE*

korzyść *n* **1** *(pożytek)* advantage, benefit: *Good public transport is just one of the advantages of living in a big city.* | *the advantages of a good education* | *There are obvious benefits for the computer user.* **2 dodatkowa korzyść** added bonus: *The fact that our house is so close to the school is an added bonus.* **3 (działać) na czyjąś korzyść** (be/work) in sb's favour *BrE*, favor *AmE*: *The vote was 60-40 in his favour.* | *The fact that you went to the same school should work in your favour.* **4 odnosić korzyści z czegoś** benefit from sth: *How many senior citizens will actually benefit from this new plan?* **5 przynosić komuś korzyści** benefit sb: *The new policy changes mainly benefit small companies.*

kos *n* blackbird

kosa *n* scythe

kosiarka *n* **kosiarka (do trawy)** (lawn) mower

kosić *v* mow: *John's outside mowing the lawn right now.* THESAURUS CUT

kosmetyczka *n* **1** *(osoba)* beautician **2** *(na kosmetyki)* vanity bag/case **3** *(na przybory toaletowe)* toilet bag, sponge bag *BrE*

kosmetyczny *adj* **1** *(dotyczący kosmetyków)* cosmetic: *cosmetic products* **2** *(drobny)* cosmetic: *We're making a few cosmetic changes to the house before we sell it.* **3 salon/gabinet kosmetyczny** beauty salon/parlor *AmE* **4 chirurgia kosmetyczna** cosmetic surgery

kosmetyki *n* cosmetics: *Rosa has trouble finding cosmetics for her skin type.*

kosmiczny *adj* **1** space: *the US space program* **2 przestrzeń kosmiczna** outer space: *the icy blackness of outer space* **3 statek kosmiczny** spaceship **4 promieniowanie kosmiczne** cosmic radiation

kosmit-a/ka *n* extraterrestrial

kosmonaut-a/ka *n* astronaut

kosmopolityczny *adj* cosmopolitan: *a cosmopolitan city like New York*

kosmos *n* **1** *(przestrzeń pozaziemska)* (outer) space: *a creature from outer space* | *space exploration* **2** *(wszechświat)* the cosmos

kosmyk *n* wisp: *A wisp of hair had escaped from under her hat.*

kostium *n* **1** *(damski)* suit: *a woman in a smart suit* THESAURUS CLOTHES **2** *(teatralny)* costume: *He designed the costumes for 'Swan Lake'.* **3** *(przebranie)* costume, fancy dress *BrE* **4 kostium kąpielowy** bathing suit, swimsuit, swimming costume *BrE* /suit *AmE*

kostka *n* **1** *(mała kość)* bone: *chicken bones* **2** *(w stopie)* ankle: *Amy fell down and sprained her ankle* (=zwichnęła sobie nogę w kostce). **3 kostka cukru** sugar cube/lump THESAURUS PIECE **4 kostka lodu** ice cube **5 kostka do gry** dice: **rzucić kostką** throw/roll the dice: *She threw the dice and moved her counter* (=pionek) *across the board.* **6 pokroić coś w kostkę** dice sth (up), cube sth, cut sth into cubes: *diced carrots* | *Cube the meat and potatoes.*

kostnica *n* morgue, mortuary

kostny *adj* bone: *bone tissue* (=tkanka kostna)

kosz *n* **1** *(pojemnik)* basket: *a basket full of apples* **2 kosz (na śmieci)** bin, wastepaper basket *BrE*, wastebasket

AmE: She threw the letter in the bin. **3** *(w koszykówce)* basket: *Harriet picked up the ball and tried a shot at the basket.* | *Penn State lost the game by only one basket.* **4** *(koszykówka)* basketball: **grać w kosza** play basketball: *He plays basketball to keep in shape* (=aby utrzymać formę).

koszary *n* barracks

koszerny *adj* kosher: *kosher food*

koszmar *n* nightmare: *She still has nightmares about the accident.* | *It was a nightmare driving home in the snow.* —**koszmarny** *adj* nightmarish, ghastly: *It was a nightmarish situation.* | *What ghastly weather!*

koszt *n* **1** *także* **koszty** cost: *the high cost of educating children* | **pokryć koszt** cover the cost: *Will £100 cover the cost of books?* | **koszty utrzymania** the cost of living: *a 4% increase in the cost of living* THESAURUS COST **2 czyimś kosztem** at sb's expense: *You've had your fun at my expense and now you'll have to suffer for it.* **3 na czyjś koszt** at sb's expense: *Guy spent a year in Canada at his parents' expense.* **4 kosztem czegoś** at the cost/expense of sth: *Bernard saved his family at the cost of his own life.* | *High production rates are often achieved at the expense of quality of work.* **5 cudzym kosztem** at sb else's expense **6 koszty stałe** overheads *BrE*, overhead *AmE* **7 na koszt firmy** on the house: *All drinks are on the house!*

basket

kosztorys *n* quotation, estimate: *I got three quotations so I could pick the cheapest.*

kosztować *v* cost: *This dress cost $75.* | *How much do these oranges cost?* | *a mistake that cost him his life* →patrz też SKOSZTOWAĆ

UWAGA: cost

Czasownik **cost** w znaczeniu „kosztować" ma wszystkie trzy formy identyczne. Mówiąc, ile coś kosztowało, używamy więc formy **cost**, a nie „costed": *What a fantastic dress! It must have cost a fortune.*

kosztowny *adj* costly: *Replacing all the windows would be too costly.* —**kosztowności** *n* valuables THESAURUS PROPERTY

koszula *n* **1** shirt **2 koszula nocna** nightdress, nightgown, nightie

koszulka *n (z krótkim rękawem)* T-shirt, tee shirt

koszyk *n* **1** basket: *a shopping/picnic basket* **2** *(w sklepie internetowym)* basket *BrE*, cart *AmE*

koszykówka *n* basketball: **grać w koszykówkę** play basketball | **piłka do koszykówki** basketball —**koszyka-rz/rka** *n* basketball player

basketball

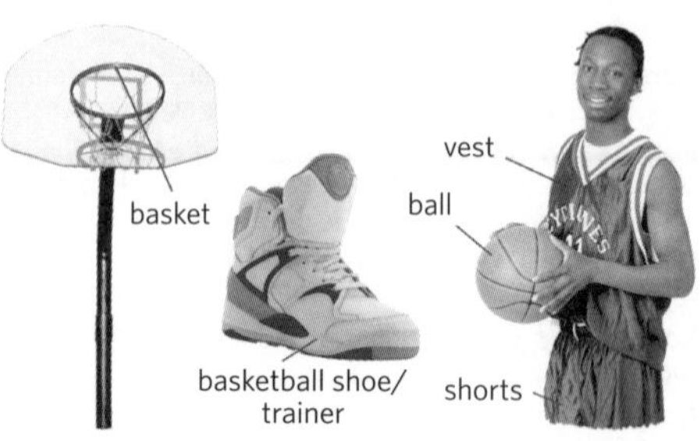

kościelny *adj* church: *church bells* | *a church wedding*

kościół *n* **1** *(budynek, instytucja)* church: *a beautiful old church* | *the Catholic Church* | *separation of church and state* **2 chodzić do kościoła** go to church: *How often do you go to church?* **3 po kościele** after church: *Mrs Dobson invited us to dinner after church.* —**kościółek** *n* chapel

kościsty *adj* bony: *bony fingers*

kość *n* **1** bone: *Sam broke a bone in his foot.* | *fragments of bone* **2 kości policzkowe** cheekbones **3 kość słoniowa** ivory →patrz też **kość niezgody** (NIEZGODA)

kot *n* **1** cat: *a Siamese cat* **2 mieć kota (na punkcie czegoś)** be nuts (about sth): **dostać kota** go nuts: *I'll go nuts if I have to wait any longer.*

kotara *n* curtain

kotek *n* **1** kitten: *Our cat had six beautiful little kittens while we were on vacation.* **2** *(pieszczotliwie)* kitty, pussy (cat), puss

kotka *n* cat

kotlet *n* chop, cutlet: **kotlet schabowy** pork chop | **kotlet cielęcy/jagnięcy** veal/lamb cutlet | **kotlet mielony** hamburger

kotlina *n* valley

kotłownia *n* boilerhouse, boiler room

kotwica *n* anchor: **zarzucić/podnieść kotwicę** drop/weigh anchor: *We dropped anchor a few yards offshore* (=od brzegu). | *They weighed anchor and sailed with the tide.* | **na kotwicy** at anchor: *a ship at anchor*

kotwiczyć *v* anchor: *Ships can anchor close to the shore there.*

kowadło *n* anvil

kowal *n* blacksmith

kowboj *n* cowboy

koza *n* goat

kozaczki *n* high boots

kozetka *n* couch

kozioł *n* **1** *(zwierzę)* billy-goat **2** *(przyrząd gimnastyczny)* (vaulting) horse **3 kozioł ofiarny** scapegoat

koziołek *n* **1** *(przewrót)* somersault: **zrobić/fiknąć**

K

koziołka do/turn a somersault: *Janice did a backward somersault on the mat.* **2** *(koźlę)* kid

Koziorożec *n* Capricorn

koźlę *n* kid

kożuch *n* **1** *(owcza skóra)* sheepskin **2** *także* **kożuszek** *(płaszcz)* sheepskin coat **3** *(na mleku, farbie itp.)* skin **4** *(z brudu itp.)* scum: *Green scum covered the old pond* (=staw).

kółko *n* **1** *(kształt)* circle: *She was drawing circles in the sand.* | *The children were dancing in a circle.* **2** *(obręcz)* ring: **kółko na klucze** key ring **3** *(wózka, zabawki itp.)* wheel **4** *(pod fotelem itp.)* caster, castor *BrE* **5** *(klub)* circle: *She's a member of a local drama circle.* **6 w kółko a)** *(dookoła)* around in circles, round and round: *The dog started running around in circles.* **b)** *(bez końca)* over and over (again), again and again: *They just keep playing the same songs over and over.* THESAURUS OFTEN **7 cztery kółka** (set of) wheels: *Like* (=podobają ci się) *my new wheels?* **8 za kółkiem** at the wheel: *I nearly fell asleep at the wheel a couple of times.* **9 dom na kółkach** mobile home

kpić *v* **kpić (sobie)** mock: *It's easy for you to mock, but we put a lot of work into this play.* →patrz też ZAKPIĆ —**kpiąco** *adv* mockingly: *Adrienne raised her eyebrows mockingly.*

kpiny *n także* **kpina 1** *(drwiny)* mockery, ridicule: *There was an element of mockery in the politeness he showed the inspector.* | *She became an object of ridicule.* **2** *(skandal)* mockery: *The driving test was a mockery.*

kra *n* ice floe

krab *n* crab

krach *n* crash: *fears of another stock market crash*

kraciasty *adj* checked: *a checked shirt*

kradzież *n* **1** theft: *Car theft is on the increase* (=wzrasta liczba kradzieży samochodów). **2 kradzież sklepowa** shoplifting **3 kradzież tożsamości** identity theft

kraina *n* land: *a faraway land*

kraj *n* **1** *(obszar, państwo)* country: *Egypt is a beautiful country.* | *Pakistan became a fully independent country shortly after the Second World War.* **2** *(ludzie)* nation, country: *the world's leading industrial nations* | *The President has the support of over 50 per cent of the country.* **3 w kraju** at home: *The company hopes to increase its share of the market* (=zamierza zwiększyć swój udział w rynku) *both at home and abroad.* **4 wiadomości z kraju** home news

krajobraz *n* landscape, scenery, countryside: *an urban landscape* | *You should visit Norway – the scenery is beautiful.* | *the beauty of the English countryside*

UWAGA: landscape, scenery i countryside

Landscape to „widok okolicy", szczególnie poza miastem: *Having reached the top of the hill, we sat and admired the landscape that stretched far into the distance.* **Scenery** i **countryside** to „naturalne, pełne uroku cechy terenu wiejskiego" (pagórki, pola i łąki, lasy itp.): *The train journey takes us through some breathtaking scenery.* | *Cycling means that you can get fit and enjoy the scenery at the same time.* | *the windswept countryside of Iceland.*

krajobrazowy *adj* **atrakcja krajobrazowa** beauty spot

krajowy *adj* **1** *(nie zagraniczny)* domestic: *the domestic market* | *All domestic flights go from Terminal 1.* | *Congressmen have criticized the President for neglecting domestic issues.* **2** *(ogólnokrajowy)* national: *the national press*

krakać *v* croak

krakers *n* cracker: *cheese-flavoured crackers*

Kraków *n* Cracow

kraksa *n* crash *BrE*, wreck *AmE*: *Six vehicles were involved in the crash.* | *Only one person survived the wreck.*

kran *n* **1** tap *BrE*, faucet *AmE*: *The tap is dripping again – you'd better call the plumber.* | *Who left the hot water faucet on* (=kto zostawił otwarty kran z gorącą wodą)? | **odkręcić/zakręcić kran** turn the tap on/off: *I forgot to turn the tap off and the water overflowed* (=przelała się). **2 woda z kranu** tap water: *In some countries, the tap water isn't safe enough to drink.*

kraniec *n* **1** *(granica)* the outer edge: *We live on the outer edge of the town.* | *the outer edge of the solar system* **2** *(koniec)* end: **na drugim krańcu (miasta itp.)** at the other end (of town etc) | **z przeciwległego krańca (miasta itp.)** from the opposite end (of town etc) | **z jednego krańca (miasta itp.) na drugi** from one end (of town etc) to the other **3 północny/zachodni kraniec** the northernmost/westernmost part/tip, the northern/western extremity: *the northernmost tip of the island* | *the western extremity of the Gulf of Tajura*

krańcowy *adj* extreme: *an extreme case of cruelty* | **w krańcowych przypadkach** in extreme cases: *In extreme cases, insurance premiums* (=składki ubezpieczeniowe) *may double.* —**krańcowo** *adv* utterly, entirely: *The French and the British have utterly different attitudes towards sex.* | *Jeff and Mike come from entirely different backgrounds.*

krasnal *n także* **krasnoludek** gnome, dwarf

kraść *v* steal: *Addicts* (=narkomani) *often steal money to buy drugs.*

krata *n* **1** *(w oknie, więzieniu)* bars: *A lot of houses had bars across the windows.* | *The prisoners escaped by sawing through* (=po przepiłowaniu) *the bars in their cell.* **2** *(wzór)* check (pattern): *a suit with a blue-gray check pattern* | *I don't like checks or stripes, just plain colours.* **3 w kratę** check(ed): *a check shirt* | *a checked blouse* **4 szkocka krata** tartan, plaid

krater *n* crater

kratka *n* **1** grid: *The teacher told us to draw a grid on a piece of paper.* **2 w kratkę** check(ed), checkered, chequered *BrE*: *a checked blouse* | *a checkered tablecloth* **3 za kratkami** behind bars: *He spent a year behind bars.* **4 robić coś w kratkę** do sth irregularly

kraul *n* the crawl: *Can you do the crawl* (=czy umiesz pływać kraulem)?

krawat *n* tie, necktie *AmE*: *I have to wear a jacket and tie to work.* | *He began slowly untying his necktie.*

UWAGA: krawat i cravat

W języku angielskim istnieje wprawdzie rzeczownik **cravat**, nie oznacza on jednak „krawata", tylko rodzaj męskiej apaszki.

krawcowa *n* dressmaker: *The dressmaker took Franca's measurements for her wedding dress.*

krawędź *n* **1** edge: *Fay sat down on the edge of the bed.* | *Don't walk too near the edge of the cliff.* **2 być na krawędzi czegoś** be on the verge/brink of sth: *She was on the verge*

K

of a nervous breakdown. | *He returned to Europe just when it was on the brink of war.*

krawężnik *n* kerb *BrE*, curb *AmE*

krawiec *n* **a)** *(męski)* tailor **b)** *(damski)* dressmaker —**krawiectwo** *n* tailoring, dressmaking

krąg *n* **1** *(okrąg)* circle, ring: *a circle of chairs* | *One child stands at the centre of the circle, and the others dance around her.* | *The cottage was surrounded by a ring of trees.* | **w kręgu** in a circle: *Then we all sat in a circle and held hands.* **2** *(grupa ludzi)* circle: *our circle of friends* **3 kręgi literackie/akademickie itp.** literary/academic etc circles: *Apparently, she's very well known in medical circles.* **4** *(zakres)* range: *She has a broad range of interests* (=szeroki krąg zainteresowań). **5 kręgi pod oczami** rings (a)round your eyes: *Martha had dark rings round her eyes from too many sleepless nights.*

krągły *adj* plump: *plump, juicy tomatoes*

krążek *n* **1** *(płyta)* CD, disc *BrE*, disk *AmE*: *Madonna's latest CD* **2** *(hokejowy)* puck: *The puck went straight into the net.*

krążenie *n* circulation: *blood circulation*

krążownik *n* cruiser

krążyć *v* **1** *(ptak, samolot)* circle: *Seagulls* (=mewy) *were circling above the cliffs.* **2** *(krew)* circulate: *Blood circulates around the body.* **3** *(plotka)* circulate: *There's a rumour circulating about Mandy.* **4 krążyć wokół Słońca/Ziemi itp.** orbit the Sun/Earth etc: *a satellite that orbits the Earth*

kreacja *n* outfit: *I'll have to buy myself a new outfit for their wedding.*

kreator *n* **1** *(twórca)* creator: *Walt Disney, the creator of Mickey Mouse* **2 kreator/ka mody** fashion designer **3** *(wspomaganie zadań w programie komputerowym)* wizard: *a printing wizard*

kreatywność *n* creativity: *Many of the children show great creativity in class.*

kreda *n* **1** chalk: *a piece of chalk* **2 biały/blady jak kreda** (as) white as a sheet: *You're as white as a sheet. What's happened?*

kredens *n* (Welsh) dresser *BrE*, hutch *AmE*

kredka *n* **1** *(ołówkowa)* pencil: *a red pencil* **2** *(woskowa)* crayon: *children's crayons*

kredowy *adj* **1** chalky: *white, chalky soil* **2 papier kredowy** coated paper

kredyt *n* **1** *(pożyczka)* loan: *She got a loan to set up her new enterprise.* | **wziąć/zaciągnąć kredyt** take out a loan: *We took out a loan to buy a new car.* | **spłacić kredyt** pay back/repay a loan: *How long will it take to repay the loan?* | **kredyt bankowy** bank loan | **kredyt hipoteczny** mortgage: *After he lost his job he couldn't pay his mortgage any more.* **2 na kredyt** on credit: *The TV and the washing machine were bought on credit.* **3 dać komuś kredyt zaufania** put your trust in sb: *We put our trust in the minister.*

kredytować *v* **kredytować kogoś/coś** back sb/sth (financially)

kredytowy *adj* **karta kredytowa** credit card: *We don't accept credit cards.* | *You can pay by cash or by credit card.*

krem *n* **1** *(kosmetyk)* cream: *Have you got any cream for mosquito bites?* | **krem do twarzy/rąk** face/hand cream | **krem nawilżający** moisturizing cream, moisturizer | **krem z filtrem** sun cream, sunscreen: *Put some sun cream on* (=posmaruj się kremem z filtrem) *before you go out.* | **krem do golenia** shaving cream **2** *(deser)* cream: *cream cakes* (=ciastka z kremem) **3 krem pieczarkowy/szparagowy** cream of mushroom/asparagus soup

kremacja *n* cremation

krematorium *n* crematorium

kremowy *adj (kolor, konsystencja)* cream: *a cream carpet* | *cream cheese*

kreować *v* **1** *(tworzyć)* create **2** *(grać rolę)* play

krepa *n* crepe, crêpe

kres *n* **1** end: *Haydn was hailed as a genius* (=został okrzyknięty geniuszem) *only at the end of his life* (=dopiero u kresu życia). **2 położyć czemuś kres** put a stop/an end to sth, bring sth to an end: *I intend to put a stop to these rumours.* | *a peace agreement that will put an end to the fighting* | *We hope that the peace process will bring this violence to an end.*

kreska *n* **1** *(linia)* line, stroke: *a pattern of coloured lines* | *the thick strokes of the characters* (=liter) **2** *(łącząca człony wyrazu)* hyphen: *'Co-operate' can be written with or without a hyphen.* **3** *(na podziałce)* mark, line

kreskówka *n* (animated) cartoon

kreślarz *n* draughtsman *BrE*, draftsman *AmE*

kreślić *v* → patrz SKREŚLIĆ, NAKREŚLIĆ

kret *n* mole

kretyn/ka *n* cretin, moron —**kretyński** *adj* cretinous, moronic

krew *n* **1** *(w żyłach)* blood: *blood flowing from an open wound* | **grupa krwi** blood group *BrE*, type *AmE* | **bank krwi** blood bank | **dawca krwi** blood donor | **ciśnienie krwi** blood pressure **2** *(pochodzenie)* blood: *a woman of royal blood* **3 nowa krew** new/fresh blood: *We need some new blood in the department.* **4 rozlew krwi** bloodshed: *When will all this fighting and bloodshed end?* **5 z zimną krwią** in cold blood: *innocent civilians killed in cold blood* **6 zachować zimną krew** keep your cool: *Rick was starting to annoy her, but she kept her cool.*

krewetka *n* shrimp, prawn: **krewetki panierowane** scampi

krewki *adj* hot-tempered: *a hot-tempered man who could be violent when drunk*

krewn-y/a *n* także **krewnia-k/czka** relative: *He's staying with relatives in Manchester.* THESAURUS RELATIVE

kręcić *v* **1 kręcić czymś** turn/twist sth: *Dad was turning the crank* (=korbą) *nervously.* | *She was twisting the dial* (=pokrętłem) *on the washing machine.* **2 kręcić głową** shake your head: *"No," replied John, shaking his head.* **3** *(film, scenę)* film, shoot: *Quite by chance, a TV crew was filming in the area when the accident happened.* | *When one of the actors died, they had to shoot the final scene again.* **4 kręcić nosem (na coś)** turn your nose up (at sth): *Most children turn their noses up at fresh vegetables.* → patrz też NAKRĘCIĆ, PRZEKRĘCIĆ, ZAKRĘCIĆ

kręcić się *v* **1** *(obracać się)* turn, spin: *The wheels turned slowly.* | *skaters spinning on the ice* **2** *(wiercić się)* squirm: *Stop squirming so I can comb your hair!* **3 komuś kręci się w głowie** sb's head is spinning/swimming: *My head was spinning with all this new information.*

kręcony *adj* curly: *a boy with dark, curly hair*

kręg *n* vertebra

K

UWAGA: vertebra
Rzeczownik **vertebra** ma nieregularną formę liczby mnogiej: **vertebrae**.

kręgiel *n* **1** bowl **2 (gra w) kręgle** bowling: **grać w kręgle** go bowling: *The kids and I went bowling yesterday.* —**kręgielnia** *n* bowling alley

kręgosłup *n* backbone, spine: *a spine injury*

kręgowiec *n* vertebrate

kręgowy *adj* **rdzeń kręgowy** spinal cord

krępować *v* **1** *(zawstydzać)* embarrass: *His mother's constant boasting embarrassed him.* **2** *(ograniczać)* constrain: *We were constrained by a lack of money.* →patrz też SKRĘPOWAĆ, SKRĘPOWANY

krępować się *v* be shy: *Don't be shy, tell me what you think.*

krępy *adj* stocky: *a stocky man*

krętacz *n* cheat, cheater *AmE*: *You're nothing but a cheat and a liar!*

kręty *adj* winding: *a long, winding river*

krnąbrny *adj* wayward, insolent: *a wayward child*

krochmal *n* starch

krocze *n* crotch

kroczyć *v* **1** *(energicznie)* stride: *He started toward the door, striding with amazing speed for a man so heavy.* THESAURUS WALK **2** *(powoli, statecznie)* pace: *The two English travellers got out to stretch their legs, pacing up and down the snowy platform.* **3 kroczyć do czegoś/ku czemuś** be heading/headed *AmE* for sth: *The company was heading for disaster.*

kroić *v* **1** cut: *a knife for cutting bread* | **kroić w plasterki** slice | **kroić w kostkę** dice (up), cube THESAURUS CUT **2** *(mięso)* carve: *Dad always carves the turkey.* →patrz też POKROIĆ

krok *n* **1** *(ruch nogą)* step, stride: *Paco reached the door in only three strides.* | **zrobić krok** take a step: *He took a few steps forward and then stopped.* **2** *(odgłos)* (foot)step: *He heard footsteps in the hall.* | *We heard steps outside.* **3** *(sposób poruszania się)* step, stride: *He walked with a quick, light step.* | *the runner's long stride* **4** *(tempo)* pace: **szybkim/wolnym krokiem** at a quick/slow pace: *David walked along the street at a brisk pace* (=żwawym krokiem). | **przyspieszyć kroku** quicken your pace: *She heard someone behind her and quickened her pace* (=przyspieszyła kroku). | **dotrzymywać komuś/czemuś kroku** keep pace with sb/sth: *Supply* (=podaż) *has to keep pace with increasing demand* (=rosnącemu popytowi). **5** *(odległość)* step: *There's a pub just a few steps down the road.* | *The hotel is only a short step from the beach.* **6** *(działanie)* step, move: *The White House says the talks are a definite move towards peace.* | **pierwszy krok** first step: *an important first step toward peace* | *Dole's first step will be to unite the party.* | **podjąć kroki** take steps/measures: *We must take steps to make sure it never happens again.* | *They have to take drastic measures to save money.* | **krok po kroku** step by step: *Adam's learning the rules of chess step by step.* | **krok naprzód/we właściwym kierunku** a step forward/in the right direction: *The discovery of penicillin was a major step forward in the treatment of infections.* **7** *(krocze)* crotch, crutch *BrE* **8** *(w tańcu)* step: *Wayne's learning the steps for the new routine* (=do nowego układu). **9 na każdym kroku** at every turn: *We were frustrated at every turn in our efforts to get money for the project.* **10 być o krok od czegoś** be on the brink of sth: *The two nations are on the brink of war.*

krokiet *n* **1** *(gra)* croquet **2** *(potrawa)* croquette

krokodyl *n* crocodile

krokus *n* crocus

kromka *n* slice: *a slice of bread*

kronika *n* **1** chronicle: *The book provides a detailed chronicle of the events leading up to his death.* **2 kronika filmowa** newsreel **3 kronika towarzyska** gossip column —**kronikarz** *n* chronicler

kropelka *n* **1** *(wody, deszczu)* drop: *a few drops of rain* **2** *(oleju, rtęci)* globule: *small globules of oil* | *tiny globules of mercury* **3** *(potu)* bead: *Beads of sweat appeared on her forehead and she trembled visibly.* **4** *(farby)* blob: *blobs of paint* **5** *(odrobina)* drop: *I like my whisky with just a drop of soda.*

kropić *v* **kropi (deszcz)** it is spitting: *You don't need an umbrella, it's only spitting.* →patrz też SKROPIĆ

kropka *n* **1** *(plamka)* dot: *The stars look like small dots of light in the sky.* **2** *(znak przestankowy)* full stop *BrE*, period *AmE* **3** *(nad literą, w adresie e-mailowym)* dot: *Put a dot over the i.* | *maria@onet.pl* (=Maria at onet dot pl) **4 kropka dziesiętna** decimal point **5 w kropki** spotted, polka dot: *a red and white spotted dress* | *a polka dot scarf* **6 (koniec) kropka!** full stop! *BrE*, period! *AmE*: *I don't have a reason. I just don't want to go, full stop.* | *I'm not going, period!*

kropkowany *adj* **linia kropkowana** dotted line

kropla *n* **1** drop: *Add a few drops of lemon juice.* | **kropla deszczu** raindrop, drop of rain: *Big drops of rain rolled down the window.* THESAURUS PIECE **2** *(z cieknącego kranu, dachu itp.)* drip: *She put a bucket on the floor to catch the drips.* →patrz też **podobni jak dwie krople wody** (PODOBNY)

kroplówka *n* drip *BrE*, IV *AmE*: *She was put on a drip after the operation.*

UWAGA: IV ˌaɪ ˈviː
Nazwa kroplówki w amerykańskiej angielszczyźnie to skrót od **intravenous drip** (wlew dożylny).

krosno *n* loom

krost(k)a *n* pimple, spot *BrE*: *This cream clears up teenage spots in days.*

... krotnie *adv* **3-krotnie/czterokrotnie itp.** three/four times: *They moved house* (=przeprowadzali się) *three times in five years.*

... krotny *adj* **3-krotny/czterokrotny itp.** three-/four-time etc: *a three-time winner*

krowa *n* cow: *cow's milk*

król *n* king: *the King of Spain* | *King Edward III*

królestwo *n* **1** kingdom: *the Kingdom of Nepal* | *the United Kingdom* **2 królestwo zwierząt** the animal kingdom

królewicz *n* prince

królewna *n* **1** princess **2 Śpiąca Królewna** Sleeping Beauty

królewski *adj* **1** *(należący do króla)* royal: *a royal castle* **2** *(wspaniały)* regal: *a regal mansion* **3 rodzina królewska** the royal family: **członkowie rodziny królewskiej**

royalty: *These seats are reserved for royalty.* **4 Wasza/Jej/ Jego Królewska Mość** Your/Her/His Majesty

króliczek *n* bunny (rabbit)

królik *n* **1** rabbit **2 królik doświadczalny** guinea pig

królowa *n* queen: *Queen Elizabeth II | the Queen of Sweden | Elizabeth II became Queen of England in 1952.*

królować *v* reign: *Henry VIII reigned from 1509 to 1547.*

krótki *adj* **1** *(czas)* short: *How did you manage to do all this in such a short time?* THESAURUS QUICK **2** *(okres)* short, brief: *These discounts* (=obniżki) *are only available for a short period. | a brief period of intense learning* **3** *(przerwa)* short: *a short break for coffee* **4** *(wizyta)* short, brief: *a brief visit to Britain* **5** *(włosy, sznurek, ulica)* short: *Sophie's got short blond hair. | There was a short path leading up to the house.* **6** *(tekst, mowa)* short, brief: *a short article | a brief letter | Each candidate will give a short presentation.* **7** *(rękaw, spódniczka)* short: *a blouse with short sleeves | a short skirt* **8 krótkie spodenki** short pants, shorts: *I've known Eric since he was in short pants.* **9 krótkie spięcie** short circuit **10 na krótką metę** in the short term/run: *These policies will only help us in the short term.*

short/long

a short rope

a long rope

krótko *adv* **1** *(przez krótki czas)* briefly, for a short time: *She worked briefly for Walt Disney Studios. | Small mammals* (=ssaki) *live for a short time, large ones live longer. | It only lasted* (=trwało) *for a short time.* **2** *(zwięźle)* briefly: *He briefly explained the situation to them.* **3** *(niecierpliwie, niegrzecznie)* shortly: *"Yes, yes, I understand," he said shortly.* **4 na krótko** briefly: *We stopped off briefly in London on our way to Geneva.* **5 (na) krótko przed czymś** shortly before sth: *I saw Simon shortly before his departure for Russia.* | **krótko po czymś** shortly after sth: *Shortly after your arrival in Turkey, Lisa became very ill.* | **krótko potem** shortly after(wards): *Shortly afterwards, Dawson received an invitation to speak at a scientific conference.* **6 krótko mówiąc** in short/brief, briefly, to cut a long story short: *In short, I don't think we can do it. | We should, in brief, invest heavily in digital systems. | Briefly, I think we should accept their offer. | To cut a long story short, she's leaving him.*

krótkofalówka *n* two-way radio, walkie-talkie

krótkoterminowy *adj* short-term: *short-term economic forecasts* (=prognozy)

krótkotrwały *adj* **1** *(krótki)* brief: *a brief period of calm* **2** *(przemijający)* short-lived: *a short-lived fashion*

krótkowidz *n* **być krótkowidzem** be short-sighted *BrE*, near-sighted *AmE*

krótkowzroczny *adj* **1** *(osoba)* shortsighted *BrE*, nearsighted *AmE* **2** *(polityka, plan)* short-sighted: *short-sighted planning* **—krótkowzroczność** *n* shortsightedness *BrE*, nearsightedness *AmE*

K

krówka *n* **1** *(krowa)* cow **2** *(cukierek)* fudge

krtań *n* larynx

krucho *adv* **krucho u kogoś z czasem/pieniędzmi** sb is pressed for time/money: *I can't stop now - I'm a bit pressed for time.*

kruchy *adj* **1** *(łamliwy)* brittle: *The twigs were dry and brittle, and cracked beneath their feet.* **2** *(łatwo się tłukący)* fragile: *fragile glassware* **3** *(chrupiący)* crisp, crispy: *a nice crisp apple | crispy fresh lettuce | crispy bacon* **4** *(mięso)* tender: *a lovely tender piece of meat* **5** *(pokój, związek)* fragile, brittle: *a fragile peace agreement | a very brittle friendship | Relations between the two countries are still very brittle.* THESAURUS WEAK **—kruchość** *n* fragility, brittleness

krucjata *n* crusade: *a crusade against violence*

krucyfiks *n* crucifix

kruczek *n* **1** catch: *The deal comes with a catch - you have to buy one before June.* THESAURUS DISADVANTAGE **2 kruczek prawny** (legal) technicality: *A legal technicality delayed* (=opóźnił) *the scheduled start of the trial.*

kruczoczarny *adj* raven, jet-black: *raven hair | jet-black hair*

kruk *n* raven

kruszeć *v* crumble: *an old stone wall, crumbling with age* (=kruszejący ze starości)

kruszyć *v* break up, crumble: *Jim started to break the ice up on the frozen lake. | Billy was crumbling bread in his fingers.* → patrz POKRUSZYĆ

kruszyć się *v* crumble: *The rubber seal* (=uszczelka) *is crumbling and will need to be replaced.*

krwawić *v* bleed: *The cut on his forehead was bleeding again.*

krwawienie *n* bleeding: *Press firmly on the wound to stop the bleeding.* | **krwawienie z nosa** nosebleed

krwawy *adj* bloody: *the bloody struggle for independence*

krwinka *n* blood cell, corpuscle

krwiobieg *n* bloodstream: *drugs injected into the bloodstream*

krwionośny *adj* **1 naczynie krwionośne** blood vessel **2 układ krwionośny** circulatory system

krwiożerczy *adj* bloodthirsty: *bloodthirsty bandits*

krwisty *adj* *(befsztyk)* rare: *I like my steak rare.*

krwotok *n* haemorrhage *BrE*, hemorrhage *AmE*

kryć *v* **1 kryć kogoś** cover for sb: *Cindy refused to cover for him* (=nie chciała go kryć) *when his boss called.* **2 nie kryć czegoś** make no secret of sth: *Howard made no secret of his disappointment.*

kryć się *v* **1 coś się gdzieś kryje** sth lies hidden somewhere: *What else lies hidden in those caves?* **2 kryj się!** take cover! **3 coś się za czymś kryje** sth lies behind sth: *I knew that something else lay behind his sudden interest in football.* **4 kryć się z czymś** keep sth a secret: *For years, Kurt kept his suicidal tendencies a secret.* **5 nie kryć się z czymś** make no bones about sth: *She makes no bones about her ambitions.* → patrz też UKRYĆ SIĘ

kryjomu *adv* **po kryjomu** on the sly: *He's been smoking on the sly.*

kryjówka *n* hiding place, hideout: *It was a good hiding place, no one would ever find her.*

krykiet *n* cricket: *a cricket match*

kryminalist-a/ka *n* criminal

kryminalny *adj* **1 powieść kryminalna** detective story/novel **2 przeszłość kryminalna** criminal record: *He doesn't have a criminal record.*

kryminał *n* **1** *(książka)* detective story/novel, crime story/novel **2** *(film)* detective film/movie

krypta *n* crypt

kryptonim *n* code name/word: *Operation Overlord was the code name of the Normandy landing which took place in June 1944.*

krystalizować się *v* crystallize, crystallise *BrE*: *At what temperature does sugar crystallize?* —**krystalizacja** *n* crystallization, crystallisation *BrE*

kryształ *n* crystal: *crystals of ice | salt crystals* —**kryształowy** *adj* crystal: *crystal wine glasses | a crystal ball*

kryterium *n* criterion: **+czegoś** for (doing) sth: *What are the criteria for selecting the winner* (=wyboru zwycięzcy)*?*

UWAGA: criterion

Rzeczownik **criterion** ma nieregularną formę liczby mnogiej: **criteria**.

kryty *adj* indoor: *an indoor swimming pool/tennis court*

krytycznie *adv* **1** critically: *He looked critically at my crumpled dress.* **2 oceniać coś krytycznie** be critical of sth: *She was critical of the plan.*

krytyczny *adj* **1** *(negatywny, surowy)* critical: *I don't mean to be over critical* (=nie chciałbym być nadmiernie krytyczny)*, but isn't all of this completely unnecessary?* | **uwaga krytyczna** critical remark/comment, criticism: *She made several criticisms of my argument.* **2** *(kluczowy, przełomowy)* critical: *a critical issue* | **punkt/moment krytyczny** critical point/moment: *a critical moment in our country's history* **3** *(krytycznoliteracki)* critical: *a critical analysis of Macbeth* **4 w stanie krytycznym** in (a) critical condition: *The driver is still in a critical condition in hospital.*

krytyk *n* critic: *a literary critic for the Times | an outspoken critic of military spending* (=wydatków na cele wojskowe)

krytyka *n* **1** *(negatywna ocena)* criticism: *Kate doesn't take criticism very well.* | **konstruktywna krytyka** constructive criticism **2** *(analiza krytyczna)* criticism: *literary criticism*

krytykować *v* criticize, criticise *BrE*: *She always criticizes my cooking. | Ron does nothing but criticize and complain all the time.* | **+kogoś za coś** sb for doing sth: *The report strongly criticizes the police for failing to deal with the problem quickly.*

kryzys *n* **1** *(trudna sytuacja)* crisis: *In times of crisis you find out who your real friends are.* **2** *(ekonomiczny)* depression, crisis: *the Depression of the 1930s | the energy crisis of 1972* | **dotknięty kryzysem** depressed: *Many people are losing their jobs in the depressed areas of the country.* **3** *(przełom w chorobie)* crisis: *The crisis came that night.* **4 kryzys wieku średniego** midlife crisis —**kryzysowy** *adj* crisis: *In a crisis situation, it is essential that the pilot remain calm.*

krzak *n* bush, shrub: *a rose bush* —**krzaczasty** *adj* bushy: *a bushy tail*

krzątać się *v* bustle (around/about), potter *BrE*, putter *AmE*: *Linda was bustling around in the kitchen.* —**krzątanina** *n* bustle: *a continual bustle of people coming and going*

krzem *n* silicon —**krzemowy** *adj* silicon: *tiny silicon chips*

krzemień *n* flint

krzepki *adj* robust

krzepnąć *v* **1** *(krew)* congeal **2** *(lawa)* solidify: *The volcanic lava solidifies as it cools.*

krzesło *n* **1** chair: *Sit on your chair!* **2 krzesło elektryczne** the electric chair —**krzesełko** *n* chair

krzew *n* shrub, bush

krzewić *v* promote: *The program is designed to promote literacy in the community.*

krztusić się *v* choke: *Do something, he's choking!*

krzyczeć *v* **1** *(ze strachu itp.)* scream: *There was a huge bang and people started screaming. | The fans didn't stop screaming until the group had left the stage.* | **krzyczeć z bólu** scream with pain: *The woman lay there, screaming with pain.* **2** *(głośno mówić)* shout: *There's no need to shout, I'm not deaf!* THESAURUS SHOUT **3** *(wznosić okrzyki)* shout: *The demonstrators marched through the streets shouting "No more war! No more war!"* **4 krzyczeć na kogoś** shout at sb: *I wish you'd stop shouting at the children.* →patrz też KRZYKNĄĆ

krzyk *n* **1** scream, shout, cry: *Her screams could be heard all down the block. | She heard a shout and looked up. | We heard a terribly cry in the next room.* **2 ostatni krzyk mody** all the rage: *Roller-blading is all the rage at the moment.*

krzykliwy *adj (kolor itp.)* loud: *Butch was wearing a loud, checked suit.*

krzyknąć *v* scream (out), shout, cry (out): *"Get out!" she screamed. | "Watch out!" she shouted, as the car started to move. | Maria cried out sharply, "Don't touch it!"* THESAURUS SHOUT

krzywa *n* curve: *a curve on a graph* (=na wykresie)

krzywda *n* **1** *(coś złego)* harm: *May God bless you and keep you safe from harm.* | **zrobić komuś/sobie krzywdę** harm/hurt sb/yourself: *The dogs look fierce, but they wouldn't harm anyone. | Careful you don't hurt yourself - it's very sharp!* | **komuś nie stała się krzywda** sb came to no harm/didn't come to any harm: *She was relieved to see the children had come to no harm.* **2** *(niesprawiedliwość)* wrong: *the wrongs they have suffered* (=krzywdy, których doświadczyli) *in the past* | **naprawić krzywdę** repair a wrong: *How can I repair the wrong I have done her?* | **komuś dzieje się krzywda** sb is being treated unfairly: *John is being treated unfairly - his boss always gives him extra work to do.*

krzywdzić *v* hurt →patrz też SKRZYWDZIĆ

krzywić się *v* →patrz SKRZYWIĆ SIĘ

krzywo *adv* **1** at an angle, askew: *The portrait was hanging at an angle. | a lithograph hanging askew on the wall* **2 krzywo na coś patrzeć** frown on/upon sth: *In the 1930s divorce was frowned upon.*

krzywoprzysięstwo *n* perjury: *He was found guilty of perjury.*

krzywy *adj* **1** *(kij, zęby)* crooked: *Her teeth were all crooked.* **2** *(powierzchnia)* uneven: *The sidewalk is very uneven - be careful where you walk.* **3** *(uśmiech)* lopsided: *a lopsided grin*

krzyż *n* **1** cross: *Jesus died on the cross.* **2** *(część ciała)* lower back: *She had pains in her lower back.* **3 Czerwony Krzyż** the Red Cross

Krzyżacy *n* Teutonic Knights —**krzyżacki** *adj* Teutonic

krzyżować *v* →patrz POKRZYŻOWAĆ, SKRZYŻOWAĆ, UKRZYŻOWAĆ

krzyżowiec *n* crusader

krzyżowy *adj* **1 wziąć kogoś w krzyżowy ogień pytań** cross-examine sb **2 Droga Krzyżowa** the Way of the Cross, Stations of the Cross **3 krzyżowy ogień** crossfire: *A bystander was killed when she was caught in the crossfire.* **4 wyprawa krzyżowa** crusade

krzyżówka *n* **1** *(w gazecie itp.)* crossword (puzzle) **2** *(mieszaniec)* cross, hybrid: *It looks like a cross between a dog and a rat!* | *Most modern roses are hybrids.*

krzyżyk *n* **1** *(znak)* cross: *I've put a cross on the map to mark where our house is.* **2** *(na łańcuszku)* crucifix, cross **3** *(przy nucie)* sharp: *C sharp* (=z krzyżykiem)

ksenofobia *n* xenophobia

ksero *n* **1** *(maszyna)* (photo)copier: *Do you know how to use the photocopier?* **2** *(odbitka)* (photo)copy: *I must make copies of these documents.* **3** *(punkt)* copy shop: *Do you know where the nearest copy shop is?* **—kserokopia** *n* photocopy: *photocopies of the company's accounts* **—kserować** *v* (photo)copy

ksiądz *n* priest: **Ksiądz Popiełuszko** Father Popiełuszko | **proszę Księdza** Father

książeczka *n* **1** book: *colorful picture books for children* THESAURUS BOOK **2 książeczka czekowa** chequebook *BrE*, checkbook *AmE* **3 książeczka do nabożeństwa** prayer book

książę *n* **1** *(członek rodziny królewskiej)* prince: *Prince Charles* | *Prince Rainier of Monaco* **2** *(tytuł szlachecki)* duke: *the Duke of Edinburgh* **—książęcy** *adj* prince's, duke's: *the prince's visit*

książka *n* **1** book: *a book by Charles Dickens* | *Have you read 'The Wasp Factory'? It's a fantastic book.* THESAURUS BOOK **2 książka adresowa** address book **3 książka kucharska** cookbook **4 książka telefoniczna** phone book, telephone directory

książkowy *adj* **mól książkowy** bookworm

księga *n* **1** *(duża książka)* tome: *heavy leather-bound tomes of uncertain age* **2** *(część Biblii itp.)* book: *the Book of Genesis* (=Księga Rodzaju) **3 Księga Rekordów Guinnessa** the Guinness Book of Records **4 księga gości** guest book, visitors' book: *On arrival at reception, guests should sign the visitors' book.* **5 księgi rachunkowe** books: *We saw their books, and they've lost $29 million this year.*

K

księgarnia *n* bookshop *BrE*, bookstore *AmE* **—księgarz** *n* bookseller

księgow-y/a *n* accountant **—księgowość** *n* accountancy *BrE*, accounting *AmE*

księgozbiór *n* library, book collection: *The palace library contains some of the rarest books in Europe.*

księstwo *n* duchy, principality: *the Grand Duchy of Luxembourg* | *the Principality of Monaco*

księżna *n* **1** *(żona następcy tronu)* princess: *the Princess of Wales* **2** *(tytuł szlachecki)* duchess: *the Duchess of York*

księżniczka *n* princess: *Princess Anne*

księżyc *n* **1** moon: *the first man on the moon* | *the moons of Saturn* **2 pełnia księżyca** full moon: *There's going to be a full moon tonight.* **3 światło księżyca** moonlight: **w świetle księżyca** in the moonlight: *The trees looked strangely white in the moonlight.*

księżycowy *adj* **1** *(pojazd, krajobraz)* lunar: *the lunar landscape* **2** *(noc)* moonlit: *a beautiful moonlit night*

ksylofon *n* xylophone

kształcenie *n* education: **kształcenie pomaturalne** further education *BrE*

kształcić *v* **1** *(uczyć)* educate: *The country should spend more money on educating our children.* **2** *(doskonalić)* hone: *He started honing his skills as a draughtsman.* **kształcić się** *v* study: *He will be studying in the US.*

kształt *n* **1** shape: *You can recognize a tree by the shape of its leaves.* | *A large shape loomed up* (=wyłonił się) *out of the mist.* | **jakiego kształtu jest/jaki kształt ma ... ?** what shape is ... ?: *What shape is the table - round or oval?* | **w kształcie serca** heart-shaped, in the shape of a heart, shaped like a heart: *an L-shaped living room* | *a card in the shape of a Christmas tree* **2 nabierać kształtu** take shape: *An idea was beginning to take shape in his mind.*

UWAGA: shape

Opisując po angielsku kształt przedmiotu, nie mówimy „it has a square/circular shape" ani „its shape is square/circular", tylko po prostu: **it is square/circular** itp.

kształtny *adj* shapely: *shapely, curved legs*

kształtować *v* shape, mould *BrE*, mold *AmE*: *People's political beliefs are often shaped by what they read in the newspapers.* | *an attempt to mould public opinion* →patrz też UKSZTAŁTOWAĆ

kto *pron* **1** who: *"Who is that?" "That's Amy's brother."* | *Do you have any idea who sent you this letter?* **2 kto tam?** who's there?, who is it? **3 ten, kto ... a)** *(osoba, która)* whoever: *Whoever did this is in big trouble.* **b)** *(każdy, kto)* anyone who: *Anyone who believes in UFOs needs their head examined.* **4 kto wie** who knows: *Who knows what could happen in the future?* **5 mało kto** hardly anyone/anybody: *Hardly anyone writes to me these days.* **6 nie kto inny, jak/tylko ...** none other but ...: *The winner of 'journalist of the year' was none other but the editor's daughter.* →patrz też KIM, KOGO, KOMU

ktokolwiek *pron* whoever: *Whoever is responsible for this will be punished.* | **ktokolwiek to jest** whoever he/she etc may be: *You've got a message from someone called Tony Gower, whoever he may be.*

ktoś *pron* **1** *(w zdaniach twierdzących)* someone, somebody: *Be careful! Someone could get hurt.* | **ktoś, kto ...** someone/somebody who ...: *We'll have to find someone who speaks English.* | **ktoś inny** someone/somebody else: *"Does Mike still live here?" "No someone else is renting it now."* **2** *(w pytaniach)* anyone, anybody: *Is there anybody at home?* | *If anyone sees Lisa, ask her to call me.*

którędy *adv* which way: *Which way should we go?*

który *pron* **1** *(zaimek pytajny)* which: *Which of these books do you want?* **2** *(zaimek względny: osoby)* who, that: *That's the woman who owns the house.* | *Did you know the man that bought the sportscar?* | *people (that) I work with* (=ludzie, z którymi pracuję) **3** *(zaimek względny: pozostałe)* which, that: *I want a car which doesn't use too much petrol.* | *The house, which was built in the 16th century, is estimated to be worth several million pounds.* | *Did you get the message (that) I sent you last night?* **4** *(zaimek dzierżawczy)* whose: *families whose relatives have been killed* **5 która (jest) godzina?** what time is it?, what's the time?: **o której (godzinie)?** what time?: *What time are you leaving?* **6 którego dzisiaj mamy?** what's the date today? **7 który z was/nich?** which of you/

them?: *Which of them is legally responsible for the accident?* **8 rzadko/mało który (z) ...** hardly any (of) ...: *Hardly any of the people there even spoke to me.*

UWAGA: Zaimki względne w języku angielskim

Forma zaimka względnego, odpowiadającego polskiemu „który", zależy w angielskim od tego, czy odnosi się on do osoby, czy też nie do osoby (a więc np. do zwierzęcia, rzeczy, zjawiska itp.). W pierwszym przypadku używamy **who**, w drugim zaś **which**. W obu przypadkach można też użyć formy **that**. Zaimek względny można również w ogóle pominąć, pod warunkiem że nie jest on podmiotem zdania podrzędnego. Tłumacząc zdanie typu: „To jest książka, którą lubię najbardziej", można więc powiedzieć: *This is the book which I like best* albo *This is the book that I like best*, albo *This is the book I like best*. Jeśli jednak chcemy przetłumaczyć zdanie typu: „To jest książka, która wygrała konkurs na najlepszą książkę roku", mamy do wyboru tylko dwie możliwości: *This is the book which won the Book of the Year competition* albo *This is the book that won the Book of the Year competition*. Zauważ, że w omówionych przypadkach (inaczej niż w języku polskim) nie stawiamy przecinka przed zaimkiem względnym. Powyższe zasady nie mają zastosowania wówczas, gdy zdanie względne zawiera jedynie dodatkową informację na temat osoby, zjawiska lub rzeczy, nie służy natomiast jej zidentyfikowaniu. Chodzi tu o zdania typu: „Mój tata, który jest lekarzem, uważa, że to nic poważnego" albo „Oglądaliśmy "Hamleta", który jest najsławniejszą ze sztuk Szekspira". Tutaj jedyną możliwością jest użycie **who** (w odniesieniu do osób) i **which** (w pozostałych przypadkach). W języku pisanym, podobnie jak po polsku, zdania tego typu wyodrębnia się przecinkami: *My dad, who is a doctor, thinks it's nothing serious.* | *We were watching „Hamlet", which is the most famous of all Shakespeare's plays.*

którykolwiek *pron* **1** whichever, any: *You can choose whichever one you like.* | *You can obtain a valuation from any accredited insurance valuer* (=u któregokolwiek akredytowanego rzeczoznawcy ubezpieczeniowego). | **którykolwiek z** any of: *before touching the computer or any of its parts* **2** *(z dwu)* either: *Have you spoken to either of the twins recently?*

któryś *pron* **1 któryś z a)** any of: *Do any of you remember?* **b)** *(z dwu)* either of: *Do either of you know where I can buy a phonecard?* **2 któregoś dnia a)** *(w przeszłości)* one day: *One day, she just didn't turn up for work* (=nie pojawiła się w pracy), *and we never saw her again.* **b)** *(w przyszłości)* one/some day, one of these days: *One day I'll buy a boat and sail around the world.* | *I might find the time to paint the bedroom one of these days* (=któregoś dnia może znajdę czas na pomalowanie sypialni). **3 w którymś momencie** at one/some point: *At some point she fell asleep.*

któż *pron* whoever: *Whoever could be calling at this time of night?*

ku *prep* **1** towards *BrE*, toward *AmE*: *He kissed her once more and moved towards the door.* **2 ku czyjemuś zaskoczeniu/zdumieniu** to sb's surprise/amazement: *To my surprise, Dad wasn't angry.* **3 ku czyjejś czci** in sb's honour *BrE*, honor *AmE*: *a ceremony in honour of the soldiers who died for their country*

Kuba *n* Cuba: **na Kubie** in Cuba —**kubański** *adj* Cuban: *Cuban cigars* —**Kuba-ńczyk/nka** *n* Cuban

kubek *n* **1** *(naczynie)* mug: *a mug of coffee* **2** *(opakowanie)* tub: *a half-litre tub of ice-cream*

kubeł *n* **1** *(wiadro)* bucket **2** *(na śmieci)* (dust)bin *BrE*, garbage can *AmE*

kucać *v* squat: *"My name's Frasier," he said, squatting next to her.* →patrz też KUCKI, KUCNĄĆ

kucharski *adj* **książka kucharska** cookbook

kucha-rz/rka *n* cook: *She is an excellent cook.*

kuchenka *n* **1** cooker *BrE*, stove *AmE*: *There was a pan of soup on the cooker.* **2 kuchenka elektryczna** hotplate **3 kuchenka mikrofalowa** microwave (oven): *Heat the sauce in the microwave for 45 seconds.*

kuchnia *n* **1** *(pomieszczenie)* kitchen: *Can you help me carry these dishes into the kitchen?* **2** *(gotowanie)* cuisine, cooking: *French/vegetarian cuisine* | *Indian cooking* —**kuchenny** *adj* kitchen: *kitchen utensils* | *the kitchen table*

kucki *n* **siedzieć w kucki** be squatting (on your hunkers): *The little boy was squatting on his hunkers, completely absorbed in his game.*

kucnąć *v* squat/hunker *AmE* down: *Omar squatted down to pet the little dog.* | *They hunkered down by the fire.* →patrz też KUCAĆ, KUCKI

kucyk *n* **1** *(konik)* pony **2 kucyki** *(fryzura)* bunches: *When I was a little girl I used to wear my hair in bunches* (=czesałam się w kucyki).

kudłaty *adj* shaggy: *a shaggy dog*

kufel *n* beer mug, jug, tankard

kufer *n* trunk: *a trunk full of old books*

kujon *n* swot *BrE*, grind *AmE*: *Everyone else in the class hated him because they thought he was a real swot.*

kukiełka *n* puppet

kukła *n* effigy: *The protesters burned an effigy of President Bush.*

kukułka *n* cuckoo

kukurydza *n* **1** *(roślina)* maize *BrE*, sweetcorn *BrE*, corn *AmE*: *Many farmers are now growing maize as an alternative to wheat.* **2** *(potrawa)* sweetcorn *BrE*, corn *AmE*: *Be sure not to overcook the corn.* **3 prażona kukurydza** popcorn: *a bucket of popcorn*

kukurydziany *adj* **płatki kukurydziane** cornflakes

kula *n* **1** *(okrągły przedmiot)* ball: *a glass ball* **2** *(w geometrii)* sphere: *The Earth is a sphere.* **3** *(pocisk)* bullet: *A bullet whizzed* (=świsnęła) *past my ear.* **4 kula ziemska** the globe **5 chodzić o kulach** be/walk on crutches: *Ian was on crutches for a month after the accident.* **6 kula armatnia** cannon ball **7 pchnięcie kulą** shot put

kulać *v* roll: *The kids were rolling an enormous snowball along the ground.*
kulać się *v* roll: *The ball rolled across the lawn.*

kulawy *adj* **1** *(człowiek, zwierzę)* lame: *a lame horse* **2** *(mebel)* rickety: *a rickety old chair*

kuleć *v* limp, walk with a limp: *He had hurt his leg and was limping badly.* | *Josie walked with a slight limp* (=lekko kulała).

kulinarny *adj* **1** culinary: *culinary skills/traditions* **2 przepis kulinarny** recipe: *I want to try out some of the recipes that I've seen on TV.*

kulisty *adj* spherical: *The earth is not quite spherical.*

kulisy *n* **1** *(w teatrze)* wings **2** *(nieznane okoliczności)* the inside story: *the inside story of Fergie's shattered marriage* (=rozpadu małżeństwa Fergie) **3 za kulisami a)** *(w teatrze)* in the wings, backstage: *He waited in the wings until the other performers were on stage, ran out and jumped in the air.* | *The band were tuning up their guitars backstage.* **b)** *(bez naszej wiedzy)* behind the scenes: *Most important political decisions are made behind the scenes.*

kulka *n* **1** (small) ball **2** *(do gry)* marble: *Who wants to play marbles?* **3** *(lodów)* scoop: *three scoops of ice cream*

kulminacja *n* culmination: *the culmination of his life's work*

kulminacyjny *adj* **punkt kulminacyjny** climax: **osiągnąć punkt kulminacyjny** reach a/its climax: *The revolution reached its climax in 1921.*

kuloodporny *adj* bulletproof: **kamizelka kuloodporna** bulletproof vest

kult *n* **1** cult, worship: *a satanic cult* | *nature worship* **2 miejsce kultu** place of worship —**kultowy** *adj* cult: *a cult film/hero/band*

kultura *n* culture: *youth culture* | *students learning about American culture* | *New York City is a good place for anyone who is interested in culture.* | **kultura masowa** popular culture

kulturalny *adj* **1** *(związany ze sztuką, literaturą itp.)* cultural: *The city is trying to promote cultural activities.* **2** *(obyty, interesujący się sztuką)* cultured: *a well-read* (=oczytana) *and cultured woman* **3** *(przestrzegający norm grzeczności)* polite, civilized, civilised *BrE*: *It's not polite to talk with food in your mouth.* | *Let's sit around the table and discuss this in a civilized way.* **4 kulturalny język** polite language —**kulturalnie** *adv (zachowywać się)* politely

kulturowy *adj* cultural: *England has a rich cultural heritage* (=dziedzictwo kulturowe). —**kulturowo** *adv* culturally: *biologically and culturally conditioned* (=uwarunkowany)

kulturyst-a/ka *n* body builder —**kulturystyka** *n* body building

kultywować *v* preserve, carry on: *I think these traditional customs should be preserved.* | *The old man expects his son to carry on the family traditions.*

kuluary *n* **1** lobby, corridors **2 w kuluarach** behind the scenes: *You have no idea what goes on behind the scenes.*

kumpel *n* buddy, pal, mate *BrE*: *We're good buddies.* | *a college pal* | *I went out with some of my mates from work.*

kundel *n* mongrel

kunszt *n* artistry: *the magnificent artistry of the great tennis players* | *an example of the photographer's artistry*

kunsztowny *adj* elaborate: *a fabric with an elaborate design*

kupa *n* **1** *(sterta)* pile, heap: *a pile of leaves* | *a rubbish heap* **2 kupa czasu/pieniędzy itp.** a load of/loads of time/money etc: *Don't worry, we still have loads of time.* **3 nie trzymać się kupy** not add up, not hold water: *Her story simply didn't add up.* | *His explanation of where the money came from just doesn't hold water.* **4 zebrać się do kupy** pull yourself/it together: *It took a year for me to pull myself together after she left.* **5** *także* **kupka** *(stolec, wypróżnienie)* poo *BrE*, poop *AmE*: **zrobić kupę** poo *BrE*, poop *AmE*: *Well the cats live in a cage and they all poop and pee in this cage and so it smells.*

kupić *v* buy: *Have you bought Bobby a birthday present yet?* | **+ od kogoś** from sb: *I'm buying a car from a friend.* | **+ za** for: *She bought those shoes for £15.* THESAURUS BUY →patrz też KUPOWAĆ

kupiec *n* **1** *(nabywca)* buyer: *We've found a buyer for our house.* **2** *(handlarz)* merchant: *a wine merchant* **3** *(właściciel sklepu)* tradesman: *Local tradesmen are opposed to the plan of building a large shopping centre in the area.*

kupka *n* **1** *(sterta)* pile, heap: *His clothes lay in a heap by the bed.* | *a pile of dollar bills* **2** →patrz KUPA

kupno *n* purchase: *The purchase of the house was completed within a month.*

kupny *adj* ready-made, shop-bought *BrE*, store-bought *BrE*: *ready-made bolognese sauce*

kupon *n* coupon: *a coupon for ten cents off a jar of coffee*

kupować *v* buy →patrz też KUPIĆ

kupując-y/a *n* **1** *(klient)* shopper: *The supermarket encourages shoppers to re-use plastic bags.* **2** *(nabywca)* buyer: *We hope lower house prices will attract more buyers.*

kura *n* **1** *(ptak)* hen **2** *(mięso)* chicken: **rosół z kury** chicken broth **3 kura domowa** little housewife

kuracja *n* treatment: *The best treatment for a cold is to rest and drink lots of fluids.* —**kuracjusz/ka** *n* visitor to a health resort

kurator *n* **1** *(opiekun)* warden **2 kurator sądowy** probation officer **3** *(nadzorujący szkoły)* Schools Inspector *BrE*, superintendent (of schools) *AmE* —**kuratorium** *n* (local) department of education

kurcz *n* cramp: *I woke up in the middle of the night with cramp in my leg.* | **ktoś złapał/chwycił kurcz** sb had/got (a) cramp: *The swimmer got cramp and had to quit the race.*

kurczak *n* **1** chicken, *(pisklę)* chick **2** *(mięso)* chicken: *fried chicken*

kurczę *n* **1** chicken **2 kurczę (blade/pieczone)!** fudge!

kurczowo *adv* tight(ly): *He held tight to the safety rail.*

kurczyć się *v* **1** *(tkanina)* shrink: *It's poor quality cloth, with a tendency to shrink.* **2** *(metal)* contract: *Metal contracts as it becomes cooler.* →patrz też SKURCZYĆ SIĘ

kurde *interj* **(o) kurde!** (oh) fudge!: *(Oh) fudge! I've left my wallet at home!*

kurek *n (kran)* tap, faucet *AmE*: **odkręcić/zakręcić kurek** turn the tap on/off: *I forgot to turn the tap off and the water overflowed* (=przelała się).

kurier *n* courier: *A courier arrived with an important message just before the meeting.* | *I'll send you the documents by courier* (=kurierem).

kuriozalny *adj* bizarre, odd, curious: *a bizarre coincidence*

kurnik *n* hen house, coop

kuropatwa *n* partridge

kurort *n* resort: *a seaside/holiday resort*

kurs *n* **1** *(szkolenie)* course: *a three-day training course* | *a course in computing* **2** *(cena waluty)* exchange rate: *The exchange rate is 5.2 Euros to the US dollar.* **3** *(trasa)* course: *The plane changed course and headed for Rome.* | *Larsen's ship had been blown off course* (=zszedł z kursu).

kursor *n* cursor: *Put the cursor on the icon and click the mouse.*

kursować *v* run: *Subway trains run every seven minutes.*

kursywa *n* italics: **kursywą** in italics: *This example is written in italics.*

kurtka *n* jacket: *a leather jacket*

kurtyna *n* curtain: *The curtain came down and the audience broke into loud applause.*

kurz *n* dust: *The furniture was covered in dust.*

kurzy *adj* **1** *(mięso)* chicken: *chicken wings* **2** *(jajko)* hen's: *three hen's eggs* **3 mieć kurzą pamięć** have a memory like a sieve: *He can never remember people's names - he has a memory like a sieve.*

kurzyć się *v* **1 kurzy się** dust flies up: *Dust flew up behind the car* (=za samochodem się kurzyło). **2** *(pokrywać się kurzem)* gather/collect dust: *You may as well take these books - they're just gathering dust.*

kusić *v* **1** tempt: *If you leave valuables in your car it will tempt thieves.* | **coś kusi kogoś** sb is tempted by sth: *He was tempted by the big profits of the drugs trade.* | **kogoś kusi, żeby coś zrobić** sb is tempted to do sth: *I was tempted to tell him what his girlfriend had been saying about him.* **2 kusić los** tempt fate: *It would be tempting fate to travel without a spare wheel* (=bez koła zapasowego). →patrz też SKUSIĆ

kustosz/ka *n* curator

kusy *adj* skimpy: *a skimpy skirt*

kuszący *adj* tempting, enticing, inviting: *a tempting job offer* | *It was a hot day and the water looked enticing* (=wyglądała kusząco). | *the inviting smell of freshly baked bread*

kuszetka *n* couchette

kuśtykać *v* limp, walk with a limp

kuter *n* **1** *rybacki* fishing boat **2** *wojskowy* cutter

Kuwejt *n* Kuwait —**kuwejcki** *adj* Kuwaiti

kuzyn/ka *n* cousin: *Howard is a distant* (=dalekim) *cousin of my mother's.*

kuźnia *n* forge

kwadrans *n* quarter of an hour: *Can you be ready in a quarter of an hour?* | **za kwadrans pierwsza itp.** (a) quarter to/*BrE*, quarter of *AmE* one etc: *It's quarter to seven.* | **kwadrans po piątej itp.** (a) quarter past *BrE*, quarter after *AmE* five etc: *It's quarter past six.*

kwadrat *n* **1** square **2 dwa itp. do kwadratu** two etc squared: *Three squared is nine.*

kwadratowy *adj* **1** square: *a square window* **2 metr/cal kwadratowy** square metre *BrE*, meter *AmE*, inch etc: *two square acres of land* **3 pierwiastek kwadratowy** square root

kwakać *v* quack

kwalifikacje *n* qualifications: *He left school without any qualifications.* | *Eva had excellent academic qualifications, but no work experience.* | **mieć kwalifikacje do czegoś** be qualified for sth: *The candidates are equally qualified for the job.* | **zdobyć kwalifikacje** qualify: *After qualifying, doctors spend at least two years working in hospitals.*

kwalifikować *v* qualify: *Fluency in three languages qualifies her for work in the European Parliament.*
kwalifikować się *v* **kwalifikować się do czegoś** qualify for sth: *His lawyers argued that he qualified for asylum* (=do zakładu dla umysłowo chorych). →patrz też ZAKWALIFIKOWAĆ SIĘ

kwant *n* quantum —**kwantowy** *adj* quantum: *quantum mechanics*

UWAGA: quantum

Rzeczownik **quantum** ma nieregularną formę liczby mnogiej: **quanta**.

kwapić się *v* **nie kwapić się do czegoś/z czymś** be reluctant to do sth: *Some of the older staff were reluctant to use the new equipment.*

kwarantanna *n* quarantine

kwarc *n* quartz —**kwarcowy** *adj* quartz: *a quartz gold watch*

kwarta *n (1,137 l)* quart: *a quart of milk*

kwartalnik *n* quarterly (magazine) —**kwartalny** *adj* quarterly: *a quarterly report*

kwartał *n* quarter: *The company's profits rose by 11% in the first quarter of the year.* | **raz na kwartał** quarterly: *The magazine is published quarterly.*

kwartet *n* quartet: **kwartet smyczkowy/jazzowy** string/jazz quartet

kwas *n* acid: *hydrochloric acid* (=kwas solny)

kwasić się *v* →patrz SKWASIĆ SIĘ

kwaskowaty *adj* tangy: *a tangy lemon sauce*

kwaszony *adj* →patrz KISZONY

kwaśny *adj* **1** *(smak, jedzenie)* sour: *a sour apple* | *The strawberries are a little sour - you may need to put sugar on them.* | **kwaśna śmietana** sour cream | **kwaśne mleko** sour milk THESAURUS TASTE **2** *(mina)* sour: *a sour expression* **3 kwaśny deszcz** acid rain **4 zbić kogoś na kwaśne jabłko** beat sb to a pulp

kwatera *n* **1** *(stancja)* lodgings, digs *BrE*: *She's going to stay in lodgings* (=mieszkać na kwaterze) *until she finds a place of her own.* **2 kwatera główna** headquarters: *The company is moving its headquarters from St. Louis to Atlanta.*

kwesta *n* collection: *We had a collection for local children's homes.*

kwestia *n* **1** *(zagadnienie)* issue, question: *Abortion was a key* (=kluczową) *issue in the 1989 elections.* | *European leaders met yesterday to discuss the question of nuclear arms.* THESAURUS SUBJECT **2** *(aktora)* line **3 to (tylko) kwestia czasu/pieniędzy** it's (only/just) a matter/question of time/money: *It's just a matter of time until Tony and Lisa get back together.*

K

kwestionariusz *n* questionnaire: **wypełnić kwestionariusz** fill in/fill out/complete a questionnaire: *Please fill out the questionnaire as honestly as possible.* | *Once you've completed the questionnaire, put it in the blue box.*

kwestionować *v* question, challenge, contest, dispute: *Are you questioning my honesty?* | *She is challenging the decision made by the court.* | *His brothers are contesting the will.*

kwiaciarnia *n* the florist('s): *On the way home, he called in at the florist* (=zaszedł do kwiaciarni) *to buy some flowers for Sara.* —**kwiacia-rz/ka** *n* florist

kwiat *n* **1** flower: *These flowers will not grow in cold climates.* **2** *(na drzewie)* flower, blossom: *The tree has beautiful pink flowers in early spring.* | *peach blossoms* **3 w kwiecie wieku** in your prime, in the prime of life: *He's as* *handsome as Tyrone Power was in his prime.* —**kwiatek** *n* flower

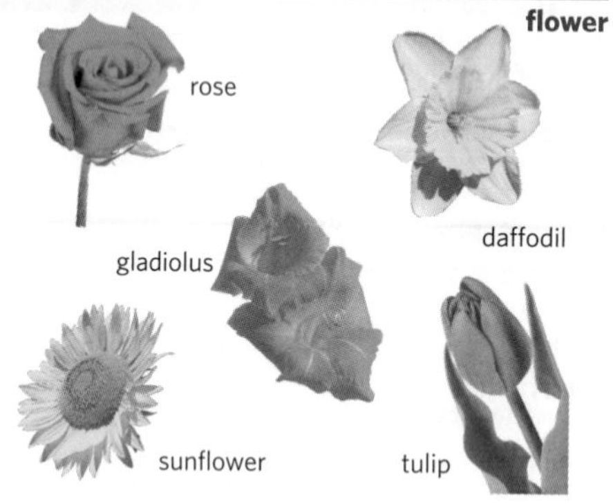

kwiecień *n* April: **w kwietniu** in April —**kwietniowy** *adj* April: *a grey April day*

kwiecisty *adj* floral, flowery: *floral patterns*

kwintesencja *n* quintessence: *John is the quintessence of good manners.*

kwit(ek) *n* receipt: *Keep the receipt in a safe place.*

kwita *n* **być kwita** be square: *Here is your £20, so now we're square.*

kwitnąć *v* **1** *(kwiat)* bloom, be in (full) bloom: *lilacs blooming in the spring* | *The lilies are in bloom.* **2** *(drzewo, krzew)* flower, blossom: *This plant flowers in the late spring.* | *a blossoming apple tree* **3** *(interes itp.)* flourish, thrive: *a flourishing business* | *a thriving tourist industry* →patrz też ROZKWITAĆ

kwitować *v* →patrz POKWITOWAĆ, SKWITOWAĆ

kwota *n* amount: *Please pay the full amount.*

K

labirynt *n* maze, labyrinth: *We got lost in the maze.* | *a labyrinth of narrow streets* | *a labyrinth of rules and regulations*

laborant/ka *n* lab assistant

laboratorium *n* **1** laboratory, lab: *a research laboratory* **2 laboratorium językowe** language laboratory —**laboratoryjny** *adj* laboratory: *laboratory experiments*

labrador *n* Labrador

lać *v* **1** *(bić)* beat: *I saw him beating the kid with a stick.* **2** *(deszcz)* pour (down): *the rain poured down endlessly.* | *It's pouring outside.* | **leje jak z cebra** it's raining cats and dogs **3** *(sikać)* piss **4 lać wodę** waffle: *Interviewers dislike candidates who just sit there and waffle instead of answering the questions.*
lać się *v* **1** *(płynąć)* pour, flow: *Blood was pouring from the wound.* **2** *(bić się)* fight: *Two boys were fighting in the school playground.* →patrz też NALAĆ, WYLAĆ, ZLAĆ

lada[1] *n* **1** counter: *There was a long queue and only two girls working behind the counter.* **2 spod lady** under the counter: *You can get alcohol under the counter.*

lada[2] *part, prep* **1 lada dzień** any day now: *The eggs should hatch any day now.* | **lada chwila/moment** any moment now: *The plumber should be here any moment now.* **2 nie lada wyczyn/osiągnięcie itp.** no mean feat/achievement etc: *It was no mean achievement to win first prize.* | *The competition was judged by William Styron, no mean novelist himself.* **3** *(byle)* **przy lada okazji** at every opportunity: *She tried to undermine his authority at every opportunity.* | **lada wstrząs/podmuch itp.** the least tremor/puff of wind etc: *The least puff of wind can tip the boat over* (=przewrócić łódkę).

laguna *n* lagoon

laik *n* layman, lay person: *It is difficult for a lay person to understand.* —**laicki** *adj* lay: *a lay preacher* (=kaznodzieja)

lakier *n* **1** lacquer, varnish **2 lakier do paznokci** nail polish/varnish **3 lakier do włosów** hair spray —**lakierować** *v* varnish —**lakierowany** *adj* varnished

lakoniczny *adj* laconic: *a laconic answer* —**lakonicznie** *adv* laconically

lala *n (dziewczyna)* doll, babe

laleczka *n* doll

lalka *n* **1** *(zabawka)* doll **2** *(kukiełka)* puppet: **teatr lalek** puppet theatre *BrE*, theater *AmE*

lama *n* **1** *(zwierzę)* llama **2** *(mnich)* lama

lamentować *v* lament: **lamentować nad czymś** lament (over) sth: *another article lamenting the decline of popular television* —**lament** *n* lamentation: *Buchman's lamentation about the state of American democracy*

lameta *n* tinsel: *They hung tinsel on the Christmas tree.*

laminowany *adj* laminated

lampa *n* **1** lamp: *a desk lamp* | *street lamps* | **lampa naftowa** paraffin *BrE*, kerosene *AmE* **2 lampa błyskowa** flash: *It's dark in here - use the flash.*

lampart *n* leopard

lampion *n* lantern: *Chinese lanterns*

lampka *n* **1** lamp: **lampka nocna** bedside lamp **2** *(światełko)* light: *The red light tells you it's recording.* | **lampka kontrolna** control light | **lampki choinkowe** Christmas (tree) lights: *I'll need an extension cord for the Christmas tree lights.* **3** *(kieliszek)* glass: *Would you like a glass of wine?*

lamus *n* **1** lumber room **2 odkładać coś do lamusa** send/relegate sth to the scrapheap **3 wyciągać coś z lamusa** rescue/save sth from the scrapheap

lanca *n* lance

lancet *n* lancet

landrynka *n* boiled sweet

lanie *n* beating: **spuścić komuś lanie** give sb a beating/a good hiding: *When I catch you I'll give you a good hiding.* | **dostać lanie** get a good hiding: *Any more cheek* (=pyskowanie) *from you and you'll get a good hiding.*

lansować *v* promote: *The company is spending millions promoting its new software.* →patrz też WYLANSOWAĆ

laptop *n* laptop

larum *n* **podnosić larum** sound the alarm: *The Red Cross has sounded the alarm about the threat of famine.*

larwa *n* **1** larva **2** *(muchy)* maggot —**larwalny** *adj* larval

las *n* **1** *(duży)* forest: *That night we camped in the forest.* | **las liściasty/iglasty** deciduous/coniferous forest | **tropikalny las deszczowy** rain forest **2** *(mały)* wood(s): *We got lost in the woods.* | *Beyond the stream was a small wood.* **3 las rąk** a forest of hands **4 nie wywołuj wilka z lasu** let sleeping dogs lie **5 nauka nie poszła w las** you have learnt the lesson: *His behaviour showed that he had learnt the lesson.*

lasek *n* wood →patrz też LAS

laser *n* laser —**laserowy** *adj* laser: *laser surgery* | *a laser printer*

laska *n* **1** walking stick, cane: *He's only been able to walk with the aid of a walking stick.* | *He has to use a cane for support.* **2** *(dziewczyna)* girl: *"Who is he talking to?" "Some girl."*

laskowy *adj* **orzech laskowy** hazelnut

lata *n* **1 ile masz lat?** how old are you?: **mieć pięć/dwadzieścia itp. lat** be five/twenty etc (years old) **2 sto lat!** many happy returns (of the day)! **3 stare lata** old age: *You should save some money for your old age.* | *I'm getting forgetful in my old age* (=na stare lata). **4 (jak) na swoje lata** for your years: *He's always been very mature for his years.* | **nie wyglądać na swoje lata** not look your age: *She's over 50, but she doesn't look her age.* **5 lata dwudzieste/trzydzieste itp.** the twenties/thirties etc **6 przed (wielu) laty** (many) years ago: *These hats went out of fashion years ago!* | **przed 100 laty** a hundred years ago **7 od (kilku) lat** for (several) years: *I haven't been here for years.* **8 parę/kilka lat temu** a couple/a few years ago: *A few years ago the Rover car company linked up with its rival Honda.* **9 z biegiem lat** year by year: *Year by year their business grew.* **10 (przez) długie lata** (for) donkey's years: *I've known Kevin for donkey's years.*

latać *v* **1** *(w powietrzu)* fly: *Some birds cannot fly.* | *Bill's learning to fly.* **2** *(biegać)* rush: *I was rushing around all morning trying to get everything ready.* →patrz też LECIEĆ, PRZELECIEĆ, POLECIEĆ

L

latający *adj* **1** flying **2 latający talerz** flying saucer **3 Latający Holender** the Flying Dutchman

latanie *n* **1** *(w powietrzu)* flying **2** *(bieganie)* rush

latarka *n* torch *BrE*, flashlight *AmE*: *We shone our torches around the walls of the cavern.*

latarnia *n* **1 latarnia morska** lighthouse **2 latarnia uliczna** streetlight, streetlamp: *In the harsh light of the streetlamps Michelle looked tired and old.*

latawiec *n* kite: *The kite went higher and higher up into the sky.* | **puszczać latawiec** fly a kite: *Children love flying kites.*

lato *n* **1** summer: *It's been a very dry summer.* | **latem/w lecie** in (the) summer, in the summertime: *Her apartment's fine in summer, but in winter it's very damp.* | *A lot of people go camping in France in the summertime.* | **tego lata** this summer: *It has rained enough this summer to give us a good harvest.* | **zeszłego/minionego lata** last summer: *Last summer the river dried up and you could walk right across it.* | **na lato** for the summer: *Louise has gone to Australia to try and find a job for the summer.* **2 pełnia lata** midsummer **3 babie lato** Indian summer

latorośl *n* **1 winna latorośl** vine **2** *(potomek)* offspring

latynoamerykański *adj* Latin American

Latynos/ka *n* Latin American —**latynoski** *adj* Latin American

laur *n* **1 spocząć na laurach** rest on your/its laurels: *The leading company can't afford to rest on its laurels.* **2 zdobywać laury** win laurels

laureat/ka *n* laureate: *a Nobel laureate*

laurka *n* homemade card

laurowy *adj* **1 wieniec laurowy** laurel wreath **2 liść laurowy** bay leaf

lawa *n* lava

lawenda *n* lavender: *a low hedge of lavender* —**lawendowy** *adj* lavender: *lavender oil*

lawina *n* **1** *(górska)* avalanche: *Two skiers were killed in the avalanche.* **2** *(nawał)* avalanche, deluge: *an avalanche of letters* | *a deluge of complaints* —**lawinowy** *adj (wzrost)* sharp: *a sharp increase in prices* —**lawinowo** *adv (wzrosnąć)* sharply: *Prices have risen sharply over the last few months.*

lawirować *v* **1** *(wśród przeszkód)* pick your way: **+między** *She was picking her way between the piles of books.* **2** *(godzić sprzeczne interesy)* steer a middle course: *Managers must steer a middle course between political correctness and political babble* (=między polityczną poprawnością a politycznym bełkotem).

lazurowy *adj* azure: *the azure sky*

ląd *n* **1** land: *After 21 days at sea we sighted* (=ujrzeliśmy) *land.* | **na lądzie** on land: *Frogs live on land and in the water.* | **lądem** by land: *It's quicker by land than sea.* **2 ląd stały** the mainland: *a ferry service between the islands and the mainland* **3 zejść na ląd** disembark: *We were allowed to disembark an hour after the ship had docked.*

lądolód *n* glacier

lądować *v* land: *We are due to land at Heathrow at 12.50.* →patrz też WYLĄDOWAĆ

lądowanie *n* landing: *Armstrong's landing on the Moon* | *the Normandy landing* | **lądowanie awaryjne** emergency landing | **przymusowe lądowanie** forced landing: *The plane had to make a forced landing in a field.* | **podchodzić do lądowania** make an approach

lądowisko *n* airfield, landing site: *a private airfield* | *Flares* (=race) *marked the landing site.*

lądowy *adj* **1** *(organizm)* terrestrial: *terrestrial animals* **2** *(granica, wojna itp.)* land: *a land border* | *a land war* **3** *(klimat)* continental: *continental climate* **4 drogą lądową** by land: *We'll send it by land.* **5 szczur lądowy** landlubber **6 mina lądowa** land mine

leasing *n* leasing: **brać/wziąć w leasing** lease: *Airlines will be keen to lease more aircraft in the coming years.*

lecieć *v* **1** *(w powietrzu)* fly: *I watched the balloons fly up into the sky.* | *You can fly direct from London to Tokyo in under 12 hours now.* **2** *(spadać)* fall (down): *The leaves are falling down.* **3** *(film)* show: *Tom Cruise's latest picture is showing at our local movie theatre.* **4 muszę lecieć** I must fly/rush **5 czas leci** time flies: *Is it August already? How time flies!* **6** *(płynąć)* flow: *Blood flowed from his open wounds.* | *tears flow freely* **7 jak leci?** how's it going?, how are things?: *"Hey, how's it going?" "OK."* | *"Hello Peter, how are things?" "Oh, not too bad."* **8 jak leci** *(nie wybierając)* indiscriminately: *There he could be seen reading newspapers, endlessly, indiscriminately ...* **9 wszystko leci komuś z rąk** sb is all (fingers and) thumbs: *I'm all fingers and thumbs today. I almost broke another glass.* **10 lecieć z nóg** be (dead) beat, be fagged out *BrE*: *I was fagged out after the journey.* **11 lecą mi oczka w rajstopach** my tights ladder *BrE*, run *AmE* →patrz też LATAĆ, POLECIEĆ, WYLECIEĆ

leciutki *adj* →patrz LEKKI

leciutko *adv* →patrz LEKKO

leciwy *adj* venerable: *the venerable widow of Chou En-lai*

lecz *conj* but, yet: *The situation looked desperate but they didn't give up hope.* | *a simple yet effective system*

lecznica *n* **1** health centre *BrE*, center *AmE* **2 lecznica dla zwierząt** the vet's: *Our cat got ill, so we had to take it to the vet's.*

lecznictwo *n* health care

leczniczy *adj* **1** medicinal: *medicinal herbs* | *Garlic is believed to have medicinal properties* (=właściwości lecznicze). | **w celach leczniczych** for medicinal purposes: *Cough syrup should be used for medicinal purposes only.* **2** *(wartość, efekt)* therapeutic: *They contain vitamins that have a therapeutic value.* | *the therapeutic effect of massage*

leczyć *v* **1** *(chorobę)* treat: *Nowadays malaria can be treated* (=malarię można leczyć) *with drugs.* **2** *(ludzi, zwierzęta)* give (medical) treatment: *The dentist gives treatment for free.* | **leczyć kogoś na coś** treat sb for sth: *He is being treated for diabetes.* **3 czas leczy rany** time heals all wounds →patrz też WYLECZYĆ

leczyć się *v* get/receive treatment **+na coś** for sth: *receiving treatment for skin cancer* —**leczenie** *n* treatment, therapy

ledwie *adv* →patrz LEDWO

ledwo *adv* **1** *(zaledwie, z trudem, dopiero co)* barely: *She was barely 17 when she had her first child.* | *I could barely stay awake.* | *He'd barely sat down when she started asking questions.* **2** *(uniknąć czegoś)* narrowly: *The General narrowly avoided being killed in a car bomb attack.* **3 ledwo ..., gdy** no sooner had ... than: *No sooner had I stepped in the shower than the phone rang.* **4 ledwo ledwo** (only) just: *He just managed to get home before dark.* | *These pants only just fit me* (=ledwo ledwo wchodzę w te spodnie).

legalizować *v* legalize, legalise *BrE* —**legalizacja** *n* legalization, legalisation *BrE* → patrz też ZALEGALIZOWAĆ

legalny *adj* legal: *Is this legal?* —**legalnie** *adv* legally —**legalność** *n* legality

legenda *n* **1** *(opowieść)* legend: *the legend of King Arthur* **2** *(postać)* legend: *rock 'n' roll legend Buddy Holly* **3** *(objaśnienia mapy itp.)* key

legendarny *adj* legendary: *legendary sea monsters | the legendary baseball player Babe Ruth* THESAURUS FAMOUS

legia *n* **1** legion **2 Legia Cudzoziemska** the Foreign Legion

leginsy *n* leggings: *She was wearing leggings and a T-shirt.*

legion *n* legion —**legionista** *n* legionary

legislacyjny *adj* legislative: *legislative powers*

legitymacja *n* **1** ID (card): *May I see some ID please?* | **legitymacja studencka** student ID **2 legitymacja członkowska** membership card

legitymować *v* **legitymować kogoś** check sb's ID **legitymować się** *v* **1** *(okazywać dokumenty)* show your ID (card): *Employees must show their ID cards at the gate.* **2 legitymować się czymś** *(tytułem, osiągnięciami itp.)* hold sth: *She holds a degree in maths.*

legowisko *n (zwierzęcia)* lair: *a wolf's lair*

lej *n* crater

lejce *n* reins: *Hermes took the reins and drove the black horses straight to the temple where Demeter was.*

lejek *n* funnel

lek *n* **1** *także* **lekarstwo** medicine, drug: *Remember to take your medicine. | Medicines should be kept away from children. | a drug to treat depression* **2 leki** medication: *He's taking medication for his heart.* | **brać leki (na coś)** be on medication (for sth): *She's on medication for her liver.* → patrz też LEKARSTWO

medicine

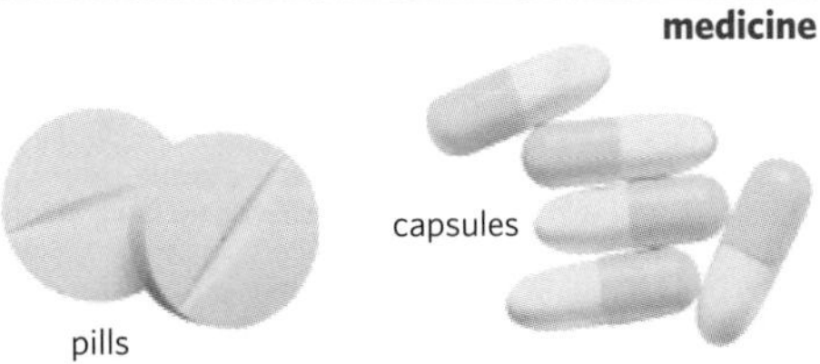

lekarski *adj* **1 gabinet lekarski** surgery *BrE*, doctor's office *AmE* **2 zwolnienie lekarskie** sick leave **3 badanie lekarskie** medical examination

lekarstwo *n* **1** *(środek zaradczy)* cure, remedy: *There's no easy cure for poverty. | There seems to be no remedy for the rising crime rate.* **2 śmiech jest najlepszym lekarstwem** laughter is the best medicine **3 jak na lekarstwo** hardly any: *There was hardly any snow* (=śniegu było jak na lekarstwo) *last winter.* → patrz też LEK

leka-rz/rka *n* **1** doctor, physician *AmE*: *You should see a doctor about that cough.* **2 lekarz ogólny/rodzinny** family doctor, GP *BrE*: *If the headaches continue, contact your GP.* **3 lekarz stażysta** houseman *BrE*, intern *AmE*

lekceważący *adj* disparaging, disrespectful: *disparaging comments | They didn't realize how disrespectful their behaviour was.* —**lekceważąco** *adv* disparagingly, disrespectfully

lekceważenie *n* **1** *(pogarda)* scorn: *Scientists treated the findings with scorn.* **2** *(brak szacunku)* disrespect: *disrespect for human rights* **3** *(niezwracanie uwagi)* disregard, neglect: *his arrogant disregard for other people's opinions | the international community's neglect of the problem*

lekceważyć *v* **1** *(traktować z pogardą)* scorn: *young people who scorn the views of their parents* **2** *(nie zwracać uwagi)* disregard, neglect: *The system will break down if basic regulations are disregarded. | Many of these ideas have been neglected by modern historians.*

lekcja *n* **1** *(w szkole)* lesson, class: *boring maths lessons | a geography class* **2** *(zadana)* homework: **odrabiać lekcje** do your homework: *Have you done your homework yet?* **3** *(nauka)* lesson: *driving lessons* | **brać lekcje** take lessons: *Hannah is taking guitar lessons.* **4** *(nauczka, doświadczenie)* lesson: *Pearl Harbor was a painful lesson for the US.* —**lekcyjny** *adj* class: *a class period* (=godzina lekcyjna)

UWAGA: odrabiać lekcje

Po angielsku nie mówi się „do lessons", tylko **do your homework**: *John cannot go out now - he's doing his homework.*

lekki *adj* **1** *(o małej wadze)* light, lightweight: *Your bag is lighter than mine. | special lightweight fabric* (=tkanina) | **lekki jak piórko** (as) light as a feather **2** *(słaby)* light, slight, faint: *a light wind | a light tap on the door | a slight headache | a faint sound* | **lekki sen** light sleep **3** *(łatwy, prosty)* light, lightweight, easy: *a light comedy on TV | light work | She's written several lightweight novels. | an easy life* **4** *(niskokaloryczny)* light: *a light dessert* **5** *(stosunek do czegoś)* relaxed: *a relaxed attitude to money* **6** *(ubranie)* light, lightweight: *a light sweater | a lightweight jacket* **7 mieć lekką rękę** be free with your money —**lekkość** *n* lightness

lekko *adv* **1** lightly: *He touched her lightly on the shoulder. | Sprinkle sugar lightly over the cake* (=posyp ciasto lekko cukrem). **2 lekko ranny** slightly wounded **3 traktować coś lekko** take sth lightly: *You cannot take divorce lightly.* **4 lekko licząc** at least: *It will take you at least 20 minutes to get there.*

lekkoatletyka *n* athletics *BrE*, track and field *AmE* —**lekkoatletyczny** *adj* athletic *BrE*, track(-and-field) *AmE*: *a track meet* (=mityng) | *track-and-field events* (=konkurencje) —**lekkoatlet-a/ka** *n* athlete

lekkomyślny *adj* reckless: *reckless driving* —**lekkomyślnie** *adv* recklessly —**lekkomyślność** *n* recklessness

leksykon *n* lexicon THESAURUS BOOK —**leksykalny** *adj* lexical

lektor/ka *n* **1** *(języka obcego)* instructor: *an English instructor* **2** *(spiker/ka)* announcer

lektura *n* **1** reading: *Her main reading seems to be mystery novels.* **2 spis/lista lektur** reading list

UWAGA: lektura i lecture

Angielski rzeczownik **lecture** nie znaczy „lektura", tylko „wykład".

lemoniada *n* lemonade

len *n* **1** *(tkanina)* linen **2** *(roślina)* flax

leniuchować *v* laze (around/about): *They spent the afternoon lazing around on the beach.*

leniwy *adj* lazy: *Eric is very lazy.* | *a lazy summer afternoon* —**leniwie** *adv* lazily —**lenistwo** *n* laziness

lepić *v* **1** *(formować)* mould *BrE*, mold *AmE*: **lepić coś z plasteliny/gliny** mould sth in plasticine/clay **2** *(sklejać)* glue (together) **3 lepić bałwana** make a snowman
lepić się *v* **1** *(kleić się)* stick: *It was so hot his shirt was sticking to his back.* **2** *(być lepkim)* be sticky: *Your hands are all sticky.* →patrz też ULEPIĆ, ZLEPIĆ

lepiej *adv* **1** better: *The private schools tend to be better equipped.* | **+niż/od** *He can speak French better than I can.* | **o wiele lepiej** a lot/much better: *I know him a lot better now.* | *It's much better to tell the truth.* | **coraz lepiej** better and better: *I feel I'm doing better and better now.* | **czuć się/mieć się lepiej** be/feel better: *She's better today, the doctor says.* | *I'm feeling better, thank you.* THESAURUS HEALTHY **2 tym lepiej** all the better: *If we put more drug dealers in jail, all the better for the people of this state.* | **im wcześniej, tym lepiej** the sooner the better: *The school finishes at the end of the week, and the sooner the better as far as I am concerned* (=jeśli o mnie chodzi). | **im szybciej, tym lepiej** the faster the better | **im więcej, tym lepiej** the more the better **3 lepiej zrób coś** (you'd) better do sth: *Better go and phone her to check she's in.* | *You'd better see a doctor.* | **lepiej byłoby zrobić coś** it would be better to do sth: *It would be better to install a shower rather than a bath.* **4 lepiej późno niż wcale** better late than never

lepki *adj* **1** sticky: *a sticky substance* | *Jeremy's hands were sticky with jam.* **2** *(od potu)* clammy: *clammy hands* | *clammy with sweat* **3 mieć lepkie ręce** *(skłonność do kradzieży)* have sticky fingers

lepszy *adj* **1** *(jakościowo)* better, superior: **+niż/od** *Your stereo is better than mine.* | *a new design that is superior to anything previously produced* | **o wiele lepszy (od czegoś)** much/far better (than sth): *It's a much better model than the previous one.* | *a far better job* | **coraz lepszy** better and better: *The teacher says that her schoolwork is getting better and better.* **2** *(bardziej odpowiedni)* preferable: **+niż/od** *Anything is preferable to war.* **3 zmiana na lepsze** a change for the better **4 pierwszy lepszy** any (old): *I'm not sharing a room* (=nie będę dzielić pokoju) *with any old fool.* **5 kto pierwszy, ten lepszy** first come, first served

lesbijka *n* lesbian —**lesbijski** *adj* lesbian

leszczyna *n* hazel

leśnictwo *n* **1** *(dziedzina)* forestry **2** *(obszar)* managed forest —**leśniczy** *n* forester —**leśniczówka** *n* forester's lodge

leśny *adj* forest: *a forest road* | **teren leśny** woodland

letarg *n* lethargy

L

letni *adj* **1** *(związany z latem)* summer: *summer holidays* | *a summer dress* **2** *(ani zimny, ani gorący)* lukewarm, tepid: *Why do British people like lukewarm beer?* | *tepid coffee* **3 czas letni** Daylight Saving Time

letni-k/czka *n* holiday-maker

letniskowy *adj* **domek letniskowy** summerhouse

lew *n* **1** lion **2 walczyć jak lew** fight bravely **3 Lew** Leo: **urodzony pod znakiem Lwa** born under Leo: *good news for those born under Leo* **4 lew morski** sea lion

lewica *n* the Left: **skrajna lewica** the far Left —**lewicowy** *adj* left-wing: *a left-wing newspaper* —**lewicowiec** *n* left-winger

lewitacja *n* levitation

lewo *adv* **1 na lewo** *(po lewej stronie)* on the/your left: *It's on the left.* | *On your left you can see the Houses of Parliament.* | **na lewo od czegoś** to the left of sth: *Our house is to the left of the school.* **2 w lewo** left, to the left: *Turn the knob* (=gałkę) *to the left.* **3 skręcić w/na lewo** turn left: *Turn left at the church.* **4 na lewo** *(załatwić itp.)* on the sly: *I cook at a restaurant in town. And I sew a little on the sly.*

left

no left turn

straight ahead

go right

leworęczny *adj* left-handed

lewoskrzydłowy *n* left winger

lewy *adj* **1 a)** *(z czyjejś lewej strony)* left: *Jim's broken his left leg.* | *the left margin* **b)** *(z lewej strony czegoś)* left-hand: *We live about halfway down the street on the left-hand side.* | *the top left-hand drawer* **2 po lewej stronie** on the/your left: *Take the next road on the left.* | *It's the second door on your left.* **3 lewa strona** *(tkaniny, bluzki itp.)* inside, wrong side: **być na lewej stronie** be inside out: *Your shirt is inside out.* | **odwrócić coś na lewą stronę** turn sth inside out: *Turn cushion covers inside out to wash them.* **4** *(nielegalny)* illicit: *He was running an illicit business from his college room.* | *illicit financial dealings* **5** *(podrobiony, fałszywy)* fake, forged: *a fake passport* | *forged documents* **6 mieć dwie lewe ręce** be all (fingers and) thumbs: *Gary's all thumbs when it comes to fixing anything* (=kiedy trzeba coś naprawić). **7 wstać (z łóżka) lewą nogą** get out of bed (on) the wrong side *BrE*, get up on the wrong side of the bed *AmE*

leżak *n* deckchair

leżeć *v* **1** *(w łóżku itp.)* lie: *We lay on the beach all morning.* | *I often lie in bed reading.* **2** *(znajdować się)* lie: *The town lies to the east of the lake.* **3 leżeć w szpitalu** be in hospital: *My mother is in hospital at the moment.* **4** *(być pochowanym)* be buried: *Auntie Jo is buried in Woodlawn Cemetery.* **5 coś komuś leży** *(odpowiada)* sth suits sb: *a job that would suit a young person* **6 dobrze/idealnie leżeć** be a good/perfect fit: *The skirt's a perfect fit.* | **leżeć na kimś jak ulał** fit sb like a glove: *The dress fitted her like a glove.* **7 leżeć na pieniądzach/forsie** be rolling in it: *If James can afford that car, he must be rolling in it!* **8 leżeć do góry brzuchem** loaf (around): *The rest of the time he* *just loafed around.* **9 leżeć odłogiem** lie fallow: *Let it lie fallow over winter.* **10 leżeć w czyimś interesie** be in sb's interest: *It is in your interest to come to the meeting.* **11 coś leży komuś na sercu** sb has sth at heart **12 coś leży komuś na wątrobie** sth is eating (at) sb: *What's eating you? Spit it out!* **13 pieniądze leżą na ulicy** the streets are paved with gold

UWAGA: lie

Czasownik **lie** w znaczeniu „leżeć" odmienia się nieregularnie: **lay, lain**. Porównaj z **lie** w znaczeniu „kłamać".

lęg *n* **1** *(wylęganie się)* hatching **2** *(pisklęta)* brood

lęgowy *adj* **pora lęgowa** breeding season | **miejsce lęgowe** breeding ground

lęk *n* **1** fear, anxiety: *The boy's eyes were full of fear.* | *I've tried to identify all sources of anxiety and eliminate them from my life.* | **lęk przed czymś** fear of sth, apprehension about sth: *his fear of flying* | *a natural apprehension about being in hospital* | **napawać kogoś lękiem** fill sb with fear/apprehension: *The sight filled us with fear.* **2 pełen lęku** apprehensive **3 lęk wysokości** fear of heights: *I didn't think I'd ever conquer* (=że kiedykolwiek pokonam) *my fear of heights.*

lękać się *v* be afraid: *Don't be afraid.* | **+czegoś** of sth: *Most children are afraid of the dark.* | **+o kogoś/coś** for sb/sth: *I thought you were in danger and I was afraid for you.*

lękliwy *adj* timid: *a timid child*

lgnąć *v* **1** *(przylepiać się)* cling: *My wet shirt clung to my body.* **2 lgnąć do kogoś** *(garnąć się)* feel attracted to sb →patrz też PRZYLGNĄĆ

libacja *n* drinking binge

liberalizacja *n* liberalization, liberalisation *BrE* —**liberalizować** *v* liberalize, liberalise *BrE*

liberalny *adj* liberal: *a liberal attitude towards sex* —**liberalizm** *n* liberalism —**liberał** *n* liberal

libido *n* libido

licencja *n* **1** licence *BrE*, license *AmE*: *a licence to sell alcohol* | **na licencji** under licence: *Some German beers are brewed under licence in Canada.* **2 licencja poetycka** poetic licence —**licencyjny** *adj* licensed, licenced *BrE*

licencjat *n* Bachelor's degree, BA

liceum *n* secondary school *BrE*, high school *AmE* —**licealist-a/ka** *n* secondary school student *BrE*, high school student *AmE* —**licealny** *adj* secondary school *BrE*, high school *AmE*

licho *n* **1 co u licha ... ?** what on earth ... ?: *What on earth made you say such a stupid thing?* **2 do licha z nim/tym!** to hell with him/it! **3 niech go/to licho (porwie/weźmie)** damn him/it! **4 niech mnie licho!** I'll be damned! **5 po kiego licha/po jakie licho** why on earth: *Why on earth should she save all those cards?* **6 licho wie** God knows: *God knows where he is now.* **7 pal licho** to hell with it **8 licho nie śpi** the devil never sleeps

lichwa *n* usury

lichy *adj* poor: *a poor swimmer* | *the team's poor performance* THESAURUS WEAK

lico *n* face

licytacja *n* **1** *(sprzedaż)* auction: **wystawić na licytację** put up for auction: *The car was put up for auction.* | **sprzedać na licytacji** auction: *The contents of the house were auctioned to pay off the family's debts.* **2** *(w kartach)* bidding

licytować *v* **1** *(sprzedawać)* auction: *One of the Beatles' guitars is being auctioned for charity.* **2** *(proponować cenę)* bid: *Freeman bid £50,000 for an antique table.* **3** *(w kartach)* bid

licytować się *v (przechwalać się)* trade boasts: *The two sales reps stood in the bar trading boasts about who would sell the most that month.*

liczba *n* **1** number: *Add the numbers 7, 4, and 3.* | *The number of cars on our roads rose dramatically last year.* | **liczba parzysta/nieparzysta** even/odd number **2 liczba ofiar (śmiertelnych)** (death) toll: *The death toll has risen to 83.* **3 liczba pojedyncza/mnoga** the singular/plural —**liczbowy** *adj* numerical —**liczbowo** *adv* numerically

UWAGA: duża liczba

Po angielsku nie mówi się „a big number", tylko **a large number**: *A large number of factories have closed in recent months.*

liczebnik *n* **liczebnik główny** cardinal number: **liczebnik porządkowy** ordinal number

liczebność *n* number: *The number of cars on our roads rose dramatically.* —**liczebny** *adj* numerical: *the numerical superiority* (=przewaga liczebna) *of the government forces* —**liczebnie** *adv* numerically

licznik *n* meter: *a gas meter* | *So far nobody's come to read the meter.* | **licznik samochodowy** speedometer | **licznik przebiegu** clock

liczny *adj* numerous: *We've discussed this before on numerous occasions.* —**licznie** *adv* in large numbers: *Celebrities gathered in large numbers yesterday to pay their last respects.*

liczyć *v* **1** *(wymieniać liczby po kolei)* count: *At nursery school the children start learning to count.* | *Try to count to ten before you lose your temper.* THESAURUS EXCEPT **2** *(dodawać)* count (up): *The teacher was counting (up) the children as they got on the bus.* **3** *(rachować, obliczać)* calculate: *Their accountant is calculating the total cost of the project.* **4** *(wynosić)* number: *The crowd numbered around 20,000.* **5 liczyć barany** count sheep: *I was lying in bed counting sheep.* **6 liczyć na kogoś** count on sb: *You can always count on him in a crisis.* **7 liczyć na coś** count/bank on sth: *We were counting on your help.* | *The Chancellor is banking on a spending boom to boost the economy* (=liczy na szał zakupów, który ożywi gospodarkę). **8 nie licząc ... a)** not counting ...: *four hundred and eighteen persons, not counting the women and small children* **b)** *(cena, koszt)* exclusive of ...: *The price of the trip is $450, exclusive of meals.* →patrz też ZLICZYĆ, POLICZYĆ, OBLICZYĆ

liczyć się *v* **1** *(być ważnym)* count: *Everyone's opinion counts.* | *You cheated, so your score doesn't count.* **2** *(być uwzględnianym)* count **+jako** as: *For tax purposes that counts as unearned income.* | *Your sculpture class counts as a Humanities credit.* **3 liczyć się z czymś** *(brać pod uwagę)* reckon with sth: *We hadn't reckoned with the possibility it might rain.* **4 liczyć się z kimś/czymś** *(szanować)* respect sb/sth, reckon with sb/sth: *He's not the most popular teacher but the students respect him.* | *John always respected Matthew's opinion.* | *The Huskies are a team to be reckoned with this season.* **5 nie liczyć się z kimś** take sb for granted: *He spends all his time at work and takes his family for granted.* **6 licz się ze słowami** watch your tongue

L

liczydło *n* abacus

lider/ka *n* leader

lifting *n (twarzy)* facelift

liga *n* **1** *(w sporcie)* league: *the football league* | **pierwsza liga** first division **2** *(stowarzyszenie)* league: *the League of Nations* —**ligowy** *adj* league: *league matches*

lik *n* **bez liku** galore: *a rich kid, with toys galore* (=mający zabawek bez liku)

likier *n* liqueur

likwidacja *n* **1** *(firmy, instytucji)* liquidation, closure: *The company has gone into liquidation.* | *the closure of the hospital* **2** *(człowieka)* elimination: *the elimination of dissidents* (=dysydentów) **3** *(zanieczyszczeń, zbrojeń)* disposal, elimination: *waste disposal* | *the control and elimination of nuclear weapons*

likwidować *v* **1** *(przedsiębiorstwo)* close down, liquidate: *Hundreds of coal mines have been closed down since the agreement was signed.* **2** *(wrogów politycznych itp.)* liquidate, eliminate **3** *(zanieczyszczenia, zbrojenia)* eliminate: *a plan to eliminate all chemical weapons* —**likwidator** *n* liquidator: *The company is now in the hands of liquidators.* →patrz też ZLIKWIDOWAĆ

lila *adj* →patrz LILIOWY

lilia *n* lily

liliowy *adj także* **lila** lilac

limeryk *n* limerick

limit *n* limit: *a time limit* —**limitować** *v* limit: *to limit imports of foreign cars*

limona *n także* **limonka** lime

limuzyna *n* limousine

lina *n* **1** rope: *They tied a rope around the dog's neck.* **2 lina ratunkowa** lifeline

lincz *n* lynching —**linczować** *v* lynch

linearny *adj* linear: *linear thinking*

lingwistyka *n* linguistics —**lingwistyczny** *adj* linguistic: *a child's linguistic development* —**lingwist-a/ka** *n* linguist

linia *n* **1** line: *Draw a straight line from A to B.* **2 w linie** lined: *a lined notebook* **3 linia brzegowa** coastline **4 linia frontu** the front line: *troops in the front line* **5 linia lotnicza** airline **6 mieć linię** have a great figure: *She has a great figure.* **7 dbać o linię** watch your weight: *You need to watch your weight.*

linieć *v* moult *BrE*, molt *AmE*

linijka *n* **1** *(przyrząd)* ruler **2** *(piosenki, wiersza)* line

liniowiec *n* liner: *a cruise liner*

liniowy *adj* linear: *linear measurements* —**liniowo** *adv* linearly

linka *n* **1** cord **2 linka holownicza** towline

linowy *adj* **1** rope: *a rope ladder* (=drabinka) **2 kolejka linowa a)** *(wagonik)* cable car **b)** *(urządzenie)* cable railway

lipa *n* **1** *(drzewo)* lime, linden *AmE* **2** *(tandeta)* trash: *There's so much trash on TV these days.* —**lipowy** *adj* lime

lipiec *n* July: **w lipcu** in July: *Her second novel was published in July.* —**lipcowy** *adj* July: *a July morning*

liryczny *adj* lyrical: *lyrical poetry* —**liry-k/czka** *n* lyric poet

lis *n* **1** *(zwierzę)* fox **2** *(futro)* fox fur **3 chytry jak lis** (as) sly as a fox

lisica *n* vixen

list *n* **1** letter: *Could you post this letter for me?* | **list zwykły** surface mail letter | **list lotniczy** airmail letter | **list polecony** registered letter **2 list motywacyjny** letter of application, covering letter *BrE*, cover letter *AmE* **3 list polecający** reference: *I must ask my boss to write me a reference.*

> **UWAGA: napisać list**
>
> „Napisać (list) do kogoś" to po angielsku **write sb a letter**: *I wrote her several letters, but she didn't reply.* Możemy też powiedzieć po prostu **write to sb**, a w amerykańskiej angielszczyźnie także **write sb**: *Have you written to John yet?* | *Steve wrote me about the wedding.*

lista *n* **1** list: *a shopping list* | *Do you have a list of names and addresses?* | *We have over 300 people on our list.* | **sporządzić/zrobić listę** make a list: *Make a list of all the equipment you need.* **2 lista oczekujących** waiting list **3 lista nazwisk** roll: *the union membership roll* **4 lista płac** payroll **5 lista przebojów** the charts: *The song has been at the top of the charts for over six weeks.* **6 lista odtwarzania** playlist

listek *n* **1** leaf **2 listek figowy** fig leaf

listewka *n* →patrz LISTWA

listonosz *n* postman *BrE*, mailman *AmE*

listopad *n* November: **w listopadzie** in November: *There's to be a local election in November.* —**listopadowy** *adj* November: *a cold November night*

listowie *n* foliage

listownie *adv* by letter: *Our clients have been informed of the situation by letter.*

listowy *adj* **papier listowy** notepaper

listwa *n* **1** batten **2 listwa podłogowa** skirting board

liszaj *n* lichen

liściasty *adj* **1** *(nie iglasty)* deciduous: *deciduous forest* **2** *(mający dużo liści)* leafy: *leafy vegetables*

liścik *n* note

liść *n* **1** leaf: *a tree with red leaves* **2 liść laurowy/bobkowy** bay leaf

> **UWAGA: leaf**
>
> Rzeczownik **leaf** ma nieregularną formę liczby mnogiej: **leaves**.

litania *n* **1** *(modlitwa)* litany **2** *(długa lista)* litany: *a litany of complaints*

litera *n* **1** letter: *the letter A* | **wielka/duża litera** capital (letter): *Write your name in capitals.* | **mała litera** lower case letter, small letter | **drukowane litery** block capitals: *Complete the form in block capitals.* **2 cztery litery** your bottom: *He fell on his bottom.* —**literowy** *adj* letter

literacki *adj* literary: *literary criticism* | *literary language*

literat/ka *n* man/woman of letters

> **UWAGA: literat i literate**
>
> Angielski wyraz **literate** to nie rzeczownik oznaczający pisarza, tylko przymiotnik oznaczający osobę umiejącą czytać i pisać.

L

literatura *n* **1** literature: *the great classics of English literature* | **literatura piękna** fiction | **literatura faktu** nonfiction THESAURUS BOOK **2** *(bibliografia)* bibliography

literówka *n* misprint

litość *n* **1** mercy: *The rebels showed no mercy.* | **bez litości** without mercy | **błagać o litość** beg/plead for mercy: *The hostages pleaded for mercy.* | **mieć litość nad kimś** have mercy on sb: *Lord, have mercy on us.* **2 z/robić coś z litości** do sth out of pity: *You said you didn't like my painting, so don't buy it out of pity.* **3 na litość boską!** for heaven's sake! —**litościwy** *adj* merciful

litować się *v* **litować się nad kimś** show compassion to sb: *He showed compassion to every disadvantaged child.*

litr *n* litre *BrE*, liter *AmE*: *a litre of water* —**litrowy** *adj* one-litre

liturgia *n* liturgy —**liturgiczny** *adj* liturgical

Litwa *n* Lithuania —**litewski** *adj* Lithuanian —**Litwin/ka** *n* Lithuanian

lity *adj* solid: *solid gold*

lizać *v* **1** lick: *The children sat licking their lollipops.* **2 lizać rany** lick your wounds: *Many defeated conservatives were licking their wounds.* **3 palce lizać!** yummy!

lizak *n* lollipop *BrE*, lollypop *AmE*

lizus/ka *n* toady, creep *BrE* —**lizusowaty** *adj* slimy

liźnięcie *n* lick

lniany *adj* **1** *(odzież)* linen: *a linen jacket* **2** *(olej)* linseed: *linseed oil*

lob *n* lob —**lobować** *v* lob

lobby *n* lobby: *the anti-smoking lobby* —**lobbing** *n* lobby, lobbying: *a mass lobby of Parliament by women's organizations* | *His action was the simple result of successful lobbying.* —**lobbyst-a/ka** *n* lobbyist

loch *n* dungeon

loczek *n* →patrz LOK

lodołamacz *n* icebreaker

lodowato *adv* **lodowato zimny** ice-cold

lodowaty *adj* **1** *(zimny)* ice-cold, icy: *ice-cold drinks* | *an icy wind* THESAURUS COLD **2** *(spojrzenie, przyjęcie)* icy: *an icy glare/stare* | *Her question got an icy response from the chairman.* **3** *(człowiek, zachowanie)* cold: *He's a very cold man, very aloof* (=wyniosły) *and arrogant.* | *Martin was very cold towards me* (=potraktował mnie lodowato) *at the party.*

lodowiec *n* glacier —**lodowcowy** *adj* glacial: *glacial streams*

lodowisko *n* ice rink, skating rink

lodówka *n* fridge, refrigerator: *Put the juice in the fridge.*

lody *n* ice cream: *vanilla/chocolate ice cream* →patrz też LÓD

logarytm *n* logarithm —**logarytmiczny** *adj* logarithmic: *logarithmic tables*

logiczny *adj* logical: *logical reasoning* | *a logical error* | *Men often accuse women of not being logical.* —**logicznie** *adv* logically

logika *n* logic: *This theory is based on pure logic.* | *There's no logic in releasing criminals just because prisons are crowded.* —**logi-k/czka** *n* logician

logistyczny *adj* logistical

logo *n* logo

lojalny *adj* loyal: *a loyal friend* | *Dennis will always be loyal to this government.* —**lojalność** *n* loyalty: *The company demands loyalty from its workers.* —**lojalnie** *adv* loyally

lok *n* curl: *a little girl with blonde curls*

lokaj *n* footman

lokal *n* **1** *(pomieszczenie)* accommodation: *rented accommodation* **2** *(restauracja, kawiarnia)* joint: *a hamburger joint* | *cafes and jazz joints* **3 nocny lokal** nightclub **4 lokal wyborczy** polling station, polling place *AmE*

UWAGA: lokal i local

Angielski wyraz **local** jako rzeczownik nie jest odpowiednikiem polskiego „lokalu". W brytyjskiej angielszczyźnie potocznej wyraz ten oznacza pub znajdujący się w pobliżu czyjegoś miejsca zamieszkania: *I usually have a pint or two at my local on Friday nights.*

lokalizacja *n* location: *a map showing the location of the school* THESAURUS PLACE

lokalizować *v* →patrz ZLOKALIZOWAĆ

lokalny *adj* **1** local: *Our kids go to the local school.* | *the local newspaper* THESAURUS NEAR **2 sieć lokalna** local area network, LAN —**lokalnie** *adv* locally: *Most of the country will be dry but there will be some rain locally.*

lokata *n* **1** *(kapitału)* investment: *We bought the house as an investment.* **2** *(miejsce, pozycja w rankingu)* place: *Jerry finished in third place.*

lokator/ka *n* **1** lodger, tenant **2 dziki lokator** squatter

lokatorski *adj* **mieszkanie lokatorskie** rented flat *BrE*, apartment *AmE*

lokomocyjny *adj* **choroba lokomocyjna** travel sickness, motion sickness *AmE*: **cierpieć na chorobę lokomocyjną** get travel-sick, get motion sickness *AmE*: *I get motion sickness when I sit in the back of a car.*

lokomotywa *n* engine, locomotive

lokować *v* **1** *(pieniądze, kapitał)* invest: *Money should be invested carefully.* **2** *(siedzibę itp.)* place **3 lokować w kimś swoje nadzieje** pin your hopes on sb: *He was pinning his hopes on Guy.* →patrz też ULOKOWAĆ

lokówka *n* curling tongs *BrE*, irons *AmE*

lokum *n* dwelling

lombard *n* pawnshop

lord *n* lord

lornetka *n* binoculars

los *n* **1** *(koleje życia)* lot: *Hers is not a happy lot.* **2** *(przeznaczenie)* fate: *Fate brought us together.* | *No one knows what the fate of the refugees will be.* **3** *(na loterii)* (lottery) ticket **4 (dziwnym) zrządzeniem losu** by a (strange) twist of fate, by a quirk of fate: *By a strange twist of fate, we were on the same plane.* **5 zdać się na los szczęścia** leave (it) all to chance: *You'll have to leave it all to chance.* **6 ciągnąć losy** draw lots: *They drew lots to see who would leave first.* **7 wygrać los na loterii** have/get a lucky break **8 masz ci los!** bother!: *Oh, bother! I've forgotten my wallet.* **9 ofiara losu** (born) loser: *Pam's boyfriend is such a loser!* | *I swear Joe's a born loser.*

losować *v* draw lots: *We drew lots to see who would go first.*

losowy *adj* random: *a random survey* —**losowo** *adv* randomly: *seven randomly chosen numbers*

lot *n* **1** *(ptaka)* flight: *a bird in flight* **2** *(samolotem)* flight: *When is the next flight to Miami?* THESAURUS JOURNEY **3 widok z lotu ptaka** bird's eye view **4 w lot** instantly: *He knew instantly* (=poznał w lot, że) *something was wrong.* **5 wysokich/niskich lotów** ambitious/unambitious

loteria *n* **1** lottery: **wygrać na loterii** win the lottery: *I'm hoping to win the lottery and live a life of luxury!* **2 loteria fantowa** raffle **3** *(niepewna sytuacja)* lottery: *A baby's sex is a genetic lottery.* →patrz też **wygrać los na loterii** (LOS)

lotka *n* **1** *(do badmintona)* shuttlecock **2** *(ptaka)* flight feather

lotnia *n* hang glider —**lotniarstwo** *n* hang gliding

lotnictwo *n* aviation

lotniczy *adj* **1 linia lotnicza** airline **2 katastrofa lotnicza** air disaster, plane crash **3 pocztą lotniczą** by airmail: *It's quicker to send letters by airmail.*

lotnik *n* pilot

lotnisko *n* airport: *We'll meet you at the airport.*

lotniskowiec *n* aircraft carrier

lotny *adj* **1** *(substancja)* volatile **2** *(człowiek)* bright: *She's very bright.* **3 lotny umysł** acute mind: *Simon's manner concealed an agile and acute mind.*

loża *n* **1** *(w teatrze)* box: **loża honorowa** royal box/enclosure **2 Loża Masońska** Masonic lodge

lód *n* **1** *(zamarznięta woda)* ice: *Do you want some ice in your drink?* **2** *(do jedzenia)* ice cream: *Mummy, can I have an ice cream?* | **lód na patyku** ice lolly **3 przełamywać (pierwsze) lody** break the ice: *I tried to break the ice by offering her a drink but she said no.* **4 zostawić kogoś/zostać na lodzie** leave sb/be left in the lurch: *She left her boss in the lurch by quitting without notice.* | *I felt let down* (=zawiedziony), *left in the lurch.* **5 mieć forsy/pieniędzy jak lodu** have money to burn: *People who buy expensive cars have money to burn and they want you to know it.* **6 zimny jak lód** as cold as ice: *Her hand were as cold as ice.* →patrz też **zamki na lodzie** (ZAMEK)

lśnić *v* **1** glisten, glitter: *Her dark hair glistened in the moonlight.* | *Snow was glittering in the morning light.* **2 lśnić czystością** be spotless: *Her kitchen was spotless.* —**lśniący** *adj* glittering, glossy: *glittering jewels* | *glossy, healthy hair*

lub *conj* or: *You can go by train or by plane.*

lubić *v* **1** *(czuć sympatię)* like, be fond of: *He likes Amy a lot.* | *She's very fond of children.* **2** *(znajdować przyjemność)* like: *Do you like your job?* | *Bill doesn't like Chinese food.* | **lubić coś robić** like doing/to do sth, be fond of doing sth: *I really like swimming.* | *Pam doesn't like to walk home late at night.* | *They're fond of using legal jargon.* **3** *(interesować się)* be keen on *BrE*: *Dennis is keen on photography.* | *I'm not very keen on their music.* THESAURUS LIKE

> **UWAGA: like**
>
> Zwykle nie ma znaczenia, czy powiemy **like doing sth**, czy **like to do sth**. Kiedy jednak chodzi o konkretny stan, sytuację lub miejsce, musimy użyć zwrotu **like doing sth**: *I like living in London* (nie „I like to live in London"). Nie mówi się też „I like very much watching TV", tylko **I really like watching TV**.

lubować się *v* **lubować się w czymś** delight in sth: *She delights in shocking people.* —**lubość** *n* pleasure: *She took great pleasure in telling him* (=z prawdziwą lubością powiedziała mu) *that he was wrong.*

lub-y/a *n* beloved: *It was a gift from my beloved.*

lud *n* **1** *(ogół społeczeństwa)* the people: *Lincoln spoke of 'government of the people, by the people, for the people'.* **2** *(określona społeczność)* people, nation: *the peoples of Africa* | *the Cherokee nation* **3** *(pospólstwo)* the people **4 lud Boży** God's people **5 kupa/pełno luda** crowds of people

ludność *n* population: *the local population* THESAURUS PEOPLE

ludny *adj* populous: *Sichuan is China's most populous province.*

ludobójstwo *n* genocide

ludowy *adj* **1** *(dotyczący tradycji wiejskiej)* folk: *folk art* | *folk dances* **2** *(związany z ludem)* people's: *People's Republic of China* **3** *(partia)* peasant: *the National Peasant Party*

ludożerca *n* cannibal

ludzie *n* **1** people: *Were there many people at the meeting?* | *Sometimes people think we are sisters.* | *People enjoy reading about the rich and famous.* THESAURUS PEOPLE **2 ludzie interesu** business people: *a meeting between local politicians and business people* **3 przy ludziach** in public: *He was always very nice to her in public.* **4 słuchajcie, ludzie!** listen up, folks! **5 wyjdzie na ludzi/będą z niego ludzie** he will grow into a man **6 wypadki chodzą po ludziach** accidents will happen →patrz też CZŁOWIEK, OSOBA

> **UWAGA: people**
>
> Zwróć uwagę, że **people** w znaczeniu „ludzie" nie ma końcówki **-s**, mimo że jest rzeczownikiem w liczbie mnogiej.

ludzik *n* **1** *(figurka)* figurine **2** *(człowieczek)* little guy

ludziska *n* people

ludzki *adj* **1** *(dotyczący człowieka)* human: *the human voice* | *human weaknesses* | **istota ludzka** human being | **natura ludzka** human nature | **rodzaj ludzki** the human race **2** *(humanitarny)* humane: *humane ways of transporting livestock* **3 po ludzku a)** *(przyzwoicie)* decently: *You could at least try to behave decently towards the people you have to work with.* **b)** *(należycie)* properly: *Can't you tidy your things up properly instead of just throwing them on the floor?* **4 być/leżeć w ludzkiej mocy** be humanly possible: *It's not humanly possible to finish the building by next week.*

ludzkość *n* humankind, mankind: *one of the most important events in the history of humankind* THESAURUS PEOPLE

> **UWAGA: mankind i humankind**
>
> Wielu ludzi uważa, że używanie rzeczownika **mankind** w odniesieniu do całej ludzkości dyskryminuje kobiety. Zamiast wyrazów zawierających człon **man**, lepiej więc używać innych form, w tym wypadku **humankind**.

lufa *n* barrel

lufcik *n* window vent

luk *n* hatch

luka *n* **1** *(puste miejsce)* blank: *Fill in the blanks on the application form.* **2** *(brak)* gap: *There are huge gaps in my knowledge of history.* **3 luka prawna** loophole: *tax loopholes*

lukier *n* icing, frosting *AmE*: *The cake was decorated with icing.* | *a thick layer of frosting* —**lukrować** *v* ice, frost *AmE* —**lukrowany** *adj* iced, frosted *AmE*

lukratywny *adj* lucrative: *a lucrative contract*

lukrecja *n* liquorice *BrE*, licorice *AmE*

luksus *n* luxury: *Caviar! I'm not used to such luxury!* | **luksusy** luxuries: *We can't afford luxuries like music lessons.* THESAURUS COMFORTABLE —**luksusowy** *adj* luxurious: *They stayed in a luxurious hotel.*

luminarz *n* luminary

luminescencyjny *adj* luminous

lunaty-k/czka *n* sleepwalker —**lunatykować** *v* sleepwalk

UWAGA: lunatyk i lunatic

Angielski rzeczownik **lunatic** nie oznacza „lunatyka", tylko „szaleńca".

lunch *n* lunch: *It's almost one o'clock. Let's go to lunch.*

luneta *n* telescope

lusterko *n* **1** pocket mirror **2** *(samochodowe)* mirror: *Check your mirror before overtaking* (=zanim zaczniesz wyprzedzać). | **lusterko wsteczne** rear-view mirror | **lusterko boczne** wing mirror *BrE*, side-view mirror *AmE*

lustracja *n* **1** scrutiny **2** *(polityczna)* vetting —**lustracyjny** *adj* review: *a review body*

lustro *n* **1** *(zwierciadło)* mirror: *He glanced at his reflection in the mirror.* **2 a)** *(poziom wody)* water-level **b)** *(powierzchnia wody)* surface —**lustrzany** *adj* mirror: *a mirror image*

lustrować *v* →patrz ZLUSTROWAĆ

lustrzanka *n* reflex camera

luterański *adj* Lutheran

lutnia *n* lute

luty *n* February: **w lutym** in February: *My sister was born in February.* —**lutowy** *adj* February: *a chilly February morning*

luz *n* **1** *(wolne miejsce)* room, space: *There's still some space in the closet* (=w szafie). **2** *(swoboda)* ease: *He had a natural ease which made him very popular.* | **na luzie** laid-back: *She's easy to talk to, and very laid-back.* **3** *(czas wolny)* free time: *I should have more free time during the later part of the week.* **4** *(między częściami mechanizmu)* clearance **5** *(ustawienie biegów)* neutral: *Start the car in neutral.* **6 luzem** loose: *You can buy the chocolates loose or in a box.*

luzak *n* laid-back guy, cool guy

luźny *adj* **1** *(obszerny)* loose: *a loose sweatshirt* **2** *(chwiejący się, nie umocowany)* loose: *a loose tooth* | *a loose sheet of paper* **3** *(nie napięty)* slack: *a slack rope* **4** *(swobodny)* slack, casual: *slack safety procedures* | *his casual attitude towards work* **5** *(uwaga itp.)* casual: *Pete made a casual remark.* —**luźno** *adv* loosely: *His scarf was loosely tied around his neck.*

lwica *n* lioness

lżyć *v* abuse, insult →patrz też ZELŻYĆ

L

łabędź *n* swan

łachmany *n* rags: *beggars dressed in rags*

łaciaty *adj* **1** spotty, spotted: *a spotty dog* **2** *(koń)* piebald: *a piebald horse*

łacina *n* Latin: **mówić po łacinie** speak Latin —**łaciński** *adj* Latin

ład *n* **1** order: *a social order* **2 bez ładu i składu** without rhyme or reason: *The book is full of trivial facts presented without rhyme or reason.* **3 mówić bez ładu i składu** ramble: *He's getting old now, and tends to ramble.* **4 dojść z kimś do ładu** sort things out with sb: *I can't sort things out with him.* **5 nie móc z czymś dojść do ładu** cannot sort sth out

ładnie *adv* **1** nicely: *a nicely decorated house* | *Ask nicely and I'll give you some chocolate.* | *His arm is healing nicely* (=ładnie się goi). **2 ładnie wyglądać/pachnieć itp.** look/smell etc nice: *You look nice in that suit.* **3 komuś jest ładnie w czymś** sth suits sb: *Short hair really suits you.*

ładny *adj* **1** pretty, nice: *a pretty girl/woman/child* | *a pretty/nice dress/tune/garden* **2** *(dzień, pogoda)* nice, fine: *a nice day* | *fine weather* THESAURUS NICE

ładować *v* **1** load: *to load luggage into the car* | *to load new software into a computer* | *to load a gun* **2** *(akumulator, baterie)* charge **3 ładować w coś pieniądze** pump money into sth: *A lot of investors are pumping money into large companies.* →patrz też ZAŁADOWAĆ

ładować się *v* **1 ładować się do czegoś** pile into sth: *Stop piling into the car!* **2 gdzie się ładujesz?** where do you think you're going?

ładownia *n* hold

ładunek *n* **1** *(statku itp.)* cargo, load: *We sailed from Jamaica with a cargo of rum.* | *a ship carrying a full load of fuel* **2** *(materiał wybuchowy)* charge: **podłożyć ładunek** plant a bomb: *Terrorists planted a bomb in the city centre.* **3** *(elektryczny)* charge: *a positive/negative charge* **4 ładunek emocjonalny** emotional charge: *a novel with a strong emotional charge*

Ł

łagodnie *adv* **1** gently: *Apply the brakes* (=hamuj) *gently.* | *The road curved* (=skręcała) *gently upwards.* | *"You mustn't worry," she said gently.* **2 obchodzić się z kimś/czymś łagodnie** be gentle with sb/sth: *Be gentle with her - she's been through a very difficult time.*

łagodność *n* **1** *(charakteru)* gentleness **2** *(klimatu)* mildness

łagodny *adj* **1** *(człowiek, uśmiech, dotknięcie, zbocze, wiatr)* gentle: *Mia's such a gentle person!* | *a gentle voice/hill/breeze* | **łagodny jak baranek** (as) gentle as a lamb THESAURUS TASTE **2** *(klimat, zima, przebieg choroby, krytyka, ser)* mild: *a mild winter* | *a mild case of flu* | *mild criticism* | *mild cheese* **3** *(muzyka, światło, kolor, wino)* mellow: *mellow music* | *mellow shades of brown and orange* | *a mellow red wine* **4** *(nowotwór, guz)* benign: *a benign tumour* **5** *(wyrok)* light: *a light sentence*

łagodzący *adj* **1** *(maść itp.)* soothing: *a soothing gel* **2 okoliczności łagodzące** mitigating/extenuating circumstances

łagodzić *v* →patrz ZŁAGODZIĆ, ZAŁAGODZIĆ

łajdak *n* rascal, scoundrel

łajno *n* **1** *(krowie, końskie)* dung: *cow dung* **2** *(psie)* shit: *Mind that dog shit!* **3** *(ptasie)* droppings: *bird droppings*

łaknąć *v* *(pragnąć)* crave: *He craved affection.* —**łaknienie** *n* appetite: *excessive* (=wzmożone) *appetite*

łakomy *adj* **1** greedy: *Don't be so greedy - leave some cake for the rest of us!* **2 łakomy na coś** greedy for sth: *Companies are too greedy for profits.* **3 łakomy kąsek** tempting morsel —**łakomstwo** *n* greediness

łamać *v* **1** break: *He was walking through the bushes, breaking twigs and talking to himself.* **2 łamać prawo** break the law: *Young people often break the law.* **3 łamać sobie głowę nad czymś** puzzle one's head over sth: *I've been puzzling my head over this problem for weeks.* **4 łamiesz mi serce** you're breaking my heart **5 łamie mnie w kościach** my bones are aching →patrz też ZŁAMAĆ, POŁAMAĆ, PRZEŁAMAĆ

łamać się *v* **1** break: *The frames are made of plastic and they break easily.* **2** *(głos)* falter: *Her voice falters whenever she mentions her home.* **3 nie łam się!** don't worry!: **co się łamiesz?** what are you worrying for?

łamaniec *n* **łamaniec językowy** tongue-twister

łamany *adj* **1 łamana angielszczyzna/polszczyzna** broken English/Polish **2 łamane przez** *(przy głośnym czytaniu numerów, kodów itp.)* slash, stroke *BrE*: *19 slash 2T* (=19/2T) | *37 stroke 45* (=37/45)

łamigłówka *n* puzzle

łamliwy *adj* brittle: *The twigs* (=gałązki) *were dry and brittle.*

łan *n* field

łańcuch *n* **1** *(metalowy)* chain: *The chandelier was suspended by* (=żyrandol wisiał na) *a heavy chain.* | *We had to stop and put chains on the tires* (=na opony). | *a bicycle chain* | **przymocować łańcuchem** chain: *John chained his bicycle to the fence.* | **skuty łańcuchami** in chains: *There were a number of men in chains.* **2** *(górski)* range, chain: *a mountain range* | *the largest mountain chain in North America* **3** *(ciąg)* sequence, chain: **łańcuch zdarzeń** chain/sequence of events: *the chain of events that caused World War I* | *the sequence of events leading up to a happy end* **4 łańcuch pokarmowy** the food chain

łańcuchowy *adj* **1 reakcja łańcuchowa** chain reaction **2 pies łańcuchowy** guard dog, watchdog

łańcuszek *n* **1** chain: *a delicate gold chain* **2 łańcuszek szczęścia** chain letter

łapa *n* **1** *(zwierzęcia)* paw: *a lion's paw* **2** *(ręka)* paw: *Keep your filthy paws off me!* **3 dać komuś w łapę** grease sb's palm: *You'll have to grease his palm to get inside.* **4 dostać po łapach** have/get one's hands smacked: *Touch it and you'll get your hands smacked.* **5 żyć (z kimś) na kocią łapę** shack up (with sb)

łapać *v* **1** catch: *Catch!* | *This useless cat doesn't catch mice at all.* **2** *(rozumieć)* get it: *I get it.* | **łapiesz?** (do you) get it? **3 z trudem łapać oddech** gasp for breath/air: *Kim crawled out of the pool, gasping for air.* →patrz też ZŁAPAĆ, ZAŁAPAĆ

łapać się *v* **1 łapać się na czymś** catch yourself doing sth: *I often catch myself thinking out loud.* **2 łapać się za brzuch** clutch one's stomach: *Tom fell to the ground* *clutching his stomach.* **3 łapać się za głowę** throw up your hands (in surprise/horror/despair etc)

łapczywy *adj* greedy —**łapczywie** *adv* greedily

łapka *n* →patrz ŁAPA

łapówka *n* bribe: **przyjmować/brać łapówki** accept/ take bribes: *The judge admitted that he had accepted bribes.* —**łapówkarstwo** *n także* **łapownictwo** bribery

łasica *n* weasel

łasić się *v* **łasić się do kogoś** fawn on/upon: *kittens fawning on the old lady*

łaska *n* **1** *(przychylność)* favour *BrE*, favor *AmE*: **wypaść z łask** fall out of favour: *Once a presidential candidate falls out of favour it is very difficult for them to regain popularity.* | **wrócić do łask** be back in favour: *Looks like her old boyfriend is back in favour.* | **wkraść się w czyjeś łaski** insinuate yourself into sb's favour: *He managed to insinuate himself into her favour.* **2** *(litość)* mercy: **błagać o łaskę** beg for mercy: *The prisoners begged for mercy.* | **być zdanym na czyjąś łaskę (i niełaskę)** be at the mercy of sb: *We were at the mercy of the killers.* | **zdać się na czyjąś łaskę** throw yourself on sb's mercy: *Now that you know the truth, all I can do is throw myself on your mercy.* **3 bez łaski!** no favours! **4 prawo łaski** the right of reprieve **5 z łaski swojej** if you please: *Come here, if you please.* **6** *(Boża)* grace: *the grace of God* | **być w stanie łaski** be in a state of grace

łaskawie *adv* **1** graciously: *The Queen smiled graciously.* **2 czy zechciał(a)by Pan/i łaskawie ... ?** would you be so kind as to ... ?

łaskawy *adj* **1** *(uprzejmy)* gracious: *The King was gracious to everyone who met him.* **2** *(przychylny)* favourable *BrE*, favorable *AmE*: *If the weather is favourable, we'll get home soon.*

łaskotać *v* tickle

łata *n* **1** *(na ubraniu)* patch: *an old sweater with patches on the elbows* **2** *(na sierści)* spot: *a white dog with black spots* —**łatać** *v* patch →patrz też ZAŁATAĆ

łatka *n* →patrz ŁATA

łatwizna *n* **1** child's play, piece of cake: *Learning French had been child's play compared with learning Arabic.* | *It was a piece of cake for me.* **2 iść na łatwiznę** cut corners: *Don't try to cut corners!*

łatwo *adv* **1** easily: *This recipe can be made quickly and easily.* **2 łatwo dostępny** readily available **3 łatwo (komuś) coś mówić/powiedzieć** it's/that's all very well (for sb) to say sth: *It's all very well for you to say you're sorry, but I've been waiting here for two hours!*

łatwopalny *adj* flammable, inflammable

łatwość *n* ease: **z łatwością** with ease: *The car took the bends* (=brał zakręty) *with ease.*

łatwowierny *adj* gullible: *gullible tourists* —**łatwowierność** *n* gullibility

łatwy *adj* **1** easy: *I can answer all these questions – they're easy!* | *The divorce wasn't an easy time* (=łatwym okresem) *for Tracy.* | *an easy task* | **łatwy do zrobienia/ zrozumienia/wyjaśnienia itp.** easy to do/understand/ explain etc | **łatwy w obsłudze** easy to use THESAURUS EASY **2 łatwy łup** easy prey: *The elderly are often easy prey for conmen* (=oszustów). **3 łatwe pieniądze** easy money

ława *n* **1** *(stolik)* coffee table **2 ława oskarżonych** the dock *BrE*, the stand *AmE*: **zasiadać na ławie oskarżonych** be in the dock **3 ława przysięgłych** jury

ławeczka *n* bench: *my favourite bench in the park*

ławica *n* school, shoal: *a school of dolphins* | *a shoal of sardines*

ławka *n* **1** bench: *a park bench* **2 ławka kościelna** pew **3 ławka szkolna** school desk **4 ławka rezerwowych** the bench

ławni-k/czka *n* juror

łazić *v* **1** *(owad)* crawl: *Watch out! There's a wasp crawling up your leg.* **2** *(człowiek)* mooch around: *I spent most of the day mooching around the centre of the town.*

łazienka *n* bathroom THESAURUS TOILET —**łazienkowy** *adj* bathroom: *bathroom fittings* (=armatura)

łaźnia *n* baths: *the Roman baths*

łącze *n* link: *a satellite link*

łączka *n* →patrz ŁĄKA

łącznie *adv* **łącznie z a)** including, included: *There were 20 people in the room, including the teacher.* | *There were 20 people in the room, the teacher included.* **b)** *(podając cenę)* inclusive of: *The cost is £600 inclusive of insurance.*

łącznik *n* **1** *(znak interpunkcyjny)* hyphen: **pisany z łącznikiem** hyphenated **2** *(człowiek)* liaison (officer)

łączność *n* **1** *(przekaz informacji)* communications: *The power failure disrupted communications.* **2** *(kontakt)* contact

łączny *adj* inclusive: *an inclusive cost*

łączyć *v* **1** *(elementy, miejsca itp.)* link, connect: *the highway* (=autostrada) *linking Saigon and Hanoi* | *These traditional stories link the past and the present.* **2** *(mieszać)* mix, merge: *Mix the flour and sugar.* | *Glennie's latest CD mixes classical music and rock 'n' roll.* | *to merge text and graphics* **3** *(coś, co trudno połączyć)* combine: *She combines family life with a career.* **4** *(rozmowę telefoniczną)* put through: **łączyć kogoś (z kimś)** put sb through (to sb): *One moment please, I'm putting you through* (=już łączę). →patrz też POŁĄCZYĆ

łączyć się *v* **1** *(mieszać się)* combine, mix: *The two chemicals combine to produce a powerful explosive.* | *water and oil do not mix* **2** *(zlewać się)* merge **+z** *a point where the sea merges into sky* **3** *(stykać się)* connect, join, meet: *I can't see how these pipes connect.* | *the point where the two rivers join* | *His eyebrows meet in the middle.* **4** *(jednoczyć się)* unite

łąka *n* meadow

łeb *n* **1** *(głowa)* head: *Come on, use your head!* **2 brać/ wziąć się za łby** come to blows: *They almost came to blows over the money.* **3 łeb w łeb** neck and neck: *The two horses are running neck and neck.* **4 na łeb, na szyję** headlong: *He ran headlong down a narrow passageway.* **5 brać/wziąć w łeb** fall through: *The deal fell through at the last minute.* **6 mieć łeb (na karku)** have a good head on your shoulders: *Wow, she has a good head on her shoulders, hasn't she?* **7 patrzeć/spoglądać spode łba** scowl: *Nancy scowled at me from across the room.* **8 zakuty łeb** blockhead **9 kocie łby** cobblestones →patrz też **ukręcić komuś łeb** (UKRĘCIĆ)

łebek *także* **łepek** *n* **1** *(ptaka, gwoździa, szpilki)* head **2 od łebka** per head: *How much food should we allow per head?* **3 po łebkach a)** *(pobieżnie)* cursorily: *I've read the magazine cursorily.* **b)** *(byle jak)* any old how: *They did it any old how.*

łebski *adj* brainy: *a brainy guy*

łechtaczka *n* clitoris

łgać *v* lie: **łgać jak pies** lie through your teeth: *It was obvious he was lying through his teeth.*

łkać *v* sob: *Jessie flung herself* (=rzuciła się) *on the bed, sobbing.*

łobuz *n* rascal

łodyga *n* stalk, stem: *Two flowers usually develop on each stalk.* | *a cross-section* (=przekrój) *of a plant stem*

łokieć *n* **1** elbow **2 przepychać się łokciami** elbow one's way: *She elbowed her way through the crowd.*

łom *n* crowbar

łomot *n* **1** *(odgłos upadku)* thud: *He hit the floor with a thud.* **2** *(głośne pukanie)* hammering, banging: *There was a hammering at the door.* **—łomotać** *v* hammer, bang: *Mike was hammering frantically on the door.*

łono *n* **1** *(macica)* womb **2** *(pierś)* bosom **3 na łonie natury/przyrody** (out) in the open: *It was too cold to spend the night out in the open.* **4 łono Kościoła/rodziny** the bosom of the Church/the family **—łonowy** *adj* pubic: *pubic hair*

łopata *n* shovel, spade

łopatka *n* **1** *(kość)* shoulder blade **2 rozłożyć/powalić kogoś na łopatki** floor sb: *The champion floored his opponent with a single punch.* | *Her last question completely floored me.* **3** *(mięso)* shoulder

łopotać *v* flap, flutter: *The ship's sails flapped in the wind.* | *flags fluttering in the wind*

łoskot *n* clatter: *the clatter of dishes*

łosoś *n* salmon **—łososiowy** *adj* salmon: *salmon pink*

łoś *n* **1** elk **2** *(amerykański)* moose

łotr *n* scoundrel, villain: *a charming scoundrel* | *Watch him - he's a bit of a villain.*

Łotwa *n* Latvia **—łotewski** *adj* Latvian **—Łotysz/ka** *n* Latvian

łowca *n* **1** hunter: *a deer hunter* **2 łowca szczęścia** fortune hunter **3 łowca głów** headhunter

łowczy *n* gamekeeper

łowić *v* **łowić ryby** fish →patrz też ZŁOWIĆ

łowiecki *adj* hunting: *hunting ground* (=teren łowiecki)

łowisko *n* fishery

łowny *adj* **zwierzyna łowna** game

łowy *n* hunt, hunting: **iść/wyruszyć na łowy** go hunting

łoże *n* **1** (king-size) bed **2 na łożu śmierci** on your deathbed: *My grandmother gave me that ring when she was on her deathbed.*

Ł

łożyć *v* **łożyć na kogoś/coś** provide for sb/sth

łożysko *n* **1** *(w maszynie)* bearing **2** *(rzeki)* bed: *the river bed*

łódka *n* **1** boat **2** *(żaglówka)* sail boat →patrz też ŁÓDŹ

łódź *n* **1** boat: *fishing boats* **2 łódź motorowa** motor boat **3 łódź ratunkowa** life boat **4 łódź podwodna** submarine: *an atomic submarine*

łój *n* sebum **—łojowy** *adj* sebaceous: *sebaceous glands* (=gruczoły łojowe)

łóżeczko *n (dziecięce)* cot *BrE*, crib *AmE*

łóżko *n* **1** bed: *Simon lay in bed reading for hours.* | *a single/double bed* | **słać łóżko** make the/your bed: *Making the bed is so time-consuming!* | **łóżko piętrowe** bunk beds | **łóżko polowe** camp bed *BrE*, cot *AmE* **2 iść do łóżka** go to bed: *Jamie usually goes to bed at about 7 o'clock.* **3 wyrwać kogoś z łóżka** get sb out of bed: *Sorry for calling so early - I hope I didn't get you out of bed.* **4 pora do łóżka** time for bed: *Time for bed, kids!* **5 iść z kimś do łóżka** go to bed with sb: *How could she go to bed with him?* **6 przykuty do łóżka** bedridden

łóżkowy *adj* **scena łóżkowa** bedroom scene

łuczni-k/czka *n* archer **—łucznictwo** *n* archery

łudzić *v* **1** *(oszukiwać)* delude **2** *(nęcić)* beguile: *Carr beguiled the voters with his good looks and grand talk.*
łudzić się *v* **1** delude yourself: *Gamblers delude themselves that they can win.* | *Don't delude yourself.* **2 przestać się łudzić** face the facts: *It's high time you faced the facts, dear.* | **nie ma się co łudzić** let's face it: *Let's face it - you're never going to be a star player.*

łuk *n* **1** *(broń)* bow: **strzelać z łuku (do czegoś)** shoot arrows (at sth): *I soon realised that shooting arrows wasn't my cup of tea* (=nie było zajęciem dla mnie). **2** *(w architekturze)* arch: *a triumphal arch* **3** *(w geometrii)* arc **4 łuk brwiowy** eyebrow ridge **5 wygiąć (się) w łuk** arch: *The lion arched his back.* →patrz też **omijać kogoś/coś szerokim łukiem** (OMIJAĆ)

łuna *n* glow: *The sky was filled with an orange glow.*

łup *n* **1** booty: *Caesar's armies returned home loaded with* (=obładowane) *booty.* **2** *(z kradzieży sklepu)* loot: *Right lads* (=dobra chłopaki), *pick up the loot, and let's get out of here.* **3 paść łupem kogoś/czegoś** fall into the hands of sb/sth: *The treasure fell into the hands of the enemy.* **4 łupy wojenne** the spoils of war

łupać *v* **1** crack: *I hate cracking nuts, I just love to eat them.* **2 kogoś łupie w krzyżu** sb's back is throbbing

łupień *n* **dać komuś/dostać łupnia** give sb/take a beating: *Our team took a real beating on Saturday.*

łupież *n* dandruff: *I've never had dandruff.*

łupina *n* **1** *(orzecha)* (nut)shell **2** *(ziemniaka)* skin

łuska *n* **1** *(rybia)* scale **2** *(nasienna)* husk

łuszczyć się *v* →patrz ZŁUSZCZAĆ SIĘ

łyczek *n* sip: *He took a sip of coffee.*

łydka *n* calf

> **UWAGA: calf**
>
> Rzeczownik **calf** ma nieregularną formę liczby mnogiej: **calves**.

łyk *n* **1** gulp, mouthful: *He took a gulp and handed the cup back to Rachel.* | *a mouthful of water* **2 łyk (świeżego) powietrza** breath of (fresh) air: *A breath of fresh air would do me good.*

łykać *v* **1** swallow: *to swallow pills* **2** *(szybko)* gulp →patrz też POŁYKAĆ

łyknąć *v* →patrz ŁYKAĆ

łyko *n* wood fibre

łypać *v* **1 łypać na kogoś/coś** eye sb/sth: *The child eyed me with curiosity.* **2 łypać oczami** glance around: *Denis was just glancing around, saying nothing.*

łysieć *v* go bald: *He's going bald.* **—łysiejący** *adj* balding

łysina *n* bald head

łyso *adv* **1 ściąć/ogolić się na łyso** have one's head shaved bald: *My Mum would never let me have my head shaved bald.* **2 komuś zrobiło się łyso** sb felt a right twit: *Believe me, I felt a right twit when I learnt the truth.*

łysy[1] *adj* bald: *The car's tires are completely bald.*

łysy[2] *n* **1** bald person **2** *(skin)* skinhead

łyżeczka *n* **1** spoon: **łyżeczka do herbaty** teaspoon **2 łyżeczka miodu/soli itp.** a spoonful of honey/salt etc

łyżka *n* **1** spoon **2 łyżka śmietany/cukru itp.** a spoonful of cream/sugar etc **3 czubata łyżka** heaped spoon: *Add a heaped spoon of sugar.* **4 łyżka stołowa** tablespoon **5 łyżka wazowa** ladle **6 łyżka do butów** shoehorn

łyżwa *n* **1** skate: **iść na łyżwy** go skating: *Zelda's going skating in the afternoon.* **2 jeździć na łyżwach** (ice) skate

łyżwiarstwo *n* (ice) skating: **łyżwiarstwo figurowe** figure skating | **łyżwiarstwo szybkie** speed skating

łyżwia-rz/rka *n* (ice) skater: **łyżwia-rz/rka figuro-w-y/a** figure skater

łyżworolka *n* Rollerblade®

łza *n* **1** tear, teardrop: *Tears just rolled down his face.* | **zalać się łzami** dissolve into tears: *Sally dissolved into tears when she heard the news.* | **ronić łzy** shed tears: *Few of us shed any tears when Miss Crabbe left.* | **wzruszony do łez** moved to tears: *Many in the room were moved to tears by the documentary.* | **mieć łzy w oczach** have tears in your eyes | **łzy napłynęły komuś do oczu** tears came to sb's eyes | **łzy spływają komuś po twarzy** tears are running/streaming down sb's face | **łzy szczęścia/rozpaczy/wdzięczności** tears of joy/despair/gratitude | **powstrzymywać łzy** fight back tears: *His victim fought back tears as she described her terrifying experience.* | **ocierać łzy** wipe your tears away: *She wiped her tears away with a handkerchief.* **2 czysty jak łza** (as) clear as crystal

łzawić *v* water: *Chopping onions always makes my eyes water.*

Mm

M

machać v **1** *(w górze)* wave: *We saw Dad waving as he left the airplane.* | *The children waved their flags as the Queen went by.* | **+ do/na kogoś** at sb: *Who are you waving at?* | **machać rękami** wave your arms: *He was waving his arms to warn other drivers of the danger.* | **machać komuś na pożegnanie** wave sb goodbye, wave goodbye to sb: *Ivan wept with emotion as he waved goodbye to his family.* **2** *(ruchem kolistym)* swing: *We began the workout by swinging our arms.* **3** *(w poziomie)* sweep **4 machać nogami a)** *(w górze)* kick your legs: *a baby kicking its legs* **b)** *(w dole)* swing your legs/feet: *Billy was sitting on the edge of the desk, swinging his legs.* **5 machać ogonem** wag its tail: *When a dog wags his tail it's a sign that he's happy.* **6 machać skrzydłami** flap its wings: *ducks flapping their wings* → patrz też ZAMACHAĆ

machina n machine: *the government's propaganda machine*

machinacje n machinations: *political machinations*

machinalny *adj* mechanical: *a mechanical answer/motion* —**machinalnie** *adv* mechanically: *I repeated mechanically some of the things I had said earlier.*

machnąć n **1** → patrz MACHAĆ **2 machnąć na coś ręką** let sth go: *My daughter said I should just let it go.*

machnięcie n **1** *(w górze)* wave: **machnięcie ręki** wave of your/the hand: *Corbett opened his mouth to speak, but Bruce brushed him aside* (=zbył go) *with a wave of his hand.* **2** *(w dole)* swing: *With a great swing of the bat, he struck the ball way into the outfield.* **3** *(w poziomie)* sweep: **machnięcie ręki** sweep of your hand/arm: *He knocked* (=strącił) *the glasses from the table with a sweep of his hand.* **4** *(ogonem)* wag **5** *(skrzydłami)* flap

macica n **1** womb, *(medycznie)* uterus **2 macica perłowa** mother-of-pearl

macierzyński *adj* **1** maternal: *a woman's maternal instinct* | *maternal love/feeling* **2 urlop macierzyński** maternity leave

macierzyństwo n **1** motherhood: *It is not easy trying to combine motherhood and a job.* **2 świadome macierzyństwo** planned parenthood

maciora n sow

macka n tentacle: *a terrorist network with tentacles extending nationwide* (=oplatającymi cały kraj)

macocha n stepmother: *She was never very close to her stepmother.* | *the wicked stepmother in 'Hansel and Gretel'*

maczać v **1** dip: *I dipped my toe in the water.* **2 maczać palce w czymś** have a hand in sth: *I suspect John had a hand in this.* → patrz też ZAMOCZYĆ

maczuga n club

mafia n the Mafia, the Mob: *a member of the Mafia*

magazyn n **1** *(budynek)* warehouse **2** *(pomieszczenie)* store room **3** *(pismo, program)* magazine

magazynek n magazine

magazynować v store up: *Squirrels* (=wiewiórki) *store up nuts for the winter.*

magia n **1** *(czary)* magic: *Do you believe in magic?* | **czarna magia** black magic **2** *(urok)* magic, mystique: *the magic of his music* | *the mystique of Hollywood*

magiczny *adj* **1** *(czarodziejski)* magic, magical: *There's no magic formula for success, other than hard work.* | **magiczne zaklęcie/słowo** magic spell/word | **magiczny pierścień/napój** magic ring/potion | **magiczne siły/symbole** magical powers/symbols **2** *(pełen czaru)* magical: *that magical evening we spent together* | *There's something magical about his music.* **3 sztuczka magiczna** magic trick: *a clever magic trick with a coin and a handkerchief* | **robić sztuki magiczne** do magic, do/perform magic tricks: *My uncle claims he can do magic.* | *The kids will learn how to perform magic tricks.* —**magicznie** *adv* magically: *I looked round, hoping that Peter might magically appear from nowhere.*

magik n magician

magister n **1 magister nauk humanistycznych** MA *(Master of Arts)* **2 magister nauk ścisłych** MSc *(Master of Science)* **3 stopień magistra** Master's degree: *To do this job, you need a Master's degree in Computer Science.*

magisterski *adj* **praca magisterska** master's thesis

magistrala n **1** *(kabel, rurociąg)* main: *a broken water main* **2** *(kolejowa)* main line **3** *(droga)* major road

maglować v *(przesłuchiwać)* grill: *They let the man go after grilling him for several hours.*

magnat n magnate, tycoon: *a newspaper magnate* | *an oil tycoon*

magnes n **1** *(kawałek metalu)* magnet: *an experiment with two magnets* **2** *(coś atrakcyjnego)* magnet: *The region has become a magnet for small businesses.* | *Comaneci's gym is a magnet for young gymnasts* (=jest magnesem przyciągającym młode gimnastyczki) *from around the country.*

magnesować v magnetize, magnetise *BrE*

magnetofon n **1** tape recorder **2** *(bez wzmacniacza)* tape deck **3 magnetofon kasetowy** cassette player —**magnetofonowy** *adj* magnetic: *magnetic head* (=głowica) | *magnetic tape*

magnetowid n video cassette recorder, video *BrE*, VCR *AmE*

magnetyczny *adj* **1** magnetic: *magnetic pole* (=biegun) **2 pole magnetyczne** magnetic field

magnetyzm n magnetism: *his extraordinary personal magnetism*

magnez n magnesium

magnolia n magnolia

mahoń n mahogany

mail n e-mail: *Can you send me an e-mail with all the details?* | *Jack spent the evening writing e-mails and surfing the Internet.*

maj n May: **w maju** in May —**majowy** *adj* May: *a beautiful May day*

majaczyć v be delirious: *One patient was delirious with a high fever.*

majątek n **1** *(fortuna)* fortune: *The Duke's personal fortune was reckoned at over $100 million.* | **zbić majątek** make a fortune: *He made a fortune selling houses.* **2** *(posiadłość)* estate: *The Prince has a large estate in*

Cornwall. **3** *(dużo pieniędzy)* fortune: **kosztować majątek** cost a fortune: *A car like that costs a fortune.* | **wydać majątek na coś** spend a fortune on sth: *Julia must have spent a fortune on her wedding dress!* **4 czyjś cały majątek** all sb's worldly goods/possessions: *In the event of my death all my worldly goods should be given to my children.*

majestat *n* majesty: *the power and majesty of the Church* | *the majesty of the Rocky Mountains*

majestatyczny *adj* stately: *the stately trees of the pine forest* —**majestatycznie** *adv* in a stately manner: *She turned and walked back in the same stately manner as before.*

majonez *n* mayonnaise, mayo *AmE*

major *n* major

majster *n* **1** *(w fabryce)* foreman **2** *(rzemieślnik)* master (craftsman)

majsterkowanie *n* do-it-yourself: *His shelves are filled with do-it-yourself manuals* (=pełne podręczników do majsterkowania).

majstrować *v* **majstrować przy czymś a)** *(próbować naprawić lub uruchomić)* tinker/fiddle with sth: *He spends Sundays tinkering with his bike.* | *Rosie fiddled with the lock* (=przy zamku), *trying different combinations.* **b)** *(próbować zepsuć, bawić się)* tamper/tinker with sth, fiddle (around) with sth: *Someone had tampered with the brakes of the car.* | *Why did you let her fiddle around with the remote control* (=przy pilocie)? | *The government should stop tinkering with the educational system.*

majtki *n* **1** *(damskie)* knickers *BrE*, panties *AmE*: *a pair of silk knickers* **2** *(męskie)* underpants

mak *n* **1** *(kwiat)* poppy **2** *(ziarno)* poppyseed **3 jest cicho jak makiem zasiał** it's (as) silent as a/the tomb/grave

makabra *n* **1** *(horror)* horror(s): *the horrors of war* **2** *(koszmar)* nightmare: *People were rushing around in the dark screaming and yelling. It was an absolute nightmare.*

makabryczny *adj* gruesome, macabre: *a gruesome accident/murder* | *a macabre sense of humour*

makaron *n* pasta: *Is that pasta cooked yet?* | **makaron rurki** macaroni: *a good recipe for macaroni cheese* (=makaron zapiekany w sosie serowym)

makieta *n* **1** model: *an architecturally correct model of the building* **2** *(pełnowymiarowa)* mock-up: *a mock-up of the space-shuttle*

makijaż *n* make-up: *This cream is for removing make-up.*

makler *n* **1** broker **2 makler giełdowy** stockbroker

makrela *n* mackerel

maksimum *n* **1** maximum: *Thirty students per class is the maximum.* | *a maximum of ten years in prison* **2** *(temperatury, cenowe itp.)* maximum, high: *Temperatures will reach a maximum of 45° C.* | *The price of oil reached a new high this week.* **3 do maksimum** to the maximum/max, to the limit: *This theme is exploited to the maximum in the book 'La Toya: Growing Up in the Jackson family'.* | *Our finances are already stretched to the limit.*

UWAGA: maximum

Rzeczownik **maximum** ma dwie formy liczby mnogiej: **maximums** i **maxima**.

maksyma *n* maxim

maksymalizować *v* maximize, maximise *BrE*: *To maximise power output* (=wydajność energetyczną), *solar panels are placed on the highest part of the building.*

maksymalny *adj* maximum: *the maximum punishment for robbery* | *the maximum number of points* | **prędkość maksymalna** top speed, maximum speed: *The train was travelling at its maximum speed.* | *The ferry has a top speed of 25 mph.*

malaria *n* malaria

malarski *adj* painting: *a painting competition* | *painting techniques* | **talent malarski** talent for painting | **styl malarski** style of painting: *Picasso created a completely new style of painting.*

malarstwo *n* painting: *Impressionist painting* | *a painting class/teacher* | *You should study painting at college - you have a gift for it.*

mala-rz/rka *n* **1** painter: *the French Impressionist painter Claude Monet* | *She is a very talented painter.* **2 malarz pokojowy** house painter, decorator: *He worked as a house painter before going to university.*

maleć *v* **1** decrease, diminish: *Unemployment is decreasing, though slowly.* | *The party's share of the electorate has been diminishing steadily* (=procent wyborców popierających tę partię systematycznie maleje). **2** *(zainteresowanie, zapał itp.)* wane: *After a while his enthusiasm began to wane.*

maleńki *adj* tiny: *thousands of tiny fish* THESAURUS SMALL

malina *n* raspberry

malować *v* **1** *(ścianę, płot)* paint: *Sam was painting the door.* | **malować coś na biało/czarno itp.** paint sth white/black etc: *We always paint the walls yellow. It's such a nice bright colour.* **2** *(pokój)* decorate, paint: *I'm going to decorate the bathroom next.* **3** *(obrazy)* paint: *Turner is famous for painting landscapes.* | **malować akwarelami/farbami olejnymi** paint in watercolours/oils: *She likes to paint in watercolours.* **4** *(lakierem)* varnish **5 malować sobie paznokcie** do your nails: *Who did your nails? They look great!* →patrz też POMALOWAĆ, WYMALOWAĆ, ZAMALOWAĆ
malować się *v (nakładać makijaż)* put on your make-up: *She spent an hour putting on her make-up.*

paint

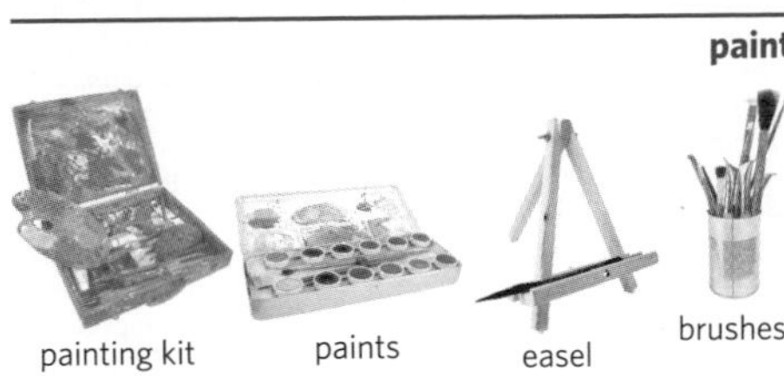

malowanie *n* paint job: *This place needs a paint job.*

malowidło *n* **1** painting **2 malowidło ścienne** mural: *a mural 72 feet long and 7 feet tall*

malowniczy *adj* **1** *(widok, miejsce)* picturesque, scenic: *the picturesque villages of southern Spain* | *scenic views of Cambridge* **2** *(trasa)* scenic: *a scenic road through the Welsh mountains*

maltretować *v* maltreat, ill-treat, batter, abuse: *Several of the prisoners had been maltreated.* | *If any man ill-treats you, we shall come to your rescue.* | *Each year, perhaps 4 million women are battered by their husbands.* | *People*

M

who were abused as children often turn into (=stają się) *child-abusers themselves.*

UWAGA: maltreat, ill-treat, batter i abuse

Czasowniki te różnią się nieco zakresem użycia. **Maltreat** i **ill-treat** mają znaczenie ogólniejsze i występują głównie w stylu formalnym; **batter** i **abuse** odnoszą się w szczególności do maltretowania kobiet i dzieci. Czasownika **abuse** używa się ponadto na określenie wykorzystywania seksualnego dzieci. Uwagi te mają również zastosowanie do pokrewnych rzeczowników i przymiotników (patrz następne hasło).

M

maltretowanie *n* maltreatment, ill-treatment, battering, abuse: *daily maltreatment of prisoners* | *She was subjected to years of battering.* | *child abuse*

maltretowany *adj* **maltretowane kobiety/dzieci** battered/abused women/children: *a refuge* (=schronisko) *for abused women and children*

maluch *n* toddler: *Three fidgety* (=wiercące się) *toddlers stood with their mothers.*

maluteńki *adj* minuscule: *Her office is minuscule.*

malutki *adj* tiny: *There was a tiny hole in the pipe.* THESAURUS SMALL

tiny/huge

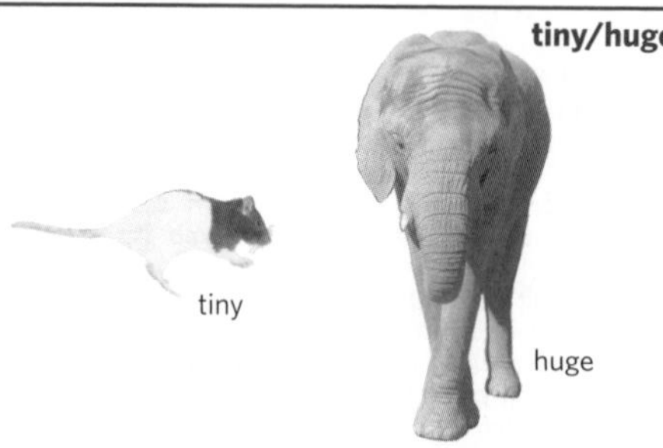

mało *adv* **1** *(z rzeczownikami policzalnymi)* few: *few friends/houses/cars* | *Very few families in this area possess a telephone.* | **mniej** fewer: *There were fewer accidents ten years ago.* | **najmniej** (the) fewest: *Which one has the fewest mistakes?* **2** *(z rzeczownikami niepoliczalnymi)* little: *little sugar/water/petrol* | *There's too little time to do everything that needs to be done.* | **mniej** less: *We bought the same computer for less money.* | **najmniej** (the) least: *the engine that uses the least fuel* **3** *(z czasownikami)* little: *We still know very little about what happened.* | *Women teachers often earn less than their male colleagues.* **4** *(z przymiotnikami)* un-, in-, im-: *an unattractive man* | *exciting reports based on quite uninteresting events* | *It seems improbable that* (=wydaje się mało prawdopodobne, żeby) *humans ever lived here.* | *Studies have shown this to be an ineffective teaching technique.* | **mało znany** little known: *Vittone is little known outside his native Italy.* | *a piece by a little known American composer* | **mało ważny** of little importance, unimportant: *Academic qualifications are of little importance to her.* | *I don't want to waste time arguing about unimportant details.* **5 mało kto** hardly anyone/anybody: *Hardly anyone writes to me these days.* **6 mało co** hardly anything: *She'd eaten hardly anything all day.* **7 mało tego** what's more, (and/but) that's not all: *The prisoner has a gun. What's more he's prepared to use it.* **8 o mało (co) nie** nearly: *Brazil nearly lost the game.*

małoletni *adj* teenage: *Smoking is increasing among teenage girls.*

małomówność *n* reticence: *His reticence with strangers was sometimes interpreted as unfriendliness.*

małomówny *adj* reticent, taciturn: *She's naturally* (=z natury) *reticent, even with some of her closest friends.* | *The ship's captain was a taciturn man who spoke only to give orders.*

małostkowość *n* pettiness: *the jealousy and pettiness of Hollywood*

małostkowy *adj* petty, small-minded: *petty jealousy and spitefulness* (=zazdrość i złośliwość)

małpa *n* **1** monkey: *The monkey was hanging upside down from a tree.* **2 małpa człekokształtna** ape: *Apes may be distant cousins of humans.*

mały *adj* **1** small: *a small town in Nebraska* | *a small number of people* | *That bag's too small.* | *a small girl carrying a huge bunch of roses* | *It's only a small house.* **2** *(w zdrobnieniach, pieszczotliwie)* little: *a peaceful little town* (=małe miasteczko) *on the banks of a winding river* | *They live in a little house* (=w małym domku) *on the edge of town.* | *We're trying a little experiment* (=mały eksperymencik) *out there.* | *Let's go for a little walk* (=mały spacerek). **3** *(dziecko)* little, small, young: *a little girl of about three* | *a couple with two small children* | *They have three young children.* THESAURUS YOUNG **4 mieć coś w małym palcu** have sth at your fingertips: *She has all the information about the conference at her fingertips.* **5 małymi literami** in lower case (letters)

małż *n* **1** clam **2 małż jadalny** mussel

małżeński *adj* marital, matrimonial: *marital problems/difficulties* | *marital bliss* (=szczęście) | *In any matrimonial conflict, it is always the children who suffer most.*

UWAGA: marital i matrimonial

Przymiotnika **marital** używamy na określenie wszystkiego, co ma związek z małżeństwem. Przymiotnik **matrimonial** dotyczy głównie praw lub problemów małżeńskich i występuje jedynie w stylu formalnym.

małżeństwo *n* **1** *(związek)* marriage: *Their marriage was a disaster from the start.* | **dziecko z poprzedniego małżeństwa** child from a previous marriage | **małżeństwo mieszane** mixed marriage **2** *(małżonkowie)* (married) couple: *a young married couple with two small children* | *The couple's honeymoon turned into a nightmare when Martin suddenly became very ill.*

małżonek *n* **1** husband, spouse: *Have you met my husband?* **2 małżonkowie** married couple, husband and wife

małżonka *n* wife, spouse: *Your wife's a very attractive woman.*

UWAGA: husband, wife i spouse

Rzeczowniki **husband** i **wife**, oznaczające odpowiednio „męża" i „żonę", występują zarówno w stylu formalnym, jak i potocznym. Rzeczownik **spouse** to bardziej formalne określenie „małżonka" lub „małżonki". Używa się go często w liczbie mnogiej: *The company sometimes lets employees take their spouses along on business trips*, jak również wtedy, gdy zdanie nie precyzuje, czy chodzi o żonę, czy męża: *Don't expect your spouse to be able to read your mind.*

mama *n* mum *BrE*, mom *AmE*, momma *AmE*, mama

AmE: *Mum, can I borrow some money?* | *My mom and dad are both doctors.*

mammogram *n* mammogram

mamrotać *v* mumble, mutter: *I can't understand you when you mumble.* | *Grant went out, muttering something about having to see a client.*

mamusia *n* mummy *BrE*, mommy *AmE*: *Go and play with your toys while Mummy gets dressed.* | *Mommy, can I have some candy?*

mamut *n* mammoth

mandarynka *n* mandarin (orange), tangerine

mandat *n* **1** *(kara)* fine, ticket: *I got a £40 fine.* | *Mia got a ticket for driving through a red light.* | **mandat za nieprawidłowe parkowanie/za przekroczenie prędkości** parking/speeding ticket | **ukarać kogoś mandatem** fine sb: *She was fined $50 for careless driving.* THESAURUS PUNISHMENT **2** *(miejsce w parlamencie itp.)* seat: *She lost her seat at the last election.* **3** *(władza, pełnomocnictwo)* mandate: *a mandate for tax reform* (=do przeprowadzenia reformy podatkowej)

manekin *n (w sklepie, u krawca)* dummy, mannequin

manewr *n* manoeuvre *BrE*, maneuver *AmE*: *an aerobatic manoeuvre* | **manewry** manoeuvres *BrE*, maneuvers *AmE*: *The regiment is abroad on manoeuvres.*

manewrować *v* manoeuvre *BrE*, maneuver *AmE*: *She was manoeuvring expertly trying to get into the parking space.*

mango *n* mango

mania *n* mania: *He had a fear of the cold that was almost a mania.* | **+czegoś** for sth: *her schoolgirl mania for talking about boys all the time*

mania-k/czka *n* maniac, crank: *He drives like a maniac.* | *a religious crank*

manicure *n* manicure

maniera *n* **1** *(w zachowaniu)* mannerism: *an annoying mannerism* (=denerwująca maniera) **2** *(w sztuce)* mannerism: *painting that is not free of mannerism* **3 dobre maniery** good manners

manifest *n* manifesto: *the party's manifesto*

UWAGA: manifest

Angielski rzeczownik **manifest** nie oznacza „manifestu" politycznego, ani artystycznego, tylko wykaz ładunków statku.

manifestacja *n* **1** *(wiec, pochód)* demonstration: *10,000 people took part in the demonstration* **2** *(okazywanie)* demonstration, manifestation: *a demonstration of her love* | *a clear manifestation of growing discontent*

manifestant/ka *n* demonstrator: *a crowd of angry demonstrators*

manifestować *v* **1** *(wiecować)* demonstrate: *Police arrested 120 people who were demonstrating outside an army base.* **2** *(okazywać)* manifest: *They have so far manifested a total indifference to our concerns.*

manipulacja *n* manipulation: *the manipulation of public opinion*

manipulować *v* manipulate: *I don't like the way she manipulates people.*

mankament *n* shortcoming: *shortcomings in the public health system*

mankiet *n* **1** *(rękawa)* cuff: *The cuffs of his shirt were dirty.* | **spinki do mankietów** cuff links **2** *(nogawki)* turn-up *BrE*, cuff *AmE*: *I hate trousers with turn-ups.*

manuskrypt *n* manuscript: *valuable manuscripts with many illuminations*

mapa *n* **1** map: *She unfolded the map and laid it on the table.* | **mapa pogody** weather map **2** *(morska lub astronomiczna)* chart

maraton *n* marathon: *Garcia ran the marathon in just under three hours.* | *the annual horror film marathon*

marcepan *n* marzipan

marchew *n także* **marchewka** carrot: *carrot juice*

UWAGA: carrot(s)

Mówiąc o gotowanej marchewce lub surówce z marchwi, używa się przeważnie formy liczby mnogiej: *I love carrots.* Kiedy mowa o marchwi jako składniku jakiegoś dania, rzeczownik **carrot** jest zwykle niepoliczalny: *Is there any carrot in this soup?* Rzeczownik **carrot** w liczbie pojedynczej oznacza albo pojedynczą marchewkę, albo marchewkę w sensie przenośnym: *the carrot and the stick* (= kij i marchewka) | *the carrot and stick approach/method* (= metoda kija i marchewki).

margaryna *n* margarine: *a tub* (=kubek) *of margarine*

marginalny *adj* **1** *(uboczny, nieistotny)* marginal: *But these opposition parties remained marginal, and Congress remained dominant.* | *the marginal role of Cuba in Soviet foreign policy* **2 sprawa marginalna** side/fringe issue: *The environment is no longer a fringe issue in Europe.*

margines *n* **1** *(strony)* margin: *Leave a two centimetre margin on the left side of the page.* | **na marginesie** in the margin: *I wrote some notes in the margin.* **2 na marginesie społeczeństwa itp.** on the margins of society etc: *unemployed youths living on the margins of society* **3 na marginesie** *(dodać, wspomnieć)* in passing: *She mentioned in passing that she knew Dan.* **4 margines błędu** margin of error: *The poll* (=sondaż) *has a margin of error of three percent.*

marginesowy *adj* **1** *(pisany na marginesie)* marginal: *marginal notes* **2** *(uboczny, nieistotny)* fringe, marginal: *fringe issues* | *the smaller fringe parties* | *"Austrian culture defends what is marginal, transient, secondary," writes Magris.*

marihuana *n* marijuana, cannabis

marionetka *n* **1** *(lalka)* marionette, puppet **2** *(osoba)* puppet: *She's just a puppet of the management.*

marka *n* **1** *(szamponu, kawy, papierosów itp.)* brand: *brands like Coke and Pepsi* | *What brand of toothpaste do you use?* **2** *(samochodu, maszyny)* make: *"What make is the car?" "It's a Ford."* | *They use a different make of computer.* | **marka samochodu** make of car: *"What make of car was she driving?" "A Mercedes."* | **samochód marki Fiat itp.** a Fiat etc: *Do you sell parts for BMWs?* **3** *(nazwa)* brand name: *Shoppers* (=kupujący) *often associate certain brand names with high quality.* **4** *(jakość)* quality: *a good quality hi-fi system* **5 wyrobić sobie markę** make a name for yourself: *She is beginning to make a name for herself as a fashion designer.*

marker *n* highlighter

marketing *n* marketing

markotny *adj* morose: *Since the accident she has been morose and moody.*

M

markowy *adj* **1** brand-name: *brand-name jeans* **2 markowe wino** vintage wine

marksist-a/ka *n* Marxist: *Simon has been a dedicated Marxist all his life.*

marksistowski *adj* Marxist: *the election of a Marxist government*

M

marksizm *n* Marxism

marmolada *n* **1** jam: *strawberry jam* **2** *(z owoców cytrusowych)* marmalade

marmur *n* marble: *The columns were of white marble.* —**marmurowy** *adj* marble: *the marble columns of a Greek temple*

marnie *adv* poorly: *poorly paid | He is doing poorly* (=marnie mu idzie) *at school.*

marnieć *v* waste away: *There was nothing we could do – she just wasted away and within six weeks she was dead.*

marnotrawić *v* squander: *Instead of using his great musical talents he squandered them on writing soppy sentimental songs.*

marnotrawstwo *n* waste, wastage: *an outrageous waste of public money | the huge wastage of resources | Working as a secretary is a waste of your talent.*

marnować *v* **1** *(czas, pieniądze, talent)* waste, squander: *I don't want to waste time arguing about unimportant details. | In less than three years he had squandered the entire family fortune.* **2** *(żywność, prąd, wodę, paliwo, papier)* waste **3** *(kapitał ludzki, zasoby, energię, potencjał)* squander

marnować się *v* go to waste, be wasted: *Don't let all this food go to waste. | It's a tragedy to see so much talent going to waste. | Hannah's wasted in that clerical job.*

marny *adj* **1** poor: *a poor math student | the company's poor financial situation | The jacket was of very poor quality.* **2** *(zapłata itp.)* paltry: *We work long hours for paltry pay. | the management offered us a paltry 3 per cent pay increase.* **3 pójść na marne** be/prove futile: *All efforts to save the child proved futile.*

Mars *n* Mars: *a new space mission to Mars* —**Marsjan-in/ka** *n* Martian —**marsjański** *adj* Martian

marsz *n* march: *They looked exhausted by the march.* | **marsz protestacyjny/pokojowy** protest/peace march: *I went on a lot of protest marches when I was a student.*

marszałek *n* **1** *(w wojsku)* marshal: *field marshal* **2** *(w parlamencie)* speaker: *the Speaker of the House*

marszczyć *v* **1** *(nos)* wrinkle (up), crinkle: *She laughed a lot, wrinkling up her nose like a puppy. | Mandy crinkled her nose in disgust.* **2** *(brwi)* wrinkle, furrow: *Ralph furrowed his brow.* **3** *(twarz)* wrinkle (up) **4 marszczyć czoło** frown, wrinkle your forehead: *Mel frowned and pretended to ignore me. | She stared intently at the fire, wrinkling her forehead.*

marszczyć się *v* *(skóra)* wrinkle, be/become wrinkled: *Only the skin had changed, darkening and wrinkling with time.*

martwić *v* worry: *The rise in housing costs worries most young families.* | **martwi mnie, że ...** it worries me that ...: *It worries me that Christina hasn't found a job yet.* THESAURUS WORRIED

martwić się *v* worry: *Don't worry – it's not your fault. | I think you're worrying unnecessarily. Just forget all about it. | Don't worry if you haven't got any butter. Margarine will do* (=może być margaryna). | **+że ...** that ...: *I sometimes worry that he doesn't love me any more.* | **+czymś/o coś** about sth: *There's nothing to worry about* (=nie ma się czym martwić). | *As we grow old, we worry more about our health.* | **+(tym), kto/co/jak itp.** about who/what/how etc: *I was really worried about what was going on. | Don't worry about which washing machine to buy, they're all very much alike.*

martwy *adj* **1** dead: *I had never seen a dead body before and couldn't stop shaking. | Cut away all the dead leaves and flowers.* | **martwi** the dead: *You should not say bad things about the dead.* **2** *(bez wyrazu, bez życia)* lifeless: *a lifeless voice/face | The surface of the moon is arid and lifeless.* **3 martwa cisza** dead silence: *There was dead silence as Guy entered the room.* **4 martwa natura** still life **5 martwy punkt** deadlock: *The talks ended in deadlock. | I don't see any way out of the present deadlock.*

marudzić *v* **1** *(nudzić, narzekać)* grumble, moan *BrE*: *Stop grumbling and do your homework! | My mum never stops moaning at me.* **2** *(guzdrać się)* dawdle: *Don't dawdle – we're late already!* | **+z czymś** over sth: *I dawdled over a second cup of coffee.*

marynarka *n* **1** jacket **2 marynarka (wojenna)** navy: *Frank joined the navy at the beginning of the war.*

marynarz *n* sailor, seaman: *After Roy could no longer work as a sailor, he turned to writing. | He visited New York as a young seaman.* —**marynarski** *adj* sailor: *a blue sailor suit*

marynata *n* **1 marynaty** *(ogórki itp. w zalewie)* pickle(s) **2** *(zalewa)* pickle **3** *(przed gotowaniem, smażeniem itp.)* marinade: *a delicately flavoured marinade*

marynować *v* **1** *(w occie, soli)* pickle: *I started pickling everything I could think of.* **2** *(przed gotowaniem, smażeniem itp.)* marinate, marinade: *Marinate the chicken for a few hours in a mixture of olive oil, lemon juice, and spices.* —**marynowany** *adj* pickled: *pickled onions*

marzec *n* March: **w marcu** in March —**marcowy** *adj* March: *a windy March afternoon*

marzenie *n* **1** *(pragnienie)* dream: **+o czymś** of sth: *an immigrant's dream of a better life | Her dream was to go to Hollywood and become a movie star.* | **+by coś (z)robić** of doing sth: *his dream of becoming a racing driver* | **dom/dziewczyna itp. twoich marzeń** your dream house/girl etc, the house/girl etc of your dreams: *My dream job would be testing computer games! | I have just met the man of my dreams!* | **jak marzenie** like a dream: *The new car drives like a dream.* | **marzenie ściętej głowy** pipe dream: *I'd always wanted to travel around the world, but it seemed nothing more than a pipe dream.* **2** *(myślenie o rzeczach przyjemnych)* daydream: *nothing more than a girl's romantic daydreams | Ingrid was brought out of her daydream* (=została wyrwana z marzeń) *by a shout from her mother.* | **pogrążony w marzeniach** (lost) in a daydream: *He seemed to be in a daydream. | Neil seemed lost in a daydream and didn't hear what I said.* | **snuć marzenia (o czymś)** daydream (about sth), have fantasies (about sth), fantasize (about sth): *There's nothing wrong with fantasizing, as long as you don't lose touch with reality. | She was always daydreaming about being a fashion model. | I had fantasies about becoming a racing driver.*

marznąć *v* **1** *(człowiek, część ciała)* get cold, freeze: *I keep getting cold* (=ciągle marznę). *| I'm freezing – shall we light the fire? | How could you write if your hands were freezing?* **2** *(deszcz, mżawka)* freeze: *icy wind, snow and freezing rain* → patrz też ZMARZNĄĆ, ZAMARZNĄĆ

marzyciel/ka *n* dreamer, daydreamer

marzycielski *adj* dreamy: *a bright, but dreamy child*

(=dziecko bystre, ale o marzycielskiej naturze) | *a dreamy look* —**marzycielsko** *adv* dreamily: *She looked dreamily at the sky.*

marzyć *v* dream, daydream, fantasize: *Stop daydreaming, and concentrate on what I'm saying!* | *There's nothing wrong with fantasizing, as long as you don't lose touch with reality.* | **+że ...** that ...: *Shelley had always dreamed that one day she would meet him again.* | **marzyć o czymś** dream of sth, daydream about sth: *I'm dreaming of a white Christmas.* | *What have you been daydreaming about?* | **marzyć (o tym), by coś (z)robić** dream of/about doing sth, daydream/fantasize about doing sth: *She was always daydreaming about being a fashion model.* | *Judith fantasized about relaxing in a hot bath.* | **możesz/można o czymś tylko marzyć** you can only dream of sth: *They could only dream of a house of their own.* | *a photographic opportunity most tourists can only dream of*

masa *n* **1** *(mieszanina)* mass: *an amorphous* (=bezkształtna) *mass of twisted metal.* **2** *(duża ilość)* masses: *"How much space is there in the back of your car?" "Masses."* | **masa czegoś** a mass of sth, masses/tons of sth: *There is a huge mass of work to be done.* | *We've got masses of time.* | *He has tons of money.* **3** *(duży ciężar)* bulk: *His bulk made it difficult for him to move.* **4** *(w fizyce)* mass: *The colour of a star depends on its chemical composition and its mass.* **5 masy** *(zwykli ludzie)* the masses: *automobiles affordable to the masses*

masakra *n* massacre: *a massacre of innocent women and children*

masaż *n* massage: *Massage is great if your neck and back are tense.* | *a relaxing massage* | **zrobić komuś masaż** give sb a massage: *She gave me a relaxing massage.* | **brać masaż** get/have a massage: *Once a month, Mary gets a massage.* | **salon masażu** massage parlour *BrE*, parlor *AmE* | **masaż serca** heart massage —**masażysta** *n* masseur —**masażystka** *n* masseuse

maseczka *n* mask: *a face mask*

maska *n* **1** *(na twarz)* mask: *a man in a mask* | *Both the robbers were wearing masks.* | **maska chirurgiczna** surgeon's mask, surgical face mask | **maska przeciwgazowa** gas mask | **maska tlenowa** oxygen mask **2** *(pozory)* mask: *Jeremy tends to hide behind a mask of extreme politeness.* **3** *(samochodu)* bonnet *BrE*, hood *AmE*: *I'll need to check under the bonnet.*

maskarada *n* **1** *(bal)* masquerade **2** *(udawanie)* masquerade: *She didn't really love him, but she kept up the masquerade for years.*

maskotka *n* mascot: *The team mascot is a grizzly bear.*

maskować *v* →patrz ZAMASKOWAĆ

maskowy *adj* **bal maskowy** masked ball, fancy dress party

masło *n* **1** butter: *Can you tell the difference between butter and margarine?* | **chleb z masłem** bread and butter: *Have a slice of bread and butter.* **2 masło orzechowe** peanut butter

masochist-a/ka *n* masochist: *He loves going swimming in freezing water in the middle of winter - he must be some kind of masochist.* —**masochistyczny** *adj* masochistic —**masochizm** *n* masochism: *She's crazy, trying to work, bring up a kid, and go to school too - it's masochism.*

mason *n* Freemason, mason

masoński *adj* Masonic: **loża masońska** Masonic lodge —**masoneria** *n* (Free)masonry

masować *v* massage: *John started to massage his forehead.* | *He permitted her to massage him.*

masowy *adj* **1** mass: *the destructive effects of mass tourism* | *mass demonstrations/protests* | *a mass grave/murderer* **2 produkcja masowa** mass production | **produkowany na skalę masową** mass-produced **3 środki masowego przekazu** the mass media **4 broń masowej zagłady** weapons of mass destruction —**masowo** *adv* on a mass scale: *things produced on a mass scale*

masturbacja *n* masturbation

masyw *n* massif: *In the high mountains of the Massif Central there are many deserted villages and farms.*

masywny *adj* **1** *(potężny)* massive: *the castle's massive walls* **2** *(lity)* chunky: *chunky silver jewellery*

maszerować *v* march: *The army was marching north.* THESAURUS WALK

maszt *n* **1** *(flagowy)* pole, mast: *a flag pole* **2** *(konstrukcyjny)* pole: *The poles hold up the outer part of the tent.* **3** *(żeglarski, antenowy)* mast: *the slender mast of a ship at anchor* | *a radio mast for mobile phones* **4 w połowie/do połowy masztu** at/to half-mast: *Flags were flying at half-mast for the death of the Premier.* | *The flags were lowered to half-mast.*

maszyna *n* **1** machine: *Nowadays machines do a lot of the jobs that people used to do.* | *automatic packing machines* | *He's like an eating machine.* **2 maszyna do pisania** typewriter | **napisany na maszynie** typewritten: *a typewritten letter* | **pisanie na maszynie** typing: *I've got a lot of typing to do today.* **3 maszyna do szycia** sewing machine **4 maszyny** machinery: *The job involves the operation of heavy machinery.*

maszynista *n* **1** *(kolejowy)* engine driver *BrE*, engineer *AmE* **2** *(obsługujący maszynę)* machine operator

maszynistka *n* typist

maszynka *n* **1 maszynka do golenia** shaver, razor **2 maszynka do mięsa** mincer *BrE*, meat grinder *AmE*

razor

maszynopis *n* typescript

maszynowy *adj* **1 karabin/pistolet maszynowy** machine gun **2 przemysł maszynowy** machine-building industry/sector **3 papier maszynowy** typing paper **4** *(komputerowy)* machine: *machine language/code* —**maszynowo** *adv* by machine: *The goods are all packed by machine.*

maść *n* **1** ointment: *Apply* (=nakładać) *the ointment every other day.* **2 wszelkiej/różnej maści** of every description: *flowers and plants of every description*

mata *n* mat: *She sat on the mat, drawing her knees up and breathing deeply.*

matematyczny *adj* mathematical: *a complex mathematical formula* | *The whole trip was planned with mathematical precision.*

matematyka *n* **1** mathematics, maths *BrE*, math *AmE*: *her knowledge of mathematics* | *Brian was never too good at math.* | *a good maths teacher* **2** *(lekcja)* maths (lesson) *BrE*, math class *AmE*: *I got a B+ in math class.*

matematy-k/czka *n* mathematician

M

materac *n* mattress: *The mattress was firm and comfortable.* | *He was hoarding* (=chował) *his money away under the mattress.* | **materac dmuchany** inflatable mattress

materia *n* **1** *(substancja)* matter: *Coal is formed naturally from decomposed organic matter.* | **materia ożywiona/nieożywiona** animate/inanimate matter **2** *(sprawa)* matter: *It's a very delicate matter – I'm not sure what I should say to her.* | *This is a highly confidential matter.* | **w tej materii** in this matter: *Finally, I'd like to express my sincere gratitude for your help in this matter.* **3 przemiana materii** metabolism

materialist-a/ka *n* materialist: *a materialist, who believes that everything is made of matter* —**materialistyczny** *adj* materialistic: *the moral bankruptcy of this materialistic society* —**materializm** *n* materialism: *They disliked the materialism of the West and went to live in Nepal.*

materializować się *v* materialize, materialise *BrE*: *His dream was beginning to materialize.*

materialny *adj* material: *the material conditions of the poor* | *the material world* | **dobra materialne** material possessions

materiał *n* **1** *(surowiec, półprodukt)* material: *strategic materials such as iron or steel* | **materiał budowlany** building material | **materiał izolacyjny** insulating material | **materiał wybuchowy** explosive: *guns, ammunition and explosives used by the terrorists* **2** *(tkanina)* material, fabric: *The material feels just like silk.* | *I want to buy some fabric to make a skirt.* **3** *(informacje)* material: *the material for an article* | **materiał archiwalny** archive material **4 materiał filmowy** footage: *black-and-white footage of the 1936 Olympics* **5 materiały** materials: *There's a basket there with some books and writing materials.* | **materiały edukacyjne** teaching/instructional materials | **materiały biurowe** office supplies | **materiały opatrunkowe** dressings: *Keep all dressings in a sealed, sterile pack.* **6 materiał na męża/oficera itp.** husband/officer etc material: *Do you think this guy is potential husband material?*

matka *n* **1** mother: *Our mother used to read to us every evening.* | *The baby monkey was following its mother.* | **Dzień Matki** Mother's Day | **matka chrzestna** godmother | **królowa matka** the Queen Mother | **matka zastępcza** foster-mother **2 matka natura/ziemia** Mother Nature/Earth: *After floods and a drought, what else can Mother Nature do to us?* **3 Matka Boska** the Virgin Mary **4 taśma-matka** master tape **5 ze strony matki** maternal, on your mother's side: *a maternal grandfather* | *my mother's side of the family* (=moja rodzina ze strony matki)

matowieć *v* tarnish: *The brass is nice, but it will tarnish really easily* (=ale łatwo matowieje).

matowy *adj* **1** *(farba, fotografia)* matte, matt, mat: *Do you want matt paint or gloss paint?* | *photographs with a matte finish* **2** *(szkło)* frosted: *a bathroom with one frosted window*

matrymonialny *adj* marriage: **plany matrymonialne** marriage plans: *revealing the prince's marriage plans* | **biuro matrymonialne** marriage bureau | **ogłoszenia matrymonialne** singles ads

matura *n* **1** *(egzamin)* secondary school leaving exam, A-levels *BrE* **2** *(ukończenie szkoły)* graduation: *After graduation Jayne went to nursing school.*

maturalny *adj* **egzamin maturalny** secondary school leaving exam, A-levels *BrE* | **świadectwo maturalne** certificate *BrE*, high school diploma *AmE*: *Send a photocopy of your certificate to the college.* | **bal maturalny** high school prom *AmE*

maturzyst-a/ka *n* (secondary school) graduate *BrE*, (high school) graduate *AmE*

mauzoleum *n* mausoleum

maxi *adj* **1** *(do kostek)* maxi: *Maxi skirts went out of fashion years ago.* **2** *(rozmiar)* extra large: *extra large pantyhose* **3** *(wielkość)* jumbo: *jumbo sausages*

mazać *v* smear: *Using her bare hands, she smears paint on the canvas.*

mazak *n* felt-tip pen, felt-tipped pen

maź *n* goo, goop *AmE*: *What's all this goo at the bottom of the bag?*

mądrala *n* know-all *BrE*, know-it-all *AmE*, wise guy *AmE*: *OK, if you're such a know-it-all, you try and do it, then.* | *All right, wise guy, I don't need to hear any more jokes out of you!*

mądrość *n* **1** wisdom: *words full of wisdom* | *the wisdom of his decision* **2 ząb mądrości** wisdom tooth

mądry *adj* wise: *I think he's made a wise decision.* | *a wise leader* THESAURUS INTELLIGENT —**mądrze** *adv* wisely: *She wisely chose to ignore his advice.*

mąka *n* **1** flour: *Bread is made from flour, water, and yeast.* **2 mąka kukurydziana a)** *(grubo zmielona)* cornmeal **b)** *(drobno zmielona)* cornflour *BrE*, cornstarch *AmE*

mąż *n* **1** husband: *Where did you first meet your husband?* **2 wyjść za mąż** marry, get married: *She got married and spent the next five years in Boston.* | **wyjść za mąż za kogoś** marry sb: *It is easy to see why she didn't marry him.* | **wydać kogoś za mąż** marry sb off: *In country areas it was common for fathers to marry off their daughters when they reached twelve or thirteen.* **3 mąż stanu** statesman: *a remarkable statesman and diplomat*

mdlący *adj* nauseating, nauseous, sickly: *the nauseating smell of rotting flesh* (=rozkładającego się ciała)

mdleć *v* → patrz ZEMDLEĆ

mdlić *v* nauseate: *It nauseates her to think that* (=mdli ją na myśl o tym, że) *a person like that lived in this town.* | **kogoś mdli od czegoś** sth nauseates sb: *Alcohol nauseates him, so he never drank.* | **mdli mnie** I feel sick/nauseous: *You're very pale. Are you feeling sick?*

mdłości *n* nausea: *Most women experience some nausea when they are pregnant.* | **dostać mdłości** feel nauseous/sick: *I suddenly felt nauseous and then the whole lot came up.* | **przyprawiać kogoś o mdłości** make sb sick: *It makes me sick to hear him lying like that.* | **przyprawiający o mdłości** nauseating, nauseous, sickly: *the nauseating smell of the farmyard in summer*

mdły *adj* sickly: *The fruit has a sweet, slightly sickly taste.*

mebel *n* a piece of furniture: *a beautifully made piece of furniture* | **meble** furniture: *All the furniture is made of wood.*

meblować *v* furnish: *They were furnishing their house with antiques.*

meblowy *adj* **sklep meblowy** furniture shop *BrE*, furniture store *AmE* | **wóz meblowy** furniture truck

mech *n* moss: *rocks covered in moss*

mechaniczny *adj* mechanical: *a mechanical toy* | *a mechanical answer* —**mechanicznie** *adv* mechanically: *Nowadays, the grape picking is all done mechanically.*

mechanik *n* **1** mechanic: *The mechanic found a hole in the gas tank.* **2** *(na statku)* engineer

mechanika *n* mechanics: *Newtonian mechanics*

mechanizm *n* **1** *(część maszyny lub urządzenia)* mechanism: *the brake mechanism* | **mechanizm zegarowy** clockwork **2 mechanizm czegoś** the mechanics/machinery of (doing) sth: *the mechanics of transferring computer files onto a different machine* | *the machinery of government* | **mechanizm działania czegoś** the mechanism of sth: *the mechanism of the brain* | **mechanizm obronny** defence mechanism: *The odour is part of the bee's defence mechanism.*

mechanizować *v* → patrz ZMECHANIZOWAĆ

mecz *n* game, match: *a tennis/football match* | *rivals in tonight's boxing match* | *the last game of the football season*

meczet *n* mosque: *Muslims come to worship and study at the mosque.*

medal *n* **1** medal: *a gold medal for bravery* | *She won two Olympic gold medals in the 400 metres.* **2 spisać się na medal** do very well **3 odwrotna strona medalu** the other side of the coin

medalion *n* medallion, locket

medalist-a/ka *n* medallist *BrE*, medalist *AmE*: *an Olympic silver medallist*

media *n* the (mass) media: *The media criticized the film.* | *Much of what children learn comes directly from the mass media.* THESAURUS NEWSPAPER

media

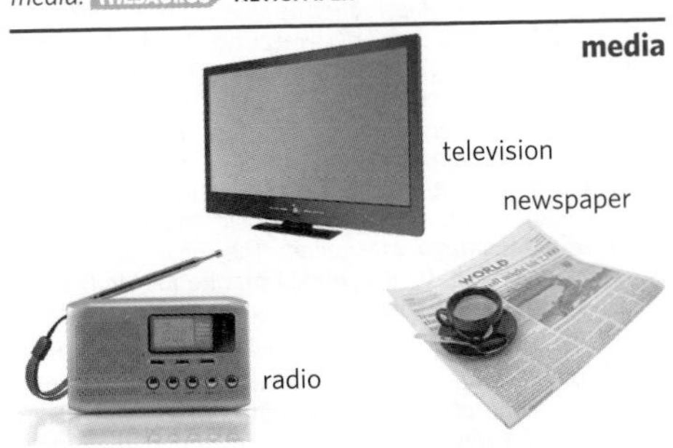

mediacja *n* **1** mediation: *They hoped that Russia's mediation would end the war.* **2 prowadzić mediacje** mediate: *The U.N. attempted to mediate between the warring factions* (=między zwaśnionymi stronami).

mediator/ka *n* mediator

medium *n* medium

meduza *n* jellyfish: *spineless creatures such as jellyfish*

medycyna *n* medicine: *Advances* (=postępy) *in medicine have enabled people to live longer.* | **medycyna sądowa/sportowa/alternatywna** forensic/sports/alternative medicine | **student/ka medycyny** medical student

medyczny *adj* medical: *free medical care* —**medycznie** *adv* medically: *medically justified*

medytacja *n* meditation: *Priests perform daily meditations at the temple.*

medytować *v* meditate: *Every morning I like to meditate for 20 minutes.*

megabajt *n* megabyte

megafon *n* megaphone

megaloman/ka *n* megalomaniac —**megalomania** *n* megalomania

mekka *n* mecca: *Florence is a mecca for art students.*

melancholia *n* melancholy: *feelings of deep melancholy* —**melancholijny** *adj* melancholy: *the melancholy tone of the poem*

melanina *n* melanin

melasa *n* molasses

meldować (się) *v* → patrz ZAMELDOWAĆ (SIĘ)

meldunek *n* report: *a police report on the accident*

melina *n* den: *a den of thieves*

melodia *n* melody, tune: *The music was strange, seemingly* (=pozornie) *without a melody.* | *He played me a tune on his guitar.*

melodramat *n* melodrama: *Let's not make a melodrama out of this little problem.* —**melodramatyczny** *adj* melodramatic: *Stop being so melodramatic!*

melodyjny *adj* melodic: *a sweet, melodic voice*

melon *n* melon

melonik *n* bowler hat *BrE*, derby *AmE*

membrana *n* membrane

memorandum *n* memorandum

memoriał *n* **1** *(pismo)* memorial **2** *(zawody)* memorial tournament: *The Memorial Snooker Tournament is held every Tuesday.*

menażer *n* impresario: *a theatrical/ballet impresario*

menedżer *n także* **menadżer 1** manager **2** impresario

menedżerski *adj także* **menadżerski** managerial: *good managerial skills* | *This is her first managerial job.*

mennica *n* mint

menopauza *n* menopause

menstruacja *n* menstruation —**menstruacyjny** *adj* menstrual: *menstrual cramps*

mentalność *n* mentality: *I can't understand the mentality of these teenagers.*

mentor/ka *n* mentor

menu *n* menu: **menu rozwijane** drop-down menu

merdać *v* wag: *The dog was wagging its tail.*

Merkury *n* Mercury

mesa *n* mess

Mesjasz *n* the Messiah

meszek *n* down, fuzz: *When Jack was born he had a fuzz of black hair on his head.*

meta *n* **1** *(w sporcie)* the finish: *The runners approached the finish.* | **linia mety** the finish line: *Two cyclists crossed the finish line together in first place.* **2 na dłuższą/krótką metę** in the long/short run/term: *These changes will cost quite a lot, but they will save us money in the long run.* | *These measures may save some money in the short term, but we'll just end up spending more later.*

metabolizm *n* metabolism: *After the age of 30, your metabolism slows down and you start to gain weight.* —**metaboliczny** *adj* metabolic

metafizyczny *adj* metaphysical: *in a metaphysical sense* —**metafizyka** *n* metaphysics

metafora *n* metaphor: *Through metaphor and symbolism, Thoreau discusses the importance of nature.* | **+ czegoś** for sth: *Dancing becomes a metaphor for marriage and life.* —**metaforyczny** *adj* metaphorical: *in a metaphorical sense* —**metaforycznie** *adv* metaphorically: *He's got a big head - metaphorically speaking of course!*

metal *n* metal: *Metal contracts* (=kurczy się) *as it becomes cool.* | *Copper is a very conductive metal.*

metaliczny *adj* metallic: *a metallic, female voice* | *a car painted metallic blue*

metalowy *adj* metal: *a metal box*

metamorfoza *n* metamorphosis: *a caterpillar's metamorphosis into a butterfly*

metan *n* methane (gas)

meteor *n* meteor: *Were the dinosaurs killed by a giant meteor?*

meteorologia *n* meteorology —**meteorolog** *n* meteorologist —**meteorologiczny** *adj* meteorological

meteoryt *n* meteorite: *How old are the meteorites?*

metka *n (etykietka)* label, tag: *The label said '100% wool'.* | *I can't find the price tag on these jeans.*

metoda *n* **1** method: *I think we should try again using a different method.* | **metoda (robienia) czegoś** method of (doing) sth: *He has his own individual method of organizing his work.* | *a very imprecise method of measurement* (=pomiaru) THESAURUS WAY **2 metodą prób i błędów** by/through trial and error: *I taught myself how to cook through trial and error.*

metodologia *n* methodology —**metodologiczny** *adj* methodological

metodyczny *adj* **1** *(systematyczny)* methodical: *a methodical search* | *methodical approach to work* **2** *(dotyczący metodyki)* methodological —**metodycznie** *adv* methodically: *The detective went through the papers methodically, one by one.*

metody-k/czka *n* teacher trainer

metodyst-a/ka *n* Methodist —**metodystyczny** *adj* Methodist: *Methodist Church*

metr *n* **1** metre *BrE*, meter *AmE*: *The snow was over two metres deep.* | *"How tall are you?" "I'm about 1 metre 65."* | **metr kwadratowy** square metre | **metr sześcienny** cubic metre **2 jest/było czegoś od metra** there is/was sth galore: *At the flea market, there were quilts, furniture, and books galore.*

metro *n* **1** metro, the Underground *BrE*, subway *AmE*: *The metro is the fastest way to get around.* | *Shall we go by bus or use the Underground?* | *Watch out for thieves when you're travelling on the subway.* | **stacja metra** metro/subway station: *Excuse me, where's the nearest subway station?* | **linia metra** metro/subway line: *the new subway line* **2** *(londyńskie)* the Tube: *Smoking is forbidden on the Tube.*

metropolia *n* metropolis: *After 1850 Paris grew quickly into a busy metropolis.* THESAURUS CITY

metrum *n (wiersza)* metre *BrE*, meter *AmE*

metryczny *adj* metric: *Will the US ever change over to the metric system?*

metryka *n* **1** *(urodzenia, chrztu)* certificate: *Please send a photocopy of your birth certificate.* **2** *(rodowód)* pedigree: *Do you want to see the dog's pedigree?*

mewa *n* (sea)gull: *seagulls flying high in the sky*

męczarnia *n* agony, torture: *The last year of their marriage was absolute torture.* | *It was agony not knowing where he was.* | **w męczarniach** in agony/torment: *He was lying on the floor in agony.* | *She lay awake all night in torment.*

męczący *adj* **1** *(wyczerpujący)* tiring: *Teaching is a very tiring job.* | *a long and tiring journey* **2** *(irytujący)* tiresome: *I'm sick of hearing your tiresome excuses.*

męczenni-k/ca *n* martyr: *the early Christian martyrs* | *She has a little bit of a martyr mentality* (=mentalność męczennika).

męczeństwo *n* martyrdom: *the story of St. Catherine's martyrdom*

męczyć *v* **1** *(wyczerpywać)* tire, wear out: *Even short walks tire her.* | *The kids are wearing me out.* **2** *także* **zamęczać** torment, keep on at: *Stop tormenting your sister!* | *Please don't keep on at me. I'd tell you if I knew.* | **męczyć kogoś, żeby coś zrobił** keep on at sb to do sth: *He had a bad leg but they still kept on at him to hurry up.*
męczyć się *v* **1** get tired: *Young children get tired very quickly.* **2** *(cierpieć)* suffer: *It was a quick death - he didn't suffer much.* → patrz też ZMĘCZYĆ (SIĘ)

mędrzec *n* sage: *thick volumes* (=opasłe tomy) *written by long-dead sages and philosophers*

męski *adj* **1** *(w sensie biologicznym)* male: *male hormones* | *the male menopause* **2** *(typowy dla mężczyzny)* masculine, male: *a masculine voice* | *male aggression* | *Peter is strong and handsome and very masculine.* | *traditionally masculine subjects such as physics* | *traditional male values* **3** *(przeznaczony dla mężczyzn)* men's: *men's suits/shoes/clothing* | **toaleta męska** men's room/toilet **4** *(należący do mężczyzny)* man's: *A man's voice announced the departure of the L.A. bus.* **5** *(złożony z samych mężczyzn)* all-male: *an all-male club* **6 męski szowinista** male chauvinist **7 płci męskiej** male: *Women teachers often earn less than their male colleagues.* **8 rodzaju męskiego** masculine: *The word for 'table' is masculine in Polish.* **9 wiek męski** manhood: *Many societies have a special ceremony when a boy has reached manhood.*

męskość *n* **1** masculinity: *Different cultures often have different concepts of femininity and masculinity.* **2** *(potencja)* virility: *Reports have shown that the older a man gets, the more obsessed he is with his virility.*

męstwo *n* bravery, valour *BrE*, valor *AmE*: *an act of great bravery* | *a medal for bravery* | *people who acted with such valour in the name of the UK*

mętny *adj* **1** *(ciecz, szkło)* cloudy: *cloudy liquid* **2** *(światło, kształt)* dim: *the dim light of a winter evening* | *The dim outline* (=zarys) *of a large building loomed up out of the mist.* **3** *(oczy)* clouded: *his clouded eyes which seemed dull and lifeless* **4** *(woda w rzece itp.)* murky: *a murky river* **5** *(interesy itp.)* murky: *It's a murky business.* | *a politician with a murky past*

męty *n* **męty społeczne** the dregs of society

mężatka *n* married woman: *Single women tend to live longer than married women.*

mężczyzna *n* **1** *(nie kobieta)* man, male: *Two men were sitting in the corner of the room.* | *Females live longer on average than males.* THESAURUS MAN **2** *(nie dziecko)* man: *Go on, be a man. Tell him he has to pay you more.*

mężnie *adv* bravely: *You behaved bravely in a very difficult situation.*

mężny *adj* **1** *(dzielny)* brave: *Come on, be brave. Just grit your teeth* (=zaciśnij zęby) *and it will all be over in no time.* **2** *(waleczny)* brave, fearless: *a fearless soldier/warrior*

mgiełka *n* **1** *(nad ziemią)* mist: *mist over the river* **2** *(w powietrzu)* haze: *a haze of dust/cigarette smoke*

mglisty *adj* **1** *(zamglony)* foggy, misty, hazy: *a foggy day in November* | *The forecast says it will be wet and misty tomorrow.* | *a hazy summer morning* **2** *(mało konkretny)* dim, hazy, foggy: *Laura had a dim recollection of someone telling her this before.* | *Greg's memory of the accident is a little hazy.* | *I only have a foggy recollection of my grandmother.*

mgła *n* **1** *(gęsta)* fog: *Dense fog is making driving conditions difficult on many roads.* | **jest mgła** it is foggy: *It was so foggy we couldn't see the other side of the road.* **2** *(przy ziemi)* mist: *The valley was covered with a blanket of mist.* **3 oczy zachodzą komuś mgłą** sb's eyes glaze (over): *By the second chapter, your eyes begin to glaze.*

mgnienie *n* **w mgnieniu oka** in the/a blink of an eye, in a flash: *All my happiness could be smashed in the blink of an eye.* | *The computer can do it in a flash.*

mi *pron* me: *Tell me what happened.* | *Can you help me?* | *He gave me some chocolates.*

miałki *adj* fine: *The sand here is fine and soft.* | *a layer of fine white dust*

mianować *v* appoint, nominate: *The company has appointed a new Sales Director* (=dyrektora handlowego). | **mianować kogoś na stanowisko ...** appoint/nominate sb (as) ...: *He was appointed as Chairman.* | *Meg was nominated club president.* | **mianować kogoś na stanowisko członka rady/komisji itp.** appoint sb to the board/committee etc: *She was appointed to the Cabinet.*

mianowanie *n* appointment, nomination: *the appointment of a new Finance Minister* | *O'Neil's nomination as chief executive*

mianowicie *conj* namely: *He was arrested for possessing a weapon, namely a knife.* | *Three students were mentioned, namely John, Sarah and Sylvia.*

mianownik *n* **1** *(w gramatyce)* nominative **2** *(w matematyce)* denominator: **wspólny mianownik** common denominator: *The common denominator in these two election campaigns was money.*

miara *n* **1** measure: *We need to know the exact size. Centimetres seem to be the best measure.* | **system miar i wag** system of weights and measures: *Britain only recently changed from the old system of weights and measures to the metric system.* | **jednostka miary** measure: *An hour is a measure of time.* **2 miara czegoś** *(wyznacznik)* a measure of sth: *Profits are often used as a measure of a company's success.* | *The flowers and tears at the funeral were a measure of the people's love for her.* **3 w dużej mierze** largely, in large measure: *Parents were in large measure responsible for getting the school a new library.* **4 ponad miarę** beyond measure: *Burton and his wife had suffered beyond measure.* **5 w miarę** fairly, quite *BrE*: *She speaks English fairly well.* | *I was quite pleased with his answer.* THESAURUS RATHER **6 miara taśmowa** tape measure **7 szyty na miarę** tailor-made, tailored **8 brać/wziąć z kogoś miarę** take sb's measurements: *The tailor took his measurements for a new suit.* **9** *(format)* calibre *BrE*, caliber *AmE*: *a person of high calibre* (=wielkiej miary) | *a musician of that calibre* | **tej miary, co ktoś** the calibre of sb, of sb's calibre: *players of the calibre of Paul Gascoigne and John Barnes* | *someone of his calibre* **10 w miarę czegoś/jak** as: *As competition increased* (=w miarę rozwoju konkurencji), *the prices began to fall.* | *As we grow old* (=w miarę jak się starzejemy), *we worry more about our health.* **11 w miarę możliwości** as far as possible: *We try to use local materials as far as possible.* →patrz też **przebrać miarę** (PRZEBRAĆ)

miarka *n* **1** *(odmierzona porcja)* measure: *a measure of Scotch* **2** *(kuchenna)* measuring jug *BrE*, measuring cup *BrE*

miarodajny *adj* reliable: *a reliable source of information*

miarowy *adj* **1** *(dźwięk, odgłos)* rhythmic: *the rhythmic sound of the train* | *the rhythmic thud* (=dudnienie) *of the bass drum* **2** *(rytm)* steady: *The air conditioner beat a steady rhythm.* **—miarowo** *adv* rhythmically: *Try to breathe rhythmically and comfortably* (=swobodnie).

miasteczko *n* **1** small/little town, village *BrE*: *a small town on the River Thames* **2 miasteczko uniwersyteckie** campus **3 wesołe miasteczko** fair, funfair *BrE*, carnival *AmE*: *We went for a thrilling ride on the Ghost Train at the funfair.*

miasto *n* city, town: *The church is one of the oldest buildings in the city.* | *Why can't we move to the city?* | *This is such a boring town – there is nothing to do in the evenings.* | *There used to be a market in the town.* | **(być) w mieście** *(w centrum)* (be) in town: *He goes to visit Amy whenever he's in town.* | *I saw your brother in town this morning.* | **iść/jechać do miasta** go (up) to town, go into town: *Remember to buy Anne a card when you go to town.* | **wyjechać z miasta** leave town: *It was her last chance to see him before she left town.* | **stare miasto** old town: *the narrow streets of the old town* | **centrum miasta** city/town centre *BrE*, center *AmE*, the centre *BrE*, center *AmE* of town: *They're building a new road around the city centre.* | *a useful map of the town centre* | **miasto rodzinne** home town: *a nostalgic visit to my home town* THESAURUS CITY

> **UWAGA: town i city**
>
> **Town** oznacza miasto dowolnej wielkości, **city** natomiast odnosi się do miast dużych i ważnych: *New York City* | *a capital city.*

miau *interj* meow, miaow: *Cats go* (=robią) *'meow.'*

miauczeć *v* miaow

miazga *n* **1** pulp: *Stir vigorously to break the cranberries into a pulp.* **2 zetrzeć/zgnieść coś na miazgę** smash sth to smithereens: *The boat had been smashed to smithereens in the storm.*

miażdżyca *n* arteriosclerosis

miażdżyć *v* crush: *His leg was crushed in the accident.*

miąć *v (gnieść)* crumple, crease: *You're crumpling my shirt.* | *Try not to crease your jacket.*
miąć się *v* crease, crinkle: *Linen is a beautiful fabric but it creases very easily.* →patrz też ZMIĄĆ

miąższ *n* flesh, pulp: *Cut the melon in half and scoop out* (=wybierz) *the flesh.*

miech *n* bellows

miecz *n* sword: *The kids were fighting with plastic swords.*

M

mieć *v* **1** have, have got *BrE*: *They have a huge garden.* | *Try to be quick – we don't have much time.* | *My sister's* (=has) *got blonde hair and blue eyes.* | *How many children does Jane have?* THESAURUS ▸ OWN **2 mieć coś na sobie** have sth on: *Mark had on a denim jacket* (=kurtkę dżinsową). **3 mieć coś przy sobie** have sth on you: *How much cash do you have on you?* **4 mieć coś przed sobą** have sth ahead of you: *You have a long trip ahead of you.* **5 mieć coś już za sobą** (have) got sth out of the way: *I'm glad we got that out of the way.* **6 ile masz lat?** how old are you?: **mam 15 lat** I'm 15 (years old): *Tim's about 25 years old.* **7 co dzisiaj mamy (za dzień)?** what day is it today?: *He never even knows what day it is.* **8 coś ma się zdarzyć** sth is going to happen: *It's going to be hot this weekend.* **9 mieć coś zrobić** be due to do sth: *Artists from China, Italy and Germany were due to arrive this week.* **10 nie ma ...** there isn't/aren't ..., there is/are no ...: *There isn't much time.* | *There aren't any cats in this house.* | *There's no one here but me.* | *There are no more classes until Monday.* **11 nie ma za co** you're welcome!
mieć się *v* **jak się masz?** how are you? →patrz też **mieć rację** (RACJA), **mieć ochotę** (OCHOTA), **nie ma rady** (RADA), →patrz też ramka HAVE

miednica *n* **1** *(naczynie)* basin: *She was bending over the basin, washing her hair.* **2** *(część ciała)* pelvis

miedź *n* copper: *Brass is an alloy of copper and zinc.* —**miedziany** *adj* copper: *copper pipes* | *copper hair*

miejsce *n* **1** *(punkt, teren)* place, spot: *We went to lots of interesting places.* | *a favourite spot for picnics* | *This looks like a good spot to stop and rest.* | **w dwu/kilku itp. miejscach** in two/several etc places: *a leg broken in two places* | *The cover on the bed was torn in several places.* | **miejscami** in places: *The ground was very uneven* (=nierówny) *in places.* | **w bezpiecznym/suchym itp. miejscu** in a safe/dry etc place: *Have you put your passport in a safe place?* | *The apples must be stored in a cool, dry place.* | **z miejsca na miejsce** from place to place: *They kept moving from place to place.* | **na swoim miejscu** in (its) place: *Everything is in place: the books on their shelves, the pictures on the walls and the cushions on the sofa.* | *I can't find the coffee tin – it isn't in its place.* | **we właściwym miejscu** in the right place: *I'm not sure I'm in the right place.* | **odłożyć coś na miejsce** replace sth, put sth back in its place: *Please replace the books when you are finished.* | *Put the CDs back in their place.* THESAURUS ▸ PLACE **2** *(siedzące)* seat: *Is this seat free/taken* (=wolne/zajęte)*?* | *There were no seats, so we had to stand.* | **zająć miejsce** take a seat: *Please take a seat.* | **zająć komuś miejsce** keep a seat for sb | **zamienić się miejscami** change/swap places: *Would you mind changing places so I can sit next to my girlfriend?* **3** *(przestrzeń)* room, space: *I can't sit here, there isn't enough room.* | *I wish we had more space in our office.* | *There isn't any more room in the closet.* | *How much space is there on each disk?* | *It takes up* (=zajmuje) *too much space.* | **+dla kogoś/na coś** for sb/sth: *There's lots of room for all my things.* | *There's no room for sentiment in business.* | *Will there be enough room for Joey in the car?* | **zostawić miejsce dla kogoś/na coś** leave room/space for sb/sth: *Leave space in the trunk for another suitcase.* | **zrobić miejsce dla kogoś/na coś** make room/space/way for sb/sth: *Can you move and make room for Jerry please?* | *She made way for him, pushing back her chair.* | *Several houses were demolished to make way for the new road.* **4** *(imprezy)* venue: *the venue for next year's conference* | *a popular concert venue* (=miejsce koncertów) **5** *(wypadku, zbrodni)* scene: *at the scene of the accident* | *the crime scene* **6 miejsce publiczne** public place: *proposals to ban smoking in public places* **7 mieć miejsce** take place, occur: *When did the robbery take place?* | *We were in the town centre when the attack occurred.* **8 miejsce kogoś/czegoś jest tutaj** sb/sth belongs here: *I felt I belonged there – I was important there.* | *Wild animals like this don't belong in a zoo.* **9 miejsce pracy a)** *(zakład, biuro)* place of work, workplace: *I find it much more convenient to live near my place of work.* | *the importance of safety in the workplace* **b)** *(posada, etat)* job: *The new factory should create 450 jobs.* **10 miejsce pobytu** whereabouts: *Do his friends know his whereabouts?* | *His exact whereabouts are unknown.* **11 miejsce urodzenia** place of birth: *Please write your name, address, and place of birth on the form.* **12 miejsce przeznaczenia** destination: *It took me five hours to reach my destination.* **13 miejsce zamieszkania** address: *The police must be notified of any change of address.* **14 pierwsze/drugie/ostatnie miejsce** first/second/last place: *a battle for second place* | **na pierwszym/drugim/ostatnim miejscu** in first/second/last place: *And in first place – the Japanese sprinter who did so well* (=któremu tak dobrze poszło) *in the semi-finals.* | *Canada finished in third place in the bobsled competition.* | **zająć pierwsze/drugie itp. miejsce** come/finish first/second etc, win first/second etc place: *Our team came last in the gymnastics competition.* | *Alice finished second in the 100-meter dash.* | *Miriam hopes to win first place in the music competition.* **15 na miejscu a)** *(zdarzenia)* on the spot: *Our reporter is on the spot.* **b)** *(wypadku, zbrodni)* on the scene: *Journalists were on the scene within minutes of the crash.* **c)** *(w pobliżu)* locally: *People who live locally can also attend the college.* **d)** *(nie na wynos)* to eat in *BrE*, for here *AmE*: *"Two burgers and two coffees, please." "To eat in or take away?"* **16 nie na miejscu** out of place, uncalled-for, inappropriate: *Your frivolity is out of place on such a solemn occasion.* | *That comment was totally uncalled-for.* **17 czuć się nie na swoim miejscu** feel out of place: *I felt completely out of place among all those smart, rich people.* **18 puste miejsce** blank (space): *Fill in the blanks and hand the form back to me.* **19 w którym miejscu?** where: *Where does it hurt?* **20 w tym miejscu** here: *The subject is too difficult to explain here.* **21 z miejsca** on the spot: *They offered me a job on the spot.* **22 zginąć na miejscu** be killed/die outright/instantly: *He was killed outright when his car crashed at high speed.* | *He was hit in the chest and died instantly.* **23 miejsca stojące** standing room: *There was standing room only.* **24 na czyimś miejscu** in sb's place: *What would you do in my place?* **25 zająć czyjeś miejsce** take sb's place: *He took my place at the microphone.* | *I don't think anyone could take her place.* →patrz też **stać w miejscu** (STAĆ)

UWAGA: place, spot, room i space

Rzeczownik **place** oznacza pewien punkt, obszar lub część obszaru: *The best place to sit is right in front of the stage.* Rzeczownik **spot** ma podobne znaczenie, ale najczęściej używa się go w odniesieniu do miejsc, gdzie można miło spędzić czas: *We walked along the beach looking for a spot to sit.* | *a camping/holiday spot* Rzeczowniki **room** i **space** oznaczają przestrzeń lub obszar, który można czymś wypełnić lub przeznaczyć na coś: *There's enough room in the back seat for all three of you.* | *I hope there's enough space in the wardrobe for all your clothes.*

miejscownik *n* locative

miejscowość *n* **1** place: *We were living then in a place called Alberiga.* **2 miejscowość wypoczynkowa** (holiday) resort: *Thousands of tourists visit the resort every summer.* | *a popular holiday resort*

miejscowy[1] *adj* **1** *(tutejszy)* local: *the local newspaper* | *at 3 a.m. local time* | *information on local customs* THESAURUS NEAR **2** *(ograniczony)* local, localized, localised *BrE*: **znieczulenie miejscowe** local an(a)esthetic: *The surgery is done using a local anaesthetic.* | **miejscowy ból** localized pain | **miejscowe zakażenie** local/localized infection

miejscowy[2] *n* local person/man: *It was a local person who called the police.* | *They think the murderer is a local man.* | **miejscowi** locals: *This is where the locals gather to gossip.* | *crowds of tourists and locals*

miejscówka *n* seat reservation

miejski *adj* urban, city, town: *Crime* (=przestępczość) *is a problem in both rural and urban areas.* | **ludność/biedota miejska** urban population/poor | **krajobraz miejski** urban/city landscape | **komunikacja miejska** city transit | **szpital miejski** city hospital | **władze miejskie** municipal/city authorities | **mury miejskie** city walls | **ratusz miejski** city/town hall THESAURUS CITY

mielić *v* → patrz MLEĆ, ZMIELIĆ

mielizna *n* shallow water, the shallows: *The ship ran aground* (=osiadł) *in shallow water.* | *We could see fish darting about in the shallows.*

mielony *adj* **mięso mielone** mince *BrE*, ground beef *AmE*, hamburger *AmE*

mienić się *v* sparkle: *Dewdrops* (=krople rosy) *sparkled in the morning sunlight.*

mienie *n* property: *the confiscation of private property*

mierniczy *n* surveyor

miernik *n* **1** *(instrument)* meter, gauge: *a pressure meter with a digital display* **2** *(wyznacznik)* yardstick, touchstone: *Is profit the only yardstick of success?* | *the touchstone of quality*

mierność *n* mediocrity: *the age of mediocrity*

miernota *n* mediocrity: *Most of them are mediocrities at best, and not very intelligent.*

mierny *adj* mediocre: *The food was mediocre.* | *a mediocre performance* | *mediocre paintings/grades/students*

mierzalny *adj* measurable: *Intelligence is not statistically measurable as some skills are.*

mierzyć *v* **1** *(dokonywać pomiaru)* measure: *Measure the distance between the window and the door.* | *Redwood trees can measure 30 or 40 feet in circumference* (=w obwodzie). **2** *(celować)* aim: *I was aiming at the wrong target.*

miesiąc *n* **1** month: *The calendar has a different picture for each month of the year.* | **za miesiąc** in a month, in a month's time: *You'll be feeling much better in a month's time.* | *Anyone who fails this exam will have to do it again in two months.* | **miesiąc temu** a month ago: *She died two months ago.* | **w zeszłym miesiącu** last month: *I lost my job last month.* | **co miesiąc** every month, monthly: *They have regular meetings - usually one every month.* | *Do you get paid monthly or weekly?* | **(całymi) miesiącami** for months: *Dave's been saving up for months to buy a new camera.* **2 miodowy miesiąc** honeymoon: *We're going to Greece for/on our honeymoon.* **3 w trzecim/czwartym itd. miesiącu** three/four etc months pregnant: *I think she's only* (=dopiero) *three months pregnant.*

miesiączka *n* menstruation —**miesiączkować** *v* menstruate

miesięcznik *n* monthly (magazine)

miesięczny *adj* **1** monthly: *my monthly salary* **2 dwumiesięczny/trzymiesięczny itp. a)** *(dziecko itp.)* two/three-month-old: *She has an eight-month-old daughter.* | *living with a one-month-old puppy* **b)** *(okres)* two/three-month, two/three-month's: *a six-month break* | *I am departing overseas for a month's holiday next Tuesday.* —**miesięcznie** *adv* monthly: *You can pay weekly, monthly, or yearly.*

mieszać *v* **1** *(herbatę itp.)* stir: *She kept stirring her coffee with a spoon.* **2** *(składniki)* **a)** mix (together): *Mix all the ingredients together in a large bowl.* **b)** *(płynne, sypkie)* blend (together): *Blend the sugar, eggs, and flour.*

mieszać się *v* **mieszać się do czegoś/w coś** meddle in/with sth: *He's always meddling in other people's affairs.* | **nie mieszać się do czegoś** stay out of sth: *Stay out of this, Ben - it's none of your business.*

mieszaniec *n* cross-breed: *Pedigrees* (=psy rasowe) *can cost a great deal of money, when compared to the cost of most cross-breeds.*

mieszanina *n* mixture, mix: *a mixture of water and flour*

mieszanka *n* **1** *(połączenie, współistnienie)* blend, mix, mixture: *a blend of native culture and Christianity* | *The movie is a mixture of comedy and romance.* | *a mix of cultures* **2** *(herbaty, kawy)* blend: *a rich, mellow blend of coffee* **3** *(słodyczy)* assortment: *an assortment of chocolates/cookies*

mieszany *adj* **1** assorted, mixed: *a plate of assorted biscuits* | *mixed herbs* **2 mieszane uczucia** mixed feelings: *She had mixed feelings about her daughter getting married so young.*

mieszczan-in/ka *n* **1** *(mieszkaniec miasta)* town-dweller **2** *(człowiek o mieszczańskiej mentalności)* (petit) bourgeois

mieszczański *adj* bourgeois: *conventional bourgeois lifestyle*

mieszczaństwo *n* bourgeoisie: *the increasing wealth of the bourgeoisie*

mieszkać *v* live, dwell: *Where do you live?* | *I've lived abroad most of my life.* THESAURUS LIVE

UWAGA: dwell

Czasownik **dwell** w znaczeniu „mieszkać" ma ograniczony zasięg użycia; spotyka się go głównie w stylu literackim: *The woodsman* (= leśniczy) *and his family dwelt in the middle of the forest.*

mieszkalnictwo *n* housing industry

mieszkalny *adj* **blok mieszkalny** block of flats *BrE*, apartment building *AmE*: *They're building a new block of flats opposite us.*

mieszkanie *n* flat *BrE*, apartment *AmE*: *He's finally managed to find a new flat.* | **mieszkanie dwupokojowe/trzypokojowe itp** one-bedroom/two-bedroom etc flat/apartment | **mieszkanie komunalne** council flat *BrE* THESAURUS HOUSE

mieszkan-iec/ka *n* **1** *(miasta, kraju)* inhabitant: *a city of six million inhabitants* | *the inhabitants of the San Fernando Valley* | *France has about 57 million inhabitants.* **2** *(domu, hotelu)* resident: *Local residents are protesting about the new road.* **3** *(lokator)* occupant: *The occupants of the house were away.* **4 liczba mieszkańców** population: *a rapid increase in the population* | *What is the population of Montana?*

M

M

mieszkaniowy *adj* residential: *a quiet residential neighbourhood* (=dzielnica)

mieścić *v (zbiory)* house: *The building houses the new art collection.* → patrz też POMIEŚCIĆ, ZMIEŚCIĆ

mieścić się *v* **1** *(znajdować się)* be housed: *The library used to be housed in the British Museum.* **2** *(wchodzić)* fit: *Only two of the cases fit in the back of your car.* **3 w głowie się nie mieści** the/your mind boggles: *My mind boggles at the amount of work still to do.* → patrz też POMIEŚCIĆ SIĘ, ZMIEŚCIĆ SIĘ

mięczak *n* **1** mollusc *BrE*, mollusk *AmE*: *snails and other molluscs* **2 mięczaki** *(wodne, jadalne)* shellfish: *Do you like shellfish?*

między *prep* **1** between: *You shouldn't eat between meals.* | *Measure the distance between the window and the door.* | *the natural bond between mother and child* **2** *(pośród)* among: *The women sat in a circle among the trees.*

UWAGA: among i between

Przyimka **between** używamy, gdy mowa o dwóch osobach, dwóch przedmiotach, dwóch terminach: *They arrived between two-thirty and three.* Przyimka **among** używamy w odniesieniu do więcej niż dwóch osób, przedmiotów: *They wandered among the stalls in the marketplace.*

międzyczas *n* **w międzyczasie** in the meantime: *The doctor will be here soon. In the meantime, try and relax.*

międzykontynentalny *adj* intercontinental: *an intercontinental flight* | *intercontinental trade*

międzyludzki *adj* interpersonal: *interpersonal relations*

międzymiastowy *adj* **rozmowa międzymiastowa** long-distance call

międzynarodowy *adj* **1** international: *a new era of peace and international cooperation* **2 na arenie międzynarodowej** in the international arena: *the growing loss of influence of the United States in the international arena*

międzyplanetarny *adj* interplanetary: *interplanetary travel*

miękki *adj* **1** soft: *a soft pillow* **2 mieć miękkie serce** be softhearted: *Paul's really kind and softhearted.*

hard/soft

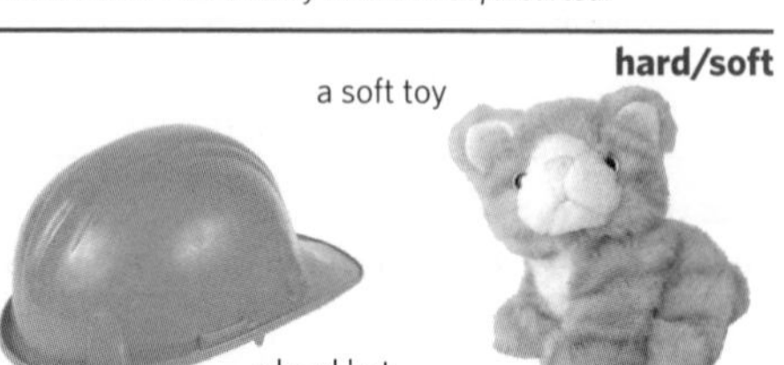

miękko *adv* **na miękko** soft-boiled: *I like my soft-boiled eggs cooked for three minutes.*

miękkość *n* softness: *She loved the softness of the cat's fur.*

mięknąć *v* soften: *Your shoes will soften as you wear them.* → patrz też ZMIĘKNĄĆ

mięsień *n* muscle: *There are over 1000 muscles in the human body.* | *Tighten your stomach muscles and hold for three seconds.*

mięsny *adj* **1 sklep mięsny** butcher's: *She used to live in a room above the butcher's.* **2 przetwory mięsne** meat products **3** *(w smaku)* meaty: *a delicious meaty gravy* (=sos)

mięso *n* meat: *I'm going to cut the meat into four pieces.* | *a huge chunk of red meat*

mięsożerny *adj* carnivorous —**mięsożerca** *n* carnivore

mięśniowy *adj* **1 tkanka mięśniowa** muscle tissue: *When you exercise, you replace fat tissue with muscle tissue.* **2** *(ból itp.)* muscular: *muscular pain* | *muscular dystrophy*

mięta *n* **1** mint: *I think there's mint in this sauce.* **2 mięta kędzierzawa** spearmint **3 mięta pieprzowa** peppermint

miętowy *adj* **1** *(smak, zapach)* minty: *a fresh, minty taste* **2 herbata miętowa** mint tea **3 guma o smaku miętowym** mint-flavoured chewing gum

miętówka *n* mint, peppermint: *Susan took a mint out of the pack.*

mig *n* **1 na migi** in/using sign language: *They communicate with each other using sign language.* **2 migiem/w mig** in a flash: *He was back in a flash.*

migacz *n* indicator *BrE*, turn signal *AmE*

migać *v* blink, flash: *The neon lights on the theatre blinked red and blue.* | *Why is that driver flashing his headlights?*

migawka *n* shutter

migdał *n* almond —**migdałowy** *adj* almond: *orange and almond dessert*

migdałek *n* tonsil: *Gwen had her tonsils out* (=miała usunięte migdałki) *when she was nine.*

migotać *v* flicker, glimmer, twinkle: *The stars were glimmering in the sky.* | *flickering candles*

migotanie *n* flicker, glimmer: *the glimmer of a candle*

migowy *n* **język migowy** sign language: *They communicate with each other using sign language.*

migracja *n* migration: *uncontrolled migration to the European Community* | *the birds' annual migration to southern Europe*

migrena *n* migraine (headache): *I think I have a migraine again.*

migrować *v* migrate: *farm workers who migrate from state to state* | *More than 2 million ducks migrate to the lake each fall.*

mijać *v* **1** *(osoba, pojazd)* pass (by): *I pass his house every morning on the way to school.* **2** *(czas)* pass, go by/past, tick away/by: *As you get older, time seems to go by more quickly.* → patrz też MINĄĆ

Mikołaj *n* **święty Mikołaj** Father Christmas

mikrob *n* microbe: *bacteria, viruses, fungi and other microbes*

mikrobiologia *n* microbiology —**mikrobiolog** *n* microbiologist —**mikrobiologiczny** *adj* microbiological

mikrobus *n* minibus

mikrofalowy *adj* **kuchenka mikrofalowa** microwave (oven): *Heat the sauce in the microwave for 45 seconds.*

mikrofon *n* **1** microphone, mike **2** *(ukryty)* bug

mikrokosmos *n* microcosm

mikroorganizm *n* microorganism

mikroprocesor *n* microprocessor

mikroskop *n* microscope

mikroskopijny *adj* microscopic, minute THESAURUS SMALL

mikroukład *n* microchip: *information can be stored on a microchip*

mikser *n* blender, mixer, liquidizer *BrE*

miksować *v* → patrz ZMIKSOWAĆ

mila *n* mile: *The church is about a mile away.*

milcząco *adv* tacitly: *President Bush tacitly approves of violence.*

milczący *adj* **1** silent: *a silent crowd* **2** *(zgoda)* tacit: *a tacit acceptance*

milczeć *v* **1** be silent: *She was silent for a moment as she tried to think.* **2 milcz!** be quiet!

milczenie *n* **1** silence: *Rhonda's laugh broke the silence.* **2 w milczeniu** in silence, silently: *We drank our coffee in silence. | monks who spent their days silently*

mile *adv* **1 mile widziany** welcome: *Any help would be welcome.* **2 mile zdziwiony/zaskoczony** pleasantly surprised: *I was pleasantly surprised.* **3 mile wspominać coś** have fond memories of sth: *I have fond memories of my first trip to Europe.*

milenium *n* millennium

miliard *n* billion —**miliardowy** *adj* billionth

milicja *n* **1** *(policja)* police **2** *(paramilitarna)* militia —**milicjant/ka** *n* policeman

miligram *n* milligram

mililitr *n* millilitre *BrE*, milliliter *AmE*

milimetr *n* millimetre *BrE*, millimeter *AmE*

milion *n* million

UWAGA: million i millions of

Przy podawaniu wielkości, wartości, rozmiarów itp. wyraz **million** występuje w liczbie pojedynczej, bez przyimka „of": *ten million people | three million dollars.* Formy **millions of** używa się bez poprzedzającego liczebnika, kiedy mówimy o „milionach", nie podając konkretnej liczby: *Millions of children go hungry every day.*

milioner/ka *n* millionaire

milionowy *adj* millionth

milisekunda *n* millisecond

militarny *adj* military: *military aid | military potential*

militaryzm *n* militarism —**militarystyczny** *adj* militaristic

milknąć *v* fall silent → patrz też UMILKNĄĆ, ZAMILKNĄĆ

milowy *adj* **kamień milowy** milestone: *Winning that medal was a milestone in her career.*

miło *adv* **1 miło (jest) coś zrobić** (it's) nice to do sth: *It's nice to see you again* (=miło cię znowu zobaczyć). **2 bardzo mi miło** (I'm) pleased to meet you, (it's) nice to meet you, nice meeting you **3 miło z twojej/jego itp. strony, że ...** it's nice/kind of you/him etc to ...: *It was nice of you to come. | It's kind of him to offer help.* **4 było bardzo miło** I/we etc had a really good time: *Thanks for the meal - we both had a really good time.*

miłosierdzie *n* mercy —**miłosierny** *adj* merciful

miłosny *adj* **1** *(wiersz, list, scena)* love: *Donne's early love poems | a love story | love letters | explicit love scenes* **2** *(zabiegi, przygody, intrygi)* amorous: *amorous advances | one of his amorous adventures | a series of political and amorous intrigues*

miłość *n* **1** *(uczucie)* love: **+ do kogoś** for sb: *He never told her about his love for her.* | **miłość od pierwszego wejrzenia** love at first sight: *It was love at first sight.* **2** *(osoba kochana)* love: *You were my first love.* **3 na miłość boską** for goodness' sake, for heaven's sake: *Why didn't you tell me, for heaven's sake?* | **co/jak/gdzie itp. na miłość boską?** what/how/where etc in God's name?: *Where in God's name have you been?*

miłośni-k/czka *n* lover: *an art lover*

miłować *v* love

miły *adj* **1** *(przyjemny)* nice, pleasant: *a nice atmosphere | a nice bright room | a pleasant surprise | They spent a pleasant evening together.* | **miły w dotyku** nice to the touch | **(życzę) miłego dnia!** have a nice day! | **miłych snów!** sweet dreams! THESAURUS NICE **2** *(uprzejmy)* nice, kind: *They're all very nice people. | Thank you for those kind words.* | **+ dla kogoś** to sb: *Be nice to your little sister. | Everyone's been so kind to me.* | **czy byłbyś tak miły i ...** would you be kind enough to ..., would you be so kind as to ...: *Would you be kind enough to close the door, please?*

mimika *n* facial expressions: *In normal spoken communication, words are backed up by facial expressions and gestures.*

mimo *prep* **1** despite, in spite of: *Despite all our efforts to save the school, the local authorities decided to close it.* | **mimo że ...** even though, in spite of/despite the fact that ...: *I seem to be gaining weight* (=chyba tyję)*, even though I'm exercising regularly. | She went to Spain despite the fact that the doctor had told her to rest. | She loved him in spite of the fact that he drank too much.* **2 mimo to/wszystko** even so, still, nevertheless, all the same: *They made lots of money that year, but even so the business failed. | He injured his leg in practice* (=na treningu)*, but he still won the race. | I think he's telling the truth. Nevertheless, I don't trust him. | All the same, I do feel guilty about it.*

mimochodem *adv* in passing: *The actress mentioned in passing that she had once worked in a factory.*

mimowolny *adj* involuntary: *an involuntary cry of pain* —**mimowolnie** *adv* involuntarily

mina *n* **1** *(wyraz twarzy)* expression, face: *He came back with a cheerful expression on his face. | You should have seen Steve's face when I told him I was resigning.* **2 stroić miny** make/pull faces: *Emma was making faces at me through the window.* **3 komuś zrzedła mina** sb's face fell: *Lynn's face fell when I said Sean already had a girlfriend.* **4** *(czołgowa itp.)* mine

minąć *v* **1** *(osoba, pojazd)* pass (by): *Angie waved at me as she passed. | We passed by a large white house.* **2** *(czas, lata itp.)* pass, go by/past: *Several years have passed since I last saw Jake. | Time went by very quickly.* **3 czas minął!** (the) time is up!: *OK kids! Time's up - get out of the pool.* **4 minęła północ/czwarta** it's turned midnight/four **5** *(skończyć się)* be over: *As soon as Christmas is over* (=jak tylko miną święta)*, I'm going on a diet.* **6 kogoś nie minie kara** sb will not escape punishment: *We are determined that the terrorists will not escape punishment.* **7 co było, minęło** let bygones be bygones

minąć się *v* **1** pass each other: *We passed each other on the staircase.* **2 minąć się z kimś** miss sb: *"Can I speak to Tony please?" "Sorry, you've just missed him."* **3 minąć się z powołaniem** miss your vocation: *I think I've missed my* *vocation - I should have been* (=powinienem był zostać) *a psychiatrist.*

mineralny *adj* **1** mineral **2 woda mineralna** mineral water

minerał *n* mineral: *vitamins and minerals*

mini *n* → patrz MINISPÓDNICZKA

miniatura *n* **1** miniature THESAURUS SMALL **2 w miniaturze** in miniature: *She's her mother in miniature.* —**miniaturowy** *adj* miniature: *a miniature camera*

minimalizować *v* → patrz ZMINIMALIZOWAĆ

minimalnie *adv* **1** *(trochę)* marginally: *The other car was marginally cheaper.* **2** *(chybić, wygrać, przegrać)* narrowly: *The bullet narrowly missed her.* | *Smith narrowly lost the election.* **3** *(co najmniej)* at least

minimalny *adj* **1** *(nieznaczny)* minimal: *The storm caused only minimal damage.* | *Despite the TV advertising campaign, interest has been minimal.* **2** *(najmniejszy)* minimum: *The minimum hourly wage is £3.40.* | *a minimum level of education*

minimum *n* **1** minimum: *Looking after a horse costs a minimum of* (=kosztuje minimum) *£2,000 a year.* | *Costs were kept to a minimum* (=koszty ograniczono do minimum). **2 minimum socjalne** poverty line/threshold: *Fifteen percent of the city's residents live below the poverty line.*

miniony *adj* **1 w minionym tygodniu/roku itp.** last week/year etc **2 miniona epoka** bygone days/age/era: *The buildings reflect the elegance of a bygone era.*

minispódniczka *n* miniskirt

minister *n* minister, secretary *AmE*: *the Minister of Education* | **minister spraw zagranicznych** Foreign Secretary, Secretary of State *AmE* | **Rada Ministrów** the Cabinet

ministerialny *adj* ministerial: *ministerial duties*

ministerstwo *n* ministry, department *AmE*: *the Defence Ministry* | *the Ministry of Agriculture*

ministrant *n* altar boy

minować *v* → patrz ZAMINOWAĆ

minowy *adj* **pole minowe** minefield

minus *n* **1** *(znak odejmowania)* minus: *12 minus 7 equals 5.* | *minus 10 degrees centigrade* **2** *(wada)* drawback: *The only drawback to a holiday in Scotland is the weather.* THESAURUS DISADVANTAGE → patrz też **plus minus** (PLUS), **plusy i minusy** (PLUS)

minuta *n* **1** minute: *Clare's train arrives in five minutes* (=za pięć minut). | *It's three minutes to ten* (=jest za trzy minuty dziesiąta). THESAURUS EXACTLY **2 co do minuty** on the dot: *Penny arrived at nine o'clock on the dot.* **3 z minuty na minutę** by the minute, every minute: *"Do you still feel sick?" "No, I'm feeling better by the minute."* **4 na ostatnią minutę** at the last minute: *Clare changed her mind at the last minute and came with us.*

minutowy *adj* **1 dwu/45-minutowy** two/45-minute: *a two-minute walk* | *a 30-minute coffee break* **2 wskazówka minutowa** the minute hand

miodowy *adj* **1 miodowy miesiąc** honeymoon: *They flew to Paris for their honeymoon.* **2 melon miodowy** honeydew melon **3** *(włosy)* honey, honey-colo(u)red: *honey blonde hair* | *She wore her honey-colored hair smooth and short.*

miot *n* litter: *a litter of kittens*

miotacz *n* **1** *(w lekkoatletyce)* thrower: *hammer thrower* | *javelin thrower* **2** *(w baseballu)* pitcher **3 miotacz ognia** flame thrower

miotać się *v* flounder: *She floundered helplessly, unable to think of a reply.*

miotła *n* **1** broom **2 jak mysz pod miotłą** (as) quiet as a mouse

miód *n* honey: *a jar of honey*

miraż *n* mirage

miseczka *n* bowl: *a bowl of rice*

misiek *n* *(zabawka)* teddy bear

misja *n* **1** mission **2 misje** missions: *After he trained as a priest he went to work for the missions in Africa.*

misjona-rz/rka *n* missionary

miska *n* **1** *(do jedzenia)* bowl: *a bowl of potato salad* **2** *(do mycia)* basin: *Pour the hot water into a basin.*

miss *n* beauty queen: **Miss Polski/Ameryki itp.** Miss Poland/America etc

misterny *adj* elaborate: *fabric with an elaborate design* | *an elaborate plan* —**misternie** *adv* elaborately

mistrzostwo *n* **1** *(zawody)* championship(s): *the US basketball championships* **2** *(tytuł mistrzowski)* championship: *fighting for the world championship*

mistrzowski *adj* **1 tytuł mistrzowski** championship **2** *(popis, wykonanie)* masterful: *a masterful performance* **3** *(drużyna)* championship(-winning): *We want to build a championship-winning team.*

mistrz/yni *n* **1** *(zdobywca tytułu)* champion: *the world heavyweight boxing champion* (=mistrz świata w wadze ciężkiej) | *an Olympic champion* **2** *(profesjonalista)* master: *a master of kung fu*

mistyczny *adj* mystical, mystic: *While he was in the desert, he had some kind of mystical experience.* —**mistycyzm** *n* mysticism —**misty-k/czka** *n* mystic

mistyfikacja *n* mystification

misyjny *adj* missionary: *missionary work*

miś *n* **1 miś (pluszowy)** teddy bear **2** *(niedźwiedź)* bear

mit *n* **1** *(legenda)* myth: *Greek myths about the creation of the world* **2** *(błędny pogląd)* myth, fallacy: *the myth that America is a free and open society* | *the fallacy that money brings happiness*

mitologia *n* mythology —**mitologiczny** *adj* mythological

mityczny *adj* mythical: *mythical creatures such as the Minotaur* | *the mythical Wild West of popular fiction*

mizeria *n* cucumber salad

mizerny *adj* **1** *(wątły)* puny, scrawny: *a puny little guy* | *a scrawny kid in jeans and a T-shirt* **2** *(kiepski)* poor, meagre *BrE*, meager *AmE*: *poor rates of pay* | *meager wages*

mknąć *v* speed, zoom: *The train sped along.* | *We zoomed down the highway.*

mlaskać *v* champ, chomp: *champing noisily*

mlecz *n* **1** *(roślina)* dandelion **2** *(rybi)* milt, roe

mleczarnia *n* dairy

mleczarz *n* milkman

mleczko *n* **1** *(mleko)* milk **2 mleczko kosmetyczne** cleansing milk

mleczny *adj* **1** milk: *milk chocolate* **2 koktajl mleczny**

milkshake **3 produkty mleczne** dairy products **4 bar mleczny** cafeteria **5 zęby mleczne** milk teeth *BrE*, baby teeth *AmE* **6 Droga Mleczna** the Milky Way

mleć *v* **1** *(kawę)* grind **2** *(ziarno)* mill

mleko *n* milk: **mleko krowie** cow's milk | **mleko w proszku** powdered milk | **zsiadłe/kwaśne mleko** sour milk

młode *n* **1** baby, *(drapieżnika)* cub, *(słonia, wieloryba, żyrafy)* calf, *(foki, psa, wilka, myszy)* pup: *baby birds* | *Lion cubs are born blind.* | *seal pups* **2** *(zbiorowo)* young: *a turtle and her young* | *The lioness fought to protect her young.*

UWAGA: young

Rzeczownik **young**, mimo braku koncówki -s, występuje wyłącznie w liczbie mnogiej: *Skunks roll out of their dens in February or March. Six to eight young are born two months later.* Mówiąc o jednym zwierzęciu, używamy rzeczownika **baby** lub któregoś innego z podanych powyżej.

młodociany *adj* juvenile: **młodociany przestępca** juvenile delinquent THESAURUS YOUNG

młodość *n* youth: *a product that claims to restore youth and vitality to your skin* | **w młodości** in/during sb's youth: *In his youth, Jimmy was an idealist and a rebel.* | *During his youth he lived in France.* THESAURUS YOUNG

młodszy *adj* **1** younger **2 być młodszym od kogoś o 10 lat** be 10 years younger than sb (is), be 10 years sb's junior: *He is four years my junior.* **3 młodszy brat/siostra** kid/little brother/sister → patrz też MŁODY

młody *adj* **1** young: *I used to ski when I was young.* | *She's much younger than he is.* THESAURUS YOUNG **2 młody człowiek** youth: *Three youths were arrested for stealing.* **3 młody duchem** young at heart **4 pan młody** bridegroom: **panna młoda** bride | **państwo młodzi/młoda para** bride and groom: *a happy bride and groom* **5 młode ziemniaki** new potatoes **6 za młodu** in sb's youth: *In his youth, Jimmy was an idealist and a rebel.*

młodzieniec *n* lad: *Things were different when I was a lad.*

młodzieńczy *adj* youthful: *youthful enthusiasm* THESAURUS YOUNG

młodzież *n* young people, youth: *The disease is quite common among young people* (=wśród młodzieży). | *the youth of today* (=dzisiejsza młodzież)

młodzieżowy *adj* teenage: *a teenage club* | *teenage music*

młodziutki *adj* (very) young: *a young actress*

młot *n* **1** *(duży młotek)* (sledge) hammer **2 rzut młotem** hammer throw **3 młot pneumatyczny** pneumatic drill *BrE*, jackhammer *AmE* **4 między młotem a kowadłem** between the devil and the deep blue sea

młotek *n* hammer

młyn *n* mill: *an old mill with a ruined water-wheel* —**młynarz** *n* miller

młynek *n* mill, grinder: *a coffee/pepper mill* | *a coffee/pepper grinder*

mniam *interj* **mniam-mniam!** yum-yum!

mnich *n* monk, friar

UWAGA: monk i friar

Rzeczownik **monk** oznacza członka wspólnoty religijnej (niekoniecznie chrześcijańskiej), najczęściej mieszkającego w klasztorze: *Buddhist monks.* Rzeczownika **friar** używa się zwykle w odniesieniu do członków zakonów żebraczych, którzy w przeszłości wędrowali po Europie, głosząc naukę Kościoła katolickiego.

mnie *pron* me: *I don't care what they say about me* (=o mnie). | *I may be late so start without me* (=beze mnie).

mniej *adv* **1** *(wody, cukru, pieniędzy itp.)* less: *Most single parents earn £100 a week or less.* | *She spends less time abroad now.* **2** *(ludzi, samochodów itp.)* fewer: *Far fewer people go to church these days.* | *There are fewer opportunities for new graduates this year.* **3** *(z czasownikami)* less: *I definitely walk less since I've had the car.* **4 mniej zabawny/interesujący itp.** less funny/interesting etc **5 coraz mniej** less and less, fewer and fewer: *Our trips became less and less frequent.* | *Fewer and fewer people are giving blood.* **6 mniej więcej** more or less: *The article says more or less the same thing as the other one.* THESAURUS ALMOST **7 mniej znany** lesser known: *a lesser known French poet* **8 nie mniej niż** no less/fewer than: *No less than 70% of this forest has been destroyed.* | *I tried to contact him no fewer than ten times.* → patrz też MAŁO

UWAGA: less i fewer

Nie należy mylić wyrazów **less** i **fewer** w znaczeniu „mniej". **Less** używa się z rzeczownikami niepoliczalnymi: *You get more food for less money at Shop „n" Save.* **Fewer** używa się z rzeczownikami policzalnymi: *Fewer students are studying science these days.*

mniejszość *n* minority: *ethnic minorities* | **być w mniejszości** be in the minority: *Boys are very much in the minority at the dance class.* —**mniejszościowy** *adj* minority: *a minority government*

mniejszy *adj* **1** smaller → patrz też MAŁY **2 mniejsze zło** the/a lesser evil, the lesser of two evils: *In this case neutrality seemed the lesser evil.* **3 mniejsza o to/mniejsza z tym** never mind **4 w mniejszym lub większym stopniu** to some degree, to a (certain) degree: *All the students helped to some degree.*

mniemać *v* suppose: *I suppose you thought that was funny!*

mniemanie *n* **1 w moim/jego itp. mniemaniu** in my/his etc view/opinion: *In my view, what this country needs is a change of government.* | *In my opinion, Phil's gone crazy.* **2 mieć wysokie mniemanie o kimś/czymś** have a high/good opinion of sb/sth: *They seem to have a very high opinion of Paula's work.*

mniszek *n* **mniszek lekarski** dandelion

mniszka *n* nun

mnogi *adj* **liczba mnoga** plural (form): *'Have' is the plural form of 'has.'* | **w liczbie mnogiej** (in the) plural: *If the subject is plural, use a singular verb.*

mnogość *n* multitude: *a multitude of colours*

mnożenie *n* multiplication: **tabliczka mnożenia** multiplication table

mnożyć *v* multiply: *Do you know how to multiply negative numbers?* → patrz też POMNOŻYĆ

mnożyć się *v* **1** *(rozmnażać się)* multiply: *The germs multiply quickly in the heat.* **2** *(szerzyć się)* abound, proliferate: *Rumours abound as to the reasons for his resignation.* | *Self-help groups proliferate all over London.*

mnóstwo *n* **mnóstwo czegoś** lots of sth: *She's got lots of money.*

M

M

mobilizacja *n* mobilization, mobilisation *BrE*

mobilizować *v* →patrz ZMOBILIZOWAĆ

mobilny *adj* mobile: *mobile internet* →patrz **urządzenie mobilne** (URZĄDZENIE).

moc *n* **1** *(maszyny, wybuchu)* power: *My car keeps losing power when I take a sharp bend.* | *the power of the explosion* | **o dużej mocy** high-powered: *a high-powered speedboat* **2** *(produkcyjna)* capacity: *Our factories have been working at full capacity all year.* **3 trzeba stwierdzić z całą mocą, że ...** it should be emphasized that ...: *It should be emphasized that flying is a very safe way to travel.* **4 zrobić wszystko, co w czyjejś mocy** do everything in your power: *The ambassador promised to do everything in his power to get the hostages released.* **5 coś jest w czyjejś mocy** it is in sb's power to do sth: *It is not in my power to tell you the results of the exam.* **6 nie posiadający mocy prawnej** null and void: *The court declared the contract to be null and void.* **7 nabrać mocy prawnej** come into force: *The new law on drink-driving comes into force next month.* **8 na mocy ustawy/traktatu itp.** under a law/treaty etc: *All citizens are equal under the law.* | *an exemption under Article 85* **9 ze zdwojoną mocą** with a vengeance: *The hot weather is back with a vengeance.* **10 złe moce** the forces of evil

mocarstwo *n* power: *Egypt is still an important power in the Middle East.* | **mocarstwo światowe** world power

mocno *adv* **1** *(trzymać itp.)* fast, firmly, tightly, securely: *Rudi began to fall, but the rope held him fast.* | *Make sure your baggage tag is firmly attached to your suitcase.* | *Mary held the baby tightly in her arms.* | *It is essential to ensure that your skis are securely fastened.* **2** *(uderzyć, popchnąć itp.)* hard: *Tyson hit him so hard that he fell back on the ropes.* | *Come on, push harder!* **3** *(wierzyć, sprzeciwiać się)* strongly: *We strongly believe that she is innocent.* | *Most of the students strongly object to the new rules.* **4** *(bardzo)* greatly: *greatly exaggerated reports* **5 mocno pada** it's raining hard

mocny *adj* **1** *(człowiek, ramię)* strong: *My brother is stronger than I am.* | *strong hands* **2** *(materiał)* strong: *The bags are made of strong black plastic.* **3** *(silnik)* powerful: *a powerful engine* **4** *(chwyt, uścisk)* firm, tight: *He took her hand in his firm grip.* | *He kept a tight grip on her arm.* **5 mocna strona** strong point, strength: *Tact was never her strong point.* | *His ambition is both a strength and a weakness.* **6 mocny język** strong language

mocować *v* fasten, fix *BrE* →patrz też PRZYMOCOWAĆ, UMOCOWAĆ

mocować się *v* **mocować się z kimś/czymś** wrestle/grapple with sb/sth: *The kids were wrestling with each other in the yard.* | *Several passengers were wrestling with their luggage.* | *A young man was grappling with the guard.*

mocz *n* **1** urine **2 oddać mocz** urinate, pass water

moczary *n* marsh(es): *After wading through the marshes we were glad to be on solid ground.*

moczowy *adj* urinary: **pęcherz moczowy** urinary bladder | **układ moczowy** urinary system

moczyć *v* →patrz NAMOCZYĆ, ZMOCZYĆ

moczyć się *v (kąpać się)* soak: *Clare spent a long time soaking in a perfumed bath.* →patrz też ZMOCZYĆ SIĘ

moda *n* fashion, vogue: **być w modzie** be in fashion/vogue: *Hats are in fashion again.* | *Japanese food is very much in vogue these days.* | **wyjść z mody** go out of fashion: *Shoes like that went out of fashion years ago.* | **jest moda na coś** sth is the fashion/in fashion: *Eastern religions such as Buddhism used to be the fashion in the '60s.* →patrz też **ostatni krzyk mody** (KRZYK)

modalny *adj* **czasownik modalny** modal verb

model *n* **1** *(makieta)* model: *a model of the space shuttle* | *One of his hobbies is making models of famous buildings.* | **model samolotu/szkieletu itp.** a model aeroplane/skeleton etc **2** *(wzór)* model: *The British electoral system has been used as a model by many new democracies.* **3** *(wersja)* model: *the latest model of the BMW* | *The new model Toyota goes on sale next month.* **4** *(mężczyzna pozujący do zdjęcia itp.)* (male) model

modelka *n* model: *a top fashion model*

modelowy *adj* model: *a model husband*

modem *n* modem

modernizować *v* modernize, modernise *BrE* —**modernizacja** *n* modernization, modernisation *BrE*

modlić się *v* pray: *They went to the mosque* (=do meczetu) *to pray.* | *Paul was praying that no one had noticed his absence* (=żeby nikt nie zauważył jego nieobecności). | **+ o coś** for sth: *Let us pray for peace.* | *We're praying for good weather for the wedding.* | **+ do kogoś** to sb: *Martha prayed to God every night.* —**modlitewnik** *n* prayer book

modlitwa *n* **1** prayer: *The children knelt down* (=uklękły) *to say their prayers.* | *morning prayers* **2** *(przed posiłkiem)* grace: *Who will say grace?* —**modły** *n* prayers

modny *adj* fashionable, trendy: *Long skirts are fashionable now.* | *In Japan it's fashionable to give products English names.* | *a fashionable restaurant* | *a trendy bar* —**modnie** *adv* fashionably: *You don't have to dress fashionably, just warmly.*

modrzew *n* larch

moduł *n* unit, module

modyfikacja *n* modification: *We've made a few modifications to the programme.*

modyfikować *v* modify →patrz też ZMODYFIKOWAĆ

mogiła *n* grave

Mojżesz *n* Moses

moknąć *v* →patrz ZMOKNĄĆ

mokro *adv* **1 jest mokro** it's wet: *It's very wet outside.* **2 mieć mokro** wet the bed: *The baby has wet the bed again.*

mokry *adj* wet: *wet clothes* | *wet weather* THESAURUS WET

wet/dry

molekularny *adj* molecular —**molekuła** *n* molecule

molestować *v* molest: *Harper was accused of molesting his 7-year-old stepdaughter.*

moll *adj także* **mollowy** minor: *a symphony in D minor* (=symfonia d-moll)

molo *n* pier *BrE*, boardwalk *AmE*

momencik *n* **1 momencik!** hang/hold on a sec!, just a sec!: *"Is Clive there, please?" "Hold on a sec, I'll go and see."* **2 za momencik** in a jiffy, in (just) a sec: *I'll be with you in a jiffy.* | *I'll be with you in a sec.* →patrz też MOMENT

moment *n* **1** *(chwila)* moment: **w momencie, gdy ...** the moment ...: *The moment I heard your voice I knew something was wrong.* | **w tym momencie** at this/that moment: *At that moment, the door opened and Danny walked in.* | **na moment** for a moment, for an instant: *Could I borrow your dictionary for a moment?* | *He paused for an instant before replying.* | **przez moment** momentarily: *I was momentarily surprised by the question.* | **za moment** in a moment, momentarily *AmE*: *The doctor will be ready in a moment.* | *I'll be with you momentarily* (=za moment się pan-em/ią zajmę). | **aż do momentu** until: *The doctor told me to stay off work until I felt better.* **2 moment!** wait a minute/sec!: *Wait a minute - that can't be true!* **3 w pewnym momencie** suddenly: *Suddenly there was a huge bang* (=w pewnym momencie rozległ się wielki huk). **4 ani przez moment** not for a/one moment: *"Did you ever suspect her?" "No, not for one moment."* **5 w tym samym momencie** at the same time: *We both started talking at the same time.* **6 w odpowiednim momencie** at the right time: *The pay rise came at the right time - just before the birth of our first baby.* **7 lada moment** (at) any moment: *The roof could collapse at any moment.* **8 w ostatnim momencie** at the last minute: *Frank changed his mind at the last minute and decided to come with us after all.*

momentalnie *adj* instantly, instantaneously: *They recognized him instantly.*

monarch-a/ini *n* monarch, sovereign —**monarchia** *n* monarchy

moneta *n* **1** coin: *He collects foreign coins.* **2 brać/wziąć coś za dobrą monetę** take sth at face value: *You shouldn't always take his remarks at face value.* **3 rzucić monetą** toss/flip a coin: *Let's flip a coin to see who goes first.* —**monetarny** *adj* monetary: *a monetary unit* | *monetary policy*

Mongolia *n* Mongolia —**mongolski** *adj* Mongolian

monitor *n* monitor, computer screen: *a colour monitor* | *the picture on the computer screen*

monitoring *n* **1** surveillance: *24-hour surveillance of the building* **2 kamery monitoringu** CCTV *(closed-circuit television)*

monitorować *v* monitor: *tests designed to monitor the student's progress*

mono *adj* mono: *a mono recording*

monogamia *n* monogamy —**monogamiczny** *adj* monogamous

monografia *n* monograph

monogram *n* monogram: **z monogramem** monogrammed: *a monogrammed shirt*

monolingwalny *adj* monolingual: *a monolingual dictionary*

monolit *n* monolith —**monolityczny** *adj* monolithic: *monolithic corporations*

monolog *n* **1** monologue *BrE*, monolog *AmE* **2** *(sceniczny)* soliloquy, monologue *BrE*, monolog *AmE*: *Hamlet's soliloquy*

monopol *n* monopoly: *Until recently, Bell Telephone had a monopoly on telephone services.* | *Adequate health care should not be the monopoly of the rich.*

monopolistyczny *adj* monopolistic —**monopolista** *n* monopoly

monopolizować *v* →patrz ZMONOPOLIZOWAĆ

monopolowy *adj* **sklep monopolowy** off-licence *BrE*, liquor store *AmE*

monotonny *adj* monotonous: *monotonous work* | *a flat, monotonous landscape* —**monotonia** *n* monotony —**monotonnie** *adv* monotonously

monstrualny *adj (ogromny)* colossal: *a colossal statue*

monstrum *n* monster, monstrosity

monsun *n* monsoon

montaż *n* **1** *(składanie z części)* assembly: *After assembly, the cars go to the paint shop to be painted.* **2** *(instalacja)* installation: *the installation of a new washing machine* **3** *(filmu itp.)* editing

montażowy *adj* **linia montażowa** assembly line

montować *v* →patrz ZMONTOWAĆ, ZAMONTOWAĆ

monument *n* monument: *The monument commemorates the war.* —**monumentalny** *adj* monumental

morale *n* morale: *Talk of job losses is bad for morale.*

moralizować *v* moralize, moralise *BrE*

moralny *adj* moral: *Terry refused to join the army for moral reasons.* | *I believe we have a moral duty to help the poor.* —**moralność** *n* morality, morals: *declining standards of morality* | *His book reflects the values and morals of society at that time.* —**moralnie** *adv* morally: *a morally degenerate society*

morał *n* moral: *The moral of the story is that crime doesn't pay.*

moratorium *n* moratorium: *a moratorium on nuclear testing*

mord *n* **1** *(zabójstwo)* manslaughter **2** *(ludobójstwo)* genocide

morda *n (gęba)* mug

morder-ca/czyni *n* **1** murderer **2 wielokrotny morderca** mass murderer, serial killer

morderczy *adj* murderous, homicidal: *murderous intentions*

morderstwo *n* murder: **popełnić morderstwo** commit (a) murder: *4600 murders were committed in the US in 1975.* | **próba morderstwa** attempted murder | **masowe morderstwo** mass murder

mordować *v* murder →patrz też ZAMORDOWAĆ, WYMORDOWAĆ

morela *n* apricot

morfina *n* morphine

morfologia *n (badanie krwi)* blood count —**morfologiczny** *adj* morphological

mors *n (zwierzę)* walrus

morski *adj* **1** sea: *the fresh sea air* | *sea creatures* | *sea green* **2** *(flora, fauna)* marine: *marine life* | *marine mammals* **3** *(prowincja, potęga itp.)* maritime: *the Canadian maritime provinces* | *Britain's traditional role as a maritime power.* **4** *(bitwa, baza)* naval: *a naval battle* | *a naval base* **5** *(ryba)* saltwater: *saltwater fish* **6 Piechota Morska** Royal Marines *BrE*, Marine Corps *AmE*, Marines *AmE* →patrz też **choroba morska** (CHOROBA), **świnka morska** (ŚWINKA)

morświn *n* porpoise

morze *n* **1** sea: *the Baltic Sea* | *The sea was calm and there was no breeze.* | **na morzu** at sea: *We spent the next six*

M

weeks at sea. | **nad morzem** by the sea, at the seaside: *She lives in a little cottage by the sea.* | *a day at the seaside* **owoce morza** seafood **2 morze czegoś** *(wielka ilość)* a sea of sth: *A sea of faces stared up at me from the audience.*

seafood

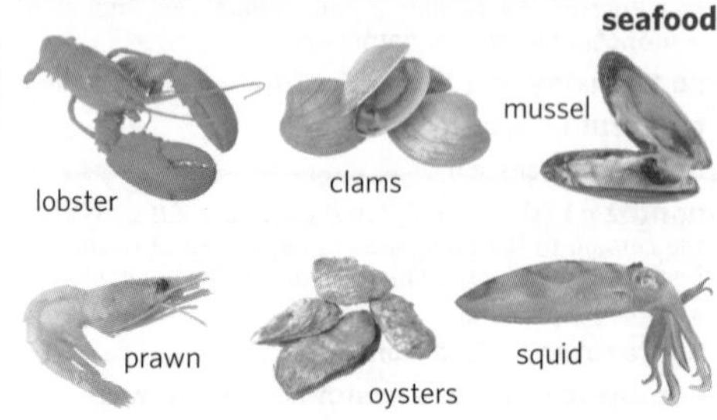

morzyć *v* **1 kogoś morzy sen** sb feels sleepy **2 morzyć kogoś głodem** starve sb: *The child looked like he had been starved.*

mosiądz *n* brass —**mosiężny** *adj* brass: *a brass bed*

moskit *n* mosquito

Moskwa *n* Moscow

most *n* **1** bridge: *the bridge over the Mississippi* | **most zwodzony** drawbridge | **most wiszący** suspension bridge **2 most powietrzny** airlift →patrz też **prosto z mostu** (PROSTO)

mostek *n* **1** *(mały most)* bridge: *a bridge across the stream* **2** *(kość)* breastbone, sternum **3** *(dentystyczny)* bridge **4 mostek kapitański** the bridge

mość *n* **Wasza/Jej/Jego Królewska Mość** Your/Her/His Majesty: *His Majesty, King Juan Carlos I*

motel *n* motel THESAURUS HOTEL

motłoch *n* rabble, mob

motocykl *n* motorcycle, motorbike *BrE*: **jeździć na motocyklu** ride a motorcycle —**motocyklist-a/ka** *n* motorcyclist, biker

motor *n* **1** *(silnik)* engine, motor **2** *(motocykl)* (motor) bike, (motor)cycle: **jeździć na motorze** ride a motorcycle **3** *(siła napędowa)* driving force: *Hawksworth was the driving force behind the project.*

motorower *n* moped

motorówka *n* motorboat

motoryzacyjny *adj* automotive, motor *BrE*: *automotive products* | *the motor industry* —**motoryzacja** *n* motoring *BrE*: *a motoring enthusiast*

motto *n* motto

motyka *n* hoe

motyl *n* butterfly

motyw *n* **1** *(powód)* motive: *Jealousy was the motive for the murder.* **2** *(w sztuce)* motif: *a recurrent* (=powracający) *motif in Celtic mythology* | *a T-shirt with a butterfly motif*

motywacja *n* motivation: *Jack is smart but he lacks* (=brakuje mu) *motivation.* | **+do czegoś** for sth: *What was your motivation for writing the book?*

motywacyjny *adj* →patrz **list motywacyjny** (LIST)

motywować *v* **1 motywować coś czymś** *(uzasadniać)* put sth down to sth: *She put her illness down to stress.* **2** *(powodować)* motivate: *The theft was motivated by greed.*

mowa *n* **1** *(umiejętność mówienia)* speech: *Only humans are capable of speech.* THESAURUS SPEECH **2** *(sposób mówienia)* speech, way of talking: *Her speech was slow and distinct.* **3** *(przemówienie)* speech: **wygłosić mowę** give/make/deliver a speech: *The President gave a speech in Congress on the state of the nation.* | *My dad will make a short speech at the wedding.* **4 mowa (jest) o ...** we're/I'm etc talking about ...: *Don't forget, we're talking about a country where millions are starving.* | **... o którym/których itp. mowa** ... in question: *The goods in question had been stolen.* | **skoro już o tym mowa** now you mention it, come to think of it: *Actually, come to think of it, I've never been formally introduced to her.* | **skoro (już) mowa o ...** speaking of ...: *Speaking of Jody, how is she?* **5 nie ma mowy!** no way!: *"I think you should phone him and apologize." "No way - it was his fault."* | **nie ma mowy, żeby ...** (there's) no way ..., there's no question of ...: *There's no way they're going to lend him the money.* | *No way will we be finished by five o'clock.* | *There is no question of the government holding talks with terrorists.* **6 część mowy** part of speech **7 mowa zależna** indirect/reported speech

mozaika *n* mosaic

mozolny *adj* laborious, arduous: *the laborious process of examining all the data* | *an arduous climb* THESAURUS DIFFICULT —**mozolnie** *adv* laboriously, arduously

moździerz *n* **1** *(działo)* mortar **2** *(naczynie kuchenne)* mortar

może *adv* **1** maybe, perhaps: *Maybe Anna's already left.* | *There were 300, maybe 400 people there.* | *Perhaps you'd like to join us?* | **być może** maybe, perhaps, possibly: *Maybe Jeff could help you.* | *"Do you think Mark's upset?" "Perhaps."* | *The journey will take three hours - possibly more.* THESAURUS MAYBE **2 a może ...** why don't you ..., why not ...: *Why don't you try this one* (=a może spróbuje Pani ten)*?* | *Why not make* (=a może zrobicie) *your own Christmas cards instead of buying them?* **3 a może by ...** what/how about ...: *What about coming to my house for a barbecue?* | *How about bringing a bottle of wine?* →patrz też MÓC

UWAGA: maybe i perhaps

Maybe jest bardziej potoczne niż **perhaps** i pojawia się częściej w mowie, a rzadziej w oficjalnych pismach i sprawozdaniach.

możliwie *adv* **1 możliwie dużo/jak najwięcej itp.** as much etc as possible: *You should see a doctor as soon as possible.* | *Answer as many questions as possible* (=odpowiedz na możliwie najwięcej pytań) *in the time provided.* **2 możliwie najlepszy/największy itp.** the best/biggest etc possible: *She was determined to get the best possible price for her paintings.*

możliwość *n* **1** *(ewentualność)* possibility: *the possibility of an enemy attack* **2** *(szansa)* chance: **jest/istnieje możliwość** there is a chance: *There's a chance that we won't go anyway.* | **nie ma możliwości czegoś** there is no chance of sth: *There was no chance of escape.* **3** *(opcja)* possibility: **istnieje/jest możliwość** it is possible: *Is it possible to pay by credit card?* | **nie ma takiej możliwości** it's impossible, it's not possible | **są dwie możliwości** there are two alternatives **4 mieć możliwość coś zrobić** have the chance/opportunity to do sth: *I didn't have the chance to speak to him yesterday.* **5 możliwości a)** *(perspektywy)* possibilities: *Beth decided that she wanted to start her own business, and began to explore the* *possibilities* (=zaczęła badać możliwości). **b)** *(parametry)* capability: *What you can do depends on your computer's graphics capability.* **6 w miarę możliwości** as far as possible: *We try to buy from local businesses as far as possible.* **7 do granic możliwości** to the utmost: *The course challenges drivers to the utmost.*

możliwy *adj* **1** possible: *They were warned of all the possible risks and dangers.* | **możliwe, że ...** it is possible (that) ...: *It's possible we might be late.* | **czy byłoby możliwe ... ?** would it be possible ... ?: *Would it be possible to have brown bread instead of white?* THESAURUS MAYBE **2 jeśli to możliwe** if possible: *I want to get back by 5 o'clock, if possible.*

można *v* **1** *(pozwolenie)* you can/may: *You can take one bag on the plane with you* (=do samolotu można zabrać jedną sztukę bagażu). | *You may start writing now.* | **czy można?** can/may I/we etc?: *May I ask a question?* | *Can we turn the air conditioner on?* | **nie można** you can't/mustn't: *You can't park here, sir.* | *You mustn't touch the paintings.* **2** *(możliwość)* you can: *You can pay by credit card here.* | *You can't buy this in shops.* | **można było** you could: *Time was when you could buy* (=kiedyś można było kupić) *a new car for less than $500.* | **można by** you could/might: *You could say that New York is a city that never sleeps.* **3 zawsze (przecież) można** you/we etc could always: *You could always stop and ask directions.* **4 nie można powiedzieć** admittedly: *Admittedly, the questions were fairly easy, but you all did very well.*

możność *n* ability: **mieć możność zrobić coś/zrobienia czegoś** can do sth, be able to do sth: *I haven't been able to read that report yet* (=nie miałem jeszcze możności przeczytania tego raportu).

móc *v* **1** *(być w stanie)* can, be able to: *He's so tall he can touch the ceiling.* | *This machine can perform two million calculations per second.* | *I can't remember where I put it.* | *Will you be able to* (=czy będziesz mogła) *come tonight?* **2** *(możliwość)* may, can, might: *It may snow tonight* (=dziś wieczorem może padać śnieg). | *We may not have enough money to go.* | *I might be wrong, but I think he's French.* | *I thought it might rain* (=pomyślałem, że może padać), *so I brought an umbrella.* **3** *(możliwość w przeszłości)* could/may have: *What a stupid thing to do - you might have been killed* (=mogłeś się zabić)*!* | *She may have forgotten about the meeting.* **4** *(pozwolenie)* can, may, be allowed to: *You can go out when you've finished your homework.* | *You may start writing now.* | *Mom says we're not allowed to talk to strangers.* | **czy mogę** can/may I: *Can I have a chocolate biscuit?* | *Can I help you with those bags?* | *May I borrow your pen?* | **czy mógłbym** could I, do you mind if I: *Could I ask a couple of questions?* | *Do you mind if I use your phone?* **5** *(prośba)* **czy mógłbyś (coś zrobić)?** could you (do sth)?, would you mind (doing sth)?: *Could you open the window?* | *Would you mind waiting here a minute?* **6** *(pretensje)* could/might have: *You could have told me you were going to be late!* | *You might have at least said thank you* (=mogłeś przynajmniej podziękować).

mój *pron* **1** *(przed rzeczownikiem)* my: *My mother phoned last night.* | *That's my car over there.* **2** *(w innej pozycji)* mine: *"Whose coat is this?" "It's mine."* | *Can I borrow your radio? Mine is broken* (=moje jest zepsute).

mól *n* **1** (clothes) moth **2 mól książkowy** bookworm

mów-ca/czyni *n* **1** speaker: *Our speaker this evening is Professor Gill.* **2** *(utalentowany)* orator: *Martin Luther King was a great orator and an inspiring leader.*

mówić *v* **1** speak, talk: *For a minute she was too frightened to speak.* | *How old was your baby when she started to talk?* | **mówić o kimś/czymś** speak/talk about sb/sth: *He spoke about his love of acting.* | *Grandpa never talks much about the war.* | **mówić po polsku/angielsku itp.** speak Polish/English etc: *Does your brother speak German?* | **mówić, że ...** say (that) ...: *The doctor says that I can't go home yet.* THESAURUS TALK **2** *(przemawiać)* speak: *I get so nervous if I have to speak in public.* **3** *(informować)* tell, say: *The machine's red light tells you it's recording.* | *His expression seems to say he's not at all pleased.* | *What do the instructions say?* **4 a nie mówiłem?** I told you (so), I said so: *I told you so - I told you it wouldn't work.* **5 coś mówi samo za siebie** sth speaks for itself: *Our profits speak for themselves.* **6 co/o czym ty mówisz?** what are you talking about?: *Aliens? UFOs? What are you talking about?* **7 mówi się/mówią, że ...** it is rumoured that ..., the word is ...: *It was rumoured that a magazine offered £10,000 for her story.* | *The word is they're going to get married.* **8 mówię ci** I tell you, I'm telling you: *I'm telling you, the food was unbelievable.* **9 nie ma o czym mówić** don't mention it: *"Thanks for helping me out." "Don't mention it."* **10 nie mówiąc (już) o ...** let alone ..., not to mention ...: *He already has two houses and two cars, not to mention the boat.* | *Davey can't even crawl yet, let alone walk!*

mównica *n* podium

mózg *n* **1** brain: *Jorge suffered brain damage* (=doznał urazu mózgu) *in the accident.* **2 mózg czegoś** the brains behind sth: *Bill Gates, the brains behind Microsoft* **3 burza mózgów** brainstorming **4 pranie mózgu** brainwashing

mózgowy *adj* **1** cerebral: *cerebral haemorrhage* | *cerebral palsy* (=porażenie mózgowe) **2 zapalenie opon mózgowych** meningitis

móżdżek *n* **1** *(część mózgu)* cerebellum **2** *(potrawa)* brains

mroczny *adj* dark, sombre *BrE*, somber *AmE*: *dark streets* | *a dark side to his character* | *the dark days of the war* | *a sombre room*

mrok *n* darkness, gloom: *The whole room was in darkness* (=był pogrążony w mroku). | *My eyes couldn't penetrate* (=przeniknąć) *the gloom.*

mrowieć *v* tingle: *My fingers tingled with the cold.* **—mrowienie** *n* tingle, pins and needles

mrowisko *n* anthill

mrozić *v* **coś mrozi krew w żyłach** sth makes your blood curdle → patrz też ZMROZIĆ

mroźny *adj* frosty: *a frosty morning* | *frosty air*

mrożonka *n* frozen food

mrożony *adj* **1** frozen: *frozen meat* **2 mrożona kawa/herbata** iced coffee/tea

mrówka *n* ant

mróz *n* **1** *(intensywne zimno)* freezing weather: *If you go out in this freezing weather, you'll probably get ill.* **2** *(zamarznięta rosa lub mgła)* frost: *The grass and trees were white with frost.* **3 dziesięciostopniowy mróz** 10 degrees below zero/freezing

mruczeć *v* **1** *(mówić niewyraźnie)* mumble: *Stop mumbling and speak up!* **2** *(kot)* purr: *The cat purred as I stroked its fur.* → patrz też MRUKNĄĆ

mrugać *v* **1** *(oczami)* blink: *I blinked as I came out into the sunlight.* **2** *(jednym okiem)* wink: **mrugnąć do kogoś** wink at sb, give sb a wink: *Joel winked at me, and I realized he was joking.* **3** *(światło)* blink: *The red warning light was blinking.* **4** *(gwiazdy)* twinkle **5 nawet nie mrugnąć** not (even) blink, not bat an eye/eyelid: *She didn't even blink*

M

when I told her how much it would cost. | *He didn't bat an eyelid when I said I was leaving.*

mruknąć *v* mumble: *He mumbled something I did not hear.*

mrużyć *v* **mrużyć oczy** squint: *He looked at me, squinting in the sun.*

M

msza *n* **1** *(nabożeństwo)* Mass: *It was his custom to attend Mass* (=brać udział we mszy) *every Sunday.* | **iść na mszę** go to Mass: *We go to Mass in the morning.* | **odprawić mszę** say/celebrate Mass **2** *(utwór muzyczny)* Mass: *Mozart's Mass in C Minor* | **msza żałobna** requiem

mszyca *n* aphid, greenfly

mścić się *v* **mścić się (na kimś)** take revenge (on sb): *Each time someone takes revenge, the cycle of violence repeats itself.*

mściwy *adj* revengeful, vindictive —**mściwie** *adv* vindictively —**mściwość** *n* vindictiveness

mu *pron* him: *Have you sent him an invitation* (=czy wysłałeś mu zaproszenie)*?*

mucha *n* **1** *(owad)* fly: *There were flies all over the food.* **2** *(do garnituru)* bow tie: *He walked in wearing an orange bow tie.*

muchomor *n* toadstool

muesli *n* muesli

multimedia *n* multimedia: *The future lies in multimedia.* —**multimedialny** *adj* multimedia: *a multimedia encyclopedia* | *multimedia software*

muł *n* **1** *(zwierzę)* mule **2** *(szlam)* silt, slime

mumia *n* mummy: *Egyptian mummies*

mundur *n* uniform: *The policeman was in uniform.*

mundurek *n* uniform: *a school uniform*

municypalny *n* municipal: *municipal elections* | *municipal authorities*

mur *n* **1** wall: *The garden is surrounded by a high wall.* **2 być przypartym do muru** have your back to/against the wall

murarz *n* bricklayer

murawa *n* lawn, grass

murek *n* wall

murować *v* lay bricks

murzynek *n* *(ciasto)* chocolate cake

Murzyn/ka *n* black, Black: *laws that discriminated against blacks* —**murzyński** *adj* black, Black: *the black community* | *contemporary Black music*

UWAGA: Murzyn, murzyński

Mówiąc o osobach czarnoskórych lub sprawach ich dotyczących, używano dawniej wyrazu **Negro**. Obecnie wyraz ten ma wydźwięk obraźliwy. Sami Murzyni wolą określenie **Black** lub (w USA) **African-American** i (w Wielkiej Brytanii) **Afro-Caribbean**.

mus *n* mousse: *chocolate mousse*

musical *n* musical

musieć *v* **1** *(konieczność)* have (got) to, must: *It's getting late, I really must go.* | *You have to believe me!* | *All passengers must wear seatbelts.* | **nie musisz** you don't have to, you don't need to, you needn't *BrE*: *You don't have to answer all the questions.* | *It's OK. You don't need to wait.* | *Everything is all right now. You needn't worry.* **2** *(pewność)* must, have to: *George must be almost eighty years old now.* | *He has to be lying - there's no other explanation.* **3** *(rada, rekomendacja)* must: *You must see Robin Williams' new movie. It's really funny.*→ patrz też ramki HAVE, MUST, NEED

UWAGA: nie musieć

Pamiętaj, że choć **must** znaczy „musieć", to forma przecząca **mustn't (= must not)** nie znaczy „nie musieć". **You mustn't** jest odpowiednikiem polskiego „nie wolno ci", natomiast „nie musisz" to po angielsku **you don't have to**, **you don't need to** lub (szczególnie w brytyjskiej angielszczyźnie) **you needn't**. Istnieje też pewna różnica znaczeniowa między **you needn't** a dwiema pozostałymi konstrukcjami. **Needn't** często wyraża autorytet mówiącego: *You needn't eat it all* („Nie musisz zjeść wszystkiego", powiedziane np. przez matkę do dziecka). W zwrotach z **don't need to** czy **don't have to** brak przymusu czy konieczności jest od mówiącego niezależny: *We don't need to* (albo: *we don't have to*) *pay. The car park is free.* („Nie musimy płacić. Parking jest bezpłatny.")

UWAGA: nie musiałem itp.

Polskiemu „nie musiałeś/nie musiał itp. tego robić" odpowiadają w angielskim trzy konstrukcje: **you/he etc needn't have done it** oraz **you/he etc didn't have to do it** lub **you/he etc didn't need to do it**. Pierwsza z nich dotyczy sytuacji, kiedy ktoś nie musiał czegoś robić, ale mimo to zrobił. Konstrukcje druga i trzecia są równoważne; stosujemy je wówczas, gdy ktoś nie musiał czegoś robić i nie zrobił. Porównaj: *"I walked all the way." "You needn't have walked. There is a bus."* („Całą drogę szedłem piechotą." "Nie musiałeś. Jest autobus.") | *I didn't need to* (albo: *I didn't have to*) *walk. I took the bus.* („Nie musiałem iść piechotą. Pojechałem autobusem.")

muskularny *adj* muscular: *strong, muscular arms*

musnąć *v* brush against: *Her hair brushed against my arm.*

mustang *n* mustang

musujący *adj* **1** bubbly, fizzy: *bubbly liquid* **2 wino musujące** sparkling wine **3 tabletka musująca** soluble tablet

muszelka *n* seashell: *seashells on the beach*

muszka *n* **1** *(owad)* gnat **2** *(do garnituru)* bow tie **3 trzymać kogoś na muszce** hold sb at gunpoint: *We were held at gunpoint throughout the robbery.*

muszkatołowy *adj* →patrz **gałka muszkatołowa** (GAŁKA)

muszla *n* **1** shell **2 muszla klozetowa** toilet (bowl) **3 muszla koncertowa** open-air stage

musztarda *n* mustard

musztra *n* drill

muślin *n* muslin

mutacja *n* **1** *(genetyczna)* mutation: **ulegać mutacji** mutate **2 ktoś przechodzi mutację** sb's voice breaks

mutant *n* mutant

muza *n* **1** *(natchnienie)* muse: *She was the artist's lover and his creative muse.* **2** *(w mitologii)* Muse: *the Muses*

muzeum *n* museum: *an art museum* | *the Museum of*

Natural History —**muzealny** *adj* museum: *new museum acquisitions*

muzułman-in/ka *n* Muslim: *He gave up alcohol when he became a Muslim.* —**muzułmański** *adj* Muslim: *the Muslim religion* | *Muslim nations*

muzyczny *adj* **1** musical: *musical instruments* **2 szkoła muzyczna** school of music, music school: *the Eastman School of Music* —**muzycznie** *adv* musically

muzyk *n* musician: *a famous jazz musician*

muzyka *n* music: *What kind of music do you like?* | *music lessons*

music

muzykalny *adj* musical: *I'm not musical at all.*

my *pron* **1** we: *You go ahead and we'll catch up with you later* (=a my dogonimy was później). **2 to my** it's us

mycie *n* **1** washing, wash **2 mycie naczyń** washing/doing the dishes, washing up *BrE*

myć *v* wash: *"Where are you, Jack?" "I'm in the bathroom, washing my hands."* →patrz też UMYĆ
myć się *v* wash: *Sue is upstairs washing.* →patrz też UMYĆ SIĘ

mydlany *adj* **1 bańki mydlane** soap bubbles **2 opera mydlana** soap opera

mydlić *v* →patrz NAMYDLIĆ

mydliny *n* soapy water

mydło *n* soap: **kostka mydła** a bar of soap

myjka *n* flannel *BrE*, washcloth *AmE*

myjnia *n* car wash

mylić *v* mix up: *I'm always mixing up the kids' names.* →patrz też POMYLIĆ
mylić się *v* **mylić się** be mistaken: *Look! If I'm not mistaken* (=jeśli się nie mylę), *there's your lost ring!* →patrz też POMYLIĆ SIĘ

mylnie *adv* mistakenly: *We had mistakenly assumed that the weather there would be warm and dry.*

mylny *adj* misguided: *the misguided belief* (=mylne przekonanie) *that it would be easier to find work in London*

mysz *n* **1** *(zwierzę)* mouse: *I think we have mice* (=myszy) *in the kitchen.* **2** *(do komputera)* mouse: *a computer mouse* | *Click on the printer icon with the right mouse button* (=prawym klawiszem myszy).

UWAGA: mouse

Rzeczownik **mouse** odnoszący się do zwierzęcia ma nieregularną liczbę mnogą: **mice**. W kontekście komputerowym liczba mnoga jest regularna: **mouses.**

myszka *n* mouse →patrz też MYSZ

myszkować *v* snoop: *I caught her snooping around in my office.*

myśl *n* **1** *(rozmyślanie, refleksja)* thought: *She wrote all her most intimate thoughts in her diary.* | *You must put such dark thoughts out of your mind.* | **pogrążony w myślach** lost/deep in thought: *She was staring out of the window, lost in thought.* | **zebrać myśli** collect your thoughts: *I need time to collect my thoughts.* **2** *(wiedza)* thinking, thought: *modern scientific thinking* (=współczesna myśl naukowa) **3 to jest myśl!** that's a thought!: *"Why don't you ask Walter's advice?" "That's a thought! I'll phone him right away."* **4 mieć coś na myśli** have sth in mind: *What changes do you have in mind?* | **co masz na myśli?** what do you mean? **5 przyjść komuś na myśl** come/spring to mind: *We needed someone to look after the kids, and your name sprang to mind.* **6 przejść/przemknąć komuś przez myśl** cross/enter your mind: *It never crossed my mind that she might be lying.* **7 przywodzić na myśl** bring to mind: *These violent scenes bring to mind the riots of last year.* **8 na samą myśl o czymś** (by) the very thought of sth: *The very thought of food makes me feel ill* (=na samą myśl o jedzeniu robi mi się niedobrze). | *Abby was disgusted by the very thought of touching him* (=czuła obrzydzenie na samą myśl o tym, że miałaby go dotknąć). **9 z myślą o czymś** with a view to doing sth: *We bought the cottage with a view to moving there* (=z myślą o tym, żeby się tam przeprowadzić) *when we retired.* | **z myślą o kimś** for sb's sake: *We did it for Kay's sake.* **10 w myślach** in your mind: *I keep going over the problem in my mind.* **11 w myśl zasady/ustawy itp.** according to a rule/law etc: *According to rule 15, only 22 players are allowed on the field at any time.* **12 być dobrej myśli** hope for the best, be optimistic: *All we can do is hope for the best and wait.* **13 nie móc znieść myśli o/że ...** cannot bear the thought of/that ...: *Louis could not bear the thought of being parted from her.*

myśleć *v* **1** *(rozmyślać)* think: **+ o kimś/czymś** about/of sb/sth: *Have you thought about which subjects you want to study at university?* | *I was thinking of all the happy times we'd spend together.* THESAURUS INTEND **2** *(sądzić)* think: *She thinks I'm crazy.* | **co myślisz o ... ?** what do you think of ... ?: *What do you think of my new hairstyle?* | **jak myślisz?** what do you think?: *Well, Tom, what do you think?* | **jak myślisz, kto/co itp ... .?** who/what etc do you think ... ?: *Who do you think will win?* **3** *(przypuszczać)* think: *I think he may have gone home, but I could be wrong.* **4** *(rozważać)* think: *We're thinking of moving to the countryside.* →patrz też POMYŚLEĆ

myślenie *n* **1** thinking: *a situation that requires careful thinking* **2 dać komuś (dużo) do myślenia** give sb food for thought: *The teacher's advice certainly gave me food for thought.*

myśliciel/ka *n* thinker, philosopher

myślistwo *n* hunting, shooting

myśliwiec *n* fighter (plane): *an F16 fighter*

myśliwski *adj* **1** hunting: *a hunting knife* **2 samolot myśliwski** fighter (plane)

myśliwy *n* hunter

myślnik *n* dash: *A dash is used to separate parts of a sentence.*

myślowy *adj* **1** mental: *a mental exercise* | *mental precision* **2 proces myślowy** thought/mental process: *the thought processes of children*

mżyć *v* drizzle: *The rain isn't too bad – it's only drizzling.* —**mżawka** *n* drizzle

M

Nn

N

na *prep* **1** *(miejsce)* on, at, in: **na stole/podłodze/półce** on the table/floor/shelf: *She was sitting on the bed.* | *Lucy enjoys standing on the chair at my desk.* | **na ścianie/drzwiach** on the wall/door: *Now click the 'yes' button on the screen.* | **na Marsie/Księżycu** on Mars/the Moon | **na przystanku autobusowym/dworcu/lotnisku** at the bus stop/station/airport | **na uniwersytecie/poczcie** at university/the post office | **na koncercie/przyjęciu/wykładzie** at a concert/party/lecture | **na Alasce/Filipinach/Węgrzech** in Alaska/the Philippines/Hungary: *They're spending Christmas in Florida.* | **na Mazowszu/Śląsku** in Mazowsze/Silesia | **na Wschodzie/Zachodzie** in the East/West | **na niebie** in the sky | **na ulicy** in *BrE*, on *AmE* the street | **na wsi** in the country(side) | **na drzewie** in a tree | **na zdjęciu/obrazie** in the photo/painting | **na morzu** at sea | **na lekcji** in class: *We are not supposed* (=nie wolno nam) *to talk in class.* | **na (lekcji) biologii** in biology (class): *Why do my students sleep in biology class?* | **na deszczu/słońcu** in the rain/sun: *I can't sit in the sun any more - it's too hot.* **2** *(kierunek)* to: *to Mars/the Moon* | *to the bus stop/station/airport* | *to a concert/party/lecture* | *to Alaska/Cuba/the Philippines/Hungary* | *to Mazowsze/Silesia* | *to the East/West* | **na ulicę** into the street: *Everyone ran out into the street to see what was happening.* | **na wieś** to the country(side): *I'm thinking of selling the house and moving to the country.* | *We're going to the countryside for some peace and quiet.* | **wejść na drzewo** climb (up) a tree: *Tim had climbed up a tree to get a better view.* | **na lekcję (biologii)** to (biology) class: *Billy came to class without his school books.* **3 na wakacjach/na wakacje** on holiday *BrE*, vacation *AmE*: *He's on holiday this week. He'll be back on Monday.* | *We're planning to go on vacation in October.* **4 pójść na ryby/łyżwy itp.** go fishing/skating etc: *Do you want to go fishing on Saturday?* **5 pisać na maszynie** type: *Most of the time I just answer the phone and type letters.* | **jeździć na koniu/rowerze** ride a horse/bike: *I've never ridden a horse.* | *Can you ride a bike?* | **jeździć na nartach/łyżwach/sankach** ski/skate/toboggan: *She broke her leg skiing last year.* | **grać na pianinie/gitarze** play the piano/guitar | **robić na drutach** knit: *She's knitting me a sweater.* **6** *(okazja)* for: *Are you going home for Christmas?* | **na urodziny** for your birthday: *I wonder what I'm going to get for my birthday?* | **na śniadanie/kolację** for breakfast/dinner: *We're having fish for dinner tonight.* **7** *(okres)* for: *for a few days* | *for a month* **8** *(termin)* for: *I'd like to reserve a room for Saturday.* **9** *(wymiary)* by: *a room 15 metres by 23 metres* **10** *(proporcja)* out of: *She scored nine out of ten* (=zdobyła dziewięć punktów na dziesięć możliwych). →patrz też **na dobre** (DOBRY), **na ogół** (OGÓŁ), **na pewno** (PEWNO), **na razie** (RAZ)

nabawić się *v* **a)** *(choroby)* catch, contract: *You're soaking. Take those wet clothes off before you catch pneumonia.* | *He may have contracted the illness while he was in Africa.* **b)** *(kontuzji)* get: *The team captain got a knee injury during training.*

nabazgrać *v* scrawl, scribble: *Paul scribbled his address on the back of an envelope.*

nabiał *n* dairy products: *I'm allergic to dairy products.*

nabić *v* →patrz NABIJAĆ

nabierać *v* **nabierać kogoś** be having sb on, pull sb's leg: *I think someone's been having you on - there's no one here called Jasper.* →patrz też NABRAĆ

nabijać *v* **1** *(fajkę)* fill: *Vaughan filled his pipe and lit it.* **2** *(broń)* load: *You have to be careful when you're loading a gun.* **3** *(na patyk)* press, push: *First, gently push each piece onto a skewer.* **4 nabijać kogoś w butelkę** take sb for a ride: *I'd already given him £50 when I realised he was taking me for a ride.*
nabijać się *v* **nabijać się z kogoś** make fun of sb: *Stop making fun of me.*

nabijany *adj* **nabijany czymś** studded with sth: *a bracelet studded with diamonds*

nabity *adj (broń)* loaded: *He didn't know the gun was loaded.*

nabożeństwo *n* **1** *(obrzęd)* service: *a memorial service* **2** *(szacunek)* reverence: *As a child he used to look at her with reverence.* —**nabożny** *adj* reverent: *They sat in reverent silence.*

nabój *n* cartridge

nabór *n* recruitment: *staff recruitment*

nabrać *v* **1** *(zaopatrzyć się)* get: *We walked to the well to get water for drinking, housework and bathing.* THESAURUS TRICK **2** *(oszukać)* fool: *You can't fool me* (=nie nabierzesz mnie) *- I know he's already given you the money.* | **dać się nabrać na coś** fall for sth: *We told him we were Italian and he fell for it.* **3 nabrać tchu/powietrza** take a breath: *I stopped, took a breath and tried again.* **4 nabrać prędkości/rozpędu/siły** gather speed/momentum/strength: *The car gathered speed quickly as it rolled down the hill.* | *Globalisation is gathering momentum.* | *They waited until they gathered enough strength to go forward again.* **5 nabrać doświadczenia/pewności siebie** gain experience/confidence: *Working for her father's firm Mary was gaining more and more experience.* | *She's gained much more confidence since I last saw her.* **6 nabrać podejrzeń** become/get/grow suspicious: *I started to get suspicious when I found a hotel bill in Sarah's pocket.*

nabrudzić *v* make a mess: *You can play upstairs with your friends if you promise not to make a mess.* | **nabrudzić w/na czymś** mess sth up, make a mess of sth: *Who messed up my kitchen?* | *Don't come in here with those muddy boots. You'll mess up the carpet.* →patrz też POBRUDZIĆ

nabrzeże *n* quay, wharf: *Thousands of people stood waving on the quay as the Titanic set sail.*

nabrzmiały *adj* **1** *(napuchnięty)* swollen: *a swollen face* **2** *(naglący)* pressing: *Unemployment is one of the region's most pressing problems.*

naburmuszony *adj* grumpy: *You're grumpy today. What's wrong?*

nabycie *n* **1** *(zakup)* acquisition, purchase: *the acquisition of new territory* **2** *(praw, umiejętności)* acquisition: *the acquisition of search skills* (=umiejętności szukania) *by children*

nabyć *v* **1** *(kupić)* acquire, purchase: *The Getty Museum acquired the painting for $6.8 million.* | *Foreign investors are not permitted to purchase land.* THESAURUS GET **2** *(prawo, umiejętność)* acquire: *Think about how you can use the skills you have acquired.*

nabytek *n* acquisition: *the gallery's latest acquisition*

nabyty *adj* acquired: *Riding a bike is an acquired skill.*

nabywać *v* →patrz NABYĆ

nabywca *n* buyer: *Lower house prices should attract more buyers.* | *the buyer of the painting* | *Have you found a buyer for your house yet?*

nabywczy *adj* **siła nabywcza** purchasing power

nachalny *adj* pushy: *Are all photographers so pushy?*

nachodzić *v* **nachodzić na siebie** overlap: *a pattern of overlapping circles*

nachylić się *v* bend over: *She bent over to pick up the ball.*

naciąć *v* **1 naciąć czegoś** cut (a lot of) sth: *Would you cut some roses for the table?* **2 naciąć coś** make a cut in sth: *Using a sharp knife I made a cut in the material.* **3 naciąć kogoś** *(oszukać)* con sb: *He tried to con me out of $20.*
naciąć się *v* **naciąć się (na kimś/czymś)** be let down (by sb/sth): *I was badly let down by that movie.*

naciągacz *v* conman: *a handsome conman posing as a bank representative*

naciągany *adj* far-fetched: *His explanation sounds pretty far-fetched to me.*

naciągnąć *v* **1** *(napiąć)* tighten: *How do I tighten my seat belt?* **2** *(oszukać)* cheat, dupe: *He had cheated his clients by selling them worthless stocks* (=akcje). | **+na coś** into doing sth: *He was duped into paying $300 to a man who said he was a lawyer.* THESAURUS TRICK **3 naciągnąć (sobie) mięsień** pull a muscle: *I pulled a muscle trying to move the piano.*

naciągnięty *adj* tight: *If the straps aren't tight enough, the saddle can slip* (=siodło może się ześlizgnąć).

nacierać *v* **1** *(atakować)* charge: *When the soldiers charged, the protesters ran away.* | *Lowering its head, the bull charged at him.* **2 nacierać skórę itp. czymś** rub sth into your skin etc: *Some women rub cocoa butter into their skin to keep it soft.*

nacięcie *n* **1** notch, slash: *There are five notches on the butt of the gun* (=na kolbie karabinu). | *slashes on trees along the trail* (=wzdłuż szlaku) | **zrobić nacięcie** cut/make a notch: *Cut a notch near one end of the stick.* **2** *(chirurgiczne)* incision, cut: *The surgeon began by making an incision about six inches long.*

nacinać *v* →patrz NACIĄĆ

nacisk *n* **1** *(ucisk)* pressure, stress: *Under such pressure, rock will begin to fracture* (=zacznie pękać). **2** *(presja)* pressure: **+ze strony** from: *John only agreed to do it under pressure from his parents.* | **wywierać nacisk na kogoś** exert pressure on sb: *The UN is exerting pressure on the two countries to stop the war.* | **naciski** pressure: *growing pressure for change inside the party* | **grupa nacisku** pressure group **3** *(akcent)* emphasis, stress: **kłaść nacisk na coś** place/put emphasis on sth, lay stress on sth: *Society should place more emphasis on honesty.* | *In his report, he laid stress on the need for more training.* | **z naciskiem** emphatically: *"You're absolutely right," he said emphatically.*

naciskać *v* **1** press, push: *What happens if you press/push this button?* **2 naciskać na kogoś, aby coś zrobił** put pressure on sb to do sth, pressure sb to do sth: *Our parents were putting pressure on us to get married.* | *Carrie's friends pressured her into going to the dance.*

nacjonalist-a/ka *n* nationalist

nacjonalistyczny *adj* nationalist, nationalistic

nacjonalizacja *n* nationalization, nationalisation *BrE*

nacjonalizm *n* nationalism

nacjonalizować *v* →patrz ZNACJONALIZOWAĆ

naczelnik *n* **1** *(wydziału)* head: *She's the head of research and development* (=wydziału badawczo-rozwojowego). **2** *(policji, straży)* chief: *The city has a female police chief.* **3** *(więzienia)* governor *BrE*, warden *AmE*: *After the riot* (=po rozruchach) *the prison governor resigned.*

naczelny *n* **1 naczelny dowódca** commander in chief, supreme commander: *the supreme US military commander in Europe* **2 dyrektor naczelny** managing director **3 redaktor naczelny** editor-in-chief, editor in chief **4** *(cel, zasada)* primary, overriding: *Our primary goal is the control of inflation.* | *The overriding principle in Oriental gardens is unity* (=jedność). **5 (ssaki) naczelne** primates

naczynie *n* **1 naczynia** *(kuchenne)* dishes: *Alice finished her lunch and took the dishes into the kitchen.* | **myć/zmywać naczynia** do/wash the dishes **2** *(na płyny)* vessel: *a ceremonial bronze vessel* **3 naczynie krwionośne** blood vessel: *In hot weather the blood vessels become wider.*

naćpany *adj* high, stoned: *They were high on cocaine.* | *The guy playing the guitar was completely stoned.*

nad *prep* **1** *(powyżej)* above, over: *A lamp hung over the table.* | *She leaned* (=pochyliła się) *over the desk to answer the phone.* | *The plane flew high above their heads.* | *There was a big sign above the entrance.* **2 nad rzeką/morzem** by the river/sea: *She won't let her children play by the river.* | *They live in a little cottage by the sea.* | **kawiarnia/miasto nad rzeką** cafe/town on the river | **wakacje nad morzem** holiday at the seaside *BrE*, beach *AmE* **3 nad jeziorem** at a/the lake: *The festival will take place at a lake near Poznań.* | *She spent summers at the lake with her parents.* | **nad jezioro** to the lake: *Didn't you go to the lake for a picnic?*

nadać *v* →patrz NADAWAĆ

nadajnik *n* transmitter

nadal *adv* still: *I opened the window, and I'm sure it's still open.*

nadaremnie *adv* vainly, in vain: *He tried vainly to explain his actions.*

nadaremny *adj* futile: *futile efforts/attempts*

nadarzyć się *v* *(okazja, szansa)* present itself: *As soon as the opportunity presents itself, I'm going to talk to her about it.*

nadawać *v* **1** *(przesyłkę, faks)* send: *Sending an SMS is a lot quicker than a year ago.* **2** *(cechę, nazwę)* give: *Add mustard to give the dressing* (=sosowi) *a sharper taste.* | *We gave him the nickname 'Spanky.'* | *Her recent tour of Argentina was given a lot of publicity* (=duży rozgłos). **3** *(program w TV/radiu)* air, broadcast: *The news conference will be aired live* (=na żywo) *at 7 p.m.*
nadawać się *v* **nadawać się na coś/kogoś** be fit to be sth/sb: *That woman's not fit to be a mother!* | **(nie) nadawać się do jedzenia/picia** be (un)fit to eat/drink: *The cafeteria food isn't fit to eat.* | *The water here is unfit to drink.* | **nadawać się do czegoś** be fit for sth, be (well/ideally) suited for sth: *I wonder whether he's really fit for the job.* | *Megan is well suited for library work.* | **nadawać się do użytku** be fit for use, be usable: *When will the swimming pool be fit for use again?* | *I know the bicycle's old, but it's still usable.* | **nadawać się do zamieszkania** be fit to live in: *As soon as the farm was fit to live in, we moved all our things there.*

N

nadawca *n (listu)* sender: *There was no indication of who the sender was.*

nadąć *v (policzki)* puff out: *Sandoval puffs out his cheeks to make the little girls giggle.*

nadąsany *adj* sulky: *a sulky little boy who refused to play with the other children*

nadążać *v* **1** keep up: *Slow down – Davey can't keep up.* | **+ za kimś/czymś** with sb/sth: *It's hard to keep up with the changes in computer technology.* **2 nie nadążać z czymś** fall behind with sth: *We fell behind with the payments on the car.*

nadbagaż *n* excess baggage/luggage: *a charge of $75 for excess baggage*

nadchodzący *adj* coming, forthcoming, upcoming: *animals preparing for the coming winter* | *the upcoming elections* | **w nadchodzącym miesiącu/roku** in the coming month/year

nadchodzić *v* →patrz NADEJŚĆ

nadciśnienie *n* hypertension

naddźwiękowy *adj* supersonic

nade *prep* **nade wszystko** above all: *Max is fair, hardworking, and above all honest.* →patrz też **przede wszystkim** (WSZYSTKO) →patrz też NAD

nadejście *n* **1** *(przybycie)* arrival: *We were asked to wait for the arrival of the minister.* **2** *(rozpowszechnienie)* coming, arrival: *The arrival of the personal computer changed the way we work.* | *Before the coming of the railways in the late 1860s these old roads were the only link between towns.* | **wraz z nadejściem czegoś** with the coming of sth: *The Middle East changed dramatically with the coming of Islam 600 years after Christ.*

nadejść *v (człowiek, paczka, pociąg)* arrive, come: *A big parcel arrived by post.*

nadepnąć *v* **nadepnąć na coś** tread/step on sth: *Sorry. Did I tread on your foot?* | *I stepped on a piece of broken glass, cutting my foot badly.*

nadesłać *v* send in: *home video clips sent in by viewers*

nadęty *adj* snooty, snotty: *Sir James is charming and easy to get along with, but his wife is terribly snooty.* THESAURUS PROUD

nadfioletowy *adj* ultraviolet

nadganiać *v* catch up: *We must wait for them to catch up.* | *If you miss a lot of school it will be very difficult to catch up.*

nadgarstek *n* wrist: *She wore a gold bracelet on her left wrist.*

nadgodziny *n* overtime: *six hours' overtime* | *How much do you get paid for overtime?* | **pracować w nadgodzinach** work long hours, work overtime: *Running your own business usually involves working long hours.* | *I had to work overtime three days last week.*

nadgorliwy *adj* overzealous: *an overzealous tax inspector*

nadludzki *adj* superhuman: *Finishing the marathon race required superhuman effort.*

nadmiar *n* excess, surfeit: *Tests showed an excess of calcium in the blood.* | *There is a surfeit of managers in the company.* | **w nadmiarze** in excess: *Some vitamins can be harmful if taken in excess.*

nadmierny *adj* **1** excessive, excess: *The officer is accused of using excessive force during the arrest.* | *a lot of criticism for excess brutality* **2 przywiązywać nadmierną wagę do czegoś** pay too much attention to sth: *A lot of actors pay too much attention to the sound of the words, and not enough attention to the meaning.* **3 jazda z nadmierną prędkością** speeding: *I got a $50 fine for speeding.* | **jechać z nadmierną prędkością** be speeding: *The bus driver was speeding to make up for* (=nadrobić) *lost time.* —**nadmiernie** *adv* excessively

nadmorski *adj* **1** coastal: *important coastal regions* **2 kurort nadmorski** seaside resort

nadmuchać *v* blow up, inflate: *We inflated the balloons with helium.*

nadmuchiwany *adj* **1** inflatable: *an inflatable life boat* **2 materac nadmuchiwany** air mattress

nadobowiązkowy *adj (do wyboru)* optional: *We all had to study English, but Spanish was optional.* | *Woodwork was an optional subject at our school.*

nadpłata *n* **1** excess payment: *Any excess payment will be refunded to you on request.* **2 zwrot nadpłaty** rebate: *a tax rebate* (=zwrot nadpłaty podatku)

nadpobudliwy *adj* hyperactive: *our hyperactive daughter* —**nadpobudliwość** *n* hyperactivity

nadprzewodnik *n* superconductor —**nadprzewodnictwo** *n* superconductivity

nadprzyrodzony *adj* supernatural: *supernatural beings* (=istoty) */powers* | **zjawiska nadprzyrodzone** the supernatural: *Do you believe in the supernatural?*

nadrobić *v* **1** *(straty)* catch up, make up: *If you miss a lot of lessons, it's very difficult to catch up.* | *I'm trying to make up the time I lost while I was sick.* | **nadrobić zaległości w czytaniu/spaniu** catch up on reading/sleep: *I'll finally get a chance to catch up on some sleep.* **2** *(wady, braki)* make up for: *Jay lacks experience, but he makes up for it with hard work.*

nadrzędny *adj (reguła)* overriding: *Safety is the overriding principle in all air traffic control operations* (=w kontroli ruchu powietrznego).

nadspodziewanie *adv* unexpectedly: *We received an unexpectedly large number of applications for the job.*

nadsyłać *v* →patrz NADESŁAĆ

nadużycie *n (nieuczciwość)* abuse: *Many abuses have been perpetrated against farm workers.*

nadużyć *v (zaufania)* betray, abuse: *The trust reposed in our police force has been abused.* | *I never thought I would ever betray his trust.*

nadużywać *v* **1** *(alkoholu)* abuse: *Most drinkers do not abuse alcohol at all.* **2** *(władzy)* abuse, misuse: *The question is whether judges might sometimes misuse their power.* | *He misused his authority.* **3** *(słów)* misuse: *The term schizophrenia is often misused.*

nadużywanie *n* **1** *(alkoholu itp.)* abuse: *the battle against drug and alcohol abuse* **2** *(władzy)* abuse, misuse: *widespread abuse of power* **3** *(zaufania)* betrayal: *a betrayal of trust*

nadwaga *n* excess weight: *Excess weight is often associated with disease.* | **mieć nadwagę** be overweight: *Many teenagers are overweight because they don't get enough exercise.* | **mieć 5/10 itp. kilo nadwagi** be 5/10 etc kilos overweight | **osoba z nadwagą** overweight person: *Five years ago, I was a shy, clumsy, overweight teenager.* THESAURUS FAT

nadwerężyć *v* strain: *Kevin strained a muscle in his neck.*

nadwozie *n* bodywork, body: *His new Porsche has red bodywork with a black leather interior.*

nadwrażliwy *adj* hypersensitive

nadwyżka *n* surplus: *We've got a surplus of milk.*

nadymać *v* →patrz NADĄĆ

nadziać *v* **1** *(farszem)* stuff: *Before roasting a chicken I usually stuff it with herbs and onion.* | **nadziewany** stuffed: *stuffed red peppers* **2** *(na patyk)* press, push: *Push the apple onto a stick and put it away.*

nadziać się *v* **nadziać się na kogoś** bump/run into sb: *I bumped into Jean in town this morning.*

nadziany *adj* loaded, well-heeled: *He can afford it* (=stać go) *- he's loaded.* THESAURUS RICH

nadzieja *n* hope, expectation: *We arrived in our new country full of hope.* | *You must help me! You're my last hope.* | **+ na coś** of sth: *There is very little hope of finding any more survivors.* | *O'Leary entered the competition without much expectation of success.* | **mieć/żywić nadzieję** hope, be/remain hopeful: *We hope you'll accept this small gift.* | *Police are still hopeful that the missing girl will contact her parents soon.* | **porzucić/stracić nadzieję** give up/abandon/lose hope: *After the accident, he had given up hope of ever walking again.* | *We never lost hope that one day we would see our son again.* | **mam nadzieję, że tak/nie** I hope so/not: *"Is Laura coming to the party?" "I hope so."* | **w nadziei, że/na ...** in the hope that/of ...: *We will keep searching in the hope that a miracle might happen* (=że stanie się cud). | *We left the house early in the hope of avoiding traffic jams.* | **miejmy nadzieję, że ...** hopefully ...: *Mike said he could get us tickets, so hopefully he'll come through* (=dotrzyma słowa). | **napawający nadzieją** hopeful: *The peace talks concluded on a hopeful note.* | **z nadzieją** hopefully: *"Can we go to the zoo tomorrow?" he asked hopefully.* | **pokładać nadzieję w czymś** pin your hopes on sth, place hopes in sth: *Scientists are pinning their hopes on the new satellite for the information they want.* | **pokładać nadzieję w kimś** put (your) faith/trust in sb: *people who put their trust in God* | **robić komuś nadzieję** build up sb's hopes: *Don't build her hopes up until we're sure we can afford it* (=że nas na to stać).

nadzienie *n* filling, stuffing: *Use 2 to 4 cups of stuffing, depending on how big the turkey is.*

nadziewać *v* →patrz NADZIAĆ

nadzorca *n* overseer, supervisor: *a plantation overseer*

nadzorcza *adj* **rada nadzorcza** supervisory board

nadzorować *v* oversee, supervise: *Her days were spent overseeing an army of builders who were working on the house.* | *He is supposed to supervise their work.*

nadzór *n* supervision: *You can try sailing or rock-climbing under the supervision of experienced instructors.*

nadzwyczajnie *adv* extraordinarily: *an extraordinarily beautiful young boy*

nadzwyczajny *adj* extraordinary: *a woman of extraordinary beauty*

nafta *n* paraffin *BrE*, kerosene *AmE*

naftowy *adj* **1 ropa naftowa** oil, petroleum **2 szyb naftowy** oil well **3 zagłębie naftowe** oil field **4 lampa naftowa** paraffin *BrE*, kerosene *AmE* lamp

nagabywać *v* pester: *He keeps pestering me to buy him a new bike.*

nagana *n* rebuke, reprimand: *a mild/sharp rebuke* | *This time the police let him go with a reprimand as it was his first offence.* | **udzielić komuś nagany** rebuke/reprimand sb: *Father Cary rebuked her for using bad language.* | *Three players were officially reprimanded for fighting on the field.*

nagi *adj* **1** *(człowiek)* naked, nude: *completely/stark* (=zupełnie) *naked* | *her naked body* | **rozebrać (się) do naga** strip naked: *We stripped naked before jumping into the pool.* **2** *(teren)* bare: *We drove past mile after mile of bare fields.* **3** *(fakty, rzeczywistość)* bare: *a report giving just the bare facts* **4** *(prawda)* naked, plain: *There was another plain truth which was worse than this.*

naglący *adj* pressing: *There is a pressing need for reform in this area.*

nagle *adv* suddenly, all at once, all of a sudden: *Suddenly we heard footsteps close behind us.* | *He left suddenly, without giving any explanation.* | *All at once there was a loud banging on the door.* —**nagłość** *n* suddenness: *the suddenness of the change*

nagłośnić *v* *(nadać rozgłos)* publicize, publicise *BrE*: *The campaign was well-publicised and expertly co-ordinated.*

nagłówek *n* **1** *(tekstu)* heading **2** *(w gazecie)* headline: *I stopped to read the front page headlines: 'KILLER ESCAPES FROM JAIL'.*

nagły *adj* **1** sudden, abrupt: *There's been a sudden change of plans.* | *It was a very abrupt decision.* **2 nagły wypadek** emergency: *Do you know what to do in an emergency?*

nagminny *adj* common, routine: *Drug and alcohol abuse is still common inside prisons.* —**nagminnie** *adv* routinely: *The staff routinely ignored my requests.*

nago *adv* **1** *(bez ubrania)* in the nude: *swimming in the nude* **2** *(bez dekoracji)* bare: *This room looks very bare - you need some pictures on the walls.*

nagonka *n* witch-hunt: *The investigation is just another political witch-hunt.*

nagość *n* **1** *(brak odzieży)* nakedness: *He didn't seem to be embarrassed by her nakedness.* **2** *(w filmie itp.)* nudity: *There's too much nudity on TV.* **3** *(brak dekoracji)* bareness: *the bareness of the walls*

nagrać *v* **1** *(na dowolny nośnik)* record: *The group has just recorded a new album.* | *I want to record the film. Do we have any blank video cassettes?* | *Are you going to record tonight's concert?* | *Is the machine still recording?* **2** *(na taśmę)* tape: *Doctors are taped and critiqued as they talk to patients.* **3** *(na wideo)* video(tape): *They got a friend to video the wedding.*

nagradzać *v* →patrz NAGRODZIĆ

nagranie *n* recording: *Have you heard the new recording of Mozart's Requiem?* | *a video recording*

nagrobek *n* gravestone, headstone, tombstone: *Headstones, each marking the grave of a soldier, stretched out in all directions.* | *the scattered gravestones of the early settlers*

nagroda *n* **1** *(w konkursie)* award, prize: *She won* (=zdobyła) *an award for her programme on education.* | *They gave a prize to everyone who passed the exam.* | **pierwsza/druga nagroda** first/second prize: *My jam won first prize at the county fair* (=na kiermaszu). | **ceremonia wręczenia nagród** award ceremony | **zdobywca/laureat nagrody** award/prize winner: *The winner of the award will be announced tomorrow.* | *a list of prize winners* | **nagroda Nobla** the Nobel Prize: *Einstein was awarded the Nobel Prize for his work in physics.* | *the recipient of the Nobel Peace Prize* | **nagroda literacka** literary prize | **nagroda w dziedzinie ekonomii/medycyny itp.** prize in economics/medicine etc

N

2 *(wygrany przedmiot)* prize: *You will have a chance to win one of these fabulous prizes.* | **nagroda pieniężna** prize money, cash prize: *They shared* (=podzielili) *the prize money between the three winners.* | *Hundreds of cash prizes to be won!* **3** *(za przysługę, dobre zachowanie)* reward: *Police are offering a reward for information about the robbery.* | *You deserve a reward for being so helpful.* | *As a reward for eating all her dinner, she was given an ice cream.* **4** *(za pomoc w ujęciu przestępcy)* bounty: *A bounty of $250,000 is being offered for the capture* (=schwytanie) *of the killer.* → patrz też **nagroda pocieszenia** (POCIESZENIE)

N

UWAGA: award i prize

Jak widać z powyższych przykładów, rzeczowników tych często można używać zamiennie. Istnieją jednak subtelne różnice. **Prize** to nagroda w zawodach, konkursie, loterii itp. Do jej zdobycia nie zawsze potrzebne są szczególne umiejętności czy osiągnięcia: *The prize is a 3-week holiday in the Bahamas.* | *I won a prize in the raffle* (=na loterii fantowej). **Award** to nagroda za istotne osiągnięcia lub dobre wykonanie zadania: *The award for this year's best actor went to Harry Cohen.*

nagrodzić *v* **1** reward: *He was finally rewarded for all his hard work.* | **+ czymś** with sth: *The company kept rewarding us with expensive presents.* **2 nagrodzić kogoś oklaskami** give sb a round of applause: *Let's give tonight's performers a big round of applause.*

nagromadzić *v* accumulate: *I just don't know how we've managed to accumulate so much junk* (=tyle rupieci)*!* **nagromadzić się** *v* accumulate: *Leaves had accumulated around the fallen trunks* (=wokół powalonych pni drzew).

nagrywać *v* → patrz NAGRAĆ

nagrywarka *n* DVD recorder

nagryzmolić *v* scrawl: *a telephone number scrawled on the bathroom wall*

nagrzać *v* warm/heat up: *The sun will warm up the water in the lake.* | *Can you heat up some water for me?* **nagrzewać się** *v* **1** *(woda itp.)* warm/heat up: *The water heats up very quickly in the summer.* | *The stones heated up in the sun.* **2** *(urządzenie)* warm up: *It takes a few minutes for the copier to warm up.*

naiwniak *n* dupe, sucker: *There are many dupes who go along with these practices.* | *I can't believe you sent them money - what a sucker!*

naiwnie *adv* naively: *He believed, somewhat* (=cokolwiek) *naively, that love was more important than anything else in the world.*

naiwność *n* naivety: *dangerous political naivety*

naiwny *adj* naive: *In those days I was just a foolish, naive young man.* | *a naive belief*

najazd *n* **1** invasion: *the German invasion of Poland* **2 robić najazd** *(zbliżenie)* zoom in: *You can stop the video and zoom in on anything on the screen.*

nająć *v* hire: *We've hired a maid to clean our house.*

najbardziej *adv* **1** most: *She liked the dark beer most.* | **najbardziej (ze wszystkich)** most of all: *Out of everybody at school she was the person who helped me most of all.* **2 jak najbardziej** by all means: *"Can I bring Alan to the party?" "By all means!"* **3** → patrz też BARDZO

najbliższy *adj* **1** *(okolica)* immediate: *There are no shops in the immediate vicinity.* | *Police want to question anyone who was in the immediate area.* **2 najbliższa rodzina** immediate family: *Pierre was the first person in his immediate family to go to college.* **3 w najbliższej przyszłości** for/in the foreseeable future: *We will not be hiring anyone else in the foreseeable future.* **4** → patrz też BLISKI

najdrobniejszy *adj* **w najdrobniejszych szczegółach** in minute detail: *He remembers everything in minute detail.*

najechać *v* **1** *(samochodem na drzewo itp.)* drive into: *He was drunk and drove into a snowdrift* (=zaspę śnieżną). **2** *(samochodem na krawężnik, kamień)* drive onto: *A car drove onto the pavement.* **3** *(kraj, terytorium)* invade: *The Romans invaded Britain in 54 BC.* **4** *(zrobić zbliżenie)* zoom in: *The camera zoomed in on the child's face.*

najedzony *adj* full (up): *"Would you like some more pie?" "No thanks, I'm full."*

najem *n* **1** lease: *a six-month lease on an apartment* | **oddać w najem** lease: *They decided to lease the building to another company.* | **brać/wziąć w najem** lease: *We lease all our computers.* **2 umowa najmu** lease: *Each tenant* (=lokator) *will have to sign the lease.*

najemnik *n* mercenary: *The Emperor hired an army of Saxon mercenaries.*

najemny *adj* **1** hired: *thousands of hired hands* (=pracowników najemnych) *forced to find new jobs* **2 najemny morderca** contract killer, hired gun *AmE*

najeść się *v* **1** eat your fill: *He wouldn't stop until he had eaten his fill.* | **najadłeś/najedliście się?** have you had enough? | **najeść się czegoś** eat a lot of sth | **najeść się czymś** fill yourself up on sth: *You'll never fill yourself up on soup without bread.* **2 najeść się strachu** get a fright: *I got a fright when I realized how close we were to the cliff edge.*

najeźdźca *n* invader: *The castle was built in 1549 to defend the island against invaders.*

najeżdżać *v* → patrz NAJECHAĆ

najgorszy *adj* **1 nie najgorszy** not (too) bad: *"She's not bad, our boss, is she?" "No, she's all right."* **2 w najgorszym razie/wypadku** at worst: *At worst the repairs will cost you around $700.* → patrz też ZŁY

najgorzej *adv* **nie najgorzej** not (too) bad: *I paid $1,500 for the car. It's not bad considering how many miles it had done.* | *"Hello Peter, how are things?" "Oh, not too bad."* | **+ jak na coś** not bad as sth: *It's not bad as a first attempt.* → patrz też ŹLE

najlepiej *adv* **najlepiej, jak potrafisz** as best you can: *I'll deal with the problem as best I can.* | *She would have to manage as best she could.* → patrz też DOBRZE

najlepszy *adj* **1** best: *Which of these is the best?* | *You ought to wear your best shirt.* | *my best friend* **2** *(zawodnik itp.)* best, top: *the best player in the team* | *one of the world's top tennis players* **3 najlepsze, co możesz zrobić, to ...** your best bet is/would be ..., the best thing you can do is ...: *Well, your best bet would be to go back to Highway 218 and turn left.* | *I'm sure she won't be angry with you forever. The best thing you can do is wait it out* (=przeczekać to). **4 w najlepszym razie** at best: *Public transportation is limited at best.* **5 wszystkiego najlepszego (z okazji urodzin)!** many happy returns (of the day)!, happy birthday! → patrz też DOBRY

najmniej *adv* **1** least: *He was the least experienced of the teachers.* **2 co najmniej** at least: *She's going to be away for at least a week.* → patrz też MAŁO

najmniejszy *adj* **1 nie mam najmniejszego pojęcia** I don't have the slightest idea, I don't have the foggiest (idea): *I didn't have the slightest idea who that man was.* |

"When's Barry coming back?" "I don't have the foggiest." **2 najmniejsza różnica/zmiana itp.** the slightest difference/change etc: *a thermometer that can record the slightest change in temperature* →patrz też **MAŁY**

najmować *v* →patrz **NAJĄĆ**

najniższy *adj (półka, szuflada itp.)* bottom: *The papers are in the bottom drawer.* →patrz też **NISKI**

najnowocześniejszy *adj* cutting-edge, state-of-the-art: *an exciting new project, using cutting-edge technology | state-of-the-art electronics* THESAURUS **MODERN** →patrz też **NOWOCZESNY**

najnowszy *adj* latest: *the latest Paris fashions | the latest news from the war zone* THESAURUS **NEW** →patrz też **NOWY**

najpierw *adv* first: *First we asked Jim what to do. Next we tried asking Dad. | I have to clean up my room first.*

najpoczytniejszy *adj* most widely read: *the nation's most widely read newspaper*

najpóźniej *adv* at the (very) latest: *I want you home by 11 at the latest.* →patrz też **PÓŹNO**

najprawdopodobniej *adv* most probably, in all likelihood/probability: *She most probably thinks she's right when she says things like that. | If I refused, it would in all likelihood mean I'd lose my job.* →patrz też **PRAWDOPODOBNIE**

najskrytszy *adj* **1** innermost: *I'm afraid to expose my innermost thoughts and emotions to anyone.* **2 najskrytsze marzenie** most treasured dream

najstarszy *adj* **najstarszy syn/brat itp.** eldest son/brother etc: *Our eldest daughter has just left university. | I have two brothers - I'm the eldest. | My eldest brother lives in Canada.* →patrz też **STARY**

najśmielszy *adj* **(czyjeś) najśmielsze oczekiwania** your wildest dreams: *The business has succeeded beyond our wildest dreams. | Never in my wildest dreams did I expect him to apologize.* →patrz też **ŚMIAŁY**

najwcześniej *adv (nie wcześniej niż)* at the earliest: *He'll arrive on Monday at the earliest.* →patrz też **WCZEŚNIE**

najwidoczniej *adv* apparently, evidently: *Nelson apparently committed suicide. | She was evidently ill.* →patrz też **WIDOCZNIE**

najwięcej *adv* most: *Choose the program that gives you the most information.* →patrz też **DUŻO**, **WIELE**

najwyżej *adv* **(co) najwyżej** at (the) most: *You could buy a good washing machine for about $350, $400 at most. | It's about ten minutes down the road, fifteen at the most.* →patrz też **WYSOKO**

najwyższy *adj* **1** *(górny)* top: *Can you reach that book on the top shelf?* **2** *(w hierarchii)* supreme, top: *the supreme US military commander in Europe | a question of supreme importance* | **Sąd Najwyższy** the Supreme Court **3 najwyższy czas (żeby ktoś coś zrobił)** it's high time (sb did sth): *It's high time you got a job and settled down* (=i ustatkował się). **4 najwyższa waga/staranność itp.** the utmost importance/care etc: *a matter of the utmost importance* **5 najwyższy rangą** chief: *the job of chief officer* →patrz też **WYSOKI**

nakarmić *v* feed: *Did you feed the dog?*

nakaz *n* **1** warrant: **nakaz aresztowania/rewizji** arrest/search warrant | **wydać nakaz aresztowania kogoś** issue a warrant for sb's arrest: *The court issued a warrant for his arrest.* **2** *(sądowy)* writ: *We've been served with* (=dostarczono nam) *a writ for breach of contract.*

nakazać *v* **nakazać komuś zrobić coś** order sb to do sth: *the power to order a witness to give evidence* →patrz też **KAZAĆ**

nakierować *v* target: *The missiles are targeted at several key military sites* (=na kilka kluczowych instalacji wojskowych).

nakleić *v* affix, stick, paste: *A recent photograph should be affixed to your form. | Did you remember to stick a stamp on the envelope? | A notice had been pasted to the door.*

naklejka *n także* **nalepka** sticker: *I want to collect as many of the stickers as possible.*

nakład *n* **1** *(czasopisma)* circulation: *a magazine with a circulation of 400,000* **2** *(książki)* print run: *an initial print run of 1 million copies* **3 nakłady** expenditure: *The expenditure on medical care has doubled in the last 20 years.*

nakładać *v* →patrz **NAŁOŻYĆ**

nakłonić *v* **nakłonić kogoś do czegoś** coax sb to do/into doing sth: *She managed to coax a young man to help her escape. | Julie tried to coax her two children into smiling for a photo with Santa.* THESAURUS **PERSUADE**

nakłuć *v* prick: *Prick the sausages with a fork before cooking them.* —**nakłucie** *n* prick: *Don't worry, it's just a little needle prick.*

nakrapiany *adj* spotted: *a spotted dog*

nakreślić *v* sketch out, outline: *We're having a meeting to sketch out a new business plan. | The President outlined his peace plan for the Middle East.*

nakręcić *v* **1** *(zegar)* wind (up): *Mr Carey wound up the old clock and gently set the pendulum going.* **2** *(scenę, film)* film, shoot: *The opening scenes of the program were shot in northern Oregon. | His early comedies were filmed in black and white.*

nakrętka *n* **1** *(butelki)* cap: *Wipe dirt from around the cap before unscrewing it. | Jack twisted the cap off the bottle.* **2** *(na śrubę)* nut: *When changing a tire, make sure you tighten each nut correctly.*

nakrycie *n* **nakrycie głowy** hat, headgear: *A hat is especially useful in protecting you from the heat of the sun. | snow boots and waterproof headgear*

hat

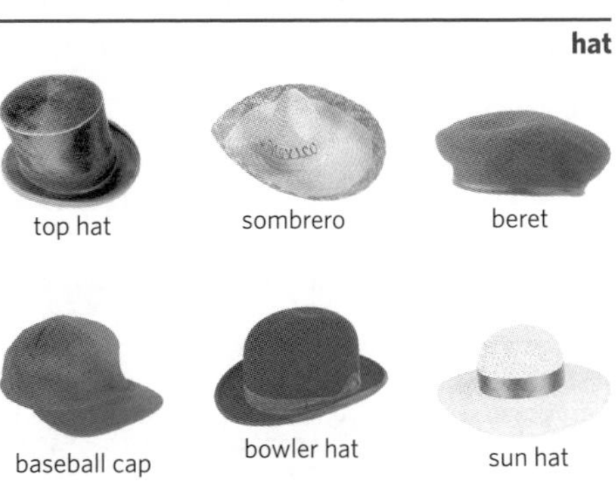

nakryć *v* **1 nakryć coś czymś** cover sth with sth: *We covered the sofa with a large blanket.* **2 nakryć do stołu** lay/set the table: *Could you help me set the table?*

N

nalać v pour: *Mr Schultz poured himself a drink from a carton in the fridge.* | *Kim poured some water into a glass.*

nalegać v **1** insist: *"You must stay," he insisted.* **+ żeby ktoś coś zrobił** that sb do sth: *I insisted that he leave* (=żeby sobie poszedł). **2 skoro nalegasz** if you insist: *"Let's invite them over for dinner." "OK, if you insist."*

nalepka n → patrz NAKLEJKA

naleśnik n pancake, crepe: *When the pancakes start to bubble, flip them over* (=przewróć je na drugą stronę). | *Stack the crepes on a flat plate.*

N

UWAGA: crepe i pancake

To, co w języku angielskim określa się mianem **crepes**, bardziej przypomina polskie naleśniki. **Pancakes** to naleśniki grubsze i mniejsze, które Amerykanie i Kanadyjczycy jadają na śniadanie, zwykle z syropem klonowym.

nalewać v → patrz NALAĆ

należeć v **1 należeć do kogoś** belong to sb: *Legally, the house belongs to me.* THESAURUS OWN **2 należeć do czegoś** *(być członkiem)* belong to sth, be a member of sth: *Do you belong to any political party?* | *My sister's a member of the Michael Jackson Fan Club.* **3 należeć do grupy/kategorii itp.** fall into a group/category etc: *These substances fall into two categories.* **4 decyzja należy do ciebie** the choice is yours **5 należy coś zrobić** you should do sth, it's necessary to do sth: *Sometimes it is necessary to talk to the child's parents.* | **nie należy czegoś robić** you shouldn't do sth: *You shouldn't leave young children at home alone.*
należeć się v **1 ile się należy?** how much do I owe you? **2 coś się komuś należy** sb deserves sth: *After all that hard work, you deserve a rest.*

należność n **1** amount due: *The computer shows the name of the buyer, the quantity ordered and the amount due.* **2 należności** dues: *The dues will be deducted from his weekly pay-cheques.*

należny adj due: *She should be given the respect due a great educator.*

należycie adv duly, properly: *You ought to go where you will be properly appreciated* (=doceniony).

należyty adj proper, right: *Most of the athletes have developed the right attitude* (=postawę) *toward their opponents.*

nalot n air raid/strike: *Several buildings were destroyed in the air raid.*

naładować v **1** *(pojazd, pojemnik)* load: *It took an hour to load the lorry with sand.* | *First, load the boxes into the truck.* **2** *(broń)* load: *You have to be careful when you're loading a gun not to point it at anybody.* **3** *(fajkę)* fill: *I filled my pipe and lit it.* **4** *(prądem)* charge, recharge: *recharge the batteries overnight* (=przez noc)
naładować się v charge up: *How long will it take for the batteries to charge up?*

nałogowiec n addict: *Many addicts refuse to go to treatment centres.*

nałogowo adv **1** compulsively: *He compulsively collects books about World War II.* **2 palić nałogowo** chain-smoke **3 pić nałogowo** drink heavily

nałogowy adv **1** compulsive, habitual: *a compulsive liar* **2 nałogowy pijak** heavy drinker **3 nałogowy palacz** chain-smoker

nałożyć v **1** *(krem itp.)* apply, put on: *The ointment burns a little when you first apply it.* | *The doctor gave me some cream to put on my rash* (=na wysypkę). **2** *(sankcje, ograniczenia itp.)* impose: *We have decided to impose sanctions on countries that break the agreement.* **3 nałożyć podatek/opłatę** levy a tax/charge: *A new tax has just been levied on all electrical goods.*

nałóg n habit: *smoking and drinking and all his other bad habits* | **zerwać z nałogiem** break/kick the habit: *With the help of doctors, Louis was able to kick his drug habit.* | **popaść w nałóg robienia czegoś** fall into the habit of doing sth: *He soon fell into the habit of stopping at the bar every night before going home.*

nam pron us: *My aunt never told us why she got divorced.*

namacalny adj tangible: *I'm afraid we can't accept your story unless you give us more tangible evidence.*

namagnesować v magnetize, magnetise *BrE*

namalować v paint: *Botticelli painted 'The Birth of Venus'.*

namaszczenie n **z namaszczeniem** solemnly: *She took the knife and solemnly cut into the cake.*

namawiać v → patrz NAMÓWIĆ

nami pron us: *Are you coming to lunch with us?*

namiastka n substitute: *This synthetic material is a cheap substitute for rubber.*

namierzyć v trace: *Police are anxious to trace the man who was seen near the crime scene.*

namiętnie adv passionately: *He kissed her passionately.* | *Roosevelt believed passionately in equality.*

namiętność n passion: *his burning passion for an older woman*

namiętny adj passionate: *a passionate kiss/love affair* | *a passionate speech* | *a passionate woman*

namiot n tent: *We pitched* (=rozbiliśmy) *our tents beside a stream.*

namiotowy adj **pole namiotowe** campsite *BrE*, campground *AmE*

namoczyć v **namoczyć coś** soak sth, give sth a soak: *It's best to soak clothes before you wash them.* | *Give the towels a good soak, they're very dirty.* | *Soak the beans* (=fasolę) *overnight.*

namowa n **1 po długich namowach** after a lot of coaxing: *Finally, after a lot of coaxing, Jimmy let his teacher have the letter.* **2 za czyjąś namową** at sb's insistence: *At Joanna's insistence we stayed the night at her house.*

namówić v **namówić kogoś do (zrobienia) czegoś a)** talk sb into doing sth: *Linda finally talked me into buying a new car.* **b)** *(do złego)* put sb up to sth: *Tell me who put you up to this?* THESAURUS PERSUADE

namydlić v soap (up): *Will you soap my back for me?* | *I put him into the washtub and soaped him up.*
namydlić się v soap yourself (up)

namysł n **po długim namyśle** after much/long consideration, after much thought: *After much consideration, he decided to study history at university.* | *Jim finally decided, after much thought, to leave his job.*

namyślić się v **1** *(zastanowić się)* think about it: *Why don't you think about it for a while.* **2** *(zdecydować się)* make up your mind: *Have you made up your mind yet?*

naoczny adj **naoczny świadek** eyewitness: *Sheriff's detectives had no eyewitnesses to the shootings.*

naokoło prep **1** (a)round: *the magnificent mountains* *around Lake Titicaca | the people around me | The chairs had been arranged in a circle around the piano.* **2 spojrzeć naokoło** look (a)round: *Meredith looked round - there was no one in sight.*

naoliwić *v* oil: *I need to oil the hinges* (=zawiasy) *on this door.*

naostrzyć *v* sharpen: *I'll just sharpen my pencil.*

napad *n* **1** *(rabunkowy)* holdup, raid, robbery: *Two people were injured during the holdup. | Armed robbers carried out* (=przeprowadzili) *a raid on the Gateway Bank last night. | When did the robbery take place?* | **napad z bronią w ręku** armed robbery/assault: *He was found guilty of armed robbery and sent down for six years.* **2** *(zbrojny)* raid: *a raid on British ships* **3** *(choroby, silnego uczucia)* fit: *She suffered a major fit last month. | The fits usually occur at night. | Morgan stabbed his girlfriend in a fit of jealousy.* | **napad złości** fit (of rage/anger/pique), tantrum: *She leapt at him in a fit of rage, tearing at his face. | Dad will have a fit when he sees what you've done to your hair!*

napadać *v* → patrz NAPAŚĆ

napalm *n* napalm

naparstek *n* thimble

napastnik *n* **1** attacker, assailant: *A barking dog scared the attackers away. | Do you think you could describe your assailant?* **2** *(w piłce nożnej)* forward, striker: *the former Arsenal forward John Bacon*

napastować *v* harass: *She says she was sexually harassed by her employers.* —**napastowanie** *n* harassment: *Tina accused her boss of sexual harassment.*

napaść[1] *v* **1 napaść na kogoś a)** attack/assault sb: *A gang of boys assaulted him.* **b)** *(w miejscu publicznym)* mug sb: *People are mugged in the park every night.* **2 co cię/go itp. napadło?** what(ever) possessed you/him etc?: *I don't know what possessed me to buy such an ugly dress.*

napaść[2] *n* **1** attack, assault: *a verbal attack* **2** *(w miejscu publicznym)* mugging: *Robberies and muggings are common in the area.*

> **UWAGA: assault i attack**
>
> **Assault** jest wyrazem bardziej formalnym niż **attack** i występuje często w kontekście prawniczym. To samo dotyczy rzeczownika **assailant** w porównaniu z **attacker** (patrz hasło 'napastnik').

napawać *v* **1 napawać oczy/wzrok widokiem czegoś** feast your eyes on sth: *Travellers came to feast their eyes on the natural beauty of the region.* **2 napawać optymizmem** give/provide cause/grounds for optimism: *These statistics provide no cause for optimism.* **3 napawać kogoś dumą/lękiem/niepokojem** make sb proud/fearful/anxious: *Could it be that* (=czy to możliwe, że) *marriage is making her anxious?*

napawać się *v* **napawać się czymś** relish sth, delight in sth: *Soon the team were sitting on the rooftop relishing the view over the whole bay.*

napełnić *v* **1** fill (up): *Would you fill the watering can* (=konewkę) *and water the flowers? | I've filled up the freezer with fruit and vegetables.* **2** *(ponownie)* refill: *The waiter refilled our wine glasses.*

napełnić się *v* fill (up): *Mary's blue eyes filled with tears as she read the pregnancy test.*

napełniony *adj* filled: *a glass filled with milk*

napęd *n* **1** *(w samochodzie)* drive: *electric drive* | **napęd na cztery koła** four-wheel drive | **napęd na przednie/tylne koła** front/rear wheel drive **2** *(rakietowy)* propulsion: **napęd odrzutowy/laserowy** jet/laser propulsion **3 okręt podwodny z napędem atomowym** nuclear-powered submarine **4 napęd dysków** disk drive

napędowy *adj* **1 siła napędowa** driving force: *Hawksworth was the driving force behind the project.* **2 olej napędowy** diesel oil **3 koło napędowe** drive/driving wheel

napędzać *v* **1** drive, fuel, propel: *They drove their mills with water power. | a car fuelled by solar energy | old ships propelled by steam* **2 napędzany energią słoneczną** solar-powered

napędzić *v* → patrz **napędzić komuś strachu** (STRACH)

napiąć *v* **1** *(mięśnie)* flex, tense: *He stood up, flexed his powerful shoulders and pulled on his coat.* **2** *(linę)* tighten: *Try to tighten the rope a bit more.*

napiąć się *v* **1** *(lina)* tighten: *The rope tightened and Steve was pulled off balance.* **2** *(mięśnie)* tense, tighten (up): *The muscles in my leg suddenly tightened up and I had to stop swimming.* **3** *(człowiek)* tense (up): *Relax, and try not to tense up so much.*

napić się *v* have a drink: *She had a drink before she sang her second song.* | **napić się wody** have a drink of water | **czego się napijesz?** what would you like to drink? | **napijesz się herbaty/wina itp.?** would you like some tea/wine etc?

napięcie *n* **1** *(atmosfera)* tension: *A joke can often defuse* (=rozładować) *tension.* | **napięcia społeczne/rasowe/etniczne** social/racial/ethnic tensions **2 w napięciu** in suspense: *Don't keep me in suspense - tell me what happened! | The children waited in suspense to hear the end of the story.* **3** *(prądu)* voltage: *high-voltage power lines*

napiętnować *v* → patrz PIĘTNOWAĆ

napięty *adj* **1** *(sytuacja)* strained, tense: *the strained atmosphere at dinner | a tense situation* **2** *(człowiek)* tense: *They felt tense, knowing that he might reappear at any time.* **3** *(mięsień)* tense, taut: *If your muscles are tense and tight, blood cannot circulate freely. | Rambo crouched, his muscles taut and ready for action.* **4** *(nerwy)* strained: *His nerves were strained to breaking point* (=do granic wytrzymałości). **5 napięty harmonogram** tight schedule: *We work to a very tight schedule when filming.*

napinać (się) *v* → patrz NAPIĄĆ (SIĘ)

napis *n* **1** *(na ścianie, nagrobku)* inscription: *a Latin inscription* **2** *(tabliczka)* sign: *a 'No Smoking' sign* **3** *(tekst)* writing: *The writing on the label was so small, I could hardly read it.* **4 napisy** *(w filmie)* subtitles: *a French film with English subtitles* | **napisy końcowe** the credits

napisać *v* **1** write: *He wrote a song for his daughter.* | **+ do kogoś** to sb: *You must write to John and his family to thank them for their hospitality.* | **+ coś komuś** sb sth: *She said she'd be happy to write me a letter of recommendation.* **2 napisać od nowa** rewrite: *Perhaps you ought to rewrite the first paragraph to make it a little clearer.* → patrz też PISAĆ

napiwek *n* tip: *Do you usually leave a tip in a restaurant?* | **dać komuś napiwek** tip sb: *How much should I tip the driver?*

napluć *v* spit: *He spat on the ground.* | **napluć komuś w twarz** spit in sb's face: *Nancy didn't know whether to laugh, cry or spit in his face.*

napłynąć *v* → patrz NAPŁYWAĆ

N

N

napływ *n* **1** *(wody, krwi)* flow: *the flow of blood to the brain* **2** *(towarów, osób, funduszy)* flow, influx: *the flow of drugs/arms into the country | an influx of cheap imported cars*

napływać *v* roll/pour in: *The money soon came rolling in. | Letters of complaint poured in.*

napoić *v* →patrz POIĆ

napomknąć *v* **napomknąć, że ...** hint (that) ..., drop a hint that ...: *He dropped a hint that he expected to be invited to the party.* | **napomknąć o czymś** hint at sth: *The President hinted at the possibility of military action.*

napompować *v* inflate, pump/blow up: *We inflated the balloons with helium. | I must stop and pump up these tyres.*

napomykać *v* →patrz NAPOMKNĄĆ

napotkać *v* **1** *(trudności itp.)* encounter, run into: *The engineers encountered more problems when the rainy season began. | We ran into trouble installing the water heater.* **2** *(opór)* run up against: *The team ran up against tough opposition.*

napój *n* beverage, drink →patrz też **napój gazowany** (GAZOWANY), **napoje alkoholowe** (ALKOHOLOWY), **napoje bezalkoholowe** (BEZALKOHOLOWY)

UWAGA: beverage i drink

Beverage jest wyrazem bardziej formalnym niż **drink** i może oznaczać dowolny napój z wyjątkiem wody.

napór *n* **1** pressure: *The dam (=tama) collapsed under the pressure of the water.* **2 ustąpić pod czyimś naporem** give in to/under pressure from sb: *The department gave in to pressure from environmental groups.*

naprawa *n* repair: *engine repair* | **w naprawie** under repair: *The road is under repair.* | **zlecić naprawę czegoś** get/have sth repaired/fixed/mended: *How much will it cost to have the TV repaired? | We'll have to get the roof mended.* | **oddać samochód/telewizor do naprawy** take the/your car/TV in for repair: *I'll be late to work tomorrow. I have to take the car in for repair.* | **wymagać naprawy** need repair, be in need of repair: *Donald thinks he paid too much for the property, considering that the roof needed repair.*

naprawczy *adj* **warsztat naprawczy** repair shop

naprawdę *adv* **1** really, truly: *The actor who played Macbeth was really good. | She truly loved him. | Is a pile of bricks in a gallery really art?* **2** *(zapewniając o niewinności itp.)* honestly: *It wasn't me, honestly! | I honestly don't know what happened.* **3 naprawdę?** really?: *"The reason that she hasn't been in school is that she's pregnant." "Really? I didn't realize."* **4 tak naprawdę** in actual fact: *Her teachers said she was a slow learner, but in actual fact she was partially deaf.*

naprawić *v* **1** fix, mend, repair: *Our landlord has promised to fix the heating by Tuesday. | If they can't mend the TV, we'll have to get a new one. | to repair a car/road/television* THESAURUS REPAIR **2** *(zło, szkodę)* repair: *How can I repair the wrong I have done her? | It will take many years to repair the damage.* **3 naprawić błąd** put right/rectify your mistake/error: *He now has no power to rectify his error.*

naprędce *adv* hastily: *The bodies were buried without ceremony in hastily dug graves.*

naprowadzić *v* **1 naprowadzić rozmowę na jakiś temat** bring the conversation round to sth, turn/steer the conversation towards sth: *He brought the conversation round to his record collection.* **2** *(samolot)* guide: *Widely spaced runway lights guide the planes in to land.* →patrz też **naprowadzić kogoś na właściwy trop** (TROP)

naprzeciwko *adv, prep także* **naprzeciw 1** opposite: *She recognized the man who was sitting opposite. | The bathroom is opposite the bedroom.* | **naprzeciw siebie** opposite each other/one another: *Foolishly, she had sat them opposite each other.* **2 z naprzeciwka a)** *(z przeciwnej strony)* from the opposite direction: *a car approaching from the opposite direction* **b)** *(z drugiej strony ulicy)* from across the street: *the woman from across the street*

na przemian *adv* alternately: *She lay there for three days, alternately sweating and freezing cold (=pocąc się i marznąc). | We spend the summers in France and England alternately.*

naprzód *adv* **1** ahead, forwards *BrE*, forward *AmE*: *The horse moved ahead, not looking at the people on either side. | He took a couple of paces forward, then stopped.* **2 iść naprzód** *(rozwijać się)* advance: *Computer technology is advancing very rapidly.*

napuchnąć *v* swell (up), puff up: *His ankle has swollen up, but it's not broken. | Sylvia's finger really puffed up where the bee stung her.* —**napuchnięty** *adj* swollen, puffed up: *The glands (=gruczoły) in my neck were swollen. | His right jaw was all puffed up, so he was taken straight to the hospital.*

narada *n* conference, meeting: *The manager cannot see you now; she's in conference. | The principal has called (=zwołał) a meeting for 4.00.*

naradzać się *v* deliberate, confer: *The jury deliberated for three days before finding him guilty. | I will have to confer with my colleagues about this.*

narastać *v* grow, increase: *The noise and traffic increased as they approached the city. | The ozone layer grew and began to screen out ultraviolet rays.*

naraz *adv* **1** *(jednocześnie)* (all) at once, (all) at the same time: *Obviously they can't do everything all at once. | Computers perform several tasks at the same time. | They all at the same time said "Yes!"* | **nie wszyscy/wszystko itp. naraz** not all at the same time: *I know you want to wear all the trendy clothes you can find, but please, not all at the same time.* **2** *(nagle)* all at once, all of a sudden, suddenly: *All at once there was a loud banging on the door. | All of a sudden I realized that the car in front of me wasn't moving.*

narazić (się) *v* **1 narazić kogoś/się na krytykę/śmieszność** lay sb/yourself open to criticism/ridicule: *Any journalist who writes a story without checking his facts is simply laying himself open to ridicule.* **2 narazić kogoś/coś/się na (szkodliwe) działanie czegoś** expose sb/sth/yourself to sth: *Do not expose your skin to the sun for too long.* **3 narazić kogoś na kłopoty** cause sb trouble: *I'm sorry to have caused you so much trouble.* **4 narazić kogoś/się na niebezpieczeństwo** put sb/yourself in danger/jeopardy: *Making a noise at the* *wrong time could put everyone in danger.* **5 narazić czyjeś życie** endanger sb's life, put sb's life in danger: *She endangered the lives of the entire staff.* | *By doing that, Dolci was putting his own life in danger.* →patrz też **narazić na szwank** (SZWANK)

narażać *v* put at risk: *I have no respect for a man who would put his children at risk like that.*
narażać się *v* **1** take risks: *Policemen often take risks.* **2 narażać się na coś** run the risk of sth: *Anyone travelling without a passport runs the risk of being arrested.*

narciarski *adj* ski: *ski boots/clothes/slopes*

narciarstwo *n* skiing: *cross-country/downhill/alpine skiing* | **narciarstwo wodne** water-skiing

narcia-rz/rka *n* skier: *experienced skiers*

nareszcie *adv* at last: *At last she had the chance to demonstrate her musical talents.*

narkoman/ka *n* drug addict: *Many drug addicts are also alcohol dependent.* —**narkomania** *n* drug addiction/abuse: *Drug addiction is now the biggest social problem in US cities.*

narkotyczny *adj* **1** narcotic: *a narcotic trance/sleep* **2 głód narkotyczny** withdrawal symptoms

narkotyk *n* drug, narcotic: *Her life was ruled by her addiction to drugs.* | *He died from an overdose* (=z przedawkowania) *of narcotics.* | **brać/zażywać narkotyki** take/use drugs: *Parents are worried that their children may be taking drugs.* | **narkotyki twarde/miękkie** hard/soft drugs | **handlarz narkotyków** drug dealer, (drug) pusher | **handlować narkotykami** deal: *He started to deal to pay for his own drug habit.*

narobić *v* **1 narobić długów** run up debts: *Richard has run up huge debts at college.* **2 narobić hałasu/zamieszania** cause/create a commotion/stir: *The movie caused quite a stir when it was first shown.* **3 narobić sobie wrogów** make enemies: *He'd made many enemies during his career.* **4 coś ty narobił/a?** what have you done?

narodowość *n* nationality: *What nationality are you?* | *people of the same nationality*

narodowy *adj* national: *Ice hockey is the national sport of Canada.* | **park narodowy** national park | **święto narodowe** national holiday: *The Day of the Dead is a national holiday in Latin American countries.* | **drużyna narodowa** national team | **strój narodowy** national costume/dress: *The dancers were dressed in Ukrainian national costume.*

narodzić się *v (pomysł itp.)* be born, emerge: *And so the concept of the jet engine was born.* | *A new initiative emerged which included building a hospital in a new location.* →patrz też URODZIĆ SIĘ

narodziny *n* birth: *Congratulations on the birth of your daughter!* | *the birth of photography/democracy* | *the birth of a new era/class*

narodzony *adj* **nowo narodzony** newborn: *He took his newborn baby in his arms.*

narosnąć *v* →patrz NARASTAĆ

narośl *n* growth: *The growth was surgically removed.*

narożnik *n* corner: *The hotel is on the corner of Main Street and 4th Avenue.* | *In the corner there was a huge desk.* —**narożny** *adj* corner: *a corner office*

naród *n* nation, people: *All nations have the right to self-defence.* | *I think the Israelis as a people desire peace.*

> **UWAGA: people**
>
> **People** w znaczeniu „naród" jest zwykłym rzeczownikiem policzalnym, a więc posiada też liczbę mnogą: *the peoples of Africa.*

narracja *n* narration, narrative: *Who did the narration for the film?* | *The book is written in the first-person narrative.* —**narrator/ka** *n* narrator: *The book has no narrator.* | *At the start of the film you hear the voice of the narrator.* —**narracyjny** *adj* narrative: *a narrative technique/talent*

narta *n* **1** ski: *You can hire* (=wypożyczyć) *skis and boots from the ski school.* | **narty biegowe/zjazdowe** cross-country/downhill skis | **narty wodne** water skis **2 jeździć na nartach** ski: *I used to ski when I was young.*

naruszać *v* →patrz NARUSZYĆ

naruszenie *n* breach, violation, infringement: *a breach of the 1994 Trade Agreement* | *human rights violations* | *a minor infringement of the rules*

naruszyć *v* **1** *(porozumienie, prawo)* violate, breach: *Protesters argue that their arrest violated their right to free speech.* | *The court ruled that he had breached the terms of the agreement* (=warunki porozumienia). **2** *(granicę, przestrzeń powietrzną)* violate: *the soldiers who violate our border* | *The plane didn't violate White House airspace, but it did violate airspace over Washington.* **3** *(równowagę)* upset: *The biological balance has been upset by over-intensive farming.*

narysować *v* draw: *She drew us a simple map so that we wouldn't get lost.* | *Did you draw this yourself?*

narząd *n* organ: *Human organs, preserved in jars, lined the shelves of the laboratory.* | **narządy wewnętrzne** internal organs

narzeczona *n* fiancée: *Pierre took his fiancée to meet his parents for the first time.*

narzeczony *n* fiancé: *This is Richard, my fiancé.*

narzekać *v* complain: *She spent the whole of the journey complaining about her boyfriend.* | **przestań narzekać** stop complaining | **nie narzekam** I'm not complaining —**narzekanie** *n* complaining: *His constant complaining is really beginning to annoy me.*

narzędzie *n* **1** tool, instrument, implement: *a tool for cutting metal* | *tools made of stone* | *Television is an important tool for the modern teacher.* | **narzędzia elektryczne** power tools | **narzędzia chirurgiczne** surgical instruments | **narzędzia rolnicze** farming/agricultural implements | **narzędzia ogrodnicze** garden(ing) tools | **zestaw narzędzi** tool kit | **skrzynka na narzędzia** toolbox **2 narzędzie zbrodni** murder weapon **3 narzędzie czegoś** *(reklamy itp.)* vehicle for sth: *The government used the press as a vehicle for its propaganda.*

tool

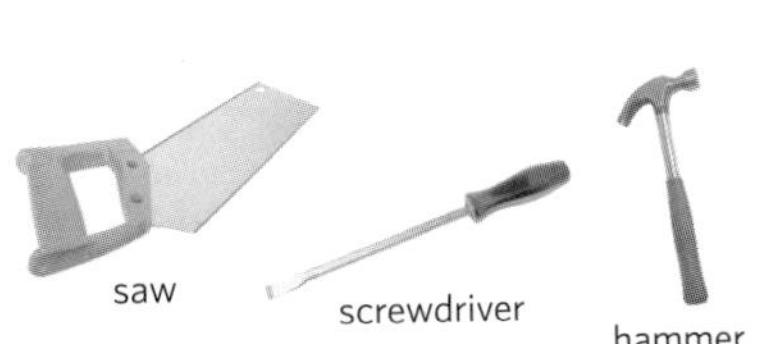

narzucać się *v* **1** *(człowiek)* impose: *No, we'll find a motel - we don't want to impose.* **2 narzucać się samo (przez**

się) *(rozwiązanie itp.)* be/seem self-evident: *The solution seemed self-evident.*

narzucić *v* **1 narzucić coś (komuś)** impose/force sth (on/upon sb): *You shouldn't try and impose your views on your children.* | *The treaty was imposed by force* (=siłą). | *People feel that the reforms have been forced upon them by the West.* **2 narzucić coś (na siebie)** throw sth on: *I threw on some jeans and a T-shirt and headed out the door.* →patrz też **narzucić tempo** (TEMPO)

N

narzut *n (handlowy)* mark-up: *The retailer's mark-up is 50%.*

narzuta *n* bedspread

nas *pron* us: *When he saw us he grinned broadly and waved.*

nasadka *n* **1** *(pióra, pisaka)* cap **2** *(odkurzacza)* attachment

nasenny *adj* **tabletka nasenna** sleeping pill/tablet: *a prescription for sleeping tablets*

nasienie *n* **1** *(rośliny)* seed: *If you plant the seeds too early, they won't grow.* **2** *(sperma)* semen, sperm: *The AIDS virus can be present in the semen of an infected male.*

nasilać się *v* escalate, intensify: *Fighting has escalated in several areas.* **—nasilenie** *n* build-up, intensity: *The build-up of traffic is causing major problems in cities.*

nasłoneczniony *adj* sunlit: *a sunlit garden*

nasłuchiwać *v* **nasłuchiwać czegoś** listen for sth: *We listened for the sound of footsteps.*

nasmarować *v* grease, lubricate: *Lubricate all moving parts with grease.*

nastać *v* **1** *(pora roku)* come, arrive, set in: *Winter is past and spring has come at last.* **2** *(cisza)* fall: *Silence fell as I entered the room.*

nastawić *v* **1** *(zegarek, budzik)* set: *Don't forget to set your watch to local time.* | *I've set my alarm clock for six o'clock.* **2** *(radio)* tune: *Tom tuned the radio to a country music station.* **3** *(płytę, utwór)* put on: *The DJ put on another record.* **4 nastawić wodę (na herbatę)** put the kettle on (for tea) →patrz też **nastawić uszu** (UCHO), **nastawić ostrość** (OSTROŚĆ)

nastawienie *n* bias: *a newspaper with a strong right-wing bias* | **przychylne/nieprzychylne nastawienie do kogoś/czegoś** bias in favour of/against sb/sth: *a bias against women*

nastawiony *adj* **1 nastawiony na coś** oriented toward(s) sth: *Our curriculum was heavily oriented toward science and maths.* | **przedsiębiorstwo nastawione na eksport** export-oriented company **2 nastawiony przychylnie/nieprzychylnie do kogoś/czegoś** biased in favour of/against sb/sth: *Some newspapers are biased in favour of the government.* | *He's pretty biased against anyone who didn't go to university.*

nastąpić *v* **1 nastąpić na coś** tread/step on sth: *Sorry. Did I tread on your foot?* | *I stepped on some pieces of broken glass, cutting my foot badly.* **2** *(mieć miejsce)* occur, happen: *The attack was similar to one that had occurred a week earlier.* | *Death occurred at approximately 13.30.* | *He prophesied* (=przepowiedział) *that the end of the world would happen in 2012.* **3** *(później)* follow: *There followed* (=potem nastąpiła) *a long and embarrassing silence.* | **nastąpić po czymś** follow sth: *The bombers* (=zamachowcy) *escaped in the confusion that followed the explosion.* **4 jak następuje** as follows: *The results are as follows: First was Sweden, then Germany, then Ireland.* **5 ciąg dalszy nastąpi** to be continued

następ-ca/czyni *n* **1** successor, heir: *Gerry has been named as successor to the present manager.* | *the transistor's successor, the microprocessor* | *Reagan's political heirs* **2 następca tronu** heir to the throne

następnie *adv* subsequently, next, then: *We met on holiday and subsequently became good friends.* | *First we asked Jim what to do. Next we tried asking Dad.* | *Rinse the fish and then pat them dry with paper towels.*

następny *adj* next: *Look at the diagram on the next page.* | *Next, please!* | *Who's next?* | **następnym razem** next time: *You'll have to be more careful next time.* | **w następną środę itp.** next Wednesday etc: *The concert is this Saturday, not next Saturday.* | **następnego dnia/wieczoru itp.** the next/following day/evening etc: *I finished my classes on the 5th, and the next day I went home to Cleveland.* | *I woke up the following morning feeling worse than ever.* | **w następnym tygodniu/miesiącu** the next/following week/month: *They agreed to meet the following week in the Cafe Rouge.* | **za następne dwa/trzy itp. lata** in another two/three etc years: *She'll be ready to retire in another couple of years.*

następować *v* →patrz NASTĄPIĆ

następstwo *n* **1** after-effect: *the after-effects of a war/an illness* **2 w następstwie czegoś** in the wake/aftermath of sth: *Several people resigned in the aftermath of the scandal.*

następujący *adj* **1** following: *Please answer the following questions.* **2 następujące po sobie** successive: *The essay offers fourteen successive definitions of what it means for a book to be a classic.*

nastolat-ek/ka *n* teenager, adolescent, teen: *I didn't enjoy teaching teenagers.* | *The process of growing up can be very difficult for some adolescents.* | *This book is written in the language typically used by teens.* | **być nastolatkiem** be in your teens: *She got married when she was still in her teens.* | **(występujący) u/wśród nastolatków** teenage: *A record number of teenage suicides was reported* (=odnotowano) *last year.* THESAURUS CHILD, YOUNG

> **UWAGA: teenager, adolescent i teen**
>
> Rzeczowniki te różnią się pod względem stylistycznym: **teenager** może występować w dowolnym kontekście, **adolescent** występuje w języku formalnym, a **teen** jest wyrazem potocznym.

nastoletni *adj* teenage: *teenage sons/girls* THESAURUS YOUNG

nastroić *v* **1** *(instrument)* tune: *I need to tune my guitar before I start playing.* **2 nastroić kogoś wojowniczo/romantycznie itp.** put sb in a belligerent/romantic etc mood: *Their conversation had put me in a reflective mood.* **nastroić się** *v (orkiestra)* tune up

nastrojowy *adj* atmospheric: *atmospheric music* | *a writer of atmospheric novels*

nastroszyć *v* ruffle: *The wind ruffled his hair.*

nastrój *n* **1** *(stan psychiczny)* mood: *She's a strange girl – her moods change very quickly.* | *There's a mood of nostalgia throughout the whole book.* | **być w dobrym/złym/podłym nastroju** be in a good/bad/foul mood/temper: *Why's Jenny in such a bad mood this morning?* | **być w nastroju/mieć nastrój (do czegoś)** be in the mood (for sth): *I don't want to talk about it now. I'm not in the mood.* | *Selena was in no mood for joking.* **2** *(miejsca)* atmosphere, ambience: *Soft lighting creates a romantic atmosphere.* | *a restaurant with a friendly ambience*

nasunąć się *v* **1** *(pytanie)* arise: *The question arises whether this is the most appropriate starting point.* | *Therefore, the question arose as to which road we should take.* **2 (komuś) nasuwa się myśl** a thought presents itself (to sb): *A new thought presented itself to her, that she must escape from Max's influence.*

nasycić *v* **1** *(roztwór chemiczny, rynek)* saturate **2 nasycić głód** satisfy your hunger —**nasycony** *adj* saturated: *saturated solution* (=roztwór) | *saturated fatty acids* (=kwasy tłuszczowe) —**nasycenie** *n* saturation: *saturation point*

nasyp *n* embankment: *The bus crashed into an embankment before bursting into flames.*

nasz *pron* **1** *(przed rzeczownikiem)* our: *the day after our arrival in Paris* **2** *(w innej pozycji)* ours: *Your car's a lot bigger than ours.* | *Karen is an old friend of ours.*

naszkicować *v* **1** *(narysować)* sketch: *Valerie sketched the view from her hotel window.* **2** *(przedstawić w zarysie)* outline, sketch in/out: *I've outlined seven essential points which I think the article should cover.* | *In his speech, the president sketched in his idea for reducing taxes.* **3** *(napisać na brudno)* draft: *She drafted a proposal which was later presented to the school board* (=zarządowi szkoły).

naszyjnik *n* necklace: *a pearl necklace*

naśladować *v* imitate, mimic: *When children play, they frequently imitate adults.* | *Sally made us laugh by mimicking the teacher.* | *Will computers ever be able to mimic the way humans think?* —**naśladowanie** *n* imitation: *Children learn through imitation.* —**naśladow-ca/czyni** *n* imitator: *a new generation of Elvis Presley imitators* —**naśladowczy** *adj* imitative

naśmiewać *v* **naśmiewać się z kogoś/czegoś** ridicule sb/sth: *They ridiculed his appearance.*

naświetlić *v* **1** *(film)* expose **2 naświetlić coś komuś** brief sb on sth: *The ambassador briefed the President on the situation in Nicaragua.*

natarcie *n* charge: *a cavalry charge*

natarczywy *adj* pushy: *a pushy salesman*

natchnąć *v* inspire: *What exactly inspired you to go back to university at the age of 40?* —**natchniony** *adj* inspired: *an inspired leader*

natchnienie *n* inspiration: *I haven't started writing the article yet - I'm still waiting for inspiration.* | *Elvis Presley was an inspiration to many rock musicians.*

natężenie *n* **1** *(dźwięku)* volume: *All sound has three properties: pitch, volume, and duration.* **2** *(światła, prądu, uczuć)* intensity

natknąć się *v* **natknąć się na kogoś** come/run across sb, chance/happen on/upon sb: *We came across a man repairing a tractor in the middle of a field.* | *I ran across an old friend last week.* | **natknąć się na coś** come across sth, chance/happen on/upon sth: *Henry chanced upon some valuable coins in the attic.*

natomiast *conj* however: *Normally he is an excellent student. His recent behaviour, however, has been terrible.*

natrafić *v* **natrafić na kogoś/coś** come across sb/sth, chance/happen on/upon sb/sth: *Teaching art can be fairly dull, but once in a while I come across a talent that really excites me.* | *We just happened on the cabin when we were hiking one day.* THESAURUS FIND

natrętny *adj* **1** *(człowiek)* pushy: *pushy photographers/journalists* **2** *(uczucie, myśl)* nagging: *a nagging headache/suspicion*

natrysk *n* shower

natrzeć *v* **natrzeć coś olejkiem/maścią itp.** rub oil/ointment etc on sth: *Can you rub some ointment on my shoulder, please?*

natura *n* **1** *(przyroda)* nature: *the forces/beauties of nature* **2** *(charakter)* nature: *the true nature of their difficulties* | *They're making arrangements of a legal nature* (=natury prawnej). | **natura ludzka** human nature | **nie leżeć w czyjejś naturze** not be in sb's nature: *Patrick wouldn't say that. It's not in his nature.* **3 martwa natura** still life: *For years he painted nothing but* (=malował wyłącznie) *still lifes.* **4 z natury** inherently, intrinsically, naturally, by nature: *Nuclear power is inherently dangerous and wasteful.* | *Murphy isn't a pessimist by nature.* | *She's naturally very shy.*

> **UWAGA: still life**
> Forma liczby mnogiej od **still life** to **still lifes**, mimo że **life** to w liczbie mnogiej **lives**.

naturalizm *n* naturalism: *the tradition of nineteenth-century naturalism* —**naturalist-a/ka** *n* naturalist

naturalnie *adv* **1** *(w sposób naturalny)* naturally: *Coal is formed naturally from decomposed organic matter.* | *Act* (=zachowuj się) *naturally and no one will suspect you.* | **przychodzić komuś naturalnie** come naturally to sb: *Speaking in public seems to come quite naturally to her.* **2** (oczywiście) naturally: *Naturally, you'll want to discuss this with your wife.* | *"You'll write to me, won't you?" "Naturally."*

naturalność *n* naturalness

naturalny *adj* **1** natural: *The Alps form a natural barrier across Europe.* | *It isn't natural for a child to be so quiet.* **2 bogactwa naturalne** natural resources **3 środowisko naturalne** the environment: *Modern farming methods do a lot of harm* (=wyrządzają wiele szkody) *to the environment.* **4 w sposób naturalny** naturally: *In the past, pests* (=szkodniki) *were controlled naturally.* **5 w stanie naturalnym** naturally: *There are many kinds of orchids which grow naturally.* **6 umrzeć śmiercią naturalną** die of natural causes

natychmiast *adv* immediately, instantly: *Open this door immediately!* | *Using satellites, television pictures can be seen on the other side of the globe almost instantly.*

natychmiastowy *adj* immediate, instant, instantaneous: *immediate medical help* | *For some patients, the treatment has an immediate effect.* | *The movie was an instant success.* | *Wilson's remarks provoked an instantaneous response.*

natykać się *v* →patrz NATKNĄĆ SIĘ

nauczać *v* →patrz UCZYĆ

nauczanie *n* teaching: *a new approach to language teaching* | **metody nauczania** teaching methods →patrz też **program nauczania** (PROGRAM)

nauczka *n* lesson: **dać komuś nauczkę** teach sb a lesson: *I'm going to teach him a lesson. He'll never dare to talk to me like that again.* | **to będzie dla niego/ciebie itp. nauczka** that will teach you/him etc a lesson: *Next time let's lock the door. That'll teach him a lesson.*

N

nauczyciel/ka *n* **1** (school)teacher: *If you don't understand, ask your teacher.* | *My mother is a teacher at the local school.* | *the new French teacher* THESAURUS TEACHER **2 nauczyciel akademicki** academic, university teacher

nauczycielski *adj* →patrz **pokój nauczycielski** (POKÓJ)

nauczyć *v* teach: *Who taught you to drive?* | *We need to teach our children how to cross the road safely.* | *She taught me several card tricks.* THESAURUS LEARN →patrz też UCZYĆ

nauczyć się *v* **1** learn: *Where did you learn to draw like that?* | *I learned next to nothing at my school. The teachers were awful.* **2** *(samemu)* teach yourself: *I taught myself how to cook through trial and error* (=metodą prób i błędów). **3** *(w sposób naturalny)* pick up: *If you go to live in another country, how soon will you pick up the language?* →patrz też UCZYĆ SIĘ

nauka *n* **1** *(wiedza, dyscyplina wiedzy)* science: *Which branch of science are you studying?* | *developments in science and technology* | **nauki fizyczne/biologiczne/społeczne** the physical/biological/social sciences **2** *(uczenie się)* study: *three years of study* **3** *(edukacja)* schooling: *Walter only had seven years of schooling.* **4 nauka jazdy a)** *(ośrodek szkolenia)* driving school **b)** *(lekcje)* driving course/lessons →patrz też **nauki humanistyczne** (HUMANISTYCZNY), **nauki ścisłe** (ŚCISŁY)

naukowiec *n* **a)** *(w naukach ścisłych)* scientist: *a team of scientists* **b)** *(w humanistyce)* scholar

naukowo *adv* **1** scientifically: *Not everything can be explained scientifically.* **2 pracować naukowo** be engaged in (academic) research

naukowy *adj* **1** *(dotyczący nauk ścisłych)* scientific: *important new scientific discoveries* **2** *(dotyczący nauk humanistycznych)* scholarly: *His shelves are full of scholarly books and journals.* **3 badania naukowe** (scientific/scholarly/academic) research **4 placówka naukowa** research centre/facility **5 pracownik naukowy** academic →patrz też **pomoce naukowe** (POMOC)

naumyślnie *adv* on purpose, deliberately: THESAURUS DELIBERATELY

nauszniki *n* earmuffs

nawa *n* **1** aisle: *A white carpet ran down the middle aisle of the church.* **2 nawa główna** nave: *In many churches, the lay congregation stand in the nave to attend religious services.*

nawadniać *v* irrigate: *irrigated fields* —**nawadnianie** *n* irrigation

nawet *adv* **1** even: *Even my best friend didn't know my secret.* | *It's going to be three weeks before they are finished, maybe even four.* **2 nawet jeśli** even if: *You may have to pay taxes, even if you are living and working abroad.*

nawias *n* **1** bracket, parenthesis: *a square bracket* (=nawias kwadratowy) | *the type of parenthesis used in citations* | **w nawiasie** in brackets/parentheses: *All grammar information is given in brackets.* | *The numbers in parentheses refer to page numbers.* **2 brać/wziąć coś w nawias** put sth in brackets/parentheses, bracket sth: *Put the dates in parentheses.* | *Unpaid amounts* (=kwoty niezapłacone) *have been bracketed.* **3 nawiasem mówiąc** by the way, incidentally: *Incidentally, this wine goes particularly well with cheese.*

> **UWAGA: parenthesis**
> Rzeczownik **parenthesis** (pəˈrenθɪsɪs) ma nieregularną formę liczby mnogiej: **parentheses** (pəˈrenθəsiːz).

nawiązać *v* **1 nawiązać rozmowę/znajomość** strike up a conversation/friendship: *The two women struck up a friendship when they met on holiday.* **2 nawiązać stosunki/kontakty** establish relations/contacts: *Sweden established diplomatic relations with Ukraine several years ago.* **3 nawiązać do czegoś** refer to sth, make reference to sth: *In his article, the author refers to the events of September 11.*

nawiązanie *n* **w nawiązaniu do czegoś** with/in reference to sth, with respect to sth: *With reference to your recent advertisement, I am writing to request further details.*

nawiązywać *v* →patrz NAWIĄZAĆ

nawiedzać *v* **1** *(kataklizm)* hit: *In 1977, the area was hit by massive floods.* | *Somalia has been severely hit by drought and famine* (=przez suszę i głód). **2** *(duchy, koszmary)* haunt: *People say a ghost still haunts the castle.* | *ex-soldiers haunted by memories of the war*

nawierzchnia *n* surface: *The surface of the road was very uneven.*

nawigacja *n* navigation: *The fog and heavy rain made navigation difficult.*

nawigacyjny *adj* **1 sprzęt/system nawigacyjny** navigation(al) equipment/system **2 znak nawigacyjny/światło nawigacyjne** beacon: *The beacon sends out a beam of light every thirty seconds.* —**nawigator** *n* navigator —**nawigować** *v* navigate: *Early explorers used to navigate by the stars.*

nawijać *v* →patrz NAWINĄĆ

nawilżać *v* moisturize, moisturise *BrE*: *The best time to moisturize the skin is after you shower and dry off.*

nawilżający *v* **krem nawilżający** moisturizer, moisturizing cream

nawinąć *v* **nawinąć coś na coś** wind sth around sth: *Wind the string around the centre of the spool.*

nawlec *v* **1** *(igłę)* thread: *Will you thread the needle for me?* **2** *(na sznurek)* thread, string: *String the beads* (=koraliki) *alternately, one black and one white.*

nawodnić *v* →patrz NAWADNIAĆ

nawozić *v* fertilize, fertilise *BrE*: *The fields that had not been fertilized gave surprisingly high yields* (=zdumiewająco obfite plony).

nawóz *n* fertilizer, fertiliser *BrE*: *synthetic/natural/organic fertilizers*

nawracać (się) *v* →patrz NAWRÓCIĆ (SIĘ)

nawrócenie *n* conversion: *Her conversion from the Protestant to the Catholic faith surprised many people.*

nawrócić *v* convert: *I didn't use to like Indian food, but Cathy's converted me.* —**nawrócon-y/a** *n* convert: *a convert to Buddhism*

nawrócić się *v* convert: *Steven has converted to Islam.*

> **UWAGA: convert**
> Czasownik **convert** wymawiamy kənˈvɜːt, z akcentem na drugiej sylabie, w odróżnieniu od rzeczownika, w którym akcent pada na pierwszą sylabę: ˈkɒnvɜːt.

nawrót *n* **1** *(objawów itp.)* recurrence: *The new test may help predict recurrence of breast cancer.* **2 nawrót choroby** relapse: *Unfortunately, he had a relapse and had to return to hospital.* **3** *(zimy itp.)* return: *Yes, last Sunday's brutal return of winter was quite a shock to many people.*

nawyk *n* habit: *My worst habit is chewing gum.* | *Steve has* *an irritating habit of leaving the fridge door open.* | *Try to get into the habit* (=wyrobić sobie nawyk) *of taking regular exercise.*

nawzajem *adv* **1** *(wzajemnie)* each other, one another: *We made an agreement to help each other.* | *We always call one another during the holidays.* | *The two approaches do not exclude each other.* **2** *(w odpowiedzi)* (the) same to you: *"Have a happy New Year!" "Thanks - same to you."* | *"Idiot!" "Same to you!"* **3 i nawzajem** and vice versa: *He cannot stand his father-in-law, and vice versa.*

nazajutrz *adv* the next/following day: *The next day, the weather was a little better.*

nazbierać *v* gather: *The next morning we gathered a lot of blackberries.*

nazbyt *adv* **1** excessively: *Try not to get into an excessively gloomy mood.* **2 wiedzieć/rozumieć itp. coś aż nazbyt dobrze** know/understand etc sth all too well: *I met my ex-husband in France. I remember it all too well.*

nazewnictwo *n* terminology, nomenclature: *It is important that lawyers use the correct terminology when they prepare contracts.* | *legal/scientific/medical nomenclature*

naziemny *adj* **1** *(obsługa, stacja, personel)* ground: *the ability of crew members and ground personnel to work together* **2** *(rurociąg)* above-ground: *The gas is delivered via an above-ground pipeline.*

nazist-a/ka *n* Nazi: *Weiss spent two years hiding from the Nazis.* —**nazistowski** *adj* Nazi: *Nazi concentration camps* —**nazizm** *n* Nazism: *the rise of Nazism in Germany*

nazwa *n* **1** name: *In American addresses, the name of the city always comes after the name of the street.* | **nazwa firmowa** brand name: *Our customers prefer goods with brand names, such as Levi's or Adidas.* | **nazwa własna** proper name/noun: *Dictionaries don't usually list proper names.* | **nazwa geograficzna** geographical name **2 tylko z nazwy** nominally: *a nominally independent company*

nazwać *v* **1** *(nadać imię lub nazwę)* call, name: *They finally decided to call/name the baby Joel.* | *Thomas named Wendy's restaurants after his daughter* (=na cześć córki). **2** *(określić)* call: *News reports have called it the worst disaster of this century.* | *I don't know what to call it* (=jak to nazwać). → patrz też NAZYWAĆ SIĘ

nazwisko *n* name, surname *BrE*, last name *AmE*: *Please write down your name and address.* | *He may be using a false name.* | *Her first name's Helen, but I don't know her surname.* | **imię i nazwisko** full name: *Write your full name in the top right-hand corner.* | **nazwisko panieńskie/rodowe** maiden/family name: *Many women keep their maiden name when they marry.* | *Joseph Conrad's original family name was Korzeniowski.* | **moje nazwisko Jankowski** my name's Jankowski THESAURUS NAME

nazywać *v* → patrz NAZWAĆ THESAURUS NAME

nazywać się *v* be called: *The song is called 'Hold Me in Your Arms'.* | *What's the new teacher called?* | **jak to się nazywa?** what's it called?: *This hand cream smells lovely. What's it called?* | **jak się pan/i nazywa?** what's your name? | **nazywam się Jan Kowalski** my name's Jan Kowalski

n.e. *abbr* AD: *Attila died in 453 AD.*

nefryt *n* jade

negacja *n* negation

negatyw *n* negative: *Do you have the negatives for these photos?*

negatywnie *adv* **1** negatively: *Critics said the article depicted Latinos negatively.* **2 odbić się negatywnie na czymś** have a negative effect on sth: *Raising taxes* (=podniesienie podatków) *could have a negative effect on the economy.*

negatywny *adj* negative: *a negative answer/response* | *his consistently negative attitude* (=postawa)

negocjacje *n* negotiations: *six months of negotiations* | *Owen played a central role in the negotiations.* —**negocjator/ka** *n* negotiator —**negocjacyjny** *adj* negotiating: *negotiating skills* | *at the negotiating table*

negocjować *v* negotiate: *Colombia and Venezuela are currently negotiating a trade agreement.* | *He was already negotiating with the other side.*

negować *v* **1 negować coś** negate/deny sth **2 nie neguję, że ...** I don't deny/I'm not denying (that) ...: *I'm not denying that we have a problem, but let's not exaggerate.*

nekrolog *n* obituary: *The obituary described Nureyev as 'a great dancer and a true artist'.*

nektar *n* nectar: *The bird uses its long beak to extract nectar from the flowers.*

neon *n* neon light: *the flashing neon lights of the city*

Neptun *n* Neptune

nerka *n* kidney: *They removed one of his kidneys.* | **sztuczna nerka** kidney machine

nerw *n* **1** nerve: *I injured a nerve in my foot playing volleyball.* **2 nerwy** nerves: *Negotiators will need strong nerves.* | *Sean drank a large glass of brandy to calm his nerves.* | **działać komuś na nerwy** get/grate/jar on sb's nerves: *Her voice really grates on my nerves.* | **być kłębkiem nerwów** be a bundle of nerves, be a nervous wreck: *I remember you were a bundle of nerves on your wedding day.* | *I was a nervous wreck waiting for you to call.*

nerwica *n* neurosis

nerwowo *adv* **1** nervously: *She sat there nervously biting her fingernails.* **2 wykańczający nerwowo** nerve-racking: *Appearing on TV was a nerve-racking experience.*

nerwowość *n* nervousness: *Some nervousness remained in the market, dealers said.*

nerwowy *adj* **1** *(człowiek, zachowanie)* nervous: *He's very nervous around members of the opposite sex.* | *a nervous laugh/silence/stutter* (=jąkanie) **2 układ nerwowy** nervous system **3 załamanie nerwowe** nervous breakdown: *After the divorce, Sonia had a nervous breakdown and had to stop work.*

netbook *n* netbook (computer)

netto *adj* **1 dochód/zysk netto** net income/profit: *Peter's net income after taxes was $3,150.* | *a net profit of $500,000* **2 waga netto** net weight

neurochirurg *n* neurosurgeon

neurolog *n* neurologist —**neurologia** *n* neurology —**neurologiczny** *adj* neurological

neuron *n* neuron

neurotyczny *adj* neurotic: *a neurotic character* —**neuroty-k/czka** *n* neurotic

neutralizować *v* neutralize, neutralise *BrE*: *This fertilizer neutralizes the salts in the soil.*

neutralny *adj* neutral: *Switzerland was neutral during World War II.* | *neutral topics for discussion* | *The negotiations will be held on neutral territory.* —**neutralność** *n* neutrality: *After Pearl Harbor, U.S. neutrality ended.*

neutron *n* neutron: *Protons and neutrons are made up of smaller components called quarks.*

nęcić *v* tempt: *I am now tempted to* (=nęci mnie, żeby) *go there myself.*

nędza *n* misery: *children living in misery*

nędza-rz/rka *n* pauper

nędzny *adj* miserable: *Nurses tend to earn a miserable salary.* | *working in miserable conditions*

nękać *v* **1** *(człowiek)* harass: *The family were continually harassed by hostile neighbours.* **2** *(wspomnienia, koszmary)* haunt: *ex-soldiers still haunted by memories of the war* **3** *(choroba)* plague: *Renee had always been plagued by ill health.*

niania *n* nanny: *We've decided to hire a nanny for the baby.*

nią *pron* her: *I'm worried about her.*

niby *conj, adv* **1** *(jak)* like: *He was handsome and well-built, like a Hollywood movie star.* **2** *(podobno)* supposedly, allegedly: *How could a supposedly intelligent person make so many stupid mistakes?* **3 robić coś na niby** pretend to be doing sth: *He pretended to be eating.*

nic *pron* **1** nothing: *There's nothing to do here.* | *I asked him to say nothing.* | *Don't worry. Nothing happened.* | **nic szczególnego/wielkiego** nothing special/much: *The town's nice, but the beach is nothing special.* | **nic dziwnego** no wonder: *Amy's treated him really badly – no wonder he's upset.* | **za nic** for nothing: *We got into the concert for nothing!* | **tyle co nic** next to nothing: *Phil earns next to nothing.* **2 nic nie wiedzieć/nie widzieć itp.** know/see etc nothing, not know/see etc a thing: *I don't know a thing about opera.* | *Don't worry about the injection – you won't feel a thing.* **3 być do niczego** be no good, not be any good: *The food's no good there.* | *The movie wasn't any good.* → patrz też **nic, tylko** (TYLKO)

nich *pron* them: *I'll tell you about them some other time.*

nicość *n* nothingness: *Natalie found him standing very still, looking into nothingness.*

nicpoń *n* good-for-nothing: *He's a good-for-nothing.*

niczyj *pron* **1** nobody's, no-one's: *The misunderstanding was nobody's fault.* **2 ziemia niczyja** no-man's land

nić *n* **1** thread: *a spool of white thread* **2 nić dentystyczna** dental floss

nie[1] *part* **1** *(odpowiedź przecząca)* no: *"Can you drive?" "No, I can't."* | *"Do you want some more coffee?" "No, thanks."* | *"Gary's weird." "No, he's just shy."* **2** *(w zdaniu przeczącym)* not: *I'm not hungry.* | *Aren't you* (=are you not) *tired?* | *I can't* (=can not) *believe he's only 25!* | *I'm sure she won't* (=will not) *come.* | *You shouldn't* (=should not) *let the cat walk on the table.* **3 nie ma/nie było itp ...** there isn't/wasn't etc ..., there is/was etc no ...: *There isn't much time. Pack the bag quickly.* | *There weren't many people at the party.* | *There won't be enough chairs.* | **nie ma go/ich itp. tutaj/tam** he's/they're etc not here/there: *She's not here right now. Can I take a message?* | *It's difficult to talk to them when they're not there.* **4** *(z przymiotnikami)* un-, non-, in-: *Are the British unfriendly?* | *non-profit companies* | *insufficient supplies* **5 (no) nie?** isn't/doesn't it? etc: *These are your coats, aren't they?* | *He looks really handsome in his uniform, doesn't he?* **6 tak czy nie?** yes or no? **7 idziesz czy nie?** are you coming or not? **8 mam nadzieję, że nie** I hope not: *"Are we going to be late?" "I hope not."* **9 nie tutaj/teraz** not here/now: *Not now Stephen, I'm busy.* **10 nie żeby(m) ...** not that ...: *Sarah has a new boyfriend – not that I care.* → patrz też **nie dość, że ...** (DOŚĆ), **nie najgorzej** (NAJGORZEJ), **nie tylko ... , lecz także** (TYLKO)

> **UWAGA: nie** w zdaniach przeczących
>
> Jak widać z przykładów, odpowiednikiem polskiego „nie" w zdaniu przeczącym nie jest samo **not**, tylko **not** w połączeniu z czasownikiem posiłkowym właściwym dla danej konstrukcji gramatycznej. Oznacza to, że **not** nie łączy się z większością zwykłych czasowników (z wyjątkiem **be** i **have**). Nie powiemy zatem: „I like her not", tylko *I don't like her;* nie „We went not", tylko *We didn't go;* nie „Not worry" tylko *Don't worry* itd.

nie[2] *pron* them: *My daughters are very sensitive. I often worry about them.*

nieaktualny *adj* *(informacje, dane)* out-of-date: *The information in last year's tourist guide is already out-of-date.* THESAURUS ▸ **OLD-FASHIONED**

nieatrakcyjny *adj* unattractive: *an unattractive man* THESAURUS ▸ **UGLY**

niebawem *adv* soon: *I hope you get better soon.*

niebezpieczeństwo *n* danger: *The horse sensed danger and stopped.* | *The child was clearly unaware of the danger.* | **niebezpieczeństwo czegoś** danger/threat of sth: *Is there any danger of infection, doctor?* | *the threat of nuclear war* | **w niebezpieczeństwie** in danger/jeopardy/peril: *I thought you were in danger and I was afraid for you.* | *Some of the children were in danger of starvation.* | *The peace talks* (=rozmowy pokojowe) *are in jeopardy.* | *The messenger* (=posłaniec) *warned the king that he was in great peril.* | **narazić kogoś/się na niebezpieczeństwo** put/place sb/yourself in danger/jeopardy: *Making a noise at the wrong time could put everyone in danger.* | *Chuck was too crafty* (=cwany), *too careful to put himself in jeopardy that way.*

niebezpiecznie *adv* **1** dangerously, perilously: *dangerously high temperatures* | *We came to a stop perilously close to the edge.* **2 gdzieś jest niebezpiecznie** it is dangerous somewhere: *We parked the car, because it was a little dangerous out there.*

niebezpieczny *adj* **1** dangerous: *Motor-racing is a dangerous sport.* | *The paint they're using is dangerous to people and animals.* | *It's dangerous for a woman to walk alone at night.* THESAURUS ▸ **DANGEROUS** **2** *(okolica, dzielnica)* tough, dangerous: *He grew up in a tough neighbourhood.* **3** *(droga, podróż)* dangerous, hazardous, perilous: *Roads are thick with ice and driving is hazardous.* **4** *(budynek, produkt)* unsafe: *The old viaduct is unsafe. They're going to replace it with a bridge made of concrete.* **5** *(odpady itp.)* hazardous, dangerous: *hazardous/dangerous waste/chemicals* **6 być niebezpiecznym dla zdrowia/życia** endanger your health/life: *Smoking seriously endangers your health.* | *In some cases, a child's life may be directly endangered.*

niebiański *adj* heavenly: *a heavenly choir of angels*

niebieskawy *adj* bluish: *The patient's lips were bluish.*

niebieski *adj* **1** blue: *Ella has fair hair and blue eyes.* | *I have earrings just like those, except they're blue.* **2 ciało niebieskie** heavenly body: *What's your favourite heavenly body in the Solar System?*

niebiesko *adv* **1 ubrany na niebiesko** dressed in blue **2 pomalować coś na niebiesko** paint sth blue

niebieskooki *adj* blue-eyed

niebiosa *n* the heavens: *In the beginning God created the heavens and the earth.*

niebo *n* **1** sky: *The sky is blue and the sun is shining.* | *There were no clouds in the sky.* **2** *(raj)* heaven: *Christians believe that the good* (=dobrzy ludzie) *go to heaven when they die.* **3 pod gołym niebem** in the open air: *In summer, we often eat in the open air.* **4 w siódmym niebie** in seventh heaven, on top of the world: *He's in seventh heaven when he's watching football.* **5 coś spadło (komuś) z nieba** sth is/was a godsend: *That cheque from Sandy was a real godsend.* **6 o niebo lepszy** infinitely better: *Our new office building is infinitely better than the old one.* **7 wielkie nieba!** (Good) Heavens!: *Good Heavens! What a mess!* **8 jak niebo i ziemia** like chalk and cheese: *It's hard to believe that they're brothers - they're like chalk and cheese!* →patrz też **poruszyć niebo i ziemię** (PORUSZYĆ)

nieboszcz-yk/ka *n* the deceased

niebywały *adj* exceptional, extraordinary: *a man of exceptional intelligence* | *It's extraordinary how well she is doing.* —**niebywale** *adv* exceptionally, extraordinarily: *an exceptionally gifted singer* | *Everyone we met on the trip was extraordinarily friendly and helpful.*

niecały *adj* less than: *They've built another hotel less than a mile from here.* | *All the tickets were sold in less than two hours.*

niech *part* **1** let ...: *Let them come in* (=niech wejdą). | *Let her say whatever she likes* (=niech mówi, co chce). *I have a clear conscience.* | *Let him clean up* (=niech posprząta) *the mess - he made it.* | *Let the dough rise* (=niech ciasto rośnie) *until it is double in bulk.* **2 niech to będzie ...** let it be ...: *"Please let it be him," said Sara, keeping her fingers crossed for luck.* **3 niech pomyślę/się zastanowię** let me think/see: *"Well, let me see," he said slowly, trying to gain time before answering the question.* **4 niech będzie** fair enough: *"I'll come if I can bring my sister with me." "Fair enough."* **5 niech Bóg broni** God forbid: *"He's not coming back, is he?" "God forbid!"*

UWAGA: niech

Najbliższym odpowiednikiem konstrukcji typu: „niech pan/pani/ciocia itp. zrobi coś/nie robi czegoś", jest w języku angielskim forma trybu rozkazującego, np.: *Imagine what we had to go through* (= niech pani sobie wyobrazi, przez co musieliśmy przejść). | *Don't be so rude* (= niech pan nie będzie taki niegrzeczny)! | *Don't worry, Father* (= niech się Ojciec nie martwi).

niechcący *adv* unintentionally, inadvertently, unwittingly: *Quite unintentionally I had annoyed him.*

niechcenie *n* **od niechcenia** casually: *My father looked casually through my school report, though I knew he was concerned about my progress.*

niechciany *adj* unwanted: *an unwanted pregnancy/child*

niechęć *n* **1** dislike, *(silna)* distaste: *Mary made no secret of her dislike for Tom.* | *She shared her mother's dislike of housework.* | *his distaste for any form of compromise* | **czuć/żywić niechęć do kogoś** dislike sb: *I don't dislike him - we simply have nothing in common.* | **poczuć niechęć do kogoś** take a dislike to sb: *I wondered why I had taken an instant dislike to the man.* **2 niechęć do robienia czegoś** reluctance/unwillingness to do sth: *Richard's reluctance to talk about his childhood*

niechętnie *adv* reluctantly, unwillingly, grudgingly: *We offered them $500, which they accepted rather reluctantly.* | *Johnson grudgingly admitted he'd been drinking that evening.* | **niechętnie coś robić** be reluctant/unwilling to do sth: *Some of the older staff were reluctant to use the new equipment.* | *Doctors are often unwilling to tell patients that they have cancer.*

niechętny *adj* **1 niechętny komuś/czemuś** negative about sb/sth: *The reason some people have been negative about the plans is because nobody knows what's going on.* | *The Western press was negative about India.* **2** *(spojrzenie)* disapproving: *John gave me a disapproving look when I suggested another drink.*

niechluj *n* slob: *He was a good worker, but a slob in his personal habits.*

niechlujny *adj* **1** *(praca, pismo)* sloppy: *I will not tolerate sloppy work!* | *sloppy handwriting* **2** *(człowiek)* slovenly: *Their landlady was fat and slovenly.* —**niechlujnie** *adv* sloppily: *The houses were built very sloppily and are in fact very dangerous.* —**niechlujstwo** *n* sloppiness, slovenliness: *There's no excuse for workmanship like that. It's just plain sloppiness!*

nieciekawy *adj* **1** *(pospolity)* uninteresting: *work that is monotonous, tiresome and uninteresting* **2** *(podejrzany)* suspicious: *a suspicious character* (=typek) *standing in a doorway across the street*

niecierpliwić się *v* grow/get/become impatient, get restless: *I could see that Max was getting impatient.* | *After an hour's delay, passengers were becoming impatient* (=zaczęli się niecierpliwić). | *As the crowd grew restless, angry shouting broke out.* →patrz też ZNIECIERPLIWIĆ SIĘ

niecierpliwość *n* **z niecierpliwością** impatiently: *The customs officer waved them on impatiently.*

niecierpliwy *adj* impatient: *Don't be so impatient. I'm working as fast as I can.* —**niecierpliwie** *adv* impatiently: *We waited impatiently for the big day to arrive.*

nieco *adv* **1** *(z przymiotnikiem lub przysłówkiem)* slightly, somewhat, a (little) bit: *He's slightly older than me.* | *I was somewhat annoyed.* | *You'll have to speak a bit louder.* THESAURUS RATHER **2** *(z rzeczownikiem)* a (little) bit (of): *All that's needed is a bit of imagination.*

niecodzienny *adj* unusual: *an unusual guest*

nieczęsty *adj* infrequent: *one of our infrequent visits to Uncle Edwin's house*

nieczuły *adj* **1** *(człowiek)* insensitive, cold-hearted: *He can be rude and insensitive.* | *a cold-hearted businessman* **2 nieczuły na coś a)** *(nie przejmujący się)* insensitive to sth: *The government is insensitive to the needs of the poor and minorities.* **b)** *(odporny)* immune/impervious to sth: *Their business seems to be immune to economic pressures.* | *The steel was not only unbreakable but impervious to heat and cold.*

nieczynny *adj* **1** *(sklep, fabryka)* closed: *We forgot that it was Sunday and the banks would be closed.* **2** *(automat, winda)* out of order: *The telephone is out of order again.* | *The lifts in this building are permanently out of order.* THESAURUS BROKEN **3** *(wulkan)* dormant

nieczysty *adj* **1 nieczyste zamiary/intencje** bad intentions: *We are often quick to assume that the other person had bad intentions.* **2 nieczyste interesy** dirty business **3 nieczysty dźwięk** false note

nieczytelny *adj* **1** *(tekst, pismo)* illegible: *illegible handwriting* **2** *(niejasny)* unclear: *unclear policy in the economic sector*

niedaleki *adj* **1** nearby: *Dinah lives in a nearby cottage.*

N

N

2 w niedalekiej przyszłości in the near/foreseeable future

niedaleko *adv* **1 niedaleko czegoś** near sth, close to sth: *a nice little house near the beach* | *It's nice to live close to the office.* THESAURUS NEAR **2 niedaleko (stąd)** nearby: *We live nearby. Why don't you drop in for a coffee one day?*

niedawno *adv* recently: *I only recently started eating meat again.* | **do niedawna** until recently: *He lived in Boston until quite recently.* | **od niedawna** for a short time: *Although I have only been here for a short time, I have noticed that my personality has completely changed.* | **jeszcze niedawno** not long ago: *Not long ago women were expected to stay at home and look after the children.* THESAURUS RECENTLY

niedawny *adj* recent: *celebrating our recent victory* | *He hadn't completely recovered from his recent illness.* THESAURUS NEW

niedbale *adv* **1** *(wykonany)* carelessly: *This essay is very carelessly written.* **2** *(ułożony itp.)* untidily: *Tins and boxes were piled untidily on the table.* **3** *(ubrany)* casually

niedbałość *n (stroju)* casualness

niedbały *adj* **1** *(rodzice)* negligent **2** *(strój)* casual: *casual clothes* **3** *(ruch, gest)* careless: *He ran a hand through his hair with a careless gesture.*

niedługi *adj* short: *Even a short walk is better than no exercise.*

niedługo *adv* **1** *(wkrótce)* soon, before long: *Everything will soon return to normal.* | *The school year will be over before long.* THESAURUS SOON **2 niedługo potem** soon after: *I met her soon after, on one of her brief New York visits.*

niedobór *n* **1** *(w organizmie)* deficiency: *The disease is caused by a vitamin deficiency.* **2** *(w gospodarce, środowisku)* shortage, scarcity: *water shortages in the summer* | *a scarcity of clean water and medical supplies*

niedobrany *adj* mismatched: *It is difficult to imagine a more mismatched couple.*

niedobry *adj* **1** *(zły)* bad: *He's basically a nice guy who fell into some bad company.* | *I'm afraid I have some bad news.* | *Doctors who smoke set a bad example.* | **niedobry humor/nastrój** bad mood/temper: *Why's Jenny in such a bad mood this morning?* | *I left the meeting in a bad temper.* **2** *(niesmaczny)* no good: *The food's no good there.* | **coś jest niedobre** sth tastes bad: *Many things that taste bad are good for you* (=są zdrowe). **3** *(niegrzeczny)* bad, naughty: *Does bad parenting always produce bad children?* | *We've been looking for you everywhere, you naughty boy!* **4 niedobry dla kogoś** *(nieżyczliwy)* nasty *BrE*, mean *AmE* to sb: *Why are you so mean to me?*

niedobrze *adv* **1** badly: *It was a badly-written article, full of journalistic clichés.* | *a man who treated her badly* | *He's been behaving badly all day.* **2 (to) niedobrze** too bad: *"Tom's out of town." "Too bad! I wanted to talk to him."* | **(to) niedobrze, że ...** it's too bad (that) ...: *It's too bad you have to leave, just when we need you most.* **3 komuś jest niedobrze** sb feels sick: *She ate so much pizza she felt sick.* **4 niedobrze się robi (na myśl o czymś)** it makes you sick (to think of sth): *Look at the way people just throw litter down in the street – it makes you sick, doesn't it?* **5 i tak źle, i tak niedobrze** you can't win: *You can't win, can you? You either work late and upset Jenny, or go home and risk your job.*

niedociągnięcie *n* shortcoming: *The inspection revealed some serious shortcomings in our safety procedure.*

niedogodność *n* inconvenience: *I know this is a bit of an inconvenience* (=drobna niedogodność), *but I hope you will understand.* | **przepraszamy za wszelkie niedogodności** we apologize for any inconvenience

niedogodny *adj* inconvenient: *The plane leaves at a very inconvenient time.*

niedojrzały *adj* **1** *(owoc)* unripe: *green, unripe peaches* THESAURUS YOUNG **2** *(człowiek)* immature: *I was 19 when I went to college, but still very immature.* **3** *(organizm, organ)* underdeveloped: *Most babies born with underdeveloped kidneys will require a kidney transplant at some time in their lives.* —**niedojrzałość** *n* immaturity: *her remarks about his immaturity*

niedokładnie *adv* **1** *(nieprecyzyjnie)* imprecisely, inaccurately: *imprecisely formulated United Nations resolutions* | *they inaccurately recorded the spelling of his name.* **2** *(niestarannie)* not thoroughly: *harvesting equipment which is not thoroughly cleaned between uses*

niedokładny *adj* **1** *(nieprecyzyjny)* imprecise, inaccurate, inexact: *The old maps were usually inaccurate or incomplete.* | *Our measurements were imprecise.* | *an inexact description* THESAURUS WRONG **2** *(nieuważny)* careless: *She's just a bit careless.* **3** *(podanie piłki)* inaccurate: *the most common errors resulting in inaccurate passes*

niedokonany *adj* **forma niedokonana** the imperfect

niedokończony *adj* unfinished: *On the desk was an unfinished letter to his mother.*

niedola *n* misery: *the awful shanty-towns* (=dzielnice slumsów), *so full of human misery*

niedomagający *adj* ailing: *He's taking care of his ailing mother.* | *our ailing railway system*

niedomknięty *adj* ajar: *The door was slightly ajar.*

niedomówienie *n* understatement: *Each scene is full of understatements and allusions.*

niedopałek *n* butt, stub: *The ashtray was full of cigarette butts.* | *She smoked constantly, lighting a fresh cigarette from the stub of the last.*

niedopasowanie *n* mismatch: *a mismatch between funds and needs*

niedopatrzenie *n* oversight: *They sent a cheque along with a letter of apology for the oversight.*

niedopracowany *adj* half-baked: *several half-baked economic theories*

niedopuszczalny *adj* unacceptable: *This behavior is unacceptable and must be stopped immediately.*

niedorozwinięty *adj* **1** *(człowiek)* retarded: *As a child, he was considered mentally retarded.* **2** *(organizm, organ)* underdeveloped: *The baby weighed only 1.4 pounds and had underdeveloped lungs.* **3** *(region)* underdeveloped, undeveloped: *the poverty of underdeveloped countries* | *undeveloped areas of the city*

niedorozwój *n* **1** *(upośledzenie)* retardation: *How many people are affected by mental retardation?* **2** *(zacofanie)* underdevelopment: *the most potent causes of human suffering and underdevelopment*

niedorzeczny *adj* preposterous: *What a preposterous idea!* THESAURUS STUPID

niedoskonałość *n* imperfection: *human imperfection*

niedoskonały *adj* imperfect: *We're all imperfect.* | *Russia's highly imperfect legal system*

niedostatecznie *adv* **1 niedostatecznie precyzyjny/**

ciepły itp. not sufficiently accurate/warm etc, not accurate/warm enough etc: *My internet connection is not sufficiently fast to handle audio playback.* **2** *(nie dość dobrze)* inadequately: *He was inadequately prepared for college.*

niedostateczny *adj* **1** inadequate: *Inadequate preparation is the commonest mistake.* **2 ocena niedostateczna** fail, F: *Little Johnny returned from school and said he got an F in arithmetic.*

niedostatek *n* **1** *(bieda)* poverty: *Old people should not have to live in poverty.* **2** *(brak w gospodarce itp.)* shortage, scarcity: *There is a shortage of nurses and doctors in the area.* | *a scarcity of clean water and medical supplies* **3** *(brak w organizmie)* deficiency: *The disease is caused by vitamin deficiency.*

niedostępny *adj* **1** *(teren)* inaccessible: *These mountain villages are completely inaccessible in winter.* **2** *(człowiek)* unapproachable: *Teachers should not be unapproachable, but open and friendly.*

niedostrzegalny *adj* imperceptible: *His hesitation was almost imperceptible.* —**niedostrzegalnie** *adv* imperceptibly

niedoszły *adj* failed: *a failed writer*

niedoświadczony *adj* inexperienced: *Lynn is still too young and inexperienced to go abroad on her own.* | *an inexperienced driver*

niedowaga *n* **z niedowagą** underweight: *an underweight baby* THESAURUS THIN

niedowidzieć *v* be partially sighted

niedowierzanie *n* disbelief: *I listened to his story with growing disbelief.* | *I looked at him in disbelief.* —**niedowierzający** *adj* disbelieving: *"Really?" said Simon in a disbelieving tone of voice.*

niedozwolony *adj* illicit: *illicit financial dealings*

niedożywienie *n* malnutrition: *Many children from poor families were suffering from malnutrition.* —**niedożywiony** *adj* malnourished: *a pale, malnourished child*

niedrogi *adj* inexpensive, affordable: *a simple, inexpensive meal* | *a list of good affordable hotels* —**niedrogo** *adv* inexpensively

niedużo *adv* **1** *(z rzeczownikami policzalnymi)* few, not many: *Few people come to visit us.* | *Not many of my friends play musical instruments.* **2** *(z rzeczownikami niepoliczalnymi)* little, not much: *Fish contains little fat.* | *There's not much light in this room.*

nieduży *adj* small: *Jodie was born in a small town in Nebraska.* | *Her feet are small in proportion to her height.*

niedwuznaczny *adj* **1** *(poza, propozycja itp.)* suggestive: *His songs are full of suggestive lyrics.* **2** *(jednoznaczny)* unambiguous: *a brief, unambiguous description of the problem*

niedyskretny *adj* indiscreet: *I wouldn't trust him with a secret; he can be very indiscreet.* —**niedyskretnie** *adv* indiscreetly

niedysponowany *adj* indisposed: *Mrs Rawlins regrets that she is temporarily indisposed.* THESAURUS ILL

niedziela *n* Sunday: *Do you go to church every Sunday?* | **w niedzielę** on Sunday —**niedzielny** *adj* Sunday('s)

UWAGA: niedzielny

Mówiąc o tym, co dotyczy każdej lub dowolnej niedzieli, używamy formy **Sunday** bez apostrofu: *Sunday morning/afternoon* | *We had some friends round for Sunday dinner.* Formy **Sunday's** używamy w odniesieniu do konkretnej niedzieli: *Sunday's game/election* | *Sunday's episode was directed by David Lynch.* Reguła ta stosuje się do wszystkich przymiotników pochodzących od nazw dni tygodnia.

niedźwiadek *n* **1** bear cub **2 pluszowy niedźwiadek** teddy bear: *She had fallen asleep in her chair, cuddling a little teddy bear.* **3 niedźwiadek koala** koala (bear)

niedźwiedź *n* bear: *a monstrous 400-pound grizzly bear* | **niedźwiedź polarny** polar bear

nieforemny *adj* shapeless: *He looked dirty and was wearing an ugly, shapeless suit.*

nieformalny *adj* informal: *The two groups met for informal talks.* —**nieformalnie** *adv* informally

niefortunny *adj* **1** unfortunate: *an unfortunate coincidence* **2 niefortunny wypadek** unfortunate accident, mishap: *The fire began because of a mishap in the kitchen.*

niegazowany *adj* *(woda)* still

niegdyś *adv* once, at one time: *a sports car once owned by Paul McCartney* —**niegdysiejszy** *adj* one-time: *He was betrayed by his one-time ally* (=sojusznika).

niegłupi *adj* smart: *I think he's a real smart guy.*

niego *pron* him: *We're worried about him.*

niegodny *adj* **1** *(niezasługujący na coś)* unworthy: *She married a man who was unworthy of her love and devotion.* **2** *(haniebny)* unbecoming: *conduct unbecoming to a teacher*

niegościnny *adj* inhospitable: *Siberia is one of the most inhospitable regions on Earth.*

niegroźny *adj* **1** harmless: *Everyone thought it was just a harmless accident.* | *It was just a bit of harmless fun.* | *harmless snakes/dogs/mosquitoes* **2** *(choroba)* mild: *Most people will have a mild illness, but 10 to 15 percent of them will develop a more serious illness.* **3** *(obrażenia)* minor: *His head injury turned out to be minor.* **4** *(przeciwnik)* weak: *If Jesse is a weak opponent, he shouldn't last long.*

niegrzecznie *adv* **1** *(nieuprzejmie)* rudely: *"Go away," she said rudely.* **2** *(nieposłusznie)* naughtily

niegrzeczność *n* **1** *(nieuprzejmość)* rudeness **2** *(nieposłuszeństwo)* naughtiness

niegrzeczny *adj* **1** *(nieuprzejmy)* rude, impolite: *It was rude of him to not say hello.* | *a rude remark/gesture* | *She worried that her questions would seem impolite.* THESAURUS RUDE **2** *(nieposłuszny)* naughty: *I only smack* (=daję klapsa) *the children if they're very naughty.*

niegustowny *adj* tasteless: *A lot of modern architecture is completely tasteless.*

niehumanitarny *adj* inhumane: *The animals are kept in inhumane conditions.* —**niehumanitarnie** *adv* inhumanely: *It is wrong to treat animals inhumanely.*

nieistotny *adj* **1** insignificant, irrelevant: *What you are saying is true, but it's totally irrelevant.* | *His age is irrelevant, as long as he can do the job.* | *an insignificant detail/difference/change* THESAURUS UNIMPORTANT **2 nieistotne, co/gdzie itp ...** what/where etc ... is immaterial/irrelevant: *Whether he actually said it or not is immaterial, but he certainly implied* (=sugerował) *that Ken was an idiot.*

N

niej *pron* her: *She's my favourite actress. I've just read an article about her.*

niejadalny *adj* inedible: *inedible mushrooms | The meat had been cooked so long that it was inedible.*

niejaki *adj* **1** certain: *There's a certain prestige about going to a private school* (=z uczęszczaniem do prywatnej szkoły wiąże się niejaki prestiż). | *I noticed a certain coldness in her manner* (=niejaki chłód w jej zachowaniu). **2** *(przed nazwiskiem)* a (certain): *She married a Mr Knox* (=wyszła za mąż za niejakiego Knoxa). | *There's a certain Mr Myles on the phone for you.*

niejako *adv* in a sense: *Helen's life story is, in a sense, the history of climbing in America.*

niejasno *adv* vaguely: *His statement was very vaguely worded* (=sformułowany).

niejasność *n* ambiguity, vagueness: *The report is full of ambiguities that require clarification. | Vagueness should be avoided in dictionary definitions.*

niejasny *adj* unclear, vague, obscure: *The reasons for his resignation are still unclear. | I had only a vague idea where the house was. | Jarrett didn't like the plan, for some obscure reason.*

niejeden *adj* many a ...: *Through many a crisis it was his family that helped him survive.*

niejednakowo *adv* unequally: *They treat married and single women unequally.*

niejednokrotnie *adv* many a time, (quite) often: *He had been there many a time, and knew everyone well. | Lots of cars illegally park here, and quite often they are police cars.*

niejednoznaczny *adj* ambiguous: *The last part of her letter was deliberately ambiguous.*

niekiedy *adv* sometimes: *Certain types of music always relax me and sometimes send me to sleep.*

niekompatybilny *adj* incompatible —**niekompatybilność** *n* incompatibility

niekompetencja *n* incompetence: *The manager was fired for incompetence.*

niekompetentny *adj* incompetent, inept: *There are too many incompetent teachers in private language schools.*

niekompletny *adj* incomplete: *Some of the information provided was inaccurate or incomplete.*

niekoniecznie *adv* not necessarily: *Bigger is not necessarily better. | "Are women getting better roles in movies?" "Not necessarily."*

niekonsekwentny *adj* inconsistent: *Children get confused if parents are inconsistent.* —**niekonsekwentnie** *adv* inconsistently —**niekonsekwencja** *n* inconsistency: *There were several inconsistencies in his report.*

niekonwencjonalny *adj* unconventional, unorthodox: *unconventional teaching methods | a tennis player with an unorthodox style* THESAURUS UNUSUAL

niekorzystny *adj* **1** *(kontrakt, zakup)* disadvantageous: *The contract may be viewed as grossly disadvantageous to the Philippine government. | the disadvantageous purchase of materials* **2** *(opinia)* unfavourable *BrE*, unfavorable *AmE*: *The play received unfavourable reviews.* **3 niekorzystne warunki** adverse/unfavourable conditions: *Adverse weather conditions caused the accident.* **4 niekorzystny wpływ** adverse effect: *The illness has had an adverse effect on her schoolwork.* **5 w niekorzystnej sytuacji** at a disadvantage: *I was at a disadvantage because I didn't speak French.* —**niekorzystnie** *adv* adversely: *Theoretically, there is no reason why inflation should adversely affect* (=wpływać na) *capital growth.*

niekorzyść *n* **1 na niekorzyść** *(zmienić się itp.)* for the worse: *While many of the changes were good ideas, we see this as a change for the worse. | Will the climate change for the worse because of our actions?* **2 działać na czyjąś niekorzyść** *(człowiek)* act to the detriment of sb: *He has been accused of acting to the detriment of the company.* **3 przemawiać/działać na czyjąś niekorzyść** *(fakt)* work/count against sb, be to sb's disadvantage: *Unfortunately her bad grades worked against her. | Her height will be very much to her disadvantage if she wants to be a dancer.*

niektórzy *pron* some: *For some patients, the treatment* (=terapia) *has an immediate effect. | Compared with some other EU countries, Britain has a low standard of living.*

niekwestionowany *adj* undisputed: *his undisputed success | In 1927 Stalin became the undisputed leader of the Soviet Union.*

nielegalnie *adv* illegally: *Lots of cars illegally park here, and quite often they are police cars.*

nielegalny *adj* **1** illegal: *illegal immigration/immigrants | illegal possession of firearms | It's illegal to sell cigarettes to children under 16.* **2** *(protest, demonstracja)* unlawful, illegal: *A peaceful, lawful demonstration is one thing, and an unlawful demonstration is something else again. | When does protest become illegal?* **3 nielegalny handel** traffic: *He was found guilty of drug-trafficking.*

nieletni *adj* under-age: *Under-age boys are unlikely to have credit cards. | under-age smokers* | **nieletni przestępca** juvenile delinquent/offender: *juvenile delinquents vandalizing telephones*

nieletni/a *n* juvenile, minor: *About 30% of known offenders* (=przestępców) *are juveniles. | Stores are forbidden to sell alcohol and cigarettes to minors.* | **przestępczość nieletnich** juvenile delinquency/crime: *There has been an increase in juvenile crime.* | **palenie/picie wśród nieletnich** under-age smoking/drinking THESAURUS CHILD

nieliczny *adj* few: *It's one of the few companies trying to tackle the problem.*

nielogiczny *adj* illogical: *Listen to your child's worries and fears, however illogical they may seem. | an illogical conclusion*

nielojalny *adj* disloyal: *It would be disloyal of me to complain about my wife.* —**nielojalność** *n* disloyalty: *He was accused of disloyalty to his country.*

nieludzki *adj* inhuman: *inhuman living conditions | The interviewer had a cold, almost inhuman manner.*

niełaska *n* **w niełasce u kogoś** in sb's bad books, out of favour *BrE*, favor *AmE* with sb: *I certainly don't want to be in her bad books! | I'm out of favour with the boss at the moment.* | **popaść w niełaskę u kogoś** get in sb's bad books, fall out of favour *BrE*, favor *AmE* with sb: *Once a presidential candidate falls out of favour, it's very difficult for them to regain popularity.* →patrz też **być zdanym na czyjąś łaskę i niełaskę** (ŁASKA)

niełatwo *adv* **niełatwo jest coś zrobić** it's not easy to do sth: *It's not easy to stop smoking.*

niełatwy *adj* (quite/fairly) difficult: *It's quite difficult, so don't worry if you do it wrong the first time. | He's fairly difficult to get along with* (=niełatwy we współżyciu).

niemal *adv także* **niemalże, nieomal 1** almost, virtually:

Carol can find the humour in almost any situation. | Virtually all the children come to school by car. **2 niemal całkowicie/zupełnie** virtually: *The factory was virtually destroyed by fire.* THESAURUS ALMOST

niemały *adj* **1** *(dużych rozmiarów)* quite big: *The workshop is quite big but there's not much floorspace.* **2** *(poważny)* considerable, serious: *Many women face considerable difficulties returning to work.* —**niemało** *adv* quite a lot: *The strong winds have caused quite a lot of damage.*

niemądry *adj* **1** *(człowiek)* silly: *Don't be silly, we can't afford a new car. | This silly boy thinks he is in love with Mary.* THESAURUS STUPID **2** *(zachowanie)* silly, unwise: *I had locked myself out* (=zatrzasnąłem się), *which was a silly thing to do. | an unwise decision*

niemądrze *adv* **1 zachowywać się niemądrze** act silly: *He always acted so silly when she was around him.* **2 ktoś postąpił niemądrze, robiąc coś** it was silly/unwise of sb to do sth: *It was unwise of you to propose that he should take early retirement* (=żeby przeszedł na wcześniejszą emeryturę).

Niemcy *n* **1** *(kraj)* Germany **2** *(ludzie)* the Germans

Niem-iec/ka *n* German

niemiecki[1] *adj* German: *German philosophy/music/literature*

niemiecki[2] *n (język)* German: *How long have you been learning German?*

niemile *adv* **1 niemile zdziwiony/zaskoczony** unpleasantly surprised: *You may find yourself unpleasantly surprised by the results.* **2 niemile widziany** unwelcome: *an unwelcome visitor*

niemiło *adv* not nice: *It isn't nice to be completely alone.*

niemiłosiernie *adv* remorselessly, mercilessly: *this harsh environment, where the sun beats down remorselessly every day*

niemiłosierny *adj* remorseless, merciless: *protection against the remorseless Baltic winds | the merciless heat of the sun*

niemiły *adj* **1** unpleasant: *an unpleasant taste/smell/surprise* **2 niemiły dla/wobec kogoś** unpleasant to sb, not nice to sb: *She was rather unpleasant to me on the phone. | But if you are not nice to me, I will still be nice to you.*

niemłody *adj* fairly/quite old: *Pavarotti, though fairly old when he made this opera, sang Manrico in a way only he is capable of.*

niemniej *part* **niemniej jednak** nevertheless, nonetheless: *I think he's telling the truth. Nevertheless, I don't trust him.*

niemoc *n* impotence: *She felt frustrated by her own impotence, unable to stop him taking her children away.*

niemodny *adj* unfashionable, dated: *an unfashionable old dress | Smoking has become very unfashionable. | Just look at the hairstyles in that photo – they're so dated!* THESAURUS OLD-FASHIONED

niemoralny *adj* immoral: *Exploiting people is immoral.* —**niemoralnie** *adv* immorally: *Do you think Ruth behaved immorally when she left her husband?* —**niemoralność** *n* immorality: *the immorality of the slave trade*

niemowa *n* mute

niemowlę *n* baby, infant: *a six-week-old baby | Infants spend a lot of time sleeping.* THESAURUS YOUNG

—**niemowlęctwo** infancy, babyhood: *the most common symptom of illness in infancy and childhood*

niemożliwość *n* impossibility: *To walk there would have been a virtual impossibility.*

niemożliwy *adj* impossible: *Impossible! It can't be true. | You're impossible! Stop it! | It was impossible to get tickets for the game. | Finding parking on Main Street is impossible.* | **niemożliwe, żeby ...** it is impossible that ...: *It's impossible that one man could cause so much damage.* THESAURUS IMPOSSIBLE —**niemożliwie** *adv* impossibly: *The French fashions were impossibly expensive.*

niemożność *n* inability: *the inability to make decisions*

niemy *adj* **1** mute, dumb: *Deaf and mute from birth, this young man learns to speak for the first time. | mute admiration | He stared in dumb misery at the wreckage of the car.* **2 film niemy** silent film *BrE*, movie *AmE*

UWAGA: mute i dumb

Przymiotnik **dumb** w odniesieniu do ludzi (np. w wyrażeniu **deaf and dumb**) uważany jest powszechnie za obraźliwy. Lepiej w tym kontekście używać przymiotnika **mute**.

nienaganny *adj* faultless, impeccable: *Yasmin spoke faultless French. | impeccable manners/taste* —**nienagannie** *adv* impeccably: *impeccably dressed*

nienaruszony *adj* intact: *The package arrived intact. | Her vital organs are intact and she has a good chance of recovery.*

nienaturalnie *adv* unnaturally: *The city was unnaturally quiet. | How can he behave so unnaturally?*

nienaturalny *adj* unnatural: *Her hair was an unnatural orange colour. | an unnatural voice/smile | It's unnatural for a child to spend so much time alone.*

nienawidzić *v* hate, detest: *Jill really hates her stepfather. | "I hate you!" she shouted. | It's not just that I don't like video games – I absolutely detest them!* | **nienawidzić robić coś** hate doing sth: *Most people hate writing essays, but my brother enjoys it!* THESAURUS HATE

nienawiść *n* hate, hatred: *Love and hate are opposites. | eyes full of hatred | a deep hatred of* (=do) *women | the intense hatred between the two communities* →patrz też **zbrodnia nienawiści** (ZBRODNIA)

nienormalnie *adv* **1** *(zachowywać się)* in an abnormal way, abnormally: *We have acted in an abnormal way for so long that abnormal seems normal. | leaves that have grown abnormally* **2** *(wysoki, niski itp.)* abnormally: *abnormally high levels of insulin*

nienormalność *n* abnormality

nienormalny *adj* **1** *(odbiegający od normy)* abnormal: *Abnormal behaviour may be a sign of mental illness. | There was nothing abnormal about that child. | My parents thought it was abnormal for a boy to be interested in ballet.* **2** *(chory psychicznie)* insane: *What are you doing? Are you insane?*

nieobecność *n* **1** absence: *How do you explain your absence? | Her teacher is worried about her frequent absences from class* (=na lekcjach). **2 pod czyjąś nieobecność** in sb's absence: *The vice president will handle things in my absence.*

nieobecny *adj* absent: *James was absent from school again today. | Fairy tales have a profundity* (=głębię) *absent in most children's literature.*

N

N

nieobecn-y/a *n* **1** *(w szkole itp.)* absentee: *The absentees can be tested at a later date.* **2 nieobecni** the/those absent: *Talk well of the absent whenever you have the opportunity.*

nieobliczalny *adj* **1** *(człowiek)* unpredictable: *He is unpredictable and presents a threat if released* (=jeśli zostanie zwolniony). **2** *(straty, szkody)* incalculable: *The ash from the volcano has caused incalculable damage to crops.*

nieoceniony *adj* invaluable, priceless: *I'd like to thank you for your invaluable help.* | *The ability to motivate people is a priceless gift* (=talent). THESAURUS USEFUL

nieoczekiwany *adj* unexpected: *We had an unexpected visit from my parents.* —**nieoczekiwanie** *adv* unexpectedly: *We received an unexpectedly large number of applications.*

nieodgadniony *adj* inscrutable: *She looked for some response, but Jean's expression remained inscrutable.*

nieodłączny *adj* inseparable: *Consolidation is an essential and inseparable element of teaching.*

nieodmiennie *adv* invariably: *The trains here are invariably punctual.*

nieodnawialny *adj* non-renewable: *a diminishing, non-renewable source of coal*

nieodparty *adj* **1** *(pragnienie, pokusa)* irresistible, compelling: *I was overcome with an irresistible urge to hit him.* | *He felt a compelling need to tell someone about his idea.* **2** *(wniosek)* inescapable: *The inescapable conclusion is that Reynolds killed himself.*

nieodpłatny *adj* free (of charge)

nieodpowiedni *adj* inappropriate, unsuitable: *an inappropriate gift for a child* | *Her shoes were unsuitable for a long walk.* —**nieodpowiednio** *adv* inappropriately, unsuitably: *Hilda was unsuitably dressed for such a sombre occasion.* | *Problems arise when anger is expressed inappropriately.*

nieodpowiedzialny *adj* irresponsible: *When it comes to money, Dan is completely irresponsible.* | *irresponsible parents* | *an irresponsible practical joke* —**nieodpowiedzialnie** *adv* irresponsibly: *You acted irresponsibly.*

nieodwracalny *adj* **1** *(decyzja, proces)* irreversible: *The decisions of the supreme court are irreversible.* | *irreversible changes in society* | *The process of rainforest destruction may be irreversible.* **2** *(szkoda)* irreparable: *Boxing can cause irreparable damage to the brain.* —**nieodwracalnie** *adv* irreversibly, irreparably: *The Party's prestige had been irreparably damaged by these revelations.*

nieodzowny *adj* indispensable: *The book is indispensable to anyone using a computer for the first time.*

nieoficjalnie *adv* unofficially, informally: *Thomson had talked unofficially with several council members about the plans.* | *They met informally for the first time back in the winter of 1993.*

nieoficjalny *adj* unofficial, informal: *The Senator is in Berlin on an unofficial visit.* | *unofficial strikes/protests/reports* | *The atmosphere at work is fairly informal.* | *informal meetings/talks*

nieograniczony *adj* unlimited: *Few of us have unlimited financial resources to help us through a crisis.* | *unlimited access to information* | *unlimited power*

nieokreślony *adj* **1** *(trudny do określenia)* indeterminate: *a woman of indeterminate age* **2** *(nijaki)* nondescript: *He mutters nondescript praise, then rushes out.* | *her nondescript appearance* (=wygląd) **3** *(uczucie, przeczucie)* vague: *Larry had the vague feeling he'd done something embarrassing the night before.* **4 na czas nieokreślony** indefinitely: *It's been postponed indefinitely.* | **umowa na czas nieokreślony** open-ended contract: *hiring workers on open-ended contracts* **5 przedimek nieokreślony** indefinite article

nieokrzesany *adj* uncouth: *rough, uncouth men*

nieomal *adv* →patrz NIEMAL

nieomylny *adj* **1** *(człowiek)* infallible: *I'm only human, I'm not infallible.* **2** *(intuicja itp.)* unerring: *an unerring instinct/sensibility/accuracy* —**nieomylność** *n* infallibility: *the infallibility of the Prophets* (=proroków)

nieopisany *adj* **1** indescribable: *There was an indescribable tension in the room.* | *My joy at seeing him was indescribable.* **2** *(cierpienie, szkody)* untold: *untold damage to the environment*

nieopłacalny *adj* unprofitable, uneconomical: *The government operations turned out to be unprofitable.* | *The project was considered uneconomical.*

nieopodal[1] *prep* near: *She goes to a girls' school near Brighton.*

nieopodal[2] *adv* nearby: *There's an American army base nearby.*

nieorganiczny *adj* inorganic: *inorganic fertilizers* (=nawozy)

nieosiągalny *adj* **1** *(szczyt)* inaccessible: *a rocky, inaccessible summit* **2** *(cel)* unattainable: *an unattainable goal/target* **3** *(człowiek)* unavailable: *I'm afraid Mrs Brewer is unavailable this morning; she's in a meeting.*

nieostrożny *adj* **1** careless: *One careless word and you could be fired for telling company secrets.* | *It was very careless of you to leave your passport on the seat of the car.* **2 nieostrożna jazda** reckless/careless driving: *Turner was issued a traffic citation* (=upomnienie) *for reckless driving.* —**nie ostrożnie** *adv* carelessly: *These products can be dangerous if used carelessly.* —**nieostrożność** *n* carelessness: *Anna is lying in the hospital, and all because of your carelessness.*

nieostry *adj* **1** *(obraz, wzrok)* blurred: *a blurred photo/image* | *blurred vision* **2** *(pojęcie, termin)* vague: *rather vague, ambiguous terms*

nieoszacowany *adj* incalculable: *The ash from the volcano has caused incalculable damage to crops.*

nieożywiony *adj* inanimate: *inanimate matter*

niepaląc-y/a *n* **1** non-smoker: *This part of the restaurant is reserved for non-smokers.* **2 dla niepalących** nonsmoking: *There were no nonsmoking tables available.* | *a non-smoking area/carriage/compartment* —**niepalący** *adj* non-smoking: *a non-smoking teetotaller* (=abstynent)

niepalny *adj* non-flammable: *Firefighters and metal workers need non-flammable clothing.*

niepamięć *n* **popaść w niepamięć** fall/fade into oblivion: *old movie stars who have faded into oblivion*

nieparzysty *adj* odd: *All the doors on this side of the street have odd numbers.* | **liczba nieparzysta** odd number: *You can't play the game with an odd number of players.*

niepełnoletni *adj* under-age: *I can't buy you a drink, you're under-age.* THESAURUS YOUNG

niepełnoletni/a *n* minor: *It is against the law to sell cigarettes to minors.*

niepełnosprawny *adj* disabled, handicapped: *Even though she's disabled she leads a very full life.* | *a school for disabled children* | *She works with mentally handicapped teenagers.* | *his handicapped daughter*

niepełnosprawn-y/a *n* disabled person: *Why shouldn't disabled people be given the chance to compete in the Games?* | **niepełnosprawni** the disabled: *the rights of the disabled* | *a parking space reserved for the disabled* | **niepełnosprawni fizycznie/umysłowo** the physically/mentally handicapped: *a club for the physically handicapped and the able-bodied*

niepełny *adj* **1** incomplete: *Spoken language contains many phrases and incomplete sentences.* **2 praca na niepełny etat** part-time job: *I had a part-time job while I was at college.* | **pracować na niepełnym etacie** work part-time: *She's decided to work part-time.*

niepewnie *adv* **1** hesitantly, tentatively: *The boy spoke slowly and hesitantly.* | *He knocked tentatively and entered.* **2 czuć się niepewnie** feel/be insecure: *Meeting new people always makes me feel insecure.* | *Even though she's a model, she's very insecure about how she looks.*

niepewność *n* uncertainty: *All this uncertainty is really very hard to take.* | *There is a great deal of uncertainty about the future of the company.*

niepewny *adj* **1** *(niewiadomy)* uncertain: *Our holiday plans are still uncertain.* | *The company faces a highly uncertain future.* **2** *(chwiejny)* unsteady: *his unsteady walk to the stage* **3** *(niezdecydowany)* hesitant, tentative: *He answered in his usual shy, hesitant manner.* | *a tentative smile* **4** *(ryzykowny)* insecure: *Running a small business is a very insecure occupation.* **5** *(mający wątpliwości)* unsure: *You should use a dictionary to check the spelling if you are unsure.* | **niepewny siebie/czegoś** unsure of yourself/sth: *Chris seemed nervous and unsure of herself.* | *Many workers are still unsure of their rights.* **6** *(budzący wątpliwości)* doubtful: *people whose loyalty is politically doubtful* | *The result of the President's re-election campaign remains doubtful.*

niepijąc-y/a *n* teetotaller *BrE*, teetotaler *AmE*: *He's recently become a strict teetotaller.*

niepisany *adj* unwritten: *Jobs like this never go to women - it just seems to be one of those unwritten laws of business.*

niepiśmienny *adj* illiterate: *A large proportion of the people are illiterate.* | *His father was an illiterate farm worker.*

niepłacenie *n* nonpayment: *The family was evicted* (=eksmitowana) *for nonpayment of rent.*

niepłatny *adj* unpaid: *unpaid overtime* (=godziny nadliczbowe)

niepodległość *n* independence: *our struggle for independence* | *the country's proclamation of independence* | **Święto Niepodległości** Independence Day

niepodległy *adj* independent: *Several Soviet republics became independent states in the early 1990s.*

niepodobny *adj* dissimilar: *The Basque country is ethnically dissimilar to any of its neighbours.* | *The two children looked as dissimilar from each other as one could imagine.*

niepodważalny *adj* irrefutable, incontrovertible: *irrefutable/incontrovertible evidence*

niepodzielny *adj* indivisible

niepohamowany *adj* uncontrollable, irrepressible: *uncontrollable rage/panic/fury/laughter* | *irrepressible excitement*

niepojęty *adj* inconceivable: *the inconceivable power of nature* | *It is inconceivable that anyone would choose to live here.*

niepokoić *v* **1** *(martwić)* worry: *I could tell that something was worrying her.* | *What worries me is the cost of all these changes.* | *It worries me that my father lives alone now.* THESAURUS WORRIED **2** *(przeszkadzać)* bother, trouble: *Sir, I'm sorry to bother you at this hour.* | *I'm sorry to trouble you, but could you open the door for me?*
niepokoić się *v* worry, be worried: *As we grow older, we worry more about our health.* | *Mr and Mrs Watkins are worried that their daughter may be in danger.*

niepokojący *adj* alarming, disturbing, worrying: *The rainforest is disappearing at an alarming rate* (=w niepokojącym tempie). | *Her sudden disappearance was very worrying.* | *a rather worrying phone call* | *disturbing news* —**niepokojąco** *adv* alarmingly, disturbingly, worryingly: *The number of executions and death sentences is alarmingly high.*

niepokonany *adj* invincible: *an invincible army/team*

niepokój *n* **1** anxiety, restlessness, unease: *Her anxiety about the children grew as the hours passed.* | *I lived in constant anxiety that they might have been in an accident.* | *a sense of restlessness/unease* **2 niepokoje społeczne** social/civil/political unrest/disorder: *The Civil War came at the end of a long period of social disorder.*

niepoliczalny *adj* uncountable: *uncountable nouns*

niepoprawny *adj* **1** *(język, odpowiedź)* incorrect: *an article written in incorrect English* | *incorrect spelling of my name* | *an incorrect answer* **2** *(człowiek)* incorrigible: *That man's an incorrigible liar.*

niepopularny *adj* unpopular: *the most unpopular teacher in the school* | *an unpopular decision*

nieporadny *adj* clumsy: *His essays are clumsy and unconvincing.*

nieporęczny *adj* clumsy, unwieldy, cumbersome: *The first clocks were large and unwieldy.* | *a clumsy camera* | *a large, cumbersome bag*

nieporozumienie *n* **1** *(pomyłka)* misunderstanding: *It was just a small misunderstanding.* **2** *(sprzeczka)* misunderstanding, disagreement: *We had a little misunderstanding with our neighbours last night.* | *We've had a few disagreements, but we're still good friends.*

nieporównanie *adv* incomparably: *Last year the situation was incomparably worse.*

nieporównywalny *adj* incomparable: *The quality of the results was incomparable.* | *Life in the Czech capital is incomparable to life in the rest of the country.*

nieporządek *n* mess, disorder: *Who is responsible for all this mess?* | *The house was in a state of complete disorder.*

nieporządny *adj* untidy, disorderly: *untidy writing* | *clothes left in a disorderly heap*

nieposłuszeństwo *n* disobedience: *I've had enough of your disobedience.* | *Any act of disobedience was severely punished.*

nieposłuszny *adj* disobedient: *You're a very disobedient child.*

niepostrzeżenie *adv* unnoticed: *It is one of the most*

N

popular shops in the area, so it's easy for a small child to slip out (=wymknąć się) *unnoticed.*

niepotrzebnie *adv* unnecessarily, needlessly: *I don't want to worry you unnecessarily.* | *Thousands of people die needlessly every year because of poor medical care.*

niepotrzebny *adj* **1** *(zbyteczny)* unnecessary, needless: *They want to build another shopping mall here, but we think it's completely unnecessary.* | *unnecessary information/questions/luxury* | *needless suffering/worry/expense* **2** *(niechciany)* unwanted: *an opportunity to dispose of* (=pozbycia się) *unwanted furniture*

N

niepoważnie *adv* **1 nie mówić poważnie** not be serious: *I stared at him in disbelief. "You're not serious, surely?"* **2 zachowywać się niepoważnie** play games: *I wish you'd stop playing games!*

niepoważny *adj* frivolous: *All I'm saying is that it's frivolous to pretend kids don't need parental support.* | *frivolous comments*

niepowodzenie *n* **1** failure: *an attempt to climb Everest that ended in failure* | *the failure of the peace negotiations* **2 niepowodzenia w czymś** lack of success in sth: *We keep blaming the government for our lack of success in sports.*

niepowtarzalny *adj* unique, inimitable: *The exhibition provides a unique opportunity to see all of the artist's work.* | *Are all humans except identical twins unique genetically?* | *singing in his own inimitable style*

niepozorny *adj* inconspicuous: *The studio is in an inconspicuous red-brick building on a quiet side street.*

niepożądany *adj* **1** *(skutek)* undesirable: *undesirable side-effects* **2** *(gość, zmiana, rozgłos)* unwelcome: *unwelcome visitors* | *unwelcome publicity*

niepraktyczny *adj* impractical: *That method turned out to be impractical.*

nieprawda *n* **1 to nieprawda** that's/it's not true, it is untrue: *Everything they say about me is untrue, every word of it.* | **to nieprawda, że ... /nieprawdą jest, jakoby ...** it's not true that ...: *It's simply not true that vitamin C prevents colds.* **2 mówić nieprawdę** tell an untruth: *Grammarians make a distinction between telling an untruth and lying.*

UWAGA: nieprawda?

Odpowiednikiem polskiego „nieprawda?" na końcu zdania są w języku angielskim tzw. question tags, np.: *Awful weather, isn't it?* | *She did it deliberately, didn't she?* Patrz też ramka **Question tags** w części angielsko-polskiej słownika.

nieprawdopodobieństwo *n* improbability, unlikelihood: *the improbability of an ideal peace settlement* | *Dr Penrod emphasized the unlikelihood of this occurring.*

nieprawdopodobnie *adv* **1** incredibly, improbably: *I've been incredibly busy this week.* | *He was trying to get an improbably large piece of furniture into the boot of an improbably small car.* **2 brzmieć nieprawdopodobnie** sound unlikely: *Although it may sound unlikely, we've never actually met.*

nieprawdopodobny *adj* **1** *(mało prawdopodobny)* improbable, unlikely: *It seems improbable that humans ever lived here.* | *It is unlikely that anyone saw the crime being committed.* | *A change of plan at this stage seems unlikely.* **2** *(niewiarygodny)* incredible: *She told us the incredible story of her 134 days lost in the desert.*

nieprawdziwy *adj* **1** *(niezgodny z prawdą)* untrue: *Their story was completely untrue.* **2** *(wymyślony)* not real: *The kids were never scared by cartoon characters because they knew they were not real.*

nieprawidłowo *adv* **1** incorrectly: *She spelled his name incorrectly.* **2 nieprawidłowo zaparkowany samochód** illegally parked car

nieprawidłowość *n* anomaly, irregularity: *irregularities in the voting* (=w głosowaniu)

nieprawidłowy *adj* **1** *(błędny)* incorrect: *an incorrect answer/diagnosis* | *incorrect spelling* THESAURUS WRONG **2** *(niezgodny z normą)* improper: *improper functioning of the heart and circulation* | *improper diet* **3** *(nieprzepisowy)* illegal: *What happens if my opponent makes an illegal move?* | *illegal parking*

nieproporcjonalny *adj* disproportionate: *The sentence in this case* (=wyrok w tej sprawie) *is disproportionate to the sentences in other murder cases.* | *a sphinx with a disproportionate body*

nieproszony *adj* unwelcome, uninvited: *an unwelcome/uninvited visitor* | *Paul came to the party uninvited.*

nieprzeciętny *adj* outstanding, exceptional, extraordinary: *a woman of extraordinary beauty* | *someone with exceptional talent*

nieprzejednany *adj* implacable: *an implacable enemy*

nieprzejezdny *adj* impassable: *Some streets are impassable due to snow.*

nieprzekonujący *adj* **1** unconvincing: *an unconvincing plot* (=fabuła) */story/argument* **2** *(wyjaśnienie, teoria)* implausible: *an implausible excuse/explanation* | *a highly implausible theory/claim* **3** *(dowody)* inconclusive: *The evidence is inconclusive.*

nieprzekupny *adj* incorruptible: *an incorruptible judge*

nieprzemakalny *adj* waterproof: *jackets made from tough waterproof cotton* | **płaszcz nieprzemakalny** waterproof coat, raincoat, mac *BrE*

nieprzenikniony *adj* impenetrable: *impenetrable fog/darkness* | *an impenetrable mystery*

nieprzepuszczalny *adj* impervious: *impervious volcanic rock* | *Both materials are impervious to liquids, although nylon is lighter in weight.*

nieprzerwany *adj* uninterrupted, continuous, sustained: *a long, uninterrupted sleep* | *Long periods of continuous study* (=nauki) *are very tiring.* | *a sustained effort* | *sustained economic growth* (=wzrost gospodarczy) —**nieprzerwanie** *adv* continuously: *It rained continuously for three days.*

nieprzewidywalny *adj* unpredictable: *The weather in Britain is very unpredictable.* | *James is a real character* (=James to niezły aparat), *completely unpredictable but very funny.*

nieprzewidziany *adj* unforeseen: *unforeseen consequences/problems/delays*

nieprzezroczysty *adj* opaque: *an opaque glass door*

nieprzychylny *adj* **1** *(opinia, warunki atmosferyczne)* unfavourable *BrE*, unfavorable *AmE*: *The play received unfavourable reviews.* | *unfavourable weather* **2** *(człowiek, reakcja)* unsympathetic: *an unsympathetic response to our request* | *unsympathetic comments*

nieprzydatny *adj* useless: *Many traditional teachers still think of computers as useless toys.* | *a useless piece of information*

nieprzyjaciel *n* enemy: *Finally, after months of fighting, the enemy surrendered.* | **teren/samoloty itp. nieprzyjaciela** enemy/hostile territory/planes etc: *They sank 15 enemy ships.* | *Our shores are threatened by hostile forces.*

nieprzyjazny *adj* **1** *(człowiek, miasto)* unfriendly, inhospitable: *Why are you always so unfriendly to my sister?* | *Big cities can be very unfriendly places.* | *Generally, the people I met in the city were rude and inhospitable.* **2** *(środowisko, klimat)* inhospitable: *inhospitable desert regions* | *a treeless landscape with inhospitable winds*

nieprzyjemnie *adv* **1** unpleasantly, disagreeably: *an unpleasantly strong taste* | *You may find yourself unpleasantly surprised by the results.* | *He frowned disagreeably.* **2 nieprzyjemnie pachnieć** smell: *His breath smells.*

nieprzyjemny *adj* unpleasant, disagreeable: *He can be very unpleasant when he's in a bad mood.* | *a rude, disagreeable woman* | *an unpleasant smell/atmosphere/surprise/remark* | *a disagreeable experience/task*

nieprzypadkowo *adv* not by accident: *The region's anarchy did not happen by accident; it was created.*

nieprzystępny *adj* **1** *(człowiek)* unapproachable: *Some teachers seemed unapproachable and arrogant.* **2** *(język, tekst)* impenetrable: *impenetrable legal jargon*

nieprzytomnie *adj* **1** *(rozejrzeć się itp.)* absently: *Rachel smiled absently and went on with her work.* **2 nieprzytomnie zakochany (w kimś)** madly in love (with sb): *We were both seventeen and madly in love.*

nieprzytomność *n* **1** unconsciousness: *He was lying close to unconsciousness in hospital.* **2 upić się do nieprzytomności** drink yourself unconscious: *Last night he drank himself unconscious.* **3 zbić kogoś do nieprzytomności** beat sb unconscious/senseless: *Murphy was attacked and beaten unconscious.*

nieprzytomny *adj* **1** *(człowiek)* unconscious: *She was lying unconscious on the floor.* **2** *(spojrzenie, wzrok)* absent, vacant: *an absent look in her eyes* | *He gazed at me with vacant eyes.* **3** *(strach itp.)* extreme, overwhelming: *an extreme fear of flying in an airplane*

nieprzyzwoicie *adv* **1** obscenely, indecently: *He was winking obscenely.* | *They were indecently dressed.* | *It's obscenely expensive.* | *You seem indecently healthy.* **2 nieprzyzwoicie bogaty** obscenely/filthy rich: *Gregory is filthy rich but he never gives a penny to charity.*

nieprzyzwoity *adj* **1** obscene, indecent: *obscene photographs/drawings* | *This dress is positively indecent.* | *obscene pay increases* | *The funeral formalities were conducted with almost indecent haste* (=pośpiechu). **2** *(dowcip)* dirty: *Do you know any dirty jokes in Spanish?* **—nieprzyzwoitość** *n* obscenity, indecency: *laws against obscenity* | *gross indecency*

nieraz *adv* **1** *(wiele razy)* many times, many a time: *He had been there many a time, and knew everyone well.* **2** *(czasami)* sometimes: *Katie sometimes talks in her sleep.*

nierdzewny *adj* **stal nierdzewna** stainless steel

nierealistyczny *adj* unrealistic: *unrealistic expectations/dreams*

nierealny *adj* **1** *(wymyślony)* unreal: *an unreal world* **2** *(niewykonalny)* impractical: *Your idea for raising money is silly and totally impractical.*

nieregularny *adj* **1** irregular: *The baby's heartbeat is irregular.* | *irregular meals* | *How do you measure the area* (=pole) *of irregular shapes?* **2 czasownik nieregularny** irregular verb **—nieregularnie** *adv* irregularly: *Since 1985 the group has met irregularly.* **—nieregularność** *n* irregularity

nierentowny *adj* uneconomic: *Uneconomic mines will have to be closed.*

nierozerwalny *adj* inextricable: *an inextricable connection between the present and the past* **—nierozerwalnie** *adv* inextricably: *Poverty and bad health are inextricably linked.*

nierozłączny *adj* inseparable: *Jane and Sarah soon became inseparable companions.* **—nierozłącznie** *adv* inseparably: *Their lives were inseparably linked.*

nierozsądny *adj* unreasonable: *Do you think I'm being unreasonable?* | *unreasonable demands*

nierozważny *adj* ill-advised: *an ill-advised decision* | *You would be ill-advised to lend him any money.*

nierówno *adv* **1** *(traktować)* unequally: *They treat married and single women unequally in many ways.* | *My grandmother's love had always been divided unequally between my brother and me.* **2** *(w nierównych proporcjach)* unevenly: *Fresh water is very unevenly distributed in the world.*

nierównomierny *adj* uneven: *uneven breathing* **—nierównomiernie** *adv* unevenly

nierówność *n* **1** *(w traktowaniu)* inequality: *Inequality between men and women still exists today.* | *racial inequality* **2** *(terenu, barwy itp.)* unevenness: *road unevenness* | *unevenness of colour* | *unevenness in children's achievement*

nierównowaga *n* instability, imbalance: *emotional instability*

nierówny *adj* **1** *(powierzchnia)* uneven, rough: *The surface of the road was very uneven.* | *Photographs show the rough surface of the moon.* **2** *(niejednakowy)* unequal: *unequal treatment of men and women* | *a triangle with unequal sides* | *an unequal division of housework* **3** *(pod względem jakości)* uneven: *The film is very uneven.* | *a rather uneven performance* **4** *(oddech, puls)* uneven: *Her breathing became slow and uneven.* **5** *(walka)* unequal, uneven: *an unequal/uneven contest*

nieruchomo *adv* **1** motionlessly: *Balancing on a bicycle motionlessly is called a trackstand.* **2 stać nieruchomo** stand still: *Stand still and let me wipe your face.*

nieruchomość *n* (piece of) property, piece of real estate *AmE*: *What is the value of this property?* | *Do you own a piece of property?* | *thousands of pieces of real estate for sale* | **nieruchomości** property, real estate: *The value of property in the city has increased greatly.* | *Mrs. Foy made a small fortune buying and selling real estate.* | **pośrednik w handlu nieruchomościami** estate agent *BrE*, realtor *AmE*

nieruchomy *adj* **1** motionless, still, immobile: *He saw four motionless figures standing on the pier* (=na pomoście). | *There was no wind and the trees were completely still.* | *Brigg was immobile, his eyes fixed on the horizon.* | *A few soldiers were lounging around on two immobile tanks.* **2** *(ceny, kursy walut itp.)* static: *Prices have been fairly static.*

nierzadko *adv* quite often: *Lots of cars illegally park here, and quite often they are police cars.*

nierzeczywisty *adj* unreal: *It seemed almost unreal because it was just so perfect.*

niesamowicie *adv* amazingly, incredibly: *Chris was amazingly lucky to pass the exam.* | *The human brain is an incredibly complicated organ.*

N

N

niesamowity *adj* **1** *(niezwykły, niewiarygodny)* amazing, incredible: *What an amazing story!* | *The heat in the desert was incredible.* **2** *(niepokojący)* eerie: *I woke with the eerie feeling that somebody was watching me.*

niesforny *adj* unruly: *unruly schoolchildren*

nieskazitelnie *adv* **nieskazitelnie czysty** spotlessly clean, immaculate: *a spotlessly clean kitchen* | *James was wearing an immaculate white shirt.*

nieskazitelny *adj* spotless: *a spotless kitchen*

nieskładny *adj* incoherent: *At times the narrative is completely incoherent.* | *incoherent apologies*

nieskomplikowany *adj* uncomplicated, unsophisticated: *It may be a pretty unsophisticated system but it has worked well for over fifty years.*

nieskończenie *adv* infinitely: *It is infinitely more desirable than any other solution.*

nieskończoność *n* infinity: *What is the mathematical symbol for infinity?*

nieskończony *adj* infinite: *Is the universe infinite?*

nieskrępowany *adj* unrestrained: *unrestrained laughter*

nieskuteczny *adj* ineffective: *an ineffective teaching technique* | *The drug has been ineffective against this disease.*

niesławny *adj* infamous: *He must reveal everything about his infamous behaviour.* THESAURUS FAMOUS

niesłusznie *adv* **1** *(bezpodstawnie)* unfairly: *areas that have been unfairly neglected* | *The lack of preparation was blamed, somewhat unfairly, on the schools.* | **niesłusznie oskarżony** wrongly accused: *Franklin was wrongly accused of murdering a cop.* **2** *(niewłaściwie)* wrongly: *The report will show that the government acted wrongly.*

niesłuszny *adj* **1** *(bezpodstawny)* unfair: *We all thought the decision was unfair.* | *compensation for unfair dismissal* (=zwolnienie z pracy) **2** *(niewłaściwy)* wrong: *They're going to close the school, but I think that's the wrong decision.*

niesłychanie *adv* extremely, immensely: *extremely important information* | *The movie was immensely popular.* | *It also intrigued me immensely from a scientific perspective.*

niesłychany *adj* unheard-of: *an unheard-of achievement* | *That's simply unheard-of!*

niesłyszalny *adj* inaudible: *The whistle is inaudible to most humans.*

niesmaczny *adj* **1** *(jedzenie)* tasteless: *a plate of tasteless, overcooked vegetables* | *Why is airplane food always so tasteless?* **2** *(zachowanie, uwaga)* distasteful, tasteless: *I just want to forget the whole distasteful episode.* | *tasteless jokes*

niesmak *n* **1** *(w ustach)* bad taste: *I frequently wake with a bad taste in my mouth, or a dry mouth and throat.* **2** *(obrzydzenie)* distaste, disgust: *She looked around the room in/with distaste.* | *Meg tried to hide her disgust at what she had just heard.* | **(po)czuć niesmak** be disgusted: *Ann was disgusted when she saw the dirty hotel room.*

niespecjalnie *adv* not particularly: *He's not particularly intelligent but he works very hard.* | *"Are you hungry?" "Not particularly."*

niespełna *adv* **1** less than: *It cost less than $10.* | **niespełna milę stąd** less than a mile from here | **w niespełna godzinę** in less than an hour **2 niespełna rozumu** insane: *Anyone who takes a boat out in this weather must be insane.*

niespodzianka *n* surprise: *Flowers? For me? What a lovely surprise!* | *Don't tell her - it's a surprise.* | **zrobić komuś niespodziankę** give sb a surprise: *I want you to give me a surprise.*

niespodziewanie *adv* **1** *(z czasownikami)* unexpectedly: *One day when I was busy cleaning the house, some relatives arrived unexpectedly.* **2** *(z przymiotnikami i przysłówkami)* unexpectedly, surprisingly: *an unexpectedly large number of applications* | *surprisingly cheap/easy* | *He looked surprisingly well.*

niespodziewany *adj* unexpected: *The result was totally unexpected.* | *We had an unexpected visit from my parents.*

niespokojnie *adv* restlessly, uneasily: *Tom wandered restlessly through the house, hoping that Mrs Nolan would be back soon.*

niespokojny *adj* **1** *(pełen niepokoju)* anxious: *As the storm got worse, he became more and more anxious.* | **niespokojny o kogoś/coś** anxious/worried about sb/sth: *Mrs. Reid is anxious about you and is expecting you every day.* **2** *(nie mogący usiedzieć na miejscu)* restless: *The children are getting restless.* **3 niespokojny sen** uneasy/restless sleep **4 niespokojna noc** restless night

niespotykany *adj* **1** rare: *a politician of rare honesty and courage* **2 niespotykany dotąd** unprecedented: *a catastrophe of unprecedented dimensions* (=na niespotykaną dotąd skalę)

niespójny *adj* incoherent: *She was clearly very ill and at times her speech was incoherent.* | *incoherent answers*

niesprawiedliwie *adv* unfairly, unjustly: *I felt the teacher had punished me unfairly.* | *people who have been unjustly imprisoned*

niesprawiedliwość *n* injustice: *Cutting the benefits* (=obcięcie świadczeń) *of war veterans would be doing them a great injustice.* | *social injustice*

niesprawiedliwy *adj* unfair, unjust: *People are so unfair! You make one mistake and they never let you forget it.* | *an unfair electoral system* | *unjust punishment/laws*

niesprawny *adj* **1** *(człowiek, kończyna)* disabled: *the needs of disabled students* | *a person with a disabled leg* **2** *(urządzenie)* out of order, faulty: *Every phone I tried was out of order.* | *Fires in the home are often caused by faulty electrical equipment.* **3** *(system)* inefficient: *an inefficient banking system*

niesprzyjający *adj* inhospitable, unfavourable *BrE*, unfavorable *AmE*: *inhospitable climate* | *unfavourable weather conditions*

niestabilny *adj* **1** *(system, region)* unstable, volatile: *As a nation, it is politically and economically unstable.* | *People are afraid to change jobs in today's volatile economy.* **2** *(mebel, konstrukcja)* unstable: *an unstable wall/scaffolding* (=rusztowanie) —**niestabilność** *n* instability: *a period of economic and political instability*

niestały *adj* **1** *(zmienny)* changeable, fickle: *We have very changeable weather here, especially in the winter.* | *Every politician knows that voters are fickle.* | **niestały w upodobaniach/związkach itp.** fickle in your tastes/relationships etc: *The queen has been known to be fickle in her affections.* **2** *(członek, element)* non-permanent: *a non-permanent member of the Security Council*

niestandardowy *adj* nonstandard: *nonstandard English* |

These envelopes are available in both standard and non-standard sizes.

niestety *adv* unfortunately, regrettably, sadly, alas: *Your parcel was unfortunately damaged in the mail.* | *The spelling 'Ghandi' is incorrect but regrettably very common.* | *Sadly, the concert was cancelled.* | *The promise, alas, was broken.*

niestosowny *adj* inappropriate, improper: *inappropriate clothing/comments* | *improper behaviour/suggestions* —**niestosownie** *adv* inappropriately, improperly: *You will not be allowed in* (=nie wpuszczą cię) *if you are improperly dressed.* | *The students acted inappropriately.*

niestrawność *n* indigestion: *Don't eat so fast – you'll get indigestion.* | *Spicy food always gives him indigestion.*

niestrawny *adj* indigestible: *Plant material contains both digestible and indigestible fibre* (=błonnik). | *indigestible statistics*

niestrudzony *adj* tireless: *a tireless helper* | *tireless efforts*

niesubordynacja *n* insubordination: *Howell was dismissed for gross insubordination.*

nieswojo *adv* **ktoś czuje się/komuś jest nieswojo** sb feels/is uncomfortable: *I feel uncomfortable talking about Gayle when she isn't here.*

nieswój *adj* uncomfortable: *Shocked and visibly uncomfortable, Owens said, "No comment."*

niesympatyczny *adj* unpleasant, unsympathetic: *Our neighbours are extremely unpleasant.* →patrz też ANTYPATYCZNY

UWAGA: niesympatyczny i unsympathetic

Najczęstsze znaczenie przymiotnika **unsympathetic** to „nieprzychylny", „nieżyczliwy" lub „obojętny": *a government that is unsympathetic to public opinion* | *I told her about my misfortune, but she was totally unsympathetic.* Tylko sporadycznie tłumaczymy **unsympathetic** jako „niesympatyczny", zwykle wtedy, gdy mowa o postaciach książkowych, filmowych itp.: *The novel is full of unsympathetic characters.* | *Jean-Pierre Marielle and Gerard Depardieu play a pair of unsympathetic musicians.*

niesystematyczny *adj* disorganized, haphazard: *Tim's far too disorganized to be a good teacher.* | *We work in a very haphazard way.*

nieszczelny *adj* leaky: *a leaky roof/pipe/tap*

nieszczery *adj* insincere: *I cannot imagine being insincere with my children.* | *I feel that the Minister is insincere in his apologies.* | *an insincere smile* —**nieszczerze** *adv* insincerely: *She was used to people who smiled insincerely.*

nieszczęsny *adj* wretched: *I'm so happy I don't have to take that wretched exam again!*

nieszczęście *n* **1** misfortune: *Don't laugh. It's cruel to make fun of people's misfortunes.* | *He's the nastiest man I've ever had the misfortune to meet!* **2 na nieszczęście** as bad/ill luck would have it: *As bad luck would have it, the spring floods arrived two months early.*

nieszczęśliwie *adv* **1** unhappily: *His first marriage ended unhappily.* **2** *(pechowo)* unluckily: *He fell so unluckily that he broke his leg.* **3 czuć się/wyglądać nieszczęśliwie** feel/look unhappy/miserable: *Why are you looking so miserable?*

nieszczęśliwy *adj* **1** *(człowiek, życie)* unhappy, miserable: *It's obvious to everyone that he's unhappy.* | *a very unhappy childhood* | *You're making my life miserable.* THESAURUS SAD **2** *(wypadek)* unfortunate: *a victim of an unfortunate accident* **3** *(zbieg okoliczności)* unfortunate, unhappy: *an unfortunate/unhappy coincidence*

nieszczęśni-k/ca *n* wretch: *The poor wretch had really suffered.*

nieszkodliwy *adj* harmless: *He's a fool, but he's harmless.* | *These chemicals are supposedly* (=podobno) *harmless to people.*

nieścisłość *n* inaccuracy: *There were several inaccuracies in the report.*

nieścisły *adj* inaccurate: *Some of the information was inaccurate or incomplete.*

nieść *v* **1** carry: *a small girl carrying a huge bunch of roses* | *There were too many bags for one person to carry.* | *sand and rocks carried by the river* **2 nieść pomoc/pociechę itp. (komuś)** bring help/comfort etc (to sb): *They know how important it is to bring help to people who are unemployed.* | *I wrote this book to bring solace to other parents who have lost a child.* **3 nieść za sobą** carry: *Murder carries a life sentence in this state.* →patrz też NOSIĆ, PRZYNIEŚĆ, WYNIEŚĆ, ZANIEŚĆ

nieść się *v* carry: *The sounds of laughter carried as far as the lake* (=do samego jeziora).

nieślubny *adj* illegitimate: *an illegitimate child/son*

nieśmiało *adv* shyly, timidly: *She smiled shyly and started to blush.* | *The little girl peered out* (=spoglądała) *timidly from behind her mother's skirts.*

nieśmiałość *n* shyness, timidity: *Alan forgot his shyness and began asking them questions.* | *That is precisely why you are having a problem overcoming your timidity.*

nieśmiały *adj* shy, timid: *She was very shy, and didn't like using the phone.* | *a timid girl who never spoke* (=nigdy się nie odzywała)

nieśmiertelność *n* immortality: *the immortality of the soul*

nieśmiertelny *adj* immortal: *Plato believed that the soul is immortal.* | *the immortal words of Shakespeare*

nieświadomie *adv* unconsciously, unknowingly

nieświadomość *n* unconsciousness, oblivion

nieświadomy *adj* **1 nieświadomy czegoś** unaware/unconscious of sth, oblivious to/of sth: *People who invest money are often unaware of the risks involved.* | *She appeared to be unconscious of the amusement she had caused by her remarks.* | *We can be oblivious to the presence of God.* | **nieświadomy, że ...** unaware that ...: *Many alcoholics are unaware that they have a problem until it is too late.* | **nieświadomy (tego), co/kiedy itp.** unaware of what/when etc: *She seemed completely unaware of what was happening.* | *They are unaware of where the problems are.* | **nieświadomy niebezpieczeństwa** unaware/oblivious/ignorant of the danger: *The child was clearly unaware of the danger.* | *ignorant of the dangers of passive smoking.* **2** *(zachowanie)* unconscious: *Walking is largely an unconscious movement.* **3** *(niezorientowany)* unwary: *unwary tourists*

nieświeży *adj* **1** *(jedzenie)* bad: *That sandwich looks bad to me. You'd better throw it away.* | *sick from eating bad seafood* **2** *(pieczywo)* stale: *a piece of stale bread* **3 nieświeży oddech** bad breath: *On the flight, I sat next to some guy with bad breath.*

nietaktowny *adj* tactless, insensitive: *How could he be so tactless? | a tactless remark/comment | insensitive questions about her divorce* THESAURUS RUDE

nietknięty *adj* **1** *(niezniszczony)* intact, unaffected, untouched: *Most of the houses were destroyed, but the church remained intact. | an area untouched by the war* **2** *(nienapoczęty)* untouched: *The food looked so awful that it was left untouched.*

nietolerancja *n* **1** *(brak tolerancji)* intolerance: *racial/religious intolerance* **2** *(uczulenie)* allergy, (allergic) reaction: *Some people experience a mild reaction to the drug.*

N

nietolerancyjny *adj* intolerant: *People in this small village are intolerant of progress.*

nietoperz *n* bat: *Most people think that bats are blind, but in fact this is a myth.*

nietowarzyski *adj* antisocial: *He didn't even try to talk to her - he's so antisocial.*

nietrudno *adv* not difficult/hard: *It's not difficult to see why she's unhappy all the time.*

nietrwały *adj* **1** *(produkt spożywczy)* perishable: *milk and other perishable items* **2** *(zjawisko)* transient: *transient fashions | a transient phenomenon*

nietrzeźwy *adj* intoxicated: *Do you know how to deal with an intoxicated teenager?* | **znajdować się/być w stanie nietrzeźwym** be intoxicated: *The driver was clearly intoxicated.* | **prowadzenie pojazdu w stanie nietrzeźwym** driving while intoxicated, drunken driving, drink-driving *BrE*, drunk-driving *AmE*: *He was arrested for driving while intoxicated.*

nietykalność *n* immunity: *Both men were granted immunity.*

nietykalny *adj* untouchable: *As sheriff of the county, Weber thought he was untouchable.*

nietypowy *adj* uncharacteristic: *uncharacteristic behaviour* THESAURUS UNUSUAL

nieuchronny *adj* inevitable, impending, imminent: *Getting older is inevitable. | the inevitable process of change | an impending crisis | A declaration of war now seemed imminent.* —**nieuchronnie** *adv* inevitably: *Such bad economic conditions inevitably lead to more crime.* —**nieuchronność** *n* inevitability: *the inevitability of change*

nieuchwytny *adj* **1** *(człowiek)* elusive: *We repeatedly tried to contact the manager, an elusive man who was never in his office.* **2** *(cecha)* intangible, elusive: *There was an intangible quality of mystery about the place. | The meaning of the poem was somewhat elusive.*

nieuczciwy *adj* **1** dishonest: *a dishonest politician | I can't tell them that - it would be dishonest.* **2** *(policjant, polityk)* crooked: *the mayor* (=burmistrz) *and his crooked cohorts* (=kamraci) **3 nieuczciwa konkurencja** unfair competition: *unfair competition from abroad* —**nieuczciwie** *adv* dishonestly: *Philip had behaved very dishonestly towards his classmates.* —**nieuczciwość** *n* dishonesty: *Are you accusing me of dishonesty?*

nieudacznik *n* loser, failure: *Pam's boyfriend is such a loser! | I always felt a bit of a failure at school.*

nieudany *adj* **1** *(zakończony niepowodzeniem)* unsuccessful, abortive: *an unsuccessful experiment/attempt | an abortive military coup* (=zamach stanu) *| an abortive attempt/effort* **2** *(niespełniający oczekiwań)* disappointing: *Sadly for the Queen, she is not just another mum with disappointing children.* **3** *(małżeństwo)* unsuccessful: *the risk of an unsuccessful marriage* **4** *(artysta)* unsuccessful, failed: *an unsuccessful artist | a failed actor/writer*

nieudolny *adj* incompetent, inept, incapable: *This government is totally incompetent. | the inept management of the team | He's both incapable and dishonest.* —**nieudolnie** *adv* incompetently, ineptly: *the most incompetently organised international conference | originally written in Korean, ineptly translated into Norwegian* —**nieudolność** *n* incompetence, ineptitude: *The manager was fired for incompetence. | Do you know that we can sue you* (=wytoczyć ci proces) *for your ineptitude?*

nieufnie *adv* warily, with distrust/mistrust: *He was glancing warily over his shoulder. | Many people regard politicians with distrust.*

nieufność *n* mistrust, distrust: *an atmosphere of mistrust | She showed a great mistrust of doctors. | The local people regard the police with distrust.*

nieufny *adj* mistrustful, distrustful, wary: *For nearly a whole century, Eastern and Western Europe remained deeply distrustful of each other. | Children should be wary of strangers.*

nieugięty *adj* relentless, indomitable: *a relentless defender of human rights | There was something indomitable about her.*

nieuleczalny *adj* **1** *(choroba)* incurable, terminal: *an incurable disease | She has terminal cancer.* **2** *(optymista itp.)* incurable: *Unfortunately she had married an incurable drunkard. | an incurable romantic* —**nieuleczalnie** *adv* incurably, terminally: *Fourteen months ago I was incurably ill - now I exercise! | a ward* (=oddział) *for terminally ill patients*

nieumeblowany *adj* unfurnished: *a privately rented, unfurnished flat*

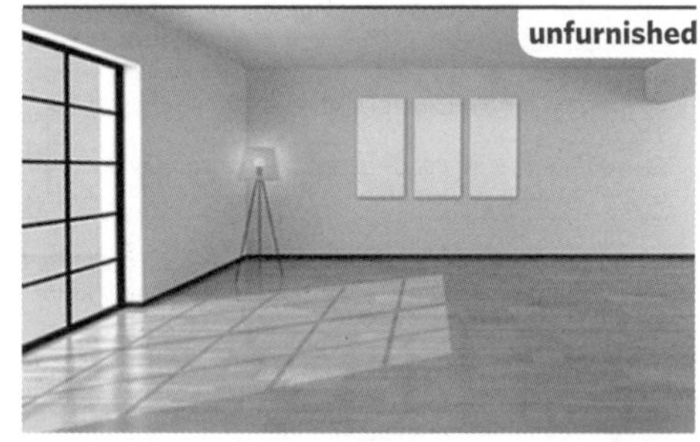

nieumiejętność *n* **nieumiejętność robienia czegoś** inability/incapacity to do sth: *his inability to make friends | the incapacity to deal with boredom when the television is off*

nieuniknony *adj* inevitable: *the inevitable bouts of travel sickness* (=napady choroby lokomocyjnej) *on school trips*

nieuprzejmy *adj* impolite: *She worried that her questions would seem impolite.* THESAURUS RUDE

nieurodzajny *adj* infertile: *infertile soil*

nieustający *adj* constant, incessant: *I have been living under constant stress over the past 12 months. | The child's incessant talking started to irritate her.*

nieustannie *adv* constantly: *Nurses constantly monitor the patients' condition. | a constantly changing process*

nieustanny *adj* constant: *constant pain/ache/noise*

nieustępliwy *adj* **1** *(człowiek)* relentless, tenacious: *journalists who were relentless in their search for the truth* | *a tenacious opponent* **2** *(ból)* persistent: *persistent headaches*

nieustraszony *adj* fearless, intrepid: *a fearless soldier/warrior* | *intrepid pioneers/explorers* THESAURUS BRAVE

nieuświadomiony *adj* unconscious: *unconscious desires*

nieuwaga *n* inattention, carelessness: *A moment of inattention can bring disaster.*

nieuważny *adj* inattentive, careless: *Sally is a lazy and inattentive child.* | *inattentive driving caused by cell phone use* | *a careless student/driver*

nieuzasadniony *adj* unfounded, unjustified: *unfounded accusations/fears/suspicions* | *I think your criticisms are completely unjustified.*

nieużytki *n* wasteland: *When I first came here, this place was just a wasteland.*

nieważkość *n* weightlessness: *a strange sensation of weightlessness* | **stan nieważkości** weightlessness —**nieważki** *adj* weightless

nieważny *adj* **1** *(bez znaczenia)* unimportant: *I don't want to waste time arguing about unimportant details.* THESAURUS UNIMPORTANT **2** *(paszport, bilet itp.)* invalid: *an invalid passport/visa/ticket* **3** *(bez mocy prawnej)* invalid, (null and) void: *an invalid contract* | *The elections were declared null and void.*

niewątpliwie *adv* undoubtedly, doubtless: *Winterson is undoubtedly one of the best writers of her generation.* | *She was doubtless assured by the news.*

niewątpliwy *adj* undoubted: *a man of undoubted genius*

niewdzięczność *n* ingratitude: *I've never seen such ingratitude in all my life!*

niewdzięczny *adj* **1** *(człowiek)* ungrateful: *Our children are so ungrateful! They don't realize how much we do for them.* **2** *(praca)* thankless, unrewarding: *a thankless task/role* | *Trying to teach kids who just don't want to learn is so unrewarding.*

niewiadoma *n* unknown (quantity): *The long-term effects of the drug are still an unknown.* | *In algebra we use alphabetical letters to describe an unknown quantity.*

niewiarygodnie *adv* **1** unbelievably, incredibly, beyond belief: *unbelievably cheap* | *incredibly beautiful* | *Tired beyond belief, we kept on walking.* **2 brzmieć niewiarygodnie** sound unbelievable/incredible: *His story sounded completely unbelievable.*

niewiarygodny *adj* **1** *(nie do wiary)* unbelievable, incredible, beyond belief: *It's incredible how much she loves those kids.* | *Their incompetence is beyond belief.* **2** *(wymówka)* unbelievable: *Yvonne's excuse for being late was totally unbelievable.* **3** *(świadek)* not credible

niewidoczny *adj* **1** invisible: *The house was invisible from the road.* | **niewidoczny gołym okiem** invisible to the naked eye **2 w niewidocznym miejscu** out of sight: *We parked the car behind the house, out of sight.*

niewidomy *adj* blind: *Stevie Wonder is a famous blind musician.*

niewidom-y/a *n* blind person: *How does a blind person use the internet?* | **niewidomi** the blind, blind people: *a radio programme especially for the blind* | *Blind people read by running their fingers over a series of raised dots, called braille.*

niewidzialny *adj* invisible: *In the story she had a magic hat which made her invisible.* | *Jagger was dancing on stage, pretending to play an invisible guitar.*

niewiedza *n* ignorance: *a mistake that was the result of their ignorance*

niewiele *pron* **1** *(z rzeczownikami policzalnymi)* few, not many: *It is surprising that so few people came to the party.* | *Not many of my friends play musical instruments.* **2** *(z rzeczownikami niepoliczalnymi)* little, not much: *These paintings have little in common with traditional Chinese art.* | *Relatives of the murdered man expressed anger that the police had done so little.* | *There isn't much we can do to help.* **3 niewiele wyższy/więcej itp.** not much taller/more etc: *His son is not much younger than I am.* **4 niewiele brakowało** that/it was close, that/it was a close shave: *"Phew, that was close," Frank said as he swerved* (=skręcając gwałtownie) *to avoid the cyclist.* | *We managed to avoid catastrophe, but it was close.* | **niewiele brakowało, a ktoś zrobiłby coś** sb nearly did sth: *He nearly missed his train.* | *We nearly lost the game.*

niewielki *adj* **1** *(małych rozmiarów)* small: *He rents a small house in the picturesque old quarter of town.* THESAURUS SMALL **2** *(nieznaczny)* slight: *Sometimes we have a slight loss and sometimes a slight surplus* (=nadwyżkę).

niewierność *n* infidelity, unfaithfulness: *a marriage destroyed by infidelity* | *Nick has paid dearly for his unfaithfulness to his wife.*

niewierny *adj* unfaithful: *an unfaithful husband/wife/servant* | *He accused me of being unfaithful to him.*

niewierząc-y/a *n* non-believer: *the rights of non-believers*

niewinny *adj* **1** innocent: *Nobody believes that she's innocent.* | *innocent of murder* | *I'm sorry. It was just an innocent mistake.* **2 uznać kogoś za niewinnego** find sb innocent/not guilty: *She was found not guilty and set free.* —**niewinnie** *adv* innocently: *He was innocently watching an episode of Sesame Street.* —**niewinność** *n* innocence: *Can you prove your innocence?* | *the innocence of childhood*

niewłaściwy *adj* **1** *(postępowanie)* improper: *improper behaviour* **2** *(kierunek)* wrong: *The TV antenna is facing the wrong way* (=jest zwrócona w niewłaściwą stronę).

niewola *n* **1** *(więzienie)* captivity: *The hostages were released from captivity.* | *Many animals won't breed* (=rozmnażać się) *in captivity.* | *the Babylonian Captivity* | **wziąć kogoś do niewoli** take sb captive/prisoner: *people taken captive during the war* | *The enemy sent a boat out from Spezia to take us prisoner.* | **być w niewoli** be in captivity, be held captive: *The American officers were held captive for three months.* **2** *(silny wpływ)* bondage, captivity: *the bondage of social conventions* | *cultural/intellectual captivity*

niewolnictwo *n* slavery: *the abolition* (=zniesienie) *of slavery*

niewolniczy *adj* **1 praca niewolnicza** slave labour *BrE*, labor *AmE*: *$5.00 an hour? That's slave labor!* **2** *(posłuszeństwo, naśladownictwo)* slavish: *Their slavish obedience disgusted me.*

niewolni-k/ca *n* slave: *accusing her mother of treating her like a slave* | **+ czegoś** to/of sth: *A lot of kids nowadays are slaves of fashion.* | **handel niewolnikami** slave trade

niewrażliwy *adj* **1** *(nieczuły)* insensitive: *One insensitive official insisted on seeing her husband's death certificate.* **2** *(odporny)* immune: *People become immune to the barking of their own dog.*

N

niewskazany *adj* inadvisable: *Bad weather made the trip inadvisable at this time.* | *It's inadvisable to take medicine without asking your doctor.*

niewspółmierny *adj* **niewspółmierny do czegoś** disproportionate to sth: *They felt that the sentence* (=wyrok) *was grossly disproportionate to the crime.*

niewybaczalny *adj* inexcusable: *Being late for your own wedding is inexcusable.* —**niewybaczalnie** *adv* inexcusably: *The boys were inexcusably rude to their teachers.*

N

niewyczerpany *adj* inexhaustible: *an inexhaustible supply of energy*

niewydajny *adj* inefficient: *an inefficient heating system*

niewydolność *n* **1** *(systemu)* malfunctioning, inefficiency: *the malfunctioning of the financial system* | *the inefficiency of the postal service* **2 niewydolność serca/nerek/wątroby** heart/kidney/liver failure

niewydolny *adj* **1** *(system)* inefficient: *Local government was inefficient and corrupt.* **2** *(narząd)* failing: *a patient with a failing liver*

niewygoda *n* discomfort: *the discomfort of sitting on the floor* | *the discomforts of the tented camp* (=obozu namiotowego)

niewygodny *adj* **1** *(mebel, strój, pozycja)* uncomfortable: *uncomfortable chairs/shoes* | *She was sitting in an uncomfortable position.* **2** *(kłopotliwy)* inconvenient: *inconvenient questions/eyewitnesses*

niewykluczony *adj* conceivable: *Theoretically a fourth possibility is conceivable.* | **niewykluczone, że ...** it is conceivable (that) ..., it is not unlikely that ...: *It is conceivable that the experts are wrong.* | **niewykluczone, że coś nastąpi** there may well be sth, it is conceivable that there will be sth: *There may well be another earthquake very soon.* | *It is conceivable that there will be a change of government.*

niewykonalny *adj* unworkable: *Jackson's first plan was unworkable.*

niewykształcony *adj* uneducated: *At the bottom of the pyramid are the uneducated poor.*

niewykwalifikowany *adj* unskilled: *unskilled workers*

niewyobrażalny *adj* inconceivable, unimaginable: *an inconceivable luxury* | *It seemed inconceivable that a man in such a powerful position could be so stupid.* —**niewyobrażalnie** *adv* inconceivably: *Why do people sometimes do inconceivably stupid things?*

niewypłacalny *adj* bankrupt, insolvent: *We will have to close the factory - we're bankrupt.* | *a bankrupt steel manufacturer* | *insolvent private companies*

niewyraźnie *adv* **1** *(widzieć, powiedzieć)* indistinctly: *She mumbled indistinctly in her sleep.* **2** *(słyszeć)* indistinctly, faintly: *She could faintly hear voices as she began to regain consciousness.* **3** *(sformułować itp.)* unclearly: *I explained somewhat unclearly what I wanted.* **4 mówić niewyraźnie** slur your words/speech: *After a few drinks, Bev was starting to slur her speech.*

niewyraźny *adj* **1** *(widok, zarys, wspomnienie)* faint, indistinct, vague, dim: *the faint outline of the cliffs* | *paintings filled with small, indistinct human figures* | *There were vague shapes of hills in the distance.* | *an indistinct memory* | *a dim/vague recollection* **2** *(smak, zapach, dźwięk)* faint: *a faint smell/taste/noise* **3** *(mowa)* blurred, indistinct, unclear: *He was drunk, and his speech was unclear.* **4** *(pismo)* unclear: *The handwriting's pretty unclear.* **5** *(fotografia)* blurred: *Her holiday photos came out overexposed* (=prześwietlone) *and blurred.*

niewysoki *adj* **1** *(człowiek)* short: *a short, fat man with glasses* **2** *(murek, wzniesienie, temperatura)* low: *A low wall surrounded the garden.*

niewystarczający *adj* insufficient: *The evidence is quite insufficient to convict him.* —**niewystarczająco** *adv* insufficiently: *an insufficiently detailed description*

niewytłumaczalny *adj* inexplicable: *the inexplicable disappearance of a young woman*

niewzruszony *adj* **1** *(nieugięty)* adamant: *We tried to negotiate, but they were adamant.* **2** *(trwały)* unshak(e)able: *She has an unshakeable conviction that her material is fascinating.* | *a story of unshakeable friendship* **3** *(spokojny)* unmoved: *Richard remained unmoved throughout the funeral.*

niezachwiany *adj* steadfast, unswerving, unshak(e)able: *Her faith in God is unshakable.*

niezadowalający *adj* unsatisfactory, inadequate, disappointing: *an unsatisfactory explanation* | *inadequate preparation* | *a disappointing result*

niezadowolenie *n* dissatisfaction, discontent: *great dissatisfaction with the conduct of the negotiations* | *growing discontent* | *He shook his head with discontent.*

niezadowolony *adj* dissatisfied, discontented, displeased: *dissatisfied customers* | *discontented workers* | **niezadowolony z kogoś/czegoś** dissatisfied/unhappy/displeased with sb/sth: *Are you dissatisfied with the course?* | *We were all unhappy with the quality of the service.*

niezależnie *adv* **1** *(samodzielnie)* independently: *Acting independently, the two scientists both arrived at the same conclusion.* | *The system operates independently of the President.* **2 niezależnie od czegoś** *(bez względu na coś)* irrespective of sth: *Anyone can participate, irrespective of age.* | **niezależnie od tego, czy/kiedy itp.** irrespective of whether/when etc: *Everyone pays the same rate of tax, irrespective of whether they're married or single.* | *all children irrespective of where they were born*

niezależność *n* independence, autonomy: *Teenagers must be allowed some degree of independence.* **+ od czegoś** from sth: *Gradually schools gained a certain amount of independence from the Church.* | *Rebel forces are fighting for autonomy from the central government.*

niezależny *adj* **1** independent, autonomous, self-reliant: *an independent expert/candidate* | *financially independent* | *The company has been divided into three new autonomous divisions.* | *David learned to be self-reliant at a young age.* | **niezależny od kogoś/czegoś** independent of sb/sth: *These students are more independent of the teachers.* | *reports from two separate sources entirely independent of one another* **2 mowa niezależna** direct speech

niezamężna *adj* unmarried, single: *an unmarried woman* | *Is she married or single?*

niezamieszkały *adj* **1** *(teren)* uninhabited: *an uninhabited island* **2** *(dom)* uninhabited, unoccupied: *We moved in right away, as the flat was unoccupied.* THESAURUS EMPTY

niezapomniany *adj* unforgettable: *an unforgettable evening/experience*

niezaprzeczalny *adj* undeniable: *In spite of our undeniable achievements, many of our citizens are dissatisfied.*

—**niezaprzeczalnie** *adv* undeniably: *Rock Hudson was undeniably handsome.*

niezaspokojony *adj* insatiable: *an insatiable appetite for cheap romantic novels*

niezastąpiony *adj* irreplaceable: *It's not true that nobody's irreplaceable.* | *The computer has become an irreplaceable tool in language learning today.* THESAURUS VALUABLE

niezauważalny *adj* imperceptible: *His hesitation* (=wahanie) *was almost imperceptible.* | *an almost imperceptible change*

niezawodność *n* reliability, infallibility: *The advantage of this system is its reliability and speed.* | *I'm constantly amazed at the infallibility of her memory.*

niezawodny *adj* **1** *(człowiek, urządzenie)* reliable, dependable: *a more reliable computer system* | *a dependable employee/player* | *a dependable car* **2** *(metoda, pamięć, lekarstwo)* infallible: *DNA testing is an almost infallible method of identification.* | *an infallible cure for a hangover* **3 niezawodne poparcie/lojalność itp.** unfailing support/loyalty etc: *I'd like to thank you all for your unfailing love and support.* —**niezawodnie** *adv* unfailingly: *He's unfailingly polite.*

niezbędny *adj* indispensable, essential: *Police dogs have proved indispensable in the war on drugs.* | *Good food is essential for your health.* THESAURUS USEFUL

niezbity *adj* conclusive, irrefutable, incontrovertible: *conclusive/incontrovertible/irrefutable evidence*

niezbyt *adv* **1** *(z przymiotnikami)* not very: *I'm not very good at maths.* | *The water's not very deep.* **2 niezbyt dużo** not very/too much: *Give me some more wine, but not too much.*

niezdarny *adj* clumsy, gawky: *I really can't picture him skiing. He's so clumsy!* | *a gawky, long-legged teenager* —**niezdarnie** *adv* clumsily: *Sam took a cigarette, lit it clumsily and sat down.*

niezdatny *adj* unfit: *The water here is unfit to drink.* | *meat that is unfit for human consumption*

niezdecydowanie *n* indecision: *He was tortured by doubt and indecision.*

niezdecydowany *adj* indecisive, undecided, hesitant

UWAGA: indecisive, undecided i hesitant

Przymiotnik **indecisive** dotyczy osób, u których trudności z podejmowaniem decyzji są stałą cechą charakteru: *She'll never be a good manager – she's far too indecisive.* Przymiotnik **undecided** odnosi się do kogoś, kto jeszcze nie podjął decyzji: *undecided voters.* Przymiotnik **hesitant** opisuje osoby lub zachowania, których niezdecydowanie wynika z obawy, nieśmiałości lub niechęci do działania: *He answered in his usual shy, hesitant manner.* | *She seemed hesitant and unwilling to talk about it.*

niezdolność *n* **niezdolność do czegoś** incapacity to do sth: *the author's incapacity to convey his ideas*

niezdolny *adj* **niezdolny do (zrobienia) czegoś** incapable of (doing) sth: *Nero was a cruel man, utterly incapable of pity or sympathy.* | *Matthew seemed to be incapable of getting a job.*

niezdrowy *adj* unhealthy: *an unhealthy baby* | *an unhealthy diet* | *As a child she had an unhealthy interest in death.*

niezgoda *n* **1** disagreement, discord: *The single biggest cause of conflict and disagreement between parents is alcohol.* | *discord within NATO* **2 kość niezgody** bone of contention: *Her drinking became a bone of contention between them.*

niezgodność *n* disagreement: *There is considerable disagreement between these two estimates.*

niezgodny *adj* **1 niezgodny z czymś** incompatible/inconsistent with sth: *behaviour incompatible with his position* | *His theory is inconsistent with the empirical evidence.* **2 być niezgodnym z prawem/regułami** be against the law/rules: *Drinking alcohol in a public place is against the law.* | *It's against the rules to pick up the ball.*

N

niezgrabnie *adv* clumsily: *Andrew was dancing with Kate who was clumsily trying to copy him.*

niezgrabny *adj* **1** *(w ruchach)* clumsy, ungainly: *The bird looked so ungainly with its long legs and tiny body.* | *Dana made a clumsy attempt to catch the ball.* **2** *(nogi)* unshapely: *His legs are horrible too, skinny and unshapely.* **3** *(tekst)* clumsy: *a clumsy apology*

niezidentyfikowany *adj* unidentified: *Three of the victims remain unidentified.* | *an unidentified flying object*

nieziemski *adj* unearthly: *an unearthly green light*

niezliczony *adj* countless, innumerable: *a drug that has saved countless lives* (=niezliczoną liczbę istnień ludzkich) | *They received innumerable letters of complaint* (=niezliczoną liczbę skarg) *about the programme.*

niezłomny *adj* steadfast: *a steadfast warrior* (=bojownik) *for peace* | *his steadfast loyalty to his country*

niezłośliwy *adj (nowotwór)* benign: *a benign tumour*

niezły *adj* **1** *(przed rzeczownikiem)* quite a/some: *He certainly made quite an impression on the kids.* | *That's quite some car. Where did you buy it?* **2** *(w innych pozycjach)* not bad, quite good: *"What was the food like?" "Oh, not bad – better than last time."* | *The idea as such* (=sam pomysł) *is quite good.*

niezmącony *adj* unbroken: *two hours of unbroken sleep* | *an unbroken silence*

niezmienny *adj* invariable, unchanging: *an activity which happens with invariable regularity* | *unchanging principles* —**niezmiennie** *adv* invariably: *She invariably arrived home from work exhausted.*

niezmiernie *adv* immensely, extremely: *The movie was immensely popular.* | *The article contains some extremely important information.*

niezmierny *adj* immense: *the immense power of the press* | *her immense popularity*

nieznacznie *adv* slightly, marginally, insignificantly: *slightly/marginally cheaper* | *The other scores* (=wyniki) *were insignificantly better.*

nieznaczny *adj* slight, marginal, insignificant: *There has been a slight improvement in her condition.* | *a marginal increase* | *an insignificant difference/change*

nieznajomość *n* **nieznajomość czegoś** ignorance of sth, unfamiliarity with sth: *complete ignorance of the most basic facts* | *mistakes caused by unfamiliarity with the legal system*

nieznajomy *adj* unfamiliar, strange: *a new place, with all its unfamiliar faces, sounds and smells* | *A strange man answered the phone.*

nieznajom-y/a *n* stranger: *Who was this mysterious stranger?* | *Mom told us never to talk to strangers.*

nieznane *n* the unknown: *a fear of the unknown | a voyage into the unknown*

nieznany *adj* unknown: *For some unknown reason, Fred quit his job and moved to Alaska. | The number of people injured is still unknown.* | **nieznany komuś** unknown/unfamiliar to sb: *The phenomenon of laughter is unknown to animals. | The name was unfamiliar to me.*

niezniszczalny *adj* indestructible: *These toys are practically indestructible.* —**niezniszczalność** *n* indestructibility

nieznośnie *adv* **1** *(w sposób trudny do zniesienia)* intolerably, unbearably: *My eyes itched intolerably. | an unbearably hot day* **2** *(niegrzecznie)* naughtily: *kids who behave naughtily*

nieznośny *adj* **1** *(nie do zniesienia)* intolerable, unbearable: *In the middle of the day, the heat was intolerable. | The pain was unbearable.* **2** *(niegrzeczny)* naughty: *a naughty little girl*

niezręcznie *adv* awkwardly, clumsily: *"Excuse me, I mean, could you help me out?" she began awkwardly. | Sam took a cigarette, lit it clumsily and sat down.*

niezręczność *n* awkwardness, clumsiness: *I sensed a certain awkwardness in her manner. | He apologized for his clumsiness.*

niezręczny *adj* **1** *(człowiek, ruch, sformułowanie)* awkward, clumsy: *With an awkward movement, Nick turned his head. | I'm always breaking cups – I'm so clumsy. | the awkward wording of the letter* THESAURUS ▸ DIFFICULT **2** *(cisza, przerwa)* awkward, uncomfortable: *an awkward pause in the conversation | an uncomfortable silence*

niezrozumiały *adj* incomprehensible, unintelligible: *incomprehensible legal language | a series of unintelligible syllables | I find your whole attitude quite incomprehensible.* —**niezrozumiale** *adv* incomprehensibly, unintelligibly: *Let me know next time you hear me speaking incomprehensibly.*

niezrozumienie *n* incomprehension: *This idea was greeted with incomprehension.*

niezrównany *adj* incomparable, unparalleled, unrivalled *BrE*, unrivaled *AmE*: *the incomparable beauty of the Scottish Highlands | an unparalleled success | Horowitz was unrivalled in his mastery of the piano.*

niezrównoważony *adj* disturbed, unbalanced, unstable: *The defendant* (=oskarżony) *is mentally and emotionally disturbed. | I didn't realize what an unbalanced individual he was.*

niezupełnie *adv* **1 niezupełnie jasny/prawdziwy itp.** not quite clear/true etc: *Give me five minutes – I'm not quite ready yet. | There's one point in your letter that is not quite clear.* THESAURUS ▸ ALMOST **2** not exactly/quite: *"Sheila's ill, is she?" "Not exactly, she's just tired." | "Do you see what I mean?" "No, not quite."*

niezwłocznie *adv* immediately, promptly: *If you lose your credit card, phone this number immediately. | Please reply promptly to this invitation.*

niezwłoczny *adj* immediate, prompt: *Snake bites require immediate medical attention. | All complaints receive a prompt response.*

niezwyciężony *adj* invincible: *the once* (=niegdyś) *invincible East German athletics team*

niezwykle *adv* **1** *(bardzo)* extraordinarily, remarkably: *Her latest movie is extraordinarily funny. | You boys look remarkably similar.* **2** *(inaczej niż zwykle)* unusually: *The house was unusually quiet. | unusually hot/difficult*

niezwykły *adj* unusual, extraordinary, remarkable: *an unusual smell/flavour | What an extraordinary idea! | Was there anything remarkable about his injuries?* THESAURUS ▸ UNUSUAL

nieźle *adv* **1** pretty well: *Teaching used to be a pretty well paid profession. | We played pretty well but lost – I guess we were just unlucky.* **2 nieźle!** not bad!: *"I got a B+ on my test!" "Not bad!"*

nieżonaty *adj* unmarried, single: *an unmarried man*

nieżyczliwy *adj* unkind: *an unkind remark* —**nieżyczliwie** *adv* unkindly: *She treated them very unkindly.*

nieżyjący *adj* deceased: *The President was an old friend of her deceased father.*

nieżywy *adj* dead: *There was a dead rat on the cellar steps.*

nigdy *adv* **1** never: *I never drink alcohol. | Never lend money to your friends.* THESAURUS ▸ RARELY **2 prawie nigdy (nie)** hardly ever: *Danny hardly ever gets up before noon.* **3 jak nigdy (dotąd/przedtem)** as/like never before: *Today, as never before, music and movies are universal media. | Even the three debutants played like never before.* → patrz też **nigdy nie wiadomo** (WIADOMO), **nigdy w życiu** (ŻYCIE)

nigdzie *adv* nowhere, not anywhere: *Nowhere in Europe is folklore present in everyday life as in Romania. | I'm not going anywhere. | I can't find my keys anywhere.* | **nigdzie indziej** nowhere else: *This happened nowhere else in the world.*

nijak *adv* **1 nijak nie mogę/mogłam itp.** I etc just can't/couldn't: *I just can't see her as a teacher. | She just couldn't get back to sleep.* **2** *(w żaden sposób)* in no way, not in any way: *This will in no way influence our original decision.*

nijaki *adj* **1** nondescript, bland: *nondescript suburban houses | bland TV quiz shows* **2 rodzaju nijakiego** neuter: *a neuter noun*

nikczemny *adj* despicable: *You're a despicable liar!*

nikiel *n* nickel

nikły *adj* **1** *(szansa, nadzieja)* faint, slim: *a very slim chance of winning | There's still a faint hope that they might be alive.* **2** *(światło)* faint, dim: *in the dim light of a winter evening*

nikotyna *n* nicotine: *chewing gum containing nicotine*

nikt *pron* **1** no one, nobody: *No one laughed at his jokes. | There's nobody home. | Nobody knows where she's gone.* | **jak nikt (inny)** like nobody else: *She sings like nobody else.* **2** *(człowiek bez znaczenia)* nobody: *Six months ago she was a nobody, and now she's a superstar.*

nim[1] *conj* before: *Before she could reply, Grant put the phone down.*

nim[2] *pron* **1** *(o ludziach)* him: *Are you going with him?* **2** *(o rzeczach)* it: *This is a completely different problem. We'll talk about it some other time.* **3** *(w liczbie mnogiej)* them: *My parents have helped me a lot. I only got the prize thanks to them.*

nimfa *n* nymph

nimi *pron* them: *I don't agree with them.*

niniejszy *adj* **1** present: *the present contract* **2 niniejszym** hereby: *I hereby submit my resignation.*

niski *adj* **1** low: *a low wall/table/building | low clouds | low wages/prices/taxes | low voices/notes | low* *temperatures/pressure | low educational standards* **2** *(człowiek)* short: *a short, fat man with glasses*

tall/low

a tall building

a low building

nisko *adv* low: *The plane flew low over the fields. | She sang low and sweetly.*

nisza *n* niche: *a shallow niche at one end of the room | She found her niche as a fashion designer.*

niszczeć *v* **1** decay: *The Metropole Hotel was now decaying after years of neglect.* **2** *(pod wpływem wiatru itp.)* weather: *Over time these rocks weathered and turned to clay and mud.*

niszczycielski *adj* destructive, devastating: *the destructive power of the bomb | Chemical pollution has had a devastating effect on the environment.*

niszczyć *v* destroy, ruin: *A virus was slowly destroying his heart. | Television is ruining the art of conversation.* → patrz też ZNISZCZYĆ

nitka *n* **1** thread: *a spool of white thread* **2** *(autostrady itp.)* lane **3 przemoczony do suchej nitki** soaked/wet to the skin: *I was cold, exhausted, and soaked to the skin.* **4 nie zostawić na kimś suchej nitki** crucify sb: *If the newspapers find out you'll be crucified.*

niuans *n* nuance: *He was aware of every nuance in her voice.*

niweczyć *v* → patrz ZNIWECZYĆ

nizina *n* lowland: *the Scottish lowlands | The mountain regions are more thinly populated than the lowlands.* —**nizinny** *adj* lowland: *lowland farming*

niż[1] *conj* than: *This is a lot more difficult than I thought. | There were more accidents this year than last year.*

niż[2] *n (atmosferyczny)* low: *a low moving in over the Pacific*

niżej *adv* **1** *(ku dołowi)* lower (down): *He bent lower over the engine. | Lower down and a little to the left rose (=wznosił się) a second volcano.* **2** *(w dole)* below: *two floors below* **3 niżej niż** below: *Do not drop the weight below shoulder level.* **4 niżej podpisany** the undersigned: *We, the undersigned, promise to pay the sum of five thousand dollars.*

niższość *n* **kompleks niższości** inferiority complex: *Her inferiority complex is destroying her life.*

niższy *adj* **1** lower: *the lower slopes of the mountain | the lower deck of the ship | Temperatures will be lower over the weekend. | the lower classes* **2** *(człowiek)* shorter: *Tom is shorter than Bill.*

no *part* **1** *(tak)* yeah: *"Did you pass?" "Yeah, I got a B."* **2 no, no** well, well: *Well, well, I didn't think I'd see you here, Sue.* **3 no cóż** well: *"Why is she leaving?" "Well, it's obvious, isn't it?"* **4 no dobrze** very well, right then: *"Are you coming?" "Oh, very well, if I must." | "Right then, ready to go?" said the driver.* **5 no, dalej/już!** come on!: *Come on, don't be shy.* **6 no to co?** so what?: *Yes, I'm late. So what?*

noc *n* night: *The night was calm and warm. | We spent the night in the car. | a sleepless night* | **w nocy/w ciągu nocy** at night(time), during the night: *Foxes sleep during the day and hunt at night. | animals that hunt at nighttime | Their car was stolen during the night.* | **w środku nocy** in the middle of the night | **(przez) całą noc** all night (long): *I stayed awake all night. | In New York, some stores stay open all night long.* | **każdej nocy/co noc** every night, nightly: *I dream about her every night. | The bar is open nightly.* | **na noc** overnight, for the night: *Is it all right if I stay overnight at Tom's house?* | **przez noc** overnight, during the night: *The temperature dropped to -15° overnight.* → patrz też **dzień i noc** (DZIEŃ)

nocleg *n* overnight stay: *an overnight stay in New York* | **szukać noclegu** look/search for a place to spend the night

nocnik *także* **nocniczek** *n* potty: *I started taking the baby to the potty a couple of times a day.*

nocny *adj* **1** *(spacer itp.)* night, nocturnal: *a night attack | Al occasionally takes a nocturnal stroll.* **2** *(lot)* overnight: *an overnight flight to Japan* **3** *(zwierzę)* nocturnal: *nocturnal creatures* **4 nocna zmiana** night shift, graveyard shift *AmE*: *She's on the night shift this week.* **5 nocne życie** nightlife: *It's a beautiful place but there's not much nightlife.* **6 nocny lokal** nightclub: *They've turned our local church into a night club – it's a sign of the times, isn't it?* **7 nocny stróż** night watchman **8 nocny portier** night porter → patrz też **koszula nocna** (KOSZULA)

nocować *v* spend the night: *Well, where do you usually spend the night?* → patrz też PRZENOCOWAĆ

noga *n* **1** *(kończyna)* leg: *Nicola broke her leg when she went skiing. | He has no feeling in his legs. | long, shapely (=zgrabne) legs* | **założyć nogę na nogę** cross your legs: *Doris sat down and crossed her legs.* **2** *(stopa)* foot: *Sorry, did I step on your foot?* | **palec u nogi** toe **3 w nogach łóżka** at the foot of the bed: *I stood at the foot of the bed, looking at Frank.* **4 być na nogach** be on your feet: *I've been on my feet all day and I need to rest.* → patrz też **do góry nogami** (GÓRA)

nogawka *n* (trouser) leg: *He rolled up (=podwinął) his trouser leg to exhibit his wounded knee. | The legs of my jeans were covered in mud.*

nokaut *n* knockout: *The fight ended in a knockout.*

nomada *n* nomad

nominacja *n* nomination: *Who will get the Republican nomination for president? | his nomination as chief executive*

nominalny *adj* nominal: *I bought the house for a nominal sum in 1963.* —**nominalnie** *adv* nominally: *a nominally independent company*

nominał *n* denomination: *bills in denominations of $1 and $5*

nominować *v* nominate: *I wish to nominate Jane Morrison as president of the club.*

nominowan-y/a *n* nominee: *Speakers included former presidential nominee Bob Dole.* | **nominowany z ramienia Partii Demokratycznej** Democratic nominee | **nominowany do Oskara** Oscar nominee

nonkonformist-a/ka *n* nonconformist —**nonkonformistyczny** *adj* nonconformist: *nonconformist attitudes*

nonsens *n* nonsense: *"She says she's 39." "Nonsense!"* | *The whole idea's a complete nonsense.* —**nonsensowny** *adj* nonsensical: *nonsensical ideas*

nonszalancja *n* nonchalance: *It would be abnormal to react with nonchalance in a situation like this.* —**nonszalancki** *adj* nonchalant: *We could see the nonchalant figure of the tall Englishman strolling unconcerned across the grass.* —**nonszalancko** *adv* nonchalantly: *"Did she happen to mention my name?" he asked nonchalantly.*

N

nora *n* burrow, den: *Chipmunks concentrate their food in underground burrows.* | *The dogs are sent in to flush out* (=wypędzić) *the fox from its den.*

norka *n (zwierzę)* mink: *a mink coat* (=futro z norek)

norma *n* **1** norm: *Unemployment is becoming the norm here.* | *terrorists who violate the norms of civilized society* | **odchylenie od normy** deviation from the norm | **wracać do normy** get back/return to normal: *Everything will soon return to normal.* **2 normy moralne** moral standards: *We all have to live by certain moral standards.*

normalizacja *n* normalization, normalisation *BrE*

normalnie *adv* **1** normally: *Try to relax and breathe normally.* | *Normally I would have gone straight home, but under the circumstances I decided to visit my mother.* **2 wyglądać normalnie** look normal: *You check the house and everything looks normal.*

normalność *n* normality: *After the war, normality gradually returned.*

normalny *adj* normal: *a perfectly normal little girl* | *Only 4 to 7 mutations are required to turn a normal cell into a cancerous cell.* | *Try to speak in your normal voice.* | *It is quite normal for people to be afraid of the dark.*

normować się *v* normalize, normalise *BrE*: *The situation in the state is normalizing.*

Norwegia *n* Norway —**Norwe-g/żka** *n* Norwegian

norweski *adj* Norwegian: *Norwegian fishermen*

nos *n* **1** nose: *Marty punched him on the nose* (=przyłożył mu pięścią w nos). | *She's sensitive about her big nose.* | **krwawienie z nosa** nosebleed | **wydmuchać nos** blow your nose | **dłubać w nosie** pick your nose | **marszczyć nos** crinkle up your nose **2 pilnuj swego nosa!** mind your own business! **3 przed samym nosem** (right) under your nose: *The prisoner escaped right under our noses!* **4 wtykać nos w coś** stick/poke your nose into sth: *My mother-in-law is always poking her nose into our affairs.* **5 zadzierać nosa** put on airs: *Monica has been putting on airs ever since she moved to Beverly Hills.* **6 kręcić nosem na coś** turn your nose up at sth: *Many professors turn their noses up at television.*

nosiciel/ka *n* carrier: *Anybody who has the virus is a carrier and can infect others.* | *an HIV-carrier*

nosić *v* **1** carry: *The women have to carry water from the well to the village.* **2** *(ubranie, buty, fryzurę itp.)* wear: *The children were all wearing colourful costumes.* | *Dave doesn't wear his wedding ring any more.* | *Do you wear your glasses all the time, or just for reading?* | *She never wore pigtails.* →patrz też NIEŚĆ

nosidełko *n (dla niemowlęcia)* (baby) sling

nosorożec *n* rhinoceros, rhino: *The white rhino is now almost extinct.*

nosowy *adj* nasal: *a high nasal voice* | *nasal vowels*

nostalgia *n* nostalgia: *There's a mood of nostalgia throughout the whole book.* | *nostalgia for his life on the farm* —**nostalgiczny** *adj* nostalgic: *a nostalgic visit to my home town* —**nostalgicznie** *adv* nostalgically

nosze *n* stretcher: *They lifted me onto a stretcher and took me to the ambulance.*

nośnik *n* medium: *any kind of electronic or magnetic medium*

nota *n* **1** *(dyplomatyczna)* note: *The Germans sent a note urging surrender* (=wzywającą do poddania się). **2** *(punkty)* score: *Do you know how to interpret figure skating scores?*

notacja *n* notation: *musical notation*

notariusz/ka *n* solicitor *BrE*, notary (public) *AmE*: *We'll have to sign these documents in the presence of a Notary Public.*

notatka *n* **1** *(zapisek)* note: *Someone had written a note in the margin.* **2 notatki** notes: *Can I borrow your notes?* | **robić notatki** take notes: *This paper's no good for taking notes.* **3** *(służbowa)* memo, memorandum: *Think carefully before answering that memo.*

notatnik *n* notebook: *I tore a page out of my notebook.*

notes *n* notebook: *He had a notebook which he had filled with stories and poems.*

notesik *n* pocketbook

notka *n (na okładce książki)* blurb: *I never look at blurbs on the backs of books.*

notorycznie *adj* notoriously: *Their long-term weather predictions are notoriously unreliable.*

notować *v* **1** *(zapisywać)* note/take down: *You should have some experience in noting down what people are saying.* **2** *(robić notatki)* take notes: *It might be a good idea to take notes during the lecture.*

notowania *n* rating(s): *NBC's new comedy had the highest television rating this season.*

nowatorski *adj* **1** *(technologia itp.)* innovative: *an innovative system of traffic control* (=system obsługi ruchu drogowego) | *innovative techniques* **2** *(pomysł itp.)* novel: *a novel approach to the problem*

nowela *n* short story: *a collection of short stories*

> **UWAGA: nowela i novel**
>
> Angielski rzeczownik **novel** nie oznacza „noweli", tylko „powieść".

nowicjusz/ka *n* novice, newcomer: *I am a novice at chess.* | *a newcomer to teaching*

nowiutki *adj* brand-new: *a brand-new motorcycle* THESAURUS NEW

nowo *adv* newly: *the newly appointed director* | *a newly built home* | **nowo narodzony** newborn: *a newborn baby/infant* | *newborn animals* | **nowo powstały** emerging: *In 1911 the newly emerging car industry faced a crisis.* | *emerging nations of Asia and Africa* THESAURUS RECENTLY

nowoczesność *n* modernity: *a conflict between tradition and modernity*

nowoczesny *adj* **1** *(zgodny z najnowszymi osiągnięciami)* modern, up-to-date, advanced: *modern technologies* | *up-to-date equipment/facilities/methods* | *the most advanced computer on the market* THESAURUS MODERN

2 sztuka nowoczesna modern art **3 taniec nowoczesny** modern dance

antique/modern

an antique typewriter

a modern laptop

nowomodny *adj* newfangled: *newfangled ideas about education* THESAURUS MODERN

noworodek *n* newborn: *Babies need a lot of sleep and this is particularly true of newborns.*

nowość *n* **1** *(rzecz)* novelty: *at a time when television was still a novelty* **2** *(cecha)* newness: *'Scream 2' lacks the newness and originality of 'Scream 1' but it is still worth seeing.*

nowotworowy *adj* cancerous: *cancerous cells/changes*

nowotwór *n* **1** *(guz)* tumour *BrE*, tumor *AmE*: **nowotwór złośliwy/niezłośliwy** malignant/benign tumour **2** *(choroba)* cancer: *cancer of the liver*

nowożeńcy *n* newlyweds: *The hotel seemed to be full of newlyweds.*

nowożytny *adj* modern: *modern languages* | *the birth of modern democracy*

nowy *adj* **1** new: *The new bridge was officially opened this morning.* | *A new TV for only $200!* | *new laws on smoking* | *a new season of comedy on BBC* | *Eight new members are expected to join.* THESAURUS NEW **2 jak nowy** as good as new: *Your watch just needs cleaning and it'll be as good as new.* **3 od nowa** anew: *Fighting began anew on May 15.* →patrz też **nowa krew** (KREW), **Nowy Rok** (ROK), **Nowy Testament** (TESTAMENT)

now-y/a *n* newcomer: *We were each paired with a newcomer to help with training.*

nozdrze *n* nostril: *cold air in my nostrils*

nożyce *n* **1** scissors: *blunt scissors* **2** *(ogrodowe, kuchenne)* shears: *a pair of garden shears*

nożyczki *n* scissors: *we recommend rounded scissors for small children*

nóż *n* knife: *Be careful. That knife's very sharp.* | *I'll put out the knives and forks on the table.*

UWAGA: knife

Rzeczownik **knife** ma nieregularną formę liczby mnogiej: **knives**.

nóżka *n* **1** *(kieliszka)* stem: *a crystal glass with a long, slender stem* **2** *(kurczaka)* drumstick: *frozen chicken drumsticks* →patrz też NOGA

nucić *v* hum: *If you don't know the words, just hum.*

nuda *n* **1** boredom: *We sang songs to relieve the boredom.* **2 z nudów** out of boredom

nudno *adv* **1 jest mi nudno/nudno mi** I'm bored: *I've never been so bored in my life!* **2** także **nudnie** in a boring/dull way/fashion/manner: *Does it have to be presented in such a boring fashion?*

nudności *n* **odczuwać nudności** feel sick: *Both of us felt sick after eating the fish.*

nudny *adj* boring, dull: *I thought the party was really boring.* | *We've got a really boring history teacher.* | *Our neighbours are OK, I suppose, but they're so dull!* | *a dull speech full of clichés*

UWAGA: dull i boring

Przymiotnik **dull** odnosi się do nudnych zdarzeń i czynności, a także do osób, które niewiele mówią lub nie mówią nic ciekawego: *We spent a dull afternoon with Peter's friends.* | *She's a nice, polite girl, but rather dull.* Należy pamiętać, że wyraz **dull** w odniesieniu do osób może również znaczyć „niezbyt bystry", czy wręcz „tępy": *He was one of the dullest students I'd ever taught.* Wyraz **boring** łączy się w sposób naturalny m.in. z następującymi rzeczownikami: *conversation, schoolwork, subject, life, job, book, story, film, lecture, party, exhibition, person, town, countryside, building.*

nudyst-a/ka *n* nudist: **plaża dla nudystów** nudist beach

nudzia-rz/ra *n* bore: *Dr Webster's an awful old bore - why did you invite him?*

nudzić *v* bore: *Am I boring you?* THESAURUS TALK

nudzić się *v* **1** *(człowiek)* get/be bored: *Children get bored very easily.* | *Dad, can we go home now? I'm bored!* **2** *(zajęcie)* get/become boring: *The same exercises get boring if you do them day after day.*

nuklearny *adj* nuclear: *the use of nuclear weapons*

numer *n* **1** number: *your address and telephone number* | **numer kierunkowy** (dialling) code *BrE*, area code *AmE*: *What's the dialling code for Glasgow?* | **numer wewnętrzny** extension (number) | **numer rejestracyjny** registration numbers **2** *(buta)* size: *What size shoes does Kelly wear?* **3** *(czasopisma itp.)* issue: *the latest issue of 'Newsweek'* **4** *(w programie rozrywkowym)* act: *They used to do a comedy act together.*

numerek *n (żeton)* token

numerować *v* →patrz PONUMEROWAĆ

nurek *n* diver, frogman: *A team of divers was sent down to examine the wreck.* | *Police frogmen fished the body out of the East River a week later.*

nurkować *v* **1** go diving: *They went diving in the Florida Keys on their vacation.* **2** *(z aparatem)* go scuba diving **3** *(z fajką)* go snorkelling

nurkowanie *n* **1** diving: *Deep-sea diving is regarded as a high-risk occupation.* **2** *(z aparatem)* scuba diving. **3** *(z fajką)* snorkelling

nurt *n* **1** *(rzeki)* current: *a strong current* **2** *(tendencja)* trend: **główny nurt** the mainstream: *the mainstream of international art*

nuta *n* note: *Most people can't sing such high notes.* | **cała nuta** semibreve *BrE*, whole note *AmE*

nużący *adj* tedious: *a tedious journey/discussion*

nylon *n* nylon: *a carpet madeof 80% wool and 20% nylon*

N

Oo

o *prep* **1** *(na temat)* about: *a book about dinosaurs* | *a film about how* (=o tym, jak) *the universe began* | **rozmawiać/myśleć/wiedzieć itp. o czymś** talk/think/know etc about sth: *How much do you know about China?* | *He spoke about his love of acting.* THESAURUS ABOUT **2** *(z określeniami czasu)* at: **o (godzinie) pierwszej/drugiej** at one/two (o'clock): *At five thirty, the staff began to leave the building.* | **o świcie/północy itp.** at dawn/midnight etc: *The street lights go on* (=zapalają się) *at dusk* (=o zmroku). **3** *(charakteryzujący się)* of: *areas of high unemployment* (=obszary o wysokim bezrobociu) | *a man of high moral standards* **4 opierać się/uderzać itp. o coś** lean/hit etc against sth: *Sheldon leaned lazily back against the wall.* | *The rain drummed* (=bębnił) *against the window.* | *I like it when the cat rubs its head against my legs.* **5** *(w porównaniach)* **o dwa lata młodszy/starszy itp.** two years younger/older etc: *The new Corvette is only 1.2 inches longer than its predecessor* (=poprzedniczka). | **o połowę** by half: *The country is planning to cut its defence budget by half.* **6 pytać (kogoś) o coś** ask (sb) about sth: *Did they ask you about your qualifications?* | **prosić (kogoś) o coś** ask (sb) for sth: *Some people don't like to ask for help.* | **prosić kogoś o radę** ask sb's advice: *Sarah wants to ask your advice.* **7 walczyć o coś** fight for sth: *Women fought for the right to vote.* | **kłócić się o coś** argue/fight over/about sth: *Let's try not to fight over money.*

oaza *n* oasis: *The park was an oasis of calm in the middle of the city.*

oba, obaj *num* both: *Both countries wanted to avoid a nuclear war.* | *They were both tall and handsome.*

obalić *v* **1** *(rząd, ustrój)* overthrow: *The country's military leaders plan to overthrow the government.* | *There have been rumours of a plot to overthrow the President.* **2** *(teorię, twierdzenie)* refute, disprove: *Several scientists have attempted to refute Moore's theories.*

obarczyć *v* **1 obarczyć kogoś czymś** burden sb with sth, weigh sb down with sth: *Most social workers are burdened with large workloads.* | *Paul's mother was now weighed down by the burden of responsibility that had fallen upon her.* **2 obarczyć kogoś odpowiedzialnością (za coś)** hold sb responsible (for sth): *It's not fair – our boss is holding us responsible for all the company's problems.* | *If anything goes wrong, I will hold you personally responsible.*

obawa *n* **1 obawa przed czymś** fear of sth: *a fear of flying* **2 w obawie przed czymś** for fear of sth: *Security will be tight* (=środki bezpieczeństwa zostaną zaostrzone) *for fear of terrorism.* **3 w obawie, żeby czegoś nie zrobić** for fear of doing sth: *She kept quiet, for fear of saying the wrong thing* (=żeby nie powiedzieć czegoś niewłaściwego). **4 w obawie, żeby coś się nie stało** for fear that sth would/might happen: *She would not give her name, for fear that her husband would find her* (=żeby mąż jej nie odnalazł). **5 nie ma obawy, że ktoś coś zrobi** there's no fear of sb doing sth: *There's no fear of him changing his mind.* **6 nie ma obaw!/bez obaw!** no worry!

obawiać się *v* **1 obawiać się kogoś/czegoś** fear sb/sth: *Fearing a snowstorm, many people stayed home.* **2 obawiać się, że ...** fear (that) ..., be afraid (that) ...: *Experts fear there may be more cases of the disease.* | *I'm afraid you've been given the wrong address.* | *"Is she really very ill?" "I'm afraid so* (=obawiam się, że tak) *".* THESAURUS WORRIED

obcas *n* **1** heel: *boots with three-inch heels* **2 buty na wysokich obcasach** high heels

obcęgi *n* pliers

obchodzić *v* **1** *(świętować)* celebrate: *How do you want to celebrate your birthday?* **2 ktoś/coś kogoś obchodzi** sb cares about sb/sth: *He doesn't care about anybody but himself.* **3 nic mnie to nie obchodzi** I couldn't care less **4 co cię to obchodzi?** (it's) none of your business! **5** *(prawo, przepisy)* get round: *Isn't there any way of getting round these regulations?* → patrz też OBEJŚĆ

obchodzić się *v* **obchodzić się z czymś** handle sth: *Only people who can handle guns responsibly should be given weapons.* → patrz też OBEJŚĆ SIĘ

obchód *n* **1 obchody** celebration(s), festivities: *the Memorial Day celebration* | *Fourth of July festivities* **2** *(obejście terenu)* round: *The doctor is out on her rounds.* | *The postman starts his round at 6 am.*

obciąć *v* **1 obciąć włosy** have your hair cut, have a haircut: *Where do you have your hair cut?* **2** *(paznokcie)* cut: *You need to cut your fingernails.* **3** *(wydatki)* cut: *The company has closed several factories to cut costs.* **4** *(gałąź)* cut off: *I'm going to cut off some of the lower branches.*

obciążenie *n* **1** *(ciężar)* load: *a ship carrying a full load of fuel and supplies* **2** *(kłopot)* burden: *I don't want to be a burden on my children when I'm old.* **3** *(praca do wykonania)* workload: *Teachers often have a heavy workload* (=mają dużo obciążeń).

obciążyć *v* **1 obciążyć kogoś kosztami (czegoś)** make/let sb pay (for sth): *They want to make the company pay for the renovation.* **2** *(dostarczyć dowodów winy)* incriminate: *incriminating evidence* **3 obciążyć kogoś winą za coś** blame sth on sb: *Don't go trying to blame it on me!*

obciążyć się *v* incriminate yourself: *He refused to incriminate himself by answering questions.*

obcierać *v* *(buty)* pinch: *Her head was aching and her new shoes pinched dreadfully.* → patrz też OBETRZEĆ

obcięcie *n* **obcięcie włosów** haircut

obcinać *v* → patrz OBCIĄĆ

obcisły *adj* tight, close-fitting, clinging: *a tight T-shirt* | *a close-fitting black dress* | *a clinging pair of satin jeans*

obcokrajowiec *n* foreigner

obcować *v* **1 obcować z kimś** interact with sb: *You're much better at interacting with people than I am.* **2 obcować z naturą/przyrodą** be close to nature, commune with nature

obcy[1] *adj* **1** *(zagraniczny)* foreign: *visiting foreign countries* | *a foreign language* **2** *(nieznany)* strange, unfamiliar: *all alone in a strange city* | *an unfamiliar face* | *The voice on the phone sounded unfamiliar* (=brzmiał obco). **3** *(pozaziemski)* alien: *alien life-forms* **4 coś jest komuś obce** sth is foreign to sb: *The idea of doing something just for pleasure is quite foreign to them.* **5 coś nie jest komuś obce** sth rings a bell (with sb): *Her name rings a bell, but I can't remember her face.*

obcy[2] *n* **1** stranger: *Mom told us never to talk to strangers.* **2 obcym wstęp wzbroniony** no trespassing

obdarować *v* **obdarować kogoś czymś** make sb a gift of sth: *Grandma made me a gift of her silver.* | *The Machon family made a gift of land to the college.*

obdarty *adj* ragged: *ragged children*

obdarzyć *v* **1 obdarzyć kogoś czymś** bestow sth on sb: *honours bestowed on him by the Queen* (=honory, jakimi obdarzyła go Królowa) **2 być obdarzonym czymś** be endowed/blessed with sth: *a woman endowed with both beauty and intelligence*

obecnie *adv* at present, currently, presently *AmE*: *We have no plans at present for closing the factory.* | *He is currently on holiday.* | *He's presently working for a computer company in San Jose.* THESAURUS NOW

obecność *n* **1** *(przebywanie)* presence: *protests against the UN presence in Bosnia* **2** *(istnienie)* presence: *Police scientists detected the presence of poison in the dead woman's blood.* **3** *(w szkole)* attendance: *A child's attendance at school is required by law.* **4 sprawdzać obecność** call the register, take a roll call: *We must take a roll call to make sure everyone is here.* **5 w czyjejś obecności** in sb's presence: *The document should be signed in the presence of a witness.*

obecny *adj* **1 być obecnym** be present: *How many people were present at the meeting?* | **obecny!** present!, here!: *"Jimmy Ashcroft?" "Present!"* **2** *(teraźniejszy)* present: *He has lived in Montana from 1979 to the present time* (=do chwili obecnej). **3** *(aktualny)* current: *Denise's current boyfriend*

obedrzeć *v* strip off: *We need to strip the wallpaper off the walls first.*

obejmować *v* **1** *(zawierać)* include, encompass: *The price includes postage charges.* | *a national park encompassing 400 square miles* **2** *(dotyczyć)* cover, embrace: *The course covers all aspects of business.* | *a study that embraces every aspect of the subject* **3** *(tulić)* embrace, hug: *She embraced her son tenderly.* → patrz też OBJĄĆ
obejmować się *v* embrace, hug each other: *Before my flight was called we stood and embraced and kissed.*

obejrzeć *v* **1** *(film)* see: *I want to see that movie.* **2** *(obraz, zdjęcia itp.)* have/take a look at: *Take a look at the photos and choose whichever one you think is the best.* | *"Can I have a look at your paper?" "Certainly!"* **3** *(zbadać)* have a look at, examine: *Let me have a look at your necklace. Perhaps I can fix it.* | *The doctor will be here soon to have a look at your ankle.* | *The inspector examined my ticket.* → patrz też OGLĄDAĆ
obejrzeć się *v* **1 obejrzeć się (za siebie)** look back: *Harry looked back to see if he was still being followed.* **2 ani/zanim się obejrzysz** before you know it: *You'd better get going – it will be dark before you know it.* → patrz też OGLĄDAĆ SIĘ

obejście *n* *(podwórze)* farmyard

obejść *v* *(okrążyć)* walk around: *They walked around the lake and continued towards the mountains.* → patrz też OBCHODZIĆ
obejść się *v* **1 obejść się bez czegoś** do/manage without sth, get by without sth: *We couldn't do without a car.* **2 gdzieś obeszło/nie obeszło się bez czegoś** sth passed/did not pass without sth: *The match did not pass without incident* (=na meczu nie obeszło się bez incydentów). **3 obejdzie się!** no need! → patrz też OBCHODZIĆ SIĘ

obelga *n* insult: *Carol will take it as an insult if you don't come to the party.* | **obelgi** abuse: *The truck driver shouted abuse at us* (=wykrzykiwał obelgi pod naszym adresem).
—**obelżywy** *adj* abusive, insulting: *abusive language/comments/letters* | *insulting remarks/suggestions*

oberwać *v* **oberwać (za coś)** get a beating (for sth): *The prisoner got a beating for having lied to the guards* (=za to, że nakłamał strażnikom).
oberwać się *v* **1** *(guzik itp.)* get torn off: *Some of the buttons had got torn off and the coat looked rather old.* **2 komuś się oberwie** sb will catch/cop it *BrE*: *You'll catch it if your mother finds out where you've been.*

oberżyna *n* aubergine *BrE*, eggplant *AmE*

obetrzeć *v* **obetrzeć sobie kolano/łokieć itp.** graze your knee/elbow etc: *Oliver grazed his knee when he fell over.* → patrz też OBCIERAĆ

obeznany *adj* **obeznany z czymś** acquainted with sth: *All our employees are fully acquainted with safety precautions.*

obezwładnić *v* *(unieszkodliwić)* overpower, subdue: *The policeman struggled to overpower the man.* | *The nurses were trying to subdue a violent patient.*
—**obezwładniający** *adj* overpowering: *an overpowering feeling of hopelessness*

obficie *adv* **1** *(występować)* abundantly: *Melons grow abundantly in this region.* **2** *(pocić się, krwawić)* profusely: *sweating profusely in the heat* | *A deep cut on her wrist was bleeding profusely.* **3** *(nałożyć, posypać itp.)* liberally: *Apply sunscreen liberally to all exposed skin.* **4** *(udekorowany itp.)* lavishly: *a lavishly illustrated book*

obfitość *n* abundance, profusion: *In Ireland we have an abundance of fresh vegetables available.* | *a profusion of strange ornaments*

obfitować *v* **X obfituje w Y** X abounds with Y, Y abound in X: *The rivers abounded with fish* (=rzeki obfitowały w ryby). | *Examples of this abound in her book* (=jej książka obfitowała w tego typu przykłady).

obfity *adj* **1** *(zapas, plon itp.)* abundant, plentiful: *an abundant supply of fresh fruit* | *plentiful crops* **2** *(krwawienie, pocenie się)* profuse: *Symptoms include a fever and profuse sweating.* **3** *(posiłek)* substantial, hearty: *a substantial breakfast* | *a hearty meal* **4** *(kształty)* full: *clothes for the full figure* (=dla osób o obfitych kształtach)

obgryzać *v* **1** *(kość itp.)* gnaw (on), chew on: *a dog gnawing/chewing on a bone* **2** *(paznokcie)* gnaw at, bite, chew: *Val gnawed at her fingernails.* | *She bites her fingernails.* | *Stop chewing your nails – it's disgusting.*

obiad *n* **1** *(w środku dnia)* lunch: *"What's for lunch* (=co jest na obiad)*?" "Chicken noodle soup."* | **jeść obiad** have lunch: *What time do you usually have lunch?* | *Just think, in a couple of hours we'll be having lunch in Paris.* THESAURUS PARTY **2** *(wieczorem)* dinner: *Come and eat your dinner or it'll get cold.* **3 jeść obiad w restauracji** eat out, dine out: *Do you fancy* (=masz ochotę) *eating out tonight?*
—**obiadowy** *adj* lunch: *lunch break*

UWAGA: eat i have breakfast/lunch/dinner
→ patrz JEŚĆ

obicie *n* upholstery, padding: *leather upholstery*

obie *pron* both: *both women* | *both jackets* → patrz też OBA

obiecać *v* promise: *I'll try to get us tickets, but I can't promise anything.* | **obiecać komuś coś** promise sb sth: *I've already promised them free tickets if they win.* | **obiecać komuś, że ...** promise sb (that) ...: *Will you promise me you won't be late?* | **obiecać coś zrobić/że się coś zrobi**

O

promise to do sth: *Dad has promised to take us to Disneyland.* THESAURUS PROMISE —**obiecujący** *adj* promising: *a very promising student*

obieg *n* circulation: *Several thousand of the fake notes* (=fałszywych banknotów) *are in circulation.*

obiegowy *adj* **wbrew obiegowym opiniom** contrary to popular opinion/belief: *Contrary to popular belief, pigs are actually very clean animals.*

obiekcja *n* objection, reservation: **mieć obiekcje** have objections/reservations: *If anyone has any objections, please let us know as soon as possible.* | *I still have reservations about promoting her.*

O

obiekt *n* **1** *(zespół budynków)* compound: *a prison compound* **2** *(przedmiot)* object: *an unidentified flying object* (=UFO) **3** *(krytyki itp.)* object, target: *He became an object of hatred and ridicule.* | *Smith has been the target of a lot of criticism recently.*

obiektyw *n* lens: **obiektyw ze zmienną ogniskową** zoom lens: *a 115mm zoom lens*

obiektywizm *n* objectivity: *Most quality newspapers aim at objectivity, but few achieve it.*

obiektywny *adj* objective: *I'm afraid I can't give an objective opinion about the book because I wrote it.* | *There are no objective signs of injury on the body.* | *objective reality* —**obiektywnie** *adv* objectively: *Try to look at your situation objectively.*

obierać *v* →patrz OBRAĆ

obietnica *n* promise: **złożyć obietnicę** make a promise: *He's always making promises that he can't keep.* | **dotrzymać obietnicy** keep a promise: *He's always making promises that he can't keep.* | **złamać obietnicę** break your promise: *He said he would wait for me, but he broke his promise.*

obijać się *v* mess/fool around, lounge about/around *BrE*: *He spent the whole afternoon just fooling around.*

objadać się *n* **1** overeat: *Some people can overeat without putting on much weight* (=bez przybierania na wadze). **2 objadać się czymś** gorge yourself on sth: *As a boy, he used to gorge himself on chocolate and candy.*

objaśnić *v* explain: *Can someone explain how this thing works?* | **objaśnić coś komuś** explain sth to sb: *I explained the rules to Sara.* —**objaśnienie** *n* explanation: *Dr Ewing gave a detailed explanation of how to use the program.*

objaw *n* symptom: *The symptoms are a fever, sore throat and headache.* | *The rise in the crime rate is another symptom of widespread poverty.*

objawiać się *v (przejawiać się)* manifest itself: *The disease can manifest itself in many ways.*

objawienie *n* **1** *(nowe doświadczenie)* eye-opener: *Visiting Russia was a real eye-opener for me.* **2** *(religijne)* revelation

objazd *n* detour, diversion *BrE*: *We took a detour* (=pojechaliśmy objazdem) *to avoid the street repairs.*

objąć *v* **1 objąć władzę** come to power: *De Gaulle came to power in 1958.* **2** *(katedrę, stanowisko)* take up, take over: *She took up her first teaching post in 1950.* | *He has been designated to take over the position of Treasurer* (=skarbnika). **3 objąć kierownictwo (czegoś)** take charge (of sth): *Harry will take charge of the department while I'm away.* **4 objąć prowadzenie** take the lead: *Douglas Wakiihuri, Kenya's premier marathon runner, took the lead after 10km of the 30km Lidingoloppet in Sweden.* →patrz też OBEJMOWAĆ

objechać *v* **1** *(zwiedzić)* tour, go around: *Sosa toured the world with an Afro-Cuban jazz band.* THESAURUS TRAVEL **2** *(pojechać dookoła)* go around/round, bypass: *We bypassed the traffic jams, sticking to the back roads.* **3 objechać kogoś (za coś)** tell sb off (for doing sth): *His mother told him for getting his clothes dirty.*

objęcie *n* **1** *(stanowiska)* taking over: *His first move after taking over as chairman was to improve childcare facilities for employees with children.* **2 objęcie władzy** assumption of power: *Castro's assumption of power in 1959* **3 wziąć kogoś w (swoje) objęcia** take sb in your arms: *Gerry took Fiona in his arms and kissed her.*

objętość *n* volume: *The volume of the container measures 10,000 cubic metres* (=metrów sześciennych). THESAURUS SIZE

oblać *v* **1 oblać kogoś/coś wodą itp.** splash water etc on/over sb/sth: *I splashed water on Jane who laughed and tried to splash me back.* | *He splashed some cold water on his face.* **2 oblać (egzamin)** fail/flunk (an exam): *I failed my driving test twice.* | *I flunked my history exam.* | *Two months later, he flunked again.* **3** *(uczcić)* celebrate: *We went to a club to celebrate the end of the school year.*
oblać się *v* **oblać się czymś** spill sth on yourself: *The child spilled boiling coffee on himself.*

oblegać *v* **1 oblegać coś** besiege sth: *In April 655, Osman's palace in Medina was besieged by rebels.* **2 oblegać kogoś** mob/besiege sb: *The actress was mobbed by fans at the airport.* | *They were besieged by journalists as they left the building.*

oblepić *v* **1 oblepić coś czymś** plaster sth with sth: *a wall plastered with pictures* **2 coś jest oblepione błotem itp.** sth is caked in/with mud etc: *His boots were soon caked with mud.*

obleśny *adj* gross: *His jokes are really gross.*

oblewać *v* →patrz OBLAĆ

oblężenie *n* siege: *the siege of Vienna* —**oblężony** *adj* besieged, under siege: *The king's palace was besieged by rebels.* | *a city under siege*

obliczać *v* calculate →patrz też OBLICZYĆ

oblicze *n* **1** *(twarz)* face **2** *(charakter)* nature: *the true nature of their business dealings* **3 w obliczu czegoś** in the face of sth: *Marie was very brave, even in the face of great suffering.* **4 stanąć w obliczu czegoś** be faced with sth: *She's going to be faced with some very tough choices.* **5 stanąć przed czyimś obliczem** come face to face with sb: *At that moment he came face to face with Sergeant Burke.*

obliczenie *n* calculation: *This machine can perform two million calculations per second.* | *According to our calculations, 2,000 jobs will be lost.*

obliczyć *v* **1** calculate: *Calculate the area of the walls and ceiling before you buy the paint.* | *The price is calculated in dollars.* **2 błędnie obliczyć** miscalculate: *We seriously miscalculated the cost of the project.* **3 być obliczonym na coś** be calculated to do sth: *The ads are calculated to attract women voters.*

obligacja *n* bond: *government bonds*

UWAGA: obligacja i obligation

Angielski rzeczownik **obligation** nie oznacza „obligacji" skarbowej, tylko „obowiązek".

obligatoryjny *adj* obligatory, mandatory: *obligatory school attendance | mandatory safety inspections*

oblizać *v* lick: *Paul put down his chicken and licked his fingers.*
oblizać się *v* lick your lips: *She licked her lips and took another swig of cold water.*

oblodzony *adj* icy: *Icy roads make driving all the more difficult.*

obładowany *adj* **obładowany czymś** laden with sth: *Grandma walked in, laden with presents.*

obława *n* roundup, manhunt: *a roundup of criminal suspects | A nationwide manhunt for suspected leftist rebels was under way.*

obłąkany *adj* insane: *Van Gogh became insane and was admitted to the asylum at St Remy.*

obłęd *n* insanity, madness *BrE*

obłok *n* cloud: *There were no clouds in the sky. | She drove out of the driveway in a cloud of dust.*

obłowić się *v* make a killing: *He had made a killing on the stock exchange* (=na giełdzie) *this morning.*

obłożyć *v* **1** *(pokryć)* cover: *Cover the meat with fat to prevent it from drying out.* **2 obłożyć coś cłem/podatkiem** put (a) duty/tax on sth: *They've put a tax on books - is nothing sacred?*
obłożyć się *v* **obłożyć się czymś** spread sth out (around you/in front of you): *He spread his books out on his desk in an effort to look studious* (=próbując zrobić wrażenie pilnego).

obłuda *n* hypocrisy: *It would be sheer hypocrisy to pray for success, since I've never believed in God.* **—obłudny** *adj* hypocritical: *Politicians are so hypocritical - they preach about 'family values' while they all seem to be having affairs.* **—obłudni-k/ca** *n* hypocrite

obły *adj* elongated: *an elongated shape*

obmacywać *v* **1** *(coś)* finger: *She fingered the beautiful cloth with envy.* **2** *(kogoś)* paw: *First he drank too much, then he started pawing me.*

obmyślać *v* plan: *Grace began to plan what she would wear for the interview. | The gang had thoroughly planned their escape.*

obnażyć *v* bare, expose: *The dog bared its teeth and growled.*
obnażyć się *v* bare yourself: *There was a strange intimacy in the way she bared herself to him.*

obniżka *n* reduction: *This price reduction is due to competition among suppliers.*

obniżyć *v* **1** *(zredukować)* lower, reduce: *After 20 minutes lower the temperature to 150°C. | drugs to lower blood pressure* **2** *(umieścić niżej)* move lower: *We'll have to move this shelf a bit lower.*
obniżyć się *v (zmniejszyć się)* fall: *The number of robberies fell sharply last year.*

obnosić się *v* **obnosić się z czymś** flaunt sth, parade sth: *In major cities the rich flaunt their wealth. | He loves to parade his knowledge in front of his students.*

obojczyk *n* collarbone

oboje *pron* both

obojętnie *adv* **1** *(bez zainteresowania, emocji)* indifferently: *Julia wandered about the room, glancing indifferently at the paintings.* **2** *(nieważne)* it doesn't matter: *"Do you want white or dark meat?" "Oh, it doesn't matter."* | **obojętnie kto/gdzie itp.** no matter who/where etc: *No matter how hot it is outside, it's always cool in here.* | **obojętnie kiedy** (at) any time, anytime: *Your order has arrived - you can collect it from the store any time. | Call me anytime. I'm always home.*

obojętność *n* indifference: *He always treats Jane with complete indifference.* | **+na coś/wobec czegoś** to sth: *indifference to the needs of the poor*

obojętny *adj* **1 obojętny wobec czegoś** indifferent to sth: *an industry that seems indifferent to environmental concerns* **2** *(bierny)* unresponsive: *Her manner was cold and unresponsive.* **3 coś jest komuś obojętne** sth doesn't matter to sb: *If you'd rather not come* (=jeśli wolisz nie przychodzić), *it doesn't matter to me.*

obok¹ *prep* **1** next to, beside: *I sat next to a really nice lady on the plane. | Your glasses are there, next to the phone. | Gary sat down beside me.* | **obok siebie** side by side: *They walked slowly side by side.* THESAURUS NEAR **2 przejść obok kogoś/czegoś** pass (by) sb/sth, walk by/past sb/sth: *I pass his house every morning on the way to school.*

obok² *adv* **przejść obok** pass (by), walk by/past: *Angie waved at me as she passed. | He walked by without noticing me.*

obolały *adj* sore, achy: *My legs are still sore today. | My arm feels all achy.*

obora *n* cowshed

obornik *n* dung, manure

obowiązek *n* **1** duty, obligation: *The government has a duty to provide education. | Employers have an obligation to provide a safe working environment.* | **wykonywać (swoje) obowiązki** carry out your duties: *He was carrying out his official duties as ambassador.* **2 czuć się w obowiązku coś zrobić** feel obliged to do sth: *I felt obliged to tell her the truth.* **3 pełniący obowiązki dyrektora** acting manager/director

obowiązkowy *adj* **1** *(przymusowy)* compulsory, mandatory, obligatory: *compulsory military service | Wearing a helmet when riding a motorcycle is mandatory. | Attendance is obligatory.* **2** *(sumienny)* conscientious: *She was a very conscientious student and attended all her lectures.* **—obowiązkowo** *adv* obligatorily

obowiązujący *adj* **1** *(prawo, przepis)* in force **2** *(rozkład jazdy itp.)* valid **3** *(umowa)* binding

obowiązywać *v* **1** *(prawo, ograniczenie)* be operative, be in force: *The law will become operative* (=zacznie obowiązywać) *in a month. | Strict security measures* (=zaostrzone środki bezpieczeństwa) *were in force during the President's visit.* **2** *(cena)* be effective: *These prices are effective from April 1.*

obozowicz/ka *n* camper **—obozowisko** *n* camp

obój *n* oboe

obóz *n* **1** *(letni, harcerski)* camp: *After hiking all morning, we returned to camp. | summer camp | scout camp* | **rozbić obóz** set up camp, make/pitch camp: *We set up camp near the shore of the lake.* **2 obóz jeniecki** prison camp **3 obóz pracy** labour *BrE*, labor *AmE* camp **4 obóz koncentracyjny** concentration camp **5 obóz dla uchodźców** refugee camp

obrabować *v* rob: *The two men were jailed for robbing a jeweller's.*

obracać *v* **1** turn, spin, revolve: *Turn the chicken pieces so that they cook evenly. | Turn the handle as far as it will go to the right. | I used to sit in my grandfather's study spinning*

O

the globe and dreaming of the places I would visit. | *Revolve the drum to get all the clothes out of the dryer* (=z suszarki). **2 obracać pieniędzmi** put money to use →patrz też OBRÓCIĆ

obracać się *v* **1** *(wokół własnej osi)* turn, rotate, spin: *The wheels turned slowly.* | *Chickens were rotating on a spit* (=na rożnie) *inside the oven.* | *skaters spinning on the ice* | **obracać się wkoło/dookoła czegoś** revolve around sth: *The moon revolves around the Earth.* **2 obracać się w towarzystwie/świecie/kręgu itp.** move in a society/world/circle etc: *Lady Olga moved in a different social world from me.*

obrać *v* **1** *(jabłko, ziemniaki itp.)* peel: *Could you peel an orange for me?* | *Peel the apples using a sharp knife.* **2** *(pomidory)* skin: *Add the tomatoes, skinned and sliced.* **3 obrać coś ze skóry** skin sth: *a skinned rabbit* | *Four chicken thighs* (=udka), *skinned* **4 obrać coś ze skorupki** shell sth: *We shelled the shrimps* (=krewetki). **5 obrać strategię/politykę itp.** adopt a strategy/policy etc: *We must adopt a different strategy.* **6 obrać sobie coś za cel** target sth: *The bombers targeted popular tourist areas.*

O

obradować *v* **1** *(parlament itp.)* sit: *The court sits once a month.* **2** *(dyskutować)* debate: *We debated for several hours before taking a vote.* | **obradować nad czymś** debate sth: *When an important project was being debated, copies of it were made and distributed to every member.* —**obrady** *n* session: *a session of the State Court*

obraz *n* **1** *(malowidło)* painting, picture: *a painting by Picasso* (=Picassa) | *a picture of a waterfall* (=przedstawiający wodospad) **2** *(wyobrażenie)* picture, image: *I still have a vivid picture of the first time I saw Paris.* | *She had a clear image of how he would look in twenty years' time.* **3** *(na ekranie)* picture, image: *Something's wrong with the TV - the picture is blurry* (=rozmazany). | *The image on a computer screen is made up of* (=składa się z) *thousands of pixels.* **4** *(sytuacja)* picture: *The political picture has changed greatly.*

obraza *n* **1** insult: *Carol will take it as an insult* (=potraktuje to jako obrazę) *if you don't come to the party.* **2 bez obrazy!** no offence! *BrE*, no offense! *AmE*: *No offense, but this cheese tastes like rubber.*

obrazek *n* **1** picture: *Get the children to draw a picture of their dream house.* **2** *(ilustracja)* illustration: **książka z obrazkami** illustrated book

obrazić *v* offend, insult: *I'm sorry, I didn't mean to offend you.* | *How dare you insult my wife like that?*

obrazić się *v* take offence *BrE*, offense *AmE*, be offended: *She's always quick to take offence* (=ona łatwo się obraża). | *I hope you won't be offended if I leave early.* | **obrazić się na kogoś** be cross with sb: *Are you cross with me?*

obrazować *v* show, illustrate: *Recent events in Somalia show the futility* (=bezsens) *of war.*

obrazowy *adj* graphic, vivid: *a graphic account of her unhappy childhood* | *a vivid account of their journey across the desert* —**obrazowo** *adv* graphically: *She described the scene graphically.*

obraźliwy *adj* insulting, offensive: *insulting remarks* | *crude jokes that are offensive to women* THESAURUS RUDE

obrażać *v* →patrz OBRAZIĆ

obrażenie *n* injury: *serious head injuries* | **odnieść obrażenia** suffer injuries, get injured: *He suffered serious injuries in a car crash.*

obrączka *n* wedding ring

obręb *n* **1 w obrębie czegoś** within sth: *Children must remain within school grounds during the lunch break.* **2 poza obrębem** off, outside: *Smoking is only allowed off the hospital grounds* (=poza obrębem szpitala). | *He had not been outside the limits of the prison walls for 23 years.*

obręcz *n* hoop: *Throw the ball through the hoop.*

obrona *n* **1** defence *BrE*, defense *AmE*: **w obronie czegoś** in defence of sth: *Hundreds gave their lives in defence of freedom.* | **w czyjejś obronie** in sb's defence. *There is nothing you can say in her defence.* **2 stanąć w czyjejś obronie** come to sb's defence, stick up for sb: *Several people witnessed the attack, but no one came to her defence.* | *At least my friends stuck up for me.* **3** *(obronność)* defence *BrE*, defense *AmE*: *How much does Britain spend on defence?* | *the Ministry of Defence* | *the Department of Defense* | **obrona narodowa** national defence **4 w obronie własnej** in self-defence: *She shot the man in self-defence.* | *The killer claims he was acting in self-defence* (=działał w obronie własnej).

obronić *v* **1 obronić kogoś/coś (przed kimś/czymś)** defend sb/sth (successfully) (against/from sb/sth): *Thompson won the Olympic title in 1980 and successfully defended it in 1984.* **2** *(bramkę)* save: *It was a great shot, but Jack saved it.* →patrz też BRONIĆ

obronić się *v* **1** defend yourself (successfully): *As a politician, you have to be able to defend yourself when things get tough.* **2 obronić się przed kimś/czymś** fend sb/sth off: *She managed to fend off her attacker.* | *Henry did his best to fend off questions about his private life.*

obronność *n* defence *BrE*, defense *AmE*: *defense spending* (=wydatki na obronność)

obronny *adj* **1** *(budżet, polityka itp.)* defence *BrE*, defense *AmE*: *The Senate voted against the new defense plans.* **2** *(broń, pozycja itp.)* defensive: *German defensive positions along the Normandy coast.* **3 mury obronne** defensive walls, ramparts **4 pies obronny** guard dog **5 wyjść z czegoś obronną ręką** escape unscathed from sth

obroń-ca/czyni *n* **1** defender: *the true defenders of the Christian faith* | *a passionate defender of the poor* **2** *(adwokat)* lawyer, counsel for the defence, attorney *AmE*: *The judge asked counsel for the defence to explain.* **3** *(w sporcie)* defender, fullback: *The Rangers defender slipped and fell over as he was running for the ball.* **4 obrońca tytułu mistrzowskiego** defending champion: *The defending champion was beaten by an outsider in the first round of the tournament.*

obrotowy *adj* **1** *(ruch)* rotary: *the rotary movement of the helicopter blades* **2 drzwi obrotowe** revolving door

obroża *n* (dog) collar

obróbka *n* processing: *data processing* (=obróbka danych)

obrócić *v* turn: *She turned the key in the lock.* | *Turn the vase so the crack doesn't show.* →patrz też OBRACAĆ

obrócić się *v* **1** turn (around): *Ricky turned and walked away.* | *I turned around quickly to see if someone was following.* **2 obrócić się przeciwko komuś a)** *(przestać popierać)* turn against sb: *By now it was clear that public opinion had turned against the Republicans.* **b)** *(zaszkodzić)* put sb at a disadvantage: *Jen's small size put her at a disadvantage in the game.* **3 obrócić coś w żart** make a joke (out) of sth: *Sure, he made a joke of it but he was clearly hurt.* →patrz też OBRACAĆ SIĘ

obrót *n* **1** turn: *With three swift* (=szybki) *turns of the wheel, he steered the boat away from the rocks.* **2** *(wokół osi)* revolution: *The Earth makes one revolution around the*

Sun each year. | *a wheel turning at a speed of 100 revolutions per minute* **3** *(w handlu)* turnover: *an annual turnover of $1 billion* (=roczny obrót wysokości miliarda dolarów) **4 pracować na pełnych obrotach** work flat out: *We've been working flat out to get everything ready.*

obrus *n* tablecloth: *The tablecloth had a white stain in the middle.*

obrządek *n* rite, ritual: *funeral rites* | *church rituals*

obrzezać *v* circumcise —**obrzezanie** *n* circumcision

obrzeże *n* **1 na obrzeżach** on the outskirts: *They live on the outskirts of Paris.* **2** *(naczynia itp.)* rim: *the rim of a glass*

obrzęd *n* **1** *(rytuał)* ritual: *traditional dances and rituals* **2** *(ceremonia)* ceremony: *The initiation ceremony involves elaborate dances.* —**obrzędowy** *adj* ceremonial

obrzędowy *adj* ceremonial: *ceremonial dress* (=strój obrzędowy)

obrzęk *n* swelling

obrzucić *v* **1 obrzucić kogoś czymś** throw/hurl sth at sb, shower sb with sth: *Demonstrators began throwing stones at the police.* **2 obrzucić kogoś spojrzeniem** give sb a glance, throw/cast a glance at sb: *He gave her a glance as she walked by.*

obrzydliwie *adv* **1 wyglądać obrzydliwie** look disgusting: *This food looks disgusting.* **2** *(nieprzyzwoicie)* disgustingly: *They're disgustingly rich.*

obrzydliwy *adj* disgusting, nauseating: *What is that disgusting smell?* | *What a nauseating little person!* THESAURUS TASTE

obrzydzenie *n* disgust, repulsion: *Everybody except Joe looked at me with disgust.*

obrzydzić *v* **obrzydzić komuś coś** put sb off sth: *This lousy weather is enough to put anyone off camping.*

obsada *n* cast: *The film has a brilliant cast.*

obsadzić *v* **1** *(stanowisko)* fill: *The agency helps businesses fill highly specialized positions.* **2** *(posterunek itp.)* man, staff: *The checkpoint was manned by French UN soldiers.* **3** *(aktora w roli)* cast: *Rickman was cast as the Sheriff of Nottingham.*

obsceniczny *adj* obscene: *obscene phone calls*

obserwacja *n* **1** *(obserwowanie)* observation: *Wilkins' book is based on his observation of wild birds.* | **pod obserwacją/na obserwacji** under observation: *He was kept under observation in the hospital.* | **zmysł obserwacji** powers of observation **2** *(uwaga)* observation, remark: *The book contains some intelligent observations.*

obserwacyjny *adj* **punkt obserwacyjny** vantage point: *From my vantage point on the hill, I could see the whole procession.*

obserwatorium *n* observatory: *the Greenwich Observatory*

obserwator/ka *n* observer: *International observers criticized the use of military force in the region.*

obserwować *v* **1** *(patrzeć)* observe, watch: *psychologists observing child behaviour* | *The detective was watching him closely, waiting for a reply.* **2** *(być świadkiem)* witness: *We are now witnessing the break-up of the Soviet empire.* → patrz też ZAOBSERWOWAĆ

obsesja *n* **1** obsession: *Mario's interest in fast cars had become a dangerous obsession.* | **+ na punkcie czegoś** with sth: *an obsession with sex* **2 mieć obsesję na punkcie czegoś** be obsessed with sth, be obsessive about sth: *William is obsessed with making money.* | *She's obsessive about her weight.* —**obsesyjny** *adj* obsessive: *an obsessive fear of losing control* —**obsesyjnie** *adv* obsessively: *an obsessively tidy man*

obskurny *adj* sleazy: *a sleazy nightclub*

> **UWAGA: obskurny i obscure**
>
> Przymiotnik **obscure** nie znaczy „obskurny", tylko „mało znany" lub „niejasny".

obsługa *n* **1** *(obsługiwanie)* service: *The food is terrific but the service is very slow.* | *the customer service department* (=dział obsługi klientów) **2** *(personel)* staff, personnel: *The hotel staff were on strike.* **3** *(maszyny)* operation: *The job involves the operation of heavy machinery.*

obsługiwać *v* **1** *(zaspokajać potrzeby)* serve: *The new airport will serve several large cities in the north.* **2** *(klienta itp.)* wait on, serve: *For five years he waited on customers in the family grocery store.* | *The princess was accustomed to being waited on by a team of maids and servants.* | *Are you being served, Sir* (=czy jest pan obsługiwany)? **3** *(maszynę)* operate, work: *He doesn't know how to operate the equipment.* | *Does anybody know how to work the printer?*

obstawa *n* bodyguards: *The President arrived, surrounded by bodyguards.*

obstawać *v* **obstawać przy czymś** insist on sth: *She kept insisting on her innocence.*

obstawić *v* surround: *The police surrounded the building.*

obsypać *v* **obsypać kogoś czymś** shower sb with sth, shower sth on sb: *The crowds cheered and showered her with flowers.* | *Medals were showered on the soldiers returning from battle.*

obszar *n* **1** *(powierzchnia)* area: *an area of 2,000 square miles* **2** *(terytorium)* territory: *an expedition through previously unexplored territory*

obszerny *adj* **1** *(pomieszczenie)* spacious: *a spacious apartment* **2** *(ubranie)* loose: *a loose sweater* **3** *(tekst)* lengthy: *a lengthy financial report*

obszyć *v* edge: *sleeves edged with lace*

obtarcie *n* **obtarcie naskórka** graze: *cuts and grazes*

obudowa *n* housing: *the engine housing* (=obudowa silnika)

obudzić *v* wake (up), awake: *I'll wake you up when it's time to leave.* | *Try not to wake the baby.* | *the shot that awoke them* → patrz też BUDZIĆ
obudzić się *v* wake (up), awake: *Tina woke up early.* | *She awoke the following morning feeling refreshed.* → patrz też BUDZIĆ SIĘ

> **UWAGA: wake (up) i awake**
>
> Czasownika **awake** używa się raczej w języku pisanym i w stylu poetyckim: *The sun awoke him and he heard the twit of a bird.* | *I awoke to the sound of church bells.* Normalnym odpowiednikiem polskiego „budzić" lub „budzić się" jest **wake (up)**: *She told me that she keeps waking up in the middle of the night.* | *I was woken up by a loud whistling noise.*

oburęczny *adj* ambidextrous

oburzający *adj* outrageous: *This is outrageous! I demand an explanation.* | *It's outrageous that the poor should have to pay such high taxes.*

oburzenie *n* indignation, outrage: *Her indignation at such rough treatment was understandable.* | **z oburzeniem** indignantly: *"I'm not too fat!" she shouted indignantly.*

oburzony *adj* **być (czymś) oburzonym** be indignant (at sth), be outraged (at/by sth): *Anne was very indignant when her boss suggested she wasn't working hard enough.* | *Harriet was indignant at the suggestion that she might need help.* | *People were outraged at the idea of the murderer being released.* THESAURUS ANGRY

oburzyć *v* outrage: *The decision to show the film has outraged the gay community.*
oburzyć się *v* **1** *(rozgniewać się)* be indignant/outraged: *Mother was indignant that we didn't believe her.* **2** *(powiedzieć z oburzeniem)* say indignantly: *"It's not fair," she said indignantly* (=oburzyła się).

obuwie *n* footwear: *athletic footwear* | *the footwear department* —**obuwniczy** *adj* shoe: *the shoe department* | *a shoe shop*

footwear

boots

sandals

ballet shoes

hiking shoes

stilettos

clogs

flip-flops

shoes

slippers

obwarzanek *n* pretzel, bagel

obwąchiwać *v* sniff (at): *The dog was rushing around excitedly, sniffing at the ground.*

obwieścić *v* announce: *The election results were announced at midnight.* | *Sarah announced that she was leaving.*

obwiniać *v* **obwiniać kogoś o coś** blame sb for sth: *The management is blaming the unions for the firm's poor performance.* | *Mom blamed herself for Danny's problems.*

obwodnica *n* bypass, ring road *BrE*, beltway *AmE*: *The new ring road stops all the traffic driving through the centre of London.* THESAURUS ROAD

obwoluta *n* dust jacket *BrE*, dust cover *AmE*

obwód *n* **1** *(prostokąta itp.)* perimeter: *Calculate the perimeter of this rectangle.* **2** *(kuli, okręgu)* circumference: *the circumference of the Earth* **3** *(elektryczny)* circuit: *an electric circuit* | *a printed circuit* (=obwód drukowany) **4** *(okręg)* district: *the Kaliningrad district*

obwódka *n* border: *writing paper with a black border*

oby *part* **1 oby tylko coś się stało** let's just hope sth happens: *Let's just hope someone finds* (=oby tylko ktoś znalazł) *her bag and hands it in.* | *Let's just hope we can find* (=obyśmy tylko znaleźli) *somewhere to park.* | *Let's just hope it's not too late* (=oby tylko nie było za późno). **2 oby tak dalej!** long may it continue! **3 oby!** I hope so!: *"Do we get paid this week?" "I hope so!"*

obyczaj *n* **1** custom: *the custom of throwing rice at weddings* **2 obyczaje a)** *(zachowanie)* manners: *upper-class manners* **b)** *(zasady moralne)* mores, morals: *American sexual mores* (=obyczaje seksualne Amerykanów) | *The novel reflects the morals and customs of the time.*

obyczajowy *adj* **1 powieść/komedia obyczajowa** novel/comedy of manners **2 dramat obyczajowy** TV drama **3** *(moralny)* moral: *moral freedom* (=swoboda)

obyć się *v* **1 obyć się bez czegoś** do/go/manage without sth, dispense with sth: *We couldn't do without the car.* | *I'm afraid you'll have to go without milk.* **2 gdzieś obyło się bez czegoś** sth passed without sth: *The match passed without incident.*

obydwa(j) *pron* both: *They both have good jobs.* | *Hold it in both hands* (=obydwiema rękami).

obywatel/ka *n* citizen, national: *American citizens* | *a British national*

obywatelski *adj* **1 prawa obywatelskie** civil rights **2** *(obowiązek, komitet itp.)* civic: *It is your civic duty to vote in the local elections.*

obywatelstwo *n* citizenship, nationality: *She married him to get Swiss citizenship.* | *Her husband has US nationality.*

obżarstwo *n* gluttony —**obżartuch** *n* glutton, pig: *You ate all the pizza, you pig.*

ocalały *adj* surviving: *the only surviving manuscript of Cicero's letters.*

ocaleć *v* survive, be saved: *Only one of the children survived.* | *The village was in ruins. Nothing had survived.* | *Only three people were saved from the fire* (=z pożaru ocalały tylko trzy osoby). —**ocalenie** *n* salvage, rescue

ocalić *v* save, salvage: *The new speed limit should save more lives.* | *Farmers are trying to salvage their wheat after the heavy rains.*

ocean *n* ocean: *the Pacific Ocean*

oceanarium *n* aquarium

oceaniczny *adj* oceanic

ocena *n* **1** *(stopień)* mark *BrE*, grade *AmE*: *The highest mark was a B+.* | *Betsy always gets good grades.* **2** *(opinia)* assessment, evaluation: *I agree entirely with your assessment of the situation.* **3** *(analiza)* evaluation: *a thorough evaluation of the health care program*

oceniać *n* **1** *(określać)* assess, judge, evaluate: *First we must assess the cost of repairing the damage.* | *It's harder to judge distances when you're driving in the dark.* | *Teachers meet regularly to evaluate the progress of each student.* **2** *(wyrażać opinię)* judge: *You have no right to judge other people's lifestyles.* **3** *(wypracowania, testy itp.)* mark *BrE*, grade *AmE*: *Have you marked my essay yet?* | *I spent the weekend grading tests.*

ocenzurować *v* censor: *This letter has been censored.*

ocet *n* vinegar

och *interj* oh: *She got the job? Oh great!*

ochłodzić *v* cool (down): *Blow on your cocoa to cool it down.* → patrz też CHŁODZIĆ, SCHŁODZIĆ
ochłodzić się *v* **1** *(ostygnąć)* cool (down): *Let the engine cool down, and then try starting it.* **2 ochładza się** it's getting chilly/cold: *It was getting chilly outside, so we went*

back into the house. **3** *(orzeźwić się)* cool off: *We'd been in the sun all day, so I went for a swim to cool off.*

ochłonąć *v* cool down/off: *The long walk home helped me cool down.* | *Maybe you should go away and cool off before we talk any more.*

ochoczo *adv* readily, willingly: *He readily agreed to the suggestion.* | *Davis willingly accepted the terms of the contract.*

ochota *n* **1** *(apetyt)* craving: **+ na coś** for sth: *a craving for some chocolate* **2 mieć ochotę na coś** be in the mood for sth, feel like sth, fancy sth *BrE*: *Are any of you in the mood for a game of cards?* | *Do you feel like anything more to eat* (=czy masz jeszcze ochotę na coś do jedzenia)*?* | *Do you fancy a drink, Jim?* | **nie mieć ochoty na coś** be in no mood for sth, not feel like sth, not fancy sth: *He was obviously in no mood for talking.* | **czy miał(a)by pan/i ochotę na ... ?** would you care for ... ?: *Would you care for a drink?* **3 mieć ochotę coś (z)robić** feel like doing sth: *I feel like watching a video tonight.* | *Do you feel like stopping here and stretching* (=rozprostować) *your legs?* | **nie mieć ochoty robić czegoś/na robienie czegoś** not feel like doing sth, have no wish to do sth: *I don't feel like cooking tonight – let's go get a pizza.* | *I had no wish to see him again.* **4 jeśli masz ochotę** if you like: *We could watch a video this evening if you like.* | *"I'll come with you to the station." "Yes, if you like."* **5 mieć wielką ochotę coś zrobić** be tempted to do sth: *I was tempted to tell him what his girlfriend had been saying about him.* THESAURUS WANT

ochotniczy *adj* voluntary, volunteer: *voluntary work* | *a volunteer army*

ochotni-k/czka *n* **1** volunteer: *I need some volunteers to clean up the kitchen.* | *I need someone to rake* (=grabić) *the yard. Any volunteers* (=czy są jacyś ochotnicy)*?* **2 zgłosić się na ochotnika** volunteer: *Ernie volunteered to wash the dishes.* | *When the war began, my brother immediately volunteered.*

ochraniacz *n* pad: *knee pads* (=ochraniacze na kolana)

ochraniać *v* **ochraniać kogoś/coś przed czymś** protect sb/sth against/from sth: *a cream to protect your skin against sunburn* | *New sea defences have been built to protect the town from flooding.* →patrz też OCHRONIĆ

ochrona *n* **1** *(zabezpieczenie)* protection: *The organization provides* (=zapewnia) *help and protection for abused teenagers* (=wykorzystywanym nastolatkom). | **+ przed czymś** against sth: *Heidi's thin coat gave little protection against the cold.* **2** *(straż)* security guards: *Security guards watch the fence around the clock* (=24 godziny na dobę). | **ochrona osobista** bodyguards: *The President arrived, surrounded by bodyguards.* **3 ochrona przyrody** wildlife conservation **4 ochrona środowiska** environmental protection **5 (gatunek) pod ochroną** protected species: *Owls are a protected species* (=sowy są pod ochroną).

ochroniarz *n* **1** *(strażnik)* security guard: *The security guard refused to let me through the gate.* **2** *(osobisty)* bodyguard: *Kevin Costner plays a bodyguard who falls in love with a singer.*

ochronić *v* protect: *The problem is how to protect the metal surface from corrosion.* →patrz też CHRONIĆ, OCHRANIAĆ

ochronić się *v* protect yourself: *Wear a hat to protect yourself against the sun.*

ochronny *adj* protective: *Lab workers must wear protective clothing.* | *a protective tariff* (=cło ochronne) *on imports of foreign cars*

ochrypły *adj* hoarse: *His voice was hoarse from laughing.*

ochrzcić *v* baptize, baptise *BrE*: *This is the priest that baptized me.*

ociągać się *v* **1 ociągać się (z czymś)** drag your feet (over/on sth): *The authorities are dragging their feet over banning cigarette advertising.* **2 ociągając się** reluctantly: *She reluctantly agreed to meet him for lunch.*

ociąganie *n* **z ociąganiem** reluctantly: *We offered them $500, which they accepted rather reluctantly.*

ociekać *v* **ociekać czymś** drip with sth: *John had just been for a swim, and he came in dripping with water.*

ocieplać się *v* get/become warmer, warm up: *The weather is becoming warmer.* | *There are signs that the Earth is getting warmer.* | *The weather's starting to warm up.*

ocieplenie *n* **1** warmer weather: *I'm looking forward to some warmer weather.* **2 globalne ocieplenie** global warming

ocierać *v* wipe (away): *She held him tightly, wiping away his tears.* | *Werner sat down, wiping the sweat off his forehead with a handkerchief.* →patrz też OTRZEĆ

ocierać się *v* **1 ocierać się o coś** *(kot itp.)* rub against sth: *Celia's cat purred loudly, rubbing against her legs.* **2 ocierać się o kogoś** *(mieć kontakty)* rub shoulders with sb: *As a reporter he gets to rub shoulders with all the big names in politics and the media.* →patrz też OTRZEĆ SIĘ

ocknąć się *v* **1** *(obudzić się)* wake up: *I woke up in the middle of the night.* **2** *(odzyskać przytomność)* come to: *When Jack came to, he was lying in an alley and his wallet was gone.*

oclić *v* **czy ma pan/i coś do oclenia?** do you have anything to declare?

ocucić *v* bring round, revive: *We managed to bring her round with some smelling salts* (=solami trzeźwiącymi). | *The doctors revived her with injections of glucose* (=zastrzykami z glukozy).

oczarować *v* enchant, bewitch: *Venice enchanted me instantly.* | *Tim's utterly bewitched by that woman.*

oczekiwać *v* **1 oczekiwać kogoś** wait for sb: *A crowd of reporters was waiting for her at the airport.* **2 oczekiwać czegoś/na coś** wait for sth, await sth: *The soldiers were waiting for the signal to start firing.* | *We were anxiously* (=z niecierpliwością) *awaiting Pedro's return.* **3** *(spodziewać się)* expect: *Pam is expecting a baby in July.* | **oczekiwać, że ...** expect (that) ...: *We expect the meeting will finish about 5 o'clock.* | **oczekiwać, że ktoś coś zrobi** expect sb to do sth: *Be reasonable! – you can't expect her to do all the work on her own* (=że zrobi wszystko sama)*!* | **oczekiwać czegoś od kogoś/po kimś** expect sth from/of sb: *The officer expects absolute obedience* (=posłuszeństwa) *from his men.* | *The school expects a lot of its students* (=ta szkoła wiele oczekuje od swoich uczniów).

oczekiwanie *n* **1** *(czekanie)* waiting: *I don't know if I can stand the waiting any longer* (=nie wiem, czy zniosę dalsze oczekiwanie). | **czas oczekiwania** waiting time: *The waiting time for an operation can be two years or more.* **2 oczekiwania** expectations: *A lot of women have unrealistic expectations about marriage.* | **spełnić (czyjeś) oczekiwania** live/come up to (sb's) expectations: *The trip lived up to all our expectations – it was wonderful.* | **nie spełnić (czyichś) oczekiwań** fall short of (sb's) expectations, be a disappointment: *Unfortunately, the course fell short of our expectations.* | *The party was a disappointment.* | **przejść czyjeś oczekiwania** surpass/

O

exceed sb's expectations: *The results surpassed my expectations.* **3 w oczekiwaniu na coś** in anticipation of sth: *Factories are holding back supplies* (=wstrzymują dostawy) *in anticipation of higher prices next year.* **4 zgodnie z oczekiwaniami** as expected: *As expected, the Democrats won the majority of seats in Congress.* **5 wbrew (wszelkim) oczekiwaniom** contrary to (all) expectations: *Contrary to everyone's expectations Michael won the competition.*

oczko *n* **1** *(w pierścionku)* stone **2** *(w rajstopach)* ladder *BrE*, run *AmE* **3** *(w robótce ręcznej)* stitch **4 być czyimś oczkiem w głowie** be the apple of sb's eye: *Ben was always the apple of his father's eye.* →patrz też OKO

oczny *adj* **gałka oczna** eyeball

oczyszczalnia *n* **oczyszczalnia ścieków** sewage treatment plant, sewage farm *BrE*, sewage plant *AmE*

O

oczyścić *v* **1** *(buty, mebel, kuchenkę)* clean: *It took me ages to clean the stove.* **2** *(ranę)* cleanse: *Cleanse the wound with antiseptic.* **3** *(wodę, powietrze)* purify: *You can purify water by boiling and filtering it.* **4 oczyścić kogoś z (zarzutu) czegoś** clear sb of sth: *Johnson was cleared of murdering his wife.* →patrz też CZYŚCIĆ

oczytany *adj* well-read: *a well-read young man*

oczywisty *adj* obvious, evident: *It was obvious that Gina was lying.* | *It is evident that Bill and his wife aren't happy.*

oczywiście *adv* **1** of course: *Of course she didn't want to go.* **2 oczywiście!** of course, certainly: *"Are you going to invite Phil to the party?" "Of course!"* | *"Can I have a look at your paper?" "Certainly!"* **3 oczywiście, że nie!** of course not: *"Do you mind* (=czy nie będziesz miał nic przeciwko) *if I'm a bit late?" "Of course not."* →patrz też **ależ oczywiście!** (ALEŻ)

od *prep* **1** *(miejsce)* from: *He drove all the way from Colorado* (=prowadził przez całą drogę od Colorado). | **od ... do ...** from ... to ...: *The Soviet Union extended all the way from the Baltic Sea to the Pacific Ocean.* **2** *(kierunek)* from: *The wind was blowing from the East.* **3** *(przedział czasu)* from: *He'll be here tomorrow from seven o'clock onwards* (=począwszy od siódmej). | **od ... do ...** from ... to ...: *The morning class is from 9.00 to 11.00.* **4** *(początek)* since: *So much has changed since the war.* | *I've been living here since February.* **5 od pięciu/dziesięciu dni/lat itp.** for five/ten days/years etc: *I've been learning English for seven years.* **6** *(zakres)* from: *Prices range* (=wahają się) *from $80 to $250.* **7** *(pochodzenie)* from: *Who is the present from* (=od kogo jest ten prezent)? | *I got a phone call from Ernie today* (=miałem dziś telefon od Erniego). | *an infectious disease which he got from another sick dog* **8** *(odległość)* from: *We live about five kilometers from Boston.* **9** *(przeznaczenie, specjalizacja)* **kluczyki od samochodu** car keys | **nauczyciel od angielskiego** English teacher →patrz też **od czasu** (CZAS), **od dawna** (DAWNO), **od kiedy** (KIEDY), **od początku** (POCZĄTEK), **od razu** (RAZ)

oda *n* ode: *Keats' 'Ode to A Grecian Urn'*

odbicie *n* **1** *(w lustrze itp.)* reflection: *Anna looked at her reflection in the mirror.* **2** *(odzwierciedlenie)* reflection: *The rising crime rate* (=rosnąca przestępczość) *is a reflection of an unstable society.*

odbić *v* **1** *(piłkę)* bounce: *Bounce the ball to me.* **2** *(zrobić odbitki)* run off: *Shall I run off some more of those notices for you on the photocopier?* **3 odbić od brzegu** leave shore: *The ship left shore at dawn.* **4 odbić komuś męża/żonę** steal sb's husband/wife
odbić się *v* **1** *(odskoczyć)* bounce, rebound, deflect: **+od czegoś** off sth: *The ball bounced off the rim of the basket* (=od obręczy kosza). | *The bullet deflected off the wall.* **2 komuś się odbiło** sb belched/burped **3 odbić się na kimś/czymś** (have an) impact on sb/sth: *How will this impact on our profits* (=jak to się odbije na naszych zyskach)? | *The tax will not have any measurable impact* (=nie odbije się znacząco) *on the lives of most people.* →patrz też ODBIJAĆ (SIĘ)

odbiegać *v* **odbiegać od czegoś** deviate/depart from sth: *The screenplay does not deviate very much from the book.* | *Her approach departs radically from normal educational practices.*

odbierać *v* →patrz ODEBRAĆ

odbijać *v* *(światło, obraz itp.)* reflect: *The moon reflects the sun's rays.* | *She could see her face reflected in the water.*
odbijać się *v* **1** *(światło, obraz itp.)* be reflected: *The mountains were reflected* (=odbijały się) *in the lake.* **2** *(fale, sygnał itp.)* bounce: *radio signals bouncing off the moon* (=odbijające się od księżyca) →patrz też ODBIĆ (SIĘ)

odbiorca *n* **1** *(przesyłki)* addressee **2** *(filmu, dzieła sztuki itp.)* audience: *The film was presumably intended for an American audience.* **3** *(książki)* reader: *These books are aimed at adult readers.* **4** *(nabywca)* client, buyer

odbiornik *n* receiver: **odbiornik telewizyjny** TV (set): *a TV in every room* | **odbiornik radiowy** radio (set)

odbiór *n* **1** *(reakcja)* reception: *Vaughan's play met with a mixed reception from the critics.* **2** *(sygnału radiowego itp.)* reception: *listeners complaining about poor reception* **3** *(towaru itp.)* collection **4 odbiór bagażu** baggage reclaim, baggage claim *AmE*

odbitka *n* **1** *(zdjęcia)* print: *You get three sets of prints, plus a free film.* **2** *(tekstu)* copy: *Please send a copy of your marriage certificate.*

odbudować *v* rebuild: *The cathedral had to be rebuilt after the war.* —**odbudowa** *n* reconstruction: *Reconstruction of the town began in 1948.* | *the reconstruction of the former East Germany*

odbyć *v* **1 odbyć podróż** go on a trip: *They went on a trip to Australia last year.* **2 odbyć rozmowę** have a discussion: *I need to have a discussion with my boss before I can give you an answer.* **3 odbyć naradę** have/hold a meeting: *When would be a good time to have a meeting?*
odbyć się *v* be held, take place: *The dinner will be held in the Town Hall.* | *The next meeting will take place on Thursday.* | *The contest takes place* (=odbywa się) *every four years.* THESAURUS HAPPEN

odbyt *v* anus

odbywać *v* →patrz ODBYĆ

odcedzić *v* drain, strain: *Drain the water from the peas.* | *Will you strain the vegetables?*

odchody *n* faeces *BrE*, feces *AmE*, excrement

odchodzić *v* **1** *(odgałęziać się)* branch off: *a passage branching off from the main tunnel* **2 odchodzić od zmysłów** be out of your mind/senses: *Since her son was reported missing she's been out of her mind with worry.* →patrz też ODEJŚĆ

odchrząknąć *v* clear your throat: *Kevin cleared his throat and spat on the path.*

odchudzać się *v* diet, slim: *I've been dieting for two months and I've lost 6 kilos.* | *I'd better not have an ice cream – I'm slimming.*

odchwaszczać *v* weed

odchylenie *n* deviation: *deviation from the norm*

odchylić *v* **1** *(wygiąć)* bend back: *I'll bend the branches back so that you can get through.* **2** *(odsłonić)* pull back: *Pull back the bandage and see if the wound is healing.*

odciąć *v* **1** cut/trim off: *Take two steaks and cut off all the fat.* **2** *(prąd, gaz itp.)* cut off: *They'll cut off your electricity* (=odetną ci prąd) *if you don't pay the bill.* **3** *(teren)* cut/seal off: *Since the attack the city has been cut off from the outside world* (=było odcięte od świata). | *The police have sealed off the area.*

odciąć się *v* **1 odciąć się od kogoś/czegoś** distance/dissociate yourself from sb/sth: *The Labour Party had been careful to distance itself from Marxism* (=przezornie odcięła się od marksizmu). | *The company dissociated itself from the comments made by Mr Hoffman.* **2** *(odpowiedzieć na uwagę)* answer back, retort: *We were all scared of Mr Williams, but here was a girl who actually answered him back* (=odcięła mu się). | *"It's all your fault!" he retorted.*

odciągnąć *v* pull away: *Jill darted forward* (=rzuciła się do przodu) *and pulled him away from the fire.*

odcień *n* shade, tint, hue: *a delicate shade of blue* | *The sky had a pink tint.* | *a golden hue*

odcinek *n* **1** *(serialu)* episode, instalment, installment *AmE*: *Watch next week's thrilling episode!* **2** *(opowiadania itp.)* instalment, installment *AmE*: *I wanted to read the next instalment of the story.* **3** *(sznurka, kabla)* length: *two lengths of rope* **4** *(podróży, wyścigu)* lap, leg: *The last lap of their journey was by ship.* | *the final leg of the Tour the France* **5** *(w geometrii)* (line) segment

odcisk *n* **1** *(odbity kształt)* impression, imprint: *An impression of a heel was left in the mud.* | *the imprint of his hand on the clay* **2** *(na stopie)* corn **3 odcisk palca** fingerprint **4 odcisk stopy** footprint

odcisnąć *v* **1** *(ślad)* impress: *patterns impressed in the clay* **2** *(nadmiar płynu)* squeeze out: *Take one cup cooked or fresh sauerkraut and squeeze out the juice.*

odcisnąć się *v* **odcisnąć się na kimś** be imprinted on sb's mind/memory, leave its mark on sb: *The sight of her waving from the window was forever imprinted on my mind.* | *The years of hardship and poverty had left their mark on her.*

odcyfrować *v* decipher: *I can't decipher his handwriting.*

odczekać *v* **odczekać, aż ...** wait until ...: *He waited until Carlos was within range and then pulled the trigger* (=odczekał, aż Carlos znajdzie się w zasięgu strzału, i wtedy nacisnął spust).

odczepić *v* detach: *You can detach the hood from the jacket.*

odczepić się (od czegoś) *v* **1** come off (sth): *The hook came off the wall when I hung my coat on it.* **2 odczepić się od kogoś** leave sb alone: *Why can't you just leave her alone?*

odczucie *n* **1** feeling **2 w moim odczuciu** in my view: *In my view, what this country needs is a change of government.*

odczuwać *v* **1** *(potrzebę, skutki)* feel: *Don't you ever feel the need to take a vacation?* | *The company is beginning to feel the effects of the strike.* **2** *(ból)* feel, experience: *The animals do not feel any pain.* | *He experienced some pain in his leg.* **3** *(brak)* suffer from: *The organization suffers from a lack of new ideas and clear thinking.* **4 odczuwać lęk/radość itp.** be scared/happy etc: *A lot of people are scared of computers.* —**odczuwalny** *adj* perceptible: *perceptible changes in temperature*

odczyt *n* **1** *(wykład)* lecture: **wygłosić odczyt** give a lecture: *Dr Hill gave a brilliant lecture.* **2** *(wyników, pomiaru)* reading: *Thermometer readings were taken every two hours.*

odczytać *v* **1** *(niewyraźne pismo)* decipher, make out: *I can't decipher Anna's handwriting.* | *Can you make this out?* **2** *(na głos)* read out: *He read out the names on the list.* **3** *(dane z dyskietki itp.)* read: *The computer couldn't read the data from the disk.* **4 odczytać coś jako ...** take/interpret sth as ...: *Carol will take it as an insult if you don't come to the party.*

oddać *v* **1** *(zwrócić)* return: *We lent them our lawnmower and they never returned it!* | *I have to return some books to the library.* **2** *(spłacić)* pay/give back: *Can you lend me £10 and I'll pay you back on Friday?* | *Did I pay you back that £5?* | *I need to give Jack back the money he lent me.* **3** *(rozdać)* give away: *He gave away immense amounts of money to charity.* **4** *(przekazać)* hand over: *The thief was caught and handed over to the police.* **5** *(ukazać)* portray: *Levi portrays the sheer horror of the concentration camps very powerfully.* **6** *(dać do oceny, rozpatrzenia itp.)* hand in: *Please hand in your application by September 30.* | *Hand your papers in at the end of the exam.* **7 oddać krew** donate blood: *Hospitals are publicly appealing for people to donate blood.*

oddać się *v* **oddać się w czyjeś ręce** surrender to sb: *The unit was forced to surrender to the enemy.*

oddalać *v* → patrz ODDALIĆ

oddalać się *v* recede: *footsteps receding into the distance* (=oddalające się odgłosy kroków) | *Hopes for a peaceful solution are receding* (=oddalają się nadzieje na pokojowe rozwiązanie).

oddali *n* **w oddali** in the distance: *In the distance we could see the tall chimneys of the factory.*

oddalić *v* *(wniosek, apelację itp.)* reject, dismiss: *The court rejected his appeal.* | *The case was dismissed owing to lack of evidence.*

oddalić się *v* walk away: *He walked away, smiling.*

oddany *adj* **1 być oddanym komuś** be devoted to sb: *He is devoted to his family.* THESAURUS LOVE **2 być oddanym czemuś** be committed/dedicated to sth: *Everyone must be committed to the job or the project will fail.* —**oddanie** *n* devotion, dedication

oddawać *v* → patrz ODDAĆ

oddech *n* **1** *(wydychane powietrze)* breath: **nieświeży oddech** bad breath **2** *(oddychanie)* breathing: *The patient's breathing was slow and regular.* **3 wziąć głęboki oddech** take a deep breath: *He took a deep breath and dived into the water.* **4 wstrzymać oddech** hold your breath: *Can you hold your breath under water?* | *We were holding our breath, waiting for the winner to be announced.* **5 z trudem łapać oddech** gasp for breath/air: *Kim crawled out of the pool, gasping for air.* **6 nie móc złapać oddechu** be out of breath **7 wyrównać oddech** get your breath back, catch your breath: *Marge had to stop to get her breath back.* **8 zapierający oddech (w piersiach)** breathtaking: *a breathtaking view* **9 czuć na plecach czyjś oddech** have sb breathing down your neck: *I can't work with you breathing down my neck.*

oddechowy *adj* respiratory: **drogi oddechowe** respiratory tract

oddelegować *v* assign, second *BrE*: *Jan's been assigned to the Asian Affairs Bureau.* | *Jill's been seconded to the marketing department while David's away.*

O

oddychać *v* breathe: *Is he still breathing?* | *Relax and breathe deeply.*

oddychanie *n* **1** breathing, respiration **2 sztuczne oddychanie** artificial respiration

oddział *n* **1** *(w wojsku)* unit: *The unit was forced to surrender to* (=poddać się) *the enemy.* **2** *(w policji)* squad: *the anti-terrorist squad* | **oddział specjalny** task force **3** *(szpitalny)* ward: *the maternity ward* (=oddział położniczy) **4** *(w przedsiębiorstwie)* division, department

oddziaływać *v* **1 oddziaływać na kogoś/coś** affect sb/sth: *The drug affects different people in different ways.* **2 wzajemnie oddziaływać na siebie** interact: *hormones interacting in the body*

oddziaływanie *n* **1** *(wpływ)* effect, influence: *the effect of TV violence on children* **2** *(wzajemne)* interaction, interplay: *the interplay of light and colour in her paintings*

oddzielić *v* separate: *A high fence separated the two gardens.* | **+ od czegoś** from sth: *Break an egg and separate the white from the yolk.* | *It is often difficult to separate fact from fiction.*

oddzielić się *v* separate: *They got lost when they separated from the rest of the climbing party.*

oddzielny *adj* separate: *They sleep in separate beds.* **—oddzielnie** *adv* separately: *They each arrived separately.* | *Uncooked meat should be stored separately.*

oddzwonić *v* call back, ring back *BrE*: *No problem, I'll call back later.* | *John rang, and he wants you to ring him back.*

oddźwięk *n* response: *The public response to the new model has been very positive.*

odebrać *v* **1** *(pozbawić)* take away: *They took away his driving licence* (=odebrali mu prawo jazdy). | **odebrać coś komuś** take sth away from sb: *The teacher took the magazines away from the kids and told them to get back to their schoolwork.* **2** *(swoją własność)* get back: *Did you get your books back?* **3** *(zgłosić się po coś)* collect, pick up: *You can collect the picture when it's ready next week.* | *She just dropped by to pick up her mail* (=żeby odebrać pocztę). | *Has anyone picked the photos up yet?* **4** *(nagrodę)* collect: *The winning team went up to collect their medals.* **5** *(sygnał, fale itp.)* receive, pick up: *The satellite failed to pick up the signal.* **6 odebrać telefon** pick up/answer the phone: *Just as I picked up the phone, it stopped ringing.* | *Could you answer the phone, please?* **7 odebrać kogoś skądś** pick up/collect sb from somewhere: *He picked up his twelve-year-old son from school and took him swimming.* | *Her father sent a taxi to collect her from the hotel.* **8** *(zareagować na coś)* receive: *Edith's speech was very well received by the board* (=zostało bardzo dobrze odebrane przez zarząd). →patrz też **odebrać sobie życie** (ŻYCIE)

odechcieć się *v* **komuś odechciało się czegoś** sb no longer feels like doing sth, sb doesn't want to do sth any more: *After the phone call I didn't want to sleep any more* (=odechciało mi się spać).

odegrać *v* **1 odegrać ważną/istotną itp. rolę** play a major/prominent etc role/part: *American aid played a major role in the country's recovery.* | *Chance played a very small part in those political changes.* **2** *(utwór)* play: *Dario played the sonata perfectly.* **3** *(scenę itp.)* perform, act out: *A group of actors performed a series of medieval plays.*

odegrać się *v* **odegrać się na kimś** get back at sb: *Jerry's trying to think of ways to get back at her for leaving him.*

odejmować *v* subtract →patrz też ODJĄĆ **—odejmowanie** *n* subtraction

odejść *v* **1** *(osoba)* go (away), leave: *Don't go, Anna. I haven't finished with you yet.* | *Go away! Leave me alone!* | *He left without saying goodbye* (=odszedł bez pożegnania). THESAURUS DIE **2** *(pociąg itp.)* go, leave: *What time does the last train go?* **3 odejść od kogoś** leave sb: *Jane's husband's left her for another woman.* **4 odejść z pracy/firmy itp.** leave your job/the company etc: *Bill's leaving the company after 25 years' service.* **—odejście** *n* leaving: *After leaving her job* (=po odejściu z pracy) *she began to move in literary circles.*

odepchnąć *v* push away: *He tried to kiss her but she pushed him away.*

odepchnąć się *v* **odepchnąć się od czegoś** push off from sth →patrz też ODPYCHAĆ

odeprzeć *v* **1** *(wroga, atak)* fight off, repel: *She managed to fight off her attackers.* | *repel invaders* | *repel an attack* **2** *(cios)* fend off: *fending off the blows with his sword* **3** *(zarzuty)* deny: *Hoff vehemently* (=zdecydowanie) *denied the accusations.* **4** *(odpowiedzieć)* say, reply: *"It's none of your business," she said rather rudely.* | *"No," replied John, shaking his head.*

oderwać *v* **1** tear off: *Tear off the coupon and send it to this address.* THESAURUS INTERESTING **2 oderwać kogoś od czegoś** tear sb away from sth: *It's hard to tear him away from the computer.* **3 nie móc oderwać wzroku/oczu od kogoś/czegoś** cannot take your eyes off sb/sth: *She was so beautiful I simply couldn't take my eyes off her.*

oderwać się *v* **1** *(guzik itp.)* come off, get torn off: *Two buttons came off my shirt.* **2 oderwać się od czegoś** tear yourself away from sth: *Can't you tear yourself away from the TV for five minutes?* **3 oderwać się od ziemi** take off, leave the ground: *The engine failed just after the plane took off.*

odesłać *v* **1** *(przesyłkę)* send back, return: *She sent back my letters without opening them.* | *Please return the enclosed form.* **2** *(kogoś gdzieś)* send: *The nurse bandaged me up and sent me home to rest.* **3** *(kogoś do książki, słownika itp.)* refer: *Professor Harris referred me to an article she had written.*

odetchnąć *v* **1** *(odpocząć)* have a rest: *Halfway up the mountain we stopped to have a rest.* **2 odetchnąć z ulgą** breathe/heave a sigh of relief, sigh with relief: *She heaved a sigh of relief when he finally answered the phone.* | *We all sighed with relief when the plane finally touched down safely.*

odezwać się *v* **1** *(powiedzieć coś)* speak: *John! Speak to me! Are you alright?* **2 nie odezwać się (ani słowem)** not say a word: *He just sat there and didn't say a word.* **3 odezwał się dzwonek/telefon itp.** the bell/phone etc rang: *At that precise moment, the telephone rang.* **4 ktoś się do nas (nie) odezwał** we have (not) heard from sb: *Have you heard from John?* →patrz też ODZYWAĆ SIĘ

odgadnąć *v* **1** *(domyślić się)* guess: *"How did you know I won?" "I just guessed from the look on your face* (=po twojej minie)*."* **2** *(zagadkę, sekret)* solve: *No one has ever solved the riddle of the missing necklace.*

odgałęzienie *n* branch, offshoot: *the New Zealand branch of the family* | *The company was an offshoot of Bell Telephones.*

odgarnąć *v* sweep: *He swept his hair away from his face.* | *Could you sweep the snow off the patio for me?*

odgłos *n* **1** sound: *the sound of breaking glass* **2 odgłosy** noise: *Did you you hear that noise?* | *My car's making that weird noise again* (=znowu wydaje te dziwne odgłosy).

odgrażać się *v* make threats: **+ komuś** to/against sb:

He had made threats against his teachers. | **odgrażać się, że się coś zrobi** threaten to do sth: *The boss threatened to fire anyone who was late.*

odgrodzić *v* fence off, seal off: *We fenced off part of the field.* | *Following a bomb warning, police have sealed off the city centre.*

odgrywać *v* **odgrywać ważną/kluczową rolę w czymś** play a major/key role in sth: *companies that play a major role in the world's economy* →patrz też ODEGRAĆ

odgrzać *v* warm up: *If you're ready for your dinner I'll warm it up.*

odhaczyć *v* tick off *BrE*, check off *AmE*: *She should have ticked off Miss Vine's name on her list.*

odinstalować *v* uninstall: *In theory, uninstalling a program from your PC should be easy.*

odizolować *v* isolate: *The new prisoner was isolated as soon as he arrived.* | *China isolated itself from the rest of the world* (=odizolowała się od reszty świata) *in the early part of the century.*

odjazd *n* departure: *A man's voice announced the departure of the L.A. bus* (=zapowiedział odjazd autobusu do Los Angeles).

odjąć *v* subtract: *If you subtract 15 from 25 you get 10.* →patrz też ODEJMOWAĆ

odjechać *v* **1** *(wyruszyć w podróż)* depart: *The train for Edinburgh will depart from platform 5.* **2** *(ruszyć z miejsca)* pull away: *Matt jumped onto the bus just as it was pulling away* (=w momencie, gdy już odjeżdżał).

odkazić *v* disinfect: *First use some iodine to disinfect the wound.*

odkąd *pron* since: *I haven't seen him since we left school.* | *Jim's been working at the bank since he finished college.*

odkleić *v* **1** remove: *He removed the stamp from the letter by soaking it in water.* **2 odkleić się** come unstuck: *The stamp has come unstuck.*

odkładać *v* →patrz ODŁOŻYĆ

odkopać *v* dig out, unearth: *Two people had been dug out of the snow by rescuers and taken off to hospital.* | *Scientists unearthed a complete dinosaur skeleton in Montana.*

odkręcić *v* **1** *(śrubę)* undo: *You must undo this screw first.* **2** *(żarówkę)* unscrew: *She unscrewed the light bulb.* **3** *(wieczko, zakrętkę)* unscrew, twist off: *She was trying to unscrew the lid of a jar of honey.* | *Jack twisted the cap off the bottle.* **4** *(kran, wodę, gaz)* turn on: *When I turned on the tap a brownish liquid came out.* **5 odkręcić coś** *(wycofać się z czegoś)* undo sth: *I wish it was possible to undo what I've done.*

odkrycie *n* discovery: *recent archaeological discoveries* | *the discovery of oil in Texas* | **dokonać odkrycia** make a discovery: *Astronomers have made significant discoveries about our galaxy.*

odkryć *v* **1** *(planetę, ląd, zjawisko, substancję)* discover: *The planet Pluto was discovered in 1930.* | *Columbus discovered America in 1492.* | *Doctors claim to have discovered a cure for the disease.* THESAURUS INVENT **2** *(plan, spisek)* uncover: *They uncovered a plot to kill the president.* **3** *(odsłonić)* uncover: *Reduce heat and simmer* (=i gotować na wolnym ogniu), *uncovered, for 20 minutes.* | *He left his feet uncovered.* **4** *(natrafić na coś)* discover, uncover: *Security guards discovered a bag crammed with explosives* (=wypchaną materiałami wybuchowymi). | *As we dug deeper, we uncovered a large wooden chest.* **5** *(dowiedzieć się)* discover, find out: *They never discovered who the murderer was.* | *When did you find out you were pregnant?*

odkryw-ca/czyni *n* **1** *(badacz)* discoverer: *one of the discoverers of the element oxygen* (=jeden z odkrywców tlenu) **2** *(podróżnik)* explorer, discoverer: *Early explorers used to navigate by the stars.*

odkrywczy *adj* revealing: *revealing remarks/comments/observations* | *Have I said anything revealing?*

odkształcić *v* deform: *The heat had deformed the plastic.*

odkupić *v* **1 odkupić coś od kogoś** buy sth from sb: *She bought the painting from a famous Swiss art dealer.* **2 odkupić czyjeś grzechy** redeem sb from their sins: *Christ came to Earth to redeem us from our sins.* —**odkupienie** *n* redemption

odkurzacz *n* vacuum cleaner, Hoover® *BrE*

odkurzać *v* **1** *(meble itp.)* dust: *Did you dust the bookshelves?* **2** *(odkurzaczem)* vacuum, hoover *BrE*: *Have you vacuumed all the carpets?*

odlać *v* **1** *(wodę itp.)* drain (off): *Drain the water from the peas.* | *Drain off the fat from the meat after frying.* **2 odlać coś z brązu** cast sth in bronze: *a statue of a horse cast in bronze*

odlać się *v (oddać mocz)* have/take a piss/leak: *I must have a piss.*

odlecieć *v* **1** *(samolot)* depart: *Your flight will depart* (=twój samolot odleci) *from Heathrow Airport at 8.30.* **2** *(ptak)* fly away: *The eagle spread its wings and flew away.*

odległość *n* **1** distance: *What's the distance from Chicago to Detroit?* | **w odległości ...** at a distance of ...: *Bird feeders* (=karmniki) *should be placed at a distance of at least six feet from a bush or tree.* **2 na odległość ręki/ramienia** at arm's length: *Brandon held the baby at arm's length and grinned from ear to ear.* **3 trzymać kogoś na odległość** keep sb at a distance: *Ann likes to keep people at a distance.*

odległy *adj* **1** distant, remote: *The book tells about societies in the distant past* (=w odległej przeszłości). | *signals from a distant planet* | *distant thunder* (=odległy grzmot) | *They live in a remote mountain village.* THESAURUS FAR **2 odległy o 10 kilometrów itp.** 10 kilometres etc away: *a huge explosion that shook houses up to five miles away*

odlew *n* casting: *a bronze casting*

odlewać *v* →patrz ODLAĆ

odlewnia *n* foundry

odliczać *v (czas)* count down: *We're counting down to our holiday.* | *Robin is anxiously counting down the days until Jonathan arrives.* →patrz też ODLICZYĆ

odliczanie *n* countdown: *the countdown to take-off* (=przed startem)

odliczyć *v* **1** *(pieniądze, krople itp.)* count out: *I counted out 10 zloty and gave it to the shop assistant.* **2** *(odciągnąć)* deduct: *The tax will be deducted from your salary each month.* **3 kolejno odlicz!** count! →patrz też ODLICZAĆ

odlot *n* departure: *You should be at the airport an hour before departure.*

odlotowy *adj* terrific, super: *There was a terrific view from the top of the hill.* | *I feel terrific!* (=Czuję się odlotowo!)

odludek *n* loner: *Ken's always been a bit of a loner, even at school.*

odludny *adj* out-of-the-way: *Don't you find it inconvenient living in such an out-of-the-way place?*

odludzie *n* out-of-the-way place: **na odludziu** off the beaten track: *a little hotel off the beaten track* THESAURUS FAR

odłam *n* splinter group, faction: *They are a conservative splinter group of the Republican Party.* | *Within the army there was a pro-war faction, pushing for a declaration of war.*

odłamać *v* break off: *She broke off a piece of chocolate and gave it to me.*
odłamać się *v* break off: *One of the plane's wings broke off and it crashed into the ground.* | *One of the branches had broken off in the wind.*

O

odłamek *n* **1** *(szkła itp.)* sliver: *slivers of broken glass* THESAURUS PIECE **2** *(pocisku)* shrapnel: *His left arm had been shattered by shrapnel in the war* (=w czasie wojny odłamek roztrzaskał mu lewe ramię).

odłączyć *v* disconnect: *Disconnect the cables before you try to move the computer.*

odłożyć *v* **1** *(na bok)* put away/aside: *The girl stopped writing and put away her notebook.* | *Charles put aside his newspaper and got up to answer the door.* **2** *(na swoje miejsce)* put away, replace: *You must put away all your toys before you get into bed.* | *He replaced the book on the shelf.* **3** *(na później)* delay, postpone, put off: *Ralph decided to delay his trip until April or May.* | *Gail and Jim have decided to postpone having a family for a while.* | *We'll have to put off going on vacation until you're better.* **4** *(decyzję)* defer: *Let's defer the decision for a few weeks.* **5** *(zaoszczędzić)* put aside: *We're trying to put some money aside for a new car.* **6 odłożyć słuchawkę** hang up, put the phone down: *She said good night and hung up.*

odłupać *v* chip away: *Sandy chipped away the plaster* (=gips) *covering the tiles* (=płytki).

odmalować *v* **1** *(pomalować)* renovate, redecorate *BrE*: *Before we move in, the place has to be redecorated and all the carpets replaced.* **2** *(przedstawić)* portray: *Levi portrayed the sheer horror of the concentration camps very powerfully.*

odmawiać *v* →patrz ODMÓWIĆ

odmiana *n* **1** *(rodzaj)* variety: *This variety of rice is grown mainly in cool temperate regions.* **2** *(zmiana)* change: **dla odmiany** for a change: *Let's go out to a restaurant for a change.* **3** *(wyrazu)* inflection

odmieniać *v* **1** *(życie, los)* change, transform: *Having a baby changes your life completely.* | *discoveries that have transformed the world we live in* **2** *(czasownik)* conjugate **3** *(rzeczownik)* decline **4** *(dowolną część mowy)* inflect

odmieniec *n* misfit

odmienny *adj* **1** different: *They have different opinions about religion.* | **+od** from, to *BrE*, than *AmE*: *His taste in films and books is very different from mine.* | *Life in Russia is totally different to life in Britain.* **2 być odmiennego zdania** be of a different opinion **3 odmienna płeć** the opposite sex: *She finds it difficult to talk to members of the opposite sex.* **4** *(część mowy)* inflected —**odmienność** *n* difference

odmierzyć *v* measure out: *Measure out 100 grams of flour.*

odmłodzić *v* rejuvenate: *She felt refreshed and rejuvenated after her holiday.*

odmówić *v* **1** refuse: *I asked her to marry me, but she refused.* | **odmówić (z)robienia czegoś** refuse to do sth: *Cindy refuses to go to school* (=odmawia chodzenia do szkoły). THESAURUS REFUSE **2 odmówić komuś czegoś** deny/refuse sb sth: *Smokers are being denied medical treatment* (=palaczom odmawia się leczenia) *unless they stop smoking.* | *She could deny her son nothing* (=nie umiała niczego odmówić swojemu synowi). | *We were refused permission* (=odmówiono nam pozwolenia) *to enter the country.* **3 odmówić sobie czegoś** deny yourself sth: *He denied himself all small pleasures and luxuries.* | *I couldn't deny myself the pleasure of seeing you again.* **4 odmówić pacierz/modlitwę** say your prayers: *Have you said your prayers?* —**odmowa** *n* denial, refusal

odmrozić *v* **ktoś odmroził sobie ręce/uszy itp.** sb's hands/ears etc got frostbite —**odmrożenie** *n* frostbite

odnaleźć *v* find: *Police have not yet found the murder weapon* (=narzędzia zbrodni).
odnaleźć się *v* **1** *(zostać znalezionym)* turn up: *The missing keys haven't turned up yet.* **2** *(odkryć swoje powołanie itp.)* find yourself: *A new environment and a new example gave him the opportunity to find himself.* **3** *(w nowej sytuacji)* find your feet: *Matt's only been at the school two weeks and he hasn't found his feet yet.*

odnawiać *v* →patrz ODNOWIĆ

odnawialny *adj (źródło, zasoby)* renewable: *a renewable energy source* | *Water is a natural renewable resource.*

odniesienie *n* **1 w odniesieniu do czegoś** in relation to sth: *Women's earnings are still very low in relation to men's.* **2 punkt/układ odniesienia** point/frame of reference: *We had no other point of reference.*

odnieść *v* **1** *(zanieść z powrotem)* take back: *If the shirt doesn't fit, I can take it back to the shop.* **2 odnieść obrażenia** sustain injuries **3 odnieść sukces** achieve success, succeed: *Some women have managed to achieve success in football.* | *I'm sure you'll succeed if you work hard.* **4 odnieść skutek** have/produce the desired effect: *She wanted to make me look stupid, and her remarks had the desired effect.* | **odnieść odwrotny skutek** backfire: *His plan to get attention backfired, and instead of being promoted he lost his job.* **5 odnieść zwycięstwo** win a victory: *The English army won a great victory.* **6 odnieść wrażenie** have/get the impression: *I had the impression that you were accusing me of being a traitor.* **7 odnieść coś do czegoś** relate sth to sth: *The report seeks* (=próbuje) *to relate the rise in crime to an increase in unemployment.*
odnieść się *v* **odnieść się do czegoś** make (a) reference to sth: *Winston made no reference to what had happened.*

odnoga *n* arm, fork *AmE*: *the middle fork of the Klamath River*

odnosić *v* →patrz ODNIEŚĆ
odnosić się *v* **odnosić się do kogoś** treat sb: *The teachers here treat us as equals* (=jak do równych sobie). →patrz też **odnieść się do czegoś** (ODNIEŚĆ)

odnośnie *adv* **odnośnie (do) czegoś** concerning sth, with respect to sth: *We have several questions concerning the report.* | *With respect to your second question, it's still too early to tell.* THESAURUS ABOUT

odnośnik *n* **1** *(odsyłacz)* reference **2** *(przypis)* footnote

odnotować *v* **1** *(zapisać)* write down: *I wrote down her address on a scrap of paper.* **2** *(zauważyć)* note: *Doctors noted a marked improvement in the patient's condition.*

odnowa *n* **1** *(odrodzenie się)* rebirth, revival: *spiritual rebirth* | *the revival of interest in sixties music* **2** *(przyjaźni itp.)* renewal: *renewal of friendships*

odnowić *v* **1** *(mieszkanie)* renovate, do up, decorate *BrE*:

They did up the house and sold it for a vast profit. | *I'm going to decorate the bathroom next.* THESAURUS REPAIR **2** *(kontrakt, wizę, znajomość)* renew: *We regret to inform you* (=z żalem zawiadamiamy) *that your contract will not be renewed.*

odnóże *n* leg: *A spider's got eight legs.*

odosobnienie *n* seclusion: *He lives in seclusion inside an old castle.*

odosobniony *adj* **1** isolated: *Not many people visit this isolated spot.* **2 odosobniony przypadek** an isolated instance/incident/episode: *Police say that last week's protest was an isolated incident.*

odór *n* stench: *the stench of beer and vomit*

odpadać *v* →patrz ODPAŚĆ

odpadki *n* waste: *It's a good idea to recycle household waste.*

odpady *n* waste (materials): *Industrial waste has found its way* (=dostały się) *into the water supply.*

odpalić *v* **1** *(pocisk, rakietę)* fire, launch: *The F16 fighter plane fired two missiles.* **2 odpalić komuś coś** spare sb sth: *Could you spare me £5?*

odparować *v (odpowiedzieć)* retort: *"It's all your fault!" he retorted.*

odpaść *v* **1** *(odczepić się)* come off, come away *BrE*: *The hook came off the wall when I hung my coat on it.* | *I didn't break it! The handle came away in my hand.* **2** *(zostać wyeliminowanym)* drop out: *Most of the other candidates had now dropped out of the presidential race.* **3 coś odpada** *(nie wchodzi w grę)* sth is out: *"What are we going to do?" "Well, bowling's out* (=kręgle odpadają) *because my wrist is killing me* (=dokucza mi nadgarstek)*."*

odpędzić *v* **1 odpędzić kogoś** chase sb away/off: *Harry chased the boys off with a stick.* **2** *(niebezpieczeństwo)* ward off: *a spell to ward off evil spirits* **3** *(myśli itp.)* banish (from your mind): *I decided to banish all thoughts of ever marrying him.*

odpiąć *v* **1** *(guziki)* undo: *My fingers were so cold that I couldn't undo the buttons.* **2** *(koszulę, spodnie itp.)* unbutton, unfasten: *She unbuttoned her uniform and changed into her normal clothes.* | *Could you unfasten my dress for me?* **3** *(pasek)* unbuckle: *He unbuckled his belt.* **4** *(pasy bezpieczeństwa)* undo, unfasten: *Jack unfastened his seatbelt and stepped out of the car.* **5** *(naszyjnik)* undo, unfasten: *Rosie undid the necklace and gave it back to him.*
odpiąć się *v* **1** *(guzik)* come undone: *Your shirt button has come undone.* **2** *(naszyjnik itp.)* come undone/ unfastened: *The bracelet has a safety chain, so that if it comes unfastened it won't fall off.*

odpierać *v* →patrz ODEPRZEĆ

odpisać *v* **1** *(na list)* write back: *As soon as I got their fax, I wrote back immediately.* | *Do you think Sarah will write back?* THESAURUS ANSWER **2** *(zadanie)* copy: *Jeremy had copied his homework from the girl next to him.* —**odpis** *n* copy: *a certified copy* (=odpis notarialny) *of your birth certificate*

odplamiacz *n* stain remover

odpłacić się *v* **1 odpłacić się komuś** repay sb: *How can I ever repay you for what you've done?* **2 odpłacić komuś pięknym za nadobne** get even with sb: *I'll get even with him one day.*

odpłatność *n* payment

odpłynąć *v* **1** *(człowiek)* swim away: *He swam away from the sinking ship.* **2** *(łódź)* sail away: *The yacht sailed away into the distance and out of sight.*

odpływ *n* **1** *(morza)* low tide: *You can walk to the island at* (=w czasie) *low tide.* | **jest odpływ** the tide is (going) out **2** *(otwór)* drain, plughole *BrE*: *The drain in the bathtub is clogged* (=zapchany).

odpocząć *v* **1** rest, have/take a rest, get some rest: *I feel a little tired - I need to rest for a few minutes.* | *You'd better sit down and have a rest.* **2 dać odpocząć nogom/oczom** rest your legs/eyes

odpoczynek *n* **1** *(odpoczywanie)* rest: *She needs plenty of rest.* | *lack of rest* | **zasłużony odpoczynek** well-earned rest **2** *(przerwa)* rest, break: *You've been working all morning - I think you deserve a rest.* | *a short break* | **bez odpoczynku** without a break: *Larry had worked all day without a break.*

> **UWAGA: rest**
>
> **Rest** jest rzeczownikiem policzalnym, kiedy oznacza chwilę odpoczynku lub przerwę na odpoczynek, a niepoliczalnym, kiedy odnosi się do samego odpoczywania. Mówimy więc: *We stopped for a rest*, ale: *The doctor says I need complete rest.*

odpoczywać *v* rest: **dużo odpoczywać** get/take plenty of/a lot of rest: *Take plenty of rest and you'll soon be well again.* →patrz też ODPOCZĄĆ

odpornościowy *adj* **układ odpornościowy** the immune system

odporność *n* **1** *(na choroby)* immunity, resistance: **+na coś** to sth: *immunity to infection* | *Vitamins can build up your resistance to colds and flu.* **2** *(na zimno itp.)* tolerance: **+na coś** of/to sth: *Many old people have a very limited tolerance to cold.*

odporny *adj* **1** *(na choroby)* immune: **+na coś** to sth: *Some people are immune to the virus.* | *You're immune to chickenpox* (=na ospę wietrzną) *if you've had it once.* **2** *(na leki)* resistant: *Some diseases are resistant to antibiotics.* **3** *(na zimno, krytykę, naciski, itp.)* resistant, impervious, immune: *Zinc is resistant to corrosion in the air.* | *He seems to be impervious to criticism.* | *Their business seems to be immune to economic pressures.*

odpowiadać *v* **1 odpowiadać czemuś a)** *(być odpowiednikiem)* correspond to/with sth, be equivalent to sth: *The Polish 'matura' corresponds to British 'A-levels'.* | *The workers received a bonus* (=dostali premię) *equivalent to two months' pay.* **b)** *(wymaganiom itp.)* conform to sth, meet sth: *Seatbelts must conform to official standards.* | *The building does not meet the essential safety requirements.* **c)** *(opisowi itp.)* fit/match/answer sth: *Police said the car fits the description of the stolen vehicle.* | *A man answering the police's description was seen entering the building.* THESAURUS CAUSE **2 odpowiadać prawdzie/faktom itp.** tally with the truth/facts: *Your account of the accident doesn't tally with the facts.* | *Lilly says things that don't always tally with the truth.* **3 odpowiadać z matematyki/ geografii itp.** be tested in maths/geography etc **4 odpowiadać za coś** be responsible for sth: *She's responsible for the day-to-day running of the department.* | *Social changes are responsible for many of our modern problems.* **5 coś komuś odpowiada** sth suits sb: *It's difficult to find a date that suits everyone.* **6 coś komuś nie odpowiada** sth is not to sb's liking: *The food was not really to our liking.* **7 telefon nie odpowiada** there is no answer **8 ktoś nie odpowiada** sb is not answering →patrz też ODPOWIEDZIEĆ

O

odpowiedni *adj* **1** *(właściwy)* suitable, right, appropriate, proper: *We are hoping to find a suitable school.* | *I chose an appropriate gift.* | *You can't climb a mountain without the proper equipment.* | **+na coś/do czegoś** for sth: *We all agree that Carey is the right person for the job.* | *I must have the proper tools for the job.* | **odpowiedni dla kogoś** suitable/right for sb: *The film isn't suitable for young children.* THESAURUS SUITABLE **2** *(równy)* equivalent: *12 bottles of beer or an equivalent amount of alcohol* **3 odpowiedni do czegoś** *(współmierny)* commensurate with sth: *a salary commensurate with your experience*

odpowiednik *n* **1** equivalent: *Jupiter was the Roman equivalent of the Greek god Zeus.* **2** *(osoba na tym samym stanowisku)* counterpart, opposite number: *The Saudi Foreign Minister met his French counterpart for talks.*

odpowiednio *adv* **1** *(właściwie)* suitably, appropriately, properly: *suitably dressed for a wedding* | *Dress appropriately in order to make a favourable impression.* | *Granny will be there, so behave properly.* **2** *(kolejno)* respectively: *My two sons, Adam and Alexander, are five and nine respectively* (=mają - odpowiednio - pięć i dziewięć lat).

odpowiedzialnie *adv* responsibly: *Only people who can handle guns* (=obchodzić się z bronią) *responsibly should be given weapons.*

odpowiedzialność *n* **1** responsibility: *She wanted a job with more responsibility.* **2 wziąć na siebie/przyjąć odpowiedzialność za coś** accept/take responsibility for sth, admit liability for sth: *The driver accepted responsibility for the crash and agreed to pay damages* (=odszkodowanie). | *The hospital refused to admit liability for the deaths of the two young children.* **3 ponosić odpowiedzialność za coś** be responsible for sth: *Who is responsible for the recent wave of bombings?* **4 pociągnąć kogoś do odpowiedzialności** bring/call sb to account: *The people responsible for the accident have never been brought to account.* **5 (zrobić coś) na własną odpowiedzialność** (do sth) on your own responsibility: *He acted on his own responsibility.* **6 na twoją odpowiedzialność!** on your own head be it! →patrz też **spółka z ograniczoną odpowiedzialnością** (OGRANICZONY), **zepchnąć na kogoś odpowiedzialność** (ZEPCHNĄĆ)

odpowiedzialny *adj* **1** *(człowiek)* responsible, reliable: *a responsible young man* | *He's not very reliable.* **2** *(praca, stanowisko)* responsible: *There are not enough women in well-paid, responsible jobs.* **3 być odpowiedzialnym za coś a)** *(być winnym)* be responsible for sth: *Who is responsible for all this mess?* **b)** *(mieć za zadanie)* be responsible for sth: *The school is legally responsible for the safety of its students.* | *From now on* (=od tego momentu) *Neil is responsible for publicity and marketing.* **4 być odpowiedzialnym przed kimś** be accountable/answerable to sb: *All government ministers are accountable to Parliament.*

odpowiedzieć *v* **1** *(udzielić odpowiedzi)* answer, reply, respond: *"I don't know," answered the little boy.* | *"Of course," she replied.* | **+że** that: *Clare answered that she was not interested in their offer.* | *He responded that he would be pleased to attend* (=że z chęcią przyjdzie). | **odpowiedzieć komuś** answer sb: *Why don't you answer me?* | **odpowiedzieć na pytanie** answer a question: *I had to answer a lot of questions about my previous job.* | **odpowiedzieć na list** answer a letter, reply to a letter: *I haven't replied to his letter yet.* | **odpowiedzieć na ogłoszenie** answer an advertisement: *Simon got the job by answering an advertisement in the newspaper.* THESAURUS ANSWER **2** *(zareagować)* respond, answer: *The US responded by sending in food and medical supplies.* | *The army answered by firing into the crowd* (=strzelając do tłumu). | **odpowiedzieć na coś** respond to sth: *The public has responded very enthusiastically to our appeal.* | *The enemy immediately responded to the attack.* **3 odpowiedzieć na czyjeś pozdrowienie** return sb's greeting: *The girl returned Victor's greeting rather shyly.* →patrz też ODPOWIADAĆ

odpowiedź *n* **1** answer, reply: *I told you before, the answer is no* (=moja odpowiedź brzmi nie)! | *We'll send you the reply by fax.* | **+na coś** to sth: *Mark never got an answer to his letter.* | *There have been no replies to our ad.* THESAURUS ANSWER **2** *(rozwiązanie)* answer: *In the test, all my answers were correct.* | *What was the answer to question 7?* **3 pozostać bez odpowiedzi** remain unanswered: *There are still a great many questions that remain unanswered.* **4 w odpowiedzi na coś** in reply/answer/response to sth: *Jeff said very little in reply to my questions.* | *I am writing in response to your advertisement.* | *in answer to my second question*

odprawa *n* **1** *(zebranie)* briefing: *Ask the men to meet here at 11:00 for a briefing.* **2 odprawa celna** customs: **przejść odprawę celną** go through customs, clear customs: *Make sure you have your passport handy as you go through customs.* | *We waited over two hours to clear customs.* **3 odprawa paszportowa** passport control: *Please proceed to passport control.* **4 odprawa bagażowa** check-in: *We rushed over to the check-in and showed the man our tickets.*

odprawić *v* **1 odprawić kogoś z niczym/z kwitkiem** turn sb away: *They turned about 1000 people away at the Arena because all the tickets were gone.* | *I can't turn her away. She's my brother's child.* **2 odprawić mszę** celebrate/say mass

odprężać się *v* →patrz ODPRĘŻYĆ SIĘ **—odprężający** *adj* relaxing: *a relaxing bath*

odprężenie *n (relaks)* relaxation: *I play the piano for relaxation* (=dla odprężenia). **—odprężony** *adj* relaxed: *Lucy woke up feeling fresh and relaxed.*

odprężyć się *v* relax, wind down: *Jim relaxed, knowing he was among friends.* | *I find it difficult to wind down after a day at work.*

odprowadzić *v* **1** *(osobę wyjeżdżającą, wychodzącą itp.)* see off: *I think they've gone to the airport to see their daughter off.* | **odprowadzić kogoś do domu** see sb home: *Just wait a minute and I'll see you home.* | **odprowadzić kogoś do drzwi** see sb to the door: *Daphne, will you see Dr Crane to the door?* **2** *(dla bezpieczeństwa lub towarzystwa)* escort: *Marine guards escorted the visitors to the airport.* | *David offered to escort us to the theatre.*

odpukać *v* **odpukać (w niemalowane drewno)** touch wood *BrE*, knock on wood *AmE*: *I haven't had a cold all winter - touch wood.*

odpuścić *v* **odpuścić sobie coś** give sth a miss: *I think I'll give aerobics a miss this week.*

odpychać *n (wzbudzać niechęć)* repel, disgust: *Her heavy make-up and cheap scent repelled him.* | *The thought of eating a frog disgusts me.*
odpychać się *v (ładunki, elektrony itp.)* repel each other

odpychający *adj* **1** *(zapach)* disgusting, repulsive: *a disgusting smell* **2** *(człowiek)* repulsive, repellent: *What a repulsive man!* | *She'd always found her cousin quite repellent.* **—odpychanie** *n* repulsion

odra *n* **1** *(choroba)* (the) measles **2** *(rzeka)* **Odra** the Oder

UWAGA: measles

Measles jest rzeczownikiem niepoliczalnym i łączy się z czasownikiem w liczbie pojedynczej: *Measles* **is** *a highly infectious disease.*

odrabiać *v* **odrabiać lekcje/zadanie domowe** do (your) homework: *Get out! I'm trying to do my homework!* | *The average student spends two to three hours a night doing homework.*

odraczać *v* →patrz **ODROCZYĆ**

odradzić *v* **odradzić komuś coś** advise sb against (doing) sth: *Her lawyers advised her against making any statements to the press.*

odraza *n* **1** disgust, loathing: *Everybody looked at me with disgust.* **2 coś budzi w kimś odrazę** sb is revolted by sth, sth is abhorrent to sb: *We were revolted by their cruelty.* | *The practice of terrorism is abhorrent to the civilized world.* **3 czuć odrazę do kogoś/czegoś** loathe sb/sth: *Lucinda loathes spiders.*

odrażający *adj* disgusting, repulsive, revolting: *a disgusting smell/behaviour* | *a repulsive smell/man/appearance* | *His leering glances* (=pożądliwe spojrzenia) *were revolting to her.* THESAURUS **UGLY**

odrąbać *v* chop off: *"Chop off his head!" ordered the king.*

odreagować *v* **1** *(stres itp.)* work off: *I'm sorry about all the yelling, it was Terry trying to work off his frustration.* **2 odreagować coś na kimś** take sth out on sb: *Don't take it out on me. It's not my fault you've had a bad day.*

odremontować *v* renovate, do up: *The hotel has been recently renovated and extended.* | *They did up the house and sold it for a vast profit.*

odrestaurować *v* restore: *The mosaics excavated* (=odkryte) *in 1989 have now been fully restored.* | *It will take nearly $650,000 to restore the house.* THESAURUS **REPAIR**

odrębny *adj* **1** *(różny)* distinct, separate: *two entirely distinct languages* | *This word has 3 separate meanings.* **2** *(oddzielny)* separate: *a separate entrance*

odręcznie *adv (napisać)* by hand: *Do you think I should type this job application or write it by hand?*

odręczny *adj* **1** *(notatka, dopisek)* hand-written: *The hand-written postscript read, "Thank you Jim!"* **2** *(rysunek)* freehand: *a freehand sketch*

odrętwiały *adj* numb: *My fingers were so numb I could hardly write.* —**odrętwienie** *n* numbness

odrobić *v* **odrobić lekcje/zadanie domowe** do your homework: *Have you done all your homework?* | *I forgot to do my homework.*

odrobina *n* **1 odrobinę** a (little) bit: *Can you turn the radio down a little bit?* | *Let's move the table a little bit closer to the wall.* **2 odrobina czegoś** a touch of sth: *"I'm afraid I don't agree," said Hazel, with a touch of irritation.* **3 przy odrobinie szczęścia** with a bit of luck: *With a bit of luck we should get it finished tomorrow.*

odroczony *adj* **odroczona płatność** credit, deferred payment

odroczyć *v* defer, postpone: *His military service was deferred until he finished college.* | *Could we postpone the meeting until a more convenient time?*

odrodzenie *n* **1 Odrodzenie** the Renaissance **2** *(ponowny rozkwit)* rebirth, resurrection: *a rebirth of conservative thinking* | *spiritual rebirth* | *the resurrection of the British film industry*

odrodzić *v (wspomnienia itp.)* revive: *Helen's trip home has revived memories of her childhood.*
odrodzić się *v* be reborn, return to life: *From these ruins the town was reborn.* | *As usual, nature will return to life in the spring.*

odróżniać *v* **1 odróżniać coś od czegoś** distinguish/discriminate between sth and sth: *Young children sometimes can't distinguish between fantasy and reality.* | *The child must first learn to discriminate between letters of similar shape.* **2** *(wyróżniać)* distinguish: *What distinguishes this book from others you have read?* | *The bright feathers distinguish the male peacock from the female.* | *There's not much to distinguish her from the other candidates.*
odróżniać się *v* be distinct/different: **+ od kogoś/czegoś** from sb/sth: *The behaviour of men as individuals is distinct from their behaviour in a group.*

odróżnić *v* **odróżnić kogoś/coś od kogoś/czegoś** distinguish/tell sb/sth from sb/sth: *The twins are so alike it's difficult to distinguish one from the other.* | *It's quite hard to tell an alligator from a crocodile.*
odróżnić się *v* **nie dać się odróżnić** be indistinguishable: *At the moment, the twins are indistinguishable.* | *The copy was almost indistinguishable from the original.*

odróżnienie *n* **w odróżnieniu od kogoś/czegoś** unlike sb/sth: *Unlike me, she's very intelligent.* | *Unlike beef, chicken has very little fat.*

odruch *n* **1** *(reakcja na bodziec)* reflex: *Blinking is an automatic reflex.* **2** *(spontaniczna reakcja)* impulse: *My first impulse was to hit him* (=w pierwszym odruchu chciałem go uderzyć).

odruchowy *adj* automatic: *an automatic reaction*

odrywać *v* **1** →patrz **ODERWAĆ** **2 nie odrywając wzroku/oczu od kogoś/czegoś** riveted on/to sb/sth: *People sat riveted to their TVs during the trial.*

odrzec *v* reply: *"That's what I expected," replied Mandy.*

odrzucać *v* **odrzucać kogoś** make sb sick/ill, repulse sb: *The very thought of food makes me feel ill* (=odrzuca mnie na samą myśl o jedzeniu). →patrz też **ODRZUCIĆ**

odrzucenie *n* **coś jest nie do odrzucenia** sth is too good to be turned down: *This is an offer too good to be turned down.*

odrzucić *v* **1** *(podanie, ofertę)* reject, turn down: *Oxford rejected his application.* | *She got an offer of a job at Microsoft, but she turned it down.* THESAURUS **REFUSE** **2** *(pomysł, wniosek, oskarżenie)* dismiss: *He dismissed the suggestion as unrealistic.* | *Bush dismissed the accusations as nonsense.* **3** *(warunki)* reject: *They completely rejected the terms of the peace treaty* (=warunki traktatu pokojowego). **4** *(piłkę)* throw back: *Cromartie throws the ball back to the pitcher.* **5** *(nie zaakceptować kogoś)* reject: *She feels rejected by her parents.* —**odrzucenie** *n* rejection

odrzut *n (uszkodzony towar)* reject

UWAGA: reject

Rzeczownik **reject** wymawia się ˈriːdʒekt, z akcentem na pierwszą sylabę, w odróżnieniu od czasownika **reject**, który akcentujemy na drugiej sylabie: rɪˈdʒekt.

odrzutowiec *n* jet (aircraft)

O

odrzutowy *adj* **1** jet-propelled **2 samolot odrzutowy** jet (aircraft)

odsetek *n* **1** *(część)* percentage, proportion: *A high percentage of Internet users are men.* | *The proportion of adults who smoke is lower than before.* **2 odsetki** interest: *The interest on the loan* (=odsetki od kredytu) *is 16.5% per year.*

odsiadywać *v* **odsiadywać wyrok** serve a prison sentence: *He is serving a 15-year prison sentence for manslaughter* (=za zabójstwo).

odskocznia *n* springboard, stepping-stone: *His TV appearance was a springboard to success.* | *a stepping stone to a better job*

O

odskoczyć *v* **1** *(człowiek, zwierzę)* jump back/away: *She jumped back from the dog with a sudden yelp of pain.* | *The cat jumped away, out of his reach.* **2** *(piłka)* rebound: *The ball rebounded off the wall and I caught it.*

odsłonić *v* **1** *(ukazać)* expose, reveal: *The wolf opened its mouth to expose a row of sharp white teeth.* | *The curtains opened to reveal a darkened stage.* **2** *(pomnik)* unveil: *The Queen unveiled a statue of Prince Albert.*

odstawać *v* **1 odstawać od kogoś** be/lag behind sb: *Mark is always behind the rest of his class in mathematics.* | *Scottish lawyers should not lag behind their southern counterparts.* **2 ktoś ma odstające uszy** sb's ears stick out: *Michael's ears stick out.*

odstawić *n* **1** *(odłożyć na bok)* put away/aside: *Remove the rice and put it aside to cool* (=zestawić ryż z ognia i odstawić, żeby ostygł). **2** *(odłożyć na miejsce)* put away, replace: *He replaced the book on the shelf.* **3** *(dostarczyć na miejsce)* take: *I had to take Alistair to casualty* (=na pogotowie) *after he fell downstairs.* **4 odstawić narkotyki** stop/quit taking drugs: *I had to hit bottom before I decided to stop taking drugs.* **5 odstawić dziecko od piersi** wean a baby/an infant: *Some infants are weaned at six months.*

odstąpić *v* **1 odstąpić coś komuś** give sb sth, give sth to sb: *He gave some of his books to Carl.* **2 odstąpić od umowy** back out of a contract: *They backed out of the contract at the last minute.* **3 odstąpić od planu** back away from a plan: *The governor backed away from the controversial prison plan.* **4 odstąpić od zamiaru zrobienia czegoś** abandon the idea of doing sth: *They abandoned the idea of rebuilding the kitchen because of lack of money.* →patrz też ODSTĘPOWAĆ

odstęp *n* **1** distance, gap: *the distance between your car and the one in front of you* | *Leave a 10 centimetre gap between the young plants.* **2** *(między literami, wierszami)* space: *Leave two spaces between each sentence.* **3 w regularnych odstępach czasu** at regular intervals: *Visit your dentist at regular intervals for a check-up.*

odstępować *v* **nie odstępować kogoś na krok** follow sb around: *My little brother is always following me around.* →patrz też ODSTĄPIĆ

odstępstwo *n* **odstępstwo od czegoś** departure from sth: *Joyce's style of writing was a striking departure from the literary norm.* | *a departure from her normal routine*

odstraszać *v* **1** *(komary itp.)* repel: *sprays that repel insects* **2** *(drapieżniki)* repel, scare/frighten away: *Fire repels wild animals.* | *We lit fires to scare away the wolves.* **3** *(wrogów, intruzów)* repel, frighten away/off, deter: *Skunks repel attackers with a malodorous* (=cuchnący) *spray.* | *We got a big dog to frighten away burglars.* | *an effective method of deterring car-thieves* **4** *(zniechęcać)* scare/frighten off: *Rising prices are scaring off many potential customers.*

odstraszający *n* **środek odstraszający komary/owady** mosquito/insect repellent

odsunąć *v* **1** *(przestawić)* push/pull back/away: *Ed pushed back his chair and went out.* | *Diane pulled her chair away from her desk.* **2** *(talerz)* push away: *He pushed away his plate when he had finished.* **3** *(zasłonę)* pull/draw back: *I pulled back the curtains to let in as much light as possible.* **4 odsunąć kogoś od władzy** depose sb: *an attempt to depose the King*

odsunąć się *v* **1** *(do tyłu)* move away/back, stand back, back off *AmE*: *Everyone move back, the ambulance can't get through!* | *Back off, you're crowding me* (=pchasz się na mnie). | **+od kogoś/czegoś** from sb/sth: *Move away from the fire.* **2** *(w bok)* move/step aside: *She moved aside to let me pass.* | *Iris released her hold on Carl and stepped aside.* **3 odsunąć się od kogoś** cut sb off: *Julia had been completely cut off by all her family and friends* (=cała rodzina i wszyscy przyjaciele odsunęli się od Julii).

odsyłacz *n* cross-reference

odsyłać *v* →patrz ODESŁAĆ

odsypiać *v* sleep off: *sleeping off the effects of last night's party*

odszkodowanie *n* compensation, damages: *compensation for injuries at work* | *The court ordered her to pay £500 in damages* (=odszkodowanie w wysokości 500 funtów). | **w ramach odszkodowania** in compensation: *He received an award of $300,000 in compensation.*

odszukać *v* **1** *(informację)* look up, find: *If you don't know the word, look it up in the dictionary.* **2** *(zaginionego)* trace: *Police are still trying to trace her husband.*

odszyfrować *v* **1** *(wiadomość)* decode: *The Allies* (=Alianci) *were able to decode many enemy messages.* **2** *(pismo)* decipher: *I can't decipher his handwriting.*

odświeżyć *v* refresh: *A shower will refresh you.*

odświeżyć się *v* freshen up: *Would you like to freshen up before dinner?*

odświętny *adj* **1** *(nastrój)* festive: *The Christmas lights gave the house a festive appearance.* **2 odświętny strój/odświętne ubranie** (your) Sunday best: *visitors wearing their Sunday best* | *the town's middle class, dressed in their Sunday best for church*

odtąd *adv* **1** *(od tamtego momentu)* from then on, since then: *From then on I never saw him again.* | *We quarrelled, and I have not seen her since then.* | *They met in 1942 and from then on they were firm friends.* **2** *(od teraz)* from now on, henceforth: *From now on, I will only be working in the mornings.* | *The company will henceforth be known as 'Johnson and Brown.'* **3** *(od tego miejsca)* from here: *Let's have a race – from here to that tree.* | *From here the railway curves away towards the town.*

odtrącić *v* reject: *She was six months pregnant and feeling fat and rejected.* | *Sarah rejected her brother's offer of help.*

odtrutka *n* antidote: **+na coś** to sth: *There is no known antidote to a bite from this snake.* | *Laughter, the antidote to stress.*

odtwarzacz *n* player: **odtwarzacz kasetowy** cassette player | **odtwarzacz DVD** DVD player | **odtwarzacz MP3** MP3 player | **odtwarzacz płyt kompaktowych** CD player | **odtwarzacz video** video player

odtworzyć *v* **1** *(zrekonstruować)* reconstruct, recreate, reproduce: *Police are trying to reconstruct the events of last*

Friday. | *We're trying to recreate the conditions of everyday life in Stone Age times.* | *an attempt by scientists to reproduce conditions on Mars* **2** *(obraz, dźwięk)* play back: *Which button do I push to play back the last phone message?*

odtwórca *n* **1** performer: *You're no longer just a performer, you're on your way to becoming a star.* **2 odtwórca roli Makbeta itp.** the actor playing Macbeth etc

odurzający *adj* **1** intoxicating: *an intoxicating aroma* **2 środek odurzający** intoxicant —**odurzony** *adj* intoxicated: *We were intoxicated by victory.* —**odurzenie** *n* intoxication

odwaga *n* **1** courage: *Sue showed great courage* (=wykazała się wielką odwagą) *throughout her illness.* | **mieć odwagę (coś zrobić)** have the courage (to do sth): *Martin wanted to ask her to marry him, but he didn't have the courage to do it.* | **wymagać odwagi** take courage: *Driving again after his accident must have taken a lot of courage.* **2 zdobyć/zebrać się na odwagę** muster/pluck/summon up the courage, summon (up) your courage: *I finally plucked up the courage to ask for a raise.* | *I'm still trying to muster up the courage to speak to her.* | *Tom summoned up his courage to ask Kay for a date.* **3 dodać komuś odwagi** encourage sb, bolster up sb's confidence: *My father has always encouraged me in everything I wanted to do.* | *Roy's promotion seems to have bolstered his confidence.* **4 dodawać sobie odwagi** nerve yourself (up): *The parachutist nerved himself for the jump* (=przed skokiem). **5 komuś zabrakło odwagi, żeby coś zrobić** sb didn't have the heart to do sth: *I didn't have the heart to tell my daughter we couldn't keep the puppy.* **6 odwaga cywilna** the courage of your (own) convictions: *If they had the courage of their convictions I think they might get more people voting for them.*

odważny *adj* **1** *(człowiek, czyn)* brave, courageous, daring: *He wasn't brave enough to dive into the deep water.* | *a courageous man* | *a daring pilot* | *It was very brave of you* (=to było bardzo odważne z twojej strony) *to tell her the truth.* | *a courageous decision* | *a daring rescue attempt* THESAURUS BRAVE **2** *(strój)* daring: *a daring evening dress* —**odważnie** *adv* bravely, courageously: *You behaved bravely in a very difficult situation.* | *The firefighters acted courageously.*

odważyć się *v* **odważyć się coś zrobić** pluck/summon/muster up the courage to do sth, be brave enough to do sth: *I finally plucked up the courage to ask for a raise.* | *Which of you is brave enough to fight me* (=który z was odważy się walczyć ze mną)?

odwdzięczyć się *v* **odwdzięczyć się komuś (za coś)** repay sb (for sth): *We'll never be able to repay you for all you've done.* | *How can I ever repay you* (=jak ja ci się odwdzięczę)?

odwet *n* retaliation, reprisal: *the threat of retaliation* | *They didn't tell the police for fear of reprisal* (=w obawie przed odwetem). | **wziąć odwet na kimś** take/get revenge on sb: *Flavio was determined to get revenge for the murder of his sister.* | **w odwecie (za coś)** in retaliation (for sth): *The rockets were fired in retaliation for Tuesday's bomb attack.* —**odwetowy** *adj* retaliatory: *Will the government take retaliatory action?*

odwiązać *v* untie: *Someone had untied the boat and it floated away.*

odwieczny *adj* perennial, age-old: *the perennial problem of poverty* | *It's nothing new. It's an age-old problem.*

odwiedzić *v* **1** *(towarzysko)* visit, look up, come and see/visit: *My aunt is coming to visit us next week.* | *Look up my parents when you're in Boston.* | *You must come and visit me some time.* THESAURUS VISIT **2** *(zawodowo)* call on: *a salesman calling on customers* **3** *(miejsce)* visit: *We hope to visit the Grand Canyon on our trip.*

odwiedziny *n* visit: **być u kogoś w odwiedzinach** be visiting sb: *He was visiting his parents in Torino when war was declared.* | **godziny odwiedzin** visiting time: *Please note that visiting time is 2 until 3.*

odwieść *v* **odwieść kogoś od czegoś** talk sb out of sth, dissuade sb from (doing) sth: *Everyone tried to talk me out of buying the car.* | *I wish I could have dissuaded Robert from his plan* (=żałuję, że nie udało mi się odwieść Roberta od tego planu).

odwieźć *v* **odwieźć kogoś/coś gdzieś** take sb/sth somewhere: *My car's in the garage so I can't take you home.* | *I'll take you back after the party.*

odwilż *n* thaw: *the spring thaw*

odwirować *v* spin

odwlekać *v* put off: *You really ought to write to her. You can't just keep putting it off.*

odwłok *n* abdomen

odwodnić się *adj* get/become dehydrated: *Drink frequently on these desert trips, or you'll get dehydrated.* —**odwodnienie** *n* dehydration: *Persistent vomiting can lead to dehydration.*

odwodniony *adj* dehydrated —**odwodnienie** *n* dehydration

odwołać *v* **1** *(koncert, rezerwację, mecz itp.)* cancel: *We've cancelled the meeting because Wayne can't come.* | *The game had to be cancelled due to bad weather.* **2** *(pracownika)* dismiss: *The President dismissed him from his post as Trade Secretary.* **3** *(ambasadora)* recall: *The Ambassador was recalled from Washington.* **4** *(oskarżenie, wypowiedź)* withdraw: *I demand that you withdraw these wild accusations.* | *Miller later withdrew his statement that Jones stole any money.*

odwołać się *v* **1** *(prosić o zmianę decyzji)* appeal: *If you are not satisfied, you can appeal.* | **+ do kogoś** to sb: *If you don't agree with the result you can appeal to the committee.* | **+ od czegoś** against sth: *Atkins is certain to appeal against the court's decision.* **2** → patrz ODWOŁYWAĆ SIĘ

odwołanie *n* **1** *(rezerwacji, lotu itp.)* cancellation: *We are sorry to announce the cancellation of the flight to Geneva.* **2** *(od wyroku, decyzji itp.)* appeal: *an appeal to the Supreme Court* **3 do odwołania** until further notice: *The store will be closed until further notice.*

odwoływać *v* → patrz ODWOŁAĆ

odwoływać się *v* **odwoływać się do czegoś a)** *(nawiązywać)* refer to sth: *a document that is frequently referred to* **b)** *(apelować, przemawiać)* appeal to sth: *Advertising is most effective when it appeals directly to people's self-interest.* | *Joyce's books appeal more to the intellect than to the emotions.*

odwozić *v* → patrz ODWIEŹĆ

odwracać *v* → patrz ODWRÓCIĆ

odwracalny *adj* reversible: *reversible changes*

odwrotnie *adv* **1** *(na odwrót)* the other way around: *I thought she was leaving him, not the other way around.* **2 odwrotnie proporcjonalny do czegoś** inversely proportional to sth: *The usefulness of a meeting is inversely proportional to the attendance.* **3** *(do góry nogami)* upside down: *You're holding the book upside down.* **4** *(tył do przodu)* back to front: *You've got your sweater on back to front.* **5 odwrotnie do ruchu wskazówek zegara** anticlockwise *BrE*, counterclockwise *AmE*: *Turn the handle anticlockwise.*

odwrotność *n (przeciwieństwo)* the reverse: *He said that the rioters had been killed accidentally, the reverse of what had really happened.*

odwrotny *adj* **1** *(kierunek)* opposite: *A car coming in the opposite direction struck Sandi's car.* **2** *(skutek)* opposite: *I thought the medicine would make him sleep, but it had the opposite effect.* | **odnieść odwrotny skutek/skutek odwrotny od zamierzonego** backfire: *His plan to get attention backfired, and instead of being promoted he lost his job.* **3** *(strona)* reverse: *Sign the check on the reverse side.* **4 w odwrotnej kolejności** in reverse order: *The names were read out in reverse order.* **5 coś zupełnie odwrotnego** just the opposite: *Larry is friendly and outgoing, but his brother is just the opposite.* →patrz też **odwrotna strona medalu** (MEDAL)

O

odwrócić *v* **1** *(w innym kierunku)* turn: *Turn the vase so the crack doesn't show.* **2** *(na drugą stronę)* turn over: *Turn the paper over and fold it, like so.* | *Could you turn over the cassette?* **3** *(głowę)* turn away: *Nicole turned her head away as tears ran down her cheeks.* **4 odwrócić wzrok** look away: *I looked quickly away to keep from laughing* (=żeby się nie roześmiać). **5 odwrócić (czyjąś) uwagę od czegoś** divert (sb's) attention from sth: *The government is trying to divert attention from its mistakes.* | *Hopefully she can divert the guard's attention long enough for me to escape.* **6 odwrócić bieg historii/wydarzeń** change the course of history/events: *The decisions made at the Yalta Conference changed the course of history.*
odwrócić się *v* **1** turn (away): *He turned to look behind him.* | *Dan turned away so Brody couldn't see the fear in his eyes.* **2 odwrócić się od kogoś/czegoś** turn your back on sb/sth: *So many of them just turn their backs on their religion when they leave home.* **3 odwrócić się na pięcie** turn on your heel: *Without a word, he turned on his heel and left the room.* **4 szczęście odwróciło się od kogoś** sb's luck changed: *In the last five minutes our luck suddenly changed and the ball went in.*

odwrót *n* **1** *(wycofanie się)* retreat: *Napoleon's retreat from Moscow* **2** *(odejście)* departure, retreat: *This approach represents a radical departure from previous policy.* | *a retreat from hard-line policies* **3 na odwrocie** overleaf: *See the diagram overleaf.* **4 na odwrót** vice versa: *Films that the boys like don't appeal to the girls, and vice versa.* **5 nie ma odwrotu** there is no turning back: *Stubbs nervously accepted the offer, realizing that there was no turning back now.* **6 dokładnie na odwrót** just the opposite: *"Are you a romantic kind of person?" "Not at all – just the opposite in fact."*

odwzajemnić *v* **1** *(uczucie)* reciprocate: *Her love was not reciprocated.* **2** *(uśmiech, spojrzenie)* return: *I smiled at her but she refused to return my smile.*
odwzajemnić się *v* **1 odwzajemnić się komuś** repay sb: **+ za coś** for sth: *How can I ever repay you for what you've done?* **2 odwzajemnić się czymś** reciprocate with sth: *Egypt made an offer of peace, and Israel reciprocated with an offer of territory.*

odyseja *n* odyssey: *Homer's epic, 'The Odyssey'*

odzew *n* response: *Her ideas met with a favourable response* (=spotkały się z przychylnym odzewem). | *The newspaper's attack failed to bring any response from the Palace.*

odziedziczyć *v* inherit: *He inherited his fortune from his father* (=po ojcu). | *Ann has inherited her mother's bad temper.* THESAURUS GET

odzież *n* clothes, clothing: *women's clothes* | *best quality children's clothing* | *warm/protective clothing* THESAURUS CLOTHES

odzieżowy *adj* **1 sklep odzieżowy** clothes shop *BrE*, store *AmE* **2 dział odzieżowy** clothing department

odznaczać się *v* **odznaczać się czymś** be characterized by sth: *This illness is characterized by acute neck pain.*

odznaczenie *n* medal: *She was awarded a medal for bravery.*

odznaczyć *v (medalem itp.)* decorate: *He was decorated for bravery in the war.*
odznaczyć się *v* distinguish yourself: *Eastwood distinguished himself as an actor before becoming a director.*

odznaka *n* badge *BrE*, button *AmE*: *a sheriff's badge*

odzwierciedlać *v* mirror, reflect: *The excitement of the 1960s is mirrored in its music.* | *Low levels of investment often reflect a lack of confidence in a country's government.* —**odzwierciedlenie** *n* reflection: *His speech was an accurate reflection of the public mood* (=nastrojów społecznych).

odzyskać *v* **1** *(zgubę, skradzioną rzecz)* recover: *Police have so far failed to recover the stolen jewellery.* **2** *(wpływy, władzę, niepodległość)* regain: *The family never quite regained its former influence.* | *Government forces have regained control of some areas.* | *Lithuanians have been hit hard economically since they regained independence.* **3 odzyskać przytomność** recover/regain consciousness, come round/to: *It was some hours before she recovered consciousness.* | *He must have been drugged – we'll have to wait till he comes round.* | *When I came to, I was lying on the grass.*

odzywać się *v* **nie odzywać się do siebie** not be speaking, not be on speaking terms: *We're barely on speaking terms now* (=prawie się teraz do siebie nie odzywamy). | **nie odzywać się do kogoś** not be speaking to sb: *My husband and I had a blazing row* (=ostro się pokłóciliśmy) *last night – he's not speaking to me now.* →patrz też ODEZWAĆ SIĘ

odźwierny *n* doorman

odżegnywać się *v* **odżegnywać się od czegoś** distance yourself from sth: *The party is distancing itself from its violent past.*

odżyć *v* come to life, revive: *After a week of not working, the computer suddenly came to life.* | *The plant will revive if you water it.*

odżywczy *adj* nutritional: *the nutritional value of raw vegetables*

odżywiać *v (dostarczać składników)* nourish: *The cream contains vitamins A and E to nourish the skin.*
odżywiać się *v* **1** eat: *To minimize the risk of getting heart disease, eat well and exercise daily.* **2 odżywiać się czymś** feed on sth: *Some birds feed on insects.*

odżywianie *n* nutrition: *Nutrition and exercise are essential to fitness and health.*

odżywiony *adj* **1 dobrze odżywiony** well-nourished, well-fed: *healthy, well-nourished children* | *Well-fed chickens produce healthier offspring.* **2 źle odżywiony** undernourished, malnourished, under-fed: *a pale, undernourished child* | *hundreds of under-fed refugees*

odżywka *n (do włosów)* conditioner

ofensywa *n* offensive

oferować *v* be offering: *The bank is offering a special financial package for students.* →patrz też ZAOFEROWAĆ

oferta *n* offer: *Don't miss our special offer – two videos for the price of one.* | **złożyć/przyjąć/wycofać ofertę** make/accept/withdraw an offer: *They made me a tempting offer, but it wasn't quite enough to make me take the job.* | **odrzucić ofertę** turn down/refuse/decline an offer: *He turned down the offer of a free trip to Milan.*

ofiara *n* **1 a)** *(wypadku)* casualty, victim: *There have been 20 casualties following an accident on the motorway.* | *The crash victims were taken to Pacific Hospital.* **b)** *(przestępstwa)* victim: *The man ran off when his victim called for help.* **c)** *(głodu, klęski żywiołowej)* victim: *The UN is sending aid to the earthquake victims.* **2** *(rytuał ofiarowania)* sacrifice: **złożyć ofiarę** make a sacrifice: *It was common to make sacrifices to the gods to ensure a good harvest.* **3 złożyć coś w ofierze** *(poświęcić coś)* sacrifice sth: *They sacrificed their life for their country.* **4** *(rzecz składana w ofierze)* offering: *a religious offering* | **złożyć coś w ofierze** make an offering of sth **5** *(niezdara)* loser: *Pam's boyfriend is such a loser.* **6 paść ofiarą czegoś** fall victim/prey to sth: *Vital public services have fallen victim to budget cuts* (=cięć budżetowych). | *More teenagers are falling prey to gang violence.*

ofiarny *adj (bezinteresowny)* selfless: *He dedicated his entire life to selfless service to his country.* →patrz też **kozioł ofiarny** (KOZIOŁ) —**ofiarność** *n* selflessness

ofiarodawca *n* donor: *The museum received $10,000 from an anonymous donor.*

ofiarować *v* **1 ofiarować komuś coś** make sb a gift of sth: *Grandma made me a gift of her silver.* **2** *(na cele dobroczynne)* donate: *Last year he donated $1,000 to cancer research* (=na badania nad rakiem). **3** *(życie)* sacrifice, lay down: *Rugiero was willing to sacrifice his life for his country.* | *He was ready to lay down his life for his comrades.*
ofiarować się *v* offer: *My dad has offered to pick us up* (=ofiarował się, że nas odbierze).

oficer *n* officer

oficerski *adj* **1** officers': *an officers' mess* **2 szkoła oficerska** officer training school

oficjalny *adj* **1** *(wizyta, otwarcie itp.)* official, formal: *I've got a suit that I wear on formal occasions.* **2** *(język, wyrażenie)* formal: *'How do you do' is a formal expression, used when you meet someone for the first time.* **3** *(stanowisko, zakaz)* official: *an official inquiry into the plane crash* **4** *(wersja, powód)* official: *The official reason for his resignation was ill health.* —**oficjalnie** *adv* officially, formally: *The new bridge was officially opened this morning.* | *The meeting was cancelled, officially because of bad weather.* | *Perez was formally received at the White House.*

oficyna *n* **1 oficyna wydawnicza** publishing house **2** *(dobudówka)* annexe *BrE*, annex *AmE*

ogar *n* hound

ogarnąć *v* **1** sweep over, engulf: *His eyes swept over* (=ogarnął wzrokiem) *the audience.* | *The fire swept over the dry hills.* | *Fear engulfed him as he approached the microphone.* **2 kogoś ogarnęła radość** sb's heart was filled with joy: *my heart was filled with joy when I heard the news.* **3 kogoś ogarnął smutek/żal itp.** sb was overwhelmed with sadness/grief etc: *The entire family was overwhelmed with grief at the death of their father.* **4 kogoś ogarnęły wątpliwości** sb was assailed by doubts: *As soon as I had finished the test, I was assailed by doubts.* **5 kogoś ogarnęło zmęczenie** sb was overtaken by fatigue/exhaustion: *We'd both been overtaken by sheer fatigue.*

ogień *n* **1** *(płomienie)* fire: *Fire destroyed part of the building.* | *I warmed my hands over the fire.* | **rozpalić ogień** light/start a fire: *You put up the tent and I'll start the fire.* | **stanąć w ogniu** catch (on) fire: *Mary knocked the candle over and the table cloth caught on fire.* **2** *(ostrzał)* fire: *enemy fire* | **otworzyć ogień** open fire | **wstrzymać ogień** cease fire **3 na małym/średnim/dużym ogniu** on/over (a) low/medium/high heat: *Stir the mixture over low heat until all the sugar has dissolved.* **4 wziąć kogoś w krzyżowy ogień pytań** fire questions at sb: *The lawyer fired questions at him, making him confused.* **5 igrać z ogniem** be playing with fire: *Dating the boss's daughter is playing with fire.* **6 masz ognia?** have you got a light? *BrE*, do you have a light? *AmE* **7 sztuczne ognie** fireworks **8 zimne ognie** sparklers →patrz też **gotować na wolnym ogniu** (GOTOWAĆ)

O

ogier *n* stallion, stud

oglądać *v* **1** *(patrzeć na coś)* look at: *Jane was looking at a magazine while she waited.* | *The doctor looked at the cut on her head.* **2** *(film, telewizję)* watch: *Harry was watching the game on TV.* **3** *(w sklepie)* browse: *"Can I help you?" "No thanks. I'm just browsing."* →patrz też OBEJRZEĆ
oglądać się *v* **1 (nie) oglądać się na kogoś/coś** (not) look to sb: *They had to take care of themselves and not look to the organization for the kind of help it used to provide.* **2 nie oglądając się na kogoś/coś** without thinking of sb/sth, disregarding sb/sth: *Children often act without thinking of the danger.*

oglądalność *n* **1** *(oglądanie)* viewing: *Viewing has increased since the appearance of cable TV.* | **w godzinach największej oglądalności** during prime time viewing **2** *(rezultat pomiaru)* the ratings: *Her show is at the top of the ratings* (=ma najwyższą oglądalność).

oględziny *n* examination: *The police carried out* (=dokonała) *only a superficial examination* (=powierzchownych oględzin) *of the body.*

ogłaszać *v* →patrz OGŁOSIĆ
ogłaszać się *v* advertise: *I see they are advertising in today's Guardian.*

ogłosić *v* **1** *(podać do wiadomości)* announce: *The judges are ready to announce the winner.* | *Paul and Miriam announced their engagement at Christmas.* | *The new government announced an amnesty for political prisoners.* | **+ że** (that): *A police spokesman announced (that) a man had been arrested.* **2** *(oznajmić)* declare: *I declare this exhibition open.* | *Richmond Unified School District was forced to declare bankruptcy.* **3** *(opublikować)* publish: *The World Health Organization has published a report on drug abuse and addiction.*

ogłoszenie *n* **1** *(podanie do wiadomości)* announcement: *the announcement of the election results* | *the announcement of the general strike* (=strajk generalny) **2** *(w gazecie)* advertisement, ad, advert *BrE*: *a job advertisement* | *It may be worth putting an advertisement in the local paper.* | **zamieścić ogłoszenie w gazecie** put/place an advertisement in a newspaper | **odpowiedzieć na ogłoszenie** answer an advertisement **3 ogłoszenie drobne** classified ad, classified, small ad *BrE*, want ad *AmE*: *Consult the classified pages* (=strony z ogłoszeniami) *of any newspaper to find job offers.* **4 ogłoszenie towarzyskie** personal ad, lonely hearts ad

BrE **5 tablica ogłoszeń** noticeboard: *The exam results will be put up on the noticeboard.*

ogłuchnąć *v* go deaf: *My grandmother went deaf when she was in her sixties.*

ogłupić *v* stupefy: *Foreman looked stupefied by the results of the test.*

ogłuszyć *v* **1** *(hałas)* deafen: *deafened by the roar of the engine* THESAURUS LOUD **2** *(cios)* stun: *Thank God that punch only stunned you!* —**ogłuszający** *adj* deafening: *a deafening explosion*

ogniotrwały *adj* fireproof: *a fireproof door*

ognisko *n* bonfire, fire: *They piled up all the branches and made a big bonfire.* | *The kids sang songs around the fire.*

O

ognisty *adj* fiery: *She has a fiery temper.* | *a fiery blend of Cuban and Puerto Rican rhythms*

ogniwo *n* **1** *(łańcucha, procesu)* link: *A chain is only as strong as its weakest link.* **2 brakujące ogniwo** missing link: *Police continue looking for missing links in the Stewart murder case.* **3** *(bateria)* battery: *a solar battery*

ogolić *v* shave: *I didn't have time to shave my legs.*
ogolić się *v* have a shave, shave: *He washed and shaved, then hurried out of the house.* | *I'll just have a shave before we go.*

ogon *n* tail: *The dog was wagging its tail* (=machał ogonem). | *a fish's tail* | *the tail of a comet*

ogonek *n* **1** *(kolejka)* queue *BrE*, line *AmE*: *The queue for the cinema went right round the building.* **2** *(przy ą i ę)* hook: *capital a with a hook* →patrz też OGON

ogólniak *n* secondary school *BrE*, high school *AmE*

ogólnie *adv* **1** *(bez szczegółów)* generally: *The new system has generally worked very well.* **2** *(powszechnie)* generally, universally: *It's generally believed* (=ogólnie uważa się) *that the story is true.* **3 ogólnie rzecz biorąc** overall, in general, on the whole: *Overall, the situation looks good.* | *In general, students who take regular exercise achieve better results.* | *On the whole, life was much quieter after John left.* **4 ogólnie mówiąc** generally speaking: *Generally speaking, the more expensive the stereo, the better it is.*

ogólnikowy *adj* vague: *The doctor's vague explanations only increased Clara's fears.*

ogólnokrajowy *adj* nationwide: *a nationwide campaign*

ogólnokształcący *adj* **liceum ogólnokształcące** secondary school *BrE*, high school *AmE*

ogólnopolski *adj* all-Poland: *an all-Poland competition*

ogólność *n* **w ogólności** in general: *We're trying to raise awareness about* (=podnosić wiedzę na temat) *the environment in general and air pollution in particular.*

ogólnoświatowy *adj* worldwide, global: *Pollution is a worldwide problem.* | *the global economy*

ogólny *adj* **1** *(bez szczegółów)* general: *a general introduction to computing* **2** *(powszechny)* general, universal: *Keynes' view of economics gained general acceptance* (=zdobył ogólne uznanie) *in the 1930's.* | *There was universal agreement on the issue of sex education.* **3** *(całościowy)* general: *I think I've got the general idea now.* **4** *(łączny)* total: *total sales of 200,000 per year* **5 znieczulenie ogólne** general anaesthetic

ogół *n* **1 w ogóle a)** *(wcale)* (not) at all: *The place hasn't changed at all.* | *Was anyone at all interested in my idea?* **b)** *(podsumowując)* all in all: *All in all, I think the festival was a big success.* **2 na ogół** generally, in the main: *Megan generally works late on Fridays.* | *The weather was very good in the main.* **3 ogółem** all in all, overall: *All in all, I think that the festival was a big success.* | *Overall, the situation looks good.* **4 i w ogóle** and all the rest (of it): *I'm fed up with rules, responsibilities and all the rest of it.* **5 ogół ludności/społeczeństwa** the public/community at large: *The organization provides information on health issues to the public at large.*

ogórek *n* cucumber: *cucumber salad* | **ogórek kiszony** pickled cucumber, pickle *AmE*

ograbić *v* **1** *(bank, człowieka)* rob: *Mrs Clegg was severely beaten and robbed of all her possessions.* **2** *(miasto, kraj)* plunder: *The rich provinces of Asia Minor were plundered by the invaders.*

ograniczać *v* →patrz OGRANICZYĆ

ograniczenie *n* **1** *(norma ograniczająca)* restriction, constraint, restraint: *Speed restrictions* (=ograniczenia prędkości) *were lifted* (=zostały zniesione) *once the roadworks were completed.* | *The program had to be postponed because of budget constraints.* | **+czegoś/w czymś** of/on sth: *restrictions on immigration from Mexico into the US* | *restraints on public spending* | **nałożyć ograniczenia na kogoś/coś** impose/place restrictions/constraints on sb/sth: *The law imposed new financial restrictions on private companies.* | *the constraints that were placed on Victorian women* | *The government imposed restraints on the export of military hardware.* **2** *(granica)* limit: *a 55 mph speed limit* (=ograniczenie prędkości do 55 mil na godzinę) | *Is there any limit to the amount of time we have?* **3** *(utrudnienie)* constraint: *Financial constraints limited her choice of accommodation.* | *The constraints of prison life are sometimes too much for people to bear* (=trudne do zniesienia). **4** *(słaba strona)* limitation, limit: *You have to understand the limitations of the software.* | *I know my limits. I'm not an administrator.* **5** *(zredukowanie)* limitation, restriction: *the limitation of nuclear testing* **6 bez ograniczeń** unlimited: *unlimited access to sth*

ograniczony *adj* **1** *(niewielki)* limited, restricted: *a limited number of jobs* | *limited work experience* | *a restricted diet* | **+do kogoś/czegoś** to sb/sth: *The class is limited to 20 students.* | *Visiting hours are restricted to evenings and weekends only.* **2** *(człowiek, światopogląd)* narrow-minded: *an incredibly narrow-minded approach to the education of kids with special needs* **3 moja cierpliwość jest ograniczona** my patience has its limits **4 spółka z ograniczoną odpowiedzialnością** limited (liability) company

ograniczyć *v* **1** *(zredukować)* limit: *The state tries to limit the number of children each family has.* **2** *(zahamować rozwój)* restrict, constrain: *laws to restrict the sale of guns* | *Our work has been constrained by a lack of money.* **3** *(zahamować rozprzestrzenianie się)* confine: *The fire was confined to the ground floor of the building* (=udało się ograniczyć pożar do parteru budynku).
ograniczyć się *v* **ograniczyć się do czegoś** limit/restrict yourself to sth: *We must limit ourselves to one gallon of water per day.* | *Can you restrict yourself to discussing the main topic?*

ogrodnictwo *n* gardening, horticulture —**ogrodniczy** *adj* gardening, horticultural: *gardening tools*

ogrodniczki *n (spodnie)* dungarees *BrE*, overalls *AmE*

ogrodni-k/czka *n* gardener

ogrodowy *adj* garden: *garden plants* | *garden hose* (=wąż ogrodowy)

ogrodzenie *n* fence: *The house was surrounded by a tall fence.*

ogrodzić *v* enclose, *(płotem)* fence in, *(murem)* wall in: *The courtyard was enclosed by a high wall.* | *The prison compound was fenced in with barbed wire* (=drut kolczasty). | *The animals were all fenced in.*

ogrom *n* **ogrom czegoś** an enormous amount of sth, the enormity/immensity of sth: *There's an enormous amount of work to finish.* | *the enormity of the country's economic problems*

ogromny *adj* **1** *(zwierzę, przedmiot itp.)* huge, enormous: *Ronny caught a huge fish this afternoon.* | *You should see their house - it's enormous!* THESAURUS BIG **2** *(obszar)* vast, huge: *vast areas of rainforest* | *the vast plains of central China* | *huge areas of land* **3** *(ilość, suma)* huge, enormous, tremendous, immense: *huge sums of money* | *an enormous amount of sympathy* | *a tremendous amount of effort* | *An immense amount of money has been spent on research.* **4** *(szacunek, zainteresowanie)* enormous, tremendous: *I have tremendous respect for her.* | *There has always been enormous interest in the possibility of space travel.* **5** *(większość)* vast, great, huge: *The vast majority of young people don't take drugs.* | *a proposal supported by the great majority of members* —**ogromnie** *adv* enormously, hugely, immensely: *an enormously popular writer* | *I'm enormously proud of the music we've created.* | *I enjoyed the course immensely.* | *The band is hugely popular at the moment.*

tiny/huge

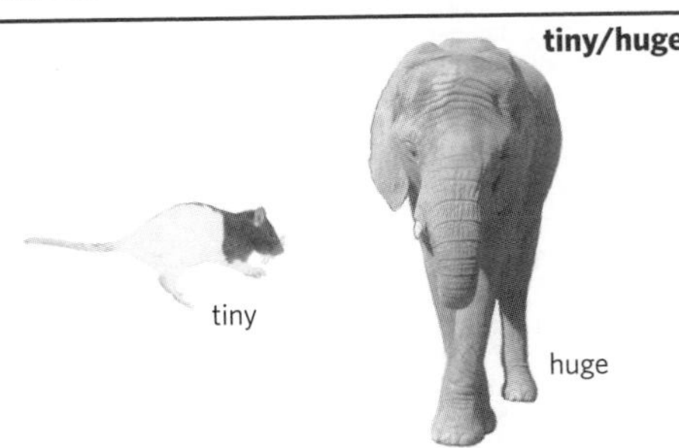

ogród *n* **1** garden: **ogród botaniczny** botanical garden **2** *(przy domu)* garden *BrE*, yard *AmE*: *We want a house with a big garden for the kids.*

ogródek *n* **1** garden *BrE*, yard *AmE*: *Grace is out in the garden mowing the lawn.* **2 ogródek działkowy** allotment **3 ogródek skalny** rockery **4 bez ogródek** bluntly: *To put it bluntly* (=mówiąc bez ogródek), *there's no way you're going to pass this exam.*

ogryzek *n* core

ogrzać *v* **1** *(budynek)* heat: *This house is very expensive to heat.* **2** *(ręce)* warm: *I warmed my hands over the fire.*
ogrzać się *v* get warm, warm yourself: *Come into the house and get warm.* | *Here, warm yourself by the fire.*

ogrzewanie *n* heating *BrE*, heat *AmE*: *a heating bill* (=rachunek za ogrzewanie) →patrz też **centralne ogrzewanie** (CENTRALNY) —**ogrzewany** *adj* heated: *a heated swimming pool*

ohydny *adj* disgusting, gross *AmE*: *What is that disgusting smell?* | *There was one really gross part in the movie.*

oj *interj* **1** *(ból)* ouch: *Ouch! That hurt!* **2** *(emocje)* oh: *Oh, Sue, how lovely to see you!* **3** *(groźba)* oi: *Oi! Stop biting your nails!*

ojciec *n* **1** father: *Simon looks exactly like his father.* | *Take it easy, Father.* **2 Ojciec** *(duchowny)* Father: *Do you know Father Vernon?* **3 ojcowie** *(przodkowie)* fathers: *We must honour the customs of our fathers.* **4 ojciec chrzestny** godfather **5 Ojciec Święty** the Holy Father **6 ze strony ojca** paternal, on your father's side: *her paternal grandfather* | *my father's side of the family* (=moja rodzina ze strony ojca)

ojcostwo *n* **1** *(bycie ojcem)* fatherhood: *He didn't realize what fatherhood would actually involve.* **2** *(uznane przez prawo)* paternity: *The paternity of the child is in dispute.*

ojcowski *adj* fatherly, paternal: *fatherly love* | *paternal advice*

ojczym *n* stepfather

ojczysty *adj* **1** native: *They never saw their native land again.* **2 język ojczysty** native language, mother tongue: *Her native language is Spanish.* | *classes for students whose mother tongue is not English*

ojczyzna *n* homeland, mother country, motherland, fatherland: *She returned to her homeland, Somalia.*

ojej *interj* oh dear: *Oh dear! I forgot to phone Ben.*

okaleczyć *v* cripple, mutilate: *Many people are crippled by car accidents.* | *the mutilated bodies of his victims* —**okaleczenie** *n* mutilation

okap *n* eaves: *birds nesting under the eaves*

okaz *n* specimen: *a zoological specimen*

okazać *v* **1** *(paszport, bilet)* show, present: *All passes* (=przepustki) *must be shown on entering the building.* | *You must present your passport to the customs officer.* **2** *(zainteresowanie, gniew itp.)* show: *She's never shown much interest in my work.* | *I was determined not to show how upset I was.* **3 okazać komuś litość/wdzięczność itp.** show mercy/gratitude etc to sb: *The terrorists showed no mercy to the hostages.* **4 okazać komuś pomoc** give/lend a helping hand to sb: *He's always ready to lend a helping hand to those in need.*
okazać się *v* **1** turn out: *The car turned out to be more expensive than we thought.* | *The antiques he was selling turned out to be stolen.* | **okazuje/okazało się, że ...** it turns/turned out (that) ...: *It turns out that Nancy didn't want to come anyway.* | *It turned out that he was married to somebody else.* | **jak się okazuje** apparently: *Apparently, Susan's living in Madrid now.* **2 dopiero się okaże, czy ...** it remains to be seen if ...: *It remains to be seen whether or not the operation was successful.*

okazałość *n* **w całej okazałości** in all its glory: *The sun emerged from behind the clouds in all its glory.*

okazały *adj* stately: *a stately mansion*

okazja *n* **1** *(sposobność)* opportunity, chance, occasion: *I haven't had the opportunity to thank him yet.* | *Visitors will have a chance to look round the factory.* | *Christmas is an occasion to see old friends.* | **skorzystać z okazji (żeby coś zrobić)** take the opportunity (to do sth): *I'd like to take this opportunity to wish you a good trip.* | **nadarza się okazja** an opportunity comes (along/up)/comes your way/presents itself: *When the right opportunity came, she was ready and waiting.* | *As soon as the opportunity presents itself, I'm going to talk to Mr Boyer about that job.* **2 z okazji czegoś** on the occasion of sth: *on the occasion of her 50th birthday* **3 specjalna okazja** special occasion: *We're saving the champagne for a special occasion.* **4 przy okazji** *(przy sposobności)* while you're at it: *Mail these letters for me and get me some stamps while you're at it.* | **przy okazji czegoś** while doing sth: *We learnt a lot while* *shooting the movie* (=wiele się nauczyliśmy przy okazji kręcenia tego filmu). | **przy każdej okazji** at every opportunity | **a tak przy okazji** by the way: *Oh, by the way, have you seen Mary lately?* **5** *(korzystny zakup)* bargain: *At £2,500 this car is a real bargain.* **6** *(przejażdżka)* ride, lift: **złapać okazję** hitch a ride/lift: *We tried to hitch a ride into Perth.*

okazywać *v* → patrz OKAZAĆ

okej[1] *adj, adv* OK, okay: *Does my hair look OK?*

okej[2] *interj* OK, okay: *OK, can we go now?* | *"We'd better be there by four." "Okay."*

O

okienko *n* **1** *(małe okno)* window **2** *(na poczcie itp.)* counter: *There was a long queue and only two girls working behind the counter.* **3** *(w programie TV itp.)* slot: *I was offered a slot on a local radio station.* **4** *(między zajęciami)* window: *a window in my busy schedule* **5** *(w komputerze)* window: **okienko dialogowe** dialogue box, dialog box *AmE*

okiennica *n* shutter

oklaski *n* applause, clapping: *The thunderous* (=gromkie) *applause continued for over a minute.* —**oklaskiwać** *v* applaud: *The audience rose to applaud the singers.*

okleina *n* veneer

okład *n* compress: *Apply a cold compress to the injured part of the limb.*

okładać *v* → patrz OBŁOŻYĆ

okładka *n* **1** *(książki, gazety)* cover: *His picture was on the front cover of Newsweek.* | **książka w miękkiej okładce** paperback **2** *(płyty kompaktowej)* cover, case **3** *(płyty analogowej)* sleeve *BrE*, jacket *AmE*

okłamać *v* **okłamać kogoś** lie to sb, tell sb a lie: *I would never lie to you.* → patrz też KŁAMAĆ

okno *n* **1** window: *Can I open the window?* | **za oknem** outside the window: *I heard a shout outside my window.* | **przez okno** out of the window: *She spends all day looking out of the window.* **2** **okno wystawowe** shop window: *looking at the Christmas displays in the shop windows*

oko *n* **1** eye: *Annie has blue eyes.* | *Close your eyes and count to ten.* **2** **gołym okiem** with/to the naked eye: *Bacteria can't be seen with the naked eye.* | *These stars are barely visible to the naked eye.* **3** **na pierwszy rzut oka** at first glance/sight, on the face of it: *At first glance, the paintings all look the same.* | *The results of the tests were, at first sight, surprising.* | *On the face of it, this seems like a perfectly good idea.* **4** **na własne oczy** with your own eyes: *There's no doubt it was him. I saw him with my own eyes.* **5** **oko w oko** face to face: *It was the first time he had ever come face to face with death.* **6** **na oko** roughly: *There were roughly 200 people there.* **7** **na czyichś oczach** in full view of sb, in front of/before sb's (very) eyes: *Francine screamed and slapped her husband in full view of all the guests.* | *He made the rabbit disappear in front of our very eyes.* **8** **prosto w oczy** to sb's face: *I told him to his face just what I thought.* | **nie móc komuś spojrzeć prosto w oczy** cannot look sb in the eye: *I couldn't look him in the eye afterwards, knowing that I had lost all that money.* **9** **pod czyimś okiem** under the watchful gaze of sb **10** **w mgnieniu oka** in the/a blink of an eye, in a flash: *All my happiness could be smashed in the blink of an eye.* | *The computer can do it in a flash.* **11** **z zamkniętymi oczami** with your eyes closed/shut: *It's difficult to walk in a straight line with your eyes closed.* **12** **bez zmrużenia oka** without batting an eye(lid): *He used to tell the worst lies without batting an eye.* **13** **nie zmrużyć oka** not sleep a wink: *I didn't sleep a wink last night.* **14** **kłamać w żywe oczy** lie through your teeth **15** **rzucić na coś okiem** run/cast your eye over sth: *Can you cast an eye over these figures and tell me what you think?* **16** **rzucać się w oczy** stand out, be conspicuous: *I think black lettering will stand out best on a yellow sign.* | *I felt very conspicuous in my suit – everyone else was in jeans.* | **nie rzucać się w oczy** be/look inconspicuous: *Try to look inconspicuous and find out as much as you can.* **17** **z przymrużeniem oka** with a pinch/grain of salt: *You have to take most things Dave says with a pinch of salt.* **18** **w oczach prawa/Kościoła itp.** in the eyes of the law/Church etc: *Divorce is a sin in the eyes of the Church.* **19** **mieć oko do czegoś** have a (good) eye for sth: *Gail has a good eye for colour.* **20** **nie spuszczać kogoś z oka** not let sb out of your sight: *Since the accident, Donna hasn't let the children out of her sight.* **21** **mieć kogoś/coś na oku** keep an eye on sb/sth, keep tabs on sb/sth: *Can you keep an eye on the baby while I make a phone call?* | *The police are keeping close tabs on her.* **22** **nie móc oderwać oczu od kogoś/czegoś** cannot take your eyes off sb/sth: *She was so beautiful I simply couldn't take my eyes off her.* **23** **nie wierzyć własnym oczom** cannot believe your eyes: *I couldn't believe my eyes – there she was, stark naked!* **24** **przymknąć na coś oko/oczy** turn a blind eye to sth, close/shut your eyes to sth: *The boss sometimes turns a blind eye to smoking in the office.* | *I closed my eyes to the fact that she wasn't supposed to be there, and bought her a drink.* **25** **spójrz(my) prawdzie w oczy** (let's) face it: *Face it kid, you're never going to be a rock star.* **26** **na moje oko** to my eye: *To my eye the paint seemed darker than it had done in the shop.* **27** **otworzyć komuś oczy na coś** open sb's eyes to sth: *Dan's remarks opened my eyes to the fact that he was only interested in my money.* **28** **stracić kogoś/coś z oczu** lose sight of sb/sth: *I lost sight of him in the crowd.* **29** **zejdź mi z oczu!** get out of my sight!: *"Get out of my sight!" she screamed.*

okolica *n* **1** *(sąsiedztwo)* neighbourhood *BrE*, neighborhood *AmE*: **w okolicy (czegoś)** in the neighbourhood/vicinity (of sth): *Are there any good hotels in the neighbourhood?* | *somewhere in the neighbourhood of Chester* | *The car was found abandoned in the vicinity of Waterloo Station.* THESAURUS NEAR **2** *(miejsce)* place, spot: *It's a great place for a vacation.* | *It's a beautiful spot, skiing in winter, a lake in summer.* **3** *(część ciała)* region: *a pain in the lower back region*

okoliczność *n* **1** **okoliczności** circumstances: *One of his friends disappeared in mysterious circumstances.* | *Promotion* (=awans) *in the first year is only given in exceptional circumstances.* | **w tych okolicznościach** in/under the circumstances: *It's the best we can do in the circumstances.* | *Under the circumstances we had every reason to be suspicious* (=mieliśmy wszelkie powody do podejrzeń). **2** *(sytuacja)* situation: *a totally unexpected situation* **3** **okoliczności łagodzące** mitigating circumstances —**okolicznościowy** *adj* occasional: *occasional poems*

okoliczny *adj* neighbouring *BrE*, neighboring *AmE*, surrounding: *London and neighbouring towns* | *a number of neighbouring schools* | *hiking in the surrounding hills*

około *prep* about, approximately, something like: *I live about 10 miles from here.* | *Approximately 35% of the students come from Japan.* | *The journey will take something like four hours.*

okoń *n* perch

okopy *n* trenches: *the trenches of World War I* (=okopy z czasów Pierwszej Wojny Światowej)

okólnik *n* circular: *The school sent out a circular to all the parents.*

okradać *v* →patrz OKRAŚĆ

okrakiem *adv* **siedzieć okrakiem na czymś** sit astride/straddling sth: *An old portrait shows her sitting astride a horse.* | *Joe sat straddling the fence.*

okraść *v* **okraść kogoś (z czegoś)** rob sb (of sth): *Tony was attacked and robbed in a dark alley.* | *Her first husband had robbed her of her fortune.*

okrąg *n* circle: *Draw a circle 10cm in diameter* (=o średnicy 10cm).

okrągło *adv* **na okrągło a)** *(stale)* all the time: *Bill talks about football all the time.* **b)** *(24 godziny na dobę)* (a)round the clock: *For the past three days we've been working round the clock.*

okrągły *adj* **1** round, circular: *a round table* | *her round face* | *a large circular rug* **2** *(suma)* round: *Let's make it a round £50 I owe you.* **3 przez okrągły rok** all year round: *It's sunny there all year round.*

okrążenie *n* lap: *the last three laps of the race*

okrążyć *v* **1** *(obejść wkoło)* circle: *The plane circled the airport before landing.* **2** *(otoczyć)* surround: *She was immediately surrounded by a crowd of curious children.*

okres *n* **1** *(czas)* period: *the period from Christmas Day until New Year's Day* | *a period of six weeks* **2** *(etap rozwoju, kariery itp.)* period: *Van Gogh's early period* | *a long period of political stability* **3** *(w historii)* period: *the period of the Cold War* | *Which period are you studying?* **4** *(część roku szkolnego)* term *BrE*, semester *AmE* **5** *(miesiączka)* period: *Many women experience pain during their period.* **6 okres ważności** sell-by date *BrE*, expiration date *AmE*

okresowo *adv (od czasu do czasu)* periodically: *Athletes are periodically tested for drugs.* | *The river floods the valley periodically.*

okresowy *adj* **1** periodic: *periodic attacks of flu* **2 bilet okresowy** season ticket

określać *v (warunkować)* determine: *the gene that determines a person's weight* →patrz też OKREŚLIĆ

określenie *n* **1** *(epitet)* label: *The critics called the film an epic, and it certainly deserves that label.* **2** *(termin)* term: *Contusion is the medical term for a bruise.*

określić *v* **1** *(opisać)* describe, define: *It's difficult to describe how I feel.* | *Sarah described him as shy.* | *the ability to define clients' needs* | **określić kogoś mianem** label sb as: *He was labelled as a troublemaker.* **2** *(ustalić)* determine: *Experts have been unable to determine the cause of the explosion.* | *Your parents' income is used to determine your level of financial aid.* →patrz też OKREŚLAĆ

określnik *n* determiner: *In the phrases 'the car' and 'some new cars', 'the' and 'some' are determiners.*

określony *adj* **1** *(konkretny)* specific, definite: *Is this game meant for a specific age-group?* | *We don't have a definite arrangement yet.* **2 przedimek określony** definite article

okręcić *v* twist: *He twisted a coil of wire around the handle.* **okręcić się** *v* **1** *(obrócić się)* twist/spin around: *He twisted around in order to get a better look.* **2** *(owinąć się)* coil: *The snake coiled around the tree.*

okręg *n* **1** *(jednostka administracyjna)* district: *a postal district* **2 okręg wyborczy** constituency: *In most constituencies the largest party can pull 40% of the poll* (=może zdobyć 40% głosów). **3** *(region)* region: *an industrial region* —**okręgowy** *adj* district: *a district court*

okręt *n* **1** ship **2 okręt wojenny** warship

okrężny *adj* **1** *(droga)* roundabout: *We took a roundabout route to avoid heavy traffic.* **2** *(pytanie, sposób itp.)* indirect: *It was an indirect way of asking me to leave.*

okropnie *adv* **1** *(bardzo)* terribly, awfully: *The computer system is terribly slow today.* | *We all missed father terribly.* | *I'm awfully sorry - I didn't mean to disturb you.* **2** *(źle, brzydko)* terribly, dreadfully: *The team played terribly.* **3 wyglądać/smakować itp. okropnie** look/taste awful/terrible: *You look awful - what's wrong with you?* | *My hair looks terrible today.* | *This soup tastes awful!*

O

okropność *n* **1 okropności** atrocities, horrors: *the atrocities of war* **2 okropność!** yuck!: *Pickled mushrooms - yuck!*

okropny *adj* terrible, horrible, awful: *The food at the hotel was terrible.* | *What a horrible smell!* | *a horrible old man* | *What awful weather!* THESAURUS BAD

okruch *n* **1** *także* **okruszek** crumb: *bread crumbs* THESAURUS PIECE **2** *(szkła itp.)* fragment: *fragments of glass* **3** *(informacji itp.)* crumb: *I managed to pick up a few crumbs of information at the meeting.*

okrucieństwo *n* **1** cruelty: *The invading troops treated civilians with great cruelty.* | **+wobec kogoś** to sb: *Cruelty to animals is now a criminal offence.* **2 okrucieństwa** atrocities: *the atrocities of war*

okrutny *adj* cruel: *a cruel dictator* | *cruel remarks* | **+dla/wobec kogoś** to sb: *Children can be very cruel to each other.* —**okrutnie** *adv* cruelly: *Women prisoners were treated especially cruelly.* | *a child cruelly neglected by his parents*

okryć *v* **1** cover: *Snow covered the ground.* **2 okryć kogoś czymś** cover sb with sth, put sth over sb: *I put another blanket over the baby.*

okrzyk *n* shout: *He gave a sudden shout of joy as he realised he'd won the race.* | *shouts of protest* THESAURUS SHOUT

okrzyknąć *v* **okrzyknąć kogoś czymś** hail sb as sth: *Davos was hailed as a national hero.*

Oksford *n* Oxford

oktawa *n* octave

okulary *n* **1** glasses, spectacles: *I can't find my glasses.* | **nosić okulary** wear glasses: *I have to wear glasses for driving.* **2 okulary ochronne** goggles **3 okulary słoneczne** sunglasses, shades

glasses

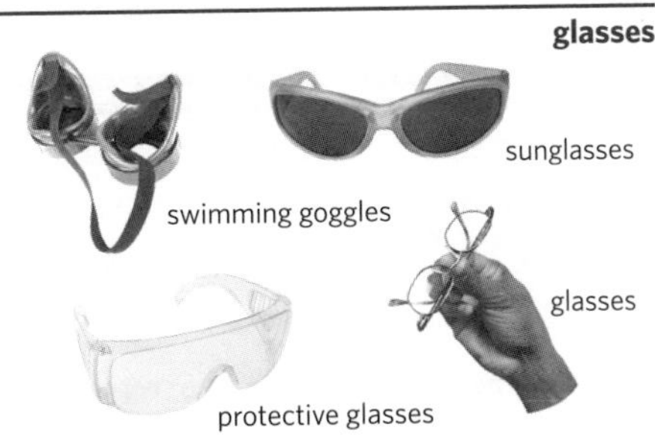

okulist-a/ka *n* optometrist, ophthalmologist, optician *BrE*

okultyzm *n* the occult: *a noted writer on astrology and the occult* —**okultystyczny** *adj* occult: *occult practices*

okup *n* ransom: *The kidnappers demanded a ransom of $50,000.* | *The terrorists agreed to release her after her company paid the ransom.*

okupacja *n* occupation: *the occupation of Poland* | *During the occupation, several churches and historic buildings were torn down* (=zostały zburzone).

okupacyjny *adj* **1** occupation: *Russian occupation authorities* **2 strajk okupacyjny** sit-in

okupant *n* occupier

UWAGA: okupant i occupant

Angielski rzeczownik **occupant** znaczy „mieszkaniec, lokator". Odpowiednikiem polskiego **okupant** jest **occupier**.

O

okupować *v* occupy: *Rebel forces occupied the city for several days.*

olbrzym *n* giant

olbrzymi *adj* huge, enormous: *huge sums of money* | *You should see their house - it's enormous!* | *There's an enormous amount of work to finish.*

oleisty *adj* oily: *an oily liquid*

olej *n* **1** oil: **olej jadalny** cooking oil **2 olej napędowy** diesel oil/fuel, diesel

olejek *n* **1** *(do pieczenia)* essence: *vanilla essence* **2 olejek do opalania** suntan oil **3 olejki aromatyczne** aromatic oils

olejny *adj* **1 farby olejne** oil paints, oils: *Mostly I paint in oils.* **2 obraz olejny** oil painting

olimpiada *n* **1** Olympiad, the Olympics: *Welcome to the games of the 23rd Olympiad.* **2 olimpiada języka angielskiego** English language competition

olimpijski *adj* **1** Olympic **2 igrzyska olimpijskie** the Olympic Games, the Olympics

oliwa *n* (olive) oil

oliwka *n* olive: *Greek black olives* —**oliwkowy** *adj* olive: *olive skin*

olśnić *v* dazzle: *They were clearly dazzled by her talent and charm.*

olśnienie *n* brainwave *BrE*, brainstorm *AmE*: **doznać olśnienia** have a brainwave/brainstorm: *Listen, I've had a brainwave, I know what we can do!* | *I had a brainstorm about the project last night.*

olśniewający *adj* dazzling: *a dazzling performance*

ołów *n* lead

UWAGA: lead

Wyraz **lead** w znaczeniu „ołów" wymawiamy led.

ołówek *n* **1** pencil: **ołówkiem** in pencil: *The note was written in pencil.* | **ołówek automatyczny** propelling pencil *BrE*, mechanical pencil *AmE* **2 ołówek do brwi** eyebrow pencil

ołtarz *n* altar

omacku *n* **1 po omacku** in the dark: *I'm continually working in the dark* (=ciągle działam po omacku) *- no one ever explains anything.* **2 szukać czegoś po omacku** grope/fumble for sth, feel around for sth: *Ginny groped for the light switch.* | *He felt around for his keys.*

omal *adv* **omal nie** almost, nearly: *He almost fell off the cliff* (=omal nie spadł ze skały), *but she put out her arm and saved him.* | *I nearly started crying again.*

omawiać *v (opisywać)* discuss: *The book discusses Columbus's voyages, including his landings in America.* THESAURUS TALK →patrz też OMÓWIĆ —**omawiany** *adj* under discussion: *Please try and keep to the subject under discussion* (=trzymać się omawianego tematu).

omen *n* omen: *a bad omen*

omieszkać *v* **1 nie omieszkać czegoś zrobić** not fail to do sth: *Don't fail to remind me* (=nie omieszkaj mi przypomnieć) *that we are meeting Sam at six.* **2 nie omieszkać wspomnieć o czymś** remark on/upon sth: *President Bush remarked on the Haitian situation while attending a ceremony marking the U.S. invasion of Panama.*

omijać *v* **1** *(miejsce, człowieka)* avoid: *The bar had a bad name and was avoided by all the locals.* **2 omijać kogoś/coś szerokim łukiem** steer clear of sb/sth: *She advised me to steer clear of Matthew - she said he couldn't be trusted.*

ominąć *v* **1** *(przeszkodę, przepis, zakaz, pytanie)* get around, get round *BrE*, bypass: *How can we get around this rule?* | *Frank bypassed the complaints procedure and wrote straight to the director.* | *We bypassed the entry to Van Cortlandt Park to walk along a short block of square-roofed buildings.* | *He had bypassed her question.* **2 kogoś ominęło niebezpieczeństwo** sb is out of danger: *We are out of danger now.* **3 kogoś ominął awans** sb was passed over for promotion **4 kogoś nie ominie nagroda/kara** sb is sure to be rewarded/punished

omlet *n* omelette

omówić *v* discuss, talk over: *I'd like to discuss my contract with you.* | *Don't worry, we have plenty of time to talk it over.* →patrz też OMAWIAĆ

omylny *adj* fallible: *Parents are fallible, Susie, just like everyone else.*

omyłka *n* mistake: *a small mistake* —**omyłkowo** *adv* by mistake: *I took another student's bag by mistake.*

on *pron* **1** *(osoba)* he: *I'm looking for John. Where is he?* **2** *(z naciskiem)* him: *It must have been him* (=to musiał być on). **3** *(przedmiot)* it: *I'm looking for my hat - where is it?* (=gdzie on jest?)

ona *pron* **1** *(osoba)* she: *"I saw Suzy today." "Oh, really, how is she?"* **2** *(z naciskiem)* her: *It couldn't have been her* (=to nie mogła być ona)! **3** *(przedmiot)* it: *I'm looking for my book - do you know where it is* (=czy wiesz, gdzie ona jest)?

onanizować się *v* masturbate

one *pron* **1** they: *I'm looking for the girls - where are they?* | *Look at these flowers. Aren't they beautiful* (=czyż one nie są piękne)? **2** *(z naciskiem)* them: *It's them* (=to one)!

oni *pron* **1** they: *Tom and Bill, where are they?* **2** *(z naciskiem)* them: *It's them* (=to oni).

oniemiały *adj* speechless: *Laura stared at him, speechless with anger* (=ze złości). THESAURUS SURPRISED

onieśmielać *v* intimidate: *Large audiences don't intimidate him.* | *She felt intimidated* (=czuła się onieśmielona) *walking into the bar on her own.*

onkologia *n* oncology —**onkolog** *n* oncologist

ONZ *n* the United Nations, the UN

opactwo *n* abbey

opacznie *adv* **zrozumieć coś opacznie** misunderstand sth: *I don't think we should be seen travelling together - people might misunderstand* (=ludzie mogliby to zrozumieć opacznie).

opad *n* **1 opady (deszczu)** rainfall: *What's the average rainfall in this area? | the lowest rainfall in 10 years* **2 opady śniegu** snowfall: *The heavy snowfall caught everyone by surprise* (=wszystkich zaskoczyły). **3 opady radioaktywne** (radioactive) fallout

opadać *v* **1** *(temperatura, poziom itp.)* go down: *Your temperature seems to be going down.* **2** *(liście)* fall: *It was October, and the leaves were falling.* **3** *(kwiaty)* droop: *Can you water the plants? They're starting to droop.* **4** *(spodnie)* fall down: *His shirt was dirty and his trousers were falling down.* **5 opadać z sił** flag: *By ten o'clock everyone was beginning to flag.* **6 ręce opadają!** I give up! →patrz też OPAŚĆ

opakować *v* wrap: *The glasses were wrapped in white paper.*

opakowanie *n* **1** packaging: *Remove the hard disk from its protective packaging.* **2** *(papierowe)* wrapping: *She took the present and tore off the wrapping.*

opal *n* opal

opalać się *v* **1** *(leżeć na słońcu)* sunbathe: *Be careful when you're sunbathing - too much sun can be bad for you.* **2** *(nabierać opalenizny)* tan: *People with fair skin usually don't tan very easily.*

opalenizna *n* tan, suntan: *Her tan gave her a healthy look. | My suntan had all peeled off* (=zeszła) *by the time we got home.*

opalić się *v* get a tan: *Monica got a nice tan during her trip.*

opalony *adj* suntanned, tanned, tan *AmE*: *sun-tanned young girls on the beach | Did you see Lizzie? She's so tan!*

opał *n* fuel: *They started using coal as a fuel, in place of wood.*

opamiętać się *v* come to your senses: *One day he'll come to his senses and see what a fool he's been.*

opancerzony *adj* armoured *BrE*, armored *AmE*: *an armoured car*

opanować *v* **1** *(teren, miasto, rynek)* capture: *The town was captured by enemy troops after 10 days' fighting. | Japanese firms have captured over 60% of the electronics market.* **2** *(ogień, sytuację)* bring under control: *The fire in the office block was eventually brought under control. | The police finally brought the situation under control.* **3** *(język, umiejętność)* master: *I still haven't mastered the basics of English grammar. | Once you've mastered the basic strokes* (=uderzenia) *of squash, the rest is relatively easy.* THESAURUS LEARN **4 kogoś opanował strach/zmęczenie itp.** sb was overcome by fear/fatigue etc: *Harriet was overcome by a wave of homesickness.*
opanować się *v* control/contain yourself: *She annoyed me intensely, but I managed to control myself and remain polite. | He was so excited he could hardly contain himself.*

opanowanie *n* **1** *(spokój)* self-control, composure: *The German team showed amazing self-control throughout the game.* **2** *(języka, umiejętności)* mastery: *He was unrivalled in his mastery of the violin.*

opanowany *adj* composed, calm, cool, poised: *She remained composed throughout the interview. | Abbey walked to the microphone, poised and smiling.*

oparcie *n* **1** *(krzesła, fotela, itp.)* back: *He rested his arm on the back of the sofa.* **2** *(podpora)* support: *What these kids need is love and support.* **3 w oparciu o coś** on the basis of sth: *Some planning decisions were taken on the basis of very poor evidence.*

oparty *adj* **coś jest oparte na czymś** sth is based on sth: *The film is based on a novel by Sinclair Lewis.* →patrz też OPRZEĆ

opary *n* fumes: *It's dangerous to inhale* (=wdychać) *ammonia fumes.*

oparzenie *n* **1** burn: *Many of the victims suffered severe burns.* **2 oparzenie słoneczne** sunburn

oparzyć się *v* **1 a)** *(ogniem)* get burnt *BrE*, burned *AmE*: *Careful! You'll get burnt.* **b)** *(cieczą, parą)* scald yourself: *Don't scald yourself with that tea, Richard.* **2 oparzyć się w rękę/palec itp.** burn your hand/finger etc: *Ouch! I've burnt my hand.*

opaska *n* band: **opaska na ramię** armband | **opaska na oczy** blindfold

opaść *v* **1** *(emocje, entuzjazm itp.)* wane: *After a while our enthusiasm waned.* **2** *(na krzesło)* drop: *He dropped into his chair with a sigh.* **3 komuś szczęka opadła** sb was gobsmacked *BrE* →patrz też OPADAĆ

opat *n* abbot

opatentować *v* **opatentować coś** take out/obtain/receive a patent on sth: *In 1884, Richards received a patent on a new type of bicycle.*

opatrunek *n* dressing: *The nurse will change your dressing.* | **założyć opatrunek na ranę** dress a wound: *Clean the area thoroughly before dressing the wound.*

opatrzność *n* providence

opatrzyć *v* **1 opatrzyć ranę/skaleczenie** dress a wound/cut **2 opatrzyć coś komentarzem/adnotacją** add a comment/note to sth
opatrzyć się *v* **coś się komuś opatrzyło** sb got tired/sick of sth

opcja *n* option: *We have two options - either we sell the house or we rent it out.*

opera *n* **1** *(przedstawienie)* opera: *We try to go to the opera a few times a year.* **2** *(budynek)* opera house: *Sydney's famous Opera House*

operacja *n* **1** *(chirurgiczna)* operation, surgery: *a throat operation | The operation was successful and the patient is doing well. | She died of complications following surgery.* | **mieć/przejść operację** have an operation, have/undergo surgery: *Tom had an operation on his heart last year. | In March she underwent surgery for the cancer.* | **przeprowadzić operację** perform an operation: *Surgeons have never performed this operation before.* | **operacja plastyczna** plastic surgery: *There was no visible evidence that Joan had ever had plastic surgery.* **2** *(finansowa)* transaction: *The bank charges a fixed rate for each transaction.* **3** *(wojskowa itp.)* operation: *a military operation*

> **UWAGA: surgery**
> **Surgery** w znaczeniu „operacja" jest rzeczownikiem niepoliczalnym. Nie powiemy więc np. „a heart surgery", tylko **heart surgery**.

operacyjnie *adv* surgically: *The growth was surgically removed.*

O

operacyjny *adj* **1 sala operacyjna** operating theatre *BrE*, room *AmE* **2** *(leczenie)* surgical: *surgical treatment*

operator/ka *n* **1** *(kamerzysta)* cameraman **2** *(obsługujący maszynę)* operator: *an elevator operator*

operetka *n* operetta —**operetkowy** *adj* operetta: *an operetta singer*

operować *v* **1** *(chirurg)* operate: *It's serious. We'll have to operate immediately.* | **+kogoś** on sb: *Surgeons operated on him for eight hours.* | **+coś** on sth: *Doctors had to operate on his spine.* **2 operować czymś** use sth: *He uses language very creatively.*

operowy *adj* **1** *(aria)* operatic: *a recital of operatic arias* **2** *(śpiewak)* opera: *an opera singer*

O

opętać *n* possess: *She was possessed by rage.* | *What on earth possessed her to do such a thing?* (=Co też ją opętało, żeby coś takiego zrobić?)

opętany *adj* possessed: *possessed by an evil spirit*

opieka *n* **1** care: *Your father will need constant medical care.* | **+nad kimś** of sb: *the care of young children* | **pod czyjąś opieką** in sb's care: *We'll leave this in your care.* | **sprawować opiekę nad kimś/czymś** care for sb/sth: *Angie gave up her job to care for her mother.* **2 bez opieki** unaccompanied: *Children flying unaccompanied are looked after by the cabin crew.* **3 dom opieki** (rest) home: *They had to put her mother in a home.* **4 opieka nad dzieckiem a)** *(pod nieobecność rodziców)* babysitting, childcare, childminding *BrE*: *I earn some extra money from babysitting.* **b)** *(przyznana sądownie)* custody: *My ex-wife has custody of the kids* (=ma przyznaną opiekę nad dziećmi). **5 opieka społeczna** social services: **pracownik opieki społecznej** social worker **6 opieka zdrowotna** health care

opiekacz *n* toaster

opiekać *v* **1** *(mięso)* roast **2** *(chleb)* toast

opiekować się *v* **1** care for, look after, take care of: *Angie gave up her job to care for her mother.* | *We look after Rodney's kids until he gets home from work.* | *Who's taking care of the baby?* **2 opiekować się dziećmi** babysit

opiekun/ka *n* **1** protector: *He sees himself as her protector.* THESAURUS TEACHER **2** *(zastępujący rodziców)* guardian: *The child's guardian is his uncle.* **3 opiekun/ka do dzieci** babysitter, childminder

opiekuńczy *adj* **1** caring, protective: *a warm and caring person* | *She put her arm around his shoulders in a tender, protective manner.* **2 państwo opiekuńcze** welfare state

opierać *v* →patrz OPRZEĆ
opierać się *v* **1 opierać się o coś** lean/rest against/on sth: *He stood leaning against the wall.* | *Don't lean on the wall or the paint will smear.* | *The ladder rested against the wall.* **2 opierać się na czymś** rest on/upon sth, be founded on sth: *Success in management ultimately rests on good judgment.* | *Racism is not founded on rational thought, but on fear.*

opiewać *v* **1** celebrate: *poems celebrating the joys of love* **2 czek opiewający na 100 funtów** cheque for £100: *We will present a cheque for $5,000 to the winner.*

opiłki *n* **1** *(metalu)* filings **2** *(z drewna)* wood shavings

opinia *n* **1** *(zdanie)* opinion: *The general opinion is that the new working hours are a good thing.* | **+o czymś/na temat czegoś** on/about sth: *I went to my boss to ask him for his opinion on the matter.* | *Can I ask your opinion about something?* | **w mojej opinii** in my opinion: *In my opinion, he made the right decision.* THESAURUS OPINION **2** *(ocena)* opinion: **+o kimś/czymś** of sb/sth: *What's your opinion of her as a teacher?* | **mieć wysoką/złą/dobrą opinię o kimś/czymś** have a high/low/good etc opinion of sb/sth: *Her boss has a high opinion of her work.* **3 opinia publiczna** public opinion: *Public opinion is against nuclear power.* | **badanie opinii publicznej** opinion poll: *The latest opinion polls show the Social Democrats leading by 10%.* **4** *(reputacja)* reputation: **cieszyć się dobrą/złą opinią** have a good/bad reputation: *This restaurant has a very good reputation.*

opis *n* description: *a description of life in the Middle Ages* —**opisowy** *adj* descriptive

opisać *v* **1** describe: *Police asked the woman to describe her attacker.* | *It's hard to describe how I felt.* **2 być nie do opisania** be indescribable, defy description: *The beauty of the scene defies description.*

opisywać *v* write about: *Proust wrote about life in Paris in the early part of this century.* | *The children are writing about their summer holidays.*

opium *n* opium

opluć *v* **opluć kogoś** spit at/on sb: *One of the boys spat at me as I walked past.*

opłacać *v* →patrz OPŁACIĆ
opłacać się *v* **1** pay: *Crime doesn't pay.* | **opłaca się coś zrobić** it pays to do sth: *It usually pays to tell the truth.* **2 coś się komuś opłaca** sth is worth sb's while: *I don't sell French books, it's not worth my while.* | **komuś opłaca się coś zrobić** it's worth sb's while to do sth: *It would be worth your while to talk to the editor.*

opłacalny *adj* profitable: *a highly profitable business* —**opłacalność** *n* profitability

opłacić *v* pay for: *Mum and Dad paid for my driving lessons.* | *We paid for the hotel by credit card.*
opłacić się *v* pay off: *They took a hell of a risk but it paid off.*

opłakany *adj* **w opłakanym stanie** in a sorry state: *Education is in a very sorry state in this district.*

opłakiwać *v* **1 opłakiwać kogoś** mourn for sb: *They mourned for their children, killed in the war.* **2 opłakiwać coś** mourn/lament sth: *She still mourns her son's death.* | *The nation lamented the death of its great war leader.*

opłata *n* **1** charge, fee: *Gas charges will rise in July.* | *college fees* | *an entrance fee* (=opłata za wejście) THESAURUS COST **2 opłata za przejazd** fare: *Train fares are going up again.* **3 opłata dodatkowa** surcharge: *a 10% surcharge on all imports*

opłatek *n* communion wafer

opłukać *v* rinse: *Rinse the lettuce in cold water.*

opłynąć *v* **1** *(statkiem)* sail (a)round: *In summer we sailed around the island of Corsica.* **2 opłynąć kulę ziemską** circumnavigate the world/globe

opływać *v* **1 opływać w luksusy** wallow in luxury **2 opływać w dostatki** live off the fat of the land

opodal *prep* **(nie) opodal czegoś** not far from sth: *Our house is not far from the river.*

opodatkować *v* tax, put/impose a tax on: *There has been a proposal to tax land which is lying idle.* | *The government is considering putting a tax on books.* —**opodatkowanie** *n* taxation

opona *n* **1** tyre *BrE*, tire *AmE* **2 zapalenie opon mózgowych** meningitis

oponent/ka *n* opponent

oponować *v* →patrz ZAOPONOWAĆ

oporność *n* **1 oporność na coś** resistance to sth: *The virus has shown high-level resistance to penicillin.* **2** *(w fizyce)* resistance

oporny *adj* **oporny na coś** resistant to sth: *people who are resistant to change* | *Some diseases are resistant to antibiotics.*

oportunist-a/ka *n* opportunist **—oportunizm** *n* opportunism

opowiadać *v* **1** *(bajki, historie, dowcipy)* tell: *When I was young my father told me stories about the war.* | *He likes telling jokes.* **2 opowiadać o czymś** tell/talk about sth: *Harry's been telling me all about his last vacation.* | *Grandpa never talks much about the war.* **3 film/książka opowiada o kimś/czymś** the film/book tells the story of sb/sth: *The book tells the story of Marilyn Monroe's rise to stardom.* **4 opowiadać głupstwa/brednie** talk nonsense/rubbish: *Oh, don't talk such rubbish!* →patrz też OPOWIEDZIEĆ
opowiadać się *v* **opowiadać się za czymś/przeciwko czemuś** argue for/against sth: *They are arguing for a change in the law.* →patrz też OPOWIEDZIEĆ SIĘ

opowiadanie *n* **1** story: *the story of Cinderella* **2** *(utwór literacki)* narrative, short story: *a book of short stories*

opowiedzieć *v* **1 opowiedzieć kawał/historię itp.** tell a joke/story etc: *He told a joke about a man who lost his dog.* **2 opowiedzieć komuś o czymś** tell sb about sth: *Have you told him about our vacation in Greece?* →patrz też OPOWIADAĆ
opowiedzieć się *v* **opowiedzieć się za czymś/przeciwko czemuś** speak in favour of/against sth: *Only one MP spoke against the bill.* →patrz też OPOWIADAĆ SIĘ

opowieść *n* tale, story: *tales of far-off lands* (=opowieści o dalekich krajach)

opozycja *n* **1** opposition: **w opozycji (do czegoś)** in opposition (to sth): *The Socialists were elected to power after 10 years in opposition.* | *The party was founded in opposition to the more moderate policies of the government.* **2** *(główna partia opozycyjna)* the opposition: *the leader of the Opposition* | *protests from the opposition*

opozycjonist-a/ka *n* dissident: *Many Soviet dissidents were banished to Siberia.* **—opozycyjny** *adj* dissident: *a group of dissident writers*

opór *n* **1** *(sprzeciw)* resistance: **+ wobec czegoś/przeciw czemuś** to sth: *There is strong public resistance to the new taxes.* | **stawiać opór** resist, put up resistance: *The rebels put up fierce resistance against the army.* **2 ruch oporu** the resistance: *the Polish resistance* **3 mieć opory przed czymś** be reluctant to do sth: *She was very reluctant to ask for help.* **4 z oporem/oporami** reluctantly: *Reluctantly, I agreed to lend it to her.* **5 do oporu a)** *(do granic możliwości)* to the limit: *Our finances are already stretched to the limit.* **b)** *(do woli)* to your heart's content: *We sang away to our hearts' content.* **6** *(w fizyce)* resistance

opóźnić *v* delay, hold up, put/set back: *The flight was delayed by bad weather.* | *The building work has been held up by heavy rains.* | *This fire could put back the opening date by several weeks.* | *The accident could set back the Russian space programme by several months.*

opóźnienie *n* **1** *(pociągu, budowy itp.)* delay: *The accident is causing long delays on Route 95.* **2** *(na autostradzie)* delay, holdup, hold-up *BrE*: *long hold-ups on the M25*

opóźniony *adj* **1** *(pociąg, samolot)* delayed: *All incoming flights* (=przyloty) *are being delayed by fog.* **2 opóźniony w rozwoju** backward, retarded: *a backward child* | *a special programme for retarded children*

UWAGA: retarded

Określenie **retarded**, powszechnie uważane za obraźliwe, wychodzi obecnie z użycia.

opracować *v* **1** *(plan, strategię)* formulate: *He soon formulated a plan of escape.* THESAURUS INVENT **2** *(dane, raport)* compile: *Using the computer, we compiled a list of customers.* | *The report was compiled from a survey of 5,000 households.* **—opracowanie** *n* study: *a study of teenagers' language* (=na temat języka młodzieży)

oprawa *n* **1** *(książki)* binding: **książka w miękkiej/sztywnej oprawie** paperback/hardback **2 oprawa muzyczna/plastyczna** musical/visual setting

O

oprawca *n* war criminal: *Nazi war criminals*

oprawić *v* **1** *(książkę)* bind **2** *(obraz)* frame

oprawka *n* frame(s): *He sat on my glasses and broke the frames.*

opresja *n* *(kłopot)* trouble: **znaleźć się w opresji** get/run into trouble: *The company ran into trouble when it tried to expand too quickly.*

oprocentowanie *adj* interest (rate): *The interest on the loan is 16.5% per year.*

oprogramowanie *n* software: *multimedia software*

oprowadzać *v* **oprowadzać kogoś (po czymś)** show sb around (sth): *Kim will show you around the museum.*

oprócz *prep* **1** *(z wyjątkiem)* except (for), apart from *BrE*, aside from *AmE*: *We're open every day except Monday.* | *Everyone went to the show, except for Scott.* | *I don't know anything about it, except what I've read* (=oprócz tego, co przeczytałem) *in the newspaper.* | *Apart from a couple of spelling mistakes, your essay is excellent.* THESAURUS EXCEPT **2** *(poza)* besides, apart from *BrE*, aside from *AmE*: *Is there anything to drink besides coffee?* | *Who's coming besides your parents?* | *Aside from physical problems, these patients also show a lot of hostility.* **3 oprócz tego** in addition, apart from that: *A new security system was installed. In addition, extra guards were hired.*

UWAGA: except

Na początku zdania zawsze mówi się **except for**, a nie **except**: *Except for a couple of old chairs, the room was empty.*

opróżnić *v* empty (out), clean/clear out: *I found your umbrella when I was emptying out the wardrobe.* | *We spent the whole of Sunday cleaning out the garage.* | *I need to clear out that dresser.*
opróżnić się *v* empty: *The room emptied very quickly.*

opryskliwy *adj* abrasive, brusque, surly: *His abrasive manner offends some people.* | *He was rather brusque on the phone.* | *a surly waitress*

opryszczka *n* cold sore

oprzeć *v* **1 oprzeć coś o coś** prop/lean sth against sth: *He propped his bike against a tree.* **2 oprzeć coś na czymś** base sth on sth: *We need to base our partnership on trust and cooperation.* →patrz też OPIERAĆ
oprzeć się *v* **1 oprzeć się o coś/na czymś** lean against/on sth: *Jack leaned against the back of the chair.* | *Joe leaned on the gate and watched them drive away.* **2 oprzeć się czemuś** resist sth: *They made me an offer I couldn't resist.* | *It's pretty hard to resist Jacob's smile.* |

I resisted the temptation (=oparłem się pokusie) *to have another cookie.* **3 oprzeć się na czymś** go by sth: *We'll have to go by the referee's decision.*

oprzytomnieć *v* come to/round, regain consciousness: *When I came to, I was lying on the grass.*

optyczny *adj* **1** optical: *an optical instrument* **2 złudzenie optyczne** optical illusion **—optycznie** *adv* optically **—optyk** *n* optician **—optyka** *n* optics

optymalny *adj* optimum: *the optimum temperature*

optymist-a/ka *n* optimist: *I've always been an optimist.* | **ktoś jest optymistą, co do/jeżeli chodzi o coś** sb is optimistic about sth: *I am very optimistic about the future of our company.* **—optymistyczny** *adj* optimistic: *an optimistic economic forecast* **—optymistycznie** *adj* optimistically: *They had promised - rather optimistically - to finish the job in three days.* **—optymizm** *n* optimism: *optimism about* (=w kwestii) *the country's economic future*

O

opublikować *v* **1** *(artykuł)* publish: *The article was first published in the 'Los Angeles Times'.* **2** *(informacje)* release: *Details of the crimes have not been released.*

opuchlizna *n* swelling

opuchnięty *adj* **1** *(kolano, kostka itp.)* swollen: *The boy's right knee was badly swollen.* **2** *(twarz, oczy)* puffy: *Her eyes were red and puffy from crying.*

opustoszeć *v* empty: *As soon as the lecture finished, the hall emptied.*

opuszczać *v* →patrz OPUŚCIĆ

opuszczony *adj* abandoned, deserted: *an abandoned building* | *a deserted house* THESAURUS EMPTY

opuszka *n* **opuszki palców** fingertips: *a numb sensation in the fingertips*

opuścić *v* **1** *(spuścić)* lower: *The flag was lowered at sunset.* **2** *(obniżyć)* lower: *We're lowering prices on all our products.* **3** *(porzucić)* leave, desert: *His wife left him and he started drinking heavily.* | *People have deserted the villages and gone to work in the cities.* **4** *(pominąć niechcący)* miss out: *I hope we haven't missed any names out from the list.* **5** *(pominąć celowo)* skip: *Let's skip the next question.*
opuścić się *v* **opuścić się w czymś** fall behind with sth: *In secondary school she started falling behind with her schoolwork.*

opychać się *v* **opychać się (czymś)** stuff yourself (with sth): *The kids have been stuffing themselves with candy.*

orać *v* plough *BrE*, plow *AmE*: *Farmers were plowing their land and planting cotton seeds.*

orangutan *n* orangutang, orangutan

oranżada *n* orangeade *BrE*, orange soda *AmE*: *a bottle of orange soda*

oranżeria *n* conservatory, winter garden

UWAGA: oranżeria i orangery

Wyraz **orangery** oznacza miejsce, gdzie hoduje się drzewka pomarańczowe, nie jest więc dokładnym odpowiednikiem polskiego **oranżeria**.

orator *n* orator

oraz *conj* as well as: *He's learning French as well as Italian.* | *They own a house in Provence as well as a villa in Spain.*

orbita *n* orbit

orchidea *n* orchid

order *n* order: *the Order of the Garter* (=Order Podwiązki)

ordynacja *n* **ordynacja wyborcza** electoral law

ordynarny *adj* **1** *(wulgarny)* vulgar, crude: *a vulgar joke* **2** *(arogancki)* rude: *Don't be so rude!*

UWAGA: ordynarny i ordinary

Przymiotnik **ordinary** nie znaczy „ordynarny", tylko „zwyczajny".

ordynator *n* head of a hospital ward

oregano *n* oregano

orędowni-k/czka *n* **orędownik czegoś** advocate/champion of sth, crusader for sth: *an advocate of prison reform* | *Susan B. Anthony was a pioneer crusader for women's suffrage* (=prawa wyborczego dla kobiet).

orędzie *n* address: *Eisenhower gave his farewell address* (=orędzie pożegnalne) *to the American people in January 1961.* THESAURUS SPEECH

oręż *n* **1** *(broń)* arms **2** *(siły zbrojne)* the army: *a history of the Polish army*

organ *n* **1** *(narząd)* organ: *the liver and other internal organs* **2** *(gazeta)* organ, mouthpiece: *This publication is the organ of the Conservative Party.* | *Pravda was the official mouthpiece of the Communist Party.* **3** *(urząd)* organ: *Giving too much power to any organ of government should be avoided.*

organiczny *adj* organic: *organic chemistry* | *organic materials such as leaves and grass* **—organicznie** *adv* organically: *organically grown vegetables*

organista *n* organist

organizacja *n* **1** *(zrzeszenie)* organization: *a charity organization* | *an organization of Christian students* **2 Organizacja Narodów Zjednoczonych** (the) United Nations **3** *(organizowanie)* organization: *He was responsible for the organization of the party's election campaign.*

organizacyjny *adj* organizational: *organizational goals*

organizator/ka *n* organizer, organiser *BrE*: *festival organizers*

organizm *n* **1** *(ciało człowieka)* body: *a strong healthy body* | **silny/słaby organizm** strong/weak constitution: *She'll get better - she's got a strong constitution.* **2** *(żywa istota)* organism: *microscopic organisms*

organizować *v* organize, organise *BrE*, arrange: *Who's organizing the New Year's party?* | *James is arranging a big surprise party for Helen's birthday.*
organizować się *v* **1** *(jednoczyć się)* team up, come together **2** *(w związek)* organize, organise *BrE*: *In the communist countries workers were not allowed to organize.*

organki *n* harmonica, mouth organ

organy *n* organ: *Mr Reed will play the organ.*

UWAGA: organ

Rzeczownik **organ** jako nazwa instrumentu muzycznego jest w języku angielskim policzalny i jako taki posiada zarówno formę liczby pojedynczej, jak i mnogiej. Błędem jest tłumaczenie polskiego „organy" jako **organs**, chyba że mamy na myśli więcej niż jeden instrument.

orgazm *n* orgasm

orgia *n* orgy

Orient *n* the Orient

orientacja *n* **1** *(w terenie)* sense of direction: *I'll probably get lost - I haven't got a very good sense of direction.* **2** *(poglądy, preferencje)* orientation: *political/religious/ sexual orientation* **3 stracić orientację** lose your bearings: *We lost our bearings in the fog.* **4 bieg na orientację** orienteering

orientacyjny *adj (przybliżony)* rough: *I can only give you a rough estimate of the cost at this stage.*

orientalny *adj* oriental: *oriental countries | oriental culture*

orientować się *v* **1 orientować się w czymś** know sth: *I don't know enough history to make a comparison.* | **dobrze/słabo się w czymś orientować** have a good/ poor grasp of sth: *You seem to have a good grasp of the subject.* **2 o ile się orientuję** as/so far as I know, as/so far as I am aware: *No other athlete, as far as I know, has won so many medals. | So far as I am aware this is the first time a British rider has won the competition.* **3** *(w terenie)* orient yourself, orientate yourself *BrE* →patrz też ZORIENTOWAĆ SIĘ

orkiestra *n* orchestra: *an amateur orchestra | the Chicago Symphony Orchestra* —**orkiestralny** *adj* orchestral: *a concert of orchestral music*

ormiański *adj* Armenian —**Ormia-nin/nka** *n* Armenian

ornament *n* decorative feature: *The front of the building has many fine decorative features.* | **ornamenty** ornament, ornamentation: *plain architecture with very little ornament | the Victorian love of ornamentation*

ornitolo-g/żka *n* ornithologist —**ornitologia** *n* ornithology

orny *adj* arable: *arable land*

orszak *n* **1** *(świta)* retinue, train **2** *(pochód)* procession, cortege

ortodoksyjny *adj* orthodox: *orthodox methods of treating disease | Orthodox Jews* —**ortodoksja** *n* orthodoxy

ortodontyczny *adj* **aparat ortodontyczny** braces, brace *BrE*

ortografia *n* orthography

ortograficzny *adj* **1 błąd ortograficzny** misspelling, spelling mistake **2 reguły ortograficzne** orthographic rules, rules of spelling

oryginalny *adj* **1** *(autentyczny)* original, authentic: *Is that an original Matisse? | authentic Chinese food* THESAURUS NEW **2** *(niepowtarzalny)* original: *a highly original style of painting* **3** *(pomysłowy)* imaginative: *an imaginative solution to the problem* —**oryginalność** *n* originality: *The design is good but it lacks originality.*

oryginał *n* original: *I'll keep a copy, and give you the original.* | **w oryginale** in the original: *Tim has read Homer in the original.*

orzec *v* **1** *(oznajmić)* state: *The witness stated that he had not seen the woman before.* **2** *(zasądzić)* rule: *The judge ruled that the baby should live with his father.*

orzech *n* **1** nut: **orzech włoski** walnut | **orzech laskowy** hazelnut | **orzech kokosowy** coconut **2 dziadek do orzechów** nutcracker **3 twardy orzech do zgryzienia** a hard/tough nut to crack: *Saturday's match will be a tough nut to crack.*

orzechowy *adj* **1** *(aromat, ciasto)* nutty: *a nutty cake | a rich nutty flavour* **2 masło orzechowe** peanut butter **3** *(kolor)* hazel: *hazel eyes*

orzeczenie *n* judgment, ruling: *a judgment delivered* (=wydane) *by the European court | The judge cited a 1956 Supreme Court ruling in her decision* (=w swojej decyzji sędzia powołała się na orzeczenie Sądu Najwyższego z 1956 roku).

orzekać *v* →patrz ORZEC

orzeł *n* **1** *(ptak)* eagle **2** *(zdolny człowiek)* genius, high-flier: *He was no genius at school.* **3 orzeł czy reszka?** heads or tails?

orzeszek *n* nut: **orzeszki ziemne** peanuts | **orzeszki pistacjowe** pistachios

orzeźwić *v* refresh: *Sue felt refreshed after a quick plunge in the lake. | He refreshed himself* (=orzeźwił się) *with a glass of beer.* —**orzeźwiający** *adj* refreshing: *a refreshing drink | The ocean breeze was refreshing.*

O

osa *n* wasp

osaczyć *v* corner: *As the dog was cornered, it began to growl threateningly.*

osad *n* deposit, sediment

osada *n* settlement: *Vikings raided settlements on the east coast.*

osadni-k/czka *n* settler, colonist: *Dutch settlers in South Africa*

osadzić *v* **1 szeroko/blisko/głęboko osadzony** wide/ close/deep-set: *wide-set eyes* **2 osadzić kogoś w więzieniu** imprison sb: *The man was imprisoned in the Tower of London.*
osadzić się *v* →patrz OSIEDLIĆ SIĘ, OSIĄŚĆ

osamotniony *adj* lonely: *She felt lonely and depressed.*

osąd *n* assessment, judgment, judgement *BrE*: *a fairly accurate assessment of the situation*

osądzić *v* **1** *(ocenić)* judge: *Employees should be judged on the quality of their work.* **2** *(skazać)* convict: *Both generals were convicted for their role in the failed putsch.*

oschły *adj* abrupt: *She was abrupt on the phone the first time we talked.* —**oschle** *adv* abruptly: *"You may leave now," he said, abruptly.*

oscylować *v* oscillate, alternate: *Her attitude towards her husband oscillated between tender affection and deep mistrust. | His emotions alternated between outrage and sympathy.* —**oscylacja** *n* oscillation

osełka *n* sharpener: *a knife sharpener*

oset *n* thistle

osiadać *v* →patrz OSIĄŚĆ

osiągać *v* **osiągać wzrost/rozmiar itp.** reach a height/ size etc: *Mature violets reach a height of about 12 inches.* →patrz też OSIĄGNĄĆ

osiągalny *adj* **1** *(towar)* available, obtainable: *Ski boots are obtainable in a range of sizes.* **2** *(cel)* attainable, achievable: *an attainable goal* —**osiągalność** *n* availability

osiągi *n* performance: *I'm quite pleased with the car's performance.*

osiągnąć *v* **1** *(sukces)* achieve: *He has little expectation of achieving success.* | **osiągnąć coś/dużo** achieve/ accomplish something/a great deal: *When you get your MA, you really feel that you've achieved something. | The new government has accomplished a great deal.* **2** *(cel)* achieve, reach: *We've achieved our goal of building a shelter for the homeless. | The company will reach its target of 12% growth this year.* **3** *(poziom, wiek, rozmiar)* reach:

These plants take a long time to reach maturity. | *wind speeds reaching over 100 mph* **4** *(porozumienie)* reach: *Lawyers on both sides finally reached an agreement today.*

osiągnięcie *n* achievement, accomplishment: *Winning the championship is quite an achievement.* | *an impressive accomplishment*

osiąść *v* **1** *(osiedlić się)* settle: *My family finally settled in Los Angeles.* **2** *(osadzić się)* settle: *Snow settled on the rooftops.* **3 osiąść na mieliźnie** run/go aground

osiedle *n* **1 osiedle mieszkaniowe** (housing) development, (housing) estate *BrE* THESAURUS ▸ HOUSE **2** *(osada)* settlement: *Jewish settlements on the West Bank*

osiedlić się *v* settle: *The colonists settled near present-day Charleston.*

O

osiem *num* eight

osiemdziesiąt *num* eighty: **osiemdziesiąt jeden** eighty-one

osiemdziesiąty *adj* **1** eightieth: *Grandpa's eightieth birthday* **2 lata osiemdziesiąte** the (nineteen) eighties

osiemdziesięcioletni *adj* eighty-year-old: *an eighty-year-old woman*

osiemnastka *n (18. urodziny)* eighteenth birthday: *My dad's buying me a new computer for my eighteenth birthday.*

osiemnastowieczny *adj* eighteenth-century: *an eighteenth-century building*

osiemnasty *adj* **1** eighteenth **2 (godzina) osiemnasta** six (o'clock), six pm

osiemnaście *num* eighteen

osiemset *num* eight hundred: **osiemset cztery/dwadzieścia itp.** eight hundred (and) four/twenty etc

osierocić *v* orphan: *She was orphaned when her parents died in a plane crash.*

osiłek *n* bruiser, muscleman: *Two ugly bruisers barred the door.*

osiodłać *v* saddle: *to saddle a horse* | **osiodłać konia/konie** saddle up: *We saddled up and rode quickly back to the farm.*

osioł *n* **1** *(zwierzę)* donkey **2** *(człowiek)* ass: *What an ass!*

osiwieć *v* go grey *BrE*, gray *AmE*: *My brother went grey in his forties.*

oskalpować *v* scalp

oskarżać *v* → patrz OSKARŻYĆ

oskarżenie *n* **1** *(zarzut)* accusation: **rzucić oskarżenie (na kogoś)** make an accusation (against sb): *Serious accusations have been made against him.* **2** *(strona w procesie)* the prosecution: **świadek oskarżenia** witness for the prosecution **3 akt oskarżenia** indictment **4 postawić w stan oskarżenia** indict: *He was indicted for fraud before a grand jury.* **5 wnieść oskarżenie (przeciwko komuś)** press charges (against sb): *Davis refused to press charges against her husband.*

oskarżon-y/a *n* the accused: *The jury found the accused not guilty* (=ława przysięgłych uznała oskarżonego za niewinnego).

oskarżyciel/ka *n* prosecutor

oskarżycielski *adj* accusing: *"Where have you been?" she asked in an accusing tone of voice* (=zapytała oskarżycielskim tonem).

oskarżyć *v* **oskarżyć kogoś (o coś)** accuse sb (of sth), charge sb (with sth): *Are you accusing me of stealing?* | *Ron's been charged with possession of illegal drugs.*

oskrzela *n* **1** bronchi **2 zapalenie oskrzeli** bronchitis

osłabić *v* weaken: *Nothing could weaken her resolve* (=nic nie mogło osłabić jej determinacji). **—osłabiony** *adj* weakened, run-down: *Julia was weakened by her long illness.* | *He's been feeling run-down lately.*

osłabnąć *v* **1** weaken: *Russia's influence on African affairs has weakened.* THESAURUS ▸ DISAPPEAR **2** *(wiatr, głos, entuzjazm)* die down, subside: *The wind finally died down this morning.* | *His voice subsided to a mutter.*

osłaniać *v* **1** *(chronić)* protect, shield: **+przed/od** from: *Try to protect your skin from the sun.* | *The hat will shield your eyes from the sun.* **2** *(zasłaniać)* screen (off), shade: *The garden is screened by tall hedges* (=żywopłoty). | *She used her hand to shade her eyes.* **3** *(chronić przed atakiem)* cover: *Police officers covered the back entrance.* **4 osłaniać kogoś** *(winnego)* cover up for sb: *High-ranking military men were covering up for the murderers.* **5 coś jest osłonięte tajemnicą** sth is shrouded/veiled in mystery: *The origins of this ritual are shrouded in mystery.*

osławiony *adj* famed: *The embassy is located next to the famed Watergate office and apartment complex.* THESAURUS ▸ FAMOUS

osłodzić *v* sweeten: *Sprinkle sugar onto the cooked fruit to sweeten it.* → patrz też SŁODZIĆ

osłona *n* **1** guard, shield: *a hockey player's face guard* | *the ozone layer, the shield that protects the Earth from the Sun's harmful rays* **2 osłona przed czymś** protection against sth: *Wear a bullet-proof vest as a protection against snipers.* **3 pod osłoną nocy** under cover of darkness: *They escaped under cover of darkness.*

osłonić *v* → patrz OSŁANIAĆ

osłonięty *adj* sheltered: *a sheltered beach* | **nie osłonięty** exposed: *an exposed hillside*

osłupiały *adj* dumbfounded, dumbstruck: *Victor stood dumbfounded as the women continued to scream abuse at him* (=obrzucały go obelgami).

osłupienie *n* amazement, astonishment: *I stared at him in amazement.* | *"What are you doing here?" she cried in astonishment.* | **wprawić kogoś w osłupienie** dumbfound sb: *Pollini's piano playing continues to dumbfound the critics.*

osnuty *adj* **osnuty na czymś** based on sth: *The film is based on events in the director's life.*

osoba *n* **1** *(człowiek)* person: *She's a really generous person.* | *The person I need to speak to isn't here.* | **dwie/trzy itp. osoby** two/three etc people/persons: *There's just room for two people.* | *This area is closed to all unauthorized* (=nieupoważnionych) *persons.* **2 na osobę/od osoby** a/per head: *The meal will cost $17 a head.* | *Entry costs £10 per head.* **3 stół na cztery osoby** table for four **4** *(w gramatyce)* person: *first person singular* (=pierwsza osoba liczby pojedynczej) **5 osoba towarzysząca** escort: *His first wife, Tammy, was his escort at the White House party.* **6 we własnej osobie** himself/herself etc: *the President himself* **7 w osobie ...** in the person of ...: *I was met by the police in the person of Sergeant Black.* **8 w jednej osobie** (all) rolled into one: *Mum was cook, chauffeur, and nurse all rolled into one.* **9 osoba trzecia/postronna** third party: *Both companies will meet with a neutral third party to resolve the disagreement.*

UWAGA: persons i people

Regularna liczba mnoga od **person** brzmi **persons**, ale używa się jej jedynie w języku oficjalnym. Kiedy mówimy o dwu lub większej liczbie osób, używamy zwykle wyrazu **people** („ludzie"): *There were about 100 people at the wedding.*

osobistość *n* **1** *(ważna osoba)* personage: *a distinguished personage of royal blood* **2** *(znana osoba)* personality, celebrity: *a well-known sports personality | a TV celebrity*

osobisty *adj* **1** *(prywatny)* personal, private: *May I ask you a personal question? | personal problems | personal letters | Susan is trying to balance her private life and her work.* **2** *(własny)* personal, individual: *I know from personal experience that you can't trust Ralph. | Well, that's my personal view, anyway* (=takie w każdym razie jest moje osobiste zdanie). | *Everyone has their own individual opinions. | a very individual approach to comedy* **3 komputer osobisty** personal computer **4** *(bezpośredni)* personal, direct: *As you get promoted in a firm you lose that personal contact. | I'm not in direct contact with him.* **5 dowód osobisty** identity card **6** *(doradca, asystent itp.)* personal: *Eliot's personal secretary* **7 higiena osobista** personal hygiene **8 rzeczy osobiste** personal possessions/belongings/effects: *personal effects scattered* (=porozrzucane) *all around the wreckage of an aircraft*

osobiście *adv* **1** *(znać)* personally: *I don't know her personally, but I like her books.* **2** *(zrobić)* personally, in person: *The teacher thanked us personally. | You'll have to apply for your passport in person. | I wanted to come and thank you in person.* **3** *(odpowiedzialny)* personally: *He's personally responsible for all the arrangements.* **4 osobiście uważam/sądzę, że ...** personally, I think ...: *Personally, I think it's a bad idea.*

osobliwy *adj* **1** *(dziwny)* odd, peculiar: *An odd thing happened last night! | It seems peculiar that no-one noticed Kay had gone.* **2** *(niezwykły)* singular: *a woman of singular beauty* —**osobliwość** *n* peculiarity, oddity

osobnik *n* **1** *(zwierzę)* specimen: *In any population of animals there are weaker specimens.* **2** *(podejrzany mężczyzna)* specimen: *Who's that specimen your daughter's going out with?* —**osobniczy** *adj* individual

osobno *adv* **1** separately: *Uncooked meat should be stored separately. | They arrived together, but I think they left separately.* **2** *(mieszkać)* apart: *My husband and I are living apart at the moment.* **3** *także* **z osobna** separately: *He spoke to each child separately.*

osobność *n* **na osobności** in private: *Miss Smith, can I speak to you in private?*

osobny *adj* separate: *All the kids have separate rooms.*

osobowość *n* personality: *Ian has a very dynamic personality.*

osobowy *adj* **1 dane osobowe** personal details: *You will have to fill out a form giving your personal details.* **2 samochód osobowy** car **3 pociąg osobowy** slow train **4 zaimek osobowy** personal pronoun

osolić *v* salt: *Put the spaghetti into boiling, salted water.*

ospa *n* **1** smallpox **2 ospa wietrzna** chicken pox

ospały *adj* sluggish: *I always feel sluggish first thing in the morning.* —**ospale** *adv* sluggishly: *The stream flows sluggishly through the fields.*

ostać się *v* survive: *Most of the trees were destroyed by the fire, but a few survived.*

ostatecznie *adv* **1** *(definitywnie)* finally: *It's not finally settled yet.* **2** *(w końcu)* ultimately: *Their efforts ultimately resulted in* (=doprowadziły do) *his release from prison.* **3** *(przecież)* ultimately, after all: *Ultimately, it's your decision. | Don't shout at him - he's only a baby, after all* (=ostatecznie to jest tylko dziecko). **4** *(w ostateczności)* may/might as well: *We may as well get started without them* (=możemy ostatecznie zacząć bez nich).

ostateczność *n* **w ostateczności** as a last resort, if the worst comes to the worst: *I could borrow the money, but only as a last resort. | If the worst comes to the worst, we'll have to sell the house.*

ostateczny *adj* **1** final, definite, definitive: *Is that your final decision? | We have to set a definite date for the concert. | There is no definitive answer to the problem.* **2 Sąd Ostateczny** the last judgment

Ostatki *n* Shrove Tuesday, Pancake Day/Tuesday *BrE*

ostatni *adj* **1** *(na końcu)* last: *What time does the last bus leave? | I haven't seen you since the last meeting.* | **ostatni raz/po raz ostatni** (the) last time: *The last time I spoke to Bob* (=kiedy rozmawiałem ostatni raz z Bobem) *he seemed happy enough.* THESAURUS PREVIOUS **2** *(rozdział, etap, itp.)* final, last: *the final chapter of the book* **3** *(niedawny)* recent: *recent developments in medicine* (=ostatnie osiągnięcia medycyny) | **w ostatnim czasie** recently, lately: *a recently published biography | I've been feeling ill just lately.* | **w ostatnich latach** in recent years: *In recent years, terrorism has become a greater threat.* **4** *(jedyny pozostały)* last: *Is this your last cigarette? | Is it all right if I have the last piece of cake?* **5 mieć ostatnie słowo** have the last word: *The finance committee always has the last word on expenditure.* **6 ktoś jest ostatnią osobą, która ...** sb is the last person ...: *She's the last person I'd expect to meet in a disco. | Ella's the last person I wanted to see.* **7 w ostatniej chwili** at the last minute: *Frank changed his mind at the last minute and decided to come with us after all.* | **na ostatnią chwilę** last-minute: *last-minute shopping*

ostatnio *adv* **1** *(przez ostatni czas)* lately, recently: *I've been feeling very tired lately. | I haven't seen him recently.* THESAURUS RECENTLY **2** *(niedawno)* recently: *They recently moved from South Africa.*

UWAGA: lately i recently

Przysłówków **lately** i **recently** można używać zamiennie, gdy mowa o okresie od pewnego momentu w przeszłości do teraz: *Recently/Lately I have been wondering whether to look for a new job.* W takich przypadkach stosujemy czas Present Perfect Continuous. Kiedy chodzi o konkretny moment w przeszłości, używa się wyłącznie wyrazu **recently** z czasem Simple Past: *Just recently she applied for a new job.*

ostentacyjny *adj* ostentatious: *Stretch limousines were an ostentatious symbol of wealth in the '80s.* —**ostentacyjnie** *adv* ostentatiously: *There were people at college who would ostentatiously park their BMWs outside.*

osteoporoza *n* osteoporosis

ostracyzm *n* ostracism

ostro *adv* **1** *(gwałtownie)* sharply: *The road turns sharply at the top of the hill. | Prices have risen sharply over the last few months.* **2** *(stromo)* sharply, steeply: *The plane lifted*

O

off and began to climb steeply. **3** (surowo) harshly: *We should not judge him too harshly.* **4** (gniewnie) sharply: *"What do you mean by that?" Paul asked sharply.* →patrz też OSTRY

ostroga *n* spur

ostrokrzew *n* holly

ostrość *n (zdjęcia, obrazu)* focus: *Roy adjusted the TV set so that the picture was in sharper focus* (=żeby obraz miał lepszą ostrość). | **nastawić ostrość (aparatu itp.)** focus (a camera etc): *He focused his camera on the nearest of the birds.*

ostrożnie *adv* **1** carefully, cautiously, with caution: *I carried the bowl carefully in both hands.* | *He began to climb cautiously down the tree.* | *Some roads may be icy and motorists are advised to drive with caution.* **2 ostrożnie!** (be) careful!: *Be careful! The floor's very slippery* (=śliska). | *Be careful with that ladder* (=ostrożnie z tą drabiną)*!*

ostrożność *n* **1** caution: *Travelers in the area should use extreme caution* (=powinni zachować najwyższą ostrożność). **2 środki ostrożności** precautions: *It is vital to take* (=przedsięwziąć) *precautions before handling toxic substances.*

ostrożny *adj* **1** *(człowiek, krok itp.)* careful, cautious: *a careful driver* | *cautious optimism* **2** *(prognoza itp.)* conservative: *We're predicting a 10% rise in oil prices - and that's a conservative estimate.*

ostry *adj* **1** *(nóż, ołówek itp.)* sharp: *You'll need some sharp scissors.* | **ostry jak brzytwa** razor-sharp: *the razor-sharp teeth of a shark* **2** *(zakręt)* sharp: *a sharp bend in the road* **3** *(zima, wiatr)* harsh: *a harsh winter* | *harsh winds* **4** *(ból)* acute, severe: *patients who suffer acute pain* | *A severe pain shot through his chest.* **5** *(potrawa)* hot, spicy: *hot chicken wings* **6** *(smak)* sharp: *Add mustard to give the dressing a sharper taste.* **7** *(zapach)* pungent: *the pungent smell of frying garlic* **8** *(pies)* fierce: *fierce dogs* **9** *(światło, dźwięk)* harsh: *harsh lighting* | *a harsh metallic tone* **10** *(głos)* harsh, strident: *She shouted my name in a harsh voice.* | *the teacher's strident voice* **11** *(nauczyciel)* strict: *a strict teacher* **12** *(obraz, zdjęcie itp.)* clear, in focus: *The photo was fuzzy, not clear at all.* **13** *(podział, granica)* clear-cut: *clear-cut distinction* **14** *(krytyka)* sharp: *Blair had to face some sharp criticism from the press.* **15** *(sprzeciw)* fierce: *The plan has met fierce opposition* (=spotkał się z ostrym sprzeciwem) *from environmentalists.* **16 mieć ostry język** have a sharp tongue **17 ostry dyżur** casualty *BrE*, emergency room *AmE*, A&E: *Stephen works nights in casualty.* | *They took her to the emergency room.* **18 kąt ostry** acute angle

ostryga *n* oyster

ostrzał *n* fire, shelling: *enemy fire* | *the shelling of German positions by British warships*

ostrze *n* **1** *(noża itp.)* blade, edge: *The blade needs to be kept sharp.* | *Careful - that knife's got a very sharp edge!* **2** *(igły)* point: *the point of a needle*

ostrzec *v* warn: *We tried to warn her, but she wouldn't listen.* | **+że** that: *Allen warned him that he might be killed if he stayed in Beirut.* | **+przed czymś** about/of/against sth: *You were warned of the risks involved.* | *The police have warned tourists against going to remoter regions.*

ostrzegawczy *adj* warning: *a warning sign*

ostrzeliwać *v* shell: *Opposition forces have been shelling the town since yesterday.*

ostrzeżenie *n* warning: *I'm giving you a final warning - don't be late again.* | **+przed czymś** of sth: *a warning of floods* | **bez ostrzeżenia** without warning: *The enemy attacked without warning.*

ostrzyc *v* **1 ostrzyc kogoś** cut sb's hair: *I'm trying to cut his hair but he won't keep still* (=nie chce siedzieć spokojnie). **2** *(owcę)* shear
ostrzyc się *v* have a haircut: *Have you had a haircut? You look different.*

ostrzyć *v* **1** *(nóż)* sharpen, grind: *a special stone for sharpening knives* | *a stone for grinding knives and scissors* **2** *(ołówek)* sharpen →patrz też NAOSTRZYĆ

ostudzić *v* cool down: *Blow on your cocoa to cool it down.*

ostygnąć *v* cool (down): *Allow the cake to cool before cutting it.* | *Let the engine cool down.*

osunąć się *v* sink: *Lee sank into a chair and went to sleep.*

osuszyć *v (teren)* drain: *Deep ditches* (=rowy) *were dug to drain the fields.*

oswobodzić *v* set free, liberate: *Mandela was finally set free in 1993.* | *The city was liberated by the Allies in 1944.*

oswoić *v* tame: *How difficult is it to tame a bear?*
oswoić się *v* **oswoić się z czymś** accustom yourself to sth: *It took a while for me to accustom myself to all the new rules and regulations.*

oswojony *adj* tame: *I thought you said your parrot was tame? It's just given me a nasty bite.*

wild/tame

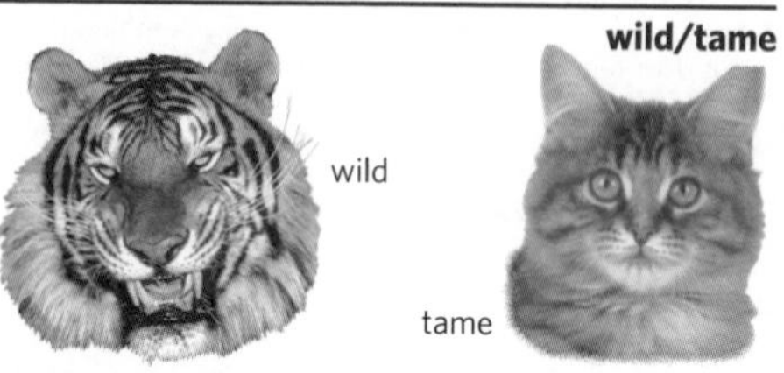

oszacować *v* estimate: **+na** at: *The cost of repairs has been estimated at $1500.* —**oszacowanie** *n* estimate: *According to some estimates, two thirds of the city was destroyed.*

oszaleć *v* go crazy/mad *BrE*: *The crowd went mad when Liverpool scored.*

oszałamiać *v* →patrz OSZOŁOMIĆ

oszałamiający *adj* **1** *(zdumiewający)* bewildering, stunning: *a bewildering variety of styles to choose from* | *stunning news* THESAURUS BEAUTIFUL **2** *(przepiękny)* stunning: *You look stunning* (=wyglądasz oszałamiająco) *in that dress.*

oszczep *n* javelin: **rzut oszczepem** javelin throw

oszczerstwo *n* slander —**oszczerczy** *adj* slanderous

oszczędnościowy *adj* **1 rachunek oszczędnościowy** savings account **2** *(ekonomiczny)* economy: *The car features an economy driving mode.*

oszczędność *n* **1** *(cecha charakteru)* thrift **2** *(oszczędne użytkowanie)* economy: *For the sake of economy, I hadn't yet turned on the heating.* **3 oszczędności** savings: *He has savings of over $150,000.*

oszczędny *adj* **1** *(człowiek)* thrifty: *Mrs Jones was a very thrifty woman who never wasted anything.* **2** *(metoda, system itp.)* economical: *an economical method of heating* **3** *(skąpy)* sparing: *The critics were sparing in their praise*

(=krytycy byli oszczędni w swoich pochwałach). —**oszczędnie** *adv* economically, sparingly

oszczędzać *v* **1** *(zbierać pieniądze)* save (up): *I'm saving up to buy a car.* **2 oszczędzać na czymś** economize/ economise *BrE* on sth: *We're trying to economize on heating.* **3** *(wodę, energię itp.)* conserve: *new methods of producing and conserving energy*
oszczędzać się *v* take it/things easy: *The doctor says I'm going to have to take it easy for a few weeks.* →patrz też OSZCZĘDZIĆ, ZAOSZCZĘDZIĆ

oszczędzanie *n* **1** *(pieniędzy)* saving **2** *(wody, energii itp.)* conservation

oszczędzić *v* **1 oszczędzić kogoś** spare sb, spare sb's life: *Only children were spared.* | *Luckily, the hostages' lives were spared* (=oszczędzono zakładników). **2 oszczędzić komuś czegoś** spare sb sth: *I wanted to spare them the trouble of buying me a present.* →patrz też OSZCZĘDZAĆ

oszołomić *v* **1** *(zauroczyć)* captivate: *Alex was captivated by her beauty.* **2** *(zaskoczyć)* stun: *We were all stunned by the news.*

oszpecić *v* disfigure, deface: *His face was badly disfigured in the accident.* | *The gravestone had been defaced by vandals.*

oszroniony *adj* frosty: *frosty ground*

oszukać *v* deceive: *Campbell tried to deceive the police.* THESAURUS TRICK

oszukiwać *v* cheat: *He always cheats when he plays cards.*

oszust/ka *n* cheat, fraud: *You're a liar and a cheat!* | *She realized that the salesman had been a fraud.*

oszustwo *n* **1** deception, deceit: *He obtained the money by deception* (=przez oszustwo). | *She wouldn't be capable of such deceit* (=nie byłaby zdolna do takiego oszustwa). **2** *(finansowe)* fraud, con: *The police arrested him for tax fraud* (=za oszustwo podatkowe). | *The advertisement says they're offering free holidays, but it's all a big con.*

oś *n* **1** *(Ziemi, wykresu, figury)* axis: *The Earth rotates on its axis once every twenty-four hours.* | *Time is graphed along the horizontal axis.* **2** *(pojazdu)* axle **3** *(centralny punkt)* pivot: *The village chapel was the pivot of community life.*

UWAGA: axis

Rzeczownik **axis** ma nieregularną formę liczby mnogiej: **axes** (wymowa: ˈæksi:z).

ościenny *adj* neighbouring *BrE*, neighboring *AmE*: *neighbouring countries*

ość *n* (fish) bone

oślepić *v* blind, dazzle —**oślepiający** *adj* blinding, dazzling: *dazzling lights* | *a blinding flash*

oślepnąć *v* go blind: *The print was so small I nearly went blind reading it.*

oślizgły *adj* slimy: *a slimy dead fish*

ośmielić *v* embolden: *Emboldened by her smile, he asked her to dance.*
ośmielić się *v* **1 ośmielić się coś zrobić** dare (to) do sth, make so bold as to do sth: *He dared not look his father in the eye.* | *One of the staff made so bold as to ask what the director's salary was* (=ośmielił się zapytać, ile zarabia dyrektor). **2 ośmielę się zauważyć, że ...** I would/might be so bold as to suggest (that) ...

ośmieszyć *v* **ośmieszyć kogoś** make a fool (out) of sb: *Darren thought she was trying to make a fool out of him in front of his friends.*
ośmieszyć się *v* make a fool of yourself: *She realized she'd made a complete fool of herself.*

ośmiokąt *n* octagon —**ośmiokątny** *adj* octagonal

ośmioletni *adj* **1** *(dziecko, zwierzę, samochód)* eight-year-old: *an eight-year-old girl* **2** *(okres)* eight-year: *his eight-year career* —**ośmiolat-ek/ka** *n* eight-year-old: *a bright eight-year-old*

ośmiornica *n* octopus

ośmioro *num* eight: *eight children*

ośnieżony *adj* snow-covered, snowy: *snow-covered peaks of the Alps* | *snowy woods*

ośrodek *n* **1** centre *BrE*, center *AmE*: *It's not exactly a cultural centre like Paris.* | *the Fred Hutchinson Cancer Research Center* (=ośrodek badań nad rakiem) **2 ośrodek wypoczynkowy** health resort

ośrodkowy *adj* **ośrodkowy układ nerwowy** central nervous system

oświadczenie *n* announcement, statement: *The company will make a statement* (=wyda oświadczenie) *about the accident later today.* THESAURUS SPEECH

oświadczyć *v* announce: *Liam suddenly announced that he was leaving the band* (=że odchodzi z zespołu).
oświadczyć się *v* **oświadczyć się (komuś)** propose (to sb): *Shaun proposed to me only six months after we met.* —**oświadczyny** *n* proposal

oświata *n* education: *The government is planning radical changes in education.* —**oświatowy** *adj* educational: *the educational system*

Oświecenie *n* the Enlightenment —**oświeceniowy** *adj* Enlightenment: *Enlightenment ideas*

oświetlić *v* illuminate, light: *The room was illuminated by candles.* | *The living room was lit by two lamps.* —**oświetlenie** *n* lighting, illumination: *Better street lighting might help prevent crime.* | *An electric light bulb provided the only illumination.*

Oświęcim *n* Auschwitz

otaczać *v* →patrz OTOCZYĆ

otchłań *n* abyss: *a bottomless black abyss*

oto *part* **1** here, there: *Here's a picture of Kelly and me.* | *We're still waiting for Jack - look, there he is* (=oto on). **2 tak oto** this/that is how: *That is how your Mum and Daddy met.*

otoczenie *n* **1** *(miejsce)* surroundings: *It took me a few weeks to get used to my new surroundings.* | *The old docks are quite unusual surroundings for a theatre.* **2** *(środowisko)* environment: *a helpful learning environment* **3 w otoczeniu kogoś** accompanied by sb: *Jackson arrived for the interview, accompanied by two bodyguards.* **4 najbliższe otoczenie** inner circle: *Johnson was part of the president's inner circle.*

otoczka *n* context: *the historical context of those events*

otoczyć *v* **1** surround, encircle: *a lake surrounded by lakes* | *The police surrounded the house.* | *an ancient city encircled by high walls* **2 otoczony tajemnicą** cloaked/ shrouded in secrecy: *The early stages of the talks have been cloaked in secrecy.*

otóż *part* **1** well: *Well, that's exactly what I told her to do.* **2 otóż to!** exactly!: *"We should spend more on education." "Exactly!"*

O

otruć *v* poison: *She tried to poison her husband.*

otrząsnąć się *v* **otrząsnąć się z czegoś** get over sth: *Some people never really get over the early death of a parent.*

otrzeć *v* wipe (away): *He wiped the sweat from his face.* **otrzeć się** *v* **1 otrzeć się o coś a)** *(dotknąć)* brush against sth: *I felt her hair brush against my arm.* **b)** *(zetknąć się)* come into contact with sth **2 otrzeć się o śmierć** have a brush with death

otrzepać *v* **otrzepać coś z kurzu itp.** brush the dust etc off sth: *Max brushed the dust off his coat.*

otrzeźwieć *v* sober up: *You need to sober up before you go home.*

otrzymać *v* receive: *He received an award from his old college.* | *When did you receive this letter?*

otucha *n* reassurance, comfort: **dodać komuś otuchy** reassure/comfort sb: *"It's nothing serious," he continued, as though to reassure her.* | *Nothing I could do or say could comfort Diane.*

otulić *v* **otulić kogoś czymś** wrap/bundle sb up in sth: *She wrapped the baby in a blanket.*

otwarcie[1] *n* opening: *the opening of the new art gallery* | *a speech at the opening* (=na otwarcie) *of the conference* | **ceremonia otwarcia** opening ceremony: *the opening ceremony of the 1992 Olympiad*

otwarcie[2] *adv* openly: *a chance to talk openly about your problems*

otwarty *adj* **1** *(okno, drzwi, książka, usta)* open: *Who left the window open?* | *A book lay open on the table.* | **szeroko otwarty** wide open: *The door was wide open and we could hear everything she said.* | **z otwartymi ustami** open-mouthed **2** *(sklep, wystawa itp.)*: *The bank is open until 12:00 on Saturdays.* | *When will the new library be open?* **3** *(człowiek)* open: *Let's be completely open with each other.* **4** *(programowanie)* open source: *open source software such as Linux* **5 dzień otwarty** open day *BrE*, open house *AmE* **6 pod otwartym niebem/na otwartym powietrzu** in the open air, (out) in the open: *In the summer we have our meals in the open air.* | *It was too cold to spend the night out in the open.* **7 mieć oczy/uszy szeroko otwarte** keep your eyes/ears open **8 być otwartym na sugestie/pomysły itp.** be open to suggestions/new ideas etc **9 z otwartymi ramionami** with open arms: *We welcomed Henry's offer with open arms.* —**otwartość** *n* openness

open/closed

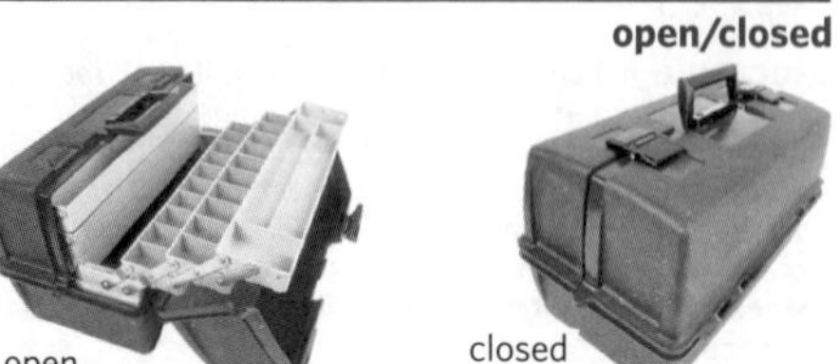

otwieracz *n* **1 otwieracz do konserw/puszek** tin/can opener **2 otwieracz do butelek** bottle opener

otwierać *v* →patrz OTWORZYĆ

otworzyć *v* **1** *(drzwi, oczy, parasol)* open: *Can you open the window?* | *She opened her eyes.* | *I can't open my umbrella.* **2** *(kluczem)* unlock: *I unlocked the door and let him in.* **3** *(sklep, wystawę itp.)* open: *What time does the bookstore open* (=o której otwierają księgarnię) *on Sundays?* | *Parts of the White House will be opened to the public.* **4 otworzyć ogień** open fire: *Troops opened fire on the protesters.*

otwór *n* **1** opening: *an opening in the fence* **2** *(na monety, żetony)* slot: *Place your coins in the slot slowly.*

otyły *adj* obese THESAURUS FAT —**otyłość** *n* obesity

owacja *n* ovation: *60,000 fans gave* (=zgotowali) *the rock group a thunderous ovation.* | **owacja na stojąco** standing ovation

owad *n* insect

insect

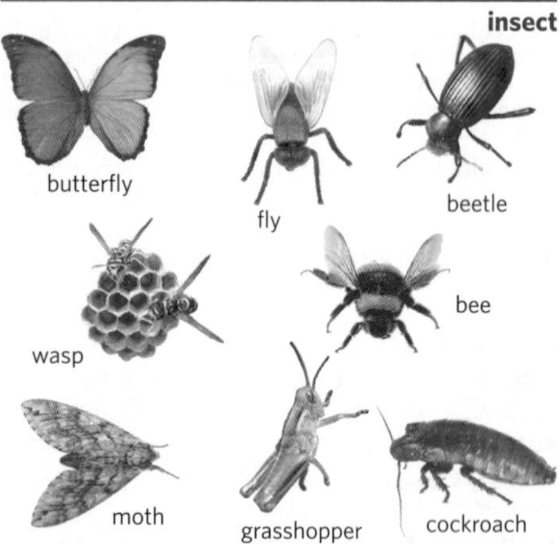

owadobójczy *adj* **środek owadobójczy** insecticide

owak *adv* **tak czy owak** either way: *Either way, it's going to be expensive.*

owalny *n* oval —**owal** *n* oval

owca *n* **1** sheep **2 czarna owca** black sheep

owczarek *n* **1** *(pies pasterski)* sheepdog **2 owczarek niemiecki/alzacki** alsatian *BrE*, German shepherd

owczy *adj* **1** sheep's: *sheep's wool* **2 ulegać owczemu pędowi** go with/follow the crowd

owdowiały *adj* widowed THESAURUS MARRIED

owieczka *n* lamb

owies *n* oats

owijać *v* **1** →patrz OWINĄĆ **2 nie owijać w bawełnę** not beat about/around the bush: *I won't beat about the bush, Alex. I'm leaving you.*

owinąć *v* **1** *(szal, sznurek itp.)* wrap around: *She had a beautiful woollen shawl wrapped around her neck.* **2** *(papierem, kocem itp.)* wrap (up): *His parcel arrived wrapped in plain brown paper.* **3 owinąć sobie kogoś wokół małego palca** have sb wrapped around your (little) finger

owłosienie *n* body hair: *getting rid of unwanted body hair*

owłosiony *adj* hairy: *He's a skinny guy with hairy legs.* | *a hairy chest*

owoc *n* **1** fruit: *What's your favourite fruit?* **2 owoce czegoś** the fruits of sth: *They can now enjoy the fruits of their labours.* **3 owoce morza** seafood: *seafood salad*

UWAGA: owoc i fruit

Rzeczownikowi „owoce" w liczbie mnogiej odpowiada najczęściej angielska forma **fruit**, rzadziej **fruits** (zwykle w odniesieniu do różnych gatunków owoców): *a bowl of fruit* | *fresh fruit and vegetables* | *citrus fruits*. **A fruit** w liczbie pojedynczej występuje stosunkowo rzadko i oznacza nie tyle pojedynczy owoc, co gatunek owoców: *a rare tropical fruit*. Chcąc zaproponować komuś jakiś owoc, powiemy: *Would you like some fruit?* albo użyjemy konkretnej nazwy: *Would you like an orange/ an apple/a banana?*

owocny *adj* fruitful: *a fruitful meeting*

owocować *v* bear fruit: *Our careful investments were finally bearing fruit.*

owocowy *adj* fruit: *fruit salad*

owsianka *n* porridge *BrE*, oatmeal *AmE*

owsiany *adj* **płatki owsiane** oatmeal

owszem *adv* yes: *"Do you like it?" "Yes, very much."*

owulacja *n* ovulation

ozdabiać *v* →patrz OZDOBIĆ

ozdoba *n* decoration, ornament: *Christmas decorations* | *The berries are mainly used for decoration.* | *china ornaments* (=ozdoby z porcelany)

ozdobić *v* decorate: *The room was decorated with balloons and coloured ribbons.*

ozdobny *adj* ornamental, decorative: *ornamental plants* | *a decorative vase*

oziębły *adj* **1** *(nieczuły)* cold-hearted: *a cold-hearted man* **2** *(seksualnie)* frigid

oznaczać *v* **1** *(znaczyć)* mean: *What does the word 'Konbanwa' mean?* | *The red light means 'stop'.* **2** *(być oznaką)* signify: *Does this signify a change in policy?* →patrz też OZNACZYĆ

oznaczenie *n (znak)* mark: *What do those strange marks at the top mean?*

oznaczony *adj* **oznaczony termin** the appointed time: *We met at the appointed time.*

oznaczyć *v* mark: *Check the envelopes that are marked 'urgent' first.* | *He had marked the route in red* (=oznaczył trasę na czerwono).

oznajmić *v* announce, declare: *Liam suddenly announced that he was leaving the band.* | *Jack declared that he knew nothing about the robbery.*

oznaka *n* indication, sign: *Did Rick ever give any indication that he was unhappy?* | *Tiredness can be a sign of illness.*

oznakować *v* mark: *a suitcase marked with the initials JF*

ozon *n* ozone

ozonowy *adj* **1 powłoka/warstwa ozonowa** the ozone layer **2 dziura ozonowa** the ozone hole

ozór *n* tongue

ożenić się *v* get married: *I got married when I was 18.* | **ożenić się z kimś** get married to sb, marry sb: *Billy got married to the first girl he went out with.* | *a story about a rich man who married his secretary*

ożyć *v* come alive: *The streets come alive* (=ożywają) *after ten o'clock.*

ożywić *v* **1** *(urozmaicić)* enliven, liven up: *The teacher used songs and stories to enliven her lesson.* | *Better music might liven the party up.* **2** *(pobudzić)* revitalize, revitalise *BrE*: *attempts to revitalize the economy* **3 ożywić kogoś** *(wskrzesić)* bring sb back to life

ożywić się *v* **1** *(człowiek)* brighten up, perk up: *She brightened up when she saw us coming.* | *Meg soon perked up when his letter arrived.* **2** *(gra, przyjęcie itp.)* liven up, come to life: *The game really came to life in the second half.*

ożywienie *n* **1** *(podniecenie)* liveliness **2 ożywienie gospodarcze** economic revival

ożywiony *adj* animated, lively: *an animated debate* | *lively discussions*

O

ósemka *n* **1** *(cyfra, liczba, karta)* eight **2** *(figura)* figure of eight *BrE*, figure eight *AmE* **3** *(autobus, tramwaj, dom)* number eight: *You should take the number eight* (=powinieneś wsiąść w ósemkę) *and get off at the last stop.*

ósmy *adj* **1** eighth **2 (godzina) ósma** eight (o'clock), eight am/pm **3 jedna ósma** one eighth

ów *pron* **1** that: *that man* **2 w owych czasach** in those days: *Women wore long skirts in those days.* **3 w owym czasie** at the time: *I was living in Phoenix at the time.* **4 to i owo** this and that: *"What did you talk about?" "Oh, this and that."*

ówczesny *adj* **1 ówczesny prezydent/prezes itp.** the then president/chairman etc: *Bill Clinton, the then president of the US* **2** contemporary: *contemporary accounts of the war*

ówdzie *adv* **tu i ówdzie** here and there: *Here and there you can see a few scratches, but generally the car's in good condition.*

pacha *n* **1** armpit: *Do you shave your armpits?* **2 pod pachą** under your arm: *I was carrying a pile of books under my arm.* **3 wziąć kogoś pod pachę** take sb by the arm: *Sid took me by the arm and hurried me out of the room.*

pachnący *adj* fragrant: *a fragrant rose*

pachnieć *n* smell: *The meat smelled horrible, and I refused to eat it.* | **co tak pachnie?** what's that smell?: *What's that smell? Is something burning?* | **pachnieć czymś** smell of/like sth: *The room smelled of cigarette smoke.* | *The wine smells like strawberries.*

pachołek *n (na jezdni)* cone: *an orange traffic cone*

pachwina *n* groin

pacierz *n* prayer: **zmówić/odmówić pacierz** say your prayers: *When I was a child, I had to say my prayers every night.*

paciorek *n (koralik)* bead: *She wore a string of beads around her neck.*

pacjent/ka *n* patient: *The operation was successful and the patient is doing well.*

Pacyfik *n* the Pacific (Ocean)

pacyfist-a/ka *n* pacifist: *Even if I was ordered to join the army, I wouldn't – I'm a pacifist.* —**pacyfizm** *n* pacifism —**pacyfistyczny** *adj* pacifist: *pacifist ideals*

paczka *n* **1** *(herbaty, papierosów itp.)* packet *BrE*, pack *AmE*, package *AmE*: *a packet of biscuits* | *a pack of cigarettes* | *a package of cookies* **2** *(pakunek)* package: *Police found the suspect package next to a trash can.* **3** *(na poczcie)* parcel, package: *Your parcel was unfortunately damaged in the mail.* | *Can you deliver this package before Christmas?* **4** *(kolegów)* gang: *The whole gang will be there next weekend.*

padaczka *n* epilepsy

padać *v* **1** *(deszcz, śnieg itp.)* fall: *Snow began to fall as we left the building.* | *The rain had started falling again.* | **pada deszcz/śnieg/grad** it is raining/snowing/hailing: *Is it still raining?* **2** *(światło)* fall: *The last rays of sunlight were falling on the fields.* **3 padać z głodu/ze zmęczenia itp.** be weak from hunger/exhaustion etc: *The soldiers were weak from hunger and exhaustion.* →patrz też PAŚĆ

padlina *n* carrion: *Some birds feed on carrion.*

pager *n* pager

pagoda *n* pagoda

pagórek *n* hill —**pagórkowaty** *adj* hilly: *hilly terrain*

pajac *n* **1** *(błazen)* clown, fool **2** *(zabawka)* puppet

pająk *n* spider: *a spider's web*

pajęczyna *n* cobweb

pakiet *n* package, pack: *a new software package* | *Phone for your free information pack.*

Pakistan *n* Pakistan —**Pakista-ńczyk/nka** *n* Pakistani —**pakistański** *adj* Pakistani

pakować *v (towary)* package (up): *We package our products in recyclable materials.* →patrz też ZAPAKOWAĆ
pakować się *v* pack: *I never pack until the night before a trip.* →patrz też ZAPAKOWAĆ, SPAKOWAĆ (SIĘ), WPAKOWAĆ SIĘ

pakt *n* pact: *a peace pact*

pakunek *n* bundle: *a bundle of newspapers*

palacz/ka *n* smoker: *Most smokers are aware of the dangers of smoking.*

palant *n (głupek)* jerk: *What a jerk! He thinks I'm a lesbian just because I like motorcycles!*

palący *adj* **paląca kwestia** burning question/issue →patrz też PALIĆ

paląc-y/a *n* smoker: **przedział/część itp. dla palących** smoking compartment/section etc

palec *n* **1** *(u ręki)* finger: **palec wskazujący** index finger, forefinger | **mały palec** little finger | **palec serdeczny** ring finger **2** *(u nogi)* toe: *I hurt my big toe* (=duży palec u nogi). **3 na palcach** on tiptoe: *Anita stood on tiptoe and tried to see over the wall.* **4 sam/a jak palec** all alone: *She was all alone in a strange city.* **5 patrzeć na coś przez palce** turn a blind eye to sth: *The boss sometimes turns a blind eye to smoking in the office.* **6 nie kiwnąć/nie ruszyć palcem** not lift a finger: *I do all the work – Frank never lifts a finger.* **7 mieć coś w małym palcu** know sth inside out: *She knows marketing inside out.* →patrz też **odcisk palca** (ODCISK), **owinąć sobie kogoś wokół (małego) palca** (OWINĄĆ)

palenie *n* smoking: *Smoking can cause lung cancer.* | **palenie wzbronione** no smoking

palenisko *n* **1** hearth **2** *(w kominku)* grate

Palestyna *n* Palestine —**Palesty-ńczyk/nka** *n* Palestinian —**palestyński** *adj* Palestinian

paleta *n* **1** *(malarza, barw)* palette **2** *(pojemnik)* crate: *a crate of beer*

palić *v* **1** *(papierosy)* smoke: *I haven't smoked for over two years.* **2** *(drewno, węgiel, śmieci)* burn **3** *(szczypać)* burn: *I'm afraid the ointment* (=maść) *might burn a bit.* →patrz też SPALIĆ, ZAPALIĆ
palić się *v* **1** *(ogień, światło)* burn: *Is the fire still burning?* | *A light was burning in her window.* **2** *(w pożarze)* be on fire: *The house is on fire!* | **pali się!** fire! **3 palić się, żeby coś zrobić** be burning to do sth: *Hannah's burning to tell you her news.* **4 nie pali się!** there's no rush!: *There's no rush. We don't have to leave till 10.30.* →patrz też SPALIĆ SIĘ, ZAPALIĆ SIĘ

palik *n* stake

paliwo *n* fuel: *As a result of these improvements the car uses far less fuel.* —**paliwowy** *adj* fuel: *a fuel pump*

palma *n* palm (tree)

palmtop *n* palmtop

palnąć *v* **1 palnąć głupstwo/gafę** put your foot in it *BrE*, put your foot in your mouth *AmE*: *I've really put my foot in it this time. I didn't realize that was her husband!* **2** *(uderzyć)* hit: **palnąć kogoś w głowę/nos itp.** hit sb over the head/on the nose etc

palnik *n* burner

palny *adj* flammable: *Danger flammable liquid.* | **łatwo palny** highly flammable: *Caution! Highly flammable chemicals.* →patrz też **broń palna** (BROŃ)

palpitacje *n* palpitations

P

palto *n* overcoat

paluch *n* **1** *(potocznie palec)* finger **2** *(duży palec u nogi)* big toe

paluszek *n* **1** *(zdrobniale palec)* finger **2 słone paluszki** savoury *BrE*, savory *AmE*/salt sticks

pała *n* **1** *(ocena)* fail, F: *Tony got a fail in chemistry and has to take the class again over the summer.* **2** *(do bicia)* club: *One woman died after a policeman hit her with a club.* →patrz też **przegiąć pałę** (PRZEGIĄĆ)

pałac *n* palace: *Buckingham Palace is one of London's most popular tourist attractions.*

pałeczka *n* **1** *(do grania)* drumstick **2** *(do jedzenia)* chopstick: *Many people find it hard to eat with chopsticks.* **3** *(sztafetowa)* baton

pałka *n* **1** *(nóżka kurczaka)* drumstick **2** *(do bicia)* club: *He hit his victim hard with a club.* **3** *(policyjna)* truncheon *BrE*, baton *BrE*, nightstick *AmE*

P

pamiątka *n* **1** souvenir: *These are a few souvenirs I brought back from India.* **2 pamiątka po kimś/czymś** memento/reminder of sb/sth: *The photos were a painful reminder of his first wife.* | *The photograph is a memento of my school days* (=jest pamiątką z moich lat szkolnych).

pamiątkowy *adj* commemorative: *The mayor unveiled a special commemorative plaque* (=burmistrz odsłonił specjalną tablicę pamiątkową).

pamięciowy *adj* →patrz **portret pamięciowy** (PORTRET)

pamięć *n* **1** *(zdolność pamiętania)* memory: *I hate exams because I have a really bad memory.* | *She's got a good memory for faces.* | **z pamięci** from memory: *Could you draw the map from memory?* | **mieć krótką pamięć** have a memory like a sieve: *You'd better remind him about the party – he has a memory like a sieve.* **2** *(w komputerze)* memory: *128 megabytes of memory* | **pamięć USB** USB drive, flash drive, Pen Drive® **3 ku pamięci** in memory/remembrance of: *a garden created in memory of the children killed in the attack* | *She planted a tree in remembrance of her husband.* **4 nauczyć się na pamięć** memorize, memorise *BrE*, learn by heart/rote: *We had to memorize all the presidents in chronological order.* | *Learn this tune by heart before next week's lesson.* | **umieć na pamięć** know by heart: *I think I know my speech by heart now.* **5 świętej pamięci** late: *the late Princess of Wales* **6 wymazać coś z pamięci** block/blot sth out: *She had managed to block out memories of her unhappy childhood.* | *He tried to blot out his memory of Marcia.*

pamiętać *v* **1** remember: *Do you remember the first job you ever had?* | **pamiętać, żeby coś zrobić** remember to do sth: *Did you remember to phone Nicky?* | **jeśli dobrze pamiętam** if I remember correctly/rightly: *They had three children, if I remember rightly.* **2 pamiętać o kimś/czymś** *(mieć na uwadze)* remember sb/sth, bear/keep sb/sth in mind: *I do hope he remembered the wine* (=mam nadzieję, że pamiętał o winie). | *Keep in mind that* (=pamiętaj o tym, że) *the bank will be closed tomorrow.*

pamiętnik *n* diary: *She kept* (=prowadziła) *a secret diary for fifteen years.* | **pamiętniki** memoirs: *Margaret Thatcher had just published her memoirs.*

pamiętny *adj* memorable: *a memorable performance*

pan *n* **1** *(mężczyzna)* gentleman: *Can you show this gentleman to his seat?* THESAURUS MAN **2** *(przy zwracaniu się)* sir: *Can I help you, sir* (=czy mogę panu pomóc)? | **proszę pana!** sir! | **Szanowny Panie** *(w liście)* Dear Sir | **Czy to cały pana bagaż?** Is this all your luggage, sir? **3 pan Kowalski** Mr (=*mister*) Kowalski **4** *(właściciel psa)* master: *a dog and its master* **5 Pan Bóg** the Lord: *May the Lord bless you and keep you.* **6 pan młody** (bride)groom

panaceum *n* panacea: *Money is not a panacea for the problems in our schools.*

pancernik *n* **1** *(okręt)* battleship **2** *(zwierzę)* armadillo

pancerny *adj* **1** *(dywizja, samochód itp.)* armoured *BrE*, armored *AmE*: *an armoured division* | *an armoured car* **2 szyba pancerna** bullet-proof glass **3 kasa pancerna** safe: *He locked the money in a safe.*

pancerz *n* **1** *(czołgu)* armour *BrE*, armor *AmE* **2** *(żółwia, homara itp.)* shell

panda *n* panda

pandemia *n* pandemic

panel *n* **1** *(dyskusja)* panel: *a panel of experts* **2** *(płyta z drewna, szkła itp.)* panel: *a decorative panel above the door*

pani *n* **1** *(kobieta)* lady: *a little old lady with white hair* **2** *(przy zwracaniu się)* madam: *Can I help you, madam?* | **proszę pani!** madam!, ma'am! | **Szanowna Pani** *(w liście)* Dear Madam | **panie i panowie** ladies and gentlemen: *Good evening, ladies and gentlemen.* | **Czy to pani samochód?** Is this your car, madam? **3 pani Jones** Mrs Jones, Ms Jones

paniczny *adj (strach)* mortal: *He lived in mortal fear of being attacked.*

panienka *n* **1** *(dziewczyna)* girl: *half-naked girls* **2** *(forma grzecznościowa)* miss: *Excuse me, miss, you've dropped your umbrella.*

panieński *adj* **1 nazwisko panieńskie** maiden name **2 wieczór panieński** hen party/night *BrE*, bachelorette party *AmE*

panierowany *n* breaded: *breaded fish* —**panier(ka)** *n* breadcrumbs

panika *n* panic: *His warning produced a wave of panic.* | **wpaść w panikę** get into a panic, (start to) panic: *When the children didn't arrive, she got into a panic and phoned the police.* | *We shouldn't panic.* | **w panice** in (a) panic: *People ran into the streets in a panic after the explosion.* —**panikować** *v* panic: *Stay where you are and don't panic!*

panna *n* **1** *(niezamężna kobieta)* unmarried woman: **ona jest panną** she is single/unmarried **2 panna Jones** Miss Jones **3 Panna** *(znak zodiaku)* Virgo: *He's a Virgo.* **4 panna młoda** bride: *The bride wore a dress of white silk.* **5 stara panna** spinster, old maid

UWAGA: spinster i old maid

Podobnie jak polskiego „stara panna", obu tych określeń używa się obecnie coraz rzadziej.

panorama *n* panorama: *a breathtaking panorama of snow-covered hills and mountains* THESAURUS SIGHT —**panoramiczny** *adj* panoramic: *a panoramic view of Hong Kong*

panoszyć się *v* throw your weight around: *She likes to throw her weight around – it makes her feel important.*

panować *v* **1** *(władca)* reign, rule: *Queen Victoria ruled England for 64 years.* | *King Henry VIII* (=Henry the Eighth) *reigned from 1509 to 1547.* **2** *(chaos, cisza itp.)* reign: *Anarchy reigned for many months.* **3 panować nad kimś/czymś** have control over sb/sth, be in control of sb/sth: *Peter and Rachel have no control over their son.* | *The government is no longer in control of the country.*

4 panować nad sobą control yourself, be in control: *As a teacher, you must be able to control yourself.* | *Weber's one of those guys who always seem to be in control.* →patrz też ZAPANOWAĆ

panowanie *n* **1** *(rządy)* reign, rule: *the reign of Queen Anne* | *At that time Vietnam was under French rule.* **2** *(kontrola)* control: **+ nad czymś** of/over sth: *the control of inflation* **3 stracić panowanie nad sobą** lose control, lose your cool/temper: *I just lost control and punched him!* | *She lost her temper and slammed the door.* **4 odzyskać panowanie nad sobą** recover your poise: *He struggled to recover his normal poise.*

pantera *n* panther

pantofel *n* **1** slipper: *a pair of slippers* **2 być pod pantoflem (żony)** be henpecked

pantoflowy *adj* **coś doszło do kogoś pocztą pantoflową** sb heard sth on/through the grapevine: *I heard it through the grapevine that Julie's getting married.*

pantomima *n* mime (show)

panujący *adj* ruling: *the ruling class*

pański *adj* **1** *(przy zwracaniu się)* your: *Can I see your passport, sir?* **2 Roku Pańskiego 1491** (in) the year of our Lord 1491

państwo *n* **1** *(kraj)* state, country, nation: *France and other European states* **2** *(władze kraju)* state: *the power of the state* **3 głowa państwa** head of state: *a meeting between heads of state* **4 Państwo Smith** Mr and Mrs Smith, the Smiths: *We're quite friendly with our neighbours, Mr and Mrs Webb.* | *We felt obliged to invite the Browns as well.* **5** *(przy zwracaniu się)* you: *Can I see your tickets* (=czy mogę zobaczyć państwa bilety)*?* | **szanowni państwo!** ladies and gentlemen! **6 państwo młodzi** the bride and groom, the newlyweds: *Can I take a photograph of the bride and groom?* | *Everyone left at midnight, leaving the newlyweds alone at last.*

państwowość *n* nationhood

państwowy *adj* **1** *(krajowy)* national: *the national flag* | *the national anthem* (=hymn państwowy) **2** *(rządowy)* state: *a state official* (=urzędnik państwowy) | **wizyta/uroczystość państwowa** state visit/ceremony: *the President's state visit to Moscow* | **święto państwowe** public holiday **3** *(nie prywatny)* state-owned, state-run: *state-owned companies* | *state-run television* | **szkoła państwowa** state school

pańszczyzna *n* serfdom

paparazzi *n* paparazzi: *Why are the paparazzi so annoying?*

papier *n* **1** paper: *He wrote her phone number on a piece of paper.* | *This toy is made of paper* (=jest zrobiona z papieru). | **kartka/arkusz papieru** sheet of paper | **papier listowy** writing paper, notepaper | **papier do pakowania** wrapping paper **2 papiery** *(dokumenty)* papers: *The papers are all ready for you to sign.* **3 papiery wartościowe** securities **4 papier ścierny** sandpaper **5 papier toaletowy** toilet paper →patrz też **giełda papierów wartościowych** (GIEŁDA), →patrz też **rynek papierów wartościowych** (RYNEK)

papierek *n* **1** *(kawałek papieru)* bit of paper: *There were bits of paper all over the floor.* **2** *(opakowanie)* wrapper: *a candy wrapper* (=papierek od cukierka)

papierkowy *adj* **papierkowa robota** paperwork: *The job involves a lot of paperwork.*

papierniczy *adj* **sklep papierniczy** stationer's

papieros *n* cigarette: **palić papierosy** smoke (cigarettes): *When did you start smoking?*

papierowy *adj* paper: *a paper bag* | *paper plates*

papież *n* the Pope —**papieski** *adj* papal

papka *n* **1** pulp: *First boil the vegetables to a pulp.* **2** *(dla niemowlęcia, chorego)* pap **3** *(nieapetyczna)* mush: *watery mush* | *turning vegetables into mush by overboiling them* **4** *(z kleju itp.)* paste: *Mix the water and the powder into a smooth paste.* **5** *(propagandowa, sentymentalna itp.)* pap: *The libretto is super-sentimental pap.*

paproć *n* fern

papryka *n* **1** *(warzywo)* pepper(s) *BrE*, bell pepper *AmE*: *green/red peppers* **2** *(przyprawa)* paprika

papuga *n* parrot

papużka *n* **1** parakeet **2 papużka falista** budgerigar, budgie *BrE*

P

para *n* **1** *(butów, rękawiczek itp.)* pair: *a new pair of shoes* | *three pairs of socks* | *a pair of headphones* **2 nie do pary** odd: *an odd sock* **3** *(zespół dwuosobowy)* pair: *a pair of dancers* **4** *(kobieta i mężczyzna)* couple: *They're a nice couple, aren't they?* | **młoda para** bride and groom: *a happy bride and groom* **5** *(zwierząt)* pair: *a pair of doves* | **łączyć się w pary** pair: *Many species of birds pair for life.* **6** *(w powietrzu)* steam, vapour *BrE*, vapor *AmE*: *Be careful of the steam from the kettle.* | *water vapour* **7** *(źródło energii)* steam: *The engines are driven by steam.* | **gotować na parze** steam: *Steam the vegetables for five minutes.* **8** *(na lustrze, szybie itp.)* steam, condensation: *There was a lot of condensation on the windows.* **9 iść w parze (z czymś)** go hand in hand (with sth): *Wealth usually goes hand in hand with power.* | *Wealth and power usually go hand in hand.* **10 nie puścić pary z ust** not breathe a word: *Promise not to breathe a word to anyone.* →patrz też PARĘ

parada *n* parade: *A huge parade is held each year on the anniversary of the 1959 revolution.*

paradoks *n* paradox: *It's a paradox that there are so many poor people living in such a rich country.* —**paradoksalny** *adj* paradoxical —**paradoksalnie** *adv* paradoxically

paradować *v* parade: *Peace demonstrators paraded through the town.* | *The girls were parading around the pool in their bikinis.*

parafia *n* parish —**parafialny** *adj* parish: *the new parish church* —**parafia-nin/nka** *n* parishioner

parafować *v* initial: *Could you initial this form for me, please?*

parafraza *n* paraphrase

parafrazować *v* paraphrase: *To paraphrase Finkelstein* (=parafrazując Finkelsteina)*: mathematics is a language, like English.*

paragon *n* receipt: *Remember to keep your receipt in case you want to change the goods.*

UWAGA: paragon

W języku angielskim istnieje rzeczownik **paragon**. Nie oznacza on jednak dowodu zakupu, tylko osobę będącą wzorem wszelkich cnót: *a paragon of virtue.*

paragraf *n* **1** *(część ustawy)* clause, item **2** *(akapit)* paragraph

paraliż *n* paralysis: *Such injuries can cause permanent paralysis.*

paraliżować *v* →patrz SPARALIŻOWAĆ

parametr *n* parameter: *Every wordprocessing program has a set of parameters controlling page size, font etc.*

paramilitarny *adj* paramilitary

paranoja *n* paranoia

parapet *n* (window)sill: *Two china cats sat side by side on the windowsill.*

parapetówka *n* housewarming: *Julie and Dean invited us to their housewarming.* THESAURUS PARTY

parasol(ka) *n* **1** *(od deszczu)* umbrella: *Take your umbrella in case it rains.* **2** *(od słońca)* parasol

parawan *n* screen: *The nurse put a screen around my bed.*

parę *num* **1** *(kilka)* a few, a couple (of), some: *Let's wait a few minutes.* | *I don't know why I feel so bad, I only had a couple of drinks.* | *Why not invite a few of your friends* (=paru twoich przyjaciół)? | *I need some apples for this recipe.* | **przed paroma laty** a few years ago | **parę dni temu** the other day: *I saw her picture in the paper the other day.* **2 dwadzieścia/trzydzieści parę** 20/30-odd: *I have 20-odd years to work before I retire.*

P

park *n* **1** park: *I'm going for a jog in the park.* **2 park narodowy** national park **3 park rozrywki** amusement park

parkan *n* fence

parkiet *n* **1** *(z klepek)* parquet **2** *(do tańczenia)* (dance) floor: *There weren't many pairs on the dance floor.* **3** *(giełdy)* floor

parking *n* car park *BrE*, parking lot *AmE*: *The car park is for staff only.* | *The parking lot was almost full.* →patrz też PARKOWANIE

UWAGA: parking

Angielski wyraz **parking** to nie dokładny odpowiednik polskiego „parkingu". Jest to rzeczownik niepoliczalny, oznaczający czynność parkowania lub miejsca do parkowania: *Didn't she pay for parking here?* | *There's plenty of parking at the shopping mall.*

parkometr *n* parking meter

parkować *n* park: *I usually park my car in the street.*

parkowanie *n* parking: **zakaz parkowania** no parking | **mandat za niedozwolone parkowanie** parking ticket/fine

parkowy *adj* park: *a park bench*

parlament *n* parliament, Parliament: *The party could lose its majority in parliament.* | *the Hungarian parliament* —**parlamentarny** *adj* parliamentary —**parlamentarzyst-a/ka** *n* Member of Parliament, MP

parny *adj* sultry, muggy: *a sultry August day* | *When it's hot and muggy, no one feels like working.*

parodia *n* parody: *a parody of the Frankenstein movies*

parodiować *v* **1** *(człowieka)* do an impression of, impersonate, send up *BrE*: *Jean does a great impression of Tina Turner.* | *He's quite good at impersonating famous politicians.* **2** *(dzieło, styl)* parody, send up *BrE*: *The movie parodies such classics as 'Gone with the Wind' and 'Casablanca.'* | *The film sends up all those Hollywood disaster movies.* —**parodyst-a/ka** *n* impressionist, impersonator

parokrotnie *adv* on several occasions: *I've seen Jana with them on several occasions.*

parować *v* **1** *(wydzielać parę)* steam: *a mug of steaming coffee* **2** *(zamieniać się w parę)* vaporize, vaporise *BrE*: *Water vaporizes when it boils.* →patrz też WYPAROWAĆ

parowiec *n* steamer

parowóz *n* steam engine

parowy *adj* **1** steam: **maszyna parowa** steam engine **2 łaźnia parowa** sauna

parówka *n* frankfurter, hot dog (sausage)

parsknąć *v* **1** snort: *"Don't be so ridiculous!" he snorted.* **2 parsknąć śmiechem** burst out laughing: *When I saw his hat I burst out laughing.*

parszywy *adj* lousy: *I've had a lousy day!*

parter *n* **1** ground floor *BrE*, first floor *AmE*: *The men's clothing department is on the ground floor.* | *He took the escalator* (=wjechał ruchomymi schodami) *to the first floor of the store.* **2** *(w teatrze)* stalls *BrE*, orchestra *AmE*: *a good seat in the front row of the stalls*

parterowy *adj* **dom parterowy** bungalow, single-storey house

partia *n* **1** *(polityczna)* party: *the Democratic Party* | *party members* (=członkowie partii) | **Partia Pracy** the Labour Party, Labour **2** *(porcja, grupa)* batch: *a batch of cookies* | *I've just received my first batch of replies.* | *a new batch of refugees* **3** *(wysłanego lub dostarczonego towaru)* shipment: *A small shipment of light arms arrived in Guatemala in 1954.* **4** *(część gry)* game: *Let's have a game of chess.*

partner/ka *n* **1** partner: *Take your partners for the next dance.* | *a partner in a London law firm* | *Divorced people have a tendency to live with new partners rather than marry again.* **2** *(zwierzęcia)* mate: *The insect attracts its mate by smell.*

partnerski *adj* friendly: *a friendly relationship/arrangement*

partnerstwo *n* partnership

partyjny *adj* party: *party politics*

partykuła *n* particle

partytura *n* score

partyzant *n* guerrilla (fighter), partisan —**partyzancki** *adj* guerrilla, partisan: *guerrilla forces* | *partisan struggle* —**partyzantka** *n* guerrilla warfare

Paryż *n* Paris

parzyć *v* **1** *(być gorącym)* be burning hot: *Be careful, don't touch that pan - it's burning hot.* | **parzyć w stopy itp.** scorch your feet etc: *The hot sand scorched our feet.* **2** *(pokrzywa itp.)* sting **3** *(herbatę, kawę, ziółka)* brew →patrz też OPARZYĆ SIĘ, POPARZYĆ

parzyć się *v (herbata itp.)* brew: *Let the tea brew for a few minutes before pouring it.* →patrz też OPARZYĆ SIĘ

parzysty *adj* even: **liczba parzysta** even number

pas *n* **1** *(od spodni itp.)* belt: **zapiąć/rozpiąć pas** buckle/unbuckle your belt **2** *(ziemi, lasu itp.)* strip: *a strip of sand* **3** *(wzór)* stripe, band: *a shirt with blue and red stripes* **4** *(talia)* waist: *What's your waist measurement* (=ile masz w pasie)? | **od pasa w dół/górę** from the waist down/up: *She was paralysed from the waist down.* | **wąski w pasie** slim/narrow-waisted | **wysoki/głęboki do pasa** waist-high/deep: *waist-high grass* | *The water was waist-deep.* | **rozebrany do pasa** half-naked: *the sight of half-naked men* **5 pasy** *(dla pieszych)* pedestrian/zebra crossing *BrE*, crosswalk *AmE* **6** *(pas ruchu)* lane: *the fast lane of the motorway* **7 pasy (bezpieczeństwa)** seat/

safety belt: *Fasten your seat belt - the plane is about to take off.* **8 pas startowy** airstrip, runway **9 zima/święta itp. za pasem** winter/Christmas etc is (close) at hand: *Graduation day is close at hand.* →patrz też PASEK, →patrz też **zacisnąć pasa** (ZACISKAĆ)

pasaż *n* arcade: *a new shopping arcade* (=pasaż handlowy)

pasażer/ka *n* passenger →patrz też **pasażer/ka na gapę** (GAPA)

pasażerski *adj* passenger: *a passenger plane/train/flight*

Pascha *n* Passover

pasek *n* **1** *(do spodni)* belt: **zapiąć/rozpiąć pasek** buckle/unbuckle your belt **2** *(wzór)* stripe, band: *a shirt with blue and red stripes* | *a fish with a black band along its back* | **w paski** striped, stripy: *a blue and white striped shirt* (=koszula w biało-niebieskie paski) | *stripy socks* **3** *(papieru, materiału itp.)* strip: *Tear the paper into one-inch strips.* **4** *(od zegarka, torby itp.)* strap: *a watch strap* | *The strap on her bag had broken.* **5** *(element interfejsu)* bar: **pasek narzędzi** toolbar | **pasek zadań** taskbar | **pasek menu** menu bar →patrz też PAS

pasemka *n (we włosach)* highlights

pasierb *n* stepson, stepchild —**pasierbica** *n* stepdaughter, stepchild

pasja *n* passion: *He spoke with great passion about his country.* | **+ do czegoś** for sth: *a passion for music*

pasjans *n* patience *BrE*, solitaire *AmE*

pasjonat/ka *n* enthusiast: *a motorbike enthusiast*

pasjonować *v* fascinate: *Mechanical things have always fascinated me.*
pasjonować się *v* **pasjonować się czymś** be into sth, be (very) keen on sth *BrE*: *Dave's really into windsurfing.* | *I know she's very keen on opera.*

pasjonujący *adj* fascinating, gripping: *a fascinating subject* | *a gripping story* THESAURUS INTERESTING

paskudny *adj* nasty: *a nasty cough/cut/bruise* | *a nasty smell/taste* | *nasty weather* —**paskudnie** *adv* nastily —**paskudztwo** *n* filth: *I don't know how you can read that filth!*

pasmo *n* **1** *(górskie)* range: *a mountain range* **2** *(ziemi, wody itp.)* strip: *a narrow strip of water* **3** *(innego koloru)* streak: *a few grey streaks in her hair* **4** *(radiowe)* wavelength **5** *(nieszczęść itp.)* series: *a series of misadventures*

pasować *v* **1** *(być dobrze dobranym)* **pasować do czegoś** go with sth, match sth: *That shade of blue goes with your eyes.* | *The towels match the colour of the bathroom tiles.* | **pasować do siebie** match, go together well: *Your socks don't match.* | *Those colours don't go together very well.* **2** *(być zgodnym)* **pasować do czegoś** match sth: *Traces of blood on the knife matched the suspect's blood-type.* | **pasować do siebie** match up: *The edges of the cloth don't match up.* | *So far their stories don't match up.* **3** *(mieć odpowiedni rozmiar)* fit: *This lid doesn't fit very well.* | **pasować na kogoś** fit sb: *I wonder if my wedding dress still fits me?* **4 pasować do siebie** *(być udaną parą)* be a perfect match: *I really think Dave and Mary are a perfect match.* **5 coś komuś pasuje** *(odpowiada)* sth suits sb: *Finding a date that suits us all is very difficult.*

pasożyt *n* parasite —**pasożytniczy** *adj* parasitic

passa *n* **dobra/zła passa** a run of good/bad luck, a winning/losing streak

pasta *n* **1** paste: *Mix the water and the powder into a smooth paste.* **2 pasta do zębów** toothpaste **3** *(do jedzenia)* paste, spread: *fish/tomato paste* **4 pasta do butów** shoe polish

> **UWAGA: pasta**
> W języku angielskim istnieje rzeczownik **pasta**; po polsku nie znaczy on jednak „pasta", tylko „makaron".

pastel *n* pastel —**pastelowy** *adj* pastel: *a pastel portrait* | *Her bedroom was painted in pastel pink.*

pasterka *n (msza)* midnight mass: *We always go to midnight mass on Christmas Eve.*

pasteryzowany *adj* pasteurized: *pasteurized milk* —**pasteryzacja** *n* pasteurization

pasterz *n* shepherd

pastor *n* **1** minister, pastor **2** *(w kościele anglikańskim)* vicar

pastwić się *v* **pastwić się nad kimś** torment sb: *The older boys would torment him whenever they had the chance.*

pastwisko *n* pasture

pasywny *adj* passive: *Watching TV is a largely passive activity.*

pasza *n* feed, fodder: *cattle feed*

paszcza *n* jaws: *the lion's powerful jaws*

paszport *n* passport: *Have your passports ready* (=proszę przygotować paszporty). —**paszportowy** *adj* passport: *a passport photograph*

pasztet *n* pâté: *duck pâté*

paść *v* **1** *(upaść)* fall: *I heard a shot and the animal fell to the ground.* | **paść na kolana** fall to your knees **2** *(strzał)* ring out: *Suddenly, a shot rang out.* **3** *(zdechnąć)* die: *The animals died of starvation* (=z głodu) *in the snow.* **4** *(rekord)* be set: *A new ski-jumping record was set.* **5** *(wypasać)* graze: *fields where they used to graze their sheep* **6 nie padło ani jedno słowo** not a word was said/spoken: *We sat there for several minutes, but not a word was said.* →patrz też **paść ofiarą czegoś** (OFIARA)
paść się *v* graze: *Sheep were grazing on the hillside.*

pat *n* stalemate

patelnia *n* frying pan, skillet *AmE*

patent *n* patent

patentować *v* →patrz OPATENTOWAĆ

patentowy *adj* **1 zamek patentowy** Yale lock **2 urząd patentowy** patent office

patetyczny *adj* pompous: *a pompous speech* —**patetycznie** *adj* pompously

> **UWAGA: pathetic**
> W języku angielskim istnieje wprawdzie przymiotnik **pathetic**, ale znaczy on najczęściej „żałosny" lub „lichy": *You're pathetic! Here, let me do it.* | *It's a pretty pathetic computer, basically.*

patio *n* patio

patologia *n* pathology —**patologiczny** *adj* pathological

patos *n* pathos: *a scene full of pathos*

patriarchat *n* patriarchy —**patriarchalny** *adj* patriarchal: *a patriarchal society* —**patriarcha** *n* patriarch

P

patriot-a/ka *n* patriot **—patriotyczny** *adj* patriotic: *a patriotic song* **—patriotycznie** *adv* patriotically **—patriotyzm** *n* patriotism

patrol *n* patrol: *the California Highway Patrol*

patrolować *v* patrol: *Soldiers patrol the prison camp every hour.*

patronacki *adj* **organizacja/grupa patronacka** umbrella organization/group

patronat *n* sponsorship: **pod czyimś patronatem** sponsored by sb: *concerts sponsored by the Arts Council*

patron/ka *n* **1** *(święty)* patron saint: *St. Christopher, patron saint of travellers* **2** *(opiekun)* patron

patronować *v* **ktoś patronuje czemuś a)** *(sponsoruje)* sth is sponsored by sb: *The race is being sponsored by* (=wyścigom patronuje) *the Traveler's Club.* **b)** *(jest patronem)* sth is named after sb: *The new gallery will be named after the Andersons.*

P

patroszyć *v* →patrz WYPATROSZYĆ

patrzeć *także* **patrzyć** *v* **1** *(obserwować)* look, watch: *I didn't see it. I wasn't looking.* | *I saw you, I was looking through the window.* | *Do you want to join in or just sit and watch?* | **patrzeć na kogoś/coś** look at sb/sth, watch sb/sth: *"It's time to go," said Patrick, looking at his watch.* | *Harriet watched the man with interest as he walked in.* | **patrzeć, jak ktoś coś robi** watch sb do/doing sth: *She watched him drive away.* | **patrz!** look!: *Look! There's a fox!* **2** *(szukać)* look: *We looked everywhere but we couldn't find it.* **3 patrzeć w przyszłość** look ahead: *We need to look ahead and plan for next year.* **4 patrzeć wstecz** look back: *Looking back on it, I think I was wrong to leave when I did.* **5 nie patrząc na kogoś/coś** heedless of sb/sth: *O'Hara rode on, heedless of danger.* **6 patrzeć na kogoś z góry** look down on sb: *Mr Smith looks down on anyone who hasn't had a college education.* →patrz też POPATRZEĆ, **patrzeć na coś przez palce** (PALEC)

patyk *n* stick

pauza *n* **1** *(w mówieniu itp.)* pause: *After a short pause, Maria went on with her story.* **2** *(w szkole)* break *BrE*, playtime *BrE*, recess *AmE*

paw *n* **1** peacock **2 dumny jak paw** (as) proud as a peacock

pawian *n* baboon

pawilon *n* pavilion

pazerny *adj* greedy: *corrupt and greedy politicians* | **+na coś** for sth: *The company had become too greedy for profits.* **—pazerność** *n* greediness

paznokieć *n* **1** *(u ręki)* (finger)nail, *(u nogi)* (toe) nail: **obciąć sobie paznokcie** cut your nails, give your nails a trim | **obgryzać paznokcie** bite your (finger)nails | **malować komuś/sobie paznokcie** do sb's/your nails: *Who did your nails? They look great!* **2 zmywacz do paznokci** nail polish remover

pazur *n* claw: *The cat dug* (=wbił) *his claws into my leg.*

październik *n* October: **pierwszego października** on October (the) first, on the first of October | **w październiku 2001** in October 2001 **—październikowy** *adj* October: *October rains*

pączek *n* **1** *(kwiatowy)* bud **2** *(ciastko)* doughnut, donut *AmE*

pąk *n* bud: **wypuszczać pąki** bud

pchać *v* push: *Can you push harder?* | *I helped him push the Volkswagen up the street.* →patrz też PCHNĄĆ
pchać się *v* *(rozpychać się)* push your way: *Everyone was pushing their way to the front.*

pchli *adj* **pchli targ** flea market

pchła *n* flea

pchnąć *v* **1 pchnąć kogoś/coś** push sb/sth, give sb/sth a push: *Suddenly someone gave him a push from behind.* | *Give the gate a push.* **2 pchnąć kogoś do czegoś** drive sb to sth: *Problems with her marriage drove her to attempt suicide.* →patrz też PCHAĆ, POPCHNĄĆ, ZEPCHNĄĆ

pecet *n* PC: *You can run this software on any PC.*

pech *n* bad luck: *We seem to have had a lot of bad luck lately.* | *It was just bad luck that she arrived at that moment.* | **a to pech!** bad/hard/tough luck!: *You didn't get the job? Oh, tough luck.* | **mieć pecha** be unlucky, be out of luck: *Chicago was unlucky to lose in the final minute of the game.* | *I'm sorry, you're out of luck! I sold the last one this morning.* THESAURUS UNLUCKY **—pechowy** *adj* unlucky, unfortunate: *13 is an unlucky number.* | *One unfortunate driver was hit by a falling tree.*

pedagogiczny *adj* pedagogical: *pedagogical methods* **—pedagog** *n* educator **—pedagogika** *n* pedagogy

pedał *n* *(roweru itp.)* pedal **—pedałować** *v* pedal: *Pedal harder* (=pedałuj mocniej)*!*

pedantyczny *adj* pedantic: *Don't be so pedantic!*

pediatra *n* paediatrician *BrE*, pediatrician *AmE*

pejzaż *n* landscape

Pekin *n* Beijing, Peking

peleryna *n* cape, cloak

pelikan *n* pelican

pełen *także* **pełny** *adj* **1** full: *The train was full, so we had to wait for the next one.* | **pełen czegoś** full of sth, loaded with sth: *Eric's essay is full of mistakes.* | *The shelves were loaded with trophies.* **2 o pełnych godzinach** on the hour: *Classes begin on the hour.* **3 pełna uwaga/lojalność** undivided attention/loyalty: *I need your undivided attention.* **4 na pełnym morzu** (out) at sea

empty/full

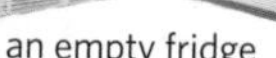

an empty fridge

a full fridge

pełnia *n* **1** *(szczyt)* height: *the height of the tourist season* **2 pełnia (księżyca)** full moon: *There's going to be a full moon tonight.* **3 w pełni** *(całkowicie)* fully: *Your reaction was fully justified.* **4 żyć pełnią życia** live life to the full

pełnić *v* **1 pełnić rolę/funkcję** fulfil *BrE*, fulfill *AmE* a role/function: *The church fulfils an important role in the local community.* | **pełnić rolę czegoś** function as sth: *a noun functioning as an adjective* **2 pełnić dyżur** be on duty: *She's been on duty for ten hours without a break.*

3 pełniący obowiązki dyrektora acting manager/ director

pełno *adv* **jest pełno czegoś** there is/are a lot/plenty of sth: *There is plenty of water in the tub.* | *There are a lot of spelling mistakes in this letter.*

pełnoletni *adj* **być pełnoletnim** be an adult: *You're an adult now, and it's time you learnt to think of yourself in that way.*

pełnoletność *n* **osiągnąć pełnoletność** come of age: *Dan will come of age in January.*

pełnomocnik *n* proxy: **przez pełnomocnika** by proxy —**pełnomocnictwo** *n* power of attorney

pełnoprawny *n* rightful: *the property's rightful owner*

pełnowartościowy *adj (dieta)* balanced: *a balanced diet*

pełny *adj* →patrz PEŁEN

pełzać *v* crawl

pendrive *n* USB drive, Pen Drive®

penetrować *v* penetrate: *Explorers penetrated into unknown regions.* | *Government agents were able to penetrate the rebel army.* —**penetracja** *n* penetration

penicylina *n* penicillin

penis *n* penis

pens *n* penny: **10 pensów** 10 pence, 10p

pensja *n* salary: *She earns* (=ma) *a good salary.*

UWAGA: pensja i pension

Angielski rzeczownik **pension** nie znaczy „pensja", tylko „renta" lub „emerytura".

pensjonat *n* boarding house, guesthouse, bed and breakfast: *We stayed at a bed and breakfast.* THESAURUS HOTEL

percepcja *n* perception

perfekcja *n* perfection: *She tries to achieve perfection in her work.* —**perfekcyjny** *adj* perfect —**perfekcyjnie** *adv* perfectly —**perfekcjonist-a/ka** *n* perfectionist

perfidny *adj* treacherous, perfidious: *his treacherous colleagues*

perforacja *n* perforation —**perforowany** *adj* perforated

perfumy *n* perfume, scent —**perfumowany** *adj* perfumed, scented: *perfumed soap* | *scented bath oil*

pergamin *n* parchment

periodyk *n* periodical

perkusja *n* the drums: **grać na perkusji** play the drums: *Clare plays the drums in a band.* —**perkusist-a/ka** *n* drummer —**perkusyjny** *adj* percussion: *percussion instruments*

perła *n* pearl

perłowy *adj* **masa/macica perłowa** mother-of-pearl: *The guitar has a mother-of-pearl inlay on its fret board* (=gryf gitary wykładany jest masą perłową).

permanentny *adj* constant: *constant struggle for power* | *Bill's constant animosity* (=wrogość) *to her* —**permanentnie** *adv* constantly: *He felt constantly guilty about neglecting his parents.*

UWAGA: permanent i permanently

Angielski przymiotnik **permanent** w większości kontekstów znaczy „stały" (*a permanent job*) lub „nieodwracalny" (*an illness that causes permanent loss of sight*). Przysłówek **permanently** tłumaczy się najczęściej jako „trwale", „na stałe": *More than 100,000 victims were permanently injured.* | *On August 4, 1927, all five banks were permanently closed.*

peron *n* platform: *The Edinburgh train will depart from platform six.*

perski *adj* **Zatoka Perska** the Persian Gulf

personalia *n* personal details

personalny *adj* **dział personalny** personnel (department), human resources: *personnel manager* (=kierownik działu personalnego) | *She works in human resources.*

personel *n* **1** staff, personnel: *The hotel staff were on strike.* | *military personnel* **2 personel pokładowy** cabin crew

UWAGA: staff i personnel

Rzeczownik **staff** może występować zarówno z czasownikiem w liczbie pojedynczej, jak i z czasownikiem w liczbie mnogiej: *The school's staff is excellent.* | *Most of the staff are on leave at the moment.* Rzeczownik **personnel** w znaczeniu „personel, kadra" występuje wyłącznie z czasownikiem w liczbie mnogiej: *All personnel are to receive security badges.*

perspektywa *n* **1** *(w malarstwie)* perspective: *Children's drawings often have no perspective.* **2 perspektywy na coś** prospects for sth: *an economy with good prospects for growth* **3 perspektywa czegoś** the prospect of sth: *The prospect of making a speech at the wedding fills me with dread.* **4 patrzeć/spojrzeć na coś z właściwej perspektywy** keep/get sth in perspective **5 z perspektywy czasu** in retrospect: *In retrospect, it was the wrong time to leave my job.*

perspektywiczny *adj* **planowanie/myślenie perspektywiczne** forward planning/thinking

perswazja *n* persuasion: *With a little persuasion* (=po krótkiej perswazji), *Debbie agreed to come with us.*

pertraktacje *n* negotiations —**pertraktować** *v* negotiate

perturbacje *n* difficulties

UWAGA: perturbation

Angielski rzeczownik **perturbation** oznacza nie tyle kłopoty lub trudne przeżycia, co „wewnętrzny niepokój, poruszenie, wzburzenie": *signs of increasing perturbation.* **Perturbations** można tłumaczyć jako „perturbacje" jedynie wtedy, gdy mowa o zakłóceniach, zwłaszcza w kontekście astronomicznym: *Jupiter's periodic gravitational perturbations.*

Peru *n* Peru —**peruwiański** *adj* Peruvian

peruczka *n* toupee

peruka *n* wig: **nosić perukę** wear a wig

peruwiański *adj* →patrz PERU

perwersyjny *adj* perverse —**perwersja** *n* perversion

peryferie *n* outskirts, periphery: *They have an apartment on the outskirts of Geneva.* | *a residential area on the periphery of the city*

perypetie *n* trials and tribulations: *After many trials and*

P

tribulations we reached our destination (=dotarliśmy do celu).

pestka *n* **1** *(śliwki, brzoskwini itp.)* pit, stone **2** *(jabłka, cytryny itp.)* pip **3 to (jest) pestka!** it's a piece of cake! THESAURUS EASY

pestycyd *n* pesticide

pesymist-a/ka *n* pessimist: *Don't be such a pessimist - you're sure to pass.* | **być pesymistą (co do czegoś)** be pessimistic (about sth): *Don't be so pessimistic - we may still win the game.* | *Jonathan is pessimistic about his chances of winning.* —**pesymistyczny** *adj* pessimistic: *a pessimistic conclusion* —**pesymizm** *n* pessimism

peszyć się *v* get embarrassed: *John gets embarrassed very easily.*

pet *n (niedopałek)* (cigarette) butt

petarda *n* firecracker

petent/ka *n* client

P

petycja *n* petition: **podpisać petycję** sign a petition: *Will you sign a petition against experiments on animals?*

pewien *adj (jakiś)* a, certain: *A man was asking about you.* | *There are certain things I just can't discuss with my mother.* →patrz też PEWNY

pewnie *adv* **1** *(na pewno)* I expect/suppose: *You've had a busy day. I expect you're tired.* | *I suppose Philip will be late, as usual.* **2** *(zdecydowanie)* confidently: *She answered each question confidently and competently.* **3 (no) pewnie!** of course!, sure!: *"Can I borrow the car tonight?" "Yeah, of course you can."* | *"Can you give me a ride to work tomorrow?" "Sure."* **4 czuć się pewnie** feel confident: *We won't continue until you feel confident* (=dopóki nie poczujesz się pewnie) *about using the equipment.*

pewnik *n* **1** certainty: *Dying is the only certainty in this life.* **2 można przyjąć za pewnik, że ...** we can safely assume (that) ...: *I think we can safely assume that prices will go up again soon.*

pewno *part* **na pewno** surely, for sure, I'm sure: *This will surely result in more people losing their jobs.* | *Now I know for sure who stole my wallet.* | *Are you sure you know how to get there* (=czy na pewno wiesz, jak tam dojechać)?

pewność *n* **1** certainty: **z pewnością** certainly, surely: *Chris certainly spends a lot of money on clothes.* | *There must surely be some explanation.* | **z całą pewnością** for certain, with certainty: *We can't say for certain when the plane will arrive.* | *It is difficult to say with absolute certainty what time the crime took place.* **2 pewność siebie** (self-)confidence, self-assurance: **komuś brakuje pewności siebie** sb lacks confidence: *Tom lacks confidence and needs a lot of encouragement.* **3 dla pewności** (in order) to be sure: *I checked the results twice, just to be sure.*

pewny *adj* **1** *także* **pewien** *(przekonany)* sure, certain, confident: *Are you sure you've met him before?* | *I'm certain that he's telling the truth.* | *I'm confident that he's the right man for the job.* | **być pewnym czegoś** be sure/certain about sth, be confident of sth: *Are you quite sure about this?* | *She seems very confident of winning.* | **nie jestem pewien** I'm not sure: *"What time does the film start?" "I'm not sure."* THESAURUS SURE **2** *(nieunikniony)* certain: *It now seems certain that the President will win the election.* **3** *(bezpieczny)* safe, secure: *a safe investment* | *I'll feel more secure* (=będę się czuła pewniej) *with a burglar alarm.* **4 pewnego dnia a)** *(w przeszłości)* one day: *She just walked in here one day.* **b)** *(w przyszłości)* one day, some day: *We'll buy that dream house* (=wymarzony dom) *some day.* **5 pewnego razu** once (upon a time): *Once upon a time there lived a beautiful princess.* **6 w pewnym sensie** in a/one sense, in a manner of speaking: *In a sense he's right, but things are more complicated than that.* | *"Is she married?" "Yes, in a manner of speaking."* **7 pewny siebie** (self-)confident, self-assured: *Jess was only 12, but she was very self-confident.* **8 jedno jest pewne** one thing is (for) sure: *One thing's for sure, we'll never be able to move this furniture on our own.* →patrz też PEWIEN

pęcherz *n* **1** *(na skórze)* blister **2 pęcherz moczowy** bladder

pęcherzyk *n* **1** *(gazu, powietrza)* bubble **2 pęcherzyk żółciowy** gall bladder

pęczek *n* bunch: *a bunch of chives* (=szczypiorku)

pęd *n* **1** *(prędkość)* speed: **nabierać pędu** pick up/gain speed, gain/gather momentum: *The car was gradually picking up speed.* | *The rock gained momentum as it rolled down the hill.* **2 zrobić coś pędem** do sth quickly: *Rick ran quickly to the car.* **3** *(rośliny)* shoot: *young shoots of water-lilies*

pędzel *n* **1** (paint)brush **2 pędzel do golenia** shaving brush

pędzić *v* **1** *(jechać z dużą prędkością)* speed: *Maggie screamed as she saw the truck speeding towards her.* **2** *(spieszyć się)* hurry, dash: *I saw her dashing across the road to catch the bus.*

pęk *n* bunch: *a bunch of keys*

pękać *v* →patrz **pękać w szwach** (SZEW), **pękać ze śmiechu** (ŚMIECH), **głowa mi pęka** (GŁOWA)

pęknąć *v* **1** *(lód, szklanka itp.)* crack, break: *I put the glass in hot water and it cracked.* | *Careful, those glasses break easily.* **2** *(zbiornik, rura, balon)* burst: *The gas container may burst at high pressures.* | *My heart was beating so fast I thought it would burst.* **3** *(gałąź, kość)* break, crack: *The frames are made of plastic and they tend to break easily.* **4** *(linka, sznurek)* break: *The rope broke and both climbers fell to their death.* →patrz też PĘKAĆ

pęknięcie *n* crack, fracture: *A huge crack had appeared in the ceiling.* | *An X-ray showed that there was a fracture in the skull.*

pęknięty *adj* **1** *(szkło)* cracked: *a cracked mirror* **2** *(rura, balon)* burst: *a burst pipe*

pępek *n* navel, belly button

pępowina *n* umbilical cord

pętla *n* **1** *(kształt)* loop: *The road formed a loop around the peninsula.* **2** *(do zaciskania)* noose: *The US tightened the economic noose* (=zacisnął ekonomiczną pętlę) *around the dictatorship.*

piach *n* sand

piać *v* crow

piana *n* **1** *(morska)* foam: *white foam on the tops of the waves* **2** *(na powierzchni płynu)* foam, froth: *a glass of beer with a good head of foam* | *He blew the froth off his coffee.* **3** *(mydlana)* lather **4 ubić białka na pianę** beat/whip the egg whites until stiff **5 toczyć pianę (z ust)** foam/froth at the mouth

pianino *n* (upright) piano —**pianist-a/ka** *n* pianist

pianka *n* **1** foam: *a foam mattress* (=materac piankowy) **2 pianka do włosów** (hair) mousse

piasek *n* sand

piaskowiec *n* sandstone

piaskownica *n* sandpit *BrE*, sandbox *AmE*

piaskowy *adj* **burza piaskowa** sandstorm

piasta *n (koła)* hub

piaszczysty *adj* sandy: *a sandy beach | sandy soil*

piąć się *v* **1** *(roślina)* climb: *Ivy* (=bluszcz) *climbed up the front of the building.* **2** *(robić karierę)* climb: *Steve climbed rapidly in the firm.*

piątek *n* **1** Friday: **w piątek** on Friday **2 Wielki Piątek** Good Friday

piątka *n* **1** *(cyfra, liczba, karta)* five **2** *(ocena)* A: *Terry got an A in French* (=z francuskiego). **3** *(autobus, tramwaj, dom)* number five: *Every morning I take the number five to the office* (=jadę piątką do biura). | *Who lives at number five* (=pod piątką)? **4 przybić komuś piątkę** give sb (a) five

piątkowy *adj* **1** *(obiad, koncert itp.)* Friday('s): *the Friday deadline* (=piątkowy termin) | *Friday's concert* **2 piątkowy uczeń** a straight A student →patrz też NIEDZIELNY

piąty *adj* **1** fifth: *Beethoven's Fifth Symphony* **2 jedna piąta** a/one fifth **3** *godzina* five (o'clock), five am

picie *n* **1** *(czynność)* drinking: *the perils of drinking alcohol during pregnancy* **2** *(napój)* drink: *food and drink* **3 coś do picia** something to drink: *Would you like something to drink?* | **woda do picia** drinking water

pić *v* **1** drink: *I drink far too much coffee.* | **komuś chce się pić** sb is thirsty: *I'm thirsty. Can I have a drink?* **2** *(alkohol)* drink: *"Whisky?" "No thanks, I don't drink."* →patrz też WYPIĆ, NAPIĆ SIĘ

piec[1] *n* **1** *(do gotowania, ogrzewania)* stove: *She heated a pan of milk on the stove.* | *The heat of the stove made her sleepy.* **2** *(piekarnik)* oven: *Bake in the oven for 40 minutes.* **3** *(w hucie itp.)* furnace

piec[2] *v* **1** *(ciasto)* bake **2** *(mięso)* roast **3** *(szczypać)* burn: *I'm afraid the ointment* (=maść) *might burn a bit.* →patrz też UPIEC

piechota *n* **1 piechotą/na piechotę** on foot: *We decided to go on foot rather than take the car.* THESAURUS WALK **2** infantry **3 piechota morska** the Royal Marines *BrE*, the Marine Corps *AmE*, the Marines **4 żołnierz piechoty morskiej** marine

piechur/ka *n* walker: *a keen walker*

piecyk *n* stove

pieczara *n* cave, cavern

pieczarka *n* button mushroom

pieczątka *n* (rubber) stamp: **przybić pieczątkę** put a stamp: *They put a stamp in his passport.*

pieczeń *n* roast: **pieczeń wołowa** roast beef →patrz też **upiec dwie pieczenie na jednym ogniu** (UPIEC)

pieczęć *n* seal: *The letter had the seal of the Department of Justice at the top.*

pieczętować *v* →patrz PRZYPIECZĘTOWAĆ, ZAPIECZĘTOWAĆ

pieczołowicie *adv* carefully, thoroughly: *We cleaned the car thoroughly until it looked like new.*

pieczony *adj* roast: *roast turkey* →patrz też **kurczę pieczone** (KURCZĘ)

pieczywo *n* bread

pieg *n* freckle: *a little girl with red hair and freckles* —**piegowaty** *adj* freckled

piekarnia *n* **1** *(sklep)* bakery, baker's (shop) *BrE*: *Is there a baker's near here?* **2** *(wytwórnia)* bakery

piekarnik *n* oven: *Put the cake into a hot oven, and bake for 35 minutes.*

piekarz *n* baker

piekielny *adj* hellish: *a hellish noise* —**piekielnie** *adv* hellishly: *a hellishly difficult exam*

piekło *n* **1** *(po śmierci)* hell, Hell: *She believes that all sinners will go to Hell.* **2** *(cierpienie)* hell: *My schooldays were absolute hell.*

pielęgnacja *n* care: *advice on skin care*

pielęgniarka *n* nurse —**pielęgniarstwo** *n* nursing —**pielęgniarz** *n* (male) nurse

pielęgnować *v* **1** *(skórę, włosy)* look after: *Models need to look after their skin.* **2** *(rośliny)* care for: *These plants are easy to care for.* **3** *(chorego)* nurse, care for: *nursing an elderly relative | She cared for her father all through his long illness.* **4** *(przyjaźń, tradycje itp.)* cultivate: *an acquaintance worth cultivating*

pielgrzym *n* pilgrim —**pielgrzymka** *n* pilgrimage: *In August, they make their annual pilgrimage to Częstochowa.* THESAURUS JOURNEY

pieluszka *n także* **pielucha** nappy *BrE*, diaper *AmE*: **pieluszka jednorazowa** disposable nappy/diaper

pieniądz *n* **1 pieniądze** money: *How much money do you have with you?* | *The boat must have cost a lot of money.* | **dużo/mało pieniędzy** a lot of/little money: *There's very little money left.* | **wydawać pieniądze** spend money: *She spends a lot of money on clothes.* | **zarabiać pieniądze** make/earn money: *John is making a lot of money dealing in stocks.* | **robić pieniądze** make money: *His one aim in life was to make money.* THESAURUS MONEY **2** *(moneta)* coin: *a silver coin*

pieniążek *n* →patrz PIENIĄDZ

pienić się *v* **1** *(mydło, szampon)* lather: *This soap lathers very well.* **2** *(fale)* foam **3** *(napój)* froth, foam: *When you first open the bottle the beer will froth for a few seconds.* **4 pienić się (ze złości)** foam/froth at the mouth: *By the time I got out of the traffic jam I was frothing at the mouth.*

pieniężny *adj* financial, monetary

pień *n* **1** *(część drzewa)* trunk: *a fallen tree trunk* **2** *(po ściętym drzewie)* stump: *an old tree stump*

pieprz *n* pepper

pieprzyk *n* mole: *Paul had a mole on his left cheek.*

pierdnąć *v* fart

piernik *n* gingerbread

pierogi *n* pirog(h)i *AmE*

UWAGA: pierogi

Danie to nie jest znane w krajach angielskojęzycznych, z wyjątkiem niektórych obszarów USA i Kanady, gdzie zostało spopularyzowane przez imigrantów z Europy Wschodniej. W innych częściach świata, np. w Wielkiej Brytanii, najbliższym odpowiednikiem pierogów są wywodzące się z kuchni włoskiej **ravioli**.

pierożki *n* tortellini

piersiowy *adj* **klatka piersiowa** chest, rib cage

piersiówka *n* (hip) flask

pierś *n* **1** *(klatka piersiowa)* chest, breast: *a hairy chest* |

P

Dick cradled (=przytulił) *her photograph against his breast.* **2** *(kobieca)* breast: *a woman with a baby at the breast* (=przy piersi) | *breast cancer* | **piersi** breasts, bosom | **karmić piersią** breast-feed | **odstawić od piersi** wean **3 pierś kurza/indycza** chicken/turkey breast **4 bić się w piersi** beat your breasts

pierścień *n* ring: *a magician's ring* | *The cottage was surrounded by a ring of trees.*

pierścionek *n* ring: *a gold ring* | **pierścionek z brylantem** diamond ring | **pierścionek zaręczynowy** engagement ring

pierwiastek *n* **1** *(w chemii)* element **2** *(w matematyce)* root: **pierwiastek kwadratowy/sześcienny** square/cube root

pierwiosnek *n* primrose

pierworodny *adj* **1** *(dziecko)* firstborn: *her firstborn son* **2 grzech pierworodny** original sin

P

pierwotnie *adv* originally: *The play was originally scheduled for October 1992, but had to be cancelled.*

pierwotny *adj* original: *My original plan was too expensive.* | *The land was returned to its original owner.*

pierwowzór *n* archetype: *Merlin is the archetype of the wise old man.*

pierwszeństwo *n* **1** precedence: *Arrange the tasks in order of precedence* (=według pierwszeństwa). | **mieć pierwszeństwo nad czymś** take precedence over sth: *Saving the child's life took precedence over everything else.* | **dawać komuś pierwszeństwo** give/show preference to sb: *In allocating housing, preference is given to those who have young children.* **2** *(przejazdu)* right of way: **ustąpić pierwszeństwa** give way *BrE*, yield *AmE*

pierwszoplanowy *adj* **1** *(sprawa, problem itp.)* crucial: *a crucial decision* **2** *(rola, postać)* leading: *Julia Roberts plays the leading role in the film.*

pierwszorzędny *adj* first-class, first-rate, superior: *Eric has proved himself a first-class performer.* | *a first-rate show* | *superior wines*

pierwszy *adj* **1** first: *the first name on the list* | *Welles made his first film at the age of 25.* | *Is this the first time you have been to England?* | **pierwszy kwietnia** the first of April, April the first | **pierwszy raz/po raz pierwszy** for the first time: *For the first time in her life she felt truly happy.* | **za pierwszym razem** the first time: *I heard you the first time.* THESAURUS WIN **2 po pierwsze** firstly, in the first place, for one thing, to begin/start with: *The building is unsuitable, firstly because it is too small, and secondly because it is in the wrong place.* | *I don't think she'll get the job - for one thing she can't drive!* | *To begin with, you mustn't take the car without asking.* **3 na pierwszy rzut oka** at first glance/sight: *At first glance there didn't seem to be much wrong with her.* **4 (godzina) pierwsza** one (o'clock), one am: *He's going to pick me up at one.* **5 pierwsza wojna światowa** the First World War, World War One **6 pierwsze piętro** first floor *BrE*, second floor *AmE*: *All the apartments on the first floor are occupied.* **7 pierwsza klasa** first class: **pierwszej klasy** first-class: *two first-class tickets* | **podróżować pierwszą klasą** travel first-class **8 na pierwszym miejscu** in the foreground: *Education and health were very much in the foreground during the post-war years.* **9 pierwszy plan** foreground: *There was a group of people sunbathing in the foreground.* **10 zająć pierwsze miejsce** come/finish first: *Jane came first in the 100 metres race.* →patrz też **pierwsza dama** (DAMA), **pierwsza pomoc** (POMOC), **pierwsza rata** (RATA), **miłość od pierwszego wejrzenia** (MIŁOŚĆ), **z pierwszej ręki** (RĘKA)

pierze *n* feathers —**pierzasty** *adj* feathery: *feathery leaves*

pierzyna *n* duvet *BrE*, comforter *AmE*

pies *n* **1** dog: *I'm just off to walk the dog* (=właśnie wychodzę z psem). | **pies gończy** hound | **pies przewodnik** guide dog **2 zejść na psy** go to pot: *The business went to pot after George died.* | **schodzić na psy** be going to the dogs: *This organization is really going to the dogs.* **3 wieszać na kimś psy** run sb down: *Paula's jealous of you - that's why she keeps running you down.* **4 ktoś jest pies na coś** sb is crazy about sth: *I am crazy about chocolate.*

piesek *n* **1** *(szczeniak)* puppy **2** *(pieszczotliwie, do dziecka)* doggy, doggie

pieszczota *n* **1** *(czuły gest)* caress: *She was greeted with caresses and fond words.* **2 pieszczoty** *(erotyczne)* petting, fondling

pieszo *adv* on foot: *We set out on foot to explore the city.* | *It takes about 30 minutes on foot, or 10 minutes if you go by car.* | **iść pieszo** go on foot, walk

pieszy *adj* **turystyka piesza** hiking: *My hobbies include reading and hiking.* | **piesza wycieczka** hike: *a 10-mile hike across the island*

piesz-y/a *n* **1** pedestrian: *A pedestrian was hit by a car on Sunset Road.* **2 przejście dla pieszych** pedestrian/zebra crossing *BrE*, crosswalk *AmE*

pieścić *v* caress, fondle: *She lovingly caressed the baby's cheek.* | *Children love to stroke and fondle puppies.*
pieścić się *v* **1** *(zakochani)* neck: *I saw them necking in the back seat of the car.* **2 pieścić się z kimś** *(traktować zbyt łagodnie)* treat/handle sb with kid gloves: *They must stop treating him with kid gloves.*

pieśń *n* song

pietruszka *n* parsley

pięciokąt *n* pentagon

pięciokrotny *adj* five-time: *the five-time world champion* —**pięciokrotnie** *adv* five times

pięcioletni *adj* **1** *(dziecko, zwierzę, samochód)* five-year-old: *a five-year-old girl* **2** *(okres)* five-year: *The rapist* (=gwałciciel) *was given a five-year prison sentence.*

pięcioro *num* five: *five brothers and sisters*

pięć *num* five: *My son is five years old.*

pięćdziesiąt *num* **1** fifty: **pięćdziesiąt jeden/dwa itp.** fifty-one/two etc **2 pięćdziesiąt procent szans** fifty-fifty chance: *The operation has a fifty-fifty chance of success.*

pięćdziesiątka *n* fifty: *She's past fifty* (=ona jest po pięćdziesiątce).

pięćdziesiąty *adj* **1** fiftieth: *the fiftieth anniversary* | **pięćdziesiąty pierwszy/drugi itp.** fifty-first/second etc. **2 lata pięćdziesiąte** the (nineteen) fifties

pięćdziesięcioletni *n* fifty-year-old: *a fifty-year-old man*

pięćset *num* five hundred: **pięćset cztery/dwadzieścia itp.** five hundred (and) four/twenty etc

piękno *n* beauty: *the beauty of the Swiss Alps*

piękność *n* beauty: *a woman of great beauty* →patrz też **konkurs piękności** (KONKURS), **salon piękności** (SALON)

piękny *adj* **1** beautiful: *a beautiful woman | a beautiful pink dress | beautiful music | a beautiful view* THESAURUS BEAUTIFUL **2 literatura piękna** belles-lettres **3 sztuki piękne** fine arts

pięść *n* fist: *He banged his fist angrily on the table.*

pięta *n* **1** heel **2 odwrócić się na pięcie** turn/spin on your heel: *Without a word, he turned on his heel and left the room.* **3 deptać komuś po piętach** be on/at sb's heels: *The gang were at his heels.* **4 nie dorastać komuś do pięt** be no match for sb: *Carlos was no match for the champion.*

piętnastoletni *adj* **1** *(chłopiec, dziewczyna)* fifteen-year-old: *my fifteen-year-old brother* **2** *(okres)* fifteen-year: *a fifteen-year struggle for independence*

piętnasty *adj* **1** fifteenth **2 (godzina) piętnasta** three (o'clock), three am/pm

piętnaście *num* fifteen

piętno *n* **1** stigma: *living with the stigma of disability* **2 odcisnąć (swoje) piętno na czymś** leave its mark/leave an imprint on sth: *The years of poverty had left their mark on her attitude to life. | The Ottoman Turks have left an indelible* (=niezatarte) *imprint on the cultures of south-eastern Europe.*

piętnować *v* **1** *(potępiać)* brand, stigmatize, stigmatise *BrE*: *All English football supporters get branded as hooligans. | Single mothers often feel that they are stigmatized by society.* **2** *(znakować)* brand: *Each cow was branded with the ranch's logo.*

piętro *n* **1** floor, storey *BrE*, story *AmE*: *My office is on the third floor. | the upper storeys of the shops* | **pierwsze piętro** first floor *BrE*, second floor *AmE* **2 na piętrze** upstairs: *Her office is upstairs on your right.* | **łazienka/pokój itp. na piętrze** upstairs bathroom/bedroom etc

piętrowy *adj* **1** *(budynek)* multi-storey *BrE*, multi-story/storied *AmE*: *a multi-storey car park* | **dwupiętrowy itp.** two-storey *BrE*, two-story/storied *AmE*: *a five-storey house* **2 autobus piętrowy** double-decker **3 łóżko piętrowe** bunk beds

piętrzyć się *v* **1** *(praca)* pile up: *Work is really piling up.* **2** *(kłopoty)* keep coming/cropping up: *It's been one of those days when problems keep coming up all the time.*

pif-paf! *interj* bang! bang!

pigment *n* pigment

pigułka *n* pill: **pigułki nasenne** sleeping pills | **pigułka antykoncepcyjna** contraceptive pill, the Pill/pill: *Mary has been on the pill* (=stosuje pigułkę antykoncepcyjną) *for years now.*

pijacki *adj* drunken: *drunken shouting | a drunken party | Two men were killed in a drunken brawl* (=w pijackiej bijatyce) *inside a cafe.*

pija-k/czka *n* drunk: *The bar was wrecked* (=zdemolowany) *by a gang of drunks.*

pijany *adj* **1** drunken: *a drunken crowd* | **ktoś jest pijany** sb is drunk: *Graham was too drunk to remember what happened last night.* **2 po pijanemu** under the influence: *Her son was arrested for driving under the influence.* | **jazda po pijanemu** drunk-driving, drink-driving *BrE* **3 pijany ze szczęścia** drunk with happiness

pijaństwo *n* **1** *(upijanie się)* drinking **2** *(stan upojenia)* drunkenness

pijawka *n* leech

pik *n* *(w kartach)* spade: *the ace of spades* (=as pik)

pikantny *adj* **1** *(zupa, smak)* hot, spicy: *a spicy tomato sauce* THESAURUS TASTE **2** *(plotki, szczegóły)* juicy, spicy: *juicy details | a spicy rumour*

pikieta *n* picket (line) —**pikietować** *v* picket: *protesters picketing outside the White House gates*

piknik *n* picnic: **urządzić piknik** have a picnic: *We're having a picnic in the park this afternoon.*

pikować *v* *(samolot)* (nose)dive —**pikowanie** *n* nose-dive

pikowany *adj* quilted: *a quilted bathrobe*

piksel *n* pixel

pilnie *adv* **1** *(pracować)* diligently: *They worked diligently all morning.* **2** *(potrzebować)* urgently: *I need to speak to Mike urgently. | Food and medicine are urgently needed.*

pilnik *n* file: **pilnik do paznokci/drewna itp.** nail/wood etc file

pilność *n* diligence

pilnować *v* **1** *(dziecka)* watch, mind *BrE*: *My sister minds the baby so I can go to my yoga class.* **2** *(bagażu itp.)* watch, keep an eye on, mind *BrE*: *Tom went into the library while I kept an eye on the bikes.* **3** *(nadzorować)* supervise, keep an eye on: *My job is to supervise school children at lunchtime.* **4 pilnuj swego nosa!** mind your own business! → patrz też POPILNOWAĆ

pilny *adj* **1** *(uczeń)* diligent, studious: *Mark is a very diligent student. | a quiet, studious girl* **2** *(sprawa)* urgent, pressing: *I have some urgent business to attend to. | You sister's been calling – I think it's urgent* (=myślę, że to coś pilnego). *| a pressing need for medical supplies*

pilot *n* **1** *(lotnik)* pilot: *an airline pilot* **2** *(do telewizora itp.)* remote (control) **3** *(wycieczki)* guide **4** *(w rajdzie samochodowym)* navigator

pilotażowy *adj* pilot: *a pilot study/programme*

pilotować *v* *(samolot, statek)* pilot

piła *n* saw: *a wood saw*

piłeczka *n* ball: *a table tennis ball*

piłka *n* **1** *(do grania)* ball: **piłka do koszykówki/baseballu** basketball/baseball **2 piłka nożna** soccer, football *BrE*: *Does anyone want a game of football? | a football match* | **grać w piłkę nożną** play football/soccer **3** *(do cięcia)* saw: **piłka do metalu** hacksaw

piłkarz *n* footballer —**piłkarski** *adj* soccer, football *BrE*: *a football team*

piłować *v* **1** *(piłą)* saw: *Dad was outside sawing logs.* THESAURUS CUT **2** *(pilnikiem)* file: *She sat filing her nails.*

PIN *n* PIN (code): *Type in your PIN code, then press the ENTER key.*

pinceta *n* tweezers: *a pair of tweezers*

pinezka *n* drawing pin *BrE*, thumbtack *AmE*

ping-pong *n* ping-pong, table tennis

pingwin *n* penguin

pion *n* **1** *(kierunek)* the vertical (direction): **w pionie** vertically **2** *(dział)* department: *the marketing department*

pionek *n* pawn: *We're just pawns in this game.*

pionier/ka *n* pioneer: *the pioneers of modern space travel* —**pionierski** *adj* pioneering: *the Curies' pioneering work on uranium*

pionowo *adv* **1** *(trzymać, postawić)* upright: *Hold the bottle upright - the top is rather loose.* **2** *(wznieść się)* vertically: *The hot air balloon rose vertically into the air.* **3** *(w krzyżówce)* down

pionowy *adj* **1** vertical, perpendicular: *a vertical rock face* (=ściana skalna) | *blue and green vertical stripes* | *a perpendicular line* **2** *(pozycja)* upright: *Make sure that you seat is in an upright position.*

piorun *n* **1** lightning, thunderbolt: *The tree had been struck by lightning.* | **burza z piorunami** thunderstorm **2 niech to piorun trzaśnie!** damn it!: *Damn it, I'm late again!*

piorunochron *n* lightning conductor *BrE*, lightning rod *AmE*

piorunujący *adj (efekt, wrażenie)* electrifying: *Her words had an electrifying effect.*

piosenka *n* **1** song: *Turn up the radio, this is my favourite song.* **2 autor/ka piosenek** songwriter

piosenka-rz/rka *n* singer: *a rock singer*

P

piórko *n* **1** feather **2 lekki jak piórko** (as) light as a feather

piórnik *n* pencil case

pióro *n* **1** *(ptaka)* feather: *an ostrich feather* (=strusie pióro) **2** *(do pisania)* (fountain) pen: **gęsie pióro** quill **3** *(na kapeluszu itp.)* plume

pióropusz *n* **1** *(indiański itp.)* (feathered) headdress **2** *(na czapce, hełmie)* plume **3** *(dymu, ognia)* plume

piracki *adj* **1** *(płyta, nagranie)* pirate, bootleg: *pirate cassettes* | *a pirate version of the software* | *a bootleg recording* **2** *(stacja radiowa itp.)* pirate: *a pirate channel* **—piractwo** *n* piracy, bootlegging

piramida *n* pyramid

pirania *n* piranha

pirat *n* pirate: *video pirates*

pisać *v* **1** write: *Tony could read and write when he was six.* **2 pisać na maszynie/komputerze** type: *He types with two fingers.* **3 coś było komuś pisane** it was sb's destiny to do sth: *He believed that one day it was his destiny to become a pilot.* → patrz też NAPISAĆ
pisać się *v (wyraz)* be spelled: *The two words sound the same, but they're spelled differently.*

pisak *n* felt tip (pen)

pisanie *n* writing

pisanka *n* (decorated) Easter egg

pisa-rz/rka *n* writer **—pisarstwo** *n* writing **—pisarski** *adj* literary

pisemko *n* magazine: *music magazines*

pisemny *adj* written: *a written exam* | *a written complaint* (=zażalenie)

pisk *n* **1** *(z radości, ze strachu itp.)* shriek, squeal: *a shriek of terror* | *Squeals of delight* (=radosne piski) *came from the children.* **2** *(kół, hamulca)* screech, squeal: *a screech of tires* | *a squeal of brakes* | **zatrzymać się z piskiem** screech/squeal to a halt/stop/standstill: *The truck squealed to a stop.* **3** *(myszy)* squeak

pisklę *n* chick: *a sparrow chick*

piskliwy *adj* shrill, squeaky: *shrill voices* | *a squeaky voice*

pismo *n* **1** *(charakter pisma)* (hand)writing: *I can't read her writing.* **2** *(alfabet)* alphabet, script: *the Greek alphabet* | *Arabic script* **3** *(list)* letter: *I'm writing in reply to your letter of 1st June.* **4** *(czasopismo)* magazine: *a men's magazine* (=pismo dla panów) **5 na piśmie** in writing: *Can I have this in writing please?* **6 Pismo Święte** the (Holy) Scripture

pisnąć *v* **nie pisnąć (komuś) ani słowa (o czymś)** not say/breathe a word (to sb) (about sth): *Don't say a word about the party to Dad.* → patrz PISZCZEĆ

pisownia *n* spelling: *There are two different spellings for this word.* | **sprawdzić pisownię** spell-check: *Could you spell-check this document for me, please?* | **moduł sprawdzania pisowni** spell-checker

pistacje *n* pistachios

pistolet *n* gun, pistol: **pistolet maszynowy** submachine gun

pisuar *n* urinal

pisywać *v* → patrz PISAĆ

piszczałka *n* pipe

piszczeć *v* **1** *(ze strachu, radości itp.)* shriek, squeal: *The kids rushed down to the beach, shrieking with delight.* | *children squealing with excitement* THESAURUS SHOUT **2** *(opony, hamulec itp.)* screech, squeal: *screeching brakes* | *squealing tires* **3** *(mysz)* squeak

piśmienny *adj* **1** literate **2 materiały/artykuły piśmienne** stationery **—piśmiennictwo** *n* writing

PIT *n* tax return

pitny *adj* drinking: *drinking water*

piwko *n* → patrz PIWO

piwnica *n* **1** *(pomieszczenie)* basement: *During air raids, we ran to a small room in the basement where we kept old blankets, quilts, and pillows.* | *We keep our wine in the basement.* **2** *(magazyn, lokal)* cellar: *a coal cellar* | *a wine cellar*

piwny *adj* **piwne oczy** hazel eyes

piwo *n* **1** beer: *a pint of beer* (=duże piwo) | *Do you fancy a beer* (=masz ochotę na piwo)? | *They were drinking beer and watching football all evening.* | **piwo z beczki** draught beer THESAURUS EASY **2 małe piwo** a piece of cake: *"How do you do that?" "It's a piece of cake! Watch!"*

pizza *n* pizza: *Do you want to go for a pizza tonight?* | *a large mushroom pizza with extra cheese* **—pizzeria** *n* pizzeria, pizza parlor *AmE*

piżama *n* pyjamas *BrE*, pajamas *AmE*: *a pair of pyjamas* | *Michael came downstairs in his pyjamas.*

PKB *n (produkt krajowy brutto)* GNP

plac *n* **1** *(ogrodzony teren)* yard: *I waited in the yard outside the police station.* **2** *(w nazwach)* square: *Trafalgar Square* | *the pro-democracy protest in Tiananmen Square in 1989* **3 plac budowy** building site **4 plac targowy** marketplace **5 plac zabaw** playground

placek *n* cake: *cherry cake* | *a piece of cake*

placówka *n* **1** *(wojskowa, dyplomatyczna itp.)* outpost: *a British diplomatic outpost* **2** *(instytucja)* institution, establishment: *a healthcare institution* | *a cultural establishment*

plaga *n* plague: *a plague of rats*

plagiat *n* plagiarism

plajta *n* bankruptcy: **zrobić plajtę** go bust: *More and more small businesses are going bust each year.*

plakat *n* poster: *a pull-out poster of Madonna*

plakietka *n* badge *BrE*, button *AmE*

plama *n* **1** *(z kawy, wina, tłuszczu)* stain, spot, mark: *wine stains | grease spots | I can't get these marks out of my T-shirt.* **2** *(z atramentu)* blot: *ink blots* **3** *(innego koloru)* spot, patch: *a white dog with black spots | a damp patch on the ceiling* **4** *(na honorze, reputacji)* blot: *The Colonel's confession is a blot on the army's honour.* **5 ale dałeś plamę!** you botched that!, you messed up there!

plamić *v* →patrz POPLAMIĆ, SPLAMIĆ

plamisty *adj* blotchy: *blotchy skin*

plamka *n* fleck, marking: *The bird is dark brown with flecks of yellow. | a cat with black and white markings*

plan *n* **1** *(zamiar, pomysł)* plan: *Do you have any plans for tomorrow? | Our plans must remain a secret!* | **mieć coś w planie** plan to do sth: *I'm planning to stay in Paris for a couple of months.* | **pójść zgodnie z planem** go according to plan: *If things to according to plan, we'll go on Monday.* **2** *(harmonogram)* schedule: *I have a very busy schedule* (=napięty plan) *this week.* | **według planu/zgodnie z planem** on schedule: *The building should be completed on schedule.* | **plan zajęć** timetable: *the school timetable* **3** *(miasta)* street map: *a street map of Warsaw* **4** *(konspekt)* outline: *the outline of an essay* **5** *także* **plan filmowy** set: *OK everybody, quiet on the set* (=cisza na planie)*!* **6 plan podróży** itinerary **7 na pierwszym/drugim planie** in the foreground/background: *a young girl in the foreground | In the background of the painting there is a river.* **8 usunąć się na dalszy plan** take a back seat: *Women have often been forced to take a back seat in society.* **9 zejść na dalszy plan** fade into the background

planeta *n* planet: *Mercury is the smallest planet. | the planet Earth* | **nasza planeta** the/our planet: *the environmental future of the planet*

planetarium *n* planetarium

planetarny *adj* planetary: *planetary bodies*

planist-a/ka *n* planner

plankton *n* plankton

planować *v* **1** *(mieć zamiar)* plan: **planować coś zrobić** plan to do sth, plan on sth: *Where do you plan to go next year? | How long do you plan on staying?* **2** *(obmyślać)* plan, make plans for: *Grace began to plan what she would wear for the interview. | We've been planning our trip for months. | Helen's busy making plans for her wedding.* **3** *(układać harmonogram)* schedule: *The new airport is scheduled to open just before Christmas* (=otwarcie nowego lotniska planowane jest tuż przed świę tami). **4 planowanie rodziny** family planning →patrz też ZAPLANOWAĆ

planowy *adj* scheduled: *Check-in counters open 6 hours before scheduled departure time.* —**planowo** *adv* as scheduled: *Despite severe weather conditions the plane landed as scheduled.*

plansza *n* board —**planszowy** *adj* board: *board games like Monopoly and Ludo*

plantacja *n* plantation —**plantator/ka** *n* planter: *tea planters*

plastelina *n* modelling *BrE*, modeling *AmE* clay, Plasticine®

plaster *n* **1** *(opatrunek)* plaster *BrE*, Band-Aid *AmE*: *Mum put a plaster over the cut.* **2** *(sera, szynki)* slice: *Cut the cheese into thin slices.* **3 plaster miodu** honeycomb

plasterek *n* slice: *a slice of lemon* | **pokroić coś w plasterki** slice sth (up): *Could you slice the meat for me?* THESAURUS PIECE

plastik *n* plastic: *children's toys made of plastic* —**plastikowy** *adj* plastic: *a plastic spoon | plastic bags*

plastyczny *adj* **1 sztuki plastyczne** plastic arts | **wychowanie plastyczne** art (class): *We have art twice a week.* **2 operacja plastyczna** plastic/cosmetic surgery **3** *(opis)* vivid, graphic: *a vivid description of her childhood in Cornwall*

plasty-k/czka *n także* **artysta plastyk** artist →patrz też PLASTIK

plastykowy *adj* →patrz PLASTIKOWY

platerowany *adj* plated: *a silver-plated spoon*

platforma *n* **1** platform **2 platforma wiertnicza** oil rig/platform

platoniczny *adj* platonic: *platonic love | Their friendship was purely platonic.*

platyna *n* platinum —**platynowy** *adj* platinum: *a platinum ring*

playback *n* lip synch: **śpiewać z playbacku** lip-synch

playboy *n* playboy

plazma *n* plasma

plaża *n* beach: *We lay on the beach enjoying the gentle breeze.* —**plażowy** *adj* beach: *a big beach ball*

plądrować *v* loot, plunder, ransack: *Shops were looted and burned down. | We cannot go on plundering the Earth's resources.*

plątać *v (nici, przewody itp.)* tangle →patrz też ZAPLĄTAĆ

plątać się *v* **1** *(nici, włosy)* tangle: *My hair tangles easily.* **2 coś się komuś plącze** sb mixes sth up: *I'm always mixing up the kids' names.* →patrz też ZAPLĄTAĆ SIĘ

plątanina *n* tangle: *a tangle of electrical cords*

plebania *n* **1** *(w kościele rzymsko-katolickim)* presbytery **2** *(w kościele anglikańskim)* vicarage

plebiscyt *n* **1** vote: *The film won an award in a vote held by the New York Herald Tribune. | TVP is holding a vote to see who the most popular TV actors are.* **2 plebiscyt popularności** popularity contest

plecak *n* **1** rucksack *BrE*, backpack: *Make sure your backpack is strapped on tightly.* **2** *(mały)* knapsack

plecy *n* **1** back: *My back was really aching.* **2 za plecami** behind sb's back: *They're always talking about her behind her back.*

pled *n* blanket, rug *BrE*

plemię *n* tribe: *the tribes living in the Amazonian jungle* —**plemienny** *adj* tribal: *tribal art*

plemnik *n* sperm

> **UWAGA: sperm**
>
> Rzeczownik **sperm** w znaczeniu „plemnik" ma w liczbie mnogiej niezmienioną formę: *Half of a man's sperm are X carriers and half are Y carriers.*

plenarny *adj* plenary: *a plenary debate*

plener *n* **1** *(filmowy)* location: **w plenerze** on location: *Most of the movie was shot on location in Africa.* **2** *(w sztuce)* open air: *open-air painting* (=malarstwo plenerowe)

pleść *v* **1** *(warkocz itp.)* plait *BrE*, braid *AmE*: *a plaited leather belt* **2** *(koszyk)* weave: *traditional basket weaving* →patrz też SPLEŚĆ, UPLEŚĆ, ZAPLEŚĆ

pleśń *n* mould *BrE*, mold *AmE*, mildew

P

plik *n* **1** *(dokumentów, banknotów)* bundle, sheaf: *a bundle of old letters* **2** *(komputerowy)* file: *How do I save this file to a floppy?*

plisowany *adj* pleated: *a pleated skirt*

plomba *n* **1** *(w zębie)* filling **2** *(zabezpieczenie)* seal

plon *n* crop: *a record crop*

plotka *n* rumour *BrE*, rumor *AmE*, gossip: *There are rumours* (=chodzą plotki) *that the President may have to resign.* | *At the moment, the reports are nothing more than rumour.* | *People love hearing gossip about film stars.* THESAURUS TALK —**plotkować** *v* gossip: *What are you two gossiping about?* —**plotka-rz/rka** *n* gossip

pluć *v* spit →patrz też NAPLUĆ

plugawy *adj* filthy: *filthy language*

pluralizm *n* pluralism —**pluralistyczny** *adj* pluralist: *a pluralist society*

P

plus *n* **1** *(znak)* plus (sign): **dwa plus dwa** two plus two: *Three plus six equals nine.* **2** *(zaleta)* plus: *The restaurant's location is a real plus.* | **zmienić się na plus** change for the better | **plusy i minusy** pros and cons, advantages and disadvantages: *the pros and cons of owning your own house* | *the advantages and disadvantages of being male or female* **3 plus minus** more or less: *There were 50 people there, more or less.*

pluskać *v* **pluskać na kogoś/coś wodą itp.** splash water etc on sb/sth
pluskać się *v* splash: *children splashing around in puddles* —**plusk** *n* splash: *Jerry jumped into the water with a loud splash.*

pluskwa *n* **1** *(owad)* bedbug **2** *(w programie komputerowym)* bug: *The program still has a lot of bugs.*

pluszowy *adj* **zabawki pluszowe** soft toys, cuddly toys *BrE*: **pluszowy miś** teddy bear

pluton *n* **1** *(oddział)* platoon: **pluton egzekucyjny** firing squad **2** *(pierwiastek)* plutonium **3 Pluton** Pluto

płaca *n* **1** pay, wage(s): *workers striking for higher pay* | *a big pay rise* (=podwyżka płac) | *Wages are going up.* | *an average weekly wage* **2 lista płac** payroll

płachta *n* **1** piece of cloth **2 działać jak płachta na byka** be like a red rag to a bull

płacić *v* pay: *Do you have to pay tax when you are a student?* | *How much do they pay you?* | *They ran off without paying* (=bez płacenia). | **płacić gotówką/kartą/czekiem** pay (in) cash/by credit card/by cheque *BrE*, check *AmE*: *May I pay by credit card?* | **ja płacę (za drinki itp.)** the drinks etc are on me: *The dinner's on Harold.* →patrz też ZAPŁACIĆ

płacowy *adj* pay, wage: *wage demands* (=roszczenia płacowe)

płacz *n* crying, weeping: **wybuchnąć płaczem** burst into tears: *Suddenly Brian burst into tears.* | **zanosić się płaczem/od płaczu** wail, sob: *Josie flung herself on the bed, sobbing.* | *wailing with grief* —**płaczliwy** *adj* tearful, weepy

płakać *v* cry, weep: *The baby was crying upstairs.* | *I always cry at sad movies.* | *She wept at the news.*

płaski *adj* **1** *(równy)* flat: *Lay the paper on a flat surface.* | *the flat landscape of Holland* **2** *(spłaszczony)* flat: *a flat bottle* **3 płaski talerz** dinner plate **4 płaski ekran** flat screen

płasko *adv* flat: *Lie flat on the floor and bend your knees.*

UWAGA: flat i flatly

W znaczeniu „płasko" używamy przysłówka „flat", identycznego z przymiotnikiem. Przysłówek **flatly** nie znaczy „płasko", tylko „stanowczo" (*She flatly refused to tell us where he was.*) lub „bezbarwnym głosem" (*„Aunt Alicia has changed her will", he said flatly.*).

płaskoekranowy *adj* flatscreen: *a flatscreen TV*

płaskorzeźba *n* relief, bas-relief

płaskowyż *n* plateau

płastuga *n* plaice

płaszcz *n* **1** coat, overcoat: *a heavy winter coat* **2 płaszcz nieprzemakalny** raincoat, mac *BrE* **3 płaszcz kąpielowy** bathrobe

flatscreen

a flatscreen TV

płaszczyk *n* coat

płaszczyzna *n* plane

płatek *n* **1** *(śniegu)* (snow)flake **2** *(kwiatu)* petal: *a blue flower with five petals* | *rose petals* **3 płatki kukurydziane** cornflakes **4 płatki owsiane** oatmeal **5 płatki zbożowe/śniadaniowe** (breakfast) cereal

płatniczy *adj* **1 bilans płatniczy** balance of payments **2 karta płatnicza** debit/credit card

płatnik *n* payer: *a VAT payer*

płatność *n* payment: *Payment must be made* (=powinna zostać uiszczona) *within 30 days.*

płatny *adj* **1** *(do zapłacenia)* payable: *The fee is payable by cash, cheque, Visa, or MasterCard.* | **płatne z góry** payable in advance: *Rent is payable three months in advance.* **2 dobrze płatny** well-paid: *a well-paid job* **3 płatny urlop** paid holiday(s): *She was entitled to two weeks' paid holiday.*

płaz *n* amphibian →patrz też **coś uszło komuś płazem** (UJŚĆ)

płciowy *adj* sexual: *sexual desire* | *sexual intercourse*

płeć *n* **1** sex, gender: *I don't care what sex the baby is.* | *You can't be denied a job simply on the grounds of gender.* | *issues of class, race and gender* **2 niemowlę płci męskiej/żeńskiej** baby boy/girl **3 związek/małżeństwo osób tej samej płci** same-sex relationship/marriage **4 słaba/piękna płeć** the weaker/fair sex

płetwa *n* **1** *(ryby)* fin **2** *(foki, delfina, płetwonurka)* flipper

płetwonurek *n* scuba diver

płodny *adj* **1** *(zdolny do rozrodu)* fertile: *Most men remain fertile into old age.* **2** *(pisarz)* prolific: *Agatha Christie was a prolific writer.* —**płodność** *n* fertility

płodowy *adj* foetal *BrE*, fetal *AmE*: *foetal abnormalities*

płodzić *v* →patrz SPŁODZIĆ

płomień *n* flame: *a candle flame* | **stanąć w płomieniach** burst into/go up in flames: *The car hit a tree and burst into flames.* | **stać w płomieniach** be ablaze/in flames: *By the time the firemen arrived, the house was in flames.*

płomyk *n* **1** →patrz PŁOMIEŃ **2 płomyk nadziei** glimmer of hope: *I saw a glimmer of hope in her eyes.*

płonąć *v* burn, blaze: *Is the fire still burning?* | *The heat from the blazing car could be felt several metres away.*

płoszyć *v* →patrz SPŁOSZYĆ

płot *n* fence: *the garden fence*

płotek *n* **1** →patrz PŁOT **2** *(w sporcie)* hurdle: **bieg przez płotki** hurdles

płotki *n (ludzie)* small fry: *They're small fry compared to the real criminals.*

płoza *n* runner

płócienny *adj* **1** *(spodnie, koszula)* cotton, linen: *linen trousers* **2** *(worek, buty)* canvas: *a pair of canvas shoes*

płód *n* foetus *BrE*, fetus *AmE*

płótno *n* **1** *(tkanina, obraz)* canvas: *On the back of the canvas we can see the date: 1645.* **2** *(pościelowe itp.)* linen **3 blady jak płótno** (as) white as a sheet

płuco *n* **1** lung **2 zapalenie płuc** pneumonia

pług *n* **1** plough *BrE*, plow *AmE* **2 pług śnieżny** snowplough *BrE*, snowplow *AmE*

płukać *v* **1** rinse: *Kate stood by the sink, rinsing the dishes.* **2 płukać gardło** gargle →patrz też OPŁUKAĆ

płyn *n* **1** liquid, fluid: *Water is a liquid.* | *My doctor told me to rest and drink plenty of fluids.* | *bodily fluids* (=płyny ustrojowe) | **mydło w płynie** liquid soap **2 płyn po goleniu** aftershave **3 płyn do kąpieli** bubble bath, bath gel **4 płyn do mycia naczyń** washing-up liquid *BrE*, dishwashing liquid *AmE* **5 płyn do zmywania twarzy** cleanser **6 płyn do płukania jamy ustnej** mouthwash

płynąć *v* **1** *(ryba, człowiek)* swim: *fish swimming up the stream* **2** *(rzeka, woda)* flow: *The River Elbe flows through the Czech Republic.* | *A steady stream of cars flowed past her window.* **3** *(woda, łzy)* run: *Tears ran down her face.* **4** *(statek, statkiem)* sail: *We sailed along the coast of Alaska.* **5** *(czas)* go by: *Time goes by so quickly these days.* →patrz też PŁYWAĆ

płynny *adj* **1** *(substancja)* liquid: *liquid fertilizer/metal/oxygen* **2** *(znajomość języka)* fluent: *All the students speak fluent English* (=mówią płynną angielszczyzną). —**płynnie** *adv* fluently: *Jean can speak French fluently.* —**płynność** *n* fluency: *fluency in English*

płyta *n* **1** *(do zapisu dźwięku itp.)* disc *BrE*, disk *AmE*: **płyta kompaktowa** CD, compact disk: *Have you heard their latest CD?* | **płyta gramofonowa** record: *a record collection* | **płyta długogrająca** LP **2** *(kawał kamienia itp.)* slab: *a concrete slab* | **płyta nagrobkowa** headstone, tombstone, gravestone | **płyta chodnikowa** flagstone | **płyta kartonowo-gipsowa** dry wall

płytka *n* **1** *(płyta kompaktowa)* CD: *You need the original CD to reinstall Office.* **2** *(kafelek)* tile: *ceramic tiles* **3** *(kawałek metalu)* plate: *The drill* (=wiertło) *is attached to the bench by a metal plate.* **4 płytka nazębna** plaque

płytki *adj* **1** *(woda, dół)* shallow: *a shallow river* | *a shallow grave* **2** *(oddech)* shallow: *shallow breathing* **3** *(sen)* uneasy: *uneasy sleep* **4** *(film, lektura, człowiek)* shallow

pływać *v* **1** *(człowiek, ryba)* swim: *My dad taught me to swim.* | *Exotic fish swam around in the tank.* **2** *(utrzymywać się na wodzie)* float: *Wood usually floats on water.* →patrz też PŁYNĄĆ

pływa-k/czka *n* swimmer: *Martin is a poor swimmer.*

pływanie *n* swimming: *Kate loves swimming.*

pnącze *n* creeper

p.n.e. *adv* BC: *The Great Pyramid dates from around 2600 BC.*

pneumatyczny *adj* pneumatic: *a pneumatic drill*

po *prep* **1** *(później)* after: *What are you doing after class?* | *After the war many soldiers stayed in France.* | **po 10 minutach/3 godzinach itp.** after 10 minutes/3 hours etc: *After a while* (=po chwili), *the woman returned.* | **10 (minut) po piątej** 10 (minutes) past *BrE*, after *AmE* five: *It's ten past nine.* | *It's five after two.* | **po tym jak** after: *He discovered the jewel was a fake a month after he bought it.* | *I'm surprised he came, after the way you treated him* (=po tym, jak go potraktowałaś). | **dzień po dniu/rok po roku itp.** day after day/year after year etc: *Day after day we waited, hoping she'd call.* THESAURUS AFTER **2** *(w dalszej kolejności)* after: *Whose name is after mine on the list?* | **jeden po drugim** one after the other, one after another: *We led the horses one after the other out of the barn.* **3 po prostu** simply, just: *Some students lose marks simply because they don't read the question properly.* | *I just couldn't believe the news.* **4 po czym** after which, whereupon: *The police arrived, after which the situation became calmer.* | *One of them called the other a liar, whereupon a fight broke out.* **5 po dziadku/matce itp.** after your grandfather/mother etc: *She was named Sarah, after my grandmother.* **6 sprzątać po kimś** clean up after sb: *I spend all day cleaning after the kids.* **7 butelka po piwie/winie** beer/wine bottle **8** *(w różnych kierunkach)* up and down: *He was pacing nervously up and down the room.* | **wchodzić/schodzić po schodach** go up/down the stairs: *Richard quickly ran down the stairs* (=zbiegł po schodach). **9** *(wszędzie)* all over: *I found papers strewn all over the room.* | **po całym świecie** all over the world: *I envy Colin – he travels all over the world in his job.* **10 po lewej/prawej (stronie)** on the left/right (side): *On the right there is the library, and on the left the cafeteria.* | **po jednej stronie (czegoś)** to one side (of sth): *Off to one side was a small wooden shed.* | **po drugiej stronie** on the other/far side: *I could just see Rita on the far side of the square.* | **po obu stronach** on either side: *On either side of the front gates stood a tall tree.* **11** *(aż do)* up to: *The water came up to my knees* (=woda sięgała mi po kolana). | *I'm up to my ears in work at the moment* (=mam teraz po uszy pracy). **12 przyjść/pójść itp. po kogoś/coś** come/go etc to collect sb/sth: *Her father sent a taxi to collect her* (=posłał po nią taksówkę). **13 po co?** what for?: *What did you do that for?* **14 po cztery jabłka itp.** four apples etc each: *Mom says we can have two cookies each.* **15 po pierwsze/drugie/trzecie itp.** firstly/secondly/thirdly etc: *"Why did you take up tennis?" "Firstly I needed the exercise and secondly I thought it would be fun."* **16 po polsku/angielsku itp.** in Polish/English etc: *What's the right way to say this in English?* | **mówić po polsku/francusku itp.** speak Polish/French etc: *Can you speak German?* **17 po cichu a)** *(cicho)* quietly: *Marie covered the child with a blanket and quietly left the room.* **b)** *(w tajemnicy)* on the quiet: *Grandfather still has an occasional brandy on the quiet.* →patrz też **po południu** (POŁUDNIE), **po drodze** (DROGA), **po raz pierwszy** (PIERWSZY)

pobawić się *v* →patrz BAWIĆ SIĘ

pobicie *n* assault, mugging: *He is accused of assault.*

pobić *v* **1** beat (up): *He was beaten up by a gang of youths.* | **pobić kogoś na śmierć/do nieprzytomności** beat sb to death/beat sb unconscious **2 pobić rekord** break a record: *She broke the record in the long jump* (=skok w dal).

pobić się *v* **pobić się z kimś** have a fight with sb: *Stephen had a fight with Paul and ended up in the hospital.*

pobiec *v* run: *If we run, we can still catch the bus.* →patrz też BIEC

pobierać *v (energię, pożywienie)* take: *The algae takes its energy directly from the sun and water.* →patrz też POBRAĆ

P

pobieżny *adj* cursory, sketchy: *After a cursory look at the menu, Grant ordered a burger.* | *I made a few sketchy notes.* —**pobieżnie** *adv* cursorily: *She glanced cursorily through the magazine.*

pobliski *adj* nearby: *They went swimming in a nearby lake.*

pobliże *n* **w pobliżu** nearby, near/close at hand: *Dan found work on one of the farms nearby.* | *There are shops and buses close at hand.* | **w pobliżu czegoś** in the vicinity of sth: *The car was found in the vicinity of the bus station.* THESAURUS NEAR

pobłażliwy *adj* indulgent, lenient: *indulgent parents* | *The judge was criticized for being too lenient.* —**pobłażliwie** *adv* indulgently —**pobłażliwość** *n* leniency

pobłogosławić *v* bless: *Their mission had been blessed by the Pope.*

pobocze *n* **1** side of the road, roadside: *Cars pulled into the side of the road* (=zjechały na pobocze) *to let the ambulance get by.* **2** *(na autostradzie)* hard shoulder *BrE*, shoulder *AmE*

P

poboczny *adj* peripheral: *a peripheral issue*

poborca *n* collector: *a tax collector*

poborowy[1] *n* conscript

poborowy[2] *adj* **komisja poborowa** recruiting board *BrE*, draft board *AmE*

pobożny *adj* **1** pious, devout: *a quiet, pious man* | *a devout Catholic* **2 pobożne życzenia** wishful thinking —**pobożnie** *adv* piously —**pobożność** *n* piety, devotion

pobór *n* conscription, the draft *AmE*

pobrać *v* **1** *(zapłatę)* collect: *We collect our wages on Friday mornings.* | *Rent is collected once a month.* **2** *(krew, próbkę)* take: *They took a blood sample to test for hepatitis* (=zapalenie wątroby). **3** *(z Internetu)* download: *games that can be downloaded free from the Internet*
pobrać się *v* get married: *When are you two going to get married?*

pobrudzić *v* dirty, get/make dirty: *You can borrow my gloves, but please try not to dirty them.* →patrz też NABRUDZIĆ, BRUDZIĆ SIĘ

pobrzękiwać *v* jangle, clink: *I could hear his keys jangling.* | *the sounds of clinking cutlery* (=sztućców)

pobudka *n* reveille

pobudliwy *adj* excitable: *She's a very excitable child.* —**pobudliwość** *n* excitability

pobudzać *v* **1** stimulate: *The drug stimulates the flow of blood to the brain.* **2 pobudzić kogoś do działania/czynu** rouse sb to action

pobudzający *adj* **1** stimulating: *the stimulating effects of coffee and tea* **2 środek pobudzający** stimulant

pobudzić *v* →patrz POBUDZAĆ

pobyć *v* stay: *I'm planning to stay in Paris for a couple of months.*

pobyt *n* **1** stay: *Did you enjoy your stay in Mexico?* **2 prawo pobytu** right of abode

pocałować *v* **pocałować kogoś** kiss sb, give sb a kiss: *"Did you kiss her?" "It's none of your business!"* | *Come here and give me a kiss.* | **+w policzek/czoło itp.** on the cheek/forehead etc: *She kissed me on the cheek.* | **pocałować kogoś na dobranoc** kiss sb goodnight: *Matt kissed her goodnight and left the room.* →patrz też CAŁOWAĆ

pocałować się *v* kiss: *They kissed briefly, then he left the house.* →patrz też CAŁOWAĆ SIĘ

pocałunek *n* kiss: *a tender kiss*

pocenie się *n* perspiration

pochlebiać *v* **pochlebiać komuś** flatter sb: *I know I'm not beautiful, so don't try to flatter me!* | *"I think you like me more than you'll admit." "Don't flatter yourself* (=nie pochlebiaj sobie)*."* —**pochleb-ca/czyni** *n* flatterer

pochlebny *adj* **1** *(recenzja)* favourable *BrE*, favorable *AmE*: *The film received favourable reviews.* **2** *(uwaga)* complimentary: *Your teacher made some very complimentary remarks about your work.* —**pochlebstwo** *n* flattery: *She uses flattery to get what she wants.*

pochłaniać *v* **1** *(dźwięki, zapachy)* absorb: *Carpeting can be used to absorb noise.* **2 pochłaniać kogoś oczami/wzrokiem** devour sb with your eyes

pochłonąć *v* **1 być pochłoniętym czymś** be absorbed/immersed in sth, be preoccupied with sth: *The kids were completely absorbed in their game.* | *Grant is completely immersed in his work.* | *I was too preoccupied with my own problems to notice.* **2** *(czas, energię)* take: *The task will take an enormous amount of time and energy.* **3** *(lekturę)* devour: *Joseph simply devoured the contents of the book.* **4 coś pochłonęło wiele ofiar** sth claimed many lives: *The Kobe earthquake has so far claimed over 3,000 lives.* **5 coś pochłonęło dużo pieniędzy** sth swallowed a lot of money **6** *(zniszczyć)* destroy, consume: *The fire destroyed everything he possessed.* →patrz też POCHŁANIAĆ

pochmurny *adj* **1** *(dzień, niebo)* cloudy, overcast: *a cloudy day* | *a grey, overcast sky* | **jest pochmurno** it's cloudy: *The weather forecast says it's going to be cloudy tomorrow.* **2** *(człowiek, spojrzenie)* gloomy: *Why are you so gloomy today?*

pochodna *n* derivative: *Heroin is a derivative of morphine.*

pochodnia *n* torch

pochodzenie *n* **1** *(wyrazu, życia itp.)* origin: *The word is of Latin origin.* (=To słowo jest łacińskiego pochodzenia). | *the origin of life on Earth* THESAURUS BEGINNING **2** *(człowieka)* origin(s), ancestry, descent: *He's proud of his Italian origins.* | *people of Scottish ancestry* | *Tara's family is of Irish descent.* | **z pochodzenia** by birth: *Her grandfather was French by birth.* **3** *(społeczne)* (social) background: *people from different social backgrounds* (=o różnym pochodzeniu) | *The kids here have very different backgrounds.*

pochodzić *v* **1 pochodzić skądś a)** *(człowiek)* come from somewhere: *His mother came from Texas.* **b)** *(zwyczaj)* originate somewhere: *Karate originated in the East* (=pochodzi ze Wschodu). THESAURUS LIVE **2 pochodzić z bogatej itp. rodziny** come from a rich etc family: *She comes from a family of French aristocrats.* **3 pochodzić od czegoś** come from sth: *The word 'video' comes from the Latin word meaning 'I see'.* **4 pochodzić z XV wieku** date back to/date from the 15th century: *The cathedral dates from the 15th century.*

pochopny *adj* hasty, rash: *a rash decision* —**pochopnie** *adv* rashly: *I rashly offered to lend her the money.*

pochować *v* bury: *Auntie Jo was buried* (=została pochowana) *in Woodlawn Cemetery.*

pochód *n* parade: *a May Day parade*

pochówek *n* burial

pochwa *v* **1** *(kobieca)* vagina **2** *(na nóż, miecz)* sheath

pochwalać *v* **1 pochwalać coś** approve of sth: *I don't approve of taking drugs.* **2 nie pochwalać czegoś** disapprove of sth: *Her parents disapprove of her lifestyle.*

pochwalić *v* praise: **+kogoś za coś** sb for sth: *Mr Lee praised Jill for the quality of her work.*

pochwała *n* **1** praise, commendation: *The whole team deserves* (=zasługuje na) *praise for their performance.* | **udzielić komuś pochwały za coś** praise/commend sb for sth: *She was commended for her years of service to the community.* **2 godny pochwały** commendable, praiseworthy: *a commendable effort*

pochwycić *v* catch: *The police have caught the man suspected of the murder.*

pochylić *v* **pochylić głowę** lower your head: *Lewis lowered his head and refused to answer.*
pochylić się *v* **1** *(człowiek)* bend down, lean (over): *George bent down and stroked the little girl's hair.* | *Anthony leaned over and kissed her.* | **pochylić się nad kimś/czymś** bend/lean over sb/sth: *He bent over his plate, eating hungrily.* | *They were leaning over her, trying to wake her up.* **2** *(drzewo, słup)* lean: *All the trees were leaning in the wind.*

pochyły *adj* **1** *(teren, dach itp.)* sloping: *a sloping roof* **2** *(pismo)* slanting: *slanting handwriting*

pociąć *v* cut up: *Do you have any old magazines the kids can cut up?*

pociąg *n* **1** *(kolej)* train: *What time is the next train to Birmingham?* | **pociągiem** by train: *It's more relaxing to travel by train.* | **w pociągu** on the train: *They met on the train.* **2** *(zamiłowanie)* passion: **+do czegoś** for sth: *the Cubans' passion for football* **3 pociąg płciowy** sexual attraction

pociągać *v* **1 coś kogoś pociąga** sb is attracted by sth: *I was attracted by the idea of living on a desert island.* **2 ktoś kogoś pociąga** sb is attracted to sb: *I've always been attracted to blondes.* **3 pociągać nosem** sniff: *The girl sitting behind me was coughing and sniffing.* **4 pociągać za sobą** entail: *Repairs would entail the closure of the bridge for six months.*

pociągnąć *v* **1 pociągnąć (za) coś** pull sth, give sth a pull: *I pulled the handle and it just snapped off* (=odłamała się)! | *Give the rope a pull.* THESAURUS PULL **2 ktoś długo nie pociągnie** sb won't last long, sb won't hold on much longer

pociągnięcie *n* **1** *(posunięcie)* move: *"I called Tom to say I don't want to see him again." "Good move."* **2** *(pędzla)* stroke: *Max made a few quick strokes with his brush.*

po cichu *adv* **1** quietly: *They left the room quietly.* **2** *(w tajemnicy)* quietly, on the quiet: *They have quietly gathered enough support to challenge the leadership.* | *We found out they'd been meeting on the quiet.*

pocić się *v* sweat, perspire: *As he approached the customs post he began to sweat.*

pociecha *n* comfort, consolation: *They were still together, and at least that was one consolation.* | **być dla kogoś pociechą** be a comfort to sb: *She was a great comfort to me while I was in the hospital.*

po ciemku *adv* in the dark: *Be careful if you're walking home in the dark.*

pociemnieć *v* darken: *The sky darkened and rain began to fall.*

pocierać *v* → patrz POTRZEĆ

pocieszenie *n* **nagroda pocieszenia a)** consolation prize **b)** *(dla kogoś, kto zajął ostatnie miejsce)* booby prize

pocieszyć *v* **1** *(po stracie, w zmartwieniu)* comfort, console: *Jean was terribly upset, and we all tried to comfort her.* | *No one could console her when her first child died.* **2** *(wprawić w lepszy humor)* cheer up: *She took him out to dinner to cheer him up.*

pocisk *n* **1** *(artyleryjski)* shell **2** *(rakietowy)* missile **3** *(do broni palnej)* bullet

począć *v* **1** *(dziecko)* conceive: *women who have difficulty conceiving* **2** *(zrobić)* do: *What am I going to do now?* | **nie wiedzieć, co począć** be at your wits' end: *There's no one he can turn to for help and he is at his wits' end.* **3 począwszy od** starting from: *Starting from tomorrow, we all have to be at work by 8.30.*

początek *n* **1** beginning, start: *the beginning of the film* | *Hurry, or we'll miss the start of the show.* | **na początku czegoś** at the beginning of sth: *We pay our rent at the beginning of every month.* | **z/na początku** in the beginning, to start with, at first: *I was too shy to speak to her in the beginning.* | *I felt nervous to start with, but soon began to relax.* | *At first he seemed very strict, but now I really like him.* | **od (samego) początku** (right) from the beginning/start, (right) at/from the outset: *I said he would be trouble, right from the beginning.* | *It was clear from the outset that there were going to be problems.* THESAURUS BEGINNING **2 na początek** first of all: *First of all we'd better make sure we have everything we need.* | *First of all I'd like to welcome you to the meeting.* **3 od początku do końca** from beginning to end, from start to finish: *The whole trip was a disaster from beginning to end.* | *The concert was a fiasco from start to finish.* **4 początki** beginnings: *the beginnings of the capitalist system*

początkowo *adv* initially, originally: *I was employed initially as a temporary worker.* | *This engine was originally used for pumping water out of the mines.*

początkowy *adj* initial: *the initial stages of the disease*

początkujący *adj* novice: *a novice skier* | *novice drivers*

początkując-y/a *n* beginner: *a new French course for beginners* | *Barbara Banks's book 'Tennis for Beginners'*

poczciwy *adj* kind-hearted: *a kind-hearted woman*

poczekać *v* **1** wait: *Wait right here until I come back.* | **+na kogoś/coś** for sb/sth: *We'll have to wait for Dr Fletcher.* | **poczekaj!** wait a minute/second/moment!, hang on!, hold on!: *Wait a second, I'll get my coat and come with you.* | *Hang on, I'll be with you in a minute.* | *Hold on, I'll just get my coat.* **2 to może poczekać** it can wait, it'll keep: *"I'd love to hear about it but I've got to go." "Don't worry, it'll keep."* → patrz też CZEKAĆ

poczekalnia *n* waiting room

poczerwienieć *v* redden: *Tina's face reddened with embarrassment* (=ze wstydu).

poczesny *adj* prominent: *His college diploma occupied the most prominent place in the living room.*

poczet *n* **1 zaliczka na poczet czegoś** advance on sth: *Could I have a small advance on my salary?* | **wpłacić/przeznaczyć pieniądze na poczet czegoś** pay/put money towards sth: *A lot of donations will be put towards repairing the church roof.* **2 przyjąć kogoś w poczet (członków) czegoś** admit sb into the ranks of sth: *Many organizations discover belatedly* (=poniewczasie) *that they have admitted into their ranks a number of people who did not deserve it.*

poczęcie *n* conception

P

poczęstować *v* **poczęstować kogoś czymś** help sb to sth: *Can I help you to some dessert?*
poczęstować się *v* **poczęstować się czymś** help yourself to sth: *Help yourself to some more cake.* —**poczęstunek** *n* food and drinks

poczta *n* **1** *(korespondencja)* post *BrE*, mail *AmE*: *Is there any post for me?* | *They sent my mail to the wrong address.* | *What time does the mail come?* | **wysłać/otrzymać itp. coś pocztą** send/receive etc sth by post *BrE* /mail *AmE*: *He sent the book by post.* | *The invitation arrived by mail this morning.* | **poczta lotnicza** airmail | **poczta zwykła** *(nie lotnicza)* surface mail **2** *(urząd pocztowy)* post office: *Remind me to go to the post office* (=na pocztę). **3 poczta elektroniczna** e-mail, electronic mail: *Now that we live in different cities, we communicate by e-mail.* **4 poczta głosowa** voicemail **5 coś doszło do kogoś pocztą pantoflową** sb heard sth on/through the grapevine: *I heard it through the grapevine that Julie's getting married.*

P

pocztowy *adj* postal: *a postal district* | **opłata pocztowa** postage | **znaczek pocztowy** (postage) stamp | **kod pocztowy** postcode *BrE*, zipcode *AmE* | **przekaz pocztowy** money order, postal order *BrE* | **skrzynka pocztowa** postbox *BrE*, mailbox *AmE* | **stempel pocztowy** postmark | **urząd pocztowy** post office

pocztówka *n* postcard: *a postcard of Paris* (=z widokiem Paryża) | *She sent me a postcard from Miami.*

poczucie *n* **1** sense, feeling: *She felt a strong sense of loyalty to him.* | *a feeling of shame and guilt* **2 poczucie humoru** sense of humour *BrE*, humor *AmE*: *Laura has a great sense of humour.*

poczuć *v* **1** *(ból)* feel: *He felt a sharp pain in his chest.* **2** *(zapach)* smell: *Have you smelled my new aftershave?* **3** *(smak)* taste: *Joyce tasted blood on her upper lip.* **4** *(wyczuć)* sense: *Rebecca sensed that something was wrong.*
poczuć się *v* feel: *I felt as though I'd won* (=poczułem się, jakbym wygrał) *a million dollars.* | **poczuć się lepiej/gorzej** feel better/worse: *The doctor told me to stay in bed until I felt better* (=dopóki nie poczuję się lepiej).

poczuwać się *v* **poczuwać się do winy/odpowiedzialności** feel guilty/responsible: *They're not my children, but I still feel responsible for them.*

poczwarka *n* chrysalis

poczwórny *adj* quadruple: *The subjects were given quadruple the normal dosage of the drug.*

poczynać *v* **poczynając od** starting from: *Starting from that day, things steadily improved.* →patrz też POCZĄĆ

poczynania *n* actions: *The child could not be held responsible for his actions.*

poczynić *v* **1** *(obserwacje, postępy)* make: *She made some interesting observations in her article.* | *I believe we have made progress in our negotiations.* **2 poczynić zniszczenia/spustoszenie** wreak havoc: *Hurricane Mitch wreaked havoc along the eastern coast.*

poczytać *v* read: *He likes to read a newspaper after dinner.* →patrz też CZYTAĆ, POCZYTYWAĆ

poczytalny *adj* of sound mind: *Dorothy contested the will* (=zakwestionowała testament), *saying that Mr Palmer had not been of sound mind when it was drawn up* (=spisany).

poczytywać *v* **1 poczytywać kogoś/coś za ...** consider sb/sth (to be) ...: *It can be considered a provocation* (=to może być poczytane za prowokację). **2 poczytywać coś sobie za honor/obowiązek itp.** consider sth an honour/duty etc: *I consider it a great honour to be invited.*

pod *prep* **1** under, below: *The cat was asleep under a chair.* | *We sailed under the Golden Gate Bridge.* | *Fish were swimming below the surface of the water.* | **pod spodem** below, underneath: *He got out of the car and looked underneath.* | **pod ziemią/wodą** underground/underwater: *creatures that live underground* THESAURUS UNDER **2 pod Warszawą/Londynem itp.** near Warsaw/London etc: *a village near Norwich* | **bitwa pod Hastings** the Battle of Hastings **3 pod czyimś panowaniem/kontrolą/rządami** under sb's rule/control/government: *a country under Marxist rule* **4 pod koniec roku/miesiąca itp.** towards *BrE*, toward *AmE* the end of the year/month etc: *I often feel tired towards the end of the day.* **5 pod presją/naciskiem ze strony kogoś/czegoś** under pressure from sb/sth: *John only agreed to go under pressure from his parents.* **6 pod prąd/wiatr** against the current/wind: *We had to sail against the wind.* →patrz też **pod tytułem** (TYTUŁ), **pod warunkiem, że ...** (WARUNEK), **pod wpływem czegoś** (WPŁYW), **pod względem** (WZGLĄD)

UWAGA: under i below

Przyimki te różnią się nieco znaczeniem. **Below** oznacza jedynie, że jeden obiekt znajduje się poniżej drugiego, natomiast **under** używamy wtedy, gdy jeden obiekt znajduje bezpośrednio pod drugim lub jest nim zasłonięty: *Our helicopter hovered just below the summit so that we could film the rescue.* | *He has a scar just below the left eye.* | *Come and stand under my umbrella.* | *I eventually found the letter under a pile of old newspapers.*

podać *v* **1** *(do ręki)* give, hand, pass: *Here, give me your coat. I'll hang it up for you.* | *Can you hand me a towel?* | *Pass the salt please.* **2** *(nazwisko, cenę itp.)* give, tell: *I almost fainted when they told me the price.* | *Give me your name and address.* **3** *(szczegóły)* give: *The brochure gives all the details.* **4 podać (do wiadomości)** announce: *The winner of the competition will be announced shortly.* | **+że** that: *A police spokesman announced that a man had been arrested.* **5** *(obiad, kolację)* serve: *Dinner will be served at eight.* **6** *(lekarstwo)* give, administer: *The medicine was administered in regular doses.* **7** *(piłkę)* pass: *Johnson passes the ball quickly to Eliott, and Eliott scores!* **8 podać sobie ręce** shake hands: *We shook hands and said goodbye.* **9 podać kogoś do sądu** take sb to court →patrz też PODAWAĆ
podać się *v* **podać się do dymisji** hand in your resignation, resign: *She has threatened* (=groziła) *to hand in her resignation on several occasions.*

podanie *n* **1** *(pismo)* application: **+o coś** for sth: *There were more than 300 applications for the six jobs.* | **złożyć podanie** apply: *Kevin's applied for a management job in Atlanta.* **2** *(piłki)* pass: *a short pass to Maradona* **3** *(legenda)* legend: *the legend of Robin Hood*

podarować *v* **1 podarować komuś coś** *(sprezentować)* make sb a gift of sth, give sb sth (as a present): *Grandma made me a gift of her silver.* | *I gave Jen a CD for Christmas.* **2 podarować coś komuś** *(przebaczyć)* forgive sb (for) sth: *She never forgave him for embarrassing her in front of her colleagues.* | *I can't forgive him for what he did to my sister.*

podarty *adj* torn, ragged, tattered: *His clothes were torn and stained with blood.* | *a pair of ragged shorts* | *tattered curtains*

podarunek *n* gift

podatek *n* tax: **podatek dochodowy** income tax —**podatkowy** *adj* tax: *the tax system* —**podatni-k/czka** *n* taxpayer

podatny *adj* **podatny (na coś)** susceptible (to sth): *I've always been very susceptible to colds.* —**podatność** *n* susceptibility: *susceptibility to disease*

podawać *v* →patrz PODAĆ
podawać się *v* **podawać się za kogoś** pose as sb: *Bryce was caught posing as a lawyer.*

podaż *n* supply: **podaż i popyt** supply and demand

podążać *v* **1 podążać dokądś** be heading somewhere: *We were just heading home.* | **podążać w kierunku ...** be heading for/toward(s) ...: *The ship was heading for Cuba.* **2 podążać za kimś** follow sb: *Realizing that the man was following him, Steve broke into a run* (=zaczął biec).

podbicie *n* **1** *(stopy)* arch **2** *(podszewka)* lining

podbić *v* **1** *(terytorium)* conquer: *Egypt was conquered by the Ottoman Empire in 1517.* **2** *(cenę)* raise: *He's going to buy the farm even if they raise the price.* **3 podbić komuś oko** give sb a black eye

podbiec *v* run up: *A man with a gun ran up and shot him dead.* | *Anne ran up to Mrs Lynde. "I hate you!" she shouted.*

podbity *adj* **podbite oko** black eye: *Joe came home with a black eye.* →patrz też PODBIĆ

podbój *n* conquest: *the Muslim conquest of Egypt* | *man's conquest of space*

podbródek *n* chin

podchodzić *v* →patrz PODEJŚĆ

podchwycić *v* **1** *(nawiązać do czegoś)* pick/take up: *Tocqueville picked up this theme in his later works.* | *She took up the point he had raised earlier.* **2** *(przyłączyć się do czegoś)* take up: *The whole class took up the chorus/song.* | *Their protests were taken up by other groups.*

podchwytliwy *adj* tricky: *That's a very tricky question.*

podciąć *v* **1 podciąć coś** *(włosy, gałąź)* trim sth, give sth a trim: *My hair needs trimming.* | *Give my hair a trim, will you?* | *Can you trim the hedge?* **2 podciąć komuś gardło** slit sb's throat **3 podciąć sobie żyły** slash/cut your wrists

podciągnąć *v* *(spódnicę, nogawki)* hitch up: *She hitched up her skirt and stepped over the wall.*
podciągnąć się *v* **1** *(na rękach)* pull yourself up: *Harry pulled himself up onto the wall.* **2 podciągnąć się z matematyki/angielskiego itp.** improve your maths/English etc: *Michael made a concerted effort to improve his French.*

podczas *prep* **1** during: *During the Second World War, Sweden was neutral.* | *They didn't speak to each other during dinner.* **2 podczas gdy a)** *(w tym samym czasie)* while: *I did the dishes while you were asleep.* **b)** *(natomiast)* whereas, while: *Nowadays the journey takes six hours, whereas then it took several weeks.* | *That region has plenty of natural resources while this one has none.*

podczerwień *n* infrared light: **urządzenie/kamera na podczerwień** infrared device/camera —**podczerwony** *adj* infrared

poddać *v* **1 poddać coś analizie/oględzinom itp.** subject sth to analysis/scrutiny etc: *All our products are subjected to rigorous testing.* **2 poddać kogoś/coś działaniu czegoś** expose sb/sth to sth: *The samples were then exposed to low radiation.* **3 poddać coś pod dyskusję** put sth forward for discussion: *In November, the Government put forward its own possible solutions for discussion.* | **poddać coś pod głosowanie** put sth to the vote: *Let's put the motion* (=wniosek) *to the vote.* **4** *(oddać wrogowi)* surrender: *They are not willing to surrender the city.* **5 poddać komuś pomysł/temat itp.** suggest an idea/topic etc to sb
poddać się *v* **1** *(nieprzyjacielowi)* surrender, give yourself up: *They were determined never to surrender.* | *The rebel forces have surrendered.* | *He gave himself up after police surrounded the property.* **2** *(dać za wygraną)* give in/up: *The team refused to give in and accept defeat.* | *They searched for the ball for a while, but eventually gave up and went home.* **3 poddać się operacji/leczeniu itp.** undergo surgery/treatment etc: *He'll have to undergo psychiatric treatment at the hospital.* **4 poddać się słabości/uczuciu itp.** give in to a weakness/an emotion etc: *If you feel the urge for a cigarette, try not to give in to it.*

poddan-y/a *n* subject: *British subjects*

poddasze *n* attic, loft *BrE*

poddawać *v* →patrz PODDAĆ

podejmować *v* →patrz PODJĄĆ

podejrzany *adj* **1** *(nie budzący zaufania)* suspicious, dubious: *Passengers should report any bags that seem suspicious.* | *suspicious circumstances* | *a dubious character* (=typ) **2 być podejrzanym o coś** be suspected of sth, be under suspicion for sth: *She is suspected of murder.* | *A number of people are under suspicion for the robbery.* **3** *(nieprawdopodobny)* suspect: *Her explanation seems suspect.* —**podejrzanie** *adv* suspiciously: *Two youths were behaving suspiciously outside the shop.*

podejrzan-y/a *n* suspect: *Two suspects were arrested today in connection with the robbery.*

> **UWAGA: suspect**
> Wyraz **suspect** w znaczeniu rzeczownikowym i przymiotnikowym wymawiamy ˈsʌspekt, z akcentem na pierwszej sylabie, w odróżnieniu od czasownika, który akcentujemy na drugiej sylabie: səˈspekt.

podejrzeć *v* **podejrzeć coś** take a peep/peek at sth: *She took a peep at the answers in the back of the book.* →patrz też PODGLĄDAĆ

podejrzenie *n* suspicion: *Nobody saw who did it, but I have my suspicions.* | **mieć podejrzenia co do kogoś/czegoś** be suspicious of sb/sth: *I am slightly suspicious of his intentions.* | **żywić podejrzenia (co do kogoś)** harbour *BrE*, harbor *AmE* suspicions (about sb): *Several of Wilson's colleagues harboured suspicions about him.*

podejrzewać *v* **1** suspect: *I suspected that Suki had been lying.* | **podejrzewać kogoś (o coś)** suspect sb (of doing sth): *Who do you suspect?* | *Pilcher was suspected of being a spy.* **2 niczego nie podejrzewający** unsuspecting: *her unsuspecting victim* →patrz też PODEJRZANY

podejrzliwy *adj* suspicious: *I started to be suspicious when I found a hotel bill in Sarah's pocket.* | **+wobec kogoś/czegoś** of sb/sth: *I'm always suspicious of people who offer me money.* —**podejrzliwie** *adv* suspiciously, with suspicion: *They sat in silence, eyeing* (=przypatrując się) *the food suspiciously.* | *She always treated us with suspicion.* —**podejrzliwość** *n* suspiciousness

podejście *n* **1** *(stosunek)* attitude: **+do kogoś/czegoś** to/toward(s) sb/sth: *He has a very old-fashioned attitude towards women.* THESAURUS WAY **2** *(metoda)* approach: **+do czegoś** to sth: *a creative approach to teaching science*

P

podejść *v* **1 podejść (do kogoś/czegoś)** *(zbliżyć się)* come up (to sb/sth), approach (sb/sth): *Wendy came up and sat beside me.* | *When I approached, the deer immediately ran away.* | *A lot of people came up to me and started asking questions.* | *A man approached me, asking if I'd seen a little girl.* **2 podejść do czegoś (w jakiś sposób)** approach sth (in some way): *I don't think refusing to negotiate is the right way to approach this problem.*

podekscytowany *adj* excited: *I'm so excited - Steve's coming home tomorrow.*

podeprzeć *v* **1** *(ścianę, mebel)* prop up, support: *The builders are trying to prop up the crumbling walls of the church.* **2** *(twierdzenie, tezę)* support: *They could not support their claims with solid evidence.*

podeprzeć się *v* **1** prop yourself up: *Frank propped himself up on his elbow.* **2 podeprzeć się czyimś autorytetem/argumentami itp.** use sb's authority/arguments etc →patrz też PODPIERAĆ SIĘ

P

podeptać *v* **podeptać coś** trample (on) sth, trample sth underfoot: *You trampled on my beautiful flowerbeds.* | *She dropped her jacket and it was trampled underfoot.*

poderwać *v (dziewczynę, chłopaka)* pick up: *I wish I could just go out and pick up a nice man.*

poderwać się *v* jump up: *Mitch jumped up to fetch the TV guide.*

podest *n* **1** *(między piętrami)* landing **2** *(dla mówcy)* podium

podeszły *adj* **w podeszłym wieku** elderly: *an elderly lady* | **osoby w podeszłym wieku** the elderly: *care for the elderly* THESAURUS OLD

podeszwa *n* sole

podglądać *v* **1** peek: *Don't peek - I want this to be a surprise.* **2 podglądać kogoś** spy on sb: *He's always spying on the neighbours.*

podgrzewać *v* warm up, heat up: *The sun will warm up the water in the lake.* | *I'll heat up some soup for you.*

podium *n* **1** podium, platform: *He climbed on to the platform and began to address the crowd.* **2** *(dla zwycięzców)* rostrum: *She climbed on to the winner's rostrum.*

UWAGA: rostrum

Rzeczownik **rostrum** ma dwie formy liczby mnogiej: **rostrums** i **rostra**.

podjazd *n* driveway, drive: *He parked his car in the driveway.*

podjąć *v* **1 podjąć decyzję** make/take/reach a decision, come to a decision: *I hope I've made the right decision.* | *The jury took three days to reach a decision.* **2** *(pracę, obowiązki)* take up: *She took up her first teaching post in 1950.* **3 podjąć próbę** make an attempt: *He made one last attempt at the world record* (=próbę ustanowienia rekordu świata). **4 podjąć działania/kroki** take steps/measures: *We must take steps to make sure it never happens again.* | *They have to take drastic measures to save money.* **5** *(pieniądze)* withdraw: *He withdrew $200 from his savings account.* **6** *(kwestię, temat, wyzwanie)* take up: *I'm going to take this matter up with my lawyer.* | *Are you going to take up the challenge?*

podjąć się *v* **podjąć się czegoś** undertake (to do) sth: *Baker undertook the task of writing the report.*

podjechać *v* **1 a)** *(samochód)* draw up: *A huge black limousine drew up outside the bank* (=podjechała pod bank). **b)** *(samochodem)* drive up: *A traffic cop drove up beside me and told me to pull over* (=zjechać na pobocze). **2 podjechać po kogoś/coś** pick sb/sth up: *I'll pick up my stuff around six, okay?* **3 podjechać do sklepu/na lotnisko itp.** stop by the shop/airport etc: *Could you stop by the store on your way home?* **4 podjechać autobusem/taksówką itp.** take a bus/taxi etc: *Don't worry about me - I'll take a taxi.*

podjeżdżać *v* **podjeżdżać pod górę** drive up a hill: *A big Cadillac passed us as we drove up the hill.* →patrz też PODJECHAĆ

podkast *n także* **podcast** podcast

podkatalog *n* subdirectory

podkład *n* **1 podkład muzyczny** incidental music **2** *(pod makijaż)* foundation

podkładać *v* →patrz PODŁOŻYĆ

podkochiwać się *v* **podkochiwać się w kimś** have a crush on sb: *Ben has a crush on his teacher.* THESAURUS LOVE

podkoszulek *n* **1** T-shirt, tee-shirt **2** *(bielizna)* vest *BrE*, undershirt *AmE*

podkowa *n* horseshoe

podkradać się *v* **podkradać się (do)** creep/sneak up (on): *I wish you wouldn't creep up on me like that!* | *Once the buffalo hunters saw a herd, they sneaked up on foot.*

podkrążony *adj* **mieć podkrążone oczy** have dark rings round your eyes: *Martha had dark rings round her eyes from too many sleepless nights.*

podkreślać *v* **1** *(akcentować)* stress, emphasize, emphasise *BrE*: *She stressed the need for more money for the programme.* | *My teacher always emphasizes the importance of grammar.* **2** *(wyraz w tekście)* underline: *Please underline all the words that you don't know.*

podkręcić *v (radio, telewizor)* turn up: *Turn up the radio - I love this song.*

podkuć *v (konia)* shoe

UWAGA: shoe

Czasownik ten odmienia się nieregularnie: **shoe**, **shod**, **shod**.

podle *adv* **1** *(zachować się)* meanly, despicably: *The man grinned despicably.* **2 czuć się podle** feel lousy

podlegać *v* **1 podlegać komuś/czemuś** come under sb/sth, be subordinate to sb/sth: *These schools come under the control of the Department of Education.* | *The CIA Director is subordinate to the Secretary of Defense.* **2** *(zmianom, regułom)* be subject to: *All prices are subject to change.* | *When you are in a foreign country, you are subject to its laws.* **3 podlegać karze** carry a penalty: *Rape carries the death penalty.*

podlewać *v* water: *You must water the garden, it's very dry.*

podliczyć *v* count (up), tally up: *It took hours to count up all the votes.* | *Can you tally up the scores?*

podlizywać się *v* **podlizywać się komuś** crawl to sb, ingratiate yourself with sb: *He's always crawling to the boss.* | *a politician trying to ingratiate himself with the voters*

podłączyć *v* connect, hook up: *The phone isn't connected yet.* | *Millions of people are now hooked up to the internet.* THESAURUS JOIN —**podłączenie** *n* connection

podłoga *n* floor: *She was sweeping the kitchen floor.* | *The vase fell to the floor.*

podłość *n* **1** *(cecha)* meanness, wickedness **2** *(czyn)* dirty trick

podłoże *n* **1 leżeć u podłoża czegoś** be/lie at the root of sth: *religious differences which lie at the root of the conflict* **2 choroby o podłożu genetycznym itp.** genetically etc based diseases

podłożyć *v* **1 podłożyć coś pod coś** put sth under sth: *Put a plate under your chin to catch the crumbs.* **2 podłożyć bombę** plant a bomb: *No one claimed responsibility for planting the bomb.* **3 podłożyć komuś coś** *(bez jego wiedzy)* plant sth on sb: *Someone must have planted the drugs on her.*

podłużny *adj* **1** *(kształt)* oblong, elongated: *an oblong box* | *elongated shadows* **2** *(przekrój)* longitudinal

podły *adj* mean, wicked, despicable: *Don't be so mean to your sister.* | *the wicked stepmother in 'Cinderella'* | *You're a despicable liar!*

podmiejski *adj* suburban: *suburban districts of London*

podmienić *v* switch: *Magicians are good at switching cards so that nobody notices.*

podmiot *n* **1** *(zdania)* subject: *In the sentence 'Jean loves cats', 'Jean' is the subject.* **2** *(w filozofii, gospodarce itp.)* entity: *East and West Germany became once more a single political entity.*

podmokły *adj* boggy, marshy: *a boggy patch at the edge of the field* | *marshy ground*

podmorski *adj* submarine: *a submarine cable*

podmuch *n* blast, gust: *a blast of icy air* | *A gust of wind blew our tent over.*

podniebienie *n* palate, roof (of the mouth): *the hard/soft palate*

podniecać *v* **1** excite: *Agassi is the kind of player who really excites the crowd.* **2** *(seksualnie)* arouse, turn on, excite: *A lot of guys are turned on by the idea of women in uniform.*
podniecać się *v* **1** get excited: *He's not the kind to get excited about money.* **2** *(seksualnie)* get aroused

podniecający *adj* exciting: *Their trip to Australia sounded really exciting.*

podniecenie *n* **1** excitement: *Gerry couldn't sleep after all the excitement of the day.* **2** *(seksualne)* arousal

podniecony *adj* excited, eager: *I'm so excited - Steve's coming home tomorrow.* | *The kids are getting really excited about our trip to California.* | *There was a queue of eager schoolchildren outside the theatre.*

podnieść *v* **1** *(unieść)* lift, raise: *He lifted his hand to wave.* | *He raised the lid of the box.* | *Raise your hand if you know the answer.* THESAURUS STAND **2** *(coś ciężkiego)* lift, pick up: *Can you help me lift this box?* | *Pick me up, Daddy!* **3** *(cenę, temperaturę itp.)* raise: *a plan to raise taxes* | *The reaction is started by raising the temperature to 140°C.* **4 podnieść słuchawkę** pick up the phone/receiver: *He picked up the phone just as it stopped ringing.* **5 podnieść do kwadratu** square: *Three squared is nine.* **6 podnieść głos** raise your voice: *Don't raise your voice to me, young man!* **7 podnieść kogoś na duchu** give a boost to sb, lift sb's spirits: *The Queen's visit gave a big boost to patients.* | **podnoszący na duchu** uplifting: *an uplifting experience* →patrz też **podnieść alarm** (ALARM)
podnieść się *v* **1** *(poziom wody itp.)* rise: *Flood waters are still rising in parts of Missouri.* **2** *(wstać)* rise (to your feet), stand up: *Thornton rose to his feet and turned to speak to them.* **3** *(usiąść)* sit up: *He sat up and rubbed his eyes.*

podnoszenie *n* **podnoszenie ciężarów** weightlifting

podnośnik *n* jack: **podnieść coś na podnośniku** jack sth up: *Dad jacked the car up so I could change the tyre.*

podnóże *n* **u podnóża góry/wzgórza itp.** at the foot of a mountain/hill etc: *a beautiful lake at the foot of Mt Kenashi*

podnóżek *n* footstool

podobać się *v* **1 coś się komuś podoba** sb likes sth, sb enjoys sth, sth appeals to sb: *I like your new dress.* | *Did you enjoy the movie?* | *The new programme should appeal to* (=powinien się podobać) *our younger viewers.* | **coś się komuś podoba w kimś/czymś** sb likes sth about sb/sth: *What I like about this job is the flexibility.* | *The thing I like about Todd is that he's always cheerful.* | **jak ci się podoba ... ?** how do you like ... ?: *"How do you like New York?" "It's great!"* | **komuś podoba się, gdy ...** sb likes it when ...: *I don't like it when you look at me like that!* **2 ktoś się komuś podoba** sb finds sb attractive, sb fancies sb *BrE*: *I must admit I've never found him particularly attractive* (=nigdy mi się specjalnie nie podobał). | *I really fancy that guy.* **3 komuś podoba się gdzieś** sb likes it somewhere: *Do you like it here?* **4 czy ci się to podoba, czy nie** (whether you) like it or not: *You're going to the dentist, like it or not!* **5 co/kiedy itp. tylko się komuś podoba** anything/any time etc you want/like *BrE*: *She lets her kids have anything they want.* | *Come and stay with us for as long as you like.* | **robić, co się komuś podoba** do whatever you want/like, do as you like: *You never listen to me. You just do whatever you want.* | *You are free to do as you like.* →patrz też SPODOBAĆ SIĘ

podobieństwo *n* similarity, likeness, resemblance: **+między** between: *There is some similarity between the styles of the two authors.* | *a family likeness between the three sisters* | *There's a slight resemblance between Mike and his cousin.* | **+do** to: *What I like about his poetry is its similarity to Wordsworth's.* | *Hugh's striking likeness to his father*

podobizna *n* likeness: *That's a remarkable likeness of Julia.*

podobnie *adv* **1** *(w ten sam sposób)* similarly: *This idea is similarly expressed in his most recent book.* **2 wyglądać/brzmieć itp. podobnie** look/sound etc similar/alike: *Kiwi fruit and gooseberry taste similar.* | *All the new cars look alike to me.* **3** *(również)* similarly, likewise: *Sales of existing homes went up last month. Similarly, construction of new homes rose as well.* | *The dinner was superb. Likewise, the concert.* **4 podobnie jak** like, in common with: *In common with many other schools, we suffer from overcrowded classrooms.*

podobno *adv* apparently, reportedly: *Apparently, Susan's living in Madrid now.* | *She's reportedly one of the richest women in Europe.*

podobny *adj* **1** similar: *We have similar tastes in music.* | **+do kogoś/czegoś** to sb/sth: *My opinions on the matter are similar to Kay's.* | **być podobnym do matki/ojca itp.** take after your mother/father etc, resemble your mother/father etc: *Jenny takes after her dad.* | *She resembles her mother in many ways.* | **oni są (do siebie) podobni** they are alike: *The twins are so alike that it's impossible to tell them apart* (=odróżnić). | *My mother and I are alike in many ways.* | **podobni (do siebie) jak dwie krople wody** as like as two peas (in a pod): *Martin and his brother are as like as two peas.* **2 i tym podobne** and

P

the like: *social problems such as poverty, unemployment and the like* **3 w podobny sposób** similarly: *This idea is similarly expressed in a poem by Dylan Thomas.* **4 coś podobnego!** really?: *"Jay's getting married." "Really? When?"* **5 nic podobnego** nothing of the sort: *"You said my work was rubbish." "I said nothing of the sort."* **6 do czego to podobne?!** what on earth!, would you believe it?

podoficer *n* non-commissioned officer

podołać *v* **1** succeed, make it: *I'm sure you'll succeed if you work hard.* | *I was so exhausted that I didn't think I was going to make it.* **2 podołać czemuś** cope with sth: *I don't think I could cope with a job like that.*

podopieczn-y/a *n* ward, protégé

podpalić *v* **podpalić coś** set fire to sth, set sth alight: *Vandals set fire to the school.* | *Several cars were set alight by rioters.* **—podpalenie** *n* arson **—podpalacz/ka** *n* arsonist

P

podpaska *n* sanitary pad, sanitary towel *BrE*, sanitary napkin *AmE*

podpaść *v* **podpaść komuś** get in sb's bad books: *Be sure not to get in his bad books.*

podpatrywać *v* **1** *(obserwować)* watch: *He spent most of his free time watching birds.* **2** *(ukradkiem)* peek: *The children were peeking from behind the wall.* | *Not fair! You peeked (=podpatrywałeś)!* **3** *(naśladować)* imitate, copy: *Children often imitate their parents' behaviour.*

podpierać *v* → patrz **PODEPRZEĆ**

podpierać się *v* lean: *old men leaning on walking sticks* → patrz też **PODEPRZEĆ SIĘ**

podpis *n* **1** *(na dokumencie itp.)* signature: *He faked his father's signature on the cheque.* | **złożyć podpis na/pod czymś** sign sth: *He refused to sign the document.* | **podpis elektroniczny** digital signature **2** *(pod ilustracją)* caption: *Match each photo with an appropriate caption.*

podpisać *v* **1 a)** *(pełnym nazwiskiem)* sign: *I forgot to sign the cheque.* **b)** *(inicjałami)* initial: *Could you initial this form for me, please?* **2** *(sławna osoba)* autograph: *an autographed picture*

podpisać się *v* **1** sign your name: *A list was passed around and we each had to sign our name.* **2 podpisać się pod czymś** put your signature to/on sth: *President Bush put his signature to a new agreement between NATO and Russia.* **3 niżej podpisany** the undersigned

podpity *adj* tipsy

podpora *n* **1** support: *supports for the roof* | *the supports of a bridge* **2 być czyjąś podporą** be sb's support (in times of trouble)

podporządkować *v* **1 podporządkować sobie kogoś/coś** subjugate sb/sth: *In 1619, the Dutch subjugated the island of Java.* **2 podporządkować coś czemuś** subordinate sth to sth: *Product research is often subordinated to sales tactics.*

podporządkować się *v* **1** toe the line: *She realized that she had to toe the line if she wanted to keep her job.* **2 podporządkować się czemuś** conform to sth, comply with sth: *You must conform to the rules or leave the school.* | *The Government is obliged to comply with the court's ruling.* **3 podporządkować się komuś** defer to sb: *The generals must defer to elected leaders.*

podpowiadać *v* **1 podpowiadać komuś a)** *(w szkole)* whisper the answers to sb **b)** *(w teatrze)* prompt sb: *His job is to prompt the actors when they forget their lines.* **2 podpowiedzieć komuś** *(dać wskazówkę)* give sb a hint: *Come on, just give me a hint!* **3** *(sugerować)* dictate: *Common sense dictates that they will probably fail you as well.* **—podpowiedź** *n* hint, prompt

podrabiać *v* → patrz **PODROBIĆ**

podrapać *v* scratch: *Try not to scratch those mosquito bites.*

podrapać się *v* **podrapać się w głowę/nogę itp.** scratch your head/leg etc: *He scratched his head in surprise.* → patrz też **DRAPAĆ**

podrażnić *v* irritate: *Perfumes in soap can irritate skin.* **—podrażnienie** *n* irritation

podręcznik *n* **1** *(szkolny)* textbook, coursebook: *a history textbook* THESAURUS **BOOK** **2** *(instrukcja obsługi itp.)* handbook, manual: *an employee's handbook* | *a computer manual* **—podręcznikowy** *adj* textbook: *a textbook example of how to sell a product*

podręczny *adj* **bagaż podręczny** hand luggage

podrobić *v* fake, forge: *The thief has forged my signature on a cheque.* **—podrobiony** *adj* counterfeit, forged: *counterfeit £10 notes* THESAURUS **FALSE**

podroby *n* offal: *beef meat and offal*

podrosnąć *v* grow up: *When you grow up you can have your very own room.*

podrożeć *v* → patrz **DROŻEĆ**

podróbka *n* fake: *Is the vase a genuine antique or a fake?*

podróż *n* **1** journey, trip, travel: *My journey to work usually takes about an hour.* | *Heavy rain is making road travel difficult.* | **podróż samochodem** drive: *a 40-mile drive to the sea* | **podróż służbowa** business trip | **podróż w obie strony** round trip | **podróże** travels: *Did you go to LA during your travels around the US?* | **wyjechać w podróż** go on a journey/trip: *Last year we went on a trip to Hong Kong.* | **szczęśliwej podróży!** have a safe trip/journey! THESAURUS **JOURNEY** **2** *(morska, kosmiczna)* voyage: *The voyage from England to America took several weeks.* **3 podróż poślubna** honeymoon: *They flew to Paris for their honeymoon.* → patrz też **biuro podróży** (**BIURO**)

UWAGA: travel, journey i trip

Travel jest rzeczownikiem oznaczającym „podróż" lub „podróże" w ogóle, tzn. jako przemieszczanie się z miejsca na miejsce: *He came home after years of foreign travel.* Mówiąc o czasie spędzonym w drodze lub o pokonanej odległości, używamy rzeczownika **journey**, zwłaszcza gdy chodzi o podróż długą lub odbywaną regularnie: *The journey to Darjeeling was awful – I was sick all the way.* | *the journey to work.* Rzeczownika **trip** używamy, mając na myśli zarówno drogę w obie strony, jak i pobyt w danym miejscu. Stosuje się go także w przypadku krótszych podróży, takich jak wycieczki czy wyjazdy służbowe: *This is my first trip abroad.* | *Is she back from her trip to London yet?*

podróżniczy *adj* travel: *travel books*

podróżni-k/czka *n* traveller *BrE*, traveler *AmE*

podróżny[1] *n* passenger: *All passengers are required to show their tickets.*

podróżny[2] *adj* **1 torba podróżna** holdall *BrE*, carryall *AmE* **2 czek podróżny** traveller's cheque *BrE*, traveler's check *AmE*

podróżować *v* travel: *Jack spent the summer travelling around Europe.* | *I usually travel to work by car.* THESAURUS **TRAVEL** → patrz też **podróżować autostopem** (**AUTOSTOP**)

podrywać *v* →patrz PODERWAĆ

podrzeć *v* rip up, tear up: *Angrily, Fran ripped up her contract.* | *He tore up all of Linda's old letters.*
podrzeć się *v* rip, tear: *Don't pull the curtain too hard – it'll rip.*

podrzędny *adj* **1** second-rate: *a second-rate singer* **2 zdanie podrzędne** subordinate clause

podrzucić *v* **1** *(do góry)* throw into the air: *I threw my hat into the air.* **2 podrzucić komuś coś** plant sth on sb: *Someone must have planted the drugs on him.* **3 podrzucić kogoś (do szkoły/na dworzec itp.)** give sb a lift (to school/to the station etc): *Could anybody give Sue a lift home?*

podsądn-y/a *n* defendant

podskakiwać *v* **1 a)** jump, skip: *The fans started cheering and jumping up and down.* | *Maria skipped along by her mother's side.* **b)** *(na jednej nodze)* hop: *Willie hopped on one leg, and then on the other.* THESAURUS JUMP **2** *(samochód)* bump: *The truck bumped along the rough track.* →patrz też SKAKAĆ, PODSKOCZYĆ

podskoczyć *v* **1** *(człowiek, zwierzę)* jump (up): *Jordan jumped but the ball flew over his head.* | *The dog jumped up and licked her face.* THESAURUS JUMP **2** *(ceny)* shoot up: *The price of petrol shot up by 35% overnight.* **3** *(temperatura)* soar: *The temperature soared to 90 degrees.* —**podskok** *n* hop, skip

podsłuch *n* listening device, bug: **założyć podsłuch** plant a bug: *Police have planted a bug in his flat.*

podsłuchać *v* overhear: *I overheard what you were saying on the phone.* THESAURUS HEAR →patrz też PODSŁUCHIWAĆ

podsłuchiwać *v* eavesdrop, listen in: *You've been eavesdropping, haven't you!* | *I think someone's listening in on the other phone.* | **podsłuchiwać coś** eavesdrop on sth, listen in on sth: *I caught him eavesdropping on our conversation.* | *Someone has been listening in on our telephone conversations.* | **podsłuchiwać kogoś** eavesdrop on sb: *He enjoys eavesdropping on his parents.* THESAURUS HEAR

podsmażyć *v* fry: *Fry the onions gently for five minutes.*

podstarzały *adj* ageing *BrE*, aging *AmE*

podstawa *n* **1 na podstawie czegoś** on the basis of sth: *Some planning decisions were taken on the basis of very poor evidence.* **2** *(dolna część)* base: *the base of the building* **3** *(niezbędny element)* foundation: *Justice and equality are the foundation of any democracy.* **4 podstawa do czegoś** basis/grounds for sth: *The video will provide a basis for class discussion.* | *Jim has strong grounds for asking* (=ma wszelkie podstawy, żeby prosić) *for more money.* | **na jakiej podstawie?** on what grounds?: *On what grounds are you claiming compensation* (=ubiega się pan/i o odszkodowanie)? **5 podstawy czegoś** *(wiadomości)* the fundamentals/rudiments/basics of sth: *the fundamentals of computer programming* | *the rudiments of grammar* | *the basics of first aid* **6 leżeć u podstaw czegoś** be/lie at the root/bottom of sth: *What's at the root of the violence in our culture?*

podstawić *v* **1 podstawić coś pod coś** put sth under sth: *Betty put a basin under the dripping tap* (=pod cieknący kran). **2 podstawić komuś nogę** (put your foot out and) trip sb (up): *Jimmy put his foot out and tripped me up.*

podstawowy *adj* **1** *(minimalny)* basic: *basic healthcare* | *basic computer skills* | *basic human rights* **2** *(najważniejszy)* primary, fundamental, basic: *Our primary goal is the control of inflation.* | *What are the fundamental differences between men and women?* | *There are two basic problems here.* **3** *(elementarny)* basic, elementary: *the basic principles of mathematics* | *a book of elementary chemistry* **4 szkoła podstawowa** primary school *BrE*, elementary/grade school *AmE*: **wykształcenie podstawowe** primary/elementary education

podstawówka *n* primary school *BrE*, elementary school *AmE*

podstęp *n* trick: *The phone call was just a trick to get him out of the office.* | **podstępem** by deception: *They obtained the money by deception.*

podstępny *adj* **1** *(człowiek, zachowanie)* devious: *a devious politician* | *a devious plan to discredit the President* **2** *(pytanie)* tricky: *That's a very tricky question.* —**podstępnie** *adv* deviously: *a deviously phrased question*

podsumować *v* **1** *(streścić)* sum up: *The speaker summed up the main points of the argument.* | **podsumowując** to sum up, summing up: *So, to sum up, we need to organize our time better.* **2** *(podliczyć)* add up: *Add your scores up and we'll see who won.*

podsunąć *v* **podsunąć komuś coś a)** *(przedmiot)* offer sb sth, offer sth to sb: *He offered me a cigarette, I said no thanks.* **b)** *(pomysł)* suggest sth to sb

podsycać *v* fuel: *The attempts to stop the strike only fuelled the workers' resentment.*

podszewka *n* lining: *a jacket with a silk lining*

podszkolić *v* **podszkolić się w czymś** brush up on sth: *I have to brush up on my French before I go to Paris.*

podszlifować *v* brush up on, polish up: *I need to polish up my Spanish before we go on vacation.* →patrz też SZLIFOWAĆ

podszycie *n* **podszycie leśne** undergrowth

podszyć *v* line: *She lined the jacket with the finest silk.*

podszywać się *v* **podszywać się pod kogoś** impersonate sb: *By impersonating her boss, she managed to get £10,000 out of the bank.*

podśmiewać się *v* **podśmiewać się z kogoś/czegoś** make fun of sb/sth: *Children often make fun of their teachers.*

podśpiewywać *v* **podśpiewywać (sobie)** sing to yourself: *She was singing to herself in the bath.*

podświadomy *adj* subconscious: *a subconscious fear of failure* —**podświadomie** *adv* subconsciously —**podświadomość** *n* the subconscious, the unconscious: *Freud's theories about the subconscious*

podświetlić *v* highlight: *To delete a block of text, highlight it, then press 'Del'.*

podtekst *n* undertone: *the political undertones of Sartre's work*

podtrzymywać *v* **1** *(budowlę itp.)* support: *The bridge is supported by two stone columns.* **2** *(żądania, wypowiedź)* stand by: *I stand by what I said earlier* (=podtrzymuję to, co powiedziałem wcześniej). **3 podtrzymać decyzję** uphold a decision: *The court rejected the petition and upheld the previous decision.*

podupaść *v* decline, decay: *As his health has declined, so has his influence.* | *a feudal system which had decayed but not died*

poduszeczka *n* **poduszeczka na igły** pincushion →patrz też PODUSZKA

poduszka *n* **1** *(do spania)* pillow **2** *(na kanapie, krześle)* cushion **3 poduszka powietrzna** airbag **4** *(do stempli)* ink pad **5 lektura/opowiadanie itp. do poduszki** bedtime reading/story etc

poduszkowiec *n* hovercraft

podwajać *v* →patrz PODWOIĆ

podwaliny *n* **położyć podwaliny pod coś** lay the groundwork for sth: *The revolution laid the groundwork for progress.*

podważyć *v* **1** *(wyniki, decyzję, pogląd)* challenge: *Educators are challenging the validy of the tests.* | *She is challenging the decision made by the court.* **2** *(autorytet)* challenge: *political offenders who challenge the authority of our law courts* **3** *(zaufanie, wiarę)* undermine: *She totally undermined his self-confidence.* **4** *(wieko, drzwi)* prise off/open *BrE*, pry off/open *AmE*: *I used a screwdriver to prise off the lid.* **5** *(kamień)* lever: *Marc grunted as he levered the stone into place.*

P

podwiązka *n* **1** suspender *BrE*, garter *AmE* **2 Order Podwiązki** the Order of the Garter

podwieczorek *n* **a)** *(posiłek)* (afternoon) tea: *We serve lunch and afternoon tea.* | *What's for tea?* (=Co jest na podwieczorek?) **b)** *(pora)* teatime: *John won't be back until teatime.*

podwiesić *v* suspend: *a chandelier suspended from the ceiling* (=pod sufitem)

podwieźć *v* **podwieźć kogoś** give sb a lift *BrE*, ride *AmE*, drop sb (off): *Could anybody give Sue a lift home?* | *Mike gave me a ride to work.* | *I can drop you off if you like.*

podwinąć *v* *(rękawy, nogawki)* roll up: *Roll up your sleeves.*

podwładn-y/a *n* subordinate, inferior: *The director is always rude to his subordinates.*

podwodny *adj* **1** underwater: *underwater photography* | *an underwater telephone cable* **2 łódź podwodna/okręt podwodny** submarine

podwoić *v* double: *They offered to double my salary if I stayed with the company.*

podwozić *v* →patrz PODWIEŹĆ

podwozie *n* chassis

podwójny *adj* **1** double: *I'll have a double whiskey, please.* | *a double garage* | *leading a double life* **2 podwójna narodowość/obywatelstwo** dual nationality/citizenship —**podwójnie** *adv* doubly: *The job was doubly difficult because of the rain.*

podwórko *n* yard, *(za domem)* backyard: *The kids were running about in the yard.*

podwórze *n* **1** courtyard: *A high wall enclosed the courtyard.* **2** *(w gospodarstwie)* farmyard: *the animals in the farmyard*

podwyżka *n* **1** *(wynagrodzenia)* rise *BrE*, raise *AmE*: *We got a 4% rise last year.* | *a raise of $100 a month* **2** *(cen, podatków, kosztów)* rise: *a sudden rise in oil prices* | *a tax rise*

podwyższyć *v* **1** *(cenę itp.)* increase, raise: *The landlord has increased the rent again.* | *a plan to raise taxes* | **podwyższony poziom/ryzyko itp.** increased level/risk etc: *an increased risk of cancer* **2** *(poziom, standard)* raise: *an attempt to raise standards in primary schools* **3** *(prawdopodobieństwo)* increase: *Regular exercise increases your chances of living longer.*

podyktować *v* **1** dictate: *She dictated the letter to her secretary.* **2 być podyktowanym czymś** be dictated by sth: *Fashion styles are often dictated by practical needs.*

podyplomowy *adj* postgraduate: *postgraduate studies*

podzespół *n* component: *electrical components*

podziać *v* *(zgubić)* lose: *I must have lost my keys somewhere.*
podziać się *v* **1 gdzie się podziało ... ?** what (has) happened to ... ?, where (has) ... got to?: *No one knows what happened to the jewels.* **2 ktoś nie ma się gdzie podziać** sb has nowhere to live/go: *He's staying at my house because he has nowhere to live at the moment.*

podział *n* **1** *(rozdzielenie)* division: *a division between public and private life* | *the division of power between church and state* | **+na** into: *the division of people into winners and losers* **2** *(rozłam)* division: *deep divisions in the Socialist party* **3** *(kraju, terytorium)* partition: *the partition of India*

podziałać *v* **1** *(odnieść skutek)* work: *To everybody's relief, it worked.* **2 coś podziałało na kogoś** sth (has) worked its magic on sb: *The band's guitars worked their magic on the crowd.*

podziałka *n* **1** *(na linijce itp.)* scale: *a ruler with a metric scale* | *the scale on a thermometer* **2** *(mapy)* scale: *What's the scale of this map?*

podzielać *v* **podzielać czyjeś poglądy/uczucia itp.** sympathize with/share sb's views/feelings etc: *Not many people sympathize with his political views.* | *I share your concern about this.* →patrz też PODZIELIĆ

podzielić *v* **1** *(rozdzielić na części)* divide: **+na** into: *The teacher divided the class into groups.* | *Take the orange and divide it into quarters.* **2** *(rozdać po równo)* split, share (out): *We decided to split the money between us.* | *At his death, his property was shared out between his children.* **3 podzielone przez** divided by: *15 divided by five is three.* **4 ludzie są podzieleni (w kwestii czegoś)** people are divided (over sth): *Experts are bitterly divided over what to do.* **5** *(kraj, terytorium)* partition: *In 1795, Poland was partitioned by Russia, Prussia and Austria.* **6** *(skłócić)* split: *a row that split the Catholic Church*
podzielić się *v* **1 podzielić się (na grupy)** split (up) (into groups): *We'll split up into three work groups.* **2 podzielić się czymś (z kimś)** share sth (with sb): *I shared my lunch with a few hungry pigeons.* | *share your problems with someone*

podzielny *adj* **1 podzielne przez** divisible by: *15 is divisible by three and five.* **2 podzielna uwaga** divided attention: **mieć podzielną uwagę** be good at multitasking

podziemie *n* **1** *(opozycja)* the underground: *the Polish underground during the war* | **zejść do podziemia** go underground: *Solidarity had to go underground in 1981.* **2 podziemia** *(budowli)* basement: *the basement of Craigdorroch Castle*

podziemny *adj* **1** *(pod ziemią)* underground: *an underground passage* **2** *(nielegalny)* underground: *an underground terrorist organization* **3 przejście podziemne** underpass, subway *BrE*: *If you need to cross the road, use the subway.*

podziewać się *v* **gdzie on/a się podziewa?** where has he/she got/disappeared to?

podziękować *v* **podziękować komuś za coś** thank sb for sth: *I must write and thank him for sending the cheque.* —**podziękowanie** *n* thank-you, thanks: *a special thank-you for all your help* | *He left without a word of thanks.*

podziw *n* **1** admiration: *She had a deep admiration for Picasso's later work.* **2 nad podziw** surprisingly: *The exam was surprisingly easy.* **3 godny podziwu** admirable: *an admirable achievement*

podziwiać *v* admire: *We stopped halfway up the hill to admire the view.* | *I always admired my mother for her courage and patience.*

poemat *n* (epic) poem

poet-a/ka *n* poet —**poetycki** *adj* poetic —**poetycznie** *adv* poetically

poezja *n* poetry, verse: *Emily Dickinson's poetry* | *a book of verse*

pofałdowany *adj* rolling, undulating: *the rolling pastures of southern England* | *undulating countryside*

pofatygować się *v* **1 pofatygować się gdzieś** be kind enough to go somewhere: *My little brother was kind enough to go to the store and buy me some sweets.* **2 (nawet) nie pofatygować się, żeby coś zrobić** not (even) bother to do sth: *He hasn't even bothered to phone.*

pogadać *v* have a chat: *We had a chat about the old days.*

pogadanka *n* talk: *Dr. Howard is giving a talk on homeopathy today.*

pogaduszki *n* chit-chat: *boring social chit-chat*

poganiać *v* rush, hurry up: *Don't rush me - let me think.* | *Try to hurry the kids up or they'll be late for school.*

pogan-in/ka *n* pagan, heathen —**pogański** *adj* pagan, heathen: *ancient pagan beliefs and rituals*

pogarda *n* contempt, disdain: *Stuart treated his wife with utter contempt.* | **+dla** for: *Their contempt for foreigners was obvious.* | *Mason could not conceal his disdain for uneducated people.* —**pogardliwy** *adj* contemptuous, disdainful: *the guard's contemptuous attitude towards his prisoners* | *a disdainful look* —**pogardliwie** *adv* contemptuously, disdainfully

pogardzać *v* **1 pogardzać kimś/czymś** despise sb/sth, scorn sb/sth, hold sb/sth in contempt: *Laura despised boys; she thought they were all stupid.* | *young people who scorn the attitudes of their parents* | *They'd always held that family in contempt.* THESAURUS HATE **2 nie do pogardzenia** not to be sneezed at: *An offer of £900 is not to be sneezed at.*

pogarszać (się) *v* →patrz POGORSZYĆ (SIĘ)

pogawędka *n* chat: *Let's meet for coffee and have a chat.* THESAURUS TALK

pogięty *adj* twisted: *a twisted piece of metal*

pogląd *n* view, belief, idea: *people with different political views* | *religious beliefs* | *Jack has some pretty strange ideas.* | **poglądy na temat czegoś** views on/about sth, ideas about sth: *We'd like to find out young people's views on religion.* | *traditional ideas about women* | **wymiana poglądów** exchange of views/ideas THESAURUS OPINION

pogłaskać *v* **pogłaskać kogoś/coś** give sb/sth a stroke: *The boy gave his dog a stroke.* | **pogłaskać kogoś po twarzy/ręce itp.** stroke sb's face/hand etc: *She stroked the baby's face.*

pogłębić *v* deepen: *an opportunity to deepen your understanding of the world* | *plans to deepen the river*
pogłębić się *v* deepen: *The political crisis has deepened.*

pogłos *n* echo

pogłoska *n* **1** *(plotka)* rumour *BrE*, rumor *AmE*: *There are rumours that the President may have to resign.* **2 pogłoski** *(niepotwierdzone informacje)* rumour, hearsay: *At the moment, the reports are nothing more than rumour.* | *It's just hearsay, but they tell me he's leaving.*

pognać *v* race: *I raced down the stairs to answer the phone.*

pognieść *v* crease: *Don't sit on my paper! You'll crease it.* | *He was wearing old jeans and a creased T-shirt.*
pognieść się *v* get creased/crumpled: *My jacket got all creased last night.* | *Don't sit around in your suit. It'll get crumpled.*

pogoda *n* **1** *(warunki atmosferyczne)* weather: *What was the weather like on your vacation?* | **ładna pogoda** fine/nice weather | **brzydka pogoda** bad weather: *The game was cancelled due to bad weather.* **2 jest pogoda** the weather is nice: *If the weather is nice* (=jeśli będzie pogoda), *we'll have a barbecue.* **3** *(prognoza pogody)* the weather: *I always watch the weather after the news.* **4 pogoda ducha** cheerfulness, serenity

pogodny *adj* **1** *(dzień)* fine, serene: *a fine day* | *a serene summer morning* **2** *(człowiek)* cheerful, serene: *Despite feeling ill, she managed to keep cheerful.* | *Mother sat in the evening sunlight, serene and beautiful.* **3** *(uśmiech, wyraz twarzy, usposobienie)* sunny, serene: *a sunny/serene smile/temperament/disposition*

pogodzić *v* **pogodzić coś z czymś** reconcile sth with sth: *How can you reconcile being both anti-abortion and in favour of the death penalty?* →patrz też GODZIĆ
pogodzić się *v* **1 pogodzić się (z kimś)** be reconciled (with sb): *The couple are now reconciled.* **2 pogodzić się z czymś a)** *(zaakceptować)* reconcile yourself to sth, resign yourself to (doing) sth, accept sth: *The food was so good I was almost able to reconcile myself to the price.* | *I've resigned myself to living in the city for a while.* | *Even when he was imprisoned, the Emperor would not accept defeat.* **b)** *(dojść do siebie)* come to terms with sth: *It was hard to come to terms with Mary's death.*

pogonić *v* →patrz POGANIAĆ

pogoń *n* **1** *(pościg)* chase **2 pogoń za szczęściem/pieniędzmi itp.** the pursuit of happiness/money etc

pogorszenie *n* deterioration: *the deterioration of relations between the two countries*

pogorszyć *v* make worse, worsen: *Far from helping the situation, you've just made it worse!* | *Recent events* (=ostatnie wydarzenia) *have worsened relations between the two countries.*
pogorszyć się *v* get worse, worsen, deteriorate: *Their relationship has got worse in the last few months.* | *If the weather worsens, the flight will have to be cancelled.* | *Our working conditions have deteriorated in the last few years.*

pogotowie *n* **1** *(karetka)* ambulance: *Will somebody please call an ambulance* (=czy ktoś mógłby wezwać pogotowie)? **2 zabrać kogoś/pojechać z kimś na pogotowie** take sb to casualty *BrE* /to the emergency room *AmE*: *We had to take Alistair to casualty after he fell downstairs.* **3** *(gotowość)* alert: *a flood alert* (=pogotowie powodziowe) | **być w pogotowiu** be on standby/on the alert: *The police have been kept on standby* (=policję trzymano w pogotowiu) *in case of trouble.* →patrz też **pogotowie ratunkowe** (RATUNKOWY)

pograć *v* **1 pograć w szachy/piłkę itp.** play chess/ball etc **2 pograć na pianinie/gitarze itp.** play the piano/the guitar etc →patrz też GRAĆ

pogranicze *n* **1** *(teren graniczny)* the borderland: **na pograniczu** on the border: *Jeumont is a small town on the*

P

border between France and Belgium. **2** *(stan przejściowy)* borderline: *the borderline between sleep and being awake*

pogratulować *v* **1 pogratulować komuś (czegoś)** congratulate sb (on sth): *James congratulated me on passing my driving test.* **2 móc pogratulować sobie czegoś** congratulate yourself on sth: *I congratulated myself on my good fortune.*

pogrążony *adj* **pogrążony w rozmyślaniach/rozmowie itp.** deep/immersed in thought/conversation etc: *On the drive back home Victor sat immersed in his thoughts.*

pogrążyć się *v* **1 pogrążyć się w rozpaczy/kryzysie itp.** sink into despair/crisis etc, be plunged into despair/crisis etc: *She could see him sinking into depression.* | *The whole regiment was plunged into despair by this news.* | *The hall was suddenly plunged into darkness.* **2 pogrążyć się w lekturze/pracy itp.** plunge yourself in your reading/work etc: *She plunged herself in her writing.*

P

pogrom *n* **1** *(porażka)* rout, defeat **2** *(masakra)* mass killing, slaughter

pogromca *n* **1** *(wróg)* exterminator: *a ferocious exterminator of Indians* **2 pogrom-ca/czyni lwów/tygrysów** lion/tiger tamer

pogrozić *v* **pogrozić komuś palcem** wag your finger at sb

pogróżka *n* threat: *Police are investigating death threats made against the singer.* | **list z pogróżkami** threatening letter

pogryźć *v* **1** *(poranić zębami)* bite: *All you have to do is prove that the dog bit you.* **2** *(rozdrobnić zębami)* chew up: *Your dog has chewed up my gloves.* **3 kogoś pogryzły komary** sb has been/was bitten by mosquitoes

pogrzeb *n* funeral, burial: *The funeral will be held on Thursday at St Patrick's church.*

pogrzebacz *n* poker

pogrzebać *v* **1** *(pochować)* bury: *Auntie Jo was buried in Woodlawn Cemetery.* **2 pogrzebać (czyjeś) nadzieje na coś** dash (sb's) hopes of/for sth: *Budget cuts dashed hopes for several plans proposed by NASA.* → patrz też GRZEBAĆ

pogrzebowy *adj* **1 dom pogrzebowy** funeral home/parlour **2 przedsiębiorca pogrzebowy** funeral director, undertaker *BrE*, mortician *AmE*

pogubić się *v (stracić orientację)* get confused, get mixed up: *Everything happened so quickly, I got confused.* → patrz też GUBIĆ SIĘ

pogwałcić *v* violate, breach: *The arrest and detention of the protestors violated their civil liberties.* | *Payne was found guilty of breaching the rules on sponsorship.* —**pogwałcenie** *n* violation, breach: *human rights violations* | *a clear breach of the 1994 Trade Agreement*

poić *v* water: *Avoid feeding or watering horses right after a heavy workout.*

poinformować *v* **1** inform: *Could you please inform us what books you have in stock* (=jakie książki macie w sprzedaży)*?* | **poinformować kogoś o czymś** inform sb about/of sth, advise sb of sth: *Please inform us of any change of address as soon as possible.* | *We'll advise you of any changes in the delivery dates.* **2 źle poinformować** misinform: *I'm afraid you have been misinformed - she doesn't live here any more.*

poinstruować *v* brief, instruct: *Our staff have been instructed to offer you every assistance.* | **+jak/co itp.** *Has anyone instructed you in how to use the computer system?* | *Before the interview we had been briefed on what to say.* THESAURUS ORDER

pointa *n* punchline, punch line

poirytowany *adj* annoyed: *She was annoyed because she had been kept waiting* (=ponieważ kazano jej czekać). THESAURUS ANGRY

pojawić się *v* **1** *(ukazać się, znaleźć się)* appear: *Suddenly a face appeared at the window.* | *The letter had mysteriously appeared on my desk that morning.* THESAURUS HAPPEN **2** *(przybyć)* turn/show up, appear: *Danny turned up late as usual.* | *At midnight Joanne's boyfriend showed up drunk.* | *The Queen appeared, dressed from head to toe in black.* **3** *(niespodziewanie)* pop up: *A screen popped up saying there was a system error.* | *She popped up in Munich after all that time.* **4** *(wyjść na jaw)* emerge: *New evidence has emerged.*

pojawienie się *n* **1** appearance: *the sudden appearance of several reporters at the hospital* | *the appearance of buds on the trees* **2 pojawienie się czegoś** *(wynalezienie)* the advent/arrival of sth: *before the advent of television* | *the arrival of the personal computer*

pojazd *n* vehicle: *motor vehicles*

pojąć *v* **1** grasp, comprehend, fathom (out): *It's hard to grasp the concept of infinite space.* | *It is difficult to comprehend how someone could harm a child.* | *I just couldn't fathom out what she meant.* THESAURUS UNDERSTAND **2 pojąć kogoś za żonę** marry sb: *He married Sarah Leadbeater, a beautiful rich woman.* → patrz też POJMOWAĆ

pojechać *v* go: *I wanted to go, but Craig insisted we stay.* | *Nancy has gone to Paris.* | **pojechać pociągiem/autobusem itp.** go by train/bus etc, take/catch a train/bus etc: *You take a taxi and we will go by bus.* THESAURUS VISIT

pojednać *v* reconcile: *All attempts to reconcile the two warring groups have failed.* —**pojednanie** *n* reconciliation

pojedynczo *adv* **1** *(jeden za drugim)* one by one, in single file: *One by one, worshippers walked to the front of the church.* | *We walked in single file across the narrow bridge.* **2** *(oddzielnie)* singly, individually: *You can buy stamps singly or in books of ten* (=w bloczkach po 10 sztuk). | *Wrap the cakes individually in plastic wrap.*

pojedynczy *adj* **1** *(jeden)* single: *He was killed by a single bullet.* | *The room was dimly lit by the flame of a single candle.* **2** *(dla jednej osoby)* single: *a single bed/room* **3** *(poszczególny)* individual: *Each individual drawing is slightly different.* **4 gra pojedyncza** singles **5 liczba pojedyncza** singular (form): *'Has' is the singular form of 'have.'* | **w liczbie pojedynczej** (in the) singular: *If the subject is singular, use a singular verb.*

pojedynek *n* **1** *(na pistolety itp.)* duel: *The officer challenged him to a duel* (=wyzwał go na pojedynek). **2** *(mecz)* match: *Chelsea's match against Liverpool*

pojedynka *n* **w pojedynkę** solo: *When did you first fly solo?*

pojemnik *n* **1** container: *Store cookies in an airtight* (=w szczelnym) *container.* **2** *(metalowy)* canister: *a canister of tear gas* **3 pojemnik na śmieci** (dust)bin *BrE*, garbage can *AmE*, trashcan *AmE*

pojemność *n* capacity: *The fuel tank has a capacity of 12 gallons.* THESAURUS SIZE

pojemny *adj* roomy: *a roomy car*

pojęcie *n* **1** *(koncept)* concept, idea: *It is very difficult to* *grasp the concept of infinite space* (=nieskończonej przestrzeni). | *the idea of democracy* **2** *(wyobrażenie)* idea: *This book gives you an idea of what life was like during the war.* **3 nie mieć pojęcia** have no idea, not have a clue: *Richard had no idea where Celia had gone.* | *"Do you know where Karen is?" "I haven't got a clue."* | **nie mieć zielonego/najmniejszego pojęcia** not have the faintest/ slightest/foggiest idea: *I don't have the foggiest idea how much he earns.* | **nie mam pojęcia, kto/dlaczego itp.** I have no idea/I can't think who/why etc, it beats me who/why etc: *I can't think why she married him.* | *It beats me why they want a big old car like that.* **4 przechodzić ludzkie pojęcie/być nie do pojęcia** be beyond belief: *These latest proposals are beyond belief!* **5 w moim pojęciu ...** my understanding is that ...: *My understanding is that none of us are required to attend.* —**pojęciowy** *adj* conceptual

pojmać *v* capture: *He was captured at the airport.*

pojmować *v* **1** *(rozumieć)* grasp, comprehend: *At the time I didn't fully grasp what he meant.* | *They don't seem to comprehend how serious this is.* **2 nie pojmować czegoś** *(dziwić się)* not know what to make of sth: *I don't know what to make of her recent behaviour at all.* | **nie pojmuję, dlaczego/co itp.** it's beyond me why/what etc, I fail to see/understand why/what etc: *It's beyond me why they ever got married at all.* | *I fail to see why you think it's so funny.* →patrz też POJĄĆ

pojutrze *adv* the day after tomorrow: *I have a meeting with him the day after tomorrow.*

pokapować *v* **pokapować się** get the message: *Hopefully he got the message and will stop bothering me!*

pokarm *n* food, nourishment

pokarmowy *adj* **1 łańcuch pokarmowy** the food chain **2 przewód/układ pokarmowy** the digestive tract/ system **3 zatrucie pokarmowe** food poisoning

pokaz *n* **1** *(osiągnięć, umiejętności itp.)* display, show: *a firework display* | *the Chelsea flower show* | **pokaz mody** fashion show **2** *(prezentacja, objaśnienie)* demonstration: *He gave a demonstration of how the program works.* **3** *(filmu)* showing: *a private showing of the film 'King Kong'* **4 na pokaz** for show: *He bought her lots of expensive presents, but she knew they were just for show.*

pokazać *v* **1 pokazać coś komuś** show sb sth, show sth to sb: *Karen showed us her wedding pictures.* | *Show your ticket to the man at the entrance.* | **pokazać komuś, co/jak itp.** show sb what/how etc: *Could you show me where I can put my coat?* **2** *(udowodnić)* show, demonstrate: *A recent survey showed that one in five teenagers had tried drugs.* | *These findings* (=wyniki badań) *clearly demonstrate that unemployment leads to poor health* (=jest przyczyną wielu chorób). **3** *(zaprezentować)* display, demonstrate: *All the musicians displayed considerable skill.* | *At last she had the chance to demonstrate her musical talents.* **4 pokazać komuś drogę/drzwi itp.** show sb the way/door etc: *Then one of his bodyguards showed me the door.*

pokazać się *v* **1** *(pojawić się)* appear: *Suddenly a face appeared at the window.* **2 pokazać się z najlepszej strony** show your best side: *The students showed their best side, displaying a high level of professionalism.* **3** *(wystąpić publicznie)* make an appearance, appear **4 już ja im/mu itp. pokażę** I'll show them/him etc: *They're convinced I'm going to fail, but I'll show them!*

pokazowy *adj* **1** *(mogący być wzorem)* model: *a model marriage* | *It's a model example of a restored artwork.* **2 lekcja pokazowa** object lesson: *an object lesson in industry economics* **3 egzemplarz pokazowy** display copy: *a display copy of the book*

pokazywać *v* →patrz POKAZAĆ

pokaźny *adj* sizeable, substantial: *a sizeable amount of money* | *a substantial income* THESAURUS BIG

poker *n* poker: **grać w pokera** play poker: *I won $200 playing poker.*

pokierować *v* →patrz KIEROWAĆ

pokiwać *v* **pokiwać głową** nod your head: *Ben nodded his head sympathetically* (=ze zrozumieniem).

poklepać *v* **poklepać kogoś/coś** pat sb/sth, give sb/sth a pat: *Gill patted the dog.* | **+po głowie/plecach itp.** on the head/back etc: *He gave the dog a pat on the head.*

pokład *n* **1** *(statku)* deck: *Let's go up on deck.* | *the upper/ lower deck* **2 na pokładzie** on board, aboard: *The ship went down with all its crew on board.* | *Welcome aboard.* **3 wejść na pokład** go on board, go aboard, board: *The same night I went on board the Carinthia for* (=płynącej do) *Havre.* | *They finally went aboard the plane.* | *Passengers in rows 15 to 25 may now board the plane.* **4** *(złoże)* deposit: *huge deposits of gold*

pokładać (się) *v* →patrz **pokładać nadzieję w kimś/ czymś** (NADZIEJA), **pokładać się ze śmiechu** (ŚMIECH)

pokłon *n* bow: **oddać komuś pokłon** bow before/to sb: *He bowed before the king.*

pokłócić się *v* quarrel, have a quarrel/row *BrE*: *They quarrelled over their mother's will.* | *We've had a quarrel with our neighbours.* | *I had a row with the boss today.*

pokochać *v* **pokochać kogoś/coś a)** fall in love with sb/sth: *Primmie fell in love with California on sight* (=od pierwszego wejrzenia). **b)** *(stopniowo)* grow to love sb/sth: *Although the child was not his own daughter, he grew to love her.*

pokochać się *v* fall in love: *My parents fell in love when they were sixteen.*

pokoik *n* room →patrz też POKÓJ

pokojowo *adv* peacefully

pokojowy *adj* **1** *(manifestacja)* peaceful: *a peaceful protest against nuclear weapons* **2** *(rozmowy, traktat)* peace: *The two sides will meet for peace talks in Geneva.* | *Egypt and Israel signed a peace treaty in 1979.* **3** *(siły, operacja)* peacekeeping: *peacekeeping forces in Afghanistan* **4 malarz pokojowy** house painter

pokojówka *n* chambermaid

pokolenie *n* generation: *Three generations of Monroes have lived in this house.* | *the younger generation* | **konflikt pokoleń** the generation gap

pokolorować *v* →patrz KOLOROWAĆ

pokonać *v* **1** *(na wojnie)* defeat, overcome: *After a long campaign Wellington's army finally defeated Napoleon.* | *They overcame the enemy after a long battle.* **2** *(w sporcie)* defeat, beat: *Michigan defeated USC in Saturday's game.* | *Spain beat Italy 3-1.* **3** *(przeszkody, trudności)* overcome: *Several nations have agreed to help Poland overcome its economic difficulties.* **4** *(strach)* overcome, conquer: *He's trying to overcome his fear of flying.* | *I didn't think I'd ever conquer my fear of heights.* **5** *(odległość)* cover: *In 1898 Lilienthal covered a distance of 800 feet.* **6** *(trasę, schody, zakręt)* negotiate: *The driver turns the steering wheel to negotiate the curve.*

P

pokora *n* humility —**pokorny** *adj* humble: *He thanked us again with a humble smile.* —**pokornie** *adv* humbly

pokój *n* **1** *(pomieszczenie)* room: *My brother was sleeping in the next room* (=w pokoju obok). | **pokój dzienny** living room | **pokój jadalny/stołowy** dining room | **pokój do pracy** study | **pokój jednoosobowy/dwuosobowy** single/double room | **pokój nauczycielski** staff room, teacher's room *AmE* **2** *(brak wojen)* peace: *There has been peace in the region for 6 years now.* | *a dangerous situation that threatens world peace* (=zagraża pokojowi na świecie) | **zawrzeć (z kimś) pokój** make peace (with sb): *The two armies made peace with each other in 1918.* **3** *(na czacie)* chat room: *free teen chat rooms for teenagers 13-19*

pokrajać *v* →patrz POKROIĆ

pokrewieństwo *n* **1** *(rodzinne)* relatedness, kinship **2** *(podobieństwo)* affinity: *an affinity between Christian and Chinese concepts of the spirit*

pokrewny *adj* **1** *(spokrewniony)* related: *related languages* **2** *(podobny)* similar

pokręcić *v* **1 pokręcić czymś** turn sth: *Turn the dial clockwise* (=w prawo). **2 pokręcić głową** shake your head →patrz też KRĘCIĆ

pokręcić się *v* **coś się komuś pokręciło** sb got sth all wrong: *No, no - you've got it all wrong! We're just friends!* →patrz też KRĘCIĆ SIĘ

pokrętło *n* dial, knob: *Turn the dial to make the oven hotter.* | *the volume knob* (=pokrętło głośności)

pokrętny *adj (odpowiedź)* evasive: *an evasive answer*

pokroić *v* **1** cut (up): *He couldn't move his right arm, so I cut up his food for him.* | **pokroić w plasterki** slice, cut into slices: *Cut the tomato into thin slices.* | **pokroić w kostkę** dice (up), cube, cut into cubes: *diced potatoes* | *Cut the cheese into cubes.* **2** *(mięso)* carve: *Carve the lamb into slices and arrange in a hot serving dish.*

pokrowiec *n* **1** cover: *furniture covers* **2** *(do aparatu, gitary)* soft case: *A soft case will protect your guitar from knocks and scratches.*

pokrótce *adv* briefly: *Sonia explained briefly how the machine works.*

pokruszyć *v* crumble: *Billy crumbled the bread in his fingers.*

pokruszyć się *v* crumble: *The cork crumbled when I opened the bottle.*

pokrycie *n* **1 na pokrycie wydatków** to cover expenses: *I'll write out a cheque for £500 to cover expenses.* **2** *(pokrowiec)* cover: *furniture covers* **3 obietnice/groźby itp. bez pokrycia** idle promises/threats etc **4 czek bez pokrycia** dud check

pokryć *v* **1** *(kurzem, farbą itp.)* cover, coat: *Snow covered the ground.* | *Your boots are covered in mud.* | *The books were thickly coated with dust.* **2 pokryć koszty czegoś a)** *(zapłacić za coś)* foot the bill for sth: *The insurance company should foot the bill for the damage.* **b)** *(wystarczyć na coś)* cover the cost of sth: *Will $100 cover the cost of textbooks?* **3 pokryć zapotrzebowanie** meet demand: *Ford have increased production in order to meet demand.*

pokrywa *n* **1** *(wieko)* lid: *Paul lifted the lid from the box.* **2** *(śniegu itp.)* blanket: *a blanket of snow on the mountains* **3 pokrywa silnika** bonnet *BrE*, hood *AmE*

pokrywać *v* →patrz POKRYĆ

pokrywać się *v* **pokrywać się z czymś** agree with sth, tie in with sth: *Your story doesn't agree with what the police have said.* | *His evidence doesn't really tie in with hers.*

pokrywka *n* lid: *He took the lid off the pan and tasted the soup.*

pokrzepić *v* refresh: *A shower will refresh you.* | *a refreshing drink*

pokrzykiwać *v* shout: *Outside the school a group of children ran around shouting and laughing.*

pokrzywa *n* nettle

pokrzywdzon-y/a *n* victim

pokrzyżować *v* **pokrzyżować komuś plany/szyki** thwart/foil sb's plans: *The prince's enemies did their best to thwart his plans.*

pokusa *n* temptation: *There might be a temptation to cheat if students sit too close together.* | **oprzeć się pokusie** resist/overcome (the) temptation: *I really had to resist the temptation to slap him.* | **ulec pokusie** give in to (the) temptation: *I finally gave in to the temptation and had a cigarette.*

pokusić *v* **pokusić się o coś** venture sth: *No one else ventured an opinion.*

pokuta *n* penance

pokutować *v* **1** *(za grzechy)* do penance: *Bianca has confessed and done penance for her sins.* **2** *(poglądy, wierzenia)* persist: *The belief that the Earth was flat persisted for many centuries.*

pokwitanie *n* puberty

pokwitować *v* **pokwitować odbiór czegoś** sign for sth, acknowledge receipt of sth: *This is a registered letter* (=list polecony), *someone will have to sign for it.* | *Please acknowledge receipt of this document by signing the enclosed form.* —**pokwitowanie** *n* receipt

polać *v* **1 polać coś wodą/mlekiem itp.** pour water/milk etc over sth: *Pour the sauce over the pasta and serve hot.* **2 polać kogoś czymś** spill sth on sb: *Some idiot spilled his drink on me!*

Polak *n* Pole: **Polacy** Poles, the Polish

polana *n także* **polanka** clearing: *a clearing in the forest*

polar *n* **1** *(kurtka)* polar jacket **2** *(tkanina)* polar fleece

polarny *adj* polar: *polar ice caps* | **niedźwiedź polarny** polar bear | **Gwiazda Polarna** the Pole Star

pole *n* **1** *(pod uprawy)* field: *a field of wheat* | **na polu** in the field: *There was a flock of sheep in the field.* **2** *(w geometrii)* area: *the area of a circle* **3** *(w szachach)* square: *A chessboard consists of 64 squares.* **4 pole magnetyczne/grawitacyjne itp.** magnetic/gravitational etc field **5 pole namiotowe** campsite *BrE*, campground *AmE* **6 pole karne/bramkowe** penalty/goal area: *The goalkeeper can't handle the ball outside the penalty area.* **7 pole golfowe** golf course **8 pole bitwy/walki** battlefield **9 pole minowe** minefield **10 pole działania/manewru** room for manoeuvre *BrE*, maneuver *AmE*: *The strict export regulations left us no room for manoeuvre.* **11 wywieść kogoś w pole** lead sb up the garden path **12 pole widzenia** field of view/vision **13 zniknąć z pola widzenia** disappear from view/sight: *David watched her car until it disappeared from view.*

polec *v* be killed, fall: *Many soldiers were killed in battle.* | *a monument to the soldiers who fell in the war*

polecać *v* →patrz POLECIĆ

polecający *adj* →patrz **list polecający** (LIST)

polecenie *n* **1** *(rozkaz)* order: *I expect my orders to be obeyed.* | **wydawać polecenia** give orders: *I'm the one who* *gives the orders around here – just remember that.* | **wykonywać czyjeś polecenia** take orders from sb **2** *(instrukcja dla komputera)* command, instruction **3 z czyjegoś polecenia** on sb's recommendation: *On Hawley's recommendation five officers were court-martialled* (=zostali postawieni przed sądem wojennym). **4 polecenie zapłaty** direct debit *BrE*, direct billing *AmE*

polecić *v* **1 polecić komuś coś zrobić/polecić, żeby ktoś coś zrobił** tell/order sb to do sth: *The teacher told us to get into groups of three.* | *He ordered the prisoners to lower their arms slowly.* **2 polecić coś (komuś)** recommend sth (to sb): *Can you recommend a good restaurant?* | *The book is a waste of money – I wouldn't recommend it to anyone.*

polecieć *v* **1** *(ptak, samolot itp.)* fly: *They flew to Paris for their honeymoon.* THESAURUS TRAVEL **2** *(spaść)* fall: *I tripped and fell down the stairs.* **3** *(pobiec)* dash: *When he heard about his father's accident he dashed to the hospital.* →patrz też LECIEĆ

polecony *adj* **1 list polecony** registered letter **2 przesyłka polecona** registered mail, recorded delivery *BrE*, certified mail *AmE*

polegać *v* **1 polegać na kimś/czymś** depend on/upon sb/sth, rely on sb/sth: *You can rely on the postal service.* | *You can always depend on me.* | *I think we can rely on Derek not to tell anyone* (=że nikomu nie powie). | **można na kimś/czymś polegać** sb/sth can be relied on/upon: *He's only a child. Can he be relied on?* | **pracownik/samochód itp., na którym można polegać** reliable/dependable employee/car etc **2 polegać na czymś a)** *(być wynikiem czegoś)* consist in sth: *The beauty of Venice consists largely in the style of its ancient buildings.* **b)** *(być równoznacznym z czymś)* consist in (doing) sth: *The plan consisted in sending in enough troops to completely surround the city.*

polemizować *v* **polemizować z kimś/czymś** take issue with sb/sth: *It is difficult to take issue with his analysis.* **—polemika** *n* polemic: *The play is a polemic on the judicial system.* **—polemiczny** *adj* polemical

polepszyć *v* improve: *efforts to improve the material conditions of the poor*
polepszyć się *v* **1** improve: *Working conditions will soon improve.* **2 komuś się polepszyło** sb is/feels (much) better: *David's feeling a little better since he started taking the penicillin.*

polerować *v* polish: *He spent all morning polishing his car.*

poletko *n* patch: *a potato patch*

polewa *n* topping: *chocolate topping*

polewać *v* →patrz POLAĆ

poleżeć *v* →patrz LEŻEĆ

polędwica *n* (beef) fillet, (pork) fillet/tenderloin, (lamb) fillet

policja *n* the police: *Call the police!* | *Accidents involving injuries must be reported to the police.* | **policja drogowa** traffic police | **posterunek policji** police station

UWAGA: police

Rzeczownik **police** łączy się zawsze z czasownikiem w liczbie mnogiej: *The police are hunting for the killer of a 14-year-old boy.* W niektórych kontekstach tłumaczymy go na polski za pomocą rzeczownika „policjanci": *Several police were injured when violence broke out.*

policjant/ka *n* policeman/policewoman, (police) officer

policyjny *adj* **1** police: *a police car* **2 godzina policyjna** curfew

policzalny *adj* countable: *A countable noun has a singular and a plural form.*

policzek *n* **1** *(część twarzy)* cheek: *He kissed her lightly on the cheek.* **2** *(zniewaga)* a slap in the face

policzony *adj* **czyjeś dni/dni czegoś są policzone** sb's/sth's days are numbered: *Are the days of the British Royal Family numbered?*

policzyć *v* **1** count: *It took hours to count all the votes.* **2 policzyć komuś 50 dolarów itp. (za coś)** charge sb $50 etc (for sth): *The lawyer only charged us £60.* | **policzyć komuś (o 10 funtów itp.) za dużo** overcharge sb (by £10 etc): *The cashier overcharged me by at least $2.00.*
policzyć się *v* **policzyć się z kimś** get even with sb: *I'll get even with you one day!*

poliester *n* polyester

polietylen *n* polythene

poligamia *n* polygamy

poligon *n* training ground

polio *n* polio

polisa *n* policy: *a life insurance policy*

politechnika *n* technical college, polytechnic

politologia *n* political science **—politolog** *n* political scientist

politowanie *n* **spojrzeć na kogoś z politowaniem** give sb a pitying look

politycznie *adv* **1** politically **2 politycznie poprawny** politically correct, PC: *It's not politically correct to say 'handicapped' anymore.*

polityczny *adj* **1** political: *The US has two main political parties.* | *changes to the British political system* **2 polityczna poprawność** political correctness →patrz też **azyl polityczny** (AZYL), **więzień polityczny** (WIĘZIEŃ)

polityk *n* politician: *Unfortunately politicians are not highly trusted these days.*

polityka *n* **1** *(działalność publiczna)* politics: *Most young people aren't interested in politics.* | *He plans to retire from* (=wycofać się z) *politics before the next election.* **2** *(strategia działania)* policy: *the government's foreign policy* (=polityka zagraniczna) | *The best policy is probably to wait until she calms down.*

polizać *v* **1** lick: *Judy's dog jumped up to lick her face.* **2** *(loda itp.)* have a lick of: *Can I have a lick of your ice cream?*

polka *n* polka

Polka *n* Pole, Polish woman

polny *adj* field: *a field mouse*

polo *n* **1** *(sport)* polo **2 koszulka polo** polo shirt

polonez *n* polonaise

Polonia *n* Polish community: *the Polish Community in Great Britain* | **Polonia Amerykańska** Polish Americans **—polonijny** *adj* Polish community: *the Polish community web site*

polonist-a/ka *n* **1** *(nauczyciel/ka polskiego)* Polish teacher **2** *(absolwent/ka polonistyki)* Polish philologist **—polonistyka** *n* Polish language and literature, Polish philology

P

polot *n* flair: *Bates' advertising campaigns showed flair and imagination.*

polować *v* **1** *(ludzie)* hunt: *At one time man had to hunt to survive.* | **polować na coś** hunt sth: *hunting big game* (=na grubego zwierza) *in Kenya* **2** *(zwierzęta)* hunt: *Nocturnal animals hunt at night.* | **polować na coś** hunt sth, prey on sth: *Owls prey on mice and rabbits.*

polowanie *n* **1** *(wyprawa)* hunt: *a tiger/bear/fox hunt* | **pojechać na polowanie** go hunting **2** *(działalność)* hunting: **polowanie na lisy/wieloryby itp.** fox/whale etc hunting: *a global ban on whale hunting* **3 polowanie na czarownice** witch hunt

polowy *adj* **1** *(praca, robotnik)* field, farm: *a farm worker* | *farm machinery* **2 łóżko polowe** camp bed *BrE*, cot *AmE*

Polska *n* Poland: *I have lived in Poland all my life.*

polski[1] *adj* Polish: *Polish traditions* —**polskość** *n* Polishness: *their often-proclaimed* (=często podkreślana) *Polishness*

P

polski[2] *n (język)* Polish, the Polish language: *a professor of Polish* | **po polsku** in Polish: *Say it in Polish.* | **mówić po polsku** speak Polish | **przetłumaczyć coś na polski** translate sth into Polish | **uczyć się polskiego** learn/study Polish —**polszczyzna** *n* Polish, the Polish language/tongue: *fluent* (=biegła) *Polish*

polubić *v* get to like, take to: *I don't think I'll ever get to like flying.* | *The two women took to each other right away.*

polubowny *adj* amicable: *Both sides were able to reach an amicable settlement out of court* (=poza sądem). —**polubownie** *adv* amicably

poluzować *v także* **poluźnić** loosen: *He loosened his tie.* | *It's impossible to loosen these old rusty screws.*

połamać *v* break: *broken branches*
połamać się *v* get broken: *Someone tipped the Christmas tree over and all the branches got broken.*

połapać się *v* **1 połapać się (w czymś)** catch on (to sth): *I didn't catch on at first.* | *It was a long time before* (=długo trwało zanim) *the police caught on to what he was really doing.* THESAURUS UNDERSTAND **2 nie móc się w czymś połapać** can't make head (n)or tail of sth: *I can't make head nor tail of this letter - does it mean anything to you?*

połączenie *n* **1** *(telefoniczne, elektryczne itp.)* connection: *a phone connection via satellite from Islamabad* | *Connection to the Internet usually takes only seconds.* **2** *(łączność)* link: *a satellite link* **3** *(drogowe, kolejowe itp.)* connection: *If this train gets delayed* (=będzie miał spóźnienie) *we'll miss our connection to Paris.* **4** *(zestawienie)* combination: *a combination of bad management and inexperience* | **coś w połączeniu z czymś** sth in combination/conjunction with sth, sth combined with sth: *Use of the drug in combination with diet changes will help you lose weight.* | *The heat combined with the loud music was beginning to make her feel ill.*

połączyć *v* **1** *(przewody, urządzenia)* connect (up): *The two computers are not connected.* | *Have you connected up all the wires?* | **+ z czymś** to sth: *The TV is connected to the video.* THESAURUS JOIN **2** *(komputery)* connect/link (up): *Our computers are linked to the central system.* **3** *(przez telefon)* connect, put through: *Hold the line, I'm trying to connect you.* **4** *(elementy)* join: *Join the two pieces of wood with strong glue.* **5** *(zestawić w całość)* merge, combine: *a computer program that makes it easy to merge text and graphics* →patrz też ŁĄCZYĆ
połączyć się *v* **1** *(telefonicznie)* get through: **+ z kimś** to sb: *It took her 20 minutes to get through to the ticket office.* **2** *(w jedną firmę itp.)* merge: *The company is to merge with BMW, the German car manufacturer.* →patrz też ŁĄCZYĆ SIĘ

połknąć *v* swallow: *I think the baby might have swallowed a button.*

połowa *n* **1** *(część)* half: *Half of 50 is 25.* | *The trade figures improved in the second half of last year.* | *Scot gave her a piece of chocolate and kept the other half for himself.* | **połowa meczu/filmu itp.** half of the game/film etc.: *I only saw the first half of the film.* | **połowa czasu/pieniędzy itp.** half the time/money etc: *Please pay half the money now and the remainder when you receive the goods.* | *Over half the people in this area are unemployed.* | **do połowy** half: *a half-empty bottle* | *There remained only two full boxes and one half full.* | **na połowę** in half/two: *He cut the cake in half.* | *We'll have to split the class in two.* **2** *(środek)* middle: **w połowie czegoś** in the middle of sth, halfway/midway through sth: *Someone fainted in the middle of the ceremony.* | *Halfway through the meal, Dan got up.* | **w połowie drogi** halfway, midway: *There's a gas station midway between here and Fresno.* | **w połowie czerwca/lata itp.** in mid-June/-summer etc, in the middle of June/summer etc: *Tokyo is extremely humid in mid-summer.* | *The house was built in the mid-18th century.* **3 nawet w połowie nie tak dobry/ładny itp., jak** not half as good/pretty etc as: *The movie wasn't half as good as the book.* **4 po połowie** fifty-fifty: *I think we should divide the profits fifty-fifty.*

połowiczny *adj* **połowiczne środki** half-measures: *Where justice is concerned, no half-measures are acceptable.* →patrz też **okres połowicznego rozpadu** (ROZPAD)

położenie *n* **1** *(lokalizacja)* location, position: *a map showing the location of the school* | *the sun's position in the sky* THESAURUS PLACE **2** *(sytuacja)* situation, position: *He's in a very difficult situation right now.* | *The current financial position is not good.* **3** *(ustawienie)* position: *Make sure the switch is in the 'off' position.*

położna *n* midwife

położony *adj* **być położonym gdzieś** be located/situated somewhere: *The town is located on the shores of Lake Trasimeno.* | *The hotel is situated on the lakeside.*

położyć *v* **1** put, lay: *Just put the bags on the table.* | *Where did you put the newspaper?* | *He laid his hand on her shoulder.* | *The bodies were laid under the trees to await burial* (=w oczekiwaniu na pochówek). **2** *(spać)* put to bed: *I'll just put the children to bed.* →patrz też **położyć czemuś kres** (KRES)
położyć się *v* lie (down): *I'm going upstairs to lie down.* | *Lie on the floor and stretch your legs upwards.* →patrz też KŁAŚĆ SIĘ

połów *n* catch, haul: *a large catch of tuna fish*

połówka *n* half →patrz też PÓŁ

południe *n* **1** *(pora)* noon, midday: **przed południem** in the morning: *The phone rang at eleven in the morning.* | **po południu** in the afternoon: *We should get there at about three in the afternoon.* | **druga/czwarta itp. po południu** two/four etc pm: *I get off work at 5:30 pm.* | **dziś po południu** this afternoon: *Can you go swimming this afternoon?* **2** *(kierunek)* south, South: *Which way* (=z której strony) *is south?* | **na południu** in the south: *A strange star appeared in the south.* | **na południe** south, southward(s): *Go 5 miles south on the freeway.* | **na południe od** south of: *The school is three blocks south of the park.* **3** *(część kraju itp.)* the south: *The south is much* *poorer than the north.* | **na południu** in the south, down south: *My uncle lives in the south of France.* | *They live down south, somewhere near Brighton.* →patrz też POPOŁUDNIE

południk *n* meridian

południowo-wschodni *adj* southeast, southeastern: *a southeast wind*

południowo-zachodni *adj* southwest, southwestern: *a southwest wind*

południowy *adj* **1** *(część, akcent, półkula)* southern: *the southern hemisphere* | *southern New Mexico* **2** *(wiatr)* south, southerly: *a south wind* **3** *(ściana)* south: *the south wall of the building* **4 Południowa Korea/Afryka** South Korea/Africa **5 południowy wschód/zachód** southeast/southwest: **na południowy wschód/zachód (od)** southeast/southwest (of): *flying southeast*

połykać *v* →patrz POŁKNĄĆ

połysk *n* gloss, shine, lustre *BrE*, luster *AmE*: *a new hair gel that adds gloss to your hair* | *hair with lots of shine* | *the lustre of her long dark hair* | **na wysoki połysk** to a high gloss: *shoes shined to a high gloss*

połyskiwać *v* sparkle: *diamonds sparkling in the light*

pomachać *v* wave: **pomachać ręką** wave your hand, give a wave: *The Governor gave a wave to the crowd.* | **pomachać komuś** wave to sb: *Tommy waved to us as he came across the field.* | **pomachać komuś pięścią** wave your fist at sb: *Lee waved his fist at me angrily.* →patrz też MACHAĆ

pomadka *n* lipstick

pomagać *v* help: *Brushing your teeth helps prevent cavities* (=pomaga zapobiegać próchnicy). THESAURUS HELP →patrz też POMÓC

pomalować *v* **1** *(farbą)* paint: *We painted the door blue.* | *The ceiling needs painting* (=trzeba pomalować sufit). **2** *(lakierem)* varnish →patrz też MALOWAĆ

pomału *adv* **1** slowly: *Life is slowly getting back to normal after last week's floods.* **2 pomału!** slow down!: *Slow down, Davey can't keep up* (=nie może nadążyć).

pomarańcza *n* orange —**pomarańczowy** *adj* orange: *orange juice* | *orange curtains*

pomarszczony *adj* wrinkled: *a wrinkled face*

pomarzyć *v* →patrz MARZYĆ

pomiar *n* measurement: *the accurate measurement of temperature*

pomiatać *v* **pomiatać kimś** push sb around: *They keep pushing him around.*

pomidor *n* tomato —**pomidorowy** *adj* tomato: *tomato juice*

pomieszać *v* **1** *(rzeczy, fakty)* mix up: *Whatever you do, try not to mix those papers up.* **2** *(płyn)* stir: *Stir the paint to make sure it is smooth.* →patrz też MIESZAĆ, WYMIESZAĆ

pomieszać się *v* **coś się komuś pomieszało** sb (has) got sth mixed up: *I think you've got the dates mixed up* (=pomieszały ci się daty).

pomieszczenie *n* room: *a soundproof room*

pomieścić *v* accommodate, take, hold: *The hall can accommodate 300 people.* | *Our car can take up to 6 people.* | *The stadium holds* (=może pomieścić) *50,000 spectators* (=widzów). →patrz też MIEŚCIĆ, ZMIEŚCIĆ

pomieścić się *v* fit: *Will the cases fit in the back of the car?* →patrz też MIEŚCIĆ SIĘ, ZMIEŚCIĆ SIĘ

pomiędzy *prep* **1** *(między)* between: *Judy was sitting between Kate and me.* **2** *(pośród)* among: *We found him hiding among the bushes.* →patrz też MIĘDZY

pomijać *v* →patrz POMINĄĆ

pomimo *prep* **1 pomimo czegoś** despite sth, in spite of sth, notwithstanding sth: *She still loved him despite the way he had treated her.* | *Mary loves her husband in spite of the fact that he drinks too much.* | *The team has continued to be successful notwithstanding recent criticism.* **2 pomimo to** nevertheless, nonetheless: *I think he's telling the truth. Nevertheless, I don't trust him.* | *The economy is improving, but people are losing jobs nonetheless.*

pominąć *v* **1** *(nie uwzględnić)* omit, leave out: *Several important details had been omitted.* | *She was upset about being left out of the team.* **2** *(celowo opuścić)* skip (over): *Let's skip the next question.* | *I'll skip over the details.* **3** *(przypadkowo opuścić)* miss out: *I hope we haven't missed any names out from the list.* **4 pominąć coś milczeniem** pass over sth: *I think we'd better pass over that last remark.*

pomnażać *v* →patrz POMNOŻYĆ

pomniejszyć *v* **1** *(zmniejszyć)* reduce: *They agreed that costs should be reduced by 15 percent.* **2** *(zasługi)* diminish, belittle: *Don't let him diminish your achievements.* | *Why do they always try to belittle our efforts?* →patrz też ZMNIEJSZYĆ

pomnik *n* monument, memorial: *a monument to Frederick the Great* | *a memorial to the men who died in the war*

pomnożyć *v* **1** multiply: *She multiplied her fortune through shrewd stock investments.* **2 pomnożyć coś przez coś** multiply sth by sth: **pomnożone przez** multiplied by: *Four multiplied by five is 20.* →patrz też MNOŻYĆ

pomoc *n* **1** help, assistance: *If I need any help, I'll call you.* | *Do you need any help with that?* | *Students receive very little financial assistance from the government.* | **z czyjąś pomocą** with sb's assistance: *a report drawn up with the assistance of experts* | **udzielić komuś pomocy/przyjść komuś z pomocą** come to sb's assistance/aid: *One of her fellow passengers came to her assistance.* | *I didn't speak any French, but a nice man came to my aid and told me where to go.* **2** *(ratunek)* help: *Go get* (=sprowadź) *help, quickly!* | **na pomoc!/pomocy!** help! **3 pomoc humanitarna** humanitarian aid/relief: *humanitarian aid to the refugees* **4 za pomocą/przy pomocy czegoś** by means of sth, with the help/aid of sth: *The oil is transported by means of a pipeline* (=rurociąg). | *We got it open with the help of a knife.* **5 bez niczyjej pomocy** single-handed(ly): *She rebuilt the house single-handed.* **6 pierwsza pomoc** first aid: **udzielić komuś pierwszej pomocy** give sb first aid: *Being given first aid at the scene of the accident probably saved his life.* **7 pomoc drogowa** car breakdown service, recovery service **8 pomoc domowa** housekeeper, domestic (help/worker), helper *AmE* **9 pomoce dydaktyczne/naukowe** educational teaching aids: *Teaching aids can make lessons much more interesting.*

pomocniczy *adj* auxiliary: *auxiliary staff* (=personel pomocniczy)

pomocni-k/ca *n* helper, assistant

pomocny *adj* **1** *(człowiek)* helpful, cooperative, co-operative *BrE*: *Everyone was so helpful.* | *Ned was always very cooperative in the past.* **2** *(informacja itp.)* helpful, useful: *The map was really helpful.* | **być/okazać się pomocnym** be a lot of help/a real help: *The instructions weren't a lot of help.* THESAURUS USEFUL **3 wyciągnąć**

P

do kogoś pomocną dłoń lend/offer a helping hand to sb, give sb a helping hand

pomoczyć *v* →patrz **ZMOCZYĆ**

pomodlić się *v* pray, say your prayers →patrz też **MODLIĆ SIĘ**

pomordować *v* murder: *civilians brutally murdered during the civil war*

pomost *n* **1** *(do cumowania)* pier, jetty **2** *(coś, co łączy)* bridge: *a bridge between nations*

pomóc *v* **1** help (out): *Is there anything I can do to help?* | *Sarah's going to help out with the cooking tonight.* | **pomóc komuś** help sb (out), give/lend sb a hand: *Can you give me a hand?* | **pomóc komuś w czymś** help sb (out) with sth: *Dad, can you help me with my homework?* | **pomóc komuś coś zrobić** help sb (to) do sth, give/lend sb a hand doing sth: *Do you want me to help you move that table?* | *Can you give me a hand moving this box?* THESAURUS HELP **2 w czym mogę pomóc?** (how) can I help you? **3 płacz tutaj nie pomoże** it's no use crying

P

pomówić *v* **pomówić z kimś** have a word with sb: *I must have a word with my partner.*

pomówienie *n* **1** slander: *They accused him of slander.* **2 mieć z kimś do pomówienia** have a bone to pick with somebody

pompa *n* **1** pump: *a fuel pump* **2** *(rozmach)* pomp, pageantry

pompatyczny *adj* pompous: *a pompous speech*

pompka *n* **1** *(przyrząd)* pump: *a bicycle pump* **2** *(ćwiczenie)* press-up *BrE*, push-up *AmE*

pompon *n* pompom

pompować *v* pump (away): *He pumped away furiously.* →patrz też **NAPOMPOWAĆ**

pomruk *n* murmur: *the murmur of voices from down the corridor*

pomstować *v* **pomstować na kogoś/coś** hurl abuse at sb/sth

pomścić *v* avenge: *He wanted to avenge his brother's death.*

pomyje *n* **1** *(woda po zmywaniu)* dishwater **2** *(dla świń)* swill

pomylić *v* **1 pomylić coś** mistake sth, get sth wrong: *He'd mistaken the address.* | *We must have got the names wrong.* **2 pomylić kogoś z kimś** mistake sb for sb else: *I mistook the poor woman for my sister.*
pomylić się *v* make a mistake: *I think you've made a mistake – I ordered fish, not beef.* →patrz też **MYLIĆ (SIĘ)**

pomylony *adj* crazy, mad *BrE*: *Our friends all think that we're crazy.* | *You're mad to get involved with someone like him!*

pomyłka *n* **1** *(błąd)* mistake: *Marrying Julie was a mistake.* | **przez pomyłkę** by mistake: *Someone must have left the door open by mistake.* **2** *(zły numer)* wrong number: *"Is Laura there?" "No, I'm afraid you have the wrong number."*

pomysł *n* idea: *What a good idea!* | **+ na coś** for sth: *Where did you get* (=skąd wziąłeś) *the idea for the book?* | **mieć pomysł** have an idea: *I have an idea – let's go to the beach.* | **wpaść na pomysł** hit on an idea, come up with an idea: *When did you hit on this ingenious idea?*

pomysłodaw-ca/czyni *n* originator: *Who was the originator of this TV series?*

pomysłowy *adj* **1** *(człowiek)* inventive, resourceful: *Ed's a very inventive cook.* | *a resourceful woman* **2** *(urządzenie, rozwiązanie)* ingenious, imaginative: *an ingenious way of making money* | *an imaginative solution to the problem* —**pomysłowo** *adv* ingeniously, inventively —**pomysłowość** *n* ingenuity, inventiveness, resourcefulness

pomyśleć *v* **1** think: *We must think very carefully before we decide what to do.* | **+ o kimś/czymś** of sb/sth: *Just think of all the things you could buy with a million dollars.* **2 nie do pomyślenia** unthinkable: *It seemed unthinkable that a woman would run for President.* **3 kto by pomyślał?** would you believe it?: *Would you believe it, he even remembered my birthday!* | **kto by pomyślał, że ...** who would have thought (that) ...: *Who would have thought she'd end up dancing for a living?* **4 niech pomyślę** let's see, let me see: *Let's see. When did you send it?*

pomyślnie *adv* successfully: *If you have successfully passed the exam, you will receive your certificate by mail.*

pomyślność *n* **1** well-being: *They are concerned mainly with the well-being of their children.* **2 pomyślności!** good luck!

pomyślny *adj* **1** *(udany)* successful: *a very successful year* | *The surgery was successful.* **2 pomyślne wieści/wiadomości** good news: *I've got some good news for you.* **3** *(sprzyjający)* favourable *BrE*, favorable *AmE*: *a favourable economic climate* **4** *(znak, początek)* auspicious: *an auspicious sign/start/beginning*

ponad *prep (więcej niż)* over, more than: *It cost over £1,000.* | *I've lost over 3 kilos in weight.* | *More than 40 workers lost their jobs.* →patrz też **NAD**

ponadczasowy *adj* timeless: *the timeless beauty of Venice*

ponaddźwiękowy *adj* supersonic: *a supersonic jet*

ponadpodstawowy *adj* **szkolnictwo ponadpodstawowe** secondary education: *primary and secondary education*

ponadprogramowy *adj* extracurricular: *extracurricular activities*

ponadto *adv* moreover, furthermore: *The new design is not acceptable. Moreover, it would delay the project even further.*

ponaglać *v* rush: *Don't rush me – let me think.*

ponawiać *v* →patrz **PONOWIĆ**

poncz *n* punch

ponętny *adj* **1** *(atrakcyjny seksualnie)* seductive: *a seductive woman/voice* **2** *(kuszący)* tempting, seductive: *a tempting/seductive offer*

poniedziałek *n* Monday: **w poniedziałek** on Monday —**poniedziałkowy** *adj* Monday('s): *Monday's exam* | *another Monday morning* →patrz też **NIEDZIELNY**

poniekąd *adv* in a way, sort of: *In a way, I'm glad it's all over.* | *"Were you disappointed?" "Well, sort of, but it didn't matter really."*

ponieść *v* **1 ponieść karę/cenę** pay the penalty/price: *She committed a terrible crime, and now she must pay the penalty.* **2 ponieść stratę/porażkę** suffer a loss/defeat: *The President suffered a massive defeat in the election.* **3 ponieść część winy** bear a portion/some of the blame: *The other driver must bear a portion of the blame for the accident.* **4 ponieść śmierć** die: *He was hit in the chest and died instantly* (=na miejscu). **5 poniosło kogoś** sb was/

got carried away: *I got carried away and bought three pairs of shoes!* →patrz też PONOSIĆ

ponieważ *conj* because, since: *You can't go because you're too young. | I'll do it myself since you're obviously not going to help.*

poniewierać *v* **poniewierać kimś** manhandle sb: *The report claimed that patients were manhandled and bullied* (=poniewierani i zastraszani).
poniewierać się *v (leżeć bezużytecznie)* lie around/about *BrE*: *Books and papers were lying around everywhere.*

poniżać *v* degrade, put down: *a movie that degrades women | I don't like the way she's always putting him down.*
poniżać się *v* degrade yourself: *How can you degrade yourself by writing such trash?*

poniżający *adj* degrading, demeaning: *degrading treatment of prisoners | a demeaning job*

poniżej *prep* **1** *(mniej niż)* below, under: *Anything below £500 would be a good price. | nursery education for children under five* | **poniżej zera** below zero/freezing: *10 degrees below zero | At night the temperature is often below freezing.* | **poniżej średniej** below average: *Tom's spelling is well below average.* **2** *(niżej od)* below: *I'd like you to trim my hair just below the ears.*

poniższy *adj* **poniższy przykład/adres itp.** the following example/address etc, the example/address etc below: *The information below was compiled by our correspondent. | For further information, please write to the following address.*

poniżyć *v* →patrz PONIŻAĆ

ponoć *part* apparently: *She apparently caught him in bed with another woman.*

ponosić *v* **1 ponosić winę (za coś)** be to blame (for sth): *Hospital staff were not in any way to blame for the baby's death.* **2 ponosić odpowiedzialność za coś** be held responsible for sth: *I can't be held responsible for what Floyd does.* →patrz też PONIEŚĆ

ponowić *v* renew: *Congress renewed its demand for tax cuts.*

ponownie *adv* (once) again: *I'm sorry, Mr Kay is busy. Could you call again later? | Once again the Americans are the Olympic champions.* | **ponownie wyjść za mąż/ożenić się** remarry: *75% of divorced women remarry.* | **ponownie napełnić** refill: *A waiter refilled our glasses.* | **ponownie uruchomić** restart: *The problem sometimes disappears if I restart my computer.*

ponowny *adj (kolejny)* new: *Troops have been deployed in the area in preparation for a new attack.* | **ponowny wybór** re-election: *Barnes is seeking re-election* (=ubiega się o ponowny wybór). | **ponowne zjednoczenie** reunification: *the reunification of Germany*

ponton *n* (rubber) dinghy

pontyfikat *n* pontificate

ponumerować *v* number: *Number the items from one to ten.*

ponury *adj* **1** *(prognoza, przyszłość)* gloomy, bleak, grim: *a gloomy sales forecast | Without a job, the future seemed bleak. | grim economic news* **2** *(twarz)* gloomy, grim: *the gloomy faces of the rescue workers | a grim-faced judge* **3** *(miejsce)* gloomy, bleak: *a gloomy room | the bleak landscape of the northern hills* **4** *(dzień)* bleak: *a bleak November day* THESAURUS SAD —**ponuro** *adv* gloomily, grimly

pończocha *n* stocking

pop *n* **1** *(muzyka)* pop (music): *a pop singer* **2** *(duchowny prawosławny)* pope

popadać *v* →patrz POPAŚĆ

poparcie *n* **1** support: *Thanks for all your support. | Teachers don't always have the support of parents.* **2 zyskiwać/tracić poparcie** *(polityczne)* be gaining/losing ground: *Republicans have been gaining ground in recent months.* **3 na znak poparcia dla kogoś** in support of sb, in sympathy with sb: *a demonstration in support of animal rights | Students marched in sympathy with the strikers.*

poparzyć *v* **1** *(ogniem, żelazkiem)* burn: *I've burnt my hand.* **2** *(płynem, parą)* scald: *The coffee scalded his tongue. | She was scalded as a child.* —**poparzenie** *n* burn, scald: *Many of the victims suffered severe burns.*

popaść *v* **1 popaść w konflikt z kimś** come/get into conflict with sb: *Don't get into conflict with your boss.* **2 popaść w ruinę** fall/sink into decay/disrepair: *Over the years the old palace had fallen into decay.* **3 popaść w alkoholizm/narkomanię itp.** fall/sink into alcoholism/drug addiction etc: *Many young people sink into drug addiction after they've smoked only a few joints.* **4 popaść w rozpacz/melancholię** plunge/fall/sink into despair/melancholy: *Juliet falls into despair when she learns that Romeo is a Montague.* **5 gdzie/kogo/co itp. popadnie/popadło** just anywhere/anybody/anything etc.: *We can't give loans of that size to just anyone.*

popatrzeć *także* **popatrzyć** *v* **popatrzeć na kogoś/coś** have/take a look at sb/sth: *Let me take a look at that map again.* | **popatrz!** look!, have a look!: *Look, it's snowing!* THESAURUS LOOK →patrz też PATRZEĆ

popchnąć *v* push: *She pushed me and I fell backwards into the chair.*

popełnić *v* **1 popełnić błąd** make an error/a mistake: *The police admitted that several errors had been made.* THESAURUS DO **2** *(przestępstwo, grzech)* commit: *Brady committed a series of brutal murders.* | **popełnić samobójstwo** commit suicide: *She tried to commit suicide by slashing her wrists.* →patrz też **popełnić gafę** (GAFA)

popęd *n* drive: *the male sex drive*

popędzać *v* **popędzać kogoś** rush sb: *Don't rush me – let me think.*

popędzić *v* **popędzić gdzieś** dash/race somewhere: *When he heard about his father's accident, he dashed to the hospital. | I raced down the stairs to answer the phone.*

popękać *v* crack: *The plates are old and cracked.*

popić *v* **1 popić herbaty/wina itp.** take a sip of tea/wine etc **2 popić coś (wodą/winem itp.)** wash sth down (with water/wine etc): *a big plate of pasta washed down with a bottle of red wine*

popielaty *adj* grey *BrE*, gray *AmE*

popielniczka *n* ashtray

popierać *v* support, back: *I don't support any one political party. | The bill is backed by several environmental groups.* →patrz też POPRZEĆ

popiersie *n* bust: *a bust of Shakespeare*

popijać *v* sip: *Maria sat at the table, sipping her coffee.* →patrz też POPIĆ

popilnować *v* **popilnować kogoś/czegoś** keep an eye on sb/sth: *Can you keep an eye on the baby while I make a phone call?* →patrz też PILNOWAĆ

P

popiół *n* ash: *cigarette ash*

popis *n* display, show: *an impressive display of skill* | *a show of strength/force*

popisać się *v* **popisać się czymś** display/show sth: *All the musicians displayed considerable skill.*

popisywać się *v* show off: *Jason's showing off in front of the girls.* | **popisywać się czymś** show sth off: *The Wilsons are having a party to show off their new house.*

poplamić *v* stain: *a tablecloth stained with wine*

poplątać *v* tangle (up): *Somebody's tangled all these cables under my computer.* | *The phone cord is all tangled up.*

poplątać się *v* get/become tangled (up)

popłacać *v* pay: *Crime doesn't pay.*

popłakać się *v* start crying: *Guy started crying when I told him I wanted to end our relationship.*

P

popłoch *n* panic: *a wave of panic* | **w popłochu** in (a) panic: *People ran into their streets in a panic after the explosion.* | **wpaść w popłoch** panic: *The crowd panicked at the sound of the gunfire.*

popłynąć *v* **1** *(łodzią, statkiem)* sail: *The next day we sailed from Malta to Cairo.* THESAURUS TRAVEL **2** *(łzy)* start flowing: *She only mentioned his name and the tears started flowing again.* | **komuś popłynęły łzy** tears rolled/ran/streamed down sb's face/cheeks: *Tears rolled down her cheeks.*

popływać *v* **1 popływać (sobie)** have a swim: *We had a swim, then walked back across the hot sands.* **2 pójść popływać** go for a swim: *Let's go for a swim in the river.*

popołudnie *n* afternoon: *a sunny afternoon* | *They spent the afternoon exploring the town.* | **popołudniami** in the afternoon, afternoons *AmE*: *She only works afternoons.* | **późnym popołudniem** late in the afternoon →patrz też **po południu** (POŁUDNIE) —**popołudniowy** *adj* afternoon: *afternoon classes* | *tickets for the afternoon performance*

popracować *v* →patrz PRACOWAĆ

poprawa *n* improvement: *There's been a great improvement in Danny's school work.* | *a slight improvement in the patient's condition*

poprawczak *n* community home *BrE*, reformatory *AmE*

poprawić *v* **1** *(polepszyć)* improve, enhance: *Swimming can improve your muscle tone.* | *Adding lemon juice will enhance the flavour.* **2 poprawić czyjś wynik/rekord itp.** improve on sb's result/record etc: *No one's been able to improve on her Olympic record.* **3** *(skorygować)* correct: *Correct my pronunciation if it's wrong.* | **poprawić kogoś** correct sb: *Correct me if I'm wrong.* **4** *(sprawdzian itp.)* correct, mark *BrE*, grade *AmE*: *She spent all evening correcting exam papers.* | *Have you marked my essay yet?* | *I spent the weekend grading tests.*

poprawić się *v* **1** *(polepszyć się)* improve: *Her English has improved greatly this year.* | *Let's hope the weather improves before Saturday.* **2** *(skorygować błąd)* correct yourself: *"Oh, seven," the older boy corrected himself. "He's only seven."*

poprawka *n* **1** *(zmiana)* correction, adjustment: *The text just needs a few corrections before we print it.* | *I've made a few adjustments to our original calculations.* **2** *(zaznaczony błąd)* correction: *The page was covered in crossings-out and corrections.* **3** *(do ustawy, konstytucji itp.)* amendment: *an amendment to the new Finance Bill* | *the Fifth Amendment* | **wnieść poprawki do czegoś** amend sth: *The law has been amended several times.* **4** *(egzamin)* repeat exam, resit *BrE* **5 wziąć poprawkę na coś** make (an) allowance for sth: *My brother made no allowance for my shorter legs, and I had to run to keep up.*

poprawkowy *adj* **egzamin poprawkowy** repeat exam, resit *BrE*: **zdawać egzamin poprawkowy** retake/resit *BrE* an exam

UWAGA: resit

Wyraz **resit** w znaczeniu rzeczownikowym wymawiamy ˈriːsɪt, z akcentem na pierwszej sylabie, w odróżnieniu od czasownika, który akcentujemy na drugiej sylabie: ˌriːˈsɪt.

poprawnie *adv* **1** *(prawidłowo)* correctly, right: *Have you spelled it correctly?* | *They didn't spell my name right.* **2** *(stosownie)* properly: *Granny will be there, so behave properly.*

poprawność *n* correctness: **polityczna poprawność** political correctness

poprawny *adj* **1** *(odpowiedź)* correct, right **2** *(zachowanie)* correct, proper **3 politycznie poprawny** politically correct, PC

poprosić *v* **1** ask: *If you need anything, you only have to ask.* | **poprosić (kogoś) o coś** ask (sb) for sth, request sth (from sb): *Couldn't you simply ask for help?* | **poprosić kogoś, żeby coś zrobił** ask sb to do sth: *Ask Paula to post the letters.* **2 poproszę ...** may/can I have ... ?, I'll have ...: *May I have the bill, please* (=poproszę rachunek)? | *I'll have another* (=jeszcze jedną) *brandy.* **3 tak, poproszę** yes please: *"More coffee?" "Yes please!"*

UWAGA: request

Czasownika **request** używa się wyłącznie w stylu formalnym, zwłaszcza w sytuacji, gdy proszący ma prawo do tego, o co prosi: *The government requested a meeting with community leaders.* | *The pilot requested permission to land.*

poprowadzić *v* *(kogoś gdzieś)* lead, guide: *Mrs Danvers led us down the corridor.* | *Taking her arm, Andrew guided her to their table.* →patrz też PROWADZIĆ

poprzeczka *n* **1** *(w sporcie)* crossbar: *The ball bounced off the crossbar and into the net.* **2 podnieść/obniżyć poprzeczkę** raise/lower your requirements

poprzeczny *adj* transverse: *a transverse beam* (=belka)

poprzeć *v* **1** *(inicjatywę, kandydata)* support, back: *The bill was supported by a large majority in the Senate.* **2** *(twierdzenie)* back up: *He had evidence on video to back up his claim.* **3** *(wniosek)* second: *Who'll second the motion?* →patrz też POPIERAĆ

poprzedni *adj* previous: *She has two children from a previous marriage.* | *She said she had seen him the previous day.* THESAURUS PREVIOUS

poprzedni-k/czka *n* predecessor

poprzednio *adv* previously: *She had previously worked for a computer company in Cambridge.* THESAURUS BEFORE

poprzedzać *v* precede: *The fire was preceded by a loud explosion.* | *The author preceded his speech with a few words of welcome.*

poprzek *prep* **w poprzek** across: *a deep crack across the ceiling*

poprzestać *v* **poprzestać na czymś** make do with sth: *We'll have to make do with these old clothes.*

poprzez *prep* through: *I pushed my way* (=przepychałem się) *through the crowd.* →patrz też PRZEZ

popsuć *v* **1** *(widok, apetyt, zabawę)* spoil, ruin: *Don't let his bad mood spoil your evening.* | *The rain ruined our holiday.* **2** *(urządzenie)* break: *Someone's broken the TV.*
popsuć się *v* **1** *(urządzenie)* break down: *He'll be late because his car has broken down.* **2** *(jedzenie)* spoil, go off *BrE*: *The meat has spoiled.* **3** *(pogorszyć się)* deteriorate, get worse: *John's eyesight has deteriorated since his last eye test.* | *As weather conditions got worse, they couldn't find the way home.*

popsuty *adj* broken: *a broken clock*

populacja *n* population: *30% of the male population suffer from heart disease.*

popularnonaukowy *adj* popular science: *popular science journals*

popularność *n* popularity

popularny *adj* popular: *a popular holiday resort* | **+wśród** *Video games are very popular with children.* —**popularnie** *adv* popularly: *It's popularly believed* (=popularnie uważa się) *that people need eight hours sleep a night.* —**popularność** *n* popularity: *The president's popularity has declined* (=zmalała) *considerably.*

popularyzować *v* popularize, popularise *BrE* →patrz też SPOPULARYZOWAĆ

populistyczny *adj* populist: *populist ideas* —**populizm** *n* populism

popychać *v* →patrz POPCHNĄĆ

popychadło *n* dogsbody: *I'm just the office dogsbody.*

popyt *n* **popyt na coś** demand for sth, run on sth: *There's been a big demand for Madonna's new record.* | *a run on swimwear in hot weather* | **cieszyć się (dużym) popytem** be in (great) demand: *Her books are in great demand at the moment.* | **podaż i popyt** supply and demand

por *n* **1** *(warzywo)* leek **2** *(w skórze)* pore

pora *n* **1** *(okres)* season: *the rainy season* | **pora roku** season: *Vivaldi's 'Four Seasons'* **2** *(czas)* time: *The voters felt it was time for a change.* | *Come on, kids. It's time to go home.* | **pora obiadowa** lunchtime, lunch hour | **pora posiłku** mealtime | **o każdej porze** at any (one) time: *There are always at least two nurses on duty at any one time.* **3 od tej pory a)** *(od tamtego czasu)* (ever) since: *I haven't seen him since.* **b)** *(od tego momentu)* from now on: *From now on Neil is responsible for publicity and marketing.* **4 w samą porę** just in time, in the nick of time: *We got to the station just in time.* | *The doctor arrived in the nick of time.* **5 nie w porę** at the wrong time **6 nie pora na coś** this is not/hardly the time to do sth, this is the wrong time to do sth: *This is hardly the time to ask him for a loan.*

porachunki *n* **1 załatwić/wyrównać porachunki** settle a score: *Jack came back after five years to settle some old scores.* **2 porachunki między gangami** gang rivalry

porada *n* piece of advice: *He offered me one piece of advice that I've never forgotten.* | **porady** advice: *a book full of advice on babycare*

poradnia *n (przychodnia)* out-patient clinic

poradnictwo *n* counselling *BrE*, counseling *AmE*

poradnik *n* guide, handbook: *a guide for new parents* | *Another new Berlitz guide is 'Handbook to Skiing the Alps'.*

poradzić *v* **1** advise: **poradzić komuś, żeby coś zrobił** advise sb to do sth: *The doctor advised me to take more exercise.* THESAURUS DEAL **2 poradzić sobie** cope, manage: *I've never driven a big van before, but I'm sure I can cope.* | *I don't know how we'll manage now that Keith's lost his job.* | **poradzić sobie z czymś** cope with sth, manage sth: *You have to be strong to cope with the death of a loved one.* | *You'll never manage that heavy suitcase; let me take it.* | **poradzę sobie** I can manage: *"Do you want a hand with those bags?" "No, it's OK, I can manage."*
poradzić się *v* **poradzić się kogoś** ask sb's advice, consult sb: *Beth decided to ask her doctor's advice.* | *Consult your doctor if the headaches continue.*

poranek *n* morning: *an icy winter morning* —**poranny** *adj* morning: *morning newspapers*

porazić *v* **1** paralyse *BrE*, paralyze *AmE* **2 kogoś poraził prąd** sb got a shock/an electric shock: *I got a shock off the toaster this morning.*

porażenie *n* **1 porażenie prądem** electric shock **2 porażenie słoneczne** sunstroke **3** *(paraliż)* paralysis

porażka *n* defeat: **ponieść porażkę/doznać porażki** suffer a defeat: *The government has suffered a serious defeat.*

porcelana *n* china, porcelain: *the cupboard where we keep our best china* —**porcelanowy** *adj* china, porcelain: *a china teapot* | *a porcelain vase*

porcja *n* **1** *(lodów)* portion: *A small portion of ice cream costs $5.* **2** *(potrawy, ciasta)* helping, serving: *a huge helping of potatoes* **3** *(listów itp.)* batch: *the latest batch of student essays*

poręcz *n* **1** *(schodów)* banister **2** *(na balkonie itp.)* rail: *Tourists stood at the rail taking pictures of the waterfall.*

poręczny *adj* handy: *a handy little gadget*

poręczyć *v* **poręczyć za kogoś/coś** vouch for sb/sth: *I can vouch for my son, officer.*

porno *adj* porn: *porn videos*

pornografia *n* pornography —**pornograficzny** *adj* pornographic

poronić *v* miscarry, have a miscarriage: *She had a miscarriage at four months* (=w czwartym miesiącu). —**poronienie** *n* miscarriage

porost *n* lichen

porowaty *adj* porous: *porous rock*

porozmawiać *v* **porozmawiać (z kimś)** talk (to/with sb): *I'd like to talk to you in private.* | **+o czymś** about sth: *It always helps to talk about your problems.* →patrz też ROZMAWIAĆ

porozrzucać *v* scatter, strew: *He scattered his dirty clothes all over the bedroom floor.* | *Papers were strewn all over the floor.* →patrz też ROZRZUCIĆ

porozumieć się *v (dojść do porozumienia)* reach an agreement: *Lawyers on both sides finally reached an agreement.* →patrz też POROZUMIEWAĆ SIĘ

porozumienie *n* agreement: *a trade agreement* | *an agreement on arms reduction* (=w sprawie ograniczenia zbrojeń) | **dojść do porozumienia** come to/reach an agreement: *What happens if the warring parties fail to reach an agreement?*

porozumiewać się *v* communicate: *Anna has problems communicating in English.* | **+z kimś** with sb: *They communicated with each other using sign language* (=używając języka migowego). →patrz też POROZUMIEĆ SIĘ —**porozumiewanie się** *n* communication

P

porozumiewawczy *adj* knowing: *When I asked where her husband was, she gave me a knowing look.* —**porozumiewawczo** *adv* knowingly: *Brenda smiled knowingly at me.*

poród *n* **1** childbirth, delivery, labour *BrE*, labor *AmE*: *pregnancy and childbirth | an easy/difficult delivery | labour pains* **2 przyjąć poród** deliver a baby

porównać *v* **1** compare: *Compare these wines and tell us what you think.* | **+ coś z czymś** sth with/to sth: *The report compares pollution levels in London with those in other cities.* | **+ kogoś/coś do kogoś/czegoś** sb/sth to sb/sth: *He has been compared to John F. Kennedy.* **2 czegoś nie da się z niczym porównać** there is nothing to compare/nothing compares with sth: *Nothing compares with the taste of good home cooking.*

porównanie *n* **1** comparison: *a comparison of crime figures in Chicago and Detroit* **2 dla porównania** in/by contrast: *By contrast, the second exam was very difficult.* **3 w porównaniu z czymś/do czegoś** compared to/with sth, in/by comparison with sth: *You're slim compared to her! | The company has made a profit of £24m, compared with £12m last year. | We were wealthy in comparison with a lot of families.* **4 nie ma porównania** there's no comparison: *There's just no comparison between home-made and shop-bought bread.* **5 bez porównania** by far: *The girls' exam results were better by far than the boys'.*

porównawczy *adj* comparative: *a comparative study of European languages*

porównywać *v* →patrz PORÓWNAĆ

porównywalny *adj* comparable: *The surveys showed comparable results. | Is the pay rate (=płaca) comparable to that of other companies?*

poróżnić *v* come between: *I didn't want the question of money to come between us.* | **poróżnić kogoś z kimś** set sb against sb: *a bitter civil war that set brother against brother*

port *n* **1** *(dla statków)* port, harbour *BrE*, harbor *AmE*: *the port of Dover | The ship was back in port after a week at sea.* | **port jachtowy** marina **2** *(w komputerze)* port: *Connect the modem to your computer's serial port.* **3 port lotniczy** airport

UWAGA: harbour i port

Rzeczownik **harbour** oznacza przybrzeżny obszar wodny, w którym zatrzymują się statki. Rzeczownik **port** oznacza przyległy pas lądu wyposażony w urządzenia portowe albo miasto, w którym takie miejsce postoju statków się znajduje: *the Israeli port of Haifa | Some of the best natural harbours in the world are here.* Wyraz **port** występuje też w wyrażeniach **come into port**, **leave port** i **in port**: *The ferry was just about to leave port. | We're going to have two days ashore while the ship is in port.*

portal *n* portal

portfel *n* wallet, billfold *AmE*, pocketbook *AmE*

portier *n* **1** doorman **2 nocny portier** night porter

portki *n* trousers *BrE*, pants *AmE*

portmonetka *n* purse *BrE*, change purse *AmE*

porto *n (wino)* port

portowy *adj* port: *Dubrovnik, the historic Adriatic port city*

portret *n* **1** portrait: *a portrait of the queen* **2 portret pamięciowy** identikit *BrE*, composite *AmE* portrait

Portugalia *n* Portugal —**portugalski** *adj* Portuguese —**Portugal-czyk/ka** *n* Portuguese

porucznik *n* lieutenant

poruszać się *v* **1** *(być ruchomym)* move: *I saw the dog's eyes move (=zobaczyłem, że oczy psa się poruszają), so I knew he was alive. | She could hear someone moving around in Gail's room.* **2** *(przemieszczać się)* walk: *people who walk on crutches (=o kulach)* →patrz też PORUSZYĆ (SIĘ), RUSZAĆ (SIĘ)

poruszenie *n* stir, commotion: **wywołać poruszenie** create/cause a stir: *Plans for the motorway caused quite a stir among local residents.*

poruszyć *v* **1** *(temat)* bring up, touch on/upon: *She wished she'd never brought up (=żałowała, że w ogóle poruszyła) the subject of money.* **2** *(wprawić w ruch)* stir: *The wind stirred the leaves.* **3** *(wzruszyć)* move: *The story moved us to tears.* **4 poruszyć niebo i ziemię** move heaven and earth

poruszyć się *v* stir: *Rachel stirred in her sleep.* →patrz też PORUSZAĆ SIĘ

porwać *v* **1** *(człowieka)* abduct, kidnap: *Police believe that the woman has been abducted.* **2** *(samolot)* hijack: *The plane was hijacked by a group of terrorists.* **3** *(ukraść)* steal: *Last night foxes stole three chickens from the coop (=z kurnika).* **4** *(zauroczyć)* captivate: *We were captivated by his story (=porwała nas jego opowieść).*

porwanie *n* **1** *(człowieka)* abduction, kidnapping **2** *(samolotu)* hijacking

poryw *n* **1** *(wiatru)* gust: *A gust of wind blew our tent over (=przewrócił nasz namiot).* **2** *(uczucia, energii)* burst: *In a sudden burst of energy Denise cleaned the whole house.*

porywacz/ka *n* **1** *(dziecka itp.)* kidnapper **2** *(samolotu)* hijacker

porywać *v* →patrz PORWAĆ

porywczy *adj* impetuous, impulsive: *He says she's a typical woman – impetuous and emotional.*

porywisty *adj* gusty: *gusty winds*

porządek *n* **1** *(ład)* order: *Police are working hard to maintain law and order. | a new world order* **2** *(kolejność)* order: *Can you keep the pictures in the same order? | The names were written in alphabetical order.* **3 porządek dzienny** agenda: *The next item on the agenda is finances.* **4 w porządku** all right, in order, OK: *Your passport seems to be in order.* **5 w porządku!** all right!, OK!, okay!: *"You'd better be there by four." "Okay."* **6 porządki** cleaning: **porządki wiosenne** spring-cleaning, spring-clean *BrE*

porządkować *v* **1** *(sprzątać)* clean (up), tidy (up): *A lot of money has been spent on cleaning up the region's beaches. | Mr Evans kept busy, tidying the shop and getting the books up-to-date (=i uzupełniając księgi rachunkowe).* **2** *(układać w kolejności)* order →patrz też UPORZĄDKOWAĆ

porządkowy *adj* **1 liczebnik porządkowy** ordinal numeral **2** *(liczba, numer)* serial

porządnie *adv* **1** *(starannie)* neatly, properly: *The clothes were neatly folded. | Did you tidy your room properly?* **2** *(przyzwoicie)* properly, decently: *Behave decently towards the people you work with.* **3** *(mocno)* hard: *He hit me hard on the head.*

porządny *adj* **1** *(czysty, staranny)* neat, tidy: *neat handwriting | a naturally tidy person* **2** *(posprzątany)* neat and tidy: *Can't you keep your bedroom neat and tidy?* **3** *(szanowany, przyzwoity)* respectable: *nice children from* *respectable homes* **4** *(w dobrym stanie)* decent: *Haven't you got a decent pair of shoes?* **5** *(solidny)* proper: *Try to eat proper meals instead of chips and baked beans.* **6** *(silny)* hard: *a hard blow on the head*

porzeczka *n* currant: **czarna porzeczka** blackcurrant

porzekadło *n* saying, proverb

porzucić *v* **1** *(dziecko, partnera)* abandon, desert: *The baby had been abandoned outside a hospital in Liverpool.* | *Her boyfriend deserted her when she got pregnant.* **2** *(kraj, dom itp.)* desert: *People have deserted the villages and gone to work in the cities.* **—porzucony** *adj* abandoned, deserted

posada *n (praca)* job, position: *He's applied for a position at the bank.* | **wolna posada** vacancy: *Are there any vacancies for cooks?* THESAURUS ▸ JOB

posadzić *v* **1** *(zasadzić)* plant: *I planted the rose bush last year.* **2 posadzić kogoś gdzieś** sit sb somewhere: *She sat the boy in the corner.*

posadzka *n* floor

posag *n* dowry

posądzać *v* **1** *(podejrzewać)* suspect: *Pilcher was suspected of being a spy* (=był posądzany o szpiegostwo). **2** *(oskarżać)* accuse: *Are you accusing me of stealing* (=o kradzież)?

posąg *n* statue: *a bronze statue of a horse*

posążek *n* statuette

poseł *n* Member of Parliament *BrE*, Representative *AmE* **—poselski** *adj* parliamentary

posesja *n* (house and) grounds: *the layout of the house and grounds*

posępny *adj* **1** *(dzień, krajobraz)* bleak: *a bleak November day* | *the bleak landscape of the northern hills.* **2** *(nastrój)* sombre *BrE*, somber *AmE*, grave: *a somber mood*

posiadacz/ka *n* **1** *(samochodu, majątku)* owner **2** *(biletu, tytułu)* holder: *season-ticket holders* | *Credit card holders can order tickets by phone.*

posiadać *v* **1** *(dom)* own: *He owns two houses in Utah.* **2** *(dobytek, majątek)* possess: *The fire destroyed everything he possessed.* **3** *(talent, umiejętności)* possess: *She possesses a great talent for poetry.* **4** *(być wyposażonym w coś)* have: *Our old apartment had a huge kitchen.* **5 nie posiadać się z radości/podniecenia** bubble (over) with joy/excitement, be beside yourself with joy/excitement: *They were beside themselves with joy when their first child was born.*

posiadanie *n* **1** ownership, possession **2 wziąć/objąć coś w posiadanie** take possession of sth: *When do you actually take possession of the house?* **3 ktoś wszedł w posiadanie czegoś** sth came into sb's possession: *How did the painting come into your possession?* **4 być w posiadaniu czegoś** have sth in your possession: *I have in my possession a number of secret documents.*

posiadłość *n* estate, property

posiąść *v (zdolność, wiedzę itp.)* acquire: *Think about how you can use the skills you have acquired.*

posiedzenie *n* session: *the first session of Congress*

posiedzieć *v* → patrz SIEDZIEĆ

posiekać *v* chop (up): *Shall I chop these onions up?* → patrz też SIEKAĆ

posilić się *v* have something to eat: *I must have something to eat before I go out.* | **posilić się czymś** eat/have sth: *At noon we stopped working and had some sandwiches.*

posiłek *n* **1** meal: *Many people think breakfast is the most important meal of the day.* | **pora posiłku** mealtime **2 posiłki** *(dodatkowe oddziały)* reinforcements: *The police soon returned with reinforcements.*

posiłkowy *adj* **czasownik posiłkowy** auxiliary verb

posiniaczyć *v* bruise: *He fell and bruised his knee.* **—posiniaczony** *adj* bruised, black and blue

posiwieć *v* go grey *BrE*, gray *AmE*: *My brother went grey in his forties.*

poskarżyć się *v* **poskarżyć się komuś** complain to sb: *Neighbours complained to the police about the dogs barking.*

poskładać *v* → patrz SKŁADAĆ, ZŁOŻYĆ

poskromić *v* **1** *(zwierzę, człowieka, inflację)* tame: *The new laws haven't tamed inflation.* **2** *(gniew)* curb: *Max tried hard to curb his temper.*

poskutkować *v* work: *I told Mum I was too sick to go to school, but it didn't work.*

posłać *v* **1** *(list, prezent)* send: *Have you sent them the money yet?* **2 posłać (komuś) uśmiech/spojrzenie** flash a smile/glance/look (at sb): *Courter flashed a broad grin and waved to reporters.* **3 posłać łóżko** make the bed

posłanie *n* **1** *(łóżko)* bed **2** *(misja)* mission

posłaniec *n* messenger, go-between

posłanka *n* Member of Parliament *BrE*, congresswoman *AmE*

posłodzić *v* sweeten, sugar: *Sweeten the mixture with a little honey.* | *Did you sugar my coffee?* → patrz też SŁODZIĆ

posłuch *n* **mieć u kogoś posłuch** be treated with respect by sb

posłuchać *v* **1** *(wysłuchać)* hear: *Let's hear what he's got to say.* **2 posłuchaj!** listen!: *Listen! There's a strange noise in the engine.* | *Listen, if you need me, just ring.* **3** *(zastosować się)* listen, obey: *I told him it was dangerous, but he didn't listen.* | *"Stand still!" he shouted. Only a few obeyed.* | **posłuchać kogoś/czegoś** listen to sb/sth: *I wish I'd listened to your advice* (=szkoda, że nie posłuchałem twojej rady). → patrz też SŁUCHAĆ

posługiwać się *v* **1 posługiwać się językiem angielskim itp.** speak English etc: *The Pope speaks many languages.* **2 posługiwać się kimś/czymś** *(wykorzystywać)* use sb/sth: *Smugglers use innocent people to carry drugs through customs.*

posłuszny *adj* **1** obedient: *a quiet and obedient child* **2 być komuś posłusznym** obey sb: *The men always obey him.* **—posłusznie** *adv* obediently **—posłuszeństwo** *n* obedience

posłużyć się *v* → patrz POSŁUGIWAĆ SIĘ

posmak *n* aftertaste: *a drink with a sour aftertaste*

posmarować *v* **posmarować coś masłem/kremem itp.** spread sth with butter/cream etc, spread butter/cream etc on/over sth: *Spread the toast thinly with butter.*

posmutnieć *v* become sad

posolić *v* **posolić coś** put salt in/on sth: *Did you put salt in the soup?* | *Taste your eggs before you put salt on them.*

posortować *v* → patrz SORTOWAĆ

pospieszny *także* **pośpieszny** *adj* **1 pociąg pospieszny** fast train **2** *(szybki)* hasty, hurried, speedy: *a hasty retreat*

(=odwrót) | *After a hurried breakfast, I rushed off to catch the bus.* | *a speedy denial* THESAURUS QUICK **3** *(pochopny)* hasty: *a hasty decision* —**pospiesznie** *adv* hastily, hurriedly, speedily

pospieszyć się *także* **pośpieszyć się** *v* **1** hurry (up): *Hurry up! We're late.* | *You'll catch the train if you hurry.* **2 pospieszyć się z czymś** do sth too soon: *Lendl hit the ball too soon.* →patrz też SPIESZYĆ SIĘ

pospolity *adj* common: *Foxes are quite common in this country.* | *a common mistake*

posprzątać *v* clean (up), tidy (up) *BrE*: *Have you cleaned your room?* | *Make sure you tidy up after you've finished.*

post *n* **1** fast: *Ramadan is a month of fast for the Muslims.* **2 wielki post** Lent

postać *n* **1** *(sylwetka)* figure, form: *I could see a dark figure on the horizon.* | *A dark form emerged from the bushes.* **2** *(w książce, filmie)* character: *The main character is a young milkmaid whose life ends in tragedy.* **3** *(forma)* form: *Many forms of cancer can be cured if detected early.* | **w postaci czegoś** in the form of sth: *People are bombarded with information in the form of magazines and TV advertising.* **4 to zmienia postać rzeczy** this puts a different complexion on things

postanowić *v* decide: *What have you decided?* | **postanowić coś zrobić** decide to do sth: *They decided to sell the house.* | **postanowić, że ...** decide (that) ...: *It was decided* (=postanowiono) *that the hospital should be closed.* THESAURUS INTEND —**postanowienie** *n* resolution: *I made a New Year's resolution to stop smoking.*

postarać się *v* **1 postarać się coś zrobić** try (your best) to do sth: *Try not to wake the baby.* | *I'll try my best to finish the work for this evening.* **2 postarać się, aby ...** see (to it) that ..., make sure (that) ...: *It's up to you to see that the job's done properly.* | *We will make sure he enjoys his visit.* **3 postarać się o coś** arrange (for) sth: *I'd like to arrange a business loan.* →patrz też STARAĆ SIĘ

postarzać *v* **postarzać kogoś** make sb look old(er): *Does this suit make me look older?*

postarzeć się *v* age: *He has aged a lot since his wife died.*

postawa *n* **1** *(stosunek)* attitude: **+wobec** *Russell's sceptical attitude towards the Christian religion* **2** *(pozycja ciała)* posture, stance: *By maintaining good posture you can avoid back pain.* | *a wide-legged stance* (=postawa z szeroko rozstawionymi nogami)

postawić *v* **1** *(umieścić)* put, place: *Just put the bottles on the table.* | *Seth placed his trophy on the top shelf.* **2** *(ustawić na stojąco)* stand: *We stood the lamp in the corner.* | *Stand the child (up) on a chair so she can see.* **3** *(zbudować)* put up, erect, build: *This ancient church was erected in 1121.* | *The monument was built to commemorate* (=dla upamiętnienia) *the Great Fire of London.* | *Security barriers were erected to hold the crowd back.* | *He put up a fence to prevent people from going across his field.* **4** *(namiot)* put up: *The kids have put up a tent in the garden.* **5** *(pytanie)* ask: *The question the teacher asked was too difficult.* **6** *(hipotezę)* put forward: *A number of hypotheses have been put forward concerning the possible origins of mankind.* **7** *(diagnozę)* make: *I was unable to make a diagnosis.* **8** *(przecinek itp.)* put: *Put a tick* (=haczyk) *in the box if you agree with this statement.* **9 postawić komuś zarzut** accuse sb: *The judge was accused of accepting bribes* (=przyjmowania łapówek). **10 postawić komuś szóstkę/jedynkę itp.** give sb an A/F etc: *The teacher gave me an A.* **11 postawić komuś drinka/obiad itp.** buy/stand sb a drink/meal etc **12 postawić na swoim** have/get your (own) way: *They always let the kid get his own way.* **13 postawić kogoś w trudnej itp. sytuacji** place sb in a difficult etc position: *His resignation placed the government in an embarrassing position.* **14 postawić przed kimś zadanie/cel** set sb a task/goal: *I've been set an impossible task by the editor.* **15 postawić sobie coś za cel** set (yourself) a goal of doing sth, set your sights on doing sth: *The government has set a goal of reducing inflation to 15% this year.* | *When in college, he set himself the goal of being sports editor of the campus paper.* | *She's set her sights on winning the world championship.* **16 postawić na kogoś/coś** *(założyć się)* have a bet on sb/sth: *Mom had a bet on the Yankees and won $20.* | **postawić 10 funtów itp.** bet 10 pounds etc: *Brad bet fifty bucks on the Bears to win.* **17 postawić kogoś na nogi** have sb on their feet (again): *We'll soon have you on your feet again.* **18 postawić kogoś przed sądem** take sb to court: *Davis was taken to court for assaulting a policeman* (=za napaść na policjanta). →patrz też STAWIAĆ

postawić się *v* **1 postawić się komuś** stand up to sb: *He was brave enough to stand up to the local gangs.* **2 postawić się w czyjejś sytuacji/czyimś położeniu** put yourself in sb's place/position: *Put yourself in her place – her husband's just run off with another woman.*

postawny *adj* **postawny mężczyzna/postawna kobieta** a fine figure of a man/woman: *He's a fine figure of a man.*

postąpić *v* **1** *(zachować się)* act: *The teacher acted perfectly correctly under the circumstances* (=w tych okolicznościach). **2 postąpić dobrze/źle** do the right/wrong thing: *I think you did the right thing putting your mother in a nursing home.* **3 postąpić wbrew komuś/czemuś** defy sb/sth, go against sb/sth: *He defied his father's wishes and joined the army.* | *You've really angered him by going against his wishes.* →patrz też POSTĘPOWAĆ

posterunek *n* **1** post: *The guards cannot leave their posts.* **2 posterunek policji** police station **3 posterunek straży pożarnej** fire station

posterunkowy *n* (police) constable *BrE*, PC *BrE*

postęp *n* **1** *(nowe osiągnięcia)* progress, advancement, gains: *technological progress* | *the advancement of science* | *gains in medical science* **2 postępy** *(coraz lepsze wyniki)* progress, improvement: *tests designed to monitor the student's progress* | *There's certainly been an improvement in Danny's schoolwork.* | **robić postępy** make progress/headway: *Nick has make a lot of progress since coming to our school.* **3 postęp arytmetyczny/geometryczny** arithmetic/geometric progression

postępek *n* deed: *good deeds*

postępować *v* **1** *(odbywać się)* proceed, progress: *The work is proceeding according to plan.* **2** *(rozwijać się)* progress: *A successful kidney transplant may stop the disease from progressing.* →patrz też POSTĄPIĆ

postępowanie *n* **1** behaviour *BrE*, behavior *AmE*, conduct, actions: *Her father's behaviour towards him was irrational.* | *a strict code of conduct* | *You must take responsibility for your own actions.* **2 postępowanie (prawne)** legal action/proceedings

postępowy *adj* progressive: *progressive teaching methods*

postępujący *adj* progressive: *the progressive decline of the coal industry*

postkomunistyczny *adj* post-communist: *the post-communist countries* —**postkomunist-a/ka** *n* post-communist: *the return of the post-communists in Poland*

postój *n* **1** *(przerwa w podróży)* stopover: *a three-hour stopover in Atlanta* **2 postój taksówek** cab/taxi rank *BrE*, taxi stand *AmE*, cabstand *AmE* **3 zakaz postoju** *(znak)* no waiting

postrach *n* terror: *the Vikings, the terror of medieval Europe*

postraszyć *v* **postraszyć kogoś (czymś)** threaten sb (with sth): *The rent was overdue* (=zalegali z czynszem), *and the landlord threatened them with eviction* (=eksmisją). →patrz też STRASZYĆ

postronny *adj* **osoba postronna** third party

postrzał *n* gunshot wound

postrzegać *v* perceive: *It's a difficult situation, but we don't perceive it as a major problem.* —**postrzeganie** *n* perception

postrzelić *v* shoot: *He had been shot in the leg while trying to escape.* —**postrzelony** *adj (zwariowany)* wacky

postrzępić *v* fray: *a pair of frayed jeans*

postscriptum *n* PS, postscript

postukać *v* →patrz STUKAĆ

postulat *n* **1** *(żądanie)* demand: *a demand for a 10% pay increase* **2** *(propozycja)* proposal: *a proposal to build a new road* **3** *(w logice itp.)* postulate: *the basic postulates of a mathematical system*

postulować *v* **1** propose: *I propose that we close the meeting.* **2** *(w nauce)* postulate: *One theory postulates that the ancient Filipinos came from India and Persia.*

postura *n* posture: *By maintaining good posture you can avoid back pain.*

posunąć *v* **1** *(przesunąć)* move: *He moved the chair into the corner of the room.* **2 posunąć coś naprzód** make headway in/with sth: *Neither side has made any headway in the negotiations.*
posunąć się *v* **1** *(zrobić miejsce)* move over/up: *Move over so Jim can sit down. | Move up a bit – I'm squashed in the corner.* **2 posunąć się do zrobienia czegoś** go so far as to do sth: *He even went so far as to call her a liar.* **3 posunąć się za daleko** go too far: *He's always been rude, but this time he went too far.*

posunięcie *n* move: *"I called Tom to say I don't want to see him again." "Good move!"*

posuwać się *v (iść naprzód)* advance: *Viet Cong forces were advancing on Saigon.*

posyłać *v* →patrz POSŁAĆ

posypać *v* **posypać coś piaskiem/mąką itp.** sprinkle sth with sand/flour etc: *spaghetti sprinkled with parmesan cheese*

poszanowanie *n (szacunek)* respect, regard: **+dla** *He ought to have more respect for authority. | She has no regard for other people's feelings.*

poszarpać *v* **poszarpać coś** rip sth to shreds: *The kitten had ripped the toy to shreds.*

poszatkować *v* shred: *This salad is made from shredded cabbage and mayonnaise.*

poszczególny *adj* individual: *the individual letters that compose* (=tworzą) *a word | The software can be customised for* (=dostosowany do potrzeb) *individual users.*

poszczęścić się *v* **1 komuś się poszczęściło (z czymś)** sb was/got lucky (with sth): *We've been very lucky with the weather.* **2 komuś się nie poszczęściło** sb was out of luck: *I'm sorry, you're out of luck! I sold the last one this morning.*

poszczycić się *v* **móc się czymś poszczycić** can boast sth: *Few teams can boast such a good record in European football.* →patrz też SZCZYCIĆ SIĘ

poszerzyć *v* **1** *(wiedzę, horyzonty)* broaden: *training designed to broaden your knowledge of practical medicine* **2** *(drogę)* widen: *They're widening the road.* **3** *(spodnie itp.)* let out
poszerzyć się *v* broaden (out): *The river broadens out here.*

poszewka *n* pillowcase

poszkodowan-y/a *n* **1** *(ofiara wypadku)* the injured party: *Enter* (=wpisz) *the name of the injured party who is receiving medical treatment.* **2** *(ofiara przestępstwa)* victim: *In most sexual offences the attacker is known to the victim.*

poszlaki *n* circumstantial evidence

poszukać *v* **poszukać kogoś/czegoś** look for sb/sth: *I'll have to look for another job.*

poszukiwacz/ka *n* searcher: **poszukiwacz przygód** adventurer | **poszukiwacz złota** gold prospector

poszukiwać *v* **1** *(rozwiązania)* search for: *Scientists have spent years searching for a solution.* **2** *(pracy)* look for: *I spent six months looking for a better job.* **3** *(przestępcy, zaginionego)* hunt for: *Police are still hunting for the murderer.* **4** *(złota, ropy itp.)* prospect for: *Scientists are prospecting for water on the Moon.*

poszukiwanie *n* **1** search: *the search for the meaning of life | Bad weather is hampering* (=utrudnia) *the search for survivors.* | **w poszukiwaniu czegoś** in search of sth: *He went into the kitchen in search of a drink* (=w poszukiwaniu czegoś do picia). **2** *(szczęścia, prawdy)* pursuit: *the pursuit of happiness* **3** *(badania naukowe)* quest: *the quest for extraterrestrial life* **4** *(przestępcy, zaginionego)* hunt: *The hunt for the missing child continues today.*

poszukiwany *adj* **1** *(towar)* sought-after: *Her paintings are highly sought-after nowadays.* **2** *(przestępca)* wanted: *He is wanted for murder.*

poszukiwawczy *adj* **ekipa poszukiwawcza** search party

poszwa *n* quilt cover

poszycie *n (leśne)* undergrowth

pościć *v* fast: *Many Christians fast during Lent* (=w wielkim poście).

pościel *n* bedclothes, bedding, covers

pościelić *v* →patrz POSŁAĆ

pościg *n* chase, pursuit: *a car chase | The pursuit lasted 20 minutes.*

pośladek *n* buttock

poślizg *n* skid: **wpaść w poślizg** skid: *The car skidded on ice.*

poślizgnąć się *v* slip: *Joan slipped on the wet floor and broke her ankle* (=złamała nogę w kostce).

poślubić *v* marry, wed: *She married a younger man.*

poślubny *adj* **1 noc poślubna** wedding night **2 podróż poślubna** honeymoon: *Jen and Dave are going to Alaska on their honeymoon.*

pośmiać się *v* have a laugh: *I like to meet my friends and have a laugh.*

P

pośmiertny *adv* **1** *(dzieła, sława)* posthumous: *Wittgenstein's posthumous manuscripts* **2** *(badanie)* post-mortem: *a post-mortem examination* —**pośmiertnie** *adj* posthumously: *His last book was published posthumously.*

pośmiewisko *n* laughing stock: *He was the laughing stock of the school.*

pośpiech *n* **1** haste: *In her haste* (=w pośpiechu), *Pam forgot the tickets.* **2 nie ma pośpiechu** (there's) no hurry/rush: *We have plenty of time. There's no rush.*

pośpiesznie *adv* →patrz POSPIESZNIE

pośpieszny *adj* →patrz POSPIESZNY

pośpieszyć się *v* →patrz POSPIESZYĆ SIĘ

pośredni *adj* **1** *(związek)* indirect: *Losing weight seems to be an indirect result of smoking cigarettes.* **2** *(etap, stadium)* intermediate: *an intermediate stage during which the disease is dormant* **3 coś pośredniego (po)między X a Y** a mixture of X and Y: *He felt a mixture of pity and contempt.*

P

pośrednictwo *n* **1** *(mediacja)* mediation: *They hoped that Russia's mediation would end the war.* **2** *(w interesach)* agency: **biuro pośrednictwa pracy** employment agency **3 za pośrednictwem czegoś** via sth: *The news programme came to us via satellite.*

pośredniczyć *v* **1** *(w sporze)* mediate: *The court had to mediate between Mr Hassel and his neighbours.* **2 pośredniczyć w handlu nieruchomościami** be an estate agent *BrE*, a real estate agent *AmE*

pośredni-k/czka *n* **1** *(w sporze, negocjacjach)* intermediary, go-between, mediator: *Boyle acted as an intermediary in the negotiations.* **2** *(w handlu)* middleman: **pośrednik w handlu nieruchomościami** estate agent *BrE*, real estate agent *AmE*, realtor *AmE*

pośrednio *adv* indirectly: *Perhaps I was indirectly to blame for the misunderstanding.*

pośrodku *adv, prep* **1** in between: *a house and stables with a yard in between* **2 pośrodku czegoś** in the middle of sth: *a small island in the middle of the lake*

pośród *prep* among(st), amid(st): *The mountains were hidden among the clouds.* | *Among the books he found one by Hemingway.* | *surviving amid the horrors of war* (=pośród okropieństw wojny)

poświadczyć *v* certify: *Doctors have certified that Pask is unfit to continue with his trial.* | **poświadczyć notarialnie** notarize, notarise *BrE*: *Have these witness statements been notarized?*

poświata *n* glow: *The sky was filled with an orange glow.*

poświecić *v* shine a light: *Shine a light over here, will you?* →patrz też ŚWIECIĆ

poświęcać *v* →patrz POŚWIĘCIĆ

poświęcenie *n* **1** *(oddanie się)* dedication: *Getting to the top of any sport requires tremendous dedication.* **2** *(kościoła, terenu)* consecration **3** *(pokarmu)* blessing

poświęcić *v* **1** *(kościół, teren)* consecrate: *The Pope himself* (=sam Papież) *consecrated the new parish church.* **2** *(pokarm)* bless: *Then the priest blesses the bread and wine.* **3 poświęcić czas/energię czemuś/na coś** devote time/effort to sth: *I'm devoting all my time and energy to being a mom right now.* **4 poświęcić swoje życie komuś/czemuś** dedicate your life to sb/sth: *She dedicated her life to helping the poor.* **5 poświęcić coś dla czegoś** sacrifice sth for sth: *It's not worth sacrificing your health for your career.* **6 coś jest poświęcone komuś/czemuś** sth is devoted to sb/sth: *A whole chapter is devoted to the question of the environment.* **7 czy mógłbyś mi poświęcić... ?** could you spare (me) ... ?: *Could you spare me 20 minutes of your time?*

poświęcić się *v* **poświęcić się czemuś** dedicate yourself to (doing) sth: *When Rosie became ill, he dedicated himself to caring for her.*

pot *n* sweat, perspiration: *Sweat was running down her face.*

potajemny *adj* secret: *a secret plan* —**potajemnie** *adv* secretly: *The rebels were secretly planning to take control.*

potargać *v* tousle: *tousled hair*

potasować *v* →patrz TASOWAĆ

potem *adv* **1** *(następnie)* then, next: *We had lunch and then went shopping.* | *First, read the instructions. Next, write your name at the top of the page.* **2** *(nie teraz)* later (on): *I can't eat all of this – I'll finish it later on.*

potencja *n* potency

potencjalny *adj* potential: *a potential danger* | *potential customers* —**potencjalnie** *adv* potentially: *a potentially dangerous situation*

potencjał *n* potential: *She was told she had great potential as a singer.*

potentat *n* giant: *a giant of the music industry*

potęga *n* **1** *(siła)* power, strength: *the power of love* | *US military strength* **2** *(mocarstwo)* (super) power: *a meeting of world powers* **3 do drugiej/trzeciej itp. potęgi** to the power of two/three etc: *In mathematics, when you multiply a number by itself, you raise it to the power of two.*

potęgować *v* heighten, intensify: *Berg uses music to heighten tension in the scene.*

potępić *v* **1** *(skrytykować)* condemn, denounce: *Politicians were quick to condemn the bombing.* | *The bishop denounced the film as being immoral.* **2 być potępionym** *(po śmierci)* be damned —**potępienie** *n* condemnation, denunciation

potężny *adj* **1** *(silny)* powerful: *the lion's powerful jaws* **2** *(władca)* mighty, powerful: *mighty warriors* **3** *(wielki)* enormous, huge: *an enormous building* —**potężnie** *adv* powerfully: *Christie is very powerfully built.*

potknąć się *v* trip (up), stumble: **+o coś** over/on sth: *I tripped over a chair.* | *Vic stumbled over the step as he came in.*

potłuc *v* →patrz TŁUC

potłuc się *v* *(człowiek)* get bruised, suffer bruising: *She suffered severe bruising* (=mocno się potłukła), *but no bones were broken.*

potoczny *adj* colloquial: *colloquial expressions* —**potocznie** *adv* colloquially

potoczyć się *v* **1 potoczyć się szybko/gładko itp.** go quickly/smoothly etc: *Everything went smoothly after that.* **2 potoczyć się inaczej** take a different course: *If she hadn't met me, her life would have taken a different course.* →patrz też TOCZYĆ SIĘ

potok *n* **1** *(strumień)* stream: *a mountain stream* **2** *(gwałtowna fala)* torrent: *a torrent of cold water* **3** *(seria)* stream: *a steady stream of visitors* | *a stream of traffic* (=potok samochodów) | **potok pytań** a stream/volley of questions | **potok obelg** a torrent/volley of abuse

potomek *n* descendant: *a descendant of an African king* THESAURUS RELATIVE

potomność *n* **dla potomności** for posterity: *I'm saving these pictures for posterity.*

potomstwo *n* offspring

potop *n* **1** *(powódź)* deluge **2** *(biblijny)* the Flood

potrafić *v* **1 potrafić coś zrobić** can do sth, be capable of doing sth: *I'm afraid I can't answer that question.* | *Computers will soon be capable of translating from one language to another.* **2 najlepiej jak potrafisz** as best you can: *I'll translate it as best I can, but my German is very rusty.*

potraktować *v* treat: *Tracy felt she had been badly treated* (=czuła, że źle ją potraktowano). | *Please treat this information as completely confidential.* →patrz też TRAKTOWAĆ

potrawa *n* dish: *We offer a wide range of vegetarian dishes.*

potrącenie *n (odliczenie)* deduction: *My salary is about $2000 a month, after deductions.*

potrącić *v* **1** *(przechodnia, rowerzystę)* run/knock down: *Their daughter was run down by a car just outside their house.* | *He was knocked down by a drunk driver.* | **zostać potrąconym** get knocked down: *Someone said a kid got knocked down by a truck.* **2** *(zahaczyć ręką itp.)* jog: *Someone's hand jogged her elbow, and she spilt her drink.* **3** *(odliczyć)* deduct: *Taxes are deducted from your pay.*

potroić *v* triple: *We should triple our profits next year.*
potroić się *v* triple: *The population may triple in 20 years.*

potrójny *adj* triple: *a triple gold medal winner* (=potrójny złoty medalista) | *The prison has a triple barrier around it.*

potrwać *v* last: *The ceasefire* (=zawieszenie broni) *didn't last long.* →patrz też TRWAĆ

potrząsnąć *v* **1** shake: *Shake the bottle to mix the contents.* **2 potrząsnąć głową** shake your head: *He didn't reply, but just shook his head.*

potrzeba[1] *n* **1** necessity, need, requirement: *an urgent need to improve teaching standards* | *the need for stricter safety regulations* | *There's no necessity to pay now.* | *Whatever your requirements, we can supply them* (=możemy je zaspokoić). **2 w potrzebie** in need: *families in need* **3 w razie potrzeby** if necessary, if need be: *They say they'll use force if necessary.* | *I'll work all night if need be.*

potrzeba[2] *v* **1 komuś potrzeba czegoś** sb needs sth, what sb needs is sth: *Do you need anything?* | *What you need is some strong black coffee.* **2 potrzeba czegoś** sth is needed/necessary: *Three policemen were needed* (=potrzeba było trzech policjantów) *to break up the fight.* **3 nie potrzeba czegoś robić** it is not necessary to do sth: *It's not necessary to wear a tie.* **4 potrzeba dziesięciu dni, żeby coś zrobić** it takes ten days to do sth →patrz też TRZEBA

potrzebny *adj* **1** necessary: *Make sure you have all the necessary documents.* | **+do czegoś** for sth: *Food is necessary for life.* **2 coś jest komuś potrzebne** sb needs sth: *I'm working on Sundays because I need the money.* **3 coś (nie) jest potrzebne** sth is (not) necessary: *"Should I bring my passport?" "No, that won't be necessary."* **4 jeśli będę potrzebny** if you need me: *Listen, if you need me, just ring.*

potrzebować *v* **1** *(uważać za niezbędne)* need: *I don't need you approval, thank you very much.* | *He said he needed the information for an article he was writing.* **2** *(wymagać)* need, require: *Babies need a lot of sleep.* | *These plants require moist soil* (=wilgotnej gleby). **3** *(mieć potrzebę)* be in need of: *She was desperately in need of a vacation.* **4 już nie potrzebować czegoś** have *BrE*, be *AmE* finished with sth: *Have you finished with the scissors* (=nie potrzebujesz już nożyczek)? **5 ktoś nie potrzebuje czegoś robić** sb doesn't have to do sth, sb needn't do sth *BrE*: *You don't have to answer all the questions.* | *You needn't worry. I've taken care of it.*

potrzebujący *adj* needy: *a needy family*

potrzeć *v* rub: *He smiled and rubbed his chin.* | *Phil rubbed his hands together to keep them warm.*

potrzymać *v* hold: *Can you hold my bag for a minute?*

potulny *adj* meek, docile: *a meek and obedient person* | *a docile child* —**potulnie** *adv* meekly: *She smiled meekly.*

potwierdzenie *n* **1** *(uznanie za prawdziwe)* confirmation, affirmation: *We're waiting for confirmation of the report.* **2** *(otrzymanie przesyłki itp.)* acknowledg(e)ment: *I haven't received any acknowledgement of my letter.*

potwierdzić *v* **1** *(uznać za prawdziwe)* confirm, affirm, support: *The doctor confirmed the diagnosis of cancer.* | *The President affirmed his intention to reduce taxes.* | **+że** *Can you confirm that the money has been paid?* **2** *(dowieść)* prove, support: *Evidence has been found that proves his innocence.* | *There is little evidence to support the theory.* **3** *(rezerwację itp.)* confirm: *Please confirm your reservations 72 hours in advance.* **4 potwierdzić odbiór czegoś** acknowledge receipt of sth: *Please acknowledge receipt of this document by signing the enclosed form.*

potwornie *adv* **1** terribly: *It's terribly noisy. Can we close the door?* | *He missed her terribly.* **2 wyglądać/czuć się itp. potwornie** look/feel etc terrible: *I woke up feeling terrible.*

potworny *adj* **1** *(ból, hałas, smród)* terrible: *I have a terrible headache.* | *What's that terrible smell?* **2** *(zbrodnia)* monstrous: *a monstrous crime* —**potworność** *n* monstrosity

potwór *n* monster

potyczka *n* skirmish

potykać się *v* →patrz POTKNĄĆ SIĘ

pouczać *v* **1** *(upominać)* admonish: *The witness was admonished for failing to answer the question.* **2** *(instruować)* instruct: *Has anyone instructed you in how to use the computer system?* **3 nie pouczaj mnie!** don't patronize me!

pouczający *adj* instructive, informative: *an instructive tour of the area* | *a very informative book*

poufały *n* familiar: *I didn't like the familiar way he was talking to me.* —**poufałość** *n* familiarity

poufny *adj* classified, confidential: *confidential information* | *classified documents*

poukładać *v* →patrz UŁOŻYĆ

powabny *adj* alluring: *an alluring smile*

powaga *n* **1** *(w zachowaniu)* seriousness, gravity: *With mock seriousness* (=z udawaną powagą) *he said: "I forgive you."* | *The Consul spoke slowly and with great gravity.* | **zachować powagę** keep a straight face: *How did you manage to keep a straight face?* **2** *(sytuacji)* seriousness, gravity: *I didn't realize the seriousness of the problem.* | *Carl did not seem to understand the gravity of this situation.*

powalić *v* fell: *The tree was felled by the strong winds.* | *Tyson felled his opponent with one blow.*

poważać *v* respect: *The students like and respect him.*

P

poważanie *n* **1** respect, esteem: *I have great respect for her as a writer.* | **cieszyć się dużym poważaniem (u kogoś)** be held in high esteem (by sb): *She was held in high esteem by everyone she knew.* **2 z poważaniem** *(w zakończeniu listu)* yours faithfully/sincerely *BrE*, sincerely (yours) *AmE*

poważany *adj* respected: *a highly respected political leader*

poważnie *adv* **1** *(serio)* seriously: *Allow me to speak seriously for a moment.* | *Are you seriously suggesting that she should give up her job?* | **brać kogoś/coś (na) poważnie** take sb/sth seriously: *You shouldn't take everything he says so seriously.* | **mówić poważnie** be serious, mean it: *Do you really mean it?* | *I'm serious, Kerry. You'd better listen!* | **poważnie?** seriously?, are you serious?: *"She's quit her job." "Seriously?"* | *"I'm ready to pay £20." "I beg your pardon, are you serious?"* | **poważnie myśleć o czymś** be serious about (doing sth) sth: *John's serious about becoming an actor.* **2 poważnie chory** seriously ill **3 poważnie ranny** badly injured/wounded **4** *(zaniepokojony)* seriously: *I'm seriously worried about Ben.* **5** *(uszkodzony, zniszczony)* severely: *Many houses were severely damaged by the storm.*

P

poważny *adj* **1** *(sytuacja, choroba)* serious: *a serious illness* | *serious crimes* THESAURUS SERIOUS **2** *(człowiek)* serious, earnest: *He's a nice guy, but very serious.* | *an earnest, young man* **3** *(mina, spojrzenie)* solemn: *a solemn expression* **4** *(partner, instytucja)* serious, reputable: *a serious partner* | *a reputable company* **5 muzyka poważna** classical music

powąchać *v* smell: *Come and smell these roses.* →patrz też WĄCHAĆ

powątpiewać *v* **powątpiewać w coś** doubt sth, be dubious about sth: *I doubt the wisdom of his decision.* | *Marian is still dubious about whether any of the government's solutions can work.*

powątpiewanie *n* **z powątpiewaniem** doubtfully: *"Yees," said Poirot doubtfully.* | *Robert shook his head doubtfully.*

powędrować *v* **1** *(wyruszyć)* set off: *The old man set off down the path towards the river.* **2 powędrować do szpitala/więzienia itp.** be taken to hospital/prison etc →patrz WĘDROWAĆ

powiać *v* blow: *An icy wind blew through the open door.* →patrz też WIAĆ

powiadać *v* **jak powiadał mój dziadek, ...** as my grandfather used to say, ...

powiadomić *v* inform, notify, advise: *I informed them that I was going to leave.* | *Have you notified the police?* | *You will be advised when the work is completed.* | **powiadomić kogoś o czymś** inform sb about/of sth, advise sb of sth: *Please inform us of any change of address as soon as possible.* | *We'll advise you of any changes in the delivery dates.*

powiat *n* county —**powiatowy** *adj* county: *a county town*

powiązać *v* *(połączyć ze sobą)* connect: *She did not connect the two events in her mind.* →patrz też WIĄZAĆ, ZWIĄZAĆ

powiązany *adj* **1** connected, related: *The two ideas are closely connected.* | *The police believe the murders are closely related.* | **powiązany z kimś/czymś** connected with sb/sth, related to sb/sth: *The killings may be connected with each other in some way.* | *diseases related to smoking* **2 wzajemnie powiązany** interrelated: *The book consists of four interrelated stories.* —**powiązanie** *n* connection: *Does this have any connection with our conversation yesterday?*

powiedzenie *n* **1** saying: *an old saying* **2 mieć coś do powiedzenia** *(chcieć coś powiedzieć)* have (got) something to say: *Listen up! Pat's got something to say.* **3 mieć coś do powiedzenia w kwestii czegoś** *(mieć wpływ na coś)* have a voice/say in sth: *Parents should have a voice in deciding how their children are educated.* | *The workers had no say* (=nie mieli nic do powiedzenia) *in how the factory was run.*

powiedzieć *v* **1** say: *I'm sorry, I didn't hear what you said.* | *Did she say what time to come* (=czy powiedziała, o której mamy przyjść)*?* | *Please say something!* | **+że** *He said (that) he'd call back* (=powiedział, że oddzwoni). **2 powiedzieć komuś** tell sb: *Have you told John about the party?* | *What's the problem? Please tell me.* | **+że** *She's told me (that) she can't come on Friday.* | **+co/gdzie/kiedy itp.** *Could you tell me where the post office is, please?* **3 powiedzieć komuś, żeby coś zrobił** tell sb to do sth: *He told me to come in and sit down.* **4 powiedzieć prawdę** tell the truth: *If I told the truth, nobody would believe me!* **5 co ty nie powiesz!** you don't say!: *"I think Bob and Susan are having an affair* (=mają romans)*." "You don't say!"* **6 co powiesz na ... ?** what/how about ... ?: *How about a salad for lunch?* **7 powiedzieć sobie** say to yourself: *I was worried about it, but I said to myself, "You can do this."* **8 że tak powiem** so to speak: *We have to pull down the barriers, so to speak, of poverty.* **9 powiedzmy, że ...** (let's) say ...: *Say you were going to an interview. What would you wear?* **10 co chcesz przez to powiedzieć?** what do you mean by that?

UWAGA: say i tell

W przeciwieństwie do **say**, **tell** występuje zawsze z rzeczownikiem lub zaimkiem oznaczającym osobę, z którą się rozmawia: *He said he was tired.* | *He told me he was tired.* Nie powiemy więc: „He told that he was leaving" czy „She told about it", tylko **He told me that he was leaving**, **She told all her friends about it** itp. Używając czasownika **say** bez przyimka możemy powiedzieć, co mówimy: *Please say something!* Jeśli chcemy powiedzieć, do kogo mówimy, musimy użyć **say** z przyimkiem **to**: *He said something to me.*

powiedzonko *n* →patrz POWIEDZENIE

powieka *n* **1** eyelid **2 komuś nawet nie drgnęła powieka** sb didn't bat an eye/eyelid: *The boss didn't bat an eyelid when I said I was leaving.* **3 cień do powiek** eye-shadow

powielić *v* duplicate: *duplicated notes*

powiernik *n* trustee

powierzchnia *n* **1** *(zewnętrzna strona)* surface: *a cleaner for all kitchen surfaces* | *the Earth's surface* **2** *(wody itp.)* surface: *The diver swam to the surface.* **3** *(obszar)* area: *a formula to calculate the area of a circle* | *an area of 2,000 square miles*

powierzchowny *adj* superficial: *a superficial knowledge of the subject* | *superficial similarities between animal and human behaviour* —**powierzchownie** *adv* superficially

powierzyć *v* **powierzyć komuś coś a)** *(zadanie, rolę)* entrust sb with sth: *He was entrusted with the task of looking after the money.* **b)** *(sekret, pieniądze)* trust sb with sth: *I wouldn't trust him with a secret; he can be very indiscreet.* | *I could never trust Dan with money – he just went out and spent it all on beer.*

powiesić *v* **1** *(płaszcz, obraz)* hang (up): *Mom hung up the wet sheets in front of the fire.* **2** *(człowieka)* hang
powiesić się *v* hang yourself

UWAGA: hang

Forma czasu przeszłego i imiesłowu biernego czasownika **hang** brzmi **hung**: *He hung his coat on the back of the door.* Tylko gdy mowa o egzekucji lub samobójstwie przez powieszenie, czasownik **hang** odmienia się regularnie: *They were hanged for their crimes.* | *Corey hanged himself in his prison cell.*

powieściopisa-rz/rka *n* novelist

powieść *n* novel: *the novels of Jane Austen* | **powieść graficzna** graphic novel THESAURUS BOOK

powieść się *v* **1** be successful, be/prove a success: *He failed at first, but his second effort was successful.* | *The operation was a success.* | **nie powieść się** not be successful, miscarry: *Their plan was not successful.* | *All our careful plans had miscarried.* **2 komuś się powiodło** sb (has) succeeded: *I'm sure you'll succeed if you work hard.* | **coś się komuś powiodło** sb succeeded/had success in doing sth: *Negotiators have not yet succeeded in establishing a cease-fire.* → patrz też POWODZIĆ SIĘ

powietrze *n* **1** air: *air pollution* | *There was a strong smell of burning* (=spalenizny) *in the air.* | **świeże powietrze** fresh air: *Let's go outside and get some fresh air.* THESAURUS OUTSIDE **2 na świeżym/wolnym powietrzu a)** *(przebywać)* (out) in the open, outdoors: *It's fun to eat out in the open.* | *I prefer working outdoors.* **b)** *(zabawa itp.)* open-air, outdoor: *outdoor games* **3 w powietrzu** in the air, in midair: *Her hand described a circle in the air.* | *The plane exploded in midair.* **4 coś wisi w powietrzu** sth is brewing, sth is in the air: *There's a storm brewing.* **5 wypuścić powietrze** *(zrobić wydech)* exhale: *Take a deep breath, then exhale slowly.* **6 wypuścić powietrze z czegoś** deflate sth: *Always deflate the tire before disassembling the wheel.* **7 atak/zdjęcie itp. z powietrza** aerial attack/photograph etc

powietrzny *adj* **1 obszar powietrzny** airspace: *The planes had entered Israeli airspace without permission.* **2 poduszka powietrzna** airbag: *A driver's airbag is fitted in all our new cars.* **3 siły powietrzne** air force: *the Canadian Air Force* **4 most powietrzny** airlift

powiew *n* gust: *A gust of wind blew our tent over.*

powiewać *v* **1** *(flaga, włosy itp.)* wave, fly: *flags waving in the air* | *long hair flying in the wind* **2** *(wiatr)* blow: *A gentle wind was blowing through the trees.*

powiększać *v* → patrz POWIĘKSZYĆ

powiększający *adj* **szkło powiększające** magnifying glass

powiększenie *n* **1** *(zdjęcia)* enlargement, blow-up **2 w powiększeniu** under magnification: *The fingerprints showed up clearly under magnification.*

powiększyć *v* **1** enlarge: *We're planning to enlarge the garden.* **2** *(zdjęcie)* enlarge, blow up: *I had the photograph enlarged.* | *The new photocopier* (=kserokopiarka) *will enlarge documents by up to 100%.* **3** *(obiekt, obraz)* magnify: *a picture of an insect magnified 10 times* → patrz też ZWIĘKSZYĆ
powiększyć się *v* *(zwiększyć rozmiary)* get bigger: *When she noticed that the lump* (=guzek) *on her neck was getting bigger, she decided to go to the doctor.* → patrz też ZWIĘKSZYĆ SIĘ

powijaki *n* **w powijakach** in its infancy: *In the 1930s air travel was still in its infancy.*

powikłania *n* complications: *There were complications following surgery* (=po operacji).

powinien *v* **1** *(powinność)* should, ought to: *You should learn to be more polite.* | *You ought to be ashamed of yourself.* | **ktoś powinien był coś zrobić** sb should have done sth: *They should have called the police.* | *We shouldn't have bought such a big car.* | **powinno się coś robić** you should do sth: *You should always tell the truth.* **2** *(rada)* should, ought to: *You ought to take a day off.* | *Should I wear my black dress?* **3** *(pewność)* should, ought to: *Yvonne should be back by eight.* | *The weather ought to be nice in August.*

powitać *v* greet, welcome: *The children came rushing out to greet me.* | *The Queen welcomed the President as he got off the plane.* → patrz też WITAĆ, PRZYWITAĆ

powitalny *adj* welcoming: *a welcoming committee*

powitanie *n* welcome: *The team was given a warm welcome* (=drużynie zgotowano gorące powitanie).

powlec *v* *(warstwą czegoś)* coat: *metal-/plastic-coated* → patrz też WLEC

powłoka *n* **1** *(warstwa)* layer: *a thick layer of dust* **2** *(osłona)* covering: *a tough protective covering* **3 powłoka ozonowa** the ozone layer

powodować *v* cause, result in: *Eating lots of sweets causes tooth decay.* | *A fall in the glucose level* (=spadek poziomu glukozy) *results in nausea and dizziness* (=nudności i zawroty głowy). → patrz też SPOWODOWAĆ

powodzenie *n* **1** success: *Her success is due to hard work* (=swoje powodzenie zawdzięcza ciężkiej pracy). | **bez powodzenia** without success, unsuccessfully: *I've been trying to contact Ann all day, without success.* | *She tried unsuccessfully to open the door.* **2 powodzenia!** good luck!, best of luck! **3 cieszyć się powodzeniem** be in demand: *Her books are in great demand at the moment.*

powodzić się *v* *także* **wieść się 1 komuś się (dobrze) powodzi a)** sb is doing well: *The children are doing very well at school.* **b)** *(finansowo)* sb is well-off: *Her family are quite well-off.* **2 komuś powodzi się źle** sb is doing badly **3 jak ci się powodzi?** how are you doing?: *How are you doing in your new job?* → patrz też POWIEŚĆ SIĘ

powodziowy *adj* flood: *a flood alert* | *flood waters*

powojenny *adj* postwar: *the optimism of the postwar years* | *postwar economic growth*

powoli *adv* slowly: *White clouds drifted slowly across the sky.* | *The time passed slowly.*

powolny *adj* slow: *It's a very slow process.*

powolutku *adv* → patrz POWOLI

powołać *v* **1** *(na stanowisko)* appoint: *O'Connell was appointed as Chairman of the Council.* | *He's been appointed to the State Supreme Court in California.* **2** *(do wojska)* conscript, call up *BrE*, draft *AmE*: *I was called up three months after the war broke out.* | *Brad's been drafted into the army.* **3 powołać coś do życia** found sth: *The Academy was founded in 1666.* **4 powołać kogoś na świadka** call sb as a witness: *A psychiatrist was called as a witness.*

powołanie *n* **1** *(wewnętrzny głos)* calling, vocation: *a calling to the priesthood* (=do stanu duchownego) | *Teaching isn't just a job to her – it's her vocation.* **2** *(mianowanie)* appointment: *the appointment of a new*

P

Supreme Court Justice (=sędziego Sądu Najwyższego) **3** *(do wojska)* conscription, call-up *BrE*, draft *AmE*

powoływać *v* →patrz POWOŁAĆ

powonienie *n* (sense of) smell: *Dogs have a good sense of smell.*

powód *n* **1** reason: *Did he give any reason for leaving?* | *We'd like to know the reason why she didn't accept the job.* | **nie mieć powodów do narzekań/obaw itp.** have no cause for complaint/alarm etc, have no reason to complain/be worried etc: *I've got no cause for complaint – I'm doing all right.* | **nie mieć/nie widzieć powodów, żeby coś z/robić** have/see no reason to do sth: *I have no reason to believe that Grant's death was not an accident.* | *I see no reason to disbelieve him.* | **to nie powód, żeby płakać itp.** that/this is no reason to cry etc: *I know I'm late, but that's no reason to shout at me.* **2 z powodu** because of, due to, on account of, owing to: *We weren't able to have the picnic because of the rain.* | *Our bus was late due to heavy traffic.* | *Several people are late on account of the train strike.* | *Work on the building has stopped, owing to lack of money.* **3 z czyjegoś powodu** on sb's account, for sb's sake: *Please don't leave on my account.* | *She only stays with her husband for the children's sake.* **4 z tego powodu** for this reason: *For this reason I disapprove of the Government's plans.* **5 z jakiegoś powodu** for some reason: *They've decided to change all our job titles, for some reason.* **6 zrobić coś bez powodu** do sth for no reason: *He just started hitting her for no reason.* **7 nie bez powodu** with (good) reason: *Natalie was alarmed by the news, and with reason.*

powód/ka *n (strona w sądzie)* plaintiff

powódź *n* flood, flooding: *Floods in Bangladesh caused over 1000 deaths.*

powóz *n* carriage, coach

powracać *v* →patrz POWRÓCIĆ

powracający *adj* recurrent: *The theme of creation is a recurrent motif in Celtic mythology.*

powrotny *adj* **1** *(podróż)* homeward: *my homeward journey* **2 bilet powrotny** return (ticket) *BrE*, round-trip (ticket) *AmE*: *How much is a return ticket to Dublin?* | **bilet powrotny jednodniowy** day return *BrE* **3 w drodze powrotnej** on your/the way back: *Could you get some milk on your way back home from school?*

powrócić *v* return, go/come back: *After hiking all morning, we returned to camp.* | *Melissa's decided to go back to teaching now Timmy's at school.* | *When she came back to her hometown, she found it had hardly changed.* →patrz też WRÓCIĆ

powrót *n* **1** return: *We're all looking forward to your return!* | **po powrocie** on sb's return: *On his return to Japan, he began work on his first novel.* **2 z powrotem** back: *Put the milk back in the refrigerator.* | *Roger said he'd be back in an hour.* **3 tam i z powrotem** back and forth, backwards and forwards: *He walked back and forth across the room.*

powstać *v* **1** *(wstać)* stand up, rise (to your feet): *Putting down her book, Sally stood up to greet us.* | *The whole audience rose to their feet and cheered loudly.* **2** *(zacząć istnieć)* come into being, originate: *Their political system came into being in the early 1900s.* | *This type of music originated in the fifteenth century.* **3 powstać przeciwko komuś/czemuś** rise (up) against sb/sth: *In 1917 the Russian people rose against the Czar.*

powstanie *n* insurrection, uprising: *an armed insurrection* | *the Hungarian uprising of 1956* —**powstaniec** *n* rebel

powstawać *v* →patrz POWSTAĆ

powstrzymać *v* **1** *(proces, inflację itp.)* stop, restrain, curb, check: *We must do everything we can to stop the spread of AIDS.* | *efforts to restrain inflation* | *measures to curb the spread of the virus* | *The government is determined to check the growth of public spending.* **2** *(tłum)* hold back: *The police couldn't hold back the crowds.* **3** *(łzy, śmiech)* hold back: *She held back her tears.* **4 powstrzymać kogoś (przed czymś)** stop/restrain sb (from doing sth): *I'm leaving home and you can't stop me.* | *I had to restrain her from running out into the street after him.*

powstrzymać się *v* **1** *(rozmyślić się)* hold back: *I wanted to tell him what I thought of him, but I held back.* **2 powstrzymać się od czegoś** restrain yourself/refrain from doing sth: *She could hardly restrain herself from hitting Walt.* | *Please refrain from smoking.* | **nie móc się powstrzymać od śmiechu** can't help laughing

powszechnie *adv* generally, commonly: *It is generally believed that the story is true.* | *Doctors commonly prescribe drugs for treating depression.* | **powszechnie dostępny** widely available: *products that are widely available* | **powszechnie znany** commonly/popularly known: *Sodium chloride is more commonly known as salt.* | **powszechnie wiadomo, że ...** it's common knowledge that ...: *It's common knowledge that Sam's an alcoholic.*

powszechny *adj* **1** *(dotyczący ogółu)* general, common: *How soon will the drug be available for general use?* | *a common belief* **2** *(całkowity)* universal: *a universal ban on nuclear weapons* (=zakaz używania broni atomowej) **3** *(częsty)* commonplace: *Divorce is becoming increasingly commonplace.*

powszedni *adj* **1** everyday: *trivial everyday duties* **2 dzień powszedni** weekday: *Surgery* (=godziny przyjęć) *is from 9 am to 1 pm on weekdays.* **3 chleb powszedni** daily bread

powściągliwy *adj* **1** *(reakcja)* restrained: *a restrained response* **2** *(człowiek)* reserved: *Ellen was a shy, reserved girl.* —**powściągliwość** *n* reserve, restraint: *His natural reserve made it difficult to know what he really thought.*

powtarzać *v* **1** repeat: *Sally kept repeating, "It wasn't me, it wasn't me."* | *Repeat after me: "amo, amas, amat ... "* | *Please, don't repeat this to everyone.* **2** *(przed egzaminem)* revise *BrE*, review *AmE*: *I was up all night revising for my German literature exam.* THESAURUS STUDY **3 powtarzać klasę/rok** repeat a year (of study) →patrz też POWTÓRZYĆ

powtarzać się *v* **1** *(mówić to samo)* repeat yourself: *Mrs Fardell repeats herself a bit, but she's very good for 85* (=doskonale się trzyma, jak na swoje 85 lat). **2 historia się powtarza** history repeats itself

powtarzający się *adj* recurrent: *a recurrent theme*

powtórka *n* **1** *(zdarzenia)* repeat: *Are you expecting a repeat of last year's trouble?* **2** *(programu)* repeat *BrE*, rerun *AmE*: *We watched a repeat of 'M.A.S.H'.* **3** *(przed egzaminem)* revision *BrE*, review *AmE* **4** *(meczu)* replay: *Milan won the semi-final replay 3-0.* **5** *(w zwolnionym tempie)* (action) replay: *A replay clearly shows that it was a foul.*

powtórnie *adv* again: **powtórnie wybrać/wyjść za mąż itp.** re-elect/re-marry etc: *Soloman was re-elected director of the corporation.*

powtórny *adj* repeat: *a repeat victory/operation*

powtórzyć *v* **1** *(powiedzieć jeszcze raz)* repeat: *Can you* *repeat your question?* | *Steven repeated patiently that he was busy.* **2** *(zrobić jeszcze raz)* repeat: *Repeat the treatment twice a day if necessary.* | *Can he repeat his success of 1993?* **3** *(film, program)* repeat, rerun *AmE*: *The programme will be repeated at 10 o'clock on Tuesday.*

powyżej *prep, adv* **1** *(więcej niż)* above: *children aged seven and above* | **powyżej zera** above zero: *The temperature is about two degrees above zero.* **2** *(wyżej)* above: *The tower rose above the surrounding trees.* | *The passage cited above is from a Robert Frost poem.*

powyższy *adj* above, given/mentioned etc above: *The above diagram shows a normal car engine.* | *Write to the address given above for further information.*

poza[1] *prep* **1** *(na zewnątrz)* outside: *Teachers can't control what students do outside school.* **2** *(zbyt daleko, wysoko itp.)* beyond: *The light switch was beyond the child's reach* (=poza zasięgiem dziecka). **3** *(oprócz)* besides, beyond: *Is there anything to drink besides coffee?* | *Besides going to college, she works fifteen hours a week.* | *The island doesn't have much industry beyond tourism.* **4 poza tym a)** *(co więcej)* besides, moreover: *I wanted to help her out. Besides I needed the money.* | *The new design is not acceptable. Moreover, it would delay the project even further.* **b)** *(nie licząc tego)* otherwise: *The sleeves are a bit long, but otherwise the dress fits fine.* **5 poza podejrzeniami/krytyką** above suspicion/criticism

poza[2] *n* pose: *He's not really the macho type – it's all just a pose.*

pozabijać *v* →patrz ZABIĆ

pozagrobowy *adj* **życie pozagrobowe** the afterlife

pozamykać *v* lock (up): *Would you mind locking up when you leave?* →patrz też ZAMKNĄĆ

pozazdrościć *v* **pozazdrościć komuś sukcesu** be envious of sb's success

pozaziemski *adj* **1** alien, extraterrestrial: *alien life-forms* **2 istota pozaziemska** alien, extraterrestrial: *a film about aliens from Mars*

pozbawić *v* **1 pozbawić kogoś czegoś** deprive sb of sth: *Prisoners were deprived of sleep for up to three days.* **2 pozbawić kogoś życia** take sb's life

pozbawiony *adj* **pozbawiony czegoś** devoid/void of sth, lacking in sth: *That man is totally devoid of all humour.* | *His voice was completely lacking in emotion.*

pozbierać *v* *(zebrać)* collect (up), pick up: *Martin collected up the coins, and put them in his pocket.*
pozbierać się *v* get yourself/it together: *It took a year for me to get myself together after she left.*

pozbyć się *v* **1 pozbyć się czegoś** get rid of sth, dispose of sth: *Do you want to get rid of these old shirts?* | *How did the killer dispose of his victims' bodies?* **2 pozbyć się kogoś** *(zamordować)* do away with sb **3 pozbyć się nałogu** kick a habit

pozdrowić *v* **1** *(przywitać)* greet: *The woman greeted us with a nod of the head.* **2 pozdrów (ode mnie) swoich rodziców** give my regards to your parents, say hello to your parents (for me)

pozdrowienie *n* **1** *(powitanie)* greeting: *He raised his hand in a sign of greeting.* | *The two men exchanged greetings.* **2 pozdrowienia** regards: *Give him my regards, will you?*

pozew *n* petition: *She is threatening to file a petition for divorce* (=grozi, że wniesie pozew o rozwód).

poziom *n* **1** *(ilość, natężenie)* level: *the water level in the radiator* (=w chłodnicy) | *high levels of radiation* | *exercises to reduce stress levels* **2** *(nauczania itp.)* level: *an advanced level course* (=kurs na poziomie zaawansowanym) **3** *(standard)* standards: *low standards of hygiene* | *living standards* **4** *(kondygnacja)* level: *Her office is on Level 3.* **5 poziom morza** sea level: *The village is 200 feet above sea level.* **6** *(nie pion)* horizontal: *The boat began to tilt away from the horizontal.*

poziomica *n* **1** *(na mapie)* contour (line) **2** *(przyrząd)* (spirit) level

poziomka *n* wild strawberry

poziomo *adv* **1** *(w poziomie)* horizontally **2** *(w krzyżówce)* across

poziomy *adj* horizontal: *a horizontal surface*

pozłacany *adj* **1** *(biżuteria)* gold-plated: *a gold-plated necklace* **2** *(mebel itp.)* gilt: *a gilt chair*

pozmieniać *v* →patrz ZMIENIĆ

pozmywać *v* **pozmywać (naczynia)** do/wash the dishes, wash up *BrE*, do the washing-up *BrE*: *I'll just do the dishes before we go.*

poznać *v* **1** *(dowiedzieć się więcej)* get to know: *As you get to know the city, I'm sure you'll like it better.* **2** *(nauczyć się)* learn, get to know: *He learned German while working in Berlin.* | *You need time to get to know a new instrument.* **3** *(rozpoznać)* recognize, recognise *BrE*: *He's lost so much weight I hardly recognized him!* | **(zmienić się) nie do poznania** change beyond recognition **4** *(zawrzeć znajomość)* meet: *I met my husband at University.* | **miło mi cię/pana/panią poznać** pleased/nice to meet you **5 poznać kogoś z kimś** introduce sb to sb: *Tom introduced me to his sister, Gloria.*
poznać się *v* **1** *(zawrzeć znajomość)* meet: *Mike and Sara met at a party.* **2** *(zaprzyjaźnić się)* get to know each other/one another: *Now that they've got to know each other better, they get along just fine.* **3 poznać się na czymś a)** *(docenić)* recognize sth: *They never recognized her talent until it was too late.* **b)** *(przejrzeć)* see through sth: *I could see through his lies.* **4 poznać się na kimś** see through sb: *I should have seen through him* (=powinnam się była na nim poznać) *before I married him.*

poznawczy *adj* cognitive: *cognitive skills*

pozornie *adv* seemingly, outwardly: *The road was dusty and seemingly endless.* | *Outwardly he seems to be very happy.*

pozorny *adj* seeming, apparent, illusory: *Don't be fooled by her seeming fragility.* | *Alcohol produces only apparent stimulation.* | *Signs of economic recovery may be illusory.*

pozostać *v* **1** *(zostać)* stay: *I warned him that he might be killed if he stayed in Beirut.* **2** *(trwać)* remain: *The Communist Party remained in power* (=u władzy). **3** *(nie ulec zniszczeniu)* remain: *What remains* (=to, co pozostało) *of the original art collection is now in the city museum.* **4** *(czas)* be left: *How much time do we have left* (=ile pozostało nam czasu) *to finish this?* | **do czegoś pozostały dwa dni/tygodnie itp.** sth is two days/weeks etc away: *Christmas is only a month away.* **5** *(coś do zrobienia)* remain: *Several points remain to be settled* (=pozostało do uzgodnienia kilka punktów). | *It only remains for me* (=pozostało mi tylko) *to thank our hosts.* →patrz też ZOSTAĆ

pozostałości *n* remnants, remains, vestiges: *the remnants of the defeated army* | *We visited the remains of the temple.* | *the last vestiges of the British Empire*

P

pozostały *adj* **1** *(taki, który został)* remaining: *The remaining money will be divided among his relatives.* **2** *(inny)* other: *He kept making rude comments about the other guests.* **3 pozostały przy życiu** survivor: *The survivors were rushed to the nearest hospital.*

pozostawać *v* → patrz POZOSTAĆ

pozostawić *v* **1** leave: *Someone's left their car in the middle of the driveway.* **2 pozostawić coś komuś** *(do zrobienia)* leave sth to sb: *I've always left financial decisions to my wife.* **3 pozostawiać wiele do życzenia** leave a lot to be desired: *The standard of cooking here leaves a lot to be desired.* **4 pozostawiony bez opieki** left unattended: *Children should not be left unattended in the playground.*

pozować *v* pose: *The astronauts posed for pictures alongside the shuttle.*

P

pozór *n* **1 zachowywać pozory** keep up appearances/ pretences *BrE*, pretenses *AmE*: *Until then we must keep pretences and sleep in the same bed.* **2 na pozór/z pozoru** outwardly, on the surface: *Outwardly he seemed to be very calm.* | *On the surface she seems happy enough.* **3 pod żadnym pozorem** on no account, not on any account: *On no account must you tell him about our plans.* **4 pozory mylą** appearances can be deceptive

pozwać *v* **pozwać kogoś do sądu** take sb to court: *If they don't pay, we'll take them to court.*

pozwalać *v* → patrz POZWOLIĆ

pozwan-y/a *n* defendant

pozwolenie *n* **1** *(zgoda)* permission: *You have to ask permission if you want to leave early.* | *Did your father give you permission to use his car?* THESAURUS ALLOW **2** *(zezwolenie)* permit, licence: *You can't park here without a permit.* | *a work permit*

pozwolić *v* **1 pozwolić komuś coś zrobić/na zrobienie czegoś** *(dać pozwolenie)* let sb do sth, allow sb to do sth: *I'll come if my dad lets me.* | *"Let him speak," said Ralph.* | *My parents would never allow me to stay out late.* THESAURUS ALLOW **2 pozwolić coś zrobić/na zrobienie czegoś** *(umożliwić)* make it possible to do sth: *The new direct air service will make it possible to travel* (=pozwoli na podróżowanie) *from London to Tokyo in less than 12 hours.* | **pozwolić komuś/czemuś coś zrobić/na zrobienie czegoś** allow/permit/enable sb/sth to do sth, make it possible for sb/sth to do sth: *We mustn't allow the situation to get any worse.* | *The visa permits you to stay for three weeks.* | *Computer technology makes it possible for many people to work at home now.* **3 pozwolić sobie coś zrobić/na zrobienie czegoś** take the liberty of doing sth: *I took the liberty of helping myself to a drink* (=poczęstować się drinkiem). **4 pozwolić sobie na coś** allow yourself sth, indulge in sth: *I sometimes indulge in a cigarette at a party.* **5 móc sobie pozwolić na coś/na zrobienie czegoś** (can) afford sth/to do sth: *I wish we could afford a new computer.* | *I can't afford to buy a new car.* **6 pan/i pozwoli** allow me: *"Allow me," the waiter said, helping her with her coat.* | **pozwoli pan/i, że ...** allow me to ...: *Allow me to introduce Professor Brown of Hull University.*

pozycja *n* **1** *(miejsce, ustawienie, ułożenie)* position: *the sun's position in the sky* | *He placed himself in a strategic position next to the doorway.* | *Make sure the switch is in the 'off' position.* | *I had to work in an uncomfortable position, lying under the car.* THESAURUS PLACE **2** *(ranga)* position: *the position of women in our society* **3** *(w piłce nożnej itp.)* position: *"What position do you play?" "I'm a goalkeeper."* **4** *(na liście)* item: *There are over twenty items on the menu.* **5** *(książka)* title: *His novel was one of last year's best-selling titles.*

pozyskać *v* **pozyskać (sobie) kogoś** win sb over: *Bush managed to win over his critics.*

pozytywnie *adv* positively

pozytywny *adj* positive: *a positive attitude/response* —**pozytywnie** *adv* positively: *The mayor spoke positively about the work that had been done so far.*

pożalić się *v* **pożal się Boże** rotten: *He's a rotten painter.*

pożałować *v* **1 pożałować czegoś** regret sth: *I soon regretted my hasty decision.* | *You'd better not tell the police, or you'll regret it.* **2 pożałować kogoś** feel sorry for sb: *For a minute, she felt sorry for the girl.* **3 pożałowania godny** lamentable: *Riley showed a lamentable lack of tact.* → patrz też ŻAŁOWAĆ

pożar *n* fire, blaze: *forest fires* | *Fire officials continued searching for the cause of the blaze.* | *It took firefighters two days to put out* (=ugasić) *the fire.*

pożądać *v* **1** *(seksualnie)* lust after, desire: *He thinks I'm only lusting after his body!* **2 pożądać czegoś** covet sth: *The Bible teaches us not to covet what belongs to others.* —**pożądanie** *n* lust, desire

pożądany *adj* **1** *(zamierzony)* desired: *Her remarks had the desired effect.* **2** *(mile widziany)* welcome: *Any help would be welcome.* **3 jest pożądane, aby ...** it is desirable that ...: *It is desirable that you should have some familiarity with computers.*

pożegnać *v* say goodbye to: *Helen felt very sad as she said goodbye to him for the last time.*
pożegnać się *v* **1** *(powiedzieć do widzenia)* say goodbye: *I just stopped to say goodbye before I go on vacation.* | *I just have to say goodbye to Fred.* **2** *(wymienić pożegnania)* say your goodbyes: *We said our goodbyes and left.*

pożegnalny *adj* farewell: *a farewell party*

pożegnanie *n* goodbye, farewell: *Their goodbyes were stiff and formal.*

pożerać *v* **1** devour: *He simply devours novels and magazines.* **2 pożerać kogoś/coś wzrokiem** devour sb/sth with your eyes

pożółkły *adj* yellowed: *The paper was yellowed with age.*

pożreć *v* devour: *She devoured three burgers and a pile of fries.*

pożycie *n* **pożycie małżeńskie/seksualne** married/sex life: *after 25 years of married life*

pożyczać *v* → patrz POŻYCZYĆ

pożyczka *n* loan: *a $25,000 bank loan* | **zaciągnąć pożyczkę** take out a loan

pożyczyć *v* **1 pożyczyć coś komuś** lend/loan *AmE* sb sth, lend/loan *AmE* sth to sb: *Could you lend me £10?* | *I've lent my bike to Tom.* | *Could you loan me your dictionary?* **2 pożyczyć coś (od kogoś)** borrow sth (from sb): *Could I borrow your pen for a minute?* —**pożyczenie** *n* loan: *Thanks for the loan of your camera.*

pożyteczny *adj* useful: *useful information* THESAURUS USEFUL

pożytek *n* **1 z pożytkiem dla kogoś/czegoś** for the benefit of sb/sth: *The state should fund the arts for the benefit of us all.* **2 mieć z czegoś pożytek** benefit from sth: *Who will benefit from the changes?* **3 z czegoś nie ma żadnego pożytku** sth is (of) no use: *This map's no use - it doesn't show the minor roads.*

pożywienie *n* food, nourishment

pożywka *n* **pożywka dla czegoś** fertile/breeding ground for sth: *Overcrowded slums are breeding grounds for crime.*

pożywny *adj* nourishing, nutritious: *nourishing soup* THESAURUS HEALTHY

pójść *v* **1** go: *Mom went into the kitchen.* | *Mick's gone to buy a newspaper.* | **pójść do domu** go home: *It's time we went home.* THESAURUS WALK **2 coś poszło (komuś) dobrze/źle itp.** sth went well/wrong etc: *How did your interview go* (=jak ci poszła rozmowa kwalifikacyjna)? | **jak ci poszło?** how did you do?, how did you get on?: *How did you do on that test today?* | *How did you get on with your maths test today?* →patrz też IŚĆ, CHODZIĆ

póki *conj* **1** →patrz DOPÓKI **2 póki co** for the moment: *Well, for the moment we're just friends.*

pół *num* **1** half: **pół godziny/metra itp.** half an hour/a metre etc: *half a pound of butter* (=pół funta masła) | *half a century ago* (=pół wieku temu) | **dwa/trzy itp. i pół** two/three etc and a half: *Their son is four and a half* (=ma cztery i pół roku). **2 w pół drogi** halfway: *She stopped halfway, as if she wanted to turn around and leave.* **3 na pół etatu** part-time: *Brenda works part-time.* | *a part-time job* **4 przeciąć/podzielić coś na pół** cut/divide sth in half: *He cut the cake in half.* **5 pół na pół** fifty-fifty: *I think we should divide the profits fifty-fifty.* →patrz też WPÓŁ

półbuty *n* shoes

półfinał *n* semifinal

półgłosem *adv* under your breath, in an undertone: *"Son of a bitch," he muttered under his breath.*

półgodzinny *adj* half-hour: *a half-hour programme/meeting/break* | *After a half-hour drive we were there* (=na miejscu).

półka *n* **1** *(z drewna, sklejki)* shelf: *two shelves for books* | **półka na książki** bookshelf **2** *(z prętów)* rack: *a luggage rack*

półkole *n* semicircle: *Could everyone please sit in a semicircle?*

półksiężyc *n* crescent

półkula *n* hemisphere: *the northern hemisphere*

półmisek *n* dish, platter *AmE*

półmrok *n* semi-darkness: *The radar controllers worked in perpetual* (=wiecznym) *semi-darkness.*

północ *n* **1** *(pora)* midnight: **o północy** at midnight: *We close at midnight.* **2** *(kierunek)* north: *Which way is north?* | *My grandparents come from the north.* | **na północ** north, northward: *We headed north.* | **na północ od czegoś** (to the) north of sth: *Cheshunt is a few miles to the north of London.*

północno-wschodni *adj* northeast, northeastern: *a northeast wind* | *northeastern Asia*

północno-zachodni *adj* northwest, northwestern: *a northwest wind* | *the northwestern part of Poland*

północny *adj* **1** *(część, akcent, półkula)* northern: *the northern hemisphere* | *northern California* **2** *(wiatr, kierunek)* north, northerly: *a north(erly) wind/direction* **3** *(ściana, krawędź)* north: *the north side of the building* | *the north end of the field* **4 biegun północny** the North Pole **5 Ameryka/Korea Północna** North America/Korea **6 północny wschód/zachód** northeast/northwest: **na północny wschód/zachód (od czegoś)** northeast/northwest (of sth): *driving/walking northeast*

półnuta *n* minim *BrE*, half note *AmE*

półpiętro *n* landing

półrocze *n* term *BrE*, semester *AmE*: *It's the end of term at university, exams are completed and the holiday season is upon us* (=zaczynają się wakacje). →patrz też SEMESTR

półroczny *adj* **1** *(okres)* half-year: *a half-year course/contract* **2** *(dziecko)* half-year-old: *their half-year-old son*

półszlachetny *adj* semiprecious: *semiprecious stones*

półtora *num* one and a half: *one and a half kilos/metres* | **półtorej godziny** one and a half hours, an hour and a half

półwysep *n* peninsula

później *adv* **1** *(następnie)* then, afterwards, afterward *AmE*: *We had lunch and then went shopping.* THESAURUS AFTER **2** *(nie teraz)* later (on): *I can't eat all of this - I'll finish it later on.* **3 dwa lata później** two years later/afterwards: *Five years later he became President.* **4 nie później niż** no/not later than: *Completed entry forms* (=wypełnione formularze) *should arrive not later than 31st July.* **5 odłożyć coś na później** put sth off (till later): *The meeting has been put off.* →patrz też PÓŹNO, **prędzej czy później** (PRĘDZEJ)

późniejszy *adj* later: *The decision will be made at a later date* (=w późniejszym terminie). | *Later models of the car are much improved.* →patrz też PÓŹNY

późno *adv* late: *We arrived very late in the evening.* | **jest późno** it's late: *It's late - I'll walk you home.* | **robi się późno** it's getting late: *It's getting late. We'd better go home.* | **za późno** too late: *We must do something before it's too late.* | **do późna** (until) late: *Ellen has to work late tonight.*

późny *adj* late: *a late breakfast* | *St Mary's church was built in the late 18th century.*

prababka *n* great-grandmother

praca *n* **1** *(wysiłek)* work: *Looking after two children can be hard work.* | *The house looks fantastic - it must have taken a lot of work.* | **praca umysłowa** mental work | **praca fizyczna** (manual) labour *BrE*, labor *AmE* THESAURUS JOB **2** *(zatrudnienie)* work, job: *Jo's hoping to find work in television.* | *Ann is still looking for work.* | *I got a job as a waitress.* | **mieć pracę** have a job, be in work | **być bez pracy** be out of work **3** *(miejsce pracy)* work: *I have to go to work now.* | *My Dad's at work.* **4 praca domowa** homework: *Can you help me with my homework Dad?* **5** *(rzeczy do zrobienia)* work: *I've got so much work to do today.* | **prace domowe** housework **6** *(egzaminacyjna itp.)* paper, essay: *When are the term papers due* (=do kiedy trzeba oddać prace semestralne)? | **praca klasowa** test: *We have a test on irregular verbs tomorrow.* **7 praca magisterska** M.A. thesis: **praca doktorska** Ph.D. thesis, doctoral dissertation **8 prace badawcze** research: *research into heart disease* →patrz też DOMOWY

pracochłonny *adj* laborious: *the laborious process of examining all the data*

pracodaw-ca/czyni *n* employer

pracować *v* **1** *(człowiek)* work: *Heidi works for a law firm in Toronto.* | *I used to work at Burger King.* | *Joe worked as a builder for 5 years.* | **+ nad/przy czymś** on sth: *You need to work on your pronunciation.* | *Dad's still working on the car.* | **dobrze/ciężko/szybko pracować** be a good/hard/quick worker **2** *(urządzenie)* run: *Do not move the computer while the hard drive* (=twardy dysk) *is running.*

pracowity *adj* **1** *(człowiek)* hard-working, diligent, industrious: *a hard-working student* | *industrious young women*

2 *(okres)* busy: *We've had a busy week at the office.* —**pracowicie** *adv* diligently, industriously: *They studied diligently all morning.* —**pracowitość** *n* diligence, industriousness

pracownia *n* **1** *(artysty)* studio: *an art studio* **2** *(w szkole)* room, lab: *computer room, art room, chemistry lab* | **pracownia komputerowa** computer room **3** *(warsztat)* workshop

pracowni-k/ca *n* worker, employee: *Fifty workers lost their jobs.* | *factory workers* | *Employees must show their ID cards at the gate.* | **pracownik fizyczny** blue-collar worker | **pracownik umysłowy** white-collar worker, office worker | **pracownik naukowy** research worker —**pracowniczy** *adj* employee: *employee training* (=szkolenia)

prać *v* wash: *Wash inside out with similar colours.* →patrz też **prać swoje brudy (przy wszystkich)** (BRUDY)

P

pradawny *adj* primeval: *primeval forests*

pradziadek *n* great-grandfather

Praga *n* Prague

pragmatyczny *adj* pragmatic —**pragmatyzm** *n* pragmatism

pragnąć *v* **1 pragnąć czegoś** long/yearn for sth: *Patsy longed for some excitement, something new.* | **pragnąć coś zrobić** desire/long/yearn to do sth: *He desires to be left alone* (=zostać sam). **2 pragnąć kogoś a)** *(bardzo chcieć)* long/yearn for sb: *the child she had yearned for* **b)** *(pożądać)* lust after sb, desire sb **3 pragnę podziękować/zaprosić itp.** I'd like to thank/invite etc: *Lastly, I'd like to thank my mother.*

pragnienie *n* **1** *(picia)* thirst: *These children are dying of thirst.* | **zaspokoić pragnienie** quench your thirst **2 pragnienie czegoś** desire/yearning for sth/to do sth: *the desire for knowledge* | *a yearning to travel*

praktycznie *adv* **1** *(prawie)* practically: *The theatre was practically empty.* **2** *(w praktyczny sposób)* practically: *Joey just doesn't think practically.*

praktyczny *adj* **1** *(nie teoretyczny)* practical, hands-on: *How much practical experience of teaching have you had?* | *hands-on training* | **praktyczna znajomość czegoś** working knowledge of sth: *a working knowledge of Spanish* **2** *(przydatny)* practical: *a practical present* **3** *(wygodny)* practical: *I wish you'd choose shoes that were more practical for everyday use.* **4** *(rozsądny)* down-to-earth: *a down-to-earth approach to health care*

praktyka *n* **1** *(nie teoria)* practice: **w praktyce** in practice: *It looks difficult to make, but in practice it's quite easy.* | **zastosować coś w praktyce** put sth into practice: *The new methods will be put into practice next month.* **2** *(ćwiczenia)* practice: *It takes a lot of practice to be a good piano player.* **3** *(staż)* apprenticeship, training (period): *He's serving* (=odbywa) *an apprenticeship as a printer.* **4** *(działalność)* practice: *medical/legal practice*

praktykant/ka *n* **1** *(stażysta)* apprentice, trainee: *She works in the hairdresser's as an apprentice.* | *a trainee teacher* **2** *(w szpitalu)* houseman *BrE*, intern *AmE*

praktykować *v* **1** *(prowadzić praktykę)* practise *BrE*, practice *AmE*: *Bill is practising law in Glasgow now.* **2** *(uprawiać)* practise *BrE*, practice *AmE*: *communities where black magic is still practised* **3** *(chodzić do kościoła)* be a practising *BrE*, practicing *AmE* Christian/Muslim etc

pralka *n* washing machine

pralnia *n* **1 a)** laundry: *the hospital laundry.* **b)** *(samoobsługowa)* launderette *BrE*, laundromat *AmE* **2 pralnia chemiczna** (dry) cleaner's: *Can you pick up my jacket from the cleaner's?*

pranie *n* **1 z/robić pranie** do the laundry/washing *BrE*, wash *AmE*: **w praniu** in the wash: *I'm afraid your black sweater shrank* (=skurczył się) *in the wash.* **2** *(rzeczy)* laundry, washing *BrE*, wash *AmE*: *a pile of dirty laundry/washing* | *a laundry basket* | **rozwiesić pranie** hang out the washing *BrE*, wash *AmE* **3 pranie mózgu** brainwashing

prasa *n* **1** *(gazety, czasopisma, dziennikarze)* the press: *To judge from the press, the concert was a great success.* | *the freedom of the press* THESAURUS NEWSPAPER **2** *(maszyna)* press: *a wine/cheese press* | **prasa drukarska** printing press **3 mieć dobrą/złą prasę** have/get a good/bad press: *The police have been getting a bad press in the last few months.*

UWAGA: the press

Mając na myśli prasę jako dziennikarzy, w brytyjskiej angielszczyźnie można użyć zarówno czasownika w liczbie pojedynczej, jak i w liczbie mnogiej: *In August the press* **is/are** *desperate for news.* W angielszczyźnie amerykańskiej jedyną możliwością jest czasownik w liczbie pojedynczej.

prasować *v* iron, press: *I never iron my husband's shirts.* —**prasowanie** *n* ironing: *I still haven't done the ironing.* →patrz też **deska do prasowania** (DESKA)

prasowy *adj* **1 agencja prasowa** news agency **2 wycinki prasowe** press cuttings/clippings **3 konferencja prasowa** news/press conference **4 rzecznik prasowy** press secretary

prawda *n* **1** truth: *Do you think there's any truth in these accusations?* | **mówić prawdę** tell the truth: *How can we be sure that she's telling the truth?* **2 to prawda, że ...** it's true (that) ...: *Is it true that you're moving to Denver?* **3 co prawda** admittedly, true: *Admittedly, it's not a very good photograph, but you can recognize who it is.* | *True, he has a college degree, but he doesn't have enough work experience.* **4 prawda jest taka, że ...** the fact (of the matter) is ...: *The fact of the matter is that the company is unlikely to survive the recession.* **5 prawdę mówiąc** as a matter of fact, to tell (you) the truth: *To tell you the truth, I've never really liked him.* **6 spójrzmy prawdzie w oczy** (let's) face it: *Face it kid, you're never gonna* (=going to) *be a rock star.* **7 prawda?** right?: *You wanted to go to the show, right?*

prawdomówny *adj* truthful: *a truthful child*

prawdopodobieństwo *n* **1** likelihood, probability: *Even one drink can increase the likelihood of you having an accident.* | *What's the probability of the hostages being released soon?* **2 istnieje prawdopodobieństwo, że ...** it is likely/probable that ...: *It's likely that she knew the man who attacked her.* | *It is probable that she won't survive.* **3 według wszelkiego prawdopodobieństwa** in all probability/likelihood: *In all probability the motive for the crime was money.* | *The president will, in all likelihood, have to resign.*

UWAGA: probability i likelihood

Rzeczowników tych można używać wymiennie w większości kontekstów, z wyjątkiem matematyki, gdzie jedyną możliwością jest **probability**: *a probability of one to four* | *probability calculus* (=rachunek prawdopodobieństwa).

prawdopodobnie *adv* probably, likely: *We'll probably go to France next year.* | *I'd very likely have done the same thing* (=prawdopodobnie zrobiłbym to samo) *as you did.* THESAURUS PROBABLY

prawdopodobny *adj* **1** *(możliwy)* probable: *The probable cause of the plane crash was ice on the wings.* | **jest prawdopodobne, że ...** it is likely/probable that ...: *It is likely that he won't come to the meeting.* | **mało prawdopodobny** unlikely: *It's very unlikely that they'll win.* **2** *(wiarygodny)* plausible: *a plausible explanation*

prawdziwie *adv* truly: *a truly democratic country*

prawdziwość *n* **1** *(zgodność z prawdą)* truth: *I do not doubt the truth of his confessions.* **2** *(autentyczność)* authenticity: *The authenticity of the relics is open to doubt.*

prawdziwy *adj* **1** *(rzeczywisty)* real, true: *What's the real reason you were late?* | *Jack isn't his real name.* | *True courage includes the recognition of your own fear.* THESAURUS GENUINE **2** *(autentyczny)* genuine, authentic: *a genuine diamond* | *authentic Mexican food* **3 z prawdziwego zdarzenia** real: *The next day we had our first real meeting.*

prawica *n* the right: *the far* (=skrajna) *right* —**prawicowy** *adj* right-wing: *a right-wing newspaper* —**prawicowiec** *n* right-winger

prawidłowo *adv* **1** *(bez błędów)* correctly: *Have I spelled it correctly?* **2** *(normalnie)* normally: *The patient started breathing normally again.*

prawidłowość *n* regularity: *Two explanations for this observed* (=zaobserwowanej) *regularity have been proposed.*

prawidłowy *adj* **1** *(poprawny)* correct: *Who knows the correct answers?* **2** *(stosowny)* correct, proper: *correct behaviour* | *proper dress* (=strój) **3** *(normalny)* normal: *the normal development of the kidneys* (=nerek)

prawie *adv* **1** almost, nearly: *Almost all children like to read.* | *We've nearly finished.* | *It's nearly seven years since I last saw him.* THESAURUS ALMOST **2 prawie nie** hardly, scarcely: *I hardly know the people I'm working with.* | *We hardly ever go out* (=prawie nigdy nie wychodzimy) *in the evening.* | *Their teaching methods have scarcely changed in the last 100 years.*

prawniczy *adj* **1** *(język, wyrażenie)* legal: *I hate this legal jargon.* **2** *(firma, studia)* law: *She's a partner in a major New York law firm.* | *After college he went to law school* (=poszedł na studia prawnicze).

prawnie *adv* **1** *(z prawnego punktu widzenia)* legally: *Which of them is legally responsible for the accident?* **2** *(prawowicie)* rightfully: *money that rightfully belongs to her husband*

prawni-k/czka *n* lawyer

prawnuczka *n* great-granddaughter

prawnuk *n* **1** great-grandson **2 prawnuki** great-grandchildren

prawny *adj* **1** legal: *the legal system* | *legal advice* | *legal action/proceedings* **2 środki prawne** legislative/legal measures: *new legislative measures to stop the flow of drugs into the country* **3 nie posiadający mocy prawnej** null and void **4 prawny właściciel/spadkobierca itp.** legal owner/heir etc

prawo[1] *n* **1** *(system prawny)* (the) law: **zgodnie z prawem/według prawa** according to the law, by law: *Seatbelts must be worn by law.* | **niezgodny z prawem** against the law, illegal: *Drunk driving is against the law.* | *It is illegal to park your car here.* | **złamać prawo** break the law | **prawo i porządek** law and order **2** *(akt prawny)* law: *new laws against testing cosmetics on animals* | *European laws on equal opportunities* **3** *(uprawnienie)* right: *Women didn't have the right to vote until 1920.* | *the right to free speech* | **nie mieć prawa czegoś robić** have no right to do sth: *You have no right to interfere* (=wtrącać się). | **prawa człowieka** human rights **4 ktoś ma prawo być złym/wściekłym itp.** sb has a right to be angry/upset etc: *She has every right* (=pełne prawo) *to be suspicious of him.* **5 studiować prawo** study law, go to law school *AmE*: *She wants to study law at university.* **6** *(zasada)* law: *the laws of nature* | *the law of gravity* **7 mieć prawo do czegoś** *(móc się ubiegać)* be eligible for sth, be entitled to sth: *Are you eligible for social security benefits?* **8 prawa** *(wyłączność)* rights: *Several studios are bidding for the rights to Crichton's last book.* | **prawa autorskie** copyright **9 prawo jazdy** driving licence *BrE*, driver's license *AmE*

P

prawo[2] *adv* **1 na prawo** on the/your right: *It's on the right.* | *On your right you can see Windsor Castle.* | **na prawo od czegoś** to the right of sth: *The post office is to the right of the church.* **2 w prawo** right, to the right: *Turn the handle to the right.* **3 skręcić w/na prawo** turn right: *Turn right at the lights.*

prawodawstwo *n* legislation

prawomocny *adj* (legally) binding: *The contract isn't binding until you sign it.*

praworęczny *adj* right-handed

praworządny *adj* law-abiding: *a law-abiding citizen* —**praworządność** *n* law and order, the rule of law

prawosławny *adj* **Kościół prawosławny** Orthodox Church

prawostronny *adj* right-hand: *right-hand traffic*

prawość *n* integrity

prawowity *adj* rightful: *the property's rightful owner*

prawy *adj* **1 a)** *(z czyjejś prawej strony)* right: *Mandy's broken her right leg.* | *Raise your right arm.* | *the right margin* **b)** *(z prawej strony czegoś)* right-hand: *They live about halfway down the street on the right-hand side.* | *the bottom right-hand drawer* **2 po prawej stronie** on the/your right: *Our house is on the right.* | *It's the third door on your right.* **3** *(uczciwy)* honest: *an honest man*

prażony *adj* **1** roasted: *roasted peanuts* **2 prażona kukurydza** popcorn

prażyć *v (słońce)* beat down

prącie *n* penis

prąd *n* **1** *(energia elektryczna)* electricity: **rachunek za prąd** electricity bill **2** *(wody, powietrza, ładunku elektrycznego)* current: *There is a strong current in the river.* | **z prądem** downstream | **pod prąd** upstream | **prąd zmienny/stały** alternating/direct current, AC/DC

prążek *n* stripe: *a shirt with blue and red stripes* | **w prążki** striped: *a red and white striped shirt* | **garnitur w prążki** pinstripe(d) suit: *a navy-blue pinstripe suit* —**prążkowany** *adj* striped, pinstripe(d): *a blue and white striped jacket*

precedens *n* **1** precedent: *The trial set* (=ustanowił) *a precedent for civil rights.* | *a legal precedent* **2 precedens sądowy** test case →patrz też BEZPRECEDENSOWY

precyzja *n* precision: *The atom's weight can be measured with great precision.*

precyzować *v* specify: *The plan didn't specify how the money should be spent.*

precyzyjnie *adv* **1** *(określić)* with precision, precisely: *Once the shuttle* (=prom kosmiczny) *is in orbit, they will be able to track it precisely and know what it is doing.* **2** *(ustawić, wyregulować)* finely: *finely tuned instruments*

precyzyjny *adj* **1** *(metoda, pomiar, definicja)* precise, exact: *She gave a very precise description of her attacker.* **2** *(ruch, strzał)* accurate: *an accurate shot by the Brazilian captain* **3** *(urządzenie)* precision: *a precision tool/instrument*

precz *interj* **1 precz!** go away! **2 precz z ... !** down with ... !: *Down with the anarchists!*

predyspozycje *n* predisposition: *genetic predisposition to cancer*

preferencja *n* preference: *She has her own personal preferences and tastes, like everyone else.* —**preferencyjny** *adj* preferential: *preferential treatment* | *preferential credit terms* (=warunki kredytowe)

P

preferować *v* prefer, favour *BrE*, favor *AmE*: *Most kids prefer wearing casual clothes.* | *loose clothing favoured in Arab countries*

prehistoryczny *adj* prehistoric: *prehistoric cave drawings*

prekursor/ka *n* precursor, forerunner: *a precursor of modern jazz* | *The suffragettes were forerunners of the modern women's movement.*

prelegent/ka *n* speaker —**prelekcja** *n* talk, lecture

preludium *n* prelude

premedytacja *n* premeditation: *Do you think they did it with premeditation?* | **morderstwo z premedytacją** premeditated murder

premia *n* bonus, premium: *People who stay more than two years in the job receive a special bonus.* | *Farmers are being offered a premium for organically grown vegetables.*

premier *n* prime minister, premier: *10 Downing Street is the British Prime Minister's official residence.* | *the Irish premier*

premiera *n* premiere, opening night: *The film gets its world premiere tonight.* | *a movie premiere* | *the show's opening night*

prenumerować *v* subscribe to: *What newspaper do you subscribe to* (=jaką gazetę prenumerujesz)? —**prenumerata** *n* subscription: *I'd like to cancel* (=anulować) *my subscription to 'Time' magazine.* —**prenumerator/ka** *n* subscriber

preria *n* prairie

presja *n* pressure: **być pod presją** be under pressure: *NASA has been under political pressure to launch a new space program.* | **wywierać presję na kogoś** put pressure on sb: *Their parents were putting pressure on them to get married.* | **pod czyjąś presją** under pressure from sb: *John only agreed to go under pressure from his parents.* THESAURUS ▸ FORCE

prestiż *n* prestige: *The teaching profession has lost the prestige it used to have.* —**prestiżowy** *adj* prestigious: *a prestigious award*

pretekst *n* pretext: **+ do czegoś** for (doing) sth: *The riots were used as a pretext for banning all political activity.* | *The incident was used as a pretext for intervention.* | **pod pretekstem czegoś** on/under the pretext of (doing) sth: *Tom called at her apartment under the pretext of asking for a book.* | *He left early on the pretext of having work to do.*

pretendent/ka *n* pretender: *the pretender to the English throne*

pretendować *v* **1 pretendować do czegoś** aspire to sth: *It was clear that Mrs Thatcher aspired to the leadership of the party.* **2 pretendować do tronu** pretend to the throne: *A real king of England was obliged to pretend to the throne of France.*

pretensja *n* **1** *(żal)* resentment: *There was a look of resentment in her eyes.* | **mieć pretensje do kogoś (o coś)** have/bear a grudge/grievance against sb (for sth), resent sb (for sth): *He always bore a grudge against me for having opposed him.* | *I've always resented my father for leaving the family.* **2 rościć sobie pretensje do czegoś** lay claim to sth: *Edward lay claim to the Scottish crown.*

pretensjonalny *adj* pretentious: *a pretentious young man*

prewencja *n* prevention —**prewencyjny** *adj* preventive: *preventive measures* (=środki prewencyjne)

prezent *n* present: *a birthday/Christmas present* | *Every child was given a present.* | **dać komuś coś w prezencie** give sb sth as a present: *One of my Japanese students gave me a beautiful fan* (=wachlarz) *as a present.*

prezentacja *n* presentation: *I've been asked to give a short presentation on the new research project.* THESAURUS ▸ SPEECH

prezenter/ka *n* **1** presenter *BrE*, announcer *AmE* **2 prezenter/ka wiadomości** newscaster, newsreader *BrE*, anchor *AmE*

prezentować *v (przedstawiać)* present: *The Lyric Theatre is presenting a brand new production of 'Hamlet'.* → patrz SPREZENTOWAĆ, ZAPREZENTOWAĆ

prezentować się *v* look: *She looks great in black.* | **dobrze się prezentować** look good/presentable: *Make sure your web site looks presentable.*

prezerwatywa *n* condom

prezes *n* chairman/chairwoman, chairperson, president *AmE*: *the chairman of the bankrupt energy giant* | *the ex-chairwoman of the National Bank* | *the president of General Motors* THESAURUS ▸ BOSS

prezydent *n* president: *the President of the United States* | *the Polish President* —**prezydencki** *adj* presidential: *presidential elections* —**prezydentura** *n* presidency: *the early days of George W. Bush's presidency*

prezydium *n* committee

UWAGA: prezydium i presidium

Angielski rzeczownik **presidium** występuje głównie w kontekście politycznym, zwłaszcza w odniesieniu do organizacji działających w państwach komunistycznych: *the Presidium of the Supreme Soviet in Moscow* | *He was head of the state presidium under Pol Pot.*

prędki *adj* quick, rapid: *quick movements* | *rapid breathing*

prędko *adv* **1** quickly, rapidly: *He quickly put the money back in the box.* | *the rapidly changing world of computer technology* **2 prędzej czy później** sooner or later: *She's bound to find out sooner or later* (=prędzej czy później się dowie).

prędkość *n* speed, velocity: *The cyclists were riding at a speed of 35 mph* (=z prędkością 35 mil na godzinę).

UWAGA: speed i velocity

Rzeczownik **velocity** oznacza prędkość, z jaką coś się porusza w danym kierunku. Jest to wyraz o charakterze specjalistycznym, występujący głównie w tekstach naukowych i technicznych: *the velocity of light* | *a high velocity bullet*. Rzeczownik **speed** ma znaczenie ogólniejsze, oznacza bowiem nie tylko prędkość ruchu, ale także prędkość jako cechę procesów, zdarzeń itp.: *the speed with which computers are changing our life*

prędzej *adv* →patrz PRĘDKO

pręgowany *adj* **1** striped: *a striped hyena* **2 pręgowany kot** tabby

pręt *n* rod: *The walls are reinforced* (=wzmocnione) *with steel rods.*

prężny *adj (człowiek, firma)* robust: *a robust 85-year-old* | *The US economy is now much more robust.* —**prężnie** *adv* robustly: *a robustly growing economy*

prima aprilis *n* **1** *(dzień)* April Fool's Day **2 prima aprilis!** April fool!

priorytet *n* priority: *Let's decide what our priorities are.* —**priorytetowy** *adj* priority: *a priority task*

problem *n* **1** *(kłopot)* problem, trouble: *technical/financial/practical problems* | *Unemployment is the main problem in the area.* | *It's good to be able to talk to someone about your troubles.* | **mieć problemy (z czymś)** have problems (with sth): *Since losing my job I've been having financial problems.* | *I've been having a few problems with the car.* THESAURUS SUBJECT **2** *(zagadnienie)* problem, question: *mathematical/philosophical problems* **3 robić z czegoś problem** make an issue of sth: *I was upset by her remarks, but decided not to make an issue of it.* **4 mieć problemy ze zrobieniem czegoś** have difficulty (in) doing sth: *David's having difficulty finding a job.* **5 bez problemu/nie ma problemu** no problem: *"Could you drive me to the station?" "Sure, no problem."* **6 to twój problem** that's your problem: *If you can't get yourself there on time, that's your problem.*

problematyczny *adj* questionable, debatable, dubious: *The report's conclusions are questionable, because the sample* (=próbka) *used was very small.*

UWAGA: problematyczny i problematic

Przymiotnik **problematic** nie znaczy „problematyczny" („niepewny, budzący wątpliwości"), tylko „kłopotliwy", „najeżony problemami": *The situation might become slightly problematic as more people are involved.*

problematyka *n* subject matter: *The range* (=zakres) *of subject matter is enormous, embracing social and political issues alongside adventure and romance.*

proboszcz *n* parish priest

probówka *n* test tube

proca *n* catapult *BrE*, slingshot *AmE*

proceder *n* (illegal) practice: *the illegal practice of copying software*

procedura *n* procedure: *the procedure for shutting down a computer* —**proceduralny** *adj* procedural: *procedural matters*

procent *n* **1 pięć/dwadzieścia itp. procent** five/twenty etc percent/per cent *BrE*: *70% (seventy percent) of the people interviewed said they supported the President.* | *Inflation is down 2% (two percent).* **2** *(odsetki)* interest: *The money will be repaid with interest.* **3** *(część)* percentage: *A high percentage of internet users are men* (=mężczyźni stanowią wysoki procent użytkowników internetu). **4 w stu procentach** a/one hundred percent: *I agree with you a hundred percent.*

procentować *v* pay dividends: *Getting some qualifications now will pay dividends in the long term.*

procentowy *adj* **dwu-/pięcioprocentowy itp.** two/five etc percent/per cent *BrE*: *Give the waitress a 15 percent tip.* —**procentowo** *adj* in percentage terms: *The numbers are small, in percentage terms, but significant.*

proces *n* **1** process: *the ageing process* | *the reorganization process* | *an advanced industrial process* **2** *(sądowy)* trial, (law)suit: *a murder trial* | **wytoczyć komuś proces** file a (law)suit against sb, sue sb: *Mrs. Logan filed a lawsuit against her company.* | *Elton John sued the newspaper for libel* (=o zniesławienie).

P

UWAGA: trial i (law)suit

Trial to „proces" jako działania sądu, a więc seria rozpraw itp.: *The defendant* (=oskarżony) *has a right to a fair trial.* | *a show trial* (=proces pokazowy). Rzeczownik **(law)suit** tłumaczy się jako „proces" głównie w kontekstach, gdzie mowa o wytaczaniu procesu, grożeniu procesem itp.: *They threatened a lawsuit unless an apology was issued.*

procesja *n* procession

procesor *n* **1** processor, CPU **2 procesor tekstu** word processor

proch *n* **1** *(strzelniczy)* gunpowder **2 prochy a)** *(szczątki ludzkie)* ashes: *We scattered* (=rozsypaliśmy) *his ashes over the lake.* **b)** *(narkotyki, leki)* drugs: **być na prochach** be on drugs: *My grandfather thinks all kids these days are on drugs.*

producent *n* **1** *(wytwórca)* manufacturer, producer, maker: *the world's largest shoe manufacturer* | *Scotland is a producer of high quality wool.* | *the big three US car makers* **2** *(filmowy)* producer

produkcja *n* **1** *(wytwarzanie)* production, manufacture, making: *the production of educational software* | *the manufacture of leather* **2** *(wy- produkowane towary)* production, output: *Our production has increased by 35%.* | *Output is up 30% on* (=w porównaniu z) *last year.* **3 filmy produkcji polskiej/czeskiej itp.** Polish/Czech etc films *BrE*, movies *AmE*

produkcyjny *adj* production: *current production methods*

produkować *v* **1** *(przemysłowo)* produce, manufacture, make: *Much of the world's finest wine is produced in France.* | *one of Europe's biggest paper manufacturing companies* | *They make very good cars in Japan.* **2** *(naturalnie)* produce: *The pancreas* (=trzustka) *produces insulin.*

produkt *n* **1** product: *None of our products are tested on animals.* | **produkty spożywcze** foodstuffs, food products | **produkty rolne/mleczne** agricultural/dairy produce **2 produkt uboczny** by-product: *Plutonium is a by-product of nuclear processing.* **3 produkt krajowy brutto** gross domestic product, GDP

produktywny *adj* productive: *a very productive meeting* —**produktywnie** *adv* productively —**produktywność** *n* productivity: *Factory managers want to increase productivity.*

profesja *n* profession, job

profesjonalist-a/ka *n* professional: *young professionals on the fast track for promotion*

profesjonalny *adj* professional: *You should speak to a lawyer for professional advice.* | *The report looks very professional.* —**profesjonalnie** *adv* professionally: *Where did you learn to ski so professionally?* —**profesjonalizm** *n* professionalism

profesor/ka *n* **1** *(na uniwersytecie)* professor: *a professor of history at Oxford* | *a university professor* THESAURUS TEACHER **2** *(w szkole średniej)* teacher

profil *n* **1** *(twarzy)* profile: *a drawing of her in profile* (=z profilu) **2** *(zarys)* profile, outline: *the sharp profile of the foothills against the sky*

UWAGA: profil matematyczny/biologiczny itp.

Klasy o profilu matematycznym, humanistycznym itp. nie mają swojego odpowiednika w systemach oświatowych angielskiego obszaru językowego, nie istnieje więc również w języku angielskim wyrażenie o takim znaczeniu.

profilaktyczny *adj* preventive, prophylactic: *preventive actions/measures* —**profilaktyka** *n* prevention, prophylaxis

UWAGA: prevention i prophylaxis

Prevention jest wyrazem o szerszym zakresie użycia; **prophylaxis** występuje rzadko, głównie w tekstach specjalistycznych. To samo dotyczy przymiotników **preventive** i **prophylactic**.

prognoza *n* forecast: *the weather forecast* | *the annual sales forecast* —**prognozować** *v* forecast: *The government is forecasting that unemployment will fall.*

program *n* **1** *(radiowy, telewizyjny)* programme *BrE*, program *AmE*, show: *What's your favourite TV programme?* | *She's been in a lot of popular TV shows.* | **program informacyjny** news broadcast/programme THESAURUS PROGRAMME **2** *(wyborczy, polityczny)* manifesto **3** *(komputerowy)* program: *This new computer program is giving us a little bit of trouble.* **4** *(teatralny, operowy itp.)* programme *BrE*, program *AmE*: *I didn't see her name in the programme.* **5** *(harmonogram)* agenda: *The next item on the agenda is finances.* **6** *(plan wycieczki)* itinerary: *The first stop on our itinerary is Rome.* **7 program nauczania a)** *(wiedza do opanowania)* syllabus: *Dickens and Hardy are on this year's English syllabus.* | *We didn't cover* (=nie przerobiliśmy) *the whole syllabus this term.* **b)** *(lista przedmiotów)* curriculum: *Has computer studies been introduced into the school curriculum?*

UWAGA: syllabus

Rzeczownik **syllabus** ma dwie formy liczby mnogiej: **syllabuses** i **syllabi** (ˈsɪləbaɪ).

UWAGA: curriculum

Rzeczownik **curriculum** ma dwie formy liczby mnogiej: **curriculums** i **curricula**.

programist-a/ka *n* programmer: *He's a web designer and programmer.*

programować *v* programme *BrE*, program *AmE*: *Do you know how to programme in Java?* →patrz też ZAPROGRAMOWAĆ —**programowanie** *n* programming

programowy *adj* **1** *(dotyczący polityki)* policy: *major policy changes* **2 wiersz programowy** poetic manifesto

progresywny *adj* progressive, forward-looking: *progressive music fans* | *forward-looking companies*

prohibicja *n* prohibition

projekcja *n (filmu)* screening: *a private screening of 'King Kong'*

projekt *n* **1** *(przedsięwzięcie)* project: *the new road project* | *a project to help the homeless* **2** *(pomysł)* scheme: *another of his crazy schemes for making money* **3** *(rysunek, szkic)* design: *the design for the new sports centre* **4 projekt ustawy** bill: *a Senate tax bill*

projektant/ka *n* designer: *world-famous fashion designers*

projektor *n* projector

projektować *v* design →patrz też ZAPROJEKTOWAĆ —**projektowanie** *n* design, designing

proklamacja *n* proclamation —**proklamować** *v* proclaim: *Romania was proclaimed a People's Republic in 1947.*

prokreacja *n* procreation

prokurator *n* prosecutor, prosecuting attorney —**prokuratura** *n* public prosecutor's office, district attorney's office *AmE*

proletariat *n* the proletariat

prolog *n* prologue

prom *n* **1** ferry: *a ferry service between the islands and the mainland* **2 prom kosmiczny** space shuttle: *the space shuttle Columbia*

promenada *n (nadmorska)* promenade *BrE*, boardwalk *AmE*

promienieć *v* **promienieć (czymś)** radiate (sth), glow (with sth): *She radiated energy and self-confidence.* | *The child glowed with happiness.*

promieniotwórczy *n* radioactive: *radioactive waste* (=odpady) —**promieniotwórczość** *n* radioactivity

promieniować *v* radiate: *Intense pleasure radiated from their eyes.* | *Warmth radiated from the fire.*

promieniowanie *n* radiation: *The level of radiation in the area is worrying.* | *ultraviolet radiation from the sun*

promienny *adj* radiant: *a radiant smile*

promień *n* **1** *(światła, energii itp.)* ray: *the rays of the sun* | *gamma rays* | **promienie Rentgena** X-rays **2** *(okręgu, koła)* radius: **w promieniu dziesięciu kilometrów/dwustu metrów itp.** within a ten kilometer/200 metre etc radius: *All vegetation* (=roślinność) *was destroyed within a 2 km radius of the volcano.* **3 promień nadziei** ray of hope: *If only I could see some ray of hope for the future.*

UWAGA: radius

Rzeczownik **radius** ma nieregularną formę liczby mnogiej: **radii** (ˈreɪdiaɪ).

promil *n* **pięć/dwadzieścia itp. promili** five/twenty etc per mil

prominent *n* leading figure —**prominentny** *adj* prominent: *a prominent politician*

promocja *n* **1** promotion: *a sales promotion* | *the promotion of skiing in Vermont* **2** *(określonego towaru w sklepie)* special offer: *They have a special offer on this weekend – buy two, get one free.* | **jest promocja na coś** sth is on offer *BrE*, on special *AmE*: *Olive oil is on offer this week.* | *Breyer's ice cream is on special today.* —**promocyjny** *adj* promotion, promotional: *a promotion campaign* | *a promotional video/brochure/copy*

promotor/ka *n* supervisor

promować *v* promote: *The company is spending millions promoting its new software.*

promyk *n* **1** ray: *a ray of sunshine* **2 promyk nadziei** a glimmer of hope → patrz też PROMIEŃ

propaganda *n* propaganda —**propagandowy** *adj* propaganda: *a propaganda campaign*

propagator/ka *n* promoter: *promoters of organic farming*

propagować *v* promote: *a passionate speech promoting equality* —**propagowanie** *n* promotion

propan *n* propane

proponować *v* **1** *(sugerować)* propose: *They are proposing changes in working hours.* | *I propose that we close the meeting* (=żebyśmy zakończyli zebranie). **2** *(oferować)* offer: *Banks are now offering favourable financing terms.* → patrz też ZAPROPONOWAĆ

proporcja *n* proportion: *Girls outnumber boys at the school by a proportion of* (=w proporcji) *three to one.* | **w proporcji do czegoś** in proportion to sth: *Her feet are small in proportion to her height.*

proporcjonalnie *adv* **proporcjonalnie do czegoś** in proportion to sth: *Taxes rise in proportion to the amount you earn.*

proporcjonalny *adj* proportionate: *a proportionate ratio* (=stosunek) *of men and women* | **proporcjonalny do czegoś** proportional to sth: *compensation* (=odszkodowanie) *proportional to the damage*

propozycja *n* **1** *(sugestia)* suggestion, proposal: *Do you have any suggestions about what we can do in London?* | *a proposal to build a new road* **2** *(oferta)* offer: *an offer of support* | *an offer to help*

prorodzinny *adj* pro-family: *a pro-family organization*

prorok *n* prophet —**proroctwo** *n* prophecy —**proroczy** *adj* prophetic

prorokować *v* foretell, prophesy: *the birth of Christ, foretold by prophets*

prosiak *n* → patrz PROSIĘ

prosić *v* **1 proszę a)** *(prośba)* please: *Please can we go now?* **b)** *(podając coś)* here (you are), there you are/go: *Here, have some more pineapple.* | *"Could you bring me a glass of water?" "Here you are, sir* (=proszę bardzo)*."* | *Do you need a tissue, Mr. Phillips? There you go.* **2 proszę bardzo a)** *(odpowiadając na podziękowanie)* not at all *BrE*, you're welcome *AmE*: *"Thanks for the coffee." "You're welcome."* **b)** *(wyrażając zgodę, zachętę)* please do, go ahead: *"May I have some water?" "Please do."* | *"Is it OK if I smoke?" "Sure, go ahead."* **3 proszę pana!** excuse me!, sir! *AmE*: *Sir! You dropped your wallet!* | **proszę pani!** excuse me!, madam!, ma'am! *AmE*: *Excuse me, you haven't written in the date on your cheque.* → patrz też POPROSIĆ

prosię *n* piglet

prospekt *n* prospectus, brochure: *Request a 2012 printed prospectus.*

prosperować *v* prosper: *an environment in which small businesses can prosper* | **dobrze prosperować** be booming: *The computer industry is booming.*

prosperujący *adj* **dobrze prosperujący** prosperous, thriving: *a prosperous community* | *a thriving tourist industry* THESAURUS RICH

prostacki *adj* crude, coarse: *crude/coarse jokes*

prostata *n* prostate (gland)

prosto *adv* **1** *(bezpośrednio)* straight: *The truck was coming straight towards me.* | *She was looking straight at me.* | **prosto przed siebie** straight ahead: *The driver was looking straight ahead, concentrating on the traffic.* **2** *(wyprostowany)* straight: *Don't slouch* (=nie garb się) *– stand up straight!* **3 po prostu** simply: *Some students lose marks simply because they don't read the question properly.* | **po prostu głupi/niegrzeczny itp.** plain stupid/rude etc: *They're just plain lazy!* **4 prosto skądś** fresh from/out of sth: *a new teacher fresh from university* **5 prosto z mostu** straight (out), straight from the shoulder *AmE*: *She told him straight out that she wouldn't work on Saturday.*

prostokąt *n* rectangle —**prostokątny** *adj* rectangular, oblong

prostopadle *adv* **prostopadle do czegoś** perpendicular to sth: *The obstacles are placed perpendicular to the wind direction.*

prostopadły *adj* perpendicular: *perpendicular lines* | *In a graph* (=na wykresie)*, the x-axis is perpendicular to the y-axis.*

prostota *n* simplicity: *The church is beautiful in its simplicity.*

prostować (się) *v* → patrz WYPROSTOWAĆ (SIĘ)

prosty *adj* **1** *(nie powyginany)* straight: *a straight line* | *straight hair* | *straight teeth* **2** *(łatwy, zrozumiały)* simple: *The instructions are very simple.* | *a perfectly simple explanation* THESAURUS EASY **3 kąt prosty** right angle: *Two lines or line segments* (=odcinki) *that meet at a right angle are said to be perpendicular* (=nazywamy prostopadłymi). **4** *(zwyczajny)* simple, plain: *a simple white dress* | *plain food* **5** *(niewykształcony)* simple: *Joe was just a simple farmer.* **6** *(nieskomplikowany)* simple: *Bacteria are simple forms of life.* | *A knife is a simple tool.*

prostytutka *n* prostitute —**prostytucja** *n* prostitution

proszek *n* **1** powder: *baking powder* (=proszek do pieczenia) **2 proszek do prania** detergent, washing powder *BrE* **3 mleko w proszku** powdered milk

prośba *n* request: *a polite request* | *Our request received a negative reply.* | **na czyjąś prośbę** at sb's request: *Ms. Wintersteen attended the dinner at the chairman's request.* | **mam prośbę** could you do me a favour *BrE*, favor *AmE*? Can I ask you a favour?, I have a favor to ask (of you) *AmE*: *Could you do me a favour? I need some stamps.*

protegowany *n* protégé —**protegowana** *n* protégée

protekcja *n* favouritism *BrE*, favoritism *AmE*

protekcjonalny *adj* condescending, patronizing, patronising *BrE*: *Professor Hutter's manner* (=sposób bycia) *is extremely condescending.* | *a patronizing attitude*

protekcjonizm *n* protectionism —**protekcjonistyczny** *adj* protectionist

protest *n* protest: *protests against the war* | **na znak protestu** in protest: *Seven prisoners are on hunger strike* (=prowadzą głodówkę) *in protest against their treatment.* | **bez protestów** without protest: *Ben accepted his punishment without protest.* —**protestacyjny** *adj* protest: *protest marches*

protestancki *adj* Protestant —**protestant/ka** *n* Protestant —**protestantyzm** *n* Protestantism

protestować *v* **protestować przeciw(ko) czemuś** protest against sth, protest sth *AmE*: *a group protesting against human rights abuses* (=naruszaniu praw człowieka) | *Students carried signs protesting the war.* →patrz też ZAPROTESTOWAĆ

proteza *n* **1** *(dentystyczna)* dentures, false teeth **2** *(kończyny)* artificial limb

protokół *n* **1** *(z zebrania itp.)* minutes: *the minutes of the meeting* **2 protokół dyplomatyczny** diplomatic protocol: *a breach* (=złamanie) *of diplomatic protocol*

proton *n* proton

prototyp *n* prototype: *a complete working prototype of the new model* —**prototypowy** *adj* prototypical

P

prowadzenie *n* **1 prowadzenie samochodu** driving: *Driving in big cities can be pretty frightening for many people.* **2 być na prowadzeniu** be in the lead: *Le Mond was in the lead after the third lap* (=po trzecim okrążeniu). | **objąć prowadzenie** take the lead: *He took the lead in the second lap.*

prowadzić *v* **1 prowadzić do/przez** lead to/through: *This trail leads to the lighthouse.* | *The path turns sharply and leads through a gate into a farmyard.* **2** *(iść lub stać na czele)* lead: *The school band is leading the parade.* | *Who will lead the Conservative Party at the next election?* THESAURUS WIN **3** *(życie, wyprawę, dyskusję itp.)* lead: *They've been leading a very quiet life since Ralph retired.* | *Who's leading the investigation?* **4 prowadzić (samochód)** drive (a car): *Can you drive?* | *You mustn't drive a car without insurance - it's against the law.* **5 prowadzić do czegoś** *(powodować)* lead to sth, result in sth: *Unemployment often leads to health problems.* **6** *(firmę, działalność)* run: *My parents run their own business.* | *We run full-time and part-time courses of study.* **7** *(badania, kampanię itp.)* conduct: *The university is conducting a survey of students' eating habits.* | *Local residents are conducting a campaign to reduce street crime in the area.* **8** *(w meczu, współzawodnictwie)* lead, be in the lead: *At half-time, Green Bay was leading 12-0.* | *The US leads in the world of biotechnology.* | *Lewis is still in the lead after the third lap* (=po trzecim okrążeniu). **9** *(dziennik, wykaz itp.)* keep: *Keep a record of the food you eat for one week.* →patrz też POPROWADZIĆ, PRZEPROWADZIĆ, ZAPROWADZIĆ

prowiant *n* provisions: *We had enough provisions for two weeks.*

prowincja *n* province —**prowincjonalny** *adj* provincial

prowizja *n* commission: *He earns 30% commission on each car.*

prowizoryczny *adj* makeshift: *a makeshift table made of boxes*

prowokacja *n* provocation —**prowokacyjny** *adj* provocative: *a provocative remark* —**prowokacyjnie** *adv* provocatively —**prowokator/ka** *n* troublemaker

prowokować *v* →patrz SPROWOKOWAĆ

proza *n* prose: *poetry and prose*

prozaiczny *adj* **1** *(zwyczajny)* prosaic: *People said he'd been a pirate, but the truth was more prosaic.* **2** *(pisany prozą)* prose: *Eliot's prose works* —**prozai-k/czka** *n* prose writer

próba *n* **1** *(zrobienia czegoś)* attempt, effort, try: *So far, all attempts to resolve the problem have failed.* | *All my efforts at convincing him failed miserably.* | *He succeeded on his first try.* **2** *(badanie)* test, trial: *clinical trials of new drugs* **3** *(w teatrze itp.)* rehearsal: **próba generalna/kostiumowa** dress rehearsal **4** *(sprawdzenie)* test: *nuclear weapons tests* | *Today's race is a real test of skill.* | **poddać coś próbie** put sth to the test: *Living together will soon put their relationship to the test.* **5 na próbę** on a trial basis: *The machine has been installed on a trial basis.* **6 wystawić na próbę czyjąś cierpliwość/wytrzymałość** tax/try sb's patience/strength: *The kids are really taxing my patience today.* **7 metoda prób i błędów** trial and error: *Students learn through a process of trial and error.* | *You'll find out by trial and error which flowers grow best.*

próbka *n* **1** *(twórczości, towaru)* sample: *Do you have a sample of your work?* | *free samples of a new shampoo* **2** *(krwi)* specimen, sample: *a blood specimen* | *They took a blood sample to test for hepatitis.*

próbny *adj* **1** test: *a test drive/flight* **2 okres próbny** probation: *After six months' probation, Helen became a permanent member of staff.* **3 próbny alarm** fire/emergency drill

próbować *v (usiłować)* try: *Tim may not be good at maths but at least he tries.* | **próbować coś zrobić** try/attempt to do sth: *He tried to get another job, but he had no luck.* | *I tried not to laugh.* | *Every time I've attempted to convince her, I've failed completely.* THESAURUS TRY →patrz też SPRÓBOWAĆ, WYPRÓBOWAĆ

próchnica *n (zębów)* (tooth) decay, caries: *Brushing your teeth regularly protects against decay.*

prócz *prep* →patrz OPRÓCZ

próg *n* **1** *(w drzwiach)* doorstep: *Don't leave them standing on the doorstep - ask them in!* **2** *(wartość graniczna)* threshold: *the tax threshold* (=próg podatkowy) **3 tuż za progiem** on your doorstep: *Wow! The beach is right on your doorstep!* **4 u progu czegoś** on the threshold of sth: *We're on the threshold of a new era in telecommunications.*

próżnia *n* vacuum

próżno *adv* **na próżno** in vain, to no avail: *Doctors tried in vain to save his life.* | *They had searched everywhere, but to no avail.*

próżny *adj* **1** *(człowiek)* vain: *Men are so vain!* THESAURUS PROUD **2** *(obietnica)* vain: *vain promises* **3** *(pusty)* empty: *empty beer bottles* —**próżność** *n* vanity

pruderia *n* prudishness, prudery —**pruderyjny** *adj* prudish

prusak *n* cockroach

prychnąć *v* snort: *"Don't be so ridiculous!" he snorted.*

prym *n* **wieść prym w czymś** lead in sth: *Asian-American students under 12 lead in literacy and numeracy.*

prymas *n* primate

prymat *n* **prymat (nad czymś)** domination (of sth): *man's domination of his physical environment*

prymitywny *adj* **1** *(nierozwinięty)* primitive: *primitive societies* **2** *(bez wygód)* primitive: *primitive living conditions* **3** *(prosty)* crude: *a crude shelter*

prymus/ka *n* top student: *She's a top student in her class.*

pryncypia *n* principles: *the principles of democracy*

pryskać *v* **1** *(polewać wodą)* splash: *Stop splashing - the water is cold!* **2** *(z węża itp.)* squirt, spray: *Water's squirting from about five different leaks.* | *Mom! Chad's squirting me with the hose!*

pryszcz *n* pimple, spot —**pryszczaty** *adj* pimply, spotty

prysznic *n* shower: **wziąć prysznic** take a shower: *Hurry up! I want to take a shower.* | **brać prysznic** take a shower, be in the shower: *The phone always rings when I'm in the shower.*

prywata *n* self-interest: *Politicians should always put the good of the people above self-interest.*

prywatka *n* party: *Nick and Jo are having a party on Saturday.*

prywatny *adj* **1** *(osobisty)* private: *You had no right to look at my private letters.* | *details of her private life* **2** *(nie publiczny)* private: *a private school* **3** *(nie służbowy)* private: *a private visit* **4 do prywatnego użytku** for personal use: *This material is for personal use only.* —**prywatnie** *adv* privately —**prywatność** *n* privacy

prywatyzacja *n* privatization, privatisation *BrE*

prywatyzować *v* privatize, privatise *BrE* →patrz też SPRYWATYZOWAĆ

pryzmat *n* prism

prząść *v* spin

przeanalizować *v* analyse *BrE*, analyze *AmE*, examine: *We're trying to analyse what went wrong.* | *The finance committee will examine your proposals.*

przebaczyć *v* forgive: *I knew that my mother would forgive me.* | **+komuś coś** sb for (doing) sth: *I can't forgive him for what he did to my sister.* —**przebaczenie** *n* forgiveness: *I begged for her forgiveness* (=błagałem ją o przebaczenie).

przebadać *v (pacjenta)* examine: *The doctor examined me, but could find nothing wrong.* →patrz też BADAĆ, ZBADAĆ

przebarwienie *n* discolouration *BrE*, discoloration *AmE*

przebicie *n* **1** *(zysk)* profit margin: *That gives an overall profit margin of 12 percent.* **2 siła przebicia** self-assurance

przebić *v* **1** *(skórę, deskę itp.)* pierce: *A bullet pierced his body.* **2** *(balon, oponę)* burst, puncture: *The kids burst all the balloons with pins.* | *My bicycle tyre was punctured by a sharp stone.* →patrz też PRZEBIJAĆ

przebić się *v* **1** *(balon, opona)* puncture: *The ball punctured on the holly bush.* **2 przebić się przez tłum/drzewa itp.** make/push your way through the crowd/trees etc: *The President, surrounded by bodyguards, made his way through the crowd.*

przebiec *v* **przebiec przez drogę/pokój itp.** run across a road/room etc: *A boy suddenly ran across the street.* →patrz też PRZEBIEGAĆ

przebieg *n* **1 przebieg wydarzeń** course/sequence of events: *Considering the course of events, it is quite understandable why many people questioned the decision.* | *Police are not sure of the sequence of events that led up to the crime.* **2** *(rzeki itp.)* course: *the course of the river* **3** *(samochodu)* mileage, milage: *a used car with a low mileage*

przebiegać *v* **1** *(droga, przewód itp.)* run: *The road runs along the coast.* **2** *(odbywać się)* proceed: *The talks are proceeding smoothly.* →patrz też PRZEBIEC

przebiegły *adj* cunning, crafty, sly: *a cunning criminal* | *You crafty devil!* | *He's sly and greedy.* THESAURUS INTELLIGENT —**przebiegle** *adv* cunningly, craftily, slyly —**przebiegłość** *n* cunning

przebierać *v* **1 móc przebierać w czymś** have your pick of sth: *Sarah could have had her pick of any university in the country, but she chose her local college.* **2 nie przebierać w słowach** not mince your words: *He's a brash New Yorker who doesn't mince his words.* **3 nie przebierając w środkach** by fair means or foul **4 przebierać nogami** shuffle your feet: *Rhys shuffled his feet uncomfortably, trying to think of an excuse.* →patrz też PRZEBRAĆ (SIĘ)

przebieralnia *n* dressing room

przebieraniec *n* →patrz **bal przebierańców** (BAL)

przebijać *v* **przebijać (przez coś)** show through (sth): *Rust* (=rdza) *was showing through the white paint.* →patrz też PRZEBIĆ

przebiśnieg *n* snowdrop

przebłysk *n* spark, flash: *a spark of intelligence/humour* | *a flash of inspiration*

przebojowy *adj* **1 przebojowy człowiek** go-getter **2** *(piosenka, album)* hit: *a hit record*

przeboleć *v* get over: *A new pet may help you get over the loss* (=stratę) *more quickly.*

przebój *n* hit, smash (hit): *She had a big hit with her first album.* | *This song's definitely going to be a smash hit.* | **lista przebojów** the charts: *That song has been at the top of the charts for over 6 weeks.*

przebrać *v* **1 przebrać kogoś** change sb's clothes **2 przebrać kogoś za coś** disguise sb as sth **3 przebrać miarkę/miarę** go too far: *That little brat has gone too far this time!*

przebrać się *v* **1** *(zmienić ubranie)* change (your clothes), get changed: *I'm just going upstairs to change.* | **przebrać się w coś** change into sth: *Why don't you change into something more comfortable?* **2** *(zmienić wygląd)* disguise yourself: **+za kogoś/coś** as sb/sth: *She disguised herself as a man.* **3 przebrała się miarka** that's the last straw: *Then, when he asked me for money, that was the last straw. I told him to get out.*

przebranie *n* disguise: *The glasses were part of his disguise.* | **w przebraniu** in disguise: *He travelled around in disguise.*

przebrnąć *v* **przebrnąć przez coś** wade through sth: *I could never wade through all the volumes of Proust!*

przebudować *n* **przebudować coś na coś innego** convert sth into sth else, redevelop sth as sth else: *The old barn has been converted into apartments.* | *The old docks are being redeveloped as a business park.* —**przebudowa** *n* conversion

przebudzić *v* rouse, awaken: *We were roused from a deep sleep.*

przebudzić się *v* wake up, awake: *I woke up at 5:00 this morning.* —**przebudzenie** *n* awakening

przebyć *v* **1** *(odległość)* cover: *We had covered 20 kilometres by lunchtime.* **2** *(chorobę)* suffer: *all the illnesses suffered in childhood*

przebywać *v* stay: *Rushdie stayed in hiding* (=w ukryciu) *until the controversy about his book blew over.* | *She lets her children stay out* (=poza domem) *till midnight.*

przecedzić *v* strain: *Strain the sauce through a sieve* (=sito).

przecena *n (w sklepie)* sale: *the autumn sales*

przecenić *v* **1** *(możliwości, rolę itp.)* overestimate, overrate: *I'm afraid we overestimated his abilities.* | *It is impossible to overrate the therapeutic effect of massage on the human body.* **2** *(towar)* reduce (the price of): *All the shirts were reduced to £10.* | *We had to reduce the price of apples*

P

in our shop. —**przeceniony** *adj* reduced, cut-price, cut-rate: *cut-price petrol*

przechadzać się *v* stroll: *We strolled along the beach.* —**przechadzka** *n* stroll

przechodzić *v* →patrz PRZEJŚĆ, **przechodzić ludzkie pojęcie** (POJĘCIE)

przechodzień *n* passerby, passer-by: *Several passersby saw the accident.*

UWAGA: passer(-)by

Wyraz ten powstał ze złożenia dwóch elementów: rzeczownika **passer** i przysłówka **by**, dlatego w formie liczby mnogiej końcówka **-s** następuje bezpośrednio po części rzeczownikowej: **passersby** lub **passers-by**.

przechować *v* →patrz PRZECHOWYWAĆ

przechowalnia *n* **przechowalnia bagażu** left luggage office *BrE*, checkroom *AmE*

P

przechowanie *n* **oddać coś komuś na przechowanie** give sth to sb for safekeeping, leave sth in sb's safekeeping, deposit sth with sb: *I gave it to someone for safekeeping and now I have no idea who.*

przechowywać *v* **1** *(żywność, leki)* store, keep: *Medicines should always be stored in a cool place.* | *Vegetables last longer if kept in the fridge.* **2** *(odzież, dane)* store, hold: *All my old clothes are stored in the loft* (=na strychu). | *You can store your files on this disk.* | *All our data is held on computer.* **3** *(zbiega)* shelter: *He was arrested for sheltering enemy soldiers.*

przechwalać się *v* boast, brag: *Stop boasting!* | **+ czymś** about sth: *He enjoyed boasting about his wealth.* | *Ray likes to brag about his success with women.*

przechwycić *v* **1** *(broń, narkotyki)* seize: *Police seized 10 kilos of cocaine.* **2** *(piłkę, informację, samolot)* intercept: *Shearer ran back and intercepted the ball.*

przechylić *v* **1** tilt, tip: *She tilted the umbrella so that it shaded her chair.* | *He tipped his seat back and stared at the ceiling.* | **przechylić głowę** tilt your head: *Jodi tilted her head and looked thoughtful.* **2 przechylić szalę na czyjąś korzyść** tip the balance in sb's favour *BrE*, favor *AmE*: *Your support tipped the balance in our favour.*
przechylić się *v* tilt, tip: *The table tilted suddenly, spilling all the drinks.* | *The canoe tipped and we fell in the water.*

przechytrzyć *v* outwit, outmanoeuvre *BrE*, outmaneuver *AmE*: *Our plan is to outwit the thieves.*

przeciąć *v* **1** *(sznurek)* cut: *I cut the string around the package.* **2** *(oponę)* slash: *A gang of vandals slashed our tyres.* **3** *(szkło, powietrze)* cut (through): *a knife that will cut through glass* **4** *(palec)* cut: *Be careful not to cut your fingers with that knife - it's very sharp.* **5** *(linię, obszar)* cross: *At the end of the trip we crossed the state line into California.*
przeciąć się *v* **1** *(skaleczyć się)* cut yourself: *I cut myself quite badly on a piece of glass.* **2** *(skrzyżować się)* cross: *It was not until 1989 that our paths crossed again.*

przeciąg *n* draught *BrE*, draft *AmE*

przeciągać *v* →patrz PRZECIĄGNĄĆ

przeciąganie *n* **przeciąganie liny** tug-of-war

przeciągnąć *v* **1** *(przez otwór)* thread: *He threaded the wire carefully through the holes.* **2 przeciągnąć kogoś na swoją stronę** win sb over: *We'll be working hard over the next ten days to win over the undecided voters.* →patrz też **przeciągnąć strunę** (STRUNA)

przeciągnąć się *v* **1** *(wyprostować się)* stretch: *Carl sat up in bed, yawned and stretched.* **2** *(przedłużyć się)* drag on: *The meeting dragged on into the evening.*

przeciążony *adj* **1** overloaded: *The boat was overloaded and started to sink.* **2 przeciążony pracą** overworked: *overworked nurses*

przeciek *n (cieczy, gazu, informacji)* leak(age): *There's a leak in the watertank.* | *security leaks*

przeciekać *v* **1** *(dach, zbiornik)* leak: *The roof's leaking!* **2** *(woda)* seep: *Water was seeping through the ceiling.*

przecier *n* puree: *tomato/fruit puree*

przecierać *v* →patrz PRZETRZEĆ

przecież *part* **1** *(w końcu)* after all: *Don't shout at him - after all, he's just a baby.* **2** *(wyrażając zaskoczenie)* but: *"I have to go tomorrow." "But you only just arrived!"*

przeciętna *n* **poniżej/powyżej przeciętnej** above/below average: *students of above average ability*

przeciętnie *adv* on average: *We spend, on average, around £40 a week on food.*

przeciętny *adj* **1** *(średni, statystyczny)* average: *The average temperature in July is around 35°C.* | *What does the average worker in Britain earn a month?* **2 przeciętny człowiek** the man/woman in the street: *The man in the street is not interested in foreign policy issues.* **3** *(niczym się nie wyróżniający)* average, mediocre: *I didn't think it was a great movie - just average really.* | *a mediocre painter/performance* —**przeciętność** *n* mediocrity: *a bureaucratic culture that rewards mediocrity and strangles* (=tłamsi) *initiative*

UWAGA: mediocre i average

Mediocre ma zdecydowanie negatywne zabarwienie, podczas gdy **average** ma wydźwięk neutralny.

przecinać *v* →patrz PRZECIĄĆ

przecinek *n* **1** *(w zdaniu)* comma: *Put a comma between items in a series.* **2** *(w ułamku)* decimal point

przecisnąć *v* **przecisnąć coś przez coś** force/squeeze sth through sth: *The burglar must have forced his hand through the window bars.*
przecisnąć się *v* **1 przecisnąć się przez coś** *(wąskiego)* squeeze through sth: *Tom squeezed through a gap in the hedge.* **2 przecisnąć się przez tłum** edge/force your way through the crowd

przeciw *prep* **1** →patrz PRZECIWKO **2 (wszystkie) za i przeciw** the pros and cons: *We discussed the pros and cons of starting our own business.*

przeciwbólowy *adj* **środek przeciwbólowy** painkiller

przeciwciało *n* antibody

przeciwdeszczowy *adj* **płaszcz przeciwdeszczowy** raincoat

przeciwdziałać *v* **przeciwdziałać czemuś** counteract sth: *laws intended* (=mające) *to counteract the effects of pollution*

przeciwieństwo *n* **1** the opposite: *She's tall and slim, and he's the complete opposite.* | **dokładne przeciwieństwo kogoś/czegoś** the exact opposite of sb/sth: *Leonard's shy and quiet - the exact opposite of his brother.* **2 w przeciwieństwie do** in contrast to, unlike: *In contrast to her brother, Tina is small and fair-haired.*

przeciwko *prep także* **przeciw 1** against: *the fight against terrorism* | *Several members spoke against the* *proposal.* **2 mieć coś przeciwko komuś/czemuś** have sth against sb/sth: *I have nothing against Jack personally, but I do not think he is right for the job.* **3 jeśli nie masz nic przeciwko temu** if you don't mind: *I'm going to close the window, if you don't mind.*

przeciwległy *adj* opposite: *We live at opposite ends of the city.* | *The two teams were lined up on opposite sides of the gymnasium.*

przeciwnie *adv* **(wręcz/wprost) przeciwnie** on the contrary, quite the contrary/opposite/reverse: *He's not a strict teacher. On the contrary, he lets us do anything we like.* | *I was not happy - quite the reverse, I was seething with anger.*

przeciwni-k/czka *n* **1** *(w sporcie, sporze)* opponent: *His opponent is twice as big as he is.* | *opponents of Darwin's theory* **2** *(wróg)* enemy: *The judge was assassinated by his political enemies.*

przeciwność *n* **przeciwności losu** adversities: *Faith helps overcome life's adversities.*

przeciwny *adj* **1** *(przeciwległy)* opposite: *a building on the opposite side of the river* **2** *(sprzeczny)* contrary: *contrary opinions* **3 być przeciwnym czemuś** be opposed to sth, be against sth: *Most people are opposed to the death penalty.* | *I'm against all forms of hunting.* **4 w przeciwnym razie** otherwise: *You'd better go now, otherwise you'll be late.*

przeciwsłoneczny *adj* **okulary przeciwsłoneczne** sunglasses

przeciwstawiać *v* **przeciwstawiać coś czemuś** contrast sth with sth: *In this program Chinese music is contrasted with Western classical music.*
przeciwstawiać się *v* **przeciwstawiać się komuś/czemuś** oppose/defy sb/sth: *My father opposed my sister's marriage.* | *He defied his father's wishes and joined the army.*

przeciwstawny *adj* opposing: *opposing ideas/opinions*

przeciwutleniacz *n* antioxidant

przeciwwaga *n* **przeciwwaga do czegoś** counterbalance to sth: *China emerged as a counterbalance to Russia in Asia.*

przecząco *adv* **1 odpowiedzieć przecząco** answer/reply in the negative: *The President answered in the negative.* **2 pokręcić przecząco głową** shake your head: *He didn't reply, but just shook his head.*

przeczący *adj* **1** negative: *a negative answer/response/sentence* **2 przeczący ruch głowy** shake of the head: *She just refuses with a smile and a shake of the head.*

przeczekać *v* **przeczekać coś** wait sth out: *Let's find a place where we can wait out the storm.*

przeczenie *n* negative: *Proving a negative, as every logician knows, is virtually impossible.*

przeczesać *v* comb: *The police combed the woods for the missing boy* (=w poszukiwaniu zaginionego chłopca).

przecznica *n* **1** *(poprzeczna ulica)* turn, turn-off: *Take the next turn* (=skręć w następną przecznicę) *on the right.* **2** *(jako miara odległości)* block: *We're just two blocks from the bus stop.*

przeczucie *n* suspicion, hunch: *She had a suspicion that Steve might be right.* | *I had a hunch that you would call today.* | **złe przeczucia** premonition, (sense of) foreboding, misgivings: *He had a premonition that his daughter was in danger.* | *We waited for news from the hospital with a sense of foreboding.* | *She decided to go despite her misgivings.*

przeczuwać *v* **1 przeczuwać coś** sense sth: *He sensed the impending danger.* **2 przeczuwać, że ...** sense (that) ..., have an inkling (that) ...: *Instinctively, I sensed that something was wrong.* | *We had no inkling that he was leaving.*

przeczyć *v* contradict: *The results of his experiments seem to contradict the laws of physics.* | *The two newspaper reports totally contradict each other.* →patrz też ZAPRZECZYĆ

przeczyszczający *adj* **środek przeczyszczający** laxative

przeczytać *v* read: *Read the instructions carefully before you start.* | *I read about the accident in the newspaper.* →patrz też CZYTAĆ

przed *prep* **1** *(z przodu)* in front of, before: *Kelly sat down in front of the mirror.* | *He parked in front of the hotel.* | *Look at the list of points before you.* **2** *(wcześniej niż)* before: *The family left France just before the war.* | *Denise got there before me.* | **przed czasem** ahead of time/schedule: *We will try to complete the building ahead of time.* THESAURUS BEFORE **3 przed dwoma laty/tygodniami itp.** two years/weeks etc ago: *He died three months ago.* | **przed chwilą** a moment/minute ago: *Helen was here a minute ago.* **4** *(na liście, w kolejce)* before, ahead of: *My name appeared on the list before his.* | *I think you were before me in the queue.* | *There were four people ahead of me at the doctor's.* **5** *(w obecności)* before: **stawić się/stanąć itp. przed kimś/czymś** appear/stand etc before sb/sth: *The Senator appeared before the Ways and Means Committee* (=przed Komisją Finansów). | *She will testify* (=zeznawać) *before the grand jury.* **6 mieć coś przed sobą** *(w przyszłości)* have sth ahead of/before you: *Rest now because you have a long journey ahead of you.* | *We had a glorious summer afternoon before us to do as we pleased.* →patrz też **chronić przed czymś** (CHRONIĆ), **ukryć coś przed kimś** (UKRYĆ)

UWAGA: in front of i before

Wyrażenie **in front of** jest najczęstszym odpowiednikiem polskiego „przed" w znaczeniu „z przodu". Przyimek **before** występuje w tym znaczeniu głównie w stylu formalnym: *The priest stood before the altar.* | *A great plain* (=równina) *stretched out before them.*

przedawkować *v* overdose: *She overdosed last night.* | *He overdosed on heroin.* —**przedawkowanie** *n* overdose: *a massive overdose of heroin*

przeddzień *n* **w przeddzień/przededniu czegoś** on the eve of sth: *There were widespread demonstrations on the eve of the election.*

przede *prep* **przede wszystkim** first of all, first and foremost: *First of all I'd like to welcome you to the meeting.* | *The aim of the exercise was first and foremost to give confidence to the students.* →patrz też PRZED

przedimek *n* article: **przedimek określony/nieokreślony** definite/indefinite article

przedkładać *v* **przedkładać coś nad coś innego** prefer sth to sth else: *She prefers walking to driving.*

przedłożyć *v (raport, projekt itp.)* submit: *They submitted a report calling for changes in the law.*

przedłużacz *n* extension lead *BrE*, cord *AmE*

P

przedłużyć *v* **1** *(wizę, umowę)* extend, renew: *The authorities have extended her visa for another six months.* | *I must remember to renew the car insurance.* **2** *(rozmowę, życie)* prolong: *I was trying to think of some way to prolong the conversation.* | *Having your car serviced regularly prolongs its life.* —**przedłużenie** *n (wizy, umowy itp.)* extension, renewal: *When his visa ran out, they granted him an extension.* | *Martinez will not seek* (=nie będzie starał się o) *renewal of his company's contract.*

przedmałżeński *adj* premarital: *premarital sex*

przedmieście *n* suburb: *Blackheath is a suburb of London.* | *the western suburbs of Philadelphia* | **na przedmieściach** in the suburbs: *Most people in my office live in the suburbs.* THESAURUS CITY

przedmiot *n* **1** *(rzecz)* object: *a small silver object* **2** *(w szkole)* subject: *"What's your favourite subject?" "Biology."* **3** *(obiekt, cel)* object: *He became an object of ridicule* (=stał się przedmiotem drwin).

P

przedmowa *n* preface, foreword: *Orwell's preface to 'Animal Farm'*

przedni *adj* **1** *(z przodu)* front: *the front wheels/teeth* | *the front part of the car* | *His brother sat in the front seat.* **2 przednia kończyna** foreleg **3 przednia szyba** windscreen *BrE*, windshield *AmE* **4** *(wyśmienity)* excellent: *excellent wine*

przedostać się *v* **1 przedostać się (przez coś)** *(dostać się z trudem)* get through (sth): *How did you manage to get through?* | *The dog managed to get through a gap in the fence.* **2** *(przeniknąć)* get in, permeate: *Somehow, water had gotten in through the lining.* | *Water had permeated through the wall.*

przedostatni *adj* last but one, next to last *AmE*: *There's a long row of houses and I live in the last but one.* | *the next to last day of the vacation* THESAURUS LAST

przedpokój *n* hall

przedpołudnie *n* morning →patrz też **przed południem** (POŁUDNIE)

przedporodowy *adj* antenatal *BrE*, prenatal *AmE*: *antenatal care*

przedramię *n* forearm

przedrostek *n* prefix

przedrzeć *v* **1** *(list, bilet)* tear in half: *He took my ticket and tore it in half.* **2** *(spodnie, rękaw)* tear, rip: *I fell down and tore my trousers.*
przedrzeć się *v* **1 przedrzeć się przez coś** break through sth, force your way through sth: *At dawn 300 tanks prepared to break through the enemy lines.* | *He forced his way through the dense crowd.* **2** *(spodnie, rękaw)* tear: *His shirt caught on the fence and tore.*

przedrzeźniać *v* mock, mimic: *Wilson was always mocking Joe's southern accent.* | *Sally used to keep us entertained by mimicking the teacher.*

przedsiębiorca *n* **1** entrepreneur **2 przedsiębiorca pogrzebowy** funeral director, undertaker *BrE*, mortician *AmE*

przedsiębiorczość *n* **1** enterprise: *the spirit of enterprise and adventure that built America's new industries* **2 przedsiębiorczość elektroniczna** e-business

przedsiębiorczy *adj* enterprising: *an enterprising young man*

przedsiębiorstwo *n* enterprise, company: *state-owned enterprises* | *Quite a few companies went bankrupt in the late 1980s.*

przedsięwzięcie *n* undertaking, enterprise: *Setting up the Summer Olympics was a massive undertaking.* | *The film festival is a huge enterprise.*

przedsionek *n* vestibule

przedsmak *n* foretaste: *The riots* (=zamieszki) *in the city were only a foretaste of what was to come* (=tego, co miało nastąpić).

przedstawiać *v* **1** *(ukazywać)* show, depict, portray: *The film shows the horrors of war.* | *Shakespeare depicts him as a ruthless tyrant.* **2** *(wyobrażać)* represent: *The red lines on the map represent railways.* **3 przedstawiać (sobą) dużą wartość** be of great value: *His research was of great value to doctors working with the disease.* →patrz też PRZEDSTAWIĆ

przedstawiciel/ka *n* representative: *a union representative* (=przedstawiciel związków zawodowych) | **przedstawiciel handlowy** sales representative

przedstawicielstwo *n (reprezentowanie)* representation: *Each state receives equal representation in the U.S. Senate.*

przedstawić *v* **1 przedstawić kogoś komuś** introduce sb to sb: *Alice, may I introduce you to Megan?* **2 przedstawić coś (komuś)** present sth (to sb): *The evidence was presented to the court by Connor's lawyer.* **3** *(zaproponować)* present, put forward: *Recently, he put forward another theory.* →patrz też PRZEDSTAWIAĆ
przedstawić się *v* introduce yourself: *The woman sitting next to me introduced herself as Dr Barbara Daly.*

przedstawienie *n* show, performance

przedszkole *n* nursery school, kindergarten *AmE*

przedtem *adv* **1** *(w przeszłości)* before: *They'd met before, at one of Sally's parties.* | **nigdy przedtem** never before: *Never before had I been unable to cope with a situation like this.* **2** *(wcześniej)* before that, earlier: *Before that, I worked as a teacher in Italy for a year.*

przedterminowy *adj (wybory, zwolnienie)* early: *The Turkish PM has ruled out* (=wykluczył) *an early election.*

przedwczesny *adj* untimely, premature: *her untimely death* | *Smoking is one of the major causes of premature death.* —**przedwcześnie** *adv* prematurely: *The sun causes your skin to age prematurely.*

przedwczoraj *adv* the day before yesterday: *I just saw Pat the day before yesterday.*

przedwojenny *adj* prewar: *a prewar movie* | *prewar Poland*

przedwyborczy *adj* pre-election: *pre-election promises*

przedyskutować *v* discuss: *I'd like to discuss this with my father first.*

przedział *n* **1** *(w pociągu)* compartment: *a no-smoking compartment* **2** *(zakres)* range, band, bracket: *the 8–12 age range* | *the highest tax band* | *a higher income bracket*

przedziałek *n* parting *BrE*, part *AmE*: *She has a centre parting.*

przedzierać (się) *v* →patrz PRZEDRZEĆ (SIĘ)

przedziurawić *v* puncture

przedziwny *adj* bizarre, weird: *a bizarre coincidence* THESAURUS UNUSUAL

przeegzaminować *v* **przeegzaminować kogoś (z**

czegoś) examine sb (on sth): *You will be examined on American history.*

przefaksować *v* fax: *They've agreed to fax us their proposals tomorrow.*

przefarbować *v* dye: *Sam has dyed his hair green.*

przeforsować *v* push through: *The White House made every effort to push the policy through Congress.*

przeganiać *v* → patrz PRZEGONIĆ

przegapić *v* miss: *A free trip to Jamaica was an opportunity he couldn't miss.*

przegiąć *v* **przegiąć (pałę)** go too far: *That little brat has gone too far this time!*

przegląd *n* **1 przegląd techniczny** service: *I'm getting the bus home - my car's in for a service.* | **zrobić przegląd czegoś** service sth: *When did you last have your car serviced?* **2** *(filmów, twórczości itp.)* festival **3** *(inspekcja)* inspection: *regular inspections of the prison*

przeglądać (się) *v* → patrz PRZEJRZEĆ (SIĘ)

przeglądarka *n* browser: *a web browser*

przegłosować *v* **1** *(plan, ustawę)* vote through: *The proposals were voted through by a huge majority.* **2** *(przeciwników)* outvote: *Nebraska senators have been outvoted in the campaign for finance reform.*

przegonić *v* *(przepędzić)* chase away/off: *Harry chased the boys off with a stick.*

przegotować *v* boil: *We were advised to boil the water before drinking it.* | *boiled milk*

przegrać *v* **1** *(walkę, mecz)* lose: *Liverpool lost to AC Milan.* | *The Democrat candidate lost by 8,000 votes.* **2** *(płytę, kasetę)* copy: *The video had been copied illegally.*

przegrana *n* loss: *After five losses, the team is desperate to win.*

przegroda *n* partition: *Only a thin partition divides the room.*

przegrupowywać *v* redeploy: *Army tanks were redeployed elsewhere in the region.*

przegrywać *v* → patrz PRZEGRAĆ

przegryźć *v* **1** *(linę, kabel)* bite through: *They had to bite through the rope to escape.* **2 przegryźć coś** *(zjeść)* have a bite to eat: *We'll have a bite to eat at the airport.*
przegryźć się *v* **przegryźć się przez coś** wade/plough through sth: *I could never wade through all the volumes of Proust.*

przegrzać się *v* overheat: *If the fan doesn't work, the engine could overheat.*

przegub *n* *(dłoni)* wrist

przegubowy *adj* *(pojazd)* articulated: *an articulated lorry*

przeinaczyć *v* misrepresent: *Your reporter has completely misrepresented my opinions.* —**przeinaczenie** *n* misrepresentation

przeistoczyć *v* transform: *discoveries that have transformed the world we live in*
przeistoczyć się *v* **przeistoczyć się w coś** turn/change into sth: *When the princess kissed the frog, it changed into a handsome prince.*

przejaśnić się *v* **przejaśnia się** it/the sky brightens (up)/clears up: *It was really cloudy this morning, but it seems to be brightening up a bit now.* | *The sky had already begun to brighten.* | *Eventually, the sky cleared up and we went to the beach.*

przejaw *n* **być przejawem czegoś** be a manifestation of sth, be indicative of sth: *These latest riots are a clear manifestation of growing discontent* (=rosnącego niezadowolenia). | *His reaction is indicative of how frightened he is* (=tego, jak bardzo się boi).

przejawiać się *v* **przejawiać się w czymś** manifest itself in sth: *The disease can manifest itself in many ways.*

przejazd *v* **1** *(jazda)* drive: *the drive across town* **2 opłata za przejazd** fare: *The bus fare is 60p.* **3 przejazd kolejowy** level crossing *BrE*, railroad/grade crossing *AmE* **4 przejazd podziemny** underpass **5 być przejazdem** be (just) passing through: *I'm just passing through on my way to Tulsa.*

przejażdżka *n* ride: *I'm going to ask Greg to take me for a ride in his new car.* THESAURUS JOURNEY

przejąć *v* **1** *(władzę, kontrolę)* take over, seize: *Burns took over the leadership of the party.* | *The rebels have seized power in a violent coup* (=zamach stanu). **2** *(majątek)* take over, inherit **3** *(obyczaje)* adopt: *The Romans adopted the Celtic practices as their own.* **4** *(piłkę w grze)* intercept: *Shearer ran back and intercepted the ball.*
przejąć się *v* **przejąć się czymś a)** *(wzruszyć się)* be (deeply/greatly) moved by sth: *I was deeply moved by their story.* **b)** *(zmartwić się)* take sth hard: *He lost and took it very hard.* → patrz też PRZEJMOWAĆ SIĘ

przejechać *v* **1 przejechać przez coś** cross sth, pass through sth: *It took them four weeks to cross the desert.* | *We passed through Texas on our way to Mexico.* THESAURUS TRAVEL **2 przejechać kogoś** run sb over: *He was run over by a bus and killed.* **3** *(pokonać odległość)* cover: *We had covered 20 kilometres by lunchtime.* **4** *(przegapić)* miss: *I missed the exit for the 207* (=zjazd na drogę nr 207) *because it was poorly marked.*
przejechać się *v* have a ride: *Can I have a ride on your motorbike?*

przejeść się *v* **1** *(zjeść za dużo)* eat too much: *I think I've eaten too much.* **2 coś się komuś przejadło** sb grew tired of sth: *The public quickly grew tired of McEnroe's antics* (=wybryki) *on court.* —**przejedzenie** *n* overeating: *The next morning I was ill from overeating.*

przejezdny *adj* passable: *The road is often not passable in winter.*

przejeżdżać *v* → patrz PRZEJECHAĆ

przejęcie *n* **1** *(władzy, majątku)* taking over, takeover: *his first move after taking over as chairman* **2** *(podniecenie)* excitement: **z przejęcia** with excitement: *Willie smiled, his cheeks burning with excitement.* | **z przejęciem** excitedly, earnestly: *The men began to talk earnestly about protecting the Earth for future generations.*

przejęzyczenie *n* slip of the tongue: *It was just a slip of the tongue.*

przejmować *v* → patrz PRZEJĄĆ
przejmować się *v* worry: **+ czymś** about sth: *You've really got no need to worry about your weight.* | **nie przejmuj się** don't worry: *Don't worry about the kids - I can drive them to school.* | **kto by się tym przejmował?** who cares? THESAURUS WORRIED

przejmujący *adj* **1** *(widok, scena)* poignant: *a poignant scene near the end of the film* **2** *(krzyk, wiatr)* piercing: *Then he let out a piercing shriek.* **3** *(chłód)* bitter: *a bitter cold* **4** *(ból)* sharp: *a sharp pain*

przejrzeć *v* **1** *(gazetę, dokument)* look over: *Can you look this letter over for me before I send it?* **2** *(kogoś, czyjeś kłamstwa)* see through: *She finally saw through his lies.*

3 przejrzeć na oczy see the light: *Danny finally saw the light and bought me flowers on Valentine's day.*

przejrzysty *adj* **1** *(przezroczysty)* clear, transparent: *a clear gel* **2** *(zrozumiały)* clear: *Taylor's book makes the subject exquisitely clear.*

przejście *n* **1** *(przez ulicę itp.)* crossing: **przejście dla pieszych** pedestrian crossing *BrE*, crosswalk *AmE* | **przejście graniczne** border crossing point, (border) checkpoint **2** *(korytarz)* passage: *an underground passage* | **przejście podziemne** underpass, subway *BrE* **3** *(stadium pośrednie)* transition: *the transition from dictatorship to democracy* **4** *(w samolocie, teatrze itp.)* aisle: *Please do not block the aisle.* **5 przejścia** *(ciężkie przeżycia)* ordeal: *It's the first time she has been able to speak about her ordeal since she was kidnapped.*

przejściowy *adj* **1** *(stan)* temporary: *The accident caused a temporary disability.* **2** *(okres)* transitional: *a two-year transitional period* **3** *(moda, popularność)* short-lived: *Break dancing in the street was a short-lived trend.*

P

przejść *v* **1** *(skądś dokądś)* go, pass: *Let's go to the dining room now.* | *Light bends* (=załamuje się) *as it passes from air to water.* **2 przejść przez ulicę/granicę itp.** cross a street/border etc: *Look both ways before you cross the road.* | *It took them four weeks to cross the desert.* **3** *(oddalić się)* pass: *They kept quiet until the soldiers had passed.* **4** *(minąć)* pass: *The storm soon passed.* | *You may feel a little stiff, but it'll pass.* **5** *(ustawa, wniosek)* go through: *The bill* (=projekt ustawy) *went through without a vote.* **6 to nie przejdzie** that won't do/work **7** *(chorobę, tragedię)* go/be through: *How does she keep smiling after all she's been through?* **8 przejść badanie/operację itp.** undergo an examination/operation etc: *He underwent an operation to restore his hearing.* **9 przejść na coś** convert to sth: *Anne has converted to Islam recently.* | *The whole office converted to a new computer system last year.* **10 przejść do czegoś** move on to sth: *Move on to the next exercise.* | **przejść na inny temat** move on to another topic: *Then the conversation moved on to happier topics.* **11 przejść na kogoś** *(majątek)* pass to sb: *After he died, all his land passed to his children.* **12 przejść samego siebie** excel/surpass yourself: *Dinner was fantastic! Joe's really excelled himself this time.* →patrz też **przejść bez echa** (ECHO), **przejść do historii** (HISTORIA), **przejść do konkretów** (KONKRETY), **przejść komuś przez myśl** (MYŚL), **przejść czyjeś oczekiwania** (OCZEKIWANIE), **przejść odprawę celną** (ODPRAWA), **przejść do rzeczy** (RZECZ)

przejść się *v* go for a walk, take a walk: *Do you want to go for a walk?* | *We took a walk around the park after breakfast.*

przekaz *n* **1 przekaz pocztowy** money order, postal order *BrE* **2 środki masowego przekazu** (the) mass media **3 przekaz ludowy** folk tale

przekazać *v* **1** *(podać dalej)* pass on: *When you've read the report, pass it on to the others.* **2** *(wiadomość, informację)* pass on, relay: *OK, I'll pass the message on to Ms Chen.* | *He quickly relayed this news to the other members of staff.* **3** *(władzę, urząd, przestępcę)* hand over: *The captain was unwilling to hand over the command of his ship.* | *The thief was caught and handed over to the police.* **4** *(majątek, tradycję)* hand/pass down: *a ring which was handed down from her grandmother* | *traditions that are passed down from one generation to another* **5** *(darowiznę)* donate: *Our school donated £500 to the Red Cross.* **6** *(sygnał)* transmit: *Satellites collect data on weather patterns and transmit it back to earth.* **7** *(uprawnienia)* transfer: *Will I be able to transfer my pension rights?*

przekazanie *n* handover: *a smooth handover of power*

przekąs *n* **z przekąsem** sarcastically: *"Nice dress," he said sarcastically.*

przekąsić *v* **przekąsić coś** have a bite (to eat), grab some food: *Let's have a bite to eat before we go.*

przekąska *n* snack

przekątna *n* **1** diagonal: **po przekątnej** diagonally **2 monitor o przekątnej 17 cali** 17 inch monitor/screen

przekląć *v* curse: *The man had been cursed by a witch doctor* (=przez szamana) *and was in despair.* →patrz też PRZEKLINAĆ

przekleństwo *n* **1** *(wyrażenie)* curse: *The convict screamed out curses at them.* **2** *(klątwa)* curse: **rzucić na kogoś przekleństwo** put a curse on sb: *The witch put a curse on him.* **3 być przekleństwem dla kogoś** be a curse to sb: *Foxes can be a curse to farmers.*

przeklinać *v* swear, curse: *Don't swear in front of the children.* | *You should have heard him cursing when he tripped* (=potknął się) *over the cat!* →patrz też PRZEKLĄĆ, ZAKLĄĆ

przekład *n* translation: **w czyimś przekładzie** translated by sb: *the New Testament translated by John Wesley*

przekładać *v* →patrz PRZEŁOŻYĆ

przekładnia *n* transmission

przekłuć *v* pierce: *I had my ears pierced when I was a teenager.*

przekonać *v* **1** convince, persuade: **+kogoś, że ...** sb (that) ...: *I managed to convince them that our story was true.* | *He persuaded the jury that his client was not guilty.* | **+kogoś, żeby coś zrobił** sb to do sth: *Can you convince her to come with you?* | *Ken finally persuaded Joe to apply for the job.* | **przekonać kogoś o czymś** convince sb of sth: *Shaw had convinced the jury of his innocence.* THESAURUS PERSUADE **2 przekonać kogoś do czegoś** sell sth to sb: *Now we have to try to sell the idea to the viewers.*

przekonać się *v* **przekonać się (samemu)** see for yourself: *If you don't believe me, see for yourself.*

przekonanie *n* **1** *(pogląd)* belief: *the belief that children learn best through playing* | **w moim przekonaniu** in my opinion: *In my opinion, he made the right decision.* | **panuje przekonanie** it is believed: *It is believed that the guerrillas* (=partyzanci) *have a hideout in the southern mountains.* | *Garlic is believed to have medicinal properties* (=panuje przekonanie, że czosnek posiada własności lecznicze). | **wbrew powszechnemu przekonaniu** contrary to popular belief: *Contrary to popular belief, drinking coffee does not make you less drunk.* | **dojść do przekonania, że ...** become convinced that ...: *She became convinced that her boyfriend was seeing someone else.* | **błędne przekonanie** misconception: *the misconception that only gay people have AIDS* **2** *(wiara)* faith, conviction: **przekonanie o czymś** faith in sth: *a solid faith in the superiority of western culture* | **bez przekonania** without conviction: *"Maybe it was all a mistake," said Tom, without conviction.* | **z przekonaniem** with assurance/certainty: *Cindy answered their questions with quiet assurance.* **3 przekonania** *(poglądy)* beliefs, convictions: *political beliefs* | *religious convictions* **4 nie mieć przekonania/stracić przekonanie do czegoś** have no faith/lose faith in sth: *The public has quite simply lost faith in the government.*

przekonany *adj* **1 być przekonanym, że ...** be convinced (that) ...: *Maud's parents were convinced she was taking drugs.* THESAURUS SURE **2 nie być przekonanym do**

czegoś not like the idea of sth: *I don't like the idea of shutting old people up in a nursing home.*

przekonujący *adj* **1** convincing, persuasive: *a convincing answer/explanation/victory | persuasive arguments* **2** *(dowody, powody)* compelling: *compelling evidence | a compelling reason* —**przekonująco** *adv* convincingly, persuasively: *Gibson convincingly played the part of the villain* (=czarny charakter). | *He argued his case quite persuasively.*

przekonywać *v* → patrz PRZEKONAĆ

przekonywający *adj* → patrz PRZEKONUJĄCY

przekora *n* perversity: *Max refused the money out of sheer perversity* (=z czystej przekory). —**przekorny** *adj* perverse: *He gets some kind of perverse satisfaction from embarrassing people.*

przekraczać *v* → patrz PRZEKROCZYĆ

przekreślić *v* **1** *(wyraz)* cross out: *Just cross out the old number and write in the new one.* **2 przekreślić czyjeś szanse na coś** ruin/destroy sb's chances of sth: *Norway has destroyed England's chances of a place in the final.*

przekręcić *v* **1** *(klucz)* turn: *She turned the key in the lock.* **2** *(słowa, znaczenie)* twist: *Every time I try to discuss the situation, he twists what I say.*

przekroczenie *n* **przekroczenie dozwolonej prędkości** speeding

przekroczyć *v* **1** *(granicę, metę itp.)* cross: *The crowd roared as the first runner crossed the finish line.* **2** *(poziom, prędkość itp.)* exceed: *The cost must not exceed $150. | He was fined* (=dostał mandat) *for exceeding the speed limit.* **3** *(prawo, normę itp.)* violate: *terrorists who violate the norms of civilized society*

przekroić *v* cut (in half): *Cut the fruit in half and remove the stones* (=pestki).

przekrój *n* cross-section: *a cross-section of the human body*

przekrwiony *adj* bloodshot: *bloodshot eyes*

przekrzywić *v* tilt: *She tilted her head. | His hat was tilted at a jaunty angle.*

przekształcić *v* **przekształcić coś w/na coś** transform/convert sth into sth: *The new owners have transformed the building into a smart hotel. | This computer system converts typed signals into synthesized speech.*

przekształcić się *v* **przekształcić się w coś** be transformed into sth: *In the last years Korea has been transformed into an advanced industrial power.*

przekupić *v* bribe: *He was sent to prison for trying to bribe the judge.* —**przekupstwo** *n* bribery

przekwalifikować *v* retrain: *A federal program was set up to retrain workers who have lost their jobs.*

przelać *v* **1** *(płyn)* pour: *Squeeze the lemons and pour the juice into a jug.* **2** *(pieniądze)* transfer: *I'd like to transfer £500 into my current account.*

przelać się *v* **1** *(płyn)* spill over: *The beer rose up the glass and began to spill over.* **2** *(tłum)* overflow: *The crowd overflowed into the street.* → patrz też PRZELEWAĆ SIĘ

przelecieć *v* **1** *(ptak, samolot)* fly by/over: *From time to time a helicopter flew by, but mostly the sky remained clear.* | **przelecieć obok czegoś/nad czymś** fly past/over sth: *A bullet flew past her and shattered the vase on the table. | The plane flew low over the fields.* THESAURUS TRAVEL **2** *(przebiec)* run: *A boy suddenly ran across the street.*

przelew *n* **1** *(bankowy)* (money) transfer, draft *BrE*: **przelewem** by draft: *Payment must be made by bank draft.* **2 przelew krwi** bloodshed: *We must take action to stop the bloodshed.*

przelewać *v* → patrz PRZELAĆ

przelewać się *v* **komuś się nie przelewa** sb can hardly make ends meet: *Since Mike lost his job, we can hardly make ends meet.* → patrz też PRZELAĆ SIĘ

przeliczyć *v* **1** *(policzyć)* count: *He counted the money carefully before putting it in his pocket.* **2 przeliczyć coś na coś** convert sth into sth: *a chart for converting pounds into kilos*

przeliczyć się *v* **1** miscalculate: *If Frye was hoping to get a rise* (=podwyżkę), *he miscalculated.* **2 przeliczyć się z siłami** overestimate your abilities: *I'm afraid we overestimated our abilities.*

przeliterować *v* spell: *Could you spell your name, please?*

przelotny *adj* **1** *(spojrzenie)* fleeting: *a fleeting glance* **2** *(chwila, myśl)* passing: *a passing thought* **3** *(deszcz)* occasional, scattered: *Tomorrow will be warm with occasional showers. | The weather forecast is for scattered showers.*

przeludnienie *n* overpopulation —**przeludniony** *adj* overpopulated

przeładowany *adj* overloaded: *The boat was overloaded and began to sink.*

przełaj *n* **iść/pójść na przełaj** take a short cut: *We took a short cut over the fields to the station.* —**przełajowy** *adj* cross-country: *cross-country skiing*

przełamać *v* **1 przełamać strach** overcome your fear: *I'm trying to overcome my fear of flying.* **2 przełamać milczenie** break the silence **3 przełamać lody** break the ice: *I tried to break the ice by offering her a drink, but she said no.* **4** *(barierę)* break down: *an attempt to break down trade barriers*

przełącznik *n* control, switch

przełączyć *v* **przełączyć (na inny kanał)** switch channels, switch over: *Switch channels and see if there's a movie on.*

przełęcz *n* pass: *a narrow mountain pass*

przełknąć *v* **1** swallow: *He swallowed the last of his coffee* (=przełknął resztkę kawy) *and asked for the bill.* **2 przełknąć ślinę** swallow (hard), gulp: *I swallowed hard and struggled to keep from crying. | Sheila read the test questions, and gulped.* **3 coś jest trudne do przełknięcia** sth is hard to swallow/a bitter pill to swallow: *His failure was a bitter pill to swallow.*

przełom *n* **1** breakthrough: *a technological breakthrough | Scientists have made a breakthrough* (=dokonali przełomu) *in the treatment of cancer.* **2 na przełomie wieków** at the turn of the century: *The house was built at the turn of the century.*

przełomowy *adj* **1** *(badania)* groundbreaking: *groundbreaking research in physics* **2** *(moment, okres)* critical: *David is at a critical stage in the illness.*

przełożon-y/a *n* superior: *I'll have to discuss this with my superiors.* | **czyjś bezpośredni przełożony** sb's immediate superior THESAURUS BOSS

przełożyć *v* **1** *(na inne miejsce)* move: *He moved the money to the inside pocket out of fear of thieves.* **2** *(ułożyć inaczej)* rearrange: *He rearranged the papers on his desk.* **3** *(termin)* rearrange, put off: *The match has been rearranged for April 28th. | The meeting's been put off till*

P

next week. **4** *(przetłumaczyć)* translate: *The book has been translated into several European languages.*

przełykać *v* →patrz PRZEŁKNĄĆ

przemarznięty *adj* frozen: *I'm frozen! Put the fire on.*

przemawiać *v* **1** speak: *I get so nervous if I have to speak in public.* **2 coś przemawia do kogoś** sth appeals to sb: *Does the idea of working abroad appeal to you?* **3 przemawiać za czymś** support sth: *The results of the experiment support our original hypothesis.* →patrz też PRZEMÓWIĆ

przemądrzały *adj* big-headed: *Stewart's the most arrogant, big-headed person I've ever known.* THESAURUS PROUD

przemęczać się *v* **1** overdo it: *She's been overdoing it lately.* **2 nie przemęczać się** take it/things easy: *The doctor says I must take things easy for a while.* —**przemęczenie** *n* exhaustion, fatigue

P

przemęczony *adj* **1** *(człowiek)* tired (out), fatigued: *It had been a long hard day, and they were all tired out.* | *Fatigued after her long journey, Beth fell into a deep sleep.* **2** *(twarz)* strained: *Dinah's face looked white and strained.*

przemian *adv* →patrz NA PRZEMIAN

przemiana *n* **1** transformation, metamorphosis: *The city has undergone a total transformation.* | *the metamorphosis of China under Deng's economic reforms* **2 przemiana materii** metabolism

przemianować *v* rename: *St Petersburg was renamed Petrograd.*

przemienić *v* transform: *discoveries that have transformed the world we live in*
przemienić się *v* **przemienić się w coś** change/be transformed into sth: *When the princess kissed the frog, it changed into a handsome prince.* | *In the last years Korea has been transformed into an advanced industrial power.*

przemierzyć *v* **1** *(obszar)* travel through/over: *Travelling through northern Spain we saw some magnificent scenery.* | *I've travelled over most of Europe but my favourite place was Austria.* **2** *(odległość)* cover: *We had covered 20 kilometres by lunchtime.*

przemieścić *v* relocate: *The residents were relocated to temporary accommodation.*
przemieścić się *v* relocate: *A lot of firms are relocating to the North of England.*

przemijać *v* **1** *(uroda)* fade: *Her beauty had faded over the years.* **2** *(moda)* come and go: *Fashions come and go.*

przemijający *adj* transient, transitory: *transient fashions*

przemilczeć *v* **przemilczeć coś a)** *(zignorować)* pass over sth: *I think we'd better pass over that last remark.* **b)** *(zataić)* leave unsaid: *Some things are better left unsaid.*

przemiły *adj* amiable: *an amiable child*

przeminąć *v* →patrz PRZEMIJAĆ

przemknąć *v* **1** flash, streak: *A police car flashed by, sirens wailing.* | *A fighter jet streaked across the sky.* **2 przemknąć komuś przez myśl** flash through sb's mind: *A sudden thought flashed through my mind.*
przemknąć się *v* sneak: *We managed to sneak past the guard.*

przemoc *n* violence: *There is too much violence on TV these days.* | **pełen przemocy** violent: *violent films/plays* | **akt przemocy** act of violence: *acts of violence against the new immigrants*

przemoczony *adj* drenched, dripping/soaking (wet), soaked: *Look at you, you're drenched!* | *Take off your coat – it's dripping wet.* | *I'm absolutely soaked.* THESAURUS WET

przemowa *n* speech

przemożny *adj* overwhelming: *Sean felt an overwhelming urge to cry.*

przemóc *v* *(strach, zmęczenie itp.)* conquer: *Gemma felt ashamed that she hadn't been able to conquer her fear.*
przemóc się *v* summon/pluck up the courage: *Liz was trying to summon up the courage to tell Paul it was all over between them.*

przemówić *v* **1** speak: *Kurt finally turned to Frank and spoke.* **2 przemówić komuś do rozsądku** knock/talk some sense into sb, reason with sb: *He says he's dropping out of school – will you try and talk some sense into him?* | *I tried to reason with her but she locked herself in the bathroom, crying.*

przemówienie *n* speech: **wygłosić przemówienie** give/make a speech: *The President gave a speech in Congress on the state of the nation.* THESAURUS SPEECH

przemycać *v* smuggle: *cocaine smuggled from South America*

przemyć *v* bathe: *Bathe the wound in antiseptic.*

przemykać *v* →patrz PRZEMKNĄĆ

przemysł *n* **1** industry: *car industry* | **przemysł ciężki/lekki** heavy/light industry **2 przemysł rozrywkowy** show business —**przemysłowy** *adj* industrial: *industrial pollution* | *industrial output* (=produkcja przemysłowa) —**przemysłowiec** *n* industrialist

przemyśleć *v* **przemyśleć coś** think sth over/through, chew/mull sth over: *Take a few days to think over our offer.* | *He wanted to be left alone to mull things over.*

przemyślenia *n* thoughts: *The interview included Cosby's thoughts on young people today.*

przemyślny *adj* ingenious: *an ingenious way of making money*

przemyt *n* smuggling

przemytni-k/czka *n* smuggler

przenieść *v* **1** *(w inne miejsce)* move, shift: *He moved the chair into the corner of the room.* | *Give me a hand* (=pomóż mi) *to shift these chairs.* **2** *(siedzibę, przystanek itp.)* move, transfer, relocate: *He moved the whole company to Mexico.* | *We're planning to transfer production to Detroit.* **3** *(pracownika, ucznia)* move, transfer: *His teacher wants him moved to a higher class.* | *Ann has been transferred to the Edinburgh office.* **4** *(mieszkańców)* relocate: *The residents were relocated to temporary accommodation.* **5** *(dane, pliki)* transfer: *I decided to transfer the files onto CDs.* **6 przenieść wzrok na kogoś/coś** shift your gaze to sb/sth: *She shifted her gaze from me to Bobby with a look of suspicion.*
przenieść się *v* **1** *(przeprowadzić się)* move: *When are you moving to Memphis?* **2** *(zmienić siedzibę)* relocate, move: *A lot of firms have relocated to the North of England.*

przenikać *v* permeate, penetrate: *Water had permeated through the wall.* | *A feeling of sadness permeates all his music.* | *bullets that can penetrate metal*

przenikliwy *adj* **1** *(wzrok, chłód, dźwięk)* penetrating, piercing: *a penetrating look* | *penetrating dampness* | *a piercing whistle* **2** *(ból)* acute: *acute abdominal pains*

przeniknąć *v* →patrz PRZENIKAĆ

przenocować *v* **1 przenocować kogoś** put sb up for the night: *Yeah, we can put you up for the night.* **2 przenocować gdzieś** spend the night somewhere: *We'll have to spend the night in a hotel.*

przenosić *v (zarazki, choroby)* carry, transmit, spread: *Many diseases are carried by insects.* | *The virus is transmitted through sexual contact.* | *Rats often spread disease.* → patrz też PRZENIEŚĆ
przenosić się *v (ogień, choroba itp.)* spread: *The fire spread very quickly.* | *Cholera is spreading through the refugee camps* (=obozy uchodźców) *at an alarming rate.*

przenośnia *n* metaphor: **w przenośni** figuratively, metaphorically

przenośnik *n* **przenośnik taśmowy** conveyor belt

przenośny *adj* **1** *(znaczenie)* figurative, metaphorical: *I was using the word 'battle' in its figurative sense.* **2** *(magnetofon itp.)* portable: *a portable television* **3 przenośny komputer** notebook, laptop

przeobrazić *v* transform: *discoveries that have transformed the world we live in*
przeobrazić się *v* be transformed: *In the last 20 years, Korea has been transformed into a major industrial nation.* —**przeobrażenie** *n* transformation: *The city has undergone a total transformation.*

przeoczyć *v* miss, overlook: *Jody found an error that everyone else had missed.* | *It's easy to overlook mistakes when you're reading your own writing.* —**przeoczenie** *v* omission, oversight: *I assure you that this was purely an oversight on my part.*

przepadać *v* **1 przepadać za czymś** be wild about sth: *My son's wild about football.* THESAURUS LIKE **2 nie przepadać za czymś** not be keen about sth: *I'm not too wild about his movies.* → patrz PRZEPAŚĆ

przepalić się *v* **1** *(żarówka)* blow, burn out: *Both driving lights have blown and both have been replaced under warranty* (=w ramach gwarancji). **2** *(bezpiecznik)* blow: *The fuse has blown.* **3** *(silnik, grzałka itp.)* burn out: *The hairdryer did not use a filter and I was worried it might burn out.*

przepaska *n* **1** *(do włosów)* headband **2** *(na oczy)* blindfold **3** *(na jedno oko)* patch **4** *(do joggingu, aerobiku itp.)* sweatband

przepaść[1] *n* **1** *(w górach)* precipice, chasm: *the edge of the precipice* | *a rope bridge across the chasm* **2** *(podział)* gulf, gap: *There is a widening gulf between the rich and the poor.*

przepaść[2] *v* **1** *(zniknąć)* disappear, vanish: *A man has disappeared while on a walking expedition in the mountains.* **2 coś komuś przepadło** sb lost sth: *He had just lost the chance to win the competition.* → patrz też **przepaść bez śladu** (ŚLAD)

przepełniony *adj* **1** (over)crowded: *overcrowded city buses* **2 być przepełnionym czymś** be full of sth, be bursting with sth: *The barracks were bursting with refugees.*

przepędzić *v* chase away/off: *She chased the children away from the gate.*

przepierzenie *n* partition: *There's a partition between the two offices.*

przepiękny *adj* (very) beautiful, gorgeous: *beautiful flowers* —**przepięknie** *adv* beautifully, gorgeously

przepiórka *n* quail

przepis *n* **1** *(kulinarny)* recipe: *a recipe for chocolate cake* **2 przepisy** regulations, rules: *safety regulations* | **wbrew przepisom** against the rules: *It's against the rules to pick up the ball.*

przepisać *v* **1** *(z książki itp.)* copy, copy out *BrE*: *Could you copy the report and send it out to everyone?* | *Copy out the poem into your exercise books.* **2** *(poprawić)* rewrite: *You'll have to rewrite this paper – it's just not good enough.* **3** *(lek)* prescribe: *The doctor prescribed tranquilizers* (=środki uspokajające).

przeplatać *v* **przeplatać coś czymś** alternate/intersperse sth with sth: *We tried to alternate periods of work with sleep.*
przeplatać się *v* **przeplatać się z czymś** be interspersed with sth: *sunny periods interspersed with occasional showers*

przepłynąć *v* **1** *(rzekę, jezioro)* swim across: *The river is too wide to swim across.* THESAURUS TRAVEL **2** *(ocean)* sail across: *the first Europeans to sail across the Atlantic* **3** *(dystans)* swim: *He's not much of a swimmer, he can only swim a few metres at a time.* | *She was the first woman to swim the Channel.* → patrz też PRZEPŁYWAĆ

przepływ *n* flow: *the flow of blood to the brain*

przepływać *v* flow: *A great river flowed along the valley.* → patrz też PRZEPŁYNĄĆ

przepołowić *v* halve: *Wash and halve the mushrooms.*

przepona *n* diaphragm

przepowiednia *n* **1** *(proroctwo)* prophecy: *The prophecy that David would become King was fulfilled* (=spełniła się). **2** *(prognoza)* prediction: *Predictions of a Republican victory began to look unlikely.*

przepowiedzieć *v* **1** foretell, prophesy, predict: *the birth of Christ, foretold by prophets* | *He prophesied that the war would be won.* | *Experts are predicting an easy victory for the Socialists.* **2 przepowiedzieć komuś przyszłość** tell sb's fortune: *She paid £5 to have her fortune told.*

> **UWAGA: foretell, prophesy i predict**
>
> Czasowniki **foretell** i **prophesy** odnoszą się zwykle do przepowiadania przyszłości przez wróżbitów, proroków itp. Czasownik **predict** dotyczy prognozowania na podstawie posiadanej wiedzy.

przepracować *v* **ktoś przepracował tydzień/rok itp.** sb (has) worked for a week/year etc: *His father worked in the factory for thirty-five years.*
przepracować się *v* overwork: *You've been overworking – why don't you take a week off?* —**przepracowany** *adj* overworked: *an overworked doctor*

przepraszać *v* → patrz PRZEPRASZAM, PRZEPROSIĆ

przepraszam *v* **1** *(przykro mi)* (I'm) sorry, pardon me: *I'm sorry, I didn't mean to be rude.* | *Sorry, did I step on your foot?* | *Pardon me – I hope I didn't hurt you.* | **+ za coś** about/for sth: *Sorry about all the mess!* **2** *(dla zwrócenia uwagi)* excuse me, I beg your pardon, pardon me *AmE*: *Excuse me, is this the right bus for the airport?* | *Pardon me, is this the way to City Hall?* **3** *(nie zgadzam się)* I beg your pardon, I'm sorry: *"New York's a terrible place." "I beg your pardon, that's my home town!"* | *I'm sorry, I think you're wrong.* → patrz też PRZEPROSIĆ

przeprawa *n* crossing: *The crossing was rough and lots of people on the ferry* (=na promie) *were seasick.*

przeprawić się *v* **przeprawić się przez coś** cross sth: *It took them four weeks to cross the desert.*

przeprosić *v* apologize, apologise *BrE*: **+ za coś** for sth: *He apologized for being so late.* | **+ kogoś** to sb: *Apologize* *to your sister now!* —**przeprosiny** *n* apology: *I hope you will accept my apology.* →patrz też PRZEPRASZAM

przeprowadzić *v* **1** *(eksperyment, ankietę itp.)* carry out, conduct: *The children are conducting an experiment with two magnets.* | *Teenagers carried out a survey on attitudes to drugs.* THESAURUS DO **2** *(plan)* implement, execute: *a carefully executed plan* **3 przeprowadzić kogoś (przez coś)** walk/help sb through/across (sth): *Would you like me to help you across the street?*

przeprowadzić się *v* **1** *(do innego domu, mieszkania)* move, move house *BrE*: *I've been so happy in this flat, I don't like the thought of moving.* | *We're moving house next week.* **2** *(do innego miasta)* move: *They moved to Birmingham in May.* —**przeprowadzka** *n* move

przepuklina *n* hernia

przepustka *n* pass: *Can I see your pass, sir?*

przepustowość *n* bandwidth, bps

przepuszczać *v (wilgoć, światło itp.)* let in: *The windows don't let in much light.*

przepuścić *v* **1** *(pozwolić przejść)* let through: *Let me through – I'm a doctor!* **2** *(pozwolić przejechać)* give way to *BrE*, yield to *AmE*: *You must give way to traffic coming from the right.* **3** *(szansę, okazję)* blow, throw away: *I've blown my chances of getting into university.* | *This could be the best chance you'll ever have. Don't throw it away!* **4** *(pieniądze)* blow: *He got a big insurance payment, but he blew it all on a new stereo.*

przepych *n* splendour *BrE*, splendor *AmE*

przepychać się *v* jostle, push/elbow/shoulder your way: *Spectators jostled for a better view* (=żeby mieć lepszy widok). | *I began elbowing my way through the crowd.* | *people trying to push their way to the front*

przepytywać *v* quiz: *Reporters quizzed Harvey about his plans for the future.*

przerabiać *v* →patrz PRZEROBIĆ

przeradzać się *v* →patrz PRZERODZIĆ SIĘ

przerastać *v* →patrz PRZEROSNĄĆ

przerazić *v* →patrz PRZERAŻAĆ

przerazić się *v* be terrified/horrified: *I was horrified when I found out how much the repairs were going to cost.*

przeraźliwy *adj* **1** *(smród, bałagan itp.)* horrible, frightful *BrE*, fearful *BrE*: *What a horrible smell!* | *The house was in a frightful mess.* **2** *(krzyk, widok)* terrifying: *a terrifying sound* —**przeraźliwie** *adv* horribly, frightfully *BrE*, fearfully *BrE*

przerażać *v* terrify, horrify: *The thought of giving a speech terrified her.* →patrz też PRZERAZIĆ SIĘ —**przerażający** *adj* frightening, terrifying, horrifying: *a frightening experience* | *a terrifying creature* | *horrifying news* —**przerażenie** *n* horror, terror: *She stared at him in horror* (=z przerażeniem). | *She screamed in terror* (=z przerażenia). —**przerażony** *adj* terrified: *a terrified animal* | *We were both terrified that the bridge would collapse.*

przereklamowany *adj* overrated: *We thought the play was overrated.*

przerobić *v* **1** *(zmodyfikować)* redo: *You'll have to redo this essay.* **2 przerobić coś na coś** make sth into sth: *The opium is made into heroin.* **3** *(sukienkę itp.)* alter: *You'll have to have the dress altered for the wedding.* **4** *(materiał w szkole)* do: *We did 'Hamlet' last term.*

przerodzić się *v* **przerodzić się w coś** turn into sth: *The snows melted, and winter turned into spring.*

przerosnąć *v* **1** *(być wyższym)* grow/be taller than: *Stella has grown taller than the other girls.* | *If he keeps on growing like this, he'll be taller than his dad.* **2 przerosnąć kogoś/czyjeś możliwości** be beyond sb's capabilities: *I think the job was just beyond her capabilities.* **3 przerosnąć czyjeś oczekiwania** surpass sb's expectations: *The results surpassed my expectations.*

przeróbka *n* **1** *(książki)* adaptation **2** *(sukienki)* alteration

przeróżny *adj* **przeróżne rzeczy/przeróżni ludzie itp.** many different things/people etc, all sorts of things/people etc: *We have students of many different nationalities.* | *They play all sorts of music: rock, jazz, pop, soul ...*

przerwa *n* **1** *(na odpoczynek, posiłek)* break: *What time is your lunch break?* | **+na coś** for sth: *a short break for coffee* | **zrobić (sobie) przerwę** take/make a break: *We are all getting tired. Let's take a break.* | **zrobić przerwę na coś** break for sth: *What time do you want to break for lunch?* THESAURUS STOP **2** *(między lekcjami)* break, break time *BrE*, playtime *BrE*, recess *AmE* **3** *(świąteczna, wakacyjna)* break: *Are you going anywhere over the Easter break?* **4** *(w rozmowie)* break, pause: *She waited for a break in the conversation.* | *"Yes," said Philip after a moment's pause.* **5 bez przerwy** without a break, nonstop, incessantly: *Larry had worked all day without a break.* | *She talked nonstop for over an hour.* | *Mike smoked incessantly and his room smelled disgusting.* **6 z przerwami** intermittently, on and off, off and on: *I slept intermittently through the night.* | *He worked as a secretary off and on for three years.* **7** *(szpara)* gap, space: *The neighbours' dog got in through a gap in the hedge.* **8** *(w połowie meczu)* half-time: *The score at half-time was 34-7.* **9** *(w teatrze)* interval *BrE*, intermission *AmE*: *We can get some drinks in the interval.* **10** *(na reklamę)* (commercial) break: *Join us after the break.*

przerwać *v* **1** *(przestać coś robić)* pause: *She paused in the middle of her sentence to sip her hot coffee.* **2** *(ciszę, milczenie)* break, interrupt: *The silence was broken by the sound of gunfire.* **3** *(studia, dyskusję)* interrupt: *My studies were interrupted by the war.* **4** *(nie pozwolić skończyć wypowiedzi)* interrupt: *"What exactly do you mean?" Barker interrupted.* | **przerwać komuś** interrupt sb: *How can I explain when you keep interrupting me?* **5 przerwać ciążę** have an abortion THESAURUS STOP

przerwać się *v (nitka, sznurek)* break: *Oh bother! The thread's broken again!*

przerywany *adj* broken: *a broken line*

przerywnik *n* interlude: *a musical interlude*

przerzucać *v (strony w książce)* flip over, leaf/thumb through: *He started flipping over the pages.*

przerzucić *v* **1 przerzucić coś przez płot/mur itp.** throw/heave sth over a fence/wall etc: *Joe heaved the package over the fence into the alley.* **2 przerzucić coś przez ramię** sling sth over your shoulder: *Pat picked up his bag and slung it over his shoulder.* **3 przerzucić winę/odpowiedzialność na kogoś** shift the blame/responsibility onto sb **4** *(wojsko)* redeploy: *Army tanks were redeployed elsewhere in the region.* →patrz też PRZERZUCAĆ

przerzucić się *v* **przerzucić się na coś** convert/switch to sth: *I've converted to decaffeinated coffee.*

przesada *n* **1** exaggeration: *It is no exaggeration to say* (=nie będzie przesadą, jeśli powiem, że) *your life will be changed forever.* | **bez przesady** without exaggeration: *I* *can say without exaggeration he's the best operator in the business.* **2 bez przesady!** come on!: *Come on – hard work never hurt anyone.* **3 aż do przesady** to a fault: *Our cat is friendly to a fault.*

przesadny *adj* exaggerated: *exaggerated hand gestures*

przesadzać *v* exaggerate: *Charlie says that everyone in New York has a gun, but I'm sure he's exaggerating.* | *"This dog was as big as a lion!" "Don't exaggerate!"*

przesadzić *v* **1** *(posunąć się za daleko)* go too far: *He's always been rude, but this time he went too far!* | **przesadzić z czymś** go too far in sth, take/carry sth too far: *The general view was that the President had gone too far in his support for the Contras.* **2 przesadzić z czymś** *(dać za dużo itp.)* overdo sth: *I think I overdid the salt.* | **nie przesadzać z czymś** go easy on/with sth: *Go easy on the wine if you're driving.* **3** *(roślinę)* transplant: *We must transplant the rose bushes to the other side of the garden.*

przesadzony *adj* exaggerated, extravagant: *exaggerated stories about their sporting achievements* | *extravagant claims about the effectiveness of the system*

przesąd *n* **1** *(zabobon)* superstition: *Do you believe in superstitions?* **2** *(błędny pogląd)* misconception: *the misconception that only gay people have AIDS* —**przesądny** *adj* superstitious

przesądzić *v* **coś przesądziło o czymś** sth was the deciding factor in sth: *The closeness to the river was the deciding factor in choosing the site for the factory.*

przesiadać się *v* →patrz PRZESIĄŚĆ SIĘ

przesiadka *n* change: *It's a complicated journey, involving a few changes.*

przesiadywać *v* sit around: *We used to just sit around for hours talking about the meaning of life.*

przesiąść się *v* **1** *(do innego pociągu itp.)* change (trains/planes/buses etc): *Passengers for Liverpool should change at Crewe.* | *You'll have to change planes in Denver.* **2** *(na inne miejsce)* change seats: *I changed seats two or three times, to see what the orchestra sounded like from different angles.*

przesiedlić *v* relocate: *The residents were relocated to temporary accommodation.* →patrz też WYSIEDLIĆ
przesiedlić się *v* relocate: *I saw them in Los Angeles a few years ago, but they have since relocated to the East.*

przesilenie *n* **1** *(astronomiczne)* solstice: *the summer/winter solstice* **2** *(w chorobie itp.)* crisis

przeskoczyć *v* **1 przeskoczyć (przez) płot/mur itp.** jump/leap (over) a fence/wall etc: *They jumped the barriers to avoid paying for tickets.* | *He jumped over the wall and ran off.* **2 przeskoczyć (przez) strumyk/dół itp.** jump/leap across a stream/pit etc: *Ricky jumped across the stream and ran all the way home.* **3** *(pominąć)* skip: *I decided to skip the first two chapters.*

przesłać *v* send: *Send your bill to the above address.* | *It will get there quicker if you send it by airmail.* →patrz też PRZESYŁAĆ

przesłanie *n* message: *The message of the film is that good always triumphs over evil.*

przesłanka *n* **1** *(założenie)* premise: *The argument is based on the premise that men and women are equal.* **2 przesłanki** *(powody)* grounds, reasons: *They have no legal grounds to file a lawsuit.*

przesłuchanie *n* **1** *(podejrzanego)* interrogation, questioning: *After two days of questioning the suspect finally confessed* (=przyznał się do winy). **2** *(piosenkarza, aktora)* audition: *How did your audition go?* **+ do (roli) ...** for (the part/role of) ...: *He failed the audition for the part of the prince.*

przesłuchiwać *v* **1** *(podejrzanego)* interrogate, question: *Police interrogated the suspect for over two hours.* | *A man is being questioned by police in connection with the murder.* **2** *(piosenkarza, aktora)* audition: *They auditioned over 2000 people for 'Grease'.*

przespać *v* **1** *(noc, burzę itp.)* sleep through: *How could you have slept through the storm?* **2 przespać szansę/okazję itp.** let a chance/opportunity slip (through your fingers): *You're not going to let a chance like that slip through your fingers, are you?*
przespać się *v* **1** get some sleep: *Try and get some sleep before the journey.* **2 przespać się z kimś** go to bed with sb

przestać *v* stop: **przestań!** stop it!: *Stop it! You're hurting me.* | **przestać coś robić** stop doing sth: *Lena's trying to stop smoking.* | *It's stopped raining* (=przestało padać). | **nie przestać czegoś robić** keep on doing sth: *If you keep on eating like that you'll need to diet.* THESAURUS STOP →patrz też PRZESTAWAĆ

> **UWAGA: stop**
> Czasownik **stop** w znaczeniu „przestać" nie łączy się z bezokolicznikiem. Nie powiemy więc np. „she stopped to cry," tylko **she stopped crying**.

przestankowy *adj* **znak przestankowy** punctuation mark

przestarzały *adj* obsolete, outdated, out-of-date: *Our computer system will soon be obsolete.* | *factories full of outdated machinery* | *out-of-date theories on education* THESAURUS OLD-FASHIONED

przestawać *v* **przestawać z kimś** associate with sb: *I don't like the people you associate with.* →patrz też PRZESTAĆ

przestawić *v* **1** *(przesunąć)* move: *We'll have to move the bed closer to the wall.* | *Can you move your car – it's blocking the road.* **2** *(ustawić inaczej)* rearrange, change around: *We could rearrange these chairs to make a little more space.* | *When we'd changed the furniture around, the room looked quite different.* **3 przestawić zegar a)** *(do przodu)* put the clock forward: *We put our clocks forward an hour in the summer.* **b)** *(do tyłu)* put the clock back
przestawić się *v* **przestawić się na coś** change (over) to sth, convert/switch to sth: *Will the US ever change over to the metric system?* | *I've converted to decaffeinated coffee.*

przestęp-ca/czyni *n* criminal, offender: **młodociany przestępca** juvenile delinquent

przestępczość *n* crime (rate): *There was very little crime when we moved here.* | *the rising crime rate* | **drobna przestępczość** petty crime —**przestępczy** *adj* criminal: *the local criminal element*

przestępny *adj* **rok przestępny** leap year

przestępować *v* **przestępować z nogi na nogę** shuffle your feet: *Ernie looked nervous and shuffled his feet.*

przestępstwo *n* crime, offence *BrE*, offense *AmE*: *Crimes against the elderly are becoming more common.* | *a serious offence* | **popełnić przestępstwo** commit a crime/an offence: *He committed a number of crimes in the area.* | *If you lie to the police, you are committing an offence.* | **ciężkie przestępstwo** felony

przestój *n* stoppage: *a one-day work stoppage*

przestraszyć *v* **przestraszyć kogoś** scare/frighten sb, give sb a scare/fright: *I didn't see you there - you scared me!* | *Don't shout like that - you'll frighten the baby.* | *Sorry, I didn't mean to give you a fright.*
przestraszyć się *v* get scared/frightened: *She was frightened that there was someone outside her room.* —**przestraszony** *adj* scared, frightened

przestroga *n* warning, word/note of caution: *a warning to pregnant women not to drink alcohol* | *One note of caution: never try this trick at home.*

przestronny *adj* spacious, roomy: *The studio was light and spacious.* | *a roomy car*

przestrzec *v* warn: *We tried to warn her, but she wouldn't listen.* | **+ kogoś przed czymś** sb about/against sth: *Her financial adviser warned her against such a risky investment.*

P

przestrzegać *v (prawa, zasad, przepisów)* obey, observe, abide by, comply with: *Both sides are observing the ceasefire* (=zawieszenia broni). | *You'll have to obey the rules if you want to live here.* | *You have to abide by the rules of the game.* →patrz też PRZESTRZEC

przestrzenny *adj* spatial: *spatial vision*

przestrzeń *n* **1** space: *the exact point in space where two lines meet* | **otwarta przestrzeń** open space: *a pleasant town centre with plenty of open space* **2 przestrzeń kosmiczna** (outer) space **3 na przestrzeni wieków** over the centuries: *Has human nature really changed over the centuries?*

przestudiować *v* study, go over: *He studied the document carefully.* | *I've gone over the budget and I don't think we can afford a new computer.* →patrz też STUDIOWAĆ

przesunąć *v* **1** *(mebel, doniczkę)* move: *We'll have to move the bed closer to the wall.* **2** *(spotkanie, mecz)* move, rearrange: *Could we move the meeting to Thursday?* | *The match has been rearranged for April 28th.* **3 przesunąć zegarek do przodu/tyłu** put a watch forward/back **4 przesunąć po czymś ręką/palcem itp.** run your hand/finger along/over sth: *Jane ran her hand along his pale face.*
przesunąć się *v* **1** *(człowiek)* move over: *Move over so that we can all sit down.* **2** *(słońce itp.)* move, shift: *The sun had shifted around to the west.*

przesyłać *v* send: *Mother sends her love* (=uściski). →patrz PRZESŁAĆ

przesyłka *n* **1** *(paczka)* parcel *BrE*, packet *AmE*: *The parcel took two weeks to arrive.* **2 przesyłki** *(poczta)* mail: *Was there any mail for me this morning?*

przeszczep *n* **1** *(serca, wątroby)* transplant: *a heart transplant* **2** *(skóry, kości)* graft: *skin grafts* —**przeszczepić** *v* transplant, graft

przeszkadzać *v* **1** intrude: *I'm sorry to intrude, but I need to talk to you.* | **przeszkadzać komuś** disturb/bother sb: *Josh told me not to disturb him before ten.* | *"Why didn't you ask me for help?" "I didn't want to bother you."* | **przeszkadzać w czymś** interfere with sth: *Anxiety can interfere with children's performance at school.* **2 coś komuś przeszkadza** sb minds sth: *It was raining, but we didn't mind.* | *Do you mind if I smoke?* →patrz też PRZESZKODZIĆ

przeszkoda *n* **1** *(na drodze)* obstacle, obstruction: *an obstacle in the road* | *A broken truck was causing an obstruction on the road.* **2** *(utrudnienie)* obstacle, handicap, impediment: *Lack of confidence can be a big obstacle to success* (=na drodze do sukcesu). | *Not being able to speak French was a real handicap.* | *The country's debt has been an impediment to development.* **3 stanąć na przeszkodzie (w czymś)** get in the way (of sth): *You mustn't let your social life get in the way of your studies.* **4 nic nie stoi na przeszkodzie, by coś zrobić** there's no reason why you can't/shouldn't etc do sth: *Theoretically, there is no reason why you can't clone humans.* **5 bieg z przeszkodami** steeplechase

przeszkodzić *v* **przeszkodzić (komuś) w czymś** be a hindrance to sth: *Marie feels marriage would be a hindrance to her career.* →patrz też PRZESZKADZAĆ

przeszkolić *v* train: *The staff were trained to deal with any emergency.* —**przeszkolenie** *n* training

przeszło *prep* over, more than: *I've lost over 3 kilos.* | *He's been unemployed for more than 18 months now.*

przeszłość *n* **1** *(czas miniony)* the past: **w przeszłości** in the past, formerly: *People travel more now than they did in the past.* | *Sri Lanka was formerly called Ceylon.* **2** *(dawne życie)* past: *She doesn't talk about her past.*

przeszły *adj* **czas przeszły** past tense, the past

przeszukać *v* search, go through: *We were all searched at the airport.* | *Dave went through his pockets looking for the keys.*

przeszyć *v* pierce: *A bullet pierced his body.* | *A sudden scream pierced the air.* —**przeszywający** *adj* piercing: *a piercing scream*

prześcieradło *n* (bed) sheet

prześcigać się *v* **prześcigać się w czymś** try to outdo each other/one another in sth: *Kids always try to outdo each other in attracting the teacher's attention.*

prześcignąć *v* **1 prześcignąć kogoś w czymś** outdo sb in sth: *Western Europe and Japan managed to outdo their American competitors in some economic areas.* **2** *(wyprzedzić)* overtake: *He overtook the other runners on the final lap* (=na ostatnim okrążeniu).

prześladować *v* **1** *(represjonować)* persecute: *a writer persecuted for criticizing the government* **2** *(zanudzać)* pester: *He keeps pestering me to buy him a new bike.* **3** *(wspomnienia itp.)* haunt: *ex-soldiers still haunted by memories of the war* —**prześladowania** *n* persecution: *the persecution of Christians* —**prześladow-ca/czyni** *n* persecutor

prześledzić *v* trace: *He traced his family history back to the 17th century.*

prześliczny *adj* gorgeous: *You look gorgeous in that dress.*

przeświadczenie *n* conviction: *He has a deep conviction that marriage is for life.* —**przeświadczony** *adj* confident: *I'm confident that he's the right man for the job.*

prześwietlić *v* **1** *(płuca, serce)* X-ray: *The problem was only discovered when her lungs were X-rayed.* **2** *(bagaż)* scan: *All luggage has to be scanned at the airport.* **3** *(film)* overexpose: *overexposed film* —**prześwietlenie** *n* X-ray: *The X-ray showed that her leg was not broken.*

przetaczać *v* →patrz PRZETOCZYĆ

przetarg *n* tender: **ogłosić przetarg na coś** put sth out to tender: *If the contract had been put out to tender, a lot of money could have been saved.*

przetasowania *n* reshuffle: *a Cabinet reshuffle*

przetestować *v* test: *The new system has not been tested yet.*

przetłumaczyć *v* translate: *This book has been translated into several foreign languages.*

przetoczyć *v* **1** *(pień, beczkę)* roll: *Maybe we can roll the log to the middle of the campsite?* **2 przetoczyć komuś krew** give sb a transfusion: *You will only be given a transfusion if you really need it.*
przetoczyć się *v* roll: *The ball rolled across the lawn.*

przetransportować *v* transport: *The woman was transported to a nearby hospital.* → patrz też TRANSPORTOWAĆ

przetrawić *v* digest: *It took us a while to digest the news.* | *digested milk*

przetrwać *v* survive: *The cathedral survived the earthquake.*

przetrzeć *v* **1** *(szmatką itp.)* wipe: *I wiped the table with a damp cloth.* **2 przetrzeć szlak** blaze a trail: *The company has blazed a trail in robotic technology.*

przetrzymywać *v* hold: *The hostages* (=zakładnicy) *were held in a secret location.*

przetwarzać *v* **1** *(dane, informacje)* process: *data processing* **2 przetwarzać coś na coś** convert/transform sth into sth: *devices that convert stored energy into electrical current*

przetwory *n* preserves: *home-made preserves*

przewaga *n* **1** *(wyższość)* advantage: **mieć przewagę nad kimś/czymś** have an advantage over sb/sth: *For certain types of work wood has advantages over plastic.* | **dać komuś przewagę (nad kimś)** give sb an advantage (over sb): *Her computer training gave her an advantage over the other students.* **2** *(większość)* predominance: *the predominance of white people in the audience* **3 przewaga głosów** majority: *He won by a majority of 500.* **4** *(w tenisie)* advantage: *advantage Agassi*

przeważać *v* **1** predominate: *areas where industries such as mining predominate* **2 przeważać nad czymś a)** *(być liczniejszym)* outnumber sth: *Women outnumber men in the nursing profession.* **b)** *(być ważniejszym)* outweigh sth: *The advantages of this plan far outweigh the disadvantages.* → patrz też PRZEWAŻYĆ

przeważający *adj* **1** *(większość)* overwhelming: *The Labour Party won by an overwhelming majority.* **2** *(pogląd)* prevalent, prevailing: *prevalent attitudes* **3 przeważająca część** most of, a large part of: *Most of the people in my office live in the suburbs.* | *Minorities make up* (=mniejszości stanowią) *a large part of the labour market in the city.* | **w przeważającej części/mierze** mostly, predominantly: *The room was full of sports people, mostly football players.*

przeważnie *adv* **1** *(na ogół)* mostly, most of the time: *Mostly, he travels by car or in his own plane.* **2** *(w większości)* predominantly: *The city's population is predominantly Irish* (=pochodzenia irlandzkiego).

przeważyć *v* *(zwyciężyć)* win the day: *Common sense won the day, and the plan was dropped.* → patrz też PRZEWAŻAĆ

przewidywać *v* **1** *(spodziewać się)* envisage, envision *AmE*: *I don't envisage any major problems.* **2** *(zakładać)* provide for: *This policy provides for a 60% increase in traffic.* **3 przewiduje się, że ...** it is anticipated/expected that ...: *It is anticipated that next year interest rates will fall.* → patrz też PRZEWIDZIEĆ

przewidywalny *adj* predictable: *The outcome of these experiments is not always entirely predictable.* —**przewidywalność** *n* predictability

przewidywania *n* predictions: *Earlier predictions of a Republican victory began to look increasingly unlikely.*

przewidzieć *v* *(wynik, rozwój wypadków)* predict, foresee: *It is difficult to predict what the long-term effects of the accident will be.* | *Few analysts foresaw that oil prices would rise so steeply.* → patrz też PRZEWIDYWAĆ

przewiesić *v* **przewiesić coś przez ramię** sling sth over your shoulder: *Pat picked up his bag and slung it over his shoulder.*

przewietrzyć *v* **1** *(pokój)* air, ventilate: *She opened windows to air the empty rooms.* **2** *(odzież)* air, air out *AmE*
przewietrzyć się *v* **1** *(człowiek)* take a breath of fresh air, get some fresh air: *Let's go outside and get some fresh air.* **2** *(odzież)* air: *Hang your sweater up to air* (=żeby się przewietrzył).

przewieźć *v* **1** *(ładunek)* ship, transport: *The cars were shipped in pieces and then reassembled* (=zostały ponownie złożone). **2** *(samolotem)* fly: *Medical supplies have been flown into the area.*

przewijać *v* → patrz PRZEWINĄĆ
przewijać się *v* *(temat itp.)* recur: *There are many themes and motifs that recur in the myths of various cultures.*

przewinąć *v* **1** *(dziecko)* change: *I'm just going to change the baby.* **2** *(taśmę, film)* rewind, *(do przodu)* fast-forward: *The camera whirred as the film was rewound.* | *Listeners can fast forward and rewind the taped audio.* **3** *(tekst na monitorze)* scroll: *Could you scroll down a few lines?* → patrz też PRZEWIJAĆ SIĘ

przewinienie *n* **1** *(wykroczenie)* misdemeanour *BrE*, misdemeanor *AmE* **2** *(faul)* foul

przewlekły *adj* chronic: *a chronic disease* —**przewlekle** *adv* chronically: *chronically sick patients*

przewodni *adj* **1 motyw przewodni/myśl przewodnia** leitmotif, leitmotiv **2** *(rola)* leading: *the leading role of the communist party*

przewodnictwo *n* chairmanship: *A committee was set up under the chairmanship of Edmund Compton.*

przewodniczący-y/a *n* **1** *(prowadzący obrady)* chair, chairperson, chairman/chairwoman **2** *(związku, rady itp.)* president, chairman/chairwoman

przewodniczyć *v* **przewodniczyć czemuś** chair sth, preside at/over sth: *The commission was chaired by* (=komisji przewodniczył) *a well-known judge.* | *Judge Baxter presided at the trial.*

przewodnik *n* **1** *także* **przewodniczka** (tour) guide: *Last summer I worked as a guide.* THESAURUS BOOK **2** *(książka)* guidebook, guide: *a guide for new parents* **3** *(prądu, ciepła)* conductor **4 pies przewodnik** guide dog, seeing eye dog *AmE*

przewodzić *v* **1** *(kierować)* lead: *Inspector Roberts is leading the investigation into Susan Carr's murder.* **2** *(prąd, ciepło)* conduct

przewozić *v* → patrz PRZEWIEŹĆ

przewoźnik *n* carrier: *a carrier with routes to* (=obsługujący trasy do) *the eastern U.S.*

przewód *n* *(elektryczny)* wire: *Have you connected all the wires?* | *a telephone wire* | **przewód sieciowy** lead *BrE*, flex *BrE*, cord *AmE*

przewóz *n* shipment, transport

przewracać *v* → patrz PRZEWRÓCIĆ
przewracać się *v* **przewracać się z boku na bok** toss and turn → patrz też PRZEWRÓCIĆ SIĘ

P

przewrażliwiony *adj* touchy, oversensitive: *You've been very touchy lately - what's wrong?* | *I didn't mean that. Rod's just being oversensitive.*

przewrotny *adj* perverse: *a perverse policy* —**przewrotność** *n* perversity

przewrócić *v* **1** *(spowodować upadek)* overturn, knock/push over, upset: *Leslie leapt to her feet, overturning her chair.* | *The dog managed to knock over a table.* | *He upset a bottle of ink over the map.* **2** *(obrócić)* turn over: *The nurses gently turned her over and straightened out the sheets.* | *If you turn over the page, you will see another diagram.* **3 przewrócić coś do góry nogami** turn sth upside down: *The police turned the place upside down.*

przewrócić się *v* **1** *(upaść)* fall (down/over): *Careful you don't fall - the path's very icy.* | *Margo fell down and twisted her ankle.* **2** *(zmienić pozycję)* turn over: *Every time I turn over the bed squeaks* (=skrzypi). | *The car turned over and burst into flames.*

P

przewrót *n* **1** *(zamach stanu)* coup (d'état) **2** *(gwałtowna zmiana)* revolution: *the Copernican revolution* **3 przewrót w przód/w tył** somersault/back somersault

przewyższać *v* **1** *(być lepszym)* outdo, outstrip: *The economies of South East Asia are already outdoing Western competitors.* | *The pace of economic development far outstripped that of other countries.* **2** *(przekraczać)* exceed: *The cost must not exceed £50.* **3 przewyższać liczebnie** outnumber: *In the nursing profession women still outnumber men.* **4** *(wzrostem)* be taller than: *He was taller than other boys in the class.*

przez *prep* **1** *(drzwi, okno, tunel)* through: *I could see her through the window.* | *The train went through the tunnel.* **2** *(ulicę, rzekę, granicę)* across, over: *flying across the Atlantic* | *the only bridge across/over the river* **3** *(las, tłum)* through: *I pushed my way through the crowd.* **4 napisany/zrobiony itp. przez kogoś** written/made etc by sb: *a concerto composed by Mozart* **5 przez tydzień/rok/godzinę itp.** for a week/year/an hour: *Bake the cake for 40 minutes.* THESAURUS DURING **6** *(jechać, podróżować, przekazać wiadomość)* through, via: *They drove through Switzerland.* | *We flew to Athens via Paris.* | *I sent a message to Kate via her sister.* **7** *(z powodu)* because of: *Sandy's very upset and it's all because of you.* | **przez to** because of that: *Because of that, we had to leave Cuba in 1952.* | **przez to, że ...** because ...: *We lost because we didn't play well.* **8** *(za pomocą)* by (means of): *They came in by the back door.* | *Access is* (=wchodzi się) *by means of a small door on the right.* | *The oil is transported by means of a pipeline* (=rurociąg). | **przez radio** by radio: *They were trained to send coded messages by radio.* → patrz też **przez ten czas** (CZAS), **przez pomyłkę** (POMYŁKA), **przez przypadek** (PRZYPADEK), **przez telefon** (TELEFON), **co przez to rozumiesz?** (ROZUMIEĆ), **podzielone przez** (PODZIELIĆ)

przeziębić się *v* catch a cold/chill: *Keep your feet dry so you don't catch a cold.* | *It began to snow on the way home and I caught a nasty chill.* —**przeziębienie** *n* cold

przeziębiony *adj* **ktoś jest przeziębiony** sb has (got) a cold: *I've got a bad cold* (=jestem mocno przeziębiona).

przeznaczać *v* → patrz PRZEZNACZYĆ

przeznaczenie *n* **1** *(los)* fate, destiny: *Fate brought us together.* | *I'm a great believer in destiny.* | **czyimś przeznaczeniem jest coś zrobić** sb is destined to do sth: *She was destined to become her country's first woman Prime Minister.* **2** *(cel)* purpose: *What's the purpose of this web site?* | **z przeznaczeniem na coś** to be used for sth: *The money goes into the kitty* (=do wspólnej kasy), *to be used for special school projects.* **3 miejsce przeznaczenia** destination: *How long will my package take to reach the destination?*

przeznaczony *adj* **1 coś jest przeznaczone dla kogoś/do czegoś** sth is intended/designed/meant for sb/sth: *The book is intended for adult readers.* | *The game is designed for children over 6 years old.* | *The flowers were meant for Mum.* **2 oni są/byli sobie przeznaczeni** they are/were meant for each other: *Judith and Eric were meant for each other.*

przeznaczyć *v* **przeznaczyć coś na coś** allocate/earmark sth for sth: *The hospital has allocated $500,000 for AIDS research.* | *The money was earmarked for a new school building.* → patrz też PRZEZNACZONY

przezorny *adj* far-sighted: *the more far-sighted among Japan's businessmen and politicians* | *a far-sighted economic policy* —**przezornie** *adv* farsightedly

przezrocze *n* slide: *Don't you want to see my slides of Korea?*

przezroczysty *adj* **1** *(szkło, woda)* transparent, clear: *transparent plastic* | *clear glass bottles* **2** *(odzież, tkanina)* see-through: *a see-through blouse*

przezwisko *n* nickname: *His nickname was 'Curly' because of his hair.* THESAURUS NAME

przezwyciężyć *v* overcome: *I'm trying to overcome my fear of flying.*

przezywać *v* **przezywać kogoś** call sb names: *The other kids started calling me names.*

przeżegnać się *v* cross yourself: *She crossed herself as she left the church.*

przeżycie *n* experience: *Visiting Paris was a wonderful experience.*

przeżyć *v* **1** *(ocaleć)* survive: *Only one person survived the crash.* | *There are concerns that the refugees may not survive the winter.* **2 przeżyć kogoś** outlive sb: *She outlived her husband by 10 years.* **3** *(kryzys, dramat itp.)* experience, live through: *Germany experienced a period of enormous growth in the 60s.* | *It was hard to describe the nightmare she had lived through.* **4** *(spędzić)* spend: *She spent her childhood in the country.* **5 przeżyć coś na nowo** relive sth: *We spent the whole morning reliving our schooldays.* → patrz też PRZEŻYWAĆ

przeżyć się *v* go out of fashion: *Maxi skirts went out of fashion years ago.*

przeżytek *n* anachronism

przeżywać *v* **przeżywać coś a)** *(podniecać się)* be excited about sth: *The kids are very excited about Christmas.* **b)** *(martwić się)* take sth hard, be cut up about sth: *He's taking it very hard.* | *She still seems very cut up about it.* → patrz też PRZEŻYĆ

przędza *n* yarn

przodek *n* ancestor, forefather: *His ancestors came from Italy.* THESAURUS RELATIVE

przodować *v* **przodować w czymś** lead (the field) in sth: *Asian-American students under 12 lead in literacy and numeracy* (=w umiejętności czytania i liczenia). | *a company that leads the field in software applications*

przód *n* **1** *(przednia strona)* front: *The front of the house was painted yellow.* **2 z przodu** in front, at the front: *Mrs Ramsay's horse was well in front.* | *He drove straight into the car in front.* | *I think I can see them, they're right at the front.* | **z przodu czegoś** at the front of sth: *Let's sit at the front of the bus.* **3 na przedzie czegoś** at the head of sth:

At the head of the procession marched an army band. **4 do przodu** forward, forwards, ahead *AmE*: *Could you move your chair forwards a little?* | *He leaned forward to hear what they were saying.* | *Joe ran ahead to see what was happening.* **5 mieć coś do przodu/być z czymś do przodu** be over (and done) with sth, get sth over with: *I just wanted to get these exams over with.*

UWAGA: forward(s)

Przysłówka **forwards** używa się w rozmaitych odmianach angielszczyzny, natomiast forma **forward** charakterystyczna jest dla angielszczyzny amerykańskiej.

przy *prep* **1** *(obok)* by, beside, next to: *I'll meet you by the bank.* | *Gary sat down beside me.* | *Your glasses are there, next to the phone.* **2 przy stole/biurku** at the table/desk: *Maria sat at the table, sipping her coffee.* **3** *(podczas)* during, at: *During breakfast, I usually read the paper.* | *Anna said something at lunch about leaving.* | **przy robieniu czegoś** when doing sth: *Be very careful when changing lanes* (=przy zmienianiu pasa ruchu). **4 przy kimś** *(w czyjejś obecności)* in front of sb: *Don't swear in front of the children.* | **przy świadkach** in the presence of witnesses **5 być przy kimś** be by/at sb's side: *His wife was by his side at all times.* **6 mieć/nosić coś przy sobie** have/carry sth on you: *Do you have a pen on you?*

przybić *v* **1** *(gwoździami)* nail: *A sign saying 'No Fishing' had been nailed to the tree.* | *The lid was nailed down.* **2 przybić pieczęć/stempel** put a stamp: *They put a stamp in his passport.* **3** *(zasmucić)* sadden, upset: *It saddened him that the others no longer trusted him.*

przybiec *v* come running: *Eric came running into the room, out of breath.*

przybierać *v* →patrz PRZYBRAĆ

przybity *adj* dejected: *He looked utterly dejected when she told him he'd failed again.*

przybliżenie *n* **w przybliżeniu** approximately, roughly: *Approximately 35 percent of the students come from Japan.* —**przybliżony** *adj* approximate, rough: *I think it's worth £10,000, but that's only an approximate figure.*

przybliżyć *v* **1** *(umieścić bliżej)* move/bring nearer/closer: *As you move your finger closer to your face both eyes will converge.* **2** *(zwycięstwo, klęskę itp.)* bring nearer/closer: *Have India's nuclear tests brought the apocalypse closer?*

przybliżyć się *v* move/draw nearer/closer: *Look at the diagram from about a foot away, then gradually move nearer.*

przybory *n* **1 przybory kuchenne** kitchen utensils **2 przybory toaletowe** toiletries **3 przybory do szycia** sewing kit

przybrać *v* **1** *(ozdobić)* decorate: *Would you like to help me decorate the Christmas tree?* **2** *(potrawę)* garnish: *crunchy cheesecake garnished with pears* **3** *(wygląd, kształt)* assume: *Andy assumed an air of innocence* (=niewinną minę) *as the teacher walked by.* | *The cursor can assume different shapes according to the context of the application.* **4** *(imię, pseudonim)* assume: *The new pope assumed the name Pius X.* **5** *(woda)* rise: *Flood waters are still rising in parts of Missouri.* →patrz też **przybrać na sile** (SIŁA), **przybrać na wadze** (WAGA)

przybrany *adj* **1 przybrane dziecko** foster/adopted child **2 przybrani rodzice** foster parents **3** *(imię, nazwisko)* assumed: *He was doing business under an assumed name.*

przybrzeżny *adj* **1** coastal: *coastal waters* **2 straż przybrzeżna** coastguard

przybudówka *n* annexe *BrE*, annex *AmE*, extension

przybyć *v* **1** *(przyjechać, przyjść)* arrive: *Everybody cheered when the firemen arrived.* **2 przybyło ludzi/problemów itp.** there are now more people/problems etc **3 komuś przybyło lat** sb (has) got older —**przybycie** *n* arrival: *Shortly after our arrival in Florida, Lottie got robbed.*

przybysz *n* newcomer, (new) arrival: *New arrivals were greeted with suspicion.*

przybytek *n* temple, shrine: *a temple of science* | *the Royal Court, that shrine of modern British drama*

przybywać *v* →patrz PRZYBYĆ

przychodnia *n* (outpatient) clinic, health centre *BrE*: *a family-planning clinic*

przychodzący *adj* *(poczta, sygnał itp.)* incoming: *The phone will only take incoming calls.*

przychodzić *v* **przychodzić komuś łatwo** come naturally/easily to sb: *Acting has always come naturally to her.* →patrz też PRZYJŚĆ

przychód *n* (gross) income

przychylny *adj* favourable *BrE*, favorable *AmE*: *The film received very favourable reviews.* —**przychylnie** *adv* favourably *BrE*, favorably *AmE* —**przychylność** *n* favour *BrE*, favor *AmE*: *It isn't easy to win* (=zaskarbić sobie) *his favour.*

przyciąć *v* **1** *(włosy)* trim: *My hair needs trimming.* **2** *(zdjęcie, obrazek)* crop **3** *(drzewo, żywopłot)* prune (back)

przyciągać *v* attract: *A magnet is a body that attracts iron and certain other materials.* | *Left-over food attracts flies.* | *The show attracted 100,000 visitors from 180 countries.* | **przyciągać czyjąś uwagę** attract sb's attention: *The President's visit to Poland attracted massive media attention.*

przyciąganie *n* attraction, pull: *magnetic/gravitational attraction* | *the gravitational pull of the moon* | **przyciąganie ziemskie** gravity: *the laws of gravity*

przyciągnąć *v* →patrz PRZYCIĄGAĆ

przycinać *v* →patrz PRZYCIĄĆ

przycisk *n* **1** button: *Just press the 'on' button.* **2 przycisk do papieru** paperweight

przycisnąć *v* **1** press: *Their faces were pressed against the window.* **2 przycisnąć kogoś** twist sb's arm, pin/nail sb down: *I'm sure he'll come to the party if you twist his arm.* | *I've been trying to pin him down all week, but he won't say what's going on.*

przycupnąć *v* perch (yourself): *Linda perched herself on a bar stool.*

przyczaić się *v* skulk, lie in wait: *Two men were skulking in the shadows.*

przyczepa *n* **1** *(ciężarówki)* trailer **2** *(motocykla)* sidecar **3 przyczepa kempingowa** caravan *BrE*, trailer *AmE*

przyczepić *v* attach, fasten: *The note was attached with tape.* | *Fasten the microphone clip to your shirt.*

przyczepić się *v* **przyczepić się do kogoś a)** *(nie odstępować)* fasten onto sb, tag along with/behind sb: *I don't know him, he just tagged along with us.* **b)** *(uwziąć się)* have (got) it in for sb: *I think the teacher's really got it in for me.*

P

przyczynić się *v* **przyczynić się do czegoś** contribute to sth: *All this worry almost certainly contributed to his illness.*

przyćmić *v* eclipse: *She felt totally eclipsed by her prettier, brighter, younger sister.*

przyćmiony *adj* dimmed: *dimmed light*

przydać się *v* prove/be useful, be of use, be a lot of help/a real help: *Clive's experience in the building trade proved useful for re-roofing the garage.* | *I wondered if this book might be of use to you.* | *Your instructions weren't a lot of help.* | **coś może się przydać** sth may come in handy/useful: *The extra key may come in handy.* | *Keep that, it might come in useful later.* | **coś się komuś (na nic) nie przyda** sth is (of) no use to sb: *The ticket is of no use to me now.*

przydarzyć się *v* **przydarzyć się komuś** happen to sb: *Meeting Penny was the best thing that ever happened to me.*

P

przydatność *n* **1** usefulness **2 data/termin przydatności do spożycia** best-before date, sell-by date *BrE*

przydatny *adj* useful, helpful, handy: *a useful book for travellers* | *The map was really helpful.* | *handy tips* (=rady) *for removing stains* THESAURUS USEFUL

przydawać się *v* → patrz PRZYDAĆ SIĘ

przydomek *n* nickname

przydrożny *adj* wayside: *a wayside shrine* (=kapliczka)

przydział *n* **1** *(rozdzielanie)* allotment, allocation: *the allotment of funds* | *the allocation of state funds to the university* **2** *(przydzielona część)* ration, allocation: *the weekly meat ration* (=tygodniowy przydział mięsa)

przydzielić *v* **1** *(fundusz, porcję)* allot: *Each person was allotted two tickets.* **2** *(pracę, zadanie)* assign: *Specific tasks will be assigned to each member of the team.*

przygarnąć *v* **1** *(zaopiekować się)* take in: *Brett's always taking in stray* (=bezdomne) *animals.* **2 przygarnąć kogoś (do siebie)** *(przytulić)* take sb in your arms: *Jerry took Barbara in his arms and kissed her.*

przyglądać się *v* **1** *(patrzeć)* watch: *Do you want to join in or just sit and watch?* | **przyglądać się komuś/czemuś** watch/observe sb/sth: *Harriet watched the man with interest as he walked in.* | *I sat in a corner and observed what was going on.* **2 przyglądać się czemuś** *(pilnować)* scrutinize sth: *Inspectors scrutinize every aspect of the laboratories' activities.* → patrz też PRZYJRZEĆ SIĘ

przygnębiać *v* depress, get down: *I can't watch the news anymore – it depresses me too much.* | *The weather's really getting me down.* —**przygnębiający** *adj* depressing: *a depressing TV programme* THESAURUS SAD —**przygnębiony** *adj* depressed, dejected, downcast: *She felt lonely and depressed.* | *a dejected look* —**przygnębienie** *n* depression, dejection

przygniatający *adj* *(większość)* overwhelming: *The Labour Party won by an overwhelming majority.* | **przygniatające zwycięstwo** landslide victory

przygnieść *v* crush: *A park visitor was crushed by a falling tree.*

przygoda *n* adventure: *a book about her adventures in South America* | **poszukiwacz/ka przygód** adventurer | **żądny przygód** adventurous, adventuresome *AmE*: *an adventurous little boy*

przygotować *v* **1** prepare: *Have you prepared your speech yet?* | *Prepare the sauce while the pasta is cooking.* **2 przygotować kogoś do czegoś** prepare sb for sth: *Our job is to prepare these soldiers for war.*

przygotować się *v* **1** prepare: **+ do czegoś** for sth/to do sth: *We haven't started preparing for the meeting yet.* | *Olympus is preparing to launch* (=do wprowadzenia na rynek) *a new range of cameras.* **2 przygotować się na coś** prepare/brace yourself for sth: *Prepare yourself for a shock.*

przygotowanie *n* **1** preparation: *the preparation of the report* | *wedding preparations* | **+ do czegoś** for sth: *The England team have begun their preparation for next week's game.* | *Preparations are being made* (=trwają przygotowania) *for the President's visit.* **2 bez przygotowania** *(wystąpić itp.)* impromptu: *He insists he was speaking impromptu.*

przygotowany *adj* prepared: **+ na coś** for sth: *He wasn't really prepared for the interviewer's questions.* | **+ do czegoś** to do sth: *You'll have to be prepared to work hard if you want to make progress in this job.* THESAURUS READY

przygotowawczy *adj* preparatory: *preparatory work*

przygraniczny *adj* border: *the border regions*

przygrywać *v* **przygrywać komuś** accompany sb: *Simon accompanied me on the guitar.*

przyimek *n* preposition

przyjaciel *n* **1** friend: *Lee's an old friend of mine.* | *Even my best friend didn't know my secret.* **2** *(chłopak)* boyfriend: *Dorothy is living with her boyfriend.*

przyjacielski *adj* friendly: *a friendly smile*

przyjaciółka *n* friend: *Martha went to London with some friends.*

przyjazd *n* arrival: *Shortly after our arrival in Florida, Lottie got robbed.* | *the late arrival of the train*

przyjazny *adj* **1** *(człowiek, stosunki)* friendly, neighbourly *BrE*, neighborly *AmE* **2** *(program, urządzenie)* user-friendly: *user-friendly software*

przyjaźnić się *v* **przyjaźnić się z kimś** be friends with sb: *My parents have been friends with the Crawfords for twenty years.*

przyjaźnie *adv* in a friendly way: *Sue smiled at the children in a friendly way.*

przyjaźń *n* friendship: *Their friendship began in college.* | *a close friendship*

przyjąć *n* **1** *(prezent itp.)* accept: *Please accept this small gift.* | *He is charged with accepting bribes* (=został oskarżony o przyjmowanie łapówek) *from local companies.* **2** *(zaproszenie)* accept: *Are you going to accept their invitation?* | **nie przyjąć zaproszenia** decline an invitation: *We asked them to come, but they declined our invitation.* **3** *(propozycję, przeprosiny, pracę itp.)* accept: *Jackie won't accept any advice.* | *The manager would not accept her resignation.* | *Please accept my apologies.* | *Alice accepted the job of sales manager.* | **przyjąć coś z zadowoleniem** welcome sth: *We would welcome a change in the law.* | **nie przyjąć propozycji** turn down/decline an offer: *She got an offer of a job at Microsoft, but she turned it down.* **4** *(kandydata, ucznia itp.)* accept, admit: *information for newly accepted students* | **przyjąć kogoś do klubu/stowarzyszenia itp.** admit sb to a club/society etc: *The UK was admitted to the EEC in 1973.* **5** *(strategię, podejście)* adopt: *The courts have been asked to adopt a more flexible approach to young offenders.* **6** *(gościa)* receive: *Perez was formally received at the White House.* **7** *(wniosek, budżet)* adopt, approve: *The committee voted to adopt our proposals.* | *We are waiting for our proposals to* *be approved.* **8** *(imię, przydomek)* assume: *My grandfather went to the States and assumed a different name.* **9 przyjąć (na siebie) odpowiedzialność/winę** accept responsibility/blame: *The ship's owners are refusing to accept any responsibility for the accident.* **10 przyjąć, że ...** assume that ...: *Your light wasn't on so I assumed you were out.* | **przyjmując, że ...** assuming (that) ...: *Assuming the picture is a Van Gogh, how much do you think it is worth?* **11 zostać dobrze przyjętym** be well received: *Edith's plans were very well received by the board.* | **zostać chłodno/entuzjastycznie itp. przyjętym** get a cool/enthusiastic etc reception: *The singer got an enthusiastic reception.* → patrz też PRZYJMOWAĆ, → patrz też **przyjąć poród** (PORÓD), **przyjąć do wiadomości** (WIADOMOŚĆ)

przyjąć się *v* **1** *(moda, zwyczaj)* catch on: *It was a popular style in Britain but it never really caught on in America.* **2** *(teoria, ideologia)* gain currency: *These ideas have gained currency in recent years.* **3 przyjęło się coś robić** it is customary to do sth: *It is customary to call these floppy drives* (=napędy dyskietek) *A and B.* **4** *(roślina, sadzonka)* take root

przyjechać *v* come, arrive: *Did you come by train?* | *We arrived late, and the hotel was already full up.*

przyjemnie *adv* **1** pleasantly, agreeably: *The weather was pleasantly warm.* | *I was agreeably surprised.* **2 bardzo mi przyjemnie!** (it's) nice to meet you!

przyjemność *n* **1** pleasure, enjoyment: *Small gifts give pleasure and don't cost much.* | *We hope the bad weather didn't spoil your enjoyment.* | **dla przyjemności** for pleasure: *I often read for pleasure.* **2 sprawić komuś przyjemność** please sb: *I only got married to please my parents.* **3 cała przyjemność po mojej stronie** (it's) my pleasure, the pleasure is all mine: *"Thanks for coming." "My pleasure."* **4 zrobić coś z przyjemnością** be happy/delighted to do sth: *Our team of experts will be happy to answer any questions.* **5 mieć przyjemność coś zrobić** have the pleasure of doing sth: *I don't think I've had the pleasure of meeting your wife.* **6 znajdować przyjemność w czymś** take pleasure in doing sth: *She takes great pleasure in telling people they are wrong* (=że nie mają racji). **7 z przyjemnością** *(odpowiadając na propozycję)* with pleasure, I'd/we'd love to: *"Will you come?" "With pleasure."* | *"Would you like to come swimming with us?" "I'd love to."*

przyjemny *adj* **1** pleasant, agreeable, enjoyable: *They spent a very pleasant evening together.* | *very agreeable weather* | *games to make learning more enjoyable* THESAURUS NICE **2 przyjemny dla oka/ucha** pleasing to the eye/ear

przyjezdny *adj* visiting: *renting out apartments to visiting businessmen*

przyjezdn-y/a *n* visitor: *The local people are always friendly to visitors.*

przyjeżdżać *v* → patrz PRZYJECHAĆ

przyjęcie *n* **1** *(uroczystość)* reception, party: *a wedding reception* | *a birthday party* | **wydać przyjęcie** give/throw a party THESAURUS PARTY **2** *(powitanie, reakcja)* reception: *She got an enthusiastic reception from the audience.* **3** *(do szkoły itp.)* admission, acceptance: *Tom has applied for admission to Oxford next year.* **4** *(do grupy, społeczności)* acceptance: *the immigrants' gradual acceptance into the community* **5** *(prezentu, zaproszenia itp.)* acceptance: *I was surprised at her acceptance of my offer.* **6** *(planu, wniosku, metody)* adoption: *the adoption of new technology* **7 coś jest (nie) do przyjęcia** sth is (un)acceptable: *The essay was acceptable, but it wasn't her best work.* | *Your behaviour is totally unacceptable.*

przyjęty *adj* *(norma, zwyczaj)* customary, accepted, established: *It is customary to cover your head in the temple* (=w świątyni). | *accepted forms of behaviour*

przyjmować *v* *(karty płatnicze itp.)* accept: *We don't accept traveller's cheques.* → patrz też PRZYJĄĆ

przyjrzeć się *v* **przyjrzeć się komuś/czemuś a)** have/take a look at sb/sth: *Take a look at these two photographs and tell me if you can see any differences.* **b)** *(z uwagą)* study sb/sth: *He studied the document carefully.* → patrz też PRZYGLĄDAĆ SIĘ

przyjść *v* **1** *(człowiek)* come: *When Bert came home from work, he looked tired.* | *Can I come over to your place tonight?* **2** *(przesyłka)* arrive, come: *Your letter arrived yesterday.* | *The phone bill has come at a bad time.* **3** *(pora roku)* come: *Spring came early that year.* **4 komuś przyszło coś robić** sb was forced to do sth: *Maria was forced to choose between happiness and duty.* → patrz też PRZYCHODZIĆ, → patrz też **przyjść komuś z pomocą** (POMOC) —**przyjście** *n* coming, arrival

przykazanie *n* commandment: *The Ten Commandments*

przykleić *v* **1** *(klejem)* glue, paste, stick: *Who glued my pen to the desk?* | *A notice had been pasted to the door.* **2** *(taśmą)* tape: *He had a picture of his girlfriend taped to the inside of his locker door.*

przykład *n* **1** example: **podać przykład** give an example: *Can anyone give me an example of a transitive verb?* | **klasyczny/typowy przykład** classic/typical example: *a classic example of what not to do* | **być przykładem czegoś** be an example of sth, exemplify sth: *Amiens cathedral is a good example of Gothic architecture.* | *Stuart exemplifies the kind of student we like at our school.* **2 na przykład** for example, for instance: *There's been a big increase in food prices this year. For example, the price of meat has doubled.* | *She's totally unreliable – for instance, she often leaves the children alone in the house.* **3 dawać (dobry) przykład** set an example: *A good captain should set an example for the rest of the team.* **4 wziąć przykład z kogoś/pójść za czyimś przykładem** follow sb's example: *I suggest you follow Rosie's example and start doing regular exercise.*

przykładać (się) *v* → patrz PRZYŁOŻYĆ (SIĘ), → patrz też **przykładać wagę do czegoś** (WAGA)

przykładowy *adj* example: *example sentences* —**przykładowo** *adv* for example, for instance

przykręcić *v* **1** *(gniazdko, obudowę itp.)* screw, bolt: *Screw the socket onto the wall.* | *The shelves are bolted to a metal frame.* **2** *(śrubę)* tighten: *Tighten the screw holding the mirror in place.* **3** *(gaz itp.)* turn down: *Turn down the gas so that the meat doesn't burn.*

przykro *adv* **komuś jest/zrobiło się przykro** sb is/was sorry: *Casey was sorry he'd gotten so angry at the kids over nothing.* | *I'm so sorry* (=tak mi przykro) *that I missed your birthday. I just completely forgot.* | **przykro mi to słyszeć** I'm sorry to hear that: *"My husband's ill today." "I say! I'm sorry to hear that."*

przykrość *n* **1 zrobić/sprawić komuś przykrość** upset sb: *I'm sorry, I didn't mean to upset you.* **2 z przykrością informuję/zawiadamiam, że ...** I regret to inform you that ...: *I regret to inform you that your contract will not be renewed.*

przykry *adj* **1** *(zapach, niespodzianka)* unpleasant: *an unpleasant smell/surprise* **2** *(przeżycie)* distressing, upsetting: *a distressing experience* **3 przykra sprawa!** (it's just)

P

too bad!, bad/hard/tough luck!: *Oh bad luck! I'm sure you'll pass next time.*

przykryć *v* cover: *Cover the pan and let the sauce simmer.* | *tables covered with clean white cloths*
przykryć się *v* cover yourself up: *He quickly covered himself up with a blanket.*

przykrywka *n* **1** *(garnka)* lid, cover: *Where's the lid for this pot?* **2 być przykrywką dla czegoś** be a cover for sth: *The company is just a cover for the Mafia.*

przykucnąć *v* crouch, squat (down): *We crouched behind the wall.* | *He squatted down next to the child.*

przykuty *adj* **1 przykuty do czegoś** *(zafascynowany)* riveted to sth: *People sat riveted to their TVs during the trial.* **2 przykuty do łóżka** bedridden

przylądek *n* headland, promontory, *(w nazwach)* cape: *the Cape of Good Hope* | *Cape Horn*

P

przylecieć *v* arrive: *The plane arrived two hours late.*

przylegać *v* **przylegać do czegoś a)** *(przywierać)* adhere to sth: *Make sure the paper adheres firmly to the wall.* **b)** *(graniczyć)* adjoin sth: *The kitchen adjoins the sitting room.*

przyległy *adj* adjacent: *buildings adjacent to the palace*

przylepić (się) *v* →patrz PRZYKLEIĆ (SIĘ)

przylgnąć *v* **przylgnąć do kogoś/czegoś a)** cling to sb/sth: *The little girl clung to her mother.* **b)** *(przezwisko itp.)* stick: *One newspaper dubbed him 'Eddie the Eagle' and the name stuck* (=i ten przydomek przylgnął do niego).

przylot *n* arrival: *arrivals and departures* (=przyloty i odloty)

przyłapać *v* **przyłapać kogoś na czymś** catch sb doing sth: *I caught him looking through my files.* | **przyłapać kogoś na gorącym uczynku** catch sb red-handed

przyłączyć się *v* **1** join in: *Come on, Betty, join in! You can sing!* **2 przyłączyć się do kogoś/czegoś** join sb/sth: *Other unions joined the strike.* | *Why don't you join us for dinner?*

przyłożyć *v* **1 przyłożyć coś do czegoś** put sth against sth: *Put your hand against your throat to feel your heart beating.* **2 przyłożyć do czegoś rękę** have a hand in sth: *I suspect John had a hand in this.* | **nie przyłożyć do czegoś ręki** have nothing to do with sth: *Richard claimed he had nothing to do with Mark's dismissal.* **3 przyłożyć komuś** thump sb
przyłożyć się *v* apply yourself: *I wish John would apply himself a little more!* | **przyłożyć się do czegoś** apply yourself to sth, put your mind to sth: *I'm sure she'll pass her test if she puts her mind to it.*

przymiarka *n (u krawca)* fitting

przymierać *v* **przymierać głodem** starve

przymierzać *v* **nie przymierzając** if you'll forgive the comparison: *You're panting like a hound, if you'll forgive the comparison* (=dyszysz jak, nie przymierzając, pies gończy). →patrz też PRZYMIERZYĆ
przymierzać się *v* **przymierzać się do czegoś** think about/of doing sth: *We're thinking about buying a new car.*

przymierzalnia *n* fitting room, dressing room *AmE*

przymierze *n* alliance

przymierzyć *n* try on: *Would you like to try these jeans on?* →patrz też PRZYMIERZAĆ

przymilny *adj* ingratiating: *an ingratiating smile* —**przymilnie** *adv* ingratiatingly

przymiotnik *n* adjective —**przymiotnikowy** *adj* adjectival

przymioty *n* qualities, attributes: *personal qualities* | *What attributes should a good manager possess?*

przymknąć *v (zaaresztować)* bust: *He got busted for possession of drugs.* →patrz **przymknąć na coś oko/oczy** (OKO)

przymocować *v* fasten, fix *BrE*: *She fastened a rope to the front of the boat.* | *We fixed the shelves to the wall using screws.*

przymrozek *n* ground frost

przymrużyć *v* **przymrużyć oczy** squint: *Anna squinted in the sudden bright sunlight.*

przymus *n* **1** compulsion: *You don't have to go to the meeting. There's no compulsion.* **2 pod przymusem** under duress/coercion: *Her confession was made under duress.* | *He claimed he had acted under coercion.*

przymusowy *adj* **1** *(służba)* compulsory: *compulsory military service* **2** *(lądowanie)* forced: *The plane had to make a forced landing in a field.*

przymykać *v* →patrz PRZYMKNĄĆ

przynajmniej *adv* **1** *(co najmniej)* at least: *At least 150 people were killed in the earthquake.* **2** *(w każdym razie)* at least, at any rate: *Well, at least you got your money back.* | *He's gone home, at least I think he has.* | *They've got technical problems - at any rate that's what they told me.*

przynależeć *v* **przynależeć do czegoś a)** *(rzecz, zjawisko)* belong to sth **b)** *(człowiek)* be a member of sth —**przynależność** *n* membership: *He was criticized for his membership of the Communist Party.*

przynęta *n* **1** *(na ryby)* bait **2** *(żeby ktoś coś zrobił)* bait, decoy: *She has chosen the right bait to persuade me to accompany her.* | *The police are thinking of using him as a decoy.*

przynieść *v* **1 a)** bring: *Did you bring anything to drink?* | *I brought these pictures to show you.* | **+ coś komuś** sb sth: *Rob brought her a glass of water.* **b)** *(pójść i przynieść)* fetch: *Could you fetch my handbag from the hall?* **2** *(spowodować)* bring: *This whole thing has brought nothing but trouble* (=same kłopoty). | *Every scientific discovery brings with it its own risks.* THESAURUS CAUSE **3** *(dochód ze sprzedaży)* bring in, fetch: *sales that will bring in more than £2 million* | *The painting is expected to fetch over $1 million.*

UWAGA: fetch

Czasownika tego używamy w sytuacji, gdy żeby coś przynieść, trzeba najpierw po to pójść. W związku z tym **fetch** występuje często w prośbach i poleceniach: *Run upstairs and fetch me my glasses, will you?* | *Quick, fetch the ladder.*

przyozdobić *v* decorate, adorn: *The church walls were adorned with beautiful carvings.*

przypadać *v* **przypadać w piątek itp.** fall on a Friday etc: *Christmas falls on a Wednesday this year.* →patrz też PRZYPAŚĆ

przypadek *n* **1** *(zbieg okoliczności)* coincidence: **czysty przypadek** pure/sheer coincidence | **coś (nie) jest dziełem przypadku** sth is (not) a coincidence: *It's not a coincidence that four jewellery stores were robbed in one night.* **2** *(sytuacja, wypadek)* case, instance: *In some cases, it is necessary to operate.* | *instances of police brutality* | **w tym przypadku** in this case/instance: *She is right about most things, but in this instance I think she was mistaken.* |

w przypadku czegoś in case of sth, in the case of sth AmE: *In case of fire, break the glass.* | *The policy provides full insurance in the case of accidental death.* | **w przypadku kogoś** in sb's case: *In Sandra's case, the reasons are less easy to pinpoint.* | **(podobnie/tak) jak w przypadku kogoś/czegoś** as is the case with sb/sth: *As is the case with any other topic, the content of the presentation must be appropriate to the audience.* **3 przez przypadek** accidentally, by accident: *I accidentally set off the alarm.* **4 przypadkiem a)** *(przypadkowo)* by accident/chance, accidentally: *We met by accident in the street.* **b)** *(w pytaniach)* by any chance: *Are you Stella's mother, by any chance?* | *Would you, by any chance, know where a pay phone is* (=czy nie wie pan/i przypadkiem, gdzie tu jest automat telefoniczny)? **przypadkiem zrobić coś** happen to do sth: *I happened to run into Hannah at the store today.* **5** *(w medycynie, prawie)* case: *a serious/difficult case* | *an extreme case of anorexia* **6** *(gramatyczny)* case: *Polish has more cases than English.*

przypadkowo *adv* by accident/chance, accidentally: *I discovered by accident that he'd lied to me.*

przypadkowy *n* accidental, coincidental: *Any similarity between this film and real events is purely coincidental.*

przypalić *v* **1** *(jedzenie)* burn: *Oh no! I've burnt the turkey!* **2** *(skórę itp.)* singe: *I've singed my hair on a candle.* —**przypalony** *adj* burnt, burned: *the smell of burnt toast*
przypalić się *v* burn: *I came back into the kitchen to find that the roast* (=pieczeń) *had burned.*

przyparty *adj* →patrz **być przypartym do muru** (MUR)

przypaść *v* **komuś przypadło (w udziale) zrobienie czegoś** it fell to sb to do sth: *It fell to me to give her the bad news.* →patrz też PRZYPADAĆ, →patrz też **przypaść do gustu** (GUST)

przypatrywać się *v* **przypatrywać się komuś/czemuś** eye/study sb/sth: *The child eyed me with curiosity.*

przypatrzyć się *v* **przypatrzyć się (komuś/czemuś)** take a closer look (at sb/sth): *Take a closer look at the photo; doesn't it remind you of someone?*

przypiąć *v* fasten, pin: *Claire carefully fastened the brooch to her dress.* | *The soldiers had rows of medals pinned to their chests.*

przypieczętować *v* **przypieczętować umowę/porozumienie** seal a deal/agreement

przypinać *v* →patrz PRZYPIĄĆ

przypis *n* footnote

przypisywać *v* **1 przypisywać coś komuś** attribute/credit sth to sb, credit sb with sth: *a painting attributed to Rembrandt* | *Daguerre was originally credited with the idea.* **2 przypisywać coś czemuś** attribute/ascribe sth to sth, put sth down to sth: *The increase in crime can be attributed to social changes.* | *Carter ascribed his problems to a lack of money.* | *She put her illness down to stress.*

przypłynąć *v* **1 przypłynąć (do)** *(statek)* sail in(to), arrive (at/in): *Night was beginning to fall as we sailed into Vera Cruz.* | *The ship arrived at an uninhabited island.* **2** *(pływak)* swim: *We swam ashore* (=przypłynęliśmy do brzegu).

przypływ *n* **1** *(morza)* high tide: **jest przypływ** the tide is (coming) in **2** *(emocji)* wave, surge, flush, gush: *a wave of homesickness* | *a surge/flush of excitement/pride* | *I felt a gush of relief* (=ulgi) *that the children were safe.* **3** *(natchnienia)* flash: *in a sudden flash of inspiration*

przypodobać się *v* **przypodobać się komuś** ingratiate yourself with sb: *a politician trying to ingratiate himself with the voters*

przypominać *v* **1** *(być podobnym)* resemble, look like: *Mick closely resembled his father.* | *The building looked like a church.* **2** *(przywodzić na myśl)* be reminiscent of: *The scene was reminiscent of a Hollywood gangster movie.* **3 przypominać komuś kogoś/coś** remind sb of sb/sth, make sb think of sb/sth: *She reminds me of Dawn French.* | *This record always makes me think of you.* **4 przypominać sobie** remember, recall, recollect: *Do you remember the first time we met?* | *I don't recall meeting him* (=żebym go spotkał). | *As far as I recollect* (=o ile sobie przypominam), *I have never owned a black suit.* **5 w niczym nie przypominać** be a far cry from, be nothing like: *Russia was a far cry from what Tom had expected.* | *We have hills at home, but they're nothing like this!*

przypomnieć *v* **1** remind: **+komuś o czymś** sb about sth: *Will you remind me about that appointment?* | **+komuś, jak/kiedy itp.** sb how/when etc: *Remind me what to do, I haven't used this machine for ages.* | **+komuś, że ...** sb (that) ...: *I'll just call Sylvia to remind her that we are meeting at eight.* | **+komuś, żeby coś zrobił** sb to do sth: *Remind me to go to the post office.* **2 przypomnieć sobie** remember, recall: *I can't remember his name.* **3 to/co mi przypomina, że ...** that/which reminds me ...: *Oh, that reminds me, I saw Jenny in town today.* | *Which reminds me, you didn't answer my question: Why does your brother-in-law dislike you?*
przypomnieć się *v* **1 komuś przypomniało się, że ...** sb remembered (that) ...: *I suddenly remembered that I'd left the stove on.* **2 coś się komuś przypomniało** sb remembered sth, sth came to sb: *I can't remember her name just now, but it'll come to me.*

przypowieść *n* parable

przyprawa *n* spice, seasoning: *herbs and spices*

UWAGA: spice i seasoning

Rzeczownika **spices** używa się na określenie przypraw korzennych: *Indian spices such as cumin and saffron.* Rzeczownik **seasoning** obejmuje przyprawy wszelkiego rodzaju, ale zwykle stosuje się go w odniesieniu do przypraw najczęściej używanych, czyli soli i pieprzu: *Adjust the seasoning, adding more salt or pepper as desired.*

przyprawić *v* season, spice: *Season the soup just before serving.* | *baked apples spiced with cinnamon and nutmeg* (=gałka muszkatołowa) →patrz też **przyprawiać kogoś o mdłości** (MDŁOŚCI)

przyprowadzić *v* **przyprowadzić kogoś (ze sobą)** bring sb (with you/along): *She brought her children with her to the party.* | *Is it all right if I bring my boyfriend along?* THESAURUS BRING

przypuszczać *v* **1 przypuszczam, że ...** I suppose (that) ..., I (would) think/imagine/guess (that) ...: *I suppose Philip will be late as usual.* | *I would think she's gone back home.* **2 kto by przypuszczał?** who would have thought?: *Who would have thought she'd end up dancing for a living?* →patrz też PRZYPUŚCIĆ

przypuszczalnie *adv* presumably: *Presumably, you've heard the news by now.*

przypuszczenie *n* presumption, supposition: *the presumption that Evans was guilty*

przypuścić *v* **1 przypuśćmy, że ...** suppose ..., supposing ...: *Suppose Mom found out? She'd go crazy!* **2 przypuścić atak** launch an attack →patrz też PRZYPUSZCZAĆ

P

przyroda *n* nature, wildlife: *the forces of nature* | *the wildlife of Crete*

przyrodni *adj* **1 przyrodni brat** half-brother, stepbrother **2 przyrodnia siostra** half-sister, stepsister

przyrodniczy *adj* **1 program/film itp. przyrodniczy** nature programme/film etc **2 nauki przyrodnicze** natural science, the natural sciences

przyrodni-k/czka *n* naturalist

przyrodoznawstwo *n* natural history

przyrost *n* growth: *rapid growth in oil production and consumption* | **przyrost naturalny** population growth: *efforts to control population growth*

przyrostek *n* suffix

przyrząd *n* device, instrument: *navigation devices*

przyrządzić *v* prepare, cook: *This dish can be prepared the day before.* | *Sarah cooked lasagne for her parents when they visited.*

P

przyrzec *v* **1** promise, vow, make a vow: *"Promise me you won't do anything stupid." "I promise."* | *She made a vow never to tell anybody what she had heard.* **2 przyrzec sobie** vow, make a vow to yourself: *I vowed that I would never drink again.* | *She made a vow to herself that she would never go back.* —**przyrzeczenie** *n* vow, pledge, promise

UWAGA: vow, pledge i promise

Vow i **pledge** są wyrazami bardziej formalnymi niż **promise**. Stosuje się je zwykle w odniesieniu do przyrzeczenia uroczystego, dotyczącego ważnej sprawy itp.

przysadzisty *adj* squat, dumpy: *a squat old man* | *a dumpy little woman*

przysiad *n* knee bend: *Can you do 100 knee bends at one time?*

przysiąc *v* **1 przysiąc coś** *(wierność itp.)* swear/take an oath of sth: *The knights swore an oath of loyalty to their king.* THESAURUS PROMISE **2 przysiąc, że ...** swear (that) ...: *Victor swore he would get his revenge* (=że się zemści). **3 mógłbym przysiąc, że ...** I could have sworn (that) ...: *I could have sworn I put the ticket in my pocket.* →patrz też PRZYSIĘGAĆ

przysiąść *v* **1** *(usiąść)* sit down: *Let's sit down for a moment before we go on.* **2** *(kucnąć)* squat (down): *Omar squatted down to pet the little dog.*
przysiąść się *v* **przysiąść się do kogoś** join sb: *"Can I join you?" "Sure, go ahead."*

przysięga *n* oath: **złożyć przysięgę** swear/take an oath: *He swore an oath to support the Constitution.* | **pod przysięgą** under oath: *evidence* (=zeznania) *given under oath* | **oświadczenie/zeznanie pod przysięgą** sworn statement/testimony

przysięgać *v* swear: *Do you swear to tell the truth?* | *I swear I'll never leave you.* →patrz też PRZYSIĄC

przysięgł-y/a *n, adj* **1** juror: **ława przysięgłych** jury **2 tłumacz przysięgły a)** certified translator **b)** *(w sądzie)* court interpreter

przysłać *v* send: *Kate sent me a message, saying she might be late.*

przysłona *n* aperture

przysłonić *v* **1** *(widok)* obscure, blot out: *The top of the hill was obscured by clouds.* | *clouds blotting out the sun* **2** *(oczy)* shade: *Ann shaded her eyes from the bright sun.* **3** *(prawdę, fakty)* obscure: *Recent successes have obscured the fact that the company is still in trouble.*

przysłowie *n* proverb —**przysłowiowy** *adj* proverbial

przysłówek *n* adverb —**przysłówkowy** *adj* adverbial

przysłuchiwać się *v* **przysłuchiwać się komuś/czemuś** listen to sb/sth: *We used to gather round and listen to him telling wonderful stories.*

przysługa *n* favour *BrE*, favor *AmE*: **poprosić kogoś o przysługę** ask sb a favour, ask a favour of sb: *Can I ask you a favour?* | **oddać/wyświadczyć komuś przysługę** do sb a favour: *Could you do me a favour and look after the kids for an hour?* THESAURUS HELP

przysługiwać *v* **coś komuś przysługuje** sb is entitled to sth: *Young mothers were entitled to a maternity grant of £25 a week.*

przysłużyć się *v* **przysłużyć się komuś/czemuś** do a service to sb/sth: *We felt we did a service to our community.*

przysmak *n* delicacy: *In France, snails are considered a delicacy.*

przysparzać *v* →patrz PRZYSPORZYĆ

przyspieszenie *n* acceleration: **pedał przyspieszenia** accelerator, gas pedal *AmE*

przyspieszyć *v* **1** speed up, accelerate: *We'd better speed up if we want to be on time.* | *The train soon speeded up.* | *The Ferrari Mondial can accelerate from 0 to 60 mph in 6.3 seconds.* | *The runners accelerated smoothly around the bend.* **2 przyspieszyć coś** speed sth up, accelerate sth, hasten sth: *Resting will hasten recovery.* | *The new system will speed up the registration process.* | *measures to accelerate the rate of economic growth* →patrz też **przyspieszyć kroku** (KROK)

przysporzyć *v* **1 przysporzyć (komuś) czegoś** *(złego)* cause/bring (sb) sth: *This whole venture has brought nothing but trouble!* | *Jimmy's behaviour is causing me a lot of problems.* **2 przysporzyć komuś sławy/popularności** make sb famous/popular: *This victory made her famous in all the world.* **3 przysporzyć sobie przyjaciół/wrogów** make friends/enemies: *He'd made many enemies during his career.*

przystać *v* **1 przystać na coś** agree to sth: *I was very reluctant to agree to their conditions.* **2 jak przystoi/przystało komuś/na kogoś** as befits/befitted sb: *The chairman travelled club class, as befitted a man of his status.*

przystanąć *v* stop, halt: *We stopped to get some gas in Louisville.* | *The procession halted at the church gates.*

przystanek *n* stop: *I'm getting off at the next stop.* | **przystanek autobusowy/tramwajowy** bus/tram stop | **przystanek końcowy** terminus

przystawać *v* →patrz PRZYSTAĆ, PRZYSTANĄĆ

przystawić *v* **przystawić coś do czegoś** put sth against sth: *The policeman put his gun against the robber's head.*

przystawka *n* *(zakąska)* starter *BrE*, appetizer, appetiser *BrE*

przystąpić *v* **1 przystąpić do czegoś a)** *(zostać członkiem)* join sth, become a member of sth: *The government's top priority is to join the European Union.* **b)** *(rozpocząć)* proceed to sth: *We can now proceed to the main business of the meeting.* **c)** *(zgłosić się)* enter sth: *Her doctor recommended that she enter an experimental treatment program.* **2 przystąpić do egzaminu** take/sit an exam: *He took his driving exam in June.* —**przystąpienie** *n* joining, entry: *The Russians were opposed to Poland's joining NATO.* | *negotiating Poland's entry into the EU*

przystępny *adj* **1** *(tekst, informacja)* accessible: *Buchan succeeds in making a difficult subject accessible to the reader.* **2** *(cena)* affordable: *fashionable clothes at affordable prices* —**przystępność** *n* accessibility

przystępować *v* → patrz PRZYSTĄPIĆ

przystojny *adj* handsome, good-looking: *a tall handsome young officer* | *He's a good-looking guy.* THESAURUS BEAUTIFUL

przystosować *v* **przystosować coś do czegoś** adapt sth to/for sth: *The car's engine has been adapted to take unleaded fuel* (=paliwo bezołowiowe). | *The materials can be adapted for use with older children.* —**przystosowanie** *n* adaptation

przystosować się *v* **przystosować się do czegoś** adapt/adjust to sth: *Old people find it hard to adapt to life in a foreign country.* | *We're gradually adjusting to the new way of working.*

przystrzyc *v* trim: *Your hair needs trimming.* | *Can you trim the hedge* (=żywopłot)? → patrz też STRZYC

przysunąć *v* **przysunąć coś** move/draw sth closer: *The table had been moved a little closer to the wall.* | *I drew my chair closer to the TV set.*

przysunąć się *v* move/draw closer: *I moved closer so I could make out what she was saying.*

przyswajać *v* **1** absorb: *Plants absorb nutrients* (=składniki odżywcze) *from the soil.* **2 przyswajać sobie coś** assimilate sth: *Children can usually assimilate new information more quickly than adults.*

przysyłać *v* → patrz PRZYSŁAĆ

przyszłoroczny *adj* next year's: *Next year's budget has been chopped by 50 percent.*

przyszłość *n* **1** the future: *Do you have any plans for the future?* | *the future of our planet* **2 w przyszłości** in (the) future: *In the future people will be able to travel to other planets.* | *I'll sleep in her room in future to prevent her sleepwalking.* | **w najbliższej przyszłości** in the near future: *I'm hoping to go to Atlanta in the near future.* THESAURUS SOON **3 na przyszłość** in future: *You should be more careful in future.*

przyszły *adj* **1** future: *future generations* | *the future president of the United States* **2 w przyszłym tygodniu/miesiącu/roku** next week/month/year: *See you next week.* | *We're hoping to reopen the factory some time next year.* **3 czas przyszły** future tense, the future

przyszyć *v* sew on, stitch: *Can you sew a button on this shirt for me?* | *He had a scout badge stitched to his shirt.*

przyśnić się *v* **1 coś się komuś przyśniło** sb dreamed/dreamt about sth: *I dreamed about you last night.* **2 to ci się chyba przyśniło/musiało przyśnić** *(wydawało się)* you must have dreamt it: *I was sure I had posted the letter, but I must have dreamt it.*

przyśpieszyć *v* → patrz PRZYSPIESZYĆ

przyświecać *v* **komuś przyświeca jakiś cel/idea itp.** sb is inspired/motivated by an aim/idea etc

przytaczać *v* → patrz PRZYTOCZYĆ

przytaknąć *v* **przytaknąć (komuś)** agree (with sb): *"Of course," agreed Ed, although he didn't quite understand what his boss had in mind.*

przytłaczać *v* weigh down, overwhelm: *He was weighed down by his new responsibilities.* —**przytłaczający** *adj* overwhelming, overpowering: *They won by an overwhelming majority* (=większością głosów).

przytłumić *n* **1** *(dźwięk)* muffle: *Thick curtains muffled the traffic noise.* **2** *(ból)* deaden: *drugs to deaden the pain*

przytłumiony *adj* **1** *(głos, odgłos)* muffled, muted: *muffled voices* | *We could hear the muted cries of newspaper sellers in the street outside.* **2** *(światło)* dim: *the dim light of a winter evening*

przytoczyć *v* quote, cite: *Wilkins quoted several cases where errors had occurred.* | *The mayor cited the latest crime figures as proof of the need for more police.*

przytomność *n* **1** consciousness: **stracić przytomność** lose consciousness, black out: *She lost consciousness at 6 o'clock and died two hours later.* | *Sharon blacked out and fell to the floor.* | **odzyskać przytomność** regain consciousness, come to: *When I came to, I was lying on the grass.* | **utrata przytomności** loss of consciousness, blackout **2 przytomność umysłu** presence of mind: *His presence of mind prevented a serious accident.*

przytomny *adj* **1** *(świadomy)* conscious: *Owen was still conscious when the ambulance arrived.* **2** *(czujny)* alert: *I knew I had to remain wide awake and alert.* | *Despite her years, she still has a lively and alert mind.*

przytrafić się *v* **coś się komuś przytrafiło** sth happened to sb: *It could have happened to anyone* (=to się mogło przytrafić każdemu).

przytrzymać *v* hold: *Could you hold the door for me? Thanks.*

przytulić *v* **przytulić kogoś** hug/cuddle sb, give sb a hug/cuddle: *Danny cuddled the puppy.* | *Give me a hug before you go.*

przytulny *adj* cosy, snug: *a cosy room* THESAURUS COMFORTABLE

przytułek *n* shelter: *a shelter for the homeless*

przytwierdzić *v* attach, fix: *a small battery attached to a little loudspeaker*

przytyć *v* put on weight: *John's put on a lot of weight* (=bardzo przytył) *since I last saw him.*

przywiązać *v* **przywiązać kogoś/coś do czegoś** tie sb/sth to sth: *They tied him to a lamp-post.* → patrz też PRZYWIĄZYWAĆ

przywiązać się *v* **przywiązać się do kogoś/czegoś** become attached to sb/sth: *It's easy to become attached to the children you work with.* —**przywiązanie** *n* attachment: *the boy's close emotional attachment to his sister*

przywiązany *adj* **przywiązany do kogoś/czegoś** attached to sb/sth: *He was very attached to his old car and refused to sell it.*

przywiązywać *v* **przywiązywać wagę/znaczenie do czegoś** attach importance to sth: *Don't attach too much importance to what Nick says.* → patrz też PRZYWIĄZAĆ

przywierać *v* → patrz PRZYWRZEĆ

przywieść *v* → patrz PRZYWODZIĆ

przywieźć *v* **1** bring: *The bodies were brought to the hospital for identification.* **2** *(z podróży)* bring back: *These are a few souvenirs I brought back from India.*

przywilej *n* privilege: *Education should be a right, not a privilege.*

przywitać *v* greet, welcome: *The children came rushing out to greet me.* → patrz też POWITAĆ, WITAĆ

przywodzić *v* **przywodzić coś na myśl** bring/call sth to mind: *These violent scenes bring to mind the riots of last year.*

przywołać *v* **1** *(wspomnienia)* bring back: *The smell of cut grass brought back memories of the summer.* **2** *(osobę, taksówkę)* hail: *The hotel doorman will hail a cab for you.*

przywozić *v* →patrz PRZYWIEŹĆ

przywód-ca/czyni *n* leader: *leaders of the world's most powerful nations* —**przywództwo** *n* leadership: *America needs strong leadership.* —**przywódczy** *adj* leadership: *strong leadership skills*

przywrócić *v* restore, bring back: *Police were called in to restore order.* | *Many states have voted to bring back the death penalty.*

przywrzeć *v* cling, stick: *Sand clung to her arms and legs.*

przywykły *adj* **przywykły do czegoś** accustomed to sth: *She was accustomed to a life in luxuries.*

P

przywyknąć *v* **przywyknąć do czegoś** get used/accustomed to (doing) sth, accustom yourself to sth: *I soon got used to the Japanese way of life.* | *It took a while for me to accustom myself to all the new rules and regulations.*

przyziemny *adj* mundane: *Why should we worry about such mundane matters?*

przyznać *v* **1** *(obywatelstwo, kredyt itp.)* grant: *Ms. Chung was granted American citizenship last year.* **2** *(nagrodę)* award: *Einstein was awarded the Nobel Prize for his work in physics.* **3 przyznać, że ...** admit/concede (that) ...: *You may not like her, but you have to admit that Sheila is good at her job.* | *She reluctantly* (=niechętnie) *conceded that I was right.*

przyznać się *v* **przyznać się do czegoś** admit/confess to (doing) sth, own up to (doing) sth: *He'll never admit to the murder.* | *No-one owned up to breaking the window.*

przyzwoitka *n* chaperone

przyzwoity *adj* decent, respectable: *a decent salary* | *a respectable score* (=wynik) —**przyzwoitość** *n* decency: *old-fashioned notions of courtesy and decency* —**przyzwoicie** *adv* decently

przyzwolić *v* **przyzwolić na coś** consent to sth: *Father consented to the marriage.*

przyzwyczaić *v* **przyzwyczaić kogoś/coś do czegoś** accustom sb/sth to sth: *You must accustom your dog to the noise of traffic.*

przyzwyczaić się *v* **przyzwyczaić się do czegoś** get used to (doing) sth, become/get/grow accustomed to sth, accustom yourself to (doing) sth: *I'm sure I'll get used to the hard work.* | *It took a while for me to accustom myself to all the new rules and regulations.*

przyzwyczajenie *n* habit: *Biting your nails is a very bad habit.* | **z przyzwyczajenia** out of/from habit: *After he left home, I was still cleaning his room out of habit.*

przyzwyczajony *adj* **być przyzwyczajonym do czegoś** be used/accustomed to sth: *She was accustomed to a life of luxury.* | **nie być przyzwyczajonym do czegoś** not be accustomed/used to sth, be unused/unaccustomed to sth: *I'm not accustomed to getting up so early.* | *She's unused to driving at night.*

psalm *n* psalm

pseudonim *n* **1** pseudonym, alias THESAURUS NAME **2 pseudonim literacki** pen name

psikus *n* (practical) joke, prank: *a childish prank* | **zrobić komuś psikusa** play a joke on sb

psotny *adj* mischievous: *a mischievous little girl*

pstrąg *n* trout

pstry *adj* gaudy: *pink, purple, and other gaudy colours*

pstryknąć *v* **1** *(światło itp.)* flip, flick *BrE*: *Sandra flicked on the light.* **2 pstryknąć palcami** snap your fingers

psuć (się) *v* →patrz POPSUĆ (SIĘ), ZEPSUĆ (SIĘ)

psychiatra *n* psychiatrist, *(potocznie)* shrink —**psychiatryczny** *adj* psychiatric: *a psychiatric hospital* —**psychiatria** *n* psychiatry

psychiczny *adj* **1** *(rozwój, choroba)* mental: *a child's mental development* | *cases of mental illness* **2** *(problemy)* psychological: *psychological problems* —**psychicznie** *adv* mentally: *mentally ill*

psychika *n* psyche: *the human psyche*

psychoanaliza *n* (psycho)analysis —**psychoanalityk/czka** *n* (psycho)analyst

psycholog *n* psychologist —**psychologia** *n* psychology —**psychologiczny** *adj* psychological —**psychologicznie** *adv* psychologically

psychopat-a/ka *n* psychopath —**psychopatyczny** *adj* psychopathic

psychosomatyczny *adj* psychosomatic: *a psychosomatic disorder*

psychoterapia *n* (psycho)therapy —**psychoterapeut-a/ka** *n* (psycho)therapist

psychoza *n* psychosis

pszczoła *n* bee —**pszczeli** *adj* bee's: *bee's honey*

pszenica *n* wheat —**pszenny** *adj* wheat: *wheat flour*

ptak *n* **1** bird **2 widok z lotu ptaka** bird's eye view —**ptasi** *adj* bird's: *a bird's nest*

ptasia grypa *n* avian flu, bird flu

ptaszek *n* **1** (little) bird **2** *(znak)* tick *BrE*, check *AmE*: *Put a tick in the box if you agree with this statement.* **3 ranny ptaszek** early bird

bird

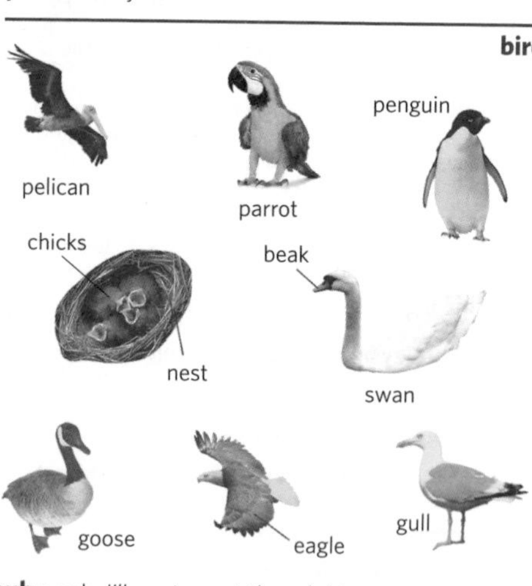

pub *n* pub: *I'll meet you at the pub later.*

publicyst-a/ka *n* commentator —**publicystyka** *n* commentary: *political commentary* —**publicystyczny** *adj* journalistic: *journalistic writings* (=twórczość) */passion*

publicznie *adv* in public, publicly: *I have never performed* (=nie występowałem) *in public.* | *He was put in prison after publicly criticizing the military government.*

publiczność *n* **1** *(w teatrze itp.)* audience: *The audience began clapping and cheering.* **2** *(ogół ludzi)* the (general) public: *The museum is open to the public five days a week.*

publiczny *adj* **1** public: *a ban on smoking* (=zakaz palenia) *in public places* | *public spending* (=wydatki) **2 opinia publiczna** public opinion: **badanie/sondaż opinii publicznej** opinion poll **3 dom publiczny** brothel

publika *n* audience

publikacja *n* publication: *scientific publications*

publikować *v* →patrz OPUBLIKOWAĆ

puch *n* down, fluff: *goose down*

puchar *n* **1** *(trofeum)* cup, trophy: *The president of the club came to present the cup to the winners.* **2** *(zawody)* championship, cup *BrE*: *the Davis Cup*

puchaty *adj* fluffy: *a fluffy toy*

puchnąć *v* →patrz SPUCHNĄĆ

puchowy *adj* down: *a down jacket*

pucz *n* coup (d'état), putsch: *There were rumours of a coup in Moscow before Gorbachev was actually overthrown.*

pudel *n* poodle

pudełko *n* **1** *(pojemnik)* box: *a wooden box* | *a box of matches* **2** *(zawartość)* box, boxful: *Jim ate a whole box of chocolates.*

puder *n* powder →patrz też **cukier puder** (CUKIER)

pudło *n* **1** *(pojemnik)* box: *old cardboard boxes* | *a hat box* **2** *(chybiony strzał)* miss: *Murphy scored three consecutive shots without a miss.* **3** *(więzienie)* cooler, clink

puenta *n* punchline, punch line: *It's rather a long joke but the punch line is worth waiting for.*

pukać *v* knock, rap: *The maid* (=pokojówka) *entered after knocking discreetly.* | *Someone was rapping on the window.* | **pukać do drzwi** knock on/at the door: *There's someone knocking at the front door.* —**pukanie** *n* knock, rap: *There was a loud knock at the door.*

UWAGA: knock i rap

Wyrazu **knock** używa się w odniesieniu do pukania dowolnego rodzaju. Wyraz **rap** oznacza najczęściej pukanie szybkie i gwałtowne: *We heard a sharp rap on the door.* | *She rapped angrily on the door.*

pula *n* pool: *a $387,977 prize pool* (=pula nagród) | *a pool of loans/credits* | *the gene pool*

pulchny *adj* **1** *(człowiek)* plump, tubby: *a plump little girl* THESAURUS FAT **2** *(ziemia, pieczywo)* spongy: *spongy wet earth*

pulower *n* pullover

pulpit *n* **1** *(w komputerze)* desktop **2** *(do nut)* music stand **3** *(tablica rozdzielcza)* console

puls *n* **1** pulse, heartbeat: *A nurse came in and took my pulse* (=zbadała mi puls). | *The baby's heartbeat is irregular.* **2 trzymać rękę na pulsie** have/keep your finger on the pulse

pulsować *v* **1** *(krew)* pulse: *the blood pulsing through his veins* **2** *(muzyka, światło)* pulsate: *loud pulsating music* **3** *(skronie itp.)* throb: *My head was throbbing.*

pułap *n* **1** *(poziom)* level: **górny pułap** ceiling: *The government imposed a ceiling on imports of foreign cars.* **2** *(lotu)* altitude

pułapka *n* **1** trap: *a mouse trap* | **zastawić pułapkę (na kogoś)** set/lay a trap (for sb): *The police set a trap for the thieves.* | **wpaść w pułapkę** fall/walk into a trap: *Hopefully, the thief will fall right into our trap.* **2** *(w przepisach itp.)* pitfall: *English spelling presents many pitfalls for foreign learners.*

pułk *n* regiment

pułkownik *n* colonel

punk *n* punk —**punk rock** *n* punk (rock)

punkt *n* **1** *także* **punkcik** point, dot: *a tiny point of light* THESAURUS PLACE **2** *(przecięcia itp.)* point: *the point where two lines cross each other* **3** *(do zdobycia)* point: *The Rams beat the Giants by 6 points.* **4** *(na liście)* point, item: *She had brought a list of points for discussion.* | *the first item on the list* **5** *(na skali)* point: *Stocks* (=ceny akcji) *were down 12 points today at 5,098.* | **punkt wrzenia/zamarzania/topnienia** boiling/freezing/melting point **6 wrażliwy/zwariowany itp. na punkcie czegoś** sensitive/crazy etc about sth: *Peter's crazy about motorcycles.* →patrz też **punkt centralny** (CENTRALNY), **punkt ciężkości** (CIĘŻKOŚĆ), **punkt honoru** (HONOR), **punkt informacyjny** (INFORMACYJNY), **punkt karny** (KARNY), **punkt kontaktowy** (KONTAKTOWY), **punkt krytyczny** (KRYTYCZNY), **punkt kulminacyjny** (KULMINACYJNY), **martwy punkt** (MARTWY), **punkt obserwacyjny** (OBSERWACYJNY), **punkt odniesienia** (ODNIESIENIE), **punkt sporny** (SPORNY), **punkt widokowy** (WIDOKOWY), **punkt widzenia** (WIDZENIE), **punkt zwrotny** (ZWROTNY)

punktacja *n* **1** *(system oceniania)* grading scale **2** *(wynik)* score: *What's the score?*

punktualnie *adv* **1** right/dead on time: *The show started right on time.* THESAURUS EARLY **2 punktualnie o 8:00** punctually at 8 o'clock, at 8 o'clock sharp: *The guests arrived punctually at 7 o'clock.* | *We're meeting at 10 o'clock sharp.*

punktualny *adj* punctual: *Ted's always very punctual.* —**punktualność** *n* punctuality

pupa *n* bottom, behind

pupil(ek) *n* **1** favourite *BrE*, favorite *AmE*: *You always were Dad's favourite.* **2** *(w szkole, przedszkolu)* teacher's pet

purée *n* **1** purée: *apple purée* **2 ziemniaki purée** mashed potatoes

purpurowy *adj* purple: *Mr Jones was purple with rage.* —**purpura** *n* purple

puryst-a/ka *n* purist

purytański *adj* **1** puritanical: *Her parents had very puritanical views about sex.* **2** *(w sensie religijnym)* puritan, Puritan: *puritan beliefs* —**purytan-in/ka** *n* puritan —**purytanizm** *n* puritanism

pustelni-k/ca *n* hermit

pustka *n* **1** emptiness, vacuum, void: *She felt an emptiness in her heart when he left.* | *Her death left a vacuum in their lives.* **2 ktoś poczuł pustkę w głowie** sb's mind went blank: *When she saw the exam questions, her mind went blank.* **3 świecić pustkami** be empty/deserted: *It was midnight and the streets were deserted.*

pustkowie *n* **1 na pustkowiu** in the wilderness: *He planned to build a church in the wilderness.* **2 pustkowia**

P

the wilds/wastes: *the wilds of Tibet* | *the icy wastes of Antarctica*

pustoszeć *v* → patrz OPUSTOSZEĆ

pustoszyć *v* → patrz SPUSTOSZYĆ

pusty *adj* **1** *(pojemnik, pomieszczenie)* empty: *an empty box* THESAURUS EMPTY **2** *(wydrążony)* hollow: *a hollow tree* **3** *(obietnice)* empty, hollow: *the hollow promises of politicians* **4 puste miejsce** *(w formularzu)* blank: *Fill in the blanks on the application form.* **5 z pustymi rękami** empty-handed: *The thieves fled the building empty-handed.*

empty/full

an empty fridge

a full fridge

pustynia *n* desert: *the Sahara desert* | *They were lost in the desert for several days.* —**pustynny** *adj* desert: *desert conditions*

puszczać *v* **1** *(muzykę)* play: *She always plays her radio really loud.* **2** *(latawiec)* fly: *Tommy was in the park, flying his new kite.* → patrz też PUŚCIĆ

puszka *n* can, tin *BrE*: *a can of sardines* | **w puszce** canned, tinned *BrE*: *canned pineapple chunks* | *tinned tomatoes*

puszysty *adj* **1** downy, fluffy: *a downy chick* | *a fluffy kitten* **2** *(ogon)* bushy: *a bushy tail*

puścić *v* **1** *(przestać trzymać)* release, let go (of): *He released her arm when she screamed.* | *"Let go of me!" Ben shouted.* **2** *(pozwolić odejść)* let go, dismiss: *They said they wouldn't let her go until her family paid the ransom* (=okup). **3** *(piosenkę itp.)* play (back): *I recorded my brother singing in the shower and then played it back to him.* **4** *(film, wiadomości itp.)* run: *They ran the item on the 6 o'clock news.* **5** *(farba, kolor)* bleed: *Wash it in cold water so the colours don't bleed.* **6** *(plama)* come out: *The ugly stain just wouldn't come out.* → patrz **puścić coś z dymem** (DYM), **nie puścić pary z ust** (PARA)

puzon *n* trombone

puzzle *n* (jigsaw) puzzle: *a 1,000-piece jigsaw puzzle*

pycha *n* **1** *(duma)* pride **2 pycha!** yum!, yummy!

pył *n* dust: *star dust*

pyłek *n* **1** *(drobina)* speck: *a speck of dust* **2 pyłek kwiatowy** pollen

pysk *n* **1** *(psa, konia)* muzzle, mouth **2** *(pogardliwie twarz)* snout

pyskować *v* **pyskować (komuś)** answer (sb) back, talk back (to sb): *Don't answer me back, young man!* | *Don't talk back to your father!*

pysznić się *v* **pysznić się czymś** boast about sth: *He enjoyed boasting about his wealth.*

pyszności *n* goodies: *a bag of goodies*

pyszny *adj* delicious, yummy: *a delicious cake* THESAURUS TASTE

pytać *v* *(odpytywać)* examine, test: **+ kogoś z czegoś** sb on sth: *You will be examined on American history.* → patrz też ZAPYTAĆ (SIĘ)

pytający *adj* **1** *(spojrzenie)* questioning, inquiring: *a questioning look* | *an inquiring glance* **2** *(zdanie, zaimek)* interrogative —**pytająco** *adv* inquiringly, questioningly

pytanie *n* **1** question: *I have one or two questions about the timetable.* | **zadać (komuś) pytanie** ask (sb) a question: *Do you mind if I ask you a personal question?* | **odpowiedzieć na pytanie** answer a question **2 dobre pytanie!** (that's a) good question!: *"If we don't have enough people to help, how can we finish the job?" "Good question!"* **3 bez pytania** without sb's permission: *He took my car without my permission.*

pyton *n* python

pyza *n* dumpling

quad *n* ATV, quad bike *BrE*

rabarbar *n* rhubarb

rabat *n* discount: *Do I get a discount if I buy a whole case of wine?*

rabin *n* rabbi

rabować *v* **1** *(okradać)* rob **2** *(kraść)* steal →patrz też OBRABOWAĆ, ZRABOWAĆ

rabunek *n* robbery: *They are in prison for robbery.* | *a series of bank robberies*

rabunkowy *adj* **napad rabunkowy** holdup, hold-up *BrE*

rabuś *n* robber

raca *n* flare: *A flare lit up the night sky.*

rachityczny *adj* rickety: *a rickety table*

rachować *v* compute

rachuba *n* **1 nie wchodzić w rachubę** be out of the question: *Walking home on your own is out of the question.* THESAURUS IMPOSSIBLE **2 brać/wziąć coś w rachubę** take sth into account: *Your insurance policy should take into account all foreseeable circumstances* (=dające się przewidzieć okoliczności). **3 stracić rachubę (czegoś)** lose count (of sth): *"How many girlfriends have you had?" "Oh, I've lost count."*

rachunek *n* **1 a)** *(do zapłacenia)* bill: *The bill for the repairs came to* (=wyniósł) *$650.* | **uregulować/zapłacić rachunek** settle/pay a bill: *Have you paid the phone bill?* **b)** *(w restauracji itp.)* bill *BrE*, check *AmE*: *Could we have the check, please?* **2** *(bankowy)* (bank) account: *My salary is paid directly into my bank account.* | **rachunek bieżący/terminowy** checking/deposit account **3 na własny rachunek** on your own account: *Carrie decided to do a little research on her own account.* **4 na cudzy/czyjś rachunek** at sb's expense: *Guy spent a year in Canada at his parents' expense.* **5 rachunki** *(arytmetyka)* arithmetic: *I'm no good at arithmetic.* **6 rachunek prawdopodobieństwa** probability theory →patrz też **uregulować z kimś rachunki** (UREGULOWAĆ), **wyrównać rachunek/rachunki** (WYRÓWNAĆ)

rachunkowość *n* bookkeeping, accountancy *BrE*, accounting *AmE*

racja *n* **1 mieć rację (co do czegoś)** be right (about sth): *Yes, you're right - that's Bev's car.* | *You were right about the party - it was awful.* | **nie mieć racji** be wrong: *Paul's wrong: Hilary's 17, not 18.* **2 racje** arguments: *She put forward* (=przedstawiła) *her arguments in a very clear way.* **3 z racji czegoś** by virtue of sth: *people who get promoted by virtue of their age* **4** *(porcja)* ration: *the weekly meat ration* **5 (święta) racja!** exactly!

racjonalizacja *n* rationalization

racjonalizm *n* rationalism **—racjonalist-a/ka** *n* rationalist **—racjonalistyczny** *adj* rationalist, rationalistic

racjonalizować *v* rationalize, rationalise *BrE*

racjonalny *adj* rational: *There must be a rational explanation for their disappearance.* **—racjonalnie** *adv* rationally **—racjonalność** *n* rationality

racjonować *v* ration: *Bread was rationed during the war.*

raczej *adv* **1** rather: *She's rather a loner by nature* (=z natury jest raczej samotniczką). **2** *(w konstrukcjach porównawczych)* more: *He did it more out of habit than conviction* (=raczej z przyzwyczajenia niż z przekonania). | *It's more a village than a town.* **3 czy (też) raczej** or rather: *Mr Dewey, or rather his secretary, asked me to come to the meeting.* **4 wolał(a)bym raczej** I would rather: *I hate sitting doing nothing - I'd* (=I would) *rather be working.* **5 raczej tak** I think so **6 raczej nie** I don't think so.

raczkować *v* **1** *(niemowlę)* crawl: *Is your baby crawling yet?* **2** *(dziedzina, instytucja)* be in its infancy: *Agricultural research is still* (=dopiero) *in its infancy in parts of the Third World.*

raczyć *v* **1 raczyć kogoś czymś** treat sb to sth: *Guests were treated* (=gości raczono) *to wine and caviar at the reception.* **2 raczyć coś zrobić** deign to do sth: *Ah, so you've deigned to grace us with your presence* (=raczyłeś zaszczycić nas swoją obecnością) *I see.* | **nie raczyć (nawet) czegoś zrobić** can't/couldn't (even) be bothered to do sth: *My parents couldn't be bothered to come and see me in the school play.* **3 Bóg raczy wiedzieć** God only knows

raczyć się *v* **raczyć się czymś** treat yourself to sth: *I treated myself to beer and chips.*

rad *n (pierwiastek)* radium

rada *n* **1** *(wskazówka)* piece/word of advice: *He offered me one piece of advice that I've never forgotten.* | **rady** advice: *a book that's full of advice on babycare* | **dać komuś radę** give sb (some) advice: *Let me give you some advice. Don't write so fast.* | **poprosić kogoś o radę** ask sb's advice: *Beth decided to ask her doctor's advice.* | **iść/pójść za czyjąś radą** follow sb's advice: *He's very experienced in these matters; you should follow his advice.* | **posłuchać czyjejś rady** take sb's advice: *Did you take your father's advice?* **2** *(instytucja, zespół osób)* council: *Los Angeles City Council* | *the UN Security Council* | **rada nadzorcza** board of supervisors | **Rada Ministrów** the Cabinet **3 dawać sobie radę** manage, cope: *Frankly, I don't know how single parents manage.* | **dawać sobie radę z czymś** cope with sth: *How do you cope with all this work?* | **nie dawać sobie rady (z czymś)** can't manage (sth): *If he can't manage, he'll have to be replaced.* | *Grandma can't manage the stairs anymore.* | **nie dawać rady czegoś zrobić** can't manage to do sth **4 nie ma rady** it can't be helped: *It's not an ideal solution but it can't be helped.* | **nie ma innej rady, jak tylko zrobić coś** there is nothing for it but to do sth: *With the bridge destroyed there was nothing for it but to swim.*

> **UWAGA: advice**
>
> **Advice** jest rzeczownikiem niepoliczalnym. Nie mówimy „an advice" ani „advices", tylko **advice, a piece of advice** lub **some advice**.

radar *n* radar **—radarowy** *adj* radar: *enemy radar signals* →patrz też **kontrola radarowa** (KONTROLA)

radca *n* **radca prawny** solicitor, counsellor *BrE*, counselor *AmE*

radiestezja *n* divining, dowsing **—radiesteta** *n* diviner, dowser

radio *n* **1** *(odbiornik)* radio: *Do you have a radio in your car?* | *Could you turn off* (=wyłączyć) *the radio, please?* **2** *(system, instytucja)* radio: *He works for local radio.* | **w**

R

radiu on the radio: *I like listening to talk shows on the radio.* —**radiowy** *adj* radio: *a radio programme/broadcast/signal*

radioaktywny *adj* radioactive: *radioactive waste* (=odpady) | **opad radioaktywny** fallout —**radioaktywność** *n* radioactivity: *high levels of radioactivity*

radiofonia *n* radio

radiologiczny *adj* radiological —**radiologia** *n* radiology —**radiolo-g/żka** *n* radiologist

radioodbiornik *n* radio

radiostacja *n* radio station: *the most popular commercial radio station in London*

radioteleskop *n* radio telescope

radioterapia *n* radiotherapy

radiowóz *n* patrol car

radn-y/a *n* councillor *BrE*, councilor *AmE*

radosny *adj* cheerful, happy: *a cheerful smile/tune | The thing I like about Todd is that he is always cheerful. | a happy mood* THESAURUS HAPPY —**radośnie** *adv* cheerfully: *"Morning* (=dzień dobry)*!" she called cheerfully.*

radość *n* joy: *She cried with joy when she heard the news.* | **sprawić komuś radość** make sb happy: *It made him happy to wander along the forest paths.*

R

radować *v* gladden: *It gladdens me to see young people doing volunteer work.* | **radować czyjeś serce** gladden sb's heart: *It gladdened the old man's heart to see his grandchildren.*

radować się *v* **radować się czymś** rejoice in sth: *We rejoiced in our good fortune.*

radykalizm *n* radicalism —**radykał** *n* radical

radykalny *adj* radical: *radical legal reform | radical leftwing MPs* —**radykalnie** *adv* radically: *She has changed radically since she got married.*

radzić *v* **1** *(dawać rady)* advise: **radzić komuś coś zrobić** advise sb to do sth: *The doctor advises me to take more exercise.* | **radzić komuś nie robić czegoś** advise sb against doing sth: *His lawyers advised him against making a statement to the press.* **2 radzić sobie** manage: *How on earth do you manage without a washing machine?* **3** *(obradować)* debate: *We debated for several hours before taking a vote.*

radzić się *v* **radzić się kogoś** consult sb, ask sb's advice: *An increasing number of clients are consulting them about Social Security changes.* →patrz też PORADZIĆ

radziecki *adj* Soviet: *the Soviet Union*

rafa *n* reef: *a coral reef*

rafineria *n* refinery

rafinowany *adj* refined: *refined oil* →patrz też WYRAFINOWANY

raj *n* **1** *(biblijny)* Paradise **2** *(sprzyjające miejsce lub okoliczności)* paradise: *Hawaii is a paradise for surfers.* **3 raj na ziemi** heaven on earth

rajd *n* rally: *the Monte Carlo Rally*

rajdowy *adj* **1 samochód rajdowy** racing car *BrE*, race car *AmE* **2 kierowca rajdowy** racing car driver

rajski *adj* **1** *(uroczy)* blissful: *blissful sunny days* **2 rajski ogród** the Garden of Eden

rajstopy *n* tights *BrE*, pantyhose *AmE*: *a pair of black tights*

rak *n* **1** *(zwierzę)* crayfish *BrE*, crawfish *AmE* **2** *(nowotwór)* cancer: *breast/lung cancer | He had been suffering from cancer* (=chorował na raka) *for some time.* **3 Rak** Cancer: **urodzony pod znakiem Raka** born under Cancer —**rakowy** *adj* cancerous: *cancerous cells*

rakieta *n* **1** *(kosmiczna)* rocket **2** *(pocisk)* rocket: *anti-tank rockets* **3** *(tenisowa)* racket, racquet **4 rakieta śnieżna** snowshoe

rakietka *n (do tenisa stołowego)* bat *BrE*, paddle *AmE*

rakietowy *adj* **pocisk rakietowy** rocket missile | **wyrzutnia rakietowa** rocket launcher

rakotwórczy *adj* carcinogenic: *the carcinogenic effects of high-fat diets* | **substancja rakotwórcza** carcinogen

rama *n* **1** *(obramowanie)* frame: *a window/picture frame* **2** *(szkielet)* frame, framework: *a bicycle frame | the framework of the car/building* **3** *(roweru)* crossbar **4 w ramach czegoś** within the framework of sth: *within the framework of the existing budget*

ramadan *n* Ramadan

ramiączko *n* **1** *(stanika, sukienki)* shoulder strap **2** *(wieszak)* hanger

ramię *n* **1** *(bark)* shoulder: *Sam patted me on the shoulder.* | **wzruszyć ramionami** shrug (your shoulders): *When we asked him what was wrong, he just shrugged his shoulders.* | **ramię w ramię** shoulder to shoulder: *They were working shoulder to shoulder with local residents.* | **przez ramię** over your shoulder: *I can't work at the computer when somebody is watching over my shoulder.* | **do ramion** shoulder-length: *shoulder-length hair* **2** *(część ręki)* arm: *a broken arm | Mom put her arms around me to comfort me.* | **brać/wziąć kogoś pod ramię** take sb by the arm: *Sid took me by the arm and hurried me out of* (=i pośpiesznie wyprowadził z) *the room.* | **brać/wziąć kogoś w ramiona** take sb in your arms: *Gerry took Fiona in his arms and kissed her.* **3** *(część urządzenia)* arm: *the arm of a record player* **4** *(część ubrania)* shoulder: *a jacket with padded* (=z wypchanymi) *shoulders* **5 przyjąć kogoś/coś z otwartymi ramionami** welcome sb/sth with open arms **6 z czyjegoś ramienia** on behalf of sb: *We are appealing for funds on behalf of Save the Children.* **7 mieć duszę na ramieniu** have your heart in your mouth

ramka *n* frame: *a picture frame*

rampa *n* **1** *(w teatrze)* footlights **2** *(do przeładunku)* loading platform/ramp

rana *n* **1** wound: *gunshot wounds* (=rany postrzałowe) **2 rany (boskie)!** (goodness) gracious!

rancho *n* ranch: *He grew up on a ranch in California.*

randka *n* date: *Mike's got a date tonight.* THESAURUS MEETING

ranek *n* morning: *an icy winter morning* | **(wczesnym) rankiem** (early) in the morning →patrz też RANO[1]

ranga *n* **1** *(stopień)* rank: *He's just been promoted to the rank of Sergeant.* | **wysoki/niski rangą** high/low-ranking: *a high-ranking officer | The scandal involved a number of low-ranking officials in the government.* **2** *(znaczenie)* importance: **najwyższej rangi** of the utmost importance: *matters of the utmost importance*

ranić *v* **1** *(nożem, z pistoletu itp.)* wound: *Gunmen killed two people and wounded six others in an attack today.* **2** *(psychicznie)* hurt: *The last thing I want to do is to hurt you.* | **ranić czyjeś uczucia** hurt sb's feelings →patrz też ZRANIĆ

ranking *n* ranking

ranny *adj* wounded, injured, hurt: *Many of them are wounded and need medical help.* | *The driver was badly injured* (=ciężko ranny). | *Is anybody hurt?* | **śmiertelnie ranny** mortally/fatally wounded | **zostać rannym** be injured/hurt: *Two innocent bystanders* (=przypadkowe osoby) *were injured in the shooting.*

UWAGA: wounded, injured i hurt

Mówiąc o kimś, kto został ranny na wojnie, użyjemy przymiotnika **wounded**; o rannym w wypadku powiemy **injured** albo (zwłaszcza w przypadku lżejszych obrażeń) **hurt**: *a wounded soldier* | *Two people have been critically injured in a road accident.* | *The man needs a doctor – he's badly hurt.*

rann-y/a *n* wounded/injured person: **ranni** the wounded/injured: *over 150 wounded* | *The injured were taken to the nearest hospital.*

rano[1] *n* **1** morning: *Oh, I bumped into* (=wpadłam na) *Martha this morning.* | **co rano** every morning: *I go jogging every morning.* **2 do białego rana** into/until the small hours: *We stayed up talking into the small hours.*

rano[2] *adv* in the morning: *I have a written exam in the morning and an oral* (=ustny) *in the afternoon.*

rap *n* rap —**rapowy** *adj* rap: *rap music*

raport *n* report: *a police report on the accident*

rapsodia *n* rhapsody

raptem *adv* **1** *(nagle)* all of a sudden: *All of a sudden, the lights went out.* **2** *(zaledwie)* barely: *He was barely eighteen* (=miał raptem 18 lat) *when he joined the Navy.*

raptownie *adv* abruptly: *She turned abruptly and went back inside.* —**raptowny** *adj* abrupt: *an abrupt change*

rarytas *n* **1** *(przysmak)* delicacy: *In France, snails are considered a delicacy.* **2** *(rzadkość)* rarity: *An old car in good condition is a rarity.*

rasa *n* **1** *(ludzi)* race: *The law forbids discrimination on the grounds of* (=ze względu na) *race or religion.* **2** *(zwierząt)* breed, race

rasizm *n* racism: *the struggle against racism* —**rasistowski** *adj* racist: *racist remarks* —**rasist-a/ka** *n* racist

rasowy *adj* **1** *(zwierzę)* pedigree: *a pedigree greyhound* **2** *(grupa, przynależność itp.)* racial: *people from different racial groups* | **dyskryminacja rasowa** racial discrimination | **stosunki rasowe** race relations —**rasowo** *adv* racially

rata *n* **1** instalment *BrE*, installment *AmE*: *We are paying for the car in monthly instalments.* | **pierwsza rata** down payment **2 robić coś na raty** do sth in/by fits and starts: *Beverly tends to read books by fits and starts.*

ratować *v* **1** *(ludzi)* save, rescue **2** *(mienie)* salvage, rescue → patrz też URATOWAĆ

ratować się *v* **1** save yourself: *Some people were trying to save themselves by jumping from the window.* **2 ratuj się, kto może!** run for your life!

ratowniczy *adj* **akcja ratownicza** rescue (operation): *They had to suspend the rescue operation because of bad weather.* | *The storm made the rescue difficult.*

ratowni-k/czka *n* **1** *(na plaży)* life guard, lifesaver **2** *(po trzęsieniu ziemi itp.)* rescue worker —**ratownictwo** *n* rescue work

ratunek *n* **1** rescue: **przyjść komuś na ratunek** come to sb's rescue: *Fortunately, Maria came to my rescue.* | **przyjść na ratunek** come to the rescue: *Carol's brother once again came to the rescue and sent her $1000.* **2 ratunku!** help! **3 ostatnia deska ratunku** the last resort: *Everybody else is too busy to help – you're the last resort.*

ratunkowy *adj* **1 łódź ratunkowa** life boat | **kamizelka ratunkowa** life jacket | **koło ratunkowe** life belt **2 pogotowie ratunkowe a)** *(usługa)* ambulance service: *A failure of the computer system threw London's ambulance service into chaos.* **b)** *(karetka)* ambulance: *Quick, call an ambulance.*

ratusz *n* town hall

ratyfikować *v* ratify: *Both nations ratified the treaty.* —**ratyfikacja** *n* ratification

raz *n* **1** time: **ile razy?** how many times? | **(jeden) raz** once: *I've only met her once.* | **raz na tydzień** once a week: *We do aerobics once a week.* | **dwa razy** twice | **trzy razy** three times | **pierwszy raz/po raz pierwszy** for the first time: *Diane was late for the third time.* | *Police clashed* (=starła się) *with demonstrators for the second time in a week.* | **raz czy dwa (razy)** once or twice: *I've driven down here once or twice before.* | **ani razu** not once: *She's never said thank you – not once!* | **nie raz (nie dwa)** more than once **2** *(licząc)* one: *One, two, three ...* **3 dwa razy więcej a)** *(ludzi, samochodów, godzin)* twice as many: *Last year they sold twice as many computers as their competitors.* **b)** *(pieniędzy, wody, chleba)* twice as much: *Male manual workers earn twice as much as female workers.* **4 jeszcze raz** once again/more, one more time: *So, Mr Bond, once again you have escaped from certain death.* | *Try one more time.* **5 choć/chociaż raz** (just) for once: *Just for once I'd like to see him cook dinner.* | *Well, for once he's being nice to me.* **6 raz na zawsze** once and for all: *Let's settle this matter once and for all.* **7 tym razem** this time: *I won't report you this time but don't do it again.* | **na drugi raz** next time: *Next time, be more careful!* | **następnym razem** next time: *Perhaps you'll win next time.* | **ostatni raz/ostatnim razem** the last time: *When was the last time you were ill?* | **raz/któregoś razu** one time, once: *I came home one time and found that someone had smashed* (=powybijał) *all the windows.* | **pewnego razu** once upon a time | **za każdym razem, kiedy ...** whenever: *Whenever we come here we always see someone we know.* **8 w razie** in the event of: *Britain agreed to support the US in the event of war.* **9 w najgorszym/najlepszym razie** at worst/best: *At worst the repairs will cost you around $700.* | *You should get 10 or, at best, 11 thousand dollars pension.* | **w przeciwnym razie** otherwise: *You'd better go now, otherwise you'll be late.* | **w takim razie** in that case: *"I'll be home late tonight." "Well, in that case, I won't cook dinner."* | **w każdym (bądź) razie** at any rate: *They've got technical problems – at any rate that's what they've told me.* | **w żadnym razie** under/in no circumstances: *Under no circumstances should a baby be left* (=nie powinno się zostawiać niemowlęcia) *alone in the house.* **10 od razu** at once, immediately, straightaway *BrE*: *Everybody knew at once how serious the situation was.* | *We need to start work straightaway.* **11 na raz a)** *(za jednym razem)* at a time: *You can borrow three books at a time from the library.* **b)** *(jednocześnie)* at once: *Don't all talk at once.* **12 na razie a)** *(póki co)* so far: *It's been a very quiet morning so far.* **b)** *(tymczasem)* for the time being: *You can stay in the spare room for the time being.* THESAURUS NOW **c)** *(do zobaczenia)* cheers! *BrE*, so long! *AmE* **13 raz po raz** every now and then: *I still see her every now and then.* |

R

raz na jakiś czas once in a while: *It'd be nice if you'd write to me once in a while.* **14 w sam raz** just right: *The temperature of the water was just right for swimming.* **15 razy** *(mnożąc, porównując)* times: *two times five* | *three times as hard*

razem *adv* **1** together: *Kevin and I went to school together.* | *The children were all sitting together in a group.* | **razem z** together with: *Bring it back to the store together with your receipt.* **2 razem wzięci** put together: *Italy scored more points than the rest of the group put together.*

razić *v* **1** *(zachowanie, widok itp.)* offend: *The language in the film may offend some people.* **2** *(światło)* dazzle: *I was dazzled by* (=raziło mnie) *the sunlight.* →patrz też PORAZIĆ, URAZIĆ

razowy *adj* wholemeal *BrE*, whole wheat *AmE*: *wholemeal bread* | *whole wheat flour*

raźnie *adv* **1** *(energicznie)* briskly, jauntily: *The teacher walked briskly.* | *Tom was striding jauntily up the road, whistling a merry tune.* **2 poczuć się raźniej** feel safer: *I felt safer when I finally approached the gate.*

raźno *adv* →patrz RAŹNIE

rażąco *adv* glaringly, grossly: *Some of the clues were glaringly obvious.* | *These statistics grossly misrepresent the reality.*

rażący *adj* **1** *(zachowanie, błąd itp.)* glaring, gross, flagrant: *glaring mistakes* | *There are some gross inequalities* (=nierówności) *in pay between men and women.* | *a flagrant abuse of authority* (=nadużycie władzy) **2** *(światło)* glaring

rąbać *v* *(drewno)* chop: *Greta was out chopping wood for the fire.* →patrz też RĄBNĄĆ

rąbek *n* **1** *(sukni)* hem **2 uchylić rąbka tajemnicy** lift the veil of secrecy

rąbnąć *v* **1 rąbnąć w coś** thump sth: *He thumped the table with fury.* **2 rąbnąć kogoś** whack sb: *He whacked me with a stick.* **3** *(ukraść)* pinch: *Someone's pinched my pen!* **4** *(upaść)* thud: *A heavy book thudded onto the floor.*
rąbnąć się *v* **1 rąbnąć się w coś** bang sth: *I banged my knee on the corner of the bed.* **2** *(pomylić się)* blunder: *They blundered badly when they appointed him as Chairman.* →patrz też RĄBAĆ

rączka *n* **1** *(dziecka)* hand: *I took the child by the hand.* **2** *(uchwyt)* handle: *a knife with an ivory handle* **3 złota rączka** handyman

rdza *n* rust: *large patches of rust on the car* —**rdzawy** *adj* rusty: *rusty water*

rdzenny *adj* indigenous: *the indigenous population*

rdzeń *n* **1** *(najważniejsza część)* core: *the Earth's core* **2 rdzeń kręgowy** spinal cord **3** *(wyrazu)* root

rdzewieć *v* rust (away): *The pipes are beginning to rust away.*

reagować *v* **1** *(człowiek, zwierzę)* react, respond: *The audience reacted by shouting and booing.* | **+ na coś** to sth: *Dogs respond to sounds that are too high for humans to hear.* **2** *(substancja)* react: *The point of the experiment is to show how this chemical reacts with water.* **3** *(na leki, leczenie)* respond: *She is responding well to the drugs.* →patrz też ZAREAGOWAĆ

reakcja *n* **1** *(odpowiedź)* reaction, response: *What was his reaction when you told him you were leaving?* | *There was still no response from him* (=z jego strony wciąż nie było żadnej reakcji). **2** *(proces)* reaction: *a chemical reaction* | **reakcja łańcuchowa** chain reaction

reakcyjny *adj* reactionary —**reakcjonist-a/ka** *n* reactionary

reaktor *n* reactor: **reaktor jądrowy** nuclear reactor

realia *n* **(twarde) realia czegoś** the (harsh) reality/realities of sth: *the harsh realities of life* | *the reality of living in a big city*

realistyczny *adj* **1** *(rozsądny)* realistic: *It's not realistic to expect my parents to lend us any more money.* **2** *(zgodny z rzeczywistością)* realistic: *a very realistic TV drama* —**realistycznie** *adv* realistically: *We can't realistically hope for any improvement this year.* —**realist-a/ka** *n* realist

realizacja *n* **1** *(spełnienie)* realization: *Climbing Everest was the realization of a lifelong ambition.* **2** *(wykonanie)* execution: *the execution of urban policy* (=założeń urbanistycznych) **3** *(filmowa, teatralna)* production: *a modern production of 'Romeo and Juliet'*

realizator/ka *n* *(filmowy, teatralny)* producer

realizm *n* realism

realizować *v* **1** *(marzenia, ambicje)* realize, realise *BrE* **2** *(plany, założenia)* execute, carry out **3** *(film, sztukę)* produce **4** *(czek)* cash →patrz też ZREALIZOWAĆ

realnie *adv* **1** *(naprawdę)* really: *Here, democracy does not really exist.* **2** *(obiektywnie)* in real terms: *In real terms the value of their income has fallen.*

realność *n* **1** *(rzeczywistość)* reality **2** *(wykonalność)* feasibility

realny *adj* **1** *(rzeczywisty)* real: *There is a real danger of an explosion.* | **w realnym świecie** in the real world: *idealistic theories that don't work in the real world* | **realna wartość** real value: *The real value of their wages has fallen.* **2** *(wykonalny)* feasible: *Your plan sounds quite feasible.*

reanimacja *n* resuscitation —**reanimować** *v* resuscitate

reasumować *v* **reasumując** to sum up: *To sum up, we need to organize our time better.*

rebelia *n* rebellion —**rebeliant/ka** *n* rebel: *Rebels have overthrown* (=obalili) *the government.*

recenzja *n* review: *The book has already received a lot of good reviews.* —**recenzent/ka** *n* reviewer —**recenzować** *v* review

recepcja *n* reception: *Please leave your keys at reception at the end of your stay.* —**recepcjonist-a/ka** *n* receptionist

recepta *n* **1** *(lekarska)* prescription: **na receptę** on prescription: *This drug can only be obtained on prescription.* | **bez recepty** over the counter: *The medicine is available over the counter.* **2** *(przepis)* recipe, formula: *a recipe for success* | *There is no magic formula for a happy marriage.*

> **UWAGA: recepta i receipt**
> Angielski rzeczownik **receipt** oznacza „paragon, kwit", a nie „receptę".

receptura *n* formula: *Coca-Cola's patented formula*

recesja *n* recession

rechot *n* **1** *(żaby)* croak **2** *(człowieka)* cackle: *a loud cackle*

rechotać *v* **1** *(żaba)* croak **2** *(człowiek)* cackle

recital *n* recital: *a piano recital*

recydywist-a/ka *n* recidivist —**recydywa** *n* recidivism

recytować *v* recite: *children reciting poems* —**recytacja** *n* recitation →patrz też WYRECYTOWAĆ

redagować *v* **1** *(tekst)* edit: *hours and hours spent editing text* **2** *(być redaktorem naczelnym)* edit: *She used to edit* (=kiedyś redagowała) *the 'Washington Post'.*

redakcja *n* **1** *(tekstu)* editing **2** *(zespół redaktorski)* editorial staff: **listy do redakcji** letters to the editor **3 pod redakcją ...** edited by ...: *an anthology edited by A.S. Byatt* **4 redakcja informacyjna** news desk —**redakcyjny** *adj* editorial: *an editorial decision*

redaktor/ka *n* **1** *(gazety)* editor: *the editor of the Daily Telegraph* | **redaktor naczelny** editor in chief | **redaktor działu sportowego/mody itp.** sports/fashion etc editor **2** *(redagujący teksty)* editor: *a TV script editor*

redukcja *n* reduction, cutback(s): *a slight reduction in the price of oil* | *recommended cutbacks in social programmes*

redukować *v* →patrz ZREDUKOWAĆ

reelekcja *n* re-election

referat *n* paper: **wygłosić referat (na jakiś temat)** give/present a paper (on sth): *Professor Osborne gave a paper on recent developments in the field of cognitive psychology.*

referencje *n* references, credentials: *We will need references from your former employers.* | *The commissioner presented his credentials to the State Department.*

referendum *n* referendum: **przeprowadzić referendum w sprawie czegoś** hold a referendum on sth: *A referendum was held on whether abortion should be made legal.*

referent/ka *n* **1** *(mówca)* speaker **2** *(urzędnik)* clerk: *a bank clerk*

referować *v* →patrz ZREFEROWAĆ

refleks *n* reflexes, reactions: *A tennis player needs to have good reflexes.* | *quick reactions*

UWAGA: refleks

Zwróć uwagę, że oba angielskie odpowiedniki polskiego wyrazu „refleks'" są rzeczownikami w liczbie mnogiej.

refleksja *n* reflection: *It was interesting to hear her reflections on the situation in the Far East.* | *A moment's reflection* (=chwila refleksji) *will show the stupidity of this argument.* —**refleksyjny** *adj* reflective: *in a reflective mood*

reflektor *n* **1** floodlight **2** *(samochodu)* headlight, headlamp *BrE*

reforma *n* reform: *the reform of local government* —**reformator/ka** *n* reformer —**reformatorski** *adj* reform: *the reform movement*

reformacja *n* the Reformation

reformować *v* reform →patrz też ZREFORMOWAĆ

refren *n* chorus

refundować *v* **refundować komuś coś** reimburse sb for sth: *The company always reimburses you for your travel expenses.* —**refundacja** *n* reimbursement

regał *n* bookcase, bookshelf

regaty *n* regatta —**regatowy** *adj* regatta: *a regatta course*

regeneracja *n* regeneration

regenerować *v* regenerate
regenerować się *v* regenerate (itself): *A forest regenerates itself slowly.*

region *n* region: *There is a high level of unemployment in the region.* —**regionalny** *adj* regional

reglamentacja *n* rationing

regres *n* regression

regulacja *n* **1** *(kontrolowanie)* control, regulation: *an import control* | *government regulation of arms sales* (=handlu bronią) **2** *(ustawienie)* adjustment: *Correct adjustment of the brakes will ensure safe driving.* | **regulacja głośności** volume control —**regulacyjny** *adj* regulatory

regulamin *n* regulations, code: *safety regulations* | *The restaurant was fined for ignoring the Heath and Safety Code.* —**regulaminowy** *adj* regulation: *regulation uniforms* (=mundurki)

regularny *adj* **1** regular: *His heartbeat became slow and regular.* | *regular features* | *regular duties* | *a regular verb* **2 regularna armia** regular army **3 regularny klient/gość** regular: *The barman knows all the regulars by name.* —**regularnie** *adv* regularly: *He visits his father regularly.* THESAURUS OFTEN —**regularność** *n* regularity

regulator *n* **1** regulator **2 na cały regulator** on/at full blast: *When I got home, she had the TV on full blast.* THESAURUS LOUD

regulować *v* **1** *(nastawiać)* adjust, regulate: *Where is the lever* (=dźwignia) *for adjusting the car seat?* | *You regulate the thermostat by turning this little dial* (=pokrętło). **2** *(ustalać, kontrolować)* regulate: *laws that regulate what goods can be imported* **3 regulować ruch** control traffic →patrz też UREGULOWAĆ, WYREGULOWAĆ

regulowany *adj* adjustable: *an adjustable lamp*

reguła *n* **1** *(przepis)* rule: *What are the rules of the game?* | *English grammar has very few rules that cannot be broken.* | **przestrzegać reguł** stick to the rules: *I'm not going to play if you won't stick to the rules.* | **łamać reguły** break the rules: *There is a penalty if you break the rules* (=za złamanie reguł grozi kara). **2** *(zasada)* rule, principle: *My golden rule of cooking is to use the best of fresh ingredients.* | *the principles of modern physics* | **niepisana reguła** unwritten rule: *an unwritten rule concerning being late for work* **3** *(norma)* rule: *Not having a television is the exception rather than the rule.* | **z reguły** as a (general) rule: *As a rule students finish their coursework by the end of May.* | **być regułą** be the rule: *It is the rule that boys are more interested in cars than girls.* | **wyjątek od reguły** exception to the rule: *The spelling of this word is an interesting exception to the rule.*

rehabilitacja *n* rehabilitation —**rehabilitacyjny** *adj* rehabilitation: *a rehabilitation clinic*

reinkarnacja *n* reincarnation

rejestr *n* **1** *(spis)* register: *the National Register of Historic Places* **2** *(w muzyce)* register

rejestracja *n* **1** *(w przychodni)* reception **2** *(oznakowanie pojazdu)* registration **3** *(wciągnięcie do rejestru)* registration: *The new system will speed up the registration process.*

rejestracyjny *adj* **numer rejestracyjny** registration number: **tablica rejestracyjna** number plate *BrE*, license plate *AmE* | **dowód rejestracyjny** registration: *May I see your licence* (=prawo jazdy) *and registration, Ma'am?*

rejestrator/ka *n* *(w przychodni)* receptionist

rejestrować *v* **1** *(nagrywać)* record: *recording their conversation* | *Is the machine still recording?* **2** *(przedstawiać)* chart: *Teachers are attempting to chart*

R

each student's progress through the year. →patrz też ZAREJESTROWAĆ
rejestrować się *v* **rejestrować się do lekarza** register with a doctor

rejon *n* area, district, region: *Dad grew up in the Portland area.* | *a postal district* | *Snow is expected in mountain regions.* —**rejonowy** *adj* district: *district officials*

rejs *n* **1** *(statku)* voyage: *The voyage from England to America took several weeks.* | **rejs wycieczkowy** cruise **2** *(samolotu)* flight: *a transatlantic flight* THESAURUS JOURNEY

rejsowy *adj* **lot rejsowy** scheduled flight

rekin *n* shark

reklama *n* **1** *(działalność)* advertising: *Work in advertising is very well-paid.* **2** *(produkt reklamowy)* **a)** *(w telewizji, radiu)* commercial: *a beer commercial* **b)** *(w prasie)* advertisement: *an advertisement for a free day of skiing in Vermont* **3** *(rozgłos)* publicity: *Any publicity is good.*

reklamacja *n* complaint: **złożyć reklamację** make a complaint: *I'd like to make a complaint.*

UWAGA: reklamacja i reclamation

Angielski rzeczownik **reclamation** oznacza „rekultywację" gruntu, nie ma więc nic wspólnego z polskim rzeczownikiem „reklamacja".

R

reklamować *v* **1** *(zachęcać do kupna)* advertise: *a poster advertising sportswear* **2** *(składać reklamację)* complain about: *Did you complain about it?*
reklamować się *v* advertise: *We are a small business so we can only afford to advertise in the local press.*

reklamowy *adj* advertising: *an advertising agency/ campaign* | **blok reklamowy** advertising spot | **tablica reklamowa** billboard | **przemysł reklamowy** advertising industry: *Because of the recession, salaries in the advertising industry have been cut by a half.*

reklamówka *n (torba)* carrier bag

rekolekcje *n* retreat: *They go on retreat twice a year.*

rekomendacja *n* **z czyjejś rekomendacji** on sb's recommendation: *We took the tour on a friend's recommendation.* —**rekomendować** *v* recommend: *We are recommending this hotel because of its closeness to the beach.*

rekompensata *n* compensation, recompense: **+ za coś** for sth: *Farmers are demanding compensation for loss of income.* | *£1,000 isn't really much recompense for all they've been through* (=za to wszystko, co przeszli).

rekompensować *v* →patrz ZREKOMPENSOWAĆ

rekonesans *n* reconnaissance

rekonstrukcja *n* reconstruction: *a reconstruction of a Native American village* —**rekonstruować** *v* reconstruct →patrz też ZREKONSTRUOWAĆ

rekonwalescencja *n* convalescence: *a long period of convalescence*

rekord *n* record: *a world record* | **ustanowić/ pobić/ wyrównać rekord** set/break/equal a record: *Lewis set a new world record in the 100 metres.* | *She broke the record for the 1500 metre run.* | *Thompson equalled the Olympic record.* —**rekordowy** *adj* record-breaking: *a record-breaking profit*

rekordzist-a/ka *n* record holder: *the world 400 metre record holder*

rekreacja *n* recreation: *It's important that students find time for recreation and leisure.* —**rekreacyjny** *adj* recreational: *recreational facilities*

rekrutacja *n* **1** *(do pracy, szkoły)* recruitment **2** *(do wojska)* conscription —**rekrut** *n* recruit, conscript

rekrutować *v* **1** *(do pracy, organizacji)* recruit: *The police department is trying to recruit more black officers.* **2** *(do wojska)* conscript
rekrutować się *v* **rekrutować się z** come from: *Members of the organization come from all walks of life* (=ze wszystkich środowisk).

rektor *n* vice-chancellor *BrE*, chancellor *AmE*: *the vice-chancellor of Oxford University*

rekwizyt *n* prop

relacja *n* **1** *(sprawozdanie)* account: *There were several different accounts of the story in the newspapers.* | **zdać (komuś) relację z czegoś** give (sb) an account of sth: *David gave us a detailed account of his trip to Rio.* | **relacja naocznego świadka** eyewitness account | **relacja telewizyjna** TV coverage: *TV coverage of the football match between Poland and Korea* **2** *(związek)* relationship: *the relationship between pay and performance at work* **3** **pociąg relacji Poznań-Szczecin itp.** the Poznań-Szczecin etc train

relacjonować *v* **1** *(opowiadać)* relate: *Witnesses to the same crime related the events completely differently.* **2** *(dla telewizji, radia)* cover: *She was sent to Harare to cover the crisis in Rwanda.*

relaks *n* relaxation: *You should find time for some relaxation* (=na mały relaks) *every day.* | **dla relaksu** for relaxation: *I play the piano for relaxation.* —**relaksujący** *adj* relaxing: *a relaxing week on the beach*

relaksacyjny *adj* relaxation: *relaxation therapy/ techniques*

relaksować się *v* →patrz ZRELAKSOWAĆ SIĘ

relatywizm *n* relativism —**relatywistyczny** *adj* relativistic

relatywnie *adv* relatively: *This car is relatively cheap to run* (=tani w eksploatacji). —**relatywny** *adj* relative: *a period of relative peace*

religia *n* **1** *(wiara)* religion: *the Christian religion* **2** *(lekcja)* religious instruction/education

religijny *adj* **1** *(związany z religią)* religious: *a religious ceremony* | **przekonania religijne** religious beliefs **2** *(wierzący)* religious: *a very religious woman* —**religijność** *n* religiousness

relikt *n* relic: *a relic of ancient times*

UWAGA: relic

W angielskim wyrazie **relic** nie ma na końcu **t**.

relikwia *n* relic: *the sacred relics of John the Baptist* —**relikwiarz** *n* reliquary

remanent *n* stocktaking

remedium *n* remedy: *There seems to be no remedy for the rising crime rate.*

remis *n* tie, draw: *The game ended in a tie.* —**remisować** *v* →patrz ZREMISOWAĆ

remisja *n* remission

remiza *n* **remiza strażacka** fire station

remont *n* redecoration: *closed for redecoration* (=ze względu na remont) | **przeprowadzić remont czegoś** redecorate sth: *They plan to redecorate their house over the Christmas period.* | **remont kapitalny** overhaul —**remontowy** *adj* repair: *repair work*

remontować *v* **1** *(dom, mieszkanie)* redecorate **2** *(sklep itp.)* refurbish **3** *(samochód, urządzenie)* repair, overhaul → patrz też WYREMONTOWAĆ

rencist-a/ka *n* pensioner

renegat/ka *n* renegade

renesans *n* **1** *także* **Renesans** the Renaissance: *The book details the history of France from the Renaissance to the present.* **2** *(ponowny rozkwit)* renaissance, comeback: *American classical music is enjoying a renaissance.* —**renesansowy** *adj* Renaissance: *renaissance paintings/artists*

renifer *n* reindeer

renomowany *adj* renowned: *a renowned university* —**renoma** *n* renown: *speakers of international renown*

renowacja *n* renovation: **przeprowadzić renowację czegoś** renovate sth: *It will take over a year to renovate the hotel.*

renta *n* pension: **renta inwalidzka** disability pension | **być na rencie** be on/receive/get a pension

UWAGA: renta i rent

Angielski rzeczownik **rent** oznacza „czynsz", a nie „rentę".

rentgenowski *n* **zdjęcie rentgenowskie** X-ray: *a chest X-ray* | **badanie rentgenowskie** X-ray: *I had to go to hospital for an x-ray.* —**rentgen** *n* X-ray

rentowność *n* profitability —**rentowny** *adj* profitable: *profitable investments*

reorganizacja *n* reorganization, reorganisation *BrE*: *What's required is a complete reorganization of the system.* —**reorganizować** *v* reorganize, reorganise *BrE*: *The company needs to be reorganized.*

repatriacja *n* repatriation —**repatriować** *v* repatriate —**repatriant/ka** *n* repatriate

reperacja *n* repair: **wymagać reperacji** be in need of repair: *The church roof was badly in need of repair.* | **w reperacji** under repair: *The road is under repair.* | **dać coś do reperacji** get/have sth repaired: *I need to get my watch repaired.*

reperkusje *n* repercussions: *The fall of Communism has had worldwide repercussions.*

reperować *v* repair → patrz też ZREPEROWAĆ

repertuar *n* repertoire

replika *n* **1** *(kopia)* replica: *The building is an exact replica of the original Globe theatre.* **2** *(odpowiedź)* rejoinder: *A smart rejoinder only occurred to me* (=przyszła mi do głowy) *later.*

replikacja *n* replication

reportaż *n* **1** *(artykuł, program)* story: *The Observer ran* (=opublikował) *a big story about the scandal.* | *a front-page story in The Times* **2** *(praca reportera)* reporting: *the art of objective reporting* | *the media's appetite for this kind of reporting* | *NBC offers the toughest interviews and the best reporting* (=i najlepsze reportaże). **3** *(forma narracji)* reportage: *Her book is part reportage and part fiction.*

UWAGA: reportaż i report

Report oznacza zwykle krótką relację lub doniesienie, a więc nie to samo, co polski „reportaż". Jeśli jednak ze zdania wynika, że mamy do czynienia z bardziej szczegółowym opisem faktów, opatrzonym odautorskim komentarzem (np. kiedy mowa o **in-depth report**), można przyjąć, że chodzi o „reportaż".

reporter/ka *n* reporter: *a crowd of reporters* | *the chief political reporter for the Washington Post*

represje *n* repression: *Most of the refugees are fleeing from* (=uciekają przed) *repression in their homeland.* —**represyjny** *adj* repressive: *a repressive political system* —**represjonować** *v* repress

reprezentacja *n* **1** *(przedstawicielstwo)* representation: *Each state receives equal representation in the U.S. Senate.* **2** *(przedstawienie)* representation: *The clock in the painting is a symbolic representation of the passage of time.* **3** **reprezentacja kraju** national team

reprezentacyjny *adj* **1** *(okazały)* opulent: *an opulent hotel* **2** **fundusz reprezentacyjny** entertainment/expense allowance

reprezentant/ka *n* **1** representative: *an elected representative of the people* **2** *(w sporcie)* national team player **3** **Izba Reprezentantów** the House of Representatives

reprezentatywny *adj* representative: *opinions representative of the views of all the students*

reprezentować *v* **1** *(osobę, grupę)* represent: *Craig hired a lawyer to represent him.* **2** *(wartości itp.)* embody: *The country's constitution embodies the ideals of equality and freedom.* **3** *(symbolizować)* represent: *What do the green triangles on the map represent?*

reprodukcja *n* **1** *(kopia)* reproduction: *a cheap reproduction of a famous painting* | *colour reproductions* **2** *(rozmnażanie się)* reproduction: *Reproduction is the main aim of almost all life forms.* **3** *(rozmnażanie w celach hodowlanych)* breeding: *They usually just keep one bull for breeding.* —**reprodukcyjny** *adj* reproductive: *the human reproductive process*

reprodukować *v* **1** *(kopiować)* reproduce: *A photograph can be reproduced thousands of times without much loss of quality.* **2** *(rozmnażać)* breed: *The San Diego Zoo is world-famous for its breeding of endangered animals.*

reprymenda *n* reprimand: *a severe reprimand*

reprywatyzacja *n* re-privatization, re-privatisation *BrE* —**reprywatyzować** *v* re-privatize, re-privatise *BrE*

republika *n* republic: *Switzerland is a federal republic.*

republikan-in/ka *n* **1** *(zwolennik republiki)* republican **2** *(zwolennik Partii Republikańskiej)* Republican

republikański *adj* **1** *(dotyczący republiki)* republican: *republican ideas in the 17th century* **2** *(dotyczący Partii Republikańskiej)* Republican: *a Republican candidate for the Senate* | **Partia Republikańska** the Republican Party

reputacja *n* reputation: *a bad/an unblemished* (=nieskalana) *reputation.* | **cieszyć się dobrą reputacją** have a good reputation: *The restaurant has a very good reputation.* | **zyskać reputację jako ...** gain a reputation as ...: *Leonard has quickly gained a reputation as a brilliant public speaker.*

requiem *n* requiem

resocjalizacja *n* rehabilitation —**resocjalizować** *v* rehabilitate: *rehabilitating young criminals*

resort *n* department, ministry: *the Department of Transport | the Ministry of Agriculture*

respekt *n* **1** *(szacunek)* respect: *I have the greatest respect for Jane's judgement.* | **odnosić się z respektem do kogoś/czegoś** show respect for sb/sth: *He ought to show more respect for authority* (=do władzy). **2** *(obawa)* awe: **czuć przed kimś respekt** be in awe of sb: *We were all rather in awe of him.* | **budzić respekt** inspire awe | **budzący respekt** awe-inspiring: *an awe-inspiring achievement*

respektować *v* **1** *(przestrzegać)* respect: *The President is expected to respect the constitution.* **2** *(szanować)* respect: *I promise to respect your wishes.*

respondent/ka *n* respondent

restauracja *n* **1** *(lokal)* restaurant: *They had dinner in an Italian restaurant in Soho.* | *an expensive restaurant* THESAURUS RESTAURANT **2** *(odbudowa)* restoration: *the restoration of a 15th century church*

restauracyjny *adj* **wagon restauracyjny** restaurant car, dining car

restaurator/ka *n* **1** *(właściciel restauracji)* restaurateur **2** *(konserwator)* restorer: *antique furniture restorers*

R

restrukturyzacja *n* restructuring: *a radical restructuring of the economy* —**restrukturyzować** *v* restructure: *Mr Gorbachev's attempt to restructure Soviet industry*

restrykcje *n* restrictions: **nałożyć restrykcje na coś** impose restrictions on sth: *The 1986 law imposed new financial restrictions on private companies.* —**restrykcyjny** *adj* restrictive: *restrictive trade policies*

reszka *n* heads: **orzeł czy reszka?** heads or tails?

reszta *n* **1** *(pozostałość)* rest, remainder: *What shall we do with the rest of the pizza? | At least four of the enemy were killed and the rest fled* (=uciekła). *| Please pay half the money now and the remainder when you receive the goods. | The remainder of the class should use this time for study.* **2** *(pieniądze)* change: *I waited for the shopkeeper to give me my change.* | **reszty nie trzeba!** keep the change! **3 bez reszty** entirely: *She devoted herself entirely to her research.*

resztka *n* **1** *(ostatnia część)* the last: *Dennis ate the last of the bread. | the last of the rebel forces* **2 resztki** *(jedzenia)* leftovers, scraps: *Give the leftovers to the dog. | They fed their children on scraps.* **3** *(tkaniny)* remnant

retoryczny *adj* **1** rhetorical: *She delivered her speech with her usual rhetorical fire.* | **pytanie retoryczne** rhetorical question **2 figura retoryczna** figure of speech —**retorycznie** *adv* rhetorically

retoryka *n* rhetoric: *the rhetoric of their political rallies* (=wieców)

retro *adj* retro: *retro clothing stores*

retrospekcja *n (w filmie, książce)* flashback: *In 'The English Patient', a lot of the story is told in flashback.*

retrospektywny *adj* retrospective: *a retrospective look at the 1974 election* —**retrospektywa** *n* retrospective: *The retrospective includes 10 of the 12 films written and directed by Sturges.*

retuszować *v* retouch, airbrush: *postcards that have been retouched to cover the grey skies*

reumatyzm *n* rheumatism —**reumatyczny** *adj* rheumatic: *a rheumatic condition* (=choroba) *of the joints*

rewanż *n* **1** *(odwet)* revenge: **wziąć rewanż** get your revenge: *When she found out that he had been unfaithful, she was determined to get her revenge.* **2 w rewanżu** *(odwzajemniając życzliwość)* in return **3** *(sportowy)* return match/fight etc →patrz też ZREWANŻOWAĆ SIĘ

rewelacja *n* **1** revelation: *revelations about Charles and Diana's marriage* **2 być (prawdziwą) rewelacją** be a (real) revelation: *Bob Sorensen was a revelation in this show.*

rewelacyjny *adj* sensational: *Her performance in that film was sensational. | She has sensational style.* —**rewelacyjnie** *adv* sensationally

rewers *n* **1** *(monety)* reverse: *The British ten-pence piece has a lion on the reverse.* **2** *(pokwitowanie)* receipt **3** *(biblioteczny)* library slip

rewia *n* revue

rewidować *v* **1** *(zmieniać)* revise **2** *(przeszukiwać)* search: *Visitors to the prison are thoroughly searched before they are allowed in.* →patrz też ZREWIDOWAĆ

rewir *n* beat: *a policeman's beat*

rewizja *n* **1** *(mieszkania)* search: *The police carried out* (=przeprowadziła) *a systematic search of the house.* | **nakaz rewizji** search warrant **2** *(człowieka)* body-search: *Each prisoner is subjected* (=poddawany) *to a thorough body-search.* | **rewizja osobista** strip search **3** *(zmiana)* revision: *The plan is undergoing revision.* **4** *(sądowa)* appeal: *The defendant will be kept in custody* (=oskarżony pozostanie w areszcie) *until the appeal.*

rewizyjny *adj* **sąd rewizyjny** court of appeal

rewizyta *n* return visit

rewolta *n* revolt: *the student revolt of 1968*

rewolucja *n* revolution: *the Russian Revolution | a revolution in scientific thinking | the Industrial Revolution* —**rewolucjonist-a/ka** *n* revolutionary

rewolucjonizować *v* →patrz ZREWOLUCJONIZOWAĆ

rewolucyjny *adj* revolutionary: *a revolutionary army | a revolutionary new treatment for cancer* THESAURUS NEW

rewolwer *n* revolver

rezerwa *n* **1** *(zapas)* reserve: *reserves of food | water reserves* | **trzymać coś w rezerwie** keep sth in reserve: *We always keep some money in reserve, just in case.* **2** *(ostrożność, dystans)* reserve: *His natural reserve made it difficult to know what he really thought.* **3 podchodzić do czegoś z rezerwą** take sth with a pinch/grain of salt: *It's best to take what he says with a pinch of salt – he's always exaggerating.* **4** *(żołnierze w stanie spoczynku)* reserve(s): *an officer in the reserves* **5** *(dodatkowi gracze)* reserves: *We had to throw in four new lads from the reserves* (=musieliśmy dorzucić czterech nowych chłopaków z rezerwy).

rezerwacja *n* reservation, booking *BrE*: **zrobić/odwołać rezerwację** make/cancel a reservation/booking: *Have you made reservations at the restaurant yet? | Mr Gilbey made a booking for their cottage by telephone.* | **zrobić komuś rezerwację** *(w hotelu)* book sb in: *She's booked you in at the Hilton.*

rezerwat *n* **1** *(leśny, krajobrazowy itp.)* reserve, reservation *AmE*: *a game reservation* (=rezerwat dzikiej zwierzyny) | **rezerwat przyrody** nature reserve: *The house backs onto a field and a nature reserve beyond.* **2** *(indiański)* reservation: *a Navajo reservation*

rezerwista *n* reservist

rezerwować *v* reserve, book *BrE*: *Do you have to reserve tickets in advance?* →patrz też ZAREZERWOWAĆ

rezerwowy *adj* **1** *(zapasowy)* spare: *a spare bed* **2 zawodnik rezerwowy** reserve

rezerwow-y/a *n* **1** reserve **2 ławka rezerwowych** the bench: *We managed to win, even with Brian on the bench.*

rezerwuar *n* reservoir

rezolucja *n* resolution: *a United Nations resolution* | **przyjąć rezolucję** pass a resolution: *The conference passed a resolution calling on* (=wzywającą) *Western governments to cut pollution levels.*

rezolutny *adj* plucky, resourceful: *a plucky kid* | *a resourceful woman who could cope in almost any circumstances* —**rezolutnie** *adv* pluckily, resourcefully

rezonans *n* resonance: *magnetic resonance*

rezonansowy *adj* **pudło rezonansowe** soundbox

rezultat *n* **1** *(skutek)* result: *High unemployment is a direct result of the recession.* | **w rezultacie (czegoś)** as a result (of sth): *As a result of the pilots' strike, all flights have had to be cancelled.* **2** *(wynik meczu, wyborów)* result: *What was the result of the England-Italy game?* | *a disastrous result for the Republicans*

rezydencja *n* residence: *a private residence* THESAURUS HOUSE —**rezydent/ka** *n* resident —**rezydować** *v* reside

rezygnacja *n* **1** *(ze stanowiska)* resignation: **złożyć rezygnację** hand in your resignation: *Guess what? Roy's handed in his resignation.* **2** *(przygnębienie)* resignation: *She accepted her fate with resignation.*

rezygnować *n* **1** *(zwalniać się)* resign: *He decided to resign from the job and join the army.* **2** *(poddawać się)* give up: *Don't give up now!* →patrz też ZREZYGNOWAĆ

reżim *n* regime: *the Communist regime* —**reżimowy** *adj* regime: *a regime government*

reżyseria *n* direction: *His direction of the film was strongly criticized.* | **reżyseria: Agnieszka Holland** directed by Agnieszka Holland —**reżyserować** *v* direct: *Barbra Streisand both starred in and directed the movie.*

reżyser/ka *n* director: *film director Ken Russell* —**reżyserski** *adj* directorial: *his directorial debut*

ręcznie *adv* by hand, manually: *She does all her washing by hand.* | *Adjust the seat manually.*

ręcznik *n* towel: **ręcznik kąpielowy** bath towel

ręczny *adj* **1** *(wykonywany rękami)* manual: *manual work* | **ręcznej roboty** handmade: *handmade shoes* **2** *(obsługiwany rękami)* manual: *a manual typewriter* | **hamulec ręczny** handbrake *BrE*, emergency brake *AmE* **3** *(trzymany w rękach)* handheld: *a handheld scanner*

ręczyć *v* **1 ręczyć za kogoś/coś** vouch for sb/sth: *I can vouch for my son, officer.* **2 nie ręczę za siebie** I won't answer for myself/my actions

ręka *n* **1** hand: *Go wash your hands.* | *If you want to ask a question raise your hand.* | **trzymać się za ręce** hold hands: *They kissed and held hands.* | **wziąć kogoś za rękę** take sb by the hand, take sb's hand: *She took the boy by the hand and led him away.* | *I took her hand and helped her down the stairs.* | **podać/uścisnąć komuś rękę** shake hands with sb, shake sb's hand: *The president shook hands with each member of the team.* | *Max got up from his chair and shook her hand.* **2 z pierwszej ręki** *(usłyszeć, dowiedzieć się)* straight from the horse's mouth: **z drugiej ręki** at second hand: *I may have the story wrong as I heard it at second hand.* | **informacja z pierwszej ręki** inside information **3 mieć pełne ręce roboty** have your hands full: *The boss has his hands full at times.* **4 pod ręką** on hand: *The nurse will be on hand if you need her.* **5 w zasięgu/na wyciągnięcie ręki** within reach: *Adjust the car seat so that all the controls are within reach.* **6 w czyichś rękach** in sb's hands, in the hands of sb: *The whole affair is now in the hands of the police.* | **w dobrych/pewnych rękach** in good/safe hands: *Parents want to make sure they're leaving their children in safe hands.* **7 żelazna/twarda ręka** firm hand: *Active kids need a firm hand.* **8 z pustymi rękami** empty-handed: *The thieves fled the building empty-handed.* **9 złapać kogoś za rękę** *(nakryć)* catch sb red-handed **10 podnieść na kogoś rękę** raise a hand to sb: *My father never raised a hand to me.* **11 prosić o czyjąś rękę** ask for sb's hand (in marriage) **12 wziąć sprawy we własne ręce** take matters into your own hands: *Local people took matters into their own hands and hired their own security guards.* **13 wpaść w czyjeś ręce** fall into sb's hands: **wpaść w niepowołane ręce** fall into the wrong hands: *This map must not be allowed to fall into the wrong hands.* **14 ręce przy sobie!** keep your hands to yourself: **precz z rękami!** hands off! | **ręce do góry!** (put your) hands up!: *"Put your hands up!" the officer ordered.* **15 od ręki** straight away: *I'm sure he can fix it straight away.* →patrz też **dać komuś wolną rękę** (WOLNY), **dorwać kogoś w swoje ręce** (DORWAĆ), **gołymi rękami** (GOŁY), **ktoś ma związane ręce** (ZWIĄZANY), **mieć dwie lewe ręce** (LEWY), **mieć lepkie ręce** (LEPKI), **trzymać rękę na pulsie** (PULS), **umywać ręce od czegoś** (UMYWAĆ), **załamywać ręce** (ZAŁAMYWAĆ)

rękaw *n* **1** sleeve: *a blouse with short sleeves* | **bez rękawów** sleeveless: *a sleeveless dress* | **z długim/krótkim rękawem** long/short-sleeved: *a long-sleeved sweater* **2 zakasać rękawy** roll your sleeves up: *We must roll our sleeves up and get on with it.*

rękawica *n* glove: **rękawica bokserska** boxing glove

rękawiczka *n* **a)** *(pięciopalczasta)* glove **b)** *(z jednym palcem)* mitten

rękoczyn *n* **doszło do rękoczynów** it came to blows: *Kate and Geoff argued fiercely and it almost came to blows.*

rękodzieło *n* (handi)craft

rękojeść *n* **a)** *(narzędzia)* handle: *a knife with an ivory handle* **b)** *(białej broni)* hilt

rękopis *n* manuscript: *a 350 page manuscript*

riksza *n* rickshaw

ring *n* ring: *a boxing ring*

riposta *n* retort —**ripostować** *v* retort

robactwo *n* **1** *(robaki)* worms **2** *(owady)* insects

robaczek *n* **1** →patrz ROBAK **2 robaczek świętojański** glow-worm

robaczkowy *adj* →patrz **wyrostek robaczkowy** (WYROSTEK)

robak *n* **1** worm **2** *(owad)* bug

robić *v* **1** *(zajmować się)* do: *What are you doing tonight?* THESAURUS BECOME **2** *(wytwarzać)* make: *He makes all his furniture himself.* **3 robić użytek z czegoś** make use of sth **4 robić z czegoś problem** make an issue (out) of sth: *There's nothing wrong with your hair, so stop making an issue out of it.* **5 robić sobie włosy/paznokcie** do your hair/nails: *Jan spends ages doing her hair in the mornings.* **6 robić za kogoś** act as sb: *My brother knows French – he will act as an interpreter* (=będzie robił za tłumacza).

R

7 co to tutaj robi? (and) what is this doing here?: **co tam robiłaś?** what(ever) were you doing there? **8 robić swoje** do your own thing **9 już się robi** no sooner said than done → patrz też **robić furorę** (FURORA), **robić z siebie/kogoś głupka** (GŁUPIEC), **robić pieniądze** (PIENIĄDZ), **robić wrażenie** (WRAŻENIE), **robić wyjątek** (WYJĄTEK)
robić się *v* **1** *(stawać się)* become, get: *City life is becoming increasingly dangerous.* | *The children were getting restless.* **2 robi się zimno/ciemno/późno** it's getting cold/dark/late: *I rolled up my window - it was getting cold.* **3 komuś robi się zimno** sb is getting cold: *Hurry up - I'm getting cold.* | **komuś robi się niedobrze** sb starts/begins to feel sick: *She started to feel sick in the middle of the exam.*

roboczy *adj* **1 siła robocza** manpower, labour *BrE*, labor *AmE*: *We don't have enough manpower right now to start a new project.* | *a shortage of skilled labour* **2 dzień roboczy** weekday **3 ubranie robocze** work clothes **4** *(spotkanie, wizyta itp.)* working, business: *a working lunch* | *a business meeting* **5** *(prowizoryczny)* working: *a working model of a steam engine* | *a working hypothesis*

robot *n* **1** robot: *industrial robots* **2 robot kuchenny** food processor

robota *n* **1** *(praca)* work: *There isn't a lot of work at this time of the year.* | **zabrać się do roboty** set to work, get down to work: *We all set to work and within half an hour the whole place was spotless.* | *We decided to watch TV for a while before getting down to work.* **2** *(posada)* job: *Eventually, Mary got a job as a waitress.* | **wylecieć z roboty** lose your job: *At least there's no danger of you losing your job.* | **wylać kogoś z roboty** fire sb, sack sb *BrE*, give sb the boot: *The boss threatened to fire anyone who was late.* **3 niezła/dobra robota** nice work, good job *AmE*: *Nice work! The project looks good.* | *Good job, John!* **4 roboty** works: **roboty drogowe** roadworks **5 nie mieć nic do roboty** have nothing to do, be at a loose end: *I was at a loose end so I decided to go see an old movie.* **6 własnej/domowej roboty** homemade: *a homemade cake* **7 brudna robota** dirty work: *I told them to do their own dirty work.* → patrz też **mieć pełne ręce roboty** (RĘKA)

robotniczy *n* **1** working-class: *a typical working-class family* | *a working-class background* (=pochodzenie) **2 klasa robotnicza** the working class: *the unity of the working class*

robotni-k/ca *n* worker, labourer *BrE*, laborer *AmE*: *factory workers* | **robotnik niewykwalifikowany** unskilled worker

robótka *n* **robótki ręczne** knitting: *Knitting is a pleasant evening employment.*

rock *n* **1** rock **2 rock and roll** rock'n'roll —**rockowy** *adj* rock: *a rock band*

roczek *n* **1 mieć roczek** be one year old: *Jerrod's only one year old and he's already starting to talk.* **2** *(urodziny)* first birthday: *I got this book for my first birthday.*

rocznica *n* **1** anniversary: *our wedding anniversary* | *the 50th anniversary of India's independence* **2 setna rocznica** centenary *BrE*, centennial *AmE* —**rocznicowy** *adj* anniversary: *the anniversary celebrations/dinner*

rocznie *adv* annually: *A side effect of tuna fishing was the death of over 100,000 dolphins annually.*

rocznik *n* **1** *(periodyk)* annual **2 rocznik statystyczny** statistical yearbook **3** *(rok urodzenia)* year **4** *(kończący naukę w danym roku)* class: *the class of 1980* **5** *(wina)* vintage: **wino z dobrego rocznika** vintage wine

roczny *adj* annual: *an annual income of around $500,000*

roda-k/czka *n* compatriot: *Stich defeated his compatriot Becker in the quarter final.*

rodeo *n* rodeo

rodnik *n* radical: *free radicals*

rodowity *adj* native: *a native American*

rodowód *n* **1** *(genealogia)* lineage: *a family of ancient lineage* **2** *(psa)* pedigree: **pies z rodowodem** pedigree dog **3** *(źródło)* origin: *Many of the problems had their origins in post-war Europe.*

rodowy *adj* ancestral: *the family's ancestral home*

rodzaj *n* **1** *(typ)* kind, sort: *I can't decide what kind of floor covering to have in my new kitchen.* | *What sort of shampoo do you use?* | **wszelkiego rodzaju** all kinds/manner of: *She tried all kinds of diets, but none of them seemed to work.* | *We would discuss all manner of subjects.* | **jedyny w swoim rodzaju** one of a kind: *Each plate is handpainted and one of a kind.* **2 coś w tym rodzaju** something like that: *"Are you sure he was wearing jeans?" "Well, something like that."* | **czy coś w tym rodzaju** or something: *Her name was Judith, or Julie or something.* | **coś w rodzaju ...** a kind of ...: *The bat (=nietoperz) uses a kind of radar.* **3** *(gramatyczny)* gender: *Polish has three grammatical genders: masculine, feminine and neuter.* | **rodzaju męskiego/żeńskiego/nijakiego** masculine/feminine/neuter: *The word for "book" is masculine in Polish.* | *a feminine noun* **4 rodzaj ludzki** the human race: *Many things threaten the survival of the human race.* THESAURUS PEOPLE

rodzajnik *n* article: **rodzajnik nieokreślony/określony** indefinite/definite article

rodzeństwo *n* siblings, brothers and sisters

UWAGA: sibling

Rzeczownik **sibling**, oznaczający brata lub siostrę, występuje głównie w języku formalnym. Chcąc dowiedzieć się, czy ktoś ma rodzeństwo, spytamy raczej: *Do you have any brothers or sisters?*

rodzic *n* **1** parent: *My parents are coming to visit next week.* **2 rodzic chrzestny** godparent —**rodzicielski** *adj* parental: *parental responsibilities*

rodzić *v* **1** *(kobieta)* be in labour: *Meg was in labour for six hours.* | **zacząć rodzić** go into labour: *Diane went into labour at 2 o'clock.* **2** *(drzewo itp.)* bear fruit **3** *(wywoływać)* give rise to: *Mass unemployment is giving rise to world-wide concern* (=rodzi zaniepokojenie w świecie). → patrz też URODZIĆ, ZRODZIĆ
rodzić się *v* **1** *(przychodzić na świat)* be born: *In those days most babies were born at home.* **2** *(powstawać)* arise: *Problems arise when people in authority can't keep discipline.*

rodzimy *adj* native: *native species of trees*

rodzina *n* **1** family: *Do you know the family next door?* | *tigers and other members of the cat family* | *the Germanic family of languages* **2 planowanie rodziny** family planning → patrz też **najbliższa rodzina** (NAJBLIŻSZY)

UWAGA: family

Rzeczownik **family** może występować zarówno z czasownikiem w liczbie pojedynczej, jak i mnogiej: *All her family has/have emigrated to Australia.*

rodzinka *n* folks: *I need to call my folks sometime this weekend.*

rodzinny *adj* **1** *(dotyczący rodziny)* family: *a family get-together* (=zjazd rodzinny) | *a family holiday/business* | *family life* **2** *(związany z pochodzeniem)* native: *her native land* | *The football star returned to his native Belfast.* | **miasto rodzinne** hometown **3** *(ciepły, przyjazny)* homely: *a small hotel with a warm, homely atmosphere* **4 to (u nas/u nich itp.) rodzinne** it runs in the family

rodzynek *n także* **rodzynka** raisin

rogal *n także* **rogalik** croissant: *fresh croissants for breakfast*

rogatka *n* **1** *(granica miasta)* tollgate **2** *(kolejowa)* gate

rogowy *adj* horn: *horn-rimmed glasses* (=okulary w rogowej oprawie)

rogówka *n* cornea

roić się *v* **1 gdzieś/coś roi się od ... a)** *(ludzi, owadów itp.)* sth is swarming/teaming with ...: *The beach was swarming with people.* | *The lake was teeming with fish.* **b)** *(błędów, sprzeczności itp.)* sth is riddled with ...: *His report is riddled with errors.* **2 coś roi się komuś** sb dreams of sth: *He dreamt about living abroad.*

rojalist-a/ka *n* royalist

rok *n* **1** year: *We've known each other for over a year.* | *the year that Martin Luther King died* | **w tym/zeszłym/przyszłym roku** this/last/next year: *The company made a good profit last year.* | *Perhaps next year I'll have more time for gardening.* | **co roku** each/every year: *I have six weeks' holiday each year.* | **przez cały/okrągły rok** all (the) year round: *tomatoes grown all year round under glass* | **rok w rok** year after year **2 rok przestępny** leap year **3 rok finansowy/budżetowy** financial/fiscal year: *The financial year only goes up to April.* **4 rok szkolny/akademicki** school/academic year: *The school year ends in June or July.* **5 Nowy Rok a)** *(rok)* the new year: *Who knows what the new year will bring?* **b)** *(dzień)* New Year's Day, New Year: *They want us to work on New Year's Day.* | *We're going to spend Christmas and New Year with my parents.* **6 Szczęśliwego Nowego Roku!** Happy New Year! →patrz też LATA

rokowania *n* **1** *(pokojowe)* negotiations: *Negotiations were being carried on, in spite of the fighting.* **2** *(na przyszłość)* prognosis: *a pessimistic prognosis of the country's future development*

rola *n* **1** *(w teatrze, filmie)* role, part: *Matthews plays the role of a young doctor suspected of murder.* | *Brannagh played the part of Henry V.* | **główna rola** lead/leading role | **grać główną rolę w ...** star in ...: *She will star in the Los Angeles production of "Phantom" this year.* **2** *(tekst)* lines: *After 30 years on the stage, I still forget my lines.* **3** *(znaczenie)* role: *the role of diet in the prevention of diseases* **4** *(funkcja)* role: *a woman's role in society* **5 odgrywać kluczową rolę w czymś** play a key role in sth: *Mandela played a key role in ending apartheid.* **6 to nie gra roli** it doesn't matter **7** *(ziemia uprawna)* land

roleta *n* blind: *Could you pull the blind, please?*

rolka *n* **1** *(zwój)* roll: *a roll of toilet paper* **2** *(szpulka)* reel: *a reel of film* **3** *(łyżworolka)* Rollerblade®

rolnictwo *n* agriculture —**rolniczy** *adj* agricultural, farming: *agricultural production* | *farming areas*

rolnik *n* farmer

rolny *adj* **1** agricultural: *the agricultural sector of the economy* **2 gospodarstwo rolne** farm: *a small farm* **3 gospodarka rolna** farming: *This type of farming is rapidly dying out.*

romans *n* **1** *(związek)* (love) affair, romance: *Ed's having an affair with his boss's wife.* | *a summer romance* **2 a)** *(książka)* romance (novel): *I picked up a romance novel for some light reading.* **b)** *(film)* romantic movie, romance: *She enjoys romantic movies.*

romansować *v* **romansować z kimś** have an affair with sb: *It's quite improper for you to have an affair with one of your students.*

romanty-k/czka *n* romantic: *an incurable romantic* —**romantyczny** *adj* romantic: *"Paul always sends me roses on my birthday." "How romantic!"* | *a romantic village* —**romantycznie** *adv* romantically —**romantyzm** *n* romanticism

romański *adj* Romanesque

romb *n* rhombus

rondel *n* saucepan

rondo *n* **1** *(skrzyżowanie)* roundabout *BrE*, traffic circle *AmE* **2** *(kapelusza)* brim **3** *(utwór muzyczny)* rondo

ronić *v* **ronić łzy** shed tears: *We're not shedding tears* (=nie będziemy ronić łez) *over his resignation.*

ropa *n* **1** *(wydzielina)* pus **2 ropa naftowa** oil, petroleum

ropieć *v* fester

ropucha *n* toad

rosa *n* dew

Rosja *n* Russia —**Rosjan-in/ka** *n* Russian

rosnąć *v* **1** *(stawać się wyższym, większym itp.)* grow: *Ben's growing so fast we can hardly keep him in jeans* (=ledwo możemy mu nastarczyć dżinsów). **2** *(dorastać)* grow up: *Children in the West are growing up in a culture steeped in sex and violence* (=w kulturze przesiąkniętej seksem i przemocą). **3** *(rośliny)* grow: *There's corn growing on that field.* **4** *(wartość, cena, napięcie itp.)* rise, grow, mount: *The value of the dollar is rising.* | *The tension here is mounting, as we await the final result.* —**rosnący** *adj* growing: *a growing interest in old movies* →patrz też UROSNĄĆ, WZROSNĄĆ

rosół *n* **1** broth: *chicken broth* **2 rozebrany (jak) do rosołu** stark naked

rosyjski[1] *adj* Russian: *the Russian alphabet*

rosyjski[2] *n (język)* Russian: *Can you speak Russian?*

roszczenie *n* claim: *claims for compensation* | **wysunąć roszczenie** put in a claim: *They put in a claim on the insurance for their stolen luggage.* | **roszczenia płacowe** pay claims

rościć *v* **rościć sobie prawo do czegoś** stake a claim to sth: *Both countries have staked a claim to the islands.*

roślina *n* **1** plant: *Don't forget to water the plants.* **2 roślina doniczkowa** houseplant, pot plant *BrE*, potted plant *AmE* **3 rośliny uprawne** crops: *Most of the land is used for growing crops.*

roślinność *n* vegetation: *There was little vegetation on the island.*

roślinny *adj* vegetable: *vegetable oil/fat* | **białko roślinne** vegetable protein

roślinożerny *adj* herbivorous —**roślinożerca** *n* herbivore

rotacja *n* **1** *(ruch obrotowy)* rotation: *the rotation of the Earth on its axis* **2** *(personelu, sprzętu itp.)* rotation: *We need to do more job rotation.*

R

rotacyjny *adj* **1** *(obrotowy)* rotary: *the rotary movement of the helicopter blades* **2** *(naprzemienny)* rotational —**rotacyjnie** *adv (naprzemiennie)* in rotation: *Three Shakespearian comedies will be performed in rotation during the festival.*

rowek *n* groove: *Water had channelled* (=wyżłobiła) *grooves in the rock.* | *The record player needle kept jumping out of the grooves.*

rower *n* **1** bicycle, bike, cycle: *kids riding their bicycles in the street* | **rower górski** mountain bike **2 rower wodny** pedalo: *Let's hire a pedalo and explore the lake.* —**rowerowy** *adj* bicycle: *a bicycle helmet*

rowerek *n* bicycle: **rowerek trójkołowy** tricycle

rowerzyst-a/ka *n* cyclist

rozbawić *v* amuse: *What amused me most was the thought of Martin in a dress.* | *He was highly amused by* (=bardzo go rozbawiło) *my story.* —**rozbawienie** *n* amusement —**rozbawiony** *adj* amused: *We exchanged amused glances when we heard this.*

rozbić *v* **1** *(szybę, szklankę itp.)* break, smash: *The ball hit the window and broke the glass.* | *He used a chair to smash the window.* **2** *(siły wroga)* smash: *an alliance to smash the communists* **3** *(małżeństwo itp.)* break up: *She actually accused me of trying to break up her marriage!* **4** *(namiot, obóz)* pitch: *We pitched our tents beside a stream.* | *Let's pitch camp over there.*
rozbić się *v* **1** *(stłuc się)* break, smash: *The lamp toppled over* (=przewróciła się) *and broke.* | *I dropped the plate and it smashed.* **2** *(ulec wypadkowi)* crash: *The DC10 crashed shortly after take-off* (=po starcie). →patrz też ROZBIJAĆ SIĘ

rozbieg *n* run-up: *Take a run-up and kick the ball.*

rozbiegać się *v* **1** *(ludzie)* scatter, disperse: *The crowd scattered in all directions.* | *The demonstrators quickly dispersed.* **2** *(interesy, zainteresowania)* diverge: *Our business interests diverged and we had to sell the company.*

rozbierać *v* →patrz ROZEBRAĆ

rozbieżność *n* discrepancy: *There are big discrepancies between what Margaret says and what you say.* —**rozbieżny** *adj* divergent: *divergent political views*

rozbijać się *v* **1 rozbijać się gdzieś/po czymś** *(włóczyć się)* rove sth: *He wants to spend his life roving the world.* **2 rozbijać się o coś** *(fale)* break/crash on/against sth: *He watched the waves breaking on the rocks.* →patrz też ROZBIĆ

rozbiór *n* partition: *the partition of Poland* —**rozbiorowy** *adj* partition: *a partition treaty*

rozbiórka *n* demolition: *The plans involve the demolition of some 18th century houses.* | **przeznaczyć coś do rozbiórki** slate sth for demolition: *The office buildings are slated for demolition next June.*

rozbitek *n* castaway

rozbity *adj* broken: *a broken window* | *his broken marriage* | *kids from broken homes*

rozbłysnąć *v* flash, flare: *The lightning flashed.* | *The match flared in the darkness.*

rozboleć *v* **1 rozbolał go łokieć itp.** his elbow etc started aching **2 rozbolała mnie głowa** I got a headache →patrz też BOLEĆ

rozbój *n* **1** robbery: *He served a short sentence* (=odsiedział krótki wyrok) *for robbery.* **2 rozbój w biały dzień/na prostej drodze** daylight robbery: *$5 for an ice cream? It's daylight robbery!*

rozbójnik *n* highwayman

rozbrajający *adj* disarming: *a disarming smile*

rozbroić *v* **1** *(żołnierza)* disarm: *Captured soldiers were disarmed and put into camps.* **2** *(ładunek)* disarm: *to disarm a missile* **3** *(udobruchać)* disarm: *Susie's reply disarmed him.*

rozbrojenie *n* disarmament: **rozbrojenie nuklearne** nuclear disarmament —**rozbrojeniowy** *adj* disarmament: *disarmament talks*

rozbrykany *adj* frisky: *frisky lambs*

rozbryzgiwać *v* spatter: *Roberts flicked his brush spattering paint over my shirt.*
rozbryzgiwać się *v* splatter, spatter: *Rain spattered against the window.* | *Blood splattered across the floor.*

rozbrzmiewać *v* **1** *(rozlegać się)* ring out: *church bells ringing out in the distance* **2 rozbrzmiewać czymś** resound with sth: *The hall resounded with laughter and cheering.*

rozbudować *v* extend: *We're thinking of extending the kitchen.* —**rozbudowa** *n* expansion: *The following years saw a rapid expansion of the town.* —**rozbudowany** *adj* complex: *There's a complex network of roads round the city.*

rozbudzić *v* **1** *(wzbudzić, pobudzić)* arouse: *The ceasefire aroused expectations of an end to the war.* **2** *(obudzić)* wake (up)
rozbudzić się *v* wake up: *Ann woke up and rubbed her eyes.*

rozbudzony *adj* **1** *(obudzony)* wide awake **2** *(pobudzony)* excited: *sexually excited*

rozchodzić *v (buty)* break/wear in: *You'll have to break these shoes in or you will get blisters* (=pęcherze).
rozchodzić się *v* **1** *(tłum)* disperse: *Once the ambulance left, the crowd began to disperse.* **2** *(drogi)* diverge: *At this point the two paths diverge.* **3** *(partnerzy)* split up: *Jackie's splitting up with her boyfriend.* **4** *(wiadomości)* spread, travel: *News of the explosion spread swiftly.* | *Gossip travels fast.* | **rozchodzić się lotem błyskawicy** spread like wildfire: *News of his arrival spread like wildfire.* | **rozeszła się wieść, że ...** the word spread that ...: *The word spread that Louise had resigned.* **5** *(głos, światło)* travel: *Light travels faster than sound.* **6** *(pieniądze)* run out: *Money runs out quickly and we don't know what to do.* **7 rozchodzić się jak świeże bułeczki** sell like hotcakes: *The dictionary is selling like hotcakes.* →patrz też ROZEJŚĆ SIĘ

rozchorować się *v* be taken ill: *She was suddenly taken ill at school.*

rozchwytywać *v* snap up: *The best bargains tend to be snapped up immediately.* THESAURUS BUY —**rozchwytywany** *adj* sought-after: *Bryce is a much sought-after defence lawyer.*

rozchylić *v* part: *The sunlight flooded the room when he parted the curtains.*
rozchylić się *v* part: *Ralph's lips parted into a delighted smile.*

rozciąć *v* **1** *(przeciąć)* cut: *I cut the string around the package.* **2** *(skaleczyć)* cut: *Sam fell and cut his head.*

rozciągać *v* →patrz ROZCIĄGNĄĆ
rozciągać się *v* **1** *(tkanina, buty, ubranie)* stretch: *Lycra shorts will stretch to fit you perfectly.* | *Don't worry if the shoes feel a bit tight, they'll soon stretch.* **2** *(na jakimś obszarze)* stretch, extend: *The desert stretched to the*

horizon. | *The forest extended for miles in all directions.* **3** *(przedłużać się)* stretch: *The project will probably stretch into next year.* **4 rozciągać się na coś** *(obejmować sobą)* extend to sth: *The ban on imports does not extend to medical supplies.*

rozciągnąć *v* **1** *(tkaninę, sznur itp.)* stretch: *Stretch the canvas so that it covers the whole frame.* | *We can stretch a rope between these trees.* **2** *(prawo, sankcje itp.)* extend: *We must extend the effects of sanctions against the regime.*

rozcieńczyć *v* dilute: *Dilute the paint with a little oil.* **—rozcieńczony** *adj* dilute, diluted: *dilute hydrochloric acid* | *Give the baby diluted fruit juice.*

rozcierać *v* → patrz ROZETRZEĆ

rozcięcie *n* **1** *(skaleczenie)* cut **2** *(w spódnicy itp.)* slit

rozcinać *v* → patrz ROZCIĄĆ

rozczarować *v* disappoint: *I'm sorry to disappoint you, but I can't come after all.* | *You disappoint me, Eric. I expected better* (=spodziewałem się czegoś lepszego).
rozczarować się *v* become/grow disillusioned: *After the incident she grew disillusioned with politics.* **—rozczarowujący** *adj* disappointing: *disappointing profit figures*

rozczarowanie *n* disappointment, disillusionment: *a bitter disappointment* | *The honeymoon period was soon followed by the usual disillusionment with day-to-day reality.* **—rozczarowany** *adj* disappointed, disillusioned: *I'm very disappointed in you.* | *She was disappointed that her friends couldn't come.* | *He became bitter and disillusioned as he grew older.*

rozczochrany *adj* unkempt, dishevelled *BrE*, disheveled *AmE*: *an unkempt beard* | *Her hair was all dishevelled.*

rozczulać *v* move: *She moved me to tears.*
rozczulać się *v* **1** get/become emotional/sentimental: *Laurie still gets sentimental about* (=na wspomnienie o) *our old house.* **2 rozczulać się nad sobą** feel sorry for yourself: *Stop feeling sorry for yourself. Do something!*

rozdać *v* → patrz ROZDAWAĆ

rozdanie *n* **1** *(w kartach)* hand **2 rozdanie nagród** prize giving

rozdarcie *n* **1** *(przedarcie)* rip, tear: *a rip in the tyre* | *There's a tear in your jacket.* **2** *(rozterka)* dilemma: **przeżywać wewnętrzne rozdarcie** be on the horns of a dilemma

rozdawać *v* **1** distribute, give/hand out: *Students were distributing leaflets to passers-by.* | *Could you start handing these books out?* **2** *(karty)* deal: *Deal out three cards to each player.*

rozdeptać *v* trample underfoot: *She dropped her jacket and it was trampled underfoot.*

rozdmuchiwać *v* **1** *(ogień)* fan: *The wind blew from the east, fanning the blaze.* **2** *(rozwiewać)* blow away: *The wind blew the leaves away.* **3** *(nagłaśniać)* publicize, publicise *BrE*: *Rumours should be investigated, not publicized.*

rozdrapywać *v* **1** scratch: *Try not to scratch those mosquito bites.* **2 rozdrapywać stare rany** open old wounds

rozdrażnić *v* irritate: *Her attitude really irritated me.* **—rozdrażniony** *adj* irritated: *The ambassador looked somewhat irritated by the interruption to his work.* → patrz też DRAŻNIĆ

rozdroże *n* **1** crossroads: *Keep driving till you come to a crossroads.* **2 być na rozdrożu** be at a crossroads: *Warren's career was at a crossroads.*

rozdwajać *v* split into two, halve
rozdwajać się *v* **1** *(włosy)* split: *My hair is splitting - I need a haircut.* **2 przecież się nie rozdwoję** I can't be in two places at once.

rozdygotany *adj* shaking: *Her shaking hands betrayed her nervousness.*

rozdział *n* **1** *(część książki)* chapter: *I've only read Chapter 5.* **2** *(rozdzielanie)* distribution: *the distribution of aid supplies* **3** *(rozgraniczenie)* separation: *the separation of powers between Congress and the President* **4** *(etap)* chapter: *That summer an important chapter of my life came to an end.*

rozdzielać *v* **1** *(rozdawać)* distribute: *The Red Cross have started distributing food and blankets to villages in the flood area.* **2** *(odgradzać)* separate: *A screen separates the dining area from the kitchen.* → patrz też ROZDZIELIĆ

rozdzielczość *n* **1** resolution: *screen resolution* (=rozdzielczość ekranu) **2 telewizja o wysokiej rozdzielczości** high-definition television

rozdzielczy *adj* **1 tablica rozdzielcza** instrument/control panel **2 deska rozdzielcza** dashboard

rozdzielić *v* **1** *(podzielić)* divide: *The teacher divided the class into groups.* **2** *(oddzielić)* separate: *Separate the egg yolk from the white.* **3** *(rozdać)* divide (up): *The money is to be divided up equally among the six grandchildren.* → patrz też ROZDZIELAĆ
rozdzielić się *v* split up: *We'll split up into three working groups.*

rozdzierać *v* **1** *(targać)* tear apart: *Countries like Somalia and Ethiopia have been torn apart by civil war.* **2 rozdzierać komuś serce** break sb's heart, tear sb apart: *It breaks my heart to see the children starving.* | *It tears me apart to see Linda cry.* → patrz też ROZEDRZEĆ

rozdźwięk *n* discord: *discord within NATO*

rozebrać *v* **1** *(człowieka)* undress: *Two nurses undressed the old woman and lifted her onto the bed.* **2** *(coś na części)* take apart, dismantle: *John took apart the tap and put in a new washer* (=założył nową uszczelkę). | *Chris dismantled his bike in five minutes.* **3** *(budynek)* pull down: *The old chapel is dangerous and will have to be pulled down.*
rozebrać się *v* undress, get undressed: *She undressed quickly and got into bed.* | *I got undressed and had a quick shower.* **—rozebrany** *adj* undressed

rozedrzeć *v* **rozedrzeć coś a)** *(podrzeć)* tear sth: *Oh no! I've torn my T-shirt.* **b)** *(otworzyć drąc)* tear sth open: *He grabbed the envelope and tore it open.*
rozedrzeć się *v* **1** *(podrzeć się)* tear: *The cloth was very old and could tear easily.* **2** *(zacząć krzyczeć)* start yelling: *It was so embarrassing - he just started yelling at his wife.* **3** *(zacząć płakać)* start bawling: *I couldn't help it, I just started bawling.* → patrz też DRZEĆ, ROZDZIERAĆ, WYDRZEĆ SIĘ

rozegrać (się) *v* → patrz ROZGRYWAĆ (SIĘ)

rozejm *n* truce, ceasefire: **ogłosić rozejm** call a truce, declare a ceasefire: *The two countries have called a truce.*

rozejrzeć się *v* **1** look around, have/take a look around: *Let's look around the shops* (=rozejrzyjmy się po sklepach). | *Do you mind if I take a look around?* **2 rozejrzeć się w sytuacji** see how the land lies: *I want to see how the land lies before I decide whether or not to take the job.* → patrz też ROZGLĄDAĆ SIĘ

rozejść się *v* *(małżeństwo)* split up, divorce, separate: *Steve's parents split up when he was four.* | *Dave's parents*

R

divorced two years ago. | *It's the children who suffer when their parents separate.* →patrz też ROZCHODZIĆ SIĘ

rozentuzjazmowany *adj* enthusiastic: *an enthusiastic crowd*

rozerwać *v* tear: *The wolf tore the sheep to pieces.*
rozerwać się *v* **1** *(podrzeć się)* tear: *The bag tore on the way home.* **2** *(pęknąć)* burst: *The dam burst after heavy rains.* →patrz też ROZRYWAĆ SIĘ

rozesłać *v* send (out): *She failed to send* (=nie rozesłała) *the invitations because she was very busy.*

roześmiać się *v* laugh out loud: *When I first heard the idea, I almost laughed out loud.*

rozetrzeć *v* **1** *(zmiażdżyć)* crush: *Crush two cloves of garlic.* **2** *(rozsmarować)* rub: *He rubbed liniment on the horse's front legs.*

rozewrzeć *v* **rozewrzeć ramiona** open your arms: *Marcus opened his arms in a welcoming gesture.*
rozewrzeć się *v* open: *The door opened to reveal a large hall.*

rozeznać się *v* **nie móc się w czymś rozeznać** can't make head nor tail of sth: *I can't make head nor tail of these instructions.* —**rozeznanie** *n* grasp: *You seem to have a good grasp of the subject.*

rozgadać *v* **rozgadać coś** spread sth about
rozgadać się *v* start chattering: *After a while he started chattering.*

R

rozgałęziać się *v* branch, fork: *The road branches into two.*

rozgardiasz *n* commotion

rozgarnięty *adj* sharp-witted: *a sharp-witted teenager*

rozglądać się *v* **1** look around: *He quickly passed the note to the woman, looking around to check that no one had noticed.* **2 rozglądać się za czymś** look (around) for sth: *Eve mentioned that you might be looking for a temporary job.* | *Jason's going to start looking around for a new house.* →patrz też ROZEJRZEĆ SIĘ

rozgłos *n* publicity: **zdobyć rozgłos** gain/get publicity: *Movie stars just do charity work to get publicity.* | **nadać czemuś rozgłos** publicize sth: *The concert has been organized to publicize the campaign for nuclear disarmament.*

rozgłośnia *n* radio station: *your local radio station*

rozgnieść *v* crush: *Crush the grapes.*

rozgniewać *v* anger, make angry: *What angered me most was his total lack of remorse* (=brak skruchy). | *It made me really angry when I heard them talk about my problems.*
rozgniewać się *v* get angry: *Sharon got angry and said some very cruel things.*

rozgorączkowany *adj* **1** *(z gorączką)* feverish: *Her cheeks looked hot and feverish.* **2** *(podekscytowany)* fevered: *Security* (=ochrona) *kept the band's fevered fans away from the stage.* | *fevered cries*

rozgoryczony *adj* bitter: *He became bitter and disillusioned as he grew older.* | *They're very bitter about it.* —**rozgoryczenie** *n* bitterness

rozgorzeć *v (uczucie, walka itp.)* flare up: *Anger flared up inside her.* | *Fighting has flared up again in the city.*

rozgościć się *v* make yourself comfortable, make yourself at home: *Come in and make yourselves comfortable.* | *Make yourself at home while I get some coffee.*

rozgotowany *adj* overcooked: *overcooked vegetables*

rozgraniczać *v* differentiate between: *As journalists we have to differentiate between facts and opinions.*

rozgromić *v* rout, thrash: *The Seattle SuperSonics routed Atlanta 111-88.* | *Brazil thrashed Italy 5-0.*

rozgrywać *v (mecz)* play: *They played a very good match.*
rozgrywać się *v* **1** *(dziać się)* happen: *No one knew who had fired the gun - it all happened so quickly.* **2 akcja książki/filmu rozgrywa się w Szkocji itp.** the book/film is set in Scotland etc

rozgrywka *n* **rozgrywki sportowe** games

rozgryźć *v* **1** *(zębami)* chew **2** *(problem)* crack: *I've finally cracked it!* **3 nie mogę go/jej rozgryźć** I can't work him/her out

rozgrzać *v* **1** *(człowieka, część ciała)* warm (up): *A brandy should warm you up.* | *I put my feet near the radiator to warm them.* **2** *(substancję)* heat (up): *The metal becomes liquid if heated.* **3** *(publiczność itp.)* warm up: *He warmed up the audience by telling them a few jokes.*
rozgrzać się *v* **1** *(żeby nie było zimno)* warm yourself (up): *Here, warm yourself by the fire.* | *I tried running down the road to warm myself up.* **2** *(w sporcie)* warm up: *The athletes are warming up before the race.* **3** *(od słońca itp.)* heat up: *The stones heated up in the sun.* **4** *(urządzenie)* warm up: *It takes a few minutes for the copier to warm up.*

rozgrzeszyć *v* **1** *(odpuścić grzechy)* absolve: *Julian was absolved when he gave his bed to an angel, who was disguised as a leper* (=przebrany za trędowatego). | **rozgrzeszyć kogoś z czegoś** absolve sb of/from sth: *It absolved him of jealousy.* **2** *(usprawiedliwić)* excuse: *Can he be excused for neglecting his work in order to write poetry?*

rozgrzewać *v* →patrz ROZGRZAĆ

rozgrzewka *n* warm-up: *Players are doing some stretching exercises as a warm-up.*

rozgwiazda *n* starfish

rozgwieżdżony *adj* starlit: *a starlit night*

rozhisteryzowany *adj* hysterical: *Hysterical parents were calling the school for details of the accident.*

rozhuśtać się *v* start rocking: *Our boat started rocking and Tom fell overboard.*

rozjarzony *adj* **1** *(oczy)* blazing: *"Get out!" he screamed, his eyes blazing with hate.* **2** *(rozświetlony)* lit up: *The sky was lit up by the fire in the factory.*

rozjaśnić *v* **1** *(niebo, pokój itp.)* brighten (up), light up, lighten up: *A warm pink or yellow colour will brighten up a dark room.* | *A flare lit up the night sky.* | *White walls would certainly lighten up the room.* **2** *(czyjąś twarz)* light up: *Suddenly a smile lit up her face.* **3** *(kwestię)* elucidate: *She collected any evidence which might help her to elucidate the problem.* **4 rozjaśnić sobie włosy** bleach your hair
rozjaśnić się *v* **1** *(twarz, oczy)* brighten, light up, lighten: *His expression brightened when I mentioned the money.* | *His face lit up with joy.* **2** *(niebo)* lighten (up): *Outside the sky was just beginning to lighten up.* | *As the sky lightened* (=kiedy się rozjaśniło), *we were able to see where we were.*

rozjazd *n* **1** *(skrzyżowanie)* junction: *Slow down when you approach the junction.* **2 być w rozjazdach** be on the move: *Abbot lives in Manhattan, but he's usually on the move.*

rozjechać *v* run over: *Our last cat got run over by a car outside our house.*
rozjechać się *v (goście itp.)* part: *After a fond farewell, the guests parted.*

rozjemca *n* peacemaker: *The US sees itself as a peacemaker in the region.*

rozjeżdżać (się) *v* →patrz **ROZJECHAĆ (SIĘ)**

rozjuszony *adj* enraged: *an enraged bull | an enraged crowd*

rozkapryszony *adj* capricious, pampered: *Helen's just as capricious as her mother was. | pampered prima donnas*

rozkaz *n* **1** order, command: *The waited for orders from the captain. | Fire when I give the command.* | **wydawać rozkazy** give orders: *The captain spoke only to give orders.* | **wykonywać rozkazy** obey/follow orders: *Soldiers taking part in the massacre said they were only following orders.* | **nie wykonać rozkazu** disobey orders: *If you disobey orders you'll get a court martial* (=sąd polowy). | **mieć rozkaz coś zrobić** have orders to do sth: *I have orders to search your house.* | **z czyjegoś rozkazu** on sb's order: *On Stalin's order Beria was given a quick trial and then shot.* | **rozkaz!** yes, sir!, yes, ma'am! THESAURUS ORDER **2 być na czyjeś rozkazy** be at sb's beck and call: *He thinks his son should be at his beck and call all day.*

rozkazać *v* order, command: *"Stay right there" she ordered.* | **rozkazać komuś coś zrobić** order/command sb to do sth: *The commandant ordered them to line up against the wall.* | **rozkazać, żeby ...** order/command that ...: *The General commanded that the regiment attack at once.* THESAURUS ORDER

rozkazujący *adj* **1 tryb rozkazujący** the imperative: *In "Come here!" the verb "come" is in the imperative.* **2** *(stanowczy)* imperious: *an imperious voice*

rozkazywać *v* **nie będziesz mi rozkazywać!** I'm not taking orders from you! →patrz też **ROZKAZAĆ**

rozklekotany *adj* battered: *battered wooden chairs*

rozkład *n* **1** *(gnicie)* decay, decomposition: *Tiny organisms that live in soil assist the process of decay.* **2** *(rozpad)* disintegration **3** *(układ)* distribution: *population distribution* | **rozkład sił** the balance of power **4** *(porządek, plan)* schedule: *My work schedule* (=rozkład zajęć) *is fairly flexible.* | **rozkład dnia** schedule: *I'll try and fit in with your schedule.* | **rozkład jazdy** timetable *BrE*, schedule *AmE*: *The new timetable will come into effect as from January. | I called to inquire about changes to the bus schedules.*

rozkładać *v* →patrz **ROZŁOŻYĆ**

rozkładówka *n* spread: *a double-page spread*

rozkochany *adj* **rozkochany w czymś** in love with sth: *in love with modern poetry*

rozkojarzony *v* absent-minded: *He's so absent-minded.*

rozkołysać *v* rock: *Waves from the passing ship rocked the small boat.*
rozkołysać się *v* begin to rock: *The chair began to rock slightly.*

rozkosz *n* **1** bliss: *I didn't have to get up till 11 – it was sheer* (=czysta) *bliss.* **2 rozkosze** pleasures: *to forego earthly pleasures* (=wyrzec się ziemskich rozkoszy) **3 czerpać rozkosz z czegoś** delight in sth: *She delights in shocking people.*

rozkoszny *adj* delightful: *He had spent a few delightful days in Cambridge ten years before. | Jane has a funny little dog – he's really delightful!* —**rozkosznie** *adv* delightfully: *delightfully cool*

rozkoszować się *v* **rozkoszować się czymś** savour *BrE*, savor *AmE* sth, relish sth: *She sipped* (=sączyła) *her wine, savouring every drop. | He spoke calmly, relishing the chance to infuriate his boss.*

rozkradać *v* pilfer: *The villagers pilfered stones from ancient ruined cities.*

rozkręcić *v* **1** *(na części)* take apart, take to pieces, dismantle: *The bookcase had to be taken apart and stored in sections. | He took the toy to pieces to find out how it worked. | Chris dismantled the bike in five minutes.* **2** *(coś zwiniętego)* unwind: *He unwound the rope.* **3** *(działalność)* start up: *Sally decided to start up a club for single mums in the neighbourhood.* | **rozkręcić interes** start a business: *Bruno started his own business when he was only 24.*
rozkręcić się *v* **1** *(nabrać intensywności)* hot up: *The election campaign is hotting up.* **2 rozkręcić się na dobre** *(zabawa)* be in full swing: *By the time I got there the party was in full swing and everyone was dancing.* **3** *(człowiek)* liven up: *I'm sure she'll liven up when she sees Malcolm.*

rozkwit *n* **1** *(pełnia rozwoju)* heyday: *In the heyday of disco, we had 30 or 40 students in each of our dance classes.* | **przeżywać rozkwit** flourish: *This culture flourished while Europeans were still savages living in caves.* **2 być w (pełnym) rozkwicie** *(kwitnąć)* be in (full) bloom: *The azaleas are in full bloom now.*

rozkwitać *v* **1** *(kwiat)* bloom **2** *(drzewo, krzew)* flower, blossom **3** *(interes, kariera itp.)* thrive, flourish: *a free-market economy in which business can thrive | Foley's career has flourished.* **4** *(człowiek)* bloom, blossom out: *Anne has bloomed since she got her new job. | Pete has really blossomed out in his new school.* →patrz też **KWITNĄĆ**

rozlać *v* **1** *(wylać)* spill: *I have spilt some wine on the carpet.* **2** *(nalać)* pour (out): *Mike poured the soup into bowls.*
rozlać się *v* spill: *He slipped and the coffee spilt all over the floor.*

rozlecieć się *v* fall/come apart: *The book fell apart in my hands as soon as I tried to pick it up. | When his wife left him his world just fell apart. | My purse is starting to come apart.*

rozlegać się *v* ring out, reverberate: *The sound of a shot rang out. | Her voice reverberated around the empty warehouse.*

rozległość *n* extent: *Considering the extent of his injuries he's lucky to be alive.*

rozległy *adj* **1** *(obszerny)* extensive, vast, broad: *The house stands in extensive grounds. | vast areas of rainforest | the broad plains of lower Mesopotamia* THESAURUS BIG **2** *(o szerokim zakresie)* broad, extensive: *She has a very broad range of interests. | The storm caused extensive damage.*

rozleniwić *v* **rozleniwić kogoś** make sb lazy: *The humidity made them lazy, so they sat in the bar all day.*
rozleniwić się *v* become lazy: *He became very lazy over the holiday period.*

rozlew *n* **rozlew krwi** bloodshed

rozlewać *v* →patrz **ROZLAĆ**

rozliczać *v* →patrz **ROZLICZYĆ**

rozliczenie *n* accounts: *The accounts for last year showed a profit of $2 million.*

rozliczny *adj* manifold: *manifold differences*

R

rozliczyć *v* **rozliczyć należności** settle/pay your account: *Accounts must be settled within 30 days.*
rozliczyć się *v (zapłacić)* pay: *May I pay by credit card?*

rozlokować *v* **1** *(wojsko itp.)* quarter: *Our forces were quartered in tents on the edge of the woods.* **2** *(przedmioty)* arrange: *Books and papers were meticulously arranged on his desk.*
rozlokować się *v* settle yourself: *They had already settled themselves in a corner where they could watch.*

rozlosować *v* **rozlosować nagrody** draw the prizes: *The prizes will be drawn on Tuesday.*

rozluźnić *v* **1** *(pasek itp.)* loosen: *Harry loosened his tie.* **2 rozluźnić uścisk** loosen/relax your grip: *The policeman loosened his grip on my arm.* **3** *(mięśnie)* relax: *Gentle exercise can relax stiff shoulder muscles.* **4** *(ograniczenia, normy)* loosen, relax: *It was time to loosen economic constraints.* | *Hughes believes that immigration controls should not be relaxed.* **5** *(więzy)* loosen: *The country wants its independence, and intends to loosen its ties with Britain.*
rozluźnić się *v* **1** *(człowiek)* loosen up: *Try and loosen up a bit!* **2** *(mięśnie)* relax: *Let your muscles relax.* **3 gdzieś/coś rozluźniło się** sth became less crowded: *Soon the train* (=wkrótce w pociągu) *became less crowded and we could finally take our seats.* **4** *(ograniczenia itp.)* weaken: *Russia's influence on African affairs has weakened.* **5** *(więzy)* loosen: *The economic ties between the two countries have loosened since the war.*

R

rozluźniony *adj* **1** *(spokojny)* relaxed: *Gail was lying in the sun looking very relaxed and happy.* | *a relaxed atmosphere* **2** *(łagodny)* lax: *lax security* (=środki bezpieczeństwa)

rozładować *v* **1** *(pojazd, pralkę, broń)* unload: *We arrived home late, and unloaded the car the next morning.* | *Could you unload the dishwasher?* **2** *(napięcie, stres)* relieve: *Massage can help relieve stress.* | *Harry attempted a couple of jokes to relieve the tension.* **3** *(baterie itp.)* discharge: *Discharge the battery completely every two or three months.*
rozładować się *v (bateria)* go flat: *Have you checked that the batteries haven't gone flat?*

rozładowany *adj* **1** *(bateria)* flat **2** *(pojazd, broń)* unloaded

rozłam *n* split: *a split in the Republican Party*

rozłazić się *v* **1** *(rozpadać się)* fall to pieces: *The furniture was falling to pieces.* **2** *(chodzić w różne strony)* spread out: *Small groups of tourists spread out across the plain.*

rozłączyć *v* **1** *(odłączyć)* disconnect: *Disconnect the cables before you try to move the computer.* **2** *(przerwać połączenie)* disconnect: *Operator? We've been disconnected* (=rozłączyło nas).
rozłączyć się *v* **1** *(przewody)* become disconnected **2** *(zakończyć rozmowę)* hang up, ring off *BrE*: *After I hung up I realized I had forgotten to ask him his telephone number.* | *He rang off without giving his name.*

rozłąka *n* separation: *Their separation lasted over 20 years.*

rozłożyć *v* **1** *(mapę itp.)* unfold: *Jim carefully unfolded the piece of paper.* **2** *(parasol)* open: *How do you open this umbrella?* **3** *(rozpostrzeć)* spread: *She spread the towel over the radiator to dry.* **4** *(ustawić, ułożyć)* lay out, spread out: *The plates were already laid out for the evening meal.* | *The market women had spread out their goods on the pavement.* **5** *(na części)* take to pieces: *They took the toy to pieces to find out how it worked.* **6** *(na raty itp.)* spread: *Credit has been arranged so as to spread the payments over a month period.* **7 rozłożyć obóz** set up camp: *We set up camp near the shore of the lake.*
rozłożyć się *v* **1** *(otworzyć się)* open **2** *(zgnić)* decompose: *Peat* (=torf) *consists of different kinds of organic matter that have decomposed.* **3** *(ułożyć się wygodnie)* stretch out: *He stretched out on the bed and went to sleep.* **4** *(rozchorować się)* get ill: *It's horrible to get ill on holiday.* **5** *(na egzaminie)* fail: *I passed the written paper but failed on my oral.*

rozłupać *v* crack: *to crack a nut*

rozmach *n* **1** *(zamaszysty ruch)* swing: **brać/wziąć rozmach** take a swing: *He took a swing and threw the ball at me.* **2 nabierać rozmachu** gather momentum: *A major anti-corruption campaign was gathering momentum.* **3 z rozmachem a)** *(zamaszyście)* with a flourish: *He opened the door with a flourish.* **b)** *(imponująco)* on a grand scale: *They have built their new house on a grand scale.*

rozmaitość *n* variety: *a wide variety of natural phenomena*

rozmaity *adj* various, miscellaneous: *available in various colours* | *miscellaneous expenses* —**rozmaicie** *adj* in various ways: *I try to explain grammar in various ways to make it more interesting.*

rozmaryn *n* rosemary

rozmarzać *v* thaw: *When the river thaws it sometimes floods the valleys.*

rozmarzenie *n* reverie: *She was startled out of her reverie by the door bell* (=dzwonek do drzwi wyrwał ją z rozmarzenia). —**rozmarzony** *adj* dreamy: *a dreamy look*

rozmawiać *v* **1** talk: *Stop talking, you two!* **+z kimś** to/with sb: *Tom was talking with a pretty woman from the fire department.* | *Who was that you were talking to at the party?* **+o czymś** about sth: *We were talking about our childhood and realized we both went to the same school.* THESAURUS TALK **2 rozmawiać przez telefon** be/talk on the phone: *Shut up! I'm on the phone!* | *Bill was upstairs, talking on the phone.* **3 nie rozmawiać ze sobą** not be talking, not be on speaking terms: *It's been three weeks and they are still not talking.* | *They weren't on speaking terms for several weeks after their quarrel.* →patrz też POROZMAWIAĆ

rozmazać *v* smudge, smear: *Don't touch it! You'll smudge the ink.* | *Someone had smeared mud on the walls.*
rozmazać się *v* **1** *(napis itp.)* smudge, smear: *The writing had smudged and I was unable to read the message.* **2** *(widok, kontury itp.)* blur: *The ships on the horizon blurred before my eyes.* **3** *(rozpłakać się)* start weeping: *All of a sudden, he started weeping.*

rozmiar *n* **1** *(wielkość)* size: *In a class this size, there are bound to be a few trouble-makers.* | **dużych/średnich rozmiarów** large/medium-sized: *a large-sized bathroom* | *a medium-sized car* **2** *(odzieży, butów)* size: *These shoes are one size to big.* | *The shirts come in three sizes, small, medium, and large.* **3** *(zniszczeń, problemu itp.)* extent, magnitude: *What's the extent of the damage?* | *It would be foolish to underestimate the extent of the problem.* | *the magnitude of the financial crisis* THESAURUS SIZE

UWAGA: size

Pytając o czyjś rozmiar, mówimy **what size are you?** lub **what size do you take?** (po brytyjsku) i **what size do you wear?** (po amerykańsku). Podając swój rozmiar, mówimy **I'm a 6/12/42** itp. lub **I take a size 6/12** itp. (po brytyjsku) i **I wear a size 6/12** itp. (po amerykańsku).

rozmienić *v* change: *Can you change a £20 note?*

rozmieścić *v* **1** *(poustawiać)* space (out): *Space the plants four feet apart.* **2** *(wojsko)* deploy: *UN troops were deployed to keep the peace.*

rozmiękły *adj* soggy: *soggy cake*

rozminąć się *v* **1 rozminąć się z kimś** miss sb: *You've just missed Angela. She went to a meeting a short time ago.* **2 rozminąć się z prawdą** deviate from the truth: *In his speech he deviated from the truth on several occasions.*

rozmnażać *v* breed: *Only some endangered animals can be bred in zoos.*
rozmnażać się *v* **1** *(organizmy)* breed, reproduce, multiply: *Rats can breed every six weeks.* | *Most fish reproduce by laying eggs.* | *The bugs (=zarazki) multiply quickly in the heat.* **2** *(komórki)* multiply: *A fertilized cell divides into two and continues to multiply.* —**rozmnażanie** *n* reproduction: *Reproduction may not take place in poor conditions.*

rozmokły *adj* soggy: *The ground was soggy from the rain.* THESAURUS WET

rozmowa *n* **1** conversation, talk: *After a long talk, we decided to stop seeing each other.* | **prowadzić rozmowę** carry on a conversation: *It's impossible to carry on a conversation with all this noise in the background.* | **rozmowa telefoniczna** telephone conversation THESAURUS TALK **2 rozmowy** talks: *peace talks* | *Talks with the rebels have failed yet again.* | **prowadzić rozmowy** hold talks: *There is no question of the government holding talks with terrorists.* | **przystąpić do rozmów** join the talks: *Poland will join the talks to press home its concerns.* **3 rozmowa kwalifikacyjna** interview: *He has an interview next Thursday for a job on the Los Angeles Times.*

rozmowny *adj* communicative: *It's hard to know what she's thinking; she's not very communicative.*

rozmów-ca/czyni *n* interlocutor

rozmówić się *v* **rozmówić się z kimś** have a word with sb: *I'll have a word with my father, and ask if he can help you.*

rozmówki *n* phrase book: *a Polish-Italian phrase book*

rozmrozić *v* defrost: *Defrost the chicken thoroughly before cooking.* | *I think you need to defrost your refrigerator.*
rozmrozić się *v* defrost: *Allow the meat to defrost at room temperature.*

rozmyślać *v* brood, ponder: *After the argument Simon sat in his room, brooding.* **+ nad czymś** over/on/about sth: *You can't just sit there brooding over your problems.* | *As I pondered over the whole business, an idea struck me.* —**rozmyślanie** *n* contemplation, meditation: *The monks spend an hour in contemplation each morning.* | *Rob interrupted his father's meditations.*

rozmyślić się *v* think better of it: *He reached for a cigar, but then thought better of it.*

rozmyślnie *adv* deliberately: *The police think the fire was started deliberately.* —**rozmyślny** *adj* calculated, deliberate: *a calculated attempt to deceive the public* | *a deliberate act of disobedience*

rozmyty *adj* blurred, blurry: *Newborn babies can see only blurred shapes.* | *blurry photos*

rozmywać się *v* blur: *The differences between them have slowly blurred.*

roznieść *v* **1** *(zdemolować)* smash up: *A gang of thugs (=chuliganów) came into the bar and smashed the place up.* **2** *(pokonać)* rout: *The general was killed and his armies were routed in a magnificent cavalry charge.*
roznieść się *v* spread: *News of the explosion spread swiftly.* | *The fire spread very quickly.*

roznosić *v* **1** *(gazety, ulotki)* deliver: *I used to deliver newspapers when I was a kid.* | *A postman is a man who delivers letters.* **2** *(choroby)* carry, spread: *Many serious diseases are carried by insects.* | *Brown rats spread the plague.* **3** *(plotki)* spread: *I can't believe he's been allowed to spread such outrageous lies!*

rozpacz *n* **1** despair: *I was in despair, when at last she phoned to say she was all right.* | *a feeling of despair* **2 doprowadzać kogoś do rozpaczy** drive sb to despair: *The children are driving me to despair.* →patrz też **popaść w rozpacz** (POPAŚĆ)

rozpaczać *v* **1** despair: *Don't despair – I think we can help you.* **2 rozpaczać po kimś/po czyjejś śmierci** mourn sb/sb's death: *She still mourns her son's death.*

rozpaczliwy *adj* desperate: *They are in a really desperate position.* | *a desperate attempt to escape* —**rozpaczliwie** *adv* desperately: *He looked around desperately for someone to help him.*

rozpad *n* **1** breakdown, breakup, disintegration: *She blames me for the breakdown of our marriage.* | *the breakup of the Soviet Union* | *a party threatened by disintegration* **2 czas/okres połowicznego rozpadu** half-life

rozpadać się *v* **rozpadało się** it (has) started raining: *Such a pity it started raining!*

rozpadający się *adj* dilapidated: *a dilapidated building*

rozpakować *v* **1** *(walizkę)* unpack: *When I unpacked my suitcase, all my shirts had creases in them.* **2** *(prezent)* unwrap: *I just love unwrapping presents.*
rozpakować się *v* unpack: *Let's go upstairs and unpack.*

rozpalić *v* **1** *(ogień)* light: *They lit fires to scare away the wild animals.* **2** *(uczucia)* kindle: *She kindled the love of poetry in him.*
rozpalić się *v* start burning: *The fire started burning for good.* —**rozpalony** *adj* burning: *burning cheeks*

rozpamiętywać *v* dwell on/upon, brood on: *Don't dwell on the past – try and be more positive.* | *Neville couldn't stop brooding on his father's unkind words.*

rozpanoszyć się *v* become rampant: *Corruption soon became rampant.*

rozpaść się *v* **1** *(rozlecieć się)* come/fall apart: *The book just came apart in my hands.* | *The Soviet Union fell apart before our eyes.* **2 rozpaść się na kawałki** fall to pieces/bits: *The vase fell to pieces as soon as it hit the floor.* **3** *(przestać istnieć)* disintegrate: *Pam kept the kids when the marriage disintegrated.*

rozpatrywać *v* consider: *Each problem should be considered separately.*

rozpęd *n* momentum: **nabierać rozpędu** gain/gather momentum: *The rock gained momentum as it rolled down the hill.* | *The trend towards political change in South Africa was gathering momentum.*

rozpędzić *v* *(rozegnać)* disperse: *The police used tear gas to disperse the crowd.* | *Soon the wind dispersed the clouds.*
rozpędzić się *v* pick up/gather speed: *Outside the station the train picked up speed.*

rozpętać *v* spark off: *His report sparked off a fierce debate about the dangers of introducing genetically modified foods.* | *an incident that sparked off the conflict*
rozpętać się *v* **1** *(wojna, kłótnia)* break out: *Then the civil*

R

war broke out. | We had been driving all day and eventually an argument broke out between the children. **2** *(burza, wichura)* break: *Over Illinois, the storm broke, paralyzing the state with blizzards.*

rozpiąć *v* **1** *(ubranie zapinane na guziki)* unfasten, unbutton: *She unfastened her blouse. | He pulled down his necktie and unbuttoned his shirt.* **2** *(ubranie zapinane na zamek)* unzip: *She unzipped her dress and the phone rang.* **3** *(klamrę, sprzączkę)* unfasten, unbuckle: *Do not unfasten your safety belt until the plane has stopped. | He unbuckled his belt.* **4** *(rozpostrzeć)* stretch: *Stretch the canvas tight over the frame.*
rozpiąć się *v* come undone/unfastened: *Your shirt button has come undone. | The bracelet has a safety chain, so that if it comes unfastened it won't fall off.*

rozpić się *v* hit the bottle: *After Sheila left him, Judd hit the bottle.*

rozpierać *v* **coś kogoś rozpiera** sb is bursting with sth: *Our kids are always bursting with energy. | Her parents were bursting with pride as they watched her walk on the stage.*
rozpierać się *v* lounge: *He was lounging on the sofa.*

rozpierzchnąć się *v* scatter: *The rioters scattered when police vans arrived.*

rozpieszczać *v* spoil, pamper: *You know you're spoiling me with all this good cooking. | Have you seen the way she pampers her pet dog?* **—rozpieszczony** *adj* spoiled, pampered: *He's a pleasant child, if a little spoiled. | a pampered young man*

rozpiętość *n* **1** *(skrzydeł itp.)* span: *a wing span of three feet* **2** *(wieku itp.)* spread: *the wide spread of ages*

rozpięty *adj* undone: *Your zip's undone!*

rozpinać *v* → patrz ROZPIĄĆ

rozpisać *v* **rozpisać wybory** call an election: *The moment was exactly right to call an election.*

rozplątać *v* untangle: *fishermen untangling their nets*

rozpłakać się *v* burst into tears: *Laura burst into tears and ran out of the room.*

rozpłynąć się *v (zniknąć)* vanish: *Within seconds he had completely vanished in the mist.* | **rozpłynąć się w powietrzu** vanish into thin air: *Just when we thought Mark had vanished into thin air we heard a shout from behind a rock.*

rozpływać się *v* **1** *(rozlewać się)* spread: *The glue spread all over the kitchen floor.* **2** *(topić się)* melt: *drips of melting ice* | **rozpływać się w ustach** melt in your mouth: *I let the chocolate melt in my mouth.* **3 rozpływać się (z zachwytu)** gush: *"I simply loved your book," she gushed.* **+ nad czymś** over sth: *The teacher is always gushing over my essays.*

rozpocząć *v* **1** start, begin: *We started a new game. | The meeting will begin at 10:00.* **2** *(ambitne przedsięwzięcie)* embark on/upon: *In the 1950s China embarked on a major program of industrialization. | She left school to embark upon a career as a model.*
rozpocząć się *v* start, begin, commence: *The race starts in ten minutes. | As the funeral service began Frances broke down and cried helplessly. | Work on the building will commence immediately.* **+ czymś/od czegoś** with sth: *The story began with a description of the author's home. | A trial commences with opening statements.*

UWAGA: commence

W odróżnieniu od **start** i **begin**, czasownik **commence** występuje prawie wyłącznie w języku formalnym.

rozporek *n* flies *BrE*, fly *AmE*: *He did up (=zapiął) his fly.*

rozporządzenie *n* decree: *The president issued a decree imposing a curfew (=wprowadzające godzinę policyjną) on the capital city.* **—rozporządzić** *v* decree: *The King decreed that there should be an end to the fighting.*

rozpostarty *adj* outspread: *He was lying on the beach with arms outspread.*

rozpościerać *v* **1** spread (out): *He spread a towel out on the sand and sat down. | She spread her arms wide.* **2 rozpościerać skrzydła** spread its wings: *The eagle spread its wings and flew away.*
rozpościerać się *v* spread out: *A beautiful green valley spread out below us.*

rozpowszechnić *v* **1** *(modę, styl)* popularize, popularise *BrE*: *Reggae music was popularized in the 1970s.* **2** *(informacje)* spread, circulate: *Newspapers quickly spread the news of the royal engagement.* **3** *(publikacje)* circulate: *They circulated pamphlets attacking religion.*
rozpowszechnić się *v* spread, circulate: *Islam spread throughout northern Africa and parts of Asia. | a fine media network allowing information to circulate rapidly* **—rozpowszechniony** *adj* prevalent: *a disease that is prevalent among young people*

rozpoznać *v* **1** *(człowieka, rzecz, zjawisko)* recognize, recognise *BrE*, identify: *She was humming a tune I couldn't recognize. | Can you identify the man who robbed you?* **2** *(chorobę)* diagnose: *The illness was diagnosed as mumps.* **3** *(sprawę w sądzie)* examine: *The judge was condemned for failing to examine the case thoroughly.*

rozpoznanie *n* **1** *(choroby)* diagnosis **2** *(terenu, sił nieprzyjaciela)* reconnaissance

rozpoznawalny *adj* recognizable

rozpracować *v* work/suss out: *I can't work Geoff out: one day he's friendly, the next day he ignores me completely. | We needed quite a while to suss out the system.*

rozpraszać (się) *v* → patrz ROZPROSZYĆ (SIĘ)

rozprawa *n* **1** *(naukowa)* dissertation, thesis **2** *(w sądzie)* trial, hearing

rozprawiać *v* **1** *(mówić)* talk at length: *He was talking at length about the early Italian painting.* **2** *(debatować)* debate

rozprawić się *v* **rozprawić się z kimś/czymś** get the better of sb/sth, beat sb/sth: *Steward finally got the better of his opponent. | The Administration claims to have beaten inflation.*

rozpromieniony *adj* radiant: *a radiant smile* THESAURUS SMILE

rozpropagować *v* propagate: *The group started a magazine to propagate its ideas.*

rozprostować *v* **1** *(wyprostować)* straighten: *Try straightening your arm.* **2 rozprostować nogi/kości** stretch your legs: *Do you feel like stopping here and stretching your legs?* **3** *(wygładzić)* smooth out: *They smoothed out the map on the table and planned their route.*

rozproszony *adj* **1** *(porozrzucany)* scattered: *houses scattered across the hillside* **2** *(rozkojarzony)* distracted: *She seemed nervous and distracted.* **3 rozproszone światło** diffused lighting

rozproszyć *v* **1** *(zdekoncentrować)* distract, put off: *I was distracted by the sound of a car alarm in the street. | Stop giggling! You're putting me off.* **2** *(tłum, demonstrantów)*

disperse: *The police used tear gas to disperse the crowd.* **3** *(obawy)* dispel: *His calm words dispelled our fears.*
rozproszyć się *v* **1** *(zdekoncentrować się)* be distracted: *Amanda is very easily distracted, she takes for ever to do anything.* **2** *(rozejść się)* disperse, scatter: *The demonstrators dispersed quickly.* | *A gun went off and the crowd scattered.*

rozprowadzać *v* **1** *(dostarczać, sprzedawać)* distribute: *'Pravda' started as an underground newspaper distributed in factories.* | *The police have arrested six people for their involvement in a conspiracy to distribute heroin and cocaine.* | *The clinic distributes contraceptives free of charge.* **2** *(nakładać)* spread, apply: *He spread plaster* (=tynk) *on the walls.* | *Apply the cream evenly over the skin.* **3 rozprowadzać coś czymś** *(rozcieńczać)* dilute sth with sth: *Dilute the paint with a little oil.* | **rozprowadzać coś w czymś** *(rozpuszczać)* mix sth with sth: *Mix the powder with enough water to make a smooth paste.*

rozprzestrzeniać się *v* spread: *Cholera is spreading thorough the refugee camps at an alarming rate.* | *Buddhism spread to China from India.*

rozpusta *n* debauchery

rozpuszczać (się) *v* →patrz ROZPUŚCIĆ (SIĘ)

rozpuszczalnik *n* solvent

rozpuszczalny *adj* **1** soluble: *soluble aspirin* **2 kawa rozpuszczalna** instant coffee

rozpuścić *v* **1 rozpuścić coś (w czymś)** dissolve sth (in sth): *Dissolve the tablets in milk.* **2** *(roztopić)* melt: *Melt the butter and mix it with the eggs.* **3 rozpuścić włosy** undo your hair: *She undid her hair, letting it fall free.* **4** *(plotkę)* spread: *You shouldn't go about spreading gossip.* **5** *(dziecko)* spoil: *Because she was their only daughter, her parents spoiled her.* | **rozpuścić kogoś jak dziadowski bicz** spoil sb rotten: *Danny was her favourite grandson and she spoiled him rotten.*
rozpuścić się *v* **1** *(zmieszać się)* dissolve: *The sugar dissolved in water.* **2** *(roztopić się)* melt: *The chocolate had melted and was all over the inside of her pocket.*

rozpychać *v* stuff: *a fat wallet stuffed with banknotes*
rozpychać się *v* **1** jostle: *Spectators jostled for a better view.* **2 rozpychać się łokciami** elbow your way: *I began elbowing my way through the crowd.*

rozpylać *v* spray: *He sprayed deodorant under his arms.*

rozrabiać *v* play up: *The children have really been playing up this afternoon.* →patrz też ROZROBIĆ

rozrachunek *n* **1 być na własnym rozrachunku** be self-financing **2 w ostatecznym rozrachunku** at the end of the day: *You may be working for yourself but at the end of the day you still have to pay tax on what you earn.*

rozradować się *v* rejoice: *The family rejoiced at the news.* —**rozradowany** *adj* jubilant: *a jubilant crowd*

rozrastać się *v* →patrz ROZROSNĄĆ SIĘ

rozrobić *v* *(masę)* mix together: *First mix the butter and sugar together, then add the milk.* →patrz też ROZRABIAĆ

rozrodczy *adj* reproductive: *the human reproductive system*

rozrosnąć się *v* expand, grow: *The population of Texas expanded rapidly in the '60s.* | *When we set up our business there were only two of us – now it's grown and there are 20 people working here.*

rozrost *n* growth, expansion: *the growth of capitalism*

rozróba *n* brawl: *a drunken brawl in the street*

rozród *n* **1** reproduction: *Reproduction is the main aim of almost all life forms.* **2 okres rozrodu** breeding season

rozróżnić *v* distinguish, tell apart: *Dogs can distinguish a greater range of sounds than humans.* | *I've never been able to tell the twins apart.* | **rozróżnić (pomiędzy) X i Y** distinguish/differentiate between X and Y: *It's important to distinguish between tax avoidance and tax evasion.* | *The reviews don't even differentiate between good books and bad books.*

rozróżnienie *n* distinction: *a distinction between physical and emotional injury*

rozruch *n* **1 rozruchy** riot(s): *Nobody knows what set off* (=co wywołało) *the riot.* | *During the riots the mob started stoning the British embassy.* **2** *(uruchomienie)* starting, start-up

rozrusznik *n* **1** starter (motor): *We had to replace the starter motor in the car's engine.* **2 rozrusznik serca** pacemaker

rozrywać się *v* *(zabawiać się)* amuse yourself: *The kids amused themselves playing hide-and-seek.* →patrz też ROZERWAĆ SIĘ

rozrywka *n* **1** *(zajęcie)* pastime: *Reading was her favourite pastime.* **2** *(działalność)* entertainment: *providing entertainment for tourists*

rozrywkowy *adj* **1 przemysł rozrywkowy** show business, entertainment industry: *Some of the biggest names in show business will be at the gala.* | *the Polish entertainment industry* **2 program rozrywkowy** show: *She's been in a lot of popular TV shows.* **3** *(zabawny)* entertaining

rozrzedzić *v* dilute, thin: *Dilute the orange juice with a little water.* | *This paint needs thinning.*

rozrzucić *v* scatter: *We scattered my father's ashes over the lake.* →patrz też POROZRZUCAĆ

rozrzutny *adj* extravagant, wasteful: *You've been terribly extravagant, buying all these presents.* | *He made a long speech charging the delegates with being ineffective and wasteful.* —**rozrzutność** *n* extravagance

rozsądek *n* reason: *There's reason in what he says.* | **zdrowy rozsądek** common sense: *Use your common sense for once!* | **przemawiać komuś do rozsądku** reason with sb: *I tried to reason with her but she locked herself in the bathroom, crying.* | **posłuchać głosu (zdrowego) rozsądku** listen to reason: *We keep telling her why it won't work, but she just won't listen to reason.* | **w granicach (zdrowego) rozsądku** within reason: *You can go anywhere you want, within reason.* →patrz też **urągać zdrowemu rozsądkowi** (URĄGAĆ)

rozsądny *adj* reasonable, sensible: *Be reasonable – you can't expect her to do all the work on her own!* | *I think it's a very sensible suggestion.* —**rozsądnie** *adv* sensibly, reasonably: *She sensibly decided to put all her money in a bank.* | *Despite his anger, he had behaved very reasonably.*

rozsiać *v* →patrz ROZSIEWAĆ

rozsiąść się *v* sit back: *Simon sat back smugly* (=zadowolony z siebie) *as Gould left the room.*

rozsiewać *v* **1** *(nasiona)* sow: *Seeds of this plant are sown in moist sand.* **2** *(zarazki, pogłoski)* spread: *Paradoxically, hospitals dedicated to sterility inadvertently* (=niechcący) *spread germs.* | *Andy loves spreading rumours about his colleagues.*

rozsmarować *v* spread: *Spread the cream evenly over the cake.*
rozsmarować się *v* spread: *If you warm up the butter it'll spread more easily.*

rozstać się *v* **1** part, part company: *I hope we will never part.* | *The two women parted company outside their rooms.* **2 rozstać się z kimś** split up with sb: *David started drinking heavily after he split up with his girlfriend.* **3 rozstać się z czymś** part with sth: *I'm reluctant to part with any of the kittens but we need the money.* **—rozstanie** *n* parting: *a melancholy parting in the rain*

rozstawiać *v* **rozstawiać kogoś po kątach** boss sb around: *I'm sick of him bossing us around like that. Who does he think he is?*

rozstawić *v* **1** *(ustawić)* arrange: *The bottles were arranged neatly on the shelves.* **2** *(rozłożyć)* set up: *A card table was set up in an alcove in the living room.*

rozstroić *v (instrument)* put out of tune: *Somebody's put my guitar out of tune again.*
rozstroić się *v* be out of tune: *That old piano's completely out of tune.*

rozstrój *n* **1 rozstrój żołądka** stomach upset **2 rozstrój nerwowy** nervous disorder

R

rozstrzelać *v* **rozstrzelać kogoś** send sb before a firing squad: *In December, Beria was found guilty and sent before a firing squad.*

rozstrzygnąć *v* **1** *(rozsądzić)* settle: *They asked me to settle the argument.* **2** *(zadecydować o wyniku)* decide: *One punch decided the fight.*

rozstrzygnięcie *n* settlement: *Is there any chance of a settlement to the conflict?*

rozsunąć *v* **rozsunąć zasłony** part/draw the curtains: *The sunlight flooded the room when he parted the curtains.*

rozsyłać *v* →patrz ROZESŁAĆ

rozsypać *v* scatter: *She scattered a handful of seed on the ground.*
rozsypać się *v* scatter: *The marbles* (=kulki) *scattered and rolled across the room.*

rozszarpać *v* tear apart: *a carcass torn apart by wolves*

rozszerzany *adj (spodnie, spódnica)* flared: *flared trousers*

rozszerzyć *v* **1** *(poszerzyć)* widen: *They had to widen the entrance.* **2** *(rozwinąć)* expand, widen, broaden: *As children grew older they expanded their interests and became more confident.* | *We are trying to widen the discussion to include environmental issues.* | *The company must broaden its economic base if it is to survive.*
rozszerzyć się *v* broaden (out), widen: *At this point the river broadened out.* | *The gap between the rich and the poor has widened.*

rozszyfrować *v* **1** *(zakodowaną informację)* decode: *The Allies were able to decode many enemy messages.* **2** *(zagadkę, tajemnicę)* unravel: *an attempt to unravel the mystery of the dinosaurs' extinction* **3 rozszyfrować kogoś** see through sb: *Be careful of Dan: he's very astute and can see through people straight away.*

rozśmieszać *v* **rozśmieszać kogoś** make sb laugh: *"Do you think we'll finish this today?" "Don't make me laugh."*

roztaczać *v* **1** *(przedstawiać)* present: *They presented us with* (=roztoczyli przed nami) *a number of plans.* **2 roztaczać opiekę nad kimś** give protection to sb: *They called on* (=wezwali) *the United Nations to give protection to the minority communities in Serbia.*
roztaczać się *v* spread out, stretch (away): *A lush green valley spread out below us.* | *The desert stretched away as far as the eye could see.*

roztapiać *v* →patrz ROZTOPIĆ

roztargnienie *n* **1** absent-mindedness **2 przez roztargnienie** absent-mindedly: *He must have done it absent-mindedly.* **—roztargniony** *adj* absent-minded: *a typical absent-minded professor*

rozterka *n* dilemma, quandary: **być w rozterce** be in a dilemma/quandary: *I'm in a dilemma about this job offer.* | *She is in a real quandary - she doesn't know whether to tell the police or not.*

roztocze *n* mite: *Many people are allergic to mites.*

roztoczyć *v* →patrz ROZTACZAĆ

roztopić *v* melt: *You must melt the butter and mix it with the eggs.*
roztopić się *v* melt: *The snow melted in the early morning sun.*

roztropność *n* prudence: *wisdom and prudence* **—roztropny** *adj* prudent

roztrwonić *v* squander: *He had soon squandered his family's riches.* | *Instead of using his great musical talents he squandered them on writing sentimental songs.*

roztrzaskać *v* smash, shatter: *He used the chair to smash the window.* | *The bullet shattered two panes of glass.* THESAURUS DAMAGE
roztrzaskać się *v* smash, shatter: *The mirror shattered into a thousand pieces.*

roztrząsać *v* mull over: *Victor spent hours mulling over the idea and finally decided that it made sense.*

roztrzepany *adj* scatterbrained: *Mrs Pearson is far too scatterbrained to run a business.*

roztrzęsiony *adj* jittery, shaken: *She was so jittery about seeing him, she couldn't keep still.* | *He was shaken and frightened but unhurt.*

roztwór *n* solution: *a weak sugar solution*

rozum *n* **1** reason: *the conflict between reason and the emotions* | *The power of reason separates us from other animals.* **2** *(czyjś)* brains: *If you had any brains at all, you wouldn't ask such a stupid question.* | *Ted's got more money than brains.* **3 stracić rozum** lose your reason/mind: *Maya feared that she was losing her reason.* **4 być niespełna rozumu** be out of your mind: *She must be out of her mind to marry him.* **5 pójść po rozum do głowy** come to your senses: *I'm glad that Lisa finally came to her senses and went to college.* **6 przemówić komuś do rozumu** make sb see reason: *Could you try to make him see reason? He won't listen to me.*

rozumieć *v* **1** understand: *I'm sorry, I don't understand. Can you explain that again?* | *I understand how you feel, but I think you're over-reacting.* | *My parents just don't understand me.* THESAURUS UNDERSTAND **2 rozumieć po angielsku itp.** understand English etc: *She doesn't understand English - try Spanish.* **3 rozumiem** I see: *"You turn this dial to control the central heating." "Oh, I see."* **4 rozumiem, że ...** I understand (that) ...: *I understand that you'll be coming to work here soon.* **5 o ile dobrze rozumiem** as far as I understand, from what I can gather: *She's his niece, from what I can gather.* **6 rozumieć, co ktoś ma na myśli** see what sb means: *Do you see what I mean?* **7 co przez to rozumiesz?** what do you mean by that?

8 rozumiesz?! do you understand?: *Never speak to me like that again! Do you understand?* **9 to rozumiem!** now you're talking!: *"We could go for a pizza instead." "Now you're talking."* →patrz też ZROZUMIEĆ
rozumieć się *v* **1** understand each other/one another: *I'm glad we understand each other.* **2 ma się rozumieć** of course: *Your car insurance must, of course, be renewed every year.* **3 rozumie się samo przez się** it goes without saying: *It goes without saying it will be a very difficult job.*

rozumienie *n* **1** *(tekstu, mowy)* comprehension: *a listening comprehension test* (=test na rozumienie ze słuchu) **2** *(pojmowanie, wiedza, interpretacja)* understanding: *advances in our understanding of the human brain* →patrz też ZROZUMIENIE

rozumny *adj* rational: *rational human beings*

rozumować *v* reason: *They reasoned that forcing schools to compete for kids would force them to improve their classes.* —**rozumowanie** *n* reasoning: *faulty* (=błędne) *reasoning*

rozwadniać *v* →patrz ROZWODNIĆ

rozwaga *n* **1** prudence, judiciousness **2 brać/wziąć coś pod rozwagę** take sth into consideration

rozwalić *v* **1 rozwalić komuś głowę itp.** smash sb's head etc in: *Someone had smashed his skull in with a baseball bat.* **2** *(samochód)* smash up: *Jim smashed up my car yesterday.*
rozwalić się *v (rozsiąść się)* sit back: *He just sat back in his chair and watched TV.*

rozwałkować *v* roll (out): *Roll out the pastry.*

rozwarstwienie *n (społeczne)* stratification: *the stratification of our society*

rozważać *v* contemplate: *He remained there for hours, contemplating the mysteries of the universe.* | *Have you ever contemplated committing suicide?* →patrz też ROZWAŻYĆ

rozważanie *n* **1** *(zastanawianie się)* deliberation: *Their deliberations went on for hours.* **2** *(rozmyślanie)* meditation: *meditations on death and loss*

rozważny *adj* judicious, prudent: *a judicious choice* | *prudent use of resources* —**rozważnie** *adv* judiciously, prudently

rozważyć *v* →patrz ROZWAŻAĆ

rozweselić *v* cheer up: *I'm taking Angie out to cheer her up.*
rozweselić się *v* cheer up: *Matt soon cheered up when I offered to take him to the ball game.*

rozwiać *v* **1** *(chmury)* disperse, blow away: *The wind dispersed the clouds and the sun appeared again.* **2** *(wątpliwości, nadzieje)* dispel: *Mark's calm words dispelled our fears.*

rozwiązać *v* **1** *(węzeł, człowieka)* untie: *I untied the knot and opened the parcel.* | *Mommy, can you untie my shoelaces?* | *It was several hours before anyone found me and untied me.* **2** *(zagadkę, problem, zadanie)* solve: *The police haven't been able to solve the mystery yet.* | *Charlie thinks money will solve all his problems.* | *solving a mathematical equation* THESAURUS DEAL **3** *(organizację)* dissolve: *The parliament was dissolved a month before the election.*
rozwiązać się *v (sznurowadło itp.)* come untied: *My shoelace just came untied.*

rozwiązanie *n* **1** *(problemu, zagadki)* solution: *the best solution would be for them to separate.* | *There are no simple solutions to the problem of overpopulation.* | *The solution to last week's puzzle is on page 12.* **2** *(parlamentu, umowy)* dissolution **3** *(poród)* delivery: *an easy delivery*

rozwiązłość *n* promiscuity —**rozwiązły** *adj* promiscuous

rozwiązywać *v* →patrz ROZWIĄZAĆ

rozwichrzony *adj* straggly: *straggly hair*

rozwidlenie *n* fork: *At the next fork in the road, go left.* —**rozwidlać się** *v* fork: *The path forked and we didn't know which way to go.*

rozwiedziony *adj* divorced: *I wish you'd be more tactful - didn't you realise she was divorced?* | *divorced men* THESAURUS MARRIED

rozwiesić *v* **1** *(pranie)* hang out: *We've hung out the washing.* **2** *(obrazy, lustra)* hang: *The room would look better if you hung a few pictures on the walls.*

rozwieść się *v* divorce, get divorced: *David's parents divorced when he was six.* | *I never fully understood why they got divorced.* | **rozwieść się z kimś** divorce sb: *Julie divorced her husband.*

> **UWAGA: divorce i get divorced**
> Oba zwroty odpowiadają polskiemu „rozwieść się", kiedy mowa o dwóch osobach. Można więc powiedzieć zarówno *They divorced*, jak i *They got divorced*. Jeśli jednak mówimy o jednej osobie, użyjemy wyłącznie zwrotu **get divorced**: *She never wanted to get divorced.* Samego **divorce** w odniesieniu do jednej osoby używamy tylko jako tłumaczenia polskiego „rozwieść się z kimś": *She didn't want to divorce him.*

rozwiewać *v* →patrz ROZWIAĆ

rozwijać *v* **1** *(powodować rozwój)* develop, expand: *to develop your skills/talents* | *Albania is to further expand its hotel facilities.* **2** *(coś zwiniętego)* unroll: *The shopkeeper started to unroll a splendid carpet.* **3** *(coś zawiniętego)* unwrap: *The children unwrapped their presents excitedly.* **4** *(omawiać szczegółowo)* develop, expand on: *I will develop a few of these points in the seminar.* | *Hutton expands on this theme in the next chapter.*
rozwijać się *v* **1** *(rosnąć, mądrzeć)* develop: *Children develop very rapidly.* **2** *(rozrastać się)* expand: *Light industries, like electronics, are expanding rapidly.*

rozwikłać *v* unravel: *Detectives are trying to unravel the mystery surrounding his death.*

rozwinąć *v* →patrz ROZWIJAĆ

rozwlekły *adj* long-winded: *a long-winded speech*

rozwodnić *v* water down: *The whisky had been watered down.*

rozwodnik *n* divorcee

rozwodowy *adj* divorce: *divorce proceedings*

rozwodzić się *v* →patrz ROZWIEŚĆ SIĘ

rozwojowy *adj* developmental: *developmental psychology/processes*

rozwolnienie *n* diarrhoea *BrE*, diarrhea *AmE*

rozwozić *v* deliver: *In days gone by horse-drawn carts delivered milk to the door.*

rozwód *n* divorce: *We both wanted a quick divorce.* | *It's much too easy to get a divorce nowadays.*

rozwódka *n* divorcee

rozwój *n* **1** development: *an expert in child development* |

A loving home environment is essential for a child's emotional development. **2 rozwój wydarzeń** development(s): *a worrying development | President Bush said today that he was watching developments in Eastern Europe with great interest.* **3 rozwój wypadków** turn of events: *an unexpected turn of events*

rozwścieczyć *v* enrage: *a newspaper report that has enraged local residents | an enraged crowd*
rozwścieczyć się *v* get mad: *Michelle got mad and left.*

rozzłościć *v* anger: *What angered me most was his total lack of remorse* (=brak skruchy).
rozzłościć się *v* get angry: *He got very angry when Emily pointed out his mistake.*

rozżalony *adj* resentful: *a resentful look*

rozżarzyć *v* **1** *(rozpalić)* kindle **2** *(rozgrzać)* heat

rożek *n (lód)* ice cream cone →patrz też RÓG

rożen *n* spit: *Chickens were rotating on a spit inside the oven.*

ród *n* **1** *(rodzina)* family: *My family come from Scotland.* **2** *(dynastia)* house: *Joseph, of the house of David* **3 być rodem z ...** be a native of ...: *She is a native of southern Brazil.*

róg *n* **1 a)** *(krowy, kozła)* horn: *The animal's horns contain a substance called keratin.* **b)** *(jelenia)* antler: *He kept the antlers as a trophy.* **2** *(pokoju)* corner: *Jim and his cousin sat in the corner talking about people back home.* **3** *(ulicy)* corner: *The usual mob of teenagers were standing on the corner.* | **za rogiem** around/round the corner: *Suddenly the thief disappeared round the corner.* | **na rogu** on/at the corner: *He stopped at the corner of 5th and Main to buy a newspaper. | There's a cake shop on the corner of Church Lane and Mill Street.* **4** *(chusteczki, kartki, mebla)* corner: *He pulled a dirty handkerchief out by its corner and waved it at me. | Write your name in the top left-hand corner of the page. | Mary cracked her knee on the corner of her desk.* **5** *(tworzywo)* horn: *a knife with a horn handle* **6** *(instrument muzyczny)* horn **7** *(rzut rożny)* corner **8 róg obfitości** cornucopia →patrz też **chwycić/złapać/wziąć byka za rogi** (BYK)

R

rój *n* swarm: *a swarm of bees | Swarms of tourists jostled through the square.*

rów *n* **1** *(zagłębienie)* trench: *the Marianas Trench in the Pacific Ocean | Workers dug a trench for gas lines.* **2** *(pobocze)* ditch: *The car ended up in a ditch at the side of the road.*

rówieśni-k/czka *n* peer: *Children compete to win the approval of their peers.*

równać się *v* equal: *Two plus two equals four.* →patrz też ZRÓWNAĆ, WYRÓWNAĆ

równanie *n* equation: *In the equation 2x + 1 = 7, what is x?*

równia *n* **równia pochyła** inclined plane

równie *adv* **1** equally: *An equally acceptable solution could surely be found elsewhere.* **2 równie ... jak** just as ... as, every bit as ... as: *Compatibility* (=dopasowanie) *is just as important as romantic love. | I think she is every bit as pretty as her sister.* **3 równie dobrze można (by) zrobić coś** you may/might just as well do sth: *The taxi was so slow, we might just as well have gone on the bus.*

również *part* **1** also: *We think of Leonardo da Vinci as a great artist, but he was also a great scientist. | Genetic factors may also play a part.* **2 jak również** as well as: *Very soon we ran out of* (=wkrótce zabrakło nam) *time as well as money.*

równik *n* equator: *When do we cross the equator?* —**równikowy** *adj* equatorial: *the equatorial rainforest*

równina *n* plain: *the vast plains of central China*

równo *adv* **1** *(jednakowo, sprawiedliwie)* equally: *We have to try to treat everyone equally. | They try to divide the work equally.* **2** *(gładko)* smoothly: *the smoothly contoured lines and attractive styling of this sofa* **3** *(regularnie, równomiernie)* evenly: *rows of evenly spaced desks | The patient was breathing evenly.* **4** *(dokładnie)* exactly: *She looked at her watch. It was 10.30 exactly. | Our birthdays are exactly a month apart.*

równocześnie *adv* simultaneously, at the same time: *They both spoke simultaneously. | Charlie and I arrived at the same time.* —**równoczesny** *adj* simultaneous: *a rise in food prices and a simultaneous fall in wages* (=spadek płac)

równolegle *adv* **1 równolegle (do czegoś)** parallel (to sth): *The road runs parallel to the railway.* **2 równolegle (z czymś)** in parallel (with sth): *private organizations working in parallel with the state education system*

równoległy *adj* parallel: *The two streets are parallel to each other.*

równoleżnik *n* parallel: *the 38th parallel*

równomiernie *adv* **1** *(stopniowo)* steadily: *Salaries have been moving steadily upwards.* **2** *(równo)* evenly: *Spread the butter evenly over the toast. | breathing deeply and evenly*

równomierny *adj* **1** *(stopniowy)* steady: *a steady improvement* **2** *(niezmienny)* steady, even: *a steady speed | an even rhythm*

równoprawny *adj* equal: *John came into the business as an equal partner.*

równorzędny *adj* **1** *(równoprawny)* equal: *equal status | an equal partner* **2** *(tej samej rangi, wartości)* equivalent: *an equivalent position* (=stanowisko) | *an equivalent amount*

równość *n* **1** *(równouprawnienie)* equality: *"Liberty, Equality, Fraternity* (=wolność, równość, braterstwo)*"* **2** *(równe płace, status itp.)* equality, parity: *Women workers are demanding parity with their male colleagues.* **3** *(gładkość)* smoothness **4 znak równości** equals *BrE*, equal *AmE* sign: *In the equation x=y, x is to the left of the equals sign.*

równouprawnienie *n* equal rights: *a clear statement guaranteeing equal rights for women*

równowaga *n* **1** *(wyważenie)* balance: *You need a good sense of balance to ride a bicycle.* | **utrzymywać/stracić równowagę** keep/lose your balance: *It's hard enough just keeping my balance on ice, let alone actually skating on it. | I lost my balance and fell on my face.* **2** *(właściwe proporcje)* balance, equilibrium: *a realistic balance of work and relaxation | Supply and demand* (=podaż i popyt) *must be kept in equilibrium.* **3** *(emocjonalna)* equilibrium: *Setting up a home helped to re-establish some kind of equilibrium in her life.* **4 wyprowadzić kogoś z równowagi** throw sb off balance: *Don't let unexpected questions throw you off balance in the interview.*

równowartość *n* equivalent: *A car costs the equivalent of a year's pay.*

równoważnik *n* equivalent

równoważny *adj* equivalent: *12 bottles of beer or an equivalent amount of alcohol*

równoważyć *v* →patrz ZRÓWNOWAŻYĆ

równoznaczny *adj* **1** *(jednoznaczny)* synonymous: *Success is not necessarily synonymous with happiness.* | *For some people "football fan" is synonymous with "criminal".* **2 być równoznacznym z czymś** be tantamount to sth: *His refusal to speak was tantamount to admitting he was guilty.*

równy *adj* **1** *(jednakowy)* equal: *Jennifer cut the cake into six equal pieces.* | *One inch is equal to 2.54 centimetres.* | **równe prawa** equal rights: *equal rights for women* | **na równych zasadach** on equal terms: *Small businesses can't compete on equal terms with large organizations.* **2** *(mający takie same prawa)* equal: *Democracy is based on the idea that all people are equal.* **3** *(gładki)* even, smooth: *You need an even surface to work on.* | *a smooth road* **4 nie mieć sobie równych** be second to none, be without equal: *The service in our hotel is second to none.* | *His paintings are without equal in the Western world.* **5 równy gość/równa babka** (good) sport: *She's a good sport.* **6 stopień równy** the positive degree

róż *n* **1** *(kolor)* pink, rose **2** *(kosmetyk)* blusher *BrE*, blush *AmE*

róża *n* **1** rose: *The roses are in bloom.* **2 czyjeś życie nie jest usłane różami** sb's life is not a bed of roses

różaniec *n* rosary

różany *adj* rose: *a rose garden*

różdżka *n* **1** *(czarodzieja, magika)* wand: *a magic wand* | *He waved his wand, and a rabbit appeared.* **2** *(różdżkarza)* divining rod **3 jak za dotknięciem czarodziejskiej różdżki** as if by magic: *I took up yoga, and soon all of my aches and pains dropped away* (=ustąpiły), *as if by magic.*

różdżkarz *n* diviner

różnica *n* **1** difference: *There are many differences between public and private schools.* | **różnica zdań/poglądów** difference of opinion: *There were reports of a slight difference of opinion between the president and his advisers.* | **różnica wieku** difference in age, age difference: *There was fifteen years or so difference in age between the two women.* | *There is an age difference of 12 years between me and my wife.* **2 nie robić (komuś) różnicy** make no difference (to sb): *It makes no difference to me what you do.* **3 z tą różnicą, że ...** except (that) ...: *I have earrings just like those, except they're silver.*

różnicować *v* → patrz ZRÓŻNICOWAĆ

różniczkowy *adj* **rachunek różniczkowy** differential calculus

różnić *v* distinguish: *What distinguishes this book from others you have read?*
różnić się *v* **1** differ, vary: *Opinions on the subject differ widely.* | *Prices vary from store to store.* | **różnić się od czegoś** differ from sth: *The new system differs from the old in several important ways.* | **różnić się czymś** vary in sth: *flowers that vary in color and size* **2 różnić się w kwestii czegoś** differ about/on sth: *The two lawyers differed about how to present the case* (=jaką zaproponować linię obrony).

różnie *adv* differently: *The two words sound the same but they are spelled differently.*

różnokolorowy *adj* multicoloured *BrE*, multicolored *AmE*

różnoraki *adj* diverse: *London is home to people of many diverse cultures.*

różnorodny *adj* diverse, heterogeneous: *a diverse range of programmes* | *The US has a very heterogeneous population.* —**różnorodność** *n* diversity: *a diversity of opinion*

różny *adj* **1** *(różnorodny)* various: *The coats are available in various colours.* **2** *(niepodobny)* different, dissimilar, distinct: *Life in Russia is totally different from/to life in Britain.* | *The two children looked as dissimilar from each other as one could imagine.* | *The behaviour of men as individuals is distinct from their behaviour in a group.* **3** *(odrębny)* different: *I asked three different doctors, and they all said the same thing.* | *She visited his office on three different occasions.*

różowy *adj* **1** pink: *a pink dress* **2** *(policzki)* rosy: *rosy cheeks* **3 patrzeć na coś przez różowe okulary** look at sth through rose-coloured spectacles

różyczka *n* *(choroba)* German measles

rtęć *n* mercury

rubaszny *adj* earthy: *an earthy sense of humour*

rubin *n* ruby —**rubinowy** *adj* ruby: *a ruby ring*

rubryka *n* **1** *(formularza)* box: *Fill in the boxes on the application form.* **2** *(dział gazety)* column: *an advice column*

ruch *n* **1** *(poruszanie się)* movement, motion: *I noticed a sudden movement behind the curtain.* | *the gentle rolling motion of the ship* | **bez ruchu** motionless: *He was standing motionless in the doorway.* **2** *(przemieszczanie się)* movement: *reports of troop movement* (=doniesienia o ruchach wojsk) *in the area* **3 ruch (uliczny)** traffic **4** *(gest)* motion: *He made a motion with his hand, as if to tell me to keep back.* **5** *(ćwiczenia fizyczne)* exercise: *I could use some exercise* (=przydałoby mi się nieco ruchu) *- let's go for a swim.* | **zażywać ruchu** take exercise: *The doctor said I need to take more exercise.* **6** *(posunięcie)* move: *One false move* (=jeden fałszywy ruch), *and I'll shoot!* | **zrobić pierwszy ruch** make the first move **7** *(figury w grze)* move: *I'm learning all the different moves.* | **twój ruch** (it's) your move **8** *(nurt)* movement: *the civil rights movement* **9 ruch oporu** the resistance

ruchliwy *adj* **1** *(ulica)* busy: *We live on a very busy road.* **2** *(człowiek)* lively: *He'd always been a bright and lively child.* —**ruchliwość** *n* liveliness

ruchomy *adj* **1** movable, moveable: *toy soldiers with movable arms and legs* **2 schody ruchome** escalator

ruda *n* ore: *iron ore*

rudera *n* ruin

rudy *adj* red, ginger: *red hair* | *a ginger cat* —**rudzielec** *n* redhead

rufa *n* stern

rugby *n* rugby: *He broke his thumb playing rugby.* —**rugbista** *n* rugby player

ruina *n* **1** *(wyniszczenie, bankructwo)* ruin: *He faced ruin when his business failed.* | *financial ruin* | **doprowadzić kogoś/coś do ruiny** lead sb/sth to ruin: *A dictatorship would lead the country to ruin.* | **popaść w ruinę** fall into ruin: *The old barn has fallen into ruin.* **2 ruiny** ruins: *the ruins of the Artemis temple*

ruja *n* rut: *making noises like an elephant in rut*

rujnować *v* → patrz ZRUJNOWAĆ

ruletka *n* roulette

rulon *n* scroll

rum *n* rum

rumak *n* steed

R

rumianek *n* camomile, chamomile

rumiany *adj* **1** *(zarumieniony)* ruddy: *a ruddy face* **2** *(czerwony)* red: *a ripe red apple* **3** *(przypieczony)* golden brown: *Fry the onions until they're golden brown.*

rumienić się *v* blush, flush: *She's so shy she blushes whenever I speak to her.* | *Flushing slightly, Lesley looked away.*

rumieniec *n* **a)** *(zakłopotania, wstydu)* blush, flush: *remarks that brought a blush to my cheeks* | *a flush of embarrassment* **b)** *(zdrowia)* glow: *Her face had a healthy glow.*

rumowisko *n* rubble

Rumunia *n* Romania —**rumuński** *adj* Romanian —**Rumun/ka** *n* Romanian

runąć *v* **1** *(zawalić się)* collapse: *Many buildings collapsed during the earthquake.* **2** *(upaść)* tumble: *She lost her balance and tumbled backwards.*

runda *n* **1** *(etap)* round: *the latest round of peace talks* | *Graf has made it to the third round* (=przeszła do trzeciej rundy). **2** *(okrążenie)* lap: **runda honorowa** lap of honour *BrE*, victory lap *AmE*: *Afterward, he took a victory lap.*

runo *n* **1** *(owcy)* fleece **2** *(leśne)* undergrowth

rupiecie *n* junk: *The garage was filled with junk.*

UWAGA: junk

Junk jest rzeczownikiem niepoliczalnym. Pojedynczy „rupieć" to po angielsku **a piece of junk**.

rura *n* **1** pipe: *a water pipe* | **rury** pipes, piping: *lead piping* **2 rura odpływowa** drainpipe **3 rura wydechowa** exhaust (pipe), tailpipe *AmE*

rurka *n* tube: *She was lying in a hospital bed with tubes coming out of her mouth.*

rurociąg *n* pipeline

ruski *adj* Russian

ruszać *v* **1** *(ręką, nogą itp.)* move: *I think my hand is broken - I can't move my fingers.* | *It hurts when I move my arm.* **2** *(przesuwać)* move, budge: *Tom had the sense not to move the injured man.* | *The car was stuck in the snow and we couldn't budge it.* **3** *(dotykać)* touch: *Don't touch it!* **4** *(w drogę)* **a)** *(człowiek)* set off: *The old man set off down the path towards the river.* **b)** *(pociąg)* pull out: *As the train pulled out of the station, Megan leaned out of the window.* **c)** *(samochód)* pull away: *Matt jumped onto the bus just as it was pulling away.* **5** *(rozpoczynać się)* start, begin: *The marathon starts in the city centre.* | *School starts in September.* **6 ruszać z czymś** start sth: *The police have started their investigation.* →patrz też RUSZYĆ

ruszać się *v* **1** *(poruszać się)* move: *Don't move or I'll shoot.* **2** *(być obluzowanym)* be loose: *One of Sean's front teeth is loose.* | *Some of the floorboards are loose and they creak* (=trzeszczą) *when you walk on them.* **3** *(zabierać się skądś)* get moving: *We have to get moving.* | **rusz się** get a move on: *Get a move on or we'll be late!* **4 coś nie chce/nie chciało się ruszyć** sth won't/wouldn't budge: *The car won't budge.*

ruszt *n* **1** *(opałowy)* grate **2** *(kuchenny)* grill *BrE*, broiler *AmE*: **u/piec na ruszcie** grill *BrE*, broil *AmE*: *Grill the burgers for eight minutes each side.* | *He brushed the kebabs with oil and broiled them.*

rusztowanie *n* scaffold, scaffolding

ruszyć *v* →patrz RUSZAĆ, →patrz też **ruszyć głową** (GŁOWA), **nie ruszyć palcem** (PALEC)

ruter *n* router: *a Wi-Fi router* (=ruter bezprzewodowy)

rutyna *n* **1** *(schemat)* routine: *Mark longed to escape from the same old familiar routine.* | **popaść w rutynę** be (stuck) in a rut: *I'm in a rut at work, it's probably time for a change.* **2** *(wprawa)* experience: *In the course of time you'll gain more experience.*

rutynowy *adj* **1** *(zwykły)* routine: *a routine medical test* | *a few routine questions* **2** *(automatyczny, nudny)* routine: *routine jobs around the house* —**rutynowo** *adv* routinely: *The cars are routinely tested for safety and reliability.*

rwać *v* **1** *(rozrywać)* tear: *In a fit of anger Karen began to tear his photographs to shreds* (=na kawałki). **2** *(boleć)* ache: *Driving long distances makes your legs ache.* | **rwący ból** shooting pain: *shooting pains in your back* **3** *(pędzić)* dash (off): *I've got to dash off to a meeting now.* **4** *(zrywać)* pick: *The girls were picking flowers and singing.* **5** *(wyrywać)* **a)** *(zęby)* pull out: *Having your teeth pulled out can be quite painless.* **b)** *(chwasty)* pull up: *One of us would do the digging and one of us would pull up weeds.* **6 rwać sobie włosy z głowy** tear/pull your hair out

rwać się *v* **1** *(pękać)* tear: *When paper is wet it tears easily.* **2 rwać się do czegoś** be keen to do sth: *She's out of hospital and keen to get back to work.* →patrz też WYRYWAĆ, ZRYWAĆ

ryba *n* **1** fish: **iść na ryby** go fishing **2 Ryby** Pisces: **urodzony pod znakiem Ryb** born under Pisces **3 gruba ryba** heavyweight, big shot **4 czuć się jak ryba w wodzie** be in your element: *He's in his element when he's talking to large groups of people.* **5 zdrów jak ryba** (as) right as rain

UWAGA: fish

Jako nazwa zwierzęcia rzeczownik **fish** ma dwie formy liczby mnogiej: częstszą **fish** i rzadszą **fishes** (zwykle w odniesieniu do różnych gatunków ryb): *How many fish did you catch?* | *American freshwater fishes.* Jako nazwa pokarmu **fish** jest rzeczownikiem niepoliczalnym: *We had fish for dinner.*

fish

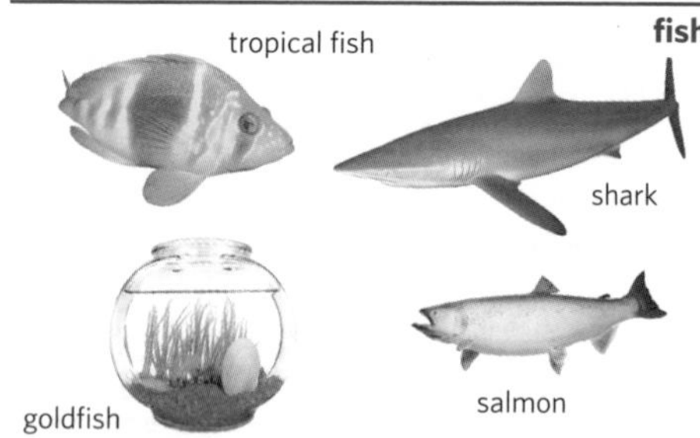

rybaczki *n* pedal pushers

rybak *n* fisherman —**rybacki** *adj* fishing: *a fishing boat/village*

rybka *n* **1 złota rybka** goldfish **2** *(ktoś kochany)* sweetie →patrz też RYBA

rybny *adj* **1** fish: *a fish market* | *fish soup* | *fish fingers* **2 sklep rybny** fishmonger's

rybołówstwo *n* fishing

rycerski *adj* **1** knight's: *a knight's armour* **2** *(zachowanie)* chivalrous: *a chivalrous attitude* —**rycerskość** *n* chivalry

rycerstwo *n* knighthood

rycerz *n* **1** knight: *knights in armour* **2 błędny rycerz** knight-errant

rychło *adv* soon: *They wanted to climb to the top, but they soon abandoned this idea.* —**rychły** *adj* imminent: *a sense of imminent doom*

rycina *n* **1** *(sztych)* engraving: *an old engraving of London Bridge* **2** *(ilustracja)* figure: *See figure 1.1.*

ryczałt *n* flat rate: **płacić ryczałtem** pay flat rate charges

ryczałtowy *adj* **ryczałtowa stawka** flat rate: *They charge a flat rate for delivery.*

ryczeć *v* **1 a)** *(lew)* roar **b)** *(krowa)* moo **c)** *(osioł)* bray **2** *(syrena, klakson)* blare: *Horns blared in the street outside my hotel window.* **3** *(muzyka, radio)* blast (out): *a radio blasting out pop music* **4** *(wołać)* bellow: *"Turn that off!" my father bellowed. "I'm trying to make a phone call."* **5** *(płakać)* bawl: *bawling children* **6 ryczeć ze śmiechu** roar with laughter →patrz też RYKNĄĆ

ryć *v* **1** *(robić dziury)* burrow: *Rabbits have been burrowing under the wall.* **2** *(rzeźbić)* etch, engrave **3** *(wkuwać)* swot *BrE*, cram *AmE*: *I was busy swotting for my history exam.* →patrz też WYRYĆ

rydwan *n* chariot

rydz *n* **1 zdrów jak rydz** (as) fit as a fiddle **2 lepszy rydz niż nic** anything is better than nothing

ryga *n* **po/jechać do rygi** throw up

rygiel *n* bolt —**ryglować** *v* bolt: *My husband always bolts all the doors before going to bed.*

rygor *n* **1** rigour *BrE*, rigor *AmE*: *the rigour of scientific methods* **2 pod rygorem czegoś** under threat of sth

rygorystyczny *adj* rigorous: *rigorous safety checks* —**rygorystycznie** *adv* rigorously: *The new rules will be rigorously enforced* (=egzekwowane).

ryj *n* **1** *(świni)* snout **2** *(twarz)* mug

ryk *n* **1 a)** *(lwa)* roar **b)** *(krowy)* moo **c)** *(osła)* bray **2 a)** *(syreny, klaksonu)* blare **b)** *(maszyn)* roar: *the roar of the traffic* **c)** *(dźwięków)* blast: *a blast of rock music* **3 a)** *(wiatru)* roar, howl: *We listened to the uneven rhythm of the wind's roar.* | *the howl of the wind* **b)** *(gromu, dział)* rumble: *a rumble of thunder* | *the rumble of distant gunfire* **4** *(śmiech)* guffaw: *A loud guffaw came from the back of the room.* **5** *(płacz)* bawl: *We heard a terrible bawl next door.* | **uderzyć w ryk** start bawling

ryknąć *v (wrzasnąć)* bellow, roar: *He had to bellow loudly to get them to come and help him.* | *"Get out of my house!" he roared.* →patrz też RYCZEĆ

rykoszet *n* **odbić się rykoszetem (od czegoś)** ricochet (off sth): *A bullet ricocheted off the rock he was hiding behind.*

rym *n* **1** rhyme: *I can't find a rhyme for "orange."* **2 rymy częstochowskie** doggerel

rymować *v* rhyme: *Crystal sang a hilarious song that rhymed "Corleone" with "Home Alone".*
rymować się *v* rhyme: *"Car" rhymes with "far".*

rymowanka *n* (nursery) rhyme

rymowany *adj* rhymed, a rhymed couplet

rynek *n* **1** *(targowisko)* market: *I usually buy all my vegetables at the market.* **2** *(plac)* marketplace **3** *(dział gospodarki)* the market: *Honda is trying to increase its share of* (=zwiększyć swój udział w) *the market.* | **czarny rynek** the black market: *Never exchange money on the black market.* **4 a)** *(klientela)* market: *The market for specialist academic books is pretty small.* | **badanie rynku** market research **b)** *(obszar zbytu)* market: *Our main overseas market is Japan.* | *cars intended for the domestic market* **5 rynek papierów wartościowych** the stock market: *If you invest in the stock market now, you're playing with fire.* **6 rynek pracy** the job market: *The job market has been badly hit by recession.* **7 wchodzić na rynek** come onto the market: *a new drug that has just come onto the market* | **wypuszczać na rynek** bring out: *The Food Association has brought out a handy guide* (=poręczny przewodnik).

rynkowy *adj* **1** market: *the town's crowded market square* **2 cena/wartość rynkowa** market price/value: *the market price of oil* | *We paid a price that was well above the market value.* | **gospodarka rynkowa** market economy: *Russia took a decisive step toward a market economy in 1990.*

rynna *n* gutter: *The gutter was blocked by leaves.*

rynsztok *n* **1** *(uliczny)* gutter: *Water ran through the gutters during the heavy thunderstorm.* **2** *(upodlenie)* gutter: *Men like him usually ended up in jail* (=zwykle kończyli w więzieniu) *- or in the gutter.*

rys *n* **1** *(cecha)* trait: *There was a trait in his personality that encouraged people to trust him.* **2** *(opis)* outline: *The author has provided a historical outline to help readers understand the novel.* **3 rysy twarzy** features: *a portrait showing her fine delicate features*

rysa *n* **1** *(zarysowanie)* scratch **2** *(pęknięcie)* crack

rysik *n* stylus

rysować *v* **1** *(ołówkiem, kredką)* draw: *I've never been able to draw well.* **2** *(zostawiać rysy)* scratch →patrz też NARYSOWAĆ
rysować się *v* **1** *(pokrywać się rysami)* get scratched **2** *(jawić się)* show

rysownik *n* draughtsman *BrE*, draftsman *AmE*

rysunek *n* **1** drawing **2** *(zarys)* outline

rysunkowy *adj* **1** drawing: *drawing techniques* **2 film rysunkowy** cartoon

ryś *n* lynx

ryt *n (rycina)* engraving: *a beautiful copper engraving*

rytm *n* **1** rhythm: *the rhythm of the poem* | *the natural rhythm of sleep* **2 poczucie rytmu** sense of rhythm —**rytmiczny** *adj* rhythmic —**rytmicznie** *adv* rhythmically

rytualny *adj* ritual: *ritual dancing* —**rytualnie** *adv* ritually

rytuał *n* **1** *(obrzęd)* ritual, rite: *church rituals* | *sacred rites* **2** *(zwyczaj)* ritual: *The children performed the bedtime ritual of washing and brushing their teeth.*

rywalizacja *n* competition, rivalry: *Competition between travel companies has never been stronger.* | *There has always been a kind of friendly rivalry between the two teams.*

rywalizować *v (współzawodniczyć)* compete, contend **+z kimś/czymś** with/against sb/sth: *We've had to cut our prices in order to compete with the big supermarkets.* **+o coś** for sth: *Twelve teams contended for the title.* | **rywalizować ze sobą** compete: *How many runners will compete?*

rywal/ka *n* rival: *He left the government to become its most formidable rival.*

ryza *n* **1** *(papieru)* ream **2 trzymać kogoś/coś w ryzach** keep a tight rein on sb/sth: *The finance director keeps a tight rein on spending.*

ryzykancki *adj* reckless, foolhardy: *reckless driving | a foolhardy attempt to capture more territory*

ryzyko *n* **1** risk: *the risk of serious injury | There's always the risk that someone may press the wrong button.* | **podjąć ryzyko** take a risk: *The rope might break but that's a risk we'll have to take.* | **na własne ryzyko** at your own risk: *Customers may park here at their own risk.* **2 ryzyko zawodowe** occupational hazard

ryzykować *v* **1 ryzykować coś** risk sth, run the risk of sth: *risking death or imprisonment to escape from Vietnam | You'll be running the risk of getting caught.* **2 ryzykować zdrowie(m)/życie(m)** risk your life/health: *When children start smoking, they don't realize they're risking their health. | I'm not going to risk my life to save a cat!* **3 nie ryzykować** play (it) safe: *We shall play it safe and not put all our money in stocks* (=w akcje). →patrz też ZARYZYKOWAĆ

ryzykowny *adj* risky: *a risky financial investment* THESAURUS DANGEROUS

ryż *n* rice

ryżowy *adj* **pole ryżowe** rice paddy

rzadki *adj* **1** *(nie częsty)* rare, infrequent: *a disease that is very rare among children | our infrequent visits to Uncle Edwin's house* **2** *(wyjątkowy)* rare: *Rare plants such as orchids can be found here.* **3** *(nie gęsty)* sparse: *sparse vegetation* **4** *(wodnisty)* thin: *thin soup*

R

rzadko *adv* **1** *(nieczęsto)* rarely, seldom, infrequently: *She very rarely complains. | Glen seldom eats breakfast. | We see them only very infrequently.* THESAURUS RARELY **2** *(nie gęsto)* sparsely: *The northern islands are very sparsely populated.*

rzadkość *n* **1** *(coś wyjątkowego)* rarity: *Old cars in good condition are a rarity.* **2** *(zjawiska)* infrequency **3** *(roślinności)* sparseness **4** *(zupy itp.)* thinness

rząd *n* **1** *(szereg)* row: *The children were asked to stand in a row.* **2** *(władza)* government: *The government has promised to improve standards in education.* **3 rządy** *(panowanie)* rule: *At that time Vietnam was under French rule.* **4 pod rząd** in a row: *We've lost four games in a row.* **5 z rzędu** running: *Suzie has won the poetry prize for the third year running.* **6 w pierwszym rzędzie** primarily: *a course aimed* (=adresowany) *primarily at adult students*

rządek *n* row

rządowy *adj* government: *a government inquiry | government propaganda*

rządzący *adj* ruling: *the ruling class*

rządzić *v* **1** *(mieć władzę)* rule, govern: *The King ruled for 30 years. | The Socialist Party governed for years here.* **2** *(wpływać na działanie)* govern: *the laws governing the universe* **3 rządzić kimś** boss sb around: *I can't stand the way James bosses everyone around!*
rządzić się *v* **1** throw your weight around: *She likes to throw her weight around – it makes her feel more important.* **2 rządzić się czymś** follow sth: *Each art form* (=każdy rodzaj sztuki) *follows its own rules.*

rzec *v* say

rzecz *n* **1** *(przedmiot)* thing: *I need to go to the supermarket to get a few things.* THESAURUS PROPERTY **2** *(sytuacja, zdarzenie)* thing: *A funny thing happened yesterday.* | **bieg/kolej rzeczy** course of events: *Nothing you could have done would have changed the course of events.* **3** *(sprawa)* matter, business: *It's a complicated matter.* | **(to) nie twoja rzecz** (it's) none of your business: *I know it's none of my business, but what did you decide?* **4 rzeczy a)** *(ubrania)* clothes: *Remember to bring some clean clothes.* **b)** *(dobytek)* things: **czyjeś rzeczy** sb's things/stuff: *Pack your things – we have to leave right now. | I need a place to store my stuff for a while.* **5 na rzecz** *(dla poparcia)* in aid of: *We are collecting money in aid of cancer research.* **6 w gruncie/istocie rzeczy** in essence/substance, essentially: *The choice is, in essence, quite simple.* **7 w samej rzeczy** indeed: *He was both a qualified teacher and a qualified librarian, a rare bird indeed* (=w samej rzeczy, rzadki okaz). **8 rzecz w tym, że ...** the thing/point is (that) ...: *You see, the thing is I'm really busy right now.* | **w czym rzecz** what's going on, what's the matter: *Sally hasn't a clue what's going on. | "What's the matter?" I demanded.* **9 mówić do rzeczy** talk sense: *I just want our politicians to talk sense for a change.* | **mówić od rzeczy** talk nonsense **10 nie mieć nic do rzeczy** be beside the point: *She's young, but that's beside the point.* | **co to ma do rzeczy?** what's that got to do with it? **11 przystąpić do rzeczy** get down to business: *I'm sure you want to get down to business as soon as possible, so I'll make my introduction brief.* | **(przejść) do rzeczy** (get) to the point: *Would you just get to the point?* **12 rzecz jasna/oczywista** needless to say: *Needless to say, Jon loved his new bike.* **13 znać się na rzeczy** know the ropes: *Nathan knows the ropes – he's been working for the company for ten years.* **14 to zmienia postać rzeczy** that puts a new complexion on things **15 wielka (mi) rzecz!** big deal!: *So what if he's upset about it? Big deal!* →patrz też **nazywać rzeczy po imieniu** (IMIĘ), **ogólnie rzecz biorąc** (OGÓLNIE), **siłą rzeczy** (SIŁA)

rzeczka *n* (small) river, stream

rzeczni-k/czka *n* *(rządu itp.)* spokesman/spokeswoman, spokesperson: *a White House spokesperson*

rzeczny *adj* river: *river birds*

rzeczony *adj* in question: *On the afternoon in question* (=rzeczonego popołudnia), *Myers was seen leaving the building at 3.30.*

rzeczownik *n* noun: *abstract/common nouns*

rzeczowy *adj* **1** *(konkretny)* matter-of-fact, to the point: *She spoke in a calm, matter-of-fact way. | His speech was short and to the point.* **2** *(merytoryczny)* factual: *a number of factual errors* **3 nagroda rzeczowa** prize gift **4 dowód rzeczowy** exhibit: *Exhibit A is the blood-stained hammer found next to the victim's body.* **—rzeczowo** *adv* to the point: *He always speaks to the point.*

rzeczoznawca *n* expert

rzeczpospolita *n* republic: *the Republic of Poland* | **Polska Rzeczpospolita Ludowa** People's Republic of Poland

rzeczywistość *n* **1** reality: *the distinction between fiction and reality | Watching television was his way of escaping from reality.* | **stracić kontakt z rzeczywistością** lose touch with reality **2 w rzeczywistości a)** *(naprawdę)* in reality: *He said he'd retired, but in reality he was fired.* **b)** *(nie w książkach itp.)* in reality, in real life: *This kind of thing only happens in films, not in real life.*

rzeczywisty *adj* **1** *(realny)* real, actual: *Do your kids still think Santa Claus is a real person? | the actual cost* **2** *(autentyczny)* real: *It's a real problem.* **3 w czasie rzeczywistym** real-time, in real time: *real-time flight tracking | The images are created in real time.*

rzeczywiście *adv* **1** *(naprawdę)* really, actually: *Now tell us what really happened. | Did she actually say that in the letter?* **2** *(w istocie)* indeed: *The blood tests prove that*

Vince is indeed the father. | *From Clarisse's point of view, it is very distressing indeed.*

rzeka *n* river: *the River Nile* | *Let's go for a swim in the river.* | **w górę/dół rzeki** up/down river, upstream/downstream: *a ship sailing up river* | *We went downstream in a canoe.*

rzekomy *adj* alleged: *the group's alleged connections with organized crime* —**rzekomo** *adv* allegedly, reportedly: *She's reportedly one of the richest women in Europe.*

rzemieślnik *n* craftsman, artisan: *furniture made by the finest craftsmen* | *artists and artisans* —**rzemieślniczy** *adj* craft

rzemiosło *n* craft: *Karl learned the craft of knife-making in his hometown.* | *The anthropologist takes years to learn his craft.*

rzep *n* **1** *(zapięcie)* Velcro®: *Many children's boots now fasten with Velcro.* **2** *(część rośliny)* burr **3 przyczepić się jak rzep do psiego ogona** cling like a leech

rzepa *n* turnip

rzepak *n* (oil-seed) rape

rzepka *n* **1** *(w kolanie)* knee cap **2 każdy sobie rzepkę skrobie** it's every man for himself

rzesza *n* **1** crowd: *a crowd of his supporters* **2 Trzecia Rzesza** the Third Reich

rześki *adj* **1** *(żwawy)* brisk: *Then suddenly she was herself again, brisk and cheerful.* **2** *(chłodny)* brisk: *a brisk autumn morning*

rzetelny *adj* dependable, reliable: *a dependable worker* | *I trust her completely - she's very reliable.* —**rzetelnie** *adv* dependably, reliably: *We want to be reliably informed.* —**rzetelność** *n* dependability, reliability

rzewny *adj* doleful: *a doleful song about lost love*

rzeź *n* slaughter: *the slaughter of innocent civilians*

rzeźba *n* **1** *(przedmiot)* sculpture, carving: *a bronze sculpture by Peter Helzer* | *an exhibition of modern sculpture* | *a wooden/ivory carving* **2** *(dziedzina sztuki)* sculpture: *a talent for sculpture*

rzeźbiarstwo *n* sculpture: *She studied sculpture at art college.* —**rzeźbiarski** *adj* sculptor's

rzeźbia-rz/rka *n* sculptor

rzeźbić *v* **1** *(tworzyć rzeźbę)* sculpt, carve: *Arai mixes and sculpts the metallic fibres to breathtaking effect.* **2** *(pokrywać rzeźbami)* carve: *He spent almost a year carving the prow of the boat* (=dziób statku). →patrz też WYRZEŹBIĆ

rzeźbiony *adj* carved: *an ornately carved chair*

rzeźnia *n* slaughterhouse, abattoir

rzeźnik *n* **1** *(człowiek)* butcher **2** *(sklep)* butcher's: *She used to live in a room above the butcher's.* **3** *(morderca)* butcher

rzeżucha *n* cress

rzęsa *n* **1** *(na powiece)* eyelash: *false eyelashes* **2 tusz do rzęs** mascara

rzęsisty *adj* **1 rzęsisty deszcz** torrential rain **2 rzęsiste brawa/oklaski** thunderous applause

rzęzić *v* wheeze: *The old man coughed and wheezed.*

rzodkiewka *n* radish: *the radish seeds*

rzucać *v* **1** *(ciskać)* throw, hurl: *Demonstrators began throwing rocks at the police.* | *Someone hurled a brick through the window.* **2** *(podawać)* throw, toss: *Throw me a towel, would you.* | *Could you toss me that pack of cigarettes?* **3** *(odkładać niedbale)* throw, fling: *Just throw your coat on the bed.* | *Gina pulled off her cardigan and flung it on the chair.* **4** *(nałóg, pracę, szkołę)* give up, quit: *I gave up smoking a year ago.* | *She gave up her job, and started writing.* | *Dad was furious when he found out I'd quit college.* **5** *(partnera)* dump, jilt: *You mean you dumped him just because he forgot your birthday?* | *She jilted him the day before their wedding.* **6** *(trząść)* toss about/around: *Our small boat was tossed about* (=naszą łódką rzucało) *like a cork.* **7 rzucać światło na coś a)** *(oświetlać)* cast a light on sth: *The candle cast a flickering light on the wall.* **b)** *(wyjaśniać)* cast light on sth: *research findings that cast new light on the origin of our universe* →patrz też **rzucać cień** (CIEŃ), **rzucić czar** (CZAR), **rzucić monetą** (MONETA), **rzucić na coś okiem** (OKO), **rzucić oskarżenie** (OSKARŻENIE)

rzucać się *v* **1 rzucić się na kogoś/coś a)** *(z użyciem siły)* pounce on sb/sth, go at sb/sth: *He pounced on his sister and pushed her into the water.* | *The two girls went at each other like animals.* **b)** *(słownie)* go for sb/sth: *Lorna really went for me when I disagreed.* **2 rzucić się na coś** *(zacząć jeść)* fall on sth: *The kids fell on the pizzas as if they hadn't eaten for weeks.* **3** *(w jakąś stronę)* rush, dart: *Emma started from her chair and rushed to the window.* **4** *(do rzeki itp.)* jump: *He can jump into the river for all I care!* **5** *(na fotel, łóżko)* fling yourself (down): *Ian flung himself down on his bed.* | *Josie flung herself on the chair, sobbing.* **6 rzucić się do ucieczki** bolt: *He bolted across the street as soon as he saw them.* **7 rzucić się w wir pracy** fling yourself into your work: *After the divorce he flung himself into his work and tried to forget her.* **8 rzucić się komuś na szyję** fling your arms around sb's neck: *Val flung her arms around my neck.* **9** *(miotać się)* thrash (around/about): *a fish thrashing around in the net* →patrz też **rzucać się w oczy** (OKO)

rzut *n* **1** *(rzucenie)* throw: *a long throw* **2 rzut oka** glance: *A glance at my watch told me it was nearly 5 o'clock.* | **na pierwszy rzut oka** at first glance: *At first glance the twins look identical.* **3** *(dyscyplina sportu)* **rzut dyskiem** discus | **rzut oszczepem** javelin | **rzut młotem** hammer throw **4 rzut monetą** toss/flip of a coin **5** *(w piłce nożnej)* kick: **rzut karny** penalty (kick) | **rzut rożny** corner (kick) | **rzut wolny** free kick **6** *(w geometrii)* projection **7 o rzut kamieniem (od czegoś)** a stone's throw (away) (from sth)

rzutka *n* dart: **gra w rzutki** darts

rzutnik *n* projector

rzutować *v* **rzutować na coś** impinge on sth: *conditions which impinge on students' exam success*

rzygać *v* **1** puke: *I feel like I'm going to puke again.* **2 rzygać czymś** *(mieć dość)* be sick (and tired) of sth: *We're sick and tired of listening to them argue all the time.* **3 rzygać się chce** it makes you want to puke: *It makes me want to puke when I hear rich people complaining about taxes!*

rzymski *adj* **1** Roman: *the Roman Empire* **2 cyfra rzymska** Roman numeral —**Rzymian-in/ka** *n* Roman

rzymskokatolicki *adj* Roman Catholic: *the Roman Catholic church*

rżeć *v* **1** *(koń)* neigh **2** *(śmiać się)* cackle

Ss

sabotaż *n* sabotage: *terrorists carrying out acts of sabotage* —**sabotować** *v* sabotage: *He tried to sabotage her plans.*

sacharyna *n* saccharin

sad *n* orchard: *an apple orchard | a cherry orchard*

sadło *n* fat: *rolls of fat* (=zwały sadła)

sadowić się *v* settle (yourself): *Kari used to settle herself in a corner where she could watch.*

sadyst-a/ka *n* sadist: *Her father was a real sadist.* —**sadystyczny** *adj* sadistic: *a sadistic man/smile | sadistic pleasure* —**sadyzm** *n* sadism

sadza *n* soot: *There was a lot of soot from the chimney.*

sadzać *v* sit: *When I was a little boy, grandpa would sit me on his knee and tell me stories.*

sadzawka *n* pond, pool: *The water in the pond had turned brown and smelly. | A shallow pool had formed among the rocks.* THESAURUS LAKE

sadzić *v* plant: *The ground's too hard to plant trees now.*

sadzonka *n* **1** seedling: *Plant the seedlings in parallel rows.* **2** *(odcięta od dojrzałej rośliny)* cutting

safari *n* safari: *We spent three weeks on safari in Kenya.*

saga *n* saga: *a family saga | Chang's novel is the real-life saga of a Chinese family.*

sakiewka *n* pouch

sakralny *adj* ecclesiastical: *ecclesiastical architecture/art/buildings*

sakrament *n* sacrament: *the sacrament of communion/marriage | the Blessed Sacrament*

saksofon *n* saxophone, sax: *a soprano/tenor saxophone* —**saksofonist-a/ka** *n* saxophone/sax player

sala *n* room, *(duża)* hall: **sala lekcyjna** classroom | **sala gimnastyczna** gym, gymnasium | **sala koncertowa/wykładowa** concert/lecture hall | **sala balowa** ballroom | **sala operacyjna** operating theatre *BrE*, theater *AmE* | **sala sądowa** courtroom

salami *n* salami: *a slice of salami*

saldo *n* balance: *You can check your account balance* (=saldo rachunku) *online. | a positive/negative balance*

salka *n* room

salmonella *n* salmonella: *salmonella poisoning*

salon *n* **1** living/sitting *BrE* room, drawing room, parlour *BrE*, parlor *AmE*: *Jay's in the living room watching TV.* **2 salon fryzjerski** hair salon **3 salon piękności** beauty salon *BrE*, parlor *AmE* **4 salon gier** (amusement *BrE*, video *AmE*) arcade **5 salon wystawowy** showroom: *a car showroom*

UWAGA: salon

Living room (w brytyjskiej angielszczyźnie także **sitting room**) to salon we współczesnym mieszkaniu lub domu. **Drawing room** lub **parlour** to salon z dawnych czasów, ewentualnie salon w dużym, bogatym domu.

salowa *n* orderly

salto *n* somersault: *to do/turn/throw a somersault*

salut *n* salute: *a 21-gun salute | The Captain greeted her with a salute.* —**salutować** *v* salute: *A soldier must always salute an officer.*

salwa *n* volley, salvo: *a volley/salvo of shots/gunfire*

sałata *n* lettuce: *a head of lettuce | The burger comes with* (=hamburger podawany jest z) *onion and lettuce.*

UWAGA: sałata i salad

Angielski rzeczownik **salad** nie jest nazwą warzywa, tylko potrawy, której jednym ze składników może (choć nie musi) być sałata. Najlepszym odpowiednikiem **salad** jest więc polski rzeczownik „sałatka", niekiedy także „surówka". Tylko w kontekstach takich jak *green salad* można przetłumaczyć wyraz **salad** jako „sałata".

sałatka *n* salad: *potato/tomato/shrimp salad*

sam¹ *pron* **1** *(samodzielnie)* yourself: *Are you sure he did it himself?* **2** *(samotnie)* alone, on your own: *He lives alone.* | **zupełnie sam** (all) by yourself, all alone: *I was all alone in a strange city.* **3** *(wyłącznie)* alone, only: *Exercise alone* (=same ćwiczenia) *will not make you lose weight. | The hotel was completely burnt out; only the walls remained* (=zostały same ściany). **4** *(akurat, dokładnie)* right: *The ball hit him right in the eye!* | **w samą porę** right on time, just in time: *Gary turned up right on time.* **5** *(nie kto inny)* himself, herself: *It was the President herself!* **6** *(podkreślając)* just: *Just the mention of her name* (=samo wymienienie jej imienia) *still upsets him.* **7 taki sam** the same: *People here are the same as everywhere else.* **8 ten sam** the same: *We were in the same class at school.* **9 zrób to sam** do it yourself →patrz też SAMO, **w samej rzeczy** (RZECZ)

sam² *n (sklep) (większy)* supermarket, *(mniejszy)* self-service shop

samica *n* female: *a female monkey/spider* —**samiczka** *n* female

samiec *n* male: *a male lion/gorilla*

samo *pron* **1 samo w sobie** in itself: *That in itself is an accomplishment* (=osiągnięcie). **2 wyglądać/smakować itp. tak samo** look/taste etc the same: *To me, the two songs sound exactly the same.* **3 tym samym** thereby, thus: *Expenses* (=koszty) *were cut by 12%, thereby increasing efficiency* (=zwiększając wydajność). →patrz też SAM¹

samobój-ca/czyni *n* suicide

samobójczy *adj* suicidal: *Clare had suicidal tendencies. | suicidal thoughts*

samobójstwo *n* suicide: *Stephen was rushed to the hospital after his suicide attempt* (=po próbie samobójstwa). | *It would be political suicide to hold an election now.* | **popełnić samobójstwo** commit suicide: *She committed suicide by swallowing poison.*

samochodowy *adj* **1 przemysł samochodowy** car/motor industry **2 wypadek samochodowy** car accident/crash **3 wyścigi samochodowe** motor racing **4 atlas samochodowy** road atlas **5 warsztat samochodowy** garage: *The car is in the garage for a service.*

samochód *n* **1** car: *a police car* | *to travel by car* | *I'll take the car because it's a long walk from the station.* | *Get in the car, kids.* **2 samochód ciężarowy** lorry *BrE*, truck *AmE*

samoczynnie *adv* automatically: *The heating comes on* (=włącza się) *automatically.*

samodyscyplina *n* self-discipline: *I just wonder if I've got enough self-discipline to finish the course.*

samodzielnie *adv* **1** *(bez niczyjej pomocy)* (all) by yourself, (all) on your own: *The kids made the cake all by themselves.* **2** *(niezależnie)* independently: *He's very good at working independently.*

samodzielność *n* independence, self-reliance, autonomy: *The older children are beginning to develop self-reliance.*

samodzielny *adj* independent, self-reliant: *David learned to be self-reliant at a young age.*

samogłoska *n* vowel: *a short vowel*

samoistny *adj* spontaneous: *spontaneous energy/remission* —**samoistnie** *adv* spontaneously: *Drying your clothes in the microwave might cause them to spontaneously combust* (=zapalić się).

samokontrola *n* self-control: *It took me a few minutes to regain my self-control.*

samokrytyka *n* self-criticism

samolot *n* **1** plane, aeroplane *BrE*, airplane *AmE*: *What time did your plane take off* (=wystartował)? | *The plane stops over in Dubai on the way to India.* **2** *(wojskowy)* aircraft **3 samolot pasażerski** airliner **4 samolot odrzutowy** jet (plane)

samolubny *adj* selfish, self-centred, egotistic: *Why are you being so selfish?*

samoobrona *n* self-defence *BrE*, self-defense *AmE*: *She claims she shot him in self-defence.*

samoobsługowy *adj* self-service: *a self-service restaurant*

samopoczucie *n* mood: *a good/bad mood*

samorząd *n* **1** *(miasta)* city/town council **2** *(terytorialny)* local government/council: *the reform of local government* **3 samorząd uczniowski/szkolny/studencki** student council/government

samorządność *n* self-government

samorządny *adj* self-governing: *a self-governing territory/dominion*

samorządowy *adj* council: *council elections*

samotnie *adv* (all) by yourself, (all) on your own, (all) alone: *She raised her daughter by herself.* | *Rick lives on his own.*

samotni-k/czka *n* loner: *Ken's always been a bit of a loner, even at school.*

samotność *n* loneliness, solitude: *Many people without a job complain of loneliness.* | *His letters made her loneliness bearable.*

> **UWAGA: loneliness i solitude**
>
> W odróżnieniu od rzeczownika **loneliness**, rzeczownik **solitude** często oznacza samotność, która sprawia nam przyjemność: *She longed for* (=tęskniła za) *peace and solitude.*

samotny *adj* **1** *(człowiek, życie)* lonely, lonesome: *a lonely person* | *She leads a lonely life.* | *Beth is lonesome without the children.* **2** *(dom, spacer)* solitary, lone: *a solitary tree/walk/figure* **3 samotny rodzic** single parent

samouk *n* **ktoś jest samoukiem** sb is self-taught/self-educated

samowystarczalny *adj* self-sufficient: *The United Kingdom is self-sufficient in oil and natural gas.*

samozachowawczy *adj* **instynkt samozachowawczy** (instinct for) self-preservation: *What seems to motivate Congress is self-preservation.*

samozadowolenie *n* complacency, smugness: *If the bombing of a hospital cannot shake this government out of its complacency, what will?*

samozaparcie *n* persistence: *Eventually her persistence paid off* (=zaowocowało) *and she got a job.*

samozatrudnienie *n* self-employment

samozwańczy *adj* self-styled, self-appointed: *a self-styled religious leader* | *a self-appointed guardian* (=stróż) *of morality*

sanatorium *n* sanatorium, sanitarium *AmE*: *After the operation, John spent several weeks in a sanatorium in the mountains.*

sandał *n* sandal: *a pair of leather sandals* | *He never wears sandals.*

sanie *n* sleigh, toboggan

sanitariusz/ka *n* paramedic

sanitarny *adj* **1 warunki sanitarne** sanitary conditions **2 urządzenia sanitarne** sanitary fittings

sankcje *n* sanctions: *US sanctions against Cuba* | **nałożyć/znieść sankcje** impose/lift sanctions: *Economic sanctions will be imposed on countries which violate this law.*

sankcjonować *v* sanction: *The government will not sanction the use of force.*

sanki *n* sledge: *Their sledge was gaining momentum* (=nabierały prędkości) *all the time.*

sanktuarium *n* shrine: *This temple is a shrine for Sikhs.*

sapać *v* pant, puff, gasp: *The athletes* (=sportowcy) *panted in the 90-degree heat.*

sardynka *n* sardine: *a tin/can of sardines*

sarkastyczny *adj* sarcastic: *a sarcastic comment/remark* —**sarkastycznie** *adv* sarcastically: *"Nice dress," he said sarcastically.* —**sarkazm** *n* sarcasm: *a note of sarcasm in his voice*

sarna *n* (roe) deer: *Thousands of deer starve to death every winter.*

> **UWAGA: deer**
>
> Rzeczownik **deer** ma taką samą formę w liczbie pojedynczej i mnogiej.

saszetka *n* **1** *(na dokumenty)* travel organizer **2** *(cukru itp.)* sachet: *a sachet of salt/shampoo* **3 saszetka herbaty** teabag

sataniczny *adj* satanic: *satanic laughter*

satelita *n* satellite: *a spy/telecommunications/weather satellite*

satelitarny *adj* **1** satellite: *satellite channels/television* | **antena satelitarna** satellite dish **2 drogą satelitarną** via satellite: *The U.S. Open will be transmitted live via satellite.*

Saturn *n* Saturn: *the rings/moons of Saturn*

S

satyna *n* satin

satyra *n* satire: *(a) political satire | The play is a satire on modern American life.*

satyryczny *adj* satirical: *a satirical play/novel/comedy*

satyryk *n* **1** *(autor)* satirist **2** *(wykonawca)* comedian

satysfakcja *n* satisfaction: *I get a lot of satisfaction from my job. | If this product does not give complete satisfaction, please return it to the manufacturer* (=do producenta). | **dający/przynoszący satysfakcję** rewarding, satisfying, fulfilling: *a rewarding job*

satysfakcjonować *v* satisfy: *I offered him $50, but that didn't satisfy him.* —**satysfakcjonujący** *adj* satisfactory, satisfying: *a satisfactory answer | a satisfying win* (=wygrana)

sauna *n* sauna: *It's nice to have a sauna after swimming.*

sączyć się *v* ooze, seep, trickle: *Blood oozed from the wound.*

sąd *n* **1** *(instytucja, budynek)* court: **oddać sprawę do sądu** go to court, bring the case to court: *She was prepared to go to court to get compensation* (=odszkodowanie) *if necessary.* | **podać kogoś do sądu** take sb to court: *You'd be well within your rights* (=masz pełne prawo) *to take him to court.* | **postawić kogoś przed sądem** bring sb before the court: *He was brought before the court back in 1990.* | **sąd najwyższy** supreme court | **sąd wojenny** court-martial **2** *(opinia)* judgment, judgement *BrE*: *It is not within my competence to make* (=wydawać) *such judgements.* **3 Wysoki Sądzie** Your Honour *BrE*, Honor *AmE* —**sądownictwo** *n* the judiciary: *The judiciary is seen as utterly corrupt* (=skorumpowane do cna).

S

sądowy *adj* **1 sala sądowa** courtroom **2 proces sądowy** lawsuit **3 wyrok sądowy** court verdict **4 koszty sądowe** legal costs

sądzić *v* **1 sądzić, że ...** think/suppose/believe (that) ...: *Don't you think we should all try to help each other?* | **nie sądzę** I don't think so **2 sądząc po/z ...** judging by ...: *Judging by his reaction, he still loves Sara.* **3** *(przestępcę)* try: *The three men will be tried for murder.*

sąsiad/ka *n* neighbour *BrE*, neighbor *AmE*: *my next-door neighbour*

sąsiedni *adj* **1** *(pomieszczenie)* next-door, adjoining: *next-door apartments/offices | We had adjoining rooms at the hotel.* **2** *(kraj, dom itp.)* neighbouring *BrE*, neighboring *AmE*: *neighbouring countries/states/towns*

sąsiedzki *adj* **1 pomoc sąsiedzka** neighbourly *BrE*, neighborly *AmE* help **2 mieszkamy/mieszkają itp. po sąsiedzku** we/they etc live next door

sąsiedztwo *n* **1 w sąsiedztwie czegoś** in the vicinity of sth: *Smith says she was attacked in the vicinity of the bus station.* **2** *(okolica)* neighbourhood *BrE*, neighborhood *AmE*: *They put up a fence to keep the neighbourhood kids* (=dzieci z sąsiedztwa) *from destroying the lawn.* **3** *(obecność)* presence: *His presence can be really annoying.*

scalony *adj* **układ scalony** integrated circuit, chip

scena *n* **1** *(fragment filmu, sztuki)* scene: *a love scene | the final scene | The queen dies in Act 5, Scene 6.* **2** *(deski w teatrze itp.)* stage: **na scenie** on stage: *She is on stage for most of the play.* | **za sceną** offstage **3** *(zdarzeń)* scene: *the political scene | the scene of the crime* **4 z/robić scenę** *(awanturę)* make a scene: *Rather than* (=zamiast) *make a scene, I kept quiet and climbed in the back* (=usiadłem z tyłu).

scenariusz *n* **1** *(filmu, sztuki)* screenplay, script: *Last year the movie picked up six Academy Awards* (=Oskarów), *including best actor and best screenplay. | The script is original and funny.* **2** *(możliwość)* scenario: *I find that scenario difficult to imagine.* | **najczarniejszy scenariusz** worst-case/nightmare scenario —**scenarzyst-a/ka** *n* screenwriter, scriptwriter

sceneria *n* setting: *a romantic setting | in a beautiful setting*

sceniczny *adj* stage: **adaptacja sceniczna** stage version | **szept sceniczny** stage whisper

scenka *n* sketch: *a comic/comedy sketch*

scenografia *n* set/stage design: *The set design was superb* (=wspaniała). —**scenograf/ka** *n* set/stage designer

scentralizować *v* centralize, centralise *BrE*: *an attempt* (=próba) *to centralize the economy*

scepty-k/czka *n* sceptic: *A lot of my friends believe in astrology, but I'm a sceptic myself.* —**sceptyczny** *adj* sceptical: *I'm sceptical about Jonathan's chances of success.* —**sceptycznie** *adv* sceptically —**sceptycyzm** *n* scepticism

schab *n* loin of pork

schabowy *n* **(kotlet) schabowy** pork chop

scharakteryzować *v* characterize, characterise *BrE*: *The current state of Anglo-French relations is best characterized as 'cautious cooperation'.*

schemat *n* **1** *(rysunek)* diagram: *a diagram of the building's heating system* **2** *(wydarzeń, zachowań)* pattern: *a phenomenon that didn't fit the expected pattern*

schematyczny *adj* **1** *(rysunek itp.)* schematic: *a schematic outline/diagram/map* **2** *(do przewidzenia)* predictable: *The ending of the film was so predictable.* —**schematycznie** *adv* schematically: *The process is represented schematically in figure 1.*

schizofrenia *n* schizophrenia: *a victim of schizophrenia* —**schizofreni-k/czka** *n* schizophrenic —**schizofreniczny** *adj* schizophrenic

schlebiać *v* flatter: *I know I'm not beautiful, so don't try to flatter me!*

schludny *adj* neat, tidy, trim: *rows of white houses with neat little lawns* —**schludnie** *adv* neatly, tidily: *neatly dressed*

schłodzić *v* chill: *Chill the champagne in a bucket of ice.* —**schłodzony** *adj* chilled: *Serve the melon chilled.*

schnąć *v* →patrz WYSCHNĄĆ

schodki *n* stairs, steps: **wchodzić po schodkach** walk/go up the stairs/steps: *I walked up the steps to the front door.*

schodowy *adj* **klatka schodowa** staircase

schody *n* **1** stairs: **wchodzić po schodach** walk/go up the stairs: *The elevator* (=winda) *didn't seem to be working, so we walked up the stairs.* | **schodzić po schodach** walk/go down the stairs: *He went down the stairs too quickly and fell.* **2 schody ruchome** escalator: *Let's go up the escalator. | We took the escalator to the first floor of the store.*

schodzić *v* **1** *(iść w dół)* go/come down, descend: *Who's going down first?* **2** *(łuszczyć się)* come/peel off: *Paint is*

coming off the wall in places. **3** *(dawać się usunąć)* come off: *Coffee stains don't come off easily.* →patrz też ZEJŚĆ, →patrz też **schodzić na psy** (PIES)
schodzić się *v* **1** *(ludzie)* gather (together): *On Fridays the men gathered together at the mosque* (=w meczecie). **2** *(drogi)* meet (up): *The two roads meet just north of Flagstaff.* | *The path eventually meets up with the main road.* **3** →patrz też ZEJŚĆ SIĘ

schorowany *adj* ailing: *aged or ailing parents*

schorzenie *n* disorder: *a rare blood disorder* | *mental disorders*

schować *v* **1** *(ukryć)* hide: *Susan tried to hide the letter but I could see it poking out* (=widziałem, jak wystaje) *of her pocket.* **2** *(odłożyć na miejsce)* put away: *You must put away your toys before you go to bed.* →patrz też CHOWAĆ
schować się *v* hide: *A fox could hide in the woods after dark, but our dogs would smell it out.*

schowek *n* **1** *(na bagaż)* compartment: *a luggage compartment* **2** *(w samochodzie)* glove compartment **3** *(komórka)* cubby hole

schron *n* shelter, bunker: *a bomb shelter* | *an air-raid* (=przeciwlotniczy) *shelter*

schronić się *v* take shelter: *When the bombing started, we took shelter in the basement.*

schronienie *n* shelter, haven, refuge: *The walls provide a shelter from the damaging north winds.* | *a haven for refugees* | *a refuge from the storm*

schronisko *n* **1** *(turystyczne)* hostel: **schronisko młodzieżowe** youth hostel THESAURUS HOTEL **2** *(górskie)* hut **3 schronisko dla psów** kennels

schudnąć *v* lose weight: *She's been trying to lose weight for months.*

schwytać *v* capture: *They managed to capture a young elephant.* —**schwytanie** *n* capture: *The two soldiers somehow managed to avoid capture.*

schylić się *v* bend down/over, stoop: *I bent down to tie my shoelaces.*

schyłek *n* **1** twilight: *the twilight of her acting career* **2 schyłek życia** twilight years

scyzoryk *n* penknife, pocket knife

seans *n* **1** *(filmowy)* show, screening: *The director* (=reżyser) *answered questions following the 7:30 screening.* **2 seans spirytystyczny** seance: *Helen was a medium, and once a month she held a seance in her house.*

sedan *n* saloon *BrE*, sedan *AmE*: *a family/four-door saloon*

sedno *n* **sedno czegoś** the root/crux/substance of sth: **sedno sprawy/problemu** the heart of the matter/problem

segment *n* **1** *(regał)* unit **2** *(w szeregowcu)* town house, row home

segregacja *n* segregation: *racial segregation*

segregator *n* **1** *(teczka)* file **2** *(szafka)* filing/file *AmE* cabinet

segregować *v* sort: *We sort the eggs according to size.*

sejf *n* safe: *He locked the money in a safe.*

sejm *n* the Sejm: *The party presented a petition to the Sejm demanding equal indexation for all.* —**sejmowy** *adj* Sejm: *a Sejm committee*

sejsmiczny *adj* seismic: *an increase in seismic activity*

sekator *n* (pair of) shears: *a pair of garden shears*

sekcja *n* **1** *(część, oddział)* section: *the rhythm section* **2 sekcja zwłok** autopsy, post-mortem: *The post-mortem revealed* (=ujawniła) *that Mills had been strangled* (=został uduszony).

sekret *n* **1** secret: *Can you keep* (=dochować) *a secret?* **2 w sekrecie** in secret: *Their meetings were held in secret at dead of night* (=w środku nocy).

sekretariat *n* secretary's office

sekretarka *n* **1** secretary: *Julie works as a secretary in a lawyer's office.* **2 automatyczna sekretarka** answering machine

sekretarz *n* **1** secretary, administrative assistant **2 sekretarz stanu/obrony** Secretary of State/Defense

sekretarzyk *n* bureau

sekretny *adj* secret: *a secret plan*

seks *n* sex: *safe/unprotected sex* | *an obsession with sex* | **seks małżeński/przedmałżeński/pozamałżeński** marital/premarital/extramarital sex | **uprawiać (z kimś) seks** have sex (with sb)

seksizm *n* sexism —**seksist-a/ka** *n* sexist —**seksistowski** *adj* sexist

seksowny *adj* sexy: *sexy underwear* | *a sexy girl/woman*

seksualny *adj* sexual: *sexual fantasies/behaviour/practices* —**seksualnie** *adv* sexually: *sexually attractive* | *She had been sexually harassed* (=molestowana) *at work.* —**seksualność** *n* sexuality

sekta *n* sect: *a religious sect*

sektor *n* sector: *the public/private sector*

sekunda *n* **1** *(jednostka czasu)* second: *a speed of 30 km per second* **2** *(chwileczka)* second: *Can I interrupt for a second?* | **sekundę!** just a second! →patrz też **ułamek sekundy** (UŁAMEK)

selekcja *n* selection: *natural selection* | *The first week of the trial* (=procesu) *was taken up with jury selection* (=zajęła selekcja ławników).

selektywny *adj* selective: *Companies are becoming more selective about the TV shows they sponsor.*

seler *n* **1** *(naciowy)* celery: *a stick of celery* **2** *(korzeniowy)* celeriac

semafor *n* *(railway)* signal

semestr *n* term *BrE*, semester *AmE*: *at the beginning/end of term* | *We're doing a course on Spanish history next semester.*

UWAGA: term i semester

Rok szkolny i akademicki w Wielkiej Brytanii dzieli się na trzy trymestry (**terms**): *the summer/winter/spring term.* Tak więc jedynie **semester**, używany w angielszczyźnie amerykańskiej, jest dokładnym odpowiednikiem polskiego „semestr".

semicki *adj* Semitic: *the Semitic languages*

seminarium *n* **1** *(zajęcia na uniwersytecie)* seminar: *to teach/attend a seminar* | *Every week we have a seminar on modern political theory.* **2** *(duchowne)* seminary

sen *n* **1** *(spanie)* sleep: *The alarm clock woke Eileen from a deep sleep.* | **we śnie** in your sleep: *She sometimes talks in her sleep.* **2** *(marzenie senne)* dream: *I had a really strange dream last night.* **3 mieć lekki/mocny sen** be a light/heavy sleeper **4 sen zimowy** (winter) hibernation: **zapadać w sen zimowy** hibernate

S

senacki *adj* senate: *a senate committee*

Senat *n* the Senate: *The Senate is voting on a proposed constitutional amendment* (=poprawką).

senator *n* senator: *He became senator two years later.* | *Senator Blake*

senior/ka *n* senior: *Many seniors have very active lives.*

senny *adj* sleepy, drowsy: *a sleepy little town* | *a sleepy child* | *I always feel drowsy early in the morning.* THESAURUS TIRED —**sennie** *adv* sleepily, drowsily: *She looked around sleepily.* —**senność** *n* drowsiness, sleepiness: *The drug* (=lek) *can cause drowsiness.*

sens *n* **1** *(cel)* point: *I can't see the point of waiting any longer.* | *What's the point of taking the exam if you know you're going to fail?* | **nie ma sensu robić czegoś** there's no point (in) doing sth: *There's no point in waiting.* | *There's no point trying to do the impossible.* **2** *(znaczenie)* sense, meaning: *I'm using the word 'family' in its broadest sense.* **3 coś ma sens** sth makes sense: *Read this and tell me if it makes sense.* **4 w pewnym sensie** in a sense, in a way, in some ways: *In a sense, I think he likes being responsible for everything.* | *In a way, I'm glad it's all over.*

sensacja *n* **1** sensation: *The opera caused a sensation in Moscow.* **2 sensacje** *(dolegliwości)* trouble: *stomach trouble*

sensacyjny *adj* sensational: *sensational news* | *a sensational story*

S

sensowny *adj* **1** *(rozsądny)* reasonable, sensible: *a reasonable man/idea* **2** *(znaczący)* meaningful: *meaningful data* —**sensownie** *adv* reasonably, sensibly: *a reasonably priced hotel*

sentencja *n* maxim, saying: *a universal maxim*

UWAGA: sentencja i sentence

Angielski rzeczownik **sentence** nie oznacza „sentencji", tylko „zdanie" (jako pojęcie gramatyczne) lub „wyrok".

sentyment *n* sentiment: *There's no room for sentiment in business.*

sentymentalny *adj* sentimental: *a sentimental poem/song* —**sentymentalizm** *n* sentimentality

separacja *n* separation: **żyć/być w separacji** be separated: *Her parents are separated.* THESAURUS MARRIED

seplenić *v* lisp, speak with a lisp: *As a child she used to lisp but she has no problem speaking now.* —**seplenienie** *n* lisp: *Speech therapy helped correct her lisp.*

ser *n* cheese: **ser biały/żółty** cottage/hard cheese | **chleb z serem** cheese sandwich

Serbia *n* Serbia —**Serb/ka** *n* Serb —**serbski** *adj* Serbian, Serb

serce *n* **1** *(narząd)* heart: *He's got a weak heart.* | *heart surgery* | **zawał serca** heart attack | **choroby serca** heart disease: *Smoking is a major cause of heart disease.* | **zatrzymanie akcji serca** cardiac arrest **2** *(najważniejsza część)* heart: *the heart of the city* **3 coś leży komuś na sercu** sb feels strongly about sth: *Rick feels strongly about animal rights.* **4 mieć miękkie serce** be soft-hearted **5 mieć złamane serce** be broken-hearted **6 nie mieć serca czegoś zrobić** not have the heart to do sth: *I didn't have the heart to tell her the truth.* **7 (płynący) z głębi serca** heartfelt: *a heartfelt apology* | *heartfelt sympathy* (=współczucie) **8 rozdzierający serce** heartbreaking: *heartbreaking memories/pictures* **9 w głębi serca** (deep down) in your heart: *I knew in my heart that we could not win.* | *She still loved him, deep down in her heart.* **10 z całego serca** with all your heart, wholeheartedly: *She wished with all her heart that she had never met him.* **11 z ciężkim sercem** with a heavy heart

sercowy *adj* **1 sprawy sercowe** love life **2 mięsień sercowy** heart muscle

serdeczny *adj* warm, warm-hearted: *a warm welcome/smile/gesture* —**serdecznie** *adv* warmly: *We were warmly welcomed by the villagers.* —**serdeczność** *n* warmth

serduszko *n* heart

serek *n* cheese

serenada *n* serenade

seria *n* series: *a series of articles/studies/strikes*

serial *n* series, serial: *a television/comedy series* | *a six-part serial* THESAURUS PROGRAMME

serio *adv* **1** seriously: *Seriously though* (=a tak serio), *I really think Toby likes you!* **2 (na) serio?** really?, seriously?, are you serious? **3 brać/traktować kogoś/coś (na) serio** take sb/sth seriously: *At first I didn't take Arnold's threat seriously.*

sernik *n* cheesecake: *a slice of cheesecake*

serpentyna *n* **1** *(ozdoba)* streamer **2** *(droga)* hairpin bend

serw *n* serve: *That was a brilliant serve!*

serwer *n* server: *a network server* | *All important data is stored* (=są przechowywane) *on a central server.*

serwetka *n* napkin, serviette *BrE*: *Pierre pressed the napkin to his mouth.*

serwis *n* **1** *(obsługa)* service: *after-sales service* **2 serwis informacyjny** news bulletin: *an hourly news bulletin* **3** *(do kawy itp.)* set: *a beautiful set of tea cups* **4** *(w tenisie itp.)* serve: *That was a brilliant serve!* **5 serwis społecznościowy** social networking (web)site

serwować *v* **1** *(w tenisie itp.)* serve **2** *(posiłki, potrawy)* serve: *We serve meals 24 hours a day, seven days a week.*

seryjny *adj* **1** *(wyrób)* mass-produced **2 numer seryjny** serial number **3 seryjny zabójca** serial killer

sesja *n* **1** session: *a recording session* | *a plenary session* **2 sesja egzaminacyjna** examination period **3 sesja zdjęciowa** (photo) shoot

set *n* set: *Chang went down to* (=uległ) *Sampras in the third set.*

setka *n* **1** hundred: *Over a hundred people have signed the petition.* **2 setki** hundreds: *hundreds of people/homes*

setny *adj* **1** hundredth: *It's my great-grandmother's hundredth birthday tomorrow.* **2 jedna setna** one hundredth **3 setna rocznica** centenary: *a concert to mark the centenary of the composer's birth*

sezon *n* season: *the holiday/football season* | *the Christmas shopping season* —**sezonowy** *adj* seasonal: *seasonal workers/jobs*

sędzia *n* **1** *(w sądzie)* judge: *Judge Richter is presiding* (=przewodniczy) *in the Poindexter case.* **2 a)** *(w piłce nożnej, boksie, zapasach)* referee: *The referee ordered three players off the field* (=usunął trzech zawodników z boiska). **b)** *(w tenisie, baseballu, krykiecie)* umpire **3** *(w konkursie)* judge, juror: *Festival judges awarded 'Victims' the prize for the best feature film.* **4 sędzia liniowy** linesman THESAURUS REFEREE

sędzina *n* judge

sędziować *v* **a)** *(w piłce nożnej, boksie, zapasach)* referee: *He refereed last year's World Cup final.* **b)** *(w tenisie, baseballu, krykiecie)* umpire

sędziwy *adj* **1** *(człowiek)* aged: *aged grandmothers* **2 dożyć sędziwego wieku** live to a ripe old age

sęk *n* **1 sęk w tym, że ...** the problem is that ... **2 w tym sęk!** there's the rub! **3** *(w drewnie)* knot **—sękaty** *adj* gnarled: *a gnarled branch*

sęp *n* vulture

sfabrykować *v* fabricate: *Branson later admitted that he had fabricated the whole story.*

sfałszować *v* **1** *(podpis, czek)* forge, fake: *Someone stole my credit card and forged my signature.* | *He faked his father's signature on the cheque.* **2** *(rachunek, dokument)* falsify **3** *(wyniki, wybory)* rig, fix: *They claimed the election had been rigged.* →patrz też FAŁSZOWAĆ **—sfałszowany** *adj* forged: *a forged passport*

sfatygowany *adj* shabby, tatty: *a shabby hat/suit* | *tatty old chairs*

sfaulować *v* foul: *An Everton player had been fouled in the penalty area* (=w polu karnym).

sfera *n* **1** *(dziedzina)* sphere, domain: *He works in the sphere of international banking.* **2** *(kula)* sphere: *The Earth is a sphere.* **—sferyczny** *adj* spherical: *spherical in shape*

sfilmować *v* shoot, film: *They had to shoot the scene again.*

sfinalizować *v* finalize, finalise *BrE*: *to finalize the deal*

sfinansować *v* finance, fund: *She gave swimming lessons to finance her stay in Australia.* →patrz też FINANSOWAĆ

sfinks *n* sphinx

sflaczały *adj* flabby: *flabby arms* | *a flabby body*

sfora *n* pack: *a pack of dogs*

sformalizować *v* formalize, formalise *BrE*: *Final arrangements have yet to be formalized.*

sformatować *v* format: *Blank disks* (=czyste dyskietki) *must be formatted before they can be used in a computer.*

sformułować *v* phrase, word, formulate: *a politely-phrased refusal* (=uprzejmie sformułowana odmowa) | *He worded his request very carefully.* | *She paused, trying to formulate an answer that would satisfy them.* **—sformułowanie** *n* wording: *the wording of the proposal/contract*

sforsować *v* force (open): *Firefighters had to force the door.* | *Thieves forced open the kitchen window.*

sfotografować *v* photograph, take a picture of: *Ruskin refused to be photographed for the article.* | *Dad took a picture of us standing by the fire.* →patrz też FOTOGRAFOWAĆ

sfrustrowany *adj* frustrated: *She felt frustrated.*

show *n* show: *a talk show* | *a political show* THESAURUS PROGRAMME

siać *v* **1** sow: *We sow the corn in the early spring.* **2 siać panikę/zamęt/pesymizm** spread panic/confusion/pessimism →patrz też ZASIAĆ

siad[1] *interj* sit: *Sit! Fido, sit!*

siad[2] *n* sitting position

siadać *v* **1** *(na krześle itp.)* sit down: *Please sit down.* | *to sit down to lunch/dinner* **2** *(samolot)* touch down **3** *(zapadać się)* subside: *After the heavy rains, part of the road subsided.* **4** *(psuć się, zamierać)* die: *I think the battery's dying.* →patrz też USIĄŚĆ, ZASIĄŚĆ

siak *adv* **tak czy siak** either way: *Either way, you'll have to visit them soon.*

siano *n* **1** hay **2 jak szukanie igły w stogu siana** like looking for a needle in a haystack

siarka *n* sulphur *BrE*, sulfur *AmE*

siatka *n* **1** *(bramki, na motyle itp.)* net: *The ball went into the back of the net.* **2** *(materiał)* netting, *(gęsta)* mesh: *Wire mesh covered all the windows to keep out flies.* **3** *(na zakupy)* (shopping) bag **4** *(dróg, linii)* grid, network: *a transport network* **5** *(przestępcza)* network: *a shadowy network of terrorist groups* **6** *(siatkówka)* volleyball

siatka-rz/rka *n* volleyball player

siatkówka *n* **1** *(gra)* volleyball: *Do you play volleyball?* **2** *(część oka)* retina

siąść *v* →patrz SIADAĆ, USIĄŚĆ, ZASIĄŚĆ

sidła *n* snare: *A hare* (=zając) *had been caught in a snare.*

siebie *pron* **1** *(samego)* yourself: **mówić do siebie** speak to yourself: *He often speaks to himself.* | **mów za siebie!** speak for yourself! | **zadowolony z siebie** pleased with yourself: *She was looking very pleased with herself.* **2** *(nawzajem)* each other, one another: *Then both sides start trying to lay the blame on each other!* | **do/dla siebie** to each other/one another: *The two men took an instant dislike to one another* (=z miejsca zapałali do siebie niechęcią). | *Children can be very cruel to each other.* **3 u siebie (w domu)** at home: **czuj się jak u siebie w domu** make yourself at home **4 obok siebie** side by side: *Max and Kate sat side by side, their shoulders touching.* **5 przed siebie** straight ahead: *She kept staring straight ahead.* →patrz też **dojść do siebie** (DOJŚĆ), **wziąć coś do siebie** (WZIĄĆ), **wziąć coś na siebie** (WZIĄĆ), →patrz też SIĘ

sieć *n* **1** *(Internet)* the Net, the Web: *access to the Net* | **w sieci** online: *They met online.* **2** *(komputerowa, telewizyjna, kolejowa)* network: *a computer network* | *three big TV networks* | *a network of roads/canals* | *a rail network* **3** *(rybacka)* net: *a fishing net* **4** *(sklepów itp.)* chain, network: *a chain of restaurants* | *a supermarket chain* | *a network of drugstores* **5 sieć energetyczna** (power) grid: *the national grid* **6** *(pajęcza)* web: *A spider had spun* (=rozpiął) *its web across the door.* **7 sieć intryg/oszustw itp.** a web of intrigue/deceit etc

siedem *num* seven

siedemdziesiąt *num* seventy: **siedemdziesiąt jeden** seventy-one

siedemdziesiąty *num* **1** seventieth **2 lata siedemdziesiąte** the (nineteen) seventies

siedemnastoletni *num* **1** *(człowiek)* seventeen-year-old **2** *(okres)* seventeen-year

siedemnasty *num* **1** seventeenth **2 (godzina) siedemnasta** five (o'clock), five am/pm

siedemnaście *num* seventeen

siedemset *num* seven hundred: **siedemset cztery/dwadzieścia itp.** seven hundred (and) four/twenty etc

siedlisko *n* **siedlisko zła/rozpusty itp.** a hotbed of vice/depravity etc

siedmioletni *adj* **1** *(dziecko, zwierzę, samochód)* seven-year-old: *a seven-year-old boy* **2** *(okres)* seven-year: *a seven-year period* **—siedmiolat-ek/ka** *n* seven-year-old: *clever seven-year-olds*

siedzący *adj* **1** sitting: *a sitting position* **2 siedzący tryb życia** sedentary lifestyle

siedzenie *n* **1** *(w samochodzie itp.)* seat: **przednie/tylne siedzenie** front/back seat: *Put your suitcase on the back seat.* **2** *(pupa)* seat

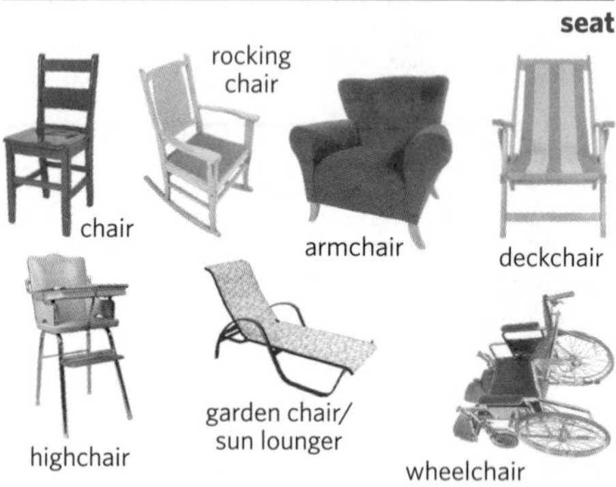

siedziba *n* **1 siedziba rządu/parlamentu itp.** seat of government/parliament etc: *Washington is the seat of government of the US.* | *Strasbourg is not only the seat of the European Parliament, but also of the Council of Europe.* **2** *(budynek)* headquarters: *The local government has its headquarters in the ugliest building in the city.* **3 mieć siedzibę w ...** be based in ...: *The toy company is based in Trenton, New Jersey.* | **z siedzibą w ...** based in ...: *a law firm based in Denver*

S

siedzieć *v* **1** *(człowiek)* sit, be seated: *The kids should sit in the back seat.* | *Paul was seated at the head of the table with his wife next to him.* | **siedzieć przy stole/biurku** sit at a table/desk: *Harry sat at his desk and stared out of the window.* | **siedzieć po turecku** sit cross-legged | **siedzieć spokojnie** sit still **2** *(zwierzę)* sit: *The cat likes to sit on the wall* (=na murku) *outside the kitchen.* **3** *(nic nie robić)* sit (around): *Gary seems content to sit at home and watch TV all day.* **4** *(drugi rok w tej samej klasie)* repeat (a year): *Will my child have to repeat a year?* **5** *(w więzieniu)* do time: *Greg had done time for stealing cars.* **6 siedzieć nad czymś** *(pracować)* be working on sth: *She is working on a new novel.* **7 siedzieć w czymś** *(znać się na czymś)* be an expert on/in/at sth

siekać *v* chop: *a little gadget that lets you chop vegetables into attractive shapes* THESAURUS CUT →patrz też POSIEKAĆ

siekiera *n* axe *BrE*, ax *AmE*

sielanka *n* idyll, bed of roses: *Life isn't always a bed of roses, you know.* —**sielankowy** *adj* idyllic

sienny *adj* **katar sienny** hay fever

sierociniec *n* orphanage: *He was raised in a Catholic orphanage.*

sierota *n* orphan: *Leila was an orphan.*

sierp *n* **1** *(narzędzie)* sickle: *The hammer and sickle is the emblem of the Communist Party.* **2** *(księżyca)* crescent

sierpień *n* August: **w sierpniu** in August —**sierpniowy** *adj* August: *an August festival*

sierpowy *n* hook: **lewy/prawy sierpowy** left/right hook: *Tyson landed a powerful left hook on Douglas' chin.*

sierść *n* fur, coat, hair: *The dog has a shiny coat.*

sierżant *n* sergeant: *Report back to me in an hour, sergeant.* | *Sergeant James*

się *pron* **1** *(siebie samego)* yourself: *I locked myself in a toilet and couldn't get out.* | *Mother Teresa devoted herself to caring for the poor.* **2** *(nawzajem)* each other, one another: *They love each other.* | *Gina and Sally have known each other for years.* **3** *(w formach bezosobowych)* **na południu uprawia się ryż** rice is grown in the south | **jak się pisze Pani nazwisko?** how do you spell your name? | **mówi się, że ...** they say (that) ... →patrz też SIEBIE

> **UWAGA: się**
>
> W przypadku niektórych czasowników zwrotnych wyraz „się" nie ma osobnego odpowiednika w języku angielskim. Mówimy więc: **wash** („umyć się"), **shave** („ogolić się"), **be afraid** („bać się"), **be bored** („nudzić się") itp.

sięgać *v* **1 sięgać po coś** *(ręką)* reach for sth: *I reached for the salt.* | *Kelly reached for the gun.* **2** *(dosięgać)* reach: *Will the ladder reach the roof?* | **woda sięgała (mi) do kolan** the water reached up to my knees, the water was knee-deep **3** *(osiągać)* reach: *Unemployment could reach 20 per cent.* **4 sięgać do czegoś** *(do encyklopedii itp.)* consult sth: *I often consult a dictionary.* **5 jak okiem sięgnąć** as far as the eye can/could see: *Mountains receded into the distance as far as the eye could see.* →patrz też DOSIĘGNĄĆ, OSIĄGAĆ

sikać *v* **1** *(oddawać mocz)* piss: *Six men were arrested after they were caught pissing in an officer's patrol car.* **2** *(tryskać)* squirt: *Blood squirted from the wound.*

sikor(k)a *n* tit

silnie *adv* **1** *(nacisnąć, uderzyć itp.)* hard: *Hit the ball as hard as you can.* **2** *(pachnieć)* strongly: *His breath smelled strongly of garlic.*

silnik *n* **1** *(spalinowy, parowy)* engine: *a car/jet engine* | *a 2-litre four-cylinder engine* **2** *(elektryczny)* motor: *The lawnmower is powered by a small motor.*

silnikowy *adj* **1 olej silnikowy** motor oil **2 pojazd silnikowy** motorized vehicle, engine-powered vehicle

silny *adj* strong, powerful: *strong winds* | *strong opposition/support/leadership* | *a strong position/influence* | *a strong smell/taste* | *a powerful drug* | *a powerful engine/car* | *powerful jaws*

silos *n* silo

siła *n* **1** *(fizyczna)* strength: *These exercises develop muscle strength.* | **z całej siły** with all your strength: *Diana pulled on the rope with all her strength.* **2** *(potęga)* power: *the power of the mind/media/press* **3** *(uczuć, argumentów)* strength, power: *strength of character* | *We were stunned by the power of his speech.* **4** *(przymus fizyczny)* force: *the use of force* | **siłą** by force: *They will seize power* (=przejmą władzę) *by force if negotiations break down.* **5** *(intensywność)* strength: *the strength of the beam of light* | **przybrać na sile** gain in strength: *Religious fundamentalism has gained in strength all over the globe.* **6 siły** *(wytrzymałość)* strength: *The illness sapped* (=nadwątliła) *her strength.* **7 nie czuć się na siłach, żeby coś zrobić** can't face doing sth: *I can't face going there and telling her about it.* **8 siły** *(wojska)* forces: *allied/government/rebel forces* | **siły zbrojne** the armed forces, the military **9 połączyć siły** join/combine forces, team up: *The Nationalists joined forces with the Communists.* **10 rozkład sił** balance of power **11 siła napędowa (czegoś)** driving force (behind sth): *Mandela was the driving force behind* *the changes.* **12 siła woli** willpower: *It takes a lot of willpower to give up smoking.* **13 siła robocza** manpower, labour *BrE*, labor *AmE*: *a lack of trained manpower | cheap labour* **14 siła przebicia** clout: *Doctors have considerably more political clout than teachers.* **15 siłą rzeczy** necessarily, naturally: *Testing criteria are necessarily subjective. | My thoughts naturally centred on the difficult task at hand.*

siłownia *n* gym: *Sue works out in the gym twice a week.*

siłowy *adj* **1 rozwiązanie siłowe** use of force: *In his speech the president hinted at the possible use of force.* **2 ćwiczenia siłowe** weight lifting/training: *Weight lifting will strengthen your arm muscles.*

singiel *n* **1** *(płyta)* single: *The new CD is a compilation of David Bowie's hit singles.* **2** *(w tenisie)* singles: *men's/women's singles* **3 single** [pl] *(osoby samotne)* singles: *The show is especially popular among young singles.*

siniak *n także* **siniec** bruise: *Sam came home covered in bruises.*

siny *adj* **1 siny z zimna** blue with cold **2** *(posiniaczony)* bruised

siodełko *n (roweru itp.)* seat, saddle: *I always put a plastic bag over my bicycle seat to keep it dry.*

siodło *n* saddle: *I was tired after many hours in the saddle.* **—siodłać** *v* saddle: *We watched a cowboy saddle a horse.*

siorbać *v* slurp: *Stop slurping your soup!*

siostra *n* **1** sister: *Jane's my sister.* | **starsza siostra** elder/older/big sister | **młodsza siostra** younger/little/kid sister | **siostra bliźniaczka** twin sister | **siostra przyrodnia** half-sister, stepsister | **siostra cioteczna/stryjeczna** cousin **2** *(pielęgniarka)* nurse: **siostra oddziałowa** Sister *BrE*: *I'm feeling a bit better today, Sister.* **3** *(zakonnica)* nun, sister: *Sister Frances was a missionary in Nicaragua for 15 years.*

siostrzany *adj* **1** *(uczucia)* sisterly: *sisterly love/affection* **2 siostrzana firma/organizacja itp.** sister company/organization etc

siostrzenica *n* niece

siostrzeniec *n* nephew

siostrzyczka *n* little sister: *Look after your little sister for a moment, will you?*

siódemka *n* **1** *(cyfra, liczba, karta)* seven **2** *(autobus, tramwaj, dom, pokój)* number seven: *Take the number seven* (=wsiądź w siódemkę) *and get off at the third stop. | Who lives at number seven* (=pod siódemką)*?*

siódmy *num* seventh →patrz też **w siódmym niebie** (NIEBO)

Sir *n (tytuł szlachecki)* Sir: *Sir Ronald Smith*

sitko *n* strainer: *a sink strainer | a tea strainer*

sito *n* sieve

sitowie *n* rush

siusiać *v* pee, wee *BrE*: *Our puppy doesn't pee in the house.*

siusiu *n* pee: **zrobić siusiu** have a pee: *Have a pee before we leave.* | **iść siusiu** go for a pee: *I must go for a pee.*

siwieć *v* go grey *BrE*, gray *AmE*: *Jim's beginning to go grey at the temples. | greying hair*

siwizna *n* grey *BrE*, gray *AmE* (hair): *He had streaks* (=pasma) *of grey in his hair.*

siwowłosy *adj* grey-haired *BrE*, gray-haired *AmE*

siwy *adj* grey *BrE*, gray *AmE*: *grey hair*

sjesta *n* siesta

skacowany *adj* hung over: *I'm hung over and tired.*

skafander *n* **1** *(kurtka)* anorak *BrE*, wind breaker *AmE* **2** *(astronauty)* space suit **3** *(nurka)* diving suit

skakać *v* **1** *(człowiek, zwierzę)* jump, leap: *Don't jump on the couch! | Playful, leaping dolphins can be seen on the wall frescoes. | A man tried to commit suicide by leaping from a Stockton bridge.* THESAURUS JUMP **2 skakać do wody** dive: *I can dive off the top board* (=z najwyższej trampoliny). **3 skakać z radości** jump for joy **4 skakać wokół kogoś** fawn on/over sb: *People were fawning over him, hoping for tickets.* →patrz też SKOCZYĆ, PODSKOCZYĆ, PRZESKOCZYĆ, →patrz też **skakać komuś do gardła** (GARDŁO), **skakać komuś po głowie** (GŁOWA)

skakanka *n* **1** skipping rope *BrE*, jump rope *AmE* **2 skakać przez skakankę** skip *BrE*, jump/skip rope *AmE*

skala *n* **1** *(zakres)* scale: *The scale of the disaster* (=katastrofy) *soon became evident.* | **na masową skalę** on a mass scale: *Advertisers were now selling women's clothing, soaps, and other feminine products on a mass scale.* | **na dużą/małą skalę** *(działać)* on a large/small scale, *(działanie)* large-/small-scale: *a large-scale research project* (=projekt badawczy) | **zakrojony na szeroką skalę** full-scale: *a full-scale investigation* **2** *(miara)* scale: *a scale of 1 inch to the mile | The earthquake measured 3.5 on the Richter scale.* | **w skali od 1 do 10** *(ocena)* on a scale of 1 to 10 | **20 stopni w skali Celsjusza** 20 degrees centigrade

skaleczenie *n* cut: *It's just a small cut.*

skaleczyć *v* cut: *I cut my finger chopping carrots.*

skalisty *adj* **1** rocky: *a rocky coastline/terrain | rocky hills* **2 Góry Skaliste** the Rocky Mountains, the Rockies

skalny *adj* **1** rock: *a rock garden* **2 występ skalny** ledge

skalp *n* scalp

skalpel *n* scalpel: *a surgical/laser scalpel*

skalpować *v* scalp

skała *n* **1** rock: **lita skała** solid rock **2 twardy jak skała** (as) hard as a rock

skałka *n* rock

skałkowy *adj* **wspinaczka skałkowa** rock climbing

skamielina *n* fossil: *plant fossils*

skamieniałość *n* fossil: *fossils of primitive algae* (=glonów)

skamieniały *adj* **1** fossilized, fossilised *BrE*: *fossilized remains of extinct* (=wymarłych) *animals* **2 skamieniały ze strachu** petrified

skandal *n* scandal: *a political/sex scandal | They had already left the country when the scandal broke.*

skandaliczny *adj* scandalous: *scandalous behaviour*

skandować *v* chant: *The crowd chanted his name.* **—skandowanie** *n* chants: *There were chants of "we want more".*

Skandynawia *n* Scandinavia **—skandynawski** *adj* Scandinavian **—Skandynaw/ka** *n* Scandinavian

skaner *n* scanner: **skaner płaski/ręczny/optyczny** flatbed/handheld/optical scanner

skansen *n* heritage park

skapitulować *v* capitulate, give up: *Helen finally capitulated and let her son have a car.*

S

skarb *n* **1** treasure: *buried/hidden treasure* **2 (mój) skarbie** honey *AmE*

skarbiec *n* vault: *a bank vault*

skarbnica *n* treasure house: *a treasure house of knowledge*

skarbni-k/czka *n* treasurer: *party treasurer*

skarbonka *n* piggy bank

skarbowy *adj* **1 Urząd Skarbowy** Inland Revenue *BrE*, Internal Revenue Service *AmE*, the IRS *AmE* **2 bony/obligacje skarbowe** treasury certificates/bonds

skarcić *v* scold: *Her father scolded her for staying out late.*

skarga *n* complaint: *a formal/an official complaint* | *We have received a number of complaints about your conduct* (=w związku z pańskim zachowaniem). | **złożyć skargę (na kogoś/coś)** make/file/lodge a complaint (against sb/sth)

skarpa *n* slope

skarpet(k)a *n* sock: *a pair of socks*

skarżyć *v* **1** *(do sądu)* sue: *At the time, she didn't want to sue the newspaper.* **2 skarżyć na kogoś** tell on sb: *It was mean* (=podłe) *of Jack to tell on his friends.*
skarżyć się *v* **skarżyć się na coś a)** *(narzekać)* complain about sth: *She complained about the food.* **b)** *(cierpieć)* complain of sth: *Many old people complain of loneliness.*

skarżypyta *n* sneak

S

skasować *v* **1** *(plik komputerowy)* delete, erase: *I deleted the whole file by mistake.* **2** *(taśmę, nagranie)* erase: *I accidentally erased the movie.* **3** *(bilet)* punch **4** *(samochód)* write off *BrE*, total *AmE*: *Dinkins totalled his car driving back from work.*

skatalogować *v* catalogue, catalog *AmE*: *Fewer than 85,000 species* (=niespełna 85.000 gatunków) *have been scientifically described and catalogued.*

skaut *n* (Boy) Scout: *He joined the Scouts when he was eleven.*

skaza *n* **1** blemish, flaw, imperfection: *a slight flaw in the glass* **2 bez skazy** flawless: *His technique was flawless.*

skazać *v* **1 skazać kogoś na śmierć/na pięć lat więzienia itp.** sentence sb to death/to five years in prison etc **2 skazać kogoś za morderstwo/kradzież/gwałt itp.** convict sb of murder/theft/rape etc **3 skazać kogoś na coś** *(spowodować)* condemn sb to sth: *The accident condemned her to a lifetime of pain and disability* (=cierpienie i kalectwo do końca życia).

skazaniec *n* convict

skazany *adj* **skazany na coś** doomed/condemned to sth: *This species is doomed to extinction* (=wymarcie). | *people condemned to a lifetime of depression* | **skazany na porażkę/niepowodzenie** doomed to failure: *The relationship was doomed to failure from the first* (=od początku).

skazan-y/a *n* convict

skazić *v* contaminate: *Chemical waste had contaminated the water supply.*

skazywać *v* → patrz SKAZAĆ

skażenie *n* contamination: *radioactive contamination* | *water contamination*

skażony *adj* contaminated: *contaminated water/soil*

skąd[1] *pron* **1** where from: *Where are you from?* | *Where do you come from?* | *Where did you get it from?* | *I can't quite remember where I know her from.* **2 skąd wiesz?** how do you know?

skąd[2] *interj* także **skądże** not at all, nonsense: *"Do you mind if I stay a bit longer?" "Not at all."* | *"I think I look fat in this dress." "Nonsense. You look great!"*

skądinąd *adv* **1** *(poza tym)* otherwise: *a few mistakes in an otherwise excellent piece of work* **2** *(zresztą)* incidentally: *He was offered a pay rise* (=podwyżkę) *of 18% which, incidentally, is double what the rest of us got.* **3** *(z innego miejsca)* from somewhere else, from another/some other place: *He came from somewhere else.*

skądś *pron* from somewhere: *A voice called out for help from somewhere in the distance.*

skądże *interj* → patrz SKĄD[2]

skąpany *adj* **skąpany w słońcu/świetle itp.** bathed in sunlight/light etc: *The beach was bathed in bright sunlight.*

skąpiec *n* miser

skąpo *adv* **1** sparsely: *sparsely furnished/populated* **2 skąpo odziany** scantily clad/dressed

skąpstwo *n* stinginess, miserliness

skąpy *adj* **1** *(człowiek)* stingy, miserly, mean *BrE*, cheap *AmE*: *Jim's too stingy to give money to charity* (=na cele dobroczynne). | *Frank's so cheap he re-uses Christmas wrapping paper.* **2** *(zasoby)* scarce: *scarce resources* **3** *(roślinność)* sparse: *sparse vegetation* **4** *(strój)* scanty: *a scanty bikini* | *scanty clothing*

skecz *n* sketch: *a comedy/comic sketch*

skierować *v* **1** *(człowieka, uwagę)* direct: *A nurse directed us down the hallway to the birthing room* (=na salę porodową). | *For once her sarcasm was not directed at us.* **2** *(pismo, skargę)* address: *You should address your question to the chairman* (=do prezesa). **3** *(kogoś do specjalisty)* refer: *Your family doctor will refer you to a specialist at the eye hospital.* **4 skierować kogoś na badania** send sb for tests: *Your doctor will probably just send you for tests.*
skierować się *v* **skierować się gdzieś/ku czemuś** head/make for sth, make your way toward(s) sth: *They headed for the beach.* | *At last the film finished and we got up and made for the exit.*

skierowanie *n (do specjalisty)* referral

skin *n* skinhead: *a group/gang of skinheads*

skinąć *v* **1 skinąć (głową)** nod (your head): *Ben nodded his head.* **2 skinąć na kogoś** beckon to sb: *The woman beckoned to me to follow her.*

skinhead *n* skinhead: *a group/gang of skinheads*

skinienie *n* **1** nod: *The woman greeted us with a nod of the head.* **2 być na czyjeś każde skinienie** be at sb's beck and call: *He thinks his son-in-law should be at his beck and call all day.*

sklasyfikować *v* classify, categorize, categorise *BrE*: *These cheeses have been classified by flavour and odour.*

sklecić *v* knock up/together: *I'm sure he'll be able to knock up some shelves for us by Friday.*

skleić *v* glue/stick together: *He glued the bits together, each in its right place.* | *Take four toothpicks and four gumdrops* (=weź dwie wykałaczki i cztery żelki). *Stick them together to make a square.*
skleić się *v* be/get stuck together: *Some of the pages had got stuck together and I couldn't separate them.*

sklejka *n* plywood

sklep *n* shop *BrE*, store *AmE*: *a toy/souvenir shop* | **sklep**

spożywczy grocer's *BrE*, grocery store *AmE* —**sklepik** *n* shop

UWAGA: shop i store

Rzeczownik **shop** w znaczeniu „sklep" występuje częściej w angielszczyźnie brytyjskiej, a **store** w amerykańskiej. W angielszczyźnie brytyjskiej **store** pojawia się głównie w prasie i sprawozdaniach gospodarczych, zwłaszcza gdy mowa o bardzo dużych sklepach: *All the big stores are open from 8 am till 8 pm.*

sklepika-rz/rka *n* shopkeeper *BrE*, storekeeper *AmE*

sklepowy *adj* **wystawa/witryna sklepowa** shop *BrE*, store *AmE*: **półki sklepowe** shop *BrE*, store *AmE* shelves

skleroza *n* **mieć sklerozę** forget things (easily)

sklonować *v* clone: *Scientists have successfully cloned a sheep.* —**sklonowanie** *n* cloning

skład *n* **1** *(struktura)* composition, makeup: *the composition of the jury* | *the chemical composition of soil* **2** *(drużyny)* lineup **3** **w pełnym/niepełnym składzie** at full strength/below strength **4** **wchodzić w skład czegoś** be part of sth: *Spanish and Italian are part of the Romance language family.* **5** *(magazyn)* warehouse, storage facility **6** **bez ładu i składu** without rhyme or reason

składać *v* → patrz ZŁOŻYĆ

składać się *v* **1** fold: *I want a push chair* (=szukam spacerówki) *that folds easily and weighs very little.* **2** **składać się z czegoś** consist of sth, be composed of sth, comprise sth: *The exam consists of a written paper and a dictation.* | *Water is composed of hydrogen and oxygen.* | *The house comprises two bedrooms, a kitchen and a living room.* **3** **składać się na coś** constitute sth, make up sth: *the fifty states that constitute the USA* | *the rocks and minerals that make up the earth's outer layer* **4** **tak się (akurat) składa, że ...** it (just) so happens that ..., as it happens, ...: *Now, it just so happens that he had been* (=chodził) *to the same school as me.*

składak *n* folding bike

składanka *n* compilation, medley: *a compilation of love songs* | *a medley of popular Christmas carols*

składany *adj* folding, collapsible: *a folding chair/bed/table* | *a collapsible bicycle*

składka *n* **1** *(członkowska itp.)* fee: *a membership fee of $50* | *We pay the fee yearly.* | **składki** dues: *All the union members have already paid their dues.* **2** *(ubezpieczeniowa)* premium: *We pay over $1200 in annual car insurance premiums.*

składnia *n* syntax

składnica *n* storeroom

składnik *n* ingredient, constituent: *The basic ingredients of this cake are eggs, flour, and butter.* | *all the ingredients of a good romantic novel* | *the constituents of gunpowder*

składować *v* store: *The warehouse* (=magazyn) *is being used to store food and clothes for the refugees* (=uchodźców).

składowy *adj* **element składowy/część składowa** constituent (element/part): *Western Christianity remains the main constituent element in European thought.*

skłamać *v* lie, tell a lie: *How could you have lied like that?* | *I have never told a lie in my entire life.* → patrz też KŁAMAĆ

skłaniać *v* → patrz SKŁONIĆ

skłaniać się *v* **skłaniać się ku czemuś/do czegoś** incline/lean toward(s) (doing) sth: *I'm leaning toward taking the job in Miami.*

skłon *n* (forward) bend

skłonić *v* **skłonić kogoś do czegoś** persuade sb to do sth: *I persuaded Tom to lend me his car.*

skłonność *n* **1** inclination, tendency, leaning: *an inclination to see everything in political terms* **2** **mieć skłonności do czegoś** be inclined to do sth: *She's inclined to tell lies.*

skłonny *adj* **1** **być skłonnym coś zrobić** be willing to do sth: *I'm willing to make compromises.* **2** **być skłonnym zgodzić się/uwierzyć itp.** be inclined to agree/believe etc.: *I'm inclined to agree with you.*

skłócić *v* divide: *The choice of a new rabbi has divided the entire congregation.* —**skłócony** *adj* divided: *The government seems hopelessly divided and is unlikely to survive much longer.*

sknera *n* miser, scrooge

skoczek *n* **1** *(sportowiec)* jumper: *a high/long/ski jumper* **2** *(w szachach)* knight

skocznia *n* **skocznia narciarska** ski jump

skoczny *adj (rytm, piosenka)* lively

skoczyć *v* **1** *(po zakupy itp.)* pop/nip out: *I need to nip out to the shops.* THESAURUS JUMP **2** *(cena, kurs itp.)* jump, leap: *ICA's profits jumped to £20 million last year.* | *The price of gas leapt 15% overnight* (=z dnia na dzień). | **gwałtownie skoczyć w górę** soar, rocket (up): *Interest rates* (=stopy) *have rocketed as credit has become scarce.* → patrz też SKAKAĆ

skojarzenie *n* association: *Los Angeles has happy associations for me.* | *a word-association game*

skojarzyć *v* → patrz KOJARZYĆ

skok *n* **1** jump, leap: *Somehow he survived the jump from the third floor of the building.* | *Bill cleared the ditch* (=przeskoczył rów) *with a single leap.* **2** *(w sporcie)* jump: *a jump of 6 metres* | **skok wzwyż/w dal** high/long jump | **skok o tyczce** pole vault | **skoki narciarskie/ze spadochronem** ski/parachute jumping | **skok do wody** dive | **skoki na bungee** bungee jumping **3** *(nagły wzrost)* jump, leap, surge: *a jump in inflation rates* **4** *(napad)* robbery: *bank robbery*

skolonizować *v* colonize, colonise *BrE*: *Australia was colonized in the 18th century.*

skomentować *v* comment on, make a comment on/about: *The President would not* (=nie chciał) *comment on the allegations* (=oskarżeń). | *The police chief made no comment about the attack.*

skomercjalizowany *adj* commercialized, commercialised *BrE*: *Christmas is getting so commercialized.*

skomleć *v* whimper

skompletować *v* put together: *Police officers have put together a detailed description of the man they want to interview.*

skomplikować *v* complicate: *The continued fighting has complicated the peace negotiations.*

skomplikowany *adj* complicated, complex, sophisticated: *The instructions are too complicated.* | *It's such a complicated film.* | *highly sophisticated weapons systems* THESAURUS DIFFICULT

skomponować *v* compose: *Mozart composed his first symphony when he was still a child.*

skompromitować *v* discredit, disgrace: *It was all part of*

S

a devious plot to discredit the President. | *How could you disgrace us all like that?*
skompromitować się *v* disgrace yourself, bring discredit on yourself, compromise yourself: *Well, I'm not the one who disgraced herself at a friend's wedding.* | *Through your selfishness, you have brought discredit on yourself and your whole family.* | *Watson has compromised herself by accepting lobbyists' money for her election campaign.*

UWAGA: skompromitować się

Zwrotu **compromise yourself** używa się zwykle w odniesieniu do polityków lub innych osób publicznych, które skompromitowały się zachowaniem nie licującym z pełnioną funkcją. Pozostałe dwa zwroty podane wyżej mają ogólniejsze zastosowanie.

skomputeryzować *v* computerize, computerise *BrE*: *They have decided to computerize the accounts department.*

skomputeryzowany *adj* computerized, computerised *BrE*: *a computerized system/process*

skoncentrować *v* **skoncentrować coś na czymś** concentrate/focus sth on sth: *Lewis decided to concentrate his efforts on winning the World Heavyweight title.* | *He will have to concentrate his mind* (=uwagę) *on the job we're doing now.* | *Let's focus our discussion on the larger issues* (=na ważniejszych kwestiach) *first.* —**skoncentrowany** *adj* concentrated: *concentrated orange juice* | *concentrated effort*
skoncentrować się *v* concentrate: *I can't concentrate with him standing over me like that.* | **+na czymś** on sth: *Concentrate on your work.* →patrz też KONCENTROWAĆ SIĘ

skondensowany *adj* condensed: *condensed milk*

skonfiskować *v* confiscate: *Police confiscated a large number of weapons.*

skonfrontować *v* compare: *The pair got together in Paris to compare notes* (=wyniki) *on current research.*

skonsolidować *v* consolidate

skonstatować *v* note: *A police spokesman noted that Miller had no previous criminal record.*

skonsternowany *adj* nonplussed: *I was quite nonplussed at his news.*

skonstruować *v* **1** *(urządzenie)* construct: *It cost $7,500 to construct the machine.* **2** *(zdanie, wypowiedź, program)* construct, structure: *attempts to construct a programme that will meet the educational needs of every child* | *Students learn how to structure their essays.*

skonsultować *v* **skonsultować coś z kimś** discuss sth with sb: *I'll have to discuss this with my superiors* (=z przełożonymi).
skonsultować się *v* **skonsultować się z kimś** consult sb: *I can't believe you sold the car without consulting me!* | *The president decided to consult his military advisers* (=doradcami) *about the likelihood of an attack.*

skonsumować *v* consume: *Vast* (=ogromne) *quantities of food and drink were consumed at the wedding.*

skontaktować *v* **skontaktować kogoś z kimś** put sb in touch with sb: *Gary put me in touch with a good lawyer.*
skontaktować się *v* **skontaktować się z kimś** contact sb, get in touch with sb: *I've been trying to get in touch with you for the last few days.* →patrz też KONTAKTOWAĆ SIĘ

skontrolować *v* inspect: *General Allenby arrived to inspect the troops.* →patrz też KONTROLOWAĆ

skończony *adj* **1** *(gotowy)* finished: *the finished product* **2** *(ograniczony)* finite: *Light travels at a finite speed.* **3** *(kompletny)* total, complete: *He's a complete idiot.* **4 ktoś jest skończony** sb is finished: *If the bank doesn't lend us the money, we're finished.*

skończyć *v* **1** finish: *I finished school last June.* | *He finished cleaning.* | *She finished her speech.* THESAURUS STOP **2 skończyć 20/30 itp. lat** turn 20/30 etc: *Jane turned 50 last Thursday.* **3 skończyć z kimś/czymś** be through with sb/sth: *He says he's through with drugs but it's just not that easy.* **4 skończyć gdzieś** end up somewhere: *He's going to end up in jail.* →patrz też KOŃCZYĆ, ZAKOŃCZYĆ
skończyć się *v* **1** *(dobiec końca)* finish, end: *The strike has ended.* | *The party finished late.* **2** *(wyczerpać się)* run out: *Their adventure lasted until the money ran out.* | **coś się komuś skończyło** sb ran out of sth: *In the end she ran out of patience and started hitting him.* **3 skończyć się czymś** end in sth: *The match ended in a tie* (=remisem). | *After five happy years their marriage turned sour* (=zepsuło się) *and ended in divorce* (=rozwodem). **4 skończyło się na czymś** sb got off with sth: *He got off with just a small fine* (=na małej grzywnie). | **skończyło się na tym, że ktoś cos zrobił** sb ended up doing sth: *I ended up paying the bill.* →patrz też KOŃCZYĆ SIĘ, ZAKOŃCZYĆ SIĘ

skoordynowany *v* coordinated: *a coordinated effort* →patrz też KOORDYNOWAĆ

skopać *v* **1** *(grządkę)* dig over: *Dig over the flowerbeds and remove any weeds* (=chwasty). **2** *(człowieka)* kick **3** *(źle zrobić)* botch (up): *We hired someone to fix the computer system, but he botched it up even more.* →patrz też KOPAĆ

skopiować *v* copy, duplicate: *I copied the drawing as faithfully* (=wiernie) *as I could.* | *piles of duplicated notes*

skorelować *v* correlate: *Scientists have been unable to correlate their findings* (=wyników badań) *with recent increases in radioactivity levels.*

skoro *conj* since: *Since you are unable to answer perhaps we should ask someone else.*

skoroszyt *n* file

skorowidz *n* index: *a name index*

skorpion *n* **1** *(zwierzę)* scorpion: *He was bitten by a scorpion.* **2 Skorpion** *(znak zodiaku)* Scorpio: *I'm a Scorpio - what sign are you?*

skorumpować *v* corrupt —**skorumpowany** *adj* corrupt: *corrupt officials/government*

skorupa *n* **1** *(orzecha, żółwia)* shell: *the turtle's shell* | *a snail shell* **2** *(ziemska)* crust: *the Earth's crust*

skorupiak *n* shellfish

UWAGA: shellfish

Rzeczownik **shellfish** ma identyczną formę w liczbie pojedynczej i mnogiej: *Oysters are shellfish.*

skorupka *n* **1** shell **2** *(jajka)* eggshell, shell: *Be careful not to break the shell.*

skory *adj* **skory coś zrobić** willing to do sth: *I'm willing to help.*

skorygować *v* correct, revise: *The figure was given as $500; it was later revised to $1000.* | *Eyesight problems can usually be corrected with glasses.*

skorzystać *v* **1 skorzystać z czegoś** *(użyć)* use sth: *My father let me use the car for the night.* **2** *(odnieść korzyść)* benefit: *I can see the advantages for you, but how will I benefit?* | **+na czymś** from sth: *Consumers will benefit* *from the reduction in gasoline prices* (=na obniżce cen benzyny). **3 skorzystać z okazji** leap at/grab a chance/an opportunity: *I leapt at the chance of going to India.* →patrz KORZYSTAĆ

skostniały *adj* rigid: *rigid bureaucracies/traditions*

skosztować *v* taste, have a taste (of): *Come on, just taste it!* | *Can I have a taste?* | *Have a taste of this soup and see if it needs more salt.*

skośny *adj* **1** *(poprzeczny)* diagonal: *diagonal lines* **2 skośne oczy** slanting eyes

skowronek *n* lark

skowyt *n* yelp: *a yelp of pain* —**skowyczeć** *v* yelp: *I accidentally stood on the dog's tail and it started to yelp.*

skóra *n* **1** skin: *dry/sensitive/soft/pale skin* | **rak skóry** skin cancer | **skóra głowy** scalp **2** *(wyprawiona)* leather: **wyroby ze skóry** leather goods **3** *(zwierzęca)* hide: *ox hide* **4 być w czyjejś skórze** be in sb's shoes: *I wouldn't like to be in your shoes.* **5 zedrzeć z kogoś skórę** rip sb off: *They really ripped us off at that hotel.* **6 przekonać się na własnej skórze** find out/learn the hard way: *Dana found out the hard way that some medical tests are inaccurate.* **7 wyłazić/wychodzić ze skóry** bend over backwards: *The hotel employees* (=personel) *bent over backward to please us.* **8 zaleźć komuś za skórę** get on the wrong side of sb

skórka *n* **1** *(pieczywa)* crust: *He cut the crust off his sandwiches.* **2** *(warzywa, owocu)* skin, peel: *orange/lemon peel* | *a banana skin/peel* **3** *(przy paznokciu)* cuticle **4** *(programu komputerowego)* skin

skórny *adj* skin: *skin disease*

skórzany *adj* leather: *a leather jacket/bag* | *leather goods*

skracać *v* →patrz SKRÓCIĆ

skradać się *v* creep up: *I watched the cat creep up behind a bird.* THESAURUS WALK

skraj *n* **1** edge: *the edge of the wood/road/bed* **2 na skraju czegoś** on the verge of sth: *We are on the verge of bankruptcy.*

skrajnie *adv* extremely: *extremely difficult/hard*

skrajność *n* **1** extreme: *a country where there are extremes of wealth and poverty* **2 ze skrajności w skrajność** from one extreme to the other

skrajny *adj* extreme: *an extreme case* | *extreme cold/heat/poverty* | *extreme political views* | **skrajna lewica/prawica** the extreme/far left/right

skrapiać *v* →patrz SKROPIĆ

skraplać się *v* condense: *Steam condenses on the bathroom mirror.*

skraść *v* →patrz UKRAŚĆ

skrawek *n* **1** *(papieru, materiału)* scrap: *a scrap of paper* THESAURUS PIECE **2** *(ziemi, nieba)* patch: *a patch of blue sky between the clouds* | *a patch of land*

skreślić *v* **1** *(przekreślić)* cross/strike out: *Just cross out the old number and write in the new one.* **2** *(usunąć)* delete, remove: *His name was deleted from the list.* | *A lot of the dirty words were removed from the script* (=ze scenariusza) *before filming began.* —**skreślenie** *n* deletion

skręcać *v* →patrz SKRĘCIĆ

skręcać się *v* **1 skręcać się z bólu** writhe in pain: *He lay on the floor writhing in pain.* **2 skręcać się ze wstydu/złości itp.** writhe with shame/anger etc →patrz też **skręcać się ze śmiechu** (ŚMIECH)

skręcić *v* **1** *(zmienić kierunek)* turn (off): *The car in front of me turned into a driveway* (=podjazd). | *The suspects* (=podejrzani) *quickly turned off onto a side road.* | **skręcić w prawo/lewo** turn right/left **2** *(zmontować)* assemble: *I was able to assemble the bookcase myself.* **3** *(kostkę, nogę)* sprain, twist: *Amy fell down and sprained her ankle.* —**skręcenie** *n* sprain: *a slight/bad sprain*

skrępować *v* tie up/down: *The robbers had tied her up and gagged her.*

skrępowany *adj* awkward, embarrassed: *I often feel awkward about telling people my true feelings.*

skręt *n* **1** *(pojazdu, rzeki, ciała)* turn: *a right/left turn* | *to make a turn* **2** *(papieros)* roll-your-own, roll-up *BrE*, *(z marihuaną)* joint

skrobać *v* scrape: *You'll need to scrape the windshield - it's covered in ice.*

skrobia *n* starch

skrojony *adj* tailored: *an expensively tailored suit*

skromny *adj* **1** modest: *Don't be so modest!* | *a modest salary/dress* | *modest ambitions* **2 moim skromnym zdaniem** in my humble opinion —**skromnie** *adv* modestly —**skromność** *n* modesty: *false modesty*

skroń *n* temple: *Jim's beginning to go grey* (=siwieć) *at the temples.*

skropić *v* **skropić coś czymś** sprinkle sth with sth: *Sprinkle the mixture with water to keep it from drying out.*

skroplić się *v* →patrz SKRAPLAĆ SIĘ

skrócić *v* shorten: *Could you shorten the sleeves for me?* | *They're talking about shortening the working week.* | *The European Community used to be called the EEC, but now they've shortened it to the EC.*

skrócony *adj* shortened, abridged: *This chapter is a shortened version of a paper that was written in 1977.* | *an abridged version of the novel*

skrót *n* **1** *(literowy)* abbreviation: *Rd. is a written abbreviation for Road.* | **w skrócie** for short: *the Reformed Electoral System (or the RES for short)* | **coś jest skrótem od czegoś** sth is short for sth, sth stands for sth: *SPINTCOM, which is short for Special Intelligence Communications* | *NATO stands for North Atlantic Treaty Organization.* **2** *(droga)* short cut: **pójść na skróty** take a short cut: *Let's take a short cut across the park.* **3 skrót wiadomości** the headlines **4 skrót klawiszowy/klawiaturowy** hot key: *The hot key for copy is Ctrl+C.* **5 w skrócie** *(bez szczegółów)* in brief: *Here's the sports news, in brief.*

skrucha *n* repentance, remorse: *He showed no remorse for his crime.*

skrupulatny *adj* meticulous, scrupulous: *They keep meticulous records.* | *Our accountant is very meticulous about his work.* —**skrupulatnie** *adv* meticulously, scrupulously: *Books and papers were meticulously arranged on his desk.*

skrupuły *n* scruples: *He is very ambitious and has absolutely no scruples.* | **nie mieć skrupułów** have no scruples/qualms: *She had no qualms whatsoever about firing* (=w kwestii zwalniania) *people.* | **pozbawiony skrupułów** unscrupulous: *unscrupulous lawyers*

skruszony *adj* repentant, remorseful

skrycie *adv* secretly: *Many men secretly envy women.*

skrystalizować się *v* crystallize, crystallise *BrE*: *a number of related ideas that gradually crystallized into a practical plan*

S

skrytka *n* **1** hiding place: *Johnson carefully returned the document to its hiding place.* **2 skrytka pocztowa** post-office box

skrytobój-ca/czyni *n* assassin

skryty *adj* **1** *(ukryty)* secret: *secret fears/hopes/ambitions* **2** *(zamknięty w sobie)* secretive: *Samantha is a quiet, secretive girl.*

skrytykować *v* criticize, criticise *BrE*: *The decision was criticized by environmental groups.* →patrz też KRYTYKOWAĆ

skrywać *v* hide: *She didn't know if she could hide her feelings for much longer.*

skrywany *adj* **1** *(ukryty)* hidden: *hidden fears* **2** *(stłamszony)* repressed: *repressed feelings/emotions/anger*

skrzat *n* goblin, pixie

skrzeczeć *v* screech, squawk: *a horrible screeching noise*

skrzek *n* **1** *(jajeczka żab)* spawn **2** *(skrzeczenie)* screech

skrzela *n* gills: *Sharks, like other fish, live in the water and use their gills to filter oxygen from the water.*

skrzep *n* (blood) clot: *She has a blood clot in her leg.*

skrzętnie *adv* meticulously

skrzydełko *n* wing: *spicy/hot* (=pikantne) *wings*

skrzydlaty *adj* winged: *winged insects*

S

skrzydło *n* **1** *(ptaka, samolotu)* wing: *The parrot flapped its wings.* | *One of the plane's wings broke off.* **2** *(wiatraka, wentylatora)* blade: *The blades spin at 100 rotations per minute.* **3** *(budynku)* wing: *the east wing of the palace* **4** *(partii)* wing: *the liberal wing of the Republican party* **5** *(wojska)* flank: *We were attacked on our left flank.* **6 wziąć kogoś pod swoje skrzydła** take sb under your wing

skrzydłowy *n* wing

skrzynia *n* **1** *(mebel)* chest: *a wooden chest* | *a toy chest* **2** *(ciężarówki)* platform **3 skrzynia biegów** gearbox: *a five-speed gearbox*

skrzynka *n* **1** *(pudło)* box, *(ażurowa)* crate: *a crate of beer* **2** *(pocztowa)* mailbox: *We get mountains of junk mail* (=reklam) *in the mailbox every day.* | **skrzynka poczty przychodzącej** inbox **3 skrzynka na kwiaty** window box **4 czarna skrzynka** black box

skrzypce *n* violin: *Kate plays the violin very badly.*

skrzyp-ek/aczka *n* violinist: *Paganini was a brilliant violinist.*

skrzypiący *adj* creaky: *He spoke in a creaky voice.*

skrzypieć *v* creak, squeak: *The window shutters* (=okiennice) *creaked in the wind.* —**skrzypienie** *n* creak, squeak: *the creak of a door*

skrzywdzić *v* hurt, harm: *Joyce had hurt him badly.* | *The only person he harmed was himself.*

skrzywić się *v* wince: *He winced as he remembered his embarrassing mistake.*

skrzyżować *v* **1** *(gatunki)* cross: *If you cross a horse with a donkey, you get a mule.* **2 skrzyżować miecze** cross swords: *Japan and the U.S. have crossed swords on a number of trade issues* (=w kilku kwestiach związanych z handlem). **3 skrzyżować ramiona/ręce** cross/fold your arms

skrzyżowanie *n* **1** *(dróg)* crossroads, intersection: *Keep going till you come to a crossroads.* | *Turn left at the next intersection.* **2** *(gatunków itp.)* cross, hybrid: *It tastes like a cross between an apple and a pear.* | *a quasi-erotic hybrid of the polka and the twist*

skserować *v* (photo)copy: *Could you photocopy this, please?*

skubać *v* **1** *(z piór)* pluck: *You pluck a turkey* (=indyka skubie się) *the same way you would pluck a chicken.* **2** *(jedzenie)* nibble: *The horse lowered his head and began to nibble the grass.*

skulić się *v* cringe: *The dog cringed when the man appeared.*

skumulowany *adj* cumulative: *Depression is often caused by the cumulative effects of stress and over-work.*

skunks *n* skunk

skupiać *v* *(ludzi)* bring together: *This conference brings together people who are interested in librarianship* (=bibliotekarstwem).

skupić[1] *v* *(wysiłki)* concentrate: *Virgos* (=Zodiakalne Panny) *should concentrate their efforts on work this month.* **skupić się** *v* concentrate, focus: *Turn off the TV, so you can concentrate on your homework.*

skupić[2] *v* →patrz SKUPOWAĆ

skupienie *n* concentration: *It takes* (=wymaga) *a lot of concentration to study in here.*

skupiony *adj* **1** *(człowiek)* focused, concentrated **2** *(wyraz twarzy)* intent: *an intent look/expression*

skupisko *n* concentration: *Thailand is a concentration of the whole oriental exoticism.*

skupować *v* buy up: *The Danish government has been buying up meat from farmers.*

skurcz *n* **1** *(łydki itp.)* cramp, spasm: *Paul felt a terrible cramp in his left leg.* | *a spasm of pain* **2** *(porodowy)* contraction

skurczyć się *v* shrink: *My sweater shrank in the wash.* | *The tumour* (=guz nowotworowy) *shrank, but did not disappear.* | *The number of students has shrunk from 120 to 70.* →patrz też KURCZYĆ SIĘ

skusić *v* **skusić kogoś do czegoś/żeby coś zrobił** tempt sb to do sth/into doing sth: *With these ads, they hope to tempt people into buying their brand of coffee.* →patrz też KUSIĆ

skusić się *v* **1** *także* **dać się skusić** give in to temptation, let yourself be tempted: *Abby gave in to temptation and ate the ice cream.* | *Don't let yourself be tempted into betting money on horses.* **2 skusić się na coś** can't/couldn't resist sth: *I couldn't resist another piece of cake.*

skutecznie *adv* effectively: *Children have to learn to communicate effectively.*

skuteczność *n* effectiveness: *the effectiveness of the drug/treatment*

skuteczny *adj* effective: *an effective strategy/player* | *The ad was simple but very effective.*

skutek *n* **1** effect, result: *Paul realized that his words were having no effect.* | **bezpośredni/pożądany/katastrofalny skutek** direct/desired/disastrous effect: *High unemployment is a direct result of the recession.* THESAURUS RESULT **2 skutki** consequences, effects: *possible/tragic consequences* | *the consequences of your actions/decision* | *the effects of the recession* **3 na skutek czegoś** as a result of sth: *Many species* (=gatunków) *of wild flower are dying out as a result of pollution* (=zanieczyszczenia). **4 nie**

dojść do skutku fall through: *The plans for merging* (=połączenia) *the two companies have fallen through.* **5 odnieść odwrotny skutek** have the reverse/opposite effect, backfire: *His plan to get attention backfired, and instead of being promoted he lost his job.* **6 skutek uboczny** side effect, by-product: *A side effect of tuna fishing was the death of over 100,000 dolphins annually.* | *His lack of respect for authority was a by-product of his upbringing.* **7 brzemienny w skutki** fateful: *a fateful decision*

skuter *n* scooter

skutkować *v* **skutkować czymś** result in sth: *Drinking too much often results in a loss of libido* (=upośledzeniem popędu płciowego).

skwapliwie *adv* eagerly: *The boys eagerly agreed to this.*

skwar *n* (sweltering/scorching/oppressive) heat

skwarny *adj* scorching, sweltering: *a sweltering afternoon*

skwasić się *v* turn/go sour: *In warm weather, milk can go sour in just a few hours.*

skwaszony *adj* sour: *a sour expression*

skwaśniały *adj* sour: *I sniffed the milk to see if it was sour.*

skwer *n* square

skwierczeć *v* sizzle: *The bacon sizzled in the frying pan.*

skwitować *v* **skwitować coś czymś** greet sth with sth: *She greeted the news with a quick nod* (=skinieniem) *of the head.*

slajd *n* slide: *Mr Hall showed us some slides of his trip.*

slang *n* slang: *The film is full of slang which makes it difficult for foreigners to understand.*

slipy *n* briefs, Y-fronts *BrE*

slogan *n* slogan, catch phrase: *advertising/political slogans*

slumsy *n* slum(s): *She grew up in the slums of Detroit.* | *Maria lives with her eight children in a slum outside Montevideo.*

słabeusz *n* weakling

słabiutki *adj* feeble: *a tiny, feeble baby* | *She's very feeble now.*

słabnący *adj* flagging: *flagging interest* | *a flagging economy* (=gospodarka)

słabnąć *v* **1** *(tracić siły)* grow weaker: *Day by day he grew weaker.* **2** *(zmniejszać intensywność)* subside: *Depending on how quickly political tensions subside, aid could begin to flow.* → patrz też OSŁABNĄĆ

słabo *adv* **1** *(mało intensywnie)* weakly, faintly: *The border is weakly defended.* | *She smiled weakly.* | *The sun shone faintly through the clouds.* **2** *(kiepsko)* poorly: *a poorly paid job* | *a poorly written article* **3 komuś jest słabo** sb is/feels faint: *If at any time you feel faint, stop taking the tablets.* **4 komuś zrobiło się słabo** sb fainted

słabostka *n* indulgence: *Chocolate is my only indulgence.*

słabość *n* **1** weakness: *Weakness is one sign of the illness.* | *the weakness of the yen against the dollar* | *a sign* (=oznaka) *of weakness* **2 mieć słabość do czegoś** have a weakness for sth, be partial to sth: *Lisa has a weakness for handsome young men.* **3 mieć słabość do kogoś** have a soft spot for sb: *She's always had a soft spot for Grant.*

słaby *adj* **1** *(bez sił, wytrzymałości, wartości)* weak: *Jerry's still weak after his operation.* | *a weak bridge* | *a weak economy* | *The pound was weak against the dollar.* **2** *(mało intensywny)* faint, weak: *a faint smell of gas* | *The illumination is too weak to show the detail of the painting.* **3** *(kiepski)* poor: *a poor driver/swimmer* | *poor eyesight* | *poor exam results* **4 słaba strona** disadvantage: *One disadvantage to this plan is that you can't choose your own doctor.* **5 mieć słaby słuch** be hard of hearing THESAURUS WEAK

sława *n* **1** *(popularność)* fame: *Appearing in a television series brought him instant* (=błyskawiczną) *fame.* | *The Beatles were at the height of* (=u szczytu) *their fame.* | **osiągnąć/zdobyć sławę** rise to/win fame, make a name for yourself: *Schiffer rose to fame as a model when she was only 17.* | **w blasku sławy** in a blaze of glory/publicity **2** *(sławny człowiek)* celebrity: *Hollywood/TV celebrities* **3 zła sława** notoriety: *He achieved notoriety when the police raided his hotel.* | **cieszyć się złą sławą (z powodu czegoś)** be notorious (for sth): *English soccer fans are notorious for their drunkenness.*

sławić *v* praise: *to praise Allah/the Lord*

sławny *adj* famous: *famous people/paintings/sights* | *a famous actress/writer/opera* THESAURUS FAMOUS

słodki *adj* **1** sweet: *sweet fruit* | *a sweet taste/scent/smell* | *a sweet guy/girl/voice* THESAURUS TASTE **2 słodka woda** fresh water

słodko *adv* **1** sweetly: *She smiled sweetly.* **2 smakować/pachnieć słodko** taste/smell sweet

słodkowodny *adj* freshwater: *freshwater fish*

słodycz *n* sweetness: *the sweetness of her voice*

słodycze *n* sweets *BrE*, candy *AmE*: *Eating sweets is bad for your teeth.*

słodzić *v* **1** sweeten: *He prefers to sweeten his yoghurt with honey rather than sugar.* **2 słodzić herbatę/kawę** put sugar in your tea/coffee: **słodzisz?** do you take sugar? → patrz też POSŁODZIĆ

słodzik *n* (artificial) sweetener

słoik *n* jar: *a jar of honey* | *Keep spices in a jar with a tight lid.* | *I can't get the lid off* (=nie mogę otworzyć) *this jar.* **—słoiczek** *n* jar

słoma *n* straw: *We put down clean straw for the animals to sleep on.*

słomka *n* straw: *He was drinking his milkshake through a straw.*

słomkowy *adj* straw: *a straw hat*

słoneczko *n także* **słonko 1** the sun: *The sun was shining and birds were singing.* **2** *(do kogoś)* honey: *Honey, can you go upstairs and check on the kids?*

słonecznik *n* sunflower: **pestki (ze) słonecznika** sunflower seeds

słonecznikowy *adj* sunflower: *sunflower oil*

słoneczny *adj* **1** *(dzień, miejsce)* sunny: *a sunny day/afternoon/kitchen* **2** *(energia, baterie)* solar: *solar power/energy/panels* **3 okulary słoneczne** sunglasses, shades: *I never wear sunglasses.* **4 udar słoneczny** sunstroke

słonica *n* female/cow elephant

słonina *n* pork fat, fatback *AmE*

słoniowy *adj* **kość słoniowa** ivory: *ivory trading* (=handel kością słoniową) | **z kości słoniowej** ivory: *an ivory handle* | *an ivory tower*

słonko *n* → patrz SŁONECZKO

S

słono *adv* **1 słono płacić za coś** pay through the nose for sth **2 słono kosztować** cost a pretty penny

słony *adj* salty: *The soup is a little too salty.* THESAURUS TASTE

słoń *n* elephant: *a fully grown* (=dorosły) *African elephant*

słońce *n* **1** *(światło)* sun, sunshine: *the morning sun* | *rain and sunshine* **2** *(gwiazda)* the sun, the Sun: *The sun shone through a break in the clouds.*

Słowacja *n* Slovakia —**słowacki** *adj* Slovak —**Słowa-k/czka** *n* Slovak

słowiański *adj* Slavic: *the Slavic languages* —**Słowian-in/ka** *n* Slav

słowik *n* nightingale

słownictwo *n* vocabulary: *Reading is a good way to increase your vocabulary.* | *a wide/limited vocabulary*

słowniczek *n* glossary: *a glossary of technical terms*

słownie *adv* **1** *(określając kwotę)* in words: **słownie: sto dolarów** in words: one hundred dollars **2** *(ustnie)* verbally: *The company had received complaints, both verbally and in writing.*

słownik *n* **1** dictionary: *a Polish-English dictionary* | *a dictionary of business terms* | *If you don't know what the word means, look it up in a dictionary.* THESAURUS BOOK **2 słownik synonimów** thesaurus

słowny *adj* **1** *(ustny)* verbal: *a verbal agreement* **2** *(dotrzymujący słowa)* dependable

słowo *n* **1** word: *He listened carefully to every word I said.* | *There were a lot of words in the film I couldn't understand.* **2 słowa** *(piosenki)* lyrics: *Most song lyrics are practically meaningless.* **3 innymi słowy** in other words: *A scientific theory cannot be proved but only disproved. In other words, it must be tested experimentally.* **4 bez słowa** without a word: *He left without a word of thanks.* **5 dać komuś słowo** give sb your word: **(daję) słowo!** I promise! THESAURUS PROMISE **6 dotrzymać słowa** keep your word: *She kept her word and returned all the money.* **7 (mieć) ostatnie słowo** (have) the last/final word: *Why must you always have the last word?* **8 (nie powiedzieć/zrozumieć itp.) ani słowa** not (say/understand etc) a word: *He doesn't speak a word of French.* **9 zamienić z kimś parę słów** have a word with sb: *I'd like to have a word with Mike, if I may.* **10 słowo w słowo** word for word: *Janice repeated word for word what Harold had told her.* **11 swoimi/własnymi słowami** in your own words: *Tell us in your own words what happened that afternoon.* **12 (jednym) słowem** in a word: *In a word, my mother was right.* **13 brak mi słów** words fail me **14 wolność słowa** freedom of speech, free speech

słód *n* malt

słój *n* **1** *(naczynie)* jar, pot: *a jar/pot of honey* **2** *(w drzewie)* ring

słówko *n* **1** word: *I have to learn all these French words by tomorrow.* **2 zamienić z kimś słówko** have a word with sb: *May I have a word with you?*

słuch *n* **1** (sense of) hearing: *We thought there might be something wrong with her hearing.* | **utrata słuchu** hearing loss | **mieć słaby słuch** be hard of hearing **2 zamieniać się w słuch** be all ears: *Go ahead* (=mów), *I'm all ears.* **3 chodzą słuchy, że ...** it is rumoured that ..., rumour has it (that) ...: *Rumour has it that Jean's getting married again.*

słuchacz/ka *n* **1** *(radia)* listener: *Most of the radio station's listeners are young people.* **2** *(szkoły)* student

słuchać *v* **1** listen: *Be quiet and listen.* | *I begged Helen to stay but she wouldn't listen.* | **+ kogoś/czegoś** to sb/sth: *I like to listen to the radio.* | *A good manager listens very carefully to other people.* THESAURUS HEAR **2** *(być posłusznym)* obey: *He's a nice dog, though he doesn't always obey me.* | *Most dogs will obey simple commands.* **3 słucham?** (I beg your) pardon?, sorry?

UWAGA: listen

Nie mówi się „I listen music". Mówi się **I listen to music**.

słuchawka *n* **1** *(telefonu)* receiver: **podnieść słuchawkę** pick up the receiver | **odłożyć słuchawkę** hang up, replace the receiver: *After I hung up I realized I forgot to ask him his telephone number.* **2 słuchawka lekarska** stethoscope **3 słuchawki** headphones, earphones: *stereo headphones* | *a pair of headphones* | **słuchawki z mikrofonem** headset

słuchowisko *n* radio drama

słuchowy *adj* aural: *aural sensations* (=wrażenia)

sługa *n* servant

słup *n* **1** *(płotu, latarni, drogowskazu)* post: *a fence post* | *a lamp-post* **2** *(wspornikowy)* pillar, pile: *Huge pillars support the cathedral roof.* **3** *(telefoniczny)* pole: *a telephone pole* **4** *(dymu, wody)* column, pillar: *a column of smoke*

słupek *n* **1** *(mały słup)* post: *The fence was made of evenly spaced metal posts.* | *The posts must be fixed firmly in the ground.* **2** *(bramki)* goalpost: *Ronaldo's shot hit the goalpost and went in.* **3** *(drogowy)* bollard **4** *(ćwiczenie arytmetyczne)* sum: *I hated doing sums at school.*

słusznie *adv* **1** rightly: *He rightly pointed out that there were too many people to fit in the car.* | *The audience was rightly outraged* (=oburzona) *at this suggestion.* **2 słusznie!** right!

słuszność *n* **1 mieć słuszność** be right: *She's right when she says things like that.* **2 słuszność czegoś** the wisdom of sth: *The wisdom of this policy is open to question* (=jest wątpliwa).

słuszny *adj* right: *Research has proved their theory right* (=badania wykazały, że ich teoria jest słuszna).

służalczy *adj* servile, subservient: *a servile attitude*

służąca *n* maid, servant

służący *n* servant, manservant, *(osobisty)* valet

służba *n* **1 służba dyplomatyczna/wojskowa itp.** diplomatic/military etc service: **służby ratownicze** emergency services **2 być na/po służbie** be on/off duty: *Will you be on duty on Christmas Day?* **3** *(służący)* servants: *Lady Chiltern was always kind to the servants.*

służbowy *adj* **1** *(podróż, spotkanie)* business: *a business trip* | *business matters* **2** *(telefon, samochód)* company: *a company car* —**służbowo** *adv* on business: *She often goes abroad on business.* | *Chris is in London this week, on business.*

służyć *v* **1** serve: *It's an honour to serve your country.* **2 służyć do czegoś/jako coś/za coś** serve as sth, be used for sth: *The sofa can also serve as a bed.* | *The planes may be used for military purposes.* **3 służyć (komuś) radą/pomocą itp.** offer advice/assistance etc (to sb): *We can offer advice on conserving electricity* (=w kwestii oszczędzania elektryczności). **4 czym mogę służyć?**

S

(how) can I help you? **5 coś komuś służy** sth is good for sb, sth does sb good: *Dr Brown's taken me off* (=kazał mi odstawić) *Prozac - it wasn't doing me any good* (=zupełnie mi nie służył).

słychać *v* **1 słychać kogoś/coś** you can hear sb/sth: *At night you can hear coyotes howling* (=jak wyją kojoty). **2 co słychać?** how are things? *BrE*, what's up? *AmE*

słynąć *v* **słynąć z czegoś** be famous for sth: *Venice is famous for its canals.*

słynny *adj* famous: *a famous actor/writer/movie* THESAURUS FAMOUS

słyszalny *adj* audible: *Her voice was barely audible.*

słyszeć *v* **1** *(dźwięk, wypowiedź itp.)* (can) hear: *I can't hear you!* | *I could hear the neighbours shouting.* | *I heard what you said.* **2** *(dowiedzieć się)* hear: *Mr Oakley could teach you to drive- I've heard he's a very good instructor.* **3 nie chcę (nawet) o tym słyszeć!** I won't hear of it!: *I offered to pay, but he wouldn't hear of it.* **4 pierwsze słyszę** that's news to me, that's the first I've heard of it **5 znam go/ją itp. ze słyszenia** I've heard of him/her etc THESAURUS HEAR

UWAGA: (can) hear

Mówiąc o czymś, co słyszymy w danej chwili, powiemy raczej **I can hear** niż „I hear" (tym bardziej nie „I am hearing"): *I can hear someone singing.* Zwrotu „I can hear" nie użyjemy natomiast, mówiąc o czymś, co słyszymy często lub regularnie: *We often hear them arguing.* (nie „We can often hear them arguing"). W czasie przeszłym konstrukcje **could hear** i **heard** są wymienne: *We could hear footsteps on the stairs. (= We heard footsteps on the stairs.)*

smacznego *interj* bon appetit!, enjoy! *AmE*

smacznie *adv* **1 smacznie spać** be fast asleep: *The baby's fast asleep.* **2 smacznie zjeść** have a good meal

smaczny *adj* **1** tasty: *a tasty steak/pie/soup* | *These sausages are really tasty.* THESAURUS TASTE **2 smaczny kąsek** tasty morsel, titbit *BrE*, tidbit *AmE*

smak *n* **1** *(wrażenie smakowe)* taste, flavour *BrE*, flavor *AmE*: *Sugar has a sweet taste.* | *I don't like the taste of garlic.* | *a delicious flavour* | **o smaku czekoladowym** chocolate-flavoured *BrE*, chocolate-flavored *AmE* | **bez smaku** tasteless, bland: *bland food* | **mieć smak czegoś** taste of sth: *This is supposed to be chocolate ice-cream, but it tastes of coffee.* THESAURUS TASTE **2** *(zmysł)* (sense of) taste: *I've lost my sense of taste.* **3** *(gust)* taste: **dobry smak** good taste: *She's got good taste.*

smakołyk *n* delicacy: *a basket stuffed with delicacies*

smakosz/ka *n* gourmet

smakować *v* **1** *(mieć smak)* taste: *My drink tastes funny* (=dziwnie). | *What does pumpkin taste like* (=jak smakuje dynia)? | **+jak coś** like sth: *This chicken tastes more like turkey.* | **dobrze/źle smakować** taste good/bad **2 coś komuś smakuje** sb likes (the taste of) sth: *I don't like the taste of alcohol.* | *Do you like the pudding?* **3** *(próbować)* taste: *He tasted the soup every five minutes.*

UWAGA: taste

Mówiąc, jak coś smakuje, po czasowniku **taste** nie używamy przysłówka (jak w języku polskim), tylko przymiotnika: *The wine tastes sweet.* | *The peaches tasted delicious.*

smakowity *adj* appetizing, mouth-watering: *an appetizing smell of baked apples*

smakowy *adj* **1 dodatek smakowy** flavouring *BrE*, flavoring *AmE* **2 kubki smakowe** taste buds

smalec *n* lard

smar *n* lubricant, grease

smarkacz *n* brat: *a spoiled* (=rozwydrzony) *brat*

smarować *v* **1** *(smarem)* grease, lubricate: *You need to grease the bike's chain regularly.* **2 smarować coś kremem/balsamem itp.** apply cream/lotion etc to sth, smear cream/lotion etc on/over sth: *Jill is smearing lotion on Rick's back.*

smartfon *n* smartphone

smażony *adj* fried: *fried fish/eggs*

smażyć *v* fry: *Fry the onions gently for five minutes.*

smętny *adj* cheerless: *a cheerless day* —**smętnie** *adv* cheerlessly

smoczek *n* **1** dummy *BrE*, pacifier *AmE*, comforter *AmE* **2** *(na butelkę)* teat *BrE*, nipple *AmE*

smog *n* smog: *the smog that covers the city*

smok *n* dragon: *a tale of knights and dragons*

smoking *n* dinner jacket *BrE*, tuxedo *AmE*, tux *AmE*

UWAGA: smoking

Wyraz **smoking** w języku angielskim to nie nazwa męskiego stroju wieczorowego, tylko rzeczownik oznaczający „palenie" (papierosów itp.).

S

smoła *n* pitch, tar

smród *n* stench, stink, smell: *a stench/stink of rotting fish* | *Pooh! What a smell!* THESAURUS SMELL

SMS *n* text message: *The system will send a text message to your mobile phone.* | **wysłać/przysłać komuś SMS-a** text (message) sb: *Text me when you get there.*

SMS-ować *v* **SMS-ować do kogoś** text (message) sb: *She's always text messaging her friends.*

smucić *v* **smucić kogoś** make sb sad, sadden sb: *This whole thing makes me really sad.* | *It saddened her that people could be so cruel.*
smucić się *v* be sad: *Are you sad because of what happened yesterday?*

smuga *n* **1** *(na szybie, zdjęciu)* smudge, smear: *Who left that horrible greasy smudge on the wallpaper?* **2** *(po odrzutowcu)* vapour *BrE*, vapor *AmE* trail

smukły *adj* **1** *(człowiek, sylwetka)* slender: *a slender young man* | *slender hips* THESAURUS THIN **2** *(kształt, przedmiot)* sleek: *the sleek lines of the new Mercedes*

smutek *n* sadness, sorrow: *a feeling/sense of sadness* | *great/deep sorrow* | **ze smutkiem** sadly, with sadness: *She smiled sadly.* | *I remembered with great sadness all the friends I had left behind.* | **pełen smutku** filled with sadness

smutno *adv* **1** sadly: *She shook her head sadly and sighed.* **2 czuć się/wyglądać smutno** feel/look sad

smutny *adj* sad: *sad news* | *a sad song* | *Why are you so sad?* THESAURUS SAD

happy/sad

smycz *n* **1** *(dla psa, kota)* lead *BrE*, leash *AmE*: *All dogs must be kept on a leash at all times in the park.* **2** *(pasek do kluczy, identyfikatora itp.)* lanyard

smyczek *n* **1** bow **2 smyczki** *(instrumenty smyczkowe)* the strings

smykałka *n* flair **+do czegoś** for sth: *a flair for maths/languages*

snajper *n* sniper

snob/ka *n* snob: *His mother was such a snob.* —**snobistyczny** *adj* snobbish: *snobbish friends/neighbours/attitudes* —**snobizm** *n* snobbery

snop *n* **1** *(zboża)* sheaf: *a sheaf of wheat* **2** *(światła)* beam, shaft: *A beam of light shone through the curtains.*

snowboard *n także* **deska snowboardowa** snowboard —**snowboardzist-a/ka** *n* snowboarder —**snowboarding** *n* snowboarding

S

snuć *v* **1 snuć opowieść** spin a tale: *He went on, spinning his tale about how it would be when we got married.* **2** *(pajęczynę)* spin: *a spider spinning its web* **3 snuć plany** make plans: *Do you like making plans for the future?* **4 snuć domysły** speculate: *Everyone speculated about why he left.*

sobie *pron* **1** *(dla siebie)* (for) yourself: *He just bought himself a new car.* | *Sophie bought some flowers for herself.* **2** *(do siebie)* (to) yourself: *She told herself* (=powiedziała sobie) *she must see it through* (=że musi doprowadzić to do końca). | *And I thought to myself* (=pomyślałem sobie), *I can do that.* **3** *(nawzajem)* each other, one another: *We should all try to help each other.* | *We had a lot to tell each other* (=mieliśmy sobie dużo do opowiedzenia) *about our trip.* **4 mieć/nosić coś przy sobie** have/carry sth on you: *I don't usually carry that much cash on me.*

UWAGA: sobie

W połączeniu z niektórymi czasownikami wyraz **sobie** nie ma osobnego odpowiednika w języku angielskim. Oto kilka przykładów: **przypomnieć sobie** - *remember* | **iść sobie** - *go away* | **dać sobie spokój** - *give up* | **nie móc sobie na coś pozwolić** - *can't afford sth.*

sobota *n* **1** Saturday: **w sobotę** on Saturday **2 Wielka Sobota** Holy Saturday —**sobotni** *adj* Saturday('s): *Saturday night/evening* | *A man was arrested after Saturday's incident.* →patrz też NIEDZIELNY

sobowtór *n* lookalike, double: *a Madonna lookalike* | *It wasn't you? Then you must have a double!*

sobór *n* council: **sobór watykański/nicejski** Vatican/Nicean Council | **sobór trydencki** Council of Trent

socjaldemokracja *n* social democracy —**socjaldemokrat-a/ka** *n* social democrat —**socjaldemokratyczny** *adj* social democratic: *the Social Democratic Party*

socjalistyczny *adj* socialist: *socialist ideas/principles* | *a socialist government/party* —**socjalist-a/ka** *n* socialist —**socjalizm** *n* socialism: *The principles of capitalism and socialism are diametrically opposed to each other.*

socjalny *adj* **1** social: *social issues/conditions* **2 dział socjalny** human affairs **3 minimum socjalne** minimum wage

socjologia *n* sociology —**socjolo-g/żka** *n* sociologist —**socjologiczny** *adj* sociological

soczek *n* juice →patrz też SOK

soczewica *n* lentils: *Beans and lentils are a very good source of protein.*

soczewka *n* **1** lens **2 soczewki kontaktowe** contact lenses

soczysty *adj* juicy: *a juicy apple*

sodowa *adj* **woda sodowa** soda (water)

sofa *n* sofa, couch, settee *BrE*: *You can sleep on the sofa.*

soja *n* soya (beans), soy (beans): *Tofu is made from soy beans.*

sojowy *adj* **sos sojowy** soy/soya sauce | **olej sojowy** soy/soya/soybean oil

sojusz *n* alliance: *a defensive/strategic alliance* | *Britain's alliance with its NATO partners* | **zawrzeć sojusz** form an alliance: *The three Slavic republics formed an alliance.* —**sojuszniczy** *adj* allied: *allied forces/planes* —**sojusznik** *n* ally: *the US and its European allies*

sok *n* juice: *orange/lemon/apple juice*

sokół *n* falcon

sola *n* sole

solarium *n* solarium

solenny *adj* solemn: *a solemn promise*

solić *v* **1** *(potrawę)* put salt in/on **2** *(ogórki, mięso w zaprawach)* salt (down) →patrz też POSOLIĆ

solidarność *n* solidarity: *We are striking to show solidarity with the nurses.* —**solidarny** *adj* solid: *The workers are 100% solid on this issue.*

solidaryzować się *v* **solidaryzować się z kimś** sympathize with sb: *Many workers sympathized with the striking miners.*

solidnie *adv* **1** *(zbudowany)* sturdily, solidly: *sturdily built* **2** *(wykształcony)* thoroughly, solidly: *thoroughly educated*

solidność *n* reliability

solidny *adj* **1** *(człowiek, firma)* reliable, solid: *a reliable person/dealer* **2** *(wiedza, wykształcenie)* thorough, solid: *a solid education* **3** *(przedmiot)* sturdy, solid: *a sturdy chair/table* **4** *(duży)* quite a: *It was quite a trek* (=kawałek) *to the grocery store.*

solist-a/ka *n* soloist: *a violin soloist*

solniczka *n* salt cellar *BrE*, shaker *AmE*

solo[1] *n* solo: *a long piano solo*

solo[2] *adv* solo: *I will not sing solo.*

solony *adj* salted: *salted meat/peanuts* (=fistaszki)

solowy *adj* solo: *a solo performance* (=występ) */concert/album*

sołtys *n* village administrator

UWAGA: sołtys

W krajach anglojęzycznych nie istnieje instytucja sołtysa. Podane wyżej tłumaczenie jest więc tylko opisem sprawowanej funkcji, a nie przyjętą w angielszczyźnie nazwą.

sonata *n* sonata

sonda *n* **1** *(kosmiczna)* probe: *a space probe* **2** *(opinii publicznej)* (opinion) poll: *Opinion polls show that the voters have lost confidence in the administration* (=zaufanie do rządu). **3 sonda żołądkowa** stomach tube

sondaż *n (opinii publicznej)* (opinion) poll: *Recent polls indicate strong support for cutting taxes.*

sonet *n* sonnet

sopel *n* icicle

sopran *n* **1** *(głos)* soprano: *a lovely pure soprano* **2** *(śpiewaczka)* soprano: *The soprano sang beautifully.*

sortować *v* sort: *The letters are sorted by machine.* | *We sort the eggs according to size.*

sos *n* **1** sauce: *tomato/cream/mustard sauce* | *spaghetti sauce* **2** *(pieczeniowy)* gravy: *thick gravy* **3** *(do sałatek)* (salad) dressing **4** *(do maczania)* dip: *The sauce also works well* (=dobrze się sprawdza) *as a dip for raw vegetables.*

SOS *n* SOS (signal/message), distress signal/call, mayday: *The ship sent a distress call.*

sosna *n* pine (tree) —**sosnowy** *adj* pine: *a pine cone* (=szyszka) | *pine wood*

soul *n* **(muzyka) soul** soul (music)

sowa *n* owl

sowiecki *adj* Soviet: *Soviet leaders/troops* —**Sowieci** *n* the Soviets

sód *n* sodium

sól *n* salt: *Too much salt can be bad for you* (=nadmiar soli szkodzi). | *Add a pinch* (=szczyptę) *of salt to the sauce.*

spacer *n* walk, stroll: *Do you feel like a walk in the park?* | **iść/pójść na spacer** go for a walk, take a walk: *I love going for walks in the countryside.* THESAURUS WALK

spacerować *v* walk, stroll: *people walking to and fro* (=tam i z powrotem) *on the promenade* | *I strolled along the beach with the warm sun on my face.* THESAURUS WALK

spacerówka *n także* **wózek spacerowy** pushchair *BrE*, stroller *AmE*

spacja *n* space

spać *v* **1** sleep, *(w danym momencie)* be asleep: *I didn't sleep very well last night.* | *The baby is asleep.* | **spać głęboko** be fast asleep THESAURUS SLEEP **2 iść/kłaść się spać** go/get to bed: *I usually go to bed at 11 p.m.* **3 nie (móc) spać** be/lie/stay awake: *He lay awake all night, unable to sleep.* **4 komuś chce się spać** sb is sleepy **5 nie dawać komuś spać** keep sb awake/up (at night): *The noise of the traffic kept me awake.* **6 spać z kimś** sleep with sb: *It was obvious he had slept with her.*

asleep/awake

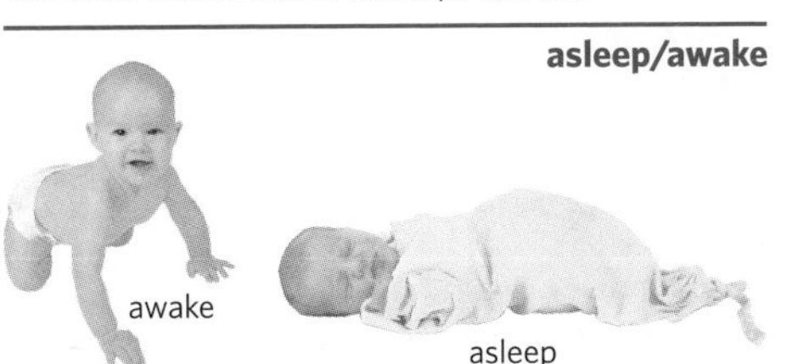

spadać *v (uciekać)* get out: *Let's get out of here!* | **spadaj!** get lost!, beat it! →patrz też SPAŚĆ

spadek *n* **1** *(obniżenie)* fall, drop, decrease: **spadek sprzedaży/cen/stóp procentowych** fall in sales/prices/interest rates **2** *(spuścizna)* inheritance, legacy **3 dostać coś w spadku** inherit sth: *John will inherit the money from his uncle.* THESAURUS GET **4 zostawić/zapisać coś komuś w spadku** leave sb sth, leave sth to sb: *She left her entire estate* (=cały swój majątek) *to me.*

spadkobierca *n* heir: *John was the sole* (=jedynym) *heir to a vast estate.* —**spadkobierczyni** *n* heiress

spadkowy *adj* **1 tendencja spadkowa** downward trend: *Stock prices* (=notowania akcji) *continued their downward trend.* | **wykazywać tendencję spadkową** be declining: *Demand* (=zapotrzebowanie) *for products like coal and steel is declining.* **2** *(dotyczący spadku)* inheritance: *French inheritance law applies to* (=stosuje się do) *French immovable property* (=nieruchomości).

spadochron *n* **1** parachute, chute: *His parachute failed to open.* **2 skok ze spadochronem** parachute jump

spadochroniarz *n* **1** parachutist **2** *(żołnierz)* paratrooper

spadzisty *adj* **1** *(pochyły)* sloping: *a sloping roof* **2** *(stromy)* steep: *a steep hill*

spaghetti *n* spaghetti: *spaghetti bolognese*

spakować *v* pack: *Don't forget to pack a towel, soap, pyjamas and shaving kit.* | *Pack your things – we have to leave right now.*
spakować się *v* pack (your bags): *She decided to pack her bags and leave home.* | *He went upstairs to pack.*

spalać *v* →patrz SPALIĆ
spalać się *v* →patrz SPALIĆ SIĘ

spalanie *n* **1** burning: *We need tighter controls on the burning of coal, gas and oil.* **2** *(w silniku)* combustion

spalić *v* **1** *(śmieci, gałęzie, potrawę)* burn: *She lit a fire and burned his letters one by one.* | *Try not to burn the chops* (=kotletów). **2** *(budynek)* burn down: *Last year rioters* (=zbuntowani więźniowie) *burned down the prison.* **3** *(kalorie, obiad)* burn off: *A long walk will help you burn off a few calories.*
spalić się *v* **1** *(gałęzie, śmieci, potrawa)* burn, be burned/burnt: *Put foil over the pie to keep it from burning* (=żeby się nie spalił). **2** *(budynek)* burn down: *The old school burned down thirty years ago.* **3** *(od opalania)* get burned/burnt: *Get out of the sun before you get burned.* **4** *(żarówka, bezpiecznik)* blow: *The fuse blew.* **5 spalić się ze wstydu** burn with shame

spalinowy *adj* **silnik spalinowy** internal combustion engine

spaliny *n* exhaust (fumes), fumes: *Car exhaust is the main reason for pollution in the city.* | *The fumes were choking* (=dusiły) *me.*

spalony *adj* **1** burned, burnt: *burnt food/skin/bodies* **2 na spalonym** *(zawodnik)* offside: *Tony Coton was offside when the ball came back quickly, and again when Parker scored.*

spaniel *n* spaniel

spanikowany *adj* panicky

sparafrazować *v* →patrz PARAFRAZOWAĆ

sparaliżować *v* paralyse *BrE*, paralyze *AmE*: *A succession* (=seria) *of half-day strikes has paralysed business.*

—**sparaliżowany** *adj* paralysed: *She has been paralysed from the neck down since the car accident.*

sparodiować *v* → patrz PARODIOWAĆ

spartaczyć *v* bungle, muck up: *The builders bungled the job completely.*

spartański *adj* spartan: *spartan accommodation* | *spartan living conditions*

sparzyć *v* burn: *Dave burnt his hand on the iron.*
sparzyć się *v* get burned/burnt, burn yourself: *Don't touch the iron. You'll burn yourself.*

spaść *v* **1** *(z wysokości, krzesła)* fall: *An apple fell from the tree and hit me on the head.* **2** *(ceny, notowania itp.)* fall, drop, go down: *Real estate prices* (=ceny nieruchomości) *fell again last year.* → patrz też SPADAĆ

spawać *v* weld —**spawacz** *n* welder

spazm *n* spasm: *a spasm of pain*

spec *n* expert: *a computer expert* | *an expert on computer games*

specjalist-a/ka *n* **1** *(ekspert)* expert, specialist, professional: *He is an expert in road construction.* | *a health care professional* (=specjalista w zakresie ochrony zdrowia) **2** *(lekarz)* specialist: *Your doctor should be able to put you in touch with a specialist.* —**specjalistyczny** *adj* specialized, specialised *BrE*, specialist: *specialized knowledge/skills* | *specialist magazines/shops* —**specjalizacja** *n* specialization, specialisation *BrE* —**specjalizować się** *v* specialize, specialise *BrE*: *The company specializes in holidays for retired people* (=dla emerytów).

S

specjalnie *adv* **1** *(celowo)* on purpose: *I'm sorry I hurt you. I didn't do it on purpose.* **2** *(szczególnie)* particularly: *I don't think it was a particularly good film.* **3** *(z myślą o)* specially, especially: *The new coins are specially designed for the blind.* | *I made it especially for you.*

specjalność *n* speciality *BrE*, specialty *AmE*: *My speciality is European history.* | *Fish is the speciality of the restaurant.*

specjalny *adj* special: *a special offer* | *for special occasions* | *special effects*

specjał *n* delicacy: *In France, snails are considered a delicacy.*

specyficznie *adv* peculiarly: *There's something about his films that is peculiarly English.*

specyficzny *adj* peculiar: *a peculiar smell/taste/sense of humour* | **+ dla kogoś/czegoś** to sb/sth: *the strong flavour that is peculiar to garlic*

specyfik *n* medicine: *a medicine that neutralizes the acid in the stomach* (=kwas żołądkowy)

specyfika *n* peculiarity: *The lack of a written constitution is a peculiarity* (=stanowi specyfikę) *of the British political system.*

specyfikacja *n* specification

spektakl *n* show: *an evening/TV show*

spektakularny *adj* spectacular: *a spectacular success/win/view*

spektrum *n* spectrum: *a wide spectrum of opinions* | *the full spectrum of colours of the rainbow*

spekulacja *n* **1** *(domysł)* speculation: **spekulacje** speculation: *There has been a lot of speculation about the date of the next election.* **2** *(handel)* speculation: **spekulacje obligacjami/nieruchomościami** bond/property speculation —**spekulant/ka** *n* speculator

spekulować *v* **1** *(snuć domysły)* speculate: *Police refuse to speculate on the murderer's motives.* | *I wouldn't like to speculate about the outcome of the meeting.* **2** *(na giełdzie)* speculate: *He had made his money speculating on the New York Stock Exchange.*

spelunka *n* dive: *I've heard the new club's a bit of a dive.*

spełnić *v* **1** *(wymagania, zapotrzebowania)* meet, satisfy: *She didn't satisfy all of the requirements for the job.* | *The local government is unable to meet the demand for affordable housing* (=niedrogie mieszkania). **2 spełnić (swój) obowiązek** do your duty, fulfil *BrE*, fulfill *AmE* an obligation: *You must do your duty and report him to the police.* **3 spełnić obietnicę** fulfil *BrE*, fulfill *AmE* a promise: *The government hasn't fulfilled its promise to cut taxes* (=obniżenia podatków). **4 spełnić czyjeś oczekiwania** live/come up to sb's expectations: *The trip lived up to all our expectations.* **5 spełnić nadzieję/marzenie** realize a hope/dream: *She was able to realize her lifelong dream of opening a little boutique.*
spełnić się *v* **1** *(marzenie)* come true, become a reality: *After 21 years, Carl's dream of owning a home came true.* | *Marilyn's dream of being a film star became a reality.* **2** *(samorealizować się)* fulfil *BrE*, fulfill *AmE* yourself: *Could she have married him and still fulfilled herself?*

spełnienie *n* fulfilment *BrE*, fulfillment *AmE*, realization, realisation *BrE*: *His trip to Europe was the fulfilment of a life-long ambition.* | *Getting this role in a major film was a realization of her childhood dreams.*

spełznąć *v* **spełznąć na niczym** come to nothing, misfire: *All her plans to travel around South America came to nothing.*

spenetrować *v* *(przeszukać)* search: *The detective ordered the officers to spread out and search the surrounding fields.* → patrz też PENETROWAĆ

sperma *n* sperm, semen

speszony *adj* abashed: *When he saw Ruth, he looked slightly abashed.*

spęd *n* **1** *(bydła)* roundup, drive **2** *(ludzi)* get-together: *a family get-together*

spędzić *v* **1** *(czas)* spend: *Americans spend too much time at work.* | *They've decided to spend more time together.* **2** *(zwierzęta)* drive, herd: *Cowhands* (=poganiacze) *drove the cattle into the corral* (=do zagrody).

spękany *adj* **1** cracked: *cracked skin/tiles* **2** *(wargi, ręce)* chapped

spiąć *v* **1** *(papiery)* clip: *I clipped my papers into a file.* **2 spiąć włosy** gather your hair (into a clip): *Carla gathered her hair into a clip at the base of her neck* (=na karku), *then examined herself in the mirror.*

spichlerz *n* granary

spiczasty *adj* pointed: *pointed ears* | *a pointed chin*

spieczony *adj* **1** *(mięso)* overdone **2** *(wargi)* chapped

spieprzyć *v* screw up: *Dave screwed up my files, so now I can't find anything.*

spierać się *v* *(kłócić się)* argue, quarrel: **+ o coś** about sth: *This is not the time to argue about money.* → patrz też SPRAĆ SIĘ

spierzchnięty *adj* chapped: *chapped lips/hands*

spieszyć się *także* **śpieszyć się** *v* **1** *(człowiek)* be in a hurry: *Sorry, I can't stop, I'm in a hurry.* **2** *(zegarek)* be fast, be gaining: *Is it really 5 o'clock, or is your watch fast?* | *That clock is two minutes fast.* →patrz też POSPIESZYĆ SIĘ

spięcie *n* **1** *(starcie)* run-in: *He was fired after he had a run-in with his boss.* **2** *(zwarcie)* także **krótkie spięcie** short circuit

spiętrzenie *n* accumulation, backlog: *a huge backlog of orders from customers*

spiętrzony *adj* swollen: *swollen rivers*

spięty *adj* tense: *Williams looked a little tense before the game.* →patrz też SPIĄĆ

spiker/ka *n* announcer: *a TV/radio announcer*

UWAGA: spiker i speaker

Angielski rzeczownik **speaker** nie oznacza osoby zapowiadającej programy radiowe czy telewizyjne, tylko „osobę mówiącą", „mówcę" lub „głośnik".

spiłować *v* **1** *(pilnikiem)* file (down): *File down the sharp edges.* | *She filed her nails.* **2** *(piłą)* saw off: *We decided to saw off the lower branches of the apple tree.*

spinacz *n* (paper) clip

spinać *v* →patrz SPIĄĆ

spinka *n* clip: **spinka do włosów** hair clip, hairpin | **spinka do mankietu** cuff link

spirala *n* spiral: *a spiral of decline/debt* | *an inflationary spiral*

spiralny *adj* spiral(-shaped): *a spiral spring*

spirytus *n* spirit, spirits *BrE*: *methylated spirit*

spirytystyczny *adj* **seans spirytystyczny** seance: *Once a month Helen held a seance in her house.*

spirytyzm *n* spiritualism

spis *n* **1** list: *Make a list of all the equipment you'll need.* **2 spis treści** (table of) contents **3 spis ludności** census

spisać *v* **1** *(zrobić listę)* list, make a list of: *Sometimes it's helpful to make a list of everything you have to do.* **2** *(sporządzić)* draw up: *draw up a contract/an agreement* **3** *(zanotować)* take/write down: *Let me take down his name and phone number.* **4** *(za przewinienie)* book: *The policeman booked me for speeding.*

spisek *n* plot, conspiracy: *a conspiracy against the elected government* | *a plot to kill the king*

spiskować *v* plot, conspire, scheme: *The king believed that his advisors* (=doradcy) *were plotting against him.* —**spiskowiec** *n* conspirator

spiskowy *adj* **1** conspiratorial: *a conspiratorial group* **2 spiskowa teoria dziejów** conspiracy theory

spisywać *v* →patrz SPISAĆ

spiżarnia *n* larder, pantry

splajtować *v* go bust: *Most of the steel factories around here went bust in the 1980s.*

splamić *v* tarnish: *to tarnish your image/reputation*
splamić się *v* **splamić się czymś** stoop to (doing) sth: *I didn't expect you to stoop to cheating.*

splatać *v* →patrz SPLEŚĆ

splądrować *v* →patrz PLĄDROWAĆ

splątać *v* →patrz PLĄTAĆ

splątany *adj* tangled: *tangled hair*

spleciony *adj* **1** *(ręce)* clasped, intertwined: *Lie down with your hands clasped behind your head.* **2** *(gałęzie, korzenie)* intertwined, tangled: *intertwined roots* **3** *(włosy)* plaited *BrE*, braided *AmE*: *braided hair*

splendor *n* splendour *BrE*, splendor *AmE*

spleść *v* **1 spleść ręce** clasp your hands **2 spleść włosy** plait *BrE*, braid *AmE* your hair: *I combed and plaited my hair.*

spleśniały *adj* mouldy *BrE*, moldy *AmE*: *mouldy bread/cheese*

splot *n* **1** *(czynników, wydarzeń)* combination: *Their success is just a combination of luck and good contacts.* | *a combination of several factors* **2** *(sznurka, węża)* coil: *a coil of rope/wire* | *The boa constrictor can easily crush* (=zgnieść) *a man with its powerful coils.* **3** *(plątanina)* tangle: *a tangle of branches/wires*

splunąć *v* spit: *He cleared his throat* (=odchrząknął) *and spat.*

spluwa *n* piece, gun: *He pulled a piece out of his pocket and fired two shots.*

spluwać *v* →patrz SPLUNĄĆ

spłacić *v* *(zadłużenie, raty, kredyt)* pay off, repay: *Thankfully, I managed to pay off all my debts before we got married.* | *It will take over three years to repay the loan.*

spłaszczyć *v* flatten: *Flatten the can* (=puszkę) *before you throw it away.*

spłata *n* repayment: *debt/loan repayments* | *monthly repayments*

spławić *v* **spławić kogoś** give sb the brush-off, get rid of sb: *Russell tried to give me the brush-off, but I don't give up that easily.* | *We have to find some way to get rid of him.*

spławny *adj* navigable: *navigable rivers*

spłodzić *v* father: *He fathered seven children.*

spłonąć *v* burn down: *The hotel burned down in 1990.*

spłoszyć *v* frighten off/away, scare off/away: *Our approach frightened the birds away.*
spłoszyć się *v* get scared away/off: *The squirrels got scared away.*

spłowiały *adj* faded: *a faded dress*

spłukać *v* rinse (off): *I tried to rinse the mud off under the tap.*

spłukany *adj* broke: *I can't go – I'm broke.* THESAURUS POOR

spłukiwać *v* →patrz SPŁUKAĆ

spłycać *v* oversimplify: *News reports often oversimplify complex issues* (=zagadnienia) *to make the news more interesting.*

spływ *n* **1** *(kajakiem)* canoeing trip **2** *(górski tratwą)* white-water rafting

spływać *v* **1** *(ciecz, rzeka)* flow: *Thousands of gallons of oil flowed into the river when an oil pipeline burst* (=pękł rurociąg naftowy). | *The stream flowed down the mountainside* (=po zboczu). **2** *(przez odpływ)* drain: *The water won't* (=nie chce) *drain – there's something blocking the pipe.* **3 spływaj!** beat it!, get lost!

spocić się *v* **1** *(człowiek)* break into a sweat, get (all) sweaty: *He broke into a sweat as soon as he went on stage.* **2** *(ręce)* get sweaty: *My heart raced* (=waliło mi serce) *and my palms got sweaty.* →patrz też POCIĆ SIĘ

spocony *adj* sweaty: *sweaty palms/armpits/bodies*

spocząć *v* **1** *(usiąść)* take/have a seat, sit down: **proszę**

S

spocząć please take/have a seat **2 nie spocząć** not rest: *We will not rest until the murderer is found.* **3** *(wzrok)* come to rest: *Lynn's eyes came to rest on a framed picture on the bookshelf.* **4 spocznij!** at ease! →patrz też SPOCZYWAĆ

spoczynek *n* **1** rest: *You'll feel much better after a good night's rest.* **2 w (stanie) spoczynku** at rest: *How do we measure* (=jak się mierzy) *the mass of an object at rest?* **3 generał w stanie spoczynku** retired general

spoczynkowy *adj* resting: *resting heart rate* (=tętno) | *resting blood pressure*

spoczywać *v* **1** *(leżeć)* lie: *An open book lay on the desk.* **2 spoczywać na kimś** *(obowiązek, ciężar)* rest with sb: *The burden of decision rests with the Supreme Court.* →patrz też SPOCZĄĆ

spod *prep* **1** from under: *Squeals of laughter were coming from under the bed.* | *The attacker pulled the knife out from under his coat.* **2 (pochodzą) spod Kielc/Białegostoku itp.** (they are) from the Kielce/Białystok etc area

spodek *n także* **spodeczek** saucer: *a cup and saucer*

spodenki *n także* **krótkie spodenki** shorts: *I'm going to wear shorts today.*

spodnie *n* **1** trousers *BrE*, pants *AmE*: *Put on your trousers.* **2 krótkie spodnie** shorts

spodobać się *v* **1 coś się komuś spodobało** sth took sb's fancy: *Did anything take your fancy?* **2 komuś spodobał się ktoś** sb took a liking/shine to sb: *I think Ernie's taken quite a shine to Madge.* →patrz też PODOBAĆ SIĘ

S

spodziewać się *v* **1 spodziewać się czegoś** expect sth: *Farmers expect good crops from April onward.* | *She knows broadly* (=mniej więcej) *what to expect.* **2 spodziewać się, że ktoś coś zrobi** expect sb to do sth: *I expect him to apologize.* **3 (nie) spodziewać się czegoś po kimś** (not) expect sb to do sth: *I didn't expect you to stoop to lying* (=że się zniżysz do kłamstwa). **4 jak można się było spodziewać** sure enough: *Sure enough, the car broke down on the way.* **5 spodziewać się dziecka** be expecting (a baby): *Pam is expecting a baby in July.*

spoglądać *v* →patrz SPOJRZEĆ

spojrzeć *v* **1** look: **+na coś** at sth: *He looked at his reflection in the mirror.* | *I want to look at the map.* | **spojrzeć na kogoś** look at sb, give sb a look: *He gave her a look of complete hopelessness.* THESAURUS LOOK **2 spójrzmy prawdzie w oczy** let's face it

spojrzenie *n* **1** look, stare, gaze: *a dreamy/surprised/worried look* | *a look of hatred/horror/suspicion* **2 rzucić komuś spojrzenie** give sb a look/stare: *She gave him a long hard stare.*

UWAGA: look, stare i gaze

Rzeczownik **look** oznacza spojrzenie dowolnego rodzaju. **Stare** to spojrzenie przeciągłe, zwykle nieprzyjazne lub ciekawskie: *a hard/cold/hostile/disapproving stare* | *She ignored the stares of everyone around her.* **Gaze** może znaczyć to samo, co **stare**. Może także oznaczać spojrzenie, z którego patrzący nie zdaje sobie sprawy, np. dlatego, że jest zamyślony: *a steady/curious gaze* | *For a moment his gaze became empty.*

spoko *interj* **1** *(w porządku)* no problem: *No problem, I'll call back later.* **2** *(nie denerwuj się)* chill out: *Chill out, Dave, it doesn't matter.*

spokojnie *adv* **1** *(w sposób opanowany)* calmly: *She spoke very calmly.* | *Calmly and slowly Eddie told them to phone for an ambulance.* **2** *(bez awantur)* peacefully: *to demonstrate peacefully* **3** *(cicho)* quietly: *I was studying quietly when Ben suddenly barged in.* **4 spać spokojnie** sleep peacefully: *The baby slept peacefully in the other room.*

spokojny *adj* **1** *(opanowany)* calm, peaceful: *a calm voice/manner* | *He's usually so calm.* **2** *(cichy)* quiet: *I'm just going to have a quiet evening at home.* THESAURUS QUIET

spokój *n* **1** calm, peace, calmness: *inner calm/peace* | *The park is an island* (=oazą) *of peace in the noisy city.* | *the calmness of the sea* **2** *(cisza)* (peace and) quiet: *He went up to his room to get some peace and quiet.* **3** *(pokój)* peace: *An uneasy peace descended on the area.* **4 zachować spokój** keep/stay/remain calm, keep your cool **5 dać komuś/czemuś spokój** leave/let sb/sth alone: **daj mi spokój!** get off my back!, come off it! **6 zostawić kogoś/coś w spokoju** leave/let sb/sth alone, leave sb in peace: *Go away and leave me alone.* | *I wish you would leave me in peace.* **7 dać sobie z kimś/czymś spokój** give up on sb/sth: *After hours of searching he gave up on trying to find his money.* **8 nie dawać komuś spokoju** *(myśl, wspomnienie itp.)* nag at sb: *a problem that had been nagging at him for days* **9 podchodzić do czegoś ze spokojem** take sth in your stride

spokrewniony *adj* related: *Giovanni and I are related.* | **+z kimś** to sb: *Are you related to Paula?* | *I didn't know you two were related to each other.* | *Chimpanzees are closely related to human beings.*

spolaryzować *v* polarize, polarise *BrE*: *The Vietnam War polarized public opinion.* —**spolaryzowany** *adj* polarized, polarised *BrE*: *polarized light/sunglasses*

społeczeństwo *n* **1** *(struktura, zbiór ludzi)* society: *modern/civilized society* | *British/American/Polish society* THESAURUS PEOPLE **2** *(obywatele)* the people: *the British/American/Polish people* | *The President made a big mistake in thinking that the American people were behind him.*

społecznie *adv* **1** socially: *Smoking is no longer considered socially acceptable by many people.* **2 pracować społecznie** do volunteer work, do community service: *She does a lot of volunteer work in the local community.*

społecznościowy *adj* →patrz **serwis społecznościowy** (SERWIS)

społeczność *n* community: *the local/international community*

społeczny *adj* **1** *(dotyczący społeczeństwa)* social: *social justice/injustice* **2** *(dotyczący ogółu ludzi)* public: *public support/reaction* **3 szkoła społeczna** private school, independent school *BrE* **4 opieka społeczna** social services **5 praca społeczna** volunteer work, community service **6 niepokoje społeczne** social unrest **7 nauki społeczne** social science

spomiędzy *prep* **1** *(dwóch)* from between: *A huge cat slid out from between two refrigerators and curled around his ankle.* **2** *(więcej niż dwóch)* from (among): *Jones was selected from among 39 contestants in the 22nd annual Miss Black America Contest.*

sponsor/ka *n* sponsor: *Visa is an official sponsor of the Winter Olympics.* | *I want to thank the sponsors of this festival, whose generosity made it all possible.* —**sponsorować** *v* sponsor: *Coca-Cola have offered to sponsor the tournament.*

spontaniczny *adj* spontaneous: *a spontaneous decision* |

spontaneous applause —**spontanicznie** *adv* spontaneously: *Thousands of people have spontaneously donated money for famine relief* (=dla głodujących). —**spontaniczność** *n* spontaneity: *He brings enthusiasm and spontaneity to our work.*

spopularyzować *v* popularize, popularise *BrE*: *Jane Fonda popularized aerobic exercise.*

sporadyczny *adj* occasional, sporadic: *He spent most of his life in France, with occasional visits to Italy.* | *sporadic fighting in the west of the city* —**sporadycznie** *adv* sporadically: *I write short stories sporadically.*

sporny *adj* **1** *(kwestia)* debatable, contentious, arguable: *a highly debatable point* | **punkt sporny** moot point **2** *(dokument, autorstwo)* contested: *the contested contract/document*

sporo *adv* **(całkiem) sporo ... a)** *(z rzeczownikami niepoliczalnymi)* quite a lot/bit of ...: *You can earn quite a lot of money being a salesman.* | *They've had quite a bit of snow this year.* **b)** *(z rzeczownikami policzalnymi)* quite a lot of ..., quite a few ...: *Quite a lot of people came.* | *There have been quite a few accidents on this stretch* (=na tym odcinku) *of road.*

sport *n* **1** sport, sports: *What's your favourite sport?* | *Do you play* (=uprawiasz) *any sports?* | *team sports* | **sporty letnie/zimowe** summer/winter sports | **sporty wodne** *aquatic/water sports* **2 dla sportu** for fun: *a place where you can play for fun or gamble for real and win big cash*

sportowiec *n* athlete, sportsman: *He is a world class athlete and also a TV personality.* | *Professional athletes may now compete at the Olympics.*

sportowo *adv* **ubierać się na sportowo** wear casual clothes, dress casually

sportowy *adj* **1** *(związany ze sportem)* sports, athletic: *a sports commentator* | *a sports stadium* | *sports equipment/shoes* | *athletic footwear* | *a sports club/car* | *an athletic event* | *athletic achievements* | **ośrodek sportowy** sports/leisure centre *BrE*, center *AmE* **2** *(ubranie)* sporty, casual: *casual wear* **3 sportowe zachowanie** sportsmanship

sportsmenka *n* sportswoman, athlete: *Sarah was an excellent sportswoman.*

spory *adj* quite a/an, sizeable: *This is quite a house.* | *a sizeable cash payment* | **spory kawałek** quite a distance →patrz też SPÓR

sporządzić *v* **1** *(dokument)* draw up: *to draw up a contract/list/document* **2** *(potrawę)* make, prepare: *Prepare a sauce with cream, lemon juice, and mustard.*

sposobność *n* opportunity: *I had the opportunity to work with some of the nation's top designers.* | *The other boys in Steven's class took every opportunity to make it known that he was not accepted.*

sposób *n* **1** *(metoda)* way: *his way of thinking* | *there must be a different way* THESAURUS WAY **2** *(środek)* means: *a means of communication* **3 w ten sposób** in this way: *It's odd that he should react in this way.* **4 w ten/taki czy inny sposób** somehow or other, in some way or other: *Somehow or other I must get in touch with him.* | *It must be controlled in some way or other.* **5 w żaden sposób** in no way, not ... in any way: *This will in no way influence our original decision.* | *They are not related in any way.* | **w żaden sposób nie mogę ...** there's no way I can ...: *There is no way I can help you.* **6 nie sposób czegoś zrobić** there's no way sb can/could do sth: *There's no way I can memorize* (=nauczyć się na pamięć) *all these formulas* (=wzorów) *before the test.* **7 na swój sposób** in his/her etc way: *I don't go in for* (=nie przepadam za) *the boyish type, but he is attractive in his way.*

spostrzec *v* notice: *She suddenly noticed a man waiting in the bushes.* | *Max noticed that I was getting nervous.*

spostrzegawczy *adj* observant, perceptive: *an observant reader* | *She is very perceptive for a young girl.* —**spostrzegawczość** *n* perception: *I was impressed by* (=zaimponowała mi) *her perception and her grasp of the facts* (=wiedza).

spostrzeżenie *n* observation: *She made some interesting observations in her article.*

spośród *prep* (out) of: *A new report says that 25% of all 7-year-olds cannot read.*

spotęgować *v* heighten: *The music actually heightened the dramatic effect of the film.*

spotkać *v* **1** meet, *(przypadkiem)* run into: *I met Joe while I was out shopping.* | *I ran into an old friend last night.* **2 coś kogoś spotkało** sth happened to sb, sb met with sth: *This is the best thing that has ever happened to us.* | *Irish and Italian Americans met with discrimination as they tried to make their way in society.*
spotkać się *v* **1** meet (up), get together: *Let's meet at my place at 8 o'clock.* **2 spotkać się z czymś a)** *(zetknąć się)* come across sth, run up against sth: *The judge said that he'd never come across a case quite like that before.* **b)** *(wywołać reakcję)* meet with sth: *Her ideas met with a favourable response.*

spotkanie *n* **1** meeting: *He wasn't at the meeting.* | *a meeting with clients* | **przypadkowe spotkanie** chance meeting THESAURUS PARTY **2** *(w sporcie)* game, match: *tonight's game* | *a friendly match* | *an international match*

spotykać *v* →patrz SPOTKAĆ
spotykać się *v* *(chodzić ze sobą)* be seeing each other: *We stopped seeing each other when we went to separate schools.* | **spotykać się z kimś** be seeing sb: *Is she seeing anyone at the moment?* →patrz też SPOTKAĆ SIĘ

spowalniać *v* →patrz SPOWOLNIĆ

spoważnieć *v* become serious: *His expression became serious as he listened to her story.*

spowiadać się *v* confess (your sins)

spowiedź *n* confession: **iść do spowiedzi** go to confession: *Rita goes to confession at least once a month.*

spowity *adj* **spowity mgłą/dymem itp.** shrouded in mist/smoke etc

spowodować *v* cause, result in, lead to: *The news caused a terrible family row* (=awanturę). | *a fire that resulted in the death of two children* | *What caused the crash was a fault* (=wada) *in the engine.* THESAURUS CAUSE

spowolnić *v* slow down: *What can we do to slow down the destruction of the ozone layer?*

spożycie *n* **1** *(żywności, napojów)* consumption: *consumption of beef/alcohol* **2** *(składników)* intake: *reduce your daily salt intake* →patrz też **data/termin przydatności do spożycia** (PRZYDATNOŚĆ)

spożywczy *adj* **1 sklep spożywczy** the grocer's *BrE*, grocery (store) *AmE* **2 produkty/artykuły spożywcze** groceries

spód *n* **1** *(dno, dół)* bottom: *the bottom of the box/page* | **na (samym) spodzie** at the (very) bottom: *The papers you want are at the bottom of the pile.* **2** *(dolna powierzchnia)* the underside: *There was a layer of foam rubber*

S

(=warstwa pianki) *on the underside of the carpet.* **3 pod spodem** underneath, below: *people passing below* | *There's a picture with a short article underneath.* **4 pod spód** underneath: *He got out of the car and looked underneath.*

spódnica *n* skirt: *a short/long/knee-length skirt* —**spódniczka** *n* skirt

spójnik *n* conjunction, linking word

spójny *adj* coherent: *a coherent answer/argument/program* —**spójność** *n* coherence

spółdzielczy *adj* **1** cooperative, collective: *a cooperative shop* | *a collective farm* **2 mieszkanie spółdzielcze** housing association flat *BrE*

spółdzielnia *n* **1** cooperative (society), collective: *a farm cooperative* **2 spółdzielnia mieszkaniowa** housing association

spółgłoska *n* consonant

spółka *n* **1** company: **spółka akcyjna** joint-stock company | **spółka z o.o.** limited company THESAURUS COMPANY **2 zrobić coś do spółki z kimś** do sth together with sb

spółkować *v* copulate —**spółkowanie** *n* copulation

spór *n* dispute: *a territorial dispute* | *a possible solution to the dispute*

spóźniać się *v (zegarek)* be slow: *My watch is two minutes slow.*

S

spóźnić się *v* **1** be late: *The train was half an hour late.* | *You are late as usual.* **2 spóźnić się na coś** miss sth: *I almost* (=o mało co nie) *missed the train.* **3 spóźnić się do pracy/szkoły** be late for work/school: *I overslept and was late for work.*

spóźniony *adj* late, delayed: *The bus is late again.* | *Our plane was delayed.*

sprać *v* wash off/out: *Emulsion paint can easily be washed out* (=łatwo daje się sprać), *providing it's fresh and hasn't had a chance to dry.*
sprać się *v* wash off/out: *Will this paint wash off?*

spragniony *adj* **1** *(picia)* thirsty: *I'm thirsty.* **2 spragniony czegoś** longing for sth: *The people eked out their supplies* (=oszczędzali zapasy) *through the winter, longing for the first signs of spring.*

sprawa *n* **1** *(kwestia)* matter, issue, affair: *an issue of national importance* | *He's busy with family matters.* | *Photography isn't just a matter of pointing the camera and pressing the button!* | *Where do you stand* (=jakie jest pana stanowisko) *on the issue of immigration?* THESAURUS SUBJECT **2** *(interes)* business: **to nie twoja sprawa** it's none of your business, mind your own business **3** *(szczytny cel)* cause: *They were ready to die for the cause.* **4** *(sądowa)* case: *Watson won the discrimination case against her employer.* **5 nie ma sprawy!** no problem!, forget it! **6 zdać sprawę z czegoś** give an account of sth: *He gave an account of his conversation with Jane.* **7 zdawać sobie sprawę, że ...** realize/realise *BrE* (that) ...: *I'm sorry, I didn't realize it was so late.* | **zdawać sobie sprawę z czegoś** realize/realise *BrE* sth, be conscious/aware of sth: *He obviously didn't realize the dangers involved.* | *Jodie was conscious of the fact that he was watching her.* **8 (to) sprawa tygodni/dni itp.** (it's) a matter of weeks/days etc **9 robić z czegoś sprawę** make an issue of sth: *I was upset by Eleanor's remarks, but decided not to make an issue of it.*

spraw-ca/czyni *n* culprit, perpetrator: *Police finally managed to catch the culprit.*

sprawdzać *v* →patrz SPRAWDZIĆ

sprawdzian *n* **1** test, quiz *AmE*: **pisać sprawdzian** do/take a test | **zdać/oblać sprawdzian** pass/fail a test THESAURUS TEST **2 sprawdzian czegoś** *(próba)* test of sth: *Today's race is a real test of skill.*

sprawdzić *v* **1** check: *Always check the tires before you start out on a long drive.* | *We'd better check that these are the right pills.* | *I'll have to check my diary.* THESAURUS CHECK **2** *(słowo w słowniku itp.)* look up: *Look it up in the encyclopaedia.*
sprawdzić się *v* **1** *(spełnić zadanie)* work (well): *It may be a pretty unsophisticated* (=nieskomplikowany) *system but it has worked well for over fifty years.* **2** *(spełnić się)* come true: *By 1975 the worst economic predictions had come true.*

sprawdzony *adj* proven: *a proven method of learning*

sprawiać *v* **1** cause: **sprawiać kłopoty/ból** cause trouble/pain: *I feel I've caused you enough trouble.* | *Injuries to the joints* (=kontuzje stawów) *can cause severe pain.* **2 sprawiać komuś kłopot** inconvenience sb, put sb out: *Will it put you out if I bring another guest?* **3 sprawiać wrażenie ...** appear to be ...: *The driver appeared to be drunk.* **4 sprawiać różnicę** make a difference, matter: *I doubt it will make any difference.* | *It doesn't matter to me.*

sprawić *v* **sprawić, żeby ktoś coś zrobił** make sb do sth, get sb to do sth: *I'm not sure I can make him change his mind, but I'll give it a try.* THESAURUS CAUSE

sprawiedliwie *adv* fairly, justly: *I felt I hadn't been treated fairly.*

sprawiedliwość *n* **1** justice, fairness: *Children have a strong sense of justice.* | **sprawiedliwość społeczna** social justice | **w imię sprawiedliwości** in the name of justice **2 oddać komuś sprawiedliwość** give sb his/her etc due: *John was a lousy teacher, but to give him his due, he tried hard.* →patrz też **sprawiedliwości stało się zadość** (ZADOŚĆ)

sprawiedliwy *adj* fair, just: *a free and fair election* | *a just punishment/reward*

sprawka *n* **czyjaś sprawka** sb's doing: *This mess is all your doing.*

sprawność *n* **1** *(fizyczna)* fitness: *Running marathons requires a high level of physical fitness.* | **zachować sprawność** keep fit **2** *(wydajność)* efficiency: *Because of the engine's efficiency the car has very low running costs.*

sprawny *adj* **1** *(fizycznie)* fit: *To do any sport at international level you have to be extremely fit.* **2** *(wydajny)* efficient: *an efficient system/secretary* —**sprawnie** *adv* efficiently: *Under new management, the business worked much more efficiently.*

sprawować *v* **sprawować władzę/urząd** hold power/office: *It is the Chancellor who holds real power.* | *There have been virtually no women holding office this decade.*
sprawować się *v* **1** *(zachowywać się)* behave: *to behave well/badly* **2** *(służyć)* work: *The car's working fine now.*

sprawozdanie *n* report: *Martens gave a report on his sales trip to Korea.*

sprawozdawca *n* commentator: *a sports commentator*

spray *n* spray: **dezodorant w sprayu** spray deodorant

sprecyzować *v* specify: *He did not specify what surgery* (=zabieg) *was required.*

spreparować *v (dowody)* fabricate: *The police were accused of fabricating evidence.*

sprezentować *v* **sprezentować komuś coś** present sb with sth: *The vase she presented him with was exquisitely ornate* (=misternie zdobiona).

sprężać *v (gaz)* compress
sprężać się *v* be compressed, undergo compression

sprężyć się *v (zmobilizować się)* get your act together: *I must get my act together and find a job.*

sprężyna *n* spring

sprężystość *n* flexibility

sprężysty *adj* springy, *(elastyczny)* flexible: *flexible plastic*

sprint *n* sprint: *the 100 metre sprint* | **biec sprintem** sprint: *He sprinted after the bus.*

sprinter/ka *n* sprinter, sprint runner

sprostać *v* **sprostać czemuś** cope with sth: *He couldn't cope with the strain of being a teacher.*

sprostować *v* correct: *We must correct the error.* —**sprostowanie** *n* correction: *The editor of the newspaper published a correction, apologizing for the mistake.*

sprośny *adj* obscene, dirty: *obscene gestures/behaviour | dirty jokes/words*

sprowadzać *v (importować)* import
sprowadzać się *v* **sprowadzać się do czegoś** come/boil down to sth: *It all came down to a choice between cutting wages and cutting staff* (=między redukcją płac a redukcją zatrudnienia).

sprowadzić *v* **1** *(przyprowadzić)* get: *Go get a doctor, quick!* **2** *(spowodować)* bring: *You have brought disaster on the whole village!* **3** *(po schodach)* take downstairs: *They took us downstairs.* **4 sprowadzić coś do czegoś** reduce sth to sth: *Reduce the problem to its essentials* (=podstaw). **5 sprowadzić kogoś na złą drogę** lead sb astray: *His mother worries that the older boys will lead him astray.*
sprowadzić się *v* **sprowadzić się gdzieś** move somewhere/into sth: *Ever since we moved into this house, it's been one problem after another.*

sprowokować *v* provoke: *The attack provoked an angry response. | Ignore him - he's just trying to provoke you.*

spróbować *v* **1** *(postarać się)* try: *You could at least try.* | **spróbować coś zrobić** try to/and do sth: *Try not to interrupt while I'm talking. | Try and breathe normally.* **2** *(podjąć próbę, zaryzykować)* have a try/go: *Here, let me have a try.* | **spróbować czegoś** try (doing) sth, give sth a try **3** *(skosztować)* taste, have a taste: *Have a taste of this soup and see if it needs more salt.* **4 spróbować swoich sił w czymś** try your hand at (doing) sth, have a go/stab/shot at (doing) sth: *People wanting to try their hand at show business are usually inexperienced. | Do you want to have a go at sailing the boat?* THESAURUS TRY →patrz też PRÓBOWAĆ

spróchniały *adj* rotten: *rotten wood*

spryskiwacz *n* sprinkler: *a garden/lawn sprinkler*

sprytny *adj* clever: *a clever excuse/idea | a clever little gadget* —**spryt** *n* cleverness —**sprytnie** *adv* cleverly: *The building has been cleverly designed to use as little energy as possible.*

sprywatyzować *v* privatize, privatise *BrE*: *The company was privatized by the government in 1987.*

sprzączka *n* buckle: *a belt buckle*

sprzątacz/ka *n* cleaner: *He works as a cleaner.*

sprzątać *v* clean (up) →patrz też POSPRZĄTAĆ —**sprzątanie** *n* cleaning (up): *I'm sick of cleaning up after you!*

sprzeciw *n* **1** *(niechęć, brak zgody)* opposition: *widespread/growing opposition | Thousands gathered at the stadium to voice* (=wyrazić) *their opposition to the plans. | Oil company executives* (=dyrekcje koncernów naftowych) *expressed strong opposition to any tax changes.* **2** *(protest)* objection: *If the local people do not make an objection* (=nie zgłoszą sprzeciwu), *we can start building the new houses.*

sprzeciwiać się *v* **1 sprzeciwiać się czemuś** be opposed to sth, oppose sth: *Many people are opposed to the use of fur for clothes.* **2 sprzeciwiać się komuś** contradict sb: *Don't contradict your mother!*

sprzeciwić się *v* **sprzeciwić się czemuś** *(zaprotestować)* object to sth: *No member of the Council* (=Rady) *has ever objected to this principle.*

sprzeczać się *v* argue: *Don't argue with me, John. | Let's not argue about this.*

sprzeczka *n* squabble, argument: *the usual squabbles over who should sit in the front of the car | petty* (=drobne) *squabbles*

sprzeczność *n* **1** contradiction: *His speech was full of lies and contradictions.* **2 stać/pozostawać w sprzeczności z czymś** contradict sth, be in contradiction to sth: *The witnesses' reports contradict each other. | Hatred is in contradiction to Christian values.*

sprzeczny *adj* **1** contradictory: *contradictory accounts/answers/conclusions* **2 być sprzecznym z czymś** *(zaprzeczać)* contradict sth: *The results of his experiments seem to contradict the laws of physics.* **3 sprzeczny z czymś** *(wyłamujący się)* contrary to sth: *actions that are contrary to International Law* **4 sprzeczny z prawem** illegal: *Sexual discrimination at work is illegal.*

sprzed *prep* **1** *(budynku itp.)* from in front of, from outside: *It was stolen from in front of our house in broad daylight.* **2** *(momentu w przeszłości)* from before: *news from before July 1996 | pictures from before the war* **3 zupa itp. sprzed trzech dni** three-day-old soup etc

sprzedać *v* sell: *Sally's going to sell me her bike. | He was only willing to sell it for ready cash* (=za gotówkę). | **tanio coś sprzedać** sell sth cheap/cheaply
sprzedać się *v (człowiek)* sell out: *Most of the hippies of the 1960s sold out and became bankers and businessmen.*

sprzedajny *adj* corruptible: *corruptible officials*

sprzedawać *v* sell →patrz też SPRZEDAĆ
sprzedawać się *v* **dobrze/źle się sprzedawać** sell well/badly: *Anti-age creams always sell well.*

sprzedaw-ca/czyni *n* salesman/saleswoman/salesperson, shop assistant *BrE*, sales clerk *AmE*: *He took a job as* (=zatrudnił się jako) *a sales clerk in a big department store.*

sprzedaż *n* **1** sale: *The new law restricts the sale of hand guns.* **2 na sprzedaż** for sale: *Sorry, that painting's not for sale at any price. | There was a "for sale" sign in the yard. | The house is up* (=wystawiony) *for sale.* **3 w sprzedaży** on sale, on the market: *Stephen King's new novel will go on sale next week* (=będzie w sprzedaży od przyszłego tygodnia). | *There are thousands of different computer*

S

games on the market. **4 dział sprzedaży** sales (department): *She works in sales.*

sprzeniewierzyć *v* embezzle: *He embezzled large amounts of money to finance his gambling.*

sprzęgło *n* clutch: *to engage/release the clutch*

sprzęt *n* **1** equipment: *electronic/medical/video equipment* **2** *(komputerowy)* hardware

sprzęty *n (meble)* furniture: *an opportunity to dispose of* (=okazja pozbycia się) *unwanted furniture*

sprzyjać *v* **1 sprzyjać czemuś** encourage sth, promote sth, be conducive to sth, favour *BrE*, favor *AmE* sth: *Damp air* (=wilgoć) *encourages the formation of mould* (=powstawaniu pleśni). | *A balanced diet promotes good health.* | *All this noise is hardly* (=niezbyt) *conducive to rest and relaxation.* | *The state of the economy does not favour the development of small businesses.* **2 sprzyjać komuś** be sympathetic to/towards sb: *The papers are mostly sympathetic to the prime minister.* **3 szczęście komuś sprzyja** luck is on sb's side: *Luck was on my side; all the traffic lights were green.*

sprzyjający *adj* favourable *BrE*, favorable *AmE*: *a favourable wind/light/reaction*

sprzymierzeniec *n* ally: *Thatcher and Reagan were close allies.*

sprzymierzyć się *v* **sprzymierzyć się z kimś** align yourself with sb, ally yourself to/with sb: *Some priests and nuns openly allied themselves with the rebels.*

sprzysiąc się *v* **sprzysiąc się przeciwko komuś** gang up on sb: *She felt we were all ganging up on her and trying to stop her from doing her job.*

spuchnąć *v* swell (up), puff up: *My ankle swelled up like a balloon.*

spuchnięty *adj* swollen, puffed up: *The boy's right knee was badly swollen.*

spudłować *v* miss: *His first shot missed.*

spust *n* trigger: *He pointed the gun and pulled the trigger.*

spustoszenie *n* devastation: **siać spustoszenie** cause devastation, wreak/cause havoc: *A cyclone came over the island, causing complete devastation.* | *The whiteflies* (=mszyce) *have been wreaking havoc on crops.*

spustoszyć *v* devastate, ravage: *The storm devastated a large part of the state.*

spuszczać *v* **nie spuszczać kogoś z oczu** don't let sb/sth out of your sight, keep an eye on sb/sth: *Stay here, and don't let the baby out of your sight.*

spuścić *v* **1** *(płyn ze zbiornika)* drain: *Brad drained all the oil from the engine.* **2** *(upuścić)* drop: *I dropped a brick on my finger and the nail went black.* **3** *(obniżyć)* lower: *The soldier lowered the flag.* | *The men lowered the ship's lifeboats into the water.* **4 spuścić cenę/z ceny** drop/lower the price, bring down the price: *The major phone companies have all dropped their prices recently.* | *Rather than lose a sale* (=żeby nie stracić klienta), *car salesmen will often bring down the price.* **5 spuścić wzrok/oczy** lower your gaze/eyes: *Melissa lowered her eyes demurely* (=skromnie) *as he came into the room.* **6 spuścić głowę** hang down/lower your head: *Sharon lowered her head and looked away, clearly embarrassed by what she had done.* **7 spuścić wodę** *(w ubikacji)* flush (the toilet) **8 spuścić komuś lanie** give sb a beating **9 spuścić spodnie** drop your trousers *BrE*, pants *AmE*
spuścić się *v (na sznurze itp.)* lower yourself: *Saul tied one end of the rope around a large rock and lowered himself over the cliff.*

spuścizna *n* heritage: *cultural/literary heritage*

spychacz *n* bulldozer

spychać *v* → patrz ZEPCHNĄĆ

spytać *v* → patrz ZAPYTAĆ (SIĘ)

sreberko *n* tinfoil, silver foil/paper

srebrny *adj* **1** silver: *silver jewellery* **2 srebrny medal** silver medal: **srebrn-y/a medalist-a/ka** silver medallist *BrE*, medalist *AmE* **3 srebrny ekran** the silver screen: *stars of the silver screen* **4 srebrne wesele** silver wedding anniversary

srebro *n* silver: *a crown of gold and silver*

srebrzysty *adj* silvery: *a silvery glow*

srogi *adj* harsh: **sroga zima** harsh/hard winter

sroka *n* magpie

ssać *v* suck (at): *Don't suck your thumb, Katie.* | *The baby sucked at his mother's breast.*

ssak *n* mammal: *Whales are mammals.*

ssanie *n* **1** suction: *the suction of the vacuum cleaner* **2** *(w silniku samochodowym)* choke: *Give it a bit more choke.*

ssawka *n (odkurzacza)* attachment

stabilizacja *n* **1** *(stan)* stability: *economic/financial/political stability* | *achieve stability* **2** *(proces)* stabilization, stabilisation *BrE*: *economic/population stabilization*

stabilizować (się) *v* → patrz USTABILIZOWAĆ (SIĘ)

stabilność *n* stability: *economic/financial/political stability* | *to achieve stability*

stabilny *adj* stable: *a stable economy/government/relationship*

stacja *n* **1** *(dworzec)* station: *a bus/train station* **2** *(nadawcza)* station: *a radio/TV/television station* **3 stacja benzynowa/paliw** petrol *BrE*, gas *AmE* station **4 stacja obsługi** service station, garage **5 stacja dysków** disk drive **6 stacja kosmiczna** space station

stacjonarny *adj* **1 studia stacjonarne** full-time studies/programme *BrE*, program *AmE* **2** *(nieruchomy)* stationary: *a satellite in a stationary orbit*

stacjonować *v* be stationed: *Troops were stationed in the chief fortresses of the country.*

stacyjka *n (w samochodzie)* ignition (lock): *to put/turn the key in the ignition*

staczać się *v* → patrz STOCZYĆ SIĘ

stać *v* **1** *(człowiek)* stand: *I can't afford the time to stand here and chat to you.* | *They stood facing each other for a few minutes.* | **stać na palcach** stand on tiptoe THESAURUS STAND **2** *(znajdować się)* stand: *The car's been standing in the garage for weeks.* | *The church stood on top of a hill.* **3** *(praca)* be at a standstill: *Work on the new bridge is at a standstill.* **4 stać w miejscu** stand still: *It is as if time has stood still and I'm ten years older.* | *Space technology has not stood still.* **5 dobrze/źle stać** be going well/badly: *Things seem to be going badly.* **6 słabo stać** *(waluta, akcje)* be weak **7 kogoś na coś stać/nie stać** sb can/can't afford (to do) sth: *I can't afford (to buy) a car.* **8 stać za czymś** *(być odpowiedzialnym)* be behind sth: *The police believe a local gang is behind the killings.* **9 stać nad kimś** stand over sb: *I can't concentrate with him standing over me like that.* **10 stać przed czymś** face sth:

The government faces some difficult decisions. **11 wiesz, na czym stoisz** you know where you stand →patrz też STANĄĆ

stand/sit

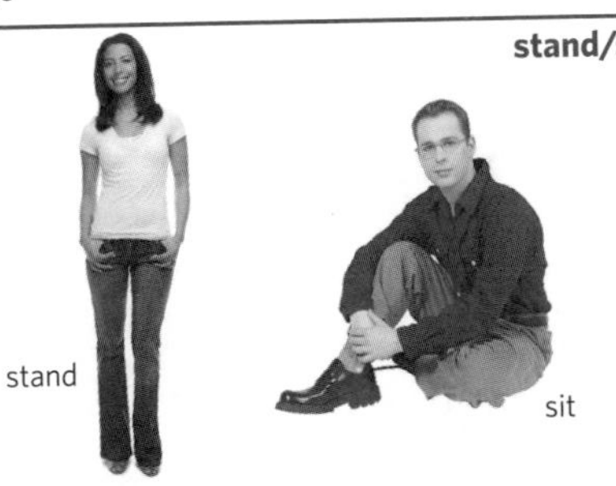

stać się *v* **1** *(wydarzyć się)* happen: *What's going to happen when she finds out?* **+ z kimś/komuś** to sb: *He told me in detail what would happen to me.* | **co się stało?** what's happened?, what's the matter? | **nic się nie stało** it's/that's all right **2** *(zacząć być)* become, get: *Her breathing became slow and uneven.* | *She got more and more nervous as the wedding drew near.* THESAURUS BECOME

stadion *n* stadium: *a sports/baseball/football stadium* | *an Olympic stadium*

stadium *n* stage: *at this stage* | *at an early stage* | *We're still at the planning stage.*

stadko *n* group, flock: *a group of young boys* | *a flock of tourists*

stadnina *n* stud farm

stado *n* **1** *(bydła, słoni)* herd: *a herd of cattle* **2** *(owiec, kóz, ptaków)* flock: *a flock of sheep/seagulls* **3** *(ludzi)* flock: *a flock of tourists*

stagnacja *n* stagnation: *economic stagnation*

stajać *v* thaw: *The snow thawed overnight.*

stajenny *n* groom

stajnia *n* **1** *(koni)* stable: *The stables have to be cleaned out every day.* **2** *(talentów itp.)* stable: *Ohio's football team has a talented stable of freshmen* (=studentów pierwszego roku).

stal *n* steel: *A bridge made of steel.* | **stal nierdzewna** stainless steel

stale *adv* constantly, always: *She's always complaining.* THESAURUS OFTEN

stalownia *n* steelworks

stalowy *adj* **1** steel: *steel beams/doors* | *the steel industry* **2 stalowe nerwy** nerves of steel

stalówka *n* nib

stałocieplny *adj* warm-blooded

stałość *n* **1** *(niezmienność)* stability, constancy: **stałość uczuciowa** emotional stability **2** *(długotrwałość)* permanence: *a sense of permanence*

stały *adj* **1** *(niezmienny)* constant: *a constant temperature* | *driving at a constant speed* | *a constant supply of fresh water* **2** *(długotrwały)* permanent, steady: *a permanent/steady job* | *a permanent solution to the problem* | *a steady decline in prices* **3 na stałe** permanently: *This door is kept permanently locked.* **4 stały klient** regular customer **5 ciało stałe** solid: *Water changes from a liquid to a solid when it freezes.* **6 pokarmy stałe** solids: *He's still too ill to eat solids.* **7 prąd stały** direct current

stan *n* **1** *(położenie, sytuacja)* state: *the state of the economy* | **stan rzeczy** state of affairs | **stan konta** bank balance | **stan ducha** state of mind **2** *(kondycja)* condition: *in good/bad condition* | **w stanie krytycznym** in critical condition **3** *(prawny)* status: **stan cywilny** marital status **4 nie być w stanie czegoś zrobić** be unable to do sth: *After his illness he was unable to walk unaided.* **5 stan wyjątkowy** state of emergency **6 stan wojenny** martial law **7 (być) w stanie wojny (z kimś)** (be) in a state of war (with sb)

stanąć *v* **1** *(na nogach)* stand: *Stand with your legs slightly bent.* **2** *(ustawić się)* stand: *Everybody please stand in a circle.* **3** *(pojazd)* stop, come/grind to a halt: *The car came to a halt in front of the house.* THESAURUS STOP **4** *(budowla)* be erected: *The first public school building was erected on East High Street in 1857.* **5 stanęło na tym, że ...** it was decided that ...: *It was eventually decided that four London hospitals should be closed.* **6 stanąć na czele kogoś/czegoś** lead sb/sth: *Nkrumah led the people in their struggle for independence.* **7 stanąć jak wryty** stop dead: *Paula stopped dead when she saw us.* **8 stanąć komuś w gardle** stick in sb's throat: *The words stuck in my throat.* **9 stanąć na wysokości zadania** rise to the occasion/challenge: *Do you think she'll be able to rise to the occasion?* **10 stanąć w płomieniach** burst into flames →patrz też STAĆ

standard *n* standard: *The hotel offers a high standard of service.* | *The airline has rigorous safety standards.* | **standard życia/życiowy** living standard(s), standard of living

standardowy *adj* **1** *(typowy)* standard: *a standard size/model* | *A lie-detector test is standard procedure.* **2** *(domyślny)* default: *default settings* —**standaryzacja** *n* standardization, standardisation *BrE* —**standaryzować** *v* standardize, standardise *BrE*

stanieć *v* →patrz TANIEĆ

stanik *n* bra: *Do you always wear a bra?*

stanowczo *adv* **1** firmly: *"No," she said firmly, "you can't go."* | *Bill was firmly opposed to any change in the plans.* **2 stanowczo odmówić/zaprzeczyć** flatly refuse/deny

stanowczość *n* firmness: *Wilson refused their offer with immovable firmness.*

stanowczy *adj* firm: *a firm decision/leader* | *You need to be quite firm with kids or they'll walk all over you* (=bo inaczej będą ci chodzić po głowie).

stanowić *v* **1** *(przedstawiać sobą)* constitute, represent: *We may need to redefine what constitutes a family.* | *The dam* (=zapora) *represents man's triumph over nature.* **2** *(określoną część)* account for, comprise: *The value of the land accounts for 30% of the house's price.* | *Women comprise over 75% of our staff.* **3** *(problem, zagrożenie)* pose, present: *Terrorist activity along the border still poses a real threat to peace.* | *Use of these chemicals may present a fire risk.* **4 stanowić o czymś** make sth: *The Orient still retains that aura of mystery and exoticism that makes it so appealing* (=która stanowi o jego atrakcyjności). **5 stanowić prawo** make law: *the power to make law*

stanowisko *n* **1** *(posada)* post, position: *No experience is necessary for this post.* | *Clarke had abused* (=nadużywał) *his position as mayor by offering jobs to his friends.* THESAURUS OPINION **2** *(publiczne)* office, post: **ubiegać się o stanowisko** run for office | **zdjąć kogoś ze stanowiska** remove sb from office: *The governor was removed*

S

from office. **3** *(pogląd)* position, stand: *What is the party's position on abortion?* | **zająć stanowisko (w sprawie czegoś)** take a stand (on sth): *We need to take a stand on vandalism.* **4** *(autobusu)* bay: *The bus will depart* (=odjedzie) *from bay 3.*

stanowy *adj* state: *a state university* | *state taxes*

starać się *v* **1** try: *You should try harder.* | **+ z/robić coś** to do sth: *I always try to be very careful.* THESAURUS TRY **2 starać się o coś** *(ubiegać się)* apply for sth: *to apply for a loan/job*

starania *n* efforts: *efforts to bring peace* | **czynić starania** make efforts: *Both sides should make efforts to avoid future clashes.*

staranny *adj* careful: *She's a careful, hard-working student.* —**starannie** *adv* carefully: *She carefully cleaned the lamp with a rag* (=ściereczką). —**staranność** *n* care: *You need to put more care into your work.*

staranować *v* ram: *The torpedo failed to explode and the destroyer* (=niszczyciel) *rammed the submarine.*

starcie *n* clash, scuffle: *violent clashes between the police and demonstrators*

starczyć *v* **1** *(nie brakować)* be enough: *There's enough food for everyone.* | *There aren't enough chairs for everyone.* | *$25 should be enough.* **2** *(przez jakiś okres)* last: *The batteries will last for up to 8 hours.*

starocie *n* **targ staroci** antiques market

starodawny *adj* ancient: *an ancient typewriter*

staropolski *adj* **1** *(tradycyjny)* traditional Polish: *traditional Polish cuisine* (=kuchnia) **2** *(dawny)* old Polish: *old Polish traditions/legends*

starość *n* old age: *Old age is creeping up* (=zbliża się niepostrzeżenie) *on me.* | **na starość** in your old age: *Our grandfather's getting a bit forgetful in his old age.*

staroświecki *adj* old-fashioned: *old-fashioned attitudes/ideas* THESAURUS OLD-FASHIONED

starożytność *n* antiquity: *The common household fork* (=zwykły widelec) *was nearly unknown in antiquity.*

starożytny *adj* ancient: *ancient civilizations/culture* | *ancient Egypt/Greece/Rome* THESAURUS OLD

starówka *n* Old Town: *Warsaw's Old Town*

starsi *n* **1** *(osoby starsze)* the elderly: *The elderly are most likely to fall prey to con men* (=najczęściej padają ofiarą oszustów). **2** *(starszyzna)* elders: *tribal/village elders*

starszy *adj* **1** *(mający więcej lat)* older: *I have two brothers, both older than me.* | **być starszym od kogoś o pięć/dziesięć itp. lat** be five/ten etc years sb's senior | **starsza siostra** big/older/elder sister **2** *(niemłody)* elderly: *elderly people/parents* | *an elderly lady/ gentleman* | **osoby starsze** the elderly, seniors: *Many seniors lead very active lives.* THESAURUS OLD → patrz też STARY

starszyzna *n* elders: *tribal/village elders*

start *n* **1** start: *The athletes are warming up for the start of the race.* **2** *(samolotu)* take-off: *The plane crashed shortly after take-off.* **3** *(rakiety)* lift-off

startować *v* **1** *(w zawodach, konkursie)* take part: *Players from all over the world will take part in the competition.* **2** *(w wyścigu)* run: *I've put myself down* (=zgłosiłem się) *to run in the charity race next Saturday.* | *I'd never run a marathon before.* **3** *(w wyborach)* run: *He ran for president twice.* **4** *(samolot)* take off: *Children were watching the planes take off and land.* **5** *(rakieta)* lift off

startowy *adj* **pas startowy** runway, airstrip

stary *adj* **1** old: *an old man/woman/friend* | *an old house* | *old clothes/books/cars* | *an old tradition* | *He's too old to fight another election.* THESAURUS OLD **2** *(jedzenie)* stale: *stale bread/cookies/beer* **3 Stare Miasto** Old Town **4 Stary Testament** the Old Testament → patrz też STARSZY

starzec *n* **1** old man: *An old man was begging at the roadside.* **2 dom starców** old people's home: *We'll soon have to put her in an old people's home.*

starzeć się *v* age, get/grow old/older: *Our society is aging.* | *My mother's getting old and can't see very well.* | *As you get older you tend to forget things.* THESAURUS OLD

stateczny *adj* **1** *(człowiek)* staid: *a staid old bachelor* **2** *(łódź)* stable

statek *n* **1** ship: **statek handlowy** merchant ship | **statek pasażerski** cruiser, passenger ship **2 statkiem** by ship/sea: *It takes longer to send goods by sea, but it's cheaper.* | **płynąć statkiem** sail, go by sea: *We sail for America next week.* **3 wsiąść na statek** board a ship, embark: *A week later he boarded a ship bound for New York.* | *The Pilgrim Fathers embarked for America in 1620.* **4 statek kosmiczny** spaceship

statua *n* statue: **Statua Wolności** the Statue of Liberty

status *n* status: *the status of refugees* (=uchodźców) | *She fought to improve the status of women in society.*

statut *n* statutes: *College statutes forbid drinking on campus.*

statutowy *adj* statutory: *statutory requirements* | *a statutory duty* —**statutowo** *adv* by statute: *Protection for the consumer is laid down by statute.*

statyczny *adj* static: *a static element*

statyst-a/ka *n* extra: *film/movie/TV extras* | *Should the government play a leading role in the digital economy or is it just an extra?*

statystycznie *adv* **1** *(średnio)* on average: *On average, British men smoke five and a half cigarettes per day.* **2 statystycznie znaczący** statistically significant

statystyczny *adj* **1** *(typowy)* average: *The average reader of science-fiction is young and male.* **2** *(wykorzystujący statystykę)* statistical: *statistical analysis/data/evidence*

statystyka *n* **1** *(nauka)* statistics: *Did you take statistics in graduate school* (=czy miałeś statystykę na studiach podyplomowych)? **2 statystyki** statistics: *Statistics show a 20% reduction in crime compared with last year.*

statysty-k/czka *n* statistician

staw *n* **1** *(łokciowy itp.)* joint: *a knee/hip joint* | **zapalenie stawów** arthritis: *My grandma suffers from arthritis.* **2** *(jeziorko)* pond: *It's a beautiful park, with a pond and large trees.* THESAURUS LAKE

stawać *v* → patrz STANĄĆ
stawać się *v* → patrz STAĆ SIĘ

stawiać *v* **1** *(umieszczać)* put, place: *Don't put that book on the top shelf.* **2** *(budować)* put up, erect, build: *Farmers have begun putting up fences to prevent visitors from cutting across their land.* **3** *(stopnie)* give: *The survey* (=ankieta) *shows that teachers tend to give lower marks to girls.* | *She gave him a bad grade.* **4** *(fundować)* buy, stand: *John always buys me lunch.* | *He stood drinks all around.* | **ja stawiam** it's on me, my treat **5** *(pieniądze w zakładach)* bet: *I'll bet $50 that he won't pass the test.* **6 stawiać kroki/stopy** tread: *to tread carefully/cautiously* **7 stawiać**

coś pod znakiem zapytania put sth in question: *The judge's ruling puts in question the legality of tax breaks* (=ulg podatkowych). →patrz też POSTAWIĆ, →patrz też **stawić czoło komuś/czemuś** (CZOŁO), **stawiać opór** (OPÓR)

stawka *n* **1** *(płaca)* rate: *a daily rate of pay* | *What's the hourly rate for cleaning?* | *pay rates* **2** *(ryzyko)* stakes, stake: *The stakes are too high.* | **stawką jest czyjeś życie** sb's life is at stake **3** *(w grze hazardowej)* stake: *Gamblers in Las Vegas often play for high stakes.* **4** *(w wyścigu, zawodach)* the field: *Dusty Nell is leading the field as they come around the final bend.*

staż *n* **1** *(szkolenie)* training: *Business training is a good preparation for any career.* **2** *(próbne zatrudnienie)* probation: *All new employees are on probation for nine months.*

stażyst-a/ka *n* **1** trainee: *a trainee teacher/reporter* **2 lekarz stażysta** houseman *BrE*, intern *AmE*

stąd *adv* **1** *(z tego miejsca)* from here: *From here to the bus station is a five-minute walk.* | *You can see my house from here.* | *a town about 50 miles away from here* **2** *(dlatego)* hence: *The sugar from the grapes* (=z winogron) *remains in the wine, hence the sweet taste.* **3 ni stąd, ni zowąd** all of a sudden, out of the blue: *All of a sudden the lights went out.*

stąpać *v* tread, *(ciężko)* stump: *We had to tread carefully along thin shelves of ice.*

stchórzyć *v* chicken out: *I was going to do a bungee jump, but I chickened out at the last minute.*

stek *n* **1** steak: *Is steak on the menu tonight?* | *I like my steak rare* (=krwisty). **2 stek bzdur** a load of rubbish/nonsense

stempel *n* **1** stamp: *a date stamp* | *a stamp in your passport* **2 stempel pocztowy** postmark

stemplować *v* stamp: *They always stamp your passport.*

stenografia *n* shorthand: *Candidates for the job must know shorthand.*

stepowanie *n* tap dancing: *a tap dancing lesson*

ster *n* **1** rudder: *a water rudder* **2 u steru** at the helm: *With Davies at the helm, the team is bound to succeed.*

sterczeć *v* **1** *(wystawać)* stick out/up, protrude: *I tore my dress on a nail that was sticking out of the chair.* | *a metal pipe* (=rura) *protruding from the wall* **2** *(nie przylegać do powierzchni)* stick up/out: *Your hair is sticking up.*

stereo[1] *n* **wieża stereo** stereo: *The stereo was the one thing he possessed that was in good working order.*

stereo[2] *adj* **1** stereo: *a stereo system/broadcast* **2 w wersji stereo** in stereo: *This programme is being broadcast in stereo.*

stereo[3] *adv* in stereo: *to record/transmit in stereo*

stereofoniczny *adj* stereo: *stereo sound*

stereotyp *n* stereotype: *The movie reinforces* (=utrwala) *the stereotype of Indians as heathens and savages* (=jako pogan i dzikusów). —**stereotypowy** *adj* stereotypical: *the stereotypical Englishman*

steroid *n* steroid: *Grissom tested positive for steroids.* | *They've put me on* (=przepisali mi) *steroids.*

sterować *v* **1** *(mechanizmem, działaniami)* control: *This button controls the temperature in the building.* **2** *(łodzią)* steer: *Who's going to steer the boat?*

sterowanie *n* **zdalne sterowanie** remote control

sterroryzować *v* terrorize, terrorise *BrE*

sterta *n* heap, pile, stack: *a pile of books*

steryd *n* →patrz STEROID

sterylizacja *n* sterilization, sterilisation *BrE*: *These chemicals are used in the sterilization of water.*

sterylizować *v* **1** *(odkażać)* sterilize, sterilise *BrE*: *Sterilizing equipment stops germs from spreading.* **2** *(pozbawiać płodności)* **a)** *(ludzi)* sterilize: *a controversial method of sterilizing women without surgery* **b)** *(zwierzęta)* sterilize, neuter: *You should have your cat neutered.* —**sterylizowany** *adj* sterilized, sterilised *BrE*: *a sterilized needle*

sterylny *adj* sterile: *a sterile bandage* | *a sterile environment*

steward *n* **1** *(w samolocie)* flight attendant, steward **2** *(na statku)* steward

stewardesa *n* flight attendant, stewardess, air hostess *BrE*

UWAGA: steward i stewardesa

W kontekście lotniczym najczęstszym odpowiednikiem obu polskich wyrazów jest **flight attendant**; angielskie rzeczowniki **steward**, **stewardess** i **air hostess** powoli wychodzą z użycia.

stęchły *adj* musty: *a musty smell*

stępić się *v* become blunt: *The blades* (=ostrza) *have become completely blunt.*

stężeć *v* set: *The concrete will set within two hours.*

stężenie *n* concentration: *a high concentration of sulphuric acid* (=kwasu siarkowego) *in the air*

stłamsić *v* *(konkurencję, inicjatywę itp.)* stifle: *We hope the new rules will not stifle creativity.*

stłoczony *adj* packed, crammed: *There were more than 20 people packed inside her room.*

stłuc *v* **1** *(szklankę itp.)* break: *Laurie tripped* (=potknęła się) *and broke several wine glasses.* **2** *(kolano itp.)* bruise: *He fell and bruised his knee.* **3 stłuc kogoś** give sb a thrashing: *Uncle Hal gave us a thrashing for no reason.*
stłuc się *v* break: *The lamp toppled over* (=przewróciła się) *and broke.*

stłuczka *n* bump, fender bender *AmE*: *Jim had a bump in the car.* | *it was just a bump*

stłuczony *adj* **1** *(rozbity)* broken: *a broken bottle* **2** *(obity)* bruised: *a bruised ankle/leg*

stłumić *v* **1** *(bunt, śmiech, gniew)* suppress, smother: *He tried hard to suppress his anger.* | *The army was called in to suppress the revolt.* | *She was struggling to smother her jealousy* (=zazdrość). **2** *(ogień)* smother: *They were fighting to smother the flames.*

sto *num* hundred: *The house is over a hundred years old.* | **sto dwa/czterdzieści itp.** a/one hundred (and) two/forty etc: *a hundred and twenty dollars*

stocznia *n* shipyard: *Hundreds of men were thrown out of work when Smith's shipyard closed.*

stoczniowiec *n* shipyard worker

stoczyć *v* **stoczyć walkę/pojedynek itp.** fight a battle/duel etc: *Landon fought a losing battle with cancer.*
stoczyć się *v* **1** *(z górki)* roll down/downhill: *The car rolled down the bank* (=stoczył się po skarpie), *and went up in flames.* **2 stoczyć się (na dno)** hit bottom: *They say you have to hit bottom before things start looking up* (=zacznie się polepszać).

S

stodoła *n* barn

stoicki *adj* **1** stoic: *stoic philosophy/thought/ethic* **2 zachować stoicki spokój** maintain your poise

stoisko *n* **1** *(budka)* stall, stand: *a flower/vegetable stall | a hotdog/music stand* **2** *(w domu handlowym)* department: *the shoes/menswear department*

stojak *n* stand: *a bicycle stand | an umbrella stand*

stojąco *adv* **na stojąco** standing (up): *It's generally better to do this exercise standing up.*

stojący *adj* **1 miejsca stojące** standing room **2 lampa stojąca** standard *BrE*, floor *AmE* lamp **3** *(nieruchomy)* stationary: *a stationary vehicle*

stok *n* slope, hillside, *(wysokiej góry)* mountainside: *They moved smoothly down the slope.* | **stok narciarski** ski slope

stokrotka *n* daisy

stolarka *n* woodwork: *woodwork lessons*

stolarz *n* carpenter: *train as a carpenter* **—stolarstwo** *n* carpentry: *He is good at carpentry.*

stolec *n* stool

stolica *n* capital: *Paris is the capital of France. | Hollywood is the capital of the movie industry. | Huge crowds gathered in the capital to protest.* THESAURUS CITY

stoliczek *n* coffee table

stolik *n* table: *a round table | I'd like to reserve a table for two. | He sat down and placed his drink on the table.*

S

stołeczny *adj* capital: *the capital city*

stołek *n* stool: *a bar stool | a wooden stool | Could you move your feet so that I can sit on that stool?*

stołowy *adj* **1** table: *a table leg | table linen* **2 tenis stołowy** table tennis **3 łyżka stołowa a)** *(sztuciec)* tablespoon **b)** *(ilość)* tablespoon(ful): *Add two tablespoons of sugar.* **4 wino stołowe** table wine **5 zastawa stołowa** tableware **6 pokój stołowy** dining room

stołówka *n* cafeteria, canteen: *Have lunch with us in the canteen.* THESAURUS RESTAURANT

stomatolog *n* dentist, dental surgeon: *It's important to visit your dentist for regular check-ups.* **—stomatologia** *n* dentistry

stomatologiczny *adj* **1** dental: *dental treatment/equipment | a dental clinic* **2 gabinet stomatologiczny** dentist's surgery *BrE*, office *AmE*

stonować *v* tone down: *His advisers told him to tone down his speech.*

stonowany *adj* **1** *(nie jaskrawy)* subdued, soft: *soft/subdued lighting | subdued colours* **2** *(wyważony)* balanced: *a balanced report | a balanced view of the Irish question* **3** *(skromny)* low-key: *This year's campaign was low-key and quiet.*

stop¹ *n* **1** *(metali)* alloy: *The pipes are made of an alloy of copper and zinc.* **2 światło stopu** break light

stop² *interj* stop!, halt!

stopa *n* **1** *(część nogi)* foot: *The snow crunched under our feet. | My feet are as cold as ice. | Sam broke a bone in his foot.* | **pod stopami** *underfoot | The ground was wet underfoot.* **2** *(jednostka długości)* foot: *The snake was at least 3 feet long. | The room is 14 feet by 12 feet.* **3** *(stawka)* rate: *the rate of inflation* | **stopy procentowe** interest rates **4 u stóp góry/wzgórza** at the foot of the mountain/hill **5 stopa życiowa** standard of living, living standard(s) **6 od stóp do głów** from top to toe, from head to foot

UWAGA: foot

Rzeczownik **foot** ma nieregularną formę liczbę mnogiej: **feet**. Podając wzrost lub wysokość w stopach, można użyć zarówno formy **feet**, jak i **foot**: *He's six feet tall, with blonde hair and a moustache. | She's not very tall, about 5 foot 2* (=5 stóp i 2 cale). | *a 9-foot high wall | We were flying at 33,000 feet.*

stoper *n* stopwatch

UWAGA: stoper i stopper

Angielski rzeczownik **stopper** nie oznacza „stopera", tylko „korek" lub „zatyczkę".

stopić *v* melt: *The inside of the furnace had become hot enough to melt iron.*
stopić się *v* melt: *Plastic will melt if it gets too hot.*

stopień *n* **1** *(poziom)* degree, extent: *a high degree of risk | We'll try to assess* (=ocenić) *the extent of the damage.* **2** *(ocena)* mark *BrE*, grade *AmE*: *The survey shows that teachers tend to give lower marks to girls. | Carl's grades weren't good enough for admission to the university.* **3** *(schodów)* step, stair: *He was sitting on the bottom step of the staircase. | The second stair creaks when you step on it.* **4** *(wojskowy)* rank: *officers of the rank of captain* **5** *(temperatury)* degree: *The boiling point of water is 100 degrees Celsius.* **6** *(kąta)* degree: *an angle of about 30 degrees* **7 stopień naukowy** degree: *She has a degree in biology.* **8 w pewnym stopniu/do pewnego stopnia** to a/some degree: *I think that's true to a degree, but the situation isn't quite as simple as that.* **9 w znacznym/dużym stopniu** to a large extent, largely: *The government is to a large extent responsible for the economic crisis. | Inflation was largely responsible for their difficulties.* **10 stopień najwyższy** the superlative (degree): *'Biggest' is the superlative of 'big'.* **11 stopień wyższy** the comparative (degree): *'Worse' is the comparative of 'bad'.*

stopnieć *v* melt (away): *The snow had melted away.*

stopniowy *adj* gradual: *a gradual increase/change | a gradual improvement in labour conditions* **—stopniowo** *adv* gradually: *Differences in voting will gradually disappear. | Gradually, the sun sank below the horizon.*

storpedować *v* torpedo: *New threats of violence have effectively torpedoed the peace talks.*

stos *n* **1** heap, pile, stack: *a heap of stones/blankets | a pile of leaves | a stack of books/plates* **2 spalić kogoś/spłonąć na stosie** burn sb/burn at the stake: *In medieval Europe witches were often burnt at the stake.*

stosować *v* **1** *(metody, zasady)* apply: *You can apply good teaching methods to any subject.* **2** *(materiały, narzędzia)* use: *You should only use distilled water for cleaning contact lenses.* **3** *(lek)* take: *Take this medicine and you'll be feeling better in no time* (=a natychmiast poczujesz się lepiej).
stosować się *v* **1 stosować się do czegoś** *(przestrzegać)* comply with sth, follow sth: *Companies must comply with European employment laws. | Follow the instructions carefully.* **2 stosować się do kogoś/czegoś** *(mieć zastosowanie)* apply/be applicable to sb/sth: *The law applies to all European countries. | The tax laws are not applicable to foreign visitors.*

stosowany *adj* *(nauka)* applied: *applied mathematics/linguistics*

stosownie *adv* **1** *(właściwie)* appropriately: *The police* *responded appropriately.* **2** *(przyzwoicie)* properly: *to behave/dress properly* **3 stosownie do czegoś** according to sth: *Most schools separate their pupils out into different groups, according to their ability.*

stosowny *adj* **1** proper, appropriate: *proper behaviour* | *You will be given your orders at the appropriate time.* **2 podjąć stosowne kroki** take appropriate action **3 uznać za stosowne coś zrobić** see/think fit to do sth: *The government has seen fit to start testing more nuclear weapons.*

stosunek *n* **1** *(nastawienie)* attitude: *a positive attitude* | **+do czegoś** to/toward(s) sth: *He has a bad attitude towards his schoolwork.* THESAURUS OPINION **2** *(proporcja)* ratio, proportion: *The ratio of patients to doctors at the hospital is roughly 15:1.* | *What is the proportion of girls to boys in the class?* **3 stosunki** relations, relationship(s): *Nixon saw the improvement of relations with China as the key to his foreign policy.* | *an improved relationship between the police and local people* | *Try to maintain* (=utrzymywać) *good relationships with your fellow workers.* | **stosunki dyplomatyczne/rasowe** diplomatic/race relations | **być w dobrych/kiepskich stosunkach z kimś** be on good/bad terms with sb: *We're on good terms with all our neighbours.* **4 w stosunku do czegoś** relative to sth, in relation to sth: *Demand* (=popyt) *for corn is low relative to the supply* (=do podaży). | *the area of land in relation to the population* (=do liczby ludności) **5 stosunek (płciowy)** (sexual) intercourse: *It is illegal to have sexual intercourse with a person under 16 years of age.* | *The AIDS virus can be passed on during sexual intercourse.*

stosunkowo *adv* relatively, comparatively: *relatively cheap/easy* —**stosunkowy** *adj* relative, comparative: *relative ease*

stowarzyszenie *n* association: *The UN* (=ONZ) *was designed as an association of sovereign states.*

stożek *n* cone

stóg *n* **1** haystack **2 jak szukanie igły w stogu siana** like looking for a needle in a haystack

stół *n* **1** table: *a folding/kitchen table* | *Let's sit at the table.* | *My meal was waiting for me on the table when I got home.* **2 okrągły stół** round table: *a round table conference*

stówa *n* hundred: *Do you have a hundred?*

stracenie *n* **nie mieć nic do stracenia** have (got) nothing to lose: *You've got nothing to lose!*

strach *n* **1** fear, fright, dread: *The city has been living in fear since last week's earthquake.* | *She was shaking with fright.* | **strach przed czymś** fear/dread of sth: *fear of flying/modern technology/the unknown* | *The people of the war-torn city live in dread of further shelling* (=przed dalszymi bombardowaniami). **2 napędzić komuś stracha** give sb a scare/fright: *Lisa gave her parents a scare when she didn't come home after school.* **3 strach na wróble** scarecrow **4 strach pomyśleć** I dread to think: *I dread to think what might happen if he gets elected.*

> **UWAGA: fear, fright i dread**
>
> **Fear** to najogólniejsze określenie strachu, odpowiednie w większości kontekstów. **Fright** oznacza zwykle strach nagły, spowodowany czymś konkretnym. **Dread** to strach przed czymś, co ma nastąpić: *The prospect of meeting Mark's relatives filled her with dread.*

stracić *v* **1** lose: *She'd been shouting so much she'd almost lost her voice.* | *Coming round the corner, he lost control of his car.* | *His old hat had completely lost its shape.* | *He lost his father at the age of seven.* | **stracić cierpliwość/przytomność/rachubę** lose patience/consciousness/count: *I'm starting to lose my patience.* | *I lost count after a hundred.* | **stracić równowagę** lose your balance: *I lost my balance and fell.* | **stracić kontakt z kimś/czymś** lose touch with sb/sth: *I've lost touch with all my old school friends.* | *There's nothing wrong with fantasizing, as long as you don't lose touch with reality.* **2** *(szansę, okazję)* miss: *You've missed your chance.* | *It would be unforgivable to miss this opportunity to travel.* **3** *(skazańca)* execute: *The rebellion was put down and its leaders were executed.* →patrz też **stracić głowę** (GŁOWA), **stracić kogoś/coś z oczu** (OKO)

stragan *n* stall: *a flower/vegetable stall*

strajk *n* strike: *a general strike* | *a bus/train strike* | **strajk głodowy** hunger strike | **strajk okupacyjny** sit-in

strajkować *v* be on strike: *In Minsk, factory workers were on strike for a second day today.*

strajkowy *adj* **1 akcja strajkowa** strike action: *They are threatening to take* (=grożą podjęciem) *strike action.* | *The union is urging* (=nawołuje do) *strike action.* **2 komitet strajkowy** strike leaders

strajkujący *n* **1** *(grupa)* strikers: *Strikers are asking for better pay and job security.* | *Students marched in sympathy* (=demonstrowali solidarność) *with the strikers.* **2** *(jeden)* striker

straszliwy *adj* awful: *an awful noise* —**straszliwie** *adv* *(bardzo)* awfully: *It's awfully cold in here.*

straszny *adj* **1** *(okropny)* terrible, awful, horrible: *a terrible accident/shock* | *an awful mess* | *a horrible smell* THESAURUS BAD **2** *(przerażający)* scary: *a scary story/film/movie* —**strasznie** *adv* awfully, terribly: *I'm terribly sorry!*

straszyć *v* **1** frighten, scare: *It was very cruel of you to frighten the poor boy like that.* **2 dom, w którym straszy** haunted house

strata *n* **1** *(utrata)* loss: *If she leaves, it will be a great loss to the company.* | **ponieść stratę/straty** suffer a loss/losses: *Troops suffered heavy losses in the first battle.* **2** *(zmarnowanie)* waste: *a waste of time/money*

strategia *n* strategy: *the government's economic strategy* | *the company's new marketing strategy* THESAURUS WAY

strategiczny *adj* strategic: *a strategic alliance/decision/location* —**strategicznie** *adv* strategically: *a town strategically situated near the border*

stratować *v* trample: *One woman was trampled to death by the crowd.*

strawa *n* **1** food: *There was food aplenty* (=w bród). **2 strawa duchowa** spiritual nourishment

strawić *v* **1** *(człowiek, zwierzę)* digest: *Once* (=jak już) *you've digested your food, you can take a walk around the park.* **2** *(ogień)* consume: *Fire consumed their apartment.* →patrz też TRAWIĆ

strawny *adj* digestible: *The enzyme makes milk products more readily digestible.* | **ciężko/lekko strawny** heavy/light

straż *n* **1** *także* **straż pożarna** fire department: *The fire department are still pumping floodwater out of the cellars* (=wypompowuje wodę z piwnic). **2** *(dozór)* guard: **stać na straży** be on guard: *Who was on guard when the fire*

S

broke out? | **pełnić/trzymać straż** stand guard: *Thousands of police stood guard over today's ceremony.* **3 straż graniczna** border guards/patrols: *Morris presented his passport to the border guards.* **4 straż przybrzeżna** coastguard

strażacki *adj* **wóz strażacki** fire engine

strażak *n* firefighter, fireman: *Firefighters tried for three hours to put out the fire.*

strażni-k/czka *n* **1** *(wartownik)* guard: *A guard waved me away from the fence.* **2** *(w więzieniu)* prison guard, jailer **3** *(przyrody)* ranger: *a park/forest ranger*

strącić *v* **1** *(strzepnąć)* shake off: *She shook off the raindrops from her coat.* **2** *(zrzucić)* knock down: *She fell against the shelf and knocked all his birthday cards down.* **3** *(zestrzelić)* down, bring down: *An enemy plane was brought down by rocket launchers.*

strączek *n* pod: **strączek grochu** pea pod

strąk *n* **1** *(grochu)* pod **2** *(włosów)* string, strand: *strings/strands of hair*

strefa *n* **1** zone: *a no-parking zone* | *a special economic zone* | *a time zone* **2 szara strefa** black economy **3 strefa wolnego handlu** free-trade zone

stres *n* stress: *Stress at work and in his home life made him turn to alcohol.* | *Stress is just part of everyday life.* | **przeżywać stres** be under stress: *She's been under a lot of stress at work lately.*

S

stresować *v* put under stress: *Don't put him under too much stress.*
stresować się *v* worry, get stressed (out) *AmE*: *Don't get stressed before the exams.*

stresujący *adj* stressful: *a stressful job/situation*

streszczać *v* → patrz STREŚCIĆ
streszczać się *v* keep it short: *They won't listen to a long lecture, so keep it short.*

streszczenie *n* summary: *a brief summary* | *a summary of the story/plot* (=fabuły)

streścić *v* summarize, summarise *BrE*: *Jack quickly summarized the main points of his plan.*

stricte *adv* purely: *It's a purely mercenary* (=interesowny) *relationship, not a friendship.*

striptiz *n* **1** *(pokaz)* strip show: *I've never been to a strip show.* **2** *(czynność)* striptease: *I don't do striptease.* —**striptizerka** *n* stripper

strofa *n* verse: *Learn the first two verses of the poem by heart.*

strofować *v* scold: *As kids we were always getting scolded by the local farmer.*

stroić *v* **1** *(instrument, radio)* tune: *Can you tune a guitar?* **2** *(ubierać)* dress up: *There's no point dressing the children up, they look untidy within five minutes.* **3 stroić sobie żarty z kogoś/czegoś** poke fun at sb/sth: *You shouldn't poke fun at her like that.* **4 stroić/nie stroić** *(instrument)* be in tune/out of tune: *That old piano's completely out of tune.*
stroić się *v* dress (yourself) up: *We spent hours dressing up.*

stromo *adv* steeply: *The road rises steeply from the village.*

stromy *adj* steep: *a steep hill/slope/climb*

strona *n* **1** *(bok)* side: *a scar on the right side of his face* | *the south side of the building* | *on both sides of the road* | **po drugiej/przeciwnej stronie** on the other/opposite side, across: *on the other side of the street* | *sitting on the opposite side of the kitchen table* | *across the road* **2** *(kierunek)* way, direction: *Which way is it?* | *this/that way* | **w tę samą/przeciwną stronę** the same/other way, in the same/opposite direction: *Are you going the same way?* | *I had to look the other way.* | *The girls giggled and pointed in the opposite direction.* **3** *(w książce, gazecie)* page: *the front page* | *Open your books at page 33.* | *Read the passage on page 32.* **4** *(internetowa)* (web) page: *Check out this web page.* | **strona domowa** homepage | **strony** *(witryna)* (web)site: *The company has a new website.* **5 być po czyjejś stronie** be on sb's side: *I thought you were on my side.* | *Luck was on my side.* **6 z czyjejś strony** on sb's part: *It was a huge mistake on her part.* **7 dobra strona** advantage: *The advantage of living in a town is that there is lots to do.* | **mocna strona** strength: *His ambition is both a strength and a weakness.* | **zła/słaba strona** weakness, downside: *The downside of the plan is the cost.* | **dobre/złe/mocne strony** good/bad/strong points: *Fred was a bad manager but he had his good points.* **8 w jedną stronę** one-way: *a one-way ticket* **9 ze wszystkich stron** from all sides: *Planes were attacking us from all sides.* **10 z jednej strony ... z drugiej strony** on the one hand ... on the other hand: *On the one hand I want to sell the house, but on the other hand I can't bear the thought of moving.* **11 dziadek/ciotka itp. ze strony matki/ojca** maternal/paternal grandfather/aunt etc **12 strona czynna/bierna** the active/passive (voice)

stronica *n* page: *Refer to page 14 for instructions.*

stronić *v* **stronić od kogoś/czegoś** shun sb/sth: *The neighbours shunned her.* | *a shy woman who shunned publicity* (=od popularności)

stronnictwo *n* party: *political parties*

stronniczy *adj* biased: *a biased decision/judge*

stronni-k/czka *n* supporter: *a loyal supporter of the Green Party*

strop *n* ceiling: *The ceiling was supported by huge stone columns.* | *a high ceiling*

stroszyć *v* ruffle (up): *Birds ruffle up their feathers for warmth.*

strój *n* **1** *(ubiór)* dress: **strój wieczorowy** evening dress: *Everyone was in evening dress.* THESAURUS CLOTHES **2** *(przebranie)* costume: *a Halloween costume* **3 stroje ludowe** national costume/dress: *The dancers were all in national costume.*

stróż *n* **1** *(obrońca)* guardian: *guardians of morality* | **stróż prawa** guardian of the law **2** *(dozorca)* caretaker *BrE*, janitor *AmE* **3 nocny stróż** night watchman

strudzony *adj* weary: *The hostel is a welcome sight for weary walkers at the end of a long day.*

struga *n* **1 strugi deszczu** sheets of rain: **w strugach deszczu** in pouring rain **2** *(wody)* stream: *a stream of hot water*

struktura *n* structure: *the basic structure of government* | *sentence/syntactic structure* | *crystal structures* | *DNA has a complicated chemical structure.*

strukturalny *adj* structural: **bezrobocie strukturalne** structural unemployment

strumień *n* **1** *(cieczy, gazu)* stream, jet: *a stream of cold air/hot water* | *a strong jet of water* **2** *(rzeczka)* stream: *A stream ran through the garden.*

strumyczek *n* brook: *the murmur* (=szmer) *of the little brook*

strumyk *n* stream, brook: *a mountain/shallow stream*

struna *n* **1** string: *guitar strings* **2 przeciągnąć strunę** overdo it: *Be friendly with her, but don't overdo it.* **3 struny głosowe** vocal cords

strup *n* scab: *Don't pick at your scab, or you'll get it infected.*

struś *n* ostrich: *ostrich farming*

strużka *n* trickle: *a trickle of blood*

strych *n* **1** attic, loft *BrE*: *I think your old bike's still up in the attic somewhere.* **2 adaptacja strychu** attic conversion

stryj *n* uncle

stryszek *n* attic, loft *BrE*

strzał *n* **1** shot: **oddać strzał (do kogoś/czegoś)** fire a shot (at sb/sth) | **celny strzał** hit | **niecelny/chybiony strzał** miss **2 coś jest strzałem w dziesiątkę** sth hits the bull's-eye: *The new technique hits the bull's-eye.*

strzała *n* arrow: *Aim the arrow at the target.*

strzałka *n* **1** *(symbol)* arrow: *a right/left arrow* | *Follow the red arrows to the X-ray department.* | *Press the up arrow key.* **2** *(do gry)* dart: **(gra w) strzałki** darts: *People play darts in many English pubs.* **3** *(kompasu itp.)* pointer

strząsnąć *v* shake off: *to shake off the dust*

strzec *v* guard: *It is a matter of honour to guard family secrets.*

strzecha *n* thatch: **kryty strzechą** thatched: *a thatched roof/cottage*

strzelać *v* **1** *(z broni)* shoot: *Make sure you hold the gun steady and shoot straight.* | *It's only a toy – it doesn't shoot real bullets.* | *Don't move, or I'll shoot!* | **+ do kogoś/czegoś** at sb/sth: *Jake shot at the deer but missed.* **2** *(trzaskać)* pop: *The wood popped in the fire.* → patrz też STRZELIĆ

strzelanina *n* shooting, shootout: *Two men have died after a shooting at a pub in Liverpool.*

strzelba *n* shotgun, rifle: *a loaded shotgun*

strzelec *n* **1** shooter: *the best shooter on the team* **2 strzelec wyborowy** marksman: *Police marksmen took up positions on nearby rooftops.* **3** *(piłkarz)* (goal) scorer: **król strzelców** top scorer **4** *(w wojsku)* rifleman **5 Strzelec** Sagittarius: **urodzony pod znakiem Strzelca** born under Sagittarius

strzelić *v* **strzelić bramkę/gola** score (a goal): *When Italy scored, the crowd went mad.* → patrz też STRZELAĆ

strzelisty *adj* soaring: *a soaring skyscraper*

strzelnica *n* **1** *(w wesołym miasteczku)* shooting gallery **2** *(sportowa, wojskowa)* (rifle) range

strzemię *n* stirrup

strzepnąć *v* flick, shake off: *He paused and flicked a mosquito off his arm.*

strzęp *n* **1** *(papieru, tkaniny)* shred: *He had a sudden urge* (=chęć) *to tear out the page and rip it to shreds.* | **w strzępach** in shreds/tatters: *My scarf was in shreds after the dog had played with it.* **2 strzępy rozmowy/informacji itp.** snippets of conversation/information etc

strzępić *v* **strzępić sobie język** waste your breath **strzępić się** *v* fray: *The collar had started to fray on Jack's coat.*

strzyc *v* **1 strzyc kogoś** cut sb's hair: *I like the way he cuts your hair.* **2** *(owce)* shear: *We watched him shearing sheep.*

strzyc się *v* get/have your hair cut, get/have a haircut: *Where do you have your hair cut?*

strzykawka *n* syringe, hypodermic: *a used syringe*

strzyżenie *n* haircut, cut: *How much do you charge for a haircut?*

studencki *adj* student: *a student loan* (=kredyt) | **życie studenckie** college life | **w czasach studenckich** (back) in college times, when you were in college | **dom studencki** hall of residence *BrE*, dormitory *AmE*: *She lives in a hall of residence.*

student/ka *n* (college/university) student: *a history/law student* | *foreign students*

studia *n* studies: *He went on to continue his studies at Harvard.*

studio *n* studio: *a film/TV/recording studio*

studiować *v* **1** *(na uczelni)* study: *He studied biology before switching to law.* THESAURUS STUDY **2** *(czytać)* study, peruse: *I studied the map for a long time.* | *an evening spent perusing job advertisements*

studium *n* **1** *(szkoła)* college: *medical/art college* **2** *(analiza, dzieło)* study: *a scientific study of methods of fishing* | *Renoir's studies of small plants and flowers*

studnia *n* well: *a deep well*

studyjny *adj* studio: *studio recordings*

studzić *v* → patrz OSTUDZIĆ

studzienka *n* **studzienka ściekowa** drain: *Leaves clogged the grating* (=zapchały kratkę) *over the drain.*

stuk *n* knocking (sound): *As I was driving I heard a knocking sound coming from the engine.*

stukać *v* knock: *I think somebody's knocking at the door.* → patrz też STUKNĄĆ

stukanie *n* knock, knocking: *There was a loud knock at the door.*

stuknąć *v* **1 stuknąć (w) kogoś/coś** *(wjechać)* hit sb/sth: *He hit a tree.* **2 komuś stuknęła czterdziestka itd.** sb hit/turned forty etc → patrz też STUKAĆ

stuknięty *adj* nuts, nutty: *He must be nuts.* | *a nutty professor*

stukot *n* **1** *(stukanie)* rap: *We heard a sharp rap on the window.* **2** *(hałas)* clatter: *Just as we got back there was a clatter of rocks on the steep slope opposite.*

stukrotnie *adv* a hundred times, hundredfold: *The value of her jewels increased hundredfold.*

stulecie *n* **1** *(rocznica)* centenary: *a concert to mark the centenary of the composer's birth* **2** *(wiek)* century: *in the 19th century*

stuletni *adj* **1** *(drzewo, człowiek)* hundred-year-old, century-old: *her hundred-year-old grandmother* | *century-old buildings* **2** *(okres)* hundred-year: *a hundred-year period*

stuprocentowy *adj* one hundred percent/per cent *BrE*: *a one hundred percent American*

stwardnieć *v* harden: *The clay* (=glina) *needs to harden before it can be painted.* → patrz też TWARDNIEĆ

stwarzać *v* → patrz STWORZYĆ

stwierdzić *v* find, conclude: *She found that staying at hotels on the beach was an excellent way to gather material for her novel.* | *Levitt concluded that the article was full of holes.*

S

stworzenie *n* **1** *(istota)* creature: *strange creatures that dwell (=żyją) in the forest* **2** *(powstanie)* creation: *the creation of the world*

stworzony *adj* **stworzony dla kogoś/do czegoś** meant/made for sb/sth: *Sam and Ellie are meant for each other.* | *an old apple tree with low branches, just made for climbing*

stworzyć *v* create: *In Sherlock Holmes, Conan Doyle created the ultimate (=wzorcowego) detective.* THESAURUS INVENT

Stwórca *n* the Creator

styczeń *n* January: **w styczniu** in January | **pierwszego stycznia** on January (the) first, on the first of January

styczna *n* tangent: *Draw a tangent to a circle.*

styczniowy *adj* January: *a cold January morning*

stygnąć *v* cool down: *Let's have a drink while the soup's cooling down.*

styk *n* **1 na/u styku ...** where ... meet: *where the two roads meet* **2 być/planować itd. na styk** cut it fine/close: *We cut it pretty close, only giving ourselves 30 minutes to get to the airport.* **3** *(zbieg)* point of contact: *It's difficult to find a point of contact between theory and practice.* **4** *(elektryczny)* contact: *The wire is not making good contact.*

stykać się *v* **1** *(dotykać do siebie)* touch: *I sat facing him, our knees touching.* **2** →patrz też ZETKNĄĆ SIĘ

styl *n* **1** style: *a highly original style* | *a completely new style of painting* | *the clarity (=przejrzystość) of Irving's writing style* **2 styl życia** lifestyle, way of life **3** *(pływacki)* stroke: **styl grzbietowy/klasyczny** backstroke/breaststroke

stylistyczny *adj* stylistic: *I've made a few stylistic changes to your report.*

stylizowany *adj* stylized, stylised *BrE*: *stylized lettering* | *a highly stylized flower*

stylowo *adv* stylishly: *stylishly decorated*

stylowy *adj* stylish: *stylish clothes/furniture*

stymulacja *n* stimulation: *mental/intellectual stimulation*

stymulator *n* **stymulator serca** pacemaker

stymulować *v* stimulate: *Light stimulates plant growth.*

stymulujący *adj* stimulating: *a stimulating conversation/experience*

stypendium *n* scholarship, bursary *BrE*, stipend *AmE*: *Scholarships are given solely (=wyłącznie) on the basis of financial need.*

stypendyst-a/ka *n* scholar: *The university will host (=gościć) four Fulbright scholars this year.*

styropian *n* polystyrene, Styrofoam™ *AmE*: **kubek ze styropianu** polystyrene cup

subiektywny *adj* subjective: *a subjective view* | *Testing criteria are necessarily (=z konieczności) subjective.*

subkultura *n* subculture: *a youth subculture*

substancja *n* substance: *poisonous/toxic substances* | **substancja chemiczna** chemical

substytut *n* substitute: *a sugar substitute*

subtelnie *adv* subtly

subtelność *n* subtlety: *His solo was a marvel (=majstersztykiem) of sound, subtlety, and musicality.* | *The subtleties of the story do not translate well (=nie dają się łatwo przetłumaczyć).*

subtelny *adj* subtle: *subtle changes in climate* | *The pictures are similar, but there are subtle differences between them.* | *subtle humour*

subwencja *n* subsidy: *Congress may cut some subsidies to farmers.* —**subwencjonować** *v* subsidize, subsidise *BrE*: *The government subsidizes school meals.*

sucho *adv* **1 jest sucho w pokoju/mieszkaniu itp.** the air in the room/flat etc is dry **2 mam sucho w ustach** my mouth is dry **3 coś komuś ujdzie na sucho** sb can/will get away with sth: *He won't get away with this!* **4** *(oschle)* dryly, drily: *"How nice," he said dryly.* **5 na sucho** *(na próbę)* as a dry run, as a test: **próba na sucho** dry run: *We decided to do a dry run.* **6 wytrzeć coś do sucha** wipe sth dry **7 przetrzeć coś na sucho** wipe sth with a dry cloth

wet/dry

suchość *n* dryness: *dryness of the mouth/eyes*

suchy *adj* **1** dry: *a dry climate* | *on dry land* | *The snow was dry and powdery.* | *The apples must be stored in a cool dry place.* | *It's been a very dry summer.* **2 suchy jak pieprz** bone dry, as dry as a bone: *The ground was bone dry.*

sufit *n* **1** ceiling: *The ceiling needs painting.* **2 (wzięty) z sufitu** made-up: *made-up figures*

suflet *n* soufflé: *a cheese/lemon soufflé*

sugerować *v* suggest, imply: *Recent reports suggest that violent crime is increasing.* | *Are you suggesting that she cheated in the test?* | *The fact that he's written to you implies he likes you.* →patrz też ZASUGEROWAĆ
sugerować się *v* **sugerować się czymś** go by sth: *Don't go by that map. It's really old.*

sugestia *n* suggestion: *What do you think of Jill's suggestion - do you think it will work?* | *She made some useful suggestions about places we could visit.*

sugestywny *adj* convincing, suggestive: *a convincing image/scene* —**sugestywnie** *adv* convincingly

UWAGA: sugestywny i suggestive

Podstawowym znaczeniem przymiotnika **suggestive** jest „niedwuznaczny". Używa się go w odniesieniu do zachowań o podtekście seksualnym: *suggestive jokes/remarks/gestures.* **Suggestive** występuje też często w konstrukcji **be suggestive of** (=przywodzić na myśl): *This painting is suggestive of a desert landscape.* Znaczenie „sugestywny" jest stosunkowo rzadkie i występuje głównie w języku formalnym, np. w tekstach o charakterze naukowym: *Taken together, this evidence is certainly suggestive.* | *Interesting and suggestive as this work is, it should be weighed against one's personal experience.*

suita *n* suite: *Tchaikovsky's 'Nutcracker Suite'*

S

suka *n* **1** *także* **suczka** bitch: *We have two dogs and a bitch.* **2** *(obraźliwie o kobiecie)* bitch

sukces *n* **1** success: *a great/big/huge success* | **odnieść/osiągnąć sukces** achieve success, succeed: *Some women have managed to achieve success in football.* **2 odnoszący sukcesy** successful: *a successful businessman/company*

sukcesja *n* succession: *Ferdinand was first in line of succession to the throne.*

sukcesywnie *adv* gradually: *In Brazil the rainforests are gradually being destroyed.*

sukienka *n* dress: *Do you like wearing a dress?* | *a sleeveless/flowered/spotted dress*

sukinsyn *n* son of a bitch: *that stupid son of a bitch*

suknia *n* dress, gown: *an evening/wedding dress/gown*

sukno *n* cloth: *This cloth is sold by the yard.*

sułtan *n* sultan: *the Sultan of Brunei*

sułtanka *n (rodzynka)* sultana *BrE*, golden raisin *AmE*

suma *n* **1** *(wynik dodawania)* total: *If you add 30 and 45, the total is 75.* | **suma końcowa** grand total **2** *(kwota)* amount, sum: *a small/considerable/large/huge amount of money* | *Write the amount in words and in figures.* **3 w sumie a)** *(łącznie)* a total of, all told: *Hemmings stole a total of $150,000 from the company.* | *All told, 28 people died and 100 were wounded.* **b)** *(generalnie)* (all) in all, altogether: *All in all, I think the festival was a big success.* | *Altogether I'd say it was a great vacation.*

sumienie *n* conscience: **mieć coś na sumieniu** have sth on your conscience: *If anything happens to her I'll always have it on my conscience.* | **z czystym sumieniem** with a clear conscience: *You can face Lionel with a clear conscience you've done nothing to harm him.* | **wyrzuty sumienia** remorse, pangs of conscience: *She was full of remorse for being so cruel to her younger brother.* | *He had pangs of conscience over using the stolen exam papers.* | *She welcomed wet days because on them she could stay at home without pangs of conscience and spend the afternoon reading.*

sumiennie *adv* conscientiously, religiously: *He performed all his duties conscientiously.* | *I was religiously following all the instructions.*

sumienny *adj* conscientious: *a conscientious worker*

sumować *v* add up, total (up): *I was adding up a long column of numbers.*
sumować się *v* add up: *Small things add up to big problems.*

sunąć *v* glide: *We watched the sailboats* (=żaglówki) *glide across the lake.*

supeł *n* knot: *Tie a knot on the rope.*

super *adj* super: *That sounds super.* | *What a super idea!* THESAURUS GOOD

superbohater *n* superhero

supergwiazda *n* superstar: *Ronald Reagan was once a movie actor, but he was never a superstar.*

supermarket *n* supermarket: *Big supermarkets are squeezing out* (=wypierają) *smaller shops who can't offer such low prices.*

supermodel/ka *n* supermodel: *How much do supermodels earn?*

supernowoczesny *adj* ultramodern: *an ultramodern building/design* THESAURUS MODERN

supremacja *n* supremacy: *Japan's unchallenged* (=niekwestionowana) *supremacy in the field of electronics.*

surfing *n* surfing: *Surfing is a demanding sport.*

surowiec *n* **1** *(do produkcji)* (raw) material: *the export of raw materials such as coal and iron* **2 surowce naturalne** *(zasoby)* natural resources **3 surowce wtórne** recyclable materials

surowo *adv* **1** *(oceniać, karać itp.)* harshly, severely: *I judged her too harshly.* | *The people who did this will be severely punished.* **2** *(wyposażony)* plainly: *Nina's room was plainly furnished with a bed and a desk.* **3 na surowo** raw: *You can cook apples, or eat them raw.*

surowość *n* harshness, severity

surowy *adj* **1** *(nie gotowany)* raw: *raw fish/meat/vegetables* **2** *(klimat)* harsh, severe: *severe weather conditions* | *a harsh winter* **3** *(groźny)* stern: *The teacher gave me a stern look.* **4** *(wymagający)* strict: *a strict teacher* | *strict discipline* | *Some parents are very strict with their children.*

surówka *n* salad: *tomato and cucumber salad*

surrealistyczny *adj* surreal, surrealistic: *a surreal experience*

sus *n* leap: *Bill cleared the ditch* (=przeskoczył rów) *with a single leap.* | **dać susa** take a leap

sushi *n* sushi: *a sushi bar*

susza *n* drought: *The four-year drought threatens* (=grozi) *two million people with starvation.*

suszarka *n* dryer: **suszarka do włosów** hairdryer, blow dryer | **suszarka do naczyń** dish drainer | **suszarka bębnowa/do prania/do bielizny** (tumble) dryer: *My sweater shrank in the dryer.*

suszony *adj* **1** dried: *dried flowers/fruit/herbs* **2 suszone śliwki** prunes

suszyć *v* dry: *She'd just had a shower and was drying her hair.* | *We dry our laundry* (=pranie) *upstairs.*
suszyć się *v* dry: *Would you wring out* (=wykręcić) *these towels and hang them up to dry?*

sutek *n* nipple

suterena *n* basement: *The elevator was stuck* (=winda utknęła) *in the basement.*

SUV *n* sport-utility vehicle, SUV

suwerenność *n* sovereignty: *Britain was concerned* (=zaniepokojona) *that its sovereignty and cultural identity would be harmed by the treaty.*

suwerenny *adj* sovereign: *The UN* (=ONZ) *was designed as an association of sovereign states.*

swastyka *n* swastika

swat/ka *n* matchmaker

swąd *n* smell: *The smell of burning rubber filled the air.*

sweter *n* sweater: *Put on a sweater.* | *a light/heavy sweater* | *a V-necked* (=w szpic) *sweater* —**sweterek** *n* sweater

swędzący *adj* itchy: *itchy fingers/feet*

swędzenie *n* itch, itchiness: *Food allergies typically cause itchiness of the face.*

swędzić *v* itch: *My feet were itching terribly.*

swoboda *n* **1** *(wolność)* freedom: *freedom of expression* (=wypowiedzi) | *Women now have greater freedom to* *decide whether or not to get married.* | **swobody obywatelskie** civil liberties: *American supporters of Castro expected him to restore* (=oczekiwali, że przywróci) *civil liberties and look to the United States for leadership.* **2** *(łatwość)* ease: *the ease with which he plays his trumpet*

swobodnie *adv* **1** *(bez ograniczeń)* freely: *In England he could write freely, without fear of arrest.* **2** *(łatwo)* with ease, easily: *The car travelled smoothly up the hillside, taking the bends with ease.* **3** *(nieformalnie)* casually: *She dresses casually.*

swobodny *adj* **1** *(wolny)* free: *to live a free life* **2** *(nieformalny)* casual: *casual style/clothes/attitude*

swoisty *adj* **swoisty dla kogoś/czegoś** specific to sb/sth: *customs specific to this part of the country*

swój *pron* **1** *(z rzeczownikiem)* my/your/his/her/its/our/their: *Show me your hand.* | *I need to take better care of my health.* **2** *(bez rzeczownika)* mine/yours/his/hers/its/ours/theirs: *I can give you mine if you want.*

syczeć *v* hiss: *The snake hissed at them.*

sygnalizacja *n* **sygnalizacja (świetlna)** lights, traffic lights *BrE*, stoplight *AmE*: *The traffic lights changed from green to red.*

sygnalizować *v* → patrz ZASYGNALIZOWAĆ

sygnał *n* **1** *(znak)* signal: *The unemployment figures are a signal that the economy is improving.* | *When he closes his book, it's a signal for everyone to stand up.* | **na czyjś sygnał** at sb's signal, at a signal from sb: *At a signal from the guard, the prisoners went back into their cells.* | **dać (komuś) sygnał** give (sb) a signal: *I'll give you a signal when the ten minutes are up* (=kiedy upłynie 10 minut). **2** **sygnały czegoś/o czymś** reports of sth: *We are getting reports of bad weather in central Europe.* **3** *(stacji)* signal: *a weak radio signal* **4** *(w telefonie)* **a)** tone: *Please leave a message after the tone.* **b)** *(po podniesieniu słuchawki)* dial/dialling tone: *There's no dial tone!* **sygnał zajęty** engaged *BrE*, busy *AmE* tone: *I get a busy tone whenever I call them.*

S

sygnatariusz *n* signatory: *Is the US really a signatory to the UN Convention on Genocide* (=dotyczącej ludobójstwa)*?*

sygnet *n* (seal) ring

sygnować *v* sign: *The two countries signed a non-aggression pact.*

syk *n* hiss: *He kicked the front tyre, which emitted* (=wydała) *a faint* (=cichy) *hiss.*

syknąć *v* hiss: *The cat arched her back and hissed.*

sylaba *n* syllable: *The stress falls* (=akcent pada) *on the first syllable.*

sylwester *n* New Year's Eve: *What are you doing on New Year's Eve?*

sylwestrowy *adj* New Year's Eve: *New Year's Eve customs/celebrations* | **bal sylwestrowy** New Year's (Eve) party

sylwetka *n* **1** *(figura)* figure: *She has a great figure.* | *clothes for the fuller figure* **2** *(zarys)* silhouette: *I saw the silhouette of someone waiting under the streetlight.*

symbol *n* symbol: *The dove* (=gołąb) *is a symbol of peace.* | *What is the mathematical symbol for infinity?*

symboliczny *adj* **1** symbolic: *a symbolic gesture* | *The President's trip to Russia was mostly symbolic.* **2** *(opłata, kara itp.)* nominal: *a nominal fee/amount/price/fine*

—**symbolicznie** *adv* symbolically: *In dreams people symbolically act out frightening emotions.*

symbolika *n* symbolism, (symbolic) imagery: *the symbolism of numbers* | *the symbolic imagery of Dylan Thomas's poetry*

symbolizm *n* **1** *(prąd w sztuce)* symbolism **2** *(symbolika)* symbolism: *the symbolism of water*

symbolizować *v* symbolize, symbolise *BrE*: *Wedding rings symbolize a couple's commitment to each other* (=wzajemne oddanie).

symetria *n* symmetry: *the delicate symmetry of a snowflake*

symetryczny *adj* symmetrical: *The columns on either side of the door were perfectly symmetrical.*

symfonia *n* symphony: *Beethoven's Third Symphony*

symfoniczny *adj* **orkiestra symfoniczna** symphony orchestra: **koncert symfoniczny** symphony concert

sympatia *n* **1** liking: *She tried to hide her liking for him.* | **zapałać do kogoś sympatią** take a liking to sb: *He immediately took a liking to Malden.* | **zjednać komuś/sobie czyjąś sympatię** endear sb/yourself to sb: *His remarks did not endear him to the audience.* | *She was witty and charming and managed to endear herself to her future mother-in-law.* **2** *(chłopak)* boyfriend: *Your new boyfriend sounds really nice.* **3** *(dziewczyna)* girlfriend: *I saw your old* (=byłą) *girlfriend last night.*

UWAGA: sympatia i sympathy

Sympathy nie znaczy „sympatia", tylko „współczucie".

sympatyczny *adj* **1** *(człowiek)* likeable, pleasant: *He seems like an intelligent, likable person.* THESAURUS ▸ NICE **2** *(spotkanie itp.)* pleasant: *a pleasant evening*

UWAGA: sympatyczny i sympathetic

Sympathetic nie znaczy „sympatyczny", tylko „współczujący".

sympaty-k/czka *n* **1** *(organizacji, idei)* sympathizer, supporter: *a supporter of the Green Party* **2** *(człowieka)* well-wisher: *She received hundreds of cards from well-wishers.*

sympatyzować *v* **sympatyzować z kimś/czymś** sympathize/sympathise *BrE* with sb/sth: *Not many people sympathize with his political views.*

symptom *n* symptom: *Symptoms include headaches and vomiting.* —**symptomatyczny** *adj* symptomatic: *Increasing divorce is symptomatic of a growing instability in sexual relationships.*

symulacja *n* simulation: *a computer simulation of an emergency landing*

symulant/ka *n* malingerer

symulator *n* simulator: *a flight simulator*

symulować *v* **1** *(tworzyć iluzję)* simulate: *This machine can simulate conditions in space.* **2** *(udawać chorobę)* malinger: *He said he had got flu but everyone knew he was malingering.*

syn *n* son: *Their son is two and a half.* | *Our eldest son was born on Christmas Day.*

synagoga *n* synagogue: *The synagogue is used for prayer and study.*

synchronizować *v* synchronize, synchronise *BrE*: *The* *device easily synchronizes its data with a conventional computer.* —**synchronizacja** *n* synchronization, synchronisation *BrE*: *time synchronization*

syndrom *n* syndrome: *the syndrome of the bored middle-aged man*

syndyk *n* **syndyk masy upadłościowej** (official) receiver: *Carlson is the court-appointed receiver for the firm.*

syndykat *n* syndicate: *a drug syndicate*

synek *n* son, little boy: *How old is your little boy now?*

synonim *n* synonym: *'Shut' and 'close' are synonyms.* | *'Enormous' is a synonym of 'huge'.*

synopty-k/czka *n* meteorologist, weather forecaster: *The sudden snowstorm caught weather forecasters off guard.*

synowa *n* daughter-in-law

UWAGA: daughter-in-law

Rzeczownik ten tworzy liczbę mnogą na dwa sposoby: z końcówką **-s** po pierwszym członie złożenia lub na końcu (**daughters-in-law** lub **daughter-in-laws**).

syntetyczny *adj* synthetic: *synthetic materials/fabrics/fibres* (=włókna)

syntetyzować *v* synthesize, synthesise *BrE*: *The spider can synthesize several different silk proteins.*

synteza *n* synthesis: *the synthesis of hormones* | *the synthesis of rubber*

syntezator *n* synthesizer, synthesiser *BrE*

sypać *v* **1** *(posypywać)* pour, sprinkle: *Don't pour salt all over your food.* **2** *(usypywać)* build: *They were building new floodbanks* (=wały przeciwpowodziowe) *on the river.* **3 (śnieg) sypie** it's snowing
sypać się *v* **1** *(rozpadać się)* be coming/falling apart: *The old house is falling apart.* **2** *(odpadać)* be coming/falling off: *The paint's coming off.*

sypiać *v* **1** sleep: *I don't sleep too well.* THESAURUS SLEEP **2 sypiać ze sobą/z kimś** sleep together/with sb: *I'm sure those two are sleeping together.* | *It's common knowledge that he's sleeping with his secretary.* → patrz też SPAĆ

sypialnia *n* bedroom: *The kids have separate bedrooms.*

sypialny *adj także* **wagon sypialny** sleeper, sleeping car: *Sleeper travel* (=podróż sypialnym) *can also be a good idea if you wish to travel with awkward or heavy items.*

sypnąć *v* → patrz SYPAĆ

syrena *n* **1** *(sygnał)* siren: *The police car approached, its siren screaming.* **2** *(nimfa)* mermaid

syrenka *n* mermaid: *the Little Mermaid*

syrop *n* syrup: *cough syrup* (=syrop na kaszel) | *maple syrup* (=syrop klonowy)

system *n* system: *the legal/political/school/tax/voting system* | *a computer system* | *an alarm system* | *a system of roads*

systematyczny *adj* systematic: *a systematic search of the building* | *a systematic approach* —**systematycznie** *adv* systematically: *They went through the documents systematically.*

systemowy *adj* **1** *(dotyczący całego systemu)* systemic: *large-scale systemic change* | *Corruption in the police force is systemic.* **2** *(komputerowy)* system: *a system disk*

sytość *n* fullness

sytuacja *n* **1** situation: *a difficult/tricky/dangerous situation* | *the economic/political/financial situation* | *I tried to explain the situation to my boss.* **2 (być) w lepszej/gorszej sytuacji** (be) better/worse off **3 w tej sytuacji** under/in the circumstances: *The result was the best that could be expected under the circumstances.*

sytuacyjny *adj* **1 humor/dowcip sytuacyjny** slapstick (comedy) **2 plan sytuacyjny** layout/location map: *You should consult the airport layout map.*

sytuować się *v* be: *Once again Senna was at the top* (=na czele) *of the Grand Prix rankings.*

sytuowany *adj* **dobrze/nieźle sytuowany** well/comfortably off: *They're not exactly rich, but they're fairly well off.* THESAURUS RICH

syty *adj* **1** full (up): *He felt full.* | **najeść się do syta** eat one's fill **2 i wilk syty, i owca cała** you can have your cake and eat it

sza! *interj* hush!, shush!

szabas *n* the Sabbath

szabla *n* sabre

szablon *n* template: *A template document saves you having to type the same letter over and over.*

szach *n* check: *A pawn in seventh move gives check to the king.* | *The king is in check.*

szachist-a/ka *n* chess player: *He is recognized as the world's greatest chess player.*

szach-mat *n* checkmate: *The diagram below illustrates a checkmate position, in which White wins the game.*

szachownica *n* chess board

szachowy *adj* **turniej szachowy** chess tournament

szachy *n* **1** *(gra)* chess: *Do you play chess?* | *a game* (=partia) *of chess* **2** *(zestaw do gry)* chess set

szacować *v* estimate: *Police estimate that 10,000 people took part in the demonstration.* | *We estimate the cost of repairs to be $100,000.*

szacowny *adj* respectable, venerable: *a respectable gentleman/politician*

szacunek *n* **1** *(poważanie)* respect: *All I'm asking for is a little respect.* | *Everyone deserves to be treated with respect.* | **darzyć kogoś/coś szacunkiem** have respect for sb/sth: *He has great respect for all living creatures.* | **z szacunku dla kogoś** out of respect for sb: *Out of respect for the dead woman's family, there were no journalists at the funeral.* | **z całym szacunkiem, ...** with (all due) respect, ...: *With all due respect, I really cannot agree with your last statement.* | **pełen szacunku** full of respect, respectful: *a respectful silence* | **z szacunkiem** respectfully: *He bowed respectfully to the king.* | **z wyrazami szacunku** *(w liście)* yours truly/faithfully **2** *(wycena)* estimate: *I can only give you an estimate of the cost at this stage.*

szacunkowy *adj* estimated: *an estimated figure of $200 million*

szafa *n* **1 a)** *(wolno stojąca)* wardrobe: *There's a whole wardrobe of clothes over there.* **b)** *(wnękowa, ścienna)* cupboard *BrE*, closet *AmE*: *I put lavender in my cupboard to make my clothes smell nice.* | *She put her things away tidily in the closet.* **2 szafa grająca** juke box

szafir *n* sapphire —**szafirowy** *adj* sapphire: *a sapphire necklace*

szafka *n* **1** cabinet: *a bathroom/kitchen/medicine cabinet*

S

2 *(od kompletu)* unit: *kitchen units* **3** *(w szatni)* locker: *The students have lockers to keep their personal belongings in.*

szafot *n* scaffold: *The prisoner mounted* (=wszedł na) *the scaffold.*

szafować *v* **szafować czymś** be free with sth: *Ken's a little too free with his money.*

szajka *n* gang: *a gang of thieves*

szakal *n* jackal

szal *n* shawl: *She wore a thick woollen shawl.*

szaleć *v* **1** *(człowiek)* go crazy/mad *BrE*: *People went crazy with applause.* **2** *(burza, morze)* rage: *Outside a great storm was raging.* **3 szaleć za kimś/czymś** be crazy/mad *BrE* about sb/sth: *Can't you see that I'm absolutely mad about you?* THESAURUS LOVE **4 szaleć z radości** be delirious with joy

szaleniec *n* lunatic, madman: *a dangerous lunatic* | *He drives like a madman.*

szaleńczy *adj* crazy, mad *BrE*: *a crazy idea* | *a mad rush* (=pośpiech)

szaleństwo *n* **1** *(głupota)* craziness, madness *BrE*: *They can't close the hospital - it's madness!* **2** *(moda)* craze: *The jogging craze began in the 1970s.* **3 zakochany do szaleństwa** madly in love: *She's madly in love with her boss.*

szalet *n* (public) toilet

szalik *n* scarf: *Bud wrapped a scarf around his neck.*

szalony *adj* **1** crazy, mad *BrE*: *It was a crazy idea.* | *He must be mad!* THESAURUS STUPID **2 jak szalony** like crazy/mad, madly: *We'll have to work like crazy to get this finished on time.* | *I ran like mad to catch up to his car.* | *The dogs ran madly around him.*

szał *n* **1** *(atak wściekłości)* frenzy, rage: *In a frenzy, Brady began kicking and punching the police officers.* **2** *(moda)* craze: *Skate-boarding is the latest craze to hit the streets of New York.* **3 doprowadzać kogoś do szału** drive sb crazy/mad *BrE*, drive sb up the wall: *Her music is driving me up the wall.* **4 dostać szału** fly into a rage, have/throw a fit, go berserk: *He flew into a rage and demanded his money back.*

szałas *n* hut, shack

szałwia *n* sage: *parsley, sage, rosemary and thyme*

szaman *n* shaman, witch doctor, medicine man

szambo *n* **a)** *(nowoczesne)* septic tank **b)** *(tradycyjne)* cesspool

szamotać się *v* struggle: *The victim had obviously struggled furiously against her attacker.* **—szamotanina** *n* struggle: *He broke his glasses in the struggle.*

szampan *n* champagne: *a glass/bottle of champagne* | *Chill the champagne before you serve it.*

szampon *n* shampoo: *I like that lemon shampoo.* | *medicated* (=leczniczy) *shampoo* | **myć włosy szamponem** shampoo your hair

szanować *v* **1** *(darzyć szacunkiem)* respect: *He's not the most popular teacher, but the students respect him.* **2** *(respektować)* respect: *It's important to respect the wishes of the patient.* **3** *(delikatnie się obchodzić)* take good care of: *Georgina had taken good care of the watch her mother gave her all those years ago.*
szanować się *v (oszczędzać siły)* take it easy: *The doctor says I'm going to have to take it easy for a few weeks.*

szanowany *adj* respected: *a highly respected journalist*

szanowny *adj* **Szanowna Pani** Dear Madam: **Szanowny Panie** Dear Sir

szansa *n* chance: *There's a chance that she left her keys in the office.* **+na coś** for sth, of doing sth: *If she sees a chance for promotion* (=na awans), *she really goes for it.* | *My chances of getting another job are just about nil* (=są prawie żadne). | **dać komuś szansę** give sb a chance: *They never gave me a chance to explain.* | **mieć szansę (na coś)** stand/have a chance (of doing sth): *You don't stand a chance of winning.*

szantaż *n* blackmail: *That's blackmail!* | **zmusić kogoś szantażem do czegoś** blackmail sb into sth: *Don't think you can blackmail me into helping you!* **—szantażować** *v* blackmail: *Jeremy tried to blackmail his boss.* **—szantażyst-a/ka** *v* blackmailer

szarańcza *n* locust: *Half the harvest was eaten by the locust.*

szarlatan/ka *n* charlatan

szarlotka *n* apple pie

szarość *n* **1** *(kolor)* grey *BrE*, gray *AmE*: *a shade of grey* **2** *(bezbarwność)* dullness: *the crushing* (=przytłaczająca) *dullness of it all*

szarpać *v* **1 szarpać za coś** jerk at/on sth, tear at sth: *Don't keep jerking at the drawer - it won't open.* | *The children were screaming and tearing at each other's hair.* **2** *(pojazd)* jerk, jolt: *The car jolted and Rachel was thrown backwards.*
szarpać się *v* struggle: *She struggled with the man and screamed for help.* →patrz też SZARPNĄĆ SIĘ

szarpanina *n* struggle: *The gun went off accidentally during a struggle.*

szarpnąć *v* →patrz SZARPAĆ
szarpnąć się *v* **szarpnąć się na coś** splash out on sth: *Why don't you splash out on a new dress for the party?* →patrz też SZARPAĆ SIĘ

szarpnięcie *n* jerk, jolt: *The train moved off with a jerk.* | *I felt every jolt of the bus.*

szary *adj* **1** *(kolor)* grey *BrE*, gray *AmE*: *a grey suit* | *grey concrete* | *a grey November morning* **2** *(nudny)* dull, dreary: *a dreary routine*

szarzyzna *n* dullness: *the dullness of everyday life*

szarża *n* charge **—szarżować** *v (atakować)* charge: *One of the rhinos* (=nosorożców) *charged straight at them.*

szastać *v* **szastać czymś** be free with sth: *Ken's a little too free with his money.*

szaszłyk *n* (shish) kebab, shish: *chicken/lamb shish*

szata *n* **1 szata graficzna** layout: *the layout of the magazine cover* **2 szata roślinna** flora: *the flora of the Alps* **3** *(strój)* robe: *coronation robes*

szatan *n* Satan, the Devil: *the Church of Satan*

szatański *adj* fiendish, satanic: *a fiendish plan/plot* | *satanic laughter*

szatnia *n* **1** *(z obsługą i wieszakami)* cloakroom, coatroom *AmE*: *There's no charge* (=nie ma opłaty) *to leave your things in the cloakroom.* **2** *(z szafkami)* changing room *BrE*, locker room *AmE*: *I went back to the locker room to get my jacket.*

szczaw *n* sorrel

szczątki *n* **1** remains: *remains of the body/building* | *remains of extinct animals* **2** *(wrak)* wreckage: *the wreckage of the car/plane*

szczebel *n* rung: *the bottom rung of the ladder*

szczecina *n* **1** *(sierść)* bristle: *a dog with thick bristle* **2** *(zarost)* stubble: *a three-day stubble*

szczególnie *adv* particularly, especially: *He wasn't a particularly attractive man.* | *Paris is always full of tourists, especially during the summer months.*

szczególność *n* **w szczególności** in particular: *Mary loves classical music, in particular Bach and Vivaldi.*

szczególny *adj* **1** *(wyjątkowy)* particular, special: *You should pay particular attention to spelling.* | *This discovery is of particular interest to scientists studying the origins of the universe.* | *a special occasion* | **szczególny przypadek** special case | **nic szczególnego** nothing special **2** *(dziwny)* peculiar: *He looked at me in a peculiar way.*

szczegół *n* **1** detail: *She looked closely at every detail of the plans before approving* (=przed zatwierdzeniem) *them.* **2 szczegóły** details: *Can you give me more details about the cost of these courses, please?* | *I'll leave the details of the affair to your imagination.* | **w (najdrobniejszych) szczegółach** in (minute) detail: *Could you try to describe, in detail, the procedures that you used in the operation?* | **wchodzić w szczegóły** go into detail(s): *If you go into too much detail people will get bored.* **3 szczegóły techniczne** technicalities

szczegółowy *adj* detailed: *a detailed analysis of the week's news* | *a detailed account of the US-Russia relationship in the 1990s* —**szczegółowo** *adv* in detail: *He described the process in detail.*

szczekać *v* bark: *The dog was barking excitedly.* —**szczekanie** *n* bark(ing): *The barking of the dogs grew louder with every minute..*

szczelina *n* **1** *(szpara)* crack, chink: *The coin fell down a crack in the sidewalk.* | *The sun came through a chink in the curtains.* **2** *(skalna)* crevice: *A climber fell into a crevice on the mountain.*

szczelnie *adv* tightly, tight: *Cover the pan tightly with foil.* | *Put the lid on tight.* | **szczelnie zamknięty** tight

szczelność *n* (air)tightness

szczelny *adj* (air)tight: *an airtight jar/container* | *Keep spices in a jar with a tight lid.*

szczeniak *n* **1** *także* **szczenię** puppy: *We fed the puppy on bread and warm milk.* | *pedigree puppies* (=szczenięta z rodowodem) **2** *(dzieciak)* kid: *They always let that kid get his own way.*

szczep *n* **1** *(wirusów, bakterii)* strain: *a new strain of the virus* **2** *(plemię)* tribe: *American Indian tribes*

szczepić *v* vaccinate, immunize, immunise *BrE*: *All children are vaccinated against tuberculosis* (=przeciw gruźlicy).
szczepić się *v* be vaccinated/immunized: *Have you been vaccinated against measles* (=przeciw odrze)?

szczepienie *n* vaccination, immunization, immunisation *BrE*: *vaccination against infectious diseases* | *a mass immunization programme*

szczepionka *n* vaccine: *a vaccine for malaria* | *the development of an AIDS vaccine*

szczerba *n* **1** *(w zębach)* gap: *the gap left by a missing tooth* **2** *(w naczyniu, ostrzu itp.)* chip: *There's a chip in this plate.*

szczerość *n* frankness, sincerity, honesty: *She believed in his sincerity and good intentions.*

szczery *adj* frank, sincere, honest: *I'll be perfectly frank with you.* | *Please accept my sincere apologies.* | *an old woman with a plain, honest face*

szczerze *adv* **1** frankly, honestly, sincerely: *Stan admitted frankly that he needed help to fight his drug problem.* | *"I don't know," she answered honestly.* | *a sincerely held belief* **2 szczerze mówiąc** to be honest/frank, honestly, frankly: *To be honest, we didn't really deserve to win.*

szczerzyć *v* **szczerzyć zęby/się** grin: *Stop grinning at me, you stupid jackass* (=ośle)! THESAURUS SMILE

szczędzić *v* **1 nie szczędzić (komuś/czemuś) pochwał** be lavish with your praise (for sb/sth): *The critics were lavish with their praise for his new novel.* **2 nie szczędzić wydatków (na coś)** spare no expense (on/for sth): *Janet's parents spared no expense on her wedding.* **3 nie szczędzić wysiłków/starań, żeby coś zrobić** go to great lengths to do sth: *They went to great lengths to make sure I felt at home.*

szczęk *n* clank, clang: *the clank of chains/machinery*

szczęka *n* **1** jaw: *Tyson punched his opponent on the jaw.* **2 sztuczna szczęka** dentures: *Does your grandma wear dentures?* **3 szczęka komuś opadła** sb's jaw dropped: *Her jaw dropped when I told her Jean had left her husband.*

szczękać *v* **1** clank, clang: *clanking chains* **2 ktoś szczęka zębami** sb's teeth are chattering: *Her teeth were chattering with cold.*

szczęścia-rz/ra *n* lucky devil: **szczęściarz z ciebie!** lucky you!

szczęście *n* **1** *(radość)* happiness: *a feeling of great happiness* | *I wish you health and happiness.* | *Her eyes were bright with happiness.* **2** *(pomyślny traf)* luck: *She wears that ring for luck.* | *It's just a matter of luck.* **3 mieć szczęście** be lucky/in luck: *We were lucky it didn't rain.* | *You're in luck, there are still a few tickets left.* | **mieć szczęście w czymś** be lucky in sth: *He's lucky in love.* | **spróbować szczęścia** try your luck: *He decided to try his luck abroad.* THESAURUS LUCKY **4 całe szczęście, że ...** it's just as well ..., it's a good job ...: *It's just as well you're not hungry, because we haven't got much to eat.* **5 na szczęście** luckily, fortunately, thankfully: *Fortunately, the wind is coming from the west.*

szczęśliwie *adv* **1** *(w szczęściu)* happily: *The prince and princess got married and lived happily ever after.* | *a happily married couple* **2** *(na szczęście)* fortunately, luckily: *Fortunately for him, the bullet missed his heart by an inch.*

szczęśliwość *n* happiness: *eternal happiness*

szczęśliwy *adj* **1** *(radosny)* happy: *She looked happy.* | *a happy childhood/marriage/ending* THESAURUS HAPPY **2** *(pomyślny)* lucky: *It must be your lucky day.* | *My lucky number is seven.* **3 szczęśliwego Nowego Roku** Happy New Year

szczodry *adj* **1** *(wspaniałomyślny)* generous: *a generous heart* | *She is a very generous woman.* **2** *(obfity)* liberal: *a liberal supply of drinks*

szczodrze *adv* **1** *(wspaniałomyślnie)* generously: *Many people have given generously to the children's club.* **2** *(bogato)* liberally, lavishly: *lavishly decorated with fruit and flowers*

szczoteczka *n* **szczoteczka do zębów** toothbrush: *an electric toothbrush*

szczotka *n* **1** brush: *Get a brush and sweep up all that rubbish.* | *Use a wire brush to remove the rust* (=rdzę).

S

2 szczotka do włosów hairbrush **3** *(miotła)* broom: *a kitchen broom* | **kij od szczotki** broomstick

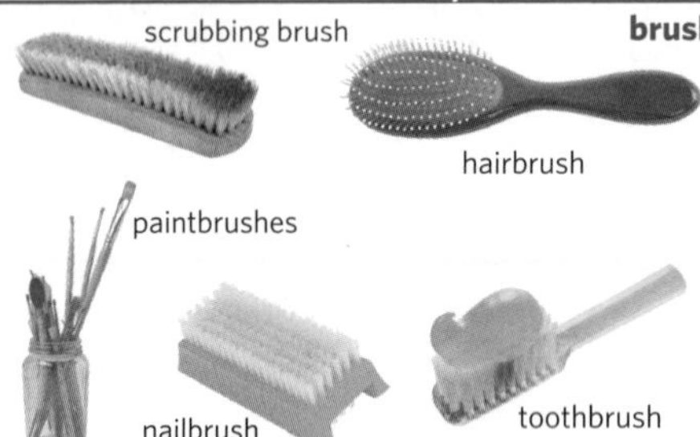

szczotkować *v* brush: *to brush your teeth/hair*

szczudła *n* stilts: *Can you walk on stilts?*

szczupak *n* pike: *He caught a really big pike.*

szczupły *adj* **1** *(człowiek)* slim: *a slim brunette* | *He was tall, slim and really good-looking.* THESAURUS THIN **2** *(dłonie, figura)* slim, slender: *a slim figure/waist* | *slender fingers/hands/hips* **3** *(zasoby)* slender: *a slender profit*

szczur *n* rat: *The town is being overrun by rats.*

szczycić się *v* **szczycić się czymś** pride yourself on sth: *Allen prides himself on being the fastest swimmer on the team.* →patrz też POSZCZYCIĆ SIĘ

S

szczypać *v* **1** *(palcami)* pinch: *Stop pinching me!* **2** *(piec)* sting: *The smoke made our eyes sting.* **—szczypanie** *n* sting: *the sting of salt in a wound*

szczypce *n* **1** *(raka itp.)* pincers: *Scorpions have stout* (=mocne) *bodies with a large pair of pincers.* **2** *(narzędzie)* pliers: *He uses pliers to extract the hook from the fish's mouth.*

szczypiorek *n* chives: *cheese flavoured with chives*

szczypta *n* pinch: *Add a pinch of salt to the sauce.*

szczyt *n* **1** *(góry)* peak, summit, top: *peaks covered with snow all the year round* | *We stopped at the top of the mountain to admire the view.* | *Two of the climbers reached the summit.* **2** *(budynku, schodów)* top: *At the top of the stairs she stopped to get her breath back.* **3** *(formy, sławy)* peak: *She is now at the peak of her career.* **4** *(polityczny)* summit: *a U.S.-Russian summit* | **spotkanie na szczycie** summit meeting **5** *także* **godziny szczytu** peak times, rush hour: *The buses are so crowded during the rush hour, you never get a seat.* **6 szczyt głupoty/luksusu/złego smaku itp.** the ultimate in stupidity/luxury/bad taste etc **7** *(dachu)* gable

szczytny *adj* **szczytny cel** noble cause

szczytowy *adj* **w szczytowej formie** in/on top form, at your/its best: *Our team is on top form at the moment.* | *At his best, Maradona was one of the most exciting players in the world.*

szefostwo *n* management: *The management has no choice but to close the factory.*

szef/owa *n* **1** boss: *Who's the boss around here?* THESAURUS BOSS **2 szef/owa kuchni** chef: *The chef serves important guests himself.* **3 szef rządu** prime minister

szejk *n* sheik: *Sheik Mahmood*

szelest *n* rustle: *the rustle of leaves/papers*

szeleścić *v* rustle: *Something was rustling in the grass.* | *A light breeze rustled the treetops.*

szelf *n* shelf: *the western Canadian continental shelf*

szelki *n* braces *BrE*, suspenders *AmE*: *a pair of red braces* | *I have to wear suspenders to keep my pants up.*

szelmowski *adj* mischievous, wicked: *a wicked grin/smile*

szemrać *v* **1** murmur: *The water murmured softly.* | *The wind murmured through the trees.* **2 bez szemrania** without a murmur: *We paid the bill without a murmur.*

szepnąć *v* whisper: *She whispered something in my ear.* | *James leaned over* (=przechylił się) *to whisper something to Michael.*

szept *n* whisper: *a low/soft whisper* | **mówić szeptem** speak in a whisper, whisper: *Roger spoke in a low whisper.*

szeptać *v* whisper: *The girls were whispering at the back of the class.* THESAURUS TALK

szereg *n* **1** *(rząd)* row, line: *a row of houses/columns* | *In front of the house there is a line of tall trees.* **2 szereg czegoś** *(dużo)* a number of sth: *The report contained a number of glaring* (=rażących) *errors.* →patrz też **zewrzeć szeregi** (ZEWRZEĆ)

szeregowiec *n* **1** *(dom)* terraced house *BrE*, row house *AmE*: *At that time they used to live in a small terraced house.* THESAURUS HOUSE **2** *(żołnierz)* private

szeregow-y/a *n* private: *Private Jones reporting* (=melduje się) *for duty, Sir.*

szermierka *n* fencing: *fencing training/lessons*

szeroki *adj* **1** *(szafa, brama, ulica, przestrzeń, kąt)* wide: *a wide gate/angle/margin* | *a wide range/selection/variety of products* **2** *(część garderoby)* wide: *a wide skirt/sleeve* | *wide trousers* **3 szeroki na 5/10 metrów itp.** five/ten etc metres *BrE*, meters *AmE* wide/broad: *The gap was only a few inches wide.* | *The track was three metres broad.* **4** *(część ciała)* broad: *broad shoulders/hips* **5** *(uśmiech)* broad: *She had a broad grin on her face.* **6** *(pojęcie, dziedzina, definicja)* broad: *a broad category/field/area* **7 na szeroką skalę** *(działać)* on a large scale, *(działanie)* large-scale: *Manufacturers* (=producenci) *in other countries soon began to use robots on a large scale.* | *a large-scale rescue operation* (=akcja ratownicza) **8 szeroka publiczność** the general public: *The doors opened to the general public last night at the Klondyke Building.* →patrz też **omijać kogoś/coś szerokim łukiem** (OMIJAĆ)

UWAGA: wide i broad

Mówiąc o szerokości w sensie dosłownym, używamy zwykle przymiotnika **wide**: *a wide street/road/river.* Wyjątek stanowią części ciała: *a broad back/nose/forehead.* **Broad** występuje także wtedy, gdy szerokość jest cechą atrakcyjną lub pożądaną, zwłaszcza w opisach krajobrazu: *a broad sunny avenue running through the middle of the town.* Obu przymiotników można używać wymiennie, mówiąc o szerokim asortymencie towarów lub szerokim zakresie jakiegoś zjawiska: *a broad/wide range of products/interests.*

szeroko *adv* **1 szeroko otwarty** wide open: *The door was wide open and we could hear everything she said.* | **(z) szeroko otwartymi oczami** (with your) eyes wide open: *The children were standing with their eyes wide open, full of fear.* **2 otworzyć szeroko drzwi/okno/oczy** open the door/the window/your eyes wide: *I opened the windows* *wide to let out the smell of burnt food.* **3 szeroko zakrojony** large-scale: *a large-scale research project* **4 szeroko rozumiany/pojęty** broadly understood/conceived: *The broadly understood goal of both processes is the same.* | *Education broadly conceived is the fundamental purpose and responsibility of the University.* **5 szeroko reklamowany** widely advertised, much-advertised: *Apple iPod, the much-advertised digital music player* (=odtwarzacz) **6 szeroko rozpowszechniony** common, prevalent: *Credit card frauds* (=oszustwa) *are common.* | *Drug abuse is especially prevalent among younger teenagers.* **7 szeroko stosowany** commonly used: *Up until the nineteenth century wood was commonly used for buildings.* **8 uśmiechnąć się szeroko** smile broadly **9 szeroko dostępny** generally available: *Other formats are generally available.*

szerokopasmowy *adj* broadband: *broadband communications* | **szerokopasmowy dostęp do internetu** broadband (internet)

szerokość *n* **1** width, breadth: *the width of the room/desk/door/road* | *Jilly swam the breadth of the pool, and she's only five.* **2 mieć 2/4 itp. cale szerokości/na szerokość** be 2/4 etc inches in width/breadth: *What's the width of the desk? It's about 2.5 metres in width.* | *The boat measured eight feet in breadth.* **3 szerokość geograficzna** latitude: *At these latitudes you often get strong winds.* **4 otworzyć coś na całą szerokość** open sth wide: *I opened the window wide and listened to the bird.*

szeryf *n* sheriff: *a small-town sheriff*

szerzyć *v* **1** *(idee, wiedzę)* propagate, disseminate: *The group started a magazine to propagate its ideas.* **2 szerzyć spustoszenie/zniszczenie** wreak/cause havoc: *The hurricane is wreaking havoc all along the coast.* **3 szerzyć pogłoski/plotki** spread gossip, spread rumours *BrE*, rumors *AmE*: *Some newspapers just love to spread gossip and scandal.*

szerzyć się *v* spread: *Malaria that is invulnerable* (=oporna) *to drugs is spreading across the world.*

szesnastolat-ek/ka *n* sixteen-year-old: *a clever sixteen-year-old*

szesnastoletni *adj* **1** *(człowiek)* sixteen-year-old: *a sixteen-year-old boy* **2** *(okres)* sixteen-year

szesnasty *adj* **1** sixteenth: *her sixteenth birthday* **2 (godzina) szesnasta** four (o'clock), four am/pm

szesnaście *num* sixteen

sześcian *n* cube: *A cube has six sides.*

sześcienny *adj* **1** cubic: *The room measures 10 cubic metres.* **2 pierwiastek sześcienny z 9** the cube (root) of 9

sześciocylindrowy *adj* six-cylinder: *a six-cylinder engine*

sześciokąt *n* hexagon: *A hexagon is a six-sided figure.* —**sześciokątny** *adj* hexagonal: *a hexagonal table*

sześcioletni *adj* **1** *(dziecko, zwierzę, samochód)* six-year-old: *a six-year-old child* **2** *(okres)* six-year: *a six-year period*

sześcioro *num* six: *six children*

sześć *num* six

sześćdziesiąt *num* sixty

sześćdziesiątka *n* **1** sixty **2 mieć sześćdziesiątkę** be sixty

sześćdziesiąty *adj* **1** sixtieth **2 lata sześćdziesiąte** the (nineteen) sixties: *songs from the sixties*

sześćdziesięcioletni *adj* sixty-year-old: *a sixty-year-old woman*

sześćset *num* six hundred: **sześćset dwa/czterdzieści itp.** six hundred (and) two/forty etc

szew *n* **1** *(w spodniach)* seam: *Use double, not single, thread* (=nić) *to reinforce* (=wzmocnić) *the seams.* **2** *(chirurgiczny)* stitch: *The cut needed 15 stitches.* **3 pękać w szwach** be bursting at the seams: *Classrooms are bursting at the seams.*

szewc *n* **1** shoemaker, cobbler **2 oddać buty do szewca** get/have your shoes fixed

> **UWAGA: shoemaker i cobbler**
>
> **Shoemaker** oznacza szewca zajmującego się szyciem obuwia, a **cobbler** takiego, który je naprawia.

szewska *adj* **szewska pasja** blind rage: *He went into a blind rage.*

szkalować *v* vilify: *He was vilified by the press.*

szkaradny *adj* hideous: *hideous buildings* THESAURUS UGLY

szkarłatny *adj* dark red

szkatułka *n* casket: *a wooden casket*

szkic *n* **1** *(wersja wstępna)* sketch, outline, draft: *This is just a rough sketch but it gives you the idea.* | *an outline of the company's plan* | *the first draft of her speech* **2** *(rysunek)* sketch: *Gabriella did a quick sketch of her baby daughter.*

szkicować *v* → patrz NASZKICOWAĆ

szkielet *n* **1** *(rama)* framework, frame: *A rigid* (=sztywny) *metal framework supported the sculpture.* **2** *(kości)* skeleton: *the human skeleton* | *They discovered the complete skeleton of a dinosaur.*

szkiełko *n* **1** *(zegarka)* glass **2** *(kawałek szkła)* piece of glass: *It's like shining a light at a piece of glass.*

szklaneczka *n* tumbler: *a tumbler of orange juice*

szklanka *n* glass: *a glass of water*

szklany *adj* **1** glass: *a glass bottle/door/roof* **2 włókno szklane** fibreglass *BrE*, fiberglass *AmE*

szklarnia *n* greenhouse, hothouse, glasshouse: *She grows tomatoes in her greenhouse.*

szklarniowy *adj* greenhouse, hothouse, glasshouse: *greenhouse cucumbers*

szklić *v* glaze: *to glaze windows*

szklisty *adj* **1** *(oczy, spojrzenie)* glassy: *a glassy stare* **2** *(cebula)* transparent: *Fry the onions until* (=aż będą) *transparent and soft.*

szkliwo *n* enamel

szkło *n* **1** glass: *a strange construction made of wood and glass* | *There was broken glass all over the road.* **2 szkła kontaktowe** contact lenses: *He wears contact lenses.* **3 szkło powiększające** magnifying glass

Szkocja *n* Scotland

szkocki *adj* **1** Scottish **2 szkocka (whisky)** Scotch: *Churchill drank Scotch with water, but no ice.*

szkoda[1] *adv, v, interj* **1 szkoda, że ...** it's a pity/shame (that) ..., it's too bad (that) ...: *It's a pity my parents didn't come.* | *It's too bad her good looks are spoiled by her nose.* **2 szkoda, że nie mam/nie mogę itp.** I wish I had/could etc: *I wish I could stay here longer.* **3 (jaka) szkoda!** what a pity/shame! **4 szkoda coś robić** it's a pity to do sth: *It's a pity to throw good food away.* **5 komuś (jest) szkoda kogoś** sb feels/is sorry for sb: *I've got no sympathy for*

S

him, but I feel sorry for his wife. **6 szkoda czasu/pieniędzy/wysiłku** it's a waste of time/money/effort: *I'm not going – it's a waste of time.*

szkoda² *n* **1** *(zło)* harm, damage: *Some types of diets do more harm than good* (=niż pożytku). **2 ze szkodą dla czegoś** to the detriment of sth: *He started working longer hours, to the detriment of his health.* →patrz też SZKODY

szkodliwość *n* harmful effects: *the harmful effects of smoking*

szkodliwy *adj* harmful: *harmful chemicals/substances | a harmful influence |* **+dla kogoś/czegoś** to sb/sth: *The sun's rays can be very harmful to the skin.*

szkodnik *n* pest: *In the past, pests were controlled naturally.*

szkody *n (zniszczenia)* damage: *It could cost $5 million to repair the damage caused by the storm.* →patrz też SZKODA²

szkodzić *v* **1 szkodzić komuś/czemuś** be bad for sb/sth: *Smoking is bad for you. | Too much chocolate is bad for your skin.* **2 (nic) nie szkodzi** never mind: *"Sorry I'm so late." "Never mind – we haven't started yet."* →patrz też ZASZKODZIĆ

szkolenie *n* training: *staff training | The college offers a rapid programme of training for librarians.*

szkoleniowy *adj* training: *a training camp/course/programme*

szkolić *v* train: *There's not enough time to train new staff.* **szkolić się** *v* train: *He had trained as a pilot in Texas.*

szkolnictwo *n* education: *the education system | primary/higher education*

szkolny *adj* **1** school: *a school trip |* **kole-ga/żanka szkoln-y/a** schoolmate | **lata szkolne** schooldays: *Some people say that your schooldays are the happiest time of your life.* **2 szkolny błąd** textbook error **3 dzieci w wieku szkolnym** schoolchildren

szkolony *adj* trained: *Customs officers use specially trained dogs to search for drugs.*

szkoła *n* **1** school: *Which school do you go to? | Mum takes us to school every morning. |* **w szkole** at school: *My husband is at work and the children are at school. | My favourite subject at school was cookery.* **2 szkoła podstawowa** primary school *BrE*, elementary/grade school *AmE* **3 szkoła średnia** secondary school *BrE*, high school *AmE*

szkopuł *n* snag: *It's an interesting job. The only snag is that it's not very well paid.* THESAURUS PROBLEM

Szkot *n* Scotsman, Scot —**Szkotka** *n* Scotswoman, Scot

szkółka *n (leśna)* (tree) nursery

szkwał *n* squall: *a violent squall*

szlaban *n* **1** barrier, gate: *The guards stopped us at the gate.* **2 mieć/dostać szlaban** be grounded: *You'll be grounded for a week if I catch you smoking again.*

szlachci-c/anka *n* noble

szlachecki *adj* **1** noble: *the last member of a noble family | a lady of noble birth* (=szlacheckiego rodu) **2 tytuł szlachecki** knighthood

szlachetnie *adv* nobly: *nobly born | He nobly agreed to take the message.*

szlachetność *n* nobility: *Women have often been used as symbols of virtue* (=cnoty) *and nobility.*

szlachetny *adj* **1** noble: *noble ideals | a noble purpose* **2 kamień szlachetny** precious stone

szlachta *n* nobility, gentry: *the Russian nobility*

szlafrok *n* bathrobe, dressing gown *BrE*, robe *AmE*: *I slipped on my dressing gown.*

szlag *n* **1 szlag kogoś trafił a)** *(ktoś się wściekł)* sb freaked out: *My parents freaked out when I quit school.* **b)** *(ktoś umarł)* sb snuffed it: *Some people thought that he'd snuffed it.* **2 szlag mnie trafia** it (really) gets my goat: *It really gets my goat, seeing people wasting their money.* **3 szlag trafił coś** sth went kaput: *The engine went kaput.* **4 niech to szlag!** damn it!

szlak *n* **1** *(trasa turystyczna)* trail: *a hiking* (=pieszy) *trail* **2** *(oznaczenie trasy)* (trail) marking: *Follow the red markings.* **3 przetrzeć szlak** blaze the trail: *Poland blazed the trail of democratic reform in eastern Europe.* **4** *(komunikacyjny)* route: *a well-travelled trade route* **5 szlak wodny** waterway

szlam *n* slime

szlem *n* **wielki szlem** Grand Slam®

szlifować *v* **1** *(szlifierką)* grind **2** *(polerować)* polish →patrz też PODSZLIFOWAĆ

szloch *n* sob(s), sobbing: *She put a napkin to her mouth to choke down a sob. | loud sobs | a hysterical fit of sobbing*

szlochać *v* sob: *The woman sobbed pitifully, begging to be left alone.*

szmal *n* dough: *I'd go on vacation three times a year too, if I had his dough!*

szmaragd *n* emerald

szmata *n* **1** rag, cloth: *a floor cloth* **2 traktować kogoś jak szmatę** treat sb like dirt: *She treats him like dirt but he still loves her.*

szmatka *n* cloth: *Use a soft cloth to polish the silver. | Wipe it off with a damp cloth.*

szmatławy *adj* **1** *(pisma, książki)* trashy: *trashy novels* **2** *(rzeczy)* shabby: *shabby clothes*

szmer *n* murmur: *the murmur of voices/traffic/applause | the murmur of the brook* (=potoku)

szminka *n* lipstick: *She put on some red lipstick. | lipstick marks* (=ślady szminki)

szmuglować *v* smuggle: *They caught her trying to smuggle drugs into France.*

sznur *n* **1** *(lina)* cord, *(gruby)* rope: *Take hold of the rope and pull hard.* **2** *(elektryczny)* cord, lead *BrE*, flex *BrE*: *The phone cord is all tangled up* (=poplątany). *| What's this cord connected to?* **3 sznur pereł/korali itp.** a string of pearls/beads etc **4 sznur do (suszenia) bielizny** clothesline **5** *(kolejka)* line: *a line of cars*

sznurek *n* string: *She tied up the parcel with string. | Can't you join them together with a piece of string?*

sznurować *v* →patrz też ZASZNUROWAĆ

sznurowadło *n* shoelace, lace, shoestring: *Pull the laces tight and tie them firmly.*

sznurówka *n* →patrz SZNUROWADŁO

sznycel *n* **1** schnitzel: *I'll have a schnitzel.* **2** *(mielony)* hamburger

szofer *n* chauffeur: *My chauffeur drove me to the airport.*

szok *n* shock: *It was a real shock to hear that the factory would have to close. | Prepare yourself for a shock. |*

w szoku in (a state of) shock: *Campaign workers were still in shock at their candidate's huge defeat* (=po druzgocącej porażce swego kandydata). | **być dla kogoś szokiem** come as a shock to sb, give sb a shock: *It gave me a shock to realize that I had nearly been killed.*

szokować *v* shock: *If the book was meant to shock people, it has failed.*

szokujący *adj* shocking: *shocking events/photographs/statistics* | *It's shocking that so many young people are homeless in this country.*

szop *n* **szop (pracz)** raccoon

szopa *n* shed: *a garden/tool shed*

szopka *n* **1** *(żłóbek)* crib *BrE*, crèche *AmE* **2** *(przedstawienie)* Christmas play **3** *(farsa)* farce: *The whole thing was some kind of farce.*

szorować *v* **a)** *(podłogę)* scrub: *Her hands were still sore* (=obolałe) *from scrubbing the floors.* **b)** *(garnki)* scour: *Stevie scoured the pots and pans every Tuesday.*

szorstki *adj* **1** *(chropowaty)* rough, coarse: *She dried herself on a coarse old towel.* | *Her hands were rough, like a peasant's.* **2** *(obcesowy)* abrasive, rough: *His abrasive manner offends some people.*

szorty *n* shorts: *Jack was wearing a pair of shorts and a T-shirt.*

szosa *n* road: *a narrow/winding road*

szowinist-a/ka *n* chauvinist: **męski szowinista** male chauvinist —**szowinistyczny** *adj* chauvinist, chauvinistic —**szowinizm** *n* chauvinism

szóstka *n* **1** *(cyfra, liczba, karta)* six: *He threw* (=wyrzucił) *a six.* **2** *(ocena)* A+: *I got an A+ for this!* **3** *(autobus, tramwaj, dom, pokój)* number six: *You should take the number six* (=powinieneś wsiąść w szóstkę) *and get off at the third stop.* | *They live at number six* (=pod szóstką).

szósty *adj* **1** sixth **2** **szósty zmysł** sixth sense **3** six (o'clock), six am/pm

szpada *n* sword: *With one sweep* (=jednym zamachem) *of his sword, he cut through the rope.*

szpadel *n* spade: *His spade struck a stone.*

szpagat *n* **1** *(sznurek)* twine: *a bundle of papers tied with twine* **2** *(ćwiczenie gimnastyczne)* the splits: *Can you do the splits?*

szpak *n* starling

szpakowaty *adj* greying *BrE*, graying *AmE*: *greying hair* | *a greying man*

szpaler *n* line: *a line of trees*

szpalta *n* column

szpara *n* **a)** gap, space: *Dave has a big gap between his two front teeth.* **b)** *(wąska)* crack, chink: *A beam of light shone through a crack in the door.*

szparagi *n* asparagus: *Put the asparagus into boiling water.*

UWAGA: asparagus

Asparagus jest rzeczownikiem niepoliczalnym, łączy się więc w zdaniu z czasownikiem w liczbie pojedynczej: *Asparagus* **is** *best when eaten alone.*

szparagowa *adj* **fasolka szparagowa** string/runner beans: *Runner beans should be eaten young and freshly picked.*

szpargały *n* old stuff: *I was going through* (=grzebałem w) *some old stuff of mine and I found this.*

szperać *v* **1 szperać** rummage, browse **+w czymś** through sth: *I rummaged through my bag for a pen.* | *I was browsing through the catalogue.* **2 szperać w Internecie** browse/surf the Net

szpetny *adj* unsightly: *unsightly scars* (=blizny)

szpieg *n* spy: *He was a German spy during the war.*

szpiegostwo *n* spying, espionage: *They have been accused of spying for the KGB.*

szpiegować *v* **1 szpiegować kogoś** spy on sb: *Have you been spying on me?* **2 programy szpiegujące** spyware

szpiegowski *adj* spy: *a spy plane/movie/book*

szpik *n* **1 szpik (kostny)** (bone) marrow: **przeszczep szpiku** bone marrow transplant **2 przemarznięty do szpiku kości** chilled to the bone, frozen to the marrow

szpikulec *n* **1** *(ostrze)* (sharp) point **2** *(do szaszłyków)* skewer

szpilka *n* pin: *I burst the balloon with a pin.*

szpilki *n (buty, obcasy)* stiletto(e)s: *I never wear stilettos.*

szpinak *n* spinach: *I hate spinach!*

szpital *n* hospital: *a children's/psychiatric hospital* | **iść do szpitala** go to/into hospital *BrE*, go to the hospital *AmE*: *The doctor said she would have to go into hospital for a week.* | **być/leżeć w szpitalu** be in (the *AmE*) hospital: *My sister's in hospital having a baby.* | **wyjść ze szpitala** come out of (the *AmE*) hospital

szpitalny *adj* hospital: *hospital treatment/food/bed*

szpon *n* **1** talon, claw: *We watched the fish drop from the bird's talons into the water below.* **2 dostać się/wpaść w czyjeś szpony** fall into sb's clutches: *Many state organizations fell into the clutches of the Mafia.*

szprycha *n* spoke

szpula *n (filmu, taśmy)* reel, spool: *Have you got another reel of film?* | *Don't forget to rewind the spool.*

szpulka *n (nici)* bobbin: *Make sure the thread winds evenly around the bobbin.*

szrama *n* scar: *an ugly scar*

szron *n* frost: *The grass was covered with frost.*

sztab *n* **1** *(ekspertów, doradców)* panel: *a panel of advisors/experts* **2** *(wojskowy)* staff: *Admiral Crowe was replaced as chairman of the Joint Chiefs of Staff* (=Kolegium Szefów Sztabów) *by General Colin Powell.* **3 sztab wyborczy** campaign staff

sztaba *n* **1** *(zasuwa)* bar: *an iron bar* **2** *(złota)* bar: *a gold bar* | *a bar of gold* | **złoto/srebro w sztabach** gold/silver bullion THESAURUS PIECE —**sztabka** *n* bar

sztabowiec *n także* **oficer sztabowy** staff officer

sztafeta *n* relay (race): *the 4 x 100 metre relay*

sztalugi *n* easel: *The children were painting busily at their easels.*

sztandar *n* **1** banner, standard: *protesters carrying banners* | *the royal standard* **2 pod sztandarem czegoś** under the banner of sth: *The party fought the election under the banner of social justice.*

sztandarowy *adj* classic: *a classic example of historical fiction*

szterling *n* **funt szterling** (pound) sterling

S

Sztokholm *n* Stockholm

sztolnia *n* tunnel

sztorc *n* **(postawić coś) na sztorc** (stand sth) on end: *We had to stand the table on end to get it through the door.*

sztorm *n* storm: *Three Spanish ships were wrecked* (=rozbiły się) *in a storm.*

sztruks *n* corduroy —**sztruksowy** *adj* corduroy: *a corduroy jacket* —**sztruksy** *adj* cords: *a pair of black cords*

sztuczka *n* **1** *(podstęp)* trick, ploy: *Criminals will try all kinds of ploys to divert your attention* (=odwrócić naszą uwagę). | *His usual ploy is to pretend he's ill.* **2** *(magiczna)* trick: *a card trick*

sztucznie *adv* artificially: *artificially flavoured food* | *artificially low prices*

sztuczny *adj* **1** artificial: *artificial light* | *artificial flavourings* | *an artificial smile* | **sztuczne oddychanie/zapłodnienie** artificial respiration/insemination | **sztuczna inteligencja** artificial intelligence THESAURUS FALSE **2** *(jezioro, włókno, śnieg, satelita)* man-made: *a man-made lake/satellite* | *man-made fibres/snow* **3** *(udający coś prawdziwego)* false, fake: *false eyelashes* | *fake nails* | *a fake tan* (=opalenizna) | *false/fake hair* **4 sztuczna szczęka** dentures, false teeth **5 sztuczne ognie** fireworks **6 sztuczny jedwab** rayon **7 tworzywo sztuczne** plastic

UWAGA: false i fake

Obu przymiotników używamy dla określenia czegoś, co zastępuje lub udaje coś autentycznego, przy czym **fake** występuje zwłaszcza wtedy, gdy mowa o podróbkach artykułów luksusowych: *fake furs/jewellery* | *a fake-alligator-skin wallet.*

sztućce *n* cutlery: *Can you put the cutlery on the table?*

cutlery

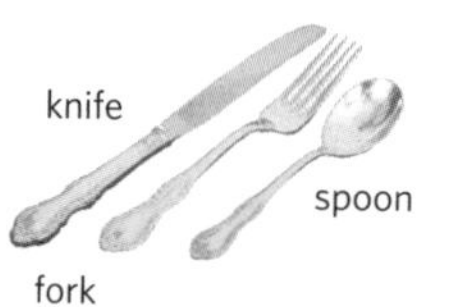

sztuka *n* **1** *(twórczość, kunszt)* art: *abstract/primitive/modern/contemporary art* | *an art critic* | *an art museum* | **sztuki piękne/plastyczne** fine/visual arts | **dzieło sztuki** work of art | **sztuki walki** martial arts **2** *(teatralna)* play: *Shakespeare's most famous play* **3** *(egzemplarz)* piece: *There are only four pieces in this simple dress pattern.* | **za sztukę** apiece: *Oranges are 20 cents apiece.* | **na sztuki** by the piece: *These ribbons are also available by the piece.* **4** *(sztuczka)* trick: *a simple card trick* **5 sztuka kulinarna** cookery

sztukmistrz/yni *n* magician

szturchnąć *v* **a)** *(łokciem)* nudge: *Ken nudged me and said, "Look!"* **b)** *(palcem)* poke: *Stop poking me!*

szturm *n* **1** assault: *the final assault* | *They made plans for an assault on Midway Island.* **2 zdobyć/wziąć coś szturmem** take sth by storm: *General Santa Ana threatened to take the city by storm.* | *The new show took London by storm.*

szturmować *v* storm: *to storm the gates/barricades*

szturmowy *adj* assault: *an assault group* | *assault forces*

sztych *n* engraving

sztylet *n* dagger

sztywnieć *v* stiffen: *If your neck stiffens, these exercises will help stop this from happening.* →patrz też ZESZTYWNIEĆ

sztywno *adv* **1** *(nie zginając się)* stiffly: *to stand/sit/move stiffly* **2** *(solidnie)* rigidly: *rigidly fixed* (=umocowany) **3** *(bez emocji)* stiffly: *He replied stiffly.* **4** *(konsekwentnie)* rigidly: *The laws were rigidly enforced* (=egzekwowane).

sztywność *n* **1** *(ciała)* stiffness: *the stiffness in my neck* **2** *(konstrukcji)* rigidity: *Scientists blamed the collapse* (=zawalenie się) *of the bridge on the rigidity of its construction.* **3** *(stanowiska, przepisu)* rigidity, inflexibility: *rigidity of the law*

sztywny *adj* **1** *(część ciała)* stiff: *a stiff neck* | *My knee's a little stiff.* THESAURUS HARD **2** *(konstrukcja)* rigid: *The framework of the aircraft must be rigid yet light.* **3** *(stanowisko, przepis)* rigid, inflexible: *Betty's finding it hard to keep to the school's rigid rules.* **4** *(mało spontaniczny)* stiff: *She gives the impression of being rather stiff and unfriendly, but I think that's because she's basically shy.*

szubienica *n* gallows

szufelka *n* dustpan

szufla *n* shovel

szuflada *n* drawer: *the bottom/top drawer* | *I managed to pull the drawer open.* —**szufladka** *n* drawer

szufladkować *v* →patrz ZASZUFLADKOWAĆ

szukać *v* **1** look, *(wytrwale, długo)* search: *We looked everywhere, but we couldn't find it.* | *Rescue workers searched all night in the hope of finding more survivors.* **+ czegoś** for sth: *I'm looking for a job.* | *What are you looking for?* | *Remember that book I've been searching for so desperately?* **2 szukać zemsty/schronienia** seek revenge/refuge **3 szukać szczęścia** seek your fortune: *Young William went to America to seek his fortune.* **4 szukać guza** be looking for trouble/a fight: *You're looking for trouble if you say things like that to me!* →patrz też **szukać czegoś po omacku** (OMACKU)

szum *n* **1** *(hałas)* hum: *the distant hum of traffic* **2** *(szelest)* rustle: *a rustle of leaves* **3** *(w głośniku)* noise **4** *(reklama)* hype: *a lot of hype* | *After all that hype, the film was a disappointment.*

szumieć *v* **1** *(silnik itp.)* hum: *Everything was silent except for a computer humming in the corner.* **2** *(wiatr, liście)* rustle: *Leaves rustled in the breeze.* **3 komuś szumi w głowie** sb is/feels light-headed: *The wine had made him a little light-headed.*

szumowiny *n* **1** *(piana)* scum: *There was scum forming on the top of the water.* **2** *(ludzie)* scum: *Some scum were hanging around the place.*

szurać *v* **1 szurać (czymś)** scrape (sth): *I could hear their boots scraping on the floor.* | *Stop scraping your chair!* **2 szurać nogami/butami** shuffle: *Ronnie, stop shuffling and pick your feet up.*

szuwary *n* rushes

szwagier *n* brother-in-law

szwagierka *n* sister-in-law

UWAGA: brother-in-law i sister-in-law

Rzeczowniki te tworzą liczbę mnogą na dwa sposoby: z końcówką **-s** po pierwszym członie złożenia lub na końcu (**brothers-in-law** lub **brother-in-laws** itd.).

Szwajcaria *n* Switzerland —**Szwajcar/ka** *n* Swiss —**Szwajcarzy** *n* the Swiss —**szwajcarski** *adj* Swiss: *Swiss cheese* | *Swiss bank accounts*

S

szwank *n* **1 narazić na szwank** jeopardize, jeopardise *BrE*, compromise: *A scandal like this might jeopardize his political career.* | *Spending cuts* (=cięcia wydatków) *could compromise passenger safety.* **2 bez szwanku** unharmed: *They managed to escape unharmed.*

szwankować *v* be playing up: *The car's playing up again.*

Szwecja *n* Sweden —**Szwed/ka** *n* Swede

szwedzki *adj* **1** Swedish **2 stół szwedzki** buffet (breakfast/lunch)

szwendać się *v* hang around/about: *A bunch of kids were hanging around outside.*

szyb *n* **1** shaft: *a mine shaft* | *an elevator shaft* **2 szyb naftowy** oil well

szyba *n* **1** pane, *(okna)* window, windowpane: *Somebody broke the window and the car alarm went off.* **2 przednia szyba** windscreen *BrE*, windshield *AmE*

szybciej *adv* **1** *(z większą prędkością)* faster: *We drove faster.* **2** *(wcześniej)* sooner: *Couldn't you do it sooner?* →patrz też SZYBKO

szybciutko *adv* (very) quickly

szybki *adj* **1** *(nie zabierający dużo czasu)* quick: *a quick decision/drink/shower/look/phone call* **2** *(prędki)* fast: *a fast car* | *the fast pace of life in New York* **3 droga szybkiego ruchu** clearway *BrE*, freeway *AmE* **4 pas szybkiego ruchu** the fast/express lane **5 szybkie wybieranie** speed dial THESAURUS QUICK

fast/slow

a fast electric train

a slow steam train

szybko *adv* **1** fast, quickly, quick: *Stop driving so fast!* | *Charlie, come here, quick.* | *She undressed quickly and got into bed.* **2 jak najszybciej** as quickly/soon as possible: *We must get her to hospital as quickly as possible.*

szybkościomierz *n* speedometer

szybkość *n* **1** speed: *to gather/increase/reduce speed* | *We drove at high speed* (=z dużą szybkością). | *a top/maximum speed of 110 mph* (=mil na godzinę) | *The train can travel at a speed of 280 kph* (=km/h). **2 ograniczenie szybkości** speed limit: *a 40 mph speed limit* →patrz też PRĘDKOŚĆ

szybkowar *n* pressure cooker

szybować *v* **1** *(sunąć)* glide, soar: *The plane glided through the sky.* | *birds soaring overhead* **2** *(szybowcem)* glide

szybowiec *n* glider —**szybownictwo** *n* gliding

szybszy *adj* faster: *This computer is much faster than my old one.* →patrz też SZYBKI

szycha *n* big shot

szycie *n* **1** sewing: *I still have some sewing to do tonight.* **2 maszyna do szycia** sewing machine

szyć *v* **1** *(ubrania, materiał)* sew, *(tylko ręcznie)* stitch: *It's time you learnt to sew.* | *I can't sew with this needle - it's bent.* **2** *(ranę)* stitch (up): *She didn't cry when the doctor stitched up her wound.* →patrz też USZYĆ, ZSZYĆ, PRZYSZYĆ

szydełkować *v* crochet

szyderstwo *n* derision: *There was a note of derision in his voice.*

szydzić *v* **szydzić z kogoś** sneer at sb: *Ned always sneered at the type of people who went to the opera.*

szyfon *n* chiffon

szyfr *n* **1** *(szereg cyfr)* combination, code: *I've forgotten the combination for my bicycle lock!* | *To unlock the gate you must know the four-digit security code.* **2** *(zakodowany zapis)* code: *He managed to crack* (=złamać) *the code.* | *a message written in code*

szyfrowany *adj* coded: *a coded message*

szyja *n* neck: *She put her arms around his neck.* →patrz też **na łeb, na szyję** (ŁEB)

szyjka *n* **1** *(butelki itp.)* neck: *Twist the cork firmly into the neck of the bottle.* **2 szyjka macicy** cervix

szyk *n* **1** *(samolotów, wojsk)* formation: *to fly in formation* **2** *(elegancja)* style: *And to drive up in style* (=żeby zajechać z szykiem), *there's one of the most spectacular cars ever built, the 200 mph McLaren F1 coupe.* **3 szyk wyrazów** word order →patrz też **pokrzyżować komuś szyki** (POKRZYŻOWAĆ)

szykanować *v* persecute: *These people are persecuted because of their beliefs.*

szykany *n* *(dokuczanie)* persecution: *He suffered persecution from his co-workers.*

szykować *v* prepare: *John's preparing supper for us.* **szykować się** *v* get ready, prepare: **+na coś/do czegoś** for sth/to do sth: *Quiet down and get ready for bed!* | *We have to get ready to go to America next week.*

szykowny *adj* chic, classy: *a chic black dress*

szyld *n* sign: *There was a big sign above the entrance.*

szyling *n* shilling

szympans *n* chimpanzee, chimp: *Chimpanzees are closely related to human beings.*

szyna *n* **1** *(kolejowa itp.)* rail: *The train ran/came/went off the rails* (=wypadł z szyn). **2** *(chirurgiczna)* splint: *The surgeon put her ankle in a splint.*

szynka *n* ham: *a ham sandwich*

szyszka *n* cone: **szyszka sosnowa** pinecone

ściana *n* **1** *(pokoju)* wall: *the bedroom wall | There was a calendar on one wall and a map of the city on the opposite wall.* **2** *(bryły)* side, face: *A cube* (=sześcian) *has six sides.* **3 za ścianą** next door: **sąsiad zza ściany** next-door neighbour *BrE*, neighbor *AmE* **4 ściana ognia/deszczu/milczenia itp.** a wall of fire/rain/silence etc: *We were surrounded on all sides by a wall of flames.* →patrz też **blady jak ściana** (BLADY)

ścianka *n* **1** →patrz ŚCIANA **2 ścianka działowa** partition

ściąć *v* **1** *(drzewo)* cut down: *We had to cut down the cherry tree because it was diseased.* **2** *(trawę)* cut: *Don't forget to cut the grass.* **3** *(skazańca)* behead, decapitate: *King Charles was beheaded.* **4 ściąć włosy** have your hair cut, have a haircut: *Where do you have your hair cut?* **5 ściąć zakręt** cut a corner: *If we cut the corner too tight, the trailer* (=przyczepa) *will hit the fence.* →patrz też **marzenie ściętej głowy** (MARZENIE)
ściąć się *v* *(tężeć)* set

ściąga *n* crib, cheat sheet

ściągać *v* *(na egzaminie)* cheat: *John was caught cheating.* | **ściągać od kogoś** copy from/off sb: *Jeremy had copied from the girl next to him.* →patrz też ŚCIĄGNĄĆ

ściągnąć *v* **1** *(ubranie, buty)* take/pull off: *Can I take my coat off? | My feet were sore* (=obolałe) *so I sat down by a tree and pulled off my boots.* **2** *(coś z góry)* take down: *He took a dictionary down from the shelf.* **3** *(pliki)* download: *I downloaded the anti-virus update* (=uaktualnienie) *from the Internet this morning.*

ścieg *n* stitch (pattern): *a cross stitch*

ściek *n* sewer

ściekać *v* **ściekać po czymś** trickle down sth: *Sweat trickled down his face.*

ścieki *n* sewage: *Eighty percent of sewage is piped* (=odprowadzane) *directly into the sea.*

ścielić *v* **ścielić łóżko** make the/your bed

ściemniać się *v* get dark: *It's getting dark.*

ścienny *adj* **1 zegar ścienny** wall clock **2 malowidło ścienne** mural

ścierać *v* **1** *(niszczyć)* wear away: *The action of the sea is constantly wearing away the cliff face.* **2 ścierać kurze** dust: *He was busy dusting and hoovering.* →patrz też ZETRZEĆ
ścierać się *v* **1** *(walczyć)* clash: *Humphrey has often clashed with Republican leaders over tax cuts* (=o obniżki podatków). **2** *(zużywać się)* wear down/away: *My shoes are wearing down at the heel.*

ściereczka *n* **1** cloth: *Polish the surface with a soft cloth.* **2 ściereczka do kurzu** duster **3 ściereczka do naczyń** tea *BrE*, dish *AmE* towel

ścierka *n* rag: *a wet rag*

ściernisko *n* stubble field

ścierny *adj* **papier ścierny** sandpaper

ścierpnąć *adj* go numb/dead: *My left leg has gone dead.* —**ścierpnięty** *adj* numb, dead: *My fingers are numb and stiff.*

ścieśnić się *v* squeeze together, huddle (together): *Let's huddle together.*

ścieżka *n* **1** path, footpath: *They followed the footpath into the village.* **2 ścieżka dźwiękowa** soundtrack: *Who wrote the soundtrack for "The Bodyguard"?* **3 ścieżka rowerowa** cycle path **4 ścieżka zdrowia** fitness trail

ścięgno *n* tendon

ścigać *v* **1** *(gonić)* chase, pursue: *One of the bank clerks started to chase the robbers. | It looks as if we're being pursued.* **2** *(przestępstwa)* prosecute: *We should prosecute any crimes of this type.*
ścigać się *v* race: *Schumacher will be racing in the Monaco Grand Prix.*

ścigany *adj* wanted: *wanted by the police*

ścinać *v* →patrz ŚCIĄĆ

ścinek *n* clipping

ściółka *n* litter

ścisk *n* squeeze, crush: *It'll be a squeeze with six people in the car. | There was a real crush by the door.*

ściskać *v* **1** *(zgniatać)* squeeze: *Squeeze a tennis ball regularly to improve your grip.* **2** *(tulić)* hug: *He was hugging a big furry toy.*

ścisłość *n* **1** accuracy, precision **2 gwoli/dla ścisłości** *także* **jeśli chodzi o ścisłość** as a matter of fact: *It was my idea, as a matter of fact.*

ścisły *adj* **1** *(informacje, wyliczenia)* exact, accurate, precise: *The information we received was not accurate.* **2** *(nauka, umysł)* exact: *History is not an exact science.* | **nauki ścisłe** the (exact) sciences **3 ścisła dyscyplina/dieta** strict discipline/diet **4 ścisły związek** close relationship: *There was a close relationship between the structure of the economy and the causes of the war.*

ścisnąć *v* →patrz ŚCISKAĆ

ściszyć *v* turn down: *Turn down the TV!*

ściśle *adv* **1** *(wyłącznie)* strictly: *strictly academic/political* **2 ściśle określony** specific: *Specific tasks will be assigned* (=przydzielone) *to each member of the team.* **3 ściśle związany (z czymś)** closely related (to sth), closely connected (with sth): *Most of the community's problems are closely related to drug abuse.* **4 ściśle tajny** highly classified, top-secret: *highly classified information/files* —**ściślej** *adv* more precisely: *I'll try to put it* (=ująć to) *a little more precisely.*

ślad *n* **1** *(pozostałość)* trace: *We found no trace of them on the island. | Police found traces of blood on the car seats.* **2** *(odcisk)* **a)** mark, print: *The mark of a child's shoe was clearly printed in the mud.* **b)** *(stopy)* footprint: *footprints in the sand/snow* **3 ślady a)** trail: *a trail of blood/destruction* **b)** *(odciśnięte w podłożu)* tracks: *There were tyre tracks in the mud. | They followed the wolf's tracks in the snow.* **4 zniknąć/przepaść bez śladu** vanish/disappear without (a) trace: *The ship vanished without trace.* **5 zacierać za sobą ślady** cover/hide your tracks: *We don't know where Ford is, he's been very clever in covering his tracks.* **6 iść/pójść w czyjeś ślady** follow in sb's footsteps: *Mark followed in his father's footsteps and started his own business.* **7 iść w ślad za kimś/iść czyimś śladem** follow sb's lead: *Toyota is following Nissan's lead in building factories in Britain.*

Ś

śladowy *adj* **1** *(ilości)* minute: *minute quantities of liquid* **2 pierwiastki śladowe** trace elements

Śląsk *n* Silesia —**śląski** *adj* Silesian

śledczy *adj* **1 oficer śledczy** investigator **2 (przebywać) w areszcie śledczym** (be) on remand

śledzić *v* **1** *(chodzić za kimś)* follow: *He followed her home to find out where she lived.* **2** *(obserwować)* watch, monitor: *Doctors are monitoring the patient's condition carefully.* **3** *(namierzać)* track: *These radars can track targets* (=cele) *from any direction.*

śledztwo *n* investigation: *Police have opened* (=wszczęła) *an investigation into the girl's disappearance.*

śledź *n* **1** *(ryba)* herring: **śledź wędzony** kipper **2** *(do namiotu)* (tent) peg

ślepiec *n* blind man

ślepnąć *v* go blind: *Many people go blind as a result of illness.*

ślepo *adv* **1** blindly: *Don't blindly accept what they tell you.* **2 na ślepo** blindly: *She headed blindly for the door.*

ślepota *n* blindness: *She suffers from partial blindness.*

ślepy *adj* **1** blind: *Lion cubs* (=lwiątka) *are born blind.* **2 ślepa wiara/lojalność** blind faith/loyalty **3 ślepy na coś** blind to sth: *We are blind to our own weaknesses.* **4 ślepa uliczka/ślepy zaułek** dead end, cul-de-sac, blind alley: *This theory leads up a blind alley.* | **znaleźć się w ślepej uliczce/zabrnąć w ślepy zaułek** come to/reach a dead end: *The negotiations have come to a dead end.*

ślęczeć *v* **ślęczeć nad czymś a)** *(czytać, analizować)* pore over sth: *We spent all night poring over the contract.* **b)** *(pracować)* labour *BrE*, labor *AmE* over sth: *He laboured over the report for hours.*

ślicznie *adv* **1** beautifully: *beautifully decorated* **2 ślicznie wyglądać** look lovely/cute: *You look lovely, as usual.*

śliczny *adj* lovely, cute: *What a cute baby!* THESAURUS BEAUTIFUL

ślimaczy *adj* **w ślimaczym tempie** at a snail's pace

ślimaczyć się *v* drag on: *The semester is dragging on.*

ślimak *n* **1** snail **2** *(bez skorupy)* slug

ślina *n* **1** saliva, spit **2 przełknąć ślinę** swallow: *He swallowed nervously and looked aside.*

śliniaczek *n* bib

ślinić się *v* dribble, drool, salivate

UWAGA: dribble, drool i salivate

Czasowniki **dribble** i **drool** odnoszą się zwłaszcza do sytuacji, kiedy ślinienie się jest widoczne, np. u małego dziecka czy psa: *Watch out! The baby's dribbling on your jacket.* | *This stupid dog drools all over the place.* Czasownik **salivate** występuje głównie w stylu formalnym i oznacza zwiększoną produkcję śliny, np. na widok jedzenia: *The smells wafting in from the kitchen made me salivate.* Czasowników **drool** i **salivate** używa się również przenośnie: *She was drooling over the lead singer throughout the concert.* | *They were salivating over the thought of all that money.*

śliski *adj* slippery: *a slippery road* | *Be careful - the floor is very slippery.*

ślisko *adv* **jest ślisko** it's slippery

śliwa *n* plum tree

śliwka *n* **1** plum **2 suszona śliwka** prune

ślizgacz *n* speedboat

ślizgać się *v* slide: *The kids were sliding on the ice.*

ślub *n* **1** wedding, marriage: **dzień/rocznica ślubu** wedding day/anniversary: *I want to look gorgeous on my wedding day.* | **akt/świadectwo ślubu** marriage certificate: *We couldn't find our marriage certificate.* **2 wziąć ślub** get married: *We're getting married next year.*

UWAGA: wedding i marriage

Wedding może oznaczać zarówno samą cermonię zaślubin, jak i towarzyszące jej uroczystości, np. przyjęcie weselne: *a church wedding* | *I haven't been invited to the wedding.* **Marriage** w znaczeniu „ślub" oznacza tylko to pierwsze: *The marriage took place in a beautiful country church.* | *a civil marriage.*

ślubny *adj* wedding: *a wedding present/ring/dress*

ślubować *v* pledge: *They pledged love and loyalty to the president.*

ślusarz *n* locksmith

śluz *n* mucus: *blood and mucus*

śluza *n* lock: *a canal lock*

śmiać się *v* laugh: *I wanted to laugh.* | *Don't laugh - this is a serious matter.* | **+z kogoś/czegoś** at sb/sth: *I was afraid the other kids would laugh at me.* THESAURUS LAUGH

śmiałek *n* daredevil

śmiało *adv* boldly: *She boldly stepped forward to speak to the crowd.*

śmiałość *n* boldness, daring: *I admired his daring.*

śmiały *adj* bold, daring: *a bold move* (=posunięcie) | *a daring dress/exhibition* THESAURUS BRAVE

śmiech *n* **1** laughter, laugh: *a cruel/happy/nervous laugh* | *hysterical/loud laughter* | *Laughter is the best medicine.* THESAURUS LAUGH **2 śmiechu wart** laughable, ludicrous: *They want two million dollars for the house? That's ludicrous!* **3 pękać/pokładać się/skręcać się ze śmiechu** be in stitches, be doubled up/over with laughter, be convulsed with laughter: *We were all in stitches.* | *They leant against the table, doubled over with laughter.*

śmieci *n* **1** litter, rubbish *BrE*, trash *AmE*, garbage *AmE*: *You can be fined £100 for dropping litter.* | *Put the rubbish in the bin.* | *Take out* (=wynieś) *the trash.* **2 kosz na śmieci** bin, wastepaper basket *BrE*, wastebasket *AmE* →patrz też ŚMIEĆ[1]

UWAGA: litter, rubbish, garbage i trash

Litter oznacza śmieci leżące na ulicy, a więc puszki, papierki itp. Pozostałe rzeczowniki oznaczają śmieci w ogóle, w tym wszystko to, co wyrzuca się w domu do kosza na śmieci i/lub wynosi na śmietnik. Istnieje też pewna różnica pomiędzy wyrazami **garbage** i **trash**. Obu używa się w amerykańskiej angielszczyźnie, przy czym **garbage** oznacza resztki jedzenia i inne wilgotne odpadki, a **trash** stare gazety, kartony itp.

śmieciarka *n* dust cart *BrE*, garbage truck *AmE*

śmieciarz *n* dustman *BrE*, garbage collector *AmE*

śmieć[1] *n* **1** *(byle co)* rubbish *BrE*, garbage *AmE*, trash *AmE*: *I don't need this rubbish.* **2 traktować kogoś jak śmieć** treat sb like dirt: *She treated him like dirt.* →patrz też ŚMIECI

śmieć[2] *v* **1 nie śmiał/śmiałem itp. czegoś zrobić**

Ś

he/I etc didn't dare (to) do sth: *He didn't dare to meet her gaze.* **2 jak śmiesz/on śmie?** how dare you/he?

śmiercionośny *adj* lethal, deadly: *a lethal weapon*

śmierć *n* **1** death: *his premature* (=przedwczesna) *death* | *her painful death from cancer* **2 kara śmierci** the death penalty, capital punishment: **skazać kogoś na śmierć/karę śmierci** sentence sb to death **3 sprawa życia i śmierci** a matter of life and death **4 na śmierć** to death: *One woman was trampled* (=stratowana) *to death by the crowd.* | **zanudzić kogoś na śmierć** bore sb to death/tears, bore sb stiff | **na śmierć zapomniałem** I clean forgot

śmierdzący *adj* stinking, smelly: *stinking garbage cans* | *smelly socks*

śmierdzieć *v* stink, smell: *This meat stinks.* | **+ czymś** of sth: *It stinks of smoke in here.* | *He always smells of garlic.*

śmiertelnie *adv* **1** *(ranić, ranny)* fatally, mortally: *mortally wounded* **2 śmiertelnie blady/zimny** deathly pale/cold **3 śmiertelnie chory** terminally ill **4 śmiertelnie przerażony** scared to death **5 śmiertelnie znudzony** bored stiff/to death/to tears **6 śmiertelnie poważny/nudny** deadly serious/boring/dull

śmiertelni-k/czka *n* mortal: **zwykli śmiertelnicy** lesser/ordinary/mere mortals

śmiertelność *n* mortality: *child mortality*

śmiertelny *adj* **1** *(choroba, wypadek)* fatal: *a fatal disease/accident* **2** *(rana, trucizna)* deadly: *a deadly wound/poison* **3** *(istota, wróg, strach, niebezpieczeństwo)* mortal: *We are all mortal.* | *a mortal enemy* | *He lived in mortal fear of being attacked.* | *mortal danger* **4** *(dawka, cios)* lethal: *a lethal dose of drugs* | *He dealt* (=zadał) *his opponent a lethal blow.* **5 ofiara śmiertelna** fatality: *This year there have been 15% fewer traffic fatalities.*

śmiesznie *adv* **1 śmiesznie niski/tani itp.** ridiculously low/cheap etc: *The questions seemed ridiculously easy.* **2 wyglądać/mówić itp. śmiesznie** look/speak etc funny: *She looks really funny in that hat.*

śmieszny *adj* **1** *(zabawny)* funny: *a funny story/joke* | *This is really funny!* | *You're a funny guy.* THESAURUS STUPID **2** *(absurdalny)* ridiculous: *ridiculous prices*

śmieszyć *v* **śmieszyć kogoś** make sb laugh, amuse sb: *Her comments always make me laugh.*

śmietana *n* cream: *Use yoghurt instead of cream.*

śmietanka *n* **1** cream: *I think I'll have a little cream in my coffee.* **2 śmietanka towarzyska** the cream of society

śmietniczka *n* dustpan

śmietnik *n* dustbin *BrE*, garbage/trash can *AmE*

śmigać *v* whizz *BrE*, whiz *AmE*, zip: *The cars were whizzing past us.*

śmigło *n* propeller

śmigłowiec *n* helicopter: *an army helicopter* | *a rescue/military/combat* (=bojowy) *helicopter*

śniadanie *n* **1** breakfast: *I had bacon and eggs for breakfast.* | *I'll do it after breakfast.* | **jeść śniadanie** have breakfast: *"Is she ready?" "No, she's still having breakfast."* **2 drugie śniadanie a)** *(zabierane do szkoły)* packed lunch **b)** *(jedzone w domu)* elevenses *BrE*

> **UWAGA: eat i have breakfast/lunch/dinner**
>
> Patrz **JEŚĆ**

śniadaniowy *adj* **1 płatki śniadaniowe** breakfast cereal **2 przerwa śniadaniowa** lunch break: *during/at lunch break*

śnić *v* dream: *Am I dreaming?* | **ktoś/coś się komuś śni** sb dreams about sb/sth: *I dreamed about you last night.* | **komuś śni się, że ...** sb dreams (that) ...: *I often dream that I'm falling.*

śnieg *n* **1** snow: *deep/fresh/melting snow* | *Over six inches of snow fell last night.* **2 pada śnieg** it's snowing, it snows: *I looked through the window and saw that it was snowing heavily.* | *In this part of the world it snows all the year round.*

śnieżka *n* snowball: *The kids were pelting one another* (=rzucały się) *with snowballs.*

śnieżnobiały *adj* snow-white: *snow-white sheets*

śnieżny *adj* **1** *(pokryty śniegiem)* snow-covered, snow-capped: *snow-covered peaks* | *snow-capped mountains* **2 śnieżna zima** snowy winter **3 zaspy śnieżne** snowdrifts

śnieżyca *n* snowstorm, blizzard: *a bad snowstorm*

śpiący *adj* **1** *(senny)* sleepy, drowsy: *I'm really sleepy.* THESAURUS TIRED **2** *(pogrążony we śnie)* sleeping: *a sleeping child*

śpiączka *n* coma: *Her father has been in a coma for six months.* | *She went into* (=zapadła w) *a coma and never came out of it.*

śpieszyć się *v* → patrz SPIESZYĆ SIĘ

śpiew *n* **1** singing: *She has a talent for singing.* | *singing to the accompaniment of a piano* **2** *(na płycie itp.)* vocals: *a combination of drums, guitars and vocals* | *Jim Boquist on vocals* (=śpiew: Jim Boquist)

> **UWAGA: vocals**
>
> **Vocals** jest rzeczownikiem w liczbie mnogiej: *His vocals* **are** *electrifying as usual.*

śpiewać *v* sing: *The kids were singing songs.* | *Sing along* (=razem z nami) *if you know the words.*

śpiewa-k/czka *n* singer: *an opera singer*

śpiewka *n* **stara śpiewka** the same old story

śpiwór *n* sleeping bag

średni *adj* **1** *(przeciętny)* average: *average earnings* (=zarobki) */temperatures/weight* **2** *(wzrost, rozmiar)* medium: *a man of medium height/build* | **średniej wielkości** medium-sized: *a medium-sized car* **3 szkoła średnia** secondary school *BrE*, high school *AmE* **4 w średnim wieku** middle-aged: *a middle-aged man* **5 kryzys wieku średniego** midlife crisis: *He's going through a midlife crisis, I think.* **6 klasa średnia** the middle class

średnia *n* average, mean: *The average of 3, 8 and 10 is 7.* | *the arithmetic mean* | **powyżej/poniżej średniej** above/below average | **średnia krajowa** the national average

średnica *n* diameter: **o średnicy 5m/2cm itp.** 5m/2cm etc in diameter: *a circle 4 inches in diameter*

średnik *n* semicolon

średnio *adv* on average: *Salaries have risen, on average, by 3.5%.* | *We spend, on average, around £40 a week on food.*

średniowiecze *n* the Middle Ages: *in the Middle Ages*

średniowieczny *adj* mediaeval *BrE*, medieval *AmE*: *mediaeval art/architecture/literature*

średniozaawansowany *adj* intermediate: *intermediate learners of English*

środa *n* Wednesday: **w środę** on Wednesday

środek *n* **1** *(centrum)* middle, centre *BrE*, center *AmE*: *the middle of the car door* | *Tony only likes chocolates with soft centres.* | **w środku czegoś** in the middle/centre *BrE*, center *AmE* of sth: *in the middle of the night/forest* | *There was an enormous oak table in the centre of the room.* THESAURUS WAY **2** *(sposób)* means: *Email has become an important means of communication.* | *In those days horses provided the only means of transport.* | **środek do celu** a means to an end **3 środki a)** *(kroki)* measures: *Drastic measures have been taken to root out corruption.* **b)** *(pieniądze)* funds, resources, funding: *We're raising* (=zbieramy) *funds for our school.* | *There is a strong need to shift* (=potrzeba przesunięcia) *more resources toward health care* (=na ochronę zdrowia). | *Funding for the clinic has come mostly from private donors* (=sponsorów). **4 w środku** *(wewnątrz)* inside: *inside the building/car* **5 do środka** inside: *Let's go inside.* **6** *(lek)* medication: **środek przeciwbólowy** painkiller | **środek uspokajający** sedative, tranquilizer | **środek antykoncepcyjny** contraceptive **7** *(preparat)* agent: *a chemical/stabilizing agent* | **środek czyszczący** cleaner: *household/bathroom/toilet cleaner* | **środek owadobójczy** insecticide **8 w samym środku czegoś** in the heart/midst of sth: *in the midst of the city*

UWAGA: middle i centre

Rzeczowniki te mogą być używane wymiennie w większości kontekstów, z tym że tylko **centre** oznacza dokładny (np. geometryczny) środek czegoś: *Draw a line through the centre of the circle.*

środkowy *adj* **1** *(znajdujący się pośrodku)* central: *The prison is built around a central courtyard.* **2** *(znajdujący się pomiędzy lub na środku)* middle: *the middle part of the bridge* | *It's in the middle drawer of my desk.* | *Shall we sit in the middle row?* **3 Europa/Ameryka itp. Środkowa** Central Europe/America etc

środowisko *adv* **1** *(ludzie, otoczenie)* environment: *a family/home environment* | *a helpful/rich learning environment* | *the physical environment* **2 środowisko (naturalne)** the (natural) environment: *We must protect the environment.* | **zanieczyszczenie/ochrona środowiska** environmental pollution/protection | **kwestie/problemy ochrony środowiska** environmental issues/problems **3 (naturalne) środowisko** *(zwierzęcia, rośliny)* (natural) habitat: *The owl's natural habitat is in the forests of the Northwest.* | **w (swoim) naturalnym środowisku** in the wild: *animals that live in the wild*

środowiskowy *adj* **1** environmental: **czynniki środowiskowe** environmental factors **2 pielęgniarka środowiskowa** health visitor

środowy *adj* Wednesday('s): *I'm looking forward to Wednesday's auction.* → patrz też NIEDZIELNY

śródlądowy *adj* inland: *inland waters*

śródmiejski *adj* downtown: *a downtown shopping mall*

śródmieście *n* city centre *BrE*, center *AmE*, downtown (area) *AmE*: *The cost of accommodation in the city centre is very high.*

śródziemnomorski *adj* Mediterranean: *Mediterranean cuisine*

śródziemny *adj* **Morze Śródziemne** the Mediterranean (Sea)

śruba *n* **1** *(z nakrętką)* bolt, *(wkręt)* screw: *Make sure that all the bolts are tight* (=dobrze dokręcone). **2** *(statku)* propeller

śrubka *n* *(wkręt)* screw, *(z nakrętką)* bolt

śrubokręt *n* screwdriver

świadczenie *n* benefit: **świadczenia socjalne** welfare benefits, social security benefits *BrE*

świadczyć *v* **1 świadczyć o czymś** show sth: *Alan's work shows unusual talent and originality.* | **świadczyć (o tym), że ...** show (that) ...: *What happened shows that the U.S. is still the most powerful nation in the world.* **2 świadczyć usługi/usługę** provide services/a service: *Our company provides services for the whole spectrum of home computer users.* **3** *(zeznawać)* testify: *She shouldn't be required to testify against her own daughter.*

świadectwo *n* **1** *(szkolne)* school report *BrE*, report card *AmE* **2** *(zaświadczenie)* certificate: **świadectwo urodzenia/ślubu** birth/marriage certificate

świadek *n* **1** witness: *The witness saw you on the night the murder was committed.* | *Our main witness is refusing to talk.* | *the witness's testimony* | **naoczny świadek** eyewitness | **przypadkowy świadek** bystander: *Several innocent bystanders were killed by the explosion.* **2 być świadkiem czegoś** witness sth: *Did anyone witness the attack?* **3 bez świadków** in private: *Can I speak to you in private?*

świadomie *adv* consciously, knowingly: *Most school teachers do not consciously discriminate between their students.* | *The defendant* (=oskarżony) *knowingly spread false information about the bank.*

świadomość *n* **1** *(wiedza)* awareness, consciousness: *awareness of the dangers of smoking* | *the national consciousness* **2** *(przytomność)* consciousness: *a temporary loss of consciousness*

świadomy *adj* **1** *także* **świadom** conscious, aware: *Were you conscious that you were being followed?* **+czegoś** of sth: *The president was aware of the situation.* **2** *(decyzja, próba itp.)* conscious: *Vivien made a conscious effort to be friendly.*

świat *n* **1** world: *the modern/outside world* | *the world's largest shoe manufacturer* | *the world of politics/business/dreams* | *the business/fashion/music world* | **świat zwierząt/roślin** the animal/plant world | **Trzeci Świat** the Third World: *Western aid to Third World countries* **2 na świecie** in the world: **na całym świecie** all around/over the world, worldwide: *The product is highly regarded worldwide.* **3 przyjść na świat** be born: *I was born exactly two years after my sister.* **4 nie widzieć świata poza kimś** think the world of sb, dote on sb: *Lee thinks the world of you.* **5 być dla kogoś całym światem** mean the world to sb: *She means the world to me.* **6 (to nie) koniec świata** (it's not) the end of the world **7 świat przestępczy** the underworld **8 rekord świata** world record: *She has broken another world record.*

światek *n* **światek przestępczy** the underworld

światełko *n* **1** light: *a weak light* | *a warning light* **2 światełko w tunelu** light at the end of the tunnel: *I can see (a) light at the end of the tunnel.*

światło *n* **1** light: *bright/pale/dim light* | *Can you turn the light on, please?* | *Suddenly all the lights went out.* | *a beam/ray of light* | *the speed of light* | *She was trying to read by the light of a candle.* **2 rzucać światło na coś** shed/throw/cast light on sth: *We're hoping his letter will shed some light on the mystery.* **3 światło dzienne** daylight: *I'd like to look at the house again in daylight.* **4 w świetle czegoś** in (the *BrE*) light of sth, in view of sth: *In*

Ś

light of the low profits, we'll have to make budget cuts. | *In view of your previous good behaviour we have decided not to take further action* (=nie podejmować dalszych kroków). **5 widzieć coś w nowym/innym świetle** see sth in a new/different light: *This should help you see the problem in a new light.* **6 wyjść na światło dzienne** come to light: *Fresh evidence has come to light since the report was published.* | **wyciągnąć coś na światło dzienne** bring sth to light **7 światła** *(na skrzyżowaniu)* lights, traffic lights *BrE*, stoplight *AmE*: *Turn right at the next stoplight.* | **czerwone/zielone/żółte światło** *red/green/amber light* | *Wait until the lights change to green.* | **przejechać na czerwonym świetle** go through *BrE*, run a red light *AmE*: *You just ran a red light!* **8 światła długie/krótkie** high/low beam: **tylne światła** tail lights

światłoczuły *adj* light-sensitive: *a light-sensitive device* | *light-sensitive paper*

światłowód *n* fibre optics *BrE*, fiber optics *AmE* —**światłowodowy** *adj* fibre optic *BrE*, fiber optic *AmE*: *fibre optic cable/devices*

światły *adj* cultivated, cultured: *a cultured woman*

światopogląd *n* world view: *a Christian world view*

światowy *adj* **1** *(kryzys, konflikt, potęga)* global, world: *a global problem* | *a global financial crisis* | *global/world peace* **2** *(sieć, sława)* worldwide: *a worldwide network* | *worldwide fame* **3 na skalę światową** worldwide: *a worldwide campaign* **4 światowej klasy** world-class: *a world-class tennis player* →patrz też **pierwsza/druga wojna światowa** (WOJNA)

Ś

świąteczny *adj* **1** holiday: **okres świąteczny** the holiday season **2** *(gwiazdkowy)* Christmas: *a Christmas card* | *Christmas decorations/presents/shopping* **3** *(wielkanocny)* Easter: *the Easter break* **4 dzień świąteczny** holiday **5** *(odświętny)* festive: *a festive atmosphere/mood*

świątobliwość *n* **Wasza/Jego świątobliwość** Your/His Holiness

świątynia *n* temple: *a Hindu temple*

świeca *n* **1** candle: *the glimmer* (=migotanie) *of a candle* | *She blew out the candle.* | **światło świec/świecy** candlelight | **kolacja przy świecach** candlelit dinner **2 świeca zapłonowa** spark plug: *Try changing the spark plugs.*

świecić *v* shine: *That lamp's shining in my eyes.* | *The moon shone brightly.*
świecić się *v* shine: *We could see the harbour* (=portowe) *lights shining clearly in the distance.*

świecidełko *n* trinket

świecki *adj* **1** *(niezwiązany z religią)* secular: *secular education* | *our modern secular society* **2** *(nie będący osobą duchowną)* lay

UWAGA: lay

Przymiotnik **lay** może występować wyłącznie przed rzeczownikiem: *a lay preacher* (= kaznodzieja).

świeczka *n* candle →patrz też ŚWIECA

świecznik *n* **1** candlestick: *silver candlesticks* **2 na świeczniku** in the limelight: *Sanchez loves being in the limelight.*

świerk *n* spruce

świerszcz *n* cricket

świetlany *adj* **świetlana przyszłość** bright/rosy future: *You have a bright future ahead of you!*

świetlica *n* **1** *(w szkole)* common room **2** *(dom kultury)* club (house)

świetlik *n* **1** *(owad)* fire-fly, glow-worm **2** *(okno)* skylight

świetlny *adj* **1** light: *a light pen* **2 rok świetlny** light year →patrz też **sygnalizacja świetlna** (SYGNALIZACJA)

świetnie *adv* great: *That's great!* | **wyglądać/czuć się itp. świetnie** look/feel etc great: *You're looking great!*

świetny *adj* **1** *(doskonały, super)* great, excellent: *a great party* | *an excellent player* **2** *(znakomity, imponujący)* splendid, fine: *a splendid meal/palace* | *a fine artist* THESAURUS NICE

świeżo *adv* **1** *(niedawno)* freshly: *freshly picked strawberries* | *the smell of freshly ground coffee* | *freshly painted walls* THESAURUS RECENTLY **2** *(nowo)* newly: *newly discovered islands* **3 świeżo malowane** *(napis)* wet paint **4 świeżo po studiach** fresh from university/college —**świeżość** *n* freshness

świeży *adj* fresh: *fresh bread/fruit* THESAURUS NEW →patrz też **na świeżym powietrzu** (POWIETRZE)

święcić *v* **1** *(dzień, rocznicę)* celebrate: *It's a tradition to celebrate the New Year.* **2 święcić triumfy** be a great success: *The film was a great success in Europe.* →patrz też POŚWIĘCIĆ

święto *n* **1** holiday: **święto państwowe** national/public holiday **2 święta a)** holidays: *Are you going home for the holidays?* **b)** *(Boże Narodzenie)* Christmas **c)** *(Wielkanoc)* Easter **3 Wesołych Świąt! a)** Happy Holidays! **b)** *(Bożego Narodzenia)* Merry Christmas! **c)** *(Wielkanocnych)* Happy Easter! **4 od (wielkiego) święta** only rarely: *Our son lives not far away, but he comes to see us only rarely.*

świętokradztwo *n* sacrilege: *It would be sacrilege to demolish such a beautiful building.* —**świętokradczy** *adj* sacrilegious

świętosz-ek/ka *n* prude

świętość *n* **1** holiness: *God's holiness* **2 coś jest dla kogoś świętością** sth is sacred to sb: *This land is sacred to us.*

świętować *v* celebrate: *The French celebrate 14th July.* | *The people were celebrating the downfall* (=obalenie) *of the hated dictator.*

święty *adj* **1** sacred, holy: *sacred paintings* | *Human life is sacred.* | *a holy city* **2 Ziemia Święta** the Holy Land **3 święty Franciszek/Jerzy itp.** Saint Francis/George etc: *We want to go to the Irish Pub to celebrate St Patrick's Day.* **4 święty Mikołaj** Father Christmas *BrE*, Santa (Claus) →patrz też **Duch Święty** (DUCH), **komunia święta** (KOMUNIA)

święt-y/a *n* **1** saint: *The smiling figure of the saint appeared to her in a vision.* **2 Wszystkich Świętych** All Saints' Day

świnia *n* **1** *(zwierzę)* pig: *We keep chickens and pigs.* **2** *(człowiek)* pig, swine: *You're such a pig!* | *What an arrogant swine!*

UWAGA: swine

Rzeczownik **swine** ma taką samą formę w liczbie pojedynczej i mnogiej. Używa się go przeważnie jako obraźliwego określenia nieprzyjemnej osoby, a znacznie rzadziej, gdy mowa o zwierzętach. Z tym ostatnim przypadkiem mamy do czynienia głównie w tekstach specjalistycznych (*a herd of swine* | *the African swine-fever virus* itp.) oraz literackich: *Circe changed Odysseus and his men into swine.*

świnka *n* **1** *(choroba)* mumps: *My sister has mumps.* **2 świnka morska** guinea pig

świński *adj* dirty: *dirty jokes/magazines/pictures*

świństwo *n* **1** *(podłość)* dirty trick: *What a dirty trick!* | **zrobić komuś świństwo** play a dirty trick on sb **2 świństwa** *(nieprzyzwoitości)* filth: *I don't know how you can read that filth!*

świr *n* **1** nut: *Are you some kind of nut or something?* **2 dostać świra** go nuts: *I've been there for 12 years and I'm going nuts.*

świrnięty *adj* nuts, nutty

UWAGA: nuts i nutty

Przymiotnik **nuts** występuje wyłącznie po czasowniku, a przymiotnik **nutty** tylko przed rzeczownikiem: *He's completely nuts, that guy!* | *her nutty parents.*

świst *n* whistle, swish: *the whistle of the wind in the trees*

świstać *v* whistle: *Bullets* (=kule) *were whistling through the air.*

świszczeć *v* whistle: *The wind whistled in the trees.*

świt *n* dawn, daybreak: *We talked until dawn.* | *They left the house before daybreak and returned after dusk.* | **o świcie** at dawn/daybreak | **skoro świt** at the crack of dawn

świta *n* entourage: *The president's entourage followed in six limousines.*

świtać *v* **1 świta/świtało** dawn is/was breaking: *We arrived at Narita Airport just as the dawn was breaking.* **2 zaczęło mi świtać, że ...** it started to dawn on me that ... →patrz też ZAŚWITAĆ

Ś

ta *pron* →patrz TEN

tabaka *n* snuff: *a pinch of snuff*

tabela *n* table: *This table shows the city's monthly rainfall.*

tabletka *n* pill, tablet: *He has to take pills to control his blood pressure.* | *three tablets a day before meals* | **tabletka nasenna** sleeping pill/tablet: *I don't want to go on sleeping pills, if I can possibly avoid it.* **tabletka do ssania** lozenge: *a cough lozenge*

tablica *n* **1** *(szkolna)* blackboard: *Take a piece of chalk and write your name on the blackboard.* **2** *(w koszykówce)* backboard **3 tablica ogłoszeń** board, noticeboard *BrE*, bulletin board *AmE*: *Can I put this notice on the board?* | *The schedule is on the bulletin board.* **4 tablica pamiątkowa** plaque: *The mayor unveiled a special commemorative plaque.* **5 tablica rejestracyjna** number plate *BrE*, license plate *AmE*: *Did anyone see the car's license plate?* **6 tablica rozdzielcza** dashboard, instrument/control panel **7 tablica wyników** scoreboard: *There are scoreboards at both ends of the stadium.*

tabliczka *n* **1** plate, sign: *The plate on the door said "Dr Rackman".* **2 tabliczka czekolady** bar of chocolate: *I used to eat a bar of chocolate every day.* THESAURUS PIECE **3 tabliczka mnożenia** multiplication table

T

tabloid *n* tabloid (newspaper): *The tabloids are full of stories about her and her boyfriend.* THESAURUS NEWSPAPER

tabor *n* **tabor kolejowy** rolling stock

taboret *n* stool: *Could you move your feet so that I can sit on that stool?*

tabu *n* taboo: *a taboo subject*

tabulator *n* tab key

tabun *n* **tabuny** hordes: *Hordes of reporters were waiting at the airport.*

taca *n* **1** tray: *The waiter brought drinks on a tray.* **2** *(w kościele)* plate: **zbierać na tacę** take up a collection

taczka *n* wheelbarrow: *Bert was pushing a wheelbarrow loaded with sand.*

tafla *n* **1** *(płyta)* sheet: *a sheet of glass/ice* **2** *(powierzchnia)* surface: *the surface of the lake*

tafta *n* taffeta

taić *v* →patrz ZATAIĆ

tajać *v* thaw: *The snow has started to thaw.*

tajemnica *n* **1** *(sekret)* secret: *Our plan must remain a secret.* | *the secrets of nature* | *the secret of her success* | **w tajemnicy** in secret: *My parents didn't approve of our relationship* (=byli przeciwni naszemu związkowi) *and we had to meet in secret.* | **trzymać coś w tajemnicy** keep sth secret, keep sth quiet/keep quiet about sth: *You've been keeping something secret from me, haven't you?* | *The company kept quiet about its work until it had obtained a patent.* | **dochować tajemnicy** keep a secret: *Can you keep a secret?* | **tajemnica poliszynela** open secret: *It was an open secret in Washington that the Senator was having an affair.* **2** *(zagadka)* mystery: *It's a mystery to me how she manages to work so fast.* | *the mystery of creation* | **być owianym tajemnicą** be veiled in secrecy/mystery: *The circumstances of his death were veiled in mystery.*

tajemniczy *adj* mysterious: *a mysterious smile* | *Helen's being very mysterious about her plans.* | **w tajemniczych okolicznościach** in mysterious circumstances: *The ship vanished in mysterious circumstances, never to be seen again.* | **w tajemniczy sposób** mysteriously: *She left as mysteriously as she had arrived.* THESAURUS STRANGE —**tajemniczo** *adv* mysteriously

tajemny *adj* **1** *(trzymany w tajemnicy)* secret: *a secret hiding place in the woods* | *a secret passage* **2** *(magiczny)* occult: *occult powers* | **wiedza tajemna** the occult: *a fascination with the occult*

tajfun *n* typhoon

Tajlandia *n* Thailand —**tajlandzki** *adj* Thai: *a Thai restaurant*

tajniak *n* undercover agent/detective: *The police had planted undercover detectives at every entrance.*

tajniki *n* **tajniki sztuki** *(arkana)* tricks of the trade: *a salesman who knew all the tricks of the trade*

tajny *adj* **1** secret: *secret information/material* | *a secret passage* | *our secret hiding place* **2 tajne głosowanie** secret ballot: *An essential element of democracy is the secret ballot.* **3 ściśle tajny** top-secret: *top-secret government reports* | *I can't discuss it with you. It's top-secret.* **4 tajne służby** the secret service **5 tajny agent** secret agent: *Secret agents working for the CIA tried to poison Fidel Castro.*

Tajwan *n* Taiwan —**tajwański** *adj* Taiwanese —**Tajwańczyk/nka** *n* Taiwanese

tak[1] *adv* **1** *(do tego stopnia)* so: *Why does life have to be so complicated?* | *He was so fat he couldn't get through the door.* **2** *(w taki sposób)* like this: *You can't let him treat you like this.* | *I'm not going to the party dressed like this.* **3 i tak dalej** and so on: *Bring a towel, sunglasses, suntan oil and so on.* **4 tak czy owak/inaczej** either way, one way or another: *Either way, it's going to be expensive.* | *One way or another, the key to the case is action.* **5 tak jakby** as though/if: *The man was reeling* (=zataczał się) *a little, as if he was drunk.* **6 tak że** so that: *Suddenly it began to rain heavily, so that it was almost impossible to carry on driving.* **7 tak samo** likewise, in the same way: *Nanny put on a shawl and told the girls to do likewise.* | *We try to treat all the children in the same way.* **8 tak sobie** so-so: *"How are you feeling?" "Oh, so-so."* **9 tak zwany** so-called: *the so-called experts*

tak[2] *interj* **1** yes: *"Would you like a sandwich?" "Yes, please."* | *"Michael!" "Yes?"* | *"We need a new car." "Yes, but where will we get the money?"* **2 tak jest!** yes, sir!, yes, ma'am! **3 tak i nie** yes and no: *"Did you have a good time?" "Well, yes and no. The lake was beautiful, but Craig and Jen fought the whole time."*

taki *pron* **1** *(tego rodzaju)* such: *Such behaviour is just not acceptable in this school.* | *It's clear what should be done in such a situation.* **2 taki sam** the same: *Brenda came in wearing the same dress that Jean had on.* | *The front of the new car is the same, but the back has been completely redesigned.* **3 w takim razie** in that case: *"I'll be home late tonight." "Well, in that case I won't cook dinner."* **4** *(do tego stopnia, tak bardzo)* **a)** *(z rzeczownikiem)* such: *Did you have to buy such expensive shoes?* | *He's such an idiot, I don't even ask him to help any more.* **b)** *(bez rzeczownika)* so: *Her later books weren't so popular.* | *Stop being so childish.* **5 taki jak** such as, like: *traditional industries such* *as farming and mining | far-off countries like Australia and China* **6 nie ma czegoś/kogoś takiego (jak)** there's no such thing/person (as): *There's no such thing as a flying saucer.* **7 tacy jak on/oni itp.** the likes of him/them etc: *Those expensive restaurants aren't for the likes of us.* **8 jako taki** as such: *There isn't a garden as such, just a little vegetable patch.* **9 co takiego?** what?: *"My wallet's missing." "What?"* **10 (to) nic takiego** (it's) nothing: *"Jim, you're hurt." "Oh, it's nothing."* **11 taki sobie** so-so: *"How was the film?" "So-so."* **12 taki a taki a)** *(zaimek)* so-and-so: *The paper is full of stories about how so-and-so violated this or that law* (=złamał taki czy inny przepis). **b)** *(przymiotnik)* such and such: *If they tell you to come on such and such a day, don't agree unless it's convenient.*

takielunek *n* rigging

taksówka *n* taxi, cab: *The taxi's here. | Could you call me a cab please?* | **wziąć taksówkę** take a taxi/cab: *We took a taxi to the station.* **—taksówkarz** *n* taxi-driver, cab driver

takt *n* **1** *(w zachowaniu)* tact: *With great tact, Aunt Jo persuaded Theo to apologize.* **2** *(w muzyce)* bar: *a few bars of the song*

taktowny *adj* tactful: *If you must ask her about her divorce, try to be tactful.* **—taktownie** *adv* tactfully: *"Well, that's an interesting suggestion," Henry said tactfully.*

taktyka *n* tactic(s): *He had to change his tactic. | The team was busy discussing tactics for the game.* **—taktyczny** *adj* tactical: *a serious tactical error | a tactical advantage* (=przewaga) **—taktycznie** *adv* tactically

także *part* **1** also: *This knife can also be used as a can opener.* **2 a także** and also: *They deal with general inquiries, and also provide free legal advice.* **3 nie tylko ... , lecz także ...** not only ... but also ...: *Shakespeare was not only a writer but also an actor.* →patrz też TEŻ

talent *n* **1** *(zdolności)* talent, gift: *She has unbelievable talent. | Donne's poetic gift* | **mieć talent do czegoś** have a talent/gift for sth: *a talent for languages | Dee has a gift for making everyone feel at ease.* **2** *(utalentowana osoba)* talent: *He is a great talent.*

UWAGA: talent

Kiedy mówimy o wielu utalentowanych osobach naraz, **talent** zachowuje się jak rzeczownik niepoliczalny: *Britain has lost a lot of its footballing talent to clubs abroad. | a wealth of young/fresh/local talent.*

talerz *n* **1** plate: *a dinner plate* **2 talerze** *(perkusyjne)* cymbals **3 latający talerz** flying saucer **—talerzyk** *n* saucer: *a cup and saucer*

talia *n* **1** *(człowieka, ubioru)* waist(line): *a slim/thick waist(line) | a skirt with a high waistline* **2** *(kart)* pack, deck: *Please shuffle the pack and deal. | Let's open a new deck of cards.*

talizman *n* talisman, charm: *a collection of talismans | a lucky charm*

talk *n* talcum powder, talc

Talmud *n* the Talmud: *The Talmud is the Jewish book of law and custom.*

talon *n* voucher: *luncheon vouchers* (=talony obiadowe) | **talon na książki** book token: *My aunt always gives me a book token for Christmas.*

tam *adv* **1** there: *Sit there and wait until I call you. | Scotland? I've always wanted to go there.* **2 tam i z powrotem a)** *(chodzić, jeździć)* back and forth: *The shuttle bus runs back and forth between the airport and the downtown area. | pacing back and forth in the waiting room* **b)** *(podróż)* there and back: *The journey's not too bad – only four hours there and back.* **3 ktoś/coś tam** someone/something or other: *He wanted to ask me about something or other.* **4 jak mu/jej tam** what's his/her name, what d'you call him/her: *I've just seen Miss Moore and her friend what's her name coming up the street. | The hospital have just got a, what d'you call it, er ... a new scanner.* **5 kto tam?** who's there?, who is it? **6 (hej) ty tam!** (hey) you there!: *Hey, you there! Watch out!*

tama *n* dam: *the Aswan dam in Egypt*

tamburyn *n* tambourine

tamować *v* →patrz ZATAMOWAĆ

tampon *n* **1** *(menstruacyjny)* tampon **2** *(na ranę, skaleczenie)* wad: *a wad of gauze*

tamten *pron* that: *How much is that hat in the window?*

tamtędy *adv* that way: *Why do you want to go that way?*

tance-rz/rka *n* dancer: *a ballet dancer*

tandem *n* tandem

tandeta *n* trash, rubbish: *How can you degrade yourself by writing such trash?* **—tandetny** *adj* tacky, tawdry, chintzy: *tacky souvenirs | a tawdry imitation*

taneczny *adj* **1 muzyka taneczna** dance music: *synthesized dance music* **2 zespół taneczny** dance group/troupe: *The members of this dance group usually choreograph their own work. | Twyla Tharpe's dance troupe*

tango *n* tango: *to dance the tango*

tani *adj* **1** cheap: *Why are these books so cheap? | a cheap restaurant* **2 tani jak barszcz** dirt cheap: *These CDs are dirt cheap.* **3 tania siła robocza** cheap labour: *an economy based on cheap labour* **—tanio** *adv* cheaply, cheap: *I didn't see how they could sell it so cheaply. | Old houses can sometimes be bought cheap and fixed up.*

expensive/cheap

an expensive sports car

a cheaper city car

taniec *n* **1** dance: *The waltz is an easy dance to learn. | The band was playing a slow dance.* **2 tańce** *(zabawa)* dance: *Are you going to the dance this weekend?*

tanieć *v* get cheaper: *As mobile phones get cheaper, people are using them more.*

tankować *v* refuel, get petrol *BrE*, gas *AmE*: *These aircraft are able to refuel in midair. | I set the mileage each time I get gas.*

tankowiec *n* tanker

tantiemy *n* royalties: *Simon's royalties for the book will go to charity.*

Tanzania *n* Tanzania **—tanzański** *adj* Tanzanian

tańczyć *v* **1** dance: *They danced until 3 a.m.* | **tańczyć walca/tango itp.** dance the waltz/tango etc **2 tańczyć, jak komuś zagrają** dance to sb's tune: *They control all the funding so we have to dance to their tune.*

T

taoizm *n* Taoism —**tao** *n* Tao

tapczan *n* bed

tapeta *n* wallpaper: *three rolls of wallpaper* | *Plain* (=gładka) *wallpaper would look better in this room.* —**tapetować** *v* (wall)paper: *Dad's wallpapering my bedroom this weekend.*

tapicerka *n* upholstery: *leather upholstery*

taplać się *v* dabble: *dabbling in the sea*

tara *n (waga)* tare →patrz też TARKA

taranować *v* →patrz STARANOWAĆ

tarantula *n* tarantula

tarapaty *n* **1 wpaść w tarapaty** get/run into trouble: *She ran into trouble when she couldn't get a work permit.* **2 być/znaleźć się w tarapatach** be in a fix, be in dire straits: *We were in a real fix. The car broke down and there wasn't a phone in sight.* | *If one of the family is in dire straits, we try to help each other.*

taras *n* terrace: *We sat and had drinks on the terrace.*

tarasować *v* jam (up): *You can't get down that street - there's loads of parked cars jamming it up.* →patrz też ZATARASOWAĆ

tarcie *n* friction: *Heat can be produced by chemical reactions or friction.*

tarcza *n* **1** *(obronna, herbowa)* shield: *police carrying riot shields* **2** *(ochrona)* shield: *He decided to use the prisoners as his shield.* | *The immune system is our body's shield against infection.* **3** *(strzelecka)* target **4** *(telefonu, urządzenia pomiarowego)* dial: *She looked at the dial to check her speed.* **5** *(zegarka, zegara)* face: *a clock face* **6** *(słońca, księżyca)* disc *BrE*, disk *AmE*: *the pale yellow disk of the moon* **7** *(szkolna itp.)* badge: *He had a scout badge stitched to his shirt.*

T

tarczyca *n* thyroid (gland)

targ *n* **1** *(targowisko)* market: *Did you buy anything interesting at the market?* | *a trendy street market in the centre of Paris* | *There's a market in the square every Tuesday.* | *a flea market* (=pchli targ) **2 targi** fair: *a trade fair* | *The Frankfurt Book Fair* **3 dobić targu** strike a bargain/deal: *Eventually she struck a bargain with him.*

targać *v* **1** *(dźwigać)* lug: *We had to lug the sofa up four flights of stairs.* **2 targać kogoś za włosy** pull sb's hair: *Stop pulling her hair!* **3 coś targa kimś** *(uczucia)* sb is torn by sth: *He was torn by conflicting impulses.*

targnąć się *n* **targnąć się na kogoś/na czyjeś życie** make an attempt on sb's life: *The Mafia made several attempts on the lives of prominent judges last year.*

targować się *v* haggle: *If you go to a street market, you have to be prepared to haggle.* | *I had to haggle with the taxi driver over the fare.*

targowisko *n* **1** market, marketplace: *I usually buy all my vegetables at the market.* | *the noise and confusion of the marketplace* **2 targowisko próżności** vanity fair

targowy *adj* **1 plac targowy** marketplace **2 dzień targowy** market day

tarka *n* grater: *a cheese grater*

tarot *n* tarot

tartak *n* sawmill

taryfa *n* **1** *(opłata)* rates: *cable TV rates* **2** *(taksówka)* cab: *Let's take a cab.* **3 stosować wobec kogoś taryfę ulgową** be more lenient with sb: *Is it true that the police are more lenient with white people?*

tarzać się *v* **1** wallow: *hippos wallowing in the mud* **2 tarzać się ze śmiechu** be in stitches: *We were all in stitches!* **3 tarzać się w luksusie** wallow in luxury: *I was wallowing in the luxury of the Savoy Hotel.*

tasak *n* chopper, cleaver

tasiemcowy *adj (długi)* lengthy: *a lengthy financial report*

tasiemiec *n* tapeworm

tasiemka *n* tape

tasować *v* shuffle: *Is it my turn to shuffle?*

taszczyć *v* lug: *I'm not lugging that huge case up the road - I'll call a cab!*

taśma *n* **1** *(magnetofonowa, izolacyjna itp.)* tape: *I don't like the sound of my own voice on tape.* | *insulating tape* | *masking tape* **2** *(do maszyny do pisania)* ribbon **3 taśma klejąca** Sellotape® *BrE*, Scotch® tape *AmE*: *a roll of sellotape* **4 taśma produkcyjna** assembly line

tata *n* dad: *My dad took me to the zoo.*

Tatar *n* Tartar, Tatar

Tatry *n* the Tatra Mountains —**tatrzański** *adj* Tatra: *the Tatra National Park*

tatuaż *n* tattoo: *Tom has several tattoos, and they're all Native American designs.* | *a tattoo of a snake*

tatuować *v* →patrz WYTATUOWAĆ

tatuś *n* daddy: *Go and ask Daddy if he'll play with you.*

tawerna *n* tavern

tchawica *n* windpipe

tchnienie *n* **1 tchnienie wiatru** breath of air: *Scarcely a breath of air disturbed the stillness of the day.* **2 wydać ostatnie tchnienie** breathe your last: *The King breathed his last leaving no heir to the throne* (=nie zostawiając następcy).

tchórz *n* **1** *(człowiek)* coward: *He called me a coward because I wouldn't fight.* **2** *(zwierzę)* polecat **3 tchórz kogoś obleciał** sb got cold feet: *They later got cold feet and cancelled the order.*

tchórzliwy *adj* cowardly: *He was too cowardly to say what he meant.* | *a cowardly decision*

tchórzostwo *n* cowardice: *She accused him of cowardice.*

teatr *n* **1** theatre *BrE*, theater *AmE*: *an open-air theatre* | *She's been working in the theatre for over thirty years.* **2 teatr amatorski** amateur dramatics —**teatralny** *adj* theatrical: *a theatrical production* | *a theatrical gesture*

techniczny *adj* **1** technical: *technical details/problems* **2 kalka techniczna** tracing paper —**technicznie** *adv* technically: *a technically brilliant pianist* | *In the future, it will be technically possible to live on the moon.*

technik *n* technician: *a laboratory/dental technician*

technika *n* **1** *(dziedzina wiedzy)* technology: *developments in science and technology* THESAURUS WAY **2** *(metoda)* technique: *new techniques for producing special effects in movies* | *a propaganda technique* **3** *(umiejętności)* technique: *a footballer with brilliant technique*

technikum *n* technical college

techno *n* techno

technologia *n* technology: *advanced/revolutionary technology* —**technologiczny** *adj* technological: *a new technological revolution* —**technologicznie** *adv* technologically: *technologically developed countries* —**technolog** *n* technologist

teczka *n* **1** *(aktówka)* briefcase: *He opened up his briefcase and took out a photograph.* **2** *(papierowa)* folder: *Keep your documents in folders.*

teflon *n* Teflon® —**teflonowy** *adj* nonstick: *a nonstick frying pan*

tegoroczny *adj* this year's: *This year's exam was much harder than last year's.*

tekst *n* **1** text: *One disk can store the equivalent of 500 pages of text.* | *Only 'The Times' printed the full text of the President's speech.* **2** *(piosenki)* lyrics: *music and lyrics by the Gershwin brothers*

tekstowy *adj* **plik tekstowy** text file

tekstylny *adj* textile: *the British textile industry* —**tekstylia** *n* textiles: *Their main exports are textiles, especially silk and cotton.*

tektura *n* cardboard: *We covered the hole with a sheet of cardboard.* —**tekturowy** *adj* cardboard: *a cardboard box*

teledysk *n* (pop) video

telefon *n* **1** *(urządzenie)* telephone, phone: *The telephone was invented by Alexander Graham Bell.* | *The phone is ringing.* **2** *(rozmowa)* (phone) call: *Were there any phone calls for me while I was out?* | *I got a call from Jane last week.* **3** *(numer)* (telephone) number: *She never gave me her number.* **4 przez telefon** by phone, over the phone: *I made a booking by phone.* | *I'd prefer not to talk about it over the phone.* | **rozmawiać przez telefon** be on the (tele)phone: *I was on the phone when he came in.* | **rozmawiać z kimś przez telefon** speak/talk to sb on the phone: *When I speak to my mother on the phone I have to hold the receiver a few inches from my ear because she talks so loudly.* **5 odebrać telefon** answer the (tele)phone **6 telefon komórkowy** mobile (phone), cellular phone *AmE* cellphone *AmE* **7 telefon zaufania** helpline: *The helplines are manned by volunteers* (=w telefonach zaufania pracują wolontariusze).

telefoniczny *adj* **1 aparat telefoniczny** telephone, phone: *The car broke down and there wasn't a phone in sight.* **2 automat telefoniczny** pay phone: *Would you, by any chance, know where a pay phone is?* **3 budka telefoniczna** (tele)phone box *BrE*, booth *AmE*: *No wonder I'm cold! I've been standing in a freezing phone booth for the last twenty minutes.* **4 karta telefoniczna** phonecard **5 książka telefoniczna** telephone directory, phone book: *I couldn't find your number in the telephone directory.* **6 numer telefoniczny** (tele)phone number: *Let me take down your your name and phone number.* **7 rachunek telefoniczny** phone bill —**telefonicznie** *adv* by (tele) phone: *Reservations can be made by telephone.*

telefonist-a/ka *n* operator, telephonist

telefonować *v* phone, call: **telefonować do kogoś** phone/call sb: *The barman is phoning the police.* | *I don't like calling her at work.* THESAURUS PHONE →patrz też ZATELEFONOWAĆ

telegraf *n* telegraph —**telegraficzny** *adj* telegraphic, telegraph: *a telegraphic code* | *a telegraph line*

telegram *n* telegram

telekomunikacja *n* telecommunications: *a new era in telecommunications* —**telekomunikacyjny** *adj* telecommunications: *a telecommunications satellite*

telekonferencja *n* teleconference: *a video teleconference on health care*

telenowela *n* soap opera: *She prefers watching soap operas on TV to talking to me.* THESAURUS PROGRAMME

teleobiektyw *n* telephoto lens

telepatia *n* telepathy —**telepatyczny** *adj* telepathic

teleskop *n* telescope —**teleskopowy** *adj* telescopic

teleturniej *n* game show, quiz show

telewidz *n* viewer: *The new series has gone down well with viewers* (=spodobał się telewidzom).

telewizja *n* television, TV, telly *BrE*: *Joan works in television.* | *In the evenings I like to relax and watch television.* | **w telewizji** on TV/telly: *Did you see it on TV? What a game!* | *Is there anything good on telly tonight?* | **telewizja kablowa/satelitarna** cable/satellite television/TV: *The hotel has cable TV.*

telewizor *n* television (set), TV (set): *a 29-inch colour television* | *a TV in every room*

telewizyjny *adj* television, TV: *television programmes* | *a TV series*

temat *n* **1** *(przedmiot, zagadnienie)* subject, topic: *Paul has strong opinions on most subjects.* | *The wedding has been the only topic of conversation for weeks!* THESAURUS SUBJECT **2 na temat czegoś** on/about sth: *an essay on the causes of the French Revolution* | *an article about space travel* **3 na temat** to the point: *His speech was short and to the point.* **4 zmienić temat** change the subject: *Martha saw that Bob was getting upset, so she changed the subject.* **5** *(motyw)* theme: *Freia's theme in Wagner's opera* **6** *(wyrazu)* stem: *'Driv-' is the stem of 'driving' and 'driven'.* —**tematyczny** *adj* thematic: *a thematic travel guide*

tematyka *n* subject matter: *Because of its adult subject matter, the film is not suitable for under-16s.*

temblak *n* sling: *She had her arm in a sling for months.*

temperament *n* temperament: *an explosive/a fiery* (=wybuchowy) *temperament* | **różnica temperamentu** temperamental difference: *serious temperamental differences between the couple*

temperatura *n* **1** *(powietrza itp.)* temperature: *Water boils at a temperature of 100°C.* | *The temperature in New York dropped to minus 10°C last night.* | *high/low temperatures* | **zmiana temperatury** temperature change | **temperatura pokojowa** room temperature **2 temperatura wrzenia/topnienia** boiling/melting point: *The boiling point of water is 100 degrees Celsius.* | *When its temperature is raised beyond its melting point, the wire will fuse.* **3** *(gorączka)* fever: *Take some aspirin - it'll help the fever to go down.* | **mieć (wysoką) temperaturę** have a high temperature, run a temperature/fever: *Katy had a high temperature and had to go to bed.* | **zmierzyć komuś temperaturę** take sb's temperature: *The nurse took my temperature.*

temperówka *n* (pencil) sharpener

tempo *n* **1** rate, pace, tempo: *Our money was running out at an alarming rate.* | *the rate of economic growth* | *the pace of change in Eastern Europe* | *the easy tempo of island life* **2 w tym tempie** at this rate: *At this rate, we'll never finish on time.* **3 w zwolnionym tempie** in slow motion: *Let's look at the end of the race again in slow motion.* | *It seemed like everything was happening in slow motion.* **4 nadać/narzucić tempo** set the pace: *Japanese firms have been setting the pace in electronic engineering.* **5 we**

własnym/w swoim tempie at your own pace: *I like to work at my own pace.* **6** *(w muzyce)* tempo

temu *adv* **1 dwa lata/miesiące itp. temu** two years/ months etc ago: *We last saw Harry three years ago.* THESAURUS RECENTLY **2 dawno temu** a long time ago, long ago: *We went there a long time ago.* | *Freddie broke with his family long ago.* **3 parę dni temu** a couple of days ago, the other day: *The other day I met Amy on the street.*

ten *pron* **1** *(przed rzeczownikiem)* this: *When was this house built?* | *What is the purpose of your visit to this country?* **2** *(bez rzeczownika)* this (one): *I like all her books but this (one) is my favourite.* **3 ten, kto** whoever: *Whoever did this must be crazy.* | *There will be a reward for whoever finds the missing money.* **4 ten sam** the same: *Nigel and I are about the same size.*

tendencja *n* tendency: *poor quality cloth* (=tkanina kiepskiej jakości) *with a tendency to shrink* | *Nowadays there is a tendency for couples to cohabit rather than marry.* | **mieć tendencję do robienia czegoś** have a tendency to do sth: *Jean's nice but she has a tendency to talk too much.* —**tendencyjny** *adj* biased, tendentious: *Most newspaper reporting is very biased.* | *a tendentious speech*

tenis *n* **1** tennis: *He used to play tennis, but now he's switched to golf.* **2 tenis stołowy** table tennis —**tenisist-a/ka** *n* tennis player: *the world's top tennis players* —**tenisowy** *adj* tennis: *a tennis ball/court/ racket*

tennis

racket

trainers

tenisówki *n* plimsolls *BrE*, sneakers *AmE*: *a pair of old sneakers*

tenor *n* tenor: *the famous tenor, Luciano Pavarotti* | *I used to sing tenor in the church choir.* —**tenorowy** *adj* tenor: *a tenor saxophone*

teologia *n* theology —**teolog** *n* theologian —**teologiczny** *adj* theological

teoretyczny *adj* theoretical: *theoretical physics* | *I have theoretical knowledge of such computers, but I have never worked with one.* —**teoretycznie** *adv* theoretically, in theory: *Theoretically, there's no reason why you can't clone humans.* | *In theory, life could exist in other galaxies.* —**teorety-k/czka** *n* theorist: *a leading economic theorist*

teoria *n* **1** theory: *Darwin's theory of evolution* | *My theory is that he's behaving like this because his parents are always arguing.* **2 w teorii** in theory: *In theory, more competition* (=większa konkurencja) *means lower prices.*

terakota *n* terracotta

terapeut-a/ka *n* therapist: *As a therapist she has to follow a very strict code of ethics.*

terapeutyczny *adj* therapeutic: *the therapeutic effect of massage*

terapia *n* **1** *(psychoterapia)* therapy: *The doctors at the hospital think that Gary needs therapy.* | *Rob was in therapy for several years.* | *group therapy* **2** *(leczenie)* treatment, therapy: *The treatment only works with some patients.* | *a cancer patient receiving radiation therapy* **3 terapia wstrząsowa/szokowa** shock therapy: *two years of economic shock therapy*

teraz *adv* **1** now: *If we leave now we'll be there before dark.* | *They now live in the city centre.* THESAURUS NOW **2 do teraz** until now, up to now: *Then her family moved to California and she hasn't been back until now.* | *"You've been in charge up to now," he said, "but now it's my turn."* **3 od teraz** from now on: *From now on I will only be working in the mornings.* **4 nie teraz** not now: *"Tell me a story." "Not now, Daddy's working."* **5 a teraz** and now: *And now, live from New York, Diana Ross.* **6 teraz albo nigdy** it's now or never: *For me it's now or never!* → patrz też **tu i teraz** (TU)

teraźniejszość *n* the present: *You have to stop thinking about the past and start thinking about the present!* —**teraźniejszy** *adj* present: *the present tense* | *Our present situation is very difficult.*

tercet *n* trio

teren *n* **1** *(obszar)* ground: *open ground* | *They're building a car park on some waste ground across the street.* THESAURUS PLACE **2 tereny** grounds: *hunting/fishing grounds* **3 teren budowy** building site **4** *(sklepu, zakładu itp.)* premises: *the factory premises* | *Smoking is not allowed on the school premises.* **5** *(ziemia)* terrain: *rocky terrain* | *I never realized that the terrain in Africa is so diverse* (=zróżnicowany). **6 praca w terenie** fieldwork

terenowy *adj* **1** *(prace, wyjazd itp.)* field: *a geography field trip* **2** *(władze, samorząd)* local: *local authorities/ government* **3 samochód terenowy** off-road vehicle: *Most of the ranches are only accessible by jeep or other off-road vehicles.*

terenówka *n* off-road vehicle

terier *n* terrier: *a wire-haired terrier*

terkotać *v* **1** *(stukać)* rattle: *There's something rattling inside the washing machine.* **2** *(mówić)* rattle on: *I stifled a yawn* (=stłumiłem ziewnięcie), *but Elsie didn't notice and just rattled on.*

termiczny *adj* thermal: *thermal conductivity* (=przewodnictwo)

termin *n* **1** *(kiedy coś ma się odbyć)* date: *a date for the next meeting* | **wyznaczyć termin** set a date: *Have you set a date for the wedding?* | **w późniejszym terminie** at a later date: *We'll deal with this problem at a later date.* **2** *(na zrobienie czegoś)* deadline: *The deadline for the submission of proposals is May 27th.* | **napięty termin** tight deadline: *The department is working under a very tight deadline.* | **przesunąć termin** extend the deadline: *The deadline has been extended till next Monday.* | **skończyć w terminie** meet the deadline: *I don't think we'll be able to meet the deadline.* **3** *(wyraz, nazwa)* term: *scientific/medical/legal terms*

terminal *n* terminal: *terminal 4 at Heathrow airport* | *a computer terminal*

terminarz *n* **1** *(plan)* schedule: *the weekend sports schedule* **2** *(kalendarz)* diary, personal organizer: *Did you put the meeting date in your diary?*

terminologia *n* terminology: *scientific terminology* —**terminologiczny** *adj* terminological: *terminological differences*

terminować *v* serve an apprenticeship: *He's serving an apprenticeship as a printer.*

terminowy *adj* **lokata terminowa** deposit account —**terminowo** *adv* on time: *Danny always pays the rent on time.*

termit *n* termite

termodynamika *n* thermodynamics: *the Second Law of Thermodynamics* —**termodynamiczny** *adj* thermodynamic

T

termofor *n* hot-water bottle

termojądrowy *adj* thermonuclear

termometr *n* thermometer: *The thermometer was reading over 100°C.*

termos *n* Thermos® (flask), vacuum flask *BrE*: *a thermos of coffee*

termostat *n* thermostat

terpentyna *n* turpentine

terror *n* terror: *the terror of the Pol Pot regime | an act of terror*

terroryst-a/ka *n* terrorist: *Two of the terrorists were shot dead.* —**terrorystyczny** *adj* terrorist: *a terrorist attack* —**terroryzm** *n* terrorism: *international terrorism*

terroryzować *v* terrorize, terrorise *BrE*: *Drug dealers have been terrorizing the neighbourhood.*

terytorium *n* territory: *enemy territory | a voyage through unknown territory* —**terytorialny** *adj* territorial: *US territorial waters*

test *n* **1** *(sprawdzian)* test: *How did you do* (=jak ci poszło) *on your maths test? | We have a test on irregular verbs tomorrow.* | **z/robić (komuś) test** give (sb) a test: *I hope she doesn't give us a test - I don't know anything about American History. | You're giving a test on Monday? That'll make you popular with your students.* | **zdawać test/ podchodzić do testu** take a test: *You can take the test again if necessary.* THESAURUS TEST **2** *(próba, badanie)* test: *nuclear weapon tests | a test for* (=na obecność) *chemicals in the water* | **przeprowadzić test** run a test: *We'd better run a test on all the equipment before we begin.* | **test ciążowy** pregnancy test —**testowy** *adj* test: *test questions*

testament *n* **1** will: *My grandmother left me these jewels in her will.* | **sporządzić testament** make a will **2 Stary/ Nowy Testament** the Old/New Testament

testosteron *n* testosterone

testować *v* test: *Childless couples are helping to test a new kind of fertilization technique. | She said she would test our English every Monday.* →patrz też PRZETESTOWAĆ

teściowa *n* mother-in-law

teść *n* father-in-law

UWAGA: mother-in-law i father-in-law

Rzeczowniki te tworzą liczbę mnogą na dwa sposoby: z końcówką **-s** po pierwszym członie złożenia lub na końcu (**mothers-in-law** lub **mother-in-laws** itd.).

teza *n* thesis: *Their main thesis is that inflation is caused by increases in money supply.*

UWAGA: thesis

Rzeczownik **thesis** (ˈθi:sɪs) ma nieregularną formę liczby mnogiej: **theses** (ˈθi:si:z).

też *part* **1** too, as well: *Can you come too? | We're all going to the cinema tonight, why don't you come along as well?* **2 ja też** me too: *"I'm hungry!" "Me too!"* **3 ja też nie** me neither: *"I don't like horror movies." "Me neither."* →patrz też TAKŻE

tęcza *n* rainbow: *the arc of a rainbow* —**tęczowy** *adj* rainbow

tęczówka *n* iris

tędy *adv* this way: *This way please.*

tęgi *adj* stout: *a short, stout man* THESAURUS FAT

tępić *v* →patrz STĘPIĆ SIĘ, WYTĘPIĆ

tępy *adj* **1** *(nóż, ołówek)* blunt: *The blade of this knife is completely blunt. | All I could find was a blunt pencil.* **2** *(człowiek)* dull, thick: *a dull student | He's a nice guy, but he's a bit thick.* **3** *(ból)* dull: *a dull pain/ache*

tęsknić *v* **1 tęsknić za kimś/czymś** miss sb/sth: *Will you miss me? | Sometimes I really miss home.* THESAURUS SAD **2 tęsknić za czymś/do czegoś** *(pragnąć)* long for sth: *Patsy longed for some excitement, for something new. | We longed for a bed after several days of camping.*

tęsknota *n* longing, yearning: *a longing for home | This yearning for freedom is not going to disappear overnight.*

tęskny *adj* longing, wistful: *a longing glance | a wistful expression* —**tęsknie** *adv* longingly, wistfully

tętnica *n* artery: *a network of veins and arteries* —**tętniczy** *adj* arterial: *arterial blood*

tętnić *v* **1** *(krew)* pulse: *the blood pulsing through his veins* **2** *(wydawać rytmiczne dźwięki)* pulsate: *The thumping, pulsating music shook the kitchen walls.* **3 tętnić życiem** be teeming/humming with life: *The muddy pond* (=staw) *was teeming with life. | By 8 o'clock the streets are usually humming with life.*

tętno *n* pulse, heartbeat: *I checked his pulse - he was still alive.* | **zmierzyć komuś tętno** take/feel sb's pulse: *The nurse took my pulse - it was faster than normal.*

tężec *n* tetanus: *a tetanus injection*

tik *n* tic: *a nervous tic*

tir *n* lorry *BrE*, truck *AmE*, HGV *BrE*

tiul *n* tulle

tj. *abbr* i.e.: *The film is only open to adults, i.e. people over 18.*

tkacki *adj* **1 krosno tkackie** (weaving) loom **2 warsztat tkacki** weaving plant

tkać *v* weave: *The women sit together and weave rugs. | hand-woven scarves* —**tkacz/ka** *n* weaver

tkanina *n* fabric, cloth: *man-made fabrics | cotton cloth*

tkanka *n* tissue: *lung/brain tissue | the damaged tissue* —**tkankowy** *adj* tissue

tknąć *v* touch: *He has a car but I'm sure he wouldn't let you touch it. | The older boys swore* (=zaklinali się, że) *they hadn't touched the child. | The garden looks awful - I'm afraid I haven't touched it for weeks.*
tknąć się *v* **tknąć się czegoś** touch sth: *He's a walking disaster! Everything he touches goes wrong.* →patrz też TYKAĆ

tkwić *v* **1** *(przebywać, znajdować się)* be stuck: *We were stuck in a queue for half an hour. | Harry's hat was stuck on his head like a lopsided crown.* **2** *(zawierać się)* reside/lie in: *For Fellini, the poetry of cinema resides primarily in movement. | The great strength of our plan lies in its simplicity.* →patrz też UTKWIĆ

tlen *n* oxygen: *liquid oxygen* —**tlenowy** *adj* oxygen: *an oxygen mask*

tlenek *n* oxide: *iron oxide*

tlenić *v* →patrz UTLENIAĆ

tlić się *v* smoulder *BrE*, smolder *AmE*: *A small fire smouldered in the fireplace. | a smouldering hostility* (=wrogość)

tło *n* **1** background: *red lettering on a white background* **2 w tle** in the background: *There was some soft music playing in the background.* **3 konflikt na tle religijnym/**

T

narodowościowym itp. religious/ethnic etc conflict: **zamieszki na tle rasowym** race riot: *Ethnic tensions led to a massive race riot.*

tłoczno *adv* **gdzieś jest tłoczno** sth is crowded: *The train was very crowded.*

tłoczyć *v* **1** *(wyciskać)* press: *The grapes are pressed to extract the juice.* **2** *(pompować)* pump: *The valves* (=zastawki) *in the heart control how quickly the blood is pumped around the body.* **3** *(ozdabiać)* impress: *patterns impressed in the clay*
tłoczyć się *v* swarm, crowd: *photographers swarming around the princess* | *People crowded round the market stalls* (=wokół straganów).

tłok *n* **1** *(ścisk)* crush: *There's always such a crush on the train in the mornings.* **2** *(mechanizm)* piston

tłuc *v* **1** *(rozbijać)* break: *A gang of youths had been setting fire to cars and breaking windows.* **2** *(walić)* bang, pound, batter: *They were banging on the door with their fists.* | *I watched the rain as it pounded against the window pane.* | *The waves battered against the rocks.* **3** *(bić)* hit: *Myra just hits her kids when they start crying.* →patrz też STŁUC
tłuc się *v* **1** *(szkło itp.)* break: *the sound of breaking glass* **2** *(hałasować)* bang around/about: *Michael was banging about in the garage, hunting for his tools.* **3** *(bić się)* fight: *Two guys were fighting in the street outside the bar.* →patrz też POTŁUC SIĘ

tłuczek *n* **1** *(do ziemniaków)* (potato) masher **2** *(do mięsa)* meat tenderizer

tłum *n* **1** crowd: *The crowd was silent for two minutes as a mark of respect.* | *a vast crowd* **2 tłumy** crowds: *The exhibition attracted huge crowds of visitors.*

T

tłumaczenie *n* **1** *(przetłumaczony tekst)* translation: *a translation of Aristotle's "Ethics"* | *I've only read "Harry Potter" in translation.* **2** *(czynność)* **a)** translation, translating: *Much of the book's humour has been lost in translation.* | *Who did the translating?* **b)** *(ustne)* interpreting

tłumacz/ka *n* **1** *(języka pisanego)* translator **2** *(języka mówionego)* interpreter: *Both Presidents were accompanied by their interpreters.*

tłumaczyć *v* **1** *(tekst pisany)* translate: *She translates books from Polish into English.* **2** *(ustnie)* interpret: *They spoke good Spanish, and promised to interpret for me.* **3** *(wyjaśniać)* explain: *Well, that explains everything.* | *I'm not good at explaining things to kids.* **4** *(usprawiedliwiać)* explain (away), account for, justify: *George was trying to explain away his outburst* (=wybuch), *saying that he'd been under a lot of pressure.* | *Recent pressure at work accounts for his behaviour.* | *The criminals tried to justify their actions by saying that they were simply obeying orders.*
tłumaczyć się *v* justify yourself: *I'm in charge here; I don't have to justify myself to you.* →patrz też PRZETŁUMACZYĆ, WYTŁUMACZYĆ

tłumić *v* →patrz STŁUMIĆ

tłumik *n* **1** *(samochodowy)* silencer *BrE*, muffler *AmE* **2** *(pistoletu)* silencer **3** *(instrumentu muzycznego)* mute

tłumiony *adj* repressed: *repressed anger*

tłusty *adj* **1** *(człowiek, zwierzę)* fat: *He was ugly and fat.* | *fat pigs* **2** *(jedzenie)* fatty: *Avoid fatty foods.* **3** *(plama)* greasy: *Who left that horrible greasy smudge on the wallpaper?* **4** *(włosy)* greasy, oily: *greasy black hair* | *You have to shampoo oily hair more often.* **5** *(ciecz, cera)* oily: *an oily liquid* | *a cleanser for oily skin* **6 tłuste mleko** full-cream milk **7 tłusty druk** bold (type): *The numbers in this dictionary are in bold type.*

tłuszcz *n* **1** *(w pokarmach, do smażenia itp.)* fat: *Try to reduce the amount of fat in your diet.* | **tłuszcz roślinny/zwierzęcy** vegetable/animal fat: *Fry the potatoes in oil or vegetable fat.* **2** *(pod skórą)* fat: *rolls of fat* (=zwały tłuszczu) **3** *(po gotowaniu)* grease: *I could smell the grease and hear them chew the toast.* —**tłuszczowy** *adj* fatty: *fatty tissue*

UWAGA: fat i grease

Rzeczownik **fat** oznacza tłuszcz w ogóle, **grease** natomiast oznacza zwykle tłuszcz pochodzenia zwierzęcego, który został poddany obróbce cieplnej. Rzeczownika **grease** używa się najczęściej w kontekście negatywnym, np. mówiąc o plamach z tłuszczu, resztkach tłuszczu na talerzu czy nadmiarze tłuszczu spływającym z mięsa: *The kitchen walls were black with grease and filth.* | *a grease spot* | *bacon grease* | *The cabbage began to deposit a cold white grease on his plate.*

tłuścioch *n* fatty: *The kids at school used to tease Sam, calling him names like "fatty".*

to *pron* **1** it, this, that: *It's a book about his adventures at sea.* | *What is it like* (=jak to jest) *to be a sailor?* | *It was Jane who paid* (=to Jane zapłaciła) *for the meal.* | *What does it/this/that mean?* | *Don't tell anyone about it/this/that.* | *Who told you this/that?* **2** *(z rzeczownikiem)* this, that: *this/that bed/photo/wine* **3 co to (jest)?** what is it?, what is this/that? **4 to jest a)** this is: *Sam, this is my sister, Liz.* | *This is a very common mistake.* **b)** *(to znaczy)* that is (to say): *I know how to operate a computer. That is, I thought I did* (=wydawało mi się, że umiem) *until I saw this one.* **5 to są** these are: *These are Len's dogs.* **6 to, co** what: *Do what you think is best* (=to, co uważasz za najlepsze). **7 to i owo** this and that: *"What did you talk about?" "Oh, this and that."* **8 a to ... !** what a(n) ... !: *What a surprise!* **9 jak to?** how come?: *"She's moving to Alaska." "How come?"* **10 no to co?** so (what)?: *"You're drunk again." "So?"* | *"Phil was really angry when he heard what you'd done." "So what? It's none of his business."* **11 otóż to!** exactly!: *"We should spend more on education." "Exactly!"* **12 tym samym** thus: *Traffic has become heavier, thus increasing pollution.* →patrz też TEN

UWAGA: this i that

Oba zaimki tłumaczy się na polski jako „to", z wyjątkiem sytuacji, kiedy chcemy rozróżnić między przedmiotami znajdującymi się bliżej i dalej mówiącego lub między zdarzeniami wcześniejszymi i późniejszymi - wówczas **this** tłumaczymy jako „to", a **that** jako „tamto": *No, that's your desk - this one's mine.* | *That party of hers was great but this one will be even better.*

toaleta *n* *(ubikacja)* **a)** toilet, lavatory *BrE*, restroom *AmE*, bathroom *AmE*: *a public toilet* **b)** *(damska)* ladies' room, the ladies: *The ladies' room is just around the corner.* | *Wait for me outside. I'm going to the ladies.* **c)** *(męska)* men's room, the gents: *Can you tell me where the men's room is please?* | *"Where is Kevin?" "He went to the gents."* **skorzystać z toalety** go to the toilet/bathroom: *Does anybody need to go to the bathroom?* THESAURUS TOILET

toaletka *n* dressing table: *Julie arranged her perfumes and creams in neat rows on the dressing table.*

toaletowy *adj* **1 papier toaletowy** toilet paper: *a roll of toilet paper* **2 przybory toaletowe** toiletries

toast *n* toast: **wypić/wznieść toast (za kogoś/coś)** drink/propose a toast (to sb/sth, raise a/your glass (to sb/sth): *I'd like to propose a toast to the happy couple.* | *Ladies and gentlemen, will you raise your glasses to the bride and groom.*

tobół *n* bundle: *a bundle of old clothes*

toczyć *v* **1** *(kulać)* roll: *The kids were rolling an enormous snowball along the ground.* **2** *(rozmowę)* carry on: *They carried on a curious conversation, never looking at each other.* **3** *(rokowania)* carry out, conduct: *The negotiations were conducted in secret.* **4** *(wojnę)* wage: *The rebels have been waging a nine-year war against the government.* → patrz też WYTOCZYĆ

toczyć się *v* **1** *(kulać się)* roll: *The ball slowed down and then stopped rolling.* **2** *(jechać)* roll: *We watched as the bus rolled slowly backward down the hill.* **3** *(iść)* roll: *He rolled out (=wytoczył się) of the bar at about 3:00 that morning.* **4** *(odbywać się)* go on, be in progress: *When several conversations are going on at once, you can't hear anything.* | *There must be no noise in the school while examinations are in progress.* **5 życie toczy się dalej** life goes on → patrz też POTOCZYĆ SIĘ, STOCZYĆ SIĘ, WYTOCZYĆ SIĘ

toffi *n* toffee: *chewy toffees*

tofu *n* tofu, bean curd

toga *n* **1** *(rektora itp.)* gown **2** *(rzymska)* toga

tok *n* **1** *(przebieg)* course: *During the course of our conversation I found out that he had worked in Russia.* **2 być w toku** be in progress: *An emergency relief operation is already in progress in Southern Sudan.* **3 tok myślowy** train of thought

tokarz *n* turner

toksyczny *adj* toxic: *toxic chemicals* THESAURUS DANGEROUS —**toksyczność** *n* toxicity

toksyna *n* toxin

tolerancja *n* tolerance, toleration: *Frank's biggest weakness is his lack of tolerance.* | *a long history of religious toleration* | **tolerancja dla/wobec kogoś/czegoś** tolerance for/toward(s) sb/sth: *Gordon shows little tolerance for people with different views.* | *tolerance towards religious minorities* | **tolerancja na coś** tolerance to sth: *Many old people have a very limited tolerance to cold.* —**tolerancyjny** *adj* tolerant: *We should be tolerant of other people's beliefs.* | *My parents were very tolerant when I was a teenager.*

tolerować *v* tolerate: *We will not tolerate racism in this school.* | *The medication is well tolerated by most patients.*

tom *n* volume: *The diaries have been published in one volume.*

tomik *n* **tomik poezji** volume of poetry

tomografia *n* **tomografia komputerowa** computer-assisted tomography, CAT

ton *n* **1** *(brzmienie)* tone: *the rich tone of a cello* | *I don't like your tone of voice.* **2 nie mów do mnie takim tonem** don't take that tone with me **3** *(charakter)* tone: *The whole tone of her letter was rather formal and unfriendly.* | *the sharp tone of his comments* **4 nadawać ton (czemuś)** set a/the tone (for sth): *Abrams spoke first and set a sombre (=poważny) tone for the session.* | *Jordan's 25 points in the first quarter set the tone for the game.* **5** *(w muzyce)* tone **6** *(odcień)* tone: *A lighter tone of yellow would look better in the kitchen.*

tona *n* **1** tonne: *The dairy produces over 1,500 of butter every year.* **2 tony czegoś** tons of sth: *We've bought tons of melons for the party tonight.*

tonacja *n* key: *a major/minor key*

tonalny *adj* tonal

tonaż *n* tonnage

tonąć *v* **1** *(człowiek, zwierzę)* drown: *Fortunately, a life guard noticed that the woman was drowning and she was rescued.* **2** *(statek)* sink: *He swam away from the sinking ship.* **3** *(zapadać się)* sink: *The heavy trucks were sinking deeper and deeper into the mud.* **4 tonąć w długach** be drowning in debt → patrz też UTONĄĆ, ZATONĄĆ

toner *n* toner: *I hate replacing the toner in my printer.*

tonik *n* **1** *(napój)* tonic (water): *a gin and tonic* **2** *(kosmetyk)* toner

topić *v* **1** *(rozpuszczać)* melt (down): *They were melting down coins to make earrings and ornaments.* **2 topić smutek (w alkoholu)** drown your sorrows: *After his girlfriend left he spent the evening drowning his sorrows in a local bar.*

topić się *v* **1** *(tonąć)* drown (yourself): *After Hamlet rejects her, Ophelia goes mad and drowns herself.* **2** *(rozpuszczać się)* melt: *The candle started to melt.* → patrz też ROZTOPIĆ, STOPIĆ, UTOPIĆ, ZATOPIĆ

topnieć *v* **1** *(śnieg)* melt: *As the climate warms up, the polar ice caps will start to melt.* **2** *(zapasy)* dwindle: *As supplies of this popular product dwindle, prices increase.* → patrz też STOPNIEĆ

topografia *n* topography

topola *n* poplar

toporek *n* hatchet

topór *n* **1** axe *BrE*, ax *AmE* **2 zakopać topór wojenny** bury the hatchet: *It's about time they buried the hatchet after all these years.*

tor *n* **1** *(bieżni, basenu)* lane: *The champion is running in lane five.* **2** *(pocisku itp.)* trajectory: *the trajectory of the rocket* **3 tory kolejowe** railway *BrE*, railroad *AmE* track: *a path alongside the railway track* **4 tor wyścigowy** race course, racetrack

torba *n* **1** *(opakowanie, bagaż)* bag: *a plastic/paper bag* | *Just throw your bags in the back of the car.* | *a sports bag* **2** *(ilość)* bag, bagful: *two bags of apples* | *Kids gobble down (=pożerają) bagfuls of cookies, potato chips and other junk foods.* **3** *(kangura)* pouch

bag

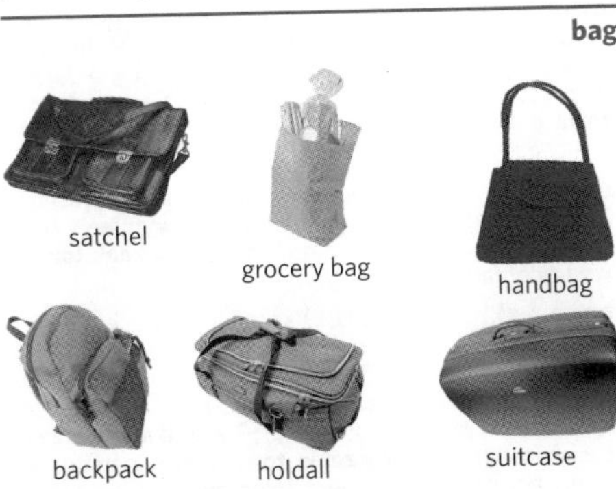
satchel
grocery bag
handbag
backpack
holdall
suitcase

torbacz *n* marsupial

T

torbiel *n* cyst

torebka *n* **1** *(opakowanie)* bag: *a paper bag* **2** *(ilość)* bag, bagful: *a bag of candy | three bagfuls of crisps* **3** *(damska)* handbag *BrE*, purse *AmE*: *She was carrying her handbag under her arm.* **4** *(herbaty ekspresowej)* teabag

torf *n* peat —**torfowisko** *n* peat bog

tornado *n* tornado

tornister *n* satchel

torować *v* **1 torować drogę czemuś** pave the way for sth: *Economic depression helped Hitler rise to power, paving the way for the Second World War.* **2 torować sobie drogę** fight your way: *We fought our way through the crowd.*

torowisko *n* track

torpeda *n* torpedo: *Three ships were sunk that night by enemy torpedoes.*

torreador *n* bullfighter, toreador

tors *n* **1** *(część ciała)* torso: *a muscular torso* **2** *(rzeźba)* torso: *the torso of Napoleon*

tort *n* gâteau: *She bought two chocolate gâteaux for her birthday party.*

UWAGA: gâteau

Rzeczownik **gâteau** (ˈgætəʊ) ma nieregularną formę liczby mnogiej: **gâteaux** (ˈgætəʊz).

tortura *n* torture: *Hearing her practice the violin is torture! | medieval instruments of torture* —**torturować** *v* torture: *Political opponents of the regime were tortured.*

torys/ka *n* Tory: *a true Tory*

tost *n* toast: *We had toast for breakfast. | Oh no, I burned the toast!* →patrz też GRZANKA

T

totalitarny *adj* totalitarian: *a totalitarian regime* —**totalitaryzm** *n* totalitarianism

totalizator *n* **1** *(na wyścigach)* sweepstake **2** *(piłkarski)* the pools

totalny *adj* total: *a total ban* (=zakaz) *on cigarette advertising* —**totalnie** *adv* totally

toteż *conj* so: *I heard a noise so I got out of bed and turned the light on.*

totolotek *n* National Lottery® *BrE*, Lotto *AmE*

tournée *n* tour: *The Moscow Symphony Orchestra is here on tour. | the England cricket team's tour of India*

towar *n* merchandise, commodity: *defective merchandise* (=towar wybrakowany) *| The merchandise is attractively displayed and the assistants are friendly. | A fall in the price of a commodity leads to an increase in consumption.* | **towary** goods, merchandise, commodities: *imported/luxury goods | agricultural commodities*

towarowy *adj* **1 pociąg towarowy** freight/goods train **2 dom towarowy** department store **3 wymiana towarowa** barter: *an economy based on barter* **4 znak towarowy** trademark

towarzyski *adj* **1** *(człowiek)* sociable: *She doesn't like to talk to people - she is just not very sociable.* **2** *(spotkanie, kontakty)* social: *social occasions/contacts* | **życie towarzyskie** social life: *a busy* (=bujne) *social life | He doesn't have much time for a social life.* **3 kronika towarzyska** gossip column **4 ogłoszenie towarzyskie** personal ad, lonely hearts ad *BrE* **5 mecz towarzyski** friendly match —**towarzysko** *adv* socially: *Do you and your colleagues ever meet socially?*

towarzystwo *n* **1** company: *They obviously enjoyed each other's company. | We travelled in the company of two Americans.* **2 dotrzymywać komuś towarzystwa** keep sb company: *Rita's husband is away for the week, so I thought I'd go over and keep her company.* **3 bez towarzystwa** unaccompanied: *She was unaccompanied, and I decided to ask her if she wanted a drink.* **4 być w dobrym/doborowym towarzystwie** be in good company: *Well, I know you think what I did was wrong but I'm in good company, you know.* **5 złe towarzystwo** bad company: *Parents worry that their children are being led into bad company.* **6** *(stowarzyszenie)* society: *I joined the university film society. | the Royal Society for the Protection of Birds*

towarzysz/ka *n* **1** companion: *His dog became his closest companion during the last years of his life.* **2** *(w partii komunistycznej)* comrade **3 towarzysz/ka zabaw** playmate **4 towarzysze podróży** fellow passengers **5 towarzysze broni** brothers/comrades in arms

towarzyszyć *v* accompany: *Lang accompanied the President on a visit to Rome. | Rapid eye movements* (=szybkie ruchy gałek ocznych) *often accompany dreaming.*

tożsamość *n* identity: *The identity of the killer is still unknown. | Puerto Rico has a distinct cultural identity.* →patrz też **dowód tożsamości** (DOWÓD), **kradzież tożsamości** (KRADZIEŻ)

tracić *v* **1** *(gubić, przestawać mieć)* lose: *If the ball lands past this line, you lose fifteen points. | to lose patience/control* **2** *(marnować)* waste: *Don't waste your energy worrying about things you can't change. | I don't want to waste money buying books I won't read.* | **nie tracić czasu** not waste any time, waste no time: *Let's not waste any more time arguing. | Peter wasted no time finding himself another girlfriend.* **3** *(okazję, szansę)* miss: *Hamlet misses his chance to become a hero through his hesitation.* **4 tracić głowę/nie tracić głowy** lose/keep your head: *She's a leader with the ability to keep her head in a crisis.* **5 tracić nadzieję na coś** despair of (doing) sth: *Months passed, and I began to despair of ever seeing her again.* **6 tracić ważność** expire: *My passport expires next week.* →patrz też STRACIĆ

tradycja *n* **1** tradition: *the tradition that the eldest son inherits the property | the Western tradition in art* | **zgodnie z tradycją** by tradition: *By tradition it is the bride's parents who pay for the wedding.* | **zerwać z tradycją** break with tradition: *Breaking with family tradition, they decided not to send Laura to boarding school.* **2 z tradycjami** well-established: *a well-established law firm*

tradycyjny *adj* traditional: *I went to a very traditional school. | a traditional greeting* —**tradycyjnie** *adv* traditionally: *Such skills are traditionally associated with women.*

traf *n* **1 ślepy traf** sheer luck: *I got the right answer but it was sheer luck.* **2 traf chciał, że ...** as luck would have it, ...: *As luck would have it, the bar was shut when we got there.* **3 dziwnym trafem** funnily/oddly enough: *Funnily enough, I bumped into her only yesterday.*

trafiać się *v* **1** come along: *It's not often that a job like this comes along. | You really must take advantage of any opportunities that come along.* **2 rzadko się trafiać** be few and far between: *Good teachers are few and far between.*

trafić *v* **1 trafić gdzieś/dokądś a)** *(dotrzeć)* get somewhere: *Are you sure you know how to get there? | I can't remember how I got home last night.* **b)** *(znaleźć się)* end up somewhere: *If you go on like this, you'll end up in hospital. | Men like him usually ended up in jail.* **2 trafić kogoś/w coś** *(z pistoletu itp.)* hit sb/sth: *A second shot hit* *her in the back.* | **trafić do celu** hit the target: *She hit the target with deadly accuracy.* | **trafić w dziesiątkę** hit the bull's-eye: *The arrow hit the bull's-eye.* **3 nie trafić (w coś)** miss (sth): *Pete fired at the target but missed.* | *He ran to hit the ball but missed it.* **4 trafić w (samo) sedno** hit the nail on the head: *"Maybe she's homesick." "You know, I think you've hit the nail on the head."* **5 na chybił trafił** at random: *Winning lottery numbers are chosen at random.* | *The names had been picked at random from the telephone book.* →patrz też TRAFIAĆ SIĘ, NATRAFIĆ

trafienie *n* hit: *I scored a hit with my first shot.*

trafnie *adv* **1** *(nazwany itp.)* aptly: *aptly named/described/called* **2** *(wybrać, zauważyć)* rightly: *As she rightly pointed out, this will do nothing to solve the problem.* **3** *(strzelić, uderzyć)* accurately: *She's only three, and she can throw pretty accurately.*

trafność *n* **1** *(wypowiedzi)* aptness: *the amazing aptness of her remarks* **2** *(strzału)* accuracy: *She hit the target with deadly accuracy.*

trafny *adj* **1** *(komentarz)* apt: *an apt remark/comment* **2** *(słowo)* well-chosen: *Stung* (=dotknięty) *by Maria's contempt, Philip hit back with a few well-chosen words.* **3** *(wybór, decyzja)* right: *I'm sure she'll make the right decision when the time comes.* **4** *(strzał)* accurate: *an accurate shot by the Brazilian captain*

tragarz *n* porter: *I hailed a porter and then a cab.*

tragedia *n* tragedy: *The match ended in tragedy when one of the boxers died in the ring.* | *Oedipus is one of the most famous characters in Greek tragedy.*

tragicznie *adv* **1** tragically: *Seven children were tragically killed* (=zginęło tragicznie) *in the accident.* **2 wyglądać/brzmieć itp. tragicznie** *(fatalnie)* look/sound etc terrible: *I'd never say it to her face, but her hair looks terrible.*

tragiczny *adj* **1** tragic: *a tragic hero/death* **2** *(fatalny)* terrible: *The hotel was absolutely terrible.*

trajektoria *n* trajectory

trakt *n* **1** *(droga)* road **2 być w trakcie (robienia) czegoś** be in the middle/process of doing sth: *Can I call you back later? I'm in the middle of cooking dinner.* | *Our office is in the process of upgrading all the computers.*

traktat *n* **1** *(pokojowy itp.)* treaty: *the Treaty of Versailles* **2** *(naukowy)* treatise: *a treatise on medical ethics*

traktor *n* tractor

traktować *v* **1** treat: *Why do you always treat me like a child?* | **traktować kogoś/coś jako ...** treat sb/sth as ...: *Women should not be treated as sex objects.* | *Under colonial rule, India was treated as a single territory.* **2 traktować o czymś** *(mówić)* treat of sth: *Her other book treats of the formation of our galaxy.* →patrz też POTRAKTOWAĆ

trampki *n* plimsolls *BrE*, sneakers *AmE*

trampolina *n* springboard

tramwaj *n* tram *BrE*, streetcar *AmE*: *Shall we go by tram?* —**tramwajowy** *adj* tram: *a tram stop*

trans *n* trance: *a hypnotic trance*

transakcja *n* transaction: *financial/cashless transactions*

transatlantycki *adj* transatlantic: *a transatlantic voyage*

transfer *n* transfer: *the transfer of money between bank accounts* | *Dudek's transfer to Liverpool* —**transferowy** *adj* transfer: *a transfer list*

transformacja *n* transformation: *In recent years the film industry has undergone a complete transformation.*

transformator *n* transformer

transfuzja *n* transfusion: *She received three blood transfusions before the bleeding stopped.*

transkrypcja *n* transcription: *phonetic transcription* —**transkrybować** *v* transcribe

transmisja *n* **1** transmission: *We apologize for the break in transmission earlier in the programme.* **2 bezpośrednia transmisja** live broadcast: *a live broadcast of the concert* **3 transmisja internetowa** webcast

transmisyjny *adj* **1 wóz transmisyjny** broadcast van **2 pas transmisyjny** transmission band

transmitować *v* transmit, broadcast: *The US Open will be transmitted live via satellite.* | *The interview was broadcast live across Europe.*

transparent *n* banner, placard: *Crowds of people carrying banners joined the demonstration.*

UWAGA: transparent

Angielski wyraz **transparent** to nie rzeczownik oznaczający tablicę z propagandowym napisem, tylko przymiotnik o znaczeniu „przezroczysty".

transplantacja *n* transplant: *a heart transplant*

transport *n* **1** *(przewóz)* transport, transportation: *air transport* | *the transportation of goods by road* | **środek transportu** means of transport/transportation: *Horses provided the main means of transport.* | *Millions of Chinese rely on bicycles as their only means of transportation.* | **koszty transportu** transport/transportation costs **2** *(ładunek)* shipment: *a large shipment of grain* —**transportowy** *adj* transport: *transport services*

transporter *n* **1** *(taśmociąg)* conveyor **2 transporter opancerzony** armoured *BrE*, armored *AmE* personnel carrier

transportować *v* transport: *Transporting goods by rail reduces pollution.*

UWAGA: transport

Wyraz **transport** w znaczeniu rzeczownikowym i przymiotnikowym wymawiamy ˈtrænspɔːt, z akcentem na pierwszej sylabie, w odróżnieniu od czasownika, który akcentujemy na drugiej sylabie: trænsˈpɔːt.

transportowiec *n* **1** *(statek)* freighter **2** *(samolot)* cargo plane

transwestyt-a/ka *n* transvestite

tranzystor *n* transistor

tranzyt *n* **1** transit: *goods damaged in transit* **2 jechać tranzytem przez Austrię/Szwajcarię itp.** go via Austria/Switzerland etc

trap *n* gangplank

traper *n* trapper

trapez *n* **1** *(w geometrii)* trapezium *BrE*, trapezoid *AmE* **2** *(gimnastyczny)* trapeze

trapić *v* worry: *What worries me is the cost of all these changes.*
trapić się *v* fret, worry: *Don't you fret – everything will be all right.* | *I know something is worrying you – what is it?*

trasa *n* **1** *(droga)* route: *The London-Cambridge route is the busiest.* | *We travelled by a circuitous route* (=okrężną trasą) *to avoid the town centre.* **2** *(wycieczki, podróży)*

T

itinerary: *The first stop on our itinerary is Rome.* **3 być w trasie** be on the road: *I've been on the road since 5:00 am this morning.*

traszka *n* newt

tratować *v* →patrz STRATOWAĆ

tratwa *n* raft

traumatyczny *adj* traumatic: *a traumatic experience*

trawa *n* grass: *a blade of grass | Please, keep off the grass!* —**trawiasty** *adj* grassy: *a grassy bank*

trawić *v* **1** *(człowiek, zwierzę)* digest: *to digest food* **2** *(ogień, choroba)* consume: *Bertha saw fire consume her childhood home.* **3 trawiony poczuciem winy** consumed with guilt: *He was consumed with guilt after the accident.* **4 nie trawić kogoś/czegoś** can't bear sb/sth: *I can't bear that man - he really irritates me!* →patrz też STRAWIĆ, PRZETRAWIĆ

trawienny *adj* digestive: *the digestive system | digestive enzymes* —**trawienie** *n* digestion: *He has problems with his digestion.*

trawka *n (marihuana)* pot, grass: *You cannot smoke pot in this house.*

trawler *n* trawler

trawnik *n* lawn: *It's time to mow the lawn again.*

trąba *n* **1** *(słonia)* trunk **2 trąba powietrzna** whirlwind

trąbić *v* **1** *(na trąbce)* blow the trumpet **2** *(klaksonem)* hoot/toot (your horn): *The car behind was hooting at me. | The taxi driver was angrily tooting his horn.*

trąbka *n* trumpet: *I have to practice playing the trumpet every day.*

trącić *v* **1** nudge: *"Look!" Benjamin nudged his mother. "There's my teacher, Miss Watts."* **2 trącić czymś** *(mieć cechy czegoś)* smack of sth: *I don't want to say anything that smacks of disloyalty.* →patrz też POTRĄCIĆ

trąd *n* leprosy

trądzik *n* acne: *I had terrible acne in my teens* (=jako nastolatek).

trefl *n* clubs: *the ace/jack of clubs*

trema *n* stage fright: *Even experienced actors suffer from stage fright.*

tren *n* **1** *(sukni)* train: *a wedding dress with a long train* **2** *(wiersz)* threnody

trencz *n* trench coat

trend *n* trend: *recent trends in education* | **zapoczątkować trend** set the trend: *"Rambo" set the trend for a whole wave of violent action movies.*

trener/ka *n* trainer, coach: *a personal fitness trainer | a tennis coach* THESAURUS TEACHER

trening *n* training, workout, practice: *Lesley does weight training twice a week. | Roller skis provide an excellent total body workout. | I'm going to rugby practice in the afternoon.* —**treningowy** *adj* training: *training exercises/methods*

trenować *n* **1** *(sportowiec)* train, work out: *The team is training at a secret location in Hampshire. | She works out in the gym twice a week.* **2** *(trener)* coach: *Nigel coaches a cricket team in his spare time.*

tresować *v* train: *These dogs are trained to detect explosives.*

treść *n* **1** *(poruszane tematy)* contents: *The contents of the report are still unknown.* | **spis treści** table of contents: *The table of contents is at the beginning of the book.* **2** *(przekazywane opinie itp.)* content: *Is the content of such a magazine suitable for 13-year-olds? | The content of the programme was quite upsetting.*

trędowat-y/a *n* leper: *They treated me as if I was some kind of leper.*

trik *n* trick: *a clever trick*

trio *n* trio

triumf *n* triumph: *a brave man's triumph over adversity* (=nad przeciwnościami losu) →patrz też **święcić triumfy** (ŚWIĘCIĆ) —**triumfator/ka** *n* victor: *The victors wave to the crowd as they do their lap of honour* (=rundę honorową).

triumfalny *adj* **1** *(zwycięski)* triumphal, triumphant: *the triumphal entry of the Russian army into the city | a triumphal arch | a triumphant army* **2** *(radosny, dumny)* triumphant: *a triumphant grin* —**triumfalnie** *adv* triumphantly: *"I've done it!" he shouted triumphantly.*

triumfować *v* triumph

trochę *adv* **1** *(niedużo)* a little, some: *a little time | Could you lend me some money?* | **jeszcze trochę** a little more, some more: *He poured me a little more wine.* **2** *(odrobinę)* a little bit (of): *Add a little bit of milk to the sauce. | I told him a little bit about it.* **3** *(z czasownikami i przymiotnikami)* a little, a (little) bit, slightly: *She trembled a little as she spoke. | I'm a little bit tired this morning. | Can you turn the radio down a bit? | She is slightly older than I am.* **4 trochę za/zbyt ...** a little/bit too ...: *The house was a little too small, but we decided to buy it anyway. | This skirt is a bit too tight.* **5 ani trochę** not a bit, not in the slightest: *"Was she annoyed?" "Not a bit! She was delighted." | "You are not worried, are you?" "Not in the slightest."* **6 po trochu** bit by bit: *Then add the olive oil, bit by bit, beating continuously until the sauce thickens.* **7 zaczekać/poczekać trochę** wait a while/a bit: *Can you wait a while or do you have to leave right now? | Wait a bit, I've nearly finished.*

trociny *n* sawdust

trofeum *n* trophy: *A lion's head was among the trophies of his African trip.*

trojaczki *n* triplets

troje *num* →patrz TRZY

tron *n* **1** throne: *a pretender to the English throne* **2 zasiadać na tronie** be on the throne: *Queen Elizabeth has been on the throne for more than fifty years now.* **3 wstąpić na tron** come to the throne: *Henry IV came to the French throne at the end of the sixteenth century.*

trop *n* **1** *(ślad)* trail, scent: *The hunters lost the tiger's trail in the middle of the jungle. | The hounds were soon on the stag's scent.* **2 być na czyimś tropie/na tropie czegoś** be on the trail/track of sb/sth: *Police believe they are on the trail of a dangerous killer.* **3 naprowadzić kogoś na czyjś trop/na właściwy trop** put sb on the trail of sb/on the right track/trail: *It was luck that put them on the trail of the murderer. | I called Eric, who finally put me on the right track.* **4 podążać/iść fałszywym tropem** be on the wrong track: *It seems we were on the wrong track, Inspector.* **5 zbić kogoś z tropu** throw sb off balance: *The abrupt question threw her off balance and she couldn't reply.*

tropić *v* track, trail: *Police trailed the gang for several days.* →patrz też WYTROPIĆ

tropikalny *adj* tropical: *the tropical rain forest* —**tropik** *n* the tropics: *The plant can grow to gigantic proportions in the tropics.*

troska *n* **1** *(zmartwienie)* concern, worry, care: *A government spokesman expressed concern for the lives of the hostages.* | *My main worry is how the divorce will affect the kids.* | *At last I felt free from my cares.* **2** *(dbałość)* concern: *parent's loving concern for their children*

troskać się *v* worry: *She worried that he would be left all alone after she moved out.*

troskliwy *adj* caring: *a warm and caring man* | *a caring attitude* —**troskliwie** *adv* with care: *These animals need to be treated with care.*

troszczyć się *v* **troszczyć się o kogoś** care for sb: *She cared for her father all through his long illness.* → patrz też ZATROSZCZYĆ SIĘ

troszeczkę *adv* → patrz TROCHĘ

trotuar *n* pavement *BrE*, sidewalk *AmE*

trójca *n* **Trójca święta** the (Holy) Trinity

trójka *n* **1** three: **trójka dzieci/przyjaciół itp.** three children/friends etc | **we trójkę** the three of us/them etc: *I'm sure the three of us can handle it* (=we trójkę sobie poradzimy). **2** *(cyfra, liczba, karta)* three: *I have thrown a three* (=wyrzuciłam trójkę). **3** *(ocena)* C: *Terry got a C in algebra.* **4** *(autobus, tramwaj, pokój, dom)* number three: *Get on a number three* (=wsiądź do trójki) *and get off at the fourth stop.* | *She lived at number three* (=pod trójką), *didn't she?*

trójkąt *n* triangle: *the base of a triangle* —**trójkątny** *adj* triangular: *The lamp was triangular in shape.*

trójnóg *n* tripod

trójstronny *adj* tripartite: *a tripartite agreement*

trójwymiarowy *adj* three-dimensional, three-D, 3D: *a three-dimensional mock-up* (=makieta) *of the building* | *James Cameron's 3D movie 'Avatar'*

trucht *n* trot: *a brisk* (=żwawy) *trot* | **biec truchtem** trot —**truchtać** *v* trot: *The dog trotted at Troy's heels.*

trucizna *n* poison: *a deadly poison* | *traces of poison*

truć *v* *(ględzić)* drone on, witter (on) *BrE*: *What's she wittering on about?* → patrz też OTRUĆ, ZATRUĆ

trud *n* **1** *(wysiłek)* trouble: **zadać sobie trud zrobienia czegoś** take the trouble to do sth: *The teacher took the trouble to learn all our names on the first day.* | **zadać sobie wiele trudu, żeby coś zrobić** go to a lot of trouble to do sth: *Your dad went to a lot of trouble to get you these baseball cards.* | **oszczędzić sobie trudu** save yourself the trouble: *He just used canned soup and saved himself the trouble.* **2 z trudem** with difficulty: *With difficulty, we hauled it up the stairs.* **3 bez trudu** easily: *You'll easily pass your driving test.* **4 trudy** *(niewygody)* discomforts: *the discomforts of travel*

trudno *adv* **1 trudno (jest) coś zrobić** it is difficult to do sth: *The air is so smoky it's difficult to breathe.* **2 trudno o kogoś/coś** sb/sth is hard to find: *Most students know good jobs are hard to find.* **3 trudno powiedzieć** it's hard to tell: *It's hard to tell how long the job will take.* **4 trudno uwierzyć** it's hard/difficult to believe: *It's all so long ago now, it's difficult to believe that any of it really happened.* **5 (mówi się) trudno** too bad, tough luck: *"I'm going to be late now!" "Too bad, you should have gotten up earlier."*

trudność *n* **1** *(kłopot)* difficulty: *technical difficulties* THESAURUS PROBLEM **2 z trudnością** with difficulty: *The old man moved slowly and with difficulty.* **3 mieć trudności z czymś** have difficulty with sth: *Intermediate learners of English often have difficulty with phrasal verbs.* | **mieć trudności z(e) z/robieniem czegoś** have difficulty doing sth: *I had great difficulty breathing.* **4** *(poziom)* difficulty: *The tests vary in difficulty* (=różnią się trudnością).

trudny *adj* **1** difficult, hard, tough: *Was the exam very difficult?* | *My father is an extremely difficult man.* | *This year's tests were much harder than last year's.* | *Life as a single mother can be tough and depressing.* | *a tough decision* THESAURUS DIFFICULT **2 trudny do zrobienia** difficult to do: *Chocolate cake isn't difficult to make.*

trudzić *v* bother: *We could ask John to help again, but then I don't want to bother him.*
trudzić się *v* bother: *"Do you want me to wait for you?" "No, don't bother."*

trufla *n* truffle

trujący *adj* **1** *(substancje, odpady)* poisonous, toxic: *poisonous chemicals* | *toxic fumes/waste* THESAURUS DANGEROUS **2** *(rośliny itp.)* poisonous: *poisonous mushrooms*

trumna *n* coffin, casket *AmE*

trunek *n* alcoholic beverage

trup *n* **1** dead body, corpse: *She couldn't bear the thought of touching a dead body.* **2 blady jak trup** (as) white as a ghost **3 paść trupem** drop dead: *If looks could kill, Barlow would have dropped dead right there.* **4 po moim trupie** over my dead body: *You'll marry him over my dead body!*

truskawka *n* strawberry: *strawberries and cream* —**truskawkowy** *adj* strawberry: *strawberry jam*

trutka *n* poison: *rat poison*

trwać *v* **1** last: *The war lasted (for) three years.* | *The meeting lasted until 6:30.* **2** *(nadal)* continue, go on: *The fighting continued for a week.* | *How long has this been going on?* THESAURUS CONTINUE **3 trwać w bezruchu** stand still: *We stood still and watched as the deer came closer.* **4 trwać w milczeniu** remain silent: *I tried to make a conversation but he remained silent.* **5 trwać przy kimś/czymś** stick by sb/sth: *Sam promised to stick by her, whatever happened.* | *I made that decision a long time ago and I intend to stick by it.* → patrz też POTRWAĆ, PRZETRWAĆ

trwale *adv* permanently: *The accident left him permanently disabled.*

trwała *n* perm: *I'm going to have a perm to give my hair more body.*

trwałość *n* permanence, durability: *There's no feeling of permanence about our relationship.* | *Utility and durability are the qualities we are looking for in office furniture.*

trwały *adj* durable, lasting, permanent: *Plastic window frames are more durable than wood.* | *a lasting friendship* | *permanent protection against weather*

trwoga *n* **1** terror: *a look of terror on his face* **2 bić/uderzać na trwogę** sound the alarm: *The Red Cross has sounded the alarm about the threat of famine.*

trwonić *v* waste, squander, fritter away: *Stop wasting time – we need to get this finished.* | *He spent his evenings at the roulette wheels of Monte Carlo, squandering extravagant sums.* | *He's just frittering away all his money on poker.* → patrz też ROZTRWONIĆ

tryb *n* **1** *(sposób)* mode, procedure: *To get out of the 'auto' mode on the camera, turn the knob to 'M'.* | *a fixed procedure for making a complaint* (=składania zażaleń) **2 tryb życia** way/mode of life: *a traditional/relaxed way/mode of*

T

life | **prowadzić ... tryb życia** lead a ... life: *We lead a very quiet life since Ralph retired.* | **siedzący tryb życia** sedentary lifestyle: *People with sedentary lifestyles have a greater risk of heart attacks.* **3 tryb postępowania** course of action: *We will now have to reconsider what the appropriate course of action will be.* **4** *(gramatyczny)* mood: *the indicative/imperative mood* **5 tryby** cogs: *She watched the cogs and wheels going around silently.*

trybuna *n* **1** *(mównica)* rostrum **2 trybuny** *(na stadionie)* grandstand, stands

trybunał *n* tribunal: *a war crimes tribunal*

trykot *n* **1** *(kostium)* leotard **2** *(tkanina)* tricot

trylogia *n* trilogy: *the second part of a trilogy*

trymestr *n* term *BrE*, trimester *AmE*: *I'm taking history this trimester.*

tryptyk *n* triptych

tryskać *v* **1** *(skądś)* gush (out), spout: *The blood began to gush out, red and frightening.* | *Water spouted from the burst pipe.* **2 tryskać czymś a)** *(wodą, krwią)* gush/spout sth: *a volcano spouting lava* **b)** *(energią, humorem)* be bursting with sth: *The kids are always bursting with energy.* | *a grey-haired man bursting with good humour*

tryumf *n* →patrz TRIUMF

tryumfalny *adj* →patrz TRIUMFALNY

tryumfować *v* →patrz TRIUMFOWAĆ

trywialny *adj* trivial: *a trivial problem/question* THESAURUS UNIMPORTANT

trzask *n* **1** crack, snap: *There was a loud crack as the wood finally broke in two.* | *I shut the book with a snap, and put it away.* **2** *(drzwi)* slam: *She shut the door with a slam.*

trzaskać *v* **1 trzaskać drzwiami** slam/bang the door: *I wish you wouldn't slam the door.* | *Peter banged the door so hard that the whole house shook.* **2** *(ogień, radio itp.)* crackle: *The dry sticks crackled as they caught fire.* | *The radio crackled so much we could hardly hear what was said.* **3 jest trzaskający mróz** it's freezing cold

trzasnąć *v* *(uderzyć)* hit, bang: *The branch sprang back and hit him in the face.* | *He banged his fist angrily on the table.* →patrz też **niech to piorun trzaśnie!** (PIORUN)
trzasnąć się *v* **trzasnąć się w głowę itp. (o coś)** bang/hit your head etc (on sth): *Sean banged his knee getting up from the desk.* | *I've hit my elbow on the corner of that table.*

trząść *v* *(pojazd)* jolt, shake: *All at once the trailer started shaking.* →patrz też POTRZĄSNĄĆ, ZATRZĄŚĆ
trząść się *v* **1** *(człowiek, ziemia, budynek)* shake, tremble: *She was trembling and near to tears.* | *The ground was shaking beneath her feet.* **2 trząść się z wściekłości/ze strachu** shake/tremble with rage/fear: *After reading the letter she was shaking with rage.* **3 trząść się z zimna** shiver (with cold): *Juanita was shivering with cold.* | *The children stood outside shivering.* **4 trząść się ze śmiechu** shake with laughter: *The others were all shaking with laughter.* **5 trząść się nad kimś** fuss over sb: *They fussed over her as if she were a sick child.* **6** *(głos)* shake, tremble, quiver: *Tim's voice shook with emotion.* | *Her voice trembled as he spoke.* | *a female voice quivering with excitement* **7** *(usta)* tremble, quiver: *Suddenly the child's mouth began to quiver, and he burst into tears.*

trzcina *n* **1** *(roślina)* reed: *Reeds grew all along the river bank.* **2** *(surowiec)* cane **3 trzcina cukrowa** sugar cane

trzeba *v* **1 trzeba coś zrobić** it is necessary to do sth, I/you etc should do sth: *It order to understand the decision it is necessary to examine the process that led up to it.* | *I think we should call the doctor.* | *No wonder I got lost yesterday – I turned right when I should have gone straight on* (=trzeba było pójść prosto). **2 jeśli trzeba** if necessary: *I'll stay up all night, if necessary, to get it finished.* **3 komuś trzeba czegoś** sb needs sth, what sb needs is sth: *Do you need anything?* | *That was what I needed* (=tego mi było trzeba) *– strong, hot coffee.* **4 dziękuję, nie trzeba** no, thanks: *"Can I help you?" "No, thanks. I'm just browsing."* →patrz też POTRZEBA²

trzeci *num* **1** third: *Get off at the third stop.* | *on the third of October* **2 o (godzinie) trzeciej** at three (o'clock), at three am/pm **3 jedna trzecia** a/one third: *A third of the voters remain undecided about how they will vote.* **4 trzeci świat** the Third World **5 trzecia osoba** *(w gramatyce)* third person: *'He', 'she', 'it' and 'they' are third person pronouns.* **6 po trzecie** thirdly: *Firstly, it's too big, secondly we can't afford it, and thirdly we don't really need it.* **7 trzecia potęga** cube: *The cube of 2 is 8.* | **podnosić do trzeciej potęgi** cube: *4 cubed is 64.* →patrz też **osoba trzecia** (OSOBA)

trzeciorzędny *adj* third-rate: *a third-rate hotel*

trzeć *v* **1** *(na tarce)* grate **2** *(pocierać)* rub: *You'll have to rub a bit harder if you want to get those shoes clean.* →patrz też ROZETRZEĆ, UTRZEĆ, ZETRZEĆ

trzepaczka *n* **1** *(do piany)* whisk, egg beater **2** *(do dywanów)* carpet beater

trzepać *v* *(dywan)* beat

trzepotać *v* flutter: *The flags were fluttering in the wind.* —**trzepot** *n* flutter: *a flutter of wings*

trzeszczeć *v* creak: *The window shutters creaked in the wind.*

trzewia *n* guts

trzeźwieć *v* →patrz OTRZEŹWIEĆ, WYTRZEŹWIEĆ

trzeźwo *adv* **1 na trzeźwo** *(bez emocji)* in a level-headed way **2 trzeźwo myślący** level-headed: *He's a firm and level-headed leader.* **3** *(nie po pijanemu)* soberly

trzeźwy *adj* **1** *(nie pijany)* sober: *I've never seen him sober.* **2** *(racjonalny)* level-headed: *a level-headed solution* —**trzeźwość** *n* sobriety

trzęsienie *n* **trzęsienie ziemi** earthquake: *Earthquakes and hurricanes are natural phenomena.* | *the epicentre of the earthquake*

trzmiel *n* bumblebee

trzoda *n* **1** *(bydło)* herd: *The thunderstorm killed about half his herd.* **2** *(owce, kozy)* flock: *Driving his flock before him* (=pędząc przed sobą swoją trzodę) *he entered the cave.* **3 trzoda chlewna** swine

trzon *n* **1** *(organizacji, utworu)* core: *the core of the party* | *The core of the novel is their journey to Mexico.* **2** *(grzyba itp.)* stem

trzonek *n* handle: *She grabbed the hammer by the handle.*

trzonowy *adj* **ząb trzonowy** molar

trzustka *n* pancreas

trzy *num* **1** three: *Three plus six equals nine.* | *She speaks three foreign languages.* **2 pleść trzy po trzy** talk nonsense: *You're just talking nonsense.* **3 do trzech razy sztuka** third time lucky: *Try again! Third time lucky!*

trzydniowy *adj* three-day: *a three-day training course*

trzydziestka *n* **1** *(liczba)* thirty **2 być po trzydziestce**

T

be in your thirties: *Dad started going bald when he was in his thirties.*

trzydziestolat-ek/ka *n* thirty-year-old: *I'm in a reasonably good shape for a thirty-year-old.*

trzydziestoletni *adj* **1** *(okres)* thirty-year: *a thirty-year research programme* **2** *(człowiek)* thirty-year-old: *a thirty-year-old dancer*

trzydziestu *num* →patrz TRZYDZIEŚCI

trzydziesty *num* **1** thirtieth: *Harry celebrated his thirtieth birthday with a meal in a posh restaurant.* | *the thirtieth of July* | **trzydziesty pierwszy/drugi itp.** thirty-first/second etc. **2 lata trzydzieste** the (nineteen) thirties: *the Great Depression of the thirties*

trzydzieści *num* thirty: **trzydzieści jeden/dwa itp.** thirty-one/two etc

trzykrotnie *adv* three times: *The generator failed three times during its test run.* —**trzykrotny** *adj* threefold: *a threefold increase in the genetic mutations*

trzyletni *adj* **1** *(okres)* three-year: *a three-year business plan* **2** *(dziecko)* three-year-old: *They have a three-year-old son called Matthew.*

trzymać *v* **1** *(w ręce, w ramionach)* hold: *He was holding a knife in one hand.* | *I held the baby in my arms.* **2** *(przetrzymywać, przechowywać)* keep: *How long are they going to keep her in the hospital?* | *I always keep a first aid box in the car, in case we have an accident.* **3** *(hodować)* keep: *We keep chickens and a couple of pigs.* **4 trzymać kogoś w niepewności** keep sb in suspense: *How much longer are you going to keep us in suspense?* **5 trzymać z kimś** keep in with sb: *You should try to keep in with Benson - he has a lot of influence around here.* **6 trzymaj!** *(łap)* catch!: *"Catch!" said Sandra, tossing her bag to him.* →patrz też **trzymać coś w tajemnicy** (TAJEMNICA), **trzymać język za zębami** (JĘZYK), **trzymać kciuki** (KCIUK), **trzymać rękę na pulsie** (PULS)
trzymać się *v* **1** *(ręką)* hold on to, grip: *Hold on to the rail or you'll slip!* | *I gripped the rope tightly and tried not to look down.* | **trzymać się kurczowo (czegoś)** hang on (to sth): *We all hung on as the bus swung around a sharp bend.* | *The little girl hung on to her mother's arm.* **2 trzymać się za ręce** hold hands: *The couple sat, holding hands under a tree.* **3 trzymać się czegoś** *(szlaku, zasad, faktów)* keep/stick to sth: *It'll be quicker if we stick to the highways as much as possible.* | *I'm not going to play if you won't stick to the rules!* | *Let's stick to the facts, shall we?* **4 trzymać się kogoś** stick with sb: *If you don't want to get lost, you'd better stick with me.* | **trzymać się razem** stick together: *If we stick together we've got a better chance.* **5 trzymać się z dala od kogoś** keep/stay away from sb, steer clear of sb: *I'm going to steer clear of Henry until he's in a better mood.* | *Keep away from my children, or I'll call the police.* | **trzymać się z dala od czegoś** keep/stay away from sth, steer clear of sth, keep out of sth: *We were told to steer clear of the main roads, where we might be recognized.* | *We've always tried to keep out of local politics.* **6 trzymać się z boku** keep to yourself: *Until he got used to his new school, Davy kept to himself and almost never spoke to the other children.* **7 świetnie się trzymać** be going strong: *Grandad's eighty-five and still going strong!* **8 trzymaj się!** take care! →patrz też **nie trzymać się kupy** (KUPA)

trzynastka *n* **1** *(liczba)* thirteen **2** *(autobus, pokój, dom)* number thirteen: *I think he lives at number thirteen.* **3** *(pensja)* bonus

trzynastoletni *adj* **1** *(okres)* thirteen-year: *a thirteen-year contract* **2** *(człowiek)* thirteen-year-old: *his thirteen-year-old daughter*

trzynasty *num* **1** thirteenth: *the thirteenth century* | *on the thirteenth of April* **2 (godzina) trzynasta** one (o'clock), one pm

trzynaście *num* thirteen

trzyosobowy *adj* for three (persons): *a room for three*

trzypokojowy *adj* three-room: *a three-room flat*

trzysta *num* three hundred: **trzysta dwa/czterdzieści itp.** three hundred (and) two/forty etc

tsunami *n* tsunami

tu *adv* **1** here: *Ben! Come here!* **2 tu i ówdzie** here and there: *All we saw were a few workmen's cottages dotted* (=rozrzucone) *here and there along the road.* **3 tu i teraz** here and now: *Show me your evidence right here and now.*

tuba *n* **1** tube: *a cardboard tube* **2** *(megafon)* megaphone *BrE*, bullhorn *AmE* **3** *(instrument)* tuba

tubka *n* tube: *a tube of toothpaste*

tubylec *n* native: *The government of the island treated the natives badly.*

UWAGA: native

Rzeczownika **native** używa się obecnie prawie wyłącznie w sensie historycznym, na określenie rdzennych mieszkańców późniejszych kolonii europejskich. Użyty w odniesieniu do osób żyjących współcześnie wyraz ten ma zabarwienie pogardliwe. Nie dotyczy to konstrukcji **be a native of**, którą tłumaczymy jako „pochodzić/być rodem z": *He's a native of Texas.* Konstrukcji tej używa się też np. pytając, czy ktoś pochodzi z danego miasta, okolicy itp.: *Are you a native (of these parts)?*

tuczyć *v* fatten up: *Turkeys are being fattened up for Christmas.* —**tuczący** *adj* fattening: *a fattening dessert*

tulić *v* cuddle: *The little girl was cuddling a doll.*
tulić się *v* **tulić się do siebie** cuddle: *Dawn and her boyfriend were cuddling on the sofa.* →patrz też PRZYTULIĆ

tulipan *n* tulip

tułaczka *n* wandering —**tułacz** *n* wanderer

tułów *n* torso, trunk: *Police have found the headless torso of a woman.*

tuman *n* **1** *(dymu, kurzu)* cloud: *a cloud of dust/smoke* **2** *(matoł)* idiot

tumult *n* tumult

tundra *n* tundra: *the fragile ecology of the tundra*

tunel *n* tunnel: *a labyrinth of underground tunnels* | *the Channel Tunnel between Britain and France* →patrz też **światełko w tunelu** (ŚWIATEŁKO) —**tunelowy** *adj* tunnel: *a tunnel link*

Tunezja *n* Tunisia —**tunezyjski** *adj* Tunisian

tunika *n* tunic

tuńczyk *n* tuna (fish): *tuna sandwiches*

tupać *v* stamp your feet: *She was stamping her feet to keep warm.* →patrz też TUPNĄĆ

tupet *n* nerve, cheek *BrE*: *What a cheek!* | **mieć tupet** have a nerve/cheek: *He's got a nerve asking for more money.*

T

tupnąć *v* **tupnąć nogą** stamp your foot: *"I will not!" yelled Bert, and stamped his foot.* →patrz też TUPAĆ

tupot *n* patter: *the patter of tiny feet*

tura *n* round: *the next round of arms talks*

turban *n* turban

turbina *n* turbine: *The flowing water is used to drive turbines, which generate electricity.*

turbulencje *n* turbulence: *The flight was very uncomfortable because of turbulence.*

Turcja *n* Turkey

turecki *adj* **1** Turkish: *a beautiful Turkish rug | a Turkish bath* **2** *(język)* Turkish: *I picked up a few words of Turkish when I was in Istanbul.* **3 siedzieć po turecku** sit cross-legged **4 siedzieć (na czymś) jak na tureckim kazaniu** can't make head nor/or tail (of sth): *I couldn't make head or tail of his lecture.* —**Tur-ek/czynka** *n* Turk

turkotać *v* rattle: *The cart rattled along the stony road.*

turkus *n* turquoise —**turkusowy** *adj* turquoise: *a turquoise shirt*

turniej *n* tournament: *a tennis tournament* —**turniejowy** *adj* tournament

turyst-a/ka *n* tourist: *Our city is always full of tourists in the summer.*

turystyczny *adj* **1** tourist: *tourist attractions | a tourist visa* **2 klasa turystyczna** economy class: *We always fly economy class.*

turystyka *n* tourism: *The country depends of tourism for most of its income.*

tusz *n* **1** ink **2 tusz do rzęs** mascara: *She was wearing mascara.*

tusza *n* **1 przy tuszy** (a little) overweight, large, heavy *AmE* **2** *(mięso)* carcass

tuszować *v* →patrz ZATUSZOWAĆ

tutaj *adv* here: *Shall we eat here?* →patrz też TU

tutejszy *adj* local: *the local hospital*

tuzin *n* **1** dozen: *a dozen eggs | half a dozen shirts* **2 tuziny** *(dużo)* dozens: *The singer gets dozens of letters from fans every day.*

tuż *adv* **1 tuż po/za itp.** just/right after/behind etc: *The next meeting is just before Christmas. | Emma was sitting just behind me. | There's the house, right in front of you.* **2 tuż obok** right next to: *There was Tom Cruise right next to me.* **3 tuż, tuż a)** *(niedaleko)* close by: *The Abbots live close by.* **b)** *(niebawem)* just around the corner: *Christmas is just around the corner and we still can't decide where to go.*

twardnieć *v* harden: *The plaster hardens in 24 hours.* →patrz też STWARDNIEĆ

twardo *adv* **1** *(stanowczo)* firmly: *"No," he said firmly.* **2 jajko na twardo** hard-boiled egg **3 spać twardo** be fast asleep: *I was fast asleep and I didn't hear a thing.*

twardość *n* **1** *(materiału)* hardness: *a material that combines the flexibility of rubber with the hardness of glass* **2** *(charakteru)* toughness: *He has a reputation for toughness, even by the standards of the Marines.*

twardy *adj* **1** *(nie miękki)* hard: *Diamond is the hardest substance known to man. | The chairs in the waiting room were hard and uncomfortable.* THESAURUS HARD **2** *(jedzenie)* tough: *The meat was tough and hard to chew. | the tough outer leaves of the cabbage* **3** *(stanowczy)* firm, tough: *firm leadership | a tough anti-inflation line* (=polityka antyinflacyjna) **4** *(surowy)* strict, tough: *For the first time she was liberated from her parents' strict rules. | My mother was tougher on my older sister than she was on me.* **5** *(wytrzymały)* tough: *The men who work on the oil rigs must be pretty tough.* **6 twardy dysk** hard drive **7 mieć twardy sen** be a sound sleeper →patrz też **twardy orzech do zgryzienia** (ORZECH)

soft/hard

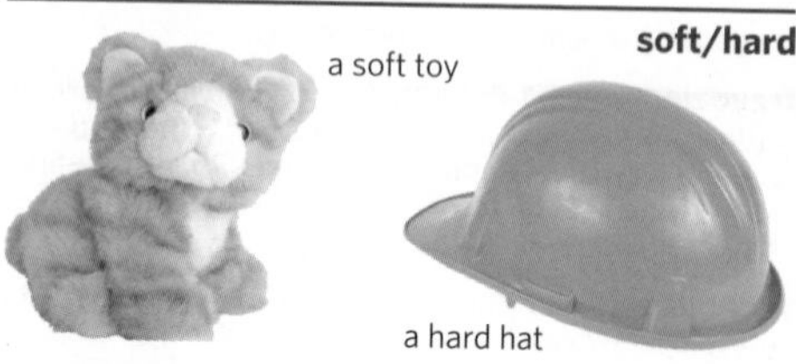

twardziel *n* tough guy

twarożek *n* cottage cheese

twaróg *n* →patrz TWAROŻEK

twarz *n* **1** face: *Bob's face was covered in cuts and bruises. | the children's happy faces* **2** *(osoba)* face: *There are a few new faces in class this year. | a well-known face* **3 wyraz twarzy** expression: *a thoughtful expression* **4 powiedzieć coś komuś w twarz** say sth to sb's face: *I told him to his face just what I thought.* **5 twarzą w twarz (z kimś/czymś)** face to face (with sb/sth): *Actually, I've never met her face to face. | This was the first time I'd ever come face to face with poverty.* **6 stracić/zachować twarz** lose/save face: *He doesn't want to risk losing face. | Franklin compromised* (=poszedł na kompromis) *in order to save face.*

twarzowy *adj* **1** *(strój, kolor)* flattering: *You look great! That colour is very flattering on you.* **2** *(dotyczący twarzy)* facial: *facial muscles*

tweed *n* tweed

twierdza *n* fortress: *the fortress on top of the hill*

twierdząco *adv* affirmatively, in the affirmative: *She answered in the affirmative.*

twierdzący *adj* **odpowiedź twierdząca** affirmative answer/reply

twierdzenie *n* **1** claim: *Is there any evidence to support this claim?* **2** *(matematyczne itp.)* theorem: *In his presentation of the theorem, Kelvin omitted many details.*

twierdzić *v* claim, argue, assert: *Croft argued that a date should be set for the withdrawal of troops.* →patrz też STWIERDZIĆ

UWAGA: claim, argue i assert

Czasownika **claim** używamy zwykle, gdy ktoś coś twierdzi, mimo że nie ma na to dowodów: *He claimed that he had been dining with friends at the time of the murder.* Czasownik **argue** jest najodpowiedniejszy w sytuacjach, gdy osoba, która coś twierdzi, usiłuje jednocześnie przekonać słuchaczy o swojej racji: *They argued that the United States had no right to be in Vietnam in the first place.* Czasownika **assert** używamy w stylu formalnym, mówiąc o kimś, kto wypowiada się stanowczo i autorytatywnie: *The professor asserted that there was nothing wrong with his theory.* Jedynie **claim** może występować w konstrukcji z **to be**: *He claims to be a descendant* (=że jest potomkiem) *of Charles Dickens.*

T

tworzyć *v* **1** *(coś nowego)* create: *The author creates his own special language.* | *The Government promises to create more public sector jobs every year.* **2** *(coś z części)* form: *In English you usually form the past tense by adding 'ed'.* **3** *(układać się w jakiś kształt)* form: *Bend the wire so that it forms a 'V'.* **4** *(stanowić)* constitute, form: *the 50 states that constitute the USA* | *Newton's theories form the basis of modern mathematics.*
tworzyć się *v* form: *Ice was beginning to form around the edges of the windows.* →patrz też STWORZYĆ, UTWORZYĆ

tworzywo *n* **1** material: *a tough waterproof material* | *This synthetic material is a cheap and acceptable substitute for rubber.* **2 tworzywo sztuczne** plastic

twój *pron* **1** *(przed rzeczownikiem)* your: *That's your problem.* | *Where are your shoes?* | *It's your own fault.* **2** *(w innej pozycji)* yours: *My eyes are green and yours are blue.* | *Is she a colleague of yours* (=twoją koleżanką z pracy)?

twór *n* **1** *(artystyczny)* creation: *a fanciful creation* **2** *(naturalny)* formation: *rock formations*

twór-ca/czyni *n* **1** *(artysta)* creator: *Walt Disney, the creator of Mickey Mouse* **2** *(inicjator)* originator: *the originator of the term 'black power'*

twórczy *adj* creative: *a creative solution to the problem* | *I enjoy my job, but I'd like to do something more creative.* —**twórczo** *adv* creatively: *the ability to think creatively*

ty *pron* **1** you: *Only you can make this decision.* | *Hey, you over there* (=ty tam)*! Get out of the way!* **2 być z kimś na ty** be on first name terms with sb: *He knows the Queen well and is on first name terms with many members of the Royal Family.*

tybetański *adj* Tibetan —**Tybet** *n* Tibet

tyczka *n* **1** stick, pole **2 skok o tyczce** pole vault

tyczyć *v* **1 tyczyć się kogoś/czegoś** concern sb/sth: *Much of the material in these early letters concerns events which happened some years before.* **2 co się tyczy ...** as regards ...: *As regards environmental issues, the government will enforce* (=będzie egzekwować) *existing regulations.* →patrz też DOTYCZYĆ

tyć *v* get fat, put on weight: *You should take more exercise - you're getting fat.* →patrz też PRZYTYĆ

tydzień *n* **1** week: *The training program lasts three weeks.* | **w tym/zeszłym/przyszłym tygodniu** this/last/next week: *Last week she was in Paris, and the week before she was in Rome.* | *See you next week.* | **co tydzień** every week: *Hannah wrote to me every week.* **2 w tygodniu** *(w dni powszednie)* during the week: *I don't see her much during the week.* **3 za tydzień** in a week: *Rosie should be home in a week or two.* | **od wtorku itp. za tydzień** a week on *BrE*, from *AmE* Tuesday, Tuesday etc week *BrE*: *Keith's coming home two weeks on Monday.* | *We're going to Spain Sunday week.* **4 w ciągu tygodnia** within a week: *We should finish the job within a week.* **5 raz/dwa razy w tygodniu/na tydzień** once/twice a week: *We shop once a week.* **6 na tydzień a)** *(wyjechać)* for a week: *We're going away to France for a week.* **b)** *(płacić itp.)* per/a week: *Suzie spends another $15 per week on bus fares.* | *I only pay $20 a week for the room - it's really cheap.* **7 (całymi) tygodniami** week in week out, week after week

tyfus *n* typhus

tygiel *n* melting pot: *America has been a melting pot since the beginning of European immigration.*

tygodnik *n* weekly: *a popular news weekly*

tygodniowy *adj* weekly: *Her weekly expenditure on food and rent comes to £200.* —**tygodniowo** *adv* weekly: *Do you get paid monthly or weekly?*

tygodniówka *n* weekly wage

tygrys *n* tiger

tykać *v* *(zegar)* tick: *You could hear the clock ticking.* →patrz też TKNĄĆ

tyle *pron* **1** *(z rzeczownikami policzalnymi)* so many: *There are so many places I want to visit.* | **dwa razy tyle (co)** twice as many (as): *We sell twice as many computers as our competitors.* | **tyle samo (co)** as many (as): *It is said that in Ireland there are as many horses as people.* | **tyle ... , ile ...** as many ... as ...: *I don't have as many students in my class this year as I did last year.* **2** *(z rzeczownikami niepoliczalnymi)* so much: *Stop making so much noise!* | **dwa razy tyle (co)** twice as much (as): *twice as much money/water/sugar* | **tyle samo (co)** as much (as): *Did it require as much effort as last time?* | **tyle ... , ile ...** as much ... as ...: *Do as much of the work as you can.* **3** *(z czasownikami)* so much: *Because he cycles so much* (=tyle jeździ na rowerze), *Richard has great strength in his legs.* | **dwa razy tyle (co)** twice as much (as): *The report shows that male manual workers earn twice as much as female workers.* | **tyle ... , ile ...** as much as: *The doctor told Sam to walk as much as possible* (=żeby chodził tyle, ile się da). | **aż tyle** so/as much: *It's amazing that such a small machine can do so much.* | *I earn less than my sister, but then I don't live in London so I don't need as much.* →patrz też **tyle co nic** (NIC), **(tyle) tylko że** (TYLKO)

tylko *part* **1** *(wyłącznie)* only: *Only the president can authorize a nuclear attack.* | *a plant that is only found in Madagascar* | *I only did it for the money.* **2** *(zaledwie)* only, merely, just: *Only five minutes more, and then we can go home.* | *an issue of merely local importance* | *"Can I help you?" "No, thanks, I'm just looking."* **3 wystarczy tylko zrobić coś** you only have to do sth: *The situation is getting better - you only have to look at the crime statistics.* **4 tylko co** only just: *No wonder she looks sleepy - she's only just got up.* **5 jak/gdy tylko** as soon as, the minute/moment (that): *I'll come over to your place as soon as I can.* | *She said she'd write to you the moment she got home.* **6 nie tylko ... , lecz/ale także** not only ... (but) also: *Shakespeare was not only a writer but also an actor.* | *Not only did he change his address, he also changed his name.* **7 (tyle) tylko że** only: *I'd offer to help, only I'm kind of busy right now.* **8 nic, tylko ...** nothing but ...: *nothing but woods all around* (=dookoła nic, tylko lasy) | *They did nothing but argue* (=nic, tylko się kłócili) *for the whole journey.* **9 nie ... , tylko ...** not ... but ...: *The purpose of the scheme is not to help the employers but to provide work for young people.* | *They own not one but three houses.*

tylny *adj* **1** back, rear: *a back seat* | *the rear door of the car* | *the rear entrance* **2 tylne kończyny/łapy** hind legs/feet

tył *n* **1** *(ciała, koszuli, obrazu, książki)* back: *He kissed her on the back of her head.* | *She wrote the address on the back of the envelope.* **2** *(pojazdu, pomieszczenia, budynku)* back, rear: *I think there's enough room for your stuff in the back of the truck.* | *The engine is in the rear.* | *the rear of the hall* | **z tyłu (czegoś)** at the back/rear (of sth): *a small shop with an office at the back* | *a garden at the rear of the house* **3 do tyłu** back, backward(s): *George glanced back to see if he was still being followed.* | *a step backwards* | *The force of the explosion threw her backward.* **4 od tyłu a)** *(wstecz)* backward(s): *Can you say the alphabet backwards?* **b)** *(zza pleców)* from behind: *She cried out when the men jumped on her from behind.* **5 tyłem** backward(s): *She pushed me and I fell backwards into the chair.* **6 tył(em) na**

T

przód backward(s), back to front *BrE*: *Baseball caps worn backwards are the height of fashion on college campuses.* | *You've got your sweater on back to front.* **7 tyłem do siebie** back to back: *Stand back to back and we'll see who is taller.* **8 być/pozostawać w tyle** be/lag behind: *We're three points behind the other team.*

UWAGA: backward(s)

Przysłówka **backwards** używa się w rozmaitych odmianach angielszczyzny, natomiast forma **backward** charakterystyczna jest dla angielszczyzny amerykańskiej.

tyłek *n* bottom, bum *BrE*, butt *AmE*: *I just sat on my bottom and slid down.*

tymczasem *adv* **1** *(natomiast)* meanwhile: *The incomes of male professionals went up by almost 80%. Meanwhile part-time women workers saw their earnings fall.* **2** *(w tym czasie, póki co)* meanwhile, in the meantime: *Jim went to answer the phone. Meanwhile Pete started to prepare lunch.* | *The doctor will be here soon. In the meantime, try and relax.* **3** *(do zobaczenia)* see you

tymczasowy *adj* **1** temporary: *temporary work* | *a temporary passport* **2 rząd tymczasowy** provisional government —**tymczasowo** *adv* temporarily: *The library is temporarily closed for repairs.*

tymianek *n* thyme

tynk *n* plaster

typ *n* **1** *(rodzaj)* type: *several incidents of this type* **2** *(osoba)* type: *the sporty type* | *He was a loud extroverted type, totally out of place among these grey academics.* **3** *(podejrzany mężczyzna)* character: *a couple of suspicious-looking characters standing outside the house* **4 (nie) być w czyimś typie** (not) be sb's type: *He wasn't my type really.*

typowy *adj* **1** typical: *a typical British summer* | **+dla kogoś/czegoś** of sb/sth: *It was typical of him to get angry about it.* | *This painting is fairly typical of her early work.* **2 typowe!** typical! —**typowo** *adv* typically: *The atmosphere was happy and bright - typically Irish.*

tyrać *v* toil (away): *The men had been toiling away for six months.*

tyrada *n* tirade: *Hahn is known for his tirades against immigrants.*

tyran *n* tyrant: *Caligula and Nero, the two great tyrants* | *His father was a real tyrant.* —**tyrania** *n* tyranny: *a land free from tyranny and oppression* | *He longed to escape from the tyranny of his aunt.*

tysiąc *num* **1** thousand: *This puzzle has a thousand pieces.* **2 tysiące** thousands: *thousands of dollars/people*

UWAGA: thousand i thousands of

Przy podawaniu wielkości, wartości, rozmiarów itp. rzeczownik **thousand** występuje w liczbie pojedynczej, bez przyimka **of**: *The river Nile is over six thousand kilometres long.* Formy **thousands of** używa się bez poprzedzającego liczebnika, kiedy mówimy o „tysiącach", nie podając konkretnej liczby: *There were thousands of people at the concert.*

tysiąclecie *n* millennium: *plans for celebrating the millennium*

tysięczny *adj* thousandth

tytan *n* **1** *(człowiek)* titan: *a titan of the Hollywood film industry* **2** *(pierwiastek)* titanium

tytoń *n* tobacco —**tytoniowy** *adj* tobacco: *the tobacco industry*

tytularny *adj* nominal: *a nominal head/leader*

tytuł *n* **1** *(utworu, czasopisma)* title: *The title of this play is 'Waiting for Godot'.* **2 pod tytułem** entitled: *a novel entitled 'Dead Famous'* **3** *(publikacja)* title: *His novel was one of last year's best-selling titles.* **4 tytuł mistrzowski** title: *Navratilova won a record number of Wimbledon titles.* | **obroń-ca/czyni tytułu** title-holder: *Who's the title-holder in the world heavyweight boxing today?* **5 tytuł szlachecki** knighthood: *He was awarded a knighthood in recognition of his work for charity.* **6 tytuł własności** tenure

tytułować *v* **tytułować kogoś ...** address sb as ...: *The President should be addressed as "Mr President".* →patrz też ZATYTUŁOWAĆ

tytułowy *adj* **1** title: *the title page* **2 rola tytułowa** title role: *Julia Roberts in the title role*

tzn. *abbr* i.e.: *The film is only open to adults, i.e. people over 18.*

T

Uu

u *prep* **1 u kogoś a)** *(w domu)* at sb's (place): *Is it okay if I sleep over at Jim's place tonight?* | *We heard there was a party at Bill's, so we all went over there.* **b)** *(wśród, w)* in sb: *Scientists are studying the development of the disease in children.* | *a deep sense of patriotism implanted in him* (=zaszczepiony u niego) *by his father* **c)** *(w czyichś dziełach)* in sb: *in Shakespeare* **2 u lekarza/fryzjera itp.** at the doctor's/hairdresser's etc **3 mieszkać u kogoś** stay with sb: *School starts in September, and until then I'll be staying with friends.* **4 u siebie** at home: **czuj się jak u siebie w domu** make yourself at home **5** *(przy, w pobliżu)* at: *The whole family were waiting at the door to greet me.* | *at the foot* (=u stóp) *of the mountain* **6 klamka u drzwi** doorhandle **7 palec u nogi** toe

uaktualniać *v* update: *We update the schedule at least once a month.*

ubarwić *v* embellish: *Lynn couldn't help embellishing the story.*

ubaw *n* **1** *(rozrywka)* (great) fun: *We had great fun trying to guess who Mel's new girlfriend was.* **2** *(impreza)* party

ubezpieczać *v (podczas walki)* cover: *We'll cover you.* →patrz też UBEZPIECZYĆ

ubezpieczenie *n* **1** insurance: *health insurance* | *insurance against permanent disability* | *It's against the law to drive a car without insurance.* | **ubezpieczenie na życie** life insurance/assurance *BrE* **2 system ubezpieczeń społecznych** social security system

ubezpieczeniowy *adj* **agent ubezpieczeniowy** insurance salesman/broker/agent | **polisa ubezpieczeniowa** insurance policy: *He took out* (=wykupił) *an insurance policy that would have paid him more that $ 1 million in the event of a serious injury.* | **firma ubezpieczeniowa** insurance company | **składka ubezpieczeniowa** insurance premium

ubezpieczyć *v* insure: *Have you insured the contents of your home?* | **+od czegoś/na wypadek czegoś** against sth: *Is the house insured against fire?* | **+na (sumę) 1000 dolarów itp.** for $1,000 etc: *I would advise you to insure the painting for at least £100,000.* →patrz też UBEZPIECZAĆ

ubić *v* **1** *(zwierzę)* slaughter **2 ubić interes** strike a deal →patrz też UBIJAĆ

ubiec *v* **ubiec kogoś** beat sb to it: *I really wanted that car but someone else had beaten me to it.*

ubiegać się *v* **1 ubiegać się o coś** apply for sth: *to apply for a loan/post/work permit* **2 ubiegać się o fotel prezydenta** run for president: *Marvin said categorically that he would not run for president.*

ubiegłoroczny *adj* last year's: *last year's elections*

ubiegły *adj* last: *My brother and his wife came to visit us last week.*

ubierać *v* →patrz UBRAĆ

ubijać *v* beat, whisk, whip: *Beat the egg whites until they are light and fluffy.* | *He whisked the butter and eggs together, wondering if this was the right way to make an omelette.* →patrz też UBIĆ

ubikacja *n* toilet THESAURUS TOILET

ubiór *n* clothing: *sports/protective clothing*

ubliżać *v* **ubliżać komuś** insult sb: *She even tried insulting him in public.*

ubocze *n* **na uboczu** off the beaten track: *We stayed at a charming inn off the beaten track.*

uboczny *adj* **1 skutek uboczny** side effect, by-product: *a natural remedy with no harmful side effects* | *His lack of respect for authority was a by-product of his upbringing.* **2 produkt uboczny** by-product: *Plutonium is a by-product of nuclear processing.*

ubogi *adj* **1** poor: *a poor country* | *poor people/families* THESAURUS POOR **2 ubogi w coś** deficient in sth: *a diet deficient in calcium* **3 ubogi krewny** poor relation: *Theatre musicians tend to be the poor relations of the musical profession.* **4 uboga roślinność** sparse vegetation

ubolewać *v* **ubolewać (nad czymś)** lament (sth): *"I can remember my first day of school," Grandpa lamented, "but I can't remember what I had for lunch."* | *an article lamenting the death of classical music*

ubolewanie *n* **1 wyrazić (swoje) ubolewanie (z powodu czegoś)** express regret (at sth): *The company expressed deep regret at the accident.* **2 godny ubolewania** regrettable: *a regrettable mistake/incident*

ubój *n* slaughter(ing): *Most of the cattle will be sent for slaughter.* | *Slaughtering farm animals is done very humanely.*

ubóstwiać *v* idolize, idolise *BrE*: *They had one child, a girl whom they idolized.*

ubóstwo *n* poverty: *Millions of people are living in extreme poverty.* | *a surprising poverty of imagination*

ubóść *v* **1** *(wziąć na rogi)* butt **2** *(głęboko dotknąć)* hurt: *It really hurt me that Tracy didn't even bother to introduce me.*

ubrać *v* **1** *(kogoś)* dress: *A nurse comes in to bath him and dress him.* **2** *(płaszcz, sweter itp.)* put on: *Put your coat on before you go outside.* **3** *(choinkę)* decorate: *We decorated the Christmas tree with tinsel and lights.*
ubrać się *v* get dressed, dress: *Rob got dressed in a hurry.*

> **UWAGA: get dressed i dress**
> Czasownik „ubrać się" tłumaczymy zwykle za pomocą zwrotu **get dressed**: *Get up and get dressed!* Samego **dress** używamy wówczas, gdy mowa o ubieraniu się w określony sposób lub na określoną okazję: *Dress warmly if you're going out for a walk.* | *How do you normally dress for work?*

ubranie *n* **1** *(strój)* clothing: *You'll need to take some warm clothing.* THESAURUS CLOTHES **2** *(garnitur)* suit: *a grey winter suit*

ubrany *adj* dressed: **dobrze/źle ubrany** well/badly-dressed: *an attractive well-dressed young woman* | *a badly-dressed businessman* | **ubrany na czarno/biało itp.** dressed in black/white etc: *She was dressed in grey.* | **być ubranym w coś** be dressed in sth, have sth on, be wearing sth: *She had on green trousers and a purple nylon shirt.* | *He was wearing shorts and a polo shirt.*

ubytek *n (w zębie)* cavity

ubywać *v* **ubywa czegoś** sth diminishes/is diminishing: *The time Foreman spent with his children gradually*

U

diminished. | *World reserves of natural gas are diminishing rapidly.*

ucałować *v* kiss: *Timothy bent to kiss his aunt's cheek.*

ucho *n* **1** *(człowieka, zwierzęcia)* ear: *Jane's getting her ears pierced* (=ma zamiar przekłuć sobie uszy). | *She turned and whispered something in his ear.* | *the inner ear* **2 nastawić uszu** prick up your ears: *Jay pricked up his ears when I mentioned vacation.* **3 nie wierzyć własnym uszom** cannot believe your ears: *I couldn't believe my ears when she told me the cheapest flight was $1,000.* **4 śmiać/uśmiechać się od ucha do ucha** grin from ear to ear: *She came out of the office, grinning from ear to ear.* **5 być po uszy w długach** be up to your ears in debt **6 mieć kogoś/czegoś powyżej uszu** be fed up with sb/sth: *Leonora was fed up with her life in England.* **7 dźwięczeć komuś w uszach** ring in sb's ears: *She went out, his cruel laughter ringing in her ears.* **8 zakochany po uszy** head over heels in love: *Sam was obviously head over heels in love with his new bride.* **9 (łatwo) wpadający w ucho** catchy: *a catchy tune* **10** *(igły)* eye **11** *(dzbanka, kubka)* handle

uchodzić *v* **1 uchodzić za kogoś/coś** pass for sb/sth: *The Mitchell brothers could easily pass for twins.* | *the rubbish* (=chłam) *that passes for music these days* **2 uchodzić czyjejś uwadze** escape sb's attention/notice: *Nothing escapes Bill's attention.* **3 uchodzić do morza** flow into the sea: *the point where the waters of the Amazon flow into the sea* →patrz też UJŚĆ

uchodźca *n* refugee: *Refugees were streaming across the border.*

uchodźstwo *n* **na uchodźstwie** in exile: *a government in exile*

uchować *v* **1 uchować kogoś od czegoś** protect sb from sth: *We prayed to God to protect us from further calamity.* **2 uchowaj Boże!** God forbid!
uchować się *v* survive: *Most of the trees were destroyed by the fire, but a few survived.*

U

uchronić *v* **uchronić kogoś/coś od czegoś** save/preserve sb/sth from sth: *The fall in interest rates saved the company from bankruptcy.* | *They were determined to preserve their leader from humiliation.*

uchwalić *v* pass: *The United Nations passed a resolution calling for an end to the fighting.*

uchwała *n* resolution: *a resolution banning* (=zakazująca) *smoking in restaurants*

uchwycić *v* →patrz CHWYCIĆ

uchwyt *n* handle: *a wooden handle*

uchwytny *adj* *(zauważalny)* noticeable: *a noticeable effect/difference*

uchybienie *n* **1** *(niedopatrzenie)* lapse: *He didn't offer Darren a drink and Marie did not notice the lapse.* **2** *(błąd)* error: *The police admitted that several errors had been made.*

uchylać się *v* **uchylać się od czegoś** evade sth: *If you try to evade paying taxes you risk going to prison.*

uchylić *v* **1** *(akt prawny)* repeal: *plans to repeal anti-immigration laws* **2** *(sprzeciw, decyzję)* overrule: *"Objection overruled," said Judge Klein.* | *The Supreme Court overruled the lower court's decision.* **3** *(wyrok)* quash: *The Court of Appeal quashed his conviction for murder.* **4 uchylić coś** *(otworzyć)* open sth a little/a crack: *She opened the door a crack and peeped out.* **5 uchylić kapelusza** raise your hat: *He smiled and raised his hat to an old lady who came his way.* →patrz też **uchylić rąbka tajemnicy** (RĄBEK)
uchylić się *v* **uchylić się przed czymś** dodge sth: *I managed to dodge the shot that came flying through the air.*

uchylony *adj* **a)** *(drzwi)* ajar: *She had left her bedroom door ajar and could hear her parents talking downstairs.* **b)** *(okno)* slightly open

uciąć *v* **1** *(odciąć)* cut off: *She cut off a big piece of meat.* **2 uciąć sobie drzemkę/pogawędkę** have a nap/chat: *I wanted to have a nap after lunch, as usual.* | *We had a chat about the old days.* **3** *(ugryźć)* **a)** *(owad)* sting: *A wasp stung me on the leg.* **b)** *(pies, wąż)* bite

uciążliwy *adj* troublesome, bothersome: *a troublesome back injury* | *bothersome insects*

ucichnąć *v* die away/down: *The footsteps died away.* | *Let's wait till the wind dies down.* | *The fuss* (=zamieszanie) *caused by his resignation eventually died down.*

uciec *v* **1** escape, flee, get/run away: *Anyone trying to escape will be shot!* | *The Dalai Lama fled to India after a failed uprising against the Chinese.* | *The three men got away in a stolen car.* | *Toby ran away from home at the age of 14.* THESAURUS ESCAPE **2 uciekł mi autobus/pociąg itp.** I (have) missed the bus/train etc →patrz też UCIEKAĆ SIĘ

uciecha *n* **1** *(radość)* delight: *The kids rushed down to the beach, shrieking with delight.* | **ku czyjejś uciesze** to sb's delight: *To the delight of the audience, the concert ended with fireworks.* **2** *(przyjemność)* pleasure: *The children used to get a lot of pleasure out of that game when they were young.*

ucieczka *n* **1** escape, flight: *They had been planning their escape for months.* | *Donald Wood's hasty flight from South Africa in 1978* **2 rzucić się do ucieczki** take (to) flight: *The rest of the gang took flight.*

uciekać się *v* **uciekać się do czegoś** resort to (doing) sth: *Many homeless teenagers resort to stealing when their money runs out.* →patrz też UCIEC

uciekinier/ka *n* fugitive, runaway

ucieleśnienie *n* embodiment: *He is the embodiment of evil.*

ucierać *v* →patrz UTRZEĆ

ucierpieć *v* **1** suffer: *My grades* (=oceny) *suffered as a result of having to work more hours.* **2 nie ucierpieć na czymś** be none the worse for sth: *The children were out in the rain all afternoon but seem none the worse for it.*

ucieszyć *v* **coś kogoś ucieszyło** sb was delighted with sth: *We were all really delighted with the news.*
ucieszyć się *v* be delighted: *He was delighted that she had asked him to come.* →patrz też CIESZYĆ

ucinać *v* →patrz UCIĄĆ

ucisk *n* **1** *(nacisk)* pressure: *Her voice and the gentle pressure of her hand gradually calmed him down.* **2** *(prześladowanie)* oppression: *the oppression of a dictatorship*

uciskać *v* **1** *(naciskać)* press: *The doctor gently pressed the child's stomach.* **2** *(buty)* pinch: *Her head was aching and her new shoes pinched dreadfully.* **3** *(prześladować)* oppress: *Native tribes had been oppressed by the government and police for years.* —**uciskany** *adj* oppressed: *oppressed minorities*

uciszyć *v* silence, quieten: *The driver only lifted his hand in reply, as if to silence her.* | *She rocked the cradle to quieten*

the baby. | *His appeal for calm* (=apel o spokój) *failed to quieten the protesters.*
uciszyć się *v* **1** quieten (down): *After a while the children quietened down.* **2** *(wiatr, burza)* subside: *The storm subsided around dawn.*

ucywilizować *v* → patrz CYWILIZOWAĆ

uczcić *v* **1** *(rocznicę, wydarzenie)* celebrate: *We've bought champagne to celebrate Jan's promotion.* **2** *(człowieka)* honour *BrE*, honor *AmE*: *Napoleon set up a monument to honour his great army.* → patrz też CZCIĆ

uczciwie *adv* honestly: *"I don't know," Jennifer answered honestly.*

uczciwy *n* **1** honest: *I think she's one of the few honest politicians left in government.* | *a plain, honest face* **2** *(porządny)* decent: *I decided her father was a decent guy after all.* | *a decent salary* —**uczciwość** *n* honesty: *a politician of rare honesty and courage*

uczelnia *n* university, college

uczennica *n* schoolgirl, pupil *BrE*: *There was a group of schoolgirls waiting at the bus stop.*

uczeń *n* schoolboy, pupil *BrE*: *This school has about 500 pupils.*

uczepić się *v* **1 uczepić się czegoś** *(chwycić się)* grab hold of: *Kay grabbed hold of my arm to stop herself from falling.* **2 uczepić się kogoś** keep tagging along with sb: *Why do you keep tagging along with me?* → patrz też CZEPIAĆ SIĘ, PRZYCZEPIĆ SIĘ

uczesać *v* **1** *(włosy)* comb: *Have you combed your hair?* **2 uczesać kogoś** do sb's hair
uczesać się *v* do your hair: *Jan spends ages trying to do her hair in the morning.*

uczesanie *n* hairstyle, hairdo

uczestniczyć *v* **uczestniczyć w czymś** participate in sth: *Everyone in the class is expected to participate in these discussions.* —**uczestnictwo** *n* participation

uczestni-k/czka *n* participant: *Most participants say that the course is very helpful in dealing with stressful situations.*

uczęszczać *v* **uczęszczać do szkoły/na kurs itp.** attend school/a course etc: *All children between the ages of 5 and 16 must attend school.* | *There has been a gradual decline in the number of students attending this course.*

uczony *adj* learned: *a learned professor* | *learned books*

uczon-y/a *n* **a)** *(w naukach ścisłych)* scientist **b)** *(w humanistyce)* scholar

uczta *n* feast: *Next week's film festival should be a real feast for cinema-goers.* —**ucztować** *v* feast: *On the first Thanksgiving* (=Święto Dziękczynienia), *the Pilgrims feasted for three days.*

uczucie *n* **1** *(emocja)* emotion, feeling: *A mixture of emotions welled up inside him as she spoke.* | *Don't be ashamed of your feelings.* | **mieć mieszane uczucia** have mixed feelings: *Parents often have mixed feelings about their children leaving home.* | **zranić czyjeś uczucia** hurt sb's feelings **2** *(stan, doznanie)* feeling, sensation: *It's a wonderful feeling to be back home again.* | *a constant feeling of hunger* | *a burning/tingly sensation* (=uczucie pieczenia/mrowienia) **3** *(miłość, przyjaźń)* affection: *They have a genuine affection for each other.*

uczuciowy *adj* emotional: *She's very emotional.* | *a person's emotional life* —**uczuciowo** *adv* emotionally: *Try not to become emotionally attached to your patients.*

uczulenie *n* allergy: *One of my children has an allergy to cow's milk.* —**uczuleniowy** *adj* allergic: *an allergic reaction*

uczulić *v* **uczulić kogoś** cause (an) allergy in sb: *Cat fur may cause allergy in some people.*
uczulić się *v* become allergic: *I'm afraid I've become allergic to wine.*

uczulony *adj* allergic: *I'm allergic to cats.*

uczyć *v* teach: *Guy's been teaching in France for three years now.* | **uczyć (kogoś) czegoś** teach sth (to sb), teach (sb) sth: *I'm teaching English to Italian students.* | **uczyć w szkole** teach at a school, teach school *AmE*: *She teaches at our school.* | *My dad taught school in New York.* THESAURUS STUDY
uczyć się *v* **1** learn: *You're too young to learn to drive.* | *People from all over the world want to learn English.* | *Students on the course learn about all aspects of business.* **2 dobrze/źle się uczyć** be a good/poor student **3 uczyć się do egzaminu/testu** study for an exam/a test **4 uczyć się na (własnych) błędach** learn from your (own) mistakes → patrz też NAUCZYĆ SIĘ

uczynek *n* **1** deed: *good/evil deeds* **2 złapać kogoś na gorącym uczynku** catch sb red-handed: *The police caught the burglars red-handed.*

uczynić *v* → patrz CZYNIĆ

uczynny *adj* obliging

udać się *v* **1** *(przedsięwzięcie)* be a success: *The party was a great success* (=świetnie się udało). | *If the surgery* (=operacja) *is a success no one will be able to notice any scars* (=blizn). **2 komuś udało się coś zrobić** sb succeeded in doing sth, sb managed to do sth: *Negotiators have not yet succeeded in establishing a ceasefire.* | *I just managed to catch the bottle before it hit the ground.* **3** *(dokądś)* go: *We packed up and went home.* → patrz też UDAWAĆ

udany *adj* successful: *Well, it wasn't a very successful meeting.* → patrz też UDAWANY

udar *n* **1 udar słoneczny** sunstroke **2 udar mózgu** stroke, apoplexy

udaremnić *v* foil: *The escape attempt* (=próba ucieczki) *was foiled by police guards.*

udawać *v* **1** be faking (it): *I thought he was really hurt but he was just faking (it).* **2 udawać, że ...** pretend (that)/to ...: *The candidate pretended that he had worked for a newspaper before.* | *She pretended to listen, but I could tell she was thinking about something else.* **3 udawać coś** fake sth: *That morning, Claudia faked illness so she didn't have to go to work.* **4 udawać nieżywego/głupiego itp.** play dead/dumb etc: *If he asks where I was, play dumb.* → patrz też UDAĆ SIĘ

udawany *adj* feigned, mock: *feigned indifference* | *mock seriousness* THESAURUS FALSE

udekorować *v* decorate: *She decorated each bowl with a slice of lemon.* → patrz też DEKOROWAĆ

uderzać *v* → patrz UDERZYĆ

uderzający *adj* striking: *a striking contrast/resemblance* —**uderzająco** *adv* strikingly: *strikingly handsome*

uderzenie *n* **1** *(cios)* blow: *a blow on the head* **2** *(atak)* strike: *a nuclear strike on several targets* **3** *(odgłos)* bang: *I heard a loud bang.*

uderzeniowy *adj* **fala uderzeniowa** shock wave

uderzyć *v* **1 uderzyć kogoś (w coś)** hit sb (on/in/over sth), strike sb (on sth): *to hit sb on the nose/in the*

U

stomach/over the head | *A snowball struck him on the back of his head.* **2** *(otwartą dłonią)* slap: *She was so angry that she slapped his face.* **3 uderzyć pięścią w stół itp.** hit the table etc with your fist **4** *(zaatakować)* strike: *Police fear that the killer will strike again.* **5 uderzyć kogoś** *(wywrzeć wrażenie)* strike sb: *It struck Carol that what he'd said about Helen applied to her too.* **6 uderzyć w kogoś/coś** *(mieć niekorzystne skutki)* strike at sb/sth: *This law will strike at the most vulnerable groups in our society.* → patrz też **uderzyć komuś do głowy** (GŁOWA)
uderzyć się *v* **uderzyć się w głowę/łokieć itp. (o coś)** hit your head/elbow etc (on sth): *I fell and hit my head on the table.*

udo *n* thigh

udobruchać *v* placate: *I tried to placate her by offering to pay for the repairs.*

udogodnienie *n* convenience: *The supermarket offers a bag-packing service as a convenience to customers.*

udokumentować *v* substantiate: *So far they have failed to substantiate their claims* (=twierdzenia).

udomowić *v* domesticate —**udomowiony** *adj* domesticated: *domesticated birds such as geese and turkeys*

udoskonalić *v* perfect, improve, refine: *It's just a working model; we haven't perfected it yet.* —**udoskonalony** *adj* improved: *an improved model of the engine*

udostępnić *v* **udostępnić coś komuś** give sb the use of sth, make sth available to sb: *Joe's given me the use of his office.* | *These statistics are never made available to the public.*

udowodnić *v* prove: *It is impossible to prove that God exists.* | **udowodnić komuś, że się myli** prove sb wrong: *I would love to prove him wrong.* | **udowodniono, że ktoś jest winny/niewinny** sb was proved guilty/innocent

udręka *n* anguish, torment: *faces full of anguish* | *It's difficult for us to understand the torment the hostages are going through.*

U

udusić *v* strangle, smother, suffocate: *The victim had been strangled with a nylon stocking.* | *They pushed a plastic bag over his head and almost suffocated him.*
udusić się *v* suffocate: *I nearly suffocated when the pipe of my breathing apparatus broke.* —**uduszenie** *n* strangulation, suffocation → patrz też DUSIĆ, ZDUSIĆ

udział *n* **1** *(uczestnictwo)* participation: *participation in the Gulf War* | **brać udział w czymś** take part in sth, participate in sth: *About 400 students took part in the protest.* | *I'd like to thank everyone who participated in tonight's show.* **2 udziały** shares: *He decided to sell his shares in Allied Chemicals.* | *IBM still holds shares* (=ma udziały) *in the new company.* → patrz też **komuś przypadło w udziale zrobienie czegoś** (PRZYPAŚĆ)

udziałowiec *n* shareholder *BrE*, stockholder *AmE*

udziec *n* leg: *roast leg of lamb*

udzielać się *v* **1 udzielać się komuś** rub off on sb: *His enthusiasm seems to rub off on everyone else.* **2 udzielać się towarzysko** socialize, socialise *BrE*: *I have two jobs, which doesn't leave much room for socializing.*

udzielić *v* **1** *(pozwolenia, azylu)* grant: *The Norton consortium has been granted permission to build a shopping mall.* | *He was finally granted political asylum in the United States.* **2** *(informacji, rady, pomocy)* provide: *The guide will provide you with information about the area.* | *The company provides advice and assistance in finding work.* **3 udzielić komuś głosu** give the floor to sb: *And now I give the floor to Mr Smith.* **4 udzielić komuś ślubu** marry sb: *The priest who married us was really nice.*

udźwignąć *v* carry: *That's all I can carry at the moment.*

ufać *v* **1** trust: *I trusted Max completely, so I lent him the money.* | *I trust that you are well* (=ufam, że ma się pan/i dobrze). **2 nie ufać komuś** distrust/mistrust sb: *As a very small child she had learnt to mistrust adults.* → patrz też ZAUFAĆ

ufarbować *v* dye, colour *BrE*, color *AmE*: *My Mum couldn't believe it when I dyed my hair green!* | *Did you colour your hair or is it naturally red?*

ufność *n* trust —**ufny** *adj* trusting: *Sarah's trusting nature led her to believe Tony's lies.*

UFO *n* UFO

uformować *v* form, shape: *Events in early childhood often help to form our personalities in later life.* | *The book shaped my political views.*
uformować się *v* form (up), be formed: *A long line of people formed outside the shop.* | *The rocks were formed more than 4000 million years ago.*

ufundować *v* fund: *The prizes were funded by Mr Taylor.*

uganiać się *v* **uganiać się za kimś** chase (after) sb: *Sam must be crazy, wasting his time chasing that girl.*

ugasić *v* **1** extinguish, put out: *He managed to extinguish the flames with his coat.* | *It took firemen several hours to put out the fire.* **2 ugasić pragnienie** quench your thirst: *I had a drink of water* (=napiłem się wody) *to quench my thirst.*

ugiąć *v* bend: *"Bend your knees," shouted the ski instructor.*
ugiąć się *v* **ugiąć się przed czymś** bow to sth: *Congress may bow to public pressure and lift the arms embargo.*

uginać się *v* **uginać się pod ciężarem czegoś a)** sag under the weight of sth: *The shelves sagged under the weight of hundreds of records and CDs.* **b)** *(psychicznie)* be weighed down by the burden of sth: *Paul's mother was now weighed down by the burden of responsibility.*

ugniatać *v* → patrz GNIEŚĆ

ugoda *n* compromise, agreement: *Eventually the two sides reached a compromise.* | *the terms* (=warunki) *of agreement*

ugodzić *v* hit: *Police say the victim was hit with a blunt instrument.* | *The increase in fees will hit students from poorer families.*

ugotować *v* **1** *(posiłek)* cook: *I'm tired. Will you cook dinner today?* **2** *(ziemniaki, jajko itp.)* boil: *a hopelessly impractical man, who couldn't even boil an egg* → patrz też GOTOWAĆ

ugrupowanie *n* grouping: *political groupings*

ugryźć *v* **1** *(odgryźć)* bite into: *Thomas bit into a sour apple and screwed up his face.* **2** *(ukąsić)* bite: *You can stroke the cat, she won't bite you.* **3 co cię ugryzło?** what has come over you?: *I don't know what's come over Angela lately – she's so moody.* → patrz też GRYŹĆ
ugryźć się *v* **ugryźć się w język** bite your tongue: *She was really making me angry, but I bit my tongue.* —**ugryzienie** *n* bite

ugrzęznąć *v* get bogged down: *The tractor got bogged down in the thick mud.* | *The project got bogged down in a series of legal disputes.*

uhonorować *v* honour *BrE*, honor *AmE*: *Stewart was honoured with many pompous speeches.*

ujadać *v* yap: *The dog just kept on yapping.*

ujawnić *v* disclose, reveal: *The Security Service is unlikely to disclose any information.* | *It's not our policy to reveal our clients' names.* —**ujawnienie** *n* disclosure: *MPs called for* (=posłowie wezwali do) *public disclosure of the committee's findings.*

ująć *v* **1** *(aresztować)* capture: *Government troops have succeeded in capturing the rebel leader.* **2** *(chwycić)* take: *She took my arm* (=ujęła mnie za ramię) *as we walked down the street.* **3 ktoś ujął nas/ich itp. czymś** sth endeared sb to us/them etc: *Diana's friendly disposition endeared her to everyone she met.* **4 nie wiem, jak to ująć** I don't know how to put it
ująć się *v* **ująć się za kimś** stand up for sb: *Didn't anyone stand up for James and say it wasn't his fault?*

ujednolicić *v* standardize, standardise *BrE*: *Attempts to standardize English spelling have never been successful.*

ujemny *adj* negative: *negative numbers* | *Smoking has a very negative effect* (=wpływ) *on health.* —**ujemnie** *adv* negatively

ujęcie *n* **1** *(zbiega)* capture: *There was a big reward for his capture.* **2** *(w fotografii, filmie)* shot: *I managed to get some good shots of the carnival.*

ujmujący *adj* endearing: *an endearing smile*

ujrzeć *v* see: *Dexter drew back* (=cofnął się) *in horror when he saw the dead body.*

ujście *n* **1** *(rzeki)* mouth, estuary: *Sand had accumulated at the mouth of the river.* | *the Thames estuary* **2** *(dla emocji)* outlet: *His boxing career was the perfect outlet for his aggression.* | **dać ujście czemuś** give vent to sth: *Gary finally gave vent to his anger by kicking the chair.*

ujść *v* **1** *(umknąć, wydostać się)* escape: *She escaped death only because she landed in a snowdrift.* **2 coś uszło komuś płazem/na sucho** sb (has) got away with sth: *He's not getting away with this* (=nie ujdzie mu to na sucho)! →patrz też UCHODZIĆ

ukamienować *v* stone: *The mob stoned her to death.*

ukarać *v* **1** punish: *The teacher punished us by making us do extra homework.* **2** *(gracza, drużynę)* penalize, penalise *BrE*: *In one game the All Blacks were penalized for wasting time.*

ukazać *v* portray, show: *In this production* (=w tej inscenizacji) *Lady Macbeth is portrayed as a strong-willed, evil woman.* | *The photo shows a human embryo, magnified ten times.*
ukazać się *v* appear: *The story appeared in all the national newspapers.*

ukąsić *v* **1** *(użądlić)* sting: *A wasp stung me on the leg.* **2** *(ugryźć)* bite: *She was bitten by a rattlesnake.*

ukąszenie *n* **1** *(użądlenie)* sting: *an allergic reaction to the bee sting* **2** *(ugryzienie)* bite: *The snake's bite is deadly, and there is no known antidote.*

UKF *n* FM: *Radio WXLM broadcasts on* (=nadaje na częstotliwości) *98.2 FM.*

uklęknąć *v* kneel (down): *I knelt down to stroke the cat.* | *The priest knelt in front of the altar.*

układ *n* **1** *(uporządkowanie)* arrangement: *a geometrical arrangement of circles and rectangles* **2** *(w organizmie)* system: *the respiratory/digestive/reproductive system* **3** *(zespół mechanizmów)* system: *a braking/cooling/navigation system* | **układ kierowniczy** steering (mechanism): *a car's steering mechanism* **4** *(traktat)* treaty: *a peace treaty* | *ratification of the treaty* **5** *(rozplanowanie)* layout: *page layout* | *the layout of our hospital* **6** *(sytuacja)* set-up: *I have been here only a few weeks and I don't really know the set-up.* **7** *(taneczny, gimnastyczny)* routine: *cheerleaders practicing their routines* **8 układ scalony** integrated circuit, chip **9 układ słoneczny** solar system: *Mercury is the smallest planet in our solar system.* **10 układ okresowy pierwiastków** the periodic table

układać *v* →patrz UŁOŻYĆ

układanka *n* (jigsaw) puzzle

ukłon *n* bow: *Mr Chaplin rose to his feet and made a little bow.* | *She offered the flowers to him with a deep bow.*

ukłonić się *v* bow: *Mr Takaki bowed formally to each guest in turn.* | *The musicians stood up and bowed.*

ukłucie *n* prick: *the prick of a needle*

uknuć *v* **uknuć spisek** hatch a plot: *The group hatched a plot to kidnap the President's daughter.* →patrz też KNUĆ

ukochać *v (przytulić)* hug: *Sarah hugged her brother with all her strength.* →patrz też KOCHAĆ, POKOCHAĆ

ukochany *adj* beloved: *She returned at last to her beloved country.*

ukochan-y/a *n* beloved: *a visit from my beloved*

ukoić *v* soothe: *Maybe a drink would help soothe your nerves.*

ukończyć *v* **1** finish, complete: *Coe finished the race ahead of Ovett.* | *The novel was not published until 42 years after it was completed.* **2 ukończyć szkołę** finish school, graduate (from school): *By the time you've finished school, you'll have more of an idea of what you want to do.* | *What are you going to do after you graduate?* →patrz też SKOŃCZYĆ, ZAKOŃCZYĆ

ukoronować *v* crown: *The Empress was crowned ten years ago.* | *All their efforts have been crowned with success.*

ukoronowanie *n* culmination: *This little book represented the culmination of 15 years' work.*

ukos *n* **1 na ukos** at an angle, at a slant: *The painting was hanging at an angle.* **2 patrzeć na kogoś z ukosa** look askance at sb: *She looked askance at him, unable to forget his harsh words.*

ukośnik *n* (forward) slash *AmE*, oblique stroke *BrE*

ukośny *adj* diagonal: *a diagonal line* —**ukośnie** *adv* diagonally: *Cut the paper diagonally, like this.*

ukradkiem *adv* **1** furtively, stealthily: *She looked around furtively to make sure that no one was watching her.* **2 spojrzeć ukradkiem na kogoś/coś** sneak a look at sb/sth: *He sneaked a look at the open diary.* —**ukradkowy** *adj* furtive: *furtive glances*

Ukraina *n* (the) Ukraine: *A nationalist movement is emerging in the Ukraine.* —**ukraiński** *adj* Ukrainian: *Ukrainian national costumes* —**Ukrain-iec/ka** *n* Ukrainian

ukraść *v* steal: *Someone stole his passport while he was asleep.*

ukręcić *v* **1** *(utrzeć)* mix: *Mix two eggs in a bowl with some flour.* **2 ukręcić komuś łeb** wring sb's neck: *If you say that again, I'll wring your neck!*

ukrócić *v* curb: *The government was unable to curb the excesses of the secret police.*

ukrycie *n* **1** *(kryjówka)* hiding place: *He emerged from his hiding place.* **2 w ukryciu a)** *(przebywać)* in hiding: *Rushdie stayed in hiding until the controversy about his book blew over.* **b)** *(potajemnie)* in secret: *Lilian cried in secret,*

U

afraid to tell anyone. **3 nie mieć nic do ukrycia** have nothing to hide: *The company claimed that the deal was legal and that they had nothing to hide.*

ukryć *v* **1** hide, conceal: *Paul struggled to hide his disappointment at not getting the job.* | *Customs officers found a kilogram of cocaine that Smith had concealed inside his suitcase.* | **ukryć coś przed kimś** hide sth from sb: *an attempt to hide her children from their violent father* **2 ukryć twarz w dłoniach** bury your face in your hands: *She buried her face in her hands and began to cry.* **3 nie da się ukryć, że ...** there's no denying (that) ...: *There's no denying this is a serious blow* (=cios). →patrz też UKRYWAĆ
ukryć się *v* hide, conceal yourself: *Kylie tried to hide from the stranger.* | *If you hear an aircraft coming, conceal yourself beneath the rocks.* →patrz też UKRYWAĆ SIĘ

ukryty *adj* **1** hidden: *a hidden camera* | *hidden treasure/talents* **2 ukryty motyw** ulterior motive: *Whenever I buy you a present, you think I have ulterior motives.*

ukrywać *v* **1 ukrywać coś przed kimś** hide/conceal sth from sb: *Don't try to hide anything from me.* | *For years, Anna concealed her true identity from everyone.* **2 nie ukrywam, że ...** I admit (that) ...: *I admit I didn't like Sarah when I first met her.* →patrz też UKRYĆ
ukrywać się *v* **1** be in hiding: *He is believed to be in hiding somewhere in Mexico.* **2 ukrywać się przed kimś** be hiding from sb: *Why is he hiding from us? Is he afraid of us?* →patrz też UKRYĆ SIĘ

ukrzyżować *v* crucify: *Christ rose from the dead three days after he was crucified.* —**ukrzyżowanie** *n* crucifixion

ukształtować *v* shape: *The lecture shaped my views on economy.*
ukształtować się *v* form: *The sun and planets formed from a primeval* (=pierwotnej) *cloud of gas.*

ukuć *v* coin: *The term 'Information Highway' was coined a few years ago.*

U

ul *n* beehive, hive

ulać *v* **pasować (do kogoś) jak ulał** fit (sb) like a glove: *The dress fitted (her) like a glove.*

ulatniać się *v (gaz)* escape, leak: *Screw the top back firmly to prevent any fumes escaping.* | *Gas was leaking out of the pipes.* →patrz też ULOTNIĆ SIĘ

ulec *v* **1** *(zostać pokonanym)* be defeated, succumb: *Last night Germany was defeated by a superior Brazilian team.* | *After an intense artillery bombardment the town finally succumbed.* **2** *(dać się przekonać, ustąpić)* give in, yield, relent: *They argued back and forth until finally Buzz gave in.* | *The hijackers refuse to yield to demands to release the passengers.* | *Dobbs finally relented and gave an interview to "People" magazine.* **3 ulec pokusie/czyjemuś urokowi itp.** succumb to temptation/sb's charms etc **4 ulec wypadkowi** have an accident: *He had an accident while travelling in a remote part of China.* **5 ulec zepsuciu** go bad: *The fruit went bad before we could eat it all.* **6 ulec zakażeniu** become infected: *The cut on my foot has become infected.* →patrz też ULEGAĆ

uleczyć *v* cure: *Some people believe that these herbs will cure them.*

ulegać *v* **nie ulega (najmniejszej) wątpliwości, że ...** there is no doubt (that) ...: *There's no doubt that personal unhappiness contributes to ill health* (=ma wpływa na pogorszenie stanu zdrowia). →patrz też ULEC

uległość *n* submission: **zmusić kogoś do uległości** force sb into submission —**uległy** *adj* submissive: *Martin expects his wife to be meek and submissive.*

ulepić *v* mould *BrE*, mold *AmE*: *female figurines, molded in clay* (=z gliny) →patrz też LEPIĆ

ulepszyć *v* improve: *Their aim was to improve services and cut costs.* —**ulepszony** *adj* improved: *an improved model* →patrz też POLEPSZYĆ

ulewa *n* downpour, rainstorm: *a heavy downpour* | *We got caught in a rainstorm on the way here.* —**ulewny** *adj* torrential: *torrential rains*

ulga *n* **1** *(uczucie)* relief: *Martha noticed with relief that the strange man was no longer looking at her.* | *"The boss didn't realize you were late." "What a relief!"* **2 odetchnąć z ulgą a)** *(westchnąć)* sigh with relief: *When it was over, Penny sighed with relief.* **b)** *(odczuć ulgę)* be relieved: *We were relieved that Gordon had arrived at the wedding suitably dressed.* **3 (wydać z siebie) westchnienie ulgi** (let out) a sigh of relief: *As soon as he had gone, they all let out a deep sigh of relief.* **4** *(zniżka)* concession: *Pensioners get special concessions on buses and trains.* | *tax concessions*

ulgowy *adj* **1** *(cena, stawka)* reduced: *It's possible to get tickets at a reduced rate.* **2 bilet ulgowy** half-fare ticket, low-fare ticket **3 ulgowe traktowanie** preferential treatment

ulica *n* **1** street, road: *101 Oxford Street, London* | *The whole street was flooded.* | *Her address is 25 Park Road.* | **główna ulica** high street, main road | **boczna ulica** side street/road THESAURUS ROAD **2 na ulicy** in *BrE*, on *AmE* the street: *Playing music in the street is prohibited.* | *the stores on Main Street* **3 mieszkać na/przy ulicy Wawelskiej** live in Wawelska Street: *She lives in Fern Street.* | **mieszkać na/przy ulicy Wawelskiej 13** live at 13 Wawelska Street: *They live at 75 Queen Street.* **4 ulicą** along the street/road: *David walked along the street at a brisk pace* (=żwawym krokiem). **5 przejść przez ulicę** cross the street/road: *A truck travelling at high speed struck a young man crossing the street.* **6 po drugiej stronie ulicy** across the street/road: *Across the street from where we're standing, you can see an old church.* **7 żyć na ulicy** live on the streets

uliczka *n* alley: *a narrow alley at the side of the house* | **boczna uliczka** back street/road/lane: *a little shop in a back street behind the station* →patrz też **ślepa uliczka** (ŚLEPY)

uliczny *adj* **1 ruch uliczny** traffic: *The noise of the traffic kept me awake.* **2 korek uliczny** traffic jam: *We were stuck in a traffic jam on the freeway for two hours.* **3 latarnia uliczna** streetlight, streetlamp

ulokować *v* **1** *(umieścić)* place: *The animals were placed in a large enclosure behind the barn.* **2** *(pieniądze)* invest: *Roy invested his savings in government bonds* (=w obligacjach skarbu państwa).
ulokować się *v* place yourself: *The attacker had placed himself strategically between his victim and the door.*

ulotka *n* leaflet: *Anti-war protesters were distributing leaflets in the street.*

ulotnić się *v (zniknąć)* vanish: *When I turned round again, the boy had vanished.* THESAURUS DISAPPEAR →patrz też ULATNIAĆ SIĘ

ulotny *adj* transitory, transient: *transitory pleasures* | *a transient phenomenon*

ultimatum *n* ultimatum: *The Germans rejected Britain's ultimatum.* | **postawić komuś ultimatum** give sb an ultimatum: *After seven years she gave him an ultimatum: either stop drinking or move out.*

UWAGA: ultimatum

Rzeczownik **ultimatum** ma dwie formy liczby mnogiej: **ultimatums** i **ultimata**.

ultradźwięki *n* ultrasound —**ultradźwiękowy** *adj* ultrasonic

ultrafioletowy *adj* ultraviolet: *ultraviolet light/rays*

ulubieni-ec/ca *n* favourite *BrE*, favorite *AmE*: *You always were Dad's favourite.*

ulubiony *adj* **1** favourite *BrE*, favorite *AmE*: *Who's your favourite actor?* **2 dodać coś do ulubionych** bookmark sth: *Were she on the World Wide Web, my mum would bookmark this page.*

ulżyć *v* **1 ulżyło komuś** sb felt relieved: *She felt relieved when she saw that her children were safe.* **2 ulżyć cierpieniom** ease/relieve the pain

ułamek *n* **1** *(w matematyce)* fraction: **ułamek zwykły** vulgar/common *AmE* fraction | **ułamek dziesiętny** decimal: *Express three quarters as a decimal.* **2** *(mała część)* fraction: *We paid only a fraction of the original price.* **3 ułamek sekundy** split second: *For a split second I thought I'd won.*

ułaskawić *v* pardon: *The governor pardoned the two offenders.* —**ułaskawienie** *n* pardon

ułatwiać *v* make easier, facilitate: *The Internet makes it easier for children to get access to* (=ułatwia dzieciom dostęp do) *pornography.* | *Do computers facilitate learning?*

ułatwienie *n* **1** help: *It's an enormous help to have your family around when you've got a new baby.* **2 dla ułatwienia** to make it/things easier: *You can break the exam question into three parts to make it easier.*

ułomność *n* **1** *(kalectwo)* handicap: *a mental/physical handicap* **2** *(wada, słabość)* weakness: *They are blind to their own weaknesses.*

ułomny *adj* **1** *(kaleki)* handicapped: *handicapped children* **2** *(niedoskonały)* flawed: *flawed logic*

ułożyć *v* **1** *(uporządkować)* arrange: *I've arranged my CDs in alphabetical order.* **2** *(napisać)* compose: *The homework was to compose a poem.* **3 ułożyć kogoś gdzieś** lay sb (flat) somewhere: *We laid him flat on the ground and waited for the ambulance.*

ułożyć się *v* **1** *(człowiek)* lie down: *There wasn't enough room to lie down comfortably.* **2** *(wydarzenia, losy)* pan out: *I wonder how it will all pan out.*

umacniać *v* →patrz UMOCNIĆ

umarli *n* the dead: *There wasn't even time to bury the dead.*

umarły *adj* dead: *I felt a lot of pity for the dead man's family.*

umarzać *v* →patrz UMORZYĆ

umawiać *v* →patrz UMÓWIĆ

umeblować *v* furnish: *We furnished the house with old furniture from my parents' garage.* —**umeblowany** *adj* furnished: *a fully furnished apartment*

umiar *n* moderation: *Moderation in diet is the way to good health.* | **z umiarem** in moderation: *Use salt and sugar in moderation.*

umiarkowany *adj* **1** *(zdolności, poglądy itp.)* moderate: *the moderate wing of the party* | *moderate wage demands* (=roszczenia płacowe) **2** *(klimat)* temperate: *the temperate zone* (=strefa), *north and south of the tropics* —**umiarkowanie** *adv* moderately: *The dollar rose moderately against* (=wzrósł umiarkowanie w stosunku do) *the Japanese yen.*

umieć *v* **1 umieć coś z/robić** can do sth, know how to do sth, be able to do sth: *Penguins are birds but they can't fly.* | *Do you know how to dive* (=nurkować)? | *The new computers will be able to recognise your voice.* **2 umieć po angielsku/polsku itp.** know English/Polish etc: *I know some French* (=umiem trochę po francusku). **3 umieć coś na pamięć** know sth by heart: *I think I know my speech by heart now.* **4 umieć słuchać** be a good listener

umiejętność *n* **1** skill, accomplishment: *Reading and writing are two different skills.* | *Singing was one of her many accomplishments.* **2 umiejętność robienia czegoś** the ability to do sth: *A manager must have the ability to communicate well.* —**umiejętny** *adj* skilful *BrE*, skillful *AmE*: *the artist's skilful use of colour* —**umiejętnie** *adv* skilfully *BrE*, skillfully *AmE*: *Ben steered the boat skilfully through the narrow channel.*

umiejscowiony *adj* located: *The hotel was conveniently located near the airport.*

umierać *v* **1** be dying: *The old man knew he was dying.* **2 umierać z głodu** be starving: *I missed supper and now I'm starving!* **3 umierać ze strachu** be frightened to death: *She'll be frightened to death when she sees the way you drive.* **4 umierać z nudów** be bored stiff/to death/to tears: *Can't we do something else? I'm bored stiff.* **5 umierać z ciekawości** be burning with curiosity: *Melissa was burning with curiosity, but it was not a good time to ask questions.* →patrz też UMRZEĆ

umieralność *n* mortality: *high rates of child mortality*

umieścić *v* **1** *(przedmiot)* place: *He placed the book back on the shelf.* **2** *(człowieka)* put: *He decided to put his mother into a nursing home* (=w domu opieki).

umięśniony *adj* muscular: *strong muscular arms*

umilknąć *v* fall silent: *Everyone fell silent as Beth walked in.*

umiłowany *adj* beloved: *my beloved wife, Fiona*

umknąć *v* **1** escape: *I'm afraid your name has escaped me.* **2 umknąć czyjejś uwadze** escape sb's attention/notice

umniejszać *v* diminish: *Don't let him diminish your achievements.*

umocnić *v* **1** *(determinację, więzi)* strengthen: *This trade agreement will strengthen the links between our countries.* **2** *(budynek, konstrukcję)* reinforce, strengthen: *The dam* (=tama) *was reinforced with 20,000 sandbags.* | *Metal supports were added to strengthen the outer walls.*

umocnić się *v* strengthen: *The pound strengthened against other currencies* (=w stosunku do innych walut).

umocować *v* fix, anchor, fasten: *We fixed the shelves to the wall.* | *The panel was firmly anchored by two large bolts.* | *Chains were fastened round his ankles.*

umoczyć *v* dip: *She dipped the end of her brush into the paint.*

umorzyć *v* **1** *(dług)* write off: *The United States agreed to write off debts worth billion of dollars.* **2** *(śledztwo)* discontinue

umowa *n* **1** contract, deal: *Read the contract carefully before you sign it.* | *The band has negotiated a new deal with their record company.* | **zawrzeć umowę** enter into a contract: *We have just entered into a lucrative contract*

U

with a clothing store. | **naruszyć umowę** be in breach of contract: *If they don't get it to us by tomorrow they'll be in breach of contract.* **2 umowa o pracę** contract of employment/service **3 umowa handlowa** trade agreement **4 umowa stoi** it's a deal: *"$500, but that's my last offer." "OK, it's a deal."*

umowny *adj* conventional: *conventional signs* —**umownie** *adv* conventionally

umożliwić *v* **1 umożliwić coś (komuś)** make sth possible (for sb): *Television made it possible for people all over the world to watch the 1960 Olympic Games.* **2 umożliwić komuś zrobienie czegoś** enable sb to do sth, make it possible for sb to do sth: *Money from her aunt enabled Jean to buy the house.*

umówić *v* **umówić kogoś** make an appointment for sb: *The secretary will make an appointment for you.*
umówić się *v* **1** *(wyznaczyć spotkanie)* make an appointment: *I made an appointment with Doctor Sangha for next Monday.* | *Phone his secretary and make an appointment.* **2** *(zadecydować)* arrange: *We still have to arrange how to get home.*

umówiony *adj* **1 umówione spotkanie** appointment **2 jestem umówiony** I have an appointment: *I have an appointment with the manager at 10:30.*

umrzeć *v* die, pass away: *He was very sick and we knew he might die.* | *My grandmother passed away last year.* | **umrzeć na coś** die of/from sth: *His father died of a heart attack.* | **umrzeć z zimna** die of exposure: *Three climbers died of exposure.* THESAURUS DIE →patrz też UMIERAĆ

umundurowany *adj* uniformed: *uniformed police officers*

umyć *v* **1** wash: *Have you washed the car yet?* | *She washed her face with warm water.* **2 umyć ręce** wash your hands, wash up *AmE*: *I'm just going to wash my hands.* | *Go wash up before dinner.* **3 umyć zęby** brush/clean your teeth: *Did you clean your teeth this morning?* **4 umyć naczynia** do/wash the dishes: *I'll just do the dishes before we go.*
umyć się *v* wash, have a wash: *We washed in cold water and dressed quickly.*

UWAGA: umyć się

Nie mówi się „I washed myself", „she washed herself", tylko **I washed, she had a wash** itp.

umykać *v* →patrz UMKNĄĆ

umysł *n* mind: *The idea of alternative medicine is that it treats* (=leczy) *both mind and body.* | *She's one of the finest political minds in the country.* →patrz też **zdrowy na umyśle** (ZDROWY)

umysłowo *adv* **umysłowo chory** mentally ill: **upośledzony umysłowo** mentally handicapped: *Working with the mentally handicapped can be a satisfying and rewarding experience.*

umysłowy *v* **1** mental: *mental development/health* | **choroba umysłowa** mental illness: *Abnormal behaviour may be a sign of mental illness.* **2 pracownik umysłowy** white-collar worker

umyślnie *adv* deliberately, intentionally: *She left the letter there deliberately so that you'd see it.* | *Employees may have intentionally broken the law.*

umyślny *adj* deliberate: *a deliberate act of disobedience*

umywać *v* **umywać ręce od czegoś** wash your hands of sth: *I've washed my hands of the whole affair.*

umywalka *n* washbasin

uncja *n* ounce: *Five ounces of coffee has about 150 mg of caffeine.*

unia *n* **1** union: *Scotland's union with England in 1603* | *economic and monetary union* **2 Unia Europejska** European Union: *Is Switzerland a member of the European Union?*

unicestwić *v* annihilate: *weapons that could annihilate mankind* —**unicestwienie** *n* annihilation

uniemożliwić *v* **uniemożliwić coś** prevent sth, make sth impossible: *Adverse weather prevented the climb.* | *The noise of the traffic made any conversation impossible.* | **uniemożliwić komuś z/robienie czegoś** prevent sb from doing sth, make it impossible for sb to do sth: *These problems prevented me from completing the work.* | *Her back injury made it impossible for her to play tennis.*

unieruchomić *v* immobilize, immobilise *BrE*: *Doctors put on a cast* (=gips) *to immobilize her ankle.*

unieszkodliwić *v* neutralize, neutralise *BrE*: *Government forces neutralized the rebels.*

unieść *v* **1** *(ciężar)* lift: *The box is too heavy for me to lift.* **2** *(rękę, ramię)* raise: *Can you raise your arm above your head?* **3 unieść wzrok/oczy** raise your eyes
unieść się *v* **1** *(zirytować się)* lose your temper: *I'm sorry I lost my temper.* **2** *(podnieść się)* raise yourself (up): *She raised herself up on her arms and looked around sleepily.* **3** *(mgła, kurtyna itp.)* rise, go up: *The fog rose and we began to climb.* | *The curtain went up on an empty stage.* →patrz też UNOSIĆ SIĘ

unieważnić *v* **1** *(wyniki)* invalidate: *The Educational Testing Service invalidated the scores of 18 students.* **2** *(małżeństwo, umowę)* annul: *Caroline's marriage was annulled by special dispensation from the Church.* **3** *(zamówienie)* cancel: *I called and cancelled the order.* **4 unieważnić wyrok** overturn a verdict: *The verdict was finally overturned by the Supreme Court.* —**unieważnienie** *n* annulment, cancellation

uniewinnić *v* acquit: *All the defendants* (=oskarżeni) *were acquitted.* | *She was acquitted of murder.* —**uniewinnienie** *n* acquittal

uniezależnić się *v* **1** *(politycznie)* become independent: *The Solomon Islands became independent from Britain about 15 years ago.* **2** *(usamodzielnić się)* strike out on your own: *Eric left the family business and struck out on his own.*

unijny *adj* union: *union delegates*

unik *n* **1** evasion: *His replies were full of evasions and half-truths.* **2 zrobić unik** make a dodge: *He made a dodge and his opponent hit the wall.*

unikać *v* **1** avoid, shun: *Avoid fattening foods like cakes and chocolate.* | *The neighbours shunned him and talked about him behind his back.* **2 unikać kogoś/czegoś jak ognia** avoid sb/sth like the plague →patrz też UNIKNĄĆ

unikalny *adj* unique: *a musician with a unique style*

unikatowy *adj* unique: *the area's own unique culture*

uniknąć *v* **1 uniknąć śmierci/kary** escape death/punishment: *The terrorists will not escape punishment.* **2 nie do uniknięcia** unavoidable: *A certain amount of stress is unavoidable in daily life.* →patrz też UNIKAĆ

uniwersalny *adj* universal: *a universal truth* —**uniwersalność** *n* universality

uniwersytecki *adj* **1** university: *university education* | *the*

U

university library **2 miasteczko uniwersyteckie** campus: *Most first-year students live on campus.*

uniwersytet *n* university: *York University | the University of Paris* | **studiować na uniwersytecie** study at university: *He studied at Oxford University and later became a writer.* | **pójść na uniwersytet** go to university: *After a great deal of thought, I decided to go to university.*

unormować *v* normalize, normalise *BrE*: *In March 1944 Russia normalized relations with Italy.*

unosić się *v* **1** *(na wodzie, w powietrzu)* float, drift: *Oil will float on water. | The balloon floated silently through the air. | The leaves drifted gently in the wind.* **2** *(zapach)* waft: *A faint smell of perfume wafted down the corridor.* →patrz też UNIEŚĆ SIĘ

unowocześnić *v* **1** modernize, modernise *BrE*: *It was an old farmhouse that had been modernized by the previous owners.* **2** *(sprzęt komputerowy itp.)* upgrade

uodpornić *v* **uodpornić kogoś na coś** make sb immune to sth

uodpornić się *v* **uodpornić się na coś** become immune to sth: *They're always so rude that I've almost become immune to it.*

uogólniać *v* generalize, generalise *BrE*: *It's stupid to generalize and say that all young people are rude.* —**uogólnienie** *n* generalization, generalisation *BrE*: *You're making too many generalizations about an issue that you don't really understand.*

uosabiać *v* personify: *Carter personifies the values of self-reliance and hard work.*

uosobienie *n* personification: *Sarah is the personification of feminine innocence.* | **uosobienie lenistwa/dobroci itp.** laziness/kindness etc personified: *Bertha will be remembered as kindness personified.*

upadać *v* →patrz UPAŚĆ

upadek *n* **1** *(przewrócenie się)* fall: *The fall left her with several bruises and a dislocated* (=zwichnięte) *shoulder.* **2** *(rozkład)* decay: *moral and spiritual decay* **3** *(koniec)* downfall, fall: *the downfall of the new regime | the fall of the Roman empire* **4 wzloty i upadki** ups and downs: *We have our ups and downs like all couples.* →patrz też **chylić się ku upadkowi** (CHYLIĆ SIĘ)

upadlać *v* degrade: *a movie that degrades women*

upadlać się *v* degrade/debase yourself: *women forced to debase themselves by selling their bodies* —**upodlenie** *n* degradation: *a life of poverty and degradation*

upadłość *n* bankruptcy: *Major management blunders* (=błędy zarządzania) *have led the company into bankruptcy.* | **ogłosić upadłość** declare bankruptcy: *The factory fell on hard times* (=dla fabryki nastąpiły ciężkie czasy)*, and he was forced to declare bankruptcy.*

upadły *adj* fallen: *fallen angels*

upalny *adj* hot, blazing: *a blazing August afternoon*

upał *n* heat: *One of the soldiers guarding the palace fainted* (=zemdlał) *in the heat.* | **fala upałów** heat wave

upamiętniać *v* commemorate: *This memorial commemorates those who gave their lives in the Great War.* | **dla upamiętnienia czegoś** to commemorate sth: *a parade to commemorate the town's bicentenary*

upaństwowić *v* nationalize, nationalise *BrE*: *The British government nationalized the railways in 1948.* —**upaństwowienie** *n* nationalization, nationalisation *BrE*

uparty *adj* obstinate, stubborn: *an obstinate child | I knew you'd be too stubborn to listen!* | **uparty jak osioł** (as) stubborn as a mule —**uparcie** *adv* obstinately, stubbornly: *He stubbornly refused to eat anything.*

upaść *v* **1** *(przewrócić się)* fall: *I fell and hit my head. | The vase fell to the floor with a crash.* | **upaść jak długi** fall flat on your face **2** *(firma)* go bankrupt: *The company went bankrupt last year.* →patrz też **upaść na duchu** (DUCH), **upaść na głowę** (GŁOWA)

upchnąć *v* stuff: *She stuffed two more sweaters into her bag.*

upewnić *v* **upewnić kogoś o czymś** assure sb of sth: *The dealer had assured me of its quality.* | **upewnić kogoś, że ...** assure sb (that) ...: *Calaway assured him that he had no reason to fear for his job.* THESAURUS CHECK

upewnić się *v* make sure: *The doctor made sure that the patient was getting the right medicine.* THESAURUS CHECK

upiąć *v* pin (up): *Sharon twisted her hair into a rope and pinned it up. | She wound her hair up and pinned it on top of her head.*

upić *v* **1 upić kogoś** get sb drunk: *They got him drunk and then robbed him.* **2** *(wypić trochę)* take a sip of: *He took a sip of coffee.*

upić się *v* get drunk: *We got drunk on tequila last night.*

upiec *v* **1** *(ciasto, chleb)* bake: *Who ate up all the cookies I baked for the party?* **2** *(mięso, orzeszki)* roast: *We roasted chestnuts over the open fire.* **3 upiec dwie pieczenie na jednym ogniu** kill two birds with one stone →patrz też **upiec na grillu** (GRILL), **upiec na ruszcie** (RUSZT)

upierać się *v* **1** insist: *Mark insisted that he was right* (=że ma rację). **2 upierać się przy czymś** insist on sth: *They're insisting on your resignation.*

upierzenie *n* plumage: *the parrot's brilliant blue plumage*

upiększać *v* **1** *(czynić piękniejszym)* beautify: *We welcome any efforts to beautify the neighborhood.* **2** *(koloryzować)* embellish: *Lynn couldn't help embellishing the story.*

upiorny *adj* ghostly: *the sound of ghostly laughter*

upiór *n* ghost, phantom, spectre *BrE*, specter *AmE*

uplasować się *v* **uplasować się na drugim/trzecim itp. miejscu** come in second/third etc: *In the women's competition, Irina Slutskaya of Russia came in second.*

upleść *v* weave: *to weave a basket* →patrz też PLEŚĆ

upłynąć *v* **1** *(czas)* elapse, go by: *Several months elapsed before his case was brought to trial. | Two years went by.* **2** *(termin ważności, kadencja)* expire: *The chairman's term of office expired at the end of March.* →patrz też UPŁYWAĆ

upływ *n* **1 upływ czasu** the passage of time: *With the passage of time, things began to look more hopeful.* **2 po upływie godziny/dwóch godzin itp.** after an hour/two hours etc: *After an hour, she slipped through the door without saying goodbye.* **3 przed upływem miesiąca a)** *(w ciągu miesiąca)* within a month: *By law, the purchase must be completed within a month after the contracts are signed.* **b)** *(przed końcem miesiąca)* before the end of the month: *You must send your invoice before the end of the month.* **4 umrzeć z upływu krwi** die from loss of blood, die of blood loss

upływać *v* **termin upływa 1 czerwca itp.** the deadline is June 1st etc: *The deadline for the submission of proposals is May 2nd.* →patrz też UPŁYNĄĆ

upodobać *v* **upodobać sobie kogoś/coś** take (a liking)

U

to sb/sth: *He took a liking to Malden as soon as he met him.*

upodobanie *n* **1 mieć upodobanie do czegoś** have a liking for sth: *She has a liking for antiques.* **2 robić coś z upodobaniem** delight in doing sth: *The media delight in revealing the most intimate details about the private lives of celebrities.*

upojny *adj* intoxicating: *an intoxicating aroma/smell*

upojony *adj* intoxicated: *We were intoxicated by victory.*

upokarzający *adj* humiliating: *a humiliating defeat*

upokorzyć *v* humiliate: *Her boss humiliated her in front of all her colleagues.* —**upokorzenie** *n* humiliation: *Losing the election was a bitter humiliation.* —**upokorzony** *adj* humiliated: *I've never felt so humiliated in all my life!*

upolitycznić *v* politicize, politicise *BrE*: *an attempt to politicize the police*

upolować *v* bag: *We bagged a rabbit.*

upominek *n* gift: *The earrings were a gift from my aunt.*

upomnieć *v* admonish: *The witness was admonished for failing to answer the question.*
upomnieć się *v* **upomnieć się o coś** claim sth: *If no one claims the watch I've found, can I keep it?*

upomnienie *n* **1** *(karcąca uwaga)* rebuke: *a stern rebuke* **2** *(pismo)* reminder

uporać się *v* **uporać się z czymś** deal with sth: *We dealt with the problem the next day.*

uporczywy *adj* persistent, obstinate: *persistent attempts/headaches/stains* | *an obstinate cough* —**uporczywie** *adv* persistently: *He persistently called her at home.*

uporządkować *v* **1** *(zrobić porządek)* tidy (up), sort out: *You're not allowed to go out until you tidy up your room.* | *The cupboards need sorting out.* **2** *(nadać porządek)* order, sort: *Entries* (=hasła) *in the dictionary are sorted alphabetically.*

U

uporządkowany *adj* orderly: *an orderly desk*

upośledzenie *n* handicap: *a mental/physical handicap* | *a severe degree of handicap*

upośledzony *adj* **1** handicapped: *physically/mentally handicapped* **2 upośledzony społecznie** underprivileged: *underprivileged youth*

upoważnić *v* authorize, authorise *BrE*: *I'm not authorized to answer your questions.* —**upoważnienie** *n* authorization, authorisation *BrE*: *written authorization*

upowszechnić *v* popularize, popularise *BrE*: *Self-service shopping was popularized by Clarence Saunders.*

upór *n* obstinacy, stubbornness: *mulish obstinacy* (=ośli upór) | *A mixture of pride and natural stubbornness prevented him from giving up.* | **z uporem** stubbornly, obstinately: *Richard stubbornly refused to talk to us.*

uprać *v* →patrz WYPRAĆ

upragniony *adj* longed-for: *the birth of a longed-for daughter*

upraszczać *v* *(nadmiernie)* oversimplify: *There's a tendency in news reports to oversimplify complex issues to make the news more interesting.* →patrz też UPROŚCIĆ

uprawa *n* **1** cultivation: *the successful cultivation of tobacco* **2 uprawy** crop(s): *The only thing that could hurt the crop now is an early frost.*

uprawiać *v* **1** *(ziemię, rośliny)* cultivate: *The tribe cultivated the land and grew the food.* | *The camomile plant is cultivated mainly for its medicinal properties.* **2** *(działalność)* practise *BrE*, practice *AmE*: *a group practising black magic* | *Practising safe sex prevents the spread of AIDS.* **3 uprawiać sport(y)** play sport, do sports **4 uprawiać hazard** gamble: *We're forbidden to drink or gamble.*

uprawniać *v* **uprawniać kogoś do czegoś** entitle sb to sth: *Being registered as unemployed does not entitle you to free medical treatment.*

uprawnienia *n* powers: *The police have been given special powers to help them in the fight against terrorism.*

uprawniony *adj* **uprawniony do czegoś** entitled to sth, eligible for sth: *As a hospital employee, you are entitled to free eye tests.* | *Am I eligible for social security benefits?* | **uprawniony do robienia czegoś** eligible/entitled to do sth: *Anyone over the age of 18 is eligible to vote.*

uprawny *adj* **1** *(pole, teren)* cultivated: *cultivated fields/land* **2 roślina uprawna** crop: *The main crop in China is rice.*

uproszczenie *n* (over)simplification: *Your report is full of simplifications.* | *It's an oversimplification to say that Britain is a democracy.*

uprościć *v* simplify: *an attempt to simplify the tax laws* →patrz też UPRASZCZAĆ

uprowadzenie *n* **1** *(człowieka)* abduction, kidnapping: *the abduction of the mayor's daughter* **2** *(samolotu)* hijacking

uprowadzić *v* **1** *(człowieka)* abduct, kidnap: *Anna believes her ex-husband may have abducted their daughter.* | *They kidnapped the bank manager's wife.* **2** *(samolot)* hijack: *Two terrorists hijacked a Boeing 737 and ordered the pilot to fly to Beirut.*

uprzątnąć *v* clear/tidy away: *Why don't you tidy these papers away?*

uprząż *n* harness

uprzeć się *v* →patrz UPIERAĆ SIĘ

uprzedni *adj* previous: *in previous years* | *the previous administration*

uprzednio *adv* previously: *The company was previously owned by the French government.*

uprzedzenie *n* **1** także **uprzedzenia** prejudice: *racial prejudice* | *There still is a lot of public prejudice against single mothers.* | **mieć uprzedzenie do kogoś/czegoś** be prejudiced against sb/sth: *He's prejudiced against anyone who doesn't have a degree* (=dyplomu wyższej uczelni). | **bez uprzedzeń** without prejudice: *As a principal, I have to resolve conflicts between students without prejudice.* **2 bez uprzedzenia** without warning: *Suddenly, without warning, the soldiers started shooting.*

uprzedzić *v* **1 uprzedzić kogoś o czymś** warn sb of sth: *No one warned me of the risks of this treatment.* **2 uprzedzić kogoś do kogoś/czegoś** prejudice sb against sb/sth: *My own schooldays prejudiced me against all formal education.* **3 uprzedzić coś** anticipate sth: *A skilled waiter can anticipate a customer's needs.* **4 uprzedzić kogoś** *(być szybszym)* beat sb to it: *I really wanted that car but someone else had beaten me to it.*
uprzedzić się *v* **uprzedzić się do kogoś/czegoś** get prejudiced against sb/sth: *He got prejudiced against me when he learned I was gay.*

uprzedzony *adj* prejudiced, biased: *People around here* *are prejudiced against Catholics. | At the interview he didn't mention the fact that he was gay, because some people are biased.*

uprzejmość *n* **1** politeness, courtesy: *She spoke with studied* (=wystudiowaną) *politeness. | I don't think he wanted us to come and stay with him, he just offered out of courtesy.* **2 dzięki uprzejmości kogoś** courtesy of sb: *His family enjoyed two luxury holidays courtesy of their Middle East friends.* **3 wymienić uprzejmości** exchange courtesies: *The managers exchanged courtesies before getting down to business.*

uprzejmy *adj* **1** polite, courteous: *a polite request/refusal/remark | She's always polite, but I never know what she's really thinking. | The staff are always courteous and helpful.* **2 czy byłbyś tak uprzejmy i ... ?** would you be kind enough to ... ?, would you be so kind as to ... ?: *I wonder if you would be so kind as to check these figures for me. | Would you be kind enough to close the door, please?* —**uprzejmie** *adv* politely, kindly: *"I hope your mother is well?" he asked politely. | Mr Nunn has kindly agreed to let us use his barn for the dance.*

uprzemysłowienie *n* industrialization, industrialisation *BrE* —**uprzemysłowiony** *adj* industrialized, industrialised *BrE*: *the industrialized nations of the West*

uprzytomnić *v* **1 uprzytomnić sobie, że ...** realize (that) ..., come to the realization (that) ...: *When he left home he realized that his parents' support and advice was no longer on tap* (=pod ręką). **2 uprzytomnić komuś, że ...** make sb realize (that) ...: *The accident certainly made me realize that life was worth living after all.* **3 uprzytomnić komuś coś** make sb aware of sth: *It's time someone made him aware of the effects of his actions.*

uprzywilejowany *adj* privileged: *a member of the privileged class* —**uprzywilejowanie** *n* privilege: *The days of white privilege* (=czasy uprzywilejowania białych) *are over.*

upstrzony *adj* **upstrzony czymś** dotted/spotted with sth: *green meadows dotted with bright flowers*

upust *n* **1 dać upust czemuś** give vent to sth: *Joshua gave vent to his anger by kicking the chair.* **2** *(rabat)* discount: *Do I get a discount if I buy a whole case of wine?*

upuścić *v* drop: *Don't drop that tray!*

upychać *v* →patrz UPCHNĄĆ

urabiać *v* →patrz UROBIĆ

uraczyć *v* →patrz RACZYĆ

uradować *v* **uradować kogoś** make sb's day: *Hearing her voice on the phone really made my day.* —**uradowany** *adj* overjoyed: *My mother was overjoyed when she heard the news.* →patrz też RADOWAĆ

uran *n* **1** *(pierwiastek)* uranium **2 Uran** Uranus

uratować *v* **1** *(człowieka)* save, rescue: *He saved his friend from drowning.* **2** *(mienie, małżeństwo, firmę)* salvage, rescue: *We managed to salvage a few photo albums from the fire. | Is there still a chance of salvaging their marriage? | a final attempt to rescue the company from ruin* →patrz też RATOWAĆ

uraz *n* **1** *(fizyczny)* injury: *a painful injury* | **doznać urazu** sustain an injury **2** *(psychiczny)* trauma: *She hasn't recovered from the emotional trauma of the rape.*

uraza *n* **1** resentment: *"You haven't paid me enough," he said with resentment in his voice.* **2 żywić urazę (do kogoś)** bear/have a grudge (against sb), nurse a grievance (against sb): *She criticized him months ago, and he still has a grudge against her. | He always bore a grudge against me for having opposed him.*

urazić *v* **1** *(obrazić)* offend: *Forgive me, I didn't mean to offend you.* **2** *(dotknąć w bolące miejsce)* hurt: *Be careful not to hurt her elbow.* **3 urazić czyjąś dumę** hurt/wound sb's pride: *I think you may have hurt his pride.* →patrz też RAZIĆ

urażony *adj* hurt: *I left the room, feeling hurt that he had rebuffed* (=odtrącił) *me.*

urągać *v* **1 urągać komuś** hurl/shout abuse at sb: *The game dissolved into chaos with everyone hurling abuse at the referee.* **2 urągać zdrowemu rozsądkowi** be an outrage against common sense, fly in the face of reason/common sense

urbanist-a/ka *n* (town) planner —**urbanistyka** *n* (town) planning

uregulować *v* **1 uregulować rachunek** settle a bill: *Officials can seize a home and sell it to settle a tax bill.* **2 uregulować z kimś rachunki** settle a score with sb: *She's got a few old scores to settle with him.* →patrz też REGULOWAĆ

urlop *n* **1** leave, holiday: *I have applied for three days' leave.* | **brać/wziąć urlop** take a holiday/vacation: *Wouldn't it be preferable to take our vacation in the spring?* **2 na urlopie a)** *(nie w pracy)* on leave: *I'm in command while Farringdon is on leave.* **b)** *(na wakacjach)* on holiday(s), on vacation: *We met on holiday and subsequently became good friends.* **3 urlop macierzyński** maternity leave: *Mrs Deming is on maternity leave.* **4 urlop dziekański** year out: *Betty is thinking of taking a year out and going to the States.* **5 urlop zdrowotny** sick leave: *Two soldiers had been absent on sick leave.*

urlopowicz/ka *n* holidaymaker *BrE*, vacationer *AmE*

urna *n* **1** *(z prochami)* urn **2** *(wyborcza)* ballot box

urobić *v* **1** mould *BrE*, mold *AmE*: *an attempt to mould public opinion* **2** *(ciasto)* knead

uroczy *adj* charming: *What a charming house!* THESAURUS NICE —**uroczo** *adv* charmingly

uroczystość *n* celebration, ceremony: *After the formal celebrations, the President held a private gathering for his closest friends. | a graduation ceremony* | **uroczystości weselne** wedding ceremony: *The wedding ceremony was held in the county park.* THESAURUS PARTY

uroczysty *adj* **1** *(obchodzony uroczyście)* ceremonial: *a ceremonial first session of Parliament | the ceremonial opening of the building* **2** *(pełen powagi)* solemn: *a solemn occasion/promise* —**uroczyście** *adv* solemnly: *She took the knife and solemnly cut into the cake.*

uroda *n* beauty: *Her beauty had faded over the years.*

urodzaj *n* **urodzaj na coś** bumper crop of sth: *Thanks to the lovely weather we had a bumper crop of peaches this year. | a bumper crop of congressional candidates* —**urodzajny** *adj* fertile: *the fertile plains* (=równiny) *of western Canada*

urodzenie *n* **1** birth: **po urodzeniu** after birth: *The baby was given up for adoption immediately after birth.* | **od urodzenia** since birth: *Blind since birth, Steven began losing his hearing at 13 and is now almost totally deaf.* **2 data urodzenia** date of birth: *Write down your name, address, and date of birth.* **3 miejsce urodzenia** birthplace, place of birth **4 świadectwo urodzenia** birth certificate: *Please send a photocopy of your birth certificate.*

U

5 wskaźnik urodzeń birth rate: *a rapidly rising birth rate* **6 z urodzenia** by birth: *Colette is French by birth.*

urodzić *v* **1 urodzić (kogoś)** give birth (to sb): *Has she given birth yet (=czy już urodziła)?* | *She gave birth to a fine healthy girl.* **2 urodzić komuś dziecko** bear sb a child: *She bore him three sons.*
urodzić się *v* be born: *I was born in a small southern town in the USA.* | *She was born on 26 August, 1980.*

urodziny *n* birthday: *It's my 21st birthday next week.* —**urodzinowy** *adj* birthday: *a birthday cake/present/party*

urodziwy *adj* comely: *a comely lady*

urodzony *adj* **urodzony przywódca/artysta itp.** born leader/artist etc: *When I read his first essay I knew that he was a born writer.*

urok *n* **1** *(powab)* charm: *He still has a certain boyish charm.* | *the charms of rural life* **2 być pod czyimś urokiem** be under sb's spell: *He was obviously under her spell.* **3 rzucić na kogoś/coś urok** put/cast a spell on sb/sth: *The witch cast a spell on the young prince.*

urokliwy *adj* charming: *a charming view*

urolog *n* urologist

urosnąć *v* grow: *How you've grown since the last time I saw you!* | *Stan grew two inches in six months.* →patrz też ROSNĄĆ, WZROSNĄĆ

urozmaicenie *n* change: *Roast lamb is a welcome change from the usual junk food.* | **dla urozmaicenia** for a change: *I want to go camping, just for a change.*

urozmaicić *v* vary, add variety to: *My doctor said I should vary my diet more.* | *There was little she could do to add variety to her daily routine.*

urozmaicony *adj* varied: *a varied diet*

uruchomić *v* **1 uruchomić samochód** get the car started, start the car: *He couldn't get his motorbike started.* **2** *(mechanizm)* activate: *The lock is activated by a magnetic key.* **3** *(rozpocząć działalność)* start: *The supermarket has started a banking service.*

urwać *v* **1** *(oderwać)* tear off **2** *(przestać mówić)* break off: *Fay told her story, breaking off now and then to wipe the tears from her eyes.*
urwać się *v* **1** *(guzik)* come off, get torn off: *Some of the buttons had got torn off and the coat looked rather old.* **2** *(skończyć się)* end: *The road ended rapidly.* **3** *(z uwięzi, łańcucha)* tear loose: *The dog tore loose and ran away.* **4** *(z pracy)* get out/away (early)

urwis *n* urchin

urwisko *n* precipice: *the edge of the precipice*

urywać (się) *v* →patrz URWAĆ (SIĘ)

urywek *n* **1** *(tekstu, utworu itp.)* excerpt, extract, fragment: *an excerpt from the ballet 'Giselle'* | *We've only seen short extracts from the film.* | *a fragment of poetry* **2** *(rozmowy)* snatch, fragment: *She heard only a snatch of our conversation.*

urząd *n* **1** *(instytucja)* bureau: *an employment bureau* | *the Bureau of State Security* **2** *(stanowisko)* office: *the office of President* | **piastować/pełnić urząd** hold office: *She had previously held office as Minister of Education.* | **objąć urząd** take office: *Soon after taking office Reagan won much popular sympathy.* **3 urząd pocztowy** post office: *Copies of the document are available at public libraries and post offices.* **4 Urząd Rady Ministrów** cabinet: *a cabinet meeting* **5 urząd stanu cywilnego** registry office **6 Urząd Skarbowy** Inland Revenue *BrE*, Internal Revenue Service *AmE*

urządzenie *n* **1** appliance, device: *labour-saving domestic appliances* | *a useful device for detecting electrical activity* **2 urządzenie mobilne** mobile device, handheld computer

urządzić *v* **1** *(mieszkanie)* furnish: *I can't afford to furnish my new apartment.* **2** *(zorganizować)* organize, organise *BrE*: *Redundant car workers have organized a demonstration.* | *The people who organised the party did a fantastic job.*
urządzić się *v* **1** *(w mieszkaniu)* settle in **2** *(wpaść w kłopoty)* get into a mess: *How did you manage to get into this mess?*

urzeczony *adj* bewitched: *When he heard the recording of Brown playing the trumpet, Marsalis was bewitched.*

urzeczywistnić *v* realize, realise *BrE*: *She has finally realized her ambition of becoming a teacher.*
urzeczywistnić się *v* become a reality: *Marylin's dream of being a film star became a reality.*

urzekać *v* captivate: *I was captivated by his charm and good looks.* —**urzekający** *adj* captivating: *a captivating smile*

urzędni-k/czka *n* **1** clerk, white-collar worker **2 wysoki urzędnik** official **3 urzędnik administracji państwowej** civil servant **4 urzędnik stanu cywilnego** registrar

urzędowy *adj* official: *The official languages of Canada are English and French.* | *an official letter*

urżnięty *adj* *(pijany)* pissed: *Carl was too pissed to take anything seriously.*

usadowić *v* settle, sit down: *I settled her in the armchair and put a blanket over her.* | *She picked up the child and sat him down on the sofa.*
usadowić się *v* settle yourself: *Kari had already settled herself in a corner where she could watch.*

usadzić *v* sit down: *I sat him down in the armchair by his bed.*

usamodzielnić się *v* become independent: *She became financially independent.*

usankcjonować *v* sanction: *The UN refused to sanction the use of force.*

usatysfakcjonować *v* satisfy: *Nick felt that nothing he did would satisfy his boss.*

uschnąć *v* wither (away), shrivel (up): *I got back from holiday to find that all my plants had withered away.* | *The apples on the top branches had shrivelled up and gone brown.* →patrz też USYCHAĆ

usiany *adj* **usiany czymś** spotted/dotted with sth: *The patio was spotted with bird droppings.*

usiąść *v* **1** *(człowiek)* sit down, take a seat: *Come over here and sit down!* | *If you'd like to take a seat, the doctor will see you shortly.* **2** *(ptak, owad)* settle: *A fly settled on the plate of cookies.*

usilnie *adv* **1 usilnie starać się coś zrobić** struggle to do sth: *I've been struggling to explain this to him all afternoon.* **2 usilnie prosić** entreat: *Mother entreated him to come home.*

usilny *adj* strenuous: *strenuous efforts/attempts*

usiłować *v* attempt: *Every time I've attempted to convince her, I've failed completely.* THESAURUS TRY

uskarżać się *v* →patrz SKARŻYĆ SIĘ

U

uskok *n* **1** *(unik)* dodge **2** *(rozpadlina)* fault

usługa *n* **1** service: *We offer a free information service.* **2 usługi komunalne** utilities: *Does the rent* (=czynsz) *include utilities?* →patrz też **świadczyć usługi** (ŚWIADCZYĆ)

usłużnie *adv* obligingly: *"Of course I'll do it", she said obligingly.*

usłużny *adj* obliging: *The shop assistants were very obliging.*

usłyszeć *v* **1** hear: *I'm sorry, I didn't hear what you said.* THESAURUS HEAR **2 przypadkiem usłyszeć** overhear: *I overheard part of their conversation.* →patrz też SŁYSZEĆ

usmażyć *v* fry: *Mushrooms are best when fried in olive oil.*
usmażyć się *v* fry: *The fish fried quickly.*

usnąć *v* fall asleep: *The programme was so boring that she fell asleep.*

uspokajający *adj* **środek uspokajający** sedative, tranquillizer, tranquilliser *BrE*, tranquilizer *AmE*

uspokoić *v* calm: *Charlie tried to calm the frightened children.* | *Have a drink; it'll calm your nerves.*
uspokoić się *v* **1** *(człowiek)* calm down: *Calm down and tell me what happened.* **2** *(sytuacja)* calm down, quieten (down) *BrE*, quiet down *AmE*: *We waited outside until things calmed down.* | *Things will quieten down after the Christmas rush.*

usposobienie *n* disposition, temperament: *a cheerful disposition* | *a sunny temperament*

usprawiedliwić *v* excuse, justify: *Nothing can excuse that kind of rudeness.* | *a desperate attempt to justify his decision*
usprawiedliwić się *v* justify yourself: *I don't have to justify myself to you or anyone.*

usprawiedliwienie *n* **1** *(wymówka)* excuse: *As her teacher advanced she desperately tried to think of an excuse for her behaviour.* **2** *(uzasadnienie)* justification: *There is no justification for violence.*

usprawnić *v* streamline: *efforts to streamline the production process*

usta *n* **1** mouth, lips: *When she laughed, little lines formed at the corners of her eyes and mouth.* | *I didn't dare open my mouth in case I offended her.* | *Marty kissed me right on the lips!* **2 z otwartymi ustami** open-mouthed: *They stared open-mouthed at the extraordinary spectacle.* **3 metoda usta-usta** mouth-to-mouth resuscitation **4 przekazywać coś z ust do ust** pass sth on by word of mouth: *The tribe's history was passed on by word of mouth.*

ustabilizować *v* stabilize, stabilise *BrE*: *The tax increases will help stabilize the economy.*
ustabilizować się *v* stabilize, stabilise *BrE*, level off/out: *The patient's condition has now stabilized.* | *The world population could level off at around 8.5 billion by the middle of the next century.*

ustać *v* →patrz USTAWAĆ, STAĆ

ustalić *v* **1** *(wyznaczyć)* fix, determine: *Have you fixed a date for the wedding yet?* | *The date of the court case was yet to be determined.* **2** *(określić, stwierdzić)* determine, establish: *It has been firmly established that she was not there at the time of the crime.* | *Scientists have established a link* (=związek) *between ozone depletion and the use of CFC gases.* **3** *(uzgodnić)* determine: *The purpose of the exercise is to determine where we want to go from here.*

ustalony *adj* **1** fixed: *The classes begin and end at fixed times* (=o ustalonych godzinach). | *fixed prices* **2 z góry ustalony** predetermined: *a predetermined location*

ustanowić *v* **1** lay down: *The school laid down strict rules about appearance.* **2 ustanowić rekord** set a record: *The Americans set a new world record in the sprint relay* (=w sztafecie 4 x 100m).

ustatkować się *v* settle down: *They'd like to see their daughter settle down, get married, and have kids.*

ustawa *n* **1** act: *the 1991 Prevention of Terrorism Act* | *an act of Congress* **2 projekt ustawy** bill: *the President's new transportation bill* | *Congress refused to enact* (=przyjąć) *the bill.* **3 ustawa zasadnicza** constitution: *a new constitution for Scotland*

ustawać *v* **1** *(zanikać)* cease: *Presently, the rain ceased and the sun came out.* **2 nie ustawać w wysiłkach** persist in your efforts: *Students must persist in their efforts if they wish to do well* (=osiągnąć dobre wyniki).

ustawicznie *adv* persistently: *He persistently called her at home.* —**ustawiczny** *adj* persistent: *persistent rain/fear/criticism*

ustawić *v* **1** *(umieścić)* place, put: *He placed the book back on the shelf.* | *They put a barricade across the front door.* **2** *(wyregulować)* adjust: *How do you adjust the colour on the TV?*
ustawić się *v* **1** stand: *Everybody stand in a circle.* | *Tom and Jerry, you stand at the door and greet people.* **2 ustawić się w szeregu** line up: *Line up, everybody!* →patrz też STAWIAĆ, POSTAWIĆ

ustawienie *n* alignment: *the correct alignment of spine and pelvis* (=kręgosłupa i miednicy)

ustawodawca *n* legislator

ustawodawczy *adj* **1** legislative: *a legislative assembly* (=zgromadzenie) **2 ciało ustawodawcze** legislature: *the Iowa state legislature*

ustawodawstwo *n* legislation: *human rights legislation* (=ustawodawstwo dotyczące praw człowieka)

ustawowy *adj* statutory: *the statutory age for school attendance*

ustąpić *v* **1 ustąpić (komuś)** give in (to sb): *They argued back and forth until finally Geoff gave in.* **2** *(zrezygnować, wycofać się)* resign, stand down, step down/aside: *She's just resigned from the committee.* | *I'm prepared to stand down in favour of a younger candidate.* | **ustąpić ze stanowiska** resign your post/position: *The manager was forced to to resign his post after allegations of corruption.* **3** *(poddać się naporowi)* yield: *The door wouldn't yield* (=nie chciały ustąpić) *despite all our efforts to move it.* **4 ustąpić komuś miejsca** give up your seat to sb: *Peggy gave up her seat to an old woman on the bus.* **5 ustąpić miejsca czemuś** give way to sth: *Steam trains finally gave way to electric ones.* **6 ustąpić pierwszeństwa przejazdu** give way *BrE*, yield *AmE*: *You must give way to traffic coming from the right.* | *You should have yielded to that car, you know!* **7** *(ból itp.)* ease: *The morphine was starting to take effect and the pain eased.*

usterka *n* defect, fault, malfunction: *All the cars are tested for defects before they leave the factory.* | *an electrical fault* | *a malfunction in the computer system*

ustęp *n* **1** *(urywek)* passage: *What do you think the writer is saying in this passage?* | *She read a passage from 'Macbeth'.* **2** *(ubikacja)* toilet: *public toilets*

ustępstwo *n* **pójść/iść na ustępstwa** make concessions: *Neither side is willing to make concessions on the issue of pay* (=w kwestii płac).

ustnik *n* mouthpiece

ustny *adj* **1** oral, verbal: *a brief oral report* | *a verbal agreement* **2 egzamin ustny** oral (exam): *I've got my French oral tomorrow.* —**ustnie** *adv* orally: *These ancient stories were passed on orally.*

ustosunkować się *v* **1 ustosunkować się do czegoś** take a stand/position on sth **2 ustosunkować się do czegoś krytycznie** be critical of sth: *Dillard was very critical of the plan to reorganize the company.*

ustrojowy *adj* **1** *(polityczny)* political: *political changes* **2 płyn ustrojowy** body fluid

ustronny *adj* secluded: *a secluded place*

ustrój *n* **1** *(państwa)* political system: *These are the most obvious undemocratic anomalies within our political system.* **2** *(organizm)* system: *All this overeating is bad for my system.*

ustrzec *v* →patrz STRZEC

usunąć *v* **1** *(z miejsca, stanowiska)* remove: *Do not remove this notice.* | *The governor was removed from office.* **2** *(operacyjnie)* remove: *an operation to remove a tumour* **3** *(ząb)* extract: *You'll have to have that wisdom tooth extracted.* **4** *(plamę)* remove, get out: *How do you get wine stains out?* **5** *(z listy, twardego dysku itp.)* delete: *His name was deleted from the list.* **6 usunąć ciążę** have an abortion: *She did not have an abortion.*
usunąć się *v* **1** withdraw: *We withdrew to the garden for a private talk.* **2 usunąć się na dalszy plan** take a back seat: *Women have often been forced to take a back seat in society.*

usychać *v* **usychać z tęsknoty za kimś/czymś** pine for sb/sth: *She won't touch her food. I think she's pining for home.* →patrz też USCHNĄĆ

usypiać *v* →patrz UŚPIĆ

usypywać *v* heap: *Eileen collected the leaves, heaping them in piles* (=w stosy) *for burning.*

usystematyzować *v* systematize, systematise *BrE*

usytuowany *adj* set: *a town set on a hill*

uszanować *v* respect: *I promise to respect your wishes.* →patrz też SZANOWAĆ

uszanowanie *n* **1** respect: *Democracy implies a respect for individual liberties* (=swobód). **2 moje uszanowanie** good day

uszczelka *n* seal, washer

uszczelnić *v* seal

uszczerbek *n* **1** damage: *The scandal has done much damage to his reputation.* **2 z uszczerbkiem dla czegoś** to the detriment of sth: *He started working longer hours, to the detriment of his health.*

uszczęśliwić *v* make happy: *He would do anything to make her happy.*

uszczuplić *v* deplete: *The school's funds for sports and music have been seriously depleted.*

uszczypliwy *adj* cutting: *a cutting remark*

uszczypnąć *v* pinch: *Mum, he pinched me!*

uszkodzić *v* damage: *Take care not to damage the timer mechanism.* | *I've damaged a knee ligament* (=wiązadło w kolanie). THESAURUS DAMAGE

uszkodzić się *v* get damaged: *The painting was taken to another gallery but it got damaged during the move.*

uszyć *v* make: *Did you make that dress yourself?* →patrz też SZYĆ

uścisk *n* **1** *(czuły)* embrace: *The lovers were in a close embrace.* **2** *(chwyt)* clasp, grip: *the firm, reassuring clasp of her hand* | *Don't loosen your grip on the rope or you'll fall.* **3 uścisk dłoni** handshake **4 uściski** *(w liście)* love: *See you soon. Lots of love, Clare.*

uściskać *v* **1** hug: *Jane threw her arms around him and hugged him tight.* **2 uściskaj ode mnie rodziców** give my love to your parents

uścisnąć *v* **uścisnąć komuś rękę** shake hands with sb: *The governor shook hands with everyone in the room.*

uściślić *v* **1** *(warunki, obowiązki itp.)* clarify **2** *(wypowiedź)* qualify: *Could I just qualify that last statement?*

uśmiać się *v* have a good laugh: *It was a nightmare at the time, but afterwards we all had a good laugh about it.*

uśmiech *n* **1** smile, *(szeroki)* grin: *with a smile on your face* | *"I'm getting married," said Claire, with a big grin.* | **posłać komuś uśmiech** give sb a smile: *Tracy gave the girl a warm smile.* **2 uśmiech losu** stroke of luck: *It was a stroke of luck that the Australian actress happened to get the part.*

uśmiechnąć się *v* **1** smile, *(szeroko)* grin: *"So this is your secret weapon," he smiled.* | *Neil smiled to himself* (=do siebie), *thinking about how he had tricked them.* | **+do kogoś** at sb: *Joanna smiled at us in a friendly way.* | *Sally was grinning at Martin from across the room.* **2 uśmiechnąć się na myśl ...** smile to think ...: *When he looked back at his youth he smiled to think how naive he had been.*

uśmiercić *v* put to death: *The queen would have people put to death for her own amusement.*

uśmierzyć *v* **1** *(ból)* kill, relieve: *Nothing that the doctor gives me kills the pain.* | *Drugs helped to relieve the pain.* **2** *(bunt)* quell: *They needed more troops to quell the ever-rising tide of rioting.*

uśpić *v* **1** *(wywołać senność)* send to sleep: *The warmth and music sent him to sleep.* **2** *(podać środek nasenny)* drug: *They had to drug the lion before they transported it.* **3** *(chore zwierzę)* put down: *We had to have the dog put down.*

uśpiony *adj* dormant: *Stress may activate the virus which has lain dormant in the blood.*

uświadomić *v* **1 uświadomić sobie** realize, realise *BrE*: *I suddenly realised that my precious son was a full-grown man.* **2 uświadomić coś komuś** make sb realize sth, bring sth home to sb: *Being left out of the team made me realize that I had to change my attitude.* | *McCullin's photographs brought home to people the horrors of war.*

uświęcać *v* **1** sanctify: *sexual roles that are sanctified by marriage* **2 cel uświęca środki** the end justifies the means

utalentowany *adj* gifted, talented: *a gifted/talented pianist/actress* | *Edward is very talented – he can draw, sing and play the guitar.* THESAURUS INTELLIGENT

utarczka *n* skirmish: *Bates was sent off* (=został usunięty z boiska) *after a skirmish with the referee* (=z sędzią). | *Government soldiers ran into a group of rebels, and a skirmish followed in which several were killed.*

utarg *n* takings: *Someone stole the day's takings from the safe.*

utkać *v* →patrz TKAĆ

utknąć *v* get stuck: *We got stuck in a traffic jam.* | *Nathan got stuck in the revolving doors!*

utkwić *v* **1** lodge, be lodged: *The fishbone lodged in her throat.* | *The bullet was lodged in his spine.* **2 utkwić wzrok w kimś/czymś** fix your eyes on sb/sth: *Both girls fixed their eyes on the ground.* **3 utkwić komuś w pamięci** stick in sb's mind: *For some reason the name stuck in Joe's mind.*

utleniać *v* **1** *(przyłączać tlen)* oxidize, oxidise *BrE* **2 utlenić włosy/się** bleach your hair: *I can't believe she bleached her hair.*
utleniać się *v* oxidize, oxidise *BrE*: *Through the years, paint oxidizes as it is exposed to air.*

utonąć *v* drown: *The woman drowned while swimming in the sea.* →patrz też TONĄĆ

utopia *n* utopia: *a socialist utopia* —**utopijny** *adj* utopian: *a utopian vision of society*

utopić *v* drown: *The floods drowned scores of livestock.*
utopić się *v* drown: *One of the crew fell overboard and drowned.*

utorować *v* →patrz TOROWAĆ

utożsamiać *v* identify: *It is a mistake to identify art with life.*
utożsamiać się *v* identify: *I didn't enjoy the movie because I didn't identify with any of the characters.*

utracić *v* →patrz TRACIĆ

utrapienie *n* annoyance, nuisance: *Alan found the constant noise of the traffic an annoyance.* | *Those dogs next door are a thorough nuisance.*

utrata *n* loss: *a temporary loss of memory* | *How will he cope with the loss of his sight?*

utrudniać *v* hinder, impede, obstruct: *High interest rates will hinder economic growth.* | *The use of these drugs may even impede the patient's recovery.* | *He was charged with obstructing the investigation.* —**utrudnienie** *n* hindrance: *They should be allowed to do their job without hindrance.*

utrwalić *v* **1** *(tradycję, przesąd itp.)* perpetuate: *an education system that perpetuates the divisions in our society* **2** *(dane, obrazy, dźwięki)* record: *All the data is recorded on computer.* **3** *(zdjęcie)* fix
utrwalić się *v* become established: *The concepts of democracy will soon become established.*

utrzeć *v* **1** *(zetrzeć)* grate: *Use the food processor to grate the vegetables.* **2** *(zmiksować)* mix: *First mix the butter and sugar together, then add the milk.* **3 utrzeć komuś nosa** bring sb down a peg (or two): *It's time that young man was brought down a peg or two.*
utrzeć się *v* be customary: *It is customary to wear new clothing for the Chinese new year.*

utrzymać *v* **1** *(trzymać)* hold: *I can swim underwater but I can't hold my breath for very long.* **2** *(rodzinę)* provide for: *He has to provide for a family of five.* **3** *(dom)* maintain: *It costs a lot of money to maintain a big house.* **4** *(równowagę)* keep: *The horse tried to throw her off but she managed to keep her balance.* **5** *(porządek, dyscyplinę)* keep, maintain: *The local police are trying to keep law and order.* | *Whoever is in authority around here is unable to maintain discipline.* **6** *(władzę, zdobyty teren)* hold, maintain: *The French army held the town for three days.* | *Rebel soldiers continue to maintain control of the capital.* **7** *(kontakt, temperaturę)* maintain: *We need to maintain good relations with our customers.* | *We managed to maintain contact with the astronauts all the time.* | *An animal's fur helps it to maintain a constant body temperature.*
utrzymać się *v* **1** *(pozostać)* stay, remain: *With an expanding market, prices stayed quite high.* | *The government remained in power* (=u władzy) *for twelve years.* **2 utrzymać się przy życiu** subsist, stay alive: *We had to subsist on bread and water.* | *They managed to stay alive by eating berries and roots.* THESAURUS CONTINUE →patrz też UTRZYMYWAĆ, TRZYMAĆ

utrzymanie *n* **1 zarabiać na utrzymanie** make a living: *It's hard to make a living as a musician.* **2 być na czyimś utrzymaniu** be financially dependent on sb: *Anne was financially dependent on her husband.* **3** *(koszty)* upkeep: *The upkeep of the flat and garden is paid for by the occupants.* **4** *(opieka)* maintenance: *The caretaker is responsible for the maintenance of the school buildings.*

utrzymywać *v* *(twierdzić)* claim, maintain: *Witnesses claimed that Jones was under the influence of alcohol.* | *Critics maintain that these reforms will lead to a decline in educational standards.* →patrz też UTRZYMAĆ

utuczyć *v* →patrz TUCZYĆ

utwardzić *v* harden: *The steel was hardened by heating it to a very high temperature.*
utwardzić się *v* harden: *Make sure you give the glue enough time to dry and harden.*

utwierdzić *v* **utwierdzić kogoś w przekonaniu, że ...** confirm sb in their belief that ...: *The expression on his face confirmed me in my belief that he was guilty.*

utworzyć *v* form: *Environmental groups formed an alliance to stop the new road being built.*
utworzyć się *v* form: *A tumour had formed in the right frontal lobe of his brain.*

utwór *n* **1** *(dzieło)* composition, piece, work: *She's very fond of Bach's later compositions.* | *a piece of poetry* | *The 1812 overture is one of Tchaikovsky's finest pieces.* | *the collected/complete works of Joyce* | *Mozart's piano works* **2** *(nagranie)* track: *There's a great Miles Davis track on side two.*

utykać *v* limp: *He's been limping badly ever since the accident.* THESAURUS WALK

utylizacja *n* recycling: *Recycling is important to help protect our environment.* —**utylizować** *v* recycle: *It's a good idea to recycle household waste.*

utyskiwać *v* gripe: *Joe came in griping about how cold it was outside.*

uwaga *n* **1** *(skupienie)* attention: *Some people enjoy being the centre of attention.* | *Could I have your attention, please?* | **zwracać uwagę na kogoś/coś** pay attention to sb/sth: *Don't pay any attention to him – he's always saying stupid things.* | *The teacher said I needed to pay attention to spelling.* | **zwrócić (czyjąś) uwagę na coś** draw (sb's) attention to sth: *The article was intended to draw attention to the situation in Cambodia.* | **zwracać/przykuwać czyjąś uwagę** catch sb's attention/eye: *The unusual panelling on the wall caught our attention.* | **odwracać (czyjąś) uwagę od czegoś** divert (sb's) attention from sth: *The tax cuts diverted attention from real economic problems.* **2** *(spostrzeżenie)* observation: *Darwin's observations on the habits of certain birds* | **po/czynić uwagi** make observations: *I'd like to make a few observations about the current style of management.* **3** *(komentarz)* remark: *an unkind remark* | *Tanya came out with* (=wyskoczyła z) *a really stupid remark.* | **robić uwagi** make remarks: *She could hear the other girls making rude remarks about her.*

U

4 *(napomnienie)* rebuke, reproof: *a sharp/stern rebuke/reproof* | **zwrócić komuś uwagę** rebuke/reprove sb: *My mother rebuked me for being unkind.* **5 brać/wziąć coś pod uwagę** take sth into consideration: *The teachers will take your recent illness into consideration when marking your exams.* **6 wziąwszy/biorąc pod uwagę** given: *Given the circumstances, you've coped well.* | *Given that there was so little time, I think they've done a good job.* **7 z uwagi na coś** owing/due to sth: *Owing to a lack of funds, the project will not continue next year.* | *All flights into London Heathrow have been delayed due to thick fog.* **8 godny uwagi** notable, noteworthy: *a notable lack of enthusiasm* | *a noteworthy achievement* **9 uwaga! a)** *(uważaj!)* watch/mind out!: *"Watch out!" she shouted, as the child ran across the road.* **b)** *(ostrożnie!)* caution!: *Caution! Flammable substances.* **c)** *(niebezpieczeństwo!)* danger!: **uwaga (na) stopień!** mind the step! | **uwaga! zły pies** beware of the dog!

uwalniać *v* →patrz UWOLNIĆ

uwarunkować *v* condition: *People are conditioned by the society they live in.* —**uwarunkowanie** *n* conditioning: *Most adults are unaware of the social conditioning they have been subject to since childhood.*

uważać *v* **1** *(być ostrożnym)* be careful: *They were careful not to upset Amy while she was pregnant.* | **uważać na coś** mind sth: *Mind your head. The ceiling is very low in here.* | **uważaj, żeby(ś) nie ...** be careful not to ..., mind you don't ...: *Be careful not to slip - the floor is wet.* | *Mind you don't fall off the chair.* | **uważaj, gdzie/co itp.** be careful/mind where/what etc: *Be careful what you say.* | *Mind where you're walking. The floor is a bit slippery.* **2 uważaj!** (be) careful!, watch/mind out!: *Careful! You'll break it.* | *"Watch out!" she shouted, as the car started to move.* | *Mind out! There's a car coming!* **3 uważaj na siebie** take care: *Bye! Take care!* **4 uważać, że ...** think/believe (that) ...: *I think that she should have paid the money back.* **5 uważać kogoś/coś za ...** regard sb/sth as ..., consider sb/sth (to be) ...: *She wore strange clothes and was widely regarded as eccentric.* | *Liz Quinn was considered an excellent teacher.* | *I consider it a great honour to be invited.*

U

uważnie *adv* carefully, attentively: *Watch carefully and follow my example.* | *He listened attentively and with growing interest.* —**uważny** *adj* careful, attentive: *a careful driver* | *an attentive audience*

uwertura *n* overture

uwędzić *v* →patrz WĘDZIĆ

uwiązać *v* tie: *They tied him to a lamp-post.*

uwiązany *adj* **być uwiązanym** be stuck: *I was stuck with my aunt all afternoon.*

uwidocznić *v* demonstrate: *The Chernobyl disaster clearly demonstrated the dangers of nuclear power.*

uwiecznić *v* immortalize, immortalise *BrE*: *Dickens' father was immortalized as Mr Micawber in 'David Copperfield'.*

uwielbiać *v* adore: *Betty adores her grandchildren.* | *I absolutely adore chocolate.* THESAURUS LOVE —**uwielbienie** *n* adoration: *the look of adoration in his eyes*

uwieńczyć *v* crown: *Their efforts have been crowned with success.*

uwierać *v* pinch: *Her head was aching and her new shoes pinched dreadfully.*

uwierzyć *v* **1** believe: *If you lie convincingly enough, people will believe you.* **2 nie uwierzysz** guess what, can you believe it: *Guess what! I won a free trip to Europe!* | *Can you believe it - they're digging up the road again!* **3 choć trudno w to uwierzyć** believe it or not: *Well, believe it or not, they've given me a loan.* **4 trudno uwierzyć, że ...** it is hard to believe (that) ...: *It was hard to believe that both of them were the same age.* **5 nie mogę (w to) uwierzyć** I can't/don't believe (it): *I can't believe Mary has paired up with Mike!* | *I don't believe it - the photocopier's broken down again!* →patrz też WIERZYĆ

uwieść *v* seduce: *She allowed herself to be seduced by Hank.*

uwięzić *v* **1** *(w więzieniu)* imprison: *The government imprisoned all opposition leaders.* **2** *(uniemożliwić wyjście)* imprison, trap: *Many elderly people felt imprisoned in their own homes.* | *Twenty miners were trapped underground.*

uwijać się *v* **uwijać się (po czymś)** bustle about/round (sth): *Madge bustled round the room putting things away.*

uwikłać się *v* **uwikłać się w coś** get/become entangled in sth: *Military observers fear that the US could get entangled in another bloody conflict.* →patrz też WIKŁAĆ (SIĘ)

uwłaczać *v* **uwłaczać czyjejś godności** be beneath sb/sb's dignity: *She seemed to think that talking to us was beneath her.*

uwodzicielski *adj* seductive: *a low, seductive voice*

uwodzić *v* →patrz UWIEŚĆ

uwolnić *v* **1** free: *Lincoln freed the slaves.* | *After three hours the firemen freed her from the wreckage.* | *They aim to free the country from its enormous debts.* **2** *(więźnia, zwierzę z klatki)* (set) free, release: *Mandela was finally set free in 1993.* | *They decided to release the bird from its cage.* **3 uwolnić kogoś od czegoś** relieve sb of sth: *Jessie could relieve you of some of the chores.*
uwolnić się *v* **uwolnić się (od czegoś)** break free (of sth): *I managed to break free by elbowing him in the stomach.* | *She says her whole life changed when she broke free of drug addiction.*

uwypuklić *v* emphasize, emphasise *BrE*: *The report emphasizes the importance of improving safety standards.*

uwzględnić *v* take into consideration, allow for: *We'll take into consideration the fact that you were ill.* | *Allowing for inflation, the cost of the project is $2 million.*

uzależnić *v* **uzależnić coś od czegoś** make sth dependent on sth
uzależnić się *v* **1** become dependent: *Congress is wary of becoming too dependent on foreign oil.* **2 uzależnić się od narkotyków** become addicted to drugs: *Marvin soon became addicted to sleeping pills.*

uzależnienie *n* **1** *(nałóg)* addiction **+ od czegoś** to sth: *a programme to deal with addiction to alcohol* **2** *(zależność)* dependence, reliance **+ od kogoś/czegoś** on sb/sth: *We need to reduce our dependence on Asian markets.* | *our country's reliance on imported oil*

uzależniony *adj* **być uzależnionym od czegoś a)** *(zależeć)* depend on/upon sth: *We depend entirely on donations from the public.* **b)** *(używać)* be addicted to sth: *He's addicted to heroin.* THESAURUS LIKE

uzasadnić *v* justify: *The belief that women may give up work to have children is repeatedly used to justify giving a job to a man and not to a woman.* —**uzasadnienie** *n* justification: *The committee could see no justification for a pay rise.*

uzasadniony *adj* **1** *(wniosek, posunięcie)* justified: *I think your conclusions were fully justified.* | *Her criticism is* *justified.* **2** *(podejrzenie)* well-grounded, well-founded: *well-grounded suspicions*

Uzbekistan *n* Uzbekistan —**uzbecki** *adj* Uzbek

uzbierać *v* →patrz **ZBIERAĆ**

uzbroić *v* arm: *They armed us with teargas.*
uzbroić się *v* arm yourself: *The villagers armed themselves with sticks and knives to protect themselves.* | *I've armed myself with all the facts I need to prove my point.* —**uzbrojony** *adj* armed: *armed to the teeth* (=po zęby) | *armed guards*

uzda *n* bridle

uzdolniony *adj* gifted, talented: *a gifted poet* | *a talented football player* —**uzdolnienie** *n* talent

uzdrawiacz/ka *n* healer

uzdrowiciel/ka *n* healer

uzdrowić *v* heal: *They believe they have healed themselves using the "power of the mind."*

uzdrowisko *n* spa: *the spas of Germany*

uzębienie *n* teeth

uzgodnić *v* **1** agree, make an agreement: *It was agreed that Mr Rollins would sign the contract on May 1st.* | *We agreed to meet up later and talk things over.* | *We made an agreement to help each other.* **2 uzgodnić coś** agree on sth: *They managed to agree on a date for the wedding.*

uzgodnienie *n* **1** agreement: *all the details of the agreement* **2 do uzgodnienia** negotiable: *The salary is negotiable.*

uziemić *v* earth *BrE*, ground *AmE*: *The amplifier wasn't properly earthed.* —**uziemienie** *n* earth *BrE*, ground *AmE*

uzmysłowić *v* **1 uzmysłowić sobie** realize, realise *BrE*: *I got a fright when I realized how close we were to the cliff edge.* **2 uzmysłowić komuś coś** make sb aware of sth, make sb realize sth: *It's time someone made him aware of the effects of his actions.*

uznać *v* **1** recognize, recognise *BrE*: *British medical qualifications are recognised in Canada.* **2 uznać, że ... a)** *(przyjąć do wiadomości)* acknowledge that ...: *By November 1914 the government was forced to acknowledge that its policy had failed.* **b)** *(zdecydować)* decide (that) ...: *The judges decided that Mary's painting was the best.* **3 uznać kogoś/coś za ...** regard sb/sth as ..., consider sb/sth (to be) ...: *The peace treaty must be regarded as a major success for UN diplomats.*

uznanie *n* **1** recognition: *a young artist struggling for recognition* | **zdobyć uznanie** win/receive recognition: *Despite a life devoted to helping the poor, she never won any recognition before her death.* | **w uznaniu dla czegoś** in recognition of sth: *This medal is awarded in recognition of outstanding courage.* **2 według czyjegoś uznania** at sb's discretion: *The size of your payment may be changed at your discretion.* | **zostawić coś do czyjegoś uznania** leave sth to sb's discretion: *Promotions are left to the discretion of the supervisor.* **3 wyrazić (swoje) uznanie dla kogoś/czegoś** pay tribute to sb/sth: *I'd like to pay tribute to the party workers for all their hard work.*

uznany *adj* **1** *(mający dobrą opinię)* recognized: *a recognized authority on the teaching of English* **2 zostać uznanym za ...** be recognized as ...: *Lawrence's novel was eventually recognized as a work of genius.* **3 uznany za zmarłego/niewinnego itp.** presumed dead/innocent etc: *Their nephew was missing, presumed dead.*

uznawać *v* →patrz **UZNAĆ**

uzupełniać *v* **1** *(czynić kompletnym)* complete: *This exercise involves completing sentences.* **2** *(wzbogacać)* supplement: *vitamins and minerals to supplement your diet*
uzupełniać się *v* **uzupełniać się (wzajemnie)** complement one another/each other: *Yoghurt and honey complement each other very well.*

uzupełniający *adj* **wybory uzupełniające** by-election

uzupełnienie *n* complement: *A fine wine is a complement to a good meal.*

uzurpować *v* **uzurpować sobie coś** usurp sth: *He accused Congress of trying to usurp the authority of the President.*

uzyskać *v* obtain: *Further information can be obtained from head office.* | *the difficulty of obtaining credit*
THESAURUS GET

użalać się *v* **użalać się nad czymś** lament sth: *another article lamenting the decline of popular television*

użądlić *v* sting: *He was stung by a bee at the picnic.* —**użądlenie** *n* sting: *Rub ointment on to the wasp sting.*

użycie *n* **1** use: *the use of computers in education* | **w użyciu** in use: *All the machines are in use at the moment.* | **wyjść z użycia** go out of use: *The traditional printing techniques have already gone out of use.* **2** *(języka)* use, usage: *a book on modern English usage* **3 łatwy w użyciu** user-friendly: *a user-friendly guide to computing*

użyteczność *n* usefulness: *The article considers the usefulness of literary criticism.*

użyteczny *adj* useful: *useful information* | *The book proved to be extremely useful.*

użytek *n* **1 nadający się do użytku** fit for use, usable: *When will the swimming pool be fit for use again?* | *I know the bicycle's old but it's still usable.* **2 z/robić użytek z czegoś** make use of sth: *It would be stupid of the team not to make use of Hutchens's pitching talent.* **3 zrobić z czegoś dobry użytek** put sth to good use: *an opportunity to put her medical training to good use* **4 do użytku zewnętrznego** for external use: *This medicine is for external use only.* **5 użytki** arable land: *Stone walls divided pasture from arable land.*

użytkować *v* use: *The government uses money from taxes to finance higher education.*

użytkowni-k/czka *n* user: *road users*

użytkowy *adj* **1** utilitarian: *ugly utilitarian buildings* **2 rośliny użytkowe** farm plants

używać *v* **1** use: *I always use the same deodorant.* | *We use this room for keeping all our junk in.* | *My mother uses old socks as dusters.* | *an expression that would never be used in polite conversation* **2** *(lekarstw, narkotyków)* take: *I'd quit taking the pills because they were making me overweight.* →patrz też **używać życia** (**ŻYCIE**)

używany *adj* second-hand, used: *Did you get a second-hand computer or a new one?* | *a used car*

używka *n* stimulant: *Coffee and tea are stimulants.*

U

Ww

w *prep* **1** *(lokalizacja w przestrzeni)* in: *in Poland | in the mountains | in your office | in bed* **2 w domu/pracy/szkole** at home/work/school: *I like staying at home. | She's at school right now.* **3 w telewizji** on television: **w radiu** on the radio **4** *(lokalizacja w punkcie)* at: **w tym miejscu** at this point **5** *(ubranie)* in: *Two men dressed in black. | A young girl in jeans and glasses.* **6** *(z nazwami dni)* on: *on Wednesdays | on Sunday | on a Saturday* **7 w tym/przyszłym tygodniu/miesiącu/roku** this/next week/month/year: *Are you doing anything next week?* **8 w zimie/lecie** in (the) winter/summer **9 w podróży** while travelling **10** *(ruch)* into, in: *Insert the coin into the slot* (=w otwór). **11 w nędzy/rozpaczy itd.** in poverty/despair etc

wabić *v* lure, entice: *The city lures young people with its bright lights and glamour.*

wachlarz *n* **1** *(do wachlowania)* fan **2** *(zakres)* array: *a vast array of uniforms*

wachlować się *v* fan yourself: *She fanned herself with her hat.*

wacik *n* (cotton) swab

wada *n* **1** *(niekorzystna cecha)* disadvantage, drawback: *One of the disadvantages of the new system is its slowness. | This medicine has one drawback: it makes you sleepy. | The only drawback to living in London is the cost.* THESAURUS DISADVANTAGE **2** *(defekt)* defect, fault: *The disease is caused by a genetic defect.* | **wada konstrukcyjna** design fault: *The problem was caused by a design fault.* **3 wada wymowy** speech impediment: *She was born with a slight speech impediment.*

wadliwy *adj* defective, faulty: *If this product is defective in any way, please return it to the store. | faulty wiring*

W

waga *n* **1** *(przyrząd)* scales, *(laboratoryjna)* balance: *bathroom/kitchen scales* **2** *(ciężar)* weight: *your ideal weight* | **stracić 10kg itp. na wadze** lose 10 kg etc in weight: *I've lost over ten pounds in weight.* | **przybrać na wadze** put on weight, gain weight: *I've gained a lot of weight this winter from not doing any exercise.* **3** *(znaczenie)* importance, weight: **przywiązywać/przykładać (wielką) wagę do czegoś** attach (great/a lot of etc) importance/weight to sth: *The government attaches great importance to human rights. | I don't attach too much weight to the rumours.* | **sprawa/problem itp. wielkiej wagi** weighty matter/problem etc **4 wagi ciężkiej** heavyweight **5 waga netto** net weight **6 Waga** Libra: **jestem spod znaku Wagi** I'm a Libra

wagary *n* **chodzić na wagary** cut classes/school/lessons, play truant *BrE*: *She started cutting classes.* —**wagarowicz/ka** *n* truant

wagon *n* **1** *(pasażerski)* carriage *BrE*, car *AmE*: **wagon pierwszej/drugiej klasy** first/second class carriage *BrE*, car *AmE* **2** *(towarowy)* wagon *BrE*, freight car *AmE*

wagonik *n* car: **wagonik kolejki linowej** cable car

wahać się *v* **1** *(nie móc się zdecydować)* hesitate: *She hesitated a moment. | Don't hesitate to ask if there's anything you don't understand.* **2** *(zmieniać się)* fluctuate: *The car industry's annual production fluctuates between 5 and 9 million vehicles.*

wahadło *n* pendulum: *The pendulum was swinging from side to side.* —**wahadełko** *n* pendulum: *Most people can learn how to dowse* (=nauczyć się radiestezji) *using a pendulum.*

wahadłowiec *n* (space) shuttle

wahanie *n* **1** hesitation: **bez wahania** without hesitation, readily: *reply without hesitation | He readily agreed to the suggestion.* | **z (pewnym) wahaniem** (somewhat) hesitantly, with (some) hesitation: *"I'm not sure," she said hesitantly.* | **po chwili wahania/po krótkim wahaniu** after a moment's hesitation **2 wahania** *(zmienność)* instability, fluctuation(s): **wahania cen/kursów** price/rate instability

wakacje *n* (summer) holiday/vacation *AmE*: **pojechać do Kanady na wakacje** go on holiday *BrE*, vacation *AmE* to Canada, go to Canada for your holiday *BrE*, vacation *AmE*

wakacyjny *adj* holiday, summer: **sezon wakacyjny** holiday/summer season | **wakacyjna miłość/przygoda** summer romance: *It was just a summer romance.*

wakat *n* vacancy, opening: *The company has a vacancy for a driver.* THESAURUS JOB

walać się *v* be lying around: *Books and papers were lying around everywhere.*

walc *n* waltz: **tańczyć walca** dance the waltz

walczyć *v* **1** fight, struggle: **walczyć z kimś/czymś** fight (against) sb/sth, struggle with sb/sth: *The army and the police have been co-operating closely to fight against terrorism. | Several groups joined together to fight the soldiers. | Liz struggled fiercely with her attacker.* | **+ o coś** for sth: *In many areas of work women are still fighting for equal pay. | The country struggled for independence.* **2** *(zmagać się)* struggle: **+ z czymś** against sth: *She struggled against the progressing disease* (=z postępującą chorobą). **3** *(rywalizować)* compete: **+ z kimś/czymś** with/against sb/sth: *She will compete against some of the world's best swimmers.*

walec *n* **1** *(bryła)* cylinder: *The cheese is shaped like a cylinder.* **2** *(drogowy)* (steam)roller: *They flattened the field with a roller before the big game.*

walentynka *n* **1** *(kartka)* Valentine (card): *She sent him a Valentine card.* **2 walentynki** *(dzień)* Valentine's Day: *Danny bought me flowers on Valentine's Day.*

walet *n* jack: **walet kier/karo/pik/trefl** jack of hearts/diamonds/spades/clubs

walić *v* bang, hammer, pound: **+ w coś** on/at sth: *Mike was hammering on the door with his fists.* →patrz też WALNĄĆ

walić się *v* *(podupadać, niszczeć)* be falling apart, be crumbling: *The country's economy was falling apart. | Rangoon's old buildings are crumbling from neglect.*

walizka *n* suitcase, case: *We lugged* (=zawlekliśmy) *our suitcases up to our room.*

walka *n* **1** fight: *the fight against crime/terrorism* **2** *(długa, forsowna)* struggle: *the nation's struggle for independence* **3** *(bokserska itp.)* fight: *Are you going to watch the big fight tonight?* **4 walka wręcz** hand-to-hand combat, unarmed combat: *soldiers trained in hand-to-hand combat* **5 (polec/zginąć) na polu walki** (be killed) in combat:

Many soldiers were killed in combat. **6 sztuki walki** martial arts

walnąć *n* whack, clobber: *He whacked me with a stick.* | *I'll clobber you if you say that again.* →patrz też WALIĆ

walor *n* **1** advantage, merit, virtue: *The great advantage of this product is its low cost and widespread availability* (=powszechna dostępność). **2 walory** *(plusy)* value: **walory artystyczne** artistic value **3 walory** *(papiery wartościowe)* securities

waloryzacja *n* indexing: *Replacing wage indexing with price indexing would result in reductions in social security benefits* (=spowodowałoby obniżenie poziomu świadczeń socjalnych).

waltornia *n* French horn

waluta *n* currency: *The pound has strengthened against other currencies.* | **waluty** currency: *Is there a limit on the amount of foreign currency that you can bring into the country?* | **kurs wymiany walut** (currency) exchange rate THESAURUS MONEY

walutowy *adj* **1** *(pieniężny)* monetary: **Międzynarodowy Fundusz Walutowy** International Monetary Fund **2** *(zagraniczny)* foreign (currency): **konto walutowe** (foreign) currency account | **rezerwy walutowe** foreign reserve

wałek *n* **1** *(do ciasta)* rolling pin: *Roll the pie crust* (=ciasto) *flat with a rolling pin.* **2** *(do włosów)* curler, roller: *She came to the door with her hair in curlers.*

wałęsać się *v* hang around: *A bunch of kids were hanging around outside.*

wampir *n* vampire

wandal *n* vandal: *The gravestone* (=nagrobek) *had been defaced* (=zbezczeszczony) *by vandals.* —**wandalizm** *n* vandalism

wanilia *n* vanilla: *Have you ever tasted real vanilla?* —**waniliowy** *adj* vanilla: *vanilla ice-cream*

wanna *n* bathtub, bath, tub: *The drain* (=odpływ) *in the bathtub is clogged* (=zatkany).

wapień *n* limestone —**wapienny** *adj* limestone: *limestone cliffs*

wapno *n* **1** lime **2** *(do bielenia)* whitewash: *The tree-trunks had been painted with whitewash to protect them against disease.*

wapń *n* calcium: *Milk is a very good source of calcium.*

warcaby *n* draughts *BrE*, checkers *AmE*: *Do you know how to play draughts?*

warczeć *v* **1** *(pies)* growl: *The dog started growling at me.* **2** *(maszyna)* drone: *A plane droned overhead.* →patrz też WARKNĄĆ

warga *n* lip: *He bit his lips* (=zagryzł wargi). | **górna/dolna warga** upper/lower lip

wariacja *n* variation: *The play's plot* (=akcja sztuki) *is a variation on the theme of platonic love.*

wariacki *adj* crazy: *a crazy idea/plan/scheme* —**wariactwo** *n* craziness: *This is pure* (=czyste) *craziness.*

wariant *n* variant: *the Japanese variant of capitalism*

wariat/ka *n* **1** madman/madwoman, psycho: *He drives like a madman.* **2 dom wariatów** madhouse

wariować *v* be going crazy, be losing your mind: *She's going crazy at the moment.* | *I'm starting to feel like I'm losing my mind.* →patrz też ZWARIOWAĆ

warknąć *n (człowiek)* snarl: *"Shut up!" he snarled.* →patrz też WARCZEĆ

warkocz *n* plait, braid *AmE*: *Jenni wore her hair in plaits.* —**warkoczyk** *n* pigtail: *a fat child with hair in pigtails*

warkot *n* drone, whirr: *the drone of the engine*

warstwa *n* **1** layer: *a thick layer of dust* | *the ozone layer* **2** *(farby)* coat: *I'll give the walls a fresh coat of paint.* —**warstewka** *n* film, coating: *a film of oil on the lake*

Warszawa *n* Warsaw

warsztat *n* **1** *(samochodowy)* garage: **oddać samochód do warsztatu** take the/your car to a garage: *After the accident I took the car to a garage to have it resprayed* (=do malowania). **2** *(rzemieślniczy)* workshop: *Wood chips* (=trociny) *covered the floor in the carpenter's workshop.* **3 warsztat naprawczy** repair shop

wart *adj* worth: **wart ileś/czegoś** worth sth: *The vase is worth $3500.* | *The house is worth a fortune.* | **być wartym zrobienia/obejrzenia itp.** be worth doing/seeing etc: *That book is really worth reading.* | **nic nie wart** worthless: *All your shares* (=akcje) *are worthless.* | **wart zachodu** worthwhile: *The plan is worthwhile.*

warta *n* guard: **stać na warcie** stand guard, be on guard: *Hogan was on guard the night the prisoners escaped.* | *Thousands of police stood guard over today's ceremony.*

warto *adv* **warto coś zrobić** it's worth doing sth, sth is worth doing: *It's worth pointing out* (=warto podkreślić) *that very few people die of this disease.* | *The film is certainly worth seeing.*

wartościować *v* **wartościować coś** make value judgments about sth

wartościowy *adj* **1** valuable: *valuable advice/time/paintings* **2 papiery wartościowe** securities: **giełda papierów wartościowych** stock exchange: *Trading* (=obroty) *on the stock exchange was moderate last Friday.* | **rynek papierów wartościowych** stock market: *The stock market plunged 30 points when the news was announced.*

wartość *n* **1** *(finansowa)* value, worth: *The value of the house has increased.* | *the current worth of the company* | **na wartości** in value: *The euro has fallen in value.* | *The dollar's increase in value has cheapened imports.* | **coś o wartości 100 funtów itp.** £100 etc worth of sth: *Over £10 million worth of heroin was seized in the raid* (=w akcji przechwycono heroinę o wartości ponad 10 milionów funtów). THESAURUS COST **2** *(moralna)* value: *family/traditional/Christian values*

wartowni-k/czka *n* guard

warty *adj* →patrz WART

warunek *n* **1** *(zastrzeżenie)* condition: *It is a condition of my contract with the university that I spend half of the summer vacation doing research.* | *Under the conditions of the agreement* (=zgodnie z warunkami umowy) *the work must be completed by the end of the month.* | **pod warunkiem, że ...** on condition that ..., as/so long as ..., provided (that) ...: *The three men were released on condition that they became police informants.* | *You can go out to play as long as you stay in the back yard.* | *He can come with us, provided he pays for himself.* | **pod jednym/żadnym warunkiem** on one/no condition: *This equipment should on no condition be used by untrained staff* (=niewykwalifikowany personel). | **warunek wstępny** precondition, prerequisite: *A degree in French is a prerequisite for the job.* THESAURUS IF **2 warunki** *(sytuacja)* conditions: *These people are living in appalling conditions.* | **warunki życia/**

W

pracy itp. living/working etc conditions: *primitive living conditions | Snow and ice are making driving conditions* (=warunki jazdy) *very dangerous. | They had to give up the climb because of adverse weather conditions* (=z powodu niesprzyjających warunków atmosferycznych).

warunkować *v* determine: *Various factors determine the thickness of egg white.*

warunkowy *adj* **1** conditional: *a conditional acceptance* **2 zwolnienie warunkowe** parole

warzyć *v* brew

warzywniak *n* greengrocer's: *Run down to the greengrocer's and get some onions, will you?*

warzywny *adj* vegetable: **sok warzywny** *vegetable juice* | **ogród warzywny** *vegetable garden*

warzywo *n* vegetable: *a regular supply of fresh vegetables*

was *pron* you: *I saw you last night at the cinema.*

wasz *pron* **1** *(przed rzeczownikiem)* your: *Here's your new office. | These are your seats.* **2** *(w innej pozycji)* yours: *These are yours. | this friend of yours* (=ten wasz przyjaciel)

waśń *n* feud: *Don't let personal feuds affect your judgement.*

wat *n* watt: **żarówka o mocy 60/100 itp. watów** 60/100 etc watt light bulb

wata *n* cotton wool *BrE*, cotton *AmE*: *Wipe the wound with damp cotton wool.*

wawrzyn *n* laurel

wazon *n* vase: *Put those flowers in the vase.*

UWAGA: vase

Wyraz **vase** po brytyjsku wymawia się vɑːz, a po amerykańsku ˈveɪs lub ˈveɪz.

ważka *n* dragonfly

ważniak *n* stuffed shirt

ważność *n* **1** *(znaczenie)* importance: *the importance of safety in the workplace* **2** *(aktualność)* validity: *How is the validity of an agreement to be decided?* | **stracić ważność** expire: *Our contracts are due to expire on 20 June.* **3 data ważności a)** *(towaru)* sell-by date *BrE*, expiration date *AmE*: *food past its sell-by date* (=żywność, której data ważności minęła) **b)** *(dokumentu)* expiry *BrE*, expiration *AmE*: *Check the expiry date on your passport.*

ważny *adj* **1** *(istotny)* important: *an important decision | Money was the only thing that was important to him. | Intelligence and character are important for this job. | Mutual understanding is important in all relationships. | It's important that you give the police an accurate description of the robbers.* **2** *(aktualny)* valid: *The tourist visa is valid for three months. | a valid driver's license* **3** *(żywność, leki)* good

ważyć *v* **1** *(mieć masę)* weigh: *What do you weigh? – A hundred kilos or so? | A full-grown male elephant may weigh 2,000 pounds.* **2** *(mierzyć masę)* weigh: *Weigh the fruit before adding it to the mixture.*
ważyć się *v* **1** *(na wadze)* weigh yourself: *Dieters shouldn't weigh themselves too often.* **2** *(losy, przyszłość itp.)* hang in the balance: *The whole future of our country hangs in the balance.* **3 nie waż się** don't you dare: *Don't you dare hang up on me* (=odkładać słuchawki, kiedy ze mną rozmawiasz)*!*

wąchać *v* smell, sniff →patrz też POWĄCHAĆ, OBWĄCHIWAĆ

wąglik *n* anthrax

wąs *n* **1** *(człowieka)* moustache *BrE*, mustache *AmE*: *Ray grinned under his moustache* (=uśmiechnął się pod wąsem). **2** *(kota itp.)* whisker →patrz też WĄSY —**wąsaty** *adj* moustached *BrE*, mustached *AmE*: *a tall, moustached man*

wąski *adj* **1** narrow: *a narrow street/passage | The corridors are too narrow.* **2 wąskie gardło** bottleneck: *This narrow street creates a bottleneck for traffic leaving the town.* →patrz też **wąski w pasie** (PAS)

wąskotorowy *adj* **kolejka wąskotorowa** narrow gauge railway *BrE*, railroad *AmE*

wąsy *n* **1 a)** *(człowieka)* moustache *BrE*, mustache *AmE*: *a false/curly/bushy moustache | He seemed to be fairly old because his moustache was grey.* **b)** *(długie, sumiaste)* moustaches *BrE*, mustaches *AmE*: *a little man with enormous moustaches* **2** *(kota itp.)* whiskers →patrz też WĄS

wątek *n* **1** thread, strand: *A thread of spirituality runs through her books* (=przez jej książki przewija się wątek duchowości). **2 s/tracić wątek** lose the thread: *Halfway through the film* (=w połowie filmu) *I started to lose the thread.*

wątły *adj* frail, fragile, delicate THESAURUS WEAK

wątpić *v* **1** doubt: **+w coś** (in) sth: *I never doubted her story* | **+czy ...** if/whether ...: *They seriously doubted whether the letter had ever existed.* **2 bez wątpienia** without doubt/question, doubtless(ly), undoubtedly: *Sally was without doubt one of the finest swimmers in the school. | Renee was doubtless reassured with the news.*

wątpliwość *n* **1** doubt: *There was just one doubt.* | **mieć wątpliwości (w związku z czymś)** have doubts (about sth), have second thoughts (about sth): *Any doubts Jo had about marrying him soon disappeared. | I still had second thoughts about the deal.* | **nie ma wątpliwości (co do tego), że ...** there is no doubt (that) ...: *There is no doubt that the kidnappers have murderous intentions.* THESAURUS SURE **2 podawać coś w wątpliwość** cast doubt on sth, question sth: *I didn't mean to cast doubt on Bobby's version of the story. | Economists question the effectiveness of monetary control.* —**wątpliwy** *adj* doubtful, questionable: *a doubtful privilege | The legality of testing employees for drugs is questionable.*

wątroba *n* **1** liver **2 zapalenie wątroby** hepatitis

wątróbka *n* liver: *chicken liver*

wąwóz *n* gorge, ravine

wąż *n* **1** *(zwierzę)* snake: *The snake bit her on the ankle.* **2** *(do podlewania)* hose: *The gardener was watering the lawn with a hose.*

wbić *v* **1** *(gwóźdź itp.)* hammer/drive in: *You need to learn how to hammer in tent pegs* (=śledzie do namiotu). **2 wbić wzrok w kogoś/coś** fix your eyes on sb/sth

wbiec *v* run in/inside: *The door burst open and four men ran in.* | **wbiec do domu/pokoju itp.** run into the house/room etc: *He ran into the kitchen.*

wbrew *prep* **1 wbrew czemuś** contrary to sth: *contrary to everyone's expectations* | **wbrew pozorom** contrary to appearances: *Contrary to appearances, she's actually quite funny when you get to know her.* | **wbrew powszechnemu przekonaniu** contrary to popular opinion/belief: *Contrary to popular belief, gorillas are shy and gentle creatures.* **2 wbrew przepisom** against the rules: *You can't do that!*

W

It's against the rules. **3 wbrew sobie** despite yourself: *Despite herself, she found his attention rather enjoyable.*

wbudowany *adj* built-in: *The car has central locking with a built-in alarm system.*

WC *n* WC

wcale *adv* **1 wcale nie ...** not ... at all: *Martha's not shy at all.* | *He's not at all good looking, in fact he's quite ugly.* | *You may think you're smart but you don't understand this kind of work at all.* **2 lepiej późno niż wcale** better late than never

wchłaniać *v* **1** *(płyn)* absorb, soak up: *A frog cannot drink, so it absorbs all the liquid it needs through its skin.* **2** *(spółkę, państwo)* absorb, take over: *Azerbaijan was absorbed into the Soviet Union in the 1920s.* | *British Airways wants to take over a smaller rival airline.*

wchodzić *v* **1 wchodzić w coś** *(wcinać się)* cut into sth: *cliffs cutting into the sea* **2 wchodzić na coś** *(zasłaniać)* cover sth: *His hair was very long and covered his eyes.* →patrz też WEJŚĆ

wciągnąć *v* **1** *(do środka)* pull in: *The fishermen pulled in the nets.* **2** *(na górę)* hoist: *Joe hoisted the sack onto the truck.* | *One of the teachers hoisted the American flag every morning.* | *We hoisted the sail.* **3** *(wessać)* suck in: *Miguel put the cigarette to his mouth and sucked in some smoke.* **4 wciągnąć kogoś** *(zainteresować)* grab sb's attention: *The film grabs your attention from the start.* **5 wciągnąć kogoś w coś** drag sb into sth: *I'm sorry to drag you into this mess.* | **dać się wciągnąć w coś** be/get dragged/drawn into sth: *I keep getting dragged* (=ciągle daję się wciągać) *into their arguments.* | *We should not allow ourselves to be drawn into this war.*

wcielenie *n* incarnation: *She was the incarnation of perfect wisdom.*

wcielić *v* **1** *(włączyć)* incorporate: *New measures are to be incorporated into the programme.* **2 wcielić coś w życie** put sth into effect: *It is time to put our plan into effect.* **3 kogoś wcielono do wojska** sb was conscripted *BrE*, drafted *AmE* into the army

wcielić się *v* **wcielić się w postać/rolę kogoś** play the role of sb, be cast in the role of sb: *Matthews plays the role of a young doctor suspected of murder.* | *He refuses to be cast in the role of a victim of her childhood.*

wcierać *v* rub in: *Tom spread sun cream onto his baby's back and began to rub it in.*

wcisnąć *v* squeeze in, cram: *I think we can squeeze in a couple more people.* | *Sally crammed a huge slice of cake into her mouth.*

wcisnąć się *v* squeeze (in): *Five of us squeezed into the back seat of the car.* | *There's a seat free next to me, if you can squeeze in.*

wczasowicz/ka *n* holidaymaker, vacationer *AmE*: *Most people on the island let* (=wynajmują) *rooms to holidaymakers during the summer.*

wczasowy *adj* **dom/ośrodek wczasowy** holiday *BrE*, vacation *AmE* resort

wczasy *n* holiday *BrE*, vacation *AmE*: **jechać na wczasy** go on holiday *BrE*, vacation *AmE*: *I need to get some work done before we go on holiday.*

wczesny *adj* early: *early morning* | *an early lunch* | **we wczesnych latach 70.** in the early 1970s

wcześniak *n* premature baby: *Premature babies have a low birth weight.*

wcześnie *adv* **1** early: *She had to go home early.* | *I'm sorry for calling so early.* | **wcześnie rano** early in the morning: *I hate having to get up early in the morning.* | **za wcześnie** too early/soon: *It's too early for that.* | *I hit the ball too soon and missed.* THESAURUS EARLY **2 iść wcześnie spać** have an early night **3 odpowiednio wcześnie** in good time: *Let me know in good time if you need any help.*

wcześniej *adv* **1** *(przedtem)* earlier (on): *He was here earlier but he's gone home now.* | *You should have told me about this earlier on.* THESAURUS BEFORE **2** *(prędzej)* sooner: *Why didn't you do your homework sooner?* **3** *(przed terminem)* ahead of time, in advance: *This dish can easily be prepared in advance.* **4 im wcześniej, tym lepiej** the sooner the better: *We must talk about this problem, and I think the sooner the better.* **5 nie wcześniej niż ...** ... at the earliest: *He'll arrive on Monday at the earliest.*

wcześniejszy *adj* **1** *(dawniejszy)* earlier: *his earlier books* | *the President's earlier comments* **2** *(uprzedni)* prior: *prior arrangements* (=ustalenia)

wczoraj *adv* **1** yesterday: *He left yesterday.* | **wczoraj rano** yesterday (in the) morning: *Yesterday morning I went shopping.* | **wczoraj po południu** yesterday (in the) afternoon | **wczoraj wieczorem** last night, yesterday (in the) evening: *I tried calling last night but you weren't home.* **2 (zrobić coś) na wczoraj** (get sth done) now

wczorajszy *adj* yesterday's: *I hope you haven't thrown out yesterday's paper.* | *The proposal was accepted at yesterday's meeting.*

wdać się *v* **1 wdać się w coś** engage in sth: *They engaged in a bitter* (=zażartą) *dispute.* | **wdać się w bójkę/kłótnię z kimś** pick a fight/quarrel with sb: *A drunk tried to pick a fight with me.* **2 wdawać się w szczegóły** go into detail(s): *I don't want to go into details right now.*

wdech *n* inhalation: **zrobić wdech** breathe in, inhale: *Mary inhaled deeply.*

wdepnąć *v* **wdepnąć w coś** *(w błoto, sytuację)* step in(to) sth, put your foot in sth

wdowa *n* widow: *the widow of the late president* (=po nieżyjącym prezydencie) —**wdowiec** *n* widower

wdrapać się *v* **wdrapać się na coś** scramble (up) onto sth, climb/scale sth: *I scrambled up onto the roof of the house.* | *Rescuers had to scale a high cliff to reach the injured man.* | **wdrapać się po czymś** scramble up sth: *We scrambled up a rocky slope.*

wdrożyć *v* implement: *Airlines have until* (=mają czas do) *2002 to implement the new safety recommendations* (=zalecenia w zakresie bezpieczeństwa). —**wdrożenie** *n* implementation: *implementation of the business plan*

wdychać *v* breathe in, inhale: *Try not to inhale the fumes* (=oparów) *from the glue.*

wdzierać się *v* →patrz WEDRZEĆ SIĘ

wdzięczność *n* **1** gratitude, appreciation: **wyrazić komuś (swoją) wdzięczność** express your gratitude to sb: *I'd like to express my gratitude to you all for your support.* | **okazać swoją wdzięczność** show your gratitude/appreciation: *I gave her some flowers to show my gratitude.* | *a small gift to show our appreciation* | **mieć dług wdzięczności wobec kogoś** owe a debt of gratitude to sb: *The nation owes a debt of gratitude to its brave veterans.* **2 z wdzięcznością** gratefully: *"Thank you for all your help," she said gratefully.*

wdzięczny *adj* **1** grateful, thankful: **+ komuś za coś** to sb for sth: *I'm really grateful to you for all your help.* **2 byłbym**

wdzięczny, gdyby Pan/i zechciał/a ... I would be grateful if you could/would ...: *I would be grateful if you'd let me visit your school.*

wdzięk *n* grace: *She moved with cat-like grace* (=z kocim wdziękiem). | **pełen wdzięku** graceful: *the dancer's graceful movements* | **z wdziękiem** gracefully: *He swam gracefully, with easy, unhurried strokes* (=powolnymi ruchami).

we *prep* →patrz **w**

według *prep* **1 według kogoś/czegoś** according to sb/sth: *the Gospel according to Matthew* (=według św. Mateusza) | **według reguł** according to the rules, in accordance with the rules: *We did everything in accordance with the rules.* **2 według mnie** in my opinion, if you ask me: *In my opinion, he made the right decision.* **3** *(kryterium)* by, according to: *We've categorized the students by age.* | *The children were arranged in lines according to height.*

wedrzeć się *v* **wedrzeć się gdzieś** break into sth: *Angry strikers broke into the factory and smashed up all the new machinery.*

weekend *n* weekend: *Our weekends are usually lazy and relaxed.* | **w weekend** at *BrE*, on *AmE* the weekend: *I'll give you a call at the weekend.* | **w ciągu weekendu** over/during the weekend: *I'll be busy over the weekend.* | **na weekend** for the weekend: *Why don't you come up to New York for the weekend?*

wegetarian-in/ka *n* vegetarian: *Henry's a strict vegetarian - he doesn't even eat cheese.* —**wegetariański** *adj* vegetarian: *a vegetarian diet* | *vegetarian dishes*

wejście *n* **1** *(drzwi, brama)* entrance: *the main entrance to the school* **2** *(czynność)* entry: *Unauthorized entry into the lab is strictly forbidden.*

wejściowy *adj* **drzwi wejściowe** entrance

wejść *v* **1** *(do pomieszczenia)* come in: *I was on the telephone when Dave came in.* | **wejść do pokoju** come into a room, enter a room: *He came into the room at the exact moment I mentioned his name.* THESAURUS ENTER **2** *(dostać się)* get in: *They managed to get in without an invitation.* **3** *(do góry)* climb: *climb the stairs* (=wejść po schodach) | *Prisoners had climbed on to the roof to protest about conditions in the jail.* **4** *(zmieścić się)* fit: *A huge bed like that will never fit in this room.*

weksel *n* bill of exchange

welon *n* veil: *a bridal/wedding* (=ślubny) *veil*

wełna *n* wool: *pure wool* —**wełniany** *adj* woollen, woolly, wool: *woollen socks* | *a wool blanket* | *a woolly hat*

wendeta *n* vendetta: *a private/personal vendetta*

wentylacja *n* ventilation: *Workers complained about the factory's lack of ventilation.*

wentylacyjny *adj* **system wentylacyjny** ventilation system

wentylator *n* fan, ventilator: **włączyć wentylator** turn on the fan

Wenus *n* Venus: *Venus is the brightest celestial body* (=ciało niebieskie) *after the moon.*

wepchnąć *v* shove, thrust: *Tom shoved his suitcase under the bed with his foot.* | *He thrust his hands deep in his pockets.*

weranda *n* veranda(h), porch *AmE*: *We were sitting out on the porch.*

werbalny *adj* verbal: *verbal communication*

werbel *n* **1** *(instrument)* snare drum **2** *(odgłos)* drum roll

werbować *v* →patrz też ZWERBOWAĆ

werdykt *n* verdict: *a guilty/not-guilty verdict* | **wydać werdykt** return a verdict

wers *n* verse, line

wersalka *n* sofa bed

werset *n* verse

wersja *n* **1** version: *an abridged* (=skrócona) *version* **2 w wersji oryginalnej** *(film, książka)* in the original

werwa *n* verve: *with great verve*

weryfikacja *n* verification: *Both sides have agreed to international verification of the cease-fire* (=zawieszenia broni).

weryfikować *v* →patrz ZWERYFIKOWAĆ

wesele *n* wedding: *Her sister flew in from New York to be at the wedding.* —**weselny** *adj* wedding: *a wedding ceremony/reception* | *wedding guests*

wesoły *adj* **1** cheerful, merry, jolly *BrE*: *a cheerful smile* | *a merry tune* | *We were all in a jolly mood.* **2 Wesołych Świąt!** Merry Christmas! →patrz też **wesołe miasteczko** (MIASTECZKO) —**wesoło** *adv* cheerfully, merrily, gaily: *"Morning!" she called cheerfully.* | *He walked past whistling* (=pogwizdując) *gaily.* —**wesołość** *n* cheerfulness

happy/sad

happy

sad

wesprzeć *v* →patrz WSPIERAĆ

westchnąć *v* sigh: *Frank sighed deeply and stared out of the window.* —**westchnienie** *n* sigh: *a sigh of relief* (=ulgi)

western *n* western: *two early John Wayne westerns*

wesz *n* louse

UWAGA: louse

Rzeczownik **louse** ma nieregularną formę liczby mnogiej: **lice**.

weteran/ka *n* **1** *(wojenny)* veteran, vet *AmE*: *a war veteran* | *a Vietnam vet* **2** *(rocka itp.)* classic figure, old-timer: *the return of a classic figure of British blues history*

weterynaryjny *adj* veterinary: **służby weterynaryjne** veterinary authorities

weterynarz *n* vet, veterinary surgeon *BrE*, veterinarian *AmE*: *Jane's taking her kitten to the vet on Friday.*

wetknąć *v* stick: *Don't let the baby stick her fingers in the socket* (=do gniazdka). | *She always has to stick her nose into everything, doesn't she?*

weto *n* veto: *a presidential veto* | *the right/power of veto* (=prawo weta) —**wetować** *v* veto →patrz też ZAWETOWAĆ

wewnątrz[1] *prep* inside, within: *Inside the small room it was dark and cool.* | *extremist elements within the party* |

z wewnątrz czegoś from inside/within sth: *The voice was coming from inside the room.*

wewnątrz² *adv* **1** *(w pomieszczeniu)* inside: *The house looked OK from the outside but inside it was all dark.* **2** *(w duszy)* inside, inwardly: *He tried to be brave, but inside he was hurting.* | *I managed to smile, but inwardly I was furious.* **3 do wewnątrz a)** *(wejść, wpaść itp.)* inside: *A young woman picked up a sleepy child and carried him inside.* | *It's useless trying to get the cork out of the bottle once it's fallen inside.* **b)** *(otwierać się itp.)* inwards *BrE*, inward *AmE*: *The main door opens inwards.* **4 z/od wewnątrz** from inside/within: *From inside, the company seems less successful.*

wewnętrznie *adv* **1** internally: *internally connected rooms* **2** *(w duszy)* inside, inwardly: *He was torn up inside* (=rozdarty wewnętrznie). **3 wewnętrznie sprzeczny** internally inconsistent, contradictory

wewnętrzny *adj* **1** *(wewnątrz organizmu, pomieszczenia, organizacji)* internal: *internal organs* | *internal injuries* (=obrażenia) | *internal walls* | *an internal examination* **2** *(krajowy)* domestic, home, internal: *the domestic/home market* | *domestic flights* | *internal trade/security* **3** *(duchowy)* inner: *inner calm/strength* **4 (numer) wewnętrzny** extension (number): *Hello, I'd like extension 2807, please.*

wezbrany *adj (rzeka, woda)* swollen

wezwać *v* **1** *(przywołać)* call: **wezwać (komuś) lekarza/taksówkę** call (sb) a doctor/taxi: *Let me call you a doctor.* **2** *(oficjalnie)* summon: *He was summoned to appear in court as a witness.* **3 wezwać kogoś do czegoś** *(zaapelować)* call on sb to do sth: *The UN has called on both sides to start peace talks.*

wezwanie *n* **1** *(apel)* call, appeal **+do czegoś** for sth: *a call for the release* (=do uwolnienia) *of all political prisoners* | *an appeal for calm* (=do zachowania spokoju) **2** *(oficjalne)* summons: *She received a summons to appear* (=do stawienia się) *in court the following week.*

węch *n* (sense of) smell: *Dogs have a good sense of smell.* | *A mole* (=kret) *finds its food by smell alone* (=wyłącznie za pomocą węchu).

wędka *adj* fishing rod *BrE*, pole *AmE* —**wędkować** *v* fish

wędkarski *adj* fishing: **karta wędkarska** fishing licence *BrE*, license *AmE* | **sprzęt wędkarski** fishing tackle/gear —**wędkarstwo** *n* fishing, angling: *I love fishing – I've spent many a happy hour down by the river catching fish.* —**wędkarz** *n* angler, fisherman

wędlina *n także* **wędliny** cold meats: *a selection of cold meats*

wędrować *v* **1** *(jako turysta)* hike, trek: *The boys spent their vacation hiking in the Swiss Alps.* | *trekking in the Himalayas* **2** *(wałęsać się)* wander, ramble: *We rambled through the woods all afternoon.* **3** *(chodzić)* walk: *The children have to walk to school in the bitter cold.* THESAURUS WALK —**wędrowiec** *n* hiker, wanderer

wędrowny *adj* **1** *(aktor, cyrk, handlarz)* travelling *BrE*, traveling *AmE*: *a traveling salesman* **2 ptaki wędrowne** migratory birds

wędrówka *n* hike, trek, ramble: *The family set off on a 10-mile hike across the island.*

wędzić *v* smoke: *People knew how to* (=umieli) *smoke meat and fish 6000 years ago.*

wędzony *v* smoked: *smoked salmon/sausage/cheese*

węgiel *n* **1** *(z kopalni)* coal: *We are still consuming* (=zużywamy) *too much coal.* | **kopalnia węgla** coal mine **2** *(pierwiastek)* carbon: **dwutlenek/tlenek węgla** carbon dioxide/monoxide **3 węgiel drzewny** charcoal

węglowodany *n* carbohydrates: *Bread and rice contain a lot of carbohydrates.*

węglowy *adj* coal: **przemysł węglowy** the coal industry | **zagłębie węglowe** coal field

węgorz *n* eel

węszyć *v* **1** *(szpiegować)* nose around, pry: *Why were you nosing around in my room?* **2** *(wąchać)* sniff: *The dog was sniffing at the ground.*

węzeł *n* **1** *(supeł)* knot: *I untied the knot and opened the parcel.* **2 węzeł kolejowy** junction **3** *(w anatomii)* node: **węzły chłonne** lymph nodes **4 połączyć się węzłem małżeńskim** tie the knot

wężyk *n* hose

WF *n* PE, Physical Education: *Don't forget your shoes for PE.*

wgląd *n* **1 mieć wgląd w coś** *(dostęp)* have access to sth: *They did not have access to all the evidence.* **2** *(zrozumienie)* insight: *The article gives us a real insight into Chinese culture.*

wgłębienie *n* hollow: *The cat had tried to hide in a hollow in the ground.*

wgnieść *v* dent: *Some idiot dented my car door last night.* —**wgniecenie** *n* dent: *John backed the car into a tree, leaving a dent in the back of it.*

wgrywać *v* upload: *Within 30 minutes of receiving EaziLink we were logged on and uploading our copy.*

whisky *n* **1** *(szkocka)* whisky, Scotch: *He poured himself another whisky.* **2** *(irlandzka lub amerykańska)* whiskey

wiać *v* blow: *A strong wind was blowing from the west.*

wiadomo *adv* **1 wiadomo, że ...** we know (that) ...: *We know that the attacker escaped in a white Ford.* | **jak wiadomo, ...** as we/you know, ...: *As we know, there's been a tremendous revival of interest in the project.* | **jak wszystkim wiadomo, ...** as everybody knows, ..., as we all know, ... | **powszechnie wiadomo, że ...** it's common knowledge (that) ..., it is widely known (that) ...: *It's common knowledge that Sam's an alcoholic.* | **mało/niewiele wiadomo o kimś/czymś** little is known about sb/sth: *Little is known about the disease.* **2 nie wiadomo, jak/czy itp.** there's no telling how/whether etc: *There's no telling what she'll try next.* **3 nigdy (nic) nie wiadomo** you never know, you can never tell, you never can tell: *I might be able to catch the earlier train, you never know.* | *"I don't think I'll ever get married." "Oh, you never know."* | *They're not likely to win, but you never can tell.* **4 o ile mi wiadomo** as far as I know

wiadomość *n* **1 wiadomości** *(od kogoś, o kimś)* news: *Have you heard any news* (=miałeś jakieś wiadomości) *from Emily yet?* | *There hasn't been any news of him* (=nie było o nim żadnych wiadomości) *since he left home.* **2 wiadomości** *(serwis informacyjny)* the news: *What's on after the 6 o'clock news?* | *The national news will follow the international news.* | **w wiadomościach** on the news: *It must be true – I heard it on the news last night.* **3** *(informacja w gazecie itp.)* (news) item: *I came across an interesting news item in yesterday's "Times".* **4** *(na sekretarce, tekstowa itp.)* message: *Did you get my message?* | **zostawić wiadomość (dla kogoś) (u kogoś)** leave a message (for sb) (with sb): *John is not here at the moment. Would you like to leave a message?* **5 przyjąć do**

W

wiadomości, że ... accept (the fact) that ...: *Whether she likes it or not, she's got to accept that her kids are grown up now.* | *I found it hard to accept the fact that she'd gone.*

UWAGA: news

News jest rzeczownikiem niepoliczalnym. Pojedyncza wiadomość to **a piece of news**: *Your brother has just told me an interesting piece of news.* Określając coś jako dobrą lub złą wiadomość, użyjemy wyrażenia **good/bad news** (nigdy: „a good/bad news"), np. *I have some good news for you.* Mimo końcówki *-s*, **news** łączy się zawsze z czasownikiem w liczbie pojedynczej: *Here* **is** *the latest news.*

wiadomy *adj* **1 z sobie tylko wiadomych powodów** for reasons best known to yourself: *For reasons best known to herself, she's sold the house and left the country.* **2 z wiadomym skutkiem** with predictable consequences

wiadro *n* bucket, pail *AmE*: *Someone threw a bucket of water on him.*

wiadukt *n* **1** *(nad drogą, torami)* flyover *BrE*, overpass *AmE* **2** *(nad doliną)* viaduct

wianek *n także* **wianuszek** garland

wiara *n* **1** *(ufność, wierzenie)* belief, faith: *the belief that the two men were innocent* | *blind faith* | **+ w coś** in sth: *belief in magic/God* | *faith in human nature* **2** *(religia)* faith: *the Christian faith* **3 nie do wiary** beyond belief: *This is beyond belief!* **4 wiara w siebie/we własne siły** self-confidence: *Boys are sometimes very shy and lacking in* (=i brakuje im) *self-confidence.* **5 w dobrej wierze** in good faith: *I'm sure they acted in good faith.* | *I promised you that in good faith, but I can't do it, I'm afraid.*

wiarygodny *adj* credible: *a credible witness* —**wiarygodnie** *adv* credibly —**wiarygodność** *n* credibility: *The scandal has ruined his credibility as a leader.*

wiata *n* shelter: *a bus shelter*

wiatr *n* **1** wind: *a cold wind* | *The wind blew across the lake.* | **wiatr północny/z północy** north wind | **pomyślny/przeciwny wiatr** favourable/opposing wind | **pod wiatr** against the wind: *We sailed against the wind.* | **powiew wiatru** gust of wind: *A sudden gust of wind blew the door shut.* **2 wiatr odnowy itp.** the winds of change etc → patrz też **wystawić kogoś do wiatru** (WYSTAWIĆ)

wiatrak *n* windmill

wiatrówka *n* *(kurtka)* windcheater *BrE*, windbreaker *AmE*

wiąz *n* elm (tree)

wiązać *v* **1** *(zawiązywać)* tie: *We learned how to tie knots in the Boy Scouts* (=w harcerstwie). **2** *(zbliżać)* bind (together): *Shared experiences bind people together.* **3** *(cement, klej)* set: *How long does it take for the glue to set?* → patrz też ZWIĄZAĆ, ZAWIĄZAĆ, → patrz też **wiązać koniec z końcem** (KONIEC)

wiązać się *v* **1 wiązać się z czymś a)** *(mieć związek)* be connected with sth: *Her problem is connected with her childhood.* **b)** *(pociągać za sobą)* involve sth: *The job involves a lot of travel.* **2 wiązać się z kimś** get involved with sb: *Brad doesn't want to get involved with anyone right now.*

wiązanka *n* **1** *(przekleństw)* torrent/volley of abuse: **puścić/rzucić komuś wiązankę** let fly a torrent of abuse at sb **2 wiązanka kwiatów** bunch of flowers

wiązka *n* **1** *(promieni itp.)* beam: *a beam of light/electrons* | *a laser beam* **2** *(patyków)* bundle

wiążący *adj* binding: *The contract isn't binding until you sign it.* | **+ dla kogoś** on sb: *All EEC decisions are binding on the member states.*

wibracja *n* vibration: *vibration caused by passing traffic*

wibrować *v* vibrate: *Strings vibrate more quickly if they are short and thin.*

wicedyrektor *n* **1** *(spółki)* vice president: *our executive vice president for marketing* **2** *(przedsiębiorstwa)* deputy manager: *She got promoted to deputy manager.* **3** *(szkoły)* deputy head, vice principal: *Timetabling* (=układanie planu) *is the responsibility of the deputy head.* —**wicedyrektorka** *n (szkoły)* deputy head, vice principal

wicemarszałek *n (w sejmie)* deputy speaker

wiceminister *n* under-secretary: *the under-secretary for defence*

wicemistrz/yni *n* runner-up: *the first runner-up*

wicepremier *n* deputy prime minister

wiceprezes *n* vice president, vice chairman: *vice president for/of marketing*

wiceprezydent *n* vice president: *Vice President Joe Biden*

wiceprzewodniczący/a *n* vice president

wichrzyciel/ka *n* troublemaker: *a group of troublemakers*

wichura *n* high/strong winds, gale: *There will be severe gales in all parts of the country tonight.*

wić *v (wianki)* weave

wić się *v (rzeka, droga)* twist (and turn), wind: *The streams twist and turn and are difficult to follow in the dense jungle.* | *The path winds through the forest, then descends* (=opada) *towards the lake.*

widać *v* **1 widać kogoś/coś/że ...** you can see sb/sth/(that) ...: *You can see my house from here; it isn't far.* | *You can see on the replay* (=na powtórce) *that the goalkeeper was fouled.* | **widać było kogoś/coś/że ...** you could see sb/sth/(that) ...: *You could see them through the window.* | *Ed looked dreadful lying in that hospital bed - you could see he was just barely holding on* (=widać było, że ledwie się trzyma). **2 kogoś/czegoś nie widać** there is no sign of sb/sth, you can't see sb/sth: *There was no sign of anyone.* | *You can't see a thing* (=nic nie widać) *in here, because the light's gone* (=wysiadło). **3 (jak) widać** *(najwyraźniej)* clearly: *Clearly, the situation is more serious than we first thought.*

widelec *n* fork: *a knife and fork*

wideo *n* **1** *(system)* video: **na (kasecie/kasetach) wideo** on video: *The movie is now available on video.* **2** *(magnetowid)* video, VCR **3 kamera wideo** video camera **4 kaseta/taśma wideo** video tape

wideokonferencja *n* videoconference

widły *n* fork *BrE*, pitchfork *AmE* → patrz też **robić z igły widły** (IGŁA)

widmo *n* **1** *(zjawa)* phantom, spectre *BrE*, specter *AmE* **2 widmo wojny/bezrobocia itp.** the spectre *BrE*, specter *AmE* of war/unemployment etc **3** *(w fizyce)* spectrum

widnieć *v* be visible: *There were paint smears* (=ślady farby) *visible on the doorknob.*

widocznie *adv* **1** apparently, clearly: *He apparently took my silence for consent* (=wziął moje milczenie za zgodę). | *She was clearly upset.* **2 widocznie zapomniał/wyjechał itp.** he must have forgotten/left etc

W

widoczność *n* visibility: *poor visibility*

widoczny *adj* **1** *(dla oczu)* visible: *The outline* (=zarys) *of the mountains was clearly visible.* **2** *(znaczący)* noticeable: *There's been a noticeable improvement in your work.* **3** *(oczywisty)* obvious, apparent: *His obvious intelligence makes him a strong candidate.* | *for no apparent reason* (=bez widocznej przyczyny)

widok *n* **1** *(panorama)* view: *a beautiful view of the valley* | **podziwiać widok/widoki** admire the view/views THESAURUS SIGHT **2** *(obiekt widziany)* sight: *a familiar* (=znajomy) *sight* **3 na widoku** *(widoczny)* in sight: *The only person in sight was an old man sweeping up leaves.* **4 mieć coś na widoku** have sth in view: *He wants to find work, but he has nothing particular in view.*

widokowy *adj* **1 punkt widokowy** viewpoint *BrE*, overlook *AmE*: *The view from the overlook will take your breath away.* **2 trasa widokowa** scenic drive/route

widokówka *n* (picture) postcard, card

widowisko *n* **1** *(impreza)* show: *a TV show* **2** *(coś ciekawego)* spectacle: *a fascinating spectacle* **3 robić z siebie widowisko** make a spectacle of yourself: *Jody made a complete spectacle of herself by getting drunk at the wedding.*

widowiskowy *adj* spectacular: *a spectacular fireworks display*

widownia *n* **1** *(publiczność)* audience: *The audience clapped and cheered loudly.* **2** *(siedzenia)* auditorium

widz *n* **1** *(przed telewizorem)* viewer: *Some viewers may find the language in this film offensive.* **2** *(na imprezie)* spectator: *The match attracted over 40,000 spectators.* **3 widzowie** audience: *MTV's target audience is young people between 14 and 30.* **4** *(świadek)* onlooker: *A crowd of onlookers had gathered at the scene of the accident.*

widzenie *n* **1 do widzenia** good-bye, bye **2 pole widzenia** field of view/vision: *The goggles limit your field of vision.* | **w polu widzenia** within view: *A clock, placed within view of the camera lens, records the time and date of the travel.* **3 punkt widzenia** point of view, standpoint, viewpoint: *She could always see their point of view.* | *from my point of view* **4 znać kogoś z widzenia** know sb by sight **5** *(wizja, halucynacja)* vision: *Many people claim to have had visions while praying at Lourdes.* **6** *(w więzieniu)* visit: *There is a limit of one visit per month.*

widzialny *adj* visible

widzieć *v* **1** see: *We saw a real live elephant!* | *I haven't seen this movie yet.* **2 no/a widzisz!** there you are! **3 miło mi pana/panią/cię widzieć** it's good to see you → patrz też **nie widzieć świata poza kimś** (ŚWIAT)

wiec *n* rally: *They are going to hold a protest rally.* THESAURUS MEETING

wieczko *n* lid, top

wiecznie *adv* **1** *(stale)* always, constantly: *He's always complaining.* **2** *(na zawsze)* eternally, perpetually, permanently: *No one can look eternally young.*

wieczność *n* eternity: *Every moment seemed like an eternity.*

wieczny *adj* **1** *(istniejący zawsze)* eternal, everlasting, perpetual: *eternal love* | *everlasting peace* **2** *(ciągły)* constant: *constant arguments* **3 wieczne pióro** fountain pen

wieczorem *adv (wczesnym)* in the evening, *(późnym)* at night: **dziś wieczorem** tonight, this evening | **wczoraj wieczorem** last night, yesterday (in the) evening | **w piątek itp. wieczorem** (on) Friday etc evening/night → patrz też WIECZÓR

wieczorny *adj* evening, *(późniejszy)* nightly: *an evening meal* | *the evening news* | *nightly news broadcasts*

wieczorowy *adj* **1 suknia wieczorowa** evening dress/gown **2 szkoła wieczorowa** night school, evening classes: *I started going to evening classes to polish up* (=żeby podreperować) *my French.*

wieczór *n* **1** evening, *(późniejszy)* night: **co wieczór** every evening/night: *He studies every evening.* **2 dobry wieczór!** good evening! **3 wieczór kawalerski** stag night/party *BrE*, bachelor party *AmE* THESAURUS PARTY → patrz też WIECZOREM

wieczysty *adj* **1 księga wieczysta** mortgage register **2 dzierżawa wieczysta** perpetual lease: *A large percentage of agricultural land is held under perpetual lease tenure* (=jest oddany w dzierżawę wieczystą). **3** *(wieczny)* perpetual: *perpetual peace*

wiedza *n* **1** knowledge: *her knowledge of* (=na temat) *computers* | *You must always try to broaden your knowledge.* | *general/scientific knowledge* **2 bez czyjejś wiedzy** without sb's knowledge: *Someone had used his computer without his knowledge.* **3** *(praktyczna)* know-how: *We don't have the know-how to build our own house.* **4** *(fachowa)* expertise: *legal expertise*

wiedzieć *v* **1** know: **+ o kimś/czymś** of/about sb/sth: *I don't know anything about the case except what I read in the newspaper.* **2 już wiem!** I know! **3 kto wie** who knows: *Who knows what will happen.* **4 nikt nie wie** nobody knows, it's anybody's guess: *It's anybody's guess where he's disappeared to.* **5 o ile wiem** as far as I know: *As far as I know, Fran intends to come to the party.* | **z tego, co wiem** to (the best of) my knowledge **6 skąd wiesz?** how do you know?: *How do you know he won't do it again?* **7 wiesz co?** (do you) know what/something?, (I'll) tell you what: *I'll tell you what – let's go get something to eat.* → patrz też **Bóg wie/raczy wiedzieć** (BÓG), **licho wie** (LICHO), **nie wiedzieć, co począć** (POCZĄĆ)

wiedźma *n* hag

wiejski *adj* **1** *(droga, okolica)* country, rural: *a country road* | *rural areas* **2** *(zwyczaje, charakter)* rural: *rural life* **3 jajka wiejskie** free-range eggs

wiek *n* **1** *(człowieka)* age: *She's small for her age* (=jak na swój wiek) *but she's very bright.* | *You love him now, but at your age feelings are changeable.* | **ktoś w wieku 15/50 itp. lat** sb aged 15/50 etc | **w średnim wieku** middle-aged | **osoby w podeszłym wieku** the elderly **2** *(stulecie)* century: *in the 19th century* | *Picasso was one of the greatest artists of the 20th century.* **3** *(era)* age: *the golden age of film* **4 być w kwiecie wieku** be in your prime, be in the prime of life **kryzys wieku średniego** midlife crisis: *to suffer a midlife crisis* **6 na wieki (wieków)** for ever (and ever)

wieko *n* lid, top

wiekopomny *adj* historic: *a historic moment*

wiekowy *adj* ancient: *an ancient man* | *ancient customs* THESAURUS OLD

wielbiciel/ka *n* **1** *(adorator)* admirer: *Anonymous female admirers call Dylan's house at all hours.* **2** *(fan)* fan: *She delighted her fans with her performance.*

wielbłąd *n* camel

wielce *adv* highly, most: *It was most interesting.* | **wielce zabawny/szanowany** highly amusing/respected

W

wiele[1] *adj* **1** *(z rzeczownikami policzalnymi)* many, a lot of: *many people/things/reasons* | *a lot of problems* **2** *(z rzeczownikami niepoliczalnymi)* a lot of, much: *a lot of trouble* | *There isn't much time.* **3 tego już za wiele!** enough is enough!

UWAGA: many, much i a lot of

Wyrazów **many** i **much** w znaczeniu „wiele" używamy głównie w zdaniach pytających i przeczących: *Does he have many friends?* | *We didn't have much to do.*
W zdaniach twierdzących używa się zwykle wyrażenia **a lot of**: *The policeman started asking me a lot of questions.* | *They have a lot to lose.* Należy jednak pamiętać, że **many** i **much** mogą wystąpić w zdaniach twierdzących po **too** i **so** (*You ask too many questions.* | *I have so much to tell you.*), a czasem także w stylu oficjalnym (*Many accidents arise as a result of negligence*).

wiele[2] *adv* **1** *(z czasownikiem)* a lot, much: *It cost a lot.* | *He doesn't talk much.* **2 o wiele lepiej/bardziej itp.** much/far better/more etc: *That was much more interesting than her previous show.* | **o wiele za długi/za dużo itp.** far too long/too much etc: *It's far too early to tell if she'll be OK.*

wiele[3] *pron* a lot, much: *So much has been going on lately* (=tak wiele się ostatnio dzieje), *I don't know where too start!*

wielebny *adj* Reverend: *the Reverend John Graham*

Wielkanoc *n* Easter: *We went skiing in Vermont at Easter.* —**wielkanocny** *adj* Easter: *Easter eggs*

wielki *adj* **1** *(duży)* big, large: *a big city* | *a big difference* | *a large profit* THESAURUS BIG **2** *(imponujący, o dużym natężeniu)* great: *a great success* | *great courage* | *During her life has had known great joy and great sadness.* **3 wielkimi literami** in upper case (letters) →patrz też **wielka (mi) rzecz!** (RZECZ), **wielkie nieba!** (NIEBO), **nic wielkiego** (NIC), **od wielkiego dzwonu** (DZWON)

wielkomiejski *adj* metropolitan: *the metropolitan area*

wielkość *n* **1** *(rozmiar, gabaryty)* size: *its regular size* | *How much can you get for a house this size* (=za dom tej wielkości)? | **coś wielkości czegoś** sth the size of sth: *There were rats the size of cats.* | **naturalnej wielkości** life-size: *She painted a life-size picture of her dog.* THESAURUS SIZE **2** *(potęga)* greatness: *the city's former greatness*

W

wielobarwny *adj* multicoloured *BrE*, multicolored *AmE*: *a multicoloured flag*

wielodzietny *adj* **rodziny wielodzietne** families with many children

wielofunkcyjny *adj* multipurpose, versatile: *a multipurpose knife* | *a versatile tool*

wielogodzinny *adj* lasting many hours: *a trip lasting many hours*

wielokrążek *n* pulley

wielokrotnie *adv* repeatedly, again and again: *I've tried calling him again and again but he's never home.* THESAURUS OFTEN

wielokrotność *n* multiple: *20 is a multiple of 5.*

wielokrotny *adj* **1** repeated, multiple: *Repeated attempts to fix the satellite have failed.* **2 test wielokrotnego wyboru** multiple choice test

wieloletni *adj* lasting many years: *a friendship lasting many years*

wielonarodowy *adj* multinational

wielopiętrowy *adj* high-rise, multi-storey *BrE*: *a high-rise building*

wielopokoleniowy *adj* **rodzina wielopokoleniowa** extended family

wieloraki *adj* multiple: *multiple causes*

wieloryb *n* whale —**wielorybnictwo** *n* whaling

wielostronny *adj* multilateral: *a multilateral agreement*

wielowiekowy *adj* centuries-old: *the centuries-old tradition of ocean exploration*

wielozadaniowość *n* multitasking

wieniec *n* wreath: **wieniec laurowy** laurel wreath

wieńcowy *adj* **choroba wieńcowa** coronary disease

wieńczyć *v* →patrz UWIEŃCZYĆ, ZWIEŃCZYĆ

wieprz *n* hog

wieprzowina *n* pork: *roast pork* —**wieprzowy** *adj* pork: *pork chops*

wiercić *v* **1** *(otwory)* drill, bore: *He was drilling holes for the shelves.* **2 wiercić w poszukiwaniu wody/ropy itp.** drill for water/oil etc →patrz też WYWIERCIĆ
wiercić się *v* squirm, wriggle: *The baby squirmed in her arms.*

wiernie *adv* **1** *(lojalnie)* faithfully: *She supported him faithfully.* **2** *(dokładnie)* faithfully: *I copied the drawing as faithfully as I could.*

wierność *n* **1** *(lojalność)* faithfulness, fidelity: *Tom's fidelity to his wife was never in question.* **2 wierność komuś/czemuś** *(idei, przywódcy itp.)* allegiance to sb/sth: **ślubować wierność** pledge/swear allegiance: *I pledge allegiance to the flag of the United States of America.* **3** *(precyzja)* faithfulness, fidelity: *The sound fidelity of CDs is much better than that of tapes.*

wierny *adj* **1** *(lojalny)* faithful: *a faithful friend* | **+ komuś/czemuś** to sb/sth: *I have always been faithful to my wife.* | *He has remained faithful to his principles.* **2** *(precyzyjny)* faithful: *This is a faithful reconstruction of the Anglo-Saxon village that stood here.* —**wierni** *n* worshippers *BrE*, worshipers *AmE*, congregation: *At a signal from their leader the worshippers knelt to pray.* | *The priest sprinkled the congregation with holy water.*

wiersz *n* **1** *(utwór)* poem: *Eliot's famous poem 'The Waste Land'* | *a poem by Sylvia Plath* **2** *(linijka)* line, verse: *Read the first two lines of the poem.* **3 mówić/pisać wierszem** write/speak in rhyme, rhyme: *Shakespeare sometimes wrote in rhyme.* | *I can't rhyme.* **4 czytać między wierszami** read between the lines

wierszyk *n* rhyme: *stories and rhymes* | **wierszyk dla dzieci** nursery rhyme

wiertarka *n* drill: **wiertarka elektryczna/udarowa** electric/hammer drill

wiertło *n* (drill) bit

wiertniczy *adj* **platforma wiertnicza** oil rig

wierząc-y/a *n* believer: *Are you a believer?*

wierzba *n* willow (tree)

wierzch *n* **1** *(góra)* top: *the top of my desk* **2 na wierzchu a)** *(na górze)* on top, at the top: *There's one on top of the refrigerator.* | *The book I wanted was at the very top of the* *stack.* **b)** *(na widoku)* in sight: *Put it somewhere in sight.* **3 wyjść/wypłynąć na wierzch** rise/come to the surface

wierzchołek *n* **1** *(góry, drzewa)* top: *the top of the hill* **2** *(trójkąta)* apex **3 wierzchołek góry lodowej** the tip of the iceberg

wierzenia *n* belief(s): *religious beliefs*

wierzyciel *n* creditor

wierzyć *v* **1** believe: *You really believe him? | I don't believe that he could have done it.* **2 wierzyć w coś a)** *(zasłyszanego, przeczytanego)* believe sth: *Don't believe anything he says. | Can you believe it?* **b)** *(w Boga, życie wieczne itp.)* believe in sth: *Do you believe in magic?* **3 możesz mi wierzyć** (you can) take it from me **4 wierzyć komuś na słowo** take sb's word for it: *You can take my word for it.* **5 nie wierzyli własnym oczom/uszom** they couldn't believe their eyes/ears

wieszać *v* hang: *When are we going to hang the lights on the Christmas tree, Mommy? | Never hang your shirt on the radiator to dry.* → patrz też POWIESIĆ, **wieszać na kimś psy** (PIES)
wieszać się *v* → patrz POWIESIĆ SIĘ

wieszak *n* **1** *(kołek)* peg: *Hang your coat up on the peg.* **2** *(haczyk)* hook: *The key was hanging from a hook on the wall.* **3** *(ramiączko)* (coat) hanger

wieszcz *n* bard

wieś *n* **1** *(mała miejscowość)* village: *a mountain village* **2** *(w odróżnieniu od miasta)* the country: *Don't you simply love the country?* | **na wsi** in the country: *His parents live in the country.*

wieść[1] *n* **1** news: *That's good news.* | **na wieść o czymś/że ...** at the news of sth/that ...: *Kathy was thrilled* (=zachwycona) *at the news that her daughter was expecting a baby.* | **na wieść o tym** at the news: *I'm still a bit shocked at the news.* **2 jak wieść niesie, ...** rumour *BrE*, rumor *AmE* has it (that) ...: *Rumour has it that Jean's getting married again.* **3 najnowsze wieści (o kimś/czymś)** the latest (news) (on sb/sth): *What's the latest on you and Gina?* → patrz też WIADOMOŚĆ

wieść[2] *v* **1** lead: *Where does this road lead?* **2 wieść (normalne/nudne itp.) życie** lead a (normal/dull etc) life: *They've led a very quiet life since her husband retired.*
wieść się *v* → patrz POWODZIĆ SIĘ

wieśnia-k/czka *n* peasant

Wietnam *n* Vietnam —**Wietnam-czyk/ka** *n* Vietnamese —**wietnamski** *adj* Vietnamese

wietrzny *adj* windy, breezy: *windy weather | a breezy day*

wietrzyć *v* air: *The bedrooms are aired and cleaned every morning.*

wietrzyk *n* breeze: *a cool/gentle breeze*

wiewiórka *n* squirrel: *Squirrels hoard* (=gromadzą) *nuts for the winter.*

wieźć *v* → patrz WOZIĆ

wieża *n* **1** *(budowla)* tower: *a control tower* **2** *(strzelista)* steeple **3** *(w szachach)* castle, rook

wieżowiec *n* high-rise (building), tower block *BrE*

wieżyczka *n* **1** *(spiczasta)* spire **2** *(okrągła)* turret

więc *conj* **1** *(zatem)* so: *It was closed, so we just went home. | We all have problems, so stop complaining. | So how did it happen?* **2 a więc** *(czyli)* that is: *Make sure you practise all four language skills, that is, reading, writing, listening, and speaking.*

więcej *adv, prep* **1** more: *We need more action, and less talk! | Try to eat less and work more.* | **więcej niż/od ...** more than ...: *Orange juice costs more than beer in some bars.* THESAURUS MORE **2 co więcej** what's more, as a matter of fact, in actual fact: *I wasn't angry at all. As a matter of fact, I was very glad to see them.*

więdnąć *v* wilt, wither → patrz też ZWIĘDNĄĆ

większość *n* most, majority: *most people/things | the majority of party members | a vast/huge* (=ogromna) *majority*

> **UWAGA: majority i most**
> Wyraz **majority** w znaczeniu „większość" występuje najczęściej w stylu oficjalnym w wyrażeniu **the majority of**: *The majority of the government voted againts the bill.* Należy pamiętać, że po wyrażeniu **the majority (of)** używa się zawsze czasownika w liczbie mnogiej: *Some of the children go home for lunch, but the majority have their lunch in school.* W innych kontekstach w znaczeniu „większość" używamy **most** (bez **of**): *Most people have never even heard of him.*

więzić *v* keep in prison/jail: *They kept him in jail for two weeks.* → patrz też UWIĘZIĆ

więzienie *n* prison, jail: *to escape from prison | ten years in prison | to get out of jail*

więzienny *adj* **1** prison: *prison food* **2 służby więzienne** correctional/penitentiary services

więzień/więźniarka *n* **1** inmate, prisoner **2 więzień polityczny** political prisoner **3 więzień czegoś** *(okoliczności itp.)* prisoner of sth: *George would be a prisoner of his own guilt.*

więzy *n* **1** ties: *economic/family/business ties | ties between the two countries* **2** *(emocjonalne)* bonds: *bonds of friendship*

więź *n* bond: *There is a very strong bond between the two of us. | He felt a strong bond with his audience.*

Wigilia *n* Christmas Eve —**wigilijny** *adj* Christmas (Eve): *Christmas dishes*

wigor *n* vigour *BrE*, vigor *AmE*: *full of vigour*

wigwam *n* wigwam

wikariusz *n* curate

wiking *n* Viking: *The Vikings from Norway and Denmark colonized Iceland, conquered Ireland, and occupied much of Britain.*

wiklinowy *adj* wicker: *a wicker basket/chair*

wikłać *v* complicate: *Unfortunately, the author complicates the plot* (=fabułę) *so much that it becomes difficult to follow.*
wikłać się *v (sytuacja)* get complicated: *The whole thing gets complicated when the husband finds his wife's love letters.* → patrz też UWIKŁAĆ (SIĘ)

wiktoriański *adj* Victorian: *the Victorian era | Victorian times | a Victorian house*

wilczur *n* German shepherd, Alsatian *BrE*

wilgoć *n* **1** moisture: *Plants use their roots to absorb moisture form the soil.* **2** *(niepożądana)* dampness, damp *BrE*: *There's a patch of damp on my bedroom wall.* **3** *(w powietrzu)* humidity: *I don't mind the heat – it's the humidity that bothers me.*

wilgotność *n* **1** wetness **2 wilgotność (powietrza)** humidity: *90% humidity*

W

wilgotny *adj* **1** *(lekko, odpowiednio)* moist: *a moist chocolate cake* THESAURUS WET **2** *(bardzo)* wet: *a wet climate | Careful! The paint is still wet.* **3** *(nieprzyjemnie)* damp: *The room was dark and unpleasantly damp.* **4** *(powietrze)* humid

wilk *n* **1** wolf **2 o wilku mowa** speak/talk of the devil

UWAGA: wolf
Rzeczownik **wolf** ma nieregularną formę liczby mnogiej: **wolves**.

wilkołak *n* werewolf

willa *n* villa

wina *n* **1** *(odpowiedzialność)* blame: **ponosić winę** be to blame: *You are not to blame for what happened.* | **zrzucić winę na kogoś** pin/put/lay/shift the blame on sb: *Don't try to pin the blame on me.* **2 czyjaś wina** sb's fault: *It's not my fault. | It was all his fault.* **3** *(w sądzie)* guilt: *The jurors* (=ławnicy) *were sure of the defendant's guilt* (=o winie oskarżonego). | **przyznać/nie przyznać się do winy** plead guilty/not guilty: *Henderson pleaded not guilty.* **4** *(poczucie)* guilt: *He was racked by/with guilt* (=dręczyło go poczucie winy) *for having left his wife.*

winda *n* lift *BrE*, elevator *AmE*: **pojechać windą** take the lift/elevator: *Let's take the lift.*

winić *v* **winić kogoś za coś** blame sb for sth, blame sth on sb: *You can't blame her for getting a divorce. | Whenever children behave badly, people always try and blame it on the teachers.*

winien *adj* →patrz WINNY

winnica *n* vineyard

winny *także* **winien** *adj* **1** guilty: **+czegoś** of sth: *guilty of fraud* | **uznać kogoś za winnego/niewinnego** find sb guilty/not guilty: *A 23-year-old woman was found guilty of murder in the Central Court yesterday.* **2 być komuś coś winnym** *(pieniądze, wyjaśnienie itp.)* owe sb sth: *I owe her $25. | I owe you an apology* (=przeprosiny). | *How much do I owe you for the meal?*

wino *n* wine: *red/white wine | dry/sweet wine | homemade wine*

winogrono *n* grape: *a bunch of grapes*

winorośl *n* vine

winowaj-ca/czyni *n* culprit

winyl *n* vinyl

wiolonczela *n* cello —**wiolonczelist-a/ka** *n* cellist

wiosenny *adj* **1** spring: *during the spring break | spring flowers* **2 wiosenne porządki** spring-cleaning, spring-clean *BrE*

wioska *n* village: *a fishing village*

wiosło *n* **1** oar **2** *(krótkie i szerokie)* paddle

wiosłować *v* **1** row: *Jenny used to row at college.* **2** *(krótkimi wiosłami)* paddle

wiosna *n* spring: **wiosną/na wiosnę** in (the) spring, in the springtime | **tej/zeszłej wiosny** this/last spring: *The weather has been very mild this spring.*

wiośla-rz/rka *n* rower —**wioślarstwo** *n* rowing

wiotki *adj* **1** *(dziewczyna, talia, gałąź itp.)* slender: *a long slender neck* **2** *(mięśnie, ramiona itp.)* flabby: *a flabby belly* **3** *(skóra)* slack: *slack skin under the eyes*

wiór *n* **1 suchy jak wiór/wyschnięty na wiór** bone-dry, (as) dry as a bone: *The soil is as dry as a bone.* **2 wióry** shavings

wir *n* **1** *(wiatru, kurzu, wody)* whirl, eddy: *a whirl of dust | The racing river caused swirling eddies.* **2** *(ludzi w ruchu)* whirl: *the whirl of the dancers* **3 wir wodny** whirlpool **4 rzucić się w wir czegoś** throw yourself into sth: *Now Julia threw herself into her work, staying up late every night.*

wirnik *n* rotor

wirować *v* **1** *(obracać się)* spin (around/round): *Compact discs spin at thousands of revolutions* (=z prędkością tysięcy obrotów) *per minute. | The skater was spinning faster and faster.* **2** *(na wietrze itp.)* whirl (around/round), swirl (around/round): *The leaves whirled around in the wind.*

wirowanie *n* **1** *(obrót)* spin **2** *(po praniu)* spin cycle

wirowy *adj* **ruch wirowy** rotation

wirówka *n* spin dryer

wirtualny *adj* virtual: **rzeczywistość wirtualna** virtual reality

wirtuoz *n* virtuoso

wirus *n* virus: *the HIV virus | a computer virus* THESAURUS ILLNESS —**wirusowy** *adj* viral: *a viral infection | viral pneumonia*

wisieć *v* **1** hang: *The key was hanging from a hook on the wall.* **2 coś wisi nad kimś** sth is hanging over sb: *With the court case hanging over us* (=ponieważ wisiała nad nami rozprawa sądowa), *we couldn't enjoy our vacation.* **3 coś komuś wisi** sb doesn't give a damn about sth: *I don't give a damn what she thinks.* →patrz też ZAWISNĄĆ, →patrz też **wisieć na włosku** (WŁOSEK)

wisiorek *n* pendant: *a diamond pendant*

wiśnia *n* **1** *(owoc)* cherry **2** *(drzewo)* cherry tree —**wiśniowy** *adj* cherry: *cherry pie*

witać *v* **1** welcome, greet: *They always welcomed me with a smile. | Syd was greeting his guests in the hall and taking their coats.* **2 witaj(cie)** welcome: *Welcome to our city! | Welcome home.* →patrz też POWITAĆ

witalność *n* vitality: *She was full of vitality.*

witamina *n* vitamin: *Oranges are a good source of Vitamin C.*

witraż *n* **1** *(szkło)* stained glass **2** *(okno)* stained glass window

witryna *n* **1** *(internetowa)* website, site **2** *(sklepowa)* window **3** *(na wystawie)* showcase, display case

wiwatować *v* cheer: *The fans cheered and rose to their feet.* THESAURUS SHOUT —**wiwat** *n* cheer: *You could hear the cheers from outside the theatre.*

wiwisekcja *n* vivisection

wiza *n* visa: *a tourist/student visa | an entry/exit visa | It can take up to six months to get a visa.*

wizerunek *n* image: *the actor's public image* | **wizerunek firmy** corporate image

wizja *n* **1** *(wyobrażenie, widzenie)* vision: *Gandhi had a vision of a better, more peaceful society. | She had a vision in which Jesus appeared before her.* **2** *(w telewizorze)* picture: *We lost the picture.* —**wizjoner/ka** *n* visionary —**wizjonerski** *adj* visionary: *a visionary idea*

wizualny *adj* visual

wizyta *n* **1** *(odwiedziny)* visit: *an unexpected visit* | **złożyć**

W

komuś wizytę pay sb a visit, pay a visit to sb: *Let's pay grandma a surprise visit.* THESAURUS MEETING **2** *(u lekarza, fryzjera)* appointment: *I have a dentist's appointment at nine.* | *Don't forget your appointment at the hairdresser's.*

wizytować *v* inspect

wizytówka *n* **1** *(z nazwiskiem i adresem)* (business) card: *Here's my card.* **2** *(widoczny element)* centrepiece *BrE*, centerpiece *AmE*: *The glass staircase is the centrepiece of the new store.*

wjazd *n* **1** *(czynność)* entry: *the triumphal entry of the Russian army into the city* **2** *(miejsce)* entrance: *at the entrance* **3** *(na autostradę)* slip road *BrE*, on-ramp *AmE* **4 zakaz wjazdu** no entry

wjechać *v* **1** *(samochodem)* drive in: **wjechać do** *(miasta itp.)* drive into: *We drove into Colorado.* | **wjechać w** *(drzewo, kałużę itp.)* drive into: *Some idiot drove into the back of the car.* **2** *(do góry)* go up: *We could see a stream of people going up the escalator* (=ruchomymi schodami) *ahead of us.* **3 wjechać na peron/stację** pull in: *Just as the train was pulling in, there was a shout and someone fell onto the track.*

wkalkulować *v* **1** factor in: *Interest payments* (=spłaty odsetek) *must be factored in.* **2 być wkalkulowanym w coś** be part of sth: *Falling over is part of the process of learning to ski.*

wkład *n* **1** *(udział, przyczynek)* contribution, input: *Einstein's contribution to science.* | *Students have an enormous input into what the class covers.* **2** *(do długopisu)* refill **3** *(w banku)* deposit

wkładać *v* →patrz WŁOŻYĆ

wkładka *n (do gazety, butów)* insert: *special inserts to protect your heels*

wkoło *adv, prep* →patrz WOKÓŁ

wkomponowany *adj* **być wkomponowanym w coś** blend in with sth: *The old house blends in perfectly with the gentle countryside.*

wkraczać *v* →patrz WKROCZYĆ

wkraść się *v* **1** *(człowiek)* sneak/slip/creep in: *The thieves sneaked in when the guard had his back turned* (=kiedy strażnik był odwrócony tyłem). **2** *(pomyłka, błąd)* creep in

wkręcić *n (żarówkę, śrubę)* screw in
wkręcić się *v* **wkręcić się gdzieś** wangle your way into sth: *I wangled my way into a month's traineeship* (=praktykę) *at the 'Voice' newspaper in Brixton.*

wkręt *n* screw

wkroczyć *v* **1** *(wejść)* step/go/walk in: **wkroczyć gdzieś** step/go/walk into sth: *Gary stepped into the shop.* **2** *(interweniować)* step in: *The referee* (=sędzia) *stepped in and stopped the fight.* | *The government will have to step in.*

wkrótce *adv* soon: *I'll be ready soon.* | *At first you may find it difficult, but soon you will be doing it automatically.* | **wkrótce po (tym, jak) ...** soon after ...: *Soon after we met we became friends.* | **wkrótce potem** soon afterwards THESAURUS SOON

wkurzać *v* **wkurzać kogoś** piss sb off: *It pisses me off when people do that.*
wkurzać się *v* be pissed off: *What are you so pissed off about?* —**wkurzony** *adj* pissed (off): *I was feeling very pissed off with Jack for being late.* THESAURUS ANGRY

wkuwać *v* cram, swot *BrE*: **wkuwać coś** cram/swot up on sth: *Jill's busy swotting up on German.* | **wkuwać do czegoś** cram/swot for sth: *She's upstairs cramming for her final exams.*

wlać *v* →patrz WLEWAĆ

wlec *v* drag, haul: *Don't drag that table across the room, you'll scratch* (=porysujesz) *the floor!*
wlec się *v* **1** *(czas, wydarzenie)* drag (on): *School always drags on Friday afternoons.* | *The meeting dragged on all afternoon.* **2** *(człowiek, pojazd, przedmiot)* drag (along): *Your coat's dragging in the mud.* THESAURUS WALK

wlecieć *v* **1** *(wefrunąć)* fly in: *A wasp flew in through an open window.* | **wlecieć gdzieś** fly into sth: *The canary flew into the cage.* **2 wlecieć gdzieś a)** *(wpaść)* fall into sth: *Rachel fell into the river with a loud splash.* **b)** *(wbiec)* run into sth: *He ran into the room.*

wlepić *v* **1 wlepić komuś mandat** give sb a ticket: *A policeman gave me a ticket for speeding.* **2 czyjeś oczy są wlepione w coś** sb's eyes are glued to sth: *All eyes were glued to the clock on the wall.*

wlewać *v* **wlewać coś do czegoś** pour sth into sth: *She poured some milk into the glass.*

wleźć *v* get/climb in: *He couldn't get in through the small window.* | **wleźć do czegoś** get into/in sth, climb into sth: *He undressed and got into the tub* (=do wanny). | *Dave climbed into the car and pulled the door shut.* | **wleźć pod/za itp. coś** get under/behind etc sth: *She undressed and got under the blanket.*

wliczając *prep* including: *The holiday costs $600 per person, including hotel accommodation, meals and transport.* —**wliczony** *adj* included: *You don't have to pay for your flights, they're included in the price of your holiday.*

władać *v* **1 dobrze władać angielskim/niemieckim itp.** have a good command of English/German etc **2** *(krajem, terytorium)* rule: *The queen ruled a vast kingdom.* **3** *(bronią)* handle: *He can handle a gun.*

wład-ca/czyni *n* **1** ruler: *The king had seven sons, each one of whom was ruler of one of the seven territorial divisions of the state.* **2** *(feudalny, baśniowy itp.)* lord/lady: *'The Lord of the Rings'*

władczy *adj* commanding: *He has a commanding manner and voice.*

władza *n* **1** power: *a battle for power* | **być u władzy** be in power: *The Socialists have been in power since the revolution.* | **dojść do władzy** come/rise to power: *The Communists came to power in China in 1949.* | **władza wykonawcza** the executive **2 władze a)** *(państwowe, samorządowe itp.)* authorities, authority: *local/city/Polish authorities* **b)** *(w organizacji)* leadership: *the party/union leadership*

włamać się *v* break in: *If anyone tries to break in, the alarm will go off.* | **włamać się gdzieś** break into sth: *She was caught attempting to break into a house.* THESAURUS ENTER —**włamanie** *n* break-in, forced entry: *There was a break-in at the school over the weekend.* | *Police found no sign of forced entry.* —**włamywacz/ka** *n* burglar

własnoręcznie *adv* personally: *a personally signed letter*

własnościowy *adj* **1 mieszkanie własnościowe** privately owned flat *BrE*, condominium *AmE* **2** *(własny)* own, privately owned

W

własność *n* **1** *(mienie)* property: *That's my personal property!* THESAURUS PROPERTY **2** *(posiadanie)* ownership: *private ownership* **3 coś jest własnością kogoś/czegoś** sth belongs to sb/sth: *Do the books belong to the school?*

własny *adj* **1 (swój) własny** your own: *People like to feel secure in their own homes.* | *Rewrite the passage in your own words.* **2 nazwa własna** proper noun

właściciel/ka *n* **1** owner: *the previous owner* | **być właścicielem czegoś** own sth: *She owns a string* (=sieci) *of health clubs.* | **zmienić właściciela** change hands: *The house has changed hands three times in the last two years.* **2 właściciel ziemski** landowner

właściwie *adv* **1** *(tak naprawdę)* actually, as a matter of fact: *He's actually a pretty nice guy.* | *As a matter of fact I was very glad to see them.* **2** *(jak należy)* properly: *The computer isn't working properly.*

właściwość *n* property: *medicinal properties* | *What are the properties of mercury?*

właściwy *adj* **1** *(stosowny, odpowiedni)* appropriate, proper: *We will take appropriate action once the investigation is over.* | *I must have the proper tools for the job.* THESAURUS SUITABLE **2** *(prawidłowy)* right, correct: *the right way* | *What's the correct answer?* **3** *(rzeczywisty)* actual: *The farm was a good distance from the actual town.* **4 we właściwym czasie** in due course/time: *The committee will consider your application* (=rozpatrzy Pański/Pani wniosek) *in due course.*

właśnie *adv* **1** *(akurat)* just: *I've just passed my driving test!* | **właśnie coś robić** be just doing sth: *I was just asking where you were when you walked in.* | *The movie was just beginning when the fire alarm went off.* | **właśnie mieć coś z/robić** be just about to do sth, be on the point of doing sth: *We were just about to go riding when it started raining.* | *I was on the point of leaving when he rang.* THESAURUS RECENTLY **2** *(zgadzając się z przedmówcą)* precisely, exactly: *"Roberts should resign." "Precisely."* **3 właśnie dlatego** that/this is why: *That's why I hated my father.*

właz *n* **1** hatch: *an escape hatch* (=właz ewakuacyjny) **2** *(kanalizacyjny)* manhole

włazić *v* → patrz WLEŹĆ

włączać *n* → patrz WŁĄCZYĆ

włącznie *adv* **1 włącznie z czymś** including sth: *The weight of the package is 10 kilos, including the box.* **2 od poniedziałku do piątku włącznie** Monday to Friday inclusive, Monday through Friday *AmE*

włącznik *n* switch

włączony *adj* (turned/switched) on: *They slept with the lights on.* | *Before you leave the house, make sure the alarm is on.*

włączyć *v* **1** *(światło, ogrzewanie, urządzenie elektryczne)* turn/switch/put on: *Please turn on the light.* | *Shall I put the kettle on?* **2** *(telewizor, radio, muzykę)* turn/switch on: *Don't turn on the radio – I want to work.* **3** *(wodę, gaz, silnik)* turn on: *I turned the water on in the shower.* | *When I turned the engine on it made a funny noise.* **4 włączyć do sieci/kontaktu** plug in: *Plug the VCR* (=wideo) *in and see if it still works.* **5** *(zawrzeć, uwzględnić)* include: *Do not forget to include exact times in your report.*

włochaty *adj* hairy: *a hairy spider* | *hairy legs*

Wło-ch/szka *n* Italian

Włochy *n* Italy

włos *n* **1** hair **2 o mały włos nie** (very) nearly, almost: *She very nearly died.* | **o włos** (by) a hair('s breadth): *He missed* (=chybił) *by a hair.* | *It was scarcely a hair's breadth greater than nothing.* **3 nie pozwolić, żeby komuś spadł włos z głowy** not harm/touch a hair on/of sb's head: *Our dog wouldn't harm a hair on little Ron's head.* **4 dzielić włos na czworo** split hairs: *Let's stop splitting hairs and get back to the main issue* (=do sedna sprawy). **5 włos się jeży na głowie** it's enough to make your hair stand on end → patrz też WŁOSY

włosek *n* **1** hair: *She gets upset if she finds even a hair on her precious carpet.* | **włoski** hair(s): *This part of the skin is covered with microscopic hair(s).* **2 wisieć na włosku** hang by a thread/hair: *Four weeks after the accident, her life hung by a thread.*

włoski *adj* Italian: *an Italian restaurant*

włosy *n* hair: *dark/black/blond hair* | *long/short/curly hair*

włożyć *v* **1** *(wsunąć)* put in, insert: *Insert one 20p coin.* | *He put a slip of paper in his book to mark his page.* | *The baby put my pen into her mouth.* | *She inserted a sheet of paper into the printer.* **2** *(ubranie)* put on: *I put on a T-shirt and a pair of running shorts.* | *Put a coat on if you're going out.* **3** *(zainwestować)* put in: **włożyć coś w coś** put sth into/in sth: *I put a lot of effort into this project.*

włóczęga *n* tramp, vagrant

włócznia *n* spear

włóczyć się *v* wander, roam, ramble: *John wandered aimlessly* (=bez celu) *all day.* | *We spent three wonderful days rambling around Palermo.* THESAURUS WALK

włókienniczy *adj* textile: *the textile industry*

włókno *n* **1** fibre *BrE*, fiber *AmE* **2 włókno szklane** fibreglass *BrE*, fiberglass *AmE*

wmawiać *v* → patrz WMÓWIĆ

wmieszać się *v* **1 wmieszać się w tłum** melt/merge into the crowd: *The man melted into the crowd and I lost sight of him* (=straciłem go z oczu). **2 wmieszać się w coś** get mixed up in sth: *He got mixed up in some shady affair* (=podejrzaną sprawę).

wmontować *v* put in, install: *Jim put in a new safety valve* (=zawór bezpieczeństwa).

wmówić *v* **1 (chcieć) wmówić komuś coś/że ...** make sb believe sth/(that) ..., want sb to believe sth/(that) ...: *He made me believe it was an honest deal.* | *They want you to believe that privately-run hospitals are more efficient.* **2 wmówić sobie, że ...** kid yourself (into believing) (that) ...: *I was kidding myself that I'd become a famous actor.*

wnet *adv* soon: *We will soon have you on your feet again* (=wnet staniesz na nogi).

wnęka *n* niche, recess

wnętrze *n* **1** *(pojemnika, obiektu)* inside, interior: *We wanted to see the inside of the house.* | *I loved the outside of the house, but the interior was disappointing.* | *The inside of the car was filthy.* **2** *(obszaru)* the interior: *The interior of the country is mainly desert.* **3 we wnętrzu** inside: *We sat inside the hut.* **4 do wnętrza** inside: *I want to look inside.* **5** *(dusza)* inner being/man/woman

wnętrzności *n* insides, innards, guts: *My insides are telling me I need to eat.* | *The guts of the answering machine were spread across his desk.*

wnieść *v* **1** *(do pomieszczenia)* bring in, carry in: *He* *brought in a tray of cakes.* **2** *(na górę)* carry upstairs: *Sarah helped me to carry the boxes upstairs.* **3** *(prośbę, podanie itp.)* file, submit: *He filed a formal complaint* (=oficjalną skargę) *against the department.* | *Applications for planning permission* (=o pozwolenie na budowę) *must be submitted before noon tomorrow.* **4 wnieść opłatę** make (a) payment: *Payment may be made in any of the following ways: check, cash, or credit card.* **5 wnieść udział/wkład w coś** make a contribution to sth: *The UN has made an important contribution to world peace.* → patrz też **wnieść oskarżenie** (OSKARŻENIE)

wnikać *v* **1 wnikać w coś** *(przenikać)* penetrate sth: *The sun's rays can penetrate the sea to a depth of twenty metres.* **2 wnikać w szczegóły** go into details: *I don't want to go into details right now.*

wnikliwy *adj* penetrating, searching: *a penetrating look* | *searching questions* —**wnikliwie** *adv* carefully: *They examined the whole matter very carefully.*

wniknąć *v* → patrz WNIKAĆ

wniosek *n* **1** *(konkluzja)* conclusion: **dojść do wniosku, że ...** come to the conclusion that ...: *Becky came to the conclusion that Tim must have forgotten about their date.* | **wyciągać pochopne wnioski** jump to conclusions: *Don't jump to conclusions - just because they're late doesn't mean they've had an accident!* **2** *(podanie)* application: *Please send a written application by October 17.* | *Your application has been successful/rejected* (=zostało przyjęte/odrzucone). **3** *(propozycja)* motion, request: *I'd like to propose a motion to move the weekly meetings to Thursdays.* | *We put in a request for a little extra time for us to finish the project.*

wnioskować *v* **1 wnioskować o coś** propose sth: *I'd like to propose a vote of thanks* (=o złożenie podziękowania) *to Sandra for organizing the whole evening.* **2** *(wyciągać wnioski)* reason, deduce —**wnioskowanie** *n* reasoning: *logical reasoning*

wnosić *v* → patrz WNIEŚĆ

wnuk *n* **1** grandson **2 wnuki** grandchildren —**wnuczek** *n* grandson —**wnuczka** *n* granddaughter

woalka *n* veil

wobec *prep* **1 wobec kogoś/czegoś** *(względem)* towards *BrE*, toward *AmE* sb/sth: *Some people's attitudes towards foreigners are based on ignorance and prejudice* (=i uprzedzeniach). **2 wobec czegoś** *(w obliczu)* in the face of sth: *In the face of such strong competition, small grocery stores are going out of business.* **3 wobec tego** (and) so: *I was a bit confused and so I decided to ask for an explanation.*

woda *n* **1** water: *hot/cold water* | *running* (=bieżąca) *water* | **woda z kranu/do picia** tap/drinking water | **woda mineralna** mineral water | **woda sodowa** soda **2 pod wodą** underwater: *How long can you stay underwater?* **3 ziemniaki z wody** boiled potatoes: **ryba z wody** poached fish **4 spuścić wodę** flush the toilet: *Someone forgot to flush the toilet.* **5 woda kolońska** eau de cologne **6 wody przybrzeżne** coastal waters → patrz też **czuć się jak ryba w wodzie** (RYBA), **lać wodę** (LAĆ), **podobni (do siebie) jak dwie krople wody** (KROPLA), **przepaść jak kamień w wodę** (KAMIEŃ)

Wodnik *n* Aquarius: **jestem spod znaku Wodnika** I'm an Aquarius

wodnisty *adj* watery: *watery soup*

wodny *adj* **1** water: *a water bed* | *a water reservoir* **2 para wodna** steam **3 sporty wodne** water/aquatic sports **4 gospodarka wodna** water management

water sports

canoeing surfing sailing windsurfing

wodociąg *n* **1** water supply/mains: *Connection to the water mains takes only a few minutes.* | *We're waiting for our house to be connected to the city water supply.* **2 wodociągi** *(instytucja)* water utility

wodoodporny *adj* waterproof

wodorosty *n* seaweed

wodospad *n* waterfall, *(w nazwach)* falls: *Niagara Falls*

wodoszczelny *n* watertight: *a watertight container*

wodować *v* **1** *(spuszczać na wodę)* launch **2** *(lądować na wodzie)* make a sea landing

wodór *n* **1** hydrogen **2 dwutlenek wodoru** hydrogen dioxide

wodzić *v* **1 wodzić ręką/palcami po czymś** run your hand/fingers over sth: *She ran her fingers over the piano keys.* **2 ktoś wodzi wzrokiem/oczami za kimś/czymś** sb's gaze/eyes follows/follow sb/sth: *His gaze followed the waitress.* | *Paul's eyes followed the swan gliding across the lake.* **3 wodzić kogoś za nos** lead sb by the nose

wojenny *adj* **1** war: **działania wojenne** warfare | **zbrodniarz wojenny** war criminal | **jeniec wojenny** prisoner of war | **gra wojenna** war game **2 marynarka wojenna** navy: *Koester served in the navy for eight years.* **3 stan wojenny** martial law **4 być na wojennej ścieżce** be on the warpath

województwo *n* province —**wojewoda** *n* (province) governor —**wojewódzki** *adj* province: *province authorities*

UWAGA: województwo, wojewoda itp.

W krajach anglojęzycznych nie ma podziałów na województwa ani instytucji wojewody. W związku z tym podane wyżej tłumaczenia to tylko przybliżone odpowiedniki polskich terminów.

wojna *n* **1** war: *a war broke out* | **prowadzić wojnę** be at war: *In 1793, England was at war with France.* | **wypowiedzieć komuś wojnę** declare war on sb: *The US declared war on Britain in 1812.* | **wojna domowa** civil war | **zimna wojna** the cold war | **pierwsza/druga wojna światowa** World War I/II, the First/Second World War: *The Second World War started in 1939 - true or false?* **2** *(działania)* warfare: *chemical/nuclear warfare* | *guerrilla warfare* (=wojna partyzancka) **3** *(okres)* wartime: *in/during wartime*

wojowniczy *adj* belligerent, militant: *a belligerent attitude* —**wojowniczość** *n* belligerence

wojownik *n* warrior: *a fearless* (=nieustraszony) *warrior*

wojsko *n* **1** *(siły zbrojne)* the army, the military, the armed forces: *the Polish army* **2 iść do wojska** join the army

wojskowy *adj* military: *the use of military power | Military Academy* | **służba wojskowa** military service

wojujący *adj* militant: *a militant group | militant feminists*

wokalist-a/ka *n* (lead) singer, vocalist: *Simply Red's lead singer, Mick Hucknall | Michael Bolton won best male pop vocalist Grammy for 'How Am I Supposed to Live Without You'.*

wokalny *adj* vocal: *vocal technique*

wokół *prep, adv* **1** *(dookoła)* around, round *BrE*: *Look around. | We sat round the fire.* **2** *(wszędzie)* all around: *Enemy soldiers were now all around us.*

wola *n* **1** *(chęć)* will: **wola życia/walki itp.** the will to live/fight etc: *She's lost her will to live.* **2** *(prawo decydowania)* will: **wolna wola** free will: *He says that people do not really have free will.* **3 dobra wola** goodwill: *a gesture of goodwill* **4 zła wola** ill will: *At first there was a lot of suspicion and ill will among the team.* **5 siła woli** willpower: *Losing weight* (=odchudzanie) *takes a lot of willpower.* **6 wbrew woli** against your will: *Nobody will be held* (=przetrzymywany) *against their will.* | **wbrew czyjejś woli** against sb's will: *Against her father's will, Annie had sneaked off* (=wymknęła się) *to the disco.* **7 z własnej woli** of your own free will, of your own accord: *She left of her own free will.* **8 do woli** to your heart's content: *You can run around here to your heart's content.*

woleć *v* prefer: *I prefer cotton sheets. | I prefer to live in the country.* | **woleć coś od czegoś** prefer sth to sth: *She prefers walking to driving.* | **wolał(a)- bym coś zrobić** I would just as soon do sth, I would sooner/rather do sth: *I'd just as soon stay in* (=zostać w domu) *and watch TV. | I'd sooner die than marry you!* | **wolał(a)bym, żebyś ...** I would prefer it if you ..., I would rather you ...: *I would prefer it if you didn't swear in front of the children. | I'd rather you didn't smoke in here.* →patrz też ramka WOULD

wolne *n* time off: **wziąć trochę/tydzień itp. wolnego** take some time/a week etc off | **mieć wolne** be off: *Carol is off till the end off the week.*

wolno[1] *adv* **1** *(powoli)* slowly: *She speaks very slowly.* **2** *(swobodnie)* freely: *They can move freely around the country.*

wolno[2] *v* **1 wolno coś z/robić** sth is allowed: *Smoking is allowed only in this half of the theatre.* | **komuś wolno coś z/robić** sb is allowed to do sth: *Only a few people are allowed to see these files. | We're not allowed to do anything without her say-so* (=bez jej zgody). **2 jeśli wolno** if I may: *If I may, I'd like to open a window. | Why here, if I may ask?*

W

wolnocłowy *adj* duty-free: **sklep wolnocłowy** duty-free shop

wolnomularstwo *n* masonry —**wolnomularz** *n* mason

wolnorynkowy *adj* free market: **gospodarka wolnorynkowa** free market economy

wolność *n* **1** freedom, liberty: *the fight for freedom | personal liberty | "Liberty, Equality, Fraternity* (=wolność, równość, braterstwo) *"* | **wolność od czegoś** freedom from sth: *freedom from fear and oppression* | **wolność słowa** free speech, freedom of speech/expression: *The journalists claimed they were being denied the freedom of expression.* | **wolność wyznania** freedom of religion/ worship, religious freedom: *The constitution guarantees freedom of speech and religion.* | **wolność prasy** freedom of the press **2 na wolności a)** *(w swoim naturalnym środowisku)* in the wild: *There are very few pandas living in the wild now.* **b)** *(po ucieczce z więzienia, klatki itp.)* at large, on the loose: *Two of the escaped prisoners are still at large.*

wolny *adj* **1** *(powolny)* slow: *My computer is really slow compared to the ones at school.* **2** *(bez ograniczeń)* free: *It's a free country.* | **czas wolny** free/spare time: *Now that he's retired* (=od kiedy przeszedł na emeryturę) *he has plenty of free time.* | **wolny rynek** free market/enterprise | **wolna wola** free will | **wolny etat** vacancy, opening: *We don't have any openings right now.* | **wolny pokój** vacancy: *'No vacancies'* | **wolne oprogramowanie** free software THESAURUS EMPTY **3 wolny od czegoś** free of/from sth: *free of obligations | free from disease* | **wolny od podatku** tax-free **4 dać komuś wolną rękę** give sb a free hand/ (a) free rein: *We're giving the Medical Center a free hand as to how it spends the money. | She was given a free rein to run the department as she thought best.* →patrz też **gotować na wolnym ogniu** (GOTOWAĆ)

fast/slow

a fast electric train

a slow steam train

wolontariusz/ka *n* volunteer: *I signed on as* (=zgłosiłam jako) *a volunteer at the homeless shelter* (=w schronisku dla bezdomnych).

wolt *n* volt: *a 9 volt battery*

wołać *v* call: *I heard Dad calling me.* THESAURUS SHOUT —**wołanie** *n* call: *a call for help* →patrz też ZAWOŁAĆ

wołowina *n* beef: *minced/roast beef* —**wołowy** *adj* beef: *beef stew*

wonny *adj* fragrant

woń *n* scent, fragrance: *the scent of roses* THESAURUS SMELL

worek *n* **1** sack: *a sack of flour* **2 worki pod oczami** bags under your/the eyes **3 wrzucić do jednego worka** lump together: *The statistics lump all minority students* (=studentów ze wszystkich grup mniejszościowych) *together.* —**woreczek** *n* bag —**workowaty** *adj* baggy: *baggy trousers*

wosk *n* wax: **wosk pszczeli** beeswax —**woskowy** *adj* wax: *a wax candle*

wotum *n* **wotum zaufania/nieufności** vote of confidence/no confidence

wozić *v* **1** *(ludzi)* drive: *Do you always have to drive him to school?* **2** *(towar)* transport, carry

wódka *n* vodka: *a bottle of vodka*

wódz *n* **1** *(przywódca)* leader: *a spiritual leader* **2** *(plemienia)* chieftain

wół *n* ox

UWAGA: ox

Rzeczownik **ox** ma nieregularną formę liczby mnogiej: **oxen**.

wówczas *adv* then: *And then the unexpected happened.*

wóz *n* **1** *(konny)* cart, wagon: *a farm cart | a covered wagon* **2** *(samochód)* car **3 wóz strażacki** fire engine

wózek *n* **1** *(na zakupy, bagaże)* trolley *BrE*, cart *AmE*: *a supermarket trolley | a shopping cart* **2** *(dziecięcy)* **a)** *(głęboki)* pram *BrE*, baby carriage *AmE* **b)** *(spacerowy)* pushchair *BrE*, stroller *AmE* **3 wózek inwalidzki** wheelchair: *The building has access for wheelchair users.* **4 jechać na tym samym wózku** be in the same boat: *We're all more or less in the same boat, so there's no use complaining.*

wpadać *v* **wpadać do morza itp.** flow into the sea etc →patrz też WPAŚĆ

wpadka *n* slip-up: *We can't afford another slip-up.*

wpakować *v* **wpakować kogoś w coś** get sb into sth: *That's another fine mess you've got me into!*
wpakować się *v* **wpakować się w coś** get into sth: *You will get into trouble if you lie to them.*

wpaść *v* **1 wpaść do czegoś a)** *(do wody itp.)* fall into sth: *Rachel fell into the river.* **b)** *(do pomieszczenia)* rush into sth: *David rushed into the bathroom.* **2** *(z wizytą)* drop in/by: *Thanks for dropping by. | Every now and then I drop in on my brother Alec.* THESAURUS VISIT **3 wpaść na kogoś/coś** *(wejść, wjechać)* run into sb/sth: *Guess who I ran into in town today! | Her car ran into a tree.* **4 wpaść na coś** *(wymyślić)* hit on/upon sth: *I'm sure there's something we can do, if only we can hit on the right thing.* **5 wpaść w coś** *(w nałóg, panikę itp.)* get into sth: *One of the horses got into a panic and ran away.* **6** *(dać się złapać)* get caught: *Jeff got caught cheating* (=wpadł na ściąganiu) *in a math test again.* **7 wpaść w szał** fly into a rage →patrz też WPADAĆ

wpatrywać się *v* **wpatrywać się w kogoś/coś** stare/gaze at sb/sth: *The boy just stood there staring at me.* THESAURUS LOOK

wpatrzony *adj* **1 wpatrzony w kogoś/coś** *(gapiący się)* staring into sb/sth: *She sat staring into space.* **2 być wpatrzonym w kogoś** *(podziwiać)* look up to sb: *Did I tell you that as a kid I had always looked up to you?*

wpierw *adv* →patrz NAJPIERW

wpis *n* entry: *the last entry in her diary*

wpisać *v* **1** *(zapisać)* write (down), put down: *I'll put you down for an appointment* (=na wizytę) *on Thursday at 3 pm.* **2** *(do komputera)* enter, key in: *Just key in the name you want and it'll come up* (=pojawi się) *on the screen. | Enter the filename and click 'OK'.* **3 wpisać kogoś na listę** put sb/sb's name on a list: *I'll put your name on the list.*
wpisać się *v* **wpisać się do czegoś** sign sth: *On arrival, guests should sign the visitors' book* (=do księgi gości).

wplatać *v* →patrz WPLEŚĆ

wplątać *v* implicate: *Two other people have been implicated in the crime.*

wpleść *v* **wpleść coś w coś** weave sth into sth: *The author wove some facts into the story.*

wpłacić *v* pay (in), deposit: *I went to the bank at lunchtime to pay in my salary. | I'd like to deposit this in my checking account.*

wpłata *n* deposit: **dokonać wpłaty** make a deposit: *I'd like to make a deposit please.*

wpłynąć *v* **1 wpłynąć na kogoś/coś** influence sb/sth, affect sb/sth: *I don't want to influence your decision. | Did the introduction of CDs affect the interest in live music?* THESAURUS PERSUADE **2** *(dokumenty, pieniądze)* arrive, come in: *An avalanche of letters came in from admiring fans.* **3** *(statek)* come/sail in

wpływ *n* **1** influence, impact: *an important influence | the impact of computers on people's lives* | **mieć wpływ na kogoś/coś** have/be (an) influence on sb/sth, have/make an impact on sb/sth, affect sb/sth: *Freudian theory has had a great influence on psychology. | Paul has a positive impact on his younger brother.* | **wywierać wpływ na coś** exert (an) influence on sth: *Memories of the war exerted a powerful influence on foreign policy.* **2 pod wpływem czegoś** under the influence of sth: *These eggs, microscopic in size, develop under the influence of hormones.* | **pod wpływem alkoholu/narkotyków** under the influence of alcohol/drugs →patrz też WPŁYWY

wpływać *v* →patrz WPŁYNĄĆ

wpływy *n* **1** *(protekcja)* influence: *His father must have used his influence to get him the job.* **2** *(dochody)* income: *Our income has fallen again* (=znowu zmalały) *this year.* →patrz też WPYW —**wpływowy** *adj* influential: *a highly influential politician*

w poprzek *prep, adv* across: *a bridge across the river | We'll have to swim across.*

wpół *adv* **1 wpół do trzeciej/czwartej** half past two/three, half two/three *BrE*, two/three thirty *AmE* **2 na wpół** half-: *She was standing there half-dressed, putting on her makeup.*

wprawa *n* **1** skill: **z wprawą** with (great/a lot of) skill, skilfully *BrE*, skillfully *AmE*: *The windsurfer handled her board with great skill. | He skilfully removed the bones from the fish.* **2 wyjść z wprawy** be out of practice: *Sam said he's a little out of practice, but he'll play if we need him.*

wprawdzie *adv* admittedly: *The treatment is painful, admittedly* (=leczenie jest wprawdzie bolesne), *but it is usually very successful.*

wprawić *v* **1** *(wstawić)* set: *She had the ruby set in* (=kazała wprawić rubin do) *a gold ring.* **2 wprawić kogoś w zakłopotanie** embarrass sb: *Martin's jokes were a deliberate attempt* (=celowa próba) *to embarrass Jean.* **3 wprawić kogoś w dobry/zły nastrój** put sb in a good/bad mood: *The sight of his garden always put him in a good mood.* **4 wprawić coś w ruch** set sth in motion: *The steam sets the wheels in motion.*
wprawić się *v* get better: **+ w czymś** at sth: *You will soon get better at it provided you practise regularly.*

wprawny *adj* skilful *BrE*, skillful *AmE*, practised *BrE*, practiced *AmE*: *With a practiced, easy motion, Brickman grabbed the snake.*

wprost *adv* **1** *(bezpośrednio)* directly, direct: *The images are beamed* (=przekazywane) *directly from a satellite. | We will fly direct to Chicago, without stopping in Salt Lake City.* **2** *(bez ogródek)* outright, directly: *Tell him outright what you think.* | **mówić/zapytać/odpowiedzieć wprost** speak/ask/answer directly **3 na wprost** ahead: *Tim pointed to a tree ahead of them.* **4** *(wręcz)* simply: *They were simply delighted.*

wprowadzać *v* →patrz WPROWADZIĆ

wprowadzający *adj* introductory: **kurs/wykład wprowadzający** introductory course/lecture

wprowadzenie *n* **1** *(wstęp)* introduction: *This course is a general introduction to banking and finance.* **2** *(do użytku, sprzedaży, obiegu itp.)* introduction: *the introduction of computers* **3 wprowadzenie na rynek** launch: *the launch of our new van*

wprowadzić *v* **1** *(wdrożyć)* introduce, bring in: *Stores*

W

introduce new security systems. | *The government is expected to bring in new laws on immigration.* **2** *(włożyć)* insert: *The doctor carefully inserted the needle into the vein.* **3** *(kogoś do pomieszczenia)* take: *They took him into a dark room.* **4** *(dane do komputera)* enter, feed, key in: *The data is then fed into a computer.* | *First, you must key in all the data.* **5** *(towar na rynek)* launch: *Jaguar is planning to launch a new sports car.* **6 wprowadzić coś w życie** put sth into practice/action/effect, implement sth: *It is time to put our plan into effect.* | *Only a few countries have implemented these regulations.* **7 wprowadzić kogoś w błąd** mislead sb: *McFarlane admitted* (=przyznał, że) *he had misled Congress.*
wprowadzić się *v* move in: *Have you met the new people who have just moved in next door?*

wpuścić *v* **wpuścić kogoś/coś (do środka)** let sb/sth in: *I unlocked the door and let him in.*

wpychać *v* → patrz WEPCHNĄĆ

wracać *v* → patrz WRÓCIĆ

wrak *n* wreck: *the wreck of an old car*

wraz z *prep* along with: *I keep it in the top drawer, along with my other important documents.*

wrażenie *n* **1** *(impresja)* impression: *First impressions can be deceptive* (=mylące). | *Our first meeting left a lasting* (=trwałe) *impression on me.* **2 robić wrażenie (na kimś)** impress (sb), make an impression (on sb): *Steve borrowed his Dad's sports car to impress his girlfriend.* | *It was their first meeting and Richard was determined to make an impression.* | **zrobić dobre/złe wrażenie (na kimś)** make a good/bad impression (on sb): *It's important to make a good impression at your interview.* **3 robić/sprawiać wrażenie czegoś** give the impression of doing sth: *Romer gave the impression of being a solid citizen* (=robił wrażenie porządnego obywatela). | *The Vice-President gave the impression of being remarkably uninformed about* (=sprawiał wrażenie wyjątkowo słabo zorientowanego w) *South American affairs.* **4 mieć/odnosić wrażenie, że ...** have/get the impression/feeling (that) ..., be under the impression (that) ...: *I have the impression John's trying to avoid us.* **5** *(uczucie, doznanie)* sensation: *The fog gave me the strange sensation that I was alone in the world.* **6 szukać wrażeń** be looking for adventure

W

wrażliwy *adj* sensitive: *sensitive skin* | *a sensitive child* | **+na coś** to sth: *My teeth are really sensitive to hot and cold.* | *He's very sensitive to any kind of criticism.* —**wrażliwość** *n* sensitivity: *Most people saw her sensitivity as a sign of weakness.* | *sensitivity to the sun's rays*

wredny *adj* nasty: *Why are you always so nasty to me?*

wreszcie *adv* **1** *(w końcu)* at last, finally: *At last the great day came.* | *The bus finally left the station.* THESAURUS FINALLY **2** *(przy wyliczaniu)* (and) finally: *She had been by turns* (=kolejno) *confused* (=zdezorientowana), *angry, and finally jealous.*

wręcz *adv* **1** positively, even: *Some people positively enjoy being in hospital.* | *Molly seemed depressed, even suicidal* (=w nastroju samobójczym). **2 wręcz przeciwnie/odwrotnie** on the contrary, just/quite the opposite: *It wasn't a good thing; on the contrary, it was a huge mistake.* | *Martha's not shy at all - just the opposite in fact.* → patrz też **walka wręcz** (WALKA)

wręczyć *v* **wręczyć komuś coś** present sb with sth: *She was presented with* (=wręczono jej) *a gold medal for bravery.* —**wręczenie** *n* presentation: *presentation of the awards*

wrobić *v* frame: *He told the court that the police had tried to frame him for assault* (=w napaść).

wrodzony *adj* inborn, innate: *an inborn talent* | *an innate ability*

wrogi *adj* **1** *(zachowanie)* hostile: *Senator Lydon was openly hostile to our proposals.* | **wrogie nastawienie** hostility: *hostility to the idea of a united Europe* **2** *(należący do nieprzyjaciela)* enemy: *enemy troops/forces*

wrogo *adv* **1** *(zachowywać się)* with hostility: *He looked at me with hostility.* **2 wrogo nastawiony** hostile

wrogość *n* hostility: *Some of her former supporters are now expressing open hostility to her leadership.*

wrona *n* crow

wrota *n* **1** *(drzwi)* door, gate **2** *(droga)* gateway: *St Louis was once the gateway to the West.*

wrotki *n* (roller) skates: *In-line skates* (=rolki) *are more expensive than regular roller skates.*

wróbel *n* sparrow

wrócić *v* **1** *(człowiek)* come/get back, return: *It was a real shock when Carla came back from her vacation.* | *We will probably get back at about nine.* | *When Alice returned from university, she was a changed person.* | **powinniśmy (już) wracać** we should be going/getting back (now) | **wrócić (się) po coś** go/come back for sth: *I had to go back for my passport.* **2** *(myśl, wspomnienie, ból itp.)* return: *If the pain returns, take two of the tablets every four hours.* **3** *(moda, styl itp.)* make a comeback, come back in: *The miniskirt made a comeback in the late 1980s.* | *Long hair for men is coming back in.* **4 wrócić do ...** *(tematu itp.)* come back/return to ...: *Let's come back to the point at issue.* | *I shall return to the subject of inflation in chapter five.* | *Returning to sanctions, do you think they will really be effective?* **5 wrócić do siebie/zdrowia** recover: *It may take him a while to recover from the operation.*

wróg *n* enemy: *a powerful enemy* | *our worst enemy* | *an enemy attack*

wróżba *n* (psychic) prediction

wróżka *n* fortune teller

wróżyć *v* **wróżyć komuś** tell sb's fortune: *A woman at the fair was telling people's fortunes.*

wrzask *n* scream, shriek, cry **nagły/przenikliwy/mrożący krew w żyłach wrzask** sudden/piercing/bloodcurdling scream

wrzasnąć *v* (let out a) scream/cry: **wrzasnąć z przerażenia/bólu itp.** scream in terror/pain etc → patrz też WRZESZCZEĆ

wrzawa *n* uproar: *Myers' new book has caused an uproar in literary circles.*

wrzący *adj* boiling

wrzątek *n* boiling water

wrzeć *v* boil: *The water is boiling.*

wrzenie *n* **1** uproar: *The decision to ban overtime* (=żeby zlikwidować nadgodziny) *created uproar among the workers.* **2 doprowadzić coś do wrzenia** bring sth to the boil: *Bring the water to the boil before adding the pasta.* **3 temperatura wrzenia** boiling point

wrzesień *n* September: **we wrześniu** in September: *School starts in September.* | **jedenastego września** on September (the) eleventh, on the eleventh of September

wrzeszczeć *v* scream, yell, shriek: *Don't yell at me like that!* THESAURUS SHOUT → patrz też WRZASNĄĆ

wrześniowy *adj* September: *a September afternoon*

wrzos *n* heather —**wrzosowisko** *n* heath, moor *BrE*

wrzód *n* ulcer: *a stomach ulcer*

wrzucić *v* **wrzucić coś do czegoś** throw sth in/into sth: *I quickly threw my clothes into a bag and left.* →patrz też **wrzucić do jednego worka** (WOREK)

wsadzić *v* stick in: **wsadzić coś do czegoś** stick sth into/in sth: *Don't let the baby stick her fingers in the socket* (=do gniazdka).

wschodni *adj* **1** *(region, kultura)* Eastern, eastern: *Eastern Europe | Eastern religions* **2** *(w nazwach)* East, east: *the East coast | East Germany* **3** *(wiatr)* east, easterly

wschodzić *v* **1** *(słońce, księżyc)* rise, come up: *As the sun came up, we set off up the mountain.* **2** *(rośliny)* sprout

wschód *n* **1** *(geograficzny)* east: *The sun rises in the east and sets in the west.* | **na wschód** east, eastward(s): *We drove east and then headed southeast.* | *We sailed eastwards.* | **na wschód od czegoś** to the east of sth: *The new road will pass to the east of the village.* | **(na) południowy/północny wschód** southeast/northeast: *The road runs southeast.* | **prowadzący na wschód** eastbound: *A crash on the eastbound side of the freeway is blocking traffic.* | **najbardziej wysunięty na wschód** easternmost: *the easternmost part of the island* **2** *(polityczny, kulturowy, w nazwach)* East: *a breakthrough* (=przełom) *in East/West relations* | **Bliski Wschód** the Middle East: *a peace plan for the Middle East* **3 wschód słońca** sunrise: *We got up at sunrise.*

wsiąkać *v* soak in: **wsiąkać w coś** soak into sth: *The oil slowly soaks into the wood.*

wsiąść *v* **1** *(do samochodu, łódki)* get in/into: *Quick, get in the car.* | *We got into the boat and paddled upstream* (=powiosłowaliśmy w górę rzeki). **2** *(do autobusu, pociągu, samolotu)* get on, board: *Show your ticket to the driver as you get on the bus.* | *Passengers are asked to board half an hour before departure time.* **3 wsiąść na rower** get on your bike: *Jimmy and Ben got on their bikes and rode off as fast as they could.* **4 wsiąść (na konia)** mount (a horse): *She mounted and rode off.* | *She mounted the horse.* **5 wsiąść na kogoś** *(uczepić się)* be on sb's back: *The boss has been on my back about being late.*

wskakiwać *v* →patrz WSKOCZYĆ

wskazać *v* **wskazać (na) kogoś/coś** point to sb/sth, point sb/sth out: *She pointed to a man in the corner of the room.* | *The study points to stress as a cause of heart disease.* | *She pointed out the house where she was born.*

wskazany *adj* advisable: *It's advisable to book your ticket early.* —**wskazanie** *n (zalecenie)* indication

wskazówka *n* **1 a)** *(zegara)* hand: *the hour/minute hand* **b)** *(przyrządu)* pointer, indicator: *The pointer is halfway between 3 and 4.* **2** *(rada)* pointer, hint, tip: *I can give you some pointers on how to improve your game* (=technikę). **3 wskazówki** *(zalecenia)* guidelines: *guidelines on writing essays | new guidelines for dealing with infectious patients* (=z zakaźnie chorymi) **4 zgodnie z ruchem wskazówek zegara** clockwise: *Turn the key clockwise.* | **przeciwnie do ruchu wskazówek zegara** anticlockwise *BrE*, counterclockwise *AmE*

wskazujący *adj* **palec wskazujący** index finger

wskazywać *v* →patrz WSKAZAĆ

wskaźnik *n* **1** *(indeks, informacja)* indicator, index: *an important indicator of heart disease risk | an index of economic growth* (=wzrostu gospodarczego) **2** *(do tablicy, mapy)* pointer: *General Peckam swung his pointer across the map of Italy.* **3** *(wskazówka przyrządu)* pointer, indicator **4** *(tarcza przyrządu)* dial

wskoczyć *v* **1** jump in: *He took a deep breath and jumped in.* | **wskoczyć do czegoś** jump in/into sth: *jump in/into the car/pool/water* | **wskoczyć pod prysznic** jump in/into the shower **2 wskoczyć w coś** *(ubranie)* slip into sth: *I'll just slip into something more comfortable.*

wskrzesić *v* revive: *A serious lack of workers led factory owners to revive the idea of employing women.*

wskutek *prep* **wskutek czegoś** as a result of sth: *He died as a result of cold and exhaustion* (=wycieńczenia).

wsławić się *v* make a name for yourself: *Norris made a name for himself by starring in action pictures* (=w filmach akcji).

wsłuchiwać się *v* **wsłuchiwać się w coś** listen (carefully) to sth: *City officials* (=władze miejskie) *need to listen carefully to citizens' views.*

wspaniale *adv* wonderfully: *Relaxing in a sauna concentrates the mind wonderfully.*

wspaniałomyślny *adj* magnanimous, generous: *a magnanimous gesture | It was very generous of them to ask her along.* —**wspaniałomyślnie** *adv* magnanimously, generously: *Ann has generously offered to pay for the tickets.* —**wspaniałomyślność** *n* magnanimity, generosity: *a display of magnanimity*

wspaniałość *n* magnificence

wspaniały *adj* **1** *(doskonały, świetny)* wonderful, magnificent, splendid: *a wonderful feeling | a magnificent view* THESAURUS NICE **2** *(wystawny, kunsztowny)* splendid, magnificent: *a splendid dinner*

wsparcie *n* **1** *(pomoc)* support: *I couldn't have written this book without the support of my family and friends.* | **wsparcie duchowe** moral support, reassurance **2** *(poparcie)* support, backing: *financial/political support* **3** *(policji, wojska)* backup: *Several police cars provided* (=zapewniały) *backup for the officers.* →patrz też **grupa wsparcia** (GRUPA)

wspiąć się *v* →patrz WSPINAĆ SIĘ

wspierać *v* **1** *(pomagać)* support: *You should always support your friends in need.* **2 wspierać coś na czymś** *(opierać)* lean sth on sth: *He leaned an elbow on the desk.* **wspierać się** *v* **wspierać się na czymś** lean on sth: *old men leaning on walking sticks*

wspinaczka *n* **1** *(wyprawa)* climb: *It was a long climb up to the top of the hill.* **2** *(sport, hobby)* climbing: **wspinaczka górska** mountaineering —**wspinacz** *n* climber

wspinać się *v* climb: **wspinać się po czymś** climb sth, scale sth: *Kids love climbing trees.*

wspomagać *v* aid, assist: *charities that aid families in distress* (=organizacje charytatywne wspomagające rodziny znajdujące się w kryzysie) THESAURUS HELP

wspominać *v (snuć wspomnienia)* reminisce: *They sat reminiscing about the old days.*

wspomnieć *v* **wspomnieć coś/o czymś** mention sth, refer to sth: *It was a stupid idea – I'm sorry I ever mentioned it.* | **wspomnieć, że ...** mention (that) ...: *Sue mentioned that you might be moving to Florida.*

wspomnienie *n* memory, recollection: *painful memories | That smell brings back memories of my childhood.* | *His earliest recollection was a great branch of lilac* (=gałąź bzu) *hanging outside the window.*

W

wspomóc *v* →patrz WSPOMAGAĆ

wspólnie *adv* jointly, collectively, together: *The project is jointly funded* (=finansowany) *by several local companies.* | *We can only succeed if we all work together.*

wspólni-k/czka *n* **1** *(w przedsięwzięciu)* partner, associate **2** *(w przestępstwie)* accomplice: *an accomplice in/to the robbery/crime*

wspólnota *n* **1** *(społeczność)* community: **wspólnoty religijne** religious communities **2** *(uczuciowa, duchowa)* communion, togetherness: *He sought* (=poszukiwał) *meaningful communion with another human being.* **3 Wspólnota Europejska** the European Community, the EC

wspólny *adj* **1** *(zainteresowania, interesy itp.)* common: *a common goal* | *the common good* **2** *(pomieszczenie)* shared: *a shared kitchen* **3** *(znajomy)* mutual: *a mutual friend* **4** *(własność, propozycja itp.)* joint: *a joint decision* **5 mieć coś wspólnego** have sth in common: *I think we have a lot in common.* **6 nie mieć nic wspólnego z kimś/czymś** have (got)/be nothing to do with sb/sth: *It's got nothing to do with you.* | *Explain to the police that you had nothing to do with the robbery.*

współautor/ka *n* co-author

współczesność *n* the present day: *the finest scientific minds of the present day*

współczesny *adj* contemporary, modern, present-day: *contemporary music* | *the pressures of modern living* | *present-day society* —**współcześni** *n* contemporaries: *Mozart was greatly admired by his contemporaries.*

współcześnie *adv* today, these days, nowadays: *Class divisions* (=podziały klasowe) *are as evident in Britain today as ever.*

współczucie *n* compassion, sympathy: **+dla kogoś** for sb: *compassion for the poor and sick* | *I felt nothing but sympathy for the victims.*

współczuć *v* **współczuć komuś** be/feel sorry for sb, sympathize with sb, pity sb: *You shouldn't feel sorry for these people - they are just parasites* (=to zwyczajne pasożyty)*!*

współczujący *adj* compassionate, sympathetic: *a compassionate smile*

współczynnik *n* **1** *(odsetek, wskaźnik)* rate: *the rising crime rate* **2** *(we wzorze)* coefficient

W

współdziałać *v* work together, collaborate, cooperate: *We must all work together to solve this problem.* | *Leopards* (=lamparty) *cooperate with each other when hunting game* (=przy polowaniu). | *The gallery and the university collaborated to mount the exhibition.*

współistnieć *v* coexist: *Can the two countries ever coexist peacefully?*

współistnienie *n* coexistence: *peaceful coexistence between nations*

współlokator/ka *n* roommate, flatmate *BrE*

współmałżon-ek/ka *n* spouse

współmieszka-niec/nka *n* roommate

współobywatel/ka *n* fellow citizen

współodpowiedzialność *n* joint/shared responsibility: *All of us felt a shared responsibility towards our mother.*

współodpowiedzialny *adj* jointly responsible: **być współodpowiedzialnym za coś** share the responsibility for sth

współpraca *n* cooperation, collaboration: *a lack of cooperation between police and fire services*

współpracować *v* cooperate, collaborate, work together: *Our company cooperates with environmental groups to encourage recycling* (=w promowaniu utylizacji odpadów). | *Two companies collaborated on this project.*

współpracowni-k/czka *n* co-worker, associate: *I enjoyed my job and liked my co-workers.* | *my business associate*

współrzędne *n* coordinates

współtwór-ca/czyni *n* co-author —**współtworzyć** *v* co-author

współudział *n* **1** participation: **przy współudziale kogoś/czegoś** with the participation of sb/sth: *The invasion of Czechoslovakia was carried out with the participation of other Pact forces.* **2 współudział w czymś** *(w przestępstwie)* complicity in sth: *He was charged with* (=oskarżony o) *complicity in the murder of Sayers.*

współwłaściciel/ka *n* co-owner, joint owner

współzależność *n* interdependence —**współzależny** *adj* interdependent

współzawodnictwo *n* competition, rivalry: **+o coś** for sth | **+między X a Y** between X and Y: *fierce* (=ostre) *competition between the teams for a place in the finals*

współzawodniczyć *v* compete: **+o coś** for sth

współżycie *n (płciowe)* sexual relations, sex: *frequent sexual relations*

współżyć *v* **1** *(płciowo)* have sex: **+z kimś** with sb: *The average couple have sex three times a week.* **2** *(współistnieć)* coexist: **+z kimś** with sb

wstać *v* **1** *(z krzesła itp.)* get up, stand up: *Colleen got up slowly and went to the window.* | *She put the cheque back in her bag and stood up.* THESAURUS STAND **2** *(z łóżka)* get up: *What time did you get up this morning?* | **wcześnie/późno wstawać** be an early/late riser: *I phoned Jenny at six, knowing that she was an early riser.* **3** *(słońce)* rise: *The sun rose and began to light up the sky.*

wstawić *v* **1** put: *We'll put the piano in the living room.* **2 wstawić wodę (na herbatę)** put the kettle on **3 wstawić samochód (do garażu)** put the car in the garage

wstawić się *v* **1** *(upić się)* get drunk: *Sam got drunk last night.* **2 wstawić się za kimś (u kogoś)** put in a (good) word for sb (with sb): *Could you put in a good word for me with your boss?*

wstawka *n (w ubraniu)* insertion

wstąpić *v* **1** *(zajść)* drop in/by, stop by: *If you're in the area again just drop by and say hello.* | *I think I'll drop in on Jill on my way home.* **2 wstąpić do czegoś** join sth: *They will eventually join the EU.* | **wstąpić do wojska** join the army/military, join up **3 co w ciebie/nią itp. wstąpiło?** what's got into you/her etc?

wstążka *n* ribbon: *She tied her hair back with a long red ribbon.*

wstecz *adv* **1** back, backwards *BrE*, backward *AmE*: *When I look back on those days, it always makes me sad.* **2 spojrzenie/krok wstecz** backward glance/step

wsteczny *adv* **1** *(reakcyjny)* reactionary: *reactionary views* **2 (bieg) wsteczny** reverse: *Put the car in/into reverse.* **3 lusterko wsteczne**: *rear-view mirror*

wstęga *n* ribbon

wstęp *n* **1** *(wprowadzenie)* introduction: *an introduction to linguistics* **2** *(wejście)* admission, entry: **wstęp wolny** free admission | **wstęp wzbroniony** no entry, keep out

wstępnie *adv* tentatively: *Our meeting is tentatively scheduled for* (=zaplanowane na) *for 2 pm.*

wstępny *adj* **1** *(ustalony wstępnie)* preliminary, tentative: *preliminary tests* | *a tentative date* **2** *(wprowadzający)* introductory: *an introductory chapter*

wstępować *v* →patrz WSTĄPIĆ

wstręt *n* disgust, repulsion, revulsion: *He looked at me with disgust.* | **napawać kogoś wstrętem** fill sb with disgust, disgust sb: *She was filled with disgust at the thought of her parents having sex.*

wstrętny *adj* disgusting: *a disgusting smell*

wstrząs *n* **1** shock: **być dla kogoś wstrząsem** come as a shock (to sb): *We knew Rob had cancer, but it still came as a shock when he died.* **2 wstrząs mózgu** concussion: *a mild concussion* **3** *(sejsmiczny)* tremor

wstrząsać *v* →patrz WSTRZĄSNĄĆ

wstrząsający *adj* shocking: *shocking news*

wstrząsnąć *v* **1** *(butelką itp.)* shake: **przed użyciem wstrząsnąć** shake well before use **2 wstrząsnąć kimś** shock sb, shake sb up: *Seeing that accident really shook me up.* **3 wstrząsnąć czymś** shock sth, rock sth: *His death shocked the whole country.* | *Last month's scandal rocked the banking world.*

wstrząśnięty *adj* shocked, shaken (up): *When we heard the news we were too shaken up and surprised to react immediately.*

wstrzemięźliwość *n* abstinence

wstrzyknąć *v* inject: *Both patients have been injected with a new drug.*

wstrzymać *v* **1** *(proces, działanie)* halt, bring to a halt: *The aim of this policy is to halt, or at least slow down, the rate of wage increases.* **2** *(zapłatę, leczenie)* withhold: *The new law allows you to withhold payment if you think a bill is incorrect.* | *The doctors decided to withhold treatment.*
wstrzymać się *v* **1** *(poczekać)* wait and see: *We'll just have to wait and see.* **2 wstrzymać się od czegoś** abstain from (doing) sth: *I have decided to abstain from smoking.* **3 wstrzymać się od głosu** abstain: *Four members of the committee abstained.*

wstrzymanie *n* **1 dać sobie/wziąć na wstrzymanie** take it easy **2 wstrzymanie się od głosu** abstention

wstrzymywać (się) *v* →patrz WSTRZYMAĆ (SIĘ)

wstyd *n* **1** shame: *He blushed with shame.* | *Have you no shame?* | **to wstyd** it's a shame: *It's a shame the way she treats that child.* | **ale wstyd** what a shame **2 wstyd mi/mu itp.** I'm/he's etc. ashamed: **+ za coś/z powodu czegoś** *of sth* | *I'm ashamed of the actions of my government.* | **+ za kogoś** of sb: *I'm ashamed of my parents.*

wstydliwy *adj* shy, bashful: *I was too shy to make the first move.* | *a bashful smile* —**wstydliwie** *adv* shyly, bashfully: *She smiled shyly and started to blush.* —**wstydliwość** *n* shyness: *He struggled to overcome* (=starał się pokonać) *his shyness.*

wstydzić się *v* **1** be ashamed: *You should be ashamed of yourself!* | **wstydzić się czegoś** be/feel ashamed of sth: *I feel ashamed of what I did.* **2 wstydzić się przed kimś** be shy with sb: *Billy's very shy with adults, but he's fine with other children.* **3 wstydź się!** shame on you!

wsunąć *v* insert, slip (in): **wsunąć coś do czegoś** slip/insert sth in/into sth: *He picked up the money and slipped it into his pocket.* | *Insert the key in the lock.*

wsuwka *n (do włosów)* hairpin

wsypać *v* pour in: **wsypać coś do czegoś** pour sth in/into sth: *The builders poured more sand into the cement mixer* (=do betoniarki).

wszak *także* **wszakże** *adv* however: *His recent behaviour, however, has been terrible.*

wszcząć *v* **1** *(awanturę)* start, incite: *incite a riot* **2 wszczynać postępowanie (sądowe)** institute/initiate (court) proceedings

wszczepić *v* implant: *Doctors implanted a new lens* (=soczewkę) *in her eye.* —**wszczep** *n* implant

wszczynać *v* →patrz WSZCZĄĆ

wszechmocny *adj* omnipotent —**wszechmoc** *n* omnipotence

wszechmogący *adj* almighty, omnipotent: *Almighty God*

wszechobecny *adj* (all-)pervasive, omnipresent: *a pervasive fear of crime* | *the omnipresent media*

wszechogarniający *adj* overpowering: *an overpowering feeling of hopelessness*

wszechstronnie *adv* comprehensively: **wszechstronnie wykształcony** broadly/comprehensively educated | **wszechstronnie uzdolniony/utalentowany** multi-talented

wszechstronny *adj* **1** *(uniwersalny)* versatile: *a versatile actor* | *a versatile tool* **2** *(szeroki)* comprehensive: *a comprehensive education* —**wszechstronność** *n* versatility, comprehensiveness

wszechświat *n* the universe: *the origins of the universe*

wszelako *adv* however

wszelki *adj* **1** *(jakikolwiek)* any: *Any suggestions are welcome.* **2** *(każdy)* every: *You have every reason* (=wszelkie powody) *to complain.* | *Every step* (=wszelkie kroki) *will be taken to preserve your anonymity.* **3 na wszelki wypadek** just in case, to be on the safe side: *I'll take my umbrella with me just in case.* **4 za wszelką cenę** at all costs, at any cost: *We must avoid a scandal at all costs.* **5 wszelkiego rodzaju** all manner of, of every description: *We would discuss all manner of subjects.* **6 wszelkie prawa zastrzeżone** all rights reserved

wszerz *adv, prep* **1** across: *She pulled the blankets across the bed and tucked them in* (=zawinęła pod materac). | *The crater measures half a mile across.* **2 przemierzyć coś wzdłuż i wszerz** travel the length and breadth of sth, travel all around sth

wszędzie *adv* everywhere, all over: *There are health clubs everywhere these days.* | *We've been looking all over for you.* | *People here are the same as everywhere else.*

wszy *n* lice: *hair infested with lice*

wszyscy¹ *n* everyone, everybody: *Everyone needs a little stability.* | *Everybody stood up to applaud.*

wszyscy² *pron, adj* all, every: *All people are equal.* | *A fireman was slightly injured, but all the people in the house were saved.* | **wszyscy inni** everyone/everybody else | **wszyscy ludzie** everyone, everybody, all (the) people

wszystkie *pron, adj* all, every: *We boycott all products tested on animals.* | *We searched every nook and cranny* (=przeszukaliśmy wszystkie zakamarki).

wszystko *pron* **1** everything, all: *They took everything.* |

W

all I have **2 wszystko inne** everything else: *I've tried everything else.* **3 przede wszystkim** first of all **4 już po wszystkim** it's all over (now) **5 wszystko mi jedno** I don't care (either way), it's all the same to me **6 wszystkiego najlepszego!** all the best! **7 dać z siebie wszystko** do your best, give your all: *We'll do our best to finish it on time.* | *The coach expects everyone to give their all in every game.*

wścibski *adj* nosy, inquisitive: *a nosy neighbour*

wściekać się *v* hit the roof/ceiling, go mad *BrE*: *Dad's going to hit the roof when he sees this mess!*

wściekle *adv* **1** madly, furiously: *She was beating madly on the door with her fists.* **2 wściekle żółty/czerwony itp.** glaring yellow/red etc

wścieklizna *n* rabies: *have rabies*

wściekłość *n* rage: *I was boiling with rage.* | *His remarks left her speechless with rage.* | **wpaść we wściekłość** fly into a rage

wściekły *adj* furious, mad, enraged: *Dad was furious when he found out where I was living.* | *I'm so mad, I can hardly stand the sight of him* (=znieść jego widoku). | **+na kogoś** with *BrE*, at *AmE* sb: *Mum's really mad with Peter since he borrowed her car.* THESAURUS ANGRY

wśród *adv* among: *Relax, you're among friends here.*

wtajemniczony *adj* in the know, initiated: *Those in the know are saying that the film will win several Oscars.*

wtajemniczyć *v* **wtajemniczyć kogoś w coś a)** *(ujawnić)* let sb in on sth: *I know you're up to something* (=coś kombinujesz) *so you might as well let me in on it.* **b)** *(wprowadzić)* initiate sb into sth: *My grandfather initiated me into the mysteries of golf.*

wtedy *adv* **1** then: *Let's arrange where to meet and then we can decide what to do next.* | *One thing he said then has stuck with me* (=utkwiła mi w pamięci) *ever since.* **2 wtedy, gdy/kiedy/jak** when: *Call me back when he gets in.*

wtopić się *v* blend in: **wtopić się w coś** blend into sth, blend in with sth: *The old house blends in perfectly with the gentle Hampshire countryside.* | **wtopić się w tło** blend in

wtorek *n* Tuesday: **we wtorek** on Tuesday —**wtorkowy** *adj* Tuesday('s): *Tuesday's concert* → patrz też NIEDZIELNY

wtórny *adj* **1** secondary: *secondary market* **2 wtórny analfabetyzm** functional illiteracy

wtórować *v* accompany: *The grand finale was accompanied by fireworks* (=wielkiemu finałowi wtórowały fajerwerki).

wtrącać się *v* **1** *(czynami)* interfere, meddle: *I didn't mean to interfere - I was just trying to help.* | **+do czegoś/w coś** in sth: *Nobody has the right to interfere in my personal affairs.* **2** *(słowami)* butt in, cut in: *Sorry, I don't mean to butt in.* **3 nie wtrącać się do czegoś** keep out of sth: *You should keep out of other people's business.* | **nie wtrącaj się!** mind your own business!

wtrącić *v* **wtrącić kogoś do więzienia** throw sb in jail/prison: *He was thrown in jail without a trial.*
wtrącić się *v* → patrz WTRĄCAĆ SIĘ

wtrysk *n* injection: *a fuel-injection engine* (=silnik z wtryskiem elektronicznym)

wtyczka *n* **1** *(elektryczna)* plug: *a two-pin plug* **2** *(szpieg)* mole: *The government suspects there is a mole who is leaking* (=przekazuje) *information to the press.*

wtykać *v* → patrz WETKNĄĆ

W

wujek *n także* **wuj** uncle: *Uncle Joe* | *my uncle*

wulgarny *adj* rude, vulgar: *a rude joke/remark* | *vulgar habits* | **wulgarny język** foul language —**wulgarność** *n* rudeness, vulgarity

wulkan *n* volcano: *an active volcano* —**wulkaniczny** *adj* volcanic: *a volcanic eruption* | *volcanic rock*

wy *pron* you: *If you go, we'll go too.*

wybaczyć *v* **1** forgive: **+komuś (coś)** sb (for sth): *Can you ever forgive me?* | *I can't forgive him for what he did to my sister.* | *If anything happened to him I'd never forgive myself.* **2 proszę mi wybaczyć** forgive me: *Forgive me, I didn't mean to offend you.* | *Forgive me for asking, but how old are you?*

wybawiciel/ka *n* saviour *BrE*, savior *AmE*, rescuer

wybawić *v* **wybawić kogoś od/z czegoś** spare sb sth: *I wanted to spare them the trouble of buying me a present.*

wybić *v* **1** *(szybę)* break: *The kids broke a window while they were playing ball.* **2** *(ząb)* knock out: *Any child who has a tooth knocked out should see a dentist immediately.* **3** *(oko)* put out: *I cut myself* (=skaleczyłem się) *and almost put out an eye messing with this stuff.* **4** *(godzinę)* strike, chime: *The church clock struck midnight.*

wybiec *v* run out: *Laura ran out of the room.* | *Rick turned around and ran out of the door.*

wybieg *n* **1** *(dla zwierząt)* run **2** *(dla koni)* paddock **3** *(dla modelek)* catwalk

wybiegać *v* → patrz WYBIEC

wybielać *v* bleach —**wybielacz** *n* bleach

wybierać *v* → patrz WYBRAĆ

wybijać *v* → patrz WYBIĆ

wybiórczy *adj* selective —**wybiórczo** *adv* selectively

wybitny *adj* outstanding, distinguished, prominent: *a prominent politician* —**wybitnie** *adv* markedly: *The bank manager was markedly unenthusiastic about the proposal.*

wybity *adj* **1** *(okno)* broken: *a deserted house with broken windows* **2** *(ząb)* knocked-out

wyblaknąć *v* fade: *The curtains had faded to a dusty pink.*

wyboje *n* bumps: *bumps in/on the road* —**wyboisty** *adj* bumpy, rough: *a bumpy road*

wyborca *n* voter: *undecided voters* | *women voters* | **wyborcy** electorate: *30% of the electorate*

> **UWAGA: electorate**
> Rzeczownik **electorate** występuje zwykle z czasownikiem w liczbie pojedynczej: *The West German electorate has no confidence in Chancellor Kohl and his team.*

wyborczy *adj* **1** electoral: *an electoral system* | *a campaign for electoral reform* **2 lokal wyborczy** polling station **3 prawo wyborcze** the vote: *In France women didn't get the vote until 1945.* **4 urna wyborcza** ballot box

wyborowy *adj* **1 strzelec wyborowy** marksman **2** *(luksusowy)* choice: *choice apples*

wybory *n* election: *a general election* (=wybory powszechne) | *a local/presidential election* | **wybory uzupełniające** by-election

wybór *n* **1** *(decyzja)* choice: *It's your choice* (=wybór należy do ciebie). **2** *(asortyment)* choice, selection: *a selection of cold meats* (=wędlin) | **duży wybór** wide choice/selection: *The shop has a wide selection of books* *for all ages.* **3 mieć coś do wyboru** have a choice of sth: *Students have a choice of softball, football, or basketball.* **4 z wyboru** by choice: *Jim lives with his parents by choice.*

wybrać *v* **1** choose, select, pick: *I finally chose the chocolate ice cream.* | *Have you picked a date for the wedding yet?* THESAURUS CHOOSE **2** *(prezydenta, posłów itp.)* elect: *She was elected to Parliament in 1978.* **3** *(numer)* dial: *In an emergency dial 911 for the police, the fire department, or an ambulance.*

wybrakowany *adj* defective: **towar wybrakowany** defective merchandise, seconds

wybraniec *n* **1 czyjś wybraniec** sb's favourite *BrE*, favorite *AmE* **2 grono/grupa/garstka wybrańców** the chosen few, a select few

wybredny *adj* fussy, picky, choosy: *He's very fussy about his food.*

wybrnąć *v* **wybrnąć z czegoś** get out of sth: *The more she tried to get out of the situation, the more awkward it became.*

wybrukować *v* pave —**wybrukowany** *adj* paved: *a paved surface*

wybryk *n* excess, indiscretion: *the worst excesses of the rock star's lifestyle* | *The indiscretions of his youth were not entirely forgotten.*

wybrzeże *n* coast: *the Pacific coast* | *a holiday on the coast* | *The ship was wrecked off the coast of Africa* (=u wybrzeży Afryki).

wybrzuszenie *n* bulge: *The wallet made a fat bulge in his pocket.*

wybuch *n* **1** *(bomby, gazu)* explosion, blast: *a gas explosion* | *a loud explosion* | *A bomb blast ripped the plane apart* (=rozerwał samolot na kawałki). **2** *(wojny, epidemii)* outbreak: *an outbreak of flu/malaria* | *the outbreak of World War II* **3** *(wulkanu)* eruption: *the eruption of Krakatoa* **4** *(gniewu, płaczu)* outburst: *He apologized for his outburst at the meeting.* | *I was surprised by this outburst of anger.*

wybuchnąć *v* **1** *(bomba, gaz)* explode **2** *(wojna, bójka, epidemia, pożar)* break out: *Fighting broke out between two rival gangs.* | *A fire broke out in the hotel kitchen.* **3** *(wulkan)* erupt **4 wybuchnąć śmiechem/płaczem** burst out laughing/crying

wybuchowy *adj* **1** explosive: **materiały wybuchowe** explosives THESAURUS ANGRY **2 wybuchowy temperament/charakter** explosive/fiery temper

wybudować *v* build: *We built this house ourselves.*

wycelować *v* aim, point, take aim: **+w kogoś/coś** at sb/sth: *He pointed a gun at the old man's head.*

wycena *n* valuation: *I took the gold ring to a shop for valuation.*

wycenić *v* value: *The paintings have been valued at $3.5 million.*

wychłostać *v* flog, cane: *The thieves were flogged in public.*

wychodzący *adj* outgoing: *outgoing mail calls* | *outgoing phone calls*

wychodzić *v* **1** *(wystawać)* show, stick out: *Madge's skirt was too short and her petticoat* (=halka) *was showing beneath.* **2 wychodzić na coś** *(okno, drzwi, korytarz)* open into/onto sth, overlook sth: *The kitchen opens onto the back yard.* | *a balcony overlooking the sea* **3 na jedno wychodzi** it's all the same, same difference: *"I could mail the letter tomorrow or send a fax." "Same difference, it'll still not get there on time."* →patrz też WYJŚĆ, →patrz też **wychodzić ze skóry** (SKÓRA)

wychować *v* bring up, raise, rear: *She understands my decision to bring up my baby on my own.*
wychować się *v* grow up: *I grew up in Korea.*

wychowanek *n* **1** *(szkoły)* (former) pupil *BrE*, alumnus *AmE*: *the alumni of St. Christopher High School* **2** *(domu dziecka)* charge

UWAGA: alumnus, alumna

Oba pochodzące z łaciny rzeczowniki mają nieregularne formy liczby mnogiej, odpowiednio: **alumni** (wymawia się əˈlʌmnaɪ) i **alumnae** (əˈlʌmniː).

wychowanie *n* **1** upbringing, education: *a strict upbringing* **2 wychowanie fizyczne** Physical Education

wychowanka *n* **1** *(szkoły)* (former) pupil *BrE*, alumna *AmE* **2** *(domu dziecka)* charge →patrz też WYCHOWANEK

wychowany *adj* **1 (dobrze) wychowany** well-mannered, cultured THESAURUS RUDE **2 źle wychowany** ill-mannered, bad-mannered

wychowaw-ca/czyni *n* form tutor *BrE*, home-room teacher *AmE*

wychowawczy *adj* **1** educational **2 urlop wychowawczy** child care leave, parental leave: *You are entitled to three months' child care leave.*

wychowywać *v* →patrz WYCHOWAĆ

wychudzony *adj* emaciated

wychwalać *v* praise: *The play was widely praised when it first appeared on Broadway.*

wychylać się *v* **1** *(przez okno)* lean out: *Don't lean out of the window.* **2** *(zachowywać się inaczej niż wszyscy)* stick your neck out: *I quickly realized that it would be better not to stick my neck out in meetings.*

wyciąć *v* cut out: *I cut the job advertisement out of the newspaper and kept it carefully.* | *A number of scenes had been cut out of the original movie.*

wyciąg *n* **1 wyciąg (z konta)** (bank) statement **2** *(roślinny itp.)* extract: *vanilla extract*

wyciągnąć *v* **1** *(wyjąć)* pull out: *I saw her pull a bag out from under the seat.* | **wyciągnąć coś z czegoś** pull sth out of sth: *He pulled a gun out of his pocket.* **2** *(kogoś z domu itp.)* drag out: *My mother used to drag me out to church every week.* **3** *(informacje z kogoś)* drag out: *He'll tell me, even if I have to drag it out of him!* **4** *(rękę)* stretch out: *He stretched out his arm.* **5 wyciągnąć coś na światło dzienne** bring sth to light: *Some serious problems have been brought to light by the latest report.* →patrz też **wyciągnąć do kogoś pomocną dłoń** (POMOCNY)
wyciągnąć się *v* stretch out: *He stretched out on the bed and went to sleep.*

wyciągnięty *adj* outstretched: *I took hold of* (=chwyciłem) *his outstretched hand.* | *She ran to meet them with outstretched arms.*

wycie *n* howl: *the blood-curdling howls of the wolves in the forest*

wycieczka *n* trip: *a school trip* | *We'll be taking a trip to Frankfurt in June.* | **piesza wycieczka** hike

wyciek *n* leak: *an oil leak* —**wyciekać** *v* leak (out)

wycieńczony *adj* exhausted, worn out: *At the end of the*

W

race she was completely exhausted, both mentally and physically. THESAURUS ▸ TIRED

wycieraczka *n* **1** *(pod drzwiami)* doormat **2** *(samochodowa)* (windscreen *BrE*, windshield *AmE*) wiper

wycierać *v* → patrz WYTRZEĆ

wycinać *v* → patrz WYCIĄĆ

wycinek *n* **1** *(z gazety)* clipping, cutting *BrE*: *a press/newspaper clipping* **2** *(tkanki, nieba)* fragment

wycinka *n (drzew)* logging

wycisnąć *v* squeeze: *Squeeze the lemons and pour the juice into a jug.* | **wycisnąć coś z czegoś** squeeze sth out of sth, squeeze sth (out) from sth: *Try to squeeze a bit more out of the tube.* | *Gently squeeze out the juice and seeds from the lemon.*

wyciszyć *v* **1** *(dźwięki, kroki)* muffle: *The falling snow muffled the noise of the traffic.* **2** *(emocje)* quell

wycofać *v* withdraw, pull out: *Most of the troops have been pulled out.* | *The newspaper has agreed to withdraw its allegations* (=oskarżenia). | *Ted withdrew his horse from the race.*

wycofać się *v* **1 wycofać się z czegoś** pull/back out of sth, withdraw from sth: *US forces pulled out of Somalia.* | *After the injury, he had to pull out of the race.* | *Rightly or wrongly, the Italians decided to withdraw from the competition.* **2** *(samochodem)* back (out of/into etc), reverse *BrE*: *He backed out of the garage.* | *Before you reverse, make sure there are no pedestrians behind you.*

wycofanie *n* **1** withdrawal: *withdrawal of government funding* **2 wycofanie się** withdrawal: *Germany's withdrawal from the talks*

wycofywać *v* → patrz WYCOFAĆ

wyczarować *v* conjure up: *Somehow we have to conjure up another $10,000.*

wyczekiwać *v* **1** wait (around): *The people at the embassy kept us waiting around for hours.* **2 wyczekiwać kogoś/czegoś** wait for sb/sth: *We're waiting for a reaction from the President.*

wyczekująco *adv* expectantly: *The dog looked up expectantly.*

wyczerpać *v* **1** *(zmęczyć)* exhaust, wear out: *It exhausted him to talk for too long.* **2** *(zużyć)* use up, exhaust: *We had already used up all the funds available.* | *We've nearly exhausted our coal reserves* (=zasoby węgla). **3** *(akumulator, baterie)* run down

wyczerpać się *v* **1** *(zasoby)* run out: *Our supplies had run out.* **2** *(akumulator)* run down: *The batteries had run down.*

wyczerpanie *n* exhaustion: *He collapsed from exhaustion.* THESAURUS ▸ TIRED —**wyczerpany** *adj* exhausted: *They were exhausted after the long journey.*

wyczerpujący *adj* **1** *(pełny)* comprehensive, exhaustive: *a comprehensive account* **2** *(męczący)* exhausting: *an exhausting journey/trip* —**wyczerpująco** *adv (w pełni)* exhaustively

wyczerpywać *v* → patrz WYCZERPAĆ

wyczucie *n* **1 (mieć) wyczucie czegoś** (have) a feel/feeling for sth: *You've got to have a feel for the music.* **2 wyczucie czasu** good timing **3 z wyczuciem** carefully **4 na wyczucie** on a hunch: *I acted on a hunch.* | **robić coś na wyczucie** follow your nose doing sth

wyczuć *v* **1** *(obawę, wrogość)* sense, detect: *I sensed a lot of tension beneath the surface.* | *Instinctively, I sensed that something was wrong.* **2** *(dotyk)* feel: *Rita felt the touch of his hand on her arm.* **3** *(zapach)* smell: *She smelled alcohol on his breath.*

wyczulony *adj* **wyczulony na coś** sensitive to sth: *We must be sensitive to the community's needs* (=na potrzeby społeczności).

wyczuwalny *adj* detectable

wyczyn *n* **1** feat: *an amazing/extraordinary feat* **2 wyczyn kaskaderski** stunt

wyczynowy *adj* professional: *professional sport* —**wyczynowiec** *n* professional

wyczyścić *v* clean

wyczytać *v* read

wyć *v* howl, wail, whine THESAURUS ▸ SHOUT

wydać *v* **1** *(pieniądze)* spend **+ na** on: *I spent $40 on these shoes.* **2** *(książkę)* publish: *The book was first published in Australia last year.* **3** *(zaświadczenie, wyposażenie itp.)* issue: **wydać komuś coś** issue sb with sth: *All the workers were issued with protective clothing.* **4** *(dźwięk)* utter: *He uttered a groan.* **5** *(zapach)* give off: *The flowers gave off a sweet scent.* **6** *(przestępcę)* give away, turn in: *Someone gave him away to the local police.* | *One of the other gang members turned him in.* **7 wydać komuś resztę** give sb change: **mieć wydać z 20 dolarów itp.** have change for $20 etc **8** *(posiłek)* serve **9 wydać kogoś za mąż (za kogoś)** marry sb off (to sb): *They married her off to the first young man who came along.* **10 wydać wyrok** pass sentence: *The judge will pass sentence tomorrow.*

wydać się *v (wyjść na jaw)* come out: *The truth will come out eventually.* → patrz też WYDAWAĆ SIĘ

wydajność *n* **1** *(sprawność)* efficiency: *The speed of the plane depends on the efficiency of the engines.* **2** *(przerób)* capacity: *The reactor is operating at full capacity.*

wydajny *adj* efficient: *an efficient heating system* —**wydajnie** *adv* efficiently: *They work very efficiently.*

wydalać *v* **1** *(z organizacji, szkoły)* expel: *Jake was expelled from school for smoking.* **2** *(z organizmu)* excrete —**wydalenie** *n* expulsion

wydanie *n* **1** *(edycja)* edition: *a new/revised edition* **2** *(opublikowanie)* publication: *the publication of her new book*

wydarzenie *n* **1** event: *a political/sporting event* **2 ostatnie wydarzenia** recent developments

wydarzyć się *v* happen: *This all happened about three years back.* | *It all happened so quickly.*

wydatek *n* expense: *I'll write out a cheque to cover expenses.*

wydatny *adj* prominent: *a prominent nose*

wydawać *v* → patrz WYDAĆ

wydawać się *v* **1** seem, appear: *Henry seems a bit upset today.* | *The city appeared calm after the previous night's fighting.* | **wydaje się, że ...** it seems (that/like) ...: *It seems that no one really knows where he's gone.* **2 komuś wydaje się, że ...** sb thinks/imagines (that) ...: *He thinks he's something special.* → patrz też WYDAĆ SIĘ

wydawca *n* publisher

wydawnictwo *n* publisher, publishing house —**wydawniczy** *adj* publishing: *a publishing company*

wydech *n* exhalation: **zrobić wydech** breathe out, exhale: *Take a deep breath, then exhale slowly.*

W

wydechowy *adj* **rura wydechowa** exhaust (pipe), tailpipe *AmE*

wydedukować *v* deduce

wydłużyć *v* extend, lengthen: *to extend a fence/road.* —**wydłużony** *adj* elongated

wydma *n* (sand) dune

wydmuchać *v* **wydmuchać nos** blow your nose: *He took out his handkerchief and blew his nose.*

wydobycie *n* extraction: *the extraction of coal and other natural resources | oil extraction*

wydobyć *v* **1** *(wyciągnąć)* get out: *My keys fell down a drain, but I got them out with a piece of wire. | I got out the map.* **2 wydobyć na światło dzienne** unearth: *The newspapers have unearthed details of the minister's affair.*

wydobywać *v (węgiel)* extract, mine

wydoić *v* milk

wydolność *n* **1 wydolność fizyczna** physical fitness **2** *(systemu)* efficiency

wydoroślеć *v* grow up, mature: *It's time to grow up!*

wydostać *v* **wydostać kogoś/coś z czegoś** get sb/sth out of sth: *You can get us out of this mess* (=z tych tarapatów). THESAURUS ESCAPE
wydostać się *v* **1** *(człowiek, zwierzę)* get out: *How did the dog get out?* **2** *(gaz, woda)* escape: *Water was escaping through the hole.*

wydra *n* otter

wydrążyć *v* hollow out: *Ants have hollowed out the tree trunk.* THESAURUS EMPTY —**wydrążony** *adj* hollow

wydrukować *v* print (off/out): *I'm going to go print my essay out at the computer lab.* →patrz też DRUKOWAĆ —**wydruk** *n* printout, hard copy

wydrzeć *v* **1** tear out: *I tore a page out of my notebook.* **2 wydrzeć coś komuś (z rąk)** grab sth from sb: *She tried to grab the knife from him.*
wydrzeć się *v (krzyknąć)* yell, shout out

wydumany *adj* invented, imaginary

wydusić *v* **wydusić coś z siebie** spit sth out: *Come on – spit it out!*

wydychać *v* breathe out, exhale

wydymać *v* **1** *(pierś)* puff out **2 wydymać usta/wargi** pout: *The child pouted and started to cry.*

wydział *n* **1** *(urzędu, firmy)* department, division: *the marketing/personnel department* **2** *(uczelni)* faculty: *the Faculty of Engineering*

wydzielać *v* **1** *(zapach)* give off: *The old mattress gave off a faint* (=słaby) *smell of damp* (=stęchlizny). **2** *(ciepło, promieniowanie)* emit **3** *(hormony)* secrete **4** *(porcje jedzenia itp.)* ration out: *Food and water had to be carefully rationed out.*

wydzielić się *v (odseparować się)* splinter off: *Groups splinter off to form their own churches.*

wydzielina *n* secretion

wydzierżawić *v* lease: *The offices have been leased to a Dutch company. | The farmers don't own the land – it's leased to them by the government.*

wydzwaniać *v* **wydzwaniać (do kogoś)** keep calling (sb): *He keeps calling me. | Someone keeps calling my home phone, trying to fax something.*

wyegzekwować *v* enforce: *Davis ignored the order and no one tried to enforce it.*

wyeksmitować *v* evict: *Two families have been evicted for not paying the rent.*

wyeksponować *v* **1** *(podkreślić)* accentuate **2** *(pokazać)* display

wyeliminować *v* eliminate: *We can never eliminate crime from our society. | Our team was eliminated in the first round. | Try to eliminate high-calorie foods from your diet.*

wyemancypowany *adj* emancipated

wyemigrować *v* emigrate: *Hundreds of thousands of people have emigrated from Mexico to the United States.*

wyemitować *v (audycję)* air, broadcast: **zostać wyemitowanym** air: *The show will air at 6 pm.*

wygadać *v* tell: *Despite promising not to, he told his wife everything.*
wygadać się *v (zdradzić sekret)* tell, let on, spill the beans, let the cat out of the bag: *Promise you won't tell. | I knew who had won* (=wiedziałam, kto wygrał)*, but I didn't let on.*

wyganiać *v* drive out, chase away: *I chased the dog away from the rose bushes.*

wygasać *v* →patrz WYGASNĄĆ

wygasły *adj (wulkan)* extinct

wygasnąć *v (umowa, wiza)* expire: *Your visa expired a month ago.*

wygaszacz *n* **wygaszacz ekranu** screen saver

wygiąć *v* bend: *Bend the wire into an 'S' shape.*
wygiąć się *v* bend

wyginąć *v* become extinct: *Dinosaurs became extinct millions of years ago.* —**wyginięcie** *n* extinction

wygląd *n* appearance, look: *a youthful appearance*

wyglądać *v* **1** look: *You look good! | She looked tired. | He looks like he hasn't slept for days.* **2 wygląda na to, że ...** it looks like/it looks as if ..., by the sound of it/things, ...: *It looks like the Simpsons have company. | By the sound of it, he's being forced out of his job.* **3 wyglądać przez okno** look out the window

UWAGA: look

Mówiąc, jak ktoś lub coś wygląda, po wyrazie **look** nie używamy przysłówka (jak w języku polskim), tylko przymiotnika: *You look nice/beautiful/different etc.* Pozornym wyjątkiem od tej reguły jest konstrukcja „wyglądać dobrze" – po angielsku można powiedzieć zarówno: *She looks good*, jak i *She looks well.* **Well** jest tutaj jednak przymiotnikiem o znaczeniu „zdrowy". Tak więc w pierwszym zdaniu chodzi o to, że ktoś wygląda atrakcyjnie, korzystnie itp., w drugim o to, że wygląda zdrowo.

wygładzić *v* smooth (down): *Jenny got up and smoothed down her dress.*

wygłaszać *v* →patrz WYGŁOSIĆ

wygłodniały *adj* ravenous

wygłosić *v* **wygłosić mowę/przemówienie** deliver/give/make a speech: *Gore made a speech on the environment.*

wygłupiać się *v* play/act the fool, fool around: *Stop playing the fool!* —**wygłupić się** *v* make a fool of yourself:

I made such a fool of myself last night. —**wygłupy** *n* nonsense: *Enough of this nonsense!*

wygnać *v* exile, banish: *He was exiled from Russia in the 1930s.* | *My mother banished me to my bedroom.*

wygnanie *n* exile, banishment: **skazać na wygnanie** exile, banish —**wygnaniec** *n* exile

wygoda *n* **1** *(komfort)* comfort: *a new climbing boot designed for comfort and safety* **2** *(dogodność)* convenience: *We bought this house for convenience; it's near the shops and the railway station.*

wygodny *adj* **1** *(komfortowy)* comfortable: *a comfortable bed/chair/apartment/life* THESAURUS COMFORTABLE **2** *(dogodny)* convenient: *a convenient date/moment* —**wygodnie** *adv* comfortably: *Are you sitting comfortably?*

wygolony *adj* shaved: *a shaved head*

wygórowany *adj* excessive: *excessive demands*

wygrać *v* win: *to win a prize/contest* | *to win a battle/war* | *Who won?* | **wygrać w coś** win at sth: *I never win at cards.* THESAURUS WIN →patrz też **wygrać los na loterii** (LOS)

wygrana *n* **1** *(zwycięstwo)* victory, win: *an unexpected victory over Mike Tyson* | *We've had two wins so far this season.* **2** *(nagroda)* winnings, prize: *She collected her winnings and put them into her bag.* | *The first prize is £500 in cash and a weekend for two in Paris.* **3 dać za wygraną** give up: *They searched for the ball for a while, but eventually gave up and went home.*

wygrawerować *v* engrave

wygrywać *v* →patrz WYGRAĆ

wygrzebać *v* dig out: *Mom dug her wedding dress out of the closet* (=z szafy).

wygrzewać się *v* **wygrzewać się (na słońcu)** bask in the sun, sun yourself: *The cat was basking in the sun.* | *a cat sunning itself on the patio*

wygwizdać *v* boo: *His jokes were so bad he got booed off stage.*

wyhaftować *v* embroider

wyhamować *v* **1** *(stanąć)* stop, come to a stop/halt: *The bus came to an abrupt halt* (=gwałtownie wyhamował). **2** *(zatrzymać)* bring to a stop/halt: *He managed to bring the truck to a stop.* **3** *(zwolnić)* slow down: *The government is introducing new measures to slow down the inflation rate* (=tempo inflacji).

wyhodować *v* →patrz HODOWAĆ

wyidealizowany *adj* idealized: *an inaccurate, idealized picture of marriage* | *an idealized view of rural life*

wyimaginowany *adj* imaginary

wyizolować *v* **1** *(człowieka)* isolate: *He felt isolated and lonely.* **2** *(substancję, bakterię)* isolate: *An influenza virus was isolated from the faeces* (=z odchodów) *of one goose.*

wyjałowiony *adj* sterile, sterilized: *a sterile bandage* | *a sterilized needle*

wyjaśnić *v* explain, clarify: *I know it looks bad but I can explain everything.* | *Will you try and clarify the situation?* | **wyjaśnić coś komuś** explain sth to sb: *I'll explain it to you later.*

wyjaśnienie *n* explanation: *There must be an explanation for these unusual results.*

wyjawić *v* reveal: *He's not the kind of person to reveal his feelings, even to his closest friends.*

wyjazd *n* **1** *(odjazd)* departure: *Gregory's departure for the U.S. was delayed by visa problems.* **2** *(podróż)* trip: *The doctor has recommended a trip to the country, away from the stresses of city life.*

wyjąć *v* take out, get out: *She opened her briefcase and took out a letter.* | **wyjąć coś z czegoś** take/get sth out of sth: *He took a gun out of his pocket.*

wyjąkać *v* stammer (out), stutter (out): *"I'm D-d-david," he stuttered.*

wyjątek *n* **1** exception: *There's an exception to every rule.* THESAURUS UNUSUAL **2 z wyjątkiem kogoś/czegoś** except (for) sb/sth, with the exception of sb/sth: *We're open every day except Monday.* | *She'll eat anything except pork.* | *Everyone came to the party, with the exception of Mary, who wasn't feeling well.* **3 bez wyjątku** without exception: *Every type of plant, without exception, contains some kind of salt.* **4 robić wyjątek** make an exception: *We can't make an exception in your case.* —**wyjątkowy** *adj* exceptional: *in exceptional circumstances* —**wyjątkowo** *adv* exceptionally: *an exceptionally talented young artist*

UWAGA: except (for)

Na początku zdania zawsze mówi się **except for**, a nie **except**: *Except for a couple of old chairs, the room was empty.*

wyjechać *v* **1** *(w podróż)* leave, go away: *They left for Scotland* (=do Szkocji) *last Wednesday.* | *Wojtek left Poland* (=z Polski) *in 1981.* | *I went away for the weekend.* **2** *(z parkingu, ulicy, garażu)* drive out: *He drove out of the driveway* (=z podjazdu) *in a cloud of dust.*

wyjeść *v* eat up: *She has made a cake and wants us to help eat it up.*

wyjmować *v* →patrz WYJĄĆ

wyjście *n* **1** *(drzwi, brama)* exit, way out *BrE*: **wyjście awaryjne** emergency exit **2** *(rozwiązanie)* solution, way out: *We need some kind of solution.* | *a way out of the difficult situation*

wyjściowy *adj* initial, original: *my original proposal*

wyjść *v* **1** *(opuścić pomieszczenie)* leave, go out, come out: *He went in half an hour ago. When is he going to come out?* | **wyjść z pokoju/budynku itp.** leave the room/building etc, go/come out of the room/building etc: *Paul gathered up his papers and left the room.* | *She went out of the hotel lobby and looked down the street.* **2** *(ukazać się drukiem)* come out: *A second edition will come out next year.* **3** *(włosy)* come out: *All his hair came out.* **4** *(zdjęcie)* come out: *The photos from our trip didn't come out.* **5 komuś coś wyszło a)** *(udało się)* sb did/has done a good job of sth: *She did a very good job of redecorating the house.* **b)** *(przy liczeniu)* sb got sth: *She put two and two together and got five.* **6 wyjść po kogoś** *(na lotnisko, dworzec)* meet sb: *I'll meet you at the airport.* **7 dobrze na czymś wyjść** profit from sth **8 wyjść za mąż** get married: *Mary got married to a local fisherman while she was on vacation.* | **wyjść za kogoś** marry sb, get married to sb: *You want to marry him?* **9 wyjść z czegoś** *(z niekorzystnej sytuacji)* come out of sth: *How we came out of that alive is beyond me* (=nie mogę pojąć, jak wyszliśmy z tego żywi). **10 wyjść na jaw** come out, get out, leak out: *news of the scandal leaked out* **11 wyjść na światło dzienne** come to light: *New evidence has come to light.* **12 wyjść na ulicę** *(robotnicy)* walk out: *Three hundred car workers walked out as a protest over cuts in overtime* (=przeciw redukcjom nadgodzin). →patrz też WYCHODZIĆ

W

wykałaczka *n* toothpick

wykańczać *v* →patrz WYKOŃCZYĆ

wykastrować *v* castrate

wykaz *n* list, register, inventory: *Here is a list of the sports clubs in your area.*

wykazać *v* demonstrate, show: *The results of the experiment demonstrate that there is no difference between girls' and boys' abilities at this age.*

wykąpać *v* **wykąpać kogoś** give sb a bath, bath sb *BrE*, bathe sb *AmE*: *We need to give Johnny a bath first.*
wykąpać się *v* **1** *(w wannie)* have/take a bath **2** *(w jeziorze, basenie)* go for a swim/dip

wykipieć *v* boil over: *She left a pan of milk on the stove and it boiled over.*

wykiwać *v* dupe: *Tom was duped by his cousin.*

wyklepać *v* **1** *(błotnik, wgniecenie)* pull out, hammer out, beat out: *Use a hammer to pull out the dent.* **2** *(wyrecytować)* rattle off

wykluczać *v* *(nie dopuszczać)* preclude: *The Constitution doesn't preclude abortion.* →patrz też WYKLUCZYĆ

wykluczenie *n* exclusion: *China's exclusion from the United Nations*

wykluczony *adj* **1 coś jest wykluczone** sth is out of the question: *Walking home on your own is out of the question.* **2 coś nie jest wykluczone** sth is far from impossible

wykluczyć *v* **1** *(możliwość, hipotezę)* exclude, rule out: *Police have excluded the possibility that Barkin killed herself.* | *The police have ruled out suicide.* **2** *(zawodnika)* disqualify: *The judges disqualified the world champion from the race.* →patrz też WYKLUCZAĆ

wykluć się *v* hatch

wykład *n* lecture, talk **+ na temat** on/about: *a lecture on medieval art* | *a series of talks about literary theory* | **wygłosić wykład** give a lecture/talk: *He gave a series of lectures on molecular biology.* THESAURUS SPEECH
—**wykładać** *v* lecture: *She lectures on Shakespeare at Edinburgh University.* →patrz też WYŁOŻYĆ

wykładnia *n* interpretation

wykładow-ca/czyni *n* lecturer THESAURUS TEACHER

wykładowy *adj* **1 sala wykładowa** lecture hall **2 język wykładowy** language of instruction

wykładzina *n* (wall-to-wall) carpeting, (fitted) carpet

wykoleić się *v* derail: *The train derailed at 50 miles per hour.*

wykombinować *v* come up with: *We need to come up with a better slogan.*

wykonać *v* **1** *(czynność)* perform, carry out: *an operation performed by surgeons at Guy's hospital* | *They are carrying out urgent repairs.* **2** *(prośbę, polecenie, plan)* carry out: *We carried out all her instructions.* | *It won't be an easy plan to carry out.* **3** *(utwór)* perform: *He both composes and performs his music.* **4** *(wyprodukować)* make: *The furniture is made of the best wood available.* **5 wykonać telefon** make a call THESAURUS DO

wykonalny *adj* feasible, practicable, workable: *a feasible plan/suggestion/idea* | *a workable plan/solution* | *We cannot say in advance whether or not it will be practicable.*

wykonanie *n* **1** *(zadania, planu)* execution: *the execution of the new marketing plan* **2** *(prac)* completion: *the completion of the work* **3** *(utworu, sztuki)* performance, rendition: *a splendid performance of Mendelsohn's piano concerto* | *a live rendition of the band's latest single* | **w wykonaniu ...** performed by ...: *a song performed by Madonna*

wykonawca *n* **1** *(artysta)* performer: *a first-class performer* **2** *(robót)* contractor: *a roofing contractor*

wykonawczy *adj* **1** executive: *an executive committee* **2 władza wykonawcza a)** *(instytucja)* the executive **b)** *(kompetencje)* executive power

wykonywać *v* →patrz WYKONAĆ

wykończenie *n* **1** *(ubrania)* trim, trimming: *a red jacket with a white trim* | *a blue dress with black trimmings* **2** *(mebla, powierzchni)* finish: *The table has a beautiful finish.*

wykończony *adj* (dead) beat, dog-tired, knackered *BrE*: *Come and sit down. You must be dead beat.*

wykończyć *v* **1** *(dopracować)* finish, put the finishing touches to/on: *The team are busy putting the finishing touches to the new design.* **2** *(zużyć)* use up: *I had already used up the film in both my cameras.* **3** *(zabić)* finish (off): *The poison should finish her off in a month or two.* **4** *(zmęczyć)* finish (off): *It had already been an exhausting* (=wyczerpujący) *week, and that last argument just finished me off.*

wykop *n* **1** *(dół)* pit **2 wykop od bramki** goal kick

wykopać *v* **1** *(dół)* dig (out): *To plant the tree you need to dig out a hole about 20 cm wide and 30 cm deep.* **2** *(z ziemi)* dig out: *Rescue workers spent the day digging survivors out from under the rubble* (=spod gruzów). **3** *(piłkę)* kick

wykopaliska *n* excavation, dig

wykopywać *v* →patrz WYKOPAĆ

wykorzenić *v* root out, eradicate: *Racism cannot be rooted out without strong government action.* | *attempts to eradicate prejudice*

wykorzystać *v* **1** *(sytuację, człowieka)* take advantage of, exploit, use: *They just take advantage of her good nature.* | *We took advantage of the good weather by going for a picnic.* | *We must exploit the country's mineral resources.* | *I thought he loved me, but in fact he was just using me.* **2** *(spożytkować)* use, utilize, utilise *BrE*, make use of: *You can use old socks as dusters* (=jako ściereczki do kurzu). | *a heating system that utilizes solar energy* | *These recipes make use of leftover turkey.*

wykorzystanie *n* use, utilization: *efficient use of capital* | *wise utilization of the world's natural resources*

wykorzystywać *v* →patrz WYKORZYSTAĆ

wykraczać *v* **wykraczać poza coś** go beyond sth, transcend sth: *a mental ability that goes beyond mere visualization* | *This action by the local authorities transcends the constitutional limitations on their power.*

wykres *n* graph: *The blue line on the graph refers to sales* (=przedstawia sprzedaż). | **wykres słupkowy/kołowy** bar/pie chart

wykreślić *v* *(fragment tekstu)* strike out: *The editor struck out the whole paragraph.*

wykręcać *v* →patrz WYKRĘCIĆ
wykręcać się *v* try to get out of sth: *You're trying to get out of it again – have you got the money or haven't you?* →patrz też WYKRĘCIĆ SIĘ

wykręcić *v* **1** *(śrubę, żarówkę)* unscrew **2** *(numer)* dial: *Dial 0207 for inner London.*
wykręcić się *v* **1 wykręcić się od czegoś** get out of sth: *See if you can get out of that meeting tomorrow.*

W

2 wykręcić się sianem escape lightly, get off lightly →patrz też **WYKRĘCAĆ SIĘ**

wykręt *n* excuse: *I'm fed up with your excuses!*

wykroczenie *n* offence *BrE*, offense *AmE*, misdemeanour, misdemeanor *AmE*: *crimes and misdemeanours*

wykroić *v* cut out: *You can cut out the bad parts and use the apples for cooking.*

wykrój *n* pattern: *a dress pattern*

wykrycie *n* detection

wykryć *v* detect: *The tests can detect early signs of disease.* THESAURUS FIND

wykrystalizować się *v* crystallize, crystallise *BrE*: *a number of ideas that gradually crystallized into a practical plan*

wykrywacz *n* detector: *a lie/metal/smoke detector*

wykrywać *v* →patrz **WYKRYĆ**

wykrywalność *n* **wykrywalność przestępstw** crime detection rate

wykrzyknąć *v* exclaim, burst out, cry (out): *"Look at you!" she exclaimed when we came in covered in mud.*

wykrzyknik *n* **1** *(znak interpunkcyjny)* exclamation mark **2** *(część mowy)* interjection

wykrzywić *v* twist: *A spasm of pain twisted his face.*
wykrzywić się *v* **1** *(twarz, usta)* twist: *He sat down and his lips twisted in a queer smile* (=w dziwnym uśmiechu). **2** *(człowiek)* grimace: *Theo rolled around on the floor grimacing with pain.*

wykrzywiony *adj* **1** *(twarz, usta)* twisted: *a man with a hideous* (=potworną) *twisted lip* **2** *(gałąź, drąg itp.)* crooked, twisted: *a twisted piece of metal*

wykształcenie *n* education: *private/public education* | **wyższe wykształcenie** university/college/higher education

wykształcić *v* educate: *He scraped* (=uciułał) *enough money together to educate his six sons.*
wykształcić się *v* **1** *(otrzymać wykształcenie)* be educated: *John was educated at Harvard.* **2** *(rozwinąć się)* develop, evolve: *Modern rock music evolved from American Rhythm and Blues music.*

W

wykształcony *adj* **1** *(wyedukowany)* educated, *(solidnie)* well-educated, highly educated **2** *(rozwinięty)* developed: *Plants with well developed root systems will survive the drought* (=przetrwają suszę) *better.*

wykupić *v* **1** *(towar)* buy up: *Someone came in half an hour ago and bought up our entire stock* (=zapas) *of Italian wine.* THESAURUS BUY **2** *(spółkę, udziały)* buy out: *After the war, he bought out his brother's interest in the machine shop* (=udziały brata w warsztacie ślusarskim). **3** *(bony, zastaw)* redeem: *I was finally able to redeem my watch from the pawnbrokers* (=z lombardu).

wykwalifikowany *adj* qualified, skilled, trained: **wykwalifikowana siła robocza** skilled labour *BrE*, labor *AmE*

wykwintny *adj* **1** *(obiad itp.)* exquisite **2** *(maniery)* refined

wylać *v* **1** *(celowo)* pour out: *The milk is off* (=skwaśniało). *Pour it out.* **2** *(niechcący)* spill: *I managed to spill water on one of the guests.* **3 wylać kogoś z pracy/roboty** fire sb, sack sb *BrE*, give sb the boot
wylać się *v* spill: *A cup of hot coffee spilled on him.* →patrz też **WYLEWAĆ SIĘ**

wylansować *v* **1** *(produkt)* launch: *a party to launch her new novel* **2** *(piosenkę)* popularize, popularise *BrE*: *the best way to popularize a new song* →patrz też **LANSOWAĆ**

wylatywać *v* →patrz **WYLECIEĆ**

wylądować *v* **1** *(samolot)* land, touch down: *The plane finally touched down safely.* **2 wylądować gdzieś** *(znaleźć się)* end/finish up somewhere: *Stephen had a fight with Paul and ended up in the hospital.*

wylecieć *v* **1** *(wypaść)* fall out: *She opened the cupboard and everything fell out.* **2** *(samolotem)* depart, fly out: *We didn't fly out until 11:30 last night.* **3** *(samolot)* depart: *Your flight will depart* (=pański samolot wyleci) *from Heathrow Airport at 8.30.* **4** *(ptak)* fly out: *The bird flew out of the tree.* **5 wyleciało mi to z głowy** it slipped my mind

wyleczyć *v* **1** *(chorego, chorobę)* cure: *There are many diseases which doctors still cannot cure.* **2** *(ranę, skaleczenie)* heal: *This ointment should heal the cuts.*

wylegiwać się *v* lie around: *They lie around on the beach all day.*

wylew *n* stroke: *Blair's father suffered a stroke that left him unable to speak.*

wylewać *v* →patrz **WYLAĆ**
wylewać się *v (wychodzić, wydobywać sie)* pour out: *Crowds were pouring out of the stadium.* | *Thick black smoke was pouring through the window.* →patrz też **WYLAĆ SIĘ**

wylewny *adj* effusive, profuse, demonstrative: *effusive greetings/welcome* | *Dave is not very demonstrative, but I know he loves me.* —**wylewnie** *adv* effusively, profusely: *Ken thanked them profusely.*

wyleźć *v* **1** get out: **wyleźć z czegoś** get out of sth: *OK kids! Time's up - get out of the pool.* **2** *(uwidocznić się)* show: *Madge's skirt was too short and her petticoat* (=halka) *was showing beneath.*

wylęg *n* hatching, incubation

wylęgać się *v* hatch: *Young birds learn to fend for themselves* (=radzić sobie same) *soon after they hatch.*

wyliczyć *v* **1** *(wymienić)* list, enumerate: *He listed all her faults* (=wady) *one by one.* **2** *(policzyć)* calculate, work out: *I'll show you the way we calculate the cost.*

wylogować się *v* log off/out: *Don't forget to save your work before you log off.*

wylosować *v* draw: *The winning lottery numbers will be drawn on Saturday evening.*

wylot *n* **1** outlet, mouth **2 ktoś jest na wylocie** sb is about to leave **3 znać kogoś/coś na wylot** know sb/sth inside out

wyluzować się *v* chill out: *Chill out, Dave, it doesn't matter.* —**wyluzowany** *adj* laid-back

wyładować *v* **1** *(ładunek, statek, ciężarówkę)* unload **2** *(gniew)* vent: *I needed some way to vent all the anger and frustration I felt inside.* **3** *(baterie, akumulator)* discharge: *Discharge the battery completely before recharging.* **4 wyładować coś czymś** *(napełnić)* load/stack sth full of sth: *After the party, we loaded the truck full of gifts and headed home.*
wyładować się *v* **1** *(baterie, akumulator)* discharge **2** *(rozładować emocje)* let/work off steam: *PE* (=wf) *is a good time for the kids to let off steam.* **3 wyładować się na kimś** take it out on sb: *Don't take it out on me! It's not my fault.*

wyłamać *v* **1** *(drzwi)* break down, force: *Police broke*

down the door and searched the building. **2** *(zamek)* force: *Firefighters had to force the lock.*
wyłamać się *v (zachować się inaczej)* step out of line

wyłaniać *v* →patrz WYŁONIĆ
wyłaniać się *v* →patrz WYŁONIĆ SIĘ

wyłapać *v* catch

wyławiać *v* →patrz WYŁOWIĆ

wyłazić *v* →patrz WYLEŹĆ, →patrz też **wyłazić ze skóry** (SKÓRA)

wyłączać *v* →patrz WYŁĄCZYĆ

wyłączając *prep* **1** excluding: *The trip costs $1,300, excluding airfare.* **2 nie wyłączając** including: *I carried everything including my tent in a backpack.*

wyłącznie *adv* exclusively, solely: *This offer is available exclusively to club members.*

wyłącznik *n* switch: *a light/power switch*

wyłączny *adj* exclusive, sole: *The sole purpose of conducting a business is to make money.*

wyłączony *adj (telewizor, światło)* off: *Are the lights off?*

wyłączyć *v* **1** *(radio, telewizor)* switch/turn off: *Turn off the TV before you go to bed.* **2** *(światło, lampę)* switch/turn off, put out: *Don't forget to put out the lights.* **3** *(wykluczyć)* exclude: *France has refused to exclude the possibility of a military attack.*
wyłączyć się *v* **1** *(urządzenie)* switch off: *When the heat reaches a certain level the machine will switch off automatically.* **2** *(człowiek)*: *In the end I got sick of* (=znudziła mi się) *the conversation and switched off.*

wyłonić *v (wybrać)* select: *to select candidates*
wyłonić się *v* emerge: *The sun emerged from behind the clouds.*

wyłowić *v* **1** *(zarys itp.)* pick out: *The searchlight* (=reflektor) *picked out a figure on the roof.* **2** *(szczątki itp.)* recover: *Iron pieces were recovered from the sea.*

wyłożyć *v* **1** *(wyjąć, rozłożyć)* lay out: *Ashi laid out the clothes she was going to wear that day on the bed.* **2** *(przedstawić)* lay out: *The Director General laid out his plans for the future of the BBC.* **3** *(pieniądze)* lay out: *We had to lay out $800 on car repairs.* **4 wyłożyć coś czymś** lay sth with sth: *We are going to lay the floor with tiles* (=kafelkami).
wyłożyć się *v (wywrócić się)* take a spill

wyłudzić *v* **wyłudzić coś od kogoś** trick sb out of sth: *Winston had tricked the elderly couple out of $5,000.*

wymachiwać *v* **wymachiwać czymś** brandish/flourish sth: *He ran into the room brandishing a knife.*

wymagać *v* **1** *(sytuacja)* require, demand: *Teaching is a profession that requires total commitment* (=pełnego poświęcenia). **2** *(człowiek)* demand: *She demands obedience from all her staff.*

wymagający *adj* demanding: *a demanding job/boss* THESAURUS DIFFICULT

wymaganie *n* requirement: *The main requirements for the job are good eyesight* (=dobry wzrok) *and physical fitness* (=sprawność fizyczna).

wymagany *adj* required: *to reach the required standard*

wymalować *v* paint: *I painted the room myself.*

wymarły *adj* extinct, dead: *Dinosaurs have been extinct for millions of years.*

wymarzony *adj* **wymarzony samochód/dom itp.** dream car/house etc

wymawiać *v* **1** *(słowo, dźwięk)* pronounce **2 wymawiać komuś coś** reproach sb for sth: *Jake reproached her bitterly for abandoning him.*
wymawiać się *v* **1** *(słowo)* be pronounced: *'Pain' and 'pane' are pronounced exactly the same.* **2 wymawiać się czymś** use sth as an excuse: *Don't use your illness as an excuse.*

wymazać *v (dane, słowo, wspomnienie)* erase: *Be sure to completely erase any incorrect answer. | I wanted to erase it from my mind.*

wymęczyć *v* tire out: *Those kids have tired me out.*

wymiana *n* **1** exchange: *a free exchange of information | the exchange of land for peace | an exchange of fire* **2 wymiana walut** currency/foreign exchange **3 wymiana towarowa** barter

wymiar *n* **1** *(długość, obwód)* dimension, measurement: *What are the dimensions of the room?* THESAURUS SIZE **2** *(aspekt)* dimension: *The baby has added a new dimension to their lives.* **3 na wymiar** fitted: *a fitted kitchen | fitted cupboards* **4 wymiar sprawiedliwości** the law, justice

wymienić *v* **1** *(żarówkę, olej)* change, replace: *You should change the oil every 5,000 miles.* **2** *(zakupiony towar)* exchange: *Could I exchange this black jacket for a blue one?* **3** *(pieniądze)* change, exchange: *Where can I exchange my dollars for pounds?* **4** *(wyliczyć)* list, enumerate: *Ben listed his hobbies as watching TV, shopping, and going to the movies.*
wymienić się *v* **wymienić się czymś** exchange/swap/trade *AmE* sth: *At the end of the game players traditionally exchange shirts with each other.*

wymienny *adj* **1** interchangeable: *The camera has two interchangeable lenses* (=obiektywy). **2 handel wymienny** barter

wymierać *v* die out: *A lot of the old traditions are dying out. | Many species of wild flower are dying out as a result of pollution.*

wymierny *adj* measurable: *measurable results*

wymierzyć *v* **1** *(pomierzyć)* measure (up): *She measured the curtains.* **2** *(karę)* impose: *UEFA imposed a fine on the Greek club following a series of incidents.*

wymieszać *v (farbę)* stir

wymię *n* udder

wymięty *adj* crumpled: *a crumpled photo/dress*

wymigać się *v* **wymigać się od czegoś** get out of sth: *She couldn't get out of the meeting, so she cancelled our dinner.*

wymijać *v* →patrz WYMINĄĆ

wymijający *adj* evasive, noncommittal: *an evasive answer* —**wymijająco** *adv* evasively: *to answer/reply evasively*

wyminąć *v* pass: *We passed a farm wagon headed for the market.*

wymiotować *v* throw up, vomit, be sick *AmE*: *If the baby starts vomiting contact a doctor immediately.* —**wymiociny** *n* vomit: *The car seats were covered in vomit.* —**wymioty** *n* vomiting: *Symptoms include vomiting and headache.*

wymizerowany *adj* haggard: *She arrived home looking pale and haggard.*

wymknąć się *v* **1** slip out: *Hannah slipped out through a side exit.* THESAURUS WALK **2 wymknąć się spod kontroli** get out of control, run wild

W

wymontować *v* take out, remove: *We'll have to take out the engine to fix the gearbox* (=żeby naprawić skrzynię biegów).

wymordować *v* slaughter: *Over 500 men, women and children were slaughtered.*

wymowa *n* **1** *(wymawianie)* pronunciation: *Gianni has problems with his grammar but his pronunciation is very good.* **2** *(znaczenie)* significance: *They failed to grasp* (=nie zrozumieli) *the full significance of his remarks.* **3 wada wymowy** speech impediment

wymowny *adj* **1** *(spojrzenie itp.)* meaningful: *a meaningful look/glance/smile* **2** *(uwaga itp.)* telling: *The number of homeless people is a telling comment on the state of society.* —**wymownie** *adv* tellingly: *The boss looked meaningfully at his watch.*

wymóc *v* **wymóc coś na kimś** force sb into sth: *Her parents are trying to force her into submission* (=posłuszeństwo).

wymóg *n* requirement: *legal requirements*

wymówić *v* →patrz WYMAWIAĆ
wymówić się *v* →patrz WYMAWIAĆ SIĘ

wymówienie *n* notice: **złożyć wymówienie** hand/give in your notice: *She's threatening to hand in her notice if they don't give her a rise* (=podwyżki).

wymówka *n* **1** *(wymyślony powód)* excuse: *I think it was just an excuse.* **2** *(wyrzut)* reproach: *Her question was clearly a reproach.* | **czynić/robić komuś wymówki (z powodu czegoś)** reproach sb (for sth): *I am not going to reproach her.*

wymrzeć *v* →patrz WYMIERAĆ

wymusić *v* **1** enforce: *It's difficult to enforce discipline.* **2 wymusić coś na kimś** force sth on/upon sb: *People feel that the reforms have been forced upon them by the West.* —**wymuszony** *adj* forced: *a forced smile*

wymykać się *v* →patrz WYMKNĄĆ SIĘ

wymysł *n* fabrication, invention: *Their story is a complete fabrication.*

wymyślić *v* **1** *(stworzyć)* come up with, think of: *The prisoners came up with a cunning* (=sprytny) *plan to get out of the camp.* **2** *(zmyślić)* invent, make up: *I made up a long and totally untrue story about an old friend who had lost all her money.* THESAURUS INVENT

wymyślny *adj* fancy: *fancy soaps in strange shapes*

wynagrodzenie *n* pay: *the issue of equal pay for women* | **podwyżka wynagrodzeń** pay rise

wynagrodzić *v* **1** *(odwdzięczyć się)* reward: *How can I reward your kindness?* **2 wynagrodzić komuś coś** *(zrekompensować)* compensate sb for sth: *You will be compensated for any loss of wages.* | **wynagrodzę ci to** I'll make it up to you

wynająć *v* **1 wynająć coś (od kogoś)** rent sth (from sb): *We rent the flat from my uncle.* **2 wynająć coś (komuś)** rent sth out (to sb), let sth (to sb) *BrE*: *They rent the house out to tourists in the summer.*

wynajem *n* **1** *(lokalu)* renting **2** *(sprzętu)* hire, rental: *car hire*

wynajęcie *n* **1** *(lokalu)* renting: *Renting a flat is easy these days.* **2** *(sprzętu)* hire, rental **3 do wynajęcia** *(lokal)* to let *BrE*, for rent *AmE*

wynajmować *v* →patrz WYNAJĄĆ

wynalaz-ca/czyni *n* inventor

wynalazek *n* invention: *The dishwasher is a wonderful invention.*

wynalezienie *n* invention: *the invention of the wheel*

wynaleźć *v* **1** *(wymyślić)* invent: *Who invented television?* THESAURUS INVENT **2** *(odkryć)* discover: *How did you discover this house?*

wynegocjować *v* negotiate: *Union leaders* (=przywódcy związkowi) *have negotiated an agreement for a shorter working week.*

wynieść *v* **1** *(w inne miejsce)* take away/out: *She took the bottles out into the garden.* | **wynieść śmieci** take out the rubbish *BrE*, trash *AmE* **2 wynieść coś z czegoś** *(skorzystać)* get sth out of sth: *If you organize your days properly, you'll get much more enjoyment out of your trip.* **3** *(suma, zysk itp.)* amount to, total: *The company's profits amount to $15 million.*
wynieść się *v* get out: **wynieść się skądś** get out of sth: *We knew we had to get out of the country.*

wynik *n* **1** *(wyborów itp.)* result, outcome: *The result of the vote was totally unexpected.* **2** *(meczu)* score: *The final score was 2-1 to Juventus.* **3 w wyniku czegoś** as a result of sth: *Gradually the planet is getting warmer as a result of the greenhouse effect* (=efektu cieplarnianego). **4 być wynikiem czegoś** result from sth: *problems resulting from past errors* THESAURUS RESULT

wynikać *v* **1 wynikać z czegoś a)** *(być rezultatem)* result from sth: *Most of the killings result from gang rivalry.* **b)** *(logicznie)* follow from sth: *Its value follows from the equality* (=z równości). **2 wynika z tego, że ...** it follows (that) ...: *Yes, he's rich, but it doesn't necessarily follow that he's happy.*

wyniosły *adj* haughty, proud: *a haughty smile/look/laugh* —**wyniośle** *adv* haughtily, proudly

wyniszczający *adj* crippling, devastating: *a crippling illness*

wyniszczyć *v* devastate: *The guerrilla war* (=wojna partyzancka) *has devastated Mozambique's economy.*

wynos *n* **na wynos** to take away *BrE*, to go *AmE*: *Two burgers and two teas to take away, please.* | *I'll have a large order of fries to go, please.* | **danie/jedzenie na wynos** takeaway *BrE*, takeout *AmE*: *Let's get a Chinese takeout tonight.*

wynosić *v* →patrz WYNIEŚĆ

wynurzyć się *v* surface, emerge: *A shark surfaced from beneath the water.*

wyobcowanie *n* alienation: *a feeling/sense of alienation*

wyobcowany *adj* alienated, isolated: *Young single parents often feel isolated and forgotten.*

wyobrazić *v* →patrz WYOBRAŻAĆ

wyobraźnia *n* imagination: *You'll have to use your imagination.* | *a vivid* (=bujna) *imagination* | *lack of imagination*

wyobrażać *v* **1 wyobrażać sobie a)** *(coś, czego nie ma itp.)* imagine, picture, visualize, visualise *BrE*: *Close your eyes and imagine a tropical island.* | *I can't visualize myself teaching adults.* **b)** *(sądzić)* think: *He thinks he's so important.* **2** *(przedstawiać)* represent: *The painting represents the first settlers arriving in America.*

wyobrażalny *adj* conceivable

wyobrażenie *n* **1** *(pojęcie)* idea: *His idea of what makes news is very different to other journalists'.* **2** *(obraz)* image:

She had a clear image of how he would look in twenty years' time.

wyodrębnić *v* **1** *(wyróżnić)* single out: *Could you single out one factor* (=czynnik) *that is more important than the others?* **2** *(wyizolować)* isolate: *Laboratories have isolated a gene that seems to be responsible for resistance to the flu.*

wyolbrzymiać *v* exaggerate: *I think people exaggerate the risks of the sport.* —**wyolbrzymienie** *n* exaggeration

wypaczać *v* → patrz WYPACZYĆ
wypaczać się *v* → patrz WYPACZYĆ SIĘ

wypaczenie *n* distortion

wypaczony *adj* **1** *(obraz, słowa)* distorted: *a simplified and distorted version of events* **2** *(drewno)* warped

wypaczyć *v* **1** *(obraz, słowa)* distort: *Journalists distorted what he actually said.* **2** *(drewno)* warp: *The hot sun had warped the wooden fence.*
wypaczyć się *v (drewno)* warp: *The wood had warped in the heat.*

wypad *n* trip, outing: *We're going on a family outing.*

wypadać *v* → patrz WYPAŚĆ

wypadek *n* **1** *(nieszczęście)* accident: *a road accident | She was involved in an accident.* | **wypadek samochodowy** car accident/crash **2** *(wydarzenie)* event: *Police are trying to reconstruct the events of last Friday.* **3 na wypadek, gdyby ...** in case ...: *Take a change of clothes in case it rains.* THESAURUS IF **4 (tak) na wszelki wypadek** just in case, just to be on the safe side: *I'll take my umbrella with me just in case.* **5 nagły wypadek** emergency: *In an emergency* (=w nagłych wypadkach), *call 911.* **6 w żadnym wypadku** under/in no circumstances: *Under no circumstances should you* (=nie wolno ci) *leave this house!* **7 w żadnym wypadku!** certainly not!: *"Dad, can I borrow your car?" "Certainly not!"*

wypadkowa *n* result, product: *The success was a result of hard work and persistence* (=wytrwałości).

wypalić *v* **1** *(udać się)* work: *I told you it wouldn't work.* **2** *(papierosa)* smoke: *He smokes 30 cigarettes a day.* **3** *(wystrzelić)* go off: *Gillespie claimed that the gun went off accidentally.*
wypalić się *v* burn out: *The hotel was completely burnt out; only the walls remained.*

wyparować *v* evaporate: *Most of the liquid has evaporated. | Support for the idea has evaporated.*

wypaść *v* **1** *(wylecieć)* fall out: *The police say he fell out of the window, but I think he was pushed.* **2** *(wydarzyć się)* come up: *Look, something has come up, and I can't meet you.* **3 wypaść dobrze/źle** come off/out well/badly, go off well/badly: *Several songs came off better in concert than on their album. | The conference went off very well.*

wypatroszyć *v* gut: *Gut and clean all the fish before cooking.*

wypatrywać *v* look out for: *Look out for your Aunt when the train pulls in* (=wjedzie na stację). THESAURUS LOOK

wypatrzyć *v* spot: *I spotted an empty table in the corner.*

wypchać *v* stuff: **+ coś czymś** sth with sth, sth full of sth: *To make sure that the hat keeps its shape, you can stuff it full of newspaper.*
wypchać się *v* get stuffed: *I told him to get stuffed.*

wypchany *adj* stuffed: *a stuffed parrot*

wypchnąć *v* push out: *She took him by the arm and pushed him out of the door.*

wypełnić *v* **1** *(pojemnik, pomieszczenie, czas)* fill: *The smell of baking bread filled the whole house.* **2** *(formularz)* fill out/in: *Please fill in the job application form.* **3** *(przyrzeczenie)* fulfil *BrE*, fulfill *AmE*: *Eisenhower fulfilled his election pledge* (=obietnicę wyborczą) *to end the war in Korea.*
wypełnić się *v* fill: *In summer the normally calm streets fill with crowds of tourists.*

wyperswadować *v* **wyperswadować komuś coś** dissuade sb from (doing) sth: *I wish I could have dissuaded Rob from his plan.*

wypędzić *v* drive out: *Thousands of people were driven out of the country.*

wypiąć *v (pierś)* puff out: *George puffed out his chest proudly.*

wypić *v* **1** drink, have **2 wypić za coś** drink to sth: *Let's drink to the New Year!* **3 wypić sobie** have a drink (or two): *I can tell* (=potrafię poznać) *when someone has had a drink.*

> **UWAGA: drink i have**
>
> Kiedy mówimy o wypiciu filiżanki herbaty, kieliszka wina itp., używamy zwykle czasownika **have**: *After the class, we had a cup of coffee. | We had a beer each* (=wypiliśmy po piwie). Czasownika **drink** używamy wtedy, gdy chcemy podkreślić samą czynność picia: *He was so thirsty that he drank the whole cup.*

wypieki *n* **1** *(rumieńce)* flush: *a flush of excitement* **2** *(ciasta)* baking: *Baking is her speciality.*

wypierać *v* → patrz WYPRZEĆ
wypierać się *v* → patrz WYPRZEĆ SIĘ

wypisać *v* **1** *(formularz)* fill out/in: *Please fill in the job application form.* **2** *(pokwitowanie, skierowanie)* write (out): *I'll write you a receipt.* **3** *(czek)* make/write out: *He made out a cheque for £200 in her favour.* **4** *(pacjenta ze szpitala)* discharge: *They discharged him from hospital yesterday.*
wypisać się *v* **1** *(z organizacji)* leave: *He said he had no plans to leave the Communist party.* **2 wypisał mi się długopis** my pen has run out

wyplątać się *v* **wyplątać się z czegoś** disentangle yourself from sth: *The President was eager to disentangle himself from the scandal.*

wyplenić *v* stamp/weed out: *efforts to stamp out drug abuse*

wypluć *v* spit out: *The medicine tasted bitter and Jessie spat it out.*

wypłacać *v* → patrz WYPŁACIĆ

wypłacalny *adj* **być wypłacalnym** be solvent, be in credit, be in the black: *Peters said that the company was still in the black, but it would probably have to make job cuts.*

wypłacić *v* **1** *(podjąć z konta)* withdraw: *Liz withdrew $100 from her account.* **2** *(dać w gotówce)* pay

wypłata *n* **1** *(wynagrodzenie)* pay: *Wayne gets his pay every Friday.* **2** *(dzień wypłaty)* payday: *That should be enough to see me through* (=to powinno mi wystarczyć na przetrwanie) *until payday.* **3** *(z konta)* withdrawal: *I would like to make a withdrawal.* **4** *(wygrana, odszkodowanie itp.)* payout: *a big payout on this month's lottery*

wypłowiały *adj* faded: *faded jeans/walls/curtains*

wypłukać *v* rinse: *Rinse the vegetables under a cold tap.*

wypłynąć v **1** *(polać się)* pour: *Water poured from a crack in the pipe.* **2** *(wyruszyć w morze)* set sail: *We set sail at sunrise.* **3** *(na powierzchnię)* surface: *A shark surfaced from beneath the water.*

wypocząć v rest, take a rest/break: *She should take a break - she hasn't been looking herself lately.*

wypoczynek n rest: *After a couple of days' rest, she felt a lot better.*

wypoczynkowy adj **1 ośrodek wypoczynkowy** holiday resort *BrE*, vacation resort *AmE* **2 urlop wypoczynkowy** recreational leave

wypoczywać v rest →patrz też WYPOCZĄĆ

wypominać v **wypominać coś komuś** rub sb's nose in sth: *You don't have to rub my nose in it.*

wyposażać v →patrz WYPOSAŻYĆ

wyposażenie n **1** *(sprzęt)* equipment: *office equipment* **2** *(meble)* furnishings: *home/office furnishings*

wyposażyć v equip: *It cost $100,000 to equip the gym.* —**wyposażony** adj equipped: *The kitchen is also equipped with a dishwasher.*

wypowiedzieć v **1** *(słowa)* utter: *These words, uttered in 1848, still hold good* (=pozostają aktualne) *today.* **2 wypowiedzieć komuś/czemuś wojnę** declare war on sb/sth: *Britain had already declared war on Germany.*
wypowiedzieć się v have your say: *You'll all have the chance to have your say.*

wypowiedź n statement, utterance: *Can you clarify that statement? | Politicians are judged by their public utterances.*

wypożyczać v →patrz WYPOŻYCZYĆ

wypożyczalnia n **1** rental: **wypożyczalnia (kaset) wideo** video rental **2** *(biblioteka)* circulating/lending library

wypożyczyć v **1** *(komuś)* lend: *He doesn't usually lend his CDs.* **2** *(od kogoś)* borrow: *You can borrow my car if you like.* **3** *(z wypożyczalni)* **a)** *(film)* rent: *We can rent a movie or go out for a pizza.* **b)** *(samochód)* hire, rent *AmE*: *Let's hire a car for the weekend.* **4 być wypożyczonym** *(książka)* be on loan

wypracować v **1** *(zysk, sukces)* earn: *They have earned a huge profit.* **2** *(zasady, plan)* work out: *We must work out a policy to deal with this problem.*

wypracowanie n composition, essay: *We had to write a 500-word essay about our holidays.*

wyprać v wash: *I've just washed those curtains.*

wyprasować v iron, press: *Have you ironed my shirt?*

wyprawa n expedition: *an expedition to the North Pole | the Everest expedition* THESAURUS JOURNEY

wyprawiać v **1** *(przyjęcie itp.)* organize, organise *BrE* **2 co ty wyprawiasz?** what do you think you're doing?

wyprawić się v set out: *In the autumn the two men set out for Egypt again.*

wyprodukować v produce, make, manufacture

wypromować v launch: *a party to launch her new novel*

wyprosić v **1 wyprosić kogoś (z pokoju/domu itp.)** ask sb to leave (the room/house etc): *We were asked to leave the restaurant.* **2 wypraszam sobie!** I beg your pardon!

wyprostować v straighten: *Gradually straighten your legs until you are standing upright.*
wyprostować się v straighten up: *I had trouble straightening up after I bent down to pick up the coins.*

wyprostowany adj erect, upright: *The 8-year-olds sat erect at their desks. | The ceiling was so low that we couldn't stand upright.*

wyprowadzić v **1 wyprowadzić kogoś skądś** get/take sb out of sth: *Get him out of here.* **2 wyprowadzić kogoś z błędu** set sb right, put sb straight
wyprowadzić się v move out: *We moved out of the city for good in 1989.*

wypróbować v try (out): *Jamie could hardly wait to try out his new bike.*

wyprzeć v *(zastąpić)* displace, supersede: *Iron began to supersede bronze for tool making about 3,000 years ago.*
wyprzeć się v **1** *(odpowiedzialności)* disclaim: *The group has disclaimed all responsibility for the attack.* **2** *(człowieka)* disown: *His family disowned him when he decided to marry an actress.*

wyprzedać v **1** *(towar)* sell out of: *They've sold out of newspapers.* **2** *(pozbyć się)* sell off: *Many video stores sell off old movies to make space for new titles.* —**wyprzedany** adj sold out: *Tonight's performance is completely sold out.*

wyprzedaż n **1** sale: *a summer sale* | **na wyprzedaży** at/in a sale *BrE*, on sale *AmE*: *I got my shoes on sale for half price.* **2 wyprzedaż rzeczy używanych** jumble sale *BrE*, rummage sale *AmE*

wyprzedzać v →patrz WYPRZEDZIĆ

wyprzedzenie n **z wyprzedzeniem** in advance: *Travel agents usually ask you to pay for your flight in advance.* THESAURUS BEFORE

wyprzedzić v overtake: *He pulled out* (=zjechał na lewy pas) *to overtake the red van.*

wypukłość n bulge: *The store detective* (=ochroniarz) *had noticed an odd bulge under the suspect's clothes.*

wypukły adj **1** *(wystający)* bulging: *bulging muscles* **2** *(soczewka, powierzchnia)* convex: *a convex lens/mirror*

wypuścić v **1** *(z ręki)* let go of: *She wouldn't let go of the rope.* **2** *(na wolność)* set free, release: *All the prisoners were set free.* **3** *(powietrze, dym itp.)* let out: *I opened the windows wide to let out the smell of burnt food.* **4** *(pędy, listki itp.)* sprout: *Plants grown underwater never sprout leaves above the surface of the water.* **5** *(na rynek)* bring/put out: *In the last five years, Williams has put out three new CDs.*
wypuścić się v venture: *Kate rarely ventured beyond her nearest town.*

wypychać v →patrz WYPCHAĆ, WYPCHNĄĆ

wypytywać v **1** *(wiele osób)* ask around: *I don't know I'll ask around for you.* **2** *(jedną osobę)* question: *Miller questioned her closely* (=dokładnie) *about her present job, her family, her origins.*

wyrabiać v **1** *(wyprawiać)* be up to: *What's he up to?* | **co ty wyrabiasz?** what do you think you are doing? **2** *(ciasto)* knead: *Knead the dough for three minutes.* →patrz też WYROBIĆ

wyrachowany adj **1** *(człowiek)* calculating: *a cold, calculating criminal* **2** *(posunięcie)* calculated: *It was a calculated attempt to deceive* (=wprowadzić w błąd) *the public.*

wyrafinowany adj **1** *(publiczność)* sophisticated: *a sophisticated audience* **2** *(tortury, zbrodnia)* horrific: *a horrific murder/crime*

wyrastać v →patrz WYROSNĄĆ

W

wyraz *n* **1** *(słowo)* word: *an English word* **2** *(przejaw)* sign: *a sign of weakness* **3 wyrazy współczucia/podziękowania/wdzięczności itp.** expression of sympathy/thanks/gratitude/surprise etc: *He received their expression of sympathy with great dignity.* **4 bez wyrazu a)** *(twarz, spojrzenie)* blank, expressionless: *a blank look/stare* **b)** *(patrzeć)* blankly, expressionlessly: *He stared at me blankly.* **5 pełen wyrazu** expressive: *expressive eyes/gestures* **6 dać wyraz czemuś** give expression/voice to sth **7 wyraz twarzy** expression (on sb's face): *a puzzled/surprised/worried expression* **8 wyraz złożony** compound (word)

wyrazić *v* express: *I want to express my thanks to all of you.*
wyrazić się *v* **jak ktoś się wyraził** as sb put it: *As Jerry's wife put it, he wasn't a very strong player.* →patrz też WYRAŻAĆ SIĘ

wyrazisty *adj* **1** *(polityka, cel)* clear: *a clear example/policy* **2** *(wzór, litery)* bold: *bold stripes in red and orange*

wyrazowy *adj* word: **akcent wyrazowy** word stress

wyraźny *adj* clear, distinct: *a clear message/voice/advantage* | *a distinct outline* —**wyraźnie** *adv* clearly, distinctly

wyrażać *v* →patrz WYRAZIĆ
wyrażać się *v* **1** *(wypowiadać się)* express yourself: *Young children often have difficulty expressing themselves.* **2** *(kląć)* swear: *Don't swear in front of the children!* **3 czy wyrażam się jasno?** do I make myself clear? **4 że się tak wyrażę** so to speak →patrz też WYRAZIĆ SIĘ

wyrażenie *n* **1** phrase, expression: *an idiomatic phrase* **2 przepraszam za wyrażenie** pardon/excuse my language

wyrecytować *v* **1** *(wiersz)* recite **2** *(liczby, nazwiska)* reel off: *The waitress reeled off a list of dishes in rapid Italian.*

wyregulować *v* adjust, tune up: *How much will it cost to tune up my car?* →patrz też REGULOWAĆ

wyremontować *v* **1** *(mieszkanie, łazienkę)* redecorate: *When they first moved in, they completely redecorated the whole house.* **2** *(maszynę, pojazd)* repair, overhaul **3** *(sklep itp.)* refurbish THESAURUS REPAIR →patrz też REMONTOWAĆ

wyreżyserować *v* **1** *(film)* direct: *Orson Welles directed the classic film 'Citizen Kane'.* **2** *(przedsięwzięcie)* orchestrate, mastermind: *The coup* (=przewrót) *was orchestrated by the CIA.* →patrz też REŻYSEROWAĆ

wyręczyć *v* **wyręczyć kogoś w czymś** do sth for sb: *You have to do it yourself - no one else will do it for you.*

wyrobić *v* **1** *(legitymację, prawo jazdy)* get: *What's the minimum age for getting a driver's license?* **2** *(dać radę)* manage: *I don't think I can manage* (=chyba nie wyrobię). **3 wyrobić sobie zdanie/opinię/pogląd** form an opinion **4 wyrobić sobie pozycję** establish your position
wyrobić się *v* **1** *(zdążyć)* make it: *If we don't make it on time, start without us.* **2** *(poprawić się)* get better: *Jeff started slow but got better.*

wyrobiony *adj (publiczność, czytelnicy itp.)* discriminating, sophisticated: *a sophisticated audience*

wyrok *n* **1** *(kara)* sentence: *He got a 20-year sentence for armed robbery.* | **odsiadywać wyrok** do time **2** *(decyzja)* verdict, sentence: *The courtroom awaited the verdict.* | **wydać wyrok** pass (a) sentence **3 wyrok śmierci** death sentence: *A golf course will be a death sentence to the local ecosystem.* THESAURUS PUNISHMENT

wyrosnąć *v* **1** *(roślina)* grow: *Weeds grew from every crack in the sidewalk.* **2** *(dziecko)* grow up: *Her father's uncompromising character meant she grew up to be* (=wyrosła na) *a shy, nervous young woman.* **3** *(wykiełkować)* sprout: *Grass is starting to sprout through cracks in the sidewalk.* **4 wyrosnąć z czegoś a)** *(z ubrań, nawyku)* grow out of sth, outgrow sth: *Sarah still sucks her thumb, but she'll grow out of it.* **b)** *(być rezultatem)* grow out of sth: *The push to organize in a union* (=tendencja do zrzeszania się) *grew out of worker dissatisfaction* (=z niezadowolenia robotników). →patrz też **wyrastać jak grzyby po deszczu** (GRZYB)

wyrostek *n* **1** *(łobuz)* youth: *gangs of youths hanging about on street corners* THESAURUS MAN **2 wyrostek (robaczkowy)** appendix: *She had her appendix out* (=miała wycinany wyrostek) *last year.* | **zapalenie wyrostka (robaczkowego)** appendicitis

wyrozumiały *adj* understanding: *an understanding boss* —**wyrozumiałość** *n* understanding

wyrób *n* **1** *(produkt)* product: *a finished product* **2** *(wytwarzanie)* production: *the production of steel*

wyrównać *v* **1** *(powierzchnię)* level (off/out): *Put the cake mixture in a tin and level it off with a spoon.* **2** *(ujednolicić)* even out, equalize, equalise *BrE*: *A special valve* (=zawór) *evens out any changes in pressure* (=wahania ciśnienia). **3** *(w grze)* equalize, equalise *BrE*: *Liverpool equalized in the last minute.* **4 wyrównać rachunek/rachunki** settle a score: *Jack came back after five years to settle some old scores.*
wyrównać się *v* **1** *(różnice)* even out: *The differences in class sizes will even out over a period of time.* **2** *(teren)* level off/out: *After climbing steeply through woodland the path levelled off.*

wyróżniać *v* single out: *I don't want to single out any one player.*
wyróżniać się *v* stand out, distinguish yourself: *Nathan stands out from the rest of the singers.* | *Eastwood distinguished himself as an actor before becoming a director.*

wyróżnienie *n* **ukończyć studia/naukę z wyróżnieniem** graduate with distinction

wyruszyć *v* set out/off: *Jeri and I set off on foot for the beach.* | *I was ready to set out on the journey.*

wyrwa *n* gap: *a gap in the fence/wall*

wyrwać *v* **1** *(ząb, kartkę, chwast)* pull out: *These weeds are too big to pull out with your hands.* **2** *(z rąk)* snatch: *The thief snatched her purse and ran.* **3** *(drzewo)* uproot: *Strong winds uprooted trees and downed power lines* (=zerwały linie energetyczne).
wyrwać się *v* **1** *(wyswobodzić się)* break free/away, pull away: *With a violent twist he broke free and ran out of the room.* **2** *(żeby odpocząć)* break/get away: *Work is really stressful at the moment - I need to get away for a few days.* **3 wyrwać się z czymś** come out with sth: *Tanya came out with some stupid remark.*

wyryć *v* etch, engrave: *a beautiful glass bowl with his initials etched into it* →patrz też RYĆ

wyrywać *v* →patrz WYRWAĆ
wyrywać się *v* →patrz WYRWAĆ SIĘ

wyrządzić *v* **1 wyrządzić komuś krzywdę** harm/hurt sb: *It is difficult to comprehend* (=trudno pojąć) *how someone could harm a child.* | *She seems to take pleasure in hurting people.* **2 wyrządzić szkody** cause/do/inflict damage: *Forest fires caused damage over an area of about 5,000 square miles.*

wyrzec się *v* **1 wyrzec się czegoś** renounce sth: *Rudolph voluntarily renounced his U.S. citizenship.* **2 wyrzec się kogoś** disown sb: *His family disowned him when he decided to marry an actress.*

wyrzeczenie *n* sacrifice, self-sacrifice: *Marriage requires commitment and sacrifice from both partners.*

wyrzekać się *v* →patrz WYRZEC SIĘ

wyrzeźbić *v* carve: *He carved the statue out of a single block of stone.*

wyrzucić *v* **1** *(rzecz)* throw away/out, discard: *I never throw away old clothes in case they come back into fashion.* **2** *(człowieka)* throw out: *Jim got thrown out of the Navy for taking drugs.*

wyrzut *n* **1** reproach: **pełen wyrzutu** reproachful, (full) of reproach: *She gave him a look of reproach* (=posłała mu pełne wyrzutu spojrzenie). | **z wyrzutem** reproachfully | **czynić/robić komuś wyrzuty (z powodu czegoś)** reproach sb (for sth): *She reproached me for my lack of foresight* (=za brak wyobraźni). **2 wyrzuty sumienia** pangs of conscience, remorse: *She was full of remorse for being so cruel to her younger brother.* | **mieć wyrzuty sumienia (z powodu czegoś)** feel bad (about sth): *I felt bad about not being able to come last night.*

wyrzutek *n* outcast: *a social outcast*

wyrzutnia *n* launch(ing) pad, *(ruchoma)* launcher

wyrżnąć *v* **1** *(wyciąć)* cut (out): *He cut out a hole in the plank* (=w desce). **2 wyrżnąć głową itp. w coś** bash your head etc on/against sth: *I bashed my leg on the table.*

wysadzić *v* **1** *(z pojazdu)* drop off: *I asked the bus driver to drop me off outside my house.* **2** *(w powietrze)* blow up: *Rebels attempted to blow up the bridge.*

wyschnąć *v* **1** dry (off/out): *My boots haven't dried yet.* | *Put your coat near the fire – it'll soon dry out.* | *It was lovely being able to swim and then dry off in the sun.* **2** *(za bardzo)* dry up/out: *Most of the lakes in the park have dried up.* | *Water the plant regularly, never letting the soil dry out.*

wyschnięty *adj* dry: *dry skin/soil*

wyselekcjonować *v* select: *We have a strict system of tests to select the best candidates.*

wysepka *n* small island, islet

W

wysiadać *v* **wysiadać przy kimś/czymś** *(nie móc się równać)* be no match for sb/sth: *Our team was no match for theirs.* →patrz też WYSIĄŚĆ

wysiadywać *v* **1** *(przesiadywać)* sit around: *We used to just sit around for hours talking about the meaning of life.* **2** *(jajka)* hatch

wysiąść *v* **1 a)** *(z autobusu, pociągu)* get off: *I'm getting off at the next station.* | *He got off the bus.* **b)** *(z samochodu)* get out: *Get out (of the car) before I throw you out!* **2** *(zepsuć się)* peg out: *The TV's pegged out again.* **3** *(poddać się)* give up: *He gave up four miles into the race.*

wysiedlić *v* displace: *Over a million people had been displaced by the war.* —**wysiedlenie** *n* displacement

wysilać się *v* **1** *(starać się)* make an effort: *I know you don't like her, but you could make an effort to be polite.* **2** *(męczyć się)* exert yourself: *He won both games without even seeming to exert himself.*

wysiłek *n* **1** *(staranie)* effort: *Edward puts a lot of effort into his homework.* | *the government's efforts to control inflation* **2** *(fizyczny)* exertion: *Paul's face was red with exertion.* **3 bez wysiłku** effortlessly: *The pianist's fingers ran effortlessly over the keys.* **4 nie szczędzić wysiłków** spare no efforts: *Simeon spared no efforts to build schools and libraries.*

wyskoczyć *v* **1 a)** jump: *The pilot jumped from the burning plane.* | *Three people saved themselves by jumping from the window.* **b)** *(z pociągu, tramwaju itp.)* jump off **c)** *(z samochodu, łóżka)* jump/leap out: *He jumped out of the car and ran off into the woods.* | *She leapt out of bed.* **2 wyskoczyć z czymś** come out with sth: *Jack came out with some stupid remark again.* **3 coś komuś wyskoczyło** something came up/has come up: *I would've loved to have come to your party, but something had come up at the last minute* (=ale w ostatniej chwili coś mi wyskoczyło).

wyskok *n* **1** *(w górę)* jump: *to take a jump* **2** *(wybryk)* excess: *the worst excesses of the rock star's lifestyle*

wysłać *v* **1** send: *to send an e-mail/an invitation/a message* | *We sent those tickets a week ago.* **2** *(pocztą)* mail, post, send: *I mailed both packages together.* **3** *(na serwer)* upload: *You should resize your photos before uploading them to your blog.*

wysłanni-k/czka *n* envoy: *a special envoy*

wysłuchać *v* **1** *(audycji, przemówienia itp.)* listen to: *I want you all to sit still and listen to the story.* **2** *(rady, opinii itp.)* hear, listen to: *Without waiting to hear her answer, he stood up and walked away.* | *The government should listen to the voice of the black community.* **3** *(kogoś)* hear (out), listen to: *Hear me out!*

wysmarować *v* →patrz SMAROWAĆ

wysoce *adv* highly: *highly complicated/specialized*

wysoki *adj* **1** *(góra, poziom, jakość)* high: *a high mountain/wall* | *high temperatures/standards/costs* | *a high position/official* | *a high level/quality* **2** *(człowiek, drzewo, budynek)* tall: *a tall brunette* | *a tall tree/building/mast* | *tall grass/bushes* **3** *(dźwięk, głos)* high-pitched **4 Wysoki Sądzie** Your Honour *BrE*, Honor *AmE*

UWAGA: tall

Zwróć uwagę, że przymiotnika **tall** używa się tylko z rzeczownikami oznaczającymi osoby, rośliny, zwierzęta, budynki oraz przedmioty, których wysokość jest znacznie większa niż rozmiary podstawy (np. maszt, kolumna, butelka).

high

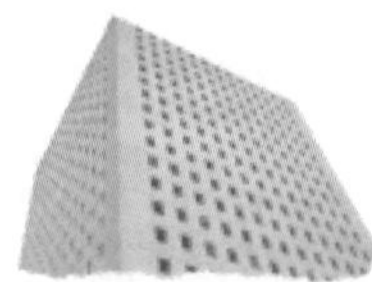

a tall building

a low building

wysoko *adv* **1** *(na dużej wysokości)* high (up): *Paula threw the ball high into the air* (=wysoko w górę). | *seagulls flying high in the sky* (=wysoko na niebie) **2** *(bardzo)* highly: *highly valued/developed/specialized* | **wysoko kogoś cenić** think highly of sb **3 mierzyć wysoko** aim high **4 wysoko postawiony** highly placed: *a highly placed government official*

wysokość *n* **1** *(od ziemi, nad ziemią)* height: *Sunflowers can grow to a height of* (=mogą osiągnąć wysokość) *fifteen feet.* | *at a height of* (=na wysokości) *10,000 feet* | *I'm afraid of heights* (=mam lęk wysokości). | **mieć 50m/100 stóp itp. wysokości** be 50 metres/100 feet etc in height: *Some of the pyramids are over 200 feet in height.* | **o wysokości 5 metrów** 5 metres tall/high: *a tree 30 feet tall* **2** *(nad poziomem morza)* altitude: *The plane was flying at an altitude of 30,000 feet.* | *At high altitudes* (=na dużych wysokościach) *it is difficult to get enough oxygen.* **3** *(głosu, nuty)* pitch **4 w wysokości 500 funtów itp.** of £500 etc: *a prize/fine of $250* **5 Jego/Jej/Wasza Wysokość** His/Her/Your Highness

wyspa *n* **1** island: *a small island in the middle of the lake* **2** *(w nazwach)* isle: *the British Isles*

wyspać się *v* get/have a good night's sleep: *Go home and get a good night's sleep.*

wyspecjalizowany *adj* specialized, specialised *BrE*: *specialized knowledge/skills*

wyspia-rz/rka *n* islander

wysportowany *adj* athletic, sporty: *If you want me to play, I will, but I'm not very athletic.*

wyspowiadać się *v* confess

wysprzątać *v* clean (up): *I'll clean up my room tomorrow.*

wyssać *v* suck out: *I felt like I had no life: like the soul had been sucked out of me.*

wystarczać *v* →patrz WYSTARCZYĆ

wystarczająco *adv* sufficiently, enough: *sufficiently important/detailed* | *quickly/strongly enough*

wystarczający *adj* sufficient: *We can only prosecute if there is sufficient evidence.*

wystarczyć *v* **1** be enough: *Will there be enough room* (=czy wystarczy miejsca) *for Joey in the car?* **2 wystarczy** that's enough, that will do **3 nie wystarczy nam pieniędzy** we don't/won't have enough money **4 wystarczy, że ...** it's bad enough (that) ...: *It's bad enough that I have to work late.*

wystartować *v* **1 a)** *(samolot)* take off: *The plane took off half an hour late.* **b)** *(rakieta)* lift off **2** *(rozpocząć wyścig)* start: *He started badly.* **3** *(wziąć udział)* **a)** take part: *Greg was too sick to take part.* **b)** *(w wyścigu)* run: *If you're really going to run in the marathon, you need to start training now.*

wystawa *n* **1** *(sztuki)* exhibition: *We went to see the Picasso exhibition at the Museum of Modern Art.* | *an art exhibition* **2** *(psów, kwiatów itp.)* show: *The annual pet show takes place in August.* | *a flower show* **3** *(sklepowa)* shop window, display: *She looked at the dress in the shop window.* | *a window display*

wystawać *v* **1** *(sterczeć)* protrude, stick out: *Careful – there's a nail sticking out of that board.* **2** *(stać długo lub często)* hang around: *Activists keep hanging around outside the courtroom.*

wystawić *v* **1** *(głowę, rękę)* stick/put out: *Katie stuck out her hand.* **2** *(na wystawie)* display, exhibit: *David's going to exhibit his roses at the flower show.* **3** *(kandydata)* put up: *The Democrats put him up to run for office.* **4** *(zaświadczenie itp.)* issue: *The magistrate* (=sędzia) *issued a warrant for his arrest* (=nakaz aresztowania). **5 wystawić sztukę** put on a play **6 wystawić coś na sprzedaż** put sth up for sale **7 wystawić coś na działanie czegoś** expose sth to sth: *Do not expose your skin to the sun for too long.* **8 wystawić kogoś do wiatru** stand sb up →patrz też **wystawić na próbę** (PRÓBA)

wystawny *adj* lavish, sumptuous: *a lavish feast* | *a sumptuous banquet/meal*

wystawowy *adj* **1 salon wystawowy** showroom **2 okno wystawowe** shop window

wystąpić *v* **1** *(na scenie)* perform: *The band performed on a giant stage.* **2** *(w zespole, filmie)* play: *He played in a jazz group once.* **3** *(przemówić)* speak: *Ambassador Simons has been asked to speak at the dinner.* **4** *(pojawić się)* appear: *A thin film of perspiration* (=warstewka potu) *appeared on his forehead.* **5 wystąpić przeciw komuś/czemuś** speak out against sb/sth: *Smith was not afraid to speak out against the Vietnam War.* **6 wystąpić z organizacji/partii** leave an organization/a party: *She left the Conservative Party and went over to the Liberal Democrats.* **7 wystąpić z brzegów** overflow/jump/flood its banks: *The river jumped its banks and swamped* (=zalała) *hundreds of homes.* →patrz też WYSTĘPOWAĆ

wystąpienie *n (mowa)* speech: *the president's speech*

wysterylizować *v* **1** *(narzędzia, naczynia)* sterilize, sterilise *BrE*: *Babies' bottles can be sterilized simply by boiling them in water.* **2** *(zwierzę)* neuter

występ *n* **1** performance, appearance: *Pavarotti's performance* | *the band's only European appearance this year* **2 występ skalny** ledge

występek *n* indiscretion, misdemeanour *BrE*, misdemeanor *AmE*: *the indiscretions of his youth*

występować *v* **1** *(zdarzać się)* occur: *The disease occurs mainly in young children.* **2** *(znajdować się)* be found: *Vitamin C is found in green vegetables and fresh fruit.* →patrz też WYSTĄPIĆ

wystosować *v* issue: *to issue a warning/statement*

wystraszony *adj* frightened, scared: *a frightened animal/child* THESAURUS SURPRISED

wystraszyć *v* frighten, scare: *We didn't mean* (=nie chcieliśmy) *to scare you.*
wystraszyć się *v* get scared, get/have a fright: *I read the first chapter and I got so scared I couldn't finish the book.*

wystroić się *v* dress up: *I feel like dressing up and going somewhere really nice.*

wystrój *n* decor: *a modern/exotic decor* | *The restaurant had changed its decor.*

wystrzał *n* shot, gunshot: *Suddenly, a shot rang out* (=rozległ się). | *The man pulled out a gun and fired three shots.*

wystrzegać się *v* **wystrzegać się czegoś** steer clear of sth: *Steer clear of evil.*

wystrzelić *v* **1** *(z broni)* fire: *to fire a gun* **2** *(rakietę)* launch: *China is planning to launch a space rocket later this month.*

wystukać *v* **1** *(na klawiaturze)* key/type in: *I keyed in my name and pressed ENTER.* **2** *(rytm)* tap (out): *As he played he tapped out the rhythm with his foot.*

wystygnąć *v* get cold: *Come and eat or your dinner will get cold!*

wysunąć *v* **1** *(szufladę)* pull out/open: *Ally tried to pull the drawer open.* **2** *(propozycję, kandydaturę, argument)* put forward: *The UN has put forward a peace plan.* **3** *(antenę, czułki)* extend
wysunąć się *v* **1** *(wypaść)* slip out: *The soap slipped out of my hand.* **2 wysunąć się na pierwszy plan/na czoło**

come to the fore: *Environmental issues came to the fore in the 1980s.*

wysuszony *adj* dry: *dry skin/lips*

wysuszyć *v* dry (out): *Matt built a fire to dry his wet clothes.* | *It'll only take me a few minutes to dry my hair.*
wysuszyć się *v* dry (off/out): *You're soaking! Come in and dry off.*

wysuwać *v* →patrz WYSUNĄĆ
wysuwać się *v* →patrz WYSUNĄĆ SIĘ

wysychać *v* →patrz WYSCHNĄĆ

wysyłać *v* →patrz WYSŁAĆ

wysyłkowy *adj* **1 sprzedaż wysyłkowa** mail order: *You can get almost anything by mail order.* **2 dom wysyłkowy** mail order company

wysypać *v* **1** *(rozsypać)* spill: *They say it's bad luck to spill salt.* **2** *(wyrzucić)* throw out: *Throw out the old flour and save the jar* (=nie wyrzucaj słoika).
wysypać się *v* **1** *(rozsypać się)* spill (out): *The box had fallen over, and some of the contents had spilled out.* **2** *(wyjść tłumnie)* pour out: *Kids poured out of the school gates at four o'clock.*

wysypisko *n* rubbish dump *BrE*, garbage dump *AmE*, landfill: *the municipal waste dump* | *Trucks haul away* (=wywożą) *garbage to the landfill.*

wysypka *n* rash: *She had a nasty rash on her arms.* | **dostać wysypki** break/come out in a rash

wysypywać *v* →patrz WYSYPAĆ

wysysać *v* →patrz WYSSAĆ

wyszarpnąć *v* yank out: *He yanked out the plug* (=wtyczkę) *with his right hand.*

wyszczególniać *v* detail, specify: *a 55-page document detailing the criminal charges*

wyszczerbić *v* chip: *I'm very sorry, but I've chipped this cup.*

wyszczerbiony *adj* **1** *(porcelana, ząb)* chipped: *a chipped cup/plate* **2** *(nóż, ostrze)* chipped, jagged

wyszczotkować *v* brush: *She brushed her hair as usual before going to bed.*

wyszeptać *v* whisper: *She turned and whispered something in his ear.*

W

wyszkolić *v* train: *If we train them correctly, they will be like well-oiled machines.* —**wyszkolony** *adj* trained: *trained staff/personnel*

wyszorować *v* **wyszorować coś a)** *(podłogę itp.)* scrub sth, give sth a scrub: *Scrub the board clean* (=do czysta). **b)** *(garnek itp.)* scour

wyszukać *v* find: *You should find a copy of the report.*

wyszukiwać *v* look/search for: *searching for interesting sites on the Web*

wyszukiwarka *n* search engine

wyszykować się *v (przygotować się)* get ready

wyszywać *v* embroider —**wyszywany** *adj* embroidered: *embroidered silk*

wyścig *n* **1** race: *Everyone who ran in the race got a T-shirt.* **2 wyścigi konne/samochodowe** horse/motor racing **3 wyścig zbrojeń** the arms race **4 wyścig z czasem** a race against time

wyścigowy *adj* **1 samochód wyścigowy** racing car *BrE*, race car *AmE* **2 koń wyścigowy** racehorse **3 tor wyścigowy** racecourse, racetrack

wyśmiać *v* →patrz WYŚMIEWAĆ

wyśmienity *adj* delicious: *a delicious flavour/meal/taste/smell* | *This soup is delicious!*

wyśmiewać *v* ridicule: *Darwin's theories were ridiculed.*
wyśmiewać się *v* **wyśmiewać się z kogoś/czegoś** make fun of sb/sth, jeer at sb/sth: *The kids at school always made fun of Jill's clothes.*

wyświadczyć *v* **wyświadczyć komuś przysługę** do sb a favour *BrE*, favor *AmE*

wyświechtany *adj* **1** *(powiedzenie)* hackneyed: *a hackneyed phrase/expression/slogan* **2** *(ubranie)* (well-)worn: *a well-worn jacket*

wyświetlacz *n* display: *an 8-line display*

wyświetlać *v* **1** *(informację)* display, show: *This calculator can display only nine digits* (=cyfr) *at a time.* **2** *(za pomocą rzutnika itp.)* project: *We didn't have a screen, so our home movies were projected onto the wall of our living room.*

wytaczać *v* →patrz WYTOCZYĆ

wytapetować *v* (wall)paper: *We must paper all the rooms this summer.*

wytapiać *v (metal)* smelt

wytarty *adj* **1** *(ubranie)* shabby, threadbare: *a shabby old suit* **2** *(slogan)* hackneyed

wytatuować *v* tattoo: *He had a lion tattooed on his chest.*

wytchnienie *n* respite, rest: *The noise went on all night without even a moment's respite.* | *a welcome rest from the constant pressure of work*

wytępić *v* **1** *(problem, praktykę)* eradicate: *an effort to eradicate organized crime* **2** *(myszy, karaluchy)* exterminate

wytężyć *v* **wytężyć słuch/wzrok** strain your ears/eyes: *I strained my ears, listening for* (=nasłuchując) *any sound in the silence of the cave.*

wytknąć *v* **wytknąć coś komuś** point sth out (to sb), reproach sb for sth: *Her husband seemed to take pleasure in pointing out her mistakes.* | *She reproached me for my lack of foresight* (=brak wyobraźni).

wytłumaczenie *n* explanation: *Is there any explanation for his behaviour?*

wytłumaczyć *v* explain: *I can explain everything.* | *Natural selection cannot explain the evolution of new genes.* | **+coś komuś** sth to sb: *I'll explain it to you later.* →patrz też TŁUMACZYĆ

wytoczyć *v* **1** *(rower, taczkę)* wheel out: *She wheeled out the bicycle from the garage.* **2** *(beczkę)* roll out **3** *(argumenty)* put forward, present: *She put forward several arguments for becoming a vegetarian.* **4 wytoczyć komuś proces/sprawę** bring an action against sb: *They will bring an action against him if he doesn't repay the loan.*
wytoczyć się *v* roll out: *We rolled out of the bar at about 3:00 that morning.*

wytopić *v* →patrz WYTAPIAĆ

wytrawny *adj* **1** *(doświadczony)* seasoned: *a seasoned traveller/politician* **2** *(wino)* dry

wytrącić *v* **1 wytrącić kogoś z równowagi** throw sb off balance: *Her sudden change of plan threw me off balance for a minute, and I didn't know what to say.* **2 wytrącić coś**

komuś z ręki knock sth out of sb's hand: *Someone's elbow knocked the glass out of my hand.*

wytrenować *v* train: *Athletes who have been trained to sprint aren't usually very good at running long distances.*

wytropić *v* track down: *The police are determined to track down the killer.* THESAURUS FIND →patrz też TROPIĆ

wytrwać *v* **1** *(wytrzymać)* hold/last out: *They held out for as long as they could.* **2** *(w wysiłkach)* persevere: *Physics is a difficult subject, but if you persevere with your studies I'm sure you'll do well.* →patrz też TRWAĆ

wytrwały *adj* persistent: *If she hadn't been so persistent, she might not have gotten the job.* —**wytrwałość** *n* persistence —**wytrwale** *adv* persistently: *He persistently called her at home.*

wytrych *n* passkey, skeleton key

wytrysk *n* ejaculation

wytrzeć *v* **1** wipe: *Wipe your feet before you come in.* | *She wiped her hands on the back of her jeans.* **2** *(ręcznikiem)* dry: *He dried his hands on my bath towel.*
wytrzeć się *v* dry yourself

wytrzeźwieć *v* sober up: *You need to sober up before you go home.*

wytrzymać *v* **1** *(przykrości)* stand, bear, put up with: *She couldn't stand the pain any longer.* | *I don't know how you put up with all this noise.* **nie (móc) wytrzymać czegoś** cannot stand/bear sth: *I can't stand these constant complaints.* **2** *(warunki)* withstand: *This material is designed to withstand temperatures of up to 200°C.*

wytrzymałość *n* **1** *(człowieka)* endurance, stamina, resilience **2** *(materiału)* durability **3 granica wytrzymałości** breaking point **4 być u kresu wytrzymałości** be at the end of your tether

wytrzymały *adj* **1** *(materiał)* durable, hard-wearing, heavy-duty: *heavy-duty canvas* **2** *(człowiek)* resilient: *I wouldn't worry - kids are very resilient.*

wytrzymywać *v* →patrz WYTRZYMAĆ

wytwarzać *v* produce: *We produce computers for export.* | *Plants produce oxygen.* →patrz też WYTWORZYĆ

wytworność *n* refinement

wytworny *adj* **1** *(przedmiot, pomieszczenie)* smart: *smart clothes* | *a smart suit/hotel* **2** *(maniery)* refined: *her refined manners* —**wytwornie** *adv* smartly: *smartly dressed women*

wytworzyć *v* form: **wytworzyć więź z kimś** form a bond with sb →patrz też WYTWARZAĆ
wytworzyć się *v* form, be formed: *A shallow pool had formed among the rocks.* | *A lasting attachment* (=trwała więź) *was formed between the little boy and his grandfather.*

wytwór *n* product: *This letter must be the product of a sick mind.* | **wytwór czyjejś wyobraźni** a figment of sb's imagination: *No one's been gossiping about you, it's all a figment of your imagination.* | **wytwór ludzkiej działalności** artefact

wytwórca *n* maker, manufacturer: **wytwórca samochodów/mebli** car/furniture maker

wytwórnia *n* factory, plant: **wytwórnia obuwia** shoe factory | **wytwórnia płytowa** record company

wytyczać *v* →patrz WYTYCZYĆ

wytyczne *n* guidelines: *new guidelines for dealing with infectious patients* (=w zakresie postępowania z pacjentami zakaźnymi)

wytyczyć *v* mark out: *A volleyball court had been marked out on the grass.*

wytykać *v* →patrz WYTKNĄĆ

wytypować *v* **1** *(wybrać)* pick: *The group picked me as their spokesperson.* | *Harris was picked for the England team.* **2** *(zaproponować)* put forward, propose: *The names of four possible candidates have been put forward for the post.* **3** *(przewidzieć)* pick: *They had no problem* (=nie mieli kłopotów z) *picking the winner.*

wyuczony *adj* **1** *(reakcja, gest)* studied: *She spoke with studied politeness.* **2 wyuczony zawód** profession

wywabić *n* *(plamy)* remove: *What's the best way to remove red wine stains?*

wywalać *v* →patrz WYWALIĆ

wywalczyć *v* win: **wywalczyć zwycięstwo** win a victory

wywalić *v* **1** *(do kosza)* throw out: *These eggs are old, throw them out.* **2** *(z domu, pomieszczenia, organizacji)* throw out: *He threw her out when he heard she was seeing other guys* (=spotykała się z innymi). **3** *(z pracy)* sack: *Campbell was sacked for coming in drunk.* **4 wywalić drzwi** break down the door
wywalić się *v* *(upaść)* fall, take a spill: *I fell and hit my head on the table.* | *Tyler broke his arm when he took a spill on his motorcycle.*

wywar *n* stock: *chicken/vegetable stock*

wyważony *adj* *(artykuł, opinia itp.)* balanced: *The magazine gave a reasonably balanced report on the crisis.*

wyważyć *v* *(drzwi)* break down/open

wywiad *n* **1** *(rozmowa)* interview: *The interview with the president will be broadcast live on Friday.* **2** *(instytucja)* intelligence: *He works for British Intelligence.* —**wywiadowczy** *adj* intelligence: *foreign intelligence services* (=służby wywiadowcze)

wywiadówka *n* parent-teacher meeting

wywiązać się *v* **1 wywiązać się z obietnicy/przyrzeczenia** deliver on a promise, make good on a promise: *Ministers have been attacked for failing to deliver on promises made three years ago.* | *The company made good on its promise to support education by donating 100 computers.* **2** *(rozwinąć się)* ensue: *An animated discussion ensued.*

wywierać *v* **1 wywierać na kogoś/coś nacisk/presję** put pressure on sb/sth: *His family put pressure on him to go to university.* **2 wywierać na kogoś/coś wpływ** exert (an) influence on sb/sth: *Photography has exerted a profound* (=głęboki) *influence on art in this century.* **3 wywierać na kimś wrażenie** make an impression on sb, impress sb: *He made a good impression on the kids.*

wywiercić *v* drill, bore: *You need to drill holes for the shelves.*

wywiesić *v* **1** *(ogłoszenie)* post, put up: *I'll post a notice about it on the board.* | *Someone's put up a notice in the library saying they'll look after children for $8 an hour.* **2** *(flagę)* display

wywieść *v* **wywieść kogoś w pole** lead sb up *BrE*, down *AmE* the garden path

wywieźć *v* **1** *(odpady)* remove: *Removing all the waste is becoming a major problem.* **2** *(za granicę)* take out (of the country): *There's a limit to the amount of French money you* *can take out of the country.* **3** *(wypędzić)* exile: *After publishing the novel he was arrested and exiled to Siberia.*

wywijać *v* **wywijać czymś** *(kijem, szablą itp.)* wave/flail sth: **wywijać rękami** wave/flail your arms: *He started shouting and waving his arms.*

wywinąć *v* **wywinąć (komuś) numer** play a trick (on sb): *Jim's too honest to play a trick like that.* →patrz też WYWIJAĆ

wywinąć się *v* **wywinąć się od czegoś** wriggle/get out of sth: *She managed to wriggle out of paying for any of the food.*

wywlec *v* **1** *(wyciągnąć)* drag out: *Firemen had to drag the charred bodies out of the wreck* (=zwęglone zwłoki z wraku). **2** *(ujawnić)* drag up: *The newspapers are dragging up her alleged affair* (=rzekomy romans) *again.*

wywłaszczyć *v* dispossess: *Many black South Africans had been dispossessed of their homes.*

wywnioskować *v* deduce: *From his accent, I deduced that he was not English.*

wywodzić się *v* **wywodzić się z** come/derive/stem from, be derived from: *She comes from a long line of actors.* | *Laws restricting* (=ograniczające) *working hours derive from 19th century attempts to protect women and child workers.* | *This word is derived from Latin.*

wywołać *v* **1 wywołać kogoś** call sb's name: *I almost had a heart attack when they called my name.* **2** *(wspomnienia, podziw)* evoke: *The film evoked memories of the time I lived in France.* **3** *(duchy)* invoke: *invoking the spirits of their dead ancestors* **4** *(skutek)* produce: *The germs* (=zarazki) *can produce food poisoning* (=zatrucie pokarmowe). **5** *(dyskusję, reakcję itp.)* provoke: *The incident provoked mass hysteria.* **6** *(zdjęcia)* develop: *I need to get those pictures developed.*

wywozić *v* →patrz WYWIEŹĆ

wywód *n* argument

wywóz *n* **wywóz śmieci** waste disposal

wywracać *v* →patrz WYWRÓCIĆ

wywrotowy *adj* subversive: *subversive organizations/activities*

wywrócić *v* overturn, upset: *Sometimes the waves were so big that they would overturn our dinghy.* | *She was careful not to upset* (=uważała, żeby nie wywrócić) *the bottle of nail polish.*

wywrócić się *v* **1** *(człowiek)* fall (down): *I fell and hit my head.* **2 a)** *(łódź itp.)* overturn: *The whole crew was drowned when their boat overturned in a storm.* **b)** *(dnem do góry)* capsize: *193 passengers died when their ferry* (=prom) *capsized in the English Channel.*

wywrzeć *v* →patrz WYWIERAĆ

wyzdrowieć *v* recover, get better: *It may take him a while to recover from the operation.* | *If you don't get better by tomorrow you should go to the doctor.* —**wyzdrowienie** *n* recovery: *Her chances of recovery are poor* (=nikłe).

wyziewy *n* fumes: *The fumes from the chemicals made him choke.*

wyzionąć *v* **wyzionąć ducha** give up the ghost: *The old man has finally given up the ghost.*

wyznaczać *v* →patrz WYZNACZYĆ

wyznacznik *n* measure, indication: *The flowers and tears at the funeral were a measure of the people's love for her.* | *Evidence from fossils* (=skamieliny) *can give us a rough indication of how old the rock is.*

wyznaczyć *v* **1** *(teren, trasę, punkt)* mark: *Volcanoes mark the locations where molten* (=płynna) *rock rises to the surface of the earth.* **2** *(czas, miejsce spotkania)* set (up): *You should set up a regular time for homework.* **3** *(mianować, oddelegować)* appoint, designate: *We appointed a new financial advisor.* | *He's been designated to organize a new filing system* (=system archiwizacji) *for the whole office.* **4** *(zadanie)* assign: *You have been assigned the task of keeping the records up to date* (=stałej aktualizacji danych). **5** *(określić)* determine: *It is difficult to determine the exact number of homeless people.*

wyznać *v* confess: *She confessed that she never really loved her husband.* | *Fred confessed to his parents that he had cheated* (=ściągał) *on his biology test.* →patrz też WYZNAWAĆ

wyznanie *n* **1** *(religia)* faith, denomination, creed: *people of all faiths/denominations* | *people of every creed* **2** *(zwierzenia)* confession: *Carol overheard Mason's confession that he was drinking again.* **3 wyznanie wiary** *(modlitwa)* the Creed

wyznaniowy *adj* **państwo wyznaniowe** religious state: **grupy/związki wyznaniowe** religious groups/organizations

wyznawać *v* **wyznawać pogląd/opinię** subscribe to a belief/view, hold a belief/a view/an opinion: *I have never subscribed to the view that schooldays are the happiest days of your life.* →patrz też WYZNAĆ

wyznaw-ca/czyni *n* **1** *(wierny)* believer **2 wyznawca czegoś** *(zwolennik)* believer in sth: *a passionate believer in the ideals of a free market economy*

wyzwać *v* **1 wyzwać kogoś na pojedynek** challenge sb (to a duel) **2 wyzwać kogoś** call sb names: *The other kids started calling me names.* | **wyzwać kogoś od czegoś** call sb sth: *She called him a liar.*

wyzwalać *v* →patrz WYZWOLIĆ

wyzwanie *n* challenge: **rzucić komuś wyzwanie** challenge sb: *I challenge anyone to try to live on the state pension* (=utrzymać się z państwowej emerytury). | **sprostać wyzwaniu** meet a challenge: *a new initiative to meet the challenge of the 21st century* | **stanąć przed wyzwaniem** face a challenge: *McManus is facing the biggest challenge of his career.*

wyzwiska *n* abuse, insults: *a torrent/stream/volley of abuse* | **obrzucić kogoś wyzwiskami** hurl insults/abuse at sb: *The driver leaned out of his window and started hurling abuse at me.*

wyzwolić *v* **1** liberate, free: *Algeria was liberated from France in 1962.* | *For the first time, she was liberated from her parents' strict rules.* **2 wyzwolić się** break free: *She broke free of drug addiction.* —**wyzwolenie** *n* liberation: *Every year the villagers celebrate their liberation from the Nazi troops in 1945.* —**wyzwoleńczy** *adj* liberation: *the liberation front/movement* —**wyzwoliciel/ka** *n* liberator —**wyzwolony** *adj* liberated: *a liberated woman*

wyzysk *n* exploitation: *the exploitation of children* —**wyzyskiwać** *v* exploit: *clothing companies exploiting cheap child labour*

wyzywać *v* →patrz WYZWAĆ

wyzywający *adj* provocative: *a provocative dress/look/pose* —**wyzywająco** *adv* provocatively: *She parted her lips provocatively.*

wyż *n* **1** *(atmosferyczny)* high: *One high is moving off to the east and a new one is coming.* **2 wyż demograficzny** baby boom

W

wyżej *adv* **1** *(ku górze)* higher (up): *Put the picture higher up on the wall.* **2** *(w górze)* above: *two floors above* | *Write to the address given above for further information.* **3 wyżej niż** above: *Do not raise the weight above shoulder level.* **4 jak wyżej** *(w wykazie itp.)* ditto **5 patrz wyżej** see above → patrz też WYSOKO

wyżłobić *v* gouge (out): *Glaciers* (=lodowce) *had gouged out the valley during the Ice Age.*

wyższość *n* superiority: *the intellectual superiority of humans over other animals* | **kompleks wyższości** *superiority complex*

wyższy *adj* **1** *(góra, poziom, jakość)* higher **2** *(człowiek, budynek, drzewo)* taller **3** *(klasa społeczna, izba parlamentu)* upper: *the upper classes* | *the Upper House* **4 wyższa szkoła/uczelnia** college, university **5 wyższe wykształcenie** university/college/higher/tertiary education **6 stopień wyższy** the comparative (degree) → patrz też WYSOKI

wyżyć *v* **wyżyć z czegoś** survive on sth: *I don't know how you all manage to survive on Jeremy's salary.*

wyżywać się *v* **1 wyżywać się w czymś** get a kick out of sth: *Alan gets a real kick out of skiing.* **2 wyżywać się na kimś** take it out on sb: *Don't take it out on me – it's not my fault you've had a bad day.* **3** *(bawić się)* have fun, enjoy yourself: *Paul was an easy-going fellow at heart who wanted only to enjoy himself.*

wyżywić *v* feed: *He was working 18 hours a day just to feed his family.*

wyżywienie *n* board: *Room and board at school costs $450 a month.* | **pełne/niepełne wyżywienie** full/half board

wzajemnie *adv* **1 pomagać sobie wzajemnie** help each other/one another | **wzajemnie się tolerować** tolerate each other/one another **2 wykluczać się wzajemnie** be mutually exclusive: *Love and friendship are not mutually exclusive.* **3 wzajemnie satysfakcjonujący** mutually satisfying: *Their relationship was mutually satisfying.*

wzajemność *n* **kochać z wzajemnością** love and be loved in return | **miłość bez wzajemności** unrequited love

wzajemny *adj* mutual, reciprocal: *mutual admiration/respect/trust*

wzbić się *v* **wzbić się (w powietrze/w górę)** soar (into the air): *The ball soared into the air.* | *The rocket soared into orbit.*

wzbierać *v* **1** *(gniew itp.)* surge up: *A feeling of rage surged up inside him.* **2** *(woda, rzeka)* rise, swell: *Flood waters are still rising in parts of Missouri.* | *The river was swelling rapidly with the constant rain.*

wzbogacić *v* enrich: *Fruit juices are added to cheap wine to enrich its colour and flavour.* | *The goal of the course is to enrich our understanding of other cultures.*
wzbogacić się *v* get rich: **+ na czymś** (by) doing sth: *He got rich selling second-hand cars.*

wzbraniać się *v* **wzbraniać się przed czymś** shrink (away) from sth, shy away from sth: *Most of the workers shrank away from saying anything that might annoy their boss.*

wzbroniony *adj* prohibited, forbidden: *Alcohol is forbidden in the dormitories* (=w domach studenckich). | **surowo wzbroniony** strictly prohibited/forbidden: *Smoking is strictly prohibited inside the factory.* | **palenie wzbronione** *(napis)* no smoking

wzbudzić *v* cause, arouse, stir up: **wzbudzić kontrowersje** cause controversy: *The book has caused a great deal of controversy.* | **wzbudzić sensację** cause a sensation: *The announcement caused a sensation.* | **wzbudzić emocje** stir up emotions: *The huge statue of the leader was designed to stir up emotions of awe and respect.* | **wzbudzić (czyjeś) obawy/podejrzenia/wątpliwości** raise (sb's) fears/suspicions/doubts: *Her report has raised doubts about the likely success of this project.*

wzburzony *adj* **1** *(człowiek)* perturbed, agitated: *She seemed perturbed by these rumours.* **2** *(morze, rzeka)* rough: *rough water* —**wzburzenie** *n* agitation: *Perry's agitation was so great he could hardly speak.* —**wzburzyć** *v* perturb

wzdęcie *n* wind, flatulence: *Eating cabbage can cause flatulence.* | *Garlic causes him to suffer from* (=wywołuje u niego) *wind.* —**wzdęty** *adj* bloated: *a bloated stomach* | *I felt so bloated after dinner.*

wzdłuż[1] *prep* along: *We drove along a forest road.* | *They put thousands of troops along the country's border.* | *We took a walk along the river.*

wzdłuż[2] *adv (przeciąć, złożyć)* lengthwise: *Cut the carrots lengthwise.* | *Fold the cloth lengthwise.*

wzdragać się *v* **wzdragać się przed czymś** recoil/flinch from sth: *People recoiled in horror from the destruction of the war.*

wzdrygnąć się *n* flinch, shudder, start: *She flinched at the sight of* (=na widok) *the dead squirrel.* | *I shuddered to think of* (=na myśl o) *my son all alone in New York.*

wzdychać *n* **1 wzdychać do kogoś** *(podkochiwać się)* have a crush on sb: *Ben has a crush on his teacher.* **2 wzdychać za kimś/czymś/do kogoś/czegoś** *(pragnąć)* hanker after sb/sth: *She's always hankered after a place of her own* (=za własnym mieszkaniem). → patrz też WESTCHNĄĆ

wzejść *v* → patrz WSCHODZIĆ

wzgląd *n* **1 bez względu na coś** regardless of sth: *People should be treated equally, regardless of their race, age, or sex.* | **bez względu na to, co/jak itp.** regardless of what/how etc, no matter what/how etc: *She does what she wants, regardless of what I say.* | *He is paid a fixed salary, regardless of how much time he spends on the job.* | *I'll always love my children, no matter what they do.* **2 pod względem czegoś** in terms of sth: *The paintings of each series differ in terms of colour and composition.* **3 pod każdym względem a)** in every respect: *She was perfect in every respect.* **b)** *(mieć rację, mylić się)* on all counts: *They were wrong on all counts.* **pod tym względem** in that respect: *Not much has changed in that respect.* | **pod wieloma względami** in many respects: *In many respects the new version is not as good as the old one.* **4 przez wzgląd na kogoś/coś** for the sake of sb/sth: *I don't enjoy it, but I jog purely for the sake of good health.* | *They tried to keep their marriage together for the sake of the children.* **5 ze względu na kogoś** on sb's account: *Don't go to any trouble on my account.* → patrz też WZGLĘDY

względnie *adv* relatively, comparatively: *These wooden houses are relatively/comparatively cheap.*

względność *n* **1** relativity **2 teoria względności** theory of relativity, relativity theory

względny *adj* **1** relative, comparative: *The Victorian age was a period of relative peace in England.* | *Pierce beat her opponent with comparative ease.* **2 zaimek względny** relative pronoun: **zdanie względne** relative clause

względy *n* **1** *(czynniki)* considerations: **względy bezpieczeństwa/ekonomiczne/polityczne** safety/economical/political considerations: *Political rather than economic considerations influenced the location of the new factory.* | **ze względów bezpieczeństwa/religijnych** for safety/religious reasons: *Three nuclear generators were shut down for safety reasons.* **2** *(przychylność)* favour *BrE*, favor *AmE*: **starać się/zabiegać o czyjeś względy** try to gain/win favour with sb: *The company has decided to try to gain favour with consumers with lower income* (=o niższych dochodach). → patrz też WZGLĄD

wzgórze *n* hill: *a steep hill* | *a tough climb to the top of the hill*

wziąć *v* **1** take: *She took the envelope and tore it open.* | *Let's take a picnic lunch with us.* | *Take that dog indoors before it bites somebody.* | *Gerry took Fiona in his arms and kissed her.* THESAURUS CHOOSE **2 wziąć udział w czymś** take part in sth: *She was invited to take part in a TV debate on drugs.* | *About 400 students took part in the protest.* **3 wziąć coś pod uwagę** take sth into consideration: *We'll take into consideration the fact that* (=weźmiemy pod uwagę, że) *you were ill.* **4** *(zrozumieć, odebrać)* take: **wziąć coś poważnie** take sth seriously: *I can't take his suggestions very seriously.* | **wziąć coś do siebie** take sth personally: *Anna took it personally when the boss said some people were not working hard enough.* **5** *(pozyskać)* get: *Get a babysitter – you need some time alone with your husband!* | *After months of arguments, they decided to get a divorce.* **6** *(zażyć)* take: *Take a couple of these pills last thing at night* (=tuż przed snem) *to help you get to sleep.* **7** *(kąpiel, prysznic, masaż)* have, get: *I'll have a quick bath before we go out.* | *Nick rolled out of bed, took a shower and got dressed.* **8 wziąć urlop/wolne** take some leave: *She's taking some leave to do a Master's degree.* | **wziąć dzień wolnego/wolny dzień/parę dni wolnego** take a day/a few days off (work): *It might be better if you took a few days off work.* **9 wziąć kredyt/pożyczkę** take out/get a loan: *We took out a loan to buy a new car.* **10 wziąć kogoś/coś za kogoś/coś** mistake sth/sb for sb/sth: *I mistook the poor woman for my sister.* | *Ron mistook Phil's silence for indifference.* **11 wziąć coś za dobrą monetę** take sth at face value: *The newspapers have taken this propaganda at face value, without questioning it.* **12 wziąć coś na siebie** take care/charge of sth, take sth on: *I'll take care of the whole thing.* | *Our grandmother took charge of our religious upbringing.* | *If you agree to take on this project, it'll mean a lot of extra work.* **13 weź się wypchaj/odwal itp.** go stuff yourself/take a hike etc **14 wziąć i coś zrobić** go (and) do sth: *I need to go take a walk.* → patrz też BRAĆ

wziąć się *v* **1 wziąć się za coś** get started on sth: *Let's get started on the campfire* (=ognisko) *before it gets dark.* **2 wziąć się do pracy/roboty** get to work: *Stop hanging around and get to work!* → patrz też BRAĆ SIĘ

wzloty *n* **wzloty i upadki** ups and downs: *We have our ups and downs like all couples.*

wzmacniacz *n* amplifier: *Have you connected the speakers* (=głośniki) *to the amplifier?*

wzmacniać *v (sygnał)* amplify → patrz też WZMOCNIĆ

wzmagać *v* → patrz WZMÓC

wzmagać się *v* → patrz WZMÓC SIĘ

wzmianka *n* mention, reference: *I can't find any mention of her name.* | *His speech contained several references to the recent events.* | *There was no mention* (=nie było wzmianki) *of any trip to Holland in his diaries.* | **na wzmiankę o kimś/czymś** at the mention of sb/sth: *At the slightest mention of her ex-husband's name she gets upset.*

wzmiankowany *adj* **wyżej wzmiankowany** mentioned above, above-mentioned: *None of the points mentioned above have much relevance to* (=związku z) *this discussion.*

wzmocnić *v* strengthen: *Metal supports were added to strengthen the outer walls.* | *These exercises are designed to develop and strengthen muscles.* → patrz też WZMACNIAĆ

wzmocnić się *v* strengthen: *Her determination strengthened after the accident.*

wzmóc *v (wysiłki itp.)* step up: *In the second half our team stepped up the pressure and took the lead* (=objęła prowadzenie).

wzmóc się *v* **1** *(wiatr)* pick up: *The wind's picking up a little bit.* **2** *(obawy, zagrożenie itp.)* increase: *Tension increased visibly.*

wznak *n* **leżeć/spać na wznak** lie/sleep on your back: *He lay flat on his back and looked at the stars.*

wznawiać *v* → patrz WZNOWIĆ

wzniecić *v* **1** *(zamieszki, bunt, emocje)* stir up, incite: *Groups like this deliberately stir up trouble.* | *One man was jailed for inciting a riot.* **2** *(ogień)* start: *Neil used his cigarette lighter to start the fire.*

wzniesienie *n* hill: *a steep hill*

wznieść *v* **1** *(podnieść)* raise: *He raised his arms in triumph.* THESAURUS LIFT **2** *(wybudować)* erect: *This ancient church was erected in 1121.* → patrz też **wznieść toast (za kogoś/coś)** (TOAST)

wznieść się *v* **1** rise, ascend, go up: *The balloon rises as the helium gas is warmed in the sun.* | *The plane ascended rapidly.* | *The bird went up into the sky.* **2 wznieść się ponad coś** rise above sth: *She was able to rise above her family's foolish quarrels.* → patrz też WZNOSIĆ SIĘ

wzniosły *adj* lofty: *lofty ideals*

wznosić się *v* **1** rise: *The road rises steeply from the village.* **2 wznosić się nad czymś** rise/tower above sth: *The office building's steel skeleton* (=stalowy szkielet biurowca) *rose above the skyline* (=nad horyzontem). → patrz też WZNIEŚĆ SIĘ

wznowić *v* renew, resume, restart: *There was nothing to prevent the President from renewing the bombing in the North.* | *Iceland has no plans to resume whaling* (=polowania na wieloryby). | *attempts to restart the peace process* —**wznowienie** *n* resumption

wzorcowy *adj* model: *a model farm*

wzorek *n* pattern: *The carpet had a flower/floral pattern at the centre.* | **we wzorek/wzorki** patterned: *patterned curtains/stockings*

wzornictwo *n* design: *The gallery is a triumph of design.* | **wzornictwo przemysłowe** industrial design

wzorować się *v* **wzorować się na kimś** model yourself on sb: *Jim had always modelled himself on his great hero, Martin Luther King.*

wzorowany *adj* **wzorowany na czymś** modelled *BrE*, modeled *AmE* on sth, patterned on *BrE*, after *AmE* sth: *Their education system is modelled on the French one.* | *a restaurant patterned after the Oak Lane Diner in Philadelphia.*

wzorowy *adj* model: *She came from a model family.*

wzorzec *n* model: *Astronomy was developed first and became a model for all other sciences.* | *They present a perfect model of platonic love.*

wzorzysty *adj* patterned: *Patterned leggings were very fashionable last year.*

wzór *n* **1** *(do naśladowania)* model, example: *The report is a model of fairness and clarity.* | *The law has served as a model for similar policies in other states.* | *a fine example of Gothic architecture* **2** *(deseń)* pattern: *a flower/floral pattern* | *a delicate pattern of butterflies and leaves* **3** *(w matematyce itp.)* formula: *the formula for calculating distance* | *a complex mathematical formula* **4 wzorem/na wzór kogoś** following in sb's footsteps: *Following in his father's footsteps, he enlisted in the Navy* (=wstąpił do marynarki).

wzrastać *v* → patrz WZROSNĄĆ

wzrok *n* **1** eyesight, (sense of) sight, vision: *Her eyesight is beginning to fail.* | *He lost his sight* (=stracił wzrok) *in an accident.* | *Until she was eighteen she had 20-20 vision* (=idealny wzrok) - *now she has to wear glasses.* | **dobry/słaby itp. wzrok** good/poor etc eyesight/sight/vision: *Bad eyesight may preclude you from* (=może uniemożliwiać) *driving.* **2 w zasięgu wzroku** in sight: *The only building in sight was a small wooden cabin.* | **poza zasięgiem wzroku** out of sight: *Keep your valuables* (=cenne przedmioty) *out of sight.* **3 przyciągający wzrok** eye-catching: *an eye-catching advertisement* → patrz też **utkwić wzrok w kimś/czymś** (UTKWIĆ)

wzrokowy *adj* **bodźce wzrokowe** visual stimuli | **pamięć wzrokowa** visual memory | **kontakt wzrokowy** eye contact | **nerw wzrokowy** optic/optical nerve

wzrosnąć *v* **1** *(ceny, liczby, wskaźniki)* go up, increase, rise, grow: *Profits went up by over 50%.* | *The number of serious crimes has increased dramatically/sharply* (=gwałtownie) *in the last year.* **2** *(ból, obawy itp.)* grow, increase: *Her anxiety about the children grew as the hours passed.*

wzrost *n* **1** *(zwiększenie się)* rise, increase: *the dollar's rise in value* | *a sharp/steep rise in profits* | *an increase in the number of cars on the roads* **2 mieć 180 cm itp. wzrostu** be five (foot/feet) eleven (inches) etc (tall): **ile masz wzrostu?** how tall are you?

wzruszać *v* → patrz WZRUSZYĆ

wzruszający *adj* moving, touching: *a moving/touching story/scene*

wzruszyć *v* **1** move, touch: *The story moved us to tears.* **2 wzruszyć ramionami** shrug (your shoulders)
wzruszyć się *v* be moved/touched: **+ czymś** by sth: *She was deeply moved by his kindness.* —**wzruszony** *adj* touched, moved: *I was really touched by the invitation.*

wzwód *n* erection

wzwyż *adv* **1 od 18 lat wzwyż** 18 (years) and/or above/over **2 skok wzwyż** the high jump: *He has set* (=ustanowił) *a record for the high jump.*

wzywać *v* → patrz WEZWAĆ

W

Zz

z *prep* *także* **ze 1** *(miejsce, kierunek, źródło)* from: *from America/Belgium/Prague | She is a friend from school.* | **z góry/dołu/boku itp.** from above/below/the side etc: *dropped from a height of three metres* (=z wysokości 3 metrów) | **z ... do** from ... to: *a train from Moscow to Berlin* | **z telewizji/doświadczenia itp.** from television/experience etc: *I learned about it from the press.* **2** *(wyjść, wyjąć itp.)* out of: *She walked out of the room in silence. | Some coins fell out of his pocket. | He drank his beer straight out of the bottle.* **3** *(zrobiony)* (out) of, from: *a chair made of/from wood | a statue made out of bronze* **4** *(spośród)* (out) of: **każdy/niektórzy/wielu z nas/was itp.** each/some/many of us/you etc | **dwóch/trzech itp. z dziesięciu** two/three etc out of ten **5** *(powód)* out of: **z ciekawości/miłości itp.** out of curiosity/love etc: *We did it out of respect for the old man.* **6** *(razem, z dodatkiem)* with: *Stay with me, please. | tea with lemon | a girl with very long hair* **7** *(około)* about: **z godzinę/ze 2 metry itp.** about an hour/2 metres etc

za[1] *prep* **1** *(z tyłu)* behind: *He was hiding behind a tree. | Jane shut the door behind her.* **2** *(po drugiej stronie)* over: *over the ocean/sea/mountains* **3** *(cena, wymiana, powód, porównanie)* for: *How much did you pay for the tickets? | What will you give me for it? | Let me do it for you. | He was fined* (=dostał mandat) *for speeding. | I won't tell her – who do you take me for* (=za kogo mnie bierzesz)? | **za darmo** for free **4** *(w kolejności)* after: **jeden za drugim** one after another, one by one | **dzień za dniem** day by day **5** *(po upływie)* in: **za tydzień/trzy miesiące** in a week/three months, in a week's/three months' time, a week/three months from now THESAURUS AFTER **6 za pięć/dziesięć (minut) druga/dwunasta** five/ten (minutes) to two/twelve **7** *(podczas)* during: **za dnia** during the day, by day | **za młodu/życia** in your youth/lifetime: *He was not famous in his lifetime.* **8 być za czymś** *(popierać)* be for sth: *Are you for it or against it?*

za[2] *adv* **1** *(zbyt)* too: **za drogi/mało itp.** too expensive/little etc: *Amanda is much too young to get married. | Careful! You're driving too fast.* | **trochę za wysoki/ciężki itp.** a bit too high/heavy, on the high/heavy side **2 co za ... !** what (a) ... !: *What a day, I tell you! | She told you that? What nonsense!*

za[3] *n* **za i przeciw** the pros and cons: *We have to consider all the pros and cons.*

zaabsorbowany *adj* preoccupied —**zaabsorbowanie** *n* preoccupation

zaadaptować *v* **1** adapt: *The car's engine has been adapted to take unleaded fuel.* **2** *(książkę itp.)* adapt, dramatize, dramatise *BrE*: *a novel dramatized for television* → patrz też ADAPTOWAĆ

zaadoptować *v* adopt → patrz też ADOPTOWAĆ

zaadresować *v* address: *If you address the letter, I'll mail it for you.* → patrz też ADRESOWAĆ

zaakcentować *v* → patrz AKCENTOWAĆ

zaakceptować *v* **1** *(propozycję, plan)* accept, approve: *She managed to persuade them to accept her proposal. | The Senate approved the terms of the budget.* **2** *(kogoś w grupie)* accept: *His mother-in-law never accepted him.*

zaaklimatyzować się *v* acclimatize, acclimatise *BrE*, get acclimatized, acclimate *AmE*: *We arrived a day earlier in order to acclimatize.*

zaalarmować *v* alert: *It was my next-door neighbour who alerted the emergency services.* → patrz też ALARMOWAĆ

zaangażować *v* **1** *(zatrudnić)* employ, engage *BrE*: *Do you think we should employ her? | His father engaged a private tutor to improve his maths.* **2** *(włączyć)* involve: *Try to involve as many children as possible in the game.*
zaangażować się *v* → patrz ANGAŻOWAĆ SIĘ

zaangażowanie *n* **1** *(entuzjazm)* commitment, involvement: *The team showed great commitment. | Her commitment to her job is beyond doubt. | a student's emotional involvement in the learning experience* **2** *(uczestnictwo, wtrącanie się)* involvement: *US involvement in Haiti's domestic affairs*

zaapelować *v* appeal: **+do kogoś/czegoś** to sb/sth: *The police have appealed to the public for information about the crime. | I tried to appeal to his common sense.*

zaaplikować *v* → patrz APLIKOWAĆ

zaaranżować *v* arrange: *Last year he arranged a big surprise party for my birthday.*

zaaresztować *v* arrest → patrz też ARESZTOWAĆ

zaatakować *v* attack → patrz też ATAKOWAĆ

zaawansowany *adj* advanced: *advanced learners of English | advanced technology | advanced stages of the disease* | **kurs/fizyka itp. dla zaawansowanych** advanced course/physics etc

zabandażować *v* bandage: *The nurse has just bandaged his ankle.*

zabarwić *v* **1** *(nadać kolor)* colour *BrE*, color *AmE*: *Sunset came and coloured the sky a brilliant red.* **2** *(pofarbować)* dye **3 zabarwiony czymś** tinged with sth: *a statement tinged with sadness/irony/sarcasm*

zabarykadować *v* barricade: *They barricaded all the doors and windows.*
zabarykadować się *v* barricade yourself (in): *The terrorists have barricaded themselves inside the embassy.*

zabawa *n* **1** *(dziecięca)* play, game: *Soon the child tired of his play and wandered along the beach. | learning through play | Now you've spoilt our game!* | **plac zabaw** playground | **towarzysz/ka zabaw** playmate **2** *(rozrywka)* fun: *This is such good fun!* | **dla zabawy** for fun, for the fun of it: *We drove all the way to the seaside, just for the fun of it.* | **przyjemnej zabawy!** have a good time!, have fun! **3** *(taneczna)* dance: *Brian invited me to a dance next Saturday.*

UWAGA: play i game

Rzeczownik **play** oznacza samą czynność bawienia się, **game** natomiast to zwykle konkretna zabawa, posiadająca określone reguły: *a game of hide-and-seek* (= zabawa w chowanego) | *a game of cops and robbers* (= zabawa w policjantów i złodziei) itp.

zabawiać *v* **zabawiać kogoś** entertain/amuse sb, keep sb amused: *He entertained us with anecdotes. | She tried to keep the children amused while I did the shopping.*
zabawiać się *v* **zabawiać się czymś** amuse yourself by doing sth: *In his spare time, he amused himself by writing poems and short stories.*

Z

zabawić *v (gdzieś)* stay: *When he visited us for the second time, he stayed longer.*
zabawić się *v* **zabawić się w kogoś** play sb: *These are ordinary people who think they can play policeman* (=zabawić się w policjantów) *for a while.*

zabawka *n* **1** toy: *educational toys* | **sklep z zabawkami** toyshop | **zabawka pluszowa** soft/cuddly *BrE* toy **2** *(człowiek)* plaything: *I'm not just your plaything, you know.*

zabawnie *adv* **1 wyglądać/brzmieć zabawnie** look/sound funny: *She looks rather funny in those grown-up clothes.* **2 zabawnie jest coś robić** it's fun doing sth: *It was fun watching them compete for her attention* (=zabawnie było patrzeć, jak walczą o jej uwagę).

zabawny *adj* amusing, funny, entertaining: *an amusing film* | *a funny coincidence* | *an entertaining storyteller* THESAURUS FUNNY

zabezpieczać *v* → patrz ZABEZPIECZYĆ

zabezpieczenie *n* precaution, protection, safeguard **+ przed czymś/na wypadek czegoś** against sth: *You should save* (=zapisywać) *your work as often as possible as a precaution against computer failure.*

zabezpieczyć *v* **1 zabezpieczyć coś przed czymś** protect sth from sth, safeguard sth against sth: *a program safeguarding the computer system against viruses* **2 zabezpieczyć kogoś** *(finansowo)* make provisions for sb: *He has made provisions for his wife in his will* (=w testamencie).

zabicie *n* **1 a)** *(człowieka)* killing **b)** *(zwierzęcia)* kill: *A cat sometimes plays with a mouse before the kill.* **2 dla zabicia czasu** to kill time, to pass the time

zabić *v* **1** kill: *The terrorists have threatened to kill the hostages* (=zagrozili, że zabiją zakładników). **2 zabić coś gwoździami/deskami** nail/board sth up: *We boarded up all the windows.* → patrz też ZABIJAĆ
zabić się *v* kill yourself: *You're going to kill yourself on that motorcycle!*

zabieg *n (chirurgiczny)* surgery: *My surgery is tomorrow.*

zabiegać *v* **zabiegać o coś** strive for sth

zabierać *v (miejsce, czas)* take: *You must be patient; it takes time.* | **zabierać komuś czas** take up sb's time: *I don't want to take up any more of your time.* → patrz też ZABRAĆ
zabierać się *v* → patrz ZABRAĆ SIĘ

zabijać *v* **zabijać czas** kill time, pass the time → patrz też ZABIĆ

zabity *adj* killed: *Two hundred people were killed.*

zablokować *v* → patrz BLOKOWAĆ —**zablokowany** *adj* stuck
zablokować się *v* jam, lock, get stuck: *The wheels suddenly locked.*

zabłądzić *v* lose your way, get lost: *It's very easy to lose your way in the forest.* | *I got thoroughly lost on the way here.*

zabłąkać się *v* stray: *I felt I had strayed into another, totally alien world.*

zabłocony *adj* muddy: *muddy shoes*

zabłysnąć *v* → patrz BŁYSNĄĆ, BŁYSZCZEĆ

zabobon *n* superstition, old wives' tale

zaboleć *v* hurt: *It hurt me when he said he preferred to go home for Christmas.*

zaborca *n* occupier

zaborczy *adj* possessive: *Men are very protective and sometimes possessive towards their daughters.*

zabój-ca/czyni *n* **1** *(ktoś lub coś, co zabija)* killer: *Heart disease is America's number one killer.* **2** *(zamachowiec)* assassin: *Kennedy's supposed assassin, Lee Harvey Oswald*

zabójczy *adj* lethal: *lethal weapon*

zabójstwo *n* killing, *(w języku prawniczym)* homicide: *a series of brutal killings*

zabór *n* occupation

zabrać *v* **1** *(wziąć)* take: *Don't forget to take an umbrella!* THESAURUS BRING **2** *(usunąć)* take away: *Waiter! Please take my plate away.* **3 zabrać coś komuś** take sth away from sb: *Take that knife away from him!* | *I knew there was one person in the world who could take everything I loved away from me.* → patrz też ZABIERAĆ
zabrać się *v* **zabrać się do czegoś** get down/around to (doing) sth, go/set about (doing) sth: *Isn't it time you got down to marking those papers?* | *I wouldn't have the faintest idea how to go about writing a novel.* | **zabrać się do pracy** get down to work, set to work: *Davis is just about to* (=właśnie ma) *set to work on a second book.*

zabraknąć *v* **komuś zabrakło czegoś a)** *(jedzenia itp.)* sb has run out of sth: *We've run out of milk.* **b)** *(odwagi itp.)* sth has failed sb: *At the last moment, my courage failed me.*

zabronić *v* **1 zabraniać czegoś** forbid/prohibit sth: *I absolutely forbid it!* THESAURUS FORBID **2 zabronić komuś czegoś/robić coś** forbid sb to do sth, prohibit sb from doing sth: *He was forbidden to leave the base as a punishment.* —**zabroniony** *adj* forbidden, prohibited

zabrudzić (się) *v* → patrz BRUDZIĆ (SIĘ)

zabrzmieć *v* sound → patrz też BRZMIEĆ

zabudowa *n* development: *dispersed development* (=zabudowa rozproszona)

zabudowania *n* buildings

zabudowany *adj (teren)* built-up

zaburzać *v* → patrz ZABURZYĆ

zaburzenia *n* disorder: *a speech/liver/personality disorder*

zaburzyć *v* **1** *(równowagę)* upset: *The delicate ecological balance of the area was upset.* **2** *(funkcjonowanie)* disturb: *Both immediate and short-term memories are easily disturbed by a concussion* (=wstrząs mózgu). | *an interesting study about how noise can disturb sleep*

zabytek *n* monument: *The Alhambra is the last monument of Arab civilization in Europe.*

zabytkowy *adj* antique: *an antique rosewood desk* THESAURUS OLD

antique/modern

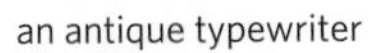
an antique typewriter

a modern laptop

zachcianka *n* whim: *a passing* (=przelotna) *whim*

zachęcić *v* encourage: *Cheaper tickets might encourage people to use public transport.* THESAURUS PERSUADE —**zachęcający** *adj* encouraging: *The results of the surveys have been very encouraging.* —**zachęcająco** *adv* encouragingly: *She smiled encouragingly.*

zachęta *n* **1** *(słowna)* encouragement: *a few words of encouragement* **2** *(finansowa)* incentive: *The chance of a higher salary gives people the incentive to work harder.*

zachichotać *v* giggle: *She giggled at the joke.*

zachłanny *adj* greedy: *He is unpleasant, egotistical and greedy.* —**zachłannie** *adv* greedily —**zachłanność** *n* greediness

zachłysnąć się *v* **1** *(płynem itp.)* choke: *When I heard the news I almost choked on the soup.* **2** *(z emocji, zachwytu)* gasp: *The audience gasped at the splendour of the costumes.*

zachmurzyć się *v (niebo)* cloud over —**zachmurzenie** *n* clouds —**zachmurzony** *adj (niebo)* cloudy, overcast

zachodni *adj* **1** *(region, kultura)* Western, western: *Western Europe* **2** *(w nazwach)* West, west: *cities on the west coast* | *West Germany* **3** *(wiatr)* west, westerly

zachodzić *v* **1** *(słońce)* go down, set: *The sun was going down behind the mountains.* **2 zachodzić na siebie** overlap: *The tiles on the roof overlap.* →patrz też ZAJŚĆ

zachorować *v* **1** fall ill, be taken ill: *He fell ill and died soon after.* | *She was suddenly taken ill when we were on holiday.* **2 zachorować na coś** get sth, go down with sth: *It is fairly unusual to get measles* (=na odrę) *when you are an adult.* | *Both her children have gone down with mumps* (=na świnkę).

zachować *n* **1** *(zatrzymać)* keep, hold on to, retain, save: *You can keep it. I don't need it.* | *I think I'll hold on to the records, but you can have the tapes.* | *A copy of the invoice* (=kopia faktury) *should be retained by the Accounts Department* (=Dział Rachunkowości). | *Save all the receipts in case you want to make a complaint* (=złożyć reklamację). **2** *(na później)* save: *Let's save the rest of the cake for later.* **3** *(w nienaruszonym stanie)* preserve, retain: *The baroness had managed to preserve her good looks.* | *It's important that the elderly should retain a sense of dignity.* **4 zachować spokój/milczenie** keep calm/silent **5 Boże, zachowaj króla/królową!** God save the king/queen!
zachować się *v (przetrwać)* survive: *In some areas, these old customs have survived to this day.* →patrz też ZACHOWYWAĆ SIĘ

zachowanie *n* **1** *(ludzi)* behaviour *BrE*, behavior *AmE*, conduct: *aggressive/irrational behaviour* | **złe zachowanie** misbehavio(u)r, bad behavio(u)r: *The headmaster will not tolerate bad behaviour in class.* **2** *(innych organizmów)* behaviour *BrE*, behavior *AmE*: *They are studying the behaviour of the AIDS virus.*

Z

> **UWAGA: behaviour i conduct**
>
> **Conduct** jest wyrazem bardziej formalnym i dotyczy zwłaszcza zachowań publicznych lub związanych z wykonywaną pracą: *The reporter was accused of unprofessional conduct.* | *This sport has a strict code of conduct.*

zachowawczy *adj* conservative: *conservative views/politicians*

zachowywać *v* →patrz ZACHOWAĆ
zachowywać się *v (postępować)* behave, act: *She behaved very rudely.* | *Henry has been acting very strangely lately.* | **źle się zachowywać** misbehave | **zachowywać się grzecznie** behave (yourself): *Will you children please behave!* | *Did Peter behave himself while I was away?* →patrz też ZACHOWAĆ SIĘ

zachód *n* **1** *(geograficzny)* west: *The sun rises in the east and sets in the west.* | *A strong wind was blowing from the west.* | **na zachód** west, westward(s): *The room faces west.* | *They sailed westwards.* | **na zachód od czegoś** to the west of sth: *Zielona Góra is to the west of Poznań.* | **(na) południowy/północny zachód** southwest/northwest: *The road runs northwest.* | **prowadzący na zachód** westbound: *the westbound lanes of Interstate 66* (=autostrady międzystanowej nr 66) | **najbardziej wysunięty na zachód** westernmost: *the westernmost tip of the island* **2** *(polityczny, kulturowy, w nazwach)* West: *a breakthrough* (=przełom) *in East-West relations* **3 zachód słońca** sundown, sunset **4 (nie)wart zachodu** (not) worth while: *Nothing seems worth while anymore.* | **szkoda (czyjegoś) zachodu** it's not worth (sb's) while: *It's not really worth your while to get over there.*

zachrypnięty *adj* hoarse

zachwalać *v* **1** praise: *a much praised book* **2** *(towar)* pitch: *sales reps* (=akwizytorzy) *pitching the latest gadgets*

zachwiać *v* **zachwiać czymś** shake sth: *The whole experience shook his faith in human kindness* (=wiarą w ludzką dobroć).
zachwiać się *v* falter: *She faltered for a moment.* | *Laurie's voice faltered as she tried to thank him.* →patrz też CHWIAĆ SIĘ

zachwycać *v* →patrz ZACHWYCIĆ —**zachwycający** *adj* delightful: *a delightful performance*
zachwycać się *v* **zachwycać się czymś a)** *(podziwiać)* admire sth **b)** *(wyrażać zachwyt)* gush over sth: *Everybody gushed over the movie, but I hated it.*

zachwycić *v* delight, thrill: *a book that is certain to delight any reader* | *The magic of his music continues to thrill audiences.* | **coś kogoś zachwyciło** sb was delighted by sth —**zachwycony** *adj* delighted, thrilled, overjoyed THESAURUS HAPPY
zachwycić się *v* →patrz ZACHWYCAĆ SIĘ

zachwyt *n* **1** *(radość, rozkosz)* delight, rapture **2** *(podziw)* admiration

zaciąć się *v* **1** *(skaleczyć się)* nick yourself: *I nicked myself while shaving.* **2** *(szuflada, drzwi itp.)* stick, be stuck (fast): *The door had stuck.* **3** *(mechanizm)* jam: *The fax machine has jammed again.* →patrz też ZACINAĆ SIĘ

zaciągnąć *v* **1 zaciągnąć kogoś/coś gdzieś** drag sb/sth somewhere **2 zaciągnąć zasłony** draw the curtains **3 zaciągnąć dług** run up/incur a debt: *The oil company incurred a debt of $5 billion last year.* **4 zaciągnąć pożyczkę/kredyt** take out a loan
zaciągnąć się *v* **1** *(podczas palenia)* inhale: *He inhaled deeply.* | **zaciągnąć się czymś** *(papierosem itp.)* take a drag on sth, (have/take a) puff on/at sth **2** *(do wojska)* enlist, join up *BrE*: *My grandfather enlisted when he was 18.*

zaciekawić *v* **zaciekawić kogoś** make sb curious, arouse sb's curiosity/interest: *He was strangely reticent* (=dziwnie małomówny), *which made her curious.*

zaciekawienie *n* **z zaciekawieniem** curiously, with interest: *She watched curiously as I opened the box.* | *We listened with interest.*

zaciekawiony *adj* curious, interested: *a curious look/glance*

zaciekły *adj* **1** *(kłótnia, dyskusja)* heated, furious: *a heated debate* | *a furious argument* **2** *(walka, rywalizacja)* fierce: *There is fierce competition for these scholarships.* **3** *(wróg, sprzeciw)* bitter: *bitter enemies | bitter opposition to the President's policies* —**zaciekle** *adv* fiercely, bitterly, hotly: *a hotly debated issue*

zaciemniać *v* **1** *(czynić niejasnym)* obscure: *legal language that obscures meaning* **2** *(przed nalotem)* black out —**zaciemnienie** *n* blackout

zacienić *v* shade —**zacieniony** *adj* shady: *a shady spot*

zacierać *v* **1** *(granice, kontury, różnice)* blur: *a type of movie that blurs the lines between reality and imagination* **2 zacierać ręce** be rubbing your hands (together): *He stood there grinning and rubbing his hands together.* →patrz też **zacierać za sobą ślady** (ŚLAD)
zacierać się *v* →patrz ZATRZEĆ SIĘ

zacieśniać *v* **1** *(więzy, stosunki)* strengthen: *The nation plans to move toward a free-market economy and strengthen ties with the West.* **2 zacieśniać kontrolę nad czymś** tighten your grip on sth
zacieśniać się *v* tighten

zacietrzewiony *adj* furious

zacięcie *n (pasja)* bent: *an artistic bent*

zacięty *adj (rywalizacja, sprzeciw)* fierce, stiff: *fierce/stiff competition*

zacinać *v (deszcz itp.)* lash: *The wind lashed violently against the door.*
zacinać się *v (jąkać się)* stutter →patrz też ZACIĄĆ SIĘ

zacisnąć *v* **1** *(pięści, szczęki)* clench **2 zacisnąć zęby a)** *(dosłownie)* clench your teeth **b)** *(w trudnej sytuacji)* grit your teeth: *Just grit your teeth and hang on – it will soon be over* (=będzie po wszystkim). **3 zacisnąć uścisk na czymś** tighten your grip/hold on sth: *Sarah tightened her grip on the handrail.* **4 zacisnąć pasa** tighten your belt: *When Maureen lost her job we had to tighten our belts.*
zacisnąć się *v* tighten: *The noose* (=pętla) *tightened.*

zacisze *n* **w zaciszu własnego pokoju/mieszkania itp.** in the privacy of your own room/flat etc

zacny *adj* kind-hearted

zacofany *adj* **1** *(człowiek)* behind the times: *You are hopelessly behind the times.* **2** *(region)* backward: *a backward country*

zacytować *v* quote, cite →patrz też CYTOWAĆ

zaczaić się *v* **zaczaić się na kogoś** lie in wait for sb

zaczarować *v* put a spell on, cast a spell over, enchant: *The wizard put a spell on the city and all its inhabitants fell asleep.* —**zaczarowany** *adj* enchanted, magical, magic: *an enchanted forest | magical creatures | a magic hat that makes you invisible*

zacząć *v* **1** begin, start: *I'll begin when you're ready. | Haven't you started that book yet?* | **zacząć coś robić** begin/start doing/to do sth: *We began to wonder if the train would ever arrive. | I've just started learning Spanish. | When Tom heard this, he started to laugh.* **2** *(napocząć)* start on: *Let's start on the cake, shall we?* **3 zacząć wszystko od początku** start (all) over (again), start from scratch →patrz też ZACZYNAĆ
zacząć się *v* begin, start: *Work on the new bridge will begin next year. | The marathon race started in the city centre.* **+czymś/od czegoś** with sth: *The celebrations started with a huge fireworks display.*

zaczekać *v* wait, hold/hang on →patrz też CZEKAĆ, POCZEKAĆ

zaczepić *v* **1 zaczepić czymś o coś** catch sth on sth: *Bobby caught his shirt on a wire fence.* **2** *(nieznajomego)* accost: *A strange-looking woman accosted me in the street this morning.*

zaczepka *n* **szukać zaczepki** be looking for a fight: *Ignore him; he's looking for a fight.*

zaczepny *adj* **broń zaczepna** offensive weapons

zaczerpnąć *v* **zaczerpnąć (świeżego) powietrza** get some fresh air →patrz też CZERPAĆ

zaczerwienić się *v* →patrz CZERWIENIĆ SIĘ

zaczerwienienie *n* redness

zaczynać *v* **nie zaczynaj z nim/ze mną itp.** don't mess with him/me etc →patrz też ZACZĄĆ
zaczynać się *v* →patrz ZACZĄĆ SIĘ

zaćma *n* cataract

zaćmić *v* eclipse —**zaćmienie** *n* eclipse: *a total eclipse of the sun*

zad *n* rump

zadać *v* **1 zadać (komuś) pytanie** ask (sb) a question: *Could I just ask one question?* **2 zadać (komuś) cios** deal a blow (to sb) **3 zadać komuś ból/cierpienie** inflict pain/suffering on sb: *He inflicted a great deal of suffering on his wife and children.* **4 zadać komuś coś (do domu)** give sb homework: *The teacher gave us a lot of homework to do.*

zadanie *n* **1** task: *He was given the task of moving all the chairs into the auditorium.* | **wykonać zadanie** carry out/perform a task **2** *(w szkole)* exercise, problem **3 zadanie domowe** homework

zadarty *adj* upturned: *an upturned nose*

zadatek *n* **1** *(zaliczka)* deposit, down payment **2 mieć zadatki na ...** have the makings of ...: *He has the makings of a world-class footballer.*

zadawać *v* →patrz ZADAĆ
zadawać się *v* **zadawać się z kimś** hang around with sb, associate with sb: *I don't like these layabouts* (=nie podobają mi się te obiboki) *you are associating with.*

zadbać *v* →patrz DBAĆ

zadbany *adj* well-kept, neat, tidy: *a well-kept lawn*

zadebiutować *v* make your debut: *She made her debut on Broadway last year.*

zadecydować *v* decide →patrz DECYDOWAĆ

zadedykować *v* →patrz DEDYKOWAĆ

zadeklarować *v* **1** *(oświadczyć)* declare: *"I will accompany you," he declared.* **2 zadeklarować pieniądze/pomoc itp.** offer money/help etc
zadeklarować się *v* →patrz ZDEKLAROWAĆ SIĘ

zademonstrować *v* →patrz DEMONSTROWAĆ

zadeptać *v* **1** *(zmiażdżyć)* trample (underfoot): *Several people were nearly trampled to death in the rush to get out.* **2 zadeptać podłogę/dywan błotem itp.** track mud etc on the floor/carpet: *Which of you boys has tracked mud all over the kitchen floor?*

zadłużyć się *v* run up/incur debts/a debt: *Milton incurred debts of over* (=na ponad) *$300,000.* —**zadłużenie** *n* debt

zadomowić się *v* settle in: *He settled in the team very quickly.*

zadość *adv* **1 u/czynić zadość czemuś** *(życzeniu, wymaganiom)* satisfy sth: *We shall try to satisfy all your* *requirements.* **2 sprawiedliwości stało się zadość** justice has been done/served

zadośćuczynić *v* redress: *The States were required by court order to redress the wrongs worked by* (=krzywdom spowodowanym przez) *instances of racial discrimination.* →patrz też **u/czynić zadość** (ZADOŚĆ) —**zadośćuczynienie** *n* redress: *Individuals can seek* (=domagać się) *redress for alleged violations of basic rights.*

zadowalać *v* →patrz ZADOWOLIĆ

zadowalający *adj* satisfactory, adequate: *None of the solutions was entirely satisfactory.* —**zadowalająco** *adv* satisfactorily, adequately

zadowolenie *n* satisfaction, contentment: **z zadowoleniem** with satisfaction, contentedly: *He gazed at his work with satisfaction.*

zadowolić *v* satisfy, please: *Nick felt that nothing he did would satisfy his boss.* | **kogoś trudno/łatwo jest zadowolić** sb is hard/easy to please

zadowolić się *v* **zadowolić się czymś** content yourself with sth, make do with sth, settle for sth: *This is all the money I have, so you'll have to content yourself with £5 for the moment.* | *New clothes are expensive, so you'll just have to make do with what you've got.* | *We had no TV and had to settle for hearing the news on the radio.*

zadowolony *adj* **1** satisfied, contented: *a satisfied smile* | *He sat in the armchair smoking his pipe, looking peaceful and contented.* THESAURUS SATISFIED **2 być zadowolonym z czegoś** be content/satisfied with sth, be pleased/happy with/about sth, be glad about sth: *She is content with her job at the moment.* | *Are you happy with your new car?* **3 zadowolony z siebie** complacent, smug: *Why is he looking so smug?*

UWAGA: content i contented

Przymiotnik **content** nie występuje bezpośrednio przed rzeczownikiem. W tej pozycji można użyć jedynie przymiotnika **contented**: *a contented smile/expression* itp.

zadrapać *v* scrape, scratch —**zadrapanie** *n* scrape, scratch: *We came away from the accident with only a few cuts and scrapes.*

zadufany *adj* **zadufany (w sobie)** opinionated, self-righteous: *an opinionated old fool*

zadumać się *n* be lost in meditation/thought →patrz też DUMAĆ

zadurzony *adj* infatuated THESAURUS LOVE —**zadurzenie** *n* infatuation

zadymiony *adj* smoky: *a smoky room*

zadyszka *n* **dostać zadyszki** lose one's breath, be winded

zadziałać *v* **1** *(zacząć działać)* act: *It takes a couple of minutes for the drug to act.* **2** *(okazać się skutecznym)* do the job/trick: *That should do the job.* →patrz też DZIAŁAĆ

zadzierać *v* **zadzierać nosa** put on airs: *Trudy is always putting on airs.*

zadziwiać *v* astonish, amaze: *What astonishes me most is his complete lack of fear.*

zadzwonić *v* **1** phone (up), call, ring *BrE*: *I bet they'll phone up with some excuse.* | *Sally rang for a taxi.* THESAURUS PHONE **2 zadzwonić do kogoś** phone/call sb (up), ring sb (up) *BrE*, give sb a call/ring *BrE*: *He said he'd call me later to make arrangements.*

zadźwięczeć *v* →patrz DŹWIĘCZEĆ

zafałszować *v (rachunki itp.)* doctor, falsify: *The figures* (=liczby) *have been doctored.* →patrz też FAŁSZOWAĆ

zafarbować *v* →patrz FARBOWAĆ

zafascynować *v* →patrz FASCYNOWAĆ

zafundować *v* **zafundować komuś/sobie coś** treat sb/yourself to sth: *We treated Mum to lunch at the Savoy.* | *I treated myself to a new dress.*

zagadać *v* **1 zagadać do kogoś** start talking/chatting to/with sb **2 zagadać kogoś** *(nie dopuścić do głosu)* not let sb get a word in edgeways: *You don't stand a chance: she won't let you get a word in edgeways.*

zagadać się *v* become lost in conversation

zagadka *n* **1** *(w formie pytania, wierszyka)* riddle: *Solve this riddle - What is black and white and red all over? Answer: An embarrassed zebra.* **2** *(coś niezrozumiałego)* riddle, puzzle, mystery: *the riddle of the universe* | *These computers are a puzzle to me.*

zagadkowy *adj* enigmatic, puzzling

UWAGA: enigmatic i puzzling

Oba przymiotniki oznaczają coś trudnego do zrozumienia lub wytłumaczenia, ale w przypadku **enigmatic** chodzi bardziej o zjawiska i zachowania tajemnicze, a w przypadku **puzzling** o takie, które budzą nasze zdziwienie: *an enigmatic smile* | *one of the most puzzling aspects of the crime.*

zagadnąć *v* **1** *(zapytać)* ask: *"How are things* (=jak leci)*?" he asked.* **2 zagadnąć kogoś** address sb: *She turned to address the man on her left.*

zagadnienie *v* issue, problem, question

zagadywać *v* →patrz ZAGADAĆ, ZAGADNĄĆ

zagajnik *n* copse

zaganiać *v (owce itp.)* drive, herd

zagapić się *v* let your attention slip

zagarnąć *v* **1** *(zebrać)* gather: *Moira gathered her skirts round her and climbed the steps.* **2** *(przywłaszczyć sobie)* appropriate: *He was accused of appropriating $50,000 from the club fund.*

zagęścić *v* thicken: *You can thicken the sauce by adding cornstarch* (=mąkę ziemniaczaną).

zagiąć *n* **1** *(drut itp.)* bend **2** *(kartkę itp.)* fold **3 zagiąć kogoś** catch sb out: *He tried to catch me out, but I know how to deal with such questions.* —**zagięcie** *n* crease, fold: *a crease in her skirt*

zaginąć *v* **1** disappear, go missing *BrE*: *Police said Mr Topp had probably drowned on the day he went missing.* **2 ślad po kimś/czymś zaginął** there is no trace (left) of sb/sth

zaginiony *adj* **1** *(człowiek)* missing: *Twenty soldiers were listed as missing in action.* **2** *(przedmiot)* lost, missing

zaglądać *v* →patrz ZAJRZEĆ

zagłada *n* **1** annihilation, extermination **2** *(Żydów)* the Holocaust

zagłębiać się *v* **zagłębiać się w coś** delve into sth: *I wouldn't delve too deeply into his past if I were you.*

zagłębie *n* **zagłębie naftowe/węglowe** oil/coal field

Z

zagłębienie *n* hollow

zagłodzić *v* starve: *He was accused of starving and beating the dog.*

zagłówek *n* headrest

zagłuszyć *v* drown out: *He turned up the TV to drown out the noises coming from the street.*

zagmatwać *v* complicate, confuse: *He kept asking unnecessary questions, which confused the issue even further.* —**zagmatwany** *adj* complicated, confused: *The whole thing is very complicated, but I'll try to explain.* | *a lot of confused ideas*
zagmatwać się *v* get complicated: *The situation got complicated when Joe arrived unexpectedly.*

zagnieździć się *v* nest, make a nest

zagoić się *v* heal (up): *It took three weeks for the wound to heal properly.*

zagonić *v* →patrz **ZAGANIAĆ**

zagorzały *adj* staunch: *a staunch supporter of democracy* | *staunch allies* (=sprzymierzeńcy) *of the prime minister*

zagospodarować *v (teren)* develop: *We are waiting to hear if permission to develop the land will be granted.*

zagotować *v* boil, bring to the boil: *We were advised to boil the water before drinking it.* | *Bring the sauce to the boil and simmer for 10 minutes.*
zagotować się *v* (start to) boil

zagrabić *v* →patrz **GRABIĆ**

zagracić *v* clutter (up): *The room was cluttered up with ornaments and antique furniture.*

zagrać *v* play: *Play it again, Sam.* →patrz też **GRAĆ**

zagradzać *v* →patrz **ZAGRODZIĆ**

zagranica *n* **1** foreign countries/lands **2 z zagranicy** from abroad: *He has recently returned from abroad.*

zagraniczny *adj* foreign: *foreign correspondents/tourists* | *the Irish Foreign Affairs Minister* (=minister spraw zagranicznych)

zagrażać *v* **zagrażać czemuś** threaten/endanger sth: *Poaching* (=kłusownictwo) *threatens the survival of the rhino* (=nosorożca). THESAURUS **DANGEROUS**

zagroda *n* pen, corral *AmE*

zagrodzić *v* **1 zagrodzić komuś drogę** bar/block sb's way: *A security guard barred her way.* **2** *(przejście itp.)* obstruct, block

zagrozić *v* →patrz **ZAGRAŻAĆ**

zagrożenie *n* danger, hazard, risk, threat: *a health risk/hazard* **+dla kogoś/czegoś** to sb/sth: *He's a danger to others.* | *Polluted water sources are a hazard to wildlife.* | *Pollution is a threat to the environment.*

zagrożony *adj* at risk, endangered: *We must stop these rumours; the firm's reputation is at risk.* | *If unemployment continues to rise, social security may be endangered.* | **zagrożony czymś** threatened with sth, at risk from sth: *Large areas of the jungle are now threatened with destruction.* | *people at risk from AIDS* | **gatunki zagrożone (wymarciem)** endangered species

zagrywka *n* **1** *(w siatkówce itp.)* serve **2** *(posunięcie)* gambit: *a clever gambit*

zagryźć *v* **1** bite to death: *The guard dogs had bitten the burglar* (=włamywacza) *to death.* **2 zagryzać wargi** bite your lips: *He was biting his lips nervously.*

zagrzać *v* warm/heat up: *Could you heat up some water for me?*

zagrzmieć *v (powiedzieć głośno)* bellow: *"Silence!" bellowed the sergeant.* →patrz też **GRZMIEĆ**

zagubić *v* lose: *They have been together for over twenty years, but they have lost none of their tenderness for each other.*
zagubić się *v* get lost: *Unfortunately, most of the magic of her poetry has been lost in translation.* →patrz też **GUBIĆ SIĘ**

zagubiony *adj* **1** lost: *Eventually he stopped looking for the lost documents.* **2 być/czuć się zagubionym** be/feel lost: *I felt so lost after my father died.*

zagwarantować *v* guarantee: *I'll do what I can, but I can't guarantee anything.*

zahaczyć *v* **1 zahaczyć (czymś) o coś** catch (sth) on sth: *He caught his sleeve on the door handle.* | *The parachute caught on a branch.* **2 zahaczyć o coś a)** *(wspomnieć)* mention sth: *When we talked on the phone yesterday, he mentioned the recent events at work.* **b)** *(wstąpić)* stop off somewhere: *On our way to the cinema we stopped off at a pub.* **3 zahaczyć kogoś (o coś)** *(zapytać)* buttonhole sb (about sth)
zahaczyć się *v (znaleźć pracę)* pick up a job

zahamować *v* **1** *(kierowca)* stop: *When she reached the gate she stopped and got out of the car.* **2** *(pojazd)* come to a stop: *The train came to a sudden stop.* →patrz też **HAMOWAĆ**

zahamowanie *n (psychiczne)* inhibition: *That night she finally lost her inhibitions and told him how she felt.* | **pozbawiony zahamowań** uninhibited

zahartować *v* harden: *His war experiences hardened him.* →patrz też **HARTOWAĆ**

zahipnotyzować *v* →patrz **HIPNOTYZOWAĆ**

zaimek *n* pronoun: **zaimek osobowy/względny/dzierżawczy** personal/relative/possessive pronoun

zaimponować *v* **zaimponować komuś** impress sb, make an impression on sb: *Steve borrowed his Dad's car to impress his girlfriend.* →patrz też **IMPONOWAĆ**

zaimprowizowany *adj* impromptu: *an impromptu party*

zainaugurować *v* inaugurate: *In 1953 the People's Republic of China inaugurated its First Five Year Plan.*

zainicjować *v* initiate: *The government has initiated a program of economic reform.*

zainscenizować *v* stage: *The children will be staging the customary New Year play.*

zainspirować *v* inspire: *I hope this success will inspire you to greater effort.*

zainstalować *v* install: *Ask Jack to help you install the new software.*

zainteresować *v* interest: *Here's an article which might interest you.*
zainteresować się *v* **zainteresować się czymś** become interested in sth, get into sth: *Andy became interested in computers during high school.* | *When I was in my teens I got into rap music.*

zainteresowanie *n* **1** *(ciekawość)* interest: *We all listened with interest.* | **(okazywać/wyrażać) zainteresowanie kimś/czymś** (show/express) (an) interest in sb/sth: *Bob has shown an interest in learning French.* | **wzbudzać (czyjeś) zainteresowanie** arouse (sb's) interest: *Matt's behaviour was arousing the interest of the*

Z

neighbours. **2 zainteresowania** interests: *They know nothing about their son's interests.*

zainteresowany *adj* interested: *I offered to help, but they weren't interested.* | *the interested party* (=strona) **+czymś** in sth: *Carrie's fourteen now and all she's interested in is clothes.* THESAURUS WANT

zaintrygować *v* intrigue: *The final part of the letter intrigued him greatly.*

zainwestować *v* invest: *He invested his money wisely.* | *Oliver invested in antique furniture.*

zaiste *adv* indeed: *The building was indeed magnificent.*

zaistnieć *v* arise: *Could you work on Sunday, should the need arise* (=gdyby zaistniała taka potrzeba)?

zajadać się *v* **zajadać się czymś** gorge yourself on sth: *We gorged ourselves on ripe plums.*

zajadły *adj* blistering, virulent: *a blistering attack on the government* | *a virulent critic of Blair's policies*

zajazd *n* inn, roadhouse THESAURUS HOTEL

zając *n* hare

UWAGA: hare

Rzeczownik **hare** ma dwie formy liczby mnogiej: **hare** lub **hares**.

zajączek *n (pluszowy, wielkanocny)* bunny: *Easter Bunny*

zająć *v* **1** *(zdobyć)* seize: *The enemy seized the city in a surprise attack.* **2 zająć kogoś** occupy sb: *Hannah gets so bored – she needs something to occupy her* (=potrzebuje czegoś, co by ją zajęło). →patrz też ZAJMOWAĆ, **zająć miejsce, zająć czyjeś miejsce, zająć komuś miejsce, zająć pierwsze itp. miejsce** (MIEJSCE), **zająć stanowisko** (STANOWISKO)

zająć się *v* **1 zająć się kimś/czymś** deal with sb/sth: *Who's going to deal with the new patient?* THESAURUS DEAL **2 zająć się czymś a)** *(nowym)* go into sth: *I was thinking of going into advertising.* **b)** *(dla zabicia czasu)* busy yourself with sth: *He busied himself with answering letters.* **3** *(zapalić się)* catch (on) fire →patrz też ZAJMOWAĆ SIĘ

zająknąć się *v* stumble: *I hope I don't stumble over any of the long words.*

zajechać *v* **1 zajechać gdzieś** arrive somewhere: *We arrived in the city late in the evening.* **2 zajechać do kogoś** stop by sb's place: *We are planning to stop by Helen's place on our way to the seaside.* **3 zajechać komuś drogę** cut in in front of sb: *This idiot cut in right in front of me.*

zajezdnia *n* depot: *a bus depot*

zajeżdżać *v* →patrz ZAJECHAĆ

zajęcie *n* **1** activity, occupation: *Marcus regarded stamp-collecting as a childish occupation.* **2 zajęcia** *(na uczelni itp.)* classes: *What time do your classes start?*

zajęty *adj* **1** *(człowiek)* busy: *She's busy now, can you phone later?* **2** *(miejsce)* occupied, taken: *"Excuse me, is this seat taken?" "No, it's free."* **3** *(telefon, linia)* engaged *BrE*, busy *AmE*: *I can't get through – her line's engaged.*

zajmować *v (miejsce, czas)* take (up), occupy: *Your clutter* (=rupiecie) *takes up too much space.* | *Soccer occupies most of my free time.* | *Traditional paintings occupied most of the wall-space in the gallery.* →patrz też ZAJĄĆ

zajmować się *v* **1 czym się pan/i zajmuje?** what do you do? THESAURUS JOB **2 zajmować się kimś/czymś** *(opiekować się)* take care of sb/sth, attend to sb/sth: *Who's taking care of the dog while you're away?* | *The President was attended by* (=prezydentem zajmowało się) *several members of his staff.* →patrz też ZAJĄĆ SIĘ

zajrzeć *v* **1** look in: *He looked in through the window, but didn't see anyone inside.* THESAURUS LOOK **2 zajrzeć do książki itp.** look into a book etc **3 zajrzeć do kogoś** look in on sb: *I promised to look in on Dad and see how he's feeling.*

zajście *n* incident: *After the children had been punished, nobody mentioned the incident again.*

zajść *v* **1** *(zaistnieć)* arise: *Should the need arise* (=gdyby zaszła taka potrzeba), *we'll ask for additional workers to help us finish on time.* **2 zajść do kogoś** stop by sb's place **3 ktoś daleko zajdzie** sb will/should go far **4 zajść w ciążę** get pregnant, conceive: *She thinks she's too old to get pregnant.* | *treatment for women who have difficulty conceiving* →patrz też ZACHODZIĆ

zakamarek *n* nook: **wszystkie zakamarki** every nook and cranny: *We've searched every nook and cranny.*

zakamuflować *v* camouflage: *The trucks were well camouflaged with branches.*

zakaz *n* ban, prohibition: *a global ban on nuclear testing* | *prohibition of/on/against the sale of firearms* | **wprowadzić/znieść zakaz** impose/lift a ban

zakazać *v* ban, prohibit, forbid: *a campaign to ban smoking in public places* | **zakazać komuś czegoś** ban/prohibit sb from doing sth, forbid sb to do sth/from doing sth: *Nuclear powers are prohibited from selling this technology.* | *He was forbidden to leave the base as a punishment.* THESAURUS FORBID

zakazany *adj* **1** forbidden: *a forbidden fruit* **2 coś jest zakazane** sth is banned/prohibited/forbidden: *Smoking is banned in the factory.* **3** *(handel, narkotyki, romans)* illicit: *illicit diamond trading* | *an illicit love affair*

zakazić *v* infect: *When you have the virus you may feel perfectly well, but you can still infect your partner.*

zakazywać *v* →patrz ZAKAZAĆ

zakaźny *adj* infectious, contagious: *contagious diseases*

zakażać *n* →patrz ZAKAZIĆ

zakażenie *n* infection: *Always sterilize the needle to prevent infection.*

zakażony *adj* infected: *eggs infected with salmonella*

zakąska *n* appetizer, appetiser *BrE*

zakątek *n* corner: *She's gone off to do voluntary work in some remote corner of the world.*

zaklasyfikować *v* →patrz KLASYFIKOWAĆ

zakląć *v* **1** swear: *He swore loudly.* **2 zakląć kogoś w coś** turn sb into sth: *The wicked witch turned the boy into a frog.*

zakleić *v* seal: *Don't seal the envelope yet.*

zaklęcie *n* spell, incantation

zaklinać *v* **zaklinać kogoś** *(błagać)* beg/entreat sb: *He entreated me not to tell father.* →patrz też ZAKLĄĆ

zaklinać się *v* swear: *He swore he would never do it again.*

zakład *n* **1** *(przemysłowy)* plant: *a huge chemical plant* **2** *(o pieniądze itp.)* bet

zakładać *v* **1** *(brać za pewnik)* assume, presuppose: *Assuming that the proposal is accepted, when are we going to get the money?* | *Every form of human society presupposes some kind of division of labour.* **2 zakładam, że ...**

Z

I take it/assume (that) ...: *I take it you've heard that Rick's resigned.* →patrz też ZAŁOŻYĆ
zakładać się *v* →patrz ZAŁOŻYĆ SIĘ

zakładka *n (do książki)* bookmark

zakładni-k/czka *n* hostage: **wziąć/trzymać kogoś jako zakładnika/zakładników** take/hold sb hostage: *An aid worker was taken hostage by a rebel militia.* | *The group are holding two Western tourists hostage.*

zakłamać *v* distort, misrepresent: *The authors of the handbook were accused of having distorted Polish history.*

zakłamanie *n* hypocrisy —**zakłamany** *adj* hypocritical

zakłopotanie *n* embarrassment: *He couldn't hide his embarrassment at his children's rudeness.* | **wprawić kogoś w zakłopotanie** embarrass sb: *The journalist's question embarrassed her.*

zakłopotany *n* embarrassed: *an embarrassed smile*

zakłócać *v* →patrz ZAKŁÓCIĆ

zakłócenia *n* **1** *(komunikacyjne itp.)* disruption(s): *The strike caused widespread disruption to train services.* **2** *(w radiu)* static, interference **3 zakłócenia porządku** disturbances: *There were disturbances as crowds left the stadium.*

zakłócić *v* **1** disrupt: *We hope the move* (=przeprowadzka) *won't disrupt the kids' schooling too much.* THESAURUS PROBLEM **2 zakłócić porządek (publiczny)** disturb the peace

zakneblować *v* gag: *They gagged him and tied him to a chair.*

zakochać się *v* **zakochać się (w kimś)** fall in love (with sb): *I think I've fallen in love with your sister.*

zakochany *adj* in love: *It was obvious that they were very much in love.* **+w kimś** with sb: *John is madly* (=do szaleństwa) *in love with Lucy.* THESAURUS LOVE

zakodować *v* code: *a coded message*

zakołysać (się) *v* →patrz KOŁYSAĆ (SIĘ)

zakomunikować *v* **1** announce: *"I'm going out," he announced dryly.* **2 zakomunikować komuś, że ...** inform sb (that) ...: *When were you going to inform us that you had changed your mind?*

zakon *n* order: *the Dominican/Franciscan order*

zakonnica *n* nun

zakonnik *n* monk, friar

zakonny *adj* **1** monastic: *monastic life/discipline* **2 siostra zakonna** nun **3 brat zakonny** monk, friar

zakonserwować *v* preserve: *figs preserved in brandy* | *The wreck was preserved by the muddy sea bed.* →patrz też KONSERWOWAĆ

zakończenie *n* ending, conclusion: *The story has a happy ending.* | *I found the conclusion of this book very interesting.* THESAURUS END

zakończyć *v* end, conclude, complete: *They ended the show with a song.* | *I will be publishing my results only when I have concluded my research* (=badania). | *The students have just completed their course.* →patrz też KOŃCZYĆ, SKOŃCZYĆ
zakończyć się *v* **1** end: *World War II ended in 1945.* **2 zakończyć się czymś a)** *(przedstawienie, koncert)* end/conclude with sth: *The programme concluded with Bach's Christmas Oratorio.* **b)** *(przedsięwzięcie)* end in sth: *Their long struggle ended in failure.* →patrz też KOŃCZYĆ SIĘ, SKOŃCZYĆ SIĘ

zakopać *v* bury: *He buried the treasure in the back garden.*

zakorzenić się *v* take root: *It takes time* (=trzeba czasu) *for the concept of democracy to take root in a formerly totalitarian country.*

zakorzeniony *adj* **zakorzeniony w czymś** rooted in sth: *These traditions are deeply rooted in local custom.*

zakotwiczyć *v* →patrz KOTWICZYĆ

zakpić *v* **zakpić (sobie) z kogoś/czegoś** mock sb/sth: *They have insulted us and mocked our religion.* →patrz też KPIĆ

zakraść się *v* creep, sneak: *He crept into the gallery to listen to the singers.* | *She managed to sneak in* (=do środka) *while we weren't looking.*

zakrawać *v* **zakrawać na żart/coś niemożliwego itp.** verge on the ridiculous/impossible etc

zakres *n* **1** *(obowiązków, władzy itp.)* range: *The range of his power was immense.* **2** *(różnorodność)* range, scope: *a wide range of services* | *a repertoire of extraordinary scope* **3** *(dziedzina)* field: *lectures in the field of literature* **4** *(częstotliwości)* (wave) band **5 wyżywienie we własnym zakresie** self-catering

zakreślacz *n* highlighter, marker

zakreślić *v* **1** *(wziąć w kółeczko)* circle: *Circle the right answer.* **2** *(zakreślaczem)* highlight

zakręcać *v (droga itp.)* turn: *The river turns east and flows down over the mountains.*

zakręcić *v* **1** *(kran, wodę, gaz)* turn off: *Turn off the hot water.* **2 zakręcić słoik** put the lid on the jar, screw the lid on **3** *(włosy)* curl: *Before we go I need to take a bath, curl my hair and put on my make-up.*

zakręt *n* bend, turn, curve: *a sharp bend in the river* | *a lane full of twists and turns*

zakrętka *n* **1** *(słoika)* lid **2** *(butelki)* top

zakrojony *adj* →patrz **zakrojony na szeroką skalę** (SKALA)

zakrwawiony *adj* bloody: *a bloody handkerchief*

zakrywać *v* cover (up): *Some religions require that women cover themselves up completely.*

zakrzepnąć *v* →patrz KRZEPNĄĆ

zakrztusić się *v* choke: *He choked to death on a fish bone.*

zakrzyczeć *v* **zakrzyczeć kogoś** shout sb down: *The speaker was shouted down by the crowd.*

zakrzywić *v* curve —**zakrzywiony** *adj* curved: *a sword with a curved blade*

zakulisowy *adj* behind-the-scenes: *behind-the-scenes negotiations*

zakup *n* purchase: *Fill in* (=proszę wpisać) *the date of purchase.*

zakupić *v* purchase: *a loan to purchase a new car* THESAURUS BUY

zakupoholi-k/czka *n* shopaholic

zakupy *n* shopping: *Christmas shopping* | **iść/pójść na zakupy** go shopping: *Mum and I are going shopping tomorrow.* | **robić zakupy** shop: *Do you often shop here?*

zakurzony *adj* dusty: *The shelves are really dusty.*

zakwalifikować się *v* qualify: *If the Polish team win, they will qualify for the World Cup.* →patrz też KWALIFIKOWAĆ (SIĘ)

Z

zakwaterować *v* quarter: *Five hundred soldiers were quartered in the town.* —**zakwaterowanie** *n* accommodation, (living) quarters

zakwestionować *v* →patrz KWESTIONOWAĆ

zakwitnąć *v* **1** *(kwiat)* bloom **2** *(drzewo, krzew)* flower, blossom **3** →patrz też KWITNĄĆ

zalać *v* **1** *(teren)* flood, swamp: *The heavy rain flooded many Eastern cities.* | *The shoreline was swamped by the high tides.* **2 zalać coś wrzątkiem itp.** pour boiling water etc over sth **3 zalać rynek (czymś)** flood the market (with sth): *Japanese companies were accused of flooding the market with cheap steel.* **4 zalać kogoś czymś** *(listami itp.)* flood/swamp sb with sth: *We've been flooded with offers of help.* | *They've been swamped with calls since they put the ad in the paper.*
zalać się *v (upić się)* get pissed →patrz też **zalać się łzami** (ŁZA)

zalążek *n* germ: *This doctrine contains the germ of Hegel's later philosophy.*

zalecać *v* recommend: *The manufacturers recommend changing the oil after 500 km.* **+ żeby ktoś coś zrobił** that sb (should) do sth: *Doctors recommend that all children should be immunized against measles.* | *The doctor recommended that he stay in bed for at least a week.*
zalecać się *v* **zalecać się do kogoś** court/woo sb: *Richard courted Lindsay for years before she agreed to marry him.*

zalecenie *n* recommendation: *The committee made a number of recommendations for improving safety standards.*

zalecić *v* →patrz ZALECAĆ

zaledwie *v* barely, only: *He was barely 34 when he became president.*

zalegać *v* **1** *(kurz, błoto itp.)* linger: *Our streets are full of slush* (=topniejącego śniegu) *that lingers and won't go away.* | *Fog lingered over some central California valleys early in the afternoon.* **2 zalegać z czymś** *(z opłatami)* be behind with sth: *We are already three months behind with the rent.*

zalegalizować *v* legalize, legalise *BrE*: *the campaign to legalize marijuana*

zaległości *n* **1** backlog: *a backlog of work/letters* **2** *(w płatnościach)* arrears: *We've got three months arrears to pay on the video.*

zaległy *adj* **1** *(płatności)* outstanding, overdue: *an outstanding debt* | *an overdue gas bill* **2 zaległe podatki/pobory** back taxes/pay

zalesiony *adj* wooded: *densely wooded hills*

zaleta *n* virtue, merit, advantage: *Free trade has a number of virtues.* | *The committee will look at the relative merits of the two proposals.* | *one of the many advantages of living in the city*

zalew *n* **1** *(zatoka)* bay **2** *(duża ilość)* flood: *a flood of complaints*

zalewać *v* →patrz ZALAĆ

zaleźć *v* →patrz **zaleźć komuś za skórę** (SKÓRA)

zależeć *v* **1 zależeć od czegoś** depend on/upon sth: *Does the quality of teaching depend on class size?* **2 to zależy** it/that depends: *"Are you going to visit him?" "Well, it depends."* **3 to zależy od ciebie** it's up to you: *"Shall we have red wine or white?" "It's up to you."* **4 komuś zależy na kimś** sb cares about sb: *He doesn't care about anybody but himself* **5 komuś zależy na czymś** sth is important for sb, sb cares about sth: *It was important for the president to continue the schedule, regarless of the bomb threat. The only thing he seems to care about is money.* **nie zależy mi!** I don't care

zależnie *adv* **zależnie od czegoś** depending on sth: *depending on the circumstances*

zależność *n* **1** *(związek)* correlation: *There is a strong correlation between poor living conditions and poor health.* **2** *(uzależnienie)* dependence: *We need to reduce our dependence on oil as a source of energy.* **3 w zależności od czegoś** depending on sth: *The plant may grow to a height of several metres, depending on soil conditions.*

zależny *adj* **1 być zależnym od czegoś** *(pozostawać w związku)* depend on/upon sth: *Do you think that your salary should depend upon the quality of your work?* **2 być zależnym od kogoś/czegoś** *(finansowo itp.)* depend on/upon sb/sth, be dependent/reliant on/upon sb/sth: *I don't want to depend too much on my father.* | *In my view, she's far too reliant on her parents for financial support.* **3 mowa zależna** indirect/reported speech

zaliczać *v* **zaliczać kogoś/coś do czegoś** class sb/sth as sth: *Heroin and cocaine are classed as hard drugs.* →patrz też ZALICZYĆ

zaliczenie *n* pass: *a pass in geography*

UWAGA: zaliczenie

Ponieważ na uczelniach w krajach anglojęzycznych nie stosuje się indeksów, nie ma też osobnego określenia na „zaliczenie" jako podpis w indeksie.

zaliczka *n* **1** *(część wynagrodzenia)* advance: *I was offered a small advance after the signing of the contract.* **2** *(zadatek)* deposit, down payment

zaliczyć *v (egzamin, test)* pass: *How many points do I need to pass this test?* →patrz też ZALICZAĆ

zalogować się *v* log on/in: *You need a password to log in.*

zalotny *adj* flirtatious: *a flirtatious smile* —**zalotnie** *adv* flirtatiously

zaloty *n* courtship

zaludnić *v* people: *the tribes who first peopled the peninsula*

załadować *v* load: *He loaded the gun in silence.*

załagodzić *v* **1 załagodzić sytuację** smooth things over: *Perhaps you should talk to your parents in order to try and smooth things over.* **2 załagodzić czyjś gniew** placate sb: *I tried to placate her by offering to pay for the repairs.* **3 załagodzić konflikt/spór** resolve a conflict/dispute: *Congressmen called for an additional meeting to resolve the conflict.* →patrz też ZŁAGODZIĆ

załamać się *v* **1** *(człowiek)* break down: *If Tim carries on working like this, he will break down sooner or later.* **2** *(dach itp.)* collapse, cave in: *The roof is in danger of collapsing.* | *The roof of the tunnel just caved in on us.* **3** *(giełda)* crash

załamanie *n* **1 załamanie (nerwowe)** (nervous) breakdown: *After the trial Paul had/suffered* (=przeżył) *a breakdown.* **2** *(rynku, reform itp.)* collapse: *The country's economic collapse led to political chaos.*

załamany *adj* heartbroken: *When her parents split up she was heartbroken.* THESAURUS SAD

załamywać *v* **załamywać ręce** wring your hands: *"I don't know what else to do," Dan said, wringing his hands.*
załamywać się *v* →patrz ZAŁAMAĆ SIĘ

załapać się *v* **1 załapać się na coś** get your hands on sth: *I managed to get my hands on the last piece of the cake.* **2 załapać się na pracę** get a job: *He got an attractive job with a big pharmaceutical company.* **3 załapać się na nagrodę** walk away with the prize

załatać *v* **1** *(spodnie itp.)* patch: *I need some fabric to patch my jeans.* **2** *(dach itp.)* patch (up): *We'd better patch up the roof – we can't afford a new one.* THESAURUS REPAIR

załatwić *v* **1** *(sprawy, formalności)* take care of, sort out: *Don't worry about your accommodation – it's all taken care of.* | *I'll call you back when I have this sorted out.* **2** *(klienta, interesanta)* help: *Is somebody helping you, sir?* **3 załatwić komuś coś** fix sb up with sth: *Can you fix me up with a bed for the night?* **4 załatwić coś** *(na mieście)* run an errand: *He made me run errands for him all morning.* **5 załatwić kogoś a)** *(pobić)* sort sb out: *If he bothers you again I'll soon sort him out.* **b)** *(zabić)* do sb in, dispose of sb: *They say Bates did his partner in.*
załatwić się *v* go to the toilet: *Daddy, I need to go to the toilet!*

załącznik *n* **1** *(do e-maila)* attachment: *Send me those files as an attachment.* **2** *(do listu)* enclosure

załączyć *v* **1** enclose: *Please enclose a cheque with your order.* **2** *(do dokumentu)* append **—załączony** *adj* enclosed: *See the enclosed bibliography for details.*

załoga *n* crew: *These planes carry over 300 passengers and crew.*

założenie *n* **1** assumption, presupposition: *A lot of people make the assumption that poverty only exists in the Third World.* | *the presupposition that crime is just another form of sickness* **2 przy założeniu/wychodząc z założenia, że ...** assuming (that) ...: *We should get the money next month, assuming that the proposal is accepted.*

założyciel/ka *n* founder: *the founders of the company*

założyć *v* **1** *(organizację itp.)* found, establish, set up, start: *This university was founded in the sixteenth century.* | *My grandfather established the family business in 1938.* | *They want to set up their own import-export business.* **2** *(coś na siebie)* put on: *Put on your hat – it's cold outside.* →patrz też ZAKŁADAĆ
założyć się *v* bet: *Sean bet that I wouldn't pass my exam.* | **założyć się (z kimś) o coś** bet (sb) sth: *He bet me $10 that I wouldn't do it.*

załzawiony *adj* watery: *watery eyes*

zamach *n* **1 a)** *(zabicie)* assassination: *an assassination of the opposition leader* **b)** *(próba zabicia)* assassination attempt **dokonać zamachu na kogoś** assassinate sb: *a plot to assassinate the President* **2 zamach stanu** coup (d'état) **3** *(ruch ręką)* sweep, swing: *He pointed to the exit with a sweep of his arm.* **4 za jednym zamachem** at a/one stroke: *Brian saw a chance of solving all his problems at one stroke.*

zamachać *v* wave: *She waved to me from across the street.* →patrz też MACHAĆ

zamachnąć się *v* **zamachnąć się na kogoś/coś** take a swing at sb/sth: *He took a swing at my head but missed.*

zamachowiec *n* **1** *(zabójca)* assassin **2** *(podkładający ładunek)* bomber

zamaczać *v* →patrz ZAMOCZYĆ

zamalować *v* **a)** *(fragment obrazu, napis)* paint out: *On the side of the van the name of the company had been painted out.* **b)** *(obraz, ścianę, plamy)* paint over

zamartwiać się *v* worry **+czymś** over/about sth: *Dad worries over the slightest thing.*

zamarynować *v* →patrz MARYNOWAĆ

zamarznąć *v* **1** *(płyn)* freeze: *In this weather petrol freezes in car engines.* **2** *(jezioro itp.)* freeze, ice over/up: *The water at the edge of the lake froze last night.* | *The lake was iced over by morning.* **3** *(człowiek)* freeze to death: *So far three people have frozen to death this winter.* **—zamarznięty** *adj* frozen: *The ground was frozen beneath our feet.*

zamaskować *v* **1** *(pułapkę, pojazd itp.)* camouflage: *They camouflaged the traps with leaves and branches.* **2** *(twarz)* mask, hide, disguise: *The thief wore a mask to hide his face.* **3** *(uczucia)* mask: *Small children find it hard to mask their emotions.* **—zamaskowany** *adj* masked

zamaszysty *adj* **1** *(krok)* brisk **2** *(ruchy)* sweeping, swinging: *a sweeping gesture* **—zamaszyście** *adv* with a flourish: *He took off his hat with a flourish.*

zamawiać *v* →patrz ZAMÓWIĆ

zamazać (się) *v* →patrz ZAMAZYWAĆ (SIĘ)

zamazany *adj* blurred, fuzzy: *a blurred image/picture* | *Some of the photos were so fuzzy it was hard to tell who was who.*

zamazywać *v* blur: *Fog blurred the outlines of the buildings.* | *The ships on the horizon blurred before my eyes.*
zamazywać się *v* blur: *The ships on the horizon blurred before my eyes.*

zamek *v* **1** *(w drzwiach itp.)* lock: *The doors are fitted with* (=są wyposażone w) *childproof locks.* **2** *(w spodniach itp.)* zip *BrE*, zipper *AmE*: **zapiąć/rozpiąć zamek** do up/undo your zip(per): *Your zip's undone* (=masz rozpięty zamek) *at the back.* **3** *(budowla)* castle: *a medieval castle* **4 zamek z piasku** sandcastle **5 zamki na lodzie** castles in the air

zameldować *v* *(zgłosić)* report: *If there's an accident in the school, you must report it immediately.*
zameldować się *v* **1** *(w biurze meldunkowym)* register **2** *(w hotelu)* check in, book in *BrE*: *I'll call you as soon as I've booked in.* **3** *(zgłosić się)* report: *Visitors must report to the main reception desk.*

zamęczać *v* →patrz MĘCZYĆ

zamęt *n* confusion: *There is always confusion and muddle* (=i zamieszanie) *at the end of term.* | **wprowadzić/spowodować zamęt** lead to confusion, cause/create havoc: *This complicated situation has led to considerable confusion.* | *The Wall Street Crash created havoc and ruin.*

zamężna *adj* married: *a married woman*

zamglony *adj* hazy, misty: *The hills were hazy in the distance.* | *Her eyes became misty.*

zamian *n* **1 w zamian za coś** in return/exchange for sth: *I've offered to paint the kitchen in exchange for a week's accommodation.* **2 w zamian (za to)** in return/exchange: *What do you want in return?*

zamiana *n* **1** *(wymiana)* exchange: *Four of my cassettes for your Madonna CD is a fair exchange.* **2** *(przekształcenie)* conversion: *the conversion of the old classrooms into a new library*

zamiar *n* **1** intention, intent: *the best intentions* | *The jury has to determine whether the woman had any intent to injure her baby.* THESAURUS INTEND **2 mieć zamiar coś zrobić** intend to do sth: *I intend to get there as soon as I*

Z

can. **3 nie mieć zamiaru czegoś z/robić** have no intention of doing sth: *I have no intention of helping him after what he said to me.* **4 nosić się z zamiarem zrobienia czegoś** be meaning to do sth: *I've been meaning to phone you all week.* **5 nie mieć złych zamiarów** not mean any harm, mean no harm: *He doesn't mean any harm – he's only joking.*

zamiast *prep* **1** instead of: *You must have picked up my keys instead of yours.* **2 zamiast tego/niego itp.** instead: *We didn't have enough money for a movie, so we went to the park instead.* | *If Joe can't attend the meeting, I could go instead.* **3 zamiast coś z/robić** instead of doing sth, rather than do/doing sth: *We should do something instead of just talking about it.* | *Rather than buying cartons of orange juice, have you tried squeezing your own oranges?*

zamiatać *v* sweep →patrz też ZAMIEŚĆ

zamieć *n* blizzard, snowstorm

zamiejscowy *adj (rozmowa)* long-distance: *a long-distance call*

zamienić *v* **1 zamienić coś na coś** exchange/swap/trade *AmE* sth for sth: *Adam swapped three of his stickers* (=naklejki) *for three of Alex's.* THESAURUS BECOME **2 zamienić kogoś/coś w coś** turn/change sb/sth into sth: *The fairy godmother turned the pumpkin into a coach.* | *You can't change iron into gold.* →patrz też **zamienić z kimś parę słów** (SŁOWO)

zamienić się *v* **1 zamienić się (czymś/na coś) (z kimś)** swap/trade *AmE* (sth) (with sb): *I liked her coat and she liked mine so we swapped.* | *I swapped hats with Mandy.* | *Tina and I traded T-shirts.* **2 zamienić się w coś** turn/change into sth: *In a few weeks, the caterpillar will turn into a butterfly.* | *When the princess kissed the frog, it changed into a handsome prince.* →patrz też **zamienić się miejscami** (MIEJSCE), **zamieniać się w słuch** (SŁUCH)

zamienny *adj* **części zamienne** spare parts

zamierać *v* →patrz ZAMRZEĆ

zamierzać *v* **zamierzać coś zrobić** intend to do sth: *I intend to leave here as soon as I can.* THESAURUS INTEND

zamierzać się *v* →patrz ZAMIERZYĆ SIĘ

zamierzchły *adj* **zamierzchła przeszłość** the remote past

zamierzenie *n* intention

zamierzony *adj* deliberate, intentional: *a deliberate act of disobedience* | *I simply forgot to tell you – it wasn't intentional.* THESAURUS DELIBERATELY

zamierzyć się *v* **zamierzyć się na kogoś/coś** swing at sb/sth: *He swung at me and missed.*

Z

zamieszać *v* stir: *Could you stir the sauce, please?*

zamieszanie *n* **1** *(chaos)* confusion, commotion: *a scene of total confusion* | *The crowds of reporters outside were causing a commotion.* **2** *(hałas, nerwowa atmosfera)* fuss: *I didn't understand what all the fuss was about.*

zamieszany *adj* **zamieszany w coś** mixed up in sth: *He's the last person I'd expect to be mixed up in something like this.*

zamieszczać *v* →patrz ZAMIEŚCIĆ

zamieszkać *v* settle: *Her family finally settled in Gniezno.* →patrz też ZAMIESZKIWAĆ

zamieszkały *adj* **1** także **zamieszkany** inhabited: *Was this island ever inhabited?* **2 zamieszkały gdzieś** resident somewhere: *British citizens resident in Poland*

zamieszkanie *n* **1 miejsce zamieszkania** place of residence **2 nie nadający się do zamieszkania** *(budynek)* unfit for human habitation

zamieszki *n* riot(s): *The army were called in to put down the riot.* | **zamieszki na tle rasowym** race riot(s)

zamieszkiwać *v* **1 zamieszkiwać gdzieś** reside somewhere: *She resided abroad for many years before returning to Poland in 1989.* THESAURUS LIVE **2 zamieszkiwać coś** inhabit sth: *the tribes* (=plemiona) *that inhabit the Amazon jungle* →patrz też MIESZKAĆ, ZAMIESZKAĆ

zamieścić *v (w prasie)* run: *The editor decided not to run her article after all.*

zamieść *v* sweep (up): *I've just swept the kitchen floor.* | *Could you sweep up the leaves?*

zamilknąć *v* fall silent: *The crowd fell silent when the President appeared.*

zamiłowanie *n* fondness, passion **+do czegoś** for sth: *the Cubans' passion for baseball*

zamiłowany *adj* keen: *a keen gardener*

zaminować *v* mine: *All the roads leading to the city have been mined.*

zamknąć *v* **1** *(drzwi, oczy, książkę)* close, shut: *Would you mind if I closed the window?* | *Ann closed her book and stood up.* | *She lay down on her bed and closed her eyes.* | *Jessica put the jewels back and shut the lid of the box.* **2** *(na klucz)* lock: *Did you lock the car?* **3** *(po godzinach urzędowania)* close: *What time do they close the shops?* **4** *(zlikwidować)* close/shut (down): *We have reluctantly decided to close the factory.* | *None of the chemical plants has been shut down yet.* **5** *(w więzieniu, zakładzie psychiatrycznym)* lock up: *Rapists should be locked up.*

zamknąć się *v* **1** close, shut: *All the main doors close automatically.* | *The door shut with a bang.* **2** *(na klucz)* lock: *The door won't lock* (=nie chcą się zamknąć). **3 zamknij się!** shut up!, shut your mouth!

zamknięty *adj* **1** closed, shut **2** *(nieczynny)* closed: *Some of the shops are closed on Sundays.* **3 zamknięty w sobie** introverted, withdrawn

UWAGA: closed i shut

Closed może występować zarówno przed określanym rzeczownikiem (*behind closed doors* | *a closed book*), jak i po nim (*The gardens are closed to visitors in winter*). **Shut** z reguły występuje po rzeczowniku: *Is the door shut properly?* | *He sat with his eyes shut.*

open/closed

zamocować *v* fix: *I'll fix the shelves to the wall over the weekend.*

zamoczyć *v* **1** *(przypadkowo)* get wet: *Try not to get your feet wet.* **2** *(celowo)* soak: *If you want the stains to come out* (=żeby plamy zeszły), *you must soak the shirt before you wash it.*

zamoczyć się *v* get wet: *Luckily the matches haven't got wet.*

zamontować *v* fit, mount: *We are having new locks fitted* (=kazaliśmy zamontować nowe zamki) *on all the doors.* | *The engine was mounted using special bolts.*

zamordować *v* murder: *They murdered him for his money.*

zamorski *adj* overseas: *an overseas voyage*

zamożny *adj* wealthy, affluent: *wealthy landowners* | *affluent suburbs* THESAURUS RICH —**zamożność** *n* affluence, wealth

zamówić *v* **1** *(towar, usługę, danie)* order: *I've ordered new curtains for the living room.* | *We'll order you a taxi from the station.* | *Have you ordered yet, madam?* **2** *(zarezerwować)* reserve, book *BrE*: *Do you have to reserve tickets in advance?* | *I'd like to book a table for two.*

zamówienie *n* **1** order: **złożyć zamówienie (u kogoś) (na coś)** place an order (with sb) (for sth): *The Canadian Air Force has placed a large order for electronic equipment.* | **przyjąć (czyjeś) zamówienie** take sb's order: *The waiter came over to take my order.* **2 (wykonany/robiony) na zamówienie a)** *(odzież itp.)* (made) to order, custom-made, tailor-made: *We supply hand-made shoes to order.* | *tailor-made clothes* **b)** *(samochód itp.)* custom-built: *a custom-built house*

zamrażać *v* →patrz ZAMROZIĆ

zamrażalnik *n* freezer

zamrażarka *n* freezer, deep freeze

zamroczony *adj* **1** *(oszołomiony)* dazed, in a daze: *Dazed survivors struggled from the wreckage.* | *I've been wandering around in a daze all day.* **2** *(od alkoholu lub narkotyków)* in a stupor: *We found him lying at the bottom of the stairs in a drunken stupor.*

zamrozić *v* **1** *(jedzenie)* freeze: *I'm going to freeze some of these beans.* **2** *(ceny, płace)* freeze: *Student grants were frozen at 2001 levels* (=na poziomie z roku 2001).

zamrożenie *n* freeze: *a freeze on production* | **zamrożenie cen/płac** price/wage freeze

zamrugać *v* →patrz MRUGAĆ

zamrzeć *v* **1** *(człowiek)* freeze: *I froze and listened; someone was in my apartment.* **2** *(ruch, produkcja itp.)* come to a standstill: *Traffic in the westbound lane came to a complete standstill.*

zamsz *n* suede —**zamszowy** *adj* suede: *a suede jacket*

zamurować *v* **1** brick up/in, wall up: *bricked up windows* | *The entrance had long since been walled up.* **2 kogoś zamurowało** sb was speechless

zamykać (się) *v* →patrz ZAMKNĄĆ (SIĘ)

zamysł *n* idea, plan: *The idea of building a park here is certainly worth considering.* | *a bold plan to leave everything and go to Africa for a year*

zamyślenie *n* **w zamyśleniu** thoughtfully, lost/deep in thought: *She looked at me thoughtfully.* | *Mel was staring out of the window, lost in thought.*

zamyślić się *v* be lost/deep in thought: *I was lost in thought and didn't notice her leave* (=nie zauważyłem, kiedy wyszła).

zamyślony *adj* thoughtful, pensive: *She looked thoughtful.* | *a pensive expression*

zanadrze *n* **chować/mieć/trzymać coś w zanadrzu** have (got)/keep sth up your sleeve: *Come on, what have you got up your sleeve?*

zanadto *adv* excessively: *Try not to worry excessively about what the future might bring.*

zanalizować *v* →patrz ANALIZOWAĆ

zanegować *v* →patrz NEGOWAĆ

zaniechać *v* **zaniechać czegoś** desist from (doing) sth: *They agreed to desist from the campaign.*

zanieczyszczać *v* →patrz ZANIECZYŚCIĆ

zanieczyszczenie *n* **1** *(środowiska)* pollution: *We must try to reduce levels of environmental pollution.* | *chronic pollution of the atmosphere* **2** *(trujące)* contamination: *radioactive contamination* **3 zanieczyszczenia** impurities: *Use a filter to remove impurities from the water.* —**zanieczyszczony** *adj* polluted, contaminated, impure: *impure sodium chlorate*

zanieczyścić *v* **1** *(środowisko)* pollute: *industrial emissions that pollute the air* | *beaches polluted by sewage* (=ścieki) **2** *(chemikaliami itp.)* contaminate: *fears that dumped waste* (=odpady z wysypisk) *might contaminate water supplies* **3** *(odchodami)* foul: *dogs fouling the lawns*

zaniedbywać *v* neglect: *They were accused of neglecting the children.* —**zaniedbanie** *n* negligence: *The bridge's architect was accused of criminal* (=karygodne) *negligence.* —**zaniedbany** *adj* neglected, run-down: *a neglected garden* | *a run-down inner-city area*

zaniemówić *v* be speechless: *I was speechless with rage.*

zaniepokoić *v* alarm, disturb: *Her high temperature alarmed the doctors.* | *What disturbed me most was his total lack of remorse* (=brak skruchy).
zaniepokoić się *v* become alarmed/concerned: *Prison authorities have become alarmed by the number of prisoners trying to escape.*

zaniepokojenie *n* concern: *The depletion of the ozone layer* (=dziura ozonowa) *is causing widespread concern among scientists.*

zaniepokojony *adj* concerned, alarmed, anxious, worried: *Concerned parents approached the school about the problem.* | *There's no need to look so alarmed!* | *an anxious look* | *a worried look/expression*

zanieść *v* **1 zanieść coś gdzieś** take/carry sth somewhere **2 zanieść coś komuś** take sb sth, take sth to sb: *Take your grandma a cup of tea.* | *Should I take flowers to my in-laws* (=teściom)?
zanieść się *v* →patrz ZANOSIĆ SIĘ

UWAGA: carry i take

Czasownika **carry** w znaczeniu „zanieść" używamy w sytuacjach, gdy to, co niesiemy, ma zauważalny ciężar i rozmiary: *A porter carried my suitcases upstairs.* | *The maid carried the breakfast tray to his room.* Czasownika **take** możemy użyć w odniesieniu do dowolnej rzeczy, także takiej, która waży bardzo mało: *Could you take this letter to the post office?*

zanik *n* **1** *(wymarcie)* disappearance, extinction: *the steady disappearance of migratory songbirds from North America's woodlands* | *Their traditional way of life seems doomed to* (=skazany na) *extinction.* **2** *(utrata)* loss: *a temporary loss of memory*

zanikać *v* **1** *(tradycja itp.)* disappear, die: *Old rural* (=wiejskie) *customs are slowly dying in all parts of the country.* **2** *(dźwięk itp.)* die away: *All the noises gradually died away and an absolute silence closed in upon us.*

zanim *prep* before, by the time: *Say goodbye before you* go. | *By the time you get this letter I will be in Canada.* →patrz też **zanim się obejrzysz** (OBEJRZEĆ SIĘ)

zanosić *v* →patrz ZANIEŚĆ

zanosić się *v* **1 zanosi się na coś** sth is on the horizon/in the offing: *Another 1930s-style depression is on the horizon.* | *A confrontation was in the offing.* **2 zanosi się na to, że ...** it looks like/as if ...: *There are no buses so it looks like we'll be walking home.* | *It looks as if it's going to rain* (=że będzie padać). **3 zanosi się na deszcz** it looks like rain →patrz też **zanosić się płaczem** (PŁACZ)

zanotować *v* note (down), write down: *Note any adverse reaction to the medication on the chart.* | *I wrote down the address in the back of my diary.*

zanurzyć *v* **1** immerse: *Immerse your foot in ice cold water to reduce the swelling.* **2** *(na chwilę)* dip: *Dip your finger in the batter* (=w cieście) *and taste it.*

zanurzyć się *v* **zanurzyć się w czymś** immerse/submerge yourself in sth: *Jane was determined to immerse herself in the African way of life.*

zaobserwować *v* observe, notice: *She observed that the pond was drying up.* | *You may notice a numb feeling* (=uczucie drętwienia) *in your fingers.* →patrz też OBSERWOWAĆ

zaoczny *adj (student)* extramural, part-time —**zaocznie** *adv* part-time

zaoferować *v* **1** offer: *They offered him a good job, but he turned it down.* | *They've offered us £75,000 for the house.* **2** *(cenę na licytacji)* bid: *She bid £100 for a Victorian chair.* →patrz też OFEROWAĆ

zaoferować się *v* offer: *I don't need any help, but it was nice of you to offer.*

zaofiarować się *v* →patrz OFIAROWAĆ SIĘ

zaokrąglenie *n* **w zaokrągleniu** in round figures/numbers: *In round figures, the expected profit is about £600 million.*

zaokrąglić *v* **a)** *(w dół)* round down **b)** *(w górę)* round up

zaokrąglić się *v (człowiek, twarz)* fill out: *Young Kevin has really filled out in the last six months.*

zaokrąglony *adj* rounded: *rounded shoulders* | *rounded edges*

zaokrętowanie *n* embarkation

zaopatrywać (się) *v* →patrz ZAOPATRZYĆ (SIĘ)

zaopatrzenie *n* delivery, supply: *a delivery van* | *supply of oxygen to the brain* (=mózgu w tlen)

Z

zaopatrzony *adj* **dobrze zaopatrzony** well-stocked

zaopatrzyć *v* **zaopatrzyć kogoś w coś** supply sb with sth/sth to sb: *a massive air operation to supply the city's population with food* | *They were arrested for supplying drugs to street dealers.*

zaopatrzyć się *v* **zaopatrzyć się w coś** buy/get a supply of sth

zaopiekować się *v* **zaopiekować się kimś/czymś** take care of sb/sth: *Don't worry. I'll take care of your pets while you're away.* →patrz też OPIEKOWAĆ SIĘ

zaoponować *v* object: *Mom objected that we were too young to go on vacation alone.*

zaorać *v* →patrz ORAĆ

zaostrzyć *v* **1** *(przepisy itp.)* tighten (up): *Do you think they should tighten up the rules?* **2** *(ołówek)* sharpen →patrz też **zaostrzyć czyjś apetyt** (APETYT)

zaostrzyć się *v (konflikt itp.)* escalate: *We don't want the fighting to escalate.*

zaoszczędzić *v* save: *So far, I've saved about £500.* →patrz też OSZCZĘDZAĆ, OSZCZĘDZIĆ

zaowocować *v* →patrz OWOCOWAĆ

zapach *n* **1** *(dowolny)* smell: *The wine has a light, lemony smell.* | *I opened the window to get rid of the smell of beer and cigarettes.* **2** *(przyjemny)* scent, fragrance: *the scent of roses* | *a delicate fragrance* **3** *(nieprzyjemny)* odour *BrE*, odor *AmE*: *Get rid of unpleasant household odours with new Breeze!* THESAURUS SMELL

zapachowy *adj* scented: *scented candles*

zapadać *v* →patrz ZAPAŚĆ[1]

zapadka *n* catch

zapadnięty *adj* sunken: *sunken cheeks*

zapakować *v* **1** *(do pojemnika, walizki)* pack: *I forgot to pack my razor.* **2** *(towar, paczkę)* package (up): *She packaged up the clothes to send to her daughter.*

zapalać (się) *v* →patrz ZAPALIĆ (SIĘ)

zapalenie *v* inflammation: **zapalenie wyrostka robaczkowego** appendicitis | **zapalenie płuc** pneumonia | **zapalenie opon mózgowych** meningitis | **zapalenie wątroby** hepatitis

zapaleniec *n* enthusiast

zapalić *v* **1** *(światło, lampę, gaz)* turn/switch on: *Could you turn on the light, please?* **2** *(papierosa, zapałkę)* light: *I lit another cigarette.* | *Martin put a lighted match to the papers.* **3** *(silnik itp.)* turn/switch on, start (up), get started: *When I turned the engine on it made a funny noise.* | *He couldn't get his motorbike started.* →patrz też PALIĆ

zapalić się *v* **1** *(ogień, ognisko)* light: *The fire won't light* (=nie chce się zapalić). **2** *(światło, latarnie itp.)* come on: *A dog started barking and lights came on in the house.* **3** *(zająć się ogniem)* catch (on) fire: *He knocked the candle over and the tablecloth caught on fire.* **4 zapalić się do czegoś** become enthusiastic over/about sth →patrz też PALIĆ SIĘ

UWAGA: light

Czasownik **light** ma dwie formy czasu przeszłego i imiesłowu biernego: regularną **lighted** i nieregularną **lit**.

zapalniczka *n* lighter

zapalnik *n* fuse: *The fuse was set to go off at 6 p.m.*

zapalny *adj* explosive: *an explosive situation*

zapalony *n (zwolennik itp.)* keen →patrz też ZAPALIĆ

zapał *n* enthusiasm, eagerness, zeal: *young people full of energy and enthusiasm*

zapałka *n* match: *a box of matches*

zapamiętać *v* **1** *(zachować w pamięci)* remember: *I remembered her as a lively, bright teenager.* **2** *(nauczyć się na pamięć)* memorize, memorise *BrE*: *It's not safe to write down your PIN number – you must memorize it.* **3 zapamiętaj to sobie!** (you) mark my words!: *There will be trouble, you mark my words!* →patrz też PAMIĘTAĆ

zapanować *v* **1 zapanować nad czymś** control sth, bring sth under control: *The teacher can't control the class.* | *It took the firefighters all night to bring the fire under control.* **2** *(cisza, ciemność)* fall: *A sudden silence fell.* →patrz też PANOWAĆ

zaparcie *v* constipation

zaparkować *v* park: *Where did you park the car?*

zaparować *v* mist *BrE*, steam up: *I can't see where I'm going, the windows have misted up.* —**zaparowany** *adj* misty *BrE*, steamy: *steamy windows*

zaparty *adj* **z zapartym tchem** with bated breath: *They all listened with bated breath.*

zaparzyć (się) *v* →patrz PARZYĆ (SIĘ)

zapas *n* **1** reserve, stock, store: *an inner reserve of strength* | *stocks of flour and sugar* | *Granny always had a special store of chocolate for us.* | **zapasy (żywności)** provisions, reserves of food: *We had enough provisions for two weeks.* **2 z/robić zapasy (czegoś)** stock up (on sth): *We stocked up on wine when we went to Paris.* **3 w zapasie a)** *(pieniądze, pomysły, plany)* in reserve: *We always keep some money in reserve, just in case.* **b)** *(towary, produkty)* in store **4 na zapas** for later

zapasowy *adj* **1 części zapasowe** spare parts **2 wyjście zapasowe** emergency exit **3 zapasowy klucz** duplicate/spare key **4 zapasowa kopia** *(pliku komputerowego)* backup (copy) THESAURUS MORE

zapasy *n (sport)* wrestling →patrz też ZAPAS

zapaść[1] *v* **1** *(decyzja)* be made/reached: *A decision must be reached by tomorrow.* **2** *(noc, zmrok, kurtyna)* fall: *Darkness fell.* **3 zapaść w sen/śpiączkę** lapse into sleep/a coma: *He lapsed into a coma and died two years later.* **4 zapaść na coś** *(zachorować)* come down with sth: *For the third time that year she came down with flu.* **5 klamka zapadła** there's no turning back

zapaść się *v* collapse, cave in, give way: *The floor eventually gave way.*

zapaść[2] *n* collapse: *He suffered a collapse and was taken to hospital.* | *the country's economic collapse*

zapaśni-k/czka *n* wrestler

zapchać *v* block (up): *My nose is blocked up.*

zapełnić *v* fill (up): *The next drawer was filled with neat piles of shirts.* | *A Spielberg film can always fill movie theaters.*

zapełnić się *v* fill (up): *They opened the doors and the hall quickly started to fill.* | *The church was filling up with people who had come to pay their respects.*

zapewne *adv* **1** *(przypuszczalnie)* presumably: *Presumably, you've heard the news.* **2** *(niewątpliwie)* undoubtedly: *He is undoubtedly a good politician, but he doesn't shine in public debate.*

zapewnić *v* **1 zapewnić kogoś** assure sb: *The document is genuine, I can assure you.* | **zapewnić kogoś, że ...** assure/reassure sb (that) ...: *The doctor assured me that I wouldn't feel any pain.* | *Police have reassured the public that the area is now perfectly safe.* **2 zapewnić coś** secure sth: *a deal to secure the company's future* | *a treaty that will secure peace*

zapewnienie *n* assurance: *an assurance that there will be no further delays* (=nie będzie dalszych opóźnień)

zapiąć *v* **1** *(spodnie itp.)* **a)** *(ogólnie)* do up: *Do up your coat or you'll be cold.* **b)** *(na guziki)* button (up): *He hurriedly buttoned his shirt.* **c)** *(na zamek)* zip up: *Zip your jacket up.* **2** *(pas)* fasten: *Fasten your seatbelts.* **3** *(zamek, guziki)* do up: *Don't forget to do up your zip.*

zapiąć się *v* →patrz ZAPINAĆ SIĘ

zapiec *v* →patrz ZAPIEKAĆ

zapieczętować *v* seal (up): *All the rooms have been sealed up.*

zapiekanka *n* casserole —**zapiekać** *v* casserole

zapierać *v* **zapierać dech (w piersiach)** take your breath away: *a view that takes your breath away* | **zapierający dech (w piersiach)** breathtaking: *the breathtaking natural beauty of the rain forests*

zapięcie *n* fastener, fastening

zapinać *v* →patrz ZAPIĄĆ

zapinać się *v* fasten: *Many children's shoes now fasten with Velcro®* (=na rzepy).

zapinka *n* clasp: *The clasp on my necklace is broken.*

zapis *n* **1** *(tekst)* transcript: *a transcript of the witness's testimony* **2** *(nagranie)* recording: *a digital recording* **3** *(w rejestrze itp.)* record: *Parish registers* (=rejestry parafialne) *or church books are where to seek marriage records.* **4** *(notacja)* notation: *phonetic notation* **5** *(w testamencie)* bequest **6 zapisy na coś** enrolment on *BrE*, enrollment in *AmE* sth: *enrolment in winter undergraduate courses*

zapisać *v* **1** *(zanotować)* write/take down, put down *BrE*: *I wrote down everything she said.* | *Let me take down your name and number.* **2** *(dźwięk, informację)* record: *All the data is recorded on computer.* **3** *(plik na dysk)* save, write: *Before exiting the program you must save your work.* **4** *(lekarstwo)* prescribe: *The doctor prescribed an antibiotic.* **5 zapisać coś komuś** *(w spadku)* bequeath sth to sb, bequeath sb sth: *His father bequeathed him a fortune.* **6 zapisać kogoś na kurs** enrol sb on *BrE*, enroll sb in *AmE* a course: *Her mother enrolled her in ballet classes at the age of three.*

zapisać się *v* **1 zapisać się na coś** *(zgłosić się)* sign up for sth: *Twenty people signed up for the trip to Paris.* **2 zapisać się na kurs** enrol on *BrE*, enroll in *AmE* a course: *30 students have enrolled on the cookery course.*

zapiski *n* **1** *(notatki)* notes **2** *(pamiętnik)* diary

zapisywać *v* →patrz ZAPISAĆ

zaplanować *v* **1** plan: *Todd had planned the journey down to the smallest detail* (=w najdrobniejszym szczególe). | *a well-planned operation* **2 zaplanować coś na czwartek/styczeń itp.** plan/schedule sth for Thursday/January etc: *A 50th anniversary commemoration is planned for November.* | *Enrolment* (=zapisy) *is scheduled for September 3 to 16.* →patrz też PLANOWAĆ

zaplątać *v* **1** tangle (up): *Somebody's tangled all these cables under my computer.* **2 zaplątany** entangled: *a fish entangled in the net*

zaplątać się *v* get tangled up: *How has this rope got so tangled up?* | *Dolphins often get tangled up in nets.*

zaplecze *n* **1 zaplecze sklepu itp.** the back of the shop etc: *I found a beautiful old silver teapot at the back of the shop.* **2** *(wyposażenie)* facilities: *a 5-star hotel with fantastic facilities* **3** *(polityczne itp.)* supporters: *the President's supporters*

zapłacić *v* **1** *(za towar, usługę)* pay: *Dad paid me £5 to wash the car.* | **+ za coś** for sth: *How much did you pay for that watch?* **2** *(rachunek, podatek)* pay: *I forgot to pay the gas bill!* | *How much tax did you pay last year?* **3 zapłacić za coś** *(ponieść konsekwencje)* pay (the price/penalty) for sth: *One day I'll make you pay for this!* | *You'll pay the price for drinking so much tomorrow.* | **drogo zapłacić za coś** pay dearly for sth: *Nick's paid dearly for his unfaithfulness to his wife.* →patrz też PŁACIĆ

zapłakać *v* weep: *Caroline wept when she heard the news.* —**zapłakany** *adj* tearful: *Kate tried to console the tearful child.*

Z

zapłata *n* payment: *The payment must be made within 30 days.*

zapłodnić *v* impregnate, fertilize, fertilise *BrE*

zapłodnienie *n* insemination, fertilization, fertilisation *BrE*: **sztuczne zapłodnienie** artificial insemination

zapłon *n (w samochodzie)* ignition

zapobiec *v* **zapobiec czemuś** prevent/avert sth: *Her presence of mind* (=trzeźwość umysłu) *prevented a major accident.* | *negotiations aimed at* (=mające na celu) *averting a crisis*

zapobiegać *v* **zapobiegać czemuś** prevent sth, guard against sth: *Brushing your teeth regularly helps prevent tooth decay* (=próchnicy). | *Regular exercise can guard against a number of serious illnesses.*

zapobieganie *n* **1** prevention **2 zapobieganie ciąży** contraception

zapobiegawczy *adj* **1** preventive: *preventive medicine* **2 środek zapobiegawczy** precautionary/preventive measure: *Residents were evacuated from the area as a precautionary measure.*

zapoczątkować *v* initiate, start (off): *Important reforms were initiated during the reign of Nicholas II.* | *What first started off your interest in the theatre?*

zapodziać *v* mislay, misplace: *I seem to have mislaid my gloves.*
zapodziać się *v* get lost: *Eve got lost somewhere in the wood, but we soon found her.*

zapominać *v* forget: *Everybody forgets things sometimes.* | *Sandy always forgets to put the milk back in the refrigerator.* → patrz też ZAPOMNIEĆ

zapominalski *adj* forgetful: *Some forgetful person had left the door unlocked.*

zapomnieć *v* forget: *I'm sorry I missed your birthday. I just completely forgot.* | **zapomnieć czegoś** forget sth: *I've forgotten everything I learned at school.* | *I went swimming and forgot my towel.* | **zapomnieć o czymś** forget (about) sth: *Charles seems to have forgotten about what happened.* | *Mike forgot his wife's birthday.* | **zapomnieć, że ...** forget (that) ...: *I had completely forgotten you were coming today!* | **zapomnieć coś zrobić** forget to do sth: *Someone's forgotten to turn off the lights.* | **zapomnieć, kto/jak itp.** forget who/how etc: *She forgot where she'd parked the car.* → patrz też ZAPOMINAĆ

zapomnienie *n (niepamięć)* oblivion, obscurity: *O'Brien retired from politics and died in obscurity.* | **pójść w zapomnienie** fade into oblivion: *old movie stars who have faded into oblivion*

zapomoga *n* handout, relief: *They only want a helping hand from the government, not a handout.* | *a relief fund* (=fundusz zapomogowy) *for refugees*

zapora *n* **1** *(na rzece)* dam **2 zapora sieciowa** firewall

zapotrzebowanie *n* **zapotrzebowanie (na coś)** demand (for sth): *a growing demand for specialists*

zapowiadać *v (zwiastować)* herald, promise: *The talks herald a new era in East-West relations.* | *dark clouds promising showers later*
zapowiadać się *v* **zapowiadać się interesująco itp.** promise to be interesting etc: *The game promises to be exciting.*

zapowiedzieć *v* announce: *Lord McGowan has announced that he will retire at the end of the year.*

zapowiedź *n* **1** *(ogłoszenie)* announcement: *We were shocked by the announcement that the mayor was resigning* (=byliśmy wstrząśnięci zapowiedzią rezygnacji burmistrza). **2** *(zwiastun)* herald: *primroses, the first herald of spring* **3 bez zapowiedzi** unannounced: *We arrived unannounced.*

zapoznać *v* **zapoznać kogoś z kimś/czymś** introduce sb to sb/sth: *Tom introduced me to his sister, Gloria.* | *It was Mary who introduced us to Thai food.*
zapoznać się *v* **zapoznać się z czymś** familiarize/familiarise *BrE* yourself with sth: *You should familiarize yourself with the office routine.*

zapożyczyć *v (słowo, pomysł itp.)* borrow: *It is obvious that many ideas in the book have been borrowed.*
zapożyczyć się *v* go/get/run into debt: *I'm getting a car, even if I have to go into debt to do so.*

zapracować *v* **zapracować na coś** earn sth: *I think you should have a rest. You've certainly earned it.*

zapragnąć *v* **zapragnąć czegoś** set your heart on sth: *He had set his heart on winning.* → patrz też PRAGNĄĆ

zapraszać *v* → patrz ZAPROSIĆ

zaprawa *n* **1 zaprawa murarska** mortar **2** *(trening)* training, practice: *skiing practice*

zaprezentować *v (pokazać)* show: *Joan showed us the new software.* → patrz też PREZENTOWAĆ
zaprezentować się *v* **źle/dobrze itp. się zaprezentować** put up a poor/good etc show: *Our team put up a pretty good show, but we lost in the end.*

zaprogramować *v* programme *BrE*, program *AmE*: *Is it possible for computers to be programmed to think like humans?* | *Have you programmed the video to record the football match tonight?* → patrz też PROGRAMOWAĆ

zaprojektować *v* design: *The palace was designed by an Italian architect.* THESAURUS INVENT

zaproponować *v* **1** *(wyjść z propozycją)* propose, suggest: *The President proposed a 5% cut in income tax.* | *Don suggested that we should go to Japan next year.* **2** *(sumę, cenę)* offer: *They've offered us £70,000 for the house.* **3** *(poczęstunek)* offer: *Can I offer you a drink?*

zaprosić *v* invite: *"Are you going to Tim's party?" "No, we weren't even invited."*

zaproszenie *n* invitation: *Did you get an invitation to the party?* | **przyjąć zaproszenie** accept an invitation: *The President has accepted an invitation to visit the White House in June.* | **nie przyjąć zaproszenia** refuse/decline an invitation: *She took offence* (=obraziła się) *when I refused her invitation.*

zaprotestować *v* protest: *"That's not true!" she protested angrily.* | **+ przeciwko czemuś** against sth, sth *AmE*: *Thousands of people gathered to protest against the new law.* | *Three city councillors resigned Monday to protest the mayor's decision.*

zaprowadzić *v* **1 zaprowadzić kogoś dokądś** take/show/lead sb somewhere: *They took us downstairs.* | *Mrs O'Shea showed us to our rooms.* **2 zaprowadzić porządek** restore order: *Police were called in to restore order.* → patrz też POPROWADZIĆ

zaprzeczać *v* **zaprzeczać czemuś** contradict sth, disagree with sth: *The two newspaper reports totally contradict each other* (=sobie nawzajem).

zaprzeczenie *n* **1** *(sprostowanie)* denial: *Despite official denials, the rumours persisted.* **2 zaprzeczenie czegoś** *(przeciwieństwo)* the opposite/antithesis of sth: *Connie's political views are the complete antithesis of mine.*

zaprzeczyć *v* **zaprzeczyć czemuś** deny sth: *In court they denied all the charges against them.* | **zaprzeczyć, że ...** deny (that) ...: *Charlie denied that he had lied about the money.*

zaprzeć *v* →patrz ZAPIERAĆ
zaprzeć się *v* **zaprzeć się czegoś** deny sth: *He emphatically* (=stanowczo) *denied any link with the Mafia.*

zaprzepaścić *v (szansę, karierę)* ruin: *The injury ruined his chance to compete for the gold.*

zaprzestać *v* **zaprzestać czegoś** stop doing sth: *Harry's changed a lot since he's stopped taking drugs.*

zaprzeszły *adj* **czas zaprzeszły** the past perfect, the pluperfect

zaprzyjaźnić się *v* become friends: *In spite of the language difficulty, we soon became friends.* | *I became friends with Andrea while we were both working in the disco.*

zaprzysiąc *v (świadka, prezydenta)* swear in: *When is the new president going to be sworn in?* —**zaprzysiężenie** *n* swearing-in ceremony

zapukać *v* **zapukać w coś** knock/rap/tap on sth: *A policeman came and rapped on my car window.* | **zapukać do drzwi** knock on the door: *I knocked on the door but nobody answered.*

zapuścić *v (brodę, wąsy)* grow: *I think I'd like to grow a beard.* —**zapuszczony** *adj (zaniedbany)* neglected, run-down: *a neglected garden* | *a run-down apartment*

zapychać *v* →patrz ZAPCHAĆ

zapylić *v* pollinate: *flowers pollinated by bees*

zapytać (się) *v* ask: *"What's your name?" she asked quietly.* | **zapytać (kogoś) o coś** ask (sb) about sth, inquire about sth: *Did they ask you about your qualifications?* | *I called to inquire about changes to the train schedules.* | **zapytać (kogoś), czy/dlaczego itp.** ask (sb) if/why etc: *Helen asked him if he was married.*

zapytanie *n* **1** inquiry, query **2 znak zapytania** question mark

zarabiać *v* **1** *(pieniądze)* earn, make: *She earns nearly £30,000 a year.* | *How much money does he make?* | **zarabiać na życie/utrzymanie** earn your living/keep: *He earned his living as a writer.* | **zarabiać na czymś** make money from sth: *John's making a lot of money from his computer games.* THESAURUS EARN **2** *(ciasto)* knead →patrz też ZAROBIĆ

zaradny *adj* resourceful —**zaradność** *n* resourcefulness

zaradzić *v* **zaradzić czemuś** remedy sth: *The hospital is trying to remedy the problem of inexperienced staff.*

zaranie *n* **od zarania dziejów** since the dawn of time, since time immemorial: *People have been falling in love since the dawn of time.* | *The tribe had inhabited the area since time immemorial.* THESAURUS BEGINNING

zaraz *adv* **1** *(od razu)* at once, right now/away: *You'd better do it at once!* | *I'll find the address for you right away.* | **zaraz po szkole** right after school **2** *(za chwilę)* soon, in no time: *It will be dark soon.* | *We'll be there in no time.* **3 zaraz za/pod itp.** just behind/under etc: *Lucy got home just after us.* **4 od zaraz** starting now: *Your help is needed starting now!*

zaraza *n* (the) plague: *an outbreak of plague*

zarazek *n* bug, germ

zarazem *n* at the same time: *He was fascinated and at the same time horrified.*

zarazić *v* infect: *People with the virus may feel perfectly well, but they can still infect others.*
zarazić się *v* be infected: *The number of people who have been infected has already reached 10,000.* | **zarazić się czymś** contract sth, pick sth up: *Sharon contracted AIDS from a dirty needle.* | *She's picked up a cold from a child at school.*

zaraźliwy *adj* contagious, infectious: *a contagious disease*

zarażać *v* →patrz ZARAZIĆ

zardzewieć *v* rust: *The lock on the door had rusted.* —**zardzewiały** *adj* rusty: *rusty nails*

zareagować *v* **1** react, respond: *The audience reacted by shouting and booing.* | *The US responded by sending in food and medical supplies.* | **+ na coś** to sth: *How did she react to the news?* THESAURUS ANSWER **2 zareagować zbyt mocno** overreact: *I'm sorry, I overreacted.*

zarejestrować *v* **1** *(temperaturę, sygnał itp.)* record, register: *The test machines recorded exceptionally high levels of radioactivity.* | *The thermometer registered 74°F.* **2** *(spółkę, samochód)* register: *The car is registered in my sister's name.*
zarejestrować się *v* →patrz REJESTROWAĆ SIĘ

zarekomendować *v* recommend: *Can you recommend a local restaurant?*

zarekwirować *v* confiscate: *The police confiscated his car.*

zarezerwować *v* **1** reserve: *a parking space reserved for the disabled* **2** *(bilety, stolik w restauracji itp.)* reserve, book *BrE*: *The train was very crowded and I wished I'd booked a seat.*

zaręczyć się *v* get engaged: *Viv and Tony got engaged last month.* | *Have you met the man she's engaged to?* THESAURUS MARRIED —**zaręczyny** *n* engagement —**zaręczynowy** *adj* engagement: *an engagement ring*

zarobić *v* earn, make a profit of: *'Dracula' earned £7 million on its first day.* | *Suzanne made a clear profit* (=zarobiła na czysto) *of £200 on the car sale.* THESAURUS EARN →patrz też ZARABIAĆ

zarobki *n* earnings, wages —**zarobkowy** *adj* paid: *paid work*

zarodek *n* embryo →patrz też **zdusić coś w zarodku** (ZDUSIĆ)

zarosnąć *v* **1** *(ogród)* be overgrown: *The garden will be overgrown with weeds by the time we get back.* **2** *(rana)* heal over: *The wound soon healed over and a scar formed.*

zarost *n* facial hair

zarośla *n* thicket

zarośnięty *adj* **1** *(ogród)* overgrown **2** *(mężczyzna)* unshaven

zarozumiały *adj* conceited: *She's so conceited!* THESAURUS PROUD —**zarozumiałość** *n* conceit

zarówno *adv* **zarówno X, jak i Y** both X and Y, X as well as Y: *He's lived in both Britain and America.* | *She soon became famous in Poland as well as abroad.*

zarumienić się *v* blush, flush: *Toby blushed with pride.*

zarys *n* **1** outline: *an outline of the company's plan* **2 w zarysie** in outline: *Chapter 1 describes in outline the way money circulates through the economy.*

zarysować *v (plan, projekt)* outline, sketch out: *The President outlined his peace plan for the Middle East.*

Z

zaryzykować *v* take/run the risk: *He took the risk of starting his own company.* →patrz też RYZYKOWAĆ

zarząd *n* board (of directors): **członek zarządu** member of the board

zarządzać *v* **zarządzać czymś** manage/administer sth: *The hotel has been owned and managed by the Koidl family for 200 years.* | *bureaucrats who administer welfare programs* →patrz też ZARZĄDZIĆ —**zarządzanie** *n* management, administration

zarządzenie *n* directive

zarządzić *v* direct: *The President directed that the money should be used for college scholarships.* →patrz też ZARZĄDZAĆ

zarzucić *v* **1 zarzucić coś na siebie** throw/slip sth on: *Could you just slip on this gown?* **2 zarzucić komuś ramiona na szyję** fling your arms around sb's neck **3 zarzucić komuś coś** accuse sb of doing sth: *He accused me of cheating during the exam.* **4 czemuś nie można nic zarzucić** sth cannot be faulted: *Her performance cannot be faulted.*

zarzut *n* **1** charge, accusation: **pod zarzutem** on a charge: *Young appeared in court on a murder charge.* **2 bez zarzutu** above/beyond reproach: *His behaviour throughout this affair has been beyond reproach.*

zarżnąć *v* *(zwierzę)* slaughter

zasada *n* **1** principle: *the principles of geometry* | *It's against my principles to hit a child.* **2 w zasadzie** in principle, basically, essentially: *In principle, you can leave work early on Friday, but it's not always possible.* | *The two structures are basically the same.* **3 dla zasady** on principle: *She doesn't eat meat on principle.*

zasadniczo *adv* fundamentally: *Marxism and capitalism were fundamentally opposed to each other.*

zasadniczy *adj* **1** *(zmiana, różnica)* essential, fundamental: *He failed to understand the essential difference between the two theories.* | *fundamental changes to the education system* **2** *(człowiek)* principled: *a principled woman* **3 zasadnicza szkoła zawodowa** vocational school **4 zasadnicza służba wojskowa** compulsory national service, the draft

zasadność *n* legitimacy, validity: *I would question the validity of that statement.*

zasadny *adj* legitimate, valid: *a perfectly legitimate question* | *valid criticism* | *a valid claim* (=roszczenie) *to compensation*

Z

zasadzić *v* plant: *We've planted an orange tree in our garden.*

zasadzka *n* ambush: *Two soldiers were killed in an ambush near the border.*

zasiać *v* sow: *The seeds should be sown in spring.*

zasiadać *v* **zasiadać w komisji** sit on a committee: *She sits on several government committees.* →patrz też ZASIĄŚĆ

zasiąść *v* **1 zasiąść do stołu** sit down at a table: *The government and rebel leaders sat down at the negotiation table.* **2 zasiąść na ławie oskarżonych** stand trial: *a bank employee who is due to stand trial on embezzlement charges* (=pod zarzutem defraudacji)

zasiedlić *v* **1** *(miasto, kolonię)* settle: *Jamestown was already settled when the Pilgrims came to America.* **2 zasiedlony** populated: *The Central Highlands are populated mainly by peasant farmers.* | **gęsto zasiedlony** densely/highly populated: *densely populated urban areas*

zasięg *n* **1** *(strzału, rakiety itp.)* range: *missiles with a range of over 1000 miles* | **w zasięgu czegoś** within range of sth: *The ship was within range of enemy radar.* | **dalekiego zasięgu** long-range: *long-range ballistic missiles* **2 poza (czyimś) zasięgiem** out of (sb's) reach, beyond sb's reach/grasp: *He fled to Paraguay, beyond the reach of the British tax authorities.* **3 w zasięgu ręki** within reach, within sb's grasp: *As soon as she was within reach, he grabbed her wrist.* | *Eve felt that success was finally within her grasp.*

zasięgnąć *v* **zasięgnąć czyjejś rady/opinii** ask sb's advice/opinion: *I want to ask your advice about where to stay in Taipei.* | *Can I ask your opinion about something* (=w pewnej sprawie)*?*

zasilać *v* **coś jest zasilane prądem/benzyną itp.** sth is powered by/runs on electricity/petrol etc: *This new palmtop runs on two AA batteries.*

zasilić *v* *(fundusz, budżet)* contribute to: *An anonymous donor contributed $20,000 to our fund* (=zasilił nasz budżet kwotą 20 tysięcy dolarów).

zasiłek *n* benefit *BrE*, welfare *AmE*: *Are you sure you're getting all the benefits you're entitled to* (=jakie ci przysługują)*?* | *How long have you been on benefit?* | *Most of the people in this neighbourhood are on welfare.* | **zasiłek dla bezrobotnych** unemployment benefit *BrE*, compensation *AmE*, dole *BrE*: *Kevin was on the dole for a year before he got the job.*

zaskakiwać *v* →patrz ZASKOCZYĆ

zaskakujący *adj* surprising: *a surprising lack of communication between management and staff* —**zaskakująco** *adv* surprisingly: *The test was surprisingly easy.*

zaskarżyć *v* **1** *(decyzję)* appeal against: *They say they will appeal against the court's decision.* **2** *(osobę, instytucję)* sue: *Holt sued the newspaper for libel* (=zniesławienie).

zaskoczenie *n* surprise: *Imagine our surprise when we heard the news.* | **być/nie być (dla kogoś) zaskoczeniem** come as a/no surprise (to sb): *The news that George was leaving came as a surprise to everyone.* | *It came as no surprise when Jeff refused to cooperate.* | **ku czyjemuś zaskoczeniu** to sb's surprise: *To my surprise, Ann agreed.*

zaskoczony *adj* surprised, taken aback: *We were surprised (that) David wasn't invited.* | *She was surprised at how much it cost.* | *I was taken aback by Linda's rudeness.* THESAURUS SURPRISED

zaskoczyć *n* **1 zaskoczyć kogoś** surprise sb, take sb by surprise, take/catch sb unawares: *Her reaction surprised me.* | *The heavy snowfall took everyone by surprise.* | *The enemy had been caught unawares.* **2 dać się zaskoczyć** be caught napping: *I don't think I'm the kind of man to be caught napping.*

zasłabnąć *v* faint, collapse: *Several fans fainted in the blazing heat.*

zasłać *v* **zasłać łóżko** make the bed

zasłaniać *v* →patrz ZASŁONIĆ

zasłaniać się *v* **zasłaniać się czymś** hide behind sth: *We can't hide behind figures* (=liczbami). →patrz też ZASŁONIĆ SIĘ

zasłona *n* **1 zasłony** curtains, drapes *AmE*: **zasunąć/rozsunąć zasłony** draw the curtains **2 zasłona dymna** smokescreen: *a smokescreen to hide his criminal activities*

zasłonić *v* **1** *(twarz)* cover: *I had no time to cover my face.* **2** *(widok, światło)* block (off/out): *Can you move? You're blocking my light.* | *a heavy curtain blocking out the light*

3 *(przed ciosem, niebezpieczeństwem)* shield: *He used his body to shield the child from the dog.* **4** *(firanki)* draw: *Would you mind if I drew the curtains?*
zasłonić się *v (przed ciosem)* shield yourself: *He threw his arms up to shield himself from the explosion.*

zasługa *n* **1 coś jest czyjąś zasługą** sth can be credited to sb: *Much of their success can be credited to Wilson.* **2 zasługi dla kogoś/czegoś** services to sb/sth: *an award for services to the printing industry*

zasługiwać *v* **zasługiwać na coś a)** *(mieć prawo)* deserve sth: *After all that work you deserve a rest.* **b)** *(być godnym)* be worthy of sth: *a leader who is worthy of our trust* →patrz też ZASŁUŻYĆ

zasłużony *adj* **1** *(odpoczynek, zwycięstwo)* well-earned, well-deserved: *It's time for a well-earned rest.* | *a well-earned victory* **2** *(działacz itp.)* veteran: *a veteran campaigner/statesman/politician* —**zasłużenie** *adv* deservedly: *Her novels have been, quite deservedly, very successful.*

zasłużyć *v* **1 zasłużyć (sobie) na coś** earn sth: *I think we've earned a rest after all that work!* **2 zasłużył/a itp. sobie na to** *(na karę, nauczkę)* it serves him/her etc right: *I'm sorry Eddie crashed his car, but it serves him right for driving so fast!*
zasłużyć się *v* **zasłużyć się dla kogoś/czegoś** bring credit to sb/sth: *the many young men and women who have brought credit to our university*

zasłynąć *v* **1 zasłynąć z czegoś** become famous for sth **2 zasłynąć jako ...** rise to/win fame as ..., make a name for yourself as ...: *Streisand first won fame as a singer before she became an actress.*

zasmucić *v* **zasmucić kogoś** sadden sb, make sb sad: *They were shocked and saddened by his death.* | *It made me sad to see her looking so old and ill.*

zasnąć *v* fall asleep, go to sleep: *I fell asleep at midnight.* | *I went to sleep around 9 o'clock and woke up at 6.* THESAURUS SLEEP

zasobny *adj* rich: *rich deposits of silver*

zasób *n* **1 zasób słów** vocabulary: *The child has an unusually rich vocabulary.* **2 zasoby** resources: *limited financial resources* | **zasoby naturalne** natural resources: *a country rich in natural resources*

zaspa *n* snowdrift

zaspać *v* oversleep: *Cheryl overslept and was late for school.* THESAURUS SLEEP

zaspokoić *v* satisfy: *Just to satisfy my curiosity, how much did it cost?* | *The salad just didn't satisfy her hunger.*

zastać *v* find: *When the police arrived, they found him lying on the floor.* | *I'm sure we'll find her hard at work when we get home.*

zastanawiać *v* **coś kogoś zastanawia** sth puzzles sb, sth makes sb wonder: *What puzzles me is why (=zastanawia mnie, dlaczego) he never mentioned this before.*
zastanawiać się *v* **1 zastanawiać się nad czymś** think of/about sth: *I have never thought of it before.* **2 zastanawiam się, gdzie/dlaczego itp.** I wonder where/why etc: *We wondered where you'd gone.* | *I sometimes wonder why I married her.*

zastanowić *v* **coś kogoś zastanowiło** sb was puzzled by sth: *I was puzzled by Bill's behaviour – why was he being so unfriendly?*
zastanowić się *v* **1 dobrze się zastanowić** think hard/twice: *Think hard before you make your final decision.* | *I'd think twice before getting involved with a married man if I were you.* **2 zastanówmy się/niech się zastanowię** let's see/let me see: *Let's see. When did you send it?*

zastanowienie *n* **1 bez zastanowienia** without thinking: *Without thinking, I let the man into my apartment.* **2 po chwili zastanowienia** after a moment's reflection: *After a moment's reflection Calvin realized that he was wrong.* **3 czas/okazja itp. do zastanowienia/na zastanowienie** time/chance etc to think: *I need more time to think.* | *She didn't give me a chance to think.*

zastawa *n* →patrz **zastawa stołowa** (STOŁOWY)

zastawić *v* **1 zastawić (na kogoś) pułapkę** set/lay a trap (for sb): *The police set a trap for the thieves.* **2 zastawić komuś drogę** block/bar sb's way: *The teacher stood at the entrance, blocking the children's way.*

zastawka *n* valve: *the valves of the heart*

zastąpić *v* **1 zastąpić kogoś (kimś)** replace sb (with sb): *They later replaced the coach (=trenera) with a younger man.* **2 zastąpić X (przez) Y** replace X with Y, substitute Y for X: *You can substitute olive oil for butter in the recipe.* | **coś nie może czegoś zastąpić** sth is no substitute for sth: *Vitamin pills are no substitute for healthy eating.* **3 zastąpić komuś drogę** block/bar sb's way: *He stood in the doorway, barring my way.* →patrz też ZASTĘPOWAĆ

zastęp *n (harcerzy)* patrol: *the boy scouts of the Black Bear patrol*

zastęp-ca/czyni *n* deputy: **zastępca dyrektora** deputy/assistant manager

zastępczy *adj* **1** surrogate: *a surrogate mother* **2 rodzice zastępczy/rodzina zastępcza** foster parents/family

zastępować *v* **1 zastępować kogoś** substitute for sb, stand in for sb: *I substituted for John when he was sick.* **2 zastępować coś** be a substitute for sth: *The asterisk (=gwiazdka) is a substitute for any number of characters (=dowolną liczbę znaków).*

zastępstwo *n* **1** *(osoba)* replacement, substitute, stand-in: *We're waiting for Mr. Dunlay's replacement.* **2 wziąć za kogoś zastępstwo** substitute for sb, stand in for sb: *Lynn stood in for me while I was ill.*

zastosować *v* →patrz STOSOWAĆ
zastosować się *v* **zastosować się do czegoś** follow sth, comply with sth, go along with sth: *She followed her mother's advice.* | *Anyone who fails to comply with the law will have to pay a £100 fine.* | *They were happy to go along with our suggestions.* →patrz też STOSOWAĆ SIĘ

zastosowanie *n* application, use: *The new technology could have military applications.* | *This drug has many uses.*

zastój *n* slowdown, stagnation: *a slowdown in the tourist trade*

zastraszać *v* intimidate: *Ben seems to enjoy intimidating younger children.* —**zastraszony** *adj* intimidated —**zastraszenie** *n* intimidation

zastrzec *v* **1 zastrzec sobie prawo do czegoś** reserve the right to do sth: *The management reserves the right to refuse admission.* **2 zastrzec (sobie), że ...** stipulate that ...: *Tony stipulated that all expenses be refunded.*

zastrzelić *v* **zastrzelić kogoś** shoot sb (dead), gun/shoot sb down: *She pulled out a gun and shot him.* | *Bobby Kennedy was gunned down in a hotel.*

zastrzeżenie *n* reservation: **mieć zastrzeżenia co do czegoś** have reservations about sth: *I still have reservations about promoting her (=co do jej awansu).* | **bez**

zastrzeżeń without reservation: *She loves him without reservation.*

zastrzyk *n* injection, shot: *The nurse gave me a tetanus injection* (=zastrzyk przeciwtężcowy).

zastukać *v* **zastukać w coś** knock/tap on sth: *I knocked on the door but nobody answered.* | *She went up and tapped on the window.*

zastygnąć *v* **1 zastygnąć (w bezruchu)** freeze: *Hugh froze when he saw the snake.* **2** *(cement itp.)* set: *How long does it take for the cement to set?*

zasugerować *v* **1** *(zaproponować)* suggest: *Don suggested that we should go to Japan next year.* **2** *(napomknąć)* hint, imply: *She hinted that there might be a possibility of a pay rise.* | *He implied that the money hadn't been lost, but was stolen.* | **zasugerować coś** hint at sth: *The President hinted at the possibility of military action.* → patrz też **SUGEROWAĆ**

zasunąć *v* **1** *(zasłony)* draw: *She drew the curtains and went to bed.* **2** *(zasuwę)* fasten: *She shut the iron door and fastened the bolt.*

zasuwa *n także* **zasuwka** bolt, *(podnoszona)* latch

zasuwać *v* **1** *(szybko biec)* run like hell: *We ran like hell and didn't stop until we were safely home.* **2** *(ciężko pracować)* work like crazy/hell: *He had to work like crazy to get the job done on time.*

zasygnalizować *v* **1** *(dać do zrozumienia)* signal, indicate: *Both sides have signalled their willingness to start negotiations.* | *He indicated that he had no desire to come with us.* **2** *(zwrócić uwagę na coś)* point to: *Many politicians have pointed to the need for a written constitution.*

zasypać *v* **1** *(dół, otwór)* fill in: *After a while we filled the pit back in and went home.* **2** *(człowieka)* bury: *The climbers were buried under a pile of rocks.* → patrz też **ZASYPYWAĆ**

zasypiać *v* fall asleep, go to sleep: *I always fall asleep watching TV.*

zasypywać *v* **zasypywać kogoś pytaniami** fire questions at sb: *The reporters fired non-stop questions at him.* → patrz też **ZASYPAĆ**

zaszczepić *v* **1** vaccinate, immunize, immunise *BrE*: *Have you been vaccinated against measles* (=przeciw odrze)? **2 zaszczepić coś komuś** instil *BrE*, instill *AmE* sth in/into sb, implant sth in sb, inculcate sb with sth: *They instilled good manners into their children at an early age.* | *a deep sense of patriotism that had been implanted in him by his father* | *Schools inculcate children with patriotic ideas from an early age.*

Z

zaszczycić *v* **1 być/czuć się zaszczyconym** be/feel honoured *BrE* /honored *AmE*: *I'm deeply honoured to be here.* **2 ktoś zaszczycił nas swoją obecnością** *(pojawił się niespodziewanie itp.)* sb has decided to honour us with their presence

zaszczyt *n* honour *BrE*, honor *AmE*, privilege: *It's a great honour to receive this award.* | **mieć zaszczyt coś zrobić** have the honour/privilege of doing sth: *Earlier this year I had the honor of meeting the President and Mrs Bush.* | *Ladies and gentlemen, I have the great privilege of introducing our speaker for tonight.*

zaszczytny *adj* **1** honourable *BrE*, honorable *AmE*: *They regarded this duty as an honourable one.* **2 zaszczytne miejsce** place of honour *BrE* /honor *AmE*

zaszkodzić *v* **1 zaszkodzić komuś/czemuś** damage/harm sb/sth, do harm to sb/sth: *Taylor felt her reputation had been damaged by the newspaper article.* | *Too much direct sunlight can harm the plant.* | *A little wine won't do you any harm.* THESAURUS DAMAGE **2 nie zaszkodzi coś zrobić** it does no harm to do sth, there's no harm in doing sth: *It does no harm to ask.* | *There's no harm in trying.* → patrz też **SZKODZIĆ**

zasznurować *v* lace up: *Lace up your shoes or you'll trip over.*

zaszokować *n* shock: *The language in the film may shock some people.*

zaszufladkować *v* pigeonhole: *He was pigeonholed as an action movie star.*

zaszyć *v* sew up: *I need to sew up this hole in my jeans.*
zaszyć się *v* bury yourself: *He buried himself in the country to work on his book.*

zaś[1] *conj* while: *That region has plenty of natural resources while this one has none.*

zaś[2] *part* **zwłaszcza/szczególnie/przede wszystkim zaś** particularly, especially: *Glycogen is found in various animal tissues* (=tkankach), *particularly in the liver.*

zaśmiać się *v* laugh: *"You look ridiculous!" Nick laughed.*

zaśmiecić *v* litter: *His desk was littered with books and papers.*

zaśpiewać *v* sing: *We are thankful you sang for us at the ceremony.* | *Can you sing us another song?*

zaświadczyć *v* confirm: *Walter confirmed that the money had been paid.*

zaświaty *n* the beyond: *tales* (=opowieści) *from the beyond*

zaświecić *v* **1** *(słońce)* come out: *After the storm, the sun finally came out.* **2 zaświecić latarką** shine a torch *BrE*, flashlight *AmE*: *Can you shine your torch over here so that I can see what I'm doing?*
zaświecić się *v* **1** *(światło, latarnie itp.)* come on: *A dog started barking and a light came on in the house.* **2** *(sygnalizacja itp.)* flash: *A light flashed on the pilot's control panel.* **3** *(oczy, twarz)* light up: *His face lit up with glee.*

zaświtać *v* **komuś zaświtało, że ...** it dawned on sb that ...: *It suddenly dawned on me that Terry had been lying.*

zataczać *v* **zataczać coraz szersze kręgi** spread wider and wider THESAURUS WALK
zataczać się *v* stagger: *I noticed an old drunk staggering along the road.*

zataić *v* withhold, suppress: *His name has been withheld for legal reasons.* | *His lawyer illegally suppressed evidence.*

zatamować *v* **1** *(krew)* staunch, stanch *AmE*, stem: *He used the cloth to try to staunch the flow of blood.* | *Do what you can to stem the bleeding.* **2** *(napływ lub przepływ)* stem: *The government is trying to stem the flow of drugs into the country.*

zatankować *v* fill up (with petrol) *BrE*, get gas *AmE*, refuel: *We need to stop off and get gas soon.* | *We stopped in Dubai to refuel.*

zatańczyć *v* dance: *Boys often ask her to dance with them but she always says no.* → patrz też **TAŃCZYĆ**

zatapiać *v* → patrz **ZATOPIĆ**

zatarasować *v* jam, block: *Crowds jammed the entrance to the stadium.* | *A huge truck blocked the road.* → patrz też **TARASOWAĆ**

zatelefonować *v* **zatelefonować do kogoś** phone sb (up), call sb *BrE*, call sb up *AmE*, ring sb (up) *BrE*: *Several people phoned the radio station to complain.* | *He said he'd* *call me tomorrow.* | *Why don't you call Suzie up and see if she wants to come over?*

zatem *adv* therefore: *The car is smaller and therefore cheaper to run.*

zatkać *v* **1** *(otwór)* stop/plug (up): *I used cement to plug the holes in the plaster.* **2 kogoś zatkało** sb was speechless: *She was speechless when I told her the news.*
zatkać się *v (rura itp.)* be clogged/blocked: *The drain in the bathtub is clogged.*

zatłoczony *adj* **1** *(autobus, pokój)* crowded, packed (out): *a crowded room* | *a packed commuter train* (=pociąg podmiejski) **2** *(droga)* busy, congested: *The roads were very busy this morning.* | *congested motorways*

zatoczka *n (przy drodze)* lay-by *BrE*, rest area *AmE*

zatoczyć się *v* → patrz ZATACZAĆ SIĘ

zatoka *n* **1** *(morska)* bay, gulf: *a beautiful sandy bay* | *Montego Bay* | *the Gulf of Mexico* | *the Persian Gulf* **2** *(nosowa itp.)* sinus: *His glands* (=węzły chłonne) *were swollen, and his sinuses felt as if they might explode.*

zatonąć *v* sink: *The boat sank after hitting a rock.* → patrz też TONĄĆ

zatopić *v* **1** *(teren)* flood: *Three days of heavy rain flooded many eastern cities.* **2** *(statek)* sink: *Three ships were sunk that night by enemy torpedoes.* **3 zatopić zęby/nóż w czymś** sink your teeth/a knife into sth: *The dog sank its teeth into my arm.*

zatopiony *adj* **1** sunken: *a sunken ship* | *sunken treasure* **2 zatopiony w czymś** *(zaabsorbowany)* immersed/absorbed in sth: *On the drive back home Victor sat immersed in his thoughts.* | *Natalie was sitting up in bed, absorbed in her book.*

zator *n* blockage, obstruction: *a blockage in the drain*

zatracić *v* lose: *He seems to have lost all sense of time* (=poczucie czasu).

zatroskany *adj* **1** *(człowiek)* concerned, worried: *concerned parents* **2** *(mina, spojrzenie)* worried: *a worried look*

zatroszczyć się *v* **zatroszczyć się o kogoś/coś** take care of sb/sth: *You'll do the cooking and I'll take care of the drinks.* → patrz też TROSZCZYĆ SIĘ

zatrucie *n* poisoning: **zatrucie pokarmowe** food poisoning

zatruć *v* poison: *Toxic waste has poisoned many rivers in the area.* → patrz też ZATRUWAĆ
zatruć się *v* get food poisoning: *I got food poisoning from eating a beefburger.*

zatrudnić *v* employ, take on, hire *AmE*: *He was employed as a language teacher.* | *Business is good – we'll have to take on more workers.* **—zatrudnienie** *n* employment **—zatrudnion-y/a** *n* employee

zatruty *adj* poisoned: *a poisoned arrow*

zatruwać *v* **zatruwać komuś życie** be the bane of sb's life: *That car! It's the bane of my life!*

zatrzask *n (przy kurtce itp.)* press-stud *BrE*, snap *AmE*

zatrzasnąć *v (drzwi)* slam: *Baxter left the room, slamming the door.*
zatrzasnąć się *v* **1** *(drzwi)* slam shut: *A door slammed shut in the distance.* **2** *(nie móc wyjść)* lock yourself in: *I'm sorry I'm late. I locked myself in again.*

zatrząść *v* **zatrząść czymś** shake sth: *The blast shook windows five miles away.*
zatrząść się *v* shake: *His hand shook as he signed the paper.* → patrz też TRZĄŚĆ SIĘ

zatrzeć *v* → patrz ZACIERAĆ
zatrzeć się *v* **1** *(różnice, wspomnienia itp.)* blur, get blurred: *The differences between the two parties have slowly blurred.* | *blurred memories* **2** *(silnik)* seize up

zatrzymać *v* **1** *(samochód, maszynę)* stop: *Stop the car. I want to be sick.* | *How do you stop the motor?* THESAURUS STOP **2 zatrzymać kogoś a)** *(zagadnąć)* stop sb: *A man stopped me in the street and asked for a light.* **b)** *(za przekroczenie prędkości itp.)* stop sb: *He's been stopped twice by the police for speeding.* **c)** *(aresztować)* detain sb: *Police detained the terrorists.* **d)** *(nie pozwolić odejść)* keep sb: *I don't know what's keeping her* (=nie wiem, co ją zatrzymało). *It's 8:00 already.* **3 zatrzymać (sobie) coś** keep sth, hold onto sth: *You can keep the book. I don't need it now.* | *You should hold on to the painting. It might be worth a lot of money.* **4 zatrzymać coś dla siebie** *(informację itp.)* keep sth to yourself: *It's official. We're leaving, but do me a favour and keep it to yourself, will you?*
zatrzymać się *v* **1** *(człowiek)* stop: **zatrzymać się, żeby coś zrobić** stop to do sth: *We stopped to get some gas in Louisville.* **2** *(pojazd)* stop, come to a stop/halt, grind to a halt: *The car stopped outside a big hotel.* | *The taxi came to a stop outside his house.* **3** *(zamieszkać)* stay, put up *BrE*: *We can put up at a hotel for the night.* → patrz też ZATRZYMYWAĆ SIĘ

zatrzymanie *n* detention

zatrzymywać się *v (pociąg, autobus)* stop: *Does this train stop at Broxbourne?* → patrz też ZATRZYMAĆ SIĘ

zatuszować *v* **zatuszować coś** cover/hush sth up: *Nixon's officials tried to cover up the Watergate affair.* | *The bank tried to hush the whole thing up.*

zatwardzenie *n* constipation: **mieć zatwardzenie** be constipated

zatwardziały *adj* **1** *(opozycja, zwolennik)* hard-core, hard-line: *hard-core opposition to abortion* | *a hard-line Marxist* **2** *(kawaler)* confirmed: *a confirmed bachelor*

zatwierdzić *v* approve, endorse, sanction: *We are waiting for our proposals to be approved.* | *The President refuses to endorse military action.* | *The UN refused to sanction the use of force.*

zatyczka *n* plug, stopper: **zatyczka do uszu** earplug

zatykać *v* → patrz ZATKAĆ

zatytułować *v* entitle: *a short poem entitled 'Pride of Youth'* → patrz też TYTUŁOWAĆ

zaufać *v* **zaufać komuś** trust sb, put your trust in sb: *I trusted Max, so I lent him the money.* | *If you put your trust in me, I won't let you down.* → patrz też UFAĆ

zaufanie *n* **1** trust, confidence: *the lack of trust between local people and the police* | *It took a long time to gain the little boy's confidence.* | *Our first priority is to maintain the customer's confidence in our product.* **2 godny zaufania** trustworthy **3 w zaufaniu** in confidence: *If I tell you something in confidence, I expect you to keep it to yourself.* **4 telefon zaufania** helpline → patrz też **wotum zaufania/nieufności** (WOTUM)

zaułek *n* → patrz **ślepy zaułek** (ŚLEPY)

zauroczyć *v* charm, enchant: *He was absolutely charmed by her dazzling smile.* | *You'll be enchanted by the beauty of the city.*

zautomatyzowany *adj* automated: *a fully automated telephone system*

zauważać *v* **nie zauważać kogoś/czegoś** not see/notice sb/sth: *If people think you're a beggar, they pretend not to see you.* →patrz też ZAUWAŻYĆ

zauważalny *adj* noticeable: *There's been a noticeable improvement in your work.* —**zauważalnie** *adv* noticeably

zauważyć *v* **1** *(zobaczyć)* notice, spot: *He spilled the tea, but Miss Whitley did not notice.* | *Max noticed that I was getting nervous.* | *Luckily, the enemy planes were spotted early.* **2** *(skomentować)* remark, point out: *"That's a lovely shirt you're wearing," she remarked.* | *Someone pointed out that Washington hadn't won a game in LA since 1980.* **3 zostać zauważonym** be/get noticed: *a young actress trying to get herself noticed*

zawahać się *v* hesitate: *She hesitated a moment before answering his question.* →patrz też WAHAĆ SIĘ

zawalić *v (robotę, egzamin)* mess up: *"How did you do on the test?" "Oh, I really messed up."*
zawalić się *v* collapse: *Many buildings collapsed during the earthquake.*

zawał *n* **zawał (serca)** heart attack: *My grandfather died of a heart attack.*

zawartość *n* **1** *(pojemnika)* contents: *the contents of his luggage* **2** *(tłuszczu, cukru itp. w czymś)* content: *Peanut butter has a high fat content.*

zaważyć *v* **zaważyć na czymś** be a (crucial/deciding/major) factor in sth: *The closeness to the river was the deciding factor in choosing the site for the factory.* | *The weather could be a factor in tomorrow's game.*

zawczasu *adv* ahead of time, beforehand: *Let me know ahead of time if you need a ride to the airport.* | *You should have told me about this beforehand.*

zawdzięczać *v* **zawdzięczać coś komuś** owe sth to sb, owe sb sth: *"You must be pleased you've won." "I owe it all to you."* | *"I owe my parents a lot," he admitted.* | *He owes a great deal* (=wiele zawdzięcza) *to his publishers.*

zawetować *v* veto: *Britain and the US vetoed the proposal.*

zawęzić *v* narrow (down): *We've narrowed down the number of candidates to just two.*

zawiadomić *v* **zawiadomić kogoś o czymś** inform/notify/advise sb of sth: *Please inform us of any change of address as soon as possible.* | *Have you notified the police?* | *We'll advise you of any changes in the delivery dates.* —**zawiadomienie** *n* notification

zawias *n* hinge

Z

zawiązać *v* **1 zawiązać węzeł/kokardę itp.** tie a knot/bow etc: *She pulled the ribbon tightly and tied a bow.* **2 zawiązać sznurowadła** do up/tie your shoelaces: *I can't do up my shoelaces.* **3 zawiązać komuś oczy** blindfold sb: *The hostages were blindfolded and led to the cellar.*

zawiedziony *adj* disappointed: *He was really disappointed that Kerry couldn't come.* | **+ czymś** with sth: *I was a little bit disappointed with my test results.*

zawieja *n* snowstorm, blizzard

zawierać *v (mieścić w sobie)* contain: *We also found a wallet containing $45.* | *a report that contained some shocking information.* →patrz też ZAWRZEĆ
zawierać się *v* **zawierać się w czymś** *(być częścią)* be included in sth: *The set* (=zbiór) *of positive numbers is included in the set of natural numbers.*

zawiesić *v* **1** *(obraz, lampę)* hang, suspend: *You've hung that picture upside down!* | *a chandelier* (=żyrandol) *suspended from the ceiling* **2** *(karę, działalność)* suspend: *His prison sentence was suspended for two years.*

zawieszenie *n* **1** *(wyroku)* suspended sentence: *a two-year suspended sentence* (=dwa lata w zawieszeniu) **2 zawieszenie broni** ceasefire **3 w stanie zawieszenia** in limbo: *I'm in limbo until I get my examination results.*

zawieść *v* **1 zawieść kogoś a)** *(rozczarować)* disappoint sb, let sb down: *You've disappointed me, Eric. I expected better.* | *Try not to let your father down - he believes in you.* **b)** *(odwaga, nerwy itp.)* fail (you): *At the last moment my nerve failed* (=w ostatniej chwili zawiodła mnie odwaga). **2 zawieść czyjeś nadzieje/oczekiwania** not live up to sb's hopes/expectations
zawieść się *v* **zawieść się na kimś** be disappointed in sb: *I'm disappointed in you! How could you have lied like that?*

zawieźć *v* take, drive: *Take the car to the garage to be repaired.* | *Just tell us when you have to go, and Jim will drive you.*

zawijać *v* →patrz ZAWINĄĆ

zawiły *adj* complex, intricate: *the complex nature of the human mind* | *an intricate pattern in the rug* —**zawiłość** *n* complexity, intricacy: *the intricacies of the filing system* (=systemu ewidencjonowania)

zawinąć *v* **1** wrap (up): *I haven't wrapped her present yet.* | *sandwiches wrapped up in foil* **2 zawinąć do portu** come into port: *U.S.S. Kentucky is scheduled to come into port at noon.*

zawinić *v* be at fault, be to blame: *It was the other driver who was at fault.* | *Hospital staff were not in any way to blame for the baby's death.*

zawirowania *n* twists and turns: *The life of a successful businessman has many such twists and turns.*

zawisnąć *v* **1** *(flaga, obraz)* be hung: *The new painting was hung next to the Picasso.* **2** *(chmura, groźba)* hang: *Dark clouds hung above the valley.* | *The prospect of famine hung over the whole area.*

zawiść *n* envy, jealousy: *He stared with envy at Robert's new car.* —**zawistny** *adj* envious, jealous

zawitać *v* come, arrive: *Spring has finally come* (=w końcu zawitała do nas wiosna).

zawładnąć *v* **zawładnąć czymś** capture sth: *Japanese firms have captured over 60% of the electronics market.* | *His stories of foreign adventure captured my imagination.*

zawłaszczyć *v* appropriate: *He is suspected of appropriating government funds.*

zawodni-k/czka *n* competitor, contestant: *Two of the competitors failed to turn up for the race.* | *The next contestant is Adam Małysz of Poland.*

zawodny *adj* unreliable: *The old machine was unreliable and slow.*

zawodowiec *n* professional

zawodowy *adj* **1** *(kariera, sportowiec)* professional: *a professional boxer/actor* | *professional qualifications* **2** *(choroba, ryzyko)* occupational: *occupational hazards* **3** *(szkolenie, poradnia)* vocational: *vocational training* **4 (zasadnicza) szkoła zawodowa** vocational school →patrz też **związek zawodowy** (ZWIĄZEK) —**zawodowo** *adv* professionally: *a chance to play football professionally*

zawodówka *n* →patrz **(zasadnicza) szkoła zawodowa** (ZAWODOWY)

zawody *n* competition, contest: *a volleyball competition* | *a skateboarding contest*

zawodzić *v* wail: *The wind wailed in the chimney.* → patrz też ZAWIEŚĆ

zawołać *v* **1** *(krzyknąć)* shout, exclaim: *Someone shouted, "She's over here!" | "What a lovely surprise!" she exclaimed.* **2** *(wezwać)* call: *The headmaster called me into his office.*

zawołanie *n* **1 na zawołanie** at the drop of a hat, on demand: *John could fall asleep at the drop of a hat, but then he'd wake up after ten or twenty minutes.* **2 jak na zawołanie** (right) on cue: *I was just asking where you were when you walked in, right on cue.* **3 być na czyjeś (każde) zawołanie** be at sb's beck and call: *I was tired of being at her beck and call all day long.*

zawozić *v* → patrz ZAWIEŹĆ

zawód *n* **1** profession, trade, occupation: **z zawodu** by profession/trade: *He's a lawyer by profession.* THESAURUS JOB **2 sprawić komuś zawód** disappoint sb, let sb down: *I'm sorry to disappoint you, but we won't be going on holiday this year. | You won't let me down, will you?* | **doznać zawodu** be disappointed: *I must say I was disappointed.* **3 zawód miłosny** heartbreak

UWAGA: profession, trade i occupation

Rzeczownika **profession** używamy w odniesieniu do zawodów, których wykonywanie wymaga specjalnego wykształcenia i kwalifikacji: *What made you choose law as a profession?* Rzeczownik **trade** odnosi się do zawodów, których wykonywanie wymaga zdolności manualnych: *My grandfather was a plumber by trade* (= był z zawodu hydraulikiem). Rzeczownik **occupation** ma znaczenie najbardziej ogólne i występuje zwykle w języku formalnym, np. w oficjalnych formularzach: *Please state your name and occupation.*

zawór *n* valve: **zawór bezpieczeństwa** safety valve

zawracać *v* → patrz **zawracać komuś głowę, nie zawracaj sobie tym głowy** (GŁOWA), → patrz też ZAWRÓCIĆ

zawrotny *n* **1** *(suma)* staggering: *She spent a staggering £2,000 on a new dress.* **2 z zawrotną prędkością** at breakneck speed: *The taxi was driving at breakneck speed.*

zawroty *n* **zawroty głowy** dizziness, vertigo: **mieć zawroty głowy** feel dizzy/giddy: *She feels dizzy when she stands up.*

zawrócić *v* turn back: *They had to turn back because of the snow.* | **zawrócić kogoś** turn sb back: *Journalists were turned back at the border.* → patrz też **zawrócić komuś w głowie** (GŁOWA)

zawrzeć *v* **1 zawrzeć umowę/kontrakt** enter into/sign a contract: *They have just entered into a lucrative contract with a clothing studio.* **2 zawrzeć układ/porozumienie** strike/make/cut/do a deal, strike/make a bargain: *The two teams did a deal and Robson was traded. | Management and unions* (=dyrekcja i związki zawodowe) *have struck a bargain over wage increases.* **3 zawrzeć związek małżeński** get married: *My parents got married in 1970.* **4** *(w książce itp.)* include: *In his last book, the writer included an all-encompassing vision of the fate of a generation.* → patrz też **zawrzeć pokój** (POKÓJ), **zawrzeć sojusz** (SOJUSZ), **zawrzeć znajomość z kimś** (ZNAJOMOŚĆ), → patrz też WRZEĆ

zawstydzić *v* **zawstydzić kogoś** shame sb, make sb (feel) ashamed of themselves: *The teacher shamed him in front of the whole class. | The whole thing made me ashamed of myself.*

zawstydzić się *v* → patrz WSTYDZIĆ SIĘ —**zawstydzony** *adj* ashamed (of yourself)

zawsze *adv* **1** always: *Always lock your car. | We're always ready to help you. | I've always wanted to go to China.* | **nie zawsze** not always: *It's not always easy to separate cause from effect.* | **jak zawsze** as always: *As always, everything went wrong at the last minute.* **2 na zawsze** forever: *Beth wished she could stay there forever.* **3 raz na zawsze** once and for all: *Let's settle this once and for all.* **4 zawsze (jednak) możesz ...** you could always ...: *You could always try calling her.*

zawyżony *adj* inflated: *inflated prices | an inflated budget estimate* (=prognoza budżetowa)

zawzięty *adj* **1** *(wróg, sprzeciw)* bitter: *bitter enemies | bitter opposition to the Party's proposals* **2** *(walka)* fierce, ferocious: *Fighting was fiercest near the town centre. | a ferocious battle* **3** *(dyskusja)* heated: *a heated debate* —**zawzięcie** *adv* fiercely, bitterly: *Congress and the White House are bitterly debating whether to extend China's 'most favoured nation' status.*

zazdrosny *adj* envious, jealous: *Tara was jealous when she saw all the girls in their new dresses. | a jealous husband | an envious look* | **+ o kogoś** of sb: *Tom is jealous of his baby sister.*

zazdrościć *v* **zazdrościć komuś** envy sb, be jealous/envious of: *I envy Colin - he travels all over the world in his job!* | **zazdrościć komuś czegoś** envy sb (for) sth, be jealous/envious of sb's sth: *He envied Rosalind for her youth and strength. | Why are you so jealous of his success?* —**zazdrość** *n* envy, jealousy: *He was looking with envy at Al's new car.* —**zazdrośnie** *adv* enviously, jealously

zaznaczyć *v* **1** *(punkt, trasę)* mark: *He had marked the route in red.* **2** *(wyraz)* highlight: *Click the highlighted word to open a new window.* **3 zaznaczyć, że ...** emphasize that ...: *It should be emphasized that flying is a very safe way to travel.*

zaznać *v* **zaznać szczęścia/spokoju itp.** find happiness/peace etc: *two lonely people who managed to find happiness together*

zaznajomić *v* **zaznajomić kogoś z czymś** introduce sb to sth, familiarize sb with sth: *It was Mary who introduced us to Thai food. | Booklets will help familiarize restaurant owners with the new regulations.*

zaznajomić się *v* **zaznajomić się z czymś** get acquainted with sth, familiarize yourself with sth: *Familiarize yourself with the new office routine.*

zaznajomiony *adj* **zaznajomiony z czymś** acquainted with sth: *All our employees are fully acquainted with safety regulations.*

zazwyczaj *adv* usually, ordinarily: *We usually go out for dinner on Saturday. | I don't ordinarily go to movies in the afternoon.*

zażalenie *n* complaint: **złożyć zażalenie** make a complaint: *You can make a formal complaint to the Health Authority.*

zażarcie *adv* fiercely: *Throughout the 1980s, computer companies competed fiercely for market share.*

zażartować *v* joke, make a joke: *I once made a joke that I would quit gymnastics.* → patrz też ŻARTOWAĆ

zażarty *adj* fierce: *fierce competition*

zażądać *v* → patrz ŻĄDAĆ

zażegnać *v* **1** *(zapobiec)* prevent: *We all hope that discussions can be held to prevent strike action.* **2** *(załagodzić)* resolve: *Congressmen called for a third meeting to resolve the conflict.*

zażenowany *adj* embarrassed —**zażenowanie** *n* embarrassment

zażyczyć *v* **zażyczyć sobie czegoś** request sth: *I've requested a copy of my insurance policy.*

zażyć *v (lek)* take: *Take two pills at once.* →patrz też ZAŻYWAĆ

zażyły *adj* intimate: *an intimate relationship* —**zażyłość** *n* intimacy

zażywać *v* **1** *(narkotyki)* take, use: *Taking drugs is an offence.* **2 zażywać ruchu** exercise: *You should exercise more.* **3 zażywać bogactwa/luksusów itp.** live in wealth/luxury etc →patrz też ZAŻYĆ

ząb *n* tooth: **myć zęby** clean/brush your teeth | **ból zęba** toothache | **kogoś boli ząb** sb has a toothache →patrz też **ząb mądrości** (MĄDROŚĆ), **ząb trzonowy** (TRZONOWY), **pasta do zębów** (PASTA), **szczoteczka do zębów** (SZCZOTECZKA), **trzymać język za zębami** (JĘZYK)

ząbek *n* →patrz ZĄB, →patrz też **ząbek czosnku** (CZOSNEK)

ząbkować *v* teethe: *The baby is teething.*

zbaczać *v* →patrz ZBOCZYĆ

zbadać *v* **1** *(pacjenta, narząd)* examine: *The doctor has examined her shoulder and sent her for an X-ray.* **2** *(krew, wzrok itp.)* test: *I must have my eyes tested.* **3** *(przeanalizować)* examine, study: *The finance committee will examine your proposals.* →patrz też BADAĆ

zbagatelizować *v* →patrz BAGATELIZOWAĆ

zbankrutować *v* go bankrupt: *Many small business went bankrupt during the recession.*

Zbawiciel *n* the Saviour *BrE*, Savior *AmE*

zbawić *v* redeem, save: *Christ came to Earth to redeem us from our sins.* —**zbawienie** *n* redemption, salvation

zbawienny *adj* beneficial: *Tax cuts would have a beneficial effect on the economy.*

zbesztać *v* tell/tick *BrE* sb off: *My dad told me off for swearing.*

zbezcześcić *v* desecrate

zbędny *adj* unnecessary, superfluous: *I'm trying to cut down on all my unnecessary spending.* | *We could all see what was going on, so the commentary was superfluous.*

zbić *v* **1** *(szklankę, szybę)* break: *I broke my mother's vase this morning.* **2 zbić kogoś** give sb a beating →patrz też BIĆ
zbić się *v* break: *The vase broke into several pieces.*

Z

zbiec *v* **1** *(uciec)* run away, make a getaway: *The thieves made a getaway through a downstairs window.* **2 zbiec na dół a)** *(z górki)* run down: *Alison ran down the hill.* **b)** *(po schodach)* run downstairs: *Run downstairs and fetch me a glass of water.*
zbiec się *v* **1** *(w praniu)* shrink: *The new trousers shrank in the wash and I had to give them to my sister.* **2 zbiec się z czymś** coincide with sth: *The Suez crisis coincided with the uprising in Hungary.*

zbieg *n* **1** *(z więzienia)* escaped prisoner: *Two of the escaped prisoners are still at large* (=na wolności). **2 zbieg okoliczności** coincidence: *What a coincidence! I hadn't expected to meet you here.*

zbierać *n* **1** *(znaczki itp.)* collect: *I started collecting foreign coins when I was eight years old.* **2** *(pieniądze na cele dobroczynne)* collect, raise: *The children are collecting money for the Red Cross.* | *We are raising money to pay for a new hospital ward.* **3** *(grzyby itp.)* pick: *Picking mushrooms is very popular in Poland.*
zbierać się *v* **1** *(gromadzić się)* gather: *We always gather at my Mother's place on Christmas Eve.* **2 zbierać się do wyjścia** be about to leave: *We were just about to leave when Jerry arrived.* **3 zbiera się na deszcz/burzę itp.** there's going to be rain/a storm etc: *There's going to be a snow storm.*

zbieżny *adj* **1** *(podobny)* similar: *We have similar interests.* **2 być zbieżnym (z czymś)** coincide (with sth): *Suspects are interviewed in separate rooms to see if their stories coincide.* —**zbieżność** *n* coincidence: *a coincidence of opinion among board members* (=członków zarządu)

zbiornik *n* **1** *(pojemnik)* tank: *a fuel tank* **2** *(wodny)* reservoir: *This reservoir supplies water to half of Los Angeles.* THESAURUS LAKE

zbiorowość *n* community: *the local community*

zbiorowy *adj* collective, corporate: *It's our collective responsibility to see that everything is done right.* | *corporate identity*

zbiór *n* **1** *(znaczków itp.)* collection: *my uncle's stamp collection* **2** *(w matematyce)* set: *all elements of the set* **3** *(dzieł, wierszy itp.)* compilation **4 zbiory** *(plony)* crop, harvest: *Farmers have had a record wheat harvest this year.*

zbiórka *n* **1** *(pieniędzy)* collection, fund-raising: *Every Christmas we have a collection for charity at work.* **2** *(śmieci itp.)* collection: *garbage collection* **3 zbiórka!** fall in!

zbity *adj* **1** *(szkło, szyba)* broken: *broken glass* **2** *(ziemia itp.)* compacted

zblednąć *v* turn pale, pale, blanch: *Mary suddenly turned pale and vomited.* | *Hettie paled when she heard what had happened.* | *Steve swallowed* (=przełknął ślinę) *and blanched.*

zbliżać *v* →patrz ZBLIŻYĆ
zbliżać się *v* **1** *(pora, wydarzenie)* approach, be coming up, draw near: *Our vacation is approaching and we still can't decide where to go.* | *Isn't your birthday coming up?* | *The summer holidays are drawing near.* **2 zbliża się godzina 7** it's now approaching 7 o'clock **3 nie zbliżaj się!** keep back!, stand back! →patrz też ZBLIŻYĆ SIĘ

zbliżenie *n* **1** *(fotografia)* close-up: *a close-up of the actor's face* **2** *(stosunek)* (sexual) intercourse

zbliżyć *v* **zbliżyć kogoś** bring sb (closer) together: *Our daughter's death actually brought us closer together.*
zbliżyć się *v* come closer, approach: *"Come closer," she whispered.* | *The doors opened automatically as we approached.* | **zbliżyć się do kogoś/czegoś** approach sb/sth, come closer to sb/sth: *Her excitement grew as she approached his house.* →patrz też ZBLIŻAĆ SIĘ

zbłaźnić się *v* make a fool of yourself: *She realized she'd made a complete fool of herself.*

zbocze *n* slope, hillside/mountainside: *walking slowly up a steep slope* | *sheep grazing on the steep hillside*

zboczeniec *n* pervert

zboczyć *v* **1 zboczyć z czegoś** *(z trasy itp.)* deviate from sth: *The plane had to deviate from its normal flight path.* **2 zboczyć z tematu** wander off the subject: *I wish he'd stop wandering off the subject.*

zbojkotować *v* boycott: *Six countries have threatened to boycott the Olympics.*

zbombardować *v* →patrz BOMBARDOWAĆ

zboże *n* cereal, corn *BrE*

zbożowy *adj* **1 płatki zbożowe** cereal **2 kawa zbożowa** chicory coffee

zbój *n* thug

zbrodnia *n* crime: **zbrodnie wojenne** war crimes: *Mladic was guilty of carrying out serious war crimes.* | **zbrodnie przeciwko ludzkości** crimes against humanity | **zbrodnia nienawiści** hate crime

zbrodnia-rz/rka *n* criminal: **zbrodniarz wojenny** war criminal

zbrodniczy *adj* murderous: *Stalin's murderous regime*

zbroić *v (beton)* reinforce: *reinforced concrete* →patrz też UZBROIĆ

zbroić się *v* →patrz UZBROIĆ SIĘ

zbroja *n* armour *BrE*, armor *AmE*

zbrojenia *n* **1** armaments: *nuclear armaments* **2 kontrola zbrojeń** arms control **3 wyścig zbrojeń** the arms race

zbrojny *adj* **siły zbrojne** armed forces: *people who served in the armed forces during the war*

zbrojownia *n* armoury *BrE*, armory *AmE*

zbrukać *v* tarnish: *A series of unpleasant incidents has tarnished the school's respectable image.*

zbrzydnąć *v* **1** become/grow ugly/uglier: *She grew thinner and uglier.* **2 coś komuś zbrzydło** sb got sick of sth: *I got sick of politics.*

zbudować *v* build, construct: *They've built a house near the lake.* | *The Golden Gate Bridge was constructed in 1933–37.* | *huge skyscrapers constructed entirely of concrete and glass*

zbudzić (się) *v* →patrz OBUDZIĆ (SIĘ)

zbulwersować *v* scandalize, scandalise *BrE*: *a crime that has scandalized the entire city* —**zbulwersowany** *adj* appalled: *I was appalled by John's rude behaviour.* →patrz też BULWERSOWAĆ

zbuntować się *v* rebel: *those who had rebelled against the government*

zbuntowany *adj* rebellious, mutinous: *rebellious/mutinous teenagers* | *mutinous soldiers*

zburzyć *v* **1** *(budynek)* pull/tear down, demolish: *Some of these old apartment blocks are going to be torn down.* **2** *(miasto, mit, ustalony porządek)* demolish: *They killed over 1000 people and demolished several villages.* | *We want to demolish the divisions between nationalities* (=podziały między narodami). —**zburzenie** *n* demolition: *The plans involve the demolition of some 18th century houses.*

zbutwiały *adj* musty: *musty old books*

zbyć *v* **1 zbyć kogoś czymś** put sb off with sth: *I managed to put Ron off with a promise to pay him next week.* **2 zbyć coś** *(zignorować)* dismiss sth: *He dismissed her concerns with a wave of the hand.*

zbyt[1] *adv* too: *He was driving too fast.* | *This dress is too small for me.*

zbyt[2] *n* **rynek zbytu** market: *the market for specialist academic books*

zbyteczny *adj* unnecessary, redundant: *a rather unnecessary remark* | *too much redundant detail*

zbytek *n* luxury: *Caviar! I'm not used to such luxury!*

zbytni *adj* excessive: *excessive curiosity* —**zbytnio** *adv* excessively, unduly: *an excessively subservient manner* (=służalczy sposób bycia) | *Perhaps I've been unduly severe in my judgement of him.*

zbzikować *v* go crazy: *I couldn't spend another day here – I'd go crazy.*

zdać *v* **1** *(egzamin)* pass: *Only three people passed the test.* | **nie zdać** fail: *I failed my driving test the first time I took it.* **2 ktoś zdał do trzeciej klasy** sb was promoted to the third grade, sb passed the second grade, sb passed on into the third grade **3** *(oddać)* return: *After you finish working you must return all the tools.* →patrz też ZDAWAĆ, **zdać sprawę z czegoś** (SPRAWA)

zdać się *v* **1 na nic się nie zdać** not do any good, do no good, be no use/help: *He tried to persuade her, but it didn't do any good.* | *This map's no use – it doesn't show the minor roads.* | **nie na wiele się zdać** not do much good, be of little use/help **2 zdać się na los** trust to fate/luck/chance: *I decided to just apply for the job and trust to luck for the rest.* →patrz też ZDAWAĆ SIĘ, → **zdać się na czyjąś łaskę** (ŁASKA)

zdalnie *adv* **zdalnie sterowany** remote-controlled

zdalny *adj* **zdalne sterowanie** remote control

zdanie *n* **1** *(w gramatyce)* **a)** sentence: *a long and convoluted sentence* **b)** *(podrzędne, nadrzędne)* clause: *a relative clause* THESAURUS OPINION **2** *(opinia)* opinion: *Everyone's entitled to their opinion* (=każdy ma prawo do własnego zdania). | **być zdania, że ...** be of the opinion that ...: *Aristotle was of the opinion that there would always be rich and poor in society.* | **moim zdaniem** in my view/opinion: *In my view, what this country needs is a change of government.* | **różnica zdań** difference of opinion: *a difference of opinion over aims and methods* **3 zmienić zdanie** change your mind: *OK, I've changed my mind.*

zdarzyć się *v* happen, occur: *A strange thing happened on my way to school.* | *Major earthquakes like this occur very rarely.* THESAURUS HAPPEN

zdatny *adj* **zdatny do picia** drinkable

zdawać *v (egzamin)* take, sit: *It's up to him whether he takes the exam or not.* →patrz też ZDAĆ **zdawać sobie sprawę** (SPRAWA)

UWAGA: zdać egzamin i zdawać egzamin

Zwróć uwagę, że wyrażenia te tłumaczymy za pomocą różnych czasowników: „zdać egzamin" to po angielsku **pass an exam**, a „zdawać egzamin" – **take/sit an exam**.

zdawać się *v* **1 (komuś) zdaje się, że ...** it seems (to sb) (that) ...: *It seems that someone forgot to lock the door.* | *It seems to me you don't have much choice.* **2 zdawało ci się** you must have imagined it: *I didn't say anything; you must have imagined it.* →patrz też WYDAWAĆ SIĘ, ZDAĆ SIĘ

zdawkowy *adj* curt, terse: *He gave a curt reply.* | *a terse letter*

zdążać *v* **zdążać do/w kierunku** be bound for: *The ship was bound for New York.*

zdążyć *v* **1** make it: *If we run, we should make it.* | *I just made it to the bathroom before throwing up.* **2 zdążyć coś zrobić** manage to do sth: *I managed to get to the store just before it closed up for the night.* **3 nie zdążyć na autobus itp.** miss the bus etc: *I overslept and missed the train.*

zdecentralizować *v* decentralize, decentralise *BrE*: *Many firms have decentralized parts of their operations.*

zdechnąć *v* die: *The dog died two hours after swallowing the poison.*

zdecydować *v* decide, make up your mind: *Have you decided when you're going to get married?* | *Have you made up your mind which college you want to go to?* | **zdecydować, że ...** decide (that) ...: *She decided that the dress was too expensive.* THESAURUS DECIDE → patrz też DECYDOWAĆ
zdecydować się *v* **1 zdecydować się coś zrobić** decide to do sth: *They decided to sell the house.* **2 zdecydować się na kogoś/coś** decide in favour *BrE*, favor *AmE* of sb/sth: *After a long discussion they decided in favour of the younger candidate.* → patrz też DECYDOWAĆ SIĘ

zdecydowanie[1] *adv* **1** decidedly, definitely: *Her boss was decidedly unsympathetic.* | *That was definitely the best movie I've seen all year.* **2 zdecydowanie najlepszy itp.** easily the best etc: *She is easily the most intelligent girl in the class.*

zdecydowanie[2] *n* decisiveness: *speed and decisiveness*

zdecydowany *adj* decisive, determined, resolute: *a strong, decisive leader* | *a determined politician* | *a swift and decisive action* | *Our actions must be resolute and our faith unshakable.*

zdefiniować *v* → patrz DEFINIOWAĆ

zdeformować *v* deform: *The heat had deformed the plastic.* —**zdeformowany** *adj* deformed: *Her left leg was deformed.*

zdefraudować *v* embezzle: *He had embezzled $10,000 by falsifying the accounts.*

zdegenerowany *adj* degenerate: *a morally degenerate society*

zdegradować *v (pracownika)* demote, downgrade, relegate: *He's been relegated to the role of assistant.*

zdegustowany *adj* disgusted: *Disgusted with the political corruption in her homeland, she settled in France.* | *a disgusted look*

zdejmować *v* → patrz ZDJĄĆ

zdeklarować się *v* **1 zdeklarować/zadeklarować się jako ktoś** declare yourself (to be) sth: *She had publicly declared herself a lesbian.* **2 zdeklarować się po stronie czegoś/przeciwko czemuś** declare yourself to be for/against sth: *He declared himself to be for the war, albeit with reservations.*

zdeklarowany *adj* professed: *a professed Christian/atheist/anarchist*

zdelegalizować *v* make illegal: *The hunting of rare animals should be made illegal.*

zdemaskować *v* expose, unmask: *His criminal activities were finally exposed in "The Daily Mirror".* | *Klaus von Bulow was exposed as a liar and a cheat.*

zdemolować *v* vandalize, vandalise *BrE*: *A gang of youths have vandalized the store.*

zdemontować *v* dismantle: *Chris dismantled the bike in five minutes.*

zdemoralizować *v* → patrz DEMORALIZOWAĆ

zdenerwować *v* upset: *Kopp's comments upset many of his listeners.* → patrz też DENERWOWAĆ
zdenerwować się *v* get upset: *When I told him about it he got very upset.* → patrz też DENERWOWAĆ SIĘ

zdenerwowany *adj* nervous: *Joan's stiff walk showed how nervous she was.* —**zdenerwowanie** *n* nervousness: *Joe's voice betrayed his nervousness.*

zdeponować *v* deposit: *You are advised to deposit your valuables in the hotel safe.*

zdeprawowany *adj* depraved: *a vicious and depraved man*

zdeptać *v* **zdeptać coś a)** *(trawnik itp.)* trample (on) sth, trample sth underfoot: *Kids chasing balls have trampled the flower beds.* | *She dropped her jacket and it was trampled underfoot.* **b)** *(prawa, godność)* trample on sth, trample sth underfoot: *The colonial government had trampled on the rights of the native people.*

zderzak *n* bumper *BrE*, fender *AmE*

zderzenie *n* **1** *(pojazdów)* collision: *a head-on* (=czołowe) *collision between two trains* **2** *(konfrontacja)* clash: *a personality clash between Tyler and her teacher*

zderzyć się *v* collide: *The two trains collided in a tunnel.* | *In the thick fog, her car collided with a lorry.*

zdesperowany *adj* desperate: *an appeal from the teenager's desperate parents*

zdeterminowany *adj* determined: *He was determined to become an artist.*

zdetonować *v* detonate: *Army experts detonated the bomb safely in a nearby field.*

zdewaluować *v* devalue: *The rouble has been devalued.*
zdewaluować się *v* devalue: *With time, the old metaphors have devalued.*

zdewastować *v* vandalize, vandalise *BrE*: *It's supposed to be impossible to vandalize the new style of public telephone.* THESAURUS DAMAGE

zdezelowany *adj* dilapidated: *a dilapidated chair*

zdezerterować *v* desert: *He deserted from the army.*

zdezorganizowany *adj* disorganized: *a bunch of disorganized amateurs*

zdezorientować *v* disorient, disorientate *BrE*: *The invention made use of smoke to disorientate burglars.* | *The maze* (=labirynt) *of hallways can disorient visitors who are unfamiliar with the building.* —**zdezorientowany** *adj* disoriented, disorientated *BrE*, confused: *At first, the fire left them shocked and disoriented.* | *I am totally confused. Could you explain that again?*

zdezynfekować *v* → patrz DEZYNFEKOWAĆ

zdiagnozować *v* diagnose: *The illness was diagnosed as mumps.* | *His doctor diagnosed cancer.* | **zdiagnozować coś u kogoś** diagnose sb with sth/as having sth: *Her mother was diagnosed with hepatitis.* | *He was diagnosed as having appendicitis.*

zdjąć *v* **1** *(ubranie)* take off, remove: *Take your coat off.* | *He removed his hat and gloves.* **2** *(zabrać skądś, usunąć)* remove: *Do not remove this notice.* | *To remove the lid, turn counterclockwise.* | *Just sit still while I remove the bandage.* → patrz też **zdjąć kogoś ze stanowiska** (STANOWISKO)

zdjęcie *n* **1** *(fotografia)* photograph, photo, picture: *an old photograph of my grandfather* | *She keeps a picture of her boyfriend by her bed.* | **zrobić (komuś) zdjęcie** take a picture/photo(graph) (of sb): *Do you mind if I take a picture of you?* | *Visitors are not allowed to take photographs.* **2** *(ujęcie filmowe)* shot: *a beautiful shot of the countryside around Prague* **3 zdjęcia** *(napis w czołówce filmu)* director of photography **4 zdjęcie rentgenowskie** X-ray

zdławić *v* crush, smother: *The revolution was crushed within days.* | *They promised to smother all opposition* (=wszelki opór).

Z

zdmuchnąć *v* blow out: *Blow out all the candles.*

zdobić *v* **1** *(ozdabiać)* decorate, adorn: *bowls decorated with an intricate floral pattern | The bridesmaids adorn their heads with flowers.* **2** *(być ozdobą)* grace: *His portrait now graces the wall of the drawing room.*

zdobycie *n* **1** *(państwa, szczytu)* conquest: *the conquest of K2* **2** *(miasta)* capture, conquest: *the capture of Jerusalem* **3** *(medalu, nagrody, stypendium)* winning: *Her first reaction to winning the award was disbelief. | The President congratulated him on winning the title.* **4** *(punktu, bramki)* scoring

zdobycz *n* **1** *(łup)* booty: *Caesar's armies returned home loaded with booty.* **2** *(ofiara drapieżnika)* prey: *Snakes track their prey by scent.* **3** *(osiągnięcie)* achievement: *the achievements of modern technology*

zdobyć *v* **1** *(miasto, czyjeś serce)* capture, conquer: *The barbarians conquered Rome. | The town was captured after a ten-day siege* (=oblężeniu). *| She had conquered the hearts of the local people.* THESAURUS GET **2** *(szczyt)* conquer: *Edmund Hillary and Sherpa Tenzing made history in 1953 by conquering Mount Everest.* **3** *(medal, nagrodę, głosy, pochwały)* win: *How does it feel to have won the gold medal? | That year, Michael Caine nearly won an Oscar. | Those tactics won't win them any votes. | Her novel won the praise of critics.* **4** *(punkt, bramkę)* score: *Who scored the most points? | France took the lead when they scored a goal after ten minutes.* **5** *(niepodległość, poparcie itp.)* gain: *After gaining independence in 1957, it was renamed 'Ghana'. | You'll gain useful experience in working with computers. | The Greens are gaining more and more support.* **zdobyć się** *v* **zdobyć się na coś/na to, żeby coś zrobić** bring yourself to do sth: *I couldn't bring myself to apologize to Stan.* →patrz też **zdobyć się na odwagę** (ODWAGA)

zdobyw-ca/czyni *n* **1** *(miasta, szczytu)* conqueror: *William the Conqueror* **2** *(nagrody, tytułu)* winner **3 zdobywca bramki** scorer

zdolność *n* ability, capacity: *Our ability to speak separates us from other mammals. | the ability to withstand very low temperatures | a capacity to think in an original way*

zdolny *adj* **1** gifted, able, capable: *a gifted pianist | one of my more able students | She is an extremely capable lawyer.* **2 zdolny do czegoś** capable of sth: *I don't think Banks is capable of murder.*

zdołać *v* **1 zdołać coś zrobić** be able to do sth, manage to do sth: *Will you be able to come tonight? | I was just able* (=ledwo zdołałem) *to reach the handle. | Jenny managed to pass her driving test at the fifth attempt.* **2 nie zdołać czegoś zrobić** fail to do sth: *Doctors failed to save the girl's life.*

zdominować *v* dominate: *Education issues dominated the election campaign. | a society dominated by males*

zdopingować *v* **zdopingować kogoś do czegoś** encourage sb to do sth: *If you can encourage him to take more exercise he will recover more quickly.* →patrz też DOPINGOWAĆ

zdrada *n* **1** *(przyjaciół, ideałów itp.)* betrayal: *Her family regard her marriage to a non-Muslim as a betrayal.* **2** *(przejście na stronę wroga)* treachery, treason: **zdrada stanu** high treason **3** *(małżeńska)* adultery: *He had committed adultery on several occasions.*

UWAGA: treachery i treason

Treachery oznacza „zdradę" jako zachowania nielojalne wobec władcy, sojusznika itp., natomiast **treason** to „zdrada" jako przestępstwo polityczne: *When the King found out about his brother's treachery he ordered him to be killed. | Any criticism of the emperor was treated as treason.*

zdradliwy *adj także* **zdradziecki** treacherous: *treacherous Himalayan footpaths | treacherous colleagues*

zdradzać *v (przejawiać)* show: *Watson showed no emotion when the judge handed out the sentence. | The child shows a healthy curiosity about the world around her.*

zdradzić *v* **1** *(sprzeniewierzyć się)* betray: *people who are prepared to betray their country for money | What kind of man would betray his ideals?* **2** *(ujawnić)* give away, betray: *He said he hadn't told her, but his face gave him away. | Ian had given her secret away. | The tremor in his voice betrayed his nervousness.* **3** *(partnera)* cheat on, be unfaithful to: *I think Dan's cheated on Debbie again. | Edward discovered that Sarah had been unfaithful to him.* **zdradzić się** *v* give yourself away: *The shoplifter gave himself away by constantly looking around for cameras.*

zdradziecki *adj* →patrz ZDRADLIWY

zdraj-ca/czyni *n* traitor: *He was hanged as a traitor.*

zdrętwieć *v* go numb/dead: *The anaesthetic had made his whole face go numb. | When I got up my leg had gone totally dead.* —**zdrętwiały** *adj* numb: *My left hand was completely numb.*

zdrobnienie *n* diminutive

zdrowie *n* **1** health: *Betty is worried about her husband's health. | Smoking can seriously damage your health. |* **zdrowie psychiczne** mental health | **szkodzić zdrowiu** be bad for your health: *Excessive drinking is bad for your health. |* **w dobrym zdrowiu** in good health: *My grandfather appeared to be in good health.* **2 wracać do zdrowia** recover: *After a few days of fever, he began to recover.* **3 na zdrowie! a)** *(kiedy ktoś kichnie)* bless you! **b)** *(toast)* cheers!: *"Cheers, Graham!" "Cheers."* **4 wypić czyjeś zdrowie** drink (to) sb's health: *Let's drink to Tom's health!* **5 służba zdrowia** health (care): *Public health care suffered badly in the recession. | The government has promised to spend more on health and education.* **6 ośrodek zdrowia** health centre *BrE*, center *AmE*

zdrowieć *v* recover: *Kids recover quickly.*

zdrowo *adv* **1 czuć się/wyglądać zdrowo** feel/look healthy: *Meditation relaxes you and makes you feel more healthy. | The puppies looked healthy and strong.* **2 zdrowo się odżywiać** eat healthily: *Eating healthily and taking regular exercise is the only reliable method of losing weight.* **3** *(mocno, bardzo)* well and truly: *I went out and got well and truly drunk.*

zdrowotny *adj* **1 opieka zdrowotna** health care **2 urlop zdrowotny** sick leave **3 ubezpieczenie zdrowotne** health insurance

zdrowy *adj* **1** healthy: *a healthy baby boy | healthy skin | healthy competition* (=rywalizacja) *| The economy is looking quite healthy now. | a healthy climate for businesses* THESAURUS HEALTHY **2** *(jedzenie)* healthy, wholesome: *a healthy diet | wholesome food |* **zdrowa żywność** health food, wholefood **3 zdrowy jak koń/ryba** (as) sound as a bell, (as) fit as a fiddle **4 zdrowy na umyśle** sane: *Of course he isn't mad. He's as sane as you or I.* **5 Zdrowaś Mario** Hail Mary →patrz też **cały i zdrowy** (CAŁY), **zdrowy rozsądek** (ROZSĄDEK), **przy zdrowych zmysłach** (ZMYSŁ)

zdrożeć *v* →patrz DROŻEĆ

Z

zdrój *n (źródło)* spring

zdruzgotać *v* shatter: *The man hit him over the head with a baseball bat and shattered his skull.* —**zdruzgotany** *adj* devastated, shattered: *Ellen was devastated when we told her what had happened.* | *I wasn't just disappointed, I was absolutely shattered.*

zdrzemnąć się *v* **1** take/have a nap: *Why don't you take a nap in my room?* THESAURUS SLEEP **2** *(niechcący)* doze off: *I'm sorry, I must have dozed off for a minute.*

zdumieć *v* →patrz ZDUMIEWAĆ
zdumieć się *v* marvel: *I marvelled at my mother's ability to remain calm in a crisis.* | *I marvelled that anyone could be so stupid.*

zdumienie *n* **1** amazement, astonishment: *Ralph gasped in amazement.* | *There were gasps of astonishment from the audience.* **2 ze zdumieniem odkryć/dowiedzieć się itp.** be amazed/astonished to discover/learn etc: *Visitors are often amazed to discover how little the town has changed.* | *We were astonished to find the temple still in its original condition.*

zdumiewać *v* amaze, astonish: *Their loyalty never ceases to amaze me.* | *Diana astonished her family by winning three competitions in a row.* | *What astonishes me most is her complete lack of fear.*
zdumiewać się *v* →patrz ZDUMIEĆ SIĘ

zdumiewający *adj* amazing, astonishing: *amazing stories* | *an astonishing achievement* —**zdumiewająco** *adv* amazingly, astonishingly: *an amazingly generous offer* | *She looked astonishingly beautiful.*

zdumiony *adj* amazed, astonished: *I'm amazed you've never heard of Jeremy.* | *We were amazed at his rapid recovery.* | *We climbed out of the hole, right in front of two astonished policemen.* THESAURUS SURPRISED

zdusić *v* **1** smother: *They ruthlessly smothered all opposition.* | *If the victim's clothes are burning, use a blanket to smother the flames.* **2 zdusić coś w zarodku** nip something in the bud: *Police have been drafted into the area, determined to nip any unrest in the bud.*

zdychać *v* →patrz ZDECHNĄĆ

zdymisjonować *v* dismiss: *The President dismissed him from his post as Trade Secretary.*

zdyscyplinowany *adj* disciplined, orderly: *the most disciplined army in the world* | *an orderly crowd*

zdyskredytować *v* discredit: *The defence lawyer will try to discredit our witnesses.*

zdyskwalifikować *v* disqualify: *Schumacher was disqualified from the race for ignoring a black flag.*

zdystansować *v* outdistance: *Laura quickly outdistanced her pursuers.*
zdystansować się *v* **zdystansować się od kogoś/czegoś** distance yourself from sb/sth: *The Soviet Union distanced itself from the US position.*

zdyszany *adj* winded, out of breath: *After ten minutes I was out of breath.*

zdziałać *v* accomplish: *Congress won't accomplish anything this session.*

zdziczeć *v* run wild: *The ivy on the empty old house had run wild.*

zdzierać (się) *v* →patrz ZEDRZEĆ (SIĘ)

zdzierstwo *n* rip-off: *Five pounds for a coffee? What a rip-off!*

zdziesiątkować *v* decimate: *The population has been decimated by disease.*

zdziwić *v* surprise: *Paul's news surprised her.* →patrz też DZIWIĆ
zdziwić się *v* be surprised: *I bet she was surprised when she saw you at the party!* | **nie zdziw się, jeśli ...** don't be surprised if ...: *Don't be surprised if they ask a lot of questions.* | **nie zdziwiłbym się** I wouldn't be surprised: *"Do you think they'll get married?" "I wouldn't be at all surprised."* →patrz też DZIWIĆ SIĘ

zdziwienie *n* astonishment: **ze zdziwieniem** in astonishment: *My parents looked at me in astonishment.* | **ku mojemu zdziwieniu** to my astonishment: *To our astonishment, the keys were in the door.*

zdziwiony *adj* surprised: *Harry was surprised that Carl didn't say anything to defend himself.* | *We were all surprised at Sue's outburst.* | *a surprised expression* THESAURUS SURPRISED

zebra *n* **1** *(zwierzę)* zebra **2** *(przejście dla pieszych)* zebra crossing *BrE*, crosswalk *AmE*

zebrać (się) *v* →patrz ZBIERAĆ (SIĘ)

zebranie *n* meeting: *The teachers have a meeting this afternoon.* THESAURUS MEETING

zebrany *adj* **dzieła zebrane** collected works

zechcieć *v* **1 zechcieć coś zrobić** be willing to do sth: *Would you be willing to say that in court?* **2 zechce pan/i spocząć?** would you like to take a seat? **3 kiedykolwiek/kiedy tylko zechcesz** whenever you like: *Come again whenever you like.* →patrz też CHCIEĆ

zedrzeć *v* **1** strip (off), tear off: *We stripped the paint off the walls.* | *She took the present and tore off the wrapping.* **2** *(buty itp.)* wear out: *I've worn out the soles of my shoes.* **3 zedrzeć z kogoś ubranie** strip sb: *One of the guards stripped the prisoner and beat him with a chain.* **4 zedrzeć z kogoś (skórę)** rip sb off: *That taxi driver tried to rip me off!*
zedrzeć się *v* wear out: *The carpet on the stairs has worn out.*

zegar *n* **1** clock: *She glanced at the clock.* | *the ticking of the clock* | **zegar stojący** grandfather clock **2 zegar słoneczny** sundial **3 zegar biologiczny** biological clock: *Jenny admits that her biological clock is ticking, but she doesn't want to get married.* **4 zgodnie z ruchem wskazówek zegara** clockwise: *Turn the dial clockwise.* | **przeciwnie do ruchu wskazówek zegara** anticlockwise *BrE*, counterclockwise *AmE* **5 cofnąć zegar** *(przy zmianie czasu)* put/set *AmE* the clock back **6 cofnąć zegar historii** put/turn the clock back: *Women's groups warned that the new law would turn the clock back 50 years.*

clock

wall clock digital clock alarm clock

zegarek *n* **1** watch: *My watch has stopped.* | **zegarek na**

rękę wristwatch **2 jak w zegarku** like clockwork: *Production at the factory has been going like clockwork.*

zegarmistrz *n* watchmaker

zegarowy *adj* **1 bomba zegarowa** time bomb: *We are sitting on a time bomb.* **2 wieża zegarowa** clock tower

zejście *n* **1** *(z góry, schodów itp.)* descent: *a slippery descent* | *We began our descent into the valley.* **2 zejście na ląd** disembarkation **3** *(schody)* stairs: *stairs to the cellar* (=do piwnicy)

zejść *v* **1** *(z roweru, łóżka itp.)* get off: *The hill was so steep that she had to get off her bike and walk.* **2 zejść komuś z drogi** get out of sb's way: *"Get out of my way!" she screeched.* → patrz też SCHODZIĆ **zejść na psy** (PIES) **zejść na ziemię** (ZIEMIA)
zejść się *v* **1** *(ludzie)* meet: *James and Tim met in the park.* **2** *(wydarzenia)* coincide: *The Suez crisis coincided with the uprising in Hungary.* → patrz też SCHODZIĆ SIĘ

zelektryzować *v* electrify: *Standing on stage, Los Lobos electrified the audience.*

zelżeć *v* subside: *The storm subsided around dawn.* | *Wait for his rage to subside.*

zemdleć *v* faint, pass out: *Ray fainted at the sight of blood.*

zemleć *v* → patrz MLEĆ

zemrzeć *v* **zmarł/a** s/he died: *He died a natural death.* → patrz też UMRZEĆ

zemsta *n* revenge, vengeance: *It is clear that the motive for this murder was revenge.* | *a desire for vengeance*

zemścić się *v* → patrz MŚCIĆ SIĘ

zenit *n* **1** zenith: *a star at the zenith* **2 sięgnąć zenitu** reach its zenith: *By that time the Moghul Empire had reached its zenith.*

zepchnąć *v* **1 zepchnąć kogoś z czegoś** *(z siedzenia, krawędzi)* push sb off sth: *Mum! Ben pushed me off my chair!* **2 zepchnąć kogoś/coś na bok** push sb/sth aside: *I tried to stop him going inside, but he pushed me aside and opened the door.* **3 zepchnąć kogoś/coś na margines** marginalize sb/sth: *The decline of these industries marginalized the unions.* **4 zepchnąć na kogoś odpowiedzialność/winę** shift the responsibility/blame on to sb: *As usual, he tried to shift the blame on to his brother.*

zepsucie *n* corruption, depravity: *the corruption and decadence of nobility* | *a hotbed* (=siedlisko) *of depravity.*

zepsuć *v* **1** *(popsuć)* break: *Someone's broken the TV.* THESAURUS DAMAGE **2** *(rozpieścić)* spoil: *Jimmy's grandmother spoiled him.* **3** *(zrujnować)* ruin, spoil: *Her behaviour ruined the party.* | *Don't let his bad mood spoil your evening.*
zepsuć się *v* **1** *(urządzenie)* break down: *The elevators in this building have broken down again.* **2** *(jedzenie)* spoil, go off *BrE*: *The meat has spoiled.* | *The milk's gone off.* **3** *(pogoda)* get worse, deteriorate: *As weather conditions got worse, they couldn't find the way home.* | *The weather deteriorated, and by the afternoon it was raining.*

zepsuty *adj* **1** *(popsuty)* broken: *The vacuum cleaner's broken again.* THESAURUS BROKEN **2** *(rozpieszczony)* spoiled, spoilt *BrE*: *a spoiled child* **3** *(zdemoralizowany)* depraved: *a vicious and depraved man*

zerknąć *v* glance, peek, peep, take a peek/peep: *Lucy glanced at the clock.* | *The door was open, so I peeked into the room.* | *Joe took a peep through the curtains.* THESAURUS LOOK

zero *n* **1** *(liczba, wielkość)* zero: *zero degrees Fahrenheit* | *The petrol gauge* (=wskaźnik poziomu paliwa) *was already at zero.* | **zero absolutne** absolute zero | **powyżej/poniżej zera** above/below zero/freezing: *It was five degrees below zero last night.* THESAURUS ZERO **2** *(cyfra)* zero, nought *BrE*: *A billion is 1 with 9 noughts after it.* **3** *(nic)* zero, nil: *His chances of winning are almost nil.* **4** *(wynik)* zero, nil *BrE*, nothing *AmE*: *The score was seven nil.* | *We beat them ten to nothing.* **5** *(przy podawaniu numerów, cyfr po kropce dziesiętnej)* o: *room 305* (=three o five) **6** *(człowiek)* nobody: *I'm sick of being a nobody!* **7 od zera** from scratch: *I deleted the file from the computer by mistake so I had to start from scratch.*

UWAGA: zero

Wyrazu **zero** w różnych znaczeniach (także przy podawaniu numerów) używa się częściej w angielszczyźnie amerykańskiej: *I think her phone number is two zero five three zero.* W angielszczyźnie brytyjskiej **zero** występuje przede wszystkim w tekstach technicznych i naukowych: *The pressure increases from zero to maximum in 25 seconds.*

zerowy *adj* **1** zero: *zero inflation* | *The kids showed zero interest in what I was saying.* **2 południk zerowy** prime meridian

zerwać *v* **1** *(plakat, tapetę)* tear/rip down: *Protesters began tearing down the posters.* | *We had to rip down all the old wallpaper.* **2** *(kwiaty, owoce)* pick: *We picked some blackberries to eat on the way.* **3** *(umowę, zaręczyny)* break off: *Britain was about to break off diplomatic relations with Libya.* **4 zerwać z kimś** break up with sb: *Did you know that Pat's broken up with John?* **5 zerwać z czymś a)** *(z nałogiem)* give sth up: *He gave up alcohol when his wife left him.* **b)** *(z tradycją, przeszłością)* break with sth: *It's time we broke with the past.*
zerwać się *v* **1** *(lina itp.)* break: *The rope broke and they fell down.* **2** *(burza itp.)* break: *His team were nearing the summit when the monsoon broke.* **3** *(człowiek)* start: *Emma started from her chair and rushed to the window.* | **zerwać się na równe nogi** jump to your feet: *He jumped to his feet in a fury.*

zeskoczyć *v* jump down: *You can't possibly jump down from here!*

zeskrobać *v* scrape off/away: *I tried to scrape some of the mud off my boots.* | *We scraped away several layers of old varnish.*

zesłać *v* **1** *(na wygnanie)* exile: *After publishing the novel he was arrested and exiled to Siberia.* **2 zesłać coś komuś/na kogoś** *(Bóg, los)* visit sth on sb: *God's wrath* (=gniew Boży) *will be visited on sinners.*

zesłanie *n* exile: *Some of her best works were written while she was in exile.* —**zesłaniec** *n* exile

zespolić *v* unite: *two nations united by a bond of friendship*

zespołowy *adj* **1 praca zespołowa** teamwork **2 gra zespołowa** team game: *team games like football and hockey*

zespół *n* **1** *(sportowców, badaczy)* team: *a team of 12 scientists* **2** *(muzyczny)* band: *a rock band* **3** *(teatralny)* company: *the Royal Ballet Company* **4** *(część urządzenia)* unit: *The cooling unit must be replaced.* **5** *(chorobowy)* syndrome: *Down's Syndrome*

UWAGA: team

W brytyjskiej angielszczyźnie rzeczownik **team** w znaczeniu „zespół" może występować także

Z

z czasownikiem w liczbie mnogiej: *Our team* **are** *winning* (=nasza drużyna wygrywa).

zestarzeć się *v* →patrz STARZEĆ SIĘ

zestaw *n* **1** *(ćwiczeń, klocków, farb)* set: *a set of exercises | a set of oil paints* **2** *(narzędzi)* set, kit: *a set of tools | a repair kit* | **zestaw słuchawkowy** headset

zestawić *v* **1** *(postawić obok siebie)* put together: *Let's put the tables together.* **2** *(postawić niżej, zdjąć)* take down: *Could you take the flowers down, please?* **3** *(skontrastować)* juxtapose: *antiques juxtaposed with modern furniture*

zestawienie *n* **1** *(połączenie)* **a)** combination: *an unusual combination of colours* **b)** *(kontrastowe)* juxtaposition: *The magic of the painting arises from the juxtaposition of things that do not usually belong together.* **2** *(wydatków, kosztów)* breakdown: *Can you prepare a full breakdown of labour costs?* **3 w zestawieniu z czymś** in comparison to/with sth: *This year's profits pale in comparison to last year's.*

zestresowany *adj* stressed (out): *You look really stressed out. What's the matter?* THESAURUS WORRIED

zestrzelić *v* shoot down: *Rhodes's plane was shot down over France.*

zeszłoroczny *adj* last year's: *last year's Olympic games*

zeszły *adj* last: *My brother and his wife came to visit us last week. | Juan immigrated to the U.S. last year. | I went swimming last Tuesday.*

zesztywnieć *v* stiffen: *Her joints had stiffened.* THESAURUS PAINFUL

zeszyt *n* exercise book, notebook

zetknąć się *v* **zetknąć się z kimś/czymś** come into contact with sb/sth *BrE*, come in contact with sb/sth *AmE*, encounter sb/sth: *Doctors who come in contact with flu victims should wash their hands frequently. | I was just twelve years old when I first encountered him.* →patrz też STYKAĆ SIĘ

zetrzeć *v* **1** *(rozlany płyn itp.)* wipe up: *Wipe up this mess!* **2** *(plamę, ślad)* rub off: *Use a cloth soaked in white spirit to rub off paint stains.* **3** *(napis)* erase, rub out/off *BrE*: *Rub out this word and start all over again.* →patrz też ŚCIERAĆ

zew *n* call: *the call of the sea*

zewnątrz *adv* **1 na zewnątrz** outside: *Wait outside, I want to talk to him alone.* THESAURUS OUTSIDE **2 z/od zewnątrz** from the outside: *From the outside the hotel looked impressive.*

zewnętrzny *adj* **1** external, exterior, outer: *There are no external signs of injury. | The exterior walls need a new coat of paint. | Peel the outer leaves away.* **2 zewnętrzna strona** the exterior/outside: *repairs to the exterior of the building | We've decided to paint the outside of the house brown.* **3 do użytku zewnętrznego** *(lek)* for external use only, not to be taken internally —**zewnętrznie** *adv* externally

zewrzeć *v* **zewrzeć szeregi** close ranks: *At the first hint of trouble they closed ranks.*

zewsząd *adv* from everywhere: *Voices were coming from everywhere.*

zez *n* squint: *a child with a squint*

zezłościć *v* anger: *What angered me most was his total lack of remorse* (=brak wyrzutów sumienia).
zezłościć się *v* get angry: *Before you get angry, try and remember what it was like to be 15.* →patrz też ZŁOŚCIĆ SIĘ

zeznać *v* testify: *Two men testified that they had seen you outside the bank.*

zeznanie *n* **1** testimony: *Barker's testimony is crucial to the prosecution's case.* | **składać zeznania** testify, give evidence/testimony: *It would not be easy to testify against people you know.* **2 zeznanie podatkowe** tax return

zeznawać *v* →patrz ZEZNAĆ

zezować *v (mieć zeza)* squint, have a squint —**zezowaty** *adj* cross-eyed

zezwolenie *n* **1** *(dokument)* permit: *You can't park here without a permit.* **2** *(zgoda)* permission, sanction, authorization: *The protest march was held without government sanction. | You need special authorization to park here.* **3** *(na wjazd do kraju, lądowanie itp.)* clearance: *We're waiting for clearance to unload the ship.*

zezwolić *v* **zezwolić (komuś) na coś** permit/allow (sb to do) sth: *I'm afraid I cannot permit my daughter to marry you. | We do not allow eating in the classrooms. | The committee allowed the oil company to build a refinery on the island.* THESAURUS ALLOW

zeżreć *v* **1** *(człowiek)* gobble (up): *He gobbled up all of the cake in one evening.* **2** *(kwas, rdza)* eat into: *Acid ate into the metal, damaging its surface.*

zębaty *adj* **koło zębate** cog

zgadnąć *v* guess: *I'd never have guessed* (=nigdy bym nie zgadł) *that you two were sisters. | Guess how much I had to pay – £3,000!* | **s/próbować zgadnąć** have *BrE*, take *AmE* a guess: *Have a guess where we're going tonight!*

zgadywać *v* guess, make a guess: *I've no idea – I'm just guessing. | Make a guess if you don't know the answer.* | **zgadywać na chybił trafił** take/make a wild guess: *I'll take a wild guess and say Tenerife.*

zgadzać się *v* **1** agree: *Teenagers and their parents rarely agree. | They belong to the same party, but they don't agree on everything. | They agree to share the cost of the party.* **+że** (that): *Everyone agrees (that) the new rules are stupid.* **+z kimś** with sb: *I agree with Karen. It's too expensive.* **+na coś** to sth: *The boss agrees to our plan.* **2 nie zgadzać się** disagree: *Ruth doesn't like anybody who disagrees with her. | Those two disagree about everything.* **3 zgadzać się z czymś** *(zeznania itp.)* agree/square with sth: *Your story doesn't agree with what the police have told us. | evidence that doesn't square with the facts* **4 zgadza się** that's right

zganić *v* →patrz GANIĆ

zgarbić się *v* stoop: *He stooped slightly, as if he had been kicked in the stomach.*

zgarnąć *v* **1** *(zebrać)* gather (up): *She gathered up her papers and walked out.* **2** *(usunąć)* brush off: *He brushed the crumbs off the table.* **3** *(ukraść, wygrać)* walk off with: *Thieves walked off with two million dollars' worth of jewellery. | Lottery winners can walk off with a cool £18 million.*

zgasić *v* **1** *(światło, lampę)* turn off, put out: *Turn off the light before you go to bed.* **2** *(papierosa, cygaro)* extinguish, put/stub out: *Please extinguish all cigarettes.* **3** *(silnik, radio)* turn off **4** *(świecę)* put/blow out

zgasnąć *v* **1** *(światło)* go out: *The lights went out and the whole street became quiet.* **2** *(samochód)* stall: *The car stalled at the junction.* →patrz też GASNĄĆ

zgęstnieć *v* →patrz GĘSTNIEĆ

Z

zgiąć *v* bend: *Bend your arms and then stretch them upwards.*
zgiąć się *v* bend: *The wire bent easily.*

zgiełk *n* bustle, tumult: *the bustle of the big city* | *She could simply not be heard in the tumult.*

zginąć *v* **1** *(stracić życie)* be killed, die, perish: *Hundreds perished when the ship sank.* | **zginąć na miejscu** be killed outright: *He was killed outright when his car crashed at high speed.* THESAURUS DIE **2** *(zgubić się)* get lost: *My passport got lost in the post.* **3** *(zniknąć)* vanish, disappear: *The ship vanished without trace.*

zgliszcza *n* ashes: *Japan has risen from the ashes of World War II to become an industrial power.*

zgładzić *v* slay: *Theseus slew the Minotaur in the labyrinth.*

zgłębić *v* fathom (out): *I find it difficult to fathom* (=trudno mi zgłębić) *the workings of Emma's mind.*

zgłosić *v* **1** *(zaginięcie, kradzież itp.)* report: *Who reported the fire?* **2 zgłosić wniosek** propose a motion: *I'd like to propose a motion to change working hours.* **3 zgłosić zastrzeżenia** raise/voice objections: *Some of the older members of the church raised objections to the new service.*
zgłosić się *v* **1** *(stawić się)* report: *Visitors must report to the main reception desk.* **2 zgłosić się na ochotnika** volunteer: *When the war began, my brother immediately volunteered.* **3** *(w szkole)* raise your hand, put your hand up

zgłoszenie *n* **1** *(podanie)* application: *There were more than 300 applications for the six jobs.* **2 pani Dębska proszona jest o zgłoszenie się do informacji** Ms Dębska is requested to report to the information desk

zgłupieć *v* go/be out of your mind: *She's going to marry him? She must be out of her mind* (=chyba zgłupiała)*!*

zgnić *v* → patrz GNIĆ

zgnieść *v* **1** *(kartkę itp.)* crumple (up): *I had crumpled up about ten sheets trying to write the letter.* **2** *(owoc itp.)* squash: *Don't put the tomatoes at the bottom of the bag or they'll get squashed.* **3** *(bunt, powstanie)* crush, quell: *The army was sent in to crush the rebellion.* | *They needed more troops to quell the rioting.*

zgniły *adj* rotten: *rotten leaves* THESAURUS OLD

zgoda *n* **1** *(zgodna opinia)* agreement, consensus: *There is agreement among doctors that pregnant women shouldn't smoke.* | *There is still no general consensus on what our policy should be.* THESAURUS ALLOW **2** *(pozwolenie)* consent: *He had taken the vehicle without the owner's consent.* | **wyrazić zgodę** consent, give your consent: *Her father finally consented to the marriage.* **3** *(harmonia)* harmony, concord: *People of many races live here in harmony.* | *living in concord with neighbouring states* **4 zgoda!** done!: *"I'll give you £15 for it." "Done!"*

zgodnie *adv* **1** in unison: *Management and workers must act in unison to compete with foreign business.* **2 zgodnie z czymś a)** *(z planem itp.)* according to sth: *Everything went according to plan and we arrived on time.* | *You will be paid according to the amount of work you do.* **b)** *(z prawem, przepisami)* in accordance with sth: *Safety checks were made in accordance with the rules.*

zgodność *n* **1** *(jednomyślność)* unanimity **2** *(dopasowanie)* compatibility

zgodny *adj* **1** *(niekłótliwy)* accommodating: *Gino was in search of a sympathetic, accommodating partner.* **2** *(jednomyślny)* unanimous: *a unanimous decision* **3 być zgodnym z czymś** be in accord with sth, be consistent/compatible with sth: *The committee's report is completely in accord with our suggestions.* | *His story isn't consistent with the facts.* | *The project is not compatible with the company's long-term aims.*

zgodzić się *v* → patrz ZGADZAĆ SIĘ

zgon *n* **1** demise, death: *the President's demise* **2 świadectwo/akt zgonu** death certificate

zgorszyć *v* → patrz GORSZYĆ

zgorzkniały *adj* embittered: *an embittered man*

zgotować *v* **zgotować komuś niespodziankę/przyjęcie itp.** give sb a surprise/welcome etc: *Our host gave us an enthusiastic welcome.*

zgrabnie *adv* **1** *(atrakcyjnie)* attractively **2** *(zręcznie)* deftly

zgrabny *adj* **1** *(dziewczyna, figura)* shapely: *long shapely legs* **2** *(ruchy)* deft: *With one deft movement, she flipped the pancake over.* **3** *(sformułowanie)* neat: *a neat turn of phrase*

zgromadzenie *n* **1** *(spotkanie)* gathering: *a public gathering* **2** *(ustawodawcze itp.)* assembly: *the United Nations General Assembly* | **Zgromadzenie Narodowe** National Assembly

zgromadzić *v* accumulate, amass: *He accumulated a fortune through property speculation* (=dzięki spekulacjom na rynku nieruchomości). | *In the course of several years they managed to amass impressive evidence to support their theory.*
zgromadzić się *v* → patrz GROMADZIĆ SIĘ

zgroza *n* horror: *She stared at him in horror.*

zgrubieć *v* grow thick(er): *The veins on his arm grew thicker.*

zgrywać *v* *(udawać)* play: *Stop playing the idiot!*
zgrywać się *v* put it on: *Sheila is not really that upset; she's just putting it on.*

zgryzota *n* worry: *a lifetime of worry*

zgryźliwy *adj* **1** *(uwaga)* biting: *biting remarks* **2** *(krytyk)* virulent: *a virulent critic of Thatcherism* —**zgryźliwie** *adv* bitingly

zgrzeszyć *v* sin: *Bless me, Father, for I have sinned.*

zgrzyt *n* rasp: *the rasp of a saw* (=piły)

zgrzytać *v* **1** grate, rasp: *The chalk grated on the blackboard.* | *The hinges rasped as we pushed the gate open.* **2 zgrzytać zębami** grind your teeth: *traffic problems that make us grind our teeth*

zguba *n* **1** *(rzecz)* lost item **2** *(dziecko, pies)* stray

zgubić *v* **1** *(rzecz)* lose: *Whatever you do, don't lose those keys.* **2 zgubić drogę** lose your way: *It's very easy to lose your way in the forest.* **3 zgubić kogoś a)** *(uciec przed pościgiem)* lose sb: *His car was much faster but I eventually managed to lose him.* **b)** *(doprowadzić do nieszczęścia)* be sb's destruction/undoing: *Alcohol was his destruction.* | *His overconfidence proved to be his undoing.*
zgubić się *v* **1** *(nie móc trafić)* get lost: *I got lost on the way here.* **2** *(nawzajem)* lose each other/one another: *Make sure you don't lose each other in the crowd.* **3** *(nie zrozumieć)* be lost: *"Did you understand the instructions?" "No, I'm totally lost."*

zgubny *adj* **1** disastrous, pernicious: *Chemical leaks* (=wycieki chemikaliów) *have had a disastrous effect on wildlife.* | *the pernicious effect of TV violence* **2 zgubny**

Z

w skutkach fatal: *Her fatal mistake was to marry the wrong man.*

zgwałcić *v* rape: *He raped a girl and all he got was a $1,000 fine.*

zharmonizować *v* →patrz HARMONIZOWAĆ

ziać *v* **1 ziać ogniem** belch/breathe fire: *a dragon belching fire* **2 ziać nienawiścią/gniewem** burn with hatred/rage **3** *(otchłań, rana)* gape

ziajać *v* pant: *a dog panting in the heat*

ziarenko *n (drobina)* grain, granule: *grains of sand | instant coffee granules*

ziarnko *n* →patrz ZIARNO, ZIARENKO

ziarno *n* **1** *(zboża)* grain: *All they had left were a few grains of rice.* **2** *(fasoli, kawy)* bean: *coffee beans* **3** *(piasku)* grain: *grains of sand* **4** *(prawdy)* grain: *There's not a grain of truth in what she said.*

zidentyfikować *v* identify: *Can you identify the man who robbed you?*

ziejący *adj* gaping: *a gaping wound*

ziele *n* **1** herb: *herbs with healing properties* **2 ziele angielskie** pimento

zielenina *n* greens: *a salad of mixed greens*

zieleń *n* **1** *(kolor)* green **2** *(roślinność)* greenery

zielonkawy *adj* greenish

zielony *adj* **1** *(kolor)* green: *green eyes/fields/walls* **2** *(niedojrzały)* green: *The bananas are still green.* **3** *(ekologiczny)* green: *the Green Party* **4** *(niedoświadczony)* green: *green recruits* **5 zielona karta** green card **6 Zielone Świątki** Pentecost →patrz też **nie mieć zielonego pojęcia** (POJĘCIE)

zielsko *n* weed

ziemia *n* **1** *(powierzchnia ziemi, grunt)* ground: *The leaf slowly fluttered to the ground. | Dig the ground over in autumn.* | **pod ziemią** underground, below ground: *nuclear waste buried deep underground | miners working 10-hour shifts below ground* THESAURUS GROUND **2** *(gleba)* soil, dirt, earth: *The bush grows well in a sandy soil. | Michael threw his handful of dirt onto the coffin. | a lump of earth* **3** *(jako towar, własność)* land: *the high price of land in Tokyo | The Duke's lands lay south of the mountains.* | **ziemia niczyja** no-man's land **4 Ziemia** (the) Earth: *From space, the Earth looks like a shining blue ball. | Billions of people live on Earth.* **5 ziemia ojczysta** homeland: *She returned to her homeland.* **6 nie z tej ziemi** out of this world: *Tracy's new apartment is just out of this world.* **7 zejść na ziemię** come back to earth (with a bump): *When he realized he'd spent all the money he really came back to earth with a bump.* **8 suknia do ziemi** full-length dress: *She was wearing a full-length evening dress.* →patrz też **gryźć ziemię** (GRYŹĆ), **jak niebo i ziemia** (NIEBO), **poruszyć niebo i ziemię** (PORUSZYĆ), **zrównać z ziemią** (ZRÓWNAĆ)

Z

ziemianin *n (właściciel ziemski)* landowner

ziemniak *n* potato: *baked/mashed potatoes* | **ziemniaki w mundurkach** jacket potatoes **—ziemniaczany** *adj* potato: *potato salad/chips*

ziemny *adj* **1 orzeszek ziemny** peanut: *salted peanuts* **2 gaz ziemny** natural gas

ziemski *adj* **1** *(dotyczący Ziemi)* Earth's, terrestrial: *the Earth's surface/atmosphere | the terrestrial climate* **2 kula ziemska** the globe: *Our company has offices all over the globe.* **3** *(doczesny)* worldly, earthly: *my worldly possessions | our earthly pleasures*

ziewnąć *v* yawn: *He looked at his watch and yawned.* **—ziewnięcie** *n* yawn: *She stifled* (=stłumiła) *a yawn.*

zięć *n* son-in-law

> **UWAGA: son-in-law**
>
> Rzeczownik ten tworzy liczbę mnogą na dwa sposoby: z końcówką **-s** po pierwszym członie złożenia lub na końcu (**sons-in-law** lub **son-in-laws**).

zignorować *v* →patrz IGNOROWAĆ

zilustrować *v* illustrate: *Who illustrated this book? | A chart* (=wykres) *might help to illustrate this point.*

zima *n* winter: *I hope it snows this winter.* | **zimą/w zimie** in (the) winter: *It gets very cold here in winter.*

winter sports

Zimbabwe *n* Zimbabwe

zimno[1] *adv* **1 jest zimno** it's cold: *It's cold outside.* | **robi się zimno** it's getting cold **2 jest mi zimno** *także* **zimno mi** I'm cold: *I'm really cold - can you turn on the heater?* | **zimno mi w stopy/ręce itp.** my feet/hands etc are cold **3** *(oschle)* coldly: *"I'm busy," said Sarah coldly.*

zimno[2] *n* **1** the cold: *She was wrapped in a thick woollen shawl, to protect her from the cold.* **2 drżeć z zimna** shiver with cold: *When they pulled him out of the sea, he was shivering with cold.* **3 umrzeć z zimna** die of exposure: *Three climbers died of exposure.*

zimny *adj* **1** cold: *a blast of cold air | a cold evening* THESAURUS COLD **2** *(oschły)* cold: *a polite but cold greeting* →patrz też **z zimną krwią, zachować zimną krew** (KREW), **zimne ognie** (OGIEŃ), **zimny jak lód** (LÓD)

zimować *v* **1** *(zapadać w sen zimowy)* hibernate **2** *(spędzać zimę)* spend the winter

zimowisko *n* winter camp

zimowy *adj* **1** winter: *cold winter evenings* **2** *(pogoda)* wintry: *wintry weather* **3 sen zimowy** (winter) hibernation **4 zapadać w sen zimowy** hibernate

zimozielony *adj* evergreen: *evergreen plants*

zintegrować (się) *v* →patrz INTEGROWAĆ (SIĘ)

zintegrowany *adj* integrated: *an integrated public transport system | a fully integrated school*

zinterpretować *v* interpret: *I'm simply reporting the facts; how you interpret them* (=to, jak je zinterpretujesz) *is up to you.*

zioło *n* herb: *a bunch of dried herbs | medicinal herbs* **—ziołowy** *adj* herbal: *herbal tea*

ziomek *n* compatriot

zionąć *v* →patrz ZIAĆ

ziółko *n (nicpoń)* rascal →patrz też ZIOŁO

zirytować *v* →patrz IRYTOWAĆ

zirytowany *adj* irritated: *The ambassador looked somewhat irritated by the interruption to his work.*

ziścić się *v* come true: *Her wish to travel the world has finally come true.*

zjadacz/ka *n* **przeciętn-y/a zjadacz/ka chleba** the man/woman in the street: *The advertising industry has to know exactly what the man in the street is thinking.*

zjadać *v* →patrz JEŚĆ

zjadliwy *adj* **1** *(uszczypliwy)* scathing: *scathing remarks* **2** *(jadalny)* eatable

zjawa *n* apparition: *a ghostly apparition*

zjawić się *v (przybyć)* appear, show/turn up: *The Queen appeared, dressed from head to toe in black.* | *I was almost asleep when Chris finally showed up.* | *Sure enough, Phil turned up at the party.* →patrz też POJAWIĆ SIĘ

zjawisko *n* phenomenon: *violent natural phenomena such as hurricanes* | *Scientists still don't really understand this phenomenon.*

UWAGA: phenomenon

Rzeczownik **phenomenon** ma nieregularną formę liczby mnogiej: **phenomena**.

zjazd *n* **1** *(umówione spotkanie)* reunion, convention: *our college reunion* | *a teacher's convention* **2** *(z autostrady)* exit, slip road *BrE*, off-ramp *AmE*: *Take exit 13 into Lynchburg.* **3** *(konkurencja narciarska)* downhill skiing: *men's/women's downhill skiing*

zjechać *v* **1 a)** *(w dół)* go/run downhill: *As the train started to go downhill, it went faster and faster.* | *The truck ran downhill at a frightening speed.* **b)** *(windą)* go/come down: *The elevator went down to the third floor.* **2** *(z autostrady)* turn off: *I'm sure we should have turned off at the last exit.* | *Gill turned off the A10 and started heading west.* **3 zjechać na pobocze/z drogi** pull over: *The policeman signalled to him to pull over.* **4** *(zsunąć się)* slip off: *Her bag slipped off her shoulder.* **5** *(skrytykować)* pan, rap: *Goldberg's latest movie has been panned by the critics.* →patrz też ZJEŻDŻAĆ
zjechać się *v* arrive: *Long before the stars arrived, the place was swarming with* (=roiło się od) *newspaper reporters.*

zjednać *v* **zjednać sobie czyjeś poparcie/czyjąś sympatię itp.** win sb over: *We'll be working hard to win over the undecided voters.*

zjednoczenie *n* **1** *(połączenie)* unification: *the unification of Germany* **2** *(organizacja)* union

zjednoczony *adj* united: *the United States of America* | *the United Nations* | *the United Kingdom*

zjednoczyć *v* unify: *Spain was unified in the 16th century.*
zjednoczyć się *v* unite: *We must unite to fight against racism.* | *In a crisis, party members united behind their leader.*

zjednywać *v* →patrz ZJEDNAĆ

zjełczały *adj* rancid: *rancid butter/oil*

zjeść *v* **1** eat: *Who's eaten my Mars bar?* **2** *(wszystko, do końca)* eat up: *Eat up your meat and potatoes or you won't get any dessert.* →patrz też JEŚĆ, ZJADAĆ

zjeżdżać *v* **1** *(na zjeżdżalni)* slide/go down **2 zjeżdżaj (stąd)!** get lost! →patrz też ZJECHAĆ

zjeżdżalnia *n* slide

zlać *v (do jednego naczynia)* pour together: *Pour all the liquids together.*
zlać się *v* **1** *(posikać się)* piss yourself: *I nearly pissed myself I was so scared.* **2** *(połączyć się)* merge (together): *The sounds of the wind and the water merged together.*

zlatywać się *v* →patrz ZLECIEĆ SIĘ

zlecenie *n* **1** commission: *a commission from the Academy for a new sculpture* **2 zlecenie stałe** *(w banku)* standing order: *I have just cancelled my standing order at the bank.*

zleceniodaw-ca/czyni *n* client

zlecić *v* commission: *The Philadelphia Medical Society commissioned a report on alcoholism.* | *He has been commissioned to write* (=zlecono mu napisanie) *the report.*

zlecieć *v* **1** *(spaść)* fall, drop: *A bottle rolled across the table, dropped onto the floor and smashed.* **2 zlecieć szybko/niepostrzeżenie itp.** *(minąć)* fly by: *They started talking about old times, and the evening just flew by.*
zlecieć się *v (zbiec się)* flock: *People flocked to see the exhibition.*

zlekceważyć *v* →patrz LEKCEWAŻYĆ

zlepek *n* conglomeration: *The Old Town is a conglomeration of loud bars, souvenir shops, and art galleries.*

zlew *n* sink: *the kitchen sink*

zlewać *v* →patrz ZLAĆ

zlewozmywak *n* sink

zleźć *v* →patrz ZŁAZIĆ

zliberalizować *v* liberalize, liberalise *BrE*: *Even the most dogmatic Communists agreed it was time to liberalize the system.*

zlicytować *v* →patrz LICYTOWAĆ

zliczyć *v* count: *There were so many cars in the car park, I couldn't count them all.* →patrz też LICZYĆ

zlikwidować *v* eliminate, do away with: *Under the agreement* (=na mocy tego porozumienia), *all trade barriers will be eliminated.* | *The government is planning to do away with this tax* (=podatek) *altogether.* →patrz też LIKWIDOWAĆ

zlinczować *v* lynch: *At that time you could be lynched for being black.*

zlizywać *v* **zlizywać coś z czegoś** lick sth off/from sth: *He licked the honey off the spoon.* | *The dog was licking the traces of blood from his face.*

zlokalizować *v* **1** *(znaleźć)* locate: *Divers have located the shipwreck.* THESAURUS FIND **2** *(umieścić)* situate, locate: *The hotel is situated on the lakeside.* | *The town is located on the shores of Lake Trasimeno.*

zlot *n* rally

zlustrować *v* **1** *(przyjrzeć się uważnie)* scrutinize, scrutinise *BrE*: *A police inspector scrutinized our faces with a suspicious eye.* **2** *(sprawdzić przeszłość)* vet: *Tanner had already been vetted and confirmed for his job at the CIA.*

złagodnieć *v* **1** *(człowiek, głos)* mellow, soften: *She's mellowed over the years.* | *His voice softened when he spoke to her.* **2** *(ból, deszcz)* ease off: *I'll wait until the rain eases off before I go out.*

złagodzenie *n* relaxation: *a relaxation of export controls*

złagodzić *v* **1** *(ból, objawy)* ease, soothe, relieve, alleviate: *The drugs will ease the pain.* | *Aspirin is commonly used* *to relieve pain.* | *a medicine to alleviate cold symptoms* **2** *(napięcie)* ease, relieve: *What can be done to ease the stress?* | *Jokes often help relieve the tension.* **3** *(normy, restrykcje)* relax: *We believe that immigration controls should be relaxed.* **4** *(skutki)* mitigate: *How can we mitigate the environmental effects of burning coal?* **5** *(żądania, stanowisko)* moderate: *The students agreed to moderate their demands.* →patrz też ZAŁAGODZIĆ

złaknione *adj* **złaknione czegoś** hungry for sth: *After all this time alone I was hungry for human company.*

złamać *v* break: *Sharon broke her leg skiing.*
złamać się *v* break: *One of my teeth broke as I was biting into an apple.* →patrz też ŁAMAĆ (SIĘ)

złamanie *n* fracture: *a small fracture in his right ankle*

złamany *adj* **1** *(kończyna)* broken, fractured: *a broken leg* | *Your arm isn't fractured, just badly bruised.* **2** *(obietnica, umowa, serce)* broken: *a broken promise/agreement/heart* | **mieć złamane serce** have a broken heart, be broken-hearted: *After he left her, she was broken-hearted.*

złapać *v* **1** *(schwytać)* catch: *He was too fat and slow to catch the little boy.* | *Throw the ball to Tom and see if he can catch it.* | *The police have caught the man suspected of the murder.* **2** *(autobus, pociąg)* catch: *I have to catch the 7.30 train.* **3** *(zastać kogoś)* catch: *If you hurry you might catch her before she leaves.* **4** **kogoś złapał deszcz** sb was caught in the rain →patrz też **złapać kogoś na gorącym uczynku** (UCZYNEK), → ŁAPAĆ (SIĘ)

złazić *v* **1** *(schodzić)* climb down: *He had escaped by climbing down the side of the building.* **2** *(odpadać)* come off: *The first coat of paint came off and we had to redo the whole wall* (=pomalować całą ścianę jeszcze raz).

złącze *n* joint

złączyć *v* →patrz ŁĄCZYĆ

zło *n* **1** evil, wrong: *the eternal struggle between good and evil* | *He's too young to know* (=żeby odróżnić) *right from wrong.* **2** **zło konieczne** necessary evil: *Paying taxes is seen as a necessary evil.* **3** **mniejsze zło** the lesser of two evils

złocenie *n* gilt —**złocić** *v* gild: *The autumn sun gilded the lake.* —**złocony** *adj* gilt, gilded: *a gilt chair* | *a gilded mirror*

złocisty *adj* golden: *golden hair*

złoczyńca *n* villain

złodziejaszek *n* thief

złodziej/ka *n* **1** thief: *a car thief* **2** **złodziej kieszonkowy** pickpocket

Z

złodziejstwo *n* stealing: *She was sacked for stealing.*

złom *n* **1** scrap (metal): *The car's not worth fixing - we'll have to sell it for scrap.* **2** **wyrzucić coś na złom** scrap sth

złorzeczyć *v* curse: *When he was drunk he would curse everyone around him.*

złościć *v* make angry, anger: *It makes me really angry when I hear people talk about 'humane killing'.*
złościć się *v* be angry: *Don't be angry, please.*

złość *n* **1** anger: *You should never hit a child in anger.* | *insults that aroused his anger* THESAURUS ANGRY **2** **wpaść w złość** lose your temper: *I lost my temper and slammed the door.* **3** **na złość** out of spite: *Lola refused out of spite.* **4** **wyładować złość** vent your anger, give vent to your anger: *Joshua gave vent to his anger by kicking the chair.* **5** **ze złością** angrily: *The woman shouted angrily at the traffic cop.*

złośliwy *adj* **1** *(człowiek, komentarz)* malicious, spiteful, vicious: *malicious gossip* | *a spiteful liar* | *a vicious rumour* **2** *(nowotwór)* malignant: *a malignant tumour* —**złośliwie** *adv* maliciously, spitefully: *"I never liked her anyway," Rob said spitefully.* —**złośliwość** *n* malice: *She didn't do it out of malice.*

złotnik *n* goldsmith

złoto *n* **1** gold: *People came there to mine for* (=wydobywać) *gold.* | *solid gold* **2** **gorączka złota** gold rush: *Alaska's first gold rush*

złotówka *n* **1** *(waluta)* zloty **2** *(moneta)* one-zloty coin

złoty[1] *adj* **1** *(ze złota)* gold, golden: *a gold necklace* | *a golden crown* **2** *(koloru złotego)* golden, gold: *golden hair* | *a gold dress* **3** **złoty medal** gold medal: *Winning three gold medals is a remarkable achievement.* **4** **złota rączka** handyman: *I'm not exactly the world's greatest handyman.* **5** **złota rybka** goldfish **6** **złoty wiek** golden age: *the golden age of film* **7** **złote wesele/gody** golden wedding *BrE*, anniversary *AmE*

złoty[2] *n* zloty

UWAGA: zloty
Rzeczownik **zloty** ma dwie formy liczby mnogiej: **zloty** lub **zloties**.

złowić *v* catch: *Last time we went fishing I caught a huge trout* (=pstrąga). →patrz też ŁOWIĆ

złowieszczy *adj także* **złowróżbny** ominous, sinister: *an ominous creaking sound* | *a sinister look*

złowrogi *adj* ominous, sinister, baleful: *an ominous silence* | *a sinister laugh* | *She gave me a baleful stare.* —**złowrogo** *adv* ominously: *The sky looked ominously dark.*

złowróżbny *adj* →patrz ZŁOWIESZCZY

złoże *n* deposit: *huge deposits of gold*

złożony *adj* complex: *the complex nature of the human mind* | *a highly complex issue* —**złożoność** *n* complexity: *the growing complexity of computer hardware*

złożyć *v* **1** *(zmontować)* put together, assemble: *I can't work out how to put this table together.* | *This model is easy to assemble.* **2** *(położyć w jednym miejscu)* put: *Put all your essays on my desk before you leave.* **3** *(kartkę, krzesło)* fold: *Fold the paper along the dotted line.* **4** *(parasol)* furl →patrz też **złożyć komuś ofertę** (OFERTA), **złożyć coś w ofierze** (OFIARA), **złożyć komuś wizytę** (WIZYTA), **złożyć zażalenie** (ZAŻALENIE)
złożyć się *v* →patrz SKŁADAĆ SIĘ

złudny *adj* deceptive: *His calm was deceptive.*

złudzenie *v* **1** *(mylne wrażenie)* illusion: *The mirrors in the room gave an illusion of space.* | **złudzenie optyczne** optical illusion **2** *(urojenie)* delusion, illusion: *delusions of grandeur* (=złudzenie wielkości) | *He cherished the illusion that she loved him.* **3** **nie mieć złudzeń co do kogoś/czegoś** have no illusions about sb/sth: *We have no illusions about the hard work that lies ahead.* **4** **pozbawić kogoś złudzeń** disillusion sb: *I hate to disillusion you, but she's never coming back.*

złuszczać się *v* peel (off), flake (off): *My skin always peels when I've been in the sun.* | *The paint is starting to flake off.*

zły *adj* **1** *(niedobry)* bad: *I'm afraid I have some bad news for you.* | *The film wasn't bad, actually.* | *He's not really a bad boy.* THESAURUS BAD **2** *(rozgniewany)* angry: *Local* *people are angry that they weren't consulted about the plans to expand the airport.* **+o coś** about sth: *Was she very angry about it?* | **zły na kogoś** angry with/at sb, mad with *BrE*, at *AmE* sb, cross with sb *BrE*: *She was angry with him because he had lied to her.* | *Are you cross with me?* **3** *(niewłaściwy)* wrong: *You must have dialled the wrong number.* | *a wrong decision* **4** *(niemoralny, okrutny)* evil, wicked: *an evil dictator* | *the wicked stepmother in 'Cinderella'* **5 mieć komuś coś za złe** hold sth against sb: *If you can't come, I won't hold it against you.* →patrz też **zła strona** (STRONA), **zła wola** (WOLA), **w złym guście** (GUST), **w złym humorze** (HUMOR), **sprowadzić kogoś na złą drogę** (DROGA)

zmagać się *v* **zmagać się z czymś** struggle against/with sth, grapple with sth: *I've been grappling with this essay question all morning.* —**zmaganie** *n* struggle: *a long struggle against cancer*

zmagazynować *v* →patrz MAGAZYNOWAĆ

zmaleć *v* decrease, diminish: *Sales in Japan decreased last quarter.* →patrz też MALEĆ

zmarł-y/a *n* **1** the deceased: *The deceased left a large sum of money to his children.* **2 zmarli** the dead: *There wasn't even time to bury the dead.* **3 Święto Zmarłych** All Saints' Day

zmarnować *v* →patrz MARNOWAĆ

zmarszczka *n* wrinkle: *wrinkles around the eyes*

zmarszczony *adj* wrinkled: *a wrinkled brow/forehead*

zmarszczyć (się) *v* →patrz MARSZCZYĆ (SIĘ)

zmartwić (się) *v* →patrz MARTWIĆ (SIĘ)

zmartwienie *n* worry: *My main worry is how the divorce will affect the kids.* —**zmartwiony** *adj* worried, troubled: *a slightly worried expression* | *Benson looked troubled when he heard the news.*

zmartwychwstanie *n* resurrection —**zmartwychwstać** *v* rise from the dead: *On the third day Jesus rose from the dead.*

zmarznąć *v* get cold, freeze: *You'll get cold if you don't wear a coat.*

zmaterializować się *v* materialize, materialise *BrE*: *The money we had been promised failed to materialize* (=nie zmaterializowały się).

zmatowieć *v* →patrz MATOWIEĆ

zmącić *v (przyćmić, zepsuć)* cloud, mar: *Terrorist threats clouded the opening ceremony.* | *The election campaign was marred by violence.*

zmądrzeć *v* grow wiser, wise up: *He grew wiser with age.* | *You'd better wise up, young lady* (=moja panno)*!*

zmechanizować *v* mechanize, mechanise *BrE*: *Almost the entire process of car manufacturing has been mechanized.* —**zmechanizowany** *adj* mechanized, mechanised *BrE*: *mechanized farming techniques*

zmęczenie *n* tiredness, *(silne)* fatigue: *Her tiredness showed on her face.* | *They were cold and weak with fatigue.*

zmęczony *adj* tired: *I'm so tired I could sleep for a week.* THESAURUS TIRED

zmęczyć *v* tire (out), wear out: *Those kids have tired me out.* →patrz też MĘCZYĆ
zmęczyć się *v* **1** get tired: *Take a break as soon as you get tired.* **2 zmęczyć się czymś** *(znudzić się)* tire of sth: *Well, if you get tired of life in the city, you can always come back home.* →patrz też MĘCZYĆ SIĘ

zmiana *n* **1** change: *a change in the weather* | *a change of government* | **zmiana na lepsze** change for the better: *We are expecting a change for the better.* **2** *(radykalna, gwałtowna)* shift: *There's been a big shift in public opinion.* **3** *(w pracy)* shift: *Dave had to work a twelve-hour shift yesterday.* | **nocna zmiana** night shift: *I usually work the night shift.* | *The night shift goes off duty at six a.m.* | **pracować na zmiany** do shift work **4 rzeczy na zmianę** change of clothes: *Take a change of clothes with you.* **5 robić coś na zmianę** take turns doing sth: *We can take turns cooking dinner.*

zmiatać *v* **1** *(śmieci, liście)* sweep **2 zmiataj (stąd)!** clear off!

zmiażdżyć *v* crush: *His leg was crushed in the accident.* | *The revolution was crushed within days.*

zmiąć *v* crumple: *She crumpled the envelope in her hand and tossed it into the fire.*

zmielić *v* **1** *(mięso)* mince: *Will you ask the butcher to mince the meat very finely* (=drobno)*?* **2** *(kawę)* grind (up): *Could you grind up some coffee for me?* | *He weighed out half a pound of coffee beans and ground them up.* **3** *(ziarno, pieprz)* mill: *Could you mill some pepper for me, please?*

zmieniać się *v (robić coś na zmianę)* take (it in) turns: *We took it in turns to do the driving.*

zmienić *v* **1** change, alter: *The club has recently changed its rules.* | *I'll just change my shoes, then we can go.* | *They had to alter their plans.* **2 zmienić zdanie** change your mind: *If you change your mind, let me know.* **3 zmienić temat** change the subject: *I'm sick of politics – let's change the subject.* **4 zmienić właściciela** change hands: *The car has changed hands several times.*
zmienić się *v* change, alter: *Susan has changed a lot since I last saw her.* | *The traffic lights changed from green to red.* | *When she went back to her hometown, she found it had hardly altered* (=odkryła, że prawie się nie zmieniło). →patrz też ZMIENIAĆ SIĘ

UWAGA: change i alter

Alter jest wyrazem nieco bardziej formalnym niż **change**.

zmienna *n* variable: *economic variables*

zmiennocieplny *adj* cold-blooded: *Snakes are cold-blooded animals.*

zmienny *n* **1** changeable, variable: *changeable weather* | *the variable nature of men* **2 prąd zmienny** alternating current —**zmienność** *n* variability

zmierzać *v* **1 zmierzać dokądś** head for sth, be bound for sth: *a boat heading for the shore* | *a plane bound for Thailand* **2 do czego zmierzasz?** what are you driving at?

zmierzch *n* dusk, twilight: *Eve worked right through from dawn till dusk.* | *We stayed outside till twilight.* | **o zmierzchu** at dusk/twilight: *The street lights go on* (=zapalają się) *at dusk.*

zmierzwić *v* ruffle: *The wind ruffled his hair.* —**zmierzwiony** *adj* shaggy: *shaggy hair*

zmierzyć *v* measure: *She measured the curtains.*

zmieścić *v* fit (in): *Can you fit in another passenger?* | *I can't fit anything else into this suitcase.* →patrz też MIEŚCIĆ, POMIEŚCIĆ
zmieścić się *v* fit: *Will my tennis racket fit in your bag?* →patrz też MIEŚCIĆ SIĘ, POMIEŚCIĆ SIĘ

Z

zmiękczyć *v* soften: *Choose a good moisturizer to soften and protect your skin.*

zmięknąć *v* soften: *Cook the onion until it has softened.*

zmiksować *v* **1** *(składniki w mikserze)* blend: *Blend the butter and sugar.* **2** *(koktajl, drinka)* mix: *Will you mix us some martinis, Bill?*

zminimalizować *v* minimize, minimise *BrE*: *To minimize the risk of getting heart disease, eat well and exercise daily.*

zmniejszyć *v* decrease, diminish, lessen: *efforts to decrease military spending | These drugs diminish blood flow to the brain. | A glass of wine a day can help lessen the risk of heart disease.*

zmniejszyć się *v* decrease, diminish, lessen: *The number of people who smoke has decreased. | The party's share of the electorate has diminished. | International tensions lessened after the end of the Cold War.*

zmobilizować *v* mobilize, mobilise *BrE*: *They mobilized armed forces for an attack on the enemy. | The shooting mobilized the community, which started several political action groups.*

zmobilizować się *v* force yourself: *I promised the doctor to force myself and do the exercises regularly.*

zmoczyć *v* **1** *(zwilżyć)* wet: *Wet this cloth and put it on her forehead.* **2** *(przemoczyć)* soak: *The rain had soaked her jacket.*

zmoczyć się *v (bezwiednie oddać mocz)* wet the bed

zmodernizować *v* modernize, modernise *BrE*: *a program to modernize existing schools*

zmodyfikować *v* modify: *Safety procedures have been modified since the fire.*

zmoknąć *v* get soaked: *The rain's coming on heavier - we're going to get soaked.*

zmonopolizować *v* monopolize, monopolise *BrE*: *The tobacco industry is monopolized by a few large companies. | Virtually all her time and energy is now monopolized by the children.*

zmontować *v* assemble, put together: *The bookcase is fairly easy to assemble. | It took us all day to put the table together.*

zmora *n* **1** *(utrapienie)* menace: *The mosquitoes are a real menace.* **2** *(zjawa)* spectre *BrE*, specter *AmE*

zmotoryzowany[1] *adj* motorized, motorised *BrE*: *a motorized wheelchair*

zmotoryzowany[2] *n* **1** motorist **2 restauracja dla zmotoryzowanych** drive-through/drive-in restaurant **3 kino dla zmotoryzowanych** drive-in (cinema): *We saw a movie at the drive-in.*

Z

zmowa *n* **1** conspiracy: *a conspiracy against the government | There has been a conspiracy of silence* (=zmowa milczenia) *about violations of regulations.* **2 być w zmowie z kimś** be in league with sb: *Parry is suspected of being in league with terrorists.*

zmówić *v* →patrz **zmówić pacierz** (PACIERZ)

zmrok *n* **1** dusk, nightfall: *The ship sailed at dusk. | We rushed to reach home before nightfall.* **2 przed zmrokiem/po zmroku** before/after dark: *If we leave now we'll be there before dark. | I don't like walking home after dark.*

zmrozić *v* **1** *(schłodzić)* chill: *Chill the melon for two hours before serving.* **2** *(zamrozić)* freeze: *Strawberries will keep for months if you freeze them.* →patrz też MROZIĆ

zmrużyć *v* **zmrużyć oczy** squint: *Anna squinted in the sudden bright sunlight.*

zmurszały *adj* rotten: *a rotten tree trunk*

zmusić *v* force, compel: *Nobody forced me - it was my own decision.* | **zmusić kogoś do czegoś/żeby coś zrobił** force/compel sb to do sth: *Government troops have forced the rebels to surrender.* | **czuć się zmuszonym coś zrobić** feel compelled/forced to do sth: *Harrison felt compelled to resign because of the allegations in the press.* THESAURUS FORCE

zmusić się *v* **zmusić się do zrobienia czegoś** force yourself to do sth: *I forced myself to get out of bed.*

zmutowany *adj* mutated: *mutated genes*

zmyć *v* **1** *(usunąć)* wash out/off: *Emulsion paint can easily be washed out, providing it is fresh and hasn't had a chance to dry. | She went into the bathroom to wash off her make-up.* **2** *(zniszczyć)* wash away: *Floods had washed away the topsoil* (=górną warstwę gleby). →patrz też ZMYWAĆ

zmyć się *v* **1** *(dać się usunąć)* wash out/off: *Don't worry about the dirty marks, they'll wash out. | Will this paint wash off?* **2** *(uciec)* clear off: *They cleared off when they saw the police coming.*

zmylić *v* mislead: *You did that to mislead me!*

zmysł *n* **1** sense: *the sense of sight/smell/hearing | Smoking can damage your sense of taste.* | **szósty zmysł** sixth sense: *A sixth sense told me that I was in danger.* | **zmysł orientacji** sense of direction: *I'll probably get lost - I haven't got a very good sense of direction.* | **zmysł obserwacji** powers of observation: *The problem is designed to test your powers of observation.* **2 postradać zmysły** take leave of your senses: *Have you taken leave of your senses?* **3 przy zdrowych zmysłach** sane, of sound mind: *If you want to stay sane, do not get involved in this* (=nie mieszaj się do tego). | *Dorothy contested the will, saying that Mr Palmer had not been of sound mind when it was drawn up.*

zmysłowy *adj* sensual: *sensual pleasures/lips | a sensual woman* —**zmysłowość** *n* sensuality

zmyślić *v* make up, invent: *I think they made the whole thing up.*

zmyślny *adj* nifty, clever: *a nifty little gadget for squeezing oranges | a clever device*

zmyślony *adj* invented, imaginary: *The story was obviously invented. | an imaginary friend*

zmywacz *n* **1 zmywacz do paznokci** nail polish remover **2 zmywacz do farb** paint stripper

zmywać *v* **zmywać (naczynia)** do/wash the dishes, wash up, do the washing-up *BrE*: *It's your turn to wash the dishes.* →patrz też ZMYĆ (SIĘ)

zmywarka *n* dishwasher

znachor *n* quack

znacjonalizować *v* nationalize, nationalise *BrE*: *The British government nationalized the railways in 1948. | The Bank of England was nationalised in 1946.*

znaczący *adj* **1** *(ważny)* significant: *His most significant political achievement was the abolition of the death penalty.* **2** *(spojrzenie, uśmiech)* meaningful, significant: *a meaningful look | They exchanged significant glances.* **3 znacząca cisza/pauza** pregnant silence/pause: *A pregnant silence filled the air before the winner was announced.* —**znacząco** *adv* significantly: *Methods used by younger teachers differ significantly from those used by older ones.*

znaczek *n* **1** *(pocztowy)* stamp: *a book of stamps | I put a second-class stamp on the letter.* **2** *(odznaka)* badge *BrE*, button *AmE*: *They were wearing badges that said 'Nuclear Power – No thanks!'. | a 'Keep Smiling' button* →patrz też ZNAK

znaczenie *n* **1** *(sens)* meaning, sense, significance: *Can you explain the meaning of this word? | In this dictionary different senses of a word are marked by numbers. | What's the significance of this part of the contract?* | **bez znaczenia** meaningless: *To me the marks on the page were just meaningless symbols.* THESAURUS UNIMPORTANT **2 w całym/pełnym tego słowa znaczeniu** in every sense of the word: *He's a gentleman in every sense of the word.* **3** *(waga)* importance, significance: *The doctor stressed the importance of regular exercise. | It is impossible to overestimate the significance of this major discovery.* | **przywiązywać znaczenie do czegoś** attach importance/significance to sth: *Much greater importance is now attached to environmental concerns.* **4 mieć znaczenie** matter: *Does it matter who goes first?* | **to nie ma znaczenia/to (jest) bez znaczenia** it doesn't matter: *"We've missed the train!" "It doesn't matter, there's another one in ten minutes."*

znacznie *adv* considerably, significantly, substantially: *It's considerably colder today. | Delia's work has been significantly better since her training course. | substantially higher prices*

znaczny *adj* considerable, significant, substantial: *She has considerable influence with the President. | A significant number of drivers fail to keep to speed limits. | We have the support of a substantial number of parents.*

znaczyć *v* **1** *(oznaczać)* mean: *The red light means 'Stop.' | Just because he's been in prison doesn't mean he's some kind of violent criminal.* | **co to znaczy?** what does it mean?: *"What does 'Konbanwa' mean in English?" "It means 'Good Evening'."* **2 to znaczy a)** *(czyli)* that is (to say): *We will practise all four language skills – that is, reading, writing, listening and speaking. | Let's do as he suggested, that is to say, wait here and I'll bring the car.* **b)** *(poprawiając się)* I mean: *She plays the violin, I mean the viola* (=na altówce), *really well.* **3 co to ma znaczyć?** what's that supposed to mean?: *"I'll bear your offer in mind." "Bear it in mind! What's that supposed to mean?"* **4** *(być ważnym)* mean, matter: *I spent years believing that I actually meant something to him. | It mattered a great deal to her what other people thought of her.* | **ktoś/coś wiele (dla kogoś) znaczy** sb/sth means a lot (to sb): *Her job means a lot to her.* **5** *(znakować, wskazywać)* mark: *A simple wooden cross marked her grave.*

znać *v* **1** know: *Who knows the answer? | I've known her for twenty years. | Does he know the way to your house?* | **znać kogoś z widzenia** know sb by sight: *I know her by sight, but I don't think I've ever spoken to her.* | **znać coś na pamięć** know sth by heart: *I know the poem by heart.* | **znać kogoś/coś na wylot** know sb/sth inside out: *We need someone who knows the area inside out.* **2 dać komuś znać** let sb know: *Give him this medicine, and let us know if he's not better in two days.*

znać się *v* **1** *(wzajemnie)* know each other/one another: *We know each other from school.* **2 znać się na czymś** be familiar with sth, know about sth, be knowledgeable about sth: *Are you familiar with this type of machine? | I have a friend who knows about antiques. | Celia is very knowledgeable about wines.* →patrz też **ktoś (nie) zna się na żartach** (ŻART)

znad *prep* **1** from: *She raised her eyes from the newspaper when he came in.* **2 znad morza** from the seaside

znajdować *v* **znajdować przyjemność/zadowolenie w czymś** find pleasure/satisfaction sth: *He found great satisfaction in kneading the dough* (=w wyrabianiu ciasta) *and baking the bread.* →patrz też ZNALEŹĆ

znajdować się *v* be situated/located: *The public lavatories are situated on the other side of the beach. | The engine is located in the front of the car.*

znajomo *adv* **wyglądać/brzmieć znajomo** look/sound familiar: *The voice on the phone sounded familiar.*

znajomość *n* **1** *(stosunki towarzyskie)* acquaintance: **zawrzeć znajomość z kimś** make sb's acquaintance/make the acquaintance of sb: *It was there that I made the acquaintance of one of the most distinguished citizens of our town.* **2 znajomości** connections: *He used his Mafia connections to find Pablo another job.* **3 znajomość czegoś** knowledge of sth, familiarity with sth: *Her knowledge of ancient civilisations is impressive. | In fact his familiarity with the Bronx was pretty limited.* | **gruntowna znajomość czegoś** intimate knowledge of sth: *Ted has an intimate knowledge of the local area.* | **pobieżna znajomość czegoś** passing/nodding acquaintance with sth: *We must make sure that children have more than just a passing acquaintance with geography.*

znajomy *adj* familiar: *a familiar face*

znajom-y/a *n* acquaintance, friend: *There were several acquaintances of mine at the party.*

znak *n* **1** *(sygnał)* sign, cue: *Three short blasts on the whistle was the sign for us to begin. | I think that was a cue for us to leave.* | **dać (komuś) znak** give (sb) a sign: *Nobody move until I give the sign.* **2** *(symbol, ślad)* mark: *What do those strange marks at the top of the page mean?* **3** *(dowód, przejaw)* indication: *a clear* (=wyraźny) *indication that they were in financial difficulty* **4 znaki szczególne** distinguishing marks **5 znak drogowy** road sign **6 znak zapytania** question mark: *A big question mark hangs over the company's future.* **7 znak firmowy** logo **8 znak handlowy** trademark: *'Coca-Cola' is a trademark.* **9 znak życia** sign of life: *We entered the building with caution but strangely there was no sign of life.* **10 znak wodny** watermark: *Banknotes have a watermark to prevent forgery.* **11 na znak przyjaźni/wdzięczności itp.** as a token of friendship/gratitude etc: *Please accept this gift as a small token of our affection and esteem.* →patrz też **znaki zodiaku** (ZODIAK)

znakomitość *n* **1** *(osobistość)* celebrity: *Many celebrities lend their support to charity events.* **2** *(doskonałość)* excellence: *the excellence of the design*

znakomity *adj* superb: *The food was superb. | a superb performance* THESAURUS GOOD —**znakomicie** *adv* superbly

znakować *v* →patrz OZNAKOWAĆ

znalezisko *n* discovery: *recent archaeological discoveries*

znaleźć *v* **1** find: *I can't find the car keys. | I found a purse in the street. | No-one has found a solution to this problem. | two lonely people who managed to find happiness together.* THESAURUS FIND **2** *(odkryć)* discover: *I've just discovered a secret drawer in my old desk.* **3 znaleźć poparcie** meet with approval: *The senator's suggestions met with widespread approval.* **4 znaleźć uznanie u kogoś** find favour *BrE*, favor *AmE* with sb: *The recipes rapidly found favour with restaurant owners.* **5 być jak znalazł** come in/be handy: *The side-pocket comes in handy as a passport-holder.* →patrz też ZNAJDOWAĆ

znaleźć się *v* **1** *(odnaleźć się)* be found, turn up: *The missing boy was found this morning. | I couldn't find my*

Z

watch for ages, but then one day it turned up in a coat pocket. **2 znaleźć się gdzieś** *(wylądować)* find yourself somewhere, end/finish up somewhere: *After wandering around, we found ourselves back at the hotel.* | *We finished up in Rome after a three week tour.* **3 znaleźć się w kłopotach/niebezpieczeństwie** be in trouble/danger: *If he was in trouble, his sister would always try to help him out.* | *I learned that Petra was in danger.* →patrz też ZNAJDOWAĆ SIĘ

znamienity *adj* eminent: *an eminent psychiatrist*

znamienny *adj* **znamienny dla czegoś** characteristic of sth: *Asymmetrical geometric forms are characteristic of much 20th-century abstract art.*

znamię *n* **1** *(na skórze)* birthmark: *Paul has a birthmark on his left cheek.* **2** *(cecha charakterystyczna)* hallmark: *The explosion had all the hallmarks of a terrorist attack.* **3** *(część rośliny)* stigma

znany *adj* **1** *(sławny)* (well-)known, famous, noted: *She's well-known in the literary world.* | *That big house in Malibu belongs to a famous movie star.* | *a noted surgeon* | **+z czegoś** for sth: *The Saumar region is known for its sparkling wines.* | *restaurants noted for the excellence of their cuisine* THESAURUS FAMOUS **2** *(w sensie negatywnym)* notorious: *a notorious bandit* | *The region is notorious for its terrible snowstorms.* **3** *(znajomy)* familiar: *familiar surroundings* (=otoczenie) **4 dobrze znany** well-known: *It's a well-known fact that smoking can cause lung cancer.* | **mało znany** little-known: *a little-known corner of the world* **5 znany jako** known as: *Chicago is known as "the windy city".*

znaw-ca/czyni *n* **1** *(koneser)* connoisseur: *a wine connoisseur* **2** *(ekspert)* expert: *The two paintings are so similar that only an expert can distinguish between the original and the copy.*

znerwicowany *adj* neurotic

zneutralizować *v* →patrz NEUTRALIZOWAĆ

znęcać się *v* **znęcać się nad kimś** maltreat/ill-treat/abuse sb: *She maltreats her children.*

znicz *n* **1** candle **2 znicz olimpijski** the Olympic torch

zniechęcający *adj* discouraging, disheartening, demoralizing: *The test results so far have been very discouraging.* | *a series of demoralizing failures*

zniechęcić *v* discourage: *The cameras should discourage shoplifters.* | **+kogoś do robienia czegoś** sb from doing sth: *Higher prices on cigarettes should discourage people from smoking.*
zniechęcić się *v* get discouraged, lose heart: *Students soon get discouraged if you criticize them too often.* | *Don't lose heart - there are plenty of other jobs you could apply for.* THESAURUS DISLIKE

Z

zniechęcony *adj* discouraged, disheartened: *There's no need to look so discouraged - you're sure to win.* | *If young children don't see quick results they grow disheartened.*

zniecierpliwić *v* annoy: *This annoyed Jane, who felt he owed her an explanation.*
zniecierpliwić się *v* get annoyed: *The man got annoyed and started shouting at me.* →patrz też NIECIERPLIWIĆ SIĘ

zniecierpliwiony *adj* impatient, annoyed: *After an hour's delay, passengers were becoming impatient.* —**zniecierpliwienie** *n* impatience: *Fiona's impatience with her students was beginning to show.*

znieczulający *adj* **środek znieczulający** anaesthetic *BrE*, anesthetic *AmE*

znieczulenie *n* anaesthetic *BrE*, anesthetic *AmE*: *Wisdom teeth are usually removed under anaesthetic.* | **znieczulenie miejscowe/ogólne** local/general an(a)esthetic: *The surgery was carried out under a local anaesthetic.*

znieczulić *v* anaesthetize, anaesthetise *BrE*, anesthetize *AmE*: *Once the patient was fully anesthetized, the surgeon made a small incision in his chest.*

zniedołężnienie *n* **zniedołężnienie starcze** senility —**zniedołężniały** *adj* senile: *Many of the patients in the geriatric ward are senile.*

zniekształcić *v* deform, distort: *The heat had deformed the plastic.* | *Her thick glasses seemed to distort her eyes.* —**zniekształcenie** *n* deformation, distortion: *optical distortions caused by poor quality lenses* —**zniekształcony** *adj* deformed, distorted: *a deformed foot* | *Her features were grotesquely distorted.*

znienacka *adv* out of the blue: *Symptoms of the disease often appear out of the blue.*

znienawidzić *v* (start/begin to) hate: *I couldn't hate her, although she had treated me very badly.* →patrz też NIENAWIDZIĆ

znienawidzony *adj* hated: *the hated dictator*

znieruchomieć *v* freeze: *She froze and listened to the voices coming from behind the door.*

zniesławienie *n* libel, slander: *Holt sued the newspaper for libel.* | *The doctor was awarded record damages against her partners for slander.* —**zniesławić** *v* libel, slander

UWAGA: libel i slander

Wyraz **libel** dotyczy zniesławienia na piśmie, a **slander** zniesławienia ustnego.

znieść *v* **1** *(wytrzymać)* bear, stand, tolerate, endure: *Please don't leave me all alone. I couldn't bear it.* | *I don't know if I can stand the waiting any longer.* | *Many workers said they couldn't tolerate the long hours* (=długiego dnia pracy). | *There are limits to what the human body can endure.* **2** *(na dół)* carry/take down(stairs): *They carried the piano downstairs.* **3** *(z boiska, ze sceny itp.)* carry off: *One of the players injured his knee and had to be carried off.* **4** *(prawo, przepis)* abolish: *Several states in the US intend to abolish capital punishment.* **5** *(ograniczenia, embargo)* lift: *Speed restrictions were lifted once the roadworks were completed.* →patrz też ZNOSIĆ

zniewaga *n* insult: *$200 for all that work? It's an insult.* —**znieważać** *v* insult: *How dare you insult my wife like that!*

zniewalający *adj* captivating: *a captivating smile*

zniewieściały *adj* effeminate: *The singer was a graceful, rather effeminate young man.*

zniewolić *v* **1** *(oczarować)* captivate: *It's difficult not to be immediately captivated by the dancers' grace and elegance.* **2** *(ograniczyć wolność)* constrain: *Many women feel constrained by their roles as wife and mother.*

znikąd *adv* **1** *(nie wiadomo skąd)* out of/from nowhere: *Cats appeared from nowhere, scratching and squatting in the soft earth.* **2** *(od nikogo)* from no one: *We expected help from no one.*

zniknąć *v* disappear, vanish: *My keys seem to have disappeared.* | *So what happens when the rain forest disappears for ever?* | *When I turned round again, the boy had vanished.* THESAURUS DISAPPEAR →patrz też **zniknąć bez śladu** (ŚLAD), **zniknąć z pola widzenia** (POLE)

zniknięcie *n* disappearance, vanishing: *Her sudden disappearance was very worrying.*

znikomy *adj* slender, slim: *The company now only has a slender hope of survival.* | *The Republicans won by a slender majority* (=znikomą większością głosów). | *There's a slim chance someone may have survived.*

zniszczenie *n* destruction, devastation: *Shiva, the Hindu god of destruction* | *A cyclone came over the island, causing complete devastation.* **—zniszczony** *adj* destroyed, ruined: *The school was completely destroyed by the fire.* | *My new white dress was totally ruined!*

zniszczyć *v* **1** *(zburzyć)* destroy: *The fire completely destroyed the school.* THESAURUS DAMAGE **2** *(zaszkodzić, zepsuć)* ruin: *Too much sugar can ruin your teeth.* **3** *(położyć kres)* destroy: *an accident that destroyed her ballet career* →patrz też NISZCZYĆ

zniweczyć *v* **1** *(plan)* defeat: *It was a lack of money that defeated their plan.* **2** *(marzenia, nadzieje)* shatter: *A shoulder injury* (=kontuzja barku) *shattered his dreams and he abandons the sport altogether.*

zniżać (się) *v* →patrz ZNIŻYĆ (SIĘ)

zniżka *n* discount: *Do I get a discount if I buy a whole case of wine?* | *Tickets are $9, with a $2 discount for kids.* | **15% zniżki** 15% off, 15% discount: *If you buy more than ten, they knock* (=dają) *20% off.* | *We offer a 10% discount to regular customers.*

zniżyć *v* **zniżyć głos** lower your voice: *Helen lowered her voice as they approached.*
zniżyć się *v* **zniżyć się do (zrobienia) czegoś** lower yourself to (do) sth: *I wouldn't lower myself to speak to her after what she's done.*

znokautować *v* knock out: *Tyson knocked out his opponent in Round 5.*

znosić *v* **1 nie znosić kogoś/czegoś** can't stand/bear/abide sb/sth: *Lily can't stand working in an office.* | *We just couldn't bear the thought of selling the farm.* | *I can't abide that man - he's so self-satisfied.* THESAURUS HATE **2** *(przynosić)* bring: *She brings home all kinds of unnecessary things.* **3** *(neutralizować)* cancel out: *Increases in rent cancel out any rise in wages.* **4 znosić jajka** lay eggs: *Blackbirds usually lay their eggs in March.* →patrz też ZNIEŚĆ
znosić się *v* **nie znosić się** hate each other/one another, can't stand each other/one another: *Everyone knows they hate each other.*

znośny *adj* bearable, tolerable: *His friendship was the only thing that made life bearable.* | *The heat in the room was barely tolerable.*

znowelizować *v* amend: *Congress amended the Social Security Act.*

znowu *adv* **1** again: *It's lovely to see you again.* | *Jack was late for school again.* **2 skądże znowu!** not at all!: *"Is my radio bothering you?" "Not at all - play it as loud as you like."* **3 co znowu?** what is it now?: *What is it now? I wish you'd leave me alone!*

znów *adv* →patrz ZNOWU

znudzić *v* bore: *I'm sorry I spoke for so long - I hope I didn't bore you.*
znudzić się *v* get bored: *I got bored talking to Susan.* →patrz też NUDZIĆ

znudzony *adj* bored: *I'm bored with the same old routine day after day.* →patrz też **śmiertelnie znudzony** (ŚMIERTELNIE)

znużony *adj* weary: *a weary smile* THESAURUS TIRED **—znużenie** *n* weariness

znużyć *v* →patrz NUŻYĆ

zobaczyć *v* **1** see: *Can I see your ticket, please?* **2 zobaczymy** *(zastanowię się)* we'll see: *"Can we go to the zoo, Dad?" "We'll see."* **3 zobaczę** *(sprawdzę)* I'll see: *I remember reading an article about that in a magazine - I'll see if I can find it for you.* **4 zobaczysz** *(przekonasz się)* you'll see: *I'll do better than any of them, you'll see.*

zobligowany *adj* obliged: *Don't feel obliged to play if you don't want to.*

zobojętniać *v* neutralize, neutralise *BrE*: *This medicine neutralizes the acid in your stomach.*

zobowiązać *v* **zobowiązać kogoś do (zrobienia) czegoś** commit sb to doing sth: *The contract commits him to playing for the team for the next three years.*
zobowiązać się *v* **zobowiązać się do (zrobienia) czegoś** commit yourself to doing sth

zobowiązanie *n* **1** commitment, undertaking: *Jim's afraid of emotional commitments.* | *a financial commitment* | *an undertaking to respect people's privacy* **2 bez żadnych zobowiązań** (with) no strings attached: *He asked me to go to Paris with him - with no strings attached.*

zobowiązany *adj* **1** obliged: *The government is morally obliged to do all it can for the refugees.* | **czuć się zobowiązanym zrobić coś** feel obliged to do sth: *I felt obliged to invite them all.* | **będę zobowiązany, jeśli ...** I'd be obliged if ...: *I'd be obliged if you'd treat this matter as strictly confidential.* **2 być komuś zobowiązanym** be indebted to sb: *I am deeply indebted to my husband for helping me edit the book.*

zobrazować *v* illustrate: *To illustrate the point, Dr Fisher told a story.*

zodiak *n także* **Zodiak** the zodiac: *Virgo is the sixth sign of the zodiac.* | **znaki zodiaku** signs of the zodiac, star signs: *"Which sign of the zodiac were you born under?" "Leo."* | *"What star sign are you?" "Libra."* **—zodiakalny** *adj* zodiacal

zoo *n* zoo: *My dad took me to the zoo.*

zoolog *n* zoologist **—zoologia** *n* zoology

zoologiczny *adj* **1** zoological: *a zoological specimen* **2 ogród zoologiczny** zoo: *The kids had a very good time at the zoo.*

zorganizować *v* organize, organise *BrE*, arrange: *They organized a protest march.* | *James arranged a big surprise party for Helen's birthday.*
zorganizować się *v* →patrz ORGANIZOWAĆ SIĘ

zorientować się *v* **1** *(uprzytomnić sobie)* realize, realise *BrE*: *It wasn't long before we realized Dan had left.* **2** *(dowiedzieć się)* find out: *When did you find out you were pregnant?* | *He's gone to find out which gate the plane goes from.*

zorza *n* **zorza polarna** northern lights

zostać *v* **1** *(stać się)* become: *He became King at the age of 17.* | *Nine months later she became a mother.* **2** *(pozostać)* stay, remain: *Can't you stay for supper?* | *Pam's staying overnight at my house.* | *She remained at home to look after children.* **3 zostać dłużej** *(po pracy itp.)* stay behind: *I stayed behind to help clean up after the party.*

4 zostać w tyle lag (behind): *Britain was lagging in the space race.* | *Jessica always lags behind, looking in shop windows.* **5 niech to zostanie między nami** this is strictly between you and me →patrz też **POZOSTAĆ**

zostawić *v* **1** *(rzucić)* leave, walk out on: *Jan's husband's left her for another woman.* | *When she was three months pregnant, Pete walked out on her.* **2** *(nie zabrać)* leave (behind): *Oh no! I've left the paperwork behind in my office.* **3** *(pozostawić, zachować na później)* leave: *I've left the kids with Sandra.* | *If you leave that on the floor, it'll get trodden on and broken.* | *I'll leave you some milk in the fridge.* **4 zostawić coś sobie** keep sth: *You can keep it. I don't need it.* **5 zostaw to mnie** leave it to me **6 zostawić kogoś na pastwę losu** leave sb in the lurch: *The company shut down on Tuesday, leaving 2,000 customers in the lurch.* →patrz też **zostawić kogoś/coś w spokoju** (**SPOKÓJ**), **zostawić wiadomość** (**WIADOMOŚĆ**)

zowąd *adv* **ni stąd, ni zowąd** out of the blue: *One evening, Angela phoned me out of the blue and said she was in some kind of trouble.*

zrabować *v* steal: *The thieves stole cash and jewellery.* →patrz też **RABOWAĆ, OBRABOWAĆ**

zracjonalizować *v* →patrz **RACJONALIZOWAĆ**

zramoleć *v* go gaga: *"She's gone completely gaga," said Beatrice cruelly.*

zranić *v* **1** *(zadać ranę)* wound, injure: *The bullet wounded him in the shoulder.* | *His horse was lame because a stone had injured its foot.* **2** *(sprawić przykrość)* hurt: *I love you, I didn't mean to hurt you.* →patrz też **RANIĆ**
zranić się *v* **1** hurt/injure yourself: *When the train braked he went head over heels - he could have really hurt himself!* **2 zranić się w nogę/łokieć itp.** hurt/injure your leg/elbow etc: *He fell over and hurt his arm.*

zraszacz *n* sprinkler

zrazić *v* alienate, antagonize, antagonise *BrE*: *Jackson's comments alienated many baseball fans.* | *Don't do anything to antagonize your customers.*
zrazić się *v* get discouraged: *The game is simple enough so that beginners won't get discouraged.*

zrealizować *v* **1** *(ambicje, zamierzenia)* realize, realise *BrE*: *She has finally realized her ambition of becoming a teacher.* **2 zrealizować marzenie** fulfil a dream: *An Arizona couple fulfilled their dream of getting married in Tahiti.* **3** *(film, sztukę)* produce: *Jane's play was produced at a London theatre.* **4** *(plan)* execute: *The directors make the decisions, and the managers have to execute them.* **5** *(czek)* cash: *Can you cash my traveller's cheques here?*

Z

zredagować *v* →patrz **REDAGOWAĆ**

zredukować *v* reduce, cut back: *They're trying to reduce the number of students in the college.* | *The workforce has been reduced by half.* | *Defence spending* (=wydatki na obronę) *is to be cut back.*

zreferować *v* give an account of: *He was asked to give an account of the experiment's results.*

zreflektować się *v* think better of it: *He reached for a cigar, but then thought better of it.*

zreformować *v* reform: *plans to reform the tax system*

zregenerować (się) *v* →patrz **REGENEROWAĆ (SIĘ)**

zrehabilitować się *v* redeem yourself: *She was trying desperately to redeem herself after last week's embarrassing mistake.*

zrekompensować *v* compensate, recompense: **+(komuś) coś** (sb) for sth: *He bought his kids presents to compensate for being away so much.* | *We hope this payment goes some way to recompense you for* (=choć częściowo zrekompensuje panu) *any inconvenience we may have caused.* →patrz też **REKOMPENSATA**

zrekonstruować *v* reconstruct: *Police are trying to reconstruct the events of last Friday.* | *There are plans to reconstruct the old bridge.*

zrelacjonować *v* →patrz **RELACJONOWAĆ**

zrelaksować *v* relax: *A nice hot bath should help to relax you.*
zrelaksować się *v* relax: *After a hard day's work, relax in the swimming pool.* —**zrelaksowany** *adj* relaxed: *Gail was lying in the sun looking relaxed and happy.*

zremisować *v* draw: *They drew 3-3.* | *Inter drew with Juventus last night.*

zreorganizować *v* →patrz **REORGANIZOWAĆ**

zreperować *v* repair: *They should repair the broken fence.*

zresztą *adv* anyway, besides: *It's too expensive and anyway the colour doesn't suit you.* | *I don't want to go to the cinema; besides I'm feeling too tired.*

zrewanżować się *v* **zrewanżować się komuś za coś** repay sb for sth: *We'll never be able to repay you for all you've done.*

zrewidować *v* **1** *(przeszukać)* search: *We were stopped by a security guard who searched our bags.* **2** *(zmienić)* revise, review *AmE*: *Since visiting the refugee camps, I have revised my opinion about immigrants.*

zrewolucjonizować *v* revolutionize, revolutionise *BrE*: *New metal alloys* (=stopy metali) *have revolutionized car manufacture.*

zrezygnować *v* **1** *(poddać się)* give up: *After six or seven tries* (=próbach) *I gave up.* **2** *(zwolnić się)* resign: *He resigned from his job and joined the army.* —**zrezygnowany** *adj* resigned, disheartened, dispirited: *He sounded resigned and dejected.* | *Each day Lou came back from the mailbox disheartened.*

zręczny *adj* skilful *BrE*, skillful *AmE*, deft: *her skilful handling of a difficult problem* | *With one deft movement, she flipped the pancake over.* —**zręcznie** *adv* skilfully *BrE*, skillfully *AmE*, deftly: *He skilfully manipulated the media.* —**zręczność** *n* dexterity: *speed and dexterity*

zrobić *v* →patrz **ROBIĆ**

zrobiony *adj* **zrobiony z czegoś** made of/from sth: *The table and chairs were made of iron.* | *parachutes made from silk*

zrodzić *v* *(wywołać)* give rise to: *The President's absence has given rise to speculation about his health.*

zrogowaciały *adj* calloused: *calloused hands*

zrosnąć się *v* **1** *(kości)* knit (together), fuse (together): *A pin holds the bones in place while they knit together.* **2** *(rana, część ciała)* heal over: *The bird's beak* (=dziób) *appears to have been broken and then healed over.* **3** *(z krajobrazem itp.)* blend in: *The old house blends in perfectly with the gentle Hampshire countryside.*

zrozpaczony *adj* distraught: *The distraught woman was yesterday giving police a description of her attacker.*

zrozumiały *adj* **1** *(łatwy do zrozumienia)* comprehensible, intelligible, understandable: *an easily comprehensible explanation of the subject* | *Newspapers must be intelligible* *to all levels of readers.* | *The announcements should be easily understandable.* **2** *(uzasadniony)* understandable: *Her anger was entirely understandable in the circumstances.* | **co zrozumiałe** understandably: *They were, quite understandably, annoyed by the delay.* —**zrozumiale** *adv* comprehensibly, intelligibly

zrozumieć *v* **nie zrozum mnie źle** don't get me wrong: *Don't get me wrong - I like Jenny but she can be a little bossy.* THESAURUS **UNDERSTAND** →patrz też **ROZUMIEĆ**

zrozumienie *n* **1** understanding: *Mutual understanding is important in all relationships.* **2** **dać komuś do zrozumienia, że ...** give sb to understand (that) ...: *I was given to understand that I would be promoted within a year.* →patrz też **ROZUMIENIE**

zrównać *v* **1** *(dać równe szanse)* equalize, equalise *BrE*: *The Association of Women Teachers in New York fought to equalize male and female pay.* **2** **zrównać z ziemią** level, raze to the ground: *The bombing raid levelled a large part of the town.* | *houses that had been razed to the ground in the war*
zrównać się *v* **zrównać się z kimś** *(w zawodach itp.)* draw level with sb

zrównoważony *adj* **1** *(człowiek)* level-headed, well-balanced: *A good pilot needs to be calm and level-headed.* **2** *(gospodarka, wzrost itp.)* well-balanced: *a well-balanced economy*

zrównoważyć *v* balance: *We add just enough sugar to balance the acidity* (=kwaśność) *of the fruit.*

zróżnicować *v* vary: *You should vary your diet a little more.*

zróżnicowanie *n* **1** *(różnorodność)* variety, diversity: *a wide diversity of opinion* **2** *(różnice)* differentiation: *socio-economic differentiation*

zróżnicowany *adj* varied, diverse: *a varied group of people* | *subjects as diverse as pop music and archaeology*

zrujnować *v* **1** *(zepsuć, zniszczyć)* ruin, wreck: *The rain ruined our holiday.* | *Hundreds of buildings were wrecked by the earthquake.* | *The weather wrecked all our plans.* **2** *(pozbawić pieniędzy)* ruin: *Jefferson was ruined by the law suit.*

zrymować *v* →patrz **RYMOWAĆ**

zryw *n* spurt: *I tend to work in spurts.*

zrywać *v* →patrz **ZERWAĆ**

zrządzenie *n* **zrządzenie losu** twist of fate: *By an amazing twist of fate, we met again in Madrid five years later.*

zrządzić *v* ordain: *It was as if fate had ordained that they would marry.*

zrzec się *v* **zrzec się czegoś** renounce/relinquish sth: *The only course left to Nixon was to renounce the presidency.* | *He refused to relinquish sovereignty to his son* (=na rzecz syna).

zrzęda *n* grouch: *an old grouch* —**zrzędliwy** *adj* grouchy

zrzędzić *v* grumble, nag: *She was grumbling about having to work so late.* | *I wish you'd stopped nagging!*

zrzucić *v* **1** *(ubranie, więzy)* throw off: *He threw off his sweater.* | *In 1845 they finally threw off the yoke* (=jarzmo) *of foreign rule.* **2** *(liście, skórę)* shed: *Deciduous trees shed their leaves in autumn.* **3** *(jeźdźca)* throw: *The horse threw him, but Joe just laughed, picked himself up and dusted himself down.* **4** **zrzucić parę kilogramów** lose/shed a few pounds: *You could stand* (=przydałoby ci się) *to lose a few pounds.* →patrz też **zrzucić winę na kogoś** (**WINA**)
zrzucić się *v (złożyć się)* chip in: *When Mona retired, all her co-workers chipped in and bought her a going-away present.*

zrzut *n* drop: *an air drop to the war-torn region*

zsiadły *adj* **zsiadłe mleko** curds and whey

zsiąść *v* dismount: *His horse reared up* (=stanął dęba) *when he tried to dismount.*

zstępować *v* descend: *He slowly descended the steps of the plane.*

zsumować *v* →patrz **SUMOWAĆ**

zsunąć *v* **1** *(w dół)* slide down **2** *(postawić obok siebie)* put/place together
zsunąć się *v* **1** *(zjechać)* slide down: *She slid down in her chair and rested her head on the back of the seat.* **2** *(spaść)* slide off: *A big jug slid off the table, and shattered into a thousand pieces.* **3** *(osunąć się)* slip off: *Her bag slipped off her shoulder.* | *The covers had slipped off the bed during the night.*

zsyłać *v* →patrz **ZESŁAĆ**

zsyłka *n* exile

zsynchronizować *v* →patrz **SYNCHRONIZOWAĆ**

zsyntetyzować *v* →patrz **SYNTETYZOWAĆ**

zsyp *n* (rubbish *BrE*, garbage *AmE*) chute

zszokowany *adj* shocked: *We were shocked at their terrible working conditions.*

zszyć *v* **1** *(dziurę, ranę)* stitch/sew up: *She stitched up the cut and left it to heal.* | *I need to sew up this hole in my jeans.* **2** *(kartki)* staple (together): *She stapled the pages together.*

zszywacz *n* stapler

zszywać *n* →patrz **ZSZYĆ**

zszywka *n* staple

zubożyć *v* impoverish: *The land tax impoverished many peasants.*

zuch *n* **1** *(młody harcerz)* cub (scout) **2** *(śmiałek)* hero

zuchwały *adj* **1** *(bezczelny)* impudent: *She was young, impudent and quite outrageous.* **2** *(śmiały)* bold

zunifikować *v* unify

zupa *n* soup: *tomato/chicken soup* | *a bowl of soup*

zupełnie *adv* completely, entirely: *She was bored with work and wanted to do something completely different.* | *an entirely different matter*

zupełność *n* **w zupełności** entirely: *This is entirely sufficient* (=to w zupełności wystarczy).

zupełny *adj* complete, total: *a complete idiot* | *a total disaster*

zużycie *n* consumption: *Fuel consumption has risen dramatically in the last few years.*

zużyć *v* use up, run out of: *Don't use up all the hot water.* | *The camp had almost run out of food when helicopters arrived with fresh supplies.* →patrz też **ZUŻYWAĆ**

zużyty *adj* worn out, used: *a pair of worn out walking boots* | *a used tissue*

zużywać *v* consume, use: *The human body consumes energy in the form of carbohydrates* (=węglowodanów). | *We use about £40 worth of electricity a month.*

zużywać się *v* wear out: *Buying cheap tyres is a false economy* (=pozorna oszczędność) *- they wear out much more quickly.* →patrz też **ZUŻYĆ**

zwabić *v* entice, lure: *Banks are offering low interest rates in an attempt to entice new customers.* | *prospectors lured to Alaska by the promise of gold*

zwać *v* **1** call **2 tak zwany** so-called: *the so-called experts on international affairs*
zwać się *v* be called: *The stretch of coastline between Barcelona and the French border is called the Costa Brava.*

zwalczać *v* combat, fight: *new strategies to combat inflation*

zwalić *v* **1** *(zgromadzić)* dump: *Who dumped all these books on my desk?* **2** *(strącić)* knock down: *She turned rapidly and knocked down the ashtray.* **3 zwalić coś od kogoś** crib sth off/from sb: *No wonder Kevin got such a good mark for his homework - he cribbed it all from me.* **4 zwalić winę na kogoś** pin the blame on sb
zwalić się *v* **1** *(upaść, spaść)* fall down, tumble: *The bridge fell down with an enormous crash.* | *She lost her balance and tumbled backwards.* **2 zwalić się komuś na głowę/kark** descend on sb: *My in-laws* (=teściowie) *descended on us last weekend.*

zwalisty *adj* stocky: *a bald stocky man*

zwalniać *v* →patrz **ZWOLNIĆ**

zwarcie *n* short circuit

zwariować *v* go crazy: *Kurtz had gone crazy, alone in the jungle.*

zwariowany *adj* **1** crazy: *We have some crazy friends.* THESAURUS **STUPID** **2 zwariowany na punkcie kogoś/czegoś** crazy about sb/sth: *He hasn't changed at all - he's still crazy about football.*

zwarzyć się *v* curdle: *Milk may curdle in warm weather.*

zwaśniony *adj* warring: *the warring sides/factions/parties*

zważać *v* **1 nie zważać na coś** disregard sth: *The judge ordered the jury to disregard the witness's last statement.* **2 zważywszy, że ...** considering (that) ...: *Considering he's only six, he has an excellent vocabulary.* | **zważywszy na coś** considering sth: *Tom ran across the field, unexpectedly fast considering the size of the man.*

zważyć *v* →patrz **WAŻYĆ**

zwątpić *v* **zwątpić w coś** stop believing (in) sth: *Finally she stopped believing his declarations.*

zwerbować *v* recruit: *We are having difficulty recruiting properly qualified staff.*

zweryfikować *v* verify: *You can verify the facts by looking at the auditors' report.* THESAURUS **CHECK**

zwędzić *v* pinch, nick *BrE*: *Someone's pinched my wallet!*

zwęglony *adj* charred: *the charred remains of a corpse*

zwęzić *v (ubranie)* take in: *I'll have to have this dress taken in.*

zwężać się *v* narrow: *The river narrows at this point.*

zwiać *v* **1** *(zdmuchnąć)* blow off: *The wind had blown off some of the tiles* (=dachówki) *from the roof.* **2** *(uciec)* run away: *Every time they put him in one of those children's homes, he ran away as soon as he could.* **3 zwiać komuś** give sb the slip: *Bates gave the police the slip.*

zwiad *n* reconnaissance **—zwiadowca** *n* scout: *He sent three scouts ahead to take a look at the bridge.*

zwiastować *v* herald, portend: *The talks herald a new era in East-West relations.* | *strange events that portend some great disaster*

zwiastun *n* **1** *(oznaka)* herald: *primroses, the first herald of spring* **2** *(filmu)* preview, trailer *BrE*: *I saw a trailer for the new James Bond movie.*

związać *v* bind, tie up: *They bound my arms and legs with rope.* | *The intruders tied him up and put him in the closet.* →patrz też **WIĄZAĆ**
związać się *v* →patrz **WIĄZAĆ SIĘ**

związany *adj* **1** *(sznurem)* tied up: *The victims had both been tied up, then shot.* **2** *(obietnicą, umową)* bound: *We are bound by agreements made at the time of the treaty.* **3 być związanym z czymś** be connected with sth, be bound/tied up with sth: *The two ideas are closely connected, and should be dealt with together.* | *Henry's problems are all bound up with his mother's death when he was ten.* **4 ktoś ma związane ręce** sb's hands are tied: *We'd really like to help you, but I'm afraid our hands are tied.*

związek *n* **1** *(powiązanie)* connection, link, relationship: *Police have so far failed to establish a connection between the two murders.* | *the link between smoking and cancer* | *What's the relationship between temperature and humidity?* THESAURUS **ABOUT** **2** *(uczuciowy itp.)* relationship: *Jane's stormy relationship with her husband* **3** *(stowarzyszenie)* association: *the Association of Master Builders* **4** *(chemiczny)* compound: *Sulphur dioxide is a compound of sulphur and oxygen.* **5 związek zawodowy** trade *BrE*, labor *AmE* union: *We are fighting for the right to join a trade union.* **6 mieć związek z kimś/czymś** have (got) to do with sb/sth: *The two incidents might have something to do with each other.* | *Yes, I have a boyfriend but what's it got to do with you?* **7 w związku z czymś** in connection with sth: *The police are interviewing two men in connection with the robbery.* **8 w związku z tym** accordingly: *The budget for health care has been cut by 10%. Accordingly, some hospitals may be forced to close.*

związkowiec *n* trade unionist

związkowy *adj* (trade) union: *union leaders* | *the trade union movement*

związywać *v* →patrz **WIĄZAĆ, ZWIĄZAĆ**

zwichnąć *v* **a)** *(nogę w kostce itp.)* sprain: *He fell down the steps and sprained his ankle.* **b)** *(bark, palec)* dislocate: *I dislocated my shoulder playing football.* **—zwichnięcie** *n* sprain

zwiedzać *v* **1** go sightseeing: *We bought souvenirs and then went sightseeing.* **2 zwiedzać coś** tour sth: *We are touring the Greek islands this summer.* **—zwiedzający-y/a** *n* sightseer

zwiedzanie *n* **1** sightseeing: *I hate sightseeing!* **2 zwiedzanie czegoś** *(miasta, obiektu)* tour of sth: *a tour of the castle*

zwieńczyć *v* crown: *a huge white building crowned with turrets* (=wieżyczkami)

zwierać *v* →patrz **ZEWRZEĆ**

zwierciadło *n* mirror: *Mirror, mirror on the wall, who's the fairest* (=najpiękniejszy) *of us all?*

zwierzać się *v* →patrz **ZWIERZYĆ SIĘ**

zwierzak *n* animal

zwierzątko *n (domowe)* pet: *Have you got any pets?* →patrz też ZWIERZĘ

pet

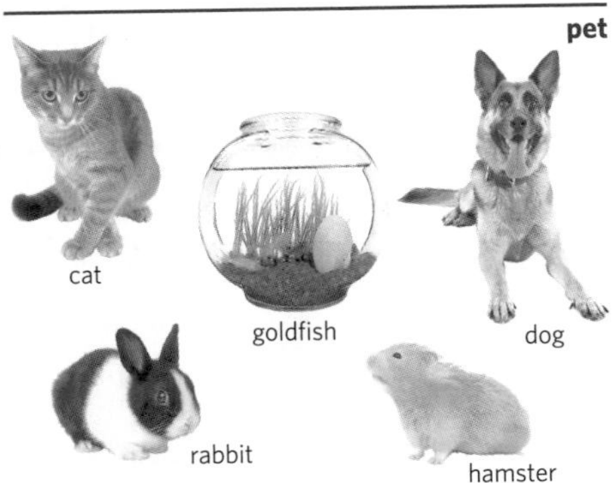

zwierzchnictwo *n* supervision: *We work under the Chief Engineer's supervision.*

zwierzchni-k/czka *n* superior: *She isn't my superior but she often tries to tell me what to do.*

zwierzę *n* **1** animal: *domestic/farm animals* | *Man is a highly intelligent animal.* **2** *(niebezpieczne, bajkowe itp.)* beast: *wild/savage beasts* | *beasts of burden* (=zwierzęta juczne i pociągowe) | *unicorns* (=jednorożce) *and other mythical beasts*

UWAGA: animal i beast

Rzeczownik **animal** może oznaczać dowolną istotę żywą. Rzeczownik **beast** występuje głównie w utworach literackich, np. w mitach i baśniach, i odnosi się do zwierząt, które są w jakiś sposób niezwykłe. Obu wyrazów można też użyć przenośnie na określenie okrutnego lub prymitywnego człowieka, choć rzeczownik **beast** jest w tym znaczeniu nieco przestarzały: *These football hooligans are just animals.* | *Her ex-husband was a real beast.*

zwierzęcy *adj* animal: *animal instincts*

zwierzyć się *v* **zwierzyć się komuś** confide in sb: *It's important to have someone that you can confide in.* | **zwierzyć się komuś, że ...** confide to sb that ...: *He confided to his friends that he didn't have much hope for his marriage.*

zwierzyna *n* **dzika zwierzyna** game

zwiesić *v* **zwiesić głowę** hang your head: *He hung his head and didn't answer her question.*

zwieść *v* **1** beguile: *Carr beguiled the voters with his good looks and grand talk.* **2 nie daj się zwieść** don't (let yourself) be taken in: *Don't be taken in by products claiming to help you lose weight in a week.*

zwietrzały *adj* **1** *(napój gazowany)* flat: *This Coke must have been opened ages ago – it's completely flat!* **2** *(skała)* weathered: *weathered rock on the hillside*

zwietrzyć *v* **1** *(zwierzę)* scent: *The deer scented our presence and ran back into the forest.* **2** *(człowiek)* get wind of: *I don't want that reporter getting wind of this.*

zwiewać *v* →patrz ZWIAĆ

zwiewny *adj* ethereal: *an ethereal beauty*

zwiędnąć *v* wilt, wither: *The rose wilted two days after his visit.* | *He watered the plants so little that the leaves drooped and the stems withered.*

zwiększyć *v* increase: *political tensions* (=napięcia) *that might increase the likelihood* (=prawdopodobieństwo) *of a nuclear war*
zwiększyć się *v* increase: *The population of London increased dramatically in the first half of the century.*

zwięzły *adj* succinct, concise: *a succinct answer* | *a concise explanation* —**zwięźle** *adv* succinctly: *His questions are always succinctly put* (=sformułowane). —**zwięzłość** *n* brevity, conciseness: *Letters published in the newspaper are edited for* (=redagowane pod kątem) *brevity and clarity.*

zwijać się *v* **1** coil: *The snake coiled in the grass.* **2 zwijać się z bólu** writhe in pain: *He lay on the floor writhing in pain.* **3 zwijać się w kłębek** curl up: *I like to curl up before going to sleep.* →patrz też ZWINĄĆ

zwilżyć *v* dampen, moisten: *She had a fever so I dampened a cloth and put it on her forehead.* | *Moisten the clay* (=glinę) *if it seems too dry.*

zwinąć *v* **1** *(w rulon, kłębek)* roll (up): *Harry rolled the newspaper and put a rubber band around it.* | *Roll the yarn* (=włóczkę) *into a ball.* **2** *(sznurek, drut)* coil (up): *I helped him coil up the rope and put it away.* **3** *(żagiel, flagę)* furl: *They furled the sails and the boat came to a stop.* **4** *(ukraść)* pinch, nick *BrE*: *Someone's pinched my coat!* | *They tried to nick my bike.* →patrz też ZWIJAĆ SIĘ

zwinny *adj* agile, nimble: *Andy climbed the tree, agile as a monkey.* | *nimble fingers* —**zwinność** *n* agility: *On land the seal* (=foka) *is a clumsy creature but underwater it moves with grace and agility.*

zwiotczały *adj* flabby: *flabby arms*

zwisać *v* **1** dangle, hang down: *Long earrings dangled from her ears.* | *Two of the supports for the roof* (=dwie podpory dachu) *had fallen down, and the roof hung down on one side.* **2 zwisa mi to!** I don't give a shit!

zwitek *n* roll: *a huge roll of $100 bills*

zwlekać *v* **1** delay: *She delayed for months before deciding.* **2 zwlekać z czymś/ze zrobieniem czegoś** put sth off/put off doing sth, postpone (doing) sth, be slow in doing sth/to do sth: *You shouldn't put off going to the dentist.* | *The authorities were slow to respond.*

zwłaszcza *adv* particularly, especially: *We are hoping to expand our business, particularly in Europe.* | *Crime is growing at a rapid rate, especially in urban areas.*

zwłoka *n* **1** delay: *Sorry for the delay, Mr Weaver.* | **bez zwłoki** without delay: *It's best to act without delay.* **2 grać na zwłokę** play for time: *"Well," I said, playing for time, "there are several possible options."*

zwłoki *n* **1** corpse **2 sekcja zwłok** post-mortem (examination) *BrE*, autopsy *AmE*: *The post-mortem revealed that Mills had been strangled* (=uduszony).

zwodniczy *adj* deceptive, misleading: *a deceptive smile* | *a deliberately misleading answer* —**zwodniczo** *adv* deceptively, misleadingly: *The first question seemed deceptively simple.* | *misleadingly positive signals*

zwodzić *v* →patrz ZWIEŚĆ

zwolenni-k/czka *n* **1** *(polityka, przywódcy)* follower: *Marx and his followers were convinced that capitalism would destroy itself.* **2** *(idei, partii politycznej)* adherent: *an adherent of socialism* **3** *(propagator)* advocate: *She's a passionate advocate of natural childbirth.*

zwolnić *v* **1** *(iść, jechać, działać wolniej)* slow down: *Motorists should slow down and take extra care in foggy conditions.* | *You're sixty, it's time you slowed down a bit.* **2** *(uwolnić)* release: *The hostages were released in November 1988.* **3** *(poluźnić)* release: *The noise made him release his grasp* (=uchwyt). | *Don't forget to release the handbrake.* **4** *(pokój itp.)* vacate: *Guests must vacate their rooms by 11 o'clock.* **5** *(z pracy, ze stanowiska)* dismiss, fire, sack: *Bryant was dismissed from his post.* | *Will they fire Woods for stealing the money?* **6** *(z obowiązków)* release: *She was released from her teaching duties to attend the funeral.*
zwolnić się *v* **1** *(z pracy)* quit, resign: *Her husband had to quit because of ill health.* **2** *(pokój, krzesło, stanowisko)* become vacant: *When the post became vacant it was offered to Wendy Brooks.*

zwolnienie *n* **1** *(z więzienia)* release: *Simon has obtained early release from prison.* **2** *(z pracy)* dismissal: *Wilson was claiming compensation for unfair dismissal.* **3** *(z obowiązku)* exemption: *an exemption under Article 85* **4 zwolnienie lekarskie** sick leave: **być na zwolnieniu (lekarskim)** be on sick leave **5 zwolnienie warunkowe** parole: *Graham's refusal to admit his part in the crime means that he is unlikely to be granted parole.*

zwolniony *adj* **1 w zwolnionym tempie** in slow motion: *Let's look at that goal in slow motion.* **2 być zwolnionym z czegoś** be exempt from sth: *The interest* (=odsetki) *is exempt from income tax.* | *Pregnant women are exempt from payment.* **3 zostać zwolnionym (z pracy) a)** be dismissed/fired/sacked: *He was unfairly dismissed from his post.* **b)** *(w sytuacji nadmiaru zatrudnienia)* be laid off, be made redundant *BrE*: *Seventy factory workers were made redundant in the resulting cuts.*

zwołać *v* **1** *(ludzi)* summon (up): *Rita had summoned up a group of supporters.* **2 zwołać zebranie** call/summon a meeting: *We've called an emergency meeting of the governors.*

zwozić *v* **1** *(przywozić)* bring: *They brought medicines to the village and stopped off to nurse the children.* **2** *(z góry na dół)* take down: *If there's a lift, we can take the sofa down.*

zwój *n* **1** *(drutu)* coil: *coils of barbed wire* **2** *(papieru)* scroll: *two scrolls in Chinese lettering*

zwracać *v* → patrz ZWRÓCIĆ

zwrot *n* **1** *(obrót)* turn: **zwrot w lewo/prawo** left/right turn **2 zwrot o 180 stopni** U-turn: *a government U-turn on economic policy* **3** *(zmiana)* swing: *a big swing towards right-wing ideology* **4** *(oddanie)* return: *The family are demanding the return of the dowry* (=posagu). **5** *(kosztów)* refund: *You can apply for a refund of your travel costs.* **6** *(wyrażenie)* expression, phrase: *a colloquial expression* | *Spoken language contains many phrases of this type.* **7** *(dochód z inwestycji)* return: *£10,000! That's not a bad return on our investment, is it?*

zwrotka *n* verse: *Let's sing the last verse again.*

zwrotnica *n* *(kolejowa)* points *BrE*, switch *AmE*

zwrotnik *n* **Zwrotnik Raka/Koziorożca** the Tropic of Cancer/Capricorn —**zwrotnikowy** *adj* tropical: *the tropical rain forests*

zwrotny *adj* **1** *(samochód)* manoeuvrable *BrE*, maneuverable *AmE* **2 czasownik/zaimek zwrotny** reflexive verb/pronoun **3 punkt zwrotny** turning point: *The battle of El Alamein was a turning point in the war.* **4 adres zwrotny** return address **5** *(pożyczka, zastaw)* returnable: *a returnable deposit*

Z

zwrócić *v* **1 a)** *(oddać)* return, give back: *I have to return some books to the library.* | *We lent them our lawnmower and they never returned it.* | *She read the letter, signed it, and gave it back to Rea.* **b)** *(pieniądze)* pay/give back: *Did I pay you back that £5?* | *I need to give Jack back the money he lent me.* **2** *(wzrok, oczy)* turn: *He turned his eyes to the river.* **3** *(zwymiotować)* bring up: *He can't eat anything without bringing it up.* → patrz też **zwracać uwagę** (UWAGA)

zwycięstwo *n* victory: *A great shot by Johnson gave the Lakers victory over the Celtics.* | **odnieść zwycięstwo** win (a victory): *The Republicans won three election victories in a row.* —**zwycięski** *adj* victorious, triumphant: *We were confident that the Allies would emerge victorious.* | *the triumphant army* —**zwycięsko** *adv* victoriously, triumphantly: *"I've done it!" he shouted triumphantly.*

zwycię-zca/żczyni *n* winner

zwyciężyć *v* **1** *(w wyborach, współzawodnictwie)* win: *Who do you think will win the next election?* | *He won by a mere three points.* THESAURUS WIN **2** *(sprawiedliwość, zdrowy rozsądek)* prevail: *Justice prevailed in the end.* | *Fortunately, common sense prevailed.*

UWAGA: win i prevail

Czasownika **win** można używać jako odpowiednika polskiego „zwyciężyć" w dowolnym kontekście. Czasownik **prevail** występuje głównie w stylu formalnym i dotyczy zwykle zwycięstwa jakiejś idei albo czyjegoś zwycięstwa po długotrwałym sporze lub walce: *The military finally prevailed over the civilian resistance movement.*

zwyczaj *n* **1** *(tradycja)* custom: *It's an old Japanese custom.* | *the custom of holding exams in June* | **zgodnie ze zwyczajem** by custom: *By custom we had to stop and speak to every person we met.* **2** *(nawyk)* habit: **mieć zwyczaj coś robić/robienia czegoś** have a habit of doing sth, be in the habit of doing sth: *He has a disgusting habit of biting his nails.* | *Jeff was in the habit of taking a walk after dinner.* | **nabrać zwyczaju robienia czegoś** get in/into the habit of doing sth: *She got in the habit of having a drink with us on Fridays.*

zwyczajnie *adv* **1** *(po prostu)* simply: *This piece of work simply isn't good enough.* **2** *(jak zwykle)* ordinarily: *He was walking along quite ordinarily.*

zwyczajny *adj* → patrz ZWYKŁY

zwyczajowy *adj* customary: *The children will be staging the customary New Year play.* —**zwyczajowo** *adv* customarily

zwykle *adv* **1** usually, generally, typically: *Women usually live longer than men.* | *Jonathan says he generally gets in to work by 8.00.* | *The disease typically takes several weeks to appear.* **2 jak zwykle** as usual: *As usual, they'd left the children at home with Susan.*

zwykł *v* **ktoś zwykł był coś robić** sb used to do sth: *She used to get up early, when everybody else was still asleep.*

zwykły *adj* **1** *także* **zwyczajny** *(niczym się nie wyróżniający)* ordinary, regular, common: *ordinary/common people* | *Young readers can easily identify with Helen, the main character in the story - she's a very ordinary teenager.* | *If you get back pain* (=jeśli masz bóle krzyża), *regular aspirins should help.* | *Regular teachers just don't have the training to deal with problem children.* | *the common citizen* **2** *(taki, jak zawsze)* usual: *I'll meet you at the usual time.* **3** *także* **zwyczajny** *(po prostu)* plain, sheer, downright: *plain stupidity* | *sheer luck* | *a downright idiot*

zwymiotować *v* vomit, be sick *BrE*: *Mary suddenly turned pale and vomited.* | *If you eat too many sweets, you'll be sick.*

zwyrodniały *adj* degenerate: *the last degenerate member of a noble family*

zygzak *n* **1** zigzag: *a zigzag of lightning* **2 iść/jechać zygzakiem** zigzag: *The car zigzagged across the road.*

zysk *n* **1** profit, return(s), yield: *The profit each day from the snack bar is usually around $500.* | *The company returns over the last three years have been spectacular.* | *investments with high yields* | **czysty zysk** clear profit: *Suzanne made a clear profit of £200 on the car sale.* | **zysk brutto/netto** gross/net profit: *a gross profit of $15,000,000* | *Our net profit for that year was $200,000.* **2 przynieść zysk** yield returns: *As an additional safeguard we will only invest your money where we know it will yield high returns.* **3 z zyskiem** at a profit: *They sold their house at a huge profit.* **4 dla zysku** for gain/profit: *Some of these tribes used to sell their women for gain.* | *The agency is voluntary and not run for profit.* **5** *(korzyść)* gain: *a policy that brought Japan considerable gains in the post-war period*

zyskać *v* **1** *(poparcie, zwolenników)* gain, win: *The Greens are gaining more and more support.* | *Proposals for an out-of-town shopping mall have won the approval of the city council.* **2 zyskać na czymś** *(skorzystać)* profit from sth: *Only wealthy people will profit from the new tax laws.* | *My wardrobe definitely profited from having a stylish older sister.* **3 zyskać na popularności/znaczeniu** gain in popularity/importance: *Iced coffee gained in popularity over the last three years.* **4 zyskać na wartości** increase in value: *an investment that is certain to increase in value* **5 zyskać na czasie** gain time: *Maybe if we said you were sick we could gain some time.*

zżerać *v* **kogoś zżera zazdrość/złość/ciekawość itp.** sb is eaten up/consumed with jealousy/anger/curiosity etc: *He was consumed with guilt after the accident.* → patrz też ZEŻREĆ

źdźbło *n* blade: *blades of grass*

źle *adv* **1** *(błędnie, nieodpowiednio)* **a)** *(zrobić coś)* wrong, wrongly: *He's done it all wrong.* | *She acted wrongly.* | *You're holding the racket wrong.* | **nie zrozum mnie źle** don't get me wrong **b)** *(oznaczony, ubrany itp.)* wrongly: *The medicine bottles were wrongly labelled.* | *I was wrongly dressed for a formal dinner.* **2** *(kiepsko)* badly, poorly: *The interview had gone badly.* | *He played badly in the semi-finals.* | *a poorly paid job* | *The article is really poorly written.* **3** *(wyglądać, czuć się)* bad: *She doesn't look bad for her age.* | *I'm feeling very bad.* THESAURUS ILL **4 jest źle** things are bad: **nie jest tak źle** it's not that bad **5 i tak źle, i tak niedobrze** you can't win

źrebak *n* foal

źrenica *n* pupil: *The doctor put drops in my eyes to dilate* (=rozszerzyć) *the pupils.*

źródło *n* **1** *(początek, pochodzenie)* source: *the source of the Nile* | *Oranges are an excellent source of vitamin C.* | *a major source of energy* | *Reliable* (=wiarygodne) *sources say the company is going bankrupt.* | *an anonymous/unnamed source* | **źródło utrzymania/dochodów** source of income | **źródło zasilania** source of power | **u źródła** at source: *Rumours must be stopped at source.* **2** *(górskie, lecznicze itp.)* spring: *a mountain spring* | *thermal springs*

Żż

żaba *n* frog: *The prince turned* (=zamienił się) *into a frog.*

żabka *n (styl pływacki)* breaststroke: **pływać żabką** swim/do the breaststroke

żachnąć się *v* **żachnąć się (na coś)** bristle/bridle (at sth): *He bristled at the mere suggestion.*

żaden *pron* **1** *przed rzeczownikiem* (no): *There is no reason to panic.* | *Your problem is you have no ambition.* | **żaden problem** no problem | **(to) żaden kłopot** (it's) no trouble at all **2** *(zamiast rzeczownika)* none: *There used to be three cinemas in this town. Now there are none.* | *Any car is better than none at all.* | **żaden z ...** none of ...: *None of our photos survived the fire.* **3** *(z dwóch)* neither: *Neither country is capable of fighting a long war.* | *I tried on two pairs of shoes, but neither fitted.* →a patrz tea **w żaden sposab** (SPOSAB), **w żadnym wypadku** (WYPADEK)

żagiel *n* **1** sail: **postawić żagle** set sail **2** **zwinąć żagle** *(wycofać się)* get out, wind down business: *Let's get out of here.*

żaglowiec *n* sailing ship

żaglówka *n* sail boat

żakiet *n* jacket: *She was wearing a grey jacket with a navy skirt.*

żal *n* **1** **komuś (jest) żal kogoś** sb is/feels sorry for sb: *Eric was sorry for Pat; she seemed so lonely.* **2** **komuś (jest) żal czegoś** sb misses sth: *I miss the hot weather we have at home in India.* **3** **żal, że ...** (it's) a pity (that) ...: *It's a pity Joel had to move away.* **4** **żal coś robić** (it's) a pity to do sth: *It would be a pity to have to part* (=rozstać się) *now that we have become so close.* **5** **mieć do kogoś żal (o coś)** bear/have a grudge against sb (for sth): *He always bore a grudge against me for having opposed him.* **6** *(rozczarowanie)* regret: *Jason detected a note of regret in her voice.* **7** *(smutek)* sorrow, grief: *He expressed his sorrow at my father's death.* **8** *(skrucha)* regret, repentance: *The terrorist group has expressed regret about the murder of the four civilians.* | *repentance and atonement* (=zadośćuczynienie) **9** **z żalem** regretfully: *Regretfully, Elliot was forced to close the business.*

żalić się *v* **żalić się na coś** complain about sth: *People complain about the terrible smell that the factory gives off.*

żaluzje *n* blinds, shades *AmE*: *roller/vertical blinds* | *Pull down the shades, please.*

żałoba *n* mourning: **w żałobie** in mourning: *The family is in mourning.* | **pogrążony w żałobie** bereaved: *bereaved parents* —**żałobni-k/czka** *n* mourner

żałobny *adj* **1** mournful: *mournful music* **2** **kondukt żałobny** funeral procession

żałosny *adj* pitiful, pathetic: *a pitiful/pathetic sight* | *the pitiful cries of an injured puppy* | *His performance last night was pitiful.*

żałośnie *adv* **1** pitifully: *The woman sobbed* (=łkała) *pitifully.* | *The child was pitifully thin.* **2** **wyglądać żałośnie** look pitiful/pathetic

żałować *v* **1** **żałować czegoś** regret sth, be sorry for sth: *If you marry him, you'll live to regret it.* | *Don't make any rash* (=pochopnych) *promises that you may regret later.* | *He said he was sorry for his actions.* THESAURUS WANT **2** **żałować, że ...** regret (that) ..., be/feel sorry (that) ...: *I now regret that I didn't travel more when I was younger.* | *She felt sorry that she had never written to her parents.* | **żałować, że się coś zrobiło** regret doing sth: *I really regret leaving school so young.* **3** **żałuję, że nie mogę/nie mam itp.** I wish I could/had etc: *I wish I could remember his name.* | *He wished he had been more decisive* (=że nie był bardziej zdecydowany). **4** **żałować kogoś** be/feel sorry for sb: *I don't feel sorry for him at all.* **5** **żałować komuś czegoś** grudge/begrudge sb sth: *He grudged Mary every penny.* **6** **nie żałować wydatków/pieniędzy** spare no expense: *Melissa's parents spared no expense on her wedding.*

żar *n* **1** *(gorąco)* heat: *the heat of the sun/fire* **2** *(promieniowanie)* glow **3** *(w piecu)* embers **4** *(uczuć)* ardour *BrE*, ardor *AmE*: *the ardour of my love*

żarcie *n* grub: *Where's the grub?*

żargon *n* jargon: *legal jargon*

żarliwie *adv* passionately, with passion: *He passionately denied that he had another motive than the good of the nation.*

żarliwość *n* passion, fervour *BrE*, fervor *AmE*: *the passion in her voice* | *religious/political fervour*

żarliwy *adj* passionate, fervent: *a passionate speech* | *a fervent belief in God*

żarłocznie *adv* greedily, ravenously: *The travellers ate ravenously.*

żarłoczny *adj* greedy, voracious: *Don't be so greedy, leave some cake for the rest of us!*

żarłok *n* glutton: *Don't be such a glutton!*

żaroodporny *adj* **1** *(tworzywo, szkło)* heat-resistant: *heat-resistant glass* **2** *(naczynie)* ovenproof: *an ovenproof dish*

żarówka *n* light bulb: *to change a light bulb*

żart *n* **1** *(dowcip)* joke: *Don't get mad it's only a joke.* **2** *(psikus)* (practical) joke, hoax: *The UFO sightings were revealed to be a hoax.* **3** **dla żartu** for a joke: *Once, for a joke, they changed round all the numbers on the doors.* **4** **stroić sobie żarty z kogoś** poke fun at sb: *The kids at school poked fun at Liam, saying his mother dressed him like a girl.* **5** **ktoś (nie) zna się na żartach** sb can('t) take a joke: *Your problem is you just can't take a joke!* **6** **to nie żarty** it's no joke

żartem *adv* tongue-in-cheek, jokingly, in jest: *I believe he said this tongue-in-cheek.*

żartobliwie *adv* jokingly, playfully: *At the age of 16 Susanna had jokingly said that she was out to get* (=że ma zamiar złapać) *a millionaire.*

żartobliwy *adj* playful: *a playful smile*

żartować *v* **1** be joking/kidding: *I was only joking.* | **chyba żartujesz** you must be joking | **nie żartuj** no kidding **2** **ja nie żartuję!** I mean it!, I mean business! **3** **żartować sobie z kogoś/czegoś** make fun of sb/sth: *You shouldn't make fun of other people's religious beliefs.* →patrz też ZAŻARTOWAĆ

żarzyć się *v* glow: *His cigarette glowed in the dark.*

żądać *v* **żądać czegoś** demand sth, insist on sth: *I demand an explanation.* | *Many workers now insist on a*

Ż

smoke-free environment (=zakazu palenia w miejscu pracy).

żądanie *n* **1** demand: *an unreasonable* (=wygórowane) *demand* | *Their demands go beyond all reason.* | **spełnić czyjeś żądanie** meet sb's demand: *We will not rest until our demands for justice are met.* **2 na żądanie** on demand/request: *abortion on demand* | **na czyjeś żądanie** at sb's request, at the request of sb: *at the patient's request* **3 przystanek na żądanie** request stop

żądlić *v* →patrz UŻĄDLIĆ

żądło *n* sting: *a bee/wasp sting*

żądny *adj* **żądny czegoś** hungry for sth: *young people hungry for adventure*

żądza *n* lust: *a lust for power/money/gain*

że *conj* **1** (that): *He said (that) he was surprised.* | *I hope (that) you understand.* **2 zwłaszcza/szczególnie, że** particularly/especially that: *There is a real problem of unemployment, especially that it will get worse with government plans for restructuring and privatization.* **3 tym bardziej, że** the more so because/since/as: *We felt very nice and comfortable, the more so since it was so chilly out of doors.* **4 z tym że** except (that): *A calendar would make a great gift, except that a lot of people already have one.* **5 nie dość że ... , to jeszcze** not only ... , (but) also: *Not only did she change her address, she also changed her name.* **6 tylko że** it's just that, only: *No, I do like Chinese food, it's just that I'm not hungry.* | *I'd offer to help you, only I'm really busy just now.* **7 dlatego że** because: *They refused to let him in because his ticket was out of date.* **8 że co?** excuse me? **9 że tak powiem** so to speak: *He was, so to speak, the head of the family.* **10 tak że** so: *Her mother's ill and she's lost her job, so she's had a lot on her mind lately.*

UWAGA: that

W języku mówionym i w nieoficjalnym języku pisanym spójnik **that** najczęściej opuszczamy. Zaznaczono to w haśle nawiasami.

żeberka *n* **1** *(potrawa)* (spare) ribs: *barbecued ribs* **2** *(kaloryfera)* (radiator) sections

żebrać *v* beg: *Children were begging in the streets.* | *He was forced to beg for food.*

żebra-k/czka *n* beggar: *Beggars were asking for small change.*

żebro *n* rib: *I had three broken ribs and a broken arm.*

Ż

żeby *conj* **1** (in order/so as) to, so (that): *She called to say goodbye.* | *He twisted around in order to get a better look.* | *I managed to rig up* (=podłączyć) *a television in the bedroom so that he could watch the baseball game.* | *We'll have to be quiet so as not to wake the baby.* **2 po to, żeby** in order to: *Plants need light in order to live.* **3 nie żebym/żebyś itp ...** (it's) not that I/you etc ...: *It's not that I don't want to give up smoking: I simply can't.* **4 żeby mi to było ostatni raz!** don't let that happen again!

UWAGA: żeby

W wielu kontekstach spójnika tego nie tłumaczy się na język angielski osobnym wyrazem. Powiemy więc: *I don't think there should be any problems* (= nie sądzę, żeby były jakieś problemy). | *He wants everybody to like him* (= chce, żeby go wszyscy lubili). itp.

żeglarka *n* sailor, yachtswoman

żeglarski *adj* sailing: *a sailing club*

żeglarstwo *n* sailing: *Sailing's really not my thing* (=nie dla mnie).

żeglarz *n* **1** *(sportowiec)* sailor, yachtsman **2** *(dawny marynarz)* sailor

żeglować *v* sail, go sailing: *Visitors can go sailing in the clear waters off the island.*

żegluga *n* **1** *(żeglowanie)* navigation: *The fog and heavy rain made navigation difficult.* **2** *(transport morski)* shipping: *The port is closed to all shipping.*

żegnać *v* →patrz POŻEGNAĆ
żegnać się *v* **1** →patrz POŻEGNAĆ SIĘ **2** →patrz PRZEŻEGNAĆ SIĘ

żel *n* gel: *hair gel*

żelatyna *n* gelatine

żelazko *n* iron: *Don't touch - the iron it's hot.*

żelazny *adj* **1** *(z żelaza)* iron: *an iron gate* **2** *(twardy, nieugięty itp.)* iron: *iron discipline* | *the Iron Curtain* | *the Iron Lady*

żelazo *n* iron: *Steel is produced by combining iron with carbon.* | *This is hot enough to melt* (=stopić) *iron.* | **kute żelazo** wrought iron

żelbetowy *adj* reinforced concrete: *reinforced concrete structures*

żeliwny *adj* cast-iron: *a cast-iron frying pan*

żeliwo *n* cast iron

żenić się *v* →patrz OŻENIĆ SIĘ

żenujący *adj* embarrassing: *an embarrassing silence*

żeński *adj* **1** female: *the female sex* | *a female role/voice* **2 płci żeńskiej** female: *a female worker* **3 rodzaju żeńskiego** feminine: *a feminine noun* **4 szkoła żeńska** girls' school **5 zakon żeński** convent

żerować *v* **żerować na kimś/czymś** prey on sb/sth: *dishonest salesmen who prey on elderly people* | *He accused environmental groups of preying on people's fears about food safety.*

żeton *n* **1** *(do automatu)* token **2** *(w grach, hazardzie)* chip

żłobek *n* crèche *BrE*, nursery (school) *BrE*, daycare *AmE*, day care center *AmE*: *At nursery school the children start learning to count.* | *I don't want to put the babies in daycare.*

żłobić *v* groove, gouge out: *Glaciers* (=lodowce) *gouge out narrow valleys.*

żłopać *v* swig: *They sat there, swigging beer.*

żmija *n* adder

żmudny *adj* arduous: *arduous work* THESAURUS DIFFICULT

żniwa *n* harvest: *When the harvest comes, the whole family pitches in* (=pomaga).

żołądek *n* **1** stomach: *You shouldn't take the pills on an empty stomach.* **2 wrzód żołądka** stomach/gastric ulcer —**żołądkowy** *adj* stomach, gastric: *stomach complaints*

żołądź *n* acorn

żołnierski *adj* **1** *(dotyczący żołnierza)* soldier's: *a soldier's honour* **2** *(wojskowy)* military: *a military uniform*

żołnierz *n* soldier

żołnierzyk *n* toy soldier

żona *n* wife: *Is this his wife?* | *Mike's got a wife and three children.*

UWAGA: wife

Rzeczownik **wife** ma nieregularną formę liczby mnogiej: **wives**.

żonaty *adj* married: *Are you married?* | *married with children* THESAURUS MARRIED

żongler/ka *n* juggler

żonglować *v* **żonglować czymś** juggle (with) sth: *He juggled three oranges.* | *She will balance on a tightrope* (=na linie) *and juggle with flaming torches.*

żonkil *n* daffodil

żółknąć *v* turn yellow, yellow: *Avoid buying plants with yellowing leaves.*

żółtaczka *n* jaundice: *The doctor told me I had jaundice.*

żółtko *n* (egg) yolk: *Break an egg and separate the white from the yolk.*

żółty *adj* **1** yellow: *yellow flowers* | *She wants to paint the room yellow* (=na żółto). **2** *(światło na skrzyżowaniu)* amber: *The traffic lights turned to amber.*

żółw *n* **1** *(lądowy)* tortoise, turtle *AmE* **2** *(wodny)* turtle

tortoise, turtle

tortoise

turtle

żrący *adj* caustic

żreć *v* gobble →patrz też ZEŻREĆ

żubr *n* bison

żuchwa *n* (lower) jaw, jawbone

żuczek *n* beetle

żuć *v* chew: *The teacher doesn't like us chewing gum in class.*

żuk *n* beetle

żuraw *n* **1** *(dźwig)* crane: *A crane lifted the box onto the boat.* **2** *(ptak)* crane

żużel *n* **1** *(sport)* speedway **2** *(z paleniska)* cinder(s)

żwawo *adv* briskly: *She walked briskly, taking quick, short steps.*

żwawy *adj* brisk, lively: *a brisk walk/pace* (=tempo) | *a lively dance*

żwir *n* gravel

życie *n* **1** life: *life on Earth* | *his life in Berlin* | *His whole life centres around his job.* | *They went to Australia to start a new life there.* **2 życie osobiste/prywatne/towarzyskie/seksualne** personal/private/ social/sex life: **życie zawodowe** professional life, career **3** *(utrzymanie)* living expenses/costs, the cost of living: *Living expenses are much higher in London.* | *In Scandinavian countries the cost of living is very high* (=życie jest bardzo drogie). **4** *(czas życia)* lifetime: **raz w życiu** once in a lifetime **5 do końca życia a)** *(pamiętać itp.)* (for) as long as I/you etc live: *I'll never forget it as long as I live.* **b)** *(pokochać itp.)* for life: *If you help me, I'll be your friend for life!* **6 sens życia** the meaning of life **7 (nigdy) w życiu!** never (in my life)!: *"Do you think you could marry a man twice your age?" "Never!"* **8 (przez) całe życie** all your life: *It felt like I'd known them all my life.* **9 na całe życie a)** *(po czasowniku, przymiotniku)* for life: *I think marriage is for life.* | *In a few more years you should be set up* (=urządzony) *for life.* **b)** *(przed rzeczownikiem)* lifelong: *a lifelong friend* **10 pierwszy raz w życiu** for the first time in your life **11 wejść w życie** come into/take effect: *The law will come into effect on June 1st.* | **wprowadzić coś w życie** put sth into effect: *It is time to put our plan into effect.* **12 takie jest życie** that's life: *That's life, and life's not fair.* **13 sprawa życia i śmierci** a matter of life and death **14 styl życia** lifestyle: *an alternative lifestyle* **15 tętniący życiem** bursting with life, vibrant: *a vibrant city* **16 używać życia** live it up: *Lisa was living it up like she didn't have a care in the world.* **17 stracić życie** lose your life: *Hundreds of people lost their lives on the first day of the fighting.* **18 odebrać sobie życie** take your own life

UWAGA: life

Rzeczownik **life** ma nieregularną formę liczby mnogiej: **lives**.

życiorys *n* **1** *(życie)* life: *Getting my first part in a movie was a major landmark* (=moment przełomowy) *in my life.* **2** *(przebieg życia)* life's story: *my short life's story* **3** *(załącznik do podania)* CV *BrE*, résumé *AmE*

życiowy *adj* **1 sytuacja życiowa** situation: *a difficult situation* **2 życiowa szansa** chance of a lifetime: *This job is the chance of a lifetime.* **3 filozofia życiowa** philosophy (of life): *His philosophy is peculiar.* **4 cykl życiowy** life cycle: *the life cycle of the frog* **5 funkcje/procesy życiowe** vital functions/processes: *the body's vital processes* **6 czyjś rekord życiowy** sb's personal best

życzenie *n* **1** wish: *his last wish* | **pomyśleć (sobie) życzenie** make a wish: *I made a wish as I blew out the candles on my birthday cake.* | **wyrazić życzenie** express a wish: *She had expressed a wish to see the children.* **2 na życzenie** on request: *Full details of the new program will be sent on request.* | *available on request* | **na czyjeś życzenie** at sb's request, at the request of sb: *at the patient's request* **3 pozostawiać wiele do życzenia** leave a lot to be desired **4 życzenia** wishes, greetings: *birthday/Christmas wishes/greetings* | **najlepsze życzenia** best wishes: *Best wishes for your marriage!* | **z najlepszymi życzeniami (od ...)** with best wishes (from ...) →patrz też **pobożne życzenia** (POBOŻNY)

życzliwie *adv* kindly: *He smiled kindly.* | **życzliwie usposobiony do kogoś** kindly disposed towards sb

życzliwość *n* kindness, friendliness: *The whole group was impressed by the friendliness of the people.* | *Kindness and sympathy were in his nature.*

życzliwy *adj* kind, friendly: *He's a very kind man.* | *kind words* | *a friendly smile*

życzyć *v* **1 życzyć komuś czegoś** wish sb sth: *I'd like to wish everyone here a very happy New Year!* | *Wish me luck!* **2 czego pan/i sobie życzy?** *(w sklepie itp.)* (how) can I help you? **3 nie życzyć sobie czegoś** don't want sth: *I don't want anyone else finding out about this.* **4 dobrze komuś życzyć** wish sb well

żyć *v* **1** *(wieść życie)* live: *Women usually live longer than men.* | *Live in the present don't worry about the past!* **2** *(zdołać przeżyć)* be alive: *He's still alive - I can feel his heart beating.* **3 żyć z czegoś a)** *(z pracy)* make/earn a living from sth: *He made a living from painting.* **b)** *(z oszczędności itp.)* live on sth: *When I die you'll be able to* *live on my life insurance.* **4 żyć pełnią życia** live your life to the full **5 żyć ze sobą** live together: *We wanted to live together and have a child.*

Żyd/ówka *n* Jew —**żydowski** *adj* Jewish: *the Jewish nation | a Jewish neighborhood* (=dzielnica) *in Brooklyn*

żyjący *adj* living: *the world's greatest living composer*

żylaki *n* varicose veins

żyletka *n* razor blade

żyła *n* **1** vein: *The veins in his neck swelled up* (=nabrzmiały). **2 żyła złota** goldmine →patrz też **mrozić krew żyłach** (MROZIĆ)

żyłka *n* **1** *(w ciele)* vein: *tiny veins in the eye* **2** *(kreseczka)* vein: *Stilton is a very strong cheese which has blue-green veins running through it.* **3** *(do wędki)* line **4** *(zamiłowanie)* bent: *Rebecca has an artistic bent.*

żyrafa *n* giraffe

UWAGA: giraffe

Rzeczownik **giraffe** ma dwie formy liczby mnogiej: **giraffe** i **giraffes**: *a herd of giraffe(s).*

żyrandol *n* ceiling lamp, *(ozdobny)* chandelier: *a crystal chandelier*

żyto *n* rye —**żytni** *adj* rye: *rye bread/vodka*

żywica *n* resin

żywiciel/ka *n* **1** *(rodziny)* breadwinner: *Chrissie became the breadwinner for her mother and her children.* **2** *(pasożyta)* host

żywić *v* **żywić kogoś/coś czymś** feed sb/sth (on) sth: *The milking cows are fed (on) barley* (=jęczmieniem). →patrz też **żywić nadzieję** (NADZIEJA), **żywić podejrzenia** (PODEJRZENIE), **żywić urazę** (URAZA)

żywić się *v* **żywić się czymś** feed on sth: *Some birds feed on insects.*

żywienie *n* feeding

żywioł *n* **1** element: **żywioły** the elements: *A cave provided shelter* (=schronienie) *from the elements.* **2 być w swoim żywiole** be in your element: *Christina is really in her element on the soccer field* (=na boisku piłkarskim).

żywiołowy *adj* **1** *(spontaniczny)* spontaneous: *a spontaneous reaction* **2** *(szybki)* rapid: *rapid development* **3 klęska żywiołowa** natural disaster

żywnościowy *adj* **1 paczka żywnościowa** food parcel **2 kartki żywnościowe** food stamps

żywność *n* food: **zdrowa żywność** health food, wholefood

żywo *adv* **1 na żywo** live: *The interview was broadcast live across Europe. | live performance/music | a live concert | CNN intends to have continuous live coverage* (=transmisję) *of the national party conventions.* **2** *(energicznie)* briskly: *He walked briskly, smiling and humming* (=nucąc) *to himself.* **3 żywo zainteresowany (czymś)** keenly interested (in sth) **4 żywo dyskutowany** hotly debated: *a hotly debated issue* **5 przypominać coś jako żywo** bring sth vividly to mind: *These violent scenes bring vividly to mind the riots* (=rozruchy) *of last year.*

żywopłot *n* hedge: *to cut/clip the hedge*

żywot *n* life: *the life of St Augustine*

żywotnie *adv* **być żywotnie zainteresowanym czymś** have a vested interest in sth: *We all have a vested interest in making this peace process work.*

żywotność *n* **1** *(człowieka)* vitality **2** *(urządzenia)* life span

żywotny *adj* **żywotne interesy/kwestie itp.** vital interests/questions etc: *Vital interests of the country are at stake* (=są zagrożone).

żywy *adj* **1** *(żyjący)* **a)** *(przed rzeczownikiem)* living: *a living organism/person* **b)** *(po czasowniku)* alive: *She was found alive but unconscious.* **2** *(muzyka, opowieść, dziecko)* lively: *a lively dance/debate/discussion | a lively child* **3** *(język, kolor, wyobraźnia)* vivid: *a vivid language/imagination*

żyzny *adj* fertile: *fertile soil/land | The universities were a fertile ground for left-wing radicalism.* —**żyzność** *n* fertility

Spis treści **Contents**

Wybrane informacje z zakresu kultury **Cultural information**

POLITICAL SYSTEM

The United Kingdom

The official name of the country is the *United Kingdom of Great Britain and Northern Ireland*, or the *UK* for short. The United Kingdom is not the same as *Great Britain*, which refers specifically to the island that consists of England, Wales, and Scotland. Despite this, in informal situations, the two names are often used interchangeably. The United Kingdom is a parliamentary monarchy. The reigning monarch is the nominal head of state, but the real power is in the hands of Parliament and government.

Parliament is situated in the London district of Westminster. It consists of two chambers: the *House of Commons* and the *House of Lords*. *Members of Parliament* in the House of Commons (*MPs* for short) are elected in general elections for a period of up to five years. There are 650 MPs and each represents his or her *constituency*. The leader of the majority party becomes head of the government (*Prime Minister*) and appoints his or her *Cabinet* to run the government. The main opposition party appoints a so-called *Shadow Cabinet*, whose members are responsible for their party's policies concerning matters dealt with by the corresponding government departments. So, for example, the Shadow Chancellor will decide on his party's financial policies and make comments on the government's handling of financial affairs. The Shadow Cabinet has no real power: during parliamentary debates its members usually sharply criticize the actions of the government. The rest of the MPs are called 'backbenchers'.

The *Labour Party*, the *Conservative Party*, and the *Liberal Democrats* are the main political parties of the UK. The *Prime Minister* lives at 10 Downing Street in London.

The House of Lords consists of: *hereditary peers*, who are members of the aristocracy; *life peers*, who – as important public personalities – are granted membership of the House by the monarch because they have done something exceptional for the country; and the *Lords spiritual*, or the Anglican bishops. In 1999 a reform was introduced which allows only 92 hereditary peers to remain members of the House of Lords. Since 2002, by-elections have been held whenever one of these positions needs to be filled. The House of Lords considers legislation, debates issues of importance, and provides a forum for government ministers to be questioned.

In 1998 the British Parliament transferred some of the powers affecting Scotland, Wales, and Northern Ireland to the newly created legislative bodies in those regions.

The UK has been a member of the European Union since 1973.

House of Commons

he United States

he *United States of America* (or *USA*) is a presidential epublic consisting of 50 states.

'he federal government and the Constitution are ommon for the whole country; but apart from that, very state also has its own constitution and senate, as vell as a *governor* who holds executive power. This esults in differences between the states in respect of ome laws, education, transport, etc.

ongress holds the legislative power in the country and onsists of the *House of Representatives* and the *Senate*. The seat of Congress is in the capital of the country, Vashington, DC. The House of Representatives consists of 435 congressmen who are elected for a period of two years. In the Senate there are 100 senators (two from each state); their term of office is six years.

The main American political parties are the *Republican Party* and the *Democratic Party*.

The President, elected every four years, is the head of the country. The President may hold office for no more than two terms. The official presidential residence is the *White House* in Washington, DC.

Besides Congress and the President, the federal authorities also include the *Supreme Court*.

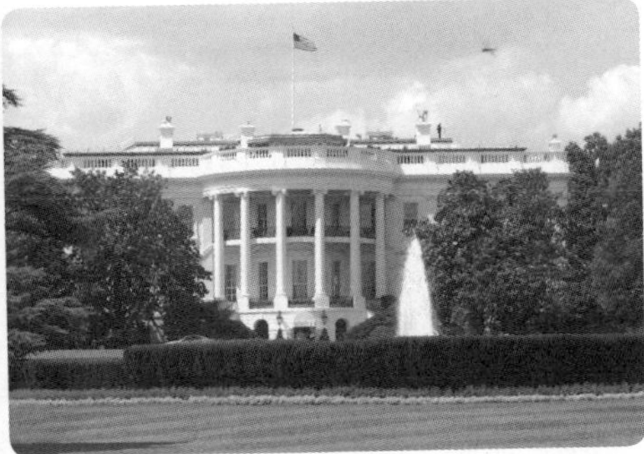

The White House in Washington

EDUCATION

The United Kingdom

Education is obligatory in the UK for children and young people between four and a half or five until around 16 years of age. Many younger children attend *nursery schools*, which are free in some parts of the country. Most schoolchildren go to free *state schools* and only about seven per cent attend fee-paying schools. The most famous fee-paying schools, such as Eton, Harrow, Winchester, and Rugby, are called *public schools*. Most of these are *boarding schools*. Public schools are traditionally single-sex schools, although many are now becoming co-educational.

The school year is divided into three terms. In state schools, the school year starts at the beginning of September and ends in the second half of July. Apart from six weeks of summer holidays, schoolchildren have a fortnight's break around Christmas and Easter and also one week's holiday in the middle of each term, called *half-term*. Most state schools are co-educational. School uniforms are usually simple and practical. The school blazer is a common element of the uniform. The most popular school sports are football, rugby, cricket, tennis, netball, and hockey.

School uniforms are usually simple and practical

In England and Wales, the curriculum is approved at central government level and schoolchildren's progress is measured at regular intervals by means of *SATs* (*Standard Assessment Tests*). Children attend *primary school* until the age of 11. At the age of 16, *secondary school* pupils sit *GCSE* (*General Certificate of Secondary Education*) examinations in subjects that they have chosen two years earlier; only English, Science, and mathematics are obligatory. The final GCSE results also include the marks achieved for work done in class. A proportion of youngsters leave school at the age of 16; the remainder continue their education for two more years during which they prepare for more difficult *A level* (*Advanced level*) examinations. They can do so in the sixth form of the same school or in a separate institution called a *sixth-form college*. Most of these students sit three A levels. To apply for a place at university it is necessary to pass these examinations.

Scottish schools have more freedom in choosing their curricula. Their *SCE* (*Scottish Certificate of Education*) is the equivalent of the GCSE examination; one year later, pupils sit more advanced exams, called *Highers*, which entitle them to apply for a place at a higher college or university. Alternatively they can stay in school for a further year, which ends with the awarding of a *Certificate of Sixth Year Studies*.

The United States

Depending on the state, education is obligatory for children and young people from five to 14–18 years of age. Younger children can attend a *nursery school* which parents pay for. Most pupils are educated in *public schools*, whilst a small proportion attend *private schools*. Private schools are sometimes run by church organizations and these are called *parochial schools*. The exclusive schools located on the East Coast, e.g. Andover Academy, Hotchkiss School, and Choate Rosemary Hall, enjoy the best reputation. It is difficult to obtain a place in any of them and fees are very high.

The curriculum is created by the state and local authorities, which can result in children in different states – or sometimes within the same state – learning slightly different things. However, in most cases the differences are not very significant.

Elementary school education ends at the age of 11. *High school* education is in two stages: the first three years are spent in *junior high school* or *middle school* and the last three or four in *senior high school*. The school year usually lasts from September to June. Apart from the long summer vacation, pupils have shorter breaks at Easter and Christmas. In most schools uniforms are not worn.

The most popular school sports are baseball, basketball, and American football.

During the course of high school education pupils have to obtain grades in every subject at the end of each semester. Final results are determined by grades achieved at the end of semester exams, and from homework and classroom work. The average of grades in all subjects is called the *Grade Point Average* (*GPA*). The highest possible average is 4.0.

Pupils in the last year, who wish to continue with further studies, pay to sit a national exam called the *SAT* (*Scholastic Aptitude Test*). The results of the exam, together with the GPA and a description of the pupil's other achievements, are sent to several colleges chosen by the pupil. The colleges inform the candidates of acceptance by letter. Better students are usually able to choose from several offers.

High-school leavers receive a *High School Diploma* during a ceremony called *graduation*. The pupils wear gowns and caps and the best graduate from the year performs the role of the *valedictorian*, which means that he or she makes a farewell speech. At the end of school a ball is held called the *high school prom*.

A high-school graduate in a gown and a cap

HIGHER EDUCATION

The United Kingdom

Degree courses in England and Wales usually last three years and involve studying one major subject or two related subjects. Studies at Scottish universities usually last four years and include a larger number of obligatory subjects. British students often take out a loan to cover tuition fees and other costs. They pay this student loan back after graduating. Students pay a compulsory contribution to fees. However, Scottish students studying at Scottish universities no longer have to pay tuition fees.

The first stage of higher education, *undergraduate studies*, ends with the student obtaining a *bachelor's degree*. Further study, *postgraduate studies*, and successful submission of a final thesis will lead first to a *master's degree* and then to a *Ph.D*, which is also known as a *doctorate*.

The most famous British universities, Oxford and Cambridge – together often commonly referred to as Oxbridge – are among the oldest and most renowned in the world. Many outstanding politicians, writers, actors, theatre directors etc are graduates from Oxford or Cambridge.

Cambridge University

The United States

American students usually attend *college* for four years. Most of the students choose one specialization called a *major*; some decide to supplement it with another specialization, a *minor*. Studies are very expensive, even at those universities where the state authorities cover part of the costs. Most of the students work part-time to cover their costs; some take a bank loan. As in the UK, higher education in the USA is in two stages: *undergraduate* and *postgraduate studies*.

A group of eight old universities on the East Coast called the *Ivy League* enjoy the best reputation among all of the American universities. They are: Brown University, olumbia University, Cornell University, Harvard niversity, Princeton University, Yale University, niversity of Pennsylvania, and Dartmouth College. nrolment requirements for these colleges are very emanding: the candidates are expected to demonstrate ot only high grades but also outstanding extra-urricular achievements, e.g. in music or sport. The fact at a parent or another relative studied at the same niversity in the past often helps in being admitted. It is ommonly considered that studying at one of the Ivy eague colleges guarantees an excellent job and a high ocial status for the future.

arvard University

THE JUDICIAL SYSTEM

he United Kingdom

he judicial system varies in different parts of the United ingdom. In England and Wales, an institution called the *rown Prosecution Service* decides whether to bring an rrested suspect before the court. Serious offences are ealt with in the *Crown Court*, which consists of a judge nd a jury of 12 people. The jury decides whether or not ne person accused of an offence is guilty, and the judge asses sentence. Less serious offences are tried by a nagistrates' court. The verdicts of the Crown Court can e referred to the *Court of Appeal* for review. The highest udicial authority in the country is the *Supreme Court*.

A Court of Appeal judge

In Northern Ireland the accused comes before either a magistrates' court or the Crown Court, depending on the gravity of the offence. Appeals against Crown Court sentences are heard by the *Northern Ireland Court of Appeal*.

Scotland has a separate judicial system. A *procurator fiscal* decides whether a prosecution is o go ahead. If there is sufficient evidence and the offence is serious, the case is tried before a *High Court of Justiciary* consisting of a judge and a jury of 15. Less serious offences go to courts such as the *Sheriff Court*. Those sentenced by Sheriff Courts may appeal to the High Court of Justiciary.

The death sentence was abolished in the UK in 1965.

The United States

There are two separate types of courts in the United States: *state courts* and *federal courts*.

A case is tried before one or the other, according to whether the state or federal law has been violated. Federal courts also try cases in which the US government is one of the parties involved.

Whether a prosecution should go ahead or not is decided by a Grand Jury. Common citizens are summoned to serve as members of the jury. A federal Grand Jury comprises 16–23 members. A state Grand Jury can have fewer than 23.

The person coming before a court must state how he or she pleads. If the accused pleads not guilty, the case goes to the state or *county court*, or – in case of offences against the federal law – to a *district court*. A jury of either 6 or 12 members decides on the guilt or innocence of the accused. The judge passes sentence. The sentenced person may appeal to a higher court.

The *Supreme Court* consists of the *Chief Justice* and eight other judges appointed by the President.

In some states of the USA capital punishment is still in force.

A Supreme Court judge

TRANSPORT

The United Kingdom

Due to the constantly growing number of cars, it is increasingly difficult to travel in the UK on congested motorways and during the rush hour in towns and cities. The authorities try to encourage people to use public transport. Durham was the first city to operate congestion charging – in October 2002 – followed by

London in February 2003. In many towns there are special traffic lanes for buses only; the number of bicycle lanes is also increasing. Parking in town centres is often very expensive. Car drivers are often offered park-and-ride facilities instead. In July2010 a public bicycle sharing scheme was introduced in London. Similar schemes exist in other UK towns and cities such as Blackpool, Cardiff, Farnborough, and Reading.

Many people commute a long way to work in London. Every day they first take the train and, having reached a station in London, they then change to the Underground (which in London is commonly known as *the Tube*) or a bus (one with two levels is called a *double-decker*). Apart from London, there is also an underground transport system in Glasgow, Liverpool, and Newcastle; tramways can be found in Birmingham, Blackpool, Manchester, Sheffield, and Croydon, and bus transport is usual in other towns.

A London bus

Trains are a popular means of transport between larger cities. The railways offer substantial discounts for travelling outside the rush hour. Bus or coach connections are cheaper than the railways and they reach the majority of places around the whole country. In addition, budget airways offer internal flights in competition with the railways.

As for international passenger transport, London Heathrow is one of the most important airports in the world. In recent years, airports in many cities around the country have increased the amount of traffic they handle, both for internal and international flights. Thanks to the *Eurotunnel* under the English Channel, which was opened in 1994, it is now possible to travel by rail direct from London to Paris or Brussels.

Eurostar railway from London to Paris

The United States

Because the United States is such a huge country, flying is the most practical and convenient form of transport f most people. There is a national railway network, *Amtra* but it does not reach everywhere. People who do not lik flying or have restricted means may use the *Greyhound* long-distance bus network which reaches all areas of th country. Tourists especially appreciate this form of transport since travelling by bus is not only relatively cheap but also offers an opportunity to see the places the bus passes on the way.

A Greyhound bus

A car is an essential element of the American lifestyle. Parents often buy their children their first car as soon as they reach the age when a driving licence may be applie for (16 years in most states). Due to this, public transpo is underdeveloped, particularly in smaller towns. But public transport is definitely the easiest way to travel around large cities. New York and Washington, DC, eac has an excellently functioning underground railway (which is called the *subway* in America); there is an urban overhead railway in Chicago (called the *El*) and San Francisco has trams (*streetcars* or, if pulled by an underground cable, *cable cars*) and trolleybuses.

A tram in San Francisco

CUISINE

he United Kingdom

raditional British cuisine is dominated by simple ome-made dishes which are easier to find on the menu 1 pubs than in elegant restaurants. Two popular raditional British dishes are *fish and chips* (bought as a akeaway in *fish and chip shops*) and *roast beef and orkshire pudding* - oven-roasted joint of beef with a udding made of flour, eggs, and milk - which is a raditional Sunday lunch. People in the UK enjoy dishes om various parts of the world. In most towns there is at east one Indian, one Chinese, and one Italian restaurant.

he traditional British breakfast of bacon and eggs, fried ausages, tomatoes, and mushrooms is normally on the nenu in bed-and-breakfast establishments and hotels. It s less often eaten in the home, where many different ypes of cereals, toast with jam or marmalade, fruit juice, nd tea or coffee with milk are more usual.

raditional *afternoon tea* is a light meal, usually consisting f bread and butter with jam, or scones with jam and ream, sandwiches, and cakes. Again, this meal is more ften eaten in hotels and cafes than at home.

lames of meals are quite complicated and depend on egional as well as social differences. For the majority of British people, the main meal of the day is the evening *dinner*. Where the main meal is eaten in the middle of the lay, it is sometimes also called dinner, but may also be called *lunch*. The evening meal can also be called *supper* r *tea*.

rogrammes about food are very popular on television, nd are often presented by *celebrity chefs*.

raditional British breakfast

The United States

The cuisine of the United States is primarily associated with hamburgers, pizza, and other types of *fast food*. In reality the USA culinary tradition is very rich and has huge regional variations. For example, traditional Louisiana cuisine known as *Cajun* is based on rice, kidney beans, fish, seafood, and hot spices. Mexican influences are evident in Texan cooking (hence the name *Tex-Mex*) where the staple ingredients are beef, beans, chillies, and *tortillas* (corn pancakes) with various fillings (different types are *tacos* and *burritos*). The specialities on the East Coast and particularly in the Boston area are seafood dishes like *clam chowder*, a thick clam soup. Jewish cuisine is very popular in New York, where shops called *delicatessens* (or *delis*) sell typical foodstuffs. All large towns have Chinese, Italian, and Mexican restaurants; Japanese (especially sushi bars), Thai, and Vietnamese cuisines are also popular.

A New York deli

A typical American breakfast served in a cheap restaurant called a *diner* consists of, among other things, eggs cooked in a variety of ways, sliced fried potatoes (*hash browns*), and *pancakes* or *waffles*, often served with *maple syrup*. Americans drink a lot of coffee, which is usually quite weak. Tea is taken less often and served with lemon rather than milk.

Depending on the region, names of individual meals sometimes differ. The main meal, *dinner*, is usually eaten in the evening, except for festive holiday meals like the *Christmas dinner* or the *Thanksgiving dinner*, which start earlier and can stretch over several hours. Some people use the word *supper* to describe the evening meal. In American English, *tea* means a type of drink only and not a meal.

SPORT

The United Kingdom

The British are great lovers of sport. Many of them attend football matches or watch football, rugby, cricket, tennis, or golf on television. Many people also participate in amateur sports.

England, Scotland, Wales, and Northern Ireland all have separate football leagues and national teams. The top league in the English football league system is the *Premier League*, also known unofficially as the *Premiership*. This league includes teams, such as Manchester United, Arsenal, and Chelsea, which have supporters all around the world. The *FA Cup* (*Football Association Cup*) competition matches are a big attraction. The final match (= the *Cup Final*) always takes place on a Saturday when most people watch it live on TV at home or in a pub.

Centre Court, Wimbledon

Amateur rugby is very popular, especially in Scotland and Wales. Despite it being a tough contact sport, the number of women rugby players is on the increase.

Cricket is another popular sport, and there are plenty of amateur teams around the country. This is especially evident on Sunday afternoon in England and Wales.

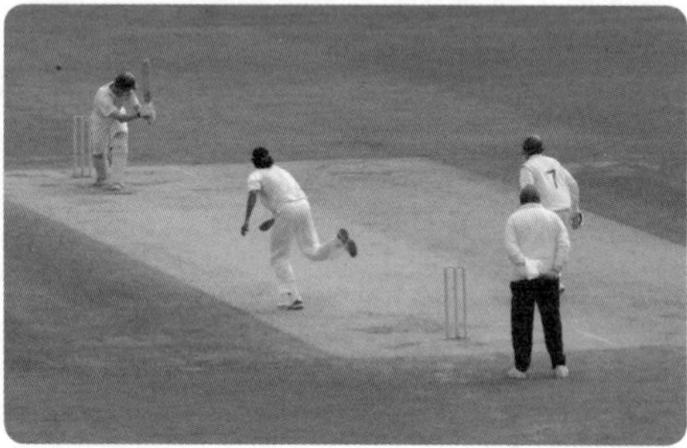

A cricket match

A great sporting event of international significance is the tennis tournament which takes place on the courts of Wimbledon at the end of June and the beginning of July.

British people are showing an increasing interest in sports such as cycling, orienteering, and martial arts, which were less popular until recently.

Nevertheless, they are not yet as popular as fresh-air pursuits, such as angling or rambling.

The United States

American athletes, tennis players, boxers, and golfers are well known worldwide. But people in the States are more interested in American football, basketball, baseball, and ice hockey.

American football differs fundamentally from the European version. University team competitions are very popular and watched live by over 35 million viewers every year.

University and school matches usually create a heated atmosphere: the stands are full of supporters and every team has their own band of *cheerleaders*, girls who cheer the players whilst performing dance and acrobatic routines. Many colleges are so keen on having a good team that they offer attractive scholarships to young football players and other talented sportsmen.

Professional football (*pro football*) is big business. Tickets to matches are very expensive or hard to obtain for the most important competitions. The names of football teams are usually connected with their place of origin, e.g. Chicago Bears, Dallas Cowboys, or Miami Dolphins.

The *NFL* (*National Football League*) football season culminates in the *Super Bowl* competition. The final match is the greatest sports event of the year and the amount of food eaten on the Sunday on which it is played (*Super Bowl Sunday*) is second in the whole year only to Thanksgiving Day!

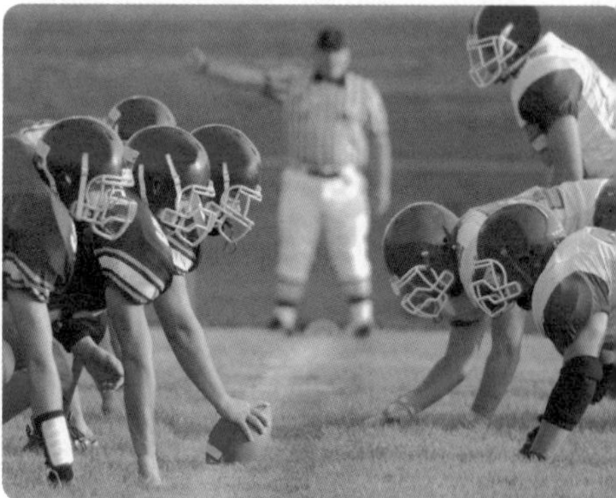

An American football match

The baseball season lasts from April to October. Its high point is the *World Series* competition, which, despite the name, is played between the champions of the two major leagues – the American League and the National League. Tickets to baseball games are relatively cheap and easy to get. The most famous player in the history of baseball is the legendary Babe Ruth, who played for the New York Yankees team.

A baseball match

Basketball was invented in 1891 by a teacher from Massachusetts. Today it is played all over the States, in schools and colleges as well as professionally. Teams compete against each other within the *NBA* (*National Basketball League*). In February, during a break in the league competitions, an annual *All-Star game* competition takes place. The stars are chosen by a poll of the supporters in both countries. The supporters have voted Michael Jordan the most outstanding basketball player in the history of the NBA.

A professional NBA league player

Many Americans do not only watch but also actively participate in sports. Caring about the body and about having a healthy lifestyle has led to the popularity of regular exercise, which is often undertaken under the guidance of a personal trainer.

Hawaii and the Pacific beaches of the Californian coast have for years been popular centres for amateur surfers. California is also a breeding ground for many types of sporting fads which then spread all over the world. That has been the case with jogging, aerobics, and t'ai chi. Despite this, statistically, most Americans prefer to pursue traditional sports such as swimming, walking, cycling, and bowling.

MONEY

The United Kingdom

Despite membership of the European Union, the currency of the UK is still the *pound sterling*, divided into 100 *pence*. The word *pence* is often abbreviated to *p* so that it is possible to say or write *10 pence* or *10p*. There are one- and two-pound coins and coins with the values of 1p, 2p, 5p, 10p, 20p, and 50p. The pound is informally called a *quid*, a five-pound banknote a *fiver*, and a ten-pound note a *tenner*. Other banknotes in use are the twenty-pound note and the fifty-pound note.

British coins and notes

The United States

The unit of currency in the USA is the *dollar*, divided into 100 *cents*. A dollar is informally known as a *buck* and a cent is a *penny*. A coin valued at 5 cents is a *nickel*, 10 cents is a *dime*, and 25 cents is a *quarter*. All banknotes, regardless of the value, are a similar greenish colour and the same size.

American coins and notes

Informacje gramatyczne
Grammatical information

Zawarte w tej części słownika informacje dotyczą najważniejszych reguł gramatycznych języka angielskiego mogących sprawiać trudności Polakom. Więcej wiadomości na temat gramatyki znajduje się w części angielsko-polskiej. Zostały one ujęte w ramki i umieszczone w sąsiedztwie następujących haseł: A, BE, CAN, COULD, DARE, DO, FOR, GOING TO, HAVE, MAY, MIGHT, MUST, NEED, OUGHT, QUESTION TAGS, SHALL, SHOULD, SINCE, THE, USED TO, WILL, WOULD.

RZECZOWNIKI: NOUNS

RZECZOWNIKI POLICZALNE: COUNTABLE NOUNS

Są to rzeczowniki mogące występować zarówno w liczbie pojedynczej, jak i mnogiej. W liczbie pojedynczej poprzedzamy je przedimkiem, zaimkiem wskazującym, przymiotnikiem dzierżawczym lub liczebnikiem *one*:

a/the house *this/that house*
my/your house *one house*

Liczbę mnogą twortymy:

1 przez dodanie do rzeczownika w liczbie pojedynczej końcówki **-s**, wymawianej jako [s] po *p, t, k* i *f*, a jako [z] po pozostałych dźwiękach. Jeśli rzeczownik kończy się w pisowni na *ce, ge, se* lub *ze*, powstałą końcówkę **-es** wymawiamy jako [ɪz]:

*shop - shop**s*** *cat - cat**s***
*book - book**s*** *cuff - cuff**s***
*dog - dog**s*** *nail - nail**s***
*bee - bee**s*** *day - day**s***
*dance - danc**es*** *change - chang**es***
*nose - nos**es*** *maze - maz**es***

2 przez dodanie końcówki **-es** (wymawianej jako [ɪz]) do rzeczownika zakończonego w pisowni na *ch, sh, s,* lub *x*:

*beach - beach**es*** *brush - brush**es***
*bus - bus**es*** *box - box**es***

3 przez dodanie końcówki **-es** (wymawianej jako [z]) do niektórych rzeczowników zakończonych w pisowni na *o*:

*potato - potato**es*** *tomato - tomato**es***

Warto też pamiętać, że:

1 w pisowni rzeczowników zakończonych na spółgłoski + *y* następuje wymiana *y* na *ie*:

*bab**y** - bab**ies*** *countr**y** - countr**ies***
*lad**y** - lad**ies***

2 w pisowni wielu rzeczowników zakończonych na *f* lub *fe* następuje w liczbie mnogiej wymiana *f* i *fe* na *ve; ves* wymawiamy jako [vz]:

*hal**f** - hal**ve**s* *kni**fe** - kni**ve**s*
*li**fe** - li**ve**s* *wi**fe** - wi**ve**s*

3 większość rzeczowników zakończonych w pisowni na *o* otrzymuje w liczbie mnogiej końcówkę **-s**, np.:

*phot**o** - phot**os*** *pian**o** - pian**os***
*radi**o** - radi**os***

4 u kilku rzeczowników nieregularnych następuje w liczbie mnogiej wymiana samogłoski, np.:

*f**oo**t - f**ee**t* *m**a**n - m**e**n*
*t**oo**th - t**ee**th* *wom**a**n - wom**e**n*

5 niektóre rzeczowniki nie zmieniają formy w liczbie mnogiej, np.: *aircraft, deer, means, series, sheep*

6 rzeczownik ***child*** ma w liczbie mnogiej formę ***children***

RZECZOWNIKI NIEPOLICZALNE: UNCOUNTABLE NOUNS

Są to rzeczowniki nie mające liczby mnogiej. Zaliczamy do nich:

1 nazwy substancji stałych, ciekłych i lotnych, np. *air, blood, coffee, glass, gold, oil, oxygen, paper, water*

2 rzeczowniki abstrakcyjne, np. *advice, help, information, love, news*

3 nazwy niektórych chorób i gier, np. *measles, draughts*

4 inne, np. *baggage, damage, furniture, luggage, shopping, weather*

Rzeczownik niepoliczalny łączy się w zdaniu z czasownikiem w liczbie pojedynczej:

*The coffee **tastes** awful.*
*This **is** excellent news!*
*Measles **is** a very unpleasant disease.*
*Where **was** the furniture made?*

Rzeczownik niepoliczalny nie może być poprzedzony przedimkiem nieokreślonym ***a*** (***an***), może natomiast występować z ***some***, ***any***, ***no***, ***a little*** itp.:

*He didn't need **any** advice or help. All he needed was **some** information.*
*„We have **no** sugar." - „Yes, we have. There is **a little** in the bowl."*

Dla sprecyzowania ilości używamy z rzeczownikami niepoliczalnymi takich uściśleń, jak: ***a piece of***, ***a bit of***, ***a slice of*** itp.:

*a **piece of** advice/clothing/furniture/news*
*a **bit of** cheese/dirt/fun/sunshine*
*two **slices of** bread/cake/pineapple*

ektóre rzeczowniki zachowują się jak niepoliczalne ądź policzalne w zależności od kontekstu:

*Her **hair is** brown.*
*He found **a hair** in the soup.*

*I prefer **tea** to **coffee**.*
*I'll have **two teas** and **a coffee**.*

*This sculpture is made of **glass**.*
*Give me **a glass** of water.*

ZECZOWNIKI ZBIOROWE: COLLECTIVE NOUNS

ą to rzeczowniki oznaczające grupy ludzi, np.: *family, overnment, audience, team, crew, staff.* / zależności od tego, czy mówimy o grupie jako ałości, czy też o jej poszczególnych członkach, zeczownik zbiorowy w liczbie pojedynczej łączy się w daniu z czasownikiem w liczbie pojedynczej lub też z czasownikiem w liczbie mnogiej:

*Our **team is** the best.*
*Our **team are wearing** fantastic new costumes.*

Liczbę mnogą rzeczowników zbiorowych tworzymy zgodnie z regułami podanymi dla rzeczowników policzalnych: *families, governments* itd.

Inne rzeczowniki

Nieliczne rzeczowniki występują wyłącznie w liczbie mnogiej i łączą się w zdaniu tylko z czasownikami w liczbie mnogiej:

***Are** these your **sunglasses** (**trousers/scissors** itp.)?*
*The **police have** caught the thief.*

Jeszcze inne rzeczowniki mają zawsze formę liczby mnogiej (tzn. kończą się na **-s**), ale mogą się łączyć zarówno z czasownikami w liczbie mnogiej, jak i z czasownikami w liczbie pojedynczej, np.:

***Politics has/have** never interested me.*
*Our **headquarters is/are** in Poznań.*

CZASOWNIKI: VERBS

zasowniki dzielą się na zwykłe (**ordinary**) i posiłkowe **auxiliary**). Wśród tych ostatnich wyróżniamy jeszcze odgrupę modalnych (**modal verbs**).

Odmiana, pisownia i wymowa

zasownik w bezokoliczniku poprzedzony jest zwykle łówkiem ***to***:

***to** write „pisać"*
***to** run „biegać"*
***to** watch „oglądać"*

V trzeciej osobie liczby pojedynczej czasu **Present Simple** czasownik ma końcówkę **-s** lub (jeśeli jego ezokolicznik kończy się w pisowni na *ss, sh, ch, x* lbo *o*) **-es**:

*to write – he/she/it write**s***
*to run – he/she/it run**s***
*to know – he/she/it know**s***
*to say – he/she/it say**s***
*to see – he/she/it see**s***
*to mi**ss** – he/she/it miss**es***
*to pu**sh** – he/she/it push**es***
*to tou**ch** – he/she/it touch**es***
*to mi**x** – he/she/it mix**es***
*to g**o** – he/she/it go**es***

eśli czasownik kończy się w pisowni na spółgłoskę + *y*, o w trzeciej osobie liczby pojedynczej następuje wymiana *y* na *ie*:

*to stud**y** – he/she/it stud**ie**s*
*to cr**y** – he/she/it cr**ie**s*

Końcówkę trzeciej osoby wymawiamy jako [z] po spółgłoskach dźwięcznych i samogłoskach, jako [ɪz] po spółgłoskach [s], [z], [ʃ] i [tʃ] oraz jako [s] po pozostałych spółgłoskach bezdźwięcznych:

runs [rʌnz]	*lives* [lɪvz]
sees [si:z]	*studies* [stʌdɪz]
chooses [tʃu:zɪz]	*misses* [mɪsɪz]
pushes [pʊʃɪz]	*touches* [tʌtʃɪz]
writes [raɪts]	*sleeps* [sli:ps]
walks [wɔ:ks]	*sniffs* [snɪfs]

CZASOWNIKI REGULARNE: REGULAR VERBS

Ze względu na sposób tworzenia czasu przeszłego i imiesłowu biernego, czyli tzw. „trzeciej formy" (**Past Participle**), czasowniki dzielę się na regularne i nieregularne. Regularnych jest więcej. Ich czas przeszły i trzecia forma powstają przez dodanie do formy podstawowej (bezokolicznika bez ***to***) końcówki ***-ed*** lub (jeżeli temat kończy się w pisowni na e) ***-d***:

work	*work**ed***	*work**ed***
save	*save**d***	*save**d***
help	*help**ed***	*help**ed***
glue	*glue**d***	*glue**d***

Jeśli temat kończy się w pisowni na spółgłoskę + *y*, to w czasie przeszłym i w trzeciej formie następuje wymiana *y* na *ie*:

*stud**y***	*stud**ied***	*stud**ied***
*bur**y***	*bur**ied***	*bur**ied***

Końcówkę czasu przeszłego i trzeciej formy wymawia się jako [d] po spółgłosce dźwięcznej lub samogłosce, jako [t] po spółgłosce bezdźwięcznej i jako [ɪd] po *d* lub *t*:

loved [lʌvd]	*worked* [wɜːkt]
mended [mendɪd]	*buried* [berɪd]
stopped [stɒpt]	*started* [stɑːtɪd]

CZASOWNIKI NIEREGULARNE: IRREGULAR VERBS

Czasowników nieregularnych jest wprawdzie mniej, ale są wśród nich wyrazy bardzo często używane. Tworzą one czas przeszły i trzecią formę na wiele sposobów. Często odbywa się to za pomocą zmiany samogłoski, np.:

*dr**i**nk*	*dr**a**nk*	*dr**u**nk*
*s**i**ng*	*s**a**ng*	*s**u**ng*

Niekiedy te same formy powstają przez dodanie końcówki, np.:

burn	*burn**t***	*burn**t***

W niektórych przypadkach mamy do czynienia zarówno ze zmianą samogłoski, jak i z dodaniem końcówki, np.:

*sl**ee**p*	*sl**ept***	*sl**ept***
*f**a**ll*	*f**e**ll*	*f**allen***

Jak widać, forma czasu przeszłego i trzecia forma czasownika nieregularnego są czasem jednakowe, a czasem różne. Bywa też tak, że trzecia forma pokrywa się z bezokolicznikiem albo wszystkie trzy formy są identyczne, np.:

come	*came*	*come*
put	*put*	*put*

CZASOWNIKI POSIŁKOWE: AUXILIARY VERBS

Do grupy tej należą: ***be***, ***have***, ***do*** oraz czasowniki modalne i półmodalne. Czasownik posiłkowy ma znaczenie gramatyczne, tzn. występuje w zdaniu wraz z innym czasownikiem, określając jego czas, tryb i stroną, jak również tworząc formy pytające i przeczące, np.:

*I **have** finished.*
***Don't** go!*
*This theatre **was** built last year.*
***Did** you see that?*
*She **hasn't** left yet.*

Czasowniki ***be***, ***have*** i ***do*** mogą również zachowywać się jak zwykłe czasowniki. Mają one wówczas określone znaczenie leksykalne (odpowiednio: „być", „mieć" i „robić") i występują w zdaniu samodzielnie, a nie w towarzystwie innego czasownika, np.:

*He **is** ill.*
*They **have** a lovely garden.*
*I **did** nothing wrong.*

CZASOWNIKI MODALNE: MODAL VERBS

Czasowniki modalne modyfikują znaczenie innych czasowników. Jako podgrupę czasowników posiłkowych (**auxiliary verbs**) określa się je także mianem **modal auxiliaries**. Należą do nich:

can	*may*	*must*	*ought*	*shall*	*will*
could	*might*				*would*

W odróżnieniu od zwykłych czasowników, modalne nie mają w trzeciej osobie liczby pojedynczej czasu **Present Simple** końcówki **-s**, np.:

she can	*he must*	*it may*

W pytaniach i przeczeniach z czasownikami modalnymi nie używa się operatora ***do/did***. Pytania tworzymy przez zmianę kolejności podmiotu i orzeczenia, np.:

*She **can** come.*	***Can** she come?*
*I **should** wait.*	***Should** I wait?*

W przeczeniach partykułę ***not*** stawiamy bezpośrednio po czasowniku modalnym, np.:

*I **could not*** (albo: ***couldn't***) *sleep.*
*You **must not*** (albo: ***mustn't***) *go.*

Czasowniki modalne nie mają formy bezokolicznika ani formy zakończonej na ***-ing***, co uniemożliwia stosowanie ich w czasach **continuous**. W funkcjach tych zastępują je niekiedy inne czasowniki:

*He **can't** swim.*	*He wants **to be able** to swim.* (bezokolicznik)
*She **must** work hard.*	*She doesn't like **having to** work hard.*(czasownik z końcówką **-ing**)

Czasownik zwykły występujący po modalnym ma zawsze formę bezokolicznika bez ***to***. Wyjątek stanowi

ught, po którym stawiamy bezokolicznik z **to**:
You may (must/should itp.*) go. You ought* ***to*** *go.*

CZASOWNIKI PÓŁMODALNE: SEMI-MODALS

Do grupy tej należą trzy czasowniki: ***dare***, ***need*** i ***used to***. Tworzą one formy przeczące i pytające na dwa sposoby - tak jak czasowniki zwykłe albo tak jak czasowniki modalne, np.:

*She **doesn't need to** go.*	*She **needn't** go.*
*He **didn't dare to** speak.*	*He **dared not** speak.*
***Did** you **used to** live here?*	***Used** you **to** live here?*

BEZOKOLICZNIK: INFINITIVE

Bezokolicznik to podstawowa forma czasownika, podawana jako hasło w słownikach i służąca do tworzenia wielu form pochodnych. Oto niektóre ważne reguły dotyczące użycia bezokolicznika:

1 po większosci czasowników występuje bezokolicznik z **to**, np.:
*She has **agreed to lend** me some money.*
*When do you **want to leave**?*

2 po czasownikach modalnych (z wyjątkiem ***ought***) występuje bezokolicznik bez **to**, np.:
*You **may visit** him in hospital.*
***Can** I **help** you?*
*They **ought to study** more.*

3 w przeczeniach partykuła ***not*** poprzedza bezokolicznik:
*He pretended **not to see** me.*
*We must **not panic**.*

4 po niektórych czasownikach bezokolicznik może występować wymiennie z formą czasownika zakończoną na ***-ing***:
*I **love to meet** people. I **love meeting** people.*
*It **started to rain**. It **started raining**.*

5 w niektórych przypadkach użycie po czasowniku bezokolicznika lub formy zakończonej na ***-ing*** wiąże się z róęnicą znaczenia, np.:
*We **stopped to talk**.* („Zatrzymaliśmy się, żeby porozmawiać.")
*We **stopped talking**.* („Przestaliśmy rozmawiać.")

6 bezokolicznik może też występować po niektórych przymiotnikach, liczebnikach porządkowych oraz po określeniach ***the last*** i ***the next***:
*His books are **difficult/easy/impossible to read**.*
*I was **sorry/glad/happy to hear** that.*
*If I get this job, you will be **the first to know**.*
*Who was **the last** person **to leave** the building last night?*

IMIESŁÓW BIERNY: PAST PARTICIPLE

Imiesłów bierny, czyli tzw. „trzecia forma czasownika", jest dla czasowników regularnych identyczny z formą czasu przeszłego, a dla czasowników nieregularnych przyjmuje różną postać. Imiesłów bierny wchodzi m.in. w skład takich konstrukcji, jak:

1 czasy typu **perfect**:
*She has never **been** abroad.*
*He had **left** before we arrived.*

2 strona bierna:
*This church was **built** in the 11th century.*

Inną ważną konstrukcją, w skład której wchodzi imiesłów bierny, jest bezokolicznik typu **perfect** (**Perfect Infinitive**), którego używamy w odniesieniu do przeszłości:

1 po czasownikach modalnych:
*I haven't got my key. I must **have lost** it.* („...Musiałam go zgubić.")
*She may **have missed** her train.* („Może spóźniła się na pociąg.")
*We shouldn't **have let** him in.* („Nie powinniśmy byli go wpuścić.")

2 po czasownikach *seem*, *appear* i *pretend*:
*I seem **to have made** a mistake.* („Chyba się pomyliłam.")
*The fire appears **to have started** in the attic.* („Wygląda na to, że pożar zaczął się na strychu.")
*He pretended not **to have heard** her.* („Udawał, że jej nie usłyszał.")

3 po przymiotnikach takich jak *glad, happy, nice, sad, sorry* itp.:
*I'm sorry **to have wasted** your time.* („Przepraszam, że zabrałem Panu/Pani czas.")
*It's nice **to have met** you.* („Miło mi było Pana/Panią poznać.")

CZASY: TENSES

PRESENT SIMPLE

▸ I work

Zdania twierdzące w tym czasie tworzymy za pomocą formy podstawowej danego czasownika, czyli bezokolicznika bez ***to***, do którego w trzeciej osobie liczby pojedynczej dodajemy końcówkę **-s**. W pytaniach i przeczeniach występuje ***do/don't*** lub ***does/doesn't*** (w trzeciej osobie liczby pojedynczej) + bezokolicznik bez ***to***. Czasu tego używamy zazwyczaj:

1 w zdaniach dotyczących teraźniejszości, które stwierdzają fakty lub opisują wydarzenia i sytuacje powtarzające się:

*Brian **is** taller than George.*

*My father **doesn't speak** English.*

*In Britain most shops **close** at 5.30 p.m.*

2 w zdaniach opisujących zjawiska przyrody lub podających prawa naukowe:

*The sun **rises** in the east.*

*Bees **make** honey.*

*The speed of light **is** about 300,000 km per second.*

3 w zdaniach mówiących o tym, jak często coś się dzieje:

*I **brush** my teeth after every meal.*

*„How often **do** they **play** tennis?" – „Twice a week."*

***Does** it always **snow** here in winter?*

4 w zdaniach odnoszących się do przyszłości, w których mowa o rozkładach jazdy, godzinach rozpoczęcia imprez itp.:

*Hurry up! The train **leaves** in ten minutes.*

*What time **does** the concert **begin**?*

5 w nagłówkach prasowych relacjonujących wydarzenia przeszłe:

*CAR BOMB **KILLS** TWO*

*220 **DIE** IN PLANE CRASH*

6 w radiowych relacjach na żywo, np. z wydarzeń sportowych:

*Scott **passes** the ball to Evans. Evans **loses** it ...*

7 zamiast **Present Continuous** z czasownikami takimi jak *belong, know, mean, need, prefer, understand* itp.:

*I **don't understand**.*

*What **do** you **mean**?*

PRESENT CONTINUOUS

▸ I am working

Czas ten tworzy się za pomocą odpowiedniej formy czasu teraźniejszego czasownika **be** (***am***, ***are*** lub ***is***) i czasownika z końcówką ***-ing***. Używamy go zwykle:

1 w odniesieniu do tego, co dzieje się w momencie mówienia:

*„Where's Ellen?" – „She **is having** a shower."*

2 w odniesieniu do tego, co dzieje się w teraźniejszości, choć niekoniecznie w chwili, gdy o tym mówimy (inaczej niż w czasie **Present Simple**, chodzi tu o sytuację tymczasową):

*John **is not working** this week. He's on holiday.*

*My aunt has come to Warsaw. She**'s staying** at a hotel*

3 w odniesieniu do planów dotyczących niedalekiej przyszłości:

*„What **are** you **doing** tomorrow night?" – „I**'m going** to the opera."*

4 dla opisania zmieniającej się sytuacji:

*„Is he still ill?" – „Yes, but he**'s getting** better."*

*Prices **are rising** all the time.*

5 z wyrazem *always* w odniesieniu do powtarzających się sytuacji i zachowań, które nas dziwią lub drażnią:

*The weather here is hopeless. It**'s** always **raining**.*

*I don't like her very much. She**'s** always **complaining**.*

PAST SIMPLE

▸ I worked

Zdania twierdzące w tym czasie tworzy się za pomocą formy czasu przeszłego danego czasownika, zaś pytania i przeczenia za pomocą ***did/didn't*** i bezokolicznika bez ***to***. Czasu tego używamy najczęściej:

1 mówiąc o czymś, co wydarzyło się w przeszłości (przy czym moment wydarzenia lub okres trwania czynności jest w zdaniu podany lub wynika z kontekstu):

*My grandmother **died** last year (in January/a week ago/yesterday* itp.).

*He **played** for our team from 1993 until 1996.*

***Didn't** you **enjoy** the last party we **went** to?*

*I often **visited** them when I **was** a student.*

2 pytając, kiedy coś się wydarzyło:

*What time **did** you **get up** this morning?*

*When **did** you last **see** her?*

3 mówiąc o czymś, co zdarzyło się w czasie, kiedy działo się coś innego (w odniesieniu do tej trwającej dłużej czynności używamy czasu **Past Continuous**):

*When Fiona **arrived**, we were having dinner.*

*I was getting ready to go out when the phone **rang**.*

relacjonując serię następujących po sobie wydarzeń, np. w opowiadaniach, powieściach itp.:

*Winnie-the-Pooh **sat down** at the foot of the tree, **put** his head between his paws and **began** to think.*

PAST CONTINUOUS

I was working

zas ten tworzy się za pomocą ***was/were*** + formy zasownika zakończonej na ***-ing***. Używamy go zwyczaj:

gdy mówimy, że w określonym momencie coś się działo lub że ktoś był w trakcie robienia czegoś:

*This time last year they **were** still **living** in Chile.*

*„What **were** you **doing** at nine o'clock last night?" – „I **was watching** TV."*

gdy mówimy o tym, co działo się w momencie, gdy wydarzyło się coś innego (w odniesieniu do tego drugiego wydarzenia używamy czasu **Past Simple**):

*When Fiona arrived, we **were having** dinner.*

*I **was getting** ready to go out when the phone rang.*

gdy mówimy o dwu lub więcej czynnościach odbywających się w tym samym czasie w przeszłości:

*While the baby **was sleeping**, I **was doing** the ironing.*

FUTURE SIMPLE

I will work

zas ten tworzy się za pomocą ***will*** + bezokolicznika bez o. Używamy go zazwyczaj:

gdy w chwili mówienia decydujemy się coś zrobić:

*I'm tired. I think I**'ll go** to bed.*

gdy przewidujemy, że coś się stanie (ale nie mamy pewności, ponieważ nie zależy to od nas):

*Father **will** probably **be** a bit late.*

*Do you think they**'ll win**?*

*I'm sure you**'ll get** the job.*

podając oficjalne komunikaty lub prognozę pogody w prasie, radiu i telewizji:

*The Pope **will see** the President tomorrow.*

*It **will be** cool and dry. Fog **will** soon **clear** in all areas.*

FUTURE CONTINUOUS

I will be working

zas ten tworzy się za pomocą ***will be*** + formy zasownika zakończonej na ***-ing***. Używamy go azwyczaj:

mówiąc, że w określonym momencie ktoś będzie w trakcie robienia czegoś:

*„What **will** you **be doing** at ten o'clock tomorrow?" – „I**'ll be studying**."*

*You will recognise her when you see her. She**'ll be wearing** a yellow hat.*

2 mówiąc, co będziemy robić (w odróżnieniu od czasu **Future Simple**, konstrukcji *be going to*, czy czasu **Present Continuous**, nie wyrażamy w ten sposób naszych zamiarów, nie mówimy o planach ani uzgodnieniach, tylko po prostu stwierdzamy fakt). Użycie to często dotyczy czynności regularnie się powtarzających:

*I**'ll be going** to the supermarket later. Can I get you anything?*

*Tomorrow's Friday. I**'ll be helping** Mother with the housework, as usual.*

3 pytając, czy ktoś będzie coś robił, zwłaszcza gdy chcemy przy okazji o coś prosić:

*„**Will** you **be seeing** Jack tonight?" – „Yes, why?" – „Could you ask him to give me a call?"*

*„**Will** you **be using** the computer this morning?" – „No, you can use it for as long as you want."*

PRESENT PERFECT

▸ I have worked

Czas ten tworzy się za pomocą ***have/has***, po którym następuje **Past Participle**, czyli tzw. „trzecia forma czasownika". Używamy go najczęściej:

1 w odniesieniu do wydarzeń i czynności przeszłych, których skutki odczuwalne są w chwili mówienia:

*I **have forgotten** her name. (= I can't remember it now.)*

***Have** you **cleaned** your shoes? (= Are they clean now?)*

*Mother **has gone** out. (= She isn't here now.)*

2 gdy mówimy o czymś, co wydarzyło się przed chwilą (*just*) lub w niezbyt odległej przeszłości (*recently*, *lately*):

*„Are you hungry?" – „No, I**'ve** just **had** lunch."*

*„**Have** you **seen** your brother recently?" – „No, I **haven't**."*

3 gdy mówimy o okresie czasu, który ciągle trwa:

*Tom **has lived** in Wales all his life.* (lub: *Tom **has** always **lived** in Wales.*)

***Have** you **had** a holiday this year?*

*How many times **has** she **been** absent this semester?*

4 gdy mówimy o tym, od jak dawna trwa określona czynność lub stan:

*She**'s been** ill for over a month now.*

*I **haven't smoked** since Christmas/since my doctor told me to quit* itp.

5 gdy mówimy o czymś, co wydarzyło się w przeszłości, nie precyzując, kiedy (bo interesuje nas sam fakt, a nie to, kiedy miał miejsce):

*I'**ve been** to the States twice.*

*I think we'**ve met** before.*

6 w zdaniach rozpoczynających się od *This is the first time ..., It's the second time ...* itp.:

*Why are you so nervous? Is this the first time you'**ve been** to the dentist?*

*Bob has failed his driving test again. It's the third time he'**s failed** it.*

7 w zdaniach pytających i przeczących z *yet*:

***Has** it **stopped** raining yet?*

*We **haven't told** him yet, but sooner or later we'll have to.*

PRESENT PERFECT CONTINUOUS

▸ **I have been working**

Czas ten tworzy się za pomocą ***have/has been*** i formy czasownika zakończonej na ***-ing***. Używamy go najczęściej:

1 mówiąc o czynności, która rozpoczęła się w przeszłości i trwa nadal lub niedawno się zakończyła, a jej skutki odczuwalne się w chwili mówienia:

*Someone **has been drinking** my whisky! The bottle is almost empty.*

*You're all wet. **Has** it **been raining**?*

2 mówiąc, od jak dawna trwa określona czynność lub jak długo trwała czynność, która niedawno się zakończyła:

*I'**ve been learning** English for almost two years (since last August/since I was 12/for as long as I can remember* itp.).

*How long **have** they **been working** on this project?*

*Sorry I'm late. **Have** you **been waiting** long?*

PAST PERFECT

▸ **I had worked**

Czas ten tworzy się za pomocą ***had*** i tzw. „trzeciej formy czasownika" (**Past Participle**). Używamy go mówiąc o czymś, co miało miejsce przed innym wydarzeniem lub przed określonym momentem w przeszłości (w odniesieniu do wydarzenia późniejszego używamy czasu **Past Simple**):

*When we arrived at the party, most people **had** already **left**.*

*I recognised her at once. She **hadn't changed** at all in all those years.*

*I didn't want to go to the cinema with them because I **had** already **seen** the film twice.*

*He was nervous on the plane because he **had** never **flown** before (**had not flown** for many years/**had not flown** since he was a child* itp.).

PAST PERFECT CONTINUOUS

▸ **I had been working**

Czas ten tworzy się za pomocą ***had been*** + formy czasownika zakończonej ńa ***-ing***. Używamy go zwykle:

1 gdy mówimy o czymś, co działo się przed określonym momentem w przeszłości i czego skutki były w tym momencie odczuwalne:

*The children came home crying and dirty. They **had been fighting**.*

*When I looked out of the window, the sun was shining, but the ground was wet. It **had been raining**.*

2 gdy mówimy o tym, jak długo coś się działo, zanim wydarzyło się coś innego (w odniesieniu do późniejszego wydarzenia używamy czasu **Past Simple**):

*They **had been living** in Florida for six months when their father died.*

*„How long **had** you **been waiting** when the bus finally came?" – „For about 20 minutes."*

*On Monday they took her to hospital. She **had been feeling** unwell since the previous evening.*

FUTURE PERFECT

▸ **I will have worked**

Czas ten tworzy się za pomocą ***will have*** + **Past Participle** (tzw. „trzeciej formy czasownika"). Używamy go najczęściej:

1 mówiąc o tym, jak długo (od jak dawna) dany stan będzie trwał w określonym momencie w przyszłości:

*Next Saturday Patrick and Agatha **will have been** married for 15 years. (= Next Saturday is their 15th wedding anniversary.)*

2 mówiąc, że coś stanie się przed określonym momentem w przyszłości:

*We're late. By the time we get to the cinema the film **will** already **have started**.*

*„She **will have written** 15 novels by the time she is 40." – „How do you know?" – „Well, she started writing when she was 25 and she writes one novel every year."*

3 wyrażając jakieś przypuszczenie lub przekonanie dotyczące przeszłości:

*The plane **will have landed** by now. (= I'm sure it has already landed.)*

FUTURE PERFECT CONTINUOUS

- **I will have been working**

Czas ten tworzy się za pomocą ***will have been*** + formy czasownika zakończonej na ***-ing***. Używamy go, mówiąc o tym, jak długo (od jak dawna) dana czynność będzie trwała w określonym momencie w przyszłości:

*By the end of next month I **will have been working** here for ten years.* („Pod koniec przyszłego miesiąca minie dziesięć lat, odkąd tu pracuję.")

ZDANIA WARUNKOWE: CONDITIONAL SENTENCES

Zdanie warunkowe składa się z dwóch części: zdania głównego, mówiącego, co może lub mogłoby się stać, oraz zdania podrzędnego, określającego warunki, jakie musiałyby zostać spełnione, żeby zaszła sytuacja opisana w zdaniu głównym. Kolejność zdań jest dowolna. Jeśli jako pierwsze występuje zdanie podrzędne (zaczynające się od ***if***), oddzielamy je od zdania głównego przecinkiem. Wyróżniamy zdania warunkowe:

1 odnoszące się do przyszłości, gdzie w zdaniu podrzędnym występuje czas **Present Simple**, a w zdaniu głównym czas **Future Simple**:

*If you **eat** all these chocolates, you **will be** sick.*

2 odnoszące źię do teraźniejszości lub przyszłości, gdzie w zdaniu podrzędnym występuje czas **Past Simple**, a w zdaniu głównym ***would*** + bezokolicznik bez ***to***:

*If you **ate** all these chocolates, you **would be** sick.*

3 odnoszące się do przeszłości, gdzie w zdaniu podrzędnym występuje czas **Past Perfect**, a w zdaniu głównym ***would*** + bezokolicznik typu **perfect**. W tym przypadku wiadomo, że określony w zdaniu podrzędnym warunek nie został spełniony, w związku z czym nie zaszła sytuacja opisywana w zdaniu głównym:

*If you **had eaten** all these chocolates, you **would have been** sick.* (ale nie zjadłeś i nie rozchorowałeś się)

4 mieszane, najczęściej składające się ze zdań typu 3. i 2. (zdanie podrzędne dotyczy przeszłości, a główne teraźniejszości):

*If you **had eaten** all these chocolates last night, you **would be** sick now.* (ale nie zjadłeś i nic ci nie jest)

If w zdaniach 1. typu tłumaczymy jako „jeśeli", w pozostałych zaś jako „gdyby". Tłumaczenie polskie najczęściej nie oddaje różnicy między zdaniami typu 2. i 3, np.:

Gdybyś zjadł te wszystkie czekoladki, to byś się rozchorował. (może odnosić się zarówno do teraźniejszości, jak i do przeszłości)

Podana tu klasyfikacja nie obejmuje wszystkich możliwych rodzajów zdań warunkowych. Różnorodność panuje zwłaszcza wśród zdań 1. typu, gdzie w zdaniu głównym zamiast ***will*** wystąpić może czasownik modalny ***may*** lub ***can***:

*If it is foggy tonight, the plane **may** be late.*

*If you finish early, you **can** go.*

Także w zdaniach 2. i 3. typu zamiast ***would*** wystąpić może czasownik modalny ***might*** lub ***could***:

*If you phoned him now, he **might** get angry.*

*If I knew her address, I **could** write to her.*

*If you had asked him, he **might/could** have helped you.*

Niekiedy zdanie 1. typu odnosi się do teraźniejszości. Wówczas w obu jego członach wystąpić może czas **Present Simple**:

*If it's warm, we always **go** for a walk after lunch.*

W zdaniu głównym może też występować czasownik w trybie rozkazującym, a w zdaniu podrzędnym czas **Present Continuous** lub **Present Perfect**:

*If you are tired, **sit** down.*

*If you **are looking** for Lisa, you will find her upstairs.*

*If you **have finished**, we can go for a walk.*

STRONA BIERNA: PASSIVE VOICE

Zdanie w stronie czynnej (**active**) mówi nam o tym, co ktoś lub coś robi, natomiast zdanie w stronie biernej (**passive**) - co się z kimś lub czymś dzieje:

*We **cleaned** the kitchen earlier.*
*The kitchen **was cleaned** earlier.*

Konstrukcja bierna składa się z czasownika posiłkowego ***be*** w odpowiednim czasie oraz imiesłowu biernego (**Past Participle**), czyli tzw. „trzeciej formy czasownika":

*The kitchen **is cleaned** regularly.* (**Present Simple**)
*The kitchen **is being cleaned** at the moment.* (**Present Continuous**)
*The kitchen **was cleaned** yesterday.* (**Past Simple**)
*While the kitchen **was being cleaned**,* I was resting. (**Past Continuous**)
*The kitchen **has** just **been cleaned**.* (**Present Perfect**)
*When we arrived, the kitchen **had** already **been cleaned**.* (**Past Perfect**)
*The kitchen **will be cleaned** tomorrow.* (**Future Simple**)

Konstrukcji w stronie biernej używamy zazwyczaj w sytuacji, gdy nie jest istotne, kto był/jest wykonawcą czynności, o której mowa w zdaniu, albo gdy tego nie wiemy lub nie chcemy ujawniać. Jeśli jednak chcemy, żeby zdanie w stronie biernej zawierało informację o wykonawcy czynności, używamy przyimka ***by***:

*This house was built **by** my great-grandfather.*

W zdaniach z czasownikami modalnymi i niektórymi innymi (np. ***going to, have to, want***) używamy ***be*** w połączeniu z trzecią formą czasownika:

*The kitchen must **be cleaned**.*
*This room is going to **be painted** white.*
*I want to **be left** alone.*

Jeżeli zdanie w stronie czynnej ma dwa dopełnienia (bliższe i dalsze), to każde z nich może stanowić podmiot zdania w stronie biernej. W języku polskim dopełnienie dalsze nie może występować w tej roli:

They offered Mark the post. („Zaoferowali Markowi to stanowisko.")
to stanowisko - dopełnienie bliższe
Markowi - dopełnienie dalsze
*The post **was offered** to Mark.* („Stanowisko to zostało zaoferowane Markowi.")
*Mark **was offered** the post.* (wobec braku polskiego odpowiednika w stronie biernej, używamy formy bezosobowej: „Markowi zaoferowano to stanowisko.")

MOWA ZALEŻNA: REPORTED SPEECH

Mowy zależnej używamy wtedy, gdy relacjonujemy czyjąś wypowiedź bez przytaczania jej dosłownie, np.:

Bill: *„I'm hungry."*
Bill said, „I'm hungry." (dosłowny cytat)
Bill said (that) he was hungry. (mowa zależna)

Jak widać z przykładu, spójnik *that* („że") można opuścić. Jeżeli w zdaniu głównym występuje czasownik w czasie teraźniejszym, przyszłym lub w **Present Perfect**, to czas zdania podrzędnego nie ulega zmianie, np.:

Brenda (to Mary, on the telephone): *„I **will** get a taxi."*
Mary (to Tom, in the same room): *Brenda says she **will** get a taxi.*

Częściej jednak w zdaniu głównym występuje czasownik w czasie przeszłym (*said, asked* itp.), co wymaga zmiany czasu zdania podrzędnego na odpowiedni czas przeszły:

*„I **am** never late."* (**Present Simple**)
*He said he **was** never late.* (**Past Simple**)

*„I **am going** to the post office."* (**Present Continuous**)
*He said he **was going** to the post office.* (**Past Continuous**)

*„I **have found** a wallet."* (**Present Perfect**)
*She said she **had found** a wallet.* (**Past Perfect**)

*„We **have been watching** TV."* (**Present Perfect Continuous**)
*They said they **had been watching** TV.* (**Past Perfect Continuous**)

*„I **met** her in Australia."* (**Past Simple**)
*He said he **had met** her in Australia.* (**Past Perfect**)

*„I **was working** hard."* (**Past Continuous**)
*He said he **had been working** hard.* (**Past Perfect Continuous**)

*„We **will wait** for you."* (**Future Simple**)
*They said they **would wait** for us.* (**Future in the Past**)

*„I **will be talking** to John later."* (**Future Continuous**)
*She said she **would be talking** to John later.* (**Future Continuous in the Past**)

Zdania warunkowe 1. typu zachowują się w mowie zależnej zgodnie z powyższymi regułami, natomiast w zdaniach warunkowych 2. i 3. typu czas nie ulega zmianie:

*„I **will be** very lucky if I **find** it."*
*She said she **would be** very lucky if she **found** it.*

*„She **would help** you if you **asked** her."*
*He said she **would help** me if I **asked** her.*

*„I **wouldn't have known** if Nick **hadn't told** me."*
*She said she **wouldn't have known** if Nick **hadn't told** her.*

Czasowniki modalne *could, might, must, ought, should, would, used to* i *need* nie ulegają zmianie w mowie zależnej, np.:

*„The train **might** be late."*
*He said that the train **might** be late.*

Szyk pytający zmienia się w mowie zależnej w szyk zdania twierdzącego:

*„What **do you want**?"*
*She **asked** (me) what **I wanted**.*

*„Who **is she**?"*
*He **asked** (us) who **she was**.*

Jeśeli pytanie nie rozpoczyna się od słowa pytającego (*how, wh-*), to w mowie zależnej używamy spójnika ***if*** lub ***whether***:

„Do you speak German?"
*She asked **if** I spoke German.*

„Is it blue or green?"
*He asked **whether** it was blue or green.*

Polecenie w mowie zależnej wprowadzamy zwykle za pomocą czasownika ***tell***, po którym następuje dopełnienie (zaimek osobowy lub rzeczownik) i bezokolicznik z ***to***:

„Close the door, Peter," he said.
*He **told Peter to close** the door.*

Jeśeli polecenie ma character zakazu, to partykułę ***not*** umieszczamy w mowie zależnej przed bezokolicznikiem:

„Don't shout," said the teacher.
*The teacher told us **not to shout**.*

Prośbę w mowie zależnej wprowadzamy zwykle za pomocą czasownika ***ask***, po którym następuje dopełnienie (zaimek osobowy lub rzeczownik) i bezokolicznik z ***to***:

„Help me, please."
*He **asked me to** help him.*

Określenia czasu nie ulegają zmianie w mowie zależnej, jeżeli w chwili mówienia mamy nadal ten sam dzień (tydzień, rok itp.), co w chwili wypowiadania relacjonowanego zdania. W przeciwnym razie określenia czasu zmieniają się w następujący sposób :

„today"→ that day
„yesterday"→ the day before
„tomorrow"→ the next day lub *the following day*
„the day after tomorrow"→ in two days" time
„a week ago"→ a week before
„last year"→ the previous year

This w określeniach czasu często zmienia się w ***that***:

*We're leaving later **this** week.*
*They said they were leaving later **that** week.*

W określeniach innych niż czasowe ***this*** zmienia się w ***the***; to samo dotyczy określników ***that***, ***these*** i ***those***:

*I can lend you **this** record/**these** records.*
*She said she could lend me **the** record/**the** records.*

Zaimki ***this/that*** i ***these/those*** zmieniają się odpowiednio w ***it*** i ***them***:

*I know **this/that**.* *He said he knew **it**.*
*Who made **these/those**? She asked who had made **them**.*

PRZYMIOTNIKI: ADJECTIVES

Forma

Przymiotników nie odmieniamy przez przypadki, liczby ani rodzaje:

*a **tall** girl* *with a **tall** girl*
***tall** girls* *a **tall** boy*

Stopniowanie: **Comparison**

Stopniowanie przymiotników odbywa się w następujący sposób:

1 do przymiotników jednosylabowych dodajemy w stopniu wyższym końcówkę ***-er***, a w stopniu najwyższym końcówkę ***-est***. Jeżeli przymiotnik kończy się w pisowni na *e*, wówczas dodajemy odpowiednio ***-r*** i ***-st***; jeżeli przymiotnik kończy się pojedynczą spółgłoską (inną niż *w* lub *x*) następującą po pojedynczej samogłosce, wówczas końcową spółgłoskę podwajamy w pisowni:

short	*short**er***	*short**est***
loud	*loud**er***	*loud**est***
brave	*brave**r***	*brave**st***
hot	*ho**tter***	*ho**ttest***

2 do przymiotników dwusylabowych zakończonych na *y* dodajemy w stopniu wyższym końcówkę ***-er***, a w stopniu najwyższym końcówkę ***-est***, zmieniając przy tym pisownię z *y* na *i*; istnieje mała grupa wyjątków, tj. przymiotników dwusylabowych nie kończących się na *y*, ale stopniowanych podobnie:

*prett**y***	*prett**ier***	*prett**iest***
clever	*clever**er***	*clever**est***
narrow	*narrow**er***	*narrow**est***
simple	*simpl**er***	*simpl**est***

3 pozostałe przymiotniki dwusylabowe oraz dłuższe poprzedzamy w stopniu wyższym wyrazem ***more***, a w stopniu najwyższym wyrazem ***most***:

stupid	**more** *stupid*	**most** *stupid*
beautiful	**more** *beautiful*	**most** *beautiful*
interesting	**more** *interesting*	**most** *interesting*

4 część przymiotników stopniuje się w sposób nieregularny, np.:

good	*better*	*best*
bad	*worse*	*worst*
little	*less*	*least*
far	*further*	*furthest*

W stopniu najwyższym przymiotnik poprzedzony jest zazwyczaj przedimkiem określonym ***the***. Przymiotnik w stopniu najwyższym bez ***the*** znaczy tyle samo, co *very* + przymiotnik w stopniu równym:

the *most beautiful* „najpiękniejszy"
most beautiful „bardzo piękny"

Przymiotnik w znaczeniu rzeczownikowym

Niektóre przymiotniki oznaczające ludzkie cechy i nazw narodowości mogą zachowywać się jak rzeczowniki w liczbie mnogiej. Występują wówczas samodzielnie (bez rzeczownika) i poprzedzone są przez przedimek określony ***the***:

the *disabled* „niepełnosprawni"
the *rich* „bogaci"
the *poorest* „najbiedniejsi"
the *English* „Anglicy"

PRZYSŁÓWKI: ADVERBS

Forma

Większość przysłówków powstaje przez dodanie końcówki ***-ly*** do przymiotnika. Jeżeli przymiotnik kończy się w pisowni na *y*, ulega ono zamianie na *i*, jeśli zaś na *le*, końcowe *e* zastępowane jest przez *y*:

slow	*slow**ly***
*simp**le***	*simp**ly***
*happ**y***	*happ**ily***

Od przymiotnika zakończonego na ***-ly*** nie można utworzyć przysłówka. Używa się wtedy frazy przysłówkowej lub przysłówka o zbliżonym znaczeniu:

*friend**ly*** (przymiotnik)
*in a friend**ly** way* (przysłówek)

*like**ly*** (przymiotnik)
*probab**ly*** (przysłówek)

Niektóre przysłówki i przymiotniki mają identyczną formę. Kontekst decyduje o tym, z jaką częścią mowy mamy do czynienia:

early *spring* (przymiotnik)
he came ***early*** (przysłówek)

at the ***far*** *end* (przymiotnik)
we didn't go very ***far*** (przysłówek)

Istnieje kilka par przysłówków pochodzących od tego samego przymiotnika, ale różniących się znaczeniem. Jeden przysłówek z takiej pary jest identyczny z przymiotnikiem, drugi zaś kończy się na ***-ly***, np.:

he works ***hard*** („ciężko")
she could ***hardly*** *move* („ledwie")

high *up in the air* („wysoko")
it's ***highly*** *unlikely* („wysoce")

Stopniowanie: **Comparison**

Przysłówki stopniujemy w następujacy sposób:

1 do jednosylabowych dodajemy w stopniu wyższym końcówkę ***-er***, a w stopniu najwyższym końcówkę ***-est***; podobnie postępujemy z przysłówkiem *early* (*y* zamienia się tu w pisowni na *i*):

hard	*hard**er***	*hard**est***
fast	*fast**er***	*fast**est***
*earl**y***	*earl**ier***	*earl**iest***

2 dwusylabowe i dłuższe poprzedzamy w stopniu wyższym wyrazem ***more***, a w stopniu najwyższym wyrazem ***most***:

quickly	**more** *quickly*	**most** *quickly*
carefully	**more** *carefully*	**most** *carefully*

3 część przysłówków stopniuje się nieregularnie, np.:

well	*better*	*best*
badly	*worse*	*worst*
little	*less*	*least*
much	*more*	*most*
far	*further*	*furthest*

ZAIMKI WZGLĘDNE: RELATIVE PRONOUNS

Forma zaimka względnego, odpowiadającego polskiemu „który", zależy w angielskim od tego, czy odnosi się on do osoby, czy też nie do osoby (a więc np. do zwierzęcia, rzeczy, zjawiska itp.). W pierwszym przypadku używamy ***who***, w drugim ***which***. W obu przypadkach można też użyć formy ***that***. Często, zwłaszcza w mowie, zaimek względny w ogóle się pomija. Zdanie typu: „To jest książka, którą lubię najbardziej", możemy w związku z tym przetłumaczyć na trzy sposoby:

This is the book ***which*** *I like best.*
This is the book ***that*** *I like best.*
This is the book I like best.

Jeśli jednak chcemy przetłumaczyć zdanie, w którym zaimek względny jest podmiotem zdania podrzędnego, a więc np.: „To jest książka, która wygrała konkurs na najlepszą książkę roku", mamy do wyboru tylko dwie możliwości, obie zawierające zaimek względny:

This is the book ***which*** *won the Book of the Year competition.*
This is the book ***that*** *won the Book of the Year competition.*

W omówionych wyżej przypadkach (inaczej niż w języku polskim przed „który") nie stawiamy przecinka przed zaimkiem względnym. Powyższe zasady nie mają zastosowania wówczas, gdy zdanie względne zawiera jedynie dodatkową informację na temat osoby, zjawiska lub rzeczy, nie służy natomiast jej zidentyfikowaniu. Chodzi tu o zdania typu: „Mój tata, który jest lekarzem, uważa, że to nic poważnego" albo „Oglądaliśmy *Hamleta*, który jest najsławniejszą ze sztuk Szekspira". Tutaj jedyną możliwością jest użycie ***who*** w odniesieniu do osób i ***which*** w pozostałych przypadkach. W języku pisanym, podobnie jak po polsku, zdania tego typu wyodrębnia się przecinkami:

My dad, ***who*** *is a doctor, thinks it's nothing serious.*
We were watching „Hamlet', ***which*** *is the most famous of all Shakespeare's plays.*

Wyrazy podobne **False friends**

W językach angielskim i polskim wiele jest wyrazów o podobnej pisowni i brzmieniu, ale różniących się znaczeniem Poniższa lista pomoże Ci uniknąć błędów wynikających z takiego mylącego podobieństwa.

abstinent to nie rzeczownik oznaczający *abstynenta* (**teetotaller**), ale przymiotnik o znaczeniu *wstrzemięźliwy*

accord to nie *akord* w muzyce (**chord**) ani system pracy (**piecework**), tylko *uzgodnienie*

actual nie znaczy *aktualny* (**current**, **present**), tylko *rzeczywisty*

actually nie znaczy *aktualnie* (**currently**, **at present**), tylko *rzeczywiście, w rzeczywistości, właściwie*

adapter to nie *adapter* (**record player**), tylko *rozgałęziacz* (rodzaj wtyczki)

adept to nie rzeczownik oznaczający *adepta* (**student** lub **follower**), tylko przymiotnik o znaczeniu *biegły*

angina to nie *zapalenie migdałków* (**tonsillitis**), tylko *dusznica bolesna*

antics to nie *antyki* (**antiques**), tylko *błazeństwa*

apartment to nie *apartament* (**suite**), tylko *mieszkanie*

apparition to nie czyjaś *aparycja* (**looks**), tylko *zjawa*

athlete to nie *atleta* (**strongman**), tylko *sportowiec*

audition to nie *audycja* (**radio programme**), tylko *przesłuchanie* (aktora do roli)

azure nie znaczy *ażurowy* (**openwork**), tylko *lazurowy*

---

baton to nie *baton* (**chocolate snack**), ale *batuta* (dyrygenta), *pałka* (policjanta) lub *pałeczka* (sztafetowa)

benzene to nie *benzyna* (**petrol** *BrE*, **gasoline** *AmE*), tylko *benzen*

billet to nie *bilet* (**ticket**), tylko *kwatera* (żołnierska)

blanket to nie *blankiet* (**blank form**), tylko *koc*

boot to nie dowolny *but* (**shoe**), tylko *kozaczek*, *kalosz* lub inny but z cholewą

box to nie *boks* w znaczeniu rzeczownikowym (**boxing**), tylko czasownik *boksować (się)*

---

cabin oznacza *kabinę* pasażerską, pomieszczenie pilota lub kierowcy, ale nie wydzielone miejsce do głosowania czy telefonowania (w obu przypadkach **booth**), przymierzalnię (**fitting room**) czy część toalety (**cubicle**)

cabinet to *gabinet* jako rada ministrów, ale nie jako pomieszczenie, w którym przyjmuje lekarz (**surgery**), pokój do pracy w domu (**study**), czy pokój urzędnika (**office**)

caravan to nie *karawan* (**hearse**), tylko *przyczepa kempingowa* lub *karawana*

carnation to nie *karnacja* (**complexion**), tylko *goździk*

carton to *karton* jako opakowanie (mleka, soku), ale nie jako tektura (**cardboard**) ani jako pudło (**cardboard box**)

caution to nie *kaucja* za aresztanta (**bail**) ani za butelkę (**deposit**), tylko *ostrożność*

censure to nie *cenzura* (**censorship**), tylko *potępienie*

central to nie rzeczownik oznaczający *centralę* jakiejś instytucji (**head office**, **headquarters**) czy *centralę telefoniczną* (**telephone exchange**, **switchboard**), ale przymiotnik o znaczeniu *centralny*

chalet to nie *szalet* (**public toilet**), tylko górski *szałas* lub *domek* w stylu alpejskim

characteristic to nie *charakterystyka* (**characterization**), tylko *cecha charakterystyczna*

characterization to nie *charakteryzacja* (**make-up**), tylko *opis, charakterystyka*

chef to *szef kuchni*, ale nie *szef* w ogóle (**boss**)

client to *klient* określonej instytucji (np. banku, kancelarii prawniczej), ale nie sklepu (**customer**)

closet to nie *klozet* (**toilet**), tylko *szafa ścienna*

colleague to *kolega z pracy*, ale nie *kolega* w ogóle (**friend**)

colony to *kolonia* w różnych znaczeniach, ale nie w znaczeniu wakacji dla dzieci (**summer camp**)

column to *kolumna* w różnych znaczeniach, ale nie jako głośnik (**speaker**)

combatant to nie *kombatant* (**veteran**), tylko *walczący, żołnierz*

commission to *komisja* powołana do wykonania określonego zadania (np. politycznego), ale nie egzaminacyjna (**committee**) ani lekarska (**medical board**)

communal nie znaczy *komunalny* (**municipal**), tylko *wspólny*

communication to *komunikacja* jako porozumiewanie się, ale nie *komunikacja miejska* (**public transport**)

complement to nie *komplement* (**compliment**), tylko *dopełnienie* (także gramatyczne) lub *uzupełnienie*

compositor to nie *kompozytor* (**composer**), tylko *zecer*

concourse to nie *konkurs* (**competition**, **contest**), tylko duży *hol* lub *plac* (np. na lotnisku, dworcu) albo wielkie *zbiorowisko* ludzi

concurrence to nie *konkurencja* jako rywalizacja (**competition**) ani jako określona dyscyplina sportowa (**event**), tylko *zgodność, zbieżność*

concurrent to nie rzeczownik oznaczający *konkurenta* (**rival**, **competitor**), ale przymiotnik o znaczeniu *jednoczesny* lub *zgodny, zbieżny*

conduct to nie *kondukt* żałobny (**cortege**, **funeral procession**), tylko *zachowanie*

confection to nie *konfekcja* odzieżowa (**ready-to-wear clothes**), tylko pięknie udekorowany *wyrób cukierniczy*

consequent nie znaczy *konsekwentny* (**consistent**), tylko *wynikający* z czegoś

consequently nie znaczy *konsekwentnie* (**consistently**), tylko *w rezultacie*

conserve to nie *konserwa* (**canned food**), tylko *konfitura* owocowa

control to *kontrola* jako nadzór, ale nie jako sprawdzanie biletów (**ticket inspection**), sprawdzanie w ogóle (**check**), czy lekarskie badanie kontrolne (**check-up**)

cravat oznacza rodzaj męskiej apaszki, a nie *krawat* (**tie**)

creature to nie *kreatura* (**monster**), tylko *stworzenie* (żywa istota)

cylinder to *cylinder* jako bryła geometryczna lub część mechanizmu, ale nie rodzaj kapelusza (**top hat**)

cymbals to nie *cymbały* (**dulcimer**) ani *cymbałki* (**xylophone**), tylko *talerze, czynele* (instrumenty perkusyjne)

---

dame to nie *dama* (**lady**), tylko oficjalny tytuł nadawany kobietom brytyjskim za wybitne osiągnięcia i umieszczany przed nazwiskiem

data to nie *data* (**date**), tylko *dane*

desk to nie *deska* (**board**, **plank**), tylko *biurko* lub *ławka* (szkolna)

devotion nie oznacza negatywnie rozumianej *dewocji* (**religious bigotry**), tylko *pobożność*, a jeszcze częściej *oddanie, poświęcenie*

diploma to *dyplom* ukończenia jakiegoś kursu, szkoły pomaturalnej itp., ale nie uniwersytecki (**degree**)

direction to nie *dyrekcja* (**management**), tylko *kierunek, strona*

discrete nie znaczy *dyskretny* (**discreet**), tylko *odrębny*

disposition to nie *dyspozycja* jako polecenie (**instructions**), tylko czyjeś *usposobienie*

dispute to nie *dysputa* (**debate**, **polemic**), tylko *spór*

divan to nie *dywan* (**carpet**), tylko *otomana*

dragon to nie *dragon* (**dragoon**), tylko *smok*

drama to *dramat* jako gatunek literacki, ale nie jako ciężkie przeżycie (**tragedy**)

dress to nie *dres* (**tracksuit**), tylko *sukienka*

---

economy to nie *ekonomia* jako nauka (**economics**), tylko *gospodarka* lub *oszczędność*

energetic znaczy *energiczny*; przymiotnik *energetyczny* tłumaczymy różnie, w zależności od tego, czy chodzi o *przemysł energetyczny* (**power industry**), *kryzys energetyczny* (**energy crisis**), czy o *surowce energetyczne* (**sources of energy**)

etiquette to *etykieta* jako zasady zachowania, ale nie jako nalepka czy przypięte komuś określenie (w obu znaczeniach **label**)

eventual nie znaczy *ewentualny* (**possible**), tylko *ostateczny*

eventually nie znaczy *ewentualnie* (**possibly**), tylko *ostatecznie, w końcu*

expedient jako rzeczownik występuje rzadko i nie oznacza *ekspedienta* (**shop assistant** *BrE*, **sales clerk/assistant** *AmE*), tylko *doraźny środek* (zaradczy)

extra podobnie jak polskie *ekstra*, oznacza coś dodatkowego, ale nie coś nadzwyczajnego (**super**)

extravagant zwykle nie znaczy *ekstrawagancki* (**eccentric**), tylko *rozrzutny* lub *przesadny*

---

fabric to nie *fabryka* (**factory**), tylko *tkanina*

facet to nie *facet* (**guy**, **fellow**, **chap** *BrE*), tylko *aspekt, strona* (jakiegoś zagadnienia lub czyjejś osobowości)

faggot to nie *fagot* (**bassoon**), tylko *pęk, wiązka*

fantasy to *fantazja* jako fikcja, ale nie jako wyobraźnia (**imagination**)

fatal najczęściej nie znaczy *fatalny* (**disastrous**, **awful**), tylko *śmiertelny*

fatigue to nie *fatyga* (**trouble**), tylko *zmęczenie*

feral nie znaczy *feralny* (**unlucky**, **ill-fated**), tylko *dziki, zdziczały*

fraction to nie *frakcja* w partii (**faction**), tylko *ułamek* (także w matematyce) lub *cząstka*

frequency to nie *frekwencja* szkolna (**attendance**) ani wyborcza (**turnout**), tylko *częstotliwość*

function to *funkcja* w różnych znaczeniach, ale nie w znaczeniu pełnionej przez kogoś roli (**role**) czy zajmowanego stanowiska (**position**)

---

gallantry to *galanteria* jako szarmanckie zachowanie, ale nie np. *galanteria skórzana* (**leather goods**)

gem to nie *gem* w tenisie (**game**), tylko *klejnot*

genial znaczy *przyjazny*; chcąc powiedzieć, że ktoś jest *genialny*, mówimy: ***s/he's a genius***

golf to *golf* jako sport, ale nie rodzaj swetra (**polo-neck sweater**)

gum to *guma* jako substancja otrzymywana z drzewa kauczukowego, *guma do żucia* czy *guma arabska*, ale nie jako tworzywo do produkcji opon czy kaloszy (**rubber**)

gust to nie *gust* (**taste**), tylko *podmuch, powiew*

gymnasium to nie *gimnazjum* (**grammar school** *BrE*, **junior high school** *AmE*), tylko *sala gimnastyczna*

---

hazard to nie *hazard* (**gambling**), tylko *ryzyko* lub *niebezpieczeństwo*

herb to nie *herb* (**coat of arms**), tylko *zioło*

history to *historia* jako dzieje i nauka o nich, ale nie jako opowieść (**story**)

humour to *humor* jako komizm, ale nie jako nastrój (**mood**)

hymn to *hymn* jako pieśń kościelna lub gatunek literacki, ale nie *hymn państwowy* (**anthem**)

---

impregnate to *impregnować* w znaczeniu ogólnym (= nasączać substancjami chemicznymi dla nadania materiałowi określonych właściwości); na oznaczenie impregnacji służącej uzyskaniu odporności na wilgoć używa się czasownika **waterproof**

intelligent to przymiotnik o znaczeniu *inteligentny*, którego nie można użyć rzeczownikowo w znaczeniu *inteligent*

---

literate to nie *literat* (**man of letters**), tylko przymiotnik oznaczający osobę umiejącą czytać i pisać

lecture to nie *lektura* (**reading**), tylko *wykład*

local to nie *lokal* w żadnym ze znaczeń; jako rzeczownik w brytyjskiej angielszczyźnie oznacza *pub* znajdujący się blisko czyjegoś miejsca zamieszkania i w związku z tym często odwiedzany

lunatic to nie *lunatyk* (**sleepwalker**), tylko *szaleniec*

---

machinist to nie *maszynista* (**engine driver** *BrE*, **engineer** *AmE*) ani *maszynistka* (**typist**), tylko *operator maszyny*, zwłaszcza w fabryce

magazine to *magazyn* jako czasopismo lub program (telewizyjny lub radiowy), ale nie jako budynek (**warehouse**) czy pomieszczenie (**storeroom**)

mandate to *mandat* wyborczy, ale nie kara pieniężna za wykroczenie (**fine**)

manifest to nie *manifest* (**manifesto**), tylko *wykaz ładunków* statku

manifestation to nie *manifestacja* (**demonstration**), tylko *przejaw, oznaka*

mark to *marka* jako jednostka monetarna, ale nie jako rodzaj towaru (**make**) czy znak fabryczny (**brand**)

mode to nie *moda* (**fashion**), tylko *sposób, tryb*

---

novel to nie *nowela* (**short story**), tylko *powieść*

novelist to nie autor nowel (**short story writer**), tylko *powieściopisarz*

---

obligation to nie *obligacja* skarbowa (**bond**), tylko *obowiązek*

obscure nie znaczy *obskurny* (**sleazy**, **sordid**), tylko *mało znany* lub *niejasny*

obstruction to nie *obstrukcja* jako dolegliwość (**constipation**), tylko *przeszkoda*

occasion to *okazja* jako okoliczność, ale nie jako sposobność (**chance**, **opportunity**) czy korzystna cena (**bargain**)

occupant to nie *okupant* (**occupier**), tylko *mieszkaniec, lokator*

operator oznacza zwykle *telefonistkę*; może także oznaczać pojęcie matematyczne lub osobę obsługującą maszynę, ale nie *operatora* filmowego (**cameraman**) ani lekarza przeprowadzającego operację (**surgeon**)

ordinary nie znaczy *ordynarny* (**vulgar**, **crude**), tylko *zwyczajny*

ordination to nie *ordynacja wyborcza* (**electoral law**), tylko *święcenia kapłańskie*

---

packet to nie *pakiet* komputerowy (**package**) ani informacyjny (**pack**), tylko *pudełko, opakowanie* (ciasteczek, herbaty itp.) lub *paczka* (np. papierosów)

pamphlet to nie *pamflet* (**lampoon**), tylko *broszura*

paragon to nie *paragon* (**receipt**), tylko *niedościgniony wzór* (jakichś cnót)

parcel to nie *parcela* (**plot of land**), tylko *paczka*

parking nie oznacza *parkingu* (**car park** *BrE*, **parking lot** *AmE*), tylko czynność parkowania

pasta to *makaron* każdego typu; *pasta* do pieczywa to po angielsku **paste** albo **spread**, do zębów – **toothpaste**, a do butów – **shoe polish**

patron to *patron* sztuki lub innej działalności, ale także *stały klient* (sklepu) albo *częsty gość* (pubu, hotelu); *patron* w znaczeniu religijnym to po angielsku **patron saint**

pension to nie *pensja* (**salary**), tylko *renta* lub *emerytura*

physician to nie *fizyk* (**physicist**), tylko *lekarz*

precedence to nie *precedens* (**precedent**), tylko *pierwszeństwo*

preservative to nie *prezerwatywa* (**condom**), tylko *konserwant, środek konserwujący*

process to *proces* w różnych znaczeniach, ale nie w znaczeniu sądowym (**trial**, **lawsuit**)

prognosis to *prognoza* w ekonomii, medycynie itp., ale nie *prognoza pogody* (**weather forecast**)

programme to *program* w wielu znaczeniach, ale nie np. pierwszy czy drugi program telewizji (**TV channel**), *program rozrywkowy* (**show**), czy *program nauczania* (**curriculum** lub **syllabus**)

project to *projekt* jako przedsięwzięcie, ale nie jako pomysł (**scheme**) ani szkic (**draft**, **design**)

proposition to *propozycja* biznesowa lub polityczna, ale nie *propozycja* w ogóle (**proposal**)

prospect to nie *prospekt* informacyjny (**prospectus**, **brochure**), tylko *perspektywa* (na przyszłość)

protection to nie *protekcja* (**favouritism**), tylko *ochrona*

provision to nie *prowizja* (**commission**), tylko *klauzula, postanowienie* (np. kontraktu) albo *świadczenie, dostarczanie* (usług)

psst! to dźwięk używany dla dyskretnego zwrócenia czyjejś uwagi; gdy chcemy kogoś uciszyć, mówimy **sh!**

pupil to nie *pupil* (**pet**), ale *uczeń* lub *źrenica*

---

quota to nie *kwota* jako suma pieniędzy (**sum**, **amount**), tylko jako limit, zwłaszcza eksportu lub importu określonych towarów

---

raid to nie *rajd* (**rally**), tylko *nalot, napad* lub *najazd*

receipt to nie *recepta* (**prescription**), tylko *kwit, paragon*

reclamation to nie *reklamacja* (**complaint**) ani *reklama* (**advertising**), tylko *rekultywacja* gruntu

rector to nie *rektor* uniwersytetu (**vice chancellor** *BrE*, **president** *AmE*), tylko dyrektor szkoły średniej lub pomaturalnej

relax to nie *relaks* w znaczeniu rzeczownikowym (**relaxation**), tylko czasownik *relaksować się*

rent to nie *renta* (**pension**), tylko *czynsz*

require nie znaczy *rekwirować* (**requisition**), tylko *wymagać*

requisite to nie rzeczownik oznaczający *rekwizyt* (**prop**), tylko przymiotnik o znaczeniu *wymagany*

rest to *reszta* w różnych znaczeniach, ale nie jako pieniądze wydawane płacącemu (**change**)

revenge to *rewanż* jako zemsta, ale nie jako powtórne spotkanie sportowe (**return match/game**) ani jako odwzajemnienie czegoś miłego

revision to nie *rewizja* jako przeszukanie (**search**), ale gruntowna *zmiana, korekta* albo *powtórka* (np. do egzaminu)

rubric to nie *rubryka* jako miejsce do wpisania danych (**box**) ani jako dział felietonisty w gazecie (**column**), tylko *instrukcje* (w formularzu, na arkuszu egzaminacyjnym itp.)

rumour to nie *rumor* (**rumble**), tylko *plotka*

---

salad to dowolna *sałatka* lub *surówka*, ale nie *sałata* jako warzywo (**lettuce**)

salon to *salon* fryzjerski lub piękności, ale nie pokój w domu lub mieszkaniu (**living room**, **drawing room**, **parlour**)

scenario to *scenariusz* jako możliwy przebieg wydarzeń, ale nie tekst stanowiący podstawę filmu czy spektaklu (**screenplay**, **script**)

scene to *scena* w wielu znaczeniach, ale nie teatralna (**stage**)

script to nie *skrypt* studencki (**cheap study text**), tylko *pismo* (alfabet), *tekst* (przemówienia, sztuki) lub *scenariusz* (filmu)

séance to *seans* spirytystyczny, ale nie filmowy (**show**)

sentence to nie *sentencja* (**maxim**, **saying**), tylko *zdanie* lub *wyrok*

smoking to nie *smoking* (**dinner jacket** *BrE*, **tuxedo** *AmE*), tylko *palenie* (papierosów itp.)

speaker to nie *spiker* (**TV/radio announcer**), tylko *mówca* lub *głośnik*

spectacle to *spektakl*, ale nie jako przedstawienie teatralne (**show**), tylko ogólnie jako widowisko (interesujące, żenujące itp.)

stipend może oznaczać studenckie *stypendium* wyłącznie w angielszczyźnie amerykańskiej; po brytyjsku pieniądze wypłacane studentowi to **scholarship** lub **student grant** natomiast **stipend** to *pensja duchownego*

stopper to nie *stoper* (**stopwatch**), tylko *korek* lub *zatyczka*

sympathetic nie znaczy *sympatyczny* (**likeable**), tylko *współczujący*

sympathy to nie *sympatia* (**liking**), tylko *współczucie*

---

talon to nie *talon* (**voucher**), tylko *pazur, szpon*

technique to *technika* jako metoda, ale nie jako dział cywilizacji (**technology**)

transparent to nie *transparent* (**banner**), tylko przymiotnik o znaczeniu *przezroczysty*

---

urn to *urna* na prochy, ale nie *urna wyborcza* (**ballot box**)

---

voyage to *podróż* morska lub kosmiczna; mówiąc o czyichś *wojażach*, używamy wyrazu **travels**

---

wagon oznacza *wóz* (zaprzęgowy) lub *wagon towarowy* (tylko w brytyjskiej angielszczyźnie); *wagon pasażerski* to **railway carriage** (*BrE*) lub **car** (*AmE*); *wagon restauracyjny/sypialny* to, odpowiednio, **restaurant/ sleeping car**

Czasowniki nieregularne **Irregular verbs**

VERB	PRESENT PARTICIPLE	PAST TENSE	PAST PARTICIPLE
arise	arising	arose	arisen
be	being	was, were	been
bear	bearing	bore	borne
beat	beating	beat	beaten
become	becoming	became	become
begin	beginning	began	begun
bend	bending	bent	bent
bet	betting	betted *or* bet	betted *or* bet
bind	binding	bound	bound
bite	biting	bit	bitten
bleed	bleeding	bled	bled
bless	blessing	blessed *or* blest	blessed *or* blest
blow	blowing	blew	blown
break	breaking	broke	broken
breed	breeding	bred	bred
bring	bringing	brought	brought
broadcast	broadcasting	broadcast	broadcast
build	building	built	built
burn	burning	burned *or* burnt	burned *or* burnt
buy	buying	bought	bought
catch	catching	caught	caught
choose	choosing	chose	chosen
cling	clinging	clung	clung
come	coming	came	come
cost	costing	cost	cost
creep	creeping	crept	crept
cut	cutting	cut	cut
deal	dealing	dealt	dealt
die	dying	died	died
dig	digging	dug	dug
dive	diving	dived, dove (*AmE*)	dived
do	doing	did	done
draw	drawing	drew	drawn
dream	dreaming	dreamed *or* dreamt	dreamed *or* dreamt
drink	drinking	drank	drunk
drive	driving	drove	driven
eat	eating	ate	eaten
fall	falling	fell	fallen
feed	feeding	fed	fed
feel	feeling	felt	felt
fight	fighting	fought	fought
find	finding	found	found
fly	flying	flew	flown
forbid	forbidding	forbade	forbidden
forget	forgetting	forgot	forgotten
freeze	freezing	froze	frozen
get	getting	got	got (*BrE*), gotten (*AmE*)
give	giving	gave	given
go	going	went	gone
grind	grinding	ground	ground
grow	growing	grew	grown
hang	hanging	hung *or* hanged	hung *or* hanged

VERB	PRESENT PARTICIPLE	PAST TENSE	PAST PARTICIPLE
have	having	had	had
hear	hearing	heard	heard
hide	hiding	hid	hidden
hit	hitting	hit	hit
hold	holding	held	held
hurt	hurting	hurt	hurt
keep	keeping	kept	kept
kneel	kneeling	knelt, kneeled (esp *AmE*)	knelt, kneeled (esp *AmE*)
know	knowing	knew	known
lay	laying	laid	laid
lead	leading	led	led
lean	leaning	leaned *or* leant	leaned *or* leant
leap	leaping	leaped *or* leapt	leaped *or* leapt
learn	learning	learned *or* learnt	learned *or* learnt
leave	leaving	left	left
lend	lending	lent	lent
let	letting	let	let
lie[1]	lying	lay	lain
lie[2]	lying	lied	lied
lose	losing	lost	lost
make	making	made	made
mean	meaning	meant	meant
meet	meeting	met	met
mistake	mistaking	mistook	mistaken
mow	mowing	mowed	mowed *or* mown
outgrow	outgrowing	outgrew	outgrown
overhear	overhearing	overheard	overheard
oversleep	oversleeping	overslept	overslept
overtake	overtaking	overtook	overtaken
panic	panicking	panicked	panicked
pay	paying	paid	paid
put	putting	put	put
quit	quitting	quit	quit
read	reading	read	read
repay	repaying	repaid	repaid
ride	riding	rode	ridden
ring	ringing	rang	rung
rise	rising	rose	risen
run	running	ran	run
saw	sawing	sawed	sawn
say	saying	said	said
see	seeing	saw	seen
seek	seeking	sought	sought
sell	selling	sold	sold
send	sending	sent	sent
set	setting	set	set
sew	sewing	sewed	sewn
shake	shaking	shook	shaken
shear	shearing	sheared	shorn
shed	shedding	shed	shed
shine	shining	shone	shone
shoot	shooting	shot	shot
show	showing	showed	shown
shrink	shrinking	shrank	shrunk
shut	shutting	shut	shut
sing	singing	sang	sung
sink	sinking	sank	sunk

VERB	PRESENT PARTICIPLE	PAST TENSE	PAST PARTICIPLE
sit	sitting	sat	sat
sleep	sleeping	slept	slept
slide	sliding	slid	slid
sling	slinging	slung	slung
slit	slitting	slit	slit
smell	smelling	smelt *or* smelled	smelt *or* smelled
sow	sowing	sowed	sown
speak	speaking	spoke	spoken
speed	speeding	speeded *or* sped	speeded *or* sped
spell	spelling	spelled *or* spelt	spelled *or* spelt
spend	spending	spent	spent
spill	spilling	spilled *or* spilt	spilled *or* spilt
spin	spinning	spun	spun
spit	spitting	spat	spat
split	splitting	split	split
spoil	spoiling	spoilt *or* spoiled	spoilt *or* spoiled
spread	spreading	spread	spread
spring	springing	sprang	sprung
stand	standing	stood	stood
steal	stealing	stole	stolen
stick	sticking	stuck	stuck
sting	stinging	stung	stung
stink	stinking	stank	stunk
stride	striding	strode	stridden
strike	striking	struck	struck
swear	swearing	swore	sworn
sweep	sweeping	swept	swept
swell	swelling	swelled	swollen
swim	swimming	swam	swum
swing	swinging	swung	swung
take	taking	took	taken
teach	teaching	taught	taught
tear	tearing	tore	torn
tell	telling	told	told
think	thinking	thought	thought
throw	throwing	threw	thrown
thrust	thrusting	thrust	thrust
tie	tying	tied	tied
tread	treading	trod	trodden
undergo	undergoing	underwent	undergone
understand	understanding	understood	understood
undertake	undertaking	undertook	undertaken
undo	undoing	undid	undone
unwind	unwinding	unwound	unwound
upset	upsetting	upset	upset
wake	waking	waked *or* woke	woken
wear	wearing	wore	worn
weave	weaving	wove	woven
weep	weeping	wept	wept
wet	wetting	wet *or* wetted	wet *or* wetted
win	winning	won	won
wind	winding	wound	wound
withdraw	withdrawing	withdrew	withdrawn
wring	wringing	wrung	wrung
write	writing	wrote	written

Skróty SMS-owe **Mobile/cell phone abbreviations**

:-)	*happy*	szczęśliwy
:-(	*sad*	smutny
:- /	*confused*	zdezorientowany
:-O	*surprised*	zdziwiony
@	*at*	*patrz hasło w słowniku*
1	*one*	*patrz hasło w słowniku*
2	*to/too/two*	*patrz hasła w słowniku*
2B	*to be*	być
2DAY	*today*	dzisiaj
2MORO	*tomorrow*	jutro
2NITE	*tonight*	dziś wieczorem
4	*for/four*	dla/cztery
4EVER	*forever*	na zawsze
AFAIK	*as far as I know*	o ile mi wiadomo
AFK	*away from keyboard*	nie ma mnie przy komputerze
ASAP	*as soon as possible*	jak najszybciej
ASL	*age/sex/location*	wiek/płeć/miejsce zamieszkania
ATB	*all the best*	wszystkiego najlepszego
ATTN	*attention*	uwaga
B2B	*back to back*	jeden po drugim, jeden za drugim
B4	*before*	przed, przedtem
B	*be*	być, bądź
BAW	*bells and whistles*	bajery
BBL	*be back later*	wrócę później
BCNU	*be seeing you*	do zobaczenia
BG	*big grin*	szeroki uśmiech
BION	*believe it or not*	choć trudno w to uwierzyć
BN	*being/been*	*patrz hasła w słowniku*
BOT	*back on topic*	wracając do tematu
BRB	*be right back*	zaraz wracam
BTW	*by the way*	przy okazji
BWD	*backward*	*patrz hasło w słowniku*
C	*see/sea*	widzieć, rozumieć/morze
CID	*consider it done*	zrobi się
CN	*can*	*patrz hasło w słowniku*

CU	*see you*	do zobaczenia
CUL	*see you later*	do zobaczenia
CUL8R	*call you later*	zadzwonię później
CYA	*see ya*	do zobaczenia
D8	*date*	data/randka
D	*the*	*patrz hasło w słowniku*
DAT	*that*	*patrz hasło w słowniku*
DIS	*this/these*	*patrz hasło w słowniku*
DTSL	*don't talk so loud*	nie mów tak głośno
EG	*evil grin*	szyderczy uśmiech
EZ	*easy*	latwy, łatwo
F2T	*free to talk*	mogę rozmawiać
F8	*fate*	przeznaczenie
F	*if*	jeśli
FCFS	*first come, first served*	kto pierwszy, ten lepszy
FM	*from memory*	z pamięci
FOAF	*friend of a friend*	znajomy znajomego
FONE	*phone*	telefon/zadzwoń
FWD	*forward*	do przodu/prześlij dalej
FYA	*for your amusement*	dla rozrywki
FYI	*for your information*	jeśli chcesz wiedzieć, dla twojej informacji (sic!)
G2G	*got to go*	muszę lecieć
GFC	*going for coffee*	idę na kawę
GG	*good game*	fajnie się grało
GIV	*give*	*patrz hasło w słowniku*
GJ	*good job*	dobra robota
GR8	*great*	świetny
H8	*hate*	*patrz hasło w słowniku*
H&K	*hug and kiss*	uścisk i buziak
HAND	*have a nice day*	miłego dnia
HAV	*have*	*patrz hasło w słowniku*
HHIS	*hanging my head in shame*	zaraz się spalę ze wstydu
HHOJ	*ha ha only joking*	ha ha, żartowałem
HRU	*how are you?*	jak się masz?
HTH	*hope this helps*	mam nadzieję, że o to chodziło
HV	*have*	*patrz hasło w słowniku*
I	*I/aye/eye*	ja/tak/oko
IAE	*in any event*	tak czy siak
IH8U	*I hate you*	nienawidzę cię